Coordenadores

Alexandre Gialluca | Wander Garcia | João Aguirre

VADE MECUM DE JURISPRUDÊNCIA STF E STJ

EDIÇÃO 2013

EDITORA FOCO

Coordenadores

Alexandre Gialluca · Wander Garcia · João Aguirre

VADE MECUM DE JURISPRUDÊNCIA STF E STJ

EDIÇÃO 2013

10.000 DECISÕES CLASSIFICADAS

6 anos de Informativos* + série histórica das súmulas

Disciplinas

CRIMINAL	PÚBLICO	DIFUSOS	CIVIL
Penal	*Constitucional*	*P. Coletivo*	*Civil*
Processo Penal	*Administrativo*	*Consumidor*	*Processo Civil*
Penal Militar	*Tributário*	*Ambiental*	*Empresarial*
P. Penal Militar	*Financeiro*	*ECA*	*Agrário*
INTERNACIONAL	*Econômico*	*Improbidade*	**TRABALHO**
Intern. Privado	*Urbanístico*	*Idoso*	*Trabalho*
Intern. Público	*Eleitoral*	*Deficiente*	*P. do Trabalho*
Humanos	*Previdenciário*	*Educacional*	
	Leis de carreiras	*Sanitário*	

**Informativos publicados entre 02.01.07 a 02.01.13*

Organizadores

Alexandre Gialluca	*João Aguirre*	*Wander Garcia*	*Eduardo Dompieri*
André Barros	*Marcelo Novelino*	*Alessandro Bilato*	*Renan Flumian*
Arthur Trigueiros	*Nathalia Masson*	*Ana Paula Garcia*	*Robinson Barreirinhas*
Fernando Castellani	*Renato Montans de Sá*	*Bruna Vieira*	*Teresa Melo*

Siga os autores no Twitter para dicas e revisões

EDITORA FOCO

Coordenadores: Alexandre Gialluca, Wander Garcia, João Aguirre
Organizadores: Alexandre Gialluca, André Barros, Arthur Trigueiros, Fernando Castellani, João Aguirre, Marcelo Novelino, Nathalia Masson, Renato Montans de Sá, Wander Garcia, Alessandro Bilato, Ana Paula Garcia, Bruna Vieira, Eduardo Dompieri, Renan Flumian, Robinson Barreirinhas, Teresa Melo
Editor: Márcio Dompieri
Capa: R2 Editorial e WCG Propaganda - Wilton Garcia
Projeto gráfico e diagramação: R2 Editorial

Dados Internacionais de Catalogação na Publicação (CIP)
(Câmara Brasileira do Livro, SP, Brasil)

Garcia, Wander
Vade Mecum de jurisprudência STF e STJ : 10.000 decisões classificadas : 6 anos de informativo / Alexandre Gialluca, Wander Garcia, João Aguirre. -- Indaiatuba, SP : Editora Foco Jurídico, 2013. -- (Série histórica principais súmulas)

1. Direito - Brasil 2. Direitos - Manuais
3. Manuais, vademécuns etc. I. Título. II. Série.

13-00662 CDU-34(81)(02)

Índices para Catálogo Sistemático:
1. Direito : Brasil : Vademécuns 34(81)(02)
2. Vademécuns : Direito : Brasil 34(81)(02)

2013

Editora Foco Jurídico Ltda
Al. José Amstalden 491 – Cj. 52
CEP 13331-100 – Indaiatuba – SP
E-mail: contato@editorafoco.com.br

www.editorafoco.com.br

APRESENTAÇÃO

A jurisprudência nunca foi tão importante para os profissionais, estudantes universitários, examinandos de concursos públicos e exame de ordem, e jurisdicionados em geral.

Foi-se o tempo em que bastava que conhecêssemos a lei e a doutrina.

Estamos na era do ativismo judicial, das decisões vinculantes e da disseminação da informação produzida pelos Tribunais pela revolução tecnológica e de acesso à informação.

Isso fez com que todos nós tivéssemos que nos atualizar constantemente e ainda mais em relação às principais decisões jurisprudenciais produzidas pelos Tribunais Superiores.

Nesse sentido, criamos uma obra com Informativos do STF e do STJ dos últimos seis anos, mais as principais súmulas da série histórica desses dois tribunais.

Escolheu-se trabalhar com Informativos e Súmulas na presente obra, para que tivéssemos a garantia de que estamos oferecendo ao leitor, o conhecimento das decisões jurisprudenciais mais importantes do País.

Não bastasse, todas as decisões colacionadas na presente obra vêm classificadas didaticamente segundo a forma mais interessante para que o leitor possa encontrar os temas de sua preferência.

Aos profissionais, recomendamos procurar decisões sobre os temas de interesse a partir do índice da obra.

Aos estudantes universitários e examinandos de concursos públicos e exames de ordem, recomendamos que leiam a obra da seguinte forma: após estudar determinado ponto do Direito por meio de aulas, livros doutrinários ou repositórios legais, busque o mesmo ponto no índice desta obra e faça a devida leitura com vistas à atualização jurisprudencial. Em seguida, recomendamos também, que o leitor resolva questões de provas anteriores.

A presente obra foi coordenada e organizada por professores com grande experiência acadêmica e profissional, que tomaram todo o cuidado para classificar as decisões não só com o maior número possível de disciplinas, temas e subtemas, como também para inserir essas informações de forma organizada, obedecendo, em cada item, a uma ordem de tribunais (primeiro decisões do STF e depois do STJ), de tipo de decisão (primeiro decisões comuns e depois súmulas) e de data da decisão (primeiros as mais recentes).

Tudo sem contar o enorme custo-benefício de juntar tanto conteúdo num volume apenas, reduzindo custos e gasto de papel, de modo a gerar para o consumidor economia, respeito ao meio ambiente e praticidade.

Estudando pelo livro você certamente estará muito mais preparado para enfrentar os desafios profissionais, bem como os desafios das provas e exames.

Boa leitura e sucesso!

SUMÁRIO

1. DIREITO CIVIL

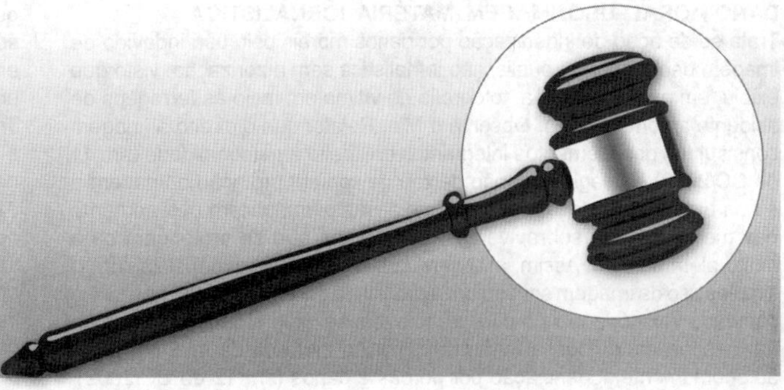

1. PARTE GERAL

1.1. Pessoas naturais e direitos da personalidade

DIREITO CIVIL. ALTERAÇÃO DO ASSENTO REGISTRAL DE NASCIMENTO. UNIÃO ESTÁVEL. INCLUSÃO DO SOBRENOME DO COMPANHEIRO.

É possível a alteração de assento registral de nascimento para a inclusão do patronímico do comp nheiro na constância de uma união estável, em aplicação analógica do art. 1.565, § 1º, do CC, desde que seja feita prova documental da relação por instrumento público e nela haja anuência do companheiro cujo nome será adotado. O art. 57, § 2º, da Lei n. 6.015/1973 outorgava, nas situações de concubinato, tão somente à mulher a possibilidade de averbação do patronímico do companheiro sem prejuízo dos apelidos próprios – entenda-se, sem a supressão de seu próprio sobrenome –, desde que houvesse impedimento legal para o casamento, não havendo específica regulação quanto à adoção de sobrenome pelo companheiro (união estável). A imprestabilidade desse dispositivo legal para balizar os pedidos de adoção de sobrenome dentro de uma união estável, situação completamente distinta daquela para a qual foi destinada a referida norma, reclama a aplicação analógica das disposições específicas do Código Civil relativas à adoção de sobrenome dentro do casamento, porquanto se mostra claro o elemento de identidade entre os institutos e a parelha *ratio legis* relativa à união estável com aquela que orientou o legislador na fixação dentro do casamento da possibilidade de acréscimo do sobrenome de um dos cônjuges ao do outro. **REsp 1.206.656–GO, Rel. Min. Nancy Andrighi, julgado em 16/10/2012.** (Inform. STJ 506)

ACRÉSCIMO DE SOBRENOME DO CÔNJUGE APÓS A CELEBRAÇÃO DO CASAMENTO.

Aos cônjuges é permitido incluir ao seu nome o sobrenome do outro, ainda que após a data da celebração do casamento, porém deverá ser por meio de ação judicial. O registro de nascimento da pessoa natural, com a identificação do nome civil, em regra é imutável. Contudo, a lei permite, em determinas ocasiões, sua alteração. Ao oficial de cartório somente é permitido alterar um nome, independente de ação judicial, nos casos previstos em lei, como é a hipótese do art. 1565, § 1º do CC, o qual possibilita a inclusão do sobrenome de um dos nubentes no do outro, durante o processo de habilitação do casamento. A Turma entendeu que essa possibilidade deve-se estender ao período de convivência do casal, enquanto perdurar o vínculo conjugal. Porém, nesta hipótese, o nome deve ser acrescido por intermédio da ação de retificação de registros públicos, nos termos dos arts. 57 e 109 da Lei de Registros Públicos (Lei n. 6.015/1973). **REsp 910.094-SC, Rel. Raul Araújo, julgado em 4/9/2012.** (Inform. STJ 503)

INDENIZAÇÃO POR ABANDONO AFETIVO. PRESCRIÇÃO.

O prazo prescricional das ações de indenização por abandono afetivo começa a fluir com a maioridade do interessado. Isso porque não corre a prescrição entre ascendentes e descendentes até a cessação dos deveres inerentes ao pátrio poder (poder familiar). No caso, os fatos narrados pelo autor ocorreram ainda na vigência do CC/1916, assim como a sua maioridade e a prescrição da pretensão de ressarcimento por abandono afetivo. Nesse contexto, mesmo tendo ocorrido o reconhecimento da paternidade na vigência do CC/2002, apesar de ser um ato de efeitos *ex tunc*, este não gera efeitos em relação a pretensões já prescritas. Precedentes citados: REsp 430.839-MG, DJ de 23/9/2002, e AgRg no Ag 1. 247.622-SP, DJe de 16/8/2010. **REsp 1.298.576-RJ, Rel. Min. Luis Felipe Salomão, julgado em 21/8/2012.** (Inform. STJ 502)

PATERNIDADE SOCIOAFETIVA. INTERESSE DO MENOR.

O registro espontâneo e consciente da paternidade – mesmo havendo sérias dúvidas sobre a ascendência genética – gera a paternidade socioafetiva, que não pode ser desconstituída posteriormente, em atenção à primazia do interesse do menor. A Min. Relatora consignou que, no caso, apesar de lamentável a falta de convivência entre o pai e a criança, tal situação não é suficiente para rediscutir o registro realizado de forma consciente e espontânea. Ressaltou, ainda, que o reconhecimento de inexistência de vínculo genético não pode prevalecer sobre o *status* da criança (gerado pelo próprio pai registral há mais de 10 anos), em atenção à primazia do interesse do menor. Ademais, a prevalência da filiação socioafetiva em detrimento da verdade biológica, no caso, tão somente dá vigência à cláusula geral de tutela da personalidade humana, que salvaguarda a filiação como elemento fundamental na formação da identidade do ser humano. Precedente citado: **REsp 1.259.460-SP, DJe 29/6/12. REsp 1.244.957-SC, Rel. Min. Nancy Andrighi, julgado em 7/8/2012.** (Inform. STJ 501)

REGISTRO PÚBLICO. RETIFICAÇÃO. ERRO DE GRAFIA. OBTENÇÃO. CIDADANIA ITALIANA.

Trata-se de REsp em que a discussão cinge-se à apuração da necessidade da presença de todos os integrantes da família em juízo, para que se proceda à retificação do patronímico por erro de grafia. Os recorridos ajuizaram ação para obtenção de retificação de suas certidões de nascimento e casamento, bem como a de seus ascendentes, em relação aos quais se inclui a certidão de óbito, em virtude de erro de grafia nos patronímicos, o que, segundo afirmam, constitui um óbice à solicitação da cidadania italiana. Sobreveio sentença de procedência do pedido, promovendo as requeridas alterações. O MP interpôs recurso especial por entender que a mudança poderia causar desagregação nas anotações registrais uma vez que a decisão extrapola a esfera de interesse dos recorridos, alcançando os demais, os quais devem comparecer em juízo para assentir com a referida solicitação, sob pena de ruptura da cadeia familiar. A Turma entendeu que o justo motivo revela-se presente na necessidade de suprimento de incorreções na grafia do patronímico para a obtenção da cidadania italiana, sendo certo que o direito à dupla cidadania pelo *jus sanguinis* tem sede constitucional. A regra da inalterabilidade relativa do nome civil preconiza que o nome (prenome e sobrenome) estabelecido por ocasião do nascimento reveste-se de definitividade, admitindo-se sua modificação, excepcionalmente, nas hipóteses previstas em lei ou reconhecidas como excepcionais por decisão judicial, exigindo-se, para tanto, justo motivo e ausência de prejuízo a terceiros. Na hipótese, a ausência de prejuízo a terceiros advém do provimento do pedido dos recorridos – tanto pelo magistrado singular quanto pelo tribunal estadual –, sem que fosse feita menção à existência de qualquer restrição. Daí, desnecessária a inclusão de todos os componentes do tronco familiar no polo ativo da ação, uma vez que, sendo, via de regra, um procedimento de jurisdição voluntária, no qual não há lide nem partes, mas tão somente interessados, incabível falar em litisconsórcio necessário, máxime no polo ativo, em que sabidamente o litisconsórcio sempre se dá na forma facultativa. **REsp 1.138.103-PR, Rel. Min. Luis Felipe Salomão, julgado em 6/9/2011.** (Inform. STJ 482)

DANO MORAL. USO. IMAGEM. MATÉRIA JORNALÍSTICA.
Trata-se de ação de indenização por danos morais pelo uso indevido de imagem decorrente de publicação jornalística sem autorização, visto que exibiu, em primeira página, fotografia de vítima em meio às ferragens de acidente automobilístico. Observa o Min. Relator que o direito à imagem constitui um dos elementos integrantes do direito à personalidade (art. 11 do CC/2002) e o legislador não deixou de conferir proteção à imagem e à honra de quem falece, uma vez que essas permanecem perenemente nas memórias dos sobreviventes, como bens que se prolongam para muito além da vida. Assim, assevera que a ofensa se materializa com o simples uso da imagem sem autorização, ainda que tal utilização não tenha conteúdo vexatório, pois o direito à imagem se integra de forma irrestrita na personalidade. Dessa forma, a utilização indevida da imagem gera, autonomamente, indenização por perdas e danos (art. 12 do CC/2002). É cediço, também, que a Súm. n. 403-STJ apregoa que a indenização pela publicação de imagens com fins econômicos independe da prova do prejuízo. Com esses argumentos, entre outros, a Turma conheceu em parte do recurso especial e, nessa extensão, deu-lhe provimento para cassar o acórdão recorrido e restabelecer a sentença em todos os seus termos, inclusive em relação aos ônus da sucumbência. Precedentes citados do STF: RE 215.984-1-RJ, DJ 28/6/2002; do STJ: REsp 521.697-RJ, DJ 20/3/2006; REsp 11.735-PR, DJ 13/12/1993; REsp 440.150-RJ, DJ 6/6/2005; REsp 267.529-RJ, DJ 18/12/2000, e AgRg no Ag 735.529-RS, DJ 11/12/2006. **REsp 1.005.278-SE, Rel. Min. Luis Felipe Salomão, julgado em 4/11/2010.** (Inform. STJ 454)

RETIFICAÇÃO. REGISTRO CIVIL. PROVA.
No trato de ação ajuizada para a retificação de registro civil lastreada na alegação de existir situação vexatória de prenome usual (no caso, "Terezinha"), diante da impugnação do MP ou de outro interessado, o juízo deve ater-se ao disposto no art. 109, § 1º, da Lei n. 6.015/1973 e determinar a produção de prova. Na hipótese, a sentença e o acórdão recorrido pautaram-se somente em razões subjetivas para deferir a retificação, daí serem anulados a fim de que se possibilite a produção de prova, conforme pleiteado pelo MP. Precedentes citados: REsp 729.429-MG, DJ 28/11/2005; REsp 679.237-MG, DJ 18/12/2006, e REsp 401.138-MG, DJ 12/8/2003. **REsp 863.916-PR, Rel. Min. Luis Felipe Salomão, julgado em 19/10/2010.** (Inform. STJ 452)

REGISTROS. FILHOS. RETIFICAÇÃO. NOME. GENITORA.
In casu, a recorrida ajuizou, na origem, ação de retificação de registro civil de seus filhos menores sob a alegação de que, em decorrência de separação judicial convertida em divórcio, passou a usar seu nome de solteira. Assim, tal retificação evitaria que futuros documentos de seus filhos fossem emitidos com o nome incorreto da genitora, como também situações que alega embaraçosas. A sentença concedeu parcialmente o pedido para que constasse à margem dos assentamentos de nascimento dos três filhos da autora, ora recorrida, que a genitora dos registrados, após divorciar-se voltou a assinar o nome de solteira, permanecendo inalterados seus demais dados, o que foi confirmado em grau de apelação. No REsp, o recorrente sustenta, entre outras questões, que a finalidade do registro é comprovar a filiação e a própria existência da pessoa, constituindo direito personalíssimo que não pode ser alterado, exceto pelo próprio titular do direito. Dessa forma, a recorrida não poderia, em defesa de interesse seu, pretender a alteração dos assentos de nascimento de seus filhos. A Turma negou provimento ao recurso pelos fundamentos, entre outros, de que o princípio da verdade real norteia o registro público e tem por finalidade a segurança jurídica. Por isso necessita espelhar a verdade existente e atual e não apenas aquela que passou. Desse modo, no caso em foco, é admissível a alteração no registro de nascimento dos filhos para a averbação do nome de sua mãe que, após a separação judicial, voltou a usar o nome de solteira. Observou-se que não ocorreu prejuízo aos menores em razão da averbação do nome de solteira de sua mãe, diante do divórcio levado a efeito. Precedente citado: REsp 1.069.864-DF, DJe 3/2/2009. **REsp 1.123.141-PR, Rel. Min. Luis Felipe Salomão, julgado em 28/9/2010.** (Inform. STJ 449)

REGISTRO CIVIL. RETIFICAÇÃO. MUDANÇA. SEXO.
A questão posta no REsp cinge-se à discussão sobre a possibilidade de retificar registro civil no que concerne a prenome e a sexo, tendo em vista a realização de cirurgia de transgenitalização. A Turma entendeu que, no caso, o transexual operado, conforme laudo médico anexado aos autos, convicto de pertencer ao sexo feminino, portando-se e vestindo-se como tal, fica exposto a situações vexatórias ao ser chamado em público pelo nome masculino, visto que a intervenção cirúrgica, por si só, não é capaz de evitar constrangimentos. Assim, acentuou que a interpretação conjugada dos arts. 55 e 58 da Lei de Registros Públicos confere amparo legal para que o recorrente obtenha autorização judicial a fim de alterar seu prenome, substituindo-o pelo apelido público e notório pelo qual é conhecido no meio em que vive, ou seja, o pretendido nome feminino. Ressaltou-se que não entender juridicamente possível o pedido formulado na exordial, como fez o Tribunal *a quo,* significa postergar o exercício do direito à identidade pessoal e subtrair do indivíduo a prerrogativa de adequar o registro do sexo à sua nova condição física, impedindo, assim, a sua integração na sociedade. Afirmou-se que se deter o julgador a uma codificação generalista, padronizada, implica retirar-lhe a possibilidade de dirimir a controvérsia de forma satisfatória e justa, condicionando-a a uma atuação judicante que não se apresenta como correta para promover a solução do caso concreto, quando indubitável que, mesmo inexistente um expresso preceito legal sobre ele, há que suprir as lacunas por meio dos processos de integração normativa, pois, atuando o juiz *supplendi causa,* deve adotar a decisão que melhor se coadune com valores maiores do ordenamento jurídico, tais como a dignidade das pessoas. Nesse contexto, tendo em vista os direitos e garantias fundamentais expressos da Constituição de 1988, especialmente os princípios da personalidade e da dignidade da pessoa humana, e levando-se em consideração o disposto nos arts. 4º e 5º da Lei de Introdução ao Código Civil, decidiu-se autorizar a mudança de sexo de masculino para feminino, que consta do registro de nascimento, adequando-se documentos, logo facilitando a inserção social e profissional. Destacou-se que os documentos públicos devem ser fiéis aos fatos da vida, além do que deve haver segurança nos registros públicos. Dessa forma, no livro cartorário, à margem do registro das retificações de prenome e de sexo do requerente, deve ficar averbado que as modificações feitas decorreram de sentença judicial em ação de retificação de registro civil. Todavia, tal averbação deve constar apenas do livro de registros, não devendo constar, nas certidões do registro público competente, nenhuma referência de que a aludida alteração é oriunda de decisão judicial, tampouco de que ocorreu por motivo de cirurgia de mudança de sexo, evitando, assim, a exposição do recorrente a situações constrangedoras e discriminatórias. **REsp 737.993-MG, Rel. Min. João Otávio de Noronha, julgado em 10/11/2009 (ver Informativo n. 411).** (Inform. STJ 415)

ALTERAÇÃO. PRENOME. DESIGNATIVO. SEXO.
O recorrente autor, na inicial, pretende alterar o assento do seu registro de nascimento civil, para mudar seu prenome, bem como modificar o designativo de seu sexo, atualmente constante como masculino, para feminino, aduzindo como causa de pedir o fato de ser transexual, tendo realizado cirurgia de transgenitalização. Acrescenta que a aparência de mulher, por contrastar com o nome e o registro de homem, causa-lhe diversos transtornos e dissabores sociais, além de abalos emocionais e existenciais. Assim, a Turma entendeu que, tendo o recorrente se submetido à cirurgia de redesignação sexual nos termos do acórdão recorrido, existindo, portanto, motivo apto a ensejar a alteração do sexo indicado no registro civil, a fim de que os assentos sejam capazes de cumprir sua verdadeira função, qual seja, a de dar publicidade aos fatos relevantes da vida social do indivíduo, deve ser alterado seu assento de nascimento para que nele conste o sexo feminino, pelo qual é socialmente reconhecido. Determinou, ainda, que das certidões do registro público competente não conste que a referida alteração é oriunda de decisão judicial, tampouco que ocorreu por motivo de redesignação sexual de transexual. **REsp 1.008.398-SP, Rel. Min. Nancy Andrighi, julgado em 15/10/2009.** (Inform. STJ 411)

RETIFICAÇÃO. REGISTRO. NASCIMENTO.
Trata-se de matéria inédita entre os julgamentos deste Superior Tribunal, em que menor, representada por sua mãe, pretende a retificação de seu registro de nascimento para acrescentar o patronímico de sua genitora, omisso na certidão, além de averbar a alteração para o nome de solteira da sua mãe, que voltou a usá-lo após a separação judicial e é grafado muito diferente daquele de casada, tudo no intuito de facilitar a identificação da criança no meio social e familiar. O pai da menor não se opôs, mas o MP recorreu quanto à averbação do nome da mãe concedida pelas instâncias ordinárias, uma vez que o registro de nascimento deve refletir a realidade da ocasião do parto, o que impediria tal averbação nos termos das Leis ns. 6.015/1973 e 8.560/1992. A Min. Relatora observou que, no caso dos autos, conforme comprovado nas instâncias de 1º e 2º grau, há a situação constrangedora de mãe e filha terem que portar cópia da certidão de casamento com a respectiva averbação para comprovarem a veracidade dos nomes na certidão de nascimento, bem como não existe prejuízo para terceiros, o que afastaria o pleito do MP. Os interesses da criança estariam acima do rigorismo dos registros públicos por força do Estatuto da Criança e do Adolescente (ECA). Ademais, essa é a solução mais harmoniosa e humanizada. Com essas considerações, entre outras, a Turma não conheceu do recurso do MP. **REsp 1.069.864-DF, Rel. Min. Nancy Andrighi, julgado em 18/12/2008.** (Inform. STJ 381)

INDENIZAÇÃO. FOTO. ARTISTA.
Cuida-se de pedido de indenização por danos materiais e compensação por dano moral por ter a recorrente, sem autorização, publicado em revista fotos do autor beijando uma garota. Para a Min. Relatora, está caracterizada a abusividade no uso da reportagem. Não se pode ignorar que o uso de imagem é feito com o propósito de incrementar a venda da revista. Por se tratar de pessoa pública, os critérios de violação da privacidade são distintos daqueles desenhados para uma pessoa cuja profissão não a expõe. O recorrido, artista conhecido, teve sua imagem atingida pela simples publicação que o retrata beijando uma mulher que não era sua esposa. Note-se que o TJ reduziu em oito vezes o valor da indenização inicialmente fixada, de R$ 40.000,00 para R$ 5.000,00, quantia aplicada com moderação, sem qualquer exagero, e que, assim, não comporta nova redução por parte deste STJ. Os pedidos de devolução do negativo da fotografia e cessação da divulgação de suas imagens são acessórios e, como bem asseverado pelo acórdão recorrido, possuem pouca significância em face do pleito indenizatório, inexistindo razão para compensação de custas e honorários entre as partes. **REsp 1.082.878-RJ, Rel. Min. Nancy Andrighi, julgado em 14/10/2008**. (Inform. STJ 372)

DECLARAÇÃO DE AUSÊNCIA. DESNECESSIDADE. COMPROVAÇÃO. BENS.
O pedido de declaração de ausência tem por finalidade resguardar os interesses do ausente, que pode reaparecer e retomar sua vida, para, após as cautelas previstas em lei, tutelar os direitos de seus herdeiros. Logo, havendo interessados em condição de suceder o ausente em direitos e obrigações, ainda que os bens deixados sejam, a princípio, não arrecadáveis, pode se utilizar o procedimento que objetiva a declaração. A comprovação da propriedade não é condição *sine qua non* para a declaração de ausência, nos termos dos arts. 22 do CC/2002 e 1.159 do CPC. Assim, a Turma deu provimento ao recurso para cassar o acórdão recorrido e a sentença a fim de que prossiga o julgamento do processo no juízo de origem. **REsp 1.016.023-DF, Rel. Min. Nancy Andrighi, julgado em 27/5/2008**. (Inform. STJ 357)

1.2. Pessoas jurídicas e desconsideração da personalidade

DESCONSIDERAÇÃO DA PERSONALIDADE JURÍDICA. INTIMAÇÃO DO SÓCIO.
A Turma, por maioria, entendeu pela desnecessidade da citação do sócio para compor o polo passivo da relação processual, na qual o autor/recorrido podiu a aplicação da teoria da desconsideração da personalidade jurídica da empresa, haja vista o uso abusivo da sua personalidade e a ausência de bens para serem penhorados. *In casu*, o recorrido entabulou contrato particular de compromisso de compra e venda de imóvel com a construtora recorrente, porém, apesar de cumprir a sua parte no contrato, não recebeu a contraprestação. No entendimento da douta maioria, é suficiente a intimação do sócio da empresa, ocasião em que será oportunizada a sua defesa, ainda mais quando o processo encontra-se na fase de cumprimento de sentença, onde o recorrente fará jus à ampla defesa e ao contraditório, pois, poderá impugnar o pedido ou oferecer exceção de pré-executividade. **REsp 1.096.604-DF, Rel. Luis Felipe Salomão, julgado em 2/8/2012.(Inform. STJ 501)**

RESCISÃO. CONTRATO. DESCONSIDERAÇÃO. PERSONALIDADE JURÍDICA.
Na hipótese dos autos, a controvérsia diz respeito à possibilidade de desconsideração da personalidade jurídica de empresa, a fim de alcançar o patrimônio de seus sócios, ora recorridos. *In casu*, foi proposta, na origem, pelas ora recorrentes ação ordinária de resolução de contrato de promessa de compra e venda de imóvel firmado entre as partes, bem como de restituição do sinal e das parcelas pagas, diante da paralisação e abandono das obras por parte da construtora, requerendo, para tanto, a desconsideração da personalidade jurídica da empresa (construtora). O juízo singular determinou a desconsideração da personalidade jurídica (art. 28 do CDC) em decorrência da aparente inatividade da construtora, como também da má administração promovida por seus sócios, comprovada pela paralisação das obras do edifício. O tribunal *a quo* entendeu haver impossibilidade de desconsideração da personalidade jurídica. Nesse contexto, a Turma deu provimento ao recurso, restabelecendo a sentença de primeira instância, por entender que, numa relação de consumo, os credores não negociais da pessoa jurídica podem ter acesso ao patrimônio dos sócios, por meio da *disregard doctrine*, a partir da caracterização da configuração de prejuízo de difícil e incerta reparação em decorrência da insolvência da sociedade (art. 28, § 5º, do CDC). Na espécie, é nítida a dificuldade na reparação do prejuízo das ora recorrentes na medida em que, segundo as instâncias ordinárias, embora tenha sido estipulada a data de 28/2/1999 para a entrega do imóvel e elas tenham quitado o valor inicial do contrato e mais 30 parcelas, as obras foram indevidamente paralisadas praticamente desde seu início, como também há fortes indícios de que a sociedade se dissolveu de forma irregular, não sendo, inclusive, localizados todos os seus sócios, tornando-se necessário que a maioria deles fosse representada por curador especial. Dessa forma, concluiu-se que houve a caracterização da inatividade da pessoa jurídica decorrente, quando menos, de má administração em detrimento dos consumidores, circunstância apta, *de per si*, a ensejar a aplicação da *disregard doctrine*. **REsp 737.000-MG, Rel. Min. Paulo de Tarso Sanseverino, julgado em 1º/9/2011.** (Inform. STJ 482)

DESCONSIDERAÇÃO. PESSOA JURÍDICA. REQUISITOS.
A Turma negou provimento ao recurso especial e reiterou o entendimento de que, para a desconsideração da pessoa jurídica nos termos do art. 50 do CC/2002, são necessários o requisito objetivo – insuficiência patrimonial da devedora – e o requisito subjetivo – desvio de finalidade ou confusão patrimonial. Precedentes citados: REsp 970.635-SP, DJe 1º/12/2009; REsp 1.200.850-SP, DJe 22/11/2010, e REsp 693.235-MT, DJe 30/11/2009. **REsp 1.141.447-SP, Rel. Min. Sidnei Beneti, julgado em 8/2/2011.** (Inform. STJ 462)

DESCONSIDERAÇÃO DA PERSONALIDADE JURÍDICA INVERSA.
Discute-se, no REsp, se a regra contida no art. 50 do CC/2002 autoriza a chamada desconsideração da personalidade jurídica inversa. Destacou a Min. Relatora, em princípio, que, a par de divergências doutrinárias, este Superior Tribunal sedimentou o entendimento de ser possível a desconstituição da personalidade jurídica dentro do processo de execução ou falimentar, independentemente de ação própria. Por outro lado, expõe que, da análise do art. 50 do CC/2002, depreende-se que o ordenamento jurídico pátrio adotou a chamada teoria maior da desconsideração, segundo a qual se exige, além da prova de insolvência, a demonstração ou de desvio de finalidade (teoria subjetiva da desconsideração) ou de confusão patrimonial (teoria objetiva da desconsideração). Também explica que a interpretação literal do referido artigo, de que esse preceito de lei somente serviria para atingir bens dos sócios em razão de dívidas da sociedade e não o inverso, não deve prevalecer. Anota, após essas considerações, que a desconsideração inversa da personalidade jurídica caracteriza-se pelo afastamento da autonomia patrimonial da sociedade, para, contrariamente do que ocorre na desconsideração da personalidade propriamente dita, atingir, então, o ente coletivo e seu patrimônio social, de modo a responsabilizar a pessoa jurídica por obrigações de seus sócios ou administradores. Assim, observa que o citado dispositivo, sob a ótica de uma interpretação teleológica, legitima a inferência de ser possível a teoria da desconsideração da personalidade jurídica em sua modalidade inversa, que encontra justificativa nos princípios éticos e jurídicos intrínsecos à própria *disregard doctrine*, que vedam o abuso de direito e a fraude contra credores. Dessa forma, a finalidade maior da *disregard doctrine* contida no preceito legal em comento é combater a utilização indevida do ente societário por seus sócios. Ressalta que, diante da desconsideração da personalidade jurídica inversa, com os efeitos sobre o patrimônio do ente societário, os sócios ou administradores possuem legitimidade para defesa de seus direitos mediante a interposição dos recursos tidos por cabíveis, sem ofensa ao contraditório, à ampla defesa e ao devido processo legal. No entanto, a Min. Relatora assinala que o juiz só poderá decidir por essa medida excepcional quando forem atendidos todos os pressupostos relacionados à fraude ou abuso de direito estabelecidos no art. 50 do CC/2002. No caso dos autos, tanto o juiz como o tribunal *a quo* entenderam haver confusão patrimonial e abuso de direito por parte do recorrente. Nesse contexto, a Turma negou provimento ao recurso. Precedentes citados: REsp 279.273-SP, DJ 29/3/2004; REsp 970.635-SP, DJe 1°/12/2009, e REsp 693.235-MT, DJe 30/11/2009. **REsp 948.117-MS, Rel. Min. Nancy Andrighi, julgado em 22/6/2010**. (Inform. STJ 440)

MORTE. SÓCIO. DESCONSIDERAÇÃO. PERSONALIDADE JURÍDICA.
Trata-se de REsp em que a controvérsia reside em saber se, em uma ação de cobrança movida contra uma sociedade limitada, ocorrendo a morte de um dos sócios, a firma é automaticamente extinta, ficando autorizada a superação da personalidade jurídica da pessoa moral, de modo a atingir os bens pessoais da sócia remanescente. A Turma entendeu, entre outras questões, que o falecimento de um dos sócios, embora possa gerar o encerramento das atividades da empresa, em

função da unipessoalidade da sociedade limitada, não necessariamente importará em sua dissolução total, seja porque a participação na sociedade é atribuída, por sucessão *causa mortis*, a um herdeiro ou legatário, seja porque a jurisprudência tem admitido que o sócio remanescente explore a atividade econômica individualmente, de forma temporária, até que se aperfeiçoe a sucessão. Observou-se que a desconsideração da personalidade jurídica é medida de caráter excepcional que somente pode ser decretada após a análise, no caso concreto, da existência de vícios que configurem abuso de direito, desvio de finalidade ou confusão patrimonial, o que não se verificou na espécie. Assinalou-se que a jurisprudência pátria, embora dispense ação autônoma para levantar o véu da pessoa jurídica, somente permite tal providência em casos de abuso de direito cujo delineamento conceitual encontra-se no art. 187 do CC/2002, desvio de finalidade ou confusão patrimonial. Adota-se, assim, a teoria maior da desconsideração da personalidade jurídica, a qual exige a ocorrência objetiva dos referidos requisitos para sua configuração, afastando-se a teoria menor, segundo a qual bastaria a insuficiência de bens da sociedade para que os sócios fossem chamados a responder pessoalmente pelo passivo da pessoa jurídica. Precedente citado: REsp 66.812-DF, DJ 22/6/1998. **REsp 846.331-RS, Rel. Min. Luis Felipe Salomão, julgado em 23/3/2010**. (Inform. STJ 428)

LEGITIMIDADE. DESCONSIDERAÇÃO. PERSONALIDADE JURÍDICA.
A desconsideração da pessoa jurídica consiste na possibilidade de ignorar a personalidade jurídica autônoma de entidade sempre que essa venha a ser utilizada para fins fraudulentos ou diversos daqueles para os quais foi constituída. Quando houver abuso, desvio de finalidade ou confusão patrimonial entre os bens da sociedade e dos sócios, caberá a aplicação do referido instituto. Assim, uma vez que desconsiderada a personalidade jurídica, tanto a sociedade quanto os sócios têm legitimidade para recorrer dessa decisão. Precedente citado: REsp 170.034-SP, DJ 23/10/2000. **REsp 715.231-SP, Rel. Min. João Otávio de Noronha, julgado em 9/2/2010**. (Inform. STJ 422)

DESCONSIDERAÇÃO. PERSONALIDADE JURÍDICA.
A controvérsia está a determinar se a simples inexistência de bens de propriedade da empresa executada constitui motivo apto à desconsideração da personalidade jurídica – o que, como é cediço, permite a constrição do patrimônio de seus sócios ou administradores. Explica a Min. Relatora que são duas as principais teorias adotadas no ordenamento jurídico pátrio: a teoria maior da desconsideração (consagrada no art. 50 do CC/ 2002) – é a mais usada –, nela mera demonstração da insolvência da pessoa jurídica não constitui motivo suficiente para a desconsideração da personalidade jurídica, pois se exige a prova de insolvência ou a demonstração de desvio de finalidade (ato intencional dos sócios fraudar terceiros) ou a demonstração de confusão patrimonial (confusão quando não há separação do patrimônio da pessoa jurídica e de seus sócios). Já na outra, a teoria menor da desconsideração, justifica-se a desconsideração pela simples comprovação da insolvência de pessoa jurídica, e os prejuízos são suportados pelos sócios, mesmo que não exista qualquer prova a identificar a conduta culposa ou dolosa dos sócios ou administradores. Essa teoria tem-se restringido apenas às situações excepcionalíssimas. Na hipótese dos autos, a desconsideração jurídica determinada pelo TJ baseou-se na aparente insolvência da empresa recorrente, pelo fato de ela não mais exercer suas atividades no endereço em que estava sediada, sem, contudo, demonstrar a confusão patrimonial nem desvio de finalidade. Por isso, tal entendimento não pode prosperar, sendo de rigor afastar a desconsideração da personalidade jurídica da recorrente. Diante do exposto, a Turma deu provimento ao recurso especial. **REsp 970.635-SP, Rel. Min. Nancy Andrighi, julgado em 10/11/2009.** (Inform. STJ 415)

DESCONSIDERAÇÃO. PERSONALIDADE JURÍDICA. PRESSUPOSTOS.
Houve a desconsideração da personalidade jurídica (*disregard doctrine*) da empresa devedora, ao imputar ao grupo controlador a responsabilidade pela dívida, sem sequer as instâncias ordinárias declinarem presentes os pressupostos do art. 50 do CC/2002. Houve apenas menção ao fato de que a cobrança é feita por um órgão público e que a empresa controlada seria simples *longa manus* da controladora. Daí a violação do art. 131 do CPC, visto que não há fundamentação nas decisões das instâncias ordinárias, o que leva a afastar a extensão do arresto às recorrentes em razão da exclusão da desconsideração da personalidade jurídica da devedora, ressalvado o direito de a recorrida obter nova medida para a defesa de seu crédito acaso comprovadas as condições previstas no retrocitado artigo. Anotou-se não se cuidar da chamada teoria menor: desconsideração pela simples prova da insolvência diante de tema referente ao Direito Ambiental (art. 4º da Lei n. 9.605/1998) ou do Consumidor (art. 28, § 5º, da Lei n. 8.078/1990), mas sim da teoria maior que, em regra, exige a demonstração do desvio de finalidade da pessoa jurídica ou a confusão patrimonial. Precedente citado: REsp 279.273-SP, DJ 29/3/2004. **REsp 744.107-SP, Rel. Min. Fernando Gonçalves, julgado em 20/5/2008**. (Inform. STJ 356)

1.3. Fatos Jurídicos

FRAUDE A EXECUÇÃO - NOVO PACTO ENTRE CREDOR E DEVEDOR SEM ANUÊNCIA DOS FIADORES. ILEGITIMIDADE PASSIVA DOS FIADORES NA EXECUÇÃO.
A transação entre credor e devedor sem a anuência do fiador com a dilação do prazo para o pagamento da dívida extingue a garantia fidejussória anteriormente concedida. Com base nesse entendimento, a Turma deu provimento ao recurso especial para acolher a exceção de pré-executividade oferecida em primeiro grau e, por conseguinte, determinar a exclusão dos fiadores do polo passivo da ação de execução. No caso, não obstante a existência de cláusula prevendo a permanência da garantia pessoal no novo pacto, a responsabilidade dos fiadores está limitada aos exatos termos do convencionado na obrigação original – ao qual expressamente consentiram – visto que a interpretação do contrato de fiança deve ser restritiva (art. 1.483 do CC/1916). Além disso, asseverou o Min. Relator que a extinção da garantia teria ocorrido com base em duplo fundamento, qual seja, a ocorrência da transação e moratória simultaneamente. Conquanto a transação e a moratória sejam institutos jurídicos diversos, ambas têm o efeito comum de exoneração do fiador que não anuiu com o acordo firmado entre credor e devedor (art. 838, I, do CC). Considerou-se, ainda, como parâmetro, o enunciado da Súm. 214 do STJ, a qual, apesar de se referir a contratos de locação, pode ser aplicada por extensão à situação dos fatos, pois a natureza da fiança é a mesma. REsp1.013.436-RS, Rel. Min. Luis Felipe Salomão, julgado em 11/9/2012 (Inform. STJ 504)

FRAUDE CONTRA CREDORES. EFEITOS. SENTENÇA.
Trata-se, na origem, de ação pauliana (anulatória de doações) contra os recorrentes na qual se alega que um dos réus doou todos seus bens aos demais réus, seus filhos e sua futura esposa, todos maiores e capazes, por meio de escrituras públicas, de modo que, reduzindo-se à insolvência, sem nenhum bem em seu nome, infringiu o disposto no art. 106 do CC/1916. O Min. Relator entendeu, entre outras questões, que estão presentes os requisitos do citado artigo ensejadores da fraude contra credores e que chegar a conclusão diversa demandaria o reexame do conjunto fático--probatório. Quanto aos efeitos da declaração de fraude contra credores, consignou que a sentença pauliana sujeitará à excussão judicial o bem fraudulentamente transferido, mas apenas em benefício do crédito fraudado e na exata medida desse. Naquilo que não interferir no crédito do credor, o ato permanecerá hígido, como autêntica manifestação das partes contratantes. Caso haja remissão da dívida, o ato de alienação subsistirá, não havendo como sustentar a anulabilidade. Assim, a Turma, ao prosseguir o julgamento, deu parcial provimento ao recurso. Precedente citado: REsp 506.312-MS, DJ 31/8/2006. **REsp 971.884-PR, Rel. Min. Sidnei Beneti, julgado em 22/3/2011.** (Inform. STJ 467)

FRAUDE. CREDORES. ATOS PREDETERMINADOS.
A Turma negou provimento ao recurso especial, mantendo a decisão do tribunal *a quo* que entendeu inexistir ofensa ao art. 106, parágrafo único, do CC/1916 (art. 158, § 2º, do CC/2002) diante da comprovada prática de atos fraudulentos predeterminados com o intuito de lesar futuros credores. Segundo a Min. Relatora, a literalidade do referido preceito, o qual dispõe que a declaração de ocorrência de fraude contra credores exige que o crédito tenha sido constituído em momento anterior ao ato que se pretende anular, deve ser relativizada, de forma que a ordem jurídica acompanhe a dinâmica da sociedade hodierna e busque a eficácia social do direito positivado. Precedente citado: REsp 10.096-SP, DJ 25/5/1992. **REsp 1.092.134-SP, Rel. Min. Nancy Andrighi, julgado em 5/8/2010**. (Inform. STJ 441)

ANULATÓRIA. ESCRITURA PÚBLICA. CESSÃO. DIREITOS.
Trata-se de ação anulatória de ato jurídico ajuizada pelos ora recorrentes em face dos ora recorridos, tendo por objeto escritura de transferência e cessão de direitos e créditos lavrada em 26/11/1996. Narram os recorrentes que seus genitores outorgaram mandato a um dos recorridos para transferir ao outro recorrido os direitos de crédito decorrentes de contrato de parceria rural. Afirmam que, embora a dita procuração não tivesse sido utilizada, em 6/6/1991, faleceu um dos outorgantes, sendo que, mesmo

cientes desse fato, os recorridos, em 20/11/1996, lavraram a escritura pública de cessão de direitos e créditos de 100 cabeças de gado e suas respectivas rendas. Assim, haveria nulidade do ato jurídico, porquanto ausente o valor do negócio efetuado entre as partes, bem como, segundo os recorrentes, a procuração outorgada por seus genitores a um dos recorridos tinha natureza de mandato, celebrado *intuito personae*, sendo aquela revogada automaticamente em 6/6/1991, com a morte de um dos outorgantes. O juiz de primeiro grau julgou a ação improcedente, o que foi confirmado pelo tribunal *a quo* na apelação. No REsp, os recorrentes buscam a reforma do acórdão, sustentando, em síntese, a nulidade do ato jurídico de transferência dos direitos decorrentes do contrato de parceria pecuária, porquanto, na formalização da escritura de cessão e transferência, não teria constado o valor do negócio realizado, mas apenas seu objeto. Aduzem que a revogação do mandato pela morte de um dos outorgantes teria ocorrido quase seis anos antes da realização do negócio jurídico, o que o tornaria nulo. Alegam, ainda, que a outorga do mandato a um dos recorridos para transferir os direitos relativos ao gado e demais rendas ao outro não constituiu doação, por conta da inexistência de um negócio jurídico subjacente que justificasse considerar a referida procuração uma forma oblíqua de doação. Nesta instância especial, entendeu-se, entre outras questões, que a ausência do valor na escritura pública de cessão de direitos não constitui formalidade essencial à validade do ato, isso porque, em se tratando de registro resumido de obrigação de fazer, é suficiente que conste como expressão do negócio jurídico entabulado entre as partes o essencial à identificação dos bens a serem cedidos. Assinalou-se que, no caso, o instrumento público de procuração, em verdade, representa doação feita a um dos recorridos, nela se tendo outorgado poderes para lavrar a escritura correspondente, poder que não ficou extinto pela morte de um dos doadores. Ressaltou-se que, se aquela procuração tem natureza de mandato ou de doação, isso é irrelevante, porque havia dois outorgantes, e só um deles faleceu, significando que, se a procuração tivesse natureza de mandato, poderia a outorgante sobrevivente revogá-la a qualquer tempo, o que na hipótese não ocorreu. Diante desses fundamentos, entre outros, a Turma negou provimento ao recurso. **REsp 899.114-MS, Rel. Min. Massami Uyeda, julgado em 18/5/2010**. (Inform. STJ 435)

IMPOSSIBILIDADE JURÍDICA. SIMULAÇÃO.
O acórdão recorrido reconheceu, de ofício, a impossibilidade jurídica do pedido referente à anulação, devido à simulação, do ato de constituição da sociedade, porque justamente formulado esse pedido por quem participou do ato negocial. Quanto a isso, o Min. Relator, ao anotar que aquele ato ocorreu sob o comando do CC/1916, mas seus efeitos estenderam-se após a vigência do CC/2002, entendeu que aferir a motivação do ato tido por simulado é objeto do mérito da ação declaratória, sendo possível, em tese, o pedido, conforme precedentes. Por sua vez, o Min. Luis Felipe Salomão, em voto vista, acompanhou o Min. Relator, asseverando que inexiste vedação legal ao prosseguimento da demanda, visto que a possibilidade jurídica do pedido, no caso, é inquestionável; pois, mesmo nos termos do CC/1916, era possível a parte alegar simulação inocente, o que levaria à produção de provas com o fito de afastar a restrição prevista no art. 104 daquele código (simulação maliciosa). Aduziu, também, que o instituto da simulação sofreu modificações com o advento do novo CC, não mais se situando entre as causas de anulabilidade do negócio jurídico, mas sim de sua nulidade, que, por ser matéria de ordem pública, pode ser conhecida mesmo de ofício. Daí que, tanto pelo CC/1916 quanto pelo CC/2002, o pedido é juridicamente possível, entendimento, ao final, acolhido pela Turma. **REsp 776.304-MG, Rel. Min. Honildo de Mello Castro (Desembargador convocado do TJ-AP), julgado em 5/11/2009.** (Inform. STJ 414)

FRAUDE. CREDORES. PENHORA. VENDA. IMÓVEL.
A Turma proveu em parte o recurso, entendendo serem procedentes os embargos de terceiro para determinar o cancelamento da penhora incidente sobre imóvel, por inexistir prova de qualquer constrição judicial (ação de alimentos) à época de sua venda, em cartório de registro imobiliário, com a consequente averbação da decisão, o que tornaria ineficaz a alienação. No caso, conquanto pendente a execução de alimentos (CPC, art. 792), ainda assim era insuficiente para reduzir o recorrido à insolvência, não se podendo concluir que os adquirentes tivessem ciência inequívoca de sua existência, a ponto de configurar a fraude contra credores, tal como pretendido, mormente pelo fato de que os imóveis não haviam sido penhorados quando da alienação. Precedentes citados: REsp 442.583-MS, DJ 16/2/2004; AgRg no AgRg no Ag 1.094.919-SP, DJe 17/2/2009; REsp 625.235-RN, DJ 25/10/2004, e REsp 1.015.459-SP, DJe 29/5/2009. **REsp 1.112.143-RJ, Rel. Min. Fernando Gonçalves, julgado em 20/10/2009.** (Inform. STJ 412)

1.4. Prescrição e decadência

PRAZO PRESCRICIONAL. SEGURO. RESTITUIÇÃO. CONTRATO DE CORRETAGEM.
O prazo prescricional para corretora e administradora de seguros exigir da seguradora a restituição de valor pago à segurada em razão de sinistro é vintenário (art. 177 do CC/1916). É que, na espécie, além da relação de consumo entre o segurado e a seguradora, há também a relação jurídica firmada entre o corretor e a seguradora (decorrente do contrato de corretagem ou intermediação), em vínculo de caráter pessoal, a qual pode atrair a responsabilidade solidária daquele que intermediou o negócio perante o consumidor. Nessa hipótese, devido à atuação ostensiva do corretor como representante da seguradora, forma-se uma cadeia de fornecimento que torna solidários seus integrantes (arts. 14 e 18 do CDC). Assim, como o pagamento da corretora ocorreu em virtude da obrigação solidária existente entre ela e a seguradora, e não da relação exclusiva entre a seguradora e o segurado, o prazo prescricional aplicado à hipótese é o vintenário, sendo ainda possível a cobrança de quota do corretor referente ao valor pago à segurada nos termos do art. 913 do CC/1916, vigente à época dos fatos e do ajuizamento da ação. Com essas e outras considerações, a Turma deu parcial provimento ao recurso a fim de afastar a prescrição ânua e determinar o retorno dos autos ao tribunal de origem para que prossiga o julgamento da ação. REsp 658.938-RJ, Rel. Min. Raul Araújo, julgado em 15/5/2012. (Inform. STJ 497)

SEGURO DE VIDA. PAGAMENTO A MENOR. PRESCRIÇÃO. TERMO A QUO.
A Turma reafirmou o entendimento de que o prazo prescricional ânuo (art. 178, § 6º, do CC 1916) para o ajuizamento da ação de cobrança de diferença de indenização securitária tem início na data da ciência inequívoca do pagamento incompleto ou a menor. Na espécie, o falecimento do segurado ocorreu em 1964, ano em que teve início o processo de inventário. Apesar de determinado pelo juízo inventariante, em 24/11/1964, o depósito da importância devida pela empresa seguradora aos sucessores do de cujus, referente à indenização pelo seu seguro de vida, a ordem judicial somente foi cumprida em 22/11/2001. Constatada a insuficiência do pagamento, os herdeiros, em 9/7/2002, ajuizaram ação de cobrança para o recebimento da diferença do prêmio. Sob tal contexto, considerou o Min. Relator que, mesmo depois de decorrido longo período da ocorrência do sinistro, o depósito da importância do valor relativo à indenização securitária configura reconhecimento da existência da dívida por parte da seguradora. Assim, não estaria prescrito o direito dos herdeiros de pleitearem a complementação do seguro, pois a ação de cobrança foi proposta dentro do prazo de um ano, contado da data do pagamento a menor. Precedentes citados: REsp 882.588-SC, DJe 4/5/2011, e AgRg no Ag 1.277.705-GO, DJe 3/11/2010. REsp 831.543-RJ, Rel. Min. Antonio Carlos Ferreira, julgado em 10/4/2012. (Inform. STJ 495)

PRESCRIÇÃO. SEGURO HABITACIONAL. DANOS CONTÍNUOS E PERMANENTES.
A quaestio juris está em determinar, à luz do CC/1916, o prazo prescricional para que o beneficiário de seguro habitacional exerça a pretensão de receber indenização decorrente da existência de danos contínuos e permanentes no imóvel. O juiz de primeiro grau reconheceu a existência de danos contínuos e permanentes, salientando que esses vícios não são imputados a um único evento, sobrevindo de causas paulatinas, tais como a invasão de águas pluviais e dos efeitos da maré, além de defeitos decorrentes da execução da obra, motivo pelo qual não há como exigir comunicação específica de sinistro. Por outro lado, o tribunal de origem acolheu a alegação de prescrição, fazendo incidir à espécie o art. 178, § 6º, II, do CC/1916. Consignou ter o contrato sido celebrado em 1º/11/1983, e a ação, promovida mais de 20 anos depois (13/4/2004), sem que o proprietário indicasse a data em que os danos no imóvel surgiram ou se agravaram, obstando a fixação do dies a quo para contagem do prazo prescricional. A Min. relatora ressaltou que, dada a natureza sucessiva e gradual do dano, sua progressão dá azo a inúmeros sinistros sujeitos à cobertura securitária, renovando sucessivamente a pretensão do beneficiário do seguro e, por conseguinte, o marco inicial do prazo prescricional. A jurisprudência, em situações como essa, tem considerado que a pretensão do beneficiário do seguro emerge no momento em que, comunicado o fato à seguradora, esta se recusa a indenizar. No entanto, na hipótese, não houve recusa formal da seguradora de indenizar, sobretudo, uma data que servisse de base para a contagem do prazo prescricional. Inclusive, o STJ entende que, reconhecendo o acórdão recorrido que o dano foi contínuo, sem possibilidade de definir data para a sua ocorrência e possível conhecimento de sua extensão pelo segurado, não tem como revisar o julgado na via especial, para escolher o dies a quo do prazo prescricional. Assim, é impossível

reconhecer a prescrição da pretensão do recorrente de ser indenizado pela seguradora dos danos descritos na exordial. Além do mais, o próprio STJ já consolidou o entendimento de que terceiro beneficiário do seguro não se sujeita ao prazo do art. 178, § 6º, II, do CC/1916, pois não se pode confundi-lo com a figura do segurado. Com essas e outras considerações, a Turma deu provimento ao recurso para afastar a prescrição reconhecida pelo acórdão recorrido, determinando o retorno dos autos à origem para que o Tribunal estadual prossiga o julgamento das apelações, na esteira do devido processo legal. Precedentes citados: REsp 247.347-MG, DJ 24/9/2001, e REsp 401.101-SP, DJ 17/2/2003. REsp 1.143.962-SP, Rel. Min. Nancy Andrighi, julgado em 20/3/2012. (Inform. STJ 493)

PRESCRIÇÃO. ENCARGOS. ABERTURA. CRÉDITO. CONTA CORRENTE. PACTUAÇÃO. CC/1916.
Trata-se, na origem, de ação monitória ajuizada em outubro de 2003 na qual se busca a cobrança de valores relativos a contrato de abertura de crédito rotativo em conta-corrente celebrado em abril de 1994. A Turma entendeu que, na vigência do CC/1916, os encargos contratuais, por constituírem prestações acessórias ao principal, tinham os prazos prescricionais regidos pelo art. 178, § 10, III, daquele *codex* e, consequentemente, incidiria a prescrição quinquenal para os juros ou quaisquer outras prestações acessórias pagáveis anualmente ou em períodos mais curtos. No caso, em que não há prescrição do fundo de direito e que envolve prestações periódicas, é possível a cobrança dos encargos acessórios, incidindo a prescrição apenas sobre as parcelas vencidas há mais de cincos anos anteriores ao ajuizamento da ação. Precedentes citados do STF: RE 67.635-DF, DJ 5/12/1969; do STJ: REsp 541.231-RS, DJ 23/8/2004, e REsp 30.027-RJ, DJ 6/3/1995. **REsp 886.832-RS, Rel. Min. Luis Felipe Salomão, julgado em 17/11/2011.** (Inform. STJ 487)

PRESCRIÇÃO. INADIMPLEMENTO. CONTRATUAL.
Trata-se, na origem, de ação de cobrança contra a recorrente ré na qual a recorrida autora alega ter recebido ordem para a compra de ações no mercado à vista com liquidação financeira prevista para o futuro e que, na data prevista, a recorrente ré autorizou a venda de posição, gerando um saldo negativo que não foi honrado. No REsp, discute-se o prazo prescricional para a cobrança em fase de execução de valores decorrentes de inadimplemento contratual, como ficou demonstrado pelo tribunal *a quo*. Assim, cuida-se de responsabilidade civil contratual, e não aquiliana. Logo o art. 206, § 3º, V, do CC, tido por violado, cuida do prazo prescricional relativo à indenização civil aquiliana, disciplinada pelos arts. 186 e 187 do mesmo diploma legal, não sendo aplicável ao caso. Daí, a Turma negou provimento ao recurso. **REsp 1.222.423-SP, Rel. Min. Luis Felipe Salomão, julgado em 15/9/2011.** (Inform. STJ 483)

PRESCRIÇÃO. QUOTAS CONDOMINIAIS. CC/2002.
A Turma deu parcial provimento ao REsp por entender que, na vigência do CC/1916, o crédito condominial prescrevia em 20 anos nos termos do seu art. 177. Entretanto, com a entrada em vigor do novo Código Civil, o prazo prescricional aplicável à pretensão de cobrança das quotas condominiais passou a ser de cinco anos nos termos do art. 206, § 5º, I, do CC/2002, observada a regra de transição do art. 2.028 do mesmo *codex*. **REsp 1.139.030-RJ, Rel. Min. Nancy Andrighi, julgado em 18/8/2011.** (Inform. STJ 481)

PRESCRIÇÃO. RECONHECIMENTO. EDCL.
Discute-se, nos embargos de divergência, entre outras questões, a possibilidade de reconhecer a prescrição quando arguida somente nos embargos de declaração (EDcl). A Corte Especial, ao prosseguir o julgamento, conheceu dos embargos e lhes deu provimento, reiterando ser impossível, em se tratando de direitos patrimoniais, o reconhecimento da prescrição de ofício ou se alegada a destempo, tal como no caso, visto sua arguição ter ocorrido apenas com a oposição dos EDcl, o que também não é aceito pela jurisprudência deste Superior Tribunal. Ressaltou-se, contudo, quanto à prescrição de ofício, só se viabilizar sua decretação com a vigência da Lei n. 11.280/2006, a qual deu nova redação ao § 5º do art. 219 do CPC. Precedentes citados: AgRg nos EAg 969.988-RS, DJe 5/10/2009; REsp 933.322-RJ, DJe 1º/4/2009; REsp 378.740-RS, DJe 20/4/2009; AgRg no REsp 836.603-RO, DJe 7/4/2008, e AgRg no REsp 900.570-SP, DJ 3/9/2007. **EAg 977.413-SP, Rel. Min. Laurita Vaz, julgados em 16/3/2011.** (Inform. STJ 466)

HONORÁRIOS ADVOCATÍCIOS. PRESCRIÇÃO. BASE. CÁLCULO.
A Turma deu parcial provimento ao recurso especial originário de demanda ajuizada por causídico contra a instituição financeira recorrente na qual se pleiteou o arbitramento da verba honorária devida pela prestação dos serviços advocatícios, após rescisão unilateral do contrato firmado entre as partes. Inicialmente, consignou-se que o prazo prescricional das ações de cobrança de honorários relativos às demandas propostas anteriormente à entrada em vigor da Lei n. 8.906/1994 é regulado pelo art. 100, V, da Lei n. 4.215/1963 (anterior Estatuto da OAB), que o fixa em cinco anos, e não pelo art. 178, § 6º, do CC/1916. *In casu*, ante a ausência, nos autos, do contrato que estipulava o valor acordado entre as partes, considerou-se que a verba deve ser fixada por arbitramento, a partir do emprego dos mesmos critérios utilizados para o cálculo da verba de sucumbência, a teor do que dispõem os arts. 22 da Lei n. 8.906/1994 e 20, § 3º, do CPC. No entanto, ressaltou-se que a aplicação baseada no valor das causas patrocinadas pelo advogado recorrido resultou em quantia exagerada, razão pela qual foi reformado o acórdão impugnado para considerar como base de cálculo o valor da condenação. Precedente citado: REsp 686.514-PR, DJe 22/4/2008. **REsp 1.166.680-PE, Rel. Min. Nancy Andrighi, julgado em 4/11/2010.** (Inform. STJ 454)

REGRESSIVA. SEGURADORA. PRESCRIÇÃO. PROTESTO INTERRUPTIVO. TERMO INICIAL.
A *quaestio juris* consiste em definir qual o prazo e o termo inicial da prescrição para a seguradora recorrente requerer o ressarcimento do valor da indenização pago à sociedade empresária (frigorífico) devido ao desvio de carga terrestre segurada ocorrido por culpa da transportadora. Consiste, também, em definir o momento em que ocorre a interrupção da prescrição diante da existência de protesto judicial. Observa o Min. Relator que a seguradora, ao integralmente indenizar a sua cliente, assumiu seu lugar para cobrar a transportadora, portanto sub-rogou-se nos direitos e deveres dessa nos limites da sub-rogação. Por outro lado, pelo contrato de transporte, obriga-se, mediante retribuição, a transportar pessoas ou coisas de um lugar para outro (art. 730 do CC/2002), o que, em regra, leva a aplicar o CC e o CDC e, no que não for incompatível ou se houver lacuna, aplica-se a legislação específica (art. 732 do CC/2002). Explica, entretanto, que, quando se tratar de transporte de carga, averigua-se primeiro se há relação de consumo; se houver, aplica-se a regra geral (CC, CDC e legislação especial); caso contrário, ausente a relação de consumo, afasta-se o CDC, aplicando-se as regras não revogadas do Código Comercial, as regras gerais do CC e a legislação específica. Anota que, no caso dos autos, não incidiu o CC em vigor porque os fatos ocorreram em 1994 e 1995, tampouco incidiu a Lei n. 11.442/2007. Também não incidiu o CDC, por não se cuidar de relação de consumo, visto que houve uma relação comercial entre o frigorífico e a transportadora, formalizando contrato de transporte de mercadorias devidamente seguradas a serem entregues para determinado cliente. De outro lado, não existem restrições quanto à aplicação, no caso, da legislação específica relativa ao contrato de transporte rodoviário. Assim, no que se refere à prescrição, segundo a Súm. n. 151-STF, o segurador sub-rogado tem um ano para ajuizar a ação de ressarcimento pela perda da carga extraviada contra transportadora. Também a jurisprudência do STF há muito sedimentou entendimento de que, em caso de furto ou perda da mercadoria transportada, a prescrição tem início a partir do 30º dia contado de quando a mercadoria deveria ser entregue, pois se aplica o art. 9º do Dec. n. 2.681/1912. Quanto ao momento de interrupção do lapso prescricional, já que houve ajuizamento de protesto interruptivo, a jurisprudência do STJ entende que a prescrição se interrompe pela intimação da pessoa contra quem a medida for requerida (art. 171, I e II, do CC/1916). Dessa forma, o início do termo prescricional são datas das notas fiscais referentes às cargas, ou seja, após trinta dias (11/6/1994, 21/6/1994 e 26/5/1994), sendo que houve o ajuizamento do protesto em 23/5/1995, com a intimação realizada em 2/6/1995, quando o prazo ânuo foi interrompido e a ação indenizatória foi ajuizada em 29/5/1996, quando ainda não estava efetivada a prescrição. Diante do exposto, a Turma deu provimento ao recurso, determinando o retorno dos autos ao TJ a fim de que julgue o mérito. Precedentes citados do STF: RE 31.922, DJ 16/11/1956, e do STJ: REsp 195.195-PR, DJ 8/4/2002; REsp 958.833-RS, DJ 25/2/2008; REsp 40.164-SP, DJ 29/9/1997, e REsp 19.295-SP, DJ 31/8/1992. **REsp 705.148-PR, Rel. Min. Luis Felipe Salomão, julgado em 5/10/2010.** (Inform. STJ 450)

QO. PRESCRIÇÃO. SEGURADORA. DIREITO. REGRESSO.
A Turma, em questão de ordem, decidiu submeter o julgamento do feito à Segunda Seção. Trata-se de prazo prescricional quando a seguradora postula, em direito de regresso, reaver aquilo que cobriu da transportadora, no caso, transporte de carga. **REsp 705.148-PR, Rel. Min. Luis Felipe Salomão, em 24/8/2010.** (Inform. STJ 444)

PRESCRIÇÃO. REVELIA.
Trata-se, na origem, de ação de cobrança de indenização complementar ajuizada pelo recorrido em desfavor da recorrente, tendo por objeto apólice de seguro de vida em grupo. No primeiro grau de jurisdição, a ora recorrente

ofereceu contestação a destempo, razão pela qual foram aplicados os efeitos da revelia, julgando-se procedente o pedido. Na origem, negou-se provimento à apelação interposta. O tribunal *a quo* entendeu que: a) a contestação oferecida além do tempo processualmente apropriado implica ausência do ato, cujos efeitos estão previstos em lei; b) existe vedação à parte de suscitar, na instância seguinte, algo não prequestionado oportunamente; c) a inovação da lide em fase recursal é inadmissível, sob pena de malferimento ao princípio do duplo grau de jurisdição. No REsp, a recorrente sustenta, em síntese, que a matéria concernente à prescrição é de ordem pública, razão por que pode ser conhecida a qualquer tempo e grau de jurisdição, inclusive de ofício, não estando sujeita, por conseguinte, aos efeitos da revelia; e que, a despeito de a revelia acarretar a presunção de veracidade dos fatos alegados pela parte, tal efeito não se aplica quanto à matéria de direito, que pode ser livremente apreciada pelo magistrado. Nesta instância especial, entendeu-se que, tendo o réu assumido o processo a tempo de interpor o recurso de apelação, poderia sim alegar em suas razões toda a matéria de direito que deva ser apreciada pelo juiz, entre as quais a prescrição. Registrou-se que – embora a redação do art. 219, § 5º, do CPC, então vigente, não determinasse que, em se tratando de direitos patrimoniais, o juiz se pronunciasse de ofício sobre o tema da prescrição – sendo a questão suscitada pelo revel nas razões da apelação, não poderia o tribunal estadual deixar de realizar seu enfrentamento, sob o fundamento de o réu estar inovando na lide. Registrou-se, ainda, que os efeitos da revelia incidem tão somente sobre a matéria de fato, e não sobre o direito da parte. Com esse entendimento, a Turma deu provimento ao recurso especial para cassar o acórdão recorrido, determinando o retorno dos autos ao tribunal de origem, para que seja realizado novo julgamento da apelação, com exame da preliminar de prescrição. Precedentes citados: REsp 203.963-RS, DJ 8/9/2003; REsp 3.049-PR, DJ 8/6/1992; REsp 9.961-SP, DJ 2/12/1991; REsp 792.435-RJ, DJ 22/10/2007; REsp 689.331-AL, DJ 13/3/2006; REsp 332.763-SP, DJ 24/6/2002, e REsp 252.152-MG, DJ 16/4/2001. **REsp 890.311-SP, Rel. Min. Sidnei Beneti, julgado em 12/8/2010.** (Inform. STJ 442)

HONORÁRIOS ADVOCATÍCIOS. EXECUÇÃO. PRESCRIÇÃO.
A Turma decidiu que, referente à prescrição para a cobrança de honorários advocatícios sucumbenciais, incide o prazo quinquenal conforme o art. 25 do EOAB (Lei n. 8.906/1994), a contar do trânsito em julgado da decisão que os fixou. Precedente citado: EREsp 706.331-PR, DJe 31/3/2008. **REsp 949.414-PR, Rel. Min. Nancy Andrighi, julgado em 5/11/2009.** (Inform. STJ 414)

PRESCRIÇÃO. INVENTÁRIO. COMPRA. MANDATÁRIO.
Noticiam os autos que se trata de compra feita por quem estava na administração da coisa (mandatário). A sentença declarou nula a escritura de compra e venda e a transmissão de direitos possessórios, mas julgou extinta a ação de anulação de adjudicação, condenando as partes às custas e honorários de 10% sobre o valor da causa. Recorreram o réu e a autora, e o Tribunal *a quo* deu provimento ao recurso desta, confirmando a sentença de nulidade do negócio; porém, consequentemente, reconheceu a nulidade da sobrepartilha ocorrida em inventário e da adjudicação do bem em favor dos réus. Daí o REsp sob os fundamentos de ser legal a escritura outorgada aos recorrentes, de haver a prescrição, de existir a ciência da recorrida e, também, de não se poder falar em impossibilidade de compra de bens pelo mandatário quando o mandante intervém diretamente no negócio, com livre disposição de seus bens. Para o Min. Relator, quanto à prescrição, não há violação do art. 168, IV, do CC/1916, porquanto o TJ afastou a prescrição por agir o réu como mandatário, na qualidade de administrador dos bens, o que não enseja a abertura de prazo prescricional. Ademais, explica que a ocorrência da prescrição beneficiaria apenas o mandatário, não o mandante. Também afirma correta a nulidade do negócio; pois, nos termos do art. 1.133, II, do CC/1916, é nula de pleno direito e não anulável a compra feita por quem está na administração da coisa, ainda que feita diretamente com o dono. Diante do exposto, a Turma não conheceu do recurso. Precedentes citados: AgRg no Ag 596.361-RS, DJ 17/12/2004; Ag 599.114-RS, DJ 1º/9/2004; REsp 32.104-PR,DJ 11/4/1994, e REsp 2.624-MT, DJ 20/8/1990. **REsp 1.060.183-SP, Rel. Min. Aldir Passarinho Junior, julgado em 29/9/2009.** (Inform. STJ 409)

REPETITIVO. ÁGUA. ESGOTO. PRESCRIÇÃO.
A Seção, ao apreciar REsp submetido ao regime do art. 543-C do CPC e da Res. n. 8/2008-STJ, reiterou o entendimento de que é legítima a cobrança de tarifa de água fixada por sistema progressivo, escalonada de acordo com o consumo e de que a ação de repetição de indébito de tarifa de água e esgoto sujeita-se ao prazo prescricional estabelecido no CC, ou seja, de 20 anos, como previsto no art. 177 do CC/1916 ou de 10 anos, como previsto no art. 205 do CC/2002. Observa-se, ainda, que se aplica, se for o caso, a regra intertemporal estabelecida no art. 2.028 do CC/2002 (em que os prazos são reduzidos à metade do tempo estabelecido se na data de entrada em vigor do novo código civil, já houver transcorrido mais da metade do tempo estabelecido na lei revogada), embora, na hipótese dos autos, a última questão não esteja em causa. Precedentes citados: REsp 861.661-RJ, DJ 10/12/2007; AgRg no REsp 873.647-RJ, DJ 19/11/2007; REsp 776.951-RJ, DJe 29/5/2008; EREsp 690.609-RS, DJe 7/4/2008, e REsp 1.032.952-SP, DJe 26/3/2009. **REsp 1.113.403-RJ, Rel. Min. Teori Albino Zavascki, julgado em 9/9/2009.** (Inform. STJ 406)

REPETITIVO. PRESCRIÇÃO. CORREÇÃO MONETÁRIA. PREVIDÊNCIA PRIVADA.
Ao prosseguir o julgamento de recursos repetitivos (art. 543-C do CPC), a Seção reafirmou que o prazo prescricional de cinco anos constante da Súm. n. 291-STJ tem incidência não apenas na ação de cobrança das parcelas de complementação da aposentadoria de previdência privada. Por analogia, também se aplica o mesmo prazo quando a pretensão buscar as diferenças de correção monetária incidentes sobre a restituição da respectiva reserva de poupança. Firmou, também, que o termo inicial do referido prazo é a data em que houve a devolução a menor das contribuições pessoais recolhidas pelo associado ao plano previdenciário. Precedentes citados: REsp 771.638-MG, DJ 12/12/2005; AgRg no REsp 858.978-MG, DJe 28/4/2009; AgRg nos EDcl no Ag 915.362-GO, DJe 19/3/2009; AgRg no REsp 903.092-MG, DJe 3/10/2008; REsp 980.704-MG, DJe 19/5/2008; EDcl no Ag 638.077-GO, DJ 3/12/2007; AgRg no REsp 681.326-MG, DJ 3/9/2007; REsp 678.689-MG, DJ 20/11/2006; AgRg no REsp 1.041.207-RN, DJe 1º/7/2009; AgRg no Ag 989.917-DF, DJe 30/6/2008; EDcl no AgRg no Ag 690.041-MS, DJe 11/2/2008; AgRg no REsp 907.912-DF, DJ 11/6/2007, e AgRg no REsp 954.935-DF, DJ 12/11/2007. **REsp 1.110.561-SP e REsp 1.111.973-SP, Rel. Min. Sidnei Beneti, julgados em 9/9/2009.** (Inform. STJ 406)

PRESCRIÇÃO. COBRANÇA. ADIANTAMENTO. OBRA. REDE ELÉTRICA.
Trata-se de REsp remetido pela Quarta Turma para a Seção estabelecer o prazo de prescrição para a ação de cobrança de valores em dinheiro adiantados por proprietário rural à concessionária de energia elétrica, com a finalidade de financiar construção de rede elétrica e, passados os quatro anos previstos para restituição, a concessionária não os devolveu. Note-se que existem inúmeros processos em tramitação sobre a matéria e, até então, o entendimento jurisprudencial firmado ainda na vigência do CC/1916 era da incidência da prescrição vintenária. Neste caso, já no advento do CC/2002, discute-se se a pretensão de devolução dos valores seria ação indenizatória por enriquecimento sem causa, que prescreve em três anos (art. 206, § 3º, IV, do CC/2002), tal como entendeu a sentença, que, por isso, extinguiu o processo, ou, se se trata de ação de cobrança, em que a prescrição é de cinco anos (art. 206, § 5º, I, do CC/2002). Isso posto, após vários pedidos de vista, a Seção não conheceu do recurso, confirmando a decisão recorrida, devendo o feito prosseguir. Firmou-se o entendimento de que, na hipótese, trata-se de obrigação contratual de empréstimo, presente em instrumento firmado pelos litigantes, em que o prazo prescricional é de cinco anos. **REsp 1.053.007-RS, Rel. Min. João Otávio de Noronha, julgado em 12/8/2009.** (Inform. STJ 402)

SEGURO. TERMO *A QUO*. PRESCRIÇÃO.
No autos, o acórdão recorrido afirma que não há prova da comunicação do sinistro à seguradora e, por outro lado, a autora (segurada) não comprovou ter postulado o seguro. Indiferente a esse fato, ambas as instâncias também afirmam que a contagem do prazo prescricional inicia-se a partir da comunicação da recusa do pagamento da seguradora à segurada, concluindo que, como essa não ocorreu, o prazo prescricional não teve começo. Observa o Min. Relator constatar-se, nos autos, que o sinistro (desvio de carga) era do conhecimento da autora desde 19/2/2002 (data do boletim de ocorrência), mas a ação só foi distribuída em 28/3/2003, após mais de um ano. Além disso, na impugnação quanto à falta de prova da comunicação do sinistro e ao pedido administrativo, a autora limitou-se a afirmar que comunicou à seguradora sem apresentar documentos, inclusive recusou-se a especificar novas provas quando solicitadas pelo juízo processante. Nesse contexto, afirma o Min. Relator não ser razoável que o segurado pudesse efetuar o pedido após um ano do sinistro para então, da recusa da seguradora, computar-se o prazo prescricional. Assim, conclui que, se o segurado deixa transcorrer um ano entre a data do sinistro e o pedido de cobertura ocorre a prescrição; se deixar transcorrer menos de ano para fazer o pedido, computa-se o lapso já decorrido, que fica paralisado após o pedido administrativo, e volta a ter curso, pelo que restar, após a recusa da seguradora. Nesse mesmo sentido, há jurisprudência quanto à contagem do prazo prescricional em casos que envolvem seguro de vida. Com esse entendimento, a Turma deu

provimento ao recurso da seguradora. Precedentes citados: REsp 8.770-SP, DJ 13/5/1991; REsp 129.429-AM, DJ 22/6/1998, e REsp 533.004-SC, DJ 10/5/2004. **REsp 862.726-PR, Rel. Min. Aldir Passarinho Junior, julgado em 18/6/2009.** (Inform. STJ 399)

DPVAT. RESPONSABILIDADE CIVIL. PRESCRIÇÃO TRIENAL.
Cuida-se de recurso especial remetido à Segunda Seção deste Superior Tribunal de Justiça, por se tratar de discussão que pode ser assim delimitada: se for considerado que o DPVAT ostenta a natureza de seguro obrigatório de responsabilidade civil, o prazo prescricional para sua cobrança é de três anos diante da incidência do art. 206, § 3º, IX, do CC/ 2002. Por outro lado, se tomado como seguro obrigatório de danos pessoais, a ação de cobrança, em vista da falta de regulamentação específica, prescreve no prazo geral de dez anos estabelecido no art. 205 do CC/2002. O Min. Luis Felipe Salomão, o relator, aplicava ao caso o prazo de prescrição de 10 anos. Mas, o Min. Fernando Gonçalves, em seu voto vista, concluiu que o DPVAT exibe a qualidade de seguro obrigatório de responsabilidade civil, portanto prescreve em três anos a ação de cobrança intentada pelo beneficiário, no que foi seguido pela maioria. Na espécie, tendo o acidente ocorrido em 20/1/2002 e a demanda ajuizada somente em 8/8/2006, o reconhecimento da prescrição é de rigor. Isso posto, a Seção, ao prosseguir o julgamento, não conheceu do recurso. **REsp 1.071.861-SP, Rel. originário Min. Luis Felipe Salomão, Rel. para acórdão Min. Fernando Gonçalves, julgado em 10/6/2009.** (Inform. STJ 398)

AÇÃO NEGATÓRIA. PATERNIDADE. PRESCRIÇÃO.
Trata-se, originariamente, de ação negatória de paternidade que foi extinta em primeiro grau pelo reconhecimento da prescrição, decisão reformada pelo TJ em grau de apelação. No REsp, alega-se ofensa do art. 178, § 3,º do CC/1916. Diante disso, a Turma reiterou o entendimento de que a ação negatória de paternidade não se sujeita mais à regra de prescrição, podendo o pai, a qualquer tempo, debater seu estado de pai como corolário lógico e por simetria com a regra do art. 27 do ECA, o que veio posteriormente a também constituir regra expressa no Código Civil atual, em seu art. 1.601. Assim, não se conheceu do recurso. Precedentes citados: REsp 146.548-GO, DJ 5/3/2001; REsp 278.845-MG, DJ 28/5/2001, e REsp 155.681-PR, DJ 4/11/2002. **REsp 576.185-SP, Rel. Min. Aldir Passarinho Junior, julgado em 7/5/2009.** (Inform. STJ 393)

AÇÃO. INDENIZAÇÃO. SEGURADORA. SÚMS. NS. 229 E 278-STJ.
Trata-se de ação de cobrança ajuizada pela recorrida contra companhia de seguros em razão da negativa desta em pagar indenização relativa a seguro de vida em grupo do qual aquela era beneficiária. A recorrente alega divergência jurisprudencial no cômputo do prazo prescricional. Inicialmente a Min. Relatora ressaltou ser pacífico o entendimento deste Superior Tribunal, nos termos da Súm. n. 101-STJ. Mas destacou que, na hipótese, a discussão atinente à contagem do prazo prescricional exige a interpretação conjunta dos enunciados das Súmulas n. 229 e 278 deste STJ. E para que essa conjugação não gere distorções, há apenas uma interpretação possível, qual seja, a de que o *dies a quo* da prescrição corresponde à data em que o segurado toma ciência inequívoca da incapacidade, sendo que a contagem do prazo anual se suspende diante de eventual comunicação de sinistro à seguradora, voltando a fluir somente após o segurado ser informado acerca da negativa do pagamento da indenização. A Min. Relatora entendeu ser cabível uma consideração quanto ao termo "suspende" contido na Súm. n. 229-STJ. Ao apreciar o REsp 8.770-SP, DJ 13/5/1991, decidiu-se ser "razoável e correto sustentar que o prazo prescricional não deverá correr, ficando, portanto suspenso durante o tempo gasto pelo segurador no exame da comunicação feita pelo segurado". Portanto não há dúvida de que o pedido de indenização formulado pelo segurado tem efeito suspensivo. Esse efeito, contudo, é inerente apenas à apresentação do comunicado pelo segurado. Considerou também a Min. Relatora que a resposta da seguradora pode, eventualmente, caracterizar causa interruptiva do prazo prescricional, notadamente aquela prevista no art. 172, V, do CC/1916 (atual art. 202, VI do CC/2002), qual seja, a prática de ato inequívoco, ainda que extrajudicial, que importe reconhecimento do direito pelo devedor. Assim, constata-se que a Súm. n. 229-STJ não esgota todas as possibilidades envolvidas no comunicado de sinistro feito a seguradora, sendo possível vislumbrar situações em que haverá interrupção – e não a suspensão – do prazo prescricional. Dessa forma, ainda que, na resposta à notificação da recorrida, haja negativa em pagar a indenização, não resta dúvida de que a seguradora reconhece a existência de direito à cobertura para o evento objeto da ação, o que caracteriza causa interruptiva do prazo prescricional (art. 172, V, do CC/1916). Portanto, considerando que, no período compreendido entre 17/11/2000 e 22/6/2002, o prazo prescricional não fluiu por estar pendente manifestação da seguradora, bem como sua resposta caracterizar causa interruptiva da prescrição, a contagem do referido prazo foi renovado de modo que somente se encerraria em 21/6/2003. Como a ação foi distribuída em 28/5/2003, não há que falar em prescrição. Diante disso, a Turma negou provimento ao recurso. **REsp 875.637-PR, Rel. Min. Nancy Andrighi, julgado em 19/3/2009.** (Inform. STJ 387)

ESPÓLIO. IMÓVEL. VENDA. PRESCRIÇÃO.
Trata-se de pretensão de anulação de negócio jurídico de compra e venda de imóvel integrante de espólio e, quanto ao mérito, a matéria reduz-se em saber se a venda realizada pelo inventariante seria ato nulo de pleno direito inatingível por prescrição ou negócio jurídico anulável, conforme entendeu o TJ. Para o Min. Relator, a tese dos recorrentes de que o ato jurídico praticado pelo inventariante seria nulo de pleno direito não pode ser acolhida. Também, na hipótese, não se cogita de venda a *non domino*, pois esta é realizada por quem não teve poder de disposição sobre a coisa. O que emerge como vício na venda a *non domino* é a completa falta de legitimação do alienante, que consiste na inaptidão específica para o negócio jurídico. Consta dos autos que o juízo do inventário homologou o esboço da partilha, ressalvando o interesse da Fazenda Pública e determinando a formação de condomínio judicial até a quitação dos débitos tributários. Os recorrentes pretendiam demonstrar que a homologação de partilha seria a sentença de partilha. Porém, esclareceu o Min. Relator que, nos termos do art. 1.026 do CPC, a sentença de partilha ocorre em momento posterior, somente depois de pago o imposto de transmissão a título de morte e juntada certidão negativa de dívida com a Fazenda Pública. A alienação dos bens ocorreu quando o inventariante dativo estava em pleno exercício do *munus* a ele atribuído. Além disso, a alienação do imóvel deu-se com a devida autorização judicial, malgrado tenha sido contra a vontade dos herdeiros, que não se insurgiram no âmbito do inventário. No caso, a hipótese é de, no máximo, ausência de consentimento dos herdeiros no negócio jurídico, o que, definitivamente, não o torna nulo, mas anulável, sujeito, portanto, à prescrição de que trata o art. 178, § 9º, V, b, do CC/1916. Diante disso, a Turma não conheceu do recurso. **REsp 982.584-PE, Rel. Min. Luís Felipe Salomão, julgado em 25/11/2008.** (Inform. STJ 378)

REMESSA. SEGUNDA SEÇÃO. PRESCRIÇÃO. COBRANÇA. ELETRIFICAÇÃO.
A Turma decidiu remeter o julgamento do REsp à Segunda Seção. Trata-se do prazo prescricional nas ações de cobrança de dívida líquida constante em instrumento público ou particular de natureza pessoal, no caso, contrato de financiamento e adiantamento de obras de eletrificação. **REsp 1.053.007-RS, Rel. Min. João Otávio de Noronha, em 20/11/2008.** (Inform. STJ 377)

RECURSO REPETITIVO. TELEFONIA. AÇÕES. PARTICIPAÇÃO FINANCEIRA.
No julgamento de recurso repetitivo (Lei n. 11.672/2008 e Res. n. 8/2008-STJ), confirmou-se a pacificação da jurisprudência da Segunda Seção deste Superior Tribunal, no sentido de que o pagamento resultante da diferença de ações devidas em razão do contrato de participação financeira celebrado entre a companhia telefônica e os adquirentes das linhas seja baseado no valor patrimonial da ação (VPA) apurado pelo balancete do mês da respectiva integralização. A prescrição rege-se pela aplicação do art. 177 do CC/1916, hoje art. 205, c/c art. 2.028, ambos do CC/2002. **REsp 1.033.241-RS, Rel. Min. Aldir Passarinho Junior, julgado em 22/10/2008.** (Inform. STJ 373)

AÇÃO. COBRANÇA. PRESCRIÇÃO.
Trata-se de ação de cobrança dos valores investidos na implementação de rede de eletrificação em área rural, acrescidos de juros e correção monetária, sob pena de enriquecimento sem causa da concessionária de serviço público, segundo os demandantes ora recorrentes, pois além de não ter a companhia despendido valores na construção da rede, acrescentou-a a seu patrimônio. O Tribunal *a quo* considerou a demanda prescrita e o recorrente busca a reforma dessa decisão porque o prazo prescricional, no caso, seria decenal. Explica o Min. Relator que a obra foi concluída em 24/12/1997, iniciando o prazo de prescrição em 24/12/2001, devido ao prazo de quatro anos concedido à empresa, após a conclusão da obra, para efetuar o ressarcimento do valor investido de acordo com o convênio de devolução firmado. Àquela época, segundo o entendimento deste Superior Tribunal, conforme a regra do art. 177 do CC/1916, o prazo prescricional das ações de cobrança propostas em relação às sociedades de economia mista concessionárias de serviço público é o ordinário de 20 anos (atribuído às ações pessoais). Então, com o advento do CC/2002, que considera no art. 2.028 que, se não transcorreu mais da metade do prazo vintenário, aplica-se o prazo estabelecido pela lei nova, que é de dez anos (art. 205) cujo termo inicial é o da entrada em vigor do referido Código, em 11/1/2003. Diante disso, conclui-se que não se operou a prescrição. Com

esse entendimento, a Turma deu provimento ao recurso para afastar o reconhecimento da prescrição (trienal) e determinar o retorno dos autos à origem para o julgamento do feito. Precedente citado: Ag 1.004.015-RS, DJ 16/4/2008, e Ag 979.123-RS, DJ 11/4/2008. **REsp 966.319-RS, Rel. Min. Massami Uyeda, julgado em 18/9/2008**. (Inform. STJ 368)

COBRANÇA. PRESCRIÇÃO. CONCESSIONÁRIA. ENERGIA ELÉTRICA.
A jurisprudência neste Superior Tribunal sedimentou-se no sentido de que o prazo prescricional nas ações de cobrança propostas em relação às sociedades de economia mista concessionárias de serviço público é de 20 anos, como previsto no art. 177 do CC/1916, o qual foi reduzido para 10 anos pelo art. 205 do CC/2002. Outrossim, destaca o Min. Relator que as sociedades de economia mista têm natureza jurídica de direito privado, porquanto funcionam e se organizam como empresas privadas, descentralizadas do Poder Público. Por isso, aplica-se a prescrição ordinária atribuída às ações pessoais, consoante os citados artigos. Conseqüentemente, na hipótese dos autos, a conclusão da obra de eletrificação rural foi em 4/5/1995, iniciando-se o lapso prescricional somente em 4/5/1999, devido ao prazo de quatro anos que a empresa de energia elétrica tinha após a conclusão da obra para efetuar o ressarcimento do investimento. Portanto, o prazo de prescrição era 20 anos, mas, considerando o disposto no art. 2.028 do CC/2002, não havia transcorrido mais da metade do prazo vintenário quanto da vigência do CC/2002. Assim, aplica-se o prazo estabelecido pela lei nova, cujo termo inicial é 11/1/2002. Dessarte, não se operou a prescrição porque a ação foi ajuizada em 17/10/2006. Com esse entendimento, a Turma afastou a prescrição e determinou o retorno dos autos ao Tribunal de origem para julgamento. Precedentes citados: Ag 1.004.015-RS, DJ 16/4/2008, e Ag 979.123-RS, DJ 11/4/2008. **REsp 1.042.968-RS, Rel. Min. Massami Uyeda, julgado em 19/6/2008**. (Inform. STJ 360)

PRESCRIÇÃO. PRAZO. SEGURO.
Nas ações regressivas de segurado contra seguradora, o termo inicial do prazo prescricional é a data em que se deu o trânsito em julgado da sentença que fixou definitivamente o *quantum* da obrigação. **REsp 869.465-MS, Rel. Min. Humberto Gomes de Barros, julgado em 6/3/2008**. (Inform. STJ 347)

COBRANÇA. ALUGUERES. PRESCRIÇÃO. ART. 2.028 DO NOVO CÓDIGO CIVIL.
A recorrente, mediante execução por quantia certa, busca as diferenças de alugueres pagos a menor entre junho/2001 e novembro/2005. Relativamente à prescrição da pretensão sobre alugueres de prédios urbanos ou rústicos, o Código Civil derrogado estabelecia o prazo de cinco anos para a sua ocorrência (art. 178, § 10, IV), ao passo que a Lei n. 10.406/2002 o reduziu para três anos (art. 206, § 3º, I). Resta saber qual o termo *a quo* da contagem do novo prazo prescricional. Esclareceu a Min. Relatora que a aplicação da lei nova de modo a reduzir o prazo prescricional referente a situações a ela anteriores e sujeitas a um lapso prescricional superior, disciplinado pela lei revogada, efetivamente importará em atentado aos postulados da segurança jurídica e da irretroatividade da lei, caso se considere a data do fato como marco inicial da contagem do novo prazo. Dessa forma, nas hipóteses em que incide a regra de transição do art. 2.028 do Código Civil de 2002, o termo *a quo* do novo prazo é o início da vigência da lei nova, no caso, 11 de janeiro de 2003, e não a data em que a prestação deixou de ser adimplida. Precedentes citados do STF: RE 79.327-SP, DJ 7/11/1978; do STJ: REsp 698.195-DF, DJ 29/5/2006, e REsp 905.210-SP, DJ 4/6/2007. **REsp 948.600-SP, Rel. Min. Maria Thereza de Assis Moura, julgado em 29/11/2007.** (Inform. STJ 340)

PRESCRIÇÃO. PRAZO. REDUÇÃO. CC/2002.
De acordo com o art. 2.028 do CC/2002, lei anterior a esse código pode continuar a reger prazo se a nova lei civil o houver reduzido e se, na data da vigência do novel código civil, já se mostrar exaurido mais da metade do prazo fixado pela lei revogada. Na hipótese, o acidente em questão ocorreu em janeiro de 1997, data considerada pelo acórdão ora recorrido como marco da contagem da prescrição, a qual era vintenária em razão do disposto no art. 177 do CC/1916. Assim, quando da entrada em vigor do novo código, o antigo prazo vintenal estava longe de atingir sua metade, o que determina a regência da lei nova, que reduziu o prazo prescricional a três anos. Contudo a lei nova não retroage, o que leva a contar-se o novo prazo a partir da vigência do CC/2002. **REsp 870.299-SP, Rel. Min. Humberto Gomes de Barros, julgado em 15/5/2007.** (Inform. STJ 320)

PRISÃO CIVIL. NOVAÇÃO. PRESCRIÇÃO.
Depois de citado na execução das notas promissórias, o devedor celebrou acordo que foi homologado pelo juízo, no qual se previa a imediata execução se não pago o valor referente a uma segunda parcela. Inadimplida, foi requerida a execução do acordo, ocorrida a penhora, restou nomeado o devedor como depositário judicial. Nesse panorama, criada uma obrigação nova que extinguiu a anterior, tal como defendido pelo acórdão recorrido, a prescrição deve ser contada da sentença homologatória da transação, título executivo subsistente que veio a substituir as primevas notas promissórias. Quanto à prisão civil pela infidelidade do depositário judicial, sua prescrição é regulada pelo direito civil, no caso, pelo art. 177 do CC/1916. Precedentes citados: Ag 768.311-SP, DJ 6/12/2006; HC 10.045-RS, DJ 29/11/1999; HC 7.535-RJ, DJ 14/6/1999; RHC 7.943-SC, DJ 21/6/1999, e HC 17.105-MG, DJ 26/8/2002. **HC 63.562-SP, Rel. Min. Aldir Passarinho Junior, julgado em 3/5/2007.** (Inform. STJ 319)

PRESCRIÇÃO PATRIMONIAL. DECLARAÇÃO. OFÍCIO.
Trata-se de indenização por danos material e moral oriundos de doença laborativa contraída pelo autor agravado. A sentença julgou procedente em parte o pedido para condenar a ré a pagar ao autor o valor correspondente a oitenta salários mínimos, a título de compensação pelos danos morais experimentados. Foram interpostas apelações por ambas as partes. O autor requereu a concessão de indenização por dano material e a majoração da indenização por dano moral. O réu buscou a improcedência total do pedido. O Tribunal *a quo*, de ofício, extinguiu o processo declarando prescrita a ação. O Min. Relator asseverou que a ação de indenização por dano material e moral tem natureza patrimonial. Acrescentou que a jurisprudência proclama que a prescrição patrimonial depende de provocação da parte interessada, sendo vedado ao julgador conhecê-la de ofício (arts. 166 do CC/1916 e 219, § 5º, do CPC). Assim, não é lícito ao Juiz declarar, de ofício, a prescrição patrimonial. Precedentes citados: REsp 11.735-PR, DJ 13/12/1993; REsp 68.226-PE, DJ 10/6/1996; REsp 434.992-DF, DJ 5/5/2003, e REsp 61.066-SP, DJ 24/3/1997. **AgRg no REsp 547.862-RJ, Rel. Min. Humberto Gomes de Barros, julgado em 22/3/2007.** (Inform. STJ 314)

Súmula STF nº 494

A ação para anular venda de ascendente a descendente, sem consentimento dos demais, prescreve em vinte anos, contados da data do ato, revogada a súmula 152.

Súmula STF nº 445

A Lei 2437, de 7/3/1955, que reduz prazo prescricional, é aplicável às prescrições em curso na data do sua vigência (1º/1/1956), salvo quanto aos processos então pendentes.

Súmula STF nº 443

A prescrição das prestações anteriores ao período previsto em Lei não ocorre, quando não tiver sido negado, antes daquele prazo, o próprio direito reclamado, ou a situação jurídica de que ele resulta.

Súmula STF nº 154

Simples vistoria não interrompe a prescrição.

Súmula STF nº 153

Simples protesto cambiário não interrompe a prescrição.

Súmula STF nº 150

Prescreve a execução no mesmo prazo de prescrição da ação.

Súmula STF nº 149

É imprescritível a ação de investigação de paternidade, mas não o é a de petição de herança.

Súmula STJ nº 412

A ação de repetição de indébito de tarifas de água e esgoto sujeita-se ao prazo prescricional estabelecido no Código Civil.

Súmula STJ nº 405

A ação de cobrança do seguro obrigatório (DPVAT) prescreve em três anos.

Súmula STJ nº 323

A inscrição do nome do devedor pode ser mantida nos serviços de proteção ao crédito até o prazo máximo de cinco anos, independentemente da prescrição da execução.

Súmula STJ nº 291

A ação de cobrança de parcelas de complementação de aposentadoria pela previdência privada prescreve em cinco anos.

Súmula STJ nº 278

O termo inicial do prazo prescricional, na ação de indenização, é a data em que o segurado teve ciência inequívoca da incapacidade laboral.

Súmula STJ nº 229

O pedido do pagamento de indenização à seguradora suspende o prazo de prescrição até que o segurado tenha ciência da decisão.

Súmula STJ nº 194

Prescreve em vinte anos a ação para obter, do construtor, indenização por defeitos da obra.

Súmula STJ nº 143

Prescreve em cinco anos a ação de perdas e danos pelo uso de marca comercial.

Súmula STJ nº 101

A ação de indenização do segurado em grupo contra a seguradora prescreve em um ano.

Súmula STJ nº 39

Prescreve em vinte anos a ação para haver indenização, por responsabilidade civil, de sociedade de economia mista.

2. OBRIGAÇÕES

Fator de Deflação e Constitucionalidade

O Tribunal, por maioria, julgou improcedente pedido formulado em ação direta de inconstitucionalidade ajuizada pelo Partido Socialista Brasileiro - PSB contra o art. 27, §§ 1º e 2º, da Lei 8.177, de 1º.3.91, que fixou fator de deflação a ser aplicado às obrigações contratuais e pecuniárias e aos títulos de crédito, inclusive duplicatas, que tenham sido constituídos no período de 1º.9.90 a 31.1.91, sem cláusula de reajuste ou com cláusula de correção monetária prefixada. Adotou-se a orientação firmada no julgamento do RE 141190/SP (DJU de 26.5.2006) no sentido da constitucionalidade do fator de deflação, que teve por objetivo preservar o equilíbrio inicial dos contratos, diante da súbita interrupção do processo inflacionário (congelamento), evitando, assim, uma distorção distributiva. Citaram-se, ademais, diversos outros precedentes nos quais declarada a constitucionalidade do art. 27 da Lei 8.177/91. Vencidos os Ministros Marco Aurélio e Celso de Mello que julgavam o pleito parcialmente procedente. ADI 608/DF, rel. Min. Cármen Lúcia, 31.5.2007. (ADI-608) (Inform. STF 469)

DIREITO CIVIL. JUROS DE MORA. NÃO INCIDÊNCIA DA SELIC CUMULADA COM CORREÇÃO MONETÁRIA.

A incidência da taxa Selic como juros moratórios exclui a correção monetária, sob pena de bis in idem, considerando que a referida taxa já é composta de juros e correção monetária. Precedentes citados: EDcl nos EDcl nos EDcl nos EREsp 727.842-SP, DJe 23/11/2009; REsp 951.521-MA, DJe 11/5/2011, e REsp 1.139.997-RJ, DJe 23/2/2011. EDcl no REsp 1.025.298-RS, Rel. originário Min. Massami Uyeda, Rel. para acórdão Min. Luis Felipe Salomão, julgados em 28/11/2012. (Inform. STJ 510)

REVISÃO CONTRATUAL. CAPITALIZAÇÃO DE JUROS. CONTRATAÇÃO EXPRESSA. NECESSIDADE DE PREVISÃO.

A Turma entendeu que a contratação expressa da capitalização de juros deve ser clara, precisa e ostensiva, ou seja, as cláusulas devem ser compreensíveis plenamente, não podendo ser deduzida da mera divergência entre a taxa de juros anual e o duodécuplo da taxa de juros mensal. Assim, reconhecida a abusividade dos encargos exigidos no período de normalidade contratual, descaracteriza-se a mora. REsp 1.302.738-SC, Rel. Min. Nancy Andrighi, julgado em 3/5/2012.(Inform. STJ 496)

CONTRATO. CLÁUSULA PENAL. EFEITOS.

In casu, trata-se de contrato de compra e venda de imóvel, no qual o promitente-comprador (recorrente) obrigou-se a pagar o preço e o promitente-vendedor a entregar o apartamento no tempo aprazado. Porém, o promitente-vendedor não entregou o bem no tempo determinado, o que levou o promitente-comprador (recorrente) a postular o pagamento da cláusula penal inserida no contrato de compra e venda, ainda que ela tenha sido redigida especificamente para o caso do seu inadimplemento. Assim, cinge-se a questão em definir se a cláusula penal dirigida apenas ao promitente-comprador pode ser imposta ao promitente-vendedor ante o seu inadimplemento contratual. Na hipótese, verificou-se cuidar de um contrato bilateral, em que cada um dos contratantes é simultânea e reciprocamente credor e devedor do outro, oneroso, pois traz vantagens para os contratantes, comutativo, ante a equivalência de prestações. Com esses e outros fundamentos, a Turma deu provimento ao recurso para declarar que a cláusula penal contida nos contratos bilaterais, onerosos e comutativos deve aplicar-se para ambos os contratantes indistintamente, ainda que redigida apenas em favor de uma das partes. Todavia, é cediço que ela não pode ultrapassar o conteúdo econômico da obrigação principal, cabendo ao magistrado, quando ela se tornar exorbitante, adequar o *quantum debeatur*. **REsp 1.119.740-RJ, Rel. Min. Massami Uyeda, julgado em 27/9/2011.** (Inform. STJ 484)

HONORÁRIOS ADVOCATÍCIOS. COMPROMISSO. FIXAÇÃO. DÓLAR.

A Turma conheceu em parte do recurso e, nessa extensão, negou-lhe provimento, reafirmando não haver óbice para que o termo de compromisso de honorários advocatícios firmado seja fixado em percentual em dólar (art. 1º do DL n. 857/1969), contanto que se converta o valor do pagamento em moeda nacional, visto que o impedimento é para a substituição da moeda nacional pela estrangeira. No caso, em ação monitória ajuizada na origem, o recorrido cobra parte dos seus honorários porque a sociedade empresária não pagou o valor total avençado. Precedente citado: REsp 36.120-SP, DJ 22/11/1993. **REsp 885.759-SC, Rel. Min. Luis Felipe Salomão, julgado em 4/11/2010**. (Inform. STJ 454)

REPETITIVO. JUROS. MORA. COISA JULGADA.

Trata-se de recurso repetitivo remetido ao julgamento da Corte Especial pela Segunda Seção em que a controvérsia está em saber se há violação da coisa julgada na medida em que o título judicial exequendo exarado em momento anterior ao CC/2002 fixa os juros de mora em 0,5% ao mês e, na execução do julgado, determina-se a incidência de juros de 1% ao mês a partir da lei nova. Ressalte-se que, com o julgamento do feito na Corte Especial, objetivava-se uniformizar o entendimento relativo a essa matéria neste Superior Tribunal. Desse modo, ao apreciar o REsp, observou-se, inicialmente, que a sentença de conhecimento foi proferida na vigência do revogado CC/1916, quando os juros sujeitavam-se à regra do seu art. 1.062. Contudo, com o advento do CC/2002, aquele dispositivo de lei deixou de existir, passando a matéria a ser disciplinada pelo art. 406 da novel codificação. Destacou-se que os juros são consectários legais da obrigação principal, razão por que devem ser regulados pela lei vigente à época de sua incidência. Em sendo assim, torna-se evidente que o juiz, na formação do título judicial, deve especificá-los conforme a legislação vigente. Dentro dessa lógica, havendo superveniência de outra norma, o título a ela se adéqua, sem que isso implique violação da coisa julgada. Assinalou-se que a pretensão de recebimento de juros moratórios renova-se mês a mês, tendo em vista tratar-se de efeitos futuros continuados de ato pretérito (coisa julgada). Cuida-se de corolário do princípio da aplicação geral e imediata das leis, conforme dispõe o art. 6º da LICC. Na verdade, seria inadmissível a aplicação ultra-ativa do CC revogado. Os juros de mora representam uma remuneração devida em razão do atraso no cumprimento de uma obrigação. O credor tem o direito de receber o valor exato que lhe é devido acrescido pelo valor da mora; pois, caso contrário, não haveria qualquer interesse do devedor na quitação, já que seria mais vantajoso aplicar aquele valor a juros de 12% ao ano, porquanto o não pagamento da dívida possibilitaria a atualização do valor do capital além da obtenção de 0,5% ao mês. Assim, não caracteriza violação da coisa julgada o entendimento do tribunal de origem de que é possível a fixação, em execução de sentença, do percentual de 12% ao ano previsto no novo Código Civil, alterando, desse modo, especificamente, o percentual de 6% ao ano determinado pela sentença transitada em julgado e proferida quando vigente o CC/1916. Diante disso, a Corte Especial, por maioria, negou provimento ao recurso, ratificando o entendimento adotado pela Primeira Seção quando do julgamento do REsp 1.112.743-BA, DJe 31/8/2001, submetido ao rito previsto no art. 543-C do CPC e na Res. n. 8/2008 do STJ (recurso repetitivo). Todavia, o Min. Relator, vencido, sustentou que, em execução de título judicial, descabe modificar o índice dos juros de mora expressamente fixado pela sentença exequenda, mesmo que o CC/2002 tenha alterado o percentual, sob pena de ofensa à coisa julgada; quando, no entanto, não houver percentual de juros fixado em sentença prolatada antes da vigência do CC/2002, o critério deve ser de 6% ao ano nos termos do art. 1.062 do CC/1916, até o advento do CC/2002, adotando-se, a partir de então, o comando do art. 406 do CC/2002. **REsp 1.111.117-PR, Rel. originário Min. Luis Felipe Salomão, Rel. para acórdão Min. Mauro Campbell Marques, julgado em 2/6/2010**. (Inform. STJ 437)

SUBEMPREITADA. INADIMPLÊNCIA. CONTRATO.

Trata-se de ação de reparação por danos materiais e compensação por danos morais c/c declaração de nulidade de cláusula contratual ajuizada por empresas francesas – a primeira, fabricante de dormentes de concreto, e a segunda, prestadora de serviços de tecnologia e de assistência técnica de dormentes. Elas participaram de habilitação de concorrência pública internacional na condição de subcontratadas de construtora vencedora de licitação para construção de metrô, devido ao suporte técnico exigido no certame. No REsp, discute-se se é lícita a cláusula penal, se houve danos morais, se está configurada a sucumbência recíproca, se é possível a conversão do valor da reparação por danos materiais para moeda estrangeira e se o valor da cláusula penal deve ser dividido entre as empresas estrangeiras. Anotou-se, nos autos, ser incontroverso que a construtora vencedora do certame inadimpliu o compromisso amparado em cláusula penal do contrato administrativo, que possibilitou a substituição das empresas subcontratadas, no qual também se previa a indenização. Diante desse fato, as empresas estrangeiras sustentam a ilegalidade da cláusula penal. Para a Min. Relatora, conforme a doutrina, a cláusula penal é um pacto acessório ao contrato que tem a finalidade de dar cumprimento à obrigação principal. Assim, em razão desse caráter acessório, o art. 922 do CC/1916 previu que a nulidade da obrigação importa a da cláusula penal. Na hipótese dos autos, explica que a cláusula é acessória em relação ao compromisso de subcontratação das empresas estrangeiras, mas não quanto ao contrato administrativo precedido de licitação. Logo, a inserção de cláusula no contrato administrativo que possibilita à construtora subcontratar outras empresas não afetou o compromisso firmado, sendo irrelevante aferir a legalidade dessa inovação do contrato administrativo para a incidência da cláusula penal. Além disso, assevera que, apesar de este Superior Tribunal aceitar que a pessoa jurídica possa ser vítima de dano moral (Súm. n. 227-STJ) e o TJ ter decidido nesse sentido, rever tal posição encontra óbice na Súm. n. 7-STJ. Contudo, a jurisprudência também já se firmou no sentido de que o mero inadimplemento contratual não acarreta danos morais na hipótese dos autos, daí não caberem os danos morais. Quanto à conversão do valor da cláusula penal em moeda estrangeira, o REsp não pode ser conhecido por incidir a Súm. n. 284-STF. Afirmou, ainda, diante da improcedência dos pedidos da inicial, haver sucumbência recíproca das partes, sendo que o valor da cláusula penal deve ser pago conforme determinado pelo acórdão recorrido: integralmente a cada uma das empresas estrangeiras (Súm. n. 5-STJ). Diante do exposto, a Turma negou provimento aos recursos. Precedentes citados: REsp 202.564-RJ, DJ 1º/10/2001; REsp 201.414-PA, DJ 5/2/2001; REsp 1.100.798-AM, DJe 8/9/2009, e AgRg no REsp 480.460-RS, DJ 5/2/2007. REsp 803.950-RJ, Rel. Min. Nancy Andrighi, julgado em 20/5/2010. (Inform. STJ 435)

JUROS. JULGAMENTO. PARENTESCO.

Em ação rescisória com pedido de tutela antecipada ajuizada por banco condenado a pagar, por danos morais, indenização de dois mil salários mínimos e acréscimos, o TJ julgou procedente o pedido somente quanto à incidência dos juros moratórios. Inconformado, o recorrente busca anular o acórdão recorrido, apontando violação do art. 128 da Loman, afirmando que dois dos desembargadores possuem parentesco entre eles, de sogro e genro, e, por isso, não poderiam ter assento no julgamento. Nesta instância especial, para o Min. Relator, não houve violação do art. 128 e, consequentemente, nulidade do julgamento, visto que, tal como esclarecido pelo tribunal *a quo*, o desembargador presidente das Câmaras Reunidas exerceu função meramente administrativa, não proferindo voto (art. 128, parágrafo único, da Loman c/c art. 44, parágrafo único, do RITJ). Quanto aos juros legais, explica que a taxa de 0,5% ao mês (art. 1.062 do CC/1916) vigora até o dia 10/1/2003. A partir dessa data, ou seja, 11/1/2003 (marco inicial do novo CC), deve ser aplicada a taxa de 1% ao mês (art. 406 CC/2002). Com esse entendimento, a Turma negou provimento ao recurso. **REsp 617.052-MA, Rel. Min. Luis Felipe Salomão, julgado em 18/5/2010**. (Inform. STJ 435)

CONTRATO. CORREÇÃO MONETÁRIA. PERIODICIDADE.

Trata-se, na hipótese, de contrato pelo qual a empresa ré obrigou-se a vender bem para entrega futura, podendo o preço ser reajustado em função do custo de produção ou de índice que reflita a variação ponderada dos custos dos insumos utilizados, conforme ajustado. A Turma entendeu, entre outras questões, que os contratos que têm por objeto obrigação pecuniária firmados após 1º de julho de 1994, ou seja, sob a égide do Plano Real, somente podem ser corrigidos com periodicidade anual. Entendeu, também, que, nas ações de conteúdo declaratório, como no caso dos autos, em que se quer ver reconhecida a aplicabilidade da Lei n. 9.069/1995 ao contrato firmado após a entrada em vigor do Plano Real, em que não haja condenação, os honorários serão fixados mediante a apreciação equitativa do juiz, nos termos do art. 20, § 4º, do CPC. Precedentes citados: REsp 647.181-ES, DJ 28/3/2005; REsp 160.504-RS, DJ 16/8/1999; AgRg no Ag 893.884-MS, DJe 14/4/2008; REsp 238.521-ES, DJ 20/3/2000, e REsp 396.699-RS, DJ 15/4/2002. **REsp 783.641-RS, Rel. Min. Luis Felipe Salomão, julgado em 23/2/2010**. (Inform. STJ 424)

COBRANÇA INDEVIDA. MÁ-FÉ. REPETIÇÃO EM DOBRO.

A Turma deu provimento ao recurso por entender que, comprovada a má-fé, no caso de descumprimento de disposição contratual expressa, por agência bancária, não obstante o pedido dos recorrentes para a apresentação do valor pago pelas moedas de privatização para aquisição de ações de companhia petroquímica, cabe devolução em dobro dos valores cobrados indevidamente e pagos a maior pelos recorrentes (art. 42, parágrafo único, do CDC). Não é possível, porém, a pretendida multa contratual e os juros moratórios de 12% ao ano como sucedâneo da litigância de má-fé (art. 18 do CPC), porquanto as penas decorrem da violação de normas distintas referentes a relações jurídicas diversas (contratual e processual), inexistindo dupla penalidade. Precedentes citados: REsp 505.734-MA, DJ 23/6/2003; AgRg no REsp 538.154-RS, DJ 15/8/2005; AgRg no REsp 947.897-RS, DJ 22/10/2007, e AgRg no Ag 1.042.588-RS, DJe 11/9/2008. REsp 1.127.721-RS, Rel. Min. Nancy Andrighi, julgado em 3/12/2009. (Inform. STJ 418)

RECURSO REPETITIVO. EXTRATOS. FGTS.

É certo que a Caixa Econômica Federal (CEF), na qualidade de gestora do FGTS, é responsável pela apresentação dos extratos referentes às contas vinculadas àquele fundo. Quanto aos extratos relativos ao período anterior à centralização das contas (1992), a CEF, se não os possuir, é responsável por requisitá-los dos bancos que detinham essas informações. Esse entendimento foi acolhido pela Seção ao prosseguir o julgamento de recurso repetitivo (art. 543-C do CPC). **REsp 1.108.034-RN, Rel. Min. Humberto Martins, julgado em 28/10/2009.** (Inform. STJ 413)

FUNDHAB. LEGALIDADE.

A Turma proveu o recurso da CEF, entendendo que é de responsabilidade do vendedor do imóvel o pagamento do valor referente ao Fundo de Assistência Habitacional (FUNDHAB), conforme pactuado. Precedentes citados: REsp 82.532-SP, DJ 13/5/1996; REsp 854.654-SP, DJ 22/10/2007, e REsp 183.428-SP, DJ 1º/4/2002. **REsp 617.830-AM, Rel. Min. Luis Felipe Salomão, julgado em 20/10/2009.** (Inform. STJ 412)

RECURSO REPETITIVO. COMISSÃO. PERMANÊNCIA.

A Seção, ao julgar recursos representativos de controvérsia (art. 543-C do CPC e Res. n. 8/2008-STJ), conheceu parcialmente dos recursos especiais nos termos do voto da Min. Relatora e, por maioria, com relação à cobrança da comissão de permanência, deu-lhes provimento em maior extensão, adotando o voto do Min. João Otávio de Noronha. Reafirmou a Seção o entendimento jurisprudencial de ser válida a cláusula que prevê a cobrança da comissão de permanência para o período de inadimplência desde que não cumulada com os juros moratórios, a multa moratória ou a correção monetária (Súms. ns. 30 e 296 do STJ). A comissão de permanência só é legal se calculada pela taxa média dos juros de mercado apurada pela Banco Central (Súm. n. 294/STJ). Ressaltou-se, ainda, que, em casos de abuso na cobrança da comissão de permanência, a aferição da sua legalidade há de ser feita diante do caso concreto pelo juiz, que irá analisar e verificar se a cláusula ajustada discrepa da taxa média de mercado, causando um injusto e pesado ônus ao consumidor. Note-se que o valor da comissão de permanência varia conforme a instituição bancária. Por isso, a Min. Relatora, vencida nesse ponto, votou pela nulidade da cláusula que estabelece a comissão de permanência, considerou a insegurança até quanto à sua definição; para ela, as taxas eram discrepantes e haveria falta de regulamentação relativa à sua composição, fato que, na sua opinião, ofenderia os princípios do CDC. Precedente citado: REsp 271.214-RS, DJ 4/8/2003. **REsp 1.058.114-RS e REsp 1.063.343-RS, Rel. originária Min. Nancy Andrighi, Rel. para acórdão Min. João Otávio de Noronha, julgados em 12/8/2009.** (Inform. STJ 402)

MATRÍCULA. ENSINO SUPERIOR. INADIMPLÊNCIA.

A Turma, ao prosseguir o julgamento, entendeu que não há porque impedir a renovação da matrícula da recorrida (menor púbere representada por seu pai) perante a instituição de ensino superior, ora recorrente, pois, no caso, devem ser afastados os ditames do art. 5º da Lei n. 9.870/1999. A suposta inadimplência não se refere a ela, a seu contrato com a instituição. Consta que seu pai é o inadimplente, mas em contrato firmado em seu próprio nome, pois ele também é aluno da mesma instituição. **REsp 1.096.242-DF, Rel. Min. Mauro Campbell Marques, julgado em 24/3/2009.** (Inform. STJ 388)

INSOLVÊNCIA CIVIL. AGRICULTURA. PECUÁRIA.

A Turma reiterou que, no caso, as atividades da agricultura e pecuária são estranhas ao comércio segundo a tradição jurídica, de modo que, aos recorrentes pecuaristas que vivem da compra e venda de gado no meio rural, não se aplicam as regras de Direito Comercial, mas de Direito Civil, porquanto, não sendo efetivamente comerciantes, não podem se valer das regras específicas da atividade empresarial para fins de falência, concordata ou recuperação judicial, cabendo-lhes o pedido de auto insolvência civil, excluídos os benefícios da Lei n. 1.060/1950. Precedente citado: AgRg no Ag 925.756-RJ, DJ 3/3/2008. **REsp 474.107-MG, Rel. Min. Luis Felipe Salomão, julgado em 10/3/2009.** (Inform. STJ 386)

JUROS MORATÓRIOS. ART. 406 DO CC/2002. TAXA LEGAL. SELIC.
A Corte Especial entendeu que os juros de mora decorrentes de descumprimento de obrigação civil são calculados conforme a taxa referencial do Sistema Especial de Liquidação e Custódia (Selic), por ser ela que incide como juros moratórios dos tributos federais (art. 406 do CC/2002, arts. 13 da Lei n. 9.065/1995, 84 da Lei n. 8.981/1995, 39, § 4º, da Lei n. 9.250/1995, 61, § 3º, da Lei n. 9.430/1996 e 30 da Lei n. 10.522/2002. Assim, a Corte Especial conheceu da divergência e deu provimento aos embargos de divergência. **EREsp 727.842-SP, Rel. Min. Teori Albino Zavascki, julgados em 8/9/2008.** (Inform. STJ 367)

CONSTRUÇÃO. CONTRATO. EMPREITADA. SUCESSÃO.
A Turma decidiu que, no caso, a obrigação de construir é impessoal e fungível, transmissível aos herdeiros e sucessores do construtor (art. 928 do CC/1916), visto que, no contrato de empreitada, salvo o ajuste em consideração às qualidades pessoais do empreiteiro, nem a morte de qualquer das partes extingue o referido contrato. Assim, no caso, incabível a aplicação do art. 879 do CC/1916 (atual art. 248 do novo CC). **REsp 703.244-SP, Rel. Min. Nancy Andrighi, julgado em 15/4/2008.** (Inform. STJ 352)

JUROS. CAPITALIZAÇÃO. CC/2002.
A MP n. 1.963-17/2000, republicada sob o n. 2.170-36/2001 (de garantida vigência em razão do art. 2º da EC n. 32/2001), é direcionada às operações realizadas pelas instituições integrantes do Sistema Financeiro Nacional, daí sua especificidade, a fazê-la prevalecer sob o novo Código Civil. Dessarte, depois de 31/3/2000, data em que entrou em vigor o art. 5º da referida MP, as instituições financeiras, se expressamente pactuado, fazem jus à capitalização dos juros em periodicidade inferior à anual em contratos não regulados por lei específica, direito que não foi afastado pelo art. 591 do CC/2002, dispositivo aplicável aos contratos civis em geral. No caso, cuidou-se de contrato de financiamento garantido por alienação fiduciária, firmado após a vigência do novo Código Civil. Precedentes citados: REsp 602.068-RS, DJ 21/3/2005; REsp 680.237-RS, DJ 15/3/2006; AgRg no REsp 714.510-RS, DJ 22/8/2005, e REsp 821.357-RS, DJ 23/8/2007. **REsp 890.460-RS, Rel. Min. Aldir Passarinho Junior, julgado em 18/12/2007.** (Inform. STJ 343)

JUROS. CAPITALIZAÇÃO. CC/2002.
A Turma reiterou o entendimento tomado no julgamento do REsp 890.460-RS, nota constante deste mesmo Informativo. Na espécie, no que concerne à capitalização mensal dos juros, entende o Min. Relator que a matéria está a merecer reflexão mais aprofundada, diferentemente das matérias de enfrentamento corriqueiro nos órgãos julgadores deste Superior Tribunal. No caso, o acórdão recorrido preteriu o art. 5º da MP n. 1.963-17/2000 (2.170-36/2001), com vigência a partir de 30/3/2000, ao art. 591 do novo Código Civil, que entrou em vigor em 11/1/2003, para estabelecer a periodicidade anual dessa parcela. A Lei n. 4.595/1964, que disciplina o Sistema Financeiro Nacional, com *status* de lei complementar, não aborda a questão da capitalização dos juros. Assim, o encargo desde há muito encontrava regulação no art. 4º da Lei de Usura, Decreto n. 22.626/1933 (Súm. n. 121-STF). No precedente decorrente do julgamento do REsp 680.237-RS, DJ 15/3/2006, alusivo aos juros remuneratórios, dois foram os fundamentos: o primeiro, de que a Lei n. 4.595/1964 possui caráter de lei complementar. O segundo, que contém disposições especiais de modo que prevalece, ainda que mais antiga, sobre a lei de caráter geral, inespecífica, do Sistema Financeiro Nacional, caso do Código Civil vigente. No que tange à MP n. 1.963-17/2000 (2.170-36/2001), evidente que o primeiro fundamento não se aplica. Porém, entendeu o Min. Relator que o segundo sim, por se direcionar às "operações realizadas pelas instituições integrantes do Sistema Financeiro Nacional", especificidade que a faz prevalente sobre o Código Civil atual, que não a revogou expressamente e não é com ele incompatível, porque é possível a coexistência por aplicável aos contratos civis em geral (art. 2º, § 1º, da LICC). Na verdade, a hipótese é a do parágrafo 2º do art. 1º. Tem-se, assim, que a partir de 31/3/2000 é facultado às instituições financeiras, em contratos sem regulação em lei específica, desde que expressamente contratado, cobrar a capitalização dos juros em periodicidade inferior à anual, direito que não foi abolido com o advento da Lei n. 10.406/2002. Precedentes citados: REsp 890.460-RS, REsp 821.357-RS, DJ 1º/2/2008, e AgRg no REsp 714.510-RS, DJ 22/8/2005. **REsp 906.054-RS, Rel. Min. Aldir Passarinho Junior, julgado em 7/2/2008.** (Inform. STJ 343)

SELIC. JUROS DE MORA. ART. 406 DO CC/2002.
Os juros de mora são regulados pelo art. 1.062 do CC/1916 até a entrada em vigor do novo Código Civil. Depois dessa data, aplica-se a taxa prevista no art. 406 da novel legislação, à razão de 1% ao mês. O art. 406 do CC/2002 alude ao percentual previsto no art. 161, § 1º, do CTN, e não à taxa Selic, que tem sua aplicação restrita aos casos previstos por lei, tais como restituições ou compensações de tributos federais. Precedentes citados: REsp 396.003-RS, DJ 28/10/2002, e REsp 441.225-RS, DJ 18/8/2006. **AgRg no REsp 727.842-SP, Rel. Min. Humberto Gomes de Barros, julgado em 3/12/2007.** (Inform. STJ 341)

AR. EXCLUSÃO. CAPITALIZAÇÃO. JUROS REMUNERATÓRIOS E MORATÓRIOS.
Adstringe-se a controvérsia à admissibilidade ou não de capitalização dos juros moratórios e remuneratórios nos cálculos de liquidação de sentença. Em voto de desempate, como presidente da Seção à época, o Min. Aldir Passarinho Junior primeiro distinguiu que a taxa de juros refere-se ao percentual; a capitalização, à forma de sua incidência. Destaca que a coisa julgada não comporta interpretação extensiva e que, no caso dos autos, pela sentença exeqüenda, o cômputo de juros remuneratórios próprios de títulos de curto prazo (CDB), aplicados a diferenças de expurgos inflacionários, foram ampliados além do tempo da aplicação original contratada pelo investidor (60 dias), gerando valores astronômicos e enriquecimento sem causa. O acórdão estadual foi confirmado pela Quarta Turma que considerou inserida na expressão "taxa contratada", além do percentual, a forma de incidência dos mesmos juros, o que se revela violador da coisa julgada, pois terminou, inadvertidamente, por fundir conceitos distintos, acrescentando à taxa (percentual) uma forma (capitalizada) que não constava da decisão exeqüenda. Alterou-se na liquidação a sentença exeqüenda, favorecendo ainda mais o autor. Portanto, concluiu que houve ofensa literal aos arts. 471 e 473 do CPC, aderindo aos votos divergentes. Com esse entendimento, ao prosseguir o julgamento, após o voto de desempate, por maioria, a Seção julgou procedente, em parte, a ação rescisória para exclusão da capitalização dos juros remuneratórios e moratórios. **AR 3.150-MG, Rel. originário Min. Castro Filho, Rel. para acórdão Min. Ari Pargendler, julgada em 28/11/2007.** (Inform. STJ 340)

Súmula STF nº 596

As disposições do Decreto 22626/1933 não se aplicam às taxas de juros e aos outros encargos cobrados nas operações realizadas por instituições públicas ou privadas, que integram o sistema financeiro nacional.

Súmula STF nº 121

É vedada a capitalização de juros, ainda que expressamente convencionada.

Súmula STJ nº 472

A cobrança de comissão de permanência - cujo valor não pode ultrapassar a soma dos encargos remuneratórios e moratórios previstos no contrato - exclui a exigibilidade dos juros remuneratórios, moratórios e da multa contratual.

Súmula STJ nº 464

A regra de imputação de pagamentos estabelecida no art. 354 do Código Civil não se aplica às hipóteses de compensação tributária.

Súmula STJ nº 422

O art. 6º, e, da Lei n. 4.380/1964 não estabelece limitação aos juros remuneratórios nos contratos vinculados ao SFH.

Súmula STJ nº 382

A estipulação de juros remuneratórios superiores a 12% ao ano, por si só, não indica abusividade.

Súmula STJ nº 379

Nos contratos bancários não regidos por legislação específica, os juros moratórios poderão ser convencionados até o limite de 1% ao mês.

Súmula STJ nº 296

Os juros remuneratórios, não cumuláveis com a comissão de permanência, são devidos no período de inadimplência, à taxa média de mercado estipulada pelo Banco Central do Brasil, limitada ao percentual contratado.

Súmula STJ nº 288

A Taxa de Juros de Longo Prazo (TJLP) pode ser utilizada como indexador de correção monetária nos contratos bancários.

Súmula STJ nº 287

A Taxa Básica Financeira (TBF) não pode ser utilizada como indexador de correção monetária nos contratos bancários.

Súmula STJ nº 283

As empresas administradoras de cartão de crédito são instituições financeiras e, por isso, os juros remuneratórios por elas cobrados não sofrem as limitações da Lei de Usura.

Súmula STJ nº 186

Nas indenizações por ato ilícito, os juros compostos somente são devidos por aquele que praticou o crime.

Súmula STJ nº 176

É nula a clausula contratual que sujeita o devedor a taxa de juros divulgada pela Anbid/Cetip.

Súmula STJ nº 54

Os juros moratórios fluem a partir do evento danoso, em caso de responsabilidade extracontratual.

3. CONTRATOS

3.1. Princípios contratuais

ONEROSIDADE EXCESSIVA. CONTRATO DE SAFRA FUTURA DE SOJA. FERRUGEM ASIÁTICA.

Reiterando seu entendimento, a Turma decidiu que, nos contratos de compra e venda futura de soja, as variações de preço, por si só, não motivam a resolução contratual com base na teoria da imprevisão. Ocorre que, para a aplicação dessa teoria, é imprescindível que as circunstâncias que envolveram a formação do contrato de execução diferida não sejam as mesmas no momento da execução da obrigação, tornando o contrato extremamente oneroso para uma parte em benefício da outra. E, ainda, que as alterações que ensejaram o referido prejuízo resultem de um fato extraordinário e impossível de ser previsto pelas partes. No caso, o agricultor argumenta ter havido uma exagerada elevação no preço da soja, justificada pela baixa produtividade da safra americana e da brasileira, motivada, entre outros fatores, pela ferrugem asiática e pela alta do dólar. Porém, as oscilações no preço da soja são previsíveis no momento da assinatura do contrato, visto que se trata de produto de produção comercializado na bolsa de valores e sujeito às demandas de compra e venda internacional. A ferrugem asiática também é previsível, pois é uma doença que atinge as lavouras do Brasil desde 2001 e, conforme estudos da Embrapa, não há previsão de sua erradicação, mas é possível seu controle pelo agricultor. Sendo assim, os imprevistos alegados são inerentes ao negócio firmado, bem como o risco assumido pelo agricultor que também é beneficiado nesses contratos, pois fica resguardado da queda de preço e fica garantido um lucro razoável. Precedentes citados: REsp 910.537-GO, DJe 7/6/2010; REsp 977.007-GO, DJe 2/12/2009; REsp 858.785-GO, DJe 3/8/2010; REsp 849.228-GO, DJe 12/8/2010; AgRg no REsp 775.124-GO, DJe 18/6/2010, e AgRg no REsp 884.066-GO, DJ 18/12/2007. **REsp 945.166-GO, Rel. Min. Luis Felipe Salomão, julgado em 28/2/2012. (Inform. STJ 492)**

BOA-FÉ OBJETIVA. MANUTENÇÃO FORÇADA. CONTRATO.

Trata-se, na origem, de ação cautelar proposta por concessionária de veículos, ora recorrida, contra a montadora de automóveis, ora recorrente, noticiando ser concessionária exclusiva da marca na região delineada nos autos, desde 1º/1/1973, em razão de contrato de concessão. Informou que a recorrente a notificou acerca da rescisão do contrato de concessão em 6/10/2006, impedindo-a de dar continuidade às suas atividades. Alegou que a rescisão do contrato é nula, configurando abuso do poder econômico e exercício arbitrário de posição dominante em face do que dispõem os arts. 21, 22 e 30, todos da Lei n. 6.729/1979 (Lei Ferrari). Pleiteou a concessão de liminar para imposição da continuidade do contrato nos seus exatos termos, até o final da demanda principal a ser proposta, abstendo-se a referida montadora de nomear outra concessionária para a região de exclusividade sob pena de multa, bem como para permitir à recorrida a utilização da integralidade do saldo depositado em sua conta no fundo de capitalização. A liminar foi concedida pelo juízo de piso em outubro de 2006 e, contra a decisão, foi interposto agravo de instrumento, desprovido monocraticamente (art. 557, *caput*, do CPC), em um primeiro momento e também pelo colegiado em um segundo momento, em sede de agravo interno. No REsp, preliminarmente, foi afastada a incidência do art. 542, § 3º, do CPC, uma vez que esta Corte Superior tem temperado a regra ordinária de retenção do recurso especial no caso de decisão concessiva de liminar em ação cautelar, pois, *in casu*, isso inviabilizaria a própria solução da controvérsia tratada nesse momento processual, haja vista que, por ocasião da eventual ratificação do recurso, o próprio mérito da ação já teria sido julgado e mostrar-se-ia irrelevante a discussão acerca da tutela provisória. No mérito, a celeuma travada nos autos diz respeito à possibilidade de o Judiciário determinar a manutenção forçada de contrato de concessão comercial de venda de veículos automotores celebrado por prazo indeterminado, malgrado tenha o concedente manifestado sua vontade de não mais prosseguir na avença. No exame da matéria, entendeu-se que, apesar dos fundamentos levantados pelo acórdão recorrido, insculpidos todos no princípio da boa-fé objetiva, afigura-se por demais elastecido o alcance atribuído pelo tribunal *a quo* ao mencionado princípio. Isso porque o princípio da boa-fé objetiva impõe aos contratantes um padrão de conduta pautada na probidade, assim na conclusão do contrato, como em sua execução, conforme dispõe o art. 422 do CC/2002. Nessa linha, embora o comportamento exigido dos contratantes deva pautar-se pela boa-fé contratual, tal diretriz não obriga as partes a se manterem vinculadas contratualmente *ad aeternum*, mas indica que as controvérsias nas quais o direito ao rompimento contratual tenha sido exercido de forma desmotivada, imoderada ou anormal resolvem-se, se for o caso, em perdas e danos. Registrou-se, ainda, que a própria Lei n. 6.729/1979, no seu art. 24, permite o rompimento do contrato de concessão automobilística, pois não haveria razão para a lei preconceber uma indenização mínima a ser paga pela concedente, se ela não pudesse rescindir imotivadamente o contrato. Diante desses fundamentos, a Turma conheceu do REsp e lhe deu provimento para revogar a liminar concedida na origem. Precedentes citados: AgRg no REsp 1.162.579-DF, DJe 6/4/2010; MC 2.411-RJ, DJ 12/6/2000; REsp 981.750-MG, DJe 23/4/2010; REsp 1.127.960-SP, DJe 26/3/2010; REsp 534.105-MT, DJ 19/12/2003, e REsp 200.856-SE, DJ 4/6/2001. **REsp 966.163-RS, Rel. Min. Luis Felipe Salomão, julgado em 26/10/2010**. (Inform. STJ 453)

GARANTIA HIPOTECÁRIA. SÓCIO-GERENTE.

Trata-se de REsp em que, entre outras alegações, a questão de fundo versa sobre garantias hipotecárias prestadas por sócio-gerente que não dispunha de poderes contratuais para representar a sociedade, no caso caracterizada como de responsabilidade limitada. A Turma entendeu que, *in casu*, o acórdão recorrido emprestou corretamente relevância à boa-fé do banco credor, bem como à aparência de quem se apresentava como sócio contratualmente habilitado à prática do negócio jurídico. Assim, não se pode invocar a restrição do contrato social quando as garantias prestadas pelo sócio, muito embora extravasando os limites de gestão previstos contratualmente, retornaram, direta ou indiretamente, em proveito dos demais sócios da sociedade fiadora, não podendo eles, em absoluta afronta à boa-fé, reivindicar a ineficácia dos atos outrora praticados pelo gerente. Observou-se que, na hipótese, consoante sinalizado pelo aresto impugnado, indiretamente e em alguma medida, os autores, ora recorrentes, são, a um só tempo, garantes e garantidos do contrato, circunstância capaz de, por si só, afastar a pretensão deduzida na inicial. Diante disso, negou-se provimento ao recurso. Precedentes citados: REsp 733.742-MG, DJ 12/12/2005; REsp 1.695-MS, DJ 2/4/1990; REsp 4.095-SP, DJ 9/10/1990, e REsp 180.301-SP, DJ 13/9/1999. **REsp 704.546-DF, Rel. Min. Luis Felipe Salomão, julgado em 1º/6/2010**. (Inform. STJ 437)

MULTA. COBRANÇA. CONTRATO. DESCUMPRIMENTO.

Na ação de cobrança de multa ajuizada devido ao descumprimento da finalidade do contrato de prestação de serviços de limpeza e conservação nas instalações da empresa ré, as partes comprometeram-se a não contratar nenhum funcionário ou representante da cocontratante na vigência do ajuste e até 120 dias após o término deste, o que não foi respeitado. Com efeito, a Turma entendeu que, no caso, inexiste violação da função social do contrato quanto à cláusula contratual que prevê a multa, pois as partes livremente pactuaram entre si, não havendo desequilíbrio social, tampouco impedimento do acesso dos indivíduos a ele vinculados, direta ou indiretamente, ao trabalho ou ao desenvolvimento pessoal. Ademais, não se determinou vantagem exagerada para nenhuma das partes, tendo-se estabelecido, tão somente, um prazo razoável à limitação do direito de contratar da ré (art. 421 do CC/2002). O que se requer dos contratantes é que atuem em cooperação no mercado, conforme o princípio da boa-fé objetiva, durante a relação obrigacional e após o cumprimento do contrato. **REsp 1.127.247-DF, Rel. Min. Luis Felipe Salomão, julgado em 4/3/2010**. (Inform. STJ 425)

VÍCIO REDIBITÓRIO. ANULAÇÃO. CONTRATO.
A Turma negou provimento ao recurso ao entendimento de que, no caso de ação anulatória cumulada com danos morais referente a contrato de compra e venda de produtos (lote de 105 calçados) para revenda, em que seis pares apresentaram defeitos após a venda (quebra de saltos), é cabível a anulação por vício redibitório, mesmo que o defeito não se tenha verificado no lote todo. Com efeito, mesmo que o vício redibitório diferencie-se do vício de consentimento, considerando a existência de defeito nos atos negociais, ambos possibilitam o desfazimento do negócio (arts. 86 e 1.101 do CC/1916, arts. 138 e 441 do CC/2002). Desse modo, o art. 1.138 do CC/1916, integralmente mantido pelo art. 503 do CC/2002, não se aplica ao caso, já que deve ser interpretado com moderação, tendo em vista a necessidade de se verificar o reflexo que o defeito em uma ou mais coisas singulares tem no negócio envolvendo a venda de coisas compostas, coletivas ou de universalidades de fato. **REsp 991.317-MG, Rel. Min. Nancy Andrighi, julgado em 3/12/2009.** (Inform. STJ 418)

EVICÇÃO. APREENSÃO. AUTORIDADE ADMINISTRATIVA.
A Turma entendeu que, na espécie, o adquirente do veículo importado ignorava a litigiosidade do bem – o veículo circulava no país por força de liminar em mandado de segurança, posteriormente cassada – pois os documentos públicos nada registravam, além de pagar o preço de mercado ante a omissão do vendedor em avisá-lo das pendências administrativas junto à Receita Federal, estando, assim, caracterizada sua boa-fé. Quanto ao exercício da evicção entendeu que a autoridade aduaneira que decretou o perdimento do bem, haja vista a circulação ilegal de veículo no país, equipara-se à autoridade policial, porquanto exerce o mesmo poder de apreensão. A caracterização da evicção se dá pela perda da propriedade e essa perda pode ser em decorrência da apreensão de autoridade administrativa, e não apenas por sentença judicial. Precedentes citados: REsp 259.726-RJ, DJ 27/9/2004, e REsp 129.427-MG, DJ 15/6/1998. **REsp 1.047.882-RJ, Rel. Min. Honildo de Mello Castro (Desembargador convocado do TJ-AP), julgado em 3/11/2009.** (Inform. STJ 414)

"VACA-PAPEL". SIMULAÇÃO. CONTRATO.
A Turma entendeu que não restou demonstrada a violação do art. 104 do CC/1916, pois evidenciado, à vista dos dados, que o Tribunal de Justiça não se convenceu da simulação do dito contrato "vaca-papel". Verificou-se, do aresto da segunda instância, a higidez do acordo, rejeitando a simulação, mormente baseada nas provas, a par da escritura de confissão de dívida, da nota fiscal, da quitação das rendas por três anos etc. razões pelas quais não é vazio o entendimento extraído pelo Tribunal *a quo* dos elementos dos autos. Ademais, incabível o acolhimento da tese de cerceamento de defesa, pretendendo-se justificar a anulação de todo o processo, somente para a coleta de prova oral tida por desnecessária pelas instâncias ordinárias, já que foram juntados documentos comprobatórios. **REsp 791.581-MS, Rel. Min. Aldir Passarinho Junior, julgado em 2/10/2008**. (Inform. STJ 370)

3.2. Extinção dos contratos

RESCISÃO CONTRATUAL. INTERPELAÇÃO PRÉVIA.
Trata-se de REsp em que a controvérsia cinge-se em definir se era dispensável a interpelação prévia com o escopo de os autores, ora recorridos, ajuizarem ação de rescisão contratual, cumulada com pedido de perdas e danos e reintegração de posse, relativa a contrato que envolvia direito de exploração de jogos lotéricos. A Turma entendeu, entre outras questões, que, na hipótese dos autos, por expressa disposição do acórdão recorrido, não há contratualmente termo prefixado para o cumprimento das obrigações em testilha, razão pela qual, se houve mora, essa não é *ex re,* mas *ex persona,* sendo indispensável a interpelação prévia do devedor, judicial ou extrajudicialmente. Assim, havendo pedido de resolução contratual, tal como no caso, a regra aplicável, por especialidade, deve ser a constante no art. 119, parágrafo único, do CC/1916. Precedentes citados: REsp 734.520-MG, DJ 15/10/2007, e REsp 159.661-MG, DJ 14/2/2000. **REsp 780.324-PR, Rel. Min. Luis Felipe Salomão, julgado em 24/8/2010**. (Inform. STJ 444)

RESCISÃO CONTRATUAL. COMPRA E VENDA. IMÓVEL.
Trata-se, originariamente, de ação de rescisão contratual de promessa de compra e venda de imóvel em desfavor da ora recorrente, objetivando, além da desconstituição do negócio, a devolução de todas as parcelas pagas acrescidas de juros e multa, atualizadas monetariamente, bem como as perdas e danos. Sustenta a recorrente ofensa ao art. 1.092 do CC/1916, porquanto, havendo os compradores suspendido o pagamento das parcelas do preço antes do ajuizamento da ação, não poderiam exigir da construtora o adimplemento obrigacional, visto que também descumpriram o contrato. Para o Min. Relator, conforme o acórdão recorrido, ficou patenteado, no exame realizado pelas instâncias ordinárias, que efetivamente o atraso que já se configurava era claro em revelar a inadimplência da construtora, de sorte que o agir dos autores, ora recorridos, na cessação do pagamento era medida defensiva, para evitar prejuízo maior, até porque a suspensão deu-se não antes da paralisação das obras, mas sim quando do retardado reinício dessas, cinco meses além do fim do prazo que a própria construtora previra para o prosseguimento. Correto, pois, o referido acórdão quando concluiu que, então, os autores achavam-se ao abrigo da exceção de contrato não cumprido. Diante disso, a Turma não conheceu do recurso. **REsp 593.471-SP, Rel. Min. Aldir Passarinho Junior, julgado em 13/10/2009.** (Inform. STJ 411)

CONTRATO. RESCISÃO UNILATERAL.
Para a Turma, a sociedade empresarial que, sem aviso prévio, rescinde contrato de distribuição de produto de marca nacionalmente conhecida está obrigada a indenizar os prejuízos causados à sociedade empresarial prejudicada pela rescisão. *In casu*, a ação de indenização foi proposta após a rescisão unilateral e havia contrato verbal de distribuição de gêneros alimentícios que se manteve por 30 anos e correspondia a 70% do faturamento da recorrida. Precedentes citados: REsp 423.120-RS, DJ 21/10/2002; REsp 647.448-RJ, DJ 29/8/2005, e REsp 995.504-SP, DJe 26/5/2008. **REsp 401.704-PR, Rel. Min. Honildo de Mello Castro (Desembargador convocado do TJ-AP), julgado em 25/8/2009.** (Inform. STJ 404)

RESCISÃO. VENDA. IMÓVEL. CORREÇÃO MONETÁRIA.
Em ação de rescisão de contrato imobiliário em que houve inadimplência do construtor em entregar a obra na data aprazada, sem culpa do comprador, incide a correção monetária na restituição das parcelas pagas desde seu desembolso, com o propósito de evitar-se o enriquecimento sem causa do construtor. Com esse entendimento, a Seção deu provimento aos embargos. Precedentes citados: AgRg no Ag 658.531-RJ, DJ 1º/10/2007; REsp 737.856-RJ, DJ 26/2/2007, e REsp 612.438-RS, DJ 19/6/2006. **EREsp 876.527-RJ, Rel. Min. Sidnei Beneti, julgados em 10/12/2008.** (Inform. STJ 380)

CONTRATO. RESCISÃO. IMÓVEL. INADIMPLÊNCIA.
A Turma reiterou que não há que se falar em enriquecimento sem causa, além da incompatibilidade entre a finalidade social da construção de moradias para a população de baixa renda e a busca de lucro, já que, com a inadimplência, houve a rescisão do contrato de compra e venda, bem como a devolução do imóvel, com retenção de percentual sobre os valores pagos ao promitente vendedor. Ademais, não há evidências de má-fé ou locupletamento dos recorridos, como pretende o instituto de desenvolvimento habitacional em questão, que deve desenvolver, para os carentes, programas habitacionais sem fins lucrativos, incompatíveis com a indenização pretendida pela rescisão contratual. Precedentes citados: REsp 302.215-RJ, DJ 23/8/2004, e REsp 247.615-RJ, DJ 15/3/2004. **REsp 1.029.130-DF, Rel. Min. Nancy Andrighi, julgado em 16/9/2008**. (Inform. STJ 368)

CONTRATO. RESCISÃO. BLINDAGEM. VEÍCULO.
O recorrente e a empresa de equipamentos de proteção firmaram contrato para blindagem de automóvel usado de sua propriedade, incluído o transporte do veículo do Rio de Janeiro para São Paulo (sede da empresa). O carro, no entanto, foi roubado quando era transportado. Com esse acontecimento, as partes firmaram acordo verbal propondo-se a empresa a comprar um outro veículo, zero quilômetro, e blindá-lo, como forma de compensação pelos transtornos. Em troca, o proprietário do veículo repassaria à empresa o valor do seguro correspondente. Não cumprida a avença, a empresa recorrida ajuizou medida cautelar, que foi deferida para mantê-la na posse do veículo por três anos, quando extinto o processo sem julgamento do mérito. A apelação da empresa foi parcialmente provida para determinar que lhe seja entregue o valor do seguro, em virtude do reconhecimento do acordo verbal. No recurso, o recorrente sustenta haver o acórdão decidido *extra petita* ao determinar o pagamento do valor do seguro porquanto a inicial busca apenas a rescisão do contrato, com a consolidação da posse e propriedade do veículo nas mãos da empresa. O acórdão admite não constar do pedido o pagamento do valor do seguro à recorrida, afirmando apenas haver menção àquele compromisso. Para o Min. Relator, o pleito é unicamente de rescisão do acordo verbal entabulado pelas partes, com a declaração de propriedade em prol da empresa do veículo objeto da contenda. Não há pedido de pagamento da quantia que o recorrente receberia da seguradora. Nada autoriza o entendimento de obrigatoriedade da entrega do valor do seguro. Isso não foi pedido e, portanto, não pode ser concedido, uma vez que a interpretação deve ser restritiva (CPC, art. 293). Precedente citado: REsp 218.687-RS, DJ 27/3/2000. **REsp 824.015-RJ, Rel. Min. Fernando Gonçalves, julgado 22/4/2008.** (Inform. STJ 353)

3.3. Compra e venda e compromisso de compra e venda

PROMESSA DE COMPRA E VENDA DE BEM DECLARADO TERRITÓRIO INDÍGENA ANTES DO CUMPRIMENTO DE OBRIGAÇÃO A CARGO DO VENDEDOR.

Resolve-se, por motivo de força maior, o contrato de promessa de compra e venda sobre o qual pendia como ônus do vendedor a comprovação do trânsito em julgado de ação de usucapião, na hipótese em que o imóvel objeto do contrato foi declarado território indígena por decreto governamental publicado após a celebração do referido contrato. Sobrevindo a inalienabilidade antes do implemento da condição a cargo do vendedor, não há falar em celebração do contrato principal de compra e venda, não se caracterizando como contrato diferido, nem incidindo a teoria da imprevisão. Trata-se de não perfazimento de contrato por desaparecimento da aptidão do bem a ser alienado (art. 248 do CC). REsp 1.288.033-MA, Rel. Min. Sidnei Beneti, julgado em 16/10/2012.(Inform. STJ 507)

VENDA - DIREITO CIVIL. ALIENAÇÃO DE IMÓVEL HIPOTECADO POR CÉDULA DE CRÉDITO RURAL. ANUÊNCIA DO CREDOR HIPOTECÁRIO.

O registro no cartório de imóveis da promessa de compra e venda de imóvel hipotecado por meio de cédula de crédito rural exige a prévia anuência por escrito do credor hipotecário. A hipoteca de imóvel, tratada nos arts. 809 a 851 do CC/1916 e atualmente nos arts. 1.473 a 1.505 do CC/2002, não impede a alienação do bem, que é acompanhado pelo ônus real em todas as suas alienações, considerando o direito de sequela. Porém, em se tratando de hipoteca cedular, o art. 59 do Dec.-lei n. 167/1967 dispõe que "a venda dos bens apenhados ou hipotecados pela cédula de crédito rural depende de prévia anuência do credor, por escrito". Trata-se de norma específica que se destina a disciplinar o financiamento concedido para o implemento de atividade rural e, como tal, prevalece sobre a regra de caráter geral prevista no CC. Dessa forma, como no direito brasileiro apenas mediante o registro no cartório de imóveis da promessa de compra e venda celebrada com cláusula de irrevogabilidade e irretratabilidade é que o comprador adquire direito real sobre o imóvel (CC/2002, art. 1.417; Lei n. 4.591/1964, art. 32, § 2º), tal providência não pode ser tomada enquanto não houver a anuência dos credores hipotecários, nos específicos termos do art. 59 do Dec.-lei n. 167/1967. Precedentes citados: REsp 1.291.923-PR, DJe 7/12/2011; AgRg no REsp 1.075.094-MG, DJe 28/2/2011; REsp 835.431-RS, DJe 1º/4/2009. REsp 908.752-MG, Rel. Min. Raul Araújo, julgado em 16/10/2012.(Inform. STJ 506)

CONTRATO. CLÁUSULA PENAL. EFEITOS.

In casu, trata-se de contrato de compra e venda de imóvel, no qual o promitente-comprador (recorrente) obrigou-se a pagar o preço e o promitente-vendedor a entregar o apartamento no tempo aprazado. Porém, o promitente-vendedor não entregou o bem no tempo determinado, o que levou o promitente-comprador (recorrente) a postular o pagamento da cláusula penal inserida no contrato de compra e venda, ainda que ela tenha sido redigida especificamente para o caso do seu inadimplemento. Assim, cinge-se a questão em definir se a cláusula penal dirigida apenas ao promitente-comprador pode ser imposta ao promitente-vendedor ante o seu inadimplemento contratual. Na hipótese, verificou-se cuidar de um contrato bilateral, em que cada um dos contratantes é simultânea e reciprocamente credor e devedor do outro, oneroso, pois traz vantagens para os contratantes, comutativo, ante a equivalência de prestações. Com esses e outros fundamentos, a Turma deu provimento ao recurso para declarar que a cláusula penal contida nos contratos bilaterais, onerosos e comutativos deve aplicar-se para ambos os contratantes indistintamente, ainda que redigida apenas em favor de uma das partes. Todavia, é cediço que ela não pode ultrapassar o conteúdo econômico da obrigação principal, cabendo ao magistrado, quando ela se tornar exorbitante, adequar o *quantum debeatur*. **REsp 1.119.740-RJ, Rel. Min. Massami Uyeda, julgado em 27/9/2011.** (Inform. STJ 484)

COMPRA E VENDA. IMÓVEL. ASCENDENTE. DESCENDENTE.

Trata-se de ação anulatória de venda de imóvel urbano em que a alienação foi realizada entre o pai dos autores (irmãos por parte de pai) e o neto (filho de outro irmão por parte de pai já falecido). Ressalta o Min. Relator que o entendimento doutrinário e jurisprudencial majoritário considera, desde o CC/1916 (art. 1.132), que a alienação feita por ascendente a descendente é ato jurídico anulável, sendo que essa orientação se consolidou de modo expresso no novo CC/2002 (art. 496). Explica que, no caso dos autos, regido pelo CC/1916, não há dúvida a respeito dos três requisitos objetivos exigidos, ou seja, o fato da venda, a relação de ascendência e descendência entre vendedor e comprador e a falta de consentimento dos outros descendentes, o que já demonstra presente a nulidade. Os demais requisitos, a configuração de simulação ou, alternativamente, a demonstração de prejuízo, que também estão presentes no caso, são resultantes da evolução da doutrina e jurisprudência, mas ainda sob a regência do CC/1916. Assim, para o Min. Relator, o que era de início apenas anulável consolidou-se nos autos como nulo, devendo subsistir o julgamento do TJ de que a transmissão de bens do ascendente ao descendente, se onerosa, deverá obedecer ao mandamento contido no art. 1.132 do CC/1916 e, em seguida, obrigará o donatário a colacionar, no inventário, aquilo que recebeu (art. 1.785 do CC/1916). Diante do exposto, a Turma negou provimento ao recurso do neto. Precedentes citados: REsp 476.557-PR, DJ 22/3/2004; EREsp 661.858-PR, DJe 19/12/2008, e REsp 752.149-AL, DJe 2/12/2010. **REsp 953.461-SC, Rel. Min. Sidnei Beneti, julgado em 14/6/2011.** (Inform. STJ 477)

ANULAÇÃO. VENDA. ASCENDENTE. DESCENDENTE. INTERPOSTA PESSOA.

A venda de bem de ascendente a descendente realizada por intermédio de interposta pessoa, sem o consentimento dos demais descendentes e ainda na vigência do CC/1916 é caso de negócio jurídico simulado que pode ser anulado no prazo quadrienal do art. 178, § 9º, V, **b**, do referido código, mostrando-se inaplicável a Súm. n. 494-STF. Contudo, anote-se que esse prazo deve ser contado da data da abertura da sucessão do alienante e não da data do ato ou contrato, isso com o intuito de evitar que os descendentes litiguem com o ascendente ainda em vida, o que certamente causa desajuste nas relações familiares. Seria, também, demasiado exigir que os descendentes fiscalizassem, além dos negócios realizados pelos ascendentes, as transações feitas por terceiros (a interposta pessoa). Outrossim, não convém reconhecer a decadência para a anulação parcial do negócio ao contar o prazo a partir do óbito do ascendente virago, relativamente à sua meação, pois isso levaria também ao litígio entre os descendentes e o ascendente supérstite, o que justifica a contagem do prazo a partir da abertura da sucessão dele, o último ascendente. Ressalte-se que esse entendimento não se aplica às alienações assim realizadas na vigência do CC/2002, pois o novo código trouxe a nulidade do negócio jurídico simulado, não prevendo prazo para sua declaração (*vide* arts. 167 e 169 do mesmo *codex*). Precedentes citados do STF: RE 59.417-BA, DJ 15/4/1970; do STJ: REsp 151.935-RS, DJ 16/11/1998, e REsp 226.780-MG, DJ 2/9/2002. **REsp 999.921-PR, Rel. Min. Luis Felipe Salomão, julgado em 14/6/2011.** (Inform. STJ 477)

RESCISÃO. CONTRATO. TERCEIROS. ADQUIRENTES.

Os recorrentes ajuizaram ação declaratória e condenatória contra conhecida construtora, ora massa falida, alegando ter celebrado contrato de venda do imóvel de propriedade deles com a finalidade de incorporação de dois edifícios, um residencial e outro comercial. Em contraprestação, receberiam, por dação em pagamento, 15 unidades do edifício comercial a ser construído. Informam que a construtora demoliu a edificação existente no terreno vendido, sem jamais ter iniciado a construção dos imóveis cujas unidades foram prometidas. Pretendem os recorrentes o cancelamento do registro imobiliário decorrente de escritura pública translativa definitiva em razão da procedência do pedido de rescisão contratual por inadimplência e indenização por perdas e danos, em desfavor da construtora. Sucede que, paralelamente, outra pessoa manejou oposição com base no art. 56 do CPC, esclarecendo ter firmado contrato de promessa de compra e venda de imóvel, com cláusula de irretratabilidade, relativo à unidade autônoma e *box* de garagem em condomínio a ser construído na área que é objeto da ação principal, os quais, embora quitados, não os recebeu. A construtora revendeu a terceiros de boa-fé as unidades imobiliárias que iriam ser construídas. Nesse contexto, o acórdão recorrido entendeu haver impossibilidade jurídica do pedido que, como diz respeito a uma das condições da ação, pode ser reconhecida de ofício. Ressalta o Min. Relator que não houve, no caso, declaração de nulidade do contrato, mas mera rescisão por inadimplência. Assim, não sendo declarado nulo ou anulado o título translativo (escritura pública de compra e venda) por vício de consentimento ou fraude, o registro imobiliário dele decorrente permanece hígido. Na hipótese dos autos, a construtora adquiriu plenamente a propriedade do imóvel com o registro do título translativo. Observa que os vendedores, para se resguardar de eventual inadimplemento da compradora, deveriam ter celebrado apenas uma promessa de compra e venda, outorgando escritura definitiva somente após a quitação prometida. Destaca, ainda, o Min. Relator que foi constituída hipoteca em favor dos autores, cuja execução, se for o caso, poderá amenizar os prejuízos causados pela inadimplência da recorrida. Diante do exposto, a Turma negou provimento ao recurso. Precedentes citados: REsp 101.571-MG, DJ 5/8/2002; EDcl no REsp 1.197027-RJ, DJe 15/4/2011, e REsp 131.371-MG, DJ 18/12/1998. **REsp 687.087-SP, Rel. Min. Luis Felipe Salomão, julgado em 5/5/2011.** (Inform. STJ 471)

COMPRA E VENDA A TERMO. OURO. EXPURGOS INFLACIONÁRIOS.
Na origem, trata-se de ação de cobrança movida pela ora recorrida em desfavor da ora recorrente com o fim de ver reconhecido seu direito ao recebimento das diferenças relativas aos expurgos inflacionários previstos pelos planos Verão e Collor, verificados na liquidação em espécie de contratos mercantis de compra e venda de ouro a termo (aquele em que o preço é ajustado no ato da compra e venda e a entrega do produto se dá em data futura). Assim, foram pedidos na inicial a diferença de correção monetária sobre a taxa de 42,72% (IPC de janeiro de 1989) e 44,8% (IPC de abril de 1990), o valor principal da condenação monetariamente corrigido desde o vencimento dos contratos somado às diferenças indevidamente expurgadas (IPC de março a maio de 1990 e fevereiro de 1991), juros contratuais até o vencimento dos contratos e juros de mora até o integral cumprimento da sentença. Por outro lado, em contestação, foi alegada a ilegitimidade ativa da requerida sob o fundamento de que a propriedade dos contratos foi transferida fiduciariamente à CETIP S/A – Balcão Organizado de Ativos e Derivativos; a extinção da obrigação, já que os títulos objeto de discussão foram devolvidos ao devedor; a outorga de quitação nos termos do regulamento do Sistema Nacional do Ouro (Sino) e o anatocismo resultante da indevida cumulação de juros moratórios e compensatórios sem previsão contratual. A sentença julgou parcialmente procedente o pedido para condenar a recorrente ao pagamento dos valores expurgados, recalculando-se a correção monetária do valor restituído à autora, recorrida, com base no IPC, segundo o percentual de 42,72% (janeiro de 1989) e 44,8% (abril de 1990), abatido o valor correspondente à correção monetária já paga; pagamento da correção monetária sobre os valores estipulados segundo a variação da UFIR-RJ; pagamento de juros remuneratórios à taxa de 0,5% ao mês e pagamento de juros moratórios à taxa de 0,5% ao mês até janeiro de 2003 e 1% a partir de então, nos termos do art. 406 do CC/2002, contados das datas dos respectivos resgates. A apelação interposta foi negada. Então, sobreveio o REsp, no qual a questão centra-se em definir se, em contrato mercantil de compra e venda de ouro a termo, o comprador tem direito de obter a diferença de correção monetária ao argumento de existência de expurgos inflacionários indevidos nos instrumentos celebrados à época dos planos Bresser, Verão e Collor. A Turma conheceu do recurso, mas lhe negou provimento, por entender, entre outras questões, que a transferência da propriedade do contrato para a CETIP S/A serve de mera formalidade para a operacionalização dos negócios, cabendo à proprietária fiduciária manter os registros internos de movimentação dos contratos e garantir sua transferência aos proprietários fiduciantes nos casos em que desejarem sair do Sino. Registrou-se que, quanto à devolução de título, igualmente não procede a alegação de quitação automática a ponto de impedir a revisão contratual, haja vista ser aplicável à espécie o mesmo raciocínio empregado em recomposição monetária de certificados de depósito bancário, em que o pagamento processado por meio da CETIP não implica quitação. Frisou-se, ainda, que a correção monetária não é acréscimo à obrigação principal, mas mera recomposição do valor de compra da moeda, motivo pelo qual, mesmo naquelas situações em que o devedor pague o principal adequadamente, não há preclusão para a correção do valor da moeda, sobretudo quando expressamente contratada, sob pena de enriquecimento sem causa, daí porque não se sustenta a tese de ocorrência da preclusão temporal para revisão dos instrumentos. **REsp 1.210.553-RJ, Rel. Min. Nancy Andrighi, julgado em 12/4/2011.** (Inform. STJ 469)

JUROS COMPENSATÓRIOS. PROMESSA. COMPRA E VENDA. IMÓVEL.
A Turma entendeu que consubstancia prática abusiva a cobrança de juros compensatórios durante o período de constrição do imóvel prometido à venda, chamados pelo mercado imobiliário de "juros no pé". **REsp 670.117-PB, Rel. Min. Luis Felipe Salomão, julgado em 14/9/2010.** (Inform. STJ 447)

PROMESSA. COMPRA E VENDA. RESPONSABILIDADE.
Trata-se de REsp em que se discute se o promitente vendedor pode ser penalizado pelo retardamento no ajuizamento de ação de reintegração de posse combinada com pedido de indenização, sob o fundamento de que a demora da retomada do bem deu-se por culpa do credor, em razão de ele não ter observado o princípio da boa-fé objetiva. Na hipótese dos autos, o promitente comprador deixou de efetuar o pagamento das prestações do contrato de compra e venda em 1994, abandonando, posteriormente, o imóvel em 9/2001. Contudo, o credor só realizou a defesa de seu patrimônio em 17/10/2002, data do ajuizamento da ação de reintegração de posse combinada com pedido de indenização, situação que evidencia o descaso com o prejuízo sofrido. O tribunal *a quo* assentou que, não obstante o direito do promitente vendedor à indenização pelo tempo em que o imóvel ficou em estado de não fruição (período compreendido entre a data do início do inadimplemento das prestações contratuais até o cumprimento da medida de reintegração de posse), a extensão da indenização deve ser mitigada (na razão de um ano de ressarcimento), em face da inobservância do princípio da boa-fé objetiva, tendo em vista o ajuizamento tardio da demanda competente. A Turma entendeu não haver qualquer ilegalidade a ser reparada, visto que a recorrente descuidou-se de seu dever de mitigar o prejuízo sofrido, pois o fato de deixar o devedor na posse do imóvel por quase sete anos, sem que ele cumprisse seu dever contratual (pagamento das prestações relativas ao contrato de compra e venda), evidencia a ausência de zelo com seu patrimônio e o agravamento significativo das perdas, uma vez que a realização mais célere dos atos de defesa possessória diminuiria a extensão do dano. Ademais, não prospera o argumento da recorrente de que a demanda foi proposta dentro do prazo prescricional, porque o não exercício do direito de modo ágil fere o preceito ético de não impor perdas desnecessárias nas relações contratuais. Portanto, a conduta da ora recorrente, inegavelmente, violou o princípio da boa-fé objetiva, circunstância que caracteriza inadimplemento contratual a justificar a penalidade imposta pela Corte originária. **REsp 758.518-PR, Rel. Min. Vasco Della Giustina (Desembargador convocado do TJ-RS), julgado em 17/6/2010.** (Inform. STJ 439)

DANO MORAL. DEMORA. LIBERAÇÃO. HIPOTECA.
Após o pagamento das parcelas do contrato de compra e venda de bem imóvel, os ora recorridos tiveram que se deslocar, por diversas vezes, ora à construtora com quem contrataram ora ao agente financeiro e, por fim, até o registro de imóveis, para verem regularizada a situação do imóvel, com a liberação do gravame hipotecário, obrigação, aliás, que não lhes cabia. Competia ao ora recorrente proceder ao levantamento da hipoteca, sem que houvesse qualquer necessidade de diligência por parte dos recorridos, que cumpriram suas obrigações contratuais. Assim, todas essas circunstâncias levam a concluir pela indenização por dano moral em razão da demora injustificada na liberação do ônus hipotecário. Logo, não se cuida de mero descumprimento contratual, mas de ato ilícito que deve ser reparado. Diante do exposto, a Turma negou provimento ao recurso. **REsp 966.416-RS, Rel. Min. Massami Uyeda, julgado em 8/6/2010.** (Inform. STJ 438)

COMPRA E VENDA. IMÓVEL. CESSÃO. DIREITOS. OUTORGA UXÓRIA. PRESCRIÇÃO VINTENÁRIA.
Trata-se, originariamente, de ação anulatória de ato jurídico cumulada com reintegração de posse e indenização por perdas e danos ajuizada pela ora recorrida em face dos ora recorrentes em razão de promessa de compra e venda de imóvel celebrada pelo ex-marido da autora, já falecido, e os réus, sem a necessária outorga uxória. O juiz de primeiro grau reconheceu a prescrição alegada pelos réus e julgou extinto o processo com fundamento no art. 269, IV, do CPC. A autora (recorrente) apelou, pugnando pelo afastamento da prescrição ao argumento de que a ausência de consentimento ou outorga uxória em declaração de transferência de imóvel pertencente ao patrimônio do casal é ato jurídico nulo, por isso imprescritível. O tribunal *a quo* deu provimento à apelação para afastar a prescrição e determinar o retorno dos autos ao primeiro grau para o exame dos demais aspectos da demanda. Embargos declaratórios opostos por ambas as partes não foram conhecidos por intempestivos. Segundos embargos opostos pelos réus foram rejeitados. Sobreveio, então, o REsp, no qual, entre outras alegações, sustentou-se a existência de contrato de compra e venda, e não de mero compromisso de compra e venda, o que atrairia a prescrição das ações reais de 10 anos (art. 177 do CC/1916) e afastaria a prescrição vintenária aplicada no aresto atacado. Sustentou-se, ainda, a negativa de vigência do art. 178, § 9º, I, a, do mencionado diploma legal, que trata do prazo prescricional de quatro anos, contados da dissolução da sociedade conjugal, referente à ação da mulher para anular escritura de compra e venda de imóvel sem outorga uxória. Nesta instância especial, ao se apreciar o REsp, inicialmente se observou que tanto a sentença quanto o acórdão trataram da mesma forma o negócio jurídico que se pretende anular como sendo uma promessa de compra e venda, e não se podem alterar tais conclusões em recurso especial, sob pena de violação da Súm. n. 7-STJ. Todavia, entendeu-se que, segundo o Código Civil vigente à época, a promessa de compra e venda gera apenas efeitos obrigacionais, a atrair o prazo prescricional vintenário. Cumpre dizer que o acórdão recorrido aplicou corretamente o direito à espécie. Quanto às questões referentes à necessidade ou não de outorga uxória, se tal anuência é requisito de validade do pacto ou, ainda, se importa na carência de ação, elas não foram objeto de debate e apreciação, visto que, como mencionado, afastada a prescrição, foi determinado pelo tribunal de origem o retorno dos autos ao primeiro grau para o exame dos demais aspectos da demanda; não cabendo, pois, nesta superior instância, qualquer pronunciamento sobre tais temas. Diante disso, a Turma conheceu do recurso, mas lhe negou provimento. Precedentes citados: REsp 214.667-SP, DJ 5/8/2002; REsp 600.826-RJ, DJ 14/8/2006, e CC 31.209-RJ, DJ 1º/10/2001. **REsp 765.973-PR, Rel. Min. Aldir Passarinho Junior, julgado em 1º/6/2010.** (Inform. STJ 437)

EXCEÇÃO. CONTRATO NÃO CUMPRIDO.

Tratou-se de ação ajuizada pelos recorridos que buscavam a rescisão do contrato de compra e venda de uma sociedade empresária e dos direitos referentes à marca e patente de um sistema de localização, bloqueio e comunicação veicular mediante uso de aparelho celular, diante de defeitos no projeto do referido sistema que se estenderam ao funcionamento do produto. Nessa hipótese, conforme precedentes, a falta da prévia interpelação (arts. 397, parágrafo único, e 473, ambos do CC/2002) impõe o reconhecimento da impossibilidade jurídica do pedido, pois não há como considerá-la suprida pela citação para a ação resolutória. Contudo, consta da sentença que os recorrentes já estavam cientes de sua inadimplência mesmo antes do ajuizamento da ação e, por sua inércia, não restou aos recorridos outra alternativa senão a via judicial. Alegam os recorrentes que não poderiam os recorridos exigir o implemento das obrigações contratuais se eles mesmos não cumpriram com as suas (pagar determinadas dívidas da sociedade). Porém, segundo a doutrina, a exceção de contrato não cumprido somente pode ser oposta quando a lei ou o contrato não especificar a quem primeiro cabe cumprir a obrigação. Assim, estabelecido em que ordem deve dar-se o adimplemento, o contratante que primeiro deve cumprir suas obrigações não pode recusar-se ao fundamento de que o outro não satisfará a que lhe cabe, mas o que detém a prerrogativa de por último realizar a obrigação pode sim postergá-la, enquanto não vir cumprida a obrigação imposta ao outro, tal como se deu no caso. Anote-se que se deve guardar certa proporcionalidade entre a recusa de cumprir a obrigação de um e a inadimplência do outro, pois não se fala em exceção de contrato não cumprido quando o descumprimento é mínimo e parcial. Os recorrentes também aduzem que, diante do amplo objeto do contrato, que envolveria outros produtos além do sistema de localização, não haveria como rescindi-lo totalmente (art. 184 do CC/2002). Porém, constatado que o negócio tem caráter unitário, que as partes só o celebrariam se ele fosse válido em seu conjunto, sem possibilidade de divisão ou fracionamento, a invalidade é total, não se cogitando de redução. O princípio da conservação dos negócios jurídicos não pode interferir na vontade das partes quanto à própria existência da transação. Já quanto à alegação de violação da cláusula geral da boa-fé contratual, arquétipo social que impõe o poder-dever de cada um ajustar sua conduta a esse modelo, ao agir tal qual uma pessoa honesta, escorreita e leal, vê-se que os recorridos assim agiram, tanto que buscaram, por várias vezes, solução que possibilitasse a preservação do negócio, o que esbarrou mesmo na intransigência dos recorrentes de se recusar a rever o projeto com o fim de sanar as falhas; isso obrigou os recorridos a suspender o cumprimento das obrigações contratuais e a buscar a rescisão do instrumento. Precedentes citados: REsp 159.661-MS, DJ 14/2/2000; REsp 176.435-SP, DJ 9/8/1999; REsp 734.520-MG, DJ 15/10/2007; REsp 68.476-RS, DJ 11/11/1996; REsp 35.898-RJ, DJ 22/11/1993; REsp 130.012-DF, DJ 1º/2/1999, e REsp 783.404-GO, DJ 13/8/2007. **REsp 981.750-MG, Rel. Min. Nancy Andrighi, julgado em 13/4/2010.** (Inform. STJ 430)

DECLARATÓRIA. COMPRA E VENDA. PROCURAÇÃO.

A Turma não conheceu do recurso por entender que, embora os recorrentes alegassem não ser os atuais possuidores da área sob litígio, não há falar em ilegitimidade passiva para a causa, pois, conforme esclarecido pelo tribunal *a quo*, aqueles são proprietários de parte remanescente do imóvel e se obrigaram, em função das transferências sucessivas da área, a responder pela evicção em face dos adquirentes do terreno. Quanto ao uso de procuração falsa, tratando-se de pessoa falecida, o vício insanável da primeira transação gera a nulidade absoluta do contrato de compra e venda firmado com o primeiro réu. Assim, as demais vendas sucessivas também são nulas, pois o vício transmite-se a todos os negócios subsequentes, independentemente da arguição de boa-fé dos terceiros. Quanto à alegada negativa de vigência ao art. 2º do CPC, também entendeu o Min. Relator que o recurso não merece conhecimento, porquanto o julgado recorrido não conferiu qualquer direito à viúva, reconhecendo, apenas, que ela não participou do negócio nulo. **REsp 1.166.343-MS, Rel. Min. Luis Felipe Salomão, julgado em 13/4/2010.** (Inform. STJ 430)

INADIMPLEMENTO CONTRATUAL. DANOS MORAIS.

Trata-se de ação de rescisão contratual cumulada com pedido de indenização por danos materiais e morais ajuizada pela recorrente, que firmou contrato de compra e venda de um *kit* de casa pré-moldada de madeira, pelo qual pagou à vista, mas a recorrida não entregou a casa e, sem explicações, fechou as suas instalações no local contratado. Discute-se, no REsp, a compensação por danos morais, visto que o TJ deu parcial provimento à apelação da recorrida, afastando os danos morais por serem oriundos de inadimplemento contratual. Ressalta a Min. Relatora que, apesar de a jurisprudência deste Superior Tribunal ser, em regra, no sentido de que o inadimplemento contratual, por si só, não gera danos morais, tal entendimento deve ser excepcionado em algumas hipóteses, por exemplo, no caso dos autos, em que da própria descrição das circunstâncias que perfizeram o ilícito material seja possível verificar as consequências psicológicas e de angústia vivida pela recorrente resultantes do inadimplemento culposo. Assevera que, no caso, não houve o simples inadimplemento contratual de compra e venda da casa, pois a recorrida, além de frustrar e violar o direito constitucional à casa própria, agiu com descaso, conduta agravada pelo fato de fechar suas instalações no local da contratação sem quaisquer explicações ou mesmo fornecer seu novo endereço. Diante do exposto, a Turma reconheceu excepcionalmente a ocorrência de danos morais. **REsp 1.025.665-RJ, Rel. Min. Nancy Andrighi, julgado em 23/3/2010.** (Inform. STJ 428)

COMPRA E VENDA. PACTO COMISSÓRIO. ILEGITIMIDADE.

Trata-se de ação de conhecimento ajuizada por empresa comercial e seu sócio-gerente (recorridos) com pedido de anulação de ato jurídico em que aduzem que, por não terem conseguido obter recurso junto aos bancos, contraíram empréstimo de 100 mil reais junto ao recorrente e ele, para garantir o contrato de mútuo, exigiu, mediante coação moral, a transmissão de imóvel, sede da empresa, para seu nome. Depois, como não efetuaram o pagamento do valor emprestado, sofrem ação de reintegração de posse com o objetivo de desocupação do imóvel. Em reconvenção, o recorrente requereu a condenação dos recorridos para indenizá-lo pelos prejuízos causados em razão da impossibilidade de vender o imóvel. Isso posto, discute-se no REsp se o sócio-gerente (co-recorrido) é parte ilegítima e se o TJ, ao prover o apelo dos recorridos, baseou-se em mera presunção de ocorrência de fraude na formação do negócio de compra e venda. Ressalta a Min. Relatora que se depreende dos autos ter o TJ, sem se afastar das provas, considerado que o contrato de compra e venda do imóvel celebrava de fato uma simulação de negócio jurídico com intuito de acobertar a formação de um típico contrato de mútuo e aplicou o art. 765 do CC/1916 para declarar nulo o contrato de compra e venda, ponto que não admite reexame. Quanto à alegada preliminar de ilegitimidade de parte, o TJ não a apreciou, embora arguida em preliminar na contestação e afastada pela decisão de primeiro grau, porém não rediscutida expressamente em seu recurso de apelação na reconvenção ou nas contrarrazões do recurso de apelação interposto pelos recorridos na ação anulatória. Anota-se que, na hipótese, a sentença discorreu quanto à pertinência subjetiva de o recorrido integrar o polo ativo da lide de anulação do negócio e, sendo a legitimidade de parte uma das condições da ação, matéria de ordem pública, ela não se sujeita à preclusão nas instâncias ordinárias (jurisprudência do STJ). 35
Nesse contexto, observa que a situação consiste em determinar se, tendo havido omissão do TJ, pode-se prosseguir seu enfrentamento no REsp com fulcro no art. 257 do RISTJ, Súm. n. 456-STF e art. 515 do CPC, porém, não está sob análise à possibilidade deste Superior Tribunal conhecer de ofício nulidades absolutas em REsp. Concluiu, entre outras considerações, não haver como negar que o preceito do art. 515, § 3º, do CPC deve ser aplicado aos recursos especiais desde que não seja necessário proceder ao reexame de provas, pois atende os ditames do art. 5º, LXXVIII, da CF/1988, acelerando a outorga da tutela jurisdicional. Ademais, explica que a ampliação do alcance do art. 515, § 3º, do CPC, não implica ofensa ao duplo grau de jurisdição, porque a regra técnica de processo admite que o ordenamento jurídico apresente soluções condizentes com a efetividade do processo, afastando o reexame específico da matéria impugnada. E na hipótese, como a sentença bem delineou a pertinência de o co-recorrido integrar no pólo ativo da lide que na qualidade de sócio-gerente poderia eventualmente ser acionado para responder pelo negócio jurídico, não há como lhe negar a legitimidade ativa no pólo ativo da ação. Diante do exposto, a Turma conheceu em parte do recurso e, nessa parte, deu-lhe provimento. Precedentes citados: AgRg no REsp 1.065.763-SP, DJe 14/4/2009; REsp 1.080.808-MG, DJe 3/6/2009; REsp 979.093-PE, DJe 23/6/2008, e AgRg no Ag 981.528-SP, DJe 26/5/2008. **REsp 998.460-SP, Rel. Min. Nancy Andrighi, julgado em 23/2/2010.** (Inform. STJ 424)

RESTITUIÇÃO. PARCELAS. IMÓVEL. CONSTRUTORA.

A Seção reiterou o entendimento de que a construtora, promitente vendedora de imóvel, deve devolver integralmente a quantia paga pelo promitente comprador quando a rescisão do contrato de compra e venda do imóvel foi por ela provocada – não entregou o imóvel na data estipulada –, uma vez que incide o disposto no art. 1.092, parágrafo único, do CC/1916 e não o art. 924 do mesmo *codex*. **EREsp 644.984-RJ, Rel. Min. Luis Felipe Salomão, julgados em 25/11/2009.** (Inform. STJ 417)

COMPRA E VENDA. PERDA. ARRAS.

A Turma conheceu do recurso e lhe deu provimento para restabelecer a sentença ao entendimento de que assiste razão à recorrente no que concerne à arguição de maltrato ao princípio da *non reformatio in pejus*. Conforme a jurisprudência deste Superior Tribunal, entende-se por esse princípio que o órgão julgador não pode piorar a situação processual do único recorrente, retirando-lhe a vantagem concedida em decisão anterior sem pedido expresso da parte contrária. *In casu*, em que não há apelação por parte da autora, em face da sentença que determina a perda das oito primeiras parcelas, a exclusão desse desconto não cabe ao Tribunal de origem. Na espécie, pleiteada a restituição integral das prestações pagas pela recorrida, o magistrado de primeira instância nada mais fez que descontar da quantia a ser restituída o valor avençado a título de arras, julgando parcialmente procedente o pedido. Precedente citado: EDcl nos EDcl no REsp 1.072.223-RS, DJe 27/4/2009. **REsp 880.579-BA, Rel. Min. Fernando Gonçalves, julgado em 18/8/2009.** (Inform. STJ 403)

PROMESSA. COMPRA. VENDA. VALORES PAGOS. DEVOLUÇÃO.
A recorrente argumenta não haver qualquer ilegalidade na cláusula inserta em contrato de promessa de compra e venda de imóvel que prevê, para o caso de inadimplemento contratual, a retenção de 30% dos valores até então pagos pela recorrida promitente compradora. Afirma, outrossim, que a legalidade da referida cláusula tem respaldo, ainda, na possibilidade de a parte que não deu causa à rescisão da avença reter o montante dado a título de arras. Porém, o Min. Relator destacou que a Segunda Seção deste Superior Tribunal já decidiu que o promitente comprador, por motivo de dificuldade financeira, pode ajuizar ação de rescisão contratual, objetivando, também, reaver o reembolso dos valores vertidos. As arras, quando confirmatórias, constituem um pacto anexo cuja finalidade é a entrega de algum bem (em geral, determinada soma em dinheiro), para assegurar ou confirmar a obrigação principal assumida e, de igual modo, para garantir o exercício do direito de desistência. Por ocasião da rescisão contratual, o valor dado a título de sinal (arras) deve ser restituído ao *reus debendi*, sob pena de enriquecimento ilícito. O art. 53 do CDC não revogou o disposto no art. 1.097 do CC/1916 (atual art. 418 do CC/2002), ao contrário, apenas positivou, na ordem jurídica, o princípio consubstanciado na vedação do enriquecimento ilícito. Portanto, não é de admitir-se a retenção total do sinal dado ao promitente vendedor. Assim, segundo a exegese do art. 418 do CC/2002 c/c o art. 53 do CDC, o percentual a ser devolvido tem como base de cálculo todo o montante vertido pelo promitente comprador, nele se incluindo as parcelas propriamente ditas e as arras. É inviável alterar o percentual da retenção quando, das peculiaridades do caso concreto, tal montante afigura-se razoavelmente fixado. *In casu*, o imóvel objeto da avença sequer foi ocupado, porquanto o bem não foi ao menos entregue. Desse modo, na espécie, não há que se admitir a majoração do percentual nos termos em que fixados pelas instâncias ordinárias, de 10% sobre todos os valores pagos. Precedentes citados: EREsp 59.870-SP, DJ 9/12/2002; REsp 355.818-MG, DJ 13/10/2003; REsp 476.775-MG, DJ 4/8/2003, e REsp 896.246-RJ, DJ 15/10/2007. **REsp 1.056.704-MA, Rel. Min. Massami Uyeda, julgado em 28/4/2009.** (Inform. STJ 392)

RESCISÃO. PROMESSA. COMPRA E VENDA. MORA. PROMISSÁRIO.
No caso, a desistência dos recorrentes adquirentes de imóvel ocorreu após a entrega da unidade, fazendo uso dela por considerável tempo. Assim, a Turma, seguindo orientação da Segunda Seção, determinou o direito de retenção pelos recorridos do valor de 25% do que foi pago pelo recorrente, descontados os valores de tributos, condomínio e consectários porventura vencidos e não pagos no período da ocupação ilegítima, bem como do valor locatício do imóvel, desde o momento em que descumprida a obrigação até o dia da reintegração de posse, tudo a ser apurado em liquidação. As benfeitorias já foram pagas pelos recorridos. Assim, a Turma conheceu em parte do recurso e lhe deu parcial provimento. Precedente citado: REsp 474.388-SP, DJ 8/10/2008. **REsp 331.923-RJ, Rel. Min. Aldir Passarinho Junior, julgado em 28/4/2009.** (Inform. STJ 392)

RECISÃO. COMPROMISSO. COMPRA E VENDA. ESBULHO.
A questão está em saber se, diante de compromisso de compra e venda de bem imóvel com cláusula resolutória expressa, pode haver ação direta de reintegração de posse após notificação da mora, com deferimento de liminar, ou se há necessidade de prévia resolução judicial do pré-contrato. O Min. Relator destacou que este Superior Tribunal preconiza ser imprescindível a prévia manifestação judicial na hipótese de rescisão de compromisso de compra e venda de imóvel, para que seja consumada a resolução do contrato, ainda que existente cláusula resolutória expressa, diante da necessidade de observância do princípio da boa-fé objetiva a nortear os contratos. Por conseguinte, não há falar em antecipação de tutela reintegratória de posse antes de resolvido o contrato de compromisso de compra e venda, pois, somente após a resolução é que poderá haver posse injusta e será avaliado o alegado esbulho possessório. Diante disso, a Turma conheceu em parte do recurso e, nessa parte, deu-lhe provimento para afastar a concessão da tutela antecipada. Precedentes citados: REsp 817.983-BA, DJ 28/8/2006; REsp 653.081-PR, DJ 9/5/2005; REsp 647.672-SP, DJ 20/8/2007; REsp 813.979-ES, DJ 9/3/2009; AgRg no Ag 1.004.405-RS, DJ 15/9/2008; REsp 204.246-MG, DJ 24/2/2003, e REsp 237.539-SP, DJ 8/3/2000. **REsp 620.787-SP, Rel. Min. Luis Felipe Salomão, julgado em 14/4/2009.** (Inform. STJ 390)

COMPRA E VENDA. REINTEGRAÇÃO. POSSE.
Em ação com objetivo de rescindir contrato de compra e venda de dois imóveis (fazendas) por inadimplemento, alega o recorrente, entre outros argumentos, a incompetência absoluta do foro eleito para processar a causa porque o foro da causa seria o da situação da coisa (art. 95 do CPC). Preliminarmente, o Min. Relator considerou como válida a autenticação bancária do porte e remessa diante da seguinte peculiaridade: o banco deixou de autenticar uma das vias. Explica ainda que, conforme assentado no Tribunal de origem e de acordo com a jurisprudência deste Superior Tribunal, a ação que objetiva resolução de compra e venda firmada pelos litigantes tem caráter pessoal, sendo competente, quando houver, o foro de eleição. Entretanto, a reintegração da posse deve ser compreendida apenas como um dos efeitos do provimento da demanda principal, não tendo incidência o art. 95 do CPC. Outrossim, não há cerceamento de defesa pelo julgamento antecipado da lide quando o próprio recorrente postulou, sem ressalva, a providência. Nem há violação do pacto comissório por processo executivo que envolve as mesmas partes, mas não guarda relação com o contrato que se pretende resolver. Ademais, o REsp deixou de indicar o art. 765 do CC/1916 quanto à nulidade do pacto comissório, incidindo a Súm. n. 284-STF. Por fim, a pretensão de reembolso das prestações pagas por violação do art. 53 do CDC não pode ser reconhecida (Súm. n. 182-STJ). Diante do exposto, a Turma não conheceu o recurso. Precedentes citados: AgRg no Ag 537.721-GO, DJ 20/9/2004; REsp 338.023-MS, DJ 27/5/2002; REsp 404.762-SP, DJ 24/4/2002; REsp 967.826-RN, DJ 22/11/2007, e REsp 19.992-SP, DJ 17/4/1995. **REsp 332.802-MS, Rel. Min. Luis Felipe Salomão, julgado em 10/2/2009.** (Inform. STJ 383)

VENDA. ASCENDENTE. DESCENDENTE.
A Turma proveu o REsp, reiterando o entendimento de que é anulável a venda realizada por ascendente a descendente sem o consentimento dos demais herdeiros (no caso, descendentes), nos termos do art. 496 do CC/2002. Ressalte-se que a anulabilidade da venda concretizada em tais condições independe do grau de parentesco existente entre vendedor e comprador. Precedentes citados: REsp 407.123-RS, DJ 1º/9/2003, e REsp 725.032-RS, DJ 13/11/2006. **REsp 886.133-MG, Rel. Min. Fernando Gonçalves, julgado em 21/10/2008.** (Inform. STJ 373)

CLÁUSULA CONTRATUAL. CUSTEIO. INFRA-ESTRUTURA.
A questão assenta-se na possibilidade ou não de o loteador repassar aos compromissários compradores os custos expendidos por ele com a efetivação das obras elementares de implantação de empreendimento residencial, tudo conforme previsto em cláusula do contrato firmado entre as partes. A Lei n. 6.766/1979, que trata do parcelamento do solo urbano, não veda o ajuste das partes no tocante à obrigação de custear redes de água e esgoto nos loteamentos, sendo válida, portanto, cláusula contratual que preveja o repasse dos custos de tais obras aos adquirentes dos lotes. O que a mencionada lei contempla, no seu art. 26, são disposições que devem obrigatoriamente estar contidas nos compromissos de compra e venda de lotes, requisitos mínimos para a validade desses contratos, o que não significa que outras cláusulas não possam ser pactuadas. Em outras palavras, além das indicações que a lei prescreve como referências obrigatórias nos contratos, podem as partes, dentro das possibilidades outorgadas pela lei de pactuar o lícito, razoável e possível, convencionar outras regras que as obriguem. Precedentes citados: REsp 43.735-SP, DJ 14/4/1997, e REsp 191.907-SP, DJ 24/5/2004. **REsp 205.901-SP, Rel. Min. Luís Felipe Salomão, julgado em 26/8/2008.** (Inform. STJ 365)

PROMESSA. COMPRA E VENDA. IMÓVEL. DESISTÊNCIA.
A jurisprudência deste Superior Tribunal considera ser possível a resilição unilateral do compromisso de compra e venda por iniciativa do promitente comprador se ele não reúne mais as condições econômicas de suportar o pagamento das prestações, o que enseja retenções pelo promitente vendedor de parte das parcelas pagas para compensá-lo pelos custos operacionais da contratação. No caso dos autos, o adquirente do imóvel, devido a problemas de saúde e financeiro, propôs ação de rescisão de contrato cumulada com nulidade de cláusulas e restituição de quantias pagas. Explica o Min. Relator que, a despeito de o colegiado *a quo* ter consignado que a ré (ora recorrente) não poderia apresentar, na apelação, pedido não deduzido na reconvenção, a discussão quanto à legalidade de cláusula contratual que estipulou a base de cálculo da multa pelo descumprimento do contrato podia ser alegada como matéria de defesa, com o mesmo efeito prático, por não configurar pretensão autônoma a recomendar instauração

de nova relação jurídica paralela por meio de reconvenção. Aduz, também, que, quando aquele Tribunal reiterou a possibilidade de redução do valor da cláusula penal por ser excessiva, implicitamente corroborou o entendimento da sentença quanto à abusividade dessa mesma cláusula. Assim, não há prejuízo ou nulidade para o recorrente quanto ao enfrentamento das questões postas na apelação. Destacou, ainda, que a cláusula penal já constituiu meio de liquidar antecipadamente o valor das perdas e danos devido ao contraente inocente na hipótese de inexecução contratual culposa. Logo, pactuada a venda com o pagamento de arras confirmatórias como sinal, com função de assegurar o negócio jurídico, é de rigor a restituição das arras com seu desfazimento. Outrossim, ressaltou que, embora se mostre correta a fixação da multa sobre o montante já pago das prestações (R$ 52.123,58) em vez de incidir sobre o valor total do imóvel, o percentual de 10% sobre esse *quantum,* destoa da jurisprudência deste Superior Tribunal que tem determinado a retenção de 25%. Com esse entendimento, a Turma deu provimento em parte ao recurso. Precedentes citados: REsp 712.408-MG, DJ 24/3/2008; REsp 489.057-PR, DJ 24/11/2003, e REsp 469.484-MG, DJ 17/12/2007. **REsp 907.856-DF, Rel. Min. Sidnei Beneti, julgado em 19/6/2008.** (Inform. STJ 360)

COMPRA E VENDA. IMÓVEL. DESISTÊNCIA.

Trata-se de recurso especial submetido à Seção. É consabido que a jurisprudência da Segunda Seção admite a resilição do contrato de compra e venda por impossibilidade de o adquirente suportar encargos financeiros a que se obrigou. Entretanto, para o Min. Relator, deve haver um limite fático/temporal para o exercício desse direito reconhecido, na situação diversa dos casos comuns. Acontece que na posse do imóvel, o adquirente passa a ocupá-lo ou alugá-lo a terceiros, o que transforma bem novo em usado, iniciando o desgaste natural pela ocupação; quando ele é vendido na primeira locação, tem maior valia do que depois. Também argumenta não ser razoável que a empresa construtora fique por muitos anos vinculada unilateralmente à vontade do comprador que desiste, às vezes, até por motivos de mera conveniência, o que ameaça as obras futuras. Daí porque, em seu entender, merece reparos a mera retenção de parte dos valores pagos ou a indenização pelo tempo de ocupação, em certas circunstâncias particulares. Por exemplo, quando a defesa da empresa ré for pela improcedência da ação e não aceitar a mera retenção ou indenização, ou no caso de o imóvel alienado e ocupado, seria irreversível a desistência unilateral da compra e venda, dada a desconfiguração da própria essência do negócio, qual seja, a venda de imóvel novo que representa o objeto social das empresas construtoras. Na hipótese dos autos, a compra e venda da loja foi efetuada em 1995, entregue em 1996 e a ação proposta em 1998, quando o adquirente já ocupava o imóvel, o que, nos termos do art. 1.092 do CC/1916, não possibilitaria o desfazimento do negócio unilateralmente. Com esse entendimento, a Seção julgou improcedente a ação. **REsp 476.780-MG, Rel. Min. Aldir Passarinho Junior, julgado em 11/6/2008.** (Inform. STJ 359)

COMPRA. VENDA. SAFRA FUTURA. PREÇO CERTO.

A Turma reiterou seu entendimento e manteve a jurisprudência assente em ambas as Turmas da Segunda Seção, ao julgar que, nos contratos de compra e venda de safra futura a preço certo, não há onerosidade excessiva nem desequilíbrio na equação financeira do contrato quando, na espécie, não era imprevisível o fato que alterou o valor do produto agrícola (sua cotação no mercado internacional) em curto espaço de tempo. Assim, a recorrida está obrigada a cumprir a referida avença. Precedentes citados: REsp 803.481-GO, DJ 1º/8/2007; REsp 722.130-GO, DJ 20/2/2006, e REsp 800.286-GO, DJ 18/6/2007. **REsp 679.086-GO, Rel. Min. Fernando Gonçalves, julgado em 10/6/2008.** (Inform. STJ 359)

RESCISÃO CONTRATUAL. PROMESSA. COMPRA. VENDA.

Em recurso remetido da Quarta Turma, a Seção, por maioria, mudou o entendimento anterior adotado no REsp 594.486-MG, DJ 13/6/2005, decidiu que os juros moratórios sobre a parcela a ser restituída aos promitentes-compradores de imóvel, em razão de procedência do pedido de ação de resolução de contrato por eles proposta (devido à impossibilidade de arcarem com o custo das prestações), têm como termo inicial o trânsito em julgado da decisão que determinou a devolução da parcela. Destacou o Min. Relator que não é o caso em que os autores postularam a restituição nos termos pactuados. Se assim fosse, haveria um descumprimento contratual e os juros moratórios incidiriam desde a citação. **REsp 1.008.610-RJ, Rel. Min. Aldir Passarinho Junior, julgado em 26/3/2008.** (Inform. STJ 349)

INCORPORAÇÃO. RESTITUIÇÃO. PARCELA. TERRENO.

A recorrente, empresa construtora, celebrou promessa de compra e venda de um terreno com uma conhecida incorporadora. Essa, por sua vez, celebrou contratos com a recorrida e vários outros, todos referentes à aquisição de imóveis a serem construídos. Sucede que a incorporadora, em dificuldades financeiras, viu rescindir o primevo contrato, restando estipulado que a recorrente, agora, prosseguiria com a incorporação, porém com a determinação expressa de que a antiga incorporadora exonerara-se de toda a responsabilidade ou solidariedade advindas dos contratos celebrados com os adquirentes das unidades comercializadas. A recorrente, então, impôs a renegociação do contrato firmado com a recorrida, no qual se previa reajuste de 100% no saldo devedor. Inconformada, a recorrida pleiteou a rescisão de seu contrato e a devolução das quantias pagas. Nesse contexto, a Turma, ao renovar o julgamento, reviu o entendimento tomado em específico precedente e não conheceu do REsp por falta de violação do art. 40, § 2º, da Lei n. 4.591/1964, que sequer se aplica à espécie. Assim, firmou que a quantia a ser restituída deve referir-se não só ao valor da construção, como pretendido pela recorrente, mas também ao da fração ideal do terreno, tal como estipulado pelo acórdão recorrido. **REsp 960.748-RJ, Rel. Min. Humberto Gomes de Barros, julgado em 12/2/2008.** (Inform. STJ 344)

CANCELAMENTO. ESCRITURA. AUSÊNCIA. ASSINATURA.

No caso, houve o cancelamento da escritura de compra e venda por determinação do juízo, visto que não foi subscrita pelos vendedores. O Min. Relator observou que a escritura foi lavrada a pedido, mas não tem ingresso no mundo jurídico por falta de assinatura (art. 134, § 1º, f, do CC/1916). Se o ato não existia, despicienda a convocação do pretenso comprador se não há vendedor. De uma forma ou de outra, a verdade é a falta de pertinência do mandado de segurança, pois ausente direito líquido e certo na espécie. Destacou o Min. Relator que a impetração busca o restabelecimento do registro imobiliário. No entanto a escritura está carente da assinatura dos vendedores, portanto de um dos elementos essenciais da compra e venda – *consensus* – foi lavrada em Goiás, situando-se o imóvel em Mato Grosso, que apenas fez a solicitação ao juízo para mandar averbar, ao lado do registro, a insubsistência da escritura. Então, conforme salientou o Min. Relator, nesse caso, não teria, em princípio, o juiz de Direito de Goiás a competência para o ato, na hipótese de adequação do mandado de segurança, que, como demonstrado, não merece trânsito. **RMS 20.235-GO, Rel. Min. Fernando Gonçalves, julgado em 4/9/2007.** (Inform. STJ 330)

IMÓVEL. AQUISIÇÃO. DESISTÊNCIA. COOPERATIVA. RETENÇÃO.

Cuida-se de recurso em que é vindicado o direito à retenção parcial de 30% das parcelas pagas na compra de unidade residencial vendida ao autor pela cooperativa recorrente, bem como seja o momento da devolução o do término do empreendimento. O Min. Relator aduziu que foi reconhecido o direito do autor de desistir da aquisição, que o percentual de retenção de 10%, tida a cláusula que prevê percentual maior como abusiva, ajusta-se à orientação deste Superior Tribunal para o caso específico de cooperativas, entidades que realizam empreendimentos de cunho social, com público alvo diferenciado e custos administrativos sabidamente inferiores ao de uma construtora comercial, tais como corretagem, propaganda etc, motivo pelo qual se tem mitigada a parcela retida. Ela, usualmente, é de 25% na hipótese de empreendimentos com caráter lucrativo e de 10% em caso de cooperativas. Destacou o Min. Relator que, o autor não chegou a ocupar a unidade habitacional, o que, obviamente, levaria a uma retenção bem maior e/ou à indenização pelo período de uso do imóvel. Quanto à época da restituição, se de imediato ou ao cabo da obra, a par de incidir em reexame fático e contratual reflexo, a questão está superada pelo tempo decorrido desde o ajuizamento da ação porque ou a construção já terminou, ou, se não terminou, a inadimplência da cooperativa com o atraso não poderia servir de empecilho ao direito do desistente. Precedentes citados: AgRg no Ag 387.392-SP, DJ 29/10/2001, e REsp 437.151-DF, DJ 28/3/2005. **REsp 280.261-DF, Rel. Min. Aldir Passarinho Junior, julgado em 4/9/2007.** (Inform. STJ 330)

ALIENAÇÃO. BEM IMÓVEL. CLÁUSULA. INALIENABILIDADE. NULIDADE ABSOLUTA. DECLARAÇÃO. OFÍCIO. PREQUESTIONAMENTO.

Destacaram as instâncias anteriores que os gravames em questão incidem, tão-somente, sobre os frutos, e não, propriamente, sobre o imóvel. O Tribunal estadual manteve-se nos exatos limites da questão da prescritibilidade, ou não, da pretensão de reconhecimento da nulidade do negócio jurídico entabulado, mantendo-se silente sobre qualquer outra matéria. Não obstante, ainda que se trate de questão chamada de "ordem pública", isto é, nulidade absoluta – passível, segundo respeitável doutrina, de conhecimento a qualquer tempo, em qualquer grau de jurisdição –, este Superior Tribunal já cristalizou seu entendimento pela impossibilidade de se conhecer da matéria de ofício, quando inexistente o necessário prequestionamento. Ocorrida essa nulidade, a prescrição a ser aplicada é a vintenária. Com esse entendimento, a Turma não conheceu do REsp, anotando que a ação foi ajuizada trinta e oito anos após o registro da alienação. O Min. Antônio de Pádua Ribeiro acompanhou o Min. Relator apenas na conclusão, por entender incidente a Súm. n. 283-STF, pois defende a imprescritibilidade dos atos nulos. Precedentes citados: REsp 178.342-RS, DJ 3/11/1998; AgRg no REsp 478.379-RS, DJ 3/4/2006; Edcl no REsp 750.406-ES, DJ 21/11/2005; REsp 919.243-SP, DJ 7/5/2007, e REsp 591.401-SP, DJ 13/9/2004. **REsp 297.117-RS, Rel. Min. Hélio Quaglia Barbosa, julgado em 28/8/2007.** (Inform. STJ 329)

PROMESSA. COMPRA. VENDA. DESISTÊNCIA. RESTITUIÇÃO. PAGAMENTO.

O Tribunal *a quo* rescindiu o contrato de promessa de compra e venda do imóvel em razão da desistência dos autores, que alegavam não mais possuir condições de arcar com seus custos, anotado terem adquirido outro imóvel no mesmo empreendimento, alvo de uma outra ação. Insurgiram-se as rés com a forma em que foi determinada a restituição das quantias pagas. Nesta sede especial, anotou-se que o caso dos autos não guarda identidade com os diversos precedentes do STJ, pois não se trata de mera desistência no curso da construção, mas depois de construído o imóvel, o que denota extrema vantagem aos autores: apesar de somente paga uma parte do imóvel, residiram nele por muito tempo, obtendo um benefício econômico com a moradia (alugavam a terceiros o outro imóvel), além de causar a óbvia depreciação do bem por não mais se cuidar de imóvel novo. Dessarte, a Turma concedeu a retenção automática às rés de 25% de todas as quantias pagas, conforme a jurisprudência. Porém o tratamento equânime exige compensar o uso e o desgaste maior do imóvel, na peculiar espécie dos autos, mediante a possibilidade de as rés serem adicionalmente ressarcidas até o limite da cláusula penal prevista no contrato, apurando-se, em liquidação de sentença, o valor referente ao tempo transcorrido entre a posse do apartamento pelos autores e a entrega às rés. Precedentes citados: REsp 723.034-MG, DJ 12/6/2006; Ag 787.576-MS, DJ 27/9/2006; Ag 891.473-SP, DJ 22/6/2007; Ag 681.996-MG, DJ 16/3/2007, e Ag 884.120-SP, DJ 1º/8/2007. **REsp 474.388-SP, Rel. Min. Aldir Passarinho Junior, julgado em 28/8/2007.** (Inform. STJ 329)

INCORPORAÇÃO. ALIENAÇÃO. UNIDADE.

Cuida-se de ação que foi julgada procedente pelo Tribunal *a quo* em que se pede a nulidade ou rescisão de promessa de compra e venda cumulada com perdas e danos e movida contra sociedade construtora de imóvel. O deslinde da causa requer se precisem as conseqüências da determinação contida no art. 32 da Lei n. 4.591/1964, segundo a qual não poderá negociar unidades autônomas sem que haja antes arquivado, no cartório de registro de imóveis, documentos ali especificados. O Min. Relator esclareceu que, no caso, a averbação da incorporação ocorreu em 12/1/1996, antes, portanto, do ajuizamento da ação e da citação. Entendeu o Min. Relator ser incabível a postulação rescisória com base em tal fundamento, pois "o desatendimento, pelo incorporador, daquela imposição legal não conduz à nulidade nem anulabilidade do compromisso de venda. O promitente comprador poderá pleitear a rescisão, assim como se abster de pagar as prestações enquanto não sanada a falta. Suprida essa, desaparecem as razões que justificavam tais conseqüências." Precedentes citados: REsp 49.847-SP, DJ 9/10/1995; REsp 67.723-SP, DJ 2/10/2000, e REsp 34.395-SP, DJ 28/6/1993. **REsp 281.684-MG, Rel. Min. Aldir Passarinho Junior, julgado em 12/6/2007.** (Inform. STJ 323)

EXCEÇÃO. CONTRATO NÃO-CUMPRIDO.

Na ação ordinária, o promitente comprador do imóvel, declarando-se devedor do saldo do preço, requereu que esse valor, no montante de R$ 16.625,00, fosse depositado judicialmente e pediu que a promitente vendedora fosse condenada a entregar o prédio com o "habite-se" e a escritura definitiva do imóvel, bem como a indenizar os prejuízos resultantes do inadimplemento contratual. Na reconvenção, a promitente vendedora declarou-se credora de R$ 116.624,03 e pediu fosse o promitente comprador condenado ao respectivo pagamento. O promitente comprador respondeu que a aludida quantia estava paga e restava, como prestação não-adimplida, para além do "habite-se", a outorga da escritura definitiva do imóvel, obrigações não-cumpridas à alegação de que, sem a sua prestação, nada tem a exigir a reconvinte. O Tribunal *a quo*, decidindo a ação e a reconvenção, declarou o promitente comprador devedor da quantia de R$ 116.624,00 e a promitente vendedora, inadimplente quanto às obrigações de entregar o imóvel com o "habite-se" e de outorgar a escritura definitiva de compra e venda. O Min. Relator não conheceu do recurso por entender que o art. 1.092 do CC/1916 é impertinente à espécie. O Min. Ari Pargendler considerou que, evidentemente, havendo saldo devedor imputável ao promitente comprador, não pode a promitente vendedora ser obrigada a outorgar a escritura definitiva de compra e venda. Mas questionou se, embora a promitente vendedora esteja reconhecidamente inadimplente, o promitente comprador foi condenado a antecipar o pagamento do preço antes da entrega do imóvel provido do indispensável "habite-se". Entendeu o Min. Ari Pargendler que o art. 1.092 do CC/1916 foi, nesse ponto, contrariado. Enquanto o imóvel não for entregue nas condições contratadas ou, enquanto, na forma da sentença, o promitente comprador não ultimar a obra por conta própria, abatendo do saldo remanescente do preço as respectivas despesas, o crédito da promitente vendedora (correspondente ao saldo do preço do negócio devido pelo promitente comprador) é inexigível. A não ser assim, a execução do acórdão quanto à reconvenção pode ser iniciada e concluída sem que o imóvel seja entregue nas condições contratadas. A exceção de contrato não-cumprido constitui fato impeditivo à procedência do pedido. E, concluindo o Min. Relator, aduziu que fatos impeditivos são os que obstam a procedência do pedido do autor. O que se tem, rigorosamente, é uma ação com apoio no art. 1.092 do CC, ou seja, exceção de contrato não-cumprido. Isso posto, a Turma, ao prosseguir na renovação do julgamento, por maioria, conheceu do recurso e lhe deu parcial provimento. Precedente citado: REsp 142.939-SP, DJ 13/10/1998. **REsp 869.354-RS, Rel. originário Min. Humberto Gomes de Barros, Rel. para o acórdão Min. Ari Pargendler, julgado em 14/6/2007.** (Inform. STJ 323)

Súmula STF nº 489

A compra e venda de automóvel não prevalece contra terceiros, de boa-fé, se o contrato não foi transcrito no registro de títulos e documentos.

Súmula STF nº 413

O compromisso de compra e venda de imóveis, ainda que não loteados, dá direito à execução compulsória, quando reunidos os requisitos legais.

Súmula STF nº 412

No compromisso de compra e venda com cláusula de arrependimento, a devolução do sinal, por quem o deu, ou a sua restituição em dobro, por quem o recebeu, exclui indenização maior, a título de perdas e danos, salvo os juros moratórios e os encargos do processo.

Súmula STF nº 168

Para os efeitos do Decreto-Lei 58, de 10/12/1937, admite-se a inscrição imobiliária do compromisso de compra e venda no curso da ação.

Súmula STF nº 167

Não se aplica o regime do Decreto-Lei 58, de 10/12/1937, ao compromisso de compra e venda não inscrito no registro imobiliário, salvo se o promitente vendedor se obrigou a efetuar o registro.

Súmula STF nº 166

É inadmissível o arrependimento no compromisso de compra e venda sujeito ao regime do Decreto-Lei 58, de 10/12/1937.

Súmula STJ nº 308

A hipoteca firmada entre a construtora e o agente financeiro, anterior ou posterior à celebração da promessa de compra e venda, não tem eficácia perante os adquirentes do imóvel.

Súmula STJ nº 239

O direito à adjudicação compulsória não se condiciona ao registro do compromisso de compra e venda no cartório de imóveis.

Súmula STJ nº 76

A falta de registro do compromisso de compra e venda de imóvel não dispensa a prévia interpelação para constituir em mora o devedor.

3.4. Doação

DOAÇÃO UNIVERSAL. BENS. SEPARAÇÃO.

Discute-se no REsp se a proibição de doação universal de bens, óbice disposto no art. 1.175 do CC/1916 (atual art. 548 do CC/2002), incidiria no acordo da separação consensual de casal. Segundo o recorrente, da abrangência total dos bens, uns foram doados e outros ficaram para a ex-mulher na partilha. Já o Tribunal *a quo* posicionou-se no sentido da inaplicabilidade do art. 1.175 do CC/1916, visto que, à época das doações, o recorrente possuía partes ideais de outros imóveis e, na partilha da separação consensual, os bens que ficaram com a ex-mulher foram doados ao casal pelos pais dela. Explica o Min. Relator que a proibição do citado artigo deve incidir nos acordos de separação judicial, pois se destina à proteção do autor da liberalidade, ao impedi-lo de, em um momento de impulso ou de depressão psicológica, desfazer-se de todos seus bens, o que o colocaria em estado de pobreza. Ademais, a dissipação completa do patrimônio atenta contra o princípio da dignidade da pessoa humana (art. 1º, II, da CF/1988). Considera, ainda, o Min. Relator que os acordos realizados nas separações judiciais são transações de alta complexidade, haja vista os interesses a serem ajustados (guarda dos filhos, visitas, alimentos etc.). Por esse motivo, é corriqueira a prática de acordos a transigir com o patrimônio a fim de compor ajustes para resolver questões que não seriam solucionadas sem a condescendência econômica de uma das partes. Observa que as doações, nos casos de separação, também se sujeitam à validade das doações ordinárias; assim, a nulidade da doação dar-se-á quando o doador não reservar parte de seus bens, ou não tiver renda suficiente para a sua sobrevivência e só não será nula quando o doador tiver outros rendimentos. Diante do exposto, a Turma deu provimento ao recurso para anular o acórdão recorrido, a fim de que o tribunal de origem analise a validade das doações, especialmente quanto à existência de recursos financeiros para a subsistência do doador. **REsp 285.421-SP, Rel. Min. Vasco Della Giustina (Desembargador convocado do TJ-RS), julgado em 4/5/2010**. (Inform. STJ 433)

DOAÇÃO. SENTENÇA DECLARATÓRIA. LIQUIDAÇÃO.

Trata-se, na origem, de ação declaratória de nulidade de doação em que as recorridas alegam que seu pai, dezenove dias antes de falecer, doou todos os seus bens à recorrente, com quem vivia em concubinato. O pedido foi julgado parcialmente procedente, para declarar nula a doação que excedeu à parte disponível, correspondente à metade dos bens objeto da escritura, os quais deverão retornar, no estado em que se encontravam por ocasião do falecimento do autor da herança, ao monte inventariado. Transitada em julgado a sentença, as recorridas pleitearam sua liquidação, aduzindo fazer-se necessária a apuração do montante de livros que fazem parte da biblioteca particular do *de cujus*, bem como o valor recebido pela recorrente a título de direitos autorais das obras publicadas desde o falecimento. O juiz de primeiro grau julgou extinta a liquidação sem apreciação do mérito, por entender faltar às requerentes interesse jurídico em liquidar a sentença que declarou nula a doação dos bens do *de cujus*. Em sede de apelação, por maioria, a sentença terminativa foi mantida sob o fundamento, entre outros, de que sentença constitutiva negativa, auto-aplicável, como a que declara a nulidade de doação e determina o retorno do bem doado ao monte a ser inventariado, não comporta liquidação, pois o que restou autorizado foi a sobrepartilha, evidentemente, no juízo do inventário. Opostos embargos infringentes, esses, por maioria, foram providos ao entendimento de que, acolhido parcialmente o pedido de nulidade da doação, remanescendo quantia excedente à parte disponível do doador, reconhece-se a necessidade de liquidação de sentença para a especificação dos bens a serem sobrepartilhados entre os herdeiros, sob pena de ineficácia da prestação jurisdicional. Daí, adveio o REsp no qual a recorrente, entre outras alegações, sustentou a impossibilidade de liquidação de sentença meramente declaratória por não se tratar de título executivo, bem como a manutenção da extinção do feito sem exame de mérito. Nesta instância especial, entre outras questões, entendeu-se que, no caso, a sobrepartilha deverá recair sobre parte da biblioteca pessoal e direitos autorais do autor da herança, sendo que, em relação à primeira, diante de eventual desacordo entre os herdeiros, legítimos e testamentários, chega-se facilmente ao seu valor mediante avaliação oficial e, em relação aos direitos autorais, inclusive aos frutos eventualmente percebidos pela donatária, é o caso de prova documental e de colação, matérias absolutamente afeitas ao juízo do inventário. Assim, a Turma conheceu em parte do recurso e, na parte conhecida, deu-lhe provimento para extinguir o feito sem resolução do mérito (art. 267, VI, do CPC). **REsp 450.951-DF, Rel. Min. Luis Felipe Salomão, julgado em 23/3/2010**. (Inform. STJ 428)

3.5. Locação

DIREITO CIVIL. LOCAÇÃO. INADIMPLEMENTO CONTRATUAL. FIADOR. JUROS DE MORA. TERMO INICIAL.

Os juros de mora decorrentes de inadimplemento em contrato de locação fluem a partir do vencimento de cada parcela em atraso, inclusive para o fiador. Configurada a denominada mora ex re (art. 397 do CC), na qual o simples descumprimento da obrigação constitui o devedor em mora em razão do termo estabelecido pelas partes, sendo desnecessária a constituição em mora do devedor, os juros moratórios são devidos a partir do vencimento contratual das parcelas em atraso, por se tratar de inadimplemento de obrigação positiva e líquida. Ademais, por ser a fiança tão somente garantia pessoal, o fiador se obriga a satisfazer ao credor uma obrigação assumida pelo devedor (locatário), não constituindo obrigação distinta da contraída pelo afiançado, colocando-se o garante na posição de devedor subsidiário. Assim, se o contrato especifica o valor do aluguel e a data de pagamento, os juros de mora fluem a partir do vencimento das prestações, e não a partir da citação do garante na ação de execução. Precedentes citados: **REsp 1.068.637-RS, DJe 3/8/2009, e REsp 465.836-RJ, DJ 19/10/2006. REsp 1.264.820-RS, Rel. Min. Luis Felipe Salomão, julgado em 13/11/2012**. (Inform. STJ 509)

DIREITO CIVIL. CONTRATO DE LOCAÇÃO. PRORROGAÇÃO POR PRAZO INDETERMINADO. RESPONSABILIDADE DO FIADOR PELOS DÉBITOS LOCATÍCIOS. LEI N. 12.112/2009.

Em contrato de locação ajustado por prazo determinado antes da vigência da Lei n. 12.112/2009, o fiador somente responde pelos débitos locatícios contraídos no período da prorrogação por prazo indeterminado se houver prévia anuência dele no contrato. A Lei n. 8.245/1991 (Lei do Inquilinato) prevê em seus arts. 46 e 50 que, findo o prazo ajustado, a locação será prorrogada por prazo indeterminado se o locatário continuar na posse do imóvel alugado por mais de trinta dias sem oposição do locador. Conforme a Súm. n. 214/STJ, "o fiador na locação não responde por obrigações resultantes de aditamento ao qual não anuiu". Todavia, diferente é a situação para os contratos de fiança firmados na vigência da Lei n. 12.112/2009, que não pode retroagir para atingir pactos anteriores. Referida lei conferiu nova redação ao art. 39 da Lei n. 8.245/1991, passando a estabelecer que "salvo disposição contratual em contrário, qualquer das garantias da locação se estende até a efetiva devolução do imóvel, ainda que prorrogada a locação por prazo indeterminado, por força desta Lei". Dessa forma, para os novos contratos, a prorrogação da locação por prazo indeterminado implica também prorrogação automática da fiança (ope legis), salvo pactuação em sentido contrário, resguardando-se, evidentemente, durante essa prorrogação, a faculdade do fiador de exonerar-se da obrigação mediante notificação resilitória. Precedente citado: **EREsp 566.633-CE, DJe 12/3/2008. REsp 1.326.557-PA, Rel. Min. Luis Felipe Salomão, julgado em 13/11/2012**. (Inform. STJ 509)

ARRENDAMENTO IMOBILIÁRIO ESPECIAL COM OPÇÃO DE COMPRA. FACULDADE DA INSTITUIÇÃO FINANCEIRA.

O mutuário não possui direito subjetivo à formalização de contrato de arrendamento imobiliário especial com opção de compra previsto no art. 38 da Lei n. 10.150/2000. O referido dispositivo autoriza as instituições financeiras captadoras de depósitos à vista que operem crédito imobiliário a promover contrato de arrendamento imobiliário especial com opção de compra dos imóveis que tenham arrematado, adjudicado ou recebido em dação em pagamento por força de financiamentos habitacionais por elas concedidos. O § 2º do art. 38 permite a realização do arrendamento com o ex-proprietário, com o ocupante a qualquer título ou com terceiros, mas não vincula a instituição financeira a contratar com o mutuário inadimplente. Precedentes citados: **REsp 1.110.907-AL, DJe 29/6/2012, e REsp 1.164.528-PE, DJe 30/11/2011. REsp 1.305.752-AL, Rel. Min. Marco Buzzi, julgado em 23/10/2012**. (Inform. STJ 507)

DIREITO CIVIL E PROCESSUAL CIVIL. LEGITIMIDADE PASSIVA DO LOCADOR. DESCUMPRIMENTO DOS DEVERES CONDOMINIAIS PELO LOCATÁRIO.

O proprietário possui legitimidade passiva *ad causam* para responder por eventuais danos relativos ao uso de sua propriedade decorrentes do descumprimento dos deveres condominiais pelo locatário. Ao firmar um contrato de locação de imóvel, o locador mantém a posse indireta do imóvel, entendida como o poder residual concernente à vigilância, à conservação ou mesmo o aproveitamento de certas vantagens da coisa, mesmo depois de transferir a outrem o direito de usar o bem objeto da locação. Dessa forma, ao locador cumpre zelar pelo uso adequado de sua propriedade, assegurando-se que o locatário dê a destinação correta ao imóvel, visto que lhe são conferidos instrumentos coercitivos para compelir o locatário a cumprir as disposições condominiais, inclusive com a possibilidade de ajuizamento de ação de despejo, nos termos da Lei n. 8.245/1991. Assim, tratando-se de direito de vizinhança, a obrigação é propter rem, ou seja, decorre da propriedade da coisa. Por isso, o proprietário com posse indireta não pode se eximir de responder pelos danos causados pelo uso indevido de sua propriedade. Todavia, a demanda também pode ser ajuizada contra o possuidor do imóvel que, em tese, é quem comete a infração condominial, sem excluir a responsabilidade do proprietário. Precedentes citados: **REsp 254.520-PR, DJ 18/12/2000, e AgRg no AgRg no Ag 776.699-SP, DJ 8/2/2008. REsp 1.125.153-RS, Rel. Min. Massami Uyeda, julgado em 4/10/2012**. (Inform. STJ 506)

DIREITO CIVIL. LOCAÇÃO URBANA PARA EXPLORAÇÃO DE ESTACIONAMENTO. INCIDÊNCIA DA LEI N. 8.245/1991.

A locação de prédio urbano para a exploração de serviço de estacionamento submete-se às disposições da Lei n. 8.245/1991. A locação que objetiva a exploração de serviço de estacionamento não se compreende na exceção contida no art. 1º, parágrafo único, a, item 2, da Lei n. 8.245/1991, que prevê que as locações de vagas autônomas de garagem ou de espaços para estacionamento de veículos continuam regulados pelo Código Civil e pelas leis especiais. Precedentes citados: REsp 1.046.717-RJ, DJe 27/4/2009, e REsp 769.170-RS, DJ 23/4/2007. AgRg no REsp 1.230.012-SP, Rel. Min. Massami Uyeda, julgado em 2/10/2012.(Inform. STJ 505)

CONTRATO DE COMODATO. ALUGUEL-PENA EM RAZÃO DE MORA NA RESTITUIÇÃO.

O comodante pode fixar aluguel de forma unilateral em caso de mora do comodatário na restituição da coisa emprestada, desde que em montante não superior ao dobro do valor de mercado. O art. 582, 2ª parte, do CC dispõe que o comodatário constituído em mora, além de por ela responder, pagará, até restituir a coisa, o aluguel que for arbitrado pelo comodante. A natureza desse aluguel é de uma autêntica pena privada, e não de indenização pela ocupação indevida do imóvel emprestado. O objetivo central do aluguel não é transmudar o comodato em contrato de locação, mas sim coagir o comodatário a restituir o mais rapidamente possível a coisa emprestada, que indevidamente não foi devolvida no prazo legal. O arbitramento do aluguel-pena não pode ser feito de forma abusiva, devendo respeito aos princípios da boa-fé objetiva (art. 422/CC), da vedação ao enriquecimento sem causa e do repúdio ao abuso de direito (art. 187/CC). Havendo arbitramento em valor exagerado, poderá ser objeto de controle judicial, com eventual aplicação analógica da regra do parágrafo único do art. 575 do CC, que, no aluguel-pena fixado pelo locador, confere ao juiz a faculdade de redução quando o valor arbitrado se mostre manifestamente excessivo ou abusivo. Para não se caracterizar como abusivo, o montante do aluguel-pena não pode ser superior ao dobro da média do mercado, considerando que não deve servir de meio para o enriquecimento injustificado do comodante. REsp 1.175.848-PR, Rel. Min. Paulo de Tarso Sanseverino. Julgado em 18/9/2012.(Inform. STJ 504)

DÚVIDA. REGISTRO. CONTRATO. ARRENDAMENTO.

Na origem, trata-se de procedimento de dúvida suscitado por oficial de registro de imóveis relativo a pedido de registro de instrumento particular de contrato de arrendamento comercial de imóvel localizado em *shopping center*, contendo cláusula de vigência em caso de alienação do imóvel locado, firmado entre os recorrentes. Segundo o oficial do registro de imóveis, a recusa em efetuar o registro deu-se em razão de a arrendadora não ser mais proprietária do imóvel locado. O tribunal *a quo* entendeu incabível o registro do contrato de arrendamento comercial sob pena de estar-se ferindo o princípio da continuidade registral. Noticiam os autos que as ora recorrentes, desde a impugnação ao procedimento de dúvida, alegam que não poderia ser negado o registro de contrato de arrendamento devido a supostos vícios na cadeia dominial e ofensa ao princípio da continuidade, pois tudo resultaria de regular cisão: a sociedade empresária proprietária do imóvel arrendado fora cindida, sendo que 50% passaram a pertencer a uma sociedade empresária e os outros 50%, a outra. Daí entenderem as recorrentes que não poderia ter sido negado o registro do contrato de arrendamento comercial sob a alegação de que o imóvel estaria registrado em nome de outras sociedades, visto que essas empresas eram sucessoras resultantes de cisão da própria empresa proprietária. Nesse contexto, para a tese vencedora, inaugurada pelo Min. Raul Araújo Filho, é relevante que o tribunal *a quo* examine a cisão, uma vez que, a princípio, ela poderia afastar eventual prejuízo ao princípio da continuidade dos registros públicos e, assim, possibilitar o registro do contrato de arrendamento celebrado entre a cindida e as recorrentes. Ressaltou-se ainda a importância de tal exame; pois, diante da transferência da propriedade decorrente de cisão e não de outra forma de alienação, o contrato de arrendamento talvez continue a vincular as entidades resultantes da cisão, as quais ficam sub-rogadas nos direitos e obrigações da cindida (arts. 229, 233 e 234 da Lei n. 6.404/1976), o que não se daria no caso de sucessão decorrente de simples compra e venda de imóvel. Também, em se tratando de cisão, esclarece que talvez ainda haja, na hipótese, identidade entre a arrendadora originária e as atuais proprietárias do imóvel, o que garantiria, ao menos em tese, a observância da cadeia registral e, consequentemente, a possibilidade de averbação do contrato de arrendamento no registro de imóveis, a possibilitar às recorrentes a fruição de garantia semelhante à prevista na parte final do art. 8º da Lei n. 8.245/1991. No entanto, o mesmo não ocorreria caso tivesse sido a transferência realizada a terceira pessoa, inteiramente estranha ao contrato de arrendamento comercial não oportunamente registrado. Diante do exposto, a Turma, ao prosseguir o julgamento, por maioria, deu provimento ao recurso por ofensa ao art. 535 do CPC, anulando o acórdão recorrido para que o tribunal *a quo* supra a omissão existente. Para a tese vencida, não houve ofensa ao art. 535 do CPC; não foram prequestionados os arts. 229, 233 e 234 da Lei n. 9457/1997, além de a divergência jurisprudencial não ter sido comprovada, ainda, incidiria a Súm. n. 7-STJ. Precedentes citados: REsp 769.831-SP, DJe 27/11/2009, e REsp 242.128-SP, DJ 18/9/2000. **REsp 731.762-RS, Rel. originário Min. Luis Felipe Salomão, Rel. para acórdão Min. Raul Araújo Filho, julgado em 28/6/2011.** (Inform. STJ 479)

AÇÃO. DESPEJO. LOCADOR. VENDA. DESISTÊNCIA.

A Turma entendeu não ser possível discutir, em ação de despejo por denúncia vazia, questões relativas à conduta do locador que, após a aceitação pelo locatário da proposta de venda do imóvel locado (direito de preferência), desiste de realizar o negócio, resilindo unilateralmente o contrato. Segundo a Min. Relatora, o arrependimento do locador é irrelevante para a defesa do réu da ação de despejo e não inviabiliza a tutela do direito nela buscado, porquanto, nessas situações, a Lei n. 8.245/1991 não confere ao locatário o poder de forçar a realização da venda, mas apenas a possibilidade de ser ressarcido pelos danos sofridos. Na espécie, os locadores recorrentes ajuizaram, na origem, ação de despejo por denúncia vazia em desfavor do recorrido nos termos do art. 57 da referida lei. **REsp 1.193.992-MG, Rel. Min. Nancy Andrighi, julgado em 2/6/2011.** (Inform. STJ 475)

LOCAÇÃO COMERCIAL. TRESPASSE.

Trata-se de ação de despejo por falta de pagamento cumulada com ação de cobrança dos aluguéis; o primitivo locador realizou a cessão do fundo de comércio a terceiros (trespasse), o que, a seu ver, exonerá-lo-ia da responsabilidade por ulteriores débitos locatícios em razão da inaplicabilidade do art. 13 da Lei n. 8.245/1991 aos contratos de locação comercial. Apesar da relevância do trespasse para o fomento e facilitação dos processos produtivos e como instrumento para a realização do *jus abutendi* (o poder de dispor do estabelecimento comercial), ele está adstrito a certos limites. O contrato locatício, por natureza, reveste-se de pessoalidade, pois são sopesadas as características individuais do futuro inquilino ou fiador (capacidade financeira e idoneidade moral), razão pela qual a alteração deles não pode dar-se sem o consentimento do proprietário do imóvel. Assim, não há como entender que o referido artigo da Lei do Inquilinato não possa ser aplicado às locações comerciais, visto que, ao prevalecer o entendimento contrário, tal qual pretendido pelo recorrido, o proprietário do imóvel estaria à mercê do inquilino, que, por sua conveniência, imporia ao locador honrar o contrato com pessoa diversa daquela constante do instrumento, que pode não ser apta a cumprir o avençado por não possuir as qualidades exigidas pelo proprietário. Assim, a modificação, de *per si*, de um dos polos do contrato de aluguel motivada pela cessão do fundo do comércio fere o direito de propriedade do locador e a própria liberdade de contratar, quanto mais não sendo permitido o fomento econômico à custa do direito de propriedade alheio. Dessarte, o juiz deve reapreciar a inicial ao considerar aplicável o disposto no art. 13 da Lei n. 8.245/1991 ao contrato de locação comercial. **REsp 1.202.077-MS, Rel. Min. Vasco Della Giustina (Desembargador convocado do TJ-RS), julgado em 1º/3/2011.** (Inform. STJ 465)

LOCAÇÃO. FIANÇA RECÍPROCA.

Na espécie, os ora recorridos celebraram um contrato de locação comercial no qual figuraram como fiadores de si mesmos. O contrato foi executado judicialmente, o que resultou na penhora do único imóvel residencial de propriedade de um dos recorridos. O juízo da execução, acolhendo manifestação dos locatários fiadores, revogou a penhora por entender inválida a fiança de si mesmo, decisão que foi mantida em sede de agravo de instrumento pelo tribunal *a quo*. No REsp, os recorrentes, entre outras alegações, sustentam não haver nenhuma incompatibilidade entre o fato de alguém ser, de um lado, locatário de imóvel e, de outro, um dos fiadores dele próprio, tal como no caso, até porque não há nenhuma restrição de ordem legal. Nesta instância especial, reiterou-se o entendimento de que é válida a fiança prestada pelo próprio locatário quando há mais de um, hipótese em que se configura, na verdade, uma fiança recíproca, uma vez que um locatário é considerado fiador dos outros e vice-versa, afastando a invalidade do contrato. Contudo, não se restabeleceu a penhora realizada sobre o bem de família do locatário fiador; pois, a despeito da validade da fiança prestada pelos recorridos que autoriza a penhora do bem de família, entendeu-se caber ao juiz da execução verificar a necessidade do restabelecimento da referida penhora em observância ao princípio da menor onerosidade para o executado. Nesse contexto, a Turma, ao prosseguir o julgamento, deu parcial provimento ao recurso. Precedentes citados: REsp 183.648-SP, DJ 1º/7/2002; REsp 62.198-SP, DJ 9/6/1997, e AgRg no Ag 1.158.649-RJ, DJe 29/3/2010. **REsp 911.993-DF, Rel. Min. Laurita Vaz, julgado em 2/9/2010.** (Inform. STJ 445)

LOCAÇÃO. ACORDO MORATÓRIO. FIANÇA.
Na espécie, os recorrentes figuram como fiadores em um contrato de locação. Como houve atraso no pagamento dos alugueres, locador e locatário celebraram acordo moratório no qual houve pedido de exoneração dos fiadores. Porém, um dos fiadores participou do acordo não na qualidade de garante, mas como representante legal do locatário. Assim, a Turma entendeu que, apesar de a jurisprudência afirmar que os fiadores que não anuem com o pacto adicional, no caso, o acordo moratório, não respondem pelas obrigações resultantes da fiança, mesmo que exista cláusula estendendo essas obrigações até a entrega da chave, o fiador que subscrever o referido acordo, mesmo que na condição de representante legal da pessoa jurídica locatária, tem ciência inequívoca do ato, o que afasta a pretensão de ser exonerado da garantia com base no art. 1.503, I, do CC/1916. O garante que não participou do mencionado acordo fica exonerado da garantia. Logo, a Turma conheceu em parte do recurso e, nessa parte, deu-lhe provimento. Precedentes citados: AgRg no REsp 706.691-SP, DJ 20/2/2006; AgRg no Ag 921.302-RJ, DJe 18/2/2008; AgRg nos EDcl no REsp 506.424- , DJ 26/6/2006, e REsp 15.963-MS, DJ 26/10/1992. **REsp 865.743-RS, Rel. Min. Laurita Vaz, julgado em 4/5/2010**. (Inform. STJ 433)

LOCAÇÃO. VEÍCULO. MORA.
Empresa locadora de veículos firmou contratos de locação de 132 automóveis por prazo determinado com a ré (recorrida), mediante pagamento mensal fixo reajustado pelo IGPM, mas, antes do término do prazo contratual, a recorrida notificou a locadora de que não tinha intenção de renovar as locações. No entanto, não devolveu todos os veículos ao findar o contrato, levou quase um ano até a devolução de todos, sem qualquer oposição da locadora, que, por todo esse tempo, continuou a cobrar valores equivalentes ao fixado no contrato. Contudo, a locadora propôs a ação de cobrança pelo preço da diária em balcão, que é superior ao fixado no contrato corporativo com respaldo no art. 1.196 do CC/1916 (art. 575 do CC/2002). Diante desse contexto, a Min. Relatora aplicou o princípio da boa-fé objetiva para decidir pela impossibilidade de a locadora receber as diferenças entre a tarifa contratada e a tarifa de balcão para locação dos veículos que permaneceram na posse da locatária. Observa que, na hipótese dos autos, como apontado pelo acórdão recorrido, o próprio locatário notificou o locador de que não seria renovado o contrato, assim cumpriu uma das funções do art. 1.196, pois não teria sentido o locador promover uma segunda notificação. Todavia, segundo o acórdão recorrido, o locador deixou de informar que o preço do aluguel para os dias excedentes seria o da tarifa de balcão, procedimento que facultaria ao locatário tomar outra atitude. Por outro lado, de maneira contraditória, continuou emitindo faturas no valor original, o que gerou no locatário expectativa da manutenção do preço, daí se aplicar o princípio da boa-fé. Isso posto, a Turma, ao prosseguir o julgamento, deu parcial provimento ao recurso especial apenas para reduzir os honorários advocatícios fixados no TJ. **REsp 953.389-SP, Rel. Min. Nancy Andrighi, julgado em 23/2/2010**. (Inform. STJ 424)

LOCAÇÃO. RESTITUIÇÃO. IMÓVEL.
A embargante sustenta a existência de obscuridades em relação às premissas fáticas adotadas no acórdão embargado, na medida em que seriam incontroversos os seguintes fatos: existência de notificação escrita denunciando o contrato de locação com antecedência de trinta dias; existência de bens móveis no interior do imóvel locado; recusa do locador de receber as chaves; depósito das chaves em juízo e ciência inequívoca, pelo locador, do depósito das chaves. Destacou o Min. Relator que, na hipótese, ficou decidido, nas instâncias de origem, que, em nenhum momento, foi caracterizada a efetiva desocupação do imóvel pela autora, diante da ausência do restabelecimento do poder de uso e gozo do bem por suas proprietárias, em face da existência de vários móveis da locatária no interior do imóvel. O Tribunal de origem entendeu que o imóvel locado não foi efetivamente restituído às rés. Para que se adotasse neste Superior Tribunal a tese defendida pela autora de que o imóvel foi efetivamente desocupado e que a recusa das rés de receber as chaves seria injusta, seria necessário o reexame da situação fática definida nas instâncias originárias, o que é inviável em sede de recurso especial (Súm. n. 7-STJ). Assim, não resta configurada a hipótese do art. 485, V, do CPC, na medida em que o acórdão rescindendo, diante das particularidades do caso concreto, deu à controvérsia solução condizente com a regra do art. 6º da Lei n. 8.245/1991 (Lei do Inquilinato). No que tange às questões relativas à tese de abandono dos bens no interior do imóvel locado e à eficácia da denúncia da locação, o acórdão embargado limitou-se a afirmar que não seriam elas conhecidas em sede de rescisória, uma vez que não foram conhecidas no recurso especial cujo acórdão pretende-se rescindir. Resumindo-se a irresignação da embargante em mero inconformismo com o resultado do julgado desfavorável à sua pretensão, não há nenhum fundamento que justifique a interposição de embargos de declaração. Diante disso, a Seção, por maioria rejeitou-os. **EDcl na AR 3.720-SP, Rel. Min. Arnaldo Esteves Lima, julgados em 14/10/2009.** (Inform. STJ 411)

FIANÇA. CONTRATO. LOCAÇÃO. CONSTRIÇÃO. FIADOR.
Trata-se de recurso extraído de agravo de instrumento interposto nos autos da ação regressiva movida pelos fiadores contra o locatário, em virtude do pagamento de dívida locativa em ação de cobrança. O juiz rejeitou a impugnação à penhora efetivada em imóvel de propriedade do locatário por considerar aplicável a exceção do art. 3º, VII, da Lei n. 8.009/1990, na redação dada pelo art. 82 da Lei do Inquilinato, de 1991, que excetua a impenhorabilidade do bem de família por obrigação decorrente de fiança concedida em contrato de locação. O Tribunal de origem proveu o recurso do locatário sob o fundamento de que, se o locador, na qualidade de credor primitivo, não possuía o privilégio de invocar a exceção prevista no art. 82 da Lei n. 8.245/1991 para excutir o imóvel do locatário, o fiador, que se sub-rogou nos seus direitos e ações, também não o tem. Os fiadores sustentam que, ao propor ação regressiva contra o afiançado, estão litigando por obrigação decorrente de fiança concedida em contrato de locação. Incide, portanto, o óbice do inciso VII do art. 3º da Lei n. 8.009/1990, razão pela qual o locatário não poderá invocar a impenhorabilidade do bem de família. Para o Min. Relator, a questão não encontra amparo na jurisprudência deste Tribunal. A teor do art. 1º da Lei n. 8.009/1990, o bem imóvel destinado à moradia da entidade familiar é impenhorável e não responderá pela dívida contraída pelos cônjuges, pais ou filhos que sejam seus proprietários e nele residam, salvo nas hipóteses previstas no artigo 3º da aludida norma. Esse dispositivo excetua em seu inciso VII, tido por ofendido, a obrigação decorrente de fiança concedida em contrato de locação, isto é, autoriza a constrição de imóvel pertencente a fiador. *In casu,* os recorrentes, garantidores do contrato de locação, sub-rogaram-se nos direitos do locador tanto nos privilégios e garantias do contrato primitivo (art. 346 e 831 do CC/2002) quanto nas suas limitações (art. 3º, VII, Lei n. 8.009/1990). Assim, a transferência dos direitos inerentes ao locador em razão da sub-rogação não altera prerrogativa inexistente para o credor originário. Portanto, o locatário não pode sofrer constrição em imóvel em que reside, seja em ação de cobrança de débitos locativos seja em regressiva. Diante disso, a Turma negou provimento ao recurso. Precedentes citados: REsp 772.230-MS, DJ 23/10/2006; REsp 263.114-SP, DJ 28/5/2001. **REsp 1.081.963-SP, Rel. Min. Jorge Mussi, julgado em 18/6/2009.** (Inform. STJ 399)

DIREITO. RETENÇÃO. BENFEITORIAS. ALUGUEL.
Os recorridos adquiriram de boa-fé o terreno em questão. Nele construíram sua residência. No entanto, o recorrente ajuizou contra eles ação reivindicatória, resolvida pela celebração de transação (homologada por sentença), a qual regulava o direito de retenção: os recorridos obrigavam-se a entregar o imóvel após serem indenizados pelas benfeitorias construídas (art. 516 do CC/1916). Não se estipulou, na oportunidade, qualquer valor a título de aluguel pelo tempo que durasse a retenção. Arbitrado judicialmente o valor das benfeitorias (R$ 31.000,00), o recorrente alegou não ter como ressarci-las por falta de condições econômicas para tanto. Permaneceram os recorridos na posse e uso do imóvel. Contudo, a doutrina admite que, apesar de não ser obrigado a devolver a coisa até que se satisfaça seu crédito, o retentor não pode utilizar-se dela. Assim, é justo que o recorrente deva pagar pelas acessões introduzidas de boa-fé, mas também que os recorridos sejam obrigados a indenizá-lo pelo uso do imóvel (valor mensal a ser arbitrado em liquidação, devido desde a data da citação). A jurisprudência deste Superior Tribunal já admite semelhante solução na hipótese relacionada com a separação ou o divórcio, enquanto um cônjuge permanece residindo no imóvel do outro. Por fim, os créditos recíprocos deverão ser compensados de forma que o direito de retenção seja exercido no limite do proveito que os recorridos têm com o uso da propriedade alheia. Anote-se que a retenção não é um direito absoluto ou ilimitado sobre a coisa, mas mera *retentio temporalis*: os princípios da vedação ao enriquecimento sem causa e da boa-fé objetiva, ao mesmo tempo em que impõem ao retentor o dever de não usar a coisa, determinam que a retenção não se estenda por prazo interminável. Com esse entendimento, a Turma, por maioria, deu provimento ao recurso. Precedentes citados: REsp 673.118-RS, DJ 6/12/2004, e REsp 23.028-SP, DJ 17/12/1992. **REsp 613.387-MG, Rel. Min. Nancy Andrighi, julgado em 2/10/2008**. (Inform. STJ 370)

LOCAÇÃO. FIADOR. ENTREGA. CHAVES.
Inicialmente, o Min. Relator afastou a aplicação da Súm. n. 214 deste Superior Tribunal, porquanto não houve aditamento do contrato de locação. O que realmente houve foi a prorrogação legal dele e, sobre o tema, a Terceira Seção entende que, havendo cláusula expressa no contrato de aluguel de que a responsabilidade dos fiadores perdurará até a efetiva entrega das

chaves do imóvel objeto da locação, não há falar em desobrigação deles, ainda que o contrato se tenha prorrogado por prazo indeterminado. Assim, havendo, no contrato de aluguel, cláusula expressa de que seria o garante responsável até a efetiva entrega das chaves do imóvel locado, não há como exonerá-lo dessa obrigação. Esclareceu ainda o Min. Relator que a questão não foge, por todos os lados que a veja, do reexame vedado pelas Súm. ns. 5 e 7 do STJ. Assim, a Turma negou provimento ao agravo. Precedentes citados: EREsp 568.968-SC, DJ 6/8/2007; EREsp 834.127-SP, DJ 27/8/2007; EREsp 566.633-CE, DJ 12/3/2008, e EREsp 569.025-TO, DJ 6/12/2007. **AgRg no REsp 959.173-SP, Rel. Min. Nilson Naves, julgado em 29/4/2008.** (Inform. STJ 354)

LOCAÇÃO. FIANÇA. PRORROGAÇÃO. ENTREGA. CHAVES.
A Turma negou provimento ao recurso e reiterou entendimento consolidado pela Terceira Seção deste Superior Tribunal de que os fiadores continuam responsáveis pelos débitos locatícios posteriores à prorrogação legal do contrato, se anuíram expressamente a essa possibilidade e não se exoneraram nas formas dos arts. 1.500 do CC/1916 ou 835 do Diploma Civil atual, a depender da época em que firmaram a avença. Precedentes citados: REsp 647.247-SP, DJ 3/10/2005; REsp 435.449-PR, DJ 30/9/2002, e REsp 900.007-RS, DJ 7/5/2007. **REsp 755.226-RS, Rel. Min. Carlos Fernando Mathias (Juiz convocado do TRF 1ª Região), julgado em 18/9/2007.** (Inform. STJ 332)

FIADOR. LEGITIMIDADE PASSIVA. PRORROGAÇÃO. LOCAÇÃO. CLÁUSULA EXPRESSA.
A Seção, por maioria, decidiu que, no contrato de locação prorrogado por prazo indeterminado, constante cláusula expressa acordada entre as partes vinculativa do fiador até a entrega das chaves, mesmo sem anuência expressa dele, perdura sua responsabilidade por obrigações decorrentes da prorrogação, entendendo-se que a fiança continua vigente, não se aplicando, ao caso, o teor da Súm. n. 214-STJ. Precedentes citados: EREsp 566.633-CE; REsp 435.449-PR, DJ 30/9/2002, e REsp 697.470-SP, DJ 26/9/2005. **EREsp 569.025-TO, Rel. Min. Arnaldo Esteves Lima, julgados em 14/3/2007.** (Inform. STJ 313)

Súmula STJ nº 335

Nos contratos de locação, é válida a cláusula de renúncia à indenização das benfeitorias e ao direito de retenção.

Súmula STJ nº 214

O fiador na locação não responde por obrigações resultantes de aditamento ao qual não anuiu.

3.6. Mútuo

REPETITIVO. ESCOLHA. AGENTE FIDUCIÁRIO. SFH.
Em recurso repetitivo, a Corte Especial decidiu que a exigência de que haja comum acordo entre o credor e o devedor na escolha do agente fiduciário que promoverá a execução extrajudicial do imóvel aplica-se apenas aos contratos de mútuo habitacional não vinculados ao Sistema Financeiro da Habitação (SFH) nos termos do art. 30, I e II, §§ 1º e 2º, do DL n. 70/1966. Ressaltou-se, ademais, que o descumprimento do prazo de dez dias estabelecido pelo art. 31, § 1º, do citado DL para que o agente fiduciário notifique o devedor não resulta em perempção da execução, tratando-se de prazo impróprio. Precedentes citados: REsp 842.452-MT, DJe 29/10/2008; AgRg no REsp 1.053.130-SC, DJe 11/9/2008; REsp 867.809-MT, DJ 5/3/2007, e REsp 586.468-RJ, DJ 19/12/2003. **REsp 1.160.435-PE, Rel. Min. Benedito Gonçalves, julgado em 6/4/2011.** (Inform. STJ 468)

EMPRÉSTIMO CONSIGNADO. DESCONTO. FOLHA. LIMITAÇÃO.
Trata-se de REsp em que a controvérsia cinge-se à limitação dos descontos em folha ao percentual de 30% dos vencimentos da recorrente a título de empréstimo consignado. A Turma entendeu que, ante a natureza alimentar do salário e em respeito ao princípio da razoabilidade, os empréstimos com desconto em folha de pagamento (consignação facultativa/voluntária) devem limitar-se a 30% dos vencimentos do trabalhador. Ressaltou-se que, no caso, o acórdão recorrido consignou que o percentual comprometido dos vencimentos da recorrente, pela mencionada linha de crédito, é próximo de 50%. Assim, deu-se provimento ao recurso. Precedentes citados: RMS 21.380-MT, DJ 15/10/2007, e AgRg no REsp 959.612-MG, DJe 3/5/2010. **REsp 1.186.965-RS, Rel. Min. Massami Uyeda, julgado em 7/12/2010.** (Inform. STJ 459)

CONTRATO. MÚTUO HIPOTECÁRIO. REVISÃO.
Discute-se no REsp o interesse recursal em apelação que versa sobre cláusulas de contrato de mútuo hipotecário após a quitação de todas as prestações pelos recorrentes (mutuários). O tribunal *a quo* considerou prejudicado o recurso por falta de interesse recursal ao fundamento de que os mutuários haviam pago a totalidade das prestações do contrato. Observa o Min. Relator que a jurisprudência deste Superior Tribunal entende que o cumprimento da obrigação assumida em contrato de adesão não retira do mutuário o direito de discutir em ação revisional a legalidade das cláusulas contratuais, visto que o adimplemento pode ter ocorrido apenas para evitar sanções de natureza contratual e teria como finalidade não incentivar a inadimplência. Isso porque, segundo os precedentes deste Tribunal, se o entendimento fosse ao contrário, a inadimplência passaria a ser exigida como condição para a ação no direito contratual, além de que serviria de incentivo ao descumprimento dos contratos. Para o Min. Relator, não há justificativa para não considerar o direito à revisão após a quitação, uma vez que é mais vantajoso para o credor receber todo o contrato para só depois se submeter a uma demanda em que, se nela fosse vencido, teria de devolver o que foi pago a mais. Com esse entendimento, a Turma deu provimento ao recurso. Precedentes citados: REsp 293.778-RS, DJ 20/8/2001, e REsp 565.235-RS, DJ 9/2/2005. **REsp 904.769-SP, Rel. Min. Aldir Passarinho Junior, julgado em 2/12/2010.** (Inform. STJ 458)

SFH. CONTRATO DE GAVETA.
In casu, o ora recorrido ajuizou ação ordinária em face da ora recorrente, objetivando o reconhecimento do direito de transferir para seu nome, na qualidade de mutuário do Sistema Financeiro da Habitação (SFH), o imóvel que adquiriu por meio de contrato de cessão de direitos e obrigações (contrato de gaveta) firmado com o mutuário originário, além da revisão das prestações pagas e do saldo devedor. A ação foi julgada improcedente em primeiro grau, *decisum* que foi reformado na apelação. No REsp, a instituição financeira recorrente sustenta a violação de dispositivos de lei federal, na medida em que reconheceu a legitimidade ativa *ad causam* do recorrido, terceiro interessado, que celebrou contrato de cessão de direitos com o mutuário originário do contrato de financiamento habitacional, porém sem sua intervenção. Nessa instância especial, entendeu-se que, a despeito de o recorrido atender o requisito legal temporal para a possível regularização, a transferência não pode ocorrer de forma automática, isso porque a cessão do mútuo hipotecário não pode dar-se contra a vontade do agente financeiro; a concordância desse depende de requerimento instruído pela prova de que, efetivamente, o cessionário atende às exigências do SFH. Ressaltou-se que a Lei n. 8.004/1990 foi editada justamente para disciplinar essas transferências e, assim, não se revela coerente a inexigibilidade da anuência do agente financeiro na relação negocial firmada entre as partes, dispensando-se a qualificação do cessionário, segundo os critérios legais que regem o SFH que, a rigor, são exigidos do mutuário originário. Ademais, na hipótese, não se trata de prejudicar o ato jurídico perfeito e o direito adquirido, porque não há, na legislação pertinente, qualquer disposição que impeça o mutuário de alienar o imóvel antes de quitar o mútuo, porquanto a lei apenas disciplina a forma de regularizar os contratos de cessão de direitos e obrigações enquanto persistir a dívida. Assim, há que se reconhecer a ilegitimidade ativa do recorrido para buscar, em juízo, a transferência compulsória da titularidade do contrato de financiamento. Com esses fundamentos, a Turma deu provimento ao recurso. Precedente citado: REsp 783.389-RO, DJe 30/10/2008. **REsp 1.102.757-CE, Rel. Min. Massami Uyeda, julgado em 24/11/2009.** (Inform. STJ 417)

REPETITIVO. SFH. TABELA *PRICE*. LIMITE. JUROS.
A Seção, ao julgar recurso sujeito aos efeitos do art. 543-C do CPC (repetitivo), reafirmou que, nos contratos celebrados no Sistema Financeiro da Habitação (SFH), é vedada a capitalização de juros em qualquer periodicidade. Entendeu, todavia, que este Superior Tribunal, por força de suas Súmulas ns. 5 e 7, não pode aferir a existência de capitalização dos juros com a utilização da tabela *price*. Por fim, firmou que o art. 6º, e, da Lei n. 4.380/1964 não estabelece limitação aos juros remuneratórios. Precedentes citados: AgRg no REsp 1.029.545-RS, DJe 28/5/2008; AgRg no REsp 1.048.388-RS, DJe 8/6/2009; REsp 719.259-CE, DJ 22/8/2005; AgRg no REsp 1.008.525-RS, DJe 13/6/2008; AgRg no REsp 932.287-RS, DJe 11/5/2009; AgRg no REsp 1.068.667-PR, DJe 1º/12/2008; AgRg no REsp 954.306-RS, DJe 20/6/2008; REsp 740.632-PR, DJe 5/3/2008; AgRg no REsp 441.697-RS, DJ 26/2/2007; AgRg no REsp 989.790-RS, DJe 25/5/2009; AgRg no REsp 1.068.284-MG, DJe 17/8/2009; EREsp 415.588-SC, DJ 1º/12/2003; REsp 464.191-SC, DJ 24/11/2003; REsp 416.780-SC, DJ 25/11/2002; AgRg no REsp 943.347-AL, DJe 11/5/2009; AgRg no REsp 957.604-RS, DJe 1º/12/2008; AgRg no REsp 1.036.303-RS, DJe 3/2/2009; REsp 838.372-RS, DJ 17/12/2007, e REsp 990.210-RS, DJ 17/12/2007. **REsp 1.070.297-PR, Rel. Min. Luis Felipe Salomão, julgado em 9/9/2009.** (Inform. STJ 406)

SFH. FCVS. EQUÍVOCO. CEF. QUITAÇÃO. IMÓVEL.
Na espécie, a mutuária adquiriu um imóvel da CEF e pagou, juntamente com as prestações, as parcelas referentes ao Fundo de Compensação e Variação Salarial (FCVS). Ao término do pagamento, exigiu a quitação do imóvel e a respectiva baixa da hipoteca incidente sobre ele. A CEF, então, recusou-se à quitação, dizendo que o contrato não era submetido ao FCVS, que estava fora daquele limite. O máximo que a mutuária poderia fazer era receber o seu dinheiro de volta, não a quitação. Inicialmente, o Min. Relator destacou que o recurso interposto pela alínea c permite a adoção de soluções análogas aos casos semelhantes. A existência de erro inescusável, em razão do preparo técnico dos agentes da CEF que atuam na área de financiamento, impõe ao agente financeiro arcar com as conseqüências econômicas advindas de eventual equívoco quando da elaboração das cláusulas contratuais. *In casu*, o erro quanto à previsão de cobertura pelo FCVS, mercê de o valor financiado exceder o limite regulamentar encartado na Circular n. 1.214/1987, item 15; Resolução n. 1.361/1987 do Bacen, bem como a indevida cobrança das parcelas relativas ao FCVS juntamente com a prestação e o seguro, decorreu de equívoco dos agentes da CEF, que, evidentemente, não pode se valer da própria torpeza para afastar o benefício de cobertura do saldo devedor pelo FCVS, em razão da presunção de boa fé dos mutuários, reafirmada, no caso concreto, pelo adimplemento das prestações do contrato de mútuo habitacional. Diante disso, a Turma, por maioria, deu provimento ao recurso para aplicar à hipótese o entendimento adotado por este Superior Tribunal em casos análogos, a fim de reconhecer o direito dos recorrentes à quitação do imóvel nos moldes da Lei n. 10.150/2000, bem como à respectiva baixa da hipoteca incidente sobre o imóvel. Precedentes citados: REsp 684.970-GO, DJ 20/2/2006, e REsp 562.729-SP, DJ 6/2/2007. **REsp 972.890-DF, Rel. Min. Luiz Fux, julgado em 16/6/2009.** (Inform. STJ 399)

CONTRATO. SFH. EFICÁCIA. TERCEIROS.
Firmou-se contrato de mútuo habitacional (SFH) com o agente financeiro vinculado ao extinto BNH. Sucede que houve a cessão da posição contratual (devedor) por força de escritura de compra e venda na qual se ressalvava a existência de caução hipotecária dada ao BNH pelo agente financeiro, mediante endosso em cédula hipotecária. Então, os cessionários quitaram antecipadamente o saldo devedor, quitação essa passada pelo agente financeiro, autorizando-os a levantar o gravame hipotecário. Remanesceu, contudo, o direito real de caução sobre o crédito hipotecário. Porém, a CEF firmou contrato de novação com o agente financeiro (em liquidação extrajudicial) e adquiriu, entre outros, os direitos sobre a caução hipotecária constituída sobre o imóvel dos cessionários. Foi o inadimplemento do agente financeiro que gerou a pretensão de a CEF opor-se ao levantamento do gravame da caução, o que levou os cessionários a ingressar com ação ordinária contra a CEF, com o fito de liberá-los desse ônus real. Quanto a isso, veja-se que o princípio da relatividade dos efeitos dos contratos (*res inter alios acta*) tem sofrido mitigações mediante a admissão de que os negócios entre as partes, eventualmente, podem interferir (positiva ou negativamente) na esfera jurídica de terceiros. Essas mitigações dão-se pela doutrina do terceiro cúmplice, a proteção do terceiro diante dos contratos que lhe são prejudiciais ou mesmo pela tutela externa do crédito. Porém, em todos os casos, sobressaem a boa-fé objetiva e a função social do contrato. No caso, a cessão dos direitos de crédito à CEF deu-se após o adimplemento da obrigação pelos cessionários, negócio que se operou *inter partes* (devedor e credor). Assim, o posterior negócio entre a CEF e o agente financeiro não tem força para dilatar sua eficácia e atingir os devedores adimplentes. Aflora da interpretação dos arts. 792 e 794 do CC/1916 a necessidade de que os cessionários sejam notificados da cessão do título caucionado, com o desiderato de não pagarem em duplicidade, assertiva compartilhada pelas instâncias ordinárias. No entanto, não há, nos autos, prova de que a CEF tenha promovido a notificação. Por último, vê-se que a Súm. n. 308-STJ tem aplicação analógica ao caso e que os princípios da boa-fé objetiva, função social e os relativos à proteção das relações jurídicas também impedem a responsabilização dos cessionários. Com esse entendimento, a Turma, conheceu em parte do recurso da CEF e, nessa parte, negou-lhe provimento. **REsp 468.062-CE, Rel. Min. Humberto Martins, julgado em 11/11/2008.** (Inform. STJ 376)

SFH. VANTAGEM PESSOAL. PRESTAÇÃO. PES.
A Turma reafirmou que as vantagens pessoais incorporadas definitivamente ao vencimento do mutuário devem ser computadas nos reajustes das prestações dos contratos de financiamento regidos pelas regras do Sistema Financeiro de Habitação (SFH) vinculados ao Plano de Equivalência Salarial (PES). Precedentes citados: REsp 832.346-RS, DJ 9/10/2006; REsp 418.116-SC, DJ 11/4/2005; REsp 565.993-SC, DJ 25/10/2004, e REsp 808.148-RS, DJ 15/9/2006. **REsp 1.063.120-SC, Rel. Min. Massami Uyeda, julgado em 2/10/2008.** (Inform. STJ 370)

MÚTUO HIPOTECÁRIO. NÃO-APLICAÇÃO. REGRAS. SFH.
A Corte Especial sedimentou o entendimento de que as regras do Sistema Financeiro da Habitação não se aplicam ao sistema hipotecário. As regras previstas na Lei n. 5.741/1971 são aplicáveis somente aos contratos vinculados ao SFH. **EREsp 788.571-PR, Rel. Min. José Delgado, julgados em 21/5/2008.** (Inform. STJ 356)

MÚTUO. CORREÇÃO MONETÁRIA. *PRO RATA TEMPORIS*.
Quanto ao contrato de confissão de dívida celebrado entre o município, a União e a CEF referente ao Sistema Financeiro da Habitação (SFH), a Turma firmou que é aplicável ao mútuo o critério *pro rata temporis* para a correção monetária em relação às parcelas do crédito entregue ao mutuário. Precedentes citados: REsp 94.629-MS, DJ 12/4/1999; Edcl no REsp 36.228-RS, DJ 10/6/1996, e REsp 36.576-SC, DJ 6/9/1993. **REsp 884.715-PR, Rel. Min. Eliana Calmon, julgado em 15/5/2008.** (Inform. STJ 355)

SFH. MÚTUO. COMPENSAÇÃO. SALDO DEVEDOR.
Na espécie, discute-se a possibilidade de compensar valores eventualmente pagos a mais pelo mutuário com o saldo devedor. A Turma conheceu do recurso, mas lhe negou provimento, por entender que a compensação de eventuais valores cobrados a mais pelo agente financeiro deve ser feita em espécie ou com as prestações vencidas, nos exatos termos do art. 23 da Lei n. 8.004/1990. Precedentes citados: REsp 839.331-RS, DJ 29/8/2006, e REsp 710.183-PR, DJ 2/5/2005. **REsp 859.742-SC, Rel. Min. Massami Uyeda, julgado em 4/3/2008.** (Inform. STJ 347)

CONTRATO. ABERTURA. CRÉDITO. CONTA-CORRENTE. JUROS. CAPITALIZAÇÃO. RENOVAÇÃO AUTOMÁTICA. REGISTRO. INADIMPLÊNCIA.
Em retificação à notícia do julgamento do REsp 697.379-RS (ver Informativo n. 311), leia-se: Não é abusiva a cláusula de renovação automática do contrato de abertura de crédito. Outrossim, segundo recente orientação da Segunda Seção acerca dos juros remuneratórios e da comissão de permanência, considerando a relativa freqüência com que devedores de quantias elevadas buscam impedir a inscrição de seus nomes nos cadastros restritivos de crédito, mormente pelo ajuizamento de ação revisional de seus débitos sem nada pagar ou depositar, deve ser aplicado com cautela, segundo o prudente exame do juiz, atendendo-se às peculiaridades de cada caso, mediante o preenchimento dos requisitos: a) que haja ação proposta pelo devedor contestando a existência integral ou parcial do débito; b) que haja efetiva demonstração de que a contestação da cobrança indevida funda-se na aparência do bom direito; c) no caso de contestação apenas de parte do débito, seja depositado o valor referente à parte incontroversa, ou preste caução idônea ao prudente arbítrio do magistrado. O Código de Defesa do Consumidor ampara o hipossuficiente em defesa dos seus direitos, mas não é escudo para inadimplentes. Ademais, nos contratos de abertura de crédito em conta-corrente, é indevida a limitação de juros em 12%, como também é vedada a capitalização mensal dos juros, salvo nos contratos posteriores a 31/3/2000 (MP 1.963-17/2000 c/c MP n. 2.170-36/2001 *ex vi* do art. 2º da EC n. 32/2001). Precedente citado: REsp 527.618-RS, DJ 24/11/2003. **REsp 697.379-RS, Rel Min. Carlos Alberto Menezes Direito, julgado em 1º/3/2007.** (Inform. STJ 312)

CONTRATO. ABERTURA. CRÉDITO. CONTA-CORRENTE. JUROS. CAPITALIZAÇÃO. RENOVAÇÃO AUTOMÁTICA. REGISTRO. INADIMPLÊNCIA.
Não é abusiva a cláusula de renovação automática do contrato de abertura de crédito. Outrossim, segundo recente orientação da Segunda Seção acerca dos juros remuneratórios e da comissão de permanência, considerando a relativa freqüência com que devedores de quantias elevadas buscam impedir a inscrição de seus nomes nos cadastros restritivos de crédito, mormente pelo ajuizamento de ação revisional de seus débitos sem nada pagar ou depositar, deve ser aplicado com cautela, segundo o prudente exame do juiz, atendendo-se às peculiaridades de cada caso, mediante o preenchimento dos requisitos: a) que haja ação proposta pelo devedor contestando a existência integral ou parcial do débito; b) que haja efetiva demonstração de que a contestação da cobrança indevida funda-se na aparência do bom direito; c) no caso de contestação apenas de parte do débito, seja depositado o valor referente à parte incontroversa, ou preste caução idônea ao prudente arbítrio do magistrado. O Código de Defesa do Consumidor ampara o hipossuficiente em defesa dos seus direitos, mas não é escudo para inadimplentes. Ademais, nos contratos de abertura de crédito em conta-corrente, é indevida a limitação de juros em 12%, como também é vedada a capitalização mensal dos juros, salvo nos contratos posteriores a 31/3/2000 (MP 1.963-17/2000 c/c MP n. 2.170-36/2001 *ex vi* do art. 2º da EC n. 32/2001). Precedente citado: REsp 527.618-RS, DJ 24/11/2003. **REsp 697.379-RS, Rel Min. Carlos Alberto Menezes Direito, julgado em 1º/3/2007.** (Inform. STJ 311)

CONTRATO. BENS FUNGÍVEIS. MÚTUO.
Quanto ao mérito, o recorrente diz que, embora o acórdão tenha admitido que o contrato de depósito se referia a lote de bovinos, portanto bens fungíveis, obrigando-se o depositário a restituí-los no mesmo gênero, quantidade e qualidade, o Tribunal *a quo* entendeu inaplicável à espécie o art. 1.280 do CC/1916, proclamando, indevidamente, a propriedade da ação de depósito com a imposição de multa e prisão civil. O Min. Relator esclareceu que a orientação deste Superior Tribunal é no sentido de que o contrato que versa sobre bens fungíveis em depósito irregular não autoriza, em caso de inadimplemento, a ação de depósito porque aplicáveis as regras do mútuo. E, sobre a natureza do gado bovino, aduziu que são bens fungíveis, apenas especificados quanto ao sexo (garrotes e novilhas), e tanto é assim que os frutos de eventual cruzamento estão previstos no contrato, segundo a própria inicial, nem se sabe quantos ou quais são, a reforçar a característica de fungibilidade. O Min. Relator até admite que, em circunstâncias excepcionais, como na hipótese de determinado touro ou vaca para reprodução, devidamente identificados e registrados em associações de criadores, possa se dar tratamento legal diferenciado, ou seja, como bem não-fungível. Mas essa não é a situação aqui descrita. Precedentes citados: REsp 158.047-DF, DJ 18/4/2005, REsp 287.776-DF, DJ 25/6/2001, e AgRg no REsp 278.651-PR, DJ 19/3/2001. **REsp 299.658-PR, Rel. Min. Aldir Passarinho Junior, julgado em 13/2/2007.** (Inform. STJ 310)

Súmula Vinculante STF 7

A norma do §3º do artigo 192 da Constituição, revogada pela Emenda Constitucional nº 40/2003, que limitava a taxa de juros reais a 12% ao ano, tinha sua aplicação condicionada à edição de lei complementar.

Súmula STF nº 596

As disposições do Decreto 22.626/1933 não se aplicam às taxas de juros e aos outros encargos cobrados nas operações realizadas por instituições públicas ou privadas, que integram o sistema financeiro nacional.

Súmula STJ nº 473

O mutuário do SFH não pode ser compelido a contratar o seguro habitacional obrigatório com a instituição financeira mutuante ou com a seguradora por ela indicada.

Súmula STJ nº 382

A estipulação de juros remuneratórios superiores a 12% ao ano, por si só, não indica abusividade.

Súmula STJ nº 381

Nos contratos bancários, é vedado ao julgador conhecer, de ofício, da abusividade das cláusulas.

Súmula STJ nº 379

Nos contratos bancários não regidos por legislação específica, os juros moratórios poderão ser convencionados até o limite de 1% ao mês.

Súmula STJ nº 328

Na execução contra instituição financeira, é penhorável o numerário disponível, excluídas as reservas bancárias mantidas no Banco Central.

Súmula STJ nº 297

O Código de Defesa do Consumidor é aplicável às instituições financeiras.

Súmula STJ nº 296

Os juros remuneratórios, não cumuláveis com a comissão de permanência, são devidos no período de inadimplência, à taxa média de mercado estipulada pelo Banco Central do Brasil, limitada ao percentual contratado.

Súmula STJ nº 295

A Taxa Referencial (TR) é indexador válido para contratos posteriores à Lei n. 8.177/91, desde que pactuada.

Súmula STJ nº 294

Não é potestativa a cláusula contratual que prevê a comissão de permanência, calculada pela taxa média de mercado apurada pelo Banco Central do Brasil, limitada à taxa do contrato.

Súmula STJ nº 288

A Taxa de Juros de Longo Prazo (TJLP) pode ser utilizada como indexador de correção monetária nos contratos bancários.

Súmula STJ nº 287

A Taxa Básica Financeira (TBF) não pode ser utilizada como indexador de correção monetária nos contratos bancários.

Súmula STJ nº 286

A renegociação de contrato bancário ou a confissão da dívida não impede a possibilidade de discussão sobre eventuais ilegalidades dos contratos anteriores.

Súmula STJ nº 285

Nos contratos bancários posteriores ao Código de Defesa do Consumidor incide a multa moratória nele prevista.

Súmula STJ nº 283

As empresas administradoras de cartão de crédito são instituições financeiras e, por isso, os juros remuneratórios por elas cobrados não sofrem as limitações da Lei de Usura.

Súmula STJ nº 271

A correção monetária dos depósitos judiciais independe de ação específica contra o banco depositário.

Súmula STJ nº 259

A ação de prestação de contas pode ser proposta pelo titular de conta-corrente bancária.

Súmula STJ nº 258

A nota promissória vinculada a contrato de abertura de crédito não goza de autonomia em razão da iliquidez do título que a originou.

Súmula STJ nº 247

O contrato de abertura de crédito em conta-corrente, acompanhado do demonstrativo de débito, constitui documento hábil para o ajuizamento da ação monitória.

Súmula STJ nº 233

O contrato de abertura de crédito, ainda que acompanhado de extrato da conta-corrente, não é título executivo.

Súmula STJ nº 79

Os bancos comerciais não estão sujeitos a registro nos conselhos regionais de economia.

Súmula STJ nº 30

A comissão de permanência e a correção monetária são inacumuláveis.

3.7. Depósito

DEPOSITÁRIO INFIEL - PRISÃO CIVIL – INADMISSIBILIDADE
E M E N T A: *"HABEAS CORPUS"*. PRISÃO CIVIL. DEPOSITÁRIO JUDICIAL. A QUESTÃO DA INFIDELIDADE DEPOSITÁRIA. TRATADOS INTERNACIONAIS DE DIREITOS HUMANOS. A JURISPRUDÊNCIA CONSTITUCIONAL DO SUPREMO TRIBUNAL FEDERAL. ILEGITIMIDADE JURÍDICA DA DECRETAÇÃO DA PRISÃO CIVIL DO DEPOSITÁRIO INFIEL. MEDIDA CAUTELAR DEFERIDA.
- Não mais subsiste, no modelo normativo brasileiro, a prisão civil por infidelidade depositária, independentemente da modalidade de depósito, trate-se de depósito voluntário (convencional) ou cuide-se de depósito necessário, como o é o depósito judicial. Incabível, desse modo, no sistema constitucional vigente no Brasil, a decretação de prisão civil do depositário infiel Doutrina. Precedentes. **HC 98893 MC/SP. RELATOR: MIN. CELSO DE MELLO**. (Inform. STF 550)

Prisão civil do depositário infiel em face dos tratados internacionais de direitos humanos. Interpretação da parte final do inciso LXVII do art. 5o da Constituição brasileira de 1988. Posição hierárquico-normativa dos tratados internacionais de direitos humanos no ordenamento jurídico brasileiro. Desde a adesão do Brasil, sem qualquer reserva, ao Pacto Internacional dos Direitos Civis e Políticos (art. 11) e à Convenção Americana sobre Direitos Humanos – Pacto de San José da Costa Rica (art. 7º, 7), ambos no ano de 1992, não há mais base legal para prisão civil do depositário infiel, pois o caráter especial desses diplomas internacionais sobre direitos humanos lhes reserva lugar específico no ordenamento jurídico, estando abaixo da Constituição, porém acima da legislação interna. O *status* normativo *supralegal* dos tratados internacionais de direitos humanos subscritos pelo Brasil torna inaplicável a legislação infraconstitucional com ele conflitante, seja ela anterior ou posterior ao ato de adesão. Assim ocorreu com o art. 1.287 do Código Civil de 1916 e com o Decreto-Lei n° 911/69, assim como em relação ao art. 652 do Novo Código Civil (Lei n° 10.406/2002). alienação fiduciária em garantia. DECRETO-LEI N° 911/69. EQUIPAÇÃO DO DEVEDOR-FIDUCIANTE AO DEPOSITÁRIO. Prisão civil do devedor-fiduciante em face do princípio da proporcionalidade. A prisão civil do devedor-fiduciante no âmbito do contrato de alienação fiduciária em garantia viola o princípio da proporcionalidade, visto que: a) o ordenamento jurídico prevê outros meios processuais-executórios postos à disposição do credor-fiduciário para a garantia do crédito, de forma que a prisão civil, como medida extrema de coerção do devedor inadimplente, não passa no exame da proporcionalidade como proibição de excesso, em sua tríplice configuração: adequação, necessidade e proporcionalidade em sentido estrito; e b) o Decreto-Lei n° 911/69, ao instituir uma ficção jurídica, equiparando o devedor-fiduciante ao depositário, para todos os efeitos previstos nas leis civis e penais, criou uma figura atípica de depósito, transbordando os limites do conteúdo semântico da expressão "depositário infiel" insculpida no art. 5º, inciso LXVII, da Constituição e, dessa forma, desfigurando o instituto do depósito em sua conformação constitucional, o que perfaz a violação ao princípio da reserva legal proporcional recurso extraordinário conhecido e não provido. RE N. 349.703-RS. RELATOR P/ O ACÓRDÃO: MIN. GILMAR MENDES. **Noticiado no Informativo 498**(Inform. STF 549)

CONTRATO. DEPÓSITO. ARMAZÉM-GERAL. RES. N. 9/1992-CONAB.
Conforme disciplina o Dec. n. 1.102/1903, que regula o estabelecimento dos armazéns-gerais, são eles que respondem pelas perdas e avarias em relação às mercadorias, mesmo em caso de força maior, sendo vedada à Conab a absorção de qualquer prejuízo, uma vez que não houve sua comprovação. É a Sociedade de Armazéns-gerais (Soalgo) a responsável pelos danos aos grãos armazenados decorrentes de perda de umidade, e não a Conab. Assim, o MP é parte legítima para propor a ação civil pública para defesa do patrimônio da Conab, que é uma empresa pública. No caso, a ação visa à declaração da ilegalidade da Res. n. 9/1992 da Conab, que admite a perda de peso por redução de umidade, independentemente de comprovação. REsp **523.884-GO, Rel. Min. Luis Felipe Salomão, julgado em 14/9/2010**. (Inform. STJ 447)

HC. DEPOSITÁRIO INFIEL. PRISÃO.
A prisão civil do depositário judicial infiel não encontra guarida no ordenamento jurídico (art. 5º, LXVII, da CF/1988), em quaisquer de suas modalidades, quais sejam, a legal e a contratual. Ela configura constrangimento ilegal, máxime quando há manifestação da Corte Suprema em vedar a sua decretação. Após a ratificação pelo Brasil, sem qualquer reserva, do Pacto Internacional dos Direitos Civis e Políticos (art. 11) e da Convenção Americana sobre Direitos Humanos (Pacto de *San José da Costa Rica*), art. 7º, § 7º, ambos do ano de 1992, não há mais base legal para prisão civil do depositário infiel. Isso porque o caráter especial desses diplomas internacionais sobre direitos humanos reserva-lhes lugar específico no ordenamento jurídico, estando abaixo da Constituição, porém acima da legislação infraconstitucional com ele conflitante, seja ela anterior ou posterior ao ato de ratificação. Assim, ocorreu com o art. 1.287 do CC/1916 e com o DL n. 911/1969, tal como em relação ao art. 652 do CC/2002. A CF/1988, de índole pós-positivista e fundamento de todo o ordenamento jurídico, expressa como vontade popular que a República Federativa do Brasil, formada pela união indissolúvel dos estados, municípios e do Distrito Federal, constitui-se em Estado democrático de direito e tem como um dos seus fundamentos a dignidade da pessoa humana como instrumento realizador de seu ideário de construção de uma sociedade justa e solidária. Por sua vez, o STF, realizando interpretação sistemática dos direitos humanos fundamentais, promoveu considerável mudança acerca do tema em foco, assegurando os valores supremos do texto magno. Ademais, o Pleno do STF retomou o julgamento do RE 466.343-SP, DJ 12/12/2008, concluindo, desse modo, pela inconstitucionalidade da prisão civil do depositário infiel. Diante disso, a Turma deu provimento ao recurso. **RHC 19.406-MG, Rel. originário Min. José Delgado, Rel. para acórdão Min. Luiz Fux (RISTJ, art. 52, IV, b), julgado em 5/2/2009.** (Inform. STJ 382)

PRISÃO CIVIL. DEPOSITÁRIO INFIEL. NOVO ENTENDIMENTO.
A Turma concedeu a ordem em face do julgamento pelo STF do HC 87.585-TO e dos REs 349.703-RS e 466.343-SP, ultimados no dia 3 de dezembro de 2008. O STF fixou o entendimento de que os tratados e convenções internacionais sobre direitos humanos aos quais o Brasil aderiu gozam de *status* de norma supralegal. Tal entendimento tem reflexo imediato nas discussões relativas à impossibilidade de prisão civil de depositário infiel. **HC 110.344-SP, Rel. Min. Nancy Andrighi, julgado em 9/12/2008.** (Inform. STJ 380)

Súmula Vinculante STF 25

É ilícita a prisão civil de depositário infiel, qualquer que seja a modalidade do depósito.

Súmula STJ nº 419

Descabe a prisão civil do depositário judicial infiel.

Súmula STJ nº 179

O estabelecimento de credito que recebe dinheiro, em deposito judicial, responde pelo pagamento da correção monetária relativa aos valores recolhidos.

3.8. Mandato

PRESTAÇÃO. CONTAS. NATUREZA PERSONALÍSSIMA.
O condomínio (recorrente) ingressou com ação de prestação de contas contra o espólio (recorrido) representado pelo cônjuge varoa supérstite, na qualidade de inventariante, alegando que como proprietário de imóvel, outorgara procuração ao *de cujus* para que, em seu nome, pudesse transigir, fazer acordos, conceder prazos, receber aluguéis, dar quitação e representá-lo perante o foro em geral relativamente ao imóvel. Sustentou o recorrente que o *de cujus* apropriou-se indevidamente dos valores recebidos a título de aluguel, vindo a falecer em 1995, momento em que a inventariante teria continuado a receber os alugueres em nome do falecido, sendo o espólio recorrido parte legítima para prestar contas. O cerne da questão está em saber se o dever de prestar contas se estende ao espólio e aos sucessores do falecido mandatário. Para o Min. Relator, o mandato é contrato personalíssimo por excelência, tendo como uma das causas extintivas, nos termos do art. 682, II, do CC/2002, a morte do mandatário. Sendo o dever de prestar contas uma das obrigações do mandatário perante o mandante e tendo em vista a natureza personalíssima do contrato de mandato, por consectário lógico, a obrigação de prestar contas também tem natureza personalíssima. Desse modo, somente é legitimada passiva na ação de prestação de contas a pessoa a quem incumbia tal encargo por lei ou contrato, sendo tal obrigação intransmissível ao espólio do mandatário, que constitui, na verdade, uma ficção jurídica. Considerando-se, ainda, o fato de já ter sido homologada a partilha no inventário em favor dos herdeiros, impõe-se a manutenção da sentença que julgou extinto o feito sem resolução do mérito, por ilegitimidade passiva, ressalvada ao recorrente a pretensão de direito material nas vias ordinárias. Diante disso, a Turma negou provimento ao recurso. **REsp 1.055.819-SP, Rel. Min. Massami Uyeda, julgado em 16/3/2010.** (Inform. STJ 427)

REPETIÇÃO. INDÉBITO. LEGITIMIDADE PASSIVA. SOCIEDADE. ADVOGADOS.
Trata-se de contrato para prestação de serviços no qual os recorridos procuraram sociedade de advogados para inventariar os bens de seu falecido pai, comprometendo-se a pagar 15% sobre o quinhão que lhes coubesse na partilha, valor mínimo limitado a R$ 5.000,00. Acontece que foram incluídas, no inventário, apólices de seguro do *de cujus* em favor dos recorridos e, conseqüentemente, aumentou-se artificialmente o valor do monte-mor, com levantamento a maior dos honorários antes mesmo da conclusão do inventário. Assim, a Turma entendeu que os advogados, ao receberem a procuração para representar os recorridos em juízo, vincularam-se ao contrato entre a sociedade e os recorridos, sendo, pois, participantes da relação contratual e, do ponto de vista processual, possuem legitimidade passiva na ação de repetição de indébito. Os sócios, mesmo que não tenham atuado na representação processual, são responsáveis pelos serviços prestados aos clientes, em nome da sociedade advocatícia que integram. Desse modo, respondem em juízo pela dívida da sociedade. Contudo, aos sócios só se impõe a satisfação dos créditos quando faltarem os bens sociais. Interpretação diversa conduziria o possível credor a ajuizar inúmeras ações consecutivas contra a sociedade e os sócios, até que encontre devedor solvível. Logo, a Turma não conheceu do recurso. Precedente citado: REsp 645.662-SP, DJ 1º/8/2007. **REsp 1.016.290-MG, Rel. Min. Nancy Andrighi, julgado em 26/8/2008.** (Inform. STJ 365)

Súmula STJ nº 60

É nula a obrigação cambial assumida por procurador do mutuário vinculado ao mutuante, no exclusivo interesse deste.

3.9. Corretagem

COMISSÃO. CORRETAGEM. COBRANÇA.
O corretor faz jus à comissão quando aproxima as partes, mesmo que não acompanhe as negociações até sua efetiva concretização. A sua dedicação deve ser usada na tentativa de encontrar interessados para o negócio e, uma vez que foi bem sucedido na tarefa, seu papel passa a ser secundário, devendo apenas estar à disposição das partes para auxiliar no que for solicitado. Basta a aproximação das partes e a conclusão bem sucedida do negócio jurídico para que seja devida a comissão. Assim, é potestativa a cláusula que condiciona o pagamento de corretagem à celebração do negócio jurídico dentro de prazo cujo cumprimento, em grande parte, depende da vontade do próprio comitente. Assim, a Turma, ao prosseguir o julgamento, por maioria, negou provimento ao recurso. **REsp 1.072.397-RS, Rel. Min. Nancy Andrighi, julgado em 15/9/2009.** (Inform. STJ 407)

COBRANÇA. COMISSÃO. CORRETAGEM.
Uma vez incontroversas a venda do imóvel e a intermediação praticada pelo ora recorrido, ele faz jus à comissão de corretagem, mesmo não sendo inscrito no Creci, pois seu serviço deve ser remunerado, sob pena de enriquecimento ilícito do outro contratante. Quanto à prova, não é permitido fazê-la apenas em depoimento de testemunhas a respeito da existência do contrato em si. Mas, a demonstração dos efeitos dos fatos que envolvam as partes e a prestação de serviços podem ser admitidas por aquele meio. Precedentes citados: REsp 87.918-PR, DJ 9/4/2001; REsp 139.236-SP, DJ 15/3/1999, e EREsp 263.387-PE, DJ 17/3/2003. **REsp 185.823-MG, Rel. Min. Luís Felipe Salomão, julgado em 14/10/2008.** (Inform. STJ 372)

COBRANÇA. COMISSÃO. CORRETAGEM.
Trata-se de REsp interposto para impugnar acórdão exarado em ação rescisória. Na ação originária, o autor, ora recorrente, afirmou ser contratado para vender imóvel no valor de R$ 10.000.000,00, inicialmente por autorização expressa, em 1995, e, a partir de 1996, por autorização verbal, mas ter sido afastado da negociação, que se concretizou em 2001. Nessa ação, o juiz considerou desnecessária a produção de provas em audiência e julgou antecipado o feito. Houve apelação, considerada intempestiva (agravou ainda o réu, alegando que no DJ constou o nome de advogado, dentre outros, que não era o patrono da causa). Na ação rescisória, o Tribunal *a quo* considerou que aquela sentença não poderia, por um lado, julgar antecipadamente o feito e, por outro, reconhecer a procedência do pedido formulado pela ausência de comprovação do réu de suas alegações, porque tal contradição implicaria ofensa ao art. 330, I, do CPC e justificou a rescisão do julgado com fundamento no art. 485, V, do mesmo diploma legal. Para a Min. Relatora, aquele Tribunal não poderia ter julgado procedente o pedido de pronto, sem que determinasse a renovação da instrução do processo. Pois, se o vício apontado pela sentença rescindenda foi não permitir que o réu produzisse as provas, é porque o TJ estava convencido de que tais provas eram imprescindíveis ou que aquela sentença equivocou-se no mérito. Assim, não poderia julgar novamente o mérito da causa sem tais provas, invertendo a condenação em *iudicium rescisorium*. Com esse entendimento, a Turma, prosseguindo o julgamento, deu provimento ao recurso para anular o acórdão recorrido, determinando que seja anulada a sentença rescindenda para que se colham as provas requeridas no processo originário. **REsp 960.868-SC, Rel. Min. Nancy Andrighi, julgado em 26/2/2008.** (Inform. STJ 346)

3.10. Transporte

RESPONSABILIDADE. TRANSPORTADORA. EXTRAVIO.
Cuidou-se, na origem, de ação de reparação de danos ajuizada por seguradora em desfavor de duas empresas aéreas: a primeira, por ter firmado com a empresa segurada o contrato de transporte do equipamento extraviado; a segunda, ora recorrente, por ser a proprietária da aeronave responsável pelo trajeto. Asseverou-se, inicialmente, que a ausência de protesto da segurada dentro dos prazos estabelecidos pelo art. 26 da Convenção de Varsóvia não importou decadência do direito da seguradora de obter ressarcimento, tendo em vista que tal prática é necessária apenas quando se constata avaria ou atraso no recebimento da mercadoria, não extravio, como se deu na hipótese dos autos. Afirmou-se, ainda, haver responsabilidade solidária entre a transportadora contratual (que concluiu o contrato de transporte) e a única transportadora de fato (que realizou o transporte mediante autorização da transportadora contratual), a teor do que dispõe o art. 3º do Dec. n. 60.967/1967. Com essas considerações, a Turma negou provimento ao recurso especial. **REsp 900.250-SP, Rel. Min. Sidnei Beneti, julgado em 2/9/2010.** (Inform. STJ 445)

TRANSPORTE MARÍTIMO. SEGURADORA. REGRESSIVA.
A Turma desproveu o recurso, entendendo cabível a ação regressiva proposta pela seguradora contra entidade portuária, em razão de transporte de mercadorias avariadas. Contrariamente do que sustentou a entidade portuária, a falta da lavratura imediata do termo de avaria não a isenta da responsabilidade pela respectiva indenização dos danos (arts. 2º e 3º do DL n. 116/1967 c/c arts. 468 a 470 do Dec. n. 91.030/1985 e Dec. n. 6.759/2009 – regulamentos aduaneiros antigo e atual, respectivamente). **REsp 958.956-ES, Rel. Min. Nancy Andrighi, julgado em 5/11/2009.** (Inform. STJ 414)

Súmula STF nº 187

A responsabilidade contratual do transportador, pelo acidente com o passageiro, não é elidida por culpa de terceiro, contra o qual tem ação regressiva.

Súmula STF nº 161

Em contrato de transporte, é inoperante a cláusula de não indenizar.

Súmula STJ nº 145

No transporte desinteressado, de simples cortesia, o transportador só será civilmente responsável por danos causados ao transportado quando incorrer em dolo ou culpa grave.

Súmula STJ nº 109

O reconhecimento do direito à indenização, por falta de mercadoria transportada via marítima, independe de vistoria.

3.11. Seguro de dano

CONTRATO DE SEGURO DE VEÍCULO. PREVISÃO DE COBERTURA DE CRIME DE ROUBO. ABRANGÊNCIA DO CRIME DE EXTORSÃO.
É devido o pagamento de indenização por seguradora em razão dos prejuízos financeiros sofridos por vítima de crime de extorsão constrangida a entregar o veículo segurado a terceiro, ainda que a cláusula contratual delimitadora dos riscos cobertos somente preveja as hipóteses de colisão, incêndio, furto e roubo. Em que pese ser de rigor a interpretação restritiva em matéria de direito penal, especialmente ao se aferir o espectro de abrangência de determinado tipo incriminador, isso por força do princípio da tipicidade fechada ou estrita legalidade (CF, art. 5º, XXXIX; e CP, art. 1º), tal viés é reservado à seara punitivo-preventiva (geral e especial) inerente ao Direito Penal, cabendo ao aplicador do Direito Civil emprestar aos institutos de direito privado o efeito jurídico próprio, especialmente à luz dos princípios da boa-fé objetiva e da conservação dos contratos. A restrição legal do art. 757 do CC encerra vedação de interpretação extensiva somente quando a cláusula delimitadora de riscos cobertos estiver redigida de modo claro e insusceptível de dúvidas. Assim, é possível afastar terminologias empregadas na construção de cláusulas contratuais que redundem na total subtração de efeitos de determinada avença, desde que presente um sentido interpretativo que se revele apto a preservar a utilidade econômica e social do ajuste. Além disso, havendo relação de consumo, devem ser observadas as diretrizes hermenêuticas de interpretação mais favorável ao consumidor (art. 47, CDC), da nulidade de cláusulas que atenuem a responsabilidade do fornecedor, ou redundem em renúncia ou disposição de direitos pelo consumidor (art. 51, I, CDC), ou desvirtuem direitos fundamentais inerentes à natureza do contrato (art. 51, § 1º, II, CDC). A proximidade entre os crimes de roubo e extorsão não é meramente topológico-geográfica, mas também conceitual, uma vez que, entre um e outro, o que essencialmente os difere é a extensão da ação do agente criminoso e a forçada participação da vítima. A distinção é muito sutil já que, no roubo, o réu desapossa, retira violentamente o bem da vítima; na extorsão, com o mesmo método, obriga a entrega. Dessa forma, a singela vinculação da cláusula que prevê os riscos cobertos a conceitos de direito penal está aquém daquilo que se supõe de clareza razoável no âmbito das relações consumeristas, sobretudo diante da carga limitativa que o dispositivo do ajuste encerra, pois a peculiar e estreitíssima diferenciação entre roubo e extorsão perpassa o entendimento do homem médio, mormente em se tratando de consumidor, não lhe sendo exigível a capacidade de diferenciar tipos penais. Trata-se de situação distinta daquela apreciada pela Quarta Turma, na qual se assentou que a cobertura securitária estabelecida para furto e roubo não abrangia hipóteses de apropriação indébita (REsp n. 1.177.479-PR). Precedente citado: REsp 814.060-RJ, DJe 13/4/2010. REsp 1.106.827-SP, Rel. Min. Marco Buzzi, julgado em 16/10/2012.(Inform. STJ 506)

CONTRATO DE SEGURO. CLÁUSULA ABUSIVA. NÃO OBSERVÂNCIA DO DEVER DE INFORMAR.
A Turma decidiu que, uma vez reconhecida a falha no dever geral de informação, direito básico do consumidor previsto no art. 6º, III, do CDC, é inválida cláusula securitária que exclui da cobertura de indenização o furto simples ocorrido no estabelecimento comercial contratante. A circunstância de o risco segurado ser limitado aos casos de furto qualificado (por arrombamento ou rompimento de obstáculo) exige, de plano, o conhecimento do aderente quanto às diferenças entre uma e outra espécie – qualificado e simples – conhecimento que, em razão da vulnerabilidade do consumidor, presumidamente ele não possui, ensejando, por isso, o vício no dever de informar. A condição exigida para cobertura do sinistro – ocorrência de furto qualificado –, por si só, apresenta conceituação específica da legislação penal, para cuja conceituação o próprio meio técnico-jurídico encontra dificuldades, o que denota sua abusividade. REsp 1.293.006-SP, Rel. Min. Massami Uyeda, julgado em 21/6/2012. (Inform. STJ 500)

SEGURO GARANTIA. EXIGÊNCIA. NOTIFICAÇÃO. SEGURADO. SUSPENSÃO . COBERTURA .
A Turma entendeu que o "seguro garantia", ao contrário da generalidade dos seguros, não está adstrito ao mutualismo e à atuária. Com efeito, tendo em vista a singularidade dessa modalidade de seguro, que muito se aproxima da fiança, o tomador contrata seguro pelo qual a seguradora garante o interesse do segurado, relativo à obrigação assumida pelo tomador, não podendo, por isso, ser arguida pela seguradora a ausência de pagamento do prêmio. No caso, quanto à alegação da recorrente (seguradora) no que tange à violação do art. 12 do Dec.-lei n. 73/1966, a Segunda Seção pacificou que a correta interpretação do dispositivo é no sentido de que o atraso no pagamento do prêmio não importa em desfazimento instantâneo do seguro ou suspensão da cobertura securitária, pois é necessária a constituição em mora do contratante pela seguradora. Assim, a Turma, entre outras considerações, negou provimento ao REsp. Precedente citado: REsp. 316.552-SP, DJ 12/4/2004. **REsp 1.224.195-SP, Rel. Min. Luis Felipe Salomão, julgado em 13/9/2011.** (Inform. STJ 483)

SEGURO. VEÍCULO. NEGATIVA. COBERTURA. CLÁUSULA LIMITATIVA.
Trata-se de ação de cobrança de indenização securitária cumulada com pedido de indenização por danos materiais e morais contra a seguradora. Noticiou a ora recorrida ter firmado com a recorrente contrato de seguro de veículo e ter sido este roubado sem que, até a data do ajuizamento da ação, houvesse sido recuperado. Aduziu que a seguradora negou o pedido de indenização por suposto descumprimento contratual, justificando a negativa pelo fato de que o condutor eventual utilizava o veículo segurado acima de um dia por semana, independentemente do tempo de uso do veículo. O juízo singular julgou parcialmente procedente o pedido para condenar a seguradora a pagar o valor segurado, bem como indenização no valor de três salários mínimos a título de danos extrapatrimoniais, afastada essa pelo tribunal *a quo*. A Turma entendeu que as declarações inexatas ou omissões no questionário de risco em contrato de seguro de veículo não autorizam, automaticamente, a perda da indenização securitária. É preciso que tais inexatidões ou omissões tenham acarretado concretamente o agravamento do risco contratado e decorram de ato intencional do segurado. No caso, a circunstância de a segurada não possuir carteira de habilitação ou ter idade avançada, ao contrário de seu neto, o verdadeiro condutor, não poderia justificar a negativa da seguradora. Por outro lado, o fato de o roubo do veículo segurado ter ocorrido com o neto da segurada no interior do automóvel não guarda relação lógica com o fato de o condutor ter ou não carteira de habilitação. Não tendo o acórdão recorrido reconhecido agravamento do risco com o preenchimento inexato do formulário, tampouco que tenha sido em razão de má-fé da contratante, incide a Súm. n. 7-STJ. Soma-se a isso o fato de ter o acórdão recorrido entendido que eventual equívoco no preenchimento do questionário de risco decorreu também de dubiedade da cláusula limitativa acolhida expressamente no art. 423 do CC/2002. **REsp 1.210.205-RS, Rel. Min. Luis Felipe Salomão, julgado em 1º/9/2011.** (Inform. STJ 482)

SEGURO. AUTOMÓVEL. ATRASO. PRESTAÇÃO. JUROS MORATÓRIOS.
A Turma reiterou o entendimento de que é necessária a prévia notificação do segurado para sua constituição em mora e a consequente suspensão ou rescisão do contrato de seguro, pois seu desfazimento não é automático, quando ocorre atraso de uma parcela mensal do prêmio. Salientou, ainda, quanto aos juros moratórios, que, na ausência de pactuação, aplica-se o percentual de 0,5% ao mês conforme o art. 1.063 do CC/1916. Contudo, com o advento do CC/2002, no período após sua vigência, os juros serão calculados conforme seu art. 406. Precedentes citados: AgRg no Ag 1.058.636-SC, DJe 3/11/2008; REsp 316.552-SP, DJ 12/4/2004; REsp 770.720-SC, DJe 20/6/2008, e REsp 595.766-MS, DJe 10/5/2010. **REsp 867.489-PR, Rel. Min. Aldir Passarinho Junior, julgado em 14/9/2010.** (Inform. STJ 447)

SEGURO. VEÍCULO. ALIENAÇÃO.
A transferência da titularidade do veículo segurado sem a devida comunicação à seguradora, por si só, não justifica tornar sem efeito o contrato de seguro, pois esse fato não elide sua responsabilidade, salvo demonstrada a má-fé ou o agravamento do risco. Precedentes citados: AgRg no REsp 302.662-PR, DJ 25/6/2001; REsp 188.694-MG, DJ 12/6/2000, e REsp 600.788-SP, DJ 30/10/2006. **REsp 771.375-SP, Rel. Min. Aldir Passarinho Junior, julgado em 25/5/2010.** (Inform. STJ 436)

SEGURO. INDENIZAÇÃO. CLÁUSULA RESTRITIVA.
Trata-se de REsp contra o acórdão que manteve sentença que julgou procedente o pedido de indenização securitária sem limitação de valor. Sustenta a recorrente violação dos arts. 1.434 e 1.460 do CC/1916, pois o tribunal de origem, ao apreciar a demanda, não considerou a cláusula restritiva sob a alegação de ela não constar da apólice do contrato de seguro. Alega, ainda, que, não obstante a ausência da referida restrição na apólice, as condições gerais do seguro fazem parte do contrato, podendo-se, assim, limitar os riscos previamente ajustados. Inicialmente, observou-se que a literalidade dos supracitados dispositivos legais não pode desvirtuar a natureza do contrato de seguro, bem como a intenção das partes ao contratarem. Assim, entendeu-se que o emprego literal dos mencionados dispositivos, da maneira utilizada pela instância *a quo*, transmuta a natureza do contrato de seguro de consensual para formal, uma vez que a apólice de seguro não é o próprio contrato, mas sim o instrumento dele, motivo pelo qual a cláusula restritiva de cobertura deve ser levada em consideração na solução do litígio. Ademais, na hipótese, a parte contratante tinha conhecimento da cláusula restritiva de indenização, e este Superior Tribunal, ao analisar avenças securitárias análogas ao caso em foco, tem dado prevalência ao ajuste entre as partes, aos rigores formais do contrato. Com esses fundamentos, a Turma deu provimento ao recurso. Precedentes citados: REsp 742.881-PB, DJe 2/4/2009; REsp 755.718-RJ, DJ 30/10/2006; REsp 131.804-PR, DJ 15/3/2004, e REsp 485.760-RJ, DJ 1º/3/2004. **REsp 595.089-MG, Rel. Min. Vasco Della Giustina (Desembargador convocado do TJ-RS), julgado em 9/3/2010.** (Inform. STJ 426)

SEGURADORA. SUB-ROGAÇÃO. DIREITO. REGRESSO.
Admite-se ação regressiva da seguradora contra garagista para buscar o ressarcimento da indenização paga à segurada por roubo de veículo em estacionamento sob sua responsabilidade. Para a Min. Relatora, não há como considerar o furto ou roubo de veículo como causa excludente da responsabilidade das empresas que exploram os estacionamentos, uma vez que a obrigação de garantir a integridade do bem é inerente à própria atividade por elas desenvolvida. Por outro lado, observa que, modernamente, o furto e o roubo de veículos não constituem caso fortuito, pois são episódios corriqueiros, sendo esse, inclusive, um dos fatores a motivar a utilização desses estacionamentos. Assim, o furto ou roubo sob a responsabilidade do garagista demonstram, no mínimo, que houve a prestação deficiente do serviço no estacionamento, ou que ele não agiu com a diligência necessária para impedir a atuação criminosa (Súm. n. 130-STJ). Ademais, afirma que a perspectiva da seguradora sub-rogada nos direitos do segurado (art. 988 do CC/1916, redação mantida no art. 349 do CC/2002) deve ser vista como causadora de dano, ainda que indireto, inclusive para efeitos da Súm. n. 188-STF. Também ressaltou que os citados artigos não impõem restrição alguma ao direito de ação de regresso à seguradora sub-rogada. Diante do exposto, a Turma deu provimento ao recurso para restabelecer a sentença. Precedentes citados: REsp 177.975-SP, DJ 13/12/1999; REsp 303.776-SP, DJ 25/6/2001, e REsp 131.662-SP, DJ 16/10/2000. **REsp 976.531-SP, Rel. Min. Nancy Andrighi, julgado em 23/2/2010.** (Inform. STJ 424)

SEGURO. VEÍCULO. MORA. NOTIFICAÇÃO. PRÊMIO.
A Turma reiterou que o simples atraso no adimplemento de parcelas do prêmio do seguro de veículo não autoriza o desfazimento automático do contrato, pois é necessária a interpelação para a prévia constituição em mora do segurado. No caso, o segurado pagou duas das quatro parcelas e, embora em atraso, não houve interpelação, cabendo, em razão do furto do veículo, a condenação da seguradora ao pagamento do seguro, acrescido de juros moratórios a contar da citação, custas e honorários advocatícios de 10% sobre o valor da condenação. **REsp 726.673-SP, Rel. Min. Aldir Passarinho Junior, julgado em 2/9/2008.** (Inform. STJ 366)

SEGURO. VEÍCULO. COBERTURA. ESTELIONATO.
Prosseguindo o julgamento, a Turma, por maioria, entendeu ser necessário contrato específico de seguro-fidelidade para a cobertura de riscos tais como os advindos do empréstimo do carro a amigo que traiu a confiança e não mais o devolveu, pois, para obter a cobertura de tal risco, o preço cobrado é mais caro que o do seguro convencional. **REsp 917.356-ES, Rel. originária Min. Nancy Andrighi, Rel. para acórdão Min. Ari Pargendler, julgado em 17/6/2008.** (Inform. STJ 360)

SEGURADORA. TRANSFERÊNCIA. CARRO FURTADO.
Na espécie, o ora agravante, durante a vigência do seguro, teve seu carro furtado e, como não foi recuperado, recebeu a indenização securitária. Mas, após um ano, passou a receber multas de trânsito (300 multas). Note-se que a seguradora não pode fazer a transferência enquanto não localizado o veículo (art. 124, CTB). Então, o ora agravante, ajuizou ação de obrigação de fazer cumulada com pedido de indenização de danos morais, em razão dessa situação poder culminar com a cassação de sua carteira de motorista, bem como com a inscrição do seu nome na dívida ativa. A seguradora restou condenada, nas instâncias ordinárias, na obrigação de transferir o veículo, retirar todas as penalidades após o furto, sob pena de multa diária de R$ 500,00 e pagar danos morais no valor de R$ 6.000,00. Dessa decisão, a seguradora interpôs REsp, alegando a impossibilidade de cumprir tal obrigação. O Tribunal *a quo* negou seguimento ao REsp, que está em fase de agravo de instrumento, mas, sendo concedido neste Superior Tribunal, em medida cautelar, efeito suspensivo ao REsp, contra essa decisão foi interposto o presente agravo regimental. Para o Min. Relator, deve ser mantida a decisão agravada que entendeu presentes os requisitos da medida acautelatória, porque, em exame preliminar, verificou-se a plausibilidade dos argumentos da seguradora. Diante do exposto, a Turma negou provimento ao recurso. **AgRg na MC 13.242-RJ, Rel. Min. Aldir Passarinho Junior, julgado em 11/3/2008.** (Inform. STJ 348)

CONTRATO. SEGURO. BANCO. MANUTENÇÃO. SEGURANÇA.
Trata-se de contrato de seguro de dinheiro em espécie, papel ou documento que represente valor em trânsito ou no interior de estabelecimento bancário do recorrente. Na espécie, foi realizada prévia vistoria pela recorrida para aferição de risco, para, então, recusar a cobertura solicitada ou aceitá-la mediante a estipulação de um prêmio justo. Uma vez aceita a proposta de adesão, caberia à seguradora, para eximir-se do encargo, nessa espécie de seguro, proceder à vistoria ao longo do contrato, a fim de averiguar se os sistemas de segurança, conforme a Lei n. 7.102/1993 e o Decreto n. 89.056/1993, permaneciam ou não em correto funcionamento, exigindo, caso encontrasse algum descuido, sua readequação. Não atendido o requisito da segurança, caberia à companhia de seguros notificar o banco recorrente, rescindindo o contrato. Não pode a companhia seguradora realizar a vistoria, contratar o seguro, receber o prêmio e, mais tarde, eximir-se do pagamento lastreada em cláusula do contrato. Também ocorre que, no caso, não houve duplicidade de seguros, o que é vedado, pois não se pode receber dobrado o valor de um mesmo bem. Ocorreu, sim, um co-seguro, em que o banco recorrente fracionou em dois contratos a cobertura, que, somados, representam o todo da lesão. **REsp 442.751-RJ, Rel. Min. Aldir Passarinho Junior, julgado em 11/12/2007.** (Inform. STJ 342)

SEGURO. TRANSPORTE. MERCADORIA. INDENIZAÇÃO. ATRASO. PRÊMIO.
A recorrida firmou contrato de seguro específico para o caso de roubo das cargas por ela transportadas. Contudo, deu-se o roubo e a recorrida ressarciu o prejuízo sofrido por seu cliente. Por sua vez, a seguradora, ora recorrente, negou-se a pagar a indenização securitária à alegação de que a recorrida não estaria obrigada a reparar o prejuízo de seus clientes nos casos de roubo, tido por caso fortuito ou força maior. Diante disso, é patente que a seguradora que coloca no mercado de consumo apólice que cobre tal risco não pode negar-se a pagar a indenização a que se comprometeu, ao alegar o fundamento acima descrito, o que beira a má-fé, pois, se não havia risco a ser coberto, para que o contrato de seguro? Anote-se, também, que o simples atraso do pagamento da parcela do prêmio, sem previamente notificar o segurado da constituição em mora, não autoriza a suspensão da cobertura contratual e o indeferimento do pedido de pagamento da indenização. Precedentes citados: REsp 318.408-SP, DJ 10/10/2005, e REsp 316.552-SP, DJ 12/4/2004. **REsp 860.562-PR, Rel. Min. Humberto Gomes de Barros, julgado em 4/12/2007.** (Inform. STJ 341)

SEGURO. CLÁUSULA CONTRATUAL. DANOS CORPORAIS. INCLUSÃO. DANOS MORAIS.
Trata-se de agravo regimental de seguradora em pedido de reconsideração da decisão que, em sede de agravo de instrumento, deu parcial provimento ao recurso especial de transportadora para determinar que a seguradora, ora recorrente, denunciada à lide, restitua regressivamente à transportadora os valores por ela pagos aos autores em ação indenizatória a título de danos morais. Reconheceu o Min. Relator na decisão monocrática ser assente na jurisprudência deste Superior Tribunal que os danos relativos à pessoa humana podem ser de ordem física ou moral; por conseguinte, a cláusula contratual que acoberta o segurado contra danos corporais abrange também os danos morais, uma vez que não se pode dissociar os dois, porque a angústia e o sofrimento do intelecto estão intimamente ligados ao bem-estar e à saúde física da pessoa. Conseqüentemente, contratado seguro de danos corporais incumbe à seguradora indenizar a pessoa pelos danos morais sentidos. Destacou ainda o Min. Hélio Quaglia Barbosa que a substituição da expressão "dano pessoal" por "dano corporal", na realidade, é um simples artifício, muito superficial e mal pensado, até por conta da antiguidade do ramo da medicina psicossomática, que examina todas as questões referentes à somatização de problemas psíquicos no próprio corpo humano, dando noção de relacionamento inseparável entre ambos. Diante do exposto, a Turma negou provimento ao agravo regimental. Precedentes citados: REsp 209.531-MG, DJ 14/6/2004, e REsp 293.934-RJ, DJ 10/4/2001. **AgRg no Ag 935.821-MG, Rel. Min. Aldir Passarinho Junior, julgado em 6/12/2007.** (Inform. STJ 341)

Súmula STF nº 188

O segurador tem ação regressiva contra o causador do dano, pelo que efetivamente pagou, até ao limite previsto no contrato de seguro.

Súmula STJ nº 465

Ressalvada a hipótese de efetivo agravamento do risco, a seguradora não se exime do dever de indenizar em razão da transferência do veículo sem a sua prévia comunicação.

Súmula STJ nº 31

A aquisição, pelo segurado, de mais de um imóvel financiado pelo Sistema Financeiro da Habitação, situados na mesma localidade, não exime a seguradora da obrigação de pagamento dos seguros.

3.12. Seguro de pessoa

SEGURO DE VIDA. PAGAMENTO A MENOR. PRESCRIÇÃO. TERMO A QUO.
A Turma reafirmou o entendimento de que o prazo prescricional ânuo (art. 178, § 6º, do CC 1916) para o ajuizamento da ação de cobrança de diferença de indenização securitária tem início na data da ciência inequívoca do pagamento incompleto ou a menor. Na espécie, o falecimento do segurado ocorreu em 1964, ano em que teve início o processo de inventário. Apesar de determinado pelo juízo inventariante, em 24/11/1964, o depósito da importância devida pela empresa seguradora aos sucessores do *de cujus*, referente à indenização pelo seu seguro de vida, a ordem judicial somente foi cumprida em 22/11/2001. Constatada a insuficiência do pagamento, os herdeiros, em 9/7/2002, ajuizaram ação de cobrança para o recebimento da diferença do prêmio. Sob tal contexto, considerou o Min. Relator que, mesmo depois de decorrido longo período da ocorrência do sinistro, o depósito da importância do valor relativo à indenização securitária configura reconhecimento da existência da dívida por parte da seguradora. Assim, não estaria prescrito o direito dos herdeiros de pleitearem a complementação do seguro, pois a ação de cobrança foi proposta dentro do prazo de um ano, contado da data do pagamento a menor. Precedentes citados: REsp 882.588-SC, DJe 4/5/2011, e AgRg no Ag 1.277.705-GO, DJe 3/11/2010. **REsp 831.543-RJ, Rel. Min. Antonio Carlos Ferreira, julgado em 10/4/2012. (Inform. STJ 495)**

SEGURO DE VIDA. COMPLEMENTAÇÃO SECURITÁRIA. CIRURGIA DE REDUÇÃO DO ESTÔMAGO.
A discussão central do recurso reside em definir se, para fins securitários, é considerado morte natural ou morte acidental o óbito provocado por infecção generalizada decorrente de acidente durante cirurgia de gastroplastia ou bariátrica, popularmente conhecida por "cirurgia de redução de estômago". No caso, a segurada, portadora de obesidade mórbida, submeteu-se à cirurgia de gastroplastia. Durante a operação, seu baço foi lesionado, o que a fez passar por uma intervenção para retirá-lo. Após receber alta hospitalar, teve de ser novamente hospitalizada em razão de sérias complicações pós-operatórias, devido ao grave quadro de infecção generalizada. Em decorrência dessas complicações, a segurada veio a óbito vinte dias após a cirurgia. Em razão do falecimento da segurada, os beneficiários do seguro de vida pleitearam administrativamente o prêmio, recebendo a indenização da cobertura básica por morte natural. Insatisfeitos, ajuizaram ação contra a seguradora para obter a diferença da

indenização por morte acidental, estimada em R$ 33 mil. O juízo de direito acolheu o pedido, modificado pelo tribunal *a quo*, que entendeu ter ocorrido "morte natural". A Min. Relatora, inicialmente, asseverou que, ainda que o conceito de acidente pessoal encontre previsão no contrato de seguro, não se aplicam à espécie os enunciados das súmulas de número 5 e 7 do STJ. Discute-se, em realidade, a qualificação jurídica do evento que resultou na morte da segurada, caracterizando por acidente ou por fato natural o desenrolar do procedimento cirúrgico que a vitimara. A Turma entendeu que a infecção generalizada resultante de imprevista lesão no baço da paciente não se manteve na linha natural do desdobramento cirúrgico. Tal acontecimento, no contexto de procedimentos médicos da mesma natureza, representou, em realidade, evento não esperado e pouco provável; fator externo e involuntário ao ato cirúrgico de "redução de estômago", ou seja, a lesão no baço acidentalmente ocorrida durante a cirurgia. Daí por que, para quaisquer fins, inclusive securitários, a infecção causadora da morte da vítima foi provocada pela lesão acidental, o que afasta a alegação de morte natural e autoriza a complementação do prêmio por morte acidental. Diante dessa e de outras considerações, a Turma deu parcial provimento ao recurso especial para julgar procedente o pedido de complementação da cobertura securitária. **REsp 1.184.189-MS, Rel. Min. Maria Isabel Gallotti, julgado em 15/3/2012. (Inform. STJ 493)**

CONTRATO. SEGURO. VIDA. INTERRUPÇÃO. RENOVAÇÃO.

Trata-se, na origem, de ação para cumprimento de obrigação de fazer proposta contra empresa de seguro na qual o recorrente alega que, há mais de 30 anos, vem contratando, continuamente, seguro de vida individual oferecido pela recorrida, mediante renovação automática de apólice de seguro. Em 1999, continuou a manter vínculo com a seguradora; porém, dessa vez, aderindo a uma apólice coletiva vigente a partir do ano 2000, que vinha sendo renovada ano a ano até que, em 2006, a recorrida enviou-lhe uma correspondência informando que não mais teria intenção de renovar o seguro nos termos em que fora contratado. Ofereceu-lhe, em substituição, três alternativas, que o recorrente reputou excessivamente desvantajosas, daí a propositura da ação. A Min. Relatora entendeu que a pretensão da seguradora de modificar abruptamente as condições do seguro, não renovando o ajuste anterior, ofende os princípios da boa-fé objetiva, da cooperação, da confiança e da lealdade que devem orientar a interpretação dos contratos que regulam relações de consumo. Verificado prejuízo da seguradora e identificada a necessidade de correção da carteira do seguro em razão de novo cálculo atuarial, cabe a ela ver o consumidor como um colaborador, um parceiro que a tem acompanhado por anos a fio. Logo, os aumentos necessários para o reequilíbrio da carteira devem ser estabelecidos de maneira suave e gradual, por meio de um cronograma extenso, do qual o segurado tem de ser comunicado previamente. Agindo assim, a seguradora permite que o segurado se prepare para novos custos que onerarão, a longo prazo, o seguro de vida e colabore com a seguradora, aumentando sua participação e mitigando os prejuízos. A intenção de modificar abruptamente a relação jurídica continuada com a simples notificação entregue com alguns meses de antecedência ofende o sistema de proteção ao consumidor e não pode prevalecer. Daí a Seção, ao prosseguir o julgamento, por maioria, conheceu do recurso e a ele deu provimento. **REsp 1.073.595-MG, Rel. Min. Nancy Andrighi, julgado em 23/3/2011.** (Inform. STJ 467)

SEGURO. VIDA. POLICIAL CIVIL. ACIDENTE IN ITINERE.

Trata-se de REsp em que a questão consiste em saber se é cabível a indenização securitária de policial que vem a falecer no trajeto trabalho/residência. A seguradora recorrente sustenta, em síntese, que a referida indenização decorreria de eventual sinistro quando o policial civil estivesse exclusivamente em serviço. Contudo, no julgamento do especial, ressaltou o Min. Relator que o agente policial civil, militar ou federal, pela natureza de suas atividades, está obrigado, a todo tempo e momento, a servir à sociedade e aos cidadãos, não podendo omitir-se diante da prática de um delito, como na espécie, mesmo que se encontre fora de seu horário regular de trabalho ou mesmo no trajeto residência/trabalho, desde que, evidentemente, esteja no exercício de suas obrigações legais. Na verdade, se ele presencia um delito, é seu dever funcional, como garantidor da segurança pública nos termos do art. 144 da CF/1988, agir de modo a evitar que este se consuma ou mesmo a mitigar suas consequências. É que tais profissionais estão sujeitos, além de regime e condições especiais de trabalho, a responsabilidades peculiares. Lembrou, por oportuno, o disposto no art. 301 do CPP, pelo qual não há discricionariedade ao agente policial em sua atuação na medida em que se depara com situações aptas à consumação de qualquer espécie de delito. Em outras palavras, cuida-se de dever funcional de agir, independentemente de seu horário ou local de trabalho, ao contrário dos demais cidadãos, realizando-se seu mister ainda que fora da escala de serviço ou mesmo em trânsito, como ocorreu na hipótese, visto que o policial, filho da recorrida, faleceu, vítima de disparo de arma de fogo, quando se dirigia à sua residência para alimentar-se e, posteriormente, retornar ao seu local de trabalho para cumprir o restante de sua jornada. Assim, estando coberto pelo seguro, obriga-se a seguradora, ora recorrente, a indenizar. Observou ser certo que o seguro de vida, notadamente aquele realizado em grupo, tem suas limitações. Todavia, elas devem constar de forma expressa, clara e objetiva a fim de evitar qualquer dúvida em sua aplicação, sob pena de inversão em sua interpretação a favor do aderente, da forma que determina o art. 423 do CC/2002, decorrentes da boa-fé objetiva e da função social do contrato. No caso, como consta do próprio acórdão recorrido, a ora recorrente não demonstrou, efetivamente, a existência de cláusula contratual apta a excluir eventuais acidentes denominados *in itinere*. Diante dessas considerações, entre outras, a Turma conheceu parcialmente do recurso, mas lhe negou provimento. **REsp 1.192.609-SP, Rel. Min. Massami Uyeda, julgado em 7/10/2010.** (Inform. STJ 450)

SEGURO. VIDA. CONTRATO POR TELEFONE. PRESCRIÇÃO.

A *quaestio juris* restinge-se em determinar o termo inicial da interrupção da prescrição ânua conforme disposto no art. 206, § 1º, II, b, CC/2002 e Súm. n. 101-STJ. Noticiam os autos que o recorrido celebrou contrato por telefone, ao receber ligação de corretor representante da companhia recorrente durante a qual lhe fora oferecido seguro de vida com ampla cobertura para os eventos morte acidental e invalidez. Efetuou pontualmente os pagamentos relativos aos valores do prêmio mensal, os quais eram automaticamente descontados em sua conta-corrente. No entanto, quando acionou a seguradora a fim de receber o valor correspondente à indenização que lhe seria devida porque foi vítima de isquemia cerebral, o que o deixou em estado de invalidez permanente, houve a recusa ao pagamento da indenização sob a alegação de que seu seguro não previa cobertura pelo sinistro de invalidez permanente por doença. O recorrente também afirma que nunca recebeu uma via da apólice ou qualquer outro documento que pudesse ratificar a relação contratual estabelecida entre as partes, de modo que não poderia prever a extensão da cobertura do seguro. Anotou-se que, após a comunicação do sinistro e do recebimento da sucinta recusa da indenização, o recorrido efetuou solicitação de apresentação de cópia do contrato firmado com o recorrente, sendo que a seguradora quedou-se inerte por vários meses. Assim, segundo a Min. Relatora, é evidente que o recorrido não poderia comprovar sua condição de segurado sem a apresentação da apólice indevidamente retida pela recorrente, por mais que a inversão do ônus da prova, prevista no art. 6º, VIII, do CDC, pudesse beneficiá-lo. Para a Min. Relatora, é possível afirmar que, somente após o recebimento do contrato de seguro com as cláusulas utilizadas na regulação do sinistro, recomeçou a fluir o prazo suspenso com a notificação da seguradora a respeito de sua ocorrência. Portanto, assevera que não se trata de negar vigência à Súm. n. 229-STJ, mas de interpretá-la razoavelmente com o prazo prescricional a que alude o disposto nos arts. 199, I, e 206, § 1º, II, b, ambos do CC/2002. Observa que a seguradora reteve indevidamente a apólice solicitada pelo segurado e sua procrastinação não poderia lhe trazer benefícios, levando o segurado de boa-fé à perda do seu direito de ação. Embora destaque que a jurisprudência do STJ seja pacífica no sentido de considerar suspenso o prazo prescricional em função da análise da comunicação do sinistro pela seguradora de acordo com a Súm. 229-STJ, no caso dos autos, a decisão recorrida entendeu que a solicitação administrativa da cópia da apólice pelo segurado teve o condão de interromper e não de suspender o lapso prescricional. Entende, também, a Min. Relatora que a diferença entre uma e outra posição, ou seja, interrupção ou suspensão, não é substancial para o julgamento, visto que, de qualquer ângulo pelo qual se analise a matéria, a consequência prática conduziria à manutenção do direito do recorrido, pois a contagem do prazo deve ser realizada a partir da data em que a seguradora atendeu à solicitação formulada pelo segurado de que lhe fosse remetida cópia da apólice que celebrou por telefone. Com esse entendimento, a Turma negou provimento ao recurso da seguradora. Precedentes citados: REsp 200.734-SP, DJ 10/5/1999; REsp 470.240-DF, DJ 18/8/2003, e REsp 782.901-SP, DJe 20/6/2008. **REsp 1.176.628-RS, Rel. Min. Nancy Andrighi, julgado em 16/9/2010.** (Inform. STJ 447)

SEGURO INVALIDEZ. LEGITIMIDADE PASSIVA.

Em ação a qual visa à cobrança de indenização securitária por invalidez movida por segurado, a empresa contratada, que firmara o seguro, alega sua ilegitimidade passiva, porquanto afirma ser apenas a estipulante do seguro de vida em grupo firmado com outra seguradora. O tribunal *a quo* manteve a condenação que julgou procedente o pedido. Sobreveio então o REsp no qual a contratada sustenta sua ilegitimidade passiva ao argumento de que o estipulante é mero mandatário dos segurados, obriga-se somente perante o segurador e, nesses casos, a denunciação da lide é obrigatória. Ressalta o Min. Relator que o acórdão recorrido consignou que o pedido de denunciação da lide deixou de ser apreciado e o recorrente, silente quanto à omissão, atraiu a preclusão da matéria. Também essa preclusão não foi abordada no REsp, daí só ter sido apreciada a alegada ilegitimidade. Observa o Min. Relator, quanto à ilegitimidade, que a jurisprudência deste Superior Tribunal tem por ilegítimo o estipulante para figurar na ação que busca o pagamento da indenização do sinistro. No entanto, explica que, no caso dos autos, o acórdão recorrido, ao analisar a proposta de participação de seguro de vida e acidentes pessoais, afirma que, a despeito da informação de que outra seguradora seria a responsável pelo pagamento do prêmio, no contrato, a recorrente consta como inclusa, pois está o nome "seguro" na própria logomarca dela, o que leva a crer ser ela a verdadeira fornecedora dos serviços contratados, sendo impertinente a alegação de que seria mera estipulante. Assim, para o Min. Relator, a recorrente tem legitimidade para responder à ação, visto que não agiu como mera mandatária, mas fez, ao contrário, pressupor, com seu comportamento, que era a própria seguradora ou que pela cobertura responderia, porquanto criando a expectativa de ser a responsável pelo pagamento do seguro. Diante do exposto, a Turma conheceu parcialmente do recurso e, nessa parte, negou-lhe provimento. Precedentes citados: REsp 592.510-RO, DJ 3/4/2006, e EDcl no Ag 837.615-SC, DJe 7/5/2008. **REsp 1.041.037-DF, Rel. Min. Aldir Passarinho Junior, julgado em 2/9/2010.** (Inform. STJ 445)

SEGURO. VIDA. SUICÍDIO.

Trata-se de ação de cobrança de seguro de vida ajuizada por beneficiário da apólice em decorrência da morte de sua companheira provocada por suicídio ocorrido após cinco meses da contratação do seguro. A controvérsia, no REsp, consiste em examinar se o advento do art. 798 do CC/2002 (que inovou ao fixar o prazo de dois anos de vigência inicial do contrato para excluir o pagamento do seguro) importa uma presunção absoluta de suicídio premeditado desde que ocorrido no prazo estipulado no citado artigo. No sistema anterior (CC/1916), como cediço, predominava a orientação de que a exclusão da cobertura securitária somente alcançava as hipóteses de suicídio premeditado e o ônus da prova cabia à seguradora (*ex vi* Sum. n. 105-STF e Sum. n. 61-STJ). Esclarece o Min. Relator ser evidente que o motivo da norma é a prevenção de fraude contra o seguro, mas daí admitir que aquele que comete suicídio dentro do prazo previsto no CC/2002 age de forma fraudulenta, contratando o seguro com a intenção de provocar o sinistro, a seu ver, seria injusto. Isso porque a boa-fé deve ser sempre presumida enquanto a má-fé, ao contrário, necessita de prova escorreita de sua existência. Dessa forma, o fato de o suicídio ter ocorrido no período de carência previsto pelo CC/2002, por si só, não acarreta a exclusão do dever de indenizar, já que o disposto no art. 798, *caput*, do referido código não afastou a necessidade da comprovação inequívoca da premeditação do suicídio. Por outro lado, explica que a interpretação literal do citado artigo representa exegese estanque que não considera a realidade do caso frente aos preceitos de ordem pública estabelecidos pelo CDC aplicáveis obrigatoriamente na hipótese, pois se trata de uma típica relação de consumo. Também observa o Min. Relator que há certa confusão entre a premeditação ao suicídio por ocasião da contratação com premeditação ao próprio ato. Uma coisa é a contratação causada pela premeditação ao suicídio e outra, diferente, é a preparação do ato suicida; assim, o que permite a exclusão de cobertura é a primeira hipótese, o que não se verifica no caso dos autos; visto que não há prova alguma da premeditação da segurada em matar-se, caberia então à seguradora comprová-la. Após essas considerações, entre outras, conclui o Min. Relator que, salvo comprovação da premeditação, no período de carência (dois anos), não há que se eximir o segurador do pagamento do seguro de vida. Diante do exposto, a Turma prosseguindo o julgamento, por maioria, deu provimento ao recurso. **REsp 1.077.342-MG, Rel. Min. Massami Uyeda, julgado em 22/6/2010.** (Inform. STJ 440)

PRESCRIÇÃO. AÇÃO. SEGURO. DOENÇA INCAPACITANTE.

A seguradora, no REsp, insurge-se contra acórdão do TJ que não considerou demonstrada a prescrição do direito ao recebimento do valor de seguro por acidentes pessoais em razão de doença geradora de incapacidade total e permanente. Observa o Min. Relator que o acórdão recorrido desconsiderou o tempo transcorrido de dois meses e 24 dias entre a concessão da aposentadoria pelo INSS (16/5/2000) e a comunicação do sinistro à seguradora (10/8/2000). Assim, explica que, da data em que houve a recusa da seguradora (3/11/2000) à data da propositura da ação (24/8/2001), contam-se nove meses e 21 dias, o que, somado com dois meses e 24 dias, perfaz um ano e 15 dias, sendo que a prescrição é ânua. Dessa forma, conclui que está a ação prescrita de acordo com o art. 178, § 6º, II, do CC/1916 e com a Súm. n. 101-STJ, ficando prejudicado o exame dos demais tópicos do REsp. Com esse entendimento, a Turma, por maioria, reconheceu a prescrição e extinguiu o feito sem resolução de mérito. O voto vencido do Min. Raul Araújo Filho posicionou-se contra a soma dos dois meses e 24 dias anteriores, por entender que o interesse para ajuizar a ação só ocorreu após a recusa do pagamento pela seguradora quando então passaria a fluir o prazo prescricional. Precedentes citados: AgRg no Ag 590.716-MG, DJ 18/12/2006; REsp 655.155-MG, DJ 12/9/2005; REsp 694.766-MG, DJe 24/5/2010, e AgRg no REsp 1.002.620-RS, DJe 24/5/2010. **REsp 810.115-MG, Rel. Min. Aldir Passarinho Junior, julgado em 17/6/2010.** (Inform. STJ 439)

50

SEGURO. AGRAVAMENTO. RISCO.

O recorrido segurado, mediante o uso de escada de acesso, escalou torre metálica de cerca de 15 metros, com o intuito de admirar a vista. Sucede que, de lá, veio a cair, o que lhe causou a paraplegia. Anote-se não estar afixado na torre qualquer alerta de periculosidade e ser a escalada constantemente realizada por vários moradores da localidade. Nesse contexto, vê-se não haver o aumento do risco coberto pelo seguro a ponto de excluir sua cobertura (arts. 1.454 do CC/1916 e 768 do CC/2002), tal como alegado pela recorrente, visto se tratar de comportamento aventureiro normal, fato absolutamente previsível. Anote-se não existir má-fé do segurado, além de o ato não se constituir em padrão a ponto de justificar a comunicação de agravamento de risco à seguradora recorrente. Todavia, no caso, a recusa de pagamento não representou comportamento hábil a validar a reparação por danos morais. Precedentes citados: REsp 876.527-RJ, DJe 28/4/2008, e REsp 338.162-MG, DJ 18/2/2002. **REsp 795.027-RS, Rel. Min. Aldir Passarinho Junior, julgado em 18/3/2010.** (Inform. STJ 427)

SEGURO. VIDA. DOENÇA PRE-EXISTENTE. MÁ-FÉ.

A Turma entendeu que, no caso, o fato de a seguradora não exigir do segurado exames clínicos prévios e a longevidade dele, que viveu 24 anos da contratação inicial até o óbito, sendo renovado periodicamente, não afastam a responsabilidade daquela, pois a suposta omissão em comunicar procedimento cirúrgico anterior à última renovação não é suficiente para induzir a má-fe da segurada, mormente se a seguradora, por duas décadas, auferiu vantagens sem exigir, como já dito, exames clínicos nas sucessivas renovações do contrato. Precedentes citados: REsp 402.457-RO, DJ 5/5/2003; REsp 419.776-DF, DJ 25/4/2005; REsp 811.617-AL, DJ 19/3/2007, e REsp 1.080.973-SP, DJe 3/2/2009. **REsp 543.089-MG, Rel. Min. Honildo Amaral de Mello Castro (Desembargador convocado do TJ-AP), julgado em 1º/12/2009.** (Inform. STJ 418)

SEGURO. VIDA. EMBRIAGUEZ.

O contrato de seguro de vida destina-se a cobrir danos decorrentes de possíveis acidentes, geralmente em razão de atos dos próprios segurados nos seus normais e corriqueiros afazeres do dia a dia. Logo, a prova da concentração do teor alcoólico no sangue não se mostra suficiente para indicar a causalidade com o dano sofrido, mormente por não exercer o álcool influência idêntica em diferentes indivíduos. Assim, a simples relação entre o estado de embriaguez e a queda fatal como causa para explicar o evento danoso, por si só, não é suficiente para elidir a responsabilidade da seguradora, com a consequente exoneração do pagamento da indenização prevista no contrato. A legitimidade da recusa ao pagamento do seguro requer a comprovação de que houve voluntário e consciente agravamento do risco por parte do segurado, revestindo-se o ato como condição determinante na configuração do sinistro para ensejar a perda da cobertura securitária, uma vez que não basta cláusula prevendo que a embriaguez exclui a cobertura do seguro. **REsp 780.757-SP, Rel. Min. João Otávio de Noronha, julgado em 1º/12/2009.** (Inform. STJ 418)

SEGURO. TRANSAÇÃO. AUSÊNCIA. RENÚNCIA.

Trata-se de indenização que a seguradora, por meio de transação da qual não participou o segurado, réu na ação indenizatória, pagou aos parentes das vítimas de acidente de trânsito. Ora, a eventual sub-rogação operada com o pagamento efetuado pela seguradora diretamente aos familiares das vítimas não inclui necessariamente todo o crédito decorrente do acidente, uma vez que o instituto da sub-rogação não se equipara à cessão de direito. Apenas o fato de a seguradora pagar diretamente a indenização, sem a participação do segurado, não é capaz de afastar por completo a responsabilidade civil do causador do dano. O Tribunal *a quo* explicitou que a quitação teve o alcance material somente até a concorrência da indenização paga. Assim, não se deve ter por extinta toda e qualquer responsabilização do segurado pelos danos resultantes do acidente, pois a seguradora só pode transacionar valores até os constantes da apólice, ou seja, sua responsabilidade está limitada à quantia segurada. Daí, ao menos em tese, subsiste a responsabilidade do segurado pelo acidente causado, tendo em vista que a transação realizada por terceiro (seguradora) não o isenta, necessariamente, de ressarcir os danos daquele resultante. Logo, a Turma não conheceu do recurso. Precedentes citados: REsp 303.541-MS, DJ 8/10/2001; REsp 316.046-SP, DJe 23/3/2009; REsp 670.998-RS, DJe 16/11/2009, e REsp 256.424-SE, DJ 7/8/2006. **REsp 506.917-MG, Rel. Min. Luis Felipe Salomão, julgado em 1º/12/2009.** (Inform. STJ 418)

SEGURO. PAGAMENTO. CREDOR PUTATIVO.

A recorrida era beneficiária de uma apólice de seguro de vida feita por seu esposo, enquanto suas filhas figuravam nessa mesma qualidade em outra apólice firmada por ele. Porém, seis anos antes de seu falecimento, o esposo alterou a última apólice para também nela figurar somente a recorrida como beneficiária. Com a morte, a seguradora, despercebida, pagou à recorrida 100% da primeira apólice e dividiu o valor da outra entre as filhas do casal. Agora, a seguradora, no especial, alega que as filhas mostravam-se como credoras putativas, anotando que o pagamento foi efetuado com boa-fé, inclusive na presença da recorrida, daí alegar violação do art. 935 do CC/1916. Diante disso, é certo afirmar que, por força da teoria da aparência, é válido o pagamento de boa-fé a credor putativo enquanto o erro em questão for escusável: há elementos suficientes a induzir e convencer o devedor de que quem recebe é o verdadeiro credor. Porém, para tanto, também não há como menosprezar a necessidade de o devedor atuar com certa diligência, pois ele, além do interesse, tem o dever de pagar ao verdadeiro credor, necessitando acautelar-se de que está pagando a quem deveria receber. Assim, o equívoco da seguradora não pode ser imputado à beneficiária ao fundamento de que ela estava presente ao pagamento a suas filhas, pois era a seguradora a incumbida, com exclusividade, de conferir as apólices a liquidar. Se a seguradora tivesse empregado a mínima diligência ao examinar os documentos, certamente não teria realizado o pagamento a pessoa diversa da que expressamente indicou o segurado. Portanto, a seguradora cometeu erro inescusável, não acobertado pela teoria da aparência diante de sua incúria. O entendimento acima exposto, então, foi acolhido pela unanimidade da Turma, mas o Min. Aldir Passarinho Junior ainda aduziu a ressalva de que eventual direito da seguradora quanto ao pagamento pode ser buscado de quem o recebeu indevidamente. Precedente citado: REsp 12.592-SP, DJ 26/4/1993. **REsp 1.044.673-SP, Rel. Min. João Otávio de Noronha, julgado em 2/6/2009.** (Inform. STJ 397)

SEGURO. ACIDENTE FATAL. EMBRIAGEZ.

Trata-se de REsp em que se alega ofensa do art. 1.454 do CC/1916 e dissídio jurisprudencial sob o fundamento de não ser a embriaguez fator determinante para a perda do seguro, ser necessária a comprovação do nexo causal e não haver que falar em quebra de contrato. O acórdão recorrido assentou que houve quebra do contrato de seguro por estar comprovada a embriaguez do motorista, ou seja, havia 17dg de álcool etílico por litro no seu sangue, e que isso já seria o suficiente para criar uma situação de risco, além do simples acaso. A Turma conheceu do recurso e lhe deu provimento ao fundamento de que, não havendo direta vinculação entre o sinistro e a embriaguez do segurado, ou seja, que sem ela o acidente não teria ocorrido, não se pode entender que, pelo só fato da ingestão de bebida, fique dispensada a seguradora da obrigação de indenizar, que, a toda evidência, constitui um risco inerente à própria atividade e natureza da cobertura de eventos incertos, mas previsíveis, de acordo com as circunstâncias usuais encontráveis no trânsito. Precedentes citados: REsp 192.347-RS, DJ 24/5/1999; REsp 180.411-RS, DJ 7/12/1998; REsp 236.052-SP, DJ 28/8/2000, e REsp 79.533-MG, DJ 6/12/1999. **REsp 1.053.753-RS, Rel. Min. Aldir Passarinho Junior, julgado em 4/6/2009.** (Inform. STJ 397)

SEGURO. LEUCOPENIA. PROVA PERICIAL.

Discute-se, em um contrato de seguro que contém regras próprias, a invalidez acidentária do autor, já aposentado pelo INSS ante o reconhecimento de invalidez definitiva por contaminação e intoxicação por gás benzeno no ambiente de trabalho. Assim, não se cuida de simples aferição da existência ou não da invalidez, mas se trata de saber se a espécie do mal incapacitante do autor é ou não considerado acidente de trabalho para fins específicos da cobertura securitária pactuada. O Tribunal a quo anulou a sentença para produção da prova pericial, reconhecendo ser inviável o julgamento antecipado da lide nos casos em que a parte fundamenta a contestação no fato de o autor não estar acometido dos males alegados, além de que a prova emprestada de processo administrativo previdenciário não vincula, obrigatoriamente, a ré, por não ter sido parte naquele processo, o que caracterizaria cerceamento de defesa. Ressalta o Min. Relator que a necessidade ou não de dilação probatória também constitui matéria de prova e que não é possível o exame das cláusulas do seguro (Súmulas ns. 5 e 7 do STJ). Entretanto, em caso análogo (REsp 226.357-SP, DJ 17/12/1999), a Turma pronunciou-se no sentido de que, tratando-se de leucopenia, é conveniente a produção de prova pericial em juízo, para comprovar o estado atual de saúde do autor. Isso posto, a Turma não conheceu do recurso. REsp 448.583-SP, Rel. Min. Aldir Passarinho Junior, julgado em 8/4/2008. (Inform. STJ 351)

SEGURO. EMBRIAGUEZ.

A Turma reafirmou que, no trato de acidente de trânsito, a ingestão de álcool, por si só, não conduz ao afastamento da obrigação de indenizar da seguradora. Precedente citado: REsp 341.372-MG, DJ 31/3/2003. **REsp 1.012.490-PR, Rel. Min. Aldir Passarinho Junior, julgado em 25/3/2008.** (Inform. STJ 349)

AÇÃO. COBRANÇA. SEGURO. VIDA.

A recorrente, que já não vivia maritalmente há cinco anos, pretende ser considerada beneficiária do seguro de vida em razão do falecimento de servidor público municipal, alegando convivência marital na data do óbito. Mas sua pretensão foi negada porque o Tribunal de origem, analisando as provas produzidas, entendeu inexistente a condição de ex-companheira do falecido e, em conseqüência, negou-lhe o pagamento do seguro. Por isso, a justificação é apenas um meio de prova e não, como quer a recorrente, a própria demonstração cabal de que ela manteve união estável com o de cujus. Assim como os outros elementos considerados (testemunhas e documentos), a justificação foi livremente apreciada para se chegar à conclusão de não ter a recorrente direito ao seguro. Diante disso, a Turma não conheceu do recurso. Precedente citado: AgRg no REsp 628.937-RJ, DJ 27/3/2006. REsp 793.182-RS, Rel. Min. Fernando Gonçalves, julgado em 7/2/2008. (Inform. STJ 343)

SEGURO. VIDA. INVALIDEZ. PRÊMIO. RESTITUIÇÃO.

Os valores pagos a título de prêmio pelo seguro de invalidez ou morte não são passíveis de restituição quando da rescisão do contrato, uma vez que a seguradora, durante sua duração, suportou o risco, como é próprio dos contratos aleatórios. O segurado usufruiu da cobertura securitária (de natureza onerosa), ainda que não tenha ocorrido sinistro. Precedentes citados: AgRg no REsp 617.152-DF, DJ 19/9/2006, e REsp 573.761-GO, DJ 19/12/2003. **AgRg no Ag 800.429-DF, Rel. Min. Humberto Gomes de Barros, julgado em 3/12/2007.** (Inform. STJ 341)

Súmula STF nº 105

Salvo se tiver havido premeditação, o suicídio do segurado no período contratual de carência não exime o segurador do pagamento do seguro.

Súmula STJ nº 402

O contrato de seguro por danos pessoais compreende os danos morais, salvo cláusula expressa de exclusão.

Súmula STJ nº 61

O seguro de vida cobre o suicídio não premeditado.

3.13. Seguro habitacional

SEGURO HABITACIONAL. DOENÇA PREEXISTENTE.

Trata-se de REsp em que se discute a validade de cláusula contratual que exclui de cobertura sinistro decorrente de doença preexistente inserida em seguro atrelado a mútuo habitacional regido pelo SFH. A Turma, ao renovar o julgamento, por maioria, entendeu que, nos contratos de seguro, o dever de boa-fé e transparência torna insuficiente a inserção de uma cláusula geral de exclusão de cobertura; deve-se dar ao contratante a ciência discriminada dos eventos efetivamente não abrangidos por aquele contrato. Assim, na hipótese específica do seguro habitacional, mesmo sendo ele de contratação obrigatória, é crucial que a seguradora, desejando fazer valer cláusula de exclusão de cobertura por doença preexistente, dê amplo conhecimento ao segurado, via exame médico prévio, sobre eventuais moléstias que o acometem no ato de conclusão do negócio e que, por tal motivo, ficariam excluídas do objeto do contrato. Essa informação é imprescindível para que o segurado saiba, de antemão, o alcance exato do seguro contratado, inclusive para que, se quiser, possa desistir do próprio financiamento, caso descubra estar acometido de doença que, não abrangida pelo seguro, possa, a qualquer momento, impedi-lo de dar continuidade ao pagamento do mútuo, aumentando sobremaneira os riscos do negócio. Ressaltou-se que um dos objetivos da imposição do seguro habitacional é não deixar ao desamparo famílias que, com a morte repentina do mutuário, perderiam o imóvel por não ter condição de arcar com as prestações do financiamento. Em sendo assim, não se coaduna com o espírito da norma a exclusão desse benefício nos casos de doença preexistente, porém não diagnosticada ao tempo da contratação. Em tais hipóteses, ausente a má-fé do mutuário segurado, a indenização securitária deve ser paga. Ressaltou-se, ainda, que, em relação à má-fé do segurado, o Tribunal de origem ressalvou o fato de o contrato de financiamento ter sido celebrado em 30/6/1999, enquanto o falecimento do segurado deu-se somente em 11/8/2004, ou seja, mais de cinco anos depois. Ademais, este Superior Tribunal possui o entendimento assente de que a longevidade do segurado afasta a configuração da sua má-fé, demonstrando, assim, que possuía razoável estado de saúde quando da celebração da avença. Diante disso, negou-se provimento ao recurso. Precedentes citados: REsp 804.202-MG, DJe 3/9/2008; AgRg no Ag 818.443-RJ, DJ 19/3/2007; REsp 576.088-ES, DJ 6/9/2004; REsp 86.095-SP, DJ 27/5/1996; REsp 419.776-DF, DJ 25/4/2005, e AgRg no Ag 828.312-BA, DJ 16/4/2007. **REsp 1.074.546-RJ, Rel. originário Min. Massami Uyeda, Rel. para o acórdão Min. Nancy Andrighi, julgado em 22/9/2009.** (Inform. STJ 408)

RECISÃO. SEGURO. ATRASO. PAGAMENTO.

Noticiam os autos que a morte do mutuário ocorreu em 18/3/1991 e a Cohab tomou ciência do sinistro em 2/4/1991. Assim, embora, quando da morte do segurado, houvesse atraso no pagamento de nove prestações de um total de trezentas, o segurado não estava constituído em mora, razão pela qual os herdeiros fazem jus à cobertura securitária. Note-se que a interpelação do agente financeiro só ocorreu em dezembro de 1993, após o falecimento do mutuário. De acordo com a jurisprudência deste Superior Tribunal, o atraso no pagamento não é óbice intransponível à cobertura securitária. Por outro lado, a circunstância de o acórdão recorrido ter-se baseado em parecer do MP estadual e nas razões do recorrido, não quer dizer que possa ser considerado nulo. Diante disso, a Turma deu provimento em parte ao recurso do espólio para, reconhecendo a quitação decorrente da cobertura securitária, julgar improcedentes os pedidos deduzidos na inicial da ação de rescisão contratual e reintegração de posse. Precedentes citados: REsp 795.639-MT, DJ 20/2/2006; AgRg no Ag 714.792-RS, DJe 28/10/2008; AgRg no Ag 1.092.900-SP, DJe 18/5/2009, e REsp 316.552-SP, DJ 12/4/2004. **REsp 403.155-SP, Rel. Min. Luis Felipe Salomão, julgado em 18/6/2009.** (Inform. STJ 399)

SEGURO HABITACIONAL. VÍCIOS. CONSTRUÇÃO.

Em ação de indenização por danos de vício de construção ocasionados em imóveis adquiridos de COHAB, com recursos do Sistema Financeiro da Habitação, os quais contam com cobertura securitária específica para riscos de danos físicos, os autores, ora recorridos, postulam o recebimento do valor desse seguro habitacional contratado. Ressalta o Min. Relator que a responsabilização dos mutuários pelos danos ou vícios intrínsecos ocorridos nos imóveis foi afastada pelas instâncias ordinárias. Sendo assim, conforme jurisprudência deste Superior Tribunal, as seguradoras são responsáveis quando presentes vícios decorrentes da construção. Quanto à multa decendial pactuada no seguro para o atraso do pagamento da indenização, reconheceu em parte os recursos das seguradoras, pois a multa decendial é limitada ao montante da obrigação principal, ficando esse reconhecido como o montante a que foram condenadas as seguradoras a título de indenização pelos reparos em cada um dos imóveis. Precedentes citados: REsp 813.898-SP, DJ 28/5/2007, e REsp 651.227-SP, DJ 11/10/2004. **REsp 186.571-SC, Rel. Min. Luís Felipe Salomão, julgado em 6/11/2008**. (Inform. STJ 375)

3.14. DPVAT

DPVAT. INDENIZAÇÃO. COMPLEMENTAÇÃO. SOLIDARIEDADE.

O beneficiário do DPVAT pode acionar qualquer seguradora integrante do grupo para receber a complementação da indenização securitária, ainda que o pagamento administrativo feito a menor tenha sido efetuado por seguradora diversa. A jurisprudência do STJ sustenta que as seguradoras integrantes do consórcio do seguro DPVAT são solidariamente responsáveis pelo pagamento das indenizações securitárias, podendo o beneficiário reclamar de qualquer uma delas o que lhe é devido. Aplica-se, no caso, a regra do art. 275, caput e parágrafo único, do CC, segundo a qual o pagamento parcial não exime os demais obrigados solidários quanto ao restante da obrigação, tampouco o recebimento de parte da dívida induz a renúncia da solidariedade pelo credor. REsp 1.108.715-PR, Rel. Min. Luiz Felipe Salomão, julgado em 15/5/2012. (Inform. STJ 497)

DPVAT. QUEDA DURANTE VERIFICAÇÃO DE CARGA. INVALIDEZ PERMANENTE. NEXO CAUSAL AUSENTE.

A Turma entendeu que, para o sinistro ser protegido pelo seguro DPVAT, é necessário que ele tenha sido ocasionado pelo uso de veículo automotor. E, considerando que o uso comum que se dá ao veículo é a circulação em área pública, em regra, os sinistros somente serão cobertos quando o acidente ocorrer com pelo menos um veículo em movimento. Entretanto, é possível imaginar hipóteses excepcionais em que o veículo parado cause prejuízos indenizáveis. Para isso, seria necessário que o próprio veículo ou a sua carga causassem prejuízos a seu condutor ou a um terceiro. Na hipótese, tratou-se de uma queda do caminhão enquanto o recorrente descarregava mercadorias do seu interior, sem que o veículo estivesse em movimento ou mesmo em funcionamento. REsp 1.182.871-MS, Rel. Min. Nancy Andrighi, julgado em 3/5/2012 (Inform. STJ 496)

DPVAT. ACIDENTE ANTERIOR. LEI N. 8.441/1992.

Trata-se, na origem, de ação de cobrança ajuizada em novembro de 2002 contra empresa de seguros em razão de acidente automobilístico que vitimou o filho do recorrido em maio de 1987, sendo que não foi identificado o veículo causador do acidente. Assim, a Turma, lastreada em diversos precedentes, entendeu que, em caso de acidente causado por veículo não identificado, a indenização decorrente do seguro obrigatório (DPVAT) pode ser cobrada de qualquer seguradora integrante do consórcio que opere com o referido seguro, mesmo tendo o acidente ocorrido previamente à modificação da Lei n. 6.194/1974 pela Lei n. 8.441/1992, devendo ser aplicado o art. 3º, a, da Lei n. 6.194/1974 sem qualquer limite. Quanto à correção monetária, o termo inicial de incidência é a data do sinistro coberto pelo seguro DPVAT e, no tocante aos juros de mora, devem incidir a partir da citação. Precedentes citados: AgRg nos EDcl no REsp 1.215.796-SP, DJe 15/4/2011; REsp 546.392-MG, DJ 12/9/2005; REsp 595.105-RJ, DJ 26/9/2005, e REsp 503.604-SP, DJ 29/9/2003. **REsp 875.876-PR, Rel. Min. Luis Felipe Salomão, julgado em 10/5/2011.** (Inform. STJ 472)

DPVAT. QUEDA. CARRETA. INDENIZAÇÃO.

Trata-se, na origem, de ação de cobrança de seguro obrigatório (DPVAT) na qual o recorrente alega que sofreu uma queda ao descer de uma carreta em seu local de trabalho. A Turma entendeu que, para haver indenização do seguro DPVAT, os danos devem ser causados efetivamente por veículos automotores de via terrestre ou por sua carga, conforme dispõe o art. 2º da Lei n. 6.194/1974. O veículo tem que ser o causador do dano, e não mera concausa passiva do acidente. Logo, no caso, o veículo do qual caíra o autor fez apenas parte do cenário do acidente, não sendo possível apontá-lo como causa dele. Assim, a Turma negou provimento ao recurso. **REsp 1.185.100-MS, Rel. Min. Luis Felipe Salomão, julgado em 15/2/2011.** (Inform. STJ 463)

SEGURO DPVAT. MORTE. NASCITURO.

Trata-se de REsp em que se busca definir se a perda do feto, isto é, a morte do nascituro, em razão de acidente de trânsito, gera ou não aos genitores dele o direito à percepção da indenização decorrente do seguro obrigatório de danos pessoais causados por veículos automotores de via terrestre (DPVAT). Para o Min. Paulo de Tarso Sanseverino, voto vencedor, o conceito de dano-morte como modalidade de danos pessoais não se restringe ao óbito da pessoa natural, dotada de personalidade jurídica, mas alcança, igualmente, a pessoa já formada, plenamente apta à vida extrauterina, embora ainda não nascida, que, por uma fatalidade, teve sua existência abreviada em acidente automobilístico, tal como ocorreu no caso. Assim, considerou que sonegar o direito à cobertura pelo seguro obrigatório de danos pessoais consubstanciados no fato ‘morte do nascituro’ entoaria, ao fim e ao cabo, especialmente aos pais já combalidos com a incomensurável perda, a sua não existência, malogrando-se o respeito e a dignidade que o ordenamento deve reconhecer, e reconhece inclusive, àquele que ainda não nascera (art. 7º da Lei n. 8.069/1990, Estatuto da Criança e do Adolescente). Consignou não haver espaço para diferenciar o filho nascido daquele plenamente formado, mas ainda no útero da mãe, para fins da pretendida indenização ou mesmo daquele que, por força do acidente, acabe tendo seu nascimento antecipado e chegue a falecer minutos após o parto. Desse modo, a pretensa compensação advinda da indenização securitária estaria voltada a aliviar a dor, talvez não na mesma magnitude, mas muito semelhante à sofrida pelos pais diante da perda de um filho, o que, ainda assim, sempre se mostra quase impossível de determinar. Por fim, asseverou que, na hipótese, inexistindo dúvida de quem eram os ascendentes (pais) da vítima do acidente, devem eles figurar como os beneficiários da indenização, e não como seus herdeiros. Diante dessas razões, entre outras, a Turma, ao prosseguir o julgamento, por maioria, deu provimento ao recurso. Cumpre registrar que, para o Min. Relator (vencido), o nascituro não titulariza direitos disponíveis/patrimoniais e não detém capacidade sucessória. Na verdade, sobre os direitos patrimoniais, ele possui mera expectativa de direitos, que somente se concretizam (é dizer, incorporam-se em seu patrimônio jurídico) na hipótese de ele nascer com vida. Dessarte, se esse é o sistema vigente, mostra-se difícil ou mesmo impossível conjecturar a figura dos herdeiros do natimorto, tal como propõem os ora recorrentes. Precedente citado: REsp 931.556-RS, DJe 5/8/2008. **REsp 1.120.676-SC, Rel. originário Min. Massami Uyeda, Rel. para acórdão Min. Paulo de Tarso Sanseverino, julgado em 7/12/2010**. (Inform. STJ 459)

DPVAT. INVALIDEZ PERMANENTE PARCIAL. TABELA.
Trata-se de ação de indenização decorrente de seguro DPVAT proposta, na origem, pelo recorrente para reparação de invalidez permanente (membro inferior esquerdo) em consequência de acidente de trânsito datado de 1999. Discute-se, no REsp, se é válida a fixação de tabela de redução do pagamento da indenização decorrente do DPVAT com fundamento em invalidez permanente parcial. A Min. Relatora destacou que o recorrente insurge-se contra a redução da tabela, com fundamento no art. 3º da Lei n. 6.194/1974, em vigor à época dos fatos; hoje, a redação dessa norma foi modificada pela Lei n. 11.482/2007, porém ela não tem pertinência neste julgamento. Também ressaltou que a redação original do art. 5º, § 5º, da citada lei disciplinava que o instituto médico legal da jurisdição do acidente também quantificaria as lesões físicas ou psíquicas permanentes para fins de seguro previsto na lei, em laudo complementar, no prazo médio de 90 dias do evento, de acordo com os percentuais da tabela das condições gerais de seguro de acidente suplementada nas restrições e omissões pela tabela de acidentes do trabalho e da classificação internacional de doenças. Logo, explicitou que não faria sentido a citada lei dispor as quantificações das lesões se esse dado não refletisse na indenização paga. Dessa forma, concluiu que é válida a utilização da tabela de redução do pagamento da indenização decorrente do seguro DPVAT em caso de invalidez parcial e que o pagamento desse seguro deve observar a respectiva proporcionalidade. Precedente citado: REsp 1.119.614-RS, DJe 31/8/2009. **REsp 1.101.572-RS, Rel. Min. Nancy Andrighi, julgado em 16/11/2010**. (Inform. STJ 456)

DPVAT. BENEFICIÁRIA ÚNICA. COMPANHEIRA.
Na vigência da Lei n. 6.194/1974, a companheira da vítima falecida em acidente automobilístico, mostrando-se incontroversa a união estável, era a única beneficiária e detinha o direito integral à indenização referente ao seguro DPVAT, não importando a existência de outros herdeiros (art. 3º e 4º da citada lei). A novel Lei n. 11.482/2007 alterou dispositivos da Lei n. 6.194/1974 e passou a dispor que, nos acidentes posteriores a 29/12/2006, o valor da indenização deve ser dividido simultaneamente e em cotas iguais entre o cônjuge ou companheiro e os herdeiros. Precedente citado: REsp 218.508-GO, DJ 26/6/2000. **REsp 773.072-SP, Rel. Min. Luis Felipe Salomão, julgado em 16/9/2010**. (Inform. STJ 447)

DPVAT. COMPROVAÇÃO. PAGAMENTO.
Discute-se, no REsp, a obrigatoriedade da apresentação do comprovante de pagamento do prêmio para a concessão do Seguro Obrigatório de Danos Pessoais Causados por Veículos Automotores de Vias Terrestres (DPVAT). No caso dos autos, o acórdão recorrido reformou a sentença que havia condenado a seguradora ao pagamento da indenização, por entender que o acidente automobilístico ocorrera na vigência da Lei n. 6.194/1974, quando ainda se exigia a comprovação do pagamento do prêmio do seguro para o pagamento da indenização requerida. Tal entendimento, segundo o Min. Relator, destoa da jurisprudência deste Superior Tribunal, que já entendia não ser necessário exigir a comprovação do pagamento mesmo antes da vigência da Lei n. 8.441/1992 – com a qual passou a ser desnecessária a apresentação de comprovante do pagamento do prêmio do seguro para ser paga a indenização requerida. Dessa forma, tal falta de comprovação não autoriza a seguradora a recusar a indenizar o seguro obrigatório (DPVAT). Quanto ao valor da cobertura, destacou-se estar correta sua fixação em 40 salários mínimos vigentes à época do evento, computando-se, a partir daí, a correção monetária em conformidade com os índices oficiais. Quanto ao momento em que devem incidir os juros de mora, como se cuida de obrigação contratual, deve ser observada a citação válida. Por outro lado, o retardamento no pagamento do seguro decorrente da inadimplência não é suficiente para ensejar compensação por dano moral. Precedentes citados: REsp 729.456-MG, DJ 3/10/2005; REsp 173.190-SP, DJ 3/4/2006; REsp 930.307-RJ, DJ 14/8/2007; REsp 222.642-SP, DJ 9/4/2001; REsp 854.325-PR, DJe 25/9/2009; REsp 153.209-RS, DJ 2/2/2004; REsp 562.336-ES, DJ 3/5/2004, e REsp 337.083-SP, DJ 18/2/2002. **REsp 746.087-RJ, Rel. Min. Aldir Passarinho Junior, julgado em 18/5/2010**. (Inform. STJ 435)

RECURSO REPETITIVO. DPVAT. JUROS. MORA. TERMO INICIAL.
A Seção, ao julgar recurso sob regime do art. 543-C do CPC c/c a Res. n. 8/2008-STJ, firmou entendimento de que, em ação de cobrança objetivando indenização decorrente de seguro obrigatório de danos pessoais causados por veículos automotores de via terrestre (DPVAT), os juros de mora são devidos a contar da citação, por se tratar de responsabilidade contratual e obrigação ilíquida. Precedentes citados: REsp 665.282-SP, DJe 15/12/2008; AgRg no Ag 998.663-PR, DJe 3/11/2008; AgRg no REsp 936.053-SP, DJe 7/5/2008; AgRg no REsp 955.345-SP, DJ 18/12/2007, e REsp 546.392-MG, DJ 12/9/2005. REsp 1.120.615-PR, Rel. Min. Luis Felipe Salomão, julgado em 28/10/2009. (Inform. STJ 413)

DPVAT. TERMO INICIAL. CORREÇÃO MONETÁRIA.
A Turma aderiu ao voto do Min. Relator, decidindo que, no seguro obrigatório de danos pessoais causados por veículos automotores de via terrestre (DPVAT), a correção monetária deve incidir desde a data do óbito que se busca reparar. No REsp, a seguradora defendia que o termo inicial da correção incidente sobre a cobertura do DPVAT, em razão de atropelamento e morte que vitimou o filho da recorrida, deveria ser a partir do julgamento, não da data do sinistro, como entendeu o Tribunal a quo. Explica o Min. Relator que, nas indenizações por dano moral, a atualização monetária tem o termo inicial quando fixado definitivamente o valor indenizatório, tendo em vista que, no julgamento, são considerados a lesão, suas consequências e o tempo transcorrido desde o cometimento do ilícito. Porém, na hipótese dos autos, de indenização por acidente automobilístico, o quantum indenizatório é prefixado na Lei n. 6.194/1974, no valor de 40 salários mínimos, assim, não pode o julgador, ao defini-lo, estimar o tempo decorrido desde o acidente para nele embutir a correção monetária, dessa forma, a atualização monetária deve incidir desde a data do sinistro. Ressaltou, também, que, nesses casos, deve ser considerado o valor do salário mínimo vigente à época do evento danoso, sobre o qual incidirá a atualização monetária até o efetivo pagamento pela seguradora. Precedente citado: REsp 222.642-SP, DJ 9/4/2001. REsp 788.712-RS, Rel. Min. Aldir Passarinho Junior, julgado em 29/9/2009. (Inform. STJ 409)

DPVAT. PROPORÇÃO. INVALIDEZ.
Diante da interpretação que se dá ao art. 5º, § 5º, da Lei n. 6.194/1974 (parágrafo incluído pela Lei n. 8.441/1992), é possível a cobertura parcial do DPVAT ao levar-se em conta o grau de invalidez. Não haveria sentido útil de a lei indicar a quantificação das lesões e percentuais de tabela para fins de DPVAT se esse seguro sempre fosse pago em seu valor integral. **REsp 1.119.614-RS, Rel. Min. Aldir Passarinho Junior, julgado em 4/8/2009.** (Inform. STJ 401)

SEGURO. ACIDENTE. TRATOR.
Trata-se de ação de cobrança de seguro DPVAT por acidente que vitimou o filho dos autores, pagamento que foi recusado pela ausência de elementos a respeito do veículo causador do sinistro, trator que operava em fazenda na atividade agrícola. A ora recorrente alega, entre outras coisas, não haver previsão de cobertura de seguro obrigatório em acidentes provocados por tratores, que são veículos de licenciamento facultativo; portanto, somente nessa hipótese, fariam jus os recorridos à indenização. Diante disso, a Turma entendeu que, relativamente ao descabimento da indenização, não prospera o inconformismo da recorrente, visto que, no caso, é desimportante se cuidar de trator de utilização em fazenda ou não ter havido o pagamento do prêmio do seguro, restando mantido o acórdão *a quo* que entendeu devida a cobertura. Precedente citado: REsp 11.889-PR, DJ 22/6/1992. **REsp 665.282-SP, Rel. Min. Aldir Passarinho Junior, julgado em 20/11/2008**. (Inform. STJ 377) 53

DPVAT. JUROS. MORA. TERMO INICIAL.
A Turma reiterou que os juros de mora, no caso de ilícito contratual relativo ao DPVAT, i. e., seguro obrigatório, são devidos a partir de sua citação. Precedente citado: AgRg no REsp 954.209-SP, DJ 19/11/2007. **REsp 1.004.390-SP, Rel. Min. Aldir Passarinho Junior, julgado em 6/5/2008**. (Inform. STJ 354)

AÇÃO. COBRANÇA. COMPLEMENTAÇÃO. DPVAT.
Os juros de mora, segundo a jurisprudência pacificada deste Superior Tribunal, são devidos, no caso de ilícito contratual, a partir da citação. Precedentes citados: AgRg no REsp 955.345-SP, DJ 18/12/2007, e AgRg no REsp 954.209-SP, DJ 19/11/2007. **REsp 1.004.919-SP, Rel. Min. Aldir Passarinho Junior, julgado em 22/4/2008**. (Inform. STJ 353)

RESPONSABILIDADE CIVIL. SEGURO DPVAT. ARRENDATÁRIO.
Trata-se de ação regressiva proposta por companhia de seguro contra sociedade de arrendamento mercantil, no intuito de reaver indenização que pagou a título de DPVAT, em acidente causado por veículo objeto de contrato de arrendamento mercantil (*leasing*). A Turma entendeu que a arrendante é parte ilegítima passiva na presente ação, mesmo que não recolhido o prêmio do seguro DPVAT pelo arrendatário. Apesar de aquele ser proprietário do bem, a posse direta e uso é exclusivo deste. A atividade de *leasing* tem por finalidade financiar o bem e não o uso, que pertence ao arrendatário, que age com toda aparência de dono. **REsp 436.201-SP, Rel. Min. Aldir Passarinho Junior, julgado em 13/11/2007.** (Inform. STJ 339)
Súmula STJ nº 474 - A indenização do seguro DPVAT, em caso de invalidez parcial do beneficiário, será paga de forma proporcional ao grau da invalidez.

Súmula STJ nº 257

A falta de pagamento do prêmio do seguro obrigatório de Danos Pessoais Causados por Veículos Automotores de Vias Terrestres (DPVAT) não é motivo para a recusa do pagamento da indenização.

3.15. Fiança

NOVO PACTO ENTRE CREDOR E DEVEDOR SEM ANUÊNCIA DOS FIADORES. ILEGITIMIDADE PASSIVA DOS FIADORES NA EXECUÇÃO.
A transação entre credor e devedor sem a anuência do fiador com a dilação do prazo para o pagamento da dívida extingue a garantia fidejussória anteriormente concedida. Com base nesse entendimento, a Turma deu provimento ao recurso especial para acolher a exceção de pré-executividade oferecida em primeiro grau e, por conseguinte, determinar a exclusão dos fiadores do polo passivo da ação de execução. No caso, não obstante a existência de cláusula prevendo a permanência da garantia pessoal no novo pacto, a responsabilidade dos fiadores está limitada aos exatos termos do convencionado na obrigação original – ao qual expressamente consentiram – visto que a interpretação do contrato de fiança deve ser restritiva (art. 1.483 do CC/1916). Além disso, asseverou o Min. Relator que a extinção da garantia teria ocorrido com base em duplo fundamento, qual seja, a ocorrência da transação e moratória simultaneamente. Conquanto a transação e a moratória sejam institutos jurídicos diversos, ambas têm o efeito comum de exoneração do fiador que não anuiu com o acordo firmado entre credor e devedor (art. 838, I, do CC). Considerou-se, ainda, como parâmetro, o enunciado da Súm. 214 do STJ, a qual, apesar de se referir a contratos de locação, pode ser aplicada por extensão à situação dos fatos, pois a natureza da fiança é a mesma. **REsp 1.013.436-RS, Rel. Min. Luis Felipe Salomão, julgado em 11/9/2012 (Inform. STJ 504)**

FIANÇA. EXONERAÇÃO. NOTIFICAÇÃO.
É certo que a jurisprudência do STJ diz que a simples notificação extrajudicial feita pelo fiador ainda na vigência do art. 1.500 do CC/1916 não o exonera da fiança prestada, que só poderia ser afastada por avença ou sentença judicial. Contudo, na hipótese, pelo quadro fático-probatório definido na instância *a quo,* vê-se não se tratar de simples notificação, pois os fiadores, ora recorridos, ao procederem com boa-fé, transparência e no fiel cumprimento da avença, após a cessão integral de suas quotas, notificaram a sociedade empresária recorrente do ocorrido e solicitaram a substituição da garantia, conforme previsto em cláusula contratual, com o que a recorrente anuiu, prosseguindo-se regularmente o relacionamento comercial. Saliente-se que, sucessivamente, houve a alteração do quadro societário e foi substituída a garantia, sempre com isso anuindo a recorrente. Diante disso, não há como responsabilizar os recorridos pelo débito ora cobrado. Por último, anote-se que há entendimento do STJ quanto a ser possível, diante da alteração do quadro social, ser possível a desobrigação mediante ação de exoneração ou notificação do fiador, a depender da época em que foi firmado o contrato, e a renúncia ao direito de exoneração da garantia, nesses casos, só produzir efeito no período original do contrato, não se estendendo à prorrogação, sob pena de tornar eterna a obrigação. Precedentes citados: AgRg no REsp 759.909-SP, DJe 21/6/2010; AgRg no REsp 750.643-MG, DJe 7/6/2010; REsp 419.128-ES, DJ 19/5/2003, e REsp 466.330-MG, DJe 17/5/2010. **REsp 1.112.852-SP, Rel. Min. Sidnei Beneti, julgado em 5/4/2011.** (Inform. STJ 468)

FIANÇA. OUTORGA. ESPOSA DESAPARECIDA.
Na hipótese, há que se ter por válida a fiança prestada pelo cônjuge varão sem outorga uxória e, por conseguinte, afastar a alegação de nulidade da própria ação de execução que culminou na arrematação do imóvel pertencente ao casal, pois a esposa, há mais de 13 anos, encontra-se em local incerto e não sabido. Também pesa o fato de que sua declaração de ausência só foi requerida em juízo após quatro anos da concessão da referida garantia e após quase três anos da própria arrematação. Diante desse quadro, embora não se possa considerar viúvo o fiador, ele ao menos se assemelha ao separado de fato, a determinar a mitigação do disposto no art. 235, III, do CC/1916, ressalvada a meação da recorrente, tal como determinado pelo acórdão recorrido. A peculiaridade do caso afasta a aplicação do entendimento já consolidado no STJ de que a falta da referida outorga invalida a fiança por inteiro. Precedente citado: REsp 832.669-SP, DJ 4/6/2007. **REsp 900.255-PR, Rel. Min. Arnaldo Esteves Lima, julgado em 17/6/2010.** (Inform. STJ 439)

COBRANÇA. FIANÇA. BANCÁRIA.
O banco recorrente concedeu financiamento à cooperativa, e o extinto Banco Nacional de Crédito Cooperativo S/A (BNCC), por intermédio de seu então presidente, assinou carta de fiança, declarando-se solidariamente responsável pelas obrigações da nota de crédito à exportação concedida à principal pagadora (cooperativa exportadora). Sucede que, inadimplente a cooperativa, o banco credor moveu ação de cobrança contra o banco garante para reaver o crédito concedido ao terceiro. Na contestação, o réu (BNCC) denunciou seu presidente na época dos fatos, bem como ajuizou ação declaratória incidental de nulidade de carta de fiança julgada na Justiça comum, posteriormente houve a intervenção da União, sucessora do BNCC (após sua extinção). Então, submetida a questão ao antigo Tribunal Federal de Recursos, ele admitiu a assistência da União e anulou a sentença por entender cabível a denunciação à lide. Já na Justiça Federal, após a citação e contestação do litisdenunciado, o TRF deu provimento à apelação da União, reconhecendo que, na garantia fidejussória a terceiro dada pelo então presidente, ele extrapolou seus poderes de gestão. Para dar essa fiança, havia necessidade de autorização formalizada pela diretoria executiva, que detinha atribuições indelegáveis e capacidade para deferi-la. Assim, a fiança não se revestiu das formalidades indispensáveis à legalidade do ato, sendo nula de pleno direito, conforme previsto no estatuto da instituição e na Lei n. 6.404/1976. Daí o REsp, com amparo nas teorias da aparência e boa-fé, as quais foram rechaçadas pelo voto vista do Min. Fernando Gonçalves, condutor da tese vencedora. Argumentou-se que não se poderia contratar uma operação de um milhão de dólares, sem se acercar de todas as cautelas, principalmente verificar se o signatário da garantia estava investido de poderes para tanto. Além disso, o tribunal *a quo* baseou-se na interpretação do estatuto do BNCC, afirmando que houve extrapolação dos poderes do então presidente. Assim, o Min. Fernando Gonçalves concluiu que rever a decisão *a quo* necessitaria do reexame de provas e fatos. Por outro lado, o Min. Relator, vencido, reconhecia inafastável a tutela do direito do recorrente, que, de boa-fé, pautado na regularidade da aparência, aceitou a fiança assinada pelo presidente de instituição financeira, nomeado pelo presidente da República. Dessarte, julgava procedente o pedido inicial, condenando a União (sucessora do BNCC) ao pagamento das importâncias reclamadas. Diante do exposto, a Turma, ao prosseguir o julgamento, por maioria, não conheceu do recurso. **REsp 505.506-RS, Rel. originário Min. Luis Felipe Salomão, Rel. para acórdão Min. Fernando Gonçalves, julgado em 15/4/2010.** (Inform. STJ 430)

FIANÇA. EXONERAÇÃO.
Discute-se, nos autos, se a fiança prestada pelo autor a sua filha em contrato de abertura de crédito em conta-corrente pode ir além do prazo de validade previsto no contrato celebrado entre as partes, ou seja, 90 dias, uma vez que existe cláusula contratual de prorrogação automática. Nas instâncias ordinárias, considerou-se não ser possível admitir a responsabilidade do fiador em contratos dessa natureza, mesmo quando existe cláusula de prorrogação automática. Para o Min. Relator, essa decisão não merece reforma, pois, embora o contrato de abertura de crédito em conta-corrente seja de natureza contínua, com a disponibilização permanente de uma determinada quantia ao titular com base em sua relação com o banco, histórico como cliente e saldo médio, não se pode considerar que essa garantia adicional da fiança, dada originalmente, perpetue-se além do lapso temporal inicialmente estabelecido. Observa ainda que o art. 1.483 do CC/1916, além de exigir a forma escrita da fiança, veda sua interpretação extensiva por cuidar de uma garantia que não está, a princípio, trazendo qualquer benefício ao garante. Essa formalidade diz respeito à regra limitativa de interpretação, a plena ciência e consciência do fiador, logo não se pode onerar o garante além do que ele expressamente assinou e conhece. Diante do exposto, a Turma não conheceu do recurso do banco. Precedentes citados: REsp 15.963-MS, DJ 26/10/1992; REsp 522.324-SP, DJ 4/10/2004; REsp 594.178-SP, DJ 19/4/2004, e REsp 322.026-SP, DJ 6/5/2002. **REsp 594.502-RS, Rel. Min. Aldir Passarinho Junior, julgado em 10/9/2008.** (Inform. STJ 383)

LOCAÇÃO. FIANÇA. OUTORGA.
Como consabido, é nula por inteiro a fiança prestada sem outorga uxória ou marital, porém essa nulidade só pode ser demandada pelo cônjuge que não a subscreveu ou por seus herdeiros, se falecido (art. 239 do CC/1916 e art. 1.650 do CC/2002), pois não pode invocar a nulidade do ato aquele que o praticou, valendo-se da própria ilicitude para desfazer o negócio. Precedentes citados: 631.262-MG, DJ 26/9/2005, e REsp 268.518-SP, DJ 19/2/2001. **REsp 808.965-SP, Rel. Min. Arnaldo Esteves Lima, julgado em 3/4/2007.** (Inform. STJ 316)

LOCAÇÃO. FIANÇA. CLÁUSULA. ENTREGA. CHAVES.
A Terceira Seção reafirmou o entendimento de que, diante da existência de cláusula expressa no contrato de aluguel de que a responsabilidade do fiador perdurará até a entrega das chaves, não há que se cogitar de sua desobrigação em razão do término do prazo originalmente pactuado.

A Min. Maria Thereza de Assis Moura acompanhou esse entendimento após a constatação de que não houve aditamento ao contrato e de que a cláusula já constava originalmente do pacto. O Min. Nilson Naves também acompanhou o Min. Relator, porém com a ressalva de que, ao se adotar essa posição, melhor seria revogar o teor da Súm. n. 214 do STJ. Precedente citado: **EREsp 566.633-CE. EREsp 791.077-SP, Rel. Min. Arnaldo Esteves Lima, julgados em 28/3/2007.** (Inform. STJ 315)

Súmula STJ nº 332

A fiança prestada sem autorização de um dos cônjuges implica a ineficácia total da garantia.

Súmula STJ nº 268

O fiador que não integrou a relação processual na ação de despejo não responde pela execução do julgado.

Súmula STJ nº 214

O fiador na locação não responde por obrigações resultantes de aditamento ao qual não anuiu.

3.16. Seguro e Plano de saúde

PLANO DE SAÚDE. NOTIFICAÇÃO. RESCISÃO UNILATERAL.

Trata-se, na origem, de ação na qual a ora recorrida busca a nulidade da rescisão unilateral de contrato levada a efeito pela operadora de plano de saúde. A Turma entendeu que, desde que fique comprovado o atraso superior a 60 dias e seja feita a notificação do consumidor, é permitida a rescisão unilateral do contrato de plano de saúde nos termos do art. 13, parágrafo único, II, da Lei n. 9.656/1998. Assim, ao afirmar que não basta a notificação prevista na mencionada norma, sendo imprescindível a propositura de ação judicial, o tribunal *a quo* criou exigência não prevista em lei. Logo, configura medida descabida e sem qualquer razoabilidade exigir que as operadoras de plano de saúde ingressem em juízo para cancelar contratos de consumidores inadimplentes. **REsp 957.900-SP, Rel. Min. Antonio Carlos Ferreira, julgado em 17/11/2011.** (Inform. STJ 487)

SEGURO. PLANO DE SAÚDE COLETIVO.

Trata a hipótese de saber se as recorrentes, operadoras de plano de saúde, têm a obrigação legal de oferecer à recorrida a contratação de plano de saúde individual nas mesmas condições que lhe eram oferecidas pelo plano de saúde coletivo do qual era beneficiária. O referido contrato coletivo foi celebrado entre as partes em razão do vínculo empregatício da recorrida com determinado órgão público, o qual firmou e posteriormente rescindiu o convênio que mantinha com as recorrentes. A Turma entendeu, entre outras questões, aceitar a continuidade da vinculação da recorrida a seguro-saúde coletivo que nem existe mais, mediante o recolhimento de verba simbólica, é providência que visivelmente impede a preservação do necessário equilíbrio contratual. Assim, embora, em algumas situações, o princípio da autonomia da vontade ceda lugar às disposições cogentes do CDC, não há como obrigar as recorrentes a manter um vínculo contratual que satisfaça somente os interesses da recorrida. Desse modo, por mais legítima que seja a pretensão da consumidora, que busca defender seu direito fundamental à saúde, não é possível afirmar haver direito adquirido dela à manutenção das condições previstas em contrato de seguro-saúde em grupo extinto por iniciativa do estipulante, seu empregador. Consignou-se, todavia, que a perspectiva seria completamente diferente se a recorrida estivesse pleiteando a contratação individual com o pagamento integral do prêmio e a liberação da carência. Quanto à pretensão da recorrida de realização da quimioterapia por meio da ingestão de comprimidos em sua casa, isso decorre da evolução da própria medicina e não influi na natureza do contrato de plano de saúde, cujo objetivo continua sendo conferir a seus usuários efetiva e completa assistência, dentro dos limites contratualmente e legalmente estipulados. Porém, destacou-se o fato de que todas as exceções de cobertura foram expressamente relacionadas no art. 10 da Lei n. 9.656/1998, sendo que nesse rol não se faz qualquer menção à quimioterapia realizada em regime domiciliar. Quanto aos danos morais, observou-se que a jurisprudência do STJ firmou-se em sentido contrário à tese propugnada pelo acórdão recorrido, pois o mero dissabor ocasionado pelo inadimplemento contratual não configura, em regra, ato lesivo a ensejar tais danos. No tocante a juros de mora, assinalou-se estar a decisão recorrida em consonância com o entendimento deste Superior Tribunal, contudo sua análise ficou prejudicada em razão do descabimento, na espécie, de danos morais. Diante disso, o recurso foi parcialmente conhecido e, nessa extensão, foi-lhe dado provimento. Precedentes citados: REsp 668.216-SP, DJ 2/4/2007; REsp 712.469-PR, DJ 6/3/2006; REsp 762.426-AM, DJ 24/10/2005; REsp 661.421-CE, DJ 26/9/2005; REsp 338.162-MG, DJ 18/2/2002, e EREsp 727.842-SP, DJe 20/11/2008. **REsp 1.119.370-PE, Rel. Min. Nancy Andrighi, julgado em 7/12/2010.** (Inform. STJ 459)

INDENIZAÇÃO. DANO MORAL. PLANO. SAÚDE.

Este Superior Tribunal tem entendido que quem se compromete a prestar assistência médica é responsável pelos serviços dos profissionais indicados. No caso dos autos, a recorrente teve que se submeter a uma mastectomia bilateral radical, após um ano de ter-lhe sido designado, pelo plano de saúde médico, uma única opção de mastologista, profissional que, apesar de exame detectar nódulos no seio direito, deixou de tomar as providências cabíveis de investigação e marcou consulta de retorno da recorrente só para um ano depois. Ficou comprovado nos autos que, após ajuizada a ação indenizatória, o médico adulterou o prontuário da paciente para indicar o retorno em quatro meses e não um ano. Além disso, deixou de avisá-la quanto à cirurgia de mastectomia, visto que foi internada para exames e ainda submeteu ao vexame de ser examinada em público, no corredor do hospital, quando, então, levantou sua blusa para verificar o resultado da cirurgia. No REsp, a recorrente busca o reconhecimento da legitimidade passiva do plano de saúde, visto que ele foi excluído da demanda pelo tribunal *a quo*, bem como busca majorar o valor da indenização. Para o Min. Relator, a jurisprudência deste Superior Tribunal reconhece a solidariedade da seguradora para responder pelo dever de indenizar juntamente com o médico conveniado pelos danos por ele causados. Também deu provimento ao pedido de majoração do *quantum* fixado, reavaliando os critérios em razão das particularidades do caso. Ao acolher esse entendimento, a Turma deu provimento ao recurso na parte conhecida e, em razão da gravidade dos fatos, encaminhou cópia da decisão ao Conselho Regional de Medicina (CRM), para que tome ciência para o que for de direito. Precedentes citados: REsp 1.006.857-PR, DJe 25/8/2008; REsp 138.059-MG, DJ 11/6/2001; AgRg no Ag 495.306-DF, DJ 14/6/2004; REsp 686.146-RJ, DJe 27/10/2009, e REsp 1.029.043-SP, DJe 31/3/2009. **REsp 1.133.386-RS, Rel. Min. Honildo Amaral de Mello Castro (Desembargador convocado pelo TJ-AP), julgado em 17/6/2010.** (Inform. STJ 439)

PLANO. SAÚDE. QUEBRA. CARÊNCIA.

Cuida-se de ação de indenização por danos morais contra sociedade empresária de plano de saúde que se negou a custear serviços médicos emergenciais durante período de carência, bem como a ressarcir diversos procedimentos cirúrgicos, ambulatoriais e medicamentos. Condenada nas instâncias ordinárias, a sociedade busca, no REsp, a reforma do *decisum* e a revisão do *quantum* indenizatório. Na hipótese, a quebra de carência é exceção prevista no art. 35-C da Lei n. 9.656/1998 (redação dada pela Lei n. 11.935/2009). Ademais, a jurisprudência deste Superior Tribunal entende que o prazo de carência da ação, apesar de válido, não prevalece quando se tratar de casos excepcionais como a internação de urgência. Sendo assim, cumpria à sociedade honrar seu compromisso contratual de amparo médico hospitalar. Quanto à revisão do *quantum*, manteve a decisão recorrida. Com esse entendimento, a Turma, na parte conhecida do recurso, negou-lhe provimento. Precedentes citados: REsp 1.006.857-PR, DJe 25/8/2008; REsp 860.705-DF, DJ 16/11/2006, e REsp 466.667-SP, DJ 17/12/2007. **REsp 1.067.719-CE, Rel. Min. Honildo Amaral de Mello Castro (Desembargador convocado do TJ-AP), julgado em 17/6/2010.** (Inform. STJ 439)

SEGURADORA. SAÚDE. REGISTRO. CONSELHO.

Discute-se, no REsp, se as pessoas jurídicas operadoras de seguro privado de assistência à saúde devem estar inscritas nos Conselhos Regionais de Medicina e Odontologia para obter o registro de funcionamento perante a Agência Nacional de Saúde Suplementar (ANS). Explica a Min. Relatora que a redação original da Lei n. 9.656/1998, no art. 1º, § 1º, distinguia as operadoras de planos privados de assistência à saúde das operadoras de seguros. No entanto, a referida lei sofreu diversas alterações devido às reedições da MP n. 1.665/1998, atualmente reeditada como MP n. 2.177-44/2001, diploma que submeteu às suas disposições as pessoas jurídicas de direito privado que operam planos de assistência à saúde, abrangendo as duas modalidades: tanto as empresas que operam com planos de saúde como as que operam com seguros de assistência à saúde (art. 1º, I e II, da MP n. 2.177-44/2001). Esclarece, ainda, que, a Lei n. 10.185/2001, a qual resultou da conversão da MP n. 2.122/2001, ao tratar da necessidade de especialização das sociedades seguradoras de planos privados de assistência à saúde, prevê, para efeito da Lei n. 9.656/1998, que se enquadra o seguro saúde como plano privado de assistência à saúde e a sociedade seguradora especializada em saúde como operadora de plano de assistência à saúde. Também ressalta que, após a vigência da citada

MP n. 2.177-44/2001, não restam dúvidas de que as operadoras de seguro-saúde estão contidas nas disposições da Lei n. 9.656/1998, entre as quais, o art. 8º, I, que exige, para obter a autorização de funcionamento, o registro nos Conselhos Regionais de Medicina e Odontologia. Diante do exposto, a Turma negou provimento ao recurso da seguradora. **REsp 1.183.537-RJ, Rel. Min. Eliana Calmon, julgado em 11/5/2010.** (Inform. STJ 434)

PLANO. SAÚDE. PRÓTESE.

O recorrente padecia de atrosia total de joelho bilateral e necessitava de próteses que substituíssem as funções dos tecidos corrompidos. Nesse contexto, não é razoável cláusula do contrato de plano de saúde que exclui a cobertura da colocação das próteses, tão necessárias ao restabelecimento da saúde do recorrente, mesmo diante do fato de a recorrida não fazer restrições à cirurgia em si. Sem a cobertura, o mal deixaria de ser tratado e a saúde do recorrente não seria restabelecida, levando à perda do objeto do contrato. Precedentes citados: REsp 1.046.355-RJ, DJe 5/8/2008, e REsp 735.168-RJ, DJe 26/3/2008. **REsp 811.867-SP, Rel. Min. Sidnei Beneti, julgado em 13/4/2010.** (Inform. STJ 430)

PADV. ASSISTÊNCIA MÉDICA. LEI N. 9.656/1998.

Trata-se de REsp em que a questão de fundo está em definir se a recorrida tem direito de continuar na condição de beneficiária do plano de saúde da recorrente, visto que aquela aderiu ao programa de apoio à demissão voluntária (PADV), o qual lhe conferiu, como um incentivo à sua adesão, a continuidade da utilização do citado plano pelo prazo de 24 meses após o rompimento de seu vínculo empregatício com a recorrente. Sucede que, nesse período, foi diagnosticada, na recorrida, uma moléstia grave (cistoadenocarcinoma mucinoso de ovário) cujo tratamento não poderia ser realizado dentro do referido prazo e sua interrupção acarretaria riscos à sua saúde. A Turma entendeu correto o acórdão recorrido, o qual assentou, entre outras questões, que o art. 30 da Lei n. 9.656/1998 permite à recorrida continuar na condição de beneficiária do plano de saúde no prazo previsto no § 1º do citado dispositivo (período de um terço do tempo que resulta da soma de tempo desde seu ingresso na empresa recorrente até dois anos após a adesão do PADV), desde que contribua com sua cota à entidade patronal. Contudo, isso não significa que a recorrida estará obrigada a reembolsar à recorrente ou ao plano de saúde todas as despesas médicas e hospitalares de que necessitar, porque isso seria, verdadeiramente, negar seu direito. Ela deverá reembolsar apenas a contribuição para manutenção do plano de seguro saúde, nada mais. Vale ressaltar que a recorrida já era portadora da aludida moléstia grave, a qual se manifestou antes de extinguir-se o prazo de vinculação ao plano de saúde, daí se inferir que a condição de beneficiária do plano não sofre solução de continuidade, desde que recolha contraprestação à entidade patronal, já que não pode ser privada do tratamento que iniciou, sob pena de colocar em risco sua saúde. Assim, conforme os autos, nesta instância especial, verificou-se que a Lei n. 9.656/1998 alcançou o cumprimento do plano de demissão voluntária estabelecido entre as partes. Ademais, a disciplina do período de manutenção da assistência médica foi garantida mediante o pagamento de contraprestação, o que cumpre o ordenamento das relações jurídicas entre as partes, impondo o regime de direitos e deveres, e promove a eficácia do mandamento legal. **REsp 583.130-RS, Rel. Min. Aldir Passarinho Junior, julgado em 23/3/2010.** (Inform. STJ 428)

PLANO. SAÚDE. SERVIÇOS MÉDICOS. EXCLUSIVIDADE.

In casu, ao julgar a apelação, o TJ reconheceu ser lícita a cláusula de exclusividade dos serviços médicos prestados à sociedade cooperativa, no âmbito de ação anulatória de procedimento administrativo ajuizada contra o Conselho Administrativo de Defesa Econômica (Cade). No REsp, o Cade (recorrente) defende que a cláusula de exclusividade impede a entrada de outros concorrentes no mercado geográfico, visto que outros agentes econômicos não conseguem manter um número aceitável de médicos conveniados. Preliminarmente, ressalta o Min. Relator que, no STJ, há acórdãos de turma de direito privado que consideram válida a cláusula de exclusividade entre a cooperativa e os médicos cooperados e outros arestos de turma de direito público que a reputam inválida. Explica daí haver a necessidade de esclarecimento acerca da causa de pedir, que é o fato gerador da relação jurídica, podendo ter natureza voluntária ou involuntária. O fato gerador da relação jurídica contratual entre o médico cooperado e a cooperativa é completamente diferente do fato gerador da relação concorrencial travada entre a cooperativa e a sociedade (que é o caso em exame). Pois, no primeiro caso, percebe-se a proteção de suposto direito privado ou interesse individual e, no segundo, a guarda de interesse difuso em direito público. Assim, observa que, embora a turma de direito privado tenha analisado a questão concorrencial em *obter dictum*, não tem competência para decidir, como objeto principal, a matéria concorrencial, conforme o disposto no inciso XI do § 1º do art. 9º do RISTJ. Isso posto, explica, ao médico cooperado que exerce seu labor como profissional liberal não se aplica a exigência de exclusividade disposta no § 4º do art. 29 da Lei n. 5.764/1971, salvo quando se tratar de agente de comércio ou empresário. Também assevera que a cláusula de exclusividade, como disposto na espécie, é vedada pelo inciso III do art. 18 da Lei n. 9.656/1998, a qual impede a imposição de exclusividade ou de restrição à atividade profissional, portanto essa primeira violação de lei já garantiria o provimento do REsp. Entretanto, ainda que fosse permitida sua utilização para evitar a livre concorrência por meio da cooptação de parte significativa da mão de obra, encontraria óbice nos arts. 20, I, II, IV e V, e 21, IV e V, da Lei n. 8.884/1994. Por fim, observa que os interesses privados não podem sobrepor-se ao interesse público. Diante do exposto, a Turma deu provimento ao recurso do Cade. Precedentes citados: REsp 768.118-SC, DJe 30/4/2008, e AgRg no REsp 179.711-SP, DJ 19/12/2005. **REsp 1.172.603-RS, Rel. Min. Humberto Martins, julgado em 4/3/2010.** (Inform. STJ 425)

PLANO. SAÚDE. OBESIDADE MÓRBIDA.

Em razão de o tratamento da obesidade mórbida encontrar-se acobertado pelo plano de saúde firmado (art. 10 da Lei n. 9.656/1998), a seguradora deve arcar com todos os tratamentos necessários à cura de tal patologia. Desse modo, não só a cirurgia bariátrica (ou outra pertinente) deve ser custeada pela seguradora, mas também as cirurgias destinadas à retirada do excesso de tecido epitelial (retirada do avental abdominal, mamoplastia redutora e a dermolipoctomia braçal), que lhes são subsequentes ou consequentes, tal como na hipótese, em que firmado não terem essas intervenções natureza estética (excluída da incidência do referido artigo de lei). Essas cirurgias são prescritas como tratamento contra infecções e outras manifestações propensas a ocorrer nas regiões em que a pele dobra sobre si mesma. Daí que ilegítima a recusa de cobrir essas cirurgias quando se revelam necessárias ao pleno restabelecimento do segurado acometido da obesidade mórbida acobertada pelo plano de saúde, sob pena de se frustrar a finalidade precípua do contrato. **REsp 1.136.475-RS, Rel. Min. Massami Uyeda, julgado em 4/3/2010.** (Inform. STJ 425)

SEGURO-SAÚDE. UTI AÉREA.

Trata-se de pedido de indenização devido à negativa de transporte em UTI aérea para hospital especializado. A Turma entendeu que há suporte nos arts. 34 e 46 da Lei n. 8.078/1990 quanto à responsabilidade da seguradora por atos de seus representantes, visto que a ré não pode se eximir dos atos praticados em razão de serviço oferecido pelo corretor, assegurada a ação regressiva. No caso, contudo, o contrato de seguro não abrangia o transporte aéreo, não havendo ilegalidade ou irregularidade formal das cláusulas restritivas, não estando, ademais, patenteada a indução da segurada em fazer jus à cobertura em questão. **REsp 613.775-BA, Rel. Min. Aldir Passarinho Junior, julgado em 4/3/2010.** (Inform. STJ 425)

DANO MORAL. VÍTIMA. TENRA IDADE.

In casu, segundo os autos, criança de três anos deixou de realizar, por recusa da clínica credenciada e pela ineficiência de seu plano de saúde, exames radiológicos prescritos por profissional habilitado com a finalidade de diagnosticar dores. A Turma deu provimento ao recurso da menor, representada por sua mãe, para reconhecer seu direito à indenização por dano moral. Observou-se que, embora a criança tenha percepção diferente e uma maneira peculiar de se expressar, está sujeita a medos, aflições e angústias, até mais prejudiciais do que as sentidas pelos adultos, pois, sem noção exata, percebe-os ao compartilhar a aflição da mãe. Ademais, a criança, mesmo de tenra idade, tem direito à proteção irrestrita dos direitos da personalidade, entre os quais se inclui o direito à integridade mental, o que lhe assegura indenização por dano moral decorrente de sua violação (arts. 5º, X, da CF/1988 e 12 do CC/2002). Mesmo nas hipóteses em que o prejuízo ao menor decorra de uma relação de consumo (art. 6º, VI, do CDC), é-lhe assegurada a efetiva reparação do dano. Portanto, pelo dano moral causado pelas recorridas, há o dever de reparação. Ressaltou-se, ainda, que o plano de saúde é responsável pela escolha de seus credenciados para que prestem um serviço adequado, sob pena de responder solidariamente, como no caso, pelos danos causados (arts. 7º, parágrafo único, e 25, § 1º, do CDC). **REsp 1.037.759-RJ, Rel. Min. Nancy Andrighi, julgado em 23/2/2010.** (Inform. STJ 424)

PLANO. SAÚDE. COBERTURA. GASTROPLASTIA REDUTORA.

A recorrente autora, na inicial, afirma que, em 1992, aderiu a plano de saúde, mantendo as mensalidades em dia. Em 2005, já portadora de obesidade mórbida, que colocaria em risco sua vida, recebeu indicação médica para se submeter a uma gastroplastia redutora, conhecida popularmente como cirurgia para redução de estômago. As instâncias ordinárias reconheceram, ao menos implicitamente, que o contrato previa a cobertura para a moléstia.

O tratamento a ser aplicado, nessas condições, deve ser sempre o mais recomendado, nisso residindo o fundamento para que a cláusula contratual em questão, conquanto genérica, englobe a específica modalidade de tratamento referida acima. Quanto ao dano moral, esse é devido, pois evidente o sofrimento daquele que vê negada a cobertura médica em momento delicado de necessidade. Assim, a Turma, ao prosseguir o julgamento, por maioria, conheceu do recurso e deu provimento a ele, por entender que o plano de saúde deve proporcionar ao consumidor o tratamento mais moderno e adequado em substituição ao procedimento obsoleto previsto especificamente no contrato. Precedentes citados: REsp 311.509-SP, DJ 25/6/2001; REsp 668.216-SP, DJ 2/4/2007 e, REsp 519.940-SP, DJ 1º/9/2003. **REsp 1.106.789-RJ, Rel. Min. Nancy Andrighi, julgado em 15/10/2009.** (Inform. STJ 411)

PLANO. SAÚDE. BANCÁRIO. DEMISSÃO VOLUNTÁRIA.

A Turma proveu o recurso ao entendimento de que, pelo art. 30 da Lei n. 9.656/1998, ao ex-empregado bancário com pedido voluntário de rescisão de contrato de trabalho não assiste o direito a permanecer vinculado, juntamente com seus dependentes, em plano de saúde da Caixa de Assistência dos Funcionários do Banco do Brasil (Cassi). O direito de manter a condição como beneficiário nas mesmas condições de que o empregado gozava quando da vigência do contrato de trabalho somente está previsto nos casos em que o trabalhador é demitido ou exonerado sem justa causa. Precedente citado: REsp 820.379-DF, DJ 6/8/2007. **REsp 1.078.991-DF, Rel. Min. Massami Uyeda, julgado em 2/6/2009.** (Inform. STJ 397)

PLANO. SAÚDE. EXCLUSIVIDADE. MÉDICO.

A Turma entendeu desnecessária a interpretação do contrato firmado com a cooperativa prestadora de serviços médicos para aferir a validade de cláusula. Na hipótese, reiterou-se que o cooperado que adere à cooperativa médica deve submeter-se ao estatuto, podendo atuar livremente no atendimento aos pacientes, vedado, porém, vincular-se a outra concorrente congênere. O Min. Aldir Passarinho Junior ressalvou seu entendimento (acorde com a Primeira Turma), relativamente às disposições estatutárias dos planos de saúde, restrições impostas pelas cooperativas médicas (Lei n. 5.764/1971), que criam reserva de mercado, em violação do direito à saúde da população, do direito do consumidor e da livre escolha, favorecendo pretensões corporativas. Precedentes citados: REsp 261.155-SP, DJ 3/5/2004; REsp 126.391-SP, DJ 27/9/1999; REsp 83.713-RS, DJ 16/3/1998; REsp 367.627-SP, DJ 24/6/2002; AgRg no REsp 260.958-MG, DJ 25/10/2004, e REsp 431.106-SP, DJ 14/2/2005. **REsp 191.080-SP, Rel. Min. Luis Felipe Salomão, julgado em 4/11/2008.** (Inform. STJ 375)

PLANO. SAÚDE. EXCLUSIVIDADE. COOPERADOS.

Cinge-se a questão a examinar a legalidade de cláusula estatutária que impõe aos cooperados o dever de exclusividade. Sustentam os recorrentes que, tal como se depreende do art. 18, III, da Lei n. 9.656/1988, as operadoras de plano de saúde são impedidas de impor cláusulas de exclusividade ou de restrição à atividade profissional. Inicialmente, esclareceu a Min. Relatora que a matéria já foi, por diversas vezes, objeto de análise neste Superior Tribunal, oportunidades em que o enfoque dado ao problema foi essencialmente de direito concorrencial e societário. Em precedentes sobre o tema, todos os julgadores tinham em mente a redação original do art. 18, III, da Lei n. 9.656/1998, que, como ressaltado pela Min. Relatora, não fazia menção às cooperativas. A presente questão afasta-se daqueles precedentes justamente nesse particular. A ação foi ajuizada em dezembro de 1999, ou seja, quando a norma do art. 18, III, já abrangia as cooperativas. Assim, o mencionado dispositivo que veda às operadoras de plano de saúde a imposição de "contratos de exclusividade" aos médicos que consigo contratam é norma que vem passando por inúmeras alterações desde sua edição. A partir da vigência da MP n. 1.908-20, de 25/11/1999, incluiu-se ali uma referência expressa à situação dos cooperados. Portanto, na dicção atual do art. 18, III, da Lei n. 9.656/1998, assegura-se ao cooperado o direito de manter relacionamento não-exclusivo com operadoras de planos de saúde. A existência de norma legal expressa a vedar pactos de exclusividade em determinados segmentos econômicos afasta a atuação jurisdicional para avaliar, segundo a "regra da razão", a pertinência e a legalidade da convenção. Ao proibir as cláusulas de exclusividade, o art. 18, III, da referida lei, estabelece regras para a ampla concorrência no segmento específico dos planos de saúde. Tal norma integra o estatuto jurídico da concorrência. Não se pode, assim, reconhecer que a cooperativa tenha direito adquirido a uma concorrência limitada. O mencionado art. 18 tem aplicação imediata para regular os efeitos presentes e futuros do negócio jurídico pretérito, celebrado entre as partes. Precedentes citados: REsp 83.713-RS, DJ 16/3/1998; REsp 126.391-SP, DJ 27/9/1999; REsp 212.169-SP, DJ 13/8/2001, e REsp 261.155-SP, DJ 3/5/2004. **REsp 883.639-RS, Rel. Min. Nancy Andrighi, julgado em 14/10/2008.** (Inform. STJ 372)

DANO MORAL. RELAÇÃO. SEGURADO. PLANO. SAÚDE.

Cinge-se a controvérsia à análise da ocorrência de danos morais pela recusa injustificada de a seguradora arcar com os custos de procedimento médico, no caso, uma operação de urgência para implante de duas próteses chamadas *stent cypher*, apontadas pelos especialistas como as mais adequadas ao quadro clínico, sendo autorizado, porém, o implante do modelo mais antigo, o *stent* convencional. Também se trata da configuração da ocorrência de lucros cessantes quanto aos danos materiais já reconhecidos pelo TJ, uma vez que o autor pagou a operação por conta própria com dinheiro de sua aplicação financeira. Para a Min. Relatora, os múltiplos problemas derivados do relacionamento entre segurado e seguradora quanto à cobertura de procedimentos médicos têm gerado a edição de uma série de precedentes específicos das Turmas de Direito Privado sobre o tema. No caso, restou configurada a injusta recusa ao adimplemento contratual pelo acórdão recorrido, sendo de ressaltar-se que, na hipótese, nem mesmo é necessária a declaração de nulidade da cláusula; a situação resume-se à completa irrazoabilidade da subsunção dos fatos à norma contratual conforme essa foi realizada pela seguradora. Embora se reconheça que a regra geral nessa matéria seja de que o mero inadimplemento contratual não gera, por si só, dano moral, verifica-se que, na hipótese a jurisprudência deste Superior Tribunal tem aberto uma exceção, pois, na própria descrição das circunstâncias que perfazem o ilícito material, é possível verificar conseqüências bastante sérias de cunho psicológico que são resultado direto do inadimplemento proposto. A Min. Relatora salientou que há que se fazer menção ao fato de que existe posição um pouco mais restrita, como indica precedente da Quarta Turma: o reconhecimento, pelas instâncias ordinárias, de circunstâncias que excedem o mero descumprimento contratual torna devida a reparação moral. Na presente hipótese, os contornos fáticos descritos pelo acórdão podem ser facilmente encaixados nessa segunda linha mais restrita. Aqui a atitude da seguradora igualmente assumiu contornos bastante abusivos, na medida em que houve uma negativa inicial e, a seguir, uma autorização para um segundo procedimento, sem que qualquer alteração nas bases fáticas ou contratuais tivesse se operado, o que deixa evidente que a própria seguradora não seria capaz de sustentar a viabilidade da primeira decisão, resumindo-se essa a um verdadeiro ato de discricionariedade, praticado em desfavor do segurado e completamente desconectado do mínimo de razoabilidade. Assim, definida a existência de dano moral compensável, nos termos da jurisprudência deste STJ, passa-se a fixar, de pronto, seu valor, aplicando o direito à espécie nos termos do art. 257 do RISTJ. Quanto aos lucros cessantes, o acórdão reconheceu que o autor só teve como pagar pelo procedimento médico porque retirou fundos que estavam alocados em aplicação financeira, perdendo, com isso, os rendimentos que adviriam dessa. Porém a Min. Relatora reconheceu a deficiência de fundamentação do recurso especial quanto ao ponto, pois as alegações de violação dos arts. 389 e 402 do CC/2002 não são aptas a desconstituir o acórdão, que tem sua real fundamentação em interpretação dada ao art. 286 do CPC. Precedentes citados: AgRg no Ag 520.390-RJ, DJ 5/4/2004; REsp 601.287-RS, DJ 11/4/2005; REsp 259.263-SP, DJ 20/2/2006; REsp 657.717-RJ, DJ 12/12/2005; REsp 880.035-PR, DJ 18/12/2006, e REsp 663.196-PR, DJ 21/3/2005. **REsp 993.876-DF, Rel. Min. Nancy Andrighi, julgado em 6/12/2007.** (Inform. STJ 341)

PLANO. SAÚDE. CLÁUSULA. CARÊNCIA.

A matéria consiste em saber se a cláusula que estabelece a carência em plano de saúde é ou não abusiva. O Min. Relator observou que, em si, a cláusula que fixa a carência não é abusiva porquanto não se afigura desarrazoada a exigência de um período mínimo de contribuição e permanência no plano de saúde para que o contratante possa fruir de determinados benefícios. As condições são voluntariamente aceitas, os planos são inúmeros e oferecem variados serviços e níveis de assistência médica, tudo compatível com a contraprestação financeira acordada e de conhecimento da pessoa que neles ingressa por livre escolha. Todavia a jurisprudência deste Superior Tribunal tem temperado a regra quando surjam casos de urgência de tratamento de doença grave, em que o valor da vida humana sobrepuja-se ao relevo comercial, além do que, em tais situações, a suposição é que, quando foi aceita a submissão à carência, a parte não imaginava que poderia padecer de um mal súbito. No caso, a autora foi acometida de doença surpreendente e grave e, aliás, já quase ao final do período de carência, vinha contribuindo há quase três anos, para uma carência de trinta e seis meses. Nessas condições particulares, torna-se inaplicável a cláusula, não propriamente por ser em si abusiva, mas pela sua aplicação de forma abusiva, em contraposição ao fim maior do contrato de assistência médica, que é o de amparar a vida e a saúde, tornando-o verdadeiramente inócuo na espécie. **REsp 466.667-SP, Rel. Min. Aldir Passarinho Junior, julgado em 27/11/2007.** (Inform. STJ 340)

TRANSPLANTE. EXCLUSÃO. PLANO. SAÚDE.
A Seção, apesar de não acolher os embargos por falta de similitude fática entre os julgados em confronto, aduziu que, estando clara e de entendimento imediato, não é abusiva a cláusula do contrato de seguro que exclui da cobertura contratual o transplante de órgãos. A hipótese tratava de transplante heterólogo, isto é, da introdução de células de um organismo em outro. Precedente citado: REsp 319.707-SP, DJ 28/4/2003. **AgRg nos EREsp 378.863-SP, Rel. Min. Fernando Gonçalves, julgado em 27/6/2007.** (Inform. STJ 325)

SEGURO-SAÚDE. HEPATITE C. CLÁUSULA EXCLUDENTE.
A Turma decidiu que a cláusula restritiva em contrato de seguro-saúde excludente de tratamento de doenças infecto-contagiosas, caso da hepatite C ou a Aids, é abusiva, por isso inválida. Precedentes citados: AgRg no REsp 265.872-SP, DJ 19/12/2003; AgRg no REsp 251.722-SP, DJ 19/11/2001; REsp 244.847-SP, DJ 20/6/2005; REsp 304.326-SP, DJ 3/2/2003, e REsp 258.007-SP, DJ 25/11/2002. **REsp 729.891-SP, Rel. Min. Humberto Gomes de Barros, julgado em 24/4/2007.** (Inform. STJ 318)

SEGURO SAÚDE. CÂNCER. QUIMIOTERAPIA. LIMITAÇÃO.
Pode até o plano de saúde estabelecer quais doenças estão por ele cobertas, porém não qual dos tipos de tratamento está alcançado para a respectiva cura. Se cobre a cirurgia cardíaca, não pode vetar o uso de *stent;* se coberta a de próstata, não pode impedir o uso do esfíncter artificial necessário ao controle da micção. Tal não se pode dar também com o câncer. Se essa patologia está coberta, inviável o veto à quimioterapia ao fundamento de que seria apenas uma das alternativas à cura da doença. O empeço a que o consumidor receba o tratamento mais moderno no momento em que instalada a doença coberta revela a abusividade da cláusula impeditiva que põe em risco a vida do consumidor. **REsp 668.216-SP, Rel. Min. Carlos Alberto Menezes Direito, julgado em 15/3/2007.** (Inform. STJ 313)

Súmula STJ nº 302

É abusiva a cláusula contratual de plano de saúde que limita no tempo a internação hospitalar do segurado.

3.17. Previdência privada

DIREITO CIVIL. COMPLEMENTAÇÃO DE APOSENTADORIA POR ENTIDADE FECHADA DE PREVIDÊNCIA PRIVADA. INADIMPLÊNCIA DA PATROCINADORA. IMPOSSIBILIDADE DE SUPRESSÃO DO PAGAMENTO DO BENEFÍCIO AO ASSISTIDO.
Não é possível a supressão do pagamento de complementação de aposentadoria de empregado já aposentado, que cumpriu devidamente as condições pactuadas com a entidade fechada de previdência privada para a obtenção do benefício, quando o motivo ensejador do corte é a denúncia do convênio firmado entre a referida entidade e a patrocinadora, em face do inadimplemento desta. O empregado, ao aderir ao plano de benefícios oferecido pela entidade de previdência complementar patrocinada por seu empregador, passa a contribuir para ter direito ao recebimento dos benefícios quando do preenchimento das condições previstas no regulamento do respectivo plano. Nesse contexto, pode-se reconhecer a existência de duas relações jurídicas distintas firmadas pela entidade de previdência complementar: uma com a instituição patrocinadora do fundo, outra com o empregado. Assim, não pode este, já na condição de assistido, assumir o ônus de não mais receber os benefícios de complementação de aposentadoria a que tem direito na relação jurídica estabelecida com a entidade previdenciária, quando o inadimplemento ocorreu por parte da ex-empregadora e patrocinadora, que não repassou à referida entidade as contribuições devidamente pagas pelo empregado e, dessa forma, descumpriu o acordo firmado no convênio de adesão. Ademais, a entidade de previdência privada deve constituir reservas para garantir o adimplemento dos benefícios contratados, conforme dispõe o art. 202, caput, da CF e a LC n. 109/2001. Há, inclusive, previsão neste diploma legal de, em caso de insuficiência de recursos para pagamento dos benefícios, ser autorizada a intervenção ou liquidação extrajudicial da entidade previdenciária com a finalidade de se resguardar os direitos dos participantes e assistidos. **REsp 1.242.267-ES, Rel. Min. Raul Araújo, julgado em 4/12/2012. (Inform. STJ 510)**

DIREITO CIVIL. PREVIDÊNCIA PRIVADA. RESGATE DE CONTRIBUIÇÕES. SÚM. N. 289/STJ. CORREÇÃO MONETÁRIA. EXPURGOS INFLACIONÁRIOS. RECURSO REPETITIVO (ART. 543-C DO CPC E RES. N. 8/2008-STJ)
É devida a restituição da denominada reserva de poupança a ex-participantes de planos de benefícios de previdência privada, devendo ser corrigidas monetariamente, conforme os índices que reflitam a real inflação ocorrida no período, mesmo que o estatuto da entidade preveja critério de correção diverso, devendo ser incluídos expurgos inflacionários e a Súm. n. 289/STJ. Conforme entendimento firmado no EREsp 297.194-DF, a correção monetária não se revela em um acréscimo, mas na reposição do valor real da moeda. A inclusão dos expurgos inflacionários, com o afastamento do índice de correção monetária estabelecido no estatuto, não representa uma descapitalização da entidade nem um desequilíbrio no cálculo atuarial, pois compete à entidade a administração do seu patrimônio e a adequada aplicação das reservas técnicas, fundos especiais e provisões, cabendo-lhe, portanto, zelar pela preservação da reserva de dos efeitos da inflação. Precedentes citados: EREsp 297.194-DF, DJ 4/4/2002; AgRg no REsp 1.156.781-SE, DJe 21/8/2012, e EDcl no Ag 610.054-DF, DJe 20/8/2012. **REsp 1.177.973-DF e REsp 1.183.474-DF, Rel. Min. Raul Araújo, julgados em 14/11/2012. (Inform. STJ 510)**

DIREITO CIVIL. PREVIDÊNCIA PRIVADA. RESTITUIÇÃO DAS CONTRIBUIÇÕES. NÃO INCIDÊNCIA DA SÚM. N. 252/STJ. RECURSO REPETITIVO (ART. 543-C DO CPC E RES. N. 8/2008-STJ).
A Súm. n. 252/STJ, por ser específica para a correção de saldos do FGTS, não tem aplicação nas demandas que envolvam previdência privada. Essa súmula restringe-se à correção dos saldos das contas de FGTS. Assim, às devoluções das parcelas de contribuições pagas a ex-beneficiário de plano de previdência privada devem ser aplicados índices de correção que reflitam a real inflação do período (Súm. n. 289/STJ). Precedentes citados: AgRg nos EDcl no Ag 467.284-SC, DJ 16/6/2003, e AgRg no REsp 1.022.449-DF, DJe 28/4/2011. **REsp 1.177.973-DF, Rel. Min. Raul Araújo, julgado em 14/11/2012. (Inform. STJ 510)**

DIREITO CIVIL. PREVIDÊNCIA PRIVADA. DEVOLUÇÃO DAS CONTRIBUIÇÕES. ATUALIZAÇÃO MONETÁRIA. IPC. RECURSO REPETITIVO (ART. 543-C DO CPC E RES. N. 8/2008-STJ)
A atualização monetária das contribuições devolvidas pela entidade de previdência privada ao associado deve ser calculada pelo IPC, por ser um índice que melhor traduz a perda do poder aquisitivo da moeda. Precedentes citados: EDcl no REsp 879.527-PB, DJe 3/3/2008; AgRg no AREsp 74.162-GO, DJe 1º/2/2012, e AgRg no Ag 813.501-RJ, DJe 9/2/2011. **REsp 1.177.973-DF e REsp 1.183.474-DF, Rel. Min. Raul Araújo, julgados em 14/11/2012. (Inform. STJ 510)**

DIREITO CIVIL. PREVIDÊNCIA PRIVADA. RESTITUIÇÃO DE CONTRIBUIÇÕES. QUITAÇÃO GERAL EM TRANSAÇÃO. ABRANGÊNCIA DAS VERBAS. RECURSO REPETITIVO (ART. 543-C DO CPC E RES. N. 8/2008-STJ)
A quitação relativa à restituição, por instrumento de transação, somente alcança as parcelas efetivamente quitadas, não tendo eficácia em relação às verbas por ele não abrangidas, de modo que, se os expurgos não foram pagos aos participantes que faziam jus à devolução das parcelas de contribuição, não se pode considerá-los saldados por recibos de quitação passados de forma geral. Assim, a existência de transação extrajudicial, realizada de forma geral, relativamente aos valores resgatados pelos participantes de plano de benefícios de previdência privada, não acarreta, em regra, a renúncia ao direito de diferenças da correção monetária não pagas, tampouco extinção dessa obrigação. Precedentes citados: AgRg no AREsp 177.942-MG, DJe 29/6/2012, e AgRg no Ag 1.136.546-DF, DJe 17/3/2010. **REsp 1.183.474-DF, Rel. Min. Raul Araújo, julgado em 14/11/2012. (Inform. STJ 510)**

DIREITO CIVIL. PREVIDÊNCIA PRIVADA. INCIDÊNCIA DE FATOR REDUTOR.
É possível a estipulação, em contrato de adesão ao plano de previdência privada, de fator redutor à renda mensal inicial do participante com idade inferior a 53 anos de idade em caso de aposentadoria especial, ou 55 anos para as demais aposentadorias. Embora as regras aplicáveis ao sistema de previdência social oficial possam, eventualmente, servir como instrumento de auxílio à resolução de questões relativas à previdência privada complementar, é preciso ressaltar que são regimes jurídicos diversos, com regramentos específicos, tanto de nível constitucional quanto infraconstitucional. Enquanto a previdência social adota o regime de repartição simples, que funciona em sistema de caixa, no qual o que se arrecada é imediatamente gasto, sem que haja, em regra, um processo de acumulação de reservas, a previdência complementar adota o de capitalização, que pressupõe a acumulação de recursos para que possam, efetivamente, assegurar os benefícios contratados num período de longo prazo. Considerando que o sistema de capitalização constitui o pilar do regime de previdência privada,

a eventual inobservância ao equilíbrio atuarial, com a adoção de norma própria do regime oficial em contrariedade ao pactuado, colocará em risco o interesse de terceiros, podendo, guardadas as devidas proporções, resultar em situação um tanto assemelhada às abomináveis pirâmides financeiras, pois os primeiros partici-pantes/beneficiários receberiam uma contraprestação (benefício) desproporcional, enquanto os últimos não teriam o devido amparo por parte do plano de previdência complementar, tendo em vista que as reservas comuns teriam sido empregadas para pagamentos de benefícios além do que elas poderiam suportar. Precedentes citados: **REsp 814.465-MS, DJe 24/5/2011; REsp 1.207.071-RJ, DJe 8/8/2012; AgRg no REsp 1.172.363-RS, DJe 20/8/2012; AgRg nos EDcl no REsp 1.299.763-CE, DJe 4/9/2012, e AgRg nos EDcl no REsp 1.302.651-SE, DJe 10/8/2012. REsp 1.015.336-SP, Rel. Min. Luis Felipe Salomão, jugado em 20/9/2012**. (Inform. STJ 505)

DIREITO CIVIL. PREVIDÊNCIA PRIVADA. INCIDÊNCIA DE FATOR REDUTOR.

É possível a estipulação, em contrato de adesão ao plano de previdência privada, de fator redutor à renda mensal inicial do participante com idade inferior a 53 anos de idade em caso de aposentadoria especial, ou 55 anos para as demais aposentadorias. Embora as regras aplicáveis ao sistema de previdência social oficial possam, eventualmente, servir como instrumento de auxílio à resolução de questões relativas à previdência privada complementar, é preciso ressaltar que são regimes jurídicos diversos, com regramentos específicos, tanto de nível constitucional quanto infraconstitucional. Enquanto a previdência social adota o regime de repartição simples, que funciona em sistema de caixa, no qual o que se arrecada é imediatamente gasto, sem que haja, em regra, um processo de acumulação de reservas, a previdência complementar adota o de capitalização, que pressupõe a acumulação de recursos para que possam, efetivamente, assegurar os benefícios contratados num período de longo prazo. Considerando que o sistema de capitalização constitui o pilar do regime de previdência privada, a eventual inobservância ao equilíbrio atuarial, com a adoção de norma própria do regime oficial em contrariedade ao pactuado, colocará em risco o interesse de terceiros, podendo, guardadas as devidas proporções, resultar em situação um tanto assemelhada às abomináveis pirâmides financeiras, pois os primeiros participantes/beneficiários receberiam uma contraprestação (benefício) desproporcional, enquanto os últimos não teriam o devido amparo por parte do plano de previdência complementar, tendo em vista que as reservas comuns teriam sido empregadas para pagamentos de benefícios além do que elas poderiam suportar. Precedentes citados: REsp 814.465-MS, DJe 24/5/2011; REsp 1.207.071-RJ, DJe 8/8/2012; AgRg no REsp 1.172.363-RS, DJe 20/8/2012; AgRg nos EDcl no REsp 1.299.763-CE, DJe 4/9/2012, e AgRg nos EDcl no REsp 1.302.651-SE, DJe 10/8/2012. **REsp 1.015.336-SP, Rel. Min. Luis Felipe Salomão, jugado em 20/9/2012.(Inform. STJ 505)**

PREVIDÊNCIA PRIVADA ABERTA. SUBSTITUIÇÃO. TR.

Trata-se de ação declaratória revisional de cláusula contratual com o objetivo de substituir o índice de correção do benefício previsto no contrato de previdência privada aberta firmado entre consumidor e entidade de previdência privada aberta. No caso, houve uma única contribuição, o chamado aporte único, para formação do fundo ou poupança de aposentaria com a estipulação de uma mensalidade de aposentadoria a ser reajustada mensalmente pela taxa referencial de juros (TR), isoladamente, o que vale dizer, um reajuste anual acumulado em percentual bem inferior aos demais índices que medem a corrosão da moeda e a remuneração da poupança. A Turma entendeu que a mensalidade de aposentadoria ou renda vitalícia tem característica alimentar (verba destinada ao sustento do contratante e de seus dependentes) e, se for corrigida unicamente pela TR, ou seja, sem qualquer outro acréscimo de juros como ocorre em contratos imobiliários ou cédulas de crédito, proporciona reajuste anual acumulado em percentual bem inferior aos índices que medem a corrosão da moeda e a remuneração da poupança, na qual, além da TR, há juros mensais de 0,5%. Assim, a permanecer como se encontra, haverá, ao longo dos anos, uma considerável perda de poder aquisitivo dessa mensalidade de aposentadoria; foi para evitar essas distorções que a Resolução n. 7/1996 do Conselho Nacional de Seguros Privados e a Circular n. 11/1996 da Susep orientaram a repactuação dos contratos com a consequente substituição da TR por índice geral de preços de ampla publicidade. Sendo os planos de previdência privada comercializados no mercado por sociedades empresárias com fins lucrativos, esses contratos estão inteiramente sujeitos ao CDC, que não tem por objetivo criar ou proteger situação em que o consumidor leve vantagem indevida sobre o fornecedor. O propósito da lei é cada parte receber o que lhe é devido, sem que ocorra exploração do consumidor ou prejuízo injustificado. Na hipótese, restou evidente a violação dos arts. 6º e 51 do CDC. **REsp 1.201.737-SC, Rel. Min. Massami Uyeda, julgado em 4/8/2011.** (Inform. STJ 480)

PREVIDÊNCIA PRIVADA. RESTITUIÇÃO. VALOR.

In casu, diante da perda do vínculo empregatício, o recorrente passou a contribuir por algum tempo para a previdência privada de duas formas: com as parcelas que lhe eram devidas e com aquelas que caberia à patrocinadora recolher. Depois, o instituto de seguridade social privada só devolveu a importância referente às parcelas pagas a título de reserva de poupança do beneficiário, sem que lhe fossem restituídas aquelas pagas em substituição à patrocinadora. Dessa forma, o cerne da discussão no REsp é saber se é abusiva a cláusula do regulamento do referido instituto que veda a restituição dos valores pagos a título de recolhimento da patrocinadora (Súm. 321-STJ). Ressalta o Min. Relator que a hipótese dos autos difere das demais, porquanto se discute a restituição de recolhimento pago em substituição à patrocinadora. Explica que, nessa hipótese, não há abusividade nem vantagem ou desvantagem de uma das partes, visto que as quantias pagas referentes às parcelas da patrocinadora, segundo o acórdão recorrido, tem por finalidade a cobertura dos custos administrativos e as vantagens que se revertem em favor de todo grupo segurado, mantendo-o em equilíbrio, em proporcionalidade aos direitos e obrigações. Também consignou-se que a patrocinadora oferece além da suplementação de aposentadoria, outros benefícios, como auxílio doença, abono anual e empréstimos aos participantes ativos. Diante do exposto, a Turma negou provimento ao recurso. **REsp 1.053.644-SE, Rel. Min. Massami Uyeda, julgado em 20/5/2010**. (Inform. STJ 435)

PREVIDÊNCIA PRIVADA. FILIAÇÃO. FACULDADE.

É certo que a competência para legislar sobre a previdência social é concorrente (art. 24, XII, da CF/1988), porém cabe à União editar as normas gerais (§ 1º desse mesmo artigo). Dessarte, se há normas gerais editadas pela União, elas deverão ser respeitadas pela legislação estadual, sob pena de usurpação da competência constitucional. Diante disso, conclui-se que, se o art. 1º da LC n. 109/2001 dispôs que é facultativa a adesão ao regime de previdência privada complementar, essa norma há de ser observada pelos estados e municípios, daí o recorrente não poder ser compelido a filiar-se em carteira de previdência complementar de escrivães, notários e registradores, quanto mais arcar com a contribuição, se nem sequer a isso anuiu. Precedente citado do STF: AgRg no RE 482.207-PR, DJe 28/5/2009; do STJ: REsp 615.088-PR, DJ 4/9/2006. **REsp 920.702-PR, Rel. Min. Aldir Passarinho Junior, julgado em 18/3/2010**. (Inform. STJ 427)

Súmula STJ nº 290

Nos planos de previdência privada, não cabe ao beneficiário a devolução da contribuição efetuada pelo patrocinador.

Súmula STJ nº 289

A restituição das parcelas pagas a plano de previdência privada deve ser objeto de correção plena, por índice que recomponha a efetiva desvalorização da moeda.

3.18. Telefonia

CONTRATO. TELEFONIA. INDENIZAÇÃO. AÇÕES.

Trata-se, na origem, de ação declaratória de adimplemento de contrato de adesão para adquirir uma linha telefônica cumulada com pedido de condenação à subscrição complementar de ações de conhecidas companhias de telecomunicações e de celular. Assim, a Seção entendeu, por maioria, que, quando for impossível a entrega das ações, deve-se impor critério indenizatório que recomponha ao acionista a perda por ele sofrida, conforme dispõe o art. 461, § 1º, do CPC. No caso, não sendo possível a entrega das ações, seja quanto à telefonia fixa seja quanto à telefonia celular, o valor da indenização será o resultado do produto da quantidade de ações (Súm. n. 371-STJ) multiplicado pela sua cotação na bolsa de valores exatamente no dia do trânsito em julgado da demanda, ou seja, o valor da ação na bolsa de valores no dia em que o acionista passou a ter o direito irrecorrível de comercializá-la ou aliená-la. Esse valor deve ser corrigido monetariamente pelo IPC/INPC a partir do dia do referido trânsito em julgado e juros legais desde a citação. No caso de eventual sucessão, ter-se-á como parâmetro o valor das ações da companhia sucessora na bolsa de valores, pois os acionistas passarão, automaticamente, a ser acionistas da nova empresa. Ao não cumprir espontaneamente sua obrigação contratual, a recorrida assumiu os riscos e encargos previstos em lei e necessários para a recomposição do prejuízo sofrido pelo credor. **REsp 1.025.298-RS, Rel. Min. Massami Uyeda, julgado em 24/11/2010**. (Inform. STJ 457)

RECURSO REPETITIVO. TELEFONIA. PULSOS EXCEDENTES. REVOGAÇÃO. SÚM. N. 357-STJ.
A Seção, ao julgar recurso representativo de controvérsia (art. 543-C do CPC e Resolução n. 8/2008 do STJ), proveu em parte o recurso para afastar apenas a restituição de valores cobrados pela empresa concessionária de telefonia pelos pulsos excedentes de ligações não discriminadas (telefones fixos e celulares) anteriores a agosto/2007. Outrossim, diante da nova sistemática em que o fornecimento de fatura detalhada a cargo da concessionária é gratuito, sem ônus para o assinante, bastando que faça a solicitação uma única vez, revogou-se a Súm. n. 357/STJ para reformulação de seu enunciado, adequando-a ao atual sistema (Lei n. 9.472/1997 c/c Dec. n. 4.733/2003 e Res. n. 450/2006 da Anatel). **REsp 1.074.799-MG, Rel. Min. Francisco Falcão, julgado em 27/5/2009.** (Inform. STJ 396)

Súmula STJ nº 371

Nos contratos de participação financeira para a aquisição de linha telefônica, o Valor Patrimonial da Ação (VPA) é apurado com base no balancete do mês da integralização.

Súmula STJ nº 193

O direito de uso de linha telefônica pode ser adquirido por usucapião.

3.19. Outros Contratos

REPERCUSSÃO GERAL EM RE N. 611.639-RJ

RELATOR: MIN. MARCO AURÉLIO

VEÍCULOS AUTOMOTORES – GRAVAME – OBRIGATORIEDADE DO REGISTRO EM CARTÓRIO DE TÍTULOS E DOCUMENTOS – INCONSTITUCIONALIDADE DO ARTIGO 1.361, § 1°, DO CÓDIGO CIVIL DECLARADA NA ORIGEM. Possui repercussão geral a controvérsia sobre a constitucionalidade do artigo 1.361, § 1°, do Código Civil no tocante à obrigatoriedade do registro, no cartório de títulos e documentos, do contrato de alienação fiduciária de veículos automotores, mesmo com a anotação no órgão de licenciamento. (Inform. STF 621)

DIREITO CIVIL. ARGUIÇÃO DE NULIDADE DE CLÁUSULA COMPROMISSÓRIA. NECESSIDADE DE SUBMISSÃO DA QUESTÃO AO JUÍZO ARBITRAL.
A arguição de nulidade da cláusula arbitral deve ser submetida obrigatoriamente ao próprio árbitro antes da judicialização da questão, nos termos do art. 8º, parágrafo único, da Lei n. 9.307/1996. O entendimento é aplicável indistintamente tanto à cláusula compromissória instituída em acordo judicial homologado quanto àquela firmada em contrato. O parágrafo único do art. 8º da Lei de Arbitragem determina que caberá ao árbitro decidir as questões referentes à existência, validade e eficácia da convenção de arbitragem e do contrato como um todo. Assim, por expressa previsão legal, não pode a parte ajuizar ação anulatória para desconstituir acordo judicial homologado com base na nulidade da cláusula compromissória ali presente antes de submeter o assunto ao árbitro. Isso não significa que o Judiciário não poderá apreciar a questão em momento posterior; pois, segundo o art. 33, § 3°, da Lei de Arbitragem, poderá ser arguida a nulidade mediante ação de embargos do devedor, conforme o art. 741 e seguintes do CPC se houver execução judicial. REsp 1.302.900-MG, Rel. Min. Sidnei Beneti, julgado em 9/10/2012.(Inform. STJ 506)

LEASING. ADIMPLEMENTO SUBSTANCIAL.
Trata-se de REsp oriundo de ação de reintegração de posse ajuizada pela ora recorrente em desfavor do ora recorrido por inadimplemento de contrato de arrendamento mercantil (*leasing*). A Turma, ao prosseguir o julgamento, por maioria, entendeu, entre outras questões, que, diante do substancial adimplemento do contrato, ou seja, foram pagas 31 das 36 prestações, mostra-se desproporcional a pretendida reintegração de posse e contraria princípios basilares do Direito Civil, como a função social do contrato e a boa-fé objetiva. Consignou-se que a regra que permite tal reintegração em caso de mora do devedor e consequentemente, a resolução do contrato, no caso, deve sucumbir diante dos aludidos princípios. Observou-se que o meio de realização do crédito pelo qual optou a instituição financeira recorrente não se mostra consentâneo com a extensão do inadimplemento nem com o CC/2002. Ressaltou-se, ainda, que o recorrido pode, certamente, valer-se de meios menos gravosos e proporcionalmente mais adequados à persecução do crédito remanescente, por exemplo, a execução do título. Precedentes citados: REsp 272.739-MG, DJ 2/4/2001; REsp 469.577-SC, DJ 5/5/2003, e REsp 914.087-RJ, DJ 29/10/2007. **REsp 1.051.270-RS, Rel. Min. Luis Felipe Salomão, julgado em 4/8/2011.** (Inform. STJ 480)

CORREÇÃO MONETÁRIA. RENÚNCIA.
O recorrente firmou com a recorrida o contrato de prestação de serviços jurídicos com a previsão de correção monetária anual. Sucede que, durante os seis anos de validade do contrato, o recorrente não buscou reajustar os valores, o que só foi perseguido mediante ação de cobrança após a rescisão contratual. Contudo, emerge dos autos não se tratar de simples renúncia ao direito à correção monetária (que tem natureza disponível), pois, ao final, o recorrente, movido por algo além da liberalidade, visou à própria manutenção do contrato. Dessarte, o princípio da boa-fé objetiva torna inviável a pretensão de exigir retroativamente a correção monetária dos valores que era regularmente dispensada, pleito que, se acolhido, frustraria uma expectativa legítima construída e mantida ao longo de toda a relação processual, daí se reconhecer presente o instituto da *supressio*. **REsp 1.202.514-RS, Rel. Min. Nancy Andrighi, julgado em 21/6/2011.** (Inform. STJ 478)

AÇÃO. COBRANÇA. CÔNJUGE SUPÉRSTITE. LEGITIMIDADE.
Trata-se de REsp oriundo de ação de cobrança proposta pela recorrida (cônjuge supérstite) contra o banco recorrente com o objetivo de cobrar importância financeira decorrente de uma operação de investimento com prazo fixo efetivada por seu marido em dezembro de 1986, sendo que o titular do investimento não fez o respectivo resgate no prazo ajustado (fevereiro de 1987), vindo ele a falecer em outubro daquele mesmo ano. Afirma a demandante que somente tomou conhecimento dessa operação em 1999, ocasião em que, por meio de alvará judicial, pleiteou o resgate da quantia aplicada de CZ$ 1.000.000,00, que, à época do ajuizamento da ação (outubro de 2001), corrigida monetariamente, corresponderia a R$ 256.302,10, mais os respectivos juros de aplicação (juros médios de 3% sobre 177 meses) de R$ 1.368.653,16, perfazendo um total de R$ 1.624.955,26. Entretanto, o demandado, em resposta, informou que o valor referente a tal aplicação seria de apenas R$ 2.574,44 em razão das várias transformações da moeda e, em contestação, alegou, preliminarmente, ilegitimidade ativa *ad causam*, por entender que somente o espólio e, caso ultimado o inventário, os herdeiros poderiam pleitear em juízo tais valores. No mérito, aduziu que o investidor simplesmente deixou de resgatar o dinheiro aplicado na data e lugar aprazado, sendo certo que, na qualidade de distribuidora de títulos e valores mobiliários, não poderia reinvestir ou especular com recursos de terceiros sem a respectiva autorização. Rechaçou, por fim, a pretensão de receber juros contados desde 1987 sob o patamar de 3% ao mês ao argumento de que eles, na condição de acessórios, prescrevem em cinco anos. O juízo de primeiro grau julgou procedente a demanda e condenou o recorrente ao pagamento da quantia pleiteada a título de devolução da aplicação financeira feita pelo falecido, esposo da recorrida. O tribunal *a quo* proveu parcialmente a apelação interposta para reduzir o percentual dos juros de capitalização à ordem de 12% ao ano. Nesta instância especial, preliminarmente, reconheceu-se a legitimidade da recorrida, que objetiva, na verdade, o recebimento dos valores decorrentes do mencionado investimento não em nome próprio, mas em representação do espólio, tanto que o faz sob a supervisão do juízo em que posteriormente se processou o inventário. Assim, ainda que as instâncias ordinárias tenham, impropriamente, tomado o conceito de representante processual pela definição de parte, concluiu-se, dos elementos constantes dos autos, que a esposa do *de cujus* veio a juízo como representante do espólio, não como parte. Quanto ao mérito, consignou-se que, não havendo contratação específica quanto ao local do cumprimento da obrigação, tal como no caso, ela será considerada quesível. Desse modo, o acórdão recorrido não guarda a melhor exegese para a hipótese ao reputar portável a dívida justamente em virtude da ausência de pactuação. Note-se que a própria natureza da obrigação *sub judice* não autoriza o reconhecimento de que o local de seu cumprimento seria o domicílio do credor. Está-se, no caso, diante, inequivocamente, da *mora accipiendi* (mora do credor). Dessarte, os juros moratórios devem incidir somente a partir da citação, momento em que o devedor passou a encontrar-se em mora, enquanto os remuneratórios devem observar o comando constante no art. 1.063 do CC/1916, que prevê o percentual de 6% ao ano, e não no art. 192, § 3º, da CF/1988 em sua redação original, que preceitua o percentual de 12% ao ano até a entrada em vigor do CC/2002, sendo, a partir de então, por ele regulada no art. 406 c/c o 591 desse diploma legal. Diante dessas razões, entre outras, a Turma deu parcial provimento ao recurso. **REsp 1.101.524-AM, Rel. Min. Massami Uyeda, julgado em 12/4/2011.** (Inform. STJ 469)

VALIDADE. CLÁUSULA. ELEIÇÃO. FORO. CONCESSIONÁRIA. MONTADORA.
Trata-se, na origem, de ação ordinária na qual concessionária busca a continuidade do contrato de concessão comercial de veículos automotores. A ação foi proposta no Rio Grande do Sul, porém houve exceção de incompetência territorial com vistas à declinação de competência para a comarca de Betim-MG, em respeito à eleição de foro prevista no referido contrato.

A Turma conheceu do recurso e deu provimento a ele ao entender que, por envolver pessoas jurídicas da parte negocial, a cláusula de eleição de foro deve prevalecer em contratos de concessão de veículos automotores celebrados entre concessionária e montadora. Precedente citado: REsp 300.340-RN, DJe 13/10/2008. **REsp 916.189-RS, Rel. Min. Luis Felipe Salomão, julgado em 7/12/2010.** (Inform. STJ 459)

ANULATÓRIA. CONFISSÃO. DÍVIDA. CORREÇÃO MONETÁRIA.

A Turma negou provimento a recurso de empresa de crédito imobiliário em que o tribunal *a quo* julgou procedente ação anulatória de contrato ajuizada pela CEF, reconhecendo diversos erros na apuração de confissão de dívida quanto a empréstimos tomados junto ao extinto Banco Nacional de Habitação (BNH), ao qual a CEF sucedeu. Esses empréstimos destinavam-se à construção e comercialização de casas populares com recursos, em grande parte, de fundos públicos (FGTS) e caderneta de poupança. Cláusula do contrato que a CEF firmou com a empresa imobiliária, agora anulado, previa 120 dias para análise dos contratos que deram suporte à consolidação das dívidas, estabelecendo que, findo o prazo, prevaleceria o valor avençado. Sucede que, após esgotado esse prazo contratual, a CEF constatou um valor a menor equivalente a 62% da dívida. Esses erros quanto à correção monetária foram imputados aos programas de informática utilizados. Ademais, destacou-se que, para a decisão de anulação, o tribunal *a quo* levou em conta o caráter público dos recursos, afastou, peremptoriamente, a ocorrência de transação ou renúncia sobre a correção monetária da dívida e a ocorrência de erro essencial; esse último não foi atacado no REsp. **REsp 1.098.992-RS, Rel. Min. Luis Felipe Salomão, julgado em 2/9/2010.** (Inform. STJ 445)

REPETITIVO. CORREÇÃO. CADERNETA. PLANOS.

Cuidou-se de dois recursos especiais sujeitos ao procedimento do art. 543-C do CPC (recurso repetitivo), reunidos para julgamento em conjunto na Seção, visto abrangerem os questionamentos mais usuais formulados pelos jurisdicionados a respeito da correção monetária de cadernetas de poupança nos períodos sujeitos aos diversos planos econômicos que se sucederam neste País (Bresser, Verão, Collor 1 e Collor 2). Frisou-se que essa reunião é compatível com o regramento desses recursos, além de tratar de repetitivos na hipótese de consolidação da jurisprudência, visto as teses abrangidas no julgamento estarem por demais consolidadas por milhares de acórdãos e decisões monocráticas. Primeiramente, destacou-se que penderiam de julgamento no STF processos de igual matéria (entre eles as ADPFs 113-DF e 165-DF), já erigida como de repercussão geral e sujeita à decisão que suspenda o julgamento de processos, o que poderia inutilizar o provimento judicial que se busca nos repetitivos. Contudo, por maioria, a Seção entendeu prosseguir o julgamento, principalmente ao constatar a natureza eminentemente infraconstitucional das questões. Julgou, então, a questão por demais debatida neste Superior Tribunal a respeito da legitimidade da instituição financeira depositante para ocupar o polo passivo das respectivas ações quanto aos referidos planos, visto que a relação jurídica formada no contrato da caderneta de poupança se estabelece entre o depositante e a instituição financeira, não importando haver norma do Bacen ou ato do Estado que afaste a obrigação de a instituição cumprir com o contrato. Todavia, não se fala em responsabilidade das instituições financeiras quanto à correção monetária dos valores efetivamente repassados ao Bacen por ocasião do plano Collor 1 (o que excedesse a NCz $ 50 mil), pois elas não tinham a disponibilidade dessas quantias. Reiterou-se que, quando as postulações a respeito da correção monetária da poupança em razão dos mencionados planos dão-se em ação individual, essa última está sujeita à prescrição vintenária, dada sua natureza de ação pessoal. Não há que se aplicar, nesses casos, a prescrição quinquenal do art. 178, § 10, III, do CC/1916, porque não se cuida de prestação acessória ou juros. Contudo, quando no trato de ação coletiva (ação civil pública), há sua sujeição ao prazo decadencial quinquenal previsto para as ações populares (art. 21 da Lei n. 4.717/1965). Firmou-se, no julgamento, haver efetiva perda por parte dos poupadores em decorrência dos aludidos planos econômicos, daí a necessidade de fazer a correta aplicação dos índices de correção. Em relação ao plano Bresser (DLs ns. 2.335/1987, 2.336/1987, 2.337/1987), reafirmou-se o índice de 26,06%, referente ao IPC, para corrigir as cadernetas de poupança no mês de junho de 1987, pois a Resolução n. 1.338/1987 do Bacen não se aplica às cadernetas que já haviam iniciado o período aquisitivo ou tinham aniversário na primeira quinzena daquele mês. Quanto ao plano Verão (MP n. 32/1989, convertida na Lei n. 7.730/1989), ficou confirmado o índice de 42,72%, referente ao IPC, para a correção monetária das cadernetas de período mensal iniciado em 15/1/1989, porque não são atingidas pelo regramento da referida MP, que previa a correção pela LFT. Já quanto ao plano Collor 1 (MP n. 168/1990, convertida na Lei n. 8.024/1990), o IPC deve ser aplicado aos ativos financeiros retidos até o respectivo aniversário da conta; e o BTNF, aos valores excedentes a NCz $ 50 mil que migraram para o Bacen, além de incidir nos meses subsequentes. Assim, o índice de correção monetária varia de acordo com o mês: 84,32% para março de 1990; 44,80% para abril de 1990; e 7,87% para maio de 1990. O plano Collor 2 (MP n. 294/1991, convertida na Lei n. 8.177/1991) reclama a aplicação do índice de 21,87%, porque, nas hipóteses em que já iniciado o período aquisitivo, aplica-se a remuneração na forma da Lei n. 8.088/1990, e não a prevista na referida MP. Esse entendimento foi aceito pela maioria dos Ministros que integram a Seção, dele divergindo, em parte, a Min. Maria Isabel Gallotti quantos aos índices dos planos Collor 1 e 2, isso para manter coerência com recentes julgados seus quando ainda pertencia ao TRF da 1ª Região. Ressalvou seu entendimento pessoal o Min. João Otávio de Noronha. Por último, anote-se que o Min. Relator apontou a falta da figura do *ombudsman* ou do sistema de *recall* na seara bancária, o que propiciaria a solução dos ditos litígios de bagatela pelo próprio sistema bancário. Precedentes citados: REsp 27.237-RJ, DJ 30/11/1992; REsp 152.611-AL, DJ 22/3/1999; REsp 97.858-MG, DJ 23/9/1996; REsp 1.070.896-SC, DJe 4/8/2010; REsp 5.308-RS, DJ 13/5/1991; REsp 16.651-RS, DJ 31/8/1992; EREsp 169.940-SC, DJ 24/2/2003; REsp 213.347-SP, DJ 4/10/1999; REsp 149.190-SP, DJ 2/2/1998, e REsp 152.611-AL, DJ 22/3/1999. **REsp 1.107.201-DF e REsp 1.147.595-RS, Rel. Min. Sidnei Beneti, julgados em 25/8/2010.** (Inform. STJ 444)

CONTRATOS. TELEVISÃO. JOGOS.

A confederação que engloba os times de certa atividade desportiva firmou contrato com a empresa de televisão a cabo, pelo qual lhe cedia, com exclusividade, os direitos de transmissão ao vivo dos jogos em todo o território nacional, referentes a determinada temporada. Sucede que 16 times, em conjunto com a associação que formaram, e outra empresa de televisão também firmaram contratos com o mesmo objetivo. Daí a interposição dos recursos especiais. Pela análise do contexto, conclui-se que, apesar de figurar no primeiro contrato como cedente e detentora dos direitos em questão, a confederação firmou, em verdade, promessa de fato de terceiro: a prestação de fato a ser cumprido por outra pessoa (no caso, os times), cabendo ao devedor (confederação) obter a anuência dela quanto a isso, tratando-se, pois, de uma obrigação de resultado. Pela lei vigente à época (art. 24 da Lei n. 8.672/1993), somente os times detinham o direito de autorizar a transmissão de seus jogos. Assim, visto que a confederação não detém o direito de transmissão, cumpriria a ela obter a anuência dos times ao contrato que firmou, obrigação que constava de cláusula contratual expressa. O esvaziamento desse intento, tal como atesta notificação posta nos autos realizada pela própria confederação, de que não conseguiu a anuência dos clubes, enseja a resolução (extinção) desse contrato e sua responsabilização por perdas e danos (art. 929 do CC/1916, hoje art. 439 do CC/2002). Contudo, não se fala em nulidade ou ineficácia, pois, houve, sim, a inexecução (inadimplemento) de contrato válido, tal como concluiu o tribunal *a quo*. Tampouco há falar em responsabilidade solidária dos times porque, em relação ao contrato firmado pela confederação, são terceiros estranhos à relação jurídica, pois só se vinculariam a ele se cumprida a aludida obrigação que incumbia ao promitente, o que, como dito, não se realizou. Já a associação, mesmo que tenha anuído a esse contrato, não pode ser responsabilizada juntamente com a confederação: não há previsão contratual nesse sentido e pesa o fato de que a obrigação de obter a aceitação incumbia apenas à confederação, quanto mais se a execução dependia unicamente dos times, que têm personalidades jurídicas distintas da associação que participam e são os verdadeiros titulares do direito. Com esse e outros fundamentos, a Turma negou provimento aos especiais. **REsp 249.008-RJ, Rel. Min. Vasco Della Giustina (Desembargador convocado do TJ-RS), julgado em 24/8/2010.** (Inform. STJ 444)

REDE. ENERGIA ELÉTRICA. FUNCIONAMENTO. CORREÇÃO MONETÁRIA.

A Turma condenou a companhia estadual de energia elétrica a devolver à recorrente (sociedade de hotéis) a quantia antecipada para construção da rede de distribuição de energia elétrica, corrigida monetariamente a partir do seu desembolso, mais juros legais a contar da citação, além de custas e honorários devidos pela companhia de energia recorrida no percentual de 10% sobre o valor da condenação. Destacou o Min. Relator ser abusiva a cláusula contratual que determina a devolução da quantia do valor financiado para construção de rede de energia sem qualquer correção monetária, pois ela não constitui acréscimo, mas recomposição da inflação. Observou, também, que, com a ampliação da rede, a companhia de energia elétrica já obtém retorno financeiro com o pagamento da energia consumida pela recorrente. **REsp 843.730-RS, Rel. Min. Aldir Passarinho Junior, julgado em 24/11/2009.** (Inform. STJ 417)

PURGAÇÃO. MORA. DIREITO MATERIAL.
O devedor requereu a purgação da mora ainda sob a égide da redação original do art. 3º do DL n. 911/1969, que previa o depósito das parcelas vencidas, conforme cálculo judicial, como requisito para a purgação. Porém, o juízo só apreciou esse pedido quando já alterado, substancialmente, o referido DL pela Lei n. 10.931/2004, que determina o depósito do total da dívida (parcelas vencidas e vincendas) para aquele mesmo efeito. Contudo, não se pode aplicar a nova lei ao caso, pois a purgação da mora tem conteúdo de direito material, e não processual, o que atrai a aplicação do princípio da irretroatividade (art. 6º e parágrafos da LICC e art. 5º, XXXVI, da CF/1988). Exercido o direito à purgação, a vigência do contrato é restabelecida e o credor perde a faculdade de promover sua rescisão pelo inadimplemento. Dessarte, a questionada norma incide no plano de eficácia do contrato, pois a prévia existência de ação de busca e apreensão apenas compõe o suporte fático para a incidência da norma, não lhe alterando a natureza de direito material. Anote-se caber ao juiz apenas reconhecer o direito potestativo exercido, pois não está em suas mãos nem nas do credor impedir a purgação formulada nos termos da lei. Daí a conclusão de que todas as condições para a materialização desse direito verificam-se no momento em que formulado o pedido pelo devedor. **REsp 904.752-MG, Rel. Min. Nancy Andrighi, julgado em 20/10/2009.** (Inform. STJ 412)

CLÁUSULA CONTRATUAL. FORO. ELEIÇÃO.
A Seção, com aplicação de multa, rejeitou os embargos de declaração em que a embargante alegava omissão no julgamento do agravo regimental, porque, repetida a decisão agravada sem análise dos argumentos apresentados: a hipossuficiência identificada pelas instâncias ordinárias seria material, não compatível com o poderio da embargada e, por isso, passível de apreciação sem a ocorrência de violação das Súms. ns. 5 e 7 deste Superior Tribunal. O Min. Relator reafirmou que o entendimento jurisprudencial é que as controvérsias entre concessionárias de veículos e montadora, diante do vulto econômico envolvido, devem ser solucionadas perante o foro de eleição, não sendo possível atribuir hipossuficiência a qualquer das partes. Assim, a hipótese encontra óbice na Súm. n. 168-STJ. Ademais, observa que o contrato em questão é anterior à edição do CDC. Sendo assim, não há a omissão alegada e, quanto à matéria constitucional, é da competência do STF apreciá-la. **EDcl nos EREsp 972.879-RJ, Rel. Min. Aldir Passarinho Junior, julgados em 12/8/2009.** (Inform. STJ 402)

RECURSO REPETITIVO. CRUZADOS RETIDOS. BACEN.
A Seção, ao julgar o recurso representativo de controvérsia (art. 543-C do CPC e Res. n. 8/2008-STJ), desproveu-o ao entendimento de que o Banco Central do Brasil (Bacen) tem, em princípio, legitimidade passiva *ad causam* para responder pela correção monetária dos cruzados novos retidos que lhe foram transferidos. A seu turno, os bancos depositários são legitimados passivos quanto ao reajuste dos saldos de março/1990 das cadernetas de poupança anteriores à transferência dos ativos. Outrossim, afastada pelo STF a inconstitucionalidade do art. 6º, § 2º, da Lei n. 8.024/1990, que instituiu o Plano Collor, fixou-se o BTNF com índice aplicável para a atualização dos cruzados bloqueados. O IPC é válido para a correção monetária dos ativos retidos até a transferência desses para o Bacen. Após a data da transferência e no mês de abril/1990, para as contas de poupança com aniversário na segunda quinzena, incide o BTNF conforme a regra da supracitada lei. Precedentes citados: REsp 637.966-RJ, DJ 24/4/2006; REsp 332.966-SP, DJ 30/6/2003; REsp 692.532-RJ, DJe 10/3/2008; AgRg nos EDcl no Ag 484.799-MG, DJ 14/12/2007; AgRg no Ag 811.661-SP, DJ 31/5/2007, e AgRg no Ag 706.995-SP, DJ 20/2/2006. **REsp 1.070.252-SP, Rel. Min. Luiz Fux, julgado em 27/5/2009.** (Inform. STJ 396)

CONTRATO INTERNACIONAL. FORO. ELEIÇÃO.
Duas sociedades empresariais brasileiras, para viabilizar suas atividades em diversos países, criaram respectivamente subsidiárias estrangeiras. Firmaram, entre si, contrato de prestação de serviço com cláusula de eleição de foro, a qual previa, em primeiro lugar, a regência de obrigações pela lei inglesa e, em segundo, a propositura das ações decorrentes dessa relação jurídica contratada perante a Justiça britânica. Houve desentendimentos entre elas, e duas sociedades subsidiárias de uma das empresas propuseram duas ações na Justiça do Reino Unido. Como ficaram vencidas, a sociedade empresarial, representando-as, ajuizou, perante a Justiça brasileira, uma nova ação, na qual houve pedido de antecipação de tutela para suspender a exigibilidade de valores adiantados, intimar a ré e proibir a proposta de medidas coercitivas até a decisão final dessa ação. Argumentam ainda que preferiram não recorrer na Inglaterra, porque seria extremamente dispendioso e inviabilizaria o litígio, além de haver restrições ao direito de defesa. A ré interpôs agravo regimental da decisão que deferiu a antecipação de tutela. O Tribunal *a quo* extinguiu a ação, concluindo que a autoridade judiciária brasileira seria incompetente para julgá-la. Dessa decisão recorreu a autora, e o REsp já foi admitido na origem. Daí a presente medida cautelar com pedido liminar para dar efeito suspensivo ao recurso. Para a Min. Relatora, apesar de não haver menção expressa no acórdão recorrido, o TJ aplicou dois princípios para extinguir a ação: o *forum shopping* (o autor e as partes supõem que se possa obter decisão mais favorável aos seus interesses) e o princípio do *forum non conveniens* (que mitiga os exageros a que essa procura pode levar). Anota que esses princípios são amplamente reconhecidos no direito estrangeiro, mas não têm previsão expressa no ordenamento jurídico brasileiro. Explica que, no Brasil, aplica-se o art. 90 do CPC, que determina, no caso dos autos, a inexistência de litispendência entre as causas ajuizadas. Ademais, a sentença estrangeira só tem eficácia depois de homologada pelo STJ. Logo, o TJ antecipou-se a este Superior Tribunal ao atribuir eficácia imediata à sentença estrangeira. Só o pedido de homologação obsta automaticamente o prosseguimento de ação ajuizada aqui. Prevalecerá, perante a Justiça do Brasil, portanto, a decisão que primeiro obtiver a autoridade da coisa julgada. Por outro lado, frisa que, embora o TJ em princípio, não devesse ter extinguido a ação proposta no Brasil, a análise será feita no julgamento do REsp. Concluiu, também, que é contraditório o comportamento da ora recorrente, que, por ter ajuizado duas ações na Inglaterra, perdeu interpôs outra ação no Brasil. Ressalta que, mesmo sendo inaplicáveis os citados princípios estrangeiros, suspender, agora, os atos atinentes à execução de sentença implicaria privilegiar tal comportamento, que ao Direito Civil brasileiro, seria violação da boa-fé objetiva, sendo possível estendê-la no plano processual (art. 17 do CPC), o que resulta em indeferir a medida liminar pleiteada e julgar extinta a medida cautelar. A Turma extinguiu a MC sem julgamento de mérito. **MC 15.398-RJ, Rel. Min. Nancy Andrighi, julgada em 2/4/2009.** (Inform. STJ 389)

4. RESPONSABILIDADE CIVIL

4.1. Responsabilidade pelo fato de terceiro

INDENIZAÇÃO. DANOS MORAIS. DENÚNCIA. POLÍCIA.
Trata-se de indenização por dano moral causado por culpa *in eligendo* e *in vigilando* do empregador (recorrente) em relação a atos praticados por seus empregados os quais imputaram à autora, ora recorrida, suposta prática de ato criminoso (furto). A conduta imprudente praticada pelos prepostos de loja de confecção deu-se após investigação promovida pelos próprios empregados, o que resultou em acusação de furto com ameaças de divulgação de fitas, ignorando a negativa da recorrida e, sem as devidas cautelas, culminou na investigação da Polícia Civil. Nessa ocasião, assinala o acórdão recorrido que a autoridade policial aconselhou a recorrida a tomar providências, daí o ajuizamento de ação cautelar para impedir a divulgação de sua imagem, seguido do pedido indenizatório. Também assinala o TJ que o dano moral só se configurou porque os prepostos, mesmo sendo alertados de que a recorrida não estivera na loja e, por esse motivo, não poderia ter furtado as roupas, e de que ela se colocou à disposição deles para resolver o caso, ainda assim, sem antes buscar a verdade dos fatos, deixaram-se levar por indícios infundados, levando-a a sofrer investigações na delegacia pela suposta prática de furto, obrigando-a a defender-se de imputações falsas. No REsp, explica o Min. Relator que a questão está em saber se, à luz do acontecido e reconhecido pelo TJ, houve responsabilidade do recorrente a ensejar indenização por danos morais. Observou que, em princípio, não responde por danos morais aquele que reporta à autoridade policial atitude suspeita ou prática criminosa, porquanto esse ato constitui exercício regular de um direito do cidadão, ainda que fique provada a inocência do acusado. Isso porque, só pode configurar-se o ilícito civil indenizável quando o denunciante age com dolo ou culpa e seu ato foi relevante para a produção do resultado lesivo. Também, segundo ressaltou o Min. Relator, não se desejou afirmar que os prepostos não poderiam zelar pelo patrimônio do empregador. No caso, reconhece que, seja por imprudência ou por excesso em seu mister, conforme apurado pelo tribunal *a quo*, existiu culpa, sem dúvida, quanto à informação absolutamente equivocada à polícia sobre a autoria do ilícito, inclusive houve provas de telefonemas à autora e ameaças de divulgação de imagens supostamente gravadas. Diante desses fundamentos, entre outros, a Turma negou provimento ao recurso. Precedentes citados: REsp 537.111-MT, DJe 11/5/2009; REsp 721.440-SC, DJ 20/8/2007; REsp 470.365-RS, DJ 1º/12/2003; REsp 254.414-RJ, DJ 27/9/2004; AgRg no Ag 945.943-MS, DJ 14/12/2007; REsp 468.377-MG, DJ 23/6/2003, e REsp 592.811-PB, DJ 26/4/2004. **REsp 1.040.096-PR, Rel. Min. Aldir Passarinho Junior, julgado em 8/2/2011.** (Inform. STJ 462)

RESPONSABILIDADE. TOMADOR. SERVIÇO. TERCEIRIZAÇÃO.
Trata-se de REsp em que a questão cinge-se em saber se há relação de preposição a justificar que empresa contratante de serviço de transporte de seus funcionários responda, de forma solidária, por acidente de trânsito causado pela prestadora durante a consecução do serviço no qual vitimou terceiro. A Turma negou provimento ao recurso pelo seguinte fundamento, entre outros: o tomador de serviço somente será objetivamente responsável pela reparação civil dos ilícitos praticados pelo prestador nas hipóteses em que estabelecer com ele uma relação de subordinação da qual derive um vínculo de preposição, o que não ocorreu no caso. Consignou-se que o tribunal *a quo*, examinando a relação contratual entre a empresa prestadora e a tomadora de serviço, afirmou inexistir subordinação entre as partes, e a prestadora arcava inteiramente com os riscos inerentes à atividade desempenhada de forma própria e autônoma. Dessarte, ficou evidente que não havia relação de preposição entre as empresas, tampouco entre o motorista do ônibus e a tomadora, na medida em que inexistia ingerência dela sobre o serviço prestado, operando-se, na realidade, efetiva terceirização. Desse modo, ausente qualquer relação de emprego ou preposição entre a empresa tomadora e a prestadora de serviço ou funcionários desta, entendeu-se correto o acórdão recorrido que afastou a responsabilidade objetiva da tomadora pelo acidente em questão, inexistindo a alegada violação dos arts. 932, III, e 933 do CC/2002. **REsp 1.171.939-RJ, Rel. Min. Nancy Andrighi, julgado em 7/12/2010**. (Inform. STJ 459)

RESPONSABILIDADE CIVIL. PAIS SEPARADOS. ATO ILÍCITO. MENOR.
A Turma reiterou o entendimento de que ambos os genitores, inclusive aquele que não detém a guarda, são responsáveis pelos atos ilícitos praticados pelos filhos menores, salvo se comprovarem que não concorreram com culpa para a ocorrência do dano. Contudo, na espécie, a genitora assumiu o risco da ocorrência trágica, ao comprar um revólver três ou quatro dias antes de o filho cometer o crime, arma adquirida de modo irregular e sem cautela alguma. Assim, tal circunstância caracteriza excepcionalidade que isenta o genitor, que não detém a guarda e não habita no mesmo domicílio, de solidariamente responder pelo ato ilícito (homicídio) cometido pelo menor, ou seja, deve ser considerado parte ilegítima na ação proposta pelos pais da vítima. **REsp 777.327-RS, Rel. Min. Massami Uyeda, julgado em 17/11/2009.** (Inform. STJ 416)

RESPONSABILIDADE CIVIL. PAGAMENTO. SEGURO.
A Turma confirmou o acórdão recorrido com o entendimento de que, apesar da possibilidade de ressarcir-se perante o fraudador, a sociedade empresária revendedora de veículo responde por ato de seu preposto que induzia os compradores a realizar contrato de seguro com empresa inidônea para mais rápido receber o valor da venda, visto que, sem seguro, o banco não liberaria o *leasing*. No caso dos autos, o comprador entregou ao vendedor cheque para pagamento do seguro à vista, o cheque foi repassado ao corretor da seguradora, que falsificou o endosso, recebeu o valor do cheque e fez o contrato de seguro para pagamento a prazo, adimplindo apenas a primeira parcela, o que resultou no cancelamento da apólice. O veículo, então, foi furtado e, quando o proprietário ora recorrido acionou a seguradora, verificou o ocorrido e ingressou com a demanda para ressarcimento do valor do bem somado a perdas e danos. No REsp, a sociedade revendedora defendia a impossibilidade de ser responsabilizada pelos danos causados por outrem. Para o Min. Relator, a hipótese descrita enquadra-se no inciso III do art. 1.521 do CC/1916, ou seja, responde o patrão por ato do seu empregado. No caso, o ato traduz-se em, durante o trabalho prestado, induzir o comprador a erro, assim, não está a recorrente respondendo por ato praticado pelo corretor da seguradora, mas por ato de preposto seu (o vendedor); pode entretanto, vir a ressarcir-se perante o fraudador. **REsp 268.021-SP, Rel. Min. Fernando Gonçalves, julgado em 29/9/2009.** (Inform. STJ 409)

Súmula STF nº 341

É presumida a culpa do patrão ou comitente pelo ato culposo do empregado ou preposto.

4.2. Responsabilidade por conduta médica

DANO MORAL. EXAME CLÍNICO. HIV.
Trata-se, na origem, de ação de compensação por danos morais ajuizada pela recorrente contra o hospital ora recorrido pelo fato de o nosocômio ter emitido três exames de HIV com o resultado positivo equivocado. A Min. Relatora ressaltou que o defeito no fornecimento do serviço, com exame repetido e confirmado, ainda que com a ressalva do médico de que poderia ser necessário exame complementar, causa sofrimento à paciente, visto que o recorrido assumiu a obrigação de realizar exame com resultado veraz, o que não ocorreu. Nesse contexto, a Turma, por maioria, deu parcial provimento ao recurso, para condenar o recorrido a pagar a quantia de R$ 15 mil a título de danos morais. **REsp 1.291.576-RS, Rel. Min. Nancy Andrighi, julgado em 28/2/2012**. (Inform. STJ 492)

RESPONSABILIDADE CIVIL. MÉDICO. CIRURGIA ESTÉTICA E REPARADORA.
Na espécie, trata-se de ação de indenização por danos morais e materiais ajuizada pela recorrida em desfavor dos recorrentes. É que a recorrida, portadora de hipertrofia mamária bilateral, foi submetida à cirurgia para redução dos seios – operação realizada no hospital e pelo médico, ora recorrentes. Ocorre que, após a cirurgia, as mamas ficaram com tamanho desigual, com grosseiras e visíveis cicatrizes, além de ter havido retração do mamilo direito. O acórdão recorrido deixa claro que, no caso, o objetivo da cirurgia não era apenas livrar a paciente de incômodos físicos ligados à postura, mas também de resolver problemas de autoestima relacionados à sua insatisfação com a aparência. Assim, cinge-se a lide a determinar a extensão da obrigação do médico em cirurgia de natureza mista – estética e reparadora. Este Superior Tribunal já se manifestou acerca da relação médico-paciente, concluindo tratar-se de obrigação de meio, e não de resultado, salvo na hipótese de cirurgias estéticas. No entanto, no caso, trata-se de cirurgia de natureza mista estética e reparadora em que a responsabilidade do médico não pode ser generalizada, devendo ser analisada de forma fracionada, conforme cada finalidade da intervenção. Numa cirurgia assim, a responsabilidade do médico será de resultado em relação à parte estética da intervenção e de meio em relação à sua parte reparadora. A Turma, com essas e outras considerações, negou provimento ao recurso. **REsp 1.097.955-MG, Rel. Min. Nancy Andrighi, julgado em 27/9/2011.** (Inform. STJ 484)

ERRO MÉDICO. RESPONSABILIDADE SOLIDÁRIA. NÃO OCORRÊNCIA.
Nos embargos de divergência no recurso especial advindo de ação de indenização por danos materiais e morais por erro do anestesista durante cirurgia plástica, a Seção, por maioria, entendeu que, diante do desenvolvimento das especialidades médicas, não se pode atribuir ao cirurgião chefe a responsabilidade por tudo que ocorre na sala de cirurgia, especialmente quando comprovado, como no caso, que as complicações deram-se por erro exclusivo do anestesista, em relação às quais não competia ao cirurgião intervir. Assim, afastou a responsabilidade solidária do cirurgião chefe, porquanto não se lhe pode atribuir tal responsabilidade pela escolha de anestesista de renome e qualificado. Com esse entendimento, a Seção, por maioria, conheceu dos embargos do cirurgião chefe e deu-lhes provimento. Os embargos opostos pela clínica não foram conhecidos. **EREsp 605.435-RJ, Rel. originária Min. Nancy Andrighi, Rel. para acórdão Min. Raul Araújo Filho, julgados em 14/9/2011 (ver Informativo n. 408).** (Inform. STJ 483)

RESPONSABILIDADE CIVIL. HOSPITAL. DANO MATERIAL E MORAL.
In casu, os pais e a filha ajuizaram ação indenizatória por danos materiais e morais em decorrência de falta de prestação de socorro à mãe por ocasião do parto, o que ocasionou gravíssimas sequelas à filha recém-nascida (paralisia cerebral quadriplégica espástica, dificuldades de deglutição, entre outras). Noticiam os autos que, na ocasião do parto, as salas de cirurgia da maternidade estavam ocupadas, razão pela qual a parturiente teve que aguardar a desocupação de uma delas, além do que, na hora do parto, não havia pediatra na sala de cirurgia, tendo o próprio obstetra atendido a criança que nasceu apresentando circular dupla do cordão umbilical, o que lhe causou asfixia. Houve também demora no atendimento e socorro à criança em virtude da ausência do pediatra na sala de parto e da lotação do CTI. A Turma, ao prosseguir o julgamento, conheceu parcialmente do recurso especial interposto pela maternidade para, nessa parte, dar-lhe provimento, apenas para determinar, de acordo com a jurisprudência do STJ, que a incidência da correção monetária seja a partir da fixação do valor da indenização (Súm. n. 362-STJ). Em razão da sucumbência mínima da recorrida, preservou a condenação aos ônus sucumbenciais fixada pelo tribunal *a quo*. Confirmou-se a decisão recorrida quanto à responsabilidade objetiva da sociedade empresária do ramo da saúde, observando-se, ainda, que essa responsabilidade não equivale à imputação de uma obrigação de resultado; apenas lhe impõe o dever de indenizar quando o evento danoso proceder de defeito do serviço, sendo cediça a imprescindibilidade do nexo causal entre a conduta e o resultado. Ademais, nos termos do § 1º e § 4º do art. 14 do CDC, cabe ao hospital fornecedor demonstrar a segurança e a qualidade da prestação de seus serviços, devendo indenizar o paciente consumidor que for lesado em decorrência de falha naquela atividade. Precedentes citados: AgRg no REsp 1.190.831-ES, DJe 29/6/2010; AgRg

no Ag 897.599-SP, DJe 1º/2/2011; REsp 1.127.484-SP, DJe 23/3/2011; EDcl no Ag 1.370.593-RS, DJe 4/5/2011; AgRg no REsp 763.794-RJ, DJe 19/12/2008; REsp 1.148.514-SP, DJe 24/2/2010; REsp 1.044.416-RN, DJe 16/9/2009, e REsp 604.801-RS, DJ 7/3/2005. **REsp 1.145.728-MG, Rel. originário Min. João Otávio de Noronha, Rel. para acórdão Min. Luis Felipe Salomão, julgado em 28/6/2011.** (Inform. STJ 479)

DANOS MORAIS. INFECÇÃO HOSPITALAR. JUROS. MORA. TERMO INICIAL.

In casu, um dos recorrentes ajuizou ação indenizatória por danos materiais, morais, estéticos e psíquicos em desfavor do hospital, também ora recorrente, alegando ter sido vítima, em seus primeiros dias de vida, de infecção hospitalar que lhe causou as graves, permanentes e irreversíveis sequelas de que padece. O juízo de primeiro grau julgou parcialmente procedente o pedido do autor para condenar o hospital réu a pagar a importância de R$ 150 mil. O tribunal *a quo* negou provimento às apelações interpostas por ambos, sobrevindo, então, os dois recursos especiais em comento. Inicialmente, quanto ao REsp do hospital, entre outras considerações, salientou a Min. Relatora que, tendo o tribunal de origem baseado o seu convencimento nas provas dos autos, considerando que o autor não apresentava quadro clínico anterior ou do período gestacional que justificasse a infecção, tendo ela decorrido da internação, fica evidente a intenção do recorrente de reexame do contexto fático e probatório, o que atrai a incidência da Súm. n. 7-STJ. Ademais, em se tratando de infecção hospitalar, há responsabilidade contratual do hospital relativamente à incolumidade do paciente e essa responsabilidade somente pode ser excluída quando a causa da moléstia possa ser atribuída a evento específico e determinado. No que se refere ao REsp do autor, entre outras questões, observou a Min. Relatora que o acórdão recorrido reconheceu a redução da capacidade laboral dele, mas negou a pensão ao argumento de que ele não estava totalmente incapacitado para dedicar-se à atividade laboral. Contudo, conforme a jurisprudência do STJ, não exclui o pensionamento o só fato de se presumir que a vítima de ato ilícito portadora de limitações está capacitada para exercer algum trabalho, pois a experiência mostra que o deficiente mercado de trabalho brasileiro é restrito mesmo quando se trata de pessoa sem qualquer limitação física. Ainda, segundo o entendimento do STJ, com a redução da capacidade laborativa, mesmo que a vítima, no momento da redução, não exerça atividade remunerada por ser menor, tal como no caso, a pensão vitalícia é devida a partir da data em que ela completar 14 anos no valor mensal de um salário mínimo. Por fim, entendeu que, em se tratando de dano moral, os juros moratórios devem fluir, assim como a correção monetária, a partir da data do julgamento em que foi arbitrado em definitivo o valor da indenização. A data da sentença de mérito (setembro de 2004) é, pois, o termo inicial dos juros de mora e, no tocante aos danos materiais, mesmo ilíquidos, devem os juros incidir a partir da citação. Diante dessas razões, entre outras, a Turma conheceu parcialmente do recurso do hospital, mas, na parte conhecida, negou-lhe provimento e conheceu do recurso do autor, provendo-o parcialmente, vencido parcialmente o Min. Luis Felipe Salomão quanto ao termo inicial dos juros de mora, que considera ser a data do ato ilícito. **REsp 903.258-RS, Rel. Min. Maria Isabel Gallotti, julgado em 21/6/2011.** (Inform. STJ 478)

INDENIZAÇÃO. DANOS MATERIAIS E MORAIS. EXAME INVOLUNTÁRIO.

Trata-se, na origem, de ação de reparação por danos materiais e compensação por danos morais contra hospital no qual o autor, recorrente, alegou que preposto do recorrido, de forma negligente, realizou exame não solicitado, qual seja, anti-HIV, com resultado positivo, o que causou enorme dano, tanto material quanto moral, com manifesta violação da sua intimidade. A Turma, ao prosseguir o julgamento, por maioria, entendeu que, sob o prisma individual, o direito de o individuo não saber que é portador de HIV (caso se entenda que este seja um direito seu, decorrente da sua intimidade) sucumbe, é suplantado por um direito maior, qual seja, o direito à vida longeva e saudável. Esse direito somente se revelou possível ao autor da ação com a informação, involuntária é verdade, sobre o seu real estado de saúde. Logo, mesmo que o indivíduo não queira ter conhecimento da enfermidade que o acomete, a informação correta e sigilosa sobre o seu estado de saúde dada pelo hospital ou laboratório, ainda que de forma involuntária, tal como no caso, não tem o condão de afrontar sua intimidade, na medida em que lhe proporciona a proteção de um direito maior. Assim, a Turma, por maioria, negou provimento ao recurso. **REsp 1.195.995-SP, Rel. originária Min. Nancy Andrighi, Rel. para acórdão Min. Massami Uyeda, julgado em 22/3/2011.** (Inform. STJ 467)

RESPONSABILIDADE. HOSPITAL. ERRO MÉDICO.

A Turma afastou a responsabilidade civil objetiva do hospital recorrente por erro médico ao entendimento de que o dano à autora recorrida decorreu exclusivamente da alegada imperícia dos profissionais que realizaram sua cirurgia (também recorrentes), não tendo ocorrido falha na prestação dos serviços de atribuição da clínica. Ressaltou-se que o fato de as entidades hospitalares manterem cadastro dos médicos que utilizam suas dependências para realizar procedimentos cirúrgicos não lhes confere o poder de fiscalizar os serviços por eles prestados, porquanto não se admite ingerência técnica no trabalho dos cirurgiões. Frisou-se, ademais, que os médicos envolvidos não possuíam vínculo com o hospital. Precedente citado: REsp 908.359-SC, DJe 17/12/2008. **REsp 1.019.404-RN, Rel. Min. João Otávio de Noronha, julgado em 22/3/2011.** (Inform. STJ 467)

RESPONSABILIDADE. HOSPITAL. MÉDICO.

Na ação de indenização por erro médico ajuizada contra o hospital, o juízo, após analisar a preliminar de ilegitimidade passiva suscitada, deixou entrever que os médicos que praticaram o ato, litisconsortes meramente facultativos, poderiam também integrar a lide. Assim, determinou a citação deles após o requerimento e a concordância de ambas as partes. Diante disso, a Turma, ao prosseguir o julgamento, entendeu, por maioria, ser nula a decisão e excluiu o médico recorrente da lide, pois o juiz, ao sugerir seu ingresso, agiu como se fosse parte e violou os princípios da demanda (art. 128 do CPC), inércia e imparcialidade. O Min. Relator ressaltou que, apesar de o juiz não ser apenas um espectador da lide, sua atuação não pode sobrepor-se aos deveres impostos às partes na condição de sujeitos processuais, quanto mais se o CPC, quando permite uma participação mais efetiva do juízo, faz isso expressamente (*vide* art. 130 desse código). Já o Min. Paulo de Tarso Sanseverino aduziu que a inclusão de parte não demandada pelo autor caberia nos casos de litisconsórcio necessário (art. 47, parágrafo único, do CPC) ou se efetivamente ilegítima a parte tida por ré, ressalvadas as situações excepcionais. A Min. Nancy Andrighi (vencida) entendia válida a citação porque, ao final, é proveniente da vontade das partes. **REsp 1.133.706-SP, Rel. Min. Massami Uyeda, julgado em 1º/3/2011.** (Inform. STJ 465)

CIRURGIA ESTÉTICA. INDENIZAÇÃO. QUELOIDES.

Trata-se, na origem, de ação de indenização por danos morais e estéticos, ajuizada pela ora recorrente contra o recorrido, na qual alega que foi submetida a uma cirurgia estética (mamoplastia de aumento e lipoaspiração), que resultou em grandes lesões proliferativas – formadas por tecidos de cicatrização – nos locais em que ocorreram os cortes da operação. Ora, o fato de a obrigação ser de resultado, como o caso de cirurgia plástica de cunho exclusivamente embelezador, não torna objetiva a responsabilidade do médico, ao contrário do que alega a recorrente. Permanece subjetiva a responsabilidade do profissional de Medicina, mas se transfere para o médico o ônus de demonstrar que os eventos danosos decorreram de fatores alheios à sua atuação durante a cirurgia. Assim, conforme o acórdão recorrido, o laudo pericial é suficientemente seguro para afirmar a ausência de qualquer negligência do cirurgião. Ele não poderia prever ou evitar as intercorrências registradas no processo de cicatrização da recorrente. Assim, não é possível pretender imputar ao recorrido a responsabilidade pelo surgimento de um evento absolutamente casual, para o qual não contribuiu. A formação do chamado queloide decorreu de característica pessoal da recorrente, e não da má atuação do recorrido. Ademais, ao obter da recorrente, por escrito, o termo de consentimento, no qual explica todo o procedimento, informando-lhe sobre os possíveis riscos e complicações pós-cirúrgicos, o recorrido agiu com honestidade, cautela e segurança. Logo, a Turma negou provimento ao recurso. **REsp 1.180.815-MG, Rel. Min. Nancy Andrighi, julgado em 19/8/2010**. (Inform. STJ 443)

DANOS MORAIS E MATERIAIS. CIRURGIA.

Cuida-se de ação de reparação de danos materiais e morais decorrentes de procedimento cirúrgico para a colocação no cérebro do marido da recorrida de uma válvula de derivação ventrículo-peritonial (DVP). O tratamento cirúrgico foi oferecido como única opção para a melhora do paciente, com diagnóstico de hidrocefalia. No entanto, após a cirurgia, agravou-se a saúde do paciente, com a aceleração de seu estado de portador de Alzheimer. Agora, a cirurgia é tida pela recorrida como desnecessária. O tribunal *a quo* baseou-se, para condenar o cirurgião, apenas no descumprimento profissional do dever do médico de informar ao paciente ou seu familiar os riscos cirúrgicos do procedimento eleito. Para o Min. Relator, no caso dos autos, a condenação de médico tão somente pelo descumprimento do dever de informar, sem existir essa alegação na petição inicial, extrapolou os limites estabelecidos no pedido inicial, configurando a ocorrência de julgamento *extra petita*. De outro lado, também aponta que, apesar da condenação do cirurgião, o próprio acórdão recorrido afirma não haver erro médico nem existir nexo causal entre a realização da cirurgia e o agravamento da saúde do paciente. Assim, ao mesmo tempo em que o Tribunal absolve, condena o recorrente com base em causa de pedir diversa da constante da inicial, ou seja, adota a ausência de informação como causa de pedir. Nesse contexto, a Turma deu provimento, em parte, ao recurso para anular o acórdão recorrido e restabelecer a sentença absolutória de primeiro grau que julgou improcedente o pedido de reparação, ficando prejudicados os demais dispositivos que foram invocados como violados. **REsp 795.348-RS, Rel. Min. João Otávio de Noronha, julgado em 18/5/2010**. (Inform. STJ 435)

RESPONSABILIDADE CIVIL. ERRO MÉDICO.

Em ação indenizatória por dano advindo de cirurgia mal sucedida (suposto erro médico), insurgem-se os recorrentes quanto ao afastamento da legitimidade passiva do hospital para responder solidariamente com o médico, que não tem vínculo com aquele nosocômio. Ressaltou o Min. Relator que o entendimento recorrido está em consonância com a jurisprudência de que, para responsabilizar o hospital, tem de ser provada especificamente sua responsabilidade como estabelecimento empresarial em relação a algum ato vinculado, ou seja, decorrente de falha de serviço prestado. Assim, quando a falha técnica é restrita ao profissional médico, mormente sem vínculo com o hospital, não cabe atribuir ao nosocômio a obrigação de indenizar. Precedentes citados: REsp 908.359-SC, DJe 17/12/2008, e REsp 258.389-SP, DJ 22/8/2005. **REsp 764.001-PR, Rel. Min. Aldir Passarinho Junior, julgado em 4/2/2010**. (Inform. STJ 421)

DANOS MORAIS. HOSPITAL. CULPA.

A Turma decidiu pelo aumento do *quantum* indenizatório de danos morais, cabendo a culpa do hospital psiquiátrico por não zelar pela segurança de seus pacientes, para evitar mortes decorrentes de agressão de internado enfermo por outro paciente. Outrossim, contam-se os juros a partir da data do evento danoso, porquanto, no caso, não se trata de responsabilidade contratual. Precedentes citados: REsp 1.086.366-RJ, DJe 19/3/2009; REsp 880.349-MG, DJ 24/9/2007; REsp 629.212-RJ, DJ 17/9/2007, e REsp 586.714-MG, DJe 14/9/2009. REsp **825.275-SP, Rel. Min. Fernando Gonçalves, julgado em 2/2/2010**. (Inform. STJ 421)

DANO MORAL. CIRURGIA BARIÁTRICA.

Prosseguindo o julgamento, a Turma entendeu ser cabível a condenação do dano moral pela recusa indevida de cobertura médica do plano de saúde da recorrente para efetuar procedimento cirúrgico bariátrico. Precedentes citados: REsp 993.876-DF, DJ 18/12/2007, e REsp 663.196-PR, DJ 21/3/2005. **REsp 1.054.856-RJ, Rel. Min. Nancy Andrighi, julgado em 5/11/2009.** (Inform. STJ 414)

ERRO MÉDICO. RESPONSABILIDADE SOLIDÁRIA.

No recurso especial advindo de ação de indenização por danos materiais e morais por erro do anestesista durante cirurgia plástica, a tese vencedora inaugurada pelo Min. Luis Felipe Salomão estabeleceu que, incontroversa, nos autos, a culpa do anestesista pelo erro médico, o que acarretou danos irreversíveis à paciente (hoje vive em estado vegetativo), essa culpa, durante a realização do ato cirúrgico, estende-se ao cirurgião chefe, que responde solidariamente com quem diretamente lhe está subordinado. Aponta que cabe ao cirurgião chefe a escolha dos profissionais que participam da sua equipe, podendo até se recusar a trabalhar com especialistas que não sejam de sua confiança. Consequentemente, explica que, no caso de equipes médicas formadas para realização de uma determinada intervenção cirúrgica, o cirurgião chefe, que realiza o procedimento principal, responde pelos atos de todos os participantes por ele escolhidos e subordinados a ele, independentemente da especialização, nos termos do art. 1.521, III, do CC/1916 e art. 932, III, do CC/2002 c/c com os arts. 25, § 1º, e 34 do CDC. Também ressalta que, uma vez caracterizada a culpa do médico que atua em determinado serviço disponibilizado por estabelecimento de saúde (art. 14, § 4º, do CDC), responde a clínica de forma objetiva e solidária pelos danos decorrentes do defeito no serviço prestado (art. 14, § 1º, do CDC). Destaca ainda que, em relação à responsabilidade da clínica no caso dos autos, não se aplica precedente da Segunda Seção (REsp 908.359-SC, DJe 17/12/2008) sobre a exclusão da responsabilidade dos hospitais por prestação de serviços defeituosos realizados por profissionais que nele atuam sem vínculo de emprego ou subordinação, apenas utilizando suas instalações para procedimentos cirúrgicos. Na espécie, o contrato de prestação de serviço foi firmado entre a autora, a clínica e o cirurgião, que é sócio majoritário da sociedade jurídica, sendo os danos decorrentes da prestação defeituosa do serviço contratado com a empresa, por isso responde solidariamente a clínica. Com esse entendimento, a Turma, por maioria, conheceu em parte do recurso e, nessa parte, deu-lhe provimento, condenando os recorridos, a clínica e o cirurgião, a pagar danos morais no valor de R$ 100.000,00, acrescidos de juros a partir do evento danoso e correção monetária a partir dessa data e a pagar os danos materiais, que devem ser apurados em liquidação de sentença por arbitramento, além de honorários advocatícios de 10% sobre o valor da condenação. Note-se que o anestesista não foi parte integrante da lide. A tese vencida defendida pelo Min. João Otávio de Noronha, o Relator originário, consiste em que, diante do desenvolvimento das especialidades médicas, não se pode atribuir ao cirurgião chefe a responsabilidade por tudo que ocorre na sala de cirurgia, especialmente quando comprovado, como no caso, que as complicações deram-se por erro exclusivo do anestesista, em relação às quais não competia ao cirurgião intervir, e também afasta a responsabilidade solidária do cirurgião chefe, porquanto não se pode atribuir responsabilidade solidária pela escolha de anestesista de renome e qualificado. Por outro lado, o Min. Aldir Passarinho Junior acompanhou a divergência com ressalvas quanto à tese da responsabilidade do cirurgião chefe em relação ao anestesista, pois depende de cada caso. Precedente citado: REsp 258.389-SP, DJ 22/8/2005. **REsp 605.435-RJ, Rel. originário Min. João Otávio de Noronha, Rel. para acórdão Min. Luis Felipe Salomão, julgado em 22/9/2009.** (Inform. STJ 408)

RESPONSABILIDADE. MÉDICO. TEORIA. PERDA. CHANCE.

A relação entre médico e paciente é contratual em regra. Salvo cirurgias plásticas embelezadoras, caracteriza-se como obrigação de meio, na qual é imprescindível, para a responsabilização do médico, a demonstração de culpa e nexo de causalidade entre a sua conduta e o dano causado, uma vez que se trata de responsabilidade subjetiva. No caso, o Tribunal *a quo* reconheceu a inexistência de culpa e nexo de causalidade entre a conduta do profissional e a morte do paciente, o que constitui fundamento suficiente para excluir de condenação o médico. A chamada teoria da perda da chance, adotada em tema de responsabilidade civil, aplica-se quando o dano seja real, atual e certo, dentro de um juízo de probabilidade, e não mera possibilidade, porquanto o dano potencial ou incerto, no espectro da responsabilidade civil, em regra, não é indenizável. O acórdão recorrido concluiu haver mera possibilidade de o resultado morte ter sido evitado caso o paciente tivesse acompanhamento prévio e contínuo do profissional da saúde no período pós-operatório. Logo, inadmissível a sua responsabilização com base na referida teoria. Diante do exposto, a Turma deu provimento ao recurso, julgando improcedente a ação de indenização por danos morais. **REsp 1.104.665-RS, Rel. Min. Massami Uyeda, julgado em 9/6/2009.** (Inform. STJ 398)

DANO MORAL. RESPONSABILIDADE. MÉDICO. HOSPITAL.

O recorrido, um policial, foi atingido por um tiro ao participar de diligência realizada em Palmas-TO, sendo ali socorrido e, depois, conduzido até Brasília-DF, onde foi encaminhado ao hospital recorrente, para cuidar da lesão mandibular sofrida. Para o paciente, o tratamento foi inadequado, resultando em dano moral do qual se pretende ver ressarcido. Ingressou com ação de indenização, que foi julgada procedente em primeira instância e confirmada pelo Tribunal de origem. O recorrente argumenta que, se reconhecida a culpa do médico no acórdão recorrido, está autorizada a ação regressiva, portanto é indiscutível a necessidade de ser deferida a denunciação à lide, estando confirmada a hipótese prevista no art. 70, III, do CPC. Mas o Min. Relator entende que, em hipóteses dessa natureza, este Superior Tribunal já decidiu pela impossibilidade de se instaurar lide secundária, sob pena de retardamento do processo em detrimento do interesse do autor. A responsabilidade do hospital e a do médico têm fundamentos diversos, o que denota a impropriedade da denunciação à lide nessas circunstâncias, dada a necessária ampliação da controvérsia inicial. No caso, o valor arbitrado a título de danos morais (R$ 15.000,00) não se mostra desarrazoado, também ficou constatada tanto a responsabilidade do hospital quanto a do médico ali autorizado a atender. Diante do exposto, a Turma não conheceu do recurso. Precedentes citados: REsp 445.845-SP, DJ 13/10/2003; REsp 673.258-RS, DJ 4/9/2006, e AgRg no Ag 904.024-RJ, 13/3/2008. **REsp 883.685-DF, Rel. Min. Fernando Gonçalves, julgado em 5/3/2009.** (Inform. STJ 385)

DANO MORAL. CIRURGIA PLÁSTICA. OBRIGAÇÃO. RESULTADO.

Em ação indenizatória por fracasso de procedimento plástico-cirúrgico (abdominoplastia e mamoplastia com resultado de cicatrizes, necrose e deformação), o Tribunal *a quo* reformou a sentença, condenando o médico a pagar todas as despesas despendidas com sucessivos tratamentos médicos e verbas honorárias, devendo o *quantum* ser apurado em sede de liquidação, além do pagamento de indenização por dano moral, em razão da obrigação de resultado. Entendeu aquele Tribunal que o cirurgião plástico responde pelo insucesso da cirurgia diante da ausência de informação de que seria impossível a obtenção do resultado desejado. Isso posto, o Min. Relator destaca que, no REsp, a controvérsia restringe-se exclusivamente em saber se é presumida a culpa do cirurgião pelos resultados inversos aos esperados. Explica que a obrigação assumida pelos médicos normalmente é obrigação de meio, no entanto, em caso da cirurgia plástica meramente estética, é obrigação de resultado, o que encontra respaldo na doutrina, embora alguns doutrinadores defendam que seria obrigação de meio. Mas a jurisprudência deste Superior Tribunal posiciona-se no sentido de que a natureza jurídica da relação estabelecida entre médico e paciente nas cirurgias plásticas meramente estéticas é de obrigação de resultado, e não de meio. Observa que, nas obrigações de meio, incumbe à vítima demonstrar o dano e provar que ocorreu por culpa do médico e, nas obrigações de resultado, basta que a vítima demonstre, como fez a autora nos autos, o dano, ou seja, demonstrou que o médico não obteve o resultado prometido e contratado para que a culpa presuma-se, daí a inversão da prova. A obrigação de resultado não priva ao médico a possibilidade de demonstrar, por meio de provas admissíveis, que o efeito danoso ocorreu, como, por exemplo: força maior, caso fortuito, ou mesmo culpa exclusiva da vítima. Concluiu que, no caso dos autos, o dano está configurado e o recorrente não conseguiu desvencilhar-se da culpa presumida. Diante do exposto, a Turma negou provimento ao recurso do cirurgião. Precedentes citados: REsp 326.014-RJ, DJ 29/10/2001; REsp 81.101-PR, DJ 31/5/1999, e REsp 10.536-RJ, DJ 19/8/1991. **REsp 236.708-MG, Rel. Min. Carlos Fernando Mathias (Juiz convocado do TRF da 1ª Região), julgado em 10/2/2009.** (Inform. STJ 383)

REMESSA. SEGUNDA SEÇÃO. RESPONSABILIDADE. MÉDICO. HOSPITAL.

A Turma decidiu remeter à Segunda Seção matéria referente à responsabilidade objetiva envolvendo hospital e médico. A Quarta Turma trata a questão à luz do art. 951 do CC/2002, e a Terceira Turma aplica o Código de Defesa do Consumidor. **REsp 696.284-RJ, Rel. Min. Carlos Alberto Menezes Direito, julgado em 21/6/2007.** (Inform. STJ 324)

DANOS MORAIS. SÚM. N. 7-STJ. INDENIZAÇÃO.

O Tribunal *a quo* entendeu ser de responsabilidade do hospital o falecimento do genitor dos recorridos e condenou o recorrente a pagar sessenta mil reais a título de danos morais a ser repartido entre os três irmãos, uma vez que outro paciente desferiu golpes letais com uma barra de ferro (suporte de soro), quando ambos encontravam-se internados nas dependências do nosocômio. A Turma não conheceu do recurso, pois, para tanto, haveria necessidade de revolver o conjunto fático probatório (Súm. n. 7-STJ). Ademais a indenização não se mostra exagerada nem irrisória, com o que não comporta reapreciação deste Superior Tribunal. **REsp 646.562-MT, Rel. Min. Hélio Quaglia Barbosa, julgado em 22/5/2007.** (Inform. STJ 321)

4.3. Responsabilidade por conduta de advogado

RESPONSABILIDADE CIVIL. ADVOGADO. EXERCÍCIO DA PROFISSÃO.

A Turma manteve a condenação de advogado ora recorrente ao pagamento de indenização por danos morais ao cliente no valor de R$ 15 mil, em decorrência de sua conduta maliciosa no exercício da profissão. No caso em comento, o recorrente foi contratado para propor ação ordinária contra o Estado do Paraná, pleiteando diferenças salariais e gratificações. Procurado diversas vezes pelo recorrido, ele negou o recebimento de procuração outorgada em seu favor, bem como o ajuizamento de qualquer demanda judicial em seu nome. Tal fato foi, inclusive, apurado em representação instaurada na OAB, que resultou em arquivamento diante da negativa do recorrente. Transcorridos quase vinte anos, após pesquisa realizada pela nova advogada contratada, descobriu-se que a ação havia sido efetivamente proposta pelo recorrente, até mesmo com recursos especiais para os tribunais superiores, tendo sido julgada improcedente. Em preliminar, afastou-se a alegada prescrição. Segundo observou o Min. Relator, na ação de reparação de danos em apreço, fundada no direito comum, e de acordo com as regras de transição do CC/2002 (art. 2.028), há de ser aplicado o novo prazo prescricional de três anos, consoante o disposto no art. 206, § 3º, IV, do referido diploma legal, contado o prazo da data da entrada em vigor do novo Código, e não da data do fato gerador do direito. No mérito, sustentou-se a inaplicabilidade do CDC nas relações contratuais entre clientes e advogados, que, de fato, são regidas pelo EOAB e pelo direito comum. Ao final, considerando o patente padecimento moral do recorrido diante das inverdades perpetradas pelo recorrente e da angústia de não saber o resultado da demanda, ainda que fosse negativa, manteve-se a responsabilização do advogado. REsp 1.228.104-PR, Rel. Min. Sidnei Beneti, julgado em 15/3/2012. (Inform. STJ 493)

CONTRATO. HONORÁRIOS ADVOCATÍCIOS. QUOTAS LITIS. LESÃO.

Trata-se, na origem, de ação declaratória de nulidade de cláusula contratual cumulada com pedido de restituição de valores indevidamente pagos na qual o ora recorrente alega que o percentual fixado no contrato de honorários advocatícios seria abusivo, uma vez que os estipula em 50% do benefício auferido pelo cliente no caso de êxito e que os causídicos não poderiam perceber valores maiores que a constituinte. Assim a Turma, por maioria, entendeu que, quanto à violação do art. 28 do Código de Ética e Disciplina do Advogado, não pode inaugurar a abertura da instância especial; pois, quando alegada ofensa a circulares, resoluções, portarias, súmulas ou dispositivos inseridos em regimentos internos, não há enquadramento no conceito de lei federal, previsto no art. 105, III, **a**, da CF/1988. Entendeu, ainda, lastreada na jurisprudência assente, que não se aplica o CDC à regulação de contratos de serviços advocatícios. Asseverou que ocorre uma lesão, quando há desproporção entre as prestações de um contrato no momento da realização do negócio e uma das partes obtém um aproveitamento indevido em razão da situação de inferioridade da outra parte. Logo o advogado gera uma lesão ao firmar contrato com cláusula *quota litis* (o constituinte se compromete a pagar ao seu patrono uma porcentagem calculada sobre o resultado do litígio, se vencer a demanda), a qual fixa em 50% sua remuneração, valendo-se da situação de desespero da parte. Daí a Turma, ao prosseguir o julgamento, por maioria, conheceu do recurso e deu-lhe provimento, para fixar os honorários advocatícios no patamar de 30% da condenação obtida. Precedente citado: REsp 1.117.137-ES, DJe 30/6/2010. **REsp 1.155.200-DF, Rel. originário Min. Massami Uyeda, Rel. para acórdão Min. Nancy Andrighi, julgado em 22/2/2011.** (Inform. STJ 464)

DANOS MATERIAIS. CONTRATAÇÃO. ADVOGADO. JUSTIÇA DO TRABALHO.

Trata-se de ação de reparação por danos materiais ajuizada pelo recorrido para buscar o ressarcimento dos gastos com a contratação de advogado para o ajuizamento de reclamação na Justiça do Trabalho em virtude da retenção indevida de verbas trabalhistas. Nas instâncias ordinárias, o juiz julgou improcedente o pedido, mas o tribunal *a quo* deu provimento à apelação interposta. Discute-se, no REsp, se é cabível a reparação por danos materiais ao empregado que contrata advogado para o ajuizamento de reclamação trabalhista. Anotou-se que a recorrente suscitou também preliminar de ofensa à coisa julgada. Explica a Min. Relatora que, consoante disposição expressa no art. 843 do CC/2002, a transação interpreta-se restritivamente e que, conforme a jurisprudência pacífica deste Superior Tribunal, a declaração de quitação em instrumentos de transação tem de ser interpretada restritivamente. Esclarece que, no caso, o acordo celebrado entre as partes não estabeleceu disposições sobre o pagamento de honorários advocatícios convencionais, tendo apenas estabelecido os valores devidos a título de verbas trabalhistas e honorários periciais. Assim, o ajuizamento de ação por danos materiais não significa violação do instituto da coisa julgada. Ressalta que o art. 791 da CLT, ao estabelecer que os empregados e os empregadores poderão reclamar pessoalmente perante a Justiça do Trabalho, deixou evidente ser facultativa a presença do advogado nos processos trabalhistas, mas assevera que, sob a ótica do acesso à Justiça, o empregado tem o direito de optar por ser representado em juízo por advogado de sua confiança e que o processo não pode importar prejuízos à parte que se reconhece, ao final, ter razão. Consequentemente, aquele que deixou de pagar verbas trabalhistas tem de restituir ao empregado o que esse despendeu com os honorários advocatícios contratuais. Por fim, aponta a Min. Relatora que os arts. 389, 395 e 404 do CC/2002 determinam, de forma expressa, que os honorários advocatícios integram os valores devidos a título de reparação por perdas e danos e, nos termos do art. 8º, parágrafo único, da CLT, os dispositivos do CC/2002 podem ser aplicados subsidiariamente aos contratos trabalhistas. Diante do exposto, a Turma negou provimento ao recurso. **REsp 1.027.797-MG, Rel. Min. Nancy Andrighi, julgado em 17/2/2011 (ver Informativo n. 391).** (Inform. STJ 463)

RESPONSABILIDADE CIVIL. ADVOGADO. PERDA. CHANCE.

A teoria de perda de uma chance (*perte d'une chance*) dá suporte à responsabilização do agente causador, não de dano emergente ou lucros cessantes, mas sim de algo que intermedeia um e outro: a perda da possibilidade de buscar posição jurídica mais vantajosa que muito provavelmente alcançaria se não fosse o ato ilícito praticado. Dessa forma, se razoável, séria e real, mas não fluida ou hipotética, a perda da chance é tida por lesão às justas expectativas do indivíduo, então frustradas. Nos casos em que se reputa essa responsabilização pela perda de uma chance a profissionais de advocacia em razão de condutas tidas por negligentes, diante da incerteza da vantagem não experimentada, a análise do juízo deve debruçar-se sobre a real possibilidade de êxito do processo eventualmente perdida por desídia do causídico. Assim, não é só porque perdeu o prazo de contestação ou interposição de recurso que o advogado deve ser automaticamente responsabilizado pela perda da chance, pois há que ponderar a probabilidade, que se supõe real, de que teria êxito em sagrar seu cliente vitorioso. Na hipótese, de perda do prazo para contestação, a pretensão foi de indenização de supostos danos materiais individualizados e bem definidos na inicial. Por isso, possui causa de pedir diversa daquela acolhida pelo tribunal *a quo*, que, com base na teoria da perda de uma chance, reconheceu presentes danos morais e fixou o *quantum* indenizatório segundo seu livre arbítrio. Daí, é forçoso reconhecer presente o julgamento *extra petita*, o que leva à anulação do acórdão que julgou a apelação. Precedentes citados: REsp 1.079.185-MG, DJe 4/8/2009, e REsp 788.459-BA, DJ 13/3/2006. **REsp 1.190.180-RS, Rel. Min. Luis Felipe Salomão, julgado em 16/11/2010**. (Inform. STJ 456)

DANOS MORAIS. ADVOGADO.

O banco foi condenado a pagar indenização por danos morais, porque seu advogado, ao contestar ação declaratória, utilizou expressão injuriosa (adágio popular), ofendendo a honra do autor (recorrido). Para o Min. Relator, invocando recente precedente, o banco é parte ilegítima para figurar na ação em que se discute a responsabilidade de seu advogado por ofensas irrogadas em juízo, não se alterando o quadro em face da existência de relação de emprego entre a parte e o causídico. Isso porque o mandato ao advogado transfere poderes para representar o banco em juízo e defendê-lo, mas não lhe outorga poderes para agir de má-fé, abusar ou ofender a honra e a dignidade de quem quer que seja. Assim, o advogado responde pelos danos que causar no exercício profissional. Com esse entendimento, a Turma, com ressalva do ponto de vista do Min. Luis Felipe Salomão, deu provimento ao recurso do banco. Precedentes citados: REsp 983.430-ES, DJe 8/3/2010; REsp 357.418-RJ, DJ 10/3/2003, e REsp 1.022.103-RN, DJe 16/5/2008. **REsp 1.048.970-MA, Rel. Min. Fernando Gonçalves, julgado em 15/4/2010.** (Inform. STJ 430)

INJÚRIA. DANOS MORAIS. JUÍZ. IMUNIDADE. ADVOGADO. CLIENTE.

A Turma entendeu tipificado o crime de injúria, pois constatado que as expressões ofensivas utilizadas pelo causídico ultrapassaram os limites do tratamento admissível no meio forense, não se tratando apenas de mera deselegância e faltosa urbanidade para com o magistrado. Outrossim, cabíveis os danos morais com o aumento do *quantum* devido, mormente por ser incabível invocar a imunidade conferida no exercício da advocacia, já que o art. 7º, § 2º, do Estatuto da Advocacia, que dá concretude ao art. 133 da CF/1988, não é absoluto a ponto de isentar o advogado pelos excessos de linguagem, enquanto vocifera impropérios em afronta à honra de qualquer pessoa, desbordando da conduta por sua posição na condução do processo. Ademais, é de se afastar a responsabilidade solidária do cliente-contratante, que, somente em casos excepcionais, responderia pela conduta do advogado contratado, caso demonstrada sua culpa *in eligendo*. Precedentes citados: REsp 151.840-MG, DJ 23/8/1999; REsp 163.221-ES, DJ 8/5/2000; REsp 357.418-RJ, DJ 10/3/2003, e REsp 579.157-MT, DJ 11/2/2008. **REsp 932.334-RS, Rel. Min. Nancy Andrighi, julgado em 18/11/2008**. (Inform. STJ 377)

DANOS MORAIS. ADVOGADO. IMUNIDADE.

Trata-se de ação ordinária de reparação por danos morais em que o autor (advogado) ora recorrente alega, entre outras coisas, ter o recorrido (também advogado) lhe imputado conduta definida como crime de constrangimento ilegal, além de outros fatos que lhe ofenderam a reputação. Em apelação, manteve-se a sentença desfavorável ao recorrente ao argumento de que o recorrido apenas levou ao conhecimento do julgador a versão apresentada pela cliente. No REsp, o recorrente sustenta que, embora a imunidade profissional assegure ao advogado liberdade no exercício da profissão, ela não é absoluta e não protege os excessos perpetrados pelo advogado em suas manifestações, especialmente quando ele ataca os demais partícipes da relação processual. Nesse contexto, a Turma conheceu do REsp e lhe deu provimento, reiterando o entendimento de que a inviolabilidade do advogado não é absoluta, estando adstrita aos limites da legalidade e da razoabilidade. Logo, excessos cometidos pelo profissional em face das demais pessoas envolvidas no processo não são cobertos pela imunidade profissional prevista no Estatuto da Ordem, podendo o advogado ser responsabilizado pelos danos que provocar no exercício de sua atividade. No caso, tampouco socorre o ora recorrido a alegação central da sentença e do acórdão de que houve reprodução, pelo advogado, de declaração pública da cliente. Deveras, se assim fosse, bastaria que se repetisse o que um incapaz pronunciasse, para se escoimar qualquer pecha de ofensa. A responsabilidade daquele que escreve um documento e o torna público em um processo, assacando contra a honra de outrem, é de quem o subscreve, pouco importando se reproduz, ou não, as ofensas prolatadas pela sua cliente (art. 32, *caput*, da Lei n. 8.906/1994). Assim, verificou-se abuso de direito cometido pelo recorrido na defesa de sua cliente que, a pretexto de demonstrar o direito da parte, excedeu-se em suas atribuições, imputando ao recorrente atos apontados como ilícitos, tecendo comentários ofensivos a sua pessoa. Passível, portanto, de reparação por danos morais, aos quais se deu o valor de R$ 10.000,00. Precedentes citados: REsp 163.221-ES, DJ 5/8/2002; REsp 1.022.103-RN, DJ 16/5/2008, e AgRg no Ag 657.289-BA, DJ 5/2/2007. **REsp 988.380-MG, Rel. Min. Luís Felipe Salomão, julgado em 20/11/2008**. (Inform. STJ 377)

RESPONSABILIDADE. ADVOGADO. TEORIA. PERDA. CHANCE.

A recorrente afirma que o advogado foi negligente na condução de sua causa, vindo ela a perder seu imóvel, por não defender adequadamente seu direito de retenção por benfeitorias e também ter deixado transcorrer *in albis* o prazo para a interposição de recurso de apelação. Para a Min. Relatora, não há omissão ou contradição no acórdão impugnado. O Tribunal *a quo* pronunciou-se de maneira a discutir todos os aspectos fundamentais do julgado, dentro dos limites que lhe são impostos por lei, alcançando solução que foi tida como mais justa e apropriada para a hipótese. A questão insere-se no contexto da responsabilidade profissional do advogado. O vínculo entre advogado e cliente tem nítida natureza contratual. Em razão do vínculo obrigacional, a responsabilidade do advogado é contratual. Todavia sua obrigação não é de resultado, mas de meio. O advogado obriga-se a conduzir a causa com toda diligência, não se lhe impondo o dever de entregar um resultado certo. Ainda que o advogado atue diligentemente, o sucesso no processo judicial depende de outros fatores não sujeitos a seu controle. Daí a dificuldade de estabelecer, para a hipótese, um nexo causal entre a negligência e o dano. Para a solução do impasse, a jurisprudência, sobretudo do direito comparado, e a doutrina passaram a cogitar da teoria da perda da chance. Essa teoria procura dar vazão ao intrincado problema das probabilidades com as quais se depara no dia-a-dia, trazendo para o campo do ilícito aquelas condutas que minam, de forma dolosa ou culposa, as chances, sérias e reais, de sucesso às quais a vítima fazia jus. Há possibilidades e probabilidades diversas e tal fato exige que a teoria seja vista com o devido cuidado. A adoção da teoria da perda da chance exige que o Poder Judiciário bem saiba diferenciar o "improvável" do "quase certo", a "probabilidade de perda" da "chance do lucro", para atribuir a tais fatos as conseqüências adequadas. Assim, o Tribunal de origem concluiu pela ausência de culpa do advogado e, nesse ponto, não há como extrair daí a responsabilidade nos termos tradicionais e, tampouco, nos termos da teoria da perda da chance. Anotou-se que, em determinados casos, a perda da chance, além de determinar o dano material, poderá ser considerada um agregador do dano moral, o que não se pode admitir é considerar o dano da perda de chance como sendo um dano exclusivamente moral. Diante do exposto, a Turma não conheceu do recurso. Precedentes citados: REsp 965.758-RS, DJ 3/9/2008, e REsp 788.459-BA, DJ 13/3/2006. **REsp 1.079.185-MG, Rel. Min. Nancy Andrighi, julgado em 11/11/2008.** (Inform. STJ 376)

DANOS MORAIS. ADVOGADO. OFENSA. MAGISTRADO.

Trata-se de indenização para compensar os danos morais causados por advogado em ofensas pessoais e profissionais que atingiram a honra de magistrado em recurso inominado no curso de processo referente à propaganda eleitoral irregular. Note-se que as instâncias ordinárias reconheceram o caráter injurioso e permanente em toda peça recursal. Ambas as partes interpuseram REsp. Ressaltou-se que a imunidade profissional do advogado, embora garantida no Estatuto da Advocacia (art. 7º, § 2º) e na CF/1988 (art. 133), não se reveste de valor absoluto, conforme manifestou o STF em diversas ocasiões. Logo, não há amparo para os excessos cometidos pelo advogado em afronta à honra de quaisquer pessoas envolvidas no processo: magistrado, parte, MP, advogado da parte contrária e serventuários. Quanto à existência de responsabilidade do cliente pelos atos do seu advogado, não se configura. O cliente apenas atua no exercício regular de direito quando contrata o profissional, não podendo ser responsabilizado por imperícia deste, salvo se há prova expressa da culpa *in elegendo*, o que não ocorreu no caso. Além disso, a lesão causada ao terceiro decorre, em regra, de ação do advogado que toma decisões profissionais independentes (EOAB, art. 31, § 1º). Por fim, destacou-se que os danos morais não podem ser fixados de forma ínfima, elevando-se o valor da condenação. Precedentes citados do STF: RHC 81.750-SP, DJ 10/8/2007; ACO 100-RS, DJ 15/10/1964; do STJ: REsp 163.221-ES, DJ 5/8/2002. **REsp 932.334-RS, Rel. Min. Nancy Andrighi, julgado em 25/3/2008**. (Inform. STJ 349)

4.4. Responsabilidade do condomínio

DANO MORAL. DIREITO DE VIZINHANÇA. INFILTRAÇÃO.

É devido o pagamento de indenização por dano moral pelo responsável por apartamento de que se origina infiltração não reparada por longo tempo por desídia, a qual provocou constante e intenso sofrimento psicológico ao vizinho, configurando mais do que mero transtorno ou aborrecimento. Salientou-se que a casa é, em princípio, lugar de sossego e descanso, não podendo, portanto, considerar de somenos importância os constrangimentos e aborrecimentos experimentados pela recorrente em razão do prolongado distúrbio da tranquilidade nesse ambiente – ainda mais quando foi claramente provocado por conduta culposa da recorrida e perpetuado por sua inércia e negligência em adotar providência simples, como a substituição do rejunte do piso de seu apartamento. De modo que tal situação não caracterizou um mero aborrecimento ou dissabor comum das relações cotidianas, mas, sim, situação excepcional de ofensa à dignidade, passível de reparação por dano moral. Com essas e outras considerações, a Turma deu provimento ao recurso, determinando o retorno dos autos à origem a fim de que, incluída indenização por danos morais, prossiga o julgamento da apelação da recorrente. Precedentes citados: REsp 157.580-AM, DJ 21/2/2000, e REsp 168.073-RJ, DJ 25/10/1999. REsp 1.313.641-RJ, Rel. Min. Sidnei Beneti, julgado em 26/6/2012.(Inform. STJ 500)

RESPONSABILIDADE. INCORPORAÇÃO IMOBILIÁRIA. CONSTRUÇÃO.
O incorporador, como impulsionador do empreendimento imobiliário em condomínio, atrai para si a responsabilidade pelos danos que possam advir da inexecução ou da má execução do contrato de incorporação, abarcando-se os danos resultantes de construção defeituosa (art. 31, §§ 2º e 3º, da Lei n. 4.591/1964). Ainda que o incorporador não seja o executor direto da construção do empreendimento imobiliário, mas contrate construtor, permanece responsável juntamente com ele pela solidez e segurança da edificação (art. 618 do CC). In casu, trata-se de obrigação de garantia assumida solidariamente com o construtor. Por conseguinte, o incorporador é o principal garantidor do empreendimento no seu todo, solidariamente responsável com outros envolvidos nas diversas etapas da incorporação. Essa solidariedade decorre da natureza da relação jurídica estabelecida entre o incorporador e o adquirente de unidades autônomas e também de previsão legal, não podendo ser presumida (art. 942, caput, do CC; art. 25, § 1º, do CDC e arts. 31 e 43 da Lei n. 4.591/1964). Conclui-se, assim, que o incorporador e o construtor são solidariamente responsáveis por eventuais vícios e defeitos de construção surgidos no empreendimento imobiliário, sendo que o incorporador responde mesmo que não tenha assumido diretamente a execução da obra. REsp 884.367-DF, Rel. Min. Raul Araújo, julgado em 6/3/2012. (Inform. STJ 492)

CONDOMÍNIO. LEGITIMIDADE. DANO MORAL.
Em regra, a legitimidade da parte é auferida por sua vinculação com o direito material em questão, mas há exceções no CPC decorrentes de situações exclusivamente processuais (legitimidade extraordinária). Não se olvida que os arts. 1.348, II, do CC/2002 e 22, § 1º, **a**, da Lei n. 4.591/1964 conferem legitimidade extraordinária ao condomínio (massa patrimonial desprovida de personalidade jurídica de direito material) para que busque, em juízo ou fora dele, a defesa dos interesses comuns, como a reparação de dano material oriundo de área comum ou a cobrança de encargos não pagos por certo condômino. Anote-se haver precedentes do STJ que preveem até a legitimidade do condomínio para pleitear danos materiais decorrentes de defeitos que atinjam tanto a área comum quanto as áreas individuais, por guardarem relações vinculadas entre si, revelando homogeneidade. Contudo, ressalte-se que a doutrina majoritária e o art. 6º do CPC exigem autorização expressa em lei para o reconhecimento de legitimidade extraordinária e nem esse diploma ou mesmo a Lei n. 4.591/1964 trazem previsão que legitime o condomínio a atuar, mediante a figura do síndico, como parte em demanda que postule compensação por danos extrapatrimoniais sofridos pelos condôminos, tal como se busca na hipótese, de abalo psicológico resultante de prolongados defeitos de construção em edifício. Isso vem reafirmar a própria natureza personalíssima do dano extrapatrimonial, que diz respeito mesmo ao foro íntimo do ofendido. Por último, vê-se que os danos morais sofridos por cada condômino podem possuir dimensões diferentes, o que não justificaria o tratamento isonômico, mostrando-se irrelevante o fato de a assembleia ter conferido autorização para o ajuizamento da ação. Ao final, esses foram os fundamentos acolhidos, por maioria, pela Turma. Precedentes citados: REsp 10.417-SP, DJ 24/2/1992; REsp 66.565-MG, DJ 24/11/1997; REsp 198.511-RJ, DJ 11/12/2000, e AgRg no REsp 783.360-SP, DJe 12/11/2009. **REsp 1.177.862-RJ, Rel. Min. Nancy Andrighi, julgado em 3/5/2011.** (Inform. STJ 471)

CONDOMÍNIO. RESPONASABILIDADE. DANO MORAL.
Trata-se de saber se o condomínio responde por alegados danos morais sofridos por condômino e decorrentes de lesão corporal provocada por outro condômino, em suas áreas comuns. A Turma entendeu que não há responsabilidade do condomínio nas circunstâncias acima mencionadas, salvo se o dever jurídico de agir e impedir a ocorrência do resultado estiver previsto na respectiva convenção condominial. **REsp 1.036.917-RJ, Rel. Min. Nancy Andrighi, julgado em 24/11/2009.** (Inform. STJ 417)

RESPONSABILIDADE. CONDOMÍNIO. REEXAME. AR.
A Turma não conheceu do recurso, mantendo a decisão *a quo* que afastou a responsabilidade do condomínio pela morte de condômino assassinado por vigia após desentendimentos entre os dois no prédio onde residia. O vigia, autor do homicídio, era empregado de sociedade empresarial contratada pelo condomínio para prestação de serviço. No caso dos autos, os herdeiros ajuizaram ação rescisória com o intuito de desconstituir o acórdão do TJ proferido em rescisória que julgou procedente os embargos infringentes afastando a responsabilidade do condomínio e mantendo a condenação em relação aos outros réus. Destacou o Min. Relator que a celeuma acerca da extensão cognitiva de recurso especial interposto em razão de acórdão proferido em ação rescisória com suporte jurídico na ofensa literal da lei (art. 485, V, do CPC) não é nova e, fora algumas oscilações, a orientação da jurisprudência é no sentido de ser inviável a reapreciação em REsp dos fundamentos que lastrearam o acórdão rescindendo. Ademais, não são todos os fatos ocorridos no interior do condomínio que o tornam responsável civilmente, há necessidade de averiguar a extensão dessa responsabilidade. No caso, o TJ, ao apreciar as provas, anuncia a existência de contrato entre o condomínio e a sociedade empresarial preponente em que ela se responsabiliza por todos os danos causados por seus funcionários. Precedentes citados: REsp 39.424-SP, DJ 22/8/1994; EREsp 28.565-RJ, DJ 8/3/1999; REsp 247.356-SP, DJe 24/11/2008, e AgRg no Ag 725.579-DF, DJ 25/2/2008. **REsp 579.121-DF, Rel. Min. Luis Felipe Salomão, julgado em 17/3/2009.** (Inform. STJ 387)

RESPONSABILIDADE CIVIL. CONDOMÍNIO. PISCINA.
Trata-se de REsp em que as recorrentes, mãe e filha, sucessivamente, objetivam indenização por parte dos recorridos (um condomínio, a seguradora dele e a fabricante de um equipamento utilizado na piscina do condomínio), em decorrência do acidente que vitimou a filha (segunda recorrente), à época com 10 anos de idade. Na ocasião, a infante sofreu afogamento na piscina localizada nas dependências do condomínio réu, devido ao fato de seus cabelos terem sido sugados pelo ralo de marca da fabricante instalado no fundo da piscina, o que lhe ocasionou sequelas graves, impondo-lhe condição de vida vegetativa permanente. Diante disso, a Turma, por maioria, entendeu que, no tocante à culpa do condomínio, ela ocorreu na medida em que substituiu o equipamento de recirculação e tratamento de água da piscina coletiva por outro de potência muito superior ao adequado à sua dimensão, bem como em razão do fato de permitir o funcionamento do mencionado sistema quando havia pessoas na piscina. Entendeu, também, que, nesse caso, em que, sob qualquer aspecto, presume-se como gravíssima a situação de aflição psicológica e de angústia no espírito da mãe, que teve sua filha menor vitimada no acidente, a demora no pagamento do seguro deu-se em momento de extrema fragilidade, frente à necessidade de pagamento do tratamento em curso, sendo devida, assim, à mãe indenização por danos morais. Entendeu, ainda, não ser razoável concluir que a ausência da mãe da criança no local tenha colaborado, de qualquer forma, para o resultado do incidente, a despeito do dever de vigilância que lhe é imposto pelo ECA. O malsinado incidente ocorreu não por descuido dos familiares da menina, mas pelos fatos acima descritos. A presença da genitora no local só adicionaria ao evento mais uma testemunha ao acidente que imputou à menor as gravíssimas sequelas que a acometeram, não havendo, assim, que se falar em culpa concorrente da mãe. Contudo, afastou a responsabilidade da fabricante, visto que restou consignado pelas instâncias ordinárias que os seus manuais traziam informações suficientes à demonstração do perigo pela utilização inadequada do produto, sendo expressos, ainda, ao alertar sobre a necessidade de que pessoas de cabelos longos os prendessem à altura da nuca ou fizessem uso de toucas para natação. Com esses fundamentos, entre outros, deu-se parcial provimento ao recurso, vencido em parte o Min. Luis Felipe Salomão, que responsabilizava também a fabricante. **REsp 1.081.432-SP, Rel. Min. Carlos Fernando Mathias (Juiz convocado do TRF da 1ª Região), julgado em 3/3/2009.** (Inform. STJ 385)

DANO MORAL. REDUÇÃO. INDENIZAÇÃO.
Trata-se de ação de indenização por danos materiais e morais, em que o autor objetiva ressarcimento em razão do impedimento de sua entrada no edifício sede da ré por duas vezes. O Tribunal de origem apenas confirmou a ocorrência do dano moral e o valor estipulado na sentença, equivalente a 250 salários-mínimos. O Min. Relator enfatizou que não cabe a este Superior Tribunal perquirir os motivos pelos quais as instâncias ordinárias, soberanas no exame da prova, emprestaram maior confiabilidade aos depoimentos, desprestigiando quaisquer outras provas, porquanto vedada

pela Súm. n. 7-STJ. O Tribunal local identificou a ocorrência de ato danoso suficiente para ocasionar a dor moral que diz o autor ter sofrido, elemento fático que desqualifica inclusive os julgados com os quais pretendia comprovar a divergência, nenhum deles retratando situação semelhante. Entendeu o Min. Relator que somente a particularidade de existir ordem expressa de vedação ao acesso em edifício privado, no qual o autor mantinha movimentação bancária, o que, por muito pouco, ultrapassa o contratempo e diferencia a hipótese dos autos das situações em que somente com algum esforço se pode discernir a ocorrência da lesão, pouco se distinguindo do mero dissabor ou aborrecimento, nenhum motivo haveria para se admitir o dano moral, porém, abrigada pela conclusão da Súm. n. 7-STJ. Assim, as instâncias ordinárias estabeleceram o valor do ressarcimento com evidente excesso. Isso posto, o Min. Relator considerou que a reparação econômica em vista da leve afronta à honra do recorrido, que ficará plenamente compensada com indenização de R$ 15.000,00 (quinze mil reais). Ante o exposto, a Turma conheceu em parte do recurso especial e lhe deu parcial provimento, para reduzir a indenização ao montante acima, corrigido a partir da presente data. **REsp 628.490-PA, Rel. Min. Aldir Passarinho Junior, julgado em 7/8/2007.** (Inform. STJ 326)

4.5. Responsabilidade de instituições financeiras

DANO MORAL. ESPERA EM FILA DE BANCO.
O dano moral decorrente da demora no atendimento ao cliente não surge apenas da violação de legislação que estipula tempo máximo de espera, mas depende da verificação dos fatos que causaram sofrimento além do normal ao consumidor. Isso porque a legislação que determina o tempo máximo de espera tem cunho administrativo e trata da responsabilidade da instituição financeira perante a Administração Pública, a qual poderá aplicar sanções às instituições que descumprirem a norma. Assim, a extrapolação do tempo de espera deverá ser considerada como um dos elementos analisados no momento da verificação da ocorrência do dano moral. No caso, além da demora desarrazoada no atendimento, a cliente encontrava-se com a saúde debilitada e permaneceu o tempo todo em pé, caracterizando indiferença do banco quanto à situação. Para a Turma, o somatório dessas circunstâncias caracterizou o dano moral. Por fim, o colegiado entendeu razoável o valor da indenização em R$ 3 mil, ante o caráter pedagógico da condenação. Precedentes citados: AgRg no Ag 1.331.848-SP, DJe 13/9/2011; REsp 1.234.549-SP, DJe 10/2/2012, e REsp 598.183-DF, DJe 27/11/2006. REsp 1.218.497-MT, Rel. Min. Sidnei Beneti, julgado em 11/9/2012.(Inform. STJ 504)

INDENIZAÇÃO. INSCRIÇÃO INDEVIDA. CADASTRO DESABONADOR. NOVAÇÃO.
Trata-se de REsp em que a controvérsia diz respeito ao prazo prescricional para o ajuizamento de ação de indenização por inscrição desabonadora em cadastro de crédito realizada por banco, sobretudo quando decorre de relação contratual. Inicialmente, ressaltou o Min. Relator, o defeito do serviço que resultou na negativação indevida do nome do cliente da instituição bancária ora recorrente não se confunde com o fato do serviço, que pressupõe um risco à segurança do consumidor, cujo prazo prescricional é definido no art. 27 do CDC. Assim, consignou que, no caso, o vínculo é contratual, tendo as partes, antes da inscrição indevida, pactuado novação, extinguindo a obrigação, justamente a de que dá conta o cadastramento desabonador. Registrou que a ilicitude do ato decorre do fato de ter sido celebrada novação, pois a instituição financeira recorrente não observou os deveres anexos à pactuação firmada e procedeu à negativação por débito que fora extinto pelo último contrato firmado pelas partes. Destarte, entendeu que, tendo em vista tratar-se de dano oriundo de inobservância de dever contratual, não é aplicável o prazo de prescrição previsto no art. 206, § 3º, V, do CC, mas sim o prazo de dez anos constante do art. 205 do mencionado diploma legal, visto que a hipótese não se amolda a nenhum dos prazos específicos indicados na lei substantiva civil. Diante desses fundamentos, entre outros, a Turma negou provimento ao recurso. **REsp 1.276.311-RS, Rel. Min. Luis Felipe Salomão, julgado em 20/9/2011.** (Inform. STJ 483)

REPETITIVO. FRAUDE. TERCEIROS. ABERTURA. CONTA-CORRENTE.
Trata-se, na origem, de ação declaratória de inexistência de dívida cumulada com pedido de indenização por danos morais ajuizada contra instituição financeira na qual o recorrente alega nunca ter tido relação jurídica com ela, mas que, apesar disso, teve seu nome negativado em cadastro de proteção ao crédito em razão de dívida que jamais contraiu, situação que lhe causou sérios transtornos e manifesto abalo psicológico. Na espécie, o tribunal *a quo* afastou a responsabilidade da instituição financeira pela abertura de conta-corrente em nome do recorrente ao fundamento de que um terceiro a efetuou mediante a utilização de documentos originais. Assim, a Seção, ao julgar o recurso sob o regime do art. 543-C do CPC c/c a Res. n. 8/2008-STJ, entendeu que as instituições bancárias respondem objetivamente pelos danos causados por fraudes ou delitos praticados por terceiros por exemplo, a abertura de conta-corrente ou o recebimento de empréstimos mediante fraude ou utilização de documentos falsos, uma vez que tal responsabilidade decorre do risco do empreendimento. Daí, a Seção deu provimento ao recurso e fixou a indenização por danos morais em R$ 15 mil com correção monetária a partir do julgamento desse recurso (Súm. n. 362-STJ) e juros de mora a contar da data do evento danoso (Súm. n. 54-STJ), bem como declarou inexistente a dívida e determinou a imediata exclusão do nome do recorrente dos cadastros de proteção ao crédito, sob pena de multa de R$ 100,00 por dia de descumprimento. **REsp 1.197.929-PR, Rel. Min. Luis Felipe Salomão, julgado em 24/8/2011.** (Inform. STJ 481)

REPETITIVO. FRAUDE. TERCEIROS. ABERTURA. CONTA-CORRENTE.
A Seção, ao julgar o recurso sob o regime do art. 543-C do CPC c/c a Res. n. 8/2008-STJ, tal como decidido no julgamento do REsp 1.197.929-PR, entendeu que as instituições bancárias respondem objetivamente pelos danos causados por fraudes ou delitos praticados por terceiros, por exemplo, abertura de conta-corrente ou recebimento de empréstimo mediante fraude ou utilização de documentos falsos, uma vez que tal responsabilidade decorre do risco do empreendimento. No caso, o tribunal *a quo* afastou a responsabilidade do banco pela abertura de conta-corrente em nome da recorrente ao fundamento de se tratar de fraude de difícil percepção (foi utilizada cópia original de certidão de nascimento para a confecção da carteira de identidade e, de posse dela, o falsário promoveu a abertura da conta-corrente). Daí, a Seção deu provimento ao recurso e arbitrou a indenização por danos morais no valor de R$ 15 mil com correção monetária a partir da data do julgamento desse recurso (Súm. n. 362-STJ) e juros de mora desde a data do evento danoso (Súm. n. 54-STJ). **REsp 1.199.782-PR, Rel. Min. Luis Felipe Salomão, julgado em 24/8/2011.** (Inform. STJ 481)

LEGITIMIDADE. TERCEIRO. ROUBO. COFRE. BANCO.
A recorrente faz parte da sociedade empresária que celebrou com o banco recorrido a locação do cofre. Sucede que, em razão de assalto perpetrado nas instalações do recorrido, o conteúdo do cofre locado, joias destinadas ao comércio, todas de propriedade da recorrente, foi totalmente roubado. Vem daí a ação ajuizada pela recorrente de indenização de danos materiais e lucros cessantes e a consequente discussão acerca de sua legitimidade ativa *ad causam*. Conforme a jurisprudência do STJ, o banco tem responsabilidade objetiva decorrente do risco empresarial nos casos de assalto a seus cofres, devendo indenizar o valor dos bens reclamados desde que comprovado o depósito. Contudo, em razão da natureza do contrato de locação de cofres bancários, não é necessário que o locatário indique quais bens estão depositados, seu valor ou sua propriedade, tendo total liberdade para guardar, inclusive, bens de terceiros. Dessa forma, permanece hígido o dever de indenizar do banco mesmo que os bens roubados sejam de propriedade de terceiros, pois se trata de responsabilidade objetiva diante de todas as vítimas do fato do serviço, sejam elas consumidores *strictu sensu* ou a eles equiparados. Assim, a recorrente é parte legítima para propor a ação de indenização que se refere a seus próprios bens. Todavia, se a ação de indenização estivesse fundada no ilícito contratual, no vício na prestação do serviço que tivesse ocasionado danos à sociedade empresarial locadora, estaria afastada a legitimidade da recorrente, pois ela não se confunde com a pessoa jurídica da qual faz parte. Precedentes citados: REsp 767.923-DF, DJ 6/8/2007; REsp 151.060-RS, DJ 12/6/2000, e REsp 1.093.617-PE, DJe 23/3/2009. **REsp 1.045.897-DF, Rel. Min. Nancy Andrighi, julgado em 24/5/2011.** (Inform. STJ 474)

DANOS MORAIS. BANCO. ASSALTO. COFRE. ALUGUEL.
Em ação de indenização por danos morais ajuizada na origem contra banco, o ora recorrido alega que, após assalto àquela instituição financeira, levaram R$ 450 mil de cofre alugado. No REsp, o banco recorrente, entre outros argumentos, invoca todas as excludentes de responsabilidade (caso fortuito, força maior e fato de terceiro) e afirma a ilegitimidade do recorrido para o ajuizamento da ação, visto que os valores depositados no cofre não pertenciam ao recorrido, mas à sociedade empresária da qual ele é sócio majoritário. Observa o Min. Relator que, nos autos, está assentado que o contrato de locação foi celebrado entre o recorrido e a instituição financeira. Explica que a indenização lastreia-se na falha da prestação do serviço contratado; assim, só pode ser exigida por quem ajustou o aluguel do cofre, no caso, o recorrido. Ressalta o Min. Relator que a jurisprudência deste Superior Tribunal entende ser responsabilidade do banco a subtração fraudulenta dos conteúdos dos cofres mantidos sob sua guarda. Logo,

como se trata de responsabilidade apoiada no descumprimento do serviço oferecido, ou seja, no risco profissional, o banco responde pelos danos causados aos clientes. Ainda, assevera que, diferentemente do alegado pelo banco, não houve inversão do ônus da prova pelo TJ, mas o acórdão recorrido apenas consignou que o autor recorrido demonstrou os fatos alegados na inicial e o banco não impugnou as provas apresentadas. Com esses argumentos, entre outros, a Turma negou provimento ao recurso do banco, confirmando a decisão recorrida que o condenou ao pagamento de R$ 450 mil a título de dano material e R$ 100 mil de reparação moral. Precedentes citados: REsp 1.093.617-PE, DJe 23/3/2009, e REsp 974.994-SP, DJe 3/11/2008. **REsp 994.040-PE, Rel. Min. Raul Araújo, julgado em 7/4/2011.** (Inform. STJ 468)

PROTESTO IRREGULAR. CHEQUE ROUBADO. RESPONSABILIDADE SOLIDÁRIA.

Trata-se, na origem, de ação ordinária de reparação de danos na qual a recorrente alega que, após ter seu cheque roubado, registrou boletim de ocorrência dando conta do episódio e fez publicar o fato em jornal de grande circulação. Daí, o cartório de protesto de letras e outros títulos e a empresa comercial que recebeu o cheque como forma de pagamento tomaram conhecimento de que o cheque fora roubado. Assim, o protesto do título e a inscrição do nome da recorrente no Serasa não foram legítimos, causando-lhe transtorno e desassossego. Logo, por se tratar de ato ilícito, respondem os recorridos solidariamente pelos danos sofridos pela recorrente em razão do disposto no art. 1.518 do CC/1916 (atual art. 942 do CC/2002). Diante disso, a Turma deu provimento ao recurso. Precedentes citados: REsp 90.055-RJ, DJ 23/6/1996, e REsp 739.289-DF, DJe 24/5/2010. **REsp 1.001.503-MA, Rel. Min. Aldir Passarinho Junior, julgado em 15/2/2011.** (Inform. STJ 463)

DANO MORAL. BANCO. RESTRIÇÕES. CLIENTE.

O banco recorrente permitiu que a autora pagasse débito antigo originário de "adiantamento a depositante" em conta-corrente conjunta com seu ex-marido, para isso lhe ofereceu abatimento e liberação de restrições cadastrais. Sucede que, mesmo após o pagamento da dívida, persistiram restrições internas impostas pelo banco, como a não concessão de talões de cheques e créditos, além de limites dos serviços de CDC. Para o Min. Relator, se o banco permitiu à autora a composição de seu débito, inexiste razão de ele restringir o uso de talonário de cheques para movimentação de valores existentes em sua conta, pois se cuida de saque usual e não havia qualquer arresto ou penhora sobre tais depósitos. Assim concluiu que, bloquear ou dificultar a retirada dos valores depositados em conta-corrente pertencentes ao cliente via cheque causa constrangimento, aborrecimento acima do admissível, por isso deve ser reparado pelo banco por configuração de dano moral. Por outro lado, afirma ser razoável, após a inadimplência (inclusive, à época, houve a inscrição em órgão cadastral) e pelo abalo na confiança antes depositada na cliente, que haja outras restrições, como a não concessão de crédito, CDC etc., que não são necessários para a manutenção e movimentação da conta-corrente da cliente. O Min. Luis Felipe Salomão também observou que, mesmo se houvesse inadimplemento, é absolutamente ilegal impor restrição ao uso de talão de cheque ou reter cartão que viabiliza o acesso para movimentação de numerário da conta de cliente. Diante do exposto, a Turma deu parcial provimento ao recurso do banco para adequar o valor da indenização e a multa fixada. **REsp 732.189-RS, Rel. Min. Aldir Passarinho Junior, julgado em 9/3/2010.** (Inform. STJ 426)

DANOS MORAIS. BANCO. ENDOSSO. DUPLICATA.

A simples situação de o banco ter recebido o título para protesto e a cobrança dentro de sua função legal não pode levá-lo a ser responsabilizado por danos morais decorrentes do protesto indevido. A jurisprudência deste Superior Tribunal firmou-se no sentido de que, no endosso mandato, só responde o endossatário pelo protesto indevido de duplicata quando o fez após ser advertido da irregularidade havida seja pela falta de higidez seja pelo seu devido pagamento. Ante o exposto, a Turma deu provimento ao recurso do banco para restabelecer a sentença. Precedentes citados: REsp 576.174-RS, DJ 19/12/2005, e REsp 549.733-RJ, DJ 13/9/2004. **REsp 602.280-RS, Rel. Min. Aldir Passarinho Junior, julgado em 2/2/2010.** (Inform. STJ 421)

RESPONSABILIDADE CIVIL. MORTE. ATO. PREPOSTO. BANCO.

Na espécie, o devedor contraiu uma dívida representada por um cheque de sua empresa, mas, na data avençada, não havia fundos na conta-corrente. O credor foi ao banco e lá foi informado pelo gerente de que, apesar de a conta da empresa não ter fundos para honrar o cheque, na conta pessoal do credor haveria. Assim, no mesmo dia, o credor dirigiu-se à empresa do devedor onde ia costumeiramente tentar receber a dívida, para trocar o cheque e ver solvido o débito. Lá se estabeleceu uma discussão entre os dois que culminou com a morte do devedor, em razão de disparo de arma de fogo feito pelo credor. Assim, a viúva e filhos interpuseram ação ordinária de responsabilidade civil pleiteando indenização por dano moral cumulado com dano material contra o banco, ora recorrente. A Turma entendeu que, no caso, o banco, por meio de seu preposto, praticou um ato ilícito ao revelar a outrem a existência de depósito na conta-corrente do falecido. Contudo, atribuir-se ao recorrente a responsabilidade pelo assassinato caracteriza um inadmissível excesso. Não há nexo causal entre a quebra do sigilo e o assassinato, motivo pelo qual não pode o banco responder por aquele ato na esfera civil salvo é claro, na proporção do ilícito próprio que praticou por meio de seu preposto, de fornecimento indevido de informações reservadas sobre a conta. Assim, deve-se excluir da condenação o pensionamento imposto ao banco recorrente, uma vez que o evento morte decorreu de outra causa ou causas, vinculadas ao relacionamento entre a vítima e o assassino. Logo o ato ilegal verdadeiramente praticado pelo preposto, qual seja, a quebra do sigilo do correntista, está compreendido no pedido indenizatório mais amplo formulado na inicial, de sorte que a indenização deve ser fixada em R$ 30 mil, atualizados da presente data, acrescidos de juros de mora devidos até o evento danoso, de acordo com o art. 1.062 do CC/1916 até a vigência do atual e, a partir daí, de acordo com o seu art. 406. Excluem-se as demais verbas indenizatórias, notadamente a pensão e os danos materiais e custas e honorários advocatícios compensados devido à sucumbência recíproca. Precedente citado: REsp 57.163-RS, DJ 11/12/1996. **REsp 620.777-GO, Rel. Min. Aldir Passarinho Junior, julgado em 3/11/2009.** (Inform. STJ 414)

INDENIZAÇÃO. BANCO. VALORES DESVIADOS.

In casu, trata-se na origem de ação indenizatória proposta em desfavor do banco, ora recorrente. Os autores, ora recorridos, pessoas humildes, afirmam que procuraram o banco para aplicar suas economias em conta-poupança. O funcionário que os atendeu induziu-os a autorizar que ele promovesse a movimentação desses valores, sob o argumento de que encontraria aplicações financeiras mais vantajosas. Convencidos da conveniência de conceder a referida autorização, os autores assinaram uma série de documentos apresentados pelo referido funcionário e, regularmente, procuravam-no na agência bancária para receber informações sobre seus rendimentos. Contudo, em virtude de férias daquele funcionário, ao serem atendidos por outra pessoa, foi-lhes revelado que suas aplicações tinham sido resgatadas há muitos meses, o que foi confirmado posteriormente mediante auditoria. Em primeiro grau, a ação foi julgada procedente para condenar o recorrente ao pagamento de danos materiais e morais, acrescentando-se aos valores respectivos correção monetária e juros de mora. A apelação foi provida parcialmente para reduzir pela metade o valor relativo aos danos morais. No REsp, alega-se violação dos arts. 2º, 128, 460, 405 e 535, todos do CPC. A Turma entendeu estar claro que houve expresso pedido de dano material, em que pese não elencado no pedido final, pois foi requerida a concessão da tutela antecipada para a devolução dos valores depositados nas contas dos recorridos, retirados indevidamente pelo funcionário do banco, até decisão final da demanda, evitando àqueles maiores prejuízos. Dessa forma, não houve interpretação extensiva ou julgamento fora do pedido, como sustenta o recorrente. Na verdade, o pedido de dano material consta da petição inicial e, ainda, é certo quanto ao seu valor, visto que foi discriminado o montante a ser ressarcido a cada um dos autores. Ademais, conforme os autos, existe um contrato firmado entre os recorridos e o banco para aplicação dos valores que foram entregues, e, não cumprida a avença, a instituição tem o dever de restituir o numerário. Existe também um ato ilícito praticado pelo funcionário do banco, na medida em que, ardilosamente, desviou o dinheiro da finalidade pretendida pelos recorridos. Nessa situação específica, a culpa do banco não advém do descumprimento do contrato, mas da manutenção em seu quadro de funcionário que se apropriou indevidamente desses valores, entregando aos recorridos comprovantes de depósito forjados. Assim, é inafastável a conclusão do acórdão recorrido quanto à incidência dos juros de mora no dano moral, que fixou, corretamente, o termo inicial a partir do evento danoso (Súm. n. 54-STJ). Por fim, o recorrente não indicou, expressamente, no que consistiriam eventuais omissões na prestação jurisdicional fornecida pelo Tribunal *a quo*. Diante disso, negou-se provimento ao recurso. Precedentes citados: REsp 925.534-RN, DJe 3/11/2008; REsp 337.785-RJ, DJ 25/3/2002, e REsp 445.413-DF, DJ 18/6/2007. **REsp 907.350-PR, Rel. Min. Nancy Andrighi, julgado em 25/8/2009.** (Inform. STJ 404)

INDENIZAÇÃO. CHEQUE ROUBADO.

Trata-se originariamente de ação indenizatória proposta pelo ora recorrido em desfavor do banco ora recorrente, pretendendo a obtenção de danos materiais e morais, pelo fato de ele ter acatado um cheque roubado de propriedade daquele em decorrência de um assalto ocorrido em sua residência. A sentença julgou procedente a ação, entendimento confirmado pelo acórdão no qual se assentou que não é defesa, em nosso ordenamento jurídico, a adoção de fundamento diverso para conceder a pretensão do demandante, sem escapar da moldura restritiva formada pela causa de pedir e do pedido. A displicência da instituição financeira ao aceitar um cheque, sem, contudo, conferir a autenticidade da assinatura em relação ao seu emitente é evento apto a ensejar dano moral. Em se tratando de tal dano, a responsabilização do agente opera-se por força do simples fato da violação, de modo a tornar-se desnecessária a prova concreta do prejuízo. No REsp, o recorrente sustenta que o aresto *a quo* e a sentença são nulos, uma vez que julgaram a demanda levando em conta causa de pedir alheia à trazida na petição inicial. A propósito, aduz que a causa de pedir lançada foi o suposto acatamento do cheque que estava relacionado no mesmo talonário furtado e que se encontrava sustado, sendo esse o fato contestado. Acrescenta que não houve qualquer questionamento quanto à necessidade de identificação do sacado, mesmo porque o referido cheque foi depositado em outro estabelecimento bancário e remetido ao recorrente através da compensação, ou seja, não existe forma nem obrigação desse de identificar o sacado em outra instituição financeira. A Turma entendeu que a sentença que julga procedente o pedido com amparo em fatos não invocados pelo autor padece de vício, uma vez que, ao ser citado, o réu ocupar-se-á de apresentar contestação aos fatos narrados pelo autor na peça vestibular, especialmente em virtude da estabilização da demanda, conforme preconiza o art. 264 do CPC. Ademais, não lhe cumpre exercer um juízo de futurologia para rebater fatos que, embora não tenham sido alegados pelo autor na exordial, poderiam vir a ser ventilados por esse ou pelo julgador. Tal conjectura, realmente, atentaria contra os primados da segurança jurídica, do contraditório e da ampla defesa. Ressaltou-se ainda que não houve, e não deveria haver mesmo, por parte do banco recorrente qualquer preocupação em discutir, com profundidade, a possibilidade de, nas circunstâncias deste caso, promover a compensação do cheque com assinatura de autenticidade duvidosa, isso porque o recorrente, de acordo com as regras que regem o Processo Civil brasileiro, deveria centrar sua contestação na impugnação específica dos fatos articulados na inicial, nos limites da causa de pedir próxima, a qual se torna imutável nos moldes do art. 264 do CPC. Diante disso, deu-se provimento ao recurso para anular o acórdão e a sentença, determinando-se o retorno dos autos ao juiz de primeiro grau para que julgue a demanda, com observância dos limites da causa de pedir. Precedentes citados: REsp 746.622-PB, DJ 23/10/2006, e REsp 254.894-SP, DJ 12/9/2005. **REsp 998.696- ES, Rel. Min. Massami Uyeda, julgado em 25/8/2009.** (Inform. STJ 404)

DANO MORAL E MATERIAL. FALSIFICAÇÃO. CGC.

A falsificação de documentos para abertura de conta-corrente (CGC falso de outra empresa) não isenta o banco da responsabilidade de indenizar, por constituir risco inerente à atividade econômica por ele desenvolvida. Entretanto, a Turma diminuiu o valor da indenização por se mostrar desproporcional à hipótese dos autos, especialmente porque a utilização de documentação falsa por terceiro foi decisiva no equívoco ocasionado pela recorrente. **REsp 671.964-BA, Rel. Min. Fernando Gonçalves, julgado em 18/6/2009.** (Inform. STJ 399)

RESPONSABILIDADE CIVIL. LATROCÍNIO. ESTACIONAMENTO. BANCO.

Trata-se de dois REsps. No primeiro, pretende-se substituir indenização em forma de pensão mensal pelo pagamento em parcela única, bem como elevar o valor de danos morais e ainda majorar os honorários advocatícios. Tal indenização decorre da morte do marido de uma das recorrentes e pai da outra, que foi vitimado por latrocínio no estacionamento do banco ora recorrido, nesses autos, também recorrente, visto que, no segundo recurso, o referido banco insurge-se contra a sua responsabilização pelo evento danoso e contra o *quantum* fixado para os danos morais e honorários advocatícios. Para o Min. Relator, acompanhado pelos demais componentes da Turma, a instituição bancária responde objetivamente pelos furtos, roubos e latrocínios ocorridos nas dependências de estacionamento que oferece aos veículos de seus clientes. Assim, nessas hipóteses, não há falar em caso fortuito como excludente da responsabilidade civil, porquanto o proveito financeiro indireto obtido pela instituição atrai-lhe o ônus de proteger o consumidor de eventuais furtos, roubos ou latrocínios. Destarte, o direito de acrescer é admissível nos casos em que há mais de um beneficiário de pensão mensal paga em decorrência de ilícito civil. Todavia, em se tratando de responsabilidade civil decorrente de morte, a indenização dos danos materiais sob a forma de pensão mensal não pode ser substituída pelo pagamento de uma só vez de quantia estipulada pelo juiz. Ressalte-se que a via do recurso especial não credencia a discussão acerca da justiça do *quantum* arbitrado a título de honorários advocatícios, salvo em situações de flagrante exorbitância ou insignificância desse valor, o que não ocorreu no caso. Com esses fundamentos, entre outros, deu-se parcial provimento ao recurso interposto pela esposa e pela filha da vítima e se negou provimento ao recurso do banco. **REsp 1.045.775-ES, Rel. Min. Massami Uyeda, julgado em 23/4/2008.** (Inform. STJ 391)

DANOS MORAIS. IMPUTAÇÃO. FATO CRIMINOSO.

O banco recorrente alega que o autor esteve em suas dependências comportando-se de maneira a levar os funcionários a acreditar que se tratava de tentativa de assalto, comunicando o fato à autoridade policial, que, no exercício do dever legal de investigação, teria agido com truculência. O autor esclareceu que parou seu veículo no estacionamento privativo dos clientes, para sacar dinheiro, utilizando-se do serviço Banco 24 horas *on line*. Após, foi ao terminal rodoviário e comprou passagens e, ao retornar para o centro da cidade, foi abordado pela polícia, acompanhada do preposto do banco, que o indicou como sendo ele assaltante. Daí se conclui que a ação policial decorreu de ato do banco de falsa acusação e em condições que levaram à truculência na abordagem. Dessa forma, três coisas restam induvidosas: a primeira, que a vítima sequer estava mais na agência bancária, saíra em seu automóvel, portanto perigo imediato não havia; a segunda, que o preposto afirmou peremptoriamente que uma das pessoas portava uma arma e isso não correspondia à realidade; e, em terceiro, o próprio funcionário do banco acompanhou a diligência policial de prisão, o que é um fato inusitado. Conquanto não se esteja a afirmar que os servidores do banco não tenham de se prevenir de assaltos, pois eles, realmente, são constantes, há que se reconhecer que, no caso, existiu culpa. Foi dada informação equivocada à polícia sobre porte de arma, o que poderia ter levado até a um desfecho mais trágico, e o preposto foi muito além de uma mera comunicação à autoridade, chegando a participar, fora do banco, da diligência que resultou na prisão do autor. Sem dúvida, agiu com culpa seja por imprudência seja por excesso em seu mister, além, é claro, do que possa ser atribuído à própria truculência policial se extrapolou os procedimentos usuais nas circunstâncias em que recebeu a comunicação do denunciante. Diante disso, a Turma não conheceu do recurso do banco. **REsp 537.111-MT, Rel. Min. Aldir Passarinho Junior, julgado em 14/4/2009.** (Inform. STJ 390)

RESPONSABILIDADE CIVIL. EMPRESA. VIGILÂNCIA. LEGÍTIMA DEFESA.

A recorrente, empresa de vigilância, pretende demonstrar que o fato de seu empregado ter agido em legítima defesa própria, como reconhecido no procedimento criminal por decisão transitada em julgado, afasta sua responsabilidade no evento que culminou na morte do companheiro da recorrida. Pretende, também, que seja reconhecida a inaplicabilidade do CDC no caso em apreço ou a relação meramente contratual estabelecida com o banco interessado na lide, o que redundaria no afastamento da responsabilidade objetiva que lhe foi atribuída nas instâncias ordinárias. Inicialmente, esclareceu o Min. Relator que a coisa julgada só pode atingir o réu do processo penal, não os possíveis responsáveis no âmbito cível, pois a sentença faz coisa julgada entre as partes, não beneficiando nem prejudicando terceiros (art. 472 do CPC). A decisão na esfera criminal somente gera influência na jurisdição cível, impedindo a rediscussão do tema, quando tratar de aspectos comuns às duas jurisdições, ou seja, quando tratar da materialidade do fato ou da autoria, segundo previsto no art. 935 do CC/2002 (que repetiu o disposto no art. 1.525 do CC/1916). O reconhecimento da legítima defesa do vigilante, no juízo criminal, não implica, automaticamente, a impossibilidade de a parte autora requerer indenização pelos danos ocorridos, especialmente quando, como no presente caso, pugna pelo reconhecimento da responsabilidade civil objetiva do banco e da empresa de vigilância, obrigados em face do risco da atividade. A relação jurídica existente entre o contratante/usuário de serviços bancários e a instituição financeira é disciplinada pelo CDC, conforme decidido pelo STF na ADI 259. Tendo em vista a existência de defeito no serviço prestado (art. 14, § 1º, do CDC), que ocasionou a morte do companheiro da autora, aplica-se o disposto no art. 14 do CDC, o qual prevê a responsabilidade objetiva do banco. Assim, respondem solidariamente pela indenização todos os responsáveis pelo acidente de consumo, inclusive os terceiros que prestaram serviço mediante contratação. Em face do risco profissional da atividade bancária, a instituição financeira é obrigada pela Lei n. 7.102/1983 a tomar todas as cautelas necessárias a fim de fornecer segurança a seus clientes e funcionários. Diante disso, considerando-se as peculiaridades do caso, bem como os padrões adotados por este Superior Tribunal na fixação do valor indenizatório a título de danos morais por morte, a Turma reduziu a indenização arbitrada pelo Tribunal de origem para o valor de R$ 232.500,00, correspondente a 500 salários mínimos atuais, com os acréscimos legais a partir desta data. **REsp 686.486-RJ, Rel. Min. Luis Felipe Salomão, julgado em 14/4/2009.** (Inform. STJ 390)

BANCO. ROUBO. COFRE. RESPONSABILIDADE.
No caso, o Tribunal *a quo* afastou o dano moral, entendendo que o abalo do roubo de bens depositados em cofre locado em agência bancária provocado por terceiros, não pode ser atribuído ao banco e, ainda, reformou o valor indenizatório quanto aos danos materiais, reduzindo-o ao valor dos bens comprovadamente depositados no cofre pelos autores. Mesmo assim, o banco recorreu, alegando, no REsp, entre outras teses, a ilegitimidade ativa de um dos autores, caso fortuito ou força maior. Esclarece o Min. Relator que esses contratos abrangem a locação e a prestação de serviço, utilizando-se o cofre para a guarda do que convier ao locatário, sem prestar contas ao locador. Logo, se um dos locadores depositou objetos próprios e de sua esposa (que não assinou o contrato de locação), não há impedimentos. Ademais, a ausência ou presença dessa esposa na ação não alteraria a demanda, uma vez que eles são casados no regime de comunhão universal de bens. Nos autos, é incontroverso que os bens pertenciam à esposa, assim, na verdade, trata-se de bens comuns do casal. Quanto à tese da culpa exclusiva de terceiro defendida pelo banco, não poderia prosperar, pois é de responsabilidade do banco a subtração dos bens mantidos sob sua guarda em cofre alugado em agência bancária. Trata-se de risco empresarial (art. 927, parágrafo único, do CC/2002, correspondente ao art. 156 do CC/1916), de modo que o banco responde pelos danos causados a clientes e a terceiros decorrentes de sua prática comercial lucrativa. Aplica-se, também, o art. 14 do CDC. Outrossim, a jurisprudência deste Superior Tribunal firmou-se no sentido de que roubos em agência bancária são eventos previsíveis. Dessa forma, não podem caracterizar hipótese de força maior capaz de elidir o nexo de causalidade. Precedentes citados: REsp 227.364-AL, DJ 11/6/2001, e REsp 333.211-RJ, DJ 18/3/2002. **REsp 1.093.617-PE, Rel. Min. João Otávio do Noronha, julgado em 17/3/2009.** (Inform. STJ 387)

DANO MORAL. INGRESSO. BANCO.
Não há dano moral no impedimento de acesso de cliente após o horário bancário, ainda que, como os autos noticiam, as partes mantenham vários litígios (execução e ação de indenização por dano moral). Explica o Min. Relator que não seria admissível que uma exceção eventualmente tolerada pelo banco fosse suscetível de indenização. O cliente até poderia reclamar perante a administração do banco e as autoridades que outros sejam atendidos além do horário estabelecido e a lei estaria ao seu lado. Mas não pode nem pela lei cível nem pela lei consumerista ser indenizado por uma pretensão irregular, ou seja, ser-lhe negado o ingresso no banco após o expediente. Diante do exposto, a Turma não conheceu o recurso. **REsp 555.833-RS, Rel. Min. Aldir Passarinho Junior, julgado em 17/3/2009.** (Inform. STJ 387)

INDENIZAÇÃO. PROTESTO INDEVIDO. CHEQUE.
O protesto indevido de título de crédito, no caso, cheque fraudado em nome de pessoa que não é cliente do banco, acarreta danos morais. Contudo, a indenização deve cumprir, com razoabilidade, duas formalidades, quais sejam, punir o ato ilícito cometido e reparar a vítima pelo sofrimento moral experimentado. Assim, a Turma reduziu o valor da indenização para dez mil reais atualizados monetariamente a partir da data deste julgamento e acrescidos de juros de mora a contar da citação. **REsp 792.051-AL, Rel. Min. Sidnei Beneti, julgado em 27/5/2008.** (Inform. STJ 357)

RESPONSABILIDADE. BANCO. FALSIDADE.
É risco inerente à atividade bancária a verificação da correção dos documentos apresentados para a abertura de conta-corrente, ainda que não se identifique falsificação grosseira. No caso, a falsificação utilizada na abertura da conta foi sofisticada visto que, provavelmente, deu-se pelo uso de uma certidão de nascimento falsa na obtenção de um documento de identificação original. Assim, há culpa do banco, porém mitigada devido à peculiaridade, o que leva à fixação de cinco mil reais de indenização pela indevida inscrição do nome do autor da ação, suposto correntista, no cadastro de inadimplentes. Precedentes citados: REsp 432.177-SC, DJ 28/10/2003, e REsp 568.940-PE, DJ 6/9/2004. **REsp 964.055-RS, Rel. Min. Aldir Passarinho Junior, julgado em 28/8/2007.** (Inform. STJ 329)

CARTÃO. CRÉDITO. TERCEIRO. CULPA EXCLUDENTE.
O banco que entrega cartão de crédito a quem não é titular da conta não pode invocar excludente por culpa de terceiro, já que, direta ou indiretamente, é responsável pela operação mediante seus sistemas de controle dessa espécie. **REsp 703.129-SP, Rel. Min. Carlos Alberto Menezes Direito, julgado em 21/8/2007.** (Inform. STJ 328)

COBRANÇA. LANÇAMENTOS INDEVIDOS. BANCO.
Trata-se de autos remetidos da Terceira Turma. No caso, houve vários lançamentos indevidos na conta-corrente do autor, obrigando-o a utilizar o limite de seu cheque especial e, conseqüentemente, arcar com altos encargos financeiros. Nessa ação de cobrança, o correntista pede que lhe seja ressarcido o prejuízo com a peculiaridade de que o capital retido pelo banco seja restituído com as mesmas taxas cobradas pela instituição financeira. Em primeiro grau, o pedido foi julgado procedente, mas o Tribunal a quo reformou-o em parte e negou provimento ao recurso adesivo do autor. Isso posto, discute-se se os valores indevidamente descontados pelo banco devem ser acrescidos dos mesmos índices aplicados pela instituição financeira ou se, não sendo o correntista instituição financeira, não se poderia permitir a restituição dessas importâncias com acréscimo de juros e encargos que somente são devidos às instituições que atuam diretamente no mercado financeiro. A tese vencedora defendeu que não se poderia pensar em tratamento igualitário, pois o correntista prejudicado não tem as mesmas autorizações dadas ao Sistema Financeiro. Entretanto o banco deve ser condenado a pagar a importância efetivamente debitada na conta-corrente do autor (R$ 851,38), acrescida de juros remuneratórios de 1% ao mês, mais correção monetária pelo INPC e, durante a vigência do CC/1916, juros de mora de 0,5% ao mês desde a citação, e, já na vigência do CC/2002, aplicação da taxa Selic, na forma do art. 406 do citado código, em substituição à correção monetária e aos juros de mora, mantendo-se os juros remuneratórios de 1% ao mês, além de honorários aos procuradores do recorrente, correspondentes a 20% sobre o valor da condenação. Dessa orientação divergiu a Min. Nancy Andrighi, que acolhia a pretensão do autor, ora recorrente, restabelecendo a sentença para que a devolução das quantias indevidamente retidas pelo banco fossem corrigidas pelas mesmas taxas utilizadas pela instituição financeira, em consonância com o julgamento do REsp 453.464-MG, DJ 19/12/2003. Outrossim, ressaltou que o art. 406 do CC/2002 não poderia ser discutido na espécie. Com esse entendimento, ao prosseguir o julgamento, a Turma, por maioria, deu parcial provimento ao recurso. **REsp 447.431-MG, Rel. Min. Ari Pargendler, julgado em 28/3/2007.** (Inform. STJ 315)

Súmula STF nº 28

O estabelecimento bancário é responsável pelo pagamento de cheque falso, ressalvadas as hipóteses de culpa exclusiva ou concorrente do correntista.

4.6. Acidente de veículo

DIREITO CIVIL. RESPONSABILIDADE CIVIL. MORTE DE CARONA EM CAVALO MECÂNICO QUE TRACIONAVA REBOQUE.
O proprietário de reboque responde, solidariamente com o proprietário do cavalo mecânico que o tracionava, por acidente de trânsito no veículo conduzido por preposto do qual resultou a morte de vítima que estava dentro do veículo na condição de carona. As instâncias ordinárias expressamente afirmaram a existência de liame de subordinação e preposição entre a proprietária do reboque e o dono do cavalo-mecânico, o que não pode ser revisto na instância especial. A relação de preposição, que se caracteriza pela subordinação hierárquica, desafia a responsabilidade, pois o preposto – motorista – age no interesse e sob autoridade, ordens e instruções do preponente – empregador –, a quem cabe a fiscalização da atividade imputada. Há culpa in eligendo da transportadora que contrata transportador autônomo dono de automóvel inadequadamente conservado, cujas deficiências foram detectadas no sistema de freios (falha mecânica e ruptura do chassi com a presença de rachadura e oxidação). Ao permitir a circulação de veículo nessa condição, tracionando reboque da sua propriedade (alugado para o cumprimento do transporte de cargas em rodovias movimentadas), não observou o dever de cuidado objetivo de não lesar o próximo (neminem laedere). A despeito de não possuir força motriz independente, quer dizer, aptidão para se movimentar autonomamente, o reboque da transportadora foi alugado para cumprir uma finalidade contratual e econômica de seu interesse, circunstância que não a exime de assumir as consequências pelo acidente causado por "cavalo-mecânico" mal conservado. Trata-se de responsabilidade objetiva do transportador, atualmente prevista no art. 735 do CC (sem correspondente no Código de 1916), que não exclui a responsabilidade no caso de fortuito interno (ligado à pessoa, à coisa ou à empresa do agente). REsp 453.882-MG, Rel. Min. Ricardo Villas Boas Cueva, julgado em 18/9/2012.(Inform. STJ 504)

ACIDENTE. TRÂNSITO. SEGURO OBRIGATÓRIO. INCAPACIDADE PERMANENTE.
Trata-se, na origem, de ação de cobrança de indenização pelo seguro obrigatório de danos pessoais causados por veículos automotores de vias terrestres (DPVAT) em decorrência de acidente de trânsito que ocasionou ao ora recorrente lesão permanente que encurtou em dois centímetros sua perna esquerda. O acórdão recorrido reformou a sentença por entender

que as lesões sofridas pelo recorrente não tinham o condão de incapacitá--lo para o trabalho. A Turma entendeu que a incapacidade permanente, em interpretação sistemática da legislação securitária (Lei n. 6.194/1974), é a deformidade física decorrente de lesões corporais graves que não desaparecem, nem se modificam para melhor com as medidas terapêuticas comuns, habituais e aceitas pela ciência da época. *Sendo assim, a* incapacidade pressupõe qualquer atividade desempenhada pela vítima – a prática de atos do cotidiano, o trabalho ou o esporte, indistintamente –, o que implica mudança compulsória e indesejada de vida do indivíduo, ocasionando-lhe dissabor, dor e sofrimento. *Ressaltou-se, ademais, que* a indenização coberta pelo seguro DPVAT tem como fato gerador os danos pessoais advindos de acidente de trânsito ou daquele decorrente da carga transportada por veículo automotor terrestre, não ostentando, portanto, vinculação exclusiva com a incapacidade laborativa, a qual encontra sua reparação no âmbito previdenciário. *In casu, consoante as instâncias ordinárias, constatou-se* a deformidade física parcial e permanente do recorrente em decorrência do acidente de trânsito, encontrando-se, dessa forma, presentes os requisitos exigidos pelo art. 5º da Lei n. 6.194/1974 para a configuração da obrigação de indenizar. **REsp 876.102-DF, Rel. Min. Luis Felipe Salomão, julgado em 22/11/2011.** (Inform. STJ 488)

RESPONSABILIDADE CIVIL. ACIDENTE. TRÂNSITO.

Cinge-se a controvérsia em saber se o pai do condutor e proprietário do veículo causador do acidente que vitimou a mãe e filha dos autores da ação é responsável civilmente pelo pagamento de indenização pelos danos sofridos, se é devida a reparação por danos materiais e se o valor fixado a título de compensação por danos morais deve ser revisto. Embora o pai do condutor alegue que seu filho (maior de idade e legalmente habilitado) pegou o carro sem autorização e que isso afastaria a sua responsabilidade pelo acidente, o tribunal *a quo* consignou que a culpa dele consiste ou na escolha impertinente da pessoa a conduzir seu carro, ou na negligência em permitir que terceiros, sem sua autorização, tomassem o veículo para utilizá--lo (culpa *in eligendo* ou *in vigilando*, respectivamente). No entanto, o tribunal *a quo* não reconheceu a obrigação de reparar os danos materiais sofridos em decorrência da morte da vítima por causa da ausência de comprovação de que ela contribuía financeiramente para o sustento da família. Porém, a jurisprudência pátria admite a reparação por danos materiais independentemente do exercício de atividade remunerada ou de contribuição efetiva do menor com a renda familiar, utilizando como critério a condição econômica do núcleo familiar. Assim, há o dever do pai do condutor do veículo de reparar os danos materiais sofridos pelos recorrentes em razão da morte da vítima. E, considerando que, na hipótese, além dos seus pais, a vítima, já tinha um filho, ao qual também foi reconhecido o direito à reparação por danos materiais, entende-se razoável reduzir o percentual adotado pela jurisprudência, de 2/3 para 1/3 da remuneração da vítima, para cálculo da indenização devida aos seus ascendentes, desde a data do acidente, até a idade em que ela completaria 25 anos e, desde então, reduzir-se-á tal valor pela metade até a idade em que ela completaria 65 anos de idade. E, ao seu filho, o valor será correspondente a 2/3 da remuneração da vítima desde a data do acidente até que ele complete a idade de 25 anos, devendo ser esse valor acrescido de correção monetária e juros de mora desde o evento danoso. Quanto à condenação referente aos danos morais pela morte da vítima, a quantia, de acordo com a jurisprudência deste Superior Tribunal e com as peculiaridades do caso, é irrisória, a admitir a revisão da quantificação. Com essas e outras considerações, a Turma conheceu em parte o recurso interposto pelo pai do autor do acidente e, nessa parte, negou-lhe provimento e conheceu em parte o recurso interposto pelo filho e pelos pais da vítima e, nessa parte, deu-lhe provimento para julgar procedente o pedido de condenação ao pagamento de reparação por danos materiais e majorar o valor da compensação por danos morais para 300 salários mínimos a cada um dos recorrentes. **REsp 1.044.527-MG, Rel. Min. Nancy Andrighi, julgado em 27/9/2011.** (Inform. STJ 484)

RESPONSABILIDADE PRESUMIDA. COLISÃO. POSTE.

Trata-se de REsp em que se discute a responsabilidade presumida do proprietário do veículo, o recorrido, para responder por danos em decorrência de colisão com poste de iluminação pública de propriedade da recorrente. A Turma deu provimento ao recurso por entender que não ficou demonstrado, nem minimamente, o erro ou a culpa da recorrente no posicionamento e localização do poste, inconteste ser o veículo do recorrido o causador do dano. Ressaltou-se que o poste de iluminação corretamente instalado na via pública constitui obstáculo imóvel, impossível, por si só, de causar acidente, de sorte que, no caso de colisão que lhe cause danos, cabe àquele que o atingiu demonstrar o fato excludente de sua responsabilidade, o que, na espécie, não ocorreu. **REsp 895.419-DF, Rel. Min. Aldir Passarinho Junior, julgado em 3/8/2010.** (Inform. STJ 441)

RESPONSABILIDADE CIVIL. VEÍCULO. TRANSFERÊNCIA.

A Turma, renovando o julgamento, no caso de atribuição de responsabilidade do Estado por falha pericial na vistoria de veículo com motor adulterado após várias alienações, reiterou não caber denunciação da lide (art. 70, III, do CPC) para atribuir a terceiro, exclusivamente, a responsabilidade pelo fato danoso, porquanto a pretensão do denunciante, ora recorrente, é estabelecer uma lide paralela à principal, imputando por completo ao Estado a responsabilidade pelos danos experimentados pelo autor, o que não é possível na via em questão. Outrossim, ainda que se cogitasse de denunciação, seria em relação ao Detran, autarquia pública estadual, com personalidade de direito público própria. Precedentes citados: AgRg no Ag 630.919-DF, DJ 14/3/2005, e REsp 684.238-RS, DJe 5/5/2008. **REsp 729.172-RS, Rel. Min. Luis Felipe Salomão, julgado em 4/3/2010.** (Inform. STJ 425)

RESPONSABILIDADE CIVIL. CONDUTOR. SEMIRREBOQUE.

Trata-se de acidente entre caminhão e dois automóveis causador da morte de dois filhos da autora. A Turma entendeu que não há como responsabilizar o proprietário (recorrente) de um semirreboque, que não pode locomover--se autonomamente, a não ser quando tracionado por "cavalo mecânico", em conjunto com a proprietária do veículo por ato de preposto (motorista) desta, salvo no caso de defeito do próprio semirreboque, o que não foi provado nos autos. Precedentes citados: REsp 205.860-SP, DJ 14/6/1999; REsp 1.045.980-SP, DJe 3/10/2008, e Ag 255.198-MG, DJ 9/12/1999. **REsp 494.372-MG, Rel. Min. Aldir Passarinho Junior, julgado em 4/3/2010.** (Inform. STJ 425)

DANO. ACIDENTE. TRÂNSITO. NEXO. CAUSALIDADE.

Trata-se de ação de indenização proposta pelos filhos e companheiro da vítima que, ao dirigir um automóvel de uma empresa com o consentimento de seu preposto, abalroou outro veículo, vindo a falecer. Na espécie, não foi esclarecido pelas instâncias ordinárias quem foi o culpado pelo acidente, se a vítima ou o condutor do outro veículo, restando, pois, ausente a demonstração do liame entre os fatos (nexo de causalidade) que enseja a responsabilidade civil. Caso comprovada a culpa do outro motorista, não haveria o dever de reparar o dano pela empresa proprietária do veículo, ora recorrente. Não demonstrada a culpa da condutora, está isenta de responsabilidade a proprietária do veículo. Assim, a Turma, ao prosseguir o julgamento, por maioria, conheceu e deu provimento ao recurso. Precedente citado: REsp 577.902-DF, DJ 28/8/2006. **REsp 608.869-RJ, Rel. Min. Fernando Gonçalves, julgado em 9/12/2008.** (Inform. STJ 380)

ACIDENTE. TRÂNSITO. CULPA. MOTORISTA.

Trata-se de indenização pelos danos materiais e morais por morte em acidente de trânsito da esposa do promovente, que colidiu seu veículo na traseira do caminhão que trafegava a sua frente. Destaca o Min. Relator que, nas instâncias ordinárias, ficou comprovada a responsabilidade do preposto da ré (motorista) pelo acidente, por ele ter agido com negligência e imperícia, ao dirigir o caminhão com luzes apagadas em horário noturno, apesar de a presunção de culpa ser de quem colide na traseira de veículo. Ressalta que não houve cerceamento de defesa, porquanto a testemunha (o motorista) tem interesse na lide, constituindo a hipótese do art. 405, § 3º, IV, do CPC e, nesses casos, a ausência de contradita não impede que o depoimento da testemunha seja valorado como informante, mormente diante do princípio do livre convencimento motivado do juiz. Por outro lado, quanto ao pedido de abatimento na indenização do seguro obrigatório (DPVAT), explica que não pode ser acolhido, já que o Tribunal *a quo* o indeferiu por falta de comprovação do recebimento do prêmio pelo marido, além da inexistência de discussão do tema na primeira instância. Por essas razões, entre outras, a Turma não conheceu do recurso. Precedentes citados: EDcl nos EREsp 168.207-SP, DJ 26/10/2006; REsp 190.456-SP, DJ 28/8/2000; REsp 172.335-SP, DJ 18/10/1999, e REsp 466.751-AC, DJ 23/6/2003. **REsp 824.473-PR, Rel. Min. Fernando Gonçalves, julgado em 6/11/2008.** (Inform. STJ 375)

RESPONSABILIDADE CIVIL. ACIDENTE. TRÂNSITO. ESTACIONAMENTO.

Na espécie, a autora da demanda deixou seu veículo no estacionamento de aeroporto internacional e o automóvel foi retirado pelo seu filho (menor de idade), acompanhado por dois amigos (um deles maior), deixando a recorrida de exigir a exibição do comprovante de estacionamento em razão de eles informarem tê-lo perdido. Por volta das 22 h daquele mesmo dia, o referido veículo foi encontrado pela Polícia Militar totalmente avariado em decorrência da colisão contra um poste de iluminação pública, que resultou, ainda, em lesões aos seus ocupantes, dentre os quais, o filho da autora. Para o Min. Relator, é inequívoca a ausência de nexo causal entre o ato praticado pela ora recorrida (entrega do veículo ao filho da autora e seus acompanhantes sem a apresentação do respectivo comprovante de estacionamento) e o dano ocorrido (decorrente do acidente envolvendo o referido veículo horas mais tarde). É evidente que o evento danoso não decorreu direta e imediatamente da suposta inexecução do contrato de depósito estabelecido entre a recorrente e a sociedade empresarial recorrida, razão pela qual não há de se falar em responsabilidade dessa pelo ocorrido. Em matéria de responsabilidade civil – contratual ou extracontratual; objetiva ou subjetiva – vigora, no Direito brasileiro, o princípio da causalidade adequada, também denominado princípio do dano direto e imediato (art. 1.060 do CC/1916 e art. 403 do Código atual). Segundo esse princípio, ninguém pode ser responsabilizado por aquilo a que não tiver dado causa (art. 159 do CC/1916 e art. 927 do CC/2002) e somente se considera causa o evento que produziu direta e concretamente o resultado danoso. A imputação de responsabilidade civil, portanto, supõe a presença de dois elementos de fato, quais sejam: a conduta do agente e o resultado danoso, e de um elemento lógico-normativo, o nexo causal (que é lógico, porque consiste num elo referencial, numa relação de "pertencialidade" entre os elementos de fato, e é normativo, porque tem contornos e limites impostos pelo sistema de Direito, segundo o qual a responsabilidade civil só se estabelece em relação aos efeitos diretos e imediatos causados pela conduta do agente). REsp 325.622-RJ, Rel. Min. Carlos Fernando Mathias (Juiz convocado do TRF da 1ª Região), julgado em 28/10/2008. (Inform. STJ 374)

AÇÃO. INDENIZAÇÃO. DIREITO DE ACRESCER.
Cuida-se de ação de indenização movida pela viúva e filhas de vítima de acidente fatal de trânsito resultante da colisão da moto do *de cujus* com um veículo de propriedade da empresa recorrida. O primeiro ponto refere-se ao valor do dano moral, visto que, embora sempre difícil o arbitramento, a Quarta Turma tem-se guiado por fixá-lo, em hipótese de morte de vítima, em aproximadamente quinhentos salários mínimos, salvo fatores excepcionais, como comportamento doloso do causador do acidente, aqui não existente. No ponto em que tange ao "direito de acrescer", o entendimento da Turma é no sentido de prestigiá-lo. Se assim não fosse considerado, não haveria indenização justa e eqüitativa. Por exemplo, se um empregado falece e deixa um filho, todo o valor da pensão, digamos R$ 300,00, irá para ele. Já outro que percebe igual remuneração, mas tem cinco filhos, deixará a mesma quantia a ser dividida entre eles, cabendo a cada um apenas R$ 60,00. Para o causador do ilícito, o valor será o mesmo: R$ 300,00. Mas é justo que um dos filhos remanescentes, que só recebe R$ 60,00, individualmente, continue a receber a mesma quantia eternamente, ainda que os irmãos vão atingindo a idade extintiva da pensão? O Min. Relator pensa que não. Para a ré, a pensão não se modifica, mas também não é razoável que ela vá diminuindo a seu favor, paulatinamente, sem que o irmão remanescente possa ver acrescida aos seus R$ 60,00 a quota parte correspondente ao irmão mais velho, que perdeu o direito à pensão. Quanto às despesas de funeral, a Turma inclinou-se a inexigir a prova da realização dos gastos em razão da certeza do sepultamento, pela insignificância no contexto da lide, enquanto limitada ao mínimo previsto na legislação previdenciária e pelo relevo da verba e sua natureza social de proteção à dignidade humana. Precedentes citados: REsp 388.300-SP, DJ 25/11/2002; REsp 17.738-SP, DJ 22/5/1995, e REsp 148.955-PR, DJ 17/5/1999. **REsp 625.161-RJ, Rel. Min. Aldir Passarinho Junior, julgado em 27/11/2007.** (Inform. STJ 340)

INDENIZAÇÃO. DANO MORAL. POLITRAUMATISMO.
A Turma conheceu em parte do recurso e, nessa extensão, deu-lhe provimento para determinar que os juros moratórios fluam a partir da citação, tratando-se de acidente com passageira de ônibus, em caso de ilícito contratual. No caso, essa sofreu diversas lesões, inclusive traumatismo craniano. Entendeu o Min. Relator, no tocante aos danos morais, não se configurar excessiva a indenização que monta a 250 salários-mínimos, valor aceitável porque fixado com observância da intensidade e duração do sofrimento experimentado pela vítima e próximo de precedentes da Quarta Turma deste Superior Tribunal, de sorte que inexiste flagrante abusividade a justificar a excepcional intervenção deste Superior Tribunal. Precedentes citados: REsp 712.287-RJ, DJ 29/5/2006, e REsp 713.551-SP, DJ 29/5/2006. **REsp 981.688-SP, Rel. Min. Aldir Passarinho Junior, julgado em 18/10/2007.** (Inform. STJ 336)

INDENIZAÇÃO.ACIDENTE. TRÂNSITO. MENOR.
O menor, obviamente não-habilitado a dirigir, sem qualquer autorização, retirou da garagem o automóvel pertencente à sociedade locadora de veículos de seu pai, o sócio-gerente, e, na companhia de maior habilitado, seu amigo, passou a noite a consumir álcool. Sucede que o menor acabou por ocasionar sério acidente de trânsito ao dormir ao volante, daí a ação de indenização ajuizada pelo passageiro maior. Diante disso, a Turma entendeu que não há direito à indenização, pois a leviandade do passageiro, ao valer-se da própria incúria para obter a reparação, é evidenciada enquanto se expôs conscientemente ao risco de trafegar no veículo conduzido pelo não-habilitado alcoolizado, contrariando a lei (art. 310 do CTB) e a prudência, num ato negligente caracterizado pelo dolo eventual. Anotou-se que era o autor quem tinha todas as condições de evitar o próprio sinistro. **REsp 753.906-BA, Rel. Min. Humberto Gomes de Barros, julgado em 14/8/2007.** (Inform. STJ 327)

DANO MORAL. ACIDENTE. TRÂNSITO. MORTE. PAIS. MENOR.
A ação indenizatória foi movida em benefício do menor, então com três anos, que viu ambos os pais falecerem em razão do acidente de trânsito causado por servidor militar à frente da condução de veículo pertencente ao Exército, em uso particular (mudança residencial) autorizado pela unidade em que servia. Houve a condenação da União a reparar os danos materiais, mediante o pagamento de pensão no patamar de sete salários-mínimos, fixados os danos morais em 2.000 salários-mínimos, afora a determinação de o servidor, via denunciação da lide, pagar os prejuízos da União. Isso posto, faz-se necessário anotar que, em nosso sistema jurídico, a responsabilidade do Poder Público é objetiva ao adotar-se a teoria do risco administrativo e que a condição de agente público, quando contribui de modo determinante para a conduta lesiva, é causa para a responsabilização estatal, dispensado que os danos sejam apenas decorrentes do exercício da atividade funcional, quanto mais se não é classificado como terceiro o agente público que tem a posse do veículo. Responde a Administração pelos danos decorrentes do acidente, mesmo que tenha autorizado a posse do veículo a seu agente, sabedora que se utilizaria em uso particular. Quanto à indenização dos danos morais, ao se considerar a peculiar situação de uma criança em tenra idade perder a companhia dos pais, bem como os patamares fixados pela jurisprudência deste Superior Tribunal, melhor reduzi-la ao correspondente a 600 salários-mínimos. **REsp 866.450-RS, Rel. Min. Herman Benjamin, julgado em 24/4/2007.** (Inform. STJ 318)

Súmula STF nº 492

A empresa locadora de veículos responde, civil e solidariamente com o locatário, pelos danos por este causados a terceiro, no uso do carro locado.

Súmula STJ nº 132

A ausência de registro da transferência não implica a responsabilidade do antigo proprietário por dano resultante de acidente que envolva o veículo alienado.

4.7. Responsabilidade do transportador

DIREITO CIVIL. TRANSPORTE DE CARGA PELA ECT. ROUBO. FORÇA MAIOR.
A Empresa Brasileira de Correios e Telégrafos (ECT), ao prestar serviço de coleta, transporte e entrega domiciliar de fitas de vídeo mediante Sedex, não responde pelos danos decorrentes do roubo da carga, salvo se demonstrado que a transportadora não adotou as cautelas necessárias. O STF, ao julgar a ADPF 46-DF, restringiu à categoria de serviço público stricto sensu (regime de privilégio) as atividades postais descritas no art. 9º da Lei n. 6.538/1978, excluindo do regime especial a distribuição de outros tipos de encomendas ou impressos. O serviço de coleta, transporte e entrega domiciliar de fitas de vídeo, ainda que exercido pelos Correios, caracteriza atividade econômica típica, devendo ser observado o regime de direito privado aplicável a empresas de transporte de carga, com as quais a ECT concorre no mercado. O art. 17, I, da Lei n. 6.538/1978 exclui a responsabilidade objetiva da empresa exploradora de serviço postal pela perda ou danificação de objeto postal em caso de força maior, cuja extensão conceitual abarca a ocorrência de roubo das mercadorias transportadas. Atualmente, a força maior deve ser entendida como espécie do gênero fortuito externo, do qual faz parte também a culpa exclusiva de terceiros, os quais se contrapõem ao chamado fortuito interno. O roubo mediante uso de arma de fogo é fato de terceiro equiparável à força maior, que deve excluir o dever de indenizar, mesmo no sistema de responsabilidade civil objetiva, por se tratar de fato inevitável e irresistível que gera uma impossibilidade absoluta de não ocorrência do dano. Não é razoável exigir que os prestadores de serviço de transporte de cargas alcancem absoluta segurança contra roubos, uma vez que a segurança pública é dever do Estado, também não havendo imposição legal obrigando as empresas transportadoras a contratar escoltas ou rastreamento de caminhão e, sem parecer técnico especializado, nem sequer é possível presumir se, por exemplo, a escolta armada seria eficaz para afastar o risco ou se o agravaria pelo caráter ostensivo do aparato. O exame quanto à falta de cuidado da transportadora, evidentemente, depende das circunstâncias peculiares de

cada caso concreto, não bastando as afirmações de que outros assaltos semelhantes já haviam ocorrido e de que a ocorrência de um assalto não representa circunstância imprevisível em uma metrópole. Mesmo que a relação jurídica se sujeitasse ao regime público de responsabilidade civil do Estado, previsto no art. 37, § 6º, da Constituição Federal, como entendeu o acórdão recorrido, a solução seria a mesma, com a exclusão da responsabilidade dos Correios pelo roubo de mercadorias. Precedentes citados do STF: **RE 109.615-RJ, DJ 2/8/2006; do STJ: REsp 435.865-RJ, DJ 12/5/2003; REsp 927.148-SP, DJe 4/11/2011; REsp 721.439-RJ, DJ 31/8/2007, e REsp 135.259-SP, DJ 2/3/1998. REsp 976.564-SP, Rel. Min. Luis Felipe Salomão, julgado em 20/9/2012.** (Inform. STJ 505)

DIREITO CIVIL. RESPONSABILIDADE CIVIL. FALHA NO SERVIÇO POSTAL CONTRATADO.

É cabível a indenização por danos morais ao advogado que, em razão da entrega tardia da petição ao tribunal pela prestadora de serviços contratada, teve o recurso considerado intempestivo. O fato de a ECT inserir-se na categoria de prestadora de serviço público não a afasta das regras próprias do CDC quando é estabelecida relação de consumo com seus usuários. É direito básico do consumidor a adequada e eficaz prestação dos serviços públicos em geral, nos termos dos arts. 6º, X, e 22, caput, do CDC. As empresas públicas prestadoras de serviços públicos submetem-se ao regime de responsabilidade civil objetiva prevista no art. 14 do código supradito. Essa responsabilidade pelo risco administrativo (art. 37, § 6º, da CF) é confirmada e reforçada com a celebração de contrato de consumo, do qual emergem deveres próprios do microssistema erigido pela Lei n. 8.078/1990. Assim, a empresa fornecedora será responsável se o defeito ou a falha no serviço prestado for apto a gerar danos ao consumidor. A comprovação da gravidade do ato ilícito gera, ipso facto, o dever de indenizar em razão de uma presunção natural, que decorre da experiência comum, de que houve um abalo significativo à dignidade da pessoa. Portanto, o dano moral é in re ipsa, extraído não exatamente da prova de sua ocorrência, mas da análise da gravidade do ato ilícito em abstrato. **REsp 1.210.732-SC, Rel. Min. Luis Felipe Salomão, julgado em 2/10/2012.** (Inform. STJ 505)

RESPONSABILIDADE. ROUBO. CARGA. FORÇA MAIOR.

A Turma reformou acórdão do tribunal *a quo* para excluir o dever de indenizar da transportadora recorrente, contra a qual foi ajuizada, na origem, ação regressiva de ressarcimento de danos pela empresa de seguros recorrida. Na espécie, ficou consignado, nas instâncias ordinárias, que a mercadoria transportada não chegou a seu destino em decorrência de roubo com arma de fogo ocorrido durante o trajeto. Conforme entendimento assente deste Superior Tribunal, tal fato configura hipótese de força maior, capaz de excluir a responsabilidade da empresa de transportes. Nesse contexto, salientou-se que as referidas empresas são obrigadas apenas a contratar o seguro de responsabilidade civil disposto no art. 10 do Dec. n. 61.867/1967, não o que contemple eventuais perdas decorrentes de caso fortuito ou força maior, ao contrário do alegado pelo *decisum* recorrido. Precedentes citados: REsp 130.696-SP, DJ 29/6/1998; AgRg no Ag 721.581-RJ, DJe 29/3/2010; REsp 329.931-SP, DJ 17/2/2003; REsp 164.155-RJ, DJ 3/5/1999; REsp 904.733-MG, DJ 27/8/2007; REsp 416.353-SP, DJ 12/8/2003, REsp 222.821-SP, DJ 1º/7/2004; REsp 109.966-RS, DJ 18/12/1998, e AgRg no REsp 753.404-SC, DJe 19/10/2009. **REsp 663.356-SP, Rel. Min. Luis Felipe Salomão, julgado em 19/8/2010.** (Inform. STJ 443)

RESPONSABILIDADE. TRANSPORTADORA. ASSALTO.

Trata-se de ação de indenização por danos materiais ajuizada pela CEF contra transportadora de malotes bancários, porquanto houve assalto que resultou na subtração de vários malotes da instituição financeira. No REsp, discute-se se há responsabilidade da transportadora pelos prejuízos causados ao banco devido ao assalto. Para o Min. Relator, não seria possível verificar a responsabilidade da empresa transportadora recorrente, visto que demandaria apreciar a amplitude do contrato de prestação de serviço e os cuidados existentes no transporte, o que acarretaria a apreciação de prova e das cláusulas contratuais de competência das instâncias ordinárias. Ressalta que o acórdão recorrido apoiou-se na prova dos autos e na interpretação de cláusulas contratuais para concluir pela responsabilidade da transportadora recorrente e, revê-los, encontraria óbice nas Súmulas ns. 5 e 7 do STJ. Por outro lado, aponta que, segundo a jurisprudência deste Superior Tribunal, a instituição financeira tem responsabilidade, mesmo em caso de roubo, pelos bens sob sua guarda, visto que a segurança de valores é serviço essencial à atividade econômica desenvolvida, sobretudo em razão da possibilidade de assaltos à mão armada no transporte de dinheiro e títulos. Assim, se a instituição financeira não pode eximir-se da responsabilidade ao argumento de existência de força maior, com igual propriedade a empresa encarregada pelo transporte, contratada pela instituição financeira, devido à natureza e valor dos bens. Observa-se que tanto é previsível a existência de assaltos que a própria transportadora assegura-se de todas as cautelas, como utilização de carros-forte, seguranças armados etc. Diante do exposto, a Turma negou provimento ao recurso. Precedentes citados: AgRg no Ag 450.101-SP, DJ 17/2/2003, e REsp 480.498-MG, DJ 24/5/2004. **REsp 965.520-PE, Rel. Min. Aldir Passarinho Junior, julgado em 8/6/2010.** (Inform. STJ 438)

RESPONSABILIDADE CIVIL. TRANSPORTE COLETIVO.

Trata-se de recurso de usuário de transporte coletivo (ônibus) que foi vítima de ferimentos graves provocados pelo arremesso de pedra por terceiro, o que ocasionou seu afastamento das atividades escolares e laborais. No caso, a Turma entendeu que a empresa recorrida está isenta de responsabilidade pelo episódio, porquanto não contribuiu para o sinistro, não havendo ato ilícito a ser indenizado por ela. Precedentes citados: AgRg no Ag 1.064.974-RJ, DJe 15/10/2008; REsp 402.227-RJ, DJ 11/4/2005, e REsp 262.682-MG, DJ 20/6/2005. REsp 919.823-RS, Rel. Min. Aldir Passarinho Junior, julgado em 4/3/2010. (Inform. STJ 425)

RESPONSABILIDADE CIVIL. CORTESIA. TRANSPORTE.

A Turma decidiu que, no caso de transporte desinteressado, de simples cortesia, só haverá possibilidade de condenação do transportador mediante a prova de dolo ou culpa grave (Súm. n. 145-STJ). Outrossim, responde por culpa grave o condutor de veículo que transporta passageiro gratuitamente, de forma irregular, em carroceria aberta de caminhão, em que é previsível a ocorrência de graves danos, mesmo crendo que não acontecerão. No caso, não cabe a pretendida redução da condenação, por não ter sido apontada a lei vulnerada pelo acórdão recorrido, razão pela qual incide a Súm. n. 284-STF por analogia. REsp 685.791-MG, Rel. Min. Vasco Della Giustina (Desembargador convocado do TJ-RS), julgado em 18/2/2010. (Inform. STJ 423)

4.8. Responsabilidade do estacionamento (depósito)

RESPONSABILIDADE. FURTO. VEÍCULO. ESTACIONAMENTO.

A Turma entendeu que o fato de o estacionamento público ser utilizado, em grande parte, por pessoas que frequentam *shopping center* não conduz à responsabilidade dele por furto de veículo ocorrido naquele estacionamento, pois penalizaria todo aquele que possuísse estabelecimento próximo a estacionamento público, ainda que sem qualquer ingerência em sua administração. Assim, a Turma conheceu do recurso e lhe deu provimento para restabelecer a sentença de improcedência do pedido inicial. **REsp 883.452-DF, Rel. Min. Aldir Passarinho Junior, julgado em 1º/12/2009.** (Inform. STJ 418)

ROUBO. VEÍCULO. ESTACIONAMENTO.

A Turma reiterou o entendimento de que o roubo de veículo em estacionamento de estabelecimento bancário não elide a responsabilidade da indenização, cabível mormente pela necessidade inerente ao ramo de atividade de empresa exploradora do dito estacionamento, não podendo também alegar força maior. Precedente citado: REsp 131.662-SP, DJ 16/10/2000. **REsp 503.208-SP, Rel. Min. Aldir Passarinho Junior, julgado em 26/5/2008.** (Inform. STJ 357)

INDENIZAÇÃO. RESPONSABILIDADE CIVIL. FURTO. MOTOCICLETA. ESTACIONAMENTO. CLUBE.

Cuida-se de recurso contra acórdão de Tribunal de Justiça que condenou o clube (associação social e recreativa) a indenizar a sócia pelo furto de sua motocicleta no estacionamento da agremiação. O Min. Relator destacou que, tanto para a situação de instituição sócio-recreativa como para condomínios, o entendimento consagrado da Quarta Turma deste Superior Tribunal é no sentido da validade da cláusula excludente de responsabilidade, considerada a natureza e fins da entidade em cujas dependências ocorre o furto. O que há de diferente, no presente caso, é a ausência de norma estatutária isentando a entidade pelo prejuízo sofrido pelo associado. No entanto, apreciando hipótese de furto em condomínio, a Segunda Seção, por maioria, ainda foi mais além, para somente ter como responsável a comunidade se expressamente previsto o encargo nas regras internas. Entendeu o Min. Relator que não há razão para se diferenciar o tratamento e, nessas condições, portanto, salvo existindo norma expressa, taxativa, da entidade assumindo a responsabilidade pelo dano ao sócio, nenhuma indenização é devida. Precedentes citados: REsp 86.137-SP, DJ 15/6/1998; REsp 268.669-SP, DJ 1º/10/2001, e EREsp 268.669-SP, DJ 26/4/2006. **REsp 310.953-SP, Rel. Min. Aldir Passarinho Junior, julgado em 10/4/2007.** (Inform. STJ 316)

4.9. Responsabilidade pela violação ao direito de imagem

EMENTA: IMUNIDADE PARLAMENTAR EM SENTIDO MATERIAL (INVIOLABILIDADE). DECLARAÇÕES DIVULGADAS PELO BOLETIM DIÁRIO DA SESSÃO PLENÁRIA DA CÂMARA LEGISLATIVA E ENTREVISTAS JORNALÍSTICAS PUBLICADAS PELA IMPRENSA LOCAL. IMPOSSIBILIDADE DE RESPONSABILIZAÇÃO CIVIL DE MEMBRO DO PODER LEGISLATIVO. PRESSUPOSTOS DE INCIDÊNCIA DA GARANTIA CONSTITUCIONAL DA IMUNIDADE PARLAMENTAR. PRÁTICA "*IN OFFICIO*" E PRÁTICA "*PROPTER OFFICIUM*". RECURSO IMPROVIDO.
- A garantia constitucional da imunidade parlamentar em sentido material (CF, art. 53, "*caput*") exclui a possibilidade jurídica de responsabilização civil do membro do Poder Legislativo, por danos eventualmente resultantes de suas manifestações, orais ou escritas, desde que motivadas pelo desempenho do mandato (prática "*in officio*") ou externadas em razão deste (prática "*propter officium*"), qualquer que seja o âmbito espacial ("*locus*") em que se haja exercido a liberdade de opinião, ainda que fora do recinto da própria Casa legislativa, independentemente dos meios de divulgação utilizados, nestes incluídas as entrevistas jornalísticas. Doutrina. Precedentes.
- A EC 35/2001, ao dar nova fórmula redacional ao art. 53, "*caput*", da Constituição da República, explicitou diretriz, que, firmada anteriormente pelo Supremo Tribunal Federal (RTJ 177/1375-1376, Rel. Min. SEPÚLVEDA PERTENCE), já reconhecia, em favor do membro do Poder Legislativo, a exclusão de sua responsabilidade civil, como decorrência da garantia fundada na imunidade parlamentar material, desde que satisfeitos determinados pressupostos legitimadores da incidência dessa excepcional prerrogativa jurídica.
- Essa prerrogativa político-jurídica - que protege o parlamentar em tema de responsabilidade civil - supõe, para que possa ser invocada, que exista o necessário nexo de implicação recíproca entre as declarações moralmente ofensivas, de um lado, e a prática inerente ao ofício legislativo, de outro. Doutrina. Precedentes.
- Se o membro do Poder Legislativo, não obstante amparado pela imunidade parlamentar material, incidir em abuso dessa prerrogativa constitucional, expor-se-á à *jurisdição censória* da própria Casa legislativa a que pertence (CF, art. 55, § 1º). Precedentes: Inq 1.958/AC, Rel. p/ o acórdão Min. CARLOS BRITTO (RTJ 194/56, Pleno) – RE 140.867/MS, Rel. p/ o acórdão Min. MAURÍCIO CORRÊA (Pleno). AI 401600/DF. **RELATOR: MIN. CELSO DE MELLO**. (Inform. STF 569)

Liberdade de Imprensa - Crítica Jornalística - Figuras Públicas ou Notórias - Excludentes Anímicas - Inexistência de Abuso

EMENTA: LIBERDADE DE INFORMAÇÃO. DIREITO DE CRÍTICA. PRERROGATIVA POLÍTICO-JURÍDICA DE ÍNDOLE CONSTITUCIONAL. MATÉRIA JORNALÍSTICA QUE EXPÕE FATOS E VEICULA OPINIÃO EM TOM DE CRÍTICA. CIRCUNSTÂNCIA QUE EXCLUI O INTUITO DE OFENDER. AS *EXCLUDENTES ANÍMICAS* COMO FATOR DE DESCARACTERIZAÇÃO DO "*ANIMUS INJURIANDI VEL DIFFAMANDI*". AUSÊNCIA DE ILICITUDE NO COMPORTAMENTO DO PROFISSIONAL DE IMPRENSA. INOCORRÊNCIA DE ABUSO DA LIBERDADE DE MANIFESTAÇÃO DO PENSAMENTO. CARACTERIZAÇÃO, NA ESPÉCIE, DO REGULAR EXERCÍCIO DO DIREITO DE INFORMAÇÃO. O DIREITO DE CRÍTICA, QUANDO MOTIVADO POR RAZÕES DE INTERESSE COLETIVO, NÃO SE REDUZ, EM SUA EXPRESSÃO CONCRETA, À DIMENSÃO DO ABUSO DA LIBERDADE DE IMPRENSA. A QUESTÃO DA LIBERDADE DE INFORMAÇÃO (E DO DIREITO DE CRÍTICA NELA FUNDADO) EM FACE DAS FIGURAS PÚBLICAS OU NOTÓRIAS. JURISPRUDÊNCIA. DOUTRINA. JORNALISTA QUE FOI CONDENADO AO PAGAMENTO DE INDENIZAÇÃO CIVIL POR DANOS MORAIS. INSUBSISTÊNCIA, NO CASO, DESSA CONDENAÇÃO CIVIL. IMPROCEDÊNCIA DA "*AÇÃO INDENIZATÓRIA*". CONVERSÃO DO AGRAVO DE INSTRUMENTO EM RECURSO EXTRAORDINÁRIO, QUE, PARCIALMENTE CONHECIDO, É, NESSA PARTE, PROVIDO. AI 505595/RJ. **RELATOR: MIN. CELSO DE MELLO**. (Inform. STF 568)

DIREITO CIVIL. DIREITOS DA PERSONALIDADE. UTILIZAÇÃO DE IMAGEM DE PESSOA PÚBLICA SEM AUTORIZAÇÃO. FINALIDADE EXCLUSIVAMENTE ECONÔMICA. EXISTÊNCIA DE DANO MORAL.

Ainda que se trate de pessoa pública, o uso não autorizado da sua imagem, com fins exclusivamente econômicos e publicitários, gera danos morais. A jurisprudência do STJ firmou-se no sentido de que a indenização pela publicação não autorizada de imagem de pessoa com fins econômicos ou comerciais independe de prova do prejuízo (Súm. n. 403/STJ). Assim, a obrigação de indenizar, tratando-se de direito à imagem, decorre do próprio uso indevido desse direito, não havendo, ademais, que se cogitar de prova da existência de prejuízo. Cuida-se, portanto, de dano in re ipsa, sendo irrelevante que se trate de pessoa notória. Precedentes citados: EREsp 230.268-SP, DJ 4/8/2003, e AgRg no Ag 1.345.989-SP, DJe 23/3/2012. REsp 1.102.756-SP, Rel. Min. Nancy Andrigui, julgado em 20/11/2012. (Inform. STJ 509)

DANOS MORAIS. MATÉRIA JORNALÍSTICA SOBRE PESSOA NOTÓRIA.

Não constitui ato ilícito apto à produção de danos morais a matéria jornalística sobre pessoa notória a qual, além de encontrar apoio em matérias anteriormente publicadas por outros meios de comunicação, tenha cunho meramente investigativo, revestindo-se, ainda, de interesse público, sem nenhum sensacionalismo ou intromissão na privacidade do autor. O embate em exame revela, em verdade, colisão entre dois direitos fundamentais, consagrados tanto na CF quanto na legislação infraconstitucional: o direito de livre manifestação do pensamento de um lado e, de outro lado, a proteção dos direitos da personalidade, como a imagem e a honra. Não se desconhece que, em se tratando de matéria veiculada em meio de comunicação, a responsabilidade civil por danos morais exsurge quando a matéria for divulgada com a intenção de injuriar, difamar ou caluniar terceiro. Além disso, é inconteste também que as notícias cujo objeto sejam pessoas notórias não podem refletir críticas indiscriminadas e levianas, pois existe uma esfera íntima do indivíduo, como pessoa humana, que não pode ser ultrapassada. De fato, as pessoas públicas e notórias não deixam, só por isso, de ter o resguardo de direitos da personalidade. Apesar disso, em casos tais, a apuração da responsabilidade civil depende da aferição de culpa sob pena de ofensa à liberdade de imprensa. Tendo o jornalista atuado nos limites da liberdade de expressão e no seu exercício regular do direito de informar, não há como falar na ocorrência de ato ilícito, não se podendo, portanto, responsabilizá-lo por supostos danos morais. Precedentes citados: REsp 1.082.878-RJ, DJe 18/11/2008; e REsp 706.769-RN, DJe 27/4/2009. REsp 1.330.028-DF, Rel. Min. Ricardo Villas Bôas Cueva, julgado em 6/11/2012.(Inform. STJ 508)

INDENIZAÇÃO. MATÉRIA JORNALÍSTICA. DIREITO DE INFORMAR. LIBERDADE DE IMPRENSA.

A Turma deu provimento ao recurso para afastar a responsabilização da empresa jornalística, ora recorrente, pelo pagamento de indenização ao recorrido (magistrado), sob o entendimento de que, no caso, não existiria ilícito civil, pois a recorrente teria atuado nos limites do exercício de informar e do princípio da liberdade da imprensa. O Min. Relator observou que a análise relativa à ocorrência de abuso no exercício da liberdade de expressão jornalística a ensejar reparação civil por dano moral a direitos da personalidade fica a depender do exame de cada caso concreto; pois, em tese, sopesados os valores em conflito, máxime quando atingida pessoa investida de autoridade pública, mostra-se recomendável que se dê prevalência à liberdade de informação e de crítica. Na hipótese dos autos, tem-se que a matéria jornalística relacionou-se a fatos de interesse da coletividade, os quais dizem respeito diretamente aos atos e comportamentos do recorrido na condição de autoridade. Tratou a recorrente, na reportagem, em abordagem não apenas noticiosa, mas sobretudo de ácida crítica que atingiu o ora recorrido, numa zona fronteiriça, de marcos imprecisos, entre o limite da liberdade de expressão e o limiar do abuso do direito ao exercício dessa liberdade. Esses extremos podem ser identificados no título e noutras passagens sarcásticas da notícia veiculada de forma crítica. Essas, porém, estão inseridas na matéria jornalística de cunho informativo, baseada em levantamentos de fatos de interesse público, que não extrapola claramente o direito de crítica, principalmente porque exercida em relação a casos que ostentam gravidade e ampla repercussão social. O relatório final da "CPI do Judiciário" fora divulgado no mesmo mês da publicação da matéria jornalística, em dezembro de 1999; elaborada, portanto, sob o impacto e a influência daquele documento público relevante para a vida nacional. E como fatos graves foram imputados ao ora recorrido naquele relatório, é natural que revista de circulação nacional tenha dado destaque à notícia e emitido cáustica opinião, entendendo-se amparada no teor daquele documento público. Portanto, essa contemporaneidade entre os eventos da divulgação do relatório final da CPI e da publicação da notícia eivada de ácida crítica ao magistrado é levada em conta para descaracterizar o abuso no exercício da liberdade de imprensa. Desse modo, embora não se possa duvidar do sofrimento experimentado pelo recorrido, a revelar a presença de dano moral, este não se mostra indenizável, dadas as circunstâncias do caso, por força daquela "imperiosa cláusula de modicidade" subjacente a que alude a Suprema Corte no julgamento da ADPF 130-DF. Precedentes citados do STF: ADPF 130-DF, DJe de 5/11/2009; do STJ: REsp 828.107-SP, DJ 25/9/2006. REsp 801.109-DF, Rel. Min. Raul Araújo, julgado em 12/6/2012. (Inform. STJ 499)

DANOS MORAIS. MATÉRIA JORNALÍSTICA. PUBLICAÇÃO DE FOTO SEM AUTORIZAÇÃO.

A Turma negou provimento ao especial e manteve a indenização em favor do recorrido na importância de R$ 50 mil, pelo uso indevido de sua imagem em matéria jornalística. Trata-se, na espécie, de ação de reparação de danos morais proposta contra editora em razão da publicação da fotografia e nome do recorrido sem sua autorização, em reportagem na qual consta como testemunha de homicídio – estava na companhia do jovem agredido e morto – ocorrido na Praça da República, na capital paulista, por motivos homofóbicos. O Min. Relator destacou que o direito à imagem, qualificado como direito personalíssimo, assegura a qualquer pessoa a oposição da divulgação da sua imagem, em circunstâncias concernentes a sua vida privada e intimidade. Observou, contudo, que a veiculação de fotografia sem autorização não gera, por si só, o dever de indenizar, sendo necessária a análise específica de cada situação. No presente caso, reputou-se que a matéria jornalística teve como foco a intimidade do recorrido, expondo, de forma direta e clara, sua opção sexual. Dessa forma, a publicação da fotografia com o destaque "sobrevivente" não poderia ter sido feita sem autorização expressa; pois, sem dúvida, submeteu o recorrido, no mínimo, ao desconforto social de divulgação pública de sua intimidade. Assim, conclui-se ser indenizável o dano à imagem do recorrido. REsp 1.235.926-SP, Rel. Min. Sidnei Beneti, julgado em 15/3/2012.(Inform. STJ 493)

DANO MORAL. PARLAMENTAR.

De acordo com a jurisprudência pacífica do STJ, a fixação do valor de indenização por danos morais só pode ser revisada pelo tribunal se o montante for irrisório ou exagerado, em flagrante inobservância dos princípios da razoabilidade e da proporcionalidade. No caso, um parlamentar foi alvo de críticas sarcásticas em matéria publicada em revista de circulação nacional. Considerando-se que o ofendido era membro de uma das casas do Congresso Nacional, portanto pessoa exposta a abordagens críticas mais ácidas, a Turma entendeu que a reportagem não se afastou muito dos limites tolerados em qualquer democracia. Dessa forma, entendeu-se razoável a fixação por dano moral em R$ 5 mil. Precedentes citados: AgRg no REsp 971.113-SP, DJe 8/3/2010; AgRg no REsp 675.950-SC, DJe 3/11/2008, e REsp 1.082.878-RJ, DJe 18/11/2008. **REsp 685.933-DF, Rel. Min. Raul Araújo, julgado em 15/3/2012. (Inform. STJ 493)**

INDENIZAÇÃO. MATÉRIA JORNALÍSTICA. DIREITO DE INFORMAR. LIBERDADE DE IMPRENSA.

A Turma, por maioria, deu provimento ao recurso para afastar a responsabilização da empresa jornalística ora recorrente pelo pagamento de indenização à recorrida sob o entendimento de que, no caso, não existiria ilícito civil, pois a recorrente teria atuado nos limites do exercício de informar e do princípio da liberdade da imprensa. Na espécie, a defesa alegava ofensa à honra da recorrida; pois, em matéria publicada no referido jornal, ela teria sido confundida com uma evangélica fanática que, após quebrar o bloqueio da segurança presidencial, teria se aproximado do então presidente da República Luiz Inácio Lula da Silva para fazer um discurso favorável à pessoa de Fernandinho Beira-Mar. Inicialmente, observou o Min. Relator que, em se tratando de matéria veiculada pela imprensa, a responsabilidade civil por danos morais emerge quando a reportagem for divulgada com a intenção de injuriar, difamar ou caluniar. Nessas hipóteses, a responsabilidade das empresas jornalísticas seria de natureza subjetiva, dependendo da aferição de culpa, sob pena de ofensa à liberdade de imprensa. Assentou, ainda, que, se o fato divulgado for verídico e estiver presente o interesse público na informação, não há que falar em abuso na veiculação da notícia, caso em que, por consectário, inexiste o dever de indenizar, sendo essa a hipótese dos autos. Segundo destacou, a matéria publicada não tinha como objetivo ofender a honra da recorrida, mas sim noticiar a possível falha na segurança da então Presidência da República, que permitiu a aproximação de uma cidadã não identificada, sem autorização, da autoridade máxima do país, assunto, portanto, de interesse nacional. Consignou, ademais, que a matéria escorou-se em fatos objetivos e de notória relevância, o que afasta a ilicitude da divulgação, sendo que, em momento algum, foi publicada a fotografia ou o nome completo da recorrida. Pelo contrário, a reportagem trouxe a imagem da verdadeira autora do discurso, identificando-a pelo seu próprio nome. Dessa forma, ainda que tenham nomes similares, não seria crível ter havido confusão entre aquela e a ora recorrida. REsp 1.268.233-DF, Rel. Min. Massami Uyeda, julgado em 15/3/2012. (Inform. STJ 493)

DANO MORAL. DIREITO DE INFORMAR E DIREITO À IMAGEM.

O direito de informar deve ser analisado com a proteção dada ao direito de imagem. O Min. Relator, com base na doutrina, consignou que, para verificação da gravidade do dano sofrido pela pessoa cuja imagem é utilizada sem autorização prévia, devem ser analisados: (i) o grau de consciência do retratado em relação à possibilidade de captação da sua imagem no contexto da imagem do qual foi extraída; (ii) o grau de identificação do retratado na imagem veiculada; (iii) a amplitude da exposição do retratado; e (iv) a natureza e o grau de repercussão do meio pelo qual se dá a divulgação. De outra parte, o direito de informar deve ser garantido, observando os seguintes parâmetros: (i) o grau de utilidade para o público do fato informado por meio da imagem; (ii) o grau de atualidade da imagem; (iii) o grau de necessidade da veiculação da imagem para informar o fato; e (iv) o grau de preservação do contexto originário do qual a imagem foi colhida. No caso analisado, emissora de TV captou imagens, sem autorização, de funcionário de empresa de assistência técnica durante visita para realização de orçamento para conserto de uma televisão que, segundo a emissora de TV, estava apenas com um fusível queimado. O orçamento realizado englobou outros serviços, além da troca do fusível. A imagem do funcionário foi bem focalizada, permitindo sua individualização, bem como da empresa em que trabalhava. Não houve oportunidade de contraditório para que o envolvido pudesse provar que o aparelho tinha outros defeitos, além daquele informado pela rede de TV. Assim, restou configurado dano moral por utilização indevida da imagem do funcionário. Noutro aspecto analisado, o Min. Relator destacou a pacífica jurisprudência do STJ que possibilita a revisão do montante devido a título de dano moral, quando o valor for exorbitante ou irrisório, observados os princípios da proporcionalidade e da razoabilidade. Nesse contexto, a Turma entendeu desproporcional a fixação da verba indenizatória em R$ 100 mil, reduzindo-a a R$ 30 mil. Precedentes citados: REsp 267.529-RJ, DJ de 18/12/2000; REsp 1.219.197-RS, DJe de 17/10/2011; REsp 1.005.278-SE, DJe de 11/11/2010; REsp 569.812-SC, DJ de 1º/8/2005. REsp 794.586-RJ, Rel. Min. Raul Araújo, julgado em 15/3/2012. (Inform. STJ 493)

DANO MORAL. PUBLICAÇÃO. REVISTA.

Trata-se, na origem, de ação indenizatória ajuizada por ex-presidente da República, recorrente, contra grupo editorial, recorrido, em razão de matéria publicada em revista de propriedade da última. Segundo o recorrente, a reportagem agrediu-o com uma série de calúnias, injúrias e difamações. O juízo a quo julgou improcedente o pedido. O tribunal de origem reformou a sentença, fixando a indenização em R$ 60 mil. O recorrente interpôs recurso especial alegando, em síntese, que o valor da indenização foi arbitrado com excessiva parcimônia, violando o art. 944 do CC, não tendo sido levada em consideração a qualificação das partes envolvidas, a repercussão do dano causado e o lucro auferido pela recorrida com a publicação da reportagem injuriosa. A Turma, por maioria, deu provimento ao recurso por entender que a lei não fixa valores ou critérios para a quantificação do valor do dano moral. Ademais, essa Corte tem-se pronunciado no sentido de que o valor de reparação do dano deve ser fixado em montante que desestimule o ofensor a repetir a falta, sem constituir, de outro lado, enriquecimento indevido. No caso, o desestímulo ao tipo de ofensa, juridicamente catalogada como injúria, deve ser enfatizado. Não importa quem seja o ofendido, o sistema jurídico reprova sejam-lhe dirigidos qualificativos pessoais ofensivos à honra e à dignidade. A linguagem oferece larga margem de variantes para externar a crítica sem o uso de palavras e expressões ofensivas. O desestímulo ao escrito injurioso em grande e respeitado veículo de comunicação autoriza a fixação da indenização mais elevada, à moda do punitive dammage do direito anglo-americano, revivendo lembranças de suas consequências para a generalidade da comunicação de que o respeito à dignidade pessoal se impõe a todos. Por outro lado, não se pode deixar de atentar aos fundamentos da qualidade da ofensa pessoal considerados pela douta maioria no julgamento, salientando que o recorrente, absolvido, mesmo que por motivos formais, da acusação da prática do crime de corrupção e ainda que sancionado com o julgamento político do impeachment, veio a cumprir o período legal de exclusão da atividade política e, posteriormente, eleito senador da República, chancelado pelo respeitável fato da vontade popular. Diante dessa e de outras considerações, definiu-se o valor de R$ 500 mil, fixado à dosagem equitativa em consideração às circunstâncias objetivas e subjetivas da ofensa, ligadas ao fato e suas consequências, bem como à capacidade econômica dos ofensores e à pessoa do ofendido. Vencidos em parte o Min. Relator e o Min. Paulo de Tarso Sanseverino, que proviam em menor extensão ao fixar a indenização em R$ 150 mil. REsp 1.120.971-RJ. Rel. Min. Sidnei Beneti, julgado em 28/2/2012. (Inform. STJ 492)

DANO MORAL. REPORTAGEM. FATOS REFUTADOS JUDICIALMENTE.

A Turma deu provimento ao recurso especial interposto contra decisão do tribunal de origem que não reconheceu abuso do direito de informar, para fixar indenização em favor dos magistrados de Tribunal Superior e advogado, autores da ação. Segundo o Min. Relator, os recorridos noticiaram, de forma incompleta, os fatos ao desconsiderarem decisões judiciais – já publicadas à época e de conhecimento desses – que refutavam os acontecimentos narrados e diminuiriam a repercussão da notícia veiculada na revista. O dano moral foi causado pela publicação da matéria que estabeleceu ligação direta e inverídica entre os recorrentes e os fatos a eles imputados, atingindo-lhes a honra. Assim, observando o enunciado da Súm. n. 221-STJ e o art. 953

do CC/2002, a Turma responsabilizou solidariamente todos os recorridos e fixou a indenização em R$ 20 mil em favor de cada um dos autores da ação, ora recorrentes. Os recorridos também foram condenados por litigância de má-fé; pois, durante a sessão de julgamento, na sustentação oral, arguiram indevidamente preliminar de deserção pela falta do recolhimento do porte de remessa e retorno. Verificada a existência da guia de recolhimento nos autos, a Turma reconheceu a litigância de má-fé nos termos do art. 17, I e II, do CPC e aplicou a multa de 1% do valor da causa, prevista no art. 18 do mesmo diploma legal. **REsp 1.263.973-DF, Rel. Min. Villas Bôas Cueva, julgado em 17/11/2011.** (Inform. STJ 487)

PROVEDOR. INTERNET. EXCLUSÃO. OFENSA.
Na espécie, o ora recorrido (médico-cirurgião plástico) informou na inicial que seu nome fora vinculado a predicativos depreciativos de sua honra veiculados em fóruns de discussão em *site* de relacionamentos integrante da rede mundial de computadores administrado pela recorrente. Por isso, pleiteou, além de indenização pelos danos sofridos, a concessão de medida liminar para que a recorrente retirasse do referido *site* todas as ofensas à sua imagem no prazo de 24 horas, sob pena de multa diária de R$ 1 mil. O juízo singular concedeu a antecipação de tutela para que a recorrente excluísse do *site* todas as menções difamatórias relacionadas ao recorrido dentro do prazo máximo de 48 horas a partir da intimação, sob pena de multa diária no valor de R$ 800,00 por dia de atraso. Diante disso, a recorrente interpôs agravo de instrumento (a que foi negado seguimento) contra a decisão que determinou a exclusão do *site* de relacionamentos de toda e qualquer menção difamatória ao nome do recorrido. Alegou que não tem condição técnica para proceder a uma "varredura" do *site* com o fim de localizar o conteúdo difamatório, sendo imprescindível a identificação precisa da página que hospeda o conteúdo, mediante a informação da *URL* (*Uniform Resource Locator*). Assim, discute-se, no caso, apenas se há o dever do provedor do serviço de *Internet* de retirar as páginas nas quais foram identificadas tais ofensas, independentemente de a vítima oferecer com precisão os endereços eletrônicos. O Min. Relator asseverou que, diante da moldura fática apresentada à Turma, afigurou-se correta a decisão singular, bem como o acórdão que a manteve. Isso porque não é crível que uma sociedade empresária do porte da recorrente não possua capacidade técnica para identificar as páginas que contenham as mencionadas mensagens, independentemente da identificação precisa por parte do recorrido das *URLs*. Assim, a argumentada incapacidade técnica de varredura das mensagens indiscutivelmente difamantes é algo de *venire contra factum proprium*, inoponível em favor do provedor de *Internet*. Com essas, entre outras ponderações, a Turma negou provimento ao recurso. Precedentes citados: REsp 765.105-TO, DJ 30/10/2006, e REsp 1.117.633-RO, DJe 26/3/2010. **REsp 1.175.675-RS, Rel. Min. Luis Felipe Salomão, julgado em 9/8/2011.** (Inform. STJ 480)

RESP. LEI DE IMPRENSA.
Trata-se, na origem, de ação indenizatória por danos morais ajuizada por magistrado que alega ser alvo de ataques à sua honra, imagem e integridade profissional decorrentes de publicação veiculada em jornal. O STF, ao julgar a ADPF 130, declarou que a Lei de Imprensa, em seu todo, não foi recepcionada pela Constituição Federal. Nos termos do entendimento predominante no STF, há retroação dos efeitos decorrentes da declaração de não recepção independentemente dos reflexos decorrentes da anterior aplicação da referida lei. Assim a decisão que declarou a não recepção produz efeitos *ex tunc,* ou seja, a lei é inválida desde sua promulgação. Se assim é, este Superior Tribunal, na via do recurso especial, o qual tem a função de garantir a boa aplicação da lei federal e unificar-lhe a interpretação em todo o Brasil, não pode promover o controle de uma lei federal não recepcionada. Logo, a Turma, ao retificar a proclamação do resultado do julgamento da sessão do dia 8/2/2001, não conheceu dos recursos. **REsp 942.587-ES, Rel. Min. Luis Felipe Salomão, em 2/8/2011 (ver Informativo n. 462).** (Inform. STJ 480)

DANO MORAL. NEPOTISMO CRUZADO. REPORTAGEM TELEVISIVA.
Trata-se de REsp no qual se busca, em síntese, a qualificação jurídica a ser conferida à divulgação de imagens de magistrados (desembargadores estaduais), entre as quais a do ora recorrido, reunidos no ambiente habitual de trabalho, com o escopo de ilustrar reportagem sobre a prática do denominado "nepotismo cruzado" no âmbito dos Poderes locais, veiculada em programa jornalístico apresentado pela emissora de TV ora recorrente. Inicialmente, a Min. Relatora, entre outras considerações, ressaltou que, conforme entendimento do STF e também do STJ, não é a simples divulgação da imagem que gera o dever de indenizar; faz-se necessária a presença de outros fatores que evidenciem o exercício abusivo do direito de informar ou mesmo de divulgar a imagem, causando situação vexatória no caso das pessoas públicas, assim denominadas pela doutrina. Dessarte, observou que, na hipótese, consoante a sentença confirmada pelo acórdão recorrido, a primeira imagem que aparece na reportagem televisiva questionada é a do recorrido, cinematografada em *close-up*, ligando diretamente a pessoa dele ao nepotismo cruzado, e a matéria veiculada (com som e imagem) é exatamente no sentido de abominar os envolvidos em tal prática. Desse modo, entendeu que a exposição da imagem dos magistrados presentes à sessão de julgamento, com a focalização em *close up* do recorrido, juiz não vinculado com os fatos noticiados, no início da matéria não era necessária para o esclarecimento do objeto da reportagem, consistindo, portanto, dada a interpretação da prova prevalente nas instâncias ordinárias, em abuso do direito de noticiar. Quanto ao valor da indenização, estabelecido em R$ 50 mil em outubro de 2008, considerou-o adequado, tendo em vista o grande alcance do meio de comunicação utilizado para veicular, em horário nobre, a imagem causadora do dano moral. Diante disso, a Turma, por maioria, conheceu parcialmente do recurso, e, na parte conhecida, negou-lhe provimento. Precedentes citados do STF: MS 24.832-DF, DJ 18/8/2006; do STJ: REsp 803.129-RS, DJe 13/10/2009, e REsp 622.872-RS, DJ 1º/8/2005. **REsp 1.237.401-PE, Rel. Min. Maria Isabel Gallotti, julgado em 21/6/2011.** (Inform. STJ 478)

DANO MORAL. USO INDEVIDO. IMAGEM.
Trata-se de ação de indenização por danos morais pelo uso indevido de imagem em programa de TV (recorrente) que filmou a autora após despejar baratas vivas quando ela transitava em via pública, o que, segundo o TJ, não se poderia confundir com mera brincadeira devido ao terror imposto – que, inclusive, repercutiu na atividade psíquica da vítima. Para coibir esse tipo de conduta, o TJ fixou a indenização em montante equivalente a 500 salários mínimos. Agora, no REsp, a TV alega a ocorrência da decadência nos termos da Lei n. 5.250/1967 (Lei de Imprensa) e a necessidade de redução do valor da indenização. Para o Min. Relator, a limitação do prazo decadencial disposta na citada lei não foi recepcionada pela CF/1988, uma vez que incompatível com seu art. 5º, X, que erigiu o dano moral a direito fundamental do cidadão, de sorte que é inadmissível tratamento temporal diferenciado e privilegiado para essa espécie de lesão, apenas porque perpetrada pela mídia, seus agentes e colaboradores. Ademais, observa que o Plenário do STF declarou inconstitucional a Lei de Imprensa por inteiro. Por outro lado, considerou elevado o *quantum* arbitrado, embora ressalte não desconhecer a situação de absoluto constrangimento, pavor e ridicularização sofrida pela recorrida, que teve despejadas inúmeras baratas vivas sobre seu corpo, agravada pelo fato de que essas imagens foram veiculadas em programa televisivo sem a devida autorização. Assim, devido aos constrangimentos sofridos pela recorrida, adequou a condenação em proporcionalidade à lesão e fixou o valor indenizatório em cem mil reais, englobando os danos morais e a exposição indevida da imagem, corrigidos a partir da data desse julgamento. Diante do exposto, a Turma conheceu do recurso especial e deu-lhe parcial provimento, apenas para reduzir o valor da indenização. Precedentes citados do STF: ADPF 130-DF, DJe 6/11/2009; do STJ: AgRg no Ag 871.254-RJ, DJe 1º/7/2009; REsp 625.023-PE, DJ 26/2/2007; REsp 547.710-SP, DJ 10/5/2004; AgRg no Ag 605.917-RJ, DJ 1º/2/2005, e REsp 72.343-RJ, DJ 4/2/2002. **REsp 1.095.385-SP, Rel. Min. Aldir Passarinho Junior, julgado em 7/4/2011.** (Inform. STJ 468)

DANO. IMAGEM. NOME. GUIA. PLANO. SAÚDE.
O nome é um dos atributos da personalidade, pois faz reconhecer seu portador na esfera íntima e em suas relações sociais. O nome personifica, individualiza e identifica a pessoa de forma a poder impor-lhe direitos e obrigações. Desse modo, a inclusão dos nomes dos médicos recorridos em guia de orientação de plano de saúde sem que haja a devida permissão é dano presumido à imagem, o que gera indenização sem que se perquira haver prova de prejuízo, tal qual entendeu o acórdão recorrido. Precedente citado: REsp 267.529-RJ, DJ 18/12/2000. **REsp 1.020.936-ES, Rel. Min. Luis Felipe Salomão, julgado em 17/2/2011.** (Inform. STJ 463)

RESPONSABILIDADE CIVIL. DANO MORAL. OBRA JURÍDICO--INFORMATIVA.
Trata-se, na origem, de ação de reparação por danos morais na qual os recorrentes alegam que declarações do recorrido proferidas em livro e em entrevistas concedidas a programa de rádio e televisão teriam firmado a conclusão de que o pai matou a mãe, e o filho, um dos recorrentes, veio a matar o pai. A Turma, por maioria, entendeu que, ressalvadas as hipóteses de responsabilidade objetiva previstas no sistema de responsabilidade civil, não cabe indenização se ausentes o dolo, a culpa ou o abuso de direito. Nos trechos do livro trazidos na inicial, não há o intuito de denegrir a imagem ou a honra de um dos recorrentes, muito menos a memória de seu falecido pai. As conclusões do autor da obra estão adstritas ao âmbito das suposições e versões sobre o crime. Quanto à entrevista veiculada em programa de

televisão, o tribunal *a quo* concluiu haver ausência de dolo e, em razão da Súm. n. 7-STJ, isso não pode ser revisto nesta instância superior. Assim, a Turma negou provimento ao recurso. **REsp 1.193.886-SP, Rel. Min. Luis Felipe Salomão, julgado em 9/11/2010.** (Inform. STJ 455)

DANOS MORAIS. DIFAMAÇÃO. TV. ELEIÇÕES.

Trata-se de ação indenizatória por danos morais contra emissora de televisão em que os autores ressentem-se de âncora que, em programa de entrevistas intitulado "Eleição 98", nada fez para impedir que o entrevistado desferisse ofensas consideradas difamatórias aos autores. Afirmam os autores que a emissora atraiu para si o ônus da reparação ao permitir a divulgação das ofensas contra eles. A ação foi julgada improcedente, sendo condenados os autores ao pagamento das custas e dos honorários em 15% sobre o valor da causa (fixado em ação de impugnação) e o tribunal *a quo* negou provimento à apelação dos autores. Observa o Min. Relator não ser possível rever o conjunto fático-probatório diante do óbice da Súm. n. 7-STJ, uma vez que as instâncias ordinárias concluíram não estar demonstrado, nos autos, o nexo causal entre a conduta da emissora recorrida e os prejuízos sofridos pelos autores. Também constatou não proceder a multa quanto aos embargos declaratórios opostos com o objetivo de prequestionamento (Súm. n. 98-STJ). Afirma o Min. Relator que também precisam reparo os honorários advocatícios, visto que a jurisprudência deste Superior Tribunal determina que, quando não há condenação, os honorários serão fixados segundo a apreciação equitativa do juiz, com base no § 4º do art. 20 do CPC. Diante do exposto, a Turma deu parcial provimento ao recurso. Precedentes citados: AgRg no Ag 326.119-MG, DJ 4/6/2001, e AgRg no Ag 717.109-SP, DJ 6/3/2006. **REsp 980.132-PI, Rel. Min. Sidnei Beneti, julgado em 19/10/2010.** (Inform. STJ 452)

INDENIZAÇÃO. DANOS MORAIS. JORNAL.

Discute-se, no REsp, se a notícia jornalística intitulada "Motorista Bêbado Bate Carro da Câmara" extrapolou seu direito de informar, atingindo a honra do recorrido. No caso, a ação de indenização por danos morais foi ajuizada contra a editora à qual pertence o jornal, visto que o motorista foi absolvido em sindicância administrativa da câmara municipal na qual não se confirmou seu estado de embriaguez. Por sua vez, anotou o Min. Relator que o acórdão recorrido, para chegar à conclusão de que o jornal extrapolou o direito de informação, consignou que o próprio motorista e algumas testemunhas confirmaram a ingestão de álcool, fato incontroverso nos autos. Ressalta que a liberdade de informação, sobretudo a amparada na liberdade de imprensa, assume um caráter dúplice, ou seja, há direito tanto de informar quanto de ser informado. Também explica que, se de um lado não se permite a leviandade por parte da imprensa, publicando matérias inverídicas que possam ofender a honra das pessoas, de outro lado também não se exigem, na atividade jornalística, verdades absolutas provadas previamente em investigação administrativa, policial ou judicial. Se houvesse tal exigência, iria colidir com a celeridade exigida nos meios de comunicação para noticiar os fatos. Destaca ainda o Min. Relator que a veracidade dos fatos noticiados na imprensa não deve consubstanciar dogma absoluto ou condição peremptoriamente necessária à liberdade de imprensa, mas um compromisso ético com a informação verossímil, o quo pode eventualmente abarcar informações não totalmente precisas. Após essas considerações, entre outras, conclui o Min. Relator que, na hipótese, o jornal agiu segundo a margem tolerável de inexatidão por legítimo juízo de aparência dos fatos e interesse público, visto que, conforme consta dos autos, o autor ingeriu bebida alcoólica em festa com membros do Poder Legislativo local e, em seguida, colidiu com carro oficial à entrada de sua residência. Sendo assim, não houve erro grosseiro na reportagem divulgada, mas interesse público de informar, dar publicidade ao desvio da conduta de agente público, o que é próprio da crítica jornalística nos estados democráticos. Diante do exposto, a Turma deu provimento ao recurso para julgar improcedente o pedido indenizatório, restabelecendo a sentença. Precedentes citados: REsp 957.343-DF, DJe 8/4/2008, e REsp 1.063.304-SP, DJe 13/10/2008. **REsp 680.794-PR, Rel. Min. Luis Felipe Salomão, julgado em 17/6/2010.** (Inform. STJ 439)

DANO MORAL. DIVULGAÇÃO. FOTOS.

A Turma reconheceu a improcedência da ação de reparação de danos materiais e morais, reafirmando que a divulgação de fotografia sem autorização não gera, por si só, o dever de indenizar. Na hipótese, a exposição do recorrido deu-se em cartazes e *folders* publicitários que serviam apenas para divulgar jogos universitários. A sentença julgou improcedente o pedido, assinalando que o autor trabalhava no complexo desportivo da universidade com a função de atender aos alunos e ao público frequentador, além de ser responsável pela locação de canchas esportivas, assim, devia saber, com certa antecedência, de qualquer acontecimento a ser promovido e realizado no seu local de trabalho, mas o Tribunal *a quo* deu parcial provimento ao apelo, reconhecendo o dano moral. Para o Min. Relator, no contexto dos autos, não há o dever de indenizar por uso da imagem utilizada (em *folders* e cartazes) porque não trouxe ao autor qualquer dano à sua integridade física ou moral, além de que o recorrente não a utilizou com fins econômicos. Precedentes citados: AgRg no Ag 735.529-RS, DJ 11/12/2006, e REsp 622.872-RS, DJ 1º/8/2005. **REsp 803.129-RS, Rel. Min. João Otávio de Noronha, julgado em 29/9/2009.** (Inform. STJ 409)

DANOS MORAIS E MATERIAIS. LEI DE IMPRENSA.

Cuida-se de recurso contra empresa de televisão em que se alega violação do art. 159 do CC/1916. Relata o autor que, em 1992, foi cercado por jornalistas da ré e por policiais, vítima que foi do jornalismo sensacionalista de programa de TV que lhe imputou a prática de crime de concussão, resultando em sua prisão por 35 dias e, em razão disso, veio a perder seu emprego. A ação iniciou-se em abril de 1995, há mais de quatorze anos, objetivando danos morais e materiais ao argumento, em síntese, de que teria sido sem base legal seu encarceramento. Reconhecido o erro judiciário da prisão indevida, entendeu o Min. Relator ser possível, desde logo e segundo os precedentes deste Superior Tribunal, arbitrar o valor do dano moral, dando efetividade à tutela jurisdicional buscada há tantos anos, porque a sentença penal faz coisa julgada no cível quanto aos fatos, tornando-se, assim, imutáveis. Diante disso, a Turma deu provimento ao recurso para, ao afastar a decadência do direito do recorrente, determinar a remessa dos autos às instâncias ordinárias a fim de prosseguir o julgamento da demanda, ao argumento de que o prazo decadencial previsto na Lei de Imprensa não prevalece no atual ordenamento jurídico, uma vez que a CF/1988, ao prever indenização por dano moral pela ofensa à honra, pôs fim àquele prazo, que previa sistema estanque, fechado, de reparabilidade dos danos praticados pela imprensa, não o recepcionando. Ademais, o STF suspendeu a vigência da expressão "e sob pena de decadência deverá ser proposta dentro de 3 meses da data da publicação ou transmissão que lhe der causa", constante da parte final do art. 56 da Lei de Imprensa, ao julgar a ADPF n. 130-DF. Precedentes citados: REsp 207.165-SP, DJ 17/12/2004; AgRg no Ag 460.284-RJ, DJ 17/3/2003; REsp 390.594-RJ, DJ 31/5/2004; REsp 655.357-SP, DJ 30/4/2007; AgRg no Ag 684.923-DF, DJ 17/10/2005, e REsp 547.710-SP, DJ 10/5/2004. **REsp 331.564-SP, Rel. Min. Honildo Amaral de Mello Castro (Desembargador convocado do TJ-AP), julgado em 18/8/2009.** (Inform. STJ 403)

DANO MORAL. OFENSA. HONRA. IMAGEM.

O autor, recorrido, jogador de futebol, interpôs ação de indenização objetivando o ressarcimento dos danos à sua honra e imagem contra empresa de jornalismo que publicou, em sua revista, matéria referente a acidentes de trânsito, utilizando-se do seu apelido e de sua foto em capa de revista de grande circulação. A recorrente aduz que, em se tratando de matéria jornalística (art. 27, VIII, da Lei n. 5.250/1967), não há que se falar em dever de indenizar. A condenação imposta denota desproporção entre a mensuração da extensão do dano e a gravidade da culpa. Afirma que as expressões utilizadas na matéria já foram valoradas pelo Poder Judiciário em sede de ação criminal, quando se afastou a ofensividade dessas em relação ao recorrido. Alega ainda ser dispensável a autorização para o uso da imagem do recorrido, já que sua utilização deu-se para ilustrar reportagem de inequívoco interesse público. O Min. Relator dava parcial provimento ao recurso ao entendimento de que a empresa de jornalismo, ao empregar a notória alcunha conferida ao recorrido pela imprensa esportiva, conferindo-lhe conotação ambígua no título da matéria, e ao utilizar imagem daquele, sem sua autorização, em contexto diverso e depreciativo propiciou inequivocamente abalo à honra e à imagem daquele, acarretando-lhe, por conseguinte, a obrigação de reparar os danos causados. Afastado pela Justiça criminal o crime do art. 22 da Lei de Imprensa (Lei n. 5.250/1967) imputado ao autor da matéria jornalística, não há qualquer óbice para que aquele que se considere prejudicado pela veiculação da matéria jornalística pleiteie, perante a Justiça cível, a reparação civil pelos danos morais e materiais dela decorrentes. O dano à imagem decorrente de sua inserção em contexto depreciativo, além de ensejar reparação extrapatrimonial, poderá, se demonstrado que a utilização indevida da imagem de alguém propiciou algum ganho, um enriquecimento indevido a outrem, acarretar a reparação de caráter patrimonial. O Min. Sidnei Beneti, em seu voto vista, entendeu que a publicação não teve o intuito de ofender a honra do autor. No caso já houve a absolvição criminal do jornalista, acusado, em queixa-crime movida pelo autor, do cometimento de delito contra a honra e tal absolvição não se fundou em falta de provas (CPP, art. 386, VI), mas sim, ao contrário, em não constituir o fato infração penal (CPP, art. 386, III). Quer dizer: não se configuraram injúria, calúnia ou difamação, isto é, ausente o intuito de ofender. Essa ausência do intuito de ofender transmigra para o julgamento da questão cível de ação de indenização por dano moral e, uma vez ausente o intuito de ofender por parte do profissional de imprensa responsável pela matéria, tem-se que ausente, também, a responsabilidade indenizatória da revista que a publicou. Não há como exigir o sentido único de direcionamento da imprensa para a versão favorável. Todas as figuras públicas, não só ocupantes de cargos e funções públicas, mas também as particulares que se tornam públicas pela exposição da imagem, são obrigadas a conviver com o destaque da interpretação agradável ou desagradável que seja dada aos atos que praticam e aos fatos que as envolvem. Não houve mais que incômodo ou desconforto pessoal pela exposição de características próprias já antes amplamente divulgadas, com fruição pessoal, e notícia de fatos efetivamente ocorridos, ou seja, o acidente e a condenação, ainda que sujeita a recurso. Diante disso, a Turma, por maioria, deu provimento ao recurso. **REsp 1.021.688-RJ, Rel. originário Min. Massami Uyeda, Rel. para acórdão Min. Sidnei Beneti, julgado em 23/6/2009.** (Inform. STJ 400)

RESPONSABILIDADE. TELEVISÃO. ORGANIZAÇÃO CRIMINOSA.
Cuida a matéria em definir a responsabilidade da imprensa televisiva por veicular reportagem na qual o recorrido é apontado como suspeito de participar de organização criminosa. Inicialmente, destacou a Min. Relatora que a lide deve ser analisada tão somente à luz da legislação civil e constitucional pertinente, tornando-se irrelevantes as citações aos arts. 29, 32, § 1º, 51 e 52 da Lei n. 5.250/1967 (a Lei de Imprensa), uma vez que essa não foi recepcionada pela CF/1988. Em uma primeira oportunidade, a recorrente exibiu reportagem na qual procurava denunciar a existência de organização criminosa, com atuação em dois estados. Ocorre que, com a morte de um advogado, nova reportagem foi exibida durante programa dominical. O nome do recorrido é mencionado em duas oportunidades. Na primeira, o narrador da reportagem afirma que o recorrido teve seu nome citado na notícia-crime como parte da máfia das prefeituras. Na segunda, a fonte revela que teria sido ameaçada pelo recorrido. O TJ viu, nessa situação de fato, abuso do direito de informar com ânimo de difamar e caluniar, destacando que a simples pecha de suspeito já se faz conduta suficiente a ensejar danos à honra objetiva (social) e subjetiva (íntima) do autor, merecendo, assim, repreensão judicial. Para a Min. Relatora, é nesse contexto que surge a violação dos arts. 186 e 927 do CC/2002, sendo certo que, no recurso especial, a recorrente afirma não estarem presentes os requisitos para que lhe imputem responsabilidade civil. Não haveria culpa e tampouco nexo causal. Há, na questão, um conflito de direitos constitucionalmente assegurados. A Constituição Federal assegura a todos a liberdade de pensamento (art. 5º, IV), bem como a livre manifestação desse pensamento (art. 5º, IX) e o acesso à informação (art. 5º, XIV). Esses direitos salvaguardam a atividade da recorrente. No entanto, são invocados pelo recorrido os direitos à reputação, à honra e à imagem, assim como o direito à indenização pelos danos morais e materiais que lhe sejam causados (art. 5º, X). Para a solução do conflito, cabe ao legislador e ao aplicador da lei buscar o ponto de equilíbrio no qual os dois princípios mencionados possam conviver, exercendo verdadeira função harmonizadora. A questão merece ser vista com cautela, para que se esclareçam os limites da liberdade de expressão. É essencial o manejo correto das regras de responsabilidade civil, pois só elas podem indicar onde há abuso de liberdade e lesão injustamente causada a outrem. Na hipótese, constata-se que a reportagem da recorrente, para sustentar essa sua afirmação, trouxe ao ar elementos importantes, como o depoimento de fontes fidedignas, a saber: a prova testemunhal de quem foi à autoridade policial formalizar notícia-crime e a opinião de um procurador da República. Ademais, os autos revelam que o próprio repórter fez-se passar por agente interessado nos benefícios da atividade ilícita, obtendo gravações que efetivamente demonstravam a existência de engenho fraudatório. Não se tratava, portanto, de um mexerico, fofoca ou boato que, negligentemente, divulgava-se em cadeia nacional. Acresça-se a isso que o próprio recorrido revela que uma de suas empresas foi objeto de busca e apreensão. Ao público, foram dadas as duas versões do fato: a do acusador e a do suspeito. Os elementos que cercaram a reportagem também mostravam que havia fatos a serem investigados. O processo de divulgação de informações satisfaz o verdadeiro interesse público, devendo ser célere e eficaz, razão pela qual não se coaduna com rigorismos próprios de um procedimento judicial. Desse modo, vê-se claramente que a recorrente atuou com a diligência devida, não extrapolando os limites impostos à liberdade de informação. A suspeita que recaía sobre o recorrido, por mais dolorosa que lhe seja, de fato, existia e era, à época, fidedigna. Se hoje já não pesam sobre o recorrido essas suspeitas, isso não faz com que o passado altere-se. Pensar de modo contrário seria impor indenização a todo veículo de imprensa que divulgue investigação ou ação penal que, ao final, mostre-se improcedente. Por esses motivos, deve-se concluir que a conduta da recorrente foi lícita, havendo violação dos arts. 186 e 927 do CC/2002. Aderindo a esse entendimento, a Turma deu provimento ao recurso para julgar improcedentes os pedidos formulados na inicial. **REsp 984.803-ES, Rel. Min. Nancy Andrighi, julgado em 26/5/2009.** (Inform. STJ 396)

DANO MORAL. HONRA SUBJETIVA. POLÍTICO.
Em retificação à notícia do REsp 536.556-PR (ver Informativo n. 390), leia-se: o candidato a prefeito municipal propôs ação de indenização contra presidente de partido político adversário em razão de sua participação na elaboração e divulgação de panfleto de teor difamatório durante a campanha eleitoral e postulou sua condenação em 10.800 salários mínimos a título de danos morais. O Min. Relator entendeu que a divulgação de informações prejudiciais à pessoa pública não implica, automaticamente, prejuízos de natureza política, sendo necessária a comprovação da ocorrência de dano à honra subjetiva da vítima. Quanto ao dano moral objetivando compensar apenas lesão à honra subjetiva, o valor fixado pelo tribunal de origem, correspondente a sete mil e quinhentos reais, atende às circunstâncias do caso concreto e está em conformidade com os parâmetros adotados por este Superior Tribunal. Precedentes citados: REsp 846.189-RS, DJ 2/10/2006; REsp 575.696-PR, DJ 16/5/2005; REsp 299.690-RJ, DJ 7/5/2001, e AgRg no Ag 727.915-SP, DJ 26/6/2006. **REsp 536.556-PR, Rel. Min. Luis Felipe Salomão, julgado em 14/4/2009.** (Inform. STJ 391)

DANOS MORAIS. DECLARAÇÕES OFENSIVAS. PREFEITA.
A recorrente, empresa de comunicação, insurge-se contra acórdão de TJ que concedeu à prefeita municipal indenização por danos morais decorrentes de declarações veiculadas em programas de rádio local. Para o Min. Relator, as pessoas públicas, malgrado mais suscetíveis a críticas, não perdem o direito à honra. Alguns aspectos da vida particular de pessoas notórias podem ser noticiados. No entanto, o limite para a informação é o da honra da pessoa. As notícias que têm como objeto pessoas de notoriedade não podem refletir críticas indiscriminadas e levianas, pois existe uma esfera íntima do indivíduo como pessoa humana que não pode ser ultrapassada. Quanto ao argumento de que inexistia o *animus* de ofender a vítima, o exame das declarações difundidas nos programas de rádio revela evidente vontade consciente de atingir a honra da recorrida mediante imputação de atos tipificados como crime, como corrupção passiva, ou de atos que simplesmente a desmoralizam perante a sociedade. Desse modo, evidente o abuso do direito de informar, a indenização por danos morais é cabível. Não é o só fato de a autora ter pleiteado indenização em valor superior ao deferido nas instâncias ordinárias que caracteriza sucumbência recíproca, uma vez que o valor da indenização deduzido na inicial é meramente estimativo. Isso posto, a Turma não conheceu do recurso. **REsp 706.769-RN, Rel. Min. Luis Felipe Salomão, julgado em 14/4/2009.** (Inform. STJ 390)

DANO MORAL. HONRA SUBJETIVA. POLÍTICO.
O candidato a prefeito municipal propôs ação de indenização contra presidente de partido político adversário em razão de sua participação na elaboração e divulgação de panfleto de teor difamatório durante a campanha eleitoral e postulou sua condenação em 10.800 salários mínimos a título de danos morais. O Min. Relator entendeu que a divulgação de informações prejudiciais à pessoa pública não implica, automaticamente, prejuízos de natureza política, sendo necessária a comprovação da ocorrência de dano à honra objetiva da vítima. Quanto ao dano moral objetivando a compensar apenas lesão à honra subjetiva, o valor fixado pelo tribunal de origem, correspondente a sete mil e quinhentos reais, atende às circunstâncias do caso concreto e está em conformidade com os parâmetros adotados por este Superior Tribunal. Precedentes citados: REsp 846.189-RS, DJ 2/10/2006; REsp 575.696-PR, DJ 16/5/2005; REsp 299.690-RJ, DJ 7/5/2001, e AgRg no Ag 727.915-SP, DJ 26/6/2006. **REsp 536.556-PR, Rel. Min. Luis Felipe Salomão, julgado em 14/4/2009.** (Inform. STJ 390)

IMAGENS. VEICULAÇÃO. TELEVISÃO. DANO MORAL. REDUÇÃO.
No caso, houve abuso e desrespeito na veiculação das imagens dos autores, membros de comunidade naturista, por canal de televisão, inclusive em descumprimento de cláusula contratual expressa, de forma deliberada. Assim, a atitude da recorrente há que ser reprimida com rigor, não só pela gravidade da situação concreta, como pela necessidade de coibir condutas semelhantes. Há que se dar o caráter punitivo adequado para que não se concretize a vantagem dos altos índices de audiência sobre os riscos advindos da violação dos direitos constitucionalmente garantidos, honra e dignidade. Todavia, o Min. Relator entendeu que o montante fixado pelo Tribunal de origem, mil salários mínimos, pareceu-lhe excessivo, fugindo em muito dos parâmetros deste Superior Tribunal. Diante disso, pelas peculiaridades da espécie, a Turma, ao prosseguir o julgamento, por maioria, conheceu parcialmente do recurso e, nessa parte, deu-lhe parcial provimento para reduzir o valor da reparação moral para duzentos mil reais para cada um dos demandantes, corrigidos a partir da data do julgamento. Precedente citado: REsp 53.321-RJ, DJ 24/11/1997. **REsp 838.550-RS, Rel. Min. Cesar Asfor Rocha, julgado em 13/2/2007.** (Inform. STJ 310)

Súmula STJ nº 403

Independe de prova do prejuízo a indenização pela publicação não autorizada de imagem de pessoa com fins econômicos ou comerciais.

Súmula STJ nº 221

São civilmente responsáveis pelo ressarcimento de dano, decorrente de publicação pela imprensa, tanto o autor do escrito quanto o proprietário do veículo de divulgação.

4.10. Responsabilidade por cobrança indevida

DANO MORAL. APONTAMENTO DE TÍTULO PARA PROTESTO. PESSOA JURÍDICA.

O simples apontamento de título a protesto sem o efetivo registro não gera dano moral. Isso porque, após a protocolização do título, o devedor tem a oportunidade de pagar a dívida ou sustar o protesto, antes de este ser lavrado e registrado, não configurando, portanto, nenhum constrangimento. Ademais, não há publicidade do ato quando a intimação é feita diretamente no endereço indicado pelo credor, via portador do tabelionato, correspondência registrada ou com aviso de recebimento, como no caso. Além disso, por se tratar de pessoa jurídica, é necessária a violação de sua honra objetiva para caracterizar o dano moral. Assim, não havendo publicidade de informações lesivas à sua reputação, a indenização não é cabível. Precedentes citados: **REsp 1.017.970-DF, DJe 5/9/2008; REsp 793.552-RS, DJ 27/08/2007, e REsp 60.033-MG, DJ 27/11/1995. REsp 1.005.752-PE, Rel. Min. Luis Felipe Salomão, julgado em 26/6/2012.** (Inform. STJ 500)

DANOS MORAIS. EXECUÇÃO INDEVIDA.

Trata-se de REsp em que se discute a responsabilidade da recorrida e a consequente indenização por danos morais à recorrente pela negativação de seu nome efetuada por órgão de proteção ao crédito, tendo em vista que tal negativação deu-se em decorrência de ação de execução indevidamente ajuizada pela recorrida em desfavor da recorrente. A Turma conheceu parcialmente do recurso, mas lhe negou provimento, por entender que a responsabilidade da recorrida não se afigura na espécie, pois seu direito de ação não pode ser interpretado como gerador do pretenso dano moral, haja vista que faz parte dos direitos constitucionalmente garantidos o acionamento da máquina judiciária. Ressaltou-se que, somente na hipótese de comprovada má-fé da recorrida em provocar a prestação jurisdicional do Estado em lide evidentemente temerária, poder-se-ia perquirir sobre os danos invocados. No caso, o tribunal *a quo* expressamente não reconheceu tal ocorrência. Ademais, pelo princípio da publicidade imanente, o qual se reconhece hígido no STJ, o próprio banco de dados autonomamente procede à inscrição, pois se cuida de informação constante do cartório de distribuição de feitos judiciais, de ampla publicidade. **REsp 780.583-DF, Rel. Min. Aldir Passarinho Junior, julgado em 24/8/2010.** (Inform. STJ 444)

COBRANÇA INDEVIDA. DEVOLUÇÃO. DOBRO.

A aplicação do art. 1.531 do CC/1916 (devolução em dobro por demanda de dívida já paga), que hoje corresponde ao art. 940 do CC/2002, independe de ação autônoma ou reconvenção. No caso, a má-fé do condomínio na cobrança das quotas condominiais (*vide* Súm. n. 159-STF) foi tida por incontroversa pelo tribunal *a quo*, a permitir ao condômino demandado pleitear a incidência do referido artigo por qualquer via processual que escolha. Assim, a interpretação dada pelo tribunal *a quo* quanto ao dispositivo, de que ele dependeria de reconvenção ou ação, não traduz a real interpretação do legislador e nem se coaduna com os princípios da boa-fé e da finalidade econômica e/ou social do direito, além de permitir a prática do abuso de direito e o indevido uso do aparato judicial. Precedentes citados: REsp 788.700-PB, DJe 30/11/2009; Ag 796.295-RJ, DJ 7/7/2007, e REsp 608.887-ES, DJ 13/3/2006. **REsp 661.945-SP, Rel. Min. Luis Felipe Salomão, julgado em 17/8/2010.** (Inform. STJ 443)

DANOS MORAIS. DUPLICATA. DÍVIDA INEXISTENTE.

Trata-se de ação de indenização por danos morais e patrimoniais cumulada com pedido de condenação equivalente à quantia indevidamente exigida em duplicata de dívida inexistente, por força do art. 1.531 do CC/1916. Nas instâncias ordinárias, o juiz julgou procedente em parte o pedido, condenando o réu só ao pagamento de dano moral fixado em 50 salários mínimos, mas o TJ reformou em parte a sentença, fixando em R$ 20.800,00 os danos morais, incidindo os juros legais desde a data do evento danoso, sendo que, a partir do novel CC, passaram de 6% para 12% ao ano, afastando o art. 1.531 do CC/1916. Isso posto, o Min. Relator originário, embora reconhecendo aplicável o art. 1.531 do CC/1916, votou no sentido de dar parcial provimento para condenar o réu ao pagamento da quantia cobrada indevidamente, porque a dobra não foi objeto do pedido. Observa o Min. Ari Pargendler, em seu voto-vista, o vencedor, que a penalidade prevista no art. 1.531 do CC/1916 pressupõe a existência de cobrança judicial de dívida já paga ou cobrança acima do valor que realmente é devido quando formulada com má-fé, dolo ou malícia por parte do credor. No caso dos autos, afirma o juiz, não há ligação antecedente e necessária de crédito e débito entre as partes e a dívida ilicitamente forjada constituiu, em última análise, elemento acidental de negócio, poderia ser objeto de prestação ou obrigação de dar, de fazer. Assim, não há como superar os fundamentos fáticos da sentença. Dessa forma, a Turma, ao prosseguir o julgamento, por maioria, não conheceu do recurso. **REsp 892.839-RS, Rel. originário Min. Humberto Gomes de Barros, Rel. para acórdão Min. Ari Pargendler, julgado em 21/8/2008.** (Inform. STJ 364)

4.11. Responsabilidade por acidente de trabalho

AÇÃO INDENIZATÓRIA. LEGITIMIDADE.

A Turma, entre outras questões, manteve o entendimento do tribunal *a quo* que reconheceu, ante as particularidades do caso concreto, a legitimidade da sogra para propor ação indenizatória por acidente de trânsito que vitimou o genro. Na espécie, ficaram demonstradas a relação de proximidade entre ambos, já que a vítima morava na casa da autora e era ela a responsável pela criação dos netos, e a saúde debilitada de sua filha, companheira da vítima. **REsp 865.363-RJ, Rel. Min. Aldir Passarinho Junior, julgado em 21/10/2010.** (Inform. STJ 452)

ACIDENTE. RESPONSABILIDADE CIVIL. EMPREGADORA.

A Turma restabeleceu a sentença ao julgar procedente ação indenizatória de responsabilidade civil por acidente de trabalho movida por ex-empregada grávida que exercia a função de confeiteira: a cadeira de plástico em que sentava quebrou o pé e a fez cair, o que lhe causou o aborto. Explica o Min. Relator que o empregador deve zelar sempre pela segurança do ambiente de trabalho, no que se inclui manter as instalações e equipamentos de trabalho em bom estado de conservação, além de ter obrigação indeclinável de adquirir bens de qualidade que não ofendam a integridade física daqueles que trabalham e frequentam o local. Assim, se há quebra do equipamento com lesão ao empregado, há a responsabilidade do empregador por sua escolha, que, sob circunstância alguma, poderia apresentar defeito e ferir alguém. Observa ser notório que cadeiras plásticas de material barato são frágeis, sendo comum o uso delas uma sobre a outra para aumentar a resistência. Ressalta não estar interpretando fatos, visto que não se controverte nos autos a respeito do incidente em si. Assim, a Turma, a partir dos elementos postos nos autos, identificou a responsabilidade da autora, diferentemente do acórdão recorrido. **REsp 555.801-RJ, Rel. Min. Aldir Passarinho Junior, julgado em 22/9/2009.** (Inform. STJ 408)

TRABALHO. ACIDENTE. INDENIZAÇÃO. AMIANTO.

A Turma não conheceu do recurso, reiterando o entendimento de que, provada a redução da capacidade laboral, o empregado tem direito à indenização de direito comum pelos danos sofridos em razão de exercer trabalho exposto à poeira de amianto, independente do benefício previdenciário, que é de natureza diversa. Precedente citado: REsp 419.034-RJ, DJ 31/3/2003. **REsp 467.649-SP, Rel. Min. Luis Felipe Salomão, julgado em 17/9/2009.** (Inform. STJ 407)

INDENIZAÇÃO. EXPOSIÇÃO. AMIANTO.

Trata-se de recurso em que a ré insurge-se contra acórdão de TJ que a condenou a pagar indenização por danos morais e materiais, além de outros consectários, pelo reconhecimento de sua responsabilidade, no caso, pela exposição continuada da vítima a amianto, e o nexo causal daí decorrente que a levou a morte. No caso, o *de cujus* prestava serviços em transporte para a recorrente. Para o Min. Relator, a discussão sobre a suficiência ou não da prova e da configuração do nexo causal entre a atividade exercida pelo *de cujus*, sua exposição a elementos agressivos à saúde, a doença de que padeceu e a responsabilidade da recorrente, tudo resvala para o reexame fático vedado nos termos da Súm. n. 7-STJ. Houve, portanto, nas instâncias ordinárias, a identificação da culpa da ré e do nexo causal, de modo que cai no vazio a argumentação relativa à inversão do ônus da prova. Com referência à condenação em danos materiais, sendo o falecido trabalhador autônomo, não fazia jus ao décimo-terceiro salário nem à gratificação de férias, razão pela qual tais verbas devem ser excluídas da condenação e de qualquer cômputo indenizatório. No que tange ao cálculo da pensão, também a questão sofre o empecilho da mencionada súmula. Diante disso, a Turma conheceu em parte do recurso e, nessa parte, deu-lhe provimento. **REsp 507.521-RJ, Rel. Min. Aldir Passarinho Junior, julgado em 9/6/2009.** (Inform. STJ 398)

INDENIZAÇÃO. ACIDENTE. TRABALHO. MENOR. 14 ANOS.
Cuida-se de ação de indenização por danos materiais e morais ajuizada pelo recorrente em razão de acidente de trabalho. Alega ter sido contratado aos 14 anos de idade para trabalhar na aplicação de herbicida e defensivos agrícolas em lavouras do recorrido, mas que, por ordem do gerente da fazenda, foi transferido de função, passando a despejar cereais em máquina elevadora, para carregamento de caminhões graneleiros. Aduz que, já no exercício dessa atividade, sofreu acidente, vindo a perder a mão e o antebraço esquerdo. O Min. Relator negava provimento ao recurso por entender que a pretensão recursal implicaria revolvimento do substrato fático-probatório (Súm. n. 7-STJ). Porém, a Min. Nancy Andrighi, em seu voto vista, divergindo do Min. Relator, entendeu que, nos acidentes de trabalho, cabe ao empregador provar que cumpriu seu dever contratual de preservar a integridade física do empregado, respeitando as normas de segurança e medicina do trabalho. Fica estabelecida a presunção relativa de culpa do empregador. Nessa circunstância, não se está a impor ao empregador a responsabilidade objetiva pelo acidente de trabalho, como outrora se fez em relação às atividades de risco. Aqui, o fundamento para sua responsabilização continua sendo a existência de culpa. Entretanto, o fato de a responsabilidade do empregador ser subjetiva não significa que não se possa presumir a sua culpa pelo acidente de trabalho. Por outro lado, não se trata de exigir do empregador a produção de prova negativa, tendo em vista que ele próprio detém – ou pelo menos deveria deter – elementos necessários à comprovação de que respeitou as normas de segurança e medicina do trabalho, por exemplo, documentos que evidenciem a realização de manutenção nas máquinas e a entrega de equipamentos de proteção individual. No particular, a existência do acidente de trabalho com sequelas drásticas para o recorrente é fato incontroverso. Todavia, o TJ, entendendo tratar-se de responsabilidade subjetiva, impôs ao empregado o ônus de provar a culpa do empregador. Entretanto, nos acidentes de trabalho em que seja aplicável a responsabilidade subjetiva do empregador, a culpa deste será presumida, impondo-lhe o ônus de provar a existência de causa excludente do dever de indenizar. O recorrido furtou-se desse ônus. Sendo assim, foi a própria desídia do recorrido, ao abrir mão de avançar na instrução probatória, que o impediu de, eventualmente, demonstrar a presença de causa que pudesse afastar o seu dever de indenizar. As circunstâncias específicas que circundaram o acidente em questão servem para reforçar a presunção de culpa do recorrido. Ainda que se queira argumentar que não houve ofensa a nenhuma norma específica de segurança do trabalho, fica evidenciada a culpa por violação do dever geral de cautela, isto é, a inobservância do dever fundamental do empregador de observar regras gerais de diligência e de adotar uma postura de cuidado permanente. A situação evidencia a omissão do recorrido em propiciar um ambiente de trabalho seguro, especialmente considerando o fato de que empregava menores de idade, a quem a CF/1988 (art. 7º, XXXIII) – e mesmo a CF/1967 (art. 165, X) – confere proteção especial. Seja como for, verifica-se que, sendo contratual a obrigação do empregador de garantir a segurança do local de trabalho, bem como sendo incontroversa a ocorrência do acidente envolvendo o recorrente, incumbia ao recorrido demonstrar a existência de causa excludente do seu dever de indenizar nos termos do art. 333, II, do CPC, ônus do qual não se desincumbiu, razão pela qual fica caracterizada a obrigação reparatória. O Min. Relator, então, reconsiderou seu voto para acompanhar a Min. Nancy Andrighi e, diante disso, a Turma deu provimento ao recurso para condenar o recorrido ao pagamento de indenização por danos materiais e morais. **REsp 1.067.738-GO, Rel. originário Min. Sidnei Beneti, Rel. para acórdão Min. Nancy Andrighi, julgado em 26/5/2009.** (Inform. STJ 396)

RESPONSABILIDADE. ESTIVADOR. ADMINISTRAÇÃO. PORTO.
O trabalhador portuário avulso era vinculado ao sindicato dos estivadores e foi designado para prestar o serviço de estiva (embarque de placas de aço) em um navio atracado nas dependências da companhia recorrente, a qual também administrava o porto. Sucede que o trabalhador, ao escorregar, caiu no porão do navio, o que o levou à morte. Daí a ação de indenização de danos morais e materiais proposta por sua viúva. A recorrente, entre outros temas, insurge-se contra a adoção do art. 33 da Lei n. 8.630/1993 como fundamento de sua condenação, visto que a citada lei somente foi editada anos após o acidente. Porém, o revogado art. 255, **b**, da CLT, vigente à época do acidente, sequer destoa da Lei n. 8.630/1993, quanto a responsabilizar a administradora do porto pelo fornecimento dos aparatos necessários à prevenção de acidentes do trabalho. Além disso, o referido artigo da CLT, em seu § 2º, **a**, também responsabiliza a administradora pelos serviços de estiva, o que esvazia a afirmativa da recorrente de que o interior da embarcação não seria área portuária. Anote-se que o Tribunal *a quo* foi enfático em afirmar que, se a vítima estivesse no uso dos mecanismos de segurança, não teria falecido no acidente. Assim, a responsabilidade da recorrida foi apreciada segundo o art. 159 do CC/1916, ficando estabelecida sua culpa no evento, pouco importando inferências sobre o caráter perigoso da atividade portuária: a conduta omissiva (negligente) da recorrente, em consonância com as regras que regulam a responsabilidade subjetiva, foi tida por suficiente para acarretar a morte do trabalhador. Por último, devem ser excluídos da indenização valores referentes ao 13º salário, porque é clara a ausência de relação de emprego. Precedente citado: REsp 541.274-RJ, DJ 23/10/2006. **REsp 813.979-ES, Rel. Min. Fernando Gonçalves, julgado em 19/2/2009.** (Inform. STJ 384)

AÇÃO. INDENIZAÇÃO. CONSTRUTORA.
A autora argumenta que seu irmão faleceu no desmoronamento da laje do edifício em construção no qual trabalhava. Alega que dependia economicamente da vítima, sendo sua dependente perante o INSS e pleiteia o pagamento de pensão mensal, constituição de capital que garanta o referido pagamento e indenização por dano moral, que arbitra em 300 salários mínimos. O Tribunal *a quo* reconheceu a legitimidade ativa da autora, bem como a negligência da construtora como causa do acidente. Assim, condena a proprietária da obra a indenizar diretamente a autora, dando a ela, proprietária, o direito de requerer, em regresso, o ressarcimento devido pela construtora ou pela seguradora contratada, nos limites da apólice. A recorrente, em seu recurso, alega violação do art. 1.058 do CC/1916 porque o evento teria decorrido de caso fortuito ou força maior, consoante conclusão do laudo pericial. O Min. Relator conhecia e dava provimento ao recurso para restabelecer a sentença, respaldando a pretensão da recorrente, ao observar que a livre apreciação da prova pelo juiz não implica arbítrio. Ele está livre para afastar um elemento de prova ao decidir, mas desde que o substitua por outro elemento capaz de sustentar a versão que estabelecerá para os fatos *sub judice*. A Min. Nancy Andrighi, em seu voto-vista, concordou com o Min. Relator quando afirma que substituir um elemento de prova por mera suposição implicaria arbítrio. Entretanto, ponderou que o Tribunal de origem não pôs de lado o laudo pericial sem motivos, como pretendeu fazer crer o recorrente, mas declarou, de maneira expressa, por que o fazia: a) entendeu que o laudo seria contraditório em seus próprios termos, já que a proximidade entre o edifício que desmoronou e a praia indicaria uma fragilidade maior do solo, demandando cuidado adicional; b) considerou relevante a declaração de um operário de que o desmoronamento da estrutura anunciava-se já uma semana antes de ocorrer. O Instituto de Criminalística concluiu que o projeto do edifício era adequado. A causa do acidente, portanto, terá sido o inesperado adensamento do solo no ponto em que se localizava a viga que ruiu. Tal adensamento não foi instantâneo, foi progressivo, conforme se constata do laudo. Ainda que o cálculo da obra tenha sido inicialmente correto, nada impede que tal perda progressiva de resistência seja passível de observação pelos que ali trabalhavam e pelos engenheiros responsáveis. A declaração do operário ao jornal indica que ele havia notado que a escora se deteriorara, qualquer que fosse o motivo. Competiria ao engenheiro responsável, diante de qualquer anormalidade, paralisar a obra e verificar o fato. Para a Min. Nancy Andrighi, pode-se até argumentar que a versão adotada pelo acórdão recorrido não seja a mais adequada. Mas não é possível dizer que ela decorre de arbítrio no julgamento. Tudo o que o Tribunal fez foi apreciar, segundo seu livre convencimento, as provas dos autos. Por isso, é impossível a revisão da matéria nesta sede, por força do óbice da Súm. n. 7-STJ. Esclareceu, ainda, que a jurisprudência consolidada neste Superior Tribunal é que o dono da obra responde, solidariamente com o empreiteiro, pelos danos decorrentes de sua construção ou de reforma. Também quanto à dependência econômica em relação à vítima, não cabe rever a matéria nesta instância especial por vedação da Súm. n. 7-STJ. **REsp 267.229-RJ, Rel. originário Min. Ari Pargendler, Rel. para acórdão Min. Nancy Andrighi, julgado em 11/11/2008.** (Inform. STJ 376)

RESPONSABILIDADE. PRESTADOR. SERVIÇO. ACIDENTE.
Em princípio, a contratante da sociedade prestadora de serviço não responde por acidente de trabalho do empregado desta, salvo em casos de haver comprovada inidoneidade da contratada ou de o sinistro ocorrer por culpa ou dolo da contratante. A responsabilidade é, de regra, da empregadora do trabalhador, visto que o acidentado não possui qualquer vínculo jurídico com a contratante. Todavia, na hipótese trazida pelos autos, verifica-se que o acórdão recorrido firmou que não se cuidava de serviço eventual, distinto das atividades da contratante, mas de efetiva terceirização de serviços próprios, sob a denominação de "trabalho temporário", figurando a prestadora como mera intermediária sem poderes de fiscalização da segurança do local em que desempenhado o trabalho. Assim, somente por revisão fática, obstada pela Súm. n. 7-STJ, é que se poderia chegar à conclusão contrária. **REsp 436.904-RJ, Rel. Min. Aldir Passarinho Junior, julgado em 28/8/2007.** (Inform. STJ 329)

4.12. Responsabilidade por questões de ordem familiar

DANO MORAL.DIES A QUO DO PRAZO PRESCRICIONAL. REPARAÇÃO DE DANOS DECORRENTES DE FALECIMENTO.

O termo inicial da contagem do prazo prescricional na hipótese em que se pleiteia indenização por danos morais e/ou materiais decorrentes do falecimento de ente querido é a data do óbito, independentemente da data da ação ou omissão. Não é possível considerar que a pretensão à indenização em decorrência da morte nasça antes do evento que lhe deu causa. Diferentemente do que ocorre em direito penal, que considera o momento do crime a data em que é praticada a ação ou omissão que lhe deu causa, no direito civil a prescrição é contada da data da "violação do direito". REsp 1.318.825-SE, Rel. Min. Nancy Andrighi, julgado em 13/11/2012.(Inform. STJ 509)

DANO MORAL POR MORTE DE PARENTE.

A indenização por dano moral decorrente da morte de parente deve ser fixada de forma global à família do falecido e com observância ao montante de quinhentos salários mínimos, usualmente adotado pelo STJ, ressalvada a possibilidade de acréscimo de valor em se tratando de famílias numerosas. Embora amparado em normas constitucionais, o direito à indenização plena dos danos morais não é absoluto, podendo ser ponderado com outros direitos fundamentais de igual grandeza. O STJ tem estabelecido critérios razoavelmente objetivos para liquidar o dano moral, não com a finalidade de tarifar a compensação pelo abalo, mas para buscar soluções equânimes, na medida em que situações assemelhadas devem ser solucionadas também de forma semelhante. Em caso de morte de familiar, o valor usual adotado são quinhentos salários mínimos. O sistema de responsabilidade civil atual, com base no art. 944, parágrafo único, do CC, rechaça indenizações ilimitadas que alcançam valores que, a pretexto de reparar integralmente vítimas de ato ilícito, revelam nítida desproporção entre a conduta do agente e os resultados ordinariamente dela esperados. Simplesmente multiplicar o valor que se concebe como razoável pelo número de autores da demanda pode tornar a obrigação do causador do dano extensa e distante de padrões baseados na proporcionalidade e razoabilidade, uma vez que se analisa apenas a extensão do dano para o arbitramento da indenização, desconsiderando o outro extremo da relação, que é a conduta do causador do dano, com a valoração de sua reprovabilidade e as circunstâncias do caso concreto. A solução adequada deve, a um só tempo, sopesar a extensão do dano e a conduta de seu causador; pois, embora por vezes os atingidos pelo fato danoso sejam vários, a conduta do réu é única, e sua reprovabilidade é igualmente uma só, o que deve ser considerado na fixação da indenização por dano moral. Não se desconhece que o dano moral é uma violação individualmente experimentada pela pessoa, porém a solução apresentada considera, a um só tempo, tanto a individualidade dos atingidos pelo dano quanto a conduta do causador. Em se tratando de famílias numerosas, o arbitramento da indenização de forma global, desconsiderando o número de integrantes, também pode acarretar injustiças, de modo que o valor pode ser elevado gradativamente na medida em que cresça também o número de beneficiados, evitando que os quinhões individuais se tornem irrisórios. Se, para o arbitramento da indenização, deve ser considerado o número de autores, certamente uma ação proposta apenas por parte dos legitimados conduzirá à indenização de menor valor, não impedindo que, futuramente, outros legitimados proponham sua pretensão, desde que a soma não atinja patamares desarrazoados. Precedentes citados: AgRg no Ag 1.378.016-MS, DJe 22/8/2012; REsp 989.284-RJ, DJe 22/8/2011; REsp 936.792-SE, DJ 22/10/2007; REsp 825.275-SP, DJe 8/3/2010 ; REsp 210.101-PR, DJe 9/12/2008; REsp 163.484-RJ, DJ 13/10/1998 ; REsp 687.567-RS, DJ 13/3/2006; REsp 1.139.612-PR, DJe 23/3/2011; REsp 959.780-ES, DJe 6/5/2011. REsp 1.127.913-RS, Rel. originário Min. Marco Buzzi, Rel. para acórdão Min. Luis Felipe Salomão , julgado em 20/9/2012. (Inform. STJ 505)

DANOS MORAIS. ABANDONO AFETIVO. DEVER DE CUIDADO.

O abandono afetivo decorrente da omissão do genitor no dever de cuidar da prole constitui elemento suficiente para caracterizar dano moral compensável. Isso porque o non facere que atinge um bem juridicamente tutelado, no caso, o necessário dever de cuidado (dever de criação, educação e companhia), importa em vulneração da imposição legal, gerando a possibilidade de pleitear compensação por danos morais por abandono afetivo. Consignou-se que não há restrições legais à aplicação das regras relativas à responsabilidade civil e ao consequente dever de indenizar no Direito de Família e que o cuidado como valor jurídico objetivo está incorporado no ordenamento pátrio não com essa expressão, mas com locuções e termos que manifestam suas diversas concepções, como se vê no art. 227 da CF. O descumprimento comprovado da imposição legal de cuidar da prole acarreta o reconhecimento da ocorrência de ilicitude civil sob a forma de omissão. É que, tanto pela concepção quanto pela adoção, os pais assumem obrigações jurídicas em relação à sua prole que ultrapassam aquelas chamadas necessarium vitae. É consabido que, além do básico para a sua manutenção (alimento, abrigo e saúde), o ser humano precisa de outros elementos imateriais, igualmente necessários para a formação adequada (educação, lazer, regras de conduta etc.). O cuidado, vislumbrado em suas diversas manifestações psicológicas, é um fator indispensável à criação e à formação de um adulto que tenha integridade física e psicológica, capaz de conviver em sociedade, respeitando seus limites, buscando seus direitos, exercendo plenamente sua cidadania. A Min. Relatora salientou que, na hipótese, não se discute o amar – que é uma faculdade – mas sim a imposição biológica e constitucional de cuidar, que é dever jurídico, corolário da liberdade das pessoas de gerar ou adotar filhos. Ressaltou que os sentimentos de mágoa e tristeza causados pela negligência paterna e o tratamento como filha de segunda classe, que a recorrida levará ad perpetuam, é perfeitamente apreensível e exsurgem das omissões do pai (recorrente) no exercício de seu dever de cuidado em relação à filha e também de suas ações que privilegiaram parte de sua prole em detrimento dela, caracterizando o dano in re ipsa e traduzindo-se, assim, em causa eficiente à compensação. Com essas e outras considerações, a Turma, ao prosseguir o julgamento, por maioria, deu parcial provimento ao recurso apenas para reduzir o valor da compensação por danos morais de R$ 415 mil para R$ 200 mil, corrigido desde a data do julgamento realizado pelo tribunal de origem. REsp 1.159.242-SP, Rel. Min. Nancy Andrighi, julgado em 24/4/2012.(Inform. STJ 496)

DANOS MORAIS. LEGITIMIDADE *Ad causam*. NOIVO. MORTE DA NUBENTE.

A Turma, ao prosseguir o julgamento, após voto-vista que acompanhou o relator, deu provimento ao recurso especial para restabelecer a sentença que extinguiu o processo sem julgamento do mérito, por considerar que o noivo não possui legitimidade ativa *ad causam* para pleitear indenização por danos morais em razão do falecimento de sua nubente. Inicialmente, destacou o Min. Relator que a controvérsia em exame – legitimidade para propor ação de reparação por danos extrapatrimoniais em decorrência da morte de ente querido – apesar de antiga, não está resolvida no âmbito jurisprudencial. Entretanto, alguns pontos vêm se firmando em recentes decisões judiciais. De fato, não há dúvida quanto à legitimidade ativa do cônjuge, do companheiro e dos parentes de primeiro grau do falecido. Da mesma forma, é uníssono que, em hipóteses excepcionais, o direito à indenização pode ser estendido às pessoas estranhas ao núcleo familiar, devendo o juiz avaliar se as particularidades de cada caso justificam o alargamento a outros sujeitos que nele se inserem. Nesse sentido, inclusive, a Turma já conferiu legitimidade ao sobrinho do falecido que integrava o núcleo familiar, bem como à sogra que fazia as vezes da mãe. Observou o Min. Relator que, diante da ausência de regra legal específica acerca do tema, caberia ao juiz a integração hermenêutica. Após um breve panorama acerca das origens do direito de herança e da ordem de vocação hereditária, e à vista de uma leitura sistemática de diversos dispositivos de lei que se assemelham com a questão em debate (art. 76 do CC/1916; arts. 12, 948, I, 1.829, todos do CC/2002 e art. 63 do CPP), sustentou-se que o espírito do ordenamento jurídico brasileiro afasta a legitimação daqueles que não fazem parte do núcleo familiar direto da vítima. Dessarte, concluiu-se que a legitimação para a propositura da ação por danos morais deve alinhar-se à ordem de vocação hereditária, com as devidas adaptações, porquanto o que se busca é a compensação exatamente de um interesse extrapatrimonial. Vale dizer, se é verdade que tanto na ordem de vocação hereditária quanto na indenização por dano moral em razão da morte, o fundamento axiológico são as legítimas afeições nutridas entre quem se foi e quem ficou, para proceder à indispensável limitação da cadeia de legitimados para a indenização, nada mais correto que conferir aos mesmos sujeitos o direito de herança e o direito de pleitear a compensação moral. Porém, a indenização deve ser considerada de modo global para o núcleo familiar, e não a cada um de seus membros, evitando-se a pulverização de ações de indenização. Segundo se afirmou, conferir a possibilidade de indenização a sujeitos não inseridos no núcleo familiar acarretaria a diluição indevida dos valores em prejuízo dos que efetivamente fazem jus à reparação. Acrescentou-se, ainda, o fato de ter havido a mitigação do princípio da reparação integral do dano, com o advento da norma prevista no art. 944, parágrafo único, do novo CC. O sistema de responsabilidade civil atual rechaça indenizações ilimitadas que alcançam valores que, a pretexto de reparar integralmente vítimas de ato ilícito, revelam nítida desproporção entre a conduta do agente e os resultados ordinariamente dela esperados. Assim, conceder legitimidade ampla e irrestrita a todos aqueles que, de alguma forma, suportaram a dor da perda de alguém significa impor ao obrigado um dever também ilimitado de reparar um dano cuja extensão será sempre desproporcional ao ato causador. Portanto, além de uma limitação quantitativa da condenação, é necessária a limitação subjetiva dos beneficiários nos termos do artigo supracitado. No voto-vista, registrou a Min. Maria Isabel Gallotti não considerar ser aplicável a ordem de vocação hereditária para o efeito de excluir o direito de indenização dos ascendentes quando também postulado por cônjuge e filhos, pois é sabido que não há dor maior do que a perda de um filho, uma vez que foge à ordem natural das coisas. Reservou-se, também, para apreciar quando se puser concretamente a questão referente à legitimidade de parentes colaterais para postular a indenização por dano moral em concorrência com cônjuge, ascendentes e descendentes. Precedentes citados: REsp 239.009-RJ, DJ 4/9/2000, e REsp 865.363-RJ, DJe 11/11/2010. REsp 1.076.160-AM, Rel. Min. Luis Felipe Salomão, julgado em 10/4/2012.(Inform. STJ 495)

DANOS MORAIS. BATISMO.

O cerne da questão é definir se configura dano moral o fato de o pai separado da mãe batizar o filho sem o conhecimento dela. A Turma, por maioria, entendeu que, na hipótese, tratando-se da celebração de batismo, ato único e significativo na vida da criança, ele deve, sempre que possível, ser realizado na presença de ambos os pais. Assim, o recorrido (pai), ao subtrair da recorrente (mãe) o direito de presenciar a referida celebração, cometeu ato ilícito, ocasionando-lhe danos morais nos termos do art. 186 do CC/2002. Observou-se que a realização do batizado sob a mesma religião seguida pela mãe não ilidiu a conduta ilícita já consumada. **REsp 1.117.793-RJ, Rel. Min. Nancy Andrighi, julgado em 4/2/2010**. (Inform. STJ 421)

DANOS MORAIS. CÚMPLICE. ESPOSA ADÚLTERA.

In casu, o recorrente ajuizou ação indenizatória em face do recorrido pleiteando danos morais sob a alegação de que este manteve com a esposa daquele relacionamento amoroso por quase dez anos, daí nascendo uma filha, que acreditava ser sua, mas depois constatou que a paternidade era do recorrido. O pedido foi julgado procedente em primeiro grau, sendo, contudo, reformado na apelação. Assim, a questão jurídica circunscreve-se à existência ou não de ato ilícito na manutenção de relações sexuais com a ex-mulher do autor, ora recorrente, em decorrência das quais foi concebida a filha erroneamente registrada. Para o Min. Relator, não existe, na hipótese, a ilicitude jurídica pretendida, sem a qual não se há falar em responsabilidade civil subjetiva. É que o conceito – até mesmo intuitivo – de ilicitude está imbricado na violação de um dever legal ou contratual do qual resulta dano para *outrem* e não há, no ordenamento jurídico pátrio, norma de direito público ou privado que obrigue terceiros a velar pela fidelidade conjugal em casamento do qual não faz parte. O casamento, tanto como instituição quanto contrato *sui generis,* somente produz efeitos em relação aos celebrantes e seus familiares, não beneficiando nem prejudicando terceiros. Desse modo, no caso em questão, não há como o Judiciário impor um "não fazer" ao réu, decorrendo disso a impossibilidade de indenizar o ato por inexistência de norma posta – legal e não moral – que assim determine. De outra parte, não há que se falar em solidariedade do recorrido por suposto ilícito praticado pela ex-esposa do recorrente, tendo em vista que o art. 942, *caput* e parágrafo único, do Código Civil vigente (art. 1.518 do CC/1916) somente tem aplicação quando o ato do coautor ou partícipe for, em si, ilícito, o que não se verifica na hipótese dos autos. Com esses fundamentos, entre outros, a Turma não conheceu do recurso. Precedente citado: REsp 742.137-RJ, DJ 29/10/2007. **REsp 1.122.547-MG, Rel.Min. Luis Felipe Salomão, julgado em 10/11/2009.** (Inform. STJ 415)

INDENIZAÇÃO. CONCUBINA.

In casu, trata-se de pedido indenizatório deduzido pela concubina em face do espólio do concubino, por alegados 23 anos de serviços domésticos prestados em concubinato mantido concomitantemente com o casamento daquele. A Turma entendeu que, se o cônjuge, no casamento, e o companheiro, na união estável, não fazem jus à indenização por serviços domésticos prestados, quiçá o concubino pode ser contemplado com tal direito, pois teria mais do que se casado fosse. Dessa forma, a concessão de tal indenização à concubina colocaria o concubinato em posição jurídica mais vantajosa que o próprio casamento, o que é incompatível com as diretrizes constitucionais previstas no art. 226 da CF/1988, bem como as do Direito de Família, tal como concebido. Destarte, a relação de cumplicidade consistente na troca afetiva e na mútua assistência havida entre os concubinos ao longo do concubinato, em que auferem proveito de forma recíproca, cada qual a seu modo, seja por meio de auxílio moral seja por meio de auxílio material, não admite que, após o rompimento da relação, ou ainda, com a morte de um deles, a outra parte cogite pleitear a referida indenização, o que certamente caracterizaria locupletação ilícita. Ressalte-se, por fim, que não se pode mensurar o afeto, a intensidade do próprio sentimento, o desprendimento e a solidariedade na dedicação mútua que se visualiza entre casais. Não há valor econômico em uma relação afetiva. Acaso haja necessidade de dimensionar a questão em termos econômicos, pode incorrer na conivência e até mesmo no estímulo à conduta reprovável em que uma das partes serve-se sexualmente da outra, portanto recompensa-a com favores. Desse modo, não há viabilidade de debater os efeitos patrimoniais do concubinato quando em choque com os do casamento, pré e coexistente, porque definido aquele, expressamente, no art. 1.727 do CC/2002 como relação não eventual entre homem e mulher impedidos de casar. Esse dispositivo legal tem como único objetivo colocar a salvo o casamento, instituto que deve ter primazia, ao lado da união estável, para fins de tutela do Direito. Nesse contexto, não há como ser conferido o direito indenizatório à concubina por serviços domésticos prestados em relação concubinária simultânea a casamento válido. Precedente citado: REsp 631.465-DF, DJ 23/8/2004. **REsp 872.659-MG, Rel. Min. Nancy Andrighi, julgado em 25/8/2009.** (Inform. STJ 404)

ABANDONO MORAL. REPARAÇÃO. DANOS MORAIS. IMPOSSIBILIDADE.

Trata-se de ação de investigação de paternidade em que o ora recorrente teve o reconhecimento da filiação, mas o Tribunal *a quo* excluiu os danos morais resultantes do abandono moral e afetivo obtidos no primeiro grau. A Turma entendeu que não pode o Judiciário compelir alguém a um relacionamento afetivo e nenhuma finalidade positiva seria alcançada com a indenização pleiteada. Assim, por não haver nenhuma possibilidade de reparação a que alude o art. 159 do CC/1916 (pressupõe prática de ato ilícito), não há como reconhecer o abandono afetivo como dano passível de reparação. Logo a Turma não conheceu do recurso especial. Precedente citado: REsp 757.411-MG, DJ 27/3/2006. **REsp 514.350-SP, Rel. Min. Aldir Passarinho Junior, julgado em 28/4/2009.** (Inform. STJ 392)

4.13. Responsabilidade por outras causas

Desaparecido Político e Indenização

Em conclusão de julgamento, o Tribunal indeferiu mandado de segurança em que se pretendia obstar ato do Presidente da República consubstanciado no Decreto 2.255/97 que concedera a viúva de desaparecido político o pagamento da indenização prevista no art. 10 da Lei 9.140/95. A impetrante alegava ofensa aos artigos 1.526 e 1.603 do Código Civil, e 5º, XXXVI, da Constituição Federal — v. Informativo 370. Entendeu-se que a ordem de beneficiários estabelecida no art. 10 da Lei 9.140/95, apesar de não corresponder à prevista no art. 1.603 do CC, não conflita com texto constitucional, já que se cuida de lei especial da mesma hierarquia da anterior (CC). Ressaltou-se, ainda, que não caberia conferir à aludida indenização, a título de reparação, a natureza de bem hereditário, a fim de que incidisse a regra do art. 1.572 do CC (*"Aberta a sucessão, o domínio e a posse da herança transmitem-se, desde logo, aos herdeiros legítimos e testamentários."*). **MS 22879/RJ, rel. Min. Gilmar Mendes, 2.4.2007. (MS-22879)** (Inform. STF 462)

RESPONSABILIDADE DO FIADOR PELAS DESPESAS JUDICIAIS A PARTIR DE SUA CITAÇÃO.

As despesas judiciais só serão arcadas pelo fiador a partir de sua citação. Segundo dispõe o art. 822 do CC, não sendo limitada, a fiança compreenderá todos os acessórios da dívida principal, inclusive as despesas judiciais, desde a citação do fiador. Isso para que a lei não se afaste da fundamental equidade, impondo ao fiador uma responsabilidade excessivamente onerosa, sem antes verificar se ele deseja satisfazer a obrigação que afiançou. Precedentes citados: **REsp 473.830-DF, DJ 15/5/2006, e REsp 153.659-SP, DJ 16/2/1998. REsp 1.264.820-RS, Rel. Min. Luis Felipe Salomão, julgado em 13/11/2012**. (Inform. STJ 509)

RESPONSABILIDADE CIVIL. SITE DE RELACIONAMENTO. MENSAGENS OFENSIVAS.

A responsabilidade objetiva, prevista no art. 927, parágrafo único, do CC, não se aplica a empresa hospedeira de site de relacionamento no caso de mensagens com conteúdo ofensivo inseridas por usuários. O entendimento pacificado da Turma é que o dano decorrente dessas mensagens não constitui risco inerente à atividade dos provedores de conteúdo. A fiscalização prévia do teor das informações postadas pelo usuário não é atividade do administrador de rede social, portanto seu dever é retirar do ar, logo que for comunicado, o texto ou a imagem que possuem conteúdo ilícito, apenas podendo responder por sua omissão. Precedentes citados: **REsp 1.186.616-MG, DJe 31/8/2011, e REsp 1.175.675-RS, DJe 20/9/2011. REsp 1.306.066-MT, Rel. Min. Sidnei Beneti, julgado em 17/4/2012.** (Inform. STJ 495)

DANOS MATERIAIS. PROMOÇÃO PUBLICITÁRIA DE SUPERMERCADO. SORTEIO DE CASA. TEORIA DA PERDA DE UMA CHANCE.
A Turma, ao acolher os embargos de declaração com efeitos modificativos, deu provimento ao agravo e, de logo, julgou parcialmente provido o recurso especial para condenar o recorrido (supermercado) ao pagamento de danos materiais à recorrente (consumidora), em razão da perda de uma chance, uma vez que não lhe foi oportunizada a participação em um segundo sorteio de uma promoção publicitária veiculada pelo estabelecimento comercial no qual concorreria ao recebimento de uma casa. Na espécie, a promoção publicitária do supermercado oferecia aos concorrentes novecentos vales-compras de R$ 100,00 e trinta casas. A recorrente foi sorteada e, ao buscar seu prêmio – o vale-compra –, teve conhecimento de que, segundo o regulamento, as casas seriam sorteadas àqueles que tivessem sido premiados com os novecentos vales-compras. Ocorre que o segundo sorteio já tinha sido realizado sem a sua participação, tendo sido as trinta casas sorteadas entre os demais participantes. De início, afastou a Min. Relatora a reparação por dano moral sob o entendimento de que não houve publicidade enganosa. Segundo afirmou, estava claro no bilhete do sorteio que seriam sorteados 930 ganhadores – novecentos receberiam vales-compra no valor de R$ 100,00 e outros trinta, casas na importância de R$ 40.000,00, a ser depositado em caderneta de poupança. Por sua vez, reputou devido o ressarcimento pelo dano material, caracterizado pela perda da chance da recorrente de concorrer entre os novecentos participantes a uma das trinta casas em disputa. O acórdão reconheceu o fato incontroverso de que a recorrente não foi comunicada pelos promotores do evento e sequer recebeu o bilhete para participar do segundo sorteio, portanto ficou impedida de concorrer, efetivamente, a uma das trinta casas. Conclui-se, assim, que a reparação deste dano material deve corresponder ao pagamento do valor de 1/30 do prêmio, ou seja, 1/30 de R$ 40.000,00, corrigidos à época do segundo sorteio. **EDcl no AgRg no Ag 1.196.957-DF, Rel. Min. Maria Isabel Gallotti, julgados em 10/4/2012.** (Inform. STJ 495)

PREVIDÊNCIA PRIVADA. PECÚLIO. MORA. CANCELAMENTO.
Cuida-se de REsp para desconstituir o acórdão que negou à ora recorrente o pagamento de indenização por plano privado de pecúlio, ao fundamento de que o contrato havia sido cancelado antes do falecimento do segurado em razão do suposto inadimplemento de parcelas vencidas. Nesta instância especial, entendeu-se que o contrato de previdência privada com plano de pecúlio por morte assemelha-se ao seguro de vida, podendo também as normas aplicáveis às sociedades seguradoras estender-se, no que couber, às entidades abertas de previdência privada (art. 73 da LC n. 109/2001). Ressaltou-se que, nos contratos de seguro, o simples atraso no pagamento do prêmio não é em si bastante para a suspensão da cobertura e consequente negativa da indenização, sendo necessária a interpelação do devedor para lhe propiciar, inclusive, a purgação da mora. De modo similar, descabe negar o pagamento de pecúlio por morte sem que o devedor seja previamente interpelado para a purgação da mora. Ademais, consignou-se a incidência da teoria do adimplemento substancial, que objetiva impedir o uso desequilibrado do direito de resolução por parte do credor quando o rompimento do pacto não se ajusta às exigências de índole social ou pautadas pela boa-fé. *In casu*, embora houvesse mora de 90 dias no pagamento da mensalidade do plano, antes da ocorrência do fato gerador (morte do contratante), tentou-se a purgação, ocasião em que os valores atrasados foram pagos pelo *de cujus*, mas a ele devolvidos pela entidade de previdência privada, devido ao cancelamento administrativo do contrato ocorrido seis dias antes. Sendo assim, o inadimplemento contratual não pode ser imputado exclusivamente ao falecido, na medida em que decorreu do arbítrio injustificável da entidade de previdência e seguros (recorrida) ao não receber as parcelas em atraso antes mesmo da ocorrência do sinistro, não agindo assim com a boa-fé e cooperação recíproca que são essenciais à harmonização das relações civis. Dessarte, concluiu-se que, na espécie, torna-se incabível a negativa de pagamento do pecúlio depois de verificada a morte do contratante. Precedentes citados: REsp 316.552-SP, DJ 12/4/2004; REsp 780.324-PR, DJe 9/9/2010; REsp 734.520-MG, DJ 15/10/2007; REsp 159.661-MS, DJ 14/2/2000, e REsp 141.951-RS, DJ 18/9/2000. **REsp 877.965-SP, Rel. Min. Luis Felipe Salomão, julgado em 22/11/2011.** (Inform. STJ 488)

DANO MORAL. OFICIAL. CARTÓRIO. DESCUMPRIMENTO. ORDEM JUDICIAL.
A Turma decidiu que o oficial de cartório responde pelos danos morais causados em decorrência de descumprimento de ordem judicial. No caso, o oficial recusou-se a obedecer à determinação judicial de cancelamento do protesto, justificando-se na ausência do pagamento de emolumentos. A Min. Relatora registrou que, apesar da previsão do art. 26, § 3º, da Lei n. 9.492/1997 – que exige o pagamento prévio dos emolumentos para o cancelamento do protesto –, por se tratar de ordem judicial impositiva, sem estabelecimento de qualquer condição para o seu implemento, não cabe ao oficial do cartório impor à parte interessada condição para o cumprimento da determinação. **REsp 1.100.521-RJ, Rel. Min. Nancy Andrighi, julgado em 8/11/2011.** (Inform. STJ 487)

RESPONSABILIDADE. PROVEDOR. CONTEÚDO. MENSAGENS OFENSIVAS. *INTERNET*.
Trata-se, na origem, de ação indenizatória por danos morais em que o recorrido alega ser alvo de ofensas em página na *Internet* por meio de rede social mantida por provedor. Assim, a Turma deu provimento ao recurso, afastando a responsabilidade do provedor pelos danos morais suportados pelo recorrido, ao entender que os provedores de conteúdo, como o recorrente – que disponibilizam, na rede, informações criadas ou desenvolvidas pelos provedores, sendo esses que produzem as informações divulgadas na *Internet* –, não podem ser obrigados a exercer um controle prévio do conteúdo das informações prestadas no *site* por seus usuários, devem, assim que tiverem conhecimento inequívoco da existência de dados ilegais no *site*, removê-los imediatamente, sob pena de responder pelos danos respectivos, devendo manter, ainda, um sistema minimamente eficaz de identificação de seus usuários, cuja efetividade será analisada caso a caso. Na espécie, o provedor, uma vez ciente da existência de material de conteúdo ofensivo, adotou todas as providências tendentes à imediata remoção do *site*. Ademais, a rede social disponibilizada pelo provedor mantém um canal para que as pessoas cuja identidade tiver sido violada solicitem a exclusão da conta falsa, bem como para que seja feita denúncia de abuso na utilização de perfis individuais ou comunidades. A recorrente mantém um meio razoavelmente eficiente de rastreamento dos usuários, medida de segurança que corresponde à diligência média esperada de um provedor de conteúdo. **REsp 1.186.616-MG, Rel. Min. Nancy Andrighi, julgado em 23/8/2011.** (Inform. STJ 481)

RESPONSABILIDADE CIVIL. ATO ILÍCITO. SÓCIOS ADMINISTRADORES.
Discute-se no REsp se o reconhecimento da divisibilidade da obrigação de reparar os prejuízos decorrentes de ato ilícito desnatura a solidariedade dos sócios administradores de sociedade limitada para responderem por comprovados prejuízos causados à própria sociedade em virtude de má administração. Na hipótese, a Turma entendeu ficar comprovado que todos os onze sócios eram administradores e realizaram uma má gestão da sociedade autora, acarretando-lhe prejuízos de ordem material e não haver incompatibilidade qualquer entre a solidariedade passiva e as obrigações divisíveis, estando o credor autorizado a exigir de qualquer dos devedores o cumprimento integral da obrigação, cuja satisfação não extingue os deveres dos coobrigados, os quais podem ser demandados em ação regressiva. As obrigações solidárias e indivisíveis têm consequência prática semelhante, qual seja, a impossibilidade de serem pagas por partes, mas são obrigações diferentes, porquanto a indivisibilidade resulta da natureza da prestação (art. 258 do CPC), enquanto a solidariedade decorre de contrato ou da lei (art. 265 do CC/2002). Nada obsta a existência de obrigação solidária de coisa divisível, tal como ocorre com uma condenação em dinheiro, de modo que todos os devedores vão responder integralmente pela dívida. Em regra, o administrador não tem responsabilidade pessoal pelas obrigações que contrair em nome da sociedade e em decorrência de regulares atos de gestão. Todavia, os administradores serão obrigados pessoalmente e solidariamente pelo ressarcimento do dano, na forma da responsabilidade civil por ato ilícito, perante a sociedade e terceiros prejudicados quando, dentro de suas atribuições e poderes, agirem de forma culposa. Precedente citado: REsp 1.119.458-RO, DJe 29/4/2010. **REsp 1.087.142-MG, Rel. Min. Nancy Andrighi, julgado em 18/8/2011.** (Inform. STJ 481)

INDENIZAÇÃO. DANOS MORAIS. REPRESENTAÇÃO. MP. LEGITIMIDADE.
Trata-se, na origem, de ação de indenização por danos morais em razão da divulgação de fato considerado pela lei como segredo de justiça feita por representante do Ministério Público em emissora de televisão. A Turma, entre outras questões, manteve o entendimento do acórdão recorrido de que o representante do MP tem legitimidade passiva para figurar na mencionada ação, pois sua atuação foi em completo desacordo com a legislação de regência (art. 26, § 2º, da Lei n. 8.625/1993 – Lei Orgânica do Ministério Público – e art. 201, § 4º, da Lei n. 8.069/1990). Para chegar à conclusão diversa, necessário seria o revolvimento do conjunto fático-probatório dos autos, o que é vedado em recurso especial, conforme dispõe o verbete da Súm. n. 7-STJ. Com relação ao *quantum* indenizatório fixado na instância ordinária, somente quando irrisório ou exorbitante o valor é que se admite sua revisão na via do recurso especial. Assim, a Turma não conheceu do recurso. **REsp 1.162.598- SP, Rel. Min. João Otávio de Noronha, julgado em 2/8/2011.** (Inform. STJ 480)

IMUNIDADE PARLAMENTAR. DECRETACÃO DE OFÍCIO. TJ.
Em ação indenizatória, o juiz julgou procedente o pedido de danos morais decorrentes da entrevista concedida por deputado estadual em programa transmitido pelo rádio no qual acusou o prefeito (autor da ação) de haver utilizado R$ 100 milhões dos cofres da prefeitura para patrocinar as últimas eleições, tanto a municipal quanto a estadual. Porém, o TJ, em apelação, reconheceu de ofício a imunidade do parlamentar e, consequentemente, julgou improcedente o pedido indenizatório. Daí o REsp alegar violação do art. 515 do CPC, afirmando que o TJ não poderia reconhecer de ofício a imunidade parlamentar se, em nenhum momento, essa imunidade fora arguida pelas partes. Para o Min. Relator, o acórdão recorrido afastou o dever de indenizar por reconhecer a imunidade do parlamentar. Explica que o reconhecimento da imunidade não retira apenas a responsabilidade criminal, mas também a responsabilidade civil, bem como, sendo a matéria preceito de ordem pública, pode ser conhecida de ofício pelo órgão julgador, ainda que a parte não a tenha suscitado. Aponta que a imunidade material, também denominada "inviolabilidade parlamentar", está prevista no art. 53, *caput*, da CF/1988 (com a redação dada pela EC n. 35/2001), dispondo serem os deputados e senadores invioláveis civil e penalmente, por quaisquer de suas opiniões, palavras e votos. Para a jurisprudência do STF, a imunidade, que obsta a propositura de ação civil ou penal contra o parlamentar por motivo de opiniões ou votos proferidos no exercício de suas funções, é absoluta, permanente, de ordem pública até quanto às declarações divulgadas por meio de entrevistas jornalísticas na imprensa local, que guardam conexão com o desempenho do mandato parlamentar, especialmente se estiver presente uma das funções inerentes ao ofício legislativo, que é fiscalizar os atos do Poder Executivo. Ademais, observa que o STF reconheceu a imunidade do recorrido ao julgar RE com a mesma base fática em exame, ou seja, a mesma entrevista, mas em que figuraram como partes o irmão do recorrente (como autor) e o recorrido. Diante do exposto, a Turma, ao prosseguir o julgamento, negou provimento ao recurso. Precedentes citados do STF: AI 473.092-AC, DJ 28/3/2005, e RE 603.430-PB, DJe 3/5/2010. **REsp 734.218-PB, Rel. Min. Luis Felipe Salomão, julgado em 28/6/2011.** (Inform. STJ 479)

OBRIGAÇÃO. FAZER. REVISTA. CONVERSÃO. PERDAS. DANOS.
A recorrente contratou com a sociedade empresária recorrida o fornecimento de revista infantil pelo prazo de um ano. Contudo, antes disso, a recorrida comunicou à recorrente que não mais a editaria e oportunizou enviar-lhe outra publicação de sua escolha, o que foi recusado. Daí a ação ordinária que busca o fornecimento de sete edições da revista infantil finda. É certo que os arts. 461 e 461-A do CPC, que tratam da obrigação de fazer, não fazer ou entregar coisa, trazem a possibilidade de conceder tutela específica da obrigação ou providências assecuratórias de resultado prático equivalente ao adimplemento. Contudo, na hipótee, conforme as instâncias ordinárias, há um óbice fático ao cumprimento específico da obrigação: o custo dos exemplares restantes seria desproporcional ao resultado prático visado, o que torna economicamente impossível a prestação. Dessarte, independentemente da discussão sobre ser econômica ou jurídica a impossibilidade, o cumprimento específico da obrigação (a edição dos sete exemplares faltantes apenas para a recorrente) demandaria onerosidade excessiva e desproporcional à recorrida, razão última para não impor comportamento que exija o ressarcimento de forma específica quando seu custo não justificar a opção por essa modalidade, conforme apregoa precedente do STJ. Aplica-se a segunda parte do § 1º do art. 461 do CPC, que permite ao julgador determinar, inclusive de ofício, a conversão da obrigação de dar, fazer ou não fazer em obrigação pecuniária (aí incluída a indenização por perdas e danos) na parte em que aquela não possa ser executada. Com esse entendimento, a Turma fixou perdas e danos no montante de 7/12 do valor do contrato celebrado, que corresponde ao valor do número de revistas não entregues, corrigido monetariamente a partir do inadimplemento e somado a juros moratórios contados da data da citação. Precedentes citados: REsp 332.772-SP, DJ 28/6/2006; REsp 898.184-RJ, DJe 4/8/2008, e REsp 794.253-RS, DJ 1º/12/2007. **REsp 1.055.822-RJ, Rel. Min. Massami Uyeda, julgado em 24/5/2011.** (Inform. STJ 474)

INDENIZAÇÃO. VEICULAÇÃO. SEGREDOS. ILUSIONISMO. AUSÊNCIA. ATO ILÍCITO.
Trata-se, na origem, de ação indenizatória contra empresas de televisão na qual os autores recorrentes alegam, em síntese, que o programa exibido pelas rés recorridas teria o propósito de jogar a população contra a classe dos mágicos, além de destruir os números de magia que eram desvendados. A Turma entendeu que não há, no ordenamento jurídico pátrio, norma que proíba a revelação de truques de magia, para, aí sim, poder-se falar em ilicitude. Como não há norma jurídica que impeça a revelação dos "segredos do ilusionismo", não há razão para impor qualquer responsabilidade civil pela conduta das emissoras de televisão. Na liberdade de informar, a regra é a publicidade e o sigilo é a exceção, que somente se justifica quando estiverem em confronto os interesses mais caros à sociedade ou ao indivíduo. Com relação aos "segredos de ilusionismo", não há bem de substancial relevância a ser protegido que justifique a censura, sempre existiram livros e brinquedos vendidos com intuito de ensinar os alegados segredos e não há notícias de qualquer insurgência por parte dos mágicos contra a prática. Assim, a Turma negou provimento ao recurso. **REsp 1.189.975-RS. Rel. Min. Luis Felipe Salomão, julgado em 10/5/2011.** (Inform. STJ 472)

DESCONSIDERAÇÃO. PERSONALIDADE JURÍDICA. INDENIZAÇÃO. LIMITE. QUOTAS SOCIAIS.
Trata-se de ação indenizatória a qual envolveu, na origem, uma típica relação de consumo, visto que o recorrido, professor responsável, visitava as dependências de parque aquático acompanhando seus alunos quando, em razão de acidente por explosão de gás, ele foi atingido pelo fogo, o que lhe causou queimaduras nos braços e pernas. Assim, a partir da constatação, pelas instâncias ordinárias, da existência de relação de consumo juntamente com a impossibilidade de realizar a satisfação do débito oriundo da condenação indenizatória perante a sociedade empresária, determinou-se a desconsideração de sua personalidade jurídica e a penhora de bem móvel de propriedade do sócio ora recorrente para garantir a satisfação do crédito. Note-se que o juiz consignou haver prova incontestável de que o representante legal da executada praticou atos contrários à lei e ao estatuto da instituição executada com o objetivo de fraudar futura execução resultante do julgamento procedente do pleito. No REsp, discute-se a possibilidade de, em razão da desconsideração da personalidade jurídica da sociedade empresária e, em ato contínuo, com a autorização da execução dos bens dos sócios, a responsabilidade dos sócios ficar limitada ao valor de suas respectivas quotas sociais. Segundo o Min. Relator, essa possibilidade não poderia prosperar, pois admitir que a execução esteja limitada às quotas sociais seria temerário, indevido e resultaria na desestabilização do instituto da desconsideração da personalidade jurídica. Explica que este hoje já se encontra positivado em nosso ordenamento jurídico no art. 50 do CC/2002 e, nesse dispositivo, não há qualquer restrição acerca de a execução contra os sócios ser limitada às suas respectivas quotas sociais. Ademais, a desconsideração da personalidade jurídica já havia sido regulamentada no âmbito das relações de consumo no art. 28, §5º, do CDC e há muito é reconhecida pela jurisprudência e pela doutrina por influência da teoria do *disregard of legal entity*, oriunda do direito norte-americano. Ressalta, ainda, que a desconsideração não importa dissolução da pessoa jurídica, constitui apenas um ato de efeito provisório decretado para determinado caso concreto e objetivo, dispondo, ainda, os sócios incluídos no polo passivo da demanda de meios processuais para impugná-la. Por fim, observa que o art. 591 do CPC estabelece que os devedores respondem com todos os bens presentes e futuros no cumprimento de suas obrigações. Com esse entendimento, a Turma conheceu em parte do recurso e, nessa parte, negou-lhe provimento. Precedentes citados: REsp 140.564-SP, DJ 17/12/2004; REsp 401.081-TO, DJ 15/5/2006, e EDcl no REsp 750.335-PR, DJ 10/4/2006. **REsp 1.169.175-DF, Rel. Min. Massami Uyeda, julgado em 17/2/2011.** (Inform. STJ 463)

RESPONSABILIDADE. PROPAGANDA. PALCO.
Trata-se de REsp em que se discute a corresponsabilidade de determinada empresa de comunicação pelo fato de haver veiculado, em programa de TV, por intermédio de seu apresentador, propaganda enganosa de empréstimo oferecido por instituição financeira anunciante, que teria descumprido os compromissos assumidos no anúncio veiculado. A Turma deu provimento ao recurso, assentando que a inserção de propaganda em programas de televisão, particularmente nas apresentações ao vivo, é praxe ditada pelas exigências de um mercado dinâmico e mutante. Assim, a responsabilidade pelo produto ou serviço anunciado é daquele que o confecciona ou presta e não se estende à televisão, jornal ou rádio que o divulga. A participação do apresentador, ainda que diga da qualidade do que é objeto da propaganda, não lhe empresta corresponsabilidade ou o torna garantidor do cumprimento das obrigações pelo anunciante. Destarte, a denominada publicidade de palco não implica a corresponsabilidade da empresa de televisão pelo anúncio divulgado. E o apresentador atua como garoto-propaganda, e não na qualidade de avalista formal, por si ou pela empresa, do êxito do produto ou serviço para o telespectador que vier, no futuro, a adquiri-los. Consignou-se, por fim, que a interpretação dada pelo tribunal *a quo* não encontra respaldo na legislação pertinente e não se mostra razoável, ainda acarretando como consequência o próprio desaparecimento da chamada propaganda de palco, visto que é fácil imaginar o alto risco na posição de uma empresa de comunicações que passaria a arcar com a corresponsabilidade por todos os produtos e serviços anunciados, sem que pudesse intervir em seu controle de qualidade e auferir lucros pela venda respectiva. O Min. Luis Felipe Salomão, embora acompanhando o Min. Relator, ressalvou que não se deve afastar, genericamente, a responsabilidade da empresa de

comunicação por entendê-la parte ilegítima para a demanda. Observou que somente o caso concreto permitirá uma análise da pertinência subjetiva para a causa quando houver abuso na publicidade, ela for manifesta e isso ficar demonstrado nos autos para efeito de responsabilidade, não apenas demonstrando culpa, mas também a responsabilidade dentro da extensão da cadeia do conceito de fornecedor, pela cadeia de consumo prevista no CDC. **REsp 1.157.228-RS, Rel. Min. Aldir Passarinho Junior, julgado em 3/2/2011.** (Inform. STJ 461)

SERVIÇO SOCIAL AUTÔNOMO. RESPONSABILIDADE.

A Turma deu parcial provimento ao recurso especial para julgar improcedente o pedido de indenização por danos materiais e morais formulado por sociedade empresária (recorrida) em desfavor de serviço social autônomo (recorrente). Sustentou-se, na origem, que o projeto de viabilidade econômico-financeira elaborado pela entidade recorrente, necessário para que a empresa pudesse obter recursos subsidiados pelo governo federal para a ampliação de suas atividades, não observou as regras técnicas adequadas, porquanto não foi realizada a necessária pesquisa de mercado. Com isso, afirmou-se que o vício teria sido o causador do insucesso do empreendimento e da consequente decretação de sua falência, razão pela qual a entidade deveria ser responsabilizada por perdas e danos. Entretanto, para o Min. Relator, não ficou caracterizada a ocorrência de ilícito contratual apto a configurar a responsabilidade civil do serviço autônomo. Consignou, inicialmente, que a concepção contratual moderna reconhece a existência dos denominados deveres secundários da obrigação, cujo cumprimento pauta-se pela obediência aos princípios da lealdade e da boa-fé e impõe a ambas as partes o dever de zelo pela satisfação dos interesses globais envolvidos. Contudo, asseverou que a existência de tais deveres deve ser verificada tanto pelo lado do devedor quanto do credor. Assim, entendeu que não poderia o tribunal *a quo* exigir da entidade o desempenho do seu dever secundário consistente na realização de pesquisa de mercado, se a empresa não se comprometeu a atuar em prol dos objetivos comuns. Segundo o Min. Relator, o descumprimento daquele dever foi induzido pela própria conduta da empresa, que, ao passar a imagem de que apresentaria larga experiência profissional, forneceu dados que supririam a necessidade da referida pesquisa, criando falsas expectativas e incutindo a ideia de confiança na veracidade das informações por ela repassadas. Por outro lado, explicou que, ainda que se entendesse pela ocorrência de erro na elaboração do projeto, não ficou demonstrado o indispensável nexo causal entre a conduta da entidade e os danos decorrentes da falência da recorrida, nos termos da teoria do dano direto e imediato, adotada pelo ordenamento pátrio. Declarou que o risco é inerente à atividade empresarial, motivo pelo qual não pode a sociedade empresária utilizar o projeto de viabilidade econômico-financeira como uma espécie de seguro da empreitada, tentando se proteger de eventuais imprevistos suscetíveis de surgir no ramo. Segundo o Min. Relator, a gestão da empresa cabe aos seus administradores, em conformidade com o que dispõe o art. 1.011 do CC/2002, não ao responsável pela elaboração do projeto – se assim o fosse, estar-se-ia criando uma responsabilidade objetiva do serviço social autônomo, sem enquadramento nas hipóteses estabelecidas pelo art. 927, parágrafo único, do CC/2002 (teoria do risco da atividade) e em desrespeito a sua natureza de entidade executora de atividade social de interesse público sem fins lucrativos. Estabeleceu que a tarefa descrita no contrato firmado pela entidade consistiu em obrigação de meio, não de resultado, o que afasta a sua culpa presumida pela falência da recorrida. Por fim, concluiu haver dificuldade em estabelecer uma única causa determinante da quebra da empresa, por serem muitas as possibilidades (por exemplo: falência da principal cliente, política governamental, má gestão, fatores de ordem macroeconômica etc), razão por que se mostra inviável estabelecer que o suscitado erro do projeto, por si só, teria ocasionado a insolvência. Precedentes citados do STF: RE 130.764-PR, DJ 7/8/1992; do STJ: REsp 95.539-SP, DJ 14/10/1996, e REsp 719.738-RS, DJe 22/9/2008. **REsp 1.154.737-MT, Rel. Min. Luis Felipe Salomão, julgado em 21/10/2010.** (Inform. STJ 452)

DANO MORAL. REGISTRO. ALIENAÇÃO. IMÓVEL.

Na ação, busca-se a nulidade de averbações em registro imobiliário cumulada com pedido de reparação de danos materiais e morais. Ressaltou o Min. Relator que, embora reflexamente se possa cogitar a responsabilidade civil do Estado porque a ação foi ajuizada contra o oficial de registro, no entanto, no caso, aplica-se o direito privado ao desate da controvérsia. Observa, inclusive, que a Turma já julgou caso idêntico, alusivo ao mesmo oficial. Por outro lado, também assevera que esse mesmo colegiado possui precedente no sentido de ser faculdade do autor promover a demanda em razão do servidor, do estado ou de ambos, no livre exercício de seu direito de ação. Assim, firmada a competência da Turma, no mérito, negou-se provimento ao recurso, porque o oficial apenas cumpriu determinação judicial acerca da averbação de protesto contra a alienação de imóvel requerida pela instituição financeira, circunstância que afasta qualquer dever de indenizar. Ademais, a jurisprudência deste Superior Tribunal permite a averbação no registro de imóveis, dentro dos limites do poder geral de cautela do juiz, por ser esse o meio mais eficaz de propiciar a ciência do protesto a terceiros. Precedentes citados: EREsp 440.837-RS, DJ 28/5/2007; REsp 731.746-SE, DJe 4/5/2009; REsp 1.073.008-RJ, DJe 27/4/2008; REsp 847.597-SC, DJe 1º/4/2008; REsp 967.644-MA, DJe 5/5/2008; REsp 844.778-SP, DJ 26/3/2007; AgRg no Ag 685.087-RS, DJ 21/11/2005, e REsp 433.766-RS, DJ 11/11/2002. **REsp 687.300-RS, Rel. Min. Luis Felipe Salomão, julgado em 5/8/2010.** (Inform. STJ 441)

DANO MORAL. FUMANTE.

Mostra-se incontroverso, nos autos, que o recorrido, autor da ação de indenização ajuizada contra a fabricante de cigarros, começou a fumar no mesmo ano em que as advertências sobre os malefícios provocados pelo fumo passaram a ser estampadas, de forma explícita, nos maços de cigarro (1988). Isso, por si só, é suficiente para afastar suas alegações acerca do desconhecimento dos males atribuídos ao fumo; pois, mesmo diante dessas advertências, optou, ao valer-se de seu livre-arbítrio, por adquirir, espontaneamente, o hábito de fumar. Outrossim, nos autos, há laudo pericial conclusivo de que não se pode, no caso, comprovar a relação entre o tabagismo desenvolvido pelo recorrido e o surgimento de sua enfermidade (tromboangeíte obliterante – TAO ou doença de Buerger). Assim, não há falar em direito à indenização por danos morais, pois ausente o nexo de causalidade da obrigação de indenizar. Precedentes citados: REsp 325.622-RJ, DJe 10/11/2008; REsp 719.738-RS, DJe 22/9/2008, e REsp 737.797-RJ, DJ 28/8/2006. **REsp 886.347-RS, Rel. Min. Honildo Amaral de Mello Castro (Desembargador convocado do TJ-AP), julgado em 25/5/2010** (ver Informativo n. 432). (Inform. STJ 436)

LOTERIA FEDERAL. BILHETE.

O recorrido ajuizou ação contra a Caixa Econômica Federal (CEF), recorrente, objetivando sua condenação ao pagamento de R$ 22 milhões, alegando ser o único acertador do sorteio n. 83 da Supersena. Argumentou que, conquanto o bilhete fizesse referência ao sorteio n. 84, tal ocorreu por erro da máquina registradora, tendo em vista que realizou a aposta no último dia permitido para concorrer ao concurso n. 83. Para o Min. Relator, em se tratando de aposta em loteria, com bilhete não nominativo, mostra-se irrelevante a perquirição acerca do propósito do autor, tampouco se a aposta foi realizada neste ou naquele dia, tendo em vista que o que deve nortear o pagamento de prêmios de loterias federais, em casos tais, é a literalidade do bilhete, visto que ele ostenta características de título ao portador. É que o bilhete premiado veicula um direito autônomo cuja obrigação incorpora-se no próprio documento, podendo ser transferido por simples tradição, característica que torna irrelevante a discussão acerca das circunstâncias em que se aperfeiçoou a aposta. Ressaltou o Min. Relator que a tese veiculada pelo autor da ação, de que, devido ao erro no processamento de sua aposta, não foi possível receber o prêmio, somente seria apta a lastrear ação de responsabilidade civil com vistas à reparação do apontado dano sofrido, contra quem entender de direito, mas não para receber o prêmio da loteria com base em bilhete que não ostenta os números sorteados para o concurso indicado. **REsp 902.158-RJ, Rel. Min. Luis Felipe Salomão, julgado em 6/4/2010.** (Inform. STJ 429)

INDENIZAÇÃO. CONTRATAÇÃO. ADVOGADO.

Noticiam os autos que a autora pleiteou indenização pelos gastos com a contratação de advogado para postular causa trabalhista e o Tribunal *a quo* deu provimento parcial à apelação da autora, concluindo que o banco empregador tem dever de indenizá-la, pois descumpriu suas obrigações trabalhistas, compelindo-a a contratar advogado para ajuizar ação. Para o Min. Relator, é incabível a indenização pela necessidade de contratação de advogado para o ajuizamento de ação laboral, uma vez que descaracterizado qualquer ato ilícito. Além de as verbas discutidas serem controvertidas e somente se tornaram devidas após o trânsito em julgado da sentença, afastando, assim, qualquer alegação de ilicitude para gerar o dever reparatório. Consignou, também, que, em razão do art. 791 da CLT, o reclamante na Justiça Trabalhista pode postular seu direito sem assistência de advogado. Ressalta, entre outras considerações, que entender de modo diferente importaria no absurdo da prática de considerar ato ilícito qualquer pretensão resistida questionada juridicamente e cada ação iria gerar uma outra para ressarcimento de verba honorária, assim por diante, indefinidamente. Com esse entendimento, a Turma deu provimento ao recurso do banco para restabelecer a sentença que julgou improcedente o pedido indenizatório. **REsp 1.084.084-MG, Rel. Min. Aldir Passarinho Junior, julgado em 27/10/2009.** (Inform. STJ 413)

SEGURO. BAIXA. VEÍCULO. MULTAS.
O veículo furtado do recorrido não foi recuperado pela polícia, então a seguradora recorrente efetuou o pagamento da indenização estipulada. Sucede que essa mesma seguradora não providenciou a baixa do veículo no cadastro do Detran, por isso diversas multas relativas a infrações de trânsito praticadas pelos criminosos ou terceiros foram emitidas em nome do recorrido e computadas em sua carteira de habilitação. Assim, além do dano moral, a ação busca compelir a seguradora a providenciar a transferência da propriedade do veículo, bem como a retirar todas as multas de trânsito aplicadas sob pena de fixação de *astreintes*. Anote-se que o veículo, como visto, não se encontra na posse do recorrido nem do recorrente, o que impede o cumprimento das exigências usualmente feitas pelo Detran para a transferência (CTB, art. 124, VII e XI), tal como a vistoria do automóvel. Esse panorama evidencia o dano moral causado ao recorrido, pois houve desídia da seguradora em prontamente atender a suas solicitações. Todavia, não tem cabimento impor multa diária, inclusive por tutela antecipada, para compeli-la a cumprir uma impossível transferência do veículo, daí ser necessária a exclusão das *astreintes* da condenação. De outro lado, é preciso que este Superior Tribunal, ao aplicar o direito à espécie (art. 257 do RISTJ), avance em busca de uma solução burocrática do problema que atormenta o autor. Isso posto, a Turma determinou a imediata expedição de ofício ao Detran para que se registre a seguradora como a proprietária do veículo desde a data do furto. Com isso, o recorrido fica livre das multas aplicadas, apesar de o STJ não poder cancelá-las, visto representarem valor devido à Fazenda Pública, que não é parte na lide. **REsp 1.003.372-RJ, Rel. Min. Aldir Passarinho Junior, julgado em 6/10/2009.** (Inform. STJ 410)

DANO MORAL. IMPUTAÇÃO. CRIME. SEGURADORA.
Trata-se de ação de cobrança com o objetivo de obter ressarcimento do valor de veículo furtado durante a vigência de contrato de seguro. Porém, diante da negativa de ressarcimento, bem como da imputação de crimes aos autores pela seguradora, pleiteou-se indenização por danos morais e materiais. Note-se que a seguradora ficou vencida nas instâncias ordinárias, assinalando o acórdão recorrido que o prejuízo não consiste na simples emissão de documentos e depoimentos falsos, mas sim na utilização deles no inquérito policial, na ação penal e pela circulação dessa notícia nos mercados securitário e bancário. Assevera, ainda, que a seguradora pode até não responder pela produção dos documentos falsos, mas, por sua utilização irresponsável e leviana, deve ser condenada, pois deveria ter verificado a autenticidade dos documentos. Por outro lado, a seguradora afirma, no REsp, que os autores não sofreram qualquer lesão, principalmente a pessoa jurídica, porque não constitui ilícito requerer a abertura de inquérito policial, senão o exercício regular de direito, tal como promover ação penal para apurar suspeita plausível e consistente na venda de automóvel na Bolívia antes da comunicação do sinistro. Isso posto, o Min. Relator, de início, excluiu a apreciação da inexistência do dano moral sofrido pela sociedade empresarial proprietária do veículo ao argumento de que ela não poderia ser ré em processo criminal, visto a falta de debate no acórdão recorrido (Súms. ns. 282 e 356 do STF). Observa ainda que, apesar de não ser possível a verificação da existência de dano moral indenizável sem adentrar a prova (Súm. n. 7-STJ), no caso dos autos, torna-se impossível descaracterizar a ocorrência do dano moral, pois há paradigma deste Superior Tribunal com expressa ressalva à imputação de crime com má-fé, além de que foram utilizados documentos falsos para a *notitia criminis*, houve circulação dos fatos desabonadores no meio securitário e bancário, sendo incontroverso, nos autos, que houve extrapolação do regular exercício de promover apuração de suposto ilícito. Dessa forma, só quanto à fixação do *quantum* indenizatório considerou o Min. Relator merecer reforma, por estar elevado diante de hipóteses semelhantes. Ante o exposto, a Turma conheceu em parte o recurso e, nessa parte, deu-lhe parcial provimento para fixar o valor de R$ 20.0000, para cada um dos autores a título de dano moral. Precedente citado: REsp 468.377-MG, DJ 23/6/2003. **REsp 905.328-SP, Rel. Min. Aldir Passarinho Junior, julgado em 22/9/2009.** (Inform. STJ 408)

INDENIZAÇÃO. DESAPARECIMENTO. RESTOS MORTAIS.
Os recorridos contrataram com a recorrente a perpetuação, em jazigo alugado, dos restos mortais de seu pai e cônjuge. Quando se dirigiram à administração do cemitério para adquirir um jazigo perpétuo, foram surpreendidos ao constatar que os restos mortais sepultados não eram os de seu familiar falecido. Daí a ação de indenização por danos materiais e morais. O acórdão recorrido, por sua vez, reconheceu como causa para a condenação o fato superveniente, até então desconhecido, de que, diante da existência de parcelas em débito, a recorrente procedeu à exumação do corpo e cremou os restos mortais sem o consentimento de seus familiares. Nesse contexto, a causa de pedir constante da inicial é a do desaparecimento do corpo, mais ampla do que o fato superveniente que deu lastro à condenação, a cremação não autorizada dos restos mortais. Ao cabo, a cremação pode ser entendida como a forma pela qual a recorrente fez desaparecer o corpo, não se podendo dizer que houve julgamento fora dos limites da lide. Para tanto se considera que os arts. 462 e 517 do CPC permitem tanto ao juiz quanto ao tribunal a análise de circunstâncias que, por sua implementação tardia, não eram passíveis de resenha inicial, isso no escopo de prestigiar a economia processual e evitar a entrega de tutela que seja mera resposta a formulações teóricas, sem qualquer efeito prático. Privilegia-se o estado atual em que se encontram as coisas, a evitar provimento judicial de procedência quando já perecido o direito do autor ou de improcedência quando o direito pleiteado na inicial delineado pela *causa petendi* narrada é reforçado por fatos supervenientes. Precedentes citados: REsp 78.714-SP, DJ 10/11/1997, e REsp 43.902-SP, DJ 20/6/1994. **REsp 500.182-RJ, Rel. Min. Luis Felipe Salomão, julgado em 3/9/2009.** (Inform. STJ 405)

DANOS MORAIS. CONFECÇÃO. CLÁUSULA. EXCLUSIVIDADE.
Pretende-se, no recurso, afastar a condenação por danos morais imposta às recorrentes no valor de três mil reais e mantida pelo TJ, que entendeu comprovadas as ofensas morais que permearam a rescisão de contrato de confecção de vestido para baile de debutantes, com cláusula de exclusividade. Para o Min. Relator, a sustentação do acórdão é lastreada na prova dos autos, de onde se extrai, primeiro, que o vestido era destinado à aniversariante, depois, que a rescisão deveu-se à quebra de confiança, não à inobservância da exclusividade, por isso foi estendida a todos os outros vestidos, num total de quatro. Por último, que as peças não estão em poder das adquirentes, que se recusaram a recebê-las, o que não justifica, portanto, a alegação de omissões e obscuridades lançadas na preliminar de nulidade do acórdão recorrido. O dano moral foi fixado unicamente em favor da primeira autora, vítima das agressões morais, não vingando a alegação de que a jovem também tenha sido ressarcida pelo mesmo motivo. Diante do exposto, a Turma não conheceu do recurso. **REsp 1.089.251-MG, Rel. Min. Aldir Passarinho Junior, julgado em 18/8/2009.** (Inform. STJ 403)

PLANO. SAÚDE. DANO MORAL.
Trata-se de ação de indenização em que o plano de saúde pagou cirurgia de remoção de tumor ósseo, mas se recusou a cobrir o valor do enxerto ósseo. As instâncias ordinárias reconheceram o dano material, porém negaram o dano moral ao argumento de não haver ato ilícito por parte da seguradora. A Turma, após voto vista da Min. Nancy Andrighi e a reformulação do voto do Min. Relator, deu provimento ao agravo regimental, reconhecendo a indenização pelo dano moral. Explicou o voto vista não ser possível utilizar dois critérios distintos de apuração quanto à ilicitude de uma conduta, para fins de avaliação do dano material e do dano moral. Se uma conduta é ilícita para fins de reparação do dano material, ela será ilícita também para a avaliação do dano moral; o que pode acontecer é que, apesar de ilícita, o mero descumprimento de uma cláusula contratual não gere para parte qualquer dano moral indenizável. Essa avaliação não se pauta, porém, na licitude ou ilicitude da conduta, mas na existência do dano. Observou o Min. Relator que a decisão nas instâncias ordinárias ficou contraditória: a mesma etimologia, o mesmo nexo causal, ficou apenas em um dos resultados, indenizatória do dano emergente. Mas, reconhecida a responsabilidade pelo fato, pela etimologia e pelo nexo causal, faltou uma consequência, que é a consequência moral, que foi realmente cobrada. **AgRg nos EDcl no REsp 1.096.560-SC, Rel. Min. Sidnei Beneti, julgado em 6/8/2009.** (Inform. STJ 401)

DANOS MORAIS. VEÍCULO. DEFEITO.
Trata-se de recursos especiais em que se pretende desconstituir acórdão que condenou as ora recorrentes a indenizar o ora recorrido por danos morais, pelo fato de ele ter adquirido um veículo perante aquelas (fabricante e vendedora), o qual logo apresentou defeito no sistema de refrigeração (ar-condicionado). Constata-se dos autos que o recorrido levou, por inúmeras vezes, o veículo ao conserto, passando por diversas oficinas mecânicas, o que, para o acórdão, constituiu verdadeira *via crucis*, justificando, assim, os danos morais. Para o Min. Relator, o caso em questão não guarda excepcionalidade; os defeitos, ainda que ocorridos durante a garantia de fábrica, são comuns, e a indenização por dano moral não deve ser banalizada. Ela não se destina a confortar meros percalços da vida comum. Haveria razoabilidade no deferimento de danos materiais que, na hipótese dos autos, não foram comprovados, enquanto as sucessivas visitas à concessionária provocam despesas com o deslocamento, tais como combustível, aluguel de outro veículo, táxi etc., porque a perda momentânea do uso do automóvel, guardadas certas proporções, é evidente, mas daí assemelhar esse desconforto a um dano moral, lesivo à vida e personalidade do incomodado é um excesso. Ou seja, é possível a indenização por danos materiais, mas os incômodos ou dissabores não chegam a configurar dano moral. Com

esses argumentos, entre outros, a Turma, por maioria, conheceu em parte dos recursos e lhes deu provimento para excluir a indenização por dano moral, impondo ao recorrido o pagamento das despesas processuais e de verba honorária a cada uma das recorrentes no valor de R$ 500,00, nos termos do art. 20, § 4°, do CPC. Precedentes citados: REsp 217.916-RJ, DJ 11/12/2000; REsp 628.854-ES, DJ 18/6/2007 e AgRg no AgRg no Ag 775.948-RJ, DJ 3/3/2008. **REsp 750.735-RJ, Rel. Min. Aldir Passarinho Junior, julgado em 4/6/2009.** (Inform. STJ 397)

COOPERATIVA HABITACIONAL. IMÓVEL.
A recorrida propôs ação de indenização contra a cooperativa pelos danos materiais ensejados pela demora na entrega do imóvel, consistentes nos lucros cessantes, sugerindo, para tanto, inclusive, o possível valor do aluguel. O Min. Relator entendeu que, no caso, a rescisão do contrato deu-se por culpa da cooperativa, em razão de seu inequívoco inadimplemento contratual, não configurando hipótese de desistência, eliminação ou exclusão do associado, como quer fazer crer a ora recorrente, não fazendo, por isso, incidir a cláusula estatutária que prevê a devolução do capital integrado pelo cooperado em doze parcelas mensais, com início até noventa dias após a conclusão e escrituração do empreendimento. As cooperativas habitacionais, especificamente, são constituídas com o objetivo de proporcionar exclusivamente a seus associados, por meio da administração das quotas subscritas, a construção e aquisição de imóveis. O empreendimento imobiliário engendrado pelo sistema de cooperativa habitacional, que não visa ao lucro, encerra um preço de custo final bem aquém daqueles cobrados pelo comércio, o que, em atendimento ao interesse público, atrai pessoas, em geral, de baixa renda a aderir aos termos do estatuto social. A par disso, de forma legítima, o sistema de cooperativa recebe proteção legal e incentivos fiscais. Assentadas as características das cooperativas habitacionais, vê-se que o cooperativado, a depender do prisma em que é enfocado, exerce, a um só momento, diferentes funções, ora de sócio ora de administrador (por representação ou não) ora de destinatário do imóvel. Em razão do caráter multifacetado do cooperativado, na hipótese de o empreendimento não atingir a finalidade prevista no estatuto social, seja pelo não cumprimento da obrigação por parte de alguns dos cooperativados seja por má administração, da qual, como visto, de certa forma todos os cooperativados têm participação, desde que não se verifique a prática de atos ilícitos, a remuneração pelos custos operacionais, ao menos, deve ser responsabilidade de todos os cooperativados. Diante disso, a Turma, deu parcial provimento ao recurso para considerar válida a retenção pela cooperativa de 10% dos valores pagos pelo cooperativado, sendo que o restante deve ser restituído em parcela única. **REsp 1.089.479-DF, Rel. Min. Massami Uyeda, julgado em 19/3/2009.** (Inform. STJ 387)

INDENIZAÇÃO. LEGITIMIDADE PASSIVA *Ad causam.*
A recorrente, no mérito, aduz sua ilegitimidade passiva, alegando que o fato de as empresas de cervejaria pertencerem ao mesmo grupo econômico e, eventualmente, por questões funcionais, utilizarem os mesmos prestadores de serviços não implica responsabilidade solidária ou subsidiária de uma pelos atos praticados pela outra, visto que ambas são pessoas jurídicas distintas e autônomas e os atos preliminares de negociação com a recorrida foram mantidos unicamente com funcionários das cervejarias, não havendo tratativas da recorrida com a companhia de cervejaria, filial nordeste. Diante disso, a Turma ao prosseguir o julgamento, conheceu em parte do recurso e, nessa parte, deu-lhe parcial provimento, por entender que o Tribunal a quo analisou todos os temas relevantes suscitados pelas partes, mormente a matéria relacionada à ilegitimidade passiva da empresa recorrente, não havendo que se falar em negativa de prestação jurisdicional. A questão da ilegitimidade passiva *ad causam* foi decidida com base em minuciosa análise das provas dos autos e sua revisão demandaria o reexame dessas provas. **REsp 955.848-PE, Rel. Min. Massami Uyeda, julgado em 5/3/2009** (Inform. STJ 385)

SENTENÇA PENAL. EXTINÇÃO. PUNIBILIDADE. INDENIZAÇÃO.
O recorrente exerceu a função de diretor administrativo da fundação recorrida e emitiu 109 cheques sacados pela pessoa jurídica em favor de seus filhos, os demais recorrentes. Dessa forma, ter-se-ia consubstanciado o crime de apropriação indébita. O extinto Tribunal de Alçada estadual condenou os recorrentes pela prática das últimas 53 condutas. Esse acórdão criminal é a peça que embasa o pedido de liquidação de sentença que, após a homologação dos cálculos em primeiro e segundo grau de jurisdição, é atacada por meio do recurso especial. Os recorrentes sustentavam que a condenação penal reconheceu a prescrição retroativa da pretensão punitiva para todas as práticas delitivas. Embora o acórdão recorrido passe ao longo da prescrição quanto às últimas 53 condutas, há uma segunda decisão criminal relevante, cuja punibilidade, em razão de o recorrente ter completado setenta anos, foi decretada extinta, ocorrente a prescrição retroativa da pretensão punitiva. O cerne da questão diz respeito à eficácia da sentença penal que extingue a punibilidade. Para a Min. Relatora, a hipótese dos autos é excepcional, pois o recorrente foi efetivamente condenado. A decisão condenatória traz conseqüências claras tanto na esfera penal quanto na esfera civil, impondo-se ao réu a pena pecuniária, restritiva de direitos ou da liberdade, ao mesmo tempo em que sujeita o condenado ao dever de reparar, após a liquidação na esfera cível, os danos que causou. Foi isento da pena. A extinção da punibilidade ocorreu após a existência da sentença penal condenatória, com base na pena *in concreto*, levando-se, ainda, em consideração, sua especial condição de septuagenário. A prescrição retroativa posteriormente reconhecida só atinge os efeitos penais da condenação, não seus efeitos civis. Afinal, não se pode ignorar que o Poder Judiciário reconheceu a existência de fato típico, antijurídico e culpável, e isso é quanto basta para que, na esfera cível, imponha-se o dever de indenizar. A sujeição do condenado à pena é fato irrelevante para fins de direito privado. Ao art. 67, II, CPP, deve-se dar interpretação que prestigie o princípio constitucional da razoável duração do processo. Havendo certeza sobre o ilícito, a decisão que julgar extinta a punibilidade não impedirá, em sentido amplo, a propositura de "ação civil", ou seja, ação de conhecimento, execução ou cautelar. Entendimento diverso imporia ao jurisdicionado o ônus de suportar a duração de dois processos de conhecimento, um na esfera cível e outro na criminal, para que se julguem rigorosamente os mesmos fatos. **REsp 789.251-RS, Rel. Min. Nancy Andrighi, julgado em 11/11/2008.** (Inform. STJ 376)

RESPONSABILIDADE CIVIL. TÍTULOS. DÍVIDA PÚBLICA.
A questão está em determinar se, na espécie, a aquisição pelo recorrente, na qualidade de diretor-presidente de sociedade empresarial, de títulos públicos federais emitidos há mais de cento e trinta anos, contrariou os interesses desta e caracterizou ato culposo capaz de ensejar sua responsabilidade pessoal pelos respectivos prejuízos. Isso posto, a Turma não conheceu do recurso. A Min. Nancy Andrighi acompanhou na íntegra o voto do Min. Relator e, em seu voto-vista, acrescentou que o Tribunal local demonstrou o evidente superfaturamento no valor da compra e o elevadíssimo risco dos títulos adquiridos, concluindo que constitui fato público e notório que tais títulos são tidos e havidos como "moeda podre". O Tribunal *a quo* ressaltou ainda o fato de o recorrente ter se furtado em apresentar parte dos contratos de aquisição dos títulos e dos recibos de saída de caixa, uma vez que a exibição desses documentos seria essencial à sua defesa. Para a Min. Nancy Andrighi, fica patente que, no entender das instâncias ordinárias, as provas dos autos apontam, de forma inconteste, não apenas o prejuízo suportado pela sociedade empresarial em virtude da aquisição desses títulos, mas sobretudo a má-fé com que agiu o recorrente, diante da notoriedade do imenso risco presente nesse tipo de "investimento". Além do mais, a conduta do recorrente desrespeitou as regras do estatuto social da sociedade. O acolhimento da tese sustentada pelo recorrente demandaria revolvimento do substrato fático-probatório dos autos, notadamente contratos e laudos periciais, esbarrando nos enunciados das Súms. ns. 5 e 7 do STJ. **REsp 810.667-RJ, Rel. originário Min. Humberto Gomes de Barros, Rel. Min. Nancy Andrighi (art. 162, § 2°, do RISTJ), julgado em 14/10/2008.** (Inform. STJ 372)

INDENIZAÇÃO. GASTOS. ADVOGADO.
O empregador descumpriu suas obrigações trabalhistas, e o empregado, então, contratou advogado para formular a ação laboral. Deseja, agora, a condenação do empregador por danos morais e materiais advindos dessa suposta necessidade de contratar o causídico. Diante disso, a Turma entendeu inexistir ato ilícito que acolha a pretensão à indenização. As verbas pleiteadas na reclamação eram controvertidas e só se tornaram devidas após o trânsito em julgado da sentença, daí o absurdo de reconhecer a prática de ato ilícito diante de qualquer pretensão resistida questionada judicialmente. Vale consignar que o art. 791 da CLT permite ao reclamante postular sem assistência de advogado. **REsp 1.027.897-MG, Rel. Min. Aldir Passarinho Junior, julgado em 16/10/2008.** (Inform. STJ 372)

DANOS MORAIS. PLANO. SAÚDE. RECUSA. COBERTURA.
O cerne da questão é estabelecer a necessidade ou não de compensação por danos morais a cliente de plano de saúde que, em momento de emergência resultante de ferimento causado por arma de fogo, tem a cobertura recusada pelo convênio por atraso de quinze dias na última mensalidade. O acórdão recorrido consignou de forma expressa que a recusa ao atendimento foi indevida, pois o atraso de quinze dias na última mensalidade do plano não é, de acordo com as normas legais específicas (Lei n. 9.656/1998), causa para tanto, na medida em que a seguradora fica obrigada a cobrir eventuais gastos pelo período de sessenta dias após o início da mora. Contudo, mesmo declarando a nulidade da cláusula contratual que permitia a imediata suspensão do atendimento a partir do primeiro dia

de mora, o acórdão entendeu que o ato da não-autorização, por si só, não torna evidente a concretização dos danos morais. É necessária, portanto, a comprovação de ofensa à dignidade do apelante, ora recorrente, ou de qualquer situação constrangedora, o que não sucedera no caso. A Turma deu provimento ao recurso por entender que tal posicionamento está em dissonância com a jurisprudência deste Superior Tribunal, pois, especificamente quanto à situação fática, como na hipótese, isto é, relativa ao relacionamento entre segurado e plano de saúde em momentos críticos de atendimento de urgência, a jurisprudência tem entendimento mais elástico, no sentido de que é evidente o dano moral sofrido por aquele que, em momento delicado de necessidade, vê negada a cobertura médica esperada. Assim, tendo em vista que o motivo gerador do atendimento médico negado não era dos mais traumáticos (não havia, aparentemente, risco à vida ao consumidor), fixou-se o valor dos danos morais em R$ 7.000,00. Precedentes citados: REsp 993.876-DF, DJ 18/12/2007; REsp 880.035-PR, DJ 18/12/2006, e REsp 663.196-PR, DJ 21/3/2008. **REsp 907.718-ES, Rel. Min. Nancy Andrighi, julgado em 7/10/2008**. (Inform. STJ 371)

DESCUMPRIMENTO. CONTRATO. DANO MORAL.

A questão envolve empreendimentos imobiliários lançados pela recorrente, que cedeu parte dos terrenos a serem edificados à empresa de construção, que, por sua vez, incumbiu-se das construções. O imóvel foi entregue, mas fora do prazo avençado. Para o Min. Relator, o inadimplemento de contrato, por si só, não acarreta dano moral, que pressupõe ofensa anormal à personalidade. É certo que a inobservância de cláusulas contratuais pode gerar frustração na parte inocente, mas não se apresenta como suficiente para produzir dano na esfera íntima do indivíduo, até porque o descumprimento de obrigações contratuais não é de todo imprevisível. Isso posto, a Turma conheceu em parte do recurso e lhe deu provimento para afastar a indenização por danos morais, e declarar que a correção monetária tem incidência a partir da prolação da sentença. Precedentes citados: REsp 338.162-MG, DJ 18/2/2002; REsp 196.040-MG, DJ 27/3/2000, e REsp 201.414-PA, DJ 5/2/2001. **REsp 876.527-RJ, Rel. Min. João Otávio de Noronha, julgado em 1º/4/2008**. (Inform. STJ 350)

AÇÃO. INDENIZAÇÃO. DANO MORAL.

Trata-se de recurso em que se discute a indenização por dano moral alegadamente causado aos autores em razão de alarme soado quando de sua saída de estabelecimento comercial onde haviam feito compras. Mas a Turma não conheceu do recurso ao argumento de que a decisão foi tomada com base nos fatos dos autos, que não têm como ser revistos pelo STJ (Súm. n. 7-STJ) e segundo os quais, tal como posto pelo TJ, não houve qualquer atitude dos empregados da loja no sentido de agravar o incidente, emprestando a ele repercussão maior do que o soar do alarme. Este fato, por sua vez, ainda que desagradável, representa um dissabor, um contratempo, mas não chega a gerar, por si só, direito indenizável, porquanto distante de causar dor ou sofrimento a ponto de reclamar ressarcimento material. Destacou o Min. Relator que há, evidentemente, situações em que, soado o alarme, os prepostos do estabelecimento agem de modo agressivo, ríspido, espalhafatoso, até de condução do cliente a local reservado para revista, o que, aí, sim, reclama posicionamento diverso, pois atinge a esfera moral da vítima. Mas não foi este o caso, absolutamente. Ao inverso, retrata o acórdão que a reação imediata do gerente foi de polidez, acompanhada de pedidos de desculpas dele e da caixa que deixara de retirar o lacre de segurança, não possibilitando fazer supor aos presentes que houvera suspeita de furto. Também, segundo a Corte estadual, não ficou comprovada a alegada revista no carrinho de compras. Cada caso apresenta circunstâncias próprias, e, aqui, restou patente a inexistência de ato ilícito indenizável, senão um aborrecimento prontamente contornado. **REsp 470.694-PR, Rel.** Min. **Aldir Passarinho Junior, julgado em 7/2/2008**. (Inform. STJ 343)

DANOS MORAIS. RESPONSABILIDADE. CONSTRUTOR. OBRA. PRAZO. GARANTIA.

Nas instâncias ordinárias, duas construtoras foram condenadas a indenizar a autora por danos morais, em razão da morte de sua única filha devido às lesões provocadas por queda de 45 metros. O acidente foi causado pela ruptura da proteção do fosso de ventilação do prédio em que residiam. Ambas as construtoras interpuseram recursos especiais. Num deles, entre outras teses apresentadas, insiste a recorrente que o prazo prescricional nas ações dessa natureza regula-se pelo disposto no art. 1.245 do CC/1916 (5 anos). Explica o Min. Relator que tal prazo não é prescricional ou decadencial, mas de garantia, dentro do qual o construtor ou empreiteiro se responsabiliza pela solidez e segurança da obra realizada. Aduz ainda que, como afirmou o Tribunal *a quo*, a ação por indenização de danos morais é vintenária, mesmo nas circunstâncias fáticas em que ocorrido o sinistro, atrelado às condições técnicas e à entrega da edificação concluída. Assim, não importa a motivação que teria levado a vítima ao local. Note-se que a responsabilidade civil das construtoras foi devidamente comprovada em laudo técnico-criminal. Esclareceu também que os juros de mora são devidos a partir da citação e sujeitam-se à regra do art. 1.062 do CC/1916 e posteriormente, com o advento do Novo Código Civil, a matéria passou a ser disciplinada pelo art. 406. Precedentes citados: REsp 706.424-SP, DJ 7/11/2005; REsp 661.421-CE, DJ 26/9/2005, e REsp 856.296-SP, DJ 4/12/2006. **REsp 611.991-DF, Rel. Min. Hélio Quaglia Barbosa, julgado em 11/9/2007.** (Inform. STJ 331)

INDENIZAÇÃO. DANOS MORAIS. DEMISSÃO. FUNCIONÁRIO.

Trata-se de ação de indenização por danos morais em que funcionária de empresa tomou conhecimento de sua demissão por declaração do diretor da empresa em jornal de grande circulação e, ao se certificar do ocorrido no local de trabalho, foi escoltada até a saída por policiais em frente de clientes e colegas de trabalho. O Tribunal *a quo* reconheceu o dano moral e condenou a empresa recorrente a pagar o valor de dez mil reais. Isso posto, a Turma não conheceu do recurso da empresa, que recaiu em matéria de reexame fático e de índole constitucional. **REsp 929.667-AC, Rel. Min. Aldir Passarinho Junior, julgado em 16/8/2007.** (Inform. STJ 327)

NOTÍCIA-CRIME. APRESENTAÇÃO. RESPONSABILIDADE.

A Turma decidiu que a responsabilidade pela apresentação de notícia-crime recai sobre aquele que a apresenta, se o seu comportamento doloso ou culposo contribuiu decisivamente para imputar crime não praticado pelo acusado. Precedente citado: REsp 470.365-RS, DJ 1º/12/2003. **REsp 721.440-SC, Rel. Min. Carlos Alberto Menezes Direito, julgado em 28/6/2007.** (Inform. STJ 325)

RESPONSABILIDADE. PEDRA ARREMESSADA. INTERIOR. ESTAÇÃO FERROVIÁRIA.

O Tribunal *a quo*, lastreado na prova dos autos, afirmou que a pedra foi arremessada de dentro da estação ferroviária, vindo a atingir passageiro em composição ferroviária da recorrente. Dessa forma, há responsabilidade pelo dano ao passageiro, pois a recorrente não cuidou de prevenir a presença de estranhos usando drogas em suas dependências, fato esse de conhecimento da segurança da empresa. Assim, a Turma não conheceu do recurso. **REsp 666.253-RJ, Rel. Min. Carlos Alberto Menezes Direito, julgado em 7/5/2007.** (Inform. STJ 319)

INDENIZAÇÃO. CONSTRUÇÃO. DESMORONAMENTO. CULPA CONCORRENTE.

Concessionária de veículos (ora recorrente) decidiu ampliar suas instalações e, para uma das etapas da obra, ou seja, as paredes de alvenaria, contratou empresa de construção (ora recorrida). Algumas dessas paredes desabaram, danificando veículos novos. Daí a ação contra a construtora para reparar os danos morais e materiais. Nas instâncias ordinárias, o juiz julgou procedente a ação, considerando que os serviços de engenharia foram executados sem cautela, sem se preocupar em fazer cálculos ou projeto. Mas o Tribunal *a quo* reformou a sentença ao fundamento de que os serviços prestados pela construtora correspondiam a fornecimento de mão-de-obra e materiais, não incluindo cálculos e projetos estruturais. Considerou, ainda, que a concessionária ocupou o galpão inacabado, sem que tivesse o "habite-se". Julgados os embargos de declaração, dessa decisão este Superior Tribunal, no REsp 332.057-MG, entendeu pelo retorno dos autos ao Tribunal de origem para julgar as omissões apontadas. Isso posto, destaca a Min. Relatora que, agora neste REsp, a questão consiste em saber se o contrato de empreitada realizado com a construtora importaria responsabilidade em relação à parte técnica estrutural que precedeu à construção. Para a Min. Relatora, há natural restrição da responsabilidade do empreiteiro, que responde, de regra, apenas em relação à segurança e solidez da etapa para a qual foi contratado e, só se há comprovação de vícios nos limites de sua capacidade técnica, seria possível responsabilizá-lo quanto aos fatos pretéritos. Ressaltou que não houve manifestação do acórdão recorrido nem a adequada insurgência do recorrente quanto à tese da capacidade técnica do empreiteiro que o habilitaria a verificar os obstáculos impostos nos procedimentos anteriores para perfeita execução de sua obrigação. Por ausência de prequestionamento, não conheceu o recurso. Entretanto a tese vencedora, inaugurada pelo Min. Ari Pargendler, defendeu que quem contrata um engenheiro para levantar uma parede, em vez de um operário, conta com seus conhecimentos técnicos e sua experiência. Para o Min. Ari Pargendler, a alegação de que a empreitada foi ordenada sem projeto e especificações ou de que, embora existindo, a construtora desconhecia-os não serve de desculpa. Pois a lei exige que uma obra tenha responsável técnico, arquiteto ou engenheiro na suposição de que será edificada segundo regras técnicas para garantir a segurança das pessoas e a conservação de bens. Conseqüentemente, quem quer que seja e, especialmente, um engenheiro só pode levantar uma parede se estiver convencido de que ela suportará as intempéries normais. Conclui ainda o Min Ari Pargendler que, não comprovada a exoneração da responsabilidade de quem firmou, perante a municipalidade, o compromisso resultante do alvará de construção – o qual pode ser responsabilizado ainda emprestando apenas o nome para obtenção da licença da construção –, presume-se a concorrência de culpa. Com esse entendimento, a Turma, ao prosseguir o julgamento, por maioria, conheceu do recurso em parte, dando-lhe provimento nessa parte, para condenar a construtora a reparar pela metade os danos morais e materiais, mais correção monetária desde a citação, juros moratórios a partir da data do sinistro, compensadas as custas e honorários de advogado em razão da sucumbência recíproca. **REsp 650.603-MG, Rel. originária Min. Nancy Andrighi, Rel. para acórdão Min. Ari Pargendler, julgado em 3/4/2007.** (Inform. STJ 316)

RESPONSABILIDADE CIVIL. HOMICÍDIO. PASSAGEIRO. TREM.
A questão consiste em saber se há responsabilidade da empresa de transporte ferroviário devido a homicídio ocorrido no interior de um dos vagões, em razão de discussão entre a vítima e terceiros. Destacou o Min. Relator que a ação de terceiro não exime de responsabilidade a empresa transportadora quando há conexidade com o transporte. No caso dos autos, o homicídio foi um fato alheio à relação de serviço de transporte, portanto se constitui em causa excludente da responsabilidade da empresa. Com esse entendimento, a Turma deu provimento ao recurso para considerar improcedente o pedido de danos morais. Precedentes citados: REsp 144.594-SP, DJ 26/10/1998, e REsp 431.091-SP, DJ 25/8/2003. **REsp 142.186-SP, Rel. Min. Hélio Quaglia Barbosa, julgado em 27/2/2007.** (Inform. STJ 311)

Súmula STJ nº 179

O estabelecimento de credito que recebe dinheiro, em deposito judicial, responde pelo pagamento da correção monetária relativa aos valores recolhidos.

4.14. Indenização

4.14.1. Sujeitos ativos do direito à indenização

INDENIZAÇÃO SECURITÁRIA. LEGITIMIDADE. SEGURADO. NÃO INCLUSÃO. POLO PASSIVO.
Trata-se, originariamente, de ação de cobrança de indenização securitária e compensação por danos morais proposta pelo autor, já falecido (figura agora o espólio representado por sua inventariante), em desfavor da seguradora. Aduziu-se que o táxi do *de cujus* foi abalroado por automóvel segurado pela ré, ora recorrente. O conserto teria sido pago pela seguradora, mas, sendo o veículo de praça, também, pleiteia-se receber valor correspondente aos lucros cessantes, além de compensação por danos morais sofridos. A seguradora não contestou o pagamento do valor referente ao conserto do veículo. Aduziu em sua defesa, preliminarmente, a ilegitimidade ativa do *de cujus* e a sua ilegitimidade passiva sob o fundamento de que não poderia ser demandada diretamente pelo terceiro prejudicado, pois sua relação jurídica era estabelecida unicamente com o segurado. No mérito, impugnou a utilização do veículo como táxi, a limitação do valor segurado e a improcedência do pedido de compensação por danos morais. Na origem, a ação foi julgada parcialmente procedente, tendo sido afastadas as preliminares de ilegitimidade, para condenar a seguradora ao pagamento de lucros cessantes ao autor, além de terem sido proporcionalmente distribuídos os ônus da sucumbência e compensados os honorários advocatícios. Sobre a legitimidade da seguradora para figurar no polo passivo em ação proposta por terceiro, a Turma concluiu que a jurisprudência das duas turmas da Segunda Seção deste Superior Tribunal firmou o entendimento de que é cabível a ação direta do terceiro contra a seguradora. Assim, não obstante o contrato de seguro tenha sido celebrado apenas entre o segurado e a seguradora, dele não fazendo parte o recorrido, ele contém uma estipulação em favor de terceiro. E é em favor desse terceiro que a importância segurada será paga. Daí a possibilidade de ele requerer diretamente da seguradora o referido pagamento. O fato de o segurado não integrar o polo passivo da ação não retira da seguradora a possibilidade de demonstrar a inexistência do dever de indenizar. A interpretação do contrato de seguro dentro de uma perspectiva social autoriza e recomenda que a indenização prevista para reparar os danos causados pelo segurado a terceiro seja por esse diretamente reclamada da seguradora. A Turma, com essas e outras considerações, negou provimento ao recurso. Precedentes citados: REsp 228.840-RS, DJ 4/9/2000; REsp 294.057-DF, DJ 12/11/2001, e REsp 444.716-BA, DJ 31/5/2004. **REsp 1.245.618-RS, Rel. Min. Nancy Andrighi, julgado em 22/11/2011.** (Inform. STJ 488)

DANOS MORAIS REFLEXOS. LEGITIMIDADE.
Trata-se de REsp em que a controvérsia é definir se os pais da vítima sobrevivente de acidente de trânsito têm legitimidade para pleitear compensação por danos morais, considerando-se que, na espécie, a própria acidentada teve reconhecido o direito a receber a referida compensação por tais danos. A Turma assentou que, não obstante a compensação por dano moral ser devida, em regra, apenas ao próprio ofendido, tanto a doutrina quanto a jurisprudência têm firmado sólida base na defesa da possibilidade de os parentes do ofendido a ele ligados afetivamente postularem, conjuntamente com a vítima, compensação pelo prejuízo experimentado, conquanto sejam atingidos de forma indireta pelo ato lesivo. Observou-se que se trata, na hipótese, de danos morais reflexos, ou seja, embora o ato tenha sido praticado diretamente contra determinada pessoa, seus efeitos acabam por atingir, indiretamente, a integridade moral de terceiros. É o chamado dano moral por ricochete ou *préjudice d'affection*, cuja reparação constitui direito personalíssimo e autônomo dos referidos autores, ora recorridos. Assim, são perfeitamente plausíveis situações nas quais o dano moral sofrido pela vítima principal do ato lesivo atinja, por via reflexa, terceiros, como seus familiares diretos, por lhes provocar sentimentos de dor, impotência e instabilidade emocional. Foi o que se verificou na espécie, em que postularam compensação por danos morais, em conjunto com a vítima direta, seus pais, perseguindo ressarcimento por seu próprio sofrimento decorrente da repercussão do ato lesivo na sua esfera pessoal, visto que experimentaram, indubitavelmente, os efeitos lesivos de forma indireta ou reflexa, como reconheceu o tribunal de origem, ao afirmar que, embora conste da exordial que o acidente não atingiu diretamente os pais da vítima, eles possuem legitimidade para pleitear indenização, uma vez que experimentaram a sensação de angústia e aflição gerada pelo dano à saúde familiar. Diante disso, negou-se provimento ao recurso. Precedentes citados: REsp 160.125-DF, DJ 24/5/1999; REsp 530.602-MA, DJ 17/11/2003; REsp 876.448-RJ, DJe 21/9/2010; REsp 1.041.715-ES, DJe 13/6/2008, e REsp 331.333-MG, DJ 13/3/2006. **REsp 1.208.949-MG, Rel. Min. Nancy Andrighi, julgado em 7/12/2010.** (Inform. STJ 459)

4.14.2. Dano estético

RESPONSABILIDADE CIVIL. ACIDENTE. TRÂNSITO.
Trata-se de ação de indenização proposta na origem por vítima de acidente de trânsito em que preposto de empresa de transporte efetuou manobra de ultrapassagem em caminhão sem as devidas cautelas. Buscou o autor indenização pelo dano estético nos termos do art. 1.538, § 1º, do CC/1916 e lucros cessantes, visto que passou dois anos sem poder desenvolver atividade como produtor de *shows* e eventos. O acórdão recorrido deu provimento ao apelo do autor para dar os lucros cessantes, a serem apurados em dobro por ocasião da liquidação; proveu parcialmente o apelo da ré para reduzir o *quantum* indenizatório por danos estéticos para R$ 45 mil e, ainda, para postergar o cálculo do limite da apólice de seguro para o momento da satisfação do crédito. Por fim, desproveu o recurso interposto pela seguradora litisdenunciada. No REsp, a empresa de transporte recorrente defende a tese de que a dobra mencionada no § 1º do art 1.538 do CC/1916 diz respeito apenas à multa criminal ali prevista, e não ao total do valor indenizatório. Para o Min. Relator, com base na doutrina, o citado preceito legal buscou conceder, com a duplicação, a compensação tanto pelo dano material quanto pelo moral, neste último compreendido o dano estético. Entretanto, explica que, com o advento da CF/1988, passou a ser indenizável, também, o dano moral, e a jurisprudência deste Superior Tribunal tem afastado a dobra prevista no mencionado dispositivo, admitindo-a apenas relativamente à multa ali prevista. Dessa forma, assevera que essa dobra ficou inoperante, pois passou-se a indenizar a vítima pelo dano moral, antes não contemplado, e a jurisprudência passou a admitir as indenizações por dano material e dano moral pagas em uma só vez. Observa que o CC/2002 recepcionou essa jurisprudência quanto à indenização do dano moral. Ao final, anota, ainda, que a dobra das verbas visa à compensação pelo aleijão, que é o ressarcimento que já ocorre pelo denominado dano estético; assim, caso deferidos o dano estético e mais a dobra, ocorreria um *bis in idem*. Diante do exposto, a Turma conheceu parcialmente do recurso e, nessa parte, deu-lhe provimento para afastar a dobra relativa aos lucros cessantes, mantido, quanto ao mais, o acórdão recorrido. Precedentes citados: REsp 623.737-DF, DJ 14/3/2005; AgRg na MC 14.475-SP, DJe 26/9/2008; REsp 248.869-PR, DJ 12/2/2001, e REsp 135.777-GO, DJ 16/02/1998. **REsp 866.290-SC, Rel. Min. Luis Felipe Salomão, julgado em 4/11/2010.** (Inform. STJ 454)

DANOS MORAIS E ESTÉTICOS. LESÃO IRREVERSÍVEL.
Trata-se de recurso especial em que se pretende o restabelecimento da decisão de 1º grau que fixou em 100 salários mínimos o valor dos danos

morais e estéticos por lesão irreversível causada por um menor a outro que, em conseqüência, perdeu definitivamente a visão em um dos olhos. Nesse panorama, a Turma reiterou o entendimento de que o arbitramento do dano moral não escapa do controle desta Corte Superior quando fixado em patamar abusivo capaz de promover enriquecimento indevido, ou irrisório, destoante da razoabilidade e da função reparadora. No caso, o valor arbitrado pelo acórdão *a quo* revela-se de fato irrisório (oito mil reais), levando-se em consideração os aspectos conjunturais e a extensão do dano perpetrado, visto que, como já dito, culminou em lesão irreversível com perda de visão do olho direito e dano estético reconhecido pelo próprio acórdão. Tal quantia deve, portanto, ser elevada, de modo que esteja adequada aos princípios da proporcionalidade e razoabilidade. Assim, deu-se parcial provimento ao recurso para restabelecer a sentença, isto é, fixar a indenização em cem salários mínimos (quarenta e um mil e quinhentos reais), sendo trinta e um mil, cento e vinte e cinco reais em favor da vítima a título de danos morais e estéticos e dez mil trezentos e setenta e cinco reais a serem divididos igualmente em favor dos pais da menor a título de danos morais. Precedentes citados: REsp 705.457-SP, DJ 27/8/2007, e REsp 345.831-DF, DJ 19/8/2002. **REsp 659.598-PR, Rel Min. Aldir Passarinho Junior, julgado em 18/9/2008**. (Inform. STJ 368)

DANO MORAL E ESTÉTICO. CUMULAÇÃO.
A Turma reiterou a tese jurisprudencial da cumulação dos danos moral e estético (art. 1538 do CC/1916). Quanto aos honorários arbitrados, é incabível a redução da verba honorária (art. 20, § 3º, do CPC), cabendo a constituição de capital para pagar as prestações vincendas. Outrossim, razoável a pensão fixada em favor de uma das vítimas, a que mais sofreu com o atropelamento provocado pelo veículo da transportadora, concedendo-se-lhe a pensão vitalícia, fixada em um salário mínimo, independente de não exercer ainda atividade remunerada à data do acidente, pois as lesões sofridas causaram-lhe incapacidade laboral irreversível. Na hipótese, é favorável à recorrente apenas o provimento quanto à incidência dos juros de mora a partir do evento danoso. Precedentes citados: REsp 595.789-MG, DJ 6/3/2006; REsp 126.798-MG, DJ 4/2/2002; REsp 899.869-MG, DJ 26/3/2007; REsp 737.708-CE, DJ 13/8/2007; AgRg no REsp 977.656-RS, DJ 6/11/2007; EREsp 109.675-RJ, DJ 29/4/2002; REsp 687.567-RS, DJ 13/3/2006, e REsp 416.846-SP, DJ 7/4/2003. **REsp 519.258-RJ, Rel. Min. Fernando Gonçalves, julgado em 6/5/2008**. (Inform. STJ 354)

INDENIZAÇÃO. DANO. ESTÉTICO. MORAL.
A jurisprudência do STJ entende ser possível a cumulação das indenizações relativas aos danos estético e moral quando for possível distinguir, com precisão, a motivação de cada espécie pela interpretação que as instâncias ordinárias emprestaram aos fatos e à prova dos autos. Sabidamente, o dano estético é distinto do dano moral e, na sua fixação, pode ser deferido separadamente ou englobado com o dano moral. Diante disso, no caso dos autos, de perda de parte do pé resultante de atropelamento por composição férrea, considerada a culpa recíproca, tem-se que o Tribunal *a quo* não valorou o dano estético no arbitramento do *quantum*, fixado em trinta mil reais. Daí que a Turma elevou a indenização compreensiva dos danos moral e estético a oitenta mil reais. Precedente citado: REsp 249.728-RJ, DJ 25/3/3003. **REsp 705.457-SP, Rel. Min. Aldir Passarinho Junior, julgado em 2/8/2007.** (Inform. STJ 326)

Súmula STJ nº 387

É lícita a cumulação das indenizações de dano estético e dano moral.

4.14.3. Dano moral

DANO MORAL. REPREENSÃO EM ESCOLA. LEGITIMIDADE. VALOR DA INDENIZAÇÃO.
Trata-se de ação de indenização proposta pelos pais da vítima – uma adolescente já falecida ao tempo da propositura da presente demanda – em conjunto com o seu ex-namorado à época dos fatos, contra diretora escolar que supostamente teria repreendido, de forma excessiva, o casal de namorados que trocavam carícias no pátio do colégio – mesmo após advertência anterior pelo mesmo motivo. Consta ainda que, em razão dos fatos narrados, foi determinado o desligamento do casal de estudantes do estabelecimento de ensino. Acolhida a pretensão nas instâncias ordinárias, a diretora do estabelecimento comercial foi condenada ao pagamento de danos morais sofridos pelo casal. Nas preliminares, a Turma entendeu que, de acordo com a jurisprudência do STJ, os pais podem ajuizar ação de indenização de danos morais sofridos pela filha falecida, em razão da proteção dada à imagem de quem falece. Quanto à legitimidade passiva, o Min. Relator asseverou que, nos casos em que uma pessoa física age em nome de uma pessoa jurídica, ocorrendo evento danoso, cabe ao interessado escolher entre ajuizar a ação reparatória contra a pessoa jurídica em conjunto com a pessoa física que atuou como órgão social, ou, ainda, separadamente, preferindo acionar uma ou outra. Assim, se a diretoria da escola era exercida de forma unipessoal por uma das sócias administradoras da sociedade educacional, ela é parte legítima para responder por danos eventualmente causados no exercício de suas funções. No mérito, não obstante a diretora tenha agido com rigidez para com os alunos, aparentou cuidado que não extrapolou o limite do razoável, sobretudo porque não utilizou expressões incompatíveis com o contexto educacional. Assim, no caso, os danos morais foram fixados em valor exacerbado e restou configurada a exceção que autoriza a alteração pelo STJ do valor da condenação por danos morais. Precedentes citados: AgRg no EREsp 978.651-SP, DJe 10/2/2011, e REsp 268.660-RJ, DJ 19/2/2001. REsp 705.870-MA, Rel. Min. Raul Araújo, julgado em 21/8/2012.(Inform. STJ 502)

DANO MORAL. PRESERVATIVO EM EXTRATO DE TOMATE.
A Turma manteve a indenização de R$ 10.000,00 por danos morais para a consumidora que encontrou um preservativo masculino no interior de uma lata de extrato de tomate, visto que o fabricante tem responsabilidade objetiva pelos produtos que disponibiliza no mercado, ainda que se trate de um sistema de fabricação totalmente automatizado, no qual, em princípio, não ocorre intervenção humana. O fato de a consumidora ter dado entrevista aos meios de comunicação não fere seu direito à indenização; ao contrário, divulgar tal fato, demonstrando a justiça feita, faz parte do processo de reparação do mal causado, exercendo uma função educadora. Precedente: REsp 1.239.060-MG, DJe 18/5/2011. REsp 1.317.611-RS, Rel. Min. Nancy Andrighi, julgado em 12/6/2012.(Inform. STJ 499)

DANOS MORAIS. AÇÃO CAUTELAR DE VISTORIA. ERRO GROSSEIRO.
A Turma entendeu ser devido o ressarcimento por danos morais, por abuso de direito, na hipótese de erro grosseiro na avaliação dos motivos que embasaram o pedido de realização de vistoria, conforme previsto no art. 14, § 5º, da Lei n. 9.609/1998. No caso, uma empresa fabricante de programas de computador ajuizou ação de vistoria com o intuito de verificar a utilização irregular de seus produtos. Após analisar trezentos computadores, ficou comprovado que a empresa vistoriada sequer utilizava os programas da autora da cautelar. Verificado o erro grosseiro na avaliação das circunstâncias que embasaram o pedido de vistoria, o ajuizamento da cautelar constituiu abuso de direito e foi aplicada a sanção indenizatória prevista no art. 14, § 5º, da Lei n. 9.609/1998. Ficou ressalvado que o entendimento ora firmado não determina a indenização sempre que a cautelar de vistoria tiver resultado desfavorável ao autor da ação. O dever de ressarcir o vistoriado ocorrerá nas hipóteses do dispositivo legal acima mencionado. REsp 1.114.889-DF, Rel. Min. Paulo de Tarso Sanseverino, julgado em 15/5/2012. (Inform. STJ 497)

DANO MORAL. TRAVAMENTO. PORTA GIRATÓRIA. INSULTO. FUNCIONÁRIO. BANCO.
No caso as instâncias ordinárias concluíram que, por período razoável (por mais de 10 minutos), o autor recorrido permaneceu desnecessariamente retido no compartimento de porta giratória, além de ser insultado por funcionário de banco que, em postura de profunda inabilidade e desprezo pelo consumidor, afirmou que ele teria "cara de vagabundo". Logo, restou patente a ofensa a honra subjetiva do recorrido, que se encontrava retido na porta giratória, em situação de extrema vulnerabilidade, inadequadamente conduzido pelo vigilante e funcionários do banco e, ainda assim, foi atingido por comentários despropositados e ultrajantes. A jurisprudência assente neste Superior Tribunal entende que o simples travamento de porta giratória de banco constitui mero aborrecimento, de modo que, sendo a situação adequadamente conduzida pelos funcionários, é inidônea para ocasionar efetivo abalo moral. Porém, diante das peculiaridades do caso e do pleito recursal que limita-se à redução do valor arbitrado a título de dano moral, a Turma fixou o valor dos referidos danos em R$ 30 mil incidindo atualização monetária a partir da publicação da decisão do recurso especial. Precedentes citados: REsp 689.213-RJ, DJ 11/12/2006; REsp 551.840-PR, DJ 17/11/2003; AgRg no Ag 1.366.890-SP, DJe 5/10/2011; REsp 599.780-RJ, DJ 4/6/2007; REsp 1.150.371-RN, DJe 18/2/2011, e REsp 504.144-SP, DJ 30/6/2003. **REsp 983.016-SP, Rel. Min. Luis Felipe Salomão, julgado em 11/10/2011.** (Inform. STJ 485)

INDENIZAÇÃO. NÚMERO. TELEFONE. DIVULGAÇÃO. TELEVISÃO.
Trata-se, na origem, de ação de indenização por danos morais devido à divulgação sem autorização do número do celular da recorrida em novela televisiva. Ela sustentou ter experimentado inúmeros transtornos que causaram profundo abalo psicológico, bem como prejuízos profissionais; pois,

embora o telefone fosse seu instrumento de trabalho, ela precisou mantê-lo desligado em função das inúmeras ligações que recebia de pessoas desconhecidas que queriam saber se o número telefônico correspondia ao da atriz ou ao da personagem por esta protagonizada. O juízo singular reconheceu o dano moral e condenou a emissora de televisão (recorrente) a pagar indenização de R$ 4,8 mil. Em grau de apelação, o tribunal *a quo* elevou o valor indenizatório para 50 salários mínimos vigentes à época (equivalente a R$ 19 mil). No REsp, a recorrente alega violação dos arts. 186 e 927 do CC, sustentando que houve mero desconforto, o que não configuraria dano indenizável. Nesse panorama, a Turma, entre outras questões, manteve o entendimento do acórdão recorrido de que a divulgação de número de telefone celular em novela exibida em rede nacional sem autorização do titular da linha gera direito à indenização por dano moral; pois, conforme as instâncias ordinárias, foi comprovado que ela sofreu abalo psicológico, com reflexos em sua saúde, além da invasão de privacidade, em função das muitas ligações que a importunaram seriamente, devido à atitude da recorrente. Ressaltou-se que o mero desconforto faz parte da normalidade do dia a dia, no trabalho, no trânsito, entre os amigos e até no ambiente familiar, situações não intensas e duradouras a ponto de romper o equilíbrio psicológico do indivíduo, como no caso. Ademais, destacou-se que as novelas e seus personagens exercem enorme atração sobre o imaginário da população brasileira, razão pela qual descabe a afirmação da recorrente de que as ligações não poderiam ser de tal monta a lhe trazerem nada mais que mero aborrecimento. Assim, a Turma negou provimento ao recurso. Precedentes citados: AgRg no Ag 639.198-RS, DJ 7/8/2006, e AgRg no Ag 1.295.732-SP, DJe 13/9/2010. **REsp 1.185.857-SP, Rel. Min. Luis Felipe Salomão, julgado em 13/9/2011.** (Inform. STJ 483)

INDENIZAÇÃO. DANO MORAL. RETRATAÇÃO. IMPRENSA.

Cuida-se da possibilidade de, em relação à condenação a reparar os danos morais sofridos por pessoa jurídica (derivada do protesto indevido de duplicata), substituir a indenização em dinheiro por publicação de retratação na imprensa, tal como determinado pelo TJ ao fundamento de que a indenização desse tipo de dano moral deve ser diversa da condenação ao pagamento de dinheiro. É certo que os danos extrapatrimoniais, por não possuírem conteúdo econômico ou patrimonial, em regra, não comportam a reparação *in natura* (restituição de bem semelhante ao subtraído, destruído ou danificado), embora haja doutrina nacional e estrangeira que entenda ser ela viável. Citam-se exemplos no ordenamento jurídico brasileiro de reparação desse jaez: a retratação do ofensor, o desmentido, a retificação de notícia injuriosa, a divulgação de resposta e a publicação de sentenças condenatórias, todas constantes da revogada Lei n. 5.250/1967 (Lei de Imprensa). Contudo, eles não constituem propriamente reparação natural, pois não elidem completamente os danos extrapatrimoniais, apenas minimizam seus efeitos, visto não ser possível a recomposição dos bens jurídicos sem conteúdo econômico, tal como ocorre com os direitos de personalidade. Dessarte, se insuficiente a reparação *in natura*, resta a indenização pecuniária quantificada por arbitramento judicial, instrumento tradicionalmente utilizado no Direito brasileiro para a reparação dos danos extrapatrimoniais. Anote-se que as duas formas de reparação (natural e pecuniária) não se excluem por respeito ao princípio da reparação integral (arts. 159 do CC/1916 e 944 do CC/2002), que pode ser invocado tanto na reparação natural (de forma aproximada ou conjectural no caso de dano extrapatrimonial) quanto na indenização pecuniária. Assim, diante disso, vê-se que o entendimento adotado pelo TJ, ao negar a reparação dos danos morais da forma mais completa possível, violou a cláusula geral de responsabilidade civil de que consta o princípio da reparação do dano. Dessarte, há que restabelecer a verba indenizatória no montante arbitrado na sentença, mantendo-se, contudo, a determinação do TJ quanto à publicação da retratação por não ter sido objeto do especial. **REsp 959.565-SP, Rel. Min. Paulo de Tarso Sanseverino, julgado em 24/5/2011.** (Inform. STJ 474)

DANO MORAL. PLANO. SAÚDE. COBERTURA PARCIAL. INADIMPLEMENTO CONTRATUAL.

Trata-se de recurso especial contra acórdão que, ao manter a sentença, afastou o dever de indenizar por danos morais decorrentes da cobertura apenas parcial de procedimento cirúrgico com colocação de *stents*. Aquele aresto considerou que o inadimplemento contratual caracteriza mero dissabor não sujeito à indenização por danos morais. A Turma negou provimento ao recurso sob o entendimento de que o inadimplemento do contrato, por si só, pode acarretar danos materiais e indenização por perdas e danos, mas, em regra, não dá margem ao dano moral, que pressupõe ofensa anormal à personalidade. Assim, o inadimplemento motivado pela discussão razoável do descumprimento de obrigação contratual não enseja tal dano, salvo a existência de circunstâncias particulares que o configurem. Observou-se ser certo que há situações nas quais o inadimplemento contratual enseja aflição psicológica e angústia, o que é especialmente frequente em caso de recusa de tratamento médico por empresa privada operadora de seguro de saúde. Entretanto, no caso em questão, a cirurgia foi realizada sem percalços, mas apenas parte do valor da conta do hospital foi coberta, recusando-se o plano de saúde ao ressarcimento da parte paga pelo assistido, ou seja, o valor do implante dos *stents* foi coberto apenas parcialmente. Desse modo, a partir das circunstâncias de fato delineadas no acórdão recorrido, concluiu-se que o inadimplemento contratual por parte da entidade operadora do plano de saúde, na hipótese, teve consequências apenas patrimoniais, não proporcionando ao recorrente abalo caracterizador de dano moral. Precedentes citados: AgRg no REsp 1.132.821-PR, DJe 29/3/2010, e REsp 746.087-RJ, DJe 1º/6/2010. **REsp 1.244.781-RS, Rel. Min. Maria Isabel Gallotti, julgado em 24/5/2011.** (Inform. STJ 474)

DANO MORAL. INCORPORAÇÃO IMOBILIÁRIA.

Há mais de 12 anos houve a assinatura do contrato de promessa de compra e venda de uma unidade habitacional. Contudo, passados mais de nove anos do prazo previsto para a entrega, o empreendimento imobiliário não foi construído por incúria da incorporadora. Nesse contexto, vê-se que a inexecução causa séria e fundada angústia no espírito do adquirente a ponto de transpor o mero dissabor oriundo do corriqueiro inadimplemento do contrato, daí ensejar, pela peculiaridade, o ressarcimento do dano moral. Não se desconhece a jurisprudência do STJ quanto a não reconhecer dano moral indenizável causado pelo descumprimento de cláusula contratual, contudo há precedentes que excepcionam as hipóteses em que as circunstâncias atinentes ao ilícito material têm consequências severas de cunho psicológico, mostrando-se como resultado direto do inadimplemento, a justificar a compensação pecuniária, tal como ocorre na hipótese. Outrossim, é certo que a Lei n. 4.591/1964 (Lei do Condomínio e Incorporações) determina equiparar o proprietário do terreno ao incorporador, imputando-lhe responsabilidade solidária pelo empreendimento. Mas isso se dá quando o proprietário pratica atividade que diga respeito à relação jurídica incorporativa, o que não ocorreu na hipótese, em que sua atuação, conforme as instâncias ordinárias, limitou-se à mera alienação do terreno à incorporadora, o que não pode ser sindicado no especial, por força da Súm. n. 7-STJ. Dessarte, no caso, a responsabilidade exclusiva pela construção do empreendimento é, sem dúvida, da incorporadora. Precedentes citados: REsp 1.072.308-RS, DJe 10/6/2010; REsp 1.025.665-RJ, DJe 9/4/2010; REsp 617.077-RJ, DJe 29/4/2011; AgRg no Ag 631.106-RJ, DJe 8/10/2008, e AgRg no Ag 1.010.856-RJ, DJe 1º/12/2010. **REsp 830.572-RJ, Rel. Min. Luis Felipe Salomão, julgado em 17/5/2011.** (Inform. STJ 473)

COMPRA. VENDA. IMÓVEL. INADIMPLÊNCIA. INCORPORADORA. DANOS MORAIS.

Trata-se de REsp decorrente de ação de rescisão contratual cumulada com indenizatória ajuizada pela recorrida em desfavor da recorrente, tendo em vista o inadimplemento contratual por parte desta, relativo a contrato de compra e venda de imóvel. Inicialmente, ressaltou o Min. Relator não se desconhecer que a jurisprudência deste Superior Tribunal, por vezes, afirma que o inadimplemento contratual acarreta mero dissabor, sendo verdade, entretanto, que os precedentes não se posicionam de modo intransigente no que tange à matéria. Admitiu que, dependendo da peculiaridade do caso concreto, pode ser constatado abalo moral a exigir compensação pecuniária. Assim, recepcionam-se as hipóteses em que, na própria descrição das circunstâncias que perfazem o ilícito material, é possível verificar consequências bastante sérias de cunho psicológico que são resultado direto do inadimplemento culposo. No caso em questão, o acórdão recorrido chegou à conclusão de que a ocorrência de dano moral decorreu do não cumprimento do contrato de promessa de compra e venda de imóvel, cujo atraso já conta mais de dez anos, circunstância que extrapola o mero aborrecimento. Diante disso, a Turma, ao prosseguir o julgamento, manteve o acórdão ao não conhecer do recurso especial. Precedentes citados: REsp 1.025.665-RJ, DJe 9/4/2010; REsp 1.072.308-RS, DJe 10/6/2010; AgRg no Ag 1.010.856-RJ, DJe 1º/12/2010; AgRg no Ag 830.546-RJ, DJ 8/10/2007, e AgRg no Ag 482.521-RJ, DJ 5/3/2007. **REsp 617.077-RJ, Rel. Min. Luis Felipe Salomão, julgado em 5/4/2011.** (Inform. STJ 468)

SEGURADORA. INDENIZAÇÃO. DANOS MORAIS.

In casu, a sentença e o acórdão recorrido reconheceram o direito de o segurado receber indenização por danos morais porque a seguradora não cumpriu voluntariamente sua obrigação contratual, fazendo-o enfrentar a via judicial para ter seu direito assegurado. A recusa ao pagamento da cobertura securitária deu-se ao argumento de doença preexistente, mesmo sem qualquer indício de que o recorrido padecesse de Aids e de tuberculose intestinal como doença secundária, as quais levaram o INSS a aposentá-lo por invalidez. Para a Min. Relatora, apesar de a recusa da seguradora não ensejar, via de regra, indenização por danos morais, no caso, o próprio relatório preliminar de investigação da seguradora já havia demonstrado que, à época da celebração do contrato, não existia a doença que culminou com sua invalidez. Dessa forma, não haveria nenhuma dúvida sobre a preexistência de doença a justificar a negativa da cobertura. Por isso, a conduta da seguradora foi considerada dolosa pelo acórdão recorrido, o qual considerou que tal atitude deveria ser coibida não só com o pagamento da indenização contratada, mas também com indenização por danos morais, a fim de que não se reitere esse comportamento. Com esse entendimento, a Turma deu parcial provimento ao recurso da seguradora apenas para reduzir o valor dos danos morais aos parâmetros jurisprudenciais. Precedentes citados: AgRg no Ag 1.186.345-RS, DJe 2/12/2009, e REsp 257.036-RJ, DJ 12/2/2001. **REsp 721.647-SC, Rel. Min. Maria Isabel Gallotti, julgado em 5/4/2011.** (Inform. STJ 468)

DANO MORAL. GENITORES. ACORDO. ESPOSA.
Cuida-se de ação de reparação de danos morais ajuizada pelos genitores do falecido em acidente de trânsito. Nesse contexto, o tribunal *a quo* entendeu reduzir a condenação a R$ 2 mil ao considerar os valores constantes de acordo realizado pela ré com a companheira e a filha da vítima. Contudo, não há que restringir a indenização dos autores, pois eles possuem direito autônomo oriundo da relação afetiva e de parentesco que mantinham com o falecido. No caso, a indenização fixada distancia-se muito dos parâmetros utilizados pelo STJ em semelhantes hipóteses (até 500 salários mínimos), o que justifica sua intervenção. Também não tem influência o fato de a vítima, contando 20 anos, mas já pai e companheiro, na data do acidente, não mais residir na casa dos pais (morava em residência construída nos fundos dessa habitação), o que não faz presumir o enfraquecimento dos laços afetivos, contrário ao senso comum e dependente de concreta comprovação. Daí a Turma ter fixado a indenização de R$ 100 mil (R$ 50 mil ao genitor supérstite e R$ 50 mil aos irmãos da vítima habilitados no processo diante do falecimento da genitora) acrescida de correção monetária a partir da data do julgamento pelo STJ (Súm. n. 362-STJ) e juros moratórios a contar do evento danoso (Súm. n. 54-STJ). Precedentes citados: AgRg no REsp 959.712-PR, DJe 30/11/2009; AgRg no Ag 939.482-RJ, DJe 20/10/2008; REsp 713.764-RS, DJe 10/3/2008; REsp 1.137.708-RJ, DJe 6/11/2009; REsp 936.792-SE, DJ 22/10/2007; REsp 330.288-SP, DJ 26/8/2002, e REsp 297.888-RJ, DJ 4/2/2002. **REsp 1.139.612-PR, Rel. Min. Maria Isabel Gallotti, julgado em 17/3/2011.** (Inform. STJ 466)

DANOS MORAIS. INCLUSÃO INDEVIDA. CADASTRO RESTRITIVO. CRÉDITO.
Trata-se, na origem, de ação indenizatória ajuizada pelo ora recorrido em desfavor do banco, ora recorrente, por inclusão indevida de seu nome em cadastro restritivo de crédito, o que perdurou por quatro anos. A sentença julgou procedente o pedido e condenou a instituição financeira ao pagamento de 300 salários mínimos a título de danos morais. Em grau de apelação, o tribunal *a quo* manteve a decisão e, ainda, condenou o recorrente ao pagamento de 200 salários mínimos por litigância de má-fé. Nesta instância especial, entendeu-se, entre outras questões, que não houve, na espécie, interposição de recurso manifestamente protelatório ou infundado. O réu, nas razões da apelação, manifestou de forma clara o intento de reforma da sentença, apresentou arrazoado formalmente adequado e dotado de fundamentação razoável, bem como formulou pretensão com apoio na lei e na jurisprudência pertinentes. Assim, afastou-se a litigância de má-fé. No que se refere ao *quantum* indenizatório, assentou-se que, embora excessivo o valor fixado na origem, as particularidades do caso em questão recomendam arbitramento em quantia superior àquela normalmente estipulada por este Superior Tribunal. Observou-se que o recorrido em nada contribuiu para a "negativação" de seu nome, pois sequer firmou o contrato que deu origem à inscrição, tendo sido vítima de furto de seus documentos pessoais. Outrossim, a inscrição indevida perdurou por quatro anos, período que ultrapassa sobremaneira os limites da razoabilidade. Ademais, o recorrido alegou que, em decorrência da distribuição da ação de busca e apreensão, não pôde tomar posse em cargo para o qual foi nomeado após aprovação em concurso público, fazendo prova da nomeação e da exigência, para a posse, de certidão negativa dos distribuidores cíveis. Não houve, todavia, consoante o acórdão recorrido, prova inequívoca do liame entre a inscrição indevida e a vedação à posse. Ainda assim, não há como excluir a possibilidade de que a posse tenha sido negada ao recorrido em face da ausência de certidão negativa. Dessarte, a questão relativa ao concurso público deve ser levada em conta na fixação do *quantum* indenizatório, ainda que seus reflexos não sejam tão drásticos quanto seriam na hipótese de efetiva comprovação dos fatos alegados. Nesse contexto, fixou-se a indenização em 50 salários mínimos. Precedentes citados: AgRg no Ag 1.265.516-RS, DJe 30/6/2010; REsp 856.085-RJ, DJe 8/10/2009, e REsp 678.224-RS, DJ 17/10/2005. **REsp 983.597-RJ, Rel. Min. Paulo de Tarso Sanseverino, julgado em 7/12/2010.** (Inform. STJ 459)

INTIMAÇÃO. DEVEDORES. PURGAÇÃO. MORA. DANOS MORAIS.
Trata-se, no caso, do dever de indenizar o ora recorrente pela ausência de intimação pessoal dos ora recorridos sobre leilão extrajudicial do imóvel no qual residem. O tribunal *a quo* condenou os recorrentes ao pagamento de dez salários mínimos aos recorridos a título de dano moral, entendendo que a ausência de notificação pessoal importou a perda de chance dos recorridos em purgar a mora. A Turma, entre outras questões, conheceu em parte do recurso e, nessa extensão, deu-lhe provimento para afastar a indenização ao argumento de que o entendimento do tribunal *a quo* está em consonância com a orientação deste Superior Tribunal quando afirma ser indispensável a intimação pessoal dos devedores acerca da data designada para o leilão do imóvel hipotecado em processo de execução extrajudicial realizado nos moldes do DL n. 70/1966. Porém, entendeu que somente a perda de uma oportunidade real, plausível e séria justifica a indenização por danos morais. No caso, a chance de que fosse purgada a mora após a intimação pessoal dos devedores era remota e inexpressiva; pois, conforme a sentença, diversas vezes foram cientificados por avisos de convocação para saldar prestações em atraso e os ora recorrentes autores relatam que envidaram tratativas para a composição dos débitos junto ao banco, sem êxito. Somente após quase um ano e meio decorrido do leilão, é que se animaram em perseguir a anulação. **REsp 1.115.687-SP, Rel. Min. Nancy Andrighi, julgado em 18/11/2010.** (Inform. STJ 456)

DANOS MORAIS. ADVOGADO. OFENSAS. PROMOTORA.
Trata-se de ação de indenização por danos morais ajuizada por promotora de justiça contra advogado (recorrente) que, por reiteradas vezes, ofendeu-a com acusações injuriosas e caluniosas, no exercício de mandato a ele conferido em diversos processos nos quais estavam sendo investigados, em CPI, políticos por suposta grilagem de terras, bem como réus relacionados ao parcelamento irregular de terras públicas. No REsp, o recorrente alega violação dos arts. 131, 134, II, 535, II, todos do CPC e art. 7º, § 2º, da Lei n. 8.906/1994 (Estatuto da OAB), além de apontar divergência jurisprudencial em relação ao valor indenizatório de R$ 100 mil a título de danos morais por ser excessiva a condenação. Para a Min. Relatora, o acórdão recorrido está de acordo com a jurisprudência deste Superior Tribunal e do Supremo Tribunal Federal no sentido de que a imunidade profissional garantida ao advogado pelo Estatuto da OAB não abarca os excessos cometidos pelo profissional em afronta à honra de quaisquer das pessoas envolvidas no processo, seja o magistrado, a parte, o membro do Ministério Público, o serventuário ou o advogado da parte contrária. Observa que somente estariam resguardadas pela imunidade profissional do advogado as supostas ofensas que guardem pertinência com a discussão da causa em julgamento, contudo sem degenerar em abuso ou ofensas pessoais aos envolvidos, visto que a imunidade profissional não poderia abranger os excessos configuradores de delito de calúnia nem de desacato. Dessa forma, de acordo com o acórdão impugnado, afirma a Min. Relatora que as injúrias e imputações caluniosas à recorrida em mais de uma dezena de processos ultrapassam qualquer limite de tolerância razoável com aquelas ofensas aceitas no calor do debate advocatício. No caso dos autos, aponta que as ofensas atingiram a honra objetiva e subjetiva da promotora, estando, pois, fora da abrangência da imunidade profissional estabelecida no citado estatuto. Ressalta, também, que, devido à gravidade das ofensas e ao número de injúrias e imputações caluniosas à recorrida em vários processos, manteve o valor indenizatório dos danos morais arbitrados em R$ 100 mil, apesar de esse valor ser superior aos parâmetros usualmente aceitos neste Tribunal, os quais, geralmente, por esse motivo, são revistos em recurso especial. Entretanto, deu parcial provimento ao recurso para que a correção monetária fosse contada a partir do julgamento do REsp, sendo acompanhada pela Turma. Precedentes citados: REsp 1.022.103-RN, DJe 16/5/2008; REsp 988.380-MG, DJe 15/12/2008; REsp 932.334-RS, DJe 4/8/2009, e HC 80.646-RJ, DJe 9/2/2009. **REsp 919.656-DF, Rel. Min. Maria Isabel Gallotti, julgado em 4/11/2010.** (Inform. STJ 454)

DANO MORAL. VALOR. INDENIZAÇÃO.
Em decorrência do acidente automobilístico causado pelo preposto do recorrido, conforme laudo pericial constante dos autos, o recorrente está incapacitado para o trabalho, há mais de dez anos, dada a paraplegia que o acometeu, a causar-lhe a paralisação permanente dos membros inferiores e a perda da capacidade de conter urina ou fezes. Nesse peculiar contexto e em respeito a precedentes deste Superior Tribunal, a indenização fixada a título de reparação de danos morais, no montante de R$ 40 mil, mostra-se ínfima, o que determina sua majoração a R$ 250 mil. Precedentes citados: REsp 796.808-RN, DJ 1º/6/2006; REsp 783.644-PE, DJ 19/12/2005; REsp 740.441-PA, DJ 1º/7/2005; REsp 786.217-RJ, DJ 25/9/2006; REsp 710.879-MG, DJ 19/6/2006; REsp 173.927-AP, DJ 1º/7/2005; REsp 1.148.514-SP, DJe 24/2/2010; REsp 936.792-SE, DJ 22/10/2007; REsp 792.416-SP, DJ 17/8/2007; REsp 721.091-SP, DJ 1º/2/2006; REsp 659.420-PB, DJ 1º/2/2006; REsp 687.567-RS, DJ 13/3/2006; REsp 469.867-SP, DJ 14/11/2005; REsp

710.335-RJ, DJ 10/10/2005; REsp 951.514-SP, DJ 31/10/2007; AgRg no Ag 853.854-RJ, DJ 29/6/2007; REsp 1.065.747-PR, DJe 23/11/2009, e REsp 1.044.416-RN, DJe 16/9/2009. **REsp 1.189.465-SC, Rel. Min. Nancy Andrighi, julgado em 26/10/2010**. (Inform. STJ 453)

ACIDENTE. TRABALHO. INDENIZAÇÃO. DANO MORAL.

Na hipótese dos autos, o ora recorrente ajuizou contra o ora recorrido ação indenizatória por acidente de trabalho em decorrência de graves lesões sofridas – perda da acuidade visual do olho direito, tendões e nervos do braço direito rompidos – que lhe acarretaram perda da capacidade de movimento, dores constantes, várias cicatrizes e, em consequência, abalo psicológico, ficando constrangido de frequentar os meios sociais. Em primeiro grau, o recorrido foi condenado ao pagamento de 200 salários-mínimos a título de danos morais, mais acessórios. Na apelação, a sentença foi parcialmente reformada, reduzindo a indenização para R$ 9 mil. No REsp, o recorrente, entre outras alegações, sustenta que a indenização por danos morais fixada pelo acórdão recorrido é ínfima e avilta o sofrimento de que padece. Nesta instância especial, observou-se, inicialmente, que a indenização tem por objetivo compensar a dor causada à vítima e desestimular o ofensor de cometer atos da mesma natureza, pois não é razoável o arbitramento que importe em indenização irrisória, de pouco significado para o ofendido, nem indenização excessiva, de gravame demasiado ao ofensor. Assim, entendeu-se que o valor de R$ 9 mil, ainda que corrigido desde a data do acórdão recorrido, é irrisório para o caso em questão. Dessa forma, elevou--se a indenização para R$ 200 mil em valores da data da proclamação do julgamento, quantia que se aproxima mais daquela fixada na sentença e que cumpre, com razoabilidade, sua dupla finalidade: punir pelo ato ilícito cometido e reparar a vítima pelo sofrimento moral experimentado. Nesse contexto, a Turma deu provimento ao recurso. Precedentes citados: REsp 345.831-DF, DJ 19/8/2002; AgRg no Ag 1.259.457-RJ, DJe 27/4/2010, e REsp 685.025-SC, DJ 5/2/2007. **REsp 808.601-RS, Rel. Min. Sidnei Beneti, julgado em 12/8/2010**. (Inform. STJ 442)

DANOS MORAIS. VALOR EXCESSIVO. RECONVENÇÃO.

Na espécie, uma agência de turismo, ora recorrida, intentou ação de compensação por danos morais em razão da publicação de matéria jornalística ofensiva à sua honra, levada a efeito por cliente (o recorrente) que havia celebrado contrato de pacote turístico. Nesse contexto, a Turma deu parcial provimento ao recurso especial a fim de reduzir o valor arbitrado a título de danos morais para R$ 20 mil, por entender que aquele fixado pelo tribunal *a quo* (400 salários mínimos) teria sido exagerado. Manteve-se, contudo, o entendimento de ser inadmissível a reconvenção apresentada pelo recorrente na origem, ante a ausência do pressuposto de conexidade exigido pelo art. 315, *caput*, do CPC. De acordo com a Min. Relatora, enquanto a causa de pedir da ação principal é referente à publicação lesiva à honra, a da reconvenção decorre dos transtornos suportados pelo cliente durante a viagem. Precedentes citados: REsp 259.816-RJ, DJ 27/11/2000; REsp 453.598-MT, DJ 19/12/2003; REsp 556.066-PR, DJ 15/12/2003; REsp 401.358-PB, DJe 16/3/2009, e REsp 348.388-RJ, DJ 8/11/2004. **REsp 1.129.256-SP, Rel. Min. Nancy Andrighi, julgado em 12/8/2010**. (Inform. STJ 442)

DANO MORAL. VALOR.

Trata-se, na origem, de ação de indenização por danos morais em razão de expressões ofensivas inseridas em matérias veiculadas em jornal publicado pela ora recorrente, as quais causaram abalo à imagem do ora recorrido, juiz de direito. Assim, a Turma conheceu do recurso e lhe deu provimento para diminuir o valor da indenização para R$ 100 mil, devendo incidir juros moratórios a partir do evento danoso e correção monetária a partir da prolação da decisão deste Superior Tribunal. **REsp 969.831-SP, Rel. Min. João Otávio de Noronha, julgado em 22/6/2010**. (Inform. STJ 440)

DANO MORAL. VALOR.

A Turma reiterou o entendimento de que o valor da indenização por dano moral só pode ser alterado na instância especial quando ínfimo ou exagerado. No caso, a agravada sofreu tentativa de estupro e agressão que deixaram sequelas quando frequentou uma festa dentro do *campus* da universidade, com iluminação inadequada e sem seguranças. Assim, como o valor de R$ 100 mil não se mostra excessivo, a Turma negou provimento ao agravo. **AgRg no Ag 1.152.301-MG, Rel. Min. Raul Araújo Filho, julgado em 15/6/2010**. (Inform. STJ 439)

RESPONSABILIDADE. VIOLAÇÃO. CORRESPONDÊNCIA.

Trata-se de violação de correspondência, no caso, extrato da conta do Fundo de Garantia do Tempo de Serviço; em que a ora recorrida promoveu sua juntada (para sustentar seus argumentos) em reclamação trabalhista ajuizada pela recorrente. Assim, a Turma conheceu do recurso e deu-lhe provimento, para condenar a recorrida a pagar a quantia de R$ 5 mil a título de danos morais, em razão da indevida publicidade do conteúdo da correspondência violada, valor acrescido de juros legais desde o evento danoso e correção monetária a partir da data do julgamento do recurso. Precedentes citados do STF: MS 23.452-RJ, DJ 12/5/2000; do STJ: REsp 620.695-SP, DJ 13/9/2004, e REsp 165.727-DF, DJ 21/9/1998. **REsp 1.025.104-RS, Rel. Min. Nancy Andrighi, julgado em 27/4/2010**. (Inform. STJ 432)

DANO MORAL. VALOR.

O tribunal *a quo* fixou os danos morais em R$ 8 mil para o autor, médico que, em programa de televisão, teve sua honra ofendida. No caso, o jornalista teria afirmado que o médico estaria cobrando R$ 5 mil para a realização de cirurgia que poderia ser realizada pela rede pública. Além de divulgar a matéria, o jornalista emitiu sua opinião desprovida de prova sobre o fato, acusando-o de cometer crime contra a Administração Pública. Para o Min. Relator, o dano moral decorreu de situação notoriamente mais grave, qual seja, a imputação de conduta criminosa em programa televisivo a afetar o nome do médico tanto em seu meio social como profissional, sem a comprovação da veracidade das afirmações. Entendeu o Min. Relator que o valor reparatório deve, portanto, ser elevado, de modo a se adequar aos parâmetros da razoabilidade e proporcionalidade. Diante disso, a Turma conheceu do recurso e lhe deu provimento para arbitrar o dano moral em R$ 30 mil, corrigidos a partir da data do julgamento do especial. **REsp 879.460-AC, Rel. Min. Aldir Passarinho Junior, julgado em 6/4/2010**. (Inform. STJ 429)

ACIDENTE AÉREO. DANOS MORAIS. HONORÁRIOS.

Discute-se, no recurso especial interposto pelos pais e irmão de vítima de acidente aéreo (jovem de 21 anos), o valor do dano moral e pensão mensal, bem como, no recurso especial da companhia aérea, a exatidão das verbas honorárias. Segundo ressaltou a Min. Relatora, a jurisprudência consolidou--se no sentido de que o responsável pela morte de filho trabalhador deve aos familiares da vítima pensão alimentícia mensal fixada em 2/3 da sua remuneração até a idade de 25 anos, depois reduzida à metade, pois se presume que o filho constituiria família, o que diminuiria sua contribuição aos pais. Quanto ao pedido da inclusão de valores referentes ao FGTS e às férias na base de cálculo da pensão alimentícia, o dissídio só foi demonstrado quanto às férias, assim, só foi conhecida e concedida a inclusão das férias, com base na jurisprudência assentada pelas Turmas da Segunda Seção deste Superior Tribunal. Por último, quanto à fixação dos danos morais, observou ser ela uma das mais complexas tarefas a cargo do Judiciário pela falta de critérios e pelas peculiaridades de cada caso. Destarte, fixou-os em R$ 190 mil para cada um dos três autores. Apontou que a sucumbência recíproca foi afastada devido ao fato de os autores decaírem em parte mínima, só em relação à indenização de tratamento psicológico e aos danos relativos ao sepultamento da vítima, que são ínfimos se comparados à pretensão julgada procedente, como a pensão e os danos morais. Outrossim, para o cálculo dos honorários advocatícios, quando há a necessidade de pensionamento, devem ser limitados, sendo fixados, no caso, em 10% sobre o somatório dos valores das prestações vencidas mais um ano das vincendas, afastada a multa do art. 538 do CPC. Com esse entendimento, a Turma deu parcial provimento ao recurso dos autores e ao da companhia aérea. Precedentes citados: REsp 713.764-RS, DJe 10/3/2008; REsp 361.814-MG, DJ 24/6/2002 ; REsp 193.296-RJ, DJ 10/4/2000; AgRg no Ag 429.155-RJ, DJ 24/10/2005; AgRg no REsp 1.109.961-MS, DJe 10/9/2009, e AgRg no Ag 727.915-SP, DJ 26/6/2006. **REsp 1.137.708-RJ, Rel. Min. Nancy Andrighi, julgado em 13/10/2009**. (Inform. STJ 411)

PRÓTESE. MANUTENÇÃO. COISA JULGADA.

Tem natureza alimentar a indenização fixada pelo juízo para a manutenção e conservação da prótese de que necessita a vítima do acidente, pois se objetiva a satisfação de suas necessidades vitais. Assim, a sentença que estabelece seu valor, por trazer implícita a cláusula *rebus sic stantibus*, não faz coisa julgada material, o que possibilita sua revisão diante de mudança nas condições fáticas que a amparam. Na hipótese, o valor fixado na sentença, quando confrontado com a elevação do preço da prótese, não se mostra suficiente ao custeio da obrigação imposta ao causador do dano, a permitir a revisão do *quantum* indenizatório com o desiderato de corresponder às necessidades do alimentando. Precedentes citados: REsp 12.846-RJ, DJ 21/10/1991; REsp 23.575-DF, DJ 1º/9/1997, e REsp 913.431-RJ, DJ 26/11/2008. **REsp 594.238-RJ, Rel. Min. Luis Felipe Salomão, julgado em 4/8/2009.** (Inform. STJ 401)

INDENIZAÇÃO. ACIDENTE. TRABALHO. MERGULHADOR.

Trata-se de REsp contra acórdão que julgou parcialmente procedente ação indenizatória por acidente de trabalho movida pelo autor, ora recorrente, que exercia a função de mergulhador a serviço da ora recorrida, quando sofreu esmagamento da mão direita, gerando incapacidade laboral. A Turma entendeu que, se o recorrente ficou incapacitado para exercer a função de mergulhador (que era seu trabalho ao tempo do acidente) faz jus ao pensionamento de 100%, independentemente do exercício ou não de outro trabalho que lhe provenha rendimento igual ou mesmo superior. No que diz respeito à incidência da verba honorária sobre o capital constituído para a garantia das prestações vincendas, a jurisprudência do STJ já se consolidou em sentido contrário e, quanto aos juros moratórios, computam-se desde o evento danoso e não a partir da citação, em razão de tratar-se de ilícito extracontratual. Diante disso, deu-se parcial provimento ao recurso. Precedentes citados: REsp 536.140-RS, DJ 17/4/2006; REsp 478.796-RJ, DJ 16/2/2004; EREsp 109.675-RJ, DJ 29/4/2002, e EREsp 146.398-RJ, DJ 11/6/2001. **REsp 579.888-RJ, Rel. Min. Aldir Passarinho Junior, julgado em 6/8/2009.** (Inform. STJ 401)

DANOS MORAIS. TRANSPORTE AÉREO. *OVERBOOKING*.
Provido em parte o recurso apenas para reduzir o valor dos danos morais cumulados com juros e correção monetária fixados pelo Tribunal *a quo*, em razão da reprovável prática de *overbooking* na venda de bilhetes aéreos, superior à capacidade de assentos disponíveis na aeronave pela transportadora ré que, ademais, infringiu as mais simples normas de segurança, sem sofrer maiores consequências, ao acomodar o passageiro recorrido na cabine de pilotos, durante duas horas de vôo. No caso, inexistindo recurso especial da parte adversa quanto ao índice a ser aplicado (art. 406 do CC/2002), mantidos os juros de mora, tal como fixados na origem, em 0, 5% ao mês até a entrada em vigor do atual Código Civil, e a partir da vigência deste, o de 1% ao mês, a contar da citação. Precedentes citados: REsp 628.828-RJ, DJ 4/10/2004, e REsp 773.486-SP, DJ 17/10/2005. **REsp 750.128-RS, Rel. Min. Massami Uyeda, julgado em 5/5/2009.** (Inform. STJ 393)

INDENIZAÇÃO. DANO MORAL. MEDICAMENTO.
Cuida-se de ação de indenização por dano moral ajuizada pelo beneficiário titular de plano de saúde contra caixa de assistência a funcionários de instituição bancária, porque ela se negara a fornecer medicamento à sua regular dependente no referido plano (sua esposa), remédio fornecido após por força de liminar em cautelar. Isso posto, não há como negar a existência de legitimidade ativa *ad causam*, porquanto se trata de pleito indenizatório em nome próprio, postulado por quem, em princípio, sofreu os dissabores e se sente indignado por causa da negativa da cobertura. Se assim não fosse, também teria legitimidade o autor tal como aquele indiretamente atingido pelo possível aviltamento moral. Porém, nesse contexto, o exagerado valor da indenização, de R$ 100.000,00, justifica a intervenção deste Superior Tribunal para reduzi-lo ao equivalente a dez salários mínimos. Precedentes citados: REsp 530.602-MA, DJ 17/11/2003; REsp 986.947-RN, DJe 26/3/2008, e REsp 356.026-MA, DJ 1º/7/2004. **REsp 801.181-MA, Rel. Min. Fernando Gonçalves, julgado em 5/5/2009.** (Inform. STJ 393)

DANO MORAL. VALOR SIMBÓLICO.
O recorrente viu sua compra não se concretizar em razão de a assinatura constante de seu cartão de crédito não coincidir com a que ostenta em sua carteira de identidade, além de não lhe ser oportunizada outra forma para o pagamento. Daí a ação de indenização por dano moral que impetrou, pedido acolhido pelo juízo singular (indenização de R$ 182.500,00), porém refutado pelo acórdão da respectiva apelação, dado o entendimento de que inexistia dano a ser ressarcido, pois se tratava de mero dissabor. Posteriores embargos de declaração foram recebidos no efeito infringente, pois a apelação nada disse sobre a inexistência do dano, limitando-se a, entre outros, pedir a redução do *quantum* da indenização. Insurge-se, então, a recorrente contra a fixação pelo Tribunal *a quo* da indenização no valor de R$ 1,00, ao fundamento de cuidar-se de valor irrisório. Nesse contexto, a Turma não conheceu do especial: não há violação dos arts. 186 e 927 do CC/2002, visto que, firmado pelo acórdão recorrido não existir o dano. Nem sequer haveria de se impor indenização, que, no caso, perfaz-se, unicamente, em respeito aos limites impostos pela apelação, quanto mais se os julgados colacionados pelo recorrente (a título de ilustração, porque o REsp só veio pela letra a do permissivo constitucional) não se amoldam à hipótese: não há que se confundir valor irrisório de indenização, enquanto há dano, com valor simbólico fixado pela impossibilidade de declarar inexistente o dano por força do confinamento da prestação jurisdicional aos limites da apelação. Precedentes citados: REsp 509.003-MA, DJ 28/6/2004, e AgRg no Ag 537.867-RJ, DJ 3/5/2004. **REsp 703.583-MA, Rel. Min. Aldir Passarinho Junior, julgado em 24/3/2009.** (Inform. STJ 388)

DANO MORAL. RETENÇÃO. SALÁRIO. BANCO.
É cabível a indenização por danos morais contra instituição bancária pela retenção integral de salário do correntista para cobrir saldo devedor da conta-corrente, mormente por ser confiado o salário ao banco em depósito pelo empregador, já que o pagamento de dívida de empréstimo obtém-se via ação judicial (CPC, art. 649, IV). Precedentes citados: REsp 831.774-RS, DJ 29/10/2007; Ag no Ag 353.291-RS, DJ 19/11/2001; REsp 492.777-RS, DJ 1º/9/2003, e REsp 595.006-RS, DJ 18/9/2006. **REsp 1.021.578-SP, Rel. Min. Nancy Andrighi, julgado em 16/12/2008.** (Inform. STJ 381)

RETENÇÃO. INDENIZAÇÃO. MAIORIDADE.
Na execução da ação indenizatória pelo falecimento do pai, o juízo determinou a liberação de 25% do valor da condenação referente à mãe, enquanto os outros 75% foram retidos em caderneta de poupança, a esperar a maioridade dos filhos. Não se têm notícias de que haja ocorrido a hipótese do art. 225 do CC/1916 (casamento da viúva antes da partilha dos herdeiros) ou mesmo de que fato desabone o exercício do poder familiar pela genitora, daí ela ter o livre gerenciamento dos bens dos filhos (art. 385 do CC/1916). É certo também que, historicamente, as cadernetas de poupança se revelam ser o pior investimento, pois tiveram remuneração, a longo prazo, abaixo da inflação real. A liberação imediata dos valores em prol dessa família humilde (privada do apoio do esposo e pai) possibilitará melhor aplicação do dinheiro, mesmo que na alimentação, habitação e educação dos filhos. Com esse entendimento, a Turma autorizou o levantamento dos valores retidos em favor dos filhos. Precedentes citados: REsp 34.820-RJ, DJ 26/9/1994; REsp 109.675-RJ, DJ 21/9/1998; REsp 287.094-RJ, DJ 11/6/2001, e REsp 727.056-RJ, DJ 4/9/2006. **REsp 534.521-SP, Rel. Min. Aldir Passarinho Junior, julgado em 16/10/2008.** (Inform. STJ 372)

DANO MORAL. FOTOGRAFIA.
Houve a publicação de uma fotografia em um semanário de circulação entre fiéis de uma denominação. Naquela, não constava identificação da ofendida (já falecida) ou mesmo qualquer ataque a sua pessoa no texto jornalístico, apenas houve a divulgação, por uma vez, de sua imagem retirada do contexto da publicação originária (ocorrida sete anos antes) e acompanhada de tarjas em seus olhos. Nesse contexto, vê-se que o ressarcimento do dano moral pleiteado pelos membros da família da ofendida (cônjuge e filhos) constitui direito pessoal não advindo de herança: trata-se de direito próprio, sendo certo que lhes remanesce legitimidade na defesa à imagem da falecida. Porém, o espólio não tem legitimidade para pleitear a indenização em nome próprio, devendo ser excluído do pólo ativo. Quanto à indenização, há que se adequar o valor fixado a título de dano moral nas instâncias ordinárias aos patamares praticados neste Superior Tribunal, reduzindo-o para R$ 145.250,00, *quantum* a ser rateado entre os autores e suportado igualmente entre as rés. Precedentes citados: REsp 697.141-MG, DJ 29/5/2006; REsp 521.697-RJ, DJ 20/3/2006, e REsp 348.388-RJ, DJ 8/11/2004. **REsp 913.131-BA, Rel. Min. Carlos Fernando Mathias (Juiz convocado do TRF da 1ª Região), julgado em 16/9/2008.** (Inform. STJ 368)

DANOS MORAIS. PROMESSA. EMPREGO.
O município agravante foi condenado a indenizar o agravado a título de danos morais em razão de um programa de emprego que prometia vaga certa em determinado mercado de trabalho a quem se inscrevesse e se capacitasse, promessa, ao final, não cumprida. Isso posto, a Turma manteve a indenização de dez mil reais fixada nas instâncias ordinárias, por ela não se mostrar irrisória ou exorbitante a ponto de o STJ afastar a aplicação de sua Súm. n. 7. Precedentes citados: REsp 887.399-RJ, DJ 22/3/2007, e REsp 564.673-RJ, DJ 19/12/2006. **AgRg no REsp 1.046.882-RJ, Rel. Min. Castro Meira, julgado em 9/9/2008.** (Inform. STJ 367)

OAB. EXAME. OBSTRUÇÃO. INSCRIÇÃO. DANOS MORAIS. SALÁRIO MÍNIMO.
Trata-se de alegação de ter o apelado sofrido obstáculos injustificados à sua inscrição como advogado na OAB, depois de ter sido aprovado no exame da Ordem. Em razão disso, moveu ação por danos morais contra a entidade de classe dos advogados, vinculando-os ao salário mínimo. Com efeito, a Turma, por maioria, reiterou o entendimento do descabimento de indenização indexada em salários mínimos, mas sim cabível a fixação em cinco mil reais, com correção a contar do acórdão. Precedentes citados: REsp 679.248-RJ, DJ 22/5/2006, e AgRg no REsp 329.046-MG, DJ 21/11/2005. **REsp 1.039.985-SP, Rel. Min. Fernando Gonçalves, julgado em 2/9/2008.** (Inform. STJ 366)

ACIDENTE DE TRABALHO. PENSÃO MENSAL. NASCITURO. DANO MORAL.
Prosseguindo o julgamento, a Turma decidiu ser incabível a redução da indenização por danos morais fixada em relação a nascituro filho de vítima

de acidente fatal de trabalho, considerando, sobretudo, a impossibilidade de mensurar-se o sofrimento daquele que, muito mais que os outros irmãos vivos, foi privado do carinho, assim como de qualquer lembrança ou contato, ainda que remoto, de quem lhe proporcionou a vida. A dor, mesmo de nascituro, não pode ser mensurada, conforme os argumentos da ré, para diminuir o valor a pagar em relação aos irmãos vivos. **REsp 931.556-RS, Rel. Min. Nancy Andrighi, julgado em 17/6/2008.** (Inform. STJ 360)

DANOS MORAIS. INDENIZAÇÃO. SALÁRIOS MÍNIMOS.
A fixação do valor de indenização por danos morais pode ser em salários mínimos, pois não há vedação legal; o que não é admitido é sua utilização como fator de correção monetária. **AgRg no REsp 959.072-MS, Rel. Min. Castro Meira, julgado em 3/6/2008.** (Inform. STJ 358)

INDENIZAÇÃO. ATAQUE BÉLICO. ATO. IMPÉRIO.
Não pode submeter-se ao Poder Judiciário pátrio por constituir ato de império praticado em período de guerra o afundamento do barco pesqueiro Changri-lá, que provocou desaparecimento de todos os seus tripulantes e pescadores. Seus herdeiros reclamam alguma indenização do governo alemão pelo ataque e afundamento da embarcação brasileira por submarino daquele país, nas águas territoriais do Brasil. **RO 66-RJ, Rel. Min. Fernando Gonçalves, julgado em 15/4/2008.** (Inform. STJ 352)

DANO MORAL. DIVULGAÇÃO. NOME. NOTICIÁRIO.
Trata-se de ação de indenização por dano moral pela divulgação, em noticiário de rádio, do nome completo e do bairro onde residia a vítima de crime de estupro. Ressalta a Min. Relatora que há limites ao direito da imprensa de informar, isso não se sobrepõe nem elimina quaisquer outras garantias individuais, entre as quais se destacam a honra e a intimidade. Afirma que, no caso dos autos, a conduta dos recorrentes não reside na simples divulgação de um fato verídico criminoso e de interesse público, vai muito além, ao divulgar o nome da autora: sua intimidade e sua honra foram violadas. Por isso, foram condenados a compensá-la pelos danos morais no valor de R$ 40.000,00. Outrossim, o prazo prescricional em curso quando diminuído pelo novo Código Civil só sofre a incidência de sua redução a partir de sua entrada em vigor. Assim, a decisão *a quo* está de acordo com a jurisprudência deste Superior Tribunal. Com essas considerações, entre outras, a Turma não conheceu do recurso. Precedentes citados: REsp 717.457-PR, DJ 21/5/2007; REsp 822.914-RS, DJ 19/6/2006; REsp 818.764-ES, DJ 12/3/2007; REsp 295.175-RJ, DJ 2/4/2001, e REsp 213.811-SP, DJ 7/2/2000. **REsp 896.635-MT, Rel. Min. Nancy Andrighi, julgado em 26/2/2008.** (Inform. STJ 346)

INDENIZAÇÃO. DANO MORAL. CHEQUE DEVOLVIDO.
Tratou-se do valor da indenização por dano moral causado pela instituição financeira (recorrente). Os depósitos do correntista (recorrido) foram utilizados na cobertura do suposto débito gerado pelo desconto de cheques (um mil e trezentos reais) furtados e apresentados com grosseira falsificação. É certo que o critério matemático adotado pelas instâncias ordinárias para a fixação da indenização – a mera multiplicação do valor dos títulos por determinado fator – pode gerar um excesso na fixação do *quantum* ou mesmo uma quantia irrisória, a revelar quão aleatório é esse critério. Porém, no caso dos autos, a indenização (treze mil reais) não se mostra exorbitante a ponto de justificar a intervenção do STJ. **REsp 858.423-DF, Rel. Min. Aldir Passarinho Junior, julgado em 26/2/2008.** (Inform. STJ 346)

DANO MORAL. BLOQUEIO INDEVIDO. LINHA TELEFÔNICA MÓVEL.
O bloqueio indevido de linha telefônica móvel não é suscetível de desencadear, por si só, o dano moral. Precedentes citados: REsp 299.282-RJ, DJ 23/5/2001; REsp 633.525-MA, DJ 20/2/2006, e REsp 606.382-MS, DJ 17/5/2004. **AgRg no REsp 846.273-RS, Rel. Min. Humberto Gomes de Barros, julgado em 3/12/2007.** (Inform. STJ 341)

DANO MORAL. COMPROVAÇÃO. INQUÉRITO POLICIAL. ATIPICIDADE. DENUNCIAÇÃO CALUNIOSA.
A Turma, por maioria, entendeu que, para fins de indenização por dano moral decorrente da instauração indevida de inquérito policial, é necessária a comprovação do dano sofrido. Precedentes citados: REsp 866.725-MT, DJ 4/12/2006; REsp 802.435-PE, DJ 30/10/2006; REsp 316.295-AM, DJ 21/3/2005, e REsp 494.867-AM, DJ 29/9/2003. **REsp 961.982-SP, Rel. Min. Fernando Gonçalves, julgado em 23/10/2007.** (Inform. STJ 337)

DANO MORAL. VALOR. REDUÇÃO.
Durante um assalto ao banco em que trabalhava como gerente, o recorrido foi alvejado por arma de fogo, o que lhe causou a mutilação dos seus testículos. À época, a indenização a título de dano moral foi fixada em cerca de mil salários mínimos, porém a Turma, atenta aos parâmetros aceitos pela jurisprudência deste Superior Tribunal em casos de lesão grave, reduziu-a a cento e noventa mil reais, correspondentes a quinhentos salários mínimos, contada a correção monetária a partir deste julgamento. Precedente citado: REsp 868.643-RS, DJ 14/5/2007. **REsp 651.396-MA, Rel. Min. Massami Uyeda, julgado em 20/9/2007.** (Inform. STJ 332)

INDENIZAÇÃO. DANO MORAL. LEGÍTIMA DEFESA PUTATIVA.
Nos autos de ação de indenização, a Juíza julgou improcedente o pedido ao argumento de que a indenização a título de dano moral somente é cabível diante da ação ou omissão praticada injustamente pelo ofensor. Aduziu que, no caso, essa não restou demonstrada, uma vez que, pelo conjunto probatório, os fatos mostram que o réu não agiu e, sim, reagiu ao que imaginou fosse um ato de agressão física iminente. Firmou que, conforme ficou provado, o réu agiu em legítima defesa sua e essa seria excludente da ilicitude; logo, sem ato ilícito, não haveria que se cogitar em reparação a título de dano moral. O Tribunal *a quo*, por sua vez, concluiu pela legítima defesa putativa, mas negou o direito à indenização. Opostos embargos, foram esses rejeitados. Nesta sede, o recurso identifica violação dos arts. 159, 160, I, e 1.525 do CC/1916, 65 e 67, do CPC e 535, I e II, do CPC. Diante disso, o Min. Relator entendeu ter razão o recorrente, aduzindo que, na legítima defesa putativa, ao contrário da real, cabe indenização pelos prejuízos causados pelo suposto agressor. Isso posto, a Turma conheceu do recurso e deu-lhe provimento. **REsp 513.891-RJ, Rel. Min. Ari Pargendler, julgado em 20/3/2007.** (Inform. STJ 314)

DANOS MORAIS. REDUÇÃO. VALOR. APELAÇÃO. PEDIDO IMPLÍCITO.
Trata-se de pedido de indenização por danos morais pelo ajuizamento de ação de execução a qual foi extinta pela inexigibilidade da obrigação. O juiz *a quo* julgou procedente o pedido, e o banco exeqüente aduziu, entre outros fundamentos, que não houve nexo causal entre a execução interposta antes do vencimento do título e o insucesso da campanha política do autor. Isso posto, o cerne do REsp consiste em saber sobre a possibilidade de o Tribunal *a quo*, em apelação, reduzir o valor da indenização arbitrada sem que haja pedido expresso, porque o banco só requereu a improcedência do pedido indenizatório. O Min. Relator destacou que, conforme a jurisprudência firmada neste Superior Tribunal, a apelação que postula a improcedência do pedido devolve ao conhecimento do Tribunal toda a matéria, incluída aí a redução do valor da condenação, como foi acolhido. Com esses argumentos, a Turma não conheceu do recurso. Precedentes citados: REsp 234.644-MG, DJ 5/6/2000; REsp 351.860-MG, DJ 17/2/2003; REsp 50.903-RJ, DJ 10/4/1995, e REsp 268.909-SP, DJ 7/5/2001. **REsp 685.266-GO, Rel. Min. Hélio Quaglia Barbosa, julgado em 27/2/2007.** (Inform. STJ 311)

Súmula STJ nº 388

A simples devolução indevida de cheque caracteriza dano moral.

Súmula STJ nº 387

É lícita a cumulação das indenizações de dano estético e dano moral.

Súmula STJ nº 385

Da anotação irregular em cadastro de proteção ao crédito, não cabe indenização por dano moral, quando preexistente legítima inscrição, ressalvado o direito ao cancelamento.

Súmula STJ nº 370

Caracteriza dano moral a apresentação antecipada de cheque pré-datado.

Súmula STJ nº 362

A correção monetária do valor da indenização do dano moral incide desde a data do arbitramento.

Súmula STJ nº 281

A indenização por dano moral não está sujeita à tarifação prevista na Lei de Imprensa.

Súmula STJ nº 227

A pessoa jurídica pode sofrer dano moral.

Súmula STJ nº 37

São cumuláveis as indenizações por dano material e dano moral oriundos do mesmo fato.

4.14.4. Danos materiais em geral

DIREITO DE PREFERÊNCIA. VENDA DE NAVIO. AUSÊNCIA DE COMUNICAÇÃO.
Descabe pedido de indenização por danos materiais e morais com fulcro no art. 1.156 do CC/1916 na hipótese de descumprimento de cláusula de preferência (inserida em contrato para construção de um navio graneleiro) para a compra de um segundo navio, cujo casco foi alienado para terceiro. Para a Turma, não houve desrespeito ao direito de preempção ou preferência, disciplinado nos arts. 1.149 e 1.150 do CC/1916, pois o recorrente nunca fora proprietário do casco do navio alienado, não fazendo jus à incidência dos citados dispositivos previstos em numerus clausus no antigo codex. Assim sendo, é desarrazoada a alegação de ofensa ao art. 1.156 do CC/1916, que dispõe, exclusivamente, sobre a ação de perdas e danos proposta pelo vendedor do bem contra o comprador inadimplente do pacto acessório de preferência. Além disso, a cláusula violada possui natureza jurídica diversa, exigindo prova do dano real, concreto e efetivo, entretanto o recorrente não conseguiu demonstrar nenhum prejuízo pela falta de conhecimento da alienação do bem. Ademais, ficou comprovado que o recorrente não detinha condições financeiras para cumprir o negócio jurídico entabulado pelas partes. REsp 1.125.618-RJ, Rel. Min. Maria Isabel Gallotti, julgado em 24/4/2012.(Inform. STJ 496)

LUCROS CESSANTES. CÁLCULOS. INCÊNDIO.
In casu, a recorrente (empresa que comercializa combustível) foi condenada a pagar indenização à empresa recorrida (posto de combustíveis) pelos danos emergentes e lucros cessantes decorrentes de incêndio iniciado em caminhão tanque de sua propriedade, que destruiu toda a instalação do posto em 17/5/1992. No REsp, discute-se somente a liquidação dos lucros cessantes. Alega a recorrente que, para as instâncias ordinárias, tais lucros perdurariam até a atualidade, o que ofenderia o art. 402 do CC/2002, bem como que eles deveriam ser delimitados ao tempo necessário para as obras de reconstrução e deles seriam deduzidas as despesas operacionais da empresa. Para a Min. Relatora, tem razão a recorrente quanto aos lucros cessantes consistirem naquilo que a parte deixou razoavelmente de lucrar; portanto, são devidos por um período certo, ou seja, somente aquele em que a parte ficou impossibilitada de auferir lucros em decorrência do evento danoso, que, no caso dos autos, seria o período necessário para as obras de reconstrução do posto. Também assevera proceder a afirmação da recorrente de que a apuração dos lucros cessantes deve ser feita apenas considerando o lucro líquido, deduzindo-se todas as despesas operacionais da empresa recorrida (salários, aluguéis etc.), inclusive os tributos. Ademais, a recorrida optou por não continuar na mesma atividade econômica, vendeu o imóvel onde existia o empreendimento para outra empresa (há mais de 11 anos) e, feita essa opção, o pagamento de lucros cessantes não pode ser perpetuado sobre atividade que não é mais exercida. Diante do exposto, a Turma deu provimento ao recurso para anular a decisão homologatória dos cálculos e determinou o retorno dos autos à origem para que seja realizada nova perícia nos termos do voto da Min. Relatora. Precedentes citados: REsp 489.195-RJ, DJ 19/11/2007; REsp 575.080-CE, DJ 26/3/2007, e REsp 613.648-RJ, DJ 16/4/2007. **REsp 1.110.417-MA, Rel. Min. Maria Isabel Gallotti, julgado em 7/4/2011.** (Inform. STJ 468)

INDENIZAÇÃO. ACIDENTE AÉREO. FOTÓGRAFO.
O recorrente, fotógrafo profissional especializado em fotos aéreas, ajuizou ação de danos materiais e morais contra a recorrida, sociedade empresária de táxi aéreo, ao fundamento de que, em razão da queda do helicóptero em que se encontrava, sofreu fraturas e danos psicológicos que o impossibilitaram de exercer seu ofício por mais de 120 dias e o impediram de retomar os trabalhos de fotografia aérea. Nesse contexto, faz jus o recorrente ao recebimento de lucros cessantes, visto que comprovadas a realização contínua da atividade e a posterior incapacidade absoluta de exercê-la no período de convalescência. Contudo, apesar de a jurisprudência propalar que o lucro cessante deve ser analisado de forma objetiva, a não admitir mera presunção, nos casos de profissionais autônomos, esses lucros são fixados por arbitramento na liquidação de sentença e devem ter como base os valores que a vítima, em média, costumava receber. Já a revisão das conclusões das instâncias ordinárias de que a redução da capacidade laboral (25% conforme laudo) não o impediria de exercer seu ofício, mesmo que não mais realize fotografias aéreas em razão, como alega, do trauma psicológico sofrido, não há como ser feita sem desprezar o contido na Súm. n. 7-STJ. Anote-se, por fim, que devem ser aplicados desde a citação os juros moratórios no patamar de 0,5% ao mês até 10/1/2003 (art. 1.062 do CC/1916) e no de 1% ao mês a partir do dia 11 daquele mês e ano (art. 406 do CC/2002), pois se cuida de responsabilidade contratual. Precedentes citados: REsp 846.455-MS, DJe 22/4/2009; REsp 1.764-GO, DJ 19/9/1994; REsp 603.984-MT, DJ 16/11/2004; AgRg no Ag 922.390-SP, DJe 7/12/2009; EDcl no AgRg nos EDcl no REsp 1.096.560-SC, DJe 26/11/2009; REsp 721.091-SP, DJ 1º/2/2006; REsp 327.382-RJ, DJ 10/6/2002; EDcl no REsp 671.964-BA, DJe 31/8/2009, e AgRg no Ag 915.165-RJ, DJe 20/10/2008. **REsp 971.721-RJ, Rel. Min. Luis Felipe Salomão, julgado em 17/3/2011.** (Inform. STJ 466)

INDENIZAÇÃO. CONTRAFAÇÃO. PROGRAMA. COMPUTADOR.
Trata-se de ação indenizatória cumulada com obrigação de não fazer na qual o recorrente alega que, em ação cautelar de antecipação de provas, ficou demonstrado que o recorrido usava, sem licença, programa de computador de sua titularidade. A Turma, reiterando a jurisprudência deste Superior Tribunal, entendeu que o montante indenizatório deve ser de dez vezes o valor de mercado de cada um dos programas indevidamente utilizados. O simples pagamento pelo contrafator do valor de mercado de cada exemplar apreendido não corresponderia à indenização pelo dano decorrente do uso indevido. Se assim fosse, o contrafator teria que pagar apenas o valor que expenderia se usasse legalmente o programa. Precedentes citados: REsp 1.136.676-RS, DJe 29/6/2010; REsp 1.016.087-RS, DJe 14/4/2010, e REsp 1.122.687-RS, DJe 14/9/2010. **REsp 1.185.943-RS, Rel. Min. Luis Felipe Salomão, julgado em 15/2/2011.** (Inform. STJ 463)

INDENIZAÇÃO. PERDA. CHANCE. ELEIÇÃO.
O tribunal *a quo* deu parcial provimento à apelação interposta pelos ora recorrentes para reduzir o valor da indenização imposta pela sentença, que os condenou ao pagamento de danos morais e materiais ao recorrido, por, às vésperas do dia da eleição municipal, haver veiculado falsa notícia referente à sua candidatura ao cargo de vereador, não tendo sido eleito por apenas oito votos. Assim, a Turma negou provimento ao recurso, reiterando o entendimento de que é possível a indenização pelo benefício cuja chance a parte prejudicada tenha perdido a oportunidade de concretizar, segundo um critério de probabilidade. Não se trata de reparar a perda de uma simples esperança subjetiva, em conferir ao lesado a integralidade do que esperava caso obtivesse êxito ao usufruir plenamente sua chance. É necessário que tenha ocorrido um ato ilícito e, daí, decorresse a perda da chance de obter o resultado que beneficiaria o lesado. Precedentes citados: REsp 1.104.665-RS, DJe 4/8/2009; REsp 965.758-RS, DJe 3/9/2008; REsp 1.079.185-MG, DJe 4/8/2009, e REsp 788.459-BA, DJ 13/3/2006. **REsp 821.004-MG, Rel. Min. Sidnei Beneti, julgado em 19/8/2010.** (Inform. STJ 443)

DANO MORAL. MESTRADO. CURSO NÃO RECONHECIDO.
Em ação de indenização por danos morais e materiais contra centro de ensino, porque o autor, professor universitário, viu indeferido o benefício de 25% sobre sua remuneração em razão de ter obtido grau de mestre em curso que ainda não estava reconhecido pelos órgãos competentes (Capes/Mec), o juiz julgou procedente a ação, condenando a ré ao pagamento de danos morais e lucros cessantes, bem como à devolução das mensalidades. Por outro lado, o TJ reformou parcialmente a sentença, para afastar da condenação a devolução das mensalidades e os lucros cessantes de 25% sobre sua remuneração; ambas as partes recorreram. O Min. Relator e o Min. Honildo Amaral de Mello Castro (em voto vista) não reconheciam o recurso do centro de ensino, mas restabeleciam a sentença só quanto aos lucros cessantes. Entretanto, a tese vencedora, inaugurada pelo Min. Aldir Passarinho Junior, considerou só haver, no caso, o dano moral já concedido, mas não estar configurado o lucro cessante. Ademais, o reflexo de uma prestação defeituosa não poderia influir em questão diversa, o benefício na carreira da pessoa, o que transcende à possibilidade de avaliação do potencial do lucro cessante. Também, considerou que não se poderia compreender apenas sob a ótica material curso de mestrado ou doutorado. Diante do exposto, a Turma, por maioria, não conheceu de ambos os recursos. **REsp 998.265-RO, Rel. originário Min. Luis Felipe Salomão, Rel. para acórdão Min. Aldir Passarinho Junior, julgado em 15/4/2010**. (Inform. STJ 430)

MÉDICO. SUS. HONORÁRIOS. COISA JULGADA.
Trata-se de pedido de indenização por danos materiais e morais combinado com o de repetição de indébito e cancelamento de protesto de cheque em razão de sua cobrança indevida por procedimento cirúrgico (bucomaxilofacial) no filho do autor, porquanto realizado em hospital público e pago pelo Sistema Único de Saúde (SUS). Noticiam os autos que, apesar de o médico ter recebido do SUS, cobrou em ação o cheque também dado em pagamento pelo autor. No REsp, o autor aduz violação da coisa julgada, isso porque, na ação ordinária de cobrança anteriormente ajuizada pelo réu, o tribunal *a quo* reconheceu que estava configurada a ilicitude da cobrança e, agora na ação de indenização, declarou a dívida existente e o protesto regular, pois, a seu ver, o autor deixou de comprovar a conduta antijurídica do médico. Para o Min. Relator, houve ofensa à coisa julgada (art. 472 do CPC), porquanto caberia ao juízo *a quo*, na ação de indenização, apenas verificar se a con-

duta ilícita descrita foi de responsabilidade do réu (art. 159 do CC/1916) e quantificar os danos suportados pelo autor. Explica que ficou comprovada a responsabilidade civil do réu pelo ato ilícito cujo reconhecimento transitou em julgado na ação de cobrança, bem como o dano sofrido pelo autor e o nexo de causalidade. Assim, conforme definido na sentença, é devida a indenização por danos materiais equivalente ao dobro do indevidamente cobrado na ação anteriormente ajuizada pelo réu e danos morais pela cobrança ilícita e protesto indevido. Ante o exposto, a Turma deu provimento em parte ao recurso para restabelecer a sentença. Precedentes citados: RMS 23.535-MT, DJ 22/6/2007; REsp 757.160-RS, DJe 18/12/2009, e REsp 1.057.808-PR, DJe 9/9/2009. **REsp 593.154-MG, Rel. Min. Luis Felipe Salomão, julgado em 9/3/2010.** (Inform. STJ 426)

INDENIZAÇÃO. ACIDENTE. TRÂNSITO. DEFICIÊNCIA FÍSICA.

Cuida-se de ação em que a autora pretendeu o recebimento de verbas indenizatórias, alegando que sofreu acidente quando viajava num ônibus da empresa ré, vindo a perder 1/3 do braço esquerdo, além de ter ficado com cicatrizes profundas nas pernas. De tudo o que foi requerido pela autora, o Tribunal *a quo* entendeu que não caberiam indenização pela diminuição da capacidade laborativa, substituição da prótese utilizada pela autora e ressarcimento de despesas com o acompanhante, além do tratamento psicológico. Os pedidos relativos à realização de cirurgia plástica reparadora (para amenização das cicatrizes aparentes) e à indenização por dano moral foram atendidos. Considerando que a indenização pelos danos morais guarda proporcionalidade com a gravidade da ofensa, o grau de culpa e o porte sócio-econômico do causador do dano, não deve o valor ser alterado ao argumento de que não é suficiente à cobertura da dor sofrida pela vítima. O art. 1.539 do CC/1916 estabelecia que, no caso de ofensa à saúde de outrem que viesse a ceifar ou a diminuir sua capacidade laborativa, a indenização abrangeria uma pensão correspondente ao trabalho pelo qual se havia inabilitado. Por sua vez, a jurisprudência deste Superior Tribunal e de outros tribunais inclinou-se no sentido de conferir direito de pensionamento àquele que teve a capacidade laboral futura prejudicada. Assim, na hipótese, em que a acidentada desenvolvia atividade intelectual, apurando-se que a perda do braço esquerdo em nada prejudicou suas atividades profissionais, indevido é o pensionamento pretendido. **REsp 799.989-PR, Rel. Min. João Otávio de Noronha, julgado em 26/8/2008.** (Inform. STJ 365)

RESPONSABILIDADE CIVIL. VENDA. CARTÕES DE CRÉDITO CLONADOS.

Empresa de turismo vendeu passagens aéreas cujos pagamentos foram efetuados com cartões de créditos clonados. Descoberta a fraude, tais vendas foram estornadas em desfavor das companhias aéreas que, por sua vez, debitaram o prejuízo à conta da empresa de turismo, procedimento possível pela existência de um sistema denominado *Billing and Settlement Plan* (BSP) – espécie de câmara de compensação entre companhias aéreas, administradoras de cartões de crédito e agências de turismo. Ressalta o Min. Relator que, apesar de a empresa de turismo (autora recorrente) ter provado que obteve as autorizações de venda das administradoras, ficou também comprovada, no acórdão recorrido, a prática da empresa de vender bilhetes aéreos para clientes portadores de cartões de crédito de terceiros. Observa que as autorizações consistem apenas na conferência de saldo para cobertura da compra e aferição da existência de comunicação de roubo ou extravio do cartão. Assim, a obtenção dessa autorização não exime o comerciante da responsabilidade de ter agido com negligência, pois deveria ter identificado o portador do cartão, exigindo a apresentação de identidade e comparando as assinaturas. Conseqüentemente, deve a empresa de turismo arcar, exclusivamente, com os prejuízos causados por sua negligência, que culminaram nos estornos dos créditos efetuados em seu desfavor. Com esse entendimento, a Turma não conheceu do recurso, confirmando o acórdão recorrido. **REsp 945.154-RN, Rel. Min. João Otávio de Noronha, julgado em 8/4/2008.** (Inform. STJ 351)

INDENIZAÇÃO. ACIDENTE. TRABALHO. 65 ANOS.

Em razão de acidente de trabalho que causou a redução da capacidade laborativa do empregado acidentado, foi determinada uma indenização proporcional a essa perda, a ser paga mensalmente no valor de 60% de sua remuneração. Sucede que ele faleceu antes de completar a idade estipulada e sua viúva pleiteia, agora, que seus herdeiros percebam o restante da indenização mediante a habilitação do espólio, ora recorrente, na execução (que foi extinta pelo juízo singular). Diante disso, a Turma, ao prosseguir o julgamento, por maioria, não conheceu do recurso. A Min. Nancy Andrighi, Relatora para o acórdão, aduziu, em seu voto-vista que, com a morte do trabalhador, a diminuição da capacidade laborativa, sustentáculo da indenização, perde razão de ser porque, se ela continuasse a ser paga, não encontraria, em contrapartida, dano algum indenizável. Firmou que, na hipótese, o pagamento dessa indenização, que não é una, de montante determinado, deu-se mensalmente porque o dano decorrente não se produziu integralmente no momento do acidente, ao contrário, protraiu-se no tempo. Mês a mês, o acidentado investia-se no direito de receber a respectiva reparação, ciclo interrompido por sua morte. Daí se entender não mais se cogitar de perda da capacidade laborativa, em manifestação mensal do dano, porque ele não mais se verifica, a não permitir a habilitação do espólio na execução corretamente extinta. **REsp 997.056-RS, Rel. originário Min. Humberto Gomes de Barros, Rel. para acórdão Min. Nancy Andrighi, julgado em 3/4/2008.** (Inform. STJ 350)

DANOS MATERIAIS. PROVA. ARRIMO. ENTIDADE FAMILIAR.

A Turma reiterou que, para fins de indenização de danos materiais por morte de vítima arrimo de entidade familiar, é necessária a prova do prejuízo econômico. Precedentes citados: REsp 402.874-SP, DJ 1º/7/2002; e REsp 348.072-SP, DJ 18/2/2002. **REsp 780.500-PR, Rel. Min. Eliana Calmon, julgado em 4/9/2007.** (Inform. STJ 330)

INDENIZAÇÃO. MORTE. CONDIÇÃO ECONÔMICA. VÍTIMA. RÉU.

O Tribunal local diminuíra bastante a indenização fixada pela sentença em razão da morte causada por preposto, ao considerar muito a condição econômica do réu (pequena sociedade dedicada ao comércio de hortaliças e frutas) e a condição social da vítima, tida por pessoa pobre. Diante disso, a Turma entendeu, por maioria, restabelecer a sentença e o valor original da indenização fixada em R$ 45.000,00. O Min. Ari Pargendler, que capitaneou a divergência, firmou que o Tribunal local incorreu em gravíssimo erro ao ter preconceito contra pessoa pobre. O Min. Carlos Alberto Menezes Direito aduziu que, no trato de indenização por morte, seria abusivo de um lado reconhecer a incapacidade da empresa em suportar a indenização e do outro discriminar a pobreza da vítima, pois tanto pobres quanto ricos sofrem o mesmo dano, pois o valor da vida não está na condição social. **REsp 951.777-DF, Rel. originário Min. Humberto Gomes de Barros, Rel. para acórdão Min. Ari Pargendler, julgado em 19/6/2007.** (Inform. STJ 324)

SEGURO. DEMORA. PAGAMENTO. INDENIZAÇÃO. LUCROS CESSANTES.

A recorrente, indústria de metais, primeiro propôs contra seguradora indenização pelo extravio de 30.777 quilos de lingotes de alumínio; julgada procedente, houve pagamento da indenização. Depois instaurou novo processo para receber os lucros cessantes da falta do capital de giro pela demora do pagamento do seguro, 87 meses. Essa segunda ação também foi julgada procedente nas instâncias ordinárias para que a liquidação dos lucros cessantes fosse feita mediante simples cálculos, conforme o art. 604 do CPC. Essa decisão transitou em julgado após ter sido negado seguimento ao REsp e o não-conhecimento do agravo de instrumento neste Superior Tribunal. A indústria credora calculou a quantia de meio bilhão de reais e propôs a execução desse valor. Em voto-vista vencedor, a Min. Nancy Andrighi aponta que o cerne da controvérsia diz respeito, em primeiro lugar, a se seria possível o credor efetuar a liquidação do título executivo mediante a simples elaboração de cálculo e se, diante do exagero nos cálculos elaborados, seria possível a executada impugnar a execução mediante exceção de pré-executividade, por fim, se o Tribunal *a quo,* em sede de embargos de declaração, poderia ter reformado decisão proferida em agravo de instrumento piorando a situação da embargante. Para a Min. Nancy Andrighi, foi regular o procedimento adotado pela recorrente uma vez que o acórdão efetivamente determinou a liquidação do julgado mediante cálculo da parte. Ressaltou, ainda, com fundamento na doutrina e na jurisprudência deste Superior Tribunal, ser possível impugnar o excesso evidente de execução pela via de exceção de pré-executividade, mas só nos casos em que não seja necessária dilação probatória para demonstrar o excesso de execução. Sendo assim, o TJ não poderia ter adiado a liquidação do título executivo para momento posterior à propositura da execução. A questão sequer estabeleceu como se fará o julgamento da exceção e se é possível ao juízo determinar a produção de prova pericial como ocorreu na hipótese dos autos. Afirma ainda, que a exceção de pré--executividade *sub judice* não visa necessariamente à fixação do *quantum debeatur* na execução. A função da pré-executividade, no caso, é apenas para possibilitar o oferecimento de garantia de penhora para exercer o direito de defesa quanto ao montante cobrado, sugestão dada pelo próprio exeqüente no recurso especial. O alegado excesso de execução, notadamente na hipótese dos autos, é matéria precípua de embargos do devedor. Para a Min. Nancy Andrighi, quando da apreciação do pedido do efeito suspensivo requerido no agravo de instrumento originário, que o Desembargador substituto determinou a penhora de R$ 2.974.040,35, com os respectivos acréscimos legais (essa decisão posteriormente foi considerada não escrita pelo relator do processo que reapreciou o pedido e o concedeu de maneira mais ampla). Trata-se de valor razoável que não põe em risco a solvabilidade da devedora, sendo essa a medida mais adequada a ser tomada, por isso deve ser restabelecida. Com a garantia do juízo nesse montante, deve ser admitida a oposição de embargos do devedor para a discussão do alegado excesso de execução, inclusive com a realização, se houver interesse das partes, de perícia para solução do litígio. Afastou também, acompanhando o Min. Relator, a multa por litigância de má-fé. Note-se que o Min. Relator determinava que se anulasse a execução e se promovesse a liquidação do acórdão exeqüendo por arbitramento, ao argumento de que o meio de apuração dos lucros cessantes determinado pelo acórdão recorrido é inadequado ao fim a que se destina. A Turma, ao prosseguir o julgamento, por maioria, deu parcial provimento ao recurso nos termos do voto da Min. Nancy Andrighi. Precedentes citados: REsp 733.533-SP, DJ 22/5/2006; REsp 545.568-MG, DJ 24/11/2003, e REsp 439.856-MG, DJ 1º/7/2005. **REsp 410.063-PE, Rel. originário Min. Ari Pargendler, Rel. para acórdão Min. Nancy Andrighi, julgado em 3/4/2007.** (Inform. STJ 316)

Súmula STF nº 562

Na indenização de danos materiais decorrentes de ato ilícito cabe a atualização de seu valor, utilizando-se, para esse fim, dentre outros critérios, dos índices de correção monetária.

Súmula STF nº 493

O valor da indenização, se consistente em prestações periódicas e sucessivas, compreenderá, para que se mantenha inalterável na sua fixação, parcelas compensatórias do imposto de renda, incidente sobre os juros do capital gravado ou caucionado, nos termos dos arts. 911 e 912 do Código de Processo Civil.

Súmula STF nº 491

É indenizável o acidente que cause a morte de filho menor, ainda que não exerça trabalho remunerado.

4.13.5. Pensão

INDENIZATÓRIA. PENSÃO. DIREITO DE ACRESCER.

A Turma negou provimento ao recurso especial originário de ação indenizatória decorrente de acidente de trânsito que ocasionou a morte do marido e pai dos recorridos. *In casu*, a sentença condenou a empresa de transporte recorrente ao pagamento de danos morais e pensão mensal, reconhecendo, quanto à última, o direito de acrescer assim que os filhos atinjam 25 anos. Segundo a Min. Relatora, não obstante o referido direito não corresponda ao instituto previsto nos arts. 1.941 a 1.946 do CC/2002, a jurisprudência do STJ reconhece a analogia em casos como o da espécie a fim de manter intacto o valor da condenação, já que a presunção é que a contribuição do pai ao orçamento familiar assim se manteria até sua morte natural. Justificou com base na premissa de que a renda da vítima não reduziria caso um dos filhos deixasse de ser seu dependente, mas apenas seria redistribuída em favor dos demais membros da família. Consignou, ademais, que o direito de acrescer consiste em consequência lógica do pedido de condenação ao pagamento de pensão mensal, razão pela qual não é *extra petita* o julgado que o reconhece sem que tenha havido pedido expresso das partes nesse sentido. Precedentes citados: REsp 1.045.775-ES, DJe 4/8/2009; REsp 625.161-RJ, DJ 17/12/2007; REsp 753.634-RJ, DJ 13/8/2007; REsp 826.491-CE, DJ 5/6/2006; REsp 506.254-SP, DJ 22/3/2004; REsp 900.367-PR, DJe 26/5/2010; REsp 970.640-MG, DJe 1º/7/2010; REsp 586.714-MG, DJe 14/9/2009; AgRg no Ag 520.958-RJ, DJe 27/5/2009; REsp 504.326-PR, DJ 15/3/2004; AgRg no Ag 503.934-RJ, DJ 6/8/2007, e REsp 679.652-RS, DJe 18/12/2009. **REsp 1.155.739-MG, Rel. Min. Nancy Andrighi, julgado em 2/12/2010.** (Inform. STJ 458)

INDENIZAÇÃO. DANOS. EQUIPAMENTO INADEQUADO.

Trata-se, na origem, de ação indenizatória que objetiva o ressarcimento de danos materiais e morais em razão de o autor ter perdido parte da capacidade auditiva e visual em decorrência do fornecimento de equipamento inadequado de proteção individual pela empregadora ré. O tribunal *a quo*, lastreado na prova dos autos, estabeleceu a responsabilidade da empresa ré pelos danos à capacidade visual e auditiva e, conforme a Súm. n. 7-STJ, fica este Superior Tribunal impedido de verificar a exclusão de responsabilidade da empresa. Quanto à pensão, a Turma entendeu que ela deve ser vitalícia, pois o dano impossibilitou o ofendido de exercer seu ofício ou profissão. Dentre outras questões, afirmou, ainda, que a indenização de direito comum não se confunde com aquela de caráter previdenciário, pois aquela visa, além do ressarcimento de ordem econômica, a compensar o empregado pela lesão física causada pelo ilícito do empregador. Logo, não há compensação de valores entre as duas pensões referidas. Decidiu, também, que os honorários advocatícios, como houve sucumbência recíproca, serão compensados. Assim, a Turma conheceu em parte do recurso e, nesta parte, deu-lhe provimento. Precedentes citados do STF: RE 94.615-SP, DJ 10/12/1982; do STJ: REsp 569.351-MG, DJ 4/4/2005; AgRg no Ag 998.033-SP, DJe 25/8/2008; EREsp 109.675-RJ, DJ 29/4/2002, e REsp 972.791-SP, DJe 13/5/2008. **REsp 604.625-RS, Rel. Min. Luis Felipe Salomão, julgado em 20/5/2010.** (Inform. STJ 435)

DANO MORAL. ACIDENTE. TRABALHO.

Trata-se de ação de danos morais e patrimoniais decorrentes da morte de genitor ocorrida em 1977, durante o trabalho, devido à descarga elétrica sofrida, porque seu colega inadvertidamente eletrizou o sistema em que ele estava trabalhando. Noticiam os autos que a culpa do empregador deu-se em razão da ausência de comprovação de ter sido fornecido ao trabalhador vitimado o equipamento de proteção individual (EPI) e, ainda, se disponibilizado tal equipamento, não houve fiscalização do empregador quanto a seu uso. Anotou o Min. Relator que a sentença foi prolatada meses antes da EC n. 45/2004, daí a competência não ser da Justiça estadual, visto que, segundo a jurisprudência, nesses casos, prolatada a sentença antes da referida EC, permanece a competência da Justiça comum. Observou que, apesar de, na época dos fatos (a morte do genitor), a ordem vigente ser a da CF/1967, entendia-se também ser obrigação do empregador indenizar os familiares da vítima independentemente de eventual cobertura do sinistro por seguro ou pela previdência social, visto que tal indenização fundava-se no direito comum, dissociado de regras do direito previdenciário ou securitário (Súm. n. 229 do STF). Conclui que é devida a indenização por dano moral e material, além da pensão, sendo que o filho só a recebe até 25 anos. Por outro lado, assevera que a demora na busca da reparação (a morte ocorreu em 1977, e a ação só foi ajuizada em 2001) é fator influente na fixação do *quantum* indenizatório. No caso, foi mantido o valor dado nas instâncias ordinárias só quanto ao dano moral em valor fixo. Mereceu reparos somente a indenização quanto aos danos materiais, que deixou de ser arbitrada por conta de recebimento de pensão previdenciária. Diante do exposto, a Turma conheceu em parte do recurso e, nessa parte, deu-lhe provimento, para condenar a companhia de eletricidade ao pagamento de indenização por danos materiais equivalente ao valor mensal recebido por morte do genitor, acrescidos dos consectários legais e contratuais, como se estivesse no exercício profissional até o dia em que o filho completou 25 anos. Precedentes citados: REsp 809.307-RS, DJ 14/5/2007; AgRg no Ag 691.994-SP, DJe 3/10/2008; REsp 133.527-RJ, DJ 24/2/2003; REsp 45.740-RJ, DJ 9/5/1994; REsp 503.618-RS, DJ 21/4/2005, e EREsp 526.299-PR, DJe 5/2/2009. **REsp 900.367-PR, Rel. Min. Aldir Passarinho Junior, julgado em 6/5/2010.** (Inform. STJ 433)

ACIDENTE LABORAL. PENSÃO. DIREITO DE ACRESCER.

Trata-se de REsp em que se busca desconstituir acórdão que condenou a ora recorrente ao pagamento de pensão, além de danos morais, à ora recorrida em decorrência da morte do filho dessa que prestava serviço àquela como figurante de uma minissérie televisiva. Trata-se de morte por afogamento e, nas instâncias ordinárias, considerou-se não ter a recorrente prestado as devidas informações de segurança à vítima, na época com 18 anos, que, por sua vez, em intervalo intrajornada, adentrou o rio com forte correnteza, o que culminou no acidente fatal. Nesta instância especial, entendeu-se que a permissão para que o empregado, no intervalo das filmagens, ingressasse no rio sem a devida segurança oferecida pelo empregador e sem informação acerca da periculosidade do local acabou por criar um risco desnecessário, acarretando a morte da vítima, exatamente na contramão do preceito constitucional que prevê como direito do trabalhador a redução dos riscos inerentes ao trabalho (art. 7º, XXII, da CF/1988). Assinalou-se que é irrelevante o fato de o infortúnio ter ocorrido em intervalo intrajornada dedicado às refeições dos empregados, porquanto é dicção literal do art. 21, § 1º, da Lei n. 8.213/1991 a equiparação a acidentes do trabalho dos ocorridos nos períodos destinados à refeição ou descanso ou por ocasião da satisfação de outras necessidades fisiológicas, no local do trabalho ou durante este. Observou-se que, no caso, a autora, mãe da vítima, ajuizou ação de reparação de danos, sagrando-se vitoriosa no pleito, sem, contudo, deduzir nenhum pedido de que a indenização fosse paga, em caso do falecimento do filho, também ao esposo, que não figurou na lide como litisconsorte. Assim, foram violados os arts. 128 e 460 do CPC pelo acórdão ora atacado, quando concedeu o direito de acréscimo de pensão por ato ilícito, sem pedido nos autos, ao marido da autora, pois esse não é beneficiário da pensão porque não figurou no processo como litisconsorte ativo. Diante disso, a Turma deu parcial provimento ao recurso, apenas para afastar o direito de acrescer concedido de ofício na origem, mantido o restante do acórdão recorrido. Precedentes citados: REsp 324.570-RJ, DJ 17/12/2004, e REsp 89.656-PR, DJ 7/2/2000. **REsp 1.014.848-DF, Rel. Min. Luis Felipe Salomão, julgado em 23/3/2010.** (Inform. STJ 428)

DANOS MORAIS. CUMULAÇÃO. PENSÃO. PREVIDÊNCIA.
Viúva e filhos ajuizaram ação de indenização e reparação de danos materiais e morais em razão de erro médico ocorrido em hospital de propriedade de seguradora (falta de diagnóstico de crise cardiológica, culminando com enfarte do miocárdio que ceifou a vida do marido e pai). O juízo singular julgou procedentes os pedidos, condenando as rés (a seguradora e o hospital) a pagar pensão mensal equivalente a 2/3 do salário percebido pela vítima pelos danos materiais e compensar os danos morais com indenização em valor equivalente a 5.400 salários mínimos para cada autor. As rés apelaram, recurso que foi provido em parte, pois não houve dano material e se reduziu o valor do dano moral (R$ 150 mil para cada um). Houve embargos infringentes, que foram rejeitados e, por fim, os REsps (autores e rés). Isso posto, o Min. Relator originário (vencido), após discussão sobre a cumulação da pensão por responsabilidade civil devido ao erro médico com pensão previdenciária, entendia prover, em parte, o recurso da viúva e dos filhos, para condenar as rés ao pagamento de indenização por danos materiais consistente em pensionamento mensal. Entretanto, o voto condutor do acórdão, do Min. Honildo de Mello Castro (Desembargador convocado do TJ-AP), embora não divirja quanto à responsabilidade e à possibilidade de cumulação das pensões, pois, de acordo com a jurisprudência, a indenização por ato ilícito é autônoma em relação a qualquer benefício que a vítima receba de ente previdenciário, no caso dos autos, dissentiu do voto vencido em relação ao dever indenizatório a título de dano material, diante da afirmação do Tribunal *a quo* de que os autores não comprovaram a existência de dano material, pois incidente o óbice da Súm n. 7-STJ. Diante do exposto, a Turma não conheceu do REsp da viúva e filhos, mas conheceu em parte do recurso da seguradora e do hospital. **REsp 579.839-SP, Rel. originário Min. Luis Felipe Salomão, Rel. para acórdão Min. Honildo de Mello Castro (Desembargador convocado do TJ-AP), julgado em 24/11/2009.** (Inform. STJ 417)

DANO MATERIAL. MORTE. ADOLESCENTE.
A jurisprudência do STJ já determinou a idade de 14 anos como o termo a partir do qual as famílias pobres são indenizadas, em razão do dano material, pela morte de filho menor de idade. Tal entendimento parte do pressuposto de que, nessas famílias, os filhos colaboram desde cedo para o sustento do lar, e 14 anos é a idade mínima fixada no art. 7º, XXXIII, da CF/1988 para autorizar o trabalho de menor na condição de aprendiz. Contudo, essa presunção relativa criada pela jurisprudência cede à constatação de que, no caso, a vítima do acidente já completara 16 anos de idade e não exercia atividade remunerada. Afastada essa presunção, outra se estabelece, a de fixar a idade de 18 anos como termo inicial para a indenização nesses casos de famílias de baixa renda, pois, por maior que seja o empenho dos pais em retardar o ingresso do filho no mercado de trabalho, supõe-se que, ao completar essa idade, suficiente para já ter concluído o ensino médio, seja compelido a trabalhar. Precedente citado: EREsp 107.617-RS, DJ 1º/8/2005. **REsp 1.045.389-RS, Rel. Min. Nancy Andrighi, julgado em 19/11/2009.** (Inform. STJ 416)

PENSIONAMENTO. FILHOS MAIORES. 25 ANOS.
A mãe dos autores faleceu em acidente automobilístico provocado pelo recorrente, que invadiu em alta velocidade, a faixa de direção oposta, colidindo com o táxi que transportava a vítima. Como ela era responsável diretamente pela manutenção financeira de seus três filhos, apesar de já contar com 73 anos de idade à época do acidente e de seus filhos estarem todos na casa dos 50 anos, os autores pleitearam o pagamento de pensão mensal no valor de dois terços dos rendimentos da vítima, além de danos morais no montante equivalente a 1.500 salários mínimos. Assim, a questão consiste em verificar a possibilidade de pensionamento por morte da mãe a filhos maiores de 25 anos. Inicialmente, a Min. Relatora destacou que a jurisprudência deste Superior Tribunal é farta em exemplos de julgados que fixaram a data limite ao recebimento de pensão concedida a filhos por morte de ascendente no momento em que aqueles completam 25 anos de idade. Tais precedentes partem de situação fática relativa à perda sofrida por filho menor de idade ou adulto jovem e adotam como premissa a ocorrência de dependência econômica deste em relação ao ascendente falecido, reconhecendo a necessidade de apoio financeiro para que o filho desenvolva sua existência. Na hipótese, os pensionados já se encontram em idade madura. O desenvolvimento pessoal de cada um dos filhos da vítima encontra-se completo e não há qualquer ameaça pairando sobre o ideal de aprimoramento das potencialidades individuais, não sendo mais necessário apoio material externo para que os filhos venham a atingir o esplendor de suas aptidões. Conforme ressaltado no voto vencido proferido em sede de apelação, a concessão do pensionamento em caso de morte de progenitores, mãe ou pai, só poderá ser deferido aos filhos maiores de 25 anos nos casos em que estiver idoneamente demonstrada a dependência econômica do requerente em relação à vítima, em especial, nos casos em que os filhos são portadores de deficiência física ou mental incapacitante, circunstâncias fáticas que não foram reconhecidas pelo acórdão recorrido. Nesse contexto, eventual ajuda tardia dada pela mãe aos filhos deve ser encarada como mera liberalidade, não constituindo dano material indenizável. Diante disso, a Turma deu provimento ao recurso para afastar a condenação ao pagamento de pensão mensal aos recorridos. **REsp 970.640-MG, Rel. Min. Nancy Andrighi, julgado em 3/11/2009.** (Inform. STJ 414)

ACIDENTE AÉREO. DANOS MORAIS. HONORÁRIOS.
Discute-se, no recurso especial interposto pelos pais e irmão de vítima de acidente aéreo (jovem de 21 anos), o valor do dano moral e pensão mensal, bem como, no recurso especial da companhia aérea, a exatidão das verbas honorárias. Segundo ressaltou a Min. Relatora, a jurisprudência consolidou-se no sentido de que o responsável pela morte de filho trabalhador deve aos familiares da vítima pensão alimentícia mensal fixada em 2/3 da sua remuneração até a idade de 25 anos, depois reduzida à metade, pois se presume que o filho constituiria família, o que diminuiria sua contribuição aos pais. Quanto ao pedido da inclusão de valores referentes ao FGTS e às férias na base de cálculo da pensão alimentícia, o dissídio só foi demonstrado quanto às férias, assim, só foi conhecida e concedida a inclusão das férias, com base na jurisprudência assentada pelas Turmas da Segunda Seção deste Superior Tribunal. Por último, quanto à fixação dos danos morais, observou ser ela uma das mais complexas tarefas a cargo do Judiciário pela falta de critérios e pelas peculiaridades de cada caso. Dessarte, fixou-os em R$ 190 mil para cada um dos três autores. Apontou que a sucumbência recíproca foi afastada devido ao fato de os autores decaírem em parte mínima, só em relação à indenização de tratamento psicológico e aos danos relativos ao sepultamento da vítima, que são ínfimos se comparados à pretensão julgada procedente, como a pensão e os danos morais. Outrossim, para o cálculo dos honorários advocatícios, quando há a necessidade de pensionamento, devem ser limitados, sendo fixados, no caso, em 10% sobre o somatório dos valores das prestações vencidas mais um ano das vincendas, afastada a multa do art. 538 do CPC. Com esse entendimento, a Turma deu parcial provimento ao recurso dos autores e ao da companhia aérea. Precedentes citados: REsp 713.764-RS, DJe 10/3/2008; REsp 361.814-MG, DJ 24/6/2002 ; REsp 193.296-RJ, DJ 10/4/2000; AgRg no Ag 429.155-RJ, DJ 24/10/2005; AgRg no REsp 1.109.961-MS, DJe 10/9/2009, e AgRg no Ag 727.915-SP, DJ 26/6/2006. **REsp 1.137.708-RJ, Rel. Min. Nancy Andrighi, julgado em 13/10/2009.** (Inform. STJ 411)

INDENIZAÇÃO. MENOR. ATLETA. PENSIONAMENTO.
Trata-se de ação indenizatória movida por pais e irmãos de menor de quatorze anos atleta da categoria infanto-juvenil de clube de futebol, que, durante treinamento em campo, foi atingido por um raio, vindo a falecer doze dias após o acontecimento. No recurso, o clube afirma ter havido caso fortuito excludente de responsabilidade nos termos do art. 1.058 do CC/1916, uma vez que o menor faleceu vítima da queda de um raio no local onde treinava, em nada tendo o réu contribuído para o desfecho, pois sequer chovia na ocasião. Reclama dos danos morais que lhe foram impostos, acentuando que pronta assistência foi prestada ao menor. Diante disso, a Turma conheceu em parte do recurso e, nessa parte, deu-lhe provimento para condenar o réu ao pagamento de pensão nos moldes estabelecidos na sentença, anotando que o limite máximo de 65 anos de idade presumível da vítima fica vinculado à sobrevida dos genitores até lá. A jurisprudência deste Superior Tribunal prestigia o entendimento de que, em caso de famílias humildes, é de se presumir a contribuição econômica futura do menor, notadamente no caso, em que ele já treinava como atleta do clube, almejando, a toda evidência, uma carreira profissional na área. Precedentes citados: REsp 861.074-RJ, DJe 7/2/2008, e REsp 729.338-RJ, DJ 12/12/2005. **REsp 609.160-RJ, Rel. Min. Aldir Passarinho Junior, julgado em 15/9/2009.** (Inform. STJ 407)

PENSÃO. INCAPACIDADE PERMANENTE.
Trata-se de recurso que pretende afastar a condenação por danos morais imposta à recorrente e, se mantida, a redução da indenização, bem como da idade limite para o recebimento da pensão por lucros cessantes para sessenta e cinco anos. Quanto ao valor da indenização, o TJ manteve a condenação da recorrente em cinquenta e dois mil reais. Para o Min. Relator, o quantum estabelecido não se evidenciou elevado, situando-se em patamar aceito pela jurisprudência deste Superior Tribunal. O limite da indenização somente é fixado com base na idade média de vida em caso de falecimento do acidentado. Na hipótese, cuida-se de incapacidade permanente, de modo que deveria ser pago à própria vítima ao longo de sua vida, durasse mais ou menos do que setenta anos. Tanto está errado o Tribunal em fixar setenta anos, como a ré em postular sessenta e cinco anos, porque se cuida de vítima viva. Mas, como não houve recurso da vítima, só da ré, vale a pensão até os setenta anos, limitada, porém, à sobrevida do autor, se

inferior a isso. É necessário deixar assim consignada a hipótese de eventual vindicação de herdeiros ou sucessores, ao se considerar a literalidade do acórdão a quo. Diante disso, a Turma conheceu em parte do recurso e lhe deu parcial provimento. Precedentes citados: AgRg no Ag 591.418-SP, DJ 21/5/2007, e REsp 629.001-SC, DJ 11/12/2006. **REsp 775.332-MT, Rel. Min. Aldir Passarinho Junior, julgado em 5/3/2009.** (Inform. STJ 385)

4.14.6. Juros e correção monetária

TERMO INICIAL. JUROS. MORA. DANO MORAL.
A Seção, por maioria de votos, ratificou o entendimento de que o início do prazo para a fluência dos juros de mora, nos casos de condenação à indenização por dano moral decorrente de responsabilidade extracontratual, ocorre na data do evento danoso, de acordo com a Súm. n. 54-STJ. Ficou vencida a tese da Min. Relatora de que incidem os juros de mora a partir da data do ato judicial que fixou a indenização por dano moral. **REsp. 1.132.866-SP, Rel. originária Min. Maria Isabel Gallotti, Rel. para acórdão Min. Sidnei Beneti, julgado em 23/11/2011.** (Inform. STJ 488)

DANOS MORAIS. MORTE. MENOR. COMPOSIÇÃO FÉRREA.
A Turma decidiu pela majoração do valor da indenização por danos morais, reconhecendo a culpa exclusiva da ré pela morte de menor de 12 anos de idade que, devido a uma porta aberta, sofreu queda e veio a falecer em consequência, quando vendia amendoim no interior da composição férrea. No caso, havia responsabilidade contratual entre a ré e a vítima, razão pela qual incidem os juros de mora a partir da citação válida (art. 219 do CPC). Outrossim, descabe o recebimento de décimo terceiro salário, porque a vítima não possuía qualquer vínculo empregatício com a ré. Precedentes citados: REsp 388.300-SP. DJ 25/11/2002, e REsp 172.335-SP, DJ 18/10/1999. **REsp 1.021.986-SP, Rel. Min. Luis Felipe Salomão, julgado em 16/4/2009.** (Inform. STJ 390)

RESPONSABILIDADE CIVIL. PASSAGEIRO. ÔNIBUS. JUROS MORATÓRIOS. TERMO INICIAL.
A Turma reiterou que, tratando-se de acidente com passageiro de transporte coletivo (ônibus), os juros moratórios são contados da data da citação, por ser responsabilidade de natureza contratual. Precedentes citados: REsp 11.624-SP, DJ 1º/3/1993; REsp 131.376-RJ, DJ 1º/9/1999, e REsp 247.266-SP, DJ 23/10/2000. **REsp 983.728-MG, Rel. Min. Aldir Passarinho Junior, julgado 2/9/2008.** (Inform. STJ 366)

RESPONSABILIDADE CIVIL. BANCO. VALORES DEBITADOS. CONTA-CORRENTE.
A Turma reiterou seu entendimento quanto à indenização quando do lançamento indevido de débito realizado por banco na conta-corrente do cliente. Asseverou que o montante a ser restituído corresponde ao valor irregularmente subtraído da conta-corrente, acrescido de juros remuneratórios de 1% ao mês. No período anterior à vigência do novo Código Civil, incide correção monetária pelo INPC e juros de mora de 0,5% ao mês desde a citação. Após a vigência do novo Código Civil, aplica-se o art. 406 desse diploma, sem correção monetária, porque já embutido na taxa Selic. **REsp 437.222-MG, Rel. Min. Aldir Passarinho Junior, julgado em 15/4/2008**. (Inform. STJ 352)

TERMO INICIAL. CORREÇÃO MONETÁRIA. DANO MORAL.
A Seção acolheu parcialmente os embargos por entender que o termo inicial para correção monetária do *quantum* indenizatório é a data em que fixado o montante por este Superior Tribunal. Precedentes citados: EREsp 230.268-SP, DJ 23/10/2001, e REsp 258.245-PB, DJ 23/6/2003. **EREsp 436.070-CE, Rel. Min. Fernando Gonçalves, julgados em 26/9/2007.** (Inform. STJ 333)

JUROS MORATÓRIOS. CONTAGEM. ÚLTIMA CITAÇÃO. HERDEIRAS.
O espólio recorrente insurge-se contra o acórdão que apreciou embargos à execução de sentença que o condenou a pagar à recorrida indenização por serviços domésticos prestados na qualidade de concubina do falecido, em período de três anos após a separação do casal por desquite. A questão inicial refere-se à aplicação dos juros moratórios. A sentença fixou-os a partir da citação, daí exsurgindo o debate sobre quando seria isso para tais efeitos. No caso, a litigiosidade não se dá em relação ao inventariante dativo (art. 12, § 1º, CPC), refere-se aos herdeiros do *de cujus*, que têm real interesse em contestar o pedido, além do que são aqueles que dispõem de conhecimento integral sobre os fatos ocorridos, o que permite a defesa do patrimônio que se acha em disputa. Isso posto, a Turma conheceu em parte do recurso e deu-lhe provimento para estabelecer a contagem dos juros moratórios a partir da última citação das herdeiras, bem assim para excluir a penalidade por litigância de má-fé. O Min. Relator entendeu que não prospera o inconformismo em relação ao período da indenização porquanto foi ele fixado em decisão transitada em julgado, que não pode ser alterada na fase de execução, registrando-se que não se trata, absolutamente, de mero erro material. Além do mais, o cálculo do valor da indenização recai no reexame de matéria fática (Súm. n. 7-STJ). Também não há o que se alterar referentemente à sucumbência, visto que, para se chegar a outra conclusão, ter-se-ia de ingressar em apreciação fática, também obstada pela mencionada súmula. **REsp 725.059-RS, Rel. Min. Aldir Passarinho Junior, julgado em 25/9/2007.** (Inform. STJ 333)

DANOS MORAIS. ASSISTÊNCIA TÉCNICA. JUROS.
Trata-se de indenização movida em razão de negativa de assistência técnica de *notebook* adquirido com garantia contratualmente estendida. Explica o Min. Relator que os juros moratórios no caso dos autos, de ilícito contratual, são computados da citação de acordo com a jurisprudência deste Superior Tribunal, não incidindo na espécie a Súm. n. 54-STJ. Os demais pedidos ficaram prejudicados. Com esse entendimento, a Turma deu parcial provimento ao recurso. Precedentes citados: REsp 11.624-SP, DJ 1º/3/1993; REsp 131.376-RJ, DJ 1º/3/1999, e REsp 247.266-SP, DJ 23/10/2000. **REsp 939.919-MS, Rel. Min. Aldir Passarinho Junior, julgado em 11/9/2007.** (Inform. STJ 331)

RESPONSABILIDADE CIVIL. TABELA. IBGE. CULPA CONCORRENTE. LINHA FÉRREA.
A Turma deu provimento em parte ao recurso ao confirmar a jurisprudência do STJ, que reconhece, na hipótese, a culpa concorrente entre o pedestre atropelado e a empresa ferroviária, pois cabe a ela cuidar e manter a linha férrea com o fito de impedir a travessia, e ao pedestre impõe-se não utilizar a passagem clandestina aberta no muro sem conservação. Utilizou-se o sistema do novo Código Civil em regrar o pagamento da pensão pelo tempo da hipotética sobrevida da vítima, apurado mediante a tabela oficial anual divulgada pelo IBGE. **REsp 700.121-SP, Rel. Min. Carlos Alberto Menezes Direito, julgado em 17/4/2007.** (Inform. STJ 317)

DANO MORAL. CORREÇÃO MONETÁRIA. TERMO INICIAL.
A correção monetária em caso de responsabilidade civil tem seu termo inicial na data do evento danoso. Todavia, em se tratando de dano moral, o termo inicial é, logicamente, a data em que o valor foi fixado. Isso posto, a Turma conheceu do recurso e deu-lhe parcial provimento para determinar que a correção monetária sobre o valor da indenização flua a partir da data do acórdão estadual. Precedentes citados: REsp 204.677-ES, DJ 28/2/2000, e REsp 316.332-RJ, DJ 18/11/2002. **REsp 823.947-MA, Rel. Min. Aldir Passarinho Junior, julgado em 10/4/2007.** (Inform. STJ 316)

Súmula STJ nº 43

Incide correção monetária sobre divida por ato ilícito a partir da data do efetivo prejuízo.

5. COISAS

5.1. Posse e propriedade

USUCAPIÃO. PROMITENTE COMPRADOR. IMÓVEL HIPOTECADO.
Em preliminar, não há óbice ao conhecimento do recurso especial quando o artigo indicado como violado é do Código Civil de 2002, mas a controvérsia se restringe a artigo do Código Civil de 1916, desde que aquele reproduza, em essência, a antiga legislação. No mérito, julgou-se procedente o REsp para declarar a prescrição aquisitiva – usucapião – de imóvel em favor do promitente comprador, mesmo havendo penhora e hipoteca constituída sobre o empreendimento em benefício do agente financeiro, por empréstimo contraído pelo promitente vendedor. No entendimento da Turma, o ajuizamento de execução hipotecária pelo recorrido contra o recorrente, por não interromper o prazo prescricional da usucapião, não constitui resistência à posse ad usucapionem de quem pleiteia a prescrição aquisitiva, não se podendo falar em falta de justo título e boa-fé do usucapiente. Este terá a propriedade originária do imóvel de forma livre e desembaraçada de quaisquer gravames. REsp 941.464-SC, Rel. Min. Luis Felipe Salomão, julgado em 24/4/2012.(Inform. STJ 496)

USUCAPIÃO. IMÓVEL URBANO. REGISTRO. AUSÊNCIA.
A Turma reiterou que a inexistência de registro imobiliário do bem objeto de ação de usucapião não induz presunção de que o imóvel seja público

(terras devolutas), cabendo ao Estado provar a titularidade do terreno como óbice ao reconhecimento da prescrição aquisitiva. Precedentes citados do STF: RE 86.234-MG, DJ 5/12/1976; do STJ: REsp 113.255-MT, DJ 8/5/2000, e REsp 674.558-RS, DJe 26/10/2009. **REsp 964.223-RN, Rel. Min. Luis Felipe Salomão, julgado em 18/10/2011.** (Inform. STJ 485)

USUCAPIÃO. IMÓVEL URBANO.

In casu, a recorrente e seu cônjuge ajuizaram ação de usucapião em desfavor da recorrida, visando ao imóvel urbano com área de 441,54 m². O pedido foi julgado procedente em primeira instância, sendo, contudo, em grau de apelação, anulado de ofício o processo desde a citação ao fundamento de que não havia prova da propriedade dos imóveis confrontantes, ou seja, a juntada de certidão do registro imobiliário em nome deles. Nesta instância especial, assentou-se que a juntada das certidões relativas aos imóveis confinantes é salutar, porém não pode ser exigida como requisito para o processamento da causa. Note-se que a ausência de transcrição do próprio imóvel não pode ser empecilho à declaração de usucapião, uma vez que tal instituto visa exatamente ao reconhecimento do domínio em prol de quem possui o imóvel, prevalecendo a posse *ad usucapionem* sobre o próprio domínio de quem não o exerça. Dessa forma, a usucapião, forma de aquisição originária da propriedade, caracteriza-se pelo exercício inconteste e ininterrupto da posse e prevalece sobre o registro da propriedade, não obstante os atributos de obrigatoriedade e perpetuidade do registro dominial. Assim, não se ampara a anulação do processo de usucapião por conta da ausência de certidão de propriedade dos imóveis confrontantes, até porque, quando a lei não impõe determinada exigência, não pode o intérprete determinar tal imposição. Ademais, consoante os autos, todos os confinantes foram citados pessoalmente, sendo certo que nenhum deles apresentou contestação ou oposição ao pedido dos recorrentes, não havendo qualquer suspeita de que a convocação dos confrontantes não tenha ocorrido corretamente, além de ficar demonstrado que os recorrentes mantêm a posse ininterrupta e pacífica há mais de 30 anos, tendo, inclusive, realizado benfeitorias expressivas no terreno em questão. Com essas considerações, entre outras, a Turma deu provimento ao recurso para anular o acórdão recorrido e determinar novo julgamento. **REsp 952.125-MG, Rel. Min. Sidnei Beneti, julgado em 7/6/2011.** (Inform. STJ 476)

CONSTITUTO POSSESSÓRIO. AÇÃO POSSESSÓRIA.

A Turma, entre outras questões, entendeu ser cabível o manejo de ação possessória pelo adquirente do imóvel cuja escritura pública de compra e venda continha cláusula *constituti*, já que o constituto possessório consiste em forma de aquisição da posse nos termos do art. 494, IV, do CC/1916. Na espécie, a recorrente (alienante do bem) alegou que o recorrido não poderia ter proposto a ação de reintegração na origem porque nunca teria exercido a posse do imóvel. Entretanto, segundo a Min. Relatora, o elemento *corpus* – necessário para a caracterização da posse – não exige a apreensão física do bem pelo possuidor; significa, isso sim, sua faculdade de dispor fisicamente da coisa. Salientou ainda que a posse consubstancia-se na visibilidade do domínio, demonstrada a partir da prática de atos equivalentes aos de proprietário, dando destinação econômica ao bem. Assim, concluiu que a aquisição de um imóvel e sua não ocupação por curto espaço de tempo após ser lavrada a escritura com a declaração de imediata tradição – *in casu*, um mês – não desnatura a figura de possuidor do adquirente. Precedente citado: REsp 143.707-RJ, DJ 2/3/1998. **REsp 1.158.992-MG, Rel. Min. Nancy Andrighi, julgado em 7/4/2011.** (Inform. STJ 468)

REIVINDICATÓRIA. IMÓVEL ABANDONADO. POSSE JUSTA.

A Turma reiterou a orientação de que, para a admissibilidade da ação reivindicatória, é necessária a presença destes requisitos: a prova da titularidade do domínio do autor, a individualização da coisa e a posse justa. Assim, se não há quem ocupe injustamente o imóvel, o proprietário não precisa de decisão judicial para reavê-lo. Logo, falta-lhe uma das condições da ação, qual seja, o interesse legítimo. No caso, o tribunal a quo manteve a sentença que dispunha que o imóvel se encontra vazio, sem qualquer ocupação de coisas ou pessoas e sem qualquer indício de ato de posse, não havendo evidência de que lá resida o apontado réu. Assim, a Turma negou provimento ao recurso. Precedentes citados: REsp 691.963-RS, DJ 15/5/2006, e REsp 993.956-DF, DJ 8/2/2008. REsp 1.003.305-DF, Rel. Min. Nancy Andrighi, julgado em 18/11/2010. (Inform. STJ 456)

REPETITIVO. ESPÓLIO. LEGITIMIDADE. REIVINDICATÓRIA.

A Seção deu provimento ao recurso repetitivo para cassar o acórdão recorrido e a sentença, determinando o prosseguimento da ação, por reconhecer que os espólios recorrentes detêm legitimidade para propor as ações reivindicatórias contra os ocupantes de condomínio irregular, visto que, em ação civil pública (ACP), foi mantida hígida a matrícula de propriedade integrante do quinhão correspondente à área em litígio. O recurso foi submetido ao regramento do art. 543-C do CPC e Res. n. 8/2008-STJ (recurso repetitivo) devido à multiplicidade de processos (mais de dois mil), alguns já chegaram neste Superior Tribunal. Todos possuem fundamento idêntico sobre reivindicação e posse de terras de que os espólios alegam ser legítimos proprietários dos lotes que fazem parte do condomínio irregular. Nesta ação reivindicatória ajuizada na origem, os espólios afirmam que o recorrido ocupa lote no condomínio encravado no quinhão de fazenda da propriedade deles. Noticiam também que, por força de sucessivas partilhas originadas de sentença proferida em 20/9/1855, eles são os legítimos proprietários da gleba de terra na qual, sem consentimento, foi constituído o condomínio. Anotou-se que o local hoje abriga aproximadamente dez mil moradores de baixa renda. O TJ negou provimento ao apelo dos recorrentes na ação reivindicatória, mantendo a sentença que reconheceu a ilegitimidade ativa dos espólios, indeferindo a petição inicial e extinguindo o processo sem resolução de mérito. Destacou a Min. Relatora que a sentença observou ser elevado o grau de incerteza jurídica acerca da posse e da propriedade das terras em litígio, visto haver múltiplas ações sobre o mesmo imóvel, mencionando a existência de ações de desapropriação indireta e de ACP ajuizada pelo MP. Observou ainda que a ACP, que já transitou em julgado, teve por objetivo cancelar as matrículas no registro de imóveis e todos os atos relativos a registros e averbações subsequentes, mas acabou por conferir aos espólios a propriedade da área em litígio, ao reconhecer a validade de uma das matrículas. Asseverou, assim, que, no caso dos autos, a ACP eliminou qualquer dúvida quanto ao fato de os recorrentes participarem do polo ativo da ação reivindicatória; pois, enquanto o registro público não for anulado, subsiste a presunção da validade do título aquisitivo de propriedade, embora sua transcrição seja revestida de presunção relativa (*juris tantum*). **REsp 990.507-DF, Rel. Min. Nancy Andrighi, julgado em 10/11/2010.** (Inform. STJ 455)

USUCAPIÃO. HERDEIRO. POSSE EXCLUSIVA.

A Turma deu provimento ao recurso especial para, dentre outras questões, reconhecer a legitimidade dos recorrentes para a propositura, em nome próprio, de ação de usucapião relativamente a imóvel de cujo adquirente um dos autores é herdeiro. Consoante acentuado pelo Min. Relator, a jurisprudência entende pela possibilidade de o condômino usucapir bem sobre o qual exerça a posse exclusiva, desde que haja efetivo *animus domini* e estejam preenchidos os requisitos impostos pela lei, sem oposição dos demais herdeiros. Precedente citado: AgRg no Ag 731.971-MS, DJe 20/10/2008. **REsp 668.131-PR, Rel. Min. Luis Felipe Salomão, julgado em 19/8/2010.** (Inform. STJ 443)

RETIFICAÇÃO. ÁREA. PROPRIEDADE RURAL.

Trata-se de pedido de retificação de área em propriedade rural dos recorrentes, após um agrimensor ter constatado a diferença. No entanto, essa pretensão foi rechaçada nas instâncias ordinárias, devido à impugnação do MP estadual pelo fato de a área retificada ser o dobro da original. Esclarece o Min. Relator que as retificações previstas no art. 213 da Lei n. 6.015/1973 corrigem equívocos, imprecisões, contradições ou aperfeiçoam dados já constantes nos títulos de propriedade, por isso é de se presumir a boa-fé daquele que a requer. Além disso, é incontroverso nos autos que há anuência de todos os confrontantes, mesmo do antigo proprietário e alienante do imóvel. Também aponta que o voto do relator originário no TJ esclarece que o imóvel proveio de doação e desmembramento de área maior sem qualquer oposição dos interessados. Assim, com base em precedentes deste Superior Tribunal, entende o Min. Relator não haver óbice à retificação de área, mesmo que substancial, mediante processo de jurisdição voluntária, quando a hipótese enquadrar-se na previsão do art. 213 da Lei n. 6.015/1973. Diante do exposto, a Turma deu provimento ao recurso para julgar procedente o pedido na parte conhecida. Precedentes citados: REsp 54.877-SP, DJ 12/12/2005; REsp 625.606-SC, DJ 11/4/2005; REsp 203.205-PR, DJ 28/2/2005; REsp 120.196-MG, DJ 10/5/1999, e REsp 57.737-MS, DJ 2/10/1995. **REsp 589.597-MG, Rel. Min. Aldir Passarinho Junior, julgado em 17/6/2010.** (Inform. STJ 439)

PRINCÍPIO SAISINE. REINTEGRAÇÃO. COMPOSSE.

Cinge-se a questão em saber se o compossuidor que recebe a posse em razão do princípio saisine tem direito à proteção possessória contra outro compossuidor. Inicialmente, esclareceu o Min. Relator que, entre os modos de aquisição de posse, encontra-se o ex lege, visto que, não obstante a caracterização da posse como poder fático sobre a coisa, o ordenamento jurídico reconhece, também, a obtenção desse direito pela ocorrência de fato jurídico – a morte do autor da herança –, em virtude do princípio da saisine, que confere a transmissão da posse, ainda que indireta, aos herdeiros independentemente de qualquer outra circunstância. Desse modo, pelo mencionado princípio, verifica-se a transmissão da posse (seja ela direta ou indireta) aos autores e aos réus da demanda, caracterizando, assim, a titularidade do direito possessório a ambas as partes. No caso, há composse do bem em litígio, motivo pelo qual a posse de qualquer um deles pode ser defendida todas as vezes em que for molestada por estranhos à relação possessória ou, ainda, contra ataques advindos de outros compossuidores. In casu, a posse transmitida é a civil (art. 1.572 do CC/1916), e não a posse natural (art. 485 do CC/1916). Existindo composse sobre o bem litigioso em razão do droit de saisine é direito do compossuidor esbulhado o manejo de ação de reintegração de posse, uma vez que a proteção à posse molestada não exige o efetivo exercício do poder fático – requisito exigido pelo tribunal de origem. O exercício fático da posse não encontra amparo no ordenamento jurídico, pois é indubitável que o herdeiro tem posse (mesmo que indireta) dos bens da herança, independentemente da prática de qualquer outro ato, visto que a transmissão da posse dá-se ope legis, motivo pelo qual lhe assiste o direito à proteção possessória contra eventuais atos de turbação ou esbulho. Isso posto, a Turma deu provimento ao recurso para julgar procedente a ação de reintegração de posse, a fim de restituir aos autores da ação a composse da área recebida por herança. Precedente citado: REsp 136.922-TO, DJ 16/3/1998. REsp 537.363-RS, Rel. Min. Vasco Della Giustina (Desembargador convocado do TJ-RS), julgado em 20/4/2010. (Inform. STJ 431)

USUCAPIÃO. PRESCRIÇÃO.

Trata-se de posse *ad usucapionem* iniciada em 1986, em que, na data do ajuizamento da ação (28/10/2003), o recorrente possuía os imóveis há treze anos, porém o entendimento da sentença foi que a ação possessória interrompera o prazo da prescrição aquisitiva. Contudo, à data da sentença, (2007), o autor detinha a posse cerca de 17 anos, superando o novo prazo de dez anos (art. 1.238, parágrafo único, do CC/2002), já exaurido, inclusive, o lapso de transição (art. 2.029 do CC/2002), o que afasta o óbice temporal questionado. Desse modo, provido em parte o recurso ao entendimento de que tal demanda foi decidida apenas quanto à falta do preenchimento do lapso temporal apto a ensejar usucapião, reconhecendo-se a violação do art. 1.238, parágrafo único, do CC/2002. Precedentes citados: REsp 149.186-RS, DJ 19/12/2003, e REsp 10.385-PR, DJ 14/6/1999. **REsp 1.088.082-RJ, Rel. Min. Luis Felipe Salomão, julgado em 2/2/2010.** (Inform. STJ 421)

NUNCIAÇÃO. OBRA NOVA. PRESCRIÇÃO.

Trata-se de nunciação de obra nova com o objetivo de obstruir basculante de ventilação e iluminação aberto em obra por vizinho confinante. Sucede que, vencido o prazo de um ano e um dia, o confinante prejudicado fica impedido de exigir o desfazimento da obra, mas daí não resulta em servidão. Ademais, o Min. Relator explicitou que o parágrafo único do art. 1.302 do CC/2002 (equivalente ao § 2º do art. 573 do CC/1916), no que se refere à expressão "em se tratando de vãos", como ali subsumida a ventilação, ou areação, no mesmo nível da expressão "claridade", esta já está compreendida na locução "aberturas para luz", logo o espaço aberto na construção da passagem de ar ou ventilação, e tal circunstância está excepcionada no Código Civil novo (interpretação intra legem). Precedentes citados: REsp 34.864-SP, DJ 4/10/1993; REsp 37.897-SP, DJ 19/12/1997, e REsp 299.164-MA, DJ 15/5/2000. AgRg no Ag 686.902-MG, Rel. Min. Vasco Della Giustina (Desembargador convocado do TJ-RS), julgado em 10/11/2009. (Inform. STJ 415)

AÇÃO. IMISSÃO. POSSE. NATUREZA.

Trata-se da alienação de um mesmo imóvel aos recorrentes e aos recorridos. Nesse contexto, cabe reafirmar que a ação de imissão na posse, ao contrário do que seu *nomem iuris* deixa transparecer, possui sim natureza petitória. É instrumento processual à disposição daquele que, fundado em direito de propriedade, sem nunca ter exercício da posse, busca obtê-la judicialmente. Sucede que a legislação de regência prestigia o entendimento de que o direito real de propriedade perfaz-se com o respectivo registro no fólio real (art. 1.245 do CC/2002), o que não foi providenciado pelos ora recorridos. Apesar de adquirirem o bem num momento anterior, não promoveram o registro, providência que logo foi tomada pelos recorrentes. Então, ao se confrontarem os direitos das partes quanto à imissão de posse, há que prevalecer o de quem esteja escudado pelo direito real de propriedade, no caso, os recorrentes. Precedentes citados: REsp 35.975-RJ, DJ 11/9/1995, e REsp 404.717-MT, DJ 30/9/2002. **REsp 1.126.065-SP, Rel. Min. Massami Uyeda, julgado em 17/9/2009.** (Inform. STJ 407)

COMPETÊNCIA. REGISTRO. PROPRIEDADE MARÍTIMA.

A Turma, ao prosseguir o julgamento, entendeu que o Tribunal Marítimo tem atribuição para registro de propriedade marítima, de direitos reais e de outros ônus que gravem embarcações brasileiras. Ao tabelião de Registros e Contratos Marítimos cabe lavrar atos, contratos e instrumentos relativos à transação de embarcações, registrando-os em sua própria serventia. Embarcações com arqueadura bruta inferior a 100 toneladas não estão sujeitas a realizar registro de propriedade seja no Tribunal Marítimo seja no tabelião de Registro e Contrato Marítimo. Essas embarcações com arqueadura inferior a 100 toneladas têm sua propriedade comprovada apenas com a inscrição junto à Capitania dos Portos, o que é obrigatório a qualquer tipo ou tamanho de embarcação. Dos dispositivos constitucionais relativos à abrangência territorial do Tabelião Marítimo não cabe apreciação do Superior Tribunal, sob pena de usurpação de competência do STF. **REsp 864.409-RJ, Rel. Min. Luis Felipe Salomão, julgado em 23/6/2009.** (Inform. STJ 400)

DEMARCATÓRIA. CARTA DE SESMARIA. POSSE. PROPRIEDADE.

Trata-se de ação demarcatória na qual os autores, ora recorrentes, na qualidade de sucessores, pleiteiam a demarcação e imissão na posse de área de sesmaria concedida segundo a legislação anterior ao regime da Lei n. 601/1850. A sentença lançada nos autos em 1959 deixou clara a inexistência de posse anterior sobre a área, com base na qual se poderia, eventualmente, implementar a aquisição da propriedade decorrente de carta de sesmaria. Sem a posse, não havia como adquirir propriedade naquelas condições. E sem propriedade dos antecessores, não havia propriedade a transmitir aos recorrentes. Sem esta, não há direito à ação demarcatória nos termos do art. 422 do CPC/1939 e, atualmente, do art. 950 do CPC/1973. Pela tradição histórica da *actio finium regundorum* (ação de demarcação de confins), necessária é a exigência de prova documental da propriedade com histórico das transmissões até os promoventes, prova, aliás, que sempre foi exigida tanto sob a legislação atual como sob a legislação anterior. Nos autos, não está demonstrado o domínio dos antecessores, sendo insuficiente a configurá-lo o direito de sesmeiro, especialmente quando desacompanhado da posse, integrativa da própria sesmaria. O recebimento de sesmaria jamais se equiparou, por si só, à propriedade no Direito brasileiro. Sempre teve reconhecimento como justo título para a posse que, se longeva, podia e pode amparar pretensão de usucapião, mas nunca tendo constituído, por si só, título de propriedade apto à transcrição no registro de imóveis, como é a essência dos títulos de propriedade. Os autores tiveram titulação que vem do sistema de carta de sesmaria, mas não tiveram a posse sobre a área em causa, tanto que a pleiteiam na presente ação demarcatória. Na petição inicial, não fazem menção à posse anterior, nem expuseram circunstâncias fáticas em que ela possa ser vista em favor deles, não tiveram jamais título transcrito anteriormente à propositura da demarcatória, de modo que falta requisito essencial à pretensão demarcatória. As provas testemunhal e pericial jamais poderiam suprir a falta de título de propriedade, não havendo como deduzir propriedade da antiga carta de sesmaria, que legitimaria a posse, que os antecessores dos autores, contudo, nunca tiveram ou perderam, tanto que, na inicial, pretendem a imissão. Assim, a Turma não conheceu do recurso quanto à letra **c** do art. 105 da CF/1988 e negou provimento quanto à letra **a** do mesmo artigo. **REsp 926.755-MG, Rel. Min. Sidnei Beneti, julgado em 12/5/2009.** (Inform. STJ 394)

AR. USUCAPIÃO.

O estado autor busca a desconstituição do acórdão rescindendo à alegação de que não fora devidamente citado nos autos do primeiro processo, de cuidar-se de terras devolutas, não sujeitas a usucapião, e pela impossibilidade de julgar antecipadamente a lide na espécie. Porém, é consabido que a rescisória é ação autônoma, sem índole recursal, despida de efeito devolutivo, daí ser inaplicável o art. 515, § 1º, do CPC. No recurso especial oriundo da rescisória, há que impugnar os termos do acórdão recorrido (art. 485 do CPC) e não os fundamentos do ato judicial que se pretende desconstituir. Não fosse assim, estar-se-ia facultando à parte o uso de dupla via extraordinária para discutir o mesmo ato judicial. Outrossim, é inviável a análise do conjunto fático-probatório a ponto de determinar se a área usucapida era efetivamente de domínio público, anotado que a pretensão do ente público apóia-se em título de natureza controvertida, conforme apurado em procedimento administrativo de discriminação das terras devolutas, quanto mais se a ação de usucapião é anterior ao registro da área como devoluta e decorre de sessenta anos de posse contínua. Precedentes citados: REsp 49.809-SP, DJ 26/5/1997; REsp 247.356-SP, DJe 24/11/2008, e AgRg no Ag 725.579-DF, DJ 25/2/2008. **REsp 873.330-MG, Rel. Min. Luís Felipe Salomão, julgado em 16/12/2008.** (Inform. STJ 381)

IMÓVEL. CLÁUSULA. INALIENABILIDADE.

O donatário de uma área de terra, doação essa gravada com cláusula de inalienabilidade, transmitiu a seus herdeiros (dois filhos) a nua propriedade do imóvel, com usufruto vitalício em seu favor. Como devedores (pai e filhos), indicaram parte da área mencionada à penhora em favor da CEF, mas pediram, posteriormente, seu cancelamento, em face da inalienabilidade, o que lhes foi negado. Em agravo de instrumento, o Tribunal de origem entendeu eficaz a cláusula e reformou a decisão singular. No presente recurso, a CEF dá por violado o art. 1.723 do CC/1916. Por sua vez, o Min. Relator esclareceu que as únicas exceções aptas a afastar a inalienabilidade referem-se às dívidas de impostos do próprio imóvel e os casos de desapropriação por necessidade ou utilidade pública. Fora desses casos, tem a jurisprudência admitido a quebra da cláusula de inalienabilidade, mas apenas e tão-somente no real interesse dos beneficiários dela, ou seja, os herdeiros e donatários dos bens gravados. No mais, há de prevalecer a inalienabilidade que, conforme a dicção legal, em caso algum poderá ser afastada. A transmissão por ato *inter vivos* efetivada no caso concreto não tem força bastante para dar supedâneo à quebra do gravame, fazendo recair penhora sobre o bem, porquanto se mostra sem efeito jurídico, não sendo certo, portanto, justificar um erro com outro. A inalienabilidade somente se desfaz com a morte do donatário. Precedentes citados: REsp 80.480-SP, DJ 24/6/1996; REsp 998.031-SP, DJ 19/12/2007, e REsp 729.701-SP, DJ 1º/2/2006. **REsp 571.108-RS, Rel. Min. Fernando Gonçalves, julgado em 28/10/2008**. (Inform. STJ 374)

ARRENDAMENTO RURAL. RETENÇÃO. BENFEITORIAS.

A embargante sustentou, em síntese, que os embargos declaratórios tiveram o propósito de prequestionar a matéria relativa ao direito à indenização por benfeitorias, não podendo, pois, ser considerados procrastinatórios. No mérito, aduziu que os melhoramentos efetuados no imóvel foram provados, relacionados e valorizados nos autos, razão pela qual devem ser indenizados nos termos do Estatuto da Terra. Contudo, uma vez que assentado pelas instâncias ordinárias que as alegadas benfeitorias não foram especificadas nem valorizadas como determina a lei, o Min. Relator entendeu que não há como infirmar tais fundamentos sem reexaminar o conjunto probatório coligido aos autos. É descabida a penalidade imposta com base no art. 538, parágrafo único, do CPC, quando o escopo da recorrente, ao aviar os embargos, foi o de preencher o requisito do prequestionamento. Isso posto, a Turma conheceu em parte do recurso e, nessa parte, deu-lhe provimento. REsp 134.537-MG, Rel. Min. Luís Felipe Salomão, julgado em 28/10/2008. (Inform. STJ 374)

ABUSO. DIREITO. OBSTRUÇÃO. VISTA PANORÂMICA.

Prosseguindo o julgamento, a Turma, por maioria, decidiu que, sob o prisma do direito de vizinhança, realmente é uma situação difícil a do proprietário que teve a vista panorâmica de seu imóvel comprometida. No caso, cabível coibir os abusos, pois, pelo acordo firmado entre as partes, ficou estabelecido que o muro entre os dois imóveis não poderia ultrapassar dois metros e cinqüenta de altura. Outrossim, considerou-se violado o acordo com o plantio de árvores junto ao muro, obstruindo totalmente a vista do recorrente. Diversamente, o Min. Relator originário (vencido) entendia que, pelo direito de vizinhança, o proprietário poderia plantar o que bem entendesse dentro de seu terreno, não importando a altura ou espessura das plantas, até porque, na hipótese, não ficou demonstrado cabalmente o alegado prejuízo para o imóvel do recorrente no que se referia à ensolação. **REsp 935.474-RJ, Rel. originário Min. Ari Pargendler, Rel. para acórdão Min. Nancy Andrighi, julgado em 19/8/2008**. (Inform. STJ 364)

Súmula STF nº 415

Servidão de trânsito não titulada, mas tornada permanente, sobretudo pela natureza das obras realizadas, considera-se aparente, conferindo direito à proteção possessória.

Súmula STF nº 414

Não se distingue a visão direta da oblíqua na proibição de abrir janela, ou fazer terraço, eirado, ou varanda, a menos de metro e meio do prédio de outrem.

Súmula STF nº 340

Desde a vigência do código civil, os bens dominicais, como os demais bens públicos, não podem ser adquiridos por usucapião.

Súmula STF nº 120

Parede de tijolos de vidro translúcido pode ser levantada a menos de metro e meio do prédio vizinho, não importando servidão sobre ele.

Súmula STF nº 49

A cláusula de inalienabilidade inclui a incomunicabilidade dos bens.

Súmula STJ nº 193

O direito de uso de linha telefônica pode ser adquirido por usucapião.

5.2. Condomínio

RESPONSABILIDADE. DESPESAS CONDOMINIAIS. PROMESSA. COMPRA E VENDA.

A Turma deu provimento ao recurso especial a fim de reconhecer a ilegitimidade passiva da recorrente para figurar na ação de cobrança de despesas condominiais (relativas a meses de 2004 e 2005) proposta, na origem, pelo condomínio no qual é proprietária de uma sala. Na espécie, ela havia vendido o imóvel em 1999 por meio de contrato de promessa de compra e venda, tendo o promissário comprador se imitido na posse precária do bem. De acordo com o Min. Relator, a responsabilidade pelos encargos condominiais, quando há contrato de promessa de compra e venda, pode recair tanto sobre o promissário comprador quanto sobre o promitente vendedor. Entretanto, salientou que não cabe ao autor da ação escolher um dos dois aleatoriamente, sendo necessário aferir com quem a relação jurídica material foi estabelecida no caso concreto. Assim, asseverou que, nessas hipóteses, o promissário comprador que se imitiu na posse do imóvel, ainda que em caráter precário, e de cuja imissão o condomínio teve conhecimento, deve responder pelas despesas condominiais no período em que exerceu essa posse, mostrando-se irrelevante o fato de o contrato ter sido ou não registrado. Precedentes citados: EREsp 136.389-MG, DJ 13/9/1999; REsp 470.487-SP, DJ 30/6/2003; REsp 200.914-SP, DJ 13/12/1999; AgRg no REsp 573.801-SP, DJe 27/10/2010; REsp 579.943-RS, DJ 16/11/2004; REsp 813.161-SP, DJ 8/5/2006, e REsp 172.859-PR, DJ 1º/10/2001. **REsp 1.079.177-MG, Rel. Min. Massami Uyeda, julgado em 2/6/2011.** (Inform. STJ 475)

AÇÃO. COBRANÇA. COTAS CONDOMINIAIS. ARQUIVAMENTO. IMÓVEL.

A jurisprudência assente é no sentido de que o adquirente de imóvel em condomínio responde pelas cotas condominiais em atraso, ainda que anteriores à aquisição, ressalvado o direito de regresso contra o antigo proprietário. Não constitui ofensa à coisa julgada o trânsito em julgado de ação de cobrança proposta contra os antigos proprietários que se encontrava em fase de cumprimento de sentença quando homologada a desistência requerida pelo exequente. Isso decorre porque, de acordo com os limites subjetivos da coisa julgada material, essa produz efeitos apenas em relação aos integrantes na relação jurídico-processual em curso, de maneira que, nessa regra, terceiros não podem ser beneficiados ou prejudicados. Assim, nenhum impedimento havia de que o condomínio, autor da demanda, propusesse nova ação de cobrança contra os atuais proprietários do imóvel, recorridos. **REsp 1.119.090-DF, Rel. Min. Nancy Andrighi, julgado em 22/2/2011.** (Inform. STJ 464)

DESPESAS. CONDOMÍNIO. RATEIO.

Em ação de cobrança para ressarcimento do rateio de despesas realizadas em loteamento por associação de proprietários de lotes (período de 1997 a 1999), o TJ manteve a sentença de procedência e afirmou que tal realidade seria análoga à de um condomínio: aproveitando a todos os condôminos os benefícios realizados, as despesas devem ser por todos suportadas, mesmo que o proprietário do lote não seja associado, consequentemente evitando o enriquecimento sem causa. No REsp, a recorrente busca a nulidade do acórdão recorrido e anota que, mesmo interpostos os embargos de declaração, o TJ silenciou quanto à situação jurídica do loteamento que, equivocadamente, foi equiparado a loteamento fechado. Destaca o Min. Relator que, da sentença, extrai-se que a recorrente sustentou não ser associada, mas afirmou ter contribuído com as mensalidades até 1997. Porém, observa que a Segunda Seção já pacificou o entendimento de que as taxas de manutenção criadas por associações de moradores não podem ser impostas a proprietário de imóvel que não é associado nem aderiu ao ato que instituiu o encargo. Diante do exposto, a Turma deu provimento ao recurso para julgar improcedente a ação, determinando ainda que a associação autora sucumbente arque com as custas processuais e os honorários advocatícios, os quais fixou em 10% sobre o valor da causa. Precedentes citados: EREsp 444.931-SP, DJ 1º/2/2006; AgRg nos EREsp 961.927-RJ, DJe 15/9/2010; AgRg no Ag 1.179.073-RJ, DJe 2/2/2010, e AgRg no REsp 613.474-RJ, DJe 5/10/2009. REsp 1.020.186-SP, Rel. Min. Sidnei Beneti, julgado em 16/11/2010. (Inform. STJ 456)

DEVOLUÇÃO. VALORES. INCORPORAÇÃO IMOBILIÁRIA.

A construção de imóvel sob regime de administração (preço de custo), na forma do art. 58 da Lei n. 4.591/1964, passa a ser um negócio coletivo administrado pelos próprios condôminos, adquirentes de frações ideais do empreendimento, que, por meio de uma comissão de representantes, recebe, administra e investe os valores vertidos por todos, motivo pelo qual os riscos do empreendimento são de responsabilidade dos adquirentes. É incabível, em regra, que a incorporadora figure no polo passivo da ação de devolução das parcelas pagas e administradas pelo condomínio. Porém, no caso, embora exista o condomínio, os pagamentos dos valores para a realização da construção eram feitos diretamente ao alienante das frações ideais, o qual se confunde com os incorporadores. O regime de administração ou preço de custo ficam descaracterizados pelo fato de que os alienantes eram incorporadores e, ao mesmo tempo, construtores. Assim, não há carência da ação para a devolução das parcelas pagas e pelos danos decorrentes do alegado inadimplemento da obrigação, uma vez que o condomínio apenas fiscalizava as obras já realizadas e toda a administração do empreendimento, inclusive o recebimento das parcelas, estava sob responsabilidade dos alienantes/incorporadores. **REsp 426.934-SP, Rel. Min. Luis Felipe Salomão, julgado em 16/3/2010**. (Inform. STJ 427)

INDENIZAÇÃO. EX-CÔNJUGE. USO EXCLUSIVO. IMÓVEL.
É certo que a comunhão dos bens cessa com a separação do casal. Daí que, se ainda não foi ultimada a partilha do patrimônio comum, a título de indenização, é facultado ao ex-cônjuge exigir do outro que está sozinho na posse e uso de imóvel parcela correspondente à metade da renda de presumido aluguel (devida a partir da citação). Enquanto não dividido o imóvel, remanesce a propriedade do casal sobre o bem, mas sob as regras do instituto do condomínio, tal qual a do art. 1.319 do CC/2002, que determina a cada condômino responder pelos frutos que percebeu da coisa. Conclui-se disso que, se apenas um deles reside no imóvel, abre-se a via da indenização ao que se encontra privado da fruição da coisa. Contudo, em igual medida, persiste a obrigação de ambos, na proporção de cada parte, concorrer para as despesas de manutenção da coisa, como as necessárias à regularização do imóvel junto aos órgãos competentes, os impostos, as taxas e encargos que porventura onerem o bem, além da obrigação de promover a sua venda para a ultimação da partilha, tudo nos termos acordados por ambos (art. 1.315 do CC/2002). Precedentes citados: EREsp 130.605-DF, DJ 23/4/2001, e REsp 254.190-SP, DJ 4/2/2002. **REsp 983.450-RS, Rel. Min. Nancy Andrighi, julgado em 2/2/2010**. (Inform. STJ 421)

EXECUÇÃO. TAXAS. CONDOMÍNIO. IMÓVEL.
Admite-se a penhora sobre direitos de fração de imóvel situado em condomínio irregular. No caso, trata-se de ação de execução de cotas condominiais em que o condomínio penhorou imóvel da propriedade do recorrente e, no REsp, aborda apenas a impenhorabilidade do imóvel por estar em condomínio que ocupa área irregular. Ressalta o Min. Relator que essa situação reflete a realidade da capital federal, que tolera a ocupação e o parcelamento irregular de extensas áreas, nas quais, embora não se permita a compra e venda das frações ideais de loteamento, os direitos possessórios sobre o imóvel podem ser objeto de negócio jurídico, em especial, a hipótese dos autos, que possui valoração monetária e a dívida refere-se às despesas condominiais do próprio bem. Sendo assim, destaca que a alienação dos direitos do recorrente não importa na regularização da fração do condomínio, pois a propriedade da terra nua continuará pertencendo ao legítimo proprietário constante no registro imobiliário. **REsp 901.906-DF, Rel. Min. João Otávio de Noronha, julgado em 4/2/2010**. (Inform. STJ 421)

CONDOMÍNIO. ASSEMBLÉIA GERAL. QUORUM. SUPRIMENTO.
A Turma negou provimento ao recurso ao entendimento de que em assembléia geral de condomínio, o *quorum* qualificado para a aprovação de obras a serem realizadas em partes comuns do condomínio depende da aprovação de dois terços dos condôminos conforme o art. 1.342 do CC/2002, não se admitindo ratificação posterior de ata para suprir eventual falta de *quorum* por ocasião da assembléia que deliberou sobre as obras. Também inexiste vício na decisão do Tribunal *a quo* ao julgar antecipadamente a lide com a dispensa de dilação probatória, considerando a convenção condominial e a ata da assembléia elementos suficientes para a formação da convicção do julgador. Precedente citado: REsp 844.778-SP, DJ 26/3/2007. **REsp 1.120.140-MG, Rel. Min. Massami Uyeda, julgado em 6/10/2009.** (Inform. STJ 410)

REIVINDICATÓRIA. CONDOMÍNIO. LEGITIMIDADE.
A Turma proveu em parte o recurso, decidindo que, *in casu*, em se tratando de invasão por terceiro de área comum de condomínio edilício, somente ao condomínio compete ajuizar ação reivindicatória, salvo se o uso do tal espaço comum for exclusivo de um ou mais condôminos ou indispensável ao exercício do direito de usar, fruir ou dispor de uma ou mais unidades autônomas. Nesses casos excepcionais, existe legitimidade concorrente do condomínio e dos condôminos prejudicados. Outrossim, na espécie, a coisa julgada (art. 472 do CPC) emanada de uma ação reivindicatória anteriormente postulada por alguns outros condôminos individualmente não impede futura propositura de nova demanda reivindicatória pelo condomínio (art. 12, IX, do CPC e art. 1.348, II, do CC/2002). Precedentes citados: REsp 206.946-PR, DJ 7/5/2001, e RMS 14.554-PR, DJ 15/12/2003. **REsp 1.015.652-RS, Rel. Min. Massami Uyeda, julgado em 2/6/2009.** (Inform. STJ 397)

CONDOMÍNIO. CONSTRUÇÃO. CESSÃO. DIREITOS. TAXA. ADMINISTRAÇÃO.
A Turma entendeu que a cláusula condominial estipulando ser devida a taxa de administração de 20% sobre o que o condômino cedente pagar ao condomínio (constituído para edificar as unidades residenciais) em caso de cessão de direitos, isso com o fito de evitar a especulação imobiliária, não impede o exercício do direito de propriedade sobre o imóvel, podendo usar a coisa, gozar e dispor dela, inclusive reavê-la do poder de quem quer que injustamente a detenha. Na hipótese, inexiste a alegada violação dos arts. 530, 1.094 e 1.095 do CC/1916, pois a venda e a transferência do imóvel objeto da demanda não foram obstadas mesmo com a falta de pagamento da taxa administrativa, cobrada somente após a sua celebração. **REsp 436.892-DF, Rel. Min. Luis Felipe Salomão, julgado em 16/4/2009.** (Inform. STJ 390)

CONDOMÍNIO. CO-PROPRIETÁRIOS. RESPONSABILIDADE SOLIDÁRIA.
Trata-se de ação de cobrança de taxas condominiais proposta contra o ora recorrente, que estava separado judicialmente da co-proprietária do imóvel, e, por sua vez, na partilha dos bens, permaneceu com a posse do apartamento, embora se encontrasse registrado em nome de ambos. Ao prosseguir o julgamento, a Turma, por maioria, entendeu que não há litisconsórcio passivo necessário entre os co-proprietários do imóvel, devendo eles responderem solidariamente pelas dívidas contraídas em razão do inadimplemento de taxas condominiais, cabendo ao condomínio, ora recorrido, acionar um dos devedores ou ambos. Na espécie, caberia ao recorrente ter providenciado a citação da ex-esposa na oportunidade em que o juiz deferiu seu chamamento ao processo (art. 77 do CPC). Assim, a Turma, por maioria, não conheceu do recurso. Precedentes citados: REsp 838.526-RJ, DJ 13/3/2008, e REsp 259.845-SP, DJ 27/11/2000. **REsp 863.286-MG, Rel. originário Min. Aldir Passarinho Junior, Rel. para acórdão Min. João Otávio de Noronha, julgado em 9/12/2008.** (Inform. STJ 380)

TRANSFERÊNCIA. VAGA. GARAGEM. VALIDADE.
Cinge-se a questão em determinar a validade da transferência de vaga de garagem vinculada a apartamento para outra unidade do mesmo prédio. A Turma, por maioria, após renovar o julgamento, entendeu que a vaga de garagem adere à unidade, sendo, contudo, desta destacável para efeito de sua cessão a outro condômino. Assim, não obstante a vaga de garagem ser, de regra, bem acessório vinculado à unidade habitacional, ao contrário do que sustentaram as instâncias ordinárias, ela admite, independentemente de ser-lhe atribuída fração ideal específica do terreno, separação para transferência a outro apartamento do mesmo edifício. Quanto ao registro de transferência da vaga de garagem de que trata esse caso específico, verifica-se, dos autos, que, apesar de a escritura de venda e compra dessa unidade originalmente não prever a garagem, o documento foi oportunamente retificado e registrado, tudo antes da alienação da outra unidade, o que garante aos proprietários daquele imóvel, ora recorrentes, o direito à vaga. **REsp 954.861-RJ, Rel. originário Min. Humberto Gomes de Barros, Rel. para acórdão Min. Nancy Andrighi (art. 52, IV, b, do RISTJ), julgado em 6/11/2008.** (Inform. STJ 375)

LOTEAMENTO. TAXAS. DESPESAS COMUNS. CUSTEIO. MANUTENÇÃO.
A Turma observou que, para a cobrança de cota-parte de despesas de custeio e manutenção de loteamento por associação de moradores, a posição mais correta é a que recomenda o exame de caso a caso. Além de que, para essa cobrança, na hipótese de condomínio de fato, é necessária a comprovação de que os serviços são prestados e o proprietário deles se beneficiou. No caso dos autos, o acórdão *a quo* afirma que o adquirente obrigou-se no ato da compra do lote; pretender rever tal entendimento faz incidir a Súmula n. 5 e n. 7-STJ. Ressalte-se que a Segunda Seção já firmou o entendimento de que descabe a cobrança de taxas impostas por associação de moradores a proprietários não associados que não aderiram ao ato que instituiu o encargo. Precedentes citados: EREsp 444.931-SP, DJ 1º/2/2006; REsp 78.460-RJ, DJ 30/6/1997; REsp 623.274-RJ, DJ 18/6/2007; REsp 180.838-SP, DJ 13/12/1999; REsp 139.359-SP, DJ 24/11/2003; AgRg no Ag 549.396-SP, DJ 24/5/2004; REsp 439.661-RJ, DJ 18/11/2002, e REsp 261.892-SP, DJ 18/12/2000. **REsp 302.538-SP, Rel. Min. Luis Felipe Salomão, julgado em 5/8/2008**. (Inform. STJ 362)

COBRANÇA. COTAS CONDOMINIAIS. CITAÇÃO. MULHER.
Na ação de cobrança de cotas condominiais, o direito vindicado não tem natureza real, mas obrigacional, relaciona-se com a contraprestação pelos serviços prestados postos à disposição dos condôminos, e não com o imóvel em si. Assim, os cônjuges respondem solidariamente pelas dívidas contraídas decorrentes do inadimplemento perante o condomínio, mas essa responsabilidade não implica obrigatoriedade de litisconsórcio, podendo o credor acionar um dos co-devedores ou ambos. Com esse argumento, a Turma negou provimento ao recurso. Precedentes citados: REsp 99.685-RS, DJ 22/6/1998, e REsp 259.845-SP, DJ 27/11/2000. **REsp 838.526-RJ, Rel. Min. Sidnei Beneti, julgado em 26/2/2008.** (Inform. STJ 346)

ASSOCIAÇÃO RESIDENCIAL. COBRANÇA. CONTRIBUIÇÃO. CONSERVAÇÃO. LEGITIMIDADE.
Trata-se de ação de cobrança movida por associação residencial, objetivando o recebimento de contribuições alusivas aos serviços de vigilância, administração e preservação do loteamento e outros mais, sob a alegação de que o réu-recorrido, não obstante a aquisição de dois lotes no local e a adesão às normas estatutárias, não pagou as taxas respectivas. Destacou o Min. Relator não se afigurar razoável que alguém adquira um lote em condomínio fechado já implantado, que oferece diversas vantagens aos proprietários, faça adesão contratual ao estatuto, responsabilizando-se pelo pagamento de sua quota parte, para depois excluir-se "em tese" do grupo, em favor de uma pseudo-individualidade que sequer poderá exercer, na medida em que não tem como se afastar da comunidade e irá, por conseguinte, continuar a fruir de suas vantagens, ao menos em grande parte. No caso, trata-se de loteamento fechado, situação em que a vinculação entre os titulares é até maior, pois da própria essência da comunidade criada com determinadas propostas de vida em uma sociedade com compromissos mútuos pré-definidos, integrada pelos lotes e residências sobre eles edificadas. E, aqui, é incontroverso que o autor comprou os imóveis quando já instalada a associação e firmou compromisso de dela participar. Pode, é claro, debater, como associado, as verbas, impugnar os excessos, votar e ser votado, fazer propostas com vistas ao aprimoramento dos serviços, até ao corte de custos, mas comodamente se eximir do pagamento pelo que frui não pode, em absoluto. Isso posto, a Turma conheceu do recurso e deu-lhe provimento. Precedentes citados: AgRg no REsp 490.419-SP, DJ 30/6/2003; REsp 139.952-RJ, DJ 19/4/1999; REsp 439.661-RJ, DJ 18/11/2002, e REsp 503.768-RJ, DJ 1º/9/2003. **REsp 443.305-SP, Rel. Min. Aldir Passarinho Junior, julgado em 7/2/2008.** (Inform. STJ 343)

COMISSÃO. REPRESENTANTES. SUCESSÃO. CONDOMÍNIO. INDENIZAÇÃO.
A comissão de representantes atua em nome dos adquirentes do imóvel no período da construção, sucedendo-a o condomínio após a conclusão da obra. Assim, o condomínio formado sucede a comissão de representantes, respondendo pelos atos dessa, assegurado o direito de regresso quando demonstrada a ilicitude dos atos praticados pelos membros mandatários escolhidos pelos adquirentes em assembléia geral. Desse modo, a Turma não conheceu do recurso, ficando, pois, mantido o acórdão do Tribunal *a quo* que condenou o condomínio ao pagamento de cinco mil reais por danos morais e ao ressarcimento de danos materiais equivalente ao valor locatício do imóvel, no período em que houve a retenção das chaves do imóvel adquirido pelo ora recorrido, impedindo, por parte da comissão de representantes, seu acesso à unidade autônoma em razão do débito dos encargos condominiais e a restituição das quotas de condomínio no lapso respectivo. **REsp 329.856-SP, Rel. Min. Aldir Passarinho Junior, julgado em 22/5/2007.** (Inform. STJ 321)

EXTINÇÃO. VAGAS. GARAGEM. ASSEMBLÉIA. CONDOMÍNIO.
A assembléia de condomínio não pode deliberar a redução de vagas de garagem com extinção das vagas pertencentes ao ora recorrente, pois não se extingue direito de propriedade por decisão daquela assembléia. Não é razoável que, mesmo após perícia, se extinga as vagas de garagem de um único condômino, mesmo constatado que o prédio não comportava as vagas então existentes, ademais quando não houve consentimento expresso de todos os prejudicados. **REsp 400.767-SP, Rel. Min. Aldir Passarinho Junior, julgado em 24/4/2007.** (Inform. STJ 318)

CONDOMÍNIO. BEM DIVISÍVEL.
A questão está em saber se, reconhecida a divisibilidade da coisa tida em condomínio, a alienação judicial requerida por um só condômino, que não detém a maior parte da propriedade, sobrepõe-se à possibilidade de divisão. O Min. Relator entendeu que é certo que a indivisibilidade da coisa conduz, invariavelmente, à alienação integral, quando os condôminos não concordam com a forma de administração. Mas, se a coisa é divisível, como no caso concreto, a regra deve ser outra. Inviabilizada a administração harmoniosa por qualquer razão, divide-se o bem na exata medida do condômino insatisfeito, permanecendo o condomínio em relação aos demais proprietários. Concluiu que, ao determinar a alienação de bem que considera divisível, o acórdão recorrido maltratou o art. 629 do CC/1916. Assim, a Turma, ao prosseguir o julgamento, conheceu do recurso e deu-lhe provimento para restaurar a sentença, declarando improcedente o pedido de alienação judicial compulsória. **REsp 791.147-SP, Rel. Min. Humberto Gomes de Barros, julgado em 27/2/2007.** (Inform. STJ 311)

Súmula STJ nº 478

Na execução de crédito relativo a cotas condominiais, este tem preferência sobre o hipotecário.

Súmula STJ nº 260

A convenção de condomínio aprovada, ainda que sem registro, é eficaz para regular as relações entre os condôminos.

5.3. Direitos reais sobre coisa alheia

DIREITO CIVIL. EXECUÇÃO HIPOTECÁRIA. NOTIFICAÇÃO. ENDEREÇO DO IMÓVEL HIPOTECADO.
São válidas as notificações da execução judicial de contrato imobiliário firmado no âmbito do Sistema Financeiro de Habitação (SFH) quando remetidas ao endereço do imóvel objeto do contrato, não sendo necessário que todos os contratantes recebam os avisos de cobrança. O requisito previsto no art. 2º, IV, da Lei n. 5.741/1971 considera-se satisfeito com o envio do aviso de cobrança ao endereço do imóvel hipotecado, no qual, por força da lei e do contrato, o mutuário está obrigado a residir. Para demonstrar a regularidade das notificações, é suficiente a comprovação de que os dois avisos de cobrança foram devidamente expedidos, não sendo imprescindível a assinatura do mutuário. Precedentes citados: AgRg no AREsp 110.945-GO, DJe 10/4/2012, e EDcl no Ag 948.327-PR, DJe 17/12/2010. REsp 332.117-SP, Rel. Min. Ricardo Villas Bôas Cueva, julgado em 4/10/2012.(Inform. STJ 506)

DIREITO CIVIL. EXECUÇÃO HIPOTECÁRIA. NOTIFICAÇÃO. INDICAÇÃO DO VALOR DO DÉBITO.
A exigência prevista no art. 2º, IV, da Lei n. 5.741/1971 é satisfeita com a indicação das prestações em atraso, sendo desnecessário que contenha o detalhamento da dívida. Essa obrigatoriedade tem como fundamento dar oportunidade ao devedor para quitar a dívida. Precedentes citados: AgRg no REsp 404.645-SP, DJe 22/3/2010, e REsp 1.295.464-SC, DJe 30/5/2012. REsp 332.117-SP, Rel. Min. Ricardo Villas Bôas Cueva, julgado em 4/10/2012 (Inform. STJ 506)

HIPOTECA. TERRENO. EDIFICAÇÃO.
Na espécie a recorrida, empresa de engenharia, não resgatou, perante instituição financeira, dívida no prazo de seu vencimento, e o terreno no qual foi edificado o imóvel, como toda construção dessa natureza, foi dado em garantia hipotecária para assegurar o recebimento de dívida perante o banco credor. Vencida a dívida, o banco tratou de executá-la, tendo como garantia o imóvel do recorrente e de outros condôminos. Assim, diante da ameaça de ser privado do bem, o recorrente deixou de pagar as parcelas ao recorrido, alegando exceção do contrato não cumprido, pois a construtora não liberou a hipoteca perante o banco credor, sendo essa uma obrigação assumida por ela, o que a motivou a efetivar inúmeros protestos contra o recorrente. Logo, a Turma entendeu que a legislação pertinente à espécie (art. 22 da Lei n. 4.864/1965) ampara o adquirente de unidade hipotecada em relação ao inadimplemento da construtora diante do financiador. Daí decorre que o recorrente não possui legitimidade para, unilateralmente, suspender o cumprimento de sua obrigação, sob o argumento de que a construtora está descumprindo a sua perante o banco financiador e, consequentemente, atingindo o recorrente. Se tal receio existe, a ação de consignação é o meio adequado, e não a via eleita pelo autor. Logo, no caso, não há que se falar em exceção do contrato não cumprido. **REsp 867.772-ES, Rel. Min. Sidnei Beneti, julgado em 19/8/2010.** (Inform. STJ 443)

TERRENO. MARINHA. INTEGRALIZAÇÃO. CAPITAL SOCIAL.
A Corte Especial deu provimento ao recurso, por entender que a transferência do domínio útil de imóvel situado em terreno de marinha para integralizar o capital social de uma empresa constitui ato oneroso, estando, assim, já imposta a cobrança de laudêmio (art. 3º do DL n. 2.398/1987). **EREsp 1.104.363-PE, Rel. Min. Teori Albino Zavascki, julgados em 29/6/2010.** (Inform. STJ 441)

USUFRUTO. EXTINÇÃO.
Em ação de extinção de usufruto vidual proposta pela nu-proprietária, a sentença reconheceu sua procedência em razão das dívidas acumuladas pela usufrutuária relativas ao condomínio e ao IPTU, por poderem ser equiparadas à deterioração da coisa. Outrossim, julgou improcedente ação de consignação oferecida pela usufrutuária por insuficiência do valor depositado durante o trâmite da ação de extinção de usufruto. Antes do julgamento da apelação que confirmou a sentença, discutiu-se a competência recursal. Nesse ínterim, na execução de cobrança das parcelas condominiais e impostos não-pagos pela usufrutuária, as partes firmaram acordo. Daí o recurso especial da usufrutuária, ora recorrente, alegando a perda de objeto da ação de extinção de usufruto, uma vez que não restaria mais dívida. Explica a Min. Relatora, com base na doutrina, que o usufruto vidual inclui-se entre as espécies de usufrutos legais, ou seja, estabelecidos em lei, portanto não se trata de uma categoria autônoma de direito real sobre coisa alheia, mas de uma espécie incluída no amplo gênero do usufruto. Sendo assim, aplicam-se todas as disposições que regulam o instituto, bem como a regra que disciplina sua extinção, notadamente o art. 739 do CC/1916. Ressalta, também, que é pacífica a jurisprudência deste Superior Tribunal no sentido de ser responsabilidade do usufrutuário o pagamento de despesas incidentes sobre o imóvel, inclusive os impostos. Portanto, o inadimplemento dessas despesas implica compactuar com o abandono do bem, sendo procedente a extinção do usufruto fundado no art. 739, VII, do CC/1916. Dessa forma, a Turma não conheceu o recurso. Precedentes citados: REsp 425.015-SP, DJ 30/6/2006, e REsp 202.261-RJ, DJ 12/6/2000. **REsp 1.018.179-RS, Rel. Min. Nancy Andrighi, julgado em 21/8/2008.** (Inform. STJ 364)

HIPOTECA. PROCURAÇÃO. PODERES ESPECIAIS.
Consoante a jurisprudência deste Superior Tribunal, somente há que se conferir validade à garantia prestada por mandatário se o instrumento procuratório, além de conter poderes expressos para alienar e hipotecar, também se referir a poderes especiais, pela particularização dos bens que sustentam a garantia ou são passíveis de gravame, não se mostrando suficiente a simples menção genérica. No caso, houve apenas a referência genérica à possibilidade de gravar os bens, mas, de modo algum, extrai-se que tenha ocorrido a indicação precisa do bem gravado, conforme os ditames do art. 1.295, § 1º, do CC/1916. Precedentes citados: REsp 98.143-PR, DJ 18/5/1998; REsp 31.392-SP, DJ 16/2/1998, e REsp 503.675-SP, DJ 27/6/2005. **REsp 404.707-DF, Rel. Min. Aldir Passarinho Junior, julgado em 5/6/2007.** (Inform. STJ 322)

Súmula STF nº 122

O enfiteuta pode purgar a mora enquanto não decretado o comisso por sentença.

Súmula STJ nº 308

A hipoteca firmada entre a construtora e o agente financeiro, anterior ou posterior à celebração da promessa de compra e venda, não tem eficácia perante os adquirentes do imóvel.

6. FAMÍLIA

6.1. Casamento

CASAMENTO. PESSOAS. IGUALDADE. SEXO.
In casu, duas mulheres alegavam que mantinham relacionamento estável há três anos e requereram habilitação para o casamento junto a dois cartórios de registro civil, mas o pedido foi negado pelos respectivos titulares. Posteriormente ajuizaram pleito de habilitação para o casamento perante a vara de registros públicos e de ações especiais sob o argumento de que não haveria, no ordenamento jurídico pátrio, óbice para o casamento de pessoas do mesmo sexo. Foi-lhes negado o pedido nas instâncias ordinárias. O Min. Relator aduziu que, nos dias de hoje, diferentemente das constituições pretéritas, a concepção constitucional do casamento deve ser plural, porque plurais são as famílias; ademais, não é o casamento o destinatário final da proteção do Estado, mas apenas o intermediário de um propósito maior, qual seja, a proteção da pessoa humana em sua dignidade. Assim sendo, as famílias formadas por pessoas homoafetivas não são menos dignas de proteção do Estado se comparadas com aquelas apoiadas na tradição e formadas por casais heteroafetivos. O que se deve levar em consideração é como aquele arranjo familiar deve ser levado em conta e, evidentemente, o vínculo que mais segurança jurídica confere às famílias é o casamento civil. Assim, se é o casamento civil a forma pela qual o Estado melhor protege a família e se são múltiplos os arranjos familiares reconhecidos pela CF/1988, não será negada essa via a nenhuma família que por ela optar, independentemente de orientação sexual dos nubentes, uma vez que as famílias constituídas por pares homoafetivos possuem os mesmos núcleos axiológicos daquelas constituídas por casais heteroafetivos, quais sejam, a dignidade das pessoas e o afeto. Por consequência, o mesmo raciocínio utilizado tanto pelo STJ quanto pelo STF para conceder aos pares homoafetivos os direitos decorrentes da união estável deve ser utilizado para lhes proporcionar a via do casamento civil, ademais porque a CF determina a facilitação da conversão da união estável em casamento (art. 226, § 3º). Logo, ao prosseguir o julgamento, a Turma, por maioria, deu provimento ao recurso para afastar o óbice relativo à igualdade de sexos e determinou o prosseguimento do processo de habilitação do casamento, salvo se, por outro motivo, as recorrentes estiverem impedidas de contrair matrimônio. **REsp 1.183.378-RS, Rel. Min. Luis Felipe Salomão, julgamento em 25/10/2011.** (Inform. STJ 486)

6.1.1. Regime de bens

MEAÇÃO. INDENIZAÇÃO. ANISTIA POLÍTICA.
Trata-se de REsp em que a questão centra-se em saber se as verbas a serem percebidas pelo recorrente a título de indenização oriunda de anistia política devem ser objeto de partilha de bens em decorrência de dissolução de sociedade conjugal constituída sob o regime de comunhão universal de bens. No julgamento do especial, ressaltou a Min. Relatora, entre outras questões, que o ato do Estado consistente no afastamento do recorrente das Forças Armadas, com a consequente perda dos rendimentos que auferia dessa atividade, não se circunscreveu apenas à sua esfera pessoal, espraiou seus efeitos deletérios também à sua família, notadamente à recorrida, então seu cônjuge, pois as vicissitudes decorrentes da perda da atividade laboral do varão recaíram sobre ambos. Registrou, ainda, ser inconsistente o argumento do recorrente de que seu direito nascera somente com o advento da CF/1988, pois, na verdade, esse direito já lhe pertencia, ou seja, já havia ingressado na esfera de seu patrimônio e que, *ex vi legis*, apenas foi declarado em momento posterior ao término da relação conjugal entre as partes. Destarte, entendeu que os valores percebidos pelo recorrente a título de indenização decorrente de anistia política devem ser considerados para efeitos da meação. Diante disso, a Turma negou provimento ao recurso. **REsp 1.205.188-MS, Rel. Min. Nancy Andrighi, julgado em 12/4/2011.** (Inform. STJ 469)

AÇÃO TRABALHISTA. COMUNICABILIDADE.
O entendimento que melhor se coaduna com a essência do regime matrimonial da comunhão parcial de bens (art. 1.660 do CC/2002), quanto a direitos trabalhistas perseguidos por um dos cônjuges em ação judicial, é aquele que estabelece sua comunicabilidade desde o momento em que pleiteados. Assim, para que ganho salarial venha a integrar o monte partível, é necessário que o cônjuge tenha exercido atividade laborativa e adquirido o direito de retribuição pelo trabalho desenvolvido na constância do casamento. Anote-se que a sentença que reconhece essas vantagens trabalhistas é declaratória, portanto seus efeitos retroagem à época da propositura da ação. Por conseguinte, o direito já pertencia ao cônjuge, já havia ingressado na esfera de seu patrimônio, integrando os bens comuns do casal. Isso posto, não se pode negar o direito de partilha das verbas trabalhistas nascidas e pleiteadas na constância do casamento mantido sob aquele regime à mulher que arcou justamente com o ônus da defasagem salarial do marido, o que, presumivelmente, demandou-lhe maior colaboração no sustento da família. Esses valores comunicam-se, mesmo que só percebidos após a ruptura da vida conjugal. Já quanto aos créditos decorrentes de ação de reparação civil, diante da imutável afirmação do acórdão recorrido de que os prováveis danos revestem-se de caráter personalíssimo, deve ser mantida a incomunicabilidade. Com esse fundamento, entre outros, a Turma deu parcial provimento ao especial. Precedentes citados: REsp 848.998-RS, DJe 10/11/2008; REsp 646.529-SP, DJ 22/8/2005, e REsp 810.708-RS, DJ 2/4/2007. **REsp 1.024.169-RS, Rel. Min. Nancy Andrighi, julgado em 13/4/2010.** (Inform. STJ 430)

CASAMENTO. REGIME. ALTERAÇÃO.
A Turma reafirmou ser possível alterar o regime de bens de casamento realizado sob a égide do CC/1916, em razão do disposto no art. 1.639, § 2º, do CC/2002. Assim, deu provimento ao REsp para que os autos retornem às instâncias ordinárias para o exame dos requisitos constantes desse último artigo. Precedentes citados: REsp 868.404-SC, DJ 6/8/2007, e REsp 821.807-PR, DJ 13/11/2006. **REsp 1.112.123-DF, Rel. Min. Sidnei Beneti, julgado em 16/6/2009.** (Inform. STJ 399)

REGIME. COMUNHÃO UNIVERSAL. BENS. SOCIEDADE SIMPLES. ART. 977 DO CC/2002.
Trata-se da possibilidade de um casal sob regime da comunhão universal de bens registrar-se como sócios de uma sociedade simples. O art. 977 do CC/2002 permite a constituição de sociedade entre cônjuges, desde que não casados no regime da comunhão universal de bens ou no da separação obrigatória. Isso visa evitar eventual burla ao regime de bens do casamento. O fato de o art. 977 do CC/2002 encontrar-se no Capítulo II (Capacidade) do Título I (Do empresário) do Livro II (Do direito da empresa) do Código não conduz a sua aplicação apenas a sociedades empresariais. Não existe peculiaridade alguma nas características conceituais da sociedade simples e das empresariais que determine a aplicação do art. 977 do CC/2002 apenas às sociedades empresariais. O art. 982 do CC/2002 determina, como diferencial entre as duas sociedades, o fato de a empresarial ter por objeto o exercício de atividade própria de empresário sujeita a registro. Ademais, quanto a todos os artigos inseridos no mencionado Capítulo II, sempre que o legislador referiu-se exclusivamente ao empresário ou à atividade da empresa, fê-lo de forma expressa, apenas não fazendo menção a esta característica no já referido art. 977 do CC/2002, no qual utilizou a expressão "sociedade" sem estabelecer qualquer especificação, o que inviabiliza a tese de que essa "sociedade" seria apenas empresária. Assim, a Turma, por maioria, negou provimento ao recurso, pois entendeu que o art. 977 do CC/2002 aplica-se tanto às sociedades empresariais quanto às simples. **REsp 1.058.165-RS, Rel. Min. Nancy Andrighi, julgado em 14/4/2009.** (Inform. STJ 390)

MEAÇÃO. ATO ILÍCITO. PROVA. BENEFÍCIO. EMBARGOS.
Renovado o julgamento, a Turma, por maioria, entendeu que a meação da mulher deve responder somente mediante a prova do benefício do produto da infração por atos ilícitos praticados pelo cônjuge. Na hipótese, a mulher do devedor insurgiu-se contra o arresto efetivado sobre sua meação em embargos de terceiro, motivo pelo qual descabe impedir que o credor comprove a legitimidade da constrição nos próprios autos. Precedentes citados: REsp 641.400-PB, DJ 1º/2/2005; REsp 208.322-MG, DJ 30/6/2003, REsp 333.148-SP, DJ 1º/7/2002, e AgRg no Ag 280.435-SP, DJ 5/6/2000. **REsp 830.577-RJ, Rel. Min. Nancy Andrighi, julgado em 16/12/2008.** (Inform. STJ 381)

MATRIMÔNIO. REGIME. ALTERAÇÃO.
A Turma reiterou que, juridicamente, é possível a alteração de regime de comunhão parcial de bens para o de comunhão universal em casamento celebrado ainda na vigência do CC/1916, conforme o art. 1.639, § 2º, do CC/2002. Precedentes citados: REsp 730.546-MG, DJ 3/10/2005; REsp 821.807-PR, DJ 13/11/2006, e REsp 868.404-SC, DJ 6/8/2007. **REsp 812.012-RS, Rel. Min. Aldir Passarinho Junior, julgado em 2/12/2008.** (Inform. STJ 379)

CRÉDITOS TRABALHISTAS. MEAÇÃO. AQUISIÇÃO. SOCIEDADE CONJUGAL.
A Turma reiterou que integram a meação verbas trabalhistas percebidas por consorte em comunhão universal de bens, ainda que recebidas após a ruptura do casamento. Precedentes citados: EREsp 421.801-RS, DJ 17/12/2004, e REsp 355.581-PR, DJ 23/6/2003. **REsp 878.516-SC, Rel. Min. Luis Felipe Salomão, julgado em 5/8/2008.** (Inform. STJ 362)

DIREITO. FAMÍLIA. COMUNHÃO UNIVERSAL. PARTILHA.
No regime da comunhão universal de bens, as verbas percebidas a título de benefício previdenciário resultantes de um direito que nasceu e foi pleiteado durante a constância do casamento devem entrar na partilha, ainda que recebidas após a ruptura da vida conjugal. **REsp 918.173-RS, Rel. Min. Massami Uyeda, julgado em 10/6/2008.** (Inform. STJ 359)

Súmula STF nº 377

No regime de separação legal de bens, comunicam-se os adquiridos na constância do casamento.

Súmula STJ nº 134

Embora intimado da penhora em imóvel do casal, o cônjuge do executado pode opor embargos de terceiro para defesa de sua meação.

6.1.2. Separação e divórcio

Conversão de Separação em Divórcio e Art. 36, II, da Lei 6.515/77
O Tribunal deu provimento a recurso extraordinário interposto contra acórdão proferido pelo Tribunal de Justiça de São Paulo que considerara que o descumprimento de obrigação assumida na separação continuava sendo causa impeditiva da conversão da separação em divórcio, uma vez que a regra do art. 36, II, da Lei 6.515/77 teria sido recepcionada pela CF/88 ("*Art. 36 - Do pedido referido no artigo anterior* [conversão de separação em divórcio], *será citado o outro cônjuge, em cuja resposta não caberá reconvenção. Parágrafo único - A contestação só pode fundar-se em: ... II - descumprimento das obrigações assumidas pelo requerente na separação.*"). Entendeu-se que o mencionado dispositivo estaria em conflito com o art. 226, § 6º, da CF/88 ("*O casamento civil pode ser dissolvido pelo divórcio, após prévia separação judicial por mais de um ano nos casos expressos em lei, ou comprovada separação de fato por mais de dois anos.*"). Asseverou-se que o divórcio diz respeito à dissolução do casamento e que a referência, contida no § 6º do art. 226 da CF, aos casos expressos em lei concerne à separação em si. Ressaltou-se, ademais, que o problema relativo ao descumprimento das prestações alimentícias, sejam anteriores à separação, sejam anteriores ou posteriores ao divórcio, há de ser resolvido por meio de execução. Em seguida, o Tribunal, por maioria, resolveu questão de ordem no sentido de assentar a não-recepção da norma impugnada pela CF/88. Vencido, no ponto, o Min. Marco Aurélio, relator, que declarava a sua inconstitucionalidade e propugnava a comunicação formal da decisão ao Senado Federal. RE 387271/SP, rel. Min. Marco Aurélio, 8.8.2007. (RE-387271) (Inform. STF 475)

PAGAMENTO DE ALUGUERES. UTILIZAÇÃO EXCLUSIVA DE IMÓVEL DOS FILHOS POR UM DOS EX-CÔNJUGES.
Após a separação do casal, o genitor que reside em imóvel transferido aos filhos deve pagamento de alugueres (equivalente a 50% do valor da locação do imóvel) pelo usufruto isolado do patrimônio pertencente à prole. É que, embora o exercício do direito real de usufruto de imóvel de filho (baseado no poder familiar) seja atribuído aos pais conjuntamente, nos termos do art. 1.689, I, do CC, a aplicação direta dessa norma apenas é possível na constância do relacionamento; pois, findo o casamento ou a união estável, geralmente ocorre a separação física do casal, inviabilizando o exercício do usufruto de forma conjunta. Nessa hipótese, é factível a cobrança do equivalente à metade da locação do imóvel, pois a simples ocupação do bem por um dos ex-consortes representa impedimento de cunho concreto ou ainda psicológico à utilização simultânea do outro usufrutuário. REsp 1.098.864-RN, Rel. Min. Nancy Andrighi, julgado em 4/9/2012.(Inform. STJ 503)

SEPARAÇÃO JUDICIAL. PRESCRIÇÃO. CAUSA IMPEDITIVA.
A Turma negou provimento ao recurso especial por entender que a causa impeditiva da prescrição entre cônjuges descrita no art. 168, I, do CC/1916 cessa apenas com o divórcio, e não com a separação judicial. Segundo a Min. Relatora, essa causa subsiste enquanto o vínculo conjugal é mantido, o que ocorre apenas na hipótese de separação, já que o art. 1.571, § 1º, do CC/2002 expressamente prevê que o casamento válido só se dissolve pela morte de um dos cônjuges ou pelo divórcio. Frisou, ademais, que a possibilidade de restabelecimento da sociedade conjugal conferida pelo art. 46 da Lei n. 6.515/1977 aos casos de separação constitui razão suficiente para a manutenção da causa impeditiva. **REsp 1.202.691-MG, Rel. Min. Nancy Andrighi, julgado em 7/4/2011.** (Inform. STJ 468)

HC. PROIBIÇÃO. APROXIMAÇÃO. OFENDIDA.
Na cautelar de separação de corpos, proibiu-se ao paciente aproximar-se a menos de 300 metros de distância da autora e testemunhas (art. 22, III, a e b, da Lei n. 11.340/2006 – Lei Maria da Penha), com ressalvas apenas à visitação de seu genitor, morador do mesmo edifício em que ela reside, daí o ajuizamento da ordem de *habeas corpus*. Frente a isso, vê-se que a restrição, imposta para assegurar ao processo um fim útil, além de propiciar a própria garantia individual, tem forma legítima e foi precedida de expressa e fundamentada autorização do juízo. Pesa também a constatação de que, no âmbito de *habeas corpus*, não se permite o revolvimento dos aspectos de fato e prova. Com esses fundamentos, a Turma, por maioria, denegou a ordem. O voto vencido aludia à impossibilidade concreta de cumprimento da medida pelo paciente e concedia a anulação da decisão para que outra fosse proferida em termos mais condizentes com a viabilidade de seu acatamento. **HC 163.835-SP, Rel. Min. Aldir Passarinho Junior, julgado em 16/11/2010.** (Inform. STJ 456)

SEPARAÇÃO. PARTILHA. DESPROPORÇÃO. ANULAÇÃO.
A Turma conheceu parcialmente do recurso especial e, nessa extensão, deu-lhe provimento a fim de anular a partilha efetivada em decorrência de separação judicial, dada sua desproporcionalidade. *In casu*, a recorrente sustentou que as falsas declarações feitas pelo ex-marido e pelo advogado – que, à época, foi contratado para tutelar os interesses do casal e, posteriormente, passou a patrocinar o ex-marido na ação anulatória – quanto à

saúde financeira das empresas do cônjuge varão viciaram sua percepção acerca da realidade subjacente ao negócio jurídico, levando-a a aceitar a divisão patrimonial desequilibrada, o que evidenciaria a ocorrência de dolo. Segundo a Min. Relatora, nos termos dos arts. 1.574, parágrafo único, do CC/2002 e 34, § 2º, da Lei n. 6.515/1977, o controle judicial sobre o ato de partilha é possível sempre que o prejuízo dele advindo representar violação do princípio da dignidade da pessoa humana. Contudo, sustenta que o desrespeito a esse preceito não pode se limitar às hipóteses em que um dos cônjuges é reduzido à condição de miserabilidade; é preciso considerar as circunstâncias do caso concreto, a partir da constatação de que a separação constitui um processo que envolve dor e perda, a ponto de influir na tomada de decisões sobre as relações dela decorrentes. **REsp 1.200.708-DF, Rel. Min. Nancy Andrighi, julgado em 4/11/2010**. (Inform. STJ 454)

FGTS. PARTILHA. INCLUSÃO.
A Turma proveu o recurso ao entendimento de que as verbas recebidas por ex-cônjuge na constância de casamento sob regime de comunhão universal devido à adesão a plano de demissão voluntária e recebimento de FGTS devem ser partilhadas no divórcio, *ex vi* dos arts. 263 e 265 do CC/1916. Precedentes citados: EREsp 421.801-RS, DJ 17/12/2004, e REsp 355.581-PR, DJ 23/6/2003. **REsp 781.384-RS, Rel. Min. Aldir Passarinho Junior, julgado em 16/6/2009.** (Inform. STJ 399)

INVENTÁRIO. SEPARAÇÃO DE FATO. UNIÃO ESTÁVEL.
A manutenção do indesejável condomínio patrimonial entre os cônjuges após a separação de fato, além de não ser de bom senso, é incompatível com a orientação do novo Código Civil, pois, em seu art. 1.723, § 1º, é reconhecida a possibilidade de união estável estabelecida nesse mesmo período (sob regime da comunhão parcial de bens, à falta de contrato escrito, conforme dispõe o art. 1.725 do CC/2002). Então, no regime de comunhão universal, a comunicação de bens e dívidas deve cessar tão logo se dê a ruptura da vida em comum, respeitado, é claro, o direito à meação do patrimônio adquirido na constância da vida conjugal. Dessa forma, na hipótese, a recorrida não faz jus à meação de bens havidos por seu marido na qualidade de herdeiro do irmão, visto que se encontrava separada de fato há mais de seis anos quando transmitida a herança (tempo suficiente ao divórcio direto, conforme o art. 40 da Lei n. 6.515/1977), quanto mais diante do fato de o irmão do falecido ter estabelecido, nesse período, união estável com outra pessoa: é evidente a incompatibilidade de manutenção dos dois regimes. Reconhecer a possibilidade de comunicação seria corroborar o enriquecimento sem causa, porquanto esse patrimônio foi adquirido individualmente pelo irmão do falecido, sem a colaboração da recorrida. Anote-se, por último, que, em regra, não se deve reter o recurso especial oriundo de decisão interlocutória proferida em inventário, porque esse procedimento encerra-se sem que haja, propriamente, uma decisão final de mérito, o que inviabiliza a reiteração futura de razões recursais. Precedentes citados: MC 4.014-BA, DJ 5/11/2001; REsp 226.288-PA, DJ 30/10/2000; REsp 140.694-DF, DJ 15/12/1997; REsp 32.218-SP, DJ 3/9/2001; REsp 127.077-ES, DJ 10/11/1997, e REsp 60.820-RJ, DJ 14/8/1995. **REsp 555.771-SP, Rel. Min. Luis Felipe Salomão, julgado em 5/5/2009.** (Inform. STJ 393)

SEPARAÇÃO JUDICIAL. CULPA. QUEBRA. SIGILO. TELEFÔNICO.
Em audiência de instrução e julgamento da ação de separação litigiosa, o juízo deferiu o pedido formulado pela autora da ação (cônjuge varoa) de solicitar à companhia de telefonia móvel local o extrato das ligações realizadas e recebidas pelo varão, isso com o desiderato de demonstrar a culpa dele na falência conjugal. Diante do fato de que, até ser julgado o agravo retido (art. 523, § 3º, do CPC) que opôs aquela decisão, seu direito líquido e certo à intimidade, tal como previsto na CF/1988, estaria certamente violado, o varão aviou o mandado de segurança, denegado pelo Tribunal *a quo*, razão pela qual interpôs o recurso. Posto isso, vê-se, primeiramente, que cabível o *mandamus*, pois, na hipótese, é inútil o julgamento do agravo retido, porque o Tribunal *a quo* só poderá examiná-lo quando da apelação, que não foi sequer interposta, ocasião em que o ato impugnado já terá produzido seus efeitos. Vê-se também que o acórdão recorrido merece ser reformado, pois, tanto pela inutilidade da prova ao fim que se destina, quanto pela violação da intimidade do impetrante, a quebra do sigilo telefônico não se justifica diante das circunstâncias em que requerida. Almeja-se a quebra para provar a culpa do varão, o que só tem influência decisiva na fixação de alimentos ao culpado (art. 1.704 do CC/2002), pois já demonstrado seu desinteresse na manutenção do casamento. Assim, verificado que se busca a prestação dos alimentos pelo varão em favor da ex-esposa, há que tachar de desnecessária a prova, que em nada beneficiaria quem a requereu. Anote-se que a pensão não é aferida em razão da medida de culpabilidade (pensão não é pena), mas sim pela possibilidade de prestá-la associada à necessidade de recebê-la. **RMS 28.336-SP, Rel. Min. João Otávio de Noronha, julgado em 24/3/2009.** (Inform. STJ 388)

SEPARAÇÃO. CONVERSÃO. DIVÓRCIO. PARTILHA.
Trata-se de conversão de separação em divórcio, sendo incontroverso o decurso de tempo exigido pela lei. Alega a recorrente que o recorrido não adimpliu a obrigação firmada em acordo, qual seja, a transferência do imóvel do casal para a ex-esposa e seus filhos. Frente a isso, a Turma não conheceu do recurso por entender correto o acórdão *a quo*, no qual se assentou que as disposições do art. 36, II, da Lei n. 6.515/1977 continuam exigíveis em face da CF/1988, desde que as obrigações firmadas no acordo de separação não possam ser reclamadas por outros meios. Logo, como a autora, ora recorrente, poderia utilizar-se de ação própria para exigir aquela obrigação de fazer assumida pelo autor, ora recorrido, em ato de deliberação de partilha, incabível a invocação do referido dispositivo legal para impedir a decretação do divórcio. Ademais, no acordo de separação, homologado judicialmente, foi definida a partilha dos bens do casal. Contudo, a pendência referente à transferência do bem imóvel não configura causa impeditiva para a conversão, salvo demonstrado grave prejuízo. Precedentes citados: REsp 663.955-PE, DJ 23/5/2005, e REsp 236.225-DF, DJ 2/2/2004. **REsp 207.682-SP, Rel. Min. Luís Felipe Salomão, julgado em 20/11/2008**. (Inform. STJ 377)

EXECUÇÃO. PARTILHA. EMBARGOS. TERCEIRO. COMPANHEIRA.
Trata-se de embargos de terceiro opostos em execução de sentença de divórcio que homologou a partilha de bens do casal embargado. A companheira alega que ajudou monetariamente na compra da meação de fazenda que a ex-esposa vendeu antecipadamente (depois ela questionou a meação na conversão da separação em divórcio). Impugna estar sendo partilhado imóvel de sua posse e propriedade e, acolhido o pleito da ex-esposa, a partilha agora encontra-se em fase de execução. Afirma que mantém união estável desde a separação do companheiro, pai de seus dois filhos. Por outro lado, a recorrida (ex-esposa), em sua defesa, expõe que o imóvel rural objeto do litígio foi adquirido na constância do casamento dos embargados, ou seja, em data anterior ao advento da união estável. Isso posto, discute-se, no REsp, a possibilidade ou não da utilização dos embargos de terceiro (via estreita) para a defesa de propriedade. O Tribunal *a quo* firmou convencimento de que, na ausência de documento que comprove a participação da companheira no negócio alegado, ela deve ajuizar ação própria para reaver as perdas, comprovando, até por meio do companheiro, o negócio; outrossim, se existe direito na execução do ressarcimento da meação paga pelo imóvel, esse direito é unicamente do ex-marido, e não da companheira estranha à lide. Para a Min. Relatora, embora a controvérsia, como trazida pela recorrente, comporte análise e questionamentos, verifica-se que não foi comprovado seu direito subjetivo nas instâncias ordinárias, o que não pode ser revisto nesse recurso, mas em pleito processual adequado. Pelo exposto, a Turma não conheceu do recurso. **REsp 1.057.799-RN, Rel. Min Nancy Andrighi, julgado em 21/10/2008**. (Inform. STJ 373)

6.2. União estável

EMENTA: **UNIÃO CIVIL ENTRE PESSOAS DO MESMO SEXO. ALTA RELEVÂNCIA SOCIAL E JURÍDICO-CONSTITUCIONAL DA QUESTÃO PERTINENTE ÀS UNIÕES HOMOAFETIVAS. LEGITIMIDADE CONSTITUCIONAL** DO RECONHECIMENTO **E** QUALIFICAÇÃO DA UNIÃO ESTÁVEL HOMOAFETIVA *COMO ENTIDADE FAMILIAR*: **POSIÇÃO CONSAGRADA** NA JURISPRUDÊNCIA DO SUPREMO TRIBUNAL FEDERAL (**ADPF** 132/RJ **E ADI** 4.277/DF). **O AFETO COMO VALOR JURÍDICO IMPREGNADO DE NATUREZA CONSTITUCIONAL**: **A VALORIZAÇÃO** *DESSE NOVO PARADIGMA* **COMO NÚCLEO CONFORMADOR DO CONCEITO DE FAMÍLIA**. *O DIREITO À BUSCA DA FELICIDADE*, **VERDADEIRO** POSTULADO CONSTITUCIONAL IMPLÍCITO **E EXPRESSÃO** *DE UMA IDÉIA-FORÇA* **QUE DERIVA** DO PRINCÍPIO DA ESSENCIAL DIGNIDADE DA PESSOA HUMANA. **PRINCÍPIOS DE YOGYAKARTA** (2006): **DIREITO** *DE QUALQUER PESSOA* **DE CONSTITUIR** FAMÍLIA, **INDEPENDENTEMENTE** DE SUA ORIENTAÇÃO SEXUAL **OU** IDENTIDADE DE GÊNERO. **DIREITO** DO COMPANHEIRO, *NA UNIÃO ESTÁVEL HOMOAFETIVA*, **À PERCEPÇÃO** DO BENEFÍCIO DA PENSÃO POR MORTE DE SEU PARCEIRO, *DESDE QUE OBSERVADOS* OS REQUISITOS DO ART. 1.723 DO CÓDIGO CIVIL. **O ART. 226, § 3º**, DA LEI FUNDAMENTAL **CONSTITUI TÍPICA NORMA DE INCLUSÃO**. *A FUNÇÃO CONTRAMAJORITÁRIA* **DO SUPREMO TRIBUNAL FEDERAL NO ESTADO DEMOCRÁTICO DE DIREITO**. *A PROTEÇÃO DAS MINORIAS* **ANALISADA NA PERSPECTIVA** *DE UMA CONCEPÇÃO MATERIAL* **DE**

DEMOCRACIA CONSTITUCIONAL. RECURSO EXTRAORDINÁRIO **CONHECIDO E PROVIDO**. (RE 477.554/MG, rel. Min. Celso de Mello, DJ 03.08.11) (Inform. STF 635)

RELAÇÃO HOMOAFETIVA E ENTIDADE FAMILIAR - 1

A norma constante do art. 1.723 do Código Civil — CC ("*É reconhecida como entidade familiar a união estável entre o homem e a mulher, configurada na convivência pública, contínua e duradoura e estabelecida com o objetivo de constituição de família*") não obsta que a união de pessoas do mesmo sexo possa ser reconhecida como entidade familiar apta a merecer proteção estatal. Essa a conclusão do Plenário ao julgar procedente pedido formulado em duas ações diretas de inconstitucionalidade ajuizadas, respectivamente, pelo Procurador-Geral da República e pelo Governador do Estado do Rio de Janeiro. Preliminarmente, conheceu-se de argüição de preceito fundamental — ADPF, proposta pelo segundo requerente, como ação direta, tendo em vista a convergência de objetos entre ambas as ações, de forma que as postulações deduzidas naquela estariam inseridas nesta, a qual possui regime jurídico mais amplo. Ademais, na ADPF existiria pleito subsidiário nesse sentido. Em seguida, declarou-se o prejuízo de pretensão originariamente formulada na ADPF consistente no uso da técnica da interpretação conforme a Constituição relativamente aos artigos 19, II e V, e 33 do Estatuto dos Servidores Públicos Civis da aludida unidade federativa (Decreto-lei 220/75). Consignou-se que, desde 2007, a legislação fluminense (Lei 5.034/2007, art. 1º) conferira aos companheiros homoafetivos o reconhecimento jurídico de sua união. Rejeitaram-se, ainda, as preliminares suscitadas. ADI 4277/DF, rel. Min. Ayres Britto, 4 e 5.5.2011. (ADI-4277) ADPF 132/RJ, rel. Min. Ayres Britto, 4 e 5.5.2011. (ADPF-132)

RELAÇÃO HOMOAFETIVA E ENTIDADE FAMILIAR - 2

No mérito, prevaleceu o voto proferido pelo Min. Ayres Britto, relator, que dava interpretação conforme a Constituição ao art. 1.723 do CC para dele excluir qualquer significado que impeça o reconhecimento da união contínua, pública e duradoura entre pessoas do mesmo sexo como entidade familiar, entendida esta como sinônimo perfeito de família. Asseverou que esse reconhecimento deveria ser feito segundo as mesmas regras e com idênticas conseqüências da união estável heteroafetiva. De início, enfatizou que a Constituição proibiria, de modo expresso, o preconceito em razão do sexo ou da natural diferença entre a mulher e o homem. Além disso, apontou que fatores acidentais ou fortuitos, a exemplo da origem social, idade, cor da pele e outros, não se caracterizariam como causas de merecimento ou de desmerecimento intrínseco de quem quer que fosse. Assim, observou que isso também ocorreria quanto à possibilidade da concreta utilização da sexualidade. Afirmou, nessa perspectiva, haver um direito constitucional líquido e certo à isonomia entre homem e mulher: a) de não sofrer discriminação pelo fato em si da contraposta conformação anátomo-fisiológica; b) de fazer ou deixar de fazer uso da respectiva sexualidade; e c) de, nas situações de uso emparceirado da sexualidade, fazê-lo com pessoas adultas do mesmo sexo, ou não. ADI 4277/DF, rel. Min. Ayres Britto, 4 e 5.5.2011. (ADI-4277) ADPF 132/RJ, rel. Min. Ayres Britto, 4 e 5.5.2011. (ADPF-132)

RELAÇÃO HOMOAFETIVA E ENTIDADE FAMILIAR - 3

Em passo seguinte, assinalou que, no tocante ao tema do emprego da sexualidade humana, haveria liberdade do mais largo espectro ante silêncio intencional da Constituição. Apontou que essa total ausência de previsão normativo-constitucional referente à fruição da preferência sexual, em primeiro lugar, possibilitaria a incidência da regra de que "tudo aquilo que não estiver juridicamente proibido, ou obrigado, está juridicamente permitido". Em segundo lugar, o emprego da sexualidade humana diria respeito à intimidade e à vida privada, as quais seriam direito da personalidade e, por último, dever-se-ia considerar a âncora normativa do § 1º do art. 5º da CF. Destacou, outrossim, que essa liberdade para dispor da própria sexualidade inserir-se-ia no rol dos direitos fundamentais do indivíduo, sendo direta emanação do princípio da dignidade da pessoa humana e até mesmo cláusula pétrea. Frisou que esse direito de exploração dos potenciais da própria sexualidade seria exercitável tanto no plano da intimidade (absenteísmo sexual e onanismo) quanto da privacidade (intercurso sexual). Asseverou, de outro lado, que o século XXI já se marcaria pela preponderância da afetividade sobre a biologicidade. Ao levar em conta todos esses aspectos, indagou se a Constituição sonegaria aos parceiros homoafetivos, em estado de prolongada ou estabilizada união — realidade há muito constatada empiricamente no plano dos fatos —, o mesmo regime jurídico protetivo conferido aos casais heteroafetivos em idêntica situação. ADI 4277/DF, rel. Min. Ayres Britto, 4 e 5.5.2011. (ADI-4277) ADPF 132/RJ, rel. Min. Ayres Britto, 4 e 5.5.2011. (ADPF-132)

RELAÇÃO HOMOAFETIVA E ENTIDADE FAMILIAR - 4

Após mencionar que a família deveria servir de norte interpretativo para as figuras jurídicas do casamento civil, da união estável, do planejamento familiar e da adoção, o relator registrou que a diretriz da formação dessa instituição seria o não-atrelamento a casais heteroafetivos ou a qualquer formalidade cartorária, celebração civil ou liturgia religiosa. Realçou que família seria, por natureza ou no plano dos fatos, vocacionalmente amorosa, parental e protetora dos respectivos membros, constituindo-se no espaço ideal das mais duradouras, afetivas, solidárias ou espiritualizadas relações humanas de índole privada, o que a credenciaria como base da sociedade (CF, art. 226, *caput*). Desse modo, anotou que se deveria extrair do sistema a proposição de que a isonomia entre casais heteroafetivos e pares homoafetivos somente ganharia plenitude de sentido se desembocasse no igual direito subjetivo à formação de uma autonomizada família, constituída, em regra, com as mesmas notas factuais da visibilidade, continuidade e durabilidade (CF, art. 226, § 3º: "*Para efeito da proteção do Estado, é reconhecida a união estável entre o homem e a mulher como entidade familiar, devendo a lei facilitar sua conversão em casamento*"). Mencionou, ainda, as espécies de família constitucionalmente previstas (art. 226, §§ 1º a 4º), a saber, a constituída pelo casamento e pela união estável, bem como a monoparental. Arrematou que a solução apresentada daria concreção aos princípios da dignidade da pessoa humana, da igualdade, da liberdade, da proteção das minorias, da não-discriminação e outros. O Min. Celso de Mello destacou que a conseqüência mais expressiva deste julgamento seria a atribuição de efeito vinculante à obrigatoriedade de reconhecimento como entidade familiar da união entre pessoas do mesmo sexo. ADI 4277/DF, rel. Min. Ayres Britto, 4 e 5.5.2011. (ADI-4277) ADPF 132/RJ, rel. Min. Ayres Britto, 4 e 5.5.2011. (ADPF-132)

RELAÇÃO HOMOAFETIVA E ENTIDADE FAMILIAR - 5

Por sua vez, os Ministros Ricardo Lewandowski, Gilmar Mendes e Cezar Peluso, Presidente, embora reputando as pretensões procedentes, assentavam a existência de lacuna normativa sobre a questão. O primeiro enfatizou que a relação homoafetiva não configuraria união estável — que impõe gêneros diferentes —, mas forma distinta de entidade familiar, não prevista no rol exemplificativo do art. 226 da CF. Assim, considerou cabível o mecanismo da integração analógica para que sejam aplicadas às uniões homoafetivas as prescrições legais relativas às uniões estáveis heterossexuais, excluídas aquelas que exijam a diversidade de sexo para o seu exercício, até que o Congresso Nacional lhe dê tratamento legislativo. O segundo se limitou a reconhecer a existência dessa união por aplicação analógica ou, na falta de outra possibilidade, por interpretação extensiva da cláusula constante do texto constitucional (CF, art. 226, § 3º), sem se pronunciar sobre outros desdobramentos. Ao salientar que a idéia de opção sexual estaria contemplada no exercício do direito de liberdade (autodesenvolvimento da personalidade), acenou que a ausência de modelo institucional que permitisse a proteção dos direitos fundamentais em apreço contribuiria para a discriminação. No ponto, ressaltou que a omissão da Corte poderia representar agravamento no quadro de desproteção das minorias, as quais estariam tendo seus direitos lesionados. O Presidente aludiu que a aplicação da analogia decorreria da similitude factual entre a união estável e a homoafetiva, contudo, não incidiriam todas as normas concernentes àquela entidade, porque não se trataria de equiparação. Evidenciou, ainda, que a presente decisão concitaria a manifestação do Poder Legislativo. Por fim, o Plenário autorizou que os Ministros decidam monocraticamente os casos idênticos. ADI 4277/DF, rel. Min. Ayres Britto, 4 e 5.5.2011. (ADI-4277) ADPF 132/RJ, rel. Min. Ayres Britto, 4 e 5.5.2011. (ADPF-132) (Inform. STF 625)

COMPANHEIRA E CONCUBINA - DISTINÇÃO. Sendo o Direito uma verdadeira ciência, impossível é confundir institutos, expressões e *vocábulos, sob pena de prevalecer a babel.*

UNIÃO ESTÁVEL - PROTEÇÃO DO ESTADO. A proteção do Estado à união estável alcança apenas as situações legítimas e nestas não está incluído o concubinato.

PENSÃO - SERVIDOR PÚBLICO - MULHER - CONCUBINA - DIREITO. A titularidade da pensão decorrente do falecimento de servidor público pressupõe vínculo agasalhado pelo ordenamento jurídico, mostrando-se impróprio o implemento de divisão a beneficiar, em detrimento da família, a concubina. (RE N. 590.779-ES. RELATOR: MIN. MARCO AURÉLIO) (Inform. STF 540)

PENSÃO POR MORTE E RATEIO ENTRE ESPOSA E CONCUBINA

A Turma, por maioria, deu provimento a recurso extraordinário no qual esposa questionava decisão de Turma Recursal dos Juizados Especiais Federais de Vitória-ES, que determinara o rateio, com concubina, da pensão por morte do cônjuge, tendo em conta a estabilidade, publicidade e continuidade da união entre a recorrida e o falecido. Reiterou-se o entendimento firmado no RE 397762/BA (DJE de 12.9.2008) no sentido da impossibilidade de configuração de união estável quando um dos seus componentes é casado e vive matrimonialmente com o cônjuge, como na espécie. Ressaltou-se que, apesar de o Código Civil versar a união estável como núcleo familiar, excepciona a proteção do Estado quando existente impedimento para o casamento relativamente aos integrantes da união, sendo que, se um deles é casado, esse estado civil apenas deixa de ser óbice quando verificada a separação de fato. Concluiu-se, dessa forma, estar-se diante de concubinato (CC, art. 1.727) e não de união estável. Vencido o Min. Carlos Britto que, conferindo trato conceitual mais dilatado para a figura jurídica da família, desprovia o recurso ao fundamento de que, para a Constituição, não existe concubinato, mas companheirismo. **RE 590779/ES, rel. Min. Marco Aurélio, 10.2.2009. (RE-590779) (Inform. STF 535). 93172/SP, rel. Min. Cármen Lúcia, 12.2.2009. (RHC-93172)** (Inform. STF 535)

DIREITO CIVIL. UNIÃO ESTÁVEL. PRESUNÇÃO DE CONCEPÇÃO DE FILHOS.

A presunção de concepção dos filhos na constância do casamento prevista no art. 1.597, II, do CC se estende à união estável. Para a identificação da união estável como entidade familiar, exige-se a convivência pública, contínua e duradoura estabelecida com o objetivo de constituição de família com atenção aos deveres de lealdade, respeito, assistência, de guarda, sustento e educação dos filhos em comum. O art. 1.597, II, do CC dispõe que os filhos nascidos nos trezentos dias subsequentes à dissolução da sociedade conjugal presumem-se concebidos na constância do casamento. Assim, admitida pelo ordenamento jurídico pátrio (art. 1.723 do CC), inclusive pela CF (art. 226, § 3º), a união estável e reconhecendo-se nela a existência de entidade familiar, aplicam-se as disposições contidas no art. 1.597, II, do CC ao regime de união estável. Precedentes citados do STF: **ADPF 132-RJ, DJe 14/10/2011; do STJ: REsp 1.263.015-RN, DJe 26/6/2012, e REsp 646.259-RS, DJe 24/8/2010. REsp 1.194.059-SP, Rel. Min. Massami Uyeda, julgado em 6/11/2012.** (Inform. STJ 508)

DIREITO CIVIL. UNIÃO ESTÁVEL DISSOLVIDA APÓS A LEI N. 9.278/1996. PRESUNÇÃO DE ESFORÇO COMUM.

É devida a partilha dos bens adquiridos onerosamente por um ou ambos os conviventes na constância da união estável, independentemente da comprovação de esforço comum, em caso de dissolução da união após o advento da Lei n. 9.278/1996, salvo se houver estipulação contrária em contrato escrito ou se a aquisição ocorrer com o produto de bens adquiridos em período anterior ao início da união. Aplicam-se as disposições da Lei n. 9.278/1996 às uniões estáveis dissolvidas após a sua vigência. Dispõe o art. 5º da Lei n. 9.278/1996 que "os bens móveis e imóveis adquiridos por um ou por ambos os conviventes, na constância da união estável e a título oneroso, são considerados fruto do trabalho e da colaboração comum, passando a pertencer a ambos, em condomínio e em partes iguais, salvo estipulação contrária em contrato escrito". A Lei n. 9.278/1996 não exige, como previa o regime anterior, a prova de que a aquisição dos bens decorreu do esforço comum de ambos os companheiros para fins de partilha. Precedentes citados: **REsp 986.290-RS, DJe 28/2/2011; REsp 623.566-RO, DJ 10/10/2005; REsp 147.098-DF, DJ 7/8/2000; REsp 602.199-PB, DJe 14/9/2009, e REsp 915.297-MG, DJe 3/3/2009. REsp 1.021.166-PE, Rel. Min. Ricardo Villas Bôas Cueva, julgado em 2/10/2012.** (Inform. STJ 505)

RECONHECIMENTO DE UNIÃO ESTÁVEL SIMULTÂNEA AO CASAMENTO.

Ser casado constitui fato impeditivo para o reconhecimento de uma união estável. Tal óbice só pode ser afastado caso haja separação de fato ou de direito. Ainda que seja provada a existência de relação não eventual, com vínculo afetivo e duradouro, e com o intuito de constituir laços familiares, essa situação não é protegida pelo ordenamento jurídico se concomitante a ela existir um casamento não desfeito. Na hipótese, havia dúvidas quanto à separação fática do varão e sua esposa. Assim, entendeu-se inconveniente, sob o ponto de vista da segurança jurídica, inviolabilidade da vida privada, da intimidade e da dignidade da pessoa humana, abrir as portas para questionamento acerca da quebra da affectio familiae, com vistas ao reconhecimento de uniões estáveis paralelas a casamento válido. Diante disso, decidiu-se que havendo uma relação concubinária, não eventual, simultânea ao casamento, presume-se que o matrimônio não foi dissolvido e prevalece os interesses da mulher casada, não reconhecendo a união estável. Precedentes citados do STF: **RE 397.762-BA, Dje 11/9/2008; do STJ: Resp 1.107.195-PR, Dje 27/5/2010, e Resp 931.155-RS, DJ 20/8/2007. REsp 1.096.539-RS, Rel. Min. Luis Felipe Salomão, julgado em 27/3/2012.** (Inform. STJ 494)

UNIÃO HOMOAFETIVA. ENTIDADE FAMILIAR. PARTILHA.

A Seção, ao prosseguir o julgamento, por maioria, entendeu ser possível aplicar a analogia para reconhecer a parceria homoafetiva como uma das modalidades de entidade familiar. Para tanto, consignou ser necessário demonstrar a presença dos elementos essenciais à caracterização da união estável – entidade que serve de parâmetro diante da lacuna legislativa –, exceto o da diversidade de sexos, quais sejam: convivência pública, contínua e duradoura estabelecida com o objetivo de constituir família e sem os impedimentos do art. 1.521 do CC/2002 (salvo o do inciso VI em relação à pessoa casada separada de fato ou judicialmente). Frisou-se, ademais, que, uma vez comprovada essa união, devem ser atribuídos os efeitos jurídicos dela advindos. Reconheceu-se, portanto, o direito à meação dos bens adquiridos a título oneroso na constância do relacionamento, ainda que eles tenham sido registrados em nome de apenas um dos parceiros, não se exigindo a prova do esforço comum, que, no caso, é presumido. **REsp 1.085.646-RS, Rel. Min. Nancy Andrighi, julgado em 11/5/2011.** (Inform. STJ 472)

UNIÃO ESTÁVEL. INSANIDADE. COMPANHEIRO.

A Turma negou provimento ao REsp em que se buscava o reconhecimento de união estável. Anote-se que as instâncias ordinárias afirmaram que o companheiro, à época do relacionamento, estava acometido de insanidade mental. Argumentou-se que, se o enfermo mental não tem o necessário discernimento para os atos da vida civil (art. 1.548, I, do CC/2002), também não poderia contrair núpcias sob pena de nulidade e, pela mesma razão, não poderia conviver em união estável – a qual, nessa hipótese, inclusive, jamais poderia ser convertida em casamento. Por outro lado, observa o Min. Relator que a adoção de entendimento diverso contrariaria a própria CF, cujo art. 226, § 5º, é expresso em determinar que o próprio Estado protege a união estável como entidade familiar e facilita sua conversão em casamento. Isso porque a tutela ao núcleo familiar não é um fim em si mesma, mas seria instrumento de salvaguarda dos membros que compõem o núcleo familiar. Observa que, nesse raciocínio, o CC/2002, no art. 1.723, reconheceu como entidade familiar a união estável entre homem e mulher civilmente capazes, configurada na convivência pública, contínua, duradoura e constitutiva de família. Todavia, explica que não basta a presença desses requisitos para caracterização da união estável, porquanto a própria lei estabelece, de igual modo, os requisitos negativos (§ 1º do citado artigo) que, no caso, impedem a formação de união estável. Assevera que a lei civil exige como requisito de validade, tanto dos negócios jurídicos quanto dos atos jurídicos, naquilo que couber, a capacidade civil (arts. 104 e 166 c/c 185, todos do CC/2002). Assim, quer se considere a união estável um negócio jurídico ou um ato jurídico, a higidez mental, no entender do Min. Relator, é requisito essencial ao seu reconhecimento. Destaca que essa convivência também produz efeitos patrimoniais (art. 1.725 do CC/2002), consequentemente não seria só pela impossibilidade de constatar o intuito de constituir família, mas também sob a perspectiva das obrigações que naturalmente emergem da convivência em união estável. Por isso, entende que o incapaz, sem o necessário discernimento para os atos da vida civil, não pode conviver sob o vínculo de união estável. Precedentes citados: REsp 1.157.273-RN, DJe 7/6/2010, e REsp 186.013-SP, DJ 8/3/2004. **REsp 1.201.462-MG, Rel. Min. Massami Uyeda, julgado em 14/4/2011.** (Inform. STJ 469)

UNIÕES ESTÁVEIS PARALELAS.

A Turma, ao prosseguir o julgamento, deu provimento ao recurso especial e estabeleceu ser impossível, de acordo com o ordenamento jurídico pátrio, conferir proteção jurídica a uniões estáveis paralelas. Segundo o Min. Relator, o art. 226 da CF/1988, ao enumerar as diversas formas de entidade familiar, traça um rol exemplificativo, adotando uma pluralidade meramente qualitativa, e não quantitativa, deixando a cargo do legislador ordinário a disciplina conceitual de cada instituto – a da união estável encontra-se nos arts. 1.723 e 1.727 do CC/2002. Nesse contexto, asseverou que o requisito da exclusividade de relacionamento sólido é condição de existência jurídica da união estável nos termos da parte final do § 1º do art. 1.723 do mesmo código. Consignou que o maior óbice ao reconhecimento desse instituto não é a existência de matrimônio, mas a concomitância de outra relação afetiva fática duradoura (convivência de fato) – até porque, havendo separação de fato, nem mesmo o casamento constituiria impedimento à caracterização da união estável –, daí a inviabilidade de declarar o referido paralelismo. Precedentes citados: REsp 789.293-RJ, DJ 20/3/2006, e REsp 1.157.273-RN, DJe 7/6/2010. **REsp 912.926-RS, Rel. Min. Luis Felipe Salomão, julgado em 22/2/2011.** (Inform. STJ 464)

UNIÃO ESTÁVEL. MEAÇÃO.

Trata-se de REsp em que a questão central reside na possibilidade de conceder à possível ex-companheira, a ser assim reconhecida em ação declaratória de união estável ainda em curso, a posse e a administração da metade dos bens adquiridos pelo falecido durante o período da união estável (37 anos). No julgamento do especial, consignou-se que, com a morte de um dos companheiros, do patrimônio do autor da herança retira-se a meação do companheiro sobrevivente, que não se transmite aos herdeiros do falecido por ser decorrência patrimonial do término da união estável, conforme os postulados do Direito de Família, ou seja, entrega-se a meação ao companheiro sobrevivo e, só então, defere-se a herança aos referidos herdeiros, consoante as normas que regem o Direito sucessório. Assim, com o óbito de um dos companheiros, o sobrevivente tem direito à separação daquilo que já lhe pertencia, embora conservado indiviso até a abertura da sucessão. A meação não faz parte, portanto, dos bens que serão objeto de sucessão, pois integra a propriedade do companheiro sobrevivente, de forma que somente serão objeto da sucessão os bens que faziam parte da meação do autor da herança, bem como os bens particulares dele, porventura existentes. Dessarte, no caso, não há o que reparar no acórdão impugnado, porquanto à recorrida, ao que tudo indica, ex-companheira do sobrevivente, considerada a alta probabilidade de existência da união estável tal como descrito pelo TJ, deve ser conferida a pretensa meação com a consequente posse e administração dos bens que a integram. Registrou-se, ainda, que a tese defendida pelo inventariante, de que à recorrida não poderia ser conferida a administração ou posse de nenhum bem constante do acervo patrimonial deixado pelo falecido, fere o princípio da dignidade da pessoa humana porque, como asseverado no acórdão recorrido, a possível ex-companheira retira exatamente da posse e administração dos bens da meação o necessário para seu sustento, não podendo ser privada, notadamente por decisão judicial, daquilo que é salutar à satisfação de suas necessidades básicas. Com esses argumentos, entre outros, a Turma, ao prosseguir a renovação do julgamento, preliminarmente, por maioria, conheceu do recurso e, no mérito, por unanimidade, negou-lhe provimento, permanecendo, contudo, sobre a recorrida as mesmas obrigações que oneram o inventariante, devendo ela requerer autorização judicial para promover qualquer alienação e, ainda, prestar contas dos bens sob sua administração. **REsp 975.964-BA, Rel. Min. Nancy Andrighi, julgado em 15/2/2011.** (Inform. STJ 463)

UNIÃO ESTÁVEL. SEXAGENÁRIOS. REGIME. BENS.

Trata o caso de definir se há necessidade da comprovação do esforço comum para a aquisição do patrimônio a ser partilhado, com a peculiaridade de que, no início da união estável reconhecida pelo tribunal *a quo* pelo período de 12 anos, um dos companheiros era sexagenário. A Turma, ao prosseguir o julgamento, por maioria, entendeu, entre outras questões, que, embora prevalecendo o entendimento do STJ de que o regime aplicável na união estável entre sexagenários é o da separação obrigatória de bens, segue esse regime temperado pela Súm. n. 377-STF, com a comunicação dos bens adquiridos onerosamente na constância da união, sendo presumido o esforço comum, o que equivale à aplicação do regime da comunhão parcial. Assim, consignou-se que, na hipótese, se o acórdão recorrido classificou como frutos dos bens particulares do ex-companheiro aqueles adquiridos ao longo da união estável, e não como produto de bens eventualmente adquiridos antes do início da união, opera-se a comunicação desses frutos para fins de partilha. Observou-se que, nos dias de hoje, a restrição aos atos praticados por pessoas com idade igual ou superior a 60 anos representa ofensa ao princípio da dignidade da pessoa humana. Precedentes citados: REsp 915.297-MG, DJe 3/3/2009; EREsp 736.627-PR, DJe 1º/7/2008; REsp 471.958-RS, DJe 18/2/2009, e REsp 1.090.722-SP, DJe 30/8/2010. **REsp 1.171.820-PR, Rel. originário Min. Sidnei Beneti, Rel. para o acórdão, Min. Nancy Andrighi, julgado em 7/12/2010.** (Inform. STJ 459)

SOCIEDADE DE FATO. ESFORÇO COMUM.

Buscava-se o reconhecimento de sociedade de fato *post mortem* ao fundamento de que a autora agravada teve longo relacionamento amoroso com o falecido, apesar de ele manter, concomitantemente, casamento válido e preexistente com a agravante. Para tanto, a agravada alude que pretende simplesmente o reconhecimento da sociedade de fato e não, por meio disso, habilitar-se na partilha (que tramita em outra ação). Quanto a isso, é de rigor a aplicação do entendimento já consagrado na jurisprudência do STJ de que a inexistência de prova da aquisição de patrimônio pelo esforço comum é, por si só, suficiente para afastar a configuração da sociedade de fato, visto que tal comprovação é pressuposto para seu reconhecimento. No caso, não há prova de qualquer bem amealhado ao longo do concubinato e, se não há essa prova, quanto mais a comprovação da união de esforços ou colaboração mútua na aquisição de bens cuja existência se ignora. Esse entendimento, entre outros, foi acolhido pela maioria dos integrantes da Turma, enquanto o voto vencido aplicava à hipótese, por analogia, o óbice da Súm. n. 283-STF. Precedentes citados: REsp 1.097.581-GO, DJe 9/12/2009; AgRg no Ag 949-MG, DJ 18/12/1989; REsp 1.648-RJ, DJ 16/4/1990; REsp 45.886-SP, DJ 26/9/1994; REsp 147.098-DF, DJ 7/8/2000; REsp 214.819-RS, DJ 19/5/2003; REsp 486.027-SP, DJ 9/12/2003, e REsp 275.839-SP, DJe 23/10/2008. **AgRg no REsp 1.170.799-PB, Rel. originário Min. Massami Uyeda, Rel. para acórdão Min. Nancy Andrighi, julgado em 3/8/2010.** (Inform. STJ 441)

FAMÍLIA. UNIÕES ESTÁVEIS SIMULTÂNEAS. PENSÃO.

In casu, o *de cujus* foi casado com a recorrida e, ao separar-se consensualmente dela, iniciou um relacionamento afetivo com a recorrente, o qual durou de 1994 até o óbito dele em 2003. Sucede que, com a decretação do divórcio em 1999, a recorrida e o falecido voltaram a se relacionar, e esse novo relacionamento também durou até sua morte. Diante disso, as duas buscaram, mediante ação judicial, o reconhecimento de união estável, consequentemente, o direito à pensão do falecido. O juiz de primeiro grau, entendendo haver elementos inconfundíveis caracterizadores de união estável existente entre o *de cujus* e as demandantes, julgou ambos os pedidos procedentes, reconhecendo as uniões estáveis simultâneas e, por conseguinte, determinou o pagamento da pensão em favor de ambas, na proporção de 50% para cada uma. Na apelação interposta pela ora recorrente, a sentença foi mantida. Assim, a questão está em saber, sob a perspectiva do Direito de Família, se há viabilidade jurídica a amparar o reconhecimento de uniões estáveis simultâneas. Nesta instância especial, ao apreciar o REsp, inicialmente se observou que a análise dos requisitos ínsitos à união estável deve centrar-se na conjunção de fatores presentes em cada hipótese, como a *affectio societatis* familiar, a participação de esforços, a posse do estado de casado, a continuidade da união, a fidelidade, entre outros. Desse modo, entendeu-se que, no caso, a despeito do reconhecimento, na dicção do acórdão recorrido, da união estável entre o falecido e sua ex-mulher em concomitância com união estável preexistente por ele mantida com a recorrente, é certo que o casamento válido entre os ex-cônjuges já fora dissolvido pelo divórcio nos termos do art. 1.571, § 1º, do CC/2002, rompendo-se, definitivamente, os laços matrimoniais outrora existentes. Destarte, a continuidade da relação sob a roupagem de união estável não se enquadra nos moldes da norma civil vigente (art. 1.724 do CC/2002), porquanto esse relacionamento encontra obstáculo intransponível no dever de lealdade a ser observado entre os companheiros. Ressaltou-se que uma sociedade que apresenta como elemento estrutural a monogamia não pode atenuar o dever de fidelidade, que integra o conceito de lealdade, para o fim de inserir, no âmbito do Direito de Família, relações afetivas paralelas e, por consequência, desleais, sem descurar do fato de que o núcleo familiar contemporâneo tem como escopo a realização de seus integrantes, vale dizer, a busca da felicidade. Assinalou-se que, na espécie, a relação mantida entre o falecido e a recorrida (ex-esposa), despida dos requisitos caracterizadores da união estável, poderá ser reconhecida como sociedade de fato, caso deduzido pedido em processo diverso, para que o Poder Judiciário não deite em solo infértil relacionamentos que efetivamente existem no cenário dinâmico e fluido dessa nossa atual sociedade volátil. Assentou-se, também, que ignorar os desdobramentos familiares em suas infinitas incursões, em que núcleos afetivos justapõem-se, em relações paralelas, concomitantes e simultâneas, seria o mesmo que deixar de julgar com base na ausência de lei específica. Dessa forma, na hipótese de eventual interesse na partilha de bens deixados pelo falecido, deverá a recorrida fazer prova, em processo diverso, repita-se, de eventual esforço comum. Com essas considerações, entre outras, a Turma deu provimento ao recurso, para declarar o reconhecimento da união estável mantida entre o falecido e a recorrente e determinar, por conseguinte, o pagamento da pensão por morte em favor unicamente dela, companheira do falecido. **REsp 1.157.273-RN, Rel. Min. Nancy Andrighi, julgado em 18/5/2010.** (Inform. STJ 435)

UNIÃO ESTÁVEL. CASAMENTO.

Cuida-se de ação de reconhecimento de união estável *post mortem* e consequente dissolução ajuizada pela recorrente em face dos herdeiros do *de cujus*. Na ação, ela alega ter mantido relacionamento pelo período de 30 anos, de 1970 até 2000, ou seja, até a data do falecimento do aludido companheiro. Salienta que dessa união advieram quatro filhos. Ressalta que trabalhou como sua secretária pessoal, relacionamento profissional que se transformou em afetivo, culminando com o nascimento dos filhos. Acrescenta que o companheiro separou-se judicialmente da primeira mulher em 1983, ano em que reconheceu a paternidade dos filhos. Por sua vez, os netos, na contestação, alegaram que o avô nunca viveu em união estável com a autora, e sim em concubinato impuro, visto que nunca se separou de fato da primeira mulher. Embora separados, conviviam como se fossem casados, dividindo o teto conjugal, que nunca se desfez. O Min. Relator (em voto vencido) dava provimento ao recurso, entendendo que a ausência de coabitação não constitui motivo suficiente para obstar o reconhecimento de união estável. A Min. Nancy Andrighi, em seu voto vista divergente, mas vencedor, destacou que a declarada ausência de comprovação da posse do estado de casados, vale dizer, na dicção do acórdão recorrido, a ausência de prova da intenção do falecido de com a recorrente constituir uma família, com aparência de casamento, está intimamente atrelada ao fato de que, muito embora separados judicialmente, houve a continuidade da união dele com a primeira mulher, pois permaneceram juntos até a morte do cônjuge varão, o que vem referendar a questão, também posta no acórdão impugnado, de que não houve dissolução do casamento válido, ponderando-se, até mesmo, a respeito do efetivo término da sociedade conjugal, porque notória a continuidade da relação, muito embora não formalizado pedido de retorno ao *status* de casados. Nos termos do art. 1.571, § 1º, do CC/2002, o casamento válido não se dissolve pela separação judicial, apenas pela morte de um dos cônjuges ou pelo divórcio. Por isso mesmo, na hipótese de separação judicial, basta que os cônjuges formulem pedido para retornar ao *status* de casados. Já, quando divorciados, para retornarem ao *status quo ante*, deverão contrair novas núpcias. Esse entendimento, consagrado pela doutrina e jurisprudência, sob a vigência do CC/1916, apenas foi referendado pelo CC/2002, o que permite sua incidência na hipótese. Por fim, a Min. Nancy Andrighi entendeu que a relação mantida entre o *de cujus* e a recorrente era despida dos requisitos caracterizadores da união estável. Dessa forma, na hipótese de eventual interesse na partilha de bens, deverá a recorrente fazer prova, em processo diverso, de eventual esforço comum. Diante disso, a Turma, ao prosseguir o julgamento, por maioria, negou provimento ao recurso. **REsp 1.107.192-PR, Rel. originário Min. Massami Uyeda, Rel. para acórdão Min. Nancy Andrighi, julgado em 20/4/2010**. (Inform. STJ 431)

PREVIDÊNCIA PRIVADA. PENSÃO *POST MORTEM*. UNIÃO HOMOAFETIVA.

A questão posta no REsp cinge-se à possibilidade de entender-se procedente o pedido de pensão *post mortem* feito à entidade fechada de previdência privada complementar, com base na existência de união afetiva entre pessoas do mesmo sexo pelo período aproximado de 15 anos. A Turma entendeu, entre outras questões, que, comprovada a existência de união afetiva entre pessoas do mesmo sexo, é de se reconhecer o direito do companheiro sobrevivente de receber benefícios previdenciários decorrentes do plano de previdência privada do qual o falecido era participante, com os idênticos efeitos da união estável. Desse modo, se, por força do art. 16 da Lei n. 8.213/1991, a necessária dependência econômica para a concessão da pensão por morte entre companheiros de união estável é presumida, também o é no caso de companheiros do mesmo sexo, diante do emprego da analogia que se estabeleceu entre essas duas entidades familiares. Ressaltou-se que a proteção social ao companheiro homossexual decorre da subordinação dos planos complementares privados de previdência aos ditames genéricos do plano básico estatal, do qual são desdobramentos no interior do sistema de seguridade social, de forma que os normativos internos dos planos de benefícios das entidades de previdência privada podem ampliar, mas não restringir, o rol dos beneficiários designados pelos participantes. O direito social previdenciário, ainda que de caráter privado complementar, deve incidir igualitariamente sobre todos aqueles que se colocam sob seu manto protetor. Assim, aqueles que vivem em uniões de afeto com pessoas do mesmo sexo seguem enquadrados no rol dos dependentes preferenciais dos segurados no regime geral, bem como dos participantes no regime complementar de previdência, em igualdade de condições com todos os demais beneficiários em situações análogas. Ressaltou-se, ainda, que, incontroversa a união nos mesmos moldes em que a estável, o companheiro participante de plano de previdência privada faz jus à pensão por morte, ainda que não esteja expressamente inscrito no instrumento de adesão, isso porque a previdência privada não perde seu caráter social só pelo fato de decorrer de avença firmada entre particulares. Dessa forma, mediante ponderada intervenção do juiz, munido das balizas da integração da norma lacunosa por meio da analogia, considerando-se a previdência privada em sua acepção de coadjuvante da previdência geral e seguindo os princípios que dão forma ao direito previdenciário como um todo, entre os quais se destaca o da solidariedade, são considerados beneficiários os companheiros de mesmo sexo de participantes dos planos de previdência, sem preconceitos ou restrições de qualquer ordem, notadamente aquelas amparadas em ausência de disposição legal. Nesse contexto, enquanto a lei civil permanecer inerte, as novas estruturas de convívio que batem às portas dos tribunais devem ter sua tutela jurisdicional prestada com base nas leis existentes e nos parâmetros humanitários que norteiam, não só o Direito Constitucional, mas a maioria dos ordenamentos jurídicos existentes no mundo. Destarte, especificamente quanto ao tema em foco, é de ser atribuída normatividade idêntica à da união estável ao relacionamento afetivo entre pessoas do mesmo sexo, com os efeitos jurídicos daí derivados, evitando-se que, por conta do preconceito, sejam suprimidos direitos fundamentais das pessoas envolvidas. Por fim, registrou-se que o alcance dessa decisão abrange unicamente os planos de previdência privada complementar. **REsp 1.026.981-RJ, Rel. Min. Nancy Andrighi, julgado em 4/2/2010.** (Inform. STJ 421)

CONCUBINATO. INDENIZAÇÃO. SERVIÇOS DOMÉSTICOS.

Descabe indenização à recorrente, porquanto inexistente a pretendida união estável (art. 1.727 do CC/2002), que pressupõe ausência de impedimentos para o casamento ou separação de fato para permitir aos companheiros a salvaguarda dos direitos patrimoniais. Outrossim, no caso, não há que se falar em indenização por serviços domésticos na constância de relação concubinária concomitante com casamento válido como atalho para atingir os bens da família legítima (art. 226 da CF/1988). Precedente citado: REsp 931.155-RS, DJ 20/8/2007. **REsp 988.090-MS, Rel. Min. Luis Felipe Salomão, julgado em 2/2/2010.** (Inform. STJ 421)

SOCIEDADE DE FATO. PROVA. ESFORÇO COMUM.

A questão cinge-se em definir a qual figura jurídica corresponde o relacionamento havido entre homem e mulher em que o primeiro se encontrava separado de fato da primeira mulher, considerado o período de duração da união de 1961 a 1984, ano em que cessou o vínculo de fato para dar lugar ao casamento sob o regime de separação de bens, que perdurou até a morte do marido, em 1991. Inicialmente, destacou a Min. Relatora que a peculiaridade da lide reside no fato de que foram os filhos do primeiro casamento que ajuizaram a ação de reconhecimento de sociedade de fato com a finalidade de obter, em autos diversos, a partilha dos bens adquiridos ao longo da união mantida pelo pai com a recorrente até a data do casamento. O TJ concluiu pela existência, a partir de 1961, de concubinato, para, a partir de 1972, ou seja, somente com o advento da separação judicial, estabelecer a existência de união estável, a qual cessaria em 1984, com a celebração do casamento. Em seguida, destaca que é comportável o reconhecimento jurídico da sociedade de fato, já que a convivência em comum, por si só, gera contribuições e esforços mútuos. Para a Min. Relatora, a configuração da separação de fato afasta a hipótese de concubinato e o reconhecimento da sociedade de fato é de rigor. Todavia, ao estabelecer a caracterização de sociedade de fato, o TJ foi além e lhe emprestou os contornos da união estável. É pacífico o entendimento de que, além de sociedade de fato e união estável constituírem institutos diversos, não se operam, em relação à sociedade de fato, os efeitos decorrentes da legislação que deu forma à união estável, especificamente porque, na hipótese em julgamento, a partir do casamento, em 1984, deixou de existir a sociedade de fato para dar lugar à sociedade conjugal e, nessa época, sequer a CF/1988, muito menos as Leis ns. 8.971/1994 e 9.278/1996 estavam em vigência. Dessa forma, a Lei n. 9.278/1996, particularmente no que toca à presunção do esforço comum na aquisição do patrimônio de um ou de ambos os conviventes, contida no art. 5º, não pode ser invocada para determinar a partilha de bens se houve a cessação do vínculo de fato – transformado em vínculo decorrente de matrimônio – em data anterior à sua vigência. Dessa forma, deve ser reformado o acórdão recorrido para declarar unicamente a existência de sociedade de fato, da qual decorre a necessidade da prova do esforço comum na aquisição do patrimônio para eventual partilha, o que não se efetivou na espécie, de modo que os bens adquiridos pela recorrente permanecem sob sua propriedade exclusiva. Diante disso, a Turma conheceu parcialmente do recurso e, nessa parte, deu-lhe provimento. Precedentes citados: REsp 147.098-DF, DJ 7/8/2000, e REsp 488.649-MG, DJ 17/10/2005. **REsp 1.097.581-GO, Rel. Min. Nancy Andrighi, julgado em 1º/12/2009.** (Inform. STJ 418)

UNIÃO ESTÁVEL. RATEIO. PENSÃO.

O *de cujus*, após divorciar-se, manteve, até seu óbito, união estável com a requerente. Enquanto isso, porém, voltou a relacionar-se afetivamente com a ex-esposa, o que levou o Tribunal de Justiça a concluir que haveria configuração de concomitantes uniões estáveis a determinar o rateio proporcional da pensão por morte entre as reputadas companheiras. Então, na medida cautelar, a requerente busca suspender os efeitos do acórdão da apelação até o trânsito em julgado do REsp que interpôs, já admitido na origem. Quanto a isso, a jurisprudência do STJ vem admitindo, em hipóteses excepcionais, o manejo da medida cautelar originária para buscar o efeito suspensivo a REsp; todavia, é necessário demonstrar *periculum in mora* e *fumus boni juris*. É certo que há julgado da Terceira Turma que inadmitiu a possibilidade de configuração de uniões estáveis concomitantes, mas há outros da Quinta Turma que admitem o rateio da pensão entre ex-esposa e companheira, sem se falar em ordem de preferência. Daí se ver que a matéria não é pacífica neste Superior Tribunal. O julgamento do REsp, contudo, será o momento adequado ao deslinde da questão. Por enquanto, no que concerne à cautelar, basta a razoabilidade da tese sustentada pela requerente a fim de caracterizar a presença do *fumus boni juris*. O risco de dano, entretanto, vem do princípio de que são irrepetíveis as verbas de natureza alimentar: em caso de provimento do REsp, a ex-esposa estaria desobrigada a devolver o que já recebeu e, no caso de seu não provimento, não recuperaria sua parte na pensão porventura paga à requerente. Essa situação, aliada à existência de entendimentos divergentes no STJ, a revelar a incerteza do resultado final do julgamento do recurso, impõe que se defira a liminar em menor extensão, para, com base no poder geral de cautela, determinar que os valores destinados à ex-esposa sejam depositados judicialmente, sendo liberados a quem de direito somente após o julgamento definitivo do processo principal. Precedentes citados: REsp 789.293-RJ, DJ 20/3/2006; REsp 856.757-SC, DJe

2/6/2008, e REsp 628.140-RS, DJ 17/9/2007. **MC 16.253-RN, Rel. Min. Nancy Andrighi, julgada em 19/11/2009.** (Inform. STJ 416)

UNIÃO ESTÁVEL. BEM IMÓVEL. PARTILHA.
In casu, cinge-se a questão em saber se o imóvel adquirido primeiro pelo varão na constância da união estável e depois, ainda dentro do mesmo período de vida em comum, alienado por ele à autora (sua convivente) é bem sujeito à partilha. A Turma entendeu que, no caso, o imóvel objeto do contrato de compra e venda entre os companheiros está excluído da partilha. Ao concluir o negócio jurídico anterior à dissolução da união estável, o qual impunha obrigações sinalagmáticas para ambas as partes, o companheiro obteve vantagem econômica, o preço total do imóvel, não sendo razoável que agora, por meio de partilha, receba 50% do valor deste, que, no exercício de sua autonomia privada, já vendera à companheira. A alienação, por si só, é ato contrário, incompatível com a postulação de partilha. O contrato de compra e venda, em verdade, resulta em reserva do bem em favor da companheira, tornando-o incomunicável, portanto não sujeito à partilha. **REsp 738.464-DF, Rel. Min. Luis Felipe Salomão, julgado em 13/10/2009.** (Inform. STJ 411)

UNIÃO ESTÁVEL. DISSOLUÇÃO. ALIMENTOS. MENOR. INVENTÁRIO. ADIANTAMENTO.
A Turma decidiu que não se justifica o pedido de anulação da ação de alimentos, entendendo cabível a legitimidade ativa de filhos menores quando assistidos ou representados (conforme a idade), com pedido formulado em nome próprio pela genitora em favor dos filhos, uma vez demonstrado que o valor solicitado é para a manutenção da família. Ademais, tal legitimidade ativa não se altera quando atingida a maioridade do filho menor no curso do processo. É admissível também a partilha de bens decorrente da dissolução de união estável (vinte anos) promovida mediante processo futuro de inventário (art. 1.121, § 1º, do CPC), com a indicação prévia dos bens que integrarão a divisão, sem, contudo, haver o pretendido adiantamento da partilha, que só ocorreria se fosse desde já atribuída pelo Tribunal a cada companheiro uma parcela individualizada do patrimônio. No mais, pela incidência da Súmula n. 7-STJ, descabe examinar pedidos quanto à fixação do valor da pensão de alimentos com o do montante da participação da companheira na formação do patrimônio na constância da união. **REsp 1.046.130-MG, Rel. Min. Nancy Andrighi, julgado em 6/10/2009.** (Inform. STJ 410)

PROVA. CONTRIBUIÇÃO. AQUISIÇÃO. IMÓVEL. CONCUBINATO.
Trata-se de ação de reconhecimento de sociedade de fato com pedido de anulação de doação c/c partilha de bem imóvel, o qual a ora recorrente sustenta ser o único adquirido por meio de esforço comum, na constância do concubinato e com a peculiaridade de o então concubino, juntamente com a mulher com quem era casado na época, ter transferido o referido imóvel à sua filha e herdeira, permanecendo, apenas, como usufrutuário do bem, quando da posterior celebração do casamento com a concubina. O Tribunal *a quo*, lastreado no conjunto fático-probatório constante dos autos, concluiu que a ora recorrente não contribuiu, nem mesmo de forma indireta, para a aquisição do imóvel que se pretende partilhar. Assim, a Turma não conheceu do recurso, pois, na instância especial, não é cabível o reexame das provas, incidindo o verbete n. 7 da Súmula do STJ. **REsp 1.044.072-RJ, Rel. Min. Nancy Andrighi, julgado em 12/5/2009.** (Inform. STJ 394)

UNIÃO ESTÁVEL. DIREITO. POSSE. COMODATO. INFORMALIDADE.
Provido apenas em parte o recurso ao entendimento de que, ainda que fosse reconhecida a alegada união estável em ação autônoma, para dirimir uma ação possessória, inexiste vinculação entre ambas as ações, conforme o § 2º do art. 1.210 do CC/2002; a questão da posse é independente da solução do litígio familiar. Desse modo, visto que o problema possessório é inerente à própria situação de condomínio do bem sobre o qual não há consenso entre os cotitulares quanto ao seu aproveitamento, o reconhecimento da união estável, que no caso não logrou êxito por incabível seu conhecimento nesta instância, melhor sorte não assiste à recorrente. Ademais, diante de tal situação de conflito, este Superior Tribunal estabelece compensações a coproprietário alijado da posse, evidenciado que somente um deles pode exercê-la plenamente. No caso, cabe o pagamento de aluguéis pela recorrente enquanto perdurar o condomínio e exercer a posse única, malgrado as complexas relações mantidas na informalidade (comodato verbal), que exigiram análise particularizada dos elementos de cognição existentes. Precedentes citados: REsp 570.723-RJ, DJ 20/8/2007, e REsp 673.118-RS, DJ 6/12/2004. **REsp 1.097.837-SP, Rel. Min. Nancy Andrighi, julgado em 5/5/2009.** (Inform. STJ 393)

UNIÃO ESTÁVEL. PARTILHA. VERBA. ACIDENTE. TRABALHO.
Na dissolução da união estável, a partilha de bens refere-se ao patrimônio comum formado pelo casal, não se computando indenizações percebidas a título personalíssimo por quaisquer dos ex-companheiros, tal qual a recebida em razão de acidente de trabalho sofrido, pois é certo que a reparação deve ser feita àquele que sofreu o dano e carrega consigo a deficiência adquirida. A indenização recebida em razão do pagamento de seguro de pessoa cujo risco previsto era a invalidez temporária ou permanente não constitui fruto ou rendimento do trabalho que possam ajustar-se às disposições do inciso VI do art. 271 do CC/1916. **REsp 848.998-RS, Rel. Min. João Otávio de Noronha, julgado em 28/10/2008.** (Inform. STJ 374)

UNIÃO ESTÁVEL. COABITAÇÃO.
A recorrente busca reconhecer a existência de uma entidade familiar formada entre ela e o *de cujus* apta a reservar-lhe meação nos bens deixados. A seu favor pesa a constatação de que a Lei n. 9.278/1996 não enumera a coabitação como um elemento indispensável, um requisito essencial, à formação da união estável (*vide* Súm. n. 382-STF), mesmo que não se negue ser ela um dado relevante para perquirir a intenção de constituir família. Quanto à prova de efetiva colaboração da recorrente na aquisição dos bens, tal circunstância é relevante apenas para afastar eventual sociedade de fato, subsistindo a necessidade de definir se existente a união estável, pois ela presume a mútua colaboração na formação do patrimônio, a refletir na conseqüente partilha (art. 5º da referida lei). Porém, afastada a única premissa utilizada pelo Tribunal *a quo* para repelir a existência da união estável (a falta de coabitação), só resta a remessa dos autos à origem para que lá, à luz dos demais elementos de prova constantes dos autos, examine-se a existência da mencionada união, visto o consabido impeço de o STJ revolver o substrato fático-probatório dos autos. Precedentes citados: REsp 278.737-MT, DJ 18/6/2001, e REsp 474.962-SP, DJ 1º/3/2004. **REsp 275.839-SP, Rel. originário Min. Ari Pargendler, Rel. para acórdão Min. Nancy Andrighi (art. 52, IV, b, do RISTJ), julgado em 2/10/2008.** (Inform. STJ 370)

UNIÃO ESTÁVEL HOMOAFETIVA.
Em renovação de julgamento, após voto de desempate do Min. Luís Felipe Salomão, a Turma, por maioria, afastou o impedimento jurídico ao admitir a possibilidade jurídica do pedido de reconhecimento de união estável entre homossexuais. Assim, o mérito do pedido deverá ser analisado pela primeira instância, que irá prosseguir no julgamento anteriormente extinto sem julgamento de mérito, diante do entendimento da impossibilidade do pedido. Os Ministros Antônio de Pádua Ribeiro e Massami Uyeda votaram a favor da possibilidade jurídica do pedido por entender que a legislação brasileira não traz nenhuma proibição ao reconhecimento de união estável entre as pessoas do mesmo sexo. Já os Ministros Fernando Gonçalves e Aldir Passarinho Junior não reconheciam a possibilidade do pedido por entender que a CF/1988 e o CC só consideram união estável a relação entre homem e mulher com objetivo de formar entidade familiar. **REsp 820.475-RJ, Rel. originário Min. Antônio de Pádua Ribeiro, Rel. para acórdão Min. Luís Felipe Salomão, julgado em 2/9/2008.** (Inform. STJ 366)

CONCUBINATO. BENS ADQUIRIDOS. SOCIEDADE DE FATO.
O acórdão recorrido, considerando comprovada a colaboração indireta da concubina recorrida na formação do patrimônio, reconheceu a união estável e, conseqüentemente, a partilha, devendo observar-se a meação do patrimônio comum. A matéria consiste em verificar a possibilidade de aplicar os efeitos patrimoniais advindos da união estável, nos termos da Lei n. 9.278/1996, a uma sociedade de fato finda em data anterior a essa lei. A Min. Relatora, em conformidade com o que foi decidido no acórdão recorrido, não conheceu do recurso. O Min. João Otávio de Noronha, em seu voto-vista, divergindo do entendimento da Min. Relatora, afirmou que o mencionado acórdão deve ser reformado para reconhecer a incidência, na espécie, do regramento legal anterior à edição da Lei n. 9.278/1996 e, por conseguinte, afastar a divisão igualitária do patrimônio objeto da presente demanda. Entende que o quinhão a ser atribuído à autora recorrida não há de ser a meação, mas aquele que permita corresponder à contribuição indireta na convivência *more uxorio* de 1983 a 1996 (treze anos), no desempenho de suas atividades domésticas, traduzidas no cuidado com o lar, na criação e educação dos filhos e no companheirismo dedicado ao concubino. Diante disso, a Seção, ao prosseguir o julgamento, por maioria, conheceu do recurso e lhe deu parcial provimento para, afastando a partilha igualitária determinada nas instâncias de origem, atribuir à recorrida o percentual de quarenta por cento a título de participação sobre o valor correspondente aos bens adquiridos sob o regime do concubinato, no período de 1983 a 1996, conforme arrolados na peça preambular, cuja apuração deverá ocorrer na liquidação de sentença. Precedente citado: REsp 183.718-SP, DJ 18/12/1998. **REsp 914.811-SP, Rel. originária Min. Nancy Andrighi, Rel. para acórdão Min. João Otávio de Noronha, julgado em 27/8/2008.** (Inform. STJ 365)

Súmula STF nº 382

A vida em comum sob o mesmo teto, "more uxorio", não é indispensável à caracterização do concubinato.

6.3. Poder familiar, adoção, tutela e guarda

INTERDIÇÃO. REMUNERAÇÃO. CURADOR.

Trata-se de REsp oriundo de ação de interdição na qual o recorrente apresentou contas pelo *munus* de curador que lhe foi atribuído do interdito, seu pai. Discute-se, portanto, a validade dessa prestação de contas, tendo em vista o próprio curador ter fixado sua remuneração. Inicialmente observou a Min. Relatora que o instituto da curatela é medida tomada no interesse do interditado, ao qual se aplicam as regras relativas à tutela por força do disposto no art. 1.774 do CC/2002. Assim, consignou que a retribuição pecuniária do curador, conquanto justa, não deve combalir o patrimônio do interdito, tampouco se transmudar em rendimentos para o curador. Desse modo, embora ele faça jus ao recebimento de remuneração pelo exercício da curatela, não pode, contudo, ao seu alvedrio, arbitrar a própria remuneração, segundo os parâmetros do que entende ser razoável e justo. Dessarte, tal retribuição deve ser fixada pelo juiz que, mediante pleito do curador, irá sopesar todos os elementos para, finalmente, fixar valor justo pelo trabalho despendido, em atenção à capacidade financeira do interdito. Diante desses fundamentos, entre outros, a Turma negou provimento ao recurso. **REsp 1.205.113-SP, Rel. Min. Nancy Andrighi, julgado em 6/9/2011.** (Inform. STJ 482)

ADMINISTRAÇÃO. RECURSOS FINANCEIROS. INDENIZAÇÃO. FILHOS MENORES.

Trata-se de ação de indenização por danos morais ajuizada em decorrência de acidente aéreo que vitimou esposo e pai dos recorrentes, quando ele se dirigia ao seu local de trabalho em táxi aéreo contratado pela empresa estatal em que trabalhava. Houve acordo entre as partes, homologado pelo juiz, que julgou extinto o processo com exame de mérito, nos termos do art. 269, III, do CPC, mas determinou que os valores devidos aos autores menores e incapazes fossem depositados em caderneta de poupança à disposição do juízo. Daí a apelação, insurgindo-se contra a determinação de depósito, a que o TJ deu parcial provimento, apenas para liberar 20% a título de pensão. Então, adveio o REsp, afirmando os recorrentes que cabe à mãe, na falta de um dos genitores, a administração dos bens de menores incapazes; assim não seria possível, sem justificativa plausível, proibir a movimentação da indenização devida aos filhos menores de idade, apontando a divergência jurisprudencial. *A priori*, registra o Min. Relator não desconhecer a orientação deste Superior Tribunal de que não se poderia impor, sem razão plausível, restrição a que a mãe disponha das verbas deferidas em favor de seus filhos menores decorrentes de ação de indenização, em virtude do falecimento do pai. Contudo diverge, pois entende que o poder legal de administração dos bens dos filhos menores conferido aos pais pela redação do art. 1.689, II, do CC/2002 não comporta a disposição de administrá-los de forma ilimitada, visto impor que essa capacidade de administração seja acompanhada jurisdicionalmente, tudo em função do bem e da segurança dos menores (art. 1.691 do mesmo *codex*). Observa que, no caso, são quantias expressivas (cerca de R$ 63 mil), assim, a entrega incondicionada à mãe significaria, na verdade, a possibilidade de ela dispor das referidas importâncias como bem entendesse, o que não está amparado pela lei, além de não atender aos interesses dos menores. Acrescenta, ainda, que o referido art. 1.689 não pode ser interpretado de forma absoluta, mas em harmonia com outros diplomas legais que dispõem sobre o exercício do poder familiar amparado nos princípios que objetivam a proteção dos interesses dos filhos menores (por exemplo, o § 1º do art. 1º da Lei n. 6.858/1980). Para o Min. Relator, a cautela da sentença mantida parcialmente pelo acórdão recorrido teve como objetivo a preservação dos interesses dos menores. Todavia, deixou claro que toda essa cautela não significaria, de forma alguma, uma ingerência no poder familiar, visto que o direito ao levantamento permanece e pode ser exercido sempre que as circunstâncias demonstrarem sua necessidade, bastando, para tanto, a devida justificação junto ao Poder Judiciário para sua autorização mediante a fiscalização do MP. Diante do exposto, a Turma negou provimento ao recurso. Precedente citado: REsp 439.545-SP, DJ 6/9/2004. **REsp 1.110.775-RJ, Rel. Min. Massami Uyeda, julgado em 16/11/2010.** (Inform. STJ 456)

SEC. ADOÇÃO. SITUAÇÃO CONSOLIDADA.

Trata-se de sentença estrangeira contestada (SEC) referente à adoção cujos autos mostram que os requerentes são casados e têm filhos em comum. Quando se casaram, a primeira requerente tinha uma filha cujo pai biológico desapareceu depois de divorciar-se dela. Então, o segundo requerente, padrasto da adotanda, postulou sua adoção em Hong Kong, onde residia com a família na época, o que foi concedido. Atualmente, a família reside no Brasil e pretende a homologação da sentença de adoção. A Corte Especial deferiu o pedido. Observou-se, entre outras questões pertinentes ao caso, ser certo que, para a adoção de menor que tenha pais biológicos no exercício do pátrio poder, há necessidade de eles consentirem, exceto se, por decisão judicial, o poder familiar for perdido; e o abandono está entre uma das causas dessa perda conforme o art. 1.638, II, do CC/2002. Sucede que este Superior Tribunal já decidiu, excepcionalmente, por outra hipótese de dispensa do consentimento sem prévia destituição do pátrio poder: quando for observada situação de fato consolidada no tempo que seja favorável ao adotando. *In casu*, conforme relatório social constante dos autos e devidamente traduzido, a adotanda nasceu em 1985 e está aos cuidados do padrasto e da mãe desde 1990. Apenas viu o pai quando era pequena e não mais. Por ocasião da ação de adoção em trâmite em Hong Kong, foram feitas diversas tentativas de contato com o pai biológico tanto pelos requerentes pessoalmente, que contataram a mãe e a irmã dele, mas elas não os ajudaram, afirmando que ele não tinha residência fixa, quanto por meio do serviço social internacional, que buscou contato, mas não obteve êxito. Com isso, constata-se o desinteresse do pai biológico pela filha, pois difícil acreditar que não soubesse da ação de adoção, já que a própria genitora dele fora informada a respeito. De outro lado, a adotanda, atualmente, com 24 anos, conhece por pai o requerente, por quem foi criada, cuidada e educada. Portanto, o feito encontra-se entre aqueles em que se dispensa o consentimento e, por conseguinte, a citação válida, visto que o pai biológico não pode ser encontrado e revelou desinteresse pela questão. Ademais, a adotanda, hoje, é maior e, nada obstante a sentença que se pretende homologar tenha sido proferida quando ainda era menor para os atos da vida civil, essa realidade não subsiste. Além disso, ela juntou aos autos sua anuência com a presente homologação de sentença estrangeira de adoção, afirmando ser de seu interesse a regularização de seu *status* familiar. Assim, atendidos os demais requisitos legais, bem como o art. 5°, respectivos incisos e o art. 6° da Resolução n. 9/2005 do STJ, entendeu-se não haver restrição impeditiva para a homologação da sentença estrangeira de adoção. Precedente citado: REsp 100.294-SP, DJ 19/11/2001. **SEC 259-HK, Rel. Min. João Otávio de Noronha, julgada em 4/8/2010.** (Inform. STJ 441)

ADOÇÃO. PADRASTO.

Cuida-se de ação de adoção com pedido preparatório de destituição do poder familiar ajuizada por padrasto de filha menor de sua esposa, com quem tem outra filha. A questão posta no REsp consiste em definir se o padrasto detém legitimidade ativa e interesse de agir para propor a destituição do poder familiar do pai biológico em caráter preparatório à adoção de menor. É cediço que o art. 155 do ECA dispõe que o procedimento para a perda do poder familiar terá início por provocação do MP ou de pessoa dotada de legítimo interesse. Por outro lado, o pedido de adoção formulado nos autos funda-se no art. 41, § 1º, do ECA, o qual corresponde ao art. 1.626, parágrafo único, do CC/2002: um dos cônjuges pretende adotar o filho do outro, o que permite ao padrasto invocar o legítimo interesse para a destituição do poder familiar do pai biológico devido à convivência familiar, ligada essencialmente à paternidade social ou socioafetividade, que, segundo a doutrina, seria o convívio de carinho e participação no desenvolvimento e formação da criança sem a concorrência do vínculo biológico. Para a Min. Relatora, o padrasto tem legítimo interesse amparado na socioafetividade, o que confere a ele legitimidade ativa e interesse de agir para postular destituição do poder familiar do pai biológico da criança. Entretanto ressalta que todas as circunstâncias deverão ser analisadas detidamente no curso do processo, com a necessária instrução probatória e amplo contraditório, determinando-se, também, a realização de estudo social ou, se possível, de perícia por equipe interprofissional, segundo estabelece o art. 162, § 1º, do ECA. Observa ser importante dar ao padrasto a oportunidade de discutir a questão em juízo, em procedimento contraditório (arts. 24 e 169 do ECA), sem se descuidar, também, de que sempre deverá prevalecer o melhor interesse da criança e as hipóteses autorizadoras da destituição do poder familiar, comprovadas conforme dispõe o art. 1.638 do CC/2002 c/c art. 24 do ECA, em que seja demonstrado o risco social e pessoal ou de ameaça de lesão aos direitos a que esteja sujeita a criança. Entre outros argumentos e doutrinas colacionados, somadas às peculiaridades do processo, a Min. Relatora, acompanhada pela Turma, reconheceu a legitimidade ativa do padrasto para o pleito de destituição em procedimento contraditório, confirmando a decisão exarada no acórdão recorrido. **REsp 1.106.637-SP, Rel. Min. Nancy Andrighi, julgado em 1º/6/2010.** (Inform. STJ 437)

ADOÇÃO. MAIOR DE 18 ANOS. ESCRITURA.

Após a entrada em vigor do CC/2002, não mais se permite a adoção de pessoa maior de 18 anos mediante pedido de alvará para outorga de escritura pública, visto que se tornou indispensável o processo judicial que culmine em sentença constitutiva (art. 1.619 do referido *codex*). **REsp 703.362-PR, Rel. Min. Luis Felipe Salomão, julgado em 25/5/2010.** (Inform. STJ 436)

GUARDA COMPARTILHADA. TIO E AVÓ PATERNOS.

Os recorrentes, avó e tio paternos, ajuizaram ação de guarda e responsabilidade na qual alegam que estão com a guarda fática da menor desde os quatro meses de idade, ou seja, há 12 anos, e que seus genitores não têm condições de criar a filha. Necessitam da regulamentação da guarda da menor para incluí-la como dependente, daí originando direito a ela, inclusive assistência médica. Alegam, ainda, que os pais não se opõem ao pedido. A Turma conheceu e deu provimento ao recurso para conceder a guarda compartilhada ao tio e à avó, uma vez que não há outra perspectiva para a criança a não ser continuar recebendo o cuidado dos parentes que sempre fizeram o melhor para ela. Ademais, existem dois fatores que sopesaram na decisão: o desejo da própria criança em permanecer com os recorrentes e a concordância dos genitores com a guarda pretendida, havendo o reconhecimento de que a menor recebe bons cuidados. **REsp 1.147.138-SP, Rel. Min. Aldir Passarinho Junior, julgado em 11/5/2010.** (Inform. STJ 434)

MENORES. ADOÇÃO. UNIÃO HOMOAFETIVA.

Cuida-se da possibilidade de pessoa que mantém união homoafetiva adotar duas crianças (irmãos biológicos) já perfilhadas por sua companheira. É certo que o art. 1º da Lei n. 12.010/2009 e o art. 43 do ECA deixam claro que todas as crianças e adolescentes têm a garantia do direito à convivência familiar e que a adoção fundada em motivos legítimos pode ser deferida somente quando presentes reais vantagens a eles. Anote-se, então, ser imprescindível, na adoção, a prevalência dos interesses dos menores sobre quaisquer outros, até porque se discute o próprio direito de filiação, com consequências que se estendem por toda a vida. Decorre daí que, também no campo da adoção na união homoafetiva, a qual, como realidade fenomênica, o Judiciário não pode desprezar, há que se verificar qual a melhor solução a privilegiar a proteção aos direitos da criança. Frise-se inexistir aqui expressa previsão legal a permitir também a inclusão, como adotante, do nome da companheira de igual sexo nos registros de nascimento das crianças, o que já é aceito em vários países, tais como a Inglaterra, País de Gales, Países Baixos, e em algumas províncias da Espanha, lacuna que não se mostra como óbice à proteção proporcionada pelo Estado aos direitos dos infantes. Contudo, estudos científicos de respeitadas instituições (a Academia Americana de Pediatria e as universidades de Virgínia e Valência) apontam não haver qualquer inconveniente na adoção por companheiros em união homoafetiva, pois o que realmente importa é a qualidade do vínculo e do afeto presente no meio familiar que ligam as crianças a seus cuidadores. Na específica hipótese, há consistente relatório social lavrado por assistente social favorável à adoção e conclusivo da estabilidade da família, pois é incontroverso existirem fortes vínculos afetivos entre a requerente e as crianças. Assim, impõe-se deferir a adoção lastreada nos estudos científicos que afastam a possibilidade de prejuízo de qualquer natureza às crianças, visto que criadas com amor, quanto mais se verificado cuidar de situação fática consolidada, de dupla maternidade desde os nascimentos, e se ambas as companheiras são responsáveis pela criação e educação dos menores, a elas competindo, solidariamente, a responsabilidade. Mediante o deferimento da adoção, ficam consolidados os direitos relativos a alimentos, sucessão, convívio com a requerente em caso de separação ou falecimento da companheira e a inclusão dos menores em convênios de saúde, no ensino básico e superior, em razão da qualificação da requerente, professora universitária. Frise-se, por último, que, segundo estatística do CNJ, ao consultar-se o Cadastro Nacional de Adoção, poucos são os casos de perfiliação de dois irmãos biológicos, pois há preferência por adotar apenas uma criança. Assim, por qualquer ângulo que se analise a questão, chega-se à conclusão de que, na hipótese, a adoção proporciona mais do que vantagens aos menores (art. 43 do ECA) e seu indeferimento resultaria verdadeiro prejuízo a eles. **REsp 889.852-RS, Rel. Min. Luis Felipe Salomão, julgado em 27/4/2010.** (Inform. STJ 432)

ADOÇÃO. CADASTRO.

A Turma decidiu que, para fins de adoção, a exigência de cadastro (art. 5º do ECA) admite exceção quando for de melhor interesse da criança. No caso, há verossímil vínculo afetivo incontornável pelo convívio diário da criança com o casal adotante, que assumiu a guarda provisória desde os primeiros meses de vida, de forma ininterrupta, por força de decisão judicial. Precedente citado: REsp 837.324-RS, DJ 31/10/2007. **REsp 1.172.067-MG, Rel. Min. Massami Uyeda, julgado em 18/3/2010.** (Inform. STJ 427)

MENOR. GUARDA PROVISÓRIA.

A criança, de poucos dias de vida, foi entregue pelo próprio genitor aos cuidados de uma família amiga (tios de "consideração") residente em outro Estado-membro, em razão dos péssimos cuidados que a genitora dispensava a ela e a outros irmãos (faltavam-lhes condições condignas de higiene, saúde, alimentação, educação e moradia, afora a suspeita de negociação de entrega da criança aos traficantes de drogas locais e o "aluguel" de outro irmão para a mendicância). O próprio pai alega estar impossibilitado de assumir a guarda do infante frente à relutância de sua atual companheira, que já cuida de outro filho seu. Por sua vez, em poucos meses, o casal que acolheu a criança recebeu intimação para que prestasse testemunho em carta precatória e, ainda, entregasse a criança ao oficial de justiça em razão de pedido de providências formulado em juízo pelo conselho tutelar do local onde reside a mãe biológica. Ao se dirigirem ao fórum daquela cidade, surpreenderam-se com o aparato policial que os obrigou a entregar a criança ao abrigo local. Daí vem o conflito de competência em questão, pois houve a concessão de guarda em pleito ajuizado pelo casal no juízo ora suscitante, que confronta com a determinação do juízo suscitado de entrega da menor, feita no referido pedido de providências. Há conexão entre a ação de guarda e o pedido de providências porquanto, embora sejam dois processos com partes distintas, ambos versam sobre direitos de um único e só bem a ser protegido e preservado: a vida da menor, a determinar que sejam reunidos e julgados conjuntamente. Anote-se que, nesses casos de ações que versem sobre o interesse de crianças, há que se dar primado à preservação dos direitos do infante, com a atenção redobrada, no caso, por força das particularidades que revestem a situação acima descrita. Se a guarda provisória já foi deferida em favor do casal (que já a exercia de fato até a decisão judicial que colocou o menor em abrigo), define-se a competência pelo seu foro de domicílio (art. 147, I, do ECA), sobretudo se nem o pai ou a mãe possuem condições de cuidar da criança. Outrossim, no trato de guarda de menor, não se observa o direito dos pais ou terceiros de terem para si a criança, mas o direito da criança de ser cuidada pelos pais ou família que os substitua (art. 227 da CF/1988 e arts. 3º a 5º do ECA). Visto demonstrado não haver estabilidade afetiva, social, material e espiritual dos genitores dessa criança, ela deve ser novamente inserida provisoriamente na família substituta da qual foi retirada. Com esse entendimento, a Seção definiu como competente o juízo suscitante e determinou a expedição de imediato mandado de entrega da criança ao casal substituto independentemente de trânsito em julgado. Precedentes citados: CC 92.473-PE, DJe 27/10/2009; CC 94.897-DF, DJe 2/2/2009; CC 86.187-MG, DJe 5/3/2008; CC 54.084-PR, DJ 6/11/2006, e CC 62.027-PR, DJ 9/10/2006. **CC 108.442-SC, Rel. Min. Nancy Andrighi, julgado em 10/3/2010.** (Inform. STJ 426)

PATERNIDADE SOCIOAFETIVA. REGISTRO.

Falecido o pai registral e diante da habilitação do recorrente como herdeiro, em processo de inventário, a filha biológica inventariante ingressou com ação de negativa de paternidade, ao buscar anular o registro de nascimento do recorrente sob alegação de falsidade ideológica. Anote-se, primeiramente, não haver dúvida sobre o fato de que o *de cujus* não é o pai biológico do recorrente. Quanto a isso, dispõe o art. 1.604 do CC/2002 que ninguém pode vindicar estado contrário ao que consta do registro de nascimento, salvo provando o erro ou a falsidade do registro. Assim, essas exceções só se dão quando perfeitamente demonstrado que houve vício de consentimento (erro, coação, dolo, fraude ou simulação) quando da declaração do assento de nascimento, particularmente a indução ao engano. Contudo, não há falar em erro ou falsidade se o registro de nascimento de filho não biológico decorre do reconhecimento espontâneo de paternidade mediante escritura pública (adoção "à brasileira"), pois, inteirado o pretenso pai de que o filho não é seu, mas movido pelo vínculo socioafetivo e sentimento de nobreza, sua vontade, aferida em condições normais de discernimento, está materializada. Há precedente deste Superior Tribunal no sentido de que o reconhecimento de paternidade é válido se refletir a existência duradoura do vínculo socioafetivo entre pai e filho, pois a ausência de vínculo biológico não é fato que, por si só, revela a falsidade da declaração da vontade consubstanciada no ato de reconhecimento. Dessarte, não dá ensejo à revogação do ato de registro de filiação, por força dos arts. 1.609 e 1.610 do CC/2002, o termo de nascimento fundado numa paternidade socioafetiva, sob posse de estado de filho, com proteção em recentes reformas do Direito contemporâneo, por denotar uma verdadeira filiação registral, portanto, jurídica, porquanto respaldada na livre e consciente intenção de reconhecimento voluntário. Precedente citado: REsp 878.941-DF, DJ 17/9/2007. **REsp 709.608-MS, Rel. Min. João Otávio de Noronha, julgado em 5/11/2009.** (Inform. STJ 414)

NEGATÓRIA. PATERNIDADE. VÍNCULO SOCIO-AFETIVO.

A ausência de vínculo biológico (afastado por exame de DNA) não teve o condão de desconstituir a filiação, pois foi reconhecido juridicamente que se estabeleceu o vínculo socio-afetivo entre pai e filho, porquanto, só após 22 anos do nascimento do filho, o pai propôs ação negatória de paternidade combinada com retificação de registro civil. Com esse entendimento, a Turma negou provimento ao REsp do pai. Apontou o Min. Relator que, nas instâncias ordinárias, ao contrário do sustentado no REsp, ficou inconteste não haver adoção à moda brasileira, pois o recorrente, ao proceder ao registro da paternidade, não tinha conhecimento da inexistência de vínculo biológico e, apesar da alegação de dúvidas, portou-se como pai, estabelecendo vínculo de afetividade. Explicou que a paternidade fundada no vínculo socio-afetivo não é construção doutrinária nem jurisprudencial, mas encontra proteção no § 6º do art. 227 da CF/1988, que veda diferenciação entre filhos havidos ou não de relação de casamento, e no art. 1.595 do CC/2002, que reconhece o parentesco civil resultante de origem não consanguínea. Observou que o reconhecimento espontâneo da paternidade somente pode ser desfeito se demonstrado o vício de consentimento ou falsidade do registrado, conforme disposto no art. 1.604 do CC/2002. Esclareceu que, por erro de conhecimento, deve-se compreender a falsa representação da realidade ou idéia falsa da realidade, tal como apregoado na doutrina. Ademais, no contexto dos autos, não se denota emprego de diligência apta a configurar o alegado erro substancial escusável. Anotou ainda que o erro essencial apto a anular a filiação assentada no registro civil deve estar evidenciado nos autos de forma clara e robusta, o que não se verificou no caso. Precedentes citados: REsp 932.692-DF, DJe 12/2/2009, e REsp 1.022.793-RS, DJe 3/2/2009. **REsp 1.078.285-MS, Rel. Min. Massami Uyeda, julgado em 13/10/2009.** (Inform. STJ 411)

GUARDA. MENOR. AVÓS. INTERESSE. CRIANÇA.
Cuida-se de guarda pleiteada pelos avós para regularização de situação de fato consolidada desde o nascimento do infante (16/1/1991), situação qualificada pela assistência material e afetiva prestada por eles, como se pais fossem. Assim, conforme delineado no acórdão recorrido, verifica-se uma convivência entre os autores e o menor perfeitamente apta a assegurar seu bem-estar físico e espiritual, não havendo, por outro lado, nenhum empecilho ao seu pleno desenvolvimento psicológico e social. Em tais casos, não se tratando de "guarda previdenciária", o Estatuto da Criança e do Adolescente deve ser aplicado, tendo em vista mais os princípios protetivos dos interesses da criança, notadamente porque o art. 33 está localizado em seção intitulada "Da Família Substituta" e, diante da expansão conceitual que hoje se opera sobre o termo "família", não se pode afirmar que, no caso, há, verdadeiramente, uma substituição familiar. O que deve balizar o conceito de "família" é, sobretudo, o princípio da afetividade, que fundamenta o direito de família na estabilidade das relações socioafetivas e na comunhão de vida, com primazia sobre as considerações de caráter patrimonial ou biológico. Isso posto, a Turma não conheceu do recurso do Ministério Público. Precedentes citados: REsp 469.914-RS, DJ 5/5/2003, e REsp 993.458-MA, DJe 23/20/2008. **REsp 945.283-RN, Rel. Min. Luis Felipe Salomão, julgado em 15/9/2009.** (Inform. STJ 407)

VENDA. BENS. MENORES. HASTA PÚBLICA.
A questão consiste em saber se os bens imóveis de menor geridos por um conselho administrador nomeado em autos de inventário, excluída a mãe, que não detém poder de alienação, podem ser vendidos sem hasta pública e sem prévia avaliação judicial. Para o Min. Relator, aquele que administra os bens do menor sujeito ao pátrio poder, limitado pelo juízo do inventário em razão da nomeação de um tutor especial, fica, sem sombra de dúvidas, subordinado aos ditames da tutela. E, no caso dos autos, ocorre justamente essa particularidade, que o distingue dos demais precedentes deste Superior Tribunal. Embora o recorrente mantivesse a representação de sua mãe, na verdade seus bens estavam sendo administrados por um conselho de administração, indicado pelo juízo do inventário, o que restringia, sem dúvida, o exercício do pátrio poder, ao menos no tocante aos bens do filho. A nomeação de um conselho administrador resultou da circunstância de se tratar de vasto patrimônio imobiliário, com apenas um herdeiro menor de idade, sendo que a decisão levou em conta o fato de que a mãe não reunia conhecimento relativo à complexidade da gestão dos negócios do marido, que veio a falecer. De fato, a mãe exercia o pátrio poder quanto à pessoa de seu filho. Todavia, não administrava seus bens, conforme previsto no art. 385 do CC/1916. Assim, na hipótese dos autos, os bens eram administrados pelo conselho de administração nomeado pelo juízo, sendo tal fato incontroverso, por isso que não há falar em aplicação, para efeito de alienação de bens, das regras do art. 386 do CC/1916, que prevê apenas a autorização judicial, sendo necessária, em verdade, a avaliação prévia e a hasta pública (art. 429 do CC/1916), de modo a resguardar efetivamente os direitos do incapaz cujos bens eram administrados por terceiros. O exercício do pátrio poder só dispensa a necessidade de hasta pública quando os pais administram os bens dos filhos, o que não é o caso. Portanto, havendo terceiros a gerir os bens do menor, ainda que com a mãe exercendo o pátrio poder de forma restrita, para resguardar a necessária transparência e os direitos do incapaz, mister a avaliação e a alienação em hasta pública, equiparando-se, no caso, à tutela especial e atuação do conselho de administração. Por conseguinte, o negócio jurídico não se revestiu da forma prescrita em lei. Era imprescindível a observância da formalidade da hasta pública, de modo a assegurar o preço efetivo dos bens do autor. **REsp 434.701-DF, Rel. Min. Luis Felipe Salomão, julgado em 15/9/2009.** (Inform. STJ 407)

ADOÇÃO. PATERNIDADE. ALIMENTOS.
Cuida-se de ação anulatória de registro público cumulada com investigação de paternidade/maternidade e alimentos. Enquanto prestava serviços domésticos a uma família, a contratada manteve relacionamento amoroso com o contratante, do qual resultou sua gravidez e o nascimento do ora recorrente, que não viu reconhecida sua paternidade. Anote-se que a genitora morreu devido a complicações no parto e o rebento foi acolhido por seus tios que, posteriormente, adotaram-no sob o regime de adoção plena do revogado Código de Menores. O conhecimento desse fato pelo recorrente, que deu azo à propositura da ação, só se deu na adolescência. Contudo, o juízo de primeiro grau, sem apreciar o mérito, extinguiu o processo por impossibilidade jurídica do pedido. Então, o objeto do especial consiste, exclusivamente, na anulação da sentença e na consequente reabertura da instrução, afastando-se a pecha de impossível impingida aos pleitos. Quanto a isso, a jurisprudência e doutrina mostram-se pacíficas em associar a possibilidade jurídica do pedido à ausência de vedação do pleito no ordenamento jurídico, daí que o decreto de carência da ação não deve subsistir. Muito embora caiba cogitar a impossibilidade jurídica do pedido de anulação do registro, ao considerar os comandos insertos no art. 37 do Código de Menores vigente à época da adoção do recorrente e hoje melhor traduzido pelo constante no art. 48 do ECA, ambos os quais determinam a irrevogabilidade da adoção, mostram-se sem vedação no ordenamento jurídico os demais pedidos feitos na inicial (a investigação de paternidade/maternidade e os alimentos). Antes de vedar, o ordenamento até expressamente autoriza o pleito investigatório, conforme se extrai do teor do art. 27 do ECA. Vale ressaltar que este Superior Tribunal já firmou, numa interpretação sistemática e teleológica dos arts. 27, 41 e 48 do ECA, que o adotado pode, a qualquer tempo, ver reconhecida a verdade biológica referente à sua filiação. Já quanto ao pedido de alimentos, não há também vedação legal a, no caso, impedir sua apreciação, mesmo considerada a irrevogabilidade da adoção do alimentando, tal qual já decidiu o STJ em assemelhado caso. Assim, há que devolver os autos à primeira instância para prosseguir o andamento do feito. Precedentes citados: REsp 254.417-MG, DJe 2/2/2009; REsp 127. 541-RS, DJ 28/8/2000, e REsp 813. 604-SC, DJ 27/10/2006. **REsp 220.623-SP, Rel. Min. Fernando Gonçalves, julgado em 3/9/2009.** (Inform. STJ 405)

INVESTIGAÇÃO. PATERNIDADE. *POST MORTEM*. HERDEIROS. DNA.
Cuida-se de recurso contra o acórdão que julgou procedente o pedido de reconhecimento de paternidade que se deu com base no conjunto probatório do processo, marcadamente no depoimento prestado pelo investigante e na oitiva das testemunhas por ele arroladas, bem como na prova emprestada recebida como documental e concernente a processo investigatório anterior. Sob esse quadro, considerou-se a presunção relativa de paternidade que exsurge na recusa injustificada dos herdeiros do investigado de submissão ao exame de DNA. Assim, a lide nesta ação de investigação de paternidade prende-se à peculiaridade de que os herdeiros do investigado falecido (tal como ele próprio, em ação anterior), negaram-se, de forma injustificada, a se submeter ao mencionado exame. Há também petição atravessada por litisconsorte recorrente pleiteando a conversão do julgamento desse recurso em diligência, para a realização do exame de DNA, outrora veementemente recusado pelos demais recorrentes. Porém, a Turma conheceu do recurso, mas lhe negou provimento ao entendimento de que, diversamente do que pretendem fazer crer os recorrentes, não houve o alegado julgamento com base na presunção relativa de paternidade gerada a partir da recusa de se submeterem ao exame pericial pelo método DNA. Em razão da negativa da produção da prova, o TJ fez preponderar, do conjunto de provas do processo, os depoimentos do investigante e testemunhas, além da prova documental consistente na instrução de processo investigatório anterior. Assim sendo, a declaração de paternidade reafirmada no acórdão impugnado com base na análise do quadro fático e probatório do processo não pode ser desconstituída em sede de recurso especial. Assim, se o quadro probatório do processo atesta a paternidade, não há por que retardar ainda mais a entrega da prestação jurisdicional, notadamente em se tratando de direito subjetivo pretendido por pessoa que se viu privada material e afetivamente de ter um pai ao longo de 66 anos, durante os quais enfrentou toda sorte de dificuldades inerentes ao ocaso da dignidade humana. Quanto ao pedido do litisconsorte recorrente, o exame do DNA só pode aproveitar à parte que não deu causa ao obstáculo para sua realização na fase probatória. Precedente citado: REsp 819.588-MS, DJe 3/4/2009. **REsp 1.046.105-SE, Rel. Min. Nancy Andrighi, julgado em 1º/9/2009.** (Inform. STJ 405)

INVESTIGAÇÃO. PATERNIDADE. *POST MORTEM*.
Trata-se de REsp em que a questão versa sobre a possibilidade de reconhecimento de paternidade com base no conjunto probatório do processo, ainda que a prova pericial (exame de DNA) tenha resultado inconclusivo. Conforme os autos, entendeu-se que a ausência de conclusão de paternidade da perícia deveu-se à inviabilidade do material genético colhido quando da exumação do cadáver do investigado, considerado o estado de degradação provocado pelo procedimento de conservação química (embalsamamento). Por isso, não foi possível recuperar material genético cadavérico em integridade adequada para as técnicas de amplificação de ácidos nucléicos, comumente utilizadas para a realização do exame de DNA. A peculiaridade do caso, portanto, reside no fato de que houve resultado inconclusivo (e não negativo) da perícia, julgando-se, dessa forma, com base nas demais provas constantes do processo, em especial nos depoimentos das partes, testemunhas e informantes. Assim, não houve a alegada violação dos dispositivos legais mencionados, quais sejam: arts. 535, 333, I, 335 e 366, todos do CPC. Ressaltou-se ainda que desqualificar a prova testemunhal sob o argumento de que as pessoas não presenciaram a cópula dos envolvidos é inconsistente, além de preconceituoso dizer que o investigado reconheceu voluntariamente o filho de uma mulher negra de procedência humilde como se essas características pudessem tornar os filhos diferentes. Com esses fundamentos, entre outros, a Turma negou provimento ao recurso. **REsp 1.060.168-AC, Rel. Min. Nancy Andrighi, julgado em 25/8/2009.** (Inform. STJ 404)

ADOÇÃO À BRASILEIRA. PATERNIDADE SOCIOAFETIVA.
Na espécie, o *de cujus*, sem ser o pai biológico da recorrida, registrou-a como se filha sua fosse. A recorrente pretende obter a declaração de nulidade desse registro civil de nascimento, articulando em seu recurso as seguintes teses: seu ex-marido, em vida, manifestou de forma evidente seu arrependimento em ter declarado a recorrida como sua filha e o decurso de tempo não tem o condão de convalidar a adoção feita sem a observância dos requisitos legais. Inicialmente, esclareceu o Min. Relator que tal hipótese configura aquilo que doutrinariamente se chama de adoção à brasileira, ocasião em que alguém, sem observar o regular procedimento de adoção imposto pela Lei Civil e, eventualmente assumindo o risco de responder criminalmente pelo ato (art. 242 do CP), apenas registra o infante como filho. No caso, a recorrida foi registrada em 1965 e, passados 38 anos, a segunda esposa e viúva do *de cujus* pretende tal desconstituição, o que, em última análise, significa o próprio desfazimento de um vínculo de afeto que foi criado e cultivado entre a registrada e seu pai com o passar do tempo. Se nem mesmo aquele que procedeu ao registro e tomou como sua filha aquela que sabidamente não é teve a iniciativa de anulá-lo, não se pode admitir que um terceiro (a viúva) assim o faça. Quem adota à moda brasileira não labora em equívoco. Tem pleno conhecimento das circunstâncias que gravitam em torno de seu gesto e, ainda assim, ultima o ato. Nessas circunstâncias, nem mesmo o pai, por arrependimento posterior, pode valer-se de eventual ação anulatória, postulando desconstituir o registro. Da mesma forma, a reflexão sobre a possibilidade de o pai adotante pleitear a nulidade do registro de nascimento deve levar em conta esses dois valores em rota de colisão (ilegalidade da adoção à moda brasileira, de um lado, e, de outro, repercussão dessa prática na formação e desenvolvimento do adotado). Com essas ponderações, em se tratando de adoção à brasileira a melhor solução consiste em só permitir que o pai adotante busque a nulidade do registro de nascimento quando ainda não tiver sido constituído o vínculo de socioafetividade com o adotado. Após formado o liame socioafetivo, não poderá o pai adotante desconstituir a posse do estado de filho que já foi confirmada pelo véu da paternidade socioafetiva. Ressaltou o Min. Relator que tal entendimento, todavia, é válido apenas na hipótese de o pai adotante pretender a nulidade do registro. Não se estende, pois, ao filho adotado, a que, segundo entendimento deste Superior Tribunal, assiste o direito de, a qualquer tempo, vindicar judicialmente a nulidade do registro em vista da obtenção do estabelecimento da verdade real, ou seja, da paternidade biológica. Por fim, ressalvou o Min. Relator que a legitimidade *ad causam* da viúva do adotante para iniciar uma ação anulatória de registro de nascimento não é objeto do presente recurso especial. Por isso, a questão está sendo apreciada em seu mérito, sem abordar a eventual natureza personalíssima da presente ação. Precedente citado: REsp 833.712-RS, DJ 4/6/2007. **REsp 1.088.157-PB, Rel. Min. Massami Uyeda, julgado em 23/6/2009.** (Inform. STJ 400)

DIREITO. VISITAS. NEGATÓRIA. PATERNIDADE.
A recorrente pretende excluir o direito de visitas antes deferido ao pai de sua filha, por força do alegado conflito de interesses provocado pelo próprio genitor, ao ajuizar, em concomitância, ações que, no seu entendimento, manifestam absoluta incompatibilidade: a primeira, negatória de paternidade; a segunda, de modificação de direito de visitas, com o objetivo de ampliar o tempo de permanência do pai com a menor. O recorrido aduz que os laços afetivos entre ele e a filha são muito fortes e, ainda que fosse constatada a ausência de vínculo biológico, jamais seria rompido o vínculo afetivo que nutre com a criança, atestando que, logo após a ruptura da união estável mantida com a mãe da menor, ajuizou ação de oferta de alimentos, pois sempre se preocupou com o bem-estar de sua filha. Por fim, fez prova de que requereu a desistência da ação negatória de paternidade, insistindo pela manutenção de seu direito de visita. A questão consiste em definir se há incompatibilidade no ajuizamento, simultâneo e pela mesma parte, de ação negatória de paternidade e de modificação do direito de visitas, essa com o objetivo de ampliação do tempo de permanência do pai com a filha menor. A peculiaridade é que o processo em questão tem origem em medida cautelar incidental requerida nos autos de ação de modificação de direito de visitas, correndo a negatória de paternidade em autos diversos. Para a Min. Relatora, pelo que se extrai do acórdão recorrido, cuida-se de um pai que possui interesse de estar presente na vida da filha e visitá-la o tanto quanto lhe for permitido e determinado pelo juízo na regulamentação de visitas. Há o fator real de intenso conflito entre os genitores que procuram de todas as formas dificultar a vida um do outro; deve-se poupar a filha, para que não seja também atingida pela irreflexão comum àqueles que, ao perderem a vida em comum, perdem também a coerência de suas próprias vidas, sem necessidade de concentrar na criança mais um foco da discórdia. Os direitos da criança devem ser amplamente assegurados (art. 19 do ECA). É inerente ao poder familiar, que compete aos pais, quanto à pessoa dos filhos menores, tê-los em sua companhia nos termos do art. 1.634, II, do CC/2002, ainda que essa companhia tenha que ser regulada pelo direito de visitas explicitado no art. 1.589 do CC/2002, considerada a restrição contida no art. 1.632 daquele mesmo código, quando colhido o casal pela separação judicial, divórcio ou dissolução da união estável. Sem que se tenha notícia de que o poder familiar do recorrido em relação à filha tenha sido de alguma forma suspenso ou extinto, assiste-lhe o direito de visitar a filha nos termos em que fixadas as visitas em juízo. Também a desistência da ação negatória em outro processo não tem o condão de produzir efeitos processuais nestes autos. O genitor vem cumprindo com suas obrigações paternas, demonstrando intensa preocupação e cuidado com o bem-estar da filha, não há porque restringir o salutar contato da filha com o pai. Com redobrada atenção ao princípio do maior interesse da criança, deve ser mantido o acórdão impugnado, uma vez que o genitor em nada violou o art. 267, § 4º, do CPC. A aludida incompatibilidade entre as ações ajuizadas pelo recorrido, acaso determinado o prosseguimento da ação negatória de paternidade em que se formulou o pedido de desistência, deveria subsidiar o juiz daquele processo, que, sabidamente, deve estar atento, para além da existência ou não de vícios de consentimento no ato do reconhecimento espontâneo da paternidade, à presença de vínculo de afeto a unir a criança ao pai que expõe sua dúvida perante o Judiciário. Não há como decidir pela procedência de uma negatória de paternidade quando presente a relação de afeto, salutar e condicionante maior da existência da paternidade socioafetiva. **REsp 1.032.875-DF, Rel. Min. Nancy Andrighi, julgado em 28/4/2009.** (Inform. STJ 392)

ADOÇÃO. VÍNCULO. CRIANÇA. ADOTANTE.
Cuida-se, na espécie, da adoção de menor na qual a mãe e o casal, ora agravado, assinaram termo de declaração no qual há expressa manifestação de vontade do primeiro em consentir a doação de uma filha aos agravados, tendo o juiz *a quo* autorizado a permanência da menor com o casal pelo prazo de trinta dias. Posteriormente, passados oito meses, o Tribunal *a quo* determinou a guarda da menor aos agravantes por constarem do cadastro geral, sob o fundamento de que uma criança com menos de um ano não poderia criar vínculo com o casal e, considerando a formalidade do cadastro, poderia ser afastada do casal agravado. A Turma entendeu que o critério a ser observado é a existência de vínculo de afetividade da criança com o casal adotante. Dever-se-ia, preponderantemente, verificar o estabelecimento do vínculo afetivo da criança com os agravados, que, se presente, torna legítima, indubitavelmente, a adoção *intuitu personae*. Assim, negou provimento ao agravo. **AgRg na MC 15.097-MG, Rel. Min. Massami Uyeda, julgado em 5/3/2009.** (Inform. STJ 385)

GUARDA. MENOR. PAIS. ESTUDO PSICOSSOCIAL.
In casu, discute-se a guarda de menor em que litigam os pais da criança e ambos sustentam oferecer melhores condições para exercer a guarda da filha. Conforme estudos psicossociais realizados, evidenciou-se que ambos os pais, efetivamente, reúnem condições de educar a filha. Contudo, dois fatos apresentam-se relevantes para o deferimento da guarda a um deles, quais sejam: mais tempo disponível da genitora para estar com a menor e maior empatia desta com o companheiro da mãe. Ademais, é consabido que a guarda deverá ser atribuída ao genitor que revele melhores condições para exercê-la e, objetivamente, mais aptidão para propiciar afeto ao filho (não só no universo genitor-filho como também no do grupo familiar em que está a criança inserida), saúde, segurança e educação. Dessa forma,

se o acórdão recorrido atesta que a mãe oferece melhores condições de exercer a guarda da criança, revelando em sua conduta plenas condições de promover o sustento, a guarda, a educação da menor, bem assim de assegurar a efetivação de seus direitos e facultar o desenvolvimento físico, mental, moral, espiritual e social da filha, em condições de liberdade e de dignidade, deve a relação materno-filial ser preservada, sem prejuízo da relação paterno-filial, assegurada por meio do direito de visitas. Com esses fundamentos, entre outros, a Turma negou provimento ao recurso. **REsp 1.076.834-AC, Rel Min. Nancy Andrighi, julgado em 10/2/2009.** (Inform. STJ 383)

MENOR. GUARDA. AVÓ.

A questão em causa consiste em definir se há ou não o direito de a avó obter a regularização da situação de fato já existente e comprovada no processo, relativa à obtenção da guarda judicial de seu neto, com a peculiaridade de que os pais da criança com ela residem e manifestaram, nos autos, concordância com o deferimento do pedido. A Turma deu provimento ao recurso, ao entendimento de que, no interesse maior da criança, inclina-se para que o menor permaneça sob a guarda da avó, ora recorrente, de quem recebe afeto desde nascido e é fonte de seu sustento. Não há, nesse caso, nenhum indício de que o objetivo desta seria o de garantir o recebimento de benefício previdenciário para o menor, o que afasta a assertiva que obstaria o acolhimento do pleito em questão. Ressaltou-se que não remanesce dúvida, diante da descrição fática do processo dada pelo acórdão recorrido, de que a criança vive sob a guarda de fato da avó, que não é apenas a provedora material, pois mantém estreito laço afetivo com o neto. Há menção até mesmo de que a avó estaria fazendo o papel dos pais, visto a instabilidade financeira destes. Ressaltou-se, ainda, que o melhor interesse da criança deve ser a máxima a ser trilhada em processos desse jaez, e que resguardar a situação fática já existente, com o consentimento dos próprios pais no intuito de preservar o bem-estar do menor, de forma alguma atenta contra as diretrizes fixadas no Estatuto da Criança e do Adolescente (ECA), as quais são ditadas pela Constituição Federal. Ao contrário, coaduna-se perfeitamente com o disposto no art. 33, § 1º, do referido estatuto, de que a guarda destina-se a regularizar a posse de fato. Por fim, destacou-se que o deferimento da guarda não é definitivo, tampouco faz cessar o poder familiar, o que permite aos pais, futuramente, quando alcançarem estabilidade financeira, reverter a situação, se assim entenderem, na conformidade do art. 35 do ECA. **REsp 993.458-MA, Rel. Min. Nancy Andrighi, julgado em 7/10/2008.** (Inform. STJ 371)

MENOR. GUARDA. POSSE. DIREITO. VISITA.

A concessão da posse e guarda do menor exclusivamente ao pai não importa subtração do direito de visita da mãe, pois aquela concessão não é absolutamente excludente do direito à visita, desde que tomadas as cautelas que cada caso requer. **RMS 14.169-SP, Rel. Min. Aldir Passarinho Junior, julgado em 3/5/2007.** (Inform. STJ 319)

6.4. Alimentos

DÉBITO ALIMENTAR E PRISÃO CIVIL

A 2ª Turma concedeu *habeas corpus* para determinar a expedição de salvo-conduto em favor do ora impetrante, cujo decreto prisional decorrera da existência de débito alimentar. De início, consignou-se que a jurisprudência do STF seria no sentido de que a incapacidade econômica do alimentante não serviria, por si só, de base para evitar a decretação de prisão civil. Em seguida, ressaltou-se que ele obtivera, em sede de agravo de instrumento, a diminuição do valor da prestação alimentícia e, ainda assim, enfrentaria dificuldades, aparentemente, insuperáveis para cumprir o que fora decidido. Desse modo e ante o quadro peculiar do paciente — a revelar a sua impossibilidade de solver o aludido débito —, asseverou-se que não se justificaria a prisão. Reputou-se que o inadimplemento não teria sido voluntário e inescusável. Por fim, enfatizou-se que a prisão civil teria que ser aplicada a situações nas quais, de fato, servisse de estímulo para o cumprimento da obrigação. HC 106709/RS, rel. Min. Gilmar Mendes, 21.6.2011. (HC-106709) (Inform. STF 632)

DIREITO CIVIL. PRISÃO DECRETADA COM BASE EM DECISÃO DE CAUTELAR ENVOLVENDO DIREITO DE FAMÍLIA. DÚVIDA SOBRE A EFICÁCIA DA EXECUÇÃO DE ALIMENTOS.

Não é razoável manter a prisão civil decretada em execução de decisão liminar proferida em ação cautelar preparatória de separação de corpos c/c guarda de menor e alimentos provisionais, na hipótese em que o tribunal de origem não decidiu se houve perda da eficácia da cautelar com o não ajuizamento da ação principal no prazo previsto no art. 806 do CPC. Conforme a Súm. n. 482/STJ e o art. 806 do CPC, a parte tem 30 dias para propor a ação principal, sob pena de perda da eficácia da liminar deferida e a extinção do processo cautelar. A doutrina majoritária afasta a aplicação dessa regra quando se trata de ações cautelares envolvendo Direito de Família. Todavia, a Terceira Turma, em outra oportunidade, ao apreciar a questão entendeu que os arts. 806 e 808 do CPC incidem nos processos cautelares de alimentos provisionais. Assim, há dúvida acerca da eficácia do título que embasa a execução de alimentos, devendo o tribunal de origem determinar se o não ajuizamento da ação principal no prazo decadencial do art. 806 do CPC acarreta a perda da eficácia da decisão liminar concedida na cautelar preparatória e, em caso positivo, qual o período em que a referida decisão produziu efeitos. A definição dessa questão é relevante, pois poderá acarretar a redução do quantum devido ou, até mesmo, a extinção da execução. Dessa forma, não se mostra razoável o constrangimento à liberdade de ir e vir do paciente (art. 5º, LXVII, da CF), medida sabidamente excepcional, antes de se definir a eficácia e liquidez do título que embasa a execução de alimentos e, assim, a legalidade da decretação da prisão. Precedente citado: **REsp 436.763-SP, DJ 6/12/2007. RHC 33.395-MG, Rel. Min. Paulo de Tarso Sanseverino, julgado em 4/10/2012.** (Inform. STJ 506)

PRISÃO CIVIL. PAGAMENTO PARCIAL DA OBRIGAÇÃO ALIMENTÍCIA.

A Turma reafirmou que o pagamento parcial da obrigação alimentar não afasta a regularidade da prisão civil. Destacou-se que este Superior Tribunal entende ser legítima a prisão civil do devedor de alimentos, quando fundamentada na falta de pagamento de prestações vencidas nos três meses anteriores à propositura da execução ou daquelas vencidas no decorrer do processo (Súm. n. 309/STJ). Ademais, eventuais alegações quanto à incapacidade material do recorrente de satisfazer a prestação alimentícia devem ser discutidas nos autos da ação de alimentos, não no âmbito estreito do writ, cujo trâmite não comporta dilação probatória. Precedente citado: **HC 209.137-SP, DJe 13/9/2011. RHC 31.302-RJ, Rel. Min. Antonio Carlos Ferreira, julgado em 18/9/2012.** (Inform. STJ 504)

AÇÃO DE EXONERAÇÃO DE ALIMENTOS. APELAÇÃO. EFEITOS.

A apelação interposta contra sentença que julgar pedido de alimentos ou pedido de exoneração do encargo deve ser recebida apenas no efeito devolutivo. O Min. Relator afirmou que a sentença que fixa ou redefine o valor dos alimentos, bem como aquela que exonera o alimentante do dever de prestá-los, gera uma presunção ora a favor do alimentado, ora em favor do alimentante. Assim, por uma interpretação teleológica do art. 14 da Lei n. 5.478/1968 (com a redação dada pela Lei n. 6.014/1973), a apelação interposta contra sentença em ação de exoneração de alimentos deve ser recebida unicamente no efeito devolutivo, não sendo aplicável ao caso a regra geral prevista no art. 520 do CPC. Precedentes citados: **REsp 1.138.898-PR, DJe 25/11/2009, e RMS 25.837-SP, DJe 5/11/2008. REsp 1.280.171-SP, Rel. Min. Massami Uyeda, julgado em 2/8/2012.** (Inform. STJ 501)

HC. EXECUÇÃO DE DÉBITO ALIMENTAR. PRISÃO CIVIL. NATUREZA DAS VERBAS.

Apenas o inadimplemento de verbas de caráter alimentar autoriza a execução nos termos do rito previsto no art. 733 do CPC. A verba destinada à ex-esposa para manutenção de sítio – que não constitui sua moradia – até a efetivação da partilha dos bens comuns do casal não tem natureza jurídica de alimentos. Logo é insuficiente para embasar o decreto de prisão civil por dívida alimentar. Na espécie, tal verba foi estabelecida com o objetivo de impedir que a ex-esposa, responsável pela administração do bem comum do casal até a partilha, retirasse da sua pensão alimentícia, destinada, única e exclusivamente, a sua subsistência, o valor necessário ao custeio de outras despesas, no caso, a manutenção de bem imóvel de responsabilidade de ambos os litigantes. **HC 232.405-RJ, Rel. Min. Massami Uyeda, julgado em 22/5/2012.** (Inform. STJ 498)

ALIMENTOS. NECESSIDADE. MESTRADO.

Trata-se de recurso interposto contra decisão do tribunal *a quo* que reformou a sentença para julgar procedente pedido de alimentos feito por estudante maior de idade – que cursa mestrado em universidade pública – contra seu pai (recorrente). É consabido que o advento da maioridade não extingue, automaticamente, o direito à percepção de alimentos, mas esses deixam de ser devidos em razão do poder familiar, passando a ter fundamento nas relações de parentesco (art. 1.694 do CC), exigindo a prova da necessidade do alimentado. Por essa razão, é presumível (presunção *iuris tantum*) a necessidade de os filhos continuarem a perceber alimentos após a maioridade, quando frequentam curso universitário ou técnico, porque se entende que a obrigação parental de cuidar dos filhos inclui a outorga de adequada formação profissional. Porém, o estímulo à qualificação profissional dos filhos não pode ser imposto aos pais de forma perene, sob pena de subverter o instituto da obrigação alimentar oriunda das relações de parentesco, que objetiva preservar as condições mínimas de sobrevida do alimentado. Em rigor, a formação profissional completa-se com a graduação, que, de regra, permite ao bacharel o exercício da profissão para a qual se graduou, independentemente de posterior especialização, podendo assim, em tese, prover o próprio sustento, circunstância que afasta, por si só, a presunção *iuris tantum* de necessidade do filho estudante. Assim, considerando o princípio da razoabilidade e o momento socieconômico do país, depreende-se que a missão de criar os filhos se prorroga mesmo após o término do poder familiar, porém finda com a conclusão, pelo alimentado, de curso de graduação. A partir daí persistem as relações de parentesco que ainda possibilitam a busca de alimentos, desde que presente a prova da efetiva necessidade. Com essas e outras considerações, a Turma deu provimento ao recurso para desonerar o recorrente da obrigação de prestar alimentos à sua filha. **REsp 1.218.510-SP, Rel. Min. Nancy Andrighi, julgado em 27/9/2011.** (Inform. STJ 484)

OBRIGAÇÃO ALIMENTAR. AVOENGA. ÔNUS DA PROVA.

In casu, a questão está em analisar a validade da decisão do tribunal *a quo* que indeferiu pedido de alimentos provisórios em favor dos recorrentes os quais deveriam ser prestados pela recorrida, avó dos alimentandos. A Min. Relatora destacou que, apenas na impossibilidade de os demandados genitores prestarem alimentos, serão os parentes mais remotos, estendendo-se a obrigação alimentar, na hipótese, para os ascendentes mais próximos. O desemprego do alimentante primário – genitor – ou sua falta confirmam o desamparo do alimentado e a necessidade de socorro ao ascendente de grau imediato, fatos que autorizam o ajuizamento da ação de alimentos diretamente contra este. Contudo o mero inadimplemento da obrigação alimentar por parte do genitor, sem que se demonstre sua impossibilidade de prestar os alimentos, não faculta ao alimentado pleitear alimentos diretamente aos avós. Na hipótese, exige-se o prévio esgotamento dos meios processuais disponíveis para obrigar o alimentante primário a cumprir sua obrigação, inclusive com o uso da coação extrema preconizada no art. 733 do CPC. Assim, fixado pelo tribunal de origem que a avó demonstrou, em contestação, a impossibilidade de prestar os alimentos subsidiariamente, inviável o recurso especial, no particular, pelo óbice da Súm. n. 7-STJ. Com essas considerações, a Turma negou provimento ao recurso. **REsp 1.211.314-SP, Rel. Min. Nancy Andrighi, julgado em 15/9/2011.** (Inform. STJ 482)

EXONERAÇÃO. ALIMENTOS. MAIORIDADE. ÔNUS . PROVA.

Trata-se, na origem, de ação de exoneração de alimentos em decorrência da maioridade. No REsp, o recorrente alega, entre outros temas, que a obrigação de pagar pensão alimentícia encerra-se com a maioridade, devendo, a partir daí, haver a demonstração por parte da alimentanda de sua necessidade de continuar a receber alimentos, mormente se não houve demonstração de que ela continuava os estudos. A Turma entendeu que a continuidade do pagamento dos alimentos após a maioridade, ausente a continuidade dos estudos, somente subsistirá caso haja prova da alimentanda da necessidade de continuar a recebê-los, o que caracterizaria fato impeditivo, modificativo ou extintivo desse direito, a depender da situação. Ressaltou-se que o advento da maioridade não extingue, de forma automática, o direito à percepção de alimentos (Súm. n. 358-STJ), mas esses deixam de ser devidos em face do poder familiar e passam a ter fundamento nas relações de parentesco (art. 1.694 do CC/2002), em que se exige prova da necessidade do alimentando. Dessarte, registrou-se que é da alimentanda o ônus da prova da necessidade de receber alimentos na ação de exoneração em decorrência da maioridade. *In casu*, a alimentanda tinha o dever de provar sua necessidade em continuar a receber alimentos, o que não ocorreu na espécie. Assim, a Turma, entre outras considerações, deu provimento ao recurso. Precedente citado: RHC 28.566-GO, DJe 30/9/2010. **REsp 1.198.105-RJ, Rel. Min. Nancy Andrighi, julgado em 1º/9/2011.** (Inform. STJ 482)

ALIMENTOS. MAIORIDADE. ALIMENTANDO.

A Turma reiterou o entendimento de que a superveniência da maioridade não constitui motivo para a exoneração da obrigação de alimentar, devendo as instâncias ordinárias aferir a necessidade da pensão. A obrigação estabelecida no acordo homologado judicialmente apenas pode ser alterada ou extinta por meio de ação própria e os efeitos de eventual reconhecimento judicial da extinção da referida obrigação operam-se a partir de sua prolação, em nada atingindo os débitos já consolidados, que, enquanto não prescritos, dão ensejo à sua cobrança. O *habeas corpus* limita-se à apreciação da legalidade do decreto de prisão, não se tornando meio adequado para o exame aprofundado das provas e verificação das justificativas fáticas apresentadas pelo paciente. Ademais, a falta de pagamento integral das prestações alimentícias *sub judice* autoriza a prisão civil do devedor. Assim, a Turma denegou a ordem. **HC 208.988-TO, Rel. Min. Massami Uyeda, julgado em 9/8/2011.** (Inform. STJ 480)

IPTU. PENSÃO. ALIMENTÍCIA.

In casu, trata-se de saber se a desoneração do ora recorrente quanto ao pagamento de pensão ao ex-cônjuge, ora recorrida, abrange IPTU, água, luz e telefone referentes ao imóvel onde ela vive com novo companheiro e dois filhos do casamento findo. A Turma entendeu que a desoneração do recorrente relativa à obrigação alimentar que tinha com sua ex-esposa compreende, também, o pagamento do IPTU, luz, água e telefone relativos ao imóvel onde ela reside. Registrou-se que entendimento contrário, além de perenizar o pagamento ao menos de fração dos alimentos, imporia ao alimentante a teratológica obrigação de, em pequena parcela, subsidiar a mantença do novo companheiro de sua ex-esposa. Também o sujeitaria ao pagamento dos serviços, mesmo que esses fossem usados de maneira desregrada, ônus que teria enquanto durasse o pagamento dos alimentos aos filhos, não importando a forma de utilização dos serviços nem mesmo quantas pessoas dele usufruiriam, hipóteses que, obviamente, não se coadunam com o objetivo da prestação alimentar. Consignou-se, ademais, que os benefícios reflexos que os filhos têm pelo pagamento dos referidos débitos da ex-esposa são absorvidos pela obrigação materna em relação à sua prole, que continua a existir, embora haja o pagamento de alimentos pelo pai, visto que a obrigação de criar os filhos é conjunta. Diante disso, deu-se provimento ao recurso. **REsp 1.087.164-SP, Rel. Min. Nancy Andrighi, julgado em 2/8/2011.** (Inform. STJ 480)

EXONERAÇÃO. ALIMENTOS. EX-ESPOSA.

Em regra, os alimentos devidos a ex-cônjuges são fixados com termo certo ao assegurar tempo hábil para que o alimentando seja inserido, recolocado ou obtenha progressão no mercado de trabalho, com o fim de manter, a moto próprio, o *status* social similar ao que ostentava durante o relacionamento, tudo a depender das circunstâncias de fato de cada hipótese. Todavia, há casos excepcionais que exigem alimentos perenes, tal como os de incapacidade laboral permanente ou de impossibilidade prática da inserção no mercado de trabalho. Mas, em qualquer caso, os alimentos estão sujeitos à cláusula *rebus sic stantibus*, a possibilitar alteração dos valores diante da variação do binômio necessidade/possibilidade. Mesmo assim, é lícito dispensar sopesar essa variação para conceder a desoneração total ou parcial na hipótese de alimentos fixados sem termo certo quando demonstrado o pagamento da pensão por lapso temporal suficiente a que o alimentando revertesse a condição desfavorável que detinha, o que se amolda ao caso: os alimentos remontam a 10 anos e a alimentanda, desde a separação, exerce a profissão liberal de arquiteta. Pesa também o fato de o alimentante ter contraído novo casamento, do qual adveio prole portadora de necessidades especiais, o que, com certeza, representa impacto significativo em sua fortuna (*veritas evidens non probanda*). **REsp 1.205.408-RJ, Rel. Min. Nancy Andrighi, julgado em 21/6/2011.** (Inform. STJ 478)

ALIMENTOS. RESPONSABILIDADE.

Trata-se de REsp em que se discute a possibilidade de o recorrente (um dos genitores) demandado em ação de alimentos poder chamar o outro (no caso, a genitora) a integrar o polo passivo da referida ação. A Turma proveu o recurso ao entendimento de que a obrigação alimentar é de responsabilidade dos pais e, na hipótese de a genitora dos autores da ação de alimentos também exercer atividade remunerada, é juridicamente legítimo que seja chamada a compor o polo passivo do processo para ser avaliada a sua condição econômico-financeira para assumir, em conjunto com o genitor, a responsabilidade pela manutenção dos filhos maiores e capazes. Ressaltou-se que, além da transmissibilidade, reciprocidade, impenhorabilidade e imprescritibilidade, é também importante característica da obrigação alimentar a divisibilidade. Desse modo, os pais, salvo na hipótese de qualquer deles estar na condição de guardião de filhos menores, devem responder pelos alimentos, arcando cada qual com parcela compatível às próprias possibilidades. Dessarte, nada mais razoável, na espécie, que, somente a partir da integração dos pais no polo passivo da demanda, possa melhor ser aferida a capacidade de assunção do encargo alimentício em quotas proporcionais aos recursos financeiros de cada um. Assim, reconheceu-se a plausibilidade jurídica do pleito em questão, porquanto, embora se possa inferir do texto do art. 1.698 do CC/2002, norma de natureza especial, que o credor de alimentos detém a faculdade de ajuizar ação apenas contra um dos coobrigados, não há óbice legal a que o demandado exponha, de forma circunstanciada, a arguição de não ser o único devedor e, por conseguinte, adote a iniciativa de chamamento de outro potencial devedor para integrar a lide. **REsp 964.866-SP, Rel. Min. João Otávio de Noronha, julgado em 1º/3/2011.** (Inform. STJ 465)

ALIMENTOS. RESPONSABILIDADE SUBSIDIÁRIA. AVÓS.
A Turma deu provimento ao recurso especial a fim de deferir o chamamento ao processo dos avós maternos no feito em que os autores pleiteiam o pagamento de pensão alimentícia. *In casu*, o tribunal *a quo* fixou a responsabilidade principal e recíproca dos pais, mas determinou que a diferença fosse suportada pelos avós paternos. Nesse contexto, consignou-se que o art. 1.698 do CC/2002 passou a prever que, proposta a ação em desfavor de uma das pessoas obrigadas a prestar alimentos, as demais poderão ser chamadas a integrar a lide. Dessa forma, a obrigação subsidiária deve ser repartida conjuntamente entre os avós paternos e maternos, cuja responsabilidade, nesses casos, é complementar e sucessiva. Precedentes citados: REsp 366.837-RJ, DJ 22/9/2003, e REsp 658.139-RS, DJ 13/3/2006. **REsp 958.513-SP, Rel. Min. Aldir Passarinho Junior, julgado em 22/2/2011.** (Inform. STJ 464)

AÇÃO. ALIMENTOS. LEGITIMIDADE PASSIVA.
Trata-se, na origem, de ação de alimentos ajuizada contra a avó paterna. A Turma deu provimento ao recurso e extinguiu a ação sem julgamento do mérito, reiterando o entendimento de que a obrigação dos avós em relação aos netos é subsidiária e complementar, ou seja, primeiramente respondem os pais e, se eles se virem impossibilitados de prestá-la, total ou parcialmente, somente aí pode ser intentada a ação contra os progenitores. Precedentes citados: HC 38.314-MS, DJ 4/4/2005; REsp 70.740-SP, DJ 25/8/1997, e REsp 81.838-SP, DJ 4/9/2000. **REsp 1.077.010-SP, Rel. Min. Aldir Passarinho Junior, julgado em 7/12/2010.** (Inform. STJ 459)

ALIMENTOS TRANSITÓRIOS.
A estipulação de alimentos transitórios (por tempo certo) é possível quando o alimentando ainda possua idade, condição e formação profissional compatíveis com sua provável inserção no mercado de trabalho. Assim, a necessidade de alimentos perdura apenas até que se atinja a aguardada autonomia financeira, pois, nesse momento, não mais necessitará da tutela do alimentante, então, liberado da obrigação (que se extinguirá automaticamente). **REsp 1.025.769-MG, Rel. Min. Nancy Andrighi, julgado em 24/8/2010.** (Inform. STJ 444)

AÇÃO. ALIMENTOS. AVÓS.
É cediço que a jurisprudência deste Superior Tribunal firmou-se no sentido de que a obrigação dos avós em prestar alimentos aos netos é subsidiária e complementar, visto que primeiro os pais respondem pelo alimentando; consequentemente, só quando os pais não podem prestá-los integralmente ou parcialmente é que a ação pode ser ajuizada contra os avós. Na hipótese de ser intentada tal ação, é necessária a demonstração da possibilidade de os avós arcarem com parte ou com a totalidade do sustento do neto. No caso dos autos, a ação de alimentos foi movida contra os avós com o objetivo de obter pensão equivalente a seis salários mínimos, porém o TJ julgou-a improcedente, confirmando a sentença e deixando consignado, ainda, que a ação foi intentada primeiro contra os avós, embora pudesse sê-lo contra o pai e que se deixou de demonstrar que os avós poderiam arcar com tal pagamento. Nesse contexto, para o Min. Relator, a decisão *a quo* harmoniza-se com a jurisprudência deste Superior Tribunal, além de que, ausente a prévia vindicação dos alimentos ao pai da autora recorrente, não poderia ter êxito a ação. Quanto à alegação de que o pai reside no exterior, explica que essa questão não foi tratada nos autos e examiná-la, bem como os outros fatos, incidiria a Súm. n. 7-STJ. Diante do exposto, a Turma não conheceu do recurso. REsp 576.152-ES, Rel. Min. Aldir Passarinho Junior, julgado em 8/6/2010. (Inform. STJ 438)

ALIMENTOS PROVISÓRIOS. TERMO A QUO.
No REsp, discute-se o termo *a quo* da obrigação alimentar quanto aos alimentos provisórios fixados na inicial da ação de alimentos, se vencidos desde a citação ou 30 dias depois, conforme ficou estabelecido pelo acórdão recorrido, impugnado pelos recorrentes. Explica o Min. Relator que o art. 13, § 2º, da Lei n. 5.478/1968 esclarece que, fixados os alimentos em qualquer caso, eles retroagem à data da citação. Também, menciona a doutrina quanto à natureza da obrigação alimentar, sustentando a satisfação das necessidades do favorecido, cuidados à pessoa alimentada num sentido mais amplo que a obrigação alimentar fixada em dinheiro. Observa, ainda, ser esse o entendimento da Súm. n. 277-STJ. Dessa forma, para o Min. Relator, não há razão para que o efetivo pagamento dos alimentos provisórios inicie-se somente depois de 30 dias da citação, uma vez que a verba alimentar é destinada à sobrevivência do alimentando, constituindo-se em dever de cuidados à pessoa que dela necessita, além de não possuir natureza ressarcitória. De outro lado, ressalta que o descumprimento do prazo estabelecido pela lei pode implicar multa ou prisão (arts. 475-J ou 733, § 1º, todos do CPC). Diante do exposto, a Turma deu provimento ao recurso do alimentando. Precedente citado: EREsp 85.685-SP, DJ 24/6/2002. **REsp 660.731-SP, Rel. Min. Luis Felipe Salomão, julgado em 8/6/2010.** (Inform. STJ 438)

ALIMENTOS. RESPONSABILIDADE. AVÓS.
Em matéria sobre a obrigação de os avós alimentarem os netos, a Turma reafirmou que se trata de responsabilidade subsidiária e complementar à responsabilidade dos pais, por isso só é exigível em caso de impossibilidade de cumprimento da prestação ou de cumprimento insuficiente pelos genitores. Precedentes citados: AgRg no Ag 1.010.387-SC, DJe 30/6/2009, e REsp 858.506-DF, DJe 15/12/2008. REsp 831.497-MG, Rel. Min. João Otávio de Noronha, julgado em 4/2/2010. (Inform. STJ 421)

RECURSO REPETITIVO. PENSÃO. ALIMENTOS. SALÁRIO.
A Seção, ao julgar o recurso sob o regime do art. 543-C do CPC e da Res. n. 8/2008-STJ, entendeu que integra a base de cálculo da pensão alimentar fixada sobre o percentual de salário do alimentante a gratificação correspondente ao terço constitucional de férias e o décimo terceiro salário, conhecidos, respectivamente, como gratificação de férias e gratificação natalina. Precedentes citados: REsp 686.642-RS, DJ 10/4/2006; REsp 622.800-RS, DJ 1º/7/2005; REsp 547.411-RS, DJ 23/5/2005, e REsp 158.843-MG, DJ 10/5/1999. **REsp 1.106.654-RJ, Rel. Min. Paulo Furtado (Desembargador convocado do TJ-BA), julgado em 25/11/2009.** (Inform. STJ 417)

ALIMENTOS. PAGAMENTO. DESPESAS.
Constata-se dos autos que o agravante tem obrigação alimentar para com a ex-companheira e seus filhos, que foi fixada de forma provisória para pagamento em pecúnia. Alega ter adimplido a obrigação pelo pagamento direto das despesas dos alimentandos, valores sobre os quais divergem as partes, não tendo sequer o Tribunal *a quo* os quantificado. Quanto a isso, vê-se que, apesar de existir julgados nos quais se decidiu que, em certas circunstâncias, pode ser permitida a prestação de alimentos mediante pagamento direto de contas, essa modalidade é excepcional, diante dos nítidos efeitos prejudiciais aos alimentandos. Em regra, a prestação de alimentos deve ser feita em pecúnia, para evitar indevida intromissão do alimentante na administração das finanças dos alimentandos. É certo que a exceção a essa regra vem claramente definida no art. 1.701 do CC/2002, que permite a prestação de alimentos de forma alternativa, mas em circunstâncias totalmente diversas dos autos. Nem mesmo o parágrafo único desse artigo dá suporte à prestação de alimentos que se alega adotar, pois é uma faculdade do julgador, e não do alimentante, determinar a forma alternativa de prestação. Mostra-se inadmissível, ademais, pela lógica, interpretar o referido parágrafo para possibilitar o controle pelo alimentante dos atos praticados pelo alimentando. Dessarte, afasta-se a justificativa apresentada para o inadimplemento do alimentante, seja pela indefinição dos valores que alega quitados em forma alternativa de prestação de alimentos, o que é impossível de revisão na via de *habeas corpus*, seja pela impropriedade do meio que se alega utilizado para saldar o débito alimentar. Anote-se, por último, que cabe a prisão civil do devedor de alimentos, independentemente de sua natureza (provisionais, provisórios ou definitivos). **AgRg no EDcl no HC 149.618-SP, Rel. Min. Nancy Andrighi, julgado em 19/11/2009.** (Inform. STJ 416)

DAÇÃO EM PAGAMENTO. DÉBITO ALIMENTAR.
Trata-se na origem de ação anulatória de ato jurídico intentada por menor representada por sua genitora, visando anular alegada doação de seu pai a seus irmãos havidos de pretérito casamento com outra pessoa. Tal ação foi julgada improcedente em primeiro grau, reformada, contudo, em grau de apelação, sob o argumento de que se tratou, em verdade, de doação, preterindo-se o direito da filha havida da segunda relação conjugal, que, à época do referido acordo, já era nascida. Para o Min. Relator, a despeito da aparente complexidade do caso, em verdade, ocorreu tão somente confusão terminológica quando se adotou o vocabulário "doação" quando haveria de ter-se pronunciado como "dação em pagamento", como adimplemento da obrigação de alimentos. Com efeito, a transferência pelo genitor do seu percentual do bem imóvel partilhado a seus filhos da primeira relação conjugal teve como objetivo e essência quitar o débito alimentar e eximi-lo da prisão civil decorrente de sua não prestação, afastando-se, assim, de qualquer intenção de preterir a filha do segundo relacionamento em virtude de suposto adiantamento da legítima. Ressaltou que, no momento da transferência, também foi dada plena quitação pelos credores dos alimentos, caracterizando, sobremaneira, o instituto da dação em pagamento. Assim, na hipótese, não se configurou uma liberalidade do genitor, o que evidentemente caracterizaria uma doação. Ao contrário, o negócio jurídico realizou-se para o adimplemento, o pagamento de uma dívida, tal qual se daria caso o devedor dos alimentos vendesse sua parte

do imóvel e, com o dinheiro em mãos, efetuasse o pagamento de seu débito. Com esse entendimento, a Turma deu provimento ao recurso para restabelecer a decisão de primeiro grau, adequando-a à terminologia jurídica, ressalvada a má fé em relação ao valor do imóvel em face da dívida, não suscitada nos autos. **REsp 629.117-DF, Rel. Min. Honildo Amaral de Melo Castro (Desembargador convocado do TJ- AP), julgado em 10/11/2009.** (Inform. STJ 415)

PENSÃO ALIMENTÍCIA. REVISÃO.

Trata-se de REsp em que a recorrente busca revisão de pensão alimentícia fixada em R$ 6.000,00, a qual recebe do recorrido desde o início do ano de 2000, quando ocorreu a separação judicial do casal. Assevera que o ex-marido possui uma das maiores fortunas em sua região e que essa também lhe pertence, mas se encontra na posse e administração exclusiva daquele enquanto o inventário de partilha segue em juízo. Ressalta que todo o patrimônio do casal foi construído ao longo de 22 anos de casamento, que tentou em vão uma partilha amigável, mas o recorrido vale-se de todos os artifícios possíveis para impedir a referida partilha. Por fim, afirma que, de posse de seu justo patrimônio, não necessitaria de qualquer pensão. Ressaltou a Min. Relatora que, na hipótese em questão, prepondera singularidade de grande relevo e que deve sempre ser considerada em processos de semelhante jaez, porquanto, ao encontrar-se o alimentante na administração e posse de todo o acervo de bens do casal e, conforme se colhe do próprio acórdão impugnado, obstar a partilha do patrimônio comum impõe à recorrente dificuldades financeiras e ônus intransponíveis. Assim, considerada a peculiaridade essencial de que, fixados os alimentos em separação judicial, os bens não foram partilhados e o patrimônio do casal está na posse e administração do alimentante, que protela a divisão do acervo do casal, e, por conseguinte, a alimentanda não tem o direito de sequer zelar pela manutenção da parcela do patrimônio que auxiliou a construir, deve ser permitida a revisão dos alimentos enquanto tal situação perdurar. Sempre, pois, deve essa específica peculiaridade – a pendência de partilha e a consequente administração e posse dos bens comuns do casal nas mãos do alimentante – ser considerada em revisional de alimentos, para que não sejam cometidos ultrajes perpetradores de situações estigmatizantes entre as partes envolvidas em separações judiciais. Com esses argumentos, entre outros, a Turma deu provimento ao recurso para determinar que seja atualizada a pensão alimentícia cujo valor foi fixado em R$ 43.779,75. **REsp 1.046.296-MG, Rel. Min. Nancy Andrighi, julgado em 17/3/2009.** (Inform. STJ 387)

ALIMENTOS. SOBRINHOS.

A Turma decidiu que as tias dos menores representados pela mãe na ação de alimentos não são obrigadas a pagar alimentos aos sobrinhos após a separação dos pais. No caso dos autos, a mãe não trabalha e o pai, com problemas de alcoolismo, cumpre apenas parcialmente o débito alimentar (equivalente a um salário mínimo mensal). Ressalta a Min. Relatora que a voluntariedade das tias idosas que vinham ajudando os sobrinhos após a separação dos pais é um ato de caridade e solidariedade humana, que não deve ser transmudado em obrigação decorrente do vínculo familiar. Ademais, a interpretação majoritária da lei pela doutrina e jurisprudência tem sido que os tios não devem ser compelidos a prestar alimentos aos sobrinhos. Por tratar-se de ato de caridade e de mera liberalidade, também não há o direito de ação para exigibilidade de ressarcimentos dos valores já pagos. Invocou, ainda, que, no julgamento do HC 12.079-BA, DJ 16/10/2000, da relatoria do Min. Sálvio de Figueiredo, reconheceu-se que a obrigação alimentar decorre da lei, que indica os parentes obrigados de forma taxativa e não enunciativa, sendo assim são devidos os alimentos, reciprocamente, pelos pais, filhos, ascendentes, descendentes e colaterais até segundo grau, não abrangendo, consequentemente, tios e sobrinhos. **REsp 1.032.846-RS, Rel. Min. Nancy Andrighi, julgado em 18/12/2008.** (Inform. STJ 381)

EXECUÇÃO. PENSÃO ALIMENTÍCIA. COMPENSAÇÃO.

Discute-se se as dívidas alimentícias podem ser objeto de compensação. No caso, as instâncias ordinárias reconheceram ser possível a compensação do montante da dívida de verba alimentar com o valor correspondente às cotas condominiais e IPTU pagos pelo alimentante, relativos ao imóvel em que residem os ora recorrentes, seus filhos e a mãe deles. Pois, embora o alimentante seja titular da nu-propriedade do referido imóvel e o usufruto pertença à avó paterna dos recorrentes, os filhos e a mãe moram no imóvel gratuitamente com a obrigação de arcar com o condomínio e o IPTU. Para o Min. Relator, apesar de vigorar, na legislação civil nacional, o princípio da não-compensação dos valores referentes à pensão alimentícia, em situações excepcionalíssimas, essa regra pode ser flexibilizada. Destaca que a doutrina admite a compensação de alimentos em casos peculiares e, na espécie, há superioridade do valor da dívida de alimentos em relação aos encargos fiscais e condominiais pagos pelo recorrido, que arcou com a despesa que os alimentandos deveriam suportar, para assegurar-lhes a própria habitação. Assim, concluiu que, de acordo com as peculiaridades fáticas do caso, não haver a compensação importaria manifesto enriquecimento sem causa dos alimentandos. Isso posto, a Turma não conheceu o recurso. Precedente citado: Ag 961.271-SP, DJ 17/12/2007. **REsp 982.857-RJ, Rel. Min. Massami Uyeda, julgado em 18/9/2008.** (Inform. STJ 368)

PRISÃO. DEPOSITÁRIO JUDICIAL. INFIDELIDADE.

A Turma, por unanimidade, reiterou o entendimento de que é ilegal a prisão civil do depositário judicial infiel. Precedente citado: HC 95.430-SP, DJ 27/11/2007. **HC 77.654-RS, Rel. Min. Aldir Passarinho Junior, julgado em 16/9/2008.** (Inform. STJ 368)

ALIMENTOS. NOVO VALOR. RETROAÇÃO. CITAÇÃO.

A Turma reiterou que, na ação de alimentos, alterado o encargo, seu novo valor retroagirá à data da citação, ressalvadas as parcelas quitadas, que são irrepetíveis. Precedentes citados: REsp 209.098-RJ, DJ 21/2/2005; REsp 778.307-SP, DJ 1º/12/2005; REsp 40.436-RJ, DJ 1º/8/1994, e REsp 660.479-MS, DJ 8/4/2005. **AgRg no Ag 982.233-PR, Rel. Min. Aldir Passarinho Junior, julgado em 17/6/2008.** (Inform. STJ 360)

PENSÃO ALIMENTÍCIA. INCIDÊNCIA. TRÂNSITO EM JULGADO.

Este Superior Tribunal já se manifestou no sentido de que os efeitos da exoneração da pensão alimentícia não retroagem à data da citação, mas apenas têm incidência a partir do trânsito em julgado da decisão. No caso, não há notícia de qualquer provimento liminar ou de antecipação de tutela nos autos da ação de exoneração que liberasse o recorrido do dever de prestar alimentos. Precedentes citados: REsp 7.696-SP, DJ 11/12/1985; REsp 172.526-RS, DJ 15/3/1999, e REsp 513.645-SP, DJ 20/10/2003. **REsp 886.537-MG, Rel. Min. Sidnei Beneti, julgado em 8/4/2008.** (Inform. STJ 351)

REVISIONAL. ALIMENTOS. RECONVENÇÃO. EXONERAÇÃO.

Trata-se de pedido revisional de alimentos prestados por ex-marido por 20 anos. Por outro lado, em reconvenção, ele pleiteia a exoneração ou, sucessivamente, a redução dos alimentos devido à capacidade laborativa da ex-mulher e rendimentos suficientes para sua manutenção. Ressalta a Min. Relatora que, no ordenamento jurídico brasileiro, o dever de prestar alimentos entre ex-cônjuges reveste-se de caráter assistencial, ou seja, exige a efetiva necessidade de quem os pleiteia. Anota que, com a decretação do divórcio, deveria cortar-se a possibilidade de postular alimentos. Mas admite-se essa possibilidade sob as diretrizes consignadas no art. 1.694 e s.s. do CC/2002, o que leva à avaliação do conceito de necessidade à luz do art. 1.695 do mesmo código. Entretanto essa genérica disposição legal não pode ser entendida como parâmetro objetivo, mas deve ser interpretada com temperanças, fixando-se a condição social anterior em patamares razoáveis. Sendo assim, concluiu ser inconcebível que o ex-cônjuge pleiteie alimentos com base em simples cálculo aritmético de rateio proporcional da renda integral da família desfeita. E, como restou fixada no TJ a induvidosa condição profissional da ex-mulher que exerce atividades laborais aptas para manter-se, deu provimento ao pedido de exoneração de alimentos do recorrente e julgou improcedente a revisional da recorrida, invertendo os ônus sucumbenciais. A Turma, ao prosseguir o julgamento, confirmou esse entendimento. Precedente citado: REsp 440.192-RJ, DJ 10/2/2003. **REsp 933.355-SP, Rel. Min. Nancy Andrighi, julgado em 25/3/2008.** (Inform. STJ 349)

REVISÃO. INDENIZAÇÃO. ATO ILÍCITO. HIPÓTESES.

Trata-se de ação de exoneração com pedido de revisão de alimentos em que os autores recorrentes alegam alteração da situação econômica das partes. Eles estariam em dificuldades financeiras enquanto o recorrido é pensionista da Previ e empresário do ramo de importações e exportações. A Turma entendeu que há somente duas hipóteses para que se altere o valor da prestação de alimentos decorrentes de ato ilícito, no caso, acidente de trânsito. Uma o decréscimo das condições econômicas da vítima, dentre elas a eventual defasagem da indenização fixada. A outra, a capacidade de pagamento do devedor. Se houver melhora, poderá a vítima requerer revisão para mais, até atingir a integralidade do dano material futuro; se houver piora, o próprio devedor pedirá a revisão para menor em atenção ao princípio da dignidade humana e à faculdade outorgada no art. 602, § 3º, do CPC (atual art. 475-Q, § 3º, do CPC). O fato de a vítima, mediante seus esforços e após enfrentar as adversidades e limitações físicas, reverter sua situação desfavorável não pode premiar o causador do dano irreversível. **REsp 913.431-RJ, Rel. Min. Nancy Andrighi, julgado em 27/11/2007.** (Inform. STJ 340)

ALIMENTOS. EXONERAÇÃO. MAIORIDADE. PRESCRIÇÃO. PARCELAS VENCIDAS.
Duas são as questões em debate nesse processo. A primeira trata da possibilidade ou não de haver exoneração automática da obrigação alimentícia. No caso, o juiz fez retroagir tal exoneração à data em que cada filha atingiu a maioridade. Essa decisão foi mantida pelo TJ. A Min. Relatora lembrou que este Superior Tribunal tem entendido que não tem lugar a exoneração automática do dever de prestar alimentos em decorrência do advento da maioridade do alimentando, devendo-se propiciar a ele a oportunidade de se manifestar e comprovar, se for o caso, a impossibilidade de prover a própria subsistência. Isso porque, a despeito de extinguir-se o poder familiar com a maioridade, não cessa o dever de prestar alimentos fundados no parentesco. A segunda questão cuida da incidência ou não do instituto da prescrição sobre a pretensão da ex-cônjuge de obter o pagamento das parcelas alimentares vencidas. A Min. Relatora esclareceu que o acórdão recorrido, ao manter o instituto da prescrição sobre a pretensão da alimentanda, vulnerou o art. 178, § 10, I, do CC/1916. A prescrição aqui tratada não é a do direito a alimentos em si, esse imprescritível, e sim a das prestações vencidas e não cobradas dentro do qüinqüênio legal (art. 178, § 10, I, do CC/1916). Na hipótese, a ação foi ajuizada em 13/12/2000, por meio da qual pugna a recorrente, ex-cônjuge do recorrido, prestações alimentícias por ele não pagas desde janeiro de 1994 até novembro de 2000. Aplicando-se o dispositivo mencionado, há de incidir o instituto da prescrição tão-somente sobre as parcelas vencidas anteriormente ao mês de dezembro de 1995. **REsp 896.739-RJ, Rel. Min. Nancy Andrighi, julgado em 14/6/2007.** (Inform. STJ 323)

ALIMENTOS. OBRIGAÇÃO COMPLEMENTAR. AVÓS.
A jurisprudência da Quarta Turma deste Superior Tribunal entende ser subsidiária à dos pais a responsabilidade dos avós em prestar alimentos. Contudo deve ser averiguada concomitantemente com a dos pais, ou seja, há que ser aferida se está ou não sendo prestada pelos pais e, mesmo que esteja, se é bastante ou não para atender as necessidades do alimentando. Se for prestada e suficiente, não há que se falar em complementação pelos avós. Se é prestada, mas não atende satisfatoriamente as necessidades do menor, mas já atinge o limite da suportabilidade dos pais, aí sim devem ser chamados os avós para completar. Assim, a Turma conheceu do recurso, deu-lhe parcial provimento para reconhecer a possibilidade jurídica do pedido de alimentação complementar e determinou que o Tribunal *a quo* examine o mérito do pedido provisório de pensionamento. Precedente citado: REsp 119.336-SP, DJ 10/3/2003. **REsp 373.004-RJ, Rel. Min. Aldir Passarinho Junior, julgado em 27/3/2007.** (Inform. STJ 315)

EXECUÇÃO. ALIMENTOS. ILEGITIMIDADE ATIVA. MEIO PROCESSUAL INADEQUADO.
Trata-se de ação de execução de alimentos em que a filha, assistida pela mãe, enquanto menor de idade, pleiteia alimentos do pai, ora recorrido. Durante a demanda, a filha tornou-se maior de idade e completou curso universitário, além de atualmente residir com o recorrido. Na espécie, o pai ficou inadimplente por vários anos ao não prestar alimentos constituídos por título judicial advindo de revisional de alimentos, cabendo à mãe o sustento da prole. Logo, a genitora não é parte legítima na execução dos alimentos proposta pela filha contra o pai, uma vez que apenas assistiu a menor em razão de sua incapacidade relativa, suprida pelo advento da maioridade no curso do processo. Do mesmo modo, a execução de alimentos devidos unicamente à filha não é o meio processual próprio para que a mãe busque o reembolso das despesas efetuadas. A Turma não conheceu do recurso. **REsp 859.970-SP, Rel. Min. Nancy Andrighi, julgado em 13/3/2007.** (Inform. STJ 313)

Súmula STJ nº 358

O cancelamento de pensão alimentícia de filho que atingiu a maioridade está sujeito à decisão judicial, mediante contraditório, ainda que nos próprios autos.

Súmula STJ nº 336

A mulher que renunciou aos alimentos na separação judicial tem direito à pensão previdenciária por morte do ex-marido, comprovada a necessidade econômica superveniente.

6.5. Paternidade e filiação

INVESTIGAÇÃO. PATERNIDADE. MATERNIDADE SOCIOAFETIVA. PARTILHA.
Trata-se de REsp decorrente de ação originária de ação de investigação de paternidade e maternidade socioafetiva cumulada com petição de herança e ratificação de partilha. *In casu,* a ora interessada, autora da referida ação, foi acolhida pelos pais adotivos do ora recorrido quando tinha quatro anos de vida, entregue por sua mãe biológica, que não tinha condições financeiras de criar a filha e seus quatro irmãos. Seu registro civil foi providenciado pela mãe biológica somente quando ela já tinha quase seis anos de idade, após solicitação do casal, tendo em vista a necessidade de matricular a criança no ensino regular. O convívio dela com o casal, no mesmo lar, perdurou por 16 anos, terminando apenas com o casamento dela, quando tinha 19 anos de idade. Em 1995, o pai adotivo do recorrido faleceu e, aberto o inventário, cuja inventariante foi a mãe adotiva, nada foi repassado a ela a título de herança. Nesse contexto, entendeu a Min. Relatora que, na hipótese, conspira contra o reconhecimento da filiação socioafetiva a constatada guarda de fato que se depreende da manifesta ausência de atitudes concretas do casal de reconhecer a ora interessada como sua filha adotiva, fato que ganha ainda maior relevo quando comparado com a situação do recorrido, que foi adotado pelo casal. Observou que, mesmo pairando dúvida quanto à natureza efetiva das relações existentes entre o casal e a interessada, o óbito do pai adotivo do recorrido e a subsequente realização do inventário, que teve como inventariante a esposa guardiã dela, trouxeram elementos de certeza no que já era perceptível, o casal não a considerava como filha. Frisou chegar-se a essa conclusão pelo beneficiamento único do recorrido como herdeiro, sem que a inventariante, mãe adotiva do recorrido, agisse de alguma forma para sanar a possível irregularidade e outorgar à ora interessada *status* de filha socioafetiva do casal. Diante dessas razões, entre outras, a Turma negou provimento ao recurso. **REsp 1.189.663-RS, Rel. Min. Nancy Andrighi, julgado em 6/9/2011.** (Inform. STJ 482)

AÇÃO NEGATÓRIA. PATERNIDADE. VÍCIO. CONSENTIMENTO.
Trata-se, na origem, de ação anulatória de registro de nascimento. O tribunal *a quo*, lastreado no conjunto fático-probatório, entendeu não estar caracterizado o vício de consentimento apto a ensejar a nulidade pretendida. Daí, a Turma não conheceu do recurso e reiterou seu entendimento de que o reconhecimento espontâneo da paternidade apenas pode ser desfeito quando demonstrado vício de consentimento, ou seja, para que haja a possibilidade de anulação do registro de nascimento de menor cuja paternidade foi reconhecida, é necessária prova robusta de que o pai registral foi de fato, por exemplo, induzido a erro, ou ainda, de que tenha sido coagido a tanto. Precedentes citados: REsp 1.022.763-RS, DJe 3/2/2009; REsp 932.692-DF, DJe 12/2/2009, e REsp 1.088.157-PB, DJe 4/8/2009. **REsp 1.098.036-GO, Rel. Min. Sidnei Beneti, julgado em 23/8/2011.** (Inform. STJ 481)

GUARDA COMPARTILHADA. ALTERNÂNCIA. RESIDÊNCIA. MENOR.
A guarda compartilhada (art. 1.583, § 1º, do CC/2002) busca a proteção plena do interesse dos filhos, sendo o ideal buscado no exercício do poder familiar entre pais separados, mesmo que demandem deles reestruturações, concessões e adequações diversas, para que seus filhos possam usufruir, durante sua formação, do ideal psicológico do duplo referencial. Mesmo na ausência de consenso do antigo casal, o melhor interesse do menor dita a aplicação da guarda compartilhada. Se assim não fosse, a ausência de consenso, que poderia inviabilizar a guarda compartilhada, faria prevalecer o exercício de uma potestade inexistente por um dos pais. E diz-se inexistente porque contraria a finalidade do poder familiar, que existe para proteção da prole. A drástica fórmula de imposição judicial das atribuições de cada um dos pais e do período de convivência da criança sob a guarda compartilhada, quando não houver consenso, é medida extrema, porém necessária à implementação dessa nova visão, para que não se faça do texto legal letra morta. A custódia física conjunta é o ideal buscado na fixação da guarda compartilhada porque sua implementação quebra a monoparentalidade na criação dos filhos, fato corriqueiro na guarda unilateral, que é substituída pela implementação de condições propícias à continuidade da existência das fontes bifrontais de exercício do poder familiar. A guarda compartilhada com o exercício conjunto da custódia física é processo integrativo, que dá à criança a possibilidade de conviver com ambos os pais, ao mesmo tempo em que preconiza a interação deles no processo de criação. **REsp 1.251.000-MG, Rel. Min. Nancy Andrighi, julgado em 23/8/2011.** (Inform. STJ 481)

REGISTRO CIVIL. ANULAÇÃO. PAI BIOLÓGICO. LEGITIMIDADE ATIVA. PATERNIDADE SOCIOAFETIVA. PREPONDERÂNCIA.
Discute-se no REsp se o pai biológico tem legitimidade para pedir a alteração do registro civil de sua filha biológica do qual hoje consta como pai o nome de outrem e, ainda, caso ultrapassado de forma positiva esse debate, o próprio mérito da ação originária quanto à conveniência da alteração registral pleiteada pelo pai biológico. Na espécie, a Turma entendeu que a paternidade biológica não tem o condão de vincular, inexoravelmente, a filiação, apesar de deter peso específico ponderável, ante o liame genético para definir questões

relativa à filiação. Pressupõe, no entanto, para a sua prevalência, a concorrência de elementos imateriais que efetivamente demonstram a ação volitiva do genitor em tomar posse da condição de pai ou mãe. A filiação socioafetiva, por seu turno, ainda que despida de ascendência genética, constitui uma relação de fato que deve ser reconhecida e amparada juridicamente. Isso porque a parentalidade que nasce de uma decisão espontânea, arrimada em boa-fé, deve ter guarida no Direito de Família. Na hipótese, a evidente má-fé da genitora e a incúria do recorrido, que conscientemente deixou de agir para tornar pública sua condição de pai biológico e, quiçá, buscar a construção da necessária paternidade socioafetiva, tomam-lhes o direito de se insurgir contra os fatos consolidados. A omissão do recorrido, que contribuiu decisivamente para a perpetuação do engodo urdido pela mãe, atrai o entendimento de que a ninguém é dado alegar a própria torpeza em seu proveito, fenecendo, assim, a sua legitimidade para pleitear o direito de buscar a alteração no registro de nascimento de sua filha biológica. Precedente citado: REsp 119.346-GO, DJ 23/6/2003. **REsp 1.087.163-RJ, Rel. Min. Nancy Andrighi, julgado em 18/8/2011.** (Inform. STJ 481)

FILIAÇÃO SOCIOAFETIVA. MORTE. FILHO.

O pai socioafetivo reconheceu a paternidade de criança, filho de sua companheira, ciente de que não havia vínculo biológico, mas demonstrada a existência de vínculo familiar. Após sua morte, os filhos de seu primeiro casamento (ora recorrentes) buscam a anulação da escritura pública em que se firmou o reconhecimento da paternidade e a retificação do respectivo assento de nascimento. Sucede que essa criança veio a falecer após a interposição do especial, requerendo a sua mãe habilitação para substituição processual na condição de sucessora da criança. Ressalte-se que vários precedentes deste Superior Tribunal interpretam a busca da verdade biológica com temperos a ponto de evitar sejam subvertidas a ordem e a segurança que o legislador quis conferir àquele que investiga sua identidade biológica (art. 27 do ECA). Não há dúvidas, assim, de que a filiação socioafetiva é amparada pela cláusula geral de tutela da personalidade humana, que salvaguarda a filiação como elemento essencial na formação da identidade e definição da personalidade da criança. Contudo, na hipótese, a superveniência do fato jurídico representado pela morte da criança na pendência do REsp impõe a aplicação do art. 462 do CPC, isso porque extingue o direito em questão, que pertence tão somente à criança: o direito de ela ser albergada pela filiação socioafetiva. Portanto, deu-se provimento ao especial para que se desconstitua a paternidade, com o consequente cancelamento do registro da criança. Precedentes citados: REsp 833.712-RS, DJ 4/6/2007; REsp 932.692-DF, DJe 12/2/2009; REsp 1.067.438-RS, DJe 20/5/2009; REsp 1.000.356-SP, DJe 7/6/2010, e REsp 704.637-RJ, DJe 22/3/2011. **REsp 450.566-RS, Rel. Min. Nancy Andrighi, julgado em 3/5/2011.** (Inform. STJ 471)

NOVA AÇÃO. INVESTIGAÇÃO. PATERNIDADE. ANULAÇÃO. REGISTRO CIVIL.

Discute-se no REsp se a extinção de processo sem resolução de mérito e com acórdão transitado em julgado obstaria à autora intentar nova ação, visto que ela fora julgada carecedora desta nos termos do art. 267, VI, do CPC. Noticiam os autos que a recorrida ajuizou, anteriormente, ação para o reconhecimento da paternidade do ora recorrente. Mas, posteriormente, em razão de determinação do juiz, foram incluídos na demanda os genitores da recorrida constantes no seu registro civil (pai registral e a mãe), o que ensejou a retificação do *nomen iuris* da ação para anulação parcial de registro c/c investigação de paternidade. Sucede que, na sentença de mérito, o mesmo juiz extinguiu o processo sem resolução de mérito por entender que faltava o interesse jurídico ao pedido de reconhecimento de nova paternidade enquanto não fosse anulado o primitivo registro civil, além de considerar o pedido juridicamente impossível, uma vez que o ordenamento jurídico vigente não admite paternidade dupla. Houve apelação da recorrida e o TJ deu-lhe provimento; entretanto, em embargos infringentes, a sentença foi restabelecida. Agora, em nova ação intitulada ação de investigação de paternidade c/c anulação do registro de nascimento, aponta como causa de pedir o direito de personalidade de conhecimento de filiação, apresentando exame de DNA que excluíra a paternidade do pai registral, e busca, por meio desse exame, a sua real ascendência genética em razão de relacionamento amoroso da mãe com o recorrente à época. O juiz deferiu o processamento dessa ação, mas houve agravo de instrumento do recorrente, que foi indeferido pelo TJ, daí o REsp. Isso posto, para o Min. Relator, na segunda ação houve a tentativa de superar o equívoco produzido nas decisões anteriores, reformando o pedido e a causa de pedir próxima à anterior. Assevera que, quando há extinção do processo sem resolução do mérito por carência da ação (art. 267, VI, do CPC), não há coisa julgada material, apenas formal. Assim, para o Min. Relator, não há violação da coisa julgada formal, visto que foram sanados os supostos óbices identificados no julgamento da primeira ação, o que, a seu ver, autorizaria a aplicação do art. 268 do CPC. Também esclareceu haver a possibilidade jurídica dos pedidos, considerando entendimento doutrinário e jurisprudencial quanto à possibilidade de cumular os pedidos de investigação de paternidade e de anulação do registro de nascimento (sendo o último consequência do primeiro). Destaca ainda que a pretensão da autora fundamenta-se no direito personalíssimo, indisponível e imprescritível de conhecimento da filiação biológica, consubstanciado no princípio constitucional da dignidade da pessoa humana. Diante do exposto, a Turma deu parcial provimento ao recurso no que tange à multa do art. 538, parágrafo único, do CPC, visto terem sido interpostos os embargos de declaração com intuito de prequestionamento (Súm. n. 98-STJ). Precedentes citados: REsp 507.626-SP, DJ 6/12/2004; REsp 402.859-SP, DJ 28/3/2005, e REsp 765.479-RJ, DJ 24/4/2006. **REsp 1.215.189-RJ, Rel. Min. Raul Araújo Filho, julgado em 2/12/2010.** (Inform. STJ 458)

INVESTIGAÇÃO. PATERNIDADE. CITAÇÃO. FILHO.

Na hipótese, houve o ajuizamento de ação de investigação de paternidade *post mortem* contra o pai do recorrente. Nela, seus avós paternos e o autor firmaram acordo homologado judicialmente para reconhecer a paternidade, sem, contudo, haver a citação do filho herdeiro, o recorrente que não integrou a lide, mas passou a sofrer os efeitos da homologação já transitada em julgado. Vem daí o pedido para rescindir a sentença homologatória. Nesse contexto, vê-se que, por força dos arts. 363 e 1.603 do CC/1916, vigentes à época, havendo herdeiro, há que citá-lo para a ação de investigação de paternidade proposta em desfavor de seu falecido pai. A citação de todos os litisconsortes necessários é pressuposto da própria existência da relação processual. A ausência de citação e a falta de manifestação do recorrente nos autos têm como consequência jurídica a vedação de que lhe sejam estendidos os efeitos da decisão tomada na lide da qual sequer participou. Assim, o recorrente não possui só legitimidade, mas possui, também, duplo interesse: o de ordem moral, de afastar prole alheia atribuída ao *de cujus*, e de ordem econômica, de preservar a integridade de sua quota nos bens deixados pelo falecido. Não se desconhece haver divergências doutrinárias e jurisprudenciais quanto ao cabimento da ação rescisória nos casos de sentença homologatória de acordo, mas a exclusividade do uso da ação anulatória (art. 486 do CPC) em tais casos é solução impregnada do formalismo processual, visto que qualquer via é adequada para portar a insurgência contra o alegado vício. O princípio da fungibilidade tem plena aplicação na hipótese, quanto mais se a ausência da citação do litisconsorte necessário configura nulidade *ipso jure*, que, conforme a doutrina, é conhecida e declarada independentemente de procedimento especial, mesmo que incidentalmente, em qualquer grau de jurisdição e até mesmo de ofício. Com esses fundamentos, a Turma deu parcial provimento ao recurso para rescindir a sentença. **REsp 1.028.503-MG, Rel. Min. Nancy Andrighi, julgado em 26/10/2010.** (Inform. STJ 453)

NEGATÓRIA. MATERNIDADE SOCIOAFETIVA.

Trata-se, na origem, de ação negatória de maternidade cumulada com pedido de anulação de assento de nascimento ajuizada pela ora recorrente contra a ora recorrida, à época menor, representada por seu tutor. Alega, em seu pedido, falsidade ideológica perpetrada pela falecida mãe, que registrou filha recém-nascida de outrem como sua. O tribunal *a quo* afirmou como espontâneo o reconhecimento da maternidade, a anulação do assento de nascimento da criança apenas poderia ser feita na presença de prova robusta, qual seja, de que a mãe teria sido induzida a erro por desconhecer a origem genética da criança, ou, então, valendo-se de conduta reprovável e mediante má-fé, declarar como verdadeiro vínculo familiar inexistente. No caso, inexiste meio de desfazer um ato levado a efeito com perfeita demonstração de vontade da mãe, que um dia declarou, perante a sociedade, em ato solene e de reconhecimento público, ser mãe de criança, valendo-se, para tanto, da verdade socialmente construída com base no afeto, demonstrando, dessa forma, a efetiva existência de vínculo familiar. A diferença de registro de nascimento com a realidade biológica, em razão de conduta que desconsiderava a verdade sobre o aspecto genético, somente pode ser pleiteada por aquele que teve sua filiação falsamente atribuída, e os efeitos daí decorrentes apenas podem operar-se contra aquele que realizou o ato de reconhecimento familiar. Isso porque prevalece, na espécie, a ligação socioafetiva construída e consolidada entre mãe e filha, que tem proteção indelével conferida à personalidade humana, mediante cláusula geral que a tutela e encontra apoio na preservação da estabilidade familiar. Assim, a Turma negou provimento ao recurso. **REsp 1.000.356-SP, Rel. Min. Nancy Andrighi, julgado em 25/5/2010.** (Inform. STJ 436)

RELAÇÃO AVOENGA. ANCESTRALIDADE. DIREITO PERSONALÍSSIMO.

Trata-se de matéria remetida da Terceira Turma à Segunda Seção. A questão versa sobre a legitimidade dos netos para ajuizar, em face dos sucessores de seu pretenso avô, ação declaratória de relação avoenga c/c petição de herança, considerado o falecimento do pai, que não buscou em vida o reconhecimento da filiação. Predominou, no acórdão recorrido, o entendimento de faltar aos netos legitimidade para agir, pois não poderiam pleitear direito alheio em nome próprio, conduzindo à carência da ação. Porém, para a Min. Relatora, os direitos da personalidade, entre eles o direito ao nome e ao conhecimento da origem genética, são inalienáveis, vitalícios, intransmissíveis, extrapatrimoniais, irrenunciáveis, imprescritíveis e oponíveis *erga omnes*. Os netos, assim como os filhos, possuem direito de agir próprio e personalíssimo, de pleitear declaratória de relação de parentesco em face do avô ou dos herdeiros, se morto aquele, porque o direito ao nome, à identidade e à origem genética está intimamente ligado ao conceito de dignidade da pessoa humana. O direito à busca da ancestralidade é personalíssimo e, dessa forma, possui tutela jurídica integral e especial nos moldes dos arts. 5º e 226 da CF/1988. O art. 1.591 do CC/2002, ao regular as relações de parentesco em linha reta, não estipula limitação dada sua infinidade, de modo que todas as pessoas oriundas de um tronco ancestral comum sempre serão consideradas parentes entre si, por mais afastadas que estejam as gerações. Dessa forma, uma vez declarada a existência de relação de parentesco na linha reta a partir do segundo grau, essa gerará todos os efeitos que o parentesco em primeiro grau (filiação) faria nascer. As relações de família, tal como reguladas pelo Direito, ao considerarem a possibilidade de reconhecimento amplo de parentesco na linha reta, ao outorgarem aos descendentes direitos sucessórios na qualidade de herdeiros necessários e lhes resguardando a legítima e, por fim, ao reconhecerem, como família monoparental, a comunidade formada pelos pais e seus descendentes, inequivocamente se movem no sentido de assegurar a possibilidade de que sejam declaradas relações de parentesco pelo Judiciário para além das hipóteses de filiação. Por fim, considerada a jurisprudência deste Superior Tribunal no sentido de ampliar a possibilidade de reconhecimento de relações de parentesco e desde que, na origem, seja conferida a amplitude probatória que a hipótese requer, há perfeita viabilidade jurídica do pleito dos netos de verem reconhecida a relação avoenga, afastadas, de rigor, as preliminares de carência da ação por ilegitimidade de parte e impossibilidade jurídica do pedido, sustentadas pelos herdeiros do avô. Isso posto, a Seção, por maioria, deu provimento ao recurso. **REsp 807.849-RJ, Rel. Min. Nancy Andrighi, julgado em 24/3/2010** (ver Informativos ns. 257 e 425). (Inform. STJ 428)

INVESTIGAÇÃO. PATERNIDADE. DESCENDENTE. RECUSA.
Trata-se da investigação de paternidade para reconhecimento do pai biológico, apontando a falsidade de certidão de nascimento registrada em cartório civil, considerando a imprescritibilidade da ação (decadência) prevista nos arts. 178, § 9º, VI, e 362 do CC/1916, e também a recusa do filho do falecido genitor ao exame de DNA. A Turma entendeu que, conforme o art. 27 da Lei n. 8.069/1990 e a Súm. n. 301-STJ, a presunção relativa quanto à recusa somente se aplica ao pretenso genitor, e não ao descendente, por ser um direito personalíssimo e indisponível. Precedente citado: AgRg no Ag 576.552-SP, DJe 3/9/2008. **REsp 714.969-MS, Rel. Min. Luis Felipe Salomão, julgado em 4/3/2010**. (Inform. STJ 425)

RECONHECIMENTO. PATERNIDADE. ANULAÇÃO. REGISTRO. NASCIMENTO.
A matéria consiste em definir se àquele que reconhece voluntariamente a paternidade de criança em relação à qual afirma que sabe não haver vínculo biológico assiste o direito subjetivo de propor, posteriormente, ação de anulação de registro de nascimento levado a efeito sob alegada pressão psicológica e coação irresistível imposta pela mãe da criança. A Min. Relatora, a exemplo do que foi proferido no REsp 1.003.628-DF (DJ 10/12/2008), entendeu que o julgador deve ter em mente a salvaguarda dos interesses dos pequenos, porque a ambivalência presente nas recusas de paternidade é particularmente mutilante para a identidade das crianças, o que lhe impõe substancial desvelo no exame das peculiaridades de cada processo, no sentido de tornar, o quanto for possível, perenes os vínculos e alicerces na vida em desenvolvimento. Afinal, por meio de uma gota de sangue, não se pode destruir vínculo de filiação simplesmente dizendo a uma criança que ela não é mais nada para aquele que, um dia, declarou, perante a sociedade, em ato solene e de reconhecimento público, ser seu pai. Assim, sob a ótica indeclinável de proteção à criança, para haver efetiva possibilidade de anulação do registro de nascimento do menor, é necessária prova robusta no sentido de que o relutante pai foi de fato induzido a erro, ou ainda, que tenha sido coagido a tanto, como pretende a todo custo fazer crer o recorrido. Não há como desfazer um ato levado a efeito com perfeita demonstração da vontade, como ocorreu na hipótese dos autos. A afirmação de que a genitora da criança ajuizaria uma ação possivelmente investigatória de paternidade não possui a pretensa força para caracterizar a aludida coação. Isso porque a fragilidade e a fluidez dos relacionamentos entre os seres humanos não deve perpassar as relações entre pais e filhos, as quais precisam ser perpetuadas e solidificadas. Em contraponto à instabilidade dos vínculos advindos dos relacionamentos amorosos ou puramente sexuais, os laços de filiação devem estar fortemente assegurados com vista ao interesse maior da criança. O recorrido não manifestou vontade eivada de vício, o que impõe a reforma do acórdão impugnado com o conseqüente restabelecimento da sentença. Diante disso, a Turma conheceu dos recursos e lhes deu provimento para julgar improcedente o pedido formulado pelo recorrido na inicial de anulação do registro de nascimento do menor, restabelecendo, por conseguinte, a sentença. **REsp 932.692-DF, Rel. Min. Nancy Andrighi, julgado em 9/12/2008**. (Inform. STJ 380)

LEGITIMIDADE. CONTESTAÇÃO. PATERNIDADE.
A recorrente alega que o acórdão recorrido contrariou os arts. 1.601 e 1.604 do CC/2002 (antigo art. 348 do CC/1916), pois a legitimidade para contestar a paternidade cabe apenas ao marido, e não ao irmão da ré, terceiro na relação familiar debatida. Assevera que não se trata de ação de nulidade de registro, pois o autor nada provou a respeito. Inicialmente, o Min. Relator esclareceu que o pedido relaciona-se com a causa de pedir – falsidade ideológica – e não com negativa de paternidade, essa última personalíssima, cabível somente ao marido (art. 1.601 do CC/2002). Com relação ao art. 348 da lei civil vigente no momento da propositura da ação, cuja redação foi repetida no art. 1.604 do novel Código, aquele teve sua eficácia preservada pelo TJ que decidiu que, cuidando-se de ação declaratória de inexistência de filiação legítima decorrente de falsidade ideológica, é admissível seja ela intentada não só pelo filho, mas por qualquer outra pessoa que tenha legítimo interesse em tornar nula a falsa declaração. Tal entendimento encontra-se em consonância com a exegese sufragada por este Superior Tribunal. Precedentes citados: REsp 139.118-PB, DJ 25/8/2003; REsp 434.759-MG, DJ 10/2/2003; REsp 257.119-MG, DJ 2/4/2001; REsp 140.579-AC, DJ 3/11/1998, e REsp 215.249-MG, DJ 2/12/2002. **REsp 799.588-SE, Rel. Min. Aldir Passarinho Junior, julgado em 28/10/2008**. (Inform. STJ 374)

AÇÃO NEGATÓRIA. PATERNIDADE. NULIDADE. REGISTRO CIVIL.
O recorrido conheceu a mãe da menor quando ambos ainda cursavam o ensino médio, ele então com 18 anos de idade e ela sem filhos. Seis anos mais tarde, voltaram a se encontrar, oportunidade em que veio a conhecer a menor, então com dois anos de idade. Casaram-se no civil, logo em seguida relata que reconheceu, sob alegada pressão da mãe da criança, a paternidade da menor, na época com três anos de idade, tendo plena consciência de que não se tratava de filha biológica sua. Sustenta que viveram como casal apenas durante seis meses, sobrevindo a separação judicial, cuja sentença transitou em julgado. Depois disso, informa que, por mais de dez anos, não mais teve contato com mãe e filha, permanecendo tão-somente a pagar pensão alimentícia, conforme acordo homologado em juízo nos autos de ação de alimentos. Pleiteia, agora, a exclusão de seu nome da certidão de nascimento da menor, com a correspondente exoneração das obrigações financeiras inerentes à paternidade da criança. Para a Min. Relatora, o reconhecimento espontâneo da paternidade somente pode ser desfeito quando demonstrado vício de consentimento, isto é, para que haja possibilidade de anulação do registro de nascimento de menor cuja paternidade foi reconhecida, é necessária a prova robusta no sentido de que o "pai registral" foi de fato, por exemplo, induzido a erro, ou ainda, coagido a tanto. Tendo em mente a salvaguarda dos interesses dos pequenos, verifica-se que a ambivalência presente nas recusas de paternidade são particularmente mutilantes para a identidade das crianças, o que impõe ao julgador substancial desvelo no exame das peculiaridades de cada processo, no sentido de tornar, o quanto for possível, perenes os vínculos e alicerces na vida em desenvolvimento. Ademais a fragilidade e a fluidez dos relacionamentos entre os adultos não devem perpassar as relações entre pais e filhos, as quais precisam ser perpetuadas e solidificadas. Em contraponto à instabilidade dos vínculos advindos das uniões matrimoniais, estáveis ou concubinárias, os laços de filiação devem estar fortemente assegurados, com vistas ao interesse maior da criança, que não deve ser vítima de mais um fenômeno comportamental do mundo adulto. O recorrido não manifestou vontade eivada de vício. Sendo assim, a Turma deu provimento ao recurso, julgando improcedente o pedido. **REsp 1.003.628-DF, Rel. Min. Nancy Andrighi, julgado em 14/10/2008**. (Inform. STJ 372)

INVESTIGAÇÃO. PATERNIDADE. CITAÇÃO. "PAI REGISTRAL".
A Turma entendeu ser necessária a citação do "pai registral" para integrar a lide como litisconsórcio necessário passivo, na ação de investigação de paternidade movida por menor (representado pela mãe) contra o ora recorrente. Para que alguém seja demovido da sua condição de pai, é preciso que integre a lide que poderá ter essa conseqüência. Não é necessário prévio procedimento judicial de anulação do registro para subseqüentemente

proceder à investigação. Pode ser tudo feito no mesmo processo, mas com a integração do "pai registral". Precedente citado: REsp 117.129-RS, DJ 24/9/2001. **REsp 512.278-GO, Rel. Min. Aldir Passarinho Junior, julgado em 14/10/2008.** (Inform. STJ 372)

INVESTIGAÇÃO. PATERNIDADE. ALIMENTOS.
Cinge-se a questão a definir se pode ser conferida a retroação à data da citação dos alimentos fixados na investigação de paternidade, ainda que requerido expressamente, na inicial, o pagamento da pensão alimentícia a partir da prolação da sentença de mérito, nos termos do art. 7º da Lei n. 8.560/1992. A Turma não conheceu do recurso, por entender não se ter configurado o dissídio jurisprudencial nem ter havido violação por parte do acórdão recorrido dos dispositivos legais apontados pela recorrente. No acórdão, conclui-se estar implicitamente assentado que não se aplica à hipótese o abrandamento da proibição de julgamento *ultra petita*. Os limites da lide e da causa de pedir foram fixados na petição inicial, cabendo ao Judiciário zelar para que a linha estabelecida pela própria autora não seja ultrapassada em prejuízo da outra parte. Nada há, dessa forma, para retocar na decisão recorrida, que aplicou diligentemente o Direito à espécie. Ressaltou-se que, na verdade, os vícios apontados confundem-se com a tentativa da recorrente de corrigir equívoco cometido na formulação do pedido inicial. **REsp 1.079.190-DF, Rel. Min. Nancy Andrighi, julgado em 7/10/2008.** (Inform. STJ 371)

INVESTIGAÇÃO. PATERNIDADE. INTERESSE. AGIR.
Para a propositura da ação de investigação de paternidade cumulada com anulação de registro de nascimento, é necessário que haja interesse lícito (art. 3º do CPC). Na espécie, verifica-se, na petição inicial, que o autor, ora recorrido, manifesta animosidade contra o filho pretendido, o que nulifica qualquer afirmação do propósito lícito no uso da referida ação, caracterizada pelo altruísmo e bons propósitos, quando a investigatória de paternidade é movida pelo pretenso genitor. Ademais, conforme o art. 177 do CC/1916, ocorreu a prescrição, uma vez que a ação foi proposta em prazo superior a vinte anos. A imprescritibilidade neste tipo de ação é em prol do filho que busca o reconhecimento, e não do genitor que propôs a investigatória contra o filho registrado em nome de outrem. Assim, a Turma deu provimento ao recurso e julgou extinta a ação por falta de legítimo interesse econômico ou moral e pela prescrição. **REsp 903.613-DF, Rel. Min. Sidnei Beneti, julgado em 24/6/2008.** (Inform. STJ 361)

PATERNIDADE. DNA. NOVA AÇÃO.
A paternidade do investigado não foi expressamente afastada na primeva ação de investigação julgada improcedente por insuficiência de provas, anotado que a análise do DNA àquele tempo não se fazia disponível ou sequer havia notoriedade a seu respeito. Assim, nesse contexto, é plenamente admissível novo ajuizamento da ação investigatória. Precedentes citados: REsp 226.436-PR, DJ 4/2/2002; REsp 427.117-MS, DJ 16/2/2004, e REsp 330.172-RJ, DJ 22/4/2002. **REsp 826.698-MS, Rel. Min. Nancy Andrighi, julgado em 6/5/2008.** (Inform. STJ 354)

AÇÃO ANULATÓRIA. PATERNIDADE. VÍCIO. CONSENTIMENTO.
O Tribunal *a quo*, com base no resultado de exame de DNA, concluiu que o ora recorrente não é o pai biológico da recorrida. Assim, deve ser julgado procedente o pedido formulado na ação negatória de paternidade, anulando-se o registro de nascimento por vício de consentimento, pois o ora recorrente foi induzido a erro ao proceder ao registro da criança, acreditando tratar-se de sua filha biológica. Não se pode impor ao recorrente o dever de assistir uma criança reconhecidamente destituída da condição de filha. **REsp 878.954-RS, Rel. Min. Nancy Andrighi, julgado em 7/5/2007.** (Inform. STJ 319)

6.6. Bem de Família

Fiador e Penhorabilidade do Bem de Família
Ante a peculiaridade do caso, a Turma proveu agravo regimental para determinar a subida de recurso extraordinário em que se alega ofensa ao art. 6º da CF. Tratava-se de agravo regimental interposto contra decisão do Min. Ricardo Lewandowski, que negara seguimento a agravo de instrumento, do qual relator, por reputar que o acórdão recorrido — ao afirmar que a penhorabilidade do bem de família do fiador do contrato de locação (Lei 8.009/90, art. 3º, VII) não violaria o direito de moradia — estaria em consonância com a jurisprudência do STF. Na espécie, a locadora promovera ação de despejo contra o locatário, sem conhecimento do fiador, e pleiteara também o pagamento dos aluguéis referentes ao período de 1991 a 2002. Em virtude da inadimplência do locatário, o fiador fora acionado judicialmente. Enfatizou-se que a situação dos autos envolveria contrato de locação, cujos aluguéis não foram cobrados por mais de 10 anos, o que, para o ora agravante (fiador), transmudaria esse contrato em comodato. **AI 741419 AgR/RJ, rel. Min. Ricardo Lewandowski, 5.5.2009.** (AI-741419) (Inform. STF 545)

Bem de Família: Despesas Condominiais e Penhorabilidade
A Turma negou provimento a recurso extraordinário em que se sustentava ofensa aos artigos 5º, XXVI, e 6º, ambos da CF, sob a alegação de que a penhorabilidade do bem de família prevista no art. 3º, IV, da Lei 8.009/90 não compreenderia as despesas condominiais ("*Art. 3º: A impenhorabilidade é oponível em qualquer processo de execução civil, fiscal, previdenciária, trabalhista ou de outra natureza, salvo se movido:... IV - para cobrança de impostos, predial ou territorial, taxas e contribuições devidas em função do imóvel familiar;*"). Entendeu-se que, no caso, não haveria que se falar em impenhorabilidade do imóvel, uma vez que o pagamento de contribuição condominial (obrigação *propter rem*) é essencial à conservação da propriedade, isto é, à garantia da subsistência individual e familiar — dignidade da pessoa humana. Asseverou-se que a relação condominial tem natureza tipicamente de uma relação de comunhão de escopo, na qual os interesses dos contratantes são paralelos e existe identidade de objetivos, em contraposição à de intercâmbio, em que cada parte tem por fim seus próprios interesses, caracterizando-se pelo vínculo sinalagmático. RE 439003/SP, rel. Eros Grau, 6.2.2007. (RE-439003) (Inform. STF 455)

DIREITO CIVIL. IMPENHORABILIDADE DO BEM DE FAMÍLIA. CONTRIBUIÇÃO CRIADA POR ASSOCIAÇÃO DE MORADORES.
A impenhorabilidade do bem de família, conferida pela Lei n. 8.009/1990, não pode ser afastada em cobrança de dívida fundada em contribuições criadas por associações de moradores. As taxas de manutenção criadas por associações de moradores não são devidas por morador não associado, pois não podem ser equiparadas, para fins e efeitos de direito, a despesas condominiais. A possibilidade de cobrança de taxa condominial decorre de lei, e tem natureza jurídica de dívida propter rem. O fundamento da cobrança de tal contribuição é, entre outros, a existência de áreas comuns, de propriedade de todos os condôminos, que obrigatoriamente devem ser mantidas pela universalidade de proprietários. O direito ao pagamento da taxa devida a associação de moradores é pessoal, derivado da vedação ao enriquecimento ilícito, assim não se pode enquadrar a verba no permissivo do art. 3º, IV, da Lei 8.009/1990, que excepciona a impenhorabilidade do bem de família nas hipóteses de "cobrança do impostos, predial ou territorial, taxas e contribuições devidas em função do imóvel familiar". A orientação das hipóteses descritas nessa norma é claramente a de excepcionar despesas impositivas, como ocorre nos tributos em geral. Nesse sentido, a despesa condominial, por seu caráter propter rem, aproxima-se de tal natureza, daí a possibilidade de seu enquadramento nesse permissivo legal. A taxa associativa, de modo algum carrega essa natureza. Precedentes citados: EREsp 444.931-SP, DJ 1º/2//2006, e AgRg no REsp 1.125.837-SP, DJe 5/6/2012. **REsp 1.324.107-SP, Rel. Min. Nancy Andrighi, julgado em 13/11/2012. (Inform. STJ 510)**

PENSÃO ALIMENTÍCIA. IMPENHORABILIDADE DO BEM DE FAMÍLIA.
A pensão alimentícia é prevista no art. 3º, III, da Lei n. 8.009/1990 como hipótese de exceção à impenhorabilidade do bem de família. E tal dispositivo não faz qualquer distinção quanto à causa dos alimentos, se decorrentes de vínculo familiar ou de obrigação de reparar danos. Na espécie, foi imposta pensão alimentícia em razão da prática de ato ilícito – acidente de trânsito –, ensejando-se o reconhecimento de que a impenhorabilidade do bem de família não é oponível à credora da pensão alimentícia. Precedentes citados: EREsp 679.456-SP, DJe 16/6/2011, e REsp 437.144-RS, DJ 10/11/2003. REsp 1.186.225-RS, Rel. Min. Massami Uyeda, julgado em 4/9/2012.(Inform. STJ 503)

PENHORABILIDADE DO BEM DE FAMÍLIA. ALEGAÇÃO TARDIA E ÔNUS DA PROVA.
A impenhorabilidade do bem de família, por ser matéria de ordem pública, pode ser arguida a qualquer tempo antes da arrematação do imóvel. Caso comprovada a má-fé do devedor em fazer a alegação tardia, resolve-se na redistribuição dos ônus sucumbenciais, nos termos do art. 22 do CPC. Para rebater o questionamento acerca da impossibilidade da alegação da impenhorabilidade do bem de família apenas na apelação, pois a matéria estaria preclusa, o Min. Relator fez distinção entre duas hipóteses. Na primeira, o assunto já foi alegado e decidido no processo, situação na qual há preclusão da matéria (art. 473 do CPC). Na segunda, a alegação é feita tardiamente, após a defesa de mérito do devedor. Nesse caso, por ser matéria de ordem pública, a impenhorabilidade do bem de família poderá ser conhecida a qualquer tempo antes da arrematação do imóvel. A depender

da situação do caso concreto, comprovada a má-fé do devedor e conduta voltada para o prolongamento da lide, poderá haver redistribuição dos ônus sucumbenciais, nos termos do art. 22 do CPC. Outra questão debatida no recurso foi o ônus da prova sobre a impenhorabilidade do bem de família. O Min. Relator afirmou que a regra do art. 333 do CPC é voltada para os casos nos quais o magistrado não está plenamente convencido sobre as alegações das partes, ou seja, somente há necessidade de a solução do litígio se apoiar no ônus da prova quando não houver provas dos fatos ou quando essas se mostrarem insuficientes a que o julgador externe com segurança a solução que se lhe afigure a mais acertada. No caso, o Tribunal decidiu sobre a impenhorabilidade do bem de família com base nas provas já constantes nos autos, razão pela qual não se mostra relevante a discussão sobre o ônus da prova no caso concreto. Apreciando esses e outros assuntos, a Turma conheceu parcialmente do recurso e, nessa extensão, negou-lhe provimento. Precedentes citados: REsp 976.566-RS, DJ 5/4/2010; REsp 467.246-RS, DJ 12/8/2003; REsp 262.654-RS, DJ 20/11/2000; REsp 282.354-MG, DJ 19/3/2001, e AgRg no Ag 927.913-RJ, DJ 17/12/2007. REsp 981.532-RJ, Rel. Min. Luis Felipe Salomão, julgado em 7/8/2012.(Inform. STJ 501)

IMPENHORABILIDADE. BEM DE FAMÍLIA.

A exceção prevista no art. 3º, V, da Lei n. 8.009/1991, que deve ser interpretada restritivamente, somente atinge os bens que foram dados em garantia de dívidas contraídas em benefício da própria família. No caso, a hipoteca foi constituída em garantia de dívida de terceiro, o que não afasta a proteção dada ao imóvel pela lei que rege os bens de família. Precedentes citados:REsp 268.690-SP, DJ 12/3/2001; REsp 1.022.735-RS, DJe 18/2/2010, e AgRg no AgRg no Ag 1.094.203-SP, DJe 10/5/2011. REsp 997.261-SC, Rel. Min. Luis Felipe Salomão, julgado em 15/3/2012. (Inform. STJ 493)

PENHORA. PROPRIEDADE RURAL. BEM DE FAMÍLIA.

A *quaestio juris* está em saber se é possível a penhora de metade do imóvel rural em que residem os recorrentes (pai e filha). Na espécie, foi efetivada a penhora devido à execução de título extrajudicial. Na apelação, os recorrentes arguiram a nulidade da medida, sustentando a impenhorabilidade de bem de família (Lei n. 8.009/1990, art. 1º, parágrafo único, e § 2º do art. 4º) e da pequena propriedade rural trabalhada pela família para pagamento de débitos decorrentes de sua atividade produtiva (art. 5º, XXVI, da CF). O tribunal *a quo* consignou que não foram atendidos os requisitos para que a propriedade fosse declarada impenhorável, pois os recorrentes não trabalhavam em regime de economia familiar; o imóvel enquadrava-se no conceito de média propriedade rural (8,85 módulos fiscais) e o débito que originou a penhora foi decorrente da ação de execução na qual um dos recorrentes (o pai) figurava na condição de avalista. Assim, no REsp, entre outros temas, sustentam violação do § 2º do art. 4º da Lei n. 8.009/1990; art. 4º, II, da Lei n. 4.504/1964 e art. 4º da Lei n. 8.629/1993. Nesse contexto, *a priori*, esclareceu o Min. Relator que a Lei n. 8.009/1990 é de ordem pública e tem como propósito garantir a manutenção, com dignidade da família, sem impedir que o credor possa satisfazer seu crédito por meio do patrimônio do devedor, porém limita a responsabilidade dos devedores como forma de garantir um mínimo indispensável à sobrevivência da família, bem como a salutar continuidade do exercício profissional. Além disso, a CF também confere proteção à pequena propriedade rural (art. 5º, XXVI). Entretanto, explicou que, tendo em vista a inexistência de expressa disposição legal para definir o que seja pequena propriedade legal, no que tange à impenhorabilidade do bem de família quanto à propriedade rural, é adequado valer-se do conceito de propriedade familiar extraído de lei do âmbito do direito agrário (art. 4º, II, da Lei n. 4.504/1964). Contudo, ressaltou ser inaplicável ao caso o conceito de pequena e média propriedade rural constante na Lei n. 8.629/1993, uma vez que é voltado à desapropriação para reforma agrária. Ademais, frisou que a definição legal de um módulo fiscal, por tomar em conta o conceito de propriedade familiar, abrange, de acordo com as condições específicas de cada região, uma porção de terra mínima e suficiente para que a exploração da atividade agropecuária mostre-se economicamente viável pelo agricultor e sua família, o que atende ao preceito constitucional afeto à impenhorabilidade. Nesse passo, consignou que, a teor do art. 4º, § 2º, da Lei n. 8.009/1990, quando a residência familiar constituir-se em imóvel rural, a impenhorabilidade restringir-se-á à sede de moradia, com os respectivos bens móveis, não abrangendo, pois, a totalidade do imóvel e, nos casos do art. 5º, XXVI, da CF, à área limitada como pequena propriedade rural. *In casu*, a penhora incidiu sobre metade da propriedade rural, por isso ficou contemplada a impenhorabilidade garantida ao bem de família constituído por imóvel rural. Assim, concluiu que dos 50% da área rural que ficarão a salvo da penhora está abarcada a residência da família. Com essas, entre outras considerações, a Turma deu parcial provimento ao recurso para estabelecer que ficará a salvo da penhora a sede de moradia dos recorrentes, bem como assegurou o acesso à via pública. Precedentes citados do STF: RE 136.753-RS, DJ 25/4/1997; do STJ: REsp 1.007.070-RS, DJe 1º/10/2010. **REsp 1.018.635-ES, Rel. Min. Luis Felipe Salomão, julgado em 22/11/2011.** (Inform. STJ 488)

BEM. FAMÍLIA. EXCEÇÃO. IMPENHORABILIDADE.

A Seção rejeitou os embargos por entender que o bem imóvel do devedor não está amparado pela impenhorabilidade prevista na Lei n. 8.009/1990 quando o crédito for decorrente de alimentos em virtude de acidente de trânsito. As exceções à impenhorabilidade previstas nos arts. 3º e 4º da referida lei não fazem nenhuma ressalva quanto a se tratar de constrição decorrente ou não de ato ilícito. Precedentes citados: REsp 1.036.376-MG, DJe 23/11/2009; REsp 437.144-RS, DJ 10/11/2003, e REsp 64.342-PR, DJ 9/3/1998. **EREsp 679.456-SP, Rel. Min. Sidnei Beneti, julgados em 8/6/2011.** (Inform. STJ 476)

DANOS. PENSÃO ALIMENTÍCIA. BEM DE FAMÍLIA.

In casu, os recorrentes foram condenados a pagar indenização por danos materiais a ser apurada em liquidação e por danos morais, além de pensão de um salário mínimo, tudo em decorrência das lesões sofridas em acidente de trânsito ocasionado por menor. É cediço que a pensão alimentícia está prevista expressamente no art. 3º, III, da Lei n. 8.009/1990 como hipótese de exceção à impenhorabilidade do bem de família, e a jurisprudência deste Superior Tribunal preconiza a irrelevância da origem dessa prestação se decorrente de relação familiar ou de ato ilícito. Dessa forma, explica o Min. Relator que não configura exceção o crédito decorrente de indenização por danos morais e materiais, desses valores não cuida o inciso III do art. 3º da Lei n. 8.009/1990, que apenas se refere à pensão alimentícia, e o inciso VI do mesmo dispositivo se restringe apenas à reparação como efeito da condenação penal, e não cível. Na linha dos precedentes deste Superior Tribunal, a lei quis distinguir o ilícito penal e o civil e só em relação ao primeiro cuidou de estabelecer a exceção. Também aponta ter a proteção da impenhorabilidade do bem de família quanto ao crédito decorrente de honorários advocatícios de sucumbência, pois não consta do rol das exceções. Assim, concluiu que o único crédito que pode penhorar o bem de família, no caso, é o decorrente da pensão mensal fixada na ação de indenização. Logo restringiu a penhora do bem ao adimplemento do débito decorrente da pensão mensal. Com esse entendimento, a Turma deu parcial provimento ao recurso para julgar parcialmente procedentes os embargos do devedor e determinar a penhora do imóvel *sub judice* ao montante correspondente às pensões mensais inadimplidas. Precedentes citados: REsp 605.641-RS, DJ 29/11/2004; REsp 64.342-PR, DJ 9/3/1998, e REsp 90.145-PR, DJ 26/8/1996. **REsp 1.036.376-MG, Rel. Min. Massami Uyeda, julgado em 10/11/2009.** (Inform. STJ 415)

BEM DE FAMÍLIA. IMÓVEL EM CONSTRUÇÃO.

O terreno não edificado não se caracteriza como bem de família (art. 5º da Lei n. 8.009/1990), pois não serve à moradia familiar. Contudo, na hipótese, antes do vencimento da nota promissória que lastreia a execução, já havia, no terreno, uma casa em construção que servia de única residência à família. Não há importância no fato de a construção só ter sido registrada posteriormente, pois há certidão nos autos atestando o início da edificação ainda pelo ex-proprietário. Desse modo, o imóvel está sob a proteção da Lei n. 8.009/1990. Precedentes citados: REsp 619.722-RS, DJ 31/5/2004, e REsp 507.048-MG, DJ 30/6/2003. **REsp 1.087.727-GO, Rel. Min. Aldir Passarinho Junior, julgado em 6/10/2009.** (Inform. STJ 410)

PENHORA. PARTE. IMÓVEL. LEI N. 8.009/1990.

A questão consiste em analisar a possibilidade de penhora parcial de imóvel de dois andares em cujo andar superior os devedores residem; no inferior, funciona uma confecção. Para que se determine a viabilidade ou não do desmembramento, a Min. Relatora entendeu ser imprescindível que os julgados analisem as condições particulares de cada imóvel de acordo com as peculiaridades existentes no processo. O acórdão recorrido manteve a penhora do andar inferior do imóvel, com base tanto na certidão do oficial de Justiça, como no reconhecimento dos próprios recorrentes de que o primeiro andar estava locado para um empreendimento comercial. Para que se pudesse afastar a conclusão firmada na sentença e no acórdão impugnado – de que a impenhorabilidade decorrente da Lei n. 8.009/1990 deve ficar restrita ao andar superior do imóvel –, seria imprescindível o revolvimento do conteúdo fático-probatório dos autos, o que não é admitido nesta sede (Súm. n. 7 do STJ). Porém naqueles autos, não foi verificada nenhuma das hipóteses que poderiam inviabilizar o desmembramento, quais sejam: a descaracterização do imóvel, a existência de prejuízo à parte residencial, a alteração na substância do imóvel, ou a inviabilidade do próprio desmembramento. Assim, diante das peculiaridades da espécie, mostra-se correta a manutenção da penhora sobre o primeiro andar da residência dos recorrentes com a consequente limitação da proteção conferida pela Lei n. 8.009/1990 ao segundo andar do imóvel, que é utilizado como moradia dos recorrentes. **REsp 968.907-RS, Rel. Min. Nancy Andrighi, julgado em 19/3/2009.** (Inform. STJ 387)

LOCAÇÃO. FIANÇA. BEM. FAMÍLIA. FIADOR. ***RES SPERATA.***
A embargante sustenta que a fiança foi dada para a locação, e não para a denominada *res sperata* (mero apelido para disfarçar as ilegais luvas). Mas o Min. Relator inicialmente destacou que a orientação divergente de Tribunal estadual não tem o condão de afastar o entendimento predominante nos Tribunais Superiores no sentido de ser penhorável o imóvel familiar do fiador em contrato de locação (art. 3º, VII, da Lei n. 8.009/1990). Se a matéria não foi debatida na instância ordinária, está obstada a análise da alegação de que a fiança garantia o contrato de locação e não a *res sperata*. Assim, não há qualquer omissão, obscuridade ou contradição no acórdão embargado, pois a matéria foi apreciada de forma fundamentada. Diante disso, a Turma rejeitou os embargos. Precedentes citados do STF: RE 407.688-SP, DJ 6/10/2006; do STJ: AgRg no Ag 830.400-RS, DJ 22/4/2008, e REsp 891.290-RJ, DJ 12/5/2008. **EDcl no AgRg nos EDcl no Ag 1.023.858-RJ, Rel. Min. Jorge Mussi, julgado em 4/12/2008.** (Inform. STJ 379)

PENHORA. BEM DE FAMÍLIA ÚNICO. LOCAÇÃO.
Faz jus aos benefícios da Lei n. 8.009/1990 o devedor que, mesmo não residindo no único imóvel que lhe pertence, utiliza o valor obtido com a locação desse bem como complemento da renda familiar, considerando que o objetivo da norma é o de garantir a moradia familiar ou a subsistência da família. Precedentes citados: AgRg no Ag 385.692-RS, DJ 19/8/2002, e REsp 315.979-RJ, DJ 15/3/2004. **REsp 243.285-RS, Rel. Min. Luís Felipe Salomão, julgado em 26/8/2008.** (Inform. STJ 365)

MATERIAL. CONSTRUÇÃO. IMPENHORABILIDADE. IMÓVEL.
O recorrente sustenta que o art. 3º da Lei n. 8.009/1990 não é dirigido somente ao agente financeiro e que, sendo pequeno comerciante, titular do crédito decorrente do financiamento destinado à construção de imóvel residencial, há que se afastar a alegada impenhorabilidade do bem. Porém o Min. Relator enfatizou que tal impenhorabilidade é regra, somente cabendo as exceções legalmente previstas, e a do mencionado artigo deve, assim como as demais, ser interpretada à risca. Para o Min. Relator, foge ao escopo da Lei n. 8.009/1990 a penhorabilidade do imóvel destinado à moradia da família em razão de compras de material de construção feitas no comércio, ou, ainda, em razão da aquisição de serviços sem as formalidades do Sistema Financeiro de Habitação. **AgRg no Ag 790.691-GO, Rel. Min. Aldir Passarinho Junior, julgado em 24/6/2008.** (Inform. STJ 361)

BEM DE FAMÍLIA. DEVEDOR. DIVERSOS IMÓVEIS.
Cuida a matéria em determinar se, tendo o devedor diversos imóveis, mas apenas um deles, onde reside, ser apto a garantir a execução, deve tal bem ser alcançado pela impenhorabilidade assegurada pela Lei n. 8.009/1990. Para a Min. Nancy Andrighi, a finalidade dessa lei não é proteger o devedor contra suas dívidas, tornando seus bens impenhoráveis, mas sim abrigar a família, evitando sua desarticulação. No caso, o devedor tem garantia do abrigo, pois é proprietário, entre outros bens e afora a casa onde reside, da integralidade de outros dois imóveis residenciais, recebidos por sucessão e gravados com cláusula de inalienabilidade, impenhorabilidade e incomunicabilidade. O recorrente optou por não morar em nenhum deles, adquirindo outro bem, sem sequer registrá-lo em seu nome, que também pretende ver alcançado pela impenhorabilidade, enquanto seu credor amarga um crédito que ultrapassa um milhão de reais o qual não tem outros meios de ser satisfeito. Para a Min. Nancy Andrighi, tal pretensão fere qualquer senso de justiça e eqüidade, além de distorcer por completo os benefícios vislumbrados pela Lei n. 8.009/1990. Isso posto, a Turma, após a renovação do julgamento e por maioria, não conheceu do recurso, prevalecendo a possibilidade da penhora do imóvel residencial como decidido no TJ. **REsp 831.811-SP, Rel. originário Min. Ari Pargendler, Rel. para acórdão Min. Nancy Andrighi, julgado em 13/5/2008.** (Inform. STJ 355)

PENHORA. BEM. FAMÍLIA. SEPARAÇÃO. CASAL.
Trata-se de hipótese peculiar sobre a extensão da Lei n. 8.009/1990: o cônjuge do executado pretende ver afastada a penhora recaída sobre o imóvel onde reside, uma vez que, após sua separação judicial, esse imóvel passou a constituir bem de família. Destaca o Min. Relator que, no caso de separação dos cônjuges, a entidade familiar, para efeitos de impenhorabilidade de bem, não se extingue, pelo contrário, surge uma duplicidade da entidade formada pelos ex-cônjuges varão e virago. Pois a impenhorabilidade do bem de família (Lei n. 8.009/1990, art. 1º, e CF/1988, art. 226, § 4º) visa resguardar não somente o casal, mas a própria entidade familiar. Daí se afirmar que a preservação da entidade familiar mantém-se ainda que o cônjuge separado judicialmente venha residir sozinho. Assim, a proteção da citada lei garante a impenhorabilidade do bem de família do cônjuge separado e a nova entidade familiar que constituiu. Ressalta, ainda, que a circunstância de bem de família tem presunção *juris tantum*, competindo ao credor a prova em contrário. Com esse entendimento, a Turma conheceu parcialmente o recurso e, nessa parte, negou-lhe provimento. **REsp 963.370-SC, Rel. Min. Luiz Fux, julgado em 15/4/2008.** (Inform. STJ 352)

HIPOTECA. BEM DE FAMÍLIA. PESSOA JURÍDICA.
Discute-se a possibilidade de penhora de bem de família dado em garantia hipotecária de empréstimo contraído por pessoa jurídica da qual é sócio o titular do bem. O acórdão embargado reformou a decisão do Tribunal de origem, decidindo pela impossibilidade de penhora do imóvel dado em garantia sob o entendimento de que não existe prova de a família ter sido beneficiada com o investimento, conseqüentemente, é inviável presumir-se o fato. Note-se que o Tribunal *a quo* presumia que a família teria sido beneficiada. Ressalta o Min. Relator que, nesses casos, a jurisprudência deste Superior Tribunal afirma que a imunidade do bem só pode ser afastada quando houver prova de que o gravame foi autorizado em benefício da família. Explica, ainda, o Min. Relator que, sob esse aspecto, não há divergência entre as hipóteses confrontadas no acórdão da Terceira Turma deste Superior Tribunal e o paradigma da Quarta Turma, pois ambos adotam essa jurisprudência, tanto que os arestos apontados como divergentes são colacionados como precedentes pelo Min. Relator do acórdão embargado. Outrossim, em outros pontos, há ausência de similitude fática entre os julgados. Com esse entendimento, a Seção não conheceu dos EREsp. Precedente citado: REsp 302.186-RJ, DJ 21/2/2005. **EAg 711.179-SP, Rel. Min. Fernando Gonçalves, julgados em 12/3/2008.** (Inform. STJ 348)

PENHORA. BEM DE FAMÍLIA. FIADOR.
É possível a penhora de bem de família do fiador em contrato de locação (art. 3º, VII, da Lei n. 8.009/1990). A jurisprudência do STF já declarou a constitucionalidade do referido dispositivo legal. **AgRg no REsp 959.759-SC, Rel. Min. Napoleão Nunes Maia Filho, julgado em 28/2/2008.** (Inform. STJ 346)

Súmula STJ nº 486 - É impenhorável o único imóvel residencial do devedor que esteja locado a terceiros, desde que a renda obtida com a locação seja revertida para a subsistência ou a moradia da sua família.

Súmula STJ nº 449

A vaga de garagem que possui matrícula própria no registro de imóveis não constitui bem de família para efeito de penhora.

Súmula STJ nº 364

O conceito de impenhorabilidade de bem de família abrange também o imóvel pertencente a pessoas solteiras, separadas e viúvas.

7. SUCESSÕES

7.1. Sucessão em geral e legítima

AR: FILHO ADOTIVO E DIREITO DE SUCEDER ANTES DA CF/88 - 1
O Tribunal iniciou julgamento de ação rescisória em que filha adotiva busca desconstituir acórdão da 1ª Turma, que, ao dar provimento a recurso extraordinário, concluíra não se aplicar às sucessões verificadas antes da CF/88 a norma do seu art. 227, § 6º ("*Os filhos, havidos ou não da relação do casamento, ou por adoção, terão os mesmos direitos e qualificações, proibidas quaisquer designações discriminatórias relativas à filiação.*"). Alega-se violação à literal disposição do art. 51 da Lei 6.515/77, preceito que teria alterado o art. 2º da Lei 883/49, operando a revogação tácita do art. 377 do Código Civil de 1916. O Min. Eros Grau, relator, afastou, de início, a preliminar de não conhecimento da ação, que invoca a aplicação da Súmula 515 do STF, por não ter sido objeto de discussão no acórdão rescindendo eventual ofensa ao art. 51 da Lei 6.515/77. Afirmou que a ação rescisória não seria recurso e que a jurisprudência da Corte seria firme no sentido de que o requisito do prequestionamento a ela não se aplicaria. No mérito, julgou improcedente o pedido. Aduziu que o art. 51 da Lei 6.515/77 não teria como destinatário o filho adotivo e que a Lei 883/49 disciplinaria o reconhecimento de filhos ilegítimos, restringindo sua aplicação aos filhos biológicos. Ressaltou que o art. 377 do CC/16, na redação atribuída pela Lei 3.133/57, não teria sido revogado tacitamente pelo art. 51 da Lei 6.515/77, e que a vigência do preceito teria se prolongado até o advento da CF/88, que não o teria recepcionado (art. 227, § 6º). Por fim, mencionou jurispru-

dência da Corte no sentido de que a capacidade de suceder rege-se pela lei da época da abertura da sucessão, não comportando eficácia retroativa o disposto no art. 227, § 6º, da CF/88. **AR 1811/PB, rel. Min. Eros Grau, 16.6.2010.** (AR-1811)

AR: FILHO ADOTIVO E DIREITO DE SUCEDER ANTES DA CF/88 - 2

Em seguida, o Min. Dias Toffoli não conheceu da ação em virtude da falta de prequestionamento, no acórdão rescindendo, da norma tida por violada. O Min. Cezar Peluso, por sua vez, conheceu da ação, mas julgou procedente o pleito nela formulado, no que foi acompanhado pelo Min. Ayres Britto. Reputou não ser o caso de aplicação retroativa do art. 227, § 6º, da CF, tal como ventilado no acórdão rescindendo, visto que todas as normas, inclusive as do CC/16 que distinguira entre categorias de filhos, seriam inconstitucionais, por violarem o princípio da igualdade. Disse que o art. 227 da CF/88 teria apenas explicitado uma regra que já estava no sistema constitucional, ou seja, a inadmissibilidade de estabelecer distinções, para qualquer efeito, entre classes ou qualidades de filhos. Assim, concluiu que, perante o princípio constitucional da isonomia, ou a pessoa seria filho e teria todos os direitos, ou não seria filho. Após, pediu vista dos autos o Min. Gilmar Mendes. **AR 1811/PB, rel. Min. Eros Grau, 16.6.2010.** (AR-1811) (Inform. STF 591)

DIREITO CIVIL. RENÚNCIA À HERANÇA POR PROCURADOR. REQUISITOS FORMAIS.

A constituição de procurador com poder especial para renunciar à herança de valor superior a trinta vezes o maior salário mínimo deve ser feita por instrumento público ou termo judicial para ter validade. Segundo o art. 1.806 do CC, a renúncia da herança deve constar expressamente de instrumento público ou termo judicial. Tal formalidade é uma decorrência lógica do previsto nos arts. 88, II, e 108 do mesmo diploma legal. Segundo o art. 80, II, considera-se bem imóvel a sucessão aberta. Já o art. 108 do mesmo código determina que a escritura pública é essencial à validade dos negócios jurídicos que visem à constituição, transferência, modificação ou renúncia de direitos reais sobre imóveis de valor superior a trinta vezes o maior salário mínimo. Assim, se a renúncia feita pelo próprio sucessor só tem validade se expressa em instrumento público ou termo judicial (art. 1.806 do CC), a transmissão de poderes para tal desiderato deverá observar a mesma formalidade. REsp 1.236.671-SP, Rel. originário Min. Massami Uyeda, Rel. para acórdão Min. Sidnei Beneti, julgado em 9/10/2012.(Inform. STJ 506)

DIREITO CIVIL. MEAÇÃO. APLICAÇÃO FINANCEIRA MANTIDA POR EX-CONSORTE DO DE CUJUS NA VIGÊNCIA DA SOCIEDADE CONJUGAL.

Quando perder o caráter alimentar, deve ser partilhada em inventário a aplicação financeira de proventos de aposentadoria mantida por um dos ex-consortes durante a vigência do matrimônio sob o regime de comunhão universal de bens. A melhor interpretação referente à incomunicabilidade dos salários, proventos e outras verbas similares (arts. 1.668, V, 1.659, VI e VII, do CC) é aquela que fixa a separação patrimonial apenas durante o período em que ela ainda mantém natureza alimentar, não desprezando a devida compatibilização dessa restrição com os deveres de mútua assistência. Embora o CC disponha expressamente que se excluem "da comunhão os proventos do trabalho pessoal de cada cônjuge", é forçoso convir que os valores, depois de recebidos por qualquer dos cônjuges, passam a compor a renda familiar e se comunicam até a separação de fato do casal, sendo absolutamente irrelevante a sua origem. Do contrário, somente o consorte que possuísse trabalho remunerado seria o titular da íntegra do patrimônio alicerçado durante a sociedade conjugal, entendimento que subverteria o sistema normativo relativo ao regime patrimonial do casamento. De modo que o comando da incomunicabilidade deve ser relativizado quando examinado em conjunto com os demais deveres do casamento; pois, instituída a obrigação de mútua assistência e de mantença do lar por ambos os cônjuges, não há como considerar isentas as verbas obtidas pelo trabalho pessoal de cada um deles ou proventos e pensões tampouco como hábeis a formar uma reserva particular. Conforme dispõe a lei, esses valores devem obrigatoriamente ser utilizados para auxílio à mantença do lar da sociedade conjugal. Assim, os proventos de aposentadoria como bem particular são excluídos da comunhão apenas enquanto as respectivas cifras mantenham um caráter alimentar em relação àquele consorte que as aufere. No entanto, suplantada a necessidade de proporcionar a subsistência imediata do titular, as verbas excedentes integram o patrimônio comum do casal e se comunicam, devendo ser incluídas entre os bens a serem meados no inventário aberto em função da morte de um dos cônjuges. REsp 1.053.473-RS, Rel. Min. Marco Buzzi, julgado em 2/10/2012.(Inform. STJ 506)

SUCESSÃO. CÔNJUGE SOBREVIVENTE. DIREITO REAL DE HABITAÇÃO.

Em sucessões abertas na vigência do CC/1916, a viúva que fora casada no regime de separação de bens com o de cujus tem direito ao usufruto da quarta parte dos bens deixados, em havendo filhos (art. 1.611, § 1º, do CC/1916). O direito real de habitação conferido pelo novo diploma civil à viúva sobrevivente, qualquer que seja o regime de bens do casamento (art. 1.831 do CC/2002), não alcança as sucessões abertas na vigência da legislação revogada (art. 2.041 do CC/2002). In casu, não sendo extensível à viúva o direito real de habitação previsto no art. 1.831 do novo diploma civil, os aluguéis fixados pela sentença até 10 de janeiro de 2003 – data em que entrou em vigor o novo estatuto civil – devem ser ampliados a período posterior. REsp 1.204.347-DF, Rel. Min. Luis Felipe Salomão, julgado em 12/4/2012. (Inform. STJ 495)

MANDATO. PRESTAÇÃO DE CONTAS. MORTE DO MANDANTE.

O direito de exigir a prestação de contas do mandatário transmite-se aos herdeiros do mandante, pois o dever de prestar decorre da lei e não está vinculado à vigência do contrato. Na hipótese, o contrato foi firmado para alienação de imóvel, portanto o prazo prescricional da ação de prestação de contas inicia-se após a realização de seu objeto. Assim, a obrigação do mandatário de prestar contas subsiste a extinção do mandato. De fato, a morte do mandante cessa o contrato; porém, por força do art. 1.784 do CC, uma vez aberta a sucessão, os herdeiros ficam automaticamente investidos na titularidade de todo o acervo patrimonial do de cujus, formando-se o vínculo jurídico com o mandatário. Precedente citado: REsp 474.983-RJ, DJ 4/8/2003. REsp 1.122.589-MG, Rel. Min. Paulo de Tarso Sanseverino, julgado em 10/4/2012. (Inform. STJ 495)

LEVANTAMENTO. MEAÇÃO. PROCESSO. INVENTÁRIO. PARTILHA.

A Turma negou provimento ao recurso e cassou a liminar concedida em medida cautelar que estabeleceu a prestação de caução como condição ao levantamento do valor litigioso. Isso porque a impossibilidade de reverter a decisão (em fase de execução) que reconheceu o direito do ex-cônjuge varão à indenização em processo de dissolução de sociedade comercial cumulada com apuração de bens, adicionada ao direito incontestável da ex-mulher à meação desses valores (art. 1.658 do CC), legitima seu levantamento por ela (recorrida), especialmente tendo em vista que o patrimônio do casal é suficientemente expressivo para cobrir qualquer diferença porventura apurada em favor de um ou de outro nos autos do inventário e partilha, consoante consignado pelo tribunal a quo. Infirmar tal decisão é vedado pelo óbice da Súm. n. 7/STJ. Ademais, sendo o escopo precípuo da caução prevenir provável risco de grave dano de difícil ou incerta reparação a que exposto o executado com o prosseguimento da execução, ressoa inequívoco ser prescindível essa garantia no caso, ante o expressivo acervo patrimonial partilhável. Além disso, a antecipação de partilha outorgada ao recorrente sob idênticos fundamentos e condições outrora defendidos que ora impugna revela comportamento processual contraditório, caracterizado como venire contra factum proprium. Precedentes citados: REsp 846.660-RS, DJe 13/5/2011, e REsp 1.024.169-RS, DJe 28/4/2010. REsp 1.283.796-RJ, Rel. Min. Luis Felipe Salomão, julgado em 14/2/2012. (Inform. STJ 491)

LOCAÇÃO. EXECUÇÃO. HERANÇA. PARTILHA. PENHORA.

Cuida-se, na origem, de ação de execução ajuizada contra fiadora de contrato de locação que, em razão de infrutíferas tentativas de proceder à sua citação, foi lavrado auto de arresto de imóvel de sua propriedade. Posteriormente, tendo em vista o falecimento da executada, a exequente dirigiu a pretensão executiva contra o espólio, porém não logrou êxito em função de não ter sido localizado o inventariante. Então, a exequente promoveu a habilitação de seu crédito nos autos de arrolamento, sendo indeferido o pedido pelo juízo de sucessões por ter ocorrido a homologação da partilha. Ocorre que o juízo da execução deferiu o pedido de registro de penhora na matrícula do imóvel, o qual coube de herança aos ora recorrentes (filho e nora do *de cujus*). Nesse contexto, a Turma entendeu que, após ter sido homologada a partilha e havendo mais de um herdeiro, torna-se incabível a constrição de bem herdado por um deles para a garantia de toda a dívida deixada pelo *de cujus*, uma vez que a responsabilidade do sucessor é proporcional ao seu quinhão. Ressaltou-se que, no momento da transmissão hereditária, todos os elementos do patrimônio do falecido compõem um acervo indiviso em que cada herdeiro é titular de uma fração ideal daquela universalidade. Entretanto, depois da partilha, cessa o estado de indivisão que compõe o acervo da herança, uam vez que já estão discriminados e especificados os quinhões hereditários. Dessa forma, eventual execução poderá ser ajuizada contra os sucessores autores da herança. In casu, houve a inclusão dos herdeiros da fiadora (*de cujus*) no polo passivo da demanda executória, como também a penhora do imóvel ocorreu após o trânsito em julgado da sentença que homologou a partilha, não se mostrando, portanto, razoável que o bem herdado por apenas um dos sucessores garanta a integralidade da dívida deixada pelo *de cujus*. Dessarte, a Turma deu parcial provimento ao recurso, limitando a garantia do imóvel penhorado à proporção do quinhão herdado, isto é, um terço da dívida deixada pelo de cujus. **REsp 1.290.042-SP, Rel. Min. Maria Thereza de Assis Moura, julgado em 1º/12/2011.** (Inform. STJ 488)

INDENIZAÇÃO. SUCESSORES. LEGITIMIDADE.
Trata-se originariamente de ação indenizatória em que, com o falecimento do autor, foi deferida a habilitação dos sucessores para figurar no respectivo polo ativo. Assim, a *quaestio juris* centra-se em definir a legitimidade dos sucessores para receber a indenização por danos morais pleiteada pelo *de cujus*. A Turma, entre outras questões, entendeu que o direito à indenização, isto é, o direito de exigir a reparação do dano, inclusive de ordem moral, é assegurado aos sucessores do lesado, transmitindo-se com a herança. Vale dizer que o direito que se sucede é o de ação, de caráter patrimonial, e não o direito moral em si, personalíssimo por natureza, portanto intransmissível. Desse modo, consignou-se que, se é possível o espólio, em ação própria, pleitear a reparação dos danos psicológicos suportados pelo falecido, com mais razão se deve admitir o direito dos sucessores de receber a indenização moral requerida pelo *de cujus* em ação por ele próprio iniciada. Dessarte, deve-se reconhecer como legítimo o direito dos recorridos à indenização a que o falecido eventualmente faça jus frente aos recorrentes, inexistindo qualquer ofensa aos arts. 43 e 267, IX, do CPC. Precedentes citados: AgRg no EREsp 978.651-SP, DJe 10/2/2011; AgRg no Ag 1.122.498-AM, DJe 23/10/2009; AgRg no REsp 1.072.296-SP, DJe 23/3/2009, e REsp 1.028.187-AL, DJe 4/6/2008. **REsp 1.071.158-RJ, Rel Min. Nancy Andrighi, julgado em 25/10/2011.** (Inform. STJ 486)

INVENTÁRIO. EXCLUSÃO. COLATERAL. SOBRINHA-NETA.
Trata-se, originariamente, de ação de inventário em que, tendo em vista a ausência de descendentes, ascendentes e cônjuge, a herança seria dividida entre os herdeiros colaterais. Sendo os irmãos da inventariada pré-mortos, os sobrinhos do de cujus foram chamados a suceder e apresentaram plano de partilha amigável, no qual incluía a recorrente, na condição de sobrinha-neta (filha de um dos sobrinhos, também pré-morto). O juiz de primeiro grau determinou a exclusão da recorrente do inventário, com fundamento no art. 1.613 do CC/1916 e, em embargos declaratórios, indeferiu a inclusão, no inventário, da mãe da recorrente, cônjuge supérstite do sobrinho pré-morto da falecida, sendo essa decisão mantida pelo tribunal *a quo* em agravo de instrumento. Portanto, a controvérsia reside em definir se a recorrente deve permanecer no rol dos herdeiros do inventário de sua tia-avó, por representação de seu pai. A Turma negou provimento ao recurso com o entendimento de que, embora fosse o pai da recorrente sobrinho da inventariada, ele já havia falecido, e o direito de representação, na sucessão colateral, por expressa disposição legal, limita-se aos filhos dos irmãos, não se estendendo aos sobrinhos-netos, como é o caso da recorrente. **REsp 1.064.363-SP, Rel. Min. Nancy Andrighi, julgado em 11/10/2011.** (Inform. STJ 485)

REINTEGRAÇÃO. POSSE. HERDEIRAS. DIREITO. HABITAÇÃO. CÔNJUGE SUPÉRSTITE.
In casu, com o falecimento da mãe, sua meação transferiu-se para as filhas do casal. Depois, o pai contraiu novas núpcias em regime de separação obrigatória de bens e, dessa união, não houve filhos. Sucede que, quando o pai faleceu, em 1999, as filhas herdaram a outra metade do imóvel. Em 17/2/2002, elas então ajuizaram ação de reintegração de posse contra a viúva de seu genitor. O tribunal *a quo* manteve a sentença que indeferiu o pedido ao argumento de que o art. 1.831 do CC/2002 outorga ao cônjuge supérstite o direito real de habitação sobre o imóvel da família desde que ele seja o único bem a inventariar. Dessa forma, o REsp busca definir se o cônjuge sobrevivente tem direito real de habitação sobre imóvel em que residia com seu falecido esposo, tendo em vista a data da abertura da sucessão e o regime de bens do casamento. Após análise da legislação anterior comparada com a atual, explica o Min. Relator ser possível afirmar que, no caso dos autos, como o cônjuge faleceu em 1999, não se poderia recusar ao cônjuge supérstite o direito real de habitação sobre o imóvel em que residiam desde o casamento, tendo em vista a aplicação analógica por extensão do art. 7º da Lei n. 9.278/1996. Precedentes citados: REsp 872.659-MG, DJe 19/10/2009, e REsp 471.958-RS, DJe 18/2/2009. **REsp 821.660-DF, Rel. Min. Sidnei Beneti, julgado em 14/6/2011.** (Inform. STJ 477)

INDENIZAÇÃO. DANOS MORAIS. SUCESSORES.
A Turma deu provimento ao recurso especial a fim de assegurar aos sucessores o direito à indenização pelos danos morais suportados pelo *de cujus*. Na espécie, a lesada propôs a ação indenizatória por danos materiais e morais em desfavor da recorrida, mas faleceu no curso do processo, tendo sido sucedida pelos herdeiros recorrentes. O tribunal *a quo* condenou a recorrida a reparar apenas os prejuízos materiais; quanto aos morais, entendeu que a imagem e a personalidade são patrimônios subjetivos, portanto desaparecem com a morte de seu detentor. Segundo a Min. Relatora, o direito de exigir a reparação do dano, inclusive moral, transmite-se com a herança nos termos dos arts. 12 e 943 do CC/2002. Ressaltou ser intransmissível o direito moral em si, personalíssimo por natureza, não o direito de ação, de cunho patrimonial. Dessa forma, concluiu que, assim como o espólio e os herdeiros têm legitimidade ativa *ad causam* para pleitear, em ação própria, a reparação dos danos psicológicos suportados pelo falecido, com mais razão se deve admitir o direito dos sucessores de receber a indenização moral requerida pelo *de cujus* em ação iniciada por ele próprio. **REsp 1.040.529-PR, Rel. Min. Nancy Andrighi, julgado em 2/6/2011.** (Inform. STJ 475)

COMPANHEIRA. HERANÇA. CONCORRÊNCIA. ÚNICO FILHO.
Trata-se de REsp em que a discussão cinge-se à possibilidade de a companheira ainda não reconhecida por sentença como tal receber por herança verbas advindas do trabalho pessoal do falecido e, em caso positivo, concorrendo com o único filho dele, à proporção correspondente ao seu direito. A Turma, ao prosseguir o julgamento, após sua renovação, por maioria, entendeu que, em se tratando de direito sucessório, incide o mandamento do art. 1.790, II, do CC/2002. Assim, consignou-se que, concorrendo a companheira com o descendente exclusivo do autor da herança, calculada esta sobre todo o patrimônio adquirido pelo falecido durante a convivência, cabe a ela metade da quota-parte destinada ao herdeiro, vale dizer, 1/3 do patrimônio a ser partilhado. Diante desse fundamento, entre outros, por maioria, deu-se parcial provimento ao recurso para determinar a liberação de 2/3 do valor depositado e retido, descontando-se as parcelas adiantadas ao recorrente, até o trânsito em julgado de todas as ações de reconhecimento de união estável que tramitam envolvendo o autor da herança. **REsp 887.990-PE, Rel. originário Min. Fernando Gonçalves, Rel. para acórdão Min. Luis Felipe Salomão (art. 52, IV, b, do RISTJ), julgado em 24/5/2011.** (Inform. STJ 474)

PARTILHA DE BENS. IGUALDADE. QUINHÕES.
Trata-se, no caso, de verificar se o princípio da igualdade disposto no art. 1.775 do CC/1916 e reproduzido no art. 2.017 do CC/2002 foi observado quando da homologação da partilha realizada pelo juízo singular e confirmada pelo tribunal *a quo*. A Turma entendeu que, na partilha, observar-se-á não só a maior igualdade formal, ou seja, a equivalência matemática dos quinhões, evitando a necessidade da constituição de condomínio, mas também a igualdade qualitativa e a natureza dos bens partilháveis. A partilha justa é aquela que, sem descuidar do valor dos bens, destina a cada um dos ex-cônjuges todas as classes de bens e direitos, os melhores e os piores, considerando, por exemplo, custas com manutenção, liquidez, potencial de exploração econômica etc. Deve, ainda, na medida do possível, possibilitar o efetivo aproveitamento do patrimônio, atribuindo-lhes os bens do monte partível que lhes forem mais proveitosos em razão da idade, profissão, saúde etc. Assim, a Turma deu provimento ao recurso para que o tribunal *a quo* manifeste-se expressamente sobre a qualidade e a natureza dos bens do acervo e realize o cotejo das condições de cada um deles com as características e necessidades das partes, especialmente a possibilidade de servirem de moradia e fonte de renda. **REsp 605.217-MG, Rel. Min. Paulo de Tarso Sanseverino, julgado em 18/11/2010.** (Inform. STJ 456)

SEPARAÇÃO. CORPOS. EFEITOS. SUCESSÃO.
In casu, a recorrente ajuizou medida cautelar de separação de corpos e, posteriormente, propôs separação judicial julgada anos depois. Sucede que, entre a propositura da ação de separação e a sentença, os pais do marido morreram. e então, a recorrente postulou sua habilitação no inventário, sob alegação de ainda ser casada em regime universal de bens com o herdeiro. Nas instâncias ordinárias, o juiz decidiu que, quanto à sucessão da mãe do marido, os bens observariam as regras do CC/1916 e, quanto à sucessão do pai, como havia cláusula de incomunicabilidade e inalienabilidade, os bens pertenciam apenas ao herdeiro. E o TJ, em agravo de instrumento, entendeu que, como houve medida cautelar deferindo a separação de corpos antes do óbito dos genitores do cônjuge varão, não se comunicavam os frutos da herança e a meação. No REsp, o Min. Relator esclarece que o acórdão recorrido está em consonância com as decisões do Supremo e deste Superior Tribunal no sentido de que, consentida a separação de corpos, nessa data se extingue a sociedade conjugal, desfazendo-se os

deveres conjugais, bem como o regime matrimonial de bens. Também, a partir dessa data, retroagem os efeitos da sentença de separação judicial ou divórcio (art. 8º da Lei n. 6.515/1977, não alterado pelas novas disposições do CC/2002). Aponta ainda que, na hipótese, o casal já estava separado de fato quando faleceram os genitores do cônjuge varão, desde então cessaram os deveres e a comunicabilidade dos bens, permanecendo somente aqueles bens amealhados na constância do casamento. Diante do exposto, entre outros argumentos, a Turma não conheceu do recurso. Precedentes citados: REsp 8.716-RS, DJ 25/11/1993, e REsp 226.288-PA, DJ 12/3/2001. **REsp 1.065.209-SP, Rel. Min. João Otávio de Noronha, julgado em 8/6/2010**. (Inform. STJ 438)

HERANÇA. MEAÇÃO. SEPARAÇÃO TOTAL. BENS.

A Turma entendeu que o espólio tem legitimidade para se contrapor ao pedido de habilitação do cônjuge supérstite; pois, conforme jurisprudência, antes da partilha, todo o patrimônio permanece em situação de indivisibilidade, a que a lei atribui natureza de bem imóvel (art. 79, II, do CC/1916). Esse condomínio, por expressa disposição de lei, em juízo, é representado pelo inventariante. Logo, não há falar que a universalidade consubstanciada no espólio, cuja representação é atribuída ao inventariante, seja parte ilegítima para a ação proposta pelo herdeiro. Outro tema abordado foi quanto à meação em razão da existência de pacto antenupcial que estabelece o regime de separação de bens entre a recorrente e o *de cujus:* a Turma reafirmou o entendimento de que há óbice ao direito de meação se o pacto antenupcial estabeleceu o regime de separação total de bens. Assim, o pacto antenupcial de separação impede que o cônjuge supérstite habilite-se na sucessão. Entendeu, ainda, que, apesar de o regime jurídico de separação de bens ser voluntariamente estabelecido e imutável, admite-se, excepcionalmente, a participação patrimonial de um cônjuge sobre bem de outro se demonstrada, de modo concreto, a aquisição patrimonial pelo esforço comum. No presente caso, o tribunal *a quo* afirmara haver participação da ora recorrente nas empresas do casal, mas deixou expresso que não há sequer um único documento que comprove a existência da sociedade de fato. Assim, afastou o direito à meação e remeteu às vias ordinárias a pretensão da recorrente quanto à sua condição de sócia. A Turma, então, quanto a esse tema, aplicou a Súm. n. 7-STJ, pois o afastamento, na instância especial, do art. 984 do CPC aplicado pelo tribunal *a quo* demandaria o revolvimento das provas. Precedentes citados: REsp 123.633-SP, DJe 30/3/2009; REsp 286.514-SP, DJ 22/10/2007; REsp 1.111.095-RJ, DJe 11/2/2010; REsp 992.749-MS, DJe 5/2/2010, e REsp 1.080.614-SP, DJe 21/9/2009. **REsp 689.703-AM, Rel. Min. Luis Felipe Salomão, julgado em 20/4/2010**. (Inform. STJ 431)

REGIME MATRIMONIAL. SUCESSÃO.

Trata-se de recurso interposto contra acórdão exarado pelo TJ que deferiu pedido de habilitação de viúva como herdeira necessária. A questão resume-se em definir se o cônjuge sobrevivente – que fora casado com o autor da herança sob o regime da separação convencional de bens – participa da sucessão como herdeiro necessário em concorrência com os descendentes do falecido. No caso, a situação fática vivenciada pelo casal, declarada desde já a insuscetibilidade de seu reexame nesta via recursal, é a seguinte: cuida-se de um casamento que durou dez meses; quando desse segundo casamento, o autor da herança já havia formado todo seu patrimônio e padecia de doença incapacitante; os nubentes escolheram, voluntariamente, casar pelo regime da separação convencional, optando, por meio de pacto antenupcial lavrado em escritura pública, pela incomunicabilidade de todos os bens adquiridos antes e depois do casamento, inclusive frutos e rendimentos. Para a Min. Relatora, o regime de separação obrigatória de bens previsto no art. 1.829, I, do CC/2002 é gênero que agrega duas espécies: a separação legal e a separação convencional. Uma decorre da lei; a outra, da vontade das partes, e ambas obrigam os cônjuges, uma vez estipulado o regime de separação de bens, à sua observância. Não remanesce, para o cônjuge casado mediante separação de bens, direito à meação tampouco à concorrência sucessória, respeitando-se o regime de bens estipulado, que obriga as partes na vida e na morte. Nos dois casos, portanto, o cônjuge sobrevivente não é herdeiro necessário. Entendimento em sentido diverso suscitaria clara antinomia entre os arts. 1.829, I, e 1.687 do CC/2002, o que geraria uma quebra da unidade sistemática da lei codificada e provocaria a morte do regime de separação de bens. Por isso, deve prevalecer a interpretação que conjuga e torna complementares os citados dispositivos. Se o casal firmou pacto no sentido de não ter patrimônio comum e se não requereu a alteração do regime estipulado, não houve doação de um cônjuge ao outro durante o casamento, tampouco foi deixado testamento ou legado para o cônjuge sobrevivente, quando seria livre e lícita qualquer dessas providências, não deve o intérprete da lei alçar o cônjuge sobrevivente à condição de herdeiro necessário, concorrendo com os descendentes, sob pena de clara violação do regime de bens pactuado. Se o casamento foi celebrado pelo regime da separação convencional, significa que o casal escolheu – conjuntamente – a separação do patrimônio. Não há como violentar a vontade do cônjuge – o mais grave – após sua morte, concedendo a herança ao sobrevivente com quem ele nunca quis dividir nada, nem em vida. Em tais situações, haveria, induvidosamente, a alteração do regime matrimonial de bens post mortem. Seria alterado o regime de separação convencional de bens pactuado em vida, permitindo ao cônjuge sobrevivente o recebimento de bens de exclusiva propriedade do autor da herança, patrimônio, o qual, recusou, quando do pacto antenupcial, por vontade própria. Assim, o regime de separação de bens fixado por livre convenção entre a recorrida e o falecido está contemplado nas restrições previstas no art. 1.829, I, do CC/2002, em interpretação conjugada com o art. 1.687 do mesmo código, o que retira da recorrida a condição de herdeira necessária do autor da herança em concorrência com os recorrentes. REsp 992.749-MS, Rel. Min. Nancy Andrighi, julgado em 1º/12/2009. (Inform. STJ 418)

RENÚNCIA. HERANÇA. PARTILHA HOMOLOGADA.

Em razão do trânsito em julgado da sentença que homologa a partilha, não cabe pedido do banco credor de aceitação de herança de renunciante (devedor), pois o requerimento só poderia ser formulado enquanto estivessem pendentes os direitos hereditários do devedor; tampouco poderia penhorar, no rosto do arrolamento, bens que foram transmitidos aos demais herdeiros. Ademais, com o trânsito em julgado da homologação da partilha, na qual houve renúncia de executado (herdeiro), extingue-se qualquer direito desse em relação aos bens transmitidos. Assim, só resta ao banco, caso comprove a fraude a credores e se preenchidos os demais requisitos, arguir, em ação própria, a anulação da partilha homologada. **REsp 754.468-PR, Rel. Min. Luis Felipe Salomão, julgado em 27/10/2009.** (Inform. STJ 413)

DIREITO SUCESSÓRIO. VONTADE. TESTADOR.

O pacto antenupcial foi firmado na vigência do CC/1916 e, fixado o regime da separação de bens, em observância ao princípio da autonomia da vontade, não poderia ser alterado por ser ato jurídico perfeito. O art. 2.039 do CC/2002 estabelece que o regime de bens nos casamentos celebrados na vigência do código anterior será o que foi por ele estabelecido. Assim, permanece com plena eficácia o pacto nupcial, devendo, pois, ser respeitados os atos subsequentes dele advindos, especialmente, como na espécie, o testamento celebrado por um dos cônjuges. A dissolução do casamento pela morte de um dos cônjuges não autoriza que a partilha de seus bens particulares seja realizada diversamente do que admitido pelo regime de bens adotado no casamento, nem transforma o testamento, se estipulado por qualquer deles em conformidade com a lei e o pacto antenupcial adotado, em ato jurídico inoperante, imperfeito e inacabado. Assim, ao prosseguir o julgamento, a Turma, por maioria, conheceu e deu provimento ao recurso para indeferir o pedido de habilitação do espólio da viúva no inventário do cônjuge varão. **REsp 1.111.095-RJ, Rel. originário Min. Carlos Fernando Mathias (Juiz convocado do TRF da 1ª Região), Rel. para acórdão Min. Fernando Gonçalves, julgado em 1º/10/2009.** (Inform. STJ 409)

ANULAÇÃO. PARTILHA AMIGÁVEL. DISCUSSÃO. DOLO.

Trata-se de ação de inventário no qual houve partilha amigável homologada por acordo celebrado pelas partes. Os ora recorridos apelaram alegando que o acordo foi-lhes prejudicial, pois existe erro e dolo no ajuste, o que resultou em um quinhão equivalente à metade do recebido pelos demais herdeiros. O Tribunal *a quo* proveu o apelo por entender que os recorridos foram lesados, mas não especificou qual o vício que contaminaria o acordo. A Turma conheceu em parte do recurso e deu-lhe provimento nessa parte por entender que a sentença que se limita a homologar a partilha amigável não pode ser desconstituída por meio de recurso de apelação, pois não possui cunho decisório e há necessidade de produção de prova acerca do vício alegado, sendo necessário o ajuizamento da ação anulatória prevista no art. 1.029 do CPC. **REsp 695.140-MG, Rel. Min. João Otávio de Noronha, julgado em 1º/9/2009.** (Inform. STJ 405)

HERANÇA. CONDOMÍNIO. PREFERÊNCIA.

A Turma proveu o recurso ao entendimento de que afastar a aplicação do direito de preferência (art. 1.139 do CC/1916) pleiteado pela recorrente é inadequado por violar o art. 1.580 do mesmo código, bem como por desmerecer o regime condominial e indivisível da herança. No caso, aplica-se a tese de que a venda e cessão de direitos hereditários de bem indivisível reclamam que seja dada preferência ao condômino coherdeiro, com prévia comunicação aos demais condôminos. Precedentes citados: REsp 50.226-BA, DJ 19/9/1994; REsp 489.860-SP, DJ 13/12/2004, e REsp 71.731-SP, DJ 13/10/1998. **REsp 550.940-MG, Rel. Min. João Otávio de Noronha, julgado em 20/8/2009.** (Inform. STJ 403)

ESPÓLIO. ÔNUS. COMUNICAÇÃO. AQUESTOS.
A Turma acolheu os embargos de declaração para explicitar a questão sobre a comunicação ou não de aquestos, bens mantidos fora do espólio, provocada pela agravante originária, filha do primeiro casamento do *de cujus*. Destarte, cabe à ora embargante, que deseja ver bens trazidos para o inventário de seu genitor, o ônus da ação e o da prova de que foram adquiridos com o esforço comum do casal. No caso, como tais bens foram adquiridos em nome apenas da segunda esposa, a presunção é que a ela pertencem. Daí, compete à embargante e não ao espólio da segunda mulher de seu pai a desconstituição de tal situação. **EDcl no REsp 123.633-SP, Rel. Min. Aldir Passarinho Junior, julgados em 19/5/2009 (ver Informativo n. 387).** (Inform. STJ 395)

INVENTARIANTE. REMOÇÃO.
As instâncias ordinárias entenderam remover o inventariante (filho do falecido), pois, como comprovado nos autos, estava a violar seus deveres e atribuições. Sonegou bens do espólio e descumpriu a determinação do juízo de alteração do contrato social de uma sociedade empresarial em que eram sócios o falecido e outros herdeiros. Preteriu-se, também, a companheira do *de cujus*, ora recorrente, uma vez que terminaram por nomear um inventariante dativo, dada a elevada animosidade existente entre os herdeiros, com mútuas imputações de graves acusações. Daí o REsp, em que se alega, em suma, o desrespeito ao contraditório e ao devido processo legal, visto não se conceder oportunidade de ela deduzir defesa. Nesse contexto, a Turma não conheceu do recurso, ao entender que o art. 995 do CPC (que prevê as hipóteses de remoção do inventariante) não é exaustivo. Assim, o juízo poderia refutar o inventariante, de ofício, quando constatado, tal como no caso, que adviriam ao processo frequentes percalços, litígios intermináveis e recursos em profusão. Anotou-se que a análise da animosidade entre as partes (constatada por ambas as decisões de 1º e 2º graus) esbarra na proibição imposta pela Súm. n. 7-STJ. Precedentes citados: REsp 283.994-SP, DJ 7/5/2001; REsp 88.296-SP, DJ 8/2/1999, e AgRg no Ag 56.786-MG, DJ 13/3/1995. **REsp 988.527-RS, Rel. Min. Aldir Passarinho Junior, julgado em 24/3/2009.** (Inform. STJ 388)

INVENTÁRIO. COMUNICABILIDADE. AQUESTOS.
Nos autos de inventário de bens deixados por austríaco casado em segundas núpcias com austríaca (falecida no curso do inventário), a filha do primeiro casamento interpôs agravo de instrumento contra a decisão de o magistrado excluir do inventário a segunda esposa, falecida, e os bens que estavam registrados em seu nome. Por outro lado, o TJ determinou a reinclusão da segunda esposa e de seu patrimônio trazido para somar ao do *de cujus*, preservando-se sua meação, para, então, proceder-se à repartição dos bens entre os dois filhos do casal e a filha do primeiro casamento. Anota-se, ainda, que o regime matrimonial do casal era o da separação de bens, contraído na Áustria, sob a égide da legislação daquele país, onde residiram por três anos, antes de virem morar no Brasil, e aqui viveram por quase quarenta anos. No REsp, a segunda esposa, agora o espólio, discute a comunicação dos aquestos adquiridos ao longo do segundo casamento. Para o Min. Relator, os bens adquiridos na constância da união conjugal comunicam-se somente nas hipóteses em que o patrimônio foi comprovadamente adquirido pelo esforço em comum do casal e, quanto àqueles que foram amealhados individualmente, preserva-se a vontade dos cônjuges, ou seja, a incomunicabilidade entre eles. O Min. Luis Felipe Salomão, em seu voto de desempate, aderiu ao voto do Min. Relator, ressaltando que a jurisprudência evoluiu ao permitir a comunicação do patrimônio amealhado pelo esforço comum na constância do casamento, conjugando e preservando a aplicação do Direito brasileiro mesmo nos casos em que a legislação, no país de origem, determina a separação absoluta de bens. Ressaltou a orientação da Súm. n. 377-STF, em consonância com o art. 226 da CF/1988, que dispõe proteção especial à família. Observou-se, ainda, que, por tratar-se de matéria complexa, sem documentos comprobatórios no processo de inventário, a prova do esforço comum para adquirir os bens deve ser apurada em ação própria. Com esse entendimento, após o voto de desempate, a Turma, por maioria, conheceu em parte do recurso e, nessa parte, deu-lhe parcial provimento. Precedentes citados: REsp 9.938-SP, DJ 3/8/1992, e REsp 442.165-RS, DJ 28/10/2002. **REsp 123.633-SP, Rel Min. Aldir Passarinho Junior, julgado em 17/3/2009.** (Inform. STJ 387)

ANULAÇÃO. IMÓVEL. VENDA. ASCENDENTE. DESCENDENTE.
Renovando o julgamento, a Seção conheceu os embargos pela notória divergência e os proveu ao entendimento de que, na ação declaratória de nulidade de ato jurídico ajuizada já passados mais de quinze anos, para desconstituir venda de imóveis efetuada por genitor falecido em favor de irmãos unilaterais, sem a anuência dos herdeiros interessados, o prazo prescricional é vintenário (art. 177 do CC/1916). Também, no referente à controvérsia, se tal venda é nula de *pleno jure* ou apenas anulável, foi o acórdão do tribunal de origem restabelecido, i. e., partindo-se da tese de que a venda é hígida até que a parte interessada (descendente não participante) suscite a existência de prejuízo à sua legítima, configurando-se, pois, a anulabilidade do fato. Precedentes citados: REsp 771.736-SC, DJ 15/5/2006; REsp 476.557-PR, DJ 22/3/2004; REsp 436.010-SP, DJ 18/11/2002, e REsp 407.123-RS, DJ 1º/9/2003. **EREsp 661.858-PR, Rel. Min. Fernando Gonçalves, julgados em 26/11/2008.** (Inform. STJ 378)

DOAÇÃO. PARTILHA. DOLO. ANULAÇÃO.
Noticiam os autos que mãe e irmãos convenceram a irmã (autora, ora recorrida) a abrir mão dos bens havidos na partilha da sucessão do pai, sob pretexto de resguardo do patrimônio familiar, que estaria em risco por seu casamento e ela (a autora) foi induzida em erro ao crer que, participando dos negócios, receberia de volta os bens havidos na partilha. Todavia, a mãe fez distribuir, com reserva de usufruto, alguns bens aos outros dois filhos e ao tio da autora. Daí a ação de anulação de ato jurídico cumulada com perdas e danos contra a mãe e os irmãos, na qual afirma ter sido ludibriada e dolosamente induzida a abrir mão do seu quinhão. Observa o Min. Relator que a lide foi decidida nas instâncias ordinárias com explícita fundamentação nas provas produzidas (Súm. n 7-STJ), concluindo-se pela ocorrência do dolo (vício de consentimento) apto a desencadear a anulação dos atos jurídicos realizados, ou seja, a doação da autora em benefício da mãe. Outrossim, o Tribunal *a quo* consignou, em contraposição à sentença, não ser adequada a anulação das doações feitas pela filha à mãe sem anular também todo o negócio subjacente da doação. Assim, não prospera a alegação de que a autora busca anular doação feita ao tio que deveria ocupar o pólo passivo da demanda como litisconsórcio necessário. Houve a preclusão consumativa quanto essa questão porque não requerida em declaratórios opostos ao acórdão da apelação. Por fim, quanto à ausência de solidariedade, porque não teria havido dolo dos irmãos, mas somente da mãe, este mesmo acórdão foi depois confirmado em embargos infringentes, que imputaram, não só à genitora, mas também aos outros dois irmãos o ardil, são todos responsáveis, sendo assim, não há a pretendida violação do art. 896 do CC/1916 (os atos jurídicos são anuláveis por dolo, quando esse for causa). Diante do exposto, a Turma não conheceu o recurso. **REsp 186.604-SP, Rel. Min. Fernando Gonçalves, julgado em 6/11/2008.** (Inform. STJ 375)

INVENTÁRIO. POSSE. IMÓVEL. CO-HERDEIRO.
A recorrente e seu marido residem em fazenda arrecadada durante o inventário de seu falecido sogro, para posterior partilha entre os oito herdeiros habilitados, entre os quais se inclui seu marido. O juiz, considerando a indivisibilidade do bem, determinou que se passasse a fazenda à posse exclusiva de uma determinada herdeira. Ao marido da recorrente restaria levantar o valor depositado nos autos (R$ 119.111,38), como pagamento de sua quota-parte. Essa decisão teria violado direito líquido e certo da recorrente, que não é parte do processo de inventário, mas exerce a posse conjunta sobre o bem imóvel. Em primeiro lugar, destacou a Min. Relatora, que a recorrente é casada em regime de comunhão parcial de bens e, por esse motivo, não se torna meeira dos bens herdados por seu marido (art. 1.659, I, do CC/2002). Não se alega que a herança tenha sido concedida em favor de ambos os cônjuges, o que afasta a aplicação do art. 1.660, III, do mesmo código. Assim, não há falar em citação necessária da recorrente para participar do inventário de seu sogro. Os bens insuscetíveis de divisão cômoda que não couberem na meação de um só herdeiro, como é a hipótese dos autos, sujeitam-se a venda judicial (art. 2.019, *caput*, do referido código). Não se faz a venda, no entanto, se um ou mais herdeiros adjudicar o bem, repondo aos outros, em dinheiro, a diferença após a avaliação atualizada (art. 2.019, § 1º, do CC/2002). O mandado de segurança não se presta ao exame e à produção de provas, sendo certo que as questões relativas à caracterização da posse, no caso dos autos, demandarão aprofundada análise do conjunto probatório. A pretensão da impetrante, assim, revela-se incompatível com a via estreita do mandado de segurança, que exige prova pré-constituída. Ausente, portanto, ofensa a direito líquido e certo a ser garantido com o *mandamus*. No que diz respeito ao bem indivisível, o co-herdeiro não pode refutar a venda judicial e, ao mesmo tempo, negar-se a alienar seu quinhão, sob pena de se inviabilizar a partilha. **RMS 26.475-AC, Rel. Min. Nancy Andrighi, julgado em 14/10/2008.** (Inform. STJ 372)

DOAÇÃO. DIREITOS HEREDITÁRIOS. MEAÇÃO.
As partes, quando do falecimento do *de cujus* (pai e marido) e da abertura do inventário, entenderam firmar um contrato particular sobre a cessão de direitos dos filhos para a mãe, além da promessa de doação quanto a todos os bens da viúva meeira, como forma de viabilizar a partilha. Alega-se desobedecida a necessária forma pública, contratada a proibida herança de pessoa viva com o uso de indevida promessa de doação,

além de existir coação em sua celebração. Nesta instância especial, diante dessas peculiaridades, o Min. Relator reconheceu a eficácia do instrumento particular para a comprovação do negócio entabulado. O Min. Ari Pargendler, em seu voto-vista, ao acompanhá-lo, aduziu que a promessa, no caso, caracterizar-se-ia como uma condição do negócio, não seria apenas mera liberalidade. Já o voto-vista da Min. Nancy Andrighi, também conforme com o do Relator, afastou da cessão dos direitos hereditários a possibilidade de se aventar renúncia e ressaltou que, apesar de consumada em instrumento particular, essa manifestação dos herdeiros recebeu a homologação do juízo mediante termo próprio lavrado nos autos: mesmo inquinada de nula a posterior promessa de doação, permaneceria íntegra a cessão; quisessem desconstituir a partilha, deveriam pautar-se pelo disposto no art. 1.030 do CPC. No que toca à promessa de doação, a Min. Nancy Andrighi firmou não haver interesse dos recorrentes, pois, mesmo que anulada, a viúva meeira poderia, independentemente de promessa, doar a seus filhos o patrimônio amealhado nos mesmos termos do acordo que se quer invalidar. Anotou, também, não haver prejuízo à legítima dos herdeiros necessários, o que afasta a violação do art. 1.176 do CC/1916. Quanto à alegação de uma das rés de que estaria no pólo errado da ação, para a Ministra, aquele que inicialmente se coloca totalmente contra as pretensões do autor não pode, simplesmente, no curso da ação, advogar em prol do demandante contra os demais; poderia, quando muito, abster-se de litigar e reconhecer a procedência do pedido, sem pretender transferir-se para o pólo ativo. **REsp 853.133-SC, Rel. originário Min. Humberto Gomes de Barros, Rel. para acórdão Min. Ari Pargendler** (art. 52, IV, b, do RISTJ), **julgado em 6/5/2008**. (Inform. STJ 354)

ESPÓLIO. BENS A PARTILHAR. QUOTAS EMPRESARIAIS.

O recorrido buscava com a ação o reconhecimento de sua qualidade de sócio, posição a ser assumida pelos sucessores do *de cujus*. Já o recorrente alega que a figura do espólio não mais existiria no momento da propositura da ação, visto que o inventário há pouco se encerrara. Porém constata-se que as quotas empresariais tituladas pelo *de cujus* realmente não foram objeto de partilha. Daí que, se há bens a partilhar, não se pode concluir pela extinção do espólio. Precedente citado: REsp 284.669-SP, DJ 13/8/2001. **REsp 977.365-BA, Rel. Min. Fernando Gonçalves, julgado em 26/2/2008**. (Inform. STJ 346)

ESPÓLIO. MEAÇÃO. VIÚVA.

A matéria controvertida no inventário consiste em definir se os bens oriundos do recebimento de honorários advocatícios na constância de casamento celebrado sob o regime da comunhão universal de bens devem ou não integrar a meação da viúva. Para a Min. Relatora, não destoa de outros julgados deste Superior Tribunal que o recebimento sob forma de dação em pagamento de uma fazenda e de TDAs pelos serviços profissionais prestados pelo marido como advogado e na constância do matrimônio incorporam-se ao patrimônio do casal, o que impõe comunicabilidade desses bens à viúva meeira que se dedicou à criação dos filhos e à administração do lar. Com esse entendimento, a Turma restabeleceu a decisão interlocutória na qual se determinou que os bens do litígio integrassem a meação da viúva, devendo o inventário prosseguir nos moldes do devido processo legal. Precedente citado: EREsp 421.801-RS, DJ 17/12/2004. **REsp 895.344-RS, Rel. Min. Nancy Andrighi, julgado em 18/12/2007**. (Inform. STJ 343)

FIDEICOMISSO. TESTADOR. SUCESSÃO. CAPACIDADE. HERDEIRO LEGÍTIMO. IRMÃO SOLTEIRO. NETOS.

A Turma entendeu que, no caso, morrendo o fideicomissário antes do fiduciário, a propriedade consolida-se na pessoa do fiduciário, deixando de ser restrita e resolúvel (arts. 1.952, 1.955 e 1.959 do CC/2002). Outrossim, constatada a violação do art. 1.786 do CC/2002, cabível a restauração de decisão interlocutória que admitia a capacidade sucessória passiva de todos os irmãos daquele que faleceu sem deixar filhos e de pais também já falecidos. Precedentes citados: REsp 240.720-SP, DJ 6/10/2003, e REsp 539.605-SP, DJ 10/5/2004. **REsp 820.814-SP, Rel. Min. Nancy Andrighi, julgado em 9/10/2007.** (Inform. STJ 335)

EXECUÇÃO. HIPOTECA. BEM. ESPÓLIO.

Em execução hipotecária movida por banco, a dívida e a garantia real foram constituídas por viúvo meeiro após a morte da inventariada, daí porque o espólio opôs embargos de terceiro para livrar o bem da constrição. Esses embargos foram acolhidos em primeiro grau, ao fundamento de que, sem a partilha, não poderia o viúvo meeiro executado oferecer em garantia o imóvel comum ainda indiviso. A apelação foi improvida por maioria, mas, em sede de embargos infringentes, prevaleceu o voto vencido, que mantinha hígida a hipoteca sobre o quinhão do meeiro. Isso posto, para o Min. Relator, há vício originário, o da impossibilidade jurídica de o cônjuge já viúvo-meeiro gravar com hipoteca bem comum que integra direito hereditário indivisível. Outrossim, resumiu: se em vida o marido não poderia dar em hipoteca imóvel do casal sem a outorga uxória (art. 235, I, CC/1916), se a sucessão aberta transmite de logo a posse e o domínio aos herdeiros (art. 1.572 do CC/1916) e se tais direitos são indivisíveis, tanto por conseqüência como por expressa previsão legal, o que torna o bem, nessas circunstâncias, indivisível (arts 53, II, 57 e 1.580 do CC/1916) tem-se que, *ab initio*, gravado o patrimônio inventariado viciadamente, é direito do espólio impugnar a execução, ademais verificada a contrariedade do art. 992, I, do CPC, o qual estabelece que o inventariante só pode alienar bens após ouvir os interessados e com autorização do juiz. Destacou, ainda, que, no caso, houve descuido do banco quando da contratação do mútuo. Com base nessas considerações, a Turma deu provimento ao recurso para julgar procedentes os embargos de terceiro, restabelecendo a decisão monocrática. **REsp 304.800-MS, Rel. Min. Aldir Passarinho Junior, julgado em 19/4/2007.** (Inform. STJ 317)

7.2. Sucessão testamentária

TESTAMENTO. CLÁUSULAS VITALÍCIAS. ABRANDAMENTO.

A Turma asseverou ser possível, em situações excepcionais de necessidade financeira, flexibilizar a vedação do art. 1.676 do CC/1916 e abrandar as cláusulas vitalícias de inalienabilidade, impenhorabilidade e incomunicabilidade impostas em testamento. Na espécie, a autora recorrida, ao promover o procedimento especial de jurisdição voluntária na origem, requereu o levantamento das cláusulas incidentes sobre o imóvel rural deixado por sua avó sob a alegação de que estaria passando por graves dificuldades financeiras. De acordo com a Min. Relatora, o legislador, ao editar o referido dispositivo, buscou responder às preocupações familiares, assegurando aos descendentes a proteção do patrimônio, o bem-estar e o amparo financeiro diante das incertezas de ordem econômica e social. Contudo, consignou que, havendo alterações supervenientes e significativas na situação fática do herdeiro, como na hipótese dos autos, a impossibilidade de desconstituir os referidos gravames pode ocasionar-lhe maiores prejuízos. Assim, ressaltou que a limitação do direito de dispor livremente dos bens não pode ser avaliada à luz da função social da propriedade e da dignidade da pessoa humana. Afirmou ainda que o abrandamento dessas cláusulas constitui medida que melhor atende à vontade do testador nos termos dos arts. 85 e 1.666 do CC/1916. Por fim, frisou que o art. 1.911, parágrafo único, do CC/2002 passou a possibilitar a alienação de bens por conveniência econômica mediante autorização judicial. Precedente citado: REsp 10.020-SP, DJ 14/10/1996. **REsp 1.158.679-MG, Rel. Min. Nancy Andrighi, julgado em 7/4/2011.** (Inform. STJ 468)

INJÚRIA GRAVE. DESERDAÇÃO. INTERDIÇÃO. HERANÇA.

O testador falecido autorizou, no testamento, que os demais herdeiros promovessem a deserdação do herdeiro ora recorrido, providência tomada na data da propositura, na origem, da ação de interdição com a qual se pretende vê-lo excluído da sucessão. Consta que a manifestação, em testamento, do desejo de excluir o filho (recorrido) da sucessão de seus bens deu-se pelo fato de ele ter caluniado e injuriado o pai nos autos de inventário de sua mãe (esposa do falecido), condutas essas que configurariam os crimes de denunciação caluniosa e injúria grave, a autorizar os demais sucessores a providenciar as medidas cabíveis para afastá-lo da sucessão dos bens que porventura lhe coubessem por ocasião da partilha do acervo patrimonial. Note-se que, à época, ainda estava em vigor o CC/1916. Segundo o Min. Relator, a questão no REsp consiste em saber: se o ato do herdeiro recorrido consistente no ajuizamento de ação de interdição ou o manejo de incidente de remoção de seu genitor (sucedido) da inventariança da sua mãe são fatos capazes de configurar injúria grave a autorizar a sua exclusão da sucessão e se o herdeiro recorrido – quando afirmou, nos autos do inventário de sua genitora, que o falecido (sucedido) estaria a realizar operações fraudulentas com a finalidade de omitir parcela do acervo patrimonial –, com essa alegação, ele pode ter praticado denunciação caluniosa e, nessa medida, ser penalizado com a deserdação. Observa que, conforme alude o art. 1.744, II, do CC/1916, nem toda injúria poderia dar ensejo à deserdação, senão aquela que seja, de fato, grave, intolerável e caracterizada pelo *animus injuriandi*. Para o Min. Relator, na espécie, o mero exercício do direito de ação mediante o ajuizamento de ação de interdição do testador e a instauração do incidente tendente a removê-lo (testador sucedido) do cargo de inventariante não são, por si, fatos hábeis a induzir a pena de deserdação do herdeiro nos moldes do citado artigo. Por outro lado, assevera, quanto à caracterização da denunciação caluniosa nos termos do art. 1.595, II, do CC/1916, que, mesmo admitindo a possibilidade de que a acusação caluniosa tenha ocorrido em juízo cível, como pretende o irmão recorrente, era necessário, nos termos da lei penal (art. 339 do CP com a redação dada pela Lei n. 10.028/2000), que a acusação tivesse inaugurado investigação policial, processo judicial, investigação administrativa, inquérito civil ou ação de improbidade administrativa e, de acordo com o acórdão recorrido, não há comprovação de que o herdeiro recorrente tenha dado, por suas expressões em autos judiciais, início a qualquer dos procedimentos mencionados. Diante do exposto, a Turma negou provimento ao recurso. **REsp 1.185.122-RJ, Rel. Min. Massami Uyeda, julgado em 17/2/2011**. (Inform. STJ 463)

TESTAMENTO. PRINCÍPIO DA UNICIDADE.

O testamento em questão foi lavrado da seguinte forma: primeiro, o oficial do cartório remeteu espécie de minuta do testamento ao testador octogenário (de delicada saúde), que fez nela correções, e, só após isso, foi à residência do testador com o texto final do testamento, que foi lido pelo oficial e assinado pelo testador e testemunhas. Nesse contexto, não há como ter por ofendido o art. 1.632 do CC/1916 pela falta de observância do princípio da unicidade do ato; pois, antes de tudo, há que privilegiar a vontade do testador, ainda que se sustente a ocorrência de eventual inobservância dos requisitos formais do testamento. Tal não ocorreria se existente fato concreto passível de causar dúvidas quanto à própria faculdade do testador de livremente dispor de seus bens, o que não é o caso, pois o TJ afastou a alegação de incapacidade mental do testador no momento da elaboração do testamento, decisão contra a qual sequer se insurgiram os recorrentes. Assim, as assertivas do TJ referentes à perfeição formal do ato testamentário (certificada pelo oficial), sua veracidade e regularidade encontram-se abrigadas na Súm. n. 7-STJ, que impede sua revisão nesta sede especial. Ao acolher esse entendimento, a Turma, dando prosseguimento ao julgamento, negou provimento ao especial. O voto vista do Min. Vasco Della Giustina (Desembargador convocado do TJ-RS) alude a parecer inserto nos autos que assinala ser possível mitigar as formalidades testamentárias desde que justificado, como no caso. Já o Min. Sidnei Beneti ressaltou que essa é interpretação mais moderna das formalidades constantes do art. 1.632 do CC/1916, que dizem respeito a outros tempos em que os documentos realmente se produziam manuscritos e diretamente na presença de todas as pessoas envolvidas. Precedentes citados do STF: RE 21.731-CE, DJ 5/10/1953; do STJ: REsp 1.001.674-SC, DJe 15/10/2010; REsp 223.799-SP, DJ 17/12/1999; REsp 828.616-MG, DJ 23/10/2006, e REsp 228-MG, DJ 4/12/1989. **REsp 753.261-SP, Rel. Min. Paulo de Tarso Sanseverino, julgado em 23/11/2010**. (Inform. STJ 457)

TESTAMENTO. FIDEICOMISSO.

Na espécie, disposição testamentária estabeleceu fideicomisso sobre determinada propriedade, de forma que a fiduciária seria a companheira do testador. Com o falecimento dela, o imóvel passaria a pertencer ao filho do casal (fideicomissário), ora primeiro recorrido. Ambos os envolvidos, então, ajuizaram ação declaratória de nulidade de cláusula testamentária, por entender que o testador teria instituído sobre o referido bem um segundo fideicomisso aos seus sobrinhos, entre os quais se encontra o recorrente, o que importaria contrariedade ao disposto no art. 1.739 do CC/1916. Após obter o cancelamento do gravame, o primeiro recorrido, na condição de pleno proprietário, firmou com imobiliária, ora segunda recorrida, contrato de promessa de compra e venda do imóvel em discussão. O mencionado processo, no entanto, foi extinto com resolução de mérito, ante o reconhecimento da prescrição. Ocorre que, ao averbar essa decisão na matrícula da propriedade, o oficial de registro de imóveis expressamente consignou que o suposto fideicomisso em segundo grau teria, por consequência, sido restabelecido, sem que o *decisum* tivesse exarado qualquer manifestação nesse sentido. Assim, o primeiro recorrido levou a efeito procedimento de jurisdição voluntária com o intuito de cancelar a averbação. Nesse feito, houve o ingresso da imobiliária recorrida, a qual argumentou que o registro efetuado pelo oficial não exprimiria a verdade, pois o testamento nem ao menos conteria a restrição de fideicomisso. O recorrente impugnou tais alegações ao argumento de que o pleito ofenderia a coisa julgada formada naquela ação anulatória de cláusula testamentária, cuja decisão teria mantido intacto o suscitado gravame, motivo pelo qual intentou declaratória de nulidade do contrato celebrado entre ambos os recorridos. Segundo o Min. Relator, ficou comprovado, nas instâncias ordinárias, que o testamento não continha qualquer cláusula que estabelecesse um segundo fideicomisso em favor dos sobrinhos do testador. Ocorreu, isso sim, uma errônea interpretação das disposições testamentárias, o que resultou em uma averbação equivocada e no ajuizamento de uma ação que pretendeu obter a nulidade de cláusula inexistente. Concluiu-se, dessa forma, pela ausência de violação da coisa julgada formada nessa anulatória, bem como pela consequente validade do contrato de promessa de compra e venda da propriedade em litígio (por ser o primeiro recorrido seu verdadeiro proprietário), razão pela qual a Turma negou provimento ao recurso especial. **REsp 951.562-RJ, Rel. Min. Sidnei Beneti, julgado em 2/9/2010**. (Inform. STJ 445)

TESTAMENTO. FORMALIDADES. EXTENSÃO.

Busca-se, no recurso, a nulidade de testamento, aduzindo o ora recorrente que a escritura não foi lavrada pelo oficial de cartório, mas por terceiro, bem como que as cinco testemunhas não acompanharam integralmente o ato. O tribunal *a quo* afirmou que não foi o tabelião que lavrou o testamento, mas isso foi feito sob sua supervisão, pois ali se encontrava, tendo, inclusive, lido e subscrito o ato na presença das cinco testemunhas. Ressaltou, ainda, que, diante da realidade dos tabelionatos, não se pode exigir que o próprio titular, em todos os casos, escreva, datilografe ou digite as palavras ditadas ou declaradas pelo testador. Daí, não há que declarar nulo o testamento que não foi lavrado pelo titular da serventia, mas possui os requisitos mínimos de segurança, de autenticidade e de fidelidade. Quanto à questão de as cinco testemunhas não terem acompanhado integralmente a lavratura de testamento, o TJ afirmou que quatro se faziam presentes e cinco ouviram a leitura integral dos últimos desejos da testadora, feita pelo titular da serventia. Assim, a Turma não conheceu do recurso por entender que o vício formal somente invalidará o ato quando comprometer sua essência, qual seja, a livre manifestação da vontade da testadora, sob pena de prestigiar a literalidade em detrimento da outorga legal à disponibilização patrimonial pelo seu titular. Não havendo fraude ou incoerência nas disposições de última vontade e não evidenciada incapacidade mental da testadora, não há falar em nulidade no caso. Precedente citado: REsp 302.767-PR, DJ 24/9/2001. **REsp 600.746-PR, Rel. Min. Aldir Passarinho Junior, julgado em 20/5/2010**. (Inform. STJ 435)

USUFRUTO VIDUAL. TESTAMENTO.

Trata o caso da incidência do art. 1.611, § 1º, do CC/1916 (usufruto legal) quando a companheira é contemplada em testamento com bens de valor superior ou igual àqueles sobre os quais recairia o usufruto. A finalidade do usufruto vidual do consorte sobrevivente é garantir um mínimo necessário para o cônjuge ou companheiro que não possui obrigatoriamente quinhão na herança do falecido, como no caso de comunhão parcial ou separação absoluta, em sucessões abertas na vigência do CC/1916, que não considerava o cônjuge como herdeiro necessário. Assim, na espécie, a companheira não faz jus ao usufruto legal, pois já contemplada, em testamento, com bem de valor superior ou igual àqueles sobre os quais recairia o usufruto. A deixa de propriedades por meio de testamento transmitiu, por consequência, os direitos de usar e de fruir a coisa na proporção exigida pelo referido artigo. Se assim não fosse, permitir o usufruto de outros bens, além dos já legados, poderia esvaziar a legítima. Precedentes citados: REsp 28.152-SP, DJ 27/6/1994, e REsp 34.714-SP, DJ 6/6/1994. **REsp 594.699-RS, Rel. Min. Luis Felipe Salomão, julgado em 1º/12/2009.** (Inform. STJ 418)

TESTAMENTO. EXCLUSÃO. CÔNJUGE. USUFRUTO.

A Turma entendeu que, quando a testadora dispõe de seu patrimônio em testamento público com a exclusão do cônjuge sobrevivente da sucessão (art. 1.725 do CC/1916), descabe o direito de usufruto por ele pleiteado com base no art. 1.611, § 1º, do mesmo Código. No caso, sobrepõe-se a vontade explícita da testadora ao excluir da sucessão o cônjuge sobrevivente, afastando-se, inclusive, o usufruto, que seria resguardado se não houvesse a disposição testamentária. **REsp 802.372-MG, Rel. Min. Nancy Andrighi, julgado em 16/9/2008**. (Inform. STJ 368)

USUFRUTO VIDUAL. SUCESSÃO TESTAMENTÁRIA.

A questão está em saber se a concessão do usufruto ao cônjuge sobrevivente casado sob o regime da separação legal de bens é possível na sucessão testamentária. Isso posto, a Turma conheceu do recurso e deu-lhe provimento para reconhecer à viúva o direito ao usufruto legal, enquanto durar a viuvez, sobre a metade dos bens do cônjuge falecido, por considerar que o usufruto vidual é instituto do direito sucessório, independente da situação financeira do cônjuge sobrevivo. O art. 1.611, § 1º, do CC/1916 não restringe a respectiva aplicação à sucessão legítima. A previsão legal do usufruto vidual é previsão sem restrições, bastando que ocorram os pressupostos para sua configuração, isto é, ausência de comunhão total, constância da sociedade conjugal e não contemplação do cônjuge supérstite, pelo testador, com a propriedade da herança. Os únicos requisitos são o regime do casamento diferente da comunhão universal e o estado de viuvez. **REsp 648.072-RJ, Rel. Min. Ari Pargendler, julgado em 20/3/2007.** (Inform. STJ 314)

8. DIREITOS AUTORAIS

DIREITO AUTORAL. RETRANSMISSÃO. TV. CLÍNICA MÉDICA. - CIVIL

A Turma, seguindo entendimento firmado nesta Corte, assentou que é legítima a cobrança de direito autoral de clínicas médicas pela disponibilização de aparelhos de rádio e televisão nas salas de espera. Segundo a legislação de regência, a simples circunstância de promover a exibição pública da obra artística em local de frequência coletiva caracteriza o fato gerador da contribuição, sendo irrelevante o auferimento de lucro como critério indicador do dever de pagar retribuição autoral. Nos termos do disposto nos arts. 28 e 29, VIII, da Lei n. 9.610/1998, a utilização direta ou indireta de obra artística por meio de radiodifusão sonora ou televisiva enseja direito patrimonial ao autor, titular exclusivo da propriedade artística. Além disso, a hipótese dos autos estaria expressamente prevista em lei. Precedentes citados: REsp 556.340-MG, DJ 11/10/2004, e REsp 742.426-RJ, DJe 15/3/2010. **REsp 1.067.706-RS, Rel. Min. Luis Felipe Salomão, julgado em 8/5/2012**. (Inform. STJ 497)

DIREITO PATRIMONIAL. OBRA CINEMATOGRÁFICA. - CIVIL

A remuneração dos intérpretes em obra cinematográfica, salvo pactuação em contrário, é a previamente estabelecida no contrato de produção – o que não confere ao artista o direito à retribuição pecuniária pela exploração econômica posterior do filme. Com base nesse entendimento, a Turma negou à atriz principal o repasse dos valores recebidos pela produtora na comercialização e distribuição das fitas de videocassete do filme em que atuou. Asseverou-se que os direitos patrimoniais decorrentes da exibição pública da obra, em regra, devem ser recolhidos por seus autores – diretor, produtor ou emissoras de televisão, conforme o caso (art. 68, § 3º, da Lei n. 9.610/1998). **REsp 1.046.603-RJ, Rel. Min. Luis Felipe Salomão, julgado em 8/5/2012**. (Inform. STJ 497)

DIREITO AUTORAL. INDENIZAÇÃO. OBRA. DIVULGAÇÃO.

Trata-se, na origem, de ação de indenização por danos materiais e morais em que se busca o ressarcimento pela reprodução eletrônica de obra intelectual sem autorização do autor. Segundo consta dos autos, o recorrente cedeu material didático de sua autoria a professor, preposto da recorrida, apenas para que fosse utilizado para consulta, mas não para a divulgação por meio da *Internet*. Ocorre que, como todos os materiais utilizados nas salas de aula da recorrida eram disponibilizados em seu sítio eletrônico, a referida obra foi disponibilizada na página eletrônica da instituição de ensino. O juízo singular julgou improcedente o pedido ao fundamento de que não foi provado o dano material nem caracterizado o dano moral. Em grau de apelação, o tribunal *a quo* entendeu que, por não haver prova da negligência da instituição de ensino, estava descaracterizada a conduta ilícita dela, ficando, assim, afastada sua responsabilidade por eventual dano. No REsp, pretende o recorrente que sejam reconhecidas, entre outros temas, a violação dos arts. 29, 30, 38, 50, 52, 56 e 57 da Lei n. 9.610/1998, uma vez que os direitos autorais presumem-se feridos quando não há autorização para a divulgação do trabalho, bem como a ofensa aos arts. 932, III, e 933 do CC. Inicialmente, a Min. Relatora destacou que, para os efeitos da aludida lei, que regula os direitos autorais, considera-se publicação o oferecimento de obra literária, artística ou científica ao conhecimento do público por qualquer forma ou processo. *In casu*, segundo a Min. Relatora, a reprimenda indenizatória justifica-se pela simples circunstância de o trabalho do recorrente ter sido disponibilizado no sítio da recorrida sem sua autorização e sem menção clara de sua autoria. Dessa forma, a recorrida falhou no dever de zelar pela verificação de autenticidade, autoria e conteúdo das publicações realizadas em sua página na *Internet*, independentemente da boa-fé com que tenha procedido. Assim, ressaltou a configuração da responsabilidade objetiva da instituição de ensino pela conduta lesiva de seu professor. Consignou que o prejuízo moral do recorrente ficou evidenciado na frustração de não conservar inédita sua obra intelectual pelo tempo que lhe conviria. Por outro lado, observou que não ficou evidenciado o alegado prejuízo patrimonial, pois a indenização por dano material requer a comprovação detalhada da efetiva lesão ao patrimônio da vítima, desservindo para a sua constatação meras aspirações, suposições e ilações sobre futuros planos, como na espécie. Dessarte, com essas, entre outras considerações, a Turma deu parcial provimento ao recurso para reconhecer a responsabilidade objetiva da instituição de ensino pela conduta de seu preposto, condenando-a ao pagamento de indenização por danos morais no valor de R$ 20 mil, com correção e juros de mora a partir da data do julgamento do especial. **REsp 1.201.340-DF, Rel. Min. Maria Isabel Gallotti, julgado em 3/11/2011.** (Inform. STJ 486)

DIREITOS AUTORAIS. EVENTO PÚBLICO. RODEIO.

Trata-se de REsp em que a controvérsia refere-se à possibilidade da cobrança de direitos autorais pela execução pública de música em rodeio, mesmo que promovido por prefeitura, sem existência de proveito econômico. A Turma, entre outras considerações, reiterou que, com o advento da Lei n. 9.610/1998 (Lei dos Direitos Autorais), não se exige a utilidade econômica do evento como condição para a cobrança de direitos autorais, ou seja, esses direitos podem ser cobrados também nas hipóteses em que a execução pública da obra protegida não é feita com o intuito de lucro. Diante disso, deu-se provimento ao recurso. Precedente citado: REsp 524.873-ES, DJ 17/11/2003. **REsp 996.852-SP, Rel. Min. Luis Felipe Salomão, julgado em 21/6/2011.** (Inform. STJ 478)

MULTA. JUROS. MORA. ECAD. RELAÇÃO EXTRACONTRATUAL.

Trata-se, na origem, de ação ordinária proposta pelo Ecad em que alega que o réu utiliza publicamente obras musicais, lítero-musicais e fonogramas na sua atividade comercial, sem, contudo, ter autorização de seus autores e dos demais titulares de direitos autorais. A Turma negou provimento ao recurso por entender que, embora se reconheça aos titulares do direito autoral a prerrogativa de fixar valores referentes à utilização das suas obras artísticas em face da natureza privada dos seus direitos, no que toca às consequências das ilicitudes praticadas contra as obras de espírito, na falta de previsão expressa da Lei n. 9.610/1990, é de ser respeitado o estabelecido na legislação civil, em detrimento do regulamento de arrecadação do Ecad. Assim, quanto à condenação ao pagamento de multa de 10% e de juros de mora de 1% ao mês, ele não merece acolhida, porquanto previsto no regulamento do autor e não pode ser aplicado ao réu, que não possui relação comercial ou associativa com o autor. **REsp 1.094.279-RJ, Rel. Min. Massami Uyeda, julgado em 16/6/2011.** (Inform. STJ 477)

DIREITO AUTORAL. RETRANSMISSÃO. RÁDIO. TV. QUARTO. HOTEL.

A Seção reafirmou a jurisprudência de que é devida a cobrança pelo Escritório Central de Arrecadação e Distribuição (ECAD) relativa aos direitos autorais pela retransmissão de aparelho de rádio e televisão nos quartos de hotéis e motéis, por serem considerados locais de frequência coletiva segundo o disposto no art. 68, § 3º, da Lei n. 9.610/1998 (aplicação da súmula n. 63-STJ). Anotou-se ainda que a hipótese dos autos está toda baseada na citada legislação. Precedentes citados: REsp 102.954-RJ, DJ 16/6/1997; REsp 542.112-RJ, DJ 17/10/2005; REsp 791.630-RJ, DJ 4/9/2006; REsp 740.358-MG, DJ 19/3/2007; REsp 1.088.045-RJ, DJe 23/10/2009; REsp 704.459-RJ, DJe 8/3/2010, e REsp 742.426-RJ, DJe 15/3/2010. **REsp 1.117.391-RS, Rel. Min. Sidnei Beneti, julgado em 27/4/2011.** (Inform. STJ 470)

INDENIZAÇÃO. REPRODUÇÃO. OBRA. LOCAL PÚBLICO.

A Turma, por maioria, manteve o entendimento do tribunal *a quo* de que a reprodução desautorizada de imagens das esculturas do artista plástico recorrido em cartões telefônicos da recorrente impõe o dever de indenizar o autor da obra pelos danos materiais suportados. No REsp, a recorrente sustentou que o art. 48 da Lei n. 9.610/1998 (Lei dos Direitos Autorais – LDA) permite que as obras situadas permanentemente em logradouros públicos sejam representadas livremente. Contudo, para o Min. Relator, quando a utilização do trabalho artístico possui intuito comercial (direta ou indiretamente) e não há autorização do artista para tanto – como na hipótese dos autos, em que o nome do autor sequer foi citado nos produtos –, deve ser observado o disposto nos arts. 77 e 78 da LDA, ficando caracterizada a ofensa ao seu direito autoral. Ressaltou, com base na doutrina, que o fato de a obra estar localizada em logradouro público não altera a titularidade dos direitos patrimoniais do autor sobre ela, diferentemente da obra disposta em domínio público, em que essa titularidade inexiste ou cessou e, por isso mesmo, sua utilização é livre. Ficou vencido o Min. Raul Araújo, que entendeu incidir o art. 48 da LDA. **REsp 951.521-MA, Rel. Min. Aldir Passarinho Junior, julgado em 22/3/2011.** (Inform. STJ 467)

DIREITOS AUTORAIS. EVENTO RELIGIOSO.

In casu, trata-se da possibilidade de cobrança de direitos autorais por ter a recorrente realizado execuções musicais e sonorizações ambientais quando da celebração da abertura do ano vocacional em escola, evento religioso, sem fins lucrativos e com entrada gratuita. A Turma proveu parcialmente o recurso e, entre outros fundamentos, assentou que o evento sem fins lucrativos, com entrada gratuita e finalidade exclusivamente religiosa não conflita com a exploração comercial normal da obra (música ou sonorização ambiental), assim como, tendo em vista não constituir evento de grandes proporções, não prejudica injustificadamente os legítimos interesses dos autores. Prepondera, pois, neste específico caso, o direito fundamental à liberdade de culto e de religião frente ao direito de autor. **REsp 964.404-ES, Rel. Min. Paulo de Tarso Sanseverino, julgado em 15/3/2011.** (Inform. STJ 466)

INDENIZAÇÃO. DIREITOS AUTORAIS.

Trata-se de REsp oriundo de ação indenizatória ajuizada pelo recorrente em desfavor dos recorridos sob o fundamento de que estes produziram e divulgaram, em rede nacional, com fins de propaganda política, vídeo que continha parte de imagens de documentários de autoria do recorrente sem sua autorização. Assim, a controvérsia reside em saber se, uma vez verificado o ato de contrafação, é necessária a comprovação das perdas materiais para que seja estabelecida a indenização, que, segundo o recorrente, nos termos do art. 122 e seguintes da Lei n. 5.988/1973 (antiga Lei dos Direitos Autorais – LDA), equivale ao preço da edição da obra de reprodução não autorizada. No julgamento do especial, entendeu-se que, uma vez comprovado que determinada obra artística foi utilizada sem autorização de seu autor e sem indicação de sua autoria, nasce o direito de recomposição dos danos materiais sofridos. Observou-se que os danos devem ser provados, salvo se decorrentes de consequência lógica dos atos praticados, ou que impliquem prova negativa impossível de ser apresentada em juízo. Contudo, no caso em questão, a falta de pagamento para a utilização da obra protegida é decorrência lógica da comprovação do ato ilícito, fato incontroverso nos autos. Quanto a isso, consignou-se que, embora a produção veiculada pelo partido político constituísse propaganda institucional, o prejuízo pela utilização e reprodução indevida, sem autorização e sem indicação do recorrente, continua presente na medida em que subtraiu dele o uso do seu patrimônio imaterial, protegido por lei, com total proveito. No que se refere à forma de ressarcimento, registrou-se não ser o caso de utilizar os critérios de indenização previstos no art. 122 da LDA, tendo em vista que não seria razoável e, tampouco, proporcional admitir que, na hipótese, a indenização de parte seja feita pelo valor do todo, o que implicaria enriquecimento ilícito do autor da obra cinematográfica. Dessarte, asseverou-se razoável, na espécie, adotar como critério de indenização o valor de mercado normalmente empregado para utilização de cenas de obras cinematográficas desse jaez, a ser apurado por arbitramento em liquidação de sentença, recompondo-se, devidamente, as perdas havidas e comprovadas. Diante dessas razões, a Turma conheceu parcialmente do recurso e, na parte conhecida, deu-lhe parcial provimento. Precedentes citados do STF: RE 102.963-RJ, DJ 21/11/1986; do STJ: REsp 735.019-PB, DJe 26/10/2009. **REsp 889.300-DF, Rel. Min. Luis Felipe Salomão, julgado em 1º/3/2011.** (Inform. STJ 465)

RESPONSABILIDADE OBJETIVA. REPRODUÇÃO. OBRA.

Trata-se de ação de indenização por danos materiais e morais em que se busca o ressarcimento pela reprodução e divulgação de peça artística sem autorização do autor. A obra de arte (escultura) foi reproduzida e vendida por terceiro a clube de golfe, que confeccionou réplicas sem a assinatura do seu autor utilizadas como troféus entregues a ganhadores de torneio. Conforme o acórdão recorrido, a assinatura do autor foi falsificada ao ser vendida a escultura, que também foi distribuída sem a assinatura do seu autor, sendo os réus solidários pela indenização pleiteada. No REsp, pretende o recorrente que seja reconhecida sua ilegitimidade para responder pela violação dos direitos autorais do recorrido. Para o Min. Relator, no âmbito dos direitos autorais, não se pode negar a adoção da responsabilidade objetiva na reparação dos danos causados aos autores das obras intelectuais, nos termos do art. 5º, XXVII, da CF/1988, CDC e Lei n. 9.610/1998 (Lei dos Direitos Autorais – LDA), que se preocupam em proteger os direitos do autor, prevendo punições civis ao transgressor. Observa que o art. 102 da LDA não deixou espaço para a indagação acerca da culpa do contrafator. Explica, ainda, que, se a culpa fosse essencial para a caracterização da responsabilidade, o referido artigo seria dispensável, pois se aplicaria a regra geral dos arts. 159 do CC/1916, 927 do CC/2002 e o art. 104 da LDA, o qual estabelece a responsabilidade solidária daquele que adquire, distribui ou utiliza obra reproduzida com fraude e com a finalidade de obter ganho, vantagem, proveito ou lucro. Além disso, o recorrente não poderia ter distribuído o troféu sem a assinatura do autor. No caso, o TJ reconheceu a responsabilidade do contrafator, aquele que adquiriu a obra fraudulenta e obteve alguma vantagem, material ou imaterial. Portanto, para o Min. Relator, o recorrente responde solidariamente pelos danos ao autor da obra, sem espaço para discussão acerca da culpa pelo evento danoso, como dito. Diante do exposto, a Turma negou provimento ao recurso. Precedentes citados: REsp 979.379-PB, DJe 5/9/2008, e REsp 715.004-SP, DJ 25/6/2007. **REsp 1.123.456-RS, Rel. Min. Massami Uyeda, julgado em 19/10/2010.** (Inform. STJ 452)

INDENIZAÇÃO. CONTRAFAÇÃO. *SOFTWARES*.

Trata-se de ação indenizatória cumulada com a de abstenção de prática de ato, qual seja, proibição do uso de *softwares* desenvolvidos pela recorrente, uma vez que a recorrida não possui licença ou documentos fiscais de aquisição dos *softwares*. A Turma entendeu que a sanção do art. 103, parágrafo único, da Lei n. 9.610/1998 tem sua aplicação condicionada à impossibilidade de identificação numérica da contrafação. A condenação pressupõe que não seja conhecida a quantidade de obras indevidamente fraudadas ou reproduzidas. Assim, como a perícia especificou e apurou a quantidade de programas utilizados pela recorrida, é indevido o arbitramento da indenização por meio da multiplicação da quantidade de programas utilizados irregularmente por três mil vezes seu valor de mercado. O art. 102 da referida lei concede ao titular dos direitos autorais violados indenização cabível, mas se limitando ao disposto no art. 103, *caput*, que estabelece o pagamento com base no valor de mercado dos exemplares apreendidos. Para a fixação do valor da indenização pela prática de contrafação, observada a razoabilidade, devem ser considerados os seguintes requisitos: a desestimulação da prática ofensiva e a obstaculização do enriquecimento sem causa do titular dos direitos autorais e a inocorrência de comercialização dos produtos contrafaceados. Assim, a Turma conheceu em parte do recurso e lhe deu provimento para condenar a recorrida ao pagamento equivalente a dez vezes o valor de mercado dos programas de computador contrafaceados. Salientou, ainda, que o arbitramento do valor em número de vezes do preço de obra contrafaceada expressa apenas um critério, sem qualquer vinculação legal. **REsp 1.016.087-RS, Rel. Min. Nancy Andrighi, julgado em 6/4/2010.** (Inform. STJ 429)

DIREITO AUTORAL. BAILE. CARNAVAL.

É devido o pagamento de direitos autorais por utilização de obras musicais nos espetáculos carnavalescos promovidos por entidades recreativas (clubes). Nessa hipótese, o recolhimento de valores ao Ecad era devido mesmo quando vigorava a Lei n. 5.988/1973, a qual exigia haver intuito de lucro direto ou indireto. Já a Lei n. 9.610/1998 não mais prevê dessa forma. Os bailes de carnaval promovidos pelos clubes sociais (entidades privadas), ainda que somente para convidados, não são gratuitos ou beneficentes e não se confundem com o denominado "carnaval de rua", geralmente patrocinado pela municipalidade (Poder Público). Daí possuírem objetivo de lucro tanto direto (venda de ingressos, bebidas, mesas, comidas) quanto indireto (atração de novos sócios, promoção e valorização da entidade recreativa). No caso, anote-se sequer haver duplicidade na cobrança de direitos autorais (*bis in idem*), visto que há fatos geradores distintos: a contribuição mensal referente à sonorização musical contínua de seus ambientes (piscinas, bares e restaurantes) e a referente aos eventos especiais, tais quais os mencionados bailes. Precedentes citados: REsp 73.465-PR, DJ 22/8/2005, e REsp 524.873-ES, DJ 17/11/2003. **REsp 703.368-PR, Rel. Min. Vasco Della Giustina (Desembargar convocado do TJ-RS), julgado em 4/3/2010.** (Inform. STJ 425)

DIREITOS AUTORAIS. CLÍNICA MÉDICA.

A Turma confirmou o entendimento do tribunal *a quo* de que é devido o pagamento de direitos autorais em razão da exibição de programas televisivos nas dependências de clínica médica pediátrica, pois elas se caracterizam como ambientes de frequência coletiva, tais como os hotéis, academias, bares e restaurantes. Contudo, no caso, não é devida a multa do art. 109 da Lei n. 9.610/1998 (vinte vezes o valor que originariamente deveria ser pago), visto que, conforme precedentes, ela só é devida nos casos em que exista comprovada má-fé e ação deliberada para usurpar o direito autoral. Precedentes citados: REsp 791.630-RJ, DJ 4/9/2006, REsp 556.340-MG, DJ 11/10/2004; REsp 111.105-PR, DJ 10/2/2003; REsp 329.860-RJ, DJ 1º/2/2005; AgRg no EDcl no Ag 938.715-RJ, DJe 23/5/2008, e REsp 439.441-MG, DJ 10/3/2003. **REsp 742.426-RJ, Rel. Min. Aldir Passarinho Junior, julgado em 18/2/2010.** (Inform. STJ 423)

INDENIZAÇÃO. PUBLICAÇÃO INDEVIDA. CHARGE.

Trata-se de saber se são aplicáveis no caso discutido os parâmetros de fixação de indenização por violação dos direitos patrimoniais do autor previstos no art. 122, parágrafo único, da Lei n. 5.988/1973, cuja redação foi mantida pelo art. 103, parágrafo único, da Lei n. 9.610/1998, alterando-se somente o número de exemplares a serem indenizados. Na hipótese, as obras publicadas indevidamente são charges que integram apenas uma pequena parte do periódico, jornal composto por matérias de imprensa, artigos, fotografias e demais obras de autoria de inúmeras pessoas. Diante disso, a Turma entendeu não ser razoável, tampouco proporcional admitir-se que, na espécie, a indenização de parte seja feita pelo valor do todo, pois isso implicaria enriquecimento ilícito do autor da obra de arte. A indenização por danos materiais provocados pela violação dos direitos autorais tem por objetivo ressarcir o autor na medida exata do valor patrimonial que seria auferido, caso as obras fossem publicadas em conformidade com a lei e com os interesses do autor. Logo, a recomposição patrimonial do artista não pode ser utilizada como meio de abuso, como enriquecimento ilícito da parte. Assim, resta afastada a aplicação do art. 122, parágrafo único, da Lei n. 5.988/1973 a esse caso. Por outro lado, são razoáveis os critérios adotados pelo Tribunal de origem consistentes no pagamento do valor correspondente à metade do salário que o autor recebia da empresa pela qual era contratado referente aos meses em que publicadas, indevidamente, as obras, somado ao 13° salário proporcional, pois refletem os valores reais que teriam sido percebidos pelo autor caso tivesse contratado a publicação com o recorrido, recompondo, devidamente, as perdas havidas. Quanto à alegada violação do art. 126 da Lei n. 5.988/1973, entendeu-se ter razão o recorrente. A jurisprudência deste Superior Tribunal é firme no sentido de que o valor definido pela Corte de origem somente pode ser alterado em sede de recurso especial quando absurdamente excessivo ou irrisório, o que se verificou nos autos. Assim, diante da jurisprudência acima citada e tendo em vista as circunstâncias do caso, no qual o direito do autor foi violado durante um longo período de tempo, por meio da publicação de inúmeras charges sem a indicação da autoria, determinou-se a majoração do *quantum* indenizatório para R$ 10 mil, acrescidos de correção monetária a partir da data do julgamento (Súmula n. 362-STJ) e juros moratórios a partir do evento danoso (Súmula n. 54-STJ). Destarte, tendo em vista que o ato ilícito deu-se no lapso temporal de janeiro de 1993 a maio de 1996, os juros moratórios devem ser calculados a partir de setembro de 1994, data intermediária entre a primeira e a última lesão, desconsiderado o período atingido pela prescrição. **REsp 735.019-PB, Rel. Min. Luis Felipe Salomão, julgado em 13/10/2009.** (Inform. STJ 411)

ECAD. DIREITOS AUTORAIS.

O titular dos direitos autorais detém a prerrogativa legal de dispor de sua obra da forma como melhor lhe convier, não estando adstrito, para tanto, à anuência do Ecad. A condição de órgão legitimado a realizar a cobrança de valores devidos a título de direitos autorais não exime o Ecad da obrigação de demonstrar em juízo a consistência da cobrança empreendida. No caso, mostrando-se a deficiência das razões do recurso especial, o fato de o recorrente deixar de impugnar o fundamento balizador do acórdão recorrido faz incidir a aplicação da Súmula n. 284-STF. **REsp 681.847-RJ, Rel. Min. João Otávio de Noronha, julgado em 15/10/2009.** (Inform. STJ 411)

RADIODIFUSÃO. MÚSICA AMBIENTE.

Prosseguindo o julgamento, a Turma negou provimento ao recurso, entendendo ser lícita a simples radiodifusão de música ambiente, pois a recorrida paga, uma única vez, os valores autorais devidos por essa atividade. O Ecad (gestão coletiva), por considerar que o serviço especial prestado pela recorrida é de radiodifusão, pretendeu cobrar duas vezes pela divulgação da música, ou seja, da recorrida e dos clientes dela, o que não é cabível. Por outro lado, é certo que, pelo art. 24, VI, da Lei n. 9.610/1998, o autor pode retirar de circulação autorizada obra sua quando resultar em prejuízo de sua reputação e imagem, porém é duvidoso que esse direito obrigue apenas certos indivíduos. Tal condicionante não está configurada na presente hipótese e a utilização das obras dá-se segundo as condições normais de pagamento e nos termos em que foi autorizado à recorrida por sentença transitada em julgado, inexistindo violação do art. 98, parágrafo único, da lei supra citada. Ademais, radiodifusão não se confunde com reprodução. Sem razão também a pretensão de legalidade da notificação, cabendo indenização de danos morais pelo envio de tais notificações aos clientes da rádio recorrida, porquanto atingiu a honra objetiva desta. **REsp 983.357-RJ, Rel. Min. Nancy Andrighi, julgado em 3/9/2009.** (Inform. STJ 405)

SOFTWARE. **INDENIZAÇÃO. PERDAS. DANOS.**

Não se prova a originalidade de programas de computador (*software*) apenas com o contrato de licença e notas fiscais, admite-se também a prova da propriedade por outros meios legais usualmente admitidos em juízo. Com esse entendimento, ao prosseguir o julgamento, a Turma, por maioria, não conheceu do recurso. Essa decisão confirmou o acórdão recorrido em que o TJ julgou improcedente ação de indenização por perdas e danos pela violação de direitos autorais por suposta utilização ilegal de *softwares* de propriedade das autoras (companhias estrangeiras, ora recorrentes). Baseou-se o TJ em prova da apresentação dos discos originais de instalação dos programas apontados como ilegais que laudo pericial confirmou serem originais. A principal questão discutida no REsp foi analisar a determinação contida no art. 9º da Lei n. 9.609/1998, ou seja, se a licença de uso de *software* só pode ser provada por contrato de cessão de direito ou notas fiscais (interpretação restritiva) ou se poderia ser comprovada por outros meios legais (interpretação mais ampla). Para a tese vencedora, inaugurada pelo Min. Luis Felipe Salomão, apesar de o art. 9º da citada lei fazer remissão expressa ao contrato de licença e ao documento fiscal como meios hábeis de provar a regularidade do uso de *software*, esse artigo não excluiu expressamente outros meios de prova. Assim, o art. 9º em comento não pode ter uma interpretação de forma restritiva, isolada, mas deve ser analisado em inter-relação com todo ordenamento jurídico, especialmente os arts. 332 do CPC e 212 do CC/2002. Se houvesse tal limitação no art. 9º já citado, ela seria excepcional e deveria estar expressamente consignada em lei. Ademais, geralmente essas restrições abrangem negócios jurídicos que exigem forma especial e o contrato de licença não exige essa forma. Logo, a disposição do art. 9º confere caráter probatório ao contrato de licença e ao documento fiscal, estabelecendo hipótese de prova pré-constituída (art. 366 do CPC). Ressaltou-se, inclusive, que uma das autoras, em *site* eletrônico, reconhece como uma das formas de licenciamento a apresentação das mídias originais. Observou-se ainda que vigora, no nosso sistema jurídico, o princípio da liberdade da prova e que o TJ, diante do conjunto fático dos autos, com base em laudo pericial, acatou as provas das quais as autoras não apresentaram contraprova impugnando-as. Agora, revê-las encontra óbice na Súm. n. 7-STJ. **REsp 913.008-RJ, Rel. originário Min. João Otávio de Noronha, Rel. para acórdão Min. Luis Felipe Salomão, julgado em 25/8/2009.** (Inform. STJ 404)

***SOFTWARE*. CÓPIA ILÍCITA. INDENIZAÇÃO.**

Discute-se a aplicação das sanções previstas no art. 103 da Lei n. 9.610/1998 (Lei dos Direitos Autorais) a usuário final de programa de computador (*software*) ilicitamente copiado ou adquirido. Destaca o Min. Relator que o art. 104 da citada lei não foi objeto de decisão do TJ, apesar dos embargos de declaração das companhias estrangeiras autoras, ora recorrentes, incidindo, portanto, a Súm. n. 211-STJ. Observa também que, conforme a sentença, as autoras não fizeram pedido expresso quanto ao valor indenizatório. Nesse contexto, a divergência resume-se à incidência contida no *caput* do referido art. 103 e este Superior Tribunal já se manifestou que a quantificação dos danos materiais pela utilização ilegal de *software* deve dar-se como disposto na referida norma. Ressaltou-se, ainda, que as alegações em contrarrazões da compra de programas licenciados pela recorrida, após a sentença, não a isenta do pagamento da indenização, só significa que agora ela utiliza *softwares* originais. Diante do exposto, a Turma conheceu parcialmente do recurso e, nessa parte, deu-lhe provimento, restabelecendo a sentença no que se refere à condenação da recorrida ao pagamento do preço correspondente a cada um dos 58 *softwares* encontrado e utilizado de forma ilegal. Precedente citado: REsp 768.783-RS, DJ 22/10/2007. **REsp 991.721-PR, Rel. Min. Fernando Gonçalves, julgado em 25/8/2009.** (Inform. STJ 404)

DIREITOS AUTORAIS. OBRA COLETIVA. TV.

A Turma não conheceu do REsp, considerando que inexiste a violação do art. 13 da Lei n. 6.533/1978. Reafirmou que é a empresa produtora do evento a detentora da titularidade dos direitos autorais quando se tratar de obra artística realizada por diferentes pessoas, mas organizada por empresa singular, coletiva e em seu nome utilizada, nos termos dispostos no art. 15 da Lei n. 5.988/1973 (Lei dos Direitos Autorais). De igual modo, a norma protetiva do art. 13 da Lei n. 6.533/1978 não conflita com o citado artigo da Lei dos Direitos Autorais, por complementá-la, na medida em que condiciona a aplicação do comando legal ali expresso, a fim de garantir os direitos conexos dos profissionais contratados para participar do projeto artístico. Anota o Min. Relator que, na hipótese em exame, o próprio acórdão recorrido afirma que restaram garantidas, por meio das cláusulas contratuais, os direitos conexos dos que participaram das obras artísticas organizadas. Precedente citado: REsp 4.875-RJ, DJ 6/5/1991. **REsp 438.138-DF, Rel. Min. João Otávio de Noronha, julgado em 18/6/2009.** (Inform. STJ 399)

DANOS MORAIS. CONTRAFAÇÃO.

A recorrente ajuizou ação indenizatória cumulada com preceito cominatório, alegando que as recorridas são autoras de contrafação, pois produzem papéis para cigarros, valendo-se, sem sua autorização, de suas marcas exclusivas. Além dos prejuízos inerentes a tal conduta, aduz que sua imagem perante os consumidores foi afetada. Assim, a questão cinge-se em definir se decorrem danos morais indenizáveis da violação do direito de marca. Para a Min. Relatora, a premissa de fundamental importância para o deslinde da controvérsia é que o dano moral da pessoa jurídica corresponde, hoje, em nosso sistema legal, à lesão a direito de personalidade, ou seja, a bem não suscetível de avaliação em dinheiro. Deve-se questionar se o direito de marca integra a personalidade do seu titular. A resposta é negativa. A marca apenas designa um produto e sua violação traz diretamente danos materiais. O contrafator beneficia-se porque usurpa a clientela do titular da marca ou porque deixa de lhe pagar *royalties* devidos. Esse é o claro conteúdo do art. 210 da Lei n. 9.279/1996. Ocorre que o problema não se esgota nessa primeira observação. A contrafação de marca pode ter consequências que vão além da simples diferença entre o que foi vendido e o que poderia ter sido comercializado. No julgamento de precedente deste Superior Tribunal, entendeu-se que produtos voltados a público exclusivo foram vulgarizados com a exposição comercial do produto falsificado. Não só a marca era violada naquela situação, mas a própria reputação comercial de seu titular era atingida na medida em que este prezava a imagem de exclusividade de seus produtos perante consumidores de alta renda. Por isso, concluiu-se que a prática de falsificação, em razão dos efeitos que irradia, fere o direito à imagem do titular da marca, o que autoriza, em consequência, a reparação por danos morais. Para além da questão da vulgarização, deve-se reconhecer que a contrafação também pode lesar a honra objetiva do titular da marca na medida em que os produtos contrafeitos revelem qualidade precária. A má qualidade dos produtos é acompanhada da insatisfação do consumidor, que deixa de comprar produtos semelhantes e, sobretudo, passa a ter uma imagem negativa do fornecedor. No entanto, quem passa a ser mal visto não é o contrafator, mas o empresário vítima da contrafação. Na hipótese, há peculiaridades, pois não se sabe se o produto contrafeito distingue-se perante o consumidor por exclusividade ou por qualidade. Por esses motivos, o mais correto é tratar o produto (papel de cigarro) como uma *commodity*, ou seja, um bem básico com qualidades uniformes. Nessa espécie peculiar de contrafação, há pelo menos um aspecto a ser considerado. Aqui, como em outras hipóteses, o consumidor é enganado e vê subtraída, de forma ardilosa, sua faculdade de escolha. O consumidor compra o produto contrafeito na crença de que adquire o original. Sob essa perspectiva, fica mais fácil visualizar que, se o consumidor não consegue perceber quem lhe fornece o produto, também é verdade que o fabricante não consegue ser identificado por boa parte de seu público-alvo. O fornecedor mostra-se ao consumidor mais por suas marcas exclusivas que propriamente por seu nome comercial. A marca designa o produto e, direta ou indiretamente, também indica quem é seu fabricante. Assim, a contrafação é verdadeira usurpação de parte da identidade do fabricante. O contrafator cria confusão de produtos e, nesse passo, faz-se passar pelo legítimo fabricante de bens que circulam no mercado. O prejudicado, além da violação da marca, pode buscar ressarcimento pela diluição de sua identidade junto ao público consumidor. A identidade é deturpada quando o causador do dano consegue criar, na mente dos consumidores, confusão sobre quem são os diversos competidores do mercado, duplicando os fornecedores de um produto que deveria ser colocado em circulação apenas por aquele que é titular de sua marca. Nessa linha de raciocínio, a usurpação de marca alheia pode ser vista como a violação desse essencial direito de personalidade, qual seja, o direito à identidade. Assim, concluiu a Min. Relatora que houve violação dos arts. 209 da Lei n. 9.279/1996, 186 e 927 do CC/2002, pois a recorrente teve seu direito de identidade lesado pela contrafação levada a cabo pela recorrida e, por isso, faz jus à reparação dos danos morais sofridos. **REsp 1.032.014-RS, Rel. Min. Nancy Andrighi, julgado em 26/5/2009.** (Inform. STJ 396)

DIREITO. SEQUÊNCIA. HERDEIROS. PRIMEIRA ALIENAÇÃO. OBRA. *In casu*, a questão principal diz respeito ao alegado direito a exigir o pagamento de participação na venda realizada pelo banco ora recorrido das obras de arte obtidas como dação em pagamento de empréstimo bancário, ainda que tenham sido alienadas pela primeira vez após a morte do criador intelectual. O direito de sequência, ou *droit de suite,* consiste no direito do autor da obra original, em caráter irrenunciável e inalienável, de participação na "mais valia" que advier das vendas subsequentes dos objetos que decorram de sua criação. Assim, o reconhecimento de tal direito visa proteger o criador intelectual e sua família, com frequência explorados, permitindo que o autor e, após sua morte, os seus herdeiros possam, de alguma forma, beneficiar-se da exploração econômica da obra de arte. Esse direito surgiu na Europa, no final do século XIX, com o objetivo de restabelecer o equilíbrio econômico entre autores de obras literárias e artísticas e os intermediários que se beneficiavam das vendas sucessivas dos suportes físicos originais. Foi introduzido em nossa legislação pela Lei n. 5.988/1973, alterada, posteriormente, pela Lei n. 9.610/1998, que o manteve (art. 38). Vale ressaltar, contudo, que o Brasil já era signatário da Convenção de Berna desde 1922, tendo internalizado o referido tratado, revisado pela Convenção de Paris, de 1971, por intermédio do Decreto n. 75.699/1975. Na espécie, o acórdão recorrido assentou que o direito de sequência somente é cabível quando a primeira cessão da obra de arte original é efetuada pelo próprio autor, caso em que seu exercício transmite-se aos herdeiros ou sucessores, que terão direito de exercê-lo em todas as alienações posteriores, enquanto a obra não cair no domínio público. Se, entretanto, o autor não alienou o original em vida, como ocorreu na hipótese, o direito caduca, não se aplicando às alienações posteriores feitas pelos herdeiros ou sucessores do autor. Para o Min. Relator, todavia, o reconhecimento do direito de sequência não pode limitar-se às operações de venda das quais a obra for objeto depois da primeira cessão efetuada pelo autor da obra original e somente por ele. O art. 14 do Decreto n. 75.699/1975 dispõe, em sua parte inicial, que goza do direito de sequência o autor, ou, depois de sua morte, as pessoas físicas ou jurídicas como tal qualificadas pela legislação nacional. Diante disso, quando o legislador refere-se novamente à expressão "autor" na parte final do artigo também o equipara aos herdeiros, ainda que não o especifique expressamente, tendo em vista que a repetição de seu significado é desnecessária. Portanto, o art. 14 do decreto *supra* citado não afasta o direito de sequência quando a peça original é cedida pela primeira vez por herdeiro do autor intelectual da obra, pois a própria norma define que, em caso de morte, os herdeiros gozam do mesmo direito. Ressalta-se que o direito de sequência tem natureza jurídica patrimonial, visto que se consubstancia no direito do autor, ou herdeiros, de participar de um provento. Ademais, não se diga que, por força do art. 39 da Lei n. 5.988/1973, vigente na época dos fatos, que determina seu caráter irrenunciável e inalienável, não seja o direito de sequência passível de transmissão *causa mortis* aos herdeiros, pois o objetivo do próprio instituto é proteger, além do criador intelectual, sua família. Desse modo, é cabível a indenização aos herdeiros decorrente da "mais valia" pela venda posterior da obra de arte, quando obtida vantagem econômica substancial pela exploração econômica da criação. Dessa forma, sendo o ora recorrente único herdeiro do autor intelectual da obra, inexiste óbice para que seja reconhecido seu direito à participação em 20% sobre a "mais valia" da alienação das obras originais realizadas pelo recorrido, ainda que os desenhos tenham sido alienados pela primeira vez após a morte do criador intelectual, violados assim, com a interpretação do Tribunal *a quo*, o art. 39 c/c art. 42 da Lei n. 5.988/1973. Com esses fundamentos, entre outros, a Turma conheceu em parte do recurso e, nessa parte, deu-lhe provimento. **REsp 594.526-RJ, Rel. Min. Luis Felipe Salomão, julgado em 2/4/2009.** (Inform. STJ 389)

INDENIZAÇÃO. FRAGMENTISMO. DIREITO AUTORAL. Trata-se de pedido de indenização em que a autora diz-se inventora de estilo de arte denominada "fragmentismo" (que utiliza cores, possibilitando que qualquer composição visual seja mostrada como desenho ou composição abstrata figurativa), o qual foi utilizado em novelas de televisão da ré, sem sua autorização. O cerne da controvérsia consiste em saber se o estilo estaria ou não ao abrigo da Lei dos Direitos Autorais. Ressalta o Min. Relator que, com base no art. 8º, I e II, da Lei dos Direitos Autorais (Lei n. 9.610/1998), os métodos, estilos ou técnicas não são objeto de proteção intelectual e, se a lei os admitissem dentre os bens protegidos, seria tolher em absoluto a criatividade. Os métodos, estilos e técnicas são apenas um meio, um procedimento utilizado na formação de obras artísticas. Assim, somente o resultado individual, a obra que utiliza um desses procedimentos, é que tem a guarida legal. Com esse entendimento, a Turma deu provimento ao recurso apenas para afastar as penalidades por litigância de má-fé, indevidamente aplicadas no acórdão recorrido, e declarar improcedente o pedido indenizatório da recorrida. **REsp 906.269-BA, Rel. Min. Humberto Gomes de Barros, julgado em 16/10/2007.** (Inform. STJ 336)

Súmula STF nº 386

Pela execução de obra musical por artistas remunerados é devido direito autoral, não exigível quando a orquestra for de amadores.

Súmula STJ nº 261

A cobrança de direitos autorais pela retransmissão radiofônica de músicas, em estabelecimentos hoteleiros, deve ser feita conforme a taxa média de utilização do equipamento, apurada em liquidação.

Súmula STJ nº 63

São devidos direitos autorais pela retransmissão radiofônica de músicas em estabelecimentos comerciais.

2. DIREITO PROCESSUAL CIVIL

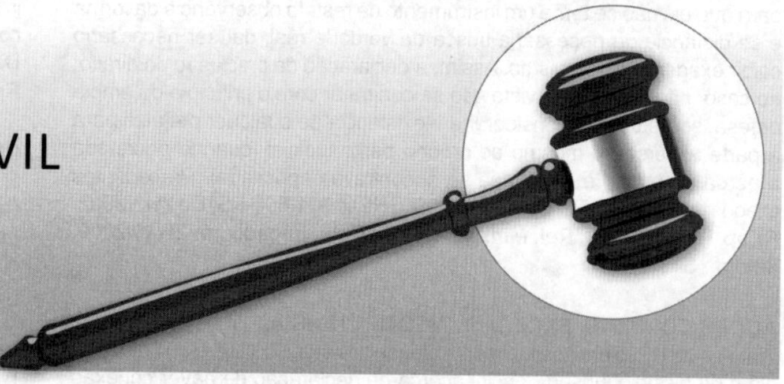

1. PRINCÍPIOS DO PROCESSO CIVIL

DEVIDO PROCESSO LEGAL E FALTA DE FUNDAMENTAÇÃO

Ante a excepcionalidade do caso, a Turma deu provimento a recurso extraordinário para, assentando a nulidade de acórdão referente a embargos de declaração, determinar que Turma Recursal de Juizado Especial Federal se pronuncie explicitamente sobre as causas de pedir constantes da apelação interposta pelo ora recorrente. Na espécie, não obstante a protocolação de embargos de declaração, em processo-crime, objetivando o exame de matéria de defesa, o colegiado de origem consignara a desnecessidade de o órgão julgador expender comentários sobre todos os argumentos levantados pela parte, quando, da sua fundamentação, pudessem ser extraídos elementos para a improcedência do pedido. Asseverou-se que o órgão investido do ofício judicante negara-se a aperfeiçoar a prestação jurisdicional, transgredindo, destarte, medula do devido processo legal — o direito de defesa da parte condenada. Salientou-se, ainda, que, na presente situação, não seria preciso sequer partir-se de interpretação de preceitos estritamente legais, na medida em que houvera, simplesmente, a recusa em atentar-se para certa matéria de defesa e emitir-se entendimento a respeito. **RE 435256/RJ, rel. Min. Marco Aurélio, 26.5.2009**. (RE-435256) (Inform. STF 548)

QO. ART. 543-B, § 3º, DO CPC. RETRATAÇÃO.

A Turma, em questão de ordem, retratou a decisão anterior e denegou o *habeas corpus*. Na espécie, a ordem havia sido concedida para anular o julgamento da apelação proferido por câmara composta majoritariamente por juízes de primeiro grau convocados, conforme o entendimento adotado, à época, pelo STJ. Contra esse julgado, o MPF interpôs recurso extraordinário e, diante do que ficou assentado pelo STF no julgamento do RE 597.133-RS, os autos foram devolvidos à Min. Relatora para os efeitos do art. 543-B, § 3º, do CPC. Com essas considerações, adotou-se o posicionamento do STF de que, na hipótese, não há ofensa ao princípio constitucional do juiz natural. Anote-se que, na mesma assentada, esse entendimento foi aplicado no julgamento de outros HCs. Precedente citado do STF: HC 96.821-SP, DJe 24/6/2010. **QO no HC 116.651-SP, Rel. Min. Maria Thereza de Assis Moura, julgada em 7/6/2011.** (Inform. STJ 476)

QO. MS. NOTAS TAQUIGRÁFICAS.

Depois do julgamento do MS, mas antes da publicação de seu respectivo acórdão, o impetrante, lastreado no art. 103, § 1º, do RISTJ, formulou pedido de que lhe fossem fornecidas as notas taquigráficas do julgamento. Anote-se que não houve a interposição de qualquer recurso quando da publicação daquele aresto ao fundamento de que se esperam as notas. Diante disso, a Corte Especial decidiu, por maioria, fornecer as notas, pois há que resguardar o princípio da publicidade, quanto mais se sopesado o princípio da transparência que rege o Judiciário. Anotou-se que, segundo a Lei do Mandado de Segurança, as notas taquigráficas podem substituir o acórdão se ele não é publicado em trinta dias (art. 17 da Lei n. 12.016/2009). **QO na Pet no MS 14.666-DF, Rel. Min. Presidente Ari Pargendler, julgada em 28/10/2010**. (Inform. STJ 453)

ESCRIVÃO. FÉ PÚBLICA. PRESUNÇÃO. VERACIDADE.

Trata-se de REsp em que a questão cinge-se em saber se possuem fé pública as informações certificadas por escrivão do juízo, ainda que com base em dados retirados de documentos outros que não os próprios autos. Inicialmente, observou o Min. Relator que o art. 141 do CPC prevê as principais tarefas do escrivão, sem prejuízo de outras que resultem das atribuições próprias definidas pelas regras de organização judiciária. Em razão justamente da importância dessas atribuições para o exercício da função jurisdicional, os atos praticados pelos escrivães no desempenho de suas atividades gozam de fé pública, especialmente as certidões, que possuem valor de prova nos termos do art. 364 do CPC. Assim, o privilégio da fé pública está atrelado à atividade realizada por aqueles agentes, e não à forma de acesso às informações e fatos declarados como verdadeiros por meio de certidão. Assinalou que a certidão que pode ser emitida pelo escrivão diz respeito a ato ou termo do processo, mas tal vinculação não deve ser entendida como uma limitação à origem das informações, restringindo-se apenas ao que consta dos próprios autos. Dessarte, o art. 141, V, do CPC limitou a possibilidade de o servidor certificar os fatos e circunstâncias relacionadas ao processo, contudo não restringe o escrivão ao que consta nos autos do processo, tampouco retira a presunção *juris tantum* de veracidade que milita em favor dos atos praticados por escrivães do juízo, que gozam de fé pública em razão da importância de suas atribuições. Ressaltou que, embora a fé pública seja inerente às certidões emitidas por escrivão do juízo, trata-se de uma presunção relativa de veracidade, motivo pelo qual é passível de revisão pelo controle jurisdicional, desde que a parte comprove a falsidade da informação certificada. Desse modo, a mera alegação deduzida nas razões recursais, sem a apresentação de qualquer comprovação que infirme as informações certificadas, não pode prevalecer sobre a presunção de legitimidade e veracidade de que gozam tais documentos. No caso, em questão, o recorrente opõe-se ao fato de que a certidão datada de 16 de outubro de 2002 foi firmada com base em meras anotações cartorárias, pois os autos não se encontravam mais na comarca quando expedido o documento. Tal circunstância, por si só, contudo, não retira o valor de prova da certidão posteriormente emitida, retificando a anterior, tampouco elide sua presunção de veracidade. Diante dessas considerações, entre outras, a Turma conheceu, em parte, do recurso e, na parte conhecida, negou-lhe provimento. Precedentes citados do STF: AgRg no AI 496.136-SP, DJ 3/9/2004; AgRg no AI 375.124-MG, DJ 26/4/2002; HC 56.664-SP, DJ 19/2/1979; do STJ: AgRg no AgRg no REsp 923.448-RS, DJe 11/4/2008; HC 22.526-MG, DJ 3/2/2003; AgRg no Ag 1.004.354-RS, DJe 4/8/2008, e AgRg no Ag 657.431-SC, DJe 23/6/2008. **REsp 1.002.702-BA, Rel. Min. Luis Felipe Salomão, julgado em 26/10/2010**. (Inform. STJ 453)

PRECLUSÃO. ATRASO. DEPÓSITO. HONORÁRIOS. PERITO.

Busca-se determinar se, em sede de ação rescisória, o atraso de quatro dias na realização do depósito dos honorários do perito acarreta a perda do direito à produção da prova grafotécnica já deferida pelo Tribunal *a quo*. Anote-se, primeiramente, que as contrarrazões ao especial apontam existir propósito procrastinatório dos recorrentes, contudo isso refoge à discussão travada nos autos, porque o recorrido deixou de insurgir-se contra a decisão do Tribunal *a quo* que negou provimento a seu agravo regimental manejado contra o deferimento da produção da referida prova, mantida por ser imprescindível à solução da controvérsia. Cabe, então, determinar se comporta exceção à regra do art. 183 do CPC, sobre a preclusão temporal. Essa norma determina que há perda da faculdade de praticar o ato processual em razão de a parte não observar prazo (próprio), independente de sua natureza peremptória ou dilatória. Porém, conquanto não se negue importância à atenção às regras relativas à técnica processual, nos dias atuais, a exegese do CPC deve ser feita com temperamentos, pois é fundamental erigir a instrumentalidade do processo em detrimento do excessivo formalismo, em prol de melhor atender os comandos legais, a permitir o equilíbrio na análise do direito material em litígio e uma tutela jurisdicional justa, que é a finalidade do processo. Além da lei, o juiz tem compromisso também com a Justiça e com a função social do processo, para que ele não se torne um instrumento de restrita observância da forma e se distancie da necessária busca da verdade real, daí ser necessário coibir exagerado formalismo. Assim, a declaração da preclusão do direito, no caso, não é razoável, visto não se coadunar com o princípio da ampla defesa, sobretudo ao considerar a inexistência de qualquer prejuízo para a parte adversa ou mesmo ao próprio perito judicial (quando decretada a perda da prova, a quantia já se encontrava depositada). Precedentes citados: MC 14.913-RJ, DJe 3/11/2008, e REsp 331.550-RS, DJ 25/3/2002. **REsp 1.109.357-RJ, Rel. Min. Nancy Andrighi, julgado em 20/10/2009.** (Inform. STJ 412)

AÇÕES CONEXAS. EXCEÇÃO. INCOMPETÊNCIA.

Trata-se de REsp em que se aponta ofensa aos arts. 301, VII, e 304 do CPC, além de dissídio jurisprudencial acerca da declaração de haver conexão entre ação de rescisão de contrato de fornecimento de combustível com outra, anterior, de indenização, propostas em dois diferentes municípios. A Turma não conheceu do recurso por entender correto o acórdão recorrido, visto que a jurisprudência mais moderna do STJ ampara o entendimento nele manifestado de que, não obstante a exceção de incompetência em princípio não se prestar para levantar a existência de conexão, tal matéria pode aí ser decidida em homenagem ao princípio da instrumentalidade das formas, afastando a impossibilidade jurídica do pedido, quando, no caso, não se verificou prejuízo para a parte adversa. Destacou-se merecer realce o fato de que a recorrente, em nenhum momento, alegou a inexistência de conexão na espécie, o que afasta a eventual possibilidade de que haja prejuízo, senão o impedimento, que pressupõe desejável celeridade, de que, desde antes de saneadas as causas, não sejam proferidas decisões conflitantes em ações claramente conexas. Precedentes citados: AgRg no Ag 654.809-SP, DJ 11/4/2005; REsp 713.045-PR, DJe 23/6/2009, e REsp 223.629-RS, DJ 27/9/2004. **REsp 760.983-MG, Rel. Min. Aldir Passarinho Junior, julgado em 13/10/2009.** (Inform. STJ 411)

REINCLUSÃO. PAUTA. INTIMAÇÃO.

O julgamento da apelação foi marcado para determinada sessão, mas, em razão do deferimento de pedido de vista formulado pela ora recorrida, foi retirado de pauta. Essa decisão foi publicada no DJU e os autos foram retirados da secretaria, contudo só foram devolvidos após o transcurso de mais de um ano. O feito, então, foi designado a novo relator, que o levou à sessão sem que se intimasse pessoalmente a recorrente (a União) da reinclusão em pauta. Quanto a isso, segundo a jurisprudência deste Superior Tribunal, nas hipóteses de adiamento do julgamento de processo em pauta, não se faz necessária nova publicação se o novo julgamento ocorrer em tempo razoável (de três sessões, conforme precedentes). Essa orientação jurisprudencial vem privilegiar a máxima efetividade do princípio constitucional da ampla defesa, que, como consabido, também engloba o direito do advogado à sustentação oral. Dessa forma, na hipótese, há que ter por violados o art. 552, *caput* e § 1º, do CPC, art. 38 da LC n. 73/1993 e art. 6º da Lei n. 9.028/1995, a determinar novo julgamento da apelação após a intimação prévia da Advocacia-Geral da União. Precedentes citados do STF: HC 71.551-MA, DJ 6/12/1996; do STJ: EDcl no REsp 774.161-SC, DJ 23/4/2006; REsp 692.506-MT, DJ 5/2/2007; REsp 1.035.287-RS, DJe 18/12/2008; AgRg no REsp 1.052.219-SP, DJe 5/11/2008; EREsp 474.475-SP, DJ 26/3/2007; REsp 415.027-PR, DJ 13/9/2004, e EDcl no REsp 783.192-DF, DJ 29/6/2007. **REsp 736.610-DF, Rel. Min. Herman Benjamin, julgado em 1º/9/2009.** (Inform. STJ 405)

RETENÇÃO. BENFEITORIAS. CONTRATO ILEGAL.

A matéria cinge-se à análise do cabimento de embargos de retenção por sociedade empresária que exercia direitos de exploração de área pertencente à massa falida, com base em contrato ilegal. Na espécie, dois contratos foram assinados sem autorização do juízo falimentar e, a partir de tais contratos, a recorrente realizou obras de reaproveitamento da estrutura da falida, passando a explorar, por conta própria, a mesma atividade econômica relativa ao beneficiamento de minério de ferro. Tais contratos foram expressamente declarados nulos pelo juízo falimentar e motivaram a destituição do síndico contratante em decisão que, ao ser publicada, levou a recorrente a interpor agravo de instrumento, sustentando seu direito de retenção sobre as benfeitorias realizadas. Para a Min. Relatora, todo o esforço da recorrente consiste em procurar contornar a negativa do pedido realizado naquele agravo, na busca de uma segunda oportunidade para discutir pretensão já afastada anteriormente, com base em considerações a respeito da instrumentalidade das formas – aproveitando-se de uma confusa situação surgida a partir do julgamento extemporâneo do agravo de instrumento que havia sido interposto em primeiro lugar. As considerações a respeito da instrumentalidade do processo, assim, estão desfocadas da realidade dos autos, pois tal princípio não pode ter o alcance de permitir a eternização das controvérsias a partir da abertura de vias alternativas de impugnação de decisões judiciais, quando a via correta não só já foi utilizada como resultou em provimento que analisou e rejeitou a pretensão veiculada. Diante disso, a Turma negou provimento ao recurso. **REsp 874.489-MG, Rel. Min. Nancy Andrighi, julgado em 17/2/2009.** (Inform. STJ 384)

PRINCÍPIO. IDENTIDADE FÍSICA. JUIZ. MUTIRÃO.

É cediço que o princípio da identidade física do juiz não tem caráter absoluto (art. 132, parágrafo único, do CPC). No caso, não se vislumbra qualquer prejuízo a alguma das partes, dessarte é forçoso reconhecer como válida a sentença proferida pelo juiz que não presidiu a instrução, mas a prolatou na qualidade de substituto eventual em mutirão. Com esse entendimento, a Corte Especial, por maioria, negou provimento ao agravo regimental remetido a seu julgamento pela Terceira Turma. Precedentes citados: REsp 149.366-SC, DJ 9/8/1999; REsp 406.517-MG, DJ 29/4/2002; REsp 257.115-RJ, DJ 4/10/2004, e AgRg no Ag 654.298-RS, DJ 27/6/2005. **AgRg no Ag 624.779-RS, Rel. Min. Castro Filho, julgado em 15/8/2007.** (Inform. STJ 327)

SÚMULA STF Nº 667

Viola a garantia constitucional de acesso à jurisdição a taxa judiciária calculada sem limite sobre o valor da causa.

2. PARTES, PROCURADORES, MINISTÉRIO PÚBLICO E JUIZ

FAZENDA PÚBLICA: LITIGÂNCIA DE MÁ-FÉ E DEPÓSITO PRÉVIO DE MULTA

A 1ª Turma iniciou julgamento de embargos de declaração opostos de decisão proferida em agravo regimental, que impusera multa recursal à Fazenda Pública. O Município embargante sustenta a dispensabilidade do recolhimento prévio do valor da multa aplicada, tendo em vista o disposto no art. 1º-A, da Lei 9.494/97 ("*Estão dispensadas de depósito prévio, para interposição de recurso, as pessoas jurídicas de direito público federais, estaduais, distritais e municipais*"). O Min. Ricardo Lewandowski, relator, não conheceu dos embargos. Destacou que, no caso dos autos, a multa imposta teria decorrido da litigância de má-fé, com base nos artigos 14, II e III; 17, VII; e 557, § 2º, todos do CPC e, por isso, não haveria de se falar na pleiteada dispensa do depósito prévio para efeito de interposição de recurso. Em divergência, o Min. Marco Aurélio conheceu dos embargos e, no ponto, salientou que, em razão de essa espécie de recurso pressupor o não aperfeiçoamento da decisão embargada, não caberia exigir, para o conhecimento dos declaratórios, o depósito da multa alusiva à litigância de má-fé. Após, pediu vista o Min. Luiz Fux. RE 414963 ED-AgR/RS, rel. Min. Ricardo Lewandowski, 26.4.2011. (RE-414963) (Inform. STF 624)

AÇÃO RESCISÓRIA E NECESSIDADE DE NOVA PROCURAÇÃO

Para cada categoria de processo é necessária a outorga de uma nova procuração. Com base nesse entendimento, o Tribunal desproveu agravos regimentais interpostos contra decisão que conferira prazo para a juntada de procuração com poderes específicos para ajuizamento de ação rescisória. A decisão recorrida considerara que as cópias das procurações que embasaram a representação judicial dos autores no processo originário não seriam suficientes para atender aos artigos 37 e 38 do CPC em relação à ação rescisória. Destacou-se que cada mandato é outorgado para um fim específico e que, atingido este, o instrumento se extingue. Alertou-se para o lapso temporal compreendido entre a outorga do mandato utilizado para a propositura da ação original e o ajuizamento da ação rescisória. Nesse sentido, a exigência de novo mandato seria garantia de segurança para a parte e para o advogado, tendo em vista que o instrumento poderia ser usado para diversos fins, sem limitação. Ademais, mencionou-se a possibilidade de o advogado, sem nova procuração, ocultar eventual derrota de seu cliente. Concedeu-se, por sua vez, novo prazo de quinze dias para que seja regularizada a representação processual. Vencido o Min. Marco Aurélio, que não convertia os embargos declaratórios e, no mérito, considerava que os instrumentos de mandato conferiam amplos poderes aos outorgados, ilimitados tanto no aspecto temporal quanto nos fins a que se destinavam. Salientava que o CPC possuiria um rol exauriente de situações jurídicas em que se exige a outorga de poderes específicos e que a propositura de ação rescisória não se encontraria nessa relação. **AR 2239 ED/SC, rel. Min. Dias Toffoli, 23.6.2010. (AR-2239) AR 2236 ED/SC, rel. Min. Dias Toffoli, 23.6.2010.** (AR-2236) (Inform. STF 592)

MINISTÉRIO PÚBLICO DO TRABALHO E LEGITIMIDADE PARA ATUAR PERANTE O SUPREMO

O Tribunal iniciou julgamento de agravo regimental em agravo regimental em reclamação, no qual se discute se o Ministério Público do Trabalho tem, ou não, legitimidade para atuar perante esta Corte. Na espécie, o Min. Eros Grau, reportando-se ao que decidido na Rcl 4801 AgR/MT (DJE de 27.3.2009), negara seguimento ao primeiro agravo regimental interposto pelo *parquet* contra decisão do relator que julgara procedente reclamação ao fundamento de que o processamento de litígio entre servidores temporários e a Administração Pública perante a Justiça do Trabalho afrontaria a decisão prolatada pelo Supremo no julgamento da ADI 3395MC/DF (DJU de 10.11.2006). Alega o agravante que a interpretação literal do art. 159 do RISTF ("*Qualquer interessado poderá impugnar o pedido do reclamante.*") permitiria concluir que a legitimidade do Procurador-Geral da República não excluiria a de qualquer outro interessado, por não apresentar qualquer exceção à regra. O Min. Eros Grau não conheceu do recurso. Considerou que, a despeito da disposição do art. 159 do RISTF, já teria havido fixação pelo Plenário do entendimento segundo o qual o MPT não estaria legitimado a atuar perante esta Corte. Após, pediu vista dos autos o Min. Ayres Britto. **Rcl 6239 AgR-AgR/RO, rel. Min. Eros Grau, 6.5.2010.** (RCL-6239) (Inform. STF 585)

EMENTA: CONSTITUCIONAL. RECLAMAÇÃO. AGRAVO REGIMENTAL. DECISÃO QUE NEGOU SEGUIMENTO AO PEDIDO. PRELIMINAR DE ILEGITIMIDADE ATIVA. A ENTIDADE DE CLASSE, QUANDO POSTULA EM JUÍZO DIREITOS DE SEUS FILIADOS, AGE COMO REPRESENTANTE PROCESSUAL. NECESSIDADE DE AUTORIZAÇÃO DE ASSEMBLÉIA GERAL. MÉRITO. ALEGAÇÃO DE AFRONTA ÀS DECISÕES DO SUPREMO TRIBUNAL FEDERAL NAS ADIs 1.721 E 1.770. INEXISTÊNCIA. DESPROVIMENTO DO AGRAVO REGIMENTAL. 1. A associação atua em Juízo, na defesa de direito de seus filiados, como representante processual. Para fazê-lo, necessita de autorização expressa (inciso XXI do art. 5º da CF). Na AO 152, o Supremo Tribunal Federal definiu que essa autorização bem pode ser conferida pela assembléia geral da entidade, não se exigindo procuração de cada um dos filiados. 2. O caso dos autos retrata associação que pretende atuar em Juízo, na defesa de alegado direito de seus filiados. Atuação fundada tão-somente em autorização constante de estatuto. Essa pretendida atuação é inviável, pois o STF, nesses casos, exige, além de autorização genérica do estatuto da entidade, uma autorização específica, dada pela Assembléia Geral dos filiados. 3. Quanto ao mérito, na ADI 1.770, o STF decidiu que é inconstitucional o § 1º do art. 453 da CLT, que trata de readmissão de empregado público aposentado por empresa estatal. Já na ADI 1.721 o STF declarou inconstitucional o § 2º do art. 453 da CLT, que impõe automática ruptura do vínculo de empregado aposentado por tempo de contribuição proporcional. 4. A recorrente pretende representar filiados que não são empregados de empresas estatais. Ademais, não houve demonstração de que esses filiados se aposentaram por tempo de contribuição proporcional. 5. Há, no caso concreto, ilegitimidade da associação recorrente para postular em nome dos seus filiados. Não há, de outro lado, identidade entre o conteúdo dos atos reclamados e o das decisões nas ADIs 1.721 e 1.770. 6. Agravo regimental desprovido. **AG.REG.NA Rcl. N. 5.215-SP. RELATOR: MIN. CARLOS BRITTO.** (Inform. STF 547)

EMENTA: DIREITOS INDIVIDUAIS HOMOGÊNEOS. SEGURADOS DA PREVIDÊNCIA SOCIAL. **CERTIDÃO PARCIAL** DE TEMPO DE SERVIÇO. **RECUSA** DA AUTARQUIA PREVIDENCIÁRIA. **DIREITO** DE PETIÇÃO **E DIREITO** DE OBTENÇÃO DE CERTIDÃO EM REPARTIÇÕES PÚBLICAS. **PRERROGATIVAS JURÍDICAS** DE ÍNDOLE **EMINENTEMENTE** CONSTITUCIONAL. **EXISTÊNCIA** DE RELEVANTE INTERESSE SOCIAL. **AÇÃO CIVIL PÚBLICA. LEGITIMAÇÃO ATIVA** DO MINISTÉRIO PÚBLICO. **DOUTRINA. PRECEDENTES. RECURSO EXTRAORDINÁRIO IMPROVIDO.** (RE 472489/RS, rel. Min. Celso de Mello, j. 13.11.07) (Inform. STF 488)

E M E N T A: **BENEFÍCIO DA GRATUIDADE – PESSOA JURÍDICA** DE DIREITO PRIVADO – **POSSIBILIDADE – NECESSIDADE DE COMPROVAÇÃO DA INSUFICIÊNCIA** DE RECURSOS FINANCEIROS – **INEXISTÊNCIA**, NO CASO, **DE DEMONSTRAÇÃO INEQUÍVOCA** DO ESTADO DE INCAPACIDADE ECONÔMICA – **CONSEQÜENTE INVIABILIDADE** DE ACOLHIMENTO DESSE PLEITO – **RECURSO IMPROVIDO.**

- **O benefício da gratuidade** – que se qualifica **como prerrogativa** destinada a viabilizar, dentre **outras** finalidades, **o acesso** à tutela jurisdicional do Estado – **constitui** direito público subjetivo **reconhecido tanto** à pessoa física **quanto** à pessoa jurídica de direito privado, **independentemente** de esta possuir, ou não, fins lucrativos. **Precedentes.**

- **Tratando-se** de entidade de direito privado – com **ou** sem fins lucrativos -, **impõe-se-lhe**, para efeito de acesso ao benefício da gratuidade, **o ônus de comprovar** a sua alegada incapacidade financeira (**RT** 787/359 - **RT** 806/129 – **RT** 833/264 – **RF** 343/364), **não sendo suficiente**, portanto, **ao contrário** do que sucede com a pessoa física **ou** natural (**RTJ** 158/963-964 - **RT** 828/388 – **RT** 834/296), **a mera afirmação** de que não está em condições de pagar as custas do processo **e** os honorários advocatícios. **Precedentes.** (RE 192715 AgR/SP , rel. Min. Celso de Mello) (Inform. STF 455)

DIREITO PROCESSUAL CIVIL. TERMO INICIAL DA CONTAGEM DOS PRAZOS PARA INTERPOSIÇÃO DE RECURSOS PELO MP OU PELA DEFENSORIA PÚBLICA.

A contagem dos prazos para a interposição de recursos pelo MP ou pela Defensoria Pública começa a fluir da data do recebimento dos autos com vista no respectivo órgão, e não da ciência pelo seu membro no processo. A fim de legitimar o tratamento igualitário entre as partes, a contagem dos prazos para os referidos órgãos tem início com a entrada dos autos no setor administrativo do respectivo órgão. Estando formalizada a carga pelo servidor, configurada está a intimação pessoal, sendo despicienda, para a contagem do prazo, a aposição no processo do ciente do membro. Precedentes citados: **EDcl no RMS 31.791-AC, DJe 10/2/2012; AgRg no Ag 1.346.471-AC, DJe 25/5/2011; AgRg no AgRg no Ag 656.360-RJ, DJe 24/3/2011; AgRg no Ag 880.448-MG, DJe 4/8/2008, e AgRg no Ag 844.560-PI, DJ 17/12/2007. REsp 1.278.239-RJ, Rel. Min. Nancy Andrighi, julgado em 23/10/2012.** (Inform. STJ 507)

PETIÇÃO ELETRÔNICA. ADVOGADO PÚBLICO. NOME QUE NÃO CONSTA NO CERTIFICADO DIGITAL.

Em preliminar, a Turma entendeu ser possível o conhecimento de petição eletrônica encaminhada por advogado representante *ex lege* de pessoa jurídica de direito público, mesfmo que não seja o titular do certificado digital utilizado para assinar a transmissão eletrônica do documento. Para o Min. Relator, o certificado digital gera uma presunção técnica de autoria (autenticidade), de identificação única entre o titular desse certificado e o arquivo de dados que ele subscrevera. Tal fato possibilita o conhecimento do recurso ou petição assinada por representante processual que decorra da própria lei (como é o caso dos advogados públicos), mesmo que conste, no documento assinado digitalmente, o nome de outro procurador. No mérito, o recurso especial não foi conhecido, pois o tribunal de origem decidiu a questão com base em legislação local, o que atrai o óbice da Súm. n. 280/STF. **AgRg no REsp 1.304.123-AM, Rel. Min. Humberto Martins, julgado em 22/5/2012.** (Inform. STJ 498)

INTIMAÇÃO PESSOAL. DEFENSORIA PÚBLICA. SENTENÇA PROFERIDA EM AUDIÊNCIA.

É prerrogativa da Defensoria Pública a intimação pessoal dos seus membros de todos os atos e termos do processo. A presença do defensor público na audiência de instrução e julgamento na qual foi proferida a sentença não retira o ônus da sua intimação pessoal que somente se concretiza com a entrega dos autos com abertura de vistas, em homenagem ao princípio constitucional da ampla defesa. Para o Min. Relator, não se cuida de formalismo ou apego exacerbado às formas, mas sim de reconhecer o dar aplicabilidade à norma jurídica vigente e válida, preservando a própria função exercida pelo referido órgão e, principalmente, resguardando aqueles que não têm condições de contratar um defensor particular. **REsp 1.190.865-MG, Rel. Min. Massami Uyeda, julgado em 14/2/2012.** (Inform. STJ 491)

GRATUIDADE. JUSTIÇA. REQUERIMENTO. CURSO. PROCESSO. POSSIBILIDADE.

No caso, a recorrente, no momento da interposição da apelação, requereu os benefícios da justiça gratuita, alegando falta de condições financeiras para arcar com os encargos do preparo do recurso. A Turma entendeu que, conforme o art. 4º c/c o art. 6º da Lei n. 1.060/1950, pode-se requerer o benefício da gratuidade da justiça tanto no ato de demandar quanto no curso de processo, desde que não esgotada a prestação jurisdicional, sendo certa a impossibilidade de extensão retroativa da assistência judiciária. Precedentes citados: AgRg no AREsp 41.373-MS, DJe 4/11/2011; AgRg no AREsp 663-DF, DJe 29/6/2011, e AgRg no Ag 876.596-RJ, DJe 24/8/2009. **REsp 903.779-SP, Rel. Min. Luis Felipe Salomão, julgado em 17/11/2011.** (Inform. STJ 487)

ASSOCIAÇÃO. MUNICÍPIOS. ILEGITIMIDADE.

Trata-se de demanda em que a relação jurídica litigiosa, de direito material, tem como figurantes, tanto no polo ativo quanto no polo passivo, pessoas jurídicas de direito público: de um lado, município; de outro, estado federado. Pretende-se o reconhecimento da ilegitimidade do ato praticado pelo estado que impôs a retenção de valores de repasses devidos a municípios, retenção decorrente de cumprimento de sentença transitada em julgado.

Inicialmente, salientou o Min. Relator ser inquestionável que as entidades associativas em geral estão legitimadas a tutelar, em juízo, em nome próprio, direitos de seus associados (CF, art. 5º, XXI), inclusive por mandado de segurança coletivo (CF, art. 5º, LXX, *b*, e Lei n. 12.016/2009, art. 21). Todavia, ressaltou que essas normas de legitimação não podem ser interpretadas isoladamente, fora de um contexto sistemático e do cenário em que foram supostas pelo legislador. É preciso considerar que as entidades associativas são pessoas jurídicas de direito privado, cujos associados naturais são também pessoas físicas ou jurídicas de direito privado. Já a tutela em juízo dos direitos e interesses das pessoas de direito público tem regime próprio, revestido de garantias e privilégios de direito material e processual em face, justamente, da relevante circunstância de se tratar da tutela do patrimônio público. Nesse panorama, registrou ser absolutamente incompatível imaginar a viabilidade de delegação das atividades típicas de Estado à pessoa de direito privado sob forma de substituição processual por entidade associativa, abrindo-se mão dos privilégios e garantias processuais conferidos às pessoas de direito público em juízo, submetendo-as ao procedimento comum. Observou mostrar-se essa incompatibilidade ainda mais evidente quando se considera que o mandado de segurança coletivo, tal como instituído pelos arts. 21 e 22 da Lei n. 12.016/2009, criou um sistema de vinculação tácita e automática dos substituídos processuais (no caso, os associados da impetrante) ao processo coletivo, viabilizando os efeitos de coisa julgada material, inclusive em caso de denegação da ordem. Ademais, qualquer que seja a natureza dos direitos tutelados em mandado de segurança coletivo, é indispensável que guardem relação de pertinência e compatibilidade com a razão de ser (finalidades, programas, objetivo institucional) da pessoa jurídica impetrante. Contudo, o estatuto da associação autora, ora recorrente, não contempla nem poderia contemplar, entre seus objetivos, a defesa judicial dos municípios associados, o que leva à sua ilegitimidade. Diante desses fundamentos, entre outros, a Turma negou provimento ao recurso. **RMS 34.270-MG, Rel. Min. Teori Albino Zavascki, julgado em 25/10/2011.** (Inform. STJ 486)

AÇÃO. COBRANÇA. ESPÓLIO. LEGITIMIDADE.

Trata-se de REsp em que a controvérsia centra-se em saber se, a despeito da não abertura do inventário do falecido, o espólio, ora recorrido, tem legitimidade para responder a ação de cobrança ajuizada pelo banco, ora recorrente (credor do *de cujus),* ou se faz necessária, tal como decidido nas instâncias ordinárias, a citação de todos os herdeiros. A Turma entendeu que o fato de inexistir inventário aberto (e, portanto, inventariante nomeado), não faz dos herdeiros, individualmente considerados, partes legítimas para responder pela obrigação, objeto da ação de cobrança. Portanto, enquanto não há partilha, é a herança que responde por eventual obrigação deixada pelo *de cujus* e é o espólio, como parte formal, que detém legitimidade passiva *ad causam* para integrar a lide. Assim, deu-se provimento ao recurso para reconhecer a legitimidade passiva *ad causam* do espólio representado pelo cônjuge supérstite, determinando-se, por conseguinte, a remessa dos autos à origem para o prosseguimento da ação, na esteira do devido processo legal. Precedente citado: REsp 777.566-RS, DJe 13/5/2010. **REsp 1.125.510-RS, Rel. Min. Massami Uyeda, julgado em 6/10/2011 (ver Informativo n. 432).** (Inform. STJ 484)

CONSUMIDOR. AÇÃO CIVIL PÚBLICA. TELEFONIA MÓVEL. NEGATIVA. ACESSO. INADIMPLÊNCIA

Entre outras questões julgadas neste processo, foi decidido que o MP possui legitimidade ativa para propor ação civil pública a fim de tutelar direitos individuais homogêneos, porque caracterizado o relevante interesse social, inclusive quando decorrentes da prestação de serviços públicos – habilitação de linha telefônica móvel. Por outro lado, a Lei n. 9.472/1997, ao criar a Agência Nacional de Telecomunicações (Anatel), órgão regulador das telecomunicações, conferiu-lhe, entre outras, a competência para expedir normas sobre prestação de serviços de telecomunicações. Contudo, esse poder regulamentador encontra limites nos preceitos normativos superiores, cabendo ao Poder Judiciário negar a sua aplicação toda vez que contrariar tais preceitos. Portanto, não se pode confundir a competência para expedir normas – que o acórdão *a quo* não infirmou – com a legitimidade da própria norma editada no exercício daquela competência, essa sim negada pelo acórdão. *In casu*, o MP ajuizou ação civil pública, por considerar abusiva a prática de condicionar a habilitação de celular pós-pago (cuja tarifa é menor que a do pré-pago) à inexistência de restrição do crédito dos consumidores ou à apresentação de comprovante de crédito (cartão de banco ou cartão de crédito). O juiz monocrático indeferiu o pedido do *Parquet*, porém o tribunal de origem reformou a sentença, impedindo as empresas de telecomunicações de condicionar a habilitação de linha celular no plano de serviço básico à apresentação de comprovantes de crédito ou à inexistência de restrição creditícia em nome do interessado, salvo a relacionada a dívidas com a própria concessionária. Decidindo dessa forma, o acórdão de origem não contrariou os princípios da livre iniciativa, da intervenção estatal mínima ou do regime privado da prestação do serviço. Como ressaltado pelo Min. Relator, tais princípios, de origem constitucional, não têm caráter absoluto. Pelo contrário, como todo princípio, a relatividade é da sua natureza, uma vez que sua aplicação não dispensa, nem pode dispensar, um sistema metódico de harmonização com outros princípios da mesma hierarquia, igualmente previstos naquela lei, como o do respeito ao usuário e da função social do serviço de telefonia. Deverão ser também harmonizados com os direitos dos usuários, notadamente o de não ser discriminado quanto às condições de acesso e fruição do serviço (art. 3º, III, da Lei n. 9.472/1997), bem como com o das obrigações das prestadoras, nomeadamente as de universalização do serviço, assim consideradas as que objetivam possibilitar o acesso de qualquer pessoa ou instituição de interesse público a serviço de telecomunicações, independentemente de sua localização e condição sócio-econômica, bem como as destinadas a permitir a utilização das telecomunicações em serviços essenciais de interesse público (artigo 79, § 1º, da Lei n. 9.472/1997). Ressalte-se, por fim, que a controvérsia assumiu um perfil eminentemente constitucional, não só porque exige juízo de ponderação e de harmonização entre os princípios e valores decorrentes da Constituição, mas, sobretudo, porque seu desenlace envolve necessariamente juízo sobre a adequada aplicação do princípio constitucional da isonomia. Precedente citado: REsp 417.804-PR, DJ 16/5/2005. **REsp 984.005-PE, Rel. Min. Teori Albino Zavascki, julgado em 13/9/2011.** (Inform. STJ 483)

QO. REPETITIVO. *AMICUS CURIAE.* SUSTENTAÇÃO ORAL.

Em questão de ordem, a Corte Especial, por maioria, firmou a orientação de não reconhecer o direito do *amicus curiae* de exigir a sua sustentação oral no julgamento de recursos repetitivos, a qual deverá prevalecer em todas as Seções. Segundo o voto vencedor, o tratamento que se deve dar ao *amicus curiae* em relação à sustentação oral é o mesmo dos demais atos do processo: o STJ tem a faculdade de convocá-lo ou não. Se este Superior Tribunal entender que deve ouvir a sustentação oral, poderá convocar um ou alguns dos *amici curiae*, pois não há por parte deles o direito de exigir sustentação oral. **QO no REsp 1.205.946-SP, Rel. Min. Benedito Gonçalves, em 17/8/2011.** (Inform. STJ 481)

INCAPAZ. PARQUET. INTERVENÇÃO. PREJUÍZO. COMPROVAÇÃO.

Na hipótese dos autos, o Ministério Público (MP) estadual interpôs recurso de apelação para impugnar sentença homologatória de acordo firmado entre as partes – uma delas, incapaz – em ação expropriatória da qual não participou como *custus legis*. Nesse contexto, a Turma entendeu que a ausência de intimação do *Parquet*, por si só, não enseja a decretação de nulidade do julgado, sendo necessária a efetiva demonstração de prejuízo para as partes ou para a apuração da verdade substancial da controvérsia jurídica, segundo o princípio *pas de nullités sans grief.* Ressaltou-se que, mesmo nas hipóteses em que a intervenção do *Parquet* é obrigatória, como no caso, visto que envolve interesse de incapaz, seria necessária a demonstração de prejuízo para reconhecer a nulidade processual. Na espécie, o MP não demonstrou ou mesmo aventou a ocorrência de algum prejuízo que legitimasse sua intervenção. Consignou-se, ademais, que, no caso, cuidou-se de desapropriação por utilidade pública, em que apenas se discutiam os critérios a serem utilizados para fixação do montante indenizatório, valores, inclusive, aceitos pelos expropriados, não se tratando de desapropriação que envolvesse interesse público para o qual o legislador tenha obrigado a intervenção do MP. Assim, não havendo interesse público que indique a necessidade de intervenção do Ministério Público, como na espécie, a intervenção do *Parquet* não se mostra obrigatória a ponto de gerar nulidade insanável. Precedentes citados do STF: RE 96.899-ES, DJ 5/9/1986; RE 91.643-ES, DJ 2/5/1980; do STJ: REsp 1.010.521-PE, DJe 9/11/2010, e REsp 814.479-RS, DJe 14/12/2010. **REsp 818.978-ES, Rel. Min. Mauro Campbell Marques, julgado em 9/8/2011.** (Inform. STJ 480)

ACP. INTERESSES PREDOMINANTEMENTE INDIVIDUAIS. ILEGITIMIDADE. MP.

In casu, o MP estadual, ora recorrido, ajuizou ação civil pública (ACP) em desfavor da associação ora recorrente por suposta simulação no negócio jurídico que resultou na venda do imóvel onde seria sua sede, razão pela qual pleiteia o MP a nulidade do ato e o consequente retorno à associação do título de propriedade do referido imóvel. Assim, no REsp, a recorrente, entre outras alegações, sustenta a ilegitimidade do MP para propor ACP, pois a relação existente com seus associados é meramente associativa, não de consumo. Assevera, ainda, não se discutir direito indisponível, nem sequer há a defesa impessoal da coletividade; o que se verifica é tão somente a insatisfação de alguns associados. A Turma deu provimento ao recurso sob o entendimento de que o MP não possui legitimidade ativa para propor ACP na qual busca a defesa de um pequeno grupo de pessoas, no caso, dos associados de um clube numa óptica predominantemente individual. Ressaltou-se que a proteção a um grupo isolado de pessoas, ainda que consumidores, não se confunde com a defesa coletiva de seus interesses. Esta, ao contrário da primeira, é sempre impessoal e tem como objetivo beneficiar a sociedade em sentido amplo. Desse modo, não se aplica à hipótese o disposto nos arts. 81 e 82, I, do CDC. Registrou-se, ademais, não ser cabível nem mesmo cogitar de interesses individuais homogêneos, isso porque a pleiteada proclamação da nulidade beneficiaria esse pequeno grupo de associados de maneira igual. Além disso, para a proteção de tais interesses, seria imprescindível a relevância social, o que não se configura na espécie. Contudo, entendeu-se que, ante a ausência de má-fé do recorrido no ajuizamento da ACP, não são devidos custas e honorários advocatícios nos termos do art. 18 da Lei n. 7.347/1985. Precedentes citados: REsp 294.759-RJ, DJe 9/12/2008; AgRg no REsp 710.337-SP, DJe 18/12/2009; REsp 613.493-DF, DJ 20/3/2006; AgRg nos EDcl no REsp 1.120.390-PE, DJe 22/11/2010, e EREsp 895.530-PR, DJe 18/12/2009. **REsp 1.109.335-SE, Rel. Min. Luis Felipe Salomão, julgado em 21/6/2011.** (Inform. STJ 478)

ASSISTÊNCIA JUDICIÁRIA. MULTA.

Cuida-se da ação de indenização por danos materiais e morais ajuizada em desfavor dos recorrentes devido à ofensa da imagem profissional do recorrido em razão de declarações veiculadas na imprensa, responsabilizando-o pelo desabamento de teto de igreja pelo fato de haver avaliado sua construção. No REsp, os recorrentes discutem se é possível conhecer da apelação interposta sem o recolhimento de custas e o momento em que deve ser imposta a multa por pleito indevido de assistência judiciária prevista no art. 4º, § 1º, da Lei n. 1.060/1950. Sucede que, na petição inicial, o autor (recorrido) pleiteou a concessão dos benefícios da Justiça gratuita, pleito deferido pelo juiz, mas houve interposição de agravo de instrumento pelos recorrentes que, provido, cassou o benefício. Por outro lado, a sentença julgou improcedentes os pedidos indenizatórios. O recorrido apelou e renovou o pedido de assistência judiciária sem recolher as custas processuais. Então, o pedido de Justiça gratuita foi deferido pelo juiz, que ainda determinou o processamento do recurso independentemente do recolhimento das custas. Inconformados, os recorrentes interpuseram novo agravo (que ficou retido), afirmando não haver alteração econômica financeira a justificar a concessão da gratuidade. Entretanto, o TJ conheceu do recurso de apelação ao argumento de que o apelante (recorrido) não poderia ser colhido de surpresa, uma vez que já havia sido recebida e processada sua apelação e, no mérito, deu provimento ao apelo, reconhecendo o direito do recorrido à indenização, embora, ao julgar o agravo retido, o TJ tenha reconhecido sem efeito a concessão de assistência judiciária, ainda que a qualquer tempo ela pudesse ser requerida. Nesse contexto, a Min. Relatora reconhece que houve a deserção da apelação do recorrido; pois, para a jurisprudência do STJ, o preparo da apelação deve ser comprovado no momento da sua interposição, embora também reconheça que, em determinados casos, este Superior Tribunal já tenha entendido ser defeso ao tribunal *a quo* julgar deserta a apelação da parte sem antes analisar o seu pedido e, nesse último caso, quando é indeferido o benefício, entende o STJ que deve ser aberto novo prazo para o recolhimento das custas. No entanto, em nenhuma dessas ocasiões, o pedido já havia sido apreciado pelo Judiciário, como no caso dos autos. Destaca, assim, ser diferente a situação quando há pedido indeferido e a parte busca renová-lo, pois, nessa hipótese, a seu ver, deve-se exigir primeiro a demonstração de que houve modificação da condição econômica financeira para justificar a concessão do benefício, como também deve ser obtido o deferimento da assistência judiciária antes de findo o prazo para o recolhimento das custas do recurso. Dessa forma, para a Min. Relatora, no caso dos autos, não há motivo para proporcionar ao recorrido um novo prazo para recolher as custas. Quanto ao pleito dos recorrentes para que o recorrido seja condenado à multa disposta no art. 4º, § 1º, da Lei n. 1.060/1950 por considerarem indevido o pedido de assistência judiciária, afirma ser necessário expor os fatos dos autos: o pedido de incidência da multa foi feito inicialmente ao juiz, mas ele o indeferiu, alegando que eventual imposição dessa multa deveria ser feita na instância superior no julgamento do agravo de instrumento, quando se revogou o benefício, e o TJ, por sua vez, em um primeiro momento, afirmou que essa questão ficou prejudicada com o conhecimento do recurso de apelação, mas, após os embargos de declaração dos recorrentes, aderiu ao posicionamento do juiz, esclarecendo que a multa deveria ter sido pleiteada naquele agravo. Assim, assevera a Min. Relatora que, como se trata de multa punitiva, independentemente da iniciativa das partes, ela pode ser imposta de ofício a qualquer tempo pelo próprio juiz; consequentemente, não subsiste o argumento de que a multa deveria ter sido requerida pelos recorrentes na impugnação do pedido de concessão da assistência judiciária. Contudo, esclarece, ainda, que não basta a simples negativa da concessão da assistência judiciária para incidir a multa; antes, deve ficar demonstrada a intenção da parte de induzir o Judiciário a erro e deve ser verificado se houve proveito indevido do benefício. Porém, observa que, no caso dos autos, não existe qualquer menção das instâncias ordinárias de que o recorrido tenha adotado conduta maliciosa na tentativa de obter o benefício, ao contrário, o recorrido não ocultou sua situação financeira, pois apresentou sua declaração de imposto de renda, a qual serviu, inclusive, de base para o oferecimento de impugnação ao pedido da gratuidade. Ademais, ressalta que outra conclusão exigiria revolver matéria fático-probatória, o que encontra óbice na Súm. n. 7-STJ. Por fim, esclarece que, como julga deserta a apelação, considera prejudicada a apreciação dos demais questionamentos do REsp, por isso dá-lhe parcial provimento para restabelecer a sentença, a qual julgou improcedente o pedido indenizatório, mas entende não haver a condenação do recorrido ao pagamento da mencionada multa, no que foi acompanhada pela Turma. Precedentes citados: AgRg no Ag 678.948-RJ, DJ 3/4/2006; REsp 1.043.631-RS, DJe 29/6/2009; REsp 1.087.290-SP, DJe 18/2/2009; REsp 885.071-SP, DJ 22/3/2007, e REsp 1.034.545-RS, DJe 26/9/2008. **REsp 1.125.169-SP, Rel. Min. Nancy Andrighi, julgado em 17/5/2011.** (Inform. STJ 473)

SLS. SOCIEDADE. ECONOMIA MISTA. LEGITIMIDADE.

Trata-se de agravo regimental em que a agravante, sociedade de economia mista, insurge-se contra o indeferimento do pedido de suspensão de liminar e de sentença (SLS) no qual alegou violação da ordem e economia públicas. A Corte Especial, ao prosseguir o julgamento, negou provimento ao agravo regimental sob o entendimento de que carece a agravante de legitimidade para o referido pedido de suspensão. Assim, consignou-se que as empresas públicas e as sociedades de economia mista apenas são legitimadas quando em discussão questões ligadas diretamente à prestação do serviço público a elas delegado, o que não é o caso. Precedente citado: SLS 771-SC, DJe 24/8/2009. **AgRg na SLS 1.320-BA, Rel. Min. Presidente Ari Pargendler, julgado em 16/3/2011.** (Inform. STJ 466)

REVOGAÇÃO. MANDATO. INTIMAÇÃO.

In casu, a recorrente sustentou ser nula a intimação do *decisum* dos embargos declaratórios opostos em face da sentença que a condenou ao pagamento dos honorários advocatícios ao recorrido, porquanto ela havia revogado o mandato anteriormente outorgado ao seu procurador e, quando proferida e publicada a decisão do recurso integrativo, ainda não havia constituído novo causídico. Nesse contexto, salientou o Min. Relator que o art. 44 do CPC impõe que a parte constitua novo advogado no mesmo ato em que revoga a procuração do anterior, mas sua inércia não acarreta a suspensão do feito, ainda que fique sem representação processual. Ressaltou que as hipóteses de suspensão do processo são específicas e devem ser interpretadas restritivamente, assim como frisou não ser o caso de aplicação do art. 13 do mesmo código por não se tratar de representação irregular, mas de falta a que a própria parte deu causa. Com essas considerações, a Turma entendeu que não houve nulidade e negou provimento ao recurso especial. **REsp 883.658-MG, Rel. Min. Luis Felipe Salomão, julgado em 22/2/2011.** (Inform. STJ 464)

RESPONSABILIDADE CIVIL. ACIDENTE. ILEGITIMIDADE PASSIVA.

A concessionária de transporte ferroviário recorrente alega no REsp que, na origem, opôs embargos à execução por ilegitimidade passiva para figurar no polo da execução, porquanto o contrato de concessão de prestação de serviço de transporte ferroviário foi posterior ao acidente que originou a ação indenizatória. Afirma não ter havido nenhuma sucessão empresarial entre ela (empresa recorrente) e a empresa pública com personalidade jurídica própria. Anotou-se que o juízo da execução rejeitou os embargos, e o tribunal *a quo*, em apelação, manteve a sentença. Explica o Min. Relator que a Segunda Turma deste Superior Tribunal já se posicionou afastando a responsabilidade de concessionária de serviços públicos por dívidas oriundas da concessão anterior por serem contraídas por empresa diversa; agora esse entendimento, recentemente, foi reafirmado na Quarta Turma. Assevera ter ficado comprovado nos autos não haver relação sucessória entre as empresas, tendo a recorrente assumido a concessão mediante contrato administrativo originalmente precedido por licitação, daí não haver razão para imputar à recorrente o cumprimento de obrigações decorrentes de ato ilícito ocorrido anteriormente. Destacou ainda que a recorrente não foi parte na ação de indenização e foi chamada para responder pela dívida só na fase de execução, o que, a seu ver, afronta os princípios da ampla defesa e do devido processo legal. Por todo o exposto, a Turma deu provimento ao recurso para julgar procedente os embargos, excluir a recorrente do polo passivo da execução e inverter os ônus de sucumbência, observando que, se for o caso, devem ser respeitados os benefícios da gratuidade da Justiça. Precedentes citados: REsp 738.026-RJ, DJ 22/8/2007, e REsp 1.095.447-RJ. **REsp 1.172.283-RJ, Rel. Min. Luis Felipe Salomão, julgado em 2/12/2010.** (Inform. STJ 458)

RESPONSABILIDADE. TERCEIRO. DESCUMPRIMENTO. ORDEM JUDICIAL.
A Turma deu provimento ao recurso ordinário em mandado de segurança para desconstituir a penhora efetuada na "boca do caixa" da instituição financeira recorrente. *In casu*, o banco, após ordem judicial que determinou o bloqueio de conta-corrente da empresa falida, cumpriu-a parcialmente, bloqueando tão somente o saldo do dia em que recebida a determinação. Diante dessa indevida disponibilidade de valores, houve a decretação da penhora de importância equivalente à quantia debitada na referida conta desde o momento do recebimento da ordem. Nesse contexto, ressaltou o Min. Relator que a responsabilidade de terceiro à lide pelo descumprimento de ordem judicial, nos termos do art. 14, V e parágrafo único, do CPC, deve ser apurada em ação autônoma, mostrando-se violenta a constrição de bens de quem não é parte no processo sem que se observe o devido processo legal, o contraditório e a ampla defesa. **RMS 29.213-SP, Rel. Min. João Otávio de Noronha, julgado em 18/11/2010**. (Inform. STJ 456)

INTERDIÇÃO. CURATELA. SUSPENSÃO. CURADOR SUBSTITUTO.
Tratou-se de REsp em que o cerne da questão consistia em saber se o curador poderia ser provisoriamente afastado do exercício de sua função na ação de prestação de contas, quando a lei prevê ação própria para sua remoção, bem como se a nomeação de curador substituto deveria observar a preferência legal, ainda que fosse constatada situação de grande desacordo familiar. Segundo a Min. Relatora, ocorreu, na hipótese, que, com base no art. 1.197 do CPC, o juiz, ao admitir a existência de fatos sérios passíveis de causar dano ao patrimônio da curatelada, determinou a suspensão do exercício da função para a qual a recorrente fora nomeada nos autos da interdição de sua mãe, sendo que ainda será apurada, no processo, com a renovação da perícia, a regularidade ou não das contas por ela prestadas. Não se trata, portanto, como aludiram os recorrentes, de cessação do exercício da curatela por meio de remoção, hipótese em que certamente haveria necessidade de processo autônomo, com a observância da forma legal atinente aos procedimentos especiais de jurisdição voluntária. Isso porque a necessidade de procedimento específico legalmente previsto impõe-se somente nos casos de remoção da curatela, em que há a cessação dela. Já no tocante à suspensão, exatamente pelo caráter de urgência e de provisoriedade de que se reveste, não há essa imposição legal, o que permite seja determinada no bojo de outra ação; devendo, no entanto, o curador cujo exercício da função foi suspenso ser intimado para se defender no processo. Dessarte, a decisão que determinou o afastamento provisório da curadora do exercício da função em prestação de contas, ante a constatação de situação de extrema gravidade, deve ser mantida até que a nova perícia seja realizada, a fim de municiar o livre convencimento motivado do juiz, que é soberano na apreciação das provas, as quais, ademais, são infensas à análise em REsp. Ressaltou que a referida suspensão pode ser revertida se forem sanados os indícios a respeito da incorreção das prestações de contas apresentadas pela curadora. Note-se que o interesse juridicamente tutelado em lides como a da espécie é o da pessoa e dos bens da interditada, isto é, uma senhora com mais de 92 anos de idade e mãe de todos os envolvidos no litígio. Trata-se, portanto, de medida tomada no interesse da interditada, que deve prevalecer diante de quaisquer outras questões, notadamente quando constatada situação de extrema desarmonia familiar, envolvendo, ao que tudo indica, disputa de considerável patrimônio. Quanto à nomeação do curador substituto, destacou a Min. Relatora que a preferência por alguém estranho à família deu-se em razão do alto grau de litigiosidade que impera no âmbito daquele núcleo familiar, especialmente entre os descendentes da interditada, de sorte que a indicação de eventual neto ou bisneto para o encargo, consequentemente ligado a um dos oito filhos que polarizam a lide, ou ainda de um irmão, certamente acirraria, mais uma vez, os ânimos dos envolvidos no conflito. Desse modo, agiu prudentemente o juiz ao designar para tal função pessoa idônea sem nenhum vínculo com qualquer dos litigantes. Diante dessas considerações, entre outras, a Turma negou provimento ao recurso. **REsp 1.137.787-MG, Rel. Min. Nancy Andrighi, julgado em 9/11/2010**. (Inform. STJ 455)

DEFENSORIA PÚBLICA. EXECUÇÃO. HONORÁRIOS ADVOCATÍCIOS.
No REsp, a Defensoria Pública do Estado de Mato Grosso do Sul aponta, além de divergência jurisprudencial, contrariedade aos arts. 3º, 7º e 12 do CPC; arts. 3º, § 1º, e 22 da Lei n. 8.906/1994 e art. 205 da Lei Orgânica da Defensoria Pública daquele estado (com a redação dada pela LC estadual n. 94/2001). Defende, ainda, devido às citadas legislações, que possui autonomia e personalidade jurídica por extensão do estado, bem como afirma ter legitimidade para pleitear a execução de honorários advocatícios aos quais a autarquia municipal recorrida foi condenada. É cediço que a Corte Especial, em recurso repetitivo, decidiu que não são devidos honorários advocatícios à Defensoria Pública quando ela atua contra a pessoa jurídica de direito público da qual é parte integrante. Desse entendimento, inclusive, adveio a aprovação da Súm. n. 421-STJ no mesmo sentido. Entretanto, explica o Min. Relator, que se reconhece o direito ao recebimento dos honorários advocatícios se a atuação dá-se em face de ente federativo diverso, por exemplo: quando a Defensoria Pública estadual atua contra município. Explica que, no caso dos autos, a LC estadual n. 111/2005, ao revogar as LCs ns. 51/1990 e 94/2001 e organizar a Defensoria Pública do Estado de Mato Grosso do Sul, manteve, no inciso XXI do art. 34, a competência dos defensores públicos para requerer o arbitramento e o recolhimento de honorários em favor da Defensoria Pública. Assim, de acordo com as legislações estaduais citadas e em conformidade com a orientação jurisprudencial predominante na Primeira Turma deste Superior Tribunal, a Defensoria Pública do Estado de Mato Grosso do Sul detém legitimidade para propor a ação de execução dos honorários advocatícios a ela devidos pela Fazenda Pública municipal. Precedentes citados: **REsp 1.108.013-RJ, DJe 22/6/2009, e REsp 1.052.920-MS, DJe 26/6/2008. REsp 1.183.771-MS, Rel. Min. Mauro Campbell Marques, julgado em 26/10/2010**. (Inform. STJ 453)

EXECUÇÃO. PENHORA. IMÓVEL. TRANSFERÊNCIA ANTERIOR.
O consórcio (massa falida) que teve a sua liquidação extrajudicial decretada em 6/12/1993 pelo Bacen opôs embargos de terceiro contra execução da CEF (recorrente), sustentando ser legítimo proprietário do imóvel havido por incorporação ao seu patrimônio que está devidamente registrado em cartório, desde a integralização parcial do seu capital social por ex-administrador e sócio majoritário do consórcio. Suscitou, também, preliminares de ausência de prequestionamento, ausência de dissídio jurisprudencial e nulidade absoluta pela falta de intervenção do MP, mas todas foram rejeitadas. Explica o Min. Relator que, em se tratando de simples embargos à execução movidos por instituição financeira liquidanda, em razão de credor particular, não há necessidade da intervenção obrigatória do MP, pois, nesse caso, não há interesse público a tutelar. A intervenção obrigatória do *Parquet* só se torna indispensável, sob pena de nulidade, quando se dá no interior do próprio processo de liquidação extrajudicial. Por outro lado, registra que a jurisprudência deste Superior Tribunal entende que, para a decretação da nulidade, deve haver o prejuízo. Na espécie, a recorrente não demonstrou qualquer prejuízo advindo do fato de o MP não ter se manifestado desde o início no processo de embargos de terceiro. Assevera que, à época da execução promovida pela CEF, o imóvel atingido por indisponibilidade não pertencia mais ao ex-administrador do consórcio falido, que também não respondia mais pela sua administração, que já se encontrava em regime de liquidação extrajudicial. O imóvel já pertencia à própria pessoa jurídica recorrida, o que torna a penhora da CEF inválida, tendo sido corretamente acolhidos os embargos de terceiro pelas instâncias ordinárias. Diante do exposto, a Turma negou provimento ao recurso. Precedentes citados: REsp 592.371-PR, DJ 19/12/2005; REsp 297.570-RS, DJ 15/4/2002; REsp 121.792-MG, DJ 4/2/2002; REsp 113.039-MG, DJ 28/2/2000, e REsp 783.039-SP, DJ 22/10/2007. **REsp 1.080.682-MG, Rel. Min. Massami Uyeda, julgado em 19/10/2010**. (Inform. STJ 452)

ALIMENTOS. LEGITIMIDADE. MP.
O menor que necessita dos alimentos em questão reside com sua genitora em comarca não provida de defensoria pública. Contudo, é certo que o MP tem legitimidade para propor ações de alimentos em favor de criança ou adolescente, independentemente da situação em que se encontra ou mesmo se há representação por tutores ou genitores (art. 201, III, da Lei n. 8.069/1990 – ECA). Já o art. 141 desse mesmo diploma legal é expresso ao garantir o acesso da criança ou adolescente à defensoria, ao MP e ao Judiciário, o que leva à conclusão de que o MP, se não ajuizasse a ação, descumpriria uma de suas funções institucionais (a curadoria da infância e juventude). Anote-se que a Lei de Alimentos aceita a postulação verbal pela própria parte, por termo ou advogado constituído nos autos (art. 3º, § 1º, da Lei n. 5.478/1968), o que demonstra a preocupação do legislador em garantir aos necessitados a via judiciária. A legitimação do MP, na hipótese, também decorre do direito fundamental de acesso ao Judiciário (art. 5º, LXXIV, da CF/1988) ou mesmo do disposto no art. 201 do ECA, pois, ao admitir legitimação de terceiros para as ações cíveis em defesa dos direitos dos infantes, reafirma a legitimidade do MP para a proposição dessas mesmas medidas judiciais, quanto mais se vistas as incumbências dadas ao *parquet* pelo art. 127 da CF/1988. A alegação sobre a indisponibilidade do direito aos alimentos não toma relevo, visto não se tratar de interesses meramente patrimoniais, mas, sim, de direito fundamental de extrema importância. Precedentes citados: REsp 510.969-PR, DJ 6/3/2006, e RHC 3.716-PR, DJ 15/8/1994. **REsp 1.113.590-MG, Rel. Min. Nancy Andrighi, julgado em 24/8/2010**. (Inform. STJ 444)

LEGITIMIDADE PASSIVA. COBRANÇA. CONDOMÍNIO.

Trata a espécie de saber o termo *a quo* para a cobrança de obrigação referente às taxas condominiais. A Seção reiterou que é a partir da efetiva posse do imóvel, com a entrega das chaves, que surge a obrigação do condômino de pagar as despesas condominiais. Logo, no caso, é incontroverso que a cobrança é referente ao período anterior à entrega das chaves, consequentemente, não é o ora embargante parte passiva legítima na ação de cobrança. Precedentes citados: REsp 660.229-SP, DJ 14/3/2005; AgRg no Ag 660.515-RJ, DJe 23/9/2008, e AgRg no Ag 645.645-SP, DJ 11/9/2006. **EREsp 489.647-RJ, Rel. Min. Luis Felipe Salomão, julgados em 25/11/2009.** (Inform. STJ 417)

REVISTA ELETRÔNICA. REPRESENTAÇÃO PROCESSUAL.

A Corte Especial reafirmou que a Revista Eletrônica do STJ constitui repositório oficial de jurisprudência (art. 255, § 3º, do RISTJ c/c Instrução Normativa n. 1/2005-STJ). Outrossim, reiterou que, consoante o art. 13 do CPC, cabe ao juiz ou relator do tribunal determinar prazo para sanar defeito relativo à falta ou deficiência de instrumento de mandato, por se tratar de vício sanável, em que o causídico não está adstrito ao prazo quinzenal (art. 37 do CPC), o qual, por ser ato de natureza dilatória, pode ser cumprido após o termo final, se não reconhecidos os efeitos da preclusão. Ademais, descabe a nulidade do substabelecimento por estar vencido o instrumento procuratório do advogado substabelecente, pois a cláusula *ad judicia* é preservada mesmo quando vencido o mandato. Precedentes citados: REsp 50.538-RS, DJ 19/12/1994; REsp 264.101-RJ, DJe 6/4/2009; EREsp 14.827-MG, DJ 9/5/1994; REsp 812.209-SC, DJ 18/12/2006, e REsp 737.243-MG, DJ 30/10/2006. **EREsp 789.978-DF, Rel. Min. João Otávio de Noronha, julgados em 18/11/2009.** (Inform. STJ 416)

ANULATÓRIA. REIVINDICATÓRIA. IMÓVEL. ILEGITIMIDADE. PARTE.

In casu, a controvérsia cinge-se em definir se é possível aplicar das regras do litisconsórcio necessário, bem como desmembrar as ações anulatória e reivindicatória propostas na origem, a fim de evitar a extinção do processo sem julgamento de mérito. Inicialmente, a Min. Relatora observou que, conforme os arts. 1° e 2° da Lei de Registros Públicos (Lei n. 6.015/1973), o registro de imóveis é encargo a ser cumprido por serventuário privativo nomeado de acordo com as resoluções sobre a divisão de organização judiciária dos Estados. A leitura *a contrario sensu* dessas disposições leva à inarredável conclusão de que qualquer discussão acerca da regularidade do registro deve ser ajuizada contra o referido serventuário, ou seja, contra o oficial do registro respectivo. Contudo, na hipótese em questão, os autores, ora recorrentes, ajuizaram a ação de anulação de registro c/c reivindicatória do imóvel tão somente em face dos particulares, ora recorridos; não houve, em momento algum, a inclusão dos oficiais de registro dos cartórios envolvidos. Assim, não há razão para afastar as conclusões do acórdão quanto à extinção do processo sem julgamento de mérito, pois os réus apontados pelos recorrentes são partes ilegítimas para figurar no polo passivo da ação; não observada, portanto, uma das condições previstas no art. 267, VI, do CPC. Disso decorre serem inaplicáveis as regras do litisconsórcio, tal como pretendido pelos recorrentes. Por fim, destacou a Min. Relatora que, para considerar a viabilidade do desmembramento, imperioso seria, antes de tudo, que a ação a qual se pretende desmembrar tivesse sido ajuizada contra partes legítimas, para verificação do cumprimento das condições da ação. Necessária, ainda, seria a verificação da existência de causa para ambos os pedidos, o que, como asseverado pelo acórdão recorrido, não se justificaria na reivindicatória, pois não se discutiu o negócio jurídico que levou ao registro do imóvel, mas eventual erro ou má-fé a gerar a duplicidade do registro. Como visto, o ajuizamento deu-se, exclusivamente, contra parte ilegítima (os particulares), tendo causa de pedir que não autoriza o pedido de anulação do registro nem o de reivindicação do imóvel. Com esse entendimento, a Turma negou provimento ao recurso. **REsp 855.574-MG, Rel. Min. Nancy Andrighi, julgado em 27/10/2009.** (Inform. STJ 413)

ASSISTÊNCIA JUDICIÁRIA. PESSOA FÍSICA. INDEFERIMENTO.

A Turma reafirmou seu entendimento de que o benefício da justiça gratuita pode ser pleiteado a qualquer tempo, sendo suficiente para sua obtenção que a pessoa física afirme não ter condição de arcar com as custas do processo e honorários advocatícios. Contudo, tal afirmação possui presunção *juris tantum*, podendo o magistrado indeferir a assistência judiciária se não encontrar fundamentos que confirmem o estado de hipossuficiência do requerente. Precedentes citados: AgRg no REsp 1.073.892-RS, DJe 15/12/2008, e REsp 1.052.158-SP, DJe 27/8/2008. **AgRg no REsp 1.122.012-RS, Rel. Min. Luix Fux, julgado em 6/10/2009.** (Inform. STJ 410)

QO. MS. SUSTENTAÇÃO ORAL. MP.

Em questão de ordem, a Seção, por maioria, decidiu que o Ministério Público (MP) não poderá fazer sustentação oral no STJ como parte (impetrante de MS) e será representado como parte pública autônoma pelo subprocurador que se senta à direita do ministro presidente na sessão de julgamento. A questão foi suscitada pelo Min. Hamilton Carvalhido ao opor-se a essa sustentação oral, uma vez que o MP está presente na sessão e uma intensificação na fala do Estado provocaria um desequilíbrio que não é razoável no devido processo legal. Lembrou, também, que a Corte Especial já se pronunciou nesse sentido nos EREsp 445.664-AC, DJ 30/10/2008, ao decidir que somente o MPF, por meio dos subprocuradores-gerais da República, tem legitimidade para atuar nas causas de competência do STJ e nessa atuação está compreendida a sustentação oral. Note-se que, no citado julgamento, a Corte Especial anulou o processo pela duplicidade de atuação do MP. Observou o Min. Teori Albino Zavascki a dificuldade em admitir a manifestação do MP no mesmo processo e no mesmo julgamento por dois diferentes órgãos, ainda que possa haver opiniões diferentes entre eles. Não se poderia desconhecer o princípio da unidade do MP, o qual resulta na vinculação da própria instituição pela palavra de qualquer dos seus integrantes. Por esse motivo, ao seu ver, não vale o argumento de que um atua como representante do MP na função de parte e o outro na de *custos legis*, pois, mesmo quando atua como parte, o MP não se despe da sua função institucional de defensor da ordem pública conferida pela art. 127 da CF/1988, o que significa que, em qualquer de seus pronunciamentos, inclusive como parte, o MP é sempre *custos legis*. Por outro lado, a Min. Eliana Calmon afirmou que, no *mandamus*, o MP é parte autônoma e como parte somente pode falar uma vez. Entretanto, ressaltou ter compromisso com essa posição só em mandado de segurança e manifestou ainda ter dúvidas sobre a legitimidade de o MP impetrar o mandado de segurança. **QO no MS 14.041-DF, Rel. Min. Teori Albino Zavascki, julgada em 9/9/2009.** (Inform. STJ 406)

ESPÓLIO. LEGITIMIDADE. UNIÃO ESTÁVEL.

A matéria cinge-se em estabelecer se o espólio é parte legítima para figurar no polo passivo de ação de reconhecimento e dissolução de união estável proposta pelo alegado ex-companheiro do *de cujus*. Para a Min. Relatora, é cediço que o espólio tem capacidade processual tanto ativa quanto passiva. O próprio art. 12 do CPC indica isso, ao dizer, em seu inciso V, que o espólio, em juízo, é representado pelo inventariante. Dessa norma decorre que, em regra, as ações que originariamente teriam de ser propostas contra o *de cujus* devem, após seu falecimento, ser propostas em face do espólio, de modo que a eventual condenação possa ser abatida do valor do patrimônio a ser inventariado e partilhado. Essa regra pode comportar exceções, desde que expressamente dispostas em lei. *In casu*, não há exceção à regra geral quanto à legitimidade. O espólio pode figurar no polo passivo da relação processual. Cada um dos herdeiros pode, querendo, pleitear seu ingresso no processo, mas não há ilegitimidade do espólio ou litisconsórcio unitário. É importante observar que essa conclusão não é obstada pela regra do art. 1.572 do CC/1916, que, com redação equivalente à do art. 1.784 do CC/2002, determina a imediata transferência da herança aos herdeiros com a morte do *de cujus* (princípio da *saisine*). Essa norma, na verdade, destina-se a evitar que a herança permaneça em estado de jacência até sua distribuição aos herdeiros, como ocorria no direito português antigo, de inspiração romana. Com a morte, a transmissão do patrimônio dá-se, diretamente, do *de cujus* para os herdeiros. Antes da partilha, porém, todo o patrimônio permanece em situação de indivisibilidade, a que a lei atribui natureza de bem imóvel (art. 79, II, do CC/1916). Esse condomínio, por expressa disposição de lei, em juízo, é representado pelo inventariante. Não há, portanto, como argumentar que a universalidade consubstanciada no espólio, cuja representação é expressamente atribuída ao inventariante pela lei, seja parte ilegítima para a ação proposta pelo herdeiro. Destarte, ausente qualquer ofensa dos arts. 267, VI, do CPC, 1.572, 1577 e 1.580 do CC/1916, como alegado pelo recorrente. **REsp 1.080.614-SP, Rel. Min. Nancy Andrighi, julgado em 1º/9/2009.** (Inform. STJ 405)

ADVOGADO. PATROCÍNIO. RÉU. AUTOR.

Busca-se definir se o fato de o advogado dos autores ter anteriormente defendido interesses do réu em outra ação ensejaria anulação do processo. No primeiro processo, perseguia-se indenização de danos morais e materiais relativos a arrombamento ocorrido no imóvel. Conclui-se, então, que lá não houve qualquer discussão acerca do título que embasa a posse do imóvel (objeto dessa segunda ação, de reintegração de posse). Também não há indícios de que o advogado tenha efetivamente atuado no primeiro processo, pois o que se tem é a outorga de procuração na condição de estagiário. Ademais, a primeira ação foi movida contra terceiros, de sorte que os profissionais que lá atuaram não estavam impedidos de representar a outra parte na segunda ação, ora em comento. O art. 19 do Código de Ética e Disciplina da OAB é claro ao autorizar o advogado a postular em nome de terceiros contra ex-cliente ou ex-empregado desde que resguarde o segredo profissional e as informações reservadas ou privilegiadas que lhe foram confiadas. No caso, não se aponta, mesmo que genericamente, qualquer informação à qual o advogado teve acesso, anotado que, da análise da sentença e do acórdão, constata-se que foram as provas documentais e testemunhais que por fim formaram a convicção dos julgadores. Também não há alegação de que o causídico tenha retido documentos no período em que atuara na primeira ação a ponto de inviabilizar ou dificultar a defesa dos recorrentes nesta ação. Anote-se, por último, a desídia dos recorrentes em só alegar a suposta irregularidade de representação quase dois anos depois da admissão do advogado nos autos. **REsp 844.802-RJ, Rel. Min. Nancy Andrighi, julgado em 25/8/2009.** (Inform. STJ 404)

BARCO AFUNDADO. GUERRA. ESTADO ESTRANGEIRO. IMUNIDADE ABSOLUTA.

Trata-se de ação de indenização proposta contra a República Federal da Alemanha em razão da morte de pescadores ocorrida em 1943, no litoral de Cabo Frio-RJ. Os recorrentes narram que o barco de pesca foi afundado por um submarino de guerra alemão que percorria a costa brasileira. Afirmam que o comandante do submarino decidiu afundar o barco de pesca com tiros de canhão, não sobrevivendo nenhum dos dez tripulantes. Os destroços do barco foram identificados por pescadores da região, e o fato foi levado à Capitania dos Portos, que enviou inquérito ao Tribunal Marítimo. Posteriormente, o submarino foi abatido pela Marinha de Guerra brasileira, sendo que, entre os sobreviventes resgatados, estavam o então comandante que, interrogado nos Estados Unidos da América, confessou ter afundado o barco. Contudo, em 1944, o Tribunal Marítimo arquivou o caso, concluindo pela ausência de provas de que o barco havia sido abatido pelo submarino alemão. Ocorre que o caso foi ressuscitado em 2001, em razão do trabalho efetuado por um historiador e, nessa segunda oportunidade, o Tribunal Marítimo concluiu que o barco teria mesmo sido afundado pelo submarino de guerra alemão. Em primeiro grau, a ação foi extinta sem julgamento de mérito, ao entendimento de que goza de imunidade diplomática a República Federal da Alemanha, que a ela não renunciou. Isso posto, a Turma, por maioria, negou provimento ao recurso ordinário ao argumento de que a questão relativa à imunidade de jurisdição, atualmente, não é vista de forma absoluta, sendo excepcionada, principalmente, nas hipóteses em que o objeto litigioso tenha como fundo relações de natureza meramente civil, comercial ou trabalhista. Contudo, em se tratando de atos praticados numa ofensiva militar em período de guerra, a imunidade *acta jure imperii* é absoluta e não comporta exceção. Assim, não há como submeter a República Federal da Alemanha à jurisdição nacional para responder à ação de indenização por danos morais e materiais por ter afundado o referido barco pesqueiro. **RO 72-RJ, Rel. Min. João Otávio de Noronha, julgado em 18/8/2009 (ver Informativo n. 395).** (Inform. STJ 403)

EXECUÇÃO. ESPÓLIO. INTERESSE. MENOR. INTERVENÇÃO. MP.

Trata-se de REsp em que o recorrente insurge-se contra a anulação dos atos praticados no processo de execução de sentença movido em desfavor do espólio ora recorrido, em que constam menores incapazes entre os herdeiros, tudo em virtude da ausência de intimação do Ministério Público. A Turma não conheceu do recurso, por entender estar correto o acórdão recorrido, no qual se assentou ser obrigatória a intervenção do MP nos feitos em que há interesse de menores, constituindo-se nulidade absoluta sua não intimação. Ademais, não é possível, nessa fase processual, pelo óbice constante da Súm. n. 7-STJ, verificar a assertiva de que o espólio está bem representado por herdeiro, que resguardou os interesses dos menores sucessores do falecido, não havendo necessidade de anular-se todos os atos executórios. Precedentes citados: REsp 35.083-PR, DJ 5/11/2001, e REsp 655.756-MG, DJ 29/8/2005. **REsp 596.029-MG, Rel. Min. Aldir Passarinho Junior, julgado em 6/8/2009.** (Inform. STJ 401)

PROCURAÇÃO. AUTENTICAÇÃO.

A cópia de procuração e a de substabelecimento juntadas aos autos, independentemente de autenticação, à falta de impugnação da parte contrária, tem presunção *juris tantum* (art. 365 do CPC, Lei n. 10.352/2001 e Lei n. 11.382/2006). Precedentes citados: AgRg no Ag 563.189-SP, DJ 16/11/2004; EREsp 881.170-RS, DJe 30/3/2009; EREsp 898.510-RS, DJe 5/2/2009, e EREsp 450.974-RS, DJ 15/9/2003. **EREsp 1.015.275-RS, Rel. Min. Luiz Fux, julgados em 17/6/2009.** (Inform. STJ 399)

ADVOGADO. PRERROGATIVAS.

A Turma, prosseguindo o julgamento, proveu o *writ* ao entendimento de que as prerrogativas de advogado constituem direito líquido e certo de natureza constitucional, não cabendo sofrer restrição por atos da Administração, tal como a imposição do Tribunal de Justiça, que mediante resolução, dificultou o acesso de causídico às repartições judiciais, em horário reservado apenas ao expediente interno. No caso, o art. 7°, VI, **c**, da Lei n. 8.906/1994 (Estatuto do Advogado) assegura aos advogados ingresso nas áreas comuns do fórum, sem restrição de horário de expediente, desde que haja algum servidor ou juiz na repartição. Precedentes citados do STF: HC 86.044-PE, DJ 2/3/2007; do STJ: RMS 1.275-RJ, DJ 23/3/1992, e RMS 21.524-SP, DJ 14/6/2007. **RMS 28.091-PR, Rel. Min. Denise Arruda, julgado em 18/6/2009.** (Inform. STJ 399)

APELAÇÃO. VÍCIO. REPRESENTAÇÃO PROCESSUAL.

Trata-se de ausência de procuração nos autos do advogado que assinou o recurso de apelação e, mesmo ao ser intimado para regularizar tal vício de representação, não o fez. A Turma entendeu que, em tal hipótese, a intimação deveria ser feita à parte, e não ao advogado, uma vez que o vício diz respeito à representação processual. No caso, porém, após o julgamento da apelação, a representação processual foi regularizada mediante a juntada de procuração. Contudo, os advogados constituídos não são os mesmos signatários das razões de apelação, mas ratificaram, em nome da parte que representam, os termos do recurso. Assim, fica superada a necessidade de intimação pessoal da parte para juntar a procuração do advogado subscritor da apelação, restando insubsistente o julgamento de apelação, que será renovado. Logo, a Turma deu provimento ao recurso para anular o acórdão recorrido e determinou o retorno dos autos ao Tribunal *a quo* para que realize novo julgamento da apelação. **REsp 887.656-RS, Rel. Min. Sidnei Beneti, julgado em 9/6/2009.** (Inform. STJ 398)

MP. INTERVENÇÃO. PREJUÍZO. INCAPAZ.

É nula a sentença homologatória de acordo celebrado em audiência quando o representante do MP justificou antecipadamente sua ausência e dela resultou a redução de prestação alimentícia em prejuízo evidente da menor, pois cabe ao MP velar pelo interesse de incapaz. Logo, a Turma concluiu pela anulação do processo a partir da audiência em que prolatada a referida sentença, determinando que se atue nos moldes do devido processo legal, com a necessária intervenção do Ministério Público nos atos processuais. Precedentes citados: REsp 88.021-SP, DJ 27/10/1997, e REsp 299.153-SP, DJ 13/8/2001. **REsp 1.058.689-RJ, Rel. Min. Nancy Andrighi, julgado em 12/5/2009.** (Inform. STJ 394)

PESSOA JURÍDICA. NATUREZA FILANTRÓPICA. JUSTIÇA GRATUITA.

A Corte Especial, por maioria, conheceu dos embargos e lhes deu provimento, sufragando a tese de que, no caso das pessoas jurídicas sem fins lucrativos, de natureza filantrópica, benemerência etc., basta, como as pessoas físicas, a simples declaração da hipossuficiência coberta pela presunção *juris tantum* para a concessão da Justiça gratuita. **EREsp 1.055.037-MG, Rel. Min. Hamilton Carvalhido, julgados em 15/4/2009.** (Inform. STJ 390)

REPRESENTAÇÃO PROCESSUAL. DEFICIÊNCIA. NULIDADE SANÁVEL.

A Turma reiterou que a representação processual do causídico é vício sanável nas instâncias ordinárias, não estando mais o advogado adstrito ao prazo quinzenal (art. 37 do CPC) para juntar procuração aos autos e retificar o ato processual praticado. Outrossim, o magistrado pode determinar que o defeito seja sanado sempre que constatar a representação irregular do procurador (art. 13 do CPC). E o prazo para a correção do defeito tem natureza dilatória, podendo a diligência ser cumprida mesmo após o termo final, se o juízo não tiver ainda reconhecido os efeitos da preclusão. Quanto à nulidade do substabelecimento, este Superior Tribunal a considera descabida ao argumento de estar vencido o instrumento procuratório do advogado substabelecente, mormente porque já decidiu que a cláusula *ad judicia* é preservada mesmo que o mandato esteja vencido. Precedentes citados: REsp 812.209-SC, DJ 18/12/2006; REsp 737.243-MG, DJ 30/10/2006, e EREsp 14.827-MG, DJ 9/5/1994. **REsp 264.101-RJ, Rel. Min. Luis Felipe Salomão, julgado em 10/3/2009.** (Inform. STJ 386)

PESSOA JURÍDICA. HIPOSSUFICIÊNCIA. FORO. ELEIÇÃO.

O serviço de crédito tomado pela pessoa jurídica em questão (sociedade empresária) junto à instituição financeira foi, de certo modo, utilizado no fomento de sua atividade empresarial, no desenvolvimento de sua atividade lucrativa, de forma que a circulação econômica não se encerrou em suas mãos, não se caracterizando como destinatária econômica final do bem ou serviço adquirido. Por isso, não há, no caso, relação de consumo entre as partes (teoria finalista ou subjetiva), o que afasta a aplicação do CDC. Desse modo, a cláusula de eleição de foro posta no contrato de financiamento não pode ser considerada abusiva, porquanto inexiste qualquer circunstância que evidencie a situação de hipossuficiência da autora, a dificultar a propositura da ação no foro eleito. Precedentes citados: CC 39.666-SP, DJ 26/10/2005; REsp 541.867-BA, DJ 16/5/2005; AgRg no REsp 927.911-RS, DJ 4/6/2007, e REsp 827.318-RS, DJ 9/10/2006. **CC 92.519-SP, Rel. Min. Fernando Gonçalves, julgado em 16/2/2009.** (Inform. STJ 384)

PROCESSO. SUSPENSÃO. PARTE. FALECIMENTO.
A Turma reiterou que, com o falecimento de qualquer das partes, ainda que a denúncia do fato ao juízo da causa ocorra tempos depois, suspende-se o processo no momento em que o fato ocorreu, invalidando os atos processuais praticados. Ademais, o despacho judicial que determina a suspensão do processo é de natureza declaratória com efeito *ex tunc*. Outrossim, no caso *sub judice*, a manutenção da sentença (julgada improcedente) seria prejudicial aos sucessores ante a circunstância de que não havia como exigir deles o cumprimento da diligência (realização da prova pericial), visto que, antes da habilitação, não figuravam no pólo passivo da demanda. Daí que a sentença, que se amparou mormente na inércia dos autores quanto à não-realização de tal prova pericial, deve ser reputada nula, porquanto não configura "ato urgente", única exceção legal (art. 266 do CPC). Precedentes citados: EREsp 270.191-SP, DJ 20/9/2004; REsp 535.635-PR, DJ 17/12/2004, e REsp 32.667-PR, DJ 23/9/1996. **REsp 216.714-SP, Rel. Min. Luís Felipe Salomão, julgado em 2/12/2008** (Inform. STJ 379).

PRECATÓRIO. HONORÁRIOS ADVOCATÍCIOS.
Trata-se de precatório em favor de advogado relativo a honorários advocatícios contratuais apurados nos autos de execução por quantia certa contra a União, em mandado de segurança coletivo em que o advogado requereu o creditamento dos honorários em favor da sociedade à qual pertence em vez de ser em seu nome. Deferido o pedido, a União agravou, alegando que o levantamento não poderia ser em nome da sociedade de advogados porque, nos termos do art. 15, § 3º, da Lei n. 8.906/1994 (Estatuto dos Advogados), o instrumento de mandato foi outorgado ao advogado sem referência à sociedade. Além disso, haveria prejuízo ao erário, uma vez que o recolhimento do imposto de renda da pessoa jurídica é menor que o de pessoa física. Quanto à preliminar de que, em precatório, matéria administrativa, a princípio, não caberia agravo regimental, o Min. Relator observou haver precedentes na Corte Especial que o admitem, bem como precedentes na matéria de mérito. Isso posto, a Corte Especial, por maioria, deu provimento ao agravo da União. Ressaltou-se que, no caso em comento, o art 15, § 3º, do referido estatuto prevê que o advogado pode receber procuração em nome próprio e indicar a sociedade a que pertença. Assim, se não indicar a sociedade, presume-se que tenha sido contratado como advogado e não como membro da sociedade. Dessa forma, no caso, a sociedade de advogados não poderia ser credora, pois não haveria como reconhecer sua legitimidade ativa. Note-se que, com essa decisão, a Corte Especial mudou o entendimento anterior exarado no REsp 654.543-BA, DJ 9/10/2006. **AgRg no Prc 769-DF, Rel. originário Min. Barros Monteiro, Rel. para acórdão Min. Ari Pargendler, julgado em 27/11/2008.** (Inform. STJ 378)

INDEFERIMENTO. AMICUS CURIAE. JULGAMENTO INICIADO.
A Seção, em questão de ordem levantada pelo Min. Benedito Gonçalves, indeferiu o pedido de terceiro para ingressar no feito como *amicus curiae*, ou assistente, uma vez que já pautado e iniciado o julgamento, com dois votos já proferidos. **QO no REsp 1.003.955-RS, Rel. Min. Eliana Calmon, julgado em 12/11/2008.** (Inform. STJ 376)

ASSISTÊNCIA JUDICIÁRIA. ALTERAÇÃO. CAPACIDADE ECONÔMICO-FINANCEIRA.
A mera declaração de pobreza é suficiente para que a parte usufrua do benefício da gratuidade de Justiça. Contudo, há situações em que tal documento não é suficiente. Na espécie, a parte vinha regularmente custeando as despesas do processo, e eventual alteração dessa situação deve, necessariamente, ser comprovada em juízo, para que se defina a gratuidade. Precedentes citados: REsp 636.353-SP, DJ 12/12/2005, e Ag 907.298-SP, DJ 21/9/2007. **REsp 646.649-SP, Rel. Min. Aldir Passarinho Junior, julgado em 12/8/2008.** (Inform. STJ 363)

ADVOGADO. PARENTESCO. MAGISTRADO.
Descabe o ingresso do advogado no processo depois que os respectivos autos foram distribuídos para órgão colegiado de que faça parte magistrado com o qual o causídico possui relação de parentesco. Caso contrário, estar-se-ia, em tese, legitimando a criação de impedimento superveniente não aleatório de integrante que, originariamente, já compunha o órgão competente para o julgamento da questão (arts. 134, parágrafo único, c/c 137, ambos do CPC). Precedentes citados do STF: AO 1.120-AM, DJ 26/8/2005; AO 1.158-AM, DJ 11/11/2005; do STJ: Rcl 1.770-DF, DJ 28/3/2006, e REsp 744.917-RS, DJ 15/3/2007. **AgRg nos EDcl no RMS 24.531-AM, Rel. Min. Felix Fischer, julgado em 7/8/2008.** (Inform. STJ 363)

MINISTÉRIO PÚBLICO ESTADUAL. SUSTENTAÇÃO ORAL. STJ.
A Corte Especial conheceu em parte dos embargos de divergência e, nessa parte, proveu-os para anular o julgamento da Segunda Turma deste Superior Tribunal que permitiu a sustentação oral do representante do Ministério Público estadual. Na oportunidade, reiterou o entendimento de que somente o Ministério Público Federal, por meio dos subprocuradores-gerais da República, possui atribuição para atuar nas causas de competência deste Superior Tribunal. **EREsp 445.664-AC, Rel. Min. Fernando Gonçalves, julgados em 21/5/2008.** (Inform. STJ 356)

RMS. REPRESENTAÇÃO PROCESSUAL.
Consta dos autos que a câmara de vereadores extinguiu a procuradoria do município por meio de emenda à Lei Orgânica municipal. Assim, a petição do *writ* firmada por procuradoria extinta equivale à ausência de representação processual, caracterizando vício insanável na representação técnica obstado pelo art. 36 do CPC. Nesse caso, o *mandamus* deveria ter sido ajuizado por advogado legalmente constituído pelo prefeito, único representante do município, uma vez que o procurador-geral municipal não possuía mais capacidade postulatória. Isso posto, prosseguindo o julgamento, a Turma não conheceu do recurso. **RMS 22.264-BA, Rel. Min. José Delgado, julgado em 15/4/2008.** (Inform. STJ 352)

PORTADOR. HIV. TRAMITAÇÃO PRIORITÁRIA.
As pessoas portadoras de doenças graves devem ter assegurada a tramitação prioritária de suas ações. Na espécie, o portador do vírus HIV interpôs uma ação de revisão de cláusulas contratuais do contrato de mútuo c/c repetição de indébito. Assim, lastreado no princípio da dignidade humana, deve-se assegurar a tramitação prioritária da ação, tendo em vista a condição particular do recorrente em decorrência da sua moléstia grave. **REsp 1.026.899-DF, Rel. Min. Nancy Andrighi, julgado em 17/4/2008.** (Inform. STJ 352)

FAZENDA PÚBLICA. CERTIDÃO. DESPESAS.
A Fazenda Nacional requereu ao cartório de registro de pessoas jurídicas documentos referentes aos atos constitutivos de uma sociedade, o que foi negado pela serventia ao fundamento de que a Fazenda deveria, antes, recolher os respectivos emolumentos. Ao julgar o REsp remetido pela Primeira Turma, a Seção entendeu que o cartório extrajudicial deve fornecer a certidão requerida pela Fazenda Pública com o desiderato de instruir execução fiscal e que o respectivo pagamento fica, então, diferido para o final da lide (art. 27 do CPC e art. 39 da Lei n. 6.830/1980). Precedente citado: REsp 988.561-SP, DJ 19/11/2007. **REsp 988.402-SP, Rel. Min. Castro Meira, julgado em 12/3/2008.** (Inform. STJ 348)

EXCEÇÃO. SUSPEIÇÃO. JUIZ. RESIDÊNCIA. IMÓVEL. MUNICÍPIO. RÉU.
Do fato de o juiz residir em imóvel de propriedade do município réu na ação, mas destinado à moradia do juiz titular da comarca, não decorre comprometimento subjetivo que possa colocar em dúvida a imparcialidade do magistrado na condução do processo ou na aplicação do Direito. No caso, vale ressaltar que o imóvel destina-se à residência do juiz titular da comarca, e não a um magistrado específico. Assim, a Turma entendeu que não houve nenhuma contrariedade ao art. 135 do CPC, especialmente aos seus incisos III e IV, e não conheceu do recurso especial. Precedentes citados: AgRg na ExSusp 19-PR, DJ 28/6/2004, e AgRg na ExSusp 8-CE, DJ 11/6/2001. **REsp 1.014.846-PR, Rel. Min. Humberto Gomes de Barros, julgado em 7/2/2008.** (Inform. STJ 343)

DEFENSORIA PÚBLICA. CAPACIDADE POSTULATÓRIA. STJ. RATIFICAÇÃO. RECURSO.
Os julgamentos dos recursos interpostos pelos defensores públicos estaduais devem ser acompanhados no STJ pela Defensoria Pública da União – DPU, que deve ser intimada das decisões e acórdãos proferidos. Entretanto, a atuação da DPU não é exclusiva. Se houver representação em Brasília de Defensoria Pública estadual, essa pode ser intimada e atuar sem restrições no STJ. Assim, o agravo regimental interposto pela Defensoria Pública estadual não precisa ser ratificado pela Defensoria Pública da União, pois ambas têm capacidade postulatória perante o STJ. Anote-se que, pelo instituto da preclusão consumativa, interposto o recurso, não há como aditá-lo, logo não admitir a capacidade postulatória do defensor estadual ao final levaria a negar-se conhecimento ao agravo regimental.

Precedentes citados do STF: EDcl no AI 237.400-RS, DJ 24/11/2000; HC 82.118-SP, DJ 29/11/2002; do STJ: QO na Ag 378.777-MG, DJ 25/6/2001. **AgRg no REsp 802.745-RJ, Rel. Min. Humberto Gomes de Barros, julgado em 3/12/2007.** (Inform. STJ 341)

ENTIDADE SEM FINS LUCRATIVOS. JUSTIÇA GRATUITA. DISPENSA. PROVA.

A Turma reiterou o entendimento de que a entidade beneficente goza da presunção de hipossuficiência, cabendo o ônus da prova à parte adversa. Precedentes citados: REsp 642.288-RS, DJ 3/10/2005; REsp 867.644-PR, DJ 17/11/2006, e EREsp 388.045-RS, DJ 22/9/2003. **REsp 994.397-MG, Rel. Min. Fernando Gonçalves, julgado em 4/12/2007.** (Inform. STJ 341)

MP. ILEGITIMIDADE. MAIORIDADE. ALIMENTANDO.

A Turma não conheceu do recurso, reafirmando que o Ministério Público não tem legitimidade para recorrer contra decisão em que se discutem alimentos quando o alimentando houver alcançado a maioridade. Ressaltou, ainda, o Min. Relator que, embora o art. 499 do CPC autorize o *Parquet* a recorrer nos processos em que tenha figurado como *custos legis*, entendimento consolidado na Súm. n. 99-STJ, é preciso compatibilizar essa disposição com as hipóteses de intervenção do art. 82 do mesmo Código. Precedente citado: REsp 712.175-DF, DJ 8/5/2006. **REsp 982.410-DF, Rel. Min. Fernando Gonçalves, julgado em 6/12/2007.** (Inform. STJ 341)

ASSISTÊNCIA JUDICIÁRIA GRATUITA. SINDICATO. SERVIDORES PÚBLICOS.

A Seção, por maioria, negou provimento aos embargos de divergência ao entender que, no caso, quanto ao sindicato de servidores públicos, pessoa jurídica sem fins lucrativos, não está comprovada sua impossibilidade de arcar com as custas e os honorários do processo. Os votos vencidos, capitaneados pela Min. Eliana Calmon, entendiam que a jurisprudência inclinara-se no sentido de que, diante da ausência de fins lucrativos, aquela impossibilidade é presumida. **EREsp 839.625-SC, Rel. originária Min. Eliana Calmon, Rel. para acórdão Min. Teori Albino Zavascki, julgados em 22/8/2007.** (Inform. STJ 328)

SUCESSÃO. SOCIEDADE. PROCURAÇÃO. ADVOGADO. RECURSO.

A questão consistiu em saber se a procuração do advogado dada à Telepar continua válida mesmo que o recurso tenha sido interposto pela Brasil Telecom, sucessora daquela estatal. Para a tese vencedora, não é necessária nova procuração nos autos quando tenha havido sucessão de sociedade, pois, aquele advogado constituído anteriormente continua a patrocinar a causa. Destacou o Min. Ari Pargendler que quem suportará as conseqüências do julgado é a Telecom, portanto ela não precisaria de um novo procurador. Ainda assinalou que se trata de sucessão, não de incorporação. Na incorporação, realmente seria necessária uma nova procuração nos autos porque a sociedade incorporada desaparece, o que não é o caso da sucessão. Para o Min. Relator, citando precedentes, a sociedade sucessora da companhia estatal tem de trazer para os autos a procuração apropriada; se não a traz, o recurso não há de ser conhecido. Com esse entendimento, a Turma, por maioria, deu provimento ao agravo regimental. **AgRg nos EDcl no Ag 718.164-PR, Rel. originário Min. Carlos Alberto Menezes Direito, Rel. para acórdão Min. Castro Filho, julgado em 5/6/2007.** (Inform. STJ 322)

JUSTIÇA GRATUITA. EMPRESA. EXCEPCIONALIDADE. MASSA FALIDA. SUCUMBÊNCIA.

Prosseguindo o julgamento, a Turma, por maioria, decidiu que, na condição de demandante ou demandada, a massa falida sujeita-se ao princípio da sucumbência, cabendo a concessão da justiça gratuita, provada a precariedade da empresa. Outrossim, o estado de miséria jurídica da empresa não se presume pela simples quebra. Precedentes citados: EREsp 388.045-RS, DJ 22/9/2003, e AgRg no Ag 525.953-MG. DJ 1º/3/2004. **REsp 833.353-MG, Rel. originário Min. Francisco Falcão, Rel. para acórdão Min. Luiz Fux, julgado em 17/5/2007.** (Inform. STJ 320)

AÇÃO CIVIL PÚBLICA. LEGITIMIDADE. MP. NULIDADE ABSOLUTA NÃO ARGÜIDA. LIMITES. RESP.

A posição majoritária da jurisprudência admite ser possível reconhecer de ofício matéria de ordem pública, uma vez conhecido o recurso especial por outro fundamento. Na espécie, o recurso deve ser conhecido por violação de alguns dispositivos da Lei n. 7.347/1985, bem como por haver dissídio jurisprudencial. Assim, de ofício reconheceu-se a ilegitimidade do Ministério Público para interpor ação civil pública na qual se busca impugnar específicos termos de adesão a regime especial – Tare, pois matéria tributária está vedada ao *parquet* e a ação civil pública é meio inadequado para a defesa de interesse individual de uma empresa. Precedentes citados: REsp 861.714-DF, DJ 19/10/2006; REsp 794.660-DF, DJ 22/3/2007, e REsp 848.810-DF, DJ 26/3/2007. **REsp 799.780-DF, Rel. Min. Eliana Calmon, julgado em 17/5/2007.** (Inform. STJ 320)

AÇÃO CIVIL PÚBLICA. LEGITIMIDADE. ASSOCIAÇÃO CIVIL. TAXAS. AFORAMENTO. OCUPAÇÃO. LAUDÊMIO.

Trata-se da legitimidade de associação de defesa do consumidor para propor ação civil pública em que se discute o pagamento de taxa de aforamento, da taxa de ocupação e do laudêmio sobre os valores correspondentes sobre as benfeitorias existentes nos imóveis dos substituídos, foreiros de terreno de marinha de propriedade da União. A Lei n. 7.347/1985 legitima as associações para propor ações civis públicas. Elas podem atuar na defesa de direitos e interesses transindividuais. A discussão sobre o pagamento de foro e laudêmio nos imóveis situados no terreno de marinha da União, no caso, envolve um grupo determinado ou determinável de interessados (detentores de imóveis objeto de aforamento situados em faixa de terreno de marinha de municípios determinados), com objeto indivisível (cobrança de taxa de aforamento, da taxa de ocupação e do laudêmio sobre as benfeitorias – construções) e com origem em relação jurídica comum (enfiteuse ou aforamento). Ademais consta do estatuto da associação, entre outras finalidades, promover a defesa de qualquer outro interesse difuso e coletivo e/ou individual, com base no permissivo constitucional vigente. Quanto à intimação da pessoa jurídica demandada na ação civil pública para prestar informação no prazo de 72 horas (art. 2º da Lei n. 8.437/1992) como requisito para a concessão da liminar, o Tribunal *a quo* não a observou, sem que houvesse justificativa bastante para tanto. Assim, a Turma por maioria conheceu em parte do recurso e, nessa parte, deu-lhe provimento para declarar nula a decisão que concedeu a liminar. **REsp 667.939-SC, Rel. Min. Eliana Calmon, julgado em 20/3/2007.** (Inform. STJ 314)

MP. ILEGITIMIDADE. SEGURO DPVAT.

A Turma negou provimento ao agravo regimental, considerando correta a decisão *a quo* no sentido de que o Ministério Público não tem legitimidade ativa *ad causam* para propor ação civil para a defesa de direitos dos beneficiários do seguro DPVAT, por serem direitos individuais homogêneos disponíveis, portanto não existindo grande relevância ou interesse social. Para o Min. Relator, o MP estaria ingressando em seara particular cuja defesa é própria da advocacia. Precedente citado: Edcl no AgRg no REsp 495.915-MG, DJ 5/9/2005. **AgRg no Ag 701.558-GO, Rel. Min. Aldir Passarinho Junior, julgado em 20/3/2007.** (Inform. STJ 314)

AÇÃO CIVIL PÚBLICA. TARE. ILEGITIMIDADE. MP.

No âmbito de ICMS, o Distrito Federal, na busca de incrementar o comércio atacadista e distribuidor de sua região, expediu a Lei Distrital n. 2.381/1991, que autorizou o Fisco a firmar com os contribuintes que se dedicam a essas atividades Termo de Acordo de Regime Especial – Tare, do qual efetivamente resulta uma diminuição substancial no recolhimento daquele imposto aos cofres públicos. Sucede que o Ministério Público ajuizou centenas de ações civis públicas com o fito de anular esses acordos, ao fundamento de que seriam lesivos ao patrimônio público e à ordem tributária. Diante disso, a Seção, pelo voto de desempate do Min. Luiz Fux, então no exercício da Presidência do colegiado, negou provimento ao recurso especial interposto pelo *Parquet* e remetido à Seção pela Primeira Turma, ao entender faltar legitimidade ao MP para, de modo individualizado, em ação civil pública, desfazer o acordo. O Relator, o Min. José Delgado, em seu voto vencedor, ressaltou que a apuração de eventual irregularidade nesse tipo de acordo fiscal, seja no aspecto da autorização legal seja quanto aos benefícios e prejuízos sociais produzidos, exige necessariamente um exame da estrutura e política tributária adotada pela Fazenda Pública local, em face, inclusive, de outras unidades da Federação, por se tratar de ICMS. Porém é caso de conflito legal de natureza eminentemente tributária, situação que, na hipótese em comento, de acordo entre o governo local e o contribuinte, torna manifesta a ilegitimidade do MP para a causa, conforme o estabelecido no art. 1º, parágrafo único, da Lei n. 7.347/1985 e nos precedentes das Primeira e Segunda Turmas. A Min. Eliana Calmon, por sua vez, acrescentou não se tratar só de ilegitimidade, mas também de impropriedade da via eleita para atacar o acordo. Em seu voto vencido, o Min. Teori Albino Zavascki reconhecia a legitimidade do Ministério Público ao fundamento, em suma, do disposto, justamente, na parte final do parágrafo único do art. 1º da Lei de Ação Civil Pública, pois o que é expressamente vetado ao MP é tutelar os interesses individuais homogêneos dos contribuintes, que, sozinhos, podem promover o resguardo de seus direitos de natureza tributária. Aduziu que, no caso, o MP busca, ao cabo, a defesa do patrimônio público e a preservação do sistema federativo, daí que, aqui, a ação é dirigida contra o contribuinte. O Min. Castro Meira, também vencido, lembrou que o STF, na questão de fundo, já entendeu inconstitucional acordo semelhante. Precedentes citados do STF: ACO 541-DF, DJ 30/6/2006; ADIN 2.440-DF, DJ 23/2/2007; do STJ: REsp 691.574-DF, DJ 17/4/2006, e REsp 785.756-DF, DJ 25/5/2006. **REsp 845.034-DF, Rel. Min. José Delgado, julgado em 14/2/2007.** (Inform. STJ 310)

SÚMULA STF Nº 644

Ao titular do cargo de procurador de autarquia não se exige a apresentação de instrumento de mandato para representá-la em juízo.

SÚMULA STJ Nº 327

Nas ações referentes ao Sistema Financeiro da Habitação, a Caixa Econômica Federal tem legitimidade como sucessora do Banco Nacional da Habitação.

SÚMULA STJ Nº 232

A Fazenda Pública, quando parte no processo, fica sujeita à exigência do depósito prévio dos honorários do perito.

SÚMULA STJ Nº 226

O Ministério Público tem legitimidade para recorrer na ação de acidente do trabalho, ainda que o segurado esteja assistido por advogado.

SÚMULA STJ Nº 99

O Ministério Público tem legitimidade para recorrer no processo em que oficiou como fiscal da lei, ainda que não haja recurso da Parte.

3. ATOS PROCESSUAIS

ADI ESTADUAL E PRAZO EM DOBRO - 1

A 1ª Turma iniciou julgamento de agravo regimental interposto contra decisão da Min. Cármen Lúcia que, em agravo de instrumento do qual relatora, não reconhecera prazo em dobro para interposição de recurso extraordinário contra acórdão que julgara representação de inconstitucionalidade. A relatora manteve a decisão agravada. Em divergência, o Min. Marco Aurélio proveu o regimental por reputar que o preceito, ao versar sobre o prazo em dobro para interposição de recurso, não distinguiria a natureza da ação e que não haveria norma especial a respeito na lei regedora da ação direta de inconstitucionalidade. Após, pediu vista o Min. Luiz Fux. AI 827810 AgR/MG, rel. Min. Cármen Lúcia, 23.3.2011. (AI-827810) (Inform. STF 620)

ADI ESTADUAL E PRAZO EM DOBRO - 2

A 1ª Turma retomou o exame de agravo regimental interposto de decisão da Min. Cármen Lúcia, em que desprovido o agravo de instrumento do qual relatora, ao entender que, na espécie vertente, as partes não disporiam do privilégio do art. 188 do CPC. Na origem, o recurso extraordinário municipal, inadmitido por ser intempestivo, fora deduzido de acórdão assentado em representação de inconstitucionalidade — v. Informativo 620. Após a devolução do pedido de vista do Min. Luiz Fux, o colegiado, ao acolher proposta da relatora, deliberou afetar o julgamento ao Plenário. **AI 827810 AgR/MG, rel. Min. Cármen Lúcia, 28.6.2011.** (AI-827810) (Inform. STF 633)

ART. 999, § 1º, DO CPC: CITAÇÃO POR EDITAL E DOMICÍLIO EM COMARCA DIVERSA

O Tribunal, por maioria, desproveu recurso extraordinário interposto contra acórdão do Tribunal de Justiça do Estado do Rio Grande do Norte, e declarou a constitucionalidade do art. 999, § 1º, do CPC [*"Art. 999. Feitas as primeiras declarações, o juiz mandará citar, para os termos do inventário e partilha, o cônjuge, os herdeiros, os legatários, a Fazenda Pública, o Ministério Público, se houver herdeiro incapaz ou ausente, e o testamenteiro, se o finado deixou testamento. § 1º Citar-se-ão, conforme o disposto nos arts. 224 a 230, somente as pessoas domiciliadas na comarca por onde corre o inventário ou que aí foram encontradas; e por edital, com o prazo de 20 (vinte) a 60 (sessenta) dias, todas as demais, residentes, assim no Brasil como no estrangeiro."*]. O acórdão recorrido reputara válida a citação, por edital, de herdeiro e de seu cônjuge domiciliados em comarca diversa daquela em que processado o inventário. Os recorrentes alegavam que não deveriam ter sido citados por esse modo, haja vista possuírem endereço certo, e sustentavam ofensa aos princípios da isonomia, da ampla defesa, do contraditório e do devido processo legal no reconhecimento da constitucionalidade do referido dispositivo — v. Informativo 521. Salientando tratar-se de dispositivo vetusto, que já constava do Código de Processo Civil anterior, entendeu-se que a citação por edital em processo de inventário seria perfeitamente factível, até mesmo para se acelerar a prestação jurisdicional. Ressaltou-se, também, que qualquer irregularidade poderia ser enfrentada nas instâncias ordinárias. Vencido o Min. Marco Aurélio, que dava provimento ao recurso e assentava a inconstitucionalidade do art. 999, § 1º, do CPC, ao fundamento de que o inventário se processa sob o ângulo da jurisdição voluntária, mas, a partir do momento em que a legislação indica o necessário conhecimento de herdeiros, sabendo-se quem eles são e onde estão, a ciência não poderia ser ficta, e sim realizada por meio de carta precatória, sob pena de se colocar em segundo plano a regra segundo a qual se deve, tanto quanto possível, promover a ciência de fato quanto ao curso do processo de inventário. Vencido, também, o Min. Celso de Mello, que acompanhava a divergência, e afirmava que a citação ficta, mediante edital, teria caráter excepcional e não viabilizaria o exercício pleno do direito ao contraditório. **RE 552598/RN, rel. Min. Menezes Direito, 8.10.2008.** (RE-552598) (Inform. STF 523)

ART. 999, § 1º, DO CPC: CITAÇÃO POR EDITAL E DOMICÍLIO EM COMARCA DIVERSA

Ante a articulação de inconstitucionalidade do art. 999, § 1º, do CPC, a Turma decidiu remeter ao Plenário julgamento de recurso extraordinário interposto contra acórdão do Tribunal de Justiça do Estado do Rio Grande do Norte que entendera válida citação, por edital, de herdeiro e de seu cônjuge domiciliados em comarca diversa daquela em que processado o inventário. Os recorrentes alegam que não deveriam ter sido citados por esse modo, haja vista possuírem endereço certo. Ademais, sustentam ofensa aos princípios da isonomia, da ampla defesa, do contraditório e do devido processo legal no reconhecimento da constitucionalidade do referido dispositivo (*"Art. 999. Feitas as primeiras declarações, o juiz mandará citar, para os termos do inventário e partilha, o cônjuge, os herdeiros, os legatários, a Fazenda Pública, o Ministério Público, se houver herdeiro incapaz ou ausente, e o testamenteiro, se o finado deixou testamento. § 1o Citar-se-ão, conforme o disposto nos arts. 224 a 230, somente as pessoas domiciliadas na comarca por onde corre o inventário ou que aí foram encontradas; e por edital, com o prazo de 20 (vinte) a 60 (sessenta) dias, todas as demais, residentes, assim no Brasil como no estrangeiro."*). **RE 552598/RN, rel. Min. Menezes Direito, 23.9.2008.** (RE-552598) (Inform. STF 521)

INVIOLABILIDADE NOTURNA DE DOMICÍLIO E INEXIGIBILIDADE DE CONDUTA DIVERSA

Por entender caracterizada a ofensa ao art. 5°, XI, da CF (*"a casa é asilo inviolável do indivíduo, ninguém nela podendo penetrar sem consentimento do morador, salvo em caso de flagrante delito ou desastre, ou para prestar socorro, ou, durante o dia, por determinação judicial;"*), a Turma deu provimento a recurso extraordinário para, reformando acórdão do Tribunal de Justiça do Estado do Rio Grande do Sul, restabelecer a sentença que absolvera o recorrente por inexigibilidade de conduta diversa. No caso, a Corte *a quo* reputara configurado o crime de resistência, uma vez que o recorrente, desprezando a existência de mandado judicial expedido nos moldes do § 2º do art. 172 do CPC — que permite, em situações excepcionais e mediante autorização expressa do juiz, a citação, em domingos e feriados, ou nos dias úteis, em horário diverso daquele estabelecido no *caput* —, desacatara, mediante violência, oficial de justiça que pretendia, num sábado à noite, ingressar no domicílio daquele para intimar o seu cônjuge. Aduziu-se que o acórdão impugnado colocara em plano secundário a defesa do próprio domicílio e, portanto, o esforço a evidenciar, conforme registrado na sentença, a inexigibilidade de conduta diversa. Ademais, asseverou-se que a Constituição preconiza a inviolabilidade noturna do domicílio, pouco importando a existência de ordem judicial, pois em relação a esta última mesmo que ocorre a limitação constitucional. RE 460880/RS, rel. Min. Marco Aurélio, 25.9.2007. (RE-460880) (Inform. STF 481)

MEDIDA PROVISÓRIA: AMPLIAÇÃO DE PRAZO PARA A FAZENDA PÚBLICA

O Tribunal deferiu medida cautelar em ação declara-tória de constitucionalidade proposta pelo Governador do Distrito Federal para suspender os processos em que se discute a constitucionalidade do art. 1º-B da Lei 9.494/97, acrescentado pelo art. 4º da Medida Provisória 2.180-35/2001, que ampliou para 30 dias o prazo que os artigos 730 do CPC e 884 da CLT concediam à Fazenda Pública para oferecimento de embargos à execução. Salientando-se que, por força da regra da separação de poderes, o Poder Judiciário dispõe, em caráter excepcional, de competência para examinar os requisitos constitucionais legitimadores da edição de medidas provisórias (CF, art. 62), entendeu-se que, no caso, o Chefe do Poder Executivo, a princípio, não teria transposto os limites desses requisitos. Asseverou-se, no ponto, ser dotada de verossimilhança a alegação de que as notórias insuficiências da estrutura burocrática de patrocínio dos interesses do

Estado e o crescente volume de execuções contra a Fazenda Pública tornavam relevante e urgente a ampliação do prazo para ajuizamento de embargos. Ressaltou-se, ademais, o longo tempo que o projeto de lei 2.689/96, apresentado com igual propósito, aguarda para ser deliberado, enquanto mais um elemento expressivo da relevância e urgência da Medida Provisória 2.180-35, que teve seu art. 1º-D, que exime a Fazenda Pública do pagamento de honorários advocatícios nas execuções não embargadas, declarado, incidentemente, constitucional no julgamento do RE 420816/PR (DJU de 10.11.2006). Considerou-se presente também o *periculum in mora*, haja vista que configurada a controvérsia jurisprudencial a respeito da constitucionalidade da norma em questão, e cuja incerteza acarreta riscos evidentes de dano ao interesse público. ADC 11 MC/DF, rel Min. Cezar Peluso, 28.3.2007. (ADC-11) (Inform. STF 461)

DIREITO PROCESSUAL CIVIL. CITAÇÃO POR EDITAL. ÚNICA TENTATIVA DE CITAÇÃO POR OFICIAL DE JUSTIÇA.

A citação por edital é cabível após única tentativa de citação por oficial de justiça quando o executado não é localizado no seu domicílio fiscal, sendo o fato certificado pelo referido auxiliar da justiça. Não é necessário o exaurimento de todos os meios para localização do paradeiro do executado para se admitir a citação por edital, sobretudo porque tal exigência não decorre do art. 8º, III, da Lei n. 6.830/1980. Precedentes citados: REsp 1.103.050-BA (Repetitivo), DJe 6/4/2009, e REsp 1.241.084-ES, DJe 27/4/2011. **AgRg no AREsp 206.770-RS, Rel. Min. Benedito Gonçalves, julgado em 13/11/2012.** (Inform. STJ 510)

DIREITO PROCESSUAL CIVIL. INTIMAÇÃO. ERRO NA GRAFIA DO NOME DO ADVOGADO. POSSIBILIDADE DE IDENTIFICAÇÃO DO FEITO. AUSÊNCIA DE PREJUÍZO.

A nulidade da publicação por erro na grafia do nome de advogado somente deverá ocorrer quando resultar em prejuízo na sua identificação. A consignação do nome completo e correto do advogado é necessária para a validade da intimação. Assim, é até despiciendo que o número de inscrição na OAB esteja correto, pois mister é que o nome do advogado conste da publicação, como expressamente exige o § 1º do art. 236 do CPC. A *ratio* dessa norma é que o destinatário da intimação é o próprio advogado, de sorte que a errônea grafia de seu nome que não permita sua correta identificação pode causar prejuízo à parte por ele representada, acarretando a plena nulidade da intimação. Contudo, o estipulado no § 1º do art. 236 do CPC deve ser examinado em conjunto com a ideia de que o erro inescusável é tão somente aquele que impede o conhecimento da publicação ao seu destinatário. Isso significa que a identificação do advogado reveste-se de elementos específicos de maneira que não há de se concentrar apenas e exclusivamente no seu nome, mas ainda em outros elementos que o caracterizam como atuante no processo, sobretudo em tempos de processo eletrônico. Assim, não se deve reconhecer a nulidade da intimação e a respectiva devolução do prazo recursal da qual conste, com grafia incorreta, o nome do advogado se o erro é insignificante, como a troca de apenas uma letra e ausência de um acento, e é possível identificar o feito pelo exato nome das partes e número do processo. Precedente citado: **REsp 751.241-SP, DJ 5/9/2005. RMS 31.408-SP, Rel. Min. Massami Uyeda, julgado em 13/11/2012.** (Inform. STJ 508)

DIREITO PROCESSUAL CIVIL. INTIMAÇÃO. IDENTIFICAÇÃO DE GRAFIA INCORRETA DO NOME DO ADVOGADO. MOMENTO OPORTUNO DE SE MANIFESTAR.

A alegação da nulidade de publicação errônea do nome de advogado deve ocorrer na primeira oportunidade de falar nos autos, sob pena de preclusão. Assim, aquele que se vê diante dessa irregularidade processual deve alegá-la de plano, direta e objetivamente, por meio dos instrumentos legais (art. 245 do CPC). **RMS 31.408-SP, Rel. Min. Massami Uyeda, julgado em 13/11/2012.** (Inform. STJ 508)

DIREITO PROCESSUAL CIVIL. NULIDADE. QUALIFICAÇÃO INCOMPLETA DE TESTEMUNHA. POSTERIOR REGULARIZAÇÃO. AUSÊNCIA DE PREJUÍZO.

A qualificação incompleta de testemunha do rol depositado em juízo, nos termos do art. 407 do CPC, não gera, por si só, nulidade caso regularizada em tempo hábil à sua finalidade, ainda que em momento posterior à apresentação do rol. É pacífico o entendimento nesta Corte Superior de que a decretação de nulidade de atos processuais depende da necessidade de efetiva demonstração de prejuízo da parte interessada por prevalência do princípio *pas de nulitte sans grief.* Precedentes citados: **AgRg no REsp 1.326.049-DF, DJe 24/8/2012; EDcl no REsp 1.087.163-RJ, DJe 24/10/2011, e REsp 158.093-SP, DJ 3/8/1998. REsp 1.330.028-DF, Rel. Min. Ricardo Villas Bôas Cueva, julgado em 6/11/2012.** (Inform. STJ 508)

DIREITO PROCESSUAL CIVIL. NULIDADE. QUALIFICAÇÃO INCOMPLETA DE TESTEMUNHA. POSTERIOR REGULARIZAÇÃO. AUSÊNCIA DE PREJUÍZO.

A qualificação incompleta de testemunha do rol depositado em juízo, nos termos do art. 407 do CPC, não gera, por si só, nulidade caso regularizada em tempo hábil à sua finalidade, ainda que em momento posterior à apresentação do rol. É pacífico o entendimento nesta Corte Superior de que a decretação de nulidade de atos processuais depende da necessidade de efetiva demonstração de prejuízo da parte interessada por prevalência do princípio *pas de nulitte sans grief.* Precedentes citados: **AgRg no REsp 1.326.049-DF, DJe 24/8/2012; EDcl no REsp 1.087.163-RJ, DJe 24/10/2011, e REsp 158.093-SP, DJ 3/8/1998. REsp 1.330.028-DF, Rel. Min. Ricardo Villas Bôas Cueva, julgado em 6/11/2012.** (Inform. STJ 508)

DIREITO PROCESSUAL CIVIL. PETIÇÃO ELETRÔNICA. FALTA DE IDENTIDADE NA CERTIFICAÇÃO DIGITAL.

É inexistente a petição eletrônica se não houver identidade entre o titular do certificado digital utilizado para assinar o documento e os advogados indicados como autores da petição. De acordo com a redação do art. 21, I, da Res. n. 1/2010-STJ, é de exclusiva responsabilidade dos usuários, entre outras coisas, o sigilo da chave privada de sua identidade digital, *login* e senha. A assinatura eletrônica destina-se à identificação inequívoca do signatário do documento, de modo que, se o nome do advogado indicado como autor da petição não confere com o do titular do certificado digital utilizado para assinar a transmissão eletrônica do documento, deve ser tida como inexistente, haja vista o descumprimento do disposto nos arts. 1º, § 2º, III, e 18, ambos da Lei n. 11.419/2006, e nos arts. 18, § 1º, e 21, I, da Res. n. 1/2010-STJ. Precedentes citados: **AgRg nos EDcl no REsp 1.234.892-SP, DJe 21/6/2011; AgRg no REsp 1.107.598-PR, DJe 6/10/2010; EDcl no AgRg no REsp 1.146.013-SC, DJe 22/11/2010, e EDcl na AR 4.173-RS, DJe 21/6/2011. AgRg no AREsp 217.075-PE, Rel. Min. Herman Benjamin, julgado em 9/10/2012.** (Inform. STJ 507)

DIREITO PROCESSUAL CIVIL. INFORMAÇÕES PROCESSUAIS VIA *INTERNET*. DEVOLUÇÃO DE PRAZO. AUSÊNCIA DE JUSTA CAUSA.

A eventual omissão dos sítios eletrônicos dos tribunais, quanto ao andamento do processo, não constitui justa causa a ensejar a devolução do prazo processual. As informações processuais prestadas pelos sítios eletrônicos dos tribunais não possuem caráter oficial, mas meramente informativo. Ausente a atualização automática da página eletrônica, cabe ao advogado obter no cartório em que o processo tramita a informação necessária para a interposição tempestiva do recurso. Portanto, a demora da comunicação na *internet* de atos processuais que impliquem início de prazo não induz ao erro, o que só poderia ocorrer caso fossem noticiadas informações erradas. Destaca-se que existe precedente desta corte em sentido contrário no qual foi decidido pela devolução do prazo, porém tratava-se de erro consistente na divulgação pelo *site* de data diversa da certificada no cartório. Precedentes citados: **EREsp 503.761-DF, DJ 14/11/2005; AgRg no AREsp 21.129-RS, DJe 24/11/2011; AgRg no REsp 1.241.885-RS, DJe 26/5/2011, e REsp 1.186.276-RS, DJe 3/2/2011. AgRg no AREsp 76.935-RS, Rel. Min. Antonio Carlos Ferreira, julgado em 18/10/2012.** (Inform. STJ 507)

CUMPRIMENTO DE SENTENÇA. FALTA DE INTIMAÇÃO PESSOAL. LEGISLAÇÃO ANTERIOR.

Antes da vigência da Lei n. 11.232/2005, a falta de intimação da parte para cumprimento da obrigação de fazer fixada na sentença transitada em julgado não permitia a cobrança de multa – *astreinte* – pelo descumprimento da obrigação. A retirada dos autos em carga pelo advogado do réu pode levá-lo à ciência de sua obrigação, mas não obriga a parte ao cumprimento da obrigação de fazer, pois a sua intimação pessoal era imprescindível, entendimento em conformidade com a Súm. n. 410/STJ. **REsp 1.121.457-PR, Rel. Min. Nancy Andrighi, julgado em 12/4/2012.** (Inform. STJ 495)

INTIMAÇÃO. ADVOGADO. DIVERSO. REQUERIMENTO.

No caso, o acórdão embargado, por maioria, deixou de decretar a nulidade da intimação dos atos processuais realizados em nome de advogado diverso do indicado para recebê-la. A Corte Especial, por maioria, acolheu os embargos de divergência ao reiterar o entendimento de que, constando pedido expresso para que as comunicações dos atos processuais sejam feitas em nome dos advogados indicados, o seu desatendimento conduz à nulidade (ofensa ao art. 236, § 1º, do CPC). **EREsp 812.041-RS, Rel. Min. Massami Uyeda, julgado em 21/9/2011.** (Inform. STJ 483)

PRAZO. INFORMAÇÕES PROCESSUAIS. INTERNET.

In casu, o recorrido propôs ação declaratória de nulidade de cláusulas contratuais contra as recorrentes, que foram citadas pelos Correios. Nos termos do art. 241, I, do CPC, o prazo para responder começaria a transcorrer apenas após a juntada do último aviso de recebimento. Ocorre que, por omissão do cartório judicial, não foi publicada na página eletrônica do TJ informação referente à juntada aos autos do aviso de recebimento da última carta de citação, de tal modo que nenhum dos réus respondeu à ação. Portanto, no REsp, a controvérsia centra-se na possibilidade de permitir a reabertura de prazo para a prática de ato processual que não foi realizado em razão de equívoco ou omissão constante das informações processuais veiculadas na página eletrônica do TJ. A Turma entendeu que, no atual panorama jurídico e tecnológico, é imprescindível atribuir confiabilidade às informações processuais que são prestadas pelas páginas oficiais dos tribunais. Isso porque não é razoável que o conteúdo de acompanhamento processual eletrônico dos tribunais não possa ser digno de plena confiança de quem o consulta diariamente. Consignou-se que, não se podendo confiar nas informações veiculadas, a finalidade dessa inovação tecnológica acaba por ser desvirtuada. Afinal, a informação prestada erroneamente é, a toda evidência, mais danosa do que a simples ausência de informação. Registrou-se, ainda, que, com a evolução que a virtualização dos processos representou, a confiança nas informações processuais fornecidas por meio eletrônico implica maior agilidade no trabalho desenvolvido pelos cartórios e pelas secretarias judiciais, ensejando maior observância ao princípio da eficiência da Administração e, por conseguinte, ao princípio da celeridade processual. Ademais, as informações veiculadas pelos tribunais em suas páginas da *Internet*, após o advento da Lei n. 11.419/2006, devem ser consideradas oficiais de tal sorte que eventual equívoco ou omissão não podem ocorrer em prejuízo da parte. Ressaltou-se, por fim, que o simples fato de o advogado dos réus ter confiado no sistema de informação processual disponibilizado na *Internet* pelo próprio tribunal ensejou a drástica configuração da revelia, o que não pode ser admitido. Assim, reconheceu-se, na hipótese, a justa causa a que alude o § 2º do art. 183 do CPC. Diante disso, deu-se provimento ao recurso especial. Precedente citado: REsp 1.186.276-RS, DJe 3/2/2011. **REsp 960.280-RS, Rel. Min. Paulo de Tarso Sanseverino, julgado em 7/6/2011 (vide Informativo n. 460).** (Inform. STJ 476)

AÇÃO INDENIZATÓRIA. CITAÇÃO. HORA CERTA. CONTESTAÇÃO INTEMPESTIVA.

Trata-se de REsp decorrente de ação indenizatória proposta pela recorrida em desfavor da recorrente ao fundamento de ser esta responsável, na condição de empresa transportadora contratada, pelas mercadorias que, já sob sua responsabilidade, teriam desaparecido no dia seguinte ao carregamento. Citada por hora certa, a sociedade empresária ré apresentou contestação, porém fora do prazo legal para tanto, o que ensejou o desentranhamento da referida peça dos autos. A sentença, em julgamento antecipado da lide, considerou procedente o pedido formulado pela autora, ora recorrida, e condenou a ré ao pagamento de R$ 92.755,90. A transportadora, ora recorrente, interpôs apelação, aduzindo, em síntese, ter havido cerceamento do direito de defesa, uma vez que entendia indispensável a nomeação de curador especial, consoante determinado pelo art. 9º, II, do CPC, sendo irrelevante, para tal fim, o fato de ter apresentado a destempo sua contestação; ter-se operado a prescrição da pretensão autoral; ter-se dado o evento danoso por culpa exclusiva da vítima, visto que teria ela condicionado a contratação à indicação do motorista do veículo transportador que terminou por praticar o ilícito penal de apropriação indébita da carga; ser a apropriação indébita promovida pelo condutor do veículo, hipótese de caso fortuito ou motivo de força maior capaz de excluir sua responsabilidade pelo evento; e ser indevida a aplicação da multa que lhe fora imposta pelo juízo sentenciante quando do julgamento de embargos de declaração opostos ao julgado. O tribunal *a quo* proveu a apelação da transportadora apenas para excluir a referida multa. Assim, a controvérsia centra-se em saber se ao réu citado por hora certa que, em tempo hábil, regulariza sua representação processual, solicita vista dos autos, mas apresenta contestação intempestivamente socorre ou não o direito à nomeação de curador especial, consoante dispõe o art. 9º, II, do CPC e, ainda, se a apropriação indébita da carga praticada por preposto da transportadora constitui motivo de força maior ou caso fortuito capaz de excluir a responsabilidade dela por prejuízos suportados pela contratante do serviço de transporte. A Turma negou provimento ao recurso, consignando que, sendo certo que a ré, ora recorrente, citada por hora certa, compareceu aos autos, constituiu procurador, pediu e deles teve deferida vista, mas apresentou contestação intempestivamente, não há falar em aplicação, *in casu*, do art. 9º, II, do CPC, tampouco em cerceamento de defesa pela acertada decisão do juízo primevo que determinou o desentranhamento da extemporânea peça e reconheceu a aplicação dos efeitos da revelia. De igual modo, registrou-se não prosperar a pretensão da recorrente de ser exonerada de sua responsabilidade pelos danos suportados pela autora da demanda, em razão do desaparecimento da carga a ser transportada, sob a alegação de ter sido resultado de caso fortuito ou motivo de força maior, não havendo falar, assim, em qualquer ofensa aos arts. 25, VI, do Dec. n. 89.874/1984, 102 do Código Comercial e 393 do CC/2002, bem como em dissídio entre o julgado impugnado e a orientação jurisprudencial do STJ. Ressaltou-se, ainda, que, apesar de ser assente neste Superior Tribunal que a prática de atos ilícitos atribuídos a terceiro, por exemplo o roubo, exclui a responsabilidade da transportadora, por se revelar motivo de força maior, na hipótese, a mercadoria a ser transportada foi objeto de apropriação indébita promovida por preposto da própria transportadora, sendo ela, assim, civilmente responsável, ante sua inegável culpa *in eligendo*, pelos prejuízos que a autora da demanda, contratante de seus serviços, suportou. **REsp 1.229.361-SP, Rel. Min. Vasco Della Giustina (Desembargador convocado do TJ-RS), julgado em 12/4/2011.** (Inform. STJ 469)

INTIMAÇÃO. BAIXA. AUTOS.

A decisão que conheceu do agravo de instrumento e deu provimento ao especial para afastar a prescrição decretada foi reconsiderada para que o estado membro em questão, sucessor do banco réu e não citado nos autos, fosse intimado para responder àqueles recursos. Contudo, o estado opôs embargos de declaração, pretendendo que os autos retornassem às instâncias ordinárias para que lá ele apresentasse as respostas aos recursos. Ocorre que não há razão para que se proceda ao pretendido retorno dos autos tão somente para a apresentação de defesa, visto que isso acarretaria injustificado e desnecessário dispêndio de custas e tempo, além de velada afronta aos princípios constitucionais da razoável duração do processo, da celeridade e da economia dos atos processuais. Frise-se que a apresentação da defesa no momento processual em que a causa se encontra não implica prejuízo ao recorrido, que tem acesso amplo aos autos e às suas peças recursais. Com esse fundamento, a Turma recebeu os embargos como agravo regimental e lhe negou provimento. Todavia assegurou ao estado o direito de resposta em todos os atos processuais em curso na instância de origem. **AgRg nos EDcl no Ag 1.108.525-MG, Rel. Min. Aldir Passarinho Junior, julgado em 14/4/2011.** (Inform. STJ 469)

INTERESSE. NULIDADE. CITAÇÃO. CÔNJUGE. CORRÉU.

O estado membro ajuizou reivindicatória e anulatória de registro contra a ré, que se vale de carta de aforamento emitida pelo município. A área em questão foi transferida aos recorrentes (corréus), que pretendem a nulidade do processo pela ausência de citação do cônjuge da ré, além do erro na grafia do nome dela. Assim, desponta a falta de interesse e legitimidade deles em tal arguição, pois o alegado defeito não lhes resultou qualquer prejuízo (*pas de nullité sans grief*). Conforme doutrina, as regras referentes à nulidade processual voltam-se mais para a convalidação e afastamento dela do que para sua decretação, tendo em vista a própria função do processo: instrumento de aplicação do direito material. Também não prospera a pretensão de condenar o município a indenizar os recorrentes, visto que ele foi denunciado da lide pelo estado autor, só lhe cabendo suportar eventuais prejuízos experimentados pelo estado em caso de improcedência da ação, e não em caso de procedência, do qual não lhe resulta qualquer responsabilidade em relação aos réus. Contudo, os recorrentes, em ação autônoma, podem demandar diretamente contra o município em busca do ressarcimento de prejuízo que julgam experimentar. Precedentes citados: REsp 1.190.292-MG, DJe 18/8/2010; REsp 1.106.159-MG, DJe 24/6/2010, e REsp 950.522-PR, DJe 8/2/2010. **REsp 567.273-RO, Rel. Min. Luis Felipe Salomão, julgado em 17/3/2011.** (Inform. STJ 466)

EXPEDIENTE FORENSE. ALTERAÇÃO. PORTARIA.

Trata-se de REsp em que a controvérsia cinge-se à possibilidade de o TJDFT, mediante portaria, transferir o feriado de 1º de novembro, existente na Justiça Federal por força do disposto no art. 62 da Lei n. 5.010/1966, para outro dia útil com o objetivo de otimizar o trabalho forense. Inicialmente, ressaltou a Min. Relatora que, consoante julgados deste Superior Tribunal, a lei federal n. 5.010/1966, que organiza a Justiça Federal do Poder Judiciário Federal, não é aplicável ao TJDFT. O conceito de Justiça Federal, que abarca somente os TRFs e os juízes federais (art. 106 da CF/1988), não se confunde com o de Poder Judiciário Federal do qual faz parte a Justiça do DF. Dessarte, não há falar em violação do referido dispositivo legal suscitado nas razões do especial, como visto, inaplicável à espécie. Ademais, a Administração Pública, por intermédio de seus órgãos, tem competência para editar atos administrativos ordinatórios, como a portaria, com o fito de organizar e otimizar a atividade administrativa. Na hipótese, foi o que fez o TJDFT quando editou portaria conjunta, transferindo o feriado de 1º de novembro (quarta-feira) para o dia 3 de novembro (sexta-feira) com o único objetivo de viabilizar e otimizar o trabalho forense. Assim, não há qualquer ilegalidade na edição do citado ato administrativo, que se encontra revestido de todos os elementos necessários a chancelar sua validade. Com esse entendimento, a Turma negou provimento ao recurso. Precedentes citados: AgRg no REsp 869.893-DF, DJe 3/11/2008; AgRg no REsp 1.053.210-DF, DJe 13/10/2009; EDcl no AgRg no REsp 672.233-PR, DJ 5/9/2005; AgRg no Ag 1.275.071-SP, DJe 10/11/2010; AgRg no REsp 779.403-SP, DJe 26/10/2010, e REsp 1.111.606-AL, DJe 3/11/2009. **REsp 990.834-DF, Rel. Min. Maria Thereza de Assis Moura, julgado em 17/2/2011.** (Inform. STJ 463)

DENUNCIAÇÃO. LIDE. LITISCONSÓRCIO. PRAZO EM DOBRO.

Trata-se de aplicação do art. 191 do CPC, contagem do prazo em dobro. A sentença condenou os ora agravados, sendo que um deles em denunciação à lide, o que caracteriza o litisconsórcio, tanto que as duas partes, com diferentes procuradores, foram condenadas. As duas partes apelaram com diferentes procuradores, o que, por si só, afasta o acolhimento da violação do art. 191 do CPC. O litisconsórcio chegou até o momento da sentença, não tendo sido desfeito com o indeferimento da denunciação à lide ou com a ineficácia dessa. Assim, havendo o litisconsórcio ainda na sentença, aplica-se o art. 191 do CPC com o dobro do prazo. Logo, a Turma negou provimento ao agravo. AgRg no REsp 1.167.272-BA, Rel. Min. Sidnei Beneti, julgado em 18/11/2010. (Inform. STJ 456)

INTIMAÇÃO. RESUMO.

Alegou-se omissão na intimação relativa à sentença de embargos à execução porque, mediante a publicação na imprensa de modo resumido, não se teria possibilitado a comunicação do inteiro teor do dispositivo daquele *decisum*. Sucede que, embora resumida, a publicação contém todos os elementos necessários à comunicação do ato processual, cabendo, evidentemente, ao advogado buscar a ciência de seu integral conteúdo. Precedentes citados: EDcl nos AgRg no Ag 248.452-RJ, DJ 14/8/2000, e REsp 520.450-RJ, DJ 29/8/2005. **REsp 876.042-ES, Rel. Min. Aldir Passarinho Junior, julgado em 16/11/2010**. (Inform. STJ 456)

SEC. HOMOLOGAÇÃO. CITAÇÃO. EDITAL.

Trata-se de pedido de homologação de sentença estrangeira em que o requerente ajuizou, no Poder Judiciário da República do Paraguai, a ação de cobrança devido ao inadimplemento de contrato de compra e venda de imóvel naquele país. Alega que a ação transitou em julgado, condenando os réus brasileiros a pagar o valor de US$ 112.252,80. Todavia, diante da impossibilidade de encontrar bens no Paraguai que pudessem satisfazer o crédito, o requerente busca a homologação da sentença estrangeira a fim de ajuizar execução no Brasil. No caso, todas as tentativas de citação de um dos requeridos por carta de ordem não obtiveram êxito, sendo, por fim, citado por edital. Decorrido o prazo sem que fosse apresentada resposta, a Defensoria Pública da União foi notificada para atuar na qualidade de curadora especial. Para a Min. Relatora, é válida a citação por edital por se encontrar o requerido em local ignorado, incerto ou inacessível, nos termos do art. 231, II, do CPC. Observa que todos os documentos estão autenticados pelo Consulado Geral do Brasil em Assunção, no Paraguai, e acompanhados de tradução feita por tradutor público juramentado, sendo atendidos todos os requisitos legais. Diante do exposto, a Corte Especial deferiu o pedido de homologação de sentença estrangeira (SEC). Precedentes citados: SEC 1.864-DE, DJe 5/2/2009, e AgRg na SE 3.731-FR, DJe 1º/3/2010. **SEC 1.325-PY, Rel. Min. Nancy Andrighi, julgada em 6/10/2010**. (Inform. STJ 450)

USUCAPIÃO. NULIDADE. CITAÇÃO. LEGITIMIDADE. ESPÓLIO.

Buscou-se, na ação, anular processo de usucapião com sentença transitada em julgado em razão das nulidades na citação do proprietário do imóvel usucapiendo, já falecido, ou do representante do espólio. O inventário dos bens do falecido fora aberto em seu domicílio, em comarca diversa daquela em que tramitou a ação de usucapião, tendo sido representado por sua ex-companheira, com quem teve uma filha, menor à época. Sucede que o inventário foi suspenso para a solução da controvérsia quanto à filiação, em fase de carta rogatória citatória. Nesse ínterim, é que fora ajuizada a ação de usucapião por empregado do falecido (administrador), referente a imóvel com área de 25,25 alqueires paulistas. Posteriormente, esse imóvel foi partilhado, tendo havido diversas alienações a terceiros, os quais figuram no polo passivo da ação anulatória. As instâncias ordinárias declararam nulo todo o processo de usucapião em razão da nulidade da citação, bem como os atos posteriores praticados. Para o Min. Relator, admite-se a legitimidade ativa do espólio, representado pela ex-companheira do *de cujus,* no exercício da inventariança, sobretudo quando a única herdeira conhecida era a filha menor do falecido e da inventariante. Ressalta que, nesse caso, a observância literal do § 1º do art. 12 do CPC mostrar-se-ia absolutamente inócua, uma vez que a inventariante que representa o espólio também seria a representante legal da herdeira, caso fosse a ação ajuizada pelo sucessor hereditário do falecido. Segundo o Min. Relator, a jurisprudência deste Superior Tribunal tem admitido flexibilizar a interpretação do art. 990 do CPC, permitindo o exercício da inventariança por pessoas não expressamente listadas como legitimadas, mas lógica e teleologicamente autorizadas pelo Código. Ademais, consta dos autos que a investigação de paternidade foi julgada procedente e, agora maior de idade, a filha é a inventariante. Quanto à alegação dos recorrentes no REsp de que a ausência de suspensão do processo anularia os atos processuais praticados após a morte de um dos réus, aponta o Min. Relator que o caso possui peculiaridades, as quais efetivamente desaconselhariam a adoção do entendimento pacificado neste Superior Tribunal: suspende-se o processo imediatamente, mesmo que a comunicação da morte ao juízo ocorra em momento posterior. Entretanto, na espécie, a análise fática feita pelo acórdão recorrido aponta, entre outras constatações, que a própria parte interessada deu causa à nulidade, circunstância que impede sua decretação nos termos do art. 243 do CPC e que o REsp interposto por ela não foi admitido na origem. De outro lado, anotou o Min. Relator que o réu falecido foi devidamente citado e não ofertou contestação em nome próprio, mas apenas no de sua esposa. Assim, a rigor, o processo deveria mesmo seguir à revelia do réu inerte, houvesse ou não a morte superveniente, nos termos do art. 322 do CPC. Também assevera, entre outros argumentos, quanto aos outros recorrentes, não ser viável a anulação, visto que eles puderam exercitar, de forma ampla e irrestrita, seu direito de defesa, independentemente da participação do réu falecido, não havendo por que anular o processo. Outrossim, os recorrentes são estranhos à relação existente entre o réu falecido e eventuais herdeiros, os únicos que poderiam, se fosse o caso, alegar prejuízo na falta de suspensão do processo em razão da morte daquele. Por fim, afirma que a alegação de ofensa à coisa julgada também não prospera, visto que, para o tribunal *a quo*, a citação por edital foi realizada sem que se exaurissem os meios necessários à citação pessoal do espólio ou da sua herdeira, e o autor da ação de usucapião era sabedor do domicílio do *de cujus*, por se tratar de seu preposto. Assim, de acordo com a jurisprudência do STJ, é cabível o ajuizamento da ação anulatória (art. 486 do CPC) para anular processo de usucapião no qual não foi realizada citação válida do proprietário do imóvel, correndo todo o processo à sua revelia. Diante do exposto, a Turma negou provimento ao recurso. Precedentes citados: AgRg no REsp 599.505-MG, DJ 29/11/2004; REsp 194.029-SP, DJ 2/4/2007; REsp 12.586-SP, DJ 4/11/1991; REsp 7.556-RO, DJ 2/9/1991; REsp 1.106.159-MG, DJe 24/6/2010; REsp 950.522-PR, DJe 8/2/2010; REsp 1.190.292-MG, DJe 18/8/2010; EREsp 270.191-SP, DJ 20/9/2004; REsp 520-CE, DJ 4/12/1989, e REsp 357.577-RJ, DJ 8/11/2004. **REsp 725.456-PR, Rel. Min. Luis Felipe Salomão, julgado em 5/10/2010**. (Inform. STJ 450)

CÓPIA. MEIO ELETRÔNICO. IDONEIDADE. SUSPENSÃO. PRAZOS.

A Corte Especial, ao julgar o agravo de instrumento remetido pela Quarta Turma deste Superior Tribunal, entendeu que, para comprovar que os prazos processuais estavam suspensos no tribunal de origem, as cópias obtidas por meio de sítio eletrônico do Poder Judiciário relativas à mencionada suspensão são idôneas e podem ser admitidas como documentos hábeis para demonstrar a tempestividade do recurso, desde que contenham a identificação de sua procedência, ou seja, o endereço eletrônico de origem, a data de reprodução no rodapé da página cuja veracidade seja facilmente verificável e sejam juntadas no instante da interposição do recurso especial, podendo a parte contrária impugná-las fundamentadamente. Assim, a Corte Especial deu provimento ao agravo. **AgRg no Ag 1.251.998-SP, Rel. Min. Luis Felipe Salomão, julgado em 15/9/2010**. (Inform. STJ 447)

AG. DESPACHO. SERVENTUÁRIO. TERMO INICIAL.

In casu, o tribunal *a quo* não conheceu do agravo de instrumento interposto contra despacho ordinatório exarado por serventuário que determinou o recolhimento de R$ 11.869,40, a título de diferença de taxa judiciária, para fins de arquivamento de mandado de segurança, ao fundamento de que o termo inicial do prazo recursal é a data da publicação do ato proferido pelo auxiliar da Justiça. No entanto, a determinação de recolher a importância mencionada para arquivar o *writ* tem o condão de causar gravame ao recorrente, uma vez que seu patrimônio pessoal será alcançado; trata-se, portanto, de decisão interlocutória, e não de despacho, sendo hipótese de cabimento de agravo de instrumento, conforme preceitua o art. 522 do CPC. Por sua vez, afastada a intempestividade fixada no aresto recorrido, porquanto assentado o cunho decisório do ato, inadmissível sua elaboração por serventuário, pois investe, ostensiva e diretamente, contra o comando legal do art. 162, § 4º, do CPC, o qual admite apenas que ele pratique atos ordinatórios. De modo que é inexistente o ato do serventuário com caráter decisório que resulta em prejuízo à parte porque proferido por autoridade incompetente, razão pela qual o prazo para interposição do recurso inicia-se da data da publicação do *decisum* do magistrado que o referendou. Com essas ponderações, a Turma deu provimento ao recurso, determinando o retorno dos autos ao tribunal de origem, para que aprecie o mérito do agravo de instrumento. Precedentes citados: REsp 1.100.394-PR, DJe 15/10/2009; REsp 553.419-PB, DJ 11/12/2006, e REsp 603.266-PB, DJ 1º/7/2004. **REsp 905.681-RJ, Rel. Min. Luiz Fux, julgado em 16/9/2010.** (Inform. STJ 447)

AÇÃO ANULATÓRIA. INTIMAÇÃO.
A Turma negou provimento a recurso especial originário de ação anulatória em que se pretendia a desconstituição da intimação efetuada em nome de causídico diverso daquele expressamente indicado para tanto nos autos de ação monitória anteriormente proposta pela recorrente. Consignou-se que, não obstante a jurisprudência deste Superior Tribunal entender ser inválido o ato nessas hipóteses, a parte utilizou-se da via inadequada para a busca de tal pretensão. Segundo o Min. Relator, os atos judiciais passíveis de desconstituição pela ação anulatória, nos termos do art. 486 do CPC, são aqueles praticados pelas partes em juízo, não os realizados por juiz ou serventuários da Justiça. REsp 1.197.027-RJ, Rel. Min. Humberto Martins, julgado em 16/9/2010. (Inform. STJ 447)

APELAÇÃO. PROTOCOLO MECÂNICO.
O recorrente sustenta que o recurso foi apresentado no protocolo do tribunal estadual tempestivamente, estando caracterizado o erro do cartório que não efetivou o protocolo na data de entrega da peça. Aduz que a parte não deve ser penalizada por eventual falha na prestação do serviço. Mas o Min. Relator entendeu que o recurso de apelação foi protocolado no dia seguinte ao término do prazo, sendo, portanto, intempestivo. A argumentação do recorrente é que o recurso havia sido deixado no protocolo com cópia, mas sem protocolamento mecânico e sem anotação do dia e hora em que foi apresentado ao setor. Não há como concluir tenha ingressado no setor de protocolo no horário de expediente, quando se vencia o prazo. Ao contrário, a impressão que fica é que ingressou no setor após o horário legal, durante a eventual permanência de servidores no fim da jornada de trabalho ou que tenha sido de alguma outra forma feito chegar ao setor antes de ser encontrada a petição no início regulamentar do serviço no dia seguinte. Destacou o Min. Relator que a informação da diretoria de serviço do setor de protocolo não afirma o horário legal de entrega no setor. Portanto, não há base fática para concluir tenha havido falha cartorária pela qual o recorrente não tivesse responsabilidade. Ao contrário, quem protocoliza petição importante como a de recurso de apelação deve exigir o recibo comprobatório de dia e hora, separado ou na cópia de petição. A omissão de tal providência já por si frustraria a alegação de tempestividade. E a deixa da própria cópia da petição milita também em prol do fato da intempestividade, por afastar-se da regra geral da exigência de recibo, quando apresentadas tempestivamente as peças processuais. Por fim, não se deve olvidar que o sistema de documentação processual é de caráter objetivo, não se podendo abrir precedentes, mormente de envergadura nacional, neste Superior Tribunal, para que se insiram discussões a respeito de tempestividade de recursos, que já não tenham sido bem caracterizadas na discussão no próprio julgamento do Tribunal de origem. Não se trata de formalismo odioso, mas sim, ao contrário, de garantia importantíssima da igualdade de tratamento entre as partes. Diante disso, a Turma negou provimento ao recurso. **REsp 797.400-SP, Rel. Min. Sidnei Beneti, julgado em 1º/12/2009.** (Inform. STJ 418)

NULIDADE. CITAÇÃO. INTIMAÇÃO. REFORMA. JULGADO.
A matéria cuida de recurso contra acórdão de TJ que inadmitiu agravo de instrumento que impugnava decisão do juiz da comarca, deferitória de liminar, obstando a concessão de revenda de automóveis a terceiros, bem como obrigando a ré, a fabricante de automóveis, a fornecer à revendedora autora os bens que esta deseje adquirir da fabricante, sob pena de multa de R$ 10 mil por dia, em valores de 30/6/1997. Para o Min. Relator, no caso dos autos, dadas as particularidades descritas minuciosamente em seu voto, foi impertinente o óbice ao exame do agravo de instrumento, que era o meio próprio para a defesa de uma parte que já sofria as sérias consequências de uma liminar satisfativa em ação cautelar, uma vez que antecipadamente se reconheceu a nulidade da citação e da intimação na cautelar promovida pela autora, a afastar o óbice levantado pelo acórdão estadual acerca da falta de certidão de intimação da decisão agravada. É de aplicar o direito à espécie, na forma do art. 257, *fine*, do RISTJ, para, de logo, reformar o julgado de segunda instância, decretando-se a nulidade do processo a partir da citação, inclusive, e determinando seu reinício com a citação a ser efetuada na pessoa do representante legal da fabricante de automóveis, na cidade de São Paulo. Fica, portanto, desconstituída toda a dívida decorrente da aplicação das *astreintes* na ação cautelar movida pela revendedora contra a recorrida, a ser restituída por ela mesma. Diante disso, a Turma conheceu em parte do recurso e, nessa parte, deu-lhe provimento, determinando a extração de cópia do acórdão e encaminhamento, para ciência, da corregedoria da Justiça estadual e, ainda, à presidência daquela Corte. **REsp 556.980-BA, Rel. Min. Aldir Passarinho Junior, julgado em 17/11/2009.** (Inform. STJ 416)

PRAZO. RECESSO FORENSE.
Trata-se de agravo regimental em que se alega manifesta intempestividade do agravo de instrumento, visto que publicada a decisão que indeferiu o processamento do REsp em 12/12/2003 (sexta-feira), o prazo para interposição do agravo findou-se em 24/12/2003. A Turma negou provimento ao agravo regimental ao fundamento de que a decisão contra a qual se insurge o referido agravo foi publicada em 12/12/2003. Assim, o prazo para interposição de recurso iniciou-se no dia 15/12/2003 e foi suspenso em 19/12/2003, em razão do recesso forense, ainda existente à época. Logo, o recurso encontra-se tempestivo, visto que foi interposto em 29/12/2003, ainda no curso da suspensão do prazo recursal, que continuou a fluir em 2/2/2004. Ademais, a necessidade de comprovação da suspensão do expediente forense só se deu com a superveniência da EC n. 45, de 31/12/2003. Precedentes citados: AgRg no REsp 698.172-PB, DJe 23/6/2008, e AgRg no Ag 914.377-SC, DJe 3/11/2008. **AgRg no Ag 616.626-SP, Rel. Min. Paulo Furtado (Desembargador convocado do TJ-BA) julgado em 27/10/2009.** (Inform. STJ 413)

PRAZO. ROL. TESTEMUNHAS.
O rol de testemunhas deverá ser apresentado até dez dias antes da audiência (art. 407 do CPC) na ausência de fixação de prazo diverso pelo juízo. Essa regra aplica-se a todos os casos, menos àqueles em que o sistema legal dispuser de modo diferente, tal como no procedimento sumário, em que o rol deve acompanhar a petição inicial (art. 276 do CPC). Essa é uma regra geral, mas específica para a apresentação do rol de testemunhas, de forma que prevalece sobre o prazo genérico do art. 185 do mesmo código, que existe para hipóteses em que nem a lei nem o juiz estabeleçam prazo. Assim, a regra do citado art. 407 vale mesmo para a situação em que o juízo, ao fundamento de remanejar a pauta de audiências, transfira a data para outra futura ou mesmo a adie sem fixar outra. Vale, também, para os casos em que o juízo determine prazo diverso, mas não designe a audiência, porque não há sentido em impor ônus processual para consequência nenhuma, em desatenção ao princípio da utilidade dos atos processuais. Se houver remarcação de audiência, inclusive remarcação geral, para acerto de pauta, e não for de imediato designada nova data, o prazo para o rol de testemunhas será contado ao se considerar a data que vier a ser marcada. Não designada data da audiência, o que incumbe ao juízo, de ofício, realizar, cabe à parte pedir sua marcação, passando-se a contar o prazo de acordo com sua data. Então, a preservação do sistema contido no art. 407 do CPC, nos casos em que a lei expressamente não o excepcione, atende ao princípio da lealdade processual, enquanto evita o surgimento de situações que desbordem da normalidade da regra. **REsp 1.109.979-RS, Rel. Min. Sidnei Beneti, julgado em 20/10/2009.** (Inform. STJ 412)

INTIMAÇÃO. VIA POSTAL. PLURALIDADE. RÉUS. AR.
A matéria consiste em determinar o termo inicial para a interposição de agravo de instrumento na hipótese em que há pluralidade de réus intimados da decisão interlocutória pela via postal. Na hipótese, a decisão determinou a citação dos réus e deferiu o pedido de inversão de ônus da prova. A ciência dessa decisão foi feita pela via postal, com aviso de recebimento (AR). Para a Min. Relatora, o art. 241 do CPC estipula, em seus vários incisos, diversas regras para a definição do termo inicial dos prazos processuais, traçando, entre elas, uma específica, contida em seu inciso III, para as situações em que, havendo vários réus, o prazo deverá correr a partir da juntada aos autos do último aviso de recebimento ou mandado citatório cumprido. A aplicação do disposto no inciso III demanda o preenchimento de dois requisitos, sendo o primeiro deles a pluralidade de réus e o segundo, o de que o ato de comunicação processual realizado seja uma citação, isso porque a expressão "citatório" contida na redação do mencionado inciso alcança tanto o aviso de recebimento quanto o mandado que tenha a finalidade de, nos termos do art. 213 do CPC, chamar a juízo o réu ou o interessado para apresentar defesa. No caso, apesar de evidenciada a pluralidade de réus, o agravo de instrumento interposto desafiava o deferimento da inversão do ônus da prova, cuja cientificação foi feita mediante intimação do recorrente. Assim, na hipótese de intimação realizada pelo correio, aplicar-se-á o inciso I do art. 241 do CPC, devendo o prazo correr para cada um dos interessados a partir da juntada aos autos do respectivo aviso de recebimento. Diante disso, a Turma negou provimento ao recurso. **REsp 1.095.514-RS, Rel. Min. Nancy Andrighi, julgado em 1º/10/2009.** (Inform. STJ 409)

CARTA ROGATÓRIA. CITAÇÃO.
A Corte Especial, atendo-se à análise dos requisitos necessários para os fins a que se destina a citação, concedeu o *exequatur* ao entendimento de que a carta rogatória sem efeito executivo é prática de comunicação processual expedida, mormente para dar ciência à empresa de processos que tramitam perante a Justiça inglesa e sobre as custas processuais devidas, sem qualquer ofensa à ordem pública ou à soberania. Outrossim, sem razão a impugnante quanto ao argumento de que as demandas em que se discute obrigação a ser cumprida no Brasil devem ser ajuizadas perante a jurisdição brasileira, visto que, por se tratar de competência relativa, a recusa da jurisdição estrangeira não impede a concessão pretendida. Precedentes citados: AgRg na CR 2.881-AR, DJe 3/11/2008; AgRg na CR 2.807-MX, DJe 3/4/2008; AgRg na CR 3.029-GB, DJe 7/8/2008, e AgRg na CR 1.589-US, DJ 6/8/2007. **CR 3.721-GB, Rel. Min. Eliana Calmon, julgado em 2/9/2009.** (Inform. STJ 405)

LITISCONSORTES. PRAZO EM DOBRO.
Incide o prazo do art. 191 do CPC (prazo em dobro) mesmo quando o litígio diz respeito a imóvel comum e, em ação de reintegração de posse, marido e mulher constituem advogados distintos, embora pertençam a escritório advocatício comum. Assim, a Turma deu provimento ao recurso. **REsp 818.419-SP, Rel. Min. Sidnei Beneti, julgado em 9/6/2009.** (Inform. STJ 398)

INTIMAÇÃO POSTAL. PESSOA JURÍDICA.
A matéria cinge-se em saber se, para a intimação prevista no § 1º do art. 267 do CPC, em se tratando de pessoa jurídica, a carta registrada devidamente enviada ao endereço constante da inicial e do contrato social da empresa, ainda que não recebida por representante legal, supre a exigência constante do referido dispositivo legal. Inicialmente, destacou o Min. Relator que este Superior Tribunal, de forma a privilegiar a teoria da aparência, considera válida a citação, bem como a intimação (em geral) na pessoa de quem se apresente perante o oficial de justiça sem manifestar qualquer ressalva quanto à inexistência de poderes para representá-la. Assim, se, para a citação, principal ato de comunicação no processo, que tem o condão de efetivamente constituir a relação processual entre as partes, quando realizada pela via postal, admite-se, em se tratando de pessoa jurídica, o recebimento da carta registrada (corretamente endereçada) por funcionário ou preposto, não há razão para não aplicar tal entendimento à presente hipótese. Assim, partindo-se do pressuposto de que é válida a intimação pela via postal a fim de cientificar o autor da necessidade de promover o prosseguimento do feito, desde que atinja tal propósito, e considerando não se mostrar crível que a carta devidamente encaminhada ao endereço da empresa autora constante de seu estatuto social e da petição inicial, ainda que não recebida por seus representantes legais, não tenha chegado ao conhecimento destes, tem-se por atendida a exigência prevista no artigo 267, § 1º, do CPC. Reputando-se válida a intimação e remanescendo inerte a autora da ação, a extinção do feito, em que não restou conformada a relação processual com o ora recorrido, era mesmo a medida de rigor. Ressalte-se, ainda, que, em se tratando de ação de busca e apreensão em que o réu não foi citado, a extinção do feito de ofício pelo magistrado prescinde da manifestação do réu. Afasta-se, por isso, a incidência na espécie do enunciado n. 240/STJ. Precedentes citados: AgRg no Ag 547.864-DF, DJ 19/4/2004; REsp 190.690-RJ, DJ 20/3/2000; Ag 441.507-RJ, DJ 22/4/2003, e AgRg no Ag 736.583-MG, DJ 20/9/2007. **REsp 1.094.308-RJ, Rel. Min. Massami Uyeda, julgado em 19/3/2009.** (Inform. STJ 387)

INÍCIO. PRAZO. CONTESTAÇÃO. CITAÇÃO. HORA CERTA.
É cediço que a jurisprudência afirma que o início da contagem do prazo para oferecer contestação, nas hipóteses da citação com hora certa, é da juntada do mandado de citação cumprido, desconsiderando a juntada do aviso de recebimento (AR) relativo à correspondência posteriormente enviada. No caso, há uma peculiaridade: a carta enviada pelo escrivão, em obediência ao art. 229 do CPC, expressamente mencionou que o prazo para responder era de 15 dias contados da data da juntada do AR aos autos. Para a Min. Relatora, o processo civil não pode esconder armadilhas e surpresas para as partes, a cercear, injusta e despropositadamente, uma solução de mérito, nem o formalismo deve ser desvinculado de sua finalidade. Dessa forma, dada essa particularidade, considerando que o réu foi induzido a erro por ato do funcionário do cartório, admite-se a contestação como tempestiva. Com essas razões, a Turma negou provimento ao REsp. Precedentes citados: REsp 211.146-SP, DJ 1º/8/2000; REsp 180.917-SP, DJ 16/6/2003; REsp 963.977-RS, DJ 5/9/2008, e REsp 901.556-SP, DJ 3/11/2008. **REsp 746.524-SC, Rel. Min. Nancy Andrighi, julgado em 3/3/2009.** (Inform. STJ 385)

INTIMAÇÃO. ADVOGADO.
Conforme a exegese dada ao art. 236, § 1º, do CPC, não é válida a intimação feita em nome de outro advogado constituído se foi anteriormente apresentado pedido expresso de que apenas determinado causídico fosse intimado das decisões. Precedentes citados do STF: RHC 81.454-SP, DJ 22/2/2002; Pet 1.263-SP, DJ 16/11/2001; do STJ: REsp 139.844-RJ, DJ 22/6/1998; AgRg na MC 2.616-MG, DJ 4/9/2000; AgRg no Ag 204.528-MG, DJ 8/4/2002; REsp 540.679-CE, DJ 3/5/2004; REsp 512.692-SP, DJ 23/8/2004, e REsp 832.641-SP, DJ 2/8/2007. **REsp 897.085-SP, Rel. Min. Aldir Passarinho Junior, julgado em 16/12/2008.** (Inform. STJ 381)

FAX. QÜINQÜÍDIO. FERIADO.
A Turma, ao prosseguir o julgamento, entendeu, por maioria, que, findo em feriado o prazo de cinco dias previsto no art. 2º da Lei n. 9.800/1999 para entrega dos originais, é imperioso aplicar o § 1º do art. 184 do CPC e o art. 106 do RISTJ, a prorrogá-lo até o primeiro dia útil, visto que a entrega pressupõe a existência de expediente forense. Precedentes citados: AgRg no AR 3.577-PE, DJ 3/9/2007, e AgRg nos EREsp 640.803-RS, DJe 5/6/2008. **EDcl no REsp 1.017.981-PE, Rel. originário Min. Hamilton Carvalhido, Rel. para acórdão Min. Luiz Fux, julgados em 18/9/2008.** (Inform. STJ 368)

INTIMAÇÃO PESSOAL. FAZENDA PÚBLICA. PRAZO.
Cuida-se de agravos regimentais interpostos por empresas e pela Fazenda Nacional contra decisão monocrática do Min. Relator que conheceu, em parte, e deu parcial provimento ao recurso da empresa contribuinte, para reconhecer que o prazo recursal começa a fluir a partir da intimação pessoal do procurador. Esclareceu o Min. Relator que, quanto à aplicação de multa em embargos declaratórios opostos pela empresa recorrente, no caso particular, não há o necessário caráter protelatório a autorizar a manutenção da penalidade do art. 538, parágrafo único, do CPC, de modo que se afasta a penalidade aplicada pelo Tribunal de origem. A simples carga dos autos ao procurador da Fazenda, sem certificar o objeto da intimação, não configura a realização dessa nem pode substituí-la nos termos da lei. É assente, neste Superior Tribunal, que o prazo recursal inicia-se a partir da juntada aos autos do mandado de intimação pessoal da Fazenda Nacional. Diante disso, a Turma deu parcial provimento ao agravo da empresa para afastar a multa aplicada pelo Tribunal *a quo* e deu provimento ao agravo da Fazenda Nacional para reconhecer que o termo inicial do prazo recursal dá-se com a juntada aos autos do mandado de intimação pessoal. **AgRg no REsp 653.830-RJ, Rel. Min. Humberto Martins, julgado em 18/9/2008.** (Inform. STJ 368)

PRAZO. FERIADO FORENSE.
É consabido que o art. 62, I, da Lei n. 5.010/1966, disciplinadora dos processos que correm na Justiça Federal, tem como feriado forense o período compreendido entre 20 de dezembro e 6 de janeiro. Daí que, diante do fato de não haver expediente forense, as intimações deverão ser consideradas como promovidas apenas após aquele período (arts. 173 e 240, parágrafo único, do CPC), iniciando-se prazo apenas no dia seguinte (art. 184, § 2º, do CPC). Sucede que, tal como apregoado pela Min. Nancy Andrighi em seu voto-vista, não há qualquer sentido em estabelecer critério diferente para a contagem do prazo processual quando o processo dá-se na Justiça estadual, a entender tal período como simples suspensão de prazos, pois diferenciar as regras resultaria num desserviço à administração da Justiça, enquanto hoje se busca uma simplificação da interpretação e aplicação dos dispositivos do CPC, a viabilizar, sim, a decisão sobre o próprio mérito das causas, a buscar-se, nas questões controvertidas, sempre que possível, a opção que aumente a viabilidade do processo: basta do processo pelo simples processo. **REsp 975.807-RJ, Rel. originário Min. Humberto Gomes de Barros, Rel. para acórdão Min. Nancy Andrighi, julgado em 2/9/2008.** (Inform. STJ 366)

CITAÇÃO. PESSOA JURÍDICA. FUNCIONÁRIO.
Trata-se de ação para obter indenização por danos morais por cobrança indevida de serviços não contratados e inscrição em cadastros de proteção ao crédito. Citada por mandado, a ré manteve-se revel, com sentença julgada procedente, fixando a indenização dos danos morais acrescida do dobro do valor cobrado indevidamente, cancelados os registros. Entretanto, foi cassada a sentença por considerar-se nula a citação realizada na sede da ré e recebida por funcionária sem poderes. No caso, a Turma reiterou o entendimento da validade da citação de pessoa jurídica por meio de funcionário identificado como representante da empresa. Precedentes citados: REsp 744.643-SC, DJ 12/3/2007; REsp 739.397-RJ, DJ 2/8/2007, e REsp 234.577-MG, DJ 18/3/2002. **REsp 931.360-MA, Rel. Min. Aldir Passarinho Junior, julgado em 2/9/2008.** (Inform. STJ 366)

INTIMAÇÃO. PAÍS ESTRANGEIRO. IMUNIDADE. JURISDIÇÃO.
Trata-se de apelação reautuada como recurso ordinário (art. 13, II, do RISTJ) contra sentença que indeferiu a petição inicial sem resolução de mérito (art. 267, IV e VI, do CPC), por ter reconhecido que os atos supostamente praticados por agentes de Estado estrangeiro na revolução militar de março de 1964 caracterizar-se-iam como ato de império e por isso são alcançados pela imunidade de jurisdição. A ação foi proposta pelos familiares de ex-presidente deposto em razão daquela revolução, com objetivo de obter a condenação do Estado estrangeiro ao pagamento de indenização pelos danos morais e materiais, pelos prejuízos pessoais e financeiros. Isso posto, a Turma, prosseguindo na renovação do julgamento, conforme voto médio, deu provimento, em parte, ao recurso ordinário, para afastar a extinção do processo e determinar o retorno à vara de origem, para que se proceda à prévia intimação do Estado estrangeiro, que pode ser feita na pessoa de seu representante no País, a fim de se manifestar sobre a aceitação ou não da jurisdição brasileira para julgar a ação. Destacou-se que essa é uma decisão técnica, sem adentrar o mérito, na qual, embora se reconheça imunidade de jurisdição, deixa-se de extinguir o processo, porque a nova ordem jurídica internacional quer dar uma oportunidade para que o Estado estrangeiro aceite ou não a jurisdição brasileira. Sendo assim, essa é uma fase preliminar, a qual se preferiu chamar de intimação em vez de citação, é a condição *sine qua non* para oportunizar àquele Estado estrangeiro concordar em se submeter, depois é que se promoverá a citação para os efeitos da lei processual. **RO 57-RJ, Rel. originária Min. Nancy Andrighi, Rel. para o acórdão Min. Aldir Passarinho Junior, julgado em 21/8/2008**. (Inform. STJ 364)

CARTA ROGATÓRIA. CITAÇÃO. COBRANÇA. DÍVIDA. JOGO. EXTERIOR. EXEQUATUR. POSSIBILIDADE.
Não afronta a soberania nacional ou a ordem pública a concessão de *exequatur* para citar alguém no Brasil a fim de que se defenda em ação de cobrança de dívida de jogo contraído em Estado estrangeiro no qual tal pretensão é lícita. **AgRg na CR 3.198-US, julgado em 30/6/2008**. (Inform. STJ 362)

CITAÇÃO. ESTADO ESTRANGEIRO. AÇÃO INDENIZATÓRIA.
Trata-se de ação indenizatória interposta pelo recorrente contra Estado estrangeiro, alegando que viajou àquele país, com passagens de ida e volta compradas e com visto de entrada obtido regularmente. Porém, ao desembarcar, foi colocado em uma sala para interrogatório, e mesmo mostrando ter dinheiro suficiente para a estada, foi obrigado a assinar declaração sem compreender corretamente seu conteúdo, por não ser fluente na língua local. Teve seu visto revogado e foi obrigado a retornar ao Brasil com os documentos retidos pelo comandante do avião. Requereu indenização e compensação por danos morais, pois não houve qualquer indicação das autoridades daquele país do motivo que justificasse o tratamento por ele recebido. Assim, a Turma entendeu que se faça a citação do estado estrangeiro para que este, querendo, oponha resistência à sua submissão à autoridade judiciária brasileira, pois tal medida não encontra óbice nem nos comandos dos arts. 82 e 89 do CPC, que tratam do tema de maneira geral, de competência (jurisdição) internacional brasileira, nem no princípio da imunidade de jurisdição. Para que se classifiquem os atos em de império ou de gestão, necessário que se oportunize a manifestação formal do Estado, daí a necessidade de sua citação. Precedentes citados: RO 41-RJ, DJ 28/2/2005; RO 64-SP, e RO 57-RJ. **RO 70-RS, Rel. Min. Nancy Andrighi, julgado em 27/5/2008**. (Inform. STJ 357)

DEFENSOR PÚBLICO. INTIMAÇÃO PESSOAL.
O Tribunal *a quo* asseverou que não houve intimação pessoal do defensor público para que ele apresentasse as contra-razões do recurso de apelação. Logo, conforme o art. 5º, § 5º, da Lei n. 1.060/1950 e o art. 44 da Lei Complementar n. 80/1994, é prerrogativa da Defensoria Pública a intimação pessoal, e sua não-realização acarreta a nulidade absoluta. Assim, a Turma cassou os atos posteriores à sentença e determinou o retorno dos autos à Corte de origem para que seja regularizada a intimação da Defensoria Pública, oportunizando-se a apresentação de contra-razões à apelação. Precedentes citados: REsp 476.471-RS, DJ 3/11/2003; REsp 808.411-PR, DJ 10/4/2006, e REsp 793.362-RS, DJ 11/6/2007. **REsp 1.035.716-MS, Rel. Min. Luiz Fux, julgado em 20/5/2008**. (Inform. STJ 356)

CITAÇÃO. ASSINATURA. ESTAGIÁRIO.
Anteriormente à Lei n. 11.419/2006, de 19/12/2006, as informações prestadas via *Internet* eram de natureza meramente informativa. No caso dos autos, as anotações foram anteriores a essa lei, constou na *Internet* data diversa da que de fato o mandado de citação teria sido juntado aos autos, Assim, eventual erro na divulgação dessa informação não configura justa causa para a reabertura do prazo de contestação. Contudo, o fato de o termo de juntada do mandado de citação não ter sido assinado pelo escrivão, mas sim pelo estagiário, malfere o art. 168 do CPC. Assim, a juntada do mandado citatório efetuado por estagiário é tida por inexistente, diante da incapacidade do agente em realizá-lo, devendo, pois, ser considerada a contestação, afastando-se a revelia. Precedentes citados: AgRg no Ag 599.457-MG, DJ 26/9/2005, e EREsp 503.761-DF, DJ 14/11/2005. **REsp 1.020.729-ES, Rel. Min. Aldir Passarinho Junior, julgado em 18/3/2008**. (Inform. STJ 349)

SUSPENSÃO. PRAZO. GREVE. DEFENSORIA PÚBLICA.
A Corte Especial entendeu indeferir o pedido de suspensão de prazos formulado pela Defensoria Pública da União em razão da greve ocorrida em seus quadros. Precedente citado: **Ato n. 33-STJ. Questão de Ordem Especial, Presidente Min. Barros Monteiro, em 13/3/2008**. (Inform. STJ 348)

INTIMAÇÃO. ADVOGADO. SUBSTABELECIMENTO.
Deu-se o substabelecimento com reserva de poderes, constante solicitação expressa de que as intimações fossem feitas também em nome do advogado substabelecido. Dessarte, pelo menos seu nome deveria constar da publicação. Poderia até constar dela o nome de outros advogados além do seu. Só não poderia acontecer a exclusão justamente dele, quem solicitou a expressa intimação também em seu nome. Com esse entendimento, a Corte Especial conheceu, por maioria, dos embargos e, por unanimidade, acolheu-os para afastar a preliminar de intempestividade e determinar o prosseguimento do exame do mérito pela Segunda Turma. Anote-se que o especial foi interposto seis meses após a publicação do acórdão dos embargos de declaração. Precedentes citados: REsp 515.690-MG, DJ 24/11/2003, e REsp 586.362-SP, DJ 21/2/2005. **EREsp 900.818-RS, Rel. Min. Laurita Vaz, julgados em 13/3/2008**. (Inform. STJ 348)

AUDIÊNCIA. CONCILIAÇÃO. INTIMAÇÃO.
Os impetrantes buscam a anulação do ato judicial que os considerou intimados não-obstante o seu não-comparecimento à audiência de conciliação em que foi proferida sentença de improcedência do feito. O Min. Relator entendeu assistir razão aos recorrentes. Observou que o § 2º do art. 331 do CPC, na redação dada pela Lei n. 8.952/1994, já vigente na ocasião, dispõe que somente será designada a audiência de instrução e julgamento se necessário. Nada impede que o juiz passe, de logo, a proferir a sentença se o processo já estiver maduro para o julgamento, com as fases processuais cumpridas. O normal nem é isso; é a conclusão dos autos para sentença que termina sendo proferida mais tarde. Entretanto há que se considerar que a chamada audiência de conciliação constitui uma inovação ao direito anterior, quando era de conciliação e julgamento. Nela, agora, busca-se objetivamente oportunizar, preliminarmente, uma transação entre os litigantes antes de se avançar em outras provas e diligências, antes de se dar uma maior marcha ao processo. Justamente por isso ela não é um ato de comparecimento obrigatório, é facultativo. Assim, há que se conciliarem as proposições. De um lado, nada obsta que se passe ao sentenciamento, se a matéria é de direito e não há necessidade de outras provas, ou quando foram já dispensadas. De outro lado, se o comparecimento não é obrigatório e a intimação das partes foi específica, ou seja, para a conciliação, nessas circunstâncias em que se passou logo adiante e foi proferida a sentença, evidentemente que o ato é válido, podia ser praticado como o foi, mas não se poderiam considerar como intimadas as partes que não compareceram nem pessoalmente nem por advogado. O princípio da publicidade deve ser sempre preservado, mormente quando o resultado é o padecimento do direito da parte. No caso, os impetrantes não estavam obrigados a comparecer e não sabiam que já iria ser proferida a sentença. Para o Min. Relator, eles teriam que realmente ser intimados para o início da fluição do prazo recursal. Portanto a sentença, induvidosamente, podia ser proferida na audiência de conciliação – muito embora não seja uma prática usual – porém, se o for, há que se dar a intimação daqueles que ao ato não compareceram, pois que não era obrigatória a sua presença. **RMS 14.828-SP, Rel. Min. Aldir Passarinho Junior, julgado em 4/3/2008**. (Inform. STJ 347)

INTIMAÇÃO. ESTAGIÁRIO. RETIRADA. AUTOS.
Não se considera consumada a intimação quando o estagiário, embora autorizado pelo advogado, retira os autos do cartório (com carga) antes da publicação da sentença, ainda que, como no caso, a sentença esteja encartada nos autos. Isso porque a intimação é ato formal a ser dirigido a quem tem competência para praticar o ato necessário. Ademais, a retirada dos autos com carga não induz, necessariamente, à ciência inequívoca do advogado, e o prazo para interposição do recurso só começa a fluir da publicação da sentença. Com esse entendimento, a Turma deu provimento ao recurso, determinando que o Tribunal *a quo* reexamine a apelação. **REsp 830.154-DF, Rel. Min. Humberto Gomes de Barros, julgado em 19/12/2007**. (Inform. STJ 343)

CITAÇÃO POSTAL. PESSOA JURÍDICA. VALIDADE. ASSINATURA. PREPOSTO.

A citação de pessoa jurídica pela via postal é válida quando realizada no endereço da ré e recebido o aviso registrado por simples empregado. Desnecessário que a carta citatória seja recebida e o aviso de recebimento seja assinado por representante legal da empresa. Assim, a Corte Especial conheceu e acolheu os embargos de divergência. Precedentes citados: REsp 582.005-BA, DJ 5/4/2004, e REsp 259.283-MG, DJ 11/9/2000. **EREsp 249.771-SC, Rel. Min. Fernando Gonçalves, julgados em 7/11/2007.** (Inform. STJ 338)

CITAÇÃO. AUSÊNCIA. ADVERTÊNCIA. REVELIA. VALIDADE.

Cuida-se de ação ordinária cumulada com obrigação de fazer, objetivando a realização de obras de infra-estrutura em empreendimento de loteamento. Note-se que os réus não contestaram a ação e a sentença presumiu como verdadeiros os fatos apontados pelo autor, julgando procedente o pedido. No Tribunal *a quo*, o apelo dos réus teve provimento parcial apenas para acolher preliminar de ilegitimidade do co-réu e confirmou a condenação da imobiliária, ora recorrente, para executar as obras reclamadas na inicial. Isso posto, explica o Min. Relator, rebatendo as razões do REsp, que não há conexão entre as causas conforme alegado pela ré; o direito do autor em cobrar pelo término da infra-estrutura é autônomo e desvinculado de outra relação contratual da imobiliária. Também não existe nulidade por ausência de intervenção do *Parquet*, nesses autos só se discute uma obrigação de fazer o que consta de um contrato integrante de um loteamento já aprovado pelas autoridades locais. Quanto à revelia, no mandado de citação, não constou a advertência do art. 225 do CPC. Sendo assim, a doutrina e a jurisprudência deste Superior Tribunal em *leading case* de relatoria do Min. José Dantas, orientam que, embora a omissão da advertência não invalide a citação, impede a confissão ficta conseqüente da revelia prevista no art. 285 do CPC. Ressaltou ainda o Min. Relator que a obrigação de realizar as obras de infra-estrutura compete ao loteador e, no caso, decorre, inclusive, de leis municipais anteriores à Lei Federal n. 6.799/1979. Diante do exposto, a Turma conheceu em parte do recurso apenas para reconhecer que não houve a revelia, mas lhe negou provimento. Precedentes citados: REsp 30.222-PE, DJ 15/2/1993 e REsp 10.139-MG, DJ 6/2/1995. **REsp 410.814-MG, Rel. Min. Aldir Passarinho Junior, julgado em 6/11/2007.** (Inform. STJ 338)

NULIDADE. INTIMAÇÃO. MP.

É nulo o julgamento de ação rescisória sem a regular intimação do MP, parte no processo. A simples presença, na sessão de julgamento, de um de seus representantes na condição de fiscal da lei não tem sequer o condão de sanar o vício. Precedentes citados: REsp 398.250-PR, DJ 19/12/2003, e REsp 91.544-MG, DJ 16/9/2002. **REsp 687.547-RJ, Rel. Min. Teori Albino Zavascki, julgado em 25/9/2007.** (Inform. STJ 333)

INTIMAÇÃO. ESTAGIÁRIO. NULIDADE .

É certo que as intimações devem ser feitas em nome do advogado e não de seu estagiário, como no caso. Porém essa nulidade só foi argüida muito tempo depois das primeiras intimações, pois a parte sempre se deu por intimada e só procurou corrigir o defeito após vencida. Diante disso, a Turma, em preliminar, entendeu, vencido o Min. Relator, que acolher a nulidade, no caso, seria chancelar um comportamento contrário ao processo, alheio da boa-fé processual (nulidade guardada) e, ao prosseguir o julgamento, por unanimidade, deu provimento ao recurso. **REsp 756.885-RJ, Rel. Min. Humberto Gomes de Barros, julgado em 14/8/2007.** (Inform. STJ 327)

RENOVAÇÃO. INTIMAÇÃO PESSOAL.

A recorrente assevera que, embora tenha sido citada regularmente para o feito, não se havia apresentado para a audiência, nem ofertara contestação, pois aguardava a citação dos demais réus para o início da contagem do prazo para contestar. Aduz que caberia ao órgão julgador promover a intimação da desistência do autor em relação aos litisconsortes passivos. O Min. Relator entendeu assistir razão à recorrente, pois a intimação da homologação judicial da desistência em relação aos demais réus deveria ser realizada antes do decreto de revelia, para o cumprimento da norma do art. 298, parágrafo único, do CPC, aplicável ao procedimento sumário, por força do art. 272, parágrafo único. Era de se esperar que a recorrente aguardasse a citação da co-ré para o início do prazo, que poderia até ser em dobro, para contestar a ação (arts. 191, 241, III, e 298, todos do CPC). Ocorrida a desistência da ação em relação aos demais co-réus, dever-se-ia aguardar a intimação do despacho que a deferira, no caso, necessariamente, pessoal. Ante o exposto, a Turma conheceu do recurso e deu-lhe parcial provimento, para declarar a nulidade da sentença e determinar seja renovada a intimação da recorrente para contestar a ação, prosseguindo-se como de direito. Precedentes citados: REsp 169.541-MG, DJ 11/12/2000; REsp 28.502-SP, DJ 7/2/1994, e REsp 727.065-RJ, DJ 26/6/2006. **REsp 932.435-RJ, Rel. Min. Aldir Passarinho Junior, julgado em 8/5/2007.** (Inform. STJ 319)

PROTOCOLO INTEGRADO. RESOLUÇÃO. TRF.

É cediço que o sistema de protocolo integrado não é aplicável aos recursos dirigidos ao STJ, mesmo após a edição da Lei n. 10.352/2001 (Súm. n. 256-STJ). Esse entendimento toma reforço quando se constata que o próprio tribunal recorrido expediu resolução no sentido de não aplicar tal sistema aos recursos e petições dirigidas aos tribunais superiores (Resolução n. 8/2005 do TRF da 4ª Região). Precedentes citados: AgRg no Ag 685.586-SP, DJ 17/10/2005, e AgRg no Ag 680.976-RS, DJ 3/10/2005. **AgRg nos EDcl no Ag 829.079-PR, Rel. Min. Paulo Gallotti, julgado em 19/4/2007.** (Inform. STJ 317)

CITAÇÃO. AR. PESSOA FÍSICA.

A Turma reiterou o entendimento de que a citação de pessoa física pelo correio deve obedecer ao disposto no art. 223, parágrafo único, do Código de Processo Civil, considerando indispensável a entrega direta ao destinatário. No caso, cabe ao carteiro colher o ciente como prova do aviso de recepção por ele assinado, sem o que não tem validade o ato de comunicação e acarreta a nulidade do ato citatório, dada sua relevância processual. Assim, subscrito o aviso por outra pessoa, cabe ao autor o ônus de provar que o réu, embora sem assinar o aviso, teve conhecimento da demanda que lhe foi ajuizada, uma vez que a presunção de recebimento pode causar lesão gravíssima ao demandado, mormente em razão da deficiente prestação de serviços de portaria e condomínios nas residências. Precedente citado: EREsp 117.949-SP, DJ 26/9/2005. **REsp 884.164-SP, Rel Min. Castro Filho, julgado em 27/3/2007.** (Inform. STJ 315)

SÚMULA STF Nº 641

Não se conta em dobro o prazo para recorrer, quando só um dos litisconsortes haja sucumbido.

SÚMULA STF Nº 310

Quando a intimação tiver lugar na sexta-feira, ou a publicação com efeito de intimação for feita nesse dia, o prazo judicial terá início na segunda-feira imediata, salvo se não houver expediente, caso em que começará no primeiro dia útil que se seguir.

SÚMULA STJ Nº 429

A citação postal, quando autorizada por lei, exige o aviso de recebimento.

SÚMULA STJ Nº 273

Intimada a defesa da expedição da carta precatória, torna-se desnecessária intimação da data da audiência no juízo deprecado.

SÚMULA STJ Nº 116

A fazenda publica e o ministério publico tem prazo em dobro para interpor agravo regimental no Superior Tribunal de Justiça.

4. LITISCONSÓRCIO, ASSISTÊNCIA E INTERVENÇÃO DE TERCEIROS

DIREITO PROCESSUAL CIVIL. RECURSO. LITISCONSÓRCIO. EFEITO EXTENSIVO.

O recurso produz efeitos somente ao litisconsorte que recorre, ressalvadas as hipóteses de litisconsórcio unitário, em que se aplica a extensão prevista no art. 509 do CPC. Precedentes: **AgRg no REsp 770.326-BA, DJe 27/9/2010; REsp 827.935-DF, DJe 27/8/2008; REsp 209.336-SP, DJ 26/3/2007; REsp 411.563-PR, DJ 10/5/2004. AgRg no REsp 908.763-TO, Rel. Min. Ricardo Villas Bôas Cueva, julgado em 18/10/2012.**(Inform. STJ 507)

DIREITO PROCESSUAL CIVIL. LITISCONSORTES CASADOS. DIFERENTES PROCURADORES. PRAZO EM DOBRO PARA CONTESTAR.

Independentemente de requerimento, réus com diferentes procuradores têm prazo em dobro para contestar, mesmo sendo casados e constando como promitentes compradores no contrato de promessa de compra e venda de imóvel. Por expressa disposição do art. 191 do CPC, os recorrentes, enquanto permanecerem defendidos por patronos distintos, têm prazo em dobro para oferecer contestação. Precedentes citados: **REsp 713.367-SP, DJ 27/6/2005; AgRg no Ag 1.085.026-SC, DJe 25/5/2009;**

AgRg no Ag 830.913-SP, DJ 23/3/2007; REsp 683.956-MG, DJ 2/4/2007, e REsp 848.658-SP, DJe 2/6/2008. REsp 973.465-SP, Rel. Min. Luis Felipe Salomão, julgado em 4/10/2012. (Inform. STJ 506)

FALECIMENTO DE LITISCONSORTE. SUSPENSÃO DO PROCESSO. NULIDADE RELATIVA. AUSÊNCIA DE PREJUÍZO.

A Turma entendeu que a inobservância do art. 265, I, do CPC, que determina a suspensão do processo a partir da morte da parte, enseja apenas nulidade relativa, sendo válidos os atos praticados, desde que não haja prejuízo aos interessados, visto que a norma visa preservar o interesse particular do espólio e dos herdeiros do falecido. Somente deve ser declarada a nulidade que sacrifica os fins de justiça do processo. No caso, o falecido era, ao mesmo tempo, sócio da sociedade executada e fiador da dívida, juntamente com outro sócio. Assim, não houve prejuízo ao espólio do falecido, porquanto, tratando-se de garantia pessoal e possuindo o fiador em seu favor o benefício de ordem, seus bens somente estarão sujeitos à execução se os da sociedade executada forem insuficientes à satisfação do crédito, o que não ocorre no caso em tela. **REsp 959.755-PR, Rel. Min. Luis Felipe Salomão, julgado em 17/5/2012.** (Inform. STJ 497)

LITISCONSÓRCIO. ASSOCIAÇÃO. DIREITO DE VOTO.

O cerne da controvérsia diz respeito à declaração de nulidade de cláusulas estatutárias que conferiram direito exclusivo de voto aos sócios fundadores da Associação recorrente e limitaram temporalmente a permanência dos associados efetivos na entidade, em virtude de alegada violação ao disposto no art. 1.394 do CC/1916. Porém, quando a ação foi ajuizada em 1997, apenas a associação figurava como ré, não integrando o polo passivo os sócios fundadores, os quais somente em sede recursal em 2003 suscitaram a nulidade do processo desde a citação, alegando a configuração de litisconsórcio necessário, uma vez que a nulidade da norma estatutária implica ofensa ao direito adquirido de exclusividade do seu direito de voto. Nos termos do art. 47 do CPC, o litisconsórcio necessário, à exceção das hipóteses de imposição legal, encontra sua razão de ser na natureza da relação jurídica de direito material deduzida em juízo, que implica necessariamente a produção dos efeitos da decisão de mérito de forma direta na esfera jurídica de todos os integrantes dessa relação. *In casu*, é prescindível a formação do litisconsórcio necessário, uma vez que não há relação jurídica de direito material unitária entre a associação e os sócios fundadores, isso porque a esfera jurídica dos associados com direito de voto é afetada pela decisão do tribunal *a quo* apenas por via reflexa, não autorizando a formação de litisconsórcio a simples alteração qualitativa do seu direito de voto, o que se situa no plano meramente fático. No mérito, concluiu-se que todos os sócios efetivos da associação devem ser considerados, não como sócios a título precário, mas sim como sócios que, além de possuir direito a voto, têm também o de convocar, comparecer e participar efetivamente das assembleias gerais ordinárias e extraordinárias, devendo, para tal fim, delas ter ciência prévia. De modo que todas as cláusulas estatutárias objeto da demanda mostram-se nulas de pleno direito, uma vez que violam frontalmente o art. 1.394 do antigo diploma civil, o qual se reveste da qualidade de norma cogente norteadora dos princípios básicos de todas as sociedades civis que, sem eles, estariam a mercê do autoritarismo dos detentores do poder de comando, situação dissonante da boa convivência exigida entre pessoas que devem ser tratadas em condição de igualdade entre si. Na mesma linha, o voto desempate do Min. Antonio Carlos Ferreira salientou que o poder de auto-organização das associações sem fins lucrativos não é absoluto e que, na hipótese, trata-se de uma associação anômala, em que um grande número de associados contribui com sua força de trabalho e dedicação, muitas vezes de forma exclusiva e com dependência econômica, concluindo que essa atipicidade da relação existente entre associado e associação permite a intervenção jurisdicional visando a alteração das regras estatutárias da associação. Com isso, acompanhou a divergência, entendendo que, à luz das peculiaridades do caso, inviável, com base no antigo Código Civil, a exclusão do direito de voto dos sócios. Com essas e outras considerações, a Turma, por maioria, por violação ao dispositivo supracitado, declarou nulas as cláusulas puramente potestativas, entre elas, a exclusão do direito de voto, a existência de sócios precários com mandato de um ano e a possibilidade de exclusão de sócios efetivos dos quadros da entidade por força de decisão de assembleia cujos membros são os componentes da diretoria formada exclusivamente pelos sócios fundadores. Precedentes citados do STF: **RE 74.820-SP, DJ 11/4/1997; do STJ: REsp 161.658-SP, DJ 29/11/1999; REsp 20.982-MG, DJ 22/3/1993; REsp 291.631-SP, DJ 15/4/2002, e AgRg no AgRg no Ag 652.503-RJ, DJ 8/10/2007. REsp 650.373-SP, Rel. originário Min. João Otávio de Noronha, Rel. para o acórdão Min. Luis Felipe Salomão, julgado em 27/3/2012.** (Inform. STJ 494)

LITISCONSÓRCIO. HOMEM CASADO E ESPOSA. DISSOLUÇÃO DE UNIÃO ESTÁVEL.

A Turma reconheceu exceção ao entendimento anteriormente firmado de formação de litisconsórcio passivo necessário entre homem casado e esposa em ação de reconhecimento e dissolução de união estável com partilha de bens. No caso, a companheira manejou oposição na ação de divórcio, o que já permite tanto a ela quanto à esposa a defesa de seus interesses. O Min. Relator consignou que, no caso de oposição, autor e réu da ação principal (divórcio) tornam-se litisconsortes em face da oponente. Ademais, a ação de reconhecimento e dissolução de união estável tramita juntamente com a ação de divórcio, o que garante que não ocorrerão decisões contraditórias nos dois feitos. Precedentes citados: **REsp 885.951-RN, DJe 11/5/2009, e REsp 331.634-MG, DJ 12/12/2005. REsp 1.018.392-SE, Rel. Min. Luis Felipe Salomão, julgado em 6/3/2012.** (Inform. STJ 492)

AR. CITAÇÃO. LITISCONSORTES. PRAZO.

Trata a lide, no caso, da possibilidade de retificação do polo passivo da relação processual da ação rescisória, quando já transcorridos dez anos da propositura da mencionada ação. Houve falha do autor ao não requerer a citação de litisconsortes necessários, quais sejam, todos aqueles que foram partes no processo cuja sentença é objeto da rescisão. Assim, a essa altura, não há como corrigir o vício, pois resultaria na formação de uma nova relação processual, após encerrado o prazo do art. 495 do CPC. Logo, a Corte Especial, por maioria, conheceu dos embargos e deu provimento a eles para decretar a extinção da ação rescisória sem a resolução do mérito. Precedentes citados: AgRg na AR 3.070-AL, DJ 2/4/2007; AR 505-PR, DJ 13/10/2003; REsp 115.075-DF, DJ 23/5/2005, e REsp 661.161-SC, DJ 12/3/2007. EREsp 676.159-MT, Rel. Min. Nancy Andrighi, julgados em 1º/12/2010. (Inform. STJ 458)

ACIDENTE. TRÂNSITO. DENUNCIAÇÃO. SEGURADORA.

Cuida-se de ação de indenização ajuizada por companheira, filho e mãe de falecido em consequência de atropelamento na calçada ocasionado por caminhão conduzido por preposto de sociedade empresária. Discute a empresa, no REsp, entre outras matérias, sua condenação solidária com a seguradora denunciada e o termo final para a pensão. Quanto à idade para o término da pensão, explica o Min. Relator que este Superior Tribunal tem adotado a tabela de provável sobrevida utilizada pela Previdência Social, que, por sua vez, segue a tabela do IBGE, que calcula a longevidade com base no tempo de vida já decorrido de cada pessoa. Quanto à solidariedade entre a empresa denunciante e a seguradora denunciada, assevera que, assumindo a seguradora a condição de litisconsorte em razão da denunciação da lide, a responsabilidade dela passa a ser solidária em relação à empresa segurada, de sorte que a condenação no processo de conhecimento forma título executivo judicial cuja execução pode ser dirigida a ambos ou a qualquer uma delas. Com esse entendimento, a Turma deu parcial provimento ao recurso, reconhecendo a pensão até a longevidade provável da vítima segundo a tabela da Previdência Social, baseada nos cálculos do IBGE, se a tanto sobreviverem os recorridos, e a solidariedade entre a recorrente e a seguradora. Precedentes citados: REsp 886.084-MS, DJe 6/4/2010; REsp 670.998-RS, DJe 16/11/2009; AgRg no REsp 792.753-RS, DJe 29/6/2010, e REsp 698.443-SP, DJ 28/3/2005. **REsp 736.640-RS, Rel. Min. Aldir Passarinho Junior, julgado em 5/10/2010.** (Inform. STJ 450)

CITAÇÃO. GREVE. PROCURAÇÃO. CÓPIA.

A citação promovida durante greve do Judiciário é válida. Assim, cabe ao advogado da parte acompanhar o desenrolar do movimento grevista e se cientificar do início da contagem dos prazos processuais. Quanto à representação processual da recorrida, anote-se que este Superior Tribunal tem jurisprudência de que se presume verdadeira a procuração juntada por cópia aos autos e que cabe à parte contrária impugnar sua autenticidade. Na hipótese, houve a revelia do recorrente, que não promoveu a referida impugnação, a consolidar a presunção de validade do documento. Precedentes citados: EREsp 1.015.275-RS, DJe 6/8/2009, e AgRg no Ag 563.189-SP, DJ 16/11/2004. **REsp 1.153.218-SP, Rel. Min. Nancy Andrighi, julgado em 24/8/2010.** (Inform. STJ 444)

RECURSO. TERCEIRO PREJUDICADO. ARREMATANTE.

O TRF deu provimento ao recurso reconhecendo a legitimidade dos autores e determinou a nulidade da arrematação devido à ausência de intimação do cônjuge do executado. O recorrente sustenta a nulidade absoluta daquela ação que anulou a ação executiva e, por consequência, da arrematação, por não ter sido citado como litisconsorte necessário, visto ser o arrematante do imóvel levado à praça. Para o Min. Relator, o terceiro prejudicado legitimado a recorrer, cuja relação jurídica é atingida de forma reflexiva, por força do nexo de interdependência judicial (art. 499, § 1º, do CPC), é aquele que sofre um prejuízo na sua relação jurídica em razão da sentença. O litisconsórcio é compulsório, vale dizer, necessário, quando a eficácia da decisão depender da citação de todos os sujeitos que sofrerão nas suas esferas jurídicas, sob pena de a sentença ser considerada *inutiliter data,* por isso, se o terceiro não for convocado para o processo, legitima-se à impugnação recursal (art. 499, § 1º, do CPC). O arrematante é litisconsórcio necessário na ação de nulidade da arrematação, porquanto o seu direito sofrerá influência da sentença que nulifica o ato culminante da expropriação judicial. A ação anulatória de arrematação, conforme a orientação deste Superior Tribunal, reclama a participação de interessados na controvérsia (arrematante, exequente e executado), que ostentam manifesto interesse jurídico no resultado da demanda cuja finalidade é desconstituir o ato judicial que favorece o ora recorrente, terceiro prejudicado. **REsp 927.334-RS, Rel. Min. Luiz Fux, julgado em 20/10/2009.** (Inform. STJ 412)

BANCO. DENUNCIAÇÃO. LIDE. SEGURADORA.
O consumidor e o banco firmaram contrato de abertura de crédito com alienação fiduciária a recair sobre o automóvel adquirido. Esse negócio condicionou-se à adesão do consumidor a contrato de seguro que quitaria o financiamento em caso de óbito, a ser firmado com seguradora, sociedade pertencente ao mesmo grupo econômico do qual faz parte o banco. Porém, o consumidor faleceu e a seguradora negou-se a honrar a apólice ao argumento de que havia doença preexistente. Então, o espólio propôs, apenas contra o banco, ação cominatória combinada com condenatória a fim de transferir o veículo sob pena de multa diária e receber a restituição de parcelas pagas indevidamente. Concedida a tutela antecipada, o banco busca, no REsp, o reconhecimento de sua ilegitimidade passiva e a denunciação à lide da seguradora (art. 70, III, do CPC). Nesse contexto, logo se percebe que não há direito de o banco ressarcir-se da seguradora, pois não há vínculo contratual ou legal entre eles, o que torna incabível uma eventual pretensão regressiva. A seguradora não está obrigada, por lei ou contrato, a garantir o resultado da demanda, daí não haver razão para a denunciação à lide. Na verdade, busca o banco recorrente, com lastro no mencionado artigo do CPC, eximir-se de sua responsabilidade sobre o evento danoso, ao atribuí-la, com exclusividade, a terceiro, o que não é aceito pela jurisprudência e pela doutrina. Precedentes citados: REsp 191.118-PR, DJ 12/8/2002; REsp 648.253-DF, DJ 3/4/2006; REsp 97.675-SP, DJ 4/5/1998, e REsp 58.080-ES, DJ 29/4/1996. **REsp 1.141.006-SP, Rel. Min. Luis Felipe Salomão, julgado em 6/10/2009.** (Inform. STJ 410)

SEGURO. DENUNCIAÇÃO. LIDE. SEGURADORA. SEGURADO.
Trata-se de ação indenizatória em acidente de trânsito em que o Tribunal *a quo* excluiu a seguradora litisdenunciada da lide. A Turma entendeu que o ajuizamento da ação indenizatória pode ser contra a seguradora e o beneficiário do seguro. Uma vez que o seguro tem natureza contratual, diferente do DPVAT, que é legal, é necessária a participação do segurado na lide, porquanto ele tem interesse direto na condenação. Se assim não fosse, poderia haver um reflexo em uma eventual demanda para cobrança de diferença, se a condenação securitária não fosse suficiente. Poderia ainda, sendo o segurado protagonista do acidente e conhecendo a dinâmica dos fatos, empenhar-se na defesa. Ressalta-se que os acidentes acarretam outros efeitos, inclusive perante o órgão de trânsito, como aplicação de multa e a cassação da carteira de habilitação. Em razão de sua relação com a seguradora, se responsabilizado pelo acidente, o segurado renovará o contrato de forma mais onerosa. Por último, como não há liame jurídico entre o terceiro e a seguradora, caso esta venha a negar o seguro, por exemplo, na inadimplência de prestações, haverá uma dificuldade a ser suplantada. Assim, a Turma conheceu do recurso e deu provimento a ele para condenar a seguradora litisdenunciada solidariamente com o réu até o limite da cobertura do contrato de seguro. **REsp 670.998-RS, Rel. Min. Aldir Passarinho Junior, julgado em 1º/10/2009.** (Inform. STJ 409)

ACP. PLANO. SAÚDE. COMPETÊNCIA. JUSTIÇA ESTADUAL.
O Min. Relator entendia que a União era parte legítima para figurar no polo ativo de ação civil pública (ACP) que se destinava à proteção de interesses ou direitos individuais homogêneos de consumidores associados de plano de saúde, nos termos do art. 82, II, c/c o art. 81, III, ambos do CDC, sendo possível formação de litisconsórcio passivo facultativo com o Ministério Público. O ente federativo não precisava demonstrar interesse econômico na causa, visto que, por sua condição no contexto jurídico-político, deve promover a tutela dos interesses sociais. O Min. Honildo Amaral de Mello Castro, divergindo do Min. Relator, não reconhece, na espécie, o interesse da União para legitimar o litisconsórcio passivo. O direito individual há que ser indisponível, a fim de dar ensejo à sua defesa pela via da ACP. Ainda que não se questione, no caso concreto, o exercício da ação que busca excluir cláusula de apólice de seguro como interesse difuso ou coletivo, o deslocamento da competência pelo pedido de ingresso da União nos autos sem nenhum interesse direto ou indireto se apresenta injustificável juridicamente, senão por interesse outro, qual seja, excluir a competência da Justiça estadual. A considerar-se que se trata de saúde, seu ingresso por interesse não ficaria restrito à espécie do direito em julgamento, mas em todo e qualquer processo que tratasse do tema saúde, porque o interesse jurídico estaria, diante da tese, exclusivamente condicionado à existência da Agência Nacional de Saúde (ANS). As responsabilidades constitucionais de saúde pública atribuídas à ANS não se atrelam à apólice de seguro entre entidades privadas, senão daqueles princípios fundamentais irradiados pelo art. 196 da CF/1988 não se ajustam à hipótese em exame. O autor da ação é o Ministério Público Federal, órgão da União. A assistência sem fundamento jurídico somente leva ao entendimento de que se busca alterar a competência não por fundamento jurídico do interesse, mas apenas para alterar-se a competência sem nenhuma base jurídica, senão o entendimento de busca de poder, pois que a matéria – cláusula de apólice de seguro – de interesse privado não atrai o interesse da ANS que é instituir políticas públicas, e não questões interpartes de direitos disponíveis. Admitir o interesse jurídico por simples e desfundamentada petição é outorgar ao Procurador da República a exclusiva competência de determinar onde processar o feito. **REsp 589.612-RJ, Rel. originário Min. João Otávio de Noronha, Rel. para acórdão Min. Honildo Amaral de Mello Castro (Desembargador convocado do TJ-AP), julgado em 15/9/2009.** (Inform. STJ 407)

TERRACAP. OPOSIÇÃO. DOMÍNIO. EXCEÇÃO.
A Turma proveu o recurso da Terracap, admitindo a possibilidade da ação de oposição, na qualidade de terceiro, com base no art. 923 do CPC, referente a bem disputado entre dois particulares e objeto de ação possessória fundada em contrato de cessão de direitos firmado entre ambos, sem a presença do poder público. Com a oposição da ora recorrente, a posse dos particulares sobre o bem público passou a ser em razão da titularidade pela Terracap e não do domínio, este alegado apenas incidentalmente, e como meio de demonstração da sua posse permanente, independente de atos materiais de ocupação. Precedentes citados: EREsp 695.928-DF, DJ 18/12/2006; REsp 146.367-DF, DJ 14/3/2005; REsp 863.939-RJ, DJe 24/11/2008; REsp 699.374-DF, DJ 18/6/2007, e REsp 489.732-DF, DJ 13/6/2005. **REsp 780.401-DF, Rel. Min. Nancy Andrighi, julgado em 3/9/2009.** (Inform. STJ 405)

ARREMATANTE. LEILÃO. LITISCONSORTE NECESSÁRIO.
O recorrente, terceiro prejudicado, alega que a decisão do TJ violou os arts. 47 e 267, IV e VI, do CPC, pois, na condição de arrematante do imóvel levado a leilão, deveria ter sido incluído no polo passivo do *mandamus* na condição de litisconsorte necessário. Isso posto, a Turma conheceu do recurso e lhe deu provimento para decretar a nulidade do processo para que seja integrado à lide o recorrente na qualidade de litisconsorte passivo, seguindo-se o curso regular do processo. No caso, o acórdão recorrido concedeu a segurança à empresa recorrida, que alegou haver adquirido o lote de terreno sem que constasse restrição no registro imobiliário, ressaltando, por outro lado, a existência de vícios no edital publicado nos autos da execução que o banco move a quem se atribuiu a propriedade do bem. Portanto, também a recorrida pleiteou seu direito com base no prejuízo que sofreu como terceira interessada, na hipótese por ser a adquirente do imóvel antes do leilão, sem que fosse chamada nos autos da execução. Assim, o próprio recorrente, também terceiro prejudicado, que detém interesse processual pela inversão provocada com a concessão da segurança à incorporadora, por ser o arrematante do bem no praceamento cujo edital foi anulado, não poderia ter deixado de participar do *mandamus*, na qualidade de litisconsorte passivo necessário, pois a norma legal do art. 47, parágrafo único, do CPC, é cogente. Precedente citado: REsp 116.879-RS, DJ 17/10/2005. **REsp 1.106.804-PB, Rel. Min. Aldir Passarinho Junior, julgado em 18/8/2009.** (Inform. STJ 403)

LITISCONSÓRCIO PASSIVO NECESSÁRIO. DISSO-LUÇÃO. SOCIEDADE DE FATO.
A esposa casada sob o regime de comunhão universal deve figurar no polo passivo, em razão do litisconsórcio passivo necessário, na ação de dissolução de sociedade de fato cumulada com partilha de bens proposta contra o concubino casado. Precedente citado: REsp 331.364-MG, DJ 26/4/2005. **REsp 885.951-RN, Rel. Min. Luis Felipe Salomão, julgado em 28/4/2009.** (Inform. STJ 392)

DENUNCIAÇÃO. LIDE. CONTESTAÇÃO.
Na espécie, o hospital ajuizou ação de cobrança contra o réu, ora recorrido, objetivando o recebimento de valor referente a tratamento médico-hospitalar cujo custeio foi negado pelo plano de saúde contratado por ele. O recorrido

apresentou contestação e dias após, ofereceu denunciação à lide em desfavor da empresa de plano de saúde, o que foi deferido pelo juiz, sendo suspenso o andamento do feito. A questão está em saber se, à luz do art. 71 do CPC, a denunciação à lide pode ser apresentada após o oferecimento da contestação e dentro do prazo legal para contestar. Primeiramente, o Min. Relator entendeu se fazer necessária a interpretação da expressão "prazo para contestar" previsto no mencionado dispositivo. Para tanto, mister se faz tecer algumas considerações acerca do instituto da denunciação à lide, para que se obtenha subsídios necessários à correta interpretação do preceito acima. Em qualquer dos sistemas existentes ao longo da história (germânico, romano ou brasileiro), embora com ênfases diversas, o instituto da denunciação da lide sempre se voltou para três finalidades: a) o dever de defesa judicial em favor do denunciante, assim entendida a obrigação de o denunciado proteger o denunciante da pretensão do autor da lide principal; b) o direito de defesa judicial, ou seja, a necessidade de conferir ao denunciado a oportunidade de pleitear o malogro da demanda originária, a fim de eximir-se de eventual ação regressiva e de indenização; c) o direito de regresso, é dizer-se, propiciar ao denunciante a recomposição dos prejuízos que vier sofrer com a ocasional derrota na demanda principal. A interpretação do art. 71 do CPC deve levar em consideração esses três objetivos, sem desmerecer as particularidades do modelo pátrio (que, por exemplo, mitiga o dever de defesa judicial, ao permitir que o denunciado, se quiser, manifeste-se a favor do autor da demanda). Deve-se considerar, ademais, que, quando o réu adianta a contestação, ele abre mão do restante do prazo legal de apresentação de resposta, de maneira que eventual tentativa de aditar a contestação será freada pelo óbice da preclusão consumativa. Havendo o oferecimento antecipado da contestação, a denunciação da lide pelo réu só poderá ser oferecida se ainda não tiver escoado o prazo legal da contestação e, cumulativamente, não houver ainda sido determinada a prática de qualquer outro ato processual. *In casu*, embora a denunciação tenha sido oferecida antes do transcurso do prazo legal de contestação, esta já havia sido apresentada e o juiz já havia determinado a intimação do autor para apresentar réplica. Diante disso, a Turma deu provimento ao recurso. **REsp 1.099.439-RS, Rel. Min. Massami Uyeda, julgado em 19/3/2009.** (Inform. STJ 387)

RESP. TERCEIRO PREJUDICADO.

A recorrente, na qualidade de terceiro prejudicado, busca reconhecer, com o REsp, a existência de litisconsórcio necessário, a anular todo processo, enquanto há o questionamento, em mandado de segurança impetrado contra decisão administrativa do Judiciário local, a respeito da atuação de determinado oficialato de cartório em área onde outros já atuam. Sucede que, em momento algum, houve prequestionamento, visto que só no REsp o terceiro impugnou a decisão. Mesmo se tratando de matéria de ordem pública (*legitimatio ad causam*), conforme a jurisprudência do STJ, seu reconhecimento de ofício dependeria da superação do juízo de admissibilidade, ainda que pelo reconhecimento do prequestionamento de outra matéria trazida no recurso. Por outro lado, não haveria caso de litisconsórcio necessário, pois não há relação jurídica única que imponha uma só solução. Não se está a restringir a competência territorial nem as funções de outro oficial. O Tribunal a quo, em sua autonomia de administrar a Justiça ou as funções extrajudiciais sob sua tutela, pode perfeitamente criar cartórios ou lhes estabelecer novas competências territoriais, sem dependência da concordância dos oficiais que lá antes atuavam. Com esse entendimento, a Turma, ao prosseguir o julgamento, por maioria, negou provimento ao recurso. **REsp 784.937-RJ, Rel. originário Min. Luiz Fux, Rel. para acórdão Min. Teori Albino Zavascki, julgado em 3/3/2009.** (Inform. STJ 385)

RECURSO. INTERPOSIÇÃO. ASSISTENTE.

Trata-se de ação rescisória de possessória em que, após publicado o acórdão que deferiu a apelação, por maioria, reintegrando os autores na posse, não houve recursos e se certificou, nos autos, o trânsito em julgado. No entanto, naquela publicação, não constou o nome dos advogados dos assistentes, que solicitaram devolução do prazo recursal. Então, o TJ deferiu o pleito e eles interpuseram embargos infringentes, nos quais foi restabelecida a sentença que negou provimento à possessória. Daí, a ação rescisória julgada improcedente pelo TJ, em que a autora ora recorrente (o cônjuge faleceu) questiona a devolução do prazo recursal aos assistentes e a possibilidade de interposição de recurso pelo assistente na ausência de manifestação expressa do assistido. Para a Min. Relatora, não houve trânsito em julgado do acórdão em relação aos assistidos, pois o prazo recursal somente se inicia com a intimação válida. Quanto à possibilidade de recurso interposto apenas pelo assistente, ponderou que a jurisprudência antiga era pacífica no sentido de permitir a interposição pelo assistente e de somente a manifestação expressa do assistido poder obstar a impugnação do assistente. Mas, hoje, há um novo posicionamento formando-se neste Superior Tribunal no sentido de não admitir, no silêncio do assistido, a interposição de recurso pelo assistente. Entretanto, no caso dos autos, apesar de o TJ não definir, na rescisória, a modalidade de assistência que justificou o ingresso dos ora recorridos como assistentes simples ou litisconsorciais, da análise de trecho do acórdão recorrido, percebe-se que, na ação possessória, os assistentes ingressaram no feito para defender direito próprio – adquiriram posse atingida pela pretensão da autora. Assim, a hipótese dos autos é de assistência litisconsorcial, incidindo a regra do art. 54 do CPC. Não há sentido para limitar o direito do assistente de, nesse caso, interpor recurso, podendo fazê-lo da mesma forma do litisconsorte. Com esse entendimento, a Turma negou provimento ao REsp da autora. Precedentes citados: REsp 59.291-MG, DJ 22/4/1997; REsp 535.937-SP, DJ 10/10/2006, e REsp 491.964-SP, DJ 4/4/2005. **REsp 585.385-MT, Rel. Min. Nancy Andrighi, julgado em 3/3/2009. (Inform. STJ 385)**

ACORDO. AUTOR E RÉU DENUNCIANTE. EFEITOS. RÉU DENUNCIADO.

Trata-se de ação de indenização em que proprietários de imóvel (autores) buscam cobertura securitária de companhia de seguro (réu) que, por sua vez, denunciou à lide uma outra companhia de seguro. Ocorre que, em grau de recurso, autores e réu firmaram acordo e puseram fim ao litígio. Porém, havia a denunciação à lide da outra seguradora, que era apelante e interpôs embargos de declaração, considerados prejudicados pelo Tribunal *a quo*. Assim, a Turma entendeu que a transação, na lide principal, entre o autor e o réu denunciante não aproveita nem prejudica terceiros, especialmente quando existe denunciação à lide, não se extinguindo, automaticamente, a demanda secundária. O acordo mencionado, do qual não fez parte o réu denunciado, não substitui a sentença de procedência transitada em julgado, razão que não causa qualquer óbice para que, na segunda demanda, entre denunciado e denunciante, o réu alegue ausência de responsabilidade do segurado para se eximir quanto ao ressarcimento. Precedentes citados: REsp 898.092-SP, DJ 26/2/2007, e REsp 686.762-RS, DJ 18/12/2006. **REsp 316.046-SP, Rel. Min. Luis Felipe Salomão, julgado em 17/2/2009.** (Inform. STJ 384)

INTERVENÇÃO. UNIÃO. CAUSA PENDENTE.

O art. 5º, parágrafo único, da Lei n. 9.469/1997 não cuida de litisconsórcio necessário ou assistência litisconsorcial. Esse dispositivo, ao declinar sua finalidade (a de possibilitar o esclarecimento de fato e de direito, facultando a juntada de memoriais e documentos, ou mesmo recorrer), deixa claro, numa exegese lógica, tratar-se de intervenção simples. Desse modo, a União, nesse caso, recebe o processo no estado em que se encontra (art. 50, parágrafo único, do CPC), daí não se aventar recurso seu de decisões que foram proferidas antes de sua participação. Doutro lado, a assistência simples exige causa pendente (livre de decisão transitada em julgado), pois o assistente tem interesse em que o assistido "vença a demanda", o que importa admiti-la apenas em processo de conhecimento ou cautelar. Na hipótese em tela, a sentença de liquidação por arbitramento contra a qual se insurge a União há muito teve seu trânsito em julgado. Ausente esse requisito, não poderia a União apelar por falta de sua intervenção regular. Precedentes citados do STF: CR 9.790-EU, DJ 2/8/2002; do STJ: MC 9.275-AM, DJ 23/5/2005, e REsp 586-PR, DJ 18/2/1991. **REsp 708.040-RJ, Rel. Min. Luis Felipe Salomão, julgado em 19/2/2009.** (Inform. STJ 384)

LEGITIMIDADE. ASSISTENTE. LITISCONSÓRCIO.

Em ação de desapropriação, o Estado-membro figurou como assistente litisconsorcial, tendo, inclusive, manifestado embargos de devedor, alegando excesso de execução. Após a sentença condenatória, o embargante, ora recorrente, apelou, perdeu e continua sustentando sua ilegitimidade passiva *ad causam*. Note-se que só foi prequestionado no REsp o art. 54 do CPC. Isso posto, para o Min. Relator, a legitimidade do recorrente foi definida na apelação como assistente litisconsorcial. Assim, a pretensão recursal não encontra amparo, pois o assistente litisconsocial detém relação de direito material com o adversário assistido, de modo que a sentença que vier a ser proferida em relação a ele constituirá coisa julgada material também em relação ao assistente. Logo, não há como se afastar a legitimidade passiva *ad causam* do recorrente no processo de execução de sentença. Com esse entendimento, a Turma conheceu em parte o recurso e, nessa parte, negou-lhe provimento. **REsp 557.106-SE, Rel. Min. Castro Meira, julgado em 6/5/2008**. (Inform. STJ 354)

DENUNCIAÇÃO. LIDE. REGRESSO. CONTRATO. EDIÇÃO.

A jurisprudência deste Superior Tribunal entende não permitir a denunciação da lide em casos de alegado direito de regresso quando seu reconhecimento requeira a análise de fundamento novo que não conste da lide originária. Há fundamento novo quando o direito de regresso não deriva, direta e incondicionalmente, da lei ou de contrato celebrado com a denunciante e quando se necessite recorrer a outros elementos para evidenciá-lo, dado o tumulto que trará à marcha processual, em contrariedade ao princípio da instrumentalidade e celeridade do processo. No caso, cuida-se de avença derivada de contrato de edição de obra literária (conhecido dicionário), contrato bilateral e oneroso por natureza, o que habilita a parte lesada pelo descumprimento do contratado a pleitear sua resolução e a indenização por perdas e danos (art. 1.092 do CC/1916 e art. 475 do CC/2002), ou seja, está amparada por expressa disposição legal (arts. 29, I, e 53 da Lei n. 9.610/1998). Frente a isso e ao cenário fático-jurídico ajuntado ao acórdão ora recorrido, justificada está a denunciação da lide (art. 70, III, do CPC) com fins de resguardo do direito de regresso oriundo de eventual sucumbência na ação principal. Assim, não há que se cogitar de fundamento novo. Precedentes citados: REsp 648.253-DF, DJ 3/4/2006, e REsp 49.418-SP, DJ 8/8/1994. **REsp 934.394-PR, Rel. Min. João Otávio de Noronha, julgado em 26/2/2008**. (Inform. STJ 346)

VENDA. AÇÕES. BOLSA. VALORES. DENUNCIAÇÃO. LIDE. PROCURAÇÃO FALSA.
Cinge-se a questão em definir se a empresa responsável pela intermediação da venda de ações na bolsa de valores e a corretora que determina tal venda podem ser denunciadas à lide em ação ajuizada contra a instituição financeira depositária, pelo titular dessas ações, sob o argumento de que a negociação foi realizada sem o consentimento do proprietário, mediante falsificação de procuração. A Min. Relatora esclareceu que a denunciação da lide é determinada com base no art. 70 do CPC, mas, para que seja possível a aplicação do seu inciso III, deve haver lei ou contrato – no caso, o art. 521 do CC/1916 – que obrigue o denunciado a indenizar regressivamente o prejuízo daquele que perder a ação. Na venda de ações escriturais, cuja propriedade é caracterizada por extrato de conta de depósito do titular em instituição financeira depositária que for designada, a corretora deve, previamente ao depósito, obter o bloqueio dos títulos frente ao banco depositário, ato que garante a disponibilidade para negociação. Esse bloqueio é efetivado mediante apresentação, pela corretora, de uma ordem de transferência. Dessa forma, ainda que o banco, na qualidade de depositário das ações, tenha o dever de adotar todas as medidas de segurança para evitar fraudes, o que, a rigor, inclui a conferência de toda a documentação envolvida na venda, tal circunstância não exime a corretora da sua obrigação legal de responder pela legitimidade da procuração necessária à transferência de valores mobiliários, inclusive frente à instituição depositária, para quem apresenta a ordem de transferência e requer o bloqueio das ações a serem negociadas em nome do acionista depositante. A condenação da instituição financeira ré fundou-se no fato de que ela, na condição de depositária, tinha o dever de conferir a autenticidade da procuração supostamente outorgada pelo acionista. A negligência do banco, contudo, não afasta a obrigação da corretora, ora recorrente, de garantir a legitimidade da procuração por ela própria utilizada para requerer o bloqueio, depositar e vender as ações. Restando incontroverso nos autos que o instrumento de mandato era falso, bem como que, com base nesse documento, foi apresentada a ordem de transferência de ações escriturais, concretiza-se o direito de regresso da instituição depositária frente à corretora. Precedente citado: REsp 70.608-SP, DJ 18/12/1995. **REsp 521.120-RS, Rel. Min. Nancy Andrighi, julgado em 19/2/2008**. (Inform. STJ 345)

LEGITIMIDADE. APELAÇÃO. SEGURO. DENUNCIAÇÃO. LIDE.
Na ação indenizatória decorrente da morte do filho da autora em acidente automobilístico, houve, junto da contestação do réu, a denunciação da lide à seguradora (art. 70, III, do CPC). Ela a aceitou e apresentou defesa calcada na hipótese de culpa exclusiva da vítima. A sentença condenou o réu a pagar indenizações pelo dano material e moral, bem como impôs à seguradora ressarcir o denunciante até o limite do contrato. Daí as apelações do denunciante e da seguradora: a primeira julgada deserta e a segunda não provida ao fundamento de que seu apelo não poderia ingressar no âmbito da lide primária, visto insurgir-se quanto à culpa, dano e verbas indenizatórias, devendo ater-se à demanda secundária travada com o réu denunciante. Diante disso, constata-se que é possível passar ao largo da discussão acerca da natureza jurídica assumida pelo denunciado no processo (art. 75, I, do CPC), pois seu interesse de oferecer uma resistência ampla à pretensão deduzida pelo autor vem sendo reconhecido pela doutrina e precedentes, em razão de que o desfecho dado à ação principal poderá repercutir na demanda secundária. Dessarte, faz-se necessário anular o acórdão ora recorrido. Precedentes citados: REsp 168.340-SP, DJ 18/10/1999; REsp 145.606-ES, DJ 22/2/1999, e REsp 99.453-MG, DJ 3/11/1998. **REsp 900.762-MG, Rel. Min. Sidnei Beneti, julgado em 12/2/2008**. (Inform. STJ 344)

SUCUMBÊNCIA. PRAZO. APELAÇÃO. ART. 191, CPC.
Se apenas um dos litisconsortes sucumbiu, cessa a aplicação do art. 191 do CPC. Precedente citado: EREsp 222.405-SP, DJ 21/3/2005. **REsp 864.787-DF, Rel. Min. Carlos Alberto Menezes Direito, julgado em 21/6/2007.** (Inform. STJ 324)

CARTÓRIO. VACÂNCIA. LITISCONSÓRCIO NECESSÁRIO. CITAÇÃO.
Trata-se de MS contra ato de juíza que designou substituto para responder, temporariamente, por cartório de registro de imóveis, após revogar portaria que indicou a impetrante para o exercício da serventia. Aduz a impetrante haver ilegalidade do ato porque, à época da vacância, era a registradora substituta mais antiga atuante no cartório, o que lhe garantia direito à nomeação. Ressaltou o Min. Relator que deve ser chamado o atual designado à demanda na condição de litisconsorte passivo necessário, para se contrapor ao interesse da impetrante sob pena de nulidade do julgamento. Isso posto, a Turma, de ofício, anulou o processo a partir das informações da autoridade coatora para a impetrante providenciar, no prazo assinalado pelo Tribunal de origem, a citação do litisconsorte passivo necessário. Precedentes citados: REsp 793.920-GO, DJ 19/6/2006; RMS 12.408-RO, DJ 18/2/2002; EdcI no RMS 15.958-RS, DJ 22/3/2004; RMS 7.902-RS, DJ 13/10/1998, e RMS 7.869-BA, DJ 3/5/1999. **RMS 23.406-SC, Rel. Min. Castro Meira, julgado em 17/4/2007.** (Inform. STJ 317)

AR. CITAÇÃO. LITISCONSORTES NECESSÁRIOS.
No caso dos autos, a Fazenda Nacional quer a desconstituição total do julgado rescindendo e não apenas em parte específica da decisão. Assim, para a Min. Relatora, invocando precedentes deste Superior Tribunal, como se trata de ação rescisória, a demanda tem que ser proposta contra todos que figuraram na ação originária, ainda que, naquela oportunidade, não estivesse configurada a hipótese de litisconsórcio passivo necessário, uma vez que a decisão proferida no juízo rescindendo atinge a todos os litisconsortes indistintamente. Há exceção somente às demandas rescisórias em que o pedido de rescisão seja dirigido a apenas parte da sentença direcionada a um dos integrantes da lide (posição de José Carlos Barbosa Moreira). Em casos análogos, este Superior Tribunal tem decidido pela obrigatoriedade da citação de todos os integrantes da lide na demanda rescisória, por se tratar de litisconsórcio necessário. Com essas considerações, a Turma conheceu em parte do recurso, e nessa parte, deu-lhe provimento para, com base no art. 267, IV, do CPC, julgar extinto o processo. Precedentes citados: EdcI na AR 477-CE, DJ 26/9/2005; AR 2.009-PB, DJ 3/5/2004; AR 505-PR, DJ 13/10/2003; AgRg no Ag 434.844-DF, DJ 19/12/2003, e AgRg no Ag 170.175-RJ, DJ 22/3/1999. **REsp 785.666-DF, Rel. Min. Eliana Calmon, julgado em 17/4/2007.** (Inform. STJ 317)

EXCEÇÃO DE INCOMPETÊNCIA. LITISCONSORTES. PRAZO DOBRADO. CONTESTAÇÃO.
Na espécie, a exceção de incompetência foi intentada antes de esgotado o prazo dobrado para contestar. Outrossim, as litisconsortes só contestaram o feito meses depois do prazo devido à suspensão provocada pelo processamento da exceção de incompetência. Destacou o Min. Relator que o art. 191 do CPC confere prazo dobrado para contestar quando os réus atuam com advogados diversos e esse prazo tem aplicação independentemente do comparecimento do outro litisconsorte à lide, o qual não pode prever se o outro irá ou não impugnar o feito. Logo, o prazo é dobrado se o procurador de uma delas não for o mesmo, ao menos até a decretação da revelia daquela que não apresentou contestação durante o lapso duplicado, mas só a partir daí não há prazo dobrado. Após esses esclarecimentos, a Turma proveu o recurso para computar o prazo dobrado para oferta da exceção de incompetência apresentada antes da contestação. Precedente citado: REsp 245.689-PR, DJ 25/2/2002. **REsp 683.956-MG, Rel. Min. Aldir Passarinho Junior, julgado em 27/2/2007.** (Inform. STJ 311)

AÇÃO POPULAR. LITISCONSÓRCIO PASSIVO NECESSÁRIO. PRAZO DECADENCIAL.
Trata-se de ação popular na qual se busca anular normas que elevaram os subsídios do cargo de vereador, prefeito e vice-prefeito. A princípio a ação foi proposta contra os vereadores que, por requerimento, após três anos do ajuizamento, pediram a citação, para integrar a demanda, do prefeito e do vice-prefeito. O Tribunal *a quo* manteve a sentença que julgou a ação procedente, condenou os réus a devolver o que haviam recebido indevidamente, mas excluiu o prefeito e o vice-prefeito, pois reconheceu haver prescrição quanto a estes dois últimos. Os ora recorrentes sustentam que a declaração da prescrição com relação a alguns réus deveria abranger os demais, uma vez que se trata de litisconsórcio unitário necessário e, assim, a decisão deveria ser a mesma para todos. A Turma entendeu que a Lei n. 4.717/1965, que estabelece o procedimento da ação popular, dispõe que há o litisconsórcio passivo necessário entre os partícipes e co-partícipes do ato impugnado, bem como seus beneficiários diretos. Contudo não impôs que tal litisconsórcio seja unitário, pois, mesmo que a decisão constitutiva do ato tido como ilegal afete a esfera jurídica de todos, a condenação ao ressarcimento ao erário pode ser diversa entre os litisconsortes, cabendo a cada um responder na medida da sua contribuição à lesão do patrimônio público. A sentença que

acolhe o pedido é constitutiva e condenatória, uma vez que desconstitui o ato tido por ilegal e, por conseqüência de sua lesividade, que é um dos requisitos para a interposição de ação popular, ocorre a condenação para reparação do patrimônio público atingido pelo ato impugnado. O art. 21 da Lei n. 4.717/1965 dispõe que o prazo para interposição da ação popular prescreve em cinco anos. Contudo trata-se de prazo decadencial, uma vez que o pronunciamento jurisdicional proferido na ação popular tem natureza constitutiva e condenatória, mas a condenação se apresenta como efeito subseqüente e dependente da descontinuidade. Isso posto, a Turma negou provimento ao recurso. **REsp 258.122-PR, Rel. Min. João Otávio de Noronha, julgado em 27/2/2007.** (Inform. STJ 311)

5. COMPETÊNCIA E CONFLITO DE COMPETÊNCIA

FORO PRIVILEGIADO E PRINCÍPIO DA ISONOMIA - 1

O art. 100, I, do CPC ("Art. 100. É competente o foro: I - da residência da mulher, para a ação de separação dos cônjuges e a conversão desta em divórcio, e para a anulação de casamento") não afronta o princípio da igualdade entre homens e mulheres (CF, art.5º, I), tampouco a isonomia entre os cônjuges (CF, art. 226, § 5º). Com base nesse entendimento, a 2ª Turma desproveu recurso extraordinário por reputar que a norma processual fora recepcionada pela Constituição. Em preliminar, o Min. Joaquim Barbosa, relator, enfatizou a competência da Turma para processar e julgar o recurso extraordinário porque não se trataria de declaração de inconstitucionalidade da mencionada norma processual, o que requereria a observância da cláusula de reserva de plenário, cingindo-se a discussão quanto à recepção, pela CF/88, do referido dispositivo. Destacou-se que a Constituição seria marco histórico no processo de proteção dos direitos e garantias individuais e, por extensão, dos direitos das mulheres. **RE 227114/SP, rel. Min. Joaquim Barbosa, 22.11.2011.** (RE-227114)

FORO PRIVILEGIADO E PRINCÍPIO DA ISONOMIA - 2

Ressaltou-se que, ao longo de mais de 2 décadas de vigência da Constituição, a doutrina e a jurisprudência alinhar-se-iam segundo 3 concepções distintas acerca do dispositivo em discussão, que preconizariam: a) a sua não-recepção; b) a sua recepção; e c) a recepção condicionada às circunstâncias específicas do caso, em especial levando-se em conta o fato de a mulher se encontrar em posição efetivamente desvantajosa em relação ao marido. Asseverou-se não se cuidar de privilégio estabelecido em favor das mulheres, mas de norma que visaria a dar tratamento menos gravoso à parte que, em regra, se encontrava e, ainda hoje se encontraria, em situação menos favorável do ponto de vista econômico e financeiro. Assim, a propositura da ação de separação judicial no foro do domicílio da mulher seria medida que melhor atenderia ao princípio da isonomia, consistente em "tratar desigualmente os desiguais na medida em que se desigualam". Ademais, a competência prevista no inciso I do art.100 do CPC seria relativa, ou seja, se a mulher não apresentasse exceção de incompetência em tempo hábil, a competência prorrogar-se-ia; ou, a própria mulher poderia ajuizar a ação no foro do domicílio do ex-marido, de forma a inexistir óbice legal a que a ação prosseguisse. **RE 227114/SP, rel. Min. Joaquim Barbosa, 22.11.2011.** (RE-227-114) (Inform. STF 649)

TERRAS INDÍGENAS E CONFLITO DE COMPETÊNCIA

A 2ª Turma iniciou julgamento de 4º agravo regimental interposto, pelo Ministério Público Federal e pela Fundação Nacional do Índio - Funai, de decisão da Min. Ellen Gracie, que negara seguimento a recursos extraordinários, dos quais relatora. Os agravantes alegam que, havendo disputa de direitos indígenas, inclusive sobre terras ocupadas, bem como a presença da Funai no feito, deslocar-se-ia a competência para a justiça federal (CF, art. 109, I). Sustenta o parquet, ainda, a não-incidência do Enunciado 279 da Súmula desta Corte para o estabelecimento de competência em razão da pessoa. A Min. Ellen Gracie desproveu o recurso. Asseverou que a decisão agravada não mereceria reparos, pois a competência para julgamento da ação fora estabelecida com base no contexto fático-probatório. Destacou que o pretendido interesse do MPF para atuar em defesa da população indígena não poderia ser considerado, uma vez não se admitir reexame dos fundamentos fáticos — apreciados exaustivamente na origem —, a partir dos quais afastada a característica indígena das terras objeto da controvérsia inicial. Por fim, salientou que o ingresso da Funai nos autos ocorrera em adiantada fase recursal, muito tempo após a estabilização da relação jurídico-processual, o que impediria a incidência do art. 109, I, da CF, pois a competência fora determinada no momento da propositura da ação (CPC, art. 87). Após, pediu vista o Min. Ayres Britto. **RE 431602 Quarto AgR /PB, rel. Min. Ellen Gracie, 2.8.2011.** (RE-431602) (Inform. STF 634)

RE N. 385.274-MT
RELATOR: MIN. MARCO AURÉLIO

COMPETÊNCIA – JUSTIÇA FEDERAL. A competência da Justiça Federal é de direito estrito. Prevê o inciso I do artigo 109 da Carta de 1988 o envolvimento, na causa, da União ou de entidade autárquica ou empresa pública federais na condição de autoras, rés, assistentes ou opoentes. A simples possibilidade de ação em curso no Juízo Federal repercutir no resultado de certa lide em que figuram pessoas naturais e pessoa jurídica de direito privado não incluída no rol exaustivo do preceito constitucional não é suficiente à modificação da competência. (Inform. STF 630)

INDENIZAÇÃO POR ACIDENTE DE TRABALHO E COMPETÊNCIA

Compete à justiça do trabalho processar e julgar, nos termos do art. 114, VI, da CF, as causas referentes à indenização por dano moral e material oriundas de acidente de trabalho. Com esse entendimento, o Plenário desproveu recurso extraordinário no qual pretendida a fixação da competência da justiça comum para julgar ação trabalhista proposta por sucessores de trabalhador falecido. Asseverou-se que a alteração da legitimidade ativa, no caso em tela, não deslocaria a competência daquela justiça especializada. RE 600091/MG, rel. Min. Dias Toffoli, 25.5.2011. (RE-600091) (Inform. STF 628)

RE N. 607.520-MG
RELATOR: MIN. DIAS TOFFOLI

Recurso extraordinário – Repercussão geral reconhecida – Ação de cobrança de honorários advocatícios – Verbas arbitradas em favor da recorrida em razão de sua atuação como defensora dativa – Inexistência de relação de trabalho a justificar seu processamento perante uma vara da Justiça Federal do Trabalho – Relação mantida entre as partes que é de cunho meramente administrativo – Reconhecimento da competência da Justiça comum estadual para o processamento do feito – Recurso provido. (Inform. STF 632) *noticiado no Informativo 628

PROPOSTA DE SÚMULA VINCULANTE: INDENIZAÇÃO DECORRENTE DE ACIDENTE DE TRABALHO E COMPETÊNCIA

O Tribunal, por maioria, acolheu a proposta de edição da Súmula Vinculante 24 com o seguinte teor: "A Justiça do Trabalho é competente para processar e julgar as causas relativas a indenizações por danos morais e patrimoniais decorrentes de acidente de trabalho propostas por empregado contra empregador, alcançando-se, inclusive, as demandas que ainda não possuíam, quando da promulgação da EC nº 45/2004, sentença de mérito em primeiro grau.". Vencido, em parte, o Min. Marco Aurélio que propunha que se limitasse o verbete à primeira parte, até o vocábulo "empregador". Salientava que a segunda parte diria respeito às ações nas quais, ao tempo da edição da Súmula, ainda não havia sido proferida sentença de mérito em primeiro grau. Concluía tratar-se de situações residuais, de 2004, que já estariam ultrapassadas, e que o verbete, principalmente o vinculante, deveria ser algo que tivesse repercussão no quadro atual. **PSV 24/DF, 25.11.2009.** (PSV-24) (Inform. STF 570)

EC 45/2004 E ART. 102, III, D, DA CF

O Tribunal, por maioria, resolveu questão de ordem no sentido de reconhecer sua competência para processar e julgar agravo de instrumento interposto contra decisão que negara seguimento a recurso extraordinário. Discutia-se, na espécie, o tribunal competente, se o Supremo Tribunal Federal ou se o Superior Tribunal de Justiça, para julgar as causas decididas em única ou última instância, quando a decisão recorrida julgar válida lei local contestada em face de lei federal. Explicou-se que, quando da interposição do recurso extraordinário, inadmitido na origem, o que desafiara a interposição do agravo de instrumento, no Supremo, ainda estava em vigor a EC 1/69, cujo art. 119, III, previa competir a esta Corte julgar, mediante recurso extraordinário, as causas decididas em única ou última instância por outros tribunais, quando a decisão recorrida julgasse válida lei ou ato do governo local contestado em face da Constituição ou de lei federal. Asseverou-se que, com o advento da CF/88, passou a ser da competência do STJ julgar, em recurso especial, as causas decididas, em única ou última instância, pelos Tribunais Regionais Federais ou pelos Tribunais dos Estados, do DF e Territórios, quando a decisão recorrida julgasse válida lei ou ato do governo local contestado em face da lei federal (art. 105, III, b). Ressaltou-se que, posteriormente, a EC 45/2004 dividiu esse dispositivo em relação às competências enquanto lei e ato de governo. Assim, manteve no STJ a competência para julgar, mediante recurso especial, as causas decididas, em única ou última instância, pelos Tribunais Regionais Federais ou pelos Tribunais dos Estados, do DF e Territórios, quando a decisão recorrida julgar válido ato de governo local contestado em face de lei federal (art. 105, III, b); e devolveu ao Supremo a competência para julgar, mediante recurso extraordinário, as causas decididas em única ou última instância, quando a decisão recorrida julgar válida lei local contestada em face de lei federal (art. 102, III, d). Observou-se, por fim, que, tanto na época da interposição do recurso extraordinário como hoje, a competência estaria posta ao Supremo. O Min. Celso de Mello, tendo em vista a superveniência da EC 45/2004, retificou o voto proferido em 1990. Vencido o Min. Moreira Alves, relator, que não conhecia do agravo por incompetência do Supremo e determinava a remessa dos autos ao STJ. **AI 132755 QO/SP, rel. orig. Min. Moreira Alves, red. p/ o acórdão Min. Dias Toffoli, 19.11.2009.** (AI-132755) (Inform. STF 568)

EMENTA: CONFLITO DE COMPETÊNCIA. CONSTITUCIONAL. JUÍZO ESTADUAL DE PRIMEIRA INSTÂNCIA E TRIBUNAL SUPERIOR. COMPETÊNCIA ORIGINÁRIA DO SUPREMO TRIBUNAL FEDERAL PARA SOLUÇÃO DO CONFLITO. ART. 102, I, "O", DA CB/88. JUSTIÇA COMUM E JUSTIÇA DO TRABALHO. COMPETÊNCIA PARA JULGAMENTO DA AÇÃO DE INDENIZAÇÃO POR DANOS MORAIS E MATERIAIS DECORRENTES DE ACIDENTE DO TRABALHO PROPOSTA PELOS SUCESSORES DO EMPREGADO FALECIDO. COMPETÊNCIA DA JUSTIÇA LABORAL. 1.Compete ao Supremo Tribunal Federal dirimir o conflito de competência entre Juízo Estadual de primeira instância e Tribunal Superior, nos termos do disposto no art. 102, I, "o", da Constituição do Brasil. Precedente [CC n. 7.027, Relator o Ministro CELSO DE MELLO, DJ de 1.9.95]. 2. A competência para julgar ações de indenização por danos morais e materiais decorrentes de acidente de trabalho, após a edição da EC 45/04, é da Justiça do Trabalho. Precedentes [CC n. 7.204, Relator o Ministro CARLOS BRITTO, DJ de 9.12.05 e AgR-RE n. 509.352, Relator o Ministro MENEZES DIREITO, DJe de 1º.8.08]. 3. O ajuizamento da ação de indenização pelos sucessores não altera a competência da Justiça especializada. A transferência do direito patrimonial em decorrência do óbito do empregado é irrelevante. Precedentes. [ED-RE n. 509.353, Relator o Ministro SEPÚLVEDA PERTENCE, DJ de 17.8.07; ED-RE n. 482.797, Relator o Ministro RICARDO LEWANDOWSKI, DJe de 27.6.08 e ED-RE n. 541.755, Relator o Ministro CÉZAR PELUSO, DJ de 7.3.08]. Conflito negativo de competência conhecido para declarar a competência da Justiça do Trabalho. CC N. 7.545-SC. RELATOR: MIN. EROS GRAU. **Noticiado no Informativo 549** (Inform. STF 555)

SERVIÇO DE TELEFONIA: ASSINATURA BÁSICA E COMPETÊNCIA

164 O Tribunal, por maioria, negou provimento a recurso extraordinário interposto contra acórdão de Turma Recursal dos Juizados Especiais do Estado da Bahia que reconhecera a ilegalidade da cobrança da tarifa básica de assinatura do serviço de telefonia fixa. Aplicou-se a orientação firmada no julgamento do RE 571572/BA (DJE de 13.2.2009), que entendera ser da Justiça estadual a competência para processar e julgar a ação, ante a ilegitimidade da Agência Nacional de Telecomunicações - ANATEL para compor o pólo passivo da demanda. A referida decisão ainda reputara cabível o processamento da causa no Juizado Especial, porque a matéria seria exclusivamente de direito, dispensando instrução complexa, e, ainda, que o tema concernente à relação de consumo e o equilíbrio econômico--financeiro do contrato de concessão se revestiria de natureza infraconstitucional, não ensejando a abertura da via extraordinária. Asseverou-se que, não obstante a distinção entre a questão de fundo apreciada naquela oportunidade (pulsos além da franquia) e o mérito do presente recurso (legalidade da cobrança de assinatura básica mensal), os fundamentos daquele incidiriam, haja vista que a controvérsia dos autos fora estabelecida apenas entre o consumidor e a concessionária de serviço público, não havendo se falar, portanto, em interesse, jurídico ou econômico, da ANATEL. Reconheceu-se, assim, a competência da Justiça estadual, admitindo-se o processamento da causa no Juizado Especial e assentando-se a natureza infraconstitucional dos temas alusivos à relação de consumo e ao contrato de concessão. Vencidos os Ministros Marco Aurélio e Eros Grau que davam provimento ao recurso, por considerar que a causa seria de complexidade maior, tendo em conta questionamento que diria respeito ao conteúdo econômico-financeiro do contrato estabelecido (CF, art. 37, XXI), a ensejar a competência da Justiça comum, propriamente dita, já que se teria de partir para a prova pericial, para saber da importância da parcela em questão no contrato de concessão, incompatível com a atuação dos Juizados Especiais. **RE 567454/BA, rel. Min. Carlos Britto, 17.6.2009.** (RE-567454) (Inform. STF 551)

AÇÃO DE USUCAPIÃO: ART. 5º, LXXVIII, DA CF E REGRAS DE COMPETÊNCIA - 1

Tendo em conta a peculiaridade do caso, a Turma desproveu recurso extraordinário no qual pleiteada a desconstituição de acórdão do TRF da 3ª Região e a conseqüente remessa do feito à comarca em que localizado o imóvel objeto de ação de usucapião. Tratava-se de recurso interposto contra decisão que declarara a ausência de interesse da União — pois nunca fora proprietária do imóvel usucapiendo — e mantivera sentença que julgara procedente pedido formulado em ação de usucapião. Na espécie, a ação fora proposta, em 1965, perante a 4ª Vara Cível de Santos, entretanto, após a criação da Comarca de Guarujá, os autos foram para lá remetidos, haja vista a localização do imóvel usucapiendo. Na nova comarca, o processo fora julgado extinto sem resolução de mérito (carência de ação), sendo esta decisão reformada, pelo tribunal de justiça local, para que o mérito da demanda fosse apreciado, o que ocorrera em favor dos autores. Posteriormente, a União comparecera alegando o domínio do referido imóvel, requerimento este ignorado pelo mesmo tribunal estadual que anulara a sentença, desta vez para que as defesas apresentadas pelos contestantes fossem examinadas pelo juiz sentenciante. A União reiterara seu interesse na causa e solicitara seu ingresso no pólo passivo. Acolhido o pedido, o feito fora deslocado para a Justiça Federal, cujo juízo ao qual distribuído o processo suscitara conflito negativo de jurisdição, reputado improcedente pelo extinto Tribunal Federal de Recursos - TFR. Nova sentença fora prolatada, julgando procedente a ação, após afastada a alegação de domínio formulada pela União. Contra essa decisão, os réus e a União recorreram ao extinto TFR, cujas apelações não foram conhecidas, bem como julgada prejudicada a remessa oficial. Interposto recurso extraordinário pelos réus, este fora provido a fim de anular o acórdão do TFR. Com a extinção deste, o processo fora distribuído ao referido TRF da 3ª Região. Daí o presente recurso extraordinário. **RE 433512/SP, rel. Min. Eros Grau, 26.5.2009.** (RE-433512)

AÇÃO DE USUCAPIÃO: ART. 5º, LXXVIII, DA CF E REGRAS DE COMPETÊNCIA - 2

Inicialmente, ressaltou-se que a aludida ação de usucapião fora ajuizada há mais de 40 anos e, desde então, o Estado, ministrando a prestação jurisdicional requerida, apreciara o mérito da demanda 2 vezes. A primeira sentença, proferida pelo Juízo da Comarca do Guarujá, em 1967, julgara procedente a demanda. A segunda, pelo Juízo Federal da 7ª Vara da Seção Judiciária de São Paulo, em 1975, também considerara procedente o pleito. A seguir, registrou-se que a EC 45/2004, em resposta à morosidade da justiça, consagrou o princípio da celeridade processual como postulado fundamental (CF, art. 5º, LXXVIII). Asseverou-se que, na situação dos autos, haveria, de um lado, as regras que garantem ao jurisdicionado segurança jurídica e, de outro, a afirmação constitucional da necessariamente rápida e, ao menos razoável, prestação jurisdicional. Ademais, aduziu-se que hipóteses de exceção não deveriam ficar à margem do ordenamento, sendo por este capturadas, e concluiu-se que a preservação dos princípios imporia a transgressão das regras. Tendo isso em conta, as regras de competência — cuja última razão se encontra na distribuição do exercício da jurisdição, segundo alguns critérios, aos órgãos do Poder Judiciário —, não poderiam prevalecer 43 anos após a propositura da ação. Concluiu-se que assim deveria ser em virtude da efetiva entrega da prestação jurisdicional — que já se dera — e à luz da garantia constitucional à razoável duração do processo. Precedente citado: HC 94916/RS (DJE de 10.10.2008). **RE 433512/SP, rel. Min. Eros Grau, 26.5.2009.** (RE-433512) (Inform. STF 548)

COMPETÊNCIA: ART. 98, I, DA CF E PEDIDO DE INDENIZAÇÃO

A Turma, acolhendo proposta suscitada pelo Min. Menezes Direito, decidiu afetar ao Plenário julgamento de recurso extraordinário em que empresa produtora de cigarros sustenta a incompetência absoluta dos Juizados Especiais para julgar ação, promovida por tabagista, destinada a obter indenização para tratamento de dependência causada pelo cigarro. No caso, Turma Recursal dos Juizados Especiais Cíveis, assentando sua competência para julgar o feito, negara acolhida ao pleito formulado pela empresa, ao fundamento de que a causa não guardaria grau elevado de complexidade, sendo que a eventual necessidade de perícia não excluiria a competência do sistema. A recorrente aponta ofensa aos artigos 5º, LIV e LV; 37, § 6º e 98, I, todos da CF. Aduz que a causa em exame não seria de menor complexidade, apesar do baixo valor atribuído pela parte, a exigir a produção de prova pericial quanto à efetiva dependência da nicotina; que fora privada das oportunidades de provar suas alegações; que houvera inversão do ônus da prova e inadequada aplicação da regra constitucional da responsabilidade civil objetiva do Estado em relação de consumo. Menciona, no ponto, a ausência de propaganda enganosa, mesmo por omissão, uma vez que os riscos associados ao cigarro têm sido largamente divulgados, não estando preenchidos os requisitos dos artigos 12, II e § 1º; 37 e 38, todos do CDC, o que afastaria a responsabilidade civil da empresa, diante da inexistência de nexo causal. **RE 537427/SP, rel. Min. Marco Aurélio, 14.4.2009.** (RE-537427) (Inform. STF 542)

COBRANÇA DE PULSOS ALÉM DA FRANQUIA: DETALHAMENTO DE LIGAÇÕES E COMPETÊNCIA - 1

O Tribunal negou provimento a recurso extraordinário interposto contra decisão de Turma Recursal Cível e Criminal do Estado da Bahia que reputara indevida a cobrança de pulsos além da franquia. Inicialmente, o Tribunal afastou a alegação de que, ante a necessidade da inclusão da

Agência Nacional de Telecomunicações - ANATEL, na lide, seria da Justiça Federal a competência para julgar o feito, nos termos do art. 109, I, da CF. Salientando a ausência de manifestação expressa de interesse jurídico ou econômico pela ANATEL, entendeu-se que a competência seria da Justiça estadual. Esclareceu-se que a situação não configuraria hipótese de litisconsórcio passivo necessário a justificar a inclusão da ANATEL no pólo passivo, haja vista que este é estabelecido pela natureza da relação jurídica ou por determinação legal, sendo insuficiente que a decisão a ser proferida no processo possa produzir efeitos sobre esfera jurídica de terceiro. Asseverou-se que a eficácia natural das sentenças, como regra, alcança terceiros, sem que esta circunstância obrigue a respectiva inclusão no processo. Aduziu-se tanto inexistir expressa previsão legal a obrigar a formação de litisconsórcio no caso presente quanto não resultar a pretendida obrigatoriedade do litisconsórcio da natureza da relação jurídica. Apontou-se que, nos autos, é discutida a relação entre o consumidor do serviço de telefonia e a concessionária, ou seja, se há possibilidade da cobrança dos chamados pulsos referentes a ligações locais além da franquia, não sendo a ANATEL, portanto, parte na relação de consumo. Realçou-se que, ainda que o acolhimento do pleito do autor, ora recorrido, possa repercutir, em tese, jurídica ou economicamente, na relação mantida entre a concessionária e a ANATEL — contrato de concessão, a exigir eventual ajuste nas bases da própria concessão —, essa repercussão não decorre diretamente do resultado individual da presente lide, nem o consumidor mantém relação jurídica com a ANATEL, não sendo, ademais, da natureza da relação de consumo a participação direta de um ente fiscalizatório e normatizador. **RE 571572/BA, rel. Min. Gilmar Mendes, 8.10.2008.** (RE-571572)

COBRANÇA DE PULSOS ALÉM DA FRANQUIA: DETALHAMENTO DE LIGAÇÕES E COMPETÊNCIA - 2

Em seguida, rejeitou-se a assertiva de que a tramitação do processo em Juizado Especial Estadual implicaria afronta ao disposto no art. 98, I, e no art. 5º, II, LIV e LV, da CF, porque a complexidade da demanda e a necessidade de dilação probatória firmariam a competência da Justiça Comum. Aduziu-se que a definição da lide não passa por dilação probatória complexa, nem pela produção de prova pericial, bastando a análise dos documentos e sua confrontação com as normas jurídicas aplicáveis. Além disso, a verificação da possibilidade da cobrança de pulsos além da franquia, sem a devida discriminação das ligações realizadas, constitui matéria exclusivamente de direito e está, portanto, no âmbito de competência dos Juizados Especiais (CF, art. 98, I), não se podendo falar, por conseguinte, em violação aos princípios do devido processo legal, ampla defesa, contraditório e legalidade, cuja incidência, para o deslinde da causa, seria reflexa. Por fim, quanto à matéria de fundo, o Tribunal não conheceu do recurso no que se refere à alegação de ofensa ao art. 37, XXI, da CF, por considerar que o tema de fundo é infraconstitucional, porquanto as normas legais de direito do consumidor é que orientam o resultado da demanda. Observou-se que, ainda que a causa tangencie aspectos quanto à aplicação do art. 37, XXI, da CF (manutenção das condições contratuais), ou mesmo direito fundamental do consumidor, de forma ampla ou indireta, o debate pressupõe e está centrado na análise do cumprimento de regras da Lei 8.078/90 (Código de Defesa do Consumidor). Vencido, neste ponto, o Min. Marco Aurélio, que reputava não se estar diante da disciplina de tema que seria estritamente legal, mas que teria raiz básica na Constituição Federal no que se diz que a decisão de origem não teria ficado limitada à proteção querida pela Carta de 1988 ao consumidor. **RE 571572/BA, rel. Min. Gilmar Mendes, 8.10.2008.** (RE-571582) (Inform. STF 523)

INCOMPETÊNCIA DO STF E INDICAÇÃO DO ÓRGÃO COMPETENTE

O reconhecimento, pelo Supremo, da sua incompetência para julgar e processar o feito torna necessária a indicação do órgão que repute competente para tanto. Salientando a alteração da jurisprudência da Corte a respeito desse tema, e com base no art. 113, § 2º, do CPC (*"Declarada a incompetência absoluta, somente os atos decisórios serão nulos, remetendo-se os autos ao juiz competente."*) e no art. 21, § 1º, do RISTF, na redação dada pela Emenda Regimental 21/2007 (*"Poderá o(a) Relator(a) negar seguimento a pedido ou recurso manifestamente inadmissível, improcedente ou contrário à jurisprudência dominante ou a Súmula do Tribunal, deles não conhecer em caso de incompetência manifesta, encaminhando os autos ao órgão que repute competente, bem como cassar ou reformar, liminarmente, acórdão contrário à orientação firmada nos termos do art. 543-B do Código de Processo Civil."*), o Tribunal manteve decisão que negara seguimento a ação civil pública, autuada como petição — ajuizada pela Associação de Moradores e Produtores da Região do Romão - SOMAR, contra decisão do Conselho Nacional de Justiça - CNJ —, em que se objetiva a desconstituição de acórdãos proferidos pelo Tribunal Regional Eleitoral do Estado de Tocantins. Considerou-se não se estar diante de uma das hipóteses de competência originária do Supremo previstas no rol exaustivo do art. 102, I, da CF, e determinou-se a remessa dos autos às instâncias ordinárias. Alguns precedentes citados: AO 1137 AgR/DF (DJU de 19.8.2005); AO 1139 AgR/DF (DJU de 19.8.2005); MS 25087/SP (DJU de 11.5.2007); Pet 3674 QO/DF (DJU de 19.12.2006); MS 26006 AgR/DF (DJE de 15.2.2008). **Pet 3986 AgR/TO, rel. Min. Ricardo Lewandowski, 25.6.2008.** (Pet-3986) (Inform. STF 512)

DIREITO PROCESSUAL CIVIL. COMPETÊNCIA DA JUSTIÇA ESTADUAL PARA JULGAR AÇÃO DE COBRANÇA DE COMPLEMENTAÇÃO DE APOSENTADORIA EM FACE DE ENTIDADE FECHADA DE PREVIDÊNCIA PRIVADA.

Compete à Justiça estadual processar e julgar ação que objetiva a complementação de benefício previdenciário em face de entidade fechada de previdência privada. A entidade fechada de previdência privada tem personalidade jurídica de direito privado e é totalmente desvinculada da União, o que afasta a competência da Justiça Federal para o julgamento da demanda, conforme o art. 109 da CF. Formada a relação jurídica por pessoa física e entidade de previdência complementar, a competência para o julgamento da causa é da Justiça estadual, pois o pedido e a causa de pedir decorrem do pacto estabelecido com a instituição de previdência privada, o que denota a natureza civil da contratação. Precedentes citados: AgRg no CC 112.605-ES, DJe 15/2/2011, e AgRg no Ag 1.121.269-SP, DJe 26/8/2010. **REsp 1.242.267-ES, Rel. Min. Raul Araújo, julgado em 4/12/2012.** (Inform. STJ 510)

COMPETÊNCIA. SFH. SEGURO ADJETO. MÚTUO HIPOTECÁRIO.

A Seção acolheu os embargos de declaração opostos contra julgamento submetido ao regime do art. 543-C do CPC e da Res. n. 8/2008-STJ, esclarecendo que, nos feitos em que se discute contrato de seguro privado, apólice de mercado (Ramo 68), adjeto a contrato de mútuo habitacional, por envolver discussão entre a seguradora e o mutuário e não afetar o Fundo de Compensação de Variações Salariais (FCVS), não existe interesse da Caixa Econômica Federal (CEF) a justificar a formação de litisconsórcio passivo necessário, sendo, portanto, da Justiça estadual a competência para seu julgamento. Entretanto, sendo a apólice pública (Ramo 66) e garantida pelo FCVS, existe interesse jurídico a amparar o pedido de intervenção da CEF, na forma do art. 50 do CPC, e a remessa dos autos para a Justiça Federal. Ressaltou-se, ainda, que, na apólice pública (Seguro Habitacional do Sistema Financeiro da Habitação – SH/SFH), o FCVS é o responsável pela garantia da apólice e a CEF atua como administradora do SH/SFH, controlando, juntamente com as seguradoras, os prêmios omitidos e recebidos, bem como as indenizações pagas. O eventual *superavit* dos prêmios é fonte de receita do FCVS; em contrapartida, possível *deficit* será coberto com recursos do referido fundo, sendo seu regime jurídico de direito público. Já na apólice privada, o risco da cobertura securitária é da própria seguradora e a atuação da CEF, agente financeiro, é restrita à condição de estipulante na relação securitária como beneficiária da garantia do mútuo que concedeu, sendo o regime jurídico próprio dos seguros de natureza privada. **EDcl no REsp 1.091.363-SC e EDcl no REsp 1.091.393-SC, Rel. Min. Maria Isabel Gallotti, julgados em 9/11/2011.** (Inform. STJ 487)

COMPETÊNCIA. REPATRIAÇÃO. MENORES. CONVENÇÃO. HAIA.

A Corte Especial, por maioria de votos, decidiu que é da Primeira Seção (RISTJ, art. 9º, § 1º, XIII) a competência interna para as causas em que a União postula a repatriação de menores, em cumprimento a tratado internacional, com base na Convenção de Haia. *In casu*, deverá ser examinado o pedido feito pela União, com base na solicitação da República Alemã, que atendeu pleito do genitor dos menores, com escopo de se perquirir sobre a alegada subtração indevida e a pretensão do retorno deles ao país de origem. **AgRg no REsp 1.239.777-PE, Rel. Min. Maria Isabel Gallotti, julgado em 5/10/2011.** (Inform. STJ 484)

COMPETÊNCIA. VARA DE FAMÍLIA. JULGAMENTO. UNIÃO ESTÁVEL.

A *quaestio iuris* é saber qual é o juízo competente para ação de dissolução de união estável. Na origem, o juízo da vara de família declinou de sua competência, determinando a redistribuição do feito para uma das varas cíveis, por entender que a matéria litigiosa versa sobre aspectos patrimoniais advindos da sociedade de fato. O juízo da vara cível determinou o retorno dos autos ao juízo de origem, manifestando que o caso não guarda simetria com o concubinato impuro ou com a união civil entre pessoas do mesmo sexo, abordadas nos precedentes que embasaram a decisão que ordenou a redistribuição. O juízo da vara de família suscitou conflito negativo de competência ao tribunal de justiça. O tribunal *a quo*, após a análise dos fatos e observando que a convivência foi pública, contínua e duradoura, preenchendo assim as exigências do art. 1.723 do CC, declarou competente o juízo da vara de família. Inconformado com a decisão colegiada o Ministério Público interpôs recurso especial, alegando divergência jurisprudencial, pois o conceito de união estável não se subsume ao caso, pois o relacionamento havido entre as partes não tinha por objetivo a constituição de família. Afirma que o réu mantinha relação há mais de 36 anos com outra mulher, havendo entre autora e réu apenas concubinato impuro. Sustenta que a pretensão autoral é exclusivamente patrimonial, não havendo prole da relação. Nesse contexto, o Min. Relator entendeu que o art. 226, § 3º, da CF estabelece que a família se constitui também pelas uniões estáveis, por isso que não cabe a controvérsia sobre se a matéria relativa ao concubinato é de direito de família ou meramente obrigacional. Afirmou, ainda, que o art. 9º da Lei n. 9.278/1996 explicita que toda a matéria relativa à união estável é de competência do juízo da vara de família, aplicando-se ao caso a regra contida na parte final do art. 87 do CPC. Diante desses argumentos, entre outros, a Turma negou provimento ao recurso. **REsp 1.006.476-PB, Rel. Min. Luis Felipe Salomão, julgado em 4/10/2011.** (Inform. STJ 484)

DESCONSTITUIÇÃO. HIPOTECA. MODIFICAÇÃO. COMPETÊNCIA.

In casu, a ação versa sobre a desconstituição parcial das hipotecas incidentes sobre os imóveis de propriedade do recorrente. A controvérsia está em verificar se o fato de não ter sido dada oportunidade ao recorrente de réplica à contestação causou-lhe algum prejuízo a autorizar a declaração de nulidade do processo desde então e, também, qual o foro competente para julgamento da ação. Na hipótese, o litígio não versa sobre nenhum dos direitos reais mencionados na segunda parte do art. 95 do CPC (direito de propriedade, vizinhança, servidão, posse, divisão, demarcação de terra e nunciação de obra nova), mas sobre a desconstituição parcial das hipotecas incidentes sobre os imóveis de propriedade do recorrente. Assim, conclui-se que não há competência absoluta do foro da situação dos imóveis para seu julgamento, a competência é relativa, passível, portanto, de modificação. Diante disso, o tribunal *a quo*, ao declinar sua competência para o foro da comarca do recorrido, não violou o dispositivo mencionado. Ademais, na hipótese, não se vislumbra a existência de continência entre as demandas (art. 104 do CPC), mas apenas de conexão (art. 103 do CPC). Isso porque, ao considerar que as demandas relacionadas tratam, respectivamente, de execução de cédula de crédito rural com garantia hipotecária e de ação visando à desoneração parcial da hipoteca, não se visualiza como o objeto da primeira pode conter o objeto da segunda ou vice-versa (continência). Assim, é evidente uma relação de conexão entre elas, diante da identidade de partes e causa de pedir, além da possibilidade do resultado de uma das ações comprometer o resultado da outra, tornando-se recomendável a reunião dos processos, nos termos do art. 105 do CPC. Com isso, tratando-se de conexão, o critério a ser utilizado para a determinação do juízo competente é o da prevenção (art. 106 do CPC). Portanto, o mérito da demanda deve ser decidido pelo juízo prevento. E, no caso, era desnecessária a intimação do recorrente para apresentação de réplica, porquanto a questão envolvida é estritamente de direito – competência do juízo –, estando nos autos todos os elementos necessários à formação do convencimento do juiz. Com essas e outras ponderações, a Turma negou provimento ao recurso. Precedentes citados: REsp 681.097-SP, DJ 29/8/2005, e CC 38.045-MA, DJ 9/12/2003. **REsp 1.051.652-TO, Rel. Min. Nancy Andrighi, julgado em 27/9/2011.** (Inform. STJ 484)

COMPETÊNCIA. AÇÃO. RECONHECIMENTO. UNIÃO ESTÁVEL. PÓS-MORTE. DOMICÍLIO. COMPANHEIRA.

Trata-se, na origem, de ação de reconhecimento de união estável cumulada com dissolução por morte ajuizada pela recorrida. No REsp, discute-se qual o juízo competente para processar e julgar a referida ação. Segundo a Min. Relatora, analisando o objetivo buscado pelo ordenamento jurídico com o instituto da união estável, nota-se similaridade entre a situação da mulher casada com a condição de companheira; pois, nas duas situações, é possível constatar a inferioridade econômica ou impossibilidade prática de acesso ao Judiciário por dificuldades decorrentes do cuidado com a prole comum, quando há. Assim semelhante à situação da mulher em litígio relativo ao casamento com a mulher em litígio relativo à união estável. A solução aplicada à circunstância normatizada (art. 100, I, do CPC) deve igualmente servir para a fixação da competência na espécie sem legislação específica. Logo, na falta de regulação específica para o foro prevalente quando houver discussão relativa ao reconhecimento da união estável, aplica-se analogicamente o art. 100, I, do CPC, determinando-se o foro da companheira para essas questões. O art. 226, § 3º, da CF confere à união estável o *status* de entidade familiar, fato que deve orientar o intérprete na aplicação, sempre que possível, de posicionamentos uníssonos para o sistema entidade familiar, o que, no caso, significa adotar a fórmula já preconizada que estabelece o domicílio da mulher como o foro competente para discutir as questões relativas à união estável. **REsp 1.145.060-MG, Rel. Min. Nancy Andrighi, julgado em 13/9/2011.** (Inform. STJ 483)

COMPETÊNCIA. INDENIZAÇÃO. MENOR. REPRESENTAÇÃO. ACIDENTE. TRABALHO.

Trata-se de conflito negativo relativo à ação de responsabilidade civil aquiliana proposta por menores representados pela mãe em desfavor de empresa industrial. Os recorrentes alegam que a incapacidade parcial sofrida por sua genitora, ex-empregada da recorrida, acometida por patologias tendíneas nos membros superiores, causa-lhes danos materiais e morais. O juízo cível declinou da competência para a Justiça do Trabalho, tendo em vista que o cancelamento da Súm. n. 366-STJ revela que a matéria está relacionada ao vínculo trabalhista da mãe dos autores. Remetidos os autos para a Justiça Trabalhista, foi suscitado o presente conflito ao argumento de que o fato de a genitora ainda estar viva afasta a competência da Justiça Especializada, pois não existe relação de trabalho entre os menores e a empresa. A Seção entendeu, de acordo com jurisprudência já firmada no STF e no STJ, que deve ser observado como parâmetro objetivo a relação direta do pedido com o vínculo profissional, circunstância que se repete na hipótese dos autos. Ademais, da nova redação do art. 114 da CF não se pode mais inferir que as ações julgadas pela Justiça do Trabalho tenham necessariamente que ter como partes somente empregado e empregador, mas a lide que discute relação de trabalho, que é conceito mais amplo. Assim, no caso, a competência é da Justiça do Trabalho. Precedentes citados do STF: EDcl no RE 482.797-SP, DJe 27/6/2008; do STJ: CC 104.632-RJ, DJe 11/3/2010; CC 61.584-RS, DJ 1º/8/2006. **CC 114.407-SP, Rel. Min. Maria Isabel Gallotti, julgado em 14/9/2011.** (Inform. STJ 483)

COMPETÊNCIA. DANOS MATERIAIS E MORAIS. ACIDENTE. TRABALHO. ORGANISMO INTERNACIONAL.

Trata-se, na origem, de ação indenizatória contra organismo internacional pelos danos físicos e morais suportados em decorrência de acidente de trabalho. No recurso ordinário (RO), o recorrente sustenta que a imunidade de jurisdição dos organismos internacionais não é absoluta, mas sim relativa, sendo o Poder Judiciário brasileiro competente para julgar o litígio, que versa sobre atos de gestão praticados pelo organismo internacional demandado. Quando da proposição da ação, em junho de 2002, as ações de indenização decorrentes de acidente de trabalho não recebiam tratamento especializado do constituinte, incidindo, por conseguinte, na competência residual da Justiça comum. Em razão da EC n. 45/2004, a competência que até então era da Justiça comum (no caso, Federal, ante a presença de organismo internacional) passou a ser da Justiça Trabalho (especializada). *In casu*, a ação indenizatória pelos danos físicos e morais decorrentes de acidente de trabalho, até o momento, não teve seu mérito decidido, na medida em que o juízo federal, então competente, extinguiu o processo sem julgamento de mérito, o que, de acordo com a atual orientação jurisprudencial do STJ e do STF, autoriza o deslocamento dos autos à Justiça do Trabalho, *ut* Súmula Vinculante n. 22-STF. Definido que as ações de indenização por danos morais e patrimoniais decorrentes de acidente de trabalho propostas por empregado contra empregador são oriundas da relação de trabalho e, por isso, são da competência da Justiça especializada laboral, a presença, num dos polos da ação, de um ente de direito público externo robustece a compreensão de competir à Justiça do Trabalho o conhecimento do litígio e não se pode negar a prevalência do inciso I do art. 114 sobre o inciso II do art. 109, ambos da CF/1988. Assim, a Turma julgou prejudicado o conhecimento do RO, declarou, de ofício, a incompetência absoluta da Justiça comum e anulou os atos decisórios até então prolatados, mantendo, todavia, os instrutórios. Por último, determinou a remessa dos autos à Justiça trabalhista. **RO 89-BA, Rel. Min. Massami Uyeda, julgado em 16/8/2001.** (Inform. STJ 481)

COMPETÊNCIA. DANOS MORAIS. PRESTADOR. SERVIÇOS.

A Seção declarou competente a Justiça do Trabalho no conflito de competência instaurado entre o juízo trabalhista e o juízo federal na ação indenizatória por danos morais – decorrentes de injúria qualificada por preconceito racial – proposta em desfavor da instituição financeira em que a ofendida trabalhava como prestadora de serviços e da suposta ofensora (cliente do banco). Anote-se que, após esse fato, a ofendida foi demitida. Segundo o Min. Relator, não obstante haja duas relações subjacentes com naturezas jurídicas distintas (uma firmada com a ofensora e a outra, com a instituição tomadora dos serviços), vislumbra-se conexão imediata entre o dano suportado e a prestação do serviço. Ademais, salientou que, embora os alegados prejuízos não decorram de ato ilícito praticado por empregado da empresa pública, a ofendida, no momento em que a injúria foi proferida, estava prestando serviços na agência bancária. Asseverou, ainda, que o art. 114, VI, da CF/1988 não restringe a competência do juízo do trabalho às demandas estabelecidas entre empregado e empregador. Afirmou, de acordo com precedente do STJ, que, se o fato ocorreu em uma relação de trabalho, apenas a Justiça especializada pode decidir se o tomador dos serviços responde pelos danos sofridos pelo prestador terceirizado e se deve, inclusive, permanecer no polo passivo. Ressaltou que, na petição inicial, a autora conferiu à ação contornos típicos de questão trabalhista. Precedentes citados: **AgRg no CC 82.432-BA, DJ 8/11/2007; CC 71.604-RJ, DJe 5/3/2008, e CC 78.145-SP, DJ 3/9/2007. CC 97.458-SP, Rel. Min. Sidnei Beneti, julgado em 22/6/2011**. (Inform. STJ 478)

COMPETÊNCIA. QUERELA NULLITATIS. JUÍZO. DECISÃO VICIADA.
Trata-se de definir a competência para processar e julgar a ação ajuizada pelo INSS, que alegava não ter sido citado para a demanda que determinou a revisão do benefício acidentário do segurado. Logo, versa sobre a competência para processar e julgar a *querela nullitatis*. A Seção entendeu competir ao juízo que proferiu a decisão supostamente viciada processar e julgar a ação declaratória de nulidade. Precedente citado: **AgRg no REsp 1.199.335-RJ, DJe 22/3/2011. CC 114.593-SP, Rel. Min. Maria Thereza de Assis Moura, julgado em 22/6/2011**. (Inform. STJ 478)

COMPETÊNCIA. CONTRATO. FRANQUIA. ELEIÇÃO. FORO.
Discute-se no REsp a eficácia da cláusula de eleição de foro estabelecida em contrato de franquia e, consequentemente, a questão de qual foro seria competente para processar e julgar ação cautelar preparatória de futura ação principal de indenização por perdas e danos decorrentes do mesmo contrato. Busca-se, no REsp, a reforma do acórdão recorrido que manteve a competência do juízo da sede da sociedade empresária (recorrida) em vez daquela do foro eleito no contrato de franquia, levando em conta ser a ação preparatória com pretensão de reparação de dano. Ressalta o Min. Relator que, nos termos do art. 112 do CPC, a incompetência territorial é relativa e deve ser arguida pela parte interessada em exceção de incompetência, não nos próprios autos. No entanto, no caso, foi interposta exceção de incompetência pelo corréu sobre o foro de eleição, mas essa exceção foi indeferida na origem, a qual resultou em outro REsp que foi julgado em conjunto com este recurso. Dessa forma, para o Min. Relator, não se poderia afirmar que o agravo de instrumento (Ag) do qual resultou este REsp seria incabível porque a questão da incompetência foi suscitada em sede própria. Isso porque, na espécie, diferentemente da normalidade dos casos em que se suscita a exceção de incompetência, o juízo, ao despachar a inicial, concedeu liminar para, entre outras determinações, suspender a incidência da cláusula de foro de eleição, criando, portanto, gravame por decisão interlocutória recorrível. Destacou que, nesse caso, o ora recorrente interpôs agravo de instrumento, recurso adequado contra a decisão interlocutória proferida que já lhe causava prejuízos processuais e materiais em decorrência da nulificação liminar da cláusula de eleição declarada abusiva. Registrou, também, que a exceção de incompetência foi interposta pela outra parte, não havendo duplicidade nesse processo. Quanto à eleição de foro, o acórdão recorrido não afirmou nenhuma das hipóteses de excepcionalidade da validade da cláusula do foro de eleição no contrato de adesão. Assim, no caso, busca-se determinar se a competência para a ação que visa à reparação de danos fundada em responsabilidade contratual deve ser proposta no domicílio do réu (inciso IV, a, art. 100 do CPC) ou no local onde se produziu o dano (inciso V do mesmo dispositivo). Para isso, primeiro esclarece o Min. Relator que a jurisprudência deste Superior Tribunal afirma que a regra é a do foro do local do dano como decidiu o tribunal *a quo*. Entretanto, no caso dos autos, trata-se de cláusula de eleição de foro convencionada pelas partes; esse foro de eleição do contrato, para o Min. Relator, prevalece sobre a competência relativa do local do dano de acordo com a Súm. n. 335-STF. Destaca, ainda, que a Turma já decidiu que o CDC não se aplica entre o franqueado e o franqueador e, mesmo que fosse possível reconhecer as regras consumeristas na hipótese dos autos, não se afastaria o foro de eleição, visto que isso só ocorre para o CDC quando configurada a dificuldade para o exercício da ampla defesa ou a abusividade estipulada no contrato. Diante do exposto, entre outras considerações, a Turma deu provimento ao recurso, determinando a imediata remessa dos autos ao juízo do foro de eleição. Precedentes citados: **AgRg na MC 15.292-AM, DJe 25/5/2009; CC 55.826-PR, DJ 9/11/2006; AgRg no Ag 1.303.218-MS, DJe 24/11/2010; REsp 1.072.911-SC, DJe 5/3/2009; REsp 782.384-SP, DJ 19/3/2007; REsp 687.322-RJ, DJ 9/10/2006, e CC 92.519-SP, DJe 4/3/2009. REsp 930.875-MT e REsp 1.087.471-MT, Rel. Min. Sidnei Beneti, julgados em 14/6/2011**. (Inform. STJ 477)

DANOS MORAIS. EX-EMPREGADO. EX-EMPREGADOR.
A Seção rejeitou os EREsp, mantendo a competência da Justiça estadual. Os embargantes, ex-empregados, alegavam dano moral após término do vínculo trabalhista, quando o empregador, supostamente, teria veiculado publicamente comentários maledicentes contra os ex-empregados, fatos ocorridos antes da edição da EC n. 45/2004. Essas circunstâncias fáticas que compõem a causa de pedir foram reiteradas pelo acórdão recorrido; assim, segundo o Min. Relator, não há como tomar por base outra ordem circunstancial. Esclarece que não se pode esquecer ser agora tardio para anular tudo e recomeçar a ação na Justiça do Trabalho, pois passados treze anos da prolação da sentença que firmou a competência do juízo estadual. Observa, entre outros argumentos, que tanto os juízes estaduais como os juízes trabalhistas integraram a mesma unidade jurisdicional do bem formado quadro da magistratura nacional, sendo todos, portanto, capazes de julgar casos como o dos autos, um entre tantos outros. **EREsp 786.209-BA, Rel. Min. Sidnei Beneti, julgados em 27/4/2011**. (Inform. STJ 470)

COMPETÊNCIA. AÇÃO. ARBITRAMENTO. HONORÁRIOS ADVOCATÍCIOS.
A Turma deu provimento ao recurso especial para determinar que, não tendo sido eleito o foro pelas partes ante a ausência de contrato escrito, a competência para o processamento e julgamento da ação de arbitramento de honorários advocatícios em processo de conhecimento é do juízo do lugar onde a obrigação deve ou deveria ser satisfeita – no caso, o local em que se situa o escritório do causídico recorrente – nos termos do art. 100, IV, d, do CPC. Salientou a Min. Relatora que o STJ, em outras oportunidades, adotou esse entendimento em relação às ações de cobrança de honorários, tendo em vista seu cunho eminentemente condenatório. Assim, consignou que, embora a incerteza quanto à existência da relação contratual – por se tratar de contrato verbal – confira natureza declaratória à ação de arbitramento, ela busca, assim como a ação de cobrança, o cumprimento da obrigação (pagamento dos honorários), o que evidencia sua natureza também condenatória. Precedentes citados: REsp 778.958-MT, DJ 15/10/2007, e AgRg no REsp 659.651-SP, DJe 31/8/2009. **REsp 1.072.318-SP, Rel. Min. Nancy Andrighi, julgado em 7/4/2011**. (Inform. STJ 468)

COMPETÊNCIA. INDENIZAÇÃO. DIRF. IR.
Compete à Justiça do Trabalho processar e julgar a ação de indenização por danos morais e materiais movida em razão de o ex-empregador não ter apresentado à Receita Federal a declaração de imposto de renda retido na fonte (DIRF) referente ao ex-empregado, o que, como se alega, teria inviabilizado a restituição de seu imposto pela via da declaração de rendimentos. Anote-se que, no caso, a indenizatória possui feições de cumprimento de julgado, visto que o recolhimento do IR decorre de sentença laboral que determinou o pagamento de valores em função da rescisão do contrato de trabalho. Precedentes citados: CC 61.584-RS, DJ 1º/8/2006, e CC 6.124-RS, DJ 13/12/1993. AgRg no **CC 115.226-SP, Rel. Min. Aldir Passarinho Junior, julgado em 14/3/2011**. (Inform. STJ 466)

COMPETÊNCIA. RECUPERAÇÃO. EXECUÇÃO TRABALHISTA.
Cuida-se de conflito positivo de competência entre o juízo trabalhista e o da recuperação judicial diante do ofício expedido pelo último para determinar a transferência de importância pertencente à sociedade empresária recuperanda bloqueada por decisão do juízo laboral exarada em ação cautelar para a garantia das verbas trabalhistas. Note-se que já foi deferido o processamento do pedido de recuperação judicial e foi apresentado o respectivo plano. Quanto a isso, vê-se que, deferido o processamento da recuperação, cabe ao juízo trabalhista julgar apenas a matéria referente à relação de trabalho, não lhe competindo a alienação ou disponibilização de bens em ação cautelar ou reclamação trabalhista, salvo se diante de hasta já aprazada, caso em que o produto apurado deverá ser revertido ao juízo da recuperação. Assim, mantém-se o julgamento das ações trabalhistas na Justiça laboral até a apuração do crédito, cujo valor deverá constar da sentença e, posteriormente, ser inscrito no quadro geral de credores, isso no intuito de concentrar, no juízo da recuperação judicial, todas as decisões que cuidem do patrimônio da sociedade empresária em recuperação a ponto de não comprometer a tentativa de mantê-la funcionando. Dessarte, deferido o processamento da recuperação, quanto mais se aprovado o plano de recuperação judicial, não há como dar prosseguimento automático às execuções individuais, mesmo que decorrido o prazo do art. 6º, § 4º, da Lei n. 11.101/2005, de suspensão das ações e execuções (180 dias). Anote-se que esse prazo tem sua razão de ser no fato de a sociedade necessitar de um período de defesa para reorganizar-se sem ataques a seu patrimônio com o fim de apresentar o plano de recuperação, nada vedando sua ampliação pelo juízo diante das especificidades de cada caso. Dessarte, reiterando esse entendimento, a Seção declarou competente o juízo da recuperação. Precedentes citados do STF: CC 7.116-SP, DJ 23/8/2002; do STJ: CC 19.431-PE, DJ 9/1/1998; CC 73.380-SP, DJe 21/11/2008; CC 61.272-RJ, DJ 25/6/2007; AgRg no CC 111.614-DF, DJe 19/11/2010; CC 98.264-SP, DJe 6/4/2009; CC 90.504-SP, DJe 1º/7/2008; REsp 1.193.480-SP, DJe 18/10/2010; AgRg no CC 110.287-SP, DJe 29/3/2010; CC 88.661-SP, DJe 3/6/2008; CC 92.005-SP, DJe 21/8/2008; CC 68.173-SP, DJe 4/12/2008; CC 79.170-SP, DJe 19/9/2008, e CC 90.160-RJ, DJe 5/6/2009. **CC 112.799-DF, Rel. Min. Luis Felipe Salomão, julgado em 14/3/2011**. (Inform. STJ 466)

COMPETÊNCIA. NULIDADE. ATO CONSTITUTIVO.

É certo que competem à Justiça do Trabalho as ações originadas de relação de trabalho, ou seja, cabe a ela declarar se alguém possui a qualidade de empregado de outrem (arts. 2º e 4º da CLT). Na hipótese, a reclamante alega que sua qualificação como sócia da sociedade empresária reclamada constitui uma simulação para disfarçar sua real condição de mera empregada, em franca burla da legislação trabalhista. Assim, embora o pedido de nulidade de atos constitutivos de sociedade empresária normalmente refuja da competência da Justiça obreira, no caso, tal não acontece, pois esse pleito é decorrente do pedido principal de reconhecimento do vínculo empregatício (só se declarará a nulidade se reconhecido o vínculo), o que faz prevalecer o caráter trabalhista da lide. Se assim não fosse, a análise do pedido principal na Justiça do Trabalho ficaria à mercê de decisão tomada pela Justiça comum. **AgRg nos EDcl no CC 106.660-PR, Rel. Min. Raul Araújo, julgado em 14/3/2011.** (Inform. STJ 466)

COMPETÊNCIA. SALVATAGEM. LIBERAÇÃO. MERCADORIAS.

A sociedade empresária estrangeira recorrente realizou operação de salvatagem no navio de bandeira liberiana naufragado em águas brasileiras. Pede, na ação, que se impeça retirar do porto as mercadorias resgatadas antes do pagamento do prêmio a que faz jus em razão da operação efetuada, haja vista elas garantirem esse pagamento. Contudo, há a discussão da competência da Justiça brasileira diante da existência, no contrato de salvatagem, da eleição de foro estrangeiro para a discussão sobre o valor da remuneração. Nesse contexto, vê-se que a eleição de foro nada influi para o deslinde da questão, visto que, na ação, não se discute o valor da remuneração da salvatagem, afeita ao foro eleito, mas sim a retirada da carga. Assim, incide o art. 88 do CPC, que prevê a competência concorrente da Justiça brasileira, pois estão presentes os requisitos para a determinação dessa competência: os réus têm domicílio no Brasil, a obrigação de não fazer que se busca deve ser cumprida no território nacional e a salvatagem, como dito, deu-se em águas brasileiras. Anote-se não existir antinomia entre o art. 88 do CPC e o art. 7º da Lei n. 7.203/1984, porquanto o primeiro prevê situações que ensejam a competência internacional concorrente da Justiça pátria e o segundo, a competência exclusiva da autoridade judiciária nacional. Dessarte, não configurados os requisitos de aplicação do referido art. 7º (embarcação brasileira e salvamento ocorrido em território nacional), a conclusão a que se chega não é a de que a Justiça brasileira é incompetente, mas sim que sua competência não é exclusiva. Desse modo, no caso, a Justiça brasileira tem competência concorrente para processar e julgar a demanda. **REsp 772.661-SC, Rel. Min. Paulo de Tarso Sanseverino, julgado em 1º/3/2011.** (Inform. STJ 465)

COMPETÊNCIA. INDENIZAÇÃO. ABSTENÇÃO. USO. MARCA.

Nos embargos de divergência, discutiu-se qual seria a norma aplicável para definir o foro competente para processar e julgar ação de indenização cumulada com pedido de abstenção da prática de concorrência desleal pelo uso ilícito de marca: se a regra de competência prevista pelo art. 100, V, **a**, parágrafo único, do CPC – segundo a qual o autor pode eleger o foro do local do fato ou o de seu domicílio –, ou o preceito geral que define a competência nos termos do art. 94 do CPC – de maneira a declarar a competência do foro do domicílio do réu. Anotou a Min. Relatora que a questão já foi objeto de diversas manifestações na Terceira e na Quarta Turma deste Superior Tribunal, sem que houvesse a consolidação de um entendimento em qualquer dos dois sentidos. Ressaltou que, enquanto a Terceira Turma atribuia ao autor a prerrogativa de eleger entre o foro de seu domicílio ou o do local em que ocorreu o fato ilícito para a propositura da referida ação, a Quarta Turma sempre entendeu ser aplicável à espécie a regra de competência do art. 94 do CPC – ao se pretender perdas e danos, a competência é do foro do réu –; assim, no caso, o pleito não poderia deslocar a competência para o domicílio da autora; pois, como se trata de um pedido cumulado (hipótese em que é pleiteada a condenação ao pagamento de indenização pela suposta utilização indevida da marca), não se poderia determinar a indenização, que é consequência, sem dizer se houve o uso ilícito da marca. Nessa circunstância, em que a disputa seria pelo uso da marca, entendem que sempre o foro competente é o do domicílio do réu. Entretanto, para a Min. Relatora, condutora da tese vencedora, a norma do art. 100, parágrafo único, do CPC representa o instituto do *forum commissi delicti* e refere-se aos delitos de modo geral. Explicou que a expressão "delito" nela contida é abrangente, aludindo tanto ao ilícito civil quanto ao penal. Se for constatada a contrafação ou a concorrência desleal, não há como negar a ilicitude da conduta da embargada nos termos dos arts. 129 e 189 da Lei n. 9.279/1996. Por essa razão, deve ser aplicado à espécie o entendimento jurisprudencial de que a ação de reparação de dano tem por foro o lugar onde ocorreu o ato ou fato, ainda que a demandada seja pessoa jurídica com sede em outro lugar, prevalecendo a regra do art. 100, V, **a**, do CPC sobre a dos arts. 94 e 100, IV, **a**, do mesmo diploma. Ressaltou, ainda, que a intenção do art. 100, parágrafo único, do CPC é facilitar o acesso da vítima de ato ilícito à Justiça, de modo que o prejudicado pela prática de um ato ilícito – civil ou penal – possa acionar o criminoso no foro do local do fato, de seu domicílio ou mesmo no foro do domicílio do réu, a seu exclusivo critério. Por fim, destacou que a cumulação das pretensões cominatória e indenizatória não impede a aplicação da citada norma. Diante disso, a Seção, após o voto de desempate do Min. Presidente Massami Uyeda, uniformizou o entendimento divergente entre a Terceira e a Quarta Turma para que prevaleça a orientação de declarar a competência do foro do domicílio do autor ou do foro no qual ocorreu o fato para o julgamento de ação de abstenção de uso de marca cumulada com pedido de indenização. Precedente citado: REsp 681.007-DF, DJ 22/5/2006. **EAg 783.280-RS, Rel. Min. Nancy Andrighi, julgados em 23/2/2011.** (Inform. STJ 464)

COMPETÊNCIA. MANUTENÇÃO. POSSE. IMÓVEL ALIENADO. JUSTIÇA DO TRABALHO.

Questiona-se, no conflito de competência, qual, entre o juízo trabalhista ou o da Justiça comum estadual, seria competente para processar e julgar ação de manutenção de posse na qual se discute localização, demarcação e confrontações do imóvel alienado pela Justiça do trabalho. Essa discussão está relacionada ao processo executório, visto que se questionam, na ação possessória, aspectos relativos à validade da constrição judicial sobre o imóvel na Justiça trabalhista. A Seção, ao prosseguir o julgamento, declarou ser competente a Justiça trabalhista para julgar a ação de manutenção de posse, mesmo havendo dúvida quanto à área. Ressaltou o Min. Relator que a competência só seria da Justiça comum estadual se o interdito possessório estivesse totalmente desvinculado da execução trabalhista. Explicou não ser possível transferir a controvérsia gerada a partir do título de domínio expedido pela Justiça do trabalho para o juízo cível, sob pena de dar a este o poder de sobrepor-se à decisão daquela. Precedentes citados: AgRg no CC 57.615-PE, DJ 26/2/2007; CC 48.373-BA, DJ 24/8/2005; CC 38.344-GO, DJ 29/3/2004; CC 32.697-SP, DJ 18/2/2002, e CC 17.866-ES, DJ 18/9/2000. **CC 109.146-RN, Rel. Min. Luis Felipe Salomão, julgado em 23/2/2011.** (Inform. STJ 464)

COMPETÊNCIA. HIPOTECA. ADIMPLEMENTO.

Trata-se, na origem, de ação ordinária declaratória de extinção de hipoteca c/c pedido de antecipação de tutela na qual se busca a declaração judicial de extinção de hipoteca constituída sobre bem em razão de dívida contraída e, segundo alegado, integralmente adimplida. No recurso especial, discute-se o foro competente para julgar a referida ação, se necessariamente o do local em que situado o imóvel, ou se definido pelo critério territorial e, por isso, derrogável pela vontade das partes. A Turma, entre outras questões, entendeu que o foro competente para julgar a ação principal que se refere à hipoteca é derrogável pela vontade das partes, justamente por não integrar o rol taxativo expresso na segunda parte do art. 95 do CPC. Para que a ação seja necessariamente ajuizada na comarca em que situado o bem imóvel, esta deve ser fundada em direito real (naqueles expressamente delineados pelo referido artigo), não sendo suficiente, para tanto, a mera repercussão indireta sobre tais direitos. No caso, a causa de pedir, de maneira alguma, encontra-se estribada em qualquer direito real sobre o bem imóvel. A hipoteca em si não é objeto de discussão, apenas sua subsistência é que decorrerá da definição sobre o adimplemento ou não da obrigação assumida. A discussão, portanto, versa sobre direito eminentemente pessoal e não real, como sugeriria o nome da ação. **REsp 1.048.937-PB, Rel. Min. Massami Uyeda, julgado em 22/2/2011.** (Inform. STJ 464)

COMPETÊNCIA. RECUPERAÇÃO JUDICIAL. VERBAS TRABALHISTAS.

Trata-se de conflito de competência em que o cerne da controvérsia é saber se, no caso, aplica-se a regra geral de que compete ao juízo da recuperação judicial decidir sobre o patrimônio da empresa, ou uma de suas exceções que autorizam a atuação do juiz do trabalho. Na espécie, há um plano de recuperação devidamente aprovado pelas três classes de credores de que fala o art. 26 da Lei n. 11.101/2005 (nova Lei de Recuperação Judicial e Falência), prevendo, de maneira expressa, a liquidação dos débitos trabalhistas no prazo de um ano, conforme disciplinado pelo art. 54 da mesma lei, mas não há informação de que o adimplemento dos débitos trabalhistas tenha sido realizado dentro desse prazo. O Min. Relator entendeu que a questão pode ser dirimida pela Justiça do Trabalho. Contudo, para a Min. Nancy Andrighi, acompanhada pela maioria dos membros da Seção, se o devedor assumiu, de modo expresso, no plano de recuperação, o dever de adimplir em um ano os débitos trabalhistas, o alegado descumprimento desse dever, ao menos em princípio, não deve autorizar automaticamente a continuação do processo executivo na Justiça do Trabalho. Em vez disso, a questão deve ser levada ao conhecimento do juízo da recuperação, a quem compete, com exclusividade, apurar se o descumprimento ocorreu e fixar as consequências desse descumprimento, podendo chegar à falência do devedor. Observou que a execução dos créditos, nessas hipóteses, deve ser universal e não individual, respeitando-se as regras de pagamento disciplinadas na citada lei em respeito ao princípio *par conditio creditorum*. Em outras palavras, todas as questões atinentes ao cumprimento do plano de recuperação aprovado devem ser submetidas ao juízo da recuperação judicial. Assim, ao prosseguir o julgamento, por maioria, a Seção julgou procedente o conflito, atribuindo ao juízo da recuperação judicial a incumbência de apurar se o pagamento do débito trabalhista foi realizado nos termos do plano de recuperação judicial e, em caso negativo, adotar a providência que reputar adequada. Para o crédito em tela, que aparentemente não consta do plano apresentado, atribuiu-se igualmente ao juízo da recuperação judicial a competência de verificar a questão, dando a solução que entender pertinente. Precedentes citados: AgRg no CC 97.732-RJ, DJe 5/11/2010; CC 111.645-SP, DJe 8/10/2010; CC 95.870-MT, DJe 10/11/2010; EDcl no AgRg no CC 110.250-DF, DJe 19/11/2010, e AgRg no CC 112.673-DF, DJe 3/11/2010. **CC 112.716-GO, Rel. originário Min. Paulo de Tarso Sanseverino, Rel. para acórdão Min. Nancy Andrighi, julgado em 9/2/2011.** (Inform. STJ 462)

COMPETÊNCIA. CARTA PRECATÓRIA. CUMPRIMENTO.
A Seção reiterou que, nas comarcas em que não houver vara federal, o juízo estadual poderá cumprir a carta precatória expedida pelo juízo federal nos termos do art. 1.213 do CPC. Precedentes citados: CC 81.892-DF, DJ 1º/2/2008; CC 81.888-MG, DJ 27/9/2007, e CC 44.199-SP, DJ 27/9/2004. **CC 114.672-PR, Rel. Min. Gilson Dipp, julgado em 9/2/2011.** (Inform. STJ 462)

COMPETÊNCIA. RESOLUÇÃO. CONTRATO. INDENIZAÇÃO.
Buscou-se definir a competência para a ação de resolução contratual por inadimplemento ajuizada cumulativamente com o pedido de indenização por danos morais e materiais. Quanto a isso, prevaleceu, no julgamento do REsp, o entendimento de que a hipótese atrairia a incidência do art. 100, IV, a, do CPC (competência do juízo da sede da pessoa jurídica ré), pois a tutela jurisdicional não foi requerida para dar cumprimento ao contrato (alínea d desse mesmo dispositivo), mas sim para alcançar sua resolução, apesar do aperfeiçoamento do contrato realizado verbalmente pelas partes. O principal pedido efetivamente é o de resolução, mostrando-se a indenização como consequência do reconhecimento dela. Esse entendimento foi acolhido pela maioria da Turma, após prosseguir o julgamento mediante o voto do Min. João Otávio de Noronha e depois da retificação do voto antes proferido pelo Min. Relator. **REsp 1.119.437-AM, Rel. Min. Luis Felipe Salomão, julgado em 16/11/2010.** (Inform. STJ 456)

COMPETÊNCIA. PREVIDÊNCIA PRIVADA. COMPLEMENTAÇÃO.
A Seção acolheu os embargos de divergência, reafirmando a competência da Justiça comum para o julgamento das demandas que buscam o cumprimento do pagamento do auxílio cesta-alimentação em complementação de aposentadoria privada. Esse entendimento baseia-se em jurisprudência deste Superior Tribunal segundo a qual a Justiça estadual é competente para julgar ações em que o pedido e a causa de pedir decorram de pacto firmado com instituição de previdência privada devido à natureza civil da contratação, que somente envolve, de maneira indireta, aspectos trabalhistas. Por outro lado, sobre a impugnação da embargada quanto à divergência jurisprudencial, observou o Min. Relator que a jurisprudência deste Superior Tribunal mitiga as exigências de ordem formal quando se tratar de dissidência interpretativa notória. Precedentes citados: EDcl nos EREsp 576.387-SC, DJ 5/12/2005; AgRg no Ag 700.425-PE, DJ 5/12/2005; EREsp 463.654-PR, DJ 26/9/2005; AgRg no Ag 1.100.033-RS, DJe 14/4/2009, e AgRg no Ag 995.742-RS, DJe 3/11/2008. **EAg 1.245.379-RS, Rel. Min. Luis Felipe Salomão, julgados em 10/11/2010.** (Inform. STJ 455)

CC. SÚMULA VINCULANTE. TRÂNSITO EM JULGADO.
Cuida-se de ação de indenização por danos materiais e morais ajuizada contra o empregador pela mãe de empregado falecido em acidente de trabalho. Quanto a essa mesma ação, o STJ, lastreado no entendimento jurisprudencial vigorante à época, resolveu anterior conflito, excluindo a competência da Justiça laboral, acórdão que transitou em julgado. Contudo, o STF, em aresto posterior ao julgamento do conflito e com a edição de sua Súmula Vinculante n. 22, entendeu ser competente, em tais casos, a Justiça do Trabalho, o que foi posteriormente acolhido por julgados deste Superior Tribunal. Daí o novo conflito suscitado, agora para ver prevalecer a referida súmula vinculante. Quanto a isso, é certo que a Seção já decidiu ser possível o reexame da questão de competência diante de alteração do texto constitucional (em razão da EC n. 45/2004), todavia não se trata da hipótese, pois o que mudou foi a interpretação do tema. Dessarte, mesmo ao concluir que a Súm. Vinculante n. 22-STF abarcaria, em tese, a hipótese, nota-se que sua edição deu-se posteriormente ao julgamento do primevo conflito. Nesse mesmo contexto, julgado do STF entendeu que a falta de aplicação desse enunciado não importaria desrespeito ao art. 103-A da CF/1988. Tem-se, então, que há decisão já transitada em julgado deste Superior Tribunal acerca da competência proferida antes da edição da referida súmula vinculante, dentro do mesmo contexto constitucional em que suscitado o novo conflito, o que, em respeito à coisa julgada e ao princípio da segurança jurídica, determina não ser possível rever a competência. Precedentes citados do STF: Rcl 10.119-SP, DJe 4/6/2010; do STJ: CC 101.977-SP, DJe 5/10/2009; CC 59.009-MG, DJ 26/6/2006; Rcl 2.923-SP, DJe 2/2/2009, e Rcl 1.859-MG, DJ 24/10/2005. **CC 112.083-SC, Rel. Min. Raul Araújo Filho, julgado em 13/10/2010.** (Inform. STJ 451)

COMPETÊNCIA. INVENTÁRIO.
O filho do falecido requereu a abertura de inventário em Brasília-DF e a ex-companheira do *de cujus* formulou o mesmo pedido em Salvador-BA, daí a suscitação de conflito de competência. Apesar de não haver expressa manifestação do juízo de Brasília-DF quanto a declarar-se competente para o inventário, a incompatibilidade dos atos até então processados nos dois juízos e a ausência de qualquer declinação de competência por ambos evidenciam o conflito positivo a ser dirimido por este Superior Tribunal. É consabido que o domicílio da pessoa natural firma-se no lugar em que estabelece sua residência com ânimo definitivo (art. 70 do CC/2002). Então, ao analisar a documentação referente ao falecido acostada aos autos (a certidão de óbito, duas declarações de imposto de renda, escritura pública de declaração de convivência e a prova de seu domicílio eleitoral), constata-se que ele não estabeleceu residência com aquele ânimo também em Brasília-DF. A simples existência de imóvel (já doado com reserva de usufruto) e de linhas telefônicas na capital do país (local onde residem seus filhos) não é suficiente a comprovar haver duplo domicílio, tal como pleiteado. Sequer há falar em domicílio funcional na capital federal, visto que o falecido já contava 80 anos de idade e há muito estava aposentado do serviço público federal. Assim, diante do disposto no art. 1.785 do CC/2002, quanto ao fato de a sucessão abrir-se no lugar do último domicílio do falecido, declarou-se a competência do juízo de Salvador-BA para o inventário. **CC 100.931-DF, Rel. Min. Sidnei Beneti, julgado em 13/10/2010.** (Inform. STJ 451)

COMPETÊNCIA. GUARDA. MENOR. RESIDÊNCIA. BRASIL.
Trata-se, na origem, de ação de guarda: a criança nasceu na Alemanha, o pai é alemão e a mãe é brasileira. A mãe veio para o Brasil com a criança, valendo-se de uma autorização de viagem dada pelo pai, para gozar férias por um período de 30 dias, mas, ao final, desistiu de retornar à Alemanha, solicitou e obteve a guarda provisória da filha na Justiça brasileira e fixou residência no Brasil. Em sede de agravo de instrumento, o tribunal *a quo* extinguiu o processo sem exame do mérito por considerar o juiz brasileiro absolutamente incompetente. A Turma, entre outras questões, entendeu que o acórdão recorrido afastou-se da jurisprudência tanto do STF quanto do STJ que define como competente o juiz brasileiro para dirimir questão sobre a guarda de menor que se encontra em companhia de sua mãe e reside no Brasil. Logo, restaria violado o art. 17 da LICC. Assim, a Turma deu provimento ao recurso para declarar a competência da Justiça brasileira para o processamento e julgamento da referida ação, afastar a extinção do processo sem julgamento de mérito e determinar o retorno dos autos ao tribunal de origem para julgamento do agravo de instrumento. Precedentes citados do STF: SEC 6.729-EX, DJ 13/9/2002; SEC 7.420-EX, DJ 16/12/2005; do STJ: SEC 4.789-US, DJe 27/5/2010, e SEC 841-US, DJe 29/8/2009. **REsp 1.164.547-PE, Rel. Min. Maria Isabel Gallotti, julgado em 7/10/2010.** (Inform. STJ 450)

CONFLITO. COMPETÊNCIA. CÂMARAS ARBITRAIS.
Trata-se de conflito positivo de competência no qual figuram como suscitados a Câmara Arbitral do Comércio e Indústria de Serviços de São Paulo (CAC) e a Câmara de Mediação e Arbitragem de São Paulo (CMA). As partes celebraram compromisso de compra e venda e estabeleceram, em cláusula contratual, que qualquer controvérsia seria resolvida por arbitragem conduzida pela Câmara de Arbitragem da Federação das Indústrias de São Paulo (FIESP). Assim, a Seção, por maioria, não conheceu do conflito, pois o Superior Tribunal de Justiça não é competente, conforme a interpretação do art. 105, I, d, da CF/1988, para julgar conflito entre câmaras arbitrais. **CC 113.260-SP, Rel. originária Min. Nancy Andrighi, Rel. para acórdão Min. João Otávio de Noronha, julgado em 8/9/2010.** (Inform. STJ 446)

COMPETÊNCIA. ADOÇÃO. GUARDA. INTERESSE. CRIANÇA.
No caso de disputa judicial que envolve a guarda ou mesmo a adoção de crianças ou adolescentes, deve-se levar em consideração o interesse deles para a determinação da competência, mesmo que para tal se flexibilizem

outras normas. Logo, o princípio do juízo imediato, previsto no art. 147, I, do ECA, sobrepõe-se às regras gerais do CPC, desde que presente o interesse da criança e do adolescente. Assim, o art. 87 do CPC, que estabelece o princípio da *perpetuatio jurisdictionis*, deve ser afastado para que a solução do litígio seja mais ágil, segura e eficaz em relação à criança, permitindo a modificação da competência no curso do processo, mas sempre considerando as peculiaridades do caso. A aplicação do art. 87 do CPC em oposição ao art. 147, I, do ECA somente é possível quando haja mudança de domicílio da criança e seus responsáveis, após já iniciada a ação e, consequentemente, configurada a relação processual. Esse posicionamento tem o objetivo de evitar que uma das partes mude de residência e leve consigo o processo. **CC 111.130-SC, Rel. Min. Nancy Andrighi, julgado em 8/9/2010.** (Inform. STJ 446)

COMPETÊNCIA. CUMULAÇÃO. PEDIDOS. APOSENTADORIA. DANOS MORAIS.

Trata-se, na origem, de ação com pedido de concessão de aposentadoria cumulado com indenização de danos morais contra o INSS. O segurado, nos termos do art. 109, § 3º, da CF/1988, intentou ação na Justiça estadual localizada no foro de seu domicílio, que não possui vara federal instalada. Assim, o pedido de indenização por danos morais é decorrente do pedido principal de aposentadoria, devendo ambos ser apurados pelo mesmo juízo. Logo, facultado ao autor optar pelo foro, não caberia ao juízo declinar de sua competência, conforme dispõe a Súm. n. 33-STJ. **CC 111.409-SP, Rel. Min. Celso Limongi (Desembargador convocado TJ-SP), julgado em 23/6/2010.** (Inform. STJ 440)

CRUZADOS NOVOS. INCOMPETÊNCIA. JF. LEGITIMIDADE. BACEN.

As condições da ação (legitimidade *ad causam)*, por serem questões de ordem pública, são cognoscíveis de ofício pelo magistrado e, *a fortiori*, insuscetíveis de preclusão *pro judicato*. Considere-se que os bancos depositários são responsáveis pela correção monetária de ativos retidos até o momento em que foram transferidos ao Banco Central do Brasil (Bacen), tendo legitimidade passiva referente tanto ao reajuste dos saldos (março e abril de 1990) quanto às contas de poupança com datas de aniversário ou creditamento anteriores à transferência dos ativos. Ademais, o reconhecimento da incompetência absoluta da Justiça Federal, em razão da ilegitimidade *ad causam* do Bacen, para responder pela correção monetária referente ao período anterior à transferência dos ativos retidos impõe a anulação dos atos decisórios e a posterior remessa dos autos à Justiça estadual (art. 113, *caput* e § 2º, do CPC). Precedentes citados: EREsp 295.604-MG, DJ 1º/10/2007; AgRg no Ag 669.130-PR, DJ 3/9/2007; REsp 637.966-RJ, DJ 24/4/2006; AgRg nos EDcl no REsp 214.577-SP, DJ 28/11/2005, e RESP 332.966-SP, DJ 30/6/2003. **REsp 1.054.847-RJ, Rel. Min. Luiz Fux, julgado em 24/11/2009.** (Inform. STJ 417)

COMPETÊNCIA. EXECUÇÃO. COISA JULGADA.

Em ação ordinária de repetição de indébito decorrente de financiamento imobiliário do SFH, os autores, ora recorrentes, obtiveram êxito e se iniciou a execução. Entretanto, sobreveio o acórdão recorrido, anulando a decisão favorável de cobrança, por reconhecer a incompetência absoluta do juízo cível e a competência das varas da Fazenda Pública, acolhendo preliminar arguida pelo banco em liquidação extrajudicial. Daí o REsp suscitar, além da ofensa ao art. 476 do CPC, que a alegada incompetência do juízo só foi arguida após o trânsito em julgado da decisão a qual deu origem ao título executivo judicial; sendo assim, sua desconstituição só seria possível pela via da ação rescisória. Para o Min. Relator, quanto à ofensa ao referido artigo, não pode prosperar a irresignação, porque a obrigatoriedade de instaurar incidente de uniformização é uma faculdade do magistrado, que, dentro de sua discricionariedade, pode examinar sua oportunidade e conveniência, mas deu razão aos recorrentes quanto à incompetência absoluta. Observa que a jurisprudência deste Superior Tribunal não contempla privilégio da norma competencial em detrimento da segurança jurídica emanada da coisa julgada. Aponta também, entre outras considerações, que não haveria sentido em promover a execução da coisa julgada em outra vara, pois a competência para executar o título judicial é do juízo que proferiu a sentença de conhecimento (art. 575, II, do CPC). Ante o exposto, a Turma conheceu em parte do recurso e lhe deu provimento para manter a execução do julgado na vara cível. Considerou ainda prejudicada a medida cautelar, determinando o pagamento das custas pelo recorrido, inclusive quanto à cautelar. Precedentes citados: AgRg no Ag 656.614-RJ, DJe 21/9/2009; EDcl no Ag 794.218-RS, DJe 4/5/2009; REsp 711.151-PR, DJ 1º/8/2005; CC 87.156-RJ, DJe 18/4/2008; AgRg no REsp 6.176-DF, DJ 8/4/1991; REsp 258.604-PB, DJ 18/12/2000; REsp 169.002-RS, DJ 6/9/1999; REsp 114.568-RS, DJ 24/8/1998, e REsp 28.832-SP, DJ 20/6/1994. **REsp 590.421-RJ, Rel. Min. Aldir Passarinho Junior, julgado em 27/10/2009.** (Inform. STJ 413)

COMPETÊNCIA. SÚM. N. 348-STJ.

A Seção acolheu os embargos de declaração com efeitos infringentes a fim de reconhecer a incompetência deste Superior Tribunal para julgar conflito de competência estabelecido entre juizado especial federal e juiz de primeiro grau da Justiça Federal da mesma Seção Judiciária, determinando a remessa dos autos ao TRF da 4ª Região para deslinde do conflito. Essa decisão é contrária à Súm. n. 348-STJ e foi tomada em razão de julgamento do STF no RE 590.409-RJ, na sessão plenária de 26/8/2009. Aquele Tribunal considerou, nos termos do art. 105, I, **d**, da CF/1988, que a competência do STJ para julgar conflitos de competência está circunscrita aos litígios que envolvam tribunais distintos ou juízes vinculados a tribunais diversos. Dessa forma, a competência para dirimir o conflito, nesses casos, é do TRF ao qual o juiz suscitante e o juizado suscitado estão vinculados. **EDcl no AgRg no CC 103.085-SC, Rel. Min. Humberto Martins, julgados em 9/9/2009.** (Inform. STJ 406)

COMPETÊNCIA. PODER FAMILIAR. INDÍGENA.

A Seção entendeu que compete à Justiça comum estadual processar e julgar a ação de destituição de poder familiar ajuizada pelo MP estadual contra indígena. Assim, no caso concreto, a destituição do poder familiar é circunstância restrita ao seio familiar, o interesse jurídico é específico e individualizado, não envolvendo interesses da coletividade indígena elencados no art. 231 da CF/1988. **CC 100.695-MG, Rel. Min. Luis Felipe Salomão, julgado em 26/8/2009.** (Inform. STJ 404)

COMPETÊNCIA. INDENIZAÇÃO. HERDEIROS. ACIDENTE. TRABALHO.

A Seção negou provimento ao agravo e reiterou seu entendimento no sentido de que a ação de indenização por danos morais e materiais ajuizada pelos herdeiros do empregado falecido em razão de acidente de trabalho deve ser processada e julgada perante a Justiça comum. Precedentes citados do STF: CC 7.204-MG, DJ 31/3/2006; do STJ: CC 57.884-SP, DJ 9/4/2007; CC 75.787-RS, DJ 6/8/2007; CC 54.210-RO, DJ 12/12/2005; CC 55.534-RS, DJ 8/10/2007; CC 40.618-MS, DJ 13/10/2005, e AgRg no CC 88.445-RJ, DJ 3/12/2007. **AgRg no CC 92.821-BA, Rel. Min. Massami Uyeda, julgado em 10/6/2009.** (Inform. STJ 398)

CONFLITO. COMPETÊNCIA. ILEGITIMIDADE. SUSCITANTE.

O fato de o banco ser credor dos sócios e empresas em recuperação não é suficiente para que ele possa suscitar conflito de competência, nos termos do art. 116 do CPC. No caso, a instituição financeira não ocupa o polo passivo das ações: uma relativa ao processamento da recuperação judicial de empresas e a outra, ação cautelar preparatória de ação civil pública proposta pelo Ministério Público do Trabalho, na qual se deferiu liminar para penhora e alienação judicial dos bens. Sendo assim, apesar de o banco ser credor hipotecário dos imóveis que foram penhorados e serão submetidos a leilão, falta-lhe legitimidade para suscitar esse conflito de competência. Com esse entendimento, a Seção negou provimento ao agravo regimental, mantendo a extinção do incidente pela ilegitimidade ativa do banco suscitante, prejudicados os temas de mérito. Precedente citado: AgRg no CC 99.375-SP, DJ 20/3/2009. **AgRg no CC 104.772-MT, Rel. Min. Aldir Passarinho Junior, julgado em 27/5/2009.** (Inform. STJ 396)

COMPETÊNCIA. AÇÃO. EXECUÇÃO. DESCONSIDERAÇÃO. PERSONALIDADE JURÍDICA.

Trata-se de ação de execução fundada em títulos extrajudiciais (cheques) na qual o juiz suscitado desconsiderou a personalidade jurídica da empresa executada e remeteu os autos ao juiz suscitante, pois os sócios da devedora residiam no local onde o suscitante tem competência. Porém, o critério que determina a competência é o *ratione loci*, consequentemente a competência é relativa. Assim, o foro inicial da ação é determinado pelo exequente, não podendo ser mudado posteriormente, ressalvadas as hipóteses do art. 87 do CPC (quando suprimirem o órgão judiciário ou alterarem a competência em razão da matéria ou de hierarquia), o que não ocorreu no caso. Logo, a desconsideração da personalidade jurídica da empresa para alcançar bens dos sócios, por si só, não é suficiente para deslocar a competência, notadamente porque os pretensos devedores ainda não foram sequer citados e poderão arguir exceção. **CC 102.283-BA, Rel. Min. Fernando Gonçalves, julgado em 22/4/2009.** (Inform. STJ 391)

COMPETÊNCIA. INDENIZAÇÃO. ACIDENTE. TRABALHO.

Trata-se de recurso em que se discute qual o foro competente para julgar ação indenizatória por acidente de trabalho ocorrido com o autor, empregado aposentado de companhia siderúrgica. Para o Min. Relator, a regra aplicável é a do art. 100, V, **a**, do CPC. No caso, a ação postula ressarcimento por danos materiais e morais decorrentes de leucopenia contraída pelo autor enquanto laborava na unidade industrial da empregadora ré, no município e comarca de Cubatão-SP. Portanto, o lugar do fato é aquele local onde igualmente tem sede a recorrente. Tanto pela regra do mencionado dispositivo legal como a geral do art. 94 do mesmo código, a ação deve ter curso na citada comarca. Precedentes citados: REsp 655.206-SP, DJ 7/3/2005, e REsp 594.034-MG, DJ 2/8/2004. **REsp 651.906-SP, Rel. Min. Aldir Passarinho Junior, julgado em 14/4/2009.** (Inform. STJ 390)

COMPETÊNCIA. COMARCA. TRANSFORMAÇÃO. FOROS REGIONAIS.
A Seção entendeu que, independentemente dos aspectos constitucionais, a Res. n. 7/2008 do TJ-PR manteve, para efeito de competência, seu regime, ou seja, o fato de ter passado a comarca para foro regional não altera substancialmente a sua autonomia e individualidade, conservando-se suas características substanciais para definir a competência, devendo como tal ser considerado para efeito de delegação. A denominação que se dá ao órgão judiciário é irrelevante para definir a competência. **CC 101.639-PR, Rel. Min. Teori Albino Zavascki, julgado em 25/3/2009.** (Inform. STJ 388)

RECURSO REPETITIVO. SFH. SEGURO. MÚTUO. COMPETÊNCIA. JUSTIÇA ESTADUAL.
A Seção, ao apreciar os REsps como recursos repetitivos (Lei n. 11.672/2008 e Res. n. 8/2008-STJ), reiterou seu entendimento de que, nos feitos em que se discute contrato de seguro adjeto a contrato de mútuo, por envolver discussão entre seguradora e mutuário e não afetar o fundo de compensação de variações salariais (FCVS), inexiste interesse da Caixa Econômica Federal a justificar a formação de litisconsórcio passivo necessário, sendo, portanto, da Justiça estadual a competência para seu julgamento. REsp 1.091.363-SC e **REsp 1.091.393-SC, Rel. Min. Carlos Fernando Mathias (Juiz convocado do TRF da 1ª Região), julgados em 11/3/2009.** (Inform. STJ 386)

COMPETÊNCIA. INDENIZAÇÃO. INSCRIÇÃO. PLANO. SAÚDE.
Os direitos previstos em acordo coletivo de trabalho (como no caso) guardam relação com o próprio contrato de trabalho. Daí que os questionamentos sobre esses direitos, mesmo após a inativação do obreiro, devem ser resolvidos na Justiça do Trabalho. Dessa forma, é competente aquela Justiça para o julgamento da ação de indenização por danos morais e materiais movida pelo ex-empregado contra a ex-empregadora (ECT). Essa última impediu-lhe a inscrição em plano de saúde instituído para seus empregados (aposentados e da ativa), sob o fundamento de que estaria limitada a adesão aos que foram jubilados a partir de determinada data. O autor alega que não consta tal restrição do acordo coletivo realizado com a categoria. Precedente citado: AgRg no CC 38.650-SP, DJ 30/8/2004. **CC 96.902-SP, Rel. Min. Aldir Passarinho Junior, julgado em 16/2/2009.** (Inform. STJ 384)

COMPETÊNCIA. CESTAS BÁSICAS. VALIDADE.
A Seção entendeu que compete à Justiça Federal processar e julgar feito relativo a despesas de confecção de cestas básicas com produtos com prazo de validade vencido e entregues pelo Poder Público municipal às famílias carentes vítimas de inundações, sobressaindo, mormente, o interesse da União na apuração do ilícito. No caso, as despesas com as cestas e com o transporte foram debitadas do convênio simplificado firmado entre a Conab e a Defesa Civil, estando aquela sujeita à fiscalização e controle pelo Poder Público por meio do TCU. Aplicável, portanto, a Súmula n. 208-STJ. **CC 94.273-AM, Rel. Min. Maria Thereza de Assis Moura, julgado em 15/12/2008.** (Inform. STJ 381)

CC. EXCEÇÃO DE INCOMPETÊNCIA.
Em conflito positivo de competência entre o juízo do domicílio da mãe e o do pai de menor quanto às ações cautelares de separação de corpos, separação judicial e regulamentação de visitas, há deferimentos dessas tutelas antecipadas em favor de ambos os ex-cônjuges. Ainda os litigantes opuseram exceções de incompetência nos foros contrários, que, rejeitadas, levaram à interposição de agravos regimentais, negados nos TJs. Insurgiu-se, ainda, a ex-cônjuge, por intermédio de REsp e RE, agora em fase de processamento. O Min. Relator, em princípio, enfrentou a questão prejudicial quanto à oposição de exceção de incompetência (art. 117, *caput*, do CPC). Pela situação exposta nos autos, considerou que há particularidades a temperar a aplicação do citado dispositivo, sendo mais importante atentar para a segurança jurídica, uma vez que a indefinição poderia gerar outras decisões conflitantes. Observou que o parecer do MPF posicionou-se no sentido de que a proibição legal não se estende à discussão de competência absoluta, como no caso dos autos. Ressaltou, ainda, que há precedente da Seção em que a proibição foi afastada quando não demonstrado o propósito de protelar a solução da lide. Para o Min. Relator, as exceções, na situação dos autos, anulam-se mutuamente, sendo permitido que a parte suscite a questão da competência na via do conflito positivo. Por fim, expõe que a saída da ex-cônjuge do antigo domicílio deve-se à convocação para trabalhar em órgão judicante e não pode ser denominada de deserção do lar. No novo domicílio, passou a residir definitivamente com a filha desde 2006 e, mesmo que informalmente, exerce a sua guarda, tanto que foram regulamentadas visitas do pai. Diante desses fatos, a Seção concluiu que deve prevalecer, definitivamente, a competência do domicílio da mãe da menor, por ser o posicionamento adotado pela jurisprudência deste Superior Tribunal em atenção ao art. 147, I, da Lei n. 8.069/1990, por entender cuidar-se de competência absoluta. Ademais, tornou insubsistentes todos os atos praticados pelo juízo incompetente (art. 122 do CPC). Precedentes citados: CC 45.891-SP, DJ 5/12/2005; CC 78.806-GO, DJ 5/3/2008, e CC 32.742-SP, DJ 16/9/2002. **CC 94.897-DF, Rel. Min. Aldir Passarinho Junior, julgado em 10/12/2008.** (Inform. STJ 380)

COMPETÊNCIA. INCÊNDIO. DANOS MATERIAIS. EX-EMPREGADO.
A Seção fixou que, a despeito dos fatos, a causa de pedir não se reveste de natureza trabalhista, cabendo ao juízo civil processar e julgar a ação de indenização por danos materiais proposta por ex-empregado pelos prejuízos sofridos com o incêndio da moradia ocupada em função do contrato de trabalho. Em razão do sinistro, foram destruídos todos os seus pertences pessoais e realizados gastos com medicação para seu dependente. Na hipótese, apesar de ter existido, de fato, o vínculo empregatício, os danos sofridos com o incêndio não têm nada a ver com doença profissional nem com acidente de trabalho. Precedentes citados: CC 49.516-SC, DJ 26/6/2006, e CC 20.170-DF, DJ 25/9/2000. **CC 95.323-SP, Rel. Min. Aldir Passarinho Junior, julgado em 26/11/2008.** (Inform. STJ 378)

ELEIÇÃO. FORO. CONTRATO. ADESÃO. REPRESENTAÇÃO COMERCIAL.
Discute-se qual o foro competente para processar e julgar ação de rescisão contratual referente a contrato de representação comercial celebrado entre duas empresas. Inicialmente, o Min. Relator esclareceu que a controvérsia já foi enfrentada por este Superior Tribunal e foi pacificada no julgamento dos EREsp 579.324-SC, DJ 2/4/2008, Rel. Min. Nancy Andrighi, no sentido de que a competência de foro é relativa, portanto pode ser alterada por vontade das partes, ainda que em contrato de adesão, desde que não exista hipossuficiência reconhecida. No caso específico, a autora, representante comercial, pelo que demonstra o acórdão recorrido, não é empresa que teria dificuldades, por hipossuficiência, para se defender na Comarca de São Paulo, ainda que possa ter menor porte que a ré. O fundamento do acórdão calcou-se, exclusivamente, no fato de se tratar de um contrato de adesão, tese agora consolidada pela Segunda Seção. A empresa recorrida reconhece ter higidez econômica, apenas se diz hipossuficiente comparativamente com a excipiente, o que não é razão para afastar a cláusula contratual de eleição de foro, já que jamais se encontraria, em um litígio, uma exata correlação de portes empresariais. Se uma litigante é maior que a outra, mas ambas reúnem condições de se defender adequadamente na comarca prevista na avença que celebraram, é de ser mantida a vontade constante do contrato, mesmo que de adesão. Isso posto, a Turma conheceu do recurso e lhe deu provimento para determinar a remessa dos autos para distribuição em uma das varas da Comarca de São Paulo. **REsp 540.257-RS, Rel. Min. Aldir Passarinho Junior, julgado em 23/9/2008.** (Inform. STJ 369)

COMPETÊNCIA. ACIDENTE DE TRABALHO.
Trata-se de recurso especial contra o acórdão que manteve a sentença de 1º grau na qual se reconheceu a responsabilidade da ora recorrente por acidente de trabalho sofrido pela recorrida e condenou aquela ao pagamento de danos materiais (pensão mensal vitalícia), morais e estéticos. Ainda, em fase de embargos de declaração, impôs à recorrente multa por litigância de má-fé. No REsp, alega-se, entre outros, a nulidade da sentença e do acórdão, visto que a jurisprudência superveniente tornara a Justiça comum estadual absolutamente incompetente para julgar os casos referentes a acidente de trabalho. A Turma entendeu correto o acórdão recorrido, salvo no que diz respeito aos juros de mora e litigância de má-fé. Ressaltou-se que a alteração superveniente da jurisprudência do STF e do próprio STJ não dá às partes a oportunidade de rediscutir aquilo que foi decidido em sede de conflito de competência. O processo, frise-se, é um caminhar para a frente, no sentido da satisfação das pretensões postas em juízo, não havendo razão para que se revise uma decisão regularmente proferida e contra a qual não se interpôs qualquer recurso. Com esses argumentos, entre outros, deu-se parcial provimento ao recurso tão-somente quanto ao termo inicial para contagem dos juros de mora e para afastar a condenação por litigância de má-fé. Precedentes citados: REsp 660.459-RS, DJ 20/8/2007; REsp 594.185-MG, DJ 26/9/2005; AgRg no Ag 220.324-SP, DJ 12/8/2003, e REsp 76.349-SP, DJ 6/12/1999. **REsp 1.004.834-SC, Rel. Min. Nancy Andrighi, julgado em 4/9/2008.** (Inform. STJ 366)

COMPETÊNCIA INTERNACIONAL CONCORRENTE. ELEIÇÃO. FORO.
A Turma decidiu que, para fixação de competência internacional concorrente, não obstante as cláusulas de eleição de foro, o Judiciário brasileiro é competente quando a obrigação principal tiver de ser cumprida no Brasil (art. 88, II, do CPC), visto que é vedado às partes dispor sobre a competência concorrente de juiz brasileiro por força das normas fundadas na soberania nacional, não suscetíveis à vontade dos interessados. Precedentes citados: REsp 251.438-RJ, DJ 2/10/2000, e REsp 498.835-SP, DJ 9/5/2005. **REsp 804.306-SP, Rel. Min. Nancy Andrighi, julgado em 19/8/2008**. (Inform. STJ 364)

COMPETÊNCIA. JUSTIÇA ESTADUAL.
Cuida-se de três recursos interpostos por uma companhia de transmissão de energia elétrica, por uma fundação ligada à companhia elétrica e pela Fazenda estadual contra acórdão do TJ. Na espécie, a associação dos aposentados da fundação ajuizou ação civil pública na qual pleiteou continuasse a cargo da fundação o processamento da folha de pagamento dos beneficiários das complementações de aposentadoria e pensão previstas na Lei estadual n. 4.819/1958, bem como fossem mantidas todas as condições atuais do plano de previdência complementar dos aposentados e pensionistas da companhia elétrica, admitidos até o dia 13/5/1974. Para o Min. Relator, todos os recursos são referentes às letras a e c do permissivo constitucional. No tocante aos dois primeiros recursos, que são da companhia de transmissão e da fundação, a Min. Maria Thereza de Assis Moura acompanha o voto do Min. Relator. A divergência é quanto à alínea c. O Min. Relator negava provimento a todos os recursos, entendendo que a relação, no caso, é de natureza trabalhista, e não estatutária. Para a Min. Maria Thereza de Assis Moura, no entanto, a matéria é da competência da Justiça comum estadual, por não envolver qualquer discussão decorrente de contrato de trabalho. Assim, a Turma, ao prosseguir o julgamento, negou provimento aos recursos especiais da companhia de transmissão e da fundação e, por maioria, deu provimento ao recurso da Fazenda estadual, para firmar a competência da Justiça comum estadual para julgar o feito, determinando o retorno dos autos ao Tribunal de origem para que prossiga no julgamento da apelação. Precedentes citados do STF: AgRg no RE 470.169-RS, DJ 5/5/2006; AgRg no AI 536.870-RS, DJ 24/2/2006; RE 526.615-RS, DJ 1º/2/2008; AgRg no AI 441.426-RS, DJ 14/9/2007; AgRg no AI 609.650-RJ, DJ 10/8/2007; do STJ: CC 54.396-SP, DJ 20/9/2005; AgRg no REsp 737.884-BA, DJ 30/10/2006; EDcl no REsp 512.632-SP, DJ 5/2/2007; AgRg no Ag 783.075-RS, DJ 23/4/2007, e AgRg no Ag 788.928-RS, DJ 12/3/2007. **REsp 961.407-SP, Rel. originário Min. Paulo Gallotti, Rel. para acórdão Min. Maria Thereza de Assis Moura, julgado em 19/8/2008**. (Inform. STJ 364)

COMPETÊNCIA. IMISSÃO. POSSE. EXECUÇÃO.
Os autores da ação de imissão de posse que tramita no juízo estadual adquiriram a propriedade do imóvel em questão mediante arrematação em hasta pública. O réu (antigo proprietário) nega-se a desocupá-lo, pois, quanto ao mesmo bem, contende com o agente financeiro (CEF) em ação de anulação de execução extrajudicial ajuizada na Justiça Federal. Diante disso, vê-se que a competência firmada no art. 109, I, da CF/1988 é absoluta, não prorrogável por conexão. Assim, mostra-se firme neste Superior Tribunal a jurisprudência de que, se, numa das causas ditas conexas, não há algum ente federal elencado no citado artigo, não se pode prorrogar a competência da Justiça Federal, visto que incompetente para julgar ação entre particulares. Porém, não há como deixar de assinalar que existe prejudicialidade entre ambas as demandas: se a execução for tida por nula, a ação de imissão de posse estará prejudicada, daí haveria a necessidade de incidir a regra contida no art. 265, IV, a, do CPC quanto à suspensão do processo. Com esse entendimento, a Turma declarou competente o juízo de Direito. Precedentes citados: AgRg no CC 35.129-SC, DJ 24/3/2003; CC 67.038-SP, DJ 16/3/2007, e AgRg no CC 43.922-RS, DJ 13/9/2004. **CC 94.051-GO, Rel. Min. Fernando Gonçalves, julgado em 13/8/2008**. (Inform. STJ 363)

COMPETÊNCIA. CAUTELAR. EXIBIÇÃO. DOCUMENTO. EXECUÇÃO. AÇÃO CIVIL PÚBLICA.
A ação cautelar de exibição de documentos foi ajuizada com a finalidade de compelir a CEF a fornecer extratos bancários de caderneta de poupança como meio de permitir uma futura execução de sentença coletiva proferida em ação civil pública. O conflito foi instaurado entre juiz federal e outro em exercício no Juizado Especial Federal dentro da mesma Seção Judiciária e gravita em torno do valor da causa. Nesse panorama, considera-se indiscutível a competência do STJ para conhecer desse conflito (Súm. n. 348-STJ). Anote-se que a execução individual de sentença proferida em ação civil pública perde a natureza de tutela coletiva, enquanto apenas se exige que o exeqüente comprove o dano individual experimentado e o nexo dele com o dano global reconhecido, requisitando sua quantificação. Assim, não há que se falar mais em caráter difuso da ação a impedir seu processamento no Juizado Especial. Porém, dito está no art. 3º, *caput*, da Lei n. 10.259/2001 que compete ao referido juizado a execução de suas sentenças, nada dispondo sobre a execução de julgados coletivos. Mostra-se extremamente precoce, nessa medida cautelar de natureza preparatória, dimensionar o ganho econômico que se vai buscar na ação principal. Somente com o recebimento dos almejados extratos, o autor terá condições de calcular o que lhe é devido. Dessarte, determina a prudência que a cautelar seja julgada pelo juiz federal e, com a propositura da ação principal, verifique-se se é realmente caso afeito aos Juizados. Precedentes citados: CC 67.816-BA, DJ 6/8/2007; CC 51.173-PA, DJ 8/3/2007; CC 80.398-MG, DJ 8/10/2007, e CC 86.700-BA, DJ 28/11/2007. **CC 94.810-PR, Rel. Min. Fernando Gonçalves, julgado em 13/8/2008**. (Inform. STJ 363)

COMPETÊNCIA. DANO MORAL. CONTRATO DE TRABALHO.
Compete à Justiça comum estadual o processo e julgamento da ação de indenização por danos morais ajuizada em razão das ofensas dirigidas pelo ex-patrão ao ex-empregado e sua esposa quando da apresentação do montante das verbas rescisórias. Vê-se que o fundamento lógico da causa, o móvel que lhe dá ensejo, é de natureza eminentemente civil, a ofensa à honra. Não há, portanto, qualquer relação de trabalho a ser tutelada, até porque o contrato já se findara quando dos fatos que motivaram o pedido indenizatório. Precedentes citados: CC 38.304-MG, DJ 18/10/2004, e CC 91.052-SP, DJ 5/3/2008. **CC 95.325-SP, Rel. Min. Fernando Gonçalves, julgado em 13/8/2008**. (Inform. STJ 363)

COMPETÊNCIA. DECLARAÇÃO. AUSÊNCIA.
Compete à Justiça Federal, e não a Juizado Especial Federal, processar e julgar a ação de declaração de ausência com a finalidade de percepção de benefício previdenciário, uma vez que é necessária a citação editalícia, imprescindível no caso concreto. O rito estabelecido no art. 18, § 2º, da Lei n. 9.099/1995, aplicável ao Juizado Especial, conforme o art. 1º da Lei n. 10.259/2001, não admite a citação editalícia. Precedentes citados: CC 47.936-MG, DJ 20/11/2006, e CC 57.544-SP, DJ 16/10/2006. **CC 93.523-RJ, Rel. Min. Aldir Passarinho Junior, julgado em 25/6/2008**. (Inform. STJ 361)

COMPETÊNCIA. JEF. ATO ADMINISTRATIVO.
Noticiam os autos que os autores, presos em flagrante por suposta prática do crime de descaminho, buscam a restituição de dois veículos apreendidos pela Receita Federal. No caso, o eventual acolhimento dessa pretensão culminaria na anulação ou cancelamento dos atos administrativos que originaram as apreensões praticadas por delegado da Receita Federal, portanto o Juizado Especial Federal não é competente para processar e julgar o feito, de acordo com o art. 3º, § 1º, III, da Lei n. 10.259/2001. Com esse entendimento, a Seção declarou competente o juízo federal. Precedente citado: CC 47.488-RR, DJ 2/10/2006. **CC 93.086-PR, Rel. Min. Jane Silva (Desembargadora convocada do TJ-MG), julgado em 23/6/2008**. (Inform. STJ 361)

COMPETÊNCIA. TRATAMENTO MÉDICO. VALOR. CAUSA.
Os conflitos de competência instaurados entre juízo comum federal e juízo de Juizado Especial Federal devem ser conhecidos por este Superior Tribunal, sob o fundamento de que os Juizados Especiais Federais vinculam-se apenas administrativamente ao respectivo Tribunal Regional Federal, estando os provimentos jurisdicionais proferidos pelos órgãos julgadores do Juizado Especial sujeitos à revisão por parte da Turma Recursal. Assim, reconhecida a competência deste Superior Tribunal, quanto ao mérito, esclareceu o Min. Relator que o art. 3º, § 1º, da Lei n. 10.259/2001 estabelece que compete ao Juizado Especial Federal Cível processar, conciliar e julgar causas de competência da Justiça Federal até o valor de sessenta salários mínimos, bem como executar as suas sentenças. Se o valor da ação ordinária proposta para compelir os entes políticos das três esferas de governo a promover tratamento médico é inferior ao limite de sessenta salários mínimos previstos no artigo 3º da Lei n. 10.259/2001, deve ser reconhecida a competência do Juizado Especial Federal para processar e julgar a demanda. Precedentes citados: CC 91.587-SC, DJ 12/5/2008, e CC 92.612-SC, DJ 12/5/2008. **AgRg no CC 92.603-SC, Rel. Min. Castro Meira, julgado em 11/6/2008**. (Inform. STJ 359)

COMPETÊNCIA. EXECUÇÃO. DÍVIDAS CONDOMINIAIS. CEF.
A Seção decidiu que, havendo coisa julgada e já em fase de execução de título judicial decorrente de condenação por dívidas condominiais atrasadas contra a pessoa física, antigo titular do imóvel, em que pese a sua posterior adjudicação pela CEF e não obstante o art. 567 do CPC prevendo a legitimação superveniente na fase executória, *in casu*, o juízo

civil é o competente para promover a execução de sentença contra a antiga proprietária pelos débitos condominiais, excluída a CEF do pólo passivo, o que alteraria o juízo competente para a Justiça Federal, caso admitida na lide. Precedentes citados: REsp 894.556-RS, DJ 24/9/2007; REsp 648.868-SP, DJ 14/8/2006; EREsp 138.389-MG, DJ 13/9/1999, e REsp 869.155-MG, DJ 25/6/2007. **CC 81.450-SP, Rel. Min. Nancy Andrighi, julgado em 28/5/2008.** (Inform. STJ 357)

COMPETÊNCIA. AÇÃO. RESCISÃO. COMPRA E VENDA. PENHORA. TRABALHISTA.
Compete à Justiça comum estadual processar e julgar a ação de rescisão do compromisso de compra e venda de imóvel rural. Mesmo que haja penhora em execução de sentença trabalhista sobre o respectivo imóvel, ela se realizará em geral *a latere* da escritura pública de compra e venda, com a transcrição devidamente lavrada no cartório de registro imobiliário. O ato de constrição depende do final do deslinde da ação de rescisão para que possa alcançar sua plena eficácia. **CC 86.311-SE, Rel. originário Min. Humberto Gomes de Barros, Rel. para acórdão Min. João Otávio de Noronha, julgado em 9/4/2008.** (Inform. STJ 351)

COMPETÊNCIA. EXECUÇÃO. SENTENÇA ANTERIOR À N. EC. 45/2004.
É competente para julgar a execução de honorários de sucumbência fixados pela sentença o juízo que decidiu a causa em 1º grau de jurisdição (art. 575, II, CPC), mesmo que norma constitucional estabeleça nova regra de distribuição de competência. Precedentes citados: CC 15.089-DF, DJ 6/11/1995, e CC 74.531-SP, DJ 8/11/2007. **CC 89.387-MT, Rel. Min. Sidnei Beneti, julgado em 9/4/2008.** (Inform. STJ 351)

COMPETÊNCIA. JUSTIÇA TRABALHISTA.
Em conflito de competência entre o TRT e o Juízo comum cível, por ocasião do saneamento do feito (reparação de danos morais decorrentes da relação de emprego) durante a audiência de conciliação, foi afastada a preliminar de prescrição que havia sido levantada pela ré (antes do advento da EC n. 45/2004). Discute-se se essa decisão deve ser considerada uma decisão de mérito para efeito da jurisprudência firmada com relação à EC n. 45/2004, a qual estabelece que, nas hipóteses em que já houvesse decisão de mérito, a Justiça cível permaneceria competente. Para a Min. Relatora, diferente do ocorrido no CC 51.712-SP, DJ 14/9/2005 (julgado na 1ª Seção), a preliminar de prescrição foi rejeitada e, embora tal rejeição tenha conteúdo de mérito (art. 269, IV, CPC), não pôs fim ao processo. Isso posto, a Turma reconheceu a competência da Justiça Trabalhista. **CC 88.954-SP, Rel. Min. Nancy Andrighi, julgado em 26/3/2008.** (Inform. STJ 349)

COMPETÊNCIA. EC N. 45/2004. SENTENÇA. LEGITIMIDADE.
A hipótese é de direito intertemporal quanto à aplicação da EC n. 45/2004 em ação de cobrança da contribuição sindical. Quanto a isso, é consabido que, segundo a jurisprudência do STJ e do STF, essa nova regra de competência alcança processos em curso em que, na data da entrada em vigor da referida emenda, não houvesse sentença de mérito. No caso, a Justiça estadual (de primeiro e segundo graus), mesmo não decidindo definitivamente o pedido da inicial, já se manifestou, antes da aludida entrada em vigor, a respeito da legitimidade passiva, matéria já preclusa para a autora e impassível de uma modificação em hipotético julgamento na Justiça trabalhista. Daí que essa peculiar situação determina a manutenção da competência da Justiça estadual. Há que se buscar a unidade de jurisdição apregoada pela jurisprudência do STF referente ao caso. Precedentes citados do STF: CC 7.204-1-MG, DJ 2/2/2006; do STJ: CC 59.067-RS, DJ 30/4/2007. **CC 90.778-SP, Rel. Min. Teori Albino Zavascki, julgado em 12/3/2008.** (Inform. STJ 348)

COMPETÊNCIA. PRESTAÇÃO DE SERVIÇO. TRABALHISTA.
Trata-se de ação indenizatória regressiva promovida por indústria de calçados, objetivando o recebimento de valores que corresponderiam ao montante das indenizações trabalhistas por ela pagas a empregados que, segundo alega, seriam de responsabilidade da ré (microempresa), porque vinculados à empresa autora por ser contratada para a prestação de serviços. A Min. Relatora proferiu voto no sentido da competência da Justiça obreira, destacando o aspecto da irregular terceirização para mascarar uma relação de emprego e a natureza da causa de pedir da ação, que adviria de um acordo homologado na Justiça do Trabalho, não apenas de um contrato inadimplido de prestação de serviços. Para o Min. Aldir Passarinho Junior, a relação jurídica existente entre autora e ré nasceu de um contrato de prestação de serviços de natureza civil, sendo esse o elemento definidor da competência para o processamento e o julgamento da ação, ainda que a inadimplência da ré se tenha originado do descumprimento de obrigações trabalhistas suas perante o empregador, que refletiram na imposição desses encargos à empresa autora. Assim, a Seção, ao renovar o julgamento, conheceu do conflito e, por maioria, declarou competente o juízo estadual suscitado. **CC 87.358-SP, Rel. originário Min. Nancy Andrighi, Rel. para acórdão Min. Aldir Passarinho Junior, julgado em 27/2/2008.** (Inform. STJ 346)

COMPETÊNCIA. JUIZADO ESPECIAL. JUÍZO COMUM.
Cuida-se de conflito negativo de competência em demanda com objetivo da inexigibilidade de cobrança de assinatura básica residencial de telefone e indenização dos valores pagos. Ressalta a Min. Relatora que, como o juizado especial federal não está vinculado jurisdicionalmente ao tribunal com quem tem vínculo administrativo, o conflito entre ele e o juízo comum federal caracteriza-se como conflito entre juízos não vinculados ao mesmo tribunal, o que determina a competência deste Superior Tribunal para dirimi-lo. Outrossim, segundo o entendimento jurisprudencial, a definição da competência para o julgamento da demanda vincula-se à natureza jurídica da controvérsia, a qual se encontra delimitada pelo pedido e pela causa de pedir. A causa de pedir, no caso, está fundamentada na suposta ilegalidade da assinatura básica de telefonia (Res. n. 85 da Anatel), mas, na realidade, a autora quer que o Judiciário a exima do pagamento da referida tarifa. Assim, se não há pedido de anulação ou cancelamento de ato administrativo federal, não incide a exceção prevista no art. 3º, § 1º, II, da Lei n. 10.259/2001. Também não se amolda à exceção a competência dos juizados especiais (art. 3º, § 1º, I, da referida lei) visto que não se trata de ação coletiva mas, de demanda em nome próprio da autora. Com base nessas considerações, a Seção declarou competente o Juizado Especial Federal suscitado. Precedentes citados: CC 75.314-MA, DJ 27/8/2007; CC 48.022-GO, DJ 12/6/2006; CC 83.676-MG, DJ 10/9/2007, e CC 80.398-MG, DJ 8/10/2007. **CC 75.022-MG, Rel. Min. Eliana Calmon, julgado em 12/12/2007.** (Inform. STJ 342)

COMPETÊNCIA. EXECUÇÃO. JUIZADO ESPECIAL.
Compete ao STJ dirimir o conflito de competência estabelecido entre o juízo federal e o Juizado Especial Federal de mesma seção judiciária. O art. 3º da Lei n. 10.259/2001 determina a competência do próprio Juizado Especial para a execução de seus julgados. Assim, mesmo nas hipóteses de recebimento por precatório ou mediante a requisição de pequeno valor – RPV após renúncia do que exceder a sessenta salários mínimos (art. 17, § 4º), a execução deve processar-se perante aquele mesmo juizado. Precedentes citados: CC 83.130-ES, DJ 4/10/2007; CC 83. 676-MG, DJ 10/9/2007, e CC 67.816-BA, DJ 6/8/2007. **CC 56.913-BA, Rel. Min. Laurita Vaz, julgado em 12/12/2007.** (Inform. STJ 342)

COMPETÊNCIA. CONSELHO TUTELAR. VÍNCULO INSTITUCIONAL.
Na hipótese, o membro do conselho tutelar mantém com a municipalidade não um contrato trabalhista regido pela CLT, mas sim um vínculo de caráter institucional assemelhado ao regime jurídico estatutário. Disso exsurge a competência da Justiça comum estadual para o pleito de direitos relativos a esse tipo de vínculo, tal como preconizado, numa interpretação analógica, pela Súm. n. 137-STJ. Esse entendimento deve ser mantido mesmo após a alteração do art. 114, I, da CF/1988 promovida pela EC n. 45/2004, pois ainda persiste a orientação sumulada por força da concessão, pelo Pretório Excelso, da medida cautelar na ADI 3.395-DF, DJ 10/11/2006. Precedentes citados: CC 58.922-GO, DJ 4/9/2006, e CC 49.164-SP, DJ 22/5/2006. **CC 84.886-RS, Rel. Min. Thereza de Assis Moura, julgado em 12/12/2007.** (Inform. STJ 342)

RCL. COMPETÊNCIA FEDERAL. LAVRA. AFASTAMENTO. DNPM.
Trata-se de litígio sobre concessão de lavra de jazida de granito do qual se originaram três processos distintos (mandado de segurança, ação ordinária e ação declaratória, esses dois últimos, entre particulares). Explica o Min. Relator que, em conflito de competência, este Superior Tribunal reconheceu a competência da Justiça Federal, não apenas pelo fato de o Departamento Nacional de Produção Mineral (DNPM) figurar como parte no mandado de segurança, mas, também, em razão da essência da matéria em debate. Sendo assim, embora tenha sido extinto o mandado de segurança, remanesce a competência da Justiça Federal, consoante fixado no julgamento do conflito. Com esses argumentos, a Seção, por maioria, julgou procedente a reclamação para determinar que tanto a ação ordinária como a ação declaratória continuem a tramitar no Juízo Federal reclamado. **Rcl 2.561-DF, Rel. Min. José Delgado, julgada em 14/11/2007.** (Inform. STJ 339)

COMPETÊNCIA. DANOS MATERIAIS. VÍNCULO TRABALHISTA.
Diante das peculiaridades da hipótese, a Seção entendeu que, por prevenção, compete ao juízo comum estadual, o primeiro a decidir sobre o pleito, o processo e julgamento da ação de indenização de danos materiais e morais movida pela genitora em razão de acidente de trabalho do filho, que veio

a falecer, porquanto, no caso, não se trata de lide exclusivamente civil ou trabalhista. **CC 88.139-SP, Rel. Min. Fernando Gonçalves, julgado em 14/11/2007.** (Inform. STJ 339)

QO. SUSCITAÇÃO. CONFLITO DE COMPETÊNCIA.
O Min. Relator, em questão de ordem, suscitou conflito de competência em processo remetido pela Quinta Turma deste Superior Tribunal que entendia tratar-se de hipótese de *habeas corpus* impetrado para obstar a decretação de prisão de depositário infiel, matéria que refoge à competência da Terceira Seção. Para o Min. Relator, depois que o Tribunal decidiu pela inclusão na competência da Terceira Seção de matéria de locação, sempre que existam casos de depositário infiel nos autos de uma ação de cobrança de aluguéis, a competência seria, sim, da mencionada Seção. Assim, suscitou o conflito de competência por entender que a matéria de direito substancial que deu causa ao recurso é da competência da Terceira Seção, pois trata-se de ação de despejo. **HC 34.418-RS, Rel. Min. Ari Pargendler, em 6/11/2007.** (Inform. STJ 338)

COMPETÊNCIA. COLÉGIO RECURSAL. MS. DECISÃO. TURMA RECURSAL.
A competência para julgar recursos, inclusive mandado de segurança (MS), de decisões oriundas dos Juizados Especiais é do órgão colegiado do próprio Juizado Especial, como previsto no art. 41, § 1º, da Lei n. 9.099/1995. Entretanto, no caso dos autos, o MS foi direcionado contra acórdão da Quarta Turma Recursal Cível de Defesa do Consumidor e Causas Comuns do TJ, certamente sem competência para julgar o *mandamus*. Contudo, deveria ter sido declinada a competência em favor do órgão competente, mas isso não foi feito. Sendo assim, a Turma determinou a volta dos autos ao TJ para que assim proceda. **RMS 14.891-BA, Rel. Min. Aldir Passarinho Junior, julgado em 6/11/2007.** (Inform. STJ 338)

COMPETÊNCIA. AUSÊNCIAS. VARA FEDERAL. JUIZADO ESPECIAL FEDERAL. ELEIÇÃO. FORO.
A questão está em determinar a existência da faculdade de eleição do foro daqueles domiciliados em cidades onde não há vara federal nem vara do Juizado Especial Federal. Inicialmente, a Min. Relatora esclareceu que está assentado, no âmbito da Segunda Seção deste Superior Tribunal, o entendimento de que compete ao Superior Tribunal de Justiça o julgamento de conflito de competência estabelecido entre juízo federal e Juizado Especial Federal da mesma Seção Judiciária. Quanto ao mérito, concluiu que, nas cidades onde não houver vara federal nem vara do Juizado Especial Federal, o autor poderá ajuizar ação (cujo valor seja de até 60 salários-mínimos e nas quais tenham sido satisfeitas as condições de legitimidade do art. 6º da Lei n. 10.259/2001), na Seção Judiciária que tenha jurisdição sobre tal cidade ou, alternativamente, no Juizado Especial Federal mais próximo do foro fixado no art. 4º da Lei n. 9.099/1995. Trata-se, nessa hipótese, de competência relativa que sequer pode ser declinada de ofício, nos termos do art. 112 do CPC e da Súm. n. 33-STJ. Precedentes citados: CC 51.173-PA, DJ 8/3/2007, e CC 73.681-PR, DJ 16/8/2007. **CC 87.781-SP, Rel. Min. Nancy Andrighi, julgado em 24/10/2007.** (Inform. STJ 337)

COMPETÊNCIA. JUSTIÇA FEDERAL. EXECUÇÃO. SENTENÇA. EMPRESA PÚBLICA.
O cerne da questão está em definir qual a Justiça – Federal ou trabalhista – é a competente para prosseguir na execução da sentença proferida pelo juízo federal, que fixou valores indenizatórios devidos pela empresa pública ao ex-empregado, em razão de rescisão de contrato de trabalho sem justa causa, isto é, sem que fosse apurada a falta grave, tal qual alegada pela autora do inquérito. Salientou a Min. Relatora que, verificada a competência originária da Justiça Federal para o processamento e julgamento do inquérito que busca a apuração de falta grave, pela incidência do art. 125, I, da CF/1967 e respectiva EC n. 1/1969, vigente à época, além do art. 27, § 10, do ADCT da CF/1988, deve-se, agora, estabelecer a competência para o prosseguimento da execução da respectiva sentença. Por certo que a jurisprudência deste Superior Tribunal já estabeleceu, nos termos do art. 575, II, do CPC, a competência do juízo que decidiu a causa no primeiro grau de jurisdição para processar a execução fundada em título judicial. Por fim, entendeu a Min. Relatora que o advento da EC n. 45/2004 não tem o condão de modificar a competência da Justiça Federal para prosseguir na execução de título judicial dela oriundo. Assim, a Seção, ao prosseguir o julgamento, conheceu do conflito e declarou competente o juízo federal suscitado. Precedentes citados: CC 54.442-SP, DJ 8/5/2006; Rcl 1.356-RJ, DJ 26/4/2004, e CC 35.933-RS, DJ 20/10/2003. **CC 74.531-SP, Rel. Min. Nancy Andrighi, julgado em 24/10/2007.** (Inform. STJ 337)

COMPETÊNCIA. INDENIZAÇÃO. HERDEIROS. ACIDENTE DE TRABALHO. JUSTIÇA COMUM.
Compete à Justiça estadual julgar pedido de indenização por danos materiais e morais, formulado em nome próprio por parentes de empregado morto em acidente de trabalho. No entanto a competência é da Justiça Federal sempre que a União, entidade autárquica ou empresa pública federal integrar a relação processual na qualidade de autora, ré, assistente ou oponente (art. 109, I, primeira parte, CF/1988). A expressão "acidentes de trabalho", contida na parte final do art. 109, I, da CF/1988, refere-se às chamadas ações acidentárias, ou seja, as ações em que se pleiteia indenização relativa a dano sofrido por empregado em acidente de trabalho. Com esse entendimento, a Seção declarou competente a Justiça Federal. Precedentes citados do STF: CC 7.204-MG, DJ 9/12/2005; do STJ: CC 58.982-SP, DJ 25/6/2007; CC 57.884-SP, DJ 9/4/2007; CC 54.210-RO, DJ 12/12/2005, e CC 40.618-MS, DJ 5/12/2003. **CC 87.077-MT, Rel. Min. Humberto Gomes de Barros, julgado em 24/10/2007.** (Inform. STJ 337)

CC. JUSTIÇA COMUM ESTADUAL. EMPREITADA.
A Seção conheceu o conflito e declarou competente a Turma Recursal dos Juizados Especiais Cíveis e Criminais da comarca, o suscitado, ao argumento de que, mesmo antes da EC n. 45/2004, a Segunda Seção deste Superior Tribunal já havia decidido que compete às varas do trabalho conciliar e julgar os dissídios resultantes de contratos de empreitada em que o empreiteiro seja operário ou artífice (CLT, art. 652, a, III). Como a mencionada emenda constitucional veio para ampliar, não para reduzir a competência da Justiça obreira, não há razão que justifique seja alterado tal entendimento. Assim, se o contrato de empreitada não se enquadra na norma exceptiva do artigo acima mencionado, a competência continua a ser da Justiça comum estadual. Compete ao juízo do Trabalho decidir se o contrato de empreitada envolve ou não empreiteiro "operário ou artífice", a justificar a competência da Justiça Especializada. Assim, o empreiteiro, pessoa física, que contrata ajudantes para executar o serviço, transforma-se em tomador de serviços ou empregador, o que afasta a competência da Justiça do Trabalho para julgar a demanda envolvendo ele, empreiteiro, e quem o contratou. Precedente citado: CC 32.433-MA, DJ 29/10/2001. **CC 89.171-MG, Rel. Min. Humberto Gomes de Barros, julgado em 24/10/2007.** (Inform. STJ 337)

ARROLAMENTO. HABILITAÇÃO. RESERVA. BENS. PENHORA.
Um dos credores do *de cujus* requereu, no arrolamento de bens, a habilitação de seu crédito (art. 1.796 do CC/1916 c/c o art. 1.017 do CPC) oriundo de decisão judicial transitada em julgado, de condenação à indenização em razão de constatada evicção. Anote-se que o falecimento deu-se enquanto se liquidava o crédito. O juiz, então, homologou a partilha e, só após, julgou improcedente a habilitação, porém sem qualquer menção à reserva de bens, apenas houve uma ressalva quanto ao direito de terceiros porventura prejudicados. Já o Tribunal *a quo*, por um lado admitiu a inabilitação do crédito diante do dissenso entre as partes e, cautelarmente, determinou a reserva de bens, mas, por outro, contraditoriamente, homologou a partilha integral. No REsp, o credor busca anular a partilha para que se dê a reserva, ao alegar haver inversão da ordem processual, mas aduz que, atualmente, há penhora a garantir-lhe o crédito. Diante disso, a Turma asseverou que a reserva de bens (que difere da separação de bens que se dá na hipótese em que habilitado o crédito pelo consentimento do espólio e dos herdeiros) tem nítida feição de arresto, a garantir a solvência até que se resolva em penhora (art. 818 do CPC). Dessarte, essa natureza impediria a partilha integral dos bens, em prol de uma garantia à satisfação coercitiva do crédito. Porém a Turma entendeu que, se há penhora, o crédito está perfeitamente garantido e, por essa razão, não há interesse em se buscar anular a partilha para pleitear a garantia cautelar da reserva de bens. Anotou não haver sequer prejuízo ao credor, detentor de uma garantia mais forte que a pleiteada, daí prevalecer a instrumentalidade do processo. O Min. Ari Pargendler recomendou que a constrição da penhora perdure independentemente da transferência do bem a um dos herdeiros, o que foi acolhido pela Turma. **REsp 703.884-SC, Rel. Min. Nancy Andrighi, julgado em 23/10/2007.** (Inform. STJ 337)

CC. JUÍZO ESTADUAL. JUÍZO ESPECIAL FEDERAL. EXECUÇÃO. TÍTULO JUDICIAL. UNIÃO.
A questão resume-se em saber se é possível o juiz estadual recusar, no trato de execução de título judicial proposta pela União, o cumprimento de carta precatória oriunda da Justiça Federal sob o argumento de que se instalou Juizado Especial na comarca. O Min. Relator enfatizou que não poderia o juiz estadual ter recusado o cumprimento da mencionada carta, ante a inexistência das hipóteses taxativas do art. 209 do CPC, que somente permite ao juízo deprecado recusar cumprimento à carta precatória, devolvendo-a com despacho motivado, quando não estiver revestida dos

requisitos legais, quando carecer de competência em razão da matéria ou da hierarquia, ou quando houver dúvida acerca de sua autenticidade. Esclareceu o Min. Relator que a Lei n. 10.259/2001 prevê, expressamente, que a União somente pode ser parte ré, e não autora, nos processos de competência dos Juizados Especiais Federais (art. 6º, I e II). Tratando-se, pois de execução de título judicial proposta pela União, não poderia o juiz estadual recusar o cumprimento da carta precatória sob o fundamento da instalação de Juizado Especial Federal na respectiva comarca. Assim, a Seção, ao prosseguir o julgamento, conheceu do conflito para declarar competente o Juízo de Direito. Precedente citado: CC 48.125-SP, DJ 15/5/2006. **CC 63.940-SP, Rel. Min. Castro Meira, julgado em 12/9/2007.** (Inform. STJ 331)

COMPETÊNCIA. JUSTIÇA DO TRABALHO.

A controvérsia consiste em saber qual a Justiça competente para processar e julgar ação contra empregador proposta por sindicato patronal na qual foram cumulados pedidos de cobrança de contribuições sindicais previstas no art. 578 da CLT e de contribuições confederativas e assistenciais estabelecidas em convenções coletivas, bem como suas respectivas multas convencionais. Explicou a Min. Relatora que esse conflito de competência enseja análise na Segunda Seção em razão de decisão anterior no CC 59.919-RS, DJ 5/10/2006, devido à cumulação de pedidos de contribuições sindicais e confederativas oriundas de convenções coletivas de trabalho, essas últimas ajuizadas na Justiça comum estadual antes do advento da EC n. 45/2004. Isso posto, a Seção declarou competente a Justiça do Trabalho para processar e julgar a presente demanda com base em precedentes jurisprudenciais. Precedentes citados: CC 45.333-RS, DJ 6/12/2004; CC 46.301-RS, DJ 13/12/2004, e CC 75.168-SP, DJ 5/3/2007. **CC 62.036-SP, Rel. Min. Nancy Andrighi, julgado em 12/9/2007.** (Inform. STJ 331)

RCL. COMPETÊNCIA. JUÍZOS TRABALHISTA E FALIMENTAR.

Trata-se de reclamação em que o juízo trabalhista, mesmo após a decisão do CC 33.628-GO, DJ 16/11/2001, em favor do juízo universal da falência, deu continuidade ao processo de execução trabalhista, culminando com a intimação da reclamante para praceamento de imóvel penhorado. Como cediço, a jurisprudência determina que os atos de execução devem ser praticados no juízo falimentar, mesmo quando realizada penhora de bens. Ressalta o Min. Relator que, diante desse contexto, a incidência do art. 105, I, **f**, da CF/1988 é de rigor para fazer valer a autoridade da decisão deste Superior Tribunal. Diante do exposto, a Seção julgou procedente a reclamação, cassando a decisão do juízo trabalhista para a realização da praça, consignando que todos os atos da execução deverão ficar a cargo do juízo falimentar, como anteriormente decidido. Precedentes citados: CC 19.468-SP, DJ 7/6/1999; CC 22.093-ES, DJ 29/11/1999; CC 26.918-SP, DJ 3/4/2000; CC 25.328-BA, DJ 6/9/1999; CC 21.162-PE, DJ 22/3/1999, e CC 22.293-RJ, DJ 17/5/1999. **Rcl 1.270-PA, Rel. Min. Fernando Gonçalves, julgada em 12/9/2007.** (Inform. STJ 331)

COMPETÊNCIA. IMPERÍCIA. PRESTAÇÃO. SERVIÇOS ADVOCATÍCIOS.

Trata-se de conflito de competência entre o Juízo do Trabalho e o Tribunal de Justiça em demanda em que o autor pleiteia perdas e danos diante da suposta imperícia na prestação de serviços advocatícios por parte do réu, em condução de anterior demanda de indenização por danos morais e materiais decorrentes de acidente de trabalho. Para o Min. Relator, aquele advogado não tem com o autor qualquer vínculo empregatício, mas apenas um liame obrigacional decorrente de prestação de serviço, firmado sob a égide do direito civil, o que afasta a competência da Justiça do Trabalho na hipótese. Outrossim, a jurisprudência da Segunda Seção é assente no sentido de que o pedido e a causa de pedir definem a natureza da lide e, nesse caso, a demanda não tem natureza trabalhista. Ante o exposto, a Seção declarou competente o TJ suscitado. Precedentes citados: CC 67.330-MG, DJ 1º/2/2007; CC 51.937-SP, DJ 19/12/2005, e CC 40.564-SE, DJ 25/4/2005. **CC 70.077-MG, Rel. Min. Fernando Gonçalves, julgado em 12/9/2007.** (Inform. STJ 331)

COMPETÊNCIA. RECLAMAÇÃO TRABALHISTA. CEF. MANUTENÇÃO. AUXÍLIO-ALIMENTAÇÃO. APOSENTADOS. PENSIONISTAS.

Trata-se de reclamação trabalhista ajuizada por aposentados da CEF para restabelecer o pagamento de auxílio-alimentação devido à circular normativa n. 83/1989, a qual lhes asseguraria direito de incorporá-la. No caso, estabeleceu-se o conflito de competência entre juízo federal e juízo trabalhista. A Min. Relatora ressalvou ponto de vista anterior no qual concluía pela competência da Justiça Federal, fundamentado no fato de que o auxílio-alimentação ou seu adicional não são garantidos em virtude de lei ou contrato de trabalho. Aduz ainda que a vantagem conferida aos atuais empregados da CEF teria natureza indenizatória e deveria decorrer da relação empregatícia. Contudo o auxílio-alimentação para ex-empregados aposentados e pensionistas vem a se confundir com verba complementar da aposentadoria ou pensão: além de não se revestir de caráter indenizatório (não compensa o numerário gasto com alimentação, porque não há período de trabalho), não decorre de convenção, mas de ato administrativo interno. Todavia, após o julgamento do CC 27.677-PE, DJ 31/3/2003, o qual reconheceu a competência da Justiça do Trabalho nesses casos, explica a Min. Relatora que passou a acompanhar a conclusão majoritária da Segunda Seção. Note-se que, no presente agravo regimental, a agravante noticia recente decisão do STF, versando sobre questão idêntica, em que o entendimento daquela Corte perfila-se na posição anteriormente adotada pela Min. Relatora. Entretanto, para a Min. Relatora, essas decisões são posições unipessoais, não se pode aceitá-las como posicionamento prevalecente daquele órgão. Há outros julgados do STF mais antigos que a decisão da Seção no citado conflito, de sorte que também não justificaria o reexame da questão. Com ressalva mais uma vez do posto de vista da Min. Relatora, a Seção negou provimento ao agravo. Precedentes citados do STF: AI 588.981-RJ, DJ 27/4/2006; RE 175.673-DF, DJ 5/11/1999; do STJ: CC 27.677-PE, DJ 31/3/2003. **AgRg no CC 39.903-RJ, Rel. Min. Nancy Andrighi, julgado em 12/9/2007.** (Inform. STJ 331)

COMPETÊNCIA. JUSTIÇA COMUM ESTADUAL. NOTIFICAÇÃO JUDICIAL.

A Turma, por maioria, decidiu pela competência da Justiça comum estadual para processar e julgar pedido de notificação judicial decorrente de fatos vinculados à relação trabalhista entre ex-empregados de empresa sobre negócios que, embora pessoais, são possíveis de prejudicar o ex-empregador. **CC 77.401-SP, Rel. originário Min. Humberto Gomes de Barros, Rel para acórdão Min. Fernando Gonçalves, julgado em 22/8/2007.** (Inform. STJ 328)

CONFLITO. COMPETÊNCIA. CARTA PRECATÓRIA. CITAÇÃO. INTERROGATÓRIO.

Trata-se da possibilidade de realização de citação e interrogatório do réu por meio de carta precatória quando ele possui domicílio distinto do juízo que preside a ação penal deflagrada em seu desfavor. Destaca a Min. Relatora que a doutrina e a jurisprudência têm admitido a realização do referido ato mediante carta precatória. Além do que o juízo deprecado só pode recusar cumprimento à carta precatória nas hipóteses do art. 209 do CPC, em aplicação subsidiária às normas processuais penais. Com esse entendimento, a Seção conheceu do conflito e declarou competente o Juízo Federal suscitado para cumprir a carta precatória, com envio de ofício à respectiva corregedoria. Precedentes citados do STJ: CC 17.529-PR, DJ 24/11/1997; CC 19.721-PR, DJ 8/9/1998; CC 25.529-RJ, DJ 16/8/1999; do STF: HC 70.663-SP, DJ 9/9/1994. **CC 86.016-SP, Rel. Min. Maria Thereza de Assis Moura, julgado em 8/8/2007.** (Inform. STJ 326)

COMPETÊNCIA. JF. INDENIZAÇÃO SECURITÁRIA. EMPRESA PÚBLICA FEDERAL.

Se a pretensão do autor é cobrar de ambos os réus indenização securitária em razão de acidente de trabalho ou doença profissional coberto em contrato de seguro, a competência é da Justiça comum, ainda que um dos réus seja ex-empregador do autor. Assim, nessa situação, a relação jurídica que une as partes é exclusivamente contratual, de natureza civil. Mas, no caso, a presença de empresa pública federal no pólo passivo da lide determina a competência da Justiça Federal. **CC 73.517-SP, Rel. Min. Humberto Gomes de Barros, julgado em 8/8/2007.** (Inform. STJ 326)

COMPETÊNCIA. COOPERATIVA MÉDICA. PROCESSO SELETIVO.

A matéria resume-se a definir qual o juízo competente para o julgamento de uma ação na qual se questionam os critérios utilizados por uma cooperativa médica para compor o quadro de profissionais que atuará no pronto-socorro de um dos hospitais nos quais presta serviços. Na hipótese, não há um questionamento sequer a respeito da regularidade da cooperativa de médicos. Toda a controvérsia diz respeito ao processo seletivo para a ocupação de vagas como plantonista em um hospital, diferentemente do que ocorreu no CC 52.613-SP, DJ 25/5/2006, que diz respeito a uma ação declaratória proposta por sociedade que prestava serviços de informática, para que fosse reconhecida sua condição de cooperativa. O interesse de agir consubstanciava-se na atuação do Ministério Público que, convencido de que a cooperativa na verdade ocultava relações de emprego e tinha o fim de burlar a legislação trabalhista, notificava os membros para que comparecessem em audiências nas quais os convencia a pleitear seus direitos. Também se discutiam autuações com o mesmo fundamento promovidas pelo INSS: o objeto da ação era, especificamente, definir se havia, ou não, uma relação de emprego entre a cooperativa e os cooperativados. Daí ter sido estabelecida a competência da Justiça do Trabalho.

Aqui a discussão é exclusivamente de direito civil e societário. Assim, a competência para processar e julgar a presente ação é da Justiça comum estadual. **CC 69.298-RJ, Rel. Min. Nancy Andrighi, julgado em 8/8/2007.** (Inform. STJ 326)

COMPETÊNCIA. COBRANÇA. CORRETAGEM.

O corretor de imóveis que, eventualmente e sem relação de subordinação, aproxima o comprador do vendedor atua como profissional liberal. Dessarte, tal como nas hipóteses de remuneração por empreitada e de honorários médicos e advocatícios, é da competência da Justiça comum estadual o processo e julgamento da ação em que aquele corretor cobra sua remuneração pelo serviço prestado. Precedente citado: CC 5.274-SC, DJ 11/10/1993. **CC 70.349-MG, Rel. Min. Humberto Gomes de Barros, julgado em 27/6/2007.** (Inform. STJ 325)

COMPETÊNCIA. INVESTIGAÇÃO. PATERNIDADE. PROCEDIMENTO OFICIOSO.

Trata-se do procedimento oficioso de investigação de paternidade de que cuida o art. 2º da Lei n. 8.560/1992, que deve ser iniciado pelo oficial de registro perante o juízo ao qual vinculado (o juízo da comarca que engloba o território atendido pelo cartório de registro de pessoas naturais, conforme as normas locais de organização). Assim, sem influência a posterior mudança de domicílio do menor ou de sua mãe, pois esse procedimento segue no juízo em que se iniciou. Anote-se que o referido juízo não se torna prevento para uma eventual ação de investigação de paternidade. **CC 80.813-MG, Rel. Min. Humberto Gomes de Barros, julgado em 27/6/2007.** (Inform. STJ 325)

COMPETÊNCIA. INDENIZAÇÃO. VÍNCULO TRABALHISTA.

O autor foi contratado por uma sociedade voltada à terraplanagem e foi designado para a construção de uma barragem em uma fazenda de propriedade da ré. Sucede que, naquela localidade, seu olho foi atingido por uma pedra arremessada de uma roçadeira operada por um preposto da ré, o que desencadeou a perda de 95% da visão daquele olho. Pediu, então, indenização por danos morais e materiais, não à sua empregadora, mas à sociedade ré. Isso posto, ausentes danos decorrentes de uma típica relação de trabalho, apresentando-se a controvérsia em contornos de natureza eminentemente civil, mesmo diante do disposto no art. 114, VI, da CF/1988 após a redação imposta pela EC n. 45/2004, é competente a Justiça comum estadual para o processo e julgamento desta ação de indenização. **CC 72.770-SP, Rel. Min. Nancy Andrighi, julgado em 27/6/2007.** (Inform. STJ 325)

COMPETÊNCIA. ADJUDICAÇÃO. ARRECADAÇÃO. FALÊNCIA.

A competência territorial, via de regra, é relativa, porém a atinente ao foro da situação do imóvel, que também é de natureza territorial, tem disciplina, na maioria das vezes, ditada pela segunda parte do art. 95 do CPC, que a qualifica de absoluta. Vários são os motivos justificadores de não se prorrogar a competência das ações reais imobiliárias, porém esses parecem ceder diante da competência que o legislador conferiu ao juízo da falência, por excelência, o foro de atração. O art. 7º, § 2º, do DL n. 7.661/1945 estabelece hipótese de prorrogação legal da competência para processar e julgar causas em que a massa falida seja ré e que envolvam seus imóveis, derrogando a competência que, originalmente, seria do foro da situação do bem. É o juízo falimentar o detentor de uma visão global e plena da falência, é aquele que conhece a situação financeira da massa, a totalidade dos credores e dos bens arrecadados, é quem tem contato direto com o síndico, tudo a facilitar a tomada de decisões imparciais, justas e eqüitativas. Acrescente-se a isso a constatação de que, *in casu*, o imóvel que se pretende adjudicar já foi efetivamente arrecadado pela massa (art. 70 do DL 7.661/1945) e, após a arrecadação, cabe unicamente ao juízo falimentar decidir sobre o destino do bem (alienação, restituição, adjudicação etc). **CC 84.752-RN, Rel. Min. Nancy Andrighi, julgado em 27/6/2007.** (Inform. STJ 325)

COMPETÊNCIA. DANOS MORAIS. DEMISSÃO. TELEGRAMA. SENTENÇA TERMINATIVA.

O cerne da controvérsia é definir qual o juízo competente para o julgamento de ação indenizatória por danos morais, em virtude de dispensa sem justa causa feita por telegrama do empregador ao empregado. Ressalta a Min. Relatora que há uma peculiaridade neste litígio que o distingue dos demais: é que, antes da entrada em vigor da EC n. 45/2004, o juízo cível extinguiu o processo sem resolução de mérito, e, interposta a apelação, o TJ determinou a remessa ao TRT; assim, o juízo declinatório da competência deu-se após a vigência da EC n. 45/2004, mas sem que houvesse, nos autos, sentença de mérito. Resta saber, no caso, como não houve sentença de mérito no juízo cível, se o recurso de apelação deve ser julgado na Justiça do Trabalho ou na Justiça cível. Aponta a Min. Relatora que há duas orientações quanto ao assunto neste Superior Tribunal de Justiça: a orientação da Segunda Seção, que anula o próprio julgamento do conflito de competência, a sentença que extinguiu o processo e remete os autos para uma das varas trabalhistas; a segunda orientação tem sido adotada pela Primeira Seção, que não anula a sentença diretamente; em vez disso, determina que o recurso seja julgado pelo Tribunal ao qual o juiz que a proferiu está vinculado, para que esse Tribunal anule a decisão anteriormente proferida. Explica a Min. Relatora, pedindo vênias por não se alinhar a essa última orientação, que o CPC, no art. 122, expressamente possibilita ao Tribunal, quando julgar conflitos de competência, pronunciar-se sobre "a validade dos atos praticados pelo juízo incompetente". Assim, a sentença terminativa, nos autos proferida pelo juízo civil e objeto da apelação, pode ser decretada inválida desde já, remetendo-se os autos à Justiça do Trabalho para que julgue a causa com maior efetividade do processo. Entretanto assiste razão aos julgados da Primeira Seção, ao ponderarem que o TRT não tem competência para julgar os recursos interpostos contra decisão de juiz singular vinculado ao TJ, essa competência é expressa nos arts. 97, 101 e 55 da CF/1988. Todavia, em razão do art. 122 do CPC, o ato do juízo incompetente pode ser anulado. Com esse entendimento, a Seção decretou a nulidade da sentença e declarou competente o TRT para que determine a distribuição do processo a uma das varas trabalhistas de sua jurisdição. Precedentes citados: CC 69.143-SP, DJ 24/5/2007, e CC 58.029-MS, DJ 10/4/2006. **CC 84.177-SP, Rel. Min. Nancy Andrighi, julgado em 13/6/2007.** (Inform. STJ 323)

SEGURO-DESEMPREGO. LEVANTAMENTO. COMPETÊNCIA. JUSTIÇA FEDERAL.

Cuida-se de conflito estabelecido entre o juiz trabalhista e o juiz federal para conhecer da questão e decidir acerca do pedido de levantamento de seguro- desemprego em razão de rescisão do contrato de trabalho. A Min. Relatora aduziu que o mencionado seguro é um benefício integrante da seguridade social previsto no art. 7º, II, da CF/1988 e regulado pelo art. 2º da Lei n. 7.998/1990, tendo sido criado com o objetivo de promover a assistência financeira temporária ao trabalhador desempregado sem justa causa. É mantido com os recursos provenientes do FAT – Fundo de Amparo ao Trabalhador, instituído pelo art. 10 da Lei n. 7.998/1990 e se encontra vinculado ao Ministério do Trabalho. Observa-se que os recursos destinados a custear tais benefícios são arrecadados pela União, cabendo, então, à Justiça Federal conhecer da questão e decidir acerca do pedido de levantamento das discutidas verbas. Consta, ademais, que não há qualquer discussão em torno de relação de trabalho a autorizar a incidência do art. 114 da CF/1988 (com redação conferida pela EC n. 45/2004). Isso posto, a Seção, ao prosseguir o julgamento, conheceu do conflito e declarou competente o juízo federal. Precedentes citados: CC 54.509-SP, DJ 13/3/2006, e CC 11.993-PE, DJ 6/3/1995. **CC 57.520-SP, Rel. Min. Eliana Calmon, julgado em 24/5/2007.** (Inform. STJ 321)

COMPETÊNCIA. ALTERAÇÃO. EC N. 45/2004. SENTENÇA TERMINATIVA. ANULAÇÃO. STJ.

Este Superior Tribunal já pacificou seu entendimento sobre a competência para o julgamento de ações que visem à reparação de danos decorrentes de acidente do trabalho. Ficou estabelecido que, se o processo estiver sentenciado no momento em que passou a vigorar a EC n. 45/2004, a competência para o julgamento da causa permanece no juízo cível. Se não houver sentença nesse momento, os autos devem ser remetidos à Justiça do Trabalho (CC 51.712-SP, DJ 4/9/2005). Não há dúvidas de que, ao mencionar "sentença", o precedente refere-se apenas às sentenças de mérito. Resta, portanto, saber: não tendo havido sentença de mérito proferida pelo juízo cível, mas apenas uma sentença terminativa, o recurso interposto para sua revisão deve ser julgado pela Justiça do Trabalho ou pela Justiça Cível? A Min. Relatora esclareceu que há duas orientações quanto ao assunto no âmbito do STJ. A solução encontrada pela Segunda Seção deste Superior Tribunal foi a de anular, no próprio julgamento do conflito de competência, a sentença que extinguiu o processo e remeter os autos para uma das varas trabalhistas. A segunda orientação adotada pelo STJ provém da Primeira Seção, e a solução encontrada foi a de determinar que o recurso seja julgado pelo Tribunal ao qual está vinculado o juiz que proferiu a decisão para que esse Tribunal a anule. A Min. Relatora discorda do posicionamento adotado pela Primeira Seção deste Tribunal, não se alinhando ao entendimento de que a sentença terminativa proferida pelo juízo cível deva ser anulada pelo Tribunal ao qual ele está vinculado (CPC, art. 122), mas entende que a sentença terminativa proferida pelo juízo cível, objeto de recurso de apelação, pode perfeitamente ser decretada inválida desde já, remetendo-se os autos à Justiça do Trabalho para que julgue a causa com significativo ganho de tempo e de efetividade e sem qualquer agressão aos princípios orientadores do direito processual civil. Assim, a Seção conheceu do conflito, decretou a nulidade da sentença e declarou competente para o julgamento da causa o Tribunal Regional do Trabalho para que determine a distribuição do processo a uma das varas trabalhistas de sua jurisdição nos termos da lei. **CC 69.143-SP, Rel. Min. Nancy Andrighi, julgado em 9/5/2007.** (Inform. STJ 319)

COMPETÊNCIA. JUSTIÇA TRABALHISTA. PLANO DE SAÚDE. REAJUSTE. ACORDO COLETIVO.

Para a definição da competência, a matéria traz, de um lado, a discussão acerca do pagamento do prêmio devido pelo beneficiário de seguro-saúde. De outro lado, o fato de o direito ao referido plano estar disciplinado em acordo coletivo de trabalho. Quanto à cobrança de prêmios devidos em decorrência da contratação de seguro-saúde, a Segunda Seção deste Superior Tribunal já decidiu pela competência do juízo cível. Porém a matéria apresenta uma peculiaridade. Discute-se aqui um reajuste de plano de saúde oferecido pelo próprio banco em um sistema de auto-gestão, disciplinado por acordo coletivo de trabalho. A Min. Relatora esclareceu que, para se discutir a execução de cláusulas de uma convenção ou de um acordo coletivo de trabalho quando devidamente homologado, a competência é e sempre foi, mesmo antes da EC n. 45/2004, da Justiça laboral (art. 1º da Lei n. 8.984/1994). Assim, se há alegação de que os aumentos aplicáveis aos planos de saúde *sub judice* seguem o que ficou definido no acordo coletivo de trabalho, o processo tem de ser dirimido pela Justiça do Trabalho, a quem compete interpretar e aplicar corretamente as disposições constantes de tais negociações. **CC 76.953-SP, Rel. Min. Nancy Andrighi, julgado em 9/5/2007.** (Inform. STJ 319)

COMPETÊNCIA. TRÂNSITO EM JULGADO. EC N. 45/2004.

O autor busca desconstituir decisão judicial já transitada em julgado perante a Justiça comum estadual, que o condenou ao pagamento de indenização referente a acidente de trabalho. Nesse caso, a questão deverá ser processada e julgada no mesmo juízo de onde provém, não se admitindo a possibilidade de uma anulação pela Justiça do Trabalho ao fundamento do art. 114, I e VI, da CF/1988, com a nova redação dada pela EC n. 45/2004. Precedentes citados: REsp 743.065-MG, DJ 19/6/2006, e CC 56.229-RS, DJ 10/5/2006. **CC 58.544-MT, Rel. Min. Carlos Alberto Menezes Direito, julgado em 11/4/2007.** (Inform. STJ 316)

COMPETÊNCIA. AÇÃO INDENIZATÓRIA. VEREADORES. SINDICATO.

Trata-se de ação de indenização por danos morais proposta por vereadores contra sindicato de servidores públicos municipais na qual os autores afirmam que o réu divulgou, por meio de som e panfletos, acusações contra eles. Assim, mesmo após a promulgação da EC n. 45/2004, que ampliou a competência da Justiça trabalhista, permanece a Justiça comum estadual competente para processar e julgar o presente feito, pois versa o litígio entre pessoas físicas e sindicato profissional, hipótese não abrangida pelo art. 114, III, da CF/1988. **CC 60.887-ES, Rel. Min. Humberto Gomes de Barros, julgado em 14/3/2007.** (Inform. STJ 313)

COMPETÊNCIA. MASSA FALIDA. VARA CÍVEL E TRABALHISTA.

A Turma decidiu que não cabe, em sede de conflito de competência, modificar decisão transitada em julgado e proferida em embargos de terceiros de que foi parte massa falida, por inexistente o alegado conflito entre o juízo falimentar e trabalhista, porquanto ela não foi parte na ação trabalhista, apenas nos embargos. Ainda que se tratasse de propriedade da massa anterior à data da propositura da ação do ex-empregado, aquela deveria valer-se do processo de conhecimento autônomo para pleitear a nulidade da reclamação por ausência da citação do legítimo réu. **CC 57.523-PE, Rel. Min. Nancy Andrighi, julgado em 28/2/2007.** (Inform. STJ 311)

SÚMULA VINCULANTE 27

Compete à Justiça estadual julgar causas entre consumidor e concessionária de serviço público de telefonia, quando a ANATEL não seja litisconsorte passiva necessária, assistente, nem opoente.

SÚMULA VINCULANTE 23

A Justiça do Trabalho é competente para processar e julgar ação possessória ajuizada em decorrência do exercício do direito de greve pelos trabalhadores da iniciativa privada.

SÚMULA VINCULANTE 22

A Justiça do Trabalho é competente para processar e julgar as ações de indenização por danos morais e patrimoniais decorrentes de acidente de trabalho propostas por empregado contra o empregador, inclusive aquelas que ainda n ão possuíam sentença de mérito em primeiro grau quando da promulgação da Emenda Constitucional nº 45/04.

SÚMULA STF Nº 689

O segurado pode ajuizar ação contra a instituição previdenciária perante o Juízo Federal do seu domicílio ou nas varas federais da capital do estado-membro.

SÚMULA STF Nº 557

É competente a Justiça Federal para julgar as causas em que são partes a COBAL e CIBRAZEM.

SÚMULA STF Nº 556

É competente a Justiça Comum para julgar as causas em que é parte sociedade de economia mista.

SÚMULA STF Nº 518

A intervenção da União, em feito já julgado pela segunda instância e pendente de embargos, não desloca o processo para o Tribunal Federal de Recursos.

SÚMULA STF Nº 517

As sociedades de economia mista só têm foro na Justiça Federal, quando a União intervém como assistente ou opoente.

SÚMULA STF Nº 516

O Serviço Social da Indústria (SESI) está sujeito à jurisdição da Justiça Estadual.

SÚMULA STF Nº 508

Compete à Justiça Estadual, em ambas as instâncias, processar e julgar as causas em que for parte o Banco do Brasil S.A.

SÚMULA STF Nº 363

A pessoa jurídica de direito privado pode ser demandada no domicílio da agência, ou estabelecimento, em que se praticou o ato.

SÚMULA STF Nº 251

Responde a Rede Ferroviária federal S.A. Perante o foro comum e não perante o juízo especial da Fazenda Nacional, a menos que a União intervenha na causa.

SÚMULA STF Nº 250

A intervenção da União desloca o processo do juízo cível comum para o fazendário.

SÚMULA STF Nº 218

É competente o Juízo da Fazenda Nacional da capital do estado, e não o da situação da coisa, para a desapropriação promovida por empresa de energia elétrica, se a união federal intervém como assistente.

SÚMULA STJ Nº 428

Compete ao Tribunal Regional Federal decidir os conflitos de competência entre juizado especial federal e juízo federal da mesma seção judiciária.

SÚMULA STJ Nº 383

A competência para processar e julgar as ações conexas de interesse de menor é, em princípio, do foro do domicílio do detentor de sua guarda.

SÚMULA STJ Nº 368

Compete à Justiça comum estadual processar e julgar os pedidos de retificação de dados cadastrais da Justiça Eleitoral.

SÚMULA STJ Nº 367

A competência estabelecida pela EC n. 45/2004 não alcança os processos já sentenciados.

SÚMULA STJ Nº 365

A intervenção da União como sucessora da Rede Ferroviária Federal S/A (RFFSA) desloca a competência para a Justiça Federal ainda que a sentença tenha sido proferida por Juízo estadual.

SÚMULA STJ Nº 363

Compete à Justiça estadual processar e julgar a ação de cobrança ajuizada por profissional liberal contra cliente.

SÚMULA STJ Nº 324

Compete à Justiça Federal processar e julgar ações de que participa a Fundação Habitacional do Exército, equiparada à entidade autárquica federal, supervisionada pelo Ministério do Exército.

SÚMULA STJ Nº 270

O protesto pela preferência de crédito, apresentado por ente federal em execução que tramita na Justiça Estadual, não desloca a competência para a Justiça Federal.

SÚMULA STJ Nº 254

A decisão do Juízo Federal que exclui da relação processual ente federal não pode ser reexaminada no Juízo Estadual.

SÚMULA STJ Nº 238

A avaliação da indenização devida ao proprietário do solo, em razão de alvará de pesquisa mineral, é processada no Juízo Estadual da situação do imóvel.

SÚMULA STJ Nº 224

Excluído do feito o ente federal, cuja presença levara o Juiz Estadual a declinar da competência, deve o Juiz Federal restituir os autos e não suscitar conflito.

SÚMULA STJ Nº 222

Compete à Justiça Comum processar e julgar as ações relativas à contribuição sindical prevista no art. 578 da CLT.

SÚMULA STJ Nº 218

Compete à Justiça dos Estados processar e julgar ação de servidor estadual decorrente de direitos e vantagens estatutárias no exercício de cargo em comissão.

SÚMULA STJ Nº 209

Compete à Justiça Estadual processar e julgar prefeito por desvio de verba transferida e incorporada ao patrimônio municipal.

SÚMULA STJ Nº 208

Compete à Justiça Federal processar e julgar prefeito municipal por desvio de verba sujeita a prestação de contas perante órgão federal.

SÚMULA STJ Nº 206

A existência de vara privativa, instituída por lei estadual, não altera a competência territorial resultante das leis de processo.

SÚMULA STJ Nº 173

Compete à justiça federal processar e julgar o pedido de reintegração em cargo público federal, ainda que o servidor tenha sido dispensado antes da instituição do regime jurídico único.

SÚMULA STJ Nº 170

Compete ao juízo onde primeiro for intentada a ação envolvendo acumulação de pedidos, trabalhista e estatutário, decidi-la nos limites da sua jurisdição, sem prejuízo do ajuizamento de nova causa, com o pedido remanescente, no juízo próprio.

SÚMULA STJ Nº 150

Compete à Justiça Federal decidir sobre a existência de interesse jurídico que justifique a presença, no processo, da União, suas autarquias ou empresas publicas.

SÚMULA STJ Nº 137

Compete à Justiça Comum estadual processar e julgar ação de servidor público municipal, pleiteando direitos relativos ao vinculo estatutário.

SÚMULA STJ Nº 59

Não ha conflito de competência se já existe sentença com transito em julgado, proferida por um dos juízos conflitantes.

SÚMULA STJ Nº 34

Compete à Justiça Estadual processar e julgar causa relativa a mensalidade escolar, cobrada por estabelecimento particular de ensino.

SÚMULA STJ Nº 33

A incompetência relativa não pode ser declarada de ofício.

SÚMULA STJ Nº 32

Compete à Justiça Federal processar justificações judiciais destinadas a instruir pedidos perante entidades que nela tem exclusividade de foro, ressalvada a aplicação do art. 15, II, da lei 5010/66.

SÚMULA STJ Nº 22

Não ha conflito de competência entre o Tribunal de Justiça e Tribunal de Alçada do mesmo estado-membro.

SÚMULA STJ Nº 6

Compete à Justiça Comum estadual processar e julgar delito decorrente de acidente de trânsito envolvendo viatura de policia Militar, salvo se autor e vitima forem policiais militares em situação de atividade.

SÚMULA STJ Nº 4

Compete à Justiça Estadual julgar causa decorrente do processo eleitoral sindical.

SÚMULA STJ Nº 3

Compete ao Tribunal Regional Federal dirimir Conflito de Competência verificado, na respectiva região, entre juiz federal e juiz estadual investido de jurisdição federal.

6. COMPETÊNCIA INTERNA DO STJ E DO STF

CONFLITO INTERNO. USUCAPIÃO. DOMÍNIO. IMÓVEL. FAIXA. FRONTEIRA.

A Corte Especial conheceu do conflito de competência interno estabelecido entre a Primeira e a Terceira Turma deste Superior Tribunal e declarou a competência da Terceira Turma para processar e julgar recurso especial em ação de usucapião extraordinária ajuizada com o propósito de aquisição de domínio de imóvel situado em faixa de fronteira nos termos do art. 9º, § 2º, I, do RISTJ. É cediço que a competência no âmbito do STJ é estabelecida em função da natureza da relação jurídica litigiosa que delimita o processo submetido a julgamento. Precedentes citados: REsp 182.945-PE, DJ 4/9/2006; REsp 736.742-SC, DJe 23/11/2009, e AgRg no REsp 597.623-SC, DJe 8/2/2010. **CC 108.210-SC, Rel. Min. João Otávio de Noronha, julgado em 1º/6/2011.** (Inform. STJ 475)

COMPETÊNCIA. DANOS MORAIS. INTERRUPÇÃO. ENERGIA ELÉTRICA.

A Corte Especial, ao julgar o conflito de competência entre a Primeira e a Quarta Turma, declarou que compete às Turmas integrantes da Primeira Seção, no caso concreto à Primeira Turma, processar e julgar o recurso especial no qual se discute a responsabilidade da concessionária de serviço público de eletricidade pelos danos morais causados pela interrupção do fornecimento de energia elétrica por vários dias, em razão de problemas técnicos na rede de distribuição. **CC 108.085-DF, Rel. Min. Aldir Passarinho Junior, julgado em 1º/12/2010.** (Inform. STJ 458)

COMPETÊNCIA DA PRESIDÊNCIA E EMENDA REGIMENTAL 19/2006

O Tribunal, por maioria, negou provimento a agravo regimental interposto contra decisão da Min. Ellen Gracie, presidente, que negara seguimento a agravo de instrumento por encontrar-se "*deficiente a formação do traslado porquanto ausente peça indispensável à compreensão da controvérsia*". Inicialmente, afastou-se a alegação de ofensa ao princípio do juízo natural. Esclareceu-se, no ponto, que, em sessão administrativa, o STF aprovara proposta de alteração no processamento dos agravos de instrumento e outorgara a sua Presidência competência para negar seguimento aos recursos deficientes na sua formação ou interpostos intempestivamente. Em razão disso, em sessão administrativa posterior, nos autos do processo nº 326177, e nos termos do art. 361, I, alínea a, do RISTF, fora editada a Emenda Regimental 19/2006, que acresceu a alínea c ao inciso V do art. 13 do RISTF ("*Art. 13. São atribuições do Presidente... V - despachar... c) como Relator, nos termos dos arts. 544, § 3º, e 557 do Código de Processo Civil, até eventual distribuição, os agravos de instrumento e petições ineptos ou doutro modo manifestamente inadmissíveis, bem como os recursos que, conforme jurisprudência do Tribunal, tenham por objeto matéria destituída de repercussão geral.*"). Entendeu-se incidente, no caso, o Enunciado da Súmula 639, e asseverou-se não ter havido cerceamento de defesa, haja vista que a decisão agravada reportara-se ao art. 544 do CPC e ao Enunciado da Súmula 288, que indicam as peças de traslado obrigatório e/ou as essenciais à compreensão da controvérsia, cabendo ao agravante o dever de vigilância e precisa conferência de cada uma delas. Vencido o Min. Marco Aurélio, que dava provimento ao recurso, e reportando-se ao voto que proferira no aludido processo administrativo, apontava a inconstitucionalidade na Emenda Regimental 19/2006. AI 621641 AgR/PR, rel. Min. Ellen Gracie, 9.2.2007. (AI-621641) (Inform. STF 455)

QO. REMESSA. CORTE ESPECIAL. RCL. JUIZADO ESPECIAL.
A Seção entendeu remeter o julgamento da reclamação à Corte Especial. Discute-se a possibilidade de o STJ, enquanto não for criada a Turma Nacional de Uniformização da Jurisprudência dos Juizados Especiais estaduais, decidir, em reclamação, divergências entre esses juizados, tal qual entendeu o STF no julgamento de questão de ordem (RE 571.572-BA, Informativo do STF n. 557). **QO na Rcl 3.752-GO, Rel. Min. Nancy Andrighi, em 11/11/2009.** (Inform. STJ 415)

QO. REMESSA. CORTE ESPECIAL. SÚM. N. 348-STJ.
A Seção entendeu remeter o julgamento do conflito de competência à Corte Especial, com a finalidade de alterar ou cancelar a Súm. n. 348-STJ, diante de recente decisão do STF no RE 590.409-RJ (DJe 29/10/2009), no sentido de que é competente o TRF quando há conflito entre juiz de primeiro grau da Justiça Federal e Juizado Especial Federal de uma mesma seção judiciária. **QO no CC 107.635-PR, Rel. Min. Luiz Fux, em 28/10/2009. (Ver Informativo n. 406).** (Inform. STJ 413)

QO. REMESSA. PRIMEIRA SEÇÃO. INTEMPESTIVIDADE.
A Turma, em questão de ordem proposta pelo Min. Relator, entendeu remeter à Primeira Seção o julgamento do agravo regimental. Estará em discussão a possibilidade de o STJ, sem haver prequestionamento, perquirir a intempestividade de embargos de declaração opostos perante o Tribunal *a quo* e, consequentemente, decretar a intempestividade do REsp. **QO no AgRg no REsp 582.776-AL, Rel. Min. Mauro Campbell Marques, em 1º/10/2009.** (Inform. STJ 409)

QO. CITAÇÃO. INTIMAÇÃO. ESTADO ESTRANGEIRO.
A Turma, em questão de ordem, decidiu remeter à Segunda Seção o julgamento do recurso ordinário. No caso, trata-se de barco afundado durante a Segunda Guerra Mundial. A questão é saber se a Alemanha deve ser citada ou se basta sua intimação. **RO 68-RJ, Rel. Min. Sidnei Beneti, em 25/8/2009.** (Inform. STJ 404)

QO. REMESSA. CORTE ESPECIAL. GUIA. RECOLHIMENTO. INTERNET.
A Turma decidiu, em questão de ordem, remeter à Corte Especial matéria referente ao pagamento de guia de recolhimento feito eletronicamente (*internet*) pelo sistema bancário e relativo a recurso dirigido ao STJ. **QO no AgRg no Ag 1.110.107-PR, Rel. Min. Luis Felipe Salomão, julgada em 9/6/2009.** (Inform. STJ 398)

COMPETÊNCIA. CONFLITO INTERNO. NOMEAÇÃO TARDIA.
A Administração, compelida por decisão em MS, nomeou a autora no cargo público, porém fê-lo tardiamente, mais de dois anos após nomear os demais aprovados no concurso. A autora, então, ajuizou ação ordinária com o fito de, além de retificar a data de sua nomeação, averbar direitos relativos ao período em que deveria já estar nomeada e receber pagamento dos respectivos vencimentos e vantagens com todos os consectários legais. Dessa forma, o pedido e a causa de pedir não dizem respeito à indenização em razão da ilegalidade do ato administrativo, matéria que estaria submetida à Primeira Seção do STJ, mas sim a questões relacionadas a servidores públicos (a autora já mantém vínculo estatutário com o réu), expressamente atribuídas à Terceira Seção (art. 9º, § 3º, II, do RISTJ), competente, então, para julgar o especial. **CC 98.357-SC, Rel. Min. Castro Meira, julgado em 3/6/2009.** (Inform. STJ 397)

COMPETÊNCIA. CLÁUSULA. FIDELIDADE. TELEFONIA MÓVEL.
A Corte Especial, por maioria, e pelo voto de desempate do Min. Presidente Cesar Asfor Rocha, conheceu do conflito para declarar competente a Primeira Turma deste Superior Tribunal. Quando se tratar de norma geral de contrato baseada em normas regulamentares administrativas (cláusula de fidelização referente à telefonia móvel), a matéria é de Direito Público e não de Direito Privado a reclamar a competência de umas das Turmas que compõem a Primeira Seção. **CC 100.503-MG, Rel. originária Min. Eliana Calmon, Rel. para acórdão Min. Aldir Passarinho Junior, julgado em 28/5/2009.** (Inform. STJ 396)

COMPETÊNCIA. COBRANÇA. ENERGIA ELÉTRICA.
A Corte Especial, por maioria, conheceu do conflito e declarou competente a Primeira Seção deste Superior Tribunal para julgar ação de cobrança ajuizada por concessionária de energia elétrica contra consumidor. **CC 102.046-SC, Rel. Min. Eliana Calmon, julgado em 28/5/2009.** (Inform. STJ 396)

QO. RECURSO REPETITIVO. COMPETÊNCIA. SFH.
Em questão de ordem, suscitada pelo Min. Teori Albino Zavascki, a Seção, por maioria, vencido o Min. Relator, decidiu remeter à Corte Especial o julgamento do recurso representativo de controvérsia (art. 543-C do CPC e Res. n. 8/2008 do STJ), entendendo que, embora haja urgente necessidade de alívio do volume de processos na Primeira Seção quanto ao deslinde da presente tese jurídica, relativa ao Fundo de Compensação de Variações Salariais (FCVS), tal questão também se apresenta em lides referentes a contratos de financiamento de competência da Segunda Seção. Desse modo, foi aceita a proposta para que seu julgamento tenha efeito vinculante mais abrangente, mormente porque o coeficiente de equiparação salarial (CES) e o plano de equivalência salarial (PES) estão presentes em todos os contratos de financiamento de imóvel pelo SFH, julgados na Seção de Direito Privado e na Seção de Direito Público. O Min. Relator ressaltou que, no caso *sub judice*, trata-se de julgamento referente a um contrato que tem FCVS e é evidente que a estratégia do PES influenciará o desembolso que o FCVS acarretará sobre o saldo devedor, porquanto, adotando-se tal instrumento, automaticamente ele ficará menos oneroso. A hipótese trata da imposição do CES acrescido ao PES nas prestações mensais, conforme a periodicidade e percentual do aumento da categoria profissional dos mutuários. **QO no REsp 880.026-RS, Rel. Min. Luiz Fux, julgada em 27/5/2009.** (Inform. STJ 396)

CONFLITO INTERNO. ENERGIA ELÉTRICA.
Trata-se de conflito de competência interno entre a Primeira e a Terceira Turma deste Superior Tribunal, que se declararam incompetentes para julgar demanda com o objetivo de obstar a suspensão de fornecimento de energia elétrica ultimada por concessionária de serviço público em razão de o consumidor estar inadimplente. Para o Min. Relator, a natureza jurídica da relação controvertida não é de Direito Privado, mas de Direito Público, de forma indireta, pois se trata de regime de concessão em que a concessionária age por delegação do Poder Público. Logo é matéria de Direito Público da competência de uma das Turmas da Primeira Seção. Precedentes citados: REsp 1.105.104-RS, DJe 16/4/2009; AgRg no Ag 971.615-RS, DJe 19/3/2009, e AgRg no Ag 1.048.156-SP, DJe 11/2/2009. **CC 104.374-RS, Rel. Min. Hamilton Carvalhido, julgado em 20/5/2009.** (Inform. STJ 395)

REMESSA. PRIMEIRA SEÇÃO. LEGITIMIDADE. LOCATÁRIO. REPETIÇÃO. INDÉBITO.
A Turma entendeu remeter à Primeira Seção o julgamento do agravo regimental em tela. Nos autos, discute-se a legitimidade do locatário de imóvel para postular a declaração de inexistência da relação jurídico-tributária ou a repetição de indébito referente ao IPTU, taxa de conservação e limpeza pública, e taxa de iluminação pública. **AgRg no REsp 836.089-SP, Rel. Min. Luiz Fux, em 7/5/2009.** (Inform. STJ 393)

COMPETÊNCIA INTERNA. STJ. PLANO. SAÚDE. RELAÇÃO JURÍDICA. NATUREZA PRIVADA.
A Corte Especial decidiu que compete à Segunda Seção (art. 9º, § 2º, do RISTJ) julgar as ações que envolvam relações jurídicas de natureza privada entre operadoras de plano de saúde e consumidores derivadas de contratos estabelecidos para prestação de serviços médicos. **CC 47.447-AL, Rel. Min. Francisco Falcão, julgado em 1º/4/2009.** (Inform. STJ 389)

REMESSA. SEGUNDA SEÇÃO. DPVAT. PRESCRIÇÃO.
A Turma entendeu remeter à Segunda Seção o julgamento do REsp que cuida do prazo prescricional referente ao DPVAT, já na vigência do CC/2002: para que se defina se esse prazo é de três ou dez anos. **REsp 1.071.861-SP, Rel. Min. Luis Felipe Salomão, em 24/3/2009.** (Inform. STJ 388)

QO. VAZAMENTO. ÓLEO. MAR. INDENIZAÇÃO.
A Turma decidiu, em questão de ordem, remeter à Segunda Seção, em razão do volume de processos que podem chegar a este Superior Tribunal, o REsp sobre indenização a pescador que envolve duas empresas, a dona do navio e a sociedade administradora do porto, em razão de explosão

de navio, com consequente vazamento de óleo, fato que impediu o autor e outros pescadores da região de exercer a profissão e prover o sustento familiar. Dessa forma, a Seção terá oportunidade de uniformizar a controvérsia e os processos poderão ser julgados monocraticamente ou até deixar de subir a este Tribunal. **REsp 1.095.696-PR, Rel. Min. Nancy Andrighi, em 3/3/2009.** (Inform. STJ 385)

COMPETÊNCIA INTERNA. IR. BENEFÍCIO.
A Corte Especial, por maioria, declarou competente a Terceira Seção para julgar a legitimidade da retenção de imposto de renda incidente sobre as quantias auferidas por exeqüentes a título de benefícios previdenciários. Observou-se que a competência da Seção é definida em função da relação jurídico-litigiosa que, no caso, é previdenciária, embora a ação de conhecimento tenha sido ajuizada com o objetivo de reajustar benefícios previdenciários e o recurso especial a ser analisado tenha sido interposto contra acórdão do TJ que, em execução, analisou como tese única a retenção de imposto de renda sobre benefícios previdenciários. Fixada a competência inicial para julgar a relação jurídico-litigiosa, ela se estenderá a todos os incidentes do processo, inclusive à execução. **CC 92.367-RS, Rel. originária Min. Eliana Calmon, Rel. para acórdão Min. Nancy Andrighi, julgado em 27/11/2008.** (Inform. STJ 378)

COMPETÊNCIA INTERNA. HC. DEPOSITÁRIO INFIEL. LOCAÇÃO.
É da competência da Terceira Seção do STJ o julgamento do *habeas corpus* impetrado para obstar decreto de prisão civil do depositário infiel referente à execução de fiança atrelada a contrato de locação de imóvel predial urbano ora em despejo. Precedente citado: CC 41.807-PR, DJ 7/11/2005. **CC 98.021-RS, Rel. Min. Luiz Fux, julgado em 1º/10/2008.** (Inform. STJ 370)

COMPETÊNCIA INTERNA. ICMS. SUBSTITUTO TRIBUTÁRIO.
Insurge-se, no REsp, contra a condenação de a recorrente, na qualidade de substituta tributária, devolver o que cobrou a mais da recorrida a título do ICMS apurado na comercialização de gasolina, além de pagar indenização por lucros cessantes. Daí que se cuida de obrigação relativa ao cumprimento de um contrato firmado entre sociedades empresárias e não de repetição de indébito tributário. Assim, ao considerar-se que a competência das Seções neste Superior Tribunal é firmada em razão da *res in judicio deducta*, conclui-se que compete à Segunda Seção do STJ processar e julgar o REsp (art. 9º, § 2º, II, do RISTJ). **CC 87.898-MT, Rel. Min. Eliana Calmon, julgado em 1º/10/2008.** (Inform. STJ 370)

QO. COMPETÊNCIA. SUSPENSÃO. FORNECIMENTO. ÁGUA.
Os autos foram remetidos da Primeira Turma ao fundamento de que não haveria competência para que Turmas da Primeira Seção decidissem a respeito da legalidade de suspensão do serviço de fornecimento de água ao consumidor inadimplente, visto que seria de Direito Privado a relação entre a fornecedora do serviço e o consumidor. Sucede que a Terceira Turma entendeu ser da competência daquelas Turmas o julgamento do recurso, isso pelo ângulo da paralisação de um serviço público, daí a suscitação de conflito de competência a ser dirimido pela Corte Especial. Anote-se que a Min. Nancy Andrighi salientou ser rara a hipótese em comento, de aplicação do CDC no âmbito do Direito Público. **QO no REsp 803.593-RS, Rel. Min. Ari Pargendler, em 2/9/2008.** (Inform. STJ 366)

REMESSA. PRIMEIRA SEÇÃO. ENERGIA ELÉTRICA. PLANO CRUZADO.
A Turma, em questão de ordem, decidiu remeter à Primeira Seção o REsp, isso porque, no entendimento da Min. Relatora, que foi acompanhado pelos demais integrantes do colegiado, a jurisprudência firmada no STJ relativamente à repetição de indébito pelo congelamento de tarifas de energia elétrica pelo plano cruzado não se apresenta adequada, conforme as portarias DNAEE ns. 18, 38 e 45 de 1986. **REsp 1.054.629-SC, Rel. Min. Eliana Calmon, em 19/8/2008.** (Inform. STJ 364)

REMESSA. PRIMEIRA SEÇÃO. REEXAME NECESSÁRIO.
A Turma, em questão de ordem, decidiu remeter à Primeira Seção os autos que tratam de cabimento de REsp relativo a reexame necessário enquanto ausente a apelação do ente público (a Fazenda Nacional), diante de preclusão lógica. **REsp 904.885-SP, Rel. Min. Eliana Calmon, em 19/8/2008.** (Inform. STJ 364)

REMESSA. SEGUNDA SEÇÃO. CONTRATOS BANCÁRIOS.
Diante da multiplicidade de repetitivos recursos neste Superior Tribunal, a Turma decidiu remeter o julgamento do especial à Segunda Seção, conforme o disposto no art. 543-C, § 2º, do CPC (Lei n. 11.672/2008 e Resolução n. 8/2008-STJ), quanto à matéria referente a contratos bancários. O recurso cuida dos seguintes temas: disposições de ofício, juros remuneratórios, capitalização, comissão de permanência, repetição do indébito, inscrição do nome do devedor em cadastro de proteção ao crédito, manutenção de posse e o protesto de título. **REsp 1.061.530-RS, Rel. Min. Ari Pargendler, em 12/8/2008.** (Inform. STJ 363)

COMPETÊNCIA INTERNA. OBRIGAÇÃO DE FAZER. DESAPROPRIAÇÃO.
É cediço que a competência interna no STJ é firmada em razão da natureza da relação jurídica litigiosa. Na hipótese, tratava-se de ação ordinária de obrigação de fazer com preceito cominatório, e o REsp buscava a condenação das recorrentes a emitir uma carta de crédito como forma de indenização pela desapropriação de sua propriedade agrícola por força da construção de uma usina hidroelétrica. Isso posto, vê-se que, embora cuide de obrigação de fazer, a ação tem fundamento, em realidade, na desapropriação, a determinar a competência de uma das Turmas integrantes da Primeira Seção (art. 9º, § 1º, VII, do RISTJ). Precedentes citados: REsp 631.007-RS, DJ 8/8/2007; REsp 682.279-RS, DJ 26/4/2007; REsp 677.135-RS, DJ 27/3/2006; CC 88.792-DF, DJ 6/12/2007, e CC 47.301-DF, DJ 11/9/2007. **CC 92.079-RS, Rel. Min. Castro Meira, julgado em 1º/8/2008.** (Inform. STJ 362)

QO. REMESSA. SEGUNDA SEÇÃO. TELEFONIA.
A Turma remeteu o julgamento do recurso à Segunda Seção quanto às questões referentes à prescrição trienal, prescrição de dividendos, decadência e valor patrimoniais de ações, temas relativos aos vários processos que tramitam neste Superior Tribunal referentes à Brasil Telecom. **QO no REsp 1.040.434-RS, Rel. Min. Sidnei Beneti, em 3/6/2008.** (Inform. STJ 358)

QO. IMPEDIMENTO. REVISOR. AR.
Dispõe o art. 238 do RISTJ que à distribuição da ação rescisória não concorrerá o ministro que houver servido como relator do acórdão rescindendo. Note-se que, em questão de ordem anterior, a Seção, por analogia, passou a aplicar o critério adotado no citado artigo também quanto ao ministro revisor da ação rescisória. Isso posto, a Seção acolheu questão de ordem para determinar a fiel observância da citada norma regimental, ou seja, sem aplicação do dispositivo regimental em relação ao ministro revisor. Ressaltou-se ainda que essa decisão não tem nenhuma eficácia para os processos que já foram julgados. **Questão de Ordem Especial, Min. Presidente Hamilton Carvalhido, em 23/4/2008.** (Inform. STJ 353)

QO. REMESSA. CORTE ESPECIAL. MC.
Em questão de ordem, a Seção decidiu remeter à Corte Especial medida cautelar em que a União dos Advogados Públicos Federais do Brasil (Unafe) objetiva que a greve da categoria seja declarada legal. Note-se que o STF já definiu a competência do STJ e, após essa definição, várias outras questões deverão ser definidas, fixando-se regras adotadas para julgamentos de dissídios relativos à greve de servidores públicos de âmbito nacional. Desse modo, é a Corte Especial o foro interno mais adequado para dirimir essas questões. **MC 14.101-DF, Rel. Min. Maria Thereza de Assis Moura, em 23/4/2008.** (Inform. STJ 353)

COMPETÊNCIA. STJ. MS. MATÉRIA TRABALHISTA.
A Seção, ao prosseguir o julgamento, por maioria, entendeu, preliminarmente, ser este Superior Tribunal competente para julgar mandado de segurança impetrado por empregado da extinta Petromisa, sucedida pela Petrobras, no qual se busca discutir a legalidade, a constitucionalidade da Portaria interministerial n. 118/2000 do mesmo diploma, que tornou sem efeito as anistias concedidas com base na Lei n. 8.878/1994. O art. 105, I, b, CF/1988, por se tratar de norma especial, prevalece sobre o art. 114 do mesmo diploma. Assim, a competência para julgar mandado de segurança define-se pela qualidade e graduação da autoridade apontada como coatora (ministro de Estado), não pela matéria envolvida na demanda. **AgRg no MS 8.909-DF, Rel. originária Min. Eliana Calmon, Rel. para acórdão Min. Castro Meira, julgado em 27/2/2008.** (Inform. STJ 346)

REMESSA. SEGUNDA SEÇÃO. EXIBIÇÃO. DOCUMENTO. TELEFONIA.
A Turma entendeu remeter à Segunda Seção o julgamento do recurso especial referente à ação de exibição de documento ajuizada contra Brasil Telecom S/A. Buscavam-se documentos relativos ao contrato de participação financeira firmado entre as partes, inclusive no que concerne à subscrição de ações, documentos que, como alegado pela recorrida, poderiam ser diretamente solicitados a ela mediante o pagamento do custo dos serviços prestados. **REsp 943.532-RS, Rel. Min. Aldir Passarinho Junior, em 20/9/2007.** (Inform. STJ 332)

DISTRIBUIÇÃO. RMS. ÚNICO ACÓRDÃO.
Há fatores que devem ser observados quando da distribuição dos processos neste Superior Tribunal. No caso, é relevante o fato de o TJ haver julgado alguns mandados de segurança concomitantemente, porém ter emitido sua conclusão mediante apenas um acórdão, o que justifica a distribuição de seus respectivos recursos a somente um Ministro do STJ. É certo que a mera circunstância de um Ministro haver julgado matéria semelhante não enseja a distribuição por prevenção, porém esse não é o caso dos autos, visto que não há dúvida quanto à conexão entre as causas em questão, dois recursos em mandado de segurança (as ações apontam a mesma autoridade impetrada, o mesmo objeto e causa de pedir). A observância da competência por prevenção deriva da análise conjunta do RISTJ e dos fatores constantes dos autos, sendo que o fato de os recursos se insurgirem contra o mesmo acórdão é um deles. **AgRg no RMS 20.441-PR, Rel. Min. José Delgado, julgado em 4/9/2007.** (Inform. STJ 330)

7. PRESSUPOSTOS PROCESSUAIS E CONDIÇÕES DA AÇÃO

DIREITO PROCESSUAL CIVIL. CEF. AGENTE FINANCEIRO EM SENTIDO ESTRITO. VÍCIO NA OBRA. ILEGITIMIDADE *AD CAUSAM*.
A CEF não responde por vício na execução da obra cometido por construtora escolhida pelo mutuário para erguer imóvel dele, nem por vício existente em imóvel pronto voluntariamente adquirido pelo mutuário. A mera circunstância de o contrato de financiamento ser celebrado durante a construção ou no mesmo instrumento do contrato de compra e venda firmado com o vendedor não implica a responsabilidade do agente financeiro pela solidez e perfeição da obra. Isso porque não se cuida de cadeia de fornecedores a ensejar solidariedade, uma vez que as obrigações de construir e de fornecer os recursos para a obra são substancialmente distintas, guardam autonomia, sendo sujeitas a disciplina legal e contratual própria. A instituição financeira só tem responsabilidade pelo cumprimento das obrigações que assume com o mutuário referentes ao cumprimento do contrato de financiamento, ou seja, a liberação do empréstimo nas épocas e condições acordadas, tendo por contrapartida a cobrança dos encargos também estipulados no contrato. Com efeito, figurando ela apenas como financiadora, em sentido estrito, não tem responsabilidade sobre a perfeição do trabalho realizado pela construtora escolhida pelo mutuário, não responde pela exatidão dos cálculos e projetos nem, muito menos, pela execução dos serviços desenvolvidos por profissionais não contratados nem remunerados pelo agente financeiro. Ademais, a previsão contratual e regulamentar de fiscalização da obra pela CEF é no sentido de que o empréstimo seja utilizado para os fins descritos no contrato de financiamento, cujo imóvel lhe é dado em garantia hipotecária. Se constatar a existência de fraude, ou seja, que os recursos não estão sendo integralmente empregados na obra, poderá rescindir o contrato de financiamento. Assim, em relação à construtora, a CEF tem o direito e não o dever de fiscalizar. Dessa forma, figurando como mero agente financeiro em sentido estrito, a CEF não possui legitimidade passiva *ad causam* para responder por eventual defeito de construção da obra financiada. **REsp 897.045-RS, Rel. Min. Maria Isabel Gallotti, julgado em 9/10/2012.** (Inform. STJ 506)

DIREITO PROCESSUAL CIVIL. CEF. VÍCIO DE CONSTRUÇÃO DO IMÓVEL. LEGITIMIDADE *AD CAUSAM*.
A CEF possui legitimidade para responder por vícios de construção nos casos em que promove o empreendimento, tem responsabilidade na elaboração do projeto com suas especificações, escolhe a construtora e/ou negocia os imóveis, ou seja, quando realiza atividade distinta daquela própria de agente financeiro em estrito senso. As responsabilidades contratuais assumidas pela CEF variam conforme a legislação de regência de cada um dos programas em que ela atua e o tipo de atividade por ela desenvolvida. Em cada um deles, a CEF assume responsabilidades próprias, definidas em lei, regulamentação infralegal e no contrato celebrado com os mutuários. Os papéis desenvolvidos em parceria pela construtora e pelo agente financeiro poderão levar à vinculação de ambos ao "negócio da aquisição da casa própria", podendo ensejar a responsabilidade solidária. Sendo assim, a legitimidade *ad causam* é definida em função de elementos fornecidos pelo direito material. Com efeito, a depender dos fatos narrados na inicial (causa de pedir), será possível, em tese, identificar hipóteses em que haja culpa *in eligendo* da CEF na escolha da construtora e do terreno, na elaboração e acompanhamento do projeto, entre outras. Assim, quando realiza atividade distinta daquela própria de agente financeiro em estrito senso, a CEF tem legitimidade para responder por vícios de construção, justificando a sua integração ao polo passivo da relação processual. **REsp 1.163.228-AM, Rel. Min. Maria Isabel Gallotti, julgado em 9/10/2012.** (Inform. STJ 506)

CONDIÇÕES DA AÇÃO. PRECLUSÃO. TEORIA DA ASSERÇÃO. POSSIBILIDADE JURÍDICA. LEGITIMIDADE PASSIVA. HONORÁRIOS CONTRATUAIS.
Cuida-se, na origem, de ação de arbitramento e cobrança de honorários advocatícios contratuais. A recorrente busca afastar a preclusão reconhecida pelo tribunal *a quo,* sustentando, entre outros temas, que essa se operou em questões de ordem pública referentes às condições da ação. Argui, para tanto, a inocorrência de preclusão em relação à impossibilidade jurídica do pedido e à ilegitimidade passiva. Como consabido, não há preclusão em relação às condições da ação que, por se tratar de matéria de ordem pública, cognoscível de ofício e insuscetível de preclusão, devem ser apreciadas pelo tribunal intermediário, ainda que arguidas em sede recursal. Contudo, a qualificação pelo recorrente de uma defesa de mérito como se condição da ação fosse não modifica sua natureza. Pela teoria da asserção, a verificação das condições da ação é realizada com base nos fatos narrados na inicial. *In casu,* a condenação ao pagamento de honorários advocatícios contratuais é pedido juridicamente possível. Da mesma forma, o outorgante que se beneficiou dos serviços advocatícios é parte legítima passiva para a ação condenatória. Dessarte, por se tratar de uma discussão de mérito e não de questões afetas à condição da ação (art. 267, § 3º, do CPC), a matéria está sujeita à preclusão. Assim, a Turma negou provimento ao recurso. Precedentes citados: REsp 1.138.190-RJ, DJe 27/4/2011; REsp 1.052.680-RS, DJe 6/10/2011; REsp 753.512-RJ, DJe 10/8/2010, e MC 18.318-RJ, DJe 2/9/2011. **REsp 595.188-RS, Rel. Min. Antonio Carlos Ferreira, julgado em 22/11/2011.** (Inform. STJ 488)

PEDIDO. INTERPRETAÇÃO AMPLA. DECISÃO ULTRA PETITA.
A Turma deu provimento ao recurso especial sob o entendimento de que o pedido deve ser inferido a partir de uma exegese lógico-sistêmica do completo teor da petição inicial, razão pela qual não pode ser considerado como *ultra petita* o julgado que o interpreta de forma ampla e concede à parte aquilo que foi efetivamente pretendido com o ajuizamento da ação. Precedentes citados: AgRg no Ag 784.710-RJ, DJe 6/10/2010; REsp 1.159.409-AC, DJe 21/5/2010; AgRg no Ag 1.175.802-MG, DJe 15/3/2010; REsp 1.107.219-SP, DJe 23/9/2010, e AgRg no REsp 737.069-RJ, DJe 24/11/2009. **REsp 1.049.560-MG, Rel. Min. Nancy Andrighi, julgado em 4/11/2010.** (Inform. STJ 454)

CLÁUSULA ARBITRAL. OBRIGATORIEDADE.
A previsão contratual de cláusula de arbitragem, quando anteriormente ajustada pelas partes, gera a obrigatoriedade de solução de conflitos por essa via, acarretando, no caso de descumprimento, a extinção do processo sem resolução do mérito, nos termos do art. 267, VII, do CPC. Apesar de a Lei n. 9.307/1996 (Lei de Arbitragem) prever o acesso ao Poder Judiciário das partes contratantes que tenham optado pela via arbitral, esse acesso não pode substituir a própria apreciação do conflito pelo juízo arbitral, que pode só depois se sujeitar ao pleno controle jurisdicional estatal. Com esse entendimento, a Turma reformou o acórdão recorrido que entendia não ser absoluta a cláusula contratual que determina a submissão à arbitragem e por isso a afastava. Precedentes citados: REsp 450.881-DF, DJ 26/5/2003; REsp 712.566-RJ, DJ 5/9/2005, e REsp 653.733-RJ, DJ 30/10/2006. **REsp 791.260-RS, Rel. Min. Paulo Furtado (Desembargador convocado do TJ-BA), julgado em 22/6/2010.** (Inform. STJ 440)

CLÁUSULA ARBITRAL. INCIDÊNCIA. LEI N. 9.307/1996.
A cláusula compromissória em questão foi firmada em contrato datado de 1964. Até o advento da Lei n. 9.307/1996, prevalecia, na jurisprudência e na doutrina, o entendimento de que essa cláusula era mero contrato preliminar ao compromisso arbitral, por si só incapaz de originar o procedimento de arbitragem. Dessa forma, seu descumprimento resolvia-se em perdas e danos. Contudo, com o advento daquela lei, o STJ firmou o entendimento de que ela tem incidência imediata nos contratos celebrados, mesmo que em data anterior à sua vigência, desde que neles esteja inserida a cláusula arbitral, instituto de natureza processual. Assim, é irreprochável o acórdão recorrido que extinguiu o processo sem julgamento do mérito, diante da arguição, em preliminar de contestação, da existência de cláusula compromissória. Precedente citado: SEC 349-JP, DJ 21/5/2007. **REsp 934.771-SP, Rel. Min. Luis Felipe Salomão, julgado em 25/5/2010.** (Inform. STJ 436)

PRESTAÇÃO. CONTAS. PRESCRIÇÃO.
Trata-se de ação de prestação de contas em que o ora recorrido busca obter informações sobre um depósito efetuado em seu nome no ano de 1937, junto ao Cofre de Órfãos do Estado de São Paulo, decorrente da venda de

um imóvel rural deixado por seus falecidos genitores, o que ocorreu quando estava com quatro anos de idade. Diversas vezes o recorrido solicitou à Administração Pública a retirada do montante. Destacam-se os pedidos de 1952 e 1980, que foram indeferidos por divergência nos registros do nome do particular, bem como, e mais importante, o pleito formulado em 1991, que foi rechaçado sob a justificativa de que a quantia perdeu expressão monetária em razão das diversas alterações no sistema financeiro nacional no decorrer desses anos. Logo, a resistência da Fazenda estadual à pretensão marca o início do prazo prescricional de cinco anos, conforme dispõe o art. 1º do Dec. n. 20.910/1932. Assim, mesmo que considerada como termo *a quo* a mais recente tentativa de devolução da quantia (1991), a ação foi protocolizada somente em 2003, o que leva a concluir que foi ultrapassado o prazo prescricional quinquenal. **REsp 1.148.486-SP, Rel. Min. Castro Meira, julgado em 24/11/2009.** (Inform. STJ 417)

BEM ARRENDADO. REINTEGRAÇÃO.

Se, antes do ajuizamento da ação de reintegração de posse, o bem arrendado é colocado à disposição da arrendadora por meio de notificação extrajudicial, fica caracterizada a falta de interesse processual da empresa no ajuizamento da ação, pois o oferecimento do bem arrendado produz os mesmos efeitos do provimento jurisdicional que julga o pedido para reintegrar a posse do bem em seu favor. A arrendadora tem interesse de agir quando o arrendatário recusa-se a devolver o bem. **REsp 956.986-RS, Rel. Min. Nancy Andrighi, julgado em 17/11/2009.** (Inform. STJ 416)

REGISTRO CIVIL. DÚVIDA. PATERNIDADE.

Em ação negatória de paternidade por dúvida do vínculo biológico, o ora recorrente solicitou exame pericial de DNA da criança nascida da união estável, observando que a mãe não se opõe ao exame. Alegou que, dias após o registro de nascimento do menor, a mãe, juntamente com o filho, foi morar com o irmão do recorrente, daí a dúvida, e que, à época da concepção da criança, o irmão morava com o casal. Nessa ocasião, já suspeitava, mas cumpriu sua obrigação de pai do menor e o registrou. Para a Min. Relatora, a causa de pedir da negatória repousa em uma mera dúvida entre as partes, impondo a extinção do processo, sem resolução de mérito (art. 267, VI, do CPC). A dúvida, curiosidade, desconfiança do vínculo biológico viria em detrimento do menor. Conforme ficou demonstrado nas instâncias ordinárias, o pai sempre suspeitou, mesmo assim, voluntariamente registrou o menor, o que lhe tira a possibilidade de alegar vício de consentimento. Quanto à tese de que houve cerceamento de defesa ao ser negada ao recorrente a perícia de DNA, o juiz é soberano para examinar a necessidade ou não da prova requerida. Acrescentou, ainda, que mesmo se o juiz deferisse o exame e ele lhe fosse contrário, o resultado não serviria para a elucidação do processo, porquanto não poderia essa prova fazer ressurgir o vício de consentimento não comprovado pelo recorrente. Diante do exposto, a Turma negou provimento ao recurso, confirmando as decisões de extinguir o processo por carência de ação. **REsp 1.067.438-RS, Rel. Min. Nancy Andrighi, julgado em 3/3/2009.** (Inform. STJ 385)

AÇÃO DECLARATÓRIA. ABRANGÊNCIA.

A ação declaratória não é o meio para ser declarada "a existência, validade e eficácia da relação jurídica que obriga o réu a pagar ao autor *in totum* os honorários previstos no contrato" de prestação de serviços advocatícios. Na espécie, não há divergência quanto à existência da relação jurídica, mas sim quanto à possibilidade de o contrato produzir os efeitos pretendidos pelo autor recorrente, que refoge ao alcance da ação meramente declaratória, que não tem por objeto a validade ou invalidade, a nulidade ou anulabilidade de um contrato. Assim não há interesse de agir do recorrente, uma vez que foi eleita via processual inadequada para o exame da questão. Logo, ao prosseguir a renovação do julgamento, a Turma, por maioria, não conheceu do recurso. **REsp 363.691-SP, Rel. originário Min. Castro Filho, Rel. para acórdão Min. Nancy Andrighi, julgado em 25/11/2008.** (Inform. STJ 378)

DANO MORAL. LEGITIMIDADE. IMOBILIÁRIA.

A imobiliária é parte ilegítima para figurar na ação indenizatória movida pela locatária e por seu fiador, pois não demonstrada a prática de ato ilícito daquela no que diz respeito aos danos estruturais ocasionados no imóvel, bem como na reparação dos lucros cessantes pela interrupção do funcionamento da academia de ginástica após fortes chuvas que deixaram o imóvel impróprio para a destinação desejada. A imobiliária atuou como mera intermediária no negócio e o Tribunal de origem, com base nas provas e na análise de cláusula contratual, afastou sua responsabilidade, incidindo, na espécie, os enunciados ns. 5 e 7 da Súmula do STJ. Contudo, quanto à maneira desrespeitosa de efetuar a cobrança de reforma do imóvel, com ameaça de enviar o nome da locatária ao SPC e ingressar com ação de execução do contrato, agindo, no mínimo, sem cautela, a legitimidade da imobiliária para responder pelos danos morais não pode ser afastada, conforme ficou configurado na sentença. Assim, a Turma conheceu em parte do recurso e, nessa parte, deu-lhe provimento para reconhecer a legitimidade da imobiliária recorrida no que se refere à forma da cobrança efetuada e, aplicando o direito à espécie, condenou-a ao pagamento de R$ 6.000,00 a serem divididos entre os recorrentes. **REsp 864.794-PR, Rel. Min. Nancy Andrighi, julgado em 23/9/2008.** (Inform. STJ 369)

COMPRADOR. IMÓVEL HIPOTECADO. INTERESSE. AÇÃO CONTRA CREDOR.

O grupo imobiliário assumiu empréstimo junto a um banco que fora sucedido por outro banco (réu), tendo dado em garantia, por hipoteca e alienação de empreendimento, imóvel registrado. Posteriormente ao registro, o mencionado grupo vendeu unidades de apartamentos e garagens do referido imóvel, recebendo a totalidade do preço por eles, todavia não repassou os valores devidos ao banco, que manteve a hipoteca dos bens. Os autores ajuizaram ação, atualmente em grau de recurso no TJDF, onde obtiveram provimento favorável, determinando que o grupo referido proceda à baixa da hipoteca, pois já quitados por eles os bens imóveis, mesmo que o banco não tenha recebido seu crédito do grupo imobiliário, ou seja, que abra mão da sua garantia. O argumento é que eles, autores, já pagaram ao grupo imobiliário. O juiz, verificando que a pretensão dos autores fora obtida na ação movida contra aquele, declarou extinto o processo sem exame do mérito, entendendo haver falta de interesse de agir (uma vez que existe sentença acolhendo a pretensão dos autores) e falta de legitimidade passiva, pois o responsável por viabilizar a baixa da hipoteca é o grupo referido, com quem, inclusive, têm os autores relação jurídica de fato e de direito, e, sem o pagamento de tal dívida, torna-se impossível a baixa. O Tribunal local confirmou a sentença. Para ele, o banco não está legitimado para a causa, pois é estranho à relação jurídica entre os apelantes e a incorporadora. Assim, a garantia real fora regularmente constituída, com o devido registro em cartório, em data anterior à celebração dos contratos de promessa de compra e venda. Com base na Súm. n. 308-STJ, os recorrentes querem uma declaração judicial dessa ineficácia perante o beneficiário do crédito hipotecário, no caso o recorrido. O Min. Relator entendeu que os autores têm necessidade da obtenção jurisdicional de interesse substancial. Há utilidade, porque a ação, em tese, pode declarar o direito perseguido na inicial, ou seja, a liberação hipotecária do imóvel, daí o interesse no provimento jurisdicional. A nulificação da hipoteca somente pode ser oposta ao beneficiário da garantia após declaração judicial. Assim, a Turma deu provimento ao recurso para que, afastada a carência da ação, tenha curso o processo extinto pelo acórdão recorrido. **REsp 895.563-DF, Rel. Min. Humberto Gomes de Barros, julgado em 6/11/2007.** (Inform. STJ 338)

EMENDA. INICIAL.

Cuida-se de recurso em que a recorrente impugna acórdão de TRF que determinou a emenda à inicial de ação indenizatória, pretendendo a extinção do processo por ilegitimidade ativa *ad causam*. O Min. Relator destacou que a erronia apontada de pertinência subjetiva ativa da lide pode ser sanada, mas sempre se ressaltando que, na medida do possível, o processo civil moderno recomenda o aproveitamento dos atos. É o que emana do teor do art. 284, *caput*, do CPC. Precedentes citados: REsp 629.381-MG, DJ 24/4/2006; REsp 783.165-SP, DJ 15/3/2007, e REsp 154.664-RS, DJ 12/6/2000. **REsp 803.684-PE, Rel. Min. Aldir Passarinho Junior, julgado em 18/10/2007.** (Inform. STJ 336)

JUÍZO ARBITRAL. CLÁUSULA COMPROMISSÓRIA. EXTINÇÃO. PROCESSO.

São válidos os contratos firmados pelas sociedades de economia mista cujo objeto seja a exploração de atividade econômica de produção ou comercialização de bens ou de prestação de serviços os quais estipulem cláusula compromissória para que eventuais litígios deles decorrentes sejam dirimidos por meio de juízo arbitral. Uma vez avençado, o que só pode ocorrer em hipótese envolvendo direitos disponíveis, ficam as partes vinculadas à solução extrajudicial da pendência. Assim, a eleição da cláusula compromissória arbitral é causa de extinção do processo sem julgamento do mérito nos termos do art. 267, VII, do CPC. Logo a Turma deu provimento ao recurso. Precedentes citados do STJ: REsp 612.439-RS, DJ 14/9/2006; do STF: AgRg na SE 5.206-EX, DJ 30/4/2004. **REsp 606.345-RS, Rel. Min. João Otávio de Noronha, julgado em 17/5/2007.** (Inform. STJ 320)

SÚMULA STF Nº 365

Pessoa jurídica não tem legitimidade para propor ação popular.

SÚMULA STJ Nº 249

A Caixa Econômica Federal tem legitimidade passiva para integrar processo em que se discute correção monetária do FGTS.

SÚMULA STJ Nº 235

A conexão não determina a reunião dos processos, se um deles já foi julgado.

SÚMULA STJ Nº 23

O Banco Central do Brasil é parte legítima nas ações fundadas na Resolução 1154, de 1986.

8. TUTELA ANTECIPADA E LIMINAR EM CAUTELAR

AC: EFEITO SUSPENSIVO A AI E REPERCUSSÃO GERAL

A 1ª Turma negou provimento a agravo regimental, do Estado do Paraná, para manter decisão do Min. Dias Toffoli, em que negado seguimento a ação cautelar, da qual relator, autuada em 23.5.2011, tendo como objetivo conferir eficácia suspensiva ao AI 802111/PR e ao AI 802511/PR, consequentemente, ao recurso extraordinário deduzido, bem assim sustar os efeitos de decisão proferida em apelação cível no Tribunal de Justiça estadual, até julgamento final da causa no STF. Na espécie, o relator provera os aludidos agravos de instrumento com o fito de admitir o apelo extremo e, nos termos do art. 328 do RISTF, determinar a devolução daqueles feitos à origem para apensamento aos autos originais, preceituando a aplicação, quanto ao extraordinário, do disposto no art. 543-B do CPC. Trata-se, no processo principal, de discussão acerca da existência de direito adquirido dos servidores inativos permanecerem na classe em que aposentados, não obstante o advento de lei estadual que, ao promover a reclassificação de cargos, reenquadra-os em classe inferior. Assinalou-se que o STF reconhecera a repercussão geral da matéria constitucional versada (RE 606199/PR, DJe de 12.8.2011), razão porque determinada a baixa dos autos. Asseverou-se que, na presente situação, o STF não mais deteria competência para o conhecimento da medida. **AC 2883 AgR/PR, rel. Min. Dias Toffoli, em 6.11.2012**. (AC-2883) (Inform. STF 687)

PRINCÍPIO DA DIGNIDADE DA PESSOA HUMANA E ANTECIPAÇÃO DE TUTELA CONTRA O PODER PÚBLICO - 1

A Turma referendou, em maior extensão, decisão proferida pelo Min. Celso de Mello que concedera antecipação dos efeitos da tutela jurisdicional postulada em recurso extraordinário, do qual relator, interposto pelo Ministério Público Federal e pelo Ministério Público do Distrito Federal e Territórios. No caso, o *parquet* requerera a antecipação dos efeitos da tutela com objetivo de preservar condições mínimas de subsistência e de dignidade a menor impúbere, a quem reconhecido, pela Turma, o direito à indenização, em decorrência de ato imputável ao Distrito Federal. Em sede de recurso extraordinário, este órgão fracionário assentara a responsabilidade objetiva do ente público na contaminação da genitora do citado menor, por citomegalovírus, com o qual tivera contato durante o período gestacional em função de suas atividades laborais como servidora pública de hospital daquela unidade federativa. Em virtude dessa infecção, a criança nascera com má-formação encefálica, paralisia cerebral, cegueira, tetraplegia e epilepsia. **RE 495740 TA-referendo/DF, rel. Min. Celso de Mello, 2.6.2009.** (RE-495740)

PRINCÍPIO DA DIGNIDADE DA PESSOA HUMANA E ANTECIPAÇÃO DE TUTELA CONTRA O PODER PÚBLICO - 2

Preliminarmente, aduziu-se ser viável a concessão da antecipação dos efeitos da tutela jurisdicional contra o Poder Público. Observou-se que, na realidade, uma vez atendidos os pressupostos legais fixados no art. 273, I e II, do CPC e observadas as restrições estabelecidas no art. 1º da Lei 9.494/97 tornar-se-ia lícito ao magistrado deferir a tutela antecipatória requerida contra a Fazenda Pública. Asseverou-se que o exame dos diplomas legislativos mencionados no preceito em questão evidenciaria que o Judiciário, em tema de antecipação de tutela contra o Poder Público, somente não poderia deferi-la nas hipóteses que importassem em: a) reclassificação funcional ou equiparação de servidores públicos; b) concessão de aumento ou extensão de vantagens pecuniárias; c) outorga ou acréscimo de vencimentos; d) pagamento de vencimentos e vantagens pecuniárias a servidor público ou e) esgotamento, total ou parcial, do objeto da ação, desde que esta diga respeito, exclusivamente, a qualquer das matérias acima referidas. Registrou-se, destarte, que a pretensão deduzida não incorreria em qualquer das hipóteses taxativas da restrição legal ao deferimento da tutela antecipada. **RE 495740 TA-referendo/DF, rel. Min. Celso de Mello, 2.6.2009.** (RE-495740)

PRINCÍPIO DA DIGNIDADE DA PESSOA HUMANA E ANTECIPAÇÃO DE TUTELA CONTRA O PODER PÚBLICO - 3

Quanto ao pedido formulado, enfatizou-se, inicialmente, que a antecipação dos efeitos da tutela suporia, para legitimar-se, a ocorrência de determinados requisitos, como a verossimilhança da pretensão do direito material (CPC, art. 273, *caput*) e o *periculum in mora* (CPC, art. 273, I). Assentou-se que tais premissas registraram-se na espécie, pois o direito material vindicado em favor de menor impúbere fora plenamente reconhecido pelo próprio Supremo, quando do julgamento da causa, de que resultara a sucumbência integral do Distrito Federal. Enfatizou-se que mais do que a verossimilhança do pleito jurídico, achava-se presente, na espécie, o próprio reconhecimento da postulação de direito material deduzida nos autos, a legitimar, em conseqüência, o atendimento da pretendida antecipação dos efeitos da tutela jurisdicional. No que tange ao requisito do *periculum in mora*, ressaltou-se que o Ministério Público justificara de maneira adequada as razões que caracterizariam a concreta ocorrência, na hipótese, da situação de fundado receio de dano irreparável ou de difícil reparação (CPC, art. 273, I). Considerou-se o gravíssimo quadro que se criara em torno do menor impúbere, que permanentemente necessita de cuidados especiais tão dispendiosos que chegam a comprometer o modesto orçamento doméstico de sua família. Decisão referendada para, além de determinar a inclusão, a partir de 1º.10.2008, na folha de pagamento da entidade pública, do valor mensal referente a 2 salários mínimos a título de pensão enquanto viver o hipossuficiente, também deferir a antecipação dos efeitos da tutela jurisdicional quanto ao pagamento dos valores atrasados da pensão mensal, desde o nascimento do menor, bem como o do valor equivalente a 80 salários-mínimos, a título de indenização por danos morais à servidora, estabelecendo o prazo de 30 dias, sob pena, em caso de descumprimento dessa determinação, de imediata incidência da multa cominatória, de R$ 20.000,00 por dia, nos termos do art. 461, § 5º, do CPC. Determinou-se, ainda, fosse observada a cominação da multa diária em caso de inexecução de qualquer das medidas objeto da presente tutela antecipatória. **RE 495740 TA-referendo/DF, rel. Min. Celso de Mello, 2.6.2009.** (RE-495740) (Inform. STF 549)

TUTELA ANTECIPADA CONTRA A FAZENDA PÚBLICA - 2

Em conclusão, o Tribunal, por maioria, julgou procedente pedido formulado em ação declaratória de constitucionalidade, proposta pelo Presidente da República e pelas Mesas do Senado Federal e da Câmara dos Deputados, para declarar a constitucionalidade do art. 1º da Lei 9.494/97 ("*Aplica-se à tutela antecipada prevista nos arts. 273 e 461 do Código de Processo Civil o disposto nos arts. 5º e seu parágrafo único e 7º da Lei 4.348, de 26 de junho de 1964, no art. 1º e seu § 4º da Lei 5.021, de 9 de junho de 1966, e nos arts. 1º, 3º e 4º da Lei 8.437, de 30 de junho de 1992.*") — v. Informativo 167. Entendeu-se, tendo em vista a jurisprudência do STF no sentido da admissibilidade de leis restritivas ao poder geral de cautela do juiz, desde que fundadas no critério da razoabilidade, que a referida norma não viola o princípio do livre acesso ao Judiciário (CF, art. 5º, XXXV). O Min. Menezes Direito, acompanhando o relator, acrescentou aos seus fundamentos que a tutela antecipada é criação legal, que poderia ter vindo ao mundo jurídico com mais exigências do que veio, ou até mesmo poderia ser revogada pelo legislador ordinário. Asseverou que seria uma contradição afirmar que o instituto criado pela lei oriunda do poder legislativo competente não pudesse ser revogada, substituída ou modificada, haja vista que isto estaria na raiz das sociedades democráticas, não sendo admissível trocar as competências distribuídas pela CF. Considerou que o Supremo tem o dever maior de interpretar a Constituição, cabendo-lhe dizer se uma lei votada pelo Parlamento está ou não em conformidade com o texto magno, sendo imperativo que, para isso, encontre a viabilidade constitucional de assim proceder. Concluiu que, no caso, o fato de o Congresso Nacional votar lei, impondo condições para o deferimento da tutela antecipada, instituto processual nascido do processo legislativo, não cria qualquer limitação ao direito do magistrado enquanto manifestação do poder do Estado, presente que as limitações guardam consonância com o sistema positivo. Frisou que os limites para concessão de antecipação da tutela criados pela lei sob exame não discrepam da disciplina positiva que impõe o duplo grau obrigatório de jurisdição nas sentenças contra a União, os Estados e os Municípios, bem assim as respectivas autarquias e fundações de direito público, alcançando até mesmo os embargos do devedor julgados procedentes, no todo ou em parte, contra a Fazenda Pública, não se podendo dizer que tal regra seja inconstitucional. Os Ministros Ricardo Lewandowski, Joaquim Barbosa, Ellen Gracie e Gilmar Mendes incorporaram aos seus votos os adendos do Min. Menezes Direito. Vencido o Min. Marco Aurélio, que, reputando ausente o requisito de urgência na medida provisória da qual originou a Lei 9.494/97, julgava o pedido improcedente, e declarava a inconstitucionalidade formal do dispositivo mencionado, por julgar que o vício na medida provisória contaminaria a lei de conversão. **ADC 4/DF, rel. orig. Min. Sydney Sanches, rel. p/ o acórdão Min. Celso de Mello, 1º.10.2008.** (ADC-4) (Inform. STF 522)

DIREITO PROCESSUAL CIVIL. ANTECIPAÇÃO DE TUTELA. RESPONSABILIDADE OBJETIVA DO AUTOR DA AÇÃO JULGADA IMPROCEDENTE.

O autor da ação responde objetivamente pelos danos sofridos pela parte adversa decorrentes da antecipação de tutela que não for confirmada em sentença, independentemente de pronunciamento judicial e pedido específico da parte interessada. O dever de compensar o dano processual é resultado do microssistema representado pelos arts. 273, § 3º, 475-O, incisos I e II, e art. 811 do CPC. Por determinação legal prevista no art. 273, § 3º, do CPC, aplica-se à antecipação de tutela, no que couberem, as disposições do art. 588 do mesmo diploma (atual art. 475-O, incluído pela Lei n. 11.232/2005). Ademais, aplica-se analogicamente à antecipação de tutela a responsabilidade prevista no art. 811 do CPC, por ser espécie do gênero de tutelas de urgência (a qual engloba a tutela cautelar). Com efeito, a obrigação de indenizar o dano causado ao adversário pela execução de tutela antecipada posteriormente revogada é consequência natural da improcedência do pedido, decorrência *ex lege* da sentença, e por isso independe de pronunciamento judicial, dispensando também, por lógica, pedido específico da parte interessada. Precedentes citados do STF: **RE 100.624, DJ 21/10/1983; do STJ: REsp 127.498-RJ, DJ 22/9/1997; REsp 744.380-MG, DJe 3/12/2008, e REsp 802.735-SP, DJe 11/12/2009. REsp 1.191.262-DF, Rel. Min. Luis Felipe Salomão, julgado em 25/9/2012.** (Inform. STJ 505)

COBRANÇA. ANTECIPAÇÃO. TUTELA. APELAÇÃO. EFEITOS.

In casu, o município ajuizou ação de cobrança contra agência reguladora e concessionária de exploração de energia elétrica, objetivando receber compensação financeira em função da utilização e alagamento de área do seu território pelo reservatório de usina hidrelétrica. O juízo singular deferiu a antecipação de tutela, determinando o depósito da compensação sobre a área equivalente a 14,401% do território do município efetivamente inundado, mas, na sentença, alterou aquele pagamento por tomar como base área e percentual indenizável em menor extensão (10,24 km² e 7,13%). Então, o município interpôs apelação, requerendo, entre outros temas, o reconhecimento da área equivalente a 14,401% de seu território como indenizável, apelo recebido pelo tribunal *a quo* apenas no efeito devolutivo (art. 520, VII, do CPC). Assim, em razão da modificação na sentença da tutela antecipada concedida, o município manejou agravo de instrumento, para que sua apelação fosse recebida no duplo efeito (devolutivo e suspensivo), o que foi provido pelo tribunal. No REsp, a recorrente (agência reguladora) sustenta, entre outras questões, que a apelação deveria ser recebida apenas no efeito devolutivo, pois a sentença que modificou a tutela antecipada (reduzindo o percentual devido ao município a título de compensação financeira) não deixou de ser uma decisão confirmatória do provimento antecipatório, ainda que apenas em parte. Pugna também que se proceda à restituição dos valores recebidos a maior pelo município (recorrido). Portanto, o cerne da questão está em saber se há incidência do art. 520, VII, do CPC. Inicialmente, salientou o Min. Relator que, uma vez concedida ou confirmada a antecipação dos efeitos da tutela na sentença, afasta-se, no momento do recebimento da apelação, o efeito suspensivo com relação a essa parte do *decisum*. Porém, observou que, na hipótese dos autos, há uma particularidade – a pretensão recursal não diz respeito à antecipação de tutela, ou seja, ao novo percentual definido na sentença a título de compensação financeira devida ao município, mas sim ao próprio mérito da demanda, referente aos ajustes decorrentes desse novo *quantum* reduzido –, na medida em que objetiva a imediata devolução dos valores pagos a maior ao município, em decorrência da redução na sentença do percentual concedido em tutela antecipatória. Portanto, tendo em vista que a matéria relativa ao acerto de contas entre município e agência reguladora sobre eventual restituição de valores pagos a maior não configura providência de cunho emergencial, não estando, assim, abrangida pelo provimento antecipatório, deve ser devolvida ao tribunal no duplo efeito. Dessa forma, concluiu pela incidência da regra geral prevista no *caput* do art. 520 do CPC com relação aos efeitos da apelação no tocante ao mérito da demanda. Com essas considerações, a Turma negou provimento ao recurso. **REsp 1.174.414-RS, Rel. Min. Benedito Gonçalves, julgado em 12/4/2011.** (Inform. STJ 469)

OBRIGAÇÃO. FAZER. IMÓVEL. TERCEIRO.

Trata-se, na origem, de ação para cumprimento de obrigação de fazer que decorre de contrato particular de permuta ou compra de terreno para a execução de empreendimento imobiliário e avenças. No contrato bilateral, para viabilizar consecução do empreendimento, o recorrente obrigou-se a adquirir três áreas adjacentes ao imóvel de propriedade de terceiros, mas adquiriu apenas uma. Na espécie, o pedido de tutela antecipada foi formulado especificamente para que o recorrente seja compelido a adquirir os dois imóveis remanescentes para a realização da obra. Assim a Turma entendeu que, como há obrigação de fazer que depende da aquisição de imóvel de terceiro, não está presente a verossimilhança, pois depende, para o seu cumprimento, da vontade alheia. Basta os proprietários de tais imóveis se recusarem a vender seus bens e estamos diante de uma obrigação de fazer impossível. Conforme o disposto nos autos, não está caracterizada a verossimilhança, portanto incabível a astreinte, bem como inaplicável, ao caso, o art. 473 do CPC. A questão resolve-se com a aplicação do art. 248 do CC/2002 c/c o art. 461, § 1º, do CPC. Logo, a Turma, ao prosseguir o julgamento, deu provimento ao recurso para afastar a tutela antecipada e, consequentemente, a multa imposta. **REsp 1.057.369-RS, Rel. originário Min. Fernando Gonçalves, Rel. para acórdão Min. Aldir Passarinho Junior, julgado em 23/6/2009.** (Inform. STJ 400)

CAUÇÃO. ANTECIPAÇÃO. TUTELA.

O sindicato buscava a nulidade de cláusulas constantes de contrato de prestação de serviços médicos a seus filiados firmado com uma cooperativa. Essas cláusulas permitiam o reajuste do pactuado acima dos índices de inflação apurados no período, pois o aumento teria lastro também nos custos dos procedimentos médicos. Por sua vez, o juízo de 1º grau deferiu a antecipação dos efeitos da tutela, mas o Tribunal *a quo* a condicionou à prestação de caução pelo sindicato no valor de quatrocentos mil reais. Daí o recurso especial, a sustentar, entre outros, que o art. 273, § 3º, do CPC foi violado, pois o artigo a que faz remissão em seu texto, o 588 do mesmo código, encontra-se revogado pela Lei n. 11.232/2005, o que impossibilitaria condicionar a referida antecipação à caução. Também quanto ao art. 273 do CPC, alegava ser impraticável a exigência da caução pela constatação de que o art. 588 prender-se-ia às hipóteses de levantamento de depósito em dinheiro ou de atos que impliquem alienação de domínio. Em referência à primeira alegação do recorrente, em verdade, o art. 588 não foi simplesmente revogado, mas, sim, reposicionado, pois seu teor agora se encontra no art. 475-O do CPC com mínimas alterações, o que não prejudica sua extensão às hipóteses de antecipação de tutela. De certo seria mais conveniente ter o legislador corrigido a remissão feita ao retrocitado art. 273 quando da reforma empreendida pela Lei n. 11.232/2005, mas esse lapso, notadamente de remissão legal, não pode comprometer todo o Processo Civil. A lei processual há que ser interpretada teleologicamente: é clara a solução indicada pelo sistema processual, a de que a caução permanece exigível e a alusão feita pelo art. 273, § 3º, ao art. 588 deve ser lida como a remissão ao art. 475-O, todos do CPC. Já quanto à segunda alegação do REsp, anote-se que o § 3º do art. 273 não recomenda uma estrita aplicação do art. 588 (art. 475-O), mas o invoca no que couber para regular o procedimento de antecipação de tutela. Dessarte, a caução é útil tanto para a proteção do direito do credor no processo executivo quanto para a execução dos efeitos antecipados da tutela. Segundo o inciso I do art. 588 (art. 475-O, I), a execução provisória corre por conta e responsabilidade do exeqüente, o que bem pode ser estendido à antecipação de tutela. O processo não pode causar dano à parte a qual, ao final, reconheça-se ter razão, daí ser justa a exigência de que quem executa a tutela antecipada garanta o ressarcimento de eventuais prejuízos que venham a ser causados pela decisão de natureza provisória. Aliás, esse é o baldrame em que se funda qualquer decisão de natureza provisória prevista no CPC, tal como se dá, por exemplo, em seu art. 804. Por outro lado, a simples leitura do art. 588, I, do CPC revela que a caução também pode ser exigida nos atos dos quais possa resultar grave dano ao executado, exatamente a hipótese dos autos. Assim, conclui-se que a caução é exigível e sua fixação pelo Tribunal *a quo*, balizado na análise fática da controvérsia, deve ser mantida. **REsp 952.646-SC, Rel. Min. Nancy Andrighi, julgado em 4/11/2008.** (Inform. STJ 375)

ANTECIPAÇÃO. TUTELA. DESPEJO. RETRATAÇÃO. JUIZ.

Em ação de despejo por denúncia vazia para reaver posto de revenda de derivados de petróleo e álcool, o juiz deferiu a tutela antecipada, estipulando prazo para a desocupação voluntária do imóvel sob pena de concretizar o despejo. A empresa locatária, recorrida, interpôs agravo de instrumento para desconstituir essa decisão, a qual foi reformada pelo Tribunal *a quo* – tendo em vista não preencher os requisitos para antecipação de tutela devido às peculiaridades do contrato de locação firmado, pois contém disposições atinentes ao comodato de equipamentos e à exclusividade de revenda de combustíveis. O voto do Min. Relator conheceu do recurso especial em parte e, nessa parte, deu-lhe provimento para restabelecer a decisão do juiz. Após esse voto, houve pedido de vista e, nesse ínterim, a empresa recorrida protocolizou petição afirmando a perda superveniente do objeto do recurso especial em julgamento, uma vez que o juiz revogou a tutela antecipada. Por força de questão de ordem suscitada na Turma, os autos retornaram ao Min. Relator, que não reconheceu a prejudicialidade apontada, entendendo que, devido ao efeito substitutivo do recurso (art. 512 do CPC), o juiz não poderia revogar uma decisão já revogada pelo Tribunal *a quo*, quando reformou a decisão concessiva da tutela antecipada pelo juiz. Isso posto, retomado o voto-vista anterior, a Turma, ao prosseguir o julgamento, por maioria, julgou prejudicado o recurso especial. Ressaltou que a retratação do juiz foi mantida pelo extinto Tribunal de Alçada e que o recurso especial não discutiu a possibilidade de o juiz ter revogado a tutela antecipada já cassada pelo TJ, tendo em conta o efeito substitutivo do agravo de instrumento. O recurso especial somente objetivou desconstituir a decisão do TJ, que diz respeito à falta do preenchimento dos requisitos para concessão da tutela antecipada. **REsp 473.806-PR, Rel. originário Min. Paulo Medina, Rel. para acórdão Min. Paulo Gallotti, julgado em 23/9/2008.** (Inform. STJ 369)

SUSPENSÃO. DECISÃO MONOCRÁTICA. TUTELA ANTECIPADA.
O ato do presidente de Tribunal que suspende os efeitos da antecipação de tutela deferida pelo juízo de 1º grau é atacável via agravo, não cabendo pedido de suspensão ao Superior Tribunal de Justiça (Lei n. 8.437/1992, art. 4º, § 3º, com redação dada pela MP n. 2.180-35/2001). Apenas quando o Poder Público não obtém a suspensão do provimento liminar é que pode repetir o incidente no STJ. Assim, a Corte Especial, ao prosseguir o julgamento, por maioria, deu provimento ao agravo regimental para manter a decisão do presidente do Tribunal *a quo*. Precedentes citados do STF: SL 72-CE, DJ 1º/8/2005; SL 200-SP, DJ 24/10/2007, e AgRg na Pet 2.488-PE, DJ 6//9/2002; do STJ: SS 1.619-BA, DJ 22/5/2006. **AgRg na SL 848-BA, Rel. originário Min. Humberto Gomes de Barros, Rel. para acórdão Min. Fernando Gonçalves, julgado em 8/9/2008.** (Inform. STJ 367)

SENTENÇA. IMPROCEDÊNCIA. TUTELA ANTECIPADA.
O juízo, na sentença de improcedência, revogou a antecipação da tutela concedida (efeito suspensivo). Asseverou o Min. Relator que essa sentença tirou a plausibilidade da antecipação de tutela, a ponto de não fazer sentido permanecerem seus efeitos frente à sentença que lhe é contrária, quanto mais quando constatado, como aditado pela Min. Nancy Andrighi, que aqueles efeitos não se confundem com os do recebimento de um recurso, esses mais abrangentes. O Min. Sidnei Beneti destacou que a improcedência é um julgamento de cognição total, que finda a cognição parcial da tutela antecipada. **REsp 768.363-SP, Rel. Min. Humberto Gomes de Barros, julgado em 14/2/2008.** (Inform. STJ 344)

LIMINAR. ANTECIPAÇÃO. TUTELA. SENTENÇA.
A antecipação de tutela requerida na ação ordinária foi deferida e dessa houve agravo de instrumento. Iniciado o julgamento do agravo pelo Tribunal *a quo*, houve sua suspensão em razão de pedido de vista. Porém, durante essa suspensão, o juiz proferiu sentença de mérito de procedência da ação, confirmatória da liminar da antecipação de tutela. Mesmo comunicado disso com antecedência, o Tribunal *a quo* prosseguiu o julgamento do agravo e, por fim, deu provimento ao recurso. Diante disso, a Turma entendeu que o agravo estaria prejudicado ante a perda do objeto. O Min. Aldir Passarinho Junior destacou cuidar-se de tormentoso tema, sobre o qual há posicionamentos diferentes. Precedentes citados: REsp 417.446-SC, DJ 28/4/2006, e REsp 410.399-DF, DJ 16/9/2002. **REsp 946.880-SP, Rel. Min. Massami Uyeda, julgado em 20/9/2007.** (Inform. STJ 332)

CARTA PRECATÓRIA. ANTECIPAÇÃO. TUTELA.
Houve a expedição de cartas precatórias com o desiderato de promover-se a penhora, avaliação e praceamento de bens dos executados. Diante disso, o certo é que o juízo deprecado deve, apenas, determinar o cumprimento dos atos deprecados, e não adentrar a matéria de direito. É de todo inquestionável que o deprecante é o competente para analisar as questões referentes à certeza, exigibilidade e liquidez do crédito em questão e, assim, o pedido de antecipação de tutela formulado nos autos para excluir o nome dos executados do cadastro de restrição ao crédito, tema relacionado, ao menos indiretamente, com a própria existência da dívida. Ao deprecado cabem as discussões a respeito da existência de defeito ou irregularidade na penhora, avaliação ou alienação de bens (Súm. n. 46-STJ e art. 747 do CPC). **CC 62.973-SP, Rel. Min. Castro Filho, julgado em 11/4/2007.** (Inform. STJ 316)

SFH. EXECUÇÃO EXTRAJUDICIAL. AÇÃO REVISIONAL. TUTELA ANTECIPADA. IMPEDIMENTO. COBRANÇA. DL N. 70/1966.
Os mutuários insurgem-se contra acórdão do TRF que desproveu agravo de instrumento para indeferir tutela antecipada, objetivando sustar execução hipotecária extrajudicial do imóvel financiado, enquanto tramita ação revisional do contrato, bem como evitar a inscrição em cadastros de proteção ao crédito. Trata-se de recurso em que se discute a possibilidade de se proceder à execução extrajudicial de bem imóvel, com base no DL n. 70/1966, quando pendente ação revisional movida pelos mutuários contra a credora. O STF já reconheceu a constitucionalidade do mencionado decreto, podendo o credor, efetivamente, tanto cobrar o débito pela execução tradicional, prevista no CPC, como pela via extrajudicial. Porém, havendo concomitância de uma ação revisional ainda pendente, porque não transitada em julgado, debatendo cláusulas e procedimentos que deram origem à dívida exigida, a permitir-se a execução extrajudicial que rapidamente retira do mutuário a propriedade do imóvel, estar-se-á frustrando sua defesa e tornando impossível ou de difícil reparação a lesão. Assim, a Turma conheceu em parte do recurso e lhe deu provimento para suspender a execução extrajudicial. Precedentes citados: REsp 462.629-RS, DJ 10/3/2003, e AgRg no Ag 430.237-SP, DJ 30/8/2004. **REsp 739.146-PE, Rel. Min. Aldir Passarinho Junior, julgado em 10/4/2007.** (Inform. STJ 316)

LIMINAR. CAUTELAR. MS. AG. REGIMENTO INTERNO.
Nos tribunais de segunda instância, a decisão do relator que defere liminar em ação cautelar incidental a mandado de segurança pode ser desafiada mediante agravo interno ao colegiado, mesmo que não haja previsão regimental para tal. Essa é a jurisprudência do STJ, que entende aplicável, por analogia, o art. 39 da Lei n. 8.038/1990 a todos os tribunais do País (princípio da colegialidade). Assim, passível de recurso, esse ato judicial não pode ser atacado por mandado de segurança (Súm. n. 267-STF). Precedentes citados: REsp 770.620-PA, DJ 3/10/2005; RMS 11.647-SP, DJ 24/6/2002; REsp 793.430-SC, DJ 11/12/2006; AgRg no RMS 9.395-BA, DJ 14/12/1998, e REsp 837.845-MT, DJ 17/8/2006. **RMS 21.786-MT, Rel. Min. Castro Meira, julgado em 27/3/2007.** (Inform. STJ 315)

SÚMULA STF Nº 729

A decisão na Ação Direta de Constitucionalidade não se aplica à antecipação de tutela em causa de natureza previdenciária.

9. PROCESSO DE CONHECIMENTO

DIREITO PROCESSUAL CIVIL. INCIDÊNCIA DOS EFEITOS MATERIAIS DA REVELIA CONTRA A FAZENDA PÚBLICA EM CONTRATOS DE DIREITO PRIVADO.
Incidem os efeitos materiais da revelia contra o Poder Público na hipótese em que, devidamente citado, deixa de contestar o pedido do autor, sempre que estiver em litígio uma obrigação de direito privado firmada pela Administração Pública, e não um contrato genuinamente administrativo. Segundo os arts. 319 e 320, II, ambos do CPC, se o réu não contestar a ação, reputar-se-ão verdadeiros os fatos afirmados pelo autor, não induzindo a revelia esse efeito se o litígio versar sobre direitos indisponíveis. A Administração Pública celebra não só contratos regidos pelo direito público (contratos administrativos), mas também contratos de direito privado em que não se faz presente a superioridade do Poder Público frente ao particular (contratos da administração), embora em ambos o móvel da contratação seja o interesse público. A supremacia do interesse público ou sua indisponibilidade não justifica que a Administração não cumpra suas obrigações contratuais e, quando judicializadas, não conteste a ação sem que lhe sejam atribuídos os ônus ordinários de sua inércia, não sendo possível afastar os efeitos materiais da revelia sempre que estiver em debate contrato regido predominantemente pelo direito privado, situação na qual a Administração ocupa o mesmo degrau do outro contratante, sob pena de se permitir que a superioridade no âmbito processual acabe por desnaturar a própria relação jurídica contratual firmada. A inadimplência contratual do Estado atende apenas a uma ilegítima e deformada feição do interesse público secundário de conferir benefícios à Administração em detrimento dos interesses não menos legítimos dos particulares, circunstância não tutelada pela limitação dos efeitos da revelia prevista no art. 320, II, do CPC. Dessa forma, o reconhecimento da dívida contratual não significa disposição de direitos indisponíveis; pois, além de o cumprimento do contrato ser um dever que satisfaz o interesse público de não ter o Estado como inadimplente, se realmente o direito fosse indisponível, não seria possível a renúncia tácita da prescrição com o pagamento administrativo da dívida fulminada pelo tempo. **REsp 1.084.745-MG, Rel. Min. Luis Felipe Salomão, julgado em 6/11/2012.** (Inform. STJ 508)

CARTA ROGATÓRIA. OITIVA REQUERIDA ANTES DO SANEAMENTO. SUSPENSÃO DO PROCESSO. CONDIÇÕES.
A Turma entendeu que a prova testemunhal por precatória ou rogatória requerida nos moldes do art. 338 do CPC não impede o juiz de julgar a ação, muito menos o obriga a suspender o processo, devendo fazê-lo apenas quando considerar essa prova imprescindível, assim entendida aquela sem a qual seria inviável o julgamento do mérito. A prova meramente útil, esclarecedora ou complementar, não deve obstar o curso regular do processo. Ademais, nos termos do art. 130 do CPC, não há preclusão absoluta em matéria de prova, até por se tratar de questão de ordem pública. Mesmo proferido o despacho saneador, o juiz pode, mais tarde, determinar

a realização de outras provas, caso entenda ser a providência necessária à instrução do processo. **REsp 1.132.818-SP, Rel. Min. Nancy Andrighi, julgado em 3/5/2012.** (Inform. STJ 496)

IMPUGNAÇÃO. ASSINATURA POR SEMELHANÇA. TÍTULO EXTRAJUDICIAL.

A *quaestio juris* dirimida consistiu nos ônus da prova na hipótese de contestação de assinatura que teve sua autenticidade reconhecida em cartório por semelhança. Conforme jurisprudência assente, incumbe ao apresentante do documento o ônus da prova da autenticidade da assinatura quando impugnado pela parte contrária. Contudo, o art. 369 do CPC confere presunção de autenticidade ao documento quando o tabelião reconhecer a firma do signatário, declarando que foi aposta em sua presença. Nesse caso, considera-se que o apresentante, ao exibir o documento cuja assinatura contém presunção de autenticidade, cumpre o seu ônus, de modo que volta a prevalecer a regra geral de ônus da prova (art. 389, **j**, do CPC). No caso, o recorrido instruiu a execução com documento cuja assinatura foi reconhecida em cartório, não por autenticidade, mas por semelhança. O art. 369 do CPC, ao conferir presunção de autenticidade ao documento, quando o tabelião reconhece a firma do signatário, declarando que foi aposta em sua presença, não exclui a possibilidade de o magistrado considerar cumprido o ônus do apresentante pela exibição de documento cuja firma tenha sido reconhecida por semelhança. O reconhecimento por semelhança possui aptidão para atestar a similitude da assinatura apresentada no documento com relação àquelas apostas na ficha de serviço do cartório, bem como o reconhecimento de firma por autenticidade tem a finalidade de atestar, com fé pública, que determinada assinatura é de certa pessoa, ainda que com menor grau de segurança. Precedente citado: REsp 908.728-SP, DJe 26/4/2010. **REsp 302.469-MG, Rel. Min. Villas Bôas Cuevas, julgado em 4/10/2011.** (Inform. STJ 484)

AGIOTAGEM. INDÍCIOS. INVERSÃO. ÔNUS. PROVA. CREDOR.

Trata-se de REsp em que se discute a possibilidade de inversão do ônus da prova ante a existência de indícios da prática de agiotagem. *In casu,* o ora recorrente ajuizou execução de título extrajudicial em desfavor do ora recorrido, com o fim de receber a quantia de R$ 62.659,00, devidamente corrigida, em razão da ausência de adimplemento de empréstimos pactuados entre as partes. O recorrido apresentou embargos à execução ao fundamento de que os encargos cobrados são extorsivos e decorrentes da prática de agiotagem. Nesse contexto, a Turma conheceu parcialmente do recurso e, na parte conhecida, negou-lhe provimento ao entendimento de que, havendo indícios suficientes da prática de agiotagem, nos termos da MP n. 2.172-32/2001, é possível a inversão do ônus da prova, imputando-se, assim, ao credor, a responsabilidade pela comprovação da regularidade jurídica da cobrança. Precedente citado: REsp 722.600-SC, DJ 29/8/2005. **REsp 1.132.741-MG, Rel. Min. Massami Uyeda, julgado em 6/9/2011.** (Inform. STJ 482)

CARTA PRECATÓRIA. JUÍZO DEPRECADO. CUMPRIMENTO. SUSPENSÃO.

Trata-se de REsp em que a controvérsia cinge-se em definir se o juiz deprecado, diante do ofício expedido pelo cartório de registro de imóveis para informar a impossibilidade de cumprir a determinação contida na carta precatória, pode determinar a remessa dos autos ao juiz deprecante, suspendendo o cumprimento da carta enquanto aguarda a manifestação daquele juízo. Inicialmente, consignou a Min. Relatora ser pacífico o entendimento do STJ de que o juízo deprecado pode recusar cumprimento à carta precatória, devolvendo-a com despacho motivado, desde que evidenciada uma das hipóteses enumeradas nos incisos do art. 209 do CPC. Contudo, ressaltou que, na hipótese, o juiz deprecado não recusou o cumprimento da carta precatória. Ele apenas encaminhou os autos ao juiz deprecante para aguardar sua manifestação sobre as alegações feitas pelo oficial de justiça e pelo exequente com vista à possibilidade de cumprir a determinação inserida na carta. Registrou, ademais, que o juiz deprecado, no exercício da sua função de cooperador, não pode ser privado da possibilidade de dialogar com o juiz deprecante sobre o ato processual requerido, pois o diálogo é pressuposto da cooperação e contribui para que a atividade jurisdicional seja pautada pelos princípios constitucionais que informam o processo e seja exercida sem vícios, evitando-se a decretação de nulidades. Assim, para que essa atividade realizada por meio da carta precatória seja otimizada, de modo mais eficiente, é importante que o juiz deprecado possa dirigir-se ao juiz deprecante para dirimir dúvidas sobre os termos da solicitação, informá-lo de algum fato que possa conduzir à nulidade do ato processual requerido, requerer algum documento importante para a realização da providência solicitada que não tenha sido encaminhado com a carta, suspendendo-se o cumprimento da carta precatória até a manifestação do juiz da causa para confirmá-la ou não. Observou, nessa situação, não se tratar de recusa, mas da possibilidade de diálogo e colaboração mútua entre o juiz deprecante e o deprecado para que o Estado preste adequadamente a tutela jurisdicional. Diante desses argumentos, entre outros, a Turma negou provimento ao recurso. Precedentes citados: CC 111.968-RJ, DJe 4/3/2011; CC 62.249-SP, DJ 1º/8/2006; CC 63.940-SP, DJ 8/10/2007, e CC 98.420-RJ, DJe 25/8/2009. **REsp 1.203.840-RN, Rel. Min. Nancy Andrighi, julgado em 6/9/2011.** (Inform. STJ 482)

QUEBRA. SIGILOS. LIMITES. ARROLAMENTO. TESTEMUNHAS.

Em ação de dissolução de sociedade ajuizada pelo recorrente em desfavor de seus outros sócios, o saneador deferiu a produção de prova oral consubstanciada em depoimento pessoal, inquirição de testemunhas e perícia avaliatória e contábil. Dessa decisão os recorridos interpuseram agravo de instrumento a que o TJ deu provimento. Daí o REsp em que se discute a necessidade de fundamentar a decisão que determina a quebra do sigilo bancário, fiscal e comercial e os limites a que se sujeitam as partes no arrolamento de testemunhas. Registra a Min. Relatora que o juiz limitou-se a deferir os pedidos do recorrente, inclusive quanto à expedição de ofícios a órgão públicos, o que, de maneira alguma, pode ser tolerado como fundamentação adequada ou suficiente à determinação de quebra do sigilo bancário, fiscal e comercial. Assevera que, apesar de o sigilo bancário, fiscal e comercial não consubstanciar direito absoluto diante da prevalência do interesse público sobre o privado, notadamente na apuração de possível conduta ilícita, essa decisão não pode deixar de ter fundamentação adequada quanto à sua efetiva necessidade. Por outro lado, a Min. Relatora resume, após análise doutrinária e com base na interpretação sistemática do art. 407, parágrafo único, do CPC, que cada parte poderá oferecer um máximo de dez testemunhas, sendo possível a oitiva de até três para cada fato a ser provado, individualmente considerado, e, quando houver número excessivo de fatos, caberá ao juiz, de acordo com seu prudente arbítrio, averiguar a necessidade de depoimentos para além desse limite, determinando, se entender imprescindível à formação do seu convencimento, a convocação de outras pessoas como testemunhas do juízo. Ressalta que a estipulação de um número máximo de testemunhas por parte evita tumulto e desequilíbrio na relação processual, preservando o seu regular andamento e a sua razoável duração (condição instituída como garantia constitucional pela EC n. 45/2004). Com esse entendimento, a Turma negou provimento ao recurso. **REsp 1.028.315-BA, Rel. Min. Nancy Andrighi, julgado em 14/6/2011.** (Inform. STJ 477)

DOCUMENTO ESTRANGEIRO. TRADUÇÃO. MEIO. PROVA.

Trata-se, na origem, de ação de cobrança contra seguradora lastreada em contrato de seguro – a seguradora, após o recorrente informar furto de veículo, recusou-se a pagar a indenização em razão de instrumento de compra e venda do veículo redigido em espanhol e realizado no Paraguai, com precisas informações do automóvel, como número do chassi e do motor, a que terceiros dificilmente teriam acesso. Assim, a Turma entendeu, entre outras questões, ao interpretar os arts. 157 do CPC e 224 do CC/2002, que a finalidade da tradução do documento estrangeiro, para efeito de utilização como prova, está condicionada a sua compreensão pelo juiz e pelas partes. No caso, o documento fora redigido em espanhol, língua de fácil compreensão e com ele se visou à extração de conclusões que bastaria com uma simples leitura (*compra venta de um vehiculo*) e de algarismos nele inscritos (números de chassi e motor). Assim, se a ausência de tradução do referido instrumento não compromete sua compreensão, não há por que concretizar a consequência da regra que a impõe, desconsiderando, sem motivo, importante meio de prova. Quanto aos arts. 129, § 6º, e 148 da Lei n. 6.015/1973, em nenhum momento preestabelecem o valor probatório do documento estrangeiro ou limitam, nesse aspecto, a avaliação do magistrado. A exigência de registro neles disposto constitui condição, notadamente perante terceiros, para a eficácia das próprias obrigações objeto do documento redigido em língua estrangeira. Logo, concluiu que não se pode, em razão de simples ausência de tradução desnecessária e de registro irrelevante, ignorar importante prova documental, da qual pode ser inferida, segundo a livre apreciação do tribunal de origem, a prática de grave fraude contratual envolvendo seguro de automóvel. **REsp 924.992-PR, Rel. Min. Paulo de Tarso Sanseverino, julgado em 19/5/2011.** (Inform. STJ 473)

SEGURO. VIDA. SUICÍDIO. PROVA. PREMEDITAÇÃO.

Trata-se, na origem, de ação de cobrança objetivando receber indenização pelo suicídio de filho, que havia contratado seguro de vida com a recorrida. A questão consiste em saber se, nos termos do art. 798 do CC/2002, o cometimento de suicídio no período de até dois anos após a contratação de seguro de vida isenta a seguradora do pagamento da respectiva indenização. A Turma deu provimento ao recurso por entender que as regras concernentes aos contratos de seguro devem ser interpretadas sempre com base nos princípios de boa-fé e da lealdade contratual. A presunção de boa-fé deverá prevalecer sobre a exegese literal do referido artigo. Assim, lastreada naquele dispositivo legal, entendeu que, ultrapassados os dois anos, presumir-se-á que o suicídio não foi premeditado, mas o contrário não ocorre: se o ato foi cometido antes desse período, haverá necessidade de a seguradora provar a premeditação. O planejamento do ato suicida, para efeito de fraude contra o seguro, nunca poderá ser presumido. Aplica-se ao caso o princípio segundo o qual a boa-fé é sempre presumida, enquanto a má-fé deve ser comprovada. Logo, permanecem aplicáveis as Súmulas ns. 105-STF e 61-STJ. Daí, a Turma deu provimento ao recurso para julgar procedente o pedido e condenar a seguradora ao pagamento da indenização prevista no contrato firmado entre as partes, acrescido de correção monetária e juros legais a contar da citação. Precedente citado: REsp 1.077.342-MG, DJe 3/9/2010. **REsp 1.188.091-MG, Rel. Min. Nancy Andrighi, julgado em 26/4/2011.** (Inform. STJ 470)

COMPRA E VENDA A TERMO. OURO. COBRANÇA. DESPACHO SANEADOR.
Trata-se de REsp oriundo de agravo de instrumento interposto contra despacho saneador exarado no decorrer da instrução de ação de cobrança de expurgos inflacionários proposta, na origem, pela ora recorrida em desfavor da ora recorrente e relativa à compra e venda de ouro a termo. Tal despacho afastou as preliminares de inépcia da inicial, prescrição e decadência arguidas pela recorrida, ao mesmo tempo em que entendeu que a produção de prova documental estava regular nos termos do art. 396 do CPC. Dessa decisão, a recorrente interpôs o referido agravo de instrumento, ao qual foi negado provimento pelos fundamentos de que a inicial preenche todos os requisitos legais; a prescrição aplicável é a vintenária e não a quinquenal (art. 178, § 10, III, do CC/1916); o saneador não antecipou a análise do mérito da demanda, restringindo-se a apreciar questões prejudiciais e relativas às provas; não há falar em decadência do direito aos expurgos inflacionários, pois a quitação apenas atingiu os valores que a credora recebeu sem as correções do poder de compra da moeda à época; e a produção de prova ocorreu de forma regular, sendo permitida às partes a apresentação de novos documentos nos termos do art. 397 do CPC. Assim, a questão centra-se em saber se, na mencionada instrução processual, o despacho saneador teria violado os dispositivos legais correspondentes ao não declarar a inépcia da petição inicial, ao não considerar prescrita a pretensão, ao antecipar questão relativa ao mérito da demanda e ao não declarar as obrigações decorrentes dos contratos como quitadas. A Turma conheceu parcialmente do recurso e, na parte conhecida, negou-lhe provimento. Entre outras considerações, consignou-se que a contradição que dá ensejo a embargos de declaração é a que se estabelece no âmbito do julgado embargado, ou seja, o simples descontentamento da parte com a decisão não torna cabíveis os embargos. Registrou-se, ainda, que esta Corte Superior entende correta a decisão que afasta a alegação de inépcia da petição inicial quando ela informa, de modo suficiente, os elementos necessários ao conhecimento da relação jurídico-litigiosa, narrando os fatos que permitem a identificação da causa de pedir e do pedido, chegando a afastar a necessidade de indicação expressa do embasamento legal. Já com relação à prescrição da pretensão, pontuou-se que não há falar em ofensa ao art. 178, § 10, III, do CC/1916, conforme reiteradas decisões do STJ. Por fim, no que tange à alegação de antecipação da questão relativa à quitação das obrigações, concluiu-se que, considerando a necessidade de revisão do conjunto probatório para averiguar se de fato houve quitação, é inviável o conhecimento da alegação de contrariedade dos arts. 331, § 2º, do CPC, e 945 do CC/1916, por encontrar óbice no conteúdo da Súm. n. 7-STJ. **REsp 1.222.070-RJ, Rel. Min. Nancy Andrighi, julgado em 12/4/2011.** (Inform. STJ 469)

INDENIZAÇÃO. CONEXÃO. ACIDENTE. TRÂNSITO.
Discute-se, no REsp, a possibilidade de conexão de ações indenizatórias ajuizadas pelo condutor e passageiro de motocicleta vitimados em acidente de trânsito, sendo que um faleceu e o outro ficou lesionado. Assim, é presumível que a vítima lesionada necessite de apuração da extensão dos seus danos, o que demanda prova específica. Entretanto, para a Min. Relatora, existe um liame causal entre os processos, considerando que há identidade entre as causas de pedir; assim as ações devem ser declaradas conexas, evitando-se decisões conflitantes. Destaca que, apesar de o art. 103 do CPC suscitar várias divergências acerca de sua interpretação, a jurisprudência deste Superior Tribunal afirma que, para caracterizar a conexão na forma definida na lei, não é necessário que se cuide de causas idênticas quanto aos fundamentos e objetos, mas basta que elas sejam análogas, semelhantes, porquanto a junção das demandas seria para evitar a superveniência de julgamentos díspares com prejuízos ao próprio Judiciário como instituição. Também observa que a Segunda Seção posicionou-se no sentido de que se cuida de discricionariedade relativa, condicionada à fundamentação que a justifique. Ressalta ainda que, em precedente de sua relatoria na Segunda Seção, afirmou que o citado artigo limita-se a instituir os requisitos mínimos de conexão, cabendo ao juiz, em cada caso, aquilatar se a adoção da medida mostra-se criteriosa, consentânea com a efetividade da Justiça e a pacificação social. Precedentes citados: CC 113.130-SP, DJe 3/12/2010, e REsp 605.120-SP, DJ 15/6/2006. **REsp 1.226.016-RJ, Rel. Min. Nancy Andrighi, julgado em 15/3/2011.** (Inform. STJ 466)

STJ. FATO NOVO. UNIÃO ESTÁVEL.
A aplicação do art. 462 do CPC (fato novo) não se restringe às instâncias ordinárias, devendo o STJ também observá-lo. Assim, visto que o recorrente trouxe aos autos sentença de reconhecimento de união estável entre ele e a autora da herança exarada após a interposição do REsp e diante da inexistência de descendentes ou ascendentes, há que aplicar o disposto no art. 2º, III, da Lei n. 8.971/1994 à sucessão aberta antes do CC/2002 e garantir a totalidade da herança ao companheiro pelo afastamento do colateral (irmão da falecida) do inventário. Precedentes citados: REsp 500.182-RJ, DJe 21/9/2009; REsp 688.151-MG, DJ 8/8/2005; REsp 12.673-RS, DJ 21/9/1992; REsp 747.619-SP, DJ 1º/7/2005, e REsp 397.168-SP, DJ 6/12/2004. **REsp 704.637-RJ, Rel. Min. Luis Felipe Salomão, julgado em 17/3/2011.** (Inform. STJ 466)

TERMO. COMPROMISSO. AJUSTAMENTO. CONFISSÃO.
Não prospera a pretensão do recorrente de ter como confissão a assinatura do termo de compromisso de ajustamento, isso porque a indicação de violação do art. 348 do CPC, dispositivo genérico que trata da confissão como meio de prova, não se presta para sustentar aquela tese alegada no especial, daí a incidência, por analogia, da Súm. n. 284-STF (fundamentação deficiente). Igual sorte tem a pretensão de violação do art. 462 do CPC (o juiz deve sempre levar em consideração o fato constitutivo do direito capaz de influir no julgamento da lide), pois o juízo, apesar de analisar a existência do projeto de recuperação ambiental apresentado, decidiu de forma contrária às pretensões do recorrente ao considerar relevante a situação dos fatos à época da propositura da ação. Precedentes citados: REsp 880.870-PR, DJ 23/4/2007, e AgRg no REsp 760.783-MG, DJe 15/12/2008. **REsp 1.204.134-SP, Rel. Min. Mauro Campbell Marques, julgado em 7/12/2010.** (Inform. STJ 459)

ABUSO SEXUAL. CRIANÇA. PERÍCIA. NULIDADE.
Cuidava-se de REsp em que se tratou de possível abuso sexual praticado pelo pai contra criança que contava, à época, três anos de idade. Assim, discute-se a existência de prejuízo para a recorrente (mãe da criança) em decorrência de sua não intimação para o início da perícia, fator determinante para a declaração de nulidade do ato, bem como a possível perda do objeto do recurso diante da superveniente sentença, circunstância que remeteria o debate para o julgamento do acórdão proferido em apelação. Para a Min. Nancy Andrighi (voto vencedor), inexiste, na hipótese, perda de objeto do recurso. Asseverou, ainda, que a rígida observância do procedimento previsto no CPC é imprescindível, mormente o estabelecido no art. 431-A, porque a intimação do início da produção da prova propicia à parte e ao seu assistente, além do singelo acompanhamento do desenvolvimento da perícia, o questionamento da capacidade técnico-científica do perito indicado e sua eventual substituição, nos termos do art. 424, I, do CPC, como também a apresentação de quesitos suplementares (art. 425 do mesmo *codex*). Observou que todas essas possibilidades outorgam, potencialmente, à parte, a condição de incrementar sua linha de defesa com o acréscimo de dados ou a infirmação das conclusões periciais. Observou, ainda, não se discutir que, sempre que possível, deve ser conferida prioridade à célere marcha do processo. Porém, a otimização do curso processual não pode ocorrer e se dar à revelia das garantias legais, máxime quando essas, *ictu oculi*, impactam negativamente a defesa, podendo, além do mais, deixar à deriva a salvaguarda do melhor interesse de uma criança. Desse modo, entendeu pela nulidade da perícia, em decorrência da não intimação da recorrente para o início da produção do laudo pericial e, reputando-a como insanável, notadamente por implicar essa ausência de acompanhamento do assistente técnico possível supressão de informações na busca da preservação da integridade física e psicológica da criança. Diante desses fundamentos, entre outros, a Turma, ao prosseguir o julgamento, por maioria, deu provimento ao recurso. **REsp 1.153.849-PR, Rel. originário Min. Sidnei Beneti, Rel. para acórdão Min. Nancy Andrighi, julgado em 9/11/2010.** (Inform. STJ 455)

REALIZAÇÃO. NOVA PERÍCIA. TRIBUNAL.
Trata-se, no caso, da possibilidade de o tribunal *a quo*, em sede de apelação, converter o julgamento em diligência para determinar a baixa dos autos para realização de nova perícia. O art. 130 do CPC dispõe que o juiz é o principal destinatário da prova e, por conseguinte, a ele cabe

determinar as diligências necessárias para a formação do seu convencimento, não havendo compatibilidade com a atual processualística a restrição desse seu poder de iniciativa. Ao julgador não é possível suprir a deficiência probatória da parte, violando, assim, o princípio da imparcialidade, mas, diante da dúvida surgida com a prova constante dos autos, cabe-lhe aclarar os pontos obscuros de modo a formar adequadamente a sua convicção. Precedentes citados: AgRg no REsp 294.609-RJ, DJe 24/6/2010; REsp 382.742-PR, DJ 26/4/2006, e REsp 222.445-PR, DJ 29/4/2002. **REsp 906.794-CE, Rel. Min. Luis Felipe Salomão, julgado em 7/10/2010**. (Inform. STJ 450)

EXCEÇÃO. INCOMPETÊNCIA. SUSPENSÃO. REINÍCIO.

Conforme o art. 306 do CPC, a arguição de exceção de incompetência por qualquer das partes enseja a suspensão do processo até que seja "definitivamente julgada". Essa expressão deve ser entendida como o julgamento feito pelo juiz de primeiro grau, pois o agravo de instrumento não tem efeito suspensivo, devendo o processo retomar seu curso. Contudo, tendo o agravo de instrumento interposto contra a decisão que rejeitou a exceção de incompetência em primeiro grau sido recebido no duplo efeito, com o julgamento do referido agravo, encerrada estaria a suspensão. Ocorre que, conforme jurisprudência assente, acolhida a exceção arguida, os prazos suspensos só se reiniciam quando o interessado toma conhecimento, mediante intimação, da chegada dos autos no juízo competente para julgar a demanda. Dessarte, acolhida a exceção por força do provimento do agravo de instrumento, deverão os autos ser remetidos ao juízo declarado competente, dada ciência ao réu da redistribuição do feito e, consequentemente, do reinício do prazo legal para apresentação de contestação à demanda, sob pena de infringência do art. 311 do CPC. Precedentes citados: REsp 513.964-SC, DJ 30/5/2005; REsp 73.414-PB, DJ 5/8/1996; AgRg no REsp 1.146.455-DF, DJe 21/5/2010; REsp 508.068-SP, DJ 13/12/2004; REsp 848.954-PR, DJ 14/5/2007, e REsp 931.134-MA, DJe 3/4/2009. **AgRg no REsp 771.476-DF, Rel. Min. Vasco Della Giustina (Desembargador convocado do TJ-RS), julgado em 19/8/2010**. (Inform. STJ 443)

GUARDA. MENOR. PAI E MÃE. AÇÃO DÚPLICE.

A questão posta no REsp consiste em saber se a ação de guarda de menor proposta pelo pai que recebe contestação da mãe, a qual também pretende a guarda da criança, tem natureza dúplice, a possibilitar que o juiz negue o pedido do autor e acolha o pleito da requerida, ou se há necessidade do pedido formal de reconvenção. A Turma entendeu que, nas ações de guarda e responsabilidade em que os polos da demanda são preenchidos pelo pai de um lado e pela mãe do outro, ambos litigando pela guarda do filho, pode-se dizer que se trata de ação dúplice decorrente da natureza da relação processual. Isso porque, partindo do pressuposto de que o poder familiar é inerente aos pais e ambos estão pleiteando judicialmente a guarda do filho, é evidente que, se não deferida a um, automaticamente a guarda será do outro, sendo exatamente esse o caso dos autos. É lícito, pois, o pedido da apelada, ora recorrida, formulado em sede de contestação, visto que, sendo a ação de natureza dúplice, desnecessário o oferecimento de reconvenção. O acatamento desse pedido, portanto, não configura sentença *extra petita*. Note-se, contudo, que esse caráter dúplice evidencia-se nas ações de guarda e responsabilidade apenas quando os que em juízo vindicam a guarda do menor forem obrigatoriamente pai e mãe. Se um dos litigantes for terceira pessoa, por exemplo, avô, tio etc., a sentença deve restringir-se ao pedido do autor. É que o poder familiar será exercido pelos pais primeiramente e, apenas em situações excepcionais, poderá vir a ser exercido por pessoas diversas. Assim, se um dos pais pleiteia a guarda de seu filho com outra pessoa qualquer, a ação não terá natureza dúplice, visto que, caso haja a destituição do poder familiar desse pai em litígio, a outra pessoa integrante da relação processual não necessariamente ficará com a guarda do menor. Com esses fundamentos, entre outros, negou-se provimento ao recurso. **REsp 1.085.664-DF, Rel. Min. Luis Felipe Salomão, julgado em 3/8/2010**. (Inform. STJ 441)

JUSTIÇA GRATUITA. ÔNUS. PROVA.

A Corte Especial, ao conhecer e dar provimento aos embargos de divergência, firmou, após sucessivas mudanças do entendimento deste Superior Tribunal, prevalecer sobre a matéria a tese adotada pelo STF, segundo o qual é ônus da pessoa jurídica comprovar os requisitos para a obtenção do benefício da assistência judiciária gratuita, ou seja, não basta alegar insuficiência de recursos para a obtenção da gratuidade da justiça, como também é irrelevante apurar a finalidade lucrativa da sociedade empresária. Precedentes citados do STF: AgRg no RE 92.715-SP, DJ 9/2/2007; AI 716.294-MG, DJe 30/4/2009; do STJ: EREsp 690.482-RS, DJ 13/3/2006. **EREsp 603.137-MG, Rel. Min. Castro Meira, julgados em 2/8/2010**. (Inform. STJ 441)

PROVA TESTEMUNHAL. ATIVIDADE RURÍCOLA.

In casu, o tribunal *a quo*, embora ausente pedido específico das partes para produção de prova testemunhal, de ofício, anulou a sentença e determinou o retorno dos autos ao juízo singular para a reabertura da fase instrutória, oportunizando às partes a inquirição de testemunhas para comprovação da atividade rural. Nesta instância especial, observou-se inicialmente que, na espécie, a parte autora postulou apenas a juntada de prova documental, quedando-se inerte quanto à postulação pela produção de prova testemunhal, tanto na fase instrutória quanto nas razões de apelação. Diante disso, a Turma entendeu que não poderia prevalecer o entendimento expresso no acórdão recorrido, pois estaria prejudicado o equilíbrio na relação processual e, consequentemente, desrespeitado o princípio da igualdade entre as partes, o que violaria o art. 125, I, do CPC. **REsp 894.443-SC, Rel. Min. Maria Thereza de Assis Moura, julgado em 17/6/2010**. (Inform. STJ 439)

BENEFICIÁRIO. JUSTIÇA GRATUITA. DEPÓSITO. AR.

Conforme dispõe o art. 488, II, do CPC, o autor da ação rescisória (AR) deve depositar 5% sobre o valor da causa. Seu não recolhimento conduz ao indeferimento da petição inicial nos termos do art. 490, II, do mesmo *codex*. Contudo, não se pode exigir dos beneficiários da Justiça gratuita o referido depósito; pois, se assim fosse, inviabilizaria seu acesso à jurisdição, assegurado constitucionalmente (art. 5º, XXXV, da CF/1988) àqueles menos favorecidos economicamente. Precedentes citados: REsp 797.617-SP, DJ 20/2/2006, e REsp 40.794-RJ, DJ 19/12/1994. **REsp 1.052.679-RS, Rel. Min. Nancy Andrighi, julgado em 8/6/2010**. (Inform. STJ 438)

RESPONSABILIDADE. ACIDENTE. INOVAÇÃO. DEMANDA.

Em ação de indenização por danos materiais e morais em razão de acidente de trabalho – devido à descarga elétrica que causou a perda de capacidade laboral e transtornos psíquicos que justificaram interdição –, a empregadora, irresignada com a condenação, alega que houve inovação indevida na demanda após a contestação e também se insurge quanto ao prazo prescricional das parcelas indenizatórias. Assevera o Min. Relator que, antes de adentrar o mérito, faz-se necessário destacar duas premissas: a primeira, para deixar assente que, quanto aos efeitos do art. 303, I, do CPC, fatos supervenientes são aqueles que acontecem depois da sentença e, por essa razão, não poderiam ser alegados em primeiro grau; assim, a parte poderá alegá-los na apelação. Por sua vez, fatos novos são os que já haviam acontecido antes da sentença, mas a parte não quis ou não pôde arguí-los, por não os conhecer ou por motivo de força maior. Nesse caso, eles só podem ser arguidos na apelação, se a parte provar que deixou de fazê-lo por motivo de força maior. A segunda premissa seria que, tanto os fatos supervenientes quanto os fatos novos não se confundem, por coerência ao disposto no art. 264 do CPC, no que se refere à vedação da modificação da causa de pedir. Por isso, é indispensável que o autor, na sua petição inicial, descreva com precisão quais são os fatos que, segundo seu entendimento, dão suporte jurídico a seu pedido. Esclareceu ainda que nosso sistema jurídico adota a teoria da substanciação da causa de pedir, não basta o autor fazer referência à lesão ou à ameaça ao direito que afirma sofrer, também é indispensável demonstrar a origem desse direito. Assim, para o Min. Relator, no caso dos autos, não prospera a alegação de inovação da demanda após a contestação, pois as razões da apelação do ora recorrido estão em harmonia com a causa de pedir; além disso, o tribunal *a quo* para sua convicção se apoiou na responsabilidade do empregador pelo dano que decorreu de sua culpa, visto que, ao verificar o defeito da máquina, em vez de desligá-la, somente se limitou a colocar um bilhete de aviso de que a máquina estava com defeito. Por fim, assinala que a prescrição é vintenária para os casos de indenização fixada em pensões mensais, por ser disciplinada no CC/1916 pelo art. 177, em vez de no art. 178, § 10, I, do mesmo *codex*. Precedentes citados: REsp 90.334-SP, DJ 8/9/1997; REsp 234.161-RJ, DJ 27/5/2002, e REsp 883.241-SP, DJe 10/6/2008. **REsp 1.120.302-RS, Rel. Min. Massami Uyeda, julgado em 1º/6/2010**. (Inform. STJ 437)

PERÍCIA. CUSTAS. QUESITOS SUPLEMENTARES.

Trata-se, na origem, de agravo de instrumento interposto contra decisão interlocutória que, em ação de haveres, determinou que os ora recorrentes adiantassem custas relativas aos quesitos suplementares por eles apresentados ao perito. Segundo o tribunal *a quo*, esses novos quesitos, para serem respondidos, necessitariam de novas diligências, o que levaria à majoração dos honorários anteriormente fixados. Afirmou que, no caso, devido à extensão dos novos quesitos, eles possuíam autonomia em relação àqueles inicialmente apresentados e, por isso, representariam, em essência, uma nova perícia. Assim, para a análise dessa questão, é necessário o exame de fatos e documentos nesta instância especial, o que se torna inviável, conforme a Súm. n. 7-STJ. Contudo, se as custas relativas aos quesitos suplementares devessem ser sempre adiantadas por aquele que está obrigado ao adiantamento das custas relativas à perícia originariamente requerida, estar-se-ia abrindo uma possibilidade de as partes manipularem, de forma maliciosa, as regras legais de distribuição do ônus econômico do processo. Logo, a Turma negou provimento ao recurso. **REsp 842.316-MG, Rel. Min. Sidnei Beneti, julgado em 25/5/2010.** (Inform. STJ 436)

COOPERAÇÃO INTERNACIONAL. COMPARTILHAMENTO. PROVA.
A Corte Especial, prosseguindo o julgamento, por maioria, entendeu ser legal o pedido de compartilhamento de material probatório existente no Brasil, e feito por autoridade estrangeira (Procuradoria Geral da Federação da Rússia), no exercício de atividade investigatória sobre possíveis ilícitos penais praticados pelo reclamante naquele país, dirigido à autoridade brasileira congênere (Procuradoria Geral da República) e não sujeito à carta rogatória, *exequatur* ou a qualquer outra manifestação do STJ. Reiterou-se, em consonância com a jurisprudência do STF, que o compartilhamento de prova, uma das medidas características da cooperação jurídica internacional, é iterativamente previsto nos acordos bilaterais e multilaterais dos quais o Brasil é signatário (Convenção da ONU contra o Crime Organizado Transnacional e Convenção contra a Corrupção, Convenção de Mérida, Convenção de Palermo). Desse modo, a legitimidade do ato impugnado não se sujeita necessariamente a controle por via de reclamação. Cabem, no caso, outros meios recursais comuns que podem ser utilizados para tal fim. **Rcl 2.645-SP, Rel. Min. Teori Albino Zavascki, julgada em 18/11/2009.** (Inform. STJ 416)

PERÍCIA. ANULAÇÃO.
Pelo princípio da instrumentalidade das formas (art. 244 do CPC), a Turma concluiu que não basta anular perícia sob a alegação de que o perito nomeado pelo juiz de primeira instância ocupava cargo em comissão (órgão do Poder Executivo Federal), ao qual era subordinada a empresa recorrida extinta, sucedida posteriormente pela União. Não há cogitar em impedimento, porquanto não havia vínculo direito entre as atribuições do cargo comissionado exercido pelo perito com os fatos e interesses governamentais eventualmente envolvidos que deram causa à controvérsia. **REsp 870.838-DF, Rel. Min. Castro Meira, julgado em 17/11/2009.** (Inform. STJ 416)

REVISIONAL. RECONVENÇÃO. CONEXÃO.
Cuida-se de ação de revisão de contrato cumulada com declaratória de inexistência de débito, em que a autora (agência de turismo) e ora recorrida pleiteavam a incidência do Código de Defesa do Consumidor (CDC) para revisar cláusulas de contrato de venda de bilhetes de passagens aéreas firmado com a companhia aérea, ora recorrente, em decorrência dos atentados de 11 de setembro. A ré contestou a ação e também apresentou reconvenção ao pleito da autora. O juiz afastou a incidência do CDC e julgou improcedente a ação e procedente a reconvenção com fundamento no art. 315 do CPC. O Tribunal *a quo*, ao apreciar a apelação da agência de viagens, confirmou a improcedência da ação, mas reformou a sentença para extinguir a reconvenção sob o fundamento de inexistência de conexão (art. 103 do CPC) e de que a ação principal é meramente declaratória, enquanto a reconvenção tem pedido condenatório. Diante disso, a Turma conheceu do recurso e lhe deu provimento para reformar o acórdão recorrido, reconhecendo cabível a reconvenção pelo credor para cobrança da dívida no bojo de ação de revisão de contrato c/c declaração de inexistência de débito, em face da conexão existente entre as causas de pedir. Assim, determinou a baixa dos autos para que o Tribunal *a quo* aprecie o recurso de apelação da recorrida com relação ao mérito da reconvenção. **REsp 647.390-RJ, Rel. Min. João Otávio de Noronha, julgado em 17/11/2009.** (Inform. STJ 416)

ARGUIÇÃO. INCOMPETÊNCIA. PERITO.
Cuida-se, na origem, de liquidação de sentença proferida em ação de reparação de danos na qual a recorrente foi condenada a ressarcir os prejuízos sofridos pelos recorridos com a perda de equipamentos e de 75% de sua lavoura de arroz. Para a recorrente, o perito designado não reúne condições técnicas para a confecção do laudo pericial, razão pela qual deve ser declarada a nulidade da perícia. Aduz, também, ser direito da parte solicitar esclarecimentos do *expert* em audiência, o que lhe foi vedado. Para o Min. Relator, nos termos do art. 145 do CPC, a especialidade dos peritos será comprovada mediante certidão do órgão profissional em que estiverem inscritos. Na hipótese, não há qualquer ressalva do órgão de classe quanto ao perito que funcionou nos autos. Para que se suspeite das qualidades técnicas do *expert*, a parte impugnante deve, no mínimo, fundamentar sua argumentação com documentos ou outras provas que demonstrem sua incapacidade ou mesmo sua suspeição, o que não foi feito. No caso, não há como reconhecer a pretendida incapacidade e a nulidade da perícia. Quanto à argüição de não ter sido aberta oportunidade para a obtenção de esclarecimentos do perito em sede de audiência, a referida providência foi dispensada pela recorrente conforme consta de ata. Quanto às ponderações no sentido da incorreção dos cálculos espelhados na perícia uma vez que não abatidos os custos da produção da lavoura, bem como a incompatibilidade do valor da saca de arroz com o preço de mercado, isso é questão que encontra óbice na Súm. n. 7-STJ. Diante disso, a Turma, por maioria, não conheceu do recurso. Precedente citado: AgRg no Ag 474.989-PR, DJ 28/4/2003. **REsp 1.001.964-MA, Rel. Min. Fernando Gonçalves, julgado em 9/6/2009.** (Inform. STJ 398)

RECUSA. MÃE. EXAME. DNA. MENOR.
A controvérsia resume-se em definir se a recusa da mãe em submeter o filho menor a exame de DNA em ação declaratória de anulação de registro civil cumulada com negatória de paternidade é capaz de gerar presunção de que o autor não é o pai e suprimir a prova de DNA. Quanto a isso, o Min. Fernando Gonçalves, em seu voto vista (vencedor), entendeu que, no caso dos autos, o erro do registro está suficientemente demonstrado em diversos indicativos colhidos pelas instâncias ordinárias, analisados juntamente com o exame de DNA acostado nos autos, realizado por conta própria, donde consta que o autor não é o pai do menor, destacado pelo parecer do MP que esse mesmo exame foi realizado por instituição de credibilidade reconhecida. Anota que tudo isso foi somado à conduta do recorrente, que sempre cumpriu as determinações judiciais de realização do exame em busca da verdade real, à declaração das testemunhas arroladas, afirmando que o casal, muito jovem, coabitou por curto período, suficiente para dar supedâneo à tese de malferimento do art. 232 do CC/2002. Assinalou a insistente recusa da mãe, que, por quatro vezes, sem justificativa plausível, deixou de comparecer às determinações judiciais de primeiro e segundo graus para fazer o exame. Questionou qual seria a prova a cargo do recorrente que alcançaria o qualificativo de prova cabal, insuspeita e insuscetível de questionamento, na dicção do juízo de primeiro grau, para afastar a veracidade do registro ou a presunção de paternidade, se nem mesmo a prova de adultério ou a confissão materna são aceitas para esse fim. Portanto, salvo a comprovação de eventual esterilidade, só restaria ao recorrente o exame de DNA. Assim, firmou que, nessas circunstâncias, o suposto pai torna-se refém do interesse da mãe da criança. Considerou, ainda, que, no caso dos autos, quando a ação foi ajuizada, a criança contava com dois anos de idade, sem ter convivido com o recorrente sob o mesmo teto por mais de um ano; assim, a princípio, não há vínculo de filiação afetiva. Por outro lado, afirma que a manutenção de vínculo de paternidade impede a criança de conhecer seu verdadeiro estado de filiação, direito personalíssimo nos termos do art. 27 do ECA. Diante do exposto, ao prosseguir o julgamento, a Turma, por maioria, deu provimento ao recurso para julgar procedente o pedido negatório de paternidade, anulando o registro do recorrido quanto ao pai e os respectivos ascendentes declarados. O Min. Relator originário (vencido), baseando-se na doutrina e em precedentes do STF e deste Superior Tribunal, não conhecia do recurso, defendendo a tese de que seria impossível coagir o filho a fazer exame de DNA, inclusive aludiu a recente precedente do STJ no sentido da possibilidade de o juiz indeferir a realização de exame de DNA. Também considerou aquele julgamento que, mesmo se o juiz o permitisse e o resultado fosse desfavorável ao pai, ele não poderia desconstituir a filiação, fixada voluntariamente ou por meio de casamento, pois esse argumento não tem força de afastar a importância que deve ser dada ao interesse do filho. Precedentes citados: REsp 1.022.763-RS, DJ 3/2/2009; REsp 878.954-RS, DJ 28/5/2007; REsp 139.590-SP, DJ 3/2/2003; REsp 194.866-RS, DJ 14/6/1999, e REsp 146.548-GO, DJ 5/3/2001. **REsp 786.312-RJ, Rel. originário Min. Luis Felipe Salomão, Rel. para acórdão Min. Fernando Gonçalves, julgado em 21/5/2009.** (Inform. STJ 395)

PROVA. USO. COSTUME. TESTEMUNHAS.
Trata-se de ação de cobrança interposta por empresa de transporte na qual se pleiteia, entre outros pedidos, o pagamento das despesas de sobre-estadia pagas aos motoristas de caminhão pelo tempo excedente da permanência para descarga no porto de entrega. A autora requereu prova testemunhal para demonstrar a existência do costume comercial no qual caberia ao contratante do transporte responder pelas custas oriundas da referida sobre-estadia. Assim, a questão, no caso, resume-se em saber se é cabível a demonstração do alegado costume comercial por meio de prova testemunhal. A Turma entendeu que a tese da recorrente, de exigir-se sempre a existência de um assentamento dos usos e práticas mercantis e, consequentemente, prova documental, como condição para a defesa de direito, com base no uso mercantil, ignora o lento processo de desenvolvimento social de norma consuetudinária que é a ela inerente. O costume comercial estará assentado antes que surja uma oportunidade para que seja invocado em juízo, pois seu uso nasce na prática comercial, para depois se popularizar nas praças comerciais para, então, chegar ao ponto de merecer registro pela junta comercial, hoje o órgão competente

para proceder ao assentamento dos usos e práticas comerciais (art. 8º, VI, da Lei n. 8.934/1994), e não a autoridade portuária, como sustenta a recorrente ré. Quanto ao art. 337 do CPC, salienta, ainda, o voto condutor que, quando o uso comercial ainda não foi invocado anteriormente em juízo, deverá ser provado por quaisquer meios idôneos admitidos em direito, inclusive por depoimentos tomados de comerciantes de conceito e experimentados no negócio. No caso, o acórdão recorrido determinou que se ouvissem os representantes comerciais das duas partes. O que a recorrida autora busca é tão somente provar a existência de um costume. Se efetivamente provado, não restará definida, automaticamente, a responsabilidade do recorrente réu. Deverá o juiz verificar sua incidência no caso concreto, a partir da conformação de todos os elementos necessários para a subsunção do fato à norma. Com relação ao conflito entre o referido costume e uma norma genérica (art. 159 do CC/1916), incide o verbete n. 284 da Súmula do STF. Logo, a Turma conheceu em parte do recurso e, nessa parte, negou-lhe provimento. **REsp 877.074-RJ, Rel. Min. Nancy Andrighi, julgado em 12/5/2009.** (Inform. STJ 394)

PROVA. ANULAÇÃO. INTERVENÇÃO. TERCEIROS.

Trata-se de ação declaratória de nulidade de escritura pública e dos registros realizados na qual o autor, ora recorrido, alega que houve simulação de negócios levados a registro com assinaturas falsas. Assim, após contestação, o pedido de denunciação à lide foi indeferido, prosseguindo o processo seu trâmite regular. Durante a fase probatória, foi produzida perícia na qual se constatou a falsidade das assinaturas apostas nos contratos levados a registro. Porém, este Superior Tribunal reverteu a decisão interlocutória e determinou que o pedido de denunciação à lide fosse processado. O juiz de primeiro grau, ao considerar tardia a intervenção no processo dos litisdenunciados, determinou novamente a produção de prova pericial. Contudo, o ora recorrido não recolheu as custas para a nova perícia, então a sentença julgou improcedentes os pedidos formulados na inicial, pois não se desincumbiu o autor de seu ônus processual. A Turma entendeu que a prova produzida anteriormente não deve ser considerada inexistente. A prova foi realizada com a observância do contraditório e da ampla defesa. O recorrente estava representado nos autos quando ela foi realizada, tendo oportunidade de opor-se a ela e apresentar o termo de seu inconformismo. A resistência à utilização dessa prova poderia vir de um dos litisdenunciados, jamais do recorrente. A jurisprudência assente neste Superior Tribunal afirma que a declaração de nulidade dos atos processuais depende de demonstração de existência de prejuízo à parte interessada, conforme o art. 249, § 1º, do CPC, o que não ocorreu no caso. Assim, a Turma negou provimento ao recurso. Precedente citado: RMS 18.923-PR, DJ 12/4/2007. **REsp 879.567-SP, Rel. Min. Nancy Andrighi, julgado em 12/5/2007.** (Inform. STJ 394)

OITIVA. TESTEMUNHAS. INDEFERIMENTO. CERCEAMENTO. DEFESA.

Trata-se de REsp em que se pretende a anulação de processo cuja sentença, confirmada pelo acórdão, foi desfavorável aos autores, ora recorrentes, ao argumento de ocorrência de cerceamento de defesa pelo fato de o magistrado sentenciante ter indeferido produção de prova testemunhal, a qual seria imprescindível ao desate da controvérsia. Sustenta-se que os documentos colacionados aos autos pela empresa ré, ora recorrida, consistentes em fotografias do local do atropelamento não refletem a verdade dos fatos à época do acidente. Nesse contexto, a Turma deu provimento ao recurso, reiterando o entendimento de que, em casos de atropelamento por composições férreas, a aferição quanto ao cenário do local do acidente é ponto nodal para determinar a quem deve ser imputada a culpa, porquanto cabe à empresa prestadora do serviço impedir que pedestres invadam a área destinada ao trânsito férreo. Isso se dá, por exemplo, com a vigilância e cercamento de áreas propícias a tais infortúnios, notadamente as de grande concentração urbana, como é o caso. Assim, torna-se relevante a argumentação dos recorrentes no sentido de que o desenho fático do local do acidente não seria exatamente o descrito nas fotografias acostadas aos autos pela recorrida. Desse modo, é de suma importância a produção da prova testemunhal requerida em tempo oportuno, com vista a desconstituir a prova documental consistente em fotografias produzidas unilateralmente pela parte adversa. Ressalte-se que houve prejuízo aos recorrentes em razão da conclusão a que chegou o juízo sentenciante, posteriormente confirmada pelo Tribunal *a quo*, julgando improcedente o pedido inicial ao argumento de que não teria sido demonstrada a culpa da empresa ré e, ao mesmo tempo, indeferindo prova testemunhal, a qual, em tese, poderia comprovar a culpa da concessionária, ou, ao menos, afastar a culpa exclusiva da vítima. Precedentes citados: EREsp 705.859-SP, DJ 8/3/2007, e REsp 798.079-MS, DJe 23/10/2008. **REsp 979.129-RJ, Rel. Min. Luis Felipe Salomão, julgado em 2/4/2009.** (Inform. STJ 389)

DNA. RECUSA. PATERNIDADE. PRESUNÇÃO.

A Turma reiterou o entendimento de que, embora a presunção de paternidade pela recusa de se submeter ao exame DNA, não seja absoluta, por admitir prova em contrário e não obstante todas as providências tomadas pelo investigante para dirimir, no caso, a ação de investigação de paternidade cumulada com petição de herança, a recusa dos recorrentes favorece o pedido da inicial, porquanto criaram todas as formas possíveis e infundadas para a não realização da prova pericial. Assim, é inconcebível que as mesmas partes que por mais de 15 anos impediram a produção da prova específica pretendam, em grau recursal, alegar cerceamento de defesa na condição de vítimas. Ademais, agora já é incabível a conversão em diligência para a realização do exame de DNA baseado em dissídio jurisprudencial, por tratar o paradigma de hipótese distinta do caso *sub judice*, sobretudo porque naquele o investigante teve a produção da prova pericial negada, não tendo se recusado, postergado ou impedido a produção pericial. Portanto correta a decisão do acórdão impugnado ao negar aos ora recorrentes um direito ao qual antes se opuseram de todas as formas, aplicando-se, com efeito, os arts. 231 e 232 do CC/2002, mormente porque o exame DNA só aproveita à parte que não deu causa ao obstáculo de sua realização. **REsp 819.588-MS, Rel. Min. Nancy Andrighi, julgado em 24/3/2009.** (Inform. STJ 388)

CONSUMIDOR. ÔNUS PROBATÓRIO. INVERSÃO.

Trata-se de recurso especial em que a controvérsia jurídica diz respeito à amplitude do conceito de consumidor, almejando-se a concessão do benefício da inversão do ônus da prova. A Turma entendeu que, no caso em questão, não há argumento nem teoria plausíveis para afastar a incidência do sistema garantista do consumidor à relação jurídica. O recorrente é pessoa natural que presta serviços de transporte e, para tanto, usa o único caminhão, diga-se, arrendado com opção de compra, encontrando-se vinculado ao contrato de arrendamento (meio usual disponível para pessoas que não podem adquirir um caminhão à vista), mas litiga contra uma pessoa jurídica que produz e vende caminhões. Desse modo, a disparidade econômica é evidente, havendo, portanto, nexo de sujeição e, em consequência, vulnerabilidade. Há dependência, ainda, frente à fornecedora, na medida em que o recorrente entende do transporte de coisas, não da mecânica de caminhão. A causa do vício do bem não lhe interessa, senão que o veículo mova-se, porque pagou por ele e conta com o seu perfeito funcionamento. Assim, constatado o vício do produto e a vulnerabilidade do recorrente, há de concluir-se que este é consumidor e, caracterizada a sua hipossuficiência, pode ser beneficiado pela inversão do ônus da prova. Precedentes citados: REsp 915.599-SP, DJ 5/9/2008. **REsp 1.080.719-MG, Rel. Min. Nancy Andrighi, julgado em 10/2/2009.** (Inform. STJ 383)

CEF. DESPESA. PERITO. CORREÇÃO. FGTS.

Os honorários para pagamento de perícia contábil solicitada pela CEF em execução de título judicial referente à correção monetária do FGTS não estão abrangidos pela isenção prevista no art. 24-A da Lei n. 9.028/1995 – que eximiu o gestor do FGTS do pagamento de custas, emolumentos, taxas judiciais, além do depósito prévio e da multa em ação rescisória. Os honorários periciais, no caso, encontram-se no conceito de despesas processuais, que não se confunde com custas e emolumentos, que são custas processuais, portanto são devidos os honorários do perito, passíveis, inclusive, de ser antecipados (Súm. n. 232-STJ). Precedentes citados: RMS 10.349-RS, DJ 20/11/2000; REsp 771.665-RS, DJ 22/8/2008, e REsp 653.006-MG, DJ 5/8/2008. **REsp 978.976-ES, Rel. Min. Luiz Fux, julgado em 9/12/2008.** (Inform. STJ 380)

ASSISTENTE TÉCNICO. SUBSTITUIÇÃO.

A Turma não conheceu o REsp, mantendo o acórdão recorrido, afirmando que o assistente técnico, depois de intimado, sem recusar o encargo, não pode ser mais substituído, salvo motivo de força maior. Ressaltou o Min. Relator que este Superior Tribunal já enfrentou a tese da substituição do assistente técnico pela parte após a vigência da Lei n. 8.455/1992, que deu nova redação ao art. 424 do CPC, no mesmo sentido do acórdão *a quo*. Precedente citado: REsp 45.491-SP, DJ 14/4/1997. **REsp 655.363-SC, Rel. Min. Aldir Passarinho Junior, julgado em 4/12/2008.** (Inform. STJ 379)

PROVA EMPRESTADA. DOCUMENTO SIGILOSO.

No agravo regimental, insiste-se que este Superior Tribunal determine a inutilização das provas emprestadas ao TC e MP estaduais. A Min. Relatora esclareceu que o fornecimento aos órgãos estaduais (TC e MP) de substancioso material probatório de caráter sigiloso, inclusive gravações telefônicas, fruto de interceptação autorizada pela Justiça, as quais instruem o inquérito, foi realizado por meio de comunicação obrigatória, uma vez que no TC foi ou será instaurado procedimento administrativo disciplinar para apurar a conduta funcional do denunciado como integrante do colegiado e no MP estadual, órgão incumbido de zelar pela aplicação da lei, pela possibilidade de, na esfera local, haver conduta delituosa de competência da Justiça estadual. Daí surge o necessário e indispensável compartilhamento de informações entre os órgãos públicos. O questionamento sobre a validade ou não da prova emprestada deverá ser posto para apreciação, no momento oportuno, perante o órgão que dela venha a fazer uso, não podendo este Superior tribunal imiscuir-se em esfera de competência que foge das suas atribuições. A Min. Relatora esclarece ainda que, em precedentes deste Superior Tribunal sobre o tema, embora contraditórios, fica a cargo do órgão requerente a avaliação. A valoração do que pode ou não servir de prova, ou mesmo a qualificação do documento solicitado fogem inteiramente à competência do STJ, cabendo ao órgão interessado avaliar o documento probatório, procedendo à sua mensuração. O Min. Nilson Naves e o Min. João Otávio de Noronha, divergindo da Min. Relatora, entenderam que se estaria compartilhando, com quem nem integra o Poder Judiciário: o Tribunal de Contas e o Ministério Público. Nesse momento, essa prova perde seu sigilo, ferindo, assim, o texto constitucional. A interpretação só é possível no caso de investigação criminal – jamais em outros procedimentos. Precedentes citados do STF: Inq-QO-QO 2.424-RJ, DJe 24/8/2007; Inq 2.245-MG, DJe 9/11/2007; Inq QO 2.725-SP, DJe 26/9/2008; do STJ: RMS 20.066-GO, DJ 10/4/2006, e RMS 16.429-SC, DJe 23/6/2008. **AgRg nos EDcl na APn 536-BA, Rel. Min. Eliana Calmon, julgado em 19/11/2008.** (Inform. STJ 377)

PRISÃO CIVIL. DEPOSITÁRIO INFIEL. SUBSTITUIÇÃO. BEM.

O impetrante assevera ser incabível o decreto de prisão por infidelidade no cumprimento do encargo de depositário judicial de bens fungíveis e da ausência de análise da substituição destes por outros. O Min. Relator destacou que a jurisprudência deste Superior Tribunal tem entendido que o depositário judicial tem a faculdade conferida ao depositário contratual de entregar a coisa ou o equivalente em dinheiro, conforme estatuem os arts. 902, I, e 904 do CPC. Uma vez que descumprida a obrigação de guarda do bem, o qual deve ser apresentado pelo depositário quando intimado para tal, resta-lhe a alternativa de fazer o depósito do valor equivalente sob pena de ser declarado infiel. Não se enxerga possibilidade de o depositário apresentar outros bens em substituição ao bem gravado na execução, visto que o seu encargo dirige-se à guarda e conservação de bens certos e determinados. Com esse entendimento, a Turma denegou a ordem. Precedentes citados: RHC 10.246-SC, DJ 27/11/2000; REsp 133.600-SP, DJ 4/12/2000, e REsp 276.817-SP, DJ 7/6/2004. **HC 70.440-RS, Rel. Min. Aldir Passarinho Junior, julgado em 27/11/2007.** (Inform. STJ 340)

IMPUGNAÇÃO. VALOR. CAUSA. PRAZO. FAZENDA.

Trata-se de ação ordinária contra município com o objetivo de indenização por prejuízos causados por enchente. Isso posto, é cediço que a Fazenda Pública contará em quádruplo o prazo para contestar quando for parte e poderá impugnar, nesse prazo, o valor atribuído à causa pelo autor (art. 188 c/c art. 261 do CPC). Na espécie, a sentença de primeiro grau afirma que o valor da causa foi elevado por impugnação do município em incidente próprio e o agravo de instrumento insurge-se contra essa decisão que elevou o valor da causa. O valor primitivo da causa era uma fração do *quantum* postulado a título de ressarcimento contra a Fazenda. Logo, o valor da causa não poderia ser inferior ao pedido de indenização. Ressalta o Min. Relator que o agravante foi alcançado por sua própria conduta, e a escolha pela via judiciária exige de quem postula a necessária responsabilidade na dedução dos pedidos. Diante do exposto, a Turma negou provimento ao agravo regimental. **AgRg no REsp 946.499-SP, Rel. Min. Humberto Martins, julgado em 18/10/2007.** (Inform. STJ 336)

FERRO-GUSA OU AÇO. PROVA PERICIAL EMPRESTADA.

A Turma deu provimento ao recurso para que o feito retorne ao Tribunal local com o fim de que seja apreciada a prova produzida pela recorrente. Para a Min. Relatora, houve violação do art. 460 do CPC, porque a análise da questão relativa à natureza do produto exportado, se ferro-gusa (produto semi-elaborado) ou aço (produto industrializado), para fins de determinação da incidência ou não do ICMS nos termos da LC n. 65/1991, constou da petição inicial dos autores e foi embasada em prova pericial emprestada que não foi levada em consideração no julgamento da lide. **REsp 734.610-MG, Rel. Min. Eliana Calmon, julgado em 28/8/2007.** (Inform. STJ 329)

EXCEÇÃO. SUSPEIÇÃO. PROCESSO. SUSPENSÃO.

A apelação cível, em demanda de grande relevância, foi julgada em desfavor do ora recorrente. Inconformado, opôs embargos declaratórios e, após, ofereceu exceção de suspeição. Sucede que, no limiar de sua aposentadoria, o excepto rejeitou liminarmente a exceção e, no mesmo dia, em vez de suspender o processo, levou os embargos opostos ao julgamento do colegiado. Esse, por sua vez, fez pequena menção à rejeição da exceção e não acolheu os embargos. Seguiram-se novos embargos, também rejeitados sem adução de novos fundamentos. Foram impetrados agravos regimentais por diversas partes, os quais o vice-presidente do Tribunal *a quo* remeteu ao desembargador que já substituíra o excepto aposentado. Esses agravos não foram sequer conhecidos ao fundamento de que a Câmara Cível havia acompanhado o relator excepto ao julgar o incidente, restando, portanto, apenas a decisão colegiada, insusceptível de agravo regimental. Daí a impetração do presente mandado de segurança. Diante disso, em razão das normas cogentes do CPC, notadamente o art. 265, III, tem-se que a suspensão do feito, se o excepto declara-se apto a decidir, é de rigor, sequer importa o § 4º do art. 265 do mesmo diploma, que remete aos regimentos internos dos tribunais a disciplina do processamento da exceção, visto que a esses regimentos não é autorizado dissentir daquelas normas cogentes. Dessarte, deixou-se, também, de encaminhar a exceção de suspeição ao colegiado competente, o Órgão Especial do Tribunal de Justiça, resolvendo-a no âmbito da incompetente Câmara Cível. Não há também que se perquirir sobre a prejudicialidade da exceção em razão de os embargos de declaração já estarem julgados, visto que o escopo daquela é, justamente, o de afastar o relator que, posteriormente, conduziu a Câmara na apreciação dos aclaratórios. Ao final, com esse entendimento, a Turma entendeu anular o julgamento dos embargos e de todos os atos que se seguiram e determinar que o Órgão Especial daquele tribunal processe a exceção de suspeição. Precedente citado: RMS 11.915-PA, DJ 5/6/2006. **RMS 13.739-RJ, Rel. Min. Aldir Passarinho Junior, julgado em 5/6/2007.** (Inform. STJ 322)

INCIDENTE. IMPUGNAÇÃO. VALOR. CAUSA.

A Turma decidiu o retorno dos autos à origem para que seja apreciado e decidido o incidente de impugnação ao valor da causa. O Min. Relator destacou que o Tribunal a quo, ao entender pela perda do objeto do incidente de impugnação ao valor da causa, referiu-se ao fato de, na sentença proferida em sede de embargos à execução apresentados pela Fazenda (ora recorrida), ter sido reconhecido como efetivo o valor atribuído à causa naqueles embargos. Entretanto este Superior Tribunal, no REsp 153.329-AL, DJ 2/10/2000, exarou entendimento de que o incidente de impugnação ao valor da causa deve ser julgado antes do deslinde da ação principal. **REsp 890.136-PE, Rel. Min. Francisco Falcão, julgado em 27/3/2007.** (Inform. STJ 315)

PERITO. DESTITUIÇÃO. VALIDADE. LAUDO.

A Turma decidiu que falece a irresignação da requerente pretendendo invalidar laudo de perito destituído por serem incompletas as constatações dos defeitos de veículo reclamados por consumidor ante a sua reivindicada indenização por danos morais e materiais. Em que pese a destituição do primeiro perito e renovado o laudo por outro perito contrário às constatações do primeiro laudo, pode o juiz, do ponto de vista do art 439, parágrafo único, do CPC, manter a validade do laudo inicial, porquanto não há incompatibilidade entre a destituição do primeiro perito e o acolhimento objetivo do laudo por ele apresentado, após o exame integral do conjunto probatório; o juiz monocrático é livre, tanto para destituir o perito judicial (art. 424 do CPC), como é também livre para avaliar o valor de uma e outra perícia, considerando, ao final, válido o laudo inicial independentemente da destituição do perito que o realizou. Precedente citado: RMS 12.963-SP, DJ 6/12/2004. **REsp 805.252-MG, Rel. Min. Nancy Andrighi, julgado em 27/3/2007.** (Inform. STJ 315)

DANO MORAL. INFORMAÇÕES CADASTRAIS. CERCEAMENTO. DEFESA.

Trata-se de ação de indenização na qual se alega que, ao comprar um carro, foi o recorrente informado de que não dispunha de crédito diante das más referências bancárias prestadas pela instituição financeira. O Min. Relator esclareceu que não há cerceamento de defesa quando o fato a que se refere a inicial para justificar o pedido está incontroverso nos autos, sequer merecendo do autor refutação, ou seja, a realidade das informações cadastrais, ficando sua argumentação apenas em torno da vedação de que tais informações sejam fornecidas sob pena de violação de sigilo bancário. Não contestada a veracidade das informações, não há falar em cerceamento de defesa. Concluiu que a prestação de informações cadastrais para efeito de financiamento não malfere qualquer dispositivo de lei federal, sendo cabível o pedido de dano moral se equivocadas. **REsp 689.581-AL, Rel. Min. Carlos Alberto Menezes Direito, julgado em 20/3/2007.** (Inform. STJ 314)

SÚMULA STF Nº 424

Transita em julgado o despacho saneador de que não houve recurso, excluídas as questões deixadas, explícita ou implicitamente, para a sentença.

SÚMULA STF Nº 231

O revel, em processo cível, pode produzir provas, desde que compareça em tempo oportuno.

SÚMULA STF Nº 216

Para decretação da absolvição de instância pela paralisação do processo por mais de trinta dias, é necessário que o autor, previamente intimado, não promova o andamento da causa.

SÚMULA STJ Nº 305

É descabida a prisão civil do depositário quando, decretada a falência da empresa, sobrevém a arrecadação do bem pelo síndico.

SÚMULA STJ Nº 304

É ilegal a decretação da prisão civil daquele que não assume expressamente o encargo de depositário judicial.

SÚMULA STJ Nº 271

A correção monetária dos depósitos judiciais independe de ação específica contra o banco depositário.

SÚMULA STJ Nº 245

A notificação destinada a comprovar a mora nas dívidas garantidas por alienação fiduciária dispensa a indicação do valor do débito.

SÚMULA STJ Nº 240

A extinção do processo, por abandono da causa pelo autor, depende de requerimento do réu.

SÚMULA STJ Nº 181

É admissível ação declaratória, visando a obter certeza quanto à exata interpretação de clausula contratual.

SÚMULA STJ Nº 149

A prova exclusivamente testemunhal não basta à comprovação da atividade rurícola, para efeito da obtenção de beneficio previdenciário.

SÚMULA STJ Nº 106

Proposta a ação no prazo fixado para o seu exercício, a demora na citação, por motivos inerentes ao mecanismo da justiça, não justifica o acolhimento da arguição de prescrição ou decadência.

10. SENTENÇA, CUMPRIMENTO DE SENTENÇA, COISA JULGADA E AÇÕES ANULATÓRIA E RESCISÓRIA

10.1. Sentença

DEVIDO PROCESSO LEGAL E NEGATIVA DE PRESTAÇÃO JURISDICIONAL - 1

A Turma iniciou julgamento de recurso extraordinário interposto, com fulcro no art. 102, III, a, da CF, contra acórdão do extinto Tribunal de Alçada Civil do Estado de São Paulo que, em ação de responsabilidade civil fundada em atendimento médico inadequado, mantivera a condenação do recorrente ao pagamento de indenização por danos material e moral. Alega-se, na espécie, ofensa ao art. 5º, LIV e LV, da CF, ao argumento de que a Corte de origem teria modificado a causa de pedir invocada pela autora, embasando sua decisão em prova inidônea e se recusando a prestar jurisdição quanto à existência de julgamento *extra petita*. Ademais, sustenta-se a desnecessidade de prequestionamento, uma vez que a decisão recorrida revelaria *error in judicando*, bem como se aduz que o desprovimento dos embargos de declaração a ela opostos implicara a inobservância aos princípios constitucionais do acesso ao Poder Judiciário e da ampla defesa. No caso, o recurso especial, já transitado em julgado, apresentado simultaneamente com o apelo extremo fora provido, em parte, para excluir o ora recorrente da condenação pelo dano material e reduzir o valor da indenização por dano moral. O Min. Marco Aurélio, relator, deu provimento ao recurso, no que foi acompanhado pelo Min. Ricardo Lewandowski. Entendeu violados os princípios da legalidade e do devido processo legal, haja vista que o tribunal de origem, embora instado nos embargos declaratórios a emitir pronunciamento explícito, não procedera à análise da matéria quanto ao que suscitado pelo recorrente a respeito da substituição, pelo órgão julgador, da causa de pedir constante da inicial. Asseverou que o cidadão, envolvido em uma demanda, tem o direito de ver apreciado pelo Estado-juiz toda a matéria de defesa veiculada, a menos que certo item reste prejudicado pela adoção de tese relativamente a outro. Em divergência, os Ministros Menezes Direito e Cármen Lúcia não conheceram do recurso, ao fundamento de que o exame do suposto dano envolveria ofensa reflexa à Constituição, cuja apreciação pelo STJ se dera com base na legislação infraconstitucional. Após, pediu vista dos autos o Min. Carlos Britto. **RE 422558/SP, rel. Min. Marco Aurélio, 30.10.2007**. (RE-422558)

DEVIDO PROCESSO LEGAL E NEGATIVA DE PRESTAÇÃO JURISDICIONAL - 2

Em conclusão, a 1ª Turma, por maioria, não conheceu de recurso extraordinário interposto de acórdão que, em ação de responsabilidade civil fundada em atendimento médico inadequado, mantivera a condenação do recorrente ao pagamento de indenização por danos material e moral. Alegava-se, na espécie, ofensa ao art. 5º, LIV e LV, da CF, ao argumento de que a Corte de origem teria modificado a causa de pedir invocada pela autora, ao embasar sua decisão em prova inidônea e se recusado a prestar jurisdição quanto à existência de julgamento extra petita. Ademais, sustentava-se a desnecessidade de prequestionamento, uma vez que a decisão recorrida revelaria error in judicando, bem como se aduzia que o desprovimento dos embargos de declaração a ela opostos implicara inobservância aos princípios constitucionais do acesso ao Poder Judiciário e da ampla defesa. No caso, o recurso especial, já transitado em julgado, apresentado simultaneamente com o apelo extremo fora provido, em parte, para excluir o ora recorrente da condenação pelo dano material e reduzir o valor da indenização por dano moral — v. Informativo 486. **RE 422558/SP, rel. orig. Min. Marco Aurélio, red. p/ o acórdão Min. Cármen Lúcia, 16.8.2011**. (RE-422558)

DEVIDO PROCESSO LEGAL E NEGATIVA DE PRESTAÇÃO JURISDICIONAL - 3

Consignou-se que o exame do suposto dano envolveria ofensa reflexa à Constituição, cujo exame pelo STJ se dera com base na legislação infraconstitucional. O Min. Ayres Britto acrescentou que a matéria fática e jurídica determinaria a competência ratione materiae de um órgão judicante. Desse modo, a correta tipificação operada pelo tribunal a quo, a respeito da controvérsia posta ao seu exame, não implicara modificação da causa de pedir. Ademais, observou que a Corte de origem não incorrera em omissão no que se refere à decisão explícita quanto à competência material à luz do caso concreto sob sua responsabilidade. Vencidos os Ministros Marco Aurélio, relator, e Ricardo Lewandowski, que proviam o recurso por entenderem violados os princípios da legalidade e do devido processo legal, haja vista que o tribunal de origem, embora instado nos embargos declaratórios a emitir pronunciamento explícito, não procedera à análise do que suscitado pelo recorrente a respeito da substituição, pelo órgão julgador, da causa de pedir constante da inicial. **RE 422558/SP, rel. orig. Min. Marco Aurélio, red. p/ o acórdão Min. Cármen Lúcia, 16.8.2011. (RE-422558)** (Inform. STF 636)

DIREITO PROCESSUAL CIVIL. SENTENÇA EM AUDIÊNCIA. NÃO COMPARECIMENTO DE PROCURADOR INTIMADO. PRESUNÇÃO DE INTIMAÇÃO.

Há presunção de intimação do ato decisório na hipótese em que o procurador, embora intimado para a audiência de instrução e julgamento na qual foi proferida a sentença, a ela não compareceu. O comparecimento ao ato é de opção e de responsabilidade do patrono, devendo ser aplicado o art. 242, § 1º, do CPC, que dispõe que os advogados "reputam-se intimados na audiência, quando nesta é publicada a decisão ou a sentença". Precedentes citados: **AgRg no AREsp 167.921-MG, DJe 2/8/2012; AgRg no AREsp 134.962-MT, DJe 26/6/2012; AgRg no REsp 1.157.382-PR, DJe 16/4/2012, e AgRg no REsp 1.267.409-PR, DJe 1º/12/2011. AgRg no AREsp 226.951-GO, Rel. Min. Humberto Martins, julgado em 9/10/2012**. (Inform. STJ 506)

HONORÁRIOS ADVOCATÍCIOS SUCUMBENCIAIS. SENTENÇA. CÁLCULO. LIQUIDAÇÃO.

A *quaestio juris* consiste em saber qual o critério para a apuração dos honorários advocatícios sucumbenciais de modo a ser observada a coisa julgada material, tendo em vista a imprecisão do dispositivo da sentença liquidanda. *In casu*, cuidou-se, na origem, de ação de execução por título extrajudicial (cédulas de crédito rural) na qual, em embargos à execução, o embargado (banco) foi condenado em custas e honorários advocatícios sucumbenciais fixados em 16% sobre o montante atualizado das parcelas excluídas. Ocorre que, fixado o valor relativo aos honorários advocatícios (correspondentes a R$ 6.657.010,45), o banco interpôs agravo de instrumento por entender que o referido valor foi exorbitante, pois houve a inclusão de seguro Proago, previsto em apenas uma das cédulas exequendas. O recurso foi provido, ensejando novos cálculos. Entretanto, após a homologação dos novos cálculos efetuados pela perita, o banco interpôs novamente agravo de instrumento, sustentando que a decisão foi equivocada e que, transitada em julgado, resultaria em honorários no valor de R$19.364.849,61, representando 13,68 vezes mais do que o valor da execução. No REsp, o recorrente (banco) sustenta, entre outros temas, excesso de execução e afirma que é incorreta a interpretação da coisa julgada que não tem critérios claros. Nesse panorama, a Turma reiterou que a jurisprudência do STJ dispõe que o processo de execução deve observar, fielmente, o comando sentencial inserido na ação de conhecimento transitado em julgado, sob pena de malferir a coisa julgada. Porém, isso não significa que a sentença exequenda seja avessa a investigações ou interpretações. Ressaltou-se que tal procedimento não implica a relativização da coisa julgada, mas apenas reconhece que a imprecisão terminológica com que foi redigido o julgado lhe confere mais de uma interpretação possível, sem, com isso, agredir sua imutabilidade. Dessa forma, destacou-se que, nos casos em que a sentença permite mais de uma interpretação, deve-se adotar a mais razoável e coerente com a causa. Assim, para o Min. Relator, no caso, o único entendimento razoável, coerente com a causa em que atuou o recorrido é aquele que parte da premissa de que o título executivo não quis promover a iniquidade, concedendo, em causa de baixa complexidade, honorários vultuosos que suplantam o valor de R$ 20 milhões, de modo a solucionar a questão com interpretação que se infere do título, qual seja, a de que os encargos afastados não podem ser projetados para o futuro, mas somente até a data do ajuizamento da execução originária. Dessarte, concluiu-se que o cálculo da diferença sobre a qual incidirão os honorários deve tomar por base o montante existente na data do ajuizamento da execução originária. Precedentes citados: AgRg no Ag 1.030.469-RO, DJe 7/6/2010; REsp 58.426-RJ, DJ 7/4/1997; REsp 928.133-RS, DJe 20/10/2008; REsp 757.459-SC, DJ 13/11/2006, e REsp 1.064.119-RS, DJe 18/12/2009. **REsp 991.780-RS, Rel. Min. Luis Felipe Salomão, julgado em 2/2/2012. (Inform. STJ 490)**

CÓPIA. SENTENÇAS ANTERIORES. DISPENSABILIDADE. ART. 285-A DO CPC.

In casu, a ação de cobrança foi julgada improcedente na origem e o TJ deu provimento a apelo não para reformar a sentença e sim para anulá-la, tendo em vista um vício de procedimento. Aquele tribunal argumentou que o art. 285-A do CPC exige, implicitamente, que o juiz não apenas transcreva as sentenças proferidas anteriormente que servem de paradigma para a solução abreviada do feito, como, ainda, providencie a juntada de cópias dessas sentenças para que se verifique a coincidência entre o seu conteúdo e o que foi reproduzido no corpo da decisão. Neste Superior Tribunal, entre outras considerações, o Min. Relator ressaltou que a exigência acessória de que sejam juntadas as cópias das sentenças quando já houve a transcrição do seu conteúdo depõe contra os princípios da celeridade e economia processual, que serviram justamente de inspiração da lei. E que a interpretação da norma realizada pelo tribunal de origem evidencia uma desconfiança injustificada quanto à honestidade argumentativa do magistrado sentenciante. Esse entendimento foi acompanhado pelos demais ministros, que deram provimento ao REsp e determinaram o retorno dos autos ao tribunal *a quo* a fim de que, dispensada a apresentação de cópia das sentenças, processe e julgue o recurso de apelação como entender de direito. **REsp 1.086.991-MG, Rel. Min. Sidnei Beneti, julgado em 16/8/2011.** (Inform. STJ 481)

SENTENÇA. *ERROR IN PROCEDENDO*. CAUSA MADURA.

A Turma consignou que, em se tratando de recurso fundado em *error in judicando*, procede-se à reforma da decisão recorrida caso o apelo seja conhecido, decidido no mérito e o julgador entenda que houve apreciação equivocada dos fatos ou interpretação jurídica errônea sobre a questão debatida. Por outro lado, caso o recurso se baseie em *error in procedendo* – quando há vício na atividade judicante e desrespeito às regras processuais –, a hipótese é de anulação do *decisum*. Na espécie, o tribunal *a quo* entendeu que o magistrado de primeiro grau não fundamentou o indeferimento de alguns dos pedidos do recorrente, nem se manifestou sobre a perícia apresentada nos autos, a qual seria essencial à análise do pedido de repetição de indébito formulado na inicial. Assim, para o Min. Relator, por se tratar de sentença nula por *error in procedendo*, ela deve ser cassada para que outra seja proferida na origem. Concluiu que, diante de vício que comprometa a validade do julgado, o tribunal não pode julgar desde logo (na apelação) o mérito da causa, mostrando-se inaplicável, portanto, o princípio da causa "madura" nesses casos. Precedentes citados: REsp 915.805-SC, DJe 1º/7/2009, e REsp 877.612-MG, DJe 8/10/2008. **REsp 1.236.732-PR, Rel. Min. João Otávio de Noronha, julgado em 16/6/2011.** (Inform. STJ 477)

ART. 285-A DO CPC. ENTENDIMENTO. TRIBUNAIS SUPERIORES.

A Turma entendeu que a aplicação do art. 285-A do CPC supõe que a sentença de improcedência *prima facie* esteja alinhada ao entendimento cristalizado nas instâncias superiores, especialmente no STJ e no STF. Segundo o Min. Relator, os casos em que o CPC permite o julgamento liminar ou monocrático baseiam-se na solidez da jurisprudência, não havendo como se dissociar dessa técnica quando da utilização do dispositivo em comento. Ressaltou que a Lei n. 11.277/2006, ao incluí-lo no código processual, trouxe mecanismo voltado à celeridade e racionalidade processuais, o que não seria alcançado caso fosse permitida a prolação de decisões contrárias aos posicionamentos já consolidados. **REsp 1.109.398-MS, Rel. Min. Luis Felipe Salomão, julgado em 16/6/2011.** (Inform. STJ 477)

EXECUÇÃO. SENTENÇA ARBITRAL. HOMOLOGAÇÃO. STJ.

A sentença arbitral que se quer executar deriva de procedimento arbitral instaurado mediante requerimento à Corte Internacional de Arbitragem da Câmara de Comércio Internacional, com sede em Paris, França. Contudo, ela foi proferida em língua portuguesa, no Brasil (por escolha consensual das partes), por árbitro brasileiro e com aplicação do Direito brasileiro em seu mérito. Discute-se, ao cabo, a necessidade de prévia homologação pelo STJ desse título, tido pela recorrente como sentença arbitral estrangeira, para que se torne apto a aparelhar a execução. Quanto a isso, vê-se que a execução, para ser regular, tem que se amparar em título executivo idôneo, entre os quais figuram a sentença arbitral (art. 475-N, IV, do CPC) e a sentença estrangeira homologada (inciso VI desse mesmo dispositivo). Já o art. 31 da Lei n. 9.307/1996 (Lei de Arbitragem) conferiu ao laudo arbitral nacional os efeitos de sentença judicial e, por sua vez, a jurisprudência do STF trouxe o entendimento de que os laudos arbitrais estrangeiros necessitam de homologação, o que foi incorporado à Lei de Arbitragem (*vide* seu art. 35). O art. 1º da Convenção de Nova Iorque (promulgada pelo Dec. n. 4.311/2002) deixou para as legislações dos países a tarefa de eleger o critério que define a nacionalidade da sentença arbitral, daí os diferentes conceitos de sentença arbitral estrangeira constantes dos diversos ordenamentos jurídicos do cenário internacional. A legislação brasileira elegeu exclusivamente o critério geográfico (*jus solis*) – o local onde a decisão foi proferida – para a determinação da nacionalidade da sentença arbitral, tal como se constata da leitura do art. 34, parágrafo único, da Lei de Arbitragem. Assim, na hipótese, o simples fato de o procedimento arbitral ser requerido na corte internacional e se ter regido por seu regulamento não tem o condão de desnaturar a nacionalidade brasileira da sentença em questão, título idôneo a lastrear a execução, por si só dotado de eficácia, o qual não necessita de homologação judicial para ser executado. Precedentes citados: SEC 894-UY, DJe 9/10/2008; SEC 611-US, DJ 11/12/2006, e SE 1.305-FR, DJ 7/2/2008. **REsp 1.231.554-RJ, Rel. Min. Nancy Andrighi, julgado em 24/5/2011.** (Inform. STJ 474)

ASSISTÊNCIA JUDICIÁRIA. CONCESSÃO. SENTENÇA.

Trata-se de REsp decorrente de agravo de instrumento interposto pela ora recorrente contra decisão interlocutória do juízo de primeiro grau que indeferiu seu pedido da assistência judiciária gratuita feito após a prolação da sentença. O tribunal *a quo* negou provimento ao agravo sob o argumento de que, embora não tivesse ocorrido o trânsito em julgado da sentença, o pedido de assistência judiciária deveria ter sido formulado antes dela ou na eventual interposição de recurso, pois a prestação jurisdicional encerra-se com a sentença, consoante disposto no art. 463 do CPC. Assim, a controvérsia é quanto à aplicação dos arts. 4º e 6º da Lei n. 1.060/1950, caso o benefício da assistência judiciária seja requerido após a prolação da sentença. Inicialmente, consignou o Min. Relator que, conforme a jurisprudência deste Superior Tribunal e também entendimento doutrinário, o pedido de gratuidade de Justiça pode ser formulado em qualquer momento processual, devendo a petição ser autuada em separado se a demanda estiver em curso nos termos do art. 6º da referida lei. Dessarte, se o requerente, mesmo necessitado, não pleiteou o benefício no primeiro momento em que poderia fazê-lo, não há qualquer óbice a que deduza seu pedido ulteriormente. Observou que, na hipótese, ao contrário do que se entendeu nas instâncias ordinárias, diante do que dispõe o art. 463 do CPC, a concessão da assistência judiciária requerida após a prolação da sentença não viola a mencionada norma processual, visto que, consoante reiterado entendimento do STJ, os efeitos de tal concessão são *ex nunc*, por isso a sucumbência somente será revista em caso de acolhimento do mérito de eventual recurso de apelação. Registrou, ainda, que o citado dispositivo da lei adjetiva processual abriga o princípio da invariabilidade da sentença pelo juiz que a proferiu, vedando a modificação da decisão pela autoridade judiciária que a prolatou. Todavia, tal princípio não pode ser entendido como imposição ao prolator da sentença de afastamento do feito, devendo o magistrado, pois, desenvolver todas as demais atividades necessárias à sua condução, desde que não impliquem, por óbvio, alteração do decidido na sentença. Nesse contexto, entendeu o Min. Relator, no que foi acompanhado pelos demais Ministros da Turma, por anular o acórdão e a decisão interlocutória de primeira instância, possibilitando a apreciação do pleito requerido, ou seja, a assistência judiciária gratuita. Precedentes citados: AgRg no REsp 1.173.343-DF, DJe 21/3/2011; REsp 608.810-RS, DJ 19/4/2004; AgRg no Ag 1.252.414-MS, DJe 16/3/2011; REsp 866.780-SP, DJe 9/2/2009; REsp 27.034-MG, DJ 15/3/1993; REsp 196.224-RJ, DJ 18/2/2002; REsp 556.081-SP, DJ 28/3/2005; AgRg no REsp 839.168-PA, DJ 30/10/2006; REsp 294.581-MG, DJ 23/4/2001; AgRg no Ag 1.077.184-SP, DJe 27/4/2009; REsp 382.224-RS, DJ 24/6/2002; REsp 255.057-MG, DJ 4/6/2001, e REsp 169.887-SP, DJ 6/9/1999. **REsp 904.289-MS, Rel. Min. Luis Felipe Salomão, julgado em 3/5/2011.** (Inform. STJ 471)

CRITÉRIOS. FIXAÇÃO. VALOR. INDENIZAÇÃO. ACIDENTE. TRÂNSITO.
Trata-se, na origem, de ação de reparação de danos materiais e morais em razão de acidente automobilístico que vitimou a esposa do recorrente. O Min. Relator, ao analisar, pela primeira vez, em sessão de julgamento, um recurso especial sobre a quantificação da indenização por dano moral, procura estabelecer um critério razoavelmente objetivo para o arbitramento da indenização por dano moral. Primeiramente, afirma que as hipóteses de tarifação legal, sejam as previstas pelo CC/1916 sejam as da Lei de Imprensa, que eram as mais expressivas no nosso ordenamento jurídico para a indenização por dano moral, foram rejeitadas pela jurisprudência deste Superior Tribunal, com fundamento no postulado da razoabilidade. Daí, entende que o melhor critério para a quantificação da indenização por prejuízos extrapatrimoniais em geral, no atual estágio de Direito brasileiro, é o arbitramento pelo juiz de forma equitativa, sempre observando o princípio da razoabilidade. No ordenamento pátrio, não há norma geral para o arbitramento de indenização por dano extrapatrimonial, mas há o art. 953, parágrafo único, do CC/2002, que, no caso de ofensas contra a honra, não sendo possível provar o prejuízo material, confere ao juiz fixar, equitativamente, o valor da indenização na conformidade das circunstâncias do caso. Assim, essa regra pode ser estendida, por analogia, às demais hipóteses de prejuízos sem conteúdo econômico (art. 4º da LICC). A autorização legal para o arbitramento equitativo não representa a outorga ao juiz de um poder arbitrário, pois a indenização, além de ser fixada com razoabilidade, deve ser fundamentada com a indicação dos critérios utilizados. Aduz, ainda, que, para proceder a uma sistematização dos critérios mais utilizados pela jurisprudência para o arbitramento da indenização por prejuízos extrapatrimoniais, destacam-se, atualmente, as circunstâncias do evento danoso e o interesse jurídico lesado. Quanto às referidas circunstâncias, consideram-se como elementos objetivos e subjetivos para a avaliação do dano a gravidade do fato em si e suas consequências para a vítima (dimensão do dano), a intensidade do dolo ou o grau de culpa do agente (culpabilidade do agente), a eventual participação culposa do ofendido (culpa concorrente da vítima), a condição econômica do ofensor e as condições pessoais da vítima (posição política, social e econômica). Quanto à valorização de bem ou interesse jurídico lesado pelo evento danoso (vida, integridade física, liberdade, honra), constitui um critério bastante utilizado na prática judicial, consistindo em fixar as indenizações conforme os precedentes em casos semelhantes. Logo, o método mais adequado para um arbitramento razoável da indenização por dano extrapatrimonial resulta da união dos dois critérios analisados (valorização sucessiva tanto das circunstâncias como do interesse jurídico lesado). Assim, na primeira fase, arbitra-se o valor básico ou inicial da indenização, considerando o interesse jurídico lesado, em conformidade com os precedentes acerca da matéria e, na segunda fase, procede-se à fixação da indenização definitiva, ajustando-se o seu montante às peculiaridades do caso com base nas suas circunstâncias. **REsp 959.780-ES, Rel. Min. Paulo de Tarso Sanseverino, julgado em 26/4/2011.** (Inform. STJ 470)

ERRO MÉDICO. PRESCRIÇÃO. TERMO A QUO.
A Turma, na parte conhecida, deu provimento ao recurso especial da vítima de erro médico para afastar a prescrição reconhecida em primeira instância e mantida pelo tribunal de origem. *In casu*, a recorrente pleiteou indenização por danos morais sob a alegação de que, ao realizar exames radiográficos em 1995, foi constatada a presença de uma agulha cirúrgica em seu abdome. Afirmou que o objeto foi deixado na operação cesariana ocorrida em 1979, única cirurgia a que se submeteu. Nesse contexto, consignou-se que o termo *a quo* da prescrição da pretensão indenizatória pelo erro médico é a data da ciência do dano, não a data do ato ilícito. Segundo o Min. Relator, se a parte não sabia que havia instrumentos cirúrgicos em seu corpo, a lesão ao direito subjetivo era desconhecida, portanto ainda não existia pretensão a ser demandada em juízo. Precedente citado: REsp 694.287-RJ, DJ 20/9/2006. **REsp 1.020.801-SP, Rel. Min. João Otávio de Noronha, julgado em 26/4/2011.** (Inform. STJ 470)

INDENIZAÇÃO. JULGAMENTO ANTECIPADO. PROVA.
Trata-se de ação de indenização por dano moral e material em que correntista de banco, ao verificar o extrato de sua conta-corrente, constatou saque indevido. Depois de frustradas as tentativas para recebimento da quantia retirada sem sua anuência, a autora recorreu ao Procon, mas não obteve resultado concreto, visto que o banco não cumpriu a determinação de ressarcir a recorrida pelo prejuízo sofrido, daí ajuizou a ação. No REsp, o recorrente (banco) busca saber se o tribunal *a quo* poderia, de ofício, anular a sentença de improcedência, visto que, depois de requerida expressamente a produção de provas e seu indeferimento, julgou antecipadamente a lide e deu pela improcedência do pedido ao argumento de ausência de comprovação do direito alegado. O recorrente ainda argumenta que não foi suscitada a questão na apelação e, por esse motivo, o tribunal não poderia apreciá-la de ofício, pois não se trata de matéria de ordem pública. Para o Min. Relator, como ficou evidenciada pela sentença a necessidade da produção de provas pelas quais a recorrida já havia protestado em duas ocasiões, o julgamento antecipado da demanda constitui cerceamento de defesa, além de violação dos princípios constitucionais do contraditório, ampla defesa e devido processo legal, que são preceitos de ordem pública, conforme disposto no art. 5º, LIV e LV, da CF/1988, impondo assim, a anulação, de ofício, da sentença, como procedeu o tribunal *a quo*. Quanto à matéria de fundo, o saque indevido em conta-corrente da recorrida, o entendimento deste Superior Tribunal é no sentido de que é objetiva a responsabilidade da instituição. Diante do exposto, a Turma negou provimento ao recurso. Precedentes citados: REsp 557.030-RJ, DJ 1º/2/2005; REsp 784.602-RS, DJ 1º/2/2006; REsp 406.862-MG, DJ 7/4/2003; REsp 898.123-SP, DJ 19/3/2007, e REsp 1.010.559-RN, DJe 3/11/2008. **REsp 714.467-PB, Rel. Min. Luis Felipe Salomão, julgado em 2/9/2010.** (Inform. STJ 445)

JUROS. CAPITAL PRÓPRIO. JULGAMENTO EXTRA PETITA.
A Seção, por maioria, entendeu que, sem haver pedido expresso na inicial quanto aos juros sobre capital próprio, a sentença não poderia incluí-los na condenação; pois, assim fazendo, o julgamento seria *extra petita*, com ofensa aos arts. 128 e 460 do CPC. Os pedidos, no direito processual, são interpretados estritamente, não podendo ser alargados para incluir, na condenação, aquilo que não foi seu objeto, impossibilitando a discussão da matéria. Os juros sobre o capital próprio não têm natureza acessória, pois dependem de deliberação em assembléia, que determina se os pagará ou não. **REsp 1.171.095-RS, Rel. originário Min. Massami Uyeda, Rel. para acórdão Min. Sidnei Beneti, julgado em 9/6/2010.** (Inform. STJ 438)

HIPOTECA JUDICIÁRIA. SENTENÇA CONDENATÓRIA.
A questão cinge-se em saber se é possível constituir hipoteca judiciária quando pendente de julgamento a apelação recebida nos efeitos devolutivo e suspensivo e interposta contra a sentença condenatória. A Turma entendeu que, se o disposto no inciso III do parágrafo único do art. 466 do CPC permite inferir que a hipoteca judiciária é efeito normal da sentença pendente de recurso e que ela deve ocorrer mesmo quando a apelação for recebida somente no efeito devolutivo, a decorrência lógica é seu cabimento quando a apelação for recebida também no efeito suspensivo. Essa, na verdade, é a situação que mais justifica a necessidade de hipoteca judiciária, pois, nessa hipótese, não se pode promover, desde logo, a execução provisória, e a constrição servirá como um mecanismo para assegurar a efetividade do processo. Dessa forma, o recebimento do recurso em ambos os efeitos não obsta a efetivação da hipoteca judiciária, que é consequência imediata da sentença condenatória. Com esse entendimento, a Turma negou provimento ao recurso. **REsp 981.001-SP, Rel. Min. Nancy Andrighi, julgado em 24/11/2009.** (Inform. STJ 417)

ACIDENTE. INDENIZAÇÃO. DANO ESTÉTICO.
A Turma deu parcial provimento ao recurso para reduzir pela metade a indenização fixada no Tribunal *a quo*, excluiu o dano estético, mas manteve as demais parcelas condenatórias. Considerou-se *extra petita* a decisão recorrida ao afirmar ser o dano estético resultante do dano físico sem que na exordial houvesse pedido explícito, certo e determinado a teor do art. 286 do CPC. **REsp 902.049-BA, Rel. Min. Honildo de Mello Castro (Desembargador convocado do TJ-AP), julgado em 25/8/2009.** (Inform. STJ 404)

RECURSO REPETITIVO. JUROS. MORA. EXECUÇÃO. CC/2002.
Não há que se falar em violação da coisa julgada e do art. 406 do CC/2002 quando o título judicial exequendo exarado em momento anterior ao CC/2002 fixa os juros de mora em 0,5% ao mês (6 % ao ano) e, na execução

do julgado, determina-se a incidência daqueles juros em patamar de 1% ao mês (12% ao ano) a partir do novo código. Quanto a isso, a jurisprudência das Turmas componentes da Primeira Seção do STJ diferencia as situações ao considerar, sobretudo, a data da prolação da sentença exequenda: se essa foi proferida antes do CC/2002 e determinou a aplicação dos juros legais; se a sentença foi proferida antes do CC/2002 e determinou juros moratórios de 6% ao ano; se a sentença é posterior ao CC/2002 e determina juros legais. Quanto a esses casos, há que aplicá-los ao patamar de 6% ao ano (os juros legais à época, conforme o disposto no art. 1.062 do CC/1916) até a entrada em vigor do novo código (11/1/2003), para, a partir dessa data, elevá-los a 12% ao ano. Finalmente, se a sentença é posterior ao novo CC, determina juros de 6% ao ano e não há recurso, deve ser aplicado esse percentual, pois sua modificação dependeria de iniciativa da parte. Anote-se, por último, que a Corte Especial já decidiu, em recurso repetitivo, que o art. 406 do CC/2002, quando alude aos juros moratórios, refere-se mesmo à taxa Selic. Aderindo a esse entendimento, a Seção deu provimento em parte ao recurso especial, sujeito ao procedimento previsto no art. 543-C do CPC e na Res. n. 8/2008-STJ (recurso repetitivo). Precedentes citados: AgRg no REsp 1.070.154-RJ, DJe 4/2/2009; REsp 901.756-RS, DJ 2/4/2007; REsp 814.157-RS, DJ 2/5/2006, e REsp 1.102.552-CE, DJe 6/4/2009. **REsp 1.112.743-BA, Rel. Min. Castro Meira, julgado em 12/8/2009.** (Inform. STJ 402)

DANO MORAL. JULGAMENTO EXTRA PETITA.

As sociedades empresárias (as recorrentes) acompanhadas de mais uma pessoa ofereceram notícia-crime para apurar suposta invasão de sua sede (art. 150 do CP) e subtração de seus livros contábeis (art. 155, § 4°, do mesmo código), delitos atribuídos à ora recorrida e a mais dois outros. Anote-se, porém, que o inquérito que apurava tais crimes foi arquivado, o que levou a recorrida a propor ação de indenização por danos morais contra aquelas sociedades e seu corréu. Sucede que, quando já em curso há mais de dois anos a referida ação, a representante legal das sociedades, mãe da recorrida, ajuizou queixa-crime, ao atribuir à sua filha e a outros a prática de chantagem contra ela: ameaçar revelar vexames de sua vida no intuito de tomar-lhe a administração do patrimônio (art. 158, § 1°, do CP). Na ação civil, a sentença condenou os réus ao pagamento de indenização, tomando como ato ilícito não o oferecimento da notícia-crime (único fato descrito na inicial), mas sim o ajuizamento daquela ação penal privada, daí a alegação das sociedades de que há julgamento *extra petita*. Pela análise da inicial, conclui-se que o pedido deduzido em juízo alude àquele ato praticado pelas sociedades, o oferecimento da notícia-crime. Assim, vê-se que a condenação extrapola nitidamente os limites demarcados na inicial ao fundar a condenação no ajuizamento da ação penal privada, ato que não integra o pedido ou causa de pedir, e que foi praticado após o ajuizamento da ação civil por pessoa física que, não obstante ser sócia e representante legal das sociedades, agiu mesmo na defesa de interesses privados, o que não guarda relação com as sociedades. Dessa forma, constatado que o julgamento deu-se fora dos limites traçados pela parte, há que se declarar sua nulidade. Esse entendimento foi acolhido pela Turma, mas o Min. Luis Felipe Salomão ressalvou à autora postular, se for o caso, o que entender de direito quanto ao segundo fato ainda não apreciado. **AgRg no REsp 736.996-RJ, Rel. Min. João Otávio de Noronha, julgado em 2/6/2009.** (Inform. STJ 397)

ANULAÇÃO PARCIAL. SENTENÇA. PEDIDO ALTERNATIVO.

A Turma conheceu do recurso e lhe deu provimento para anular o acórdão e possibilitar que sejam apreciados os embargos de declaração do autor, ficando prejudicado o recurso dos réus. Na espécie, a sentença, embora de forma pouco técnica, rejeitou o pedido de decretação de nulidade dos atos jurídicos praticados a partir da procuração que o menor impúbere teria outorgado a seu pai, o que deu ensejo às posteriores alienações em favor de seu irmão e, subseqüentemente, a terceiros (usucapião). Para o Min. Relator, o Tribunal estadual não poderia, simplesmente, anular parcialmente a sentença para que o juiz examinasse, então, o pedido alternativo indenizatório. Teria, antes, que decidir se a sentença estava correta na primeira parte. Mas silenciou a respeito, como se estivesse ou acatando aquela conclusão de modo implícito – o que não pode ser –, ou se guardando para um momento ulterior, para após o juízo decidir o pedido alternativo, e aí, então, apreciá-los de uma só vez, o que, também, contraria a economia processual. **REsp 325.553-PR, Rel. Min. Aldir Passarinho Junior, julgado em 28/10/2008.** (Inform. STJ 374)

SEGURADORA. LITIGÂNCIA DE MÁ-FÉ.

Em ação de cobrança contra seguradora, esta se recusou a pagar veículo furtado e não mais recuperado. A negativa da seguradora amparou-se no fato de que a circulação do veículo dava-se em cidade diversa da contratada e, nessa hipótese, o manual do segurado prevê a perda total de direitos. O Tribunal *a quo* manteve a sentença de procedência da ação de cobrança para recebimento da indenização securitária em razão do furto do veículo e, ainda, aplicou pena por litigância de má-fé. Para o Min. Relator, como as instâncias ordinárias concluíram que os segurados fizeram prova de que o veículo realmente circulava na cidade dos segurados, o reexame da matéria esbarra na Súm. n. 7-STJ. Mas, quanto à litigância de má-fé, assiste razão à seguradora. O fato de a seguradora ter se utilizado de recurso de apelação com argumentos fracos ou improcedentes não pode caracterizar, por si só, litigância de má-fé. Diante do exposto, a Turma conheceu em parte do recurso da seguradora e lhe deu provimento apenas para afastar a multa e a indenização por perdas e danos em razão de litigância de má-fé. Precedentes citados: REsp 650.187-SC, DJ 16/11/2004, e REsp 842.688-SC, DJ 21/5/2007. **REsp 556.929-SC, Rel. Min. Aldir Passarinho Junior, julgado em 4/9/2008.** (Inform. STJ 366)

ANULAÇÃO. SENTENÇA. HOMOLOGATÓRIA. ACORDO. ADVOGADO. AUSÊNCIA. MANDATO.

Cuida-se de ação declaratória de anulação de sentença homologatória de acordo com pedido de antecipação de tutela na qual o Tribunal *a quo* confirmou a sentença que reconheceu a nulidade do ato. O acordo judicial foi no âmbito de ação de rescisão contratual, homologado e extinto o processo. Entretanto o patrono já havia renunciado ao mandato conforme a notificação do dia 18/2/2000 e o acordo foi feito em audiência de conciliação, em 25/4/2000. Esclareceu ainda o acórdão recorrido que o advogado não possuía mais poderes de representação para transigir ou firmar compromisso; assim, os atos praticados pelo patrono estavam condicionados à ratificação e juntada de novo instrumento de procuração, o que não ocorreu. Isso posto, ressalta o Min. Relator que não há como se contrapor às afirmativas do acórdão recorrido. Outrossim, o pleito de rescisão contratual que, em primeira instância, aguarda julgamento não constitui óbice à apreciação deste recurso especial, pois o julgamento de um importará ou não na anulação do acordo. Note-se que a sentença anulatória foi de início prolatada por juízo incompetente, mas depois foi remetido à vara onde o acórdão fora homologado, assim não há qualquer mácula ao disposto no art. 113, § 2°, do CPC. Nem os recorrentes lograram demonstrar a ocorrência de prejuízo ou omissão no exame da controvérsia. Com esses argumentos, a Turma não conheceu do recurso. **REsp 648.365-MS, Rel. Min. Fernando Gonçalves, julgado em 6/11/2007.** (Inform. STJ 338)

FAZENDA. *REFORMATIO IN PEJUS*. SELIC. CONDENAÇÃO. JUROS. MORA. CORREÇÃO MONETÁRIA.

Prosseguindo o julgamento, por maioria, a Seção decidiu que se aplica ao valor da condenação a taxa selic (CPC, arts. 219 e 406 do CC/2002), critério válido também para a fixação de juros de mora e de atualização monetária (Lei n. 6.899/1981) nos saldos das contas vinculadas ao FGTS, a partir da citação. Outrossim, mesmo em reexame necessário, não configura *reformatio in pejus* a explicitação dos índices utilizados, pois cabe à Fazenda Nacional impugnar tais critérios de atualização e dos juros fixados. Precedentes citados: REsp 722.475-AM, DJ 1°/7/2005; REsp 666.676-PR, DJ 6/6/2005, e REsp 803.628-RN, DJ 18/5/2006. **REsp 875.919-PE, Rel. Min. Luiz Fux, julgado em 13/6/2007.** (Inform. STJ 323)

COMPRA. IMÓVEIS. DECISÃO *EXTRA PETITA*.

Na espécie, as partes ajuizaram ação *quanti minoris* em desfavor de construtora que entregou imóveis residenciais comprados na planta com divergências no tamanho. A Turma confirmou a decisão recorrida no sentido de que houve julgamento *extra petita*. Não poderia o juiz, de ofício, em audiência prévia de conciliação, determinar que a construtora apurasse os vícios e realizasse os reparos necessários, se tal providência não foi objeto de consenso entre as partes. Pelo contrário, depreende-se da petição inicial que há pedido específico visando apenas ao abatimento no preço dos imóveis. Ressalta o Min. Relator que não se discute ser facultado ao juiz, em circunstâncias especiais, proceder a um ajuste na extensão da providência judicial requerida, mas desde que tal iniciativa não venha a alterar a pretensão perseguida pelos autores. No caso dos autos, foi concedida prestação jurisdicional diversa do requerido, e essa iniciativa não se justifica, nem mesmo a pretexto de tratar-se de tutela de direitos do consumidor. **REsp 493.187-DF, Rel. Min. Castro Filho, julgado em 3/4/2007.** (Inform. STJ 316)

HOMOLOGAÇÃO. SENTENÇA. CLÁUSULA ARBITRAL ANTERIOR. LEI N. 9.307/1996.

Trata-se de contrato firmado no Japão, no ano de 1993, antes da entrada em vigor da Lei n. 9.307/1996, entre duas empresas, uma nacional e outra estrangeira, com cláusula compromissória expressa, elegendo o foro japonês e a Justiça arbitral japonesa para julgar as controvérsias dele decorrentes. Prosseguindo o julgamento, a Corte Especial, por maioria, entendeu que se aplica ao caso o protocolo de Genebra de 1923. O compromisso arbitral representa manifestação de vontade entre as partes e está estritamente vinculado à observância do princípio da boa-fé, que também deve ser observado nos contratos internacionais, sob pena de a empresa nacional vir a ser imputada de desleal por descumprir o que foi pactuado. A empresa nacional compareceu ao tribunal arbitral e produziu defesa, não podendo assim, questionar a sua submissão. Ora, se a requerida, empresa nacional, está submetida ao crivo da Justiça arbitral japonesa, não pode recorrer à Justiça brasileira. Logo a Corte Especial, por maioria, homologou a sentença arbitral estrangeira, pois atendidas as exigências de ordem formal e da absoluta inteligência do julgado, não havendo qualquer reflexo negativo à segurança e à estabilidade das relações de comércio internacional. Precedentes citados do STF: SEC 5.847-EX, DJ 17/12/1999; do STJ: REsp 712.566-RJ, DJ 5/9/2005. **SEC 349-EX, Rel. Min. Eliana Calmon, julgado em 21/3/2007.** (Inform. STJ 314)

INDENIZAÇÃO. SETOR SUCROALCOOLEIRO. PERÍCIA. MEMÓRIA DE CÁLCULO.

Trata-se de recurso interposto pela União contra acórdão do TRF que, em ação indenizatória para pagamento de prejuízos sofridos pelo setor sucroalcooleiro, deu provimento à apelação para reformar a decisão que indeferira a petição inicial do processo executivo. O julgado impugnado admitiu que não caberia discussão acerca da forma como fora realizada a perícia técnica, que já se encontrava acobertada pela coisa julgada, a impedir seu reexame. A recorrente pretende seja reconhecida a necessidade de realização de liquidação por artigos. O Min. Relator, vencido, dava provimento ao recurso entendendo que a sentença fora genérica e que dependeria de liquidação por artigos. A Min. Denise Arruda, divergindo do Min. Relator, aduziu que, em se tratando de execução de sentença ou de acórdão, o título executivo interpreta-se restritivamente, observando-se que os valores encontram-se no laudo pericial realizado em primeiro grau de jurisdição. Bastaria, tão-somente, um novo cálculo partindo-se dos dados constantes do laudo pericial, ou seja, seria suficiente a elaboração de nova memória de cálculos, apenas para atualização dos valores apurados, bem assim para a incidência dos juros moratórios. Com essas considerações, a Turma, ao prosseguir o julgamento, por maioria, negou provimento ao recurso. **REsp 783.192-DF, Rel. originário Min. Teori Albino Zavascki, Rel. para acórdão Min. Denise Arruda, julgado em 15/3/2007.** (Inform. STJ 313)

SENTENÇA. ANULAÇÃO. LAUDO ÚNICO.

Trata-se de ação indenizatória para reparar prejuízos e exigir cumprimento do contrato. As partes ajustaram promessa de compra e venda mercantil de produtos derivados de petróleo por período de dois anos, renováveis automaticamente pelo mesmo período, caso não houvesse denúncia por uma das partes com antecipação mínima de 90 dias. O pedido foi julgado procedente e se utilizou, para fixar o valor da condenação, tão-somente, a perícia contábil do juízo. O Tribunal *a quo* manteve a sentença, só deduziu do montante ICMS cobrado no período em que a apelante estava dispensada de pagá-lo por força de liminar. Para o Min. Relator, a sentença é nula por falta de fundamentação e julgamento além do pedido. Note-se que o pedido recursal não invadiu reexame de prova, baseia-se na fundamentação da sentença, pois o laudo foi muito questionado e se postulam os esclarecimentos pela escolha dele, o qual gerou uma indenização milionária. O Min. Castro Filho, em voto-vista, aduziu que, embora o juiz não esteja vinculado ao laudo pericial, não significa que, ao adotá-lo, não indique, na sentença, os motivos que lhe formaram o convencimento. Com esses esclarecimentos a Turma, ao prosseguir o julgamento, deu provimento ao recurso para anular a sentença. **REsp 802.927-PE, Rel. Min. Ari Pargendler, julgado em 6/3/2007.** (Inform. STJ 312)

SÚMULA STF Nº 616

É permitida a cumulação da multa contratual com os honorários de advogado, após o advento do Código de Processo Civil vigente.

SÚMULA STF Nº 423

Não transita em julgado a sentença por haver omitido o recurso "ex officio", que se considera interposto "ex lege".

SÚMULA STJ Nº 485

A Lei de Arbitragem aplica-se aos contratos que contenham cláusula arbitral, ainda que celebrados antes da sua edição.

SÚMULA STJ Nº 426

Os juros de mora na indenização do seguro DPVAT fluem a partir da citação.

SÚMULA STJ Nº 381

Nos contratos bancários, é vedado ao julgador conhecer, de ofício, da abusividade das cláusulas.

SÚMULA STJ Nº 380

A simples propositura da ação de revisão de contrato não inibe a caracterização da mora do autor.

SÚMULA STJ Nº 313

Em ação de indenização, procedente o pedido, é necessária a constituição de capital ou caução fidejussória para a garantia de pagamento da pensão, independentemente da situação financeira do demandado.

SÚMULA STJ Nº 246

O valor do seguro obrigatório deve ser deduzido da indenização judicialmente fixada.

SÚMULA STJ Nº 102

A incidência dos juros moratórios sobre os compensatórios, nas ações expropriatórias, não constitui anatocismo vedado em lei.

10.2. Sucumbência

RECURSO EXTRAORDINÁRIO E ÔNUS SUCUMBENCIAIS

Por entender que o Supremo, ao julgar recurso extraordinário, aprecia-o como um todo, não cabendo dividir as matérias, a 1ª Turma, por maioria, proveu agravo regimental, interposto de decisão proferida pelo Min. Ricardo Lewandowski, nos autos de recurso extraordinário do qual relator. Na espécie, pleiteava-se a condenação da agravada ao pagamento de honorários advocatícios, visto que renunciara ao direito em que fundada a ação, em virtude de desistência (CPC, art. 269, V). Prevaleceu o voto do Min. Marco Aurélio, que ressaltou a impossibilidade da delegação ao juízo da execução para apurar o valor exato das custas e dos honorários advocatícios, pois não lhe competiria julgar o apelo extremo. Vencidos os Ministros relator e Cármen Lúcia, que desproviam o agravo, sob o fundamento de que, devido à complexidade da causa, a apuração do valor exato das custas processuais e dos honorários advocatícios deveria ser realizada por aquele juízo — sede apropriada para o deslinde da controvérsia. RE 306188 Segundo AgR/PR, rel. orig. Min. Ricardo Lewandowski, red. p/ o acórdão Min. Marco Aurélio, 7.6.2011. (RE-306188) (Inform. STF 630)

DEFENSOR DATIVO E HONORÁRIOS ADVOCATÍCIOS

Compete à justiça comum estadual processar e julgar ações de cobrança de honorários advocatícios arbitrados em favor de defensor dativo. Essa a conclusão do Plenário ao, por maioria, prover recurso extraordinário em que o Estado de Minas Gerais insurgia-se tão-somente quanto ao reconhecimento da competência da justiça federal do trabalho. Reputou-se que a nomeação de advogada como defensora dativa não criaria relação de emprego com a Administração Pública estadual, mas um vínculo jurídico-administrativo. Vencidos os Ministros Marco Aurélio e Ayres Britto, que desproviam o recurso, porquanto consideravam competir à justiça do trabalho julgar a ação. Por fim, o Plenário autorizou que os Ministros decidam monocraticamente os casos idênticos. RE 607520/MG, rel. Min. Dias Toffoli, 25.5.2011. (RE-607520) (Inform. STF 628)

HONORÁRIOS ADVOCATÍCIOS E LIMITES DA COISA JULGADA - 3

Por entender caracterizada, na espécie, ofensa reflexa à Constituição, a Turma, em conclusão de julgamento, não conheceu, por maioria, de recurso extraordinário interposto contra acórdão do Tribunal de Alçada do Estado do Rio Grande do Sul que, ao fundamento de se tratar de mera correção de erro material, confirmara a utilização do valor da causa como parâmetro para o cálculo de honorários advocatícios, embora a parte dispositiva da decisão do tribunal local tivesse utilizado a expressão "valor da execução" — v. Informativo 403. Considerou-se que, no caso, a pretensão da empresa recorrente reportar-se-ia a normas constantes do CPC. Aplicou-se, no ponto, *mutatis mutandis*, o Enunciado 636 da Súmula do STF. Salientou-se que, ainda que se pudesse examinar o mérito do recurso, o resultado seria o desprovimento, afirmando que não haveria que se falar em violação à coisa julgada, já que o acórdão recorrido apenas corrigira erro material, sem modificação do conteúdo do pronunciamento judicial. Nesse sentido, concluiu-se que a motivação do decisório destinara-se a justificar o arbitramento dos honorários com parâmetro no valor da causa, sendo que, ao ser redigido o dispositivo, fizera-se constar o termo valor da execução. Vencido o Min. Marco Aurélio, relator, que provia o recurso para reformar o acórdão impugnado, determinando que se observasse a parte dispositiva do título executivo judicial. O Min. Carlos Britto retificou seu voto. **RE 420909/RS, rel. orig. Min. Marco Aurélio, red. p/ o acórdão Min. Cezar Peluso, 5.5.2009.** (RE-420909) (Inform. STF 545)

SUCUMBÊNCIA. TAXA JUDICIÁRIA. PAGAMENTO. AUTARQUIA ESTADUAL.

In casu, a controvérsia tem por objeto decisão colegiada do Tribunal de Justiça do Rio de Janeiro que imputou ao recorrente, autarquia estadual, o ônus de suportar o recolhimento da taxa judiciária, isto é, custa processual em demanda contra ele proposta. No primeiro grau, o pedido de revisão de benefício previdenciário foi julgado procedente, razão pela qual houve interposição de recurso voluntário da Fazenda Pública, rejeitado liminarmente por intempestividade. Em reexame necessário, o provimento jurisdicional de primeiro grau foi ratificado por decisão monocrática. Não obstante, o órgão colegiado se reportou à legislação estadual para, de ofício, condenar o Fundo Único de Previdência Social do Estado do Rio de Janeiro a recolher a taxa judiciária. Acrescentou que não há *reformatio in pejus*, pois se trata de matéria cognoscível *ex officio*. A Turma entendeu que a taxa judiciária possui natureza de custa processual, razão pela qual a imposição de pagamento representa apenas um consectário da sucumbência, e não o seu agravamento. Com efeito, a sucumbência na demanda é vinculada à pretensão de direito material (revisão de benefício previdenciário) e, no caso dos autos, ficou devidamente demonstrada. A ausência de condenação ao pagamento das custas (nelas incluída a taxa judiciária) pelo juízo de primeiro grau não impede, portanto, que o tribunal *a quo* corrija de ofício o defeito na prestação jurisdicional, mesmo que em reexame necessário. **REsp 1.285.183-RJ, Rel. Min. Herman Benjamin, julgado em 3/11/2011.** (Inform. STJ 486)

REVISÃO. HONORÁRIOS. PROCEDÊNCIA.

Discute-se no REsp se é necessária a revisão dos honorários advocatícios fixados. In casu, os executados impugnam a parcela do acórdão que fixou em R$ 5 mil os honorários advocatícios que lhes seriam devidos pelo exequente. Argumentam que a execução foi proposta pelo valor inicial de R$ 8.653.846,39 e que, vencida a exequente, a fixação de honorários em patamar tão baixo como o adotado pelo tribunal a quo implicaria aviltar o trabalho dos advogados. E que o juiz de 1º grau, ao despachar a inicial da execução, havia fixado honorários de 10% em favor da exequente, de modo que não haveria justiça em negar um tratamento paritário. Em seu voto, a Min. Relatora citou a campanha "Honorários não são gorjeta", promovida por conhecida associação de advogados, a qual manifesta a irresignação dos causídicos quanto aos critérios adotados pelos tribunais para a fixação de honorários de sucumbência, sob o argumento de que a postura atual aviltaria a profissão do advogado. Observando essa manifestação e ponderando a necessidade de uma nova postura quanto à matéria, a Turma reconheceu que a fixação de honorários de R$ 5 mil para o sucesso da exceção de pré-executividade apresentada em execução de quase R$ 9 milhões é quantia aviltante. Para a fixação dos honorários, na hipótese dos autos, deve-se considerar, por um lado, que a vitória na exceção não implica, necessariamente, a impossibilidade de cobrança da alegada dívida por outros meios processuais. Por outro, que não se pode desconsiderar que a defesa apresentada em uma execução de quase R$ 9 milhões, ainda que em causa de baixa complexidade, implica um acréscimo significativo na responsabilidade e no risco em que incorre o causídico. Essas circunstâncias têm de ser levadas em consideração na fixação da verba honorária. Assim, a Turma elevou a verba honorária ao montante de R$ 300 mil. **REsp 1.063.669-RJ, Rel. Min. Nancy Andrighi, julgado em 18/8/2011.** (Inform. STJ 481)

HONORÁRIOS ADVOCATÍCIOS CONTRATUAIS. PERDAS. DANOS.

Cuida-se de ação de cobrança cumulada com compensação por danos morais ajuizada na origem por transportadora (recorrida) contra seguradora (recorrente) em que alegou haver a recusa de pagamento dos prejuízos advindos de acidente que envolveu o veículo segurado. Requereu o pagamento da cobertura securitária e a reparação pelos danos materiais e morais sofridos com a injusta recusa. Também pleiteou o ressarcimento das despesas com a contratação de advogados para o ajuizamento da ação. O juiz julgou parcialmente procedente o pedido, condenando a recorrente ao pagamento de mais de R$ 65 mil, porém o TJ deu parcial provimento à apelação interposta pela recorrente e parcial provimento à apelação adesiva interposta pela recorrida para condenar a recorrente a restituir o valor despendido pela recorrida com os honorários advocatícios contratuais. No REsp, discute-se apenas se estes integram os valores devidos a título de reparação por perdas e danos. Assevera a Min. Relatora que o CC/2002, nos arts. 389, 395 e 404, determina, de forma expressa, que os honorários advocatícios integram os valores devidos a título de reparação por perdas e danos – explica que os honorários mencionados pelos referidos artigos são os honorários contratuais, pois os sucumbenciais, por constituir crédito autônomo do advogado, não importam decréscimo patrimonial do vencedor da demanda. Assim, a seu ver, como os honorários convencionais são retirados do patrimônio da parte lesada – para que haja reparação integral do dano sofrido –, aquele que deu causa ao processo deve restituir os valores despendidos com os honorários contratuais. Contudo, esclarece que, embora os honorários convencionais componham os valores devidos pelas perdas e danos, o valor cobrado pela atuação do advogado não pode ser abusivo, cabendo ao juiz analisar as peculiaridades de cada caso e, se for preciso, arbitrar outro valor, podendo para isso utilizar como parâmetro a tabela de honorários da OAB. Destaca que, na hipótese, não houve pedido da recorrente quanto ao reconhecimento da abusividade das verbas honorárias e, por essa razão, a questão não foi analisada. Diante do exposto, a Turma negou provimento ao recurso. **REsp 1.134.725-MG, Rel. Min. Nancy Andrighi, julgado em 14/6/2011.** (Inform. STJ 477)

HONORÁRIOS ADVOCATÍCIOS SUCUMBENCIAIS. EOAB.

In casu, o STF (em 27/9/1985) extinguiu o processo relativo à ação de execução ajuizada pela cooperativa ora embargante contra a sociedade empresária executada, condenando a embargante ao pagamento dos honorários advocatícios. Os causídicos ora embargados, que foram representantes da executada, após a homologação da liquidação (em 23/10/1986), requereram a execução da sentença (em 27/12/2004) em nome próprio, porém encontraram oposição da embargante, que agora busca saber a quem deve efetivar o pagamento dos honorários: se à parte contra quem travava a contenda ou aos seus advogados, os embargados. A embargante afirma ser credora da executada, mas tem interesse em realizar a compensação de crédito de R$ 299 milhões com dívida de honorários. No acórdão embargado, ficou definido que os advogados têm direito autônomo aos honorários mesmo antes do novo Estatuto da Ordem dos Advogados (EOAB – Lei n. 8.906/1994). Entretanto, a embargante aponta dissidência jurisprudencial com paradigmas da Primeira, Segunda e Quarta Turmas deste Superior Tribunal. Assim, a controvérsia consiste em definir a quem pertencem os honorários advocatícios fixados judicialmente antes do advento do novo EOAB. Para o Min. Relator, embora, nessa situação, os honorários sejam da parte, o advogado poderia executá-los diretamente, salvo se houvesse disposição contratual em sentido contrário, contudo essa tese ficou vencida. Para o condutor da tese vencedora, Min. Humberto Martins, sob a égide do antigo estatuto e após o CPC/1973, o direito é da parte, e o advogado somente pode executá-lo diretamente por disposição contratual. Explica que, antes da vigência do CPC/1973, o antigo estatuto da OAB (Lei n. 4.215/1963) atribuía um direito subjetivo aos causídicos, com poucas restrições, mas, após 1973, quando o Código passou a viger, aquele direito autônomo à execução dos honorários teria sofrido a influência da nova regra do CPC. Assevera que, na realidade, o direito do representante judicial foi subsumido ao direito subjetivo da parte, podendo-se dizer, a seu ver, que a autonomia do advogado foi restringida, porquanto condicionada à existência de uma avença. No caso, reconhece que inexiste nos autos a demonstração de que houve avença entre a parte vencedora e seus advogados para atribuição do direito subjetivo autônomo às verbas sucumbenciais. Ressalta, ainda, que a maioria das Turmas tem admitido que, antes do advento da Lei n. 8.906/1994, a titularidade das verbas de honorários de sucumbência é da parte vencedora e não do respectivo advogado, embora aponte que existem decisões divergentes. O Min. Mauro Campbell Marques, que também aderiu à tese vencedora, acrescentou outros fundamentos, entre eles, o de que não há como equiparar a disciplina disposta no EOAB/1963 à do atual de 1994, porquanto o estatuto anterior dispunha sobre o direito do advogado apenas quanto aos honorários contratados e, quando não existia contrato dispondo sobre os honorários, eles eram fixados em percentual sobre o valor da causa, devendo ser arbitrados judicialmente. Assim, a existência do "direito autônomo" mencionado no § 1º do art. 99 do estatuto anterior deve ser entendida somente nesse contexto. Aponta que o estatuto atual, ao contrário do anterior, dispôs expressamente que é assegurado ao advogado inscrito na OAB o direito não só aos honorários convencionados, mas também aos fixados por arbitramento judicial e aos de sucumbência e, com a edição do CPC em 1973, estipulou-se que o vencido deveria pagar ao vencedor as despesas que antecipou e os honorários advocatícios. Destaca também que outra diferença a ser observada, para reforçar a separação dos regimes, é que, diferentemente do estatuto antigo, o atual, ao dispor sobre o direito autônomo à execução, faz isso com uma cláusula que antes não existia: ressalta expressamente que os honorários por arbitramento ou sucumbenciais pertencem ao advogado. Esclarece que antes não se admitia, em regra, o direito do advogado à sucumbência, porquanto já remunerado pela via contratual, até porque a sucumbência tinha, naquela época, natureza de ressarcimento para afastar o prejuízo da parte vencedora, que teve de contratar seu causídico. Assim, a lei processual, a partir de 1973, por sua vez dispôs que os honorários deveriam ser arbitrados em favor da parte vencedora de modo a corroborar a ideia de que a regra era a remuneração do advogado pelos honorários contratuais e a sua exceção, a remuneração pela sucumbência. Logo, a harmonização mais adequada a partir do CPC/1973 e antes do advento do estatuto de 1994 é que o pagamento dos honorários sucumbenciais à parte estabelecido no art. 20 do CPC está em sintonia com o direito do advogado aos honorários contratados, como regra, conforme previsão dos arts. 96 e 97 do EOAB/1963. Conclui que a violação da jurisprudência do STJ deu-se quando admitida a execução pelo advogado sem saber se houve o pagamento antecipado dos honorários ou autorização em contrato e, assim, por via transversa, houve eficácia retroativa ao estatuto antigo, o que jamais este Superior Tribunal admitiu. Diante do exposto, a Corte Especial, por maioria, após o voto de desempate do Min. Felix Fischer, deu provimento aos embargos de divergência. Precedentes citados: REsp 188.768-SP, DJ 20/3/2006; REsp 541.189-RS, DJ 9/2/2005; REsp 115.156-RS, DJ 8/3/2000; REsp 160.797-MG, DJ 1º/8/2000; REsp 2.165-RS, DJ 28/9/1992; REsp 184.561-PR, DJ 24/4/2006; REsp 859.944-SC, DJe 19/8/2009; REsp 16.489-PR, DJ 8/6/1992; AgRg no Ag 249.734-RS, DJ 25/9/2000, e REsp 90.118-DF, DJ 11/11/1996. **EAg 884.487-SP, Rel. originário Min. Luiz Fux, Rel. para acórdão Min. Humberto Martins, julgados em 1º/6/2011.** (Inform. STJ 475)

MUNICÍPIO. ADIANTAMENTO. HONORÁRIOS. CURADOR ESPECIAL.

A Turma, por maioria, deu provimento ao recurso por entender que o município recorrente não está obrigado a antecipar o pagamento dos honorários advocatícios arbitrados para o curador especial que, na execução fiscal, fora nomeado para representar os devedores revéis citados por edital. Precedente citado: REsp 142.188-SP, DJ 26/10/1998. **REsp 1.225.453-PR, Rel. Min. Mauro Campbell Marques, julgado em 2/6/2011.** (Inform. STJ 475)

HONORÁRIOS ADVOCATÍCIOS. CUMULAÇÃO. EXECUÇÃO. EMBARGOS.

Noticiam os autos que o recorrido (exequente) contratou o recorrente (advogado) para ajuizar ação de execução de título extrajudicial com garantia hipotecária em que foi fixada a verba honorária em 20% sobre a quantia executada, ônus que caberia ao executado na previsão do contrato. Consta que o recorrente foi patrono na execução e nos incidentes processuais, entre os quais, os embargos que foram julgados parcialmente procedentes, entretanto mantendo a cobrança da dívida. Sucede que, por ocasião da arrematação do primeiro imóvel, segundo alega o recorrente, o recorrido teria firmado quitação parcial com os executados sem repasse dos honorários advocatícios. Agora, nos autos de embargos à execução, o recorrido repele o contrato de mandato em que pactuada a verba honorária, afirmando que deveria ser cobrada dos devedores originais. Explica o Min. Relator que, em se tratando de embargos do devedor parcialmente acolhidos com redução da dívida exequenda, a jurisprudência adota verba honorária única em favor do credor, que deverá incidir sobre o valor remanescente da execução, em razão da necessidade de compensação dos honorários entre as partes. É cediço que a fixação dos honorários no início da execução pode assumir natureza de definitividade quando a sentença nada determina, limitando-se a estipular os honorários devidos nessa ação, o que ocorreu no caso dos autos. Assim, não havendo honorários sucumbenciais a serem cobrados da parte adversa no tocante aos embargos, subsistem os 20% da execução. No entanto, segundo o Min. Relator, incabível essa cobrança na hipótese, diante da ilegitimidade passiva *ad causam*, uma vez que a execução dos honorários foi ajuizada contra o credor exequente, ora recorrido, sendo que quem responde pelos honorários advocatícios é o executado, às expensas de quem realiza a execução. Quanto à exequibilidade da verba honorária quando da celebração do acordo, o tribunal *a quo* assentou haver ausência de prova, enfatizando que, diante da improcedência dos embargos à arrematação, a responsabilidade cabe ao executado. Quanto à exigibilidade dos honorários fixados pelo contrato mandato, na hipótese há a peculiaridade da previsão contratual de que a verba honorária deveria ser cobrada exclusivamente dos devedores, além de que o acordo de compensação parcial não foi comprovado nos autos. Dessa forma, infirmar tais fatos faria incidir as Súmulas ns. 5 e 7 do STJ. Com esse entendimento, a Turma conheceu em parte do recurso e, nessa parte, negou-lhe provimento. Precedentes citados: EDcl no REsp 1.130.913-PR, DJe 18/8/2010; EREsp 598.730-SP, DJe 23/2/2010, e REsp 1.224.926-PR, DJe 31/3/2011. **REsp 854.387-PR, Rel. Min. Luis Felipe Salomão, julgado em 2/6/2011.** (Inform. STJ 475)

RESP. INVERSÃO. SUCUMBÊNCIA. MAJORAÇÃO.

A Seção, em outra assentada de julgamento, deu provimento ao REsp do ora embargante e inverteu a conclusão do julgamento realizado pelo TJ. Dessarte, como consequência disso, também deve inverter o ônus da sucumbência. Assim, ao apreciar de ofício a majoração dos honorários advocatícios, diante das peculiaridades da espécie e do valor ínfimo que lhes deu o acórdão recorrido, a Seção impôs honorários no valor de R$ 10 mil (art. 20, § 4º, do CPC). **EDcl no REsp 1.073.595-MG, Rel. Min. Nancy Andrighi, julgados em 25/5/2011.** (Inform. STJ 474)

EMBARGOS INFRINGENTES. HONORÁRIOS ADVOCATÍCIOS.

In casu, a recorrida opôs embargos à execução, que foram extintos no juízo de primeiro grau em razão do trânsito em julgado de sentença proferida em ação anulatória que determinou o cancelamento da inscrição da dívida ativa, sendo a verba honorária fixada em R$ 2 mil. Sucede que o recurso de apelação interposto pela recorrida com o objetivo de majorar a verba honorária foi provido por maioria, fixando-a em 5% do valor da execução. Entretanto, a apelação da Fazenda Nacional foi julgada prejudicada, foram apresentados os embargos de declaração, mas eles foram rejeitados e considerados protelatórios, aplicando-se a multa de 1% do valor da causa (art. 538, parágrafo único, do CPC). Irresignada, a Fazenda Nacional interpôs embargos infringentes para que prevalecesse o voto vencido, o que não foi admitido sob a alegação de que, se os embargos infringentes versam apenas sobre honorários advocatícios e a sentença originária recorrida lastreou-se no art. 267 do CPC, é vedada a sua interposição. Daí o presente recurso especial da Fazenda Nacional. Observa o Min. Relator que o entendimento deste Superior Tribunal é que são admissíveis os embargos infringentes na hipótese de o acórdão recorrido proferido por maioria reformar a matéria acessória da sentença de mérito, relativa aos honorários advocatícios. Assevera, entretanto, que, no caso dos autos, a hipótese é diversa: os honorários advocatícios (parcela acessória) decorrem de sentença extintiva sem julgamento do mérito; ausente, assim, um dos requisitos necessários à admissão dos embargos infringentes, qual seja, a existência de sentença de mérito. Ademais, a nova redação dada ao art. 530 do CPC pela Lei n. 10.352/2001 impõe a conclusão de que, havendo sentença que extingue o processo sem resolução de mérito e fixada verba honorária em desfavor do vencido, não são cabíveis os embargos infringentes, ainda que, no âmbito do segundo grau, por maioria, haja reforma da parte relativa aos honorários advocatícios fixados na sentença extintiva. Dessa forma, como não são cabíveis os embargos infringentes, explica o Min. Relator que as demais questões tratadas no REsp estão preclusas, uma vez que, nesses casos, os embargos infringentes não interrompem o prazo para a propositura de qualquer recurso. Diante do exposto, a Turma conheceu parcialmente do recurso e, nessa parte, negou-lhe provimento. Precedentes citados: AgRg no REsp 882.716-MS, DJe 20/4/2009; REsp 904.840-RS, DJ 7/5/2007; REsp 829.147-RS, DJe 24/9/2008; AgRg no Ag 946.847-RJ, DJe 28/4/2011; AgRg no AgRg no REsp 1.201.764-MG, DJe 2/3/2011; REsp 1.074.824-SP, DJe 29/10/2008; EDcl nos EDcl no AgRg no Ag 1.141.263-PE, DJe 10/5/2010; AgRg nos EDcl no Ag 1.184.307-MG, DJe 22/2/2010, e AgRg no REsp 1.035.810-PR, DJe 7/5/2009. **REsp 1.244.683-GO, Rel. Min. Mauro Campbell Marques, julgado em 24/5/2011.** (Inform. STJ 474)

HONORÁRIOS ADVOCATÍCIOS. DEFENSORIA PÚBLICA.

A Turma reafirmou que não são devidos honorários à Defensoria Pública no exercício da curadoria especial, uma vez que essa função faz parte de suas atribuições institucionais. *In casu*, trata-se de ação de despejo cumulada com cobrança de aluguéis em que a ré foi citada fictamente e, por essa razão, houve a nomeação de defensor público estadual como curador especial. Então, a Defensoria Pública estadual (recorrente) pediu antecipação dos honorários advocatícios, mas o juízo indeferiu. Por sua vez, o TJ negou provimento ao agravo de instrumento interposto pela recorrente. No REsp, a Defensoria alega, entre outros argumentos, que os honorários do curador especial enquadram-se no conceito de despesas judiciais; assim, estão sujeitos ao adiantamento e são destinados ao fundo da escola superior da defensoria estadual. Assim, pugna que eles são devidos, pois não pode ser dado à Defensoria tratamento diferenciado daquele conferido ao curador sem vínculo com o Estado. Esclareceu a Min. Relatora que, apesar da impossibilidade de percepção de honorários advocatícios no exercício de função institucional, eles só são devidos à Defensoria Pública como instituição, quando forem decorrentes da regra geral de sucumbência nos termos do art. 4º, XXI, da LC n. 80/1994. Precedente citado: AgRg no REsp 1.176.126-RS, DJe 17/5/2010. **REsp 1.203.312-SP, Rel. Min. Nancy Andrighi, julgado em 14/4/2011.** (Inform. STJ 469)

REPETITIVO. HONORÁRIOS ADVOCATÍCIOS. REPARTIÇÃO.

A Corte Especial, ao prosseguir o julgamento do REsp submetido ao regime do art. 543-C do CPC e Res. n. 8/2008-STJ, reiterou que a norma estabelecida no § 2º do art. 6º da Lei n. 9.469/1997, incluído pela MP n. 2.226/2001, que determina a repartição dos honorários advocatícios em caso de acordo extrajudicial ou transação entre as partes, não alcança acordos ou transações celebrados em data anterior à sua vigência. Precedentes citados: AgRg no REsp 1.200.541-RJ, DJe 3/12/2010; REsp 1.162.585-BA, DJe 7/6/2010, e REsp 1.153.356-PR, DJe 7/6/2010. **REsp 1.218.508-MG, Rel. Min. Teori Albino Zavascki, julgado em 16/3/2011.** (Inform. STJ 466)

HONORÁRIOS ADVOCATÍCIOS. CONDENAÇÃO. EQUIDADE.
Os pedidos formulados na inicial buscavam anular deliberação tomada em assembleia geral ordinária de companhia telefônica quanto à forma lá estabelecida de apuração de dividendos de ações preferenciais, bem como seus reflexos nas demonstrações financeiras. Em consequência disso, também se almejava a condenação da companhia a realizar a correta distribuição daqueles dividendos, segundo o que fosse apurado em liquidação. Por sua vez, a sentença acolheu os pedidos, pois declarou nula a forma de apuração daqueles dividendos e condenou a companhia a pagar a diferença a eles relativa, conforme pleiteado. Dessarte, vê-se que esse *decisum* tem cunho predominantemente condenatório, apesar da dependência de realização de sua liquidação. Assim, é incorreta a fixação dos honorários advocatícios mediante arbitramento com lastro na equidade, cabível somente nas exceções constantes do art. 20, § 4º, do CPC, mesmo que para tal se considere o alto valor atribuído à causa (mais de R$ 30 milhões). Há que disciplinar a fixação desses honorários pelo disposto no § 3º daquele mesmo artigo e fixar o percentual de 10% sobre o valor da condenação, ao considerar-se não ser de grande complexidade a causa, a prestação do serviço advocatício na própria cidade em que o causídico mantém seu escritório, afora o valor econômico envolvido na demanda e a forma zelosa e diligente de atuação do advogado, que acompanha a causa desde 1997. **REsp 1.019.178-DF, Rel. Min. Nancy Andrighi, julgado em 3/2/2011.** (Inform. STJ 461)

HONORÁRIOS ADVOCATÍCIOS. DUPLA CONDENAÇÃO.
A doutrina e a jurisprudência do STJ consagraram o entendimento de que é cabível a dupla condenação em honorários advocatícios fixados na ação de execução com aqueles arbitrados nos respectivos embargos do devedor, porquanto os embargos constituem autêntica ação de conhecimento. Precedentes citados: EREsp 81.755-SC, DJ 2/4/2001; AgRg nos EDcl nos EDcl no REsp 1.101.165-SP, DJe 3/5/2010; REsp 1.033.295-MG, DJe 1º/12/2008; REsp 1.019.720-PA, DJe 2/10/2008; REsp 906.057-SP, DJe 26/8/2008, e REsp 995.063-SP, DJe 30/6/2008. **REsp 1.212.563-RS, Rel. Min. Luiz Fux, julgado em 7/12/2010.** (Inform. STJ 459)

HONORÁRIOS ADVOCATÍCIOS. REVISÃO.
Na hipótese, o tribunal *a quo* arbitrou os honorários dos advogados dos recorrentes em R$ 1.500,00 com fundamento no art. 20, § 4º, do CPC. Contudo, os recorrentes afirmam que o valor é ínfimo e que os honorários deveriam ter sido calculados com base no § 3º do art. 20 do mesmo código. Sustentam que, mesmo nas sentenças em ações puramente declaratórias, haverá um mínimo de peso condenatório, bem como que a verba deveria ter sido fixada a partir do valor dado à causa. Assim, a questão posta no REsp cingiu-se em definir se os honorários advocatícios dos patronos dos recorrentes foram arbitrados em valor razoável ou se devem ser majorados. Inicialmente, salientou a Min. Relatora ser firme o entendimento neste Superior Tribunal de que o valor de honorários advocatícios somente comporta revisão nas hipóteses em que a quantia se mostrar irrisória ou exorbitante. Desse modo, após outras considerações, asseverou que, na ação revisional em que se pretende a declaração de nulidade de cláusulas abusivas e a repetição do indébito, a estipulação da verba honorária segue o art. 20, § 4º, do CPC. Dessarte, diante de precedentes do STJ, destacou a Min. Relatora que, no cálculo da verba honorária com base nesse dispositivo, o juiz pode levar em consideração o valor atribuído à causa, mas não está adstrito nem vinculado a ele. Ressaltou que, em fevereiro de 2004, foi dado à causa o valor de R$ 144.549,93, que corresponderia ao montante pago a maior pelos recorrentes. Esse valor, corrigido pelo índice eleito na sentença (IGP-M) e acrescido de juros legais (1% ao mês), alcança, atualmente, a cifra aproximada de R$ 365 mil. Assim, levando-se em conta a complexidade da ação e o trabalho realizado pelos advogados, constata-se que, de fato, o valor fixado no acórdão recorrido a título de honorários advocatícios fica muito aquém da remuneração devida aos advogados dos recorrentes, afigurando-se razoável a fixação de tais honorários em R$ 20 mil. Observou, por fim, a Min. Relatora que o exercício aritmético realizado no cômputo dos honorários não foi rigoroso. Houve apenas a busca de parâmetros, tais como o valor atualizado da causa, o percentual de êxito dos recorrentes e o grau de complexidade da ação para chegar a um valor fixo que dignifique o trabalho do advogado, mas sem qualquer vinculação às mencionadas variáveis. Nesse contexto, a Turma deu provimento ao recurso. Precedentes citados: AgRg nos EREsp 644.871-SC, DJe 26/3/2009; AgRg nos EREsp 866.718-RJ, DJ 29/6/2007; AgRg nos EDcl nos EDcl no Ag 833.669-RJ, DJe 18/12/2009; REsp 692.963-SP, DJ 30/10/2006; AgRg no Ag 753.002-RS, DJ 18/12/2007; REsp 248.424-RS, DJ 5/2/2001, e REsp 247.518-MG, DJ 20/3/2006. **REsp 1.047.123-RS, Rel. Min. Nancy Andrighi, julgado em 9/11/2010.** (Inform. STJ 455)

HONORÁRIOS ADVOCATÍCIOS. HABILITAÇÃO. CRÉDITO.
A Turma deu parcial provimento ao recurso especial a fim de majorar a verba honorária devida ao patrono da recorrente, por entender como irrisório o valor fixado pelo tribunal *a quo*. Inicialmente, frisou-se ser orientação deste Superior Tribunal o cabimento da condenação em honorários advocatícios nas demandas em que tenha sido impugnado o pedido de habilitação de crédito em concordata ou falência. Contudo, ressaltou-se que a sentença prolatada nos autos da referida habilitação apresentou cunho eminentemente declaratório, já que a recorrida não formulou pedido com conteúdo econômico imediato. Por esse motivo, entendeu-se inexistir condenação, o que atrai a aplicação do § 4º do art. 20 do CPC, e não do § 3º do mesmo dispositivo. Salientou-se, ademais, não ser possível vincular a aferição da verba honorária à quantia referente à diferença entre o valor do crédito declarado no rol geral de credores e aquele que a recorrida pretendia ver habilitado. Precedentes citados: EREsp 188.759-MG, DJ 4/6/2001; AgRg nos EREsp 644.871-SC, DJe 26/3/2009; AgRg nos EREsp 866.718-RJ, DJ 29/6/2007, e REsp 505.697-RS, DJ 24/9/2007. **REsp 1.098.069-SC, Rel. Min. Nancy Andrighi, julgado em 4/11/2010.** (Inform. STJ 454)

HONORÁRIOS ADVOCATÍCIOS. ABANDONO. CAUSA.
Trata-se da necessidade de fixação de honorários advocatícios em favor do advogado do réu na hipótese de extinção do processo sem resolução de mérito, em decorrência do abandono da causa por ambas as partes, nos termos do art. 267, II, do CPC. No caso, em ação de reintegração de posse, o juiz, atendendo a requerimento de ambas as partes, determinou a suspensão do processo por 30 dias. Todavia, transcorridos mais de três anos da suspensão do feito sem que houvesse manifestação das partes, aquele juízo extinguiu o processo sem resolução de mérito, nos termos do referido artigo, sem condenação em honorários advocatícios. Dessa sentença, adveio a apelação do advogado da ré, buscando, em seu favor, o arbitramento dos honorários, mas o TJ negou-lhe provimento. Observa o Min. Relator que, no caso de extinção do processo por negligência de ambas as partes, o art. 267, II, do CPC determina repartir proporcionalmente as custas (§ 2º), mas silencia quanto ao pagamento dos honorários de advogado. Segundo o Min. Relator, mesmo exaustivamente disciplinando os ônus da sucumbência nas diversas hipóteses de abandono da causa, pode-se concluir que é eloquente o silêncio da norma acerca dos honorários de advogado, ou seja, a seu ver, não devem ser fixados os honorários advocatícios. Também explica haver interpretações de que, havendo a extinção do processo por abandono de ambas as partes, cada uma delas deve pagar os honorários de seu advogado, diferentemente de quando o abandono do processo for apenas do autor (art. 267, III, do CPC), quando ele será condenado ao pagamento das custas e dos honorários de advogado. Assim, na hipótese dos autos, explica o Min. Relator que nenhum desses posicionamentos ampara a pretensão do recorrente. Por esse motivo, negou provimento ao recurso, no que foi seguido pelos demais ministros. **REsp 435.681-ES, Rel. Min. Paulo de Tarso Sanseverino, julgado em 19/10/2010.** (Inform. STJ 452)

HONORÁRIOS ADVOCATÍCIOS. CUMULAÇÃO. PEDIDOS. SUCUMBÊNCIA.
Ressaltou o Min. Relator que a matéria dos EREsp é tratada pelos órgãos fracionários, mas ainda não fora enfrentada pela Corte Especial, embora se trate de questão da mais alta relevância, tendo em vista ser a cumulação (própria ou imprópria) de pedidos expediente comum de que se valem as partes e os advogados para postular, em uma mesma ação, pretensões das mais diversas, conexas ou não. No caso dos autos, afirma ser notória a divergência apontada, por isso o acórdão recorrido deve ser revisto em consonância com a doutrina e a jurisprudência predominante neste Superior Tribunal. Explica que, embora os acórdãos embargado e paradigma não tenham adotado a mesma terminologia para a cumulação de pedidos de que trata o art. 289 do CPC, eles divergem quanto à correta exegese desse dispositivo: o primeiro concluiu que o acolhimento do pedido subsidiário e a rejeição do principal conduzem à sucumbência integral da parte ré, enquanto o segundo entendeu que a rejeição de um dos pedidos sucessivos traz a sucumbência mútua das partes. Para o Min. Relator, na hipótese dos autos, a primeira postulação foi deduzida em caráter preferencial, de modo que seu indeferimento acarretou o acolhimento do pedido seguinte, assim o caso é de cumulação subsidiária de pedidos, visto que o segundo pedido somente foi analisado porque o primeiro veio a ser rejeitado. Dessarte, observa ser uma situação distinta da cumulação de pedidos sucessivos, em que a postulação seguinte só seria examinada se a anterior tivesse

sido acolhida. Expõe, assim, que a cumulação imprópria subsidiária de pedidos, também chamada de eventual por alguns doutrinadores, está regulada no art. 289 do CPC e se faz presente quando o autor formula dois ou mais pedidos excludentes em ordem de hierarquia fixada na petição inicial, os quais somente deverão ser examinados e eventualmente acolhidos no caso de ser rejeitado o pedido imediatamente anterior. Dessa forma, evidencia-se, na cumulação subsidiária de pedidos, haver parcial sucumbência da parte que não teve sua pretensão atendida na extensão que preferencialmente desejava. Assevera que, nesses casos, a solução a ser adotada para resolver a controvérsia passa, em um primeiro momento, pela classificação do pedido, para que então possa ser definido o regime jurídico a ele aplicável, sobretudo quanto aos honorários advocatícios e ao interesse de recorrer. Diante do exposto, os embargos de divergência foram providos de acordo com a orientação do acórdão paradigma de que, havendo a rejeição do pedido principal e o acolhimento de outro subsidiário, estará configurada a mútua sucumbência, podendo ainda o juiz, no caso concreto e com respaldo na equidade, atribuir os ônus de sucumbência integralmente ao réu, quando reconhecer a sucumbência mínima do autor naqueles casos em que há parcial equivalência entre os pedidos principal e subsidiário. Precedentes citados: REsp 618.637-SP, DJ 27/8/2007; AgRg no Ag 264.726-SP, DJ 26/6/2000; EDcl no REsp 380.435-RS, DJ 24/10/2005, e EDcl nos EDcl no REsp 383.316-RS, DJ 5/12/2005. **EREsp 616.918-MG, Rel. Min. Castro Meira, julgados em 2/8/2010.** (Inform. STJ 441)

REPETITIVO. HONORÁRIOS ADVOCATÍCIOS. SÚM. N. 306-STJ.
A Corte Especial, ao apreciar REsp submetido ao regime do art. 543-C do CPC e da Res. n. 8/2008-STJ, reiterou o entendimento cristalizado na Súm. n. 306-STJ. A Lei n. 8.906/1994 assegura ao advogado a titularidade da verba honorária incluída na condenação, sendo certo que a previsão de compensação dos honorários na hipótese de sucumbência recíproca, contida no CPC, não colide com a referida norma do Estatuto da Advocacia, essa é a *ratio essendi* da Súm. n. 306-STJ. O art. 23 da Lei n. 8.906/1994 não revogou o art. 21 do CPC. Em havendo sucumbência recíproca e saldo em favor de uma das partes, é assegurado o direito autônomo do advogado de executar o saldo da verba advocatícia do qual o seu cliente é beneficiário. Precedentes citados: AgRg no REsp 620.264-SC, DJe 26/10/2009; REsp 1.114.799-SC, DJe 28/10/2009; REsp 916.447-RS, DJe 29/9/2008; AgRg no REsp 1.000.796-BA, DJe 13/10/2008; AgRg no REsp 823.990-SP, DJ 15/10/2007; REsp 668.610-RS, DJ 3/4/2006, e REsp 290.141-RS, DJ 31/3/2003. **REsp 963.528-PR, Rel. Min. Luiz Fux, julgado em 2/12/2009.** (Inform. STJ 418)

REPETITIVO. HONORÁRIOS ADVOCATÍCIOS. SUCUMBÊNCIA RECÍPROCA. AÇÃO PRÓPRIA.
A Corte Especial, ao apreciar REsp submetido ao regime do art. 543-C do CPC e da Res. n. 8/2008-STJ, reiterou o entendimento de que a condenação nas verbas de sucumbência decorre do fato objetivo da derrota no processo, cabendo ao juiz condenar, de ofício, a parte vencida independentemente de provocação expressa do autor, porquanto se trata de pedido implícito, cujo exame decorre da lei processual civil. Omitindo-se a decisão quanto à condenação em honorários advocatícios, deve a parte interpor embargos de declaração na forma do disposto no art. 535, II, do CPC. Não interpostos tais embargos, não pode o Tribunal, quando a decisão passou em julgado, voltar ao tema a fim de condenar o vencido no pagamento de tais honorários. Se o fizer, terá afrontado a coisa julgada. Se a sentença omissa na condenação em honorários de sucumbência passou em julgado, não pode o advogado vitorioso cobrar os honorários omitidos. O trânsito em julgado de decisão omissa em relação à fixação dos honorários sucumbenciais impede o ajuizamento de ação própria para fixar honorários advocatícios, sob pena de afronta aos princípios da preclusão e da coisa julgada. Isso porque, na hipótese de omissão do julgado, caberia à parte, na época oportuna, requerer a condenação nas verbas de sucumbência em sede de embargos declaratórios, antes do trânsito em julgado da sentença. Destarte, a ausência de discussão da matéria no recurso da ação principal e a falta de oposição de embargos de declaração tornam preclusa a questão por força da coisa julgada, passível de modificação apenas mediante o ajuizamento de ação rescisória. Precedentes citados do STF: AgRg na ACO 493-MT, DJ 19/3/1999; do STJ: AgRg no REsp 886.559-PE, DJ 24/5/2007; REsp 747.014-DF, DJ 5/9/2005; REsp 661.880-SP, DJ 8/11/2004, e REsp 237.449-SP, DJ 19/8/2002. **REsp 886.178-RS, Rel. Min. Luiz Fux, julgado em 2/12/2009.** (Inform. STJ 418)

HONORÁRIOS ADVOCATÍCIOS. SENTENÇA. CUMPRIMENTO.
A Turma reiterou que são devidos honorários advocatícios no caso de não ser paga espontaneamente a dívida após decorrido o prazo previsto no art. 475-J do CPC. A nova sistemática prevista na Lei n. 11.232/2005, na alteração da natureza da execução de sentença, que deixou de ser processo autônomo e passou a ser mera fase complementar do mesmo processo em que o provimento é assegurado, não traz nenhuma modificação no que tange aos honorários advocatícios. A interpretação literal do art. 20, § 4º, do CPC não deixa dúvidas, tanto que, conforme a expressa dicção do referido dispositivo legal, os honorários são devidos nas execuções, embargadas ou não. Ademais, pelo art. 20, § 4º, do CPC, a execução comporta o arbitramento de honorários e se, de acordo com o art. 475-I do CPC, o cumprimento da sentença é realizado via execução, por força desses dois postulados, são devidos os honorários na fase de cumprimento da sentença, pois os fixados na fase de cognição referem-se apenas ao trabalho realizado pelo advogado até então. Precedentes citados: REsp 1.028.855-SC, DJe 5/3/2009; REsp 1.084.484-SP, DJe 21/8/2009; AgRg no Ag 1.012.843/RS, DJe 17/8/2009; REsp 1.054.561-SP, DJe 12/3/2009, e AgRg no REsp 1.036.528-RJ, DJe 3/2/2009. **REsp 1.165.953-GO, Rel. Min. Luiz Fux, julgado em 24/11/2009.** (Inform. STJ 417)

RENÚNCIA. AÇÃO. HONORÁRIOS ADVOCATÍCIOS.
Trata-se, na espécie, de ação de compensação por danos morais, em razão da inscrição indevida do autor em cadastro de restrição ao crédito. Na fase de recurso especial, o autor, nos termos do art. 269, V, do CPC, renunciou ao direito sobre o qual se funda a ação. Baixados os autos ao juízo de primeiro grau, iniciou-se o processamento da execução dos honorários advocatícios em desfavor da ré. Assim, a Turma, agora, ao julgar o segundo recurso especial, entendeu que não há condenação da ré, ora recorrente, ao pagamento dos honorários advocatícios deferidos pelo Tribunal *a quo*, pois o primeiro recurso especial ficou pendente de julgamento e, consequentemente, não se operou coisa julgada. Ora, a renúncia, se não houver sido constituída a coisa julgada, conduz a julgamento favorável ao réu, cujo efeito equivale à improcedência do pedido formulado pelo autor, de modo que ele é quem deve suportar o pagamento dos honorários advocatícios. Precedente citado: REsp 19.758-RS, DJ 30/5/1994. **REsp 1.104.392-MG, Rel. Min. Nancy Andrighi, julgado em 17/11/2009.** (Inform. STJ 416)

HONORÁRIOS ADVOCATÍCIOS. TERMO A QUO. JUROS MORATÓRIOS.
Segundo a orientação do STF, incluem-se os juros moratórios na liquidação, embora omisso o pedido na inicial e na condenação (Súm. n. 254-STF), assegurando, desse modo, a inclusão de juros moratórios não previstos na sentença executada. Assim o termo *a quo* para sua incidência é o trânsito em julgado do aresto ou da sentença em que foram fixados. **REsp 771.029-MG, Rel. Min. Mauro Campbell Marques, julgado em 27/10/2009.** (Inform. STJ 413)

RECURSO REPETITIVO. HONORÁRIOS. DEFENSORIA PÚBLICA.
A Corte Especial, ao julgar o recurso representativo de controvérsia remetido pela Primeira Seção (art. 543-C do CPC e Resolução n. 8/2008-STJ), entendeu que a Defensoria Pública estadual faz jus a receber honorários de sucumbência decorrentes da condenação do município na ação por ela ajuizada em favor de necessitado, relativa ao fornecimento de medicamento. Quanto a isso, é certo que a confusão ocorre quando uma mesma pessoa (física ou jurídica, de Direito Público ou Privado) reúne qualidades de credor e devedor, caso em que se extingue a obrigação por incompatibilidade lógica e expressa previsão legal (art. 381 do CC/2002). Foi lastreada nessa premissa que a jurisprudência do STJ assentou o entendimento de que não são devidos honorários sucumbenciais à Defensoria Pública quando atua contra a pessoa jurídica de Direito Público a qual integra e de que, *a contrario sensu*, há que se reconhecer o direito ao recebimento desses honorários se a atuação dá-se diante de ente federativo diverso (não há confusão), tal como aconteceu no caso em questão ou, por exemplo, quando a Defensoria Pública da União atuar contra estado membro. Precedentes citados: AgRg no REsp 1.054.873-RS, DJe 15/12/2008; REsp 740.568-RS, DJe 10/11/2008; REsp 1.046.495-RJ, DJe 30/6/2008, e AgRg no REsp 1.084.534-MG, DJe 12/2/2009. **REsp 1.108.013-RJ, Rel. Min. Eliana Calmon, julgado em 3/6/2009.** (Inform. STJ 397)

JUSTIÇA GRATUITA. HONORÁRIOS ADVOCATÍCIOS.
A parte beneficiada pela Justiça gratuita, quando sucumbente, pode ser condenada ao pagamento dos honorários advocatícios, mas lhe é assegurada a suspensão do pagamento pelo prazo de cinco anos, se persistir a situação de pobreza, quando, então, a obrigação estará prescrita, se não houver, nesse período, a reversão (Lei n. 1.060/1950). Precedentes citados: REsp 743.149-MS, DJ 24/10/2005; REsp 874.681-BA, DJ 12/6/2008; REsp 728.133-BA, DJ 30/10/2006; AgRg no Ag 725.605-RJ, DJ 27/3/2006, e REsp 594.131-SP, DJ 9/8/2004. **REsp 1.082.376-RN, Rel. Min. Luiz Fux, julgado em 17/2/2009.** (Inform. STJ 384)

SUCUMBÊNCIA. EXTINÇÃO. PROCESSO.
O sindicato ajuizou ação pretendendo obrigar a sociedade anônima em questão a realizar obras necessárias à manutenção de equipamentos, além de implantar as normas de segurança internacionais. Sucede que, no decorrer da ação, a sociedade acabou por realizar o que fora pedido judicialmente; o juízo, então, extinguiu o processo sem julgamento do mérito, mas a condenou nas custas e honorários. Diante disso, vê-se correta a decisão, visto que, conforme o princípio da causalidade, quem deu causa à instauração do processo deve arcar com os encargos correspondentes, mesmo que julgado extinto o processo sem resolução do mérito por perda do objeto. No caso, a sociedade omitiu-se na realização das obras, dando causa à propositura da ação, além de a pretensão do sindicato autor mostrar-se fundada, tanto que, após, foi reconhecida pela sociedade. Precedentes citados: REsp 1.072.814-RS, DJ 2/10/2008; AgRg no Ag 515.907-RJ, DJ 21/8/2007; AgRg no Ag 741.009-SP, DJ 10/4/2006, e REsp 202.596-RJ, DJ 21/6/1999. **REsp 205.015-SP, Rel. Min. Luís Felipe Salomão, julgado em 16/12/2008**. (Inform. STJ 381)

ERESP. HONORÁRIOS ADVOCATÍCIOS. FAZENDA.
A Corte Especial acolheu os embargos diante da divergência entre os acórdãos em que, no caso, equivocadamente, no acórdão embargado, os honorários sucumbenciais à Fazenda foram arbitrados com base no art. 20, § 3º, do CPC, regra aplicável às causas em geral, quando deveria ter sido aplicada a regra específica do art. 20, § 4º, do mesmo diploma legal. Ressaltou-se que, apesar de a Corte Especial, em várias ocasiões, ter pronunciado que, em embargos de divergência, não se pode alterar o *quantum* dos honorários advocatícios por não se encontrar a mesma base fática, porque decidida caso a caso; porém, nas circunstâncias peculiares dos autos, houve apenas equívoco quanto à aplicação da regra técnica. **EREsp 637.565-RS, Rel. Min. Hamilton Carvalhido, julgados em 3/12/2008.** (Inform. STJ 379)

HONORÁRIOS ADVOCATÍCIOS ÍNFIMOS OU EXAGERADOS.
É cediço que a jurisprudência deste Superior Tribunal, em hipóteses excepcionais, admite que os honorários advocatícios arbitrados em valores ínfimos ou exagerados podem ser revistos mediante recurso especial, apesar de que tal matéria deva ficar adstrita às instâncias ordinárias. Na hipótese, cuida-se de embargos de divergência, recurso em que é assente a dificuldade de estabelecer a divergência sobre a alteração da verba fixada a título de honorários advocatícios sempre analisados caso a caso. Também, no caso dos autos, não há divergência sobre a tese jurídica. Sendo assim, a Corte Especial, por maioria, não conheceu dos embargos. **EREsp 742.949-PR, Rel. originário Min. João Otávio de Noronha, Rel. para acórdão Min. Teori Albino Zavascki, julgados em 27/11/2008**. (Inform. STJ 378)

HONORÁRIOS ADVOCATÍCIOS. CUMPRIMENTO. SENTENÇA.
A Corte Especial, em REsp submetido à sua apreciação, deu-lhe provimento para que, sobre a parte da sentença não cumprida voluntariamente pela executada, seja fixada verba honorária nos termos do art. 20, § 4º, do CPC. **REsp 1.028.855-SC, Rel. Min. Nancy Andrighi, julgado em 27/11/2008**. (Inform. STJ 378)

HONORÁRIOS ADVOCATÍCIOS. PEDIDO SECUNDÁRIO.
O advogado insurge-se contra sentença que não fixou honorários advocatícios que constitui em pedido secundário oriundo da causa principal. Isso posto, a Turma negou provimento ao recurso, pois, na hipótese dos autos, os honorários pleiteados pelos advogados devem ser calculados tornando-se como base de cálculo o valor da causa. Não há causa distinta com valor próprio, e sim pedido secundário derivado da causa principal. **REsp 1.079.644-SP, Rel. Min. Eliana Calmon, julgado em 20/11/2008**. (Inform. STJ 377)

HONORÁRIOS ADVOCATÍCIOS CONTRATUAIS. OBRIGAÇÃO. FAZER.
A questão está em saber se: a) na forma do art. 22, § 4º, do Estatuto da OAB, é possível deduzir os honorários (contratados com o advogado) do montante devido pela sucumbente na anterior ação de conhecimento, a ser pago ao vencedor da demanda; b) é aplicável esse dispositivo quando se executa obrigação de fazer. Para a Min. Relatora, a lei possibilita ao advogado, no processo em que atuou, por ocasião em que o cliente recebe valores por precatório ou levantamento dos depositados em juízo, a separação do quantitativo dos honorários contratados, protegendo-se, assim, de uma futura cobrança ou mesmo execução. Em se tratando de execução de obrigação de fazer, na hipótese de autorização de compensação de valores reconhecidos em ação de conhecimento, inexiste crédito a receber por precatório ou outra forma de satisfação da dívida, de forma que se mostra inaplicável o art. 22, § 4º, do EOAB. Precedentes citados: REsp 934.158-RJ, DJ 18/4/2008, e REsp 839.021-RJ, DJ 10/12/2007. **REsp 1.044.062-RS, Rel. Min. Eliana Calmon, julgado em 21/10/2008**. (Inform. STJ 373)

HONORÁRIOS ADVOCATÍCIOS. AG. LIMINAR.
O recurso questiona a condenação em honorários advocatícios – fixados em 20% sobre o valor da condenação – quando do julgamento de agravo de instrumento contra decisão liminar que impediu a inscrição do nome dos filiados do sindicato-autor nos cadastros de restrição ao crédito, enquanto não julgada a ação civil pública. Para a Min. Relatora, a questão merece acolhida uma vez que o CPC prevê a condenação em honorários advocatícios somente após a prolação da sentença, e não durante o trâmite processual. Não cabe condenação em honorários em julgamento de incidente ou recurso, mas tão-somente nas despesas ocorridas (art. 20, § 1º, do CPC). Deve ser afastada tal condenação no percentual máximo legal previsto para o término do processo após o julgamento de simples agravo de instrumento contra decisão liminar. Precedente citado: REsp 179.086-SP, DJ 2/8/1999. **REsp 1.009.453-MT, Rel. Min. Nancy Andrighi, julgado em 14/10/2008**. (Inform. STJ 372)

RCL. HONORÁRIOS. ADVOGADO.
A reclamação é mero incidente processual. Nela não há a formação de nova relação jurídico-processual. Daí ser impossível a condenação em honorários advocatícios e despesas processuais. Precedente citado: Rcl 502-GO, DJ 22/3/1999. **Rcl 2.017-RS, Rel. Min. Jane Silva (Desembargadora convocada do TJ-MG), julgada em 8/10/2008**. (Inform. STJ 371)

SUCUMBÊNCIA. EXTINÇÃO. MÉRITO. AÇÃO.
Diante da constatação de que o processo foi extinto sem julgamento do mérito, cabe ao julgador investigar, ainda sob a égide do princípio da causalidade, qual parte deu origem à extinção do processo ou qual litigante seria sucumbente acaso julgado, de fato, o mérito da ação. Na hipótese, o recorrido ajuizou ação com o escopo de obter o cancelamento da inscrição de seu nome em órgãos de proteção ao crédito, pois ela se deu sem sua indispensável comunicação prévia. Assim, mostra-se inequívoco seu interesse de agir quando do ajuizamento da ação, sem se falar no pacífico entendimento firmado no STJ quanto à matéria (Súm. n. 359-STJ). Daí que os ônus sucumbenciais não podem ser imputados ao recorrido, visto que, além de a sua pretensão mostrar-se fundada, não há como lhe atribuir o fato superveniente da exclusão do registro decorrente do transcurso do período de cinco anos de inscrição (Súm. n. 323-STJ). Precedentes citados: REsp 687.065-RJ, DJ 23/3/2006; REsp 7.570-PR, DJ 3/6/1991, e REsp 402.958-DF, DJ 30/9/2002. **REsp 1.072.814-RS, Rel. Min. Massami Uyeda, julgado em 2/10/2008**. (Inform. STJ 370)

HONORÁRIOS ADVOCATÍCIOS. JUSTIÇA GRATUITA.
Cinge-se a questão em saber se a assistência judiciária gratuita, por si só, isenta o beneficiário de arcar com os honorários advocatícios contratuais livremente pactuados. A Turma entendeu que, se o beneficiário da assistência judiciária gratuita opta pela escolha de um determinado profissional em detrimento daqueles postos à sua disposição gratuitamente pelo Estado, deverá ele suportar os ônus decorrentes dessa escolha deliberada e voluntária, ou seja, os honorários advocatícios contratuais, não obstante haver recente precedente desta Corte com entendimento diverso, isto é, sob o argumento de que, tendo em vista a própria natureza do instituto, de mecanismo de facilitação do acesso à Justiça, impõe a necessidade de uma interpretação ampla relativa à isenção estabelecida no inciso V do art. 3º da Lei n. 1.060/1950, de modo a abarcar os honorários convencionados. Ressaltou-se que o recebimento dos honorários, cuja natureza alimentar tem sido, reiteradamente, reconhecida, é um direito do advogado que deve ser respeitado sob pena de vilipendiar um dos fundamentos da República Federativa do Brasil, que é justamente o do valor social do trabalho (art. 1º, IV, da CF/1988). Ressaltou-se, também, que não se pode olvidar, jamais, da defesa do direito de todo o cidadão ao acesso à Justiça. Todavia, na hipótese de honorários contratuais, sobretudo em "contratos de risco", o que ocorre no caso, o pagamento do valor acertado com o causídico não terá o condão de afastar, nem sequer de dificultar, o pleno gozo da garantia constitucional em comento por parte daquele que comprovar a necessidade desse benefício. Precedentes citados do STF: RE 470.407-DF, DJ 13/10/2006; do STJ: REsp 238.925-SP, DJ 1º/10/2001; REsp 186.098-SP, DJ 29/10/2001; REsp 309.754-MG, DJ 11/2/2008, e EREsp 706.331-PR, DJ 31/3/2008. **REsp 965.350-RS, Rel. Min. Nancy Andrighi, julgado em 4/9/2008**. (Inform. STJ 366)

HONORÁRIOS ADVOCATÍCIOS. GRATUIDADE. JUSTIÇA. COMPENSAÇÃO. SUCUMBÊNCIA.
Em ação de cancelamento de registro em cadastro restritivo de crédito cumulada com indenização por danos morais, o juiz julgou improcedente a ação, mas o Tribunal *a quo* deu parcial provimento apenas para determinar o cancelamento dos registros e vedou a possibilidade de compensação de honorários advocatícios, entendendo estar suspensa a exigibilidade das verbas de sucumbência, uma vez que o autor litigava sob o amparo da Justiça gratuita. Explica o Min. Relator que a concessão dos benefícios da gratuidade de Justiça não colide com a possibilidade de compensação da verba honorária, sendo essa admitida em observância ao art. 21 do CPC. Precedentes citados: REsp 855.029-RS, DJ 17/3/2008, e REsp 1.044.599-RS, DJ 7/5/2008. **REsp 1.039.536-RS, Rel. Min. Massami Uyeda, julgado em 19/6/2008.** (Inform. STJ 360)

HONORÁRIOS ADVOCATÍCIOS. VALOR DA CAUSA.
Em autos de ação ordinária, vitoriosa no objetivo de eximir os filiados do sindicato recorrente do pagamento da contribuição previdenciária sobre os valores recebidos em razão do exercício de função comissionada, a irresignação recursal do advogado consistia em que seus honorários (R$ 200,00) foram fixados em 20% do valor da causa, em vez de incidir sobre o valor da condenação. Ressaltou a Min. Relatora, durante o julgamento, que o Tribunal *a quo*, sob o ponto de vista de tese, aplicou a jurisprudência deste Superior Tribunal – quando for vencida a Fazenda, podem ser fixados os honorários em valor fixo sobre o valor da causa ou sobre o valor da condenação porque se trata de um juízo de eqüidade. A dificuldade no caso estaria no fato de que o valor da causa é baixíssimo (R$ 1.000,00) e, por outro lado a União quase sempre não impugna esse valor porque não paga custas. Observou ainda o Min. Herman Benjamim que apesar de ser um valor baixo, a origem da base de cálculo desse percentual está no comportamento voluntário e consciente do advogado ao fixar o valor da causa nesse patamar. Com essas considerações, dentre outras, a Turma negou provimento ao recurso. **REsp 841.207-MA, Rel. Min. Eliana Calmon, julgado em 3/6/2008.** (Inform. STJ 358)

HONORÁRIOS CONVENCIONAIS. PRESUNÇÃO.
O recorrente tenta fazer valer a tese de que, na ação de arbitramento, não se pode exigir do advogado a prova da existência dos honorários convencionais, ou seja, que realmente há a avença verbal sobre essa verba, bastando que demonstre a efetiva realização do trabalho (patrocínio da causa). Porém o Min. Relator entende que a irresignação não merece acolhida. Não há como conceber o raciocínio de que, quando não houver contrato formal e escrito convencionando honorários, milita em favor do advogado uma presunção legal (art. 22, § 2º, da Lei n. 8.906/1994), no sentido de ele ter direito aos honorários convencionais (além dos sucumbenciais), a serem apenas e tão-somente calculados e chancelados em ação de arbitramento, na qual não se pode exigir prova dos fatos constitutivos do seu direito, ou seja, da própria existência da convenção, mas tão-somente do trabalho realizado. O dispositivo não comporta essa interpretação. Assim, a Turma não conheceu do recurso. **REsp 410.189-RS, Rel. Min. Fernando Gonçalves, julgado em 22/4/2008.** (Inform. STJ 353)

HONORÁRIOS. RAZOABILIDADE.
Os honorários advocatícios foram fixados em dois milésimos (três mil reais) do valor da lide (um milhão e quinhentos mil reais), a caracterizá-los como irrisórios a ponto de permitir ao STJ revê-los, tal como denota sua remansosa jurisprudência. Daí a Turma tê-los fixados em 2% (trinta mil reais) do valor da causa. A Min. Eliana Calmon e o Min. Castro Meira demonstraram sua preocupação com o fato de esse Superior Tribunal utilizar-se da razoabilidade nessas fixações, critério que, de certo modo, vem sendo refutado pela Corte Especial. **REsp 1.038.525-SP, Rel. Min. Humberto Martins, julgado em 15/4/2008.** (Inform. STJ 352)

HONORÁRIOS ADVOCATÍCIOS. NATUREZA ALIMENTAR.
A Corte Especial, ao prosseguir o julgamento, por maioria, acolheu os embargos, declarando a natureza alimentar dos honorários advocatícios, inclusive daqueles provenientes da sucumbência. **EREsp 706.331-PR, Rel. Min. Humberto Gomes de Barros, julgados em 20/2/2008.** (Inform. STJ 345)

HONORÁRIOS ADVOCATÍCIOS. CRITÉRIOS. EQÜIDADE. JUIZ.
In casu, no dizer do Min. Relator, a estipulação da verba honorária sobre o valor da causa, com base no art. 20, § 4º, do CPC, está adequada à jurisprudência deste Superior Tribunal. Observou, ainda, que qualquer juízo sobre a adequada aplicação pelo acórdão recorrido de critérios de eqüidade previstos no art. 20, § 3º, do CPC impõe exame dos fatos e da prova dos autos, o que determina a incidência da Súm. n. 7-STJ e, por analogia, da Súm. n. 389-STF. Outrossim, não há omissão quando o acórdão, com fundamento suficiente, ainda que não aquele exatamente invocado pelas partes, decide de modo integral a controvérsia, bem como as questões não suscitadas no momento oportuno precluem. Com esse entendimento, a Turma conheceu parcialmente do recurso e, nessa parte, negou-lhe provimento. **REsp 969.854-SP, Rel. Min. Teori Albino Zavascki, julgado em 9/10/2007.** (Inform. STJ 335)

HONORÁRIOS ADVOCATÍCIOS. VALOR IRRISÓRIO. EQÜIDADE.
Trata-se de fixação de honorários advocatícios, quando em ação de execução, decretou-se sua extinção com base no art. 267, IV, do CPC. O Tribunal *a quo* fixou a verba em três mil reais, sendo que o valor dado à causa foi de cento e oitenta e seis mil reais. Assim, a Turma, por maioria, conheceu e deu parcial provimento ao recurso ao entender que fere o art. 2º, § 4º, do CPC o arbitramento dos honorários de sucumbência em montante irrisório, que destoa de uma eqüitativa remuneração, além de ofender a dignidade do profissional da advocacia. Precedentes citados: REsp 281.954-RJ, DJ 28/10/2002; REsp 651.226-PR, DJ 21/2/2005, e REsp 840.758-SC, DJ 9/10/2006. **REsp 899.193-ES, Rel. Min. Antônio de Pádua Ribeiro, julgado em 21/8/2007.** (Inform. STJ 328)

HONORÁRIOS ADVOCATÍCIOS. COBRANÇA.
Descabe o ajuizamento de uma outra ação para dirimir questões de cobrança de honorários advocatícios, devendo ser questionadas, nos próprios autos, a validade e a eficácia do contrato. Precedentes citados: REsp 403.723-SP, DJ 14/10/2003, e REsp 114.365-SP, DJ 7/8/2000. **REsp 780.924-PR, Rel. Min. Eliana Calmon, julgado em 8/5/2007.** (Inform. STJ 319)

HONORÁRIOS. SUCUMBÊNCIA. NATUREZA ALIMENTAR.
Discute-se, nos autos, se a verba honorária advocatícia sucumbencial possui caráter alimentar. Destacou o Min. Relator que, recentemente, no MS 11.558-DF, DJ 2/10/2006, a Primeira Seção uniformizou entendimento no sentido de que somente os honorários contratuais de advogado possuem natureza alimentar, afastando dessa condição os honorários provenientes de sucumbência judicial. Entretanto o STF, em decisão também recente, reconheceu a natureza alimentar dos honorários advocatícios independentemente de serem eles originários de relação contratual ou de sucumbência judicial (RE 470.407-DF, DJ 13/10/2006, reformando decisão do STJ no RMS 17.536-DF, DJ 3/5/2004, em que o Min. José Delgado também era relator e ficara vencido). Isso posto, explicou ainda que, de acordo com o disposto no art. 23 da Lei n. 8.906/1994 (Estatuto da OAB), é cristalino que a verba honorária, com relação ao advogado, não se inclui na sucumbência literal da ação, a qual é apenas para as partes litigantes. O advogado não é parte, é o instrumento necessário e fundamental, constitucionalmente elencado, para que os demandantes ingressem em juízo, logo, não sendo sucumbencial, os honorários do advogado constituem verba de natureza alimentar, por isso devem ser inseridos na exceção do art. 100, *caput*, CF/1988. **REsp 915.325-PR, Rel. Min. José Delgado, julgado em 27/3/2007.** (Inform. STJ 315)

DANO MORAL. RECONVENÇÃO. SUCUMBÊNCIA.
O supermercado (primeiro recorrente), em razão de ato de sua preposta, foi condenado ao pagamento de indenização de danos materiais e morais ao marido e filhos da vítima. A funcionária, ao injustamente imputar à vítima a prática de roubo, impingiu-lhe abrupta revista corporal da qual resultou desconexão da sonda abdominal que portava, mediante o rompimento de pontos cirúrgicos, o que agravou sobremaneira a já debilitada saúde da vítima, acometida de câncer terminal. Esse evento causou-lhe a necessidade de variadas intervenções cirúrgicas, que não debelaram o grave quadro de infecção, ultimando sua vida. Note-se haver reconvenção pelo supermercado, em busca da indenização de alegado dano moral resultante de notícia jornalística, ao final rechaçada. Diante desse quadro fático, a Turma entendeu que não há que se falar em violação do art. 12, V, do CPC, ao fundamento da suposta ilegitimidade dos autores, únicos herdeiros, para pleitear os ressarcimentos de gastos médicos e outros danos, materiais e morais, sofridos pela vítima. Quanto à sucumbência, anotou que o Tribunal estadual, ao considerar em conjunto ambas as lides postas (ação e reconvenção), entendeu por sobressair a vitória dos autores, o que afasta a alegação de reciprocidade da sucumbência ou a de desconsideração da sucumbência na reconvenção. Firmou, outrossim, que o dano moral não exige liquidação por arbitramento se já existem elementos suficientes para a quantificação desde logo, fixação que não importa em julgamento *extra petita* (art. 460 do CPC). Quanto a essa quantificação, afastou a tarifação pelo Código Brasileiro de Comunicações tomado como parâmetro e fixou a indenização em duzentos e oitenta mil reais dadas as peculiaridades do caso. Precedentes citados: REsp 155.895-RO, DJ 20/11/2000; REsp 453.703-MT, DJ 1º/12/2003; REsp 285.630-SP, DJ 4/2/2002; REsp 402.356-MA, DJ 23/6/2003; REsp

416.846-SP, DJ 7/4/2003; REsp 440.605-PA, DJ 26/5/2003, e AgRg no Ag 627.816-MG, DJ 7/3/2003. **REsp 303.506-PA, Rel. Min. Aldir Passarinho Junior, julgado em 6/3/2007.** (Inform. STJ 312)

HONORÁRIOS. SUCUMBÊNCIA. VALOR. CAUSA.
Em ação de repetição de indébito, a União foi condenada a restituir os valores indevidamente retidos, bem como a pagar os honorários sucumbenciais, esses cabíveis, de acordo com o Tribunal *a quo*, no patamar de 10% sobre o valor da causa. Sucede que a Primeira Turma entendeu aplicar o disposto no art. 20, § 3º, do CPC e fixá-los sobre o valor da condenação. Diante disso, a Seção, ao prosseguir o julgamento, entendeu, por maioria, dar provimento aos embargos de divergência. O Min. Teori Albino Zavascki, em seu voto-vista no qual acompanhava o Min. Relator, entendeu que, conforme dispõe o art. 20, § 4º, do CPC, nas causas em que for vencida a Fazenda Pública, os honorários devem ser fixados consoante a apreciação eqüitativa do juiz, que deve levar em conta o grau de zelo do profissional, o lugar de prestação do serviço e etc. (alíneas do § 3º do art. 20). Aduziu que, nessa hipótese, não está o juiz adstrito aos limites do referido § 3º (mínimo de 10% e máximo de 20%), é livre para fixar um valor certo ou mesmo um percentual sobre o valor da causa ou da condenação (pois a alusão feita no § 4º do art. 20 do CPC é concernente às alíneas do § 3º tão-somente). Os votos vencidos entendiam que a base de cálculo dos honorários deveria ser, necessariamente, o valor da condenação. **EREsp 665.107-SC, Rel. Min. Herman Benjamin, julgados em 14/2/2007.** (Inform. STJ 310)

AÇÃO DECLARATÓRIA. IMPROCEDÊNCIA. HONORÁRIOS ADVOCATÍCIOS.
No caso concreto, em procedimento incidental, foi atribuído ao feito o valor de um milhão, setecentos e sete mil e trezentos e quarenta e dois reais, conservada a decisão que fixou os honorários em vinte por cento sobre o valor da causa. Conclui-se, por meio de simples cálculo aritmético, que a verba honorária chegaria ao patamar de trezentos e quarenta e um mil, quatrocentos e sessenta e oito reais e quarenta e seis centavos, sem as devidas atualizações. Nesta sede, o Min. Relator entendeu que a estipulação foge à lógica do razoável, mesmo em vista das circunstâncias tidas em consideração pelo Tribunal de origem. Os honorários arbitrados no *quantum* acima apontado, na presente hipótese, que cuida de ação declaratória julgada improcedente, revela-se exagerado diante das peculiaridades da espécie, o que enseja a excepcional intervenção deste Superior Tribunal com o fito de adequar o montante arbitrado às especificidades do caso concreto. A verba honorária, fixada "consoante apreciação eqüitativa do juiz" (art. 20, § 4º, CPC), por decorrer de ato discricionário do magistrado, deve traduzir-se num valor que não fira a chamada lógica razoável, pois, em nome da eqüidade, não se pode baratear a sucumbência, nem elevá-la a patamares pinaculares. Com esse entendimento, a Turma conheceu parcialmente do recurso e, nessa parte, deu-lhe provimento para reduzir a verba honorária para duzentos mil reais para ambos os patronos, corrigidos a partir da data do julgamento até o dia do efetivo pagamento. **REsp 651.282-RS, Rel. Min. Cesar Asfor Rocha, julgado em 13/2/2007.** (Inform. STJ 310)

SÚMULA STF Nº 450

São devidos honorários de advogado sempre que vencedor o beneficiário de justiça gratuita.

SÚMULA STF Nº 257

São cabíveis honorários de advogado na ação regressiva do segurador contra o causador do dano.

SÚMULA STF Nº 256

É dispensável pedido expresso para condenação do réu em honorários, com fundamento nos arts. 63 ou 64 do Código de Processo Civil.

SÚMULA STF Nº 234

São devidos honorários de advogado em ação de acidente do trabalho julgada procedente.

SÚMULA STJ Nº 488

O § 2º do art. 6º da Lei n. 9.469/1997, que obriga à repartição dos honorários advocatícios, é inaplicável a acordos ou transações celebrados em data anterior à sua vigência.

SÚMULA STJ Nº 481

Faz jus ao benefício da justiça gratuita a pessoa jurídica com ou sem fins lucrativos que demonstrar sua impossibilidade de arcar com os encargos processuais.

SÚMULA STJ Nº 462

Nas ações em que representa o FGTS, a CEF, quando sucumbente, não está isenta de reembolsar as custas antecipadas pela parte vencedora.

SÚMULA STJ Nº 453

Os honorários sucumbenciais, quando omitidos em decisão transitada em julgado, não podem ser cobrados em execução ou em ação própria.

SÚMULA STJ Nº 421

Os honorários advocatícios não são devidos à Defensoria Pública quando ela atua contra a pessoa jurídica de direito público à qual pertença.

SÚMULA STJ Nº 345

São devidos honorários advocatícios pela Fazenda Pública nas execuções individuais de sentença proferida em ações coletivas, ainda que não embargadas.

SÚMULA STJ Nº 326

Na ação de indenização por dano moral, a condenação em montante inferior ao postulado na inicial não implica sucumbência recíproca.

SÚMULA STJ Nº 201

Os honorários advocatícios não podem ser fixados em salários-mínimos.

SÚMULA STJ Nº 178

O INSS não goza de isenção do pagamento de custas e emolumentos, nas ações acidentárias e de benefícios, propostas na justiça estadual.

SÚMULA STJ Nº 111

Os honorários advocatícios, nas ações previdenciárias, não Incidem sobre as prestações vencidas após a sentença. (*) apreciando o projeto de súmula n. 560, na sessão de 27/09/06, a terceira seção deliberou pela modificação da Súmula n. 111. A redação anterior era a seguinte (decisão de 06/10/1994, DJ 13/10/1994): Os honorários advocatícios, nas ações previdenciárias, não Incidem sobre prestações vincendas.

SÚMULA STJ Nº 110

A isenção do pagamento de honorários advocatícios, nas ações acidentarias, é restrita ao segurado.

10.3. Cumprimento de Sentença

IMPUGNAÇÃO. CUMPRIMENTO DE SENTENÇA. MULTA. INTENÇÃO. PAGAMENTO.
Para que não haja a incidência da multa prevista no art. 475-J do CPC, no percentual de dez por cento sobre o valor da condenação, é necessário que o devedor deposite a quantia devida em juízo, com a finalidade de pagar o seu débito, permitindo ao credor o imediato levantamento do valor. Por outro lado, se o devedor depositar judicialmente a quantia devida com o escopo de garantir o juízo, para que possa discutir o seu débito em sede de impugnação de cumprimento de sentença, não haverá o afastamento da multa, pois o credor não poderá levantar o dinheiro depositado até o deslinde da questão. **REsp 1.175.763-RS, Rel. Min. Marco Buzzi, julgado em 21/6/2012.** (Inform. STJ 500)

IMPUGNAÇÃO. CUMPRIMENTO DE SENTENÇA. TERMO INICIAL. DEPÓSITO JUDICIAL.
O termo inicial para o oferecimento de impugnação ao cumprimento de sentença começa com o depósito judicial em dinheiro do valor executado, consubstanciando tal ato em penhora automática, sendo desnecessária a lavratura do respectivo termo e a intimação do devedor. Ademais, com o depósito, entende-se que o executado teve ciência dos atos processuais e da oportunidade para produzir a sua defesa. Precedente citado: **REsp 972.812-RJ, DJe 12/12/2008. REsp 965.475-SP, Rel. Min. Luis Felipe Salomão, julgado em 21/6/2012.** (Inform. STJ 500)

CUMPRIMENTO. SENTENÇA. INÍCIO. PRAZO. REVEL. CITAÇÃO FICTA. ART. 475-J DO CPC. DESNECESSIDADE.
A *quaestio iuris* consiste em determinar se é necessária a prévia intimação do devedor para a fluência do prazo de cumprimento voluntário da sentença, quando há citação ficta do réu e este é representado por defensor público que atua no exercício da curadoria especial – nos termos do art. 9º, II, do CPC e art. 4º, XVI, da LC 80/1994. A Turma entendeu que, como na citação ficta não existe comunicação entre o réu e o curador especial, sobrevindo

posteriormente o trânsito em julgado da sentença condenatória para o pagamento de quantia, não há como aplicar o entendimento de que prazo para o cumprimento voluntário da sentença flui a partir da intimação do devedor por intermédio de seu advogado. Entender que a fluência do prazo previsto no art. 475-J do CPC dependerá de intimação dirigida pessoalmente ao réu fere o novo modelo de execução de título executivo judicial instituído pela Lei n. 11.232/2005. Isso porque a intimação pessoal traria os mesmo entraves que a citação na ação de execução trazia à efetividade da tutela jurisdicional executiva. O defensor público, ao representar a parte citada fictamente, não atua como advogado do réu mas apenas exerce o dever funcional de garantir o desenvolvimento de um processo equânime, apesar da revelia do réu e de sua citação ficta. Portanto, não pode ser atribuído ao defensor público – que atua como curador especial – o encargo de comunicar a condenação ao réu, pois não é advogado da parte. O devedor citado por edital, contra quem se inicia o cumprimento de sentença, não está impedido de exercer o direito de defesa durante a fase executiva, pois o ordenamento jurídico coloca a sua disposição instrumentos para que ele possa se contrapor aos atos expropriatórios. Portanto, na hipótese de o executado ser representado por curador especial em virtude de citação ficta, não há necessidade de intimação para a fluência do prazo estabelecido no art. 475-J do CPC. **REsp 1.189.608-SP, Rel. Min. Nancy Andrighi, julgado em 18/10/2011.** (Inform. STJ 485)

PRAZO. PRESCRIÇÃO. EXECUÇÃO INDIVIDUAL. AÇÃO COLETIVA.

Trata-se, na origem, de pedido de cumprimento individual de sentença proferida em ação civil pública que condenou instituição financeira a pagar poupadores com contas iniciadas e/ou renovadas até 15/6/1987 e 15/1/1989, os expurgos inflacionários referentes aos meses de junho de 1987 a janeiro de 1989, e juros de 0,5% ao mês. O Min. Relator afirmou que para a análise da *quaestio juris* deve-se ater aos seguintes aspectos: I – na execução, não se deduz pretensão nova, mas aquela antes deduzida na fase de conhecimento, com o acréscimo de estar embasado por um título executivo judicial que viabiliza atos expropriatórios, consubstanciando a sentença marco interruptor do prazo prescricional, daí por que a execução deve ser ajuizada no mesmo prazo da ação (Súm. n. 150-STF); II – as ações coletivas fazem parte de um arcabouço normativo vocacionado a promover a facilitação da defesa do consumidor em juízo e o acesso pleno aos órgãos judiciários (art. 6°, VII e VIII, do CDC), levando sempre em consideração a vulnerabilidade do consumidor (art. 4° do CDC). Assim, o instrumento próprio de facilitação de defesa e de acesso do consumidor não pode voltar-se contra o destinatário de proteção, prejudicando sua situação jurídica; III – as ações coletivas inseridas em um microssistema próprio e com regras particulares, sendo que das diferenças substanciais entre tutela individual e coletiva mostra-se razoável a aplicação de regras diferenciadas entre os dois sistemas. Do exposto, concluiu que o prazo para o consumidor ajuizar ação individual de conhecimento, a partir do qual lhe poderá ser aberta a via da execução, independe do ajuizamento da ação coletiva, e não é por essa prejudicada, regendo-se por regras próprias e vinculadas ao tipo de cada pretensão deduzida. Porém, quando se tratar de execução individual de sentença proferida em ação coletiva, como no caso, o beneficiário se insere em microssistema diverso e com regras pertinentes, sendo necessária a observância do prazo próprio das ações coletivas, que é quinquenal, conforme já firmado no REsp 1.070.896-SC, DJe 4/8/2010, aplicando-se a Súm. n. 150-STF. Daí o beneficiário de ação coletiva teria cinco anos para o ajuizamento da execução individual, contados a partir do trânsito em julgado de sentença coletiva, e o prazo de 20 anos para o ajuizamento de ação de conhecimento individual, contados dos respectivos pagamentos a menor das correções monetárias em razão dos planos econômicos. **REsp 1.275.215-RS, Rel. Min. Luis Felipe Salomão, julgado em 27/9/2011.** (Inform. STJ 484)

EXECUÇÃO PROVISÓRIA. MULTA. ART. 475-J CPC.

Trata-se de REsp em que se discute o cabimento da multa prevista no art. 475-J do CPC em execução provisória ou cumprimento provisório de sentença. A Turma reiterou que, na execução provisória, não incide a multa prevista no art. 475-J do CPC. Precedentes citados: REsp. 1.059.478-RS, DJe 11/4/2011; AgRg no REsp 1.076.882-RS, DJe 8/10/2008; AgRg no REsp 995.804-RJ, DJe 17/12/2008, e AgRg no Ag 1.046.147-RS, DJe 6/10/2008. **REsp 1.116.925-PR, Rel. Min. Luis Felipe Salomão, julgado em 20/9/2011 (Vide Informativo n. 460).** (Inform. STJ 483)

HONORÁRIOS ADVOCATÍCIOS. CUMPRIMENTO. SENTENÇA. IMPUGNAÇÃO.

Trata-se de recurso especial sob o regime do art. 543-C do CPC c/c a Res. n. 8/2008-STJ em que a Corte Especial, ao prosseguir o julgamento, decidiu serem cabíveis honorários advocatícios em fase de cumprimento de sentença, haja ou não impugnação, depois de escoado o prazo para o pagamento voluntário a que faz menção o art. 475-J do CPC, o qual somente se inicia depois da intimação do advogado, com a baixa dos autos e a aposição do "cumpra-se". Entendeu, ainda, que somente são cabíveis honorários advocatícios na impugnação ao cumprimento de sentença em caso de acolhimento dela, com a consequente extinção do procedimento executório. Por fim, asseverou não se tratar de dupla condenação. Os honorários fixados no cumprimento de sentença, de início ou em momento posterior, em favor do exequente deixam de existir em caso de acolhimento da impugnação com extinção do procedimento executório, momento em que serão arbitrados honorários únicos ao impugnante. Por outro lado, em caso de rejeição da impugnação, somente os honorários fixados no pedido de cumprimento da sentença subsistirão. Sendo infundada a impugnação, o procedimento executivo prossegue normalmente, cabendo, eventualmente, incidência de multa por litigância de má-fé ou por ato atentatório à dignidade da Justiça, mas não honorários advocatícios. Na espécie, houve condenação à verba advocatícia devido à rejeição da impugnação, o que contraria o entendimento esposado acima, motivo pelo qual devem ser decotados os honorários fixados no acórdão recorrido, sem prejuízo do arbitramento no âmbito do próprio cumprimento da sentença, de acordo com o art. 20, § 4°, do CPC. Precedentes citados: REsp 920.274-RS, DJ 24/4/2007, e REsp 1.048.043-SP, DJe 26/5/2008. **REsp 1.134.186-RS, Rel. Min. Luis Felipe Salomão, julgado em 1°/8/2011.** (Inform. STJ 480)

DEFENSOR PÚBLICO. INTIMAÇÃO. LEI N. 11.232/2005. MULTA. ART. 475-J DO CPC.

Discute-se no REsp se a intimação referida no art. 475-J do CPC pode ser feita na pessoa do defensor público e se há incidência da multa lá prevista, nas hipóteses em que o trânsito em julgado da sentença ocorreu antes da entrada em vigor da Lei n. 11.232/2005. Nos termos da nova sistemática processual, para que se inicie a fase executiva, basta a intimação do devedor para pagamento. Essa intimação, não obstante a ausência de previsão legal expressa, deverá ocorrer na pessoa do advogado da parte, conforme jurisprudência pacífica deste Superior Tribunal. Na hipótese dos autos, o recorrente foi intimado na pessoa de seu advogado para o cumprimento da sentença. O fato de esse advogado ser um defensor público não impõe a necessidade de que a intimação para pagamento seja feita à pessoa do devedor, como se de citação se tratasse. O defensor público tem poderes para o foro em geral, entre os quais está o recebimento de intimações. A única especificidade é a exigência de que essa intimação seja pessoal nos termos do art. 5°, § 5°, da Lei n. 1.060/1950, diferentemente do que ocorre com o advogado constituído pela parte, que é intimado pela Imprensa Oficial. Assim, exigir a intimação pessoal do devedor na hipótese do art. 475-J do CPC, mesmo que apenas nas hipóteses em que ele estiver representado por defensor público, é propiciar um retrocesso, impedindo que sejam atingidos os escopos de celeridade e efetividade pretendidos com a Lei n. 11.232/2005. O ato jurídico que desencadeará a fluência do prazo de 15 dias, segundo o atual entendimento do STJ, não é o trânsito em julgado da sentença, mas a intimação do devedor para pagamento que, na hipótese, ocorreu na vigência da Lei n. 11.232/2005. Assim, se a intimação para pagamento ocorreu na vigência da lei nova, é ela que deve ser aplicada, com a consequente incidência da multa do art. 475-J, sem que isso represente prejuízo ao executado ou qualquer ofensa ao ato jurídico perfeito, no caso, à sentença transitada em julgado. Precedentes citados: REsp 940.274-MS, DJe 31/5/2010. **REsp 1.032.436-SP, Rel. Min. Nancy Andrighi, julgado em 4/8/2011.** (Inform. STJ 480)

ERESP. TÍTULO EXECUTIVO JUDICIAL. LEGITIMIDADE. ART. 741, PARÁGRAFO ÚNICO, DO CPC.

Trata-se de embargos de divergência (EREsp) em que a questão centra-se em definir o limite da imediata aplicabilidade do parágrafo único do art. 741 do CPC na fase de cumprimento de sentença cujo trânsito em julgado ocorre em data anterior à edição e vigência da Medida Provisória (MP) n. 2.180-35/2001. A Corte Especial acolheu os embargos e reiterou que o parágrafo único do art. 741 do CPC não se aplica de imediato às sentenças que transitaram em julgado antes da vigência da MP 2.180-35/2001, ou seja, que foram proferidas até 24/8/2001, mesmo que sejam tais sentenças contrárias à CF/1988. Observou-se que, não obstante o princípio da aplicabilidade imediata das modificações normativas de natureza processual, não se pode olvidar o respeito ao direito adquirido, ao ato jurídico perfeito e à coisa julgada, formados em data anterior à alteração do CPC. Assim, na hipótese, tendo a sentença exequenda transitado em julgado antes da vigência da referida MP, impõe-se a exigibilidade do título executivo judicial. Precedentes citados do STF: RE 594.350-RS, DJe 11/6/2010; do STJ: AgRg nos EAg 868.198-RS, DJe 11/11/2010. **EREsp 1.050.129-SP, Rel. Min. Nancy Andrighi, julgados em 12/5/2011.** (Inform. STJ 472)

CUMPRIMENTO. SENTENÇA. RESTITUIÇÃO.

A Turma deu provimento ao recurso especial para garantir à recorrente o direito de reaver, nos próprios autos em que parcialmente acolhidos os embargos à execução por ela apresentados (com decisão já transitada em julgado e em fase de cumprimento de sentença), a importância levantada a maior pelo exequente, ora recorrido. De acordo com o Min. Relator, exigir que o executado intente nova ação para ver restituído o valor considerado excedente destoaria das inovações trazidas pela Lei n. 11.232/2005, que busca conferir maior celeridade à satisfação do litígio havido entre as partes. Consignou, ainda, a possibilidade de utilizar os meios coercitivos dispostos no art. 475-J do CPC (intimação do exequente para pagamento em 15 dias, sob pena de aplicação de multa de 10%), a fim de não tornar inócua a garantia conferida ao executado. Precedentes citados: REsp 757.850-RJ, DJ 15/5/2006, e REsp 1.090.635-PR, DJe 18/12/2008. **REsp 1.104.711-PR, Rel. Min. Massami Uyeda, julgado em 2/9/2010**. (Inform. STJ 445)

CUMPRIMENTO. SENTENÇA. HONORÁRIOS.

A Turma entendeu que incidem honorários advocatícios na fase de cumprimento de sentença, regramento instituído pela Lei n. 11.232/2005, caso o credor seja obrigado a atuar no processo em busca de satisfação da dívida. Se o advogado da parte continua atuando no feito, haverá de ser remunerado por isso, sendo certo que a fixação da verba honorária prevista na sentença, por óbvio, somente levou em consideração o trabalho desenvolvido até aquela fase do processo. Precedente citado: REsp 978.545-MG, DJ 1º/4/2008. **REsp 1.053.033-DF, Rel. Min. Sidnei Beneti, julgado em 9/6/2009.** (Inform. STJ 398)

DECISÃO. CÁLCULOS. PRECLUSÃO.

O juiz determinou a remessa dos autos ao contador judicial; porém, em seu pronunciamento, ele fixou minuciosamente os critérios a serem adotados na feitura dos cálculos de liquidação, expressamente determinando a não aplicação dos expurgos inflacionários relativos a planos econômicos. A parte, então, quedou-se inerte, mas, posteriormente, ao cumprir a determinação do juízo lastreada na redação do art. 604 do CPC dada pela Lei n. 8.898/1994, apresentou cálculos que, justamente, incluíam esses expurgos, o que foi refutado pela União em embargos à execução. Nesse contexto, mostra-se correto afirmar que os despachos de mero expediente ou ordinatórios, os destinados a apenas impulsionar o processo, não têm qualquer conteúdo decisório e não estão sujeitos a recurso, tal quando o juízo apenas se atém a remeter os autos ao contador. Todavia, constata-se que a decisão em questão continha carga decisória, pois, desde logo, estabeleceu a vontade judicial ao traçar rígida determinação para a elaboração dos cálculos. Desse modo, estava sujeita à impugnação por via própria em momento oportuno, o que não foi diligenciado pela parte, a causar a preclusão, mostrando-se descabida a alegação de violação do art. 504 também do CPC. Assim, o entendimento acima exposto foi acolhido pela maioria da Corte Especial. O voto vencido do Min. Nilson Naves apoiava-se em precedente da Terceira Turma no sentido de que a decisão em questão não se sujeita a recurso. Precedentes citados: REsp 346.622-SP, DJ 6/4/2006; REsp 421.913-RS, DJ 14/11/2005; REsp 469.924-RJ, DJ 16/6/2003; REsp 191.172-RS, DJ 8/3/1999, e REsp 51.279-PR, DJ 17/6/1996. **EREsp 519.381-RJ, Rel. Min. Aldir Passarinho Junior, julgados em 3/6/2009**. (Inform. STJ 397)

CÁLCULOS. CONTADOR JUDICIAL.

A matéria consiste em analisar a legalidade do acórdão recorrido que determinou a realização de cálculo pelo contador judicial para aferir a exatidão do crédito exequendo, suprindo, assim, a omissão do devedor. A recorrente entende que o ônus de demonstrar essa inexatidão seria do recorrido que figurou como executado embargante. Entende, ainda, que o princípio do livre convencimento motivado não legitima a atuação estatal *ex officio* para determinar a produção de provas. Na espécie, o recorrido, ao opor seus embargos, impugnou claramente os pontos que considerou relevantes nos cálculos apresentados pela recorrente. Essas questões levantadas foram tão relevantes que o TJ levou-as em consideração para determinar a realização de cálculo pelo contador judicial. Porém, a Min. Relatora destacou que o juiz não está obrigado a aceitar a verdade que lhe é trazida ao processo quando a narração das partes pareça-lhe inverossímil, pois ele tem verdadeiro interesse na prestação de tutela jurisdicional célere e idônea, apta a resolver a controvérsia. Por isso, a doutrina vem reconhecendo, há tempos, a legitimidade da iniciativa probatória do julgador de forma a flexibilizar o princípio da inércia judicial. Recai primordialmente sobre os ombros do devedor executado o ônus de demonstrar a inexatidão dos cálculos apresentados pelo credor exequente. Essa regra não afasta, entretanto, a iniciativa probatória do juiz. A sufragar esse entendimento, ressaltou o que dispõe o art. 475-A, § 3º e § 4º, do CPC (dispositivos correspondentes ao art. 604, § 2º, do CPC antes das reformas introduzidas pela Lei n. 11.232/2005). Se o cálculo apresentado pelo credor não vincula o juízo nem mesmo quanto à realização da penhora, podendo ser objeto de verificação antes da citação, não há razão para que passe a ser vinculante após a apresentação de embargos pelo devedor. Assim, não houve qualquer violação dos arts. 283, 302, 598 e 741 do CPC. O TJ agiu com prudência e equilíbrio ao apontar as inconsistências do cálculo apresentado pelo credor exequente, determinando que a sentença proferida em 1º grau de jurisdição fosse cassada para que os autos fossem remetidos ao contador judicial a fim de serem apurados os cálculos de acordo com os elementos constantes dos autos. O Min. Sidnei Beneti acompanhou o voto da Min. Relatora com a seguinte observação: o que se extinguiu foi a liquidação por cálculo do contador, não o contador como auxiliar da Justiça. Precedentes citados: AgRg no REsp 738.576-DF, DJ 12/9/2005, e REsp 629.312-DF, DJ 23/4/2007. **REsp 1.012.306-PR, Rel. Min. Nancy Andrighi, julgado em 28/4/2009.** (Inform. STJ 392)

EXECUÇÃO PROVISÓRIA. CAUÇÃO PRÉVIA. REQUISITOS.

A Seção entendeu que ao magistrado cabe analisar se a caução ofertada para efeito de execução da garantia judicial, formalizada em processo de execução provisória, preenche os requisitos do art. 475-O, III, do CPC. Ademais, a decisão liminar, por sua precariedade, não vincula o julgador, uma vez que esgotada a questão controvertida, no âmbito do juízo de cognição exauriente. No caso, inexiste particularidade no fato de serem reavaliados, quando do julgamento definitivo da lide, eventuais conceitos que embasaram o deferimento da liminar, sumariamente. Outrossim, descabível a medida correcional, de plano indeferida, pois não há evidências de descumprimento de comando expresso de decisão deste Superior Tribunal. **AgRg na Rcl 2.896-SP, Rel. Min. João Otávio de Noronha, julgado em 25/3/2009.** (Inform. STJ 388)

MULTA. CONDENAÇÃO. SENTENÇA. TRÂNSITO. JULGADO.

A Turma deu provimento ao recurso para restabelecer a decisão que aplicou a multa do art. 475-J do CPC, reafirmando que este Superior Tribunal já pacificou entendimento no sentido de que, no cumprimento de sentença com trânsito em julgado após a vigência da Lei n. 11.232/2005, não é necessária a intimação pessoal do devedor para efetuar o pagamento da quantia determinada na decisão. Ademais, não cumprido pelo devedor o pagamento após 15 dias, incide multa de 10% sobre o valor da condenação. Precedentes citados: AgRg no Ag 965.762-RJ, DJ 30/4/2008, e Ag 1.039.715-RJ, DJ 23/6/2008. **REsp 1.093.369-SP, Rel. Min. Massami Uyeda, julgado em 21/10/2008.** (Inform. STJ 373)

QO. REMESSA. CORTE ESPECIAL. MULTA. EXECUÇÃO PROVISÓRIA.

Trata-se de REsp em que se discute o cabimento da multa prevista no art. 475-J do CPC em execução provisória. Tendo em vista a relevância do assunto e sua abrangência, a Turma, em questão de ordem, decidiu submeter o REsp à apreciação da Corte Especial (art. 16, IV, do RISTJ). **REsp 1.059.478-RS, Rel. Min. Luís Felipe Salomão, em 21/10/2008**. (Inform. STJ 373)

INICIAL. IMPUGNAÇÃO. CUMPRIMENTO. SENTENÇA. DEPÓSITO EM DINHEIRO.

O prazo para a oposição de impugnação ao cumprimento de sentença (art. 475-J, § 1º, do CPC) conta-se do ato em que o executado espontaneamente deposita o valor referente à condenação. Não se deve falar em intimação do devedor se a finalidade do referido ato já foi alcançada com o depósito. Ele já é a garantia da execução e significa, para o devedor, a perda da disponibilidade do numerário depositado. Ademais, o dinheiro é o bem que se encontra em primeiro na lista de preferência do art. 655 do CPC e, quando depositado para garantia do juízo, não expõe o credor a vicissitudes que justifiquem a recusa da nomeação. Precedente citado: REsp 163.990-SP, DJ 9/11/1998. **REsp 972.812-RJ, Rel. Min. Nancy Andrighi, julgado em 23/9/2008**. (Inform. STJ 369)

LOCAÇÃO. PERDAS E DANOS.

Trata-se de contrato de locação com cláusula de exclusividade firmado para instalação de joalheria (ora recorrente) em hotel de luxo. Posteriormente, o mesmo grupo a que pertence o hotel firmou contrato também com cláusula de exclusividade com outra joalheria, atualmente instalada no hotel. A Min. Relatora afastou as Súms. ns. 5 e 7 do STJ, porquanto as questões controvertidas discutem teses jurídicas. Analisa a natureza de obrigação do contrato de locação diante da doutrina e precedentes e deduz que as normas dos arts. 461 e 461-A do CPC têm a mesma exegese, admitem idêntica solução processual seja para as obrigações de dar, de entregar coisa certa ou de fazer ou não fazer, porquanto formam um todo único, conclui sobre a possibilidade, em tese, de ser aplicado o art. 461 do CPC à espécie posta nos autos. Entretanto, observa que há dois óbices fáticos para o cumprimento específico da obrigação: a instalação de outra joalheria no hotel e a informação do acórdão recorrido de que funciona um bar no local em que deveria instalar-se a recorrente. Logo, para a Min. Relatora, o cumprimento da obrigação demandaria onerosidade maior que o prejuízo de espera de seis anos causado à recorrente. Assim, diante da impossibilidade do cumprimento da obrigação, impõe-se sua conversão em perdas e danos (art. 461, § 1º, do CPC) a serem calculados na forma de lucros cessantes, apurados em liquidação por arbitramento (perícia contábil) e fixou os honorários em 10% do valor da condenação. Isso posto, a Turma, prosseguindo o julgamento, deu provimento, em parte, ao recurso. Precedentes citados: REsp 654.583-BA, DJ 6/3/2006; REsp 752.420-RS, DJ 27/11/2006, e REsp 644.984-RJ, DJ 5/9/2005. **REsp 898.184-RJ, Rel. Min. Maria Thereza de Assis Moura, julgado em 24/6/2008**. (Inform. STJ 361)

MULTA. ART. 475-J DO CPC. SENTENÇA TRANSITADA EM JULGADO.
A Turma, julgando a cautelar com pedido de liminar, deferiu-a em parte quanto à multa do art. 475-J, § 1º, do CPC, uma vez que foi aplicada pelas peculiaridades do caso em que o juízo de 1º grau, após deferir a liminar, converteu os embargos à execução em impugnação, aplicando a tal multa por força dos princípios da instrumentalidade das formas, economia processual e aplicação imediata da lei processual. O voto da Min. Relatora aduziu que, pelo atual sistema processual, é incumbência do devedor dar início ao processo de execução, cabendo ao credor promovê-la na hipótese de inércia do devedor, após o prazo legal, insistindo no inadimplemento. Pela Lei n. 11.232/2005, tal é a força da sentença condenatória, objetivando reduzir a inadimplência por ser intolerável a resistência tanto em relação às execuções ajuizadas antes como depois da reforma legislativa. Outrossim, opostos os embargos à execução antes da vigência da citada lei, é cabível o exercício do direito de ação do devedor e inadmissível convertê-los em impugnação à sentença. Cabe o prosseguimento do processo de execução, porém suspende-se a multa em questão até o julgamento do REsp, sob pena de provocar danos irreparáveis. **MC 14.258-RJ, Rel. Min. Nancy Andrighi, julgado em 17/6/2008**. (Inform. STJ 360)

CUMPRIMENTO. CONDENAÇÃO. HONORÁRIOS ADVOCATÍCIOS.
A questão restringe-se em definir o cabimento de honorários advocatícios na fase de cumprimento da sentença, de acordo com a sistemática implementada pela Lei n. 11.232/2005, que alterou o CPC. O Tribunal de origem entendeu que, a partir da nova lei, a execução de título judicial passou a ser continuidade do processo de conhecimento, não sendo cabível o arbitramento de honorários advocatícios, a não ser que o devedor criasse eventuais incidentes, o que haveria de ser analisado caso a caso. O tema é novo e, para o Min. Relator, suscita divergência no campo acadêmico e também nos tribunais do país. O fato de se ter alterado a natureza da execução de sentença, que deixou de ser tratada como processo autônomo e passou a ser mera fase complementar do mesmo processo em que o provimento é assegurado, não traz nenhuma modificação no que tange aos honorários advocatícios. A própria interpretação literal do art. 20, § 4º, do CPC não deixa margem para dúvidas, os honorários são devidos nas execuções, embargadas ou não. O art. 475-I do CPC é expresso em afirmar que o cumprimento da sentença, nos casos de obrigação pecuniária, faz-se por execução. Ora, se haverá arbitramento de honorários na execução (art. 20, § 4º, do CPC) e se o cumprimento da sentença faz-se por execução (art. 475, I, do CPC), outra conclusão não é possível senão a de que haverá a fixação de verba honorária na fase de cumprimento da sentença. Ademais, a verba honorária fixada na fase de cognição leva em consideração apenas o trabalho realizado pelo advogado até então. Por derradeiro, também na fase de cumprimento de sentença, há de se considerar o próprio espírito condutor das alterações pretendidas com a Lei n. 11.232/2005, em especial a multa de 10% prevista no art. 475-J do CPC. De nada adiantaria a criação de uma multa de 10% sobre o valor da condenação para o devedor que não cumpre voluntariamente a sentença se, de outro lado, fosse eliminada a fixação de verba honorária arbitrada no percentual de 10% a 20%, também sobre o valor da condenação. Precedente citado: REsp 978.545-MG, DJ 1º/4/2008. **REsp 1.050.435-SP, Rel. Min. Sidnei Beneti, julgado em 10/6/2008**. (Inform. STJ 359)

AR. TÍTULO JUDICIAL. JULGAMENTO. STF.
O cerne da questão é a possibilidade de o juízo da execução, fundado em seu poder geral de cautela, determinar a suspensão do processo executivo lastreado em título judicial, qual seja, decisão definitiva proferida no âmbito de ação civil pública ajuizada por associação de defesa do consumidor, objeto de ação rescisória julgada procedente pelo STF e que se encontra pendente de apreciação de embargos infringentes. Inicialmente, o Min. Relator ressaltou a existência de projeto de lei em tramitação no Congresso Nacional que prevê a suspensão do processo encartada no poder do juiz toda vez que a matéria a ser decidida depender da solução de questão jurídica sujeita à cognição do STF ou do STJ nos diversos meios processuais. No caso, a ação rescisória do julgado revela nítido caráter prejudicial em relação ao cumprimento do aresto rescindendo, o que, por si só, na avaliação *quantum satis* do juízo, poderia conduzi-lo à suspensão por prejudicialidade da efetivação da decisão judicial (art. 265, I a III, do CPC). A aplicação subsidiária da regra da execução extrajudicial ao cumprimento da sentença torna incidente o art. 791 do CPC, que determina a suspensão da execução nos mesmos casos em que se susta a marcha do processo de conhecimento (art. 791, II c/c art. 475-R, ambos do CPC). Para o Min. Relator, inocorre *error in procedendo* na suspensão do cumprimento do título judicial, quando o mesmo restou rescindido por aresto do STF, no caso da mencionada associação, sujeito, apenas, ao julgamento dos embargos infringentes. **EREsp 770.847-PR, Rel. Min. Luiz Fux, julgados em 23/4/2008**. (Inform. STJ 353)

LIQUIDAÇÃO. SENTENÇA. SINISTRO. VEÍCULO. AUTO-ESCOLA. LUCRO CESSANTE.
A Turma entendeu que, demonstrada a culpa e a existência dos danos na hipótese de sinistro com veículo de auto-escola, é cabível a apuração dos lucros cessantes em liquidação de sentença (arbitramento), mediante perícia, referente ao valor da hora-aula, com dedução das despesas operacionais da auto-escola, e à quantidade semanal de aulas, por se tratar de veículo inerente à atividade da autora (arts. 82 e 1.059 do CC/1916 c/c os arts. 334, I, 335 e 368, parágrafo único, do CPC). **REsp 489.195-RJ, Rel. Min. Aldir Passarinho Junior, julgado em 23/10/2007**. (Inform. STJ 337)

SÚMULA STF Nº 254

Incluem-se os juros moratórios na liquidação, embora omisso o pedido inicial ou a condenação.

SÚMULA STJ Nº 362

A correção monetária do valor da indenização do dano moral incide desde a data do arbitramento.

SÚMULA STJ Nº 344

A liquidação por forma diversa da estabelecida na sentença não ofende a coisa julgada.

SÚMULA STJ Nº 306

Os honorários advocatícios devem ser compensados quando houver sucumbência recíproca, assegurado o direito autônomo do advogado à execução do saldo sem excluir a legitimidade da própria parte.

SÚMULA STJ Nº 204

Os juros de mora nas ações relativas a benefícios previdenciários incidem a partir da citação valida.

SÚMULA STJ Nº 14

Arbitrados os honorários advocatícios em percentual sobre o valor da causa, a correção monetária incide a partir do respectivo ajuizamento.

10.4. Coisa Julgada

EMENTA: COISA JULGADA EM SENTIDO MATERIAL. INDISCUTIBILIDADE, IMUTABILIDADE E COERCIBILIDADE: ATRIBUTOS ESPECIAIS QUE QUALIFICAM OS EFEITOS RESULTANTES DO COMANDO SENTENCIAL. PROTEÇÃO CONSTITUCIONAL QUE AMPARA E PRESERVA A AUTORIDADE DA COISA JULGADA. EXIGÊNCIA DE CERTEZA E DE SEGURANÇA JURÍDICAS. VALORES FUNDAMENTAIS INERENTES AO ESTADO DEMOCRÁTICO DE DIREITO. EFICÁCIA PRECLUSIVA DA "*RES JUDICATA*". "*TANTUM JUDICATUM QUANTUM DISPUTATUM VEL DISPUTARI DEBEBAT*". CONSEQÜENTE IMPOSSIBILIDADE DE REDISCUSSÃO DE CONTROVÉRSIA JÁ APRECIADA EM DECISÃO TRANSITADA EM JULGADO, AINDA QUE PROFERIDA EM CONFRONTO COM A JURISPRUDÊNCIA PREDOMINANTE NO SUPREMO TRIBUNAL FEDERAL. A QUESTÃO DO ALCANCE DO PARÁGRAFO ÚNICO DO ART. 741 DO CPC. MAGISTÉRIO DA DOUTRINA. RE CONHECIDO, PORÉM IMPROVIDO.
- A sentença de mérito transitada em julgado só pode ser desconstituída mediante ajuizamento de específica ação autônoma de impugnação (ação rescisória) que haja sido proposta na fluência do prazo decadencial previsto em lei, pois, com o exaurimento de referido lapso temporal, estar-se-á diante da coisa *soberanamente* julgada, insuscetível de ulterior modificação, ainda que o ato sentencial encontre fundamento em legislação que, em

momento posterior, tenha sido declarada inconstitucional pelo Supremo Tribunal Federal, quer em sede de controle abstrato, quer no âmbito de fiscalização incidental de constitucionalidade.

- A decisão do Supremo Tribunal Federal que haja declarado inconstitucional determinado diploma legislativo em que se apóie o título judicial, ainda que impregnada de eficácia "*ex tunc*", como sucede com os julgamentos proferidos em sede de fiscalização concentrada (RTJ 87/758 – RTJ 164/506-509 – RTJ 201/765), detém-se ante a autoridade da coisa julgada, que traduz, nesse contexto, limite insuperável à força retroativa resultante dos pronunciamentos que emanam, "*in abstracto*", da Suprema Corte. **Doutrina. Precedentes.** (RE 594350/RS, Rel. Min. Celso de Mello) (Inform. STF 591)

COISA JULGADA. LIMITAÇÃO TEMPORAL. TABELA. SUS.

A Turma deu provimento ao recurso especial por entender que, *in casu*, não cabe discutir, em embargos à execução, a questão da limitação temporal do direito às diferenças decorrentes da reformulação da tabela do SUS (não apreciada no processo de conhecimento). Ressaltou-se que, na espécie, deve ser prestigiado o princípio da segurança jurídica, porquanto a sentença exequenda foi proferida após a publicação da portaria que reformulou a referida tabela (Portaria n. 1.323/1999-MS/GM). Assim, segundo o Min. Relator, as partes tiveram a oportunidade de enfrentar todas as teses para a formação do título judicial, não sendo da melhor técnica processual levantar, na fase executória, questões que deixaram de ser suscitadas no processo de conhecimento – salvo fato novo na acepção do termo –, sob pena de ofensa à coisa julgada. Precedente citado: AgRg no REsp 983.372-PR, DJe 26/5/2010. **REsp 1.127.664-PR, Rel. Min. Mauro Campbell Marques, julgado em 14/6/2011.** (Inform. STJ 477)

OFENSA. COISA JULGADA.

A Turma negou provimento ao recurso porque o entendimento do acórdão recorrido não implicou ofensa à *res iudicata*, porquanto apenas restaurou a sentença transitada em julgado segundo a qual a entidade de previdência privada não deveria proceder ao desconto do imposto de renda incidente sobre os rendimentos auferidos pelo contribuinte a título de complementação de aposentadoria proporcionalmente às contribuições recolhidas de 1989 a 1995 sob a égide da Lei n. 7.713/1988, objetivando evitar dupla tributação, visto que já foi descontado o tributo na fonte. Além disso, o acórdão recorrido consignou que a decisão executada não assentou a isenção do imposto sobre as parcelas vincendas como quis dar a entender o recorrente. **REsp 1.037.421-SC, Rel. Min. Luiz Fux, julgado em 7/12/2010.** (Inform. STJ 459)

COISA JULGADA. INCONSTITUCIONALIDADE.

A *quaestio juris* está em saber em que medida a superveniente decisão do STF que reconhece, em controle difuso, a inconstitucionalidade de preceito normativo e a Resolução do Senado que suspende a execução desse comando afetam as sentenças em sentido contrário, ou seja, as que decidiram pela constitucionalidade da norma, e foram proferidas e transitaram em julgado em data anterior. *In casu*, a recorrente pleiteou, no mandado de segurança, em 1988, o reconhecimento do direito de continuar a obedecer rigorosamente aos procedimentos da LC n. 7/1970 (que instituiu o PIS), sendo a pretensão atendida em primeira instância, porém denegada no TRF, ao fundamento da constitucionalidade dos DLs ns. 2.445/1988 e 2.449/1988, transitada em julgado a referida decisão em 1991. Posteriormente, em 1998, ingressou com ação declaratória de pleito, substancialmente, idêntico ao do anterior mandado de segurança (ver reconhecido o direito de recolher o PIS com base naquela LC, bem como compensar os valores recolhidos a maior em função dos referidos DLs), uma vez que o STF declarou a inconstitucionalidade desses decretos-lei, cujas execuções foram suspensas com o advento da Res. n. 49/1995 do Senado Federal. O tribunal *a quo* extinguiu o processo sem julgamento do mérito, tendo em vista que a pretensão estava submetida à coisa julgada. Neste Superior Tribunal, a Turma entendeu que a sentença, afirmando a constitucionalidade da norma, reconhece a legitimidade da exação fiscal nos termos nela estabelecidos, fazendo juízo sobre situação jurídica de caráter permanente e com eficácia para o futuro, motivo pelo qual tem sua eficácia temporal submetida à cláusula *rebus sic stantibus*, ou seja, sua força mantém-se enquanto continuarem inalterados o estado do direito e o suporte fático sobre os quais estabeleceu o juízo de certeza, o que equivale a dizer que ela atua enquanto se mantiverem íntegras as situações de fato e de direito existentes quando da prolação da sentença. No entanto, a superveniente decisão do STF, em controle difuso, reconhecendo a inconstitucionalidade da norma, não representa, por si só, modificação no estado de direito apta a retirar a eficácia da sentença transitada em julgado em sentido contrário. A modificação do estado de direito perfaz-se a partir do advento da resolução do Senado Federal que suspende a execução do preceito normativo, universalizando, com eficácia *erga omnes* e efeito vinculante, a decisão do STF declarando a inconstitucionalidade. Embora não produza, automaticamente, a anulação ou a modificação dos efeitos já produzidos por sentenças em sentido contrário, a resolução do Senado faz prevalecer, a partir de seu advento, a sentença de inconstitucionalidade. A partir de então, ficam submetidas à decisão do STF as relações jurídicas futuras e os desdobramentos futuros de anteriores relações jurídicas de trato continuado. Na hipótese dos autos, ficou reconhecida, relativamente ao período anterior ao advento da Res. n. 49/1995 do Senado Federal, a eficácia da sentença anterior transitada em julgado que reconheceu a constitucionalidade dos DLs ns. 2.445/1988 e 2.449/1988; todavia, com a modificação do estado de direito decorrente da publicação dessa resolução, que suspendeu a execução dos mencionados decretos-lei declarados inconstitucionais pelo STF, cessou a eficácia temporal da sentença anterior em sentido contrário. Portanto, a eficácia temporal do acórdão proferido no primitivo mandado de segurança teve como termo final a data da publicação da resolução do Senado Federal, devendo ser mantido, em relação àquele período, o acórdão recorrido. Porém, no que se refere ao período posterior, é de se afastar a preliminar de coisa julgada, podendo a causa ser apreciada sem esse empecilho. Por outro lado, para desfazer as consequências produzidas por sentença anterior à resolução, faz-se mister a utilização da via rescisória. Diante disso, a Turma, ao prosseguir o julgamento, após o voto-vista do Min. Teori Albino Zavascki e a retificação do voto do Min. Relator, deu parcial provimento ao recurso e determinou que os autos retornem ao tribunal *a quo*, para que prossiga o julgamento como entender de direito. **REsp 1.103.584-DF, Rel. Min. Luiz Fux, julgado em 18/5/2010.** (Inform. STJ 435)

COISA JULGADA. LIMITES SUBJETIVOS.

Embora quitado o imóvel, a construtora negou-se a outorgar a escritura definitiva. Então, a autora propôs ação de adjudicação de imóvel em que a sentença julgada procedente transitou em julgado, expedindo-se mandado para registro do imóvel, apesar de, já no curso da ação, haver sido registrada a hipoteca judicial em favor da compradora. Sucede que aquela construtora foi incorporada por outra sociedade empresarial, sendo registrada a extinção da construtora dois meses após à venda do imóvel (objeto de disputa) e depois houve a decretação da falência dessa nova sociedade empresarial. No curso deste processo falimentar, o síndico requereu a arrecadação do imóvel, daí a ação de restituição de imóvel, na qual a sentença também julgou procedente o pedido, ordenando a exclusão do imóvel dos bens arrecadados pela massa falida sob o argumento da existência de coisa julgada; mas, em apelação, declarou-se nulo o compromisso de compra e venda. Para o Min. Relator, nos termos do art. 472 do CPC, a sentença da ação de adjudicação que declarou a validade do negócio jurídico e determinou o registro da escritura definitiva da venda do imóvel não pode produzir efeitos em relação à massa falida, a qual não participou daquela relação processual, portanto válida a arrecadação do imóvel pela massa falida. Destacou, ainda, que os autos noticiam o fato de que, antes da notificação extrajudicial enviada à construtora pela compradora para compeli-la à realização da escritura definitiva, já era do seu conhecimento a incorporação da construtora por outra sociedade empresarial, tal como a própria compradora informou. Assim, no caso, desconsiderou-se o juízo falimentar competente para dirimir a adjudicatória (art. 12, III, do CPC e art. 63, XVI, do DL n. 7.661/1945), bem como a participação do MP (art. 70, § 1º, do referido DL). Diante do exposto, a Turma não conheceu do recurso. Precedentes citados: EDcl no Ag 641.388-RS, DJ 27/8/2007; REsp 206.946-PR, DJ 7/5/2001, e RMS 14.554-PR, DJ 15/12/2003. **REsp 291.634-SP, Rel. Min. Luis Felipe Salomão, julgado em 17/3/2009.** (Inform. STJ 387)

COISA JULGADA. TERCEIRO INTERESSADO.

A recorrida, uma escola, litiga com a recorrente, um curso, e afirma ser a regular titular dos direitos sobre a utilização exclusiva da expressão "evolução", pois a registrou como denominação comercial e também como marca dos serviços educacionais que presta. Reconhece que tomou conhecimento de que uma terceira instituição, totalmente desvinculada daquela (o curso), uma pré-escola, utilizava, indevidamente, a sua marca, inclusive para exercer atividades educacionais. Por isso, ajuizou ação cominatória contra a mencionada pré-escola, sendo certo que, após a revelia, a ação foi julgada procedente, de forma que esta última encontra-se impedida por sentença transitada em julgado, de utilizar a marca "evolução" para designar seus serviços educacionais. Assim, o curso, ora recorrente, também se considera legítimo titular de diretos que lhe asseguram o uso exclusivo da citada expressão, também para designar seus serviços educacionais, sustentando que, no gozo desses direitos, autorizou aquela pré-escola a empregar a designação no exercício de sua atividade. Ao saber da ação ajuizada pela escola contra a pré-escola, o curso interpôs apelação como terceiro interessado. O Tribunal *a quo* negou provimento à apelação para manter *in totum* a sentença originalmente proferida. Ao final daquele litígio, iniciou-se nova lide, desta vez envolvendo apenas o curso como autor e a escola como ré. Nesse processo, o curso pretende que a escola abstenha-se de utilizar a marca "evolução". A sentença julgou procedentes os pedidos formulados pelo curso, mas a escola, em apelação, sustentou que a decisão proferida naquele primeiro processo fazia coisa julgada para a presente controvérsia. O Tribunal de origem acatou esse argumento e extinguiu a lide sem resolução do mérito (art. 267, V, do CPC). Por isso, nos termos formulados no recurso especial, a matéria analisa se a decisão proferida naquele primeiro processo faz coisa julgada de forma a atingir este processo. Inicialmente, destacou a Min. Relatora que, para constatar a existência de coisa julgada, é imperioso verificar se as partes repetem ação anteriormente ajuizada. Na primeira ação, discutiu-se a utilização da marca por parte absolutamente estranha à lide. Já neste processo, há pedidos contrapostos, com diversidade de objeto. Embora o curso tenha interposto apelação como terceiro interessado contra a sentença que proibiu seu licenciado, a pré-escola, de utilizar a expressão, é certo que seu recurso não foi sequer admitido. Assim, não tendo sido aceita tal intervenção, não há que se falar que a coisa julgada naquele processo se lhe estende. A hipótese é tratada pela doutrina como a não oposição da coisa julgada a terceiro juridicamente interessado. Assim, por entender que a coisa julgada constituída em processo com pedido diverso daqueles aqui formulados não pode prevalecer nem pode levar à extinção desta lide, a Turma deu provimento ao recurso para reconhecer a violação do art. 267, V, do CPC, e cassar o acórdão recorrido, determinando o prosseguimento do feito na esteira do devido processo legal. **REsp 1.087.353-PB, Rel. Min. Nancy Andrighi, julgado em 17/2/2009.** (Inform. STJ 384)

AÇÃO. PATERNIDADE. REITERAÇÃO. COISA JULGADA.
Trata-se de reiteração de ajuizamento de ação de paternidade, quando já houve o reconhecimento pelo Tribunal de Justiça da existência da coisa julgada material. Logo, não se deve afastar a coisa julgada, para que seja renovada a investigação de paternidade sob o fundamento de que o exame de DNA, por ser prova moderna e cientificamente segura, demonstraria a vinculação entre autor e réu. A cada nova técnica (nova descoberta científica), não se pode rever tudo o que já foi decidido, pois tal posição teria reflexos sobre a vida das pessoas que há muito seguiram suas vidas – investigantes, investigado, descendentes, parentes, cônjuges etc. Deve-se preservar uma ordem jurídica estabilizada pela coisa julgada, garantida na Constituição da República e leis do país. Precedente citado: REsp 706.987-SP, DJe 10/10/2008. **REsp 960.805-RS, Rel. Min. Aldir Passarinho Junior, julgado em 17/2/2009.** (Inform. STJ 384)

EXECUÇÃO. CORREÇÃO MONETÁRIA. COISA JULGADA.
Apesar de seu caráter de ordem pública, uma vez disposto, no acórdão, que a correção monetária incide a partir do ajuizamento da ação e esgotadas todas as possibilidades de recurso contra essa decisão, não se pode modificar essa parte dispositiva do acórdão, pois restaria violada a coisa julgada. Precedentes citados: REsp 251.716-SP, DJ 18/9/2000, e REsp 851.904-MG, DJ 9/10/2006. **REsp 1.003.800-RS, Rel. Min. Carlos Fernando Mathias (Juiz convocado do TRF da 1ª Região), julgado em 17/2/2009.** (Inform. STJ 384)

PRECLUSÃO LÓGICA. RESP. REEXAME NECESSÁRIO.
É certo que as reformas implementadas na legislação processual no decorrer destes últimos anos objetivavam dar efetividade ao acesso à Justiça, garantia constitucional por excelência (art. 5º, XXXV, da CF/1988). Daí, por exemplo, a dispensa de reexame necessário nas causas oriundas do Juizado Especial Federal (art. 13 da Lei n. 10.259/2001), além das causas discriminadas no art. 475, §§ 2º e 3º, do CPC, na redação que lhes deu a Lei n. 10.352/2001. Cabe, então, ao STJ harmonizar os benefícios concedidos à Fazenda Pública com os valores constitucionais, tais como o referido acesso à Justiça. Nesse panorama, e diante da constatação da impossibilidade de agravamento da condenação imposta à Fazenda Pública (Súm. n. 45-STJ), chega a ser incoerente e de duvidosa constitucionalidade a permissão de que entes públicos rediscutam os fundamentos da sentença, não no momento oportuno, mas mediante a interposição de recurso especial contra o acórdão que manteve a sentença em sede de reexame necessário. Assim, há que se prestigiar a ocorrência de preclusão lógica na espécie, que tem como razão de ser o respeito ao princípio da confiança, o qual disciplina a lealdade processual (a proibição de *venire contra factum proprium*). A ilação de que há fraudes e conluios contra a Fazenda Pública concentrados no primeiro grau, que levariam a não se recorrer das sentenças, por si só, não tem o condão de afastar a almejada efetividade da tutela jurisdicional, pois essa encarna um interesse público maior e não pode ser confundida com o simples interesse puramente patrimonial dos entes públicos, quanto mais se, no ordenamento jurídico, há instrumentos próprios, notadamente na seara penal, para a repressão de tais desvios de conduta que possam ser atribuídos aos funcionários públicos. Vê-se, também, que o REsp tem que preencher requisitos genéricos de admissibilidade, os quais não estão previstos na CF/1988 (tais como o preparo e a tempestividade), mostrando-se irrelevante a alegação de que o art. 105, III, da CF/1988 não faz distinção quanto à origem da "causa decidida", se de reexame necessário ou não. Anote-se, por último, já haver precedente da Primeira Seção nesse mesmo sentido. Com esse entendimento, a Turma, por maioria e com a ressalva do Min. Mauro Campbell Marques, não conheceu do recurso, devido a existir fato impeditivo do poder de recorrer (a preclusão lógica). Precedente citado: REsp 904.885-SP, DJ 9/12/2008. **REsp 1.085.257-SP, Rel. Min. Eliana Calmon, julgado em 9/12/2008** (ver Informativo n. 364). (Inform. STJ 380)

SENTENÇA. REEXAME NECESSÁRIO. VALOR . CAUSA.
Nos EREsp, o INSS impugnou especificamente a parte do julgado que afastou o cabimento de reexame necessário. Esses embargos deveriam pacificar o entendimento quanto à aplicação do art. 475, § 2º, do CPC, que limita a sujeição ao reexame de valor certo inferior a 60 salários mínimos. Anotou-se que a jurisprudência da Terceira Seção posiciona-se no sentido de que, quando o valor da condenação foi ilíquido, deve-se observar o valor da causa atualizado como critério, a fim de verificar a incidência de reexame necessário, e o acórdão da Primeira Turma afirma que o valor da causa não se presta para verificar sua necessidade. Entretanto, a tese vencedora, inaugurada pelo Min. Luiz Fux, ateve-se à questão de conhecimento dos EREsp, concluiu que em um acórdão apurou-se valor certo, e no outro, o valor é incerto, *et pour cause* não se aplicou a regra hodierna do reexame necessário, revelando dissemelhança entre as causas, o que interdita o conhecimento da divergência. Por outro lado, a tese vencida conhecia dos embargos e lhes negava provimento, acompanhando a jurisprudência da Terceira Seção e ainda observava que vedar o reexame necessário só quando a sentença expressamente consignar o valor da condenação seria, na prática, inviabilizar o § 2º do art. 475 do CPC e nessa parte a reforma da Lei n. 10.352/2001. **EREsp 923.348-PR, Rel. originário Min. Nancy Andrighi, Rel. para acórdão Min. Luiz Fux, julgados em 3/12/2008.** (Inform. STJ 379)

COISA JULGADA. ERRO.
Trata-se de recurso interposto por sindicato contra acórdão do TJ que assim decidiu: quando a coisa julgada espelha um resultado final que agride o sentido do justo, é possível rever, na liquidação da sentença, o erro que passa a ser inexplicável, como o da decuplicação da contribuição confederativa com multa incorporada (incidência do método punitivo também sobre o adicional, que é um grau escalonado da multa pelo atraso – art. 600 da CLT e 7º da Lei n. 6.986/1982), e que produziu uma expressão financeira incompatível com a natureza do título produzido pelo Estado-juiz (relativização da coisa julgada). Isso posto, a Turma, por maioria, deu provimento ao recurso para anular o acórdão recorrido, por entender que o tribunal de origem violou a coisa julgada, visto que ele não poderia, na fase de liquidação, alterar a parte dispositiva da sentença condenatória, entendendo que não haveria violação da coisa julgada, por se tratar de erro judiciário. Na hipótese, sendo a divergência relacionada à forma como deve ser calculado o valor devido pela parte recorrida, não há configuração de erro material capaz de desconstituir a coisa julgada. Ademais, salientou o Min. Relator que, ao sentir-se lesada com eventual vício na sentença transitada em julgado, deveria a parte ter proposto a competente ação rescisória, a teor do art. 485 do CPC, com vistas à desconstituição da coisa julgada. O Min. Luiz Fux, em seu voto-vista, entendeu não se tratar nem de relativização de coisa julgada nem de erro aritmético, mas de uma tendência realmente de transcender a coisa julgada no afã de produzir um resultado que pode ser justo sob a ótica de uns, mas injusto sob a ótica de outros, e, quanto a isso, a lei não permite que tribunal algum promova reforma da decisão, porque ou ela está eivada de ilegalidade, ou de uma injustiça passiva de modificação na própria relação processual antes do trânsito em julgado. **REsp 612.937-SP, Rel. Min. Francisco Falcão, julgado em 2/12/2008.** (Inform. STJ 379)

COISA JULGADA. COMPETÊNCIA ABSOLUTA. PRECLUSÃO.
A Seção, ao prosseguir o julgamento, por maioria, não conheceu do recurso ao entendimento de que, tratando-se de matéria referente à competência absoluta, não há preclusão, pois envolve questão de ordem pública. No caso, o Min. Relator originário conheceu do recurso e o proveu para fazer prevalecer a coisa julgada formal relativa à ação de indenização por danos materiais e morais decorrentes de vínculo trabalhista. A juíza cível, após a instrução, porém antes da sentença, declinou da competência para a Justiça do Trabalho (EC n. 45/2004), mormente levando em conta a decisão do STF. Tendo a parte agravado, o Tribunal reformulou a decisão, para

admitir que a coisa julgada formal não pode ser modificada. Dissentindo do Min. Relator Ari Pargendler, a maioria divergente considerou que, se já havia decisão do STF determinando ser competente o juízo trabalhista, a matéria é de competência absoluta, descabendo a preclusão até porque, em sendo julgado lá, cabe ação rescisória, com a certeza de acolhimento, uma vez que não há sentença, pois houve somente julgamento do agravo, permaneceu a questão em aberto (art. 485 do CPC). **REsp 1.020.893-PR, Rel. originário Min. Ari Pargendler, Rel. para acórdão Min. João Otávio de Noronha, julgado em 26/11/2008.** (Inform. STJ 378)

RELATIVIZAÇÃO. COISA JULGADA. DECISÕES JUDICIAIS. VÍCIOS INSANÁVEIS.

A Turma, ao prosseguir o julgamento, por maioria, negou provimento ao recurso. A Min. Relatora entendeu que, no caso, pairam dúvidas sobre a titularidade do imóvel e até sobre a questão da relativização da coisa julgada, que é a tese defendida pelo Min. José Delgado. Acredita a Min. Relatora que esteja o imóvel situado em região em que existem ações discriminatórias e uma série de irregularidades na sua aquisição. Há, também, processo com trânsito em julgado sobre apropriação indireta e há dúvidas sobre a aquisição desse imóvel que foi objeto da desapropriação indireta. A Min. Relatora embasando-se na lição de Cândido Rangel Dinamarco, considerou que a desconstituição da coisa julgada pode ser perseguida até mesmo por intermédio de alegações incidentes ao próprio processo executivo, tal como ocorreu na hipótese dos autos. Não se está afirmando aqui que não tenha havido coisa julgada em relação à titularidade do imóvel e ao valor da indenização fixada no processo de conhecimento, mas que determinadas decisões judiciais, por conterem vícios insanáveis, nunca transitam em julgado, conforme a ampla fundamentação trazida no voto da Min. Relatora. Assim, caberá à perícia técnica, cuja realização foi determinada pelas instâncias ordinárias, demonstrar se tais vícios estão ou não presentes no caso dos autos. **REsp 622.405-SP, Rel. Min. Denise Arruda, julgado em 14/8/2007.** (Inform. STJ 327)

SÚMULA STJ Nº 490

A dispensa de reexame necessário, quando o valor da condenação ou do direito controvertido for inferior a sessenta salários mínimos, não se aplica a sentenças ilíquidas.

10.5. Liquidação de sentença

DIREITO PROCESSUAL CIVIL. LIQUIDAÇÃO DE SENTENÇA. PROVA DE PARTE DO DANO. IMPOSSIBILIDADE SEM CULPA DAS PARTES. LIQUIDAÇÃO IGUAL A ZERO.

Não é possível ao juízo promover a liquidação da sentença valendo-se, de maneira arbitrária, de meras estimativas, na hipótese em que a sentença fixa a obrigatoriedade de indenização do dano, mas as partes sem culpa estão impossibilitadas de demonstrar a sua extensão. Assim, por falta de previsão expressa do atual CPC, deve-se, por analogia, aplicar a norma do art. 915 do CPC/1939, extinguindo-se a liquidação sem resolução de mérito quanto ao dano cuja extensão não foi comprovada, facultando-se à parte interessada o reinício dessa fase processual, caso reúna, no futuro, as provas cuja inexistência se constatou. A norma do art. 915 do CPC/1939 preconiza que, se as provas não oferecerem elementos suficientes para que o juiz determine o valor da condenação, o liquidante será condenado nas custas, procedendo-se à nova liquidação. Ademais, o CPC/1973 não autoriza, fora das hipóteses do art. 475-B, §§ 1º e 2º, a utilização de presunções para estabelecer o montante da indenização devida. Portanto, não sendo possível apurar, na liquidação, o montante devido pela parte da condenação, sem culpa das partes, extingue-se o processo sem resolução do mérito, facultando-se à parte reiniciar a liquidação no futuro, caso reúna, com novos elementos, provas suficientes para revestir de certeza seu direito à reparação. **REsp 1.280.949-SP, Rel. Min. Nancy Andrighi, julgado em 25/9/2012.** (Inform. STJ 505)

LIQUIDAÇÃO. SENTENÇA. HONORÁRIOS ADVOCATÍCIOS.

A Turma reiterou o entendimento de que são devidos honorários advocatícios em liquidação de sentença, em que pese o acórdão paradigma tratar de liquidação por artigos e o aresto recorrido, de liquidação por arbitramento, sem desconsiderar a existência de julgados desta Corte que não fixam honorários em liquidação por arbitramento, eis que deve ser aplicada à espécie solução semelhante à liquidação por artigos, conforme o julgado paradigma da CE. Também pacífico o entendimento do STJ de que, inexistindo condenação, os honorários advocatícios são fixados com base no art. 20, § 4º, do CPC. Precedentes citados: EREsp 179.355-SP, DJ 11/3/2002; REsp 592.832-PR, DJ 30/11/2004; REsp 783.245-RN, DJ 2/6/2008, e REsp 772.436-SC, DJ 9/6/2008. **REsp 978.253-SE, Rel. Min. Nancy Andrighi, julgado em 16/9/2008.** (Inform. STJ 368)

10.6. Ações Anulatória e Rescisória

DIREITO PROCESSUAL CIVIL. CABIMENTO DE AÇÃO RESCISÓRIA. VIOLAÇÃO DE SÚMULA.

Não cabe ação rescisória contra violação de súmula. Conforme o art. 485, V, do CPC a sentença pode ser rescindida quando violar literal disposição de lei, hipótese que não abrange a contrariedade à súmula. Assim, não há previsão legislativa para o ajuizamento de ação rescisória sob o argumento de violação de súmula. Precedentes citados: REsp 154.924-DF, DJ 29/10/2001, AR 2.777-SP, DJe 3/2/2010. **AR 4.112-SC, Min. Rel. Marco Aurélio Bellizze, julgada em 28/11/2012. (Inform. STJ 510)**

DIREITO PROCESSUAL CIVIL. AÇÃO RESCISÓRIA. SENTENÇA TERMINATIVA.

É cabível o ajuizamento de ação rescisória para desconstituir tanto o provimento judicial que resolve o mérito quanto aquele que apenas extingue o feito sem resolução de mérito. A redação do art. 485, *caput*, do CPC, ao mencionar "sentença de mérito" o fez com impropriedade técnica, referindo-se, na verdade, a "sentença definitiva", não excluindo os casos onde se extingue o processo sem resolução de mérito. De toda sentença terminativa, ainda que não seja de mérito, irradiam-se efeitos declaratórios, constitutivos, condenatórios, mandamentais e executivos. Se o interesse do autor reside em atacar um desses efeitos, sendo impossível renovar a ação e não havendo mais recurso cabível em razão do trânsito em julgado (coisa julgada formal), o caso é de ação rescisória, havendo que ser verificado o enquadramento nas hipóteses descritas nos incisos do art. 485, do CPC. O equívoco cometido na redação do referido artigo, o foi na compreensão de que os processos extintos sem resolução do mérito (à exceção daqueles em que se acolheu a alegação de perempção, litispendência ou de coisa julgada, art. 267, V) poderiam ser renovados, na forma do art. 268, do CPC, daí que não haveria interesse de agir em ação rescisória movida contra sentença ou acórdão que não fosse de mérito. No entanto, sabe-se que a renovação da ação não permite rediscutir todos os efeitos produzidos pela ação anteriormente extinta. Exemplo disso está no próprio art. 268, do CPC, que condiciona o despacho da nova inicial à prova do pagamento ou do depósito das custas e dos honorários de advogado. Para estes casos, onde não houve sentença ou acórdão de mérito, o único remédio é a ação rescisória. **REsp 1.217.321-SC, Rel. originário Min. Herman Benjamin, Rel. para acórdão Min. Mauro Campbell Marques, julgado em 18/10/2012.** (Inform. STJ 509)

DIREITO PROCESSUAL CIVIL. AÇÃO RESCISÓRIA. DISCUSSÃO DE VERBA HONORÁRIA.

É cabível ação rescisória para discutir exclusivamente verba honorária. A parte da sentença que fixa honorários advocatícios, a exemplo das despesas, tem cunho condenatório e decorre da sucumbência, tendo ou não enfrentado o mérito da ação. Se na fixação dos honorários ocorreu qualquer das hipóteses previstas nos incisos do art. 485, do CPC (v.g. prevaricação do juiz), não há porque impedir o ajuizamento da rescisória. Precedente citado: **REsp 886.178-RS, DJe 25/2/2010, e REsp. 894.750-SC, DJe 1º/10/2008. REsp 1.217.321-SC, Rel. originário Min. Herman Benjamin, Rel. para acórdão Min. Mauro Campbell Marques, julgado em 18/10/2012.** (Inform. STJ 509)

DIREITO PROCESSUAL CIVIL. AÇÃO RESCISÓRIA. VIOLAÇÃO A LITERAL DISPOSIÇÃO DE LEI. VIOLAÇÃO AOS CRITÉRIOS DE FIXAÇÃO DOS HONORÁRIOS ADVOCATÍCIOS.

Não é cabível ação rescisória por violação literal ao art. 20, caput e §§ 3º e 4º, do CPC se a parte simplesmente discorda do resultado da avaliação segundo os critérios legalmente estabelecidos. A ação rescisória na hipótese do art. 485, V, do CPC (violação literal de disposição de lei) é cabível somente para discutir violação a direito objetivo. Assim, não pode ser manejada ação rescisória para discutir a má apreciação dos fatos ocorridos no processo pelo juiz e do juízo de equidade daí originado. Nestes casos, o autor é carecedor da ação por impossibilidade jurídica do pedido. Precedentes citados: **REsp 886.178-RS, DJe 25/2/2010; AR 977-RS, DJ 28/4/2003. REsp 1.217.321-SC, Rel. originário Min. Herman Benjamin, Rel. para acórdão Min. Mauro Campbell Marques, julgado em 18/10/2012.** (Inform. STJ 509)

DIREITO PROCESSUAL CIVIL. AÇÃO RESCISÓRIA. VALOR DOS HONORÁRIOS ADVOCATÍCIOS.

Não cabe ação rescisória para discutir a irrisoriedade ou a exorbitância de verba honorária. Apesar de ser permitido o conhecimento de recurso especial para discutir o *quantum* fixado a título de verba honorária quando exorbitante ou irrisório, na ação rescisória essa excepcionalidade não é possível já que nem mesmo a injustiça manifesta pode ensejá-la se não houver violação ao direito objetivo. Interpretação que prestigia o caráter excepcionalíssimo da ação rescisória e os valores constitucionais a que visa proteger (efetividade da prestação jurisdicional, segurança jurídica e estabilidade da coisa julgada - art. 5º, XXXVI, da CF). Precedentes citados: **REsp 937.488-RS, DJ 27/11/2007, e REsp 827.288-RO, DJe 22/6/2010. REsp 1.217.321-SC, Rel. originário Min. Herman Benjamin, Rel. para acórdão Min. Mauro Campbell Marques, julgado em 18/10/2012**. (Inform. STJ 509)

DIREITO PROCESSUAL CIVIL. COMPETÊNCIA. JULGAMENTO DE AÇÃO ANULATÓRIA DE TESTAMENTO. JUÍZO DO INVENTÁRIO.

Compete ao juízo do inventário o julgamento de ação anulatória de testamento, ainda que outro juízo tenha sido responsável pela ação de abertura, registro e cumprimento do testamento. O fato da ação de abertura, registro e cumprimento de testamento ter se processado em determinado juízo não implica sua prevenção para a ação anulatória de testamento. Afinal, trata-se de um processo de jurisdição voluntária, em que não se discute o conteúdo do testamento, limitando-se ao exame das formalidades necessárias à sua validade. De fato, não há conexão entre o inventário e a ação anulatória porque ausente a identidade entre os elementos objetivos das demandas: os pedidos e as causas de pedir são distintos. Todavia, é evidente a prejudicialidade entre as ações. Se anulado o testamento, a partilha dos bens entre os herdeiros da falecida ocorrerá de forma totalmente distinta. Assim, a declaração de nulidade do testamento interessa à herança e, por isso, deve ser apreciada pelo juízo do inventário. Nesse contexto, observa-se que a denominada *vis* atrativa do inventário (art. 96 do CPC) é abrangente, chegando a abarcar não somente as ações relativas à herança, tais como a de sonegados, de petição de herança, de anulação de testamento e outras diretamente ligadas ao direito sucessório, mas também traz para o seu foro, outras ações que, em princípio, seriam da competência de outro. Além disso, mesmo que não se discuta a validade do testamento nos próprios autos do inventário, porque se trata de questão de alta indagação (art. 985 do CPC), deve-se reconhecer a competência do juízo do inventário para o julgamento da anulatória também por uma questão de economia processual. Afinal, ele já tem conhecimento global dos fatos relacionados à sucessão. Ademais, não havendo prevenção do juízo responsável pela ação de abertura, registro e cumprimento do testamento, remeter-lhe a ação anulatória de testamento para julgamento poderia gerar novos questionamentos acerca da sua própria competência, em franco prejuízo à duração razoável do processo. Precedente citado: **REsp 420.394-GO, DJ 4/11/2002. REsp 1.153.194-MS, Rel. Min. Nancy Andrighi, julgado em 13/11/2012**. (Inform. STJ 509)

AR. EDCL. EFEITOS INFRINGENTES. AUSÊNCIA. INTIMAÇÃO. PARTE.

A Seção, por maioria, afastando a aplicação da Súm. n. 343-STF, julgou procedente pedido aviado em ação rescisória para declarar a nulidade de acórdão proferido em julgamento de embargos de declaração (EDcl) aos quais foram emprestados efeitos infringentes, sem, contudo, intimar-se a parte contrária. No entendimento do Min. Relator para o acórdão, houve ofensa ao art. 5º da CF, que rege os princípios do contraditório e da ampla defesa. **AR 2.702-MG, Rel. originário Min. Mauro Campbell, Rel. para acórdão Min. Teori Albino Zavascki, julgada em 14/9/2011.** (Inform. STJ 483)

AÇÃO RESCISÓRIA. PRAZO DECADENCIAL.

Discute-se no REsp se o prazo de dois anos previsto no art. 495 do CPC para a propositura de ação rescisória flui em desfavor de incapazes. Noticiam os autos que os recorrentes, ainda menores de idade, ajuizaram ação de indenização visando à condenação dos recorridos pelos danos morais sofridos em razão da morte de seu avô, em virtude de acidente em que esteve envolvido veículo pertencente a um dos recorridos. O acórdão que julgou o recurso de apelação interposto reformou a sentença para julgar improcedente o pedido. Alegaram, na inicial da ação rescisória, que os fundamentos da improcedência tomaram o pedido relativo ao dano moral como se se tratasse de dano material, pois exigiu a dependência econômica como requisito para acolhimento do pleito. O relator, monocraticamente, julgou extinta a ação rescisória ao fundamento de ter ocorrido decadência. Alegam os recorrentes que, à época, por serem menores absolutamente incapazes, não fluía contra eles prazo, nem de decadência nem de prescrição. Admitido o REsp, o Min. Relator entendeu que o prazo para o ajuizamento da ação rescisória é de decadência (art. 495, CPC), por isso se aplica a exceção prevista no art. 208 do CC/ 2002, segundo a qual os prazos decadenciais não fluem contra os absolutamente incapazes. Esse entendimento foi acompanhado pelos demais Ministros, que deram provimento ao REsp e determinaram o prosseguimento da ação rescisória. **REsp 1.165.735-MG, Rel. Min. Luis Felipe Salomão, julgado em 6/9/2011.** (Inform. STJ 482)

AR. PROVA FALSA.

A TURMA NEGOU PROVIMENTO AO RECURSO ESPECIAL SOB O FUNDAMENTO DE QUE É POSSÍVEL RESCINDIR A SENTENÇA DE MÉRITO FUNDADA EM PROVA CUJA FALSIDADE FOI RECONHECIDA NA INSTRUÇÃO DA PRÓPRIA AÇÃO RESCISÓRIA NOS TERMOS DO ART. 485, VI, DO CPC. PRECEDENTE CITADO: RESP 471.732-MA, DJ 19/4/2004. RESP 885.352-MT, REL. MIN. PAULO DE TARSO SANSEVERINO, JULGADO EM 7/4/2011. (INFORM. STJ 468)

AR. PARTILHA. INCAPAZ.

Trata-se de REsp interposto por menor representado por sua mãe na defesa dos interesses dele contra acórdão prolatado em ação rescisória (AR) cuja inicial foi indeferida por não estarem evidenciados os seus requisitos específicos (art. 485 do CPC). Alegou-se que a decisão hostilizada não se ateve ao mérito da questão, limitando-se a acolher a manifestação de vontade e o interesse de herdeiros que ajustaram de forma consensual a partilha de bens. Sucede que este Superior Tribunal já reconheceu ser a ação rescisória meio eficaz para impugnar sentença homologatória de inventário quando há interesse de incapaz. Diante do exposto, a Turma deu parcial provimento ao recurso para que, superado o óbice, prossiga o processamento da rescisória. Precedentes citados: REsp 32.306-RS, DJ 7/11/1994, e REsp 21.377-MG, DJ 22/11/1993. **REsp 917.606-RS, Rel. Min. Aldir Passarinho Junior, julgado em 3/3/2011.** (Inform. STJ 465)

RESP. AR. ART. 485, V, DO CPC.

Cuida-se de embargos de divergência em que se discutiu a possibilidade de a parte vencida, na ação rescisória (AR), interpor recurso especial (REsp) voltado contra o próprio mérito da ação. Note-se que esse julgamento definiu se o REsp interposto nos autos de AR fundada em ofensa ao art. 485, V, do CPC (violação de literal disposição de lei) deve, obrigatoriamente, limitar-se aos fundamentos do acórdão recorrido, ou se é possível adentrar a análise das próprias razões do acórdão rescindendo. Ressaltou-se que a definição da matéria terá reflexo na admissibilidade dos recursos especiais derivados de ação rescisória fundada no citado dispositivo legal. Para a tese vencedora inaugurada em voto vista do Min. Luiz Fux, o REsp, na AR, ao deduzir violação do art. 485, V, do CPC pela decisão rescindenda, ultrapassa os lindes do pedido de desconstituição e invade o próprio mérito daquele provimento jurisdicional, tanto mais que a ruptura da coisa julgada no *iudicium rescindens* conduz ao rejulgamento, qual seja, o *iudicium rescissorium*. Diante do exposto, a Corte Especial, ao prosseguir o julgamento, por maioria, firmou o entendimento de que, na ação rescisória baseada em violação de literal disposição de lei, o mérito do recurso especial se confundiria com os próprios fundamentos para a propositura da ação rescisória, autorizando o STJ a examinar também o acórdão rescindendo. Precedente citado: REsp 476.665-SP, DJ 20/6/2005. **EREsp 1.046.562-CE, Rel. originária Min. Eliana Calmon, Rel. para acórdão Min. Nancy Andrighi, julgados em 2/3/2011.** (Inform. STJ 465)

AR. INCLUSÃO. RÉU. PRAZO DECADENCIAL.

In casu, os recorrentes adquiriram dois terrenos: um, dos recorridos e outro, de litisdenunciante que não fez parte da ação rescisória. Todavia, a União e o Incra promoveram a desapropriação por interesse social sob a alegação de que se tratava de área de fronteira, portanto terras da União que foram alienadas por estado membro a título *non domino*. Confirmada a legalidade do decreto expropriatório, os recorrentes ingressaram com ação contra a União postulando a declaração de validade de seu domínio sobre as terras expropriadas, com denunciação da lide dos recorridos e de outro litisconsorte na condição de alienantes das áreas, pedidos julgados improcedentes. Depois, os recorrentes ajuizaram nova ação, dessa vez em desfavor dos recorridos e do outro alienante – o último denunciou à lide os próprios recorridos, dos quais havia adquirido o lote, e, após, vendeu-o aos recorrentes. Dessa vez, os pedidos foram julgados parcialmente procedentes, com a condenação dos réus (recorridos) ao pagamento de indenização decorrente de evicção e o reconhecimento do direito do litisdenunciante de ser reembolsado do que despendesse. Houve apelação dos recorridos, sendo mantidos o dever de indenizar e o direito de regresso do litisdenunciante. Daí que, inconformados, os recorridos propuseram a ação rescisória em desfavor dos recorrentes, objetivando a rescisão do acórdão que julgou parcialmente procedente a ação de evicção. No REsp, buscam os recorrentes a regularidade do polo passivo da ação rescisória, notadamente a inclusão dos litisconsortes necessários. Alegaram que, tendo os recorridos formulado pedido pleno de rescisão do julgado atacado, deveriam obrigatoriamente ter incluído no polo passivo o litisdenunciante que figurou como réu na ação em que foi proferido o acórdão rescindendo. Para a Min. Relatora, o fato de as partes terem figurado em polos distintos na ação rescindenda não impede que sejam incluídas no polo passivo da ação rescisória. Reconheceu a Min. Relatora que a rescisória teve por escopo unicamente anular a lide principal da ação de evicção, daí era indispensável a inclusão do litisdenunciante no polo passivo. Assevera ser induvidoso que, na lide principal, o litisdenunciante foi condenado ao pagamento de indenização aos recorrentes, muito embora, em contrapartida, tenha sido assegurado a ele o reembolso frente aos recorridos, mas esse direito de regresso não o exclui da lide principal na qual mantém relação jurídico-processual com os recorrentes. Isso demonstra que o litisdenunciante tem interesse direto na lide principal e, por conseguinte, também o tem na ação rescisória, visto que a ação visa rescindir a coisa julgada e, como esse juízo rescindente o atinge, ele deveria ter sido chamado para a relação processual da ação rescisória. Por outro lado, é entendimento já consolidado neste Superior Tribunal que, após decorrido o prazo decadencial para a interposição de ação rescisória (art. 495 do CPC), não pode a ação ser proposta contra novo réu, sendo, consequentemente, impossível a regularização da relação processual nos termos do disposto no art. 47 do CPC. Com esse entendimento, a Turma deu provimento ao recurso especial, declarando a extinção do processo com apreciação do mérito nos termos do art. 269, IV, do CPC, condenando os autores ao pagamento das custas processuais e dos honorários advocatícios. Quanto ao depósito previsto no art. 488, II, do CPC, determinou que será levantado pelos réus em partes iguais. Precedentes citados: AgRg no Ag 784.710-RJ, DJe 6/10/2010; REsp 1.159.409-AC, DJe 21/5/2010; AgRg no Ag 1.175.802-MG, DJe 15/3/2010; REsp 1.107.219-SP, DJe 23/9/2010; AgRg no REsp 737.069-RJ, DJe 24/11/2009; AR 2.009-PB, DJ 3/5/2004; AgRg nos EDcl na AR 4.363-PI, DJe 12/11/2010, e AgRg no REsp 617.072-SP, DJ 27/8/2007. **REsp 863.890-SC, Rel. Min. Nancy Andrighi, julgado em 17/2/2011.** (Inform. STJ 463)

AR. RESPONSABILIDADE. PROPRIETÁRIO. VEÍCULO.

A Turma negou provimento ao recurso e reafirmou o entendimento de que o recurso especial interposto em sede de ação rescisória (AR) deve ater-se ao exame de eventual afronta a pressupostos desta ação e não aos fundamentos do julgado rescindendo. A interpretação menos favorável ao réu não conduz à violação legal prevista no art. 485, V, do CPC. Reafirmou, ainda, que o proprietário de veículo responde, objetiva e solidariamente, pelos atos culposos de terceiro que o conduz, independentemente de que o motorista seja seu empregado, preposto, de que o transporte seja gratuito ou oneroso. Precedentes citados: REsp 577.902-DF, DJ 28/8/2006; REsp 1.104.196-RN, DJe 11/9/2009, e AgRg no REsp 873.570-SP, DJe 30/6/2010. **REsp 1.191.544-RJ, Rel. Min. Paulo de Tarso Sanseverino, julgado em 21/10/2010.** (Inform. STJ 452)

QUERELLA NULLITATIS. FALTA. CITAÇÃO. LITISCONSORTE PASSIVO NECESSÁRIO.

Em vez de ação rescisória, que exige a existência de decisão de mérito com trânsito em julgado, a nulidade por falta de citação deve ser suscitada por meio de ação declaratória denominada *querella nullitatis*, que não possui prazo para sua propositura. Com esse entendimento, a Seção, por maioria, extinguiu a ação rescisória sem julgamento de mérito. No caso dos autos, a ação principal tramitou sem que houvesse citação válida de litisconsorte passivo necessário. Esse vício, segundo o Min. Relator, atinge a eficácia do processo em relação ao réu e a validade dos atos processuais subsequentes, por afrontar o princípio do contraditório. Assevera que aquela decisão transitada em julgado não atinge o réu que não integrou o polo passivo da ação. Trata-se, nesses casos, de sentenças tidas como nulas de pleno direito, que ainda são consideradas inexistentes, que ocorrem, por exemplo, quando as sentenças são proferidas sem assinatura ou sem dispositivo, ou ainda quando prolatadas em processo em que falta citação válida ou quando o litisconsorte necessário não integrou o polo passivo. Assim, essas sentenças não se enquadrariam nas hipóteses de admissão da ação rescisória (art. 485, I a IX, §§ 1º e 2º), pois não há previsão quanto à inexistência jurídica da própria sentença atingida de vício insanável. Observa, ainda, o Min. Relator que este Superior Tribunal, em questão análoga, decidiu no mesmo sentido e o Supremo Tribunal Federal também entende que a existência da coisa julgada é condição essencial para o cabimento da ação rescisória, motivo pelo qual, ausente ou sendo nula a citação, é cabível a qualquer tempo a ação declaratória de nulidade, em vez da ação rescisória prevista no art. 485 do CPC. Por fim, ressalta não desconhecer a existência de respeitável doutrina e jurisprudência que defendem a admissibilidade da ação rescisória na hipótese, no entanto posiciona-se em sentido diverso. Precedentes citados do STF: RE 96.374-GO, DJ 30/8/1983; do STJ: REsp 62.853-GO, DJ 1º/8/2005, e AR 771-PA, DJ 26/02/2007. **AR 569-PE, Rel. Min. Mauro Campbell Marques, julgada em 22/9/2010.** (Inform. STJ 448)

AR. RENÚNCIA. COISA JULGADA MATERIAL.

Nos termos do art. 269, V, do CPC, o provimento jurisdicional que acolhe a renúncia ao direito sobre o qual se funda a ação tem natureza de sentença de mérito, produzindo coisa julgada material. Logo, cabe ação rescisória do referido ato, caso presentes os pressupostos do art. 485 do CPC. Ademais, conforme dispõe o art. 38 do referido *codex*, a renúncia ao direito litigioso só pode ser manifestada validamente por procurador investido de poderes especiais e expressos. Assim, a Seção deu provimento à ação rescisória. Precedente citado: AgRg na AR 3.737-SC, DJe 3/3/2008. **AR 3.506-MG, Rel. Min. Teori Albino Zavascki, julgada em 26/5/2010.** (Inform. STJ 436)

AR. ERRO. FATO. HOMOLOGAÇÃO. ACORDO.

O banco ajuizou execução contra o devedor principal e seus avalistas em busca do pagamento de dívida oriunda de nota promissória. Então, foi celebrado acordo entre as partes, que foi homologado judicialmente por sentença. Contudo, um dos avalistas alienou imóvel de sua propriedade, descumprindo o acordo entre as partes, o que levou o banco a prosseguir a execução sob a alegação de haver fraude. Por sua vez, o TJ, ao julgar apelação, manteve a sentença que entendeu haver, realmente, a homologação do acordo, mas não a extinção do processo de execução. No STJ, todavia, deu-se provimento ao especial ao fundamento de que o imóvel não estava subordinado à execução, porque ela se encontrava encerrada por força do acordo homologado. Após o trânsito em julgado do acórdão, adveio ação rescisória do banco fundada na alegação de que houve erro ao considerar existente fato que não ocorreu: a extinção do processo de execução. Porém, na hipótese, não está presente um dos requisitos para que haja a plausibilidade jurídica do pleito de rescisão do julgado com lastro em erro de fato (art. 485, IX, do CPC): a inexistência de controvérsia ou de pronunciamento judicial sobre o tema, porquanto a questão da existência da execução em curso quando da alienação do imóvel objeto de execução foi o tema central da lide travada nos autos, constituindo objeto de controvérsia entre as partes e de pronunciamento judicial de todas as instâncias, seja ordinária ou especial, o que afasta a caracterização do erro de fato. Também não há que falar em violação literal de dispositivo legal se o acórdão a rescindir conferiu interpretação razoável à legislação tal como ocorreu no caso. Com esse entendimento, a Seção, por maioria, julgou improcedente a ação rescisória. O Min. Aldir Passarinho Junior, ao acompanhar o Min. Relator, aduziu que a jurisprudência a respeito da boa-fé (quando se caracterizaria a fraude) varia a ponto de incidir a Súm. n. 343-STF. Precedentes citados: AR 366-SP, DJ 17/12/2007, e REsp 1.073.042-RS, DJe 27/3/2009. **AR 1.421-PB, Rel. Min. Massami Uyeda, julgada em 26/5/2010.** (Inform. STJ 436)

AÇÃO ANULATÓRIA. COISA JULGADA.

A recorrida ajuizou ação anulatória (*actio querella nullitatis*) para impugnar a sentença já transitada em julgado, ao fundamento de que, com a antecipação do julgamento da lide, ficou sem defesa. Nesse contexto, uma análise dos julgados do STJ quanto ao tema revela que este Superior Tribunal não é totalmente infenso a relativizar a coisa julgada, mas o faz em situações extraordinárias (tal como no caso de colisão de direitos ou princípios fundamentais). Exsurge, também, daí que o STJ admite a utilização da ação anulatória para buscar a declaração da nulidade, porém nos restritos casos de citação defeituosa, também sujeitos à via da ação rescisória. Os romanos já distinguiam as sentenças injustas das nulas, quanto a só admitir a *querella nullitatis* na segunda hipótese, pois, quanto à primeira, havia o trânsito em julgado da sentença não tempestivamente impugnada viciada por erro de julgamento. No caso, tal como alegado, o juiz teria errado ao resolver a questão de fato (erro de fato), daí não se cuidar de sentença nula (recentemente nominada de "inexistente"), mas sim de sentença injusta, sujeita aos pertinentes recursos. É relevante o fato de a espécie não se ajustar ao modelo de relativização que se entende admitido no STJ, sem o qual se revela sem emprego a ação intentada. Observe-se ser mesmo caso a reclamar o uso da ação rescisória, que foi também ajuizada, daí a alegação de litispendência (art. 267, V, do CPC). Precedentes citados: REsp 194.029-SP, DJ 2/4/2007; REsp 706.987-SP, DJe 10/10/2008; REsp 226.436-PR, DJ 4/2/2002; REsp 427.117-MS, DJ 16/2/2004; REsp 107.248-GO, DJ 29/6/1998; REsp 765.566-RN, DJ 31/5/2007; REsp 622.405-SP, DJ 20/9/2007; REsp 445.664-AC, DJ 7/3/2005. **REsp 893.477-PR, Rel. Min. Nilson Naves, julgado em 22/9/2009.** (Inform. STJ 408)

AR. INVESTIGAÇÃO. PATERNIDADE. EXAME. DNA.
Este Superior Tribunal reiterou o entendimento de que o laudo do exame de DNA, mesmo realizado após a confirmação pelo juízo *ad quem* da sentença que julgou procedente a ação de investigação de paternidade, é considerado documento novo para o fim de ensejar a ação rescisória (art. 485, VII, CPC). Precedentes citados: REsp 189.306-MG, DJ 25/8/2003; REsp 255.077-MG, DJ 3/5/2004, e REsp 300.084-GO, DJ 6/9/2004. **REsp 653.942-MG, Rel. Min. Honildo Amaral de Mello Castro (Desembargador convocado do TJ-AP), julgado em 15/9/2009.** (Inform. STJ 407)

AÇÃO RESCISÓRIA. AÇÃO ANULATÓRIA. RECONHECIMENTO. PATERNIDADE. EXAME. DNA.
Trata-se de recurso especial contra o acórdão *a quo* que julgou ação rescisória entendendo que, na virada do milênio, com a valorização dos atributos da dignidade humana e seu patrimônio genético, é inconcebível manter hígido falso reconhecimento de paternidade, pela nocividade – para o plano afetivo da família, relação de dependência econômica e o interesse social – que a descoberta da exclusão genética pelo teste de DNA provoca nestes setores. Assim, a rescisória reconheceu a pertinência do pedido, uma vez que se encontra, nos autos de ação de anulação de reconhecimento de paternidade, laudo de exame de DNA onde é provado que o ora recorrente não é filho da recorrida. Daí, a Turma não conheceu do recurso, pois incidente, no caso, os verbetes sumulares ns. 283-STF, 7-STJ e 211-STJ. **REsp 442.780-SP, Rel. Min. Luis Felipe Salomão, julgado em 26/5/2009.** (Inform. STJ 396)

AR. DEPÓSITO PRÉVIO. RENÚNCIA. AUTOR.
Na ação rescisória, o depósito inicial tem a finalidade de evitar a propositura desmedida de ações dessa natureza, não se cogitando de qualquer caráter indenizatório ao réu, seja por eventuais despesas com advogados seja pelo desgaste por enfrentar nova demanda. O mencionado depósito somente será perdido nas situações que a norma jurídica expressamente indicar como geradores de sanção, do que se verifica serem taxativas as hipóteses da parte final do art. 494 do CPC. Assim, na espécie, na renúncia ao direito de ação rescisória, caberá ao autor levantar o depósito inicial, conforme determinado pelo Tribunal *a quo*. A renúncia não pode ser equiparada ao julgamento de improcedência unânime para a reversão do depósito. Assim, a Turma negou provimento ao recurso. Precedente

citado: AgRg na AR 839-SP, DJ 1º/8/2000. **REsp 754.254-RS, Rel. Min. Castro Meira, julgado em 21/5/2009.** (Inform. STJ 395)

APELAÇÃO INTEMPESTIVA. AR.
Não cabe ação rescisória contra acórdão que não conheceu da apelação em razão de ser intempestiva. Precedentes citados do STF: AR 1.053-RJ, DJ 7/2/1992; AR 1.203-PR, DJ 2/5/2003; do STJ: REsp 562.334-SP, DJ 31/5/2004; AgRg na AR 3.454-BA, DJ 2/5/2006, e AgRg na AR 3.229-SP, DJ 2/5/2005. **REsp 474.022-RS, Rel. Min. Luis Felipe Salomão, julgado em 28/4/2009.** (Inform. STJ 392)

AR. VALOR. CORREÇÃO. CABIMENTO.
A Seção acolheu, em parte, o pedido de impugnação para corrigir monetariamente o valor da ação rescisória, cálculo que, em geral, é feito com base no valor da ação originária. Contudo, caso o conteúdo econômico pretendido com a ação rescindenda seja a maior, prevalece este último quando comprovado o descompasso com o valor atribuído à causa originariamente. Na hipótese, foi autorizada a complementação do valor prevista no art. 488, II, do CPC. Precedentes citados: Pet 4.543-GO, DJ 15/8/2006; AgRg na Pet 4.430-CE, DJ 30/10/2006, e EDcl no REsp 230.555-MA, DJ 5/3/2001. **Pet. 5.541-SP, Rel. Min. Arnaldo Esteves Lima, julgada em 15/12/2008.** (Inform. STJ 381)

AR. IMÓVEL. ADJUDICAÇÃO. PENHORA.
A Turma, por maioria, divergindo da Min. Relatora, não conheceu do recurso por entender não caber ação rescisória de decisão que adjudicou imóvel objeto de penhora. **REsp 686.631-SP, Rel. originária Min. Nancy Andrighi, Rel. para acórdão Min. Sidnei Beneti, julgado em 16/12/2008.** (Inform. STJ 381)

AÇÃO ANULATÓRIA. EMBARGOS. TERCEIRO. SUBSTITUIÇÃO.
A Turma consignou que, no caso *sub judice*, a utilização de ação anulatória para desconstituir o ato de constrição (penhora, arrematação e registro) sobre imóvel, em que pese o abrandamento da ortodoxia procedimental, em nada interfere nem subtrai legitimidade à lide na substituição dos embargos de terceiro, pois o entendimento da Turma abona tal providência adotada. Precedente citado: AgRg no Ag 638.146-GO, DJ 3/10/2005. **REsp 564.944-AL, Rel. Min. Fernando Gonçalves, julgado em 2/12/2008.** (Inform. STJ 379)

AR. MÚTUO. RESOLUÇÃO. BC.
Os recorrentes alegam que o título que embasa a ação executiva – ação na qual o acórdão rescindendo está contido – prescinde dos requisitos de liquidez e certeza, porque, sendo um contrato de mútuo financeiro firmado sob a égide da Resolução n. 63 do Banco Central, teria o exeqüente de ter comprovado o cumprimento das exigências contidas na resolução, o que não foi feito. Inicialmente o Min. Relator destacou que o entendimento firmado pela Corte Especial deste Superior Tribunal é que o recurso especial interposto em sede de ação rescisória deve cingir-se ao exame de eventual afronta aos pressupostos dessa ação, e não aos fundamentos do julgado rescindendo. Quanto à liquidez e certeza dos títulos executivos representados por contrato de mútuo financeiro, são requisitos que não envolvem o lastro dos recursos repassados pela instituição financeira, mas atributos do próprio contrato, aferíveis por meio das cláusulas nele inseridas. Não há iliquidez quando os valores podem ser determinados por meros cálculos aritméticos. Assim, se do título extraem-se todos os elementos, faltando apenas definir a quantidade, não se pode dizer que ele é ilíquido. Quanto à mencionada resolução, conforme esclareceu o Min. Relator, ela estabeleceu obrigações que as instituições financeiras interessadas em operar com capital estrangeiro deveriam cumprir na internalização do capital alienígena e autorizou essas entidades a repassar os recursos captados a nacionais sob a forma de empréstimos (mútuos bancários). Contudo, com exceção da paridade cambial, tal norma não estabeleceu nenhuma obrigação em relação àquele que toma empréstimo de instituição financeira e, muito menos, indicou quaisquer critérios para a formação de título executivo, atribuição de competência legislativa. Finalmente, a propositura da ação rescisória com base no inciso VI do art. 485 do CPC não aproveita ao autor se a sua juntada vier a confirmar decisão que lhe seja desfavorável. Isso posto, a Turma não conheceu do recurso. **REsp 1.059.913-SP, Rel. Min. João Otávio de Noronha, julgado em 25/11/2008.** (Inform. STJ 378)

AR. COMPETÊNCIA. STJ.
Trata-se de ação rescisória ajuizada equivocadamente neste Superior Tribunal porque não houve aqui julgamento de mérito. A Seção extinguiu o feito, mas determinou a remessa dos autos para o Tribunal *a quo*. Em embargos de declaração, impugna-se a remessa ao argumento de que tal providência contraria a conclusão de extinção do feito e altera o pedido deduzido na exordial da rescisória. A Min. Relatora reconheceu ter razão a embargante, pois a ação rescisória perante o juízo incompetente impõe a extinção do processo sem julgamento de mérito, sem remessa do feito ao Tribunal competente, de acordo com a jurisprudência firmada a partir da análise do art. 113, § 2º, do CPC, por se entender que o equívoco da parte está relacionado com o próprio objeto da ação rescisória, e não somente com o foro competente para conhecer a demanda. Sendo assim, ficou prejudicada a análise das demais questões suscitadas. Precedentes citados: AgRg na AR 3.806-SP, DJ 6/12/2007, e AR 602-RJ, DJ 26/10/1998. **EDcl nos EDcl nos EDcl na AR 3.418-DF, Rel. Min. Eliana Calmon, julgados em 8/10/2008.** (Inform. STJ 371)

AR. DECADÊNCIA. INÍCIO. PRAZO.
Discute-se, nos embargos, o prazo de decadência para a propositura da ação rescisória. O Min. Luiz Fux, em seu voto-vista, divergiu do voto da Min. Relatora embasando-se em precedentes deste Superior Tribunal no sentido de que o prazo decadencial da ação rescisória somente se inicia no dia seguinte ao trânsito em julgado. Diante disso, a Corte Especial, ao prosseguir o julgamento, por maioria, acolheu os embargos. Precedentes citados: AgRg no Ag 175.140-GO, DJ 11/6/2001; AR 377-DF, DJ 13/10/2003, e REsp 12.550-SP, DJ 4/11/1996. **EREsp 341.655-PR, Rel. originária Min. Laurita Vaz, Rel. para acórdão Min. Luiz Fux, julgados em 21/5/2008.** (Inform. STJ 356)

AR. PRODUÇÃO. PROVA.
Tinha-se por objeto da perícia a delimitação do prejuízo causado aos proprietários de imóvel em razão do ato de Estado. Diante disso, a falta de correspondência entre o objeto analisado e o laudo produzido permite a ação rescisória lastreada no art. 485, VI, do CPC sob a alegação de falsidade da prova pericial. Numa época de valoração da moralidade administrativa, seria perigoso restringir o conceito de falsidade à apenas material, pois isso implicaria fragilizar a posição do julgador, que se sujeitaria à malícia, imperícia e dolo de um mau perito. Porém, mostra-se inadmissível, na AR, perquirir se a atitude do perito consubstanciaria erro ou deliberada intenção de prejudicar a cognição do juízo, pois apenas é importante aferir a similitude entre o teor do laudo pericial e a realidade que se pretendeu apreender. Na hipótese, indeferir a produção de uma nova perícia na AR, apesar dos fortes indícios de falsidade constantes dos autos, é negar ao autor a possibilidade de comprovar suas alegações, tal como autorizado por aquele artigo. Ressalta-se que permitir a nova perícia não significa dar

provimento à rescisória. O mérito da ação será apreciado no momento oportuno. Anote-se a peculiaridade de que são visivelmente exorbitantes os valores fixados a título de indenização no caso. Precedentes citados: AgRg no AR 3.290-SP; REsp 331.550-RS, DJ 25/3/2002, e AR 1.291-SP, DJ 25/3/2002. **EDcl no AgRg na AR 2.013-SP, Rel. Min. Herman Benjamin, julgados em 14/5/2008.** (Inform. STJ 355)

AR. FALSIDADE IDEOLÓGICA. PERÍCIA.

Trata-se de ação rescisória ajuizada por estado-membro, com fulcro no art. 485, II, V e VI, do CPC, objetivando rescindir acórdão deste Superior Tribunal. Várias foram as questões suscitadas, mas um fato debatido pela doutrina chamou a atenção: é a questão relativa à falsidade da prova. No caso, trata-se de uma falsidade flagrante, pois o laudo avaliou terra diversa daquela que fora objeto da desapropriação o que acabou gerando uma indenização completamente diferente. Na inicial, o autor afirma a expedição de precatório no ano de 2000 no valor de R$ 3.414.340,55, valor superior ao apurado pelo laudo produzido na presente rescisória, de R$ 185.950,00. Comprovado está que a falsidade ideológica da prova foi fundamental para que se concluísse pela procedência do pedido nesse particular. Diante disso, a Seção julgou parcialmente procedente a ação rescisória para, reconhecendo a falsidade da prova, desconstituir parcialmente o acórdão rescindendo, fixando o montante indenizatório, consoante apurado pelo laudo pericial apresentado na presente ação. **AR 1.291-SP, Rel. Min. Luiz Fux, julgada em 23/4/2008.** (Inform. STJ 353)

AR. ERRO MATERIAL.

A decisão que reconhece inexistir erro material não analisa o mérito da causa a ponto de permitir o cabimento de ação rescisória. **REsp 1.000.445-PR, Min. Eliana Calmon, julgado em 18/3/2008.** (Inform. STJ 349)

AR. ERRO MATERIAL. RETIFICAÇÃO.

O Tribunal *a quo* entendeu, por maioria, rescindir o julgado e, por unanimidade, chegou ao resultado que veio a substituir a decisão atacada. Entretanto a conclusão e a certidão de julgamento anunciaram o resultado como sendo unânime, o que efetivamente não ocorreu. O réu interpôs recurso especial sem que o erro material do julgamento fosse sanado. A dissonância entre a conclusão inserta na certidão de julgamento e o conteúdo do acórdão ao qual ela se refere constituiu verdadeiro erro material. No caso em tela, a correção do erro material constante da conclusão do julgamento do acórdão *a quo* implica devolução dos autos ao Tribunal estadual para que seja reaberto o prazo recursal às partes, uma vez que altera o julgamento da ação rescisória, que deixa de ser unânime. Precedentes citados: EDcl no REsp 40.468-CE, DJ 4/10/2004; EDcl no REsp 602.585-SC, DJ 10/5/2004, e EDcl nos EDcl no REsp 599.841-SC, DJ 13/2/2006. **REsp 866.349-ES, Rel. Min. Castro Meira, julgado em 26/2/2008.** (Inform. STJ 346)

AR. *SHOPPING CENTER*. CESSÃO. DAÇÃO. OBRIGAÇÃO DE FAZER. PERDAS. DANOS.

A dação em pagamento, por envolver bens imóveis, é negócio jurídico solene, não se completando pela simples tradição, mas somente com a lavratura de escritura pública. No caso, a recusa de entregar os bens mediante a lavratura da escritura definitiva para completar a dação em pagamento enseja a ação que se resolve em perdas e danos, a fim de obter o cumprimento da obrigação contratual de *fazer* e não de *dar* (arts. 878 a 881 do CC/1916 e arts. 461,632 a 641 do CPC), as quais são diferenciadas. Outrossim, a ação rescisória é via imprópria para corrigir injustiças dessa natureza, mormente de acertar uma obrigação e, ao final, ser descumprida sob alegação de haver erro de fato quanto ao valor da coisa devida pela entrega de lojas de *shopping center* ou parcela sobre a área total construída. Cabível a reversão do depósito, *ex vi* do art. 488, II, do CPC. **AR 3.534-RS, Rel. Min. Fernando Gonçalves, julgado em 22/8/2007.** (Inform. STJ 328)

ARREMATAÇÃO. PREÇO VIL. AÇÃO ANULATÓRIA.

A Turma desproveu o recurso, entendendo cabível a ação anulatória (art. 486 do CPC) para desconstituir arrematação de bem praceado com base na tese do preço vil. Precedentes citados: REsp 59.211-MG, DJ 16/10/1995; REsp 442.238-PR, DJ 25/8/2003; REsp 150.115-DF, DJ 22/2/1999, e REsp 35.054-SP, DJ 16/5/1994. **REsp 761.294-DF, Rel. Min. João Otávio de Noronha, julgado em 12/6/2007.** (Inform. STJ 323)

AR. OBJETO. RESP. ACÓRDÃO. TRIBUNAL *A QUO*.

A Turma, ao prosseguir a renovação de julgamento, por maioria, não conheceu do recurso por entender que o recurso especial, quando interposto em ação rescisória, deve atacar o acórdão proferido pelo Tribunal *a quo* que julgou a ação rescisória e não o acórdão rescindendo, o qual se busca reformar na ação rescisória. **REsp 834.644-MT, Rel. originário Min. Humberto Gomes de Barros, Rel. para acórdão Min. Ari Pargendler, julgado em 12/6/2007.** (Inform. STJ 323)

PRAZO. DECADÊNCIA. AR. INÍCIO. ÚLTIMA DECISÃO.

A Turma reafirmou que o prazo decadencial de dois anos referente à ação rescisória deve ser contado do trânsito em julgado da última decisão, mesmo que essa decisão tenha apenas discutido questão meramente processual, como a da tempestividade de embargos de declaração. Note-se que, no caso, não se evidenciou a má-fé de ampliar o prazo da AR com a oposição dos embargos. Precedentes citados: EREsp 441.252-CE, DJ 18/12/2006; REsp 543.368-RJ, DJ 2/6/2006, e REsp 544.870-RS, DJ 6/12/2004. **REsp 765.823-PR, Rel. Min. Herman Benjamin, julgado em 27/3/2007.** (Inform. STJ 315)

AR. DEVOLUÇÃO. VALORES. NATUREZA ALIMENTAR.

São dois os elementos indispensáveis para que o servidor não devolva ao erário, por força de ação rescisória, quantias recebidas anteriormente ao julgamento dessa: a boa-fé e a natureza alimentar. No caso, a boa-fé é inequivocamente reconhecida em razão de que os valores só foram recebidos mediante decisão judicial transitada em julgado, reconhecido o direito do servidor de modo definitivo (coisa julgada material) e não precário, tal como em caso de decisão liminar não-confirmada, hipótese em que a restituição é cabível. A natureza alimentar das vantagens pecuniárias aqui discutidas vem do art. 100, § 1º-A, da CF/1988. Precedentes citados: REsp 828.073-RN, DJ 30/6/2006, e REsp 679.479-RJ, DJ 3/11/2005. **REsp 824.617-RN, Rel. Min. Felix Fischer, julgado em 20/3/2007.** (Inform. STJ 315)

AÇÃO ANULATÓRIA. LAUDO. AVALIAÇÃO. IMÓVEL ARREMATADO.

A Turma reiterou o entendimento de que, quando ausentes os embargos à arrematação, admite-se a utilização da ação anulatória para desconstituição da arrematação lastreada no art. 486 do CPC. Outrossim, destacou-se que, como sabido, não pode ser examinada a pretensão da desconstituição da arrematação nos autos de processo de execução quando já houve a expedição da respectiva carta e sua transcrição no registro imobiliário. Precedentes citados: REsp 35.054-SP, DJ 16/5/1994; REsp 788.873-PR, DJ 6/3/2006; AgRg no REsp 165.228-SP, DJ 25/9/2000; REsp 442.238-PR, 25/8/2003, e REsp 39.060-SP, DJ 26/5/1997. **REsp 363.391-AL, Rel. Min. Aldir Passarinho Junior, julgado em 20/3/2007.** (Inform. STJ 314)

AR. PRAZO. PRORROGAÇÃO.

Não há que se falar em prorrogação do prazo de ajuizamento de ação rescisória para o primeiro dia útil após as férias forenses, tal qual apregoado pela jurisprudência, se, no trato de processo falimentar, o acórdão ora recorrido afirmou que o Tribunal estava em regular funcionamento. **REsp 667.672-SP, Rel. Min. Carlos Alberto Menezes Direito, julgado em 15/3/2007.** (Inform. STJ 313)

SENTENÇA HOMOLOGATÓRIA DE CÁLCULO. AÇÃO RESCISÓRIA.

O cerne da questão está em saber sobre o cabimento, ou não, da ação declaratória de inexistência de ato jurídico quando o ato atacado trata de sentença homologatória de cálculos. O Min. Relator esclareceu que, quando a sentença não aprecia o mérito do negócio jurídico de direito material, é simplesmente homologatória e não enseja ação rescisória. No entanto, no caso concreto, a sentença homologou os cálculos apresentados, portanto o juiz concordou expressamente com eles. Essa concordância não significa mera homologação, porquanto a apreciação dos cálculos representa aprovação de seu conteúdo, ou seja, os critérios apontados pelo perito do juízo. Assim, conclui-se que, no caso, ocorreu uma decisão de mérito, portanto passível de ação rescisória. A Turma, ao prosseguir o julgamento, negou provimento ao recurso. Precedentes citados: REsp 531.263-SC, DJ 22/8/2005; REsp 6.357-SP, DJ 16/5/1994, e REsp 482.079-RS, DJ 16/2/2004. **REsp 717.977-MT, Rel. Min. Humberto Martins, julgado em 6/3/2007.** (Inform. STJ 312)

AÇÃO DECLARATÓRIA. NULIDADE. CITAÇÃO. AR.

O cerne da questão restringe-se ao cabimento ou não do ajuizamento de ação declaratória junto a TJ, para declarar a nulidade, por falta de citação, ocorrida em sede de ação rescisória intentada perante tal Tribunal. A Turma, ao prosseguir o julgamento, deu-lhe provimento ao entendimento de que é cabível ação declaratória de nulidade para se combater sentença proferida, sem a citação de todos os réus, que, no caso, por se tratar de litisconsórcio unitário, deveriam ter sido citados. **REsp 194.029-SP, Rel. Min. Maria Thereza de Assis Moura, julgado em 1º/3/2007.** (Inform. STJ 311)

AÇÃO RESCISÓRIA. CONFLITO DE COMPETÊNCIA. NÃO-CABIMENTO.

Trata-se de ação rescisória proposta com fundamento em ofensa à coisa julgada (art. 485, IV, do CPC), visando à desconstituição de decisão unipessoal proferida por ministro deste Superior Tribunal, decidindo conflito de competência. A Min. Relatora esclareceu que, consoante a regra do art. 485 do CPC, somente pode ser rescindida "a sentença de mérito, transitada em julgado". A decisão proferida em conflito de competência não é sentença (seja do ponto de vista formal, seja do ponto de vista material), nem soluciona uma questão de mérito. Assim, não cabe a propositura de ação rescisória para desconstituí-la. De todo modo, é importante ressaltar que a rejeição do pedido ora formulado não prejudica o direito invocado pelo autor. Na verdade, a decisão da Justiça do Trabalho que transitou em julgado diz respeito à responsabilidade da sociedade pelos débitos apurados na reclamação trabalhista proposta. Essa responsabilidade não fica alterada pelo fato de o processo ter sido remetido ao juízo falimentar. Vale dizer, não é só porque o processo correrá no juízo da falência que o débito deverá ser submetido ao concurso universal. A execução pode perfeitamente incidir sobre o patrimônio da sociedade solvente, cuja responsabilidade já foi reconhecida pelo Poder Judiciário. Precedentes citados: AR 923-PE, DJ 13/8/2001, e AgRg no CC 37.175-RJ, DJ 19/12/2003. **AR 3.231-PR, Rel. Min. Nancy Andrighi, julgado em 14/2/2007.** (Inform. STJ 310)

SÚMULA STF Nº 514

Admite-se ação rescisória contra sentença transitada em julgado, ainda que contra ela não se tenha esgotado todos os recursos.

SÚMULA STF Nº 343

Não cabe ação rescisória por ofensa a literal disposição de Lei, quando a decisão rescindenda se tiver baseado em texto legal de interpretação controvertida nos tribunais.

SÚMULA STF Nº 264

Verifica-se a prescrição intercorrente pela paralisação da ação rescisória por mais de cinco anos.

SÚMULA STF Nº 252

Na ação rescisória, não estão impedidos juízes que participaram do julgamento rescindendo.

SÚMULA STF Nº 249

É competente o Supremo Tribunal Federal para a ação rescisória, quando, embora não tendo conhecido do recurso extraordinário, ou havendo negado provimento ao agravo, tiver apreciado a questão federal controvertida.

SÚMULA STJ Nº 401

O prazo decadencial da ação rescisória só se inicia quando não for cabível qualquer recurso do último pronunciamento judicial.

SÚMULA STJ Nº 175

Descabe o deposito prévio nas ações rescisórias propostas pelo INSS.

10.7. Astreintes

DIREITO PROCESSUAL CIVIL. ASTREINTES. ESTIPULAÇÃO *EX OFFICIO* E CUMULAÇÃO COM JUROS DE MORA.

É cabível a cumulação de astreintes com juros de mora, bem como sua estipulação de ofício. Ao juiz é facultado arbitrar multa *ex officio* como forma de obtenção da tutela específica da obrigação, objetivo principal da execução, conforme expressamente permite o parágrafo único do art. 621 do CPC. Quanto à cumulação das *astreintes* com encargos contratuais, esclareceu-se que é admissível devido à natureza jurídica distinta entre as parcelas, pois a primeira tem natureza processual e os juros de mora têm natureza material. Ademais, estes se destinam à reparação de parte dos prejuízos ensejados pela mora; por outro lado, a multa cominatória diária é meio de coerção para que o devedor cumpra a obrigação específica. Ressalvou-se, contudo, a hipótese em que houver previsão de *astreintes* no título, pois assim seria apenas possível ao juiz reduzir o valor, se excessivo (art. 645, parágrafo único, do CPC). Precedentes citados: **REsp 940.309-MT, DJe 25/5/2010, e REsp 859.857-PR, DJe 19/5/2010. REsp 1.198.880-MT, Rel. Min. Paulo de Tarso Sanseverino, julgado em 20/9/2012.** (Inform. STJ 505)

ASTREINTES. DESTINATÁRIO. AUTOR DA DEMANDA.

A Turma, por maioria, assentou o entendimento de que é o autor da demanda o destinatário da multa diária prevista no art. 461, § 4º, do CPC – fixada para compelir o réu ao cumprimento de obrigação de fazer. De início, ressaltou o Min. Marco Buzzi não vislumbrar qualquer lacuna na lei quanto à questão posta em análise. Segundo afirmou, quando o legislador pretendeu atribuir ao Estado a titularidade de uma multa, fê-lo expressamente, consoante o disposto no art. 14, parágrafo único, do CPC, em que se visa coibir o descumprimento e a inobservância de ordens judiciais. Além disso, consignou que qualquer pena ou multa contra um particular tendo o Estado como seu beneficiário devem estar taxativamente previstas em lei, sob pena de afronta ao princípio da legalidade estrita. Cuidando-se de um regime jurídico sancionatório, a legislação correspondente deve, necessária e impreterivelmente, conter limites à atuação jurisdicional a partir da qual se aplicará a sanção. Após minucioso exame do sistema jurídico pátrio, doutrina e jurisprudência, destacou-se a natureza híbrida das *astreintes*. Além da função processual – instrumento voltado a garantir a eficácia das decisões judiciais –, a multa cominatória teria caráter preponderantemente material, pois serviria para compensar o demandante pelo tempo em que ficou privado de fruir o bem da vida que lhe fora concedido seja previamente, por meio de tutela antecipada, seja definitivamente, em face da prolação da sentença. Para refutar a natureza estritamente processual, entre outros fundamentos, observou-se que, no caso de improcedência do pedido, a multa cominatória não subsiste. Assim, o pagamento do valor arbitrado para compelir ao cumprimento de uma ordem judicial fica, ao final, dependente do reconhecimento do direito de fundo. **REsp 949.509-RS, Rel. originário Min. Luis Felipe Salomão, Rel. para o acórdão Min. Marco Buzzi, julgado em 8/5/2012.** (Inform. STJ 497)

MULTA DO ART. 461, § 4º, DO CPC. OBRIGAÇÃO DE FAZER. DESCASO DO DEVEDOR. VALOR TOTAL ATINGIDO.

A discussão diz respeito ao valor atingido pela astreinte e busca definir se a multa cominatória fixada para o caso de descumprimento da obrigação de fazer seria exagerada a ponto de autorizar sua redução nesta Corte. In casu sub examen, o condomínio recorrido ajuizou reintegração na posse em que o recorrente proprietário de unidade autônoma construiu irregularmente um deque em área comum do edifício – a qual fora cedida sob a condição de que não fosse realizada qualquer obra. O pedido foi julgado procedente, e o recorrente foi condenado à devolução da área, livre de qualquer construção, no prazo de noventa dias, sob pena da incidência de multa diária no valor de R$ 1 mil. O tribunal a quo manteve a sentença proferida e o valor atingido pela multa por descumprimento de decisão judicial (R$ 383 mil). O recorrente sustenta que deve ser reconhecido o cumprimento parcial da obrigação, sendo possível a revisão do valor da astreinte quando atingido valor excessivo, de forma que deve ser reduzido aos limites da obrigação principal, qual seja, R$ 5 mil. A Min. Relatora observou que a multa cominatória, prevista no art. 461 do CPC, representa um dos instrumentos de que o direito processual civil pode valer-se na busca por uma maior efetividade do cumprimento das decisões judiciais. A multa diária por descumprimento de decisão judicial foi inicialmente fixada em patamar adequado à sua finalidade coercitiva e não poderia ser considerada exorbitante ou capaz de resultar no enriquecimento sem causa da parte adversa. Ademais, o prazo estabelecido para o desfazimento das obras se mostrava bastante razoável. Entretanto, o recorrente, mesmo instado a desfazer as obras sob pena de multa diária fixada na sentença, furtou-se de fazê-lo e, em momento algum, suscitou a existência de impedimentos excepcionais ao cumprimento da obrigação. Assim, sendo a falta de atenção do recorrente o único obstáculo ao cumprimento da determinação judicial justifica-se a manutenção do valor atingido pelas astreintes. **REsp 1.229.335-SP, Rel. Min. Nancy Andrighi, julgado em 17/4/2012.** (Inform. STJ 495)

ASTREINTE. DISCRICIONARIEDADE DO JULGADOR. APRECIAÇÃO. EXCEÇÃO DE PRÉ-EXECUTIVIDADE. POSSIBILIDADE.

Trata-se de REsp em que o cerne da questão está na ocorrência da preclusão quanto à determinação de incidência de multa diária em caso de descumprimento de decisão judicial. *In casu*, o tribunal de origem afastou a possibilidade de se apreciar em sede de exceção de pré-executividade as questões referentes à inexigibilidade do título, mora e culpa, ante a necessidade de dilação probatória. Todavia, quanto à astreinte, na esteira jurisprudencial do STJ, acatou o pedido dos excipientes, ora recorridos, haja vista a exorbitância do valor executado e por não terem os exequentes, ora recorrentes, comprovado no início da execução o descumprimento do acordo judicial. Nesse contexto, a Turma negou provimento ao recurso eis que, acerca do tema, é consabido que o valor da multa diária fixada não faz coisa julgada material e pode ser revista a qualquer tempo pelo magistrado. No que se refere à própria decisão que fixa a astreinte, da mesma forma, não há que se falar em coisa julgada material e, tampouco em preclusão. Isso porque, se ao magistrado é facultado impor a multa, de ofício, não seria razoável vedar-lhe a sua suspensão. Assim, mostra-se perfeitamente possível o manejo da exceção de pré-executividade com objetivo de discutir matéria atinente ao valor da multa diária executada, quanto mais se a matéria poderia ser conhecida até mesmo sem a manifestação das partes. Ademais, o acórdão recorrido não reconsiderou a decisão que fixou a multa diária, mas sim a excluiu, ante a abusividade do seu valor e por não constar dos autos da execução a prova da mora do executado. **REsp 1.019.455-MT, Rel. Min. Massami Uyeda, julgado em 18/10/2011.** (Inform. STJ 485)

ASTREINTES . EXECUÇÃO. VALOR. ALTERAÇÃO.

Noticiam os autos que, após a negativa de cobertura de tratamento médico por plano de saúde ao qual a recorrente estava vinculada, ela obteve decisão antecipatória de tutela, determinando que a recorrida (sociedade empresária de plano de saúde) arcasse com todas as despesas necessárias para procedimento cirúrgico, colocação de *stents* e tratamento em hospital de sua escolha, sob pena de multa diária de R$ 1 mil em caso de descumprimento. No entanto, após a cirurgia (realizada em hospital credenciado), a recorrente recebeu notificações de cobrança relativas aos honorários médicos do corpo clínico envolvido em seu procedimento cirúrgico. Essa situação perdurou por mais de um ano, sem que houvesse a quitação dos referidos valores pelo plano de saúde, o que motivou a execução da multa cominatória liminarmente fixada, cujo valor somou a quantia de R$ 477 mil (calculados em abril de 2008). O juízo singular reduziu a multa ao total de R$ 10 mil em razão do cumprimento parcial da ordem judicial, sendo que o tribunal *a quo*, em sede de agravo de instrumento, elevou-a para o montante correspondente aos honorários médicos, de R$ 35 mil. No REsp, a recorrente sustenta violação dos arts. 461, § 6º, e 475-J do CPC. Como consabido, a jurisprudência deste Superior Tribunal é firme no sentido de que o valor fixado a título de multa, uma vez modificada a situação em que ela foi cominada, pode ser revisto a qualquer tempo, inclusive após o trânsito em julgado, na fase executiva, sem que isso configure ofensa à coisa julgada. Entretanto, o procedimento previsto no art. 475-J, no tocante à multa, somente pode ser aplicado após a decisão judicial definitiva de acertamento de seu valor. *In casu*, a alteração substancial da multa nas instâncias judiciais demonstra que não se pode falar propriamente em condenação ao pagamento de quantia certa ou já fixada em liquidação, como exigido pelo art. 475-J do CPC, pois tal situação somente ocorrerá com o trânsito em julgado do acórdão no REsp. Ademais, na espécie, a ordem judicial antecipatória foi proferida em termos genéricos, cumprida quase na totalidade, apenas se retardando o pagamento dos honorários médicos não arbitrados pela sentença, mas deixados ao exclusivo critério dos médicos credores não credenciados ao plano de saúde, terminando por serem pagos em transação extrajudicial feita diretamente entre eles e a recorrida. Assim, houve retardamento de adimplemento de obrigação de pagar dinheiro, obrigação essa cujo valor não foi fixado no título judicial transitado em julgado. Dessarte, com essas considerações, a Turma, ao prosseguir o julgamento, por maioria, negou provimento ao recurso, mantendo o valor estabelecido no acórdão recorrido. Precedentes citados: REsp 705.914-RN, DJ 6/3/2006; REsp 1.081.772-SE, DJe 28/10/2009, e REsp 947.466-PR, DJe 13/10/2009. **REsp 1.239.714-RJ, Rel. originário Min. Luis Felipe Salomão, Rel. para acórdão Min. Maria Isabel Gallotti, julgado em 16/8/2011.** (Inform. STJ 481)

MULTA COMINATÓRIA. EXIBIÇÃO. DOCUMENTOS. COBRANÇA.

A recorrente ajuizou ação de cobrança dos índices expurgados de caderneta de poupança. O juízo determinou que o banco réu apresentasse extratos da referida conta sob pena de multa diária. Desse contexto, note-se que não se postula a condenação do réu a uma obrigação de fazer, não fazer ou entregar coisa, casos em que se aplicariam os arts. 461 ou 461-A do CPC: o que se pede é o cumprimento de obrigação de dar dinheiro. É certo que, como dito, foi determinada a exibição dos extratos de modo incidental, mas isso se deu na fase instrutória da ação com espeque não no citado art. 461, que o especial tem por violado, mas sim no art. 355 e seguintes do CPC, dos quais não consta a imposição de multa cominatória. Anote-se que o desiderato das regras processuais de cunho instrutório é buscar meio adequado à produção de provas pelas partes para que formem a convicção do juízo e não o cumprimento antecipado ou definitivo (mediante tutela antecipada ou sentença) da obrigação de fazer, não fazer ou entregar coisa. Não se olvida que o descumprimento da ordem incidental de apresentação dos documentos tenha repercussões desfavoráveis ao réu, pois causa reputar como verdadeiros os fatos alegados (art. 359 do CPC). Contudo, isso pode dar-se, na sentença, após avaliação criteriosa do juízo das provas e das alegações das partes. Daí se concluir que é inaplicável essa presunção no âmbito de ação cautelar, tal qual proclamado em recurso repetitivo pela Segunda Seção do STJ. Ressalte-se que mesmo a fase de liquidação não dá azo à cominação de multa diária com lastro no art. 461 do estatuto processual civil. Se a referida multa não é admitida sequer em liminar ou sentença referente à ação cautelar de exibição de documentos (Súm. n. 372-STJ), que não comportam a presunção de veracidade do art. 359 do CPC, com mais razão não deve ser admitida nas ações ordinárias em fase de conhecimento, em que é cabível tal presunção. Precedentes citados: REsp 1.094.846-MS, DJe 3/6/2009; AgRg no REsp 1.096.940-MG, DJe 26/11/2010; AgRg no Ag 1.165.808-SP, DJe 31/3/2011, e REsp 1.094.849-RS. **AgRg no Ag 1.179.249-RJ, Rel. Min. Maria Isabel Gallotti, julgado em 14/4/2011.** (Inform. STJ 469)

EXECUÇÃO. ASTREINTES. INTIMAÇÃO PESSOAL.

Trata-se de embargos de divergência em agravo de instrumento (EAg) nos autos de ação de obrigação de fazer ajuizada com o objetivo de restabelecer contrato de seguro-saúde firmado entre a seguradora e a sociedade empresária. Nas instâncias ordinárias, a sentença julgou procedente o pedido da sociedade empresária e determinou que fosse mantido o contrato de seguro-saúde, com seu restabelecimento no prazo de 30 dias, sob pena de multa diária de R$ 500,00 em caso de descumprimento pela ré, e o TJ deu parcial provimento à apelação da seguradora, mantendo a sentença; essa decisão transitou em julgado em 10/5/2005. Então, os autores ajuizaram ação de execução da multa diária fixada na sentença sob o argumento de que o contrato de seguro somente foi restabelecido pela seguradora em 9/9/2005 – com isso, as *astreintes* seriam devidas desde 10/6/2005, o primeiro dia depois do prazo de 30 dias para o cumprimento, contado do trânsito em julgado. No entanto, a juíza, em decisão monocrática, rejeitou a exceção de pré-executividade oposta pela seguradora, mas determinou o pagamento da multa diária e o TJ negou provimento ao agravo da seguradora contra essa decisão. Houve REsp, que, não admitido na origem, resultou em agravo de instrumento interposto neste Superior Tribunal, ao qual foi negado seguimento. Seguiu-se com o agravo regimental em que a Quarta Turma, antes da edição da Súm. n. 410-STJ, decidiu pela desnecessidade de citação do devedor quando aplicada a multa diária. Daí a seguradora opôs os embargos de divergência a fim de prevalecer o entendimento adotado pela Terceira Turma no qual ficou decidido ser necessária a intimação pessoal do devedor quando aplicada multa diária pelo descumprimento de obrigação de fazer ou não fazer. Isso posto, observou, em voto-vista, o Min. Luis Felipe Salomão que não há motivo para qualquer modificação no entendimento consolidado na Súm. n. 410-STJ – de que o cumprimento da obrigação não é ato cuja realização dependa de advogado, mas é ato da parte –; assim, a prévia intimação pessoal do devedor constitui condição necessária para a cobrança de multa pelo descumprimento de obrigação de fazer e não fazer. Entretanto, destacou que, no caso concreto, antes da intimação pessoal do devedor, ocorreu o adimplemento da obrigação, de maneira que não deve incidir a multa cominatória, objeto único da execução já iniciada. Diante do exposto, a Seção, ao prosseguir o julgamento, deu provimento aos embargos para julgar extinta a execução. **EAg 857.758-RS, Rel. Min. Nancy Andrighi, julgados em 23/2/2011.** (Inform. STJ 464)

MULTA DIÁRIA. DESCUMPRIMENTO. DECISÃO JUDICIAL. LIMITAÇÃO.

Trata-se, entre outras questões, de aplicação de multa diária caso haja descumprimento da medida deferida em tutela antecipada. A jurisprudência deste Superior Tribunal assentou que apenas é possível a revisão da referida multa em recurso especial quando fixado pelas instâncias ordinárias valor ínfimo ou exorbitante. Logo, excepcionalmente, admite-se a redução da multa diária ou a limitação total de seu título devido, a fim de observar o princípio da proporcionalidade e evitar o enriquecimento ilícito. No caso, a Turma manteve o valor de meio salário mínimo para a multa diária; porém, para evitar tal enriquecimento, limitou em R$ 50 mil o valor total alcançado pela incidência da multa diária. Assim, conheceu do agravo regimental e deu a ele parcial provimento. **AgRg no REsp 692.932-RS, Rel. Min. Luis Felipe Salomão, julgado em 15/2/2011.** (Inform. STJ 463)

LOCAÇÃO. ASTREINTES. MULTA. NOVA TURBAÇÃO.

As *astreintes* (art. 461, § 4º, do CPC), que possuem a natureza coercitiva de compelir o devedor a cumprir a determinação judicial de obrigação de fazer ou não fazer, não se confundem com a multa do art. 921, II, daquele mesmo código, de natureza sancionatória e aplicável aos casos de nova turbação da posse, daí ser possível a concomitância de suas imposições. Mostra-se coerente entender, apesar de não se desconhecer haver divergências na jurisprudência, que as *astreintes* são devidas desde o descumprimento da determinação judicial, mas só passam a ser exigíveis depois do trânsito em julgado da sentença, seja a multa fixada antecipadamente seja a fixada na sentença. Na hipótese, apesar de as *astreintes* serem fixadas antecipadamente, a sentença não as encampou. Contudo, é inequívoca a recalcitrância do réu em cumprir a determinação judicial até aquele ato, o que impõe concluir que a multa diária era devida até a prolação da sentença. Precedentes citados: AgRg nos EDcl no REsp 871.165-RS, DJe 15/9/2010;

AgRg no REsp 1.153.033-MG, DJe 7/5/2010; REsp 1.022.038-RJ, DJe 22/10/2009; EDcl no REsp 865.548-SP, DJe 5/4/2010, e AgRg no REsp 1.096.184-RJ, DJe 11/3/2009. **REsp 903.226-SC, Rel. Min. Laurita Vaz, julgado em 18/11/2010.** (Inform. STJ 456)

ASTREINTE. MAJORAÇÃO.

A questão central discutida no REsp relaciona-se com a redução do valor da *astreinte* e com o fato de se, no caso em foco, a multa cominatória fixada em decorrência de descumprimento da obrigação de não fazer consistente na abstenção de incluir o nome dos autores, ora recorrentes, em cadastro restritivo de crédito seria insuficiente, de modo que, nesta instância especial, possa ser feita sua majoração. Na hipótese dos autos, a liminar obtida em ação revisional proposta pelos recorrentes em desfavor da recorrida determinou uma obrigação de não fazer, ou seja, impediu que ela lançasse o nome daqueles em cadastros negativos. Não obstante isso, a recorrida ajuizou ação de execução lastreada em título extrajudicial cuja exigibilidade estava suspensa, o que culminou com a inscrição do nome de um dos recorrentes em cadastro restritivo de crédito. Ademais, a recorrida, em momento algum, suscitou a existência de impedimentos excepcionais ao cumprimento da obrigação determinada por ordem judicial. Pelo contrário, insistiu na ação de execução e, mesmo após o trânsito em julgado, comprovado ter ela ponderado mal o que imaginava ser o seu direito, não intentou realizar a baixa da inscrição. Dessa forma, o valor a que chegou o acórdão recorrido a título de multa acabou por premiar a insubordinação e o comportamento reprovável da recorrida, que segue descumprindo a ordem judicial. Diante desses fundamentos, entre outros, a Turma deu provimento ao recurso para majorar a multa cominatória ao importe de R$ 7 mil por dia de descumprimento, sem prejuízo das atualizações legalmente permitidas, adotando como termo inicial a data da intimação pessoal do representante legal da recorrida, qual seja, 28/7/2006. **REsp 1.185.260-GO, Rel. Min. Nancy Andrighi, julgado em 7/10/2010.** (Inform. STJ 450)

ASTREINTES. REDUÇÃO.

Trata-se, na origem, de ação de indenização proposta pelo ora recorrido em razão de protesto indevido de título e consequente inscrição de seu nome em cadastro restritivo de crédito. O ora recorrente fora condenado a retirar o protesto, bem como a indenizar o autor em 20 salários mínimos a título de
216
dano moral. O juízo disponibilizou ao autor um ofício para que ele mesmo providenciasse a baixa dos apontamentos discutidos. Contudo, alegando ser pobre e ser alto o custo para tal providência, solicitou o autor que o réu solucionasse a questão. Assim, a princípio, o juízo fixou um salário mínimo por dia de descumprimento a título de multa, que, posteriormente, foi majorada. Daí foi ajuizada uma execução pelo descumprimento da obrigação por determinado período, cujo valor era cerca de R$ 27 mil recebidos pelo credor, ora recorrido. Mesmo diante da propositura daquela execução, a ordem não foi cumprida pelo ora recorrente, o que levou o juízo a majorar, outra vez, a multa para R$ 1 mil por dia de descumprimento, vindo o recorrente a adimplir a obrigação poucos dias depois. Em consequência, foi proposta uma segunda execução para recolhimento da multa devida pelo período remanescente de descumprimento da ordem não abrangido pela primeira execução, cujo valor, na data do ajuizamento, era de quase R$ 13 mil. Assim, a Turma negou provimento ao recurso, por entender, entre outras questões, que, mesmo diante de multas elevadas, se o único obstáculo ao cumprimento da ordem judicial foi o descaso do devedor, não se deve reduzir a multa, uma vez que a análise sobre o excesso dela não deve ser feita na perspectiva de quem, olhando os fatos já consolidados no tempo, agora que a prestação foi cumprida, procura razoabilidade, quando há justamente um comportamento desarrazoado de uma das partes. No caso, a recorrente não alega qualquer impedimento excepcional para cumprir a obrigação fixada. Logo, reduzir as *astreintes*, nesta sede, indicaria às partes e jurisdicionados em geral que as multas fixadas para cumprimento de obrigações de fazer não são sérias, são meros símbolos que não serão necessariamente tornados realidade. A procrastinação ao cumprimento das ordens judiciais sempre poderia levar a crer que, caso o valor da multa se torne elevado, o inadimplemento poderá reduzi-lo no futuro, contando com a complacência do Poder Judiciário. Precedente citado: REsp 681.294-PR, DJe 18/1/2009. **REsp 1.135.824-MG, Rel. Min. Nancy Andrighi, julgado em 21/9/2010.** (Inform. STJ 448)

ASTREINTES. MULTA. CARÁTER COERCITIVO.

O agravante insurge-se contra a manutenção do valor de multa, reputando-a absurdamente excessiva. Para a Min. Relatora, o banco agravante manipula os dados do processo para inovar de forma indevida no curso da lide, pois consta claramente que a irresignação referia-se ao fato de que o valor diário da astreinte – 10 mil reais – seria muito alto e teria originado o montante total de cerca de R$ 1,7 milhões, porque o agravante, confessadamente, demorou 172 dias para cumprir a determinação judicial, sem maiores explicações para a delonga, exclusivamente a ele imputável. Nas razões do agravo, ocorre descabida alteração da argumentação e se afirma que o mencionado valor, atualizado para a data de hoje com a incidência de correção monetária pelo INPC e juros moratórios de 1% ao mês, contados a partir do dia em que a providência foi cumprida pelo agravante, cessando-se a incidência da mencionada multa diária, corresponde ao absurdo valor de cerca de R$ 3,6 milhões. Tal manipulação, clara tentativa de sensibilizar o órgão julgador, é inaceitável, pois o agravante tenta usar o tempo do processo de embargos do devedor a seu favor, na medida em que procura dar destaque ao valor atualizado "até a data de hoje", inflando substancialmente o montante, quando tais juros e correções em nada dizem respeito ao problema jurídico inicialmente apresentado, qual seja, o eventual excesso no valor da multa diária. Para a Min. Relatora, a rigor, a multa já poderia ter sido paga em seu valor original. Há sentido na discussão desse valor, mas não na discussão dos acréscimos legais. Qualquer argumentação que tome por base tais fatores é impertinente. Sendo função da multa diária coagir o devedor, ela precisa durar o quanto for necessário para alcançar seu objetivo, e nisso reside o caráter pedagógico, pois a multa atingiu tal valor em razão do descaso do agravante. A Súm. n. 7-STJ está inteiramente justificada nessa perspectiva, ao contrário do que alegado. Diante disso, a Turma negou provimento ao agravo. Precedente citado: REsp 681.294-PR, DJ 18/2/2009. **AgRg no REsp 1.026.191-RS, Rel. Min. Nancy Andrighi, julgado em 3/11/2009.** (Inform. STJ 414)

ASTREINTE. TURBAÇÃO.

Trata-se de REsp em que se busca definir se pode haver execução de multa cominatória, no caso, diária (*astreinte*), fixada para o descumprimento de decisão judicial que determinava a derrubada de muro e o fim da turbação possessória. Para a Min. Relatora, na hipótese em questão, restou evidente que o único obstáculo à efetividade do direito já reconhecido por sentença era o descaso da recorrente pela Justiça. Se a multa diária tem por objetivo forçar o devedor renitente a cumprir sua obrigação, não há como reduzi-la sem cair em contradição, pois a conclusão inafastável que se retira de todo o contexto fático é que, nem diante do acúmulo de uma multa pesadíssima, a recorrente cedeu à ordem judicial. Assim, desde a fixação da multa, passaram-se tantos dias quantos quis a recorrente e nada era óbice para que se cumprisse a ordem de demolição. Embora afirme que a destruição do muro estava sob o poder de terceira empresa, todas as dificuldades que a recorrente afirmou haver no atendimento à ordem judicial só vieram à tona quando a multa foi-lhe cobrada. Na verdade, não foi reconhecido, e sequer alegado, qualquer esforço da recorrente no sentido de cumprir sua obrigação. Isto é, ficou inerte e nem mesmo demonstrou que tentou obter a colaboração de quem quer que seja para cumprir seu dever. A multa, portanto, perdurou enquanto foi necessário; se o valor final é alto, ainda mais elevada era a resistência da recorrente a cumprir o devido. Dessa forma, a análise do excesso desse valor não deve ser feita na perspectiva de quem, olhando para os fatos já consolidados no tempo, procura razoabilidade quando, na raiz do problema, existe justamente um comportamento desarrazoado de umas das partes; ao contrário, a eventual revisão deve ser pensada de acordo com as condições enfrentadas no momento em que a multa incidia e com o grau de resistência do devedor. Desse modo, a redução não se faz possível sem que, com isso, a própria natureza da multa cominatória seja violada. Com esses argumentos, entre outros, a Turma negou provimento ao recurso. **REsp 1.022.033-RJ, Rel. Min. Nancy Andrighi, julgado em 22/9/2009.** (Inform. STJ 408)

ASTREINTES. VEÍCULO. SUBSTITUIÇÃO.

A Turma reiterou o entendimento de que configura enriquecimento sem causa a execução do valor das *astreintes* em quantia superior a R$ 1 milhão, quando o bem objeto do pleito principal (automóvel similar) é bem inferior a R$ 100 mil atuais, pois o objetivo deve ater-se aos limites da razoabilidade. Com efeito, foi provido o recurso para reduzir o valor da multa diária de R$ 200 para R$ 100, até porque o autor obteve a substituição do veículo por outro, bem como a indenização por danos morais (no valor de R$ 20 mil). Precedentes citados: REsp 793.491-RN, DJ 6/11/2006; AgRg no Ag 745.631-PR, DJ 18/6/2007, e REsp 705.914-RN, DJ 6/3/2006. **REsp 947.466-PR, Rel. Min. Aldir Passarinho Junior, julgado em 17/9/2009.** (Inform. STJ 407)

ASTREINTE. REDUÇÃO.

Trata-se, originariamente, de ação em que se pretendia a declaração da existência de relação contratual cumulada com o cumprimento de obrigação de fazer e a reparação de perdas e danos e ajuizada pela ora recorrida em desfavor da ora recorrente. Informa a recorrida que é centralizadora de matérias-primas de polo petroquímico, sendo responsável pelo fornecimento de insumos que viabilizam as atividades das demais indústrias do complexo. Para tanto, é dependente do fornecimento de gás natural canalizado fornecido pela recorrente, com a qual, embora não possua um contrato escrito, firmou um pacto tácito, prevendo que esta deveria fornecer volume mínimo diário do referido gás, de forma plena, contínua e sem condições. Em decorrência de alterações unilaterais operadas pela recorrente e da necessidade de continuidade das atividades do polo petroquímico, a recorrida ajuizou medida cautelar a fim de que fosse mantido o fornecimento de gás tal como acordado, sendo, contudo, suspensa pelo TJ a decisão proferida pelo juízo de primeira instância. Na ação principal, entretanto, a sentença acolheu os pedidos, reconhecendo e declarando a existência de relação jurídica entre a recorrida e a recorrente, determinando que esta cumpra sua obrigação relativa ao fornecimento de gás, respeitando todas as condições pactuadas no contrato. Nesta instância, a Turma deu parcial provimento ao recurso tão somente para determinar a redução da multa diária por descumprimento de obrigação de fazer por parte da recorrente de um milhão de reais para vinte mil reais, a contar da intimação para cumprimento após o trânsito em julgado dessa decisão. Precedentes citados: REsp 1.066.252-MS, DJe 22/4/2009; AgRg no REsp 1.096.184-RJ, DJe 11/3/2009, e REsp 422.966-SP, DJ 1º/3/2004. **REsp 973.879-BA, Rel. Min. Luis Felipe Salomão, julgado em 8/9/2009.** (Inform. STJ 406)

IMPOSIÇÃO. MULTA. APLICAÇÃO ONEROSA.

No recurso, discute-se a cobrança de multa diária de mil reais, no período de dezoito dias, pelo alegado descumprimento de ordem judicial proferida em cautelar, para reinclusão do recorrido em apólice de seguro. A recorrente alega que não constou do despacho e do mandado de intimação/citação o prazo para cumprimento da decisão, a partir do qual incidiria a multa que lhe vem sendo imposta pelo descumprimento da ordem. Para o Min. Relator, apesar da elevada *astreinte* (mil reais diários, em agosto de 1999) e do exíguo lapso de apenas vinte e quatro horas para o cumprimento da cautelar, considerando a óbvia necessidade de um tempo mínimo razoável para a execução de providências de caráter administrativo, não constou do mandado o prazo a partir de cujo termo teria início a penalidade. A imposição de *astreinte*, que, registre-se, vem sendo comumente aplicada de forma tão onerosa a ponto de, em inúmeros casos, passar a ser mais vantajoso para a parte ver o seu pedido não atendido para fruir de valores crescentes, deve, por isso mesmo, ser precisa na sua definição. Assim, entendeu que, na espécie, o mandado que não advertiu sequer sobre o prazo de carência, que era mínimo, reveste-se de nulidade a teor dos arts. 225, VI, e 247 do CPC. Diante disso, a Turma conheceu do recurso e lhe deu provimento, para julgar procedentes os embargos à execução, invertidos os ônus sucumbenciais. **REsp 620.106-RS, Rel. Min. Aldir Passarinho Junior, julgado em 18/8/2009.** (Inform. STJ 403)

OBRIGAÇÃO DE FAZER. NULTA COMINATÓRIA.

O MP, ora recorrente, alega violação do art. 645 do CPC e sustenta que o dispositivo legal faculta ao magistrado reduzir ou aumentar o valor das *astreintes* para que ocorra o adimplemento da obrigação. Afirma que, em que pese o valor irrisório fixado no termo de ajustamento de conduta a título de multa diária (cem reais) em caso de descumprimento da obrigação de fazer, a multa não surtiu o efeito esperado. Aduz que a limitação prevista no parágrafo único do mencionado artigo, no sentido de somente ser possível ao juiz reduzir o valor da multa pactuada entre as partes, refere-se unicamente à multa moratória, que não se confunde com a multa diária de natureza coercitiva prevista no *caput* do citado dispositivo. O Tribunal *a quo* entendeu que, havendo previsão de multa diária no título extrajudicial, termo de ajustamento de conduta firmado com o *Parquet* estadual, conforme o art. 645 do CPC, somente se faculta ao juiz reduzir a multa por descumprimento da obrigação de fazer, e não aumentá-la. Isso posto, a Turma, por maioria, negou provimento ao recurso especial por entender que, na hipótese, efetivamente, o valor da multa diária estabelecido no termo de ajustamento de conduta firmado entre a empresa recorrida e o MP estadual não foi suficiente para assegurar o cumprimento da obrigação de fazer. Entretanto, a majoração pretendida pelo *Parquet* não poderia, de fato, ser deferida pelo juiz da causa conforme asseverou o Tribunal de origem, por força da limitação contida no parágrafo único do art. 645 do CPC. **REsp 859.857-PR, Rel. Min. Eliana Calmon, julgado em 10/6/2008.** (Inform. STJ 359)

OBRIGAÇÃO. FAZER. MULTA DESPROPORCIONAL.

Em mandado de segurança, foi concedida a ordem para que o INSS retificasse os proventos de aposentadoria de seu segurado. O Min. Relator entendeu que o acórdão recorrido violou o disposto no art. 644 do CPC no tocante à fixação e quantificação da multa cominatória imposta, a qual se revelou extremamente excessiva. Nesse caso, o Min. Relator afastou a aplicação da Súm n. 7-STJ, considerando que, se a questão apresenta aspectos fáticos, tem, também, aspectos de questão de direito, enfatizando a relevância da multa diária como sanção a fim de que se cumpra a obrigação de fazer ou não-fazer. Se é lícito ao juiz impor a multa, é igualmente lícito, em qualquer tempo e grau de jurisdição, rever seu valor, conforme se depreende tanto do art. 461 quanto do atual parágrafo único do art. 645, ambos do CPC. Impõe-se que haja moderação, evitando-se a ocorrência de enriquecimento sem causa da parte em detrimento do patrimônio público. A finalidade das *astreintes*, de compelir o cumprimento da obrigação de fazer não deve ser desfigurada, de modo a tornar o montante da multa mais desejável do que a satisfação da obrigação principal. Diante disso, a Turma conheceu do recurso e lhe deu provimento para reduzir o valor da multa por dia de atraso tal como fixada em primeira instância. Precedente citado: REsp 422.966-SP, DJ 1º/3/2004. **REsp 700.245-PE, Rel. Min. Nilson Naves, julgado em 26/5/2008.** (Inform. STJ 357)

OBRIGAÇÃO DE DAR. *ASTREINTES*. FAZENDA.

Apesar de possível a fixação, pelo juízo ou a requerimento da parte, de *astreintes* contra a Fazenda Pública pelo inadimplemento de obrigação de dar, não viola os arts. 461 e 461-A do CPC o acórdão que conclui ser inócua a multa, pois cabe às instâncias ordinárias a aferição da eficácia dessa medida. Precedente citado: AgRg no Ag 657.992-RS, DJ 3/10/2005. **REsp 899.137-RS, Rel. Min. Castro Meira, julgado em 6/2/2007.** (Inform. STJ 309)

SÚMULA STJ Nº 410

A prévia intimação pessoal do devedor constitui condição necessária para a cobrança de multa pelo descumprimento de obrigação de fazer ou não fazer.

10.8. Sentença Estrangeira

DIREITO PROCESSUAL CIVIL. SENTENÇA ARBITRAL ESTRANGEIRA. HOMOLOGAÇÃO. OBRIGATORIEDADE.

A sentença arbitral estrangeira, quando homologada, adquire plena eficácia no território nacional, tornando-se obrigatória. Essa obrigatoriedade, segundo o art. 3º da Convenção de Nova York, deve ser assegurada pelos Estados partes. Portanto, a sentença não pode ser revista ou modificada pelo Poder Judiciário, o que lhe confere, no Brasil, *status* de título executivo judicial. Assim, dar continuidade a processo judicial com o mesmo objeto da sentença homologada poderia caracterizar até ilícito internacional; pois, ao ratificar a mencionada convenção, o Brasil assumiu o compromisso de reconhecer como obrigatórias as sentenças arbitrais estrangeiras. **REsp 1.203430-PR, Rel. Min. Paulo de Tarso Sanseverino, julgado em 20/9/2012.** (Inform. STJ 505)

SEC. SUSPENSÃO. AÇÃO. MESMO OBJETO. IMPOSSIBILIDADE.

A jurisprudência do STF, quando ele era competente para julgar a homologação de sentença estrangeira, era no sentido de não haver óbice à homologação pelo fato de transitar, no Brasil, um processo com o mesmo objeto do processo no estrangeiro. Assim, este Superior Tribunal, agora competente para julgar a matéria, caminha para o mesmo sentido. Logo, a Corte Especial, ao prosseguir o julgamento, por maioria, entendeu que não há sentido em suspender o trâmite da homologação. Se um dos elementos que impediria esse deferimento é a prévia existência de sentença transitada em julgado no Brasil, suspender a homologação até que a sentença seja proferida implicaria adiantar fato ainda inexistente, para dele extrair efeitos que presentemente não teria. Seria criar uma suspensão pela mera litispendência, em contrário ao art. 90 do CPC. Daí, por maioria, deu provimento ao agravo para reformar a decisão que sobrestou o processo, determinando que se dê continuidade ao julgamento já iniciado. Precedentes citados do STF: AgRg na SE 2.727-ITA, DJ 8/5/1981 e SEC 5.116-PAR, DJ 7/8/1998; do STJ: SEC 611-EX, DJ 11/12/2006. **AgRg na SEC 854-EX, Rel. originário Min. Luiz Fux, Rel. para acórdão Min. Nancy Andrighi, julgado em 16/2/2011.** (Inform. STJ 463)

SEC. HOMOLOGAÇÃO. DEFERIMENTO.

O Ministério da Justiça da República Francesa formulou pedido de homologação de decisão proferida pelo Tribunal de Grande Instância de Bordeaux, em 25/9/2003, no processo de divórcio que concede provisoriamente a guarda das crianças ao pai e o direito de visitas à mãe, com a proibição de saída das menores do território francês. O requerente alega que as crianças encontram-se retidas no Brasil pela mãe desde 7/12/2003 e requer a aplicação da convenção franco-brasileira de cooperação judiciária em matéria civil, de 8/3/1996, para reconhecer e executar a decisão que fixa a residência das menores no domicílio do pai. Inicialmente, o Min. Relator entendeu que a alegação da requerida na contestação de que o pai não é pessoa de boa índole e pode trazer riscos à integridade das crianças não pode ser acolhida, porquanto a questão confunde-se com o próprio mérito da sentença, o qual, conforme a jurisprudência do STF e deste Superior Tribunal, não pode ser apreciado, já que o ato homologatório da sentença estrangeira restringe-se à análise dos seus requisitos formais. Sobre a questão, o pronunciamento ministerial ressalta que a decisão estrangeira também menciona o caráter da mãe, não obstante o mérito da sentença não poder ser objeto da análise deste STJ. É aplicável ao caso o Dec. n. 3.598/2000, que promulga o acordo de cooperação em matéria civil entre o governo brasileiro e o francês. O art. 18, c, do citado acordo dispensa o trânsito em julgado de decisão sobre questão de guarda de menores, para que seja reconhecida no território brasileiro, desde que tenha força executória, como ocorre no caso. No mais, o pedido de homologação merece deferimento, uma vez que reúne os requisitos essenciais e necessários previstos na Res. n. 9/2005-STJ e no Dec. n. 3.598/2000. **SEC 651-FR, Rel. Min. Fernando Gonçalves, julgada em 16/9/2009.** (Inform. STJ 407)

SENTENÇA ESTRANGEIRA. CLÁUSULA ARBITRAL. CITAÇÃO.
Trata-se de contrato internacional de fornecimento de algodão firmado entre agricultor brasileiro e empresa francesa, com cláusula arbitral expressa. Em razão do inadimplemento do contrato pela parte brasileira, foi instaurado procedimento arbitral. Nos termos do art. 39, parágrafo único, da Lei de Arbitragem (Lei n. 9.307/1996), é descabida a alegação, *in casu*, de necessidade de citação por meio de carta rogatória ou de ausência de citação ante a comprovação de que o requerido foi comunicado do início do procedimento de arbitragem, bem como dos atos ali realizados, tanto por meio das empresas de serviços de *courier* como via correio eletrônico e fax. O requerido não se desincumbiu do ônus constante no art. 38, III, da mesma lei, qual seja, a comprovação de que não fora comunicado do procedimento de arbitragem ou de que tenha sido violado o princípio do contraditório, impossibilitando sua ampla defesa. Diante disso, a Corte Especial deferiu o pedido de homologação da sentença arbitral estrangeira. **SEC 3.660-GB, Rel. Min. Arnaldo Esteves Lima, julgada em 28/5/2009.** (Inform. STJ 396)

SEC. MÉRITO. SENTENÇA.
Na espécie, descabe a alegação de que foi obtido por induzimento a erro o acordo celebrado na Argentina, pacto que formalizou o pedido de divórcio consensual naquele país, quando, do exame do referido acordo de dissolução de sociedade conjugal, verificou-se, inclusive, que o requerido foi assistido por sua advogada de defesa. O fato de a sentença estrangeira ratificar acordo das partes acerca de imóvel localizado no território brasileiro não obsta sua homologação. Ressaltou o Min. Relator que o ato homologatório da sentença estrangeira limita-se à análise dos seus requisitos formais. É incabível o exame do mérito da decisão estrangeira à qual se pretende atribuir efeitos no território pátrio. Destarte, em sede de contestação ao pedido de homologação, é incabível a discussão acerca do direito material subjacente, porque tal ultrapassaria os limites fixados pelo art. 9º, *caput*, da Res. n. 9/2005 do STJ. Diante disso, a Corte Especial deferiu o pedido de homologação de sentença estrangeira. **SEC 1.043-AR, Rel. Min. Arnaldo Esteves Lima, julgada em 28/5/2009.** (Inform. STJ 396)

SEC. ASSINATURA. CLÁUSULA. JUÍZO ARBITRAL.
Impossibilita a homologação da sentença arbitral estrangeira a ausência de assinatura na cláusula de eleição do juízo arbitral contida em contrato de compra e venda, no seu termo aditivo e na indicação de árbitro em nome da ora requerida, porquanto isso ofende o princípio da autonomia da vontade e a ordem pública (art. 4º, § 2º, da Lei n. 9.307/1996). Precedente citado: SEC 967-GB, DJ 20/3/2006. **SEC 978-GB, Rel. Min. Hamilton Carvalhido, julgado em 17/12/2008.** (Inform. STJ 381)

SENTENÇA ARBITRAL ESTRANGEIRA. HOMOLOGAÇÃO.
A Corte Especial deferiu o pedido de homologação da sentença arbitral estrangeira, uma vez que não se acham presentes quaisquer motivos que possam inviabilizar o pedido e condenou as requeridas ao pagamento das custas e honorários advocatícios, que, em atenção ao art. 20, § 4º, do CPC, fixou em R$ 3 mil. A Min. Relatora comprovou que houve uma incorporação da empresa com todos os créditos, os débitos, as obrigações e o universo dos contratos assumidos. A Lei n. 9.307/1996 possui nítido caráter processual e, assim, está sujeita à regra de incidência imediata aos processos em andamento. Dessa forma, é juridicamente inviável o pedido de aplicação do art. 1.097 do CPC, que previa a necessidade de homologação judicial do laudo arbitral para produzir os efeitos de sentença judiciária, dispositivo revogado há quase doze anos. Precedentes citados: SEC 831-EX, DJ 19/11/2007, e SEC 507-EX, DJ 13/11/2006. **SEC 894-UY, Rel. Min. Nancy Andrighi, julgada em 20/8/2008.** (Inform. STJ 364)

SEC. CITAÇÃO VÁLIDA. HOMOLOGAÇÃO.
A simplicidade das sentenças estrangeiras, a exemplo das proferidas nos Estados Unidos da América, não inibe a homologação cabível, quando presentes os seus requisitos. No caso, foi devidamente juntada declaração juramentada de entrega de citação judicial e entregue cópia à empresa citada, inexistindo ofensa à soberania nacional e à ordem pública. **SEC 868-US, Rel. Min. Nilson Naves, julgada em 6/8/2008.** (Inform. STJ 362)

SENTENÇA ESTRANGEIRA. DIVÓRCIO. HOMOLOGAÇÃO.
A Corte Especial, ao prosseguir no julgamento, deferiu o pedido de homologação de sentença estrangeira por entender que ela não ofende a soberania nacional, a ordem pública e os bons costumes. A alegação de ausência de citação, *in casu*, não tem procedência, uma vez que o requerido compareceu à audiência de instrução e julgamento realizada pelo juízo estrangeiro e formulou várias reivindicações. O divórcio realizado no estrangeiro, se um ou ambos os cônjuges forem brasileiros, produzirá efeitos no Brasil somente após um ano da sentença ou mais de dois anos de separação de fato. **SEC 2.259-EX, Rel. Min. José Delgado, julgada em 4/6/2008.** (Inform. STJ 358)

SEC. ATO CONSULAR. "LEGALIZAÇÃO". DOCUMENTO.
A Corte Especial deferiu o pedido de homologação de sentença estrangeira por entender que a exigência de autenticação consular a que se refere o art. 5º, IV, da Res. n. 9/2005-STJ, como requisito para homologação de sentença estrangeira, deve ser interpretada à luz das Normas de Serviço Consular e Jurídico (NSCJ) do Ministério das Relações Exteriores (expedidas nos termos da delegação outorgada pelo Dec. n. 84.788/1980), que regem as atividades consulares e às quais estão submetidas também as autoridades brasileiras que atuam no exterior. Segundo tais normas, consolidadas no Manual de Serviço Consular e Jurídico (MSCJ) – Instrução de Serviço n. 2/2000 do MRE –, o ato de fé pública representativo da autenticação consular oficial de documentos produzidos no exterior é denominado genericamente de "legalização" e se opera a) mediante reconhecimento da assinatura da autoridade expedidora (que desempenha funções no âmbito da jurisdição consular), quando o documento a ser legalizado estiver assinado (MSCJ – 4.7.5), ou b) mediante autenticação em sentido estrito, relativamente a documentos que não tenham sido assinados ou em que conste assinatura impressa ou selos secos (MSCJ – 4.7.14). No caso, a sentença estrangeira recebeu ato formal de "legalização" do Consulado brasileiro mediante o reconhecimento da assinatura da autoridade estrangeira que expediu o documento, com o que fica atendido o requisito de autenticação. Presentes os demais requisitos, inclusive o de inexistência de ofensa à soberania nacional ou à ordem pública (arts. 5º e 6º da Res. n. 9/2005-STJ). **SEC 587-EX, Rel. Min. Teori Albino Zavascki, julgada em 11/2/2008.** (Inform. STJ 344)

HOMOLOGAÇÃO. SENTENÇA ESTRANGEIRA. INVENTÁRIO. PARTILHA.
Trata-se de pedido de homologação de sentença estrangeira (Inglaterra) que reconheceu o registro de testamento que declara a esposa como única herdeira de imóveis situados no Brasil. Observou o Min. Relator que a requerente deixou de providenciar a anuência dos demais interessados e o responsável pelas custas da carta rogatória de citação, conforme determinado. Mas, ainda que houvesse acatado essa determinação, não seria possível a homologação pleiteada, pois arrimada em ato relacionado a inventário e partilha de bens situados no Brasil, de competência tão-somente da autoridade judiciária brasileira (art. 89, II, do CPC). Precedente citado: SEC 843-LB, DJ 28/5/2007. **SEC 1.032-GB, Rel. Min. Arnaldo Esteves Lima, julgada em 19/12/2007.** (Inform. STJ 343)

SÚMULA STF Nº 420

Não se homologa sentença proferida no estrangeiro sem prova do trânsito em julgado.

11. RECURSOS

11.1. Pressupostos Gerais e Princípios

PUBLICAÇÃO DE PAUTA E PRAZO PARA JULGAMENTO
Em virtude de violação ao § 1º do art. 552 do CPC ["*Art. 552. Os autos serão, em seguida, apresentados ao presidente, que designará dia para julgamento, mandando publicar a pauta no órgão oficial. § 1º Entre a data da publicação da pauta e a sessão de julgamento mediará, pelo menos, o espaço de 48 (quarenta e oito) horas*"], a 1ª Turma deferiu habeas corpus

para determinar que o STJ reexamine o recurso especial do ora paciente. Na espécie, a publicação da pauta de julgamento ocorrera na sexta-feira que precedera o feriado de carnaval e o recurso fora apreciado na sessão de quarta-feira de cinzas. Entrementes, tão logo intimado dessa data, o patrono da causa postulara que o julgamento do recurso fosse adiado, haja vista que pretendia realizar sustentação oral e que estaria em viagem ao exterior por um mês. O STJ indeferira esse pleito e, ato contínuo, julgara o recurso. Reputou-se configurada nulidade em face de cerceamento de defesa, porquanto necessária a observância do prazo mínimo de 48 horas entre a intimação para a pauta e a apresentação do feito em mesa, bem assim porque o pedido de postergação não fora apreciado com antecedência, de modo a permitir ao causídico, inclusive, eventual substabelecimento do apelo para realização de sustentação oral. Acrescentou-se, por fim, que referido prazo só poderia ser suprimido ou diminuído se houvesse anuência do advogado. HC 102883/SP, rel. Min. Luiz Fux, 30.8.2011. (HC-102883) (Inform. STF 638)

REPRESENTAÇÃO PROCESSUAL E CÓPIA NÃO AUTENTICADA

A Turma iniciou julgamento de agravo regimental interposto contra decisão do Min. Menezes Direito, que desprovera agravo de instrumento, do qual relator, em face da intempestividade de recurso extraordinário, inadmitido pelo Tribunal *a quo* por motivo diverso. O relator afirmara que a ora agravante não juntara aos autos cópia de documentos que comprovassem a alegada suspensão do expediente forense na Corte de origem. Reitera-se a tempestividade do extraordinário, tendo em conta a ocorrência do mencionado recesso. O Min. Menezes Direito não conheceu do regimental. Asseverou que a petição deste estaria subscrita por advogada que não possuiria instrumento de mandato válido para representar a agravante, haja vista que o substabelecimento — que confere poderes à subscritora do presente agravo —, embora original, estaria assinado por advogada que, também, não possuiria procuração válida nos autos, uma vez que o substabelecimento, juntado na interposição deste agravo regimental, seria mera cópia reprográfica sem a necessária autenticação. Dessa forma, aplicando precedentes do STF (Rcl 2222 AgR/SP, DJU de 18.3.2005 e RE 505747 AgR/RN, DJE de 29.8.2008), reputou inexistente o recurso, ao fundamento de que a cópia obtida do mandato judicial somente tem validade se o escrivão portar fé de sua conformidade com o original. Salientou, por fim, que a agravante, na formação do agravo de instrumento, não trasladara cópia da procuração outorgada às referidas procuradoras. Em divergência, o Min. Marco Aurélio conheceu do agravo regimental. Aduziu que a subscritora do agravo estaria devidamente credenciada pela parte agravante e, conferindo interpretação mais alargada ao CPC — já que não houvera a declaração explícita de autenticidade das cópias —, afastou a exigência da autenticação das peças trasladadas em cópia quando apresentadas pelo causídico. Após, o julgamento foi adiado por indicação do relator. **AI 741616 AgR/RJ, rel. Min. Menezes Direito, 5.5.2009.** (AI-741616)

TEMPESTIVIDADE DE RECURSO: NECESSIDADE DE INGRESSO NO PROTOCOLO DA SECRETARIA DO SUPREMO

A data considerada para se aferir a tempestividade do recurso é aquela do efetivo ingresso da petição no protocolo da Secretaria do Supremo Tribunal Federal. Com base nesse entendimento, o Tribunal, por maioria, desproveu agravo regimental interposto contra decisão que não admitira embargos de divergência opostos de acórdão que negara provimento a agravo regimental em recurso extraordinário. Na espécie, os agravantes sustentavam que a decisão agravada deveria ser reformada, ao fundamento de que os embargos de divergência seriam tempestivos. Considerou-se o fato de que os embargos de divergência teriam sido opostos, por meio eletrônico, em 17.3.2008, e os originais apresentados no Gabinete do Min. Gilmar Mendes, Presidente, no dia 24.3.2008, sendo que, somente em 10.4.2008, teriam sido apresentados perante a seção de protocolo de petições, após, portanto, o decurso do prazo previsto no art. 2º, da Lei 9.800/99, c/c o art. 5º da Resolução 179/99 do STF. Vencido o Min. Marco Aurélio que, ante a peculiaridade do caso concreto, provia o agravo, reputando válida a chegada do postado com o original do recurso, embora o envelope não estivesse subscrito à Secretária da Judiciária, mas ao Presidente da Corte, no prazo de 5 dias, tendo como termo inicial a data em que recebido o fac-símile. Alguns precedentes citados: AI 419006 ED-ED/BA (DJU de 10.9.2004); AI 368200 AgR/SP DJU de 2.8.2002); AI 708869 ED/RJ (DJE de 30.5.2008); AI 656417 AgR-ED-AgR/RS (DJE de 14.11.2008). **RE 436029 AgR-EDv-AgR/RS, rel. Min. Ricardo Lewandowski,15.4.2009.** (RE-436029) (Inform. STF 542)

TEMPESTIVIDADE DE RECURSO E MOMENTO DE COMPROVAÇÃO

Incumbe ao recorrente, no momento da interposição do recurso, o ônus da apresentação de elementos suficientes, incontestáveis, que demonstrem sua tempestividade, sendo impossível fazê-lo quando os autos já se encontrarem neste Tribunal. Com base nesse entendimento, o Tribunal, por maioria, desproveu agravo regimental interposto contra decisão que negara seguimento a recurso extraordinário em face de sua extemporaneidade. Sustentava-se, na espécie, a tempestividade do recurso extraordinário sob a alegação de que, em virtude do feriado de carnaval (quarta-feira de cinzas), não houvera expediente no tribunal de origem, sendo o termo final do prazo prorrogado para o primeiro dia útil subseqüente, data em que protocolizada a petição. Aduzia, ainda, o agravante que não juntara a resolução que "regulamentou" o aludido feriado local, quando da interposição do recurso, haja vista que publicada somente na própria terça-feira de carnaval — v. Informativo 504. Asseverou-se que saber se o recurso extraordinário é tempestivo constitui preliminar não só ao exame do mérito, mas dos próprios pressupostos específicos para o processamento ou não do extraordinário, e que os fundamentos usados no juízo de admissibilidade pelo tribunal *a quo* não vinculam o STF. Considerou-se, também, o que disposto no art. 115 do RISTF, no sentido de que, nos recursos interpostos em instância inferior, não será admitida a juntada de documentos desde que recebidos os autos no Tribunal, salvo no que tange à comprovação da existência de textos legais ou precedentes judiciais, desde que estes últimos não se destinem a suprir, tardiamente, pressuposto recursal não observado. Afirmou-se, por fim, que, tratando-se de feriado local, cabia ao recorrente solicitar à secretaria do Tribunal *a quo* que certificasse nos autos a ausência de expediente, do que resultaria justificada a contagem do prazo processual e a tempestividade do recurso. Vencidos os Ministros Cezar Peluso, Carlos Britto e Marco Aurélio que, tendo em conta que seria fato indiscutível a tempestividade do recurso, proviam o regimental, ressaltando, ademais, ter de se considerar que o tribunal *a quo* sinalizara essa tempestividade quando do juízo provisório de admissibilidade, e que o recorrente, inclusive, fizera menção do feriado nas suas razões. O Min. Cezar Peluso aduziu, ainda, que, não tendo o recurso passado pelo juízo definitivo de admissibilidade do tribunal *ad quem*, estaria sempre oportuna a prova de sua regularidade. Alguns precedentes citados: RE 452780/MG (DJU de 18.6.2006); AI 413956 AgR/SP (DJU de 3.9.2004); RE 148835 AgR/MG (DJU de 7.11.97); AI 288066 AgR/MG (DJU de 30.3.2001); AI 526479/AL (DJU de 6.10.2006). **RE 536881 AgR/MG, rel. Min. Eros Grau, 8.10.2008.** (RE-536881) (Inform. STF 523)

FERIADO LOCAL: REFERÊNCIA EM NOTA DE RODAPÉ E TEMPESTIVIDADE DE RECURSO

O Tribunal acolheu embargos de declaração para, conferindo-lhes efeito modificativo, dar provimento a agravo regimental interposto contra decisão que negara seguimento a agravo de instrumento porque esgotado o prazo para interposição do recurso extraordinário. Salientou-se a jurisprudência consolidada da Corte no sentido de que a tempestividade do recurso em virtude de feriado local ou suspensão dos prazos processuais pelo Tribunal *a quo*, que não sejam de conhecimento obrigatório na instância *ad quem*, deve ser comprovada no momento de sua interposição. Entretanto, considerou-se que, no caso concreto, o fato de a petição de interposição do recurso extraordinário ter feito singela referência a feriado municipal em nota de rodapé, incluído no calendário judiciário do Estado, e de o tribunal local reconhecer implicitamente tal circunstância, afirmando a tempestividade do recurso quando do juízo de admissibilidade, supriria a necessária comprovação, por documento oficial, da ausência de expediente forense. **AI 621929 ED-AgR/PR, rel. Min. Ellen Gracie, 1º.7.2008.** (AI-621929) (Inform. STF 513)

TEMPESTIVIDADE DE RECURSO E MOMENTO DE COMPROVAÇÃO

A Turma, por proposta do Min. Eros Grau, deliberou submeter ao Plenário julgamento de agravo regimental, do qual aquele é relator, interposto contra decisão que negara, ante sua extemporaneidade, seguimento a recurso extraordinário. Sustenta-se, na espécie, a tempestividade do recurso extraordinário sob a alegação de que, em virtude do feriado de carnaval (quarta-feira de cinzas), não houvera expediente no tribunal de origem, sendo o termo final do prazo prorrogado para o primeiro dia útil subseqüente, data em que protocolizada a petição. Aduz o ora agravante que não juntara a resolução que "regulamentou" o aludido feriado local, quando da interposição do recurso, haja vista que publicada somente na própria terça-feira de carnaval. **RE 536881 AgR/MG, rel. Min. Eros Grau, 29.4.2008.** (RE-536881) (Inform. STF 504)

TEMPESTIVIDADE DE RECURSO E MOMENTO DE COMPROVAÇÃO

Aplicando a orientação fixada pela Corte no sentido de que a prova da tempestividade do recurso deve ser feita no momento da interposição da petição recursal, não sendo admitida a comprovação *a posteriori* de eventual prorrogação do prazo, a Turma, por maioria, negou provimento a agravo regimental interposto contra decisão monocrática do Min. Carlos Britto que negara seguimento a agravo de instrumento, do qual relator, em face da intempestividade do recurso extraordinário, inadmitido pelo Tribunal *a quo* por motivo diverso. No caso, o agravante, somente nas razões do agravo regimental, demonstrara a tempestividade do apelo extremo, por meio da prova da dilação do prazo recursal em virtude da ausência de expediente forense no período. Vencido o Min. Marco Aurélio que provia o agravo regimental por reputar que a parte não teria que sustentar a tempestividade do recurso extraordinário, porquanto não estava em jogo, uma vez que, apreciados os demais pressupostos do recurso quando do exame de sua admissibilidade pelo tribunal de origem, esse fora considerado tempestivo. Precedente citado: AI 621919 AgR/PR (DJU de 19.12.2006). AI 495324 AgR/SP, rel. Min. Carlos Britto, 23.10.2007. (AI-495324) (Inform. STF 485)

RESP. PORTE. REMESSA. RETORNO. RECOLHIMENTO.

A Corte Especial deu provimento aos embargos de divergência para afastar a pena de deserção aplicada ao recurso especial. Na espécie, negou-se seguimento ao REsp porque o depósito dos valores relativos ao porte de remessa e retorno dos autos foi efetuado por meio do documento de arrecadação judiciária (DAJ), quando a Res. n. 8/2002-STJ previa que o recolhimento fosse feito mediante o preenchimento do documento de arrecadação de receitas federais (DARF). Ressaltou o Min. Relator tratar-se de situação excepcional apta a relevar a pena aplicada, porquanto, *in casu*, os dados constantes da guia estão corretos – não havendo dúvida de que o pagamento foi realizado –, e a resolução que alterou o documento a ser utilizado foi publicada apenas um dia antes da interposição do recurso considerado deserto. Precedentes citados: REsp 572.312-SC, DJ 8/3/2004, e REsp 850.612-SP, DJ 18/9/2007. **EREsp 648.472-BA, Rel. Min. Teori Albino Zavascki, julgados em 9/6/2011.** (Inform. STJ 476)

RESP. PORTE. REMESSA. RETORNO. GRU. PREENCHIMENTO MANUAL.

A Corte Especial, ao dar provimento aos embargos de divergência, entendeu ser possível preencher, de forma manual, o campo correspondente ao número do processo na guia de recolhimento da União (GRU) relativa ao porte de remessa e retorno, não havendo falar em contrariedade às exigências formais estabelecidas na Res. n. 12/2005-STJ. Registrou o Min. Relator que, na espécie, não foi constatado erro ou dúvida quanto à numeração apresentada nem quanto às demais informações obrigatórias. Precedente citado: AgRg no AgRg nos EDcl no REsp 770.358-PR, DJe 20/4/2010. **EREsp 1.090.683-MG, Rel. Min. Teori Albino Zavascki, julgados em 9/6/2011.** (Inform. STJ 476)

AG. RECOLHIMENTO. TAXA JUDICIÁRIA.

A Turma entendeu que a determinação do juízo de primeiro grau para que se recolha a taxa judiciária sob pena de cancelamento da distribuição é impugnável por agravo de instrumento (art. 522 do CPC), visto tratar-se de decisão interlocutória – e não de despacho de mero expediente – apta a causar lesão a eventuais direitos da parte. Precedentes citados: REsp 1.194.112-AM, DJe 1º/7/2010; REsp 333.950-RJ, DJ 27/6/2005; RMS 22.675-SC, DJ 11/12/2006, e REsp 1.208.865-BA, DJe 14/2/2011. **REsp 1.212.718-AM, Rel. Min. Mauro Campbell Marques, julgado em 14/4/2011.** (Inform. STJ 469)

LEI. VIGÊNCIA. RECURSO. DATA. PUBLICAÇÃO.

A lei que rege a interposição do recurso é a vigente à época da publicação da decisão que se quer combater e não a data da sessão de julgamento em que o presidente anunciou o resultado. No caso, a sessão foi realizada em 18/10/2001, ou seja, antes da entrada em vigor da Lei n. 10.352/2001, e o voto vencedor foi juntado aos autos em 21/3/2003, quando já vigorava a nova redação do art. 530 do CPC, que, em relação ao cabimento do recurso de embargos infringentes, condicionou sua interposição aos casos nos quais o acórdão não unânime houvesse julgado procedente a ação rescisória. Assim, a Corte Especial conheceu dos embargos e deu a eles provimento, pois, no caso, não caracteriza supressão de instância a não interposição de embargos infringentes, pois a lei vigente à época da publicação rege a interposição do recurso. **EREsp 740.530-RJ, Rel. Min. Nancy Andrighi, julgados em 1º/12/2010.** (Inform. STJ 458)

PREPARO. RECURSO ADESIVO.

O recorrente no REsp insurge-se contra o julgamento *a quo* que deixou de conhecer de seu recurso adesivo de apelação por declará-lo deserto. Sustenta que, conforme dispõe o art. 500 do CPC, o recurso adesivo segue sempre o recurso principal como subordinado e dependente; assim, se o recurso principal está isento de preparo por ser beneficiário da gratuidade da Justiça, não se poderia exigir o preparo do recurso adesivo. Para o Min. Relator, essa interpretação legal não pode ser acompanhada, uma vez que o parágrafo único do citado art. 500 do CPC estabelece que se aplicam ao recurso adesivo as mesmas regras do recurso independente, ou seja, aquele recurso que a parte interporia espontaneamente nos termos do art. 511 do CPC. Dessa forma, não prospera a pretensão do recorrente, visto que o acórdão recorrido está em conformidade com o posicionamento adotado neste Superior Tribunal, razão pela qual a Turma não conheceu do recurso. Precedente citado: REsp 799.010-SP, DJ 4/6/2007. **REsp 912.336-SC, Rel. Min. Aldir Passarinho Junior, julgado em 2/12/2010.** (Inform. STJ 458)

CONSIGNATÓRIA. HOMOLOGAÇÃO. DEPÓSITO. RECURSO CABÍVEL. DÚVIDA OBJETIVA. FUNGIBILIDADE.

Na espécie, o tribunal *a quo* entendeu ser inadmissível a interposição de agravo de instrumento contra decisão que, em ação de consignação em pagamento, homologou o depósito efetuado pelo autor e declarou extinta sua obrigação, mantendo a lide em relação aos réus a fim de apurar o verdadeiro credor. Contudo, segundo a Min. Relatora, por haver dúvida objetiva acerca da natureza jurídica do referido *decisum* e do recurso contra ele cabível – se agravo de instrumento ou apelação – e não sendo o caso de erro grosseiro ou má-fé da recorrente, deve ser aplicado o princípio da fungibilidade. Com essas considerações, a Turma deu provimento ao recurso especial para afastar a preliminar que ensejou o não conhecimento do agravo e determinar o retorno dos autos ao tribunal de origem para que proceda à análise do recurso. Precedente citado: REsp 113.443-PR, DJ 1º/7/2004. **REsp 914.438-SP, Rel. Min. Laurita Vaz, julgado em 26/10/2010.** (Inform. STJ 453)

LITIGÂNCIA. MÁ-FÉ. RECURSO. JURISPRUDÊNCIA DOMINANTE.

A *quaestio juris* está em saber se caracterizaria litigância de má-fé a interposição de recurso veiculador de pretensão contrária à jurisprudência dominante dos tribunais superiores. In casu, a apelação da recorrente (Fazenda Nacional) defendia a manutenção de depósito prévio como exigência para a interposição de recurso administrativo por empresa que discutia débitos de contribuições previdenciárias. O tribunal de origem não conheceu da remessa oficial, negou provimento à apelação e impôs à União a multa por litigância de má-fé. Ressalte-se, porém, que o recurso fazendário datava de 11/1/2008, sendo anterior, portanto, à Súm. n. 373-STJ, DJe 30/3/2009, e à Súm. Vinculante n. 21-STF, publicada em 10/11/2009. Dessa forma, embora a Fazenda Nacional manifestasse insurgência contra decisão de mesmo sentido da jurisprudência dominante do STJ e do STF, apenas posteriormente tal entendimento veio a ser sedimentado, descaracterizando, assim, a má-fé. Nesse contexto, a Turma deu provimento ao especial para excluir a multa imposta à Fazenda Nacional, ao entendimento de que sua aplicação (art. 18 do CPC), que pressupõe a má-fé do litigante, não se identifica nas hipóteses em que a parte, por dever de ofício, faz uso oportuno de recurso previsto no ordenamento jurídico para veicular pretensão em sentido oposto àquele a que se inclinavam os tribunais superiores, como no caso. **REsp 1.195.309-SP, Rel. Min. Luiz Fux, julgado em 14/9/2010.** (Inform. STJ 447)

REPETITIVO. PREPARO. EXPEDIENTE BANCÁRIO.

O art. 511 do CPC determina que o recorrente comprove a realização do preparo (inclusive porte de remessa e retorno) no ato de interposição do recurso, sob pena de vê-lo não conhecido em razão da deserção. Todavia, o art. 519 dessa mesma legislação prevê que o juiz relevará essa pena quando o recorrente comprovar a existência de justo impedimento que não permita ser o preparo simultâneo à interposição do recurso. O encerramento do expediente bancário antes do expediente forense constitui justo impedimento a afastar a deserção, desde que fique comprovado que o recurso foi protocolado durante o expediente forense, mas após cessado o expediente bancário e que o preparo foi efetuado no primeiro dia útil subsequente da atividade bancária. Esse entendimento foi reafirmado pela Corte Especial no julgamento de recurso repetitivo (art. 543-C do CPC). Precedentes citados: EREsp 711.929-DF, DJe 20/11/2008; EREsp 122.664-RS, DJ 6/9/1999; AgRg no Ag 1.055.678-RJ, DJe 10/3/2010; AgRg no REsp 1.031.734-RS, DJe 2/2/2009; AgRg no REsp 655.511-SE, DJe 4/5/2009; REsp 1.089.662-DF, DJe 27/5/2009; REsp 903.979-BA, DJe 17/11/2008, e REsp 786.147-DF, DJ 23/4/2007. **REsp 1.122.064-DF, Rel. Min. Hamilton Carvalhido, julgado em 1º/9/2010.** (Inform. STJ 445)

REMESSA OFICIAL. RESP. PRECLUSÃO LÓGICA.

Na remessa oficial, o Tribunal *ad quem* pode conhecer de todas as questões suscitadas nos autos e decididas em desfavor da União, dos estados ou do Distrito Federal e de suas respectivas autarquias e fundações de Direito Público, e, ainda, há previsão legal de interposição de recurso voluntário. Assim, a não interposição do recurso voluntário conduz à presunção de resignação do ente público diante do provimento jurisdicional apresentado. Consequentemente, a posterior interposição de recurso especial torna-se inviável, uma vez que caracterizada a preclusão lógica. Na espécie, se inicialmente não houve interesse recursal da União, mantendo-se o mesmo entendimento, não há razão para recorrer. Logo, ao prosseguir o julgamento, a Seção conheceu dos embargos e, por maioria, deu-lhes provimento. Precedentes citados: REsp 709.784-SP, DJ 6/6/2005; REsp 478.908-PE, DJ 25/8/2003, e REsp 196.561-RJ, DJ 29/3/1999. **EREsp 1.036.329-SP, Rel. Min. Humberto Martins, julgados em 14/10/2009.** (Inform. STJ 411)

DANO MORAL. INTERESSE. RECURSO ADESIVO.

Em ação de indenização por danos morais, o autor buscava entre 100 e 500 salários mínimos para reparar o constrangimento de ter sido abordado de modo ostensivo e acusador, por suspeita de furto no interior de supermercado. Julgada procedente a ação, o réu foi condenado a pagar R$ 3.000,00, o que equivalia, à época, a 10 salários mínimos. Então, apelou o réu e, adesivamente, o autor, mas só o recurso adesivo foi provido, majorando a condenação para R$ 5.000,00. Adveio o REsp, no qual o réu afirma não ser cabível recurso adesivo na hipótese, porque não houve sucumbência recíproca. Isso posto, explica o Min. Relator que, se cabe o recurso principal, também caberá o recurso adesivo desde que haja recurso da parte contrária. Dessa forma, agrega-se o requisito da impugnação realizada pela parte adversa aos requisitos gerais de admissibilidade dos demais recursos, ou seja, determinada decisão poderá ser impugnada por recurso adesivo se essa for apelável, embargável ou recorrível mediante RE ou REsp, desde que haja impugnação da parte adversa. Também observa, invocando a doutrina e a jurisprudência, que, em ação de indenização por danos morais, o valor indicado na inicial para o arbitramento é meramente estimativo. Ademais, ainda que não houvesse pedido determinado na inicial, deixando ao arbítrio do magistrado a fixação da indenização, se, por acaso o autor não se satisfizesse com a sentença (de total procedência), ele poderia dela recorrer. Logo, no caso dos autos, com mais razão há o interesse recursal, uma vez que o pedido da inicial era muito maior que aquele arbitrado pela sentença, sendo notório o cabimento da apelação principal e adesiva. Diante do exposto, a Turma não conheceu do recurso. Precedentes citados: REsp 265.133-RJ, DJ 23/10/2000; REsp 330.256-MG, DJe 30/9/2000, e REsp 543.133-PR, DJ 28/9/2009. **REsp 944.218-PB, Rel. Min. Luis Felipe Salomão, julgado em 29/9/2009.** (Inform. STJ 409)

RECURSO CABÍVEL. LEI PROCESSUAL NOVA.

No caso, a sentença foi proferida nos termos do art. 520, III, do CPC (liquidação de sentença por arbitramento) e depois a juíza acolhendo embargos de declaração da autora proferiu outra sentença. O Tribunal *a quo* anulou essa segunda sentença reabrindo o prazo para apelação da primeira sentença, quando já estava em vigor a Lei n. 11.232/2005, que, ao incluir o art. 475-H no CPC, dispõe ser o agravo de instrumento o recurso cabível da decisão de liquidação. Para o Min. Relator, o fato de o TJ ter reaberto prazo para apelação e não para agravo de instrumento não obriga a recorrente, que poderia ter se valido de embargos declaratórios. Aponta ainda que, após a reabertura do prazo para recorrer da primeira sentença, a parte recorrida manejou apelação e agravo de instrumento, sendo o último provido pelo TJ. Nele houve discussão expressa sobre qual seria o recurso cabível, tendo aquele Tribunal concluído pelo agravo de instrumento. Esse acórdão foi objeto de REsp manejado pela ora recorrente, o qual não foi admitido, sendo interposto agravo, não conhecido, decisão com trânsito em julgado. Nesse contexto, a matéria está preclusa. Ademais, ainda existe o óbice ao conhecimento da irresignação pelo fato de a decisão que não conhece do recurso de apelação da recorrente suspendeu seus efeitos até o julgamento definitivo do agravo de instrumento interposto pela recorrida e, como essa decisão não foi impugnada por qualquer recurso, significa que o presente apelo é extemporâneo, porquanto se volta contra julgado que ainda não produziu efeitos. Diante disso a Turma não conheceu do REsp. **REsp 1.077.406-RJ, Rel. Min. Fernando Gonçalves, julgado em 18/6/2009.** (Inform. STJ 399)

ADIAMENTO. RECURSO. REINCLUSÃO. PAUTA.

A Turma reafirmou não ser necessária nova publicação dos processos adiados na pauta, desde que o julgamento ocorra em tempo razoável. Contudo, no caso, o julgamento da apelação ocorreu dois meses após o adiamento do feito, a pedido do patrono dos particulares, sem que houvesse sua intimação da nova inclusão em pauta. Assim, a Turma deu provimento ao recurso, por entender violados os arts. 234, 235 e 236, § 1º, e 522 do CPC e determinou a devolução dos autos ao tribunal de origem para que novamente se inclua o feito em pauta, o que possibilitará ao advogado proferir sustentação oral. Precedentes citados: EREsp 474.475-SP, DJ 26/3/2007, e AR 4.031-RJ, DJe 26/9/2008. **REsp 943.858-SC, Rel. Min. Eliana Calmon, julgado em 18/6/2009.** (Inform. STJ 399)

PREPARO. RECURSO. QUESTÃO. ORDEM PÚBLICA.

A questão debatida no julgamento consiste em saber se o Ministro Relator, ao conhecer do recurso especial sem preparo, pode conhecê-lo de ofício ou deve verificar se nas contrarrazões há alegação de deserção recursal e, caso não conste essa alegação, se precluiria o direito do recorrido de apontar em outra oportunidade a deserção. A tese vencedora observou que o preparo recursal possibilita a admissibilidade do recurso, é um dos seus pressupostos genéricos, logo consiste em matéria de ordem pública que não se sujeita à preclusão. Com esse entendimento, a Corte Especial, por maioria, conheceu dos embargos e lhes deu provimento para julgar deserto o recurso especial. Para a tese vencida, se a parte não alegou a falta de preparo nas contrarrazões, primeira oportunidade de ter acesso aos autos, precluiu seu direito de fazê-lo. **EREsp 978.782-RS, Rel. Min. Ari Pargendler, julgados em 20/5/2009.** (Inform. STJ 395)

RECURSO ADESIVO. PRINCIPAL.

Cuida-se de ação de indenização por danos morais, porque o magazine insistiu na cobrança de dívida indevida, mesmo após alertado do erro mediante telefonemas do consumidor e pelo próprio Procon. Sucede que, ao interpor recurso da sentença, antecipou-se ao consumidor e apresentou apelo que nominou de adesivo, o que denota erro inescusável, um óbice à aplicação do princípio da fungibilidade. Assim, não há como conhecê-lo como adesivo ou mesmo como principal, a conta de prestigiar a ocorrência de simples equívoco (tal como o fez o Tribunal *a quo*). Dessarte, dá-se provimento ao especial do consumidor também para fixar a indenização em R$ 7.000,00. **REsp 1.105.923-DF, Rel. Min. Massami Uyeda, julgado em 19/5/2009.** (Inform. STJ 395)

RECURSO ADESIVO. SUCUMBÊNCIA PARCIAL.

A autora postulou indenizações de danos materiais e morais fundadas no indevido protesto de título, mas não especificou o *quantum*, deixando ao juízo a tarefa de arbitrá-lo. Ele, por sua vez, julgou procedente em parte a ação, acolhendo a indenização por danos morais, mas negando a de danos materiais. Sucede que a autora não apelou da sentença no referente ao valor fixado a título de indenização por dano moral, preferiu manifestar seu inconformismo quanto a isso em recurso adesivo à apelação da ré, o que foi admitido pelo Tribunal *a quo*. Nesse contexto, discute-se o cabimento do recurso adesivo, enquanto a autora saiu-se vencedora naquele particular, pois obteve a condenação da ré a indenizá-la pelo dano moral, e o art. 500 do CPC prevê tal recurso quando autor e réu forem vencidos. É certo que, nessa hipótese de o autor relegar ao juízo a fixação da indenização, a jurisprudência deste Superior Tribunal tem acolhido a possibilidade de ele apelar quando insatisfeito com o valor, porém, no caso, não houve apelação, mas sim recurso adesivo. A pretensão da autora em relação a danos morais, tal como consta da inicial, formulada sem parâmetros (nem sequer um mínimo), foi deferida, daí que não se poderia, a princípio, tê-la como vencida, a afastar o cabimento do recurso adesivo. Contudo, a leitura do art. 500 do CPC leva à conclusão de que a questão de a parte ser vencida ou vencedora para fins de admissão daquele recurso não deve ser aferida em cada pedido isoladamente, mas sim considerada na ação como um todo. Daí que, se a autora ficou vencida em outro tópico, tal como se deu no caso (danos materiais), está aberta a via do recurso adesivo, mesmo que a irresignação esteja voltada para a outra pretensão (danos morais), que não preclui para efeito desse recurso. Assim, mostra-se acertado o acórdão recorrido em admitir o recurso adesivo, todavia há que lhe corrigir a fixação do valor da indenização, que deve ser reduzida a R$ 10.000,00, em respeito aos parâmetros fixados na Turma. O entendimento acima exposto foi adotado pelo Min. Aldir Passarinho Junior, o relator, seguido pelo Min. Fernando Gonçalves, porém o Min. João Otávio de Noronha e Luis Felipe Salomão acompanharam-no na conclusão de conhecer parcialmente do recurso e lhe dar parcial provimento, mas com ressalvas quanto à fundamentação. Precedentes citados: REsp 330.256-MG, DJ 30/9/2002; REsp 313.586-RJ, DJ 20/5/2002, e REsp 535.125-PR, DJ 23/8/2004. **REsp 543.133-PR, Rel. Min. Aldir Passarinho Junior, julgado em 5/5/2009.** (Inform. STJ 393)

RECURSO REPETITIVO. DESISTÊNCIA.

A Corte Especial, ao prosseguir o julgamento, por maioria, entendeu que, submetido o recurso ao disposto na Resolução n. 8/2008-STJ e no art. 543-C do CPC, na redação que lhe deu a Lei n. 11.672/2008 (recurso repetitivo), não há como ser deferido pedido de desistência. Admitiu-se que, quando submetido o recurso ao regime daquela legislação, surge o interesse público ditado pela necessidade de uma pronta resolução da causa representativa de inúmeras outras, interesse esse que não se submete à vontade das partes. O Min. João Otávio de Noronha (vencido) entendia possível acolher a desistência, visto que é a lei quem a garante, além do fato de que a desistência, de acordo com a doutrina, é ato unilateral. Outros Ministros ficaram vencidos em parte, por entenderem diferir a análise da desistência para depois do julgamento da questão de direito tida por idêntica, garantindo, assim, a produção dos efeitos previstos no § 7º do art. 543-C do CPC, solução que, segundo essa linha, atenderia tanto ao interesse público quanto ao das partes. Dessarte, os autos retornaram à Segunda Seção para o julgamento do recurso repetitivo. **QO no REsp 1.063.343-RS, Rel. Min. Nancy Andrighi, julgada em 17/12/2008**. (Inform. STJ 381)

RECURSO. LEI SUPERVENIENTE. APLICAÇÃO.

Trata-se de recurso remetido pela Quarta Turma sobre matéria comum a todas as outras, ou seja, a aplicabilidade de lei processual superveniente. No caso dos autos, a executada, ora recorrente, interpôs embargos de devedor antes da vigência da Lei n. 11.232/2005. Sobreveio a sentença já sob nova ordem processual que, pelo art. 475-M, § 3º, do CPC, inserido pela citada lei, prevê como recurso cabível ao caso o agravo de instrumento, e não a apelação interposta conforme a norma anterior. A recorrente afirma, no REsp, que a interposição da apelação em vez do agravo de instrumento não constituiu, no caso, erro grosseiro, por ser matéria ainda controvertida na jurisprudência e na doutrina, devendo, assim, prevalecer a fungibilidade recursal. Para a tese vencedora, o recurso cabível é a apelação, quando o próprio procedimento era existente na lei antiga, no caso, ficou impossível a adaptação de uma regra recursal nova que é incompatível com o procedimento anterior. Assim, dada a situação ocorrida nos autos, em que o próprio procedimento executório foi todo sob a égide da lei antiga, e, depois, proferida uma sentença nos embargos do devedor, uma verdadeira sentença, o recurso tem que ser a apelação e não o agravo de instrumento, mesmo que a nova regra processual tenha incidência imediata. Ademais, ponderou-se que, de fato, não houve erro grosseiro e, na dúvida, numa dúvida pertinente, como no caso, realmente se deve ampliar a admissibilidade do recurso especial. Com essas considerações, a Corte Especial, por maioria, conheceu do recurso e lhe deu provimento. **REsp 1.044.693-MG, Rel. originário Min. Fernando Gonçalves, Rel. para acórdão Min. Aldir Passarinho Junior, julgado em 3/12/2008**. (Inform. STJ 379)

PROCURAÇÃO. ALTERAÇÃO. DENOMINAÇÃO SOCIAL.

A Turma entendeu que, para a modificação na denominação social da empresa, faz-se necessária a apresentação de nova procuração da empresa já com a mudança na denominação social, sob pena de não-conhecimento do recurso. Precedentes citados: EDcl no REsp 551.384-SC, DJ 10/10/2005; Ag 504.946-RJ, DJ 13/6/2003, e Ag 453.797-MG, DJ 2/10/2002. **AgRg no Ag 1.023.724-RS, Rel. Min. Luiz Fux, julgado em 18/11/2008**. (Inform. STJ 377)

MP. INTERESSE. RECURSO.

Foi o MPF quem interpôs o agravo regimental, porém a decisão monocrática ora combatida negou seguimento, justamente, ao recurso especial da defesa. Assim, pela ausência de sucumbência, não há interesse de recorrer do MPF. Precedente citado: REsp 620.618-PE, DJ 2/8/2004. **AgRg no REsp 894.341-RN, Rel. Min. Jane Silva (Desembargadora convocada do TJ-MG), julgado em 25/9/2008**. (Inform. STJ 369)

PORTE. REMESSA. RETORNO. NÚMERO. PROCESSO.

O art. 3º da Lei n. 9.756/1998 trouxe a redação do art. 41-B da Lei n. 8.038/1990 para autorizar que este Superior Tribunal disciplinasse o recolhimento do porte de remessa e retorno de autos, o que foi efetivado pelas Resoluções ns. 20/2004 e 12/2005. Assim, de conformidade com essas resoluções, é necessário anotar o número do processo a que se refere o recolhimento no documento de arrecadação da Receita Federal (DARF) ou na guia de recolhimento da União (GRU) para que se possibilite a identificação de sua veracidade. Precedentes citados: RMS 26.661-MG, DJ 18/6/2008; REsp 824.822-MG, DJ 6/5/2008, e AgRg no Ag 953.328-PE, DJ 31/3/2008. **REsp 850.355-RJ, Rel. Min. Mauro Campbell Marques, julgado em 9/9/2008**. (Inform. STJ 367)

RESP. RATIFICAÇÃO. EDCL.

A Turma adotou, como razão de decidir, o posicionamento da Corte Especial que afirma ser necessária a ratificação, em momento oportuno, das razões de recurso especial interposto anteriormente à publicação do acórdão proferido em sede de embargos de declaração, ainda que opostos pela parte contrária. Precedentes citados: REsp 661.650-RJ, DJ 6/8/2008, e REsp 1.022.969-RS, DJ 8/8/2008. **REsp 783.676-RJ, Rel. Min. Mauro Campbell Marques, julgado em 4/9/2008**. (Inform. STJ 366)

RECURSO ADESIVO. CABIMENTO.

A Turma entendeu ser cabível o recurso adesivo da parte ré com o objetivo de ver aumentada a condenação em verba honorária, ainda que vencedora, em virtude de carência da ação. Precedentes citados: REsp 936.690-RS, DJ 27/2/2008, e REsp 35.245-MG, DJ 16/5/1994. **REsp 1.056.985-RS, Rel. Min. Aldir Passarinho Junior, julgado em 12/8/2008**. (Inform. STJ 363)

PORTE. REMESSA. RETORNO. EQUÍVOCO. RETIFICAÇÃO.

A Corte Especial não conheceu dos embargos por não haver similitude nos paradigmas com os quais, no caso, se pretendia afastar a deserção. Houve equívoco na indicação do código do pagamento do porte de remessa e retorno, efetuado, ademais, em documentação de arrecadação errada. Deveria ter sido sanado o erro oportunamente, como no paradigma; neste, efetivamente, apesar do recolhimento com código incorreto, posteriormente ocorreu a devida retificação do equívoco. Precedente citado: EREsp 440.378-PR, DJ 26/3/2007. **EREsp 864.105-CE, Rel. Min. Laurita Vaz, julgados em 6/8/2008**. (Inform. STJ 362)

RECURSO. FAX APÓS EXPEDIENTE FORENSE.

O agravo regimental interposto via *fax* no último dia do prazo recursal (5 dias) e após o expediente forense é considerado intempestivo porquanto só registrado no dia seguinte. **AgRg no Ag 742.801-SP, Rel. Min. Humberto Martins, julgado em 3/6/2008**. (Inform. STJ 358)

PRAZO. SUSPENSÃO. GREVE. JUDICIÁRIO.

Considerou-se, na espécie, que o prazo para apresentar recurso só começou a fluir após a revogação da suspensão dos prazos processuais em razão da greve judiciária. O fato de a audiência ter ocorrido durante a greve, com o comparecimento das partes e, nessa ocasião, ter sido proferida a sentença não enseja a fluência do prazo para interposição de recurso, uma vez que os prazos estavam suspensos por diversas portarias editadas e renovadas sucessivamente pelo Conselho Superior da Magistratura paulista e da Presidência do TJ. Nessas circunstâncias, no caso dos autos, o prazo nem chegou a fluir. Isso posto, a Turma deu provimento ao recurso para devolver o prazo à recorrente. Precedente citado: REsp 34.204-RS, DJ 8/4/1996. **REsp 504.952-SP, Rel. Min. Aldir Passarinho Junior, julgado em 8/4/2008**. (Inform. STJ 351)

DESERÇÃO. PORTE. RETORNO. RECOLHIMENTO.

O recolhimento de porte de remessa e retorno dos autos mediante guia de recolhimento da União (GRU) deve obedecer aos termos da Res. n. 12/2005 do STJ, com a alteração dada pelo Ato n. 141/2006 também deste Superior Tribunal. Explica a Min. Relatora que essa resolução foi baixada a fim de evitar o indevido aproveitamento de guias de recolhimento de outros processos, como na hipótese desses autos, impedindo-se a lesão aos cofres públicos. Logo, não há como acolher a pretensão da recorrente de aproveitar o recolhimento de porte de remessa e retorno relativa a outros feitos. Com esses argumentos, a Turma conheceu o recurso e, estando evidenciada a má-fé, condenou o subscritor do recurso ao pagamento da multa em 1% do valor atualizado da causa, bem como ao pagamento de indenização nos termos do art. 18, § 2º, do CPC, equivalente a 3% do valor atualizado da causa. **REsp 968.510-PR, Rel. Min. Eliana Calmon, julgado em 6/3/2008**. (Inform. STJ 347)

RECURSO. PRAZO. FAC-SÍMILE. TERMO INICIAL.

A Corte Especial, por maioria, conheceu do AgRg nos EREsp antes considerado intempestivo, mas lhe negou provimento em retificação de proclamação do julgamento ocorrido na sessão de 5/12/2007. Distinguiu e interpretou as duas situações que estão previstas no *caput* e no parágrafo único do art. 2º da Lei n. 9.800/1999, que dá tratamento distinto, ao disciplinar o termo inicial do prazo para a entrega dos originais quando o ato processual é praticado por fac-símile. Explica o Min. Relator que, na primeira situação, os atos estão sujeitos a prazos predeterminados em lei. Está previsto no *caput* do art. 2º da citada lei, nesse caso, o prazo de cinco dias para a entrega dos originais tem início no dia seguinte ao do termo final do prazo previsto em lei, ainda que o fac-símile tenha sido remetido e recebido no curso desse prazo. A segunda situação, a dos atos sem prazo predeterminado em lei, está disciplinada no parágrafo único do mesmo artigo. Nessa hipótese, o prazo para a entrega dos originais tem início no dia seguinte ao da recepção do fac-símile pelo órgão judiciário competente. Note-se que se trata de autos remetidos em questão de ordem pela Primeira Seção justamente para pacificar a jurisprudência. **AgRg nos EREsp 640.803-RS, Rel. Min. Teori Albino Zavascki, julgados em 19/12/2007**. (Inform. STJ 344)

RECURSO. TEMPESTIVIDADE. FERIADO LOCAL.

jurisprudência dominante neste Superior Tribunal plasmada no AgRg nos EREsp 732.042/RS, DJ 26/3/2007, e no AgRg no Ag 708.460-SP, DJ 2/10/2006, ambos da Corte Especial, estabelece que, para fins de demonstração da tempestividade do recurso, incumbe à parte, no momento da interposição, comprovar a ocorrência de suspensão dos prazos processuais em decorrência de feriado local ou de portaria do presidente do Tribunal *a quo*. Determina, ademais, que não há de se admitir a juntada posterior do documento comprobatório. Precedentes citados: AgRg no Ag 612.373-RJ, DJ 28/3/2005; AgRg no Ag 545.806-GO, DJ 10/5/2004; AgRg no Ag 653.191-RJ, DJ 9/5/2005; AgRg nos EDcl no Ag 739.665-SP, DJ 15/3/2007; AgRg nos EDcl no Ag 646.975-MG, DJ 19/12/2005, e AgRg no Ag 574.272-RS, DJ 5/12/2005. **EREsp 299.177-MG, Rel. Min. Eliana Calmon, julgados em 11/2/2008.** (Inform. STJ 344)

PRESCRIÇÃO. PROCESSO. EXAME. MÉRITO. ELEMENTOS SUFICIENTES.

A Turma, prosseguindo o julgamento, reiterou o entendimento de que, havendo nos autos elementos suficientes, cabe ao Tribunal de 2º grau, afastada a prescrição, adentrar o julgamento do mérito da causa (art. 515, § 1º, do CPC) sem que importe em supressão de instância, dispensado o retorno dos autos ao 1º grau de jurisdição. Precedentes citados: REsp 719.462-SP, DJ 7/11/2005; REsp 756.289-PA, DJ 15/12/2006, e RESp 274.736-DF, DJ 1º/9/2003. **REsp 794.089-RJ, Rel. Min. Maria Thereza de Assis Moura, julgado em 28/8/2007.** (Inform. STJ 329)

REEXAME NECESSÁRIO. MATÉRIA NOVA. INDENIZAÇÃO. CONGELAMENTO. TARIFA AÉREA.

Conhecida companhia de aviação intentou ação indenizatória contra a União em razão congelamento de tarifas aéreas. Na sede especial, tal como se deu na instância *a quo*, constatou-se tratarem de matéria nova as informações trazidas em memorial apresentado a destempo, apenas em segunda instância, quando do reexame necessário, mas relativos à imperfeição da perícia realizada. Insatisfeitos, a União e o MPF apresentaram embargos de divergência ao buscar, dentre outros, a exata extensão da remessa oficial (art. 475 do CPC) quanto à matéria nova, se possível seu exame acerca da incongruência do laudo pericial. Sucede que a comprovação da divergência foi repelida; primeiro pela Corte Especial, quanto aos acórdãos da Quinta Turma em relação aos da Primeira e Segunda Turmas; segundo, após a remessa à Primeira Seção, em decisão monocrática do Min. Relator, pela ausência de similitude fática entre o acórdão embargado e os paradigmas restantes. Daí os agravos regimentais de ambos. Diante disso, a Seção, ao prosseguir o julgamento, entendeu, por maioria, negar provimento aos agravos. O Min. Relator, o vencedor, aludiu, em seu voto, que não havia dissídio quanto à questão da abrangência da remessa oficial, pois o acórdão embargado entendia não ser possível, no reexame necessário, a discussão de matéria nova não alegada na instância inaugural nem em recurso voluntário, enquanto os paradigmas a afirmavam possível quando a questão fosse debatida no instância de piso, mas não abrangida pela sentença, o que fugiria ao conceito de matéria nova. Anotou que os embargos de divergência não comportam a análise da questão de fato cristalizada nos acórdãos do Tribunal *a quo* e do STJ de que aquelas informações constantes dos memoriais eram matéria nova, não apresentada em primeira instância. Por fim, reiterou o entendimento de que não cabe, nos EREsp, a discussão de acerto ou desacerto de aplicação de regra técnica de admissibilidade, tal como a da Súmula n. 7-STJ acolhida como premissa do julgado do STJ. Precedentes citados: EREsp 240.054-SC, DJ 21/10/2002; AgRg nos EREsp 267.366-RS, DJ 2/9/2002; AgRg nos EREsp 286.092-RJ, DJ 16/12/2002; AgRg na Pet 4.021-RJ, DJ 10/10/2005; EREsp 178.856-MG, DJ 1º/4/2002; EREsp 525.790-RS, DJ 17/10/2005; AgRg nos EREsp 724.577-SC, DJ 20/2/2006, e AgRg nos EREsp 616.719-GO, DJ 20/3/2006. **AgRg nos EREsp 628.806-DF, Rel. Min. Castro Meira, julgado em 25/4/2007.** (Inform. STJ 318)

ACÓRDÃO. ÚNICA ASSINATURA. RELATOR.

O dispositivo regimental que prevê apenas a aposição da assinatura do relator no acórdão não ofende o art. 164 do CPC se constante o registro dos votos dos demais integrantes do colegiado. Precedentes citados do STF: RE 100.242-RS, DJ 29/4/1988; do STJ: Ag 495.705-MG, DJ 29/6/2004. **AgRg no REsp 735.275-RR, Rel. Min. Paulo Gallotti, julgado em 19/4/2007.** (Inform. STJ 317)

RECOLHIMENTO. GUIA IMPRÓPRIA. PORTE. REMESSA. RETORNO. AUTOS.

A Corte Especial, ao prosseguir o julgamento, por maioria, não conheceu dos embargos de divergência em que se discutia o pagamento de porte de remessa e retorno dos autos realizado em agência arrecadadora mas sem utilizar a guia própria de arrecadação – DARF, além de não ter sido anotado nem o código próprio, o que levou à inadmissão do recurso especial. **EREsp 440.378-PR, Rel. originário Min. Teori Albino Zavascki, Rel. para acórdão Min. Ari Pargendler, julgados em 1º/2/2007.** (Inform. STJ 309)

SÚMULA STF Nº 325

As emendas ao regimento do Supremo Tribunal Federal, sobre julgamento de questão constitucional, aplicam-se aos pedidos ajuizados e aos recursos interpostos anteriormente a sua aprovação.

SÚMULA STF Nº 322

Não terá seguimento pedido ou recurso dirigido ao Supremo Tribunal Federal, quando manifestamente incabível, ou apresentado fora do prazo, ou quando for evidente a incompetência do tribunal.

SÚMULA STJ Nº 484

Admite-se que o preparo seja efetuado no primeiro dia útil subsequente, quando a interposição do recurso ocorrer após o encerramento do expediente bancário.

SÚMULA STJ Nº 483

O INSS não está obrigado a efetuar depósito prévio do preparo por gozar das prerrogativas e privilégios da Fazenda Pública.

SÚMULA STJ Nº 325

A remessa oficial devolve ao Tribunal o reexame de todas as parcelas da condenação suportadas pela Fazenda Pública, inclusive dos honorários de advogado.

SÚMULA STJ Nº 318

Formulado pedido certo e determinado, somente o autor tem interesse recursal em argüir o vício da sentença ilíquida.

SÚMULA STJ Nº 264

É irrecorrível o ato judicial que apenas manda processar a concordata preventiva.

SÚMULA STJ Nº 253

O art. 557 do CPC, que autoriza o relator a decidir o recurso, alcança o reexame necessário.

SÚMULA STJ Nº 216

A tempestividade de recurso interposto no Superior Tribunal de Justiça é aferida pelo registro no protocolo da secretaria e não pela data da entrega na agência do correio.

SÚMULA STJ Nº 187

É deserto o recurso interposto para o Superior Tribunal de Justiça, quando o recorrente não recolhe, na origem, a importância das despesas de remessa e retorno dos autos.

SÚMULA STJ Nº 117

A inobservância do prazo de 48 horas, entre a publicação de pauta e o julgamento sem a presença das partes, acarreta nulidade.

SÚMULA STJ Nº 115

Na instancia especial é inexistente recurso interposto por advogado sem procuração nos autos.

SÚMULA STJ Nº 55

Tribunal Regional Federal não é competente para julgar recurso de decisão proferida por juiz estadual não investido de jurisdição federal.

SÚMULA STJ Nº 45

No reexame necessário, é defeso, ao tribunal, agravar a condenação imposta à fazenda publica.

11.2. Agravo

AGRAVO DE INSTRUMENTO: CABIMENTO E ART. 543-B, § 3º, DO CPC - 4

O Tribunal resolveu questão de ordem no sentido de não conhecer de agravo de instrumento e de devolvê-lo ao tribunal de origem para que o julgue como agravo regimental. Tratava-se de recurso interposto pela União contra decisão proferida pela Presidência da Turma Recursal do Juizado Especial Federal do Estado de Sergipe que declarara prejudicado o recurso extraordinário interposto, tendo em vista o julgamento da matéria pelo Supremo no RE 597154 QO/PB (DJE de 29.5.2009), conforme autorizado pelo regime da repercussão geral (CPC, art. 543-B, § 3º). No aludido julgamento, o Supremo afirmara sua jurisprudência consolidada no sentido de ser devida a extensão de gratificação de caráter genérico aos inativos e de que os critérios de pontuação da GDATA e da GDASST, em relação àqueles, seriam os mesmos aplicáveis aos servidores em atividade, estabelecidos nas sucessivas leis de regência. No presente recurso, a União sustenta que a matéria debatida nos autos se refere à gratificação de Desempenho Técnico-Administrativa - GDPGTAS, a qual não poderia ser equiparada à GDATA, porque criada em quadro jurídico-constitucional diverso, após a promulgação da EC 41/2003. Sustenta, assim, que a decisão do Supremo apenas se aplicaria aos casos de GDATA e GDASST, não se estendendo aos casos de GDPGTAS — v. Informativo 557. Entendeu-se que o agravo de instrumento dirigido ao Supremo não seria o meio adequado para que a parte questionasse decisão de tribunal *a quo* que julga prejudicado recurso nos termos do art. 543-B, § 3º, do CPC. Não obstante, tendo em conta a ausência de outro meio eficaz, e salientando a importância de uma rápida solução para a questão, considerou-se que, no caso, tratando-se de decisão monocrática, o agravo regimental poderia ser utilizado, a fim de que o próprio tribunal de origem viesse a corrigir equívoco de aplicação da jurisprudência do Supremo. **AI 760358 QO/SE, rel. Min. Gilmar Mendes, 19.11.2009.** (AI-760358) (Inform. STF 568)

DIREITO PROCESSUAL CIVIL. DESCABIMENTO DE AGRAVO REGIMENTAL EM FACE DE DESPACHO QUE DETERMINA O SOBRESTAMENTO DO FEITO.

Não cabe agravo regimental contra despacho que determina, no âmbito do STJ, a suspensão do feito para aguardar o julgamento de recurso especial submetido ao regime do art. 543-C do CPC e da Res. n. 8/2008-STJ. Precedentes citados: **AgRg no REsp 1.167.494-PR, DJe 11/9/2012; AgRg no AREsp 110.072-PR, DJe 12/4/2012, e AgRg no REsp 1.266.921-RS, DJe 17/11/2011. AgRg no AREsp 179.403-RS, Rel. Min. Herman Benjamin, julgado em 18/10/2012.** (Inform. STJ 508)

DIREITO PROCESSUAL CIVIL. AGRAVO DE INSTRUMENTO. PEÇA OBRIGATÓRIA. CÓPIA DO CONTRATO OU ESTATUTO SOCIAL.

A cópia do contrato ou do estatuto social da pessoa jurídica não constitui peça obrigatória para a formação do instrumento, nos termos do art. 525, I, do CPC. Precedentes citados: **AgRg no REsp 1.183.229-MS, DJe 18/5/2010, e AgRg no Ag 1.084.141-RS, DJe 24/8/2009. REsp 1.344.581-RJ, Rel. Min. Herman Benjamin, julgado em 18/10/2012.** (Inform. STJ 508)

DIREITO PROCESSUAL CIVIL. AGRAVO RETIDO CONTRA DECISÃO INTERLOCUTÓRIA EM AUDIÊNCIA.

A exigência da forma oral para interposição de agravo retido contra decisão interlocutória proferida em audiência limita-se à audiência de instrução e julgamento, não incidindo quanto à audiência de tentativa de conciliação. **REsp 1.288.033-MA, Rel. Min. Sidnei Beneti, julgado em 16/10/2012.** (Inform. STJ 507)

PRINCÍPIO DA SINGULARIDADE. INTERPOSIÇÃO DE UM ÚNICO RECURSO PARA ATACAR DUAS DECISÕES DISTINTAS.

A Turma, considerando as especificidades do caso, entendeu ser possível a interposição de um único recurso de agravo de instrumento para impugnar duas decisões interlocutórias distintas proferidas no mesmo processo. *In casu*, cuidou-se, na origem, de ação de execução de título extrajudicial, sendo que, após iniciado o cumprimento provisório da sentença, o recorrente opôs exceção de pré-executividade. O juiz singular proferiu duas decisões interlocutórias: a primeira (em 30/7/2007) extinguiu a exceção de pré-executividade por irregularidade da representação processual e autorizou a penhora *online* de ativos financeiros em nome do executado; já a segunda (em 29/10/2007) autorizou o levantamento do valor penhorado e depositado judicialmente mediante a prestação de caução. Ocorre que o recorrente, em vez de impugná-las separadamente, por meio de dois agravos de instrumento, interpôs um único recurso. Nesse contexto, inicialmente, ressaltou-se que o princípio da singularidade, também denominado da unicidade do recurso, ou unirrecorribilidade consagra que, para cada decisão a ser atacada, há um único recurso próprio e adequado previsto no ordenamento jurídico. Sendo assim, salvo as exceções legais – embargos de declaração e recurso especial e extraordinário –, não é possível a utilização de mais de um recurso para impugnar a mesma decisão, sob pena de o segundo não ser conhecido por preclusão consumativa. Entretanto, destacou-se que o aludido princípio não veda a interposição de um único recurso para impugnar mais de uma decisão. Tampouco subsiste, na legislação processual, qualquer impedimento a essa prática, embora seja incomum. Assim, consignou-se que, na hipótese, não se trata de aplicação do art. 244 do CPC, pois há previsão legal quanto ao recurso cabível contra decisão interlocutória (art. 522 do CPC), sendo também desnecessária a aplicação do princípio da instrumentalidade das formas, visto que o recorrente utilizou-se do recurso correto (respeito à forma) para impugnar as decisões interlocutórias, qual seja, o agravo de instrumento. Ademais, considerou-se que, na espécie, a interposição do agravo por meio de duas petições separadas e o julgamento separado dos recursos poderia gerar decisões conflitantes. Isso porque a segunda decisão (que autorizou o levantamento do valor penhorado) é dependente da primeira (que extinguiu a exceção de pré-executividade oposta pelo executado e autorizou a penhora daquele valor). Por fim, asseverou-se que, embora a interposição de um único recurso para impugnar mais de uma decisão não seja uma prática recomendável, reconheceu-se que, de acordo com as particularidades do caso, o não conhecimento do agravo importa violação do art. 522 do CPC, porquanto a parte, além de ter o direito de recorrer das decisões interlocutórias, utilizou-se do recurso previsto na legislação para tanto, ou seja, o agravo de instrumento. Assim, a Turma deu provimento ao recurso, para anular o acórdão recorrido e determinar o retorno dos autos ao tribunal de origem, a fim de que seja apreciado o mérito do agravo de instrumento. **REsp 1.112.599-TO, Rel. Min. Nancy Andrighi, julgado em 28/8/2012.** (Inform. STJ 503)

AGRAVO DE INSTRUMENTO INTERPOSTO NA VIGÊNCIA DE LEI ANTERIOR. PEÇAS OBRIGATÓRIAS.

A Lei n. 12.322/2010, que transformou o agravo de instrumento em agravo nos próprios autos, não se aplica aos recursos interpostos antes da sua vigência. Assim, aos agravos de instrumento anteriores a 9/12/2010, data na qual entrou em vigor a referida lei, devem-se aplicar as regras anteriores. No caso, verificou-se a má formação do agravo de instrumento, interposto em 10/9/2010, por não atender ao disposto na redação anterior do art. 544, § 1º, do CPC, já que deixou de juntar cópias de peças obrigatórias. Precedentes citados: **AgRg no Ag 1.400.931-RS, DJe 16/3/2012, e AgRg no Ag 1.407.812-PB, DJe 20/3/2012. AgRg no Ag 1.391.012-RJ, Rel. Min. Antonio Carlos Ferreira, julgado em 3/5/2012.** (Inform. STJ 496)

ART. 526 DO CPC. ALEGAÇÃO DE DESCUMPRIMENTO. COMPROVAÇÃO POR MEIOS DIVERSOS DA JUNTADA DE CERTIDÃO.

A Turma, ao prosseguir o julgamento, deu provimento ao agravo regimental ao entender que o parágrafo único do art. 526 do CPC não determina a forma pela qual será provado o descumprimento, sendo possível acomprovação por outros meios, que não a certidão cartorária, como modo eficaz de atestar a negativa da exigência imposta à parte. Precedente citado: **AgRg no Ag 1.276.253-GO, DJe de 21/9/2010. AgRg nos EDcl no AREsp 15.561-SP, Rel. Min. Herman Benjamin, julgado em 2/2/2012.** (Inform. STJ 490)

AG. CERTIDÃO. INTIMAÇÃO. TEMPESTIVIDADE. AFERIÇÃO. OUTROS MEIOS.

Trata-se de REsp em que a recorrente insurge-se contra acórdão que deu provimento a agravo de instrumento (Ag) interposto pela recorrida. Entre outras alegações, sustenta que a petição tomada pelo acórdão recorrido como prova da tempestividade do Ag da recorrida não substitui a necessária certidão de intimação da decisão agravada exigida no art. 525, I, do CPC, tampouco se presta à finalidade daquela, que, para ter fé pública, há de ser expedida por serventuário da Justiça. Em contrarrazões, a recorrida sustenta, entre outras questões, a tempestividade do Ag interposto na origem. Inicialmente, salientou o Min. Relator que, consoante a jurisprudência do STJ, em respeito ao princípio da instrumentalidade das formas, a ausência de peça obrigatória à formação do Ag, quando se tratar da certidão de intimação de decisão agravada, pode ser irrelevante, caso seja possível, por outros elementos, constatar a tempestividade do recurso. Na hipótese, a tempestividade recursal foi atestada pelo tribunal *a quo*, ao reconhecer que a intimação da União, por seu representante judicial (Fazenda Nacional), deu-se em 21/9/2000, sendo o Ag interposto em 4/10 do mesmo ano. Logo, se a tempestividade do recurso pode ser aferida por outros meios, tal como ocorre na espécie, é dispensável a juntada da certidão de intimação, sem que haja qualquer violação do art. 525, I, do CPC. Diante dessas considerações, entre outras, a Turma negou provimento ao recurso e julgou prejudicada, por perda de objeto, a medida cautelar a ele atrelada. Precedentes citados: AgRg no Ag 1.314.771-DF, DJe 25/2/2011; AgRg no REsp 1.246.173-PE, DJe 30/5/2011; REsp 683.504-SC, DJ 19/9/2005; AgRg no Ag 1.318.904-BA, DJe 26/5/2011; REsp 869.169-SP, DJe 16/9/2008; EREsp 1.048.993-PR, DJe 19/4/2010, e REsp 844.793-MG, DJ 29/8/2006. **REsp 1.278.731-DF, Rel. Min. Humberto Martins, julgado em 15/9/2011.** (Inform. STJ 483)

AG. TRASLADO DEFICIENTE.

A jurisprudência do STJ é firme quanto a precisar o momento da oferta de contrarrazões ao agravo de instrumento como o propício para apontar a deficiência no traslado de peças. No caso, a falta de cópia da guia do recolhimento de custas só foi arguida em agravo regimental, no qual se buscava modificar a decisão que deu provimento ao agravo de instrumento para a subida do REsp. Portanto, vê-se que está preclusa a oportunidade de alegar tal deficiência. Precedentes citados: AgRg no Ag 1.246.095-SP, DJe 17/8/2010, e AgRg no Ag 1.102.559-MG, DJe 10/5/2010. **EDcl no AgRg no Ag 1.337.746-RJ, Rel. Min. João Otávio de Noronha, julgado em 14/4/2011.** (Inform. STJ 469)

CABIMENTO. AG. ACÓRDÃO. RECURSO REPETITIVO.
Trata-se, no caso, do cabimento de agravo de instrumento contra a decisão que nega seguimento ao recurso especial lastreada no art. 543-C, § 7º, I, do CPC, pois o acórdão recorrido estaria no mesmo sentido daquele proferido em recurso representativo de controvérsia por este Superior Tribunal. A Corte Especial, ao prosseguir o julgamento, por maioria, entendeu não ser cabível o agravo de instrumento nesse caso. Manter a possibilidade de subida do agravo para este Superior Tribunal viabilizaria a eternização do feito, obstaculizando o trânsito em julgado da sentença ou acórdão e abarrotando-o de recursos inúteis e protelatórios, o que estaria em desacordo com o objetivo da Lei n. 11.672/2008. Por fim, entendeu que, quando houver indevidamente negativa de seguimento a recurso especial por erro do órgão julgador na origem, caberá agravo regimental para o tribunal *a quo*. Assim, a Corte Especial, por maioria, não conheceu do agravo de instrumento. Precedente citado do STF: Ag 760.358-SE, DJe 19/2/2010. **QO no Ag 1.154.599-SP, Rel. Min. Cesar Asfor Rocha, julgada em 16/2/2011.** (Inform. STJ 463)

AUSÊNCIA. FOLHA. CONTRARRAZÕES.
A Turma, por maioria, negou provimento ao agravo por entender que, no caso, a ausência de cópia de apenas uma das diversas folhas que integram as contrarrazões do recurso especial não impede a exata compreensão da controvérsia e, também, não inviabiliza a análise dos argumentos apresentados pela defesa do recorrido. Devem-se flexibilizar as regras formais do processo conforme as peculiaridades de cada caso, no intuito de salvaguardar o direito material, desde que não ocorra prejuízo à outra parte e o ato possa atingir sua finalidade. Precedentes citados: EDcl nos EDcl no AgRg no Ag 1.192.594-ES, DJe 4/2/2011; AgRg no Ag 611.078-SP, DJ 14/11/2005, e AgRg no Ag 645.671-SP, DJ 16/5/2005. **AgRg no AgRg no Ag 1.321.854-DF, Rel. Min. Luis Felipe Salomão, julgado em 15/2/2011.** (Inform. STJ 463)

AG. FORMAÇÃO.
A Turma deu provimento ao recurso especial para determinar que o tribunal *a quo* aprecie o mérito do agravo de instrumento interposto pela recorrente. Na espécie, o acórdão recorrido não conheceu do aludido agravo ao entendimento de que sua formação não atendeu à ordem cronológica dos fatos nem a uma sequência técnico-jurídica lógica, não obstante todas as peças exigidas pelo art. 525 do CPC tenham sido juntadas, o que teria prejudicado a compreensão da controvérsia. De acordo com a Min. Relatora, não há imposição legal ou jurisprudencial que exija a obediência a determinada ordem na apresentação de documentos por se tratar de critério meramente subjetivo, a depender do trâmite do processo, da narração dos fatos e das razões recursais, bem como da percepção do advogado responsável. Asseverou, ainda, ser incoerente a alegação de que a desordem do processo teria levantado dúvidas quanto à autenticidade das peças e das versões apresentadas pela recorrente, porquanto, *in casu*, elas não foram impugnadas pela parte contrária, razão por que se presumem verdadeiras. Precedentes citados: AgRg nos EDcl no REsp 950.978-RJ, DJe 23/4/2008; AgRg no REsp 469.354-SP, DJ 2/5/2006; REsp 591.670-DF, DJ 10/10/2005; EDcl no AgRg no Ag 609.818-RJ, DJe 20/9/2010; AgRg no Ag 1.066.215-RJ, DJe 12/2/2009; RCDESP no Ag 998.885-SP, DJe 1º/4/2008; AgRg no Ag 1.092.461-RS, DJe 19/8/2010; AgRg no Ag 750.105-RJ, DJe 25/9/2009, e REsp 1.122.560-RJ, DJe 14/4/2010. **REsp 1.184.975-ES, Rel. Min. Nancy Andrighi, julgado em 2/12/2010.** (Inform. STJ 458)

AG. CUMPRIMENTO. ART. 526 DO CPC.
É necessário o cumprimento do art. 526 do CPC para o conhecimento do agravo de instrumento (informação de sua interposição ao juízo de primeiro grau). Antes da alteração desse artigo preconizada pela Lei n. 10.352/2001, o agravante era o único prejudicado pelo descumprimento do mandamento legal, pois isso inviabilizava a possibilidade de retratação do juízo. Sucede que, com o advento da referida lei, que acresceu parágrafo único ao dispositivo, seu cumprimento tornou-se obrigatório sob pena de não conhecimento do agravo. A hipótese é a de intrincada controvérsia sobre controle acionário de sociedades empresárias, com vários questionamentos à Administração e em sede de jurisdição criminal e cível. Assim, o provimento do recurso especial pela Turma não significou a imediata reintegração do recorrido na direção das sociedades, sujeita sim aos efeitos de outros julgamentos que deverão ser sopesados na Justiça local. Precedentes citados: AgRg no Ag 864.085-ES, DJe 28/10/2008; AgRg no REsp 586.211-SP, DJe 14/4/2008; AgRg no REsp 789.195-RS, DJ 19/11/2007; REsp 577.655-RJ, DJ 22/11/2004; REsp 544.227-ES, DJ 4/11/2003, e REsp 906.252-SP, DJe 1º/12/2008. **REsp 1.183.842-AP, Rel. Min. Sidnei Beneti, julgado em 26/10/2010.** (Inform. STJ 453)

REPETITIVO. AG. INTIMAÇÃO.
A intimação da agravada para resposta é necessária a fim de preservar o princípio do contraditório (art. 527, V, do CPC). Ela é dispensável apenas quando se nega seguimento ao agravo de instrumento (art. 527, I, do mesmo diploma), pois essa decisão é benéfica ao agravado. Daí se concluir, em consonância com precedentes, que a intimação para apresentação de contrarrazões é condição de validade da decisão que causa prejuízo ao agravado. Esse entendimento foi reiterado pela Corte Especial no julgamento de recurso repetitivo (art. 543-C do CPC). Precedentes citados: REsp 1.187.639-MS, DJe 31/5/2010; AgRg nos EDcl nos EDcl no REsp 1.101.336-RS, DJe 2/3/2010; REsp 1.158.154-RS, DJe 27/11/2009; EREsp 882.119-RS, DJe 25/5/2009, e EREsp 1.038.844-PR, DJe 20/10/2008. **REsp 1.148.296-SP, Rel. Min. Luiz Fux, julgado em 1º/9/2010.** (Inform. STJ 445)

EXTENSÃO. INTERPRETAÇÃO. ART. 526 DO CPC.
O art. 526 do CPC dispõe que o agravante, no prazo de três dias, requererá que se junte aos autos do processo cópia da petição do agravo de instrumento e do comprovante de sua interposição, assim como a relação de documentos que instruíram o recurso. Seu parágrafo único atribui pena de não conhecimento do recurso caso descumprido aquele preceito. Na hipótese, foram apresentadas, em primeiro grau, a cópia do recurso e a respectiva relação de documentos. A lei não exige, expressamente, a juntada à petição referida no mencionado artigo de eventuais cópias de documentos novos perante o tribunal. Assim, a omissão do agravante em promover sua juntada não conduz à gravíssima consequência do não conhecimento do recurso, até porque o agravado foi intimado para responder a ele, tomando ciência dos documentos. Logo, não havendo prejuízos, conforme assinalado pelo tribunal *a quo*, a Turma negou provimento ao recurso por entender cumprida a obrigação fixada no referido artigo. **REsp 944.040-RS, Rel. Min. Nancy Andrighi, julgado em 25/5/2010.** (Inform. STJ 436)

AG. DECISÃO. INTIMAÇÃO.
Nas hipóteses em que, por atenção aos princípios da economia e da celeridade processual, é possível, monocraticamente, negar provimento ao agravo de instrumento (art. 557 do CPC), é lícito ao juízo deixar de intimar o agravado para contra-arrazoar, visto que ele é a parte beneficiada por aquela decisão. Contudo, nos casos do art. 557, § 1º-A, desse mesmo código (confronto com súmula ou jurisprudência predominante), é imprescindível a intimação da parte contrária, pois a decisão monocrática de provimento ao recurso implica a modificação da situação até então estabelecida. Precedentes citados: AgRg nos EDcl nos EDcl no REsp 1.101.336-RS, DJe 2/3/2010; REsp 1.158.154-RS, DJe 27/11/2009, e EREsp 1.038.844-PR, DJe 20/10/2008. **REsp 1.187.639-MS, Rel. Min. Eliana Calmon, julgado em 20/5/2010.** (Inform. STJ 435)

AG. CONDIÇÕES. AÇÃO PRINCIPAL. SENTENÇA.
A questão está em determinar se a prolação de sentença no processo principal acarretou a perda de objeto do agravo de instrumento tirado de decisão interlocutória que concedeu pedido de liminar. As recorrentes alegam inexistir motivo para negar seguimento ao agravo de instrumento com fulcro no art. 557 do CPC, pois aquele recurso tinha por objeto, além da reforma que deferiu a liminar requerida pelo MPF, a análise de questões jurídicas relevantíssimas à causa que, com a prolação do acórdão recorrido, não foram examinadas em segundo grau. A Min. Relatora destacou que o entendimento deste Superior Tribunal é que, em regra, sentenciada a ação principal, perde o objeto o agravo de instrumento interposto contra a decisão que concede ou nega a antecipação dos efeitos da tutela ou o pedido de liminar. Todavia, a hipótese dos autos traz em si uma peculiaridade, consistente no fato de que o agravo não se limitou a questionar a concessão da liminar, também se insurgiu contra a legitimidade do MPF e da Agência Nacional de Saúde Suplementar (ANS) para figurarem, respectivamente, nos polos ativo e passivo da ação. A Min. Relatora entendeu que, nessa circunstância, é irrelevante o fato de o agravo de instrumento insurgir-se também contra alguma das condições da ação, pois essa matéria pode ser devolvida ao Tribunal em preliminar na apelação. Ademais, em se tratando de questão relativa às condições da ação cognoscível de ofício em qualquer tempo e grau de jurisdição, nos termos do art. 267, § 3º, do CPC, mesmo que não tenha sido incluída nas razões daquele recurso, poderá ser levada posteriormente ao conhecimento do Tribunal, não

havendo, pois, que se cogitar de cerceamento de defesa. Precedentes citados: AgRg no REsp 899.315-PR, DJe 7/2/2008; REsp 745.748-PR, DJ 23/11/2007; REsp 946.880-SP, DJe 31/3/2008, e REsp 991.208-PR, DJe 4/8/2008. **REsp 1.074.149-RJ, Rel. Min. Nancy Andrighi, julgado em 1º/12/2009.** (Inform. STJ 418)

AG. INTERPOSIÇÃO SIMULTÂNEA. STF. COMPROVAÇÃO.
É desnecessária a comprovação da interposição de agravo contra a decisão que inadmitiu recurso extraordinário na formação do agravo de instrumento dirigido a este Superior Tribunal (art. 544 do CPC). Leva-se em conta a dificuldade de operacionalizar a prova da interposição dessa peça. Frise-se que a verificação da referida interposição deve ser feita quando do exame do próprio recurso especial, momento em que poderá ser aplicada, se for o caso, a Súm. n. 126-STJ. Precedentes citados: AgRg no Ag 1.130.218-RJ, DJe 31/8/2009, e AgRg no Ag 1.000.758-SP, DJe 14/4/2009. **EAg 1.093.440-RJ, Rel. Min. Humberto Martins, julgados em 28/10/2009.** (Inform. STJ 413)

AGRAVO. PEÇA OBRIGATÓRIA.
Na espécie, houve uma antecipação de tutela concedida para retirada de sócio. Mas a matéria discutida no REsp é eminentemente processual e está em saber se o agravo interposto dessa decisão em primeira instância (art. 525 do CPC) que deve estar instruído com as peças obrigatórias e, se assim não estiver, se pode haver a dispensa por parte do tribunal *a quo* de uma dessas peças ou parte dela para seu conhecimento e aplicação do Direito à espécie. Ainda se perquire se o STJ pode também dispensar, indiretamente, essas peças obrigatórias, ou seja, as que a lei considera que devam obrigatoriamente instruir o agravo (peças a cargo do agravante). Observa o Min. Relator que, no caso dos autos, faltou uma das folhas da decisão agravada, mas o TJ considerou que, mesmo sem essa folha, compreendia a tese e dele conheceu. Neste contexto, a Turma, por maioria, deu provimento ao recurso, entendendo que a norma é cogente, legal e obrigatória, além de que, com base em precedentes deste Superior Tribunal, entende-se por peça obrigatória a integralidade da peça. Logo, se falta alguma página, evidentemente, não estaria satisfeito o requisito legal. Ficou vencido o Min. Relator que, com base também em precedente de relatoria do Min. Sálvio Figueiredo Teixeira (REsp 299-RJ, DJ 21/10/1989), entendia que, se o TJ sentiu-se habilitado a julgar com a ausência dessa peça, não se poderia impedi-lo de fazer justiça no caso concreto. Ainda defendeu que pequenos vícios na formação do instrumento sem um mínimo potencial lesivo – com o perfeito entendimento da tese ali deduzida – não poderia merecer do Judiciário rigor excessivo a ponto de inviabilizar o exame do direito material em litígio, sob pena de privilegiar-se a forma em detrimento do conteúdo. Precedente citado: REsp 674.214-SP, DJ 1°/8/2005. **REsp 1.035.445-BA, Rel. originário Min. João Otávio de Noronha, Rel. para acórdão Min. Luis Felipe Salomão, julgado em 18/6/2009.** (Inform. STJ 399)

COMPETÊNCIA. TURMAS RECURSAIS.
Em juizado especial, foi ajuizada execução de dois cheques sustados no valor total de R$ 660,00 referentes a serviços de jardinagem prestados, deixando o autor de recebê-los. Por outro lado, o réu defendeu-se, alegando que o serviço não foi executado como combinado, só uma parte fora realizada fora dos padrões de qualidade. Por sua vez, a sentença julgou improcedente a impugnação e determinou o pagamento. Dessa decisão, o devedor interpôs apelação, julgada deserta por insuficiência de preparo pelo juízo de primeiro grau. Irresignado, ainda ofereceu agravo de instrumento dirigido ao TJ, que concedeu liminar para dar efeito suspensivo. Comunicada essa decisão à primeira instância, o juiz, sem cumpri-la, consultou o TJ sobre como proceder, uma vez que, no seu ponto de vista, a competência para processar e julgar o agravo de instrumento era da turma recursal. Entretanto, sem resposta e julgado procedente o agravo, inclusive com trânsito em julgado, esse mesmo juiz determinou o processamento do recurso perante a turma recursal, que, então, suscitou o conflito de competência. Para o Min. Relator, em que pese a existência de trânsito em julgado do acórdão do TJ – que proveu o agravo para ter como feito o preparo da apelação –, tal decisão foi proferida por juízo absolutamente incompetente, pois a competência para conhecer de recurso contra decisão de juizado especial cível é da turma recursal. Observa ainda que, no caso dos autos, não se poderia incorrer no desvirtuamento da premissa de entendimento jurisprudencial deste Superior Tribunal que os juizados especiais e respectivas turmas recursais não estão subordinados aos tribunais de justiça porque o que ensejou a sua criação e implementação foi a celeridade das causas mais singelas, consequentemente para maior efetividade e eficácia das decisões judiciais. Diante do exposto, a Seção declarou competente o suscitante, a turma recursal, inclusive devolveu àquele juízo a análise da admissibilidade do recurso. Precedentes citados: CC 39.950-BA, DJe 6/3/2008; CC 49.586-RS, DJe 26/8/2008, e CC 41.742-RS, DJe 25/4/2008. **CC 104.476-SP, Rel. Min. Fernando Gonçalves, julgado em 27/5/2009.** (Inform. STJ 396)

AGRAVO RETIDO. INCIDENTE. EXECUÇÃO.
Discute-se a conversão do agravo de instrumento em retido incidente em execução oposto contra a decisão interlocutória do juízo que, na inexistência de bens penhoráveis, indeferiu pedido de bloqueio de numerário existente na conta-corrente ou nas aplicações financeiras do executado. É cediço que, após a Lei n. 11.187/2005, o agravo de instrumento passou a ser recebido em regra na forma retida (art. 522 do CPC) e dele só se conhecerá se reiterado na ocasião da apelação (art. 523 do CPC). Para o Min. Relator, no caso dos autos, como não há bens para garantir a execução e essa situação deve manter-se, o processo será suspenso, consequentemente, não haverá sentença nem apelação para que o exequente tenha oportunidade de reafirmar a pretensão contida no agravo retido. Assim, a própria inocuidade do recurso de agravo, se não for prontamente resolvida, além da presença de perigo de lesão ou de difícil reparação, pois o exequente não terá a devida prestação jurisdicional, tudo isso impõe o processamento do agravo de instrumento. Com esse entendimento, a Turma deu provimento ao recurso para determinar o retorno dos autos à origem a fim de que seja analisado o agravo de instrumento. Precedentes citados: REsp 886.667-PR, DJ 24/4/2008; REsp 698.648-GO, DJ 17/9/2007; REsp 756.236-SC, DJ 8/8/2008, e REsp 670.485-PR, DJ 3/10/2005. **REsp 1.033.900-MG, Rel. Min. Massami Uyeda, julgado em 2/4/2009.** (Inform. STJ 389)

INCOMPETÊNCIA. EXCEÇÃO. EFEITO SUSPENSIVO. AGRAVO. RETENÇÃO.
A Turma decidiu que, no âmbito da exceção de incompetência absoluta, deve ser afastado qualquer efeito suspensivo, não havendo no caso violação dos arts. 265, III, e 306 do CPC. Outrossim, referentemente à conversão de agravo de instrumento em retido, como preliminar de recurso de apelação (art. 523, § 1º, do CPC), contra decisão que rejeita a exceção de incompetência na hipótese vertente, a retenção não trouxe – nem poderia trazer – nenhuma grave lesão de difícil reparação ao recorrente. Desse modo, tampouco existe violação ao art. 527, II, do CPC, porquanto o agravo retido foi interposto após a apelação, de modo que, além de não causar entrave ao julgamento de recursos, os atos cuja anulação poderia ser evitada já foram praticados. Ademais, diante de pedido de reconhecimento de incompetência absoluta, jamais caberia a autuação em autos apartados, pois, pelo princípio do aproveitamento dos atos processuais, descabe utilizar a autonomia da exceção de incompetência relativa para justificar a impossibilidade do julgamento do agravo em conjunto com a apelação interposta na ação principal. Do contrário, a própria desídia beneficiaria o recorrente, já que nos próprios autos principais deveria de início ter-se insurgido. Precedentes citados: REsp 848.954-PR, DJ 14/5/2007; REsp 578.344-BA, DJ 12/4/2004; AgRg na MC 4.040-SP, DJ 25/3/2002; REsp 763.762-GO, DJ 10/10/2005, e REsp 669.990-CE, DJ 11/9/2006. **REsp 931.134-MA, Rel. Min. Nancy Andrighi, julgado em 24/3/2009.** (Inform. STJ 388)

CAUTELAR. EFEITO SUSPENSIVO. AG.
Cuida-se de medida cautelar para dar efeito suspensivo ao agravo de instrumento interposto contra a inadmissão do REsp. O acórdão combatido deferiu pedido de desconsideração da personalidade jurídica de uma sociedade civil para que se penhorassem seus numerários, com o fito de garantir execução dirigida contra seu sócio majoritário (99% das quotas). Diante disso, a Turma reafirmou ser inadequada a concessão de efeito suspensivo quando inadmitido o REsp na origem, o que é tolerado apenas em casos de vislumbrada existência de plausibilidade do direito e do perigo de dano grave e de difícil reparação. No caso, o pedido não apresenta a plausibilidade jurídica, visto que o debate sobre a inexistência de fraude ou confusão patrimonial, tal como trazido, além de insuficientemente deduzido nos autos, necessita de investigação probatória, não ostentado, assim, a aparência do bom direito para fins de REsp. Precedentes citados: AgRg na MC 12.502-SP, DJ 2/5/2007, e AgRg na MC 12. 169-MG, DJ 5/2/2007. **AgRg na MC 15.180-RO, Rel. Min. Fernando Gonçalves, julgado em 24/3/2009.** (Inform. STJ 388)

AG. PROCURAÇÃO. SUBSTABELECIMENTO. LUCROS CESSANTES.
No agravo de instrumento interposto contra a decisão que julga a liquidação de sentença nas instâncias ordinárias, a cadeia das procurações outorgadas aos causídicos (art. 525, I, do CPC) não estava completa, visto constar cópia da primeva procuração e do último substabelecimento. Mesmo assim, o agravo foi admitido e julgado no mérito. Diante disso, primeiramente, a Turma, afastando-se do entendimento que vem predominando no STJ, relevou a referida ausência. A Min. Relatora ponderou que há exagero

em certos formalismos incrustados na jurisprudência a cercear, injusta e desproporcionalmente, uma solução de mérito e que, em questões controvertidas, convém adotar, sempre que possível, a opção que aumente a viabilidade do processo e as chances de julgamento da causa, pois o processo não pode ser visto mais como um fim em si mesmo. Salientou que as formalidades exigidas pelo art. 525 do CPC têm finalidade clara: a de proporcionar meios necessários à cognição e viabilizar o exercício do contraditório e da ampla defesa, daí não ser exigível cópia das peças que informam todo o processo, mas só daquelas necessárias à compreensão da controvérsia. Dessarte, nessa linha de entendimento, é bastante para a formalidade do art. 525, I, do CPC a juntada da procuração que, à época da interposição do agravo, era eficaz em comprovar que o agravante tinha poderes para recorrer, não ampliando a cognição do Tribunal *a quo* a exigência estéril de juntada da cópia de um substabelecimento revogado, que já não mais vigia. Outrossim, a Turma entendeu que o Tribunal *a quo* não afastou nem excluiu os lucros cessantes do título liquidante quando fez prevalecer o valor constante da primeira perícia realizada, pois, num esforço hercúleo de entregar a prestação jurisdicional, diante mesmo da inépcia da inicial da liquidação, aquele Tribunal apenas apartou do valor parcela cujo critério de cálculo não tem base legal: no âmbito da liquidação da sentença proferida na ação indenizatória ajuizada contra a seguradora em razão do sinistro ocorrido com seu veículo, a recorrente, uma agropecuária, buscava a inclusão, na rubrica de lucros cessantes, do valor referente à locação de um veículo similar ao sinistrado, uma mera expectativa de efetuar gastos e contrair dívidas, o que não se coaduna com o conceito jurídico que se dá àqueles lucros (art. 402 do CC/2002). **REsp 1.056.295-RJ, Rel. Min. Nancy Andrighi, julgado em 5/2/2009.** (Inform. STJ 382)

AG. TEMPESTIVIDADE. REPUBLICAÇÃO. DECISÃO.

Trata-se de estabelecer a tempestividade de agravo de instrumento interposto dez dias após a segunda publicação da decisão agravada, em que houve peculiaridades: na primeira publicação, não constou o nome do advogado da agravante; não obstante esse fato, esse advogado formulou, em primeiro grau, pedido de reconsideração da decisão, além de a republicação ter-se dado por ato praticado de ofício pelo escrivão, sem ordem do juiz, e, por último, a matéria de fundo diz respeito à higidez de arrematação de imóvel feita em execução trabalhista. Note-se, ainda, que a penhora fora realizada pelo juízo trabalhista em Brasília, quando houve a decretação da falência da construtora no juízo cível de Goiânia e, no intervalo entre a decretação da falência e sua comunicação ao juízo trabalhista, foi promovida a arrematação do bem em hasta pública por terceiro (ora recorrente) em relação à execução trabalhista. Outrossim, a intempestividade aferida pelo Tribunal *a quo* não se deu da primeira publicação, mas da ciência manifestada pelos advogados quanto à decisão recorrida, por ocasião do pedido de reconsideração apresentado. Assim, excluiu-se a alegação de que violados os arts. 236, § 1º, 247 e 522 do CPC. Restou conhecido apenas o art. 234 do CPC, em que se localizou a controvérsia acerca do confronto entre a ciência manifestada pelo recorrente, ao formular o pedido de reconsideração (nos autos da falência), e a posterior republicação da decisão recorrida. Isso posto, explica a Min. Relatora que é cediça a jurisprudência deste Superior Tribunal no sentido de autorizar a reabertura do prazo recursal na hipótese em que há republicação da decisão impugnada, mesmo como ocorreu nos autos (republicação por ato de ofício do escrivão) ou ainda se a republicação ocorrer por erro do órgão oficial de imprensa. A reabertura do prazo recursal nesses casos tem sido ampla. No caso dos autos, anotou-se que a republicação deu-se porque o nome do advogado ora recorrente não constou da primeira publicação e o recorrente é adquirente de imóvel arrematado em juízo trabalhista mediante praça, sendo que a anulação da arrematação deu-se em outro processo, nos autos da falência da empresa cujo imóvel fora penhorado, do qual não participava. Assim não se poderia exigir que a parte tenha ciência imediata de decisão proferida em outro processo do qual não participava. Dessa forma, a reabertura do prazo recursal não é obstada pela circunstância ressaltada no acórdão recorrido, de ter a parte peticionado nos autos da falência, após a publicação da decisão. Ademais a jurisprudência entende que a ciência inequívoca dependerá do caso concreto. Com esse entendimento, a Turma deu provimento ao recurso para anular o acórdão recorrido e determinar que, afastada a preliminar de intempestividade, julgue o agravo de instrumento *sub judice*. Precedentes citados: REsp 173.206-SP, DJ 8/9/1998, e EDcl no REsp 255.597-SP, DJ 16/12/2002. **REsp 970.187-GO, Rel. Min. Nancy Andrighi, julgado em 18/12/2008.** (Inform. STJ 381)

RESP. AG. TEMPESTIVIDADE.

Na espécie, houve um agravo de instrumento em que se determinou a conversão em recurso especial. No REsp, declarou-se a intempestividade daquele Ag. No entanto, há precedentes da Corte Especial no sentido de que a intempestividade do Ag tem que ser decidida no momento de seu julgamento, e não no julgamento do REsp, pois a matéria estaria preclusa. Explica o Min. Relator que, na hipótese, existem dois juízos de admissibilidade: um é o do agravo – se o agravo é intempestivo, segundo a jurisprudência deste Superior Tribunal, cabe agravo regimental se dele se conhecer; em seguida, vem o julgamento do próprio REsp, que tem um novo juízo de admissibilidade, o qual não se confunde com o do Ag. Assim, quando se converte o Ag em REsp ou se dá provimento ao Ag para mandá-lo subir, encerra-se o julgamento do Ag. Diante do exposto, a Corte Especial conheceu dos embargos de divergência e os recebeu. **EREsp 218.863-BA, Rel. Min. Teori Albino Zavascki, julgados em 27/11/2008.** (Inform. STJ 378)

AGRAVO RETIDO. DECISÃO. JUIZ.

Trata-se de execução de sentença em que o juiz está expedindo um alvará de levantamento de quantia depositada e a parte interpõe agravo de instrumento, o qual foi recebido, mas o juiz o converteu em agravo retido. Para a Min. Relatora, a parte, no caso, não terá oportunidade, por ocasião da apelação, de reavivar essa questão, porque já haverá sentença no processo. Sendo assim, nessas hipóteses em que há evidente risco de dano ou de lesão irreparável à parte, cabe a impetração de mandado de segurança. Com esse entendimento, a Corte Especial, por maioria, conheceu do recurso remetido pela Turma e lhe deu provimento. **RMS 25.934-PR, Rel. Min. Nancy Andrighi, julgado em 27/11/2008.** (Inform. STJ 378)

AG. CÓPIAS. INTERNET.

Discute-se, na formação do agravo de instrumento no TJ, se a juntada de cópias dos autos, obtidas no endereço eletrônico (*Internet*) do próprio Tribunal *a quo*, equivaleria à fotocópia da decisão agravada, conforme exige o CPC. O art. 525, I, do CPC menciona cópias sem especificar como providenciá-las, e, na espécie, a autenticidade das cópias não foi questionada. Ressalta a Min. Relatora que a lei e a jurisprudência procuraram, gradativamente, com o passar dos anos, adaptar-se aos avanços tecnológicos. O CPC, por exemplo, permite a comprovação do dissídio jurisprudencial para admissão do REsp mediante os acórdãos disponíveis na *Internet* (art. 541, parágrafo único, do mesmo código), e as cópias reprográficas dos atos declaradas autênticas pelo advogado, se não impugnadas, fazem prova do original. Aponta porém que a jurisprudência mais recente deste Superior Tribunal sobre o tema tem entendido que as peças utilizadas na formação do agravo de instrumento necessitam de certificação de sua origem. Há duas decisões monocráticas que não admitiram a cópia retirada da *Internet*. No caso dos autos, entretanto, é possível aferir que a origem das cópias é o TJ – o documento estampa seu logotipo virtual, sua inscrição, páginas numeradas, marca de *copywright* do TJ, e, abaixo das informações processuais, há a identificação do correio eletrônico do TJ. Por essas razões, a Turma reformou a decisão recorrida, reconhecendo que a cópia do teor da decisão agravada extraída da *Internet* foi retirada do *site* oficial do Tribunal de origem, não existindo dúvidas quanto à sua autenticidade. Também determinou o retorno dos autos à origem para que, afastada a hipótese de negativa de segmento, o TJ profira outra decisão. Precedente citado: AgRg no Ag 742.069-SC, DJ 14/8/2006. **REsp 1.073.015-RS, Rel. Min. Nancy Andrighi, julgado em 21/10/2008.** (Inform. STJ 373)

AG. MC. RESP. PENDÊNCIA. ADMISSÃO.

A Turma negou provimento ao agravo regimental, porquanto o Tribunal *a quo* indeferiu medida cautelar incidental ao REsp, pendente de juízo de admissibilidade. As hipóteses de cabimento de agravo de instrumento ao STJ são apenas duas: na primeira, cabe agravo de instrumento contra decisões que inadmitem recurso especial (art. 544 do CPC); na segunda, cabível agravo contra as decisões interlocutórias em causas processadas na Justiça Federal de 1º grau, presentes, de um lado, Estado estrangeiro ou organismo internacional, e do outro município ou pessoa residente ou domiciliada no País (arts. 539, II, b, parágrafo único, e 540 do CPC). Em caso similar, a Turma decidiu no mesmo sentido, já que o agravo interposto era contra decisão monocrática que proveu liminarmente medida cautelar em um REsp da parte contrária, não admitido na origem. Tanto naquele como neste caso é impossível reapreciar o decidido. Precedente citado: EDcl no Ag 454.085-RS, DJ 21/10/2002. **AgRg no Ag 1.020.574-MG, Rel. Min. Denise Arruda, julgado em 7/10/2008.** (Inform. STJ 371)

AGRAVO DE INSTRUMENTO. PAUTA.

Salvo a hipótese do art. 557 do CPC, em que o relator do agravo de instrumento pode decidir solitário, há que colocá-lo em pauta, com sua respectiva publicação, em respeito ao devido processo legal (art. 552 do CPC). Precedentes citados: REsp 493.854-RS, DJ 24/11/2003; REsp 261.427-PE, DJ 1º/2/2006, e REsp 171.531-SP, DJ 15/5/2000. **REsp 505.088-RS, Rel. Min. Aldir Passarinho Junior, julgado em 17/6/2008.** (Inform. STJ 360)

AGRAVO. INSTRUMENTO. EFEITO SUSPENSIVO ATIVO.
Trata-se de mandado de segurança impetrado contra decisão que concedeu efeito suspensivo ativo ao agravo de instrumento interposto por menores impúberes representadas por sua mãe, determinando, em conseqüência, a prisão civil do impetrante ante o não-pagamento de pensão alimentícia. Para o Min. Relator, é possível, sim, emprestar-se efeito suspensivo ativo a agravo de instrumento, porquanto o que se pretende, nesses casos, é a mera reversão da prestação jurisdicional que fora inicialmente negada. Isso posto, a Turma negou provimento ao recurso. Precedente citado: RMS 8.516-RS, DJ 8/9/1997. **RMS 15.263-SP, Rel. Min. Aldir Passarinho Junior, julgado em 27/5/2008.** (Inform. STJ 357)

CANCELAMENTO. SÚM. N. 256-STJ. PROTOCOLO INTEGRADO.
Ao apreciar o agravo regimental no agravo de instrumento no qual o agravante sustentava que deve prevalecer o entendimento da Lei n. 10.352/2001, a Corte Especial, ao prosseguir no julgamento, por maioria, deu provimento ao agravo regimental e revogou a Súmula n. 256 deste Superior Tribunal. O Min. Luiz Fux, em seu voto-vista, explicitou que a mencionada lei alterou o parágrafo único do art. 547 do CPC visando a permitir que, em todos os recursos, não só no agravo de instrumento (art. 525, § 2°, do CPC), pudesse a parte interpor sua irresignação por meio do protocolo integrado. Para o Min. Luiz Fux, atenta contra a lógica jurídica conceder o referido benefício aos recursos interpostos na instância local, onde há mais comodidade oferecida às partes do que com relação aos recursos endereçados aos tribunais superiores. A tendência ao efetivo acesso à Justiça, demonstrada, quando menos, pela própria possibilidade de interposição do recurso via *fax*, revela a inequivocidade da *ratio essendi* do artigo 547, parágrafo único, do CPC, aplicável aos recursos em geral e, *a fortiori*, aos Tribunais Superiores. Este Tribunal Superior já assentou que a Lei n. 10.352/2001, ao alterar os artigos 542 e 547 do CPC, afastou o obstáculo à adoção de protocolos descentralizados. Essa nova regra processual, de aplicação imediata, orienta-se pelo critério da redução de custos, pela celeridade de tramitação e pelo mais facilitado acesso das partes às diversas jurisdições. Precedente citado do STF: AgRg no AI 476.260-SP, DJ 16/6/2006. **AgRg no Ag 792.846-SP, Rel. originário Min. Francisco Falcão, Rel. para acórdão Min. Luiz Fux, julgado em 21/5/2008.** (Inform. STJ 356)

FAX. AG. PEÇAS.
A Corte Especial, ao prosseguir o julgamento, entendeu, por maioria, que é possível a petição de agravo de instrumento ser transmitida mediante o uso de *fac-simile* ao Tribunal *a quo* sem se fazer acompanhar das peças que o formariam (obrigatórias ou facultativas), que só vieram em seguida, juntamente com o original. A Min. Relatora firmou que a Lei n. 9.800/1999 não diz nada a respeito da transmissão das peças ou documentos que guarnecem a petição e que ela deve ser interpretada no sentido de dispensar a parte dessa exigência, visto não lhe aproveitar qualquer benefício, dado que suas razões têm de estar prontas no prazo do recurso e as peças a serem juntadas não podem ser modificadas, além de não existir prejuízo à parte contrária, que tem vista dos autos só após o protocolo dos originais. Por sua vez, o Min. Luiz Fux (vencido) entendia que a via do *fax* não exonera a parte do atendimento, no momento da transmissão, das exigências legais quanto ao ato processual específico (art. 1°, parágrafo único, da Resolução n. 179/1999 do STF), sendo necessária a conjunta transmissão a fim de aferir a coincidência entre o que é transmitido e os originais (arts. 4° e 5° da retrocitada lei), além de permitir soluções de urgência. Anotou, por último, que é justamente a formação do instrumento que diferencia este agravo do retido, sendo certo que a falta de peças leva à inadmissão pela ausência de requisito de admissibilidade extrínseco consistente na regularidade formal. **REsp 901.556-SP, Rel. Min. Nancy Andrighi, julgado em 21/5/2008.** (Inform. STJ 356)

AGRG. PRINCÍPIO. INSTRUMENTALIDADE. FORMAS.
É irrecorrível a decisão do Min. Relator que dá provimento a recurso de agravo de instrumento para determinar a subida do recurso especial inadmitido na origem. Admite-se a exceção do art. 258, § 2°, do RISTJ quando houver ofensa a requisito formal na instrução do agravo de instrumento. Para o Min. Relator, as ligeiras imperfeições que tornaram ilegíveis pequenos trechos não chegaram a contaminar a regularidade formal do instrumento, porquanto não comprometem a perfeita compreensão dos argumentos que foram levantados nas contra-razões ao recurso especial. Satisfeito o propósito dessa específica norma legal, qual seja, possibilitar o exercício da ampla defesa e do contraditório também no agravo, deve ser relevado o pequeno lapso aventado no regimental, em respeito ao princípio da instrumentalidade das formas. Mas, ao final a Turma negou provimento ao agravo. **AgRg no Ag 1.012.017-RJ, Rel. Min. Castro Meira, julgado em 20/5/2008.** (Inform. STJ 356)

AGRAVO. NOME. ADVOGADO. VEÍCULO. CONCESSIONÁRIA. HIPOSSUFICIÊNCIA.
A Turma reiterou que a falta da indicação do nome e endereço completos do advogado não é vício de formação do agravo de instrumento (CPC, art. 524, III), se houver como aferi-los em outros documentos do recurso. Quanto às alegações de hipossuficiência (indeferida noutra assentada) e da piora da situação econômica da empresa, não invalidam a cláusula contratual de eleição de foro, livremente pactuada entre a concessionária e a fabricante de veículos, em que pese a diferença econômica entre as empresas. **REsp 890.417-DF, Rel. Min. Nancy Andrighi, julgado em 15/4/2008.** (Inform. STJ 352)

AG. JUÍZO. RETRATAÇÃO.
Analisa-se a legalidade de acórdão que não conheceu de agravo de instrumento, considerando que a agravante descumpriu o disposto no art. 526 do CPC, uma vez que, embora tenha informado tempestivamente ao juízo de primeiro grau de jurisdição a interposição do agravo de instrumento, fez carga dos autos por 13 dias, impossibilitando o exercício do juízo de retratação. Anota a Min. Relatora que o art. 526 do CPC recebeu nova redação da Lei n. 9.139/1995, alterando o agravo que é apresentado diretamente no órgão *ad quem*. Não há prazo para o juízo de retratação, não há prazo prejudicado; a qualquer tempo, o juízo pode retratar-se. O único requisito de admissibilidade para o agravo é a apresentação no prazo de petição informando o juízo *a quo*, e esse foi cumprido. Dentre os requisitos legais, não há o dever de não fazer carga dos autos. A carga dos autos feita pelo agravante não inviabiliza uma possível retratação, que pode ser feita a qualquer tempo, no máximo só a retarda e o único prejudicado seria o próprio agravante. Isso posto, a Turma, ao prosseguir o julgamento, cassou o acórdão recorrido, determinando o prosseguimento do agravo de instrumento na esteira do devido processo legal. **REsp 1021.085-RS, Rel. Min. Nancy Andrighi, julgado em 25/3/2008.** (Inform. STJ 349)

TEMPESTIVIDADE. AGRAVO. POSTAGEM.
O agravo de instrumento (art. 525 do CPC), quando entregue aos cuidados dos Correios mediante aviso de recebimento (§ 2°), tem sua tempestividade aferida considerando-se a data do registro da postagem e não a data do recebimento da petição no Tribunal. Precedentes citados: REsp 716.173-SP, DJ 24/10/2005; REsp 636.272-SP, DJ 28/2/2005, e AgRg no Ag 167.177-RS, DJ 29/6/1998. **REsp 893.229-PR, Rel. Min. Aldir Passarinho Junior, julgado em 16/10/2007.** (Inform. STJ 336)

INADMISSIBILIDADE. AGRAVO DE INSTRUMENTO. ART. 526, CPC.
O agravo de instrumento não será admitido uma vez argüido e provado pelos recorrentes, na primeira oportunidade que esses tiveram para manifestar-se nos autos, que o agravante não cumpriu, no prazo, o disposto no art. 526 do CPC, após a vigência da Lei n. 10.352/2001. Precedente citado: REsp 595.649-SC, DJ 10/5/2004. **REsp 594.930-SP, Rel. Min. Massami Uyeda, julgado em 9/10/2007.** (Inform. STJ 335)

REMESSA. CORTE ESPECIAL. FAX. DOCUMENTOS.
Na origem, negou-se provimento ao agravo de instrumento em razão da preclusão consumativa, porque a petição foi transmitida via fax, sem que se fizesse acompanhar das peças obrigatórias ou facultativas, que só vieram aos autos quando da juntada do original. Diante disso, por indicação da Min. Relatora, a Turma entendeu remeter o julgamento do REsp à Corte Especial. **REsp 901.556-SP, Rel. Min. Nancy Andrighi, em 2/10/2007.** (Inform. STJ 334)

FAZENDA PÚBLICA. APLICAÇÃO. MULTA.
Cuida-se da possibilidade de imposição ou não da multa prevista no art. 557, § 2°, do CPC (que prevê multa quando inadmissível ou infundado o agravo e condiciona a interposição de qualquer recurso ao depósito prévio dessa multa) ante o disposto no art. 1°-A da Lei n. 9.494/1997, a qual dispensa de depósito prévio, para interposição de recurso, as pessoas jurídicas de direito público federais, estaduais, distritais e municipais. Ressaltou o Min. Relator que incide, no caso, o princípio de que *ubi eadem ratio ibi eadem dispositio esse debet* (onde há a mesma razão, deve-se aplicar a mesma disposição legal), pois a multa do art. 557, § 2°, do CPC tem a mesma natureza da multa prevista no art. 488, parágrafo único, do CPC, que isenta o Poder Público de depósito prévio para cobrir eventual multa em ação rescisória e, nesse sentido, a jurisprudência deste Superior Tribunal é pacífica. Outrossim, explica que o depósito prévio da multa é condição de admissibilidade recursal e, sob esse enfoque, há muito este Superior Tribunal pacificou o entendimento de que a Fazenda Pública está isenta do depósito da multa, bem como de qualquer preparo. Ademais, a Corte Especial, no EREsp 695.001-RJ, DJ 2/4/2007, em situação análoga à dos autos pronunciou-se: não se nega seguimento a REsp interposto

pelo Fazenda Pública, por não ter sido depositada a multa prevista no art. 557, § 2º, do CPC. Com esse entendimento, a Corte Especial proveu os EREsp determinando que a Sexta Turma examine o REsp. Precedentes citados: AR 419-DF, DJ 13/5/2002; AgRg na AR 568-SP, DJ 17/12/1999, e REsp 4.999-SP, DJ 19/6/1995. **EREsp 808.525-PR, Rel. Min. Luiz Fux, julgados em 19/9/2007.** (Inform. STJ 332)

AG. FUNDAMENTOS ATACADOS. SUBIDA. RESP.

A Turma negou provimento a agravo regimental que apontou ausência de impugnação de um dos fundamentos da decisão agravada. Explicou a Min. Relatora que não é condição de admissibilidade do agravo de instrumento a impugnação de todos os fundamentos da decisão agravada, quando independentes e suficientes *de per si* a viabilizar a subida do REsp. No caso, o fundamento atacado foi suficiente para a subida do REsp, portanto desnecessária a impugnação do outro fundamento. Ademais, não há risco de dano, pois, com a subida dos autos, novo juízo de admissibilidade será aqui exercido. **AgRg no Ag 863.773-DF, Rel. Min. Eliana Calmon, julgado em 14/8/2007.** (Inform. STJ 327)

AG. INTERPOSIÇÃO. FAX. PETIÇÃO ORIGINAL. QUINQÜÍDIO LEGAL. PRORROGAÇÃO.

Prosseguindo o julgamento, a Seção, por maioria, decidiu que, na transmissão de petições e documentos por fax, na sistemática da Lei n. 9.800/1999, art. 1º, o prazo do qüinqüídio não prorroga o lapso originário. Não obstante, aplicável o art. 184 do CPC se o termo final dos 5 dias recair em data de feriado, até por força do art. 106 do RISTJ, só podendo a entrega dos originais ocorrer em dia útil. Outrossim, configura-se *erro in judicando* computar o prazo de 5 dias da apresentação do fax, visto que tal metodologia não influi no prazo processual, como afirma a lei textualmente. **AgRg na AR 3.577-PE, Rel. originário Min. José Delgado, Rel. para acórdão Min. Luiz Fux, julgado em 13/6/2007.** (Inform. STJ 323)

PETIÇÃO. RETENÇÃO. RESP.

O agravante pretende afastar a retenção de recurso especial interposto contra acórdão proferido em agravo de instrumento que indeferiu fundamentadamente a produção de prova pericial. Mas o Min. Relator lembrou que as Turmas que compõem a Segunda Seção deste Superior Tribunal, no entanto, já se manifestaram no sentido de impor, em casos como o presente, a retenção do recurso especial. Assim, deve ser mantida a retenção nos termos do art. 542, § 3º, do CPC, do recurso especial interposto em agravo de instrumento que indefere produção de prova pericial, questão interlocutória típica. **AgRg na Pet 5.507-RJ, Rel. Min. Carlos Alberto Menezes Direito, julgado em 14/6/2007.** (Inform. STJ 323)

AGRAVO. SENTENÇA. TRÂNSITO EM JULGADO.

Na espécie, a agravante entende que o trânsito em julgado do mérito da causa não prejudica o normal andamento e julgamento do presente recurso. Afirma que a realização de uma segunda perícia produz efeito processual semelhante ao de uma decisão que anula a prova pericial em razão de algum vício ou inconsistência, determinando a realização de outra. Assim, a sentença proferida com base no laudo pericial a ser substituído seria anulada, sendo outra proferida após a produção dessa segunda prova pericial. Destacou o Min. Relator que a conduta processual da agravante foi contraditória; recorreu regimentalmente neste agravo de instrumento e deixou de fazê-lo no outro. Explica ainda que, na instância ordinária, o provimento de um agravo de instrumento de decisão interlocutória reverte o eventual julgamento a respeito do mérito, desde que não haja trânsito em julgado. Assim, tanto na instância ordinária como na instância especial, transitada em julgado a decisão sobre o mérito, o agravo de instrumento fica prejudicado em razão da preclusão maior resultante da *res judicata*. Com esse entendimento, a Turma negou provimento ao agravo regimental. **AgRg no Ag 489.699-RJ, Rel. Min. Ari Pargendler, julgado em 5/6/2007.** (Inform. STJ 322)

AGRG. LIMINAR. MS.

A Corte Especial, ao prosseguir o julgamento, por maioria, preliminarmente, conheceu do agravo regimental, firmando o entendimento de que cabe agravo regimental contra decisão que indefere liminar ou a concede em mandado de segurança, nos termos do voto-vista da Min. Eliana Calmon. Por indicação do Min. Relator, ficou adiado o julgamento do mérito do processo. **AgRg no MS 11.961-DF, Rel. Min. Felix Fischer, em 18/4/2007.** (Inform. STJ 317)

AGRAVO. PROVIMENTO. CONTRADITÓRIO.

O relator, lastreado no art. 557 e parágrafos do CPC, pode, de pronto, negar seguimento ou dar provimento ao recurso sem que se ouça a parte adversa, isso em razão dos princípios da celeridade e efetividade. Note-se não se excluir o contraditório dos recursos porquanto a colegialidade e, *a fortiori*, o duplo grau restam incólumes pela possibilidade de interposição do agravo regimental. Com esse entendimento, a Turma, ao prosseguir o julgamento, por maioria, negou provimento ao REsp. Precedentes citados: EDcl no AgRg no Ag 643.770-MG, DJ 21/8/2006, e REsp 714.794-RS, DJ 12/9/2005. **REsp 789.025-RS, Rel. Min. Luiz Fux, julgado em 10/4/2007.** (Inform. STJ 316)

AGRAVO. ART. 525, I, CPC. CERTIDÃO. INTIMAÇÃO.

O art. 525, I, do CPC determina que a certidão de intimação da decisão agravada é peça obrigatória para a formação do instrumento do agravo. Contudo sua ausência pode ser relevada se, por outro meio, ficar evidenciado que o agravo é tempestivo. No caso, a decisão agravada foi proferida em 23/5/2003 (sexta-feira) e, na pior das hipóteses, para o agravante, se neste dia tiver ocorrido sua ciência, o prazo, contado em dobro, começa a fluir a partir de 26/4/2003 (segunda-feira). Assim, o último dia do prazo para interposição do agravo de instrumento é 14/6/2003 (sábado) ficando, assim, prorrogado para o dia 16/6/2003 (segunda-feira), data em que o agravo foi apresentado ao Tribunal. Logo a Turma não conheceu do recurso. Precedentes citados: REsp 660.671-SP, 28/9/2006; REsp 573.065-RS, DJ 26/4/2004, e REsp 466.349-PR, DJ 10/3/2003. **REsp 705.832-SP, Rel. Min. Helio Quaglia Barbosa, julgado em 27/3/2007.** (Inform. STJ 315)

AG. AUSÊNCIA. TRASLADO. PEÇA OBRIGATÓRIA.

A cópia da petição de recurso especial não extraída dos autos originais não atende à exigência do art. 544, § 1º, do Código de Processo Civil. **AgRg no Ag 830.520-SP, Rel. Min. Carlos Alberto Menezes Direito, julgado em 20/3/2007.** (Inform. STJ 314)

EXCEÇÃO. PRÉ-EXECUTIVIDADE. REJEIÇÃO. APELAÇÃO. AGRAVO.

O *decisum* que rejeita a exceção de pré-executividade é desafiado mediante agravo de instrumento, não apelação. Sua natureza é interlocutória, pois não põe fim ao processo de execução. É impossível se aplicar o princípio da fungibilidade frente à intempestividade do inconformismo, caso fosse acolhido como agravo. Precedentes citados: REsp 457.181-PE, DJ 6/3/2006; REsp 792.767-RS, DJ 19/12/2005; REsp 493.818-MG, DJ 26/5/2003; REsp 435.372-SP, DJ 9/12/2002; Ag 750.223-MG, DJ 18/12/2006; REsp 173.975-PR, DJ 5/10/1998, e REsp 86.129-MG, DJ 24/9/2001. **REsp 749.184-MG, Rel. Min. Luiz Fux, julgado em 13/3/2007.** (Inform. STJ 313)

AGRAVO DE INSTRUMENTO. AUSÊNCIA. CÓPIA. PARECER.

Em sede de agravo de instrumento, houve ausência de peça, ou seja, o inteiro teor de parecer adotado como fundamento pelo acórdão. Para o Min. Relator, vencido, a ausência da citada peça acarretaria não-conhecimeto do agravo de instrumento, considerando que o aresto embasou-se nesse parecer, assim caberia ao agravante zelar pela correta formação do instrumento. Entretanto a Turma, por maioria, deu provimento ao agravo, acompanhando o entendimento de que o parecer não traria elementos de prova. **AgRg no Ag 838.845-RJ, Rel. originário Min. Castro Meira, Rel. para acórdão Min. Humberto Martins, julgado em 15/3/2007.** (Inform. STJ 313)

SÚMULA STF Nº 727

Não pode o magistrado deixar de encaminhar ao Supremo Tribunal Federal o agravo de instrumento interposto da decisão que não admite recurso extraordinário, ainda que referente a causa instaurada no âmbito dos juizados especiais.

SÚMULA STF Nº 639

Aplica-se a Súmula 288 quando não constarem do traslado do agravo de instrumento as cópias das peças necessárias à verificação da tempestividade do recurso extraordinário não admitido pela decisão agravada.

SÚMULA STF Nº 426

A falta do termo específico não prejudica o agravo no auto do processo, quando oportuna a interposição por petição ou no termo da audiência.

SÚMULA STF Nº 425

O agravo despachado no prazo legal não fica prejudicado pela demora da juntada, por culpa do cartório; nem o agravo entregue em cartório no prazo legal, embora despachado tardiamente.

SÚMULA STF Nº 289

O provimento do agravo por uma das turmas do Supremo Tribunal Federal ainda que sem ressalva, não prejudica a questão do cabimento do recurso extraordinário.

SÚMULA STF Nº 288

Nega-se provimento a agravo para subida de recurso extraordinário, quando faltar no traslado o despacho agravado, a decisão recorrida, a petição de recurso extraordinário ou qualquer peça essencial à compreensão da controvérsia.

SÚMULA STF Nº 287

Nega-se provimento ao agravo, quando a deficiência na sua fundamentação, ou na do recurso extraordinário, não permitir a exata compreensão da controvérsia.

SÚMULA STJ Nº 223

A certidão de intimação do acórdão recorrido constitui peça obrigatória do instrumento de agravo.

11.3. Apelação

DIREITO PROCESSUAL CIVIL. INÉPCIA DA APELAÇÃO. FUNDAMENTOS DA SENTENÇA NÃO IMPUGNADOS.

É inepta a apelação quando o recorrente deixa de demonstrar os fundamentos de fato e de direito para a reforma pleiteada ou deixa de impugnar, ainda que em tese, os argumentos da sentença. Entende a jurisprudência do STJ que a repetição dos argumentos da petição inicial não configura ofensa ao art. 514, II, do CPC, se apresentados os fundamentos de fato e de direito suficientes para demonstrar o interesse na reforma da sentença. A petição de apelação deve conter os fundamentos de fato e de direito, de modo que incumbe ao apelante indicar o direito que pretende exercitar contra o réu, apontando o fato proveniente desse direito. A narração dos fatos deve ser inteligível, a fim de enquadrar os fundamentos jurídicos ao menos em tese, e não de forma insuficiente, vaga e abstrata. De outro lado, é imperioso que o apelante impugne, argumentada e especificamente, os fundamentos que dirigiram o magistrado na prolação da sentença. Esse requisito também tem como escopo viabilizar a própria defesa da parte apelada, que necessita de argumentos pontuais para contra-arrazoar o recurso interposto. **REsp 1.320.527-RS, Rel. Min. Nancy Andrighi, julgado em 23/10/2012.** (Inform. STJ 507)

DIREITO PROCESSUAL CIVIL. MORTE DA RECORRENTE APÓS INTERPOSIÇÃO DA APELAÇÃO. ADITAMENTO. PRECLUSÃO CONSUMATIVA.

Não é possível interpor novo recurso de apelação, nem complementar as razões da apelação anterior, em caso de morte da recorrente posterior à interposição do recurso. Os recursos devem ser interpostos no prazo previsto pelo CPC, juntamente com as razões do inconformismo. Com a interposição da apelação, ocorre a preclusão consumativa, não se reabrindo o prazo para recorrer ou complementar o recurso em favor da sucessora da recorrente falecida. Precedentes citados: **AgRg no Ag 1.152.293-RS, 24/8/2011; AgRg no REsp 761.238-SP, DJ 18/12/2006, e EDcl no AgRg no REsp 861.533-PE, DJ 14/12/2006. REsp 1.114.519-PR, Sidnei Beneti, 2/10/2012.** (Inform. STJ 505)

APELAÇÃO. JULGAMENTO. MODIFICAÇÃO. SESSÃO SUBSEQUENTE. QO.

In casu, o tribunal *a quo*, após realizar o julgamento da apelação e proclamar o seu resultado, na sessão subsequente e, em questão de ordem, ao alvedrio das partes, rejulgou o feito, sendo o resultado completamente diverso do anterior. A Turma entendeu que a atuação do tribunal de origem afastou-se do devido processo legal, ofendendo os princípios da legalidade, da segurança jurídica e do contraditório, porque, após a proclamação do resultado do julgamento e encerrada a prestação jurisdicional no tocante à apelação, reformou o acórdão modificando o resultado proclamado em sessão anterior. E o fez sem permitir às partes acesso à sessão em que tal questão foi apreciada, já que não houve nova intimação. Diante disso, deu-se provimento ao recurso para cassar o acórdão proferido na questão de ordem, restabelecendo o proclamado na apelação, devendo os autos retornar àquele tribunal para que o processo volte ao seu curso normal. **REsp 1.147.274-RS, Rel. Min. Sebastião Reis Júnior, julgado em 3/11/2011.** (Inform. STJ 486)

APELAÇÃO. SENTENÇA. EXTINÇÃO. MÉRITO.

Na hipótese, o juiz extinguiu, sem julgamento de mérito, os embargos de terceiros ao fundamento de haver ilegitimidade da parte; contudo, na apelação, o TJ afastou a ilegitimidade e logo julgou o mérito da causa. Nesse contexto, vê-se que o art. 515, § 3º, do CPC deve ser interpretado de forma sistemática ao levar-se em consideração o disposto no art. 303, I, do mesmo *codex*. Assim, diante da constatação de que foi propiciado o contraditório e a ampla defesa com a regular e completa instrução do processo, o TJ poderia julgar o mérito da causa na apelação (julgamento da causa "madura"), mesmo que, para tanto, necessitasse revisitar o acervo probatório. Não prospera, também, a alegação de que isso inviabilizaria o prequestionamento, visto que a parte dispunha dos embargos de declaração para prequestionar a matéria relacionada ao apelo (*error in procedendo* e/ ou *error in judicando*), pois o mérito da causa ainda não tinha solução no primeiro grau. Precedentes citados: REsp 785.101-MG, DJe 1º/6/2009; REsp 894.767-SE, DJe 24/9/2008; REsp 836.932-RO, DJe 24/11/2008, e REsp 797.989-SC, DJe 15/5/2008. **REsp 874.507-SC, Rel. Min. Luis Felipe Salomão, julgado em 14/6/2011.** (Inform. STJ 477)

ACORDO. APELAÇÃO. ANTERIORIDADE. INTERESSE RECURSAL.

O banco recorrente promoveu, na origem, demanda executória em desfavor da recorrida, que, por sua vez, opôs embargos à execução. O juízo, não obstante ter acolhido integralmente as razões dos embargos, declarou, na parte dispositiva da decisão, que o pedido foi julgado parcialmente procedente e determinou que cada parte arcasse com os honorários de seus respectivos advogados. Inconformada, a recorrida opôs embargos de declaração e, após sua rejeição, interpôs apelação sob o argumento de que não lhe caberia a condenação ao pagamento da verba honorária. Antes do julgamento dessa apelação, entretanto, sobreveio aos autos a notícia de que as partes celebraram acordo no qual a recorrida renunciou aos embargos à execução e responsabilizou-se pelo pagamento dos honorários de seu causídico, acordo homologado pelo magistrado. Ocorre que aquela apelação foi a julgamento e o TJ deu-lhe provimento para afastar a condenação honorária, decisão que foi posteriormente executada pela recorrida. O banco recorrente, então, apresentou exceção de pré-executividade sob a alegação de que a recorrida havia omitido a existência do prévio acordo e, portanto, a apelação teria perdido o objeto por ausência de interesse recursal, o que foi acolhido pelo juízo, mas rejeitado pelo TJ após recurso da recorrida. Nesse contexto, entendeu o Min. Relator que a sistemática jurídica pátria prestigia, pelo princípio da anterioridade, o ato mais antigo. Assim, diante da homologação do acordo, a renúncia da recorrida resultou na perda do objeto do recurso de apelação por ela interposto, tendo em vista o disposto no art. 158 do CPC, o qual estabelece que o ato da parte consistente em declaração de vontade produz efeitos de forma imediata. Precedente citado: EDcl nos EDcl nos EDcl no REsp 474.475-SP, DJe 24/5/2010. **REsp 1.044.810-SP, Rel. Min. Massami Uyeda, julgado em 7/4/2011.** (Inform. STJ 468)

APELAÇÃO. REPETIÇÃO. FUNDAMENTOS. CONTESTAÇÃO.

A Turma deu provimento ao recurso, determinando o retorno dos autos à instância de origem, para o prosseguimento da apelação, por entender que reiterar, na apelação, os argumentos anteriormente utilizados na contestação, por si só, não impede o conhecimento daquele recurso. A pertinência temática entre a contestação e as razões elencadas no recurso que impugna a decisão proferida é suficiente à demonstração do interesse pela reforma da sentença. Na espécie, o recorrente insurgiu-se quanto aos pontos em que a sentença foi-lhe desfavorável, com a argumentação que se fazia necessária para contrapor os fundamentos legais do *decisum*. Precedentes citados: REsp 1.027.685-MG, DJe 4/2/2009; REsp 707.776-MS, DJe 1º/12/2008, e REsp 742.027-PR, DJ 26/09/2005. **REsp 1.186.400-RS, Rel. Min. Luiz Fux, julgado em 14/9/2010.** (Inform. STJ 447)

APELAÇÃO. PROTOCOLO. EDCL.

A Turma, ao prosseguir o julgamento, entendeu, por maioria, que é extemporâneo o recurso de apelação interposto antes do julgamento dos embargos de declaração, sem posterior ratificação ou reiteração, no prazo recursal, dos termos da apelação protocolada prematuramente. Precedente citado: REsp 886.405-PR, DJe 1º/12/2008. **REsp 659.663-MG, Rel. Min. Aldir Passarinho Junior, julgado em 1º/12/2009.** (Inform. STJ 418)

INSOLVÊNCIA CIVIL. APELAÇÃO. EFEITO DEVOLUTIVO.

A questão consiste em aferir quais efeitos devem ser atribuídos à apelação interposta da sentença que declara a insolvência civil cujo deslinde exige o exame de aspectos relativos à natureza jurídica dos embargos do devedor de que tratam os arts. 755 e seguintes do CPC. Entende o Min. Relator que a insolvência civil é ação de cunho declaratório/constitutivo, tendente a aferir, na via cognitiva, a insolvabilidade do devedor, condição essa que, uma vez declarada judicialmente, terá o efeito de estabelecer nova disciplina nas relações entre o insolvente e seus eventuais credores. Tal premissa não há de ter, entretanto, o efeito de convolar em contestação os embargos disciplinados nos arts. 755 e seguintes do CPC. Dessa forma, mostra-se apropriado o entendimento jurisdicional que equipara os embargos à insolvência aos embargos à execução opostos por devedor solvente, para fins de aplicação da regra ínsita no art. 520, V, do CPC, que determina o recebimento da apelação apenas no seu efeito devolutivo. Precedentes citados: REsp 170.251-MG, DJ 11/12/2000, e REsp 171.905-MG, DJ 27/3/2000. **REsp 621.492-SP, Rel. Min. João Otávio de Noronha, julgado em 15/10/2009.** (Inform. STJ 411)

IRREGULARIDADE. INTIMAÇÃO. NULIDADE ABSOLUTA.

A Turma deu provimento ao recurso para anular o acórdão que julgou os recursos de apelação interpostos, determinando que o Tribunal de origem providenciasse a regular intimação da parte ora recorrente, para oferecimento das contrarrazões, restando nulos, por consequência, os atos subsequentes. Na hipótese, o Tribunal *a quo* determinou, impropriamente, o processamento apartado dos recursos especiais interpostos pelas partes contra o mesmo acórdão, os quais deveriam, portanto, ser apreciados conjuntamente, sob pena de anulação do julgado. Assim, tem-se que a decisão já prolatada no outro REsp, a considerar o desfecho da decisão deste REsp, que contém questão prejudicial ao enfrentamento do mérito (de ambos os recursos), padece de nulidade, não havendo falar, por conseguinte, em trânsito em julgado daquela: o julgamento da apelação, na hipótese de ausência ou irregularidade da intimação do patrono da parte *ex adversa* para o oferecimento das contrarrazões padece de nulidade absoluta. O argumento de que a apresentação de contrarrazões seria despicienda, na medida em que não teria capacidade de demover a conclusão adotada pelo acórdão que julgou (prematuramente) os recursos de apelação, além de não observar os princípios do contraditório e do devido processo legal, basilares do Direito Processual, consubstancia indevido prejulgamento da causa, acoimando, assim, o julgado de nulidade insanável. **REsp 908.623-RS, Rel. Min. Massami Uyeda, julgado em 1º/10/2009.** (Inform. STJ 409)

APELAÇÃO. REPETIÇÃO. ARGUMENTOS.

O Tribunal *a quo* não conheceu da apelação ao fundamento de que houve a repetição dos mesmos argumentos repelidos pela sentença já apresentados em outras peças. Porém, há julgados deste Superior Tribunal que afastam esse excessivo rigor formal, não obstante a repetição, uma vez configurado o interesse do apelante em reformar a sentença. Assim, a Turma determinou o retorno dos autos ao Tribunal de origem, a fim de que aprecie a apelação. Precedentes citados: AgRg no REsp 989.631-SP, DJe 26/3/2009; REsp 707.776-MS, DJe 1º/12/2008; REsp 1.030.951-PR, DJe 4/11/2008; AgRg no Ag 990.643-RS, DJe 23/5/2008, e REsp 998.847-RS, DJe 12/5/2008. **REsp 976.287-MG, Rel. Min. Luiz Fux, julgado em 8/9/2009.** (Inform. STJ 406)

RECURSO. EXECUÇÃO. HABILITAÇÃO. HERDEIRO.

Há precedentes deste Superior Tribunal no sentido da nulidade dos atos praticados após a morte do exequente, pois esse fato é, por si, bastante para determinar a suspensão do processo, mostrando-se irrelevante o momento em que o juízo foi alertado do falecimento. No caso, a decisão que extinguiu a execução por suposta inércia do exequente foi tornada sem efeitos quando da habilitação do herdeiro, mediante a reconsideração realizada. Desse modo, passados nove anos, a decisão apelada, que determinou o posterior arquivamento dos autos, deve ser considerada sentença, porque, naquele momento, não havia outra decisão dessa natureza, de sorte que, somente nesse último momento, o processo foi extinto. Daí correta a escolha da apelação para combatê-la. Precedentes citados: EREsp 270.191-SP, DJ 20/9/2004, e REsp 1.079.372-RJ, DJe 15/12/2008. **REsp 651.200-RS, Rel. Min. Luis Felipe Salomão, julgado em 3/9/2009.** (Inform. STJ 405)

DECISÃO INTERLOCUTÓRIA. APELAÇÃO. AGRAVO.

A Turma proveu em parte o recurso, entendendo que, referente à aplicação do princípio da fungibilidade, para que se aceite a interposição de agravo de instrumento e apelação contra pontos distintos de uma única sentença, é vedada a interposição cumulativa de recursos, simultânea ou não, para impugnar um mesmo ato judicial complexo, encerrando matéria interlocutória e de mérito. No caso, cabível apenas a apelação, ainda que da decisão interlocutória. Precedentes citados: **REsp 326.117-AL, DJ 26/6/2006; REsp 791.515-GO, DJ 16/8/2007, e AgRg na SLS 799-SP, DJe 7/8/2008. REsp 1.035.169-BA, Rel. Min. João Otávio de Noronha, julgado em 20/8/2009.** (Inform. STJ 403)

AÇÕES. CAUTELAR. PRINCIPAL. EFEITOS. APELAÇÃO.

A questão cinge-se a estabelecer em que efeitos deve ser recebido o recurso de apelação interposto contra o capítulo da sentença que julgou a medida cautelar, nas hipóteses de julgamento simultâneo, em sentença única, da medida cautelar e da ação principal. Inicialmente se esclarece que, para a definição da questão, é necessário harmonizar a regra do art. 520, IV, e a do art. 796, ambos do CPC. O primeiro fixa a atribuição de efeito devolutivo para a medida cautelar, e o segundo define que essa é sempre dependente do processo principal. A jurisprudência deste Superior Tribunal aponta tendência de interpretar as referidas normas no sentido de que, julgadas ao mesmo tempo improcedentes a ação principal e a cautelar, interposta apelação contra a decisão, cabe recebê-la com efeitos distintos, ou seja, a cautelar no devolutivo e a principal nos efeitos legais. No sentido contrário, não foram localizados outros precedentes além do REsp 962.045-SP, DJ 4/6/2008, havendo decisões monocráticas no sentido da divergência (Ag 727.911-SP, DJ 21/6/2006). Dessarte, o entendimento que deve prevalecer é o que vem, há muito, consolidando-se no STJ. Ainda que julgadas, por sentença única, ação principal e cautelar, o recurso de apelação interposto deve ser recebido no duplo efeito quanto ao capítulo que decide a principal e apenas no efeito devolutivo no capítulo relativo à ação cautelar (REsp 970.275-SP, DJ 19/12/2007). A tese então fixada não põe em risco direitos que dependam de tutela imediata conforme as circunstâncias fáticas do processo. Para essas hipóteses, é possível suspender os efeitos de uma sentença, ainda que proferida em julgamento cautelar, porém não com fundamento no art. 520 do CPC, cujo rol é taxativo. Aplica-se, nessas situações, a regra do art. 558, parágrafo único, do CPC. Assim, a Corte Especial conheceu dos embargos, mas lhes negou provimento, consolidando a tese acima exposta. O Min. João Otávio de Noronha aduziu que, no duplo efeito, há que ressalvar as hipóteses dos incisos do art. 520 do CPC, porque há casos em que, na ação principal, não há efeito suspensivo. Precedentes citados: REsp 102.716-SP, DJ 8/5/2000; REsp 157.638-SC, DJ 14/6/1999; REsp 81.077-SP, DJ 23/9/1996, e REsp 182.221-SP, DJ 24/3/2003. **EREsp 663.570-SP, Rel. Min. Nancy Andrighi, julgados em 15/4/2009.** (Inform. STJ 390)

APELAÇÃO. PREPARO. TABELIÃO.

O apelante, ora recorrido, interpôs a apelação sem juntar o respectivo comprovante de recolhimento do preparo, ou mesmo mencionar a razão pela qual não o teria juntado. Após a manifestação da apelada, que atentou para a falta da juntada da guia e requereu a decretação da deserção, o próprio cartório judicial, e não o apelante, certificou nos autos que havia promovido o recolhimento, com mais de dois meses de atraso. O que se pode inferir é que o recorrido teria entregue nas mãos da tabeliã a quantia necessária ao preparo, fato que é corroborado por um recibo informal (tal como os comprados em papelaria) subscrito pela escrivã, que apareceu junto aos autos. Diante disso, é certo que não se desconhece a jurisprudência do STJ excepcionalmente favorável ao recolhimento do preparo em cartório, em casos como o encerramento prematuro do expediente bancário, com o recolhimento da guia nos subsequentes dias, afora a menção expressa desse fato na petição de apelação. Ocorre que, no caso, o recorrido não teve qualquer iniciativa no sentido de comprovar o preparo: não mencionou sua ausência na petição do recurso, não diligenciou apurar se o dinheiro que entregou ao escrivão efetivamente se destinou ao preparo, nem sequer juntou o recibo informal aos autos na data da interposição da apelação. Pode-se até dizer que foi o apelado quem diligenciou, com suas sucessivas manifestações nos autos, a comprovação do preparo. Desse modo, aceitar válido o preparo feito nesses moldes seria inverter completamente o comando inserto no art. 511 do CPC, a passar a exigir do apelado afastar a referida comprovação, o que, com certeza, não é o espírito que orientou a abertura da jurisprudência do STJ sobre a matéria. Com esse entendimento, a Turma, por maioria, deu provimento ao REsp para decretar a deserção da apelação do ora recorrido, restabelecendo a sentença. Precedentes citados: REsp 422.167-MT, DJ 7/10/2002; REsp 101.063-RS, DJ 19/10/1998, e REsp 175.642-PR, DJ 26/10/1998. **REsp 814.512-PI, Rel. Min. Nancy Andrighi, julgado em 10/3/2009.** (Inform. STJ 386)

INVESTIGAÇÃO. PATERNIDADE. ALIMENTOS. EFEITO DEVOLUTIVO. APELAÇÃO.

A sentença de procedência de ação de investigação de paternidade pode condenar o réu em alimentos provisionais ou definitivos, mesmo que não haja pedido expresso na inicial. Com relação à apelação da referida sentença, ela será recebida somente com efeito devolutivo. Assim, a Turma não conheceu do recurso. Precedentes citados: REsp 257.885-RS, DJ 6/11/2000, e REsp 821.402-MG, DJ 22/4/2008. **REsp 819.729-CE, Rel. Min. Aldir Passarinho Junior, julgado em 9/12/2008.** (Inform. STJ 380)

APELAÇÃO. TUTELA ANTECIPADA. EFEITO DEVOLUTIVO.

Foi proposta por menor representado por seus pais (que também litigam por direito próprio) ação de indenização contra as rés, alegando ser vítima de erro médico no momento do parto, havendo seqüelas graves e irreversíveis. A ação foi julgada procedente, deferida a antecipação parcial de tutela para compelir as rés ao pagamento, desde logo, da pensão fixada na sentença. Interposta apelação pela ré, foi recebida no duplo efeito. A par disso, os autores dão início à execução provisória da decisão antecipatória, sendo as rés intimadas para pagamento. Contra essa decisão foi manejado agravo de instrumento pela ré, afirmando a impossibilidade da execução provisória em razão de a apelação ser recebida também no efeito suspensivo. No recurso, os autores sustentam que tanto a sentença que confirma quanto a que concede a antecipação de tutela desafiam apelação a ser recebida apenas no efeito devolutivo, nos termos do art. 520, VII, do CPC. Para o Min. Relator, a apelação interposta pelo recorrido no que concerne à tutela antecipada concedida na sentença deve ser recebida somente no efeito devolutivo. O objetivo da norma legal, ao conferir à apelação apenas este efeito em tal hipótese, é preservar a eficácia da antecipação dos efeitos da tutela. Ressaltou o Min. Relator que, na execução provisória, pode ser dispensada a caução referente ao crédito de natureza alimentar, até o limite de sessenta vezes o valor do salário mínimo, quando o exeqüente demonstrar situação de necessidade (art. 475-O, § 2º, do CPC na redação dada pela Lei n. 11.232/2005). A aludida tutela não antecipa simplesmente a sentença de mérito – antecipa, sim, a própria execução da sentença que, por si só, não produziria os efeitos que irradiam da tutela antecipada. A sentença de mérito superveniente não prejudica o agravo de instrumento interposto contra a tutela antecipada. Precedentes citados: REsp 648.886-SP, DJ 6/9/2004; REsp 473.069-SP, DJ 19/12/2003, e AgRg no Ag 940.317-SC, DJ 8/2/2008. **REsp 1.001.046-SP, Rel. Min. Fernando Gonçalves, julgado em 23/9/2008.** (Inform. STJ 369)

APELAÇÃO INTEMPESTIVA. PROTOCOLO. ERRO.

A Turma, por maioria, não conheceu o recurso especial em que a apelação foi considerada intempestiva por ter sido entregue na contadoria, e não apresentada depois ao protocolo do juízo. Considerou-se que a segurança da relação processual exige que o recurso seja entregue no protocolo correto. **REsp 690.545-ES, Rel. originário Min. Humberto Gomes de Barros, Rel. para acórdão Min. Ari Pargendler, julgado em 18/12/2007.** (Inform. STJ 343)

APELAÇÃO. MEDIDA CAUTELAR. AÇÃO PRINCIPAL. DUPLO EFEITO.

É cabível o recurso de apelação interposto contra a sentença que julga conjuntamente medida cautelar e a ação principal, porém com efeitos distintos, isto é, apenas no efeito devolutivo em relação à cautelar e com duplo efeito em relação à ação principal (CPC, art. 520). **REsp 970.275-SP, Rel. Min. Nancy Andrighi, julgado em 11/12/2007.** (Inform. STJ 342)

APELAÇÃO. PREPARO. ASSITÊNCIA JUDICIÁRIA.

A Turma conheceu em parte do recurso e negou-lhe provimento, por entender que, no caso, a parte agiu sem qualquer cautela e, na verdade, com a deliberada intenção de se esquivar dos ônus sucumbenciais, porquanto, em nenhum momento anterior, ao longo da lide, postulou assistência judiciária, só o fazendo na undécima hora, concomitantemente com a interposição da apelação, considerando como certo o acolhimento do pedido de gratuidade. A considerar-se viável essa atitude, ter-se-á, sempre, como conseqüência, a possibilidade de postergação do pagamento do preparo, portanto a dilatação do prazo estabelecido no art. 511 do CPC, ao bel-prazer do recorrente, bastando que peça o benefício, como espécie de condição suspensiva do seu dever – que é a regra geral – de pagar as custas processuais. A dispensa é a exceção, e toda exceção depende de autorização judicial. Até lá, os atos processuais praticados dependem do recolhimento das custas, porque têm previsão legal. Evidentemente que, em situações especiais, anômalas, poder-se-ia dar diferente solução, mas, assim, não se afigura a presente hipótese, inclusive em face da estranheza do acórdão estadual sobre a postulação tardia do réu e da intenção subliminar, fatos que não podem ser aqui revistos a teor da Súm. n. 7-STJ. **RESp 796.694-MG, Rel. Min. Aldir Passarinho Junior, julgado em 13/3/2007.** (Inform. STJ 313)

SÚMULA STF Nº 428

Não fica prejudicada a apelação entregue em cartório no prazo legal, embora despachada tardiamente.

11.4. Embargos de Declaração

ED E RECOLHIMENTO PRÉVIO DE MULTA

A 1ª Turma, por maioria, acolheu segundos embargos de declaração para afastar a exigência de multa e conhecer dos primeiros embargos, mas rejeitá-los. Reputou-se que não se poderia cogitar da obrigatoriedade de recolhimento da multa para se conhecer do recurso, uma vez que a sua interposição partiria do pressuposto de que a prestação jurisdicional não se aperfeiçoara e, portanto, não poderia ser executada quanto à multa. Vencido o Min. Luiz Fux, que os rejeitava. **AI 588831 ED-ED/RN, rel. Min. Marco Aurélio, 4.12.2012.** (AI 588831) (Inform. STF 691)

ED: CONVERSÃO EM REGIMENTAL E MULTA

A 1ª Turma iniciou julgamento conjunto de embargos de declaração em recurso extraordinário em que discutida a possibilidade de aplicação de multa nas hipóteses de conversão dos declaratórios em agravo regimental. Em ambos os casos, trata-se de embargos opostos de decisão monocrática que negara seguimento a extraordinário, porquanto o acórdão recorrido estaria em sintonia com decisão plenária da Corte. O Min. Dias Toffoli, relator, converteu os embargos de declaração em agravo regimental para desprovê-los com aplicação de multa prevista art. 557, § 2º, do CPC. Ressaltou que a conversão dos declaratórios em agravo regimental seria entendimento pacificado no Supremo e que a oposição dos embargos teria o intuito de mitigar a possível incidência de multa. Em divergência, o Min. Marco Aurélio desproveu os embargos declaratórios sem imposição de multa. Consignou não aplicável a sanção do referido dispositivo — inerente ao agravo regimental —, já que a parte não interpusera este apelo e que, se cabível a multa, somente seria admitida no montante de 1%, própria aos embargos de declaração. O Min. Luiz Fux os converteu em agravo regimental e acompanhou o Min. Marco Aurélio para afastar a multa imposta. Após o voto da Min. Cármen Lúcia, que acompanhou o relator, o julgamento foi suspenso para colher o voto de desempate de Ministro a integrar a Turma. RE 501726 ED/SC, rel. Min. Dias Toffoli, 23.8.2011. (RE-501726) RE 581906 ED/SC, rel. Min. Dias Toffoli, 23.8.2011. (RE-581906) (Inform. STF 637)

EMBARGOS DE DECLARAÇÃO E MODULAÇÃO DOS EFEITOS EM RE

O Plenário, por maioria, acolheu embargos de declaração para atribuir eficácia *ex nunc* a decisão proferida em sede de recurso extraordinário, em que declarada a inconstitucionalidade da cobrança de taxas de matrícula em universidades públicas e editada a Súmula Vinculante 12 — v. Informativo 515. Aduziu-se que, muito embora o recorrente não houvesse pleiteado a modulação dos efeitos da decisão quando da interposição do referido recurso extraordinário, quer nos autos, quer na sustentação oral, seria necessário superar as dificuldades formais para o conhecimento dos embargos. Ponderou-se que, além de a decisão ser revestida de vasta abrangência e excepcional interesse social, haveria uma relevante questão de ordem prática a ser solucionada, tendo em vista a possibilidade de as instituições de ensino serem obrigadas a ressarcir todos os estudantes que eventualmente pagaram as citadas taxas no passado. Nesse sentido, o Min. Gilmar Mendes destacou a delicada situação financeira das universidades, bem como o fato de que tais recursos seriam, inclusive, destinados a fornecer bolsas aos próprios estudantes, atingindo, portanto, finalidade pública. Por fim, garantiu-se o direito de eventual ressarcimento aos que já houvessem ingressado, individualmente, com o respectivo pleito. Vencido o Min. Marco Aurélio que desprovia o recurso por entender inexistir omissão a ser sanada na via de embargos, cujo acolhimento implicaria mudança de manifestação da Corte, em contrariedade ao princípio da segurança jurídica. RE 500171 ED/GO, rel. Min. Ricardo Lewandowski, 16.3.2011. (RE-500171) (Inform. STF 619)

FUNGIBILIDADE RECURSAL E IMPOSIÇÃO DE MULTA

O Plenário, após receber embargos de declaração como agravo regimental, a este negou provimento e impôs ao recorrente a multa descrita no art. 18, *caput*, do CPC ("*O juiz ou tribunal, de ofício ou a requerimento, condenará o litigante de má-fé a pagar multa não excedente a um por cento sobre o valor da causa e a indenizar a parte contrária dos prejuízos que esta sofreu, mais os honorários advocatícios e todas as despesas que efetuou.*"). Consignou-se o caráter eminentemente protelatório do recurso, a justificar a imposição de multa. O Min. Marco Aurélio, no ponto, salientou que, entretanto, essa multa não poderia ser a descrita no § 2º do art. 557 do CPC ("*Quando manifestamente inadmissível ou infundado o agravo, o tribunal condenará o agravante a pagar ao agravado multa entre um e dez por cento do valor corrigido da causa, ficando a interposição de qualquer outro recurso condicionada ao depósito do respectivo valor.*"), pois a parte não teria interposto agravo. Após, determinou-se a imediata baixa dos autos à origem. Vencido, quanto à conversão, o Min. Marco Aurélio. RE 465383 ED-EDv-AgR-AgR/ES, rel. Min. Dias Toffoli, 2.3.2011. (RE-465383) (Inform. STF 618)

LEGITIMIDADE DO MINISTÉRIO PÚBLICO: AÇÃO CIVIL PÚBLICA E PATRIMÔNIO PÚBLICO MUNICIPAL - 4

O Ministério Público possui legitimidade ativa *ad causam* para promover ação civil pública em defesa do patrimônio público, nos termos do art. 129, III, da CF. Essa a conclusão do Plenário ao prover, por maioria, recurso extraordinário, a ele afetado pela 2ª Turma, interposto contra acórdão que mantivera sentença que indeferira liminarmente petição inicial de *parquet* estadual, por entender que o dispositivo constitucional em comento não dera à ação civil pública a amplitude pretendida pelo órgão ministerial — v.

Informativo 567. Considerou-se que haveria de ser mantida a jurisprudência do STF no sentido de que, depois da promulgação da Constituição Federal de 1988, especialmente em razão do alcance que deve ser conferido à norma contida em seu art. 129, III, o Ministério Público está legitimado para ajuizar ações civis públicas para a proteção do patrimônio público, podendo postular, inclusive, a reparação direta do dano eventualmente causado a ente da Administração Pública. O Min. Dias Toffoli destacou, em seu voto-vista, que seria extremamente relevante o reconhecimento da legitimidade do Ministério Público, sobre-tudo por não haver, na maioria dos Municípios, procuradoria de advocacia pública instituída. Asseverou, no ponto, que a Constituição Federal teria determinado a obrigatoriedade da advocacia pública federal e estadual, mas não a municipal, a qual poderia dar maiores condições para que os Municípios atuassem em juízo. Vencidos os Ministros Eros Grau, relator, e Cezar Peluso, Presidente, que desproviam o recur-so, ao fundamento de que o Ministério Público não teria legitimidade para exigir, em ação civil pública, o que poderia vir a ser objeto de ação popular (CF, art. 5º, LXXIII). RE 225777/MG, rel. orig. Min. Eros Grau, red. p/ o acórdão Min. Dias Toffoli, 24.2.2011. (RE-225777) (Inform. STF 617)

ED e Juízo de Admissibilidade Implícito - 1

A Turma iniciou julgamento de embargos de declaração em que a União sustenta omissões, obscuridades e contradições decorrentes das seguintes ausências: a) de pronunciamento sobre a alegação de falta de prequestionamento da matéria constitucional; b) de esclarecimento se a responsabilidade do Estado adviria de ato lícito ou ilícito e c) de explicitação sobre qual seria o dano indenizável. Trata-se, na espécie, de embargos declaratórios opostos em recurso extraordinário que, reformando acórdão do STJ, vislumbrara ofensa ao art. 37, § 6º, da CF e condenara a embargante a indenizar os prejuízos advindos da intervenção do Poder Público no domínio econômico, que resultara na fixação de preços, no setor sucro-alcooleiro, abaixo dos valores apurados e propostos pelo Instituto Nacional do Açúcar e do Álcool — v. Informativos 390 e 412. RE 422941 ED/DF, rel. Min. Cezar Peluso, 22.5.2007. (RE-422941)

ED E JUÍZO DE ADMISSIBILIDADE IMPLÍCITO - 2

O Min. Cezar Peluso, relator, rejeitou os embargos de declaração, no que foi acompanhado pelo Min. Eros Grau. Embora reconhecendo que o acórdão embargado não afirmara, expressamente, ter sido prequestionada a matéria constitucional, considerou que a Turma julgara atendidas todas as exigências recursais, haja vista haver analisado o mérito do extraordinário. Aduziu, no ponto, que o juízo positivo de admissibilidade dos recursos pode ser implícito. Ressaltou que, desde as instâncias ordinárias, a questão sobre a afronta ao art. 37, § 6º, da CF, vem sendo explicitamente suscitada e debatida pelos órgãos judiciais. Asseverou, ademais, que o interesse recursal da destilaria, então recorrente, surgira com o provimento do recurso especial da União, quando se tornou possível reabrir o debate em torno da aplicabilidade ou não do art. 37, § 6º, da CF. Assim, não haveria como se negar que o tema constitucional fora prequestionado, sob pena de se inviabilizar o acesso da parte ao recurso extraordinário, não obstante a pretensão ter sido solucionada à luz de norma constitucional nas instâncias ordinárias. Ainda, registrou que a embargada opusera declaratórios ao acórdão do Tribunal *a quo*, reabrindo a discussão. Entendeu, também, que as demais alegações objetivavam a rediscussão sobre os fundamentos do acórdão impugnado. No que se refere ao dever de indenizar, concluiu que o aresto fora claro tanto ao assentar que a responsabilidade objetiva decorreria de dano atribuível à atuação do Estado na economia, independentemente de ter ou não ocorrido desobediência à lei específica, quanto ao reputar demonstrado o dano da ora embargada. Após, pediu vista o Min. Joaquim Barbosa. RE 422941 ED/DF, rel. Min. Cezar Peluso, 22.5.2007. (RE-422941) (Inform. STF 468)

EMBARGOS DECLARATÓRIOS E TEMPESTIVIDADE

Aplicando o entendimento firmado pela Corte no sentido de que os embargos de declaração, opostos à decisão monocrática que inadmite o extraordinário, por manifestamente incabíveis, não suspendem ou interrompem o prazo para a interposição de outro recurso, a Turma, por maioria, manteve decisão monocrática do Min. Ri-car-do Lewandowski, relator, que negara seguimento a agravo de instrumento interposto pelo Município do Rio de Janeiro ante a sua intempestividade. O agravante alegava o cabimento dos embargos, porquanto acolhidos pela instância *a quo*, o que suspenderia a contagem do prazo recursal. Vencido o Min. Marco Aurélio que, tendo em conta a carga decisória do juízo primeiro de admissibilidade a desafiar embargos de declaração, dava provimento ao agravo regimental no agravo de instrumento por considerar que tais embargos teriam implicado a interrupção do prazo para a protocolação do agravo de instrumento, salientando que a imposição de multa seria a única conseqüência prevista no CPC para a oposição de embargos de declaração protelatórios. AI 588190 AgR/RJ, rel. Min. Ricardo Lewandowski, 3.4.2007. (AI-588190) (Inform. STF 462)

DIREITO PROCESSUAL CIVIL. PEDIDO DE RECONSIDERAÇÃO. EMBARGOS DE DECLARAÇÃO. NÃO INTERRUPÇÃO DO PRAZO RECURSAL.

Os embargos de declaração consistentes em mero pedido de reconsideração não interrompem o prazo recursal. Os embargos de declaração, ainda que rejeitados, interrompem o prazo recursal. Todavia, em se tratando de pedido de reconsideração, mascarado sob o rótulo dos aclaratórios, não há que se cogitar da referida interrupção. Precedente citado: **REsp 964.235-PI, DJ 4/10/2007. AgRg no AREsp 187.507-MG, Rel. Min. Arnaldo Esteves Lima, julgado em 13/11/2012.** (Inform. STJ 509)

DIREITO PROCESSUAL CIVIL. EDCL CONTRA DECISÃO QUE NEGA SEGUIMENTO A RESP.

São manifestamente incabíveis os embargos de declaração (EDcl) opostos contra decisão de admissibilidade do recurso especial proferida pelo tribunal de origem. Com exceção feita às decisões que negam trânsito ao recurso especial com base no art. 543-C, §7º, consolidou-se a jurisprudência do STF e do STJ no sentido de que a decisão de admissibilidade do recurso especial ou extraordinário é proferida por delegação do Tribunal *ad quem*, sendo impugnável mediante agravo de instrumento dirigido ao STJ ou STF (ou nos próprios autos a partir da edição da Lei n. 12.322/2010, que deu nova redação ao art. 544 do CPC). Proferida a decisão de admissibilidade, exaure-se a delegação, devendo os autos ser remetidos à instância superior, aguardar eventual decisão em agravo de instrumento, ou baixar à origem para execução ou arquivamento. Embargos de declaração não teriam razão de ser, pois o STJ não está vinculado aos fundamentos do juízo de admissibilidade feito na origem. Se porventura fossem admitidos os embargos de declaração, haveria postergação injustificável do trâmite processual, mormente porque, se cabíveis os primeiros embargos de declaração de uma das partes, nada impediria sucessivos embargos de declaração das demais partes, ao invés da pronta interposição do cabível recurso de agravo para o Tribunal ad quem. **AgRg no Ag 1.341.818-RS, Rel. Min. Maria Isabel Gallotti, julgado em 20/9/2012.** (Inform. STJ 505)

EMBARGOS DE DECLARAÇÃO. JULGAMENTO MONOCRÁTICO.

Em questão de ordem, a Turma decidiu que é da competência do relator julgar monocraticamente embargos de declaração contra decisão sua proferida no processo, e não do órgão colegiado, sob pena de afastar-se a possibilidade do exame do mérito da decisão mediante a interposição de agravo regimental. Precedente citado: **REsp 401.366-SC, DJ 24/2/2003. AREsp 23.916-SP, Rel. Min. Benedito Gonçalves, julgado em 8/5/2012.** (Inform. STJ 497)

EMBARGOS DE DECLARAÇÃO. EFEITOS MODIFICATIVOS. JUROS DE MORA CONTRA A FAZENDA PÚBLICA. NORMA PROCESSUAL. APLICAÇÃO IMEDIATA.

A Turma acolheu embargos de declaração com a concessão do excepcional efeito modificativo, para reformar parcialmente o acórdão recorrido e determinar a aplicação do art. 1º da Lei n. 9.494/1997, com a redação conferida pela Lei n. 11.960/2009, que fixou os juros moratórios em feitos propostos contra a Fazenda Pública no patamar de 6% ao ano. Asseverou-se que os embargos de declaração, como recurso de fundamentação vinculada que são, visam à integração do pronunciamento judicial, de forma a sanar possível obscuridade, contradição ou omissão de algum ponto do julgado, quando tais vícios possam comprometer a verdade e os fatos postos nos autos. Dessa feita, considerando o recente entendimento da Corte Especial, seria imperioso acolher os declaratórios a fim de que prevaleça a função precípua deste Superior Tribunal, qual seja, a de uniformizar a aplicação e interpretação da matéria infraconstitucional, tendo como norte o princípio da segurança jurídica. Segundo posicionamento firmado na Corte Especial, no julgamento dos EREsp 1.207.197-RS, à luz do princípio *tempus regit actum*, as normas disciplinadoras de juros de mora, por serem de natureza eminentemente processual, devem ser aplicáveis aos processos em curso. **EDcl no AgRg no REsp 1.224.727-RS, Rel. Min. Gilson Dipp, julgado em 1º/12/2011.** (Inform. STJ 488)

EDCL. OMISSÃO. NOME. ADVOGADO. PAUTA.

A Turma cassou acórdão do tribunal de justiça que julgou improcedentes embargos de declaração que submeteram à corte local matéria concernente à alegada nulidade do julgamento da apelação, pois não constaram da publicação referente à pauta de julgamento os nomes dos causídicos constituídos para acompanhar o feito no tribunal. Para o Min. Relator, os embargos de declaração constituem recurso que visa sanar eventual omissão, contradição, obscuridade ou erro material, propiciando o aprimoramento da prestação jurisdicional ao possibilitar à parte cientificar e requerer à autoridade judiciária que sejam sanados vícios, inclusive no que tange ao cerceamento da ampla defesa. Portanto, os embargos de declaração podem bem se prestar, embora não seja esse o seu objetivo precípuo, a veicular um pedido de correção de erro material e, assim, gerar uma decisão diferente daquela de que se recorreu. Nesse passo, os declaratórios constituem recurso hábil a sanar, mediante anulação da decisão embargada, a relevante questão suscitada. Precedente citado: EDcl no REsp 1.204.373-SE, DJe 30/5/2011. **REsp 888.044-MG, Rel. Min. Luis Felipe Salomão, julgado em 8/11/2011.** (Inform. STJ 487)

EMBARGOS DE DECLARAÇÃO. INDEFERIMENTO. MULTA. EFEITO OBSTATIVO.

Ao reformar acórdão do tribunal a quo, a Turma ratificou a jurisprudência do STJ sob o fundamento de que a interposição de embargos de declaração, mesmo que considerados protelatórios, é meio hábil para interromper o trânsito em julgado da sentença, ainda mais quando foram conhecidos. Para o Min. Relator, o art. 538, parágrafo único, do CPC prevê a possibilidade de novos recursos interpostos depois do reconhecimento da litigância de má-fé, portanto não haveria por que o estatuto processual prever essa possibilidade se, desde então, em razão do indeferimento dos primeiros embargos declaratórios, a decisão embargada tivesse transitado em julgado. In casu, o prazo para ajuizamento de ação rescisória deve ser contado do trânsito em julgado da decisão que, conhecendo do recurso, indeferiu embargos de declaração opostos contra sentença em decorrência do seu efeito obstativo. Precedentes citados: REsp 771.818-SP, DJ 5/3/2007, e REsp 171.146-RJ, DJ 5/11/2001. **REsp 1.171.682-GO, Rel. Min. Luis Felipe Salomão, julgado em 6/9/2011.** (Inform. STJ 482)

VALOR. MULTA. ART. 557, § 2º, CPC.

A Turma acolheu parcialmente os embargos de declaração apenas para reduzir o valor da multa do art. 557, § 2º, do CPC, pois entendeu que o seu objetivo é dar maior efetividade à prestação da tutela jurisdicional e sua aplicação é respaldada pelos princípios da celeridade e da economia processual. Quando o percentual aplicado mostrar-se exorbitante, há que ponderar, uma vez que o valor excessivo da sanção pecuniária implica a mitigação do princípio constitucional do amplo acesso à Justiça, previsto no art. 5º, XXXV, da CF/1988, pois o não pagamento da multa obsta o direito de recorrer. Assim, a Turma manteve a multa, mas reduziu seu valor para R$ 4 mil. **EDcl no AgRg no Ag 1.357.956-RJ, Rel. Min. Luis Felipe Salomão, julgados em 2/8/2011.** (Inform. STJ 480)

EXECUÇÃO. TÍTULO EXTRAJUDICIAL. EDCL.

Trata-se de agravo regimental interposto contra a decisão que conheceu do agravo de instrumento da sociedade empresária ora agravada para dar provimento ao recurso especial. No agravo regimental, o agravante insurge-se contra o reconhecimento da negativa de prestação jurisdicional por parte do TJ; sustenta que não poderia haver julgamento de matéria que não fora objeto de sentença proferida em primeiro grau de jurisdição; afirma que a sentença a qual pronunciou a prescrição nada disse a respeito da multa processual, assim caberia à parte interessada opor os devidos embargos declaratórios a fim de instar o magistrado a apreciar o ponto em debate; considera ainda o pedido tardio acerca do alcance da prescrição, o que, a seu ver, configura clara supressão de jurisdição. Para a Min. Relatora, não houve omissão quanto à alegada impossibilidade de ser reconhecida a prescrição; pois o TJ afirmou que, com o advento da Lei n. 11.280/2006, o ordenamento jurídico passou a admitir a decretação de ofício da prescrição da pretensão creditícia e, se a matéria pode ser apreciada de ofício pelo juízo, não se pode falar em preclusão. Mas, no que concerne ao alcance da prescrição da multa processual aplicada ao primeiro agravado, verificou que o TJ não tratou da referida questão, tão somente reconheceu a obrigação do executado em arcar com as custas decorrentes do prolongamento do processo devido à demora em arguir a prescrição. Com o propósito de sanar essa omissão, houve embargos declaratórios, os quais foram rejeitados sem que tenha havido qualquer menção a respeito da questão, daí haver o reconhecimento da omissão. Agora, no agravo regimental, o ora agravante trouxe o argumento de que, com a decisão dada, houve supressão de instância, o que, segundo a Min. Relatora, não pode prosperar porque o enfrentamento da tese foi devolvido ao TJ, visto que a solução dada à lide pode modificar o debate. Por esse motivo, deu provimento ao recurso, ficando prejudicados os demais questionamentos. Diante do exposto, a Turma manteve a decisão agravada. **AgRg no Ag 1.372.791-RJ, Rel. Min. Nancy Andrighi, julgado em 17/5/2011.** (Inform. STJ 473)

COMPETÊNCIA. EDCL. DECISÃO MONOCRÁTICA.

A Turma declarou nulo o acórdão embargado, reafirmando que o próprio relator é competente para julgar os embargos de declaração (EDcl) contra sua decisão monocrática, não o órgão colegiado. Essa jurisprudência firmou-se na Corte Especial ao uniformizar a matéria neste Superior Tribunal, que, em razão do princípio do paralelismo das formas, definiu ser sempre do órgão julgador que proferiu a decisão embargada a competência para julgar os embargos declaratórios, ou seja, quando os EDcl forem apresentados contra decisão do colegiado, é dele a competência para julgá-los, mas é do relator se os declaratórios forem contra sua decisão monocrática. Em outro precedente, a Corte Especial enfatizou ser diferente na hipótese em que o órgão colegiado, por economia processual, julga os EDcl como agravo regimental e enfrenta a matéria objeto do REsp; nesse caso, a competência é do colegiado. Precedentes citados: REsp 1.086.142-SC, DJe 1º/12/2008; REsp 401.366-SC, DJ 24/2/2003; EREsp 332.655-MA, DJ 22/8/2005, e EDcl nos EREsp 174.291-DF, DJ 25/6/2001. **EDcl nos EDcl no REsp 1.194.889-AM, Rel. Min. Humberto Martins, julgados em 1º/3/2011.** (Inform. STJ 465)

RESP. EDCL. EMBARGOS INFRINGENTES.

As partes interpuseram aclaratórios do acórdão das apelações, mas uma delas também ajuizou embargos infringentes. Julgados primeiramente os aclaratórios, a outra parte ajuizou REsp na pendência dos infringentes e não cuidou de ratificá-lo quando do posterior julgamento deles. Nesse contexto, a Turma entendeu rejeitar os EDcl aqui opostos contra a decisão que negou provimento ao AgRg e confirmou a jurisprudência de que, mesmo nessa hipótese, o REsp ajuizado antes do exaurimento da instância necessitaria ser ratificado para que se pudesse admiti-lo. Precedente citado: EDcl nos EDcl no AgRg no Ag 1.236.345-MT, DJe 1º/2/2011. **EDcl no AgRg no Ag 1.056.581-MG, Rel. Min. Aldir Passarinho Junior, julgado em 17/2/2011.** (Inform. STJ 463)

TERCEIROS EDCL. OMISSÃO.

A eventual alteração ulterior de jurisprudência da Turma não tem o condão de modificar decisão de julgamento pretérito sob a justificativa de omissão e julgamento com premissas equivocadas, apenas por ser aquela decisão contrária aos interesses do embargante. Com esse entendimento, a Turma rejeitou os embargos de declaração, mantendo a multa aplicada. Ressaltou o Min. Relator ter sido proferida em novembro de 2009 a decisão que julgou o REsp interposto pelo embargante, entretanto o REsp em que ele busca o mesmo tratamento só foi julgado em outubro de 2010, quase um ano depois; assim, entendeu que o intuito do embargante, por via inadequada, seria a busca de um novo julgamento para o recurso. Dessa forma, afirma que a multa aplicada nos segundos embargos não teria por que ser afastada. **EDcl nos EDcl nos Edcl no AgRg no REsp 1.031.340-RS, Rel. Min. Aldir Passarinho Junior, julgados em 8/2/2011.** (Inform. STJ 462)

EDCL PROTELATÓRIOS. ABUSO. EXECUÇÃO IMEDIATA.

A Turma rejeitou os quintos embargos de declaração por entender estar caracterizado seu intuito protelatório, razão pela qual aplicou a multa disposta no art. 538, parágrafo único, do CPC. Segundo o Min. Relator, a sucessiva oposição do recurso integrativo, quando ausente ou falsamente motivada sua função declaratória, constitui abuso do direito de recorrer e não interrompe prazos, o que autoriza, nos termos da orientação adotada pelo STF, o retorno dos autos à origem para a execução imediata do julgado proferido no recurso especial. Precedentes citados do STF: AgRg no AI 222.179-DF, DJe 8/4/2010; AI 735.904-RS, DJe 19/11/2009; AO 1.407-MT, DJe 13/8/2009, e AI 567.171-SE, DJe 5/2/2009. **EDcl nos EDcl nos EDcl nos EDcl nos EDcl no AgRg no REsp 731.024-RN, Rel. Min. Gilson Dipp, julgado em 26/10/2010.** (Inform. STJ 453)

EDCL. DECISÃO MONOCRÁTICA. EXAURIMENTO. INSTÂNCIA.

No caso, o ora embargante opôs embargos de declaração na origem, com o objetivo de apenas dirimir contradição quanto à distribuição dos honorários sucumbenciais, os quais foram rejeitados, monocraticamente, pelo relator. Em seguida, foi interposto recurso especial em que se alegou, exclusivamente, violação do art. 186 do CC/2002, pretendendo, em suma, que os ora embargados sejam condenados a indenizar os danos morais sofridos. Daí, a decisão proferida na apelação quanto à matéria que é objeto do recurso especial, qual seja: o cabimento da indenização por dano moral não constitui matéria da decisão monocrática do relator, que, posteriormente, rejeitou os declaratórios exclusivamente sobre a verba honorária, não havendo falar no óbice ao cabimento do recurso especial quanto ao exaurimento da instância recursal ordinária. Assim, a não interposição de agravo regimental contra decisão monocrática de rejeição dos declaratórios opostos ao julgado colegiado não afasta a necessidade de exaurimento da instância recursal ordinária quando a matéria impugnada no especial não diz respeito à dos declaratórios opostos. Logo, a Corte Especial acolheu os embargos de divergência. Precedentes citados: AgRg no Ag 1.110.571-SC, DJe 17/8/2009; AgRg no Ag 995.739-RJ, DJe 26/5/2009, e AgRg no AgRg no Ag 1.076.101-SP, DJe 8/6/2009. **EREsp 884.009-RJ, Rel. Min. Hamilton Carvalhido, julgados em 15/9/2010.** (Inform. STJ 447)

PESSOA JURÍDICA. ELEIÇÃO. FORO. EDCL PROTELATÓRIOS. MULTA.
A Turma, ao analisar dois recursos especiais, asseverou, inicialmente, que este Superior Tribunal já se manifestou pela validade de cláusula de eleição de foro estipulada entre pessoas jurídicas, desde que não seja constatada a hipossuficiência de uma das partes e não fique inviabilizada a defesa no juízo avençado. *In casu*, o tribunal *a quo* concluiu que o foro eleito, por se situar em comarca diversa daquela em que os serviços eram prestados, concederia excessiva vantagem a um dos contratantes em prejuízo do outro, que apresenta posição economicamente inferior. Por essas razões, entendeu-se pela nulidade da referida cláusula e, consequentemente, pela incidência do art. 100, IV, b e d, do CPC. Em questão incidental, discutiu-se a respeito da interpretação a ser conferida à segunda parte do parágrafo único do art. 538 do CPC, que determina a elevação da multa a até 10% sobre o valor da causa nos casos de reiteração de embargos de declaração protelatórios. Para a Min. Relatora, as hipóteses de incidência da aludida sanção merecem ser ampliadas, de forma a coibir o uso desenfreado do recurso integrativo, constantemente utilizado com o fito de prolongar o trâmite processual. Assim, consignou que sua aplicação não deve se limitar aos casos de reiteração de embargos declaratórios opostos contra uma mesma decisão judicial, devendo recair automaticamente sobre quaisquer outros que venham a ser considerados procrastinatórios ao longo de todo o processo, conclusão que melhor atenderia aos comandos da razoável duração do processo e da eficiência da prestação jurisdicional. Tal entendimento, contudo, não precisou ser empregado à demanda, tendo em vista que o recurso especial de um dos recorrentes foi parcialmente provido justamente para afastar a multa constante da primeira parte do parágrafo único do dispositivo em enfoque, por não estar caracterizado o intuito protelatório do apelo. Precedentes citados: AgRg no AgRg no Ag 1.092.843-SC, DJe 17/9/2009; REsp 1.072.911-SC, DJe 5/3/2009; REsp 1.084.291-RS, DJe 4/8/2009, e REsp 46.544-RS, DJ 30/5/1994. **REsp 1.006.824-MT, Rel. Min. Nancy Andrighi, julgado em 2/9/2010.** (Inform. STJ 445)

REPETITIVO. EDCL. ART. 557 DO CPC. INSCRIÇÃO. CADIN.
A Lei n. 9.756/1998, que atribuiu poderes para o relator decidir monocraticamente, não faz menção aos recursos aos quais ela se aplica. Assim, uma vez interpostos os embargos de declaração de decisão colegiada, pode o relator negar-lhes seguimento monocraticamente, lastreado no *caput* do art. 557 do CPC; pois, dessa forma, não alterará a referida decisão. Contudo, não poderá dar provimento aos embargos para suprir omissão, aclarar obscuridade ou sanar contradição no julgado com fundamento no § 1º-A do mencionado dispositivo, visto que, assim fazendo, modificaria monocraticamente decisão da Turma, Seção ou Câmara da qual faz parte. A Corte Especial, preliminarmente, acolheu esse entendimento no julgamento de recurso especial sujeito ao regramento do art. 543-C do CPC (recurso repetitivo) e, quanto ao mérito, fundada em precedentes da Primeira Seção, assentou que a mera existência de demanda judicial não autoriza, por si só, a suspensão do registro do devedor no Cadin, haja vista a exigência do art. 7º da Lei n. 10.522/2002, que condiciona essa eficácia suspensiva a dois requisitos comprováveis pelo devedor, quais sejam: tenha ajuizado ação com o objetivo de discutir a natureza da obrigação ou seu valor, com o oferecimento de garantia idônea e suficiente ao juízo na forma da lei, bem como esteja suspensa a exigibilidade do crédito objeto do registro nos termos da lei. Precedentes citados: REsp 630.757-RJ, DJ 7/11/2005; REsp 943.965-SP, DJ 27/8/2007; AgRg no REsp 859.768-AP, DJ 26/10/2006; REsp 853.705-PR, DJ 25/5/2007; REsp 791.856-SP, DJ 14/6/2006; AgRg no Ag 513.389-RJ, DJ 13/10/2003; REsp 797.817-SP, DJ 30/6/2006; REsp 770.150-SC, DJ 28/11/2005; REsp 822.742-ES, DJ 3/8/2006; EDcl no Ag 434.766-RJ, DJ 17/12/2004; AgRg no Ag 509.542-RJ, DJ 6/12/2004; AgRg nos EDcl no REsp 1.073.184-SP, DJe 5/3/2009; AgRg no AgRg no REsp 800.578-MG, DJe 27/11/2008; REsp 832.793-RN, DJe 2/6/2008, e REsp 1.137.497-CE, DJe 27/4/2010. **REsp 1.049.974-SP, Rel. Min. Luiz Fux, julgado em 2/6/2010.** (Inform. STJ 437)

EDCL. VÍCIO. NOTAS TAQUIGRÁFICAS.
A Turma rejeitou os declaratórios por entender que a ausência de juntada de notas taquigráficas referentes à sessão de julgamento do *decisum* não configura vício sanável por embargos declaratórios, tendo em vista que os votos escritos representam o posicionamento dos julgadores quanto ao caso. Precedentes citados: EDcl no HC 60.366-SP, DJ 18/6/2007, e EDcl na APn 300-ES, DJ 23/10/2007. **EDcl no REsp 850.069-RS, Rel. Min. Teori Albino Zavascki, julgados em 1º/6/2010.** (Inform. STJ 437)

EDCL. EMBARGOS INFRINGENTES.
Entende a doutrina que os embargos declaratórios, mesmo quando rejeitados, examinam o mérito da demanda e, como tal, havendo pronunciamento contrário à maioria, há uma pendência, uma tese jurídica que pode e deve ser reexaminada via embargos infringentes, sob pena de não se esgotar a instância. Daí a diferença que se deve fazer entre embargos não conhecidos, esses sim um nada jurídico, e embargos rejeitados, os quais correspondem a um provimento meritório negativo. O pressuposto maior do cabimento dos embargos infringentes é a existência de voto vencido em julgamento de apelação ou ação rescisória. Considerando-se os embargos de declaração, quando conhecidos, como integrativos do julgado principal, é inquestionável a necessidade de interposição dos infringentes quando há voto vencido por ocasião do julgamento dos aclaratórios, complementando-se, assim, o julgamento meritório da apelação. Com esse entendimento, a Corte Especial conheceu dos embargos e lhes deu provimento, para fazer prevalecer os votos vencidos no sentido de não conhecer do recurso especial por falta de esgotamento da instância ordinária. **EREsp 512.399-PE, Rel. Min. Eliana Calmon, julgados em 2/12/2009.** (Inform. STJ 418)

ERESP. EDCL. RATIFICAÇÃO.
Após o julgamento do especial, foram opostos simultaneamente embargos de declaração (EDcl) e embargos de divergência (EREsp). Julgados os EDcl, outros foram opostos e também julgados. Contudo, em casos como esse, a jurisprudência do STJ entende extemporâneos os EREsp que não foram ratificados após o julgamento dos EDcl. O fato de a petição dos EREsp só ser juntada aos autos pela secretaria após a publicação do acórdão dos segundos EDcl não desobriga o recorrente do dever de reiterar os EREsp. Precedentes citados do STF: AgRg no RE 198.131-SP, DJ 18/11/2005; do STJ: REsp 500.217-PB, DJ 6/5/2003; Ag 661.864-RS, DJ 2/8/2005, e Ag 725.143-RS, DJ 28/4/2006. **EDcl nos EREsp 539.976-SP, Rel. Min. Celso Limongi (Desembargador convocado do TJ-SP), julgados em 23/9/2009.** (Inform. STJ 408)

CERTIDÃO. COMPROVAÇÃO. AG. STF.
A Turma, por unanimidade, recebeu os embargos de declaração como agravo regimental e lhes negou provimento. Para o Min. Relator, a embargante não apontou qualquer omissão, contradição ou obscuridade, mas busca a reversão da decisão impugnada, por essa razão os recebeu como agravo regimental em obediência ao princípio da fungibilidade recursal. Destaca, entre outros argumentos aduzidos pelos agravantes, que a certidão de intimação para formação do instrumento, na jurisprudência deste Superior Tribunal, refere-se à certidão do último acórdão proferido na origem, ou seja, o que julgou os embargos de declaração. Dessa forma, é incontroversa, nos autos, a intimação pessoal do procurador da Fazenda Nacional relativa aos declaratórios opostos pelos particulares. Por outro lado, demonstra ser impertinente a alegação dos embargantes de que se aplica, ao caso, a Súm. n. 182-STJ, pois houve a impugnação específica dos fundamentos da decisão agravada. Também ressalta ser induvidoso que houve a interposição de recurso extraordinário contra o acórdão recorrido. Daí que, para o Min. Relator, discutir a comprovação da interposição de agravo ao STF seria caso de formalidade pela formalidade. Explica que a parte forma instrumentos distintos para cada um dos agravos (ao STF e ao STJ) e é essa interposição simultânea que torna excessiva a exigência de comprovação concomitante da dupla interposição. Ademais, haveria algum sentido na impugnação dos particulares se ao menos eles tivessem alegado que não houve a interposição do agravo de instrumento para o STF, mas não o fizeram. Precedentes citados: AgRg no Ag 981.186-SP, DJe 5/5/2008, e AgRg no Ag 1.000.758-SP, DJe 14/4/2009. **EDcl nos EDcl no Ag 1.032.341-SP, Rel. Min. Herman Benjamin, julgados em 17/9/2009.** (Inform. STJ 407)

LOCAÇÃO. EXECUÇÃO PROVISÓRIA. EDCL.
A Turma rejeitou os segundos embargos de declaração, determinando a imediata baixa dos autos à origem, por reputá-los manifestamente protelatórios. Os causídicos do espólio embargado afirmavam, em petição, também o caráter protelatório dos EDcl por resistir o ora embargante à execução provisória. Para o Min. Relator, os últimos EDcl, tal como os primeiros, não apontam omissão quanto à falta de recolhimento do preparo, indicam a falta de pronunciamento do REsp sobre a ausência do número do processo na guia de recolhimento. Quanto a essa alegação, caberia à parte contrária ter indicado a imperfeição nas contrarrazões, mas não o fez, consequentemente nada há para sanar. Também, ao contrário do que afirmado, o REsp foi conhecido pela alínea c, III, do art. 105 da CF/1988, porque a divergência ficou regularmente comprovada. **EDcl nos EDcl no REsp 1.083.562-RJ, Rel. Min. Nilson Naves, julgados em 15/9/2009.** (Inform. STJ 407)

EDCL. SÚMULA VINCULANTE. EFICÁCIA.
No caso, é inaplicável o entendimento consubstanciado em súmula vinculante editada pelo STF, pois, ao tempo do julgamento do especial, ela não possuía eficácia, visto que ainda não publicada (art. 103-A da CF/1988 e

art. 2º da Lei n. 11.417/2006). Ademais, ainda que presente a mudança de posição jurisprudencial, conforme precedente, não é possível, em sede de embargos de declaração, conceder efeito modificativo para adaptar a decisão judicial à tese jurídica posteriormente consolidada pelos tribunais. Precedentes citados: EREsp 480.198-MG, DJ 1º/7/2004, e EDcl no REsp 727.894-PE, DJ 8/5/2006. **EDcl nos EDcl no REsp 917.745-RJ, Rel. Min. Eliana Calmon, julgado em 1º/9/2009.** (Inform. STJ 405)

NULIDADE. EMBARGOS. APREGOAMENTO.

A Turma, prosseguindo o julgamento, rejeitou os embargos de declaração interpostos sob a alegação de ser nulo o julgamento dos primeiros embargos por inobservância do art. 93 da CF/1988 e art. 151 do RISTJ, por não apregoamento do recurso na sessão ordinária, considerando, assim, não ter havido julgamento público do feito durante aquela sessão. Sobre a questão, decidiu-se que, não havendo circunstância excepcional (pedido de vista, destaque por outro ministro, pedido de preferência etc.), o não apregoamento do feito, por si só, não enseja nulidade, tampouco inobservância do dispositivo regimental, porque se disponibilizou a todos os Ministros da Turma, aos advogados e demais presentes a relação na qual constaram todos os processos julgados na mencionada sessão, apresentados pela Min. Relatora com a concordância dos demais Ministros. **EDcl nos EDcl no AgRg no Ag 1.026.439-RO, Rel. Min. Denise Arruda, julgados em 21/5/2009.** (Inform. STJ 395)

EDCL. MULTA. FAC-SÍMILE.

A Turma, ao rejeitar os terceiros embargos de declaração no agravo regimental na medida cautelar, aplicou a multa de 10%, determinando que seja oficiada a Corregedoria do respectivo Tribunal de Justiça para a apuração de responsabilidade, certificando o fato de que os recursos, interpostos por ente privado, foram inadequadamente transmitidos a este Superior Tribunal por fac-símile de vara da Justiça estadual. **EDcl nos EDcl nos EDcl no AgRg na MC 14.121-PE, Rel. Min. Aldir Passarinho Junior, julgados em 21/5/2009.** (Inform. STJ 395)

EDCL. INVERSÃO. SUCUMBÊNCIA.

No caso, não houve, na decisão recorrida, menção expressa à inversão de sucumbência. Para o Min. Relator, invocando precedentes, apesar dessa inversão ser implícita, cabem os embargos de declaração para esclarecer esse fato. Com esse entendimento, a Turma acolheu os embargos de declaração, sem lhes atribuir efeitos infringentes, apenas para sanar omissão em interação à decisão, invertendo os ônus de sucumbência. Precedente citado: EDcl nos EDcl nos EDcl no REsp 780.983-SC, DJ 25/8/2008. **EDcl no REsp 892.119-RS, Rel. Min. Humberto Martins, julgados em 2/12/2008.** (Inform. STJ 379)

EDCL. ACOLHIMENTO. ERRO MATERIAL.

Na espécie, o Min. Relator acolhia os aclaratórios para reconhecer a intempestividade do agravo, ao fundamento de que não se aplicaria o disposto no art. 191 do CPC ao agravo de instrumento dirigido ao STJ (art. 544 do mesmo código). Porém, o Min. Luís Felipe Salomão esclareceu que foram interpostos recursos especiais por ambos os litisconsortes e ambos os apelos não foram admitidos na origem. Subsistindo interesse processual a mais de um consorte, descabe cogitar de prazo simples para a interposição de recurso contra a decisão. Assim, existiria interesse de ambos os litisconsortes em recorrer da decisão que negou seguimento aos recursos especiais na origem. Por outro lado, o agravo de instrumento é formado por peças extraídas dos autos principais, que, até a interposição daquele, é um só, motivo suficiente para preservar o prazo dobrado até esse momento. Entende o Min. Luís Felipe Salomão que somente neste Superior Tribunal o litisconsórcio estaria desfeito, quando cada qual interpôs seu próprio recurso, que tramitarão em autos distintos. Quando da fluência do prazo, os autos são apenas um. Nas razões do agravo regimental, a tese do recorrente diz respeito à tempestividade do agravo de instrumento, não do recurso especial. Diante disso, a Turma, por maioria, acolheu os embargos de declaração tão-somente para sanar erro material, para que conste, no acórdão proferido em sede de agravo regimental, que o agravo de instrumento é tempestivo, em vez de recurso especial, mantendo, quanto ao mais, o provimento do agravo de instrumento para a subida do recurso especial. **EDcl no AgRg no Ag 935.867-RJ, Rel. originário Min. João Otávio de Noronha, Rel. para acórdão Min. Luís Felipe Salomão, julgados em 25/11/2008.** (Inform. STJ 378)

EDCL. INTEMPESTIVIDADE.

A Turma reiterou que os embargos declaratórios intempestivos não interrompem o prazo para a interposição de outros recursos (art. 538 do CPC). Precedentes citados: REsp 419.068-SP, DJ 3/8/2006; REsp 544.038-BA, DJ 4/10/2004; REsp 788.597-MG, DJ 22/5/2006, e AgRg no Ag 720.251-RR, DJ 4/5/2006. **REsp 1.062.623-PR, Rel. Min. Eliana Calmon, julgado em 23/9/2008.** (Inform. STJ 369)

EDCL. NOVA ORIENTAÇÃO JURISPRUDENCIAL.

Os embargos de declaração não se prestam para a readaptação do julgado a uma nova orientação jurisprudencial, pois, assim, eles adquirem nítido caráter infringente, o que não é aceito. No caso, cuidava-se do entendimento da Primeira Turma referente à impossibilidade de conceder efeitos retroativos à decisão tomada pela Corte Especial sobre a necessidade de ratificação do REsp interposto na pendência do julgamento de EDcl pelo Tribunal *a quo* (AgRg no Ag 827.293-RS, DJ 22/11/2007). Dessarte, com esse entendimento, ao prosseguir o julgamento, após o voto-vista do Min. Luiz Fux, a Turma rejeitou os embargos. Precedentes citados: EDcl nos EREsp 480.198-MG, DJ 3/4/2006, e EDcl no REsp 837.411-MG, DJ 29/6/2007. **EDcl no AgRg no Ag 926.636-SP, Rel. Min. Denise Arruda, julgados em 18/9/2008.** (Inform. STJ 368)

QO. EDCL. INTIMAÇÃO.

A Seção, em questão de ordem proposta pelo Min. Paulo Gallotti, tornou sem efeito o julgamento dos embargos de declaração ainda não ultimado, em que se vinham reconhecendo efeitos modificativos, a fim de que se faça a intimação do embargado para oferecer contra-razões, tal qual determina a orientação jurisprudencial adotada no STF e STJ. Acolheu-se a questão de ordem apesar de os embargos cuidarem de uma nulidade tida por absoluta ocorrida no julgamento do MS: falta de prévia intimação pessoal do procurador do Banco Central, exigida por lei. **QO nos EDcl no MS 10.837-DF, Rel. Min. Laurita Vaz, em 25/6/2008.** (Inform. STJ 361)

EDCL. OMISSÃO. JULGAMENTO A QUO.

Trata-se de indenizatória devido a cancelamento de calendário de futebol brasileiro acordado para quatro anos, que só foi cumprido por um ano, gerando esvaziamento das competições e contratos rescindidos. Em resumo, pretende-se ressarcimento dos prejuízos causados aos clubes do nordeste. A sentença condenou a ré ao pagamento de indenização por danos materiais, incluindo os lucros cessantes a serem apurados em liquidação por arbitramento. Porém, o Tribunal *a quo*, por maioria de votos (2 a 1), deu provimento ao recurso adesivo dos autores. Ficou vencido o Relator, que acolhia o recurso de apelação da ré, ou seja, negava a indenização e julgava prejudicado o recurso adesivo. Para a ora recorrente (ré), o pronunciamento do Relator sobre o recurso adesivo é essencial para a conseqüência processual de, caso negue provimento, serem cabíveis os embargos infringentes. Note-se que, na atual sistemática do CPC, para cabimento dos embargos infringentes, é necessária uma decisão proferida em recurso de apelação que modifique uma decisão de mérito. Daí a ré ter insistido com a oposição de dois embargos de declaração que foram rejeitados. Isso posto, para o Min. Ari Pargendler, no julgamento dos embargos de declaração, seja com o voto do Relator originário ou com o voto daquele que o substituiu, deveria ter-se pronunciado sobre o objeto do recurso adesivo (necessidade de liquidação para apurar os danos). O terceiro voto faz-se necessário para completar o julgamento do recurso adesivo e para a ré ter condições de opor embargos infringentes, o que não poderia fazer na ausência de voto vencido acerca do recurso adesivo. Com esses fundamentos, ao prosseguir a renovação do julgamento, após voto de desempate, a Turma, por maioria, conheceu do recurso e lhe deu provimento para que o Tribunal *a quo* prossiga no julgamento dos embargos de declaração a fim de completar o julgamento do recurso adesivo. **REsp 942.453-RJ, Rel. originária Min. Nancy Andrighi, Rel. para acórdão Min. Ari Pargendler, julgado em 9/6/2008.** (Inform. STJ 359)

DIREITO. PRESTAÇÃO JURISDICIONAL. EDCL.

Se o Tribunal local não aprecia a questão constitucional suscitada, a parte prejudicada pode pedir, mediante recurso especial, lastreado em violação do art. 535 do CPC, a anulação do acórdão proferido nos embargos de declaração, uma vez que há o direito de exaurimento de jurisdição provocado pela parte. Precedente citado: EREsp 505.183-RS, DJ 6/3/2008. **AgRg no REsp 1.022.649-PE, Rel. originário Min. Francisco Falcão, Rel. para acórdão Min. Luiz Fux, julgado em 20/5/2008.** (Inform. STJ 356)

REMESSA. EDCL. CORTE ESPECIAL. VISTA.

A Seção decidiu enviar os autos à Corte Especial para que esta venha a uniformizar o entendimento de que, em embargos de declaração, dever-se-á abrir vista à parte contrária. **EDcl nos EDcl na AR 1.228-RJ, Rel. Min. Ari Pargendler, em 14/5/2008.** (Inform. STJ 355)

COMPANHIA AÉREA. REAJUSTE. TARIFAS. INDENIZAÇÃO. MP. DECLARATÓRIOS. EFEITOS INFRINGENTES.
A companhia de aviação ajuizou ação de indenização, insatisfeita com o reajuste a menor de tarifas determinado pela Administração, o que, como alega, causou a quebra do equilíbrio econômico-financeiro do contrato de concessão do serviço público de transporte aéreo. Na hipótese, seria prescindível a intervenção do Ministério Público como *custos legis* no primeiro grau de jurisdição, visto que não há, na causa, a configuração de interesse público (que não se confunde com o patrimonial do Estado), não se cuidando de direitos indisponíveis. Porém, os autos voltarão ao Tribunal *a quo*, pois os embargos de declaração do julgamento dos embargos infringentes, ao apontar contradição entre votos preliminares e de mérito de alguns desembargadores, foram acolhidos no efeito infringente, apesar da inexistência dos vícios previstos no art. 535 do CPC, sequer do erro material, que não se confunde com eventual *error in judicando*, não sujeito a questionamentos naquela sede. O que se deu foi um "novo" julgamento do mérito da questão, em total inversão do entendimento proferido nos embargos infringentes. Anote-se que os autos devem voltar à Terceira Seção daquele Tribunal, que julgou os embargos de declaração, apesar de essa não se identificar com a Segunda Seção, que julgou os embargos infringentes, consabido que se modificou a composição do Tribunal *a quo*, bem como a divisão de sua competência interna. Precedentes citados do STF: RE 96.899-ES, DJ 5/9/1986; RE 91.643-ES, DJ 2/5/1980; RE 183.180-DF, DJ 1°/8/1997;do STJ: REsp 465.580-RS, DJ 8/5/2006; REsp 490.726-SC, DJ 21/3/2005; AgRg no REsp 609.216-RS, DJ 31/5/2004; REsp 327.288-DF, DJ 17/11/2003; AgRg no REsp 278.770-TO, DJ 5/5/2003; REsp 137.186-GO, DJ 10/9/2001; REsp 154.631-MG, DJ 3/11/1998; REsp 64.073-RS, DJ 12/5/1997; REsp 628.806-DF, DJ 21/2/2005; REsp 801.028-DF, DJ 8/3/2007; EDcl nos EREsp 137.888-PR, DJ 17/12/2004; EDcl no AgRg na Pet 3.370-SP, DJ 12/9/2005; EDcl no CC 32.697-SP, DJ 27/5/2002; EDcl no AgRg no Ag 796.709-SC, DJ 17/9/2007; EDcl na AR 2.994-SP, DJ 12/2/2007, e EDcl no AgRg no Ag 454.902-RJ, DJ 5/5/2003. **REsp 651.927-DF, Rel. Min. Denise Arruda, julgado em 27/11/2007.** (Inform. STJ 340)

EDCL. SUSPEIÇÃO. MAGISTRADO. FATOS INEXISTENTES.
A Seção, por unanimidade, rejeitou os embargos de declaração ao argumento de que esses têm caráter declaradamente infringentes, mas não trazem nenhum fundamento apto a provocar alteração no julgado. Basicamente, os excipientes rebatem a declaração de intempestividade da presente exceção de suspeição, argumentando que apenas eles podem dizer quando perderam a confiança no juízo. A conseqüência natural dessa afirmação é que, na perspectiva dos excipientes, suspeito é o juiz que não agrada determinada parte em uma análise subjetiva. Esse entendimento, de todo inaceitável, corrobora claramente o acerto da decisão da exceção. A suspeição do juiz não se decide pela vontade das partes, mas pela existência de determinados fatos que, na presente hipótese, não existem, como ficou demonstrado no acórdão embargado. Esclareceu a Min. Relatora que, a bem da verdade, as razões dos embargos ora apresentadas ó que são contraditórias, pois afirmam que o motivo de suspeição do magistrado só se deu com o julgamento colegiado, mas esse não conheceu do agravo interposto contra a decisão unipessoal em face da incidência da Súm. n. 182-STJ. Portanto o alegado erro da decisão primeira, que é o motivo apontado como fundador da suspeita, nem ao menos chegou a ser objeto do acórdão que, no entender dos excipientes, teria dado início à contagem do prazo para a interposição da presente medida. Salientou, por fim, a Min. Relatora que há fundamento autônomo no acórdão, relativo à impossibilidade de utilização da exceção de suspeição como sucedâneo de recurso cabível, que, mesmo em face do confessado caráter infringente dos presentes embargos, não foi questionado nesta oportunidade. **EDcl na ExSusp 77-RS, Rel. Min. Nancy Andrighi, julgados em 24/10/2007.** (Inform. STJ 337)

EDCL. MUDANÇA. ENTENDIMENTO.
No REsp julgado, incidentalmente, a Turma decidiu que o recurso especial interposto logo após a publicação do acórdão, mas antes do julgamento dos embargos de declaração interpostos pela outra parte, era viável desde que a recorrente, diante de eventual alteração do julgado, o modificasse. Sucede que esse entendimento, que vinha sendo adotado pela Turma foi, recentemente, modificado pela Corte Especial (ver Informativo n. 317), isso na pendência de embargos de declaração a esse REsp. Diante disso, cogitou-se dar efeitos infringentes a esses embargos em atenção à economia processual, porém, ao final, a Turma entendeu rejeitá-los, visto que, tecnicamente, não há omissão a ser sanada. Precedente citado: REsp 776.265-SC. **EDcl no REsp 903.354-SP, Rel. Min. Ari Pargendler, julgados em 15/5/2007.** (Inform. STJ 320)

EDCL. REJEIÇÃO INDEVIDA.
No recurso anterior julgado pela Terceira Turma deste Superior Tribunal em que se declarava ofensa ao art. 535 do CPC, foi determinado o retorno dos autos ao Tribunal *a quo* para que se manifestasse sobre pontos relevantes argüidos nos embargos de declaração. O Tribunal local, a pretexto de atender a determinação do STJ, rejeitou novamente os embargos de declaração e manteve a multa por protelação aplicada no julgamento anterior. A recorrente reitera os argumentos referentes ao mérito da lide e aponta novamente ofensa ao art. 535 do CPC. A Turma conheceu do recurso e lhe deu provimento ao argumento de que não é lícito ao Tribunal local rejeitar novamente os embargos de declaração, quando a omissão neles apontada já foi declarada pelo Superior Tribunal de Justiça. Resta à instância precedente, nessa situação, acolher os embargos e sanar a omissão. **REsp 604.785-SP, Rel. Min. Humberto Gomes de Barros, julgado em 20/3/2007.** (Inform. STJ 314)

EMBARGOS DE DECLARAÇÃO. CARTA ROGATÓRIA. PRAZO.
Trata-se de agravo regimental de decisão que reconheceu intempestivos os embargos de declaração em carta rogatória. Aduz a agravante que houve equívoco, pois a Resolução n. 9/2005 do STJ – que dispõe sobre a competência acrescida a este Superior Tribunal pela EC n. 45/2004 – estabeleceu no art. 13, § 1°, o prazo de 10 dias para oposição dos embargos. O Min. Relator esclareceu que não assiste razão à agravante, pois o prazo de 10 dias de que trata a referida resolução é o dos embargos contra atos no cumprimento da carta rogatória no Juízo Federal depois de expedido o *exequatur*. Assim, não trata a resolução do prazo para embargos de declaração previsto no art. 536 do CPC (5 dias). Com esses esclarecimentos, a Corte Especial negou provimento ao agravo regimental. **AgRg nos EDcl nos EDcl na CR 808-CR, Rel. Min. Peçanha Martins, julgado em 1°/2/2007.** (Inform. STJ 309)

SÚMULA STF Nº 317

São improcedentes os embargos declaratórios, quando não pedida a declaração do julgado anterior, em que se verificou a omissão.

SÚMULA STJ Nº 98

Embargos de declaração manifestados com notório proposito de prequestionamento não tem caráter protelatório.

11.5. Embargos Infringentes e Embargos de Divergência

VERBETE 599 DA SÚMULA DO STF - 2
O Tribunal, por maioria, deu provimento a agravo regimental, interposto contra decisão que negara se-guimento a embargos de divergência opostos contra acórdão proferido em agravo regimental, e, à unanimidade, cancelou o Enunciado 599 da Súmula do STF (*"São incabíveis embargos de divergência de decisão de Turma, em agravo regimental"*) — v. Informativo 315. Entendeu-se que se haveria de considerar a ocorrência de inovação na ordem jurídica que teria ampliado os poderes decisórios do relator, estendendo-lhe, dentre outras, competência para, monocraticamente, dar provimento ao recurso (CPC, artigos 544, § 3°, e 557, § 1°-A, na redação da Lei 9.756/98). Asseverou-se ser incompatível com a organicidade do Direito o tratamento díspar, quanto ao cabimento dos embargos de divergência, entre a hipótese em que o relator não aciona o art. 557 do CPC e leva, de imediato, o recurso extraordinário ao Colegiado, e aquela em que aciona esse dispositivo, e julga, de forma singular, o recurso, ainda que esse julgamento, sob o ângulo do acerto ou desacerto, passe pelo Colegiado, e venha este, ao fazê-lo, adotar tese divergente de outra Turma ou de precedente do Pleno. Concluiu-se, assim, que, se o pronunciamento da Turma, não obstante surgido em razão da interposição do agravo intero previsto no art. 557, diz respeito ao julgamento do próprio extraordinário, cabíveis são os embargos de divergência previstos no art. 546, ambos do CPC. Vencidos os Ministros Ellen Gracie, relatora, Nelson Jobim e Carlos Velloso, que mantinham a decisão agravada. O Min. Joaquim Barbosa reajustou o seu voto. RE 285093 AgR-EDv-ED-AgR/MG, rel. orig. Min. Ellen Gracie, rel. p/ o acórdão Min. Marco Aurélio, 26.4.2007. (RE-285093) (Inform. STF 464)

EMBARGOS INFRINGENTES. MATÉRIA FORMALMENTE PROCESSUAL. TEORIA DA ASSERÇÃO.
A Turma decidiu que cabem embargos infringentes contra acórdão que, por maioria, acolhe preliminar de ilegitimidade passiva e reforma sentença para extinguir a ação sem julgamento do mérito. Assim, em respeito ao devido processo legal, o art. 530 deve ser interpretado harmoniosa e siste-

maticamente com o restante do CPC, admitindo-se embargos infringentes contra decisão que, a despeito de ser formalmente processual, implicar análise de mérito. Para a Min. Relatora, adotando a teoria da asserção, se, na análise das condições da ação, o juiz realizar cognição profunda sobre as alegações contidas na petição, depois de esgotados os meios probatórios, terá, na verdade, proferido juízo sobre o mérito da controvérsia. Na hipótese, o juiz de primeiro grau se pronunciou acerca da legitimidade passiva por ocasião da prolação da sentença, portanto depois de toda a prova ter sido carreada aos autos. **REsp 1.157.383-RS, Rel. Min. Nancy Andrighi, julgado em 14/8/2012.** (Inform. STJ 502)

TEMPESTIVIDADE. FIM DO EXPEDIENTE FORENSE. CABIMENTO. EMBARGOS INFRINGENTES.

A Turma reforçou o entendimento de que é intempestivo o recurso interposto no último dia do prazo recursal, porém recebido após o término do expediente forense. A protocolização de petições e recursos deve ser efetuada dentro do horário de expediente nos termos da lei de organização judiciária local (art. 172, § 3º, do CPC). No caso, a protocolização do recurso foi indevidamente realizada, no último dia do prazo, às 16h40min, em plantão judiciário, após o encerramento do expediente do e. Tribunal de Justiça do Estado do Piauí, que ocorre às 14h, de acordo com a resolução local n. 30/2009. Reafirmou-se também que os embargos infringentes só são cabíveis quando a sentença for reformada por acórdão não unânime. Ou seja, não são cabíveis de decisão unânime que reforma a sentença, nem de decisão não unânime que apenas decide a respeito de novo tema. Precedentes citados: **AgRg no AgRg no Ag 726.110-SC, DJe 30/4/2010; REsp 688.540-MA, DJe 21.02.2006, e AgRg no Ag 1.388.548-MG, DJe 6/3/2012. AgRg no AREsp 96.048-PI, Rel. Min. Nancy Andrighi, julgado em 16/8/2012.** (Inform. STJ 502)

EMBARGOS INFRINGENTES. CABIMENTO.

O interesse do apelado em opor embargos infringentes depende do provimento não unânime da apelação, com a necessária modificação do mérito da sentença, independentemente da fundamentação adotada no voto vencido. No caso, trata-se de ação para reparação de danos morais e materiais formulada pelas filhas de vítima de disparo de arma de fogo em *shopping center*. A sentença condenou a empresa ré ao pagamento de indenização por dano moral e fixou pensão mensal em favor das autoras, além dos honorários advocatícios. No julgamento das apelações, a sentença foi reformada para diminuir o valor da pensão (pedido formulado pelo *shopping center*) e aumentar os honorários advocatícios (pedido das autoras). Após esse julgamento, foram interpostos recursos especiais por ambas as partes. Em julgamento monocrático, o recurso especial das autoras da ação não foi conhecido ao argumento de que a modificação do valor da pensão demandaria revolvimento de matéria de fato, inviável na instância especial (enunciado da Súm. n. 7/STJ). Já o recurso da empresa ré não foi conhecido por não ter exaurido a instância de origem (enunciado da Súm. n. 281/STF), pois não foram opostos embargos infringentes. A empresa opôs embargos de declaração da decisão monocrática de não conhecimento do recurso especial e estes foram recebidos pelo Min. Relator como agravo regimental, ao qual negava provimento. O Min. Marco Buzzi inaugurou a divergência ao argumento de que, no caso, não seriam cabíveis os embargos infringentes no tribunal de origem, pois o acórdão manteve a condenação fixada em primeiro grau, apesar de ter sido em padrões diferentes dos da sentença. O Min. ponderou que o cabimento dos embargos infringentes segundo o art. 530 do CPC, com a redação dada pela Lei n. 10.352/2001, depende de julgamento colegiado que reforme o mérito da sentença. Asseverou, ainda, que o voto vencido não precisa ser idêntico à sentença, mas deve confirmar o seu resultado independentemente das razões utilizadas. Além desses pontos, o Min. Marco Buzzi aduziu que o eventual interesse recursal na oposição dos embargos infringentes sempre será do apelado, nunca do apelante, pois o manejo do referido recurso depende de provimento não unânime da apelação, nos moldes já mencionados. Dessa forma, sendo apelante a empresa e considerando o conteúdo do acórdão recorrido, não lhe seria exigível a oposição dos embargos infringentes antes da interposição do recurso especial. Com esses e outros fundamentos, a Turma, por maioria, deu provimento ao agravo regimental para desconstituir a decisão monocrática que não conheceu dos recursos especiais. Precedentes citados: **REsp 1.284.035-MS, julgado em 12/6/2012, e REsp 869.997-RS, DJe 17/11/2008. EDcl no REsp 1.087.717-SP, Rel. originário Min. Antonio Carlos Ferreira, Rel. para acórdão Min. Marco Buzzi, julgados em 19/6/2012.** (Inform. STJ 500)

PREPARO. EMBARGOS INFRINGENTES. RITJ.

A Turma reafirmou a jurisprudência da Corte Especial de que há deserção dos embargos infringentes quando o preparo se dá em momento posterior à sua interposição, mesmo que à época o regimento interno do Tribunal de Justiça local (RITJ) tivesse outra previsão de prazo. Ressaltou o Min. Relator que não desconhece haver precedente deste Tribunal que, nesses casos, afasta a deserção, entretanto a Corte Especial pôs fim à divergência interna do STJ ao decidir que a demonstração do preparo dos embargos infringentes é feita no ato da interposição do recurso. Para o Min. Relator, mesmo se acolhida a tese do recorrente de que não houve a deserção, em se tratando de complementação de benefício de previdência privada, obrigação de trato sucessivo, a prescrição não atingiria o fundo de direito, mas só incide nas parcelas vencidas anteriormente ao quinquênio que antecede ao ajuizamento da ação. Ademais, explica, o art. 22 da Lei n. 6.435/1977, que vedou a utilização do salário mínimo para o reajustamento de benefício, tem aplicação imediata nos contratos, portanto correto o acórdão recorrido que reconheceu não haver direito adquirido. Precedentes citados: REsp 907.713-RN, DJe 1º/9/2008; EREsp 488.304-MA, DJe 4/8/2009; REsp 623.506-MA, DJe 23/3/2011; REsp 1.213.662-AC, DJe 3/2/2011; AgRg no REsp 1.106.593-MG, DJe 26/10/2009; AgRg no Ag 977.958-MG, DJe 22/6/2009; REsp 146.714-RS, DJ 22/3/1999; REsp 144.671-RJ, DJ 13/4/1998; REsp 3.006-RS, DJ 6/8/1990, e REsp 2.889-RS, DJ 18/2/1991. **REsp 883.911-RS, Rel. Min. Luis Felipe Salomão, julgado em 2/6/2011.** (Inform. STJ 475)

EDCL. MUDANÇA. VOTO. EMBARGOS INFRINGENTES.

A sociedade empresária embargada ajuizou ação de indenização contra banco, sob a alegação de que o pedido de falência formulado por ele teria ocasionado a sua ruína com o encerramento de suas atividades. O pedido foi julgado parcialmente procedente, o que foi confirmado por unanimidade pelo TJ. O banco interpôs, então, embargos declaratórios (EDcl) que, apesar de rejeitados, ocasionaram a reconsideração do posicionamento de um dos desembargadores sem correlação com eventual omissão, contradição ou obscuridade, o que transformaria o resultado de "unânime" para "por maioria". Houve a interposição do especial pelo banco, no qual se alegava a ausência dos devidos embargos infringentes. Neste Superior Tribunal, a Quarta Turma, por maioria, superou a preliminar, decidindo pela desnecessidade dos infringentes no caso, o que levou à interposição dos embargos de divergência (EREsp), que, ao final, foram providos pela Corte Especial. Daí os últimos EDcl, dos quais constam as alegações de que não foi apreciada a preliminar de inadmissibilidade dos EREsp (por não comportar discussão sobre pressupostos recursais) e de que não houve a manifestação sobre a impossibilidade de integrar o acórdão da apelação sem que houvesse o reconhecimento da omissão, contradição ou obscuridade. Nesse contexto, a Corte Especial, ao prosseguir o julgamento, acolheu, por maioria, os EDcl, dando-lhes efeitos modificativos, para não conhecer dos EREsp. O Min. Arnaldo Esteves Lima, em seu voto-vista, no qual acompanhou o entendimento ao final predominante, frisou que, de regra, o voto vencido, nos declaratórios, integra o aresto embargado, mas somente quando seu julgamento adstringe-se ao art. 535, I e II, do CPC, de modo que, da integração derivada do esclarecimento da obscuridade, saneamento da contradição interna ou suprimento da omissão resulte a modificação da decisão embargada como corolário lógico e natural. Daí entender não ser consentâneo com nosso ordenamento jurídico modificar inteiramente o voto anterior para reconsiderá-lo pura e simplesmente, afastando-se da finalidade básica dos EDcl, como se estivesse a julgar recurso dotado do mais amplo e irrestrito efeito devolutivo, com clara distorção do comando do art. 535 do CPC. Assim, firmou ser correto não aplicar a Súm. n. 207-STJ ao caso, dada a singularidade da hipótese, tal qual feito no acórdão da Quarta Turma. Por fim, registrou ser notória a jurisprudência do STJ quanto ao não cabimento dos EREsp nos quais se alega o dissídio jurisprudencial calcado em regra técnica de admissibilidade de especial. Precedentes citados: AgRg nos EREsp 569.985-DF, DJe 19/5/2008; EREsp 267.366-RS, DJ 18/4/2002, e EREsp 299.629-SP, DJ 15/10/2002. **EDcl nos EREsp 512.399-PE, Rel. originária Min. Eliana Calmon, Rel. para acórdão Min. Francisco Falcão, julgados em 4/5/2011.** (Inform. STJ 471)

REDUÇÃO. INDENIZAÇÃO. EMBARGOS INFRINGENTES.

A Turma deu provimento ao recurso especial para considerar incabíveis os embargos infringentes opostos pelas recorridas e providos pelo tribunal *a quo*. Na espécie, o magistrado de primeiro grau julgou parcialmente procedentes os pedidos aduzidos na inicial pelo recorrente, condenando os recorridos ao pagamento de pensões vencidas e vincendas no percentual de 30% do salário do autor e indenização por danos morais. Dessa sentença, as duas partes apelaram e o TJ, por maioria, deu parcial provimento a ambos os recursos, determinando o pagamento de pensão integral, reduzindo o valor do dano moral e incluindo a indenização por dano estético. O voto vencido, no entanto, julgou totalmente improcedentes os pedidos iniciais, tese que prevaleceu com o provimento dos embargos infringentes. Segundo o Min. Relator, a Lei n. 10.352/2001, ao alterar o art. 530 do CPC, restringiu as hipóteses de cabimento desses embargos, conforme ressaltado em sua própria exposição de motivos, exigindo que o acórdão não unânime reforme a decisão de mérito por maioria de votos. Contudo, salientou que, *in casu*, não obstante o tribunal *a quo* tenha reduzido o valor indenizatório fixado em primeira instância, tanto a sentença quanto o acórdão de apelação mantiveram a obrigação de indenizar, o que demonstra a ausência do requisito de admissibilidade referente à modificação da situação anterior. Apontou, ainda, precedente da Primeira Turma do STJ que, em citação da doutrina, asseverou serem cabíveis os embargos infringentes apenas quando, havendo divergência de votos, o voto divergente for no mesmo sentido do *decisum* anterior. Precedente citado: **REsp 645.437-PR, DJ 30/5/2005. REsp 808.681-RJ, Rel. Min. Luis Felipe Salomão, julgado em 22/3/2011**. (Inform. STJ 467)

EAG. DESCABIMENTO.

Trata-se de embargos de divergência em agravo de instrumento (EAg) nos quais o embargante sustenta, em síntese, ser desnecessária a juntada do comprovante de interposição de agravo contra decisão que não admitiu recurso extraordinário. A Seção não conheceu dos embargos, ressaltando que eles só são cabíveis em agravo de instrumento quando este analisa o provimento do próprio recurso especial (mérito), tal qual se deduz do teor da Súm. n. 315-STJ. No caso, negou-se provimento ao agravo e, consequentemente, a subida do REsp, visto não ficar demonstrada a admissão do RE ou a interposição de agravo de instrumento contra eventual trancamento desse recurso (Súm. n. 126-STJ). Assim, não são cabíveis os embargos de divergência na hipótese. Precedentes citados: AgRg no Ag 1.044.481-GO, DJe 17/12/2008; AgRg no Ag 919.203-SP, DJe 30/4/2008, e AgRg nos EAg 1.246.353-RS, DJe 4/3/2011. **EAg 1.114.832-RJ, Rel. Min. Mauro Campbell Marques, julgados em 23/3/2011**. (Inform. STJ 467)

JULGAMENTO COLEGIADO. MINISTRO IMPEDIDO. NULIDADE.

Cuida-se de embargos de divergência em que a controvérsia cinge-se à nulidade de julgamento colegiado em decorrência da participação de Ministro impedido. A Seção conheceu dos embargos, mas lhes negou provimento ao entendimento de que não há nulidade do julgamento em órgão colegiado do qual participou Ministro impedido, se o seu voto não foi decisivo para o resultado. Ressaltou-se que, no caso concreto, trata-se de acórdão proferido por unanimidade de votos, com relatoria atribuída a julgador diverso do Ministro impedido, de modo que a declaração de nulidade do referido voto não implicaria alteração do resultado do julgamento. Precedentes citados: RMS 20.776-RJ, DJ 4/10/2007; EDcl no REsp 78.272-DF, DJ 14/2/2005; EDcl no AgRg no Ag 1.019.080-RS, DJe 17/5/2010; RMS 24.798-PE, DJe 16/3/2009, e REsp 318.963-RJ, DJ 7/5/2007. **EREsp 1.008.792-RJ, Rel. Min. Nancy Andrighi, julgados em 9/2/2011**. (Inform. STJ 462)

EMBARGOS INFRINGENTES. SENTENÇA TERMINATIVA. MÉRITO.

A recorrida ajuizou ação declaratória de inexistência de dívida, cancelamento de protesto e indenização por danos morais contra o banco recorrente e uma sociedade empresária. O juiz julgou parcialmente procedente a ação em relação à sociedade empresária, mas, quanto ao recorrente, julgou extinto o processo sem julgamento de mérito, diante da ilegitimidade de parte. O TJ deu provimento ao apelo da recorrida ao reconhecer a legitimidade da recorrente, contudo passou a analisar a existência de sua culpa, concluindo haver sua responsabilidade. Vêm daí os embargos infringentes, rejeitados pelo TJ ao fundamento de que não houve reforma do mérito da sentença proferida. Nesse contexto, vê-se que nem sempre é terminativo o acórdão que julga a apelação contra a sentença terminativa; pois, nos casos de extinção do processo sem julgamento de mérito (art. 267 do CPC), o tribunal pode julgar desde logo a lide se a causa tratar exclusivamente de questão de direito e estiver pronta para julgamento (art. 515, § 3º, do citado *codex*). Assim, é possível o acórdão referente à apelação de sentença terminativa adentrar o mérito e produzir coisa julgada material, a impedir a repetição em juízo de mesma pretensão. Se o mérito é julgado somente pelo TJ, não há como aplicar o critério da dupla sucumbência (o vencido em julgamento não unânime de apelação não terá direito a embargos infringentes se é vencido também na sentença). Dessa forma, o regramento do art. 530 do referido código deve sofrer interpretação harmoniosa e sistemática com os outros artigos, especialmente com o § 3º do art. 515, a permitir a admissão de embargos infringentes contra acórdão que, por maioria, reforma a sentença terminativa e analisa o mérito da ação. Se o magistrado realizar cognição profunda sobre as alegações apresentadas na petição após esgotados os meios probatórios, é certo que terá, em verdade, proferido juízo sobre o mérito (teoria da asserção). Daí que se mostra sem influência a qualificação ou *nomen iuris* que se atribui ao julgado, seja na fundamentação seja na parte dispositiva, porque a natureza da sentença (de mérito ou processual) é definida por seu conteúdo. Na hipótese, quanto ao recorrente, entende-se como de mérito a sentença, o que propicia o cabimento dos embargos infringentes. Precedente citado: REsp 832.370-MG, DJ 13/8/2007. **REsp 1.194.166-RS, Rel. Min. Nancy Andrighi, julgado em 28/9/2010**. (Inform. STJ 449)

EMBARGOS INFRINGENTES. RESOLUÇÃO. MÉRITO.

A jurisprudência deste Superior Tribunal é pacífica no sentido de que são incabíveis embargos infringentes contra acórdãos não unânimes que extinguem o processo sem resolução do mérito (art. 530 do CPC, com a redação dada pela Lei n. 10.352/2001). Precedentes citados: AgRg no Ag 1.215.900-SC, DJe 8/2/2010; REsp 1.071.264-SC, DJe 4/8/2009; REsp 1.074.824-SP, DJe 29/10/2008; REsp 503.073-MG, DJ 6/10/2003, e REsp 627.927-MG, DJ 21/6/2004. **REsp 1.160.526-SP, Rel. Min. Luiz Fux, julgado em 10/8/2010**. (Inform. STJ 442)

DECLARATÓRIA. EMBARGOS INFRINGENTES. CONTRATO. ALTERAÇÃO.

A Turma deu provimento ao recurso por entender que não cabe a interposição de embargos infringentes de acórdão que, por maioria de votos, extingue o processo sem resolução de mérito (art. 530 do CPC). A motivação contrária ao interesse da parte ou mesmo omissa em relação a pontos considerados irrelevantes pelo *decisum* não se traduz em ofensa ao art. 535 do CPC. Essa somente se configura quando, na apreciação do recurso, o tribunal de origem insiste em omitir pronunciamento sobre questão que deveria ser decidida e não foi, o que não ocorreu na hipótese dos autos. Por sua vez, está presente o inequívoco interesse de agir ou processual como condição da ação, que não se confunde com o interesse substancial ou primário, para cuja proteção intenta-se a mesma ação, cabível o retorno dos autos à origem para prosseguir o julgamento das demais questões veiculadas em apelação. Trata-se de herdeiros de falecido sócio de empresa incorporadora de imóveis, que pretendem o reconhecimento da nulidade da alteração contratual da empresa levada a registro pelo sócio remanescente, que o fez com esteio em documentos tidos como fraudulentos, sendo que a aferição da ocorrência ou não da falsificação documental e do alcance dos efeitos da nulidade eventualmente constatada, no caso, escapa à preliminar verificação, pelo julgador, do preenchimento das condições da ação, sendo indevida a extinção do feito sem resolução do mérito, quando a razão para tal resulta do exame do conteúdo meritório da própria demanda. Desse modo, tal verificação da correspondência da situação jurídica descrita pelo autor à verdade, bem como a aferição do potencial protetivo da ordem jurídica para a posição afirmada por ele, consiste no próprio mérito da demanda, a saber, no interesse substancial, que não se confunde com o interesse processual. Precedentes citados: AgRg no REsp 890.246-MA, DJe 11/9/2008, e REsp 923.805-PR, DJe 30/6/2008. **REsp 1.051.376-DF, Rel. Min. Vasco Della Giustina (Desembargador convocado do TJ-RS), julgado em 3/12/2009**. (Inform. STJ 418)

EMBARGOS INFRINGENTES. VOTO MINORITÁRIO. FUNDAMENTAÇÃO.

A Turma reiterou que não pode ser imputado prejuízo à parte por falha judicial, qual seja, a suposta ausência de fundamentação do voto vencido. No caso, verificada a presença do interesse em recorrer mediante embargos infringentes, diante do resultado da sentença parcialmente favorável à empresa ora recorrente e por maioria de votos, modificado inteiramente na apelação, visto que ausentes os fundamentos do voto minoritário, é cabível sua juntada em embargos de declaração com essa finalidade, sendo, pois, admissíveis os embargos infringentes, uma vez que, em casos em que não é possível identificar a extensão da divergência, os embargos devem ser admitidos por desacordo total, com base nas conclusões dos votos vencido e vencedor. Precedentes citados: REsp 826.516-SC, DJe 3/9/2008; REsp 773.952-PI, DJ 15/10/2007; REsp 443.022-CE, DJ 14/9/2006; AgRg no Ag 778.082-SP, DJ 29/9/2006; AgRg no Ag 713.665-SP, DJ 3/4/2006; REsp 542.558-RN, DJ 2/8/2004; REsp 516.919-SE, DJ 6/10/2003; REsp 243.490-PE, DJ 18/2/2002, e REsp 336.774-RN, DJ 19/11/2001. **REsp 788.335-RS, Rel. Min. Luiz Fux, julgado em 24/11/2009**. (Inform. STJ 417)

REMESSA NECESSÁRIA. EMBARGOS INFRINGENTES.

Discutem-se, em embargos de divergência, duas matérias, uma processual, se são cabíveis embargos infringentes contra acórdão que, por maioria, reforma sentença de mérito em sede de remessa necessária, e outra, de eventual divergência quanto a percentual de juros moratórios. Aponta o embargante, na matéria processual, dissídio entre acórdãos da Quinta e da Primeira Turma e, quanto às divergências no percentual de juros moratórios, dissídio entre acórdãos das Quinta e Sexta Turmas, todas deste Superior Tribunal. Explica o Min. Luiz Fux, o relator, que a remessa *ex officio* não é recurso, ao revés, é condição suspensiva da eficácia da decisão e, por isso, não comporta interposição de embargos infringentes a decisão que, por maioria, aprecia a remessa necessária. Ressalta que, nesse sentido, existe acórdão de relatoria do Min. Gilson Dipp já assentando que há necessidade de fazer distinção entre a apelação e o reexame necessário. A apelação, recurso propriamente dito, reveste-se de voluntariedade ao ser interposta, enquanto o reexame necessário é mero complemento do julgado ou medida acautelatória para evitar um desgaste culposo ou doloso do erário ou da coisa pública. Naquele acórdão, observa-se que o legislador entendeu que o privilégio dos entes públicos tem limites, sendo defeso dar ao art. 530 do CPC um elastério que a lei não ousou dar. Assim, só são cabíveis os embargos infringentes contra acórdãos em apelação ou ação rescisória. Destaca o Min. Luiz Fux que a reforma do CPC (Lei n. 10.352/2001), inspirada no princípio da celeridade da prestação jurisdicional, exclui alguns casos de submissão ao duplo grau e dissipa divergências jurisprudenciais quanto a sustar a eficácia de certas decisões proferidas contra pessoas jurídicas não consideradas textualmente como integrantes da Fazenda Pública, logo não se justificaria admitir embargos infringentes de decisão não unânime de remessa necessária. Com esse entendimento, a Corte Especial rejeitou a tese do cabimento dos embargos infringentes em remessa necessária e enviou os autos à Terceira Seção para o julgamento da divergência quanto ao percentual de juros. Precedentes citados: REsp 402.970-RS, DJ 1º/7/2004; EREsp 168.837-RJ, DJ 5/3/2001; REsp 226.253-RN, DJ 5/3/2001, e AgRg no Ag 185.889-RS, DJ 1º/8/2000. **EREsp 823.905-SC, Rel. Min. Luiz Fux, julgados em 4/3/2009.** (Inform. STJ 385)

EMBARGOS DE INFRINGÊNCIA. EXTENSÃO. COGNIÇÃO.

Os artigos do regimento interno do Tribunal de Justiça e da Constituição, ambos estaduais, não servem para fundamentar recurso especial lastreado no art. 105 da CF/1988. Já os embargos infringentes têm seu efeito devolutivo limitado ao voto vencido na apelação, salvo quanto às matérias de ordem pública, como as condições da ação e a coisa julgada, que podem ser conhecidas de ofício em qualquer tempo e grau de jurisdição. **REsp 304.629-SP, Rel. Min. Luís Felipe Salomão, julgado em 9/12/2008.** (Inform. STJ 380)

EMBARGOS INFRINGENTES. PREPARO.

Os embargos infringentes – recurso que se fundamenta no voto isolado de um dos integrantes do órgão julgador proferido em sede de apelação ou de ação rescisória – obedecem aos mesmos requisitos de admissibilidade observados na teoria geral dos recursos, no que toca ao preparo (Lei n. 8.950/1994, que alterou a redação do art. 511 do CPC, cujo *caput* foi reproduzido pela Lei n. 9.756/1998). Em regra, o regimento de custas dos tribunais e os respectivos regimentos internos o prevêem; uma vez estabelecido o preparo, impõe seja ele comprovado no ato da interposição do recurso (*ex vi* do art. 511 do CPC). Ressalva-se que, se apenas em momento posterior se puder conhecer o *quantum* devido, em virtude de alguma norma especial, não será exigível o preparo prévio. Malgrado o RITJ estadual extrapole a determinação contida no CPC, estabelecendo prazo para comprovação do preparo maior que aquele previsto pelo art. 511, a pena de deserção não pode ser relevada, ante a prevalência da legislação federal. Precedentes citados: REsp 530.697-RS, DJ 15/3/2004, e REsp 326.289-RS, DJ 8/4/2002. **EREsp 488.304-MA, Rel. Min. Luiz Fux, julgados em 19/11/2008.** (Inform. STJ 377)

EMBARGOS INFRINGENTES. RESOLUÇÃO. MÉRITO.

A espécie versa sobre o cabimento, ou não, de embargos infringentes quando o acórdão não-unânime, em grau de apelação, reforma sentença que extinguiu o processo sem resolução do mérito, porque acolhida preliminar de coisa julgada nos termos do art. 267, V, do CPC. A Min. Relatora ressaltou que este Superior Tribunal já decidiu que a melhor interpretação do art. 530 do CPC, em sua redação atual, está a indicar o descabimento de embargos infringentes contra acórdão que não examina o mérito da pretensão. Entende que malfere o mencionado artigo o acolhimento de embargos infringentes quando o acórdão não-unânime, em grau de apelação, reforma sentença que não enfrentou o mérito e, igualmente, não adentra o mérito da demanda. **REsp 884.730-RS, Rel. Min. Nancy Andrighi, julgado em 13/5/2008.** (Inform. STJ 355)

EMBARGOS INFRINGENTES. AUSÊNCIA. VOTO-VENCIDO. APELAÇÃO.

A Turma entendeu que não se pode negar seguimento aos embargos de infringência, tão-somente por não constar dos autos a declaração do voto vencido na apelação. Não se exige ao recorrente a repetição dos argumentos utilizados no voto vencido. Precedente citado: REsp 336.774-RN, DJ 19/11/2001. **REsp 991.544-PR, Rel. Min. Humberto Gomes de Barros, julgado em 24/3/2008.** (Inform. STJ 349)

QO. ERESP. CORREÇÃO. ERRO MATERIAL.

Houve erro material quanto à concordância entre os fundamentos do julgado e o resultado proclamado. Não foram manejados embargos de declaração pelas partes, mas uma delas recorreu ao uso de embargos de divergência. Debatia-se a possibilidade de o erro ser corrigido pela Seção, porém, ao final, no julgamento da questão de ordem, entendeu-se remeter os autos novamente à Turma e julgar prejudicados os embargos, visto que, em suma, a correção pela Seção tolheria possíveis recursos de ambas as partes. **QO nos EREsp 292.596-RJ, Rel. Min. Teori Albino Zavascki, julgada em 14/11/2007.** (Inform. STJ 339)

INDENIZAÇÃO. EMBARGOS INFRINGENTES. LIMITES.

Trata-se de indenização por danos morais e materiais fixada em dólares e, em sede de embargos infringentes, o Tribunal *a quo* concluiu pela anulação de ofício do acórdão por se tratar de matéria de ordem pública e pela impossibilidade de fixação de indenização em moeda estrangeira (Lei n. 10.192/2001). Para o Min. Relator, houve extrapolação dos limites da divergência, pois o julgamento dos embargos infringentes deve cingir-se à questão divergente levantada no voto vencido, sob pena de incorrer em inovação da lide e violar o art. 530 do CPC. Outrossim, a questão atinente a direitos patrimoniais não constitui matéria de ordem pública, não podendo, portanto, ser apreciada, de ofício, nos embargos infringentes. Com esse entendimento, a Turma deu provimento ao recurso para anular o acórdão recorrido, determinando a remessa dos autos ao Tribunal *a quo* para novo julgamento. **REsp 808.439-RJ, Rel. Min. João Otávio de Noronha, julgado em 18/10/2007.** (Inform. STJ 336)

EMBARGOS INFRINGENTES. APELAÇÃO. REFORMA. SENTENÇA.

Cinge-se a controvérsia em saber se cabem embargos infringentes contra acórdão do Tribunal *a quo* que, por maioria, reformou sentença extintiva da ação por ilegitimidade da parte e adentrou o julgamento de mérito. Explicou a Min. Relatora que a atual redação do art. 530 do CPC, dada pela Lei n. 10.352/2001, passou a fazer referência expressa à reforma de "sentença de mérito" e uma análise isolada indicaria a intenção do legislador de excluir do rol de acórdãos suscetíveis de embargos infringentes aqueles decorrentes de apelações contra sentenças terminativas. Aduziu, ainda, nesse sentido, que, a teor do que estabelece o art. 268 do CPC, o trânsito em julgado de uma sentença terminativa não impede a parte de retornar a juízo com igual pretensão, assim não haveria violação do direito de acesso à Justiça ou negativa de prestação jurisdicional. Ressaltou a Min. Relatora, entretanto, que nem sempre é meramente terminativo o acórdão que julga apelação contra sentença terminativa, pois nos termos do § 3º do art. 515 do CPC, redação dada também pela citada lei, é possível o tribunal decidir apelação na sentença de extinção de processo sem julgamento do mérito (art. 267 do CPC), sentença terminativa, adentrar na análise do mérito e, por via de conseqüência, produzir coisa julgada material, impedindo a parte de retornar em juízo com a mesma pretensão. Nessa circunstância, restaria prejudicado o critério de dupla sucumbência adotado pelo próprio art. 530 do CPC, conforme previsto na exposição de motivos da referida lei. Ainda por esse critério, a parte vencida por julgamento não-unânime em apelação não terá direito aos embargos infringentes se houver sido vencida duas vezes (na sentença e na apelação). Por isso, para a Min. Relatora, em respeito ao devido processo legal, o art. 530 deve ser interpretado harmoniosa e sistematicamente com o restante do CPC, em especial como o §º 3º do art. 515, inclusive para fazer valer a vontade do próprio legislador, o qual, na justificativa do projeto da referida lei, afirmou ser conveniente manter os embargos infringentes quando "a divergência tenha surgido em matéria de mérito, não simplesmente em tema processual". Sendo assim, concluiu a Min. Relatora que há de se admitir os embargos infringentes opostos contra acórdão que, por maioria, reforma sentença terminativa e adentra a análise do mérito da ação. Outrossim, a natureza da sentença, se processual ou de mérito, é definida por seu conteúdo, seja na fundamentação ou na parte dispositiva, e não pela mera qualificação ou *nomen juris* atribuído ao julgado. Afirmou, ainda, que se aplica à hipótese a teoria da asserção segundo a qual, se o juiz realizar cognição profunda sobre as alegações contidas na petição, após esgotados os meios probatórios, terá, na verdade, proferido juizo sobre o mérito da questão. Com esse entendimento, a Turma determinou o retorno dos autos ao Tribunal de origem a fim de que se proceda ao julgamento do mérito dos embargos infringentes. **REsp 832.370-MG, Rel. Min. Nancy Andrighi, julgado em 2/8/2007.** (Inform. STJ 326)

EMBARGOS INFRINGENTES. REFORMA. SENTENÇA. EXTINÇÃO. PROCESSO.

Ao prosseguir o julgamento, a Turma, por maioria, decidiu que, após a redação dada pela Lei n. 10.352/2001 ao art. 530 do CPC, não cabem embargos infringentes contra acórdão que, por maioria, extingue o processo sem examinar o mérito, ainda que tenha sido de mérito a sentença de primeiro grau. Destacou o Min. Teori Albino Zavascki, em voto-vista, que, pelo que se depreende da exposição de motivos da citada lei, o propósito do legislador foi limitar as hipóteses de admissibilidade dos embargos infringentes. Precedentes citados: REsp 627.927-MG, DJ 21/6/2004, e REsp 612.313-SC, DJ 10/5/2004. **REsp 914.896-MG, Rel. originário Min. Francisco Falcão, Rel. para acórdão Min. Teori Albino Zavascki, julgado em 26/6/2007.** (Inform. STJ 325)

AGRAVO REGIMENTAL. EMBARGOS DE DIVERGÊNCIA. NÃO-CABIMENTO.

O Min. Relator indeferiu liminarmente os embargos de divergência porquanto pacificado, no âmbito deste Superior Tribunal, o entendimento de que "o prazo para recorrer começa da data em que o processo deu entrada no protocolo administrativo do Ministério Público, como assentado pelo STF revisando jurisprudência anterior sobre o conceito de intimação pessoal". Nesse mesmo sentido decidiu o acórdão embargado, estando, pois, em consonância com a jurisprudência deste Superior Tribunal. Daí incide o óbice da Súm. n. 168-STJ. No juízo de admissibilidade dos embargos, o que se verifica, essencialmente, é a conformidade do acórdão embargado com o entendimento prevalecente no âmbito do STJ, o que realmente se fez no presente caso. Também não foi observada a determinação da Súm. n. 182-STJ. Assim, a Seção negou provimento ao agravo. Precedentes citados: REsp 628.621-DF, DJ 6/9/2004; EREsp 337.052-SP, DJ 14/3/2006, e AgRg nos EREsp 621.428-SP, DJ 27/4/2005. **AgRg nos EREsp 310.810-SP, Rel. Min. Nilson Naves, julgado em 28/2/2007.** (Inform. STJ 311)

EMBARGOS. RAV. 28,86%. BIS IN IDEM.

A Seção não conheceu dos embargos por não reconhecer caracterizada a divergência que autoriza sua interposição, desacolhendo-os por absolutamente acertada a decisão da Quinta Turma deste Superior Tribunal, que inibira dupla repercussão do reajuste. Essa decisão representa a afirmação de que a RAV serve de incidência ao reajuste. No caso, a Quinta Turma decidiu da seguinte maneira: que a RAV deveria receber a incidência dos 28,86%, mas há uma ressalva: salvo se ela já incidiu sobre o vencimento básico, ou seja, o reajuste já teve lugar no vencimento básico, porque, nesse caso, fazê-lo novamente incidir seria um *bis in idem* inadmissível. **EREsp 601.763-RS, Rel. Min. Hamilton Carvalhido, julgados em 28/2/2007.** (Inform. STJ 311)

SÚMULA STF Nº 598

Nos embargos de divergência não servem como padrão de discordância os mesmos paradigmas invocados para demonstrá-la mas repelidos como não dissidentes no julgamento do recurso extraordinário.

SÚMULA STF Nº 597

Não cabem embargos infringentes de acórdão que, em mandado de segurança decidiu, por maioria de votos, a apelação.

SÚMULA STF Nº 455

Da decisão que se seguir ao julgamento de constitucionalidade pelo tribunal pleno, são inadmissíveis embargos infringentes quanto à matéria constitucional.

SÚMULA STF Nº 368

Não há embargos infringentes no processo de reclamação.

SÚMULA STF Nº 355

Em caso de embargos infringentes parciais, é tardio o recurso extraordinário interposto após o julgamento dos embargos, quanto à parte da decisão embargada que não fora por eles abrangida.

SÚMULA STF Nº 354

Em caso de embargos infringentes parciais, é definitiva a parte da decisão embargada em que não houve divergência na votação.

SÚMULA STF Nº 296

São inadmissíveis embargos infringentes sobre matéria não ventilada, pela turma, no julgamento do recurso extraordinário.

SÚMULA STF Nº 295

São inadmissíveis embargos infringentes contra decisão unânime do Supremo Tribunal Federal em ação rescisória.

SÚMULA STF Nº 294

São inadmissíveis embargos infringentes contra decisão do Supremo Tribunal Federal em mandado de segurança.

SÚMULA STF Nº 293

São inadmissíveis embargos infringentes contra decisão em matéria constitucional submetida ao plenário dos tribunais.

SÚMULA STJ Nº 420

Incabível, em embargos de divergência, discutir o valor de indenização por danos morais.

SÚMULA STJ Nº 390

Nas decisões por maioria, em reexame necessário, não se admitem embargos infringentes.

SÚMULA STJ Nº 316

Cabem embargos de divergência contra acórdão que, em agravo regimental, decide recurso especial.

SÚMULA STJ Nº 315

Não cabem embargos de divergência no âmbito do agravo de instrumento que não admite recurso especial.

SÚMULA STJ Nº 255

Cabem embargos infringentes contra acórdão, proferido por maioria, em agravo retido, quando se tratar de matéria de mérito.

SÚMULA STJ Nº 169

São inadmissíveis embargos infringentes no processo de mandado de segurança.

SÚMULA STJ Nº 168

Não cabem embargos de divergência, quando a jurisprudência do tribunal se firmou no mesmo sentido do acordão embargado.

SÚMULA STJ Nº 158

Não se presta a justificar embargos de divergência o dissidio com acordão de turma ou seção que não mais tenha competência para a matéria neles versada.

SÚMULA STJ Nº 88

São admissíveis embargos infringentes em processo falimentar.

11.6. Recurso Especial

DEVIDO PROCESSO LEGAL E NEGATIVA DE PRESTAÇÃO JURISDICIONAL - 1

A Turma iniciou julgamento de recurso extraordinário em que se alega negativa de prestação jurisdicional e ofensa aos princípios do devido processo legal e da ampla defesa. Na espécie, a Presidência do STJ desprovera agravo de instrumento em que se pretendia a subida de recurso especial inadmitido na origem, consignando que a empresa agravante não infirmara os fundamentos decisórios nem demonstrara, no recurso especial, ofensa a determinados dispositivos do CPC, bem como que o tribunal de origem não extrapolara, em juízo primeiro de admissibilidade, seu limite de cognição. Seguiram-se embargos de declaração, rejeitados, ao fundamento de ausência de seus pressupostos. Contra esse acórdão, a empresa apresentou o presente recurso extraordinário no qual indica violação aos artigos 5º, LIV e LV, e 105, III, ambos da CF. Sustenta que o STJ não examinou fundamento autônomo do recurso especial, relativamente à recusa do tribunal de justiça em analisar a matéria da confissão de dívida extrajudicial e que o mencionado recurso atenderia ao que disposto no Enunciado da Súmula 211 daquela Corte ("Inadmissível recurso especial quanto à questão que, a despeito da oposição de embargos declaratórios, não foi apreciada pelo Tribunal."), uma vez que opusera embargos declaratórios para prequestionar transgressão aos artigos 348 e 353 do CPC e, alternativamente, ao art. 535 do mesmo diploma legal. Aduz, por fim, que o tema constitucional pode surgir no julgamento do recurso especial. **RE 417819/DF, rel. Min. Marco Aurélio, 12.2.2008**. (RE-417819)

DEVIDO PROCESSO LEGAL E NEGATIVA DE PRESTAÇÃO JURISDICIONAL - 2

O Min. Marco Aurélio, relator, deu provimento ao recurso extraordinário para que o STJ, afastado o óbice à seqüência do especial, examine-o como entender de direito, no que foi acompanhado pela Min. Cármen Lúcia, que o provia com fundamento no art. 5º, XXXV, da CF (" a lei não excluirá da apreciação do Poder Judiciário lesão ou ameaça a direito;"). Ressaltando que o Supremo encontra-se no ápice da organização judiciária brasileira e que o devido processo legal é uma garantia constitucional, considerou não ter cabimento proclamar-se a irrecorribilidade das decisões do STJ que resultem na inadmissibilidade do recurso especial, cujos pressupostos de para recorrer estão previstos na CF. Asseverou que a definição sobre até que ponto o acórdão proferido pela aludida Corte implica violência à CF deve ser analisado caso a caso. Assim, não haveria como afirmar que o exame dos requisitos de admissibilidade do recurso especial seria providência privativa do STJ, como ocorrera na hipótese. Entendeu que a assertiva segundo a qual não teria a empresa veiculado a afronta aos artigos 348 e 353 do CPC mostrar-se-ia discrepante das balizas constitucionais, não apenas do devido processo legal, como também das definidoras do cabimento do especial, haja vista que a questão da confissão fora posta tanto no tribunal de justiça quanto no próprio STJ. Em divergência, os Ministros Ricardo Lewandowski e Carlos Britto desproveram o recurso por reputar que a discussão envolveria matéria infraconstitucional. Após, verificado o empate, adiou-se a conclusão do julgamento para colher o voto de Ministro da 2ª Turma, que substituirá e preencherá o lugar vago em razão do impedimento do Min. Menezes Direito. **RE 417819/DF, rel. Min. Marco Aurélio, 12.2.2008.** (RE-417819)

DEVIDO PROCESSO LEGAL E NEGATIVA DE PRESTAÇÃO JURISDICIONAL - 4

Contra esse acórdão, a empresa apresentara o presente recurso extraordinário, no qual indicada violação aos artigos 5º, LIV e LV, e 105, III, ambos da CF. Sustentava que o STJ não examinara fundamento autônomo do recurso especial, relativamente à recusa do tribunal de justiça em analisar a matéria da confissão de dívida extrajudicial e que o mencionado recurso atenderia ao que disposto no Enunciado 211da Súmula daquela Corte (*"Inadmissível recurso especial quanto à questão que, a despeito da oposição de embargos declaratórios, não foi apreciada pelo Tribunal"*), uma vez que opusera embargos declaratórios para prequestionar transgressão aos artigos 348 e 353 do CPC e, alternativamente, ao art. 535 do mesmo diploma legal. Aduzia, por fim, que o tema constitucional poderia surgir no julgamento do recurso especial — v. Informativo 494. **RE 417819/DF, rel. orig. Min. Marco Aurélio, red. p/ o acórdão Min. Ricardo Lewandowski, 12.6.2012.** (RE-417819)

DEVIDO PROCESSO LEGAL E NEGATIVA DE PRESTAÇÃO JURISDICIONAL - 5

Prevaleceu o voto do Min. Ricardo Lewandowski, que, em assentada anterior, desprovera o extraordinário, ao entender que a discussão envolveria conteúdo infraconstitucional, no que fora acompanhado pelo Min. Ayres Britto. Nesta sessão, o Min. Dias Toffoli acresceu que a questão de fundo debatida nos autos seria a validade da confissão extrajudicial como título executivo, pelo que a ora recorrente teria ingressado originariamente com ação executiva. Anotou que ela insistiria na falta de apreciação de ofensa aos artigos 348 e 353 do CPC, de forma que seria inequívoca a necessidade de reapreciação de matéria fática. Assim, não teriam ocorrido as violações às normas constitucionais indicadas no recurso extraordinário. Sobrelevou, ainda, que esta Corte já reconhecera a inexistência de repercussão geral do tema alusivo ao cabimento de recursos da competência de outros tribunais. Além disso, a problemática também se restringiria ao âmbito infraconstitucional (RE 598365 RG/MG, DJe de 26.3.2010).**RE 417819/DF, rel. orig. Min. Marco Aurélio, red. p/ o acórdão Min. Ricardo Lewandowski, 12.6.2012.** (RE-417819)

DEVIDO PROCESSO LEGAL E NEGATIVA DE PRESTAÇÃO JURISDICIONAL - 6

Vencidos os Ministros Marco Aurélio e Cármen Lúcia, que davam provimento ao recurso extraordinário. Esta, com fundamento no art. 5º, XXXV, da CF (*"a lei não excluirá da apreciação do Poder Judiciário lesão ou ameaça a direito"*). Aquele, para que o STJ, afastado o óbice à sequência do especial, examinasse-o como entendesse de direito. Ao ressaltar que o Supremo encontrar-se-ia no ápice da organização judiciária brasileira e que o devido processo legal seria garantia constitucional, considerava não ter cabimento proclamar-se a irrecorribilidade das decisões do STJ que resultassem na inadmissibilidade de recurso especial, cujos pressupostos de recorribilidade estariam previstos na Constituição. Asseverava que a definição sobre até que ponto o acórdão proferido pela mencionada Corte implicaria violência à Constituição deveria ser analisada caso a caso. Assim, não se teria como afirmar que o exame dos requisitos de admissibilidade do recurso especial seria providência privativa do STJ, como ocorrera na hipótese. Entendia que a assertiva segundo a qual não teria a empresa veiculado a afronta aos artigos 348 e 353 do CPC mostrar-se-ia discrepante das balizas constitucionais, não apenas do devido processo legal, como também das definidoras do cabimento do especial, haja vista que a questão da confissão fora posta tanto no tribunal de justiça quanto no próprio STJ. **RE 417819/DF, rel. orig. Min. Marco Aurélio, red. p/ o acórdão Min. Ricardo Lewandowski, 12.6.2012.** (RE-417819) (Inform. STF 670)

DIREITO PROCESSUAL CIVIL. MANDADO DE SEGURANÇA CONCOMITANTE COM RECURSO ESPECIAL. MESMA MATÉRIA. INVASÃO DE COMPETÊNCIA.

Não é cabível impetrar MS perante o Tribunal de origem para discutir matéria já aduzida em REsp pendente de apreciação do STJ, ainda que os vícios acerca dos quais a parte se insurgiu no mandamus não sejam, ordinariamente, passíveis de revisão no apelo extremo. Assim, há invasão de competência do STJ no julgamento de mandado de segurança (MS) pelo tribunal *a quo* no qual a parte, derrotada na anterior análise de recurso de apelação, impugna uma série de matérias ligadas ao procedimento adotado no julgamento. **Rcl 8.668-GO, Rel. Min. Nancy Andrighi, julgada em 28/11/2012.** (Inform. STJ 510)

DIREITO PROCESSUAL CIVIL. ADOÇÃO DE TESE FIRMADA EM RECURSO REPETITIVO. DESNECESSIDADE DO TRÂNSITO EM JULGADO.

É desnecessário o trânsito em julgado da decisão proferida em recurso especial submetido ao rito do art. 543-C do CPC para a adoção da tese nele firmada. Precedentes citados: **AgRg no REsp 1.218.277-RS, DJe 13/12/2011; AgRg no REsp 1.095.152-RS, DJe 27/9/2010, e AgRg no AREsp 175.188-SC, DJe 22/8/2012. EDcl no AgRg no Ag 1.067.829-PR, Rel. Min. Herman Benjamin, julgado em 9/10/2012.** (Inform. STJ 507)

DIREITO PROCESSUAL CIVIL. RECURSO ESPECIAL. NECESSIDADE DE INDICAÇÃO DO DISPOSITIVO LEGAL CONTROVERTIDO.

É necessária a indicação do dispositivo de lei federal que se entende por violado ou que recebeu interpretação divergente para o conhecimento do recurso especial, seja interposto pela alínea "a", seja pela "c" do art. 105, III, da CF. A função precípua do STJ, por meio do recurso especial, é homogeneizar a interpretação dada à norma federal pelo ordenamento jurídico pátrio, sendo que a falta de indicação do dispositivo tido por violado caracteriza deficiência de fundamentação e justifica a aplicação da Súmula n. 284/STF, que dispõe que "é inadmissível o recurso extraordinário, quando a deficiência na sua fundamentação não permitir a exata compreensão da controvérsia". Precedentes citados: **AgRg no AREsp 158.478-SP, DJe 5/9/2012; AgRg no AREsp 177.548-SP, DJe 21/8/2012; AgRg no Ag 1.295.872-SP, DJe 28/6/2012, e REsp 1.300.257-SC, DJe 17/04/2012. AgRg no AREsp 135.969-SP. Rel. Min. Castro Meira, julgado em 9/10/2012.** (Inform. STJ 506)

DIREITO PROCESSUAL CIVIL. AÇÃO E RECONVENÇÃO. DUPLICIDADE DE PREPARO. INVIABILIDADE DE ANÁLISE EM RECURSO ESPECIAL.

Não é possível que o STJ, em recurso especial, aprecie a exigência do tribunal de origem no sentido de que o preparo do recurso de apelação seja efetuado duplamente quando interposto em face de sentença única que julgou a ação principal e a reconvenção. Conforme o art. 511 do CPC, "no ato de interposição do recurso, o recorrente comprovará, quando exigido pela legislação pertinente, o respectivo preparo, inclusive porte de remessa e de retorno, sob pena de deserção". Embora esse dispositivo tenha disciplinado em linhas gerais o preparo de recursos, o próprio dispositivo remete à "legislação pertinente" a forma pela qual será cobrada a mencionada custa dos litigantes que interpuserem seus recursos. Dessa forma, o valor é fixado pela lei de organização judiciária, considerando que as custas judiciais, nas quais se insere o preparo recursal, têm natureza tributária de taxa, cuja instituição fica a cargo do ente prestador do "serviço público específico e divisível", nos termos do que dispõem os arts. 77 e 80 do CTN. Assim, inviável o recurso especial porque demandaria apreciação de legislação local, providência vedada, *mutatis mutandis*, pela Súm. n. 280/STF, segundo a qual "por ofensa a direito local não cabe recurso extraordinário". Ademais, eventual confronto entre a legislação local e a federal é matéria a ser resolvida pela via do recurso extraordinário, nos termos do art. 102, III, d, da CF, com redação dada pela EC n. 45/2004. Precedentes citados: STF: **ADI 3.694-AP, DJ 6/11/2006; ADI 1.772-MG, DJ 8/9/2000; STJ: AgRg no Ag 1.344.973-ES, DJe 18/5/2012, e AgRg no Ag 1.078.498-SP, DJe 16/10/2009. REsp 984.106-SC, Rel. Min. Luis Felipe Salomão, julgado em 4/10/2012.** (Inform. STJ 506)

CONTRADIÇÃO ENTRE NOTAS TAQUIGRÁFICAS E ACÓRDÃO. SANÇÃO POR USO DE *SOFTWARE* NÃO LICENCIADO.

Havendo divergência entre o acórdão e as notas taquigráficas, estas deverão prevalecer de acordo com o art. 103, § 1º, do RISTJ. No caso, após o julgamento do recurso especial, foram opostos embargos de declaração com fundamento na divergência entre a discussão registrada nas notas taquigráficas e o acórdão publicado. Esses embargos foram rejeitados. Com base nos mesmos fundamentos – divergência entre o registro taquigráfico e o acórdão do recurso especial –, a embargante renovou os embargos de declaração. Ao divergir do relator, o Min. Luis Felipe Salomão registrou que não ficaram dúvidas nas notas taquigráficas quanto ao ponto impugnado pelo embargante, qual seja, a punição da empresa embargada pela utilização de *software* não licenciado, além do pagamento pelo dano material sofrido. Dessa forma, considerando que o acórdão publicado não guardou a devida correspondência com o que foi discutido e votado na sessão de julgamento, aplicou-se a regra prevista no art. 103, § 1º, do RISTJ, segundo a qual as notas taquigráficas prevalecerão nos casos de divergência em relação ao acórdão. Com essas e outras considerações, a Turma, por maioria, deu provimento aos embargos de declaração, com efeitos infringentes, dando provimento ao recurso especial, condenando a recorrida não apenas à indenização por danos materiais em conformidade com o preço de mercado de cada programa objeto da contrafação, mas também à indenização por perdas e danos equivalente a dez vezes o valor de mercado de cada programa utilizado ilicitamente. **EDcl nos EDcl no REsp 991.721-PR, Rel. Min. Raul Araújo, Rel. para acórdão Min. Luis Felipe Salomão, julgados em 19/6/2012 (ver Informativo n. 404).** (Inform. STJ 500)

RECURSO ESPECIAL CONTRA ACÓRDÃO EM EMBARGOS DE DECLARAÇÃO. ANÁLISE DO MÉRITO PELA TURMA A QUO. EXAURIMENTO DA INSTÂNCIA ORDINÁRIA.

Cuida-se de agravo regimental interposto de decisão que negou provimento ao agravo de instrumento sob o fundamento da inadmissibilidade do recurso especial, pois não estaria exaurida a jurisdição ordinária (Súm. n. 281/STF). Segundo se depreende dos autos, o recurso especial foi interposto contra acórdão em embargos de declaração opostos a decisão singular do relator. De início, ressaltou a Min. Relatora que a questão em comento comporta distinção, não podendo ser resolvida meramente tendo em vista o nome dado pelo órgão julgador ao recurso em apreciação. Esclareceu que, no caso de oposição dos embargos de declaração contra decisão singular, se o relator optar por levar a questão à Turma, e esta, apreciando a questão de direito federal controvertida, confirmar a decisão singular, embora sem adotar a fórmula de "conhecimento dos embargos de declaração como agravo regimental", exaurida estará a jurisdição ordinária – cabível, portanto, o conhecimento do recurso especial sem o óbice da Súmula 281/STF. Por outro lado, se a Turma limitar-se a afirmar a inexistência de omissão, obscuridade ou contradição na decisão singular embargada para o conhecimento do recurso especial, caberia à parte opor novos embargos de declaração, requerendo o exame da Turma da questão e/ou prequestionando os artigos 557 e 535 do CPC. No caso em exame, os embargos de declaração foram levados ao julgamento da Turma, que confirmou a decisão monocrática do relator por seus próprios fundamentos. A questão de mérito foi devidamente enfrentada pelo colegiado. Assim, satisfeitos os requisitos de exaurimento da instância ordinária e do prequestionamento das questões levantadas, não pode a parte ser prejudicada pela opção do relator de julgar o recurso na Turma, como se de agravo regimental se tratasse, apenas porque não utilizou o nome "agravo regimental". Em conclusão, negou-se provimento ao agravo regimental, mantida a negativa de seguimento do recurso especial, contudo por outro fundamento – impossibilidade da análise das circunstâncias de fato da causa, consoante o disposto na Súm. n. 7 desta Corte, visto que o acórdão recorrido conclui terem sido preenchidos todos os requisitos legais (art. 475-O) para a dispensa de caução em execução provisória de dívida alimentar. **AgRg no Ag 1.341.584-PR, Rel. Min. Maria Isabel Gallotti, julgado em 19/4/2012.** (Inform. STJ 495)

DIREITO PROCESSUAL CIVIL. COMPROVAÇÃO DE DISSÍDIO JURISPRUDENCIAL EM RESP.

Os julgados da justiça especializada não servem à demonstração de dissídio jurisprudencial para a apreciação em sede de recurso especial, haja vista que seus órgãos não estão sujeito à jurisdição do STJ. Precedentes citados: REsp 989.912-RS, DJe 23/10/2012, e REsp 824.667-PR, DJ 11/9/2006. **AgRg no REsp 1.344.635-SP, Rel. Min. Maria Isabel Gallotti, julgado em 20/11/2012.** (Inform. STJ 510)

EXUMAÇÃO. EXAME. DNA.

Como consabido, a jurisprudência acolhe a exumação para fins de exame de DNA. Assim, o agravante não logrou comprovar a presença do *fumus boni iuris* e do *periculum in mora* a ponto de autorizar o processamento do especial retido (art. 542, § 3º, do CPC) que busca impedir tal providência. Precedentes citados: AgRg no Ag 1.159.165-MG, DJe 4/12/2009; MC 17.554-DF, DJe 30/3/2011; AgRg no Ag 595.766-RJ, DJ 17/12/2004; Ag 436.704-SP, DJ 18/8/2003; AgRg na MC 2.430-PR, DJ 18/12/2000, e AgRg na Pet 7.942-DF, DJe 17/9/2010. **AgRg na Pet 8.321-DF, Rel. Min. Massami Uyeda, julgado em 5/4/2011.** (Inform. STJ 468)

RESP. VIOLAÇÃO. SÚMULAS. STJ.

A Turma não conheceu do recurso, reiterando ser cediço que não cabe recurso especial fundado em alegação de violação de verbete sumular, por não se enquadrar no conceito de lei federal conforme está previsto no art. 105, III, da CF/1988. Precedentes citados: REsp 1.208.055-RJ, DJe 28/10/2010; AgRg no Ag 1.304.587-CE, DJe 7/10/2010, e REsp 1.151.121-RJ, DJe 26/8/2010. **REsp 1.230.704-SP, Rel. Min. Mauro Campbell Marques, julgado em 1º/3/2011.** (Inform. STJ 465)

LIQUIDAÇÃO. SENTENÇA. JUROS. MORA. MATÉRIA. ORDEM PÚBLICA.

No caso, trata-se de saber se, na ausência da interposição de recurso especial da parte interessada, poderia este Superior Tribunal, quando do julgamento do recurso intentado pela outra parte, alterar, além do valor da indenização – que foi objeto do recurso –, o termo inicial dos juros moratórios que haviam sido fixados na sentença reformulada. A Turma entendeu que os juros moratórios constituem matéria de ordem pública, por isso sua aplicação, alteração ou modificação do termo inicial, de ofício, quando inaugurada a competência deste Superior Tribunal, não enseja *reformatio in pejus*. Assim, a Turma rejeitou os embargos. Precedente citado: AgRg no Ag 1.114.664-RJ, DJe 15/12/2010. **EDcl nos EDcl no REsp 998.935-DF, Rel. Min. Vasco Della Giustina (Desembargador convocado do TJ-RS), julgado em 22/2/2011.** (Inform. STJ 464)

PROCURAÇÃO. INADMISSÃO. RESP. PUBLICAÇÃO.

As duas partes interpuseram recurso especial contra o acórdão do TJ. O primeiro recurso foi admitido, mas o segundo não o foi por falta de procuração do causídico e inexistência da comprovação eficaz da divergência. Sucede que essa decisão de inadmissão não foi publicada e o recorrente, após a subida dos autos a este Superior Tribunal, pugna pelo retorno deles ao TJ para que possa recorrer daquela decisão. Contudo, estando manifesta a ausência de um dos pressupostos de admissibilidade do REsp (ver Súm. n. 115-STJ), não pode a irregularidade ser sanada nas instâncias ordinárias. Nesse contexto, o retorno dos autos violaria os princípios da celeridade e da eficiência, pois não há como determinar tal providência para permitir a interposição de um agravo que, com certeza, não será provido. Precedente citado: AgRg nos EREsp 967.836-RN, DJe 20/11/2008. **AgRg no REsp 660.805-ES, Rel. Min. Maria Isabel Gallotti, julgado em 17/2/2011.** (Inform. STJ 463)

ERESP. FATOS NOVOS.

A Seção entendeu não ser possível aplicar o art. 462 do CPC em embargos de divergência. Consignou que a referida espécie recursal busca uniformizar a jurisprudência do STJ e não rediscutir a matéria decidida no recurso especial, razão pela qual não cabe a análise de fatos novos surgidos após o julgamento do especial. Precedentes citados: EREsp 163.239-SP, DJe 5/3/2009; AgRg nos EREsp 396.577-RS, DJ 1º/2/2005; AgRg nos EREsp 589.837-SC, DJ 17/12/2004, e EDcl nos EDcl nos EREsp 147.940-DF, DJ 25/9/2006. **EREsp 722.501-SP, Rel. Min. Luis Felipe Salomão, julgados em 27/10/2010.** (Inform. STJ 453)

RESP. SUSPENSÃO. REPETITIVO. ADEQUAÇÃO.

A Turma não conheceu da medida cautelar em que se pretendia o processamento do recurso especial que, segundo a requerente, teria sido indevidamente suspenso pelo tribunal *a quo* nos moldes do art. 543-C, § 1º, do CPC. De acordo com o Min. Relator, a análise direta da adequação entre a matéria tratada no apelo especial e aquela versada no recurso apontado como representativo da controvérsia apenas seria possível em caráter excepcional, após o juízo inicial desse representativo e sua consequente submissão ao órgão colegiado competente, o que ainda não ocorreu na espécie. Asseverou que a decisão do tribunal local que determina a aludida suspensão é, a princípio, irrecorrível, cabendo ao STJ exercer sobre ela um controle diferido, consubstanciado nesse exame inicial. Consignou que a admissão de qualquer forma de insurgência que busque reverter o sobrestamento do recurso especial nos termos determinados pelo art. 543-C do CPC contrariaria a sistemática trazida pela Lei n. 11.672/2008, bem como os preceitos da razoável duração do processo e da celeridade da prestação jurisdicional. Precedente citado: Rcl 3.652-DF, DJe 4/12/2009. **MC 17.226-RJ, Rel. Min. Massami Uyeda, julgado em 5/10/2010**. (Inform. STJ 450)

PREPARO. RATIFICAÇÃO. RESP.

Na espécie, a embargante interpôs o recurso especial antes da publicação do acórdão dos embargos de declaração e recolheu o porte da remessa e retorno, como exige a lei. Depois, ratificou as razões do referido recurso em momento oportuno, quando, então, nova lei exigia, também, o pagamento das custas, o que não foi realizado. Assim, a Turma entendeu que a petição de ratificação apenas reitera as razões já esboçadas no recurso interposto, não havendo necessidade do recolhimento de novas custas ou de comprovação do preparo já efetuado quando da interposição do recurso. Considera-se como data da interposição do recurso o dia do protocolo da petição que contém as razões do especial, e não a data do protocolo da petição de ratificação. **EDcl no REsp 1.097.930-RJ, Rel. Min. João Otávio de Noronha, julgados em 22/6/2010**. (Inform. STJ 440)

QO. RECURSO REPETITIVO.

A Corte Especial, ao resolver questão de ordem suscitada pelo Min. Luiz Fux, entendeu, por maioria, que a submissão de um REsp ao regime dos recursos repetitivos (art. 543-C do CPC) determinada por um Ministro não inibe que outros recursos de igual teor sejam também submetidos a esse regime por indicação de outros Ministros. **Questão de Ordem Especial, Presidente Min. Cesar Asfor Rocha, julgada em 4/11/2009.** (Inform. STJ 414)

ERESP. REGRA TÉCNICA. RESP.

A Seção reiterou que, nos embargos de divergência, descabe discutir o acerto de regra técnica referente ao conhecimento do REsp quanto à análise do prequestionamento ou à aplicação da Súmula n. 7-STJ. Precedentes citados: EREsp 260.691-RS, DJ 18/2/2008, e AgRg nos EREsp 799.589-SP, DJe 27/5/2008. **EREsp 626.687-RN, Rel. Min. João Otávio de Noronha, julgados em 14/10/2009.** (Inform. STJ 411)

IPTU. CONDOMÍNIO. LEI LOCAL. RESP.

A Turma decidiu que o recurso especial é via imprópria para analisar lei local com base na qual pretende o recorrente responsabilizar o condomínio pelo pagamento de IPTU, por ter omitido informações sobre os condôminos. Precedentes citados: AgRg no REsp 1.077.997-SP, DJe 12/11/2008, e AgRg no REsp 658.292-RJ, DJ 31/8/2007. **REsp 1.056.719-DF, Rel. Min. Eliana Calmon, julgado em 18/8/2009.** (Inform. STJ 403)

RESP. RETENÇÃO.

A Turma negou provimento ao agravo regimental, reafirmando que não há prejuízo na retenção de recurso especial que verse sobre condições da ação, matéria discutida em agravo de instrumento. Na hipótese, o acórdão recorrido considerou que deveria ser remetido para a sentença o exame das condições da ação. Ademais a jurisprudência deste Tribunal firmou que, havendo dúvida razoável a depender de prova futura, é lícito ao Tribunal de origem converter agravo de instrumento em agravo retido, remetendo a discussão para o momento da sentença, quando já devidamente instruído todo o processo. Precedente citado: REsp 34.729-SP, DJ 14/10/1996. **AgRg na Pet 7.267-SP, Rel. Min. Nancy Andrighi, julgado em 6/8/2009.** (Inform. STJ 401)

RESP. PREQUESTIONAMENTO.

Não se desconhece o fato de que o STF, ao julgar RE, prestigiou o enunciado n. 356 de sua súmula, ao considerar prequestionada matéria constitucional pela simples interposição de EDcl (prequestionamento ficto). Sucede que, como consabido, o STJ possui entendimento diverso, pois tem como satisfeito o prequestionamento quando o tribunal *a quo* emite juízo de valor a respeito da tese defendida no especial. Assim, aqui é imprescindível a demonstração de que aquele tribunal apreciou a tese à luz da legislação federal enumerada no especial, quanto mais se opostos embargos de declaração. Daí que, se o tribunal *a quo* rejeita os embargos sem apreciar a tese, o respectivo especial deve necessariamente indicar como violado o art. 535 do CPC, com a especificação objetiva do que é omisso, contraditório ou obscuro sob pena de aplicação da Súm. n. 211-STJ. Com a reiteração desse entendimento, a Turma não conheceu do REsp, apesar de o advogado, da tribuna, trazer a alegação de que, no caso, há matéria de ordem pública (a inexistência de citação) não sujeita à preclusão, de acordo com recente precedente da Corte Especial. Anote-se que o Min. Mauro Campbell Marques acompanhou a Turma com a ressalva de seu entendimento. Precedentes citados do STF: RE 219.934-SP, DJ 16/2/2001; do STJ: EREsp 978.782-RS, DJe 15/6/2009; REsp 1.095.793-SP, DJe 9/2/2009, e REsp 866.482-RJ, DJ 2/9/2008. **REsp 866.299-SC, Rel. Min. Eliana Calmon, julgado em 23/6/2009 (ver Informativo n. 395).** (Inform. STJ 400)

QO. RECURSO REPRESENTATIVO. CONTROVÉRSIA. ADMISSÃO.

É possível ao STJ refutar o julgamento nos moldes do art. 543-C do CPC dos processos a ele remetidos por força de as instâncias ordinárias terem reconhecido a existência de representatividade de controvérsia. Da análise dos fundamentos adotados em recente precedente deste Superior Tribunal (REsp 1.061.530-RS), constata-se que, para os efeitos do § 7º do art. 543-C do CPC, a questão de direito idêntica, além de estar selecionada na decisão que instaurou o incidente do processo repetitivo, deve estar expressamente debatida no acórdão recorrido e nas razões do REsp, preenchendo todos os requisitos de admissibilidade: não é possível estabelecer uma tese jurídica vinculativa quando o REsp sequer pode ser admitido naquele particular. Assim, mesmo quanto a esses recursos, há que manter o sistema do duplo juízo de admissibilidade (típico do REsp) no que diz respeito à possibilidade de não conhecimento. Daí que, além de submeter o REsp representativo de controvérsia ao colegiado, é permitido ao Min. Relator aplicar o art. 557 do CPC e decidi-lo de forma unipessoal quando verificar sua inadmissibilidade, resguardando o julgamento pela Seção ou Corte Especial àqueles que, no seu entender, ultrapassem o juízo de admissibilidade e conduzam ao exame de mérito, isso na melhor interpretação do art. 2º da Resolução n. 8/2008 do STJ. O que se quer evitar é o desnecessário desgaste de todos que são chamados a manifestar-se nos autos por força do art. 543-C, § 4º, do CPC, além de preservar a função de a Seção ou a Corte Especial unificar a jurisprudência, o que demanda precipuamente o exame do mérito dos temas submetidos. Após a decisão unipessoal, a respectiva coordenadoria deverá comunicar imediatamente a negativa de seguimento do especial ao Tribunal de origem (art. 6º da referida resolução), com o intuito de que recursos assemelhados não fiquem sobrestados desnecessariamente, ou mesmo propiciar àquele tribunal a oportunidade de selecionar e submeter ao STJ outro processo que não tenha os mesmos óbices. Precedente citado: REsp 1.061.530-RS, DJ 27/10/2008. **QO no REsp 1.087.108-MS, Rel. Min. Nancy Andrighi, julgada em 16/2/2009.** (Inform. STJ 384)

RESP. QUESTÕES. ORDEM PÚBLICA.

Em agravo de instrumento interposto para apenas decidir sobre a suspensão da execução de pré-executividade que fora negada pelo juiz, o Tribunal *a quo* apreciou o próprio mérito do incidente contra o recorrente. Diante disso, o Min. Relator afirma que, nesse caso, houve duplo *error in procedendo*: o julgamento *extra petita* e a *reformatio in pejus*, o que acarreta a nulidade. Explica, ainda, que, após superado o juízo de admissibilidade, o REsp comporta efeito devolutivo amplo ao Superior Tribunal para julgar a causa, nos termos do art. 257 do RISTJ (aplicar o direito à espécie) e da Súm. n. 456-STF. Assim, se necessário, cabe, no REsp, enfrentar a matéria prevista no art. 267, § 3º, e no art. 301, § 4º, ambos do CPC. Em outras palavras, a devolutividade do REsp, em nível vertical, engloba efeito translativo consistente na possibilidade atribuída ao órgão julgador de conhecer de ofício as questões públicas, embora, na espécie, o recorrente, nem nos embargos de declaração nem no REsp, não se deu conta do duplo *error in procedendo*. Diante do exposto, a Turma conheceu do REsp para declarar, de ofício, a nulidade do acórdão recorrido, devolvendo os autos ao TJ para que ele renove o julgamento do agravo de instrumento. Precedentes citados: REsp 609.144-SC, DJ 24/5/2004; REsp 641.904-DF, DJ 6/2/2006, e REsp 814.885-SE, DJ 19/5/2006. **REsp 1.011.401-RS, Rel. Min. Teori Albino Zavascki, julgado em 17/2/2009.** (Inform. STJ 384)

RECURSOS REPETITIVOS. ADMISSIBILIDADE. RESP.

O recorrente insurge-se contra o acórdão proferido pelo Tribunal local, invocando a tese de que é ilegítima a incidência do imposto de renda sobre a complementação de aposentadoria, cujas contribuições tenham sido vertidas pelos beneficiários no período de vigência da Lei n. 7.713/1988. Inicialmente, destacou-se que a matéria relativa à incidência de imposto de renda sobre os benefícios de previdência privada auferidos a título de complementação de aposentadoria até o limite do que foi recolhido pelo beneficiário, sob a égide da Lei n. 7.713/1988, encontrava-se sob o regime disposto no art. 543-C do CPC e Res. n. 8/2008 do STJ. O tema foi analisado na Primeira Seção por ocasião do julgamento do REsp 1.012.903-RJ, DJ 13/10/2008. Entretanto, verificou a Min. Relatora que a Lei n. 11.672/2008, que estabeleceu o procedimento para o julgamento de recursos repetitivos no âmbito do Superior Tribunal de Justiça, não afastou a exigência de analisar, no caso concreto, os pressupostos de admissibilidade do recurso especial, constantes do CPC, da Lei n. 8.038/1990 e da CF/1988. Até mesmo porque, se assim dispusesse a referida lei, poderia facilmente incidir em ofensa à CF/1988, que estabelece no seu art. 105, III, os requisitos necessários para o julgamento do recurso especial, como, por exemplo, nas hipóteses de ausência de prequestionamento. E, ainda, transformar o STJ em terceira instância revisora, desvirtuando sua função constitucional. Precedente citado: REsp 1.061.530-RS. **REsp 881.285-RJ, Rel. Min. Eliana Calmon, julgado em 20/11/2008**. (Inform. STJ 377)

RESP. ESGOTAMENTO. INSTÂNCIA ORDINÁRIA.

A Turma negou provimento ao agravo e reiterou o entendimento de que o recurso especial interposto antes do julgamento dos embargos de declaração, ou seja, antes de esgotada a jurisdição prestada pelo Tribunal *a quo*, é prematuro e incabível, por isso ele deve ser reiterado ou ratificado no prazo recursal. *In casu*, o recurso especial interposto pela companhia carbonífera é extemporâneo, uma vez que o acórdão dos embargos de declaração opostos pela União foi publicado em 30/8/2004 e o REsp protocolizado em 20/10/2003 não foi objeto de reiteração após a publicação do referido acórdão. A ausência de interposição de embargos infringentes contra acórdão proferido por maioria de votos configura o não-esgotamento da instância *a quo*, de modo a impedir o manejo do REsp, incidindo, na espécie, a Súm. n. 207-STJ. Precedentes citados: Ag 907.223-SP, DJ 21/2/2008; AgRg no REsp 900.342-RS, DJ 14/12/2007, e AgRg no Ag 859.622-MG, DJ 6/8/2007. **AgRg no REsp 809.999-RJ, Rel. Min. Luiz Fux, julgado em 2/10/2008.** (Inform. STJ 370)

BUSCA. APREENSÃO. AUTOMÓVEL. USO.

Trata-se de recurso em que se aponta ofensa aos arts. 526 e 649 do CPC, em relação a acórdão de TJ que deferiu liminar para busca e apreensão de dois veículos da ré, provendo agravo de instrumento interposto pelo banco. Inicialmente o Min. Relator esclareceu que não é de ser aplicada a regra de retenção, visto que o caso situa-se na excepcionalidade admitida por este Superior Tribunal, ante a possibilidade de perecimento do direito da parte, se se fosse aguardar o término do processo, pois se cuida de medida liminar que retirou os veículos do uso da devedora. Quanto ao art. 526, está correto o acórdão recorrido conforme precedente: "vigente, à época da interposição do agravo de instrumento, qual seja, a antiga redação do art. 526 do CPC, que, na interpretação jurisprudencial do STJ, não exigia, como condição à sua admissibilidade, a comunicação ao órgão julgador prolator da decisão impugnada, o que só veio a mudar com a Lei n. 10.352/2001. Assim, é de ser reformado o acórdão estadual que acolheu, com efeitos modificativos, os embargos declaratórios do agravado, revigorando-se, em conseqüência, a decisão anterior, que deverá ser republicada para facilitar às partes eventual recurso". A situação desses autos também é anterior à alteração introduzida pela Lei n. 10.352/2001. Quanto ao art. 649 do CPC, não assiste razão à recorrente, uma vez que a conclusão do Tribunal estadual, soberano na interpretação dos fatos da causa, vedada ao STJ nos termos da Súm. n. 7-STJ, foi que "[...] não ficou provado o uso destes automóveis no trabalho *laborare*, só para locomoção de pessoas". Portanto, dentro desse pressuposto, não há obstáculo à busca e apreensão, anotando-se que o TJ é hierarquicamente superior ao juízo da vara no qual se processa a ação revisional e que, de toda sorte, a apreciação deste Superior Tribunal está cingida aos autos. Precedente citado: REsp 556.312-SP, DJ 28/2/2005. **REsp 504.532-ES, Rel. Min. Aldir Passarinho Junior, julgado em 24/6/2008.** (Inform. STJ 361)

RESP. ANTECIPAÇÃO. TUTELA. SENTENÇA. MÉRITO.

O REsp interposto contra acórdão que, ao julgar agravo de instrumento, apreciou o pedido de tutela antecipada fica prejudicado pela superveniência de sentença de mérito. Precedentes citados: AgRg no REsp 878.331-PE, DJ 30/4/2008; AgRg no REsp 436.613-SC, DJ 25/10/2007; AgRg no REsp 587.514-SC, DJ 12/3/2007, e REsp 853.349-SP, DJ 25/9/2006. **AgRg no Ag 699.687-DF, Rel. Min. Maria Thereza de Assis Moura, julgado em 5/6/2008.** (Inform. STJ 358)

RESP. RATIFICAÇÃO. EDCL.

O entendimento de que o recurso especial logo interposto necessita ser ratificado após o julgamento de embargos de declaração pelo Tribunal *a quo*, recentemente adotado por este Superior Tribunal, pode ser aplicado a processos em curso. Isso posto, a Corte Especial, por maioria, rejeitou os embargos de divergência. Precedente citado: REsp 776.265-SC, DJ 6/8/2007. **EREsp 933.438-SP, Rel. originário Min. José Delgado, Rel. para acórdão Min. Fernando Gonçalves, julgados em 21/5/2008** (ver Informativos ns. 317, 329 e 333). (Inform. STJ 356)

RESP. INTEMPESTIVIDADE. ATESTADO MÉDICO.

A Turma decidiu que constitui justificativa idônea para a suspensão do prazo recursal a impossibilidade do exercício profissional da única advogada constituída nos autos, uma vez que foi comprovado o impedimento mediante atestado médico. Destacou-se que esse atestado foi apresentado junto com o recurso especial, assim, não se poderia agora cogitar da extemporaneidade do recurso, até porque não há qualquer alegação nas contra-razões ofertadas pelo Fisco. AgRg no **REsp 1.015.392-RJ, Rel. Min. Castro Meira, julgado em 6/5/2008.** (Inform. STJ 354)

RESP. JUNTADA. INSTRUMENTO. PROCURAÇÃO. QO. LAVRATURA. ACÓRDÃO.

A Seção reafirmou, por maioria, que, interposto o recurso especial no Tribunal *a quo*, não há como se dar a posterior juntada do instrumento de procuração do advogado subscritor da peça (salvo o caso de protesto pela juntada tardia previsto em lei, tal como aduzido pelo Min. Castro Meira), certo que, nesse momento, já está esgotada a instância ordinária (ver Súmula n. 115-STJ). Entendeu, também, em questão de ordem, que a lavratura do acórdão dar-se-á pelo primeiro ministro que proferir voto vencedor, obedecida a ordem de votação, e não pelo primeiro a proferi-lo em voto antecipado. **EREsp 899.436-SP, Rel. originário Min. José Delgado, Rel. para acórdão Min. Eliana Calmon, julgados em 14/11/2007.** (Inform. STJ 339)

RESP. EDCL. RATIFICAÇÃO.

Quanto ao recente entendimento da Corte Especial do STJ de que o recurso especial interposto antes do julgamento de embargos de declaração deve ser ratificado posteriormente ao julgamento desses (ver Informativo n. 317), a Turma entendeu, por maioria, não aplicá-lo ao caso à justificativa de que a decisão nos embargos deu-se muito antes daquele julgamento na Corte Especial e não se deve aplicar de forma retroativa à situação posta nos autos. **AgRg no Ag 827.293-RS, Rel. originária Min. Denise Arruda, Rel. para acórdão Min. José Delgado, julgado em 25/9/2007.** (Inform. STJ 333)

RESP. EMBARGOS. DECLARAÇÃO. RATIFICAÇÃO NECESSÁRIA.

A Turma não conheceu do recurso e reiterou o entendimento de que o recurso especial interposto antes do julgamento dos embargos de declaração opostos no Tribunal de origem deve ser ratificado no momento oportuno, sob pena de ser considerado intempestivo. Precedentes citados: REsp 776.265-SC, DJ 6/8/2007; REsp 498.845-PB, DJ 13/10/2003, e REsp 78.230-DF, DJ 19/8/1997. **REsp 797.665-RS, Rel. Min. Eliana Calmon, julgado em 28/8/2007.** (Inform. STJ 329)

RECURSO ESPECIAL. AUSÊNCIA. REITERAÇÃO APÓS EMBARGOS.

Na espécie, a Turma não conheceu de ambos os recursos interpostos em razão de acórdão que manteve sentença que proveu em parte embargos à execução de título judicial oriundo de ações cautelar e declaratória de inexigibilidade de título representativo de contrato de locação de veículos para transporte de empregados. Convém destacar desse julgamento o não-conhecimento do recurso especial da empresa de transportes, o que se deu em virtude de sua prematura interposição, antes do julgamento dos embargos de declaração, e, na quinzena posterior da publicação do acórdão dos aclaratórios, não houve a reiteração desse recurso especial. Destacou o Min. Relator que, nesse caso específico, a lei não determina o *dies a quo* para interposição do recurso especial, mas a norma insculpida no art. 105 da Lei Maior exige o exaurimento da instância ordinária para abertura das vias extraordinárias. Anota que, no julgamento dos embargos de declaração, pode haver alteração do julgado e, ainda que não ocorra, como no caso dos autos, o aresto dos embargos, por seu caráter integrativo, completa a decisão de última instância. Dessa forma, conclui o Min. Relator que é inoportuno o apelo especial interposto contra acórdão atacado por embargos declaratórios, ainda que opostos pela parte adversa, até porque, sem a ciência do inteiro teor da decisão e seus fundamentos, não se pode presumir inconformismo automaticamente. Note-se que essa é a posição firmada na Corte Especial no REsp 776.265-SC, DJ 6/8/2007. Precedente citado: REsp 706.998-RS, DJ 23/5/2005. **REsp 681.227-RS, Rel. Min. Aldir Passarinho Junior, julgado em 16/8/2007.** (Inform. STJ 327)

INTEMPESTIVIDADE. RESP. INTERPOSIÇÃO. PUBLICAÇÃO. EDCL.

Recentemente, a Corte Especial deste Superior Tribunal, na sessão do dia 18 de abril do corrente ano, ao apreciar o REsp 776.265-SC, decidiu que "*por não estarem esgotadas as vias ordinárias, é intempestivo o Recurso Especial interposto antes dos Embargos de Declaração, que tenham sido opostos pelo próprio recorrente do Recurso Especial ou mesmo pelo recorrido*". Porquanto, é inadmissível, por intempestividade, o REsp interposto anteriormente à publicação do acórdão dos Edcl opostos contra o acórdão recorrido, isso porque, somente após a decisão da "última instância" ordinária, é cabível a interposição do apelo extremo (art. 105, I, da CF/1988). Assim, a Turma negou provimento ao agravo por entender que o atual posicionamento dominante do STJ sobre a matéria é contrário à pretensão do recorrente. Precedentes citados: AgRg no Ag 617.242-PR, DJ 23/4/2007, e AgRg no REsp 767.981-RS, DJ 16/4/2007. **AgRg no Ag 825.989-SP, Rel. Min. Herman Benjamin, julgado em 2/8/2007.** (Inform. STJ 326)

RESP. INADMISSÃO. INTEMPESTIVIDADE. ESGOTAMENTO. INSTÂNCIAS ORDINÁRIAS. EDCL.

A tese do recorrente é no sentido de que é tempestivo o recurso especial interposto antes do julgamento dos embargos de declaração opostos pela parte adversa. Porém o Min. Relator desacolheu-a ao entendimento de que, não esgotadas as vias ordinárias, é intempestivo o recurso especial interposto antes do deslinde dos embargos de declaração, tenham sido eles opostos pelo próprio recorrente do recurso especial ou pelo recorrido. Precedente citado: REsp 776.265-SC. **AgRg no Ag 867.458-SP, Rel. Min. Carlos Alberto Menezes Direito, julgado em 24/5/2007.** (Inform. STJ 321)

INTEMPESTIVIDADE. RESP.

Trata-se de processo remetido da Terceira Turma diante da existência de divergência, no âmbito deste Superior Tribunal, quanto à tempestividade do recurso especial interposto na pendência de julgamento de embargos declaratórios opostos pela parte contrária ao acórdão da apelação. Note-se que, no caso, o REsp foi interposto na pendência dos embargos de declaração opostos em fac-símile e registrados bem depois de interposto o REsp. Para o Min. Cesar Asfor Rocha, condutor da tese vencedora, o recurso especial interposto antes do julgamento dos embargos de declaração, ou seja, antes de esgotada a jurisdição prestada pelo tribunal de origem, é prematuro e incabível, por isso ele deve ser reiterado ou ratificado no prazo recursal. Explicou, citando precedente de sua relatoria, que a CF/1988, no art. 105, III, prevê o cabimento do recurso especial em causas decididas em última instância e, nos julgamentos de embargos declaratórios, é possível a alteração do julgado pelo reconhecimento de omissão ou erro material ou, ainda, se não houve nenhuma modificação, o acórdão dos aclaratórios passa a integrar o aresto embargado, formando a última decisão prevista na Constituição. Observou que, nos termos do art. 538 do CPC, os embargos de declaração interrompem o prazo para a interposição de outros recursos por qualquer das partes. Assim, ainda que se considere não ser possível antever se a outra parte irá ou não opor embargos de declaração, não se afasta a intempestividade do recurso especial, pois, com a intimação do julgamento dos aclaratórios, tem o embargado a ciência inequívoca da interrupção do prazo recursal. Logo, caberia ao recorrente, nesse prazo recursal, ratificar o recurso especial interposto prematuramente a fim de viabilizar a via eleita. Para o Min. Relator, tese vencida, a exigência de ratificar o recurso especial somente faria sentido quando os embargos de declaração fossem recebidos com alteração do acórdão embargado ou quando fossem opostos os aclaratórios pelo próprio recorrente, do contrário, permanecendo íntegro o aresto, não fazia sentido exigir-se ratificação. De acordo com o voto-vista do Min. Cesar Asfor Rocha, a Corte Especial, ao prosseguir o julgamento, por maioria, não conheceu do recurso especial. Precedentes citados do STF: AgRg no RE 447.090-SC, DJ 24/6/2005, e AgRg no Ag 601.837-RJ, DJ 24/11/2006; do STJ: REsp 498.845-PB, DJ 13/10/2003; REsp 778.230-DF, DJ 25/4/2006, e REsp 643.825-PB, DJ 24/6/2004. **REsp 776.265-SC, Rel. originário Min. Humberto Gomes de Barros, Rel. para acórdão Min. Cesar Asfor Rocha, julgado em 18/4/2007.** (Inform. STJ 317)

RESP. DISSÍDIO. SÚMULA. STJ.

A Turma reiterou que se torna incabível o REsp fundado na letra c do permissivo constitucional quando se alega o dissídio com súmula do STJ, que é texto abstrato e geral, interpretado para incidir em inúmeras situações. No caso, impossível adentrar a questão da similitude fática entre o caso e os precedentes que deram origem à súmula em questão, esse sim, dissídio possível. Precedentes citados: REsp 724.588-SP, DJ 29/8/2005; REsp 594.981-RJ, DJ 25/4/2005, e AgRg no EREsp 180.792-PE, DJ 27/3/2006. **REsp 786.114-MG, Rel. Min. Aldir Passarinho Junior, julgado em 6/3/2007.** (Inform. STJ 312)

MEDIDA CAUTELAR. EFEITO SUSPENSIVO. RECURSO ESPECIAL. PREPARO. DESERÇÃO. COMPLEMENTAÇÃO. APELAÇÃO.

Prosseguindo o julgamento, a Turma manifestou-se no sentido de que a cessação do efeito suspensivo dado ao recurso especial por meio de decisão cautelar perdura até o trânsito em julgado do referido inconformismo, uma vez que, devido à precariedade das medidas cautelares, qualquer alteração no *status quo*, cabe ao próprio Tribunal o seu reexame, mas nada impede a perda automática de sua eficácia. Outrossim, reconhecida a perda da eficácia da medida cautelar por fato superveniente, perdem substância os requisitos do *periculum in mora* e do *fumus boni iuris*, razão pela qual cabível a nulidade devido à violação do art. 458, II, do CPC. *In casu*, porém, omissos os dispositivos legais quanto ao fato da complementação do preparo ter ocorrido antes que a liminar concedida na medida cautelar fosse expressamente cassada ou houvesse transitado em julgado a decisão referente ao recurso especial. Assim, permanece na íntegra a medida cautelar enquanto não esgotado o recurso especial. Precedentes citados: AgRg no REsp 553.491-CE, DJ 2/8/2004; AgRg na MC 6.725-RJ, DJ 24/10/2005, e REsp 320.681-DF, DJ 8/4/2002. **REsp 908.282-SP, Rel. Min. Jorge Scartezzini, julgado em 15/2/2007.** (Inform. STJ 310)

SÚMULA STJ Nº 418

É inadmissível o recurso especial interposto antes da publicação do acórdão dos embargos de declaração, sem posterior ratificação.

SÚMULA STJ Nº 320

A questão federal somente ventilada no voto vencido não atende ao requisito do prequestionamento.

SÚMULA STJ Nº 211

Inadmissível recurso especial quanto à questão que, a despeito da oposição de embargos declaratórios, não foi apreciada pelo tribunal a quo.

SÚMULA STJ Nº 207

É inadmissível recurso especial quando cabíveis embargos infringentes contra o acordão proferido no tribunal de origem.

SÚMULA STJ Nº 126

É inadmissível recurso especial, quando o acórdão recorrido assenta em fundamentos constitucional e infraconstitucional, qualquer deles suficiente, por si só, para mantê-lo, e a parte vencida não manifesta recurso extraordinário.

SÚMULA STJ Nº 123

A decisão que admite, ou não, o recurso especial deve ser fundamentada, com o exame dos seus pressupostos gerais e constitucionais.

SÚMULA STJ Nº 86

Cabe recurso especial contra acordão proferido no julgamento de agravo de instrumento.

SÚMULA STJ Nº 83

Não se conhece do recurso especial pela divergência, quando a orientação do tribunal se firmou no mesmo sentido da decisão Recorrida.

SÚMULA STJ Nº 13

A divergência entre julgados do mesmo tribunal não enseja recurso especial.

SÚMULA STJ Nº 7

A pretensão de simples reexame de prova não enseja recurso especial.

SÚMULA STJ Nº 5

A simples interpretação de cláusula contratual não enseja recurso especial.

11.7. Recurso Extraordinário

RE: ADMISSIBILIDADE E PROTOCOLO ILEGÍVEL

A 1ª Turma, por maioria, deu provimento a agravo regimental interposto de decisão do Min. Eros Grau, que negara seguimento a recurso extraordinário, do qual relator, por não constar protocolo na petição recursal. O Min. Luiz Fux, relator, considerou não ser possível sobrepujar esse aspecto formal do carimbo de protocolo ilegível em detrimento do direito quase que natural e inalienável de recorrer ao STF. Reputou inadmissível o particular sofrer prejuízo por força da máquina judiciária, que não efetuara o carimbo de forma apropriada. Em acréscimo, o Min. Marco Aurélio salientou que o recurso, na origem, teria sido considerado tempestivo, haja vista que o Presidente do tribunal *a quo* determinara o seu processamento. Vencido o Min. Dias Toffoli, que negava provimento ao recurso. **RE 611743 AgR/PR, rel. Min. Luiz Fux, 25.9.2012. (RE-611743) (Inform. STF 681)**

PEDIDO DE JUSTIÇA GRATUITA NA FASE RECURSAL - 1

A 1ª Turma iniciou julgamento de agravo regimental contra decisão que desprovera agravo de instrumento manejado de decisão que, ante a ausência de preparo, inadmitira, na origem, recurso extraordinário no qual requerida a assistência judiciária gratuita no ato de sua interposição. Na espécie, a agravante alega ofensa ao devido processo legal. O Min. Dias Toffoli manteve a decisão agravada. Afirmou que o pedido de justiça gratuita deveria ter sido deduzido em consonância com o disposto no art. 6º da Lei 1.060/50 ("*O pedido, quando formulado no curso da ação, não a suspenderá, podendo o juiz, em face das provas, conceder ou denegar de plano o benefício de assistência. A petição, neste caso, será autuada em separado, apensando-se os respectivos autos aos da causa principal, depois de resolvido o incidente*"). Destacou que o requerimento de justiça gratuita, quando realizado na primeira oportunidade, deveria ser processado nos próprios autos principais e, se formulado posteriormente, autuado em apenso, com intimação da parte contrária para contestar. Concluiu que, ao postular a gratuidade na fase recursal, a agravante deveria tê-lo feito por meio de petição autônoma, a ser autuada em apartado, e não como simples preliminar de recurso endereçado a outra Corte, como se dera. Em divergência, os Ministros Luiz Fux e Marco Aurélio proveram o recurso por entenderem cabível deferir-se a gratuidade antes da interposição ou como um pleito embutido na petição de recurso extraordinário, salvo se houver fraude, como, por exemplo, quando a parte não efetua o preparo e, depois, requer que se releve a deserção. Esse último admitia ser plausível alguém que, até então, podia custear as despesas processuais não ter mais condições de providenciar preparo, o que teria força declaratória a retroagir ao período próprio à interposição do recurso no qual pleiteada a assistência judiciária. Após, pediu vista a Min. Cármen Lúcia. AI 652139 AgR/MG, rel. Min. Dias Toffoli, 13.9.2011. (AI-652139)

PEDIDO DE JUSTIÇA GRATUITA NA FASE RECURSAL - 2

Em conclusão, a 1ª Turma, por maioria, deu provimento a agravo regimental interposto de decisão que desprovera agravo de instrumento manejado de decisão que, ante a ausência de preparo, inadmitira, na origem, recurso extraordinário no qual requerida a assistência judiciária gratuita no ato de sua interposição — v. Informativo 640. Entendeu-se cabível deferir-se a gratuidade antes da interposição ou como pleito embutido na petição de recurso extraordinário, salvo se houvesse fraude, como, por exemplo, quando a parte não efetuasse o preparo e, depois, requeresse que se relevasse a deserção. Afirmou-se plausível alguém que, até então, pudesse custear as despesas processuais não possuir mais condições de providenciar preparo, o que teria força declaratória a retroagir ao período próprio à interposição do recurso no qual pleiteada a assistência judiciária. Vencido o Min. Dias Toffoli, relator, que negava provimento ao recurso. Destacava que o requerimento de justiça gratuita, quando realizado na primeira oportunidade, deveria ser processado nos autos principais e, se formulado posteriormente, autuado em apenso, com intimação da parte contrária para contestar. **AI 652139 AgR/MG, rel. orig. Min. Dias Toffoli, red. p/ o acórdão Min. Marco Aurélio, 22.5.2012**. (AI-652139) (Inform. STF 667)

RE N. 455.271-RO
RELATOR: MIN. MARCO AURÉLIO

RECURSO EXTRAORDINÁRIO – MATÉRIA LEGAL. O recurso extraordinário não é meio próprio a alcançar-se exame de controvérsia equacionada sob o ângulo estritamente legal. (Inform. STF 621)

RATIFICAÇÃO DE RE APÓS A OPOSIÇÃO DE ED

É necessário ratificação do recurso extraordinário interposto de aresto do qual se haja sucumbido quando houver oposição de embargos de declaração pela parte contrária. Com base nessa orientação, a 1ª Turma, por maioria, desproveu agravo regimental interposto contra decisão do Min. Ricardo Lewandowski que negara seguimento a agravo de instrumento, do qual relator, ante a intempestividade do recurso extraordinário. Vencidos os Ministros Marco Aurélio e Luiz Fux que proviam o regimental. O primeiro entendia que o recorrente não poderia aguardar o manuseio dos embargos de declaração pela parte contrária e que o apelo extremo somente ficaria prejudicado se no julgamento dos embargos declaratórios houvesse alteração do objeto do recurso. O segundo ressaltava que se deveria interpretar em favor do recorrente o fato de o CPC estabelecer que os embargos de declaração interrompem o prazo para interposição de qualquer recurso por qualquer das partes. Assim, o recorrente teria mais tempo para interpor o recurso e não estaria obrigado a esperar o julgamento dos embargos de declaração se a solução judicial estiver clara. AI 742611 AgR/SP, rel. Min. Ricardo Lewandowski, 23.3.2011. (AI-742611) (Inform. STF 620)

PROCESSAMENTO DE RE TRANCADO NA ORIGEM - 1

A Turma iniciou julgamento de agravo regimental interposto contra decisão do Min. Ricardo Lewandowski que negara seguimento a agravo de instrumento, do qual relator, em que se pretende a subida de recurso extraordinário apresentado em face de acórdão do STJ, o qual provera recurso ordinário em mandado de segurança para devolver os autos ao tribunal de justiça local, a fim de que esse decidisse à luz do devido processo legal. Trata-se, na origem, de *writ* impetrado pela ora agravada contra ato de Presidente de Turma Recursal dos Juizados Especiais no qual se alega a incompetência dos Juizados para apreciação do feito, dado que o valor discutido ultrapassaria o teto legalmente estabelecido (Lei 9.099/95, art. 3º, I). A Corte estadual denegara a segurança ao entendimento de que não seria dela a competência para processar e julgar mandado de segurança contra decisão proferida por Presidente de Turma Recursal dos Juizados Especiais. Ocorre que, no julgamento do recurso ordinário, o STJ assentara, ante as peculiaridades do caso, o cabimento do *writ* como forma de controle de competência dos Juizados Especiais. O ora agravante reitera a tese de não adequação do mandado de segurança, mas sim de recurso extraordinário para o objetivo pretendido pela agravada, bem como sustenta: a) o prequestionamento dos temas constitucionais trazidos no extraordinário; b) a violação direta à Constituição; c) a dissonância entre o acórdão recorrido e a jurisprudência do STF; d) a ofensa ao princípio da proteção da coisa julgada e e) o prejuízo do *writ* ante o parcial acolhimento do AI 526768/BA (DJU de 21.10.2005). **AI 666523 AgR/BA, rel. Min. Ricardo Lewandowski, 15.12.2009.** (AI-666523)

PROCESSAMENTO DE RE TRANCADO NA ORIGEM - 2

O Min. Ricardo Lewandowski, relator, manteve a decisão agravada, por reputar que o agravante não aduzira novos argumentos capazes de infirmar as razões nela expendidas. Enfatizou que, consoante já assinalado na decisão impugnada, a apreciação dos temas constitucionais dependeria do prévio exame de normas infraconstitucionais (Leis 9.099/95 e 1.533/51), o que poderia consubstanciar, quando muito, ofensa indireta à Constituição. No tocante ao argumento de que o acórdão recorrido estaria em desacordo com a orientação firmada pelo STF, mais especificamente com o que decidido no MS 24691 QO/MG (DJU de 24.6.2005), aduziu cuidar-se de questões distintas — uma vez que no precedente mencionado debatia-se a competência originária do STF para processar e julgar mandado de segurança voltado contra ato de Turma Recursal e, na presente situação, a matéria se refere à possibilidade do uso do *writ* para discutir competência dos Juizados Especiais para processar e julgar determinada causa —, concluindo, no tópico, pela ausência de conflito. Rejeitou, de igual modo, a alegação de transgressão à coisa julgada, porquanto a análise acerca dos limites de tal instituto demandaria exame de normas infraconstitucionais, incabíveis na via eleita. Por derradeiro, afirmou inexistir prejuízo do mandado de segurança ante o parcial provimento do AI 526768/BA, dado que permaneceria o interesse no prosseguimento do feito, que impugna o próprio julgamento da lide pelo Juizado Especial. Em divergência, o Min. Marco Aurélio proveu o regimental para que se acolha o pedido formulado no agravo de instrumento e que se tenha, na pauta da Turma, o recurso extraordinário. Sem adentrar a matéria de fundo e salientando a sua relevância, considerou estar em jogo o sistema constitucional alusivo à atuação dos Juizados Especiais, do tribunal de justiça quanto aos Juizados Especiais e do STJ, que não a tem relativamente aos Juizados Especiais. Após, pediu vista a Min. Cármen Lúcia. **AI 666523 AgR/BA, rel. Min. Ricardo Lewandowski, 15.12.2009.** (AI-666523)

PROCESSAMENTO DE RE TRANCADO NA ORIGEM - 3

Em conclusão, a 1ª Turma, por maioria, proveu agravo regimental para que seja julgado recurso extraordinário. Tratava-se, na espécie, de agravo regimental contra decisão monocrática do Min. Ricardo Lewandowski, que negara seguimento a agravo de instrumento no qual pretendida a subida do apelo extremo, apresentado contra acórdão do STJ, o qual provera recurso ordinário em mandado de segurança para devolver os autos ao tribunal local. Na origem, a ora agravada impetrara writ contra ato de Presidente de Turma Recursal dos Juizados Especiais no qual alegada a incompetência dos Juizados para apreciação do feito, dado que o valor discutido ultrapassaria o teto legalmente estabelecido (Lei 9.099/95, art. 3º, I) — v. Informativo 572. Sem adentrar a matéria de fundo e ao salientar a sua relevância, considerou-se estar em jogo o sistema constitucional alusivo à atuação dos Juizados Especiais, à do tribunal de justiça quanto aos Juizados Especiais e à do STJ, que não a tem relativamente aos Juizados Especiais. Vencido o relator, que negava provimento ao agravo regimental. **AI 666523 AgR/BA, rel. orig. Min. Ricardo Lewandowski, red. p/ acórdão Min. Marco Aurélio, 26.10.2010.** (AI-666523) (Inform. STF 606)

RE: EFEITO SUSPENSIVO E PEDIDO DE CONTRA-CAUTELA - 1

A Turma, resolvendo questão de ordem, deferiu pedido de contra-cautela para revogar efeito suspensivo concedido pelo tribunal de origem a recurso extraordinário cuja matéria de fundo envolve a análise da possibilidade ou não de compensação de débitos contraídos pelo consumo de energia elétrica. Tratava-se, na espécie, de ação cautelar ajuizada pela Companhia Energética de Pernambuco – CELPE contra a decisão que atribuíra efeito suspensivo a recurso extraordinário interposto, simultaneamente com recurso especial, de acórdão do tribunal de justiça local que mantivera decisão que reformara sentença em que determinada a manutenção, pela requerente, do fornecimento de energia elétrica à requerida até a solução do litígio. Naquela oportunidade, a requerente havia sustentado a incompetência da justiça comum estadual para analisar o feito, haja vista que a União manifestara seu interesse em ingressar na lide como assistente litisconsorcial da ELETROBRÁS, porquanto envolvidos na pretendida compensação títulos emitidos por essa sociedade anônima. AC 1775 QO/PE, rel. Min. Gilmar Mendes, 23.10.2007. (AC-1775)

RE: EFEITO SUSPENSIVO E PEDIDO DE CONTRA-CAUTELA - 2

Ressaltando a peculiaridade do caso, aduziu-se que a hipótese envolveria típico pedido de contra-cautela em face da decisão proferida pela instância *a quo*. Inicialmente, afastou-se qualquer óbice ao conhecimento do pleito, tendo em vista que, instaurada a jurisdição cautelar do STF, após a decisão do tribunal de origem que admite o processamento do recurso extraordinário, cabe a esta Corte reexa-minar os pressupostos para a concessão de medidas acautelatórias que visem assegurar a eficácia de sua decisão final. Enfatizou-se que o Supremo não fica vinculado à apreciação do *fumus boni iuris* e do *periculum in mora* realizado pelo tribunal *a quo*. Quanto ao fato de a decisão recorrida ser, também, objeto de recurso especial, pendente de apreciação pelo STJ — em que suspensa a execução da decisão que lhe concedera efeito suspensivo —, considerou-se a jurisprudência firmada pelo STF no sentido de que o exame, por ele feito, da medida cautelar em recurso extraordinário independe da existência de decisão definitiva do STJ em recurso especial interposto contra o mesmo acórdão. Assim, entendeu-se indiscutível a plausibilidade jurídica do pedido formulado, porque tanto o recurso especial quanto o extraordinário não apresentam chances de serem providos, já que ambas as Cortes possuem orientação consolidada sobre competir somente à justiça federal apreciar o interesse da União em determinada ação judicial. Por conseguinte, concluiu-se pela ausência de razões para a manutenção do efeito suspensivo concedido pelo tribunal de origem ao recurso extraordinário. Precedentes citados: Rcl 1509/PR (DJU de 6.9.2001); AC 639 QO/SP (DJU de 17.2.2006); AC 649 QO/SP (DJU de 14.10.2005); AC 352 QO/PI (DJU de 2.12.2005); RE 144880/DF (DJU de 2.3.2001); RE 206497/SC (DJU de 3.3.2000); RE 170289/SP (DJU de 27.3.98). AC 1775 QO/PE, rel. Min. Gilmar Mendes, 23.10.2007. (AC-1775) (Inform. STF 485)

RE CONTRA DECISÃO INTERLOCUTÓRIA E RETENÇÃO

A Turma, resolvendo questão de ordem, referendou decisão proferida pelo Min. Celso de Mello que, por considerar presentes o *periculum in mora* e a plausibilidade jurídica da pretensão, deferira medida liminar, em ação cautelar da qual relator, para determinar que, superada a restrição constante do art. 542, § 3º, do CPC, a Presidência do Tribunal *a quo* formule juízo de admissibilidade, positivo ou negativo, de recurso extraordinário retido nos autos (CPC, art. 542, § 3º: "*O recurso extraordinário, ou o especial, quando interpostos contra decisão interlocutória em processo de conhecimento, cautelar, ou embargos à execução ficará retido nos autos.*"). No caso, o aludido recurso extraordinário fora interposto contra acórdão do TRF da 1ª Região que reputara incabível, nos termos de seu regimento interno, agravo regimental de decisão que confere ou nega efeito suspensivo em agravo de instrumento. Inicialmente, enfatizou-se que esta Corte, em caráter excepcional, tem admitido o afastamento, *hic et nunc*, do art. 542, § 3º, do CPC, em hipóteses nas quais a decisão questionada possa gerar prejuízos processuais irreparáveis ou a prática de atos processuais desnecessários, ou, ainda, quando possa causar à parte lesão grave e de difícil reparação. No ponto, entendeu-se justificado esse afastamento, tendo em conta o teor da decisão recorrida, bem como as razões trazidas pela requerente, no sentido de que a demanda de origem envolveria alegação de incompetência absoluta do juízo (CF, art. 114, I). AC 1801 QO/DF, rel. Min. Celso de Mello, 16.10.2007. (AC-1801) (Inform. STF 484)

ART. 512 DO CPC E CONHECIMENTO DE RECURSO - 3

Em conclusão de julgamento, a Turma manteve decisão monocrática do Min. Eros Grau que negara seguimento a recurso extraordinário, do qual relator, em que se sustentava ofensa aos artigos 102, II, a; 93, IX, e 5º, XXXVI, todos da CF. No caso, interpostos recursos especial e extraordinário contra o acórdão do tribunal local, apenas o primeiro fora admitido e provido, quedando inerte a ora agravante quanto ao último. Os agravados opuseram, então, embargos de divergência, recebidos, para não conhecer do recurso especial. Em contrapartida, a agravante apresentara novo recurso extraordinário contra o acórdão proferido nos embargos de divergência. No presente agravo regimental, alegava, nos termos do art. 512 do CPC, que o acórdão do tribunal estadual fora substituído pelo do REsp, ao abordar a questão constitucional — v. Informativo 444. Entendeu-se que a inércia da agravante implicara a preclusão da matéria constitucional. Assim, o trânsito em julgado das questões constitucionais seria suficiente para a manutenção do acórdão da apelação. Por fim, afirmou-se que o STF tem orientação consolidada no sentido de que da decisão do STJ, no REsp, só se admite RE se a questão constitucional neste levantada é diversa daquela resolvida pela instância ordinária. **RE 458129 AgR/SC, rel. Min. Eros Grau, 14.8.2007**. (RE-458129) (Inform. STF 476)

RE E MENÇÃO EXPLÍCITA A DISPOSITIVO

A menção expressa ao dispositivo constitucional que autoriza a interposição de recurso extraordinário não se revela essencial, desde que seja possível verificar-se qual o fundamento veiculado nos autos. Com base nessa orientação, a Turma proveu agravo regimental em agravo de instrumento interposto contra decisão que, com base no art. 321 do RISTF ("*O recurso extraordinário para o Tribunal será interposto no prazo estabelecido na lei processual pertinente, com indicação do dispositivo que o autorize, dentre os casos previstos nos artigos 102, III, a, b, c, e 121, § 3º, da Constituição Federal.*"), negara seguimento a recurso extraordinário em que o recorrente não apontara preceito e alínea em que embasado seu apelo. AI 630471 AgR/SP, rel. Min. Eros Grau, 5.6.2007. (AI-630471) (Inform. STF 470)

EFEITO SUSPENSIVO EM RE E INDÚSTRIA DE CIGARROS

A Turma referendou decisão do Min. Marco Aurélio, relator, que deferira medida cautelar em ação cautelar proposta por empresa fabricante de cigarros para conceder efeito suspensivo a recurso extraordinário, já em tramitação na Corte, em que se alega ofensa aos artigos 5º, LIV e LV; 37, § 6º e 98, todos da CF. Sustenta a recorrente a incompetência absoluta de juizado especial cível para o julgamento de ação promovida para tratamento de dependência causada pelo cigarro, ao fundamento de que a causa não seria de menor complexidade, apesar do baixo valor atribuído pela parte; ofensa aos princípios do contraditório e da ampla defesa, porquanto fora privada da oportunidade de provar suas alegações; violação ao devido processo legal, por inversão do ônus da prova, bem como inadequada aplicação da regra constitucional da responsabilidade civil objetiva do Estado em relação de consumo. Entendeu-se que a matéria envolvida no caso conduziria a questionamentos que extravasam a simplicidade processual e a dinâmica dos juizados especiais cíveis. AC 1590 MC/SP, rel. Min. Marco Aurélio, 26.4.2007. (AC-1590) (Inform. STF 464)

AR. VIOLAÇÃO. DISPOSIÇÃO. LEI.

O autor, entre outras questões, alega violação do art. 485, II, do CPC, uma vez que criou um hiato jurisdicional a decisão do STF que não conheceu do recurso extraordinário por considerar que a violação do dispositivo constitucional tem por pressuposto a revisão de interpretação dada às leis ordinárias, pois o acórdão rescindendo do STJ não conheceu do recurso por se tratar de matéria constitucional. Com efeito, a incompetência absoluta do juízo é vício processual que acarreta a nulidade da decisão, podendo ser arguida, inclusive, após o trânsito em julgado, conforme dispõe o art. 485, II, do CPC. Porém, para o Min. Relator, essa não era a hipótese dos autos, visto que o acórdão rescindendo, ou seja, o acórdão que não conheceu do recurso especial, foi proferido por autoridade competente, que não exorbitou de suas atribuições. Embora o Superior Tribunal não tenha explicitado, no acórdão rescindendo, a falta de prequestionamento dos arts. 333, I, do CPC e 159, 1.059 e 1.060 do CC/1916, sinalizou que o tribunal de origem havia alicerçado seu fundamento no art. 7º, XXVII, da CF/1988. Assim, ainda que o STF não tenha conhecido do RE interposto pela parte porquanto a ofensa à Constituição, se ocorresse, seria reflexa, isso não significa que o Superior Tribunal deveria ter conhecido do especial simultaneamente interposto, não havendo nenhuma nulidade na decisão antes proferida. No caso, em que pese o argumento do autor de que este Superior Tribunal deixou de conhecer do recurso especial fundado nas alíneas a e c do art. 105 da CF/1988 por entender que o julgado de origem se lastreou em base constitucional, embora o acórdão recorrido possuísse, também, fundamento infraconstitucional, não opôs o então recorrente embargos de declaração contra a omissão alegada, transitando em julgado o acórdão. Ademais, pretendia o autor apenas a rediscussão da matéria, não trazendo elementos suficientes que demonstrassem ter havido violação literal de dispositivo de lei. Os votos vencidos entenderam não ter havido julgamento de mérito neste Superior Tribunal nem no STF, com o que a última decisão de mérito, aquela a ser rescindida, é do Tribunal de Justiça, daí, extinguiam o processo sem julgamento de mérito, nos termos do art. 267, VI, do CPC. Assim, a Seção rejeitou as preliminares e, por maioria, julgou improcedente a rescisória. **AR 1.277-SP, Rel. Min. Luis Felipe Salomão, julgada em 8/6/2011.** (Inform. STJ 476)

AGRG. INDEFERIMENTO. EFEITO SUSPENSIVO. RECURSO EXTRAORDINÁRIO. VICE-PRESIDENTE.

A Corte Especial, ao prosseguir o julgamento, por maioria, entendeu que é cabível pedido de medida cautelar para obtenção de efeito suspensivo, mesmo em se tratando de recurso extraordinário sobrestado por tratar de matéria de repercussão geral (art. 543-B, § 1º, do CPC), tendo o presidente ou o vice-presidente do Tribunal recorrido competência para a decisão da referida medida (Súm. n. 634-STF). Segundo a jurisprudência do STF, as denominadas medidas cautelares para dar efeito suspensivo ao recurso extraordinário não têm natureza de ação cautelar autônoma, mas de mero incidente no processamento do recurso. Logo, as decisões a respeito, como as relacionadas à retenção ou não do recurso extraordinário (art. 542, § 3º, do CPC) inserem-se no âmbito genérico do juízo prévio de admissibilidade, que, pela lei processual, devem ser proferidas pelo presidente ou vice-presidente (art. 541 do CPC), que nessa condição atuam como órgão delegado do STF. Por conseguinte, das decisões do vice-presidente do STJ proferidas no âmbito do juízo prévio de admissibilidade do recurso extraordinário não cabe agravo regimental, inclusive as que dizem respeito à retenção ou não do recurso (art. 542, § 3º, do CPC) ou à concessão ou não de efeito suspensivo. Precedentes citados do STF: QO na AC 2.177-PE, DJ 20/2/2009; Ag na Pet 1.440-PE, DJ 29/5/1998; QO na Pet 2.466, DJ 26/4/2002; do STJ: AgRg no RE no Ag 890.875-BA, DJ 17/3/2008. **AgRg na MC 14.639-AL, Rel. Min. Ari Pargendler, julgado em 6/5/2009.** (Inform. STJ 393)

RESP. INTERPOSIÇÃO. AG. RE.

Em sede de especial, quando a matéria lastreia-se tanto no fundamento constitucional quanto no infraconstitucional, é válida a exigência de que se comprove a interposição de agravo de instrumento que objetive a admissão de RE (Súm. n. 126-STJ). A lista de documentos constante do art. 544, § 1º, do CPC é puramente exemplificativa. Precedentes citados: AgRg no Ag 751.927-RJ, DJ 26/6/2006, e Ag 640.036-RJ, DJ 2/8/2005. **AgRg no Ag 472.263-SP, Rel. Min. Humberto Martins, julgado em 11/12/2007.** (Inform. STJ 342)

DIREITO PROCESSUAL CIVIL. JUÍZO DE RETRATAÇÃO EM RECURSO EXTRAORDINÁRIO SOBRESTADO NA ORIGEM. EXIGÊNCIA DE PRÉVIO EXAME DE ADMISSIBILIDADE.

O juízo de retratação em recurso extraordinário sobrestado na origem para aguardar o julgamento do representativo da controvérsia, previsto no art. 543-B, § 3º, do CPC, está condicionado ao prévio exame de admissibilidade recursal. Por mais que o objetivo da repercussão geral seja consolidar o exame da matéria num único julgamento considerando todas as premissas relacionadas ao tema e, além disso, que se defenda a objetivação do controle difuso, com a extensão dos efeitos do julgamento do recurso extraordinário para além dos litigantes, mesmo as ações objetivas, guardadas as devidas adaptações, sujeitam-se às condições da ação e aos pressupostos processuais e, pois, qualquer recurso, inclusive aqueles sobrestados na origem, devem se sujeitar ao juízo de admissibilidade. Em verdade, se a pretensão do recorrente estiver maculada no plano da existência ou da validade, o órgão responsável pelo julgamento não poderá apreciar o conteúdo da postulação. A leitura atenta do artigo 328-A do RISTF permite verificar que tal dispositivo impõe a emissão do juízo de admissibilidade pelo Tribunal de origem sobre o recurso extraordinário sobrestado, assim que o STF decida o mérito do recurso representativo da controvérsia. Dessa forma, o tribunal de origem não emitirá exame de admissibilidade sobre os recursos extraordinários interpostos até o julgamento do mérito do *leading case*, mas, uma vez julgado o recurso representativo da controvérsia, deverá proceder a essa análise, que, aliás, precede o julgamento de qualquer apelo em qualquer instância, por força de expressa previsão legal – art. 542, §1°, do CPC. Deve ser aplicado o mesmo entendimento adotado pelo STJ de ser inaplicável o regime disposto no art. 543-C do CPC, estabelecido pela Lei n. 11.672/2008, aos recursos especiais que não preencham os requisitos de admissibilidade. **AgRg no AgRg nos EDcl no AgRg no Ag 1.230.236-RS, Rel. Min. Mauro Campbell Marques, julgado em 6/11/2012.** (Inform. STJ 510)

SÚMULA STF Nº 735

Não cabe recurso extraordinário contra acórdão que defere medida liminar.

SÚMULA STF Nº 733

Não cabe recurso extraordinário contra decisão proferida no processamento de precatórios.

SÚMULA STF Nº 640

É cabível recurso extraordinário contra decisão proferida por juiz de primeiro grau nas causas de alçada, ou por turma recursal de juizado especial cível e criminal.

SÚMULA STF Nº 638

A controvérsia sobre a incidência, ou não, de correção monetária em operações de crédito rural é de natureza infraconstitucional, não viabilizando recurso extraordinário.

SÚMULA STF Nº 637

Não cabe recurso extraordinário contra acórdão de tribunal de justiça que defere pedido de intervenção estadual em município.

SÚMULA STF Nº 636

Não cabe recurso extraordinário por contrariedade ao princípio constitucional da legalidade, quando a sua verificação pressuponha rever a interpretação dada a normas infraconstitucionais pela decisão recorrida.

SÚMULA STF Nº 635

Cabe ao presidente do tribunal de origem decidir o pedido de medida cautelar em recurso extraordinário ainda pendente do seu juízo de admissibilidade.

SÚMULA STF Nº 634

Não compete ao Supremo Tribunal Federal conceder medida cautelar para dar efeito suspensivo a recurso extraordinário que ainda não foi objeto de juízo de admissibilidade na origem.

SÚMULA STF Nº 528

Se a decisão contiver partes autônomas, a admissão parcial, pelo presidente do tribunal "a quo", de recurso extraordinário que, sobre qualquer delas se manifestar, não limitará a apreciação de todas pelo Supremo Tribunal Federal, independentemente de interposição de agravo de instrumento.

SÚMULA STF Nº 513

A decisão que enseja a interposição de recurso ordinário ou extraordinário não é a do plenário, que resolve o incidente de inconstitucionalidade, mas a do órgão (câmaras, grupos ou turmas) que completa o julgamento do feito.

SÚMULA STF Nº 456

O Supremo Tribunal Federal, conhecendo do recurso extraordinário, julgará a causa, aplicando o direito à espécie.

SÚMULA STF Nº 454

Simples interpretação de cláusulas contratuais não dá lugar a recurso extraordinário.

SÚMULA STF Nº 432

Não cabe recurso extraordinário com fundamento no art. 101, III, "d", da Constituição Federal, quando a divergência alegada for entre decisões da Justiça do Trabalho.

SÚMULA STF Nº 400

Decisão que deu razoável interpretação à Lei, ainda que não seja a melhor, não autoriza recurso extraordinário pela letra "a" do art. 101, III, da Constituição Federal.

SÚMULA STF Nº 399

Não cabe recurso extraordinário, por violação de Lei federal, quando a ofensa alegada for a regimento de tribunal.

SÚMULA STF Nº 369

Julgados do mesmo tribunal não servem para fundamentar o recurso extraordinário por divergência jurisprudencial.

SÚMULA STF Nº 356

O ponto omisso da decisão, sobre o qual não foram opostos embargos declaratórios, não pode ser objeto de recurso extraordinário, por faltar o requisito do prequestionamento.

SÚMULA STF Nº 299

O recurso ordinário e o extraordinário interpostos no mesmo processo de mandado de segurança, ou de "habeas corpus", serão julgados conjuntamente pelo tribunal pleno.

SÚMULA STF Nº 292

Interposto o recurso extraordinário por mais de um dos fundamentos indicados no art. 101, III, da Constituição, a admissão apenas por um deles não prejudica o seu conhecimento por qualquer dos outros.

SÚMULA STF Nº 291

No recurso extraordinário pela letra "d" do art. 101, III, da Constituição, a prova do dissídio jurisprudencial far-se-á por certidão, ou mediante indicação do "diário da justiça" ou de repertório de jurisprudência autorizado, com a transcrição do trecho que configure a divergência, mencionadas as circunstâncias que identifiquem ou assemelhem os casos confrontados.

SÚMULA STF Nº 286

Não se conhece do recurso extraordinário fundado em divergência jurisprudencial, quando a orientação do plenário do Supremo Tribunal Federal já se firmou no mesmo sentido da decisão recorrida.

SÚMULA STF Nº 285

Não sendo razoável a argüição de inconstitucionalidade, não se conhece do recurso extraordinário fundado na letra "c" do art. 101, III, da Constituição Federal.

SÚMULA STF Nº 284

É inadmissível o recurso extraordinário, quando a deficiência na sua fundamentação não permitir a exata compreensão da controvérsia.

SÚMULA STF Nº 283

É inadmissível o recurso extraordinário, quando a decisão recorrida assenta em mais de um fundamento suficiente e o recurso não abrange todos eles.

SÚMULA STF Nº 282

É inadmissível o recurso extraordinário, quando não ventilada, na decisão recorrida, a questão federal suscitada.

SÚMULA STF Nº 281

É inadmissível o recurso extraordinário, quando couber na justiça de origem, recurso ordinário da decisão impugnada.

SÚMULA STF Nº 280

Por ofensa a direito local não cabe recurso extraordinário.

SÚMULA STF Nº 279

Para simples reexame de prova não cabe recurso extraordinário.

11.8. Temas combinados

QO. DECISÃO MONOCRÁTICA. EDCL. JULGAMENTO COLEGIADO.
A Turma, em questão de ordem (QO), decidiu remeter o julgamento do agravo regimental (AgRg) à Corte Especial. Trata-se do exaurimento da instância nos casos em que os embargos declaratórios (EDcl) interpostos contra decisão monocrática são julgados por meio do colegiado no tribunal *a quo* e do consequente cabimento do recurso especial, visto que não cabe AgRg nem os embargos são recebidos como tal. **QO no AgRg no REsp 1.231.070-ES, Rel. Min. Castro Meira, em 19/5/2011.** (Inform. STJ 473)

AGRG. INTIMAÇÃO. AGRAVADO. DESNECESSIDADE.
A Turma, entre outras questões, rejeitou os embargos de declaração ao entender que, no agravo regimental (AgRg) não há novo recurso, novas razões, mas apenas o pedido de que se submeta a decisão agravada a julgamento no órgão colegiado. Logo, não se afigura nulo o acórdão que dá provimento a agravo regimental sem que antes seja intimada a parte agravada. O processamento do referido recurso está previsto nos arts. 258 e 259 do RISTJ e não há previsão de intimação da parte contrária para apresentar impugnação às razões do agravo regimental. **EDcl no AgRg no Ag 1.322.327-RJ, Rel. Min. João Otávio de Noronha, julgados em 10/5/2011.** (Inform. STJ 472)

ERESP. CABIMENTO.
A Seção, entre outras questões, reiterou o entendimento de que não cabem embargos de divergência entre acórdãos oriundos da mesma Turma, mesmo que sua composição tenha sido alterada. Precedentes citados: AgRg nos EREsp 944.410-RN, DJe 23/3/2009; AgRg na Pet 6.558-SP, DJe 28/10/2008; AgRg nos EREsp 442.774-SP, DJ 21/8/2006, e EREsp 255.378-SC, DJ 13/9/2004. **EREsp 798.264-SP, Rel. Min. Luis Felipe Salomão, julgados em 24/11/2010.** (Inform. STJ 457)

RCL. OPORTUNIDADE. REGULARIZAÇÃO.
A Seção, por maioria, recebeu o pedido de reconsideração de despacho (RCDESP) na reclamação (Rcl) como agravo regimental (AgRg) diante da ausência de previsão legal e lhe negou provimento, entendendo que não se pode abrir oportunidade para a regularização de Rcl mal instruída. Para o Min. Relator, a Rcl com previsão na Res. n. 12/2009-STJ, que não se confunde com a Rcl prevista no art. 105, I, da CF/1988, quanto a sua formação mais se assemelharia ao agravo de instrumento previsto no art. 544 do CPC, no qual não se cogita a abertura de prazo para a juntada posterior de peça essencial. No caso, a reclamante não juntou aos autos a certidão de publicação do acórdão impugnado da turma recursal de juizado especial. **RCDESP na Rcl 4.414-SP, Rel. Min. Raul Araújo Filho, julgada em 10/11/2010.** (Inform. STJ 455)

EAG. MULTA. ART. 557 DO CPC.
Trata-se de embargos de divergência em agravo de instrumento (EAg) nos quais se alegou haver contrariedade entre acórdãos da Quarta e da Segunda Turma deste Superior Tribunal. Nos embargos, aduziu-se que, enquanto o acórdão recorrido reputou ilícita a aplicação da multa do art. 557, § 2º, do CPC em julgamento monocrático do agravo de instrumento, o acórdão paradigma entendeu que essa espécie de sanção só pode ser aplicada pelo órgão colegiado em caso de oposição de agravo regimental. Admitiram-se os embargos por haver, em princípio, dissídio jurisprudencial acerca da competência da relatoria para aplicar a multa de que cuida o referido artigo, no julgamento monocrático do agravo de instrumento. Ao apreciar a causa, inicialmente, observou o Min. Relator que, em regra, os embargos de divergência da competência do STJ só seriam cabíveis quando interpostos contra decisão de Turma que julgar recurso especial, conforme o disposto no art. 546, I, do CPC e art. 266 do RISTJ. Ocorre que, diante da competência atribuída ao relator para decidir monocraticamente o recurso especial (arts. 544, § 3º, e 557, ambos do CPC), a jurisprudência do STJ passou a admitir a interposição dos referidos embargos contra decisão de Turma proferida em sede de agravo regimental, seja nos autos de recurso especial seja nos autos de agravo de instrumento convertido, desde que apreciado o mérito do recurso especial interposto. Ressaltou que, *in casu*, negou-se provimento ao agravo de instrumento tirado da inadmissão do recurso especial ante a vedação do reexame de prova e se aplicou a multa do art. 557, § 2º, do CPC, apresentando-se, desse modo, manifestamente incabíveis os embargos de divergência em que se insurge contra a questão processual surgida no julgamento do agravo (cabimento da multa) que não tem qualquer relação com o mérito do recurso especial. Assim, efetivamente incabíveis os mencionados EAg; a pretendida uniformização de jurisprudência somente há de ter lugar por meio de remessa da controvérsia ao órgão competente nos termos do art. 555, § 1º, do CPC, aplicado analogicamente à espécie. Asseverou, por fim, não se poder invocar precedente que admitiu os EAg nos quais efetivamente se decidiu a questão federal posta a deslinde no REsp, uma vez que isso não ocorreu na hipótese em questão. Diante dessas considerações, entre outras, a Corte Especial, por maioria, não conheceu dos EAg. Precedentes citados: EREsp 158.917-RS, DJ 11/3/2002; EREsp 133.451-SP, DJ 21/8/2000; EREsp 470.509-ES, DJ 23/5/2005; AgRg nos EAg 1.049.915-MG, DJe 29/6/2009, e EAg 931.594-RS, DJe 12/5/2010. **EAg 1.132.430-SC, Rel. Min. Hamilton Carvalhido, julgados em 20/10/2010.** (Inform. STJ 452)

AGRG. PROVIMENTO. AG.
O art. 258, § 2º, do RISTJ não permite agravo regimental da decisão do Min. Relator que der provimento ao agravo de instrumento para a subida do especial não admitido na origem. Contudo, este Superior Tribunal já mitigou o rigor formal desse dispositivo ao permitir a interposição de agravo regimental daquela decisão quando a irresignação referir-se a requisito de admissibilidade do agravo. Porém, no caso, não se alega deficiência quanto à admissibilidade do agravo, mas sim intempestividade do especial, motivo que impõe não se conhecer do agravo regimental. Precedentes citados: AgRg no Ag 1.059.719-SP, DJe 19/8/2009; AgRg no Ag 1.138.702-PB, DJe 24/8/2009; AgRg no Ag 1.122.925-SP, DJe 5/8/2009, e AgRg no Ag 1.120.055-SP, DJe 23/6/2009. **AgRg no Ag 1.161.253-SP, Rel. Min. Hamilton Carvalhido, julgado em 10/11/2009.** (Inform. STJ 415)

MS. DECISÃO JUDICIAL. IRRECORRIBILIDADE PRÁTICA.
O desembargador impetrado, em sucessivas decisões monocráticas, resolutamente entendia ser inviável a apreciação do agravo regimental pelo órgão colegial competente. Assim, mesmo tendo os recorrentes recurso próprio para atacar a decisão, diante da resistência do desembargador em levar o agravo regimental ao julgamento do colegiado, afasta-se a Súm. n. 267-STF em razão da irrecorribilidade prática da decisão da autoridade impetrada. Exigir que os recorrentes manejassem outro recurso após inflexível entendimento do desembargador não é razoável na espécie. A decisão, embora recorrível formalmente, revelou-se, na prática, irrecorrível. Assim, a Turma deu provimento ao recurso para afastar o indeferimento liminar do mandado de segurança e determinou que a Corte *a quo* processe e julgue o *writ*. **RMS 26.867-RJ, Rel. Min. Massami Uyeda, julgado em 15/10/2009.** (Inform. STJ 411)

RCL. CABIMENTO.
A Seção reafirmou que a reclamação não pode ser utilizada como sucedâneo de eventual recurso ou ação rescisória, pois essa hipótese não consta do art. 13 da Lei n. 8.038/1990 nem do art. 187 do RISTJ. Precedentes citados: Rcl 2.912-SP, DJe 13/2/2009; Rcl 2.032-SC, DJe 1º/9/2008, e AgRg na Rcl 2.497-ES, DJe 1º/2/2008. **Rcl 1.463-SP, Rel. Min. Laurita Vaz, julgada em 23/9/2009.** (Inform. STJ 408)

ERESP. HONORÁRIOS ADVOCATÍCIOS.
A Corte Especial reiterou o entendimento de que não há como alterar o *quantum* dos honorários advocatícios em embargos de divergência, uma vez que sua fixação tem como parâmetro situação própria, com as peculiaridades de cada demanda. Sendo assim, aquele recurso não é adequado a este desiderato. **AgRg no EREsp 1.043.976-PR, Rel. Min. Fernando Gonçalves, julgado em 3/12/2008.** (Inform. STJ 379)

IUJ. TURMA NACIONAL DE UNIFORMIZAÇÃO.
A Turma Nacional de Uniformização inadmitiu incidente de uniformização sob o fundamento de impossibilidade de reexaminar fatos e provas naquela via. Assim, não houve exame da questão de direito material, devendo o incidente não ser conhecido, conforme o art. 14, § 4º, da Lei n. 10.259/2001. Precedentes citados: AgRg na Pet 6.080-RJ, DJ 1º/9/2008, e AgRg na Pet 6.297-RJ, DJ 4/8/2008. **AgRg na Pet 6.293-GO, Rel. Min. Felix Fischer, julgado em 5/12/2008.** (Inform. STJ 379)

QO. ACORDO DESCUMPRIDO.
Após o voto do Min. Relator e da formulação de pedido de vista, foi juntada petição da recorrida, noticiando acordo celebrado pelas partes que incluía a desistência dos recursos especiais. Essa desistência, então, foi homologada pela Turma. Sucede que os recorrentes trouxeram aos autos informações de que tal acordo já fora descumprido pela recorrida antes mesmo de que se iniciasse o julgamento dos especiais, daí ser, no mínimo, bastante questionável a prejudicialidade alegada pela recorrida quanto ao prosseguimento do julgamento dos recursos. Diante disso, em questão de ordem suscitada pela Min. Nancy Andrighi, a Turma entendeu reformar a decisão que acolheu a desistência e determinar nova inclusão do processo em pauta. **QO no REsp 681.294-PR, Rel. Min. Carlos Alberto Menezes Direito, em 2/12/2008.** (Inform. STJ 379)

INCIDENTE. UNIFORMIZAÇÃO. JURISPRUDÊNCIA. RECURSO PRÓPRIO.
O pedido de instauração de incidente de uniformização de jurisprudência deve ser decidido durante o julgamento do recurso e não antes, pois não se trata de uma decisão autônoma cujo indeferimento possa levar à sua impugnação por meio de recurso próprio. Ademais, a jurisprudência assente deste Superior Tribunal afirma não ser obrigatória a instauração de incidente de uniformização de jurisprudência por parte do Tribunal. Quando o advogado, insistentemente, ofende os juízes que participaram do processo e que, por qualquer fundamento, proferiram decisões contrárias ao interesse da parte, isso deve ser notificado à OAB para as providências cabíveis. Os argumentos devem ser combatidos com argumentos e não com ofensas pessoais, insinuações malévolas ou indelicadezas de qualquer outra ordem. Precedentes citados: AgRg no REsp 698.105-RJ, DJ 28/10/2008, e EDcl nos EDcl nos EDcl no AgRg no Ag 875.154-RJ, DJ 17/9/2007. **RMS 27.570-SP, Rel. Min. Nancy Andrighi, julgado em 25/11/2008.** (Inform. STJ 378)

ERESP. HONORÁRIOS ADVOCATÍCIOS.
O Min. Relator acolhia os embargos para dar provimento ao recurso e fixar os honorários em cinqüenta mil reais. O Min. Luiz Fux entendeu que, em sede de embargos de divergência em que se discute a suficiência ou insuficiência de honorários advocatícios, dificilmente se encontra similitude fática. Não há tese antagônica. Compará-los com outro caso não é uma tese jurídica contraposta. Trata-se de examinar casos concretos, que só comportam exame individual, caso a caso. Diante disso, a Corte Especial, ao prosseguir o julgamento, por maioria, não conheceu dos embargos. **EREsp 903.152-MA, Rel. originário Min. Humberto Gomes de Barros, Rel. para acórdão Min. Luiz Fux, julgados em 18/6/2008.** (Inform. STJ 360)

QO. VISTA. MINISTRO. AFASTAMENTO. TURMA.
A Turma, em questão de ordem, devido ao *quorum*, entendeu determinar que seja renovado o julgamento do recurso diante do afastamento definitivo da Turma de ministro que havia pedido vista dos autos após o voto do ministro relator. **QO no REsp 538.279-SP, Rel. Min. Massami Uyeda, em 20/11/2007.** (Inform. STJ 339)

SÚMULA STF Nº 734
Não cabe reclamação quando já houver transitado em julgado o ato judicial que se alega tenha desrespeitado decisão do Supremo Tribunal Federal.

12. REPERCUSSÃO GERAL

REPERCUSSÃO GERAL E BAIXA DOS AUTOS
A 1ª Turma, por maioria, acolheu embargos de declaração para conhecer de agravo regimental e determinar a baixa do processo ao tribunal de origem. Na espécie, o presente recurso extraordinário fora interposto antes do advento da regulamentação do instituto da repercussão geral. Reputou-se que a repercussão geral da questão constitucional discutida nos autos fora reconhecida no RE 564413 RG/SC, que se encontra pendente de julgamento de embargos declaratórios. Vencido o Min. Marco Aurélio, por entender que se deveria aplicar a legislação regente à época e, em conseqüência, determinava o sobrestamento do feito. RE 470885 ED-AgR/RS, rel. Min. Luiz Fux, 6.12.2011. (RE-470885) (Inform. STF 651)

AG.REG. NA RCL N. 11.250-RS
RELATOR: MIN. RICARDO LEWANDOWSKI
EMENTA: AGRAVO REGIMENTAL. RECLAMAÇÃO. USURPAÇÃO DE COMPETÊNCIA DO SUPREMO TRIBUNAL FEDERAL. ALEGAÇÃO DE EQUÍVOCO NA APLICAÇÃO DA REPERCUSSÃO GERAL PELO TRIBUNAL DE ORIGEM. INOCORRÊNCIA. AGRAVO IMPROVIDO. I – A jurisprudência do Supremo Tribunal Federal firmou-se no sentido de que não é cabível a reclamação para corrigir eventual equívoco na aplicação da repercussão geral pela Corte de origem. II – Agravo improvido. (Inform. STF 633) *noticiado no Informativo 622

AG. REG. NA RCL N. 9.757-MG
RELATOR: MIN. RICARDO LEWANDOWSKI
EMENTA: AGRAVO REGIMENTAL. RECLAMAÇÃO. USURPAÇÃO DE COMPETÊNCIA DO SUPREMO TRIBUNAL FEDERAL. ALEGAÇÃO DE EQUÍVOCO NA APLICAÇÃO DA REPERCUSSÃO GERAL PELO TRIBUNAL DE ORIGEM. INOCORRÊNCIA. AGRAVO IMPROVIDO.
I – A jurisprudência do Supremo Tribunal Federal firmou-se no sentido de que não é cabível a reclamação para corrigir eventual equívoco na aplicação da repercussão geral pela Corte de origem.
II – Agravo improvido. (Inform. STF 624)

REPERCUSSÃO GERAL POR QO EM AI N. 777.749-MG
RELATOR: MIN. PRESIDENTE
EMENTA: Questão de ordem. Agravo de Instrumento. Conversão em recurso extraordinário (CPC, art. 544, §§ 3° e 4°). 2. Telefonia. Cobrança de pulsos além da franquia. Matéria infraconstitucional. 3. Jurisprudência pacificada na Corte. Repercussão Geral. Aplicabilidade. 4. Questão de Ordem acolhida para reconhecer a inexistência de repercussão geral da matéria, reafirmar a jurisprudência do Tribunal, não conhecer o recurso, autorizar a devolução aos tribunais de origem dos recursos extraordinários e agravos de instrumento que versem sobre o mesmo tema e autorizar as instâncias de origem à adoção dos procedimentos do art. 543-B, § 2º, do Código de Processo Civil. (Inform. STF 624)

REPERCUSSÃO GERAL E SOBRESTAMENTO
A 2ª Turma acolheu embargos de declaração para, atribuindo-lhes, excepcionalmente, efeitos modificativos, anular o acórdão embargado e tornar sem efeito decisão monocrática em que negado seguimento a agravo de instrumento. Determinou-se a devolução dos autos ao tribunal de origem, nos termos do art. 328 do RISTF, bem como a observância, no tocante ao recurso extraordinário interposto, do art. 543-B do CPC. Na espécie, o agravo regimental, objeto dos embargos, fora julgado antes de ser reconhecida a repercussão geral da matéria. Após a oposição de embargos declaratórios, a embargante noticiara, mediante petições, o reconhecimento da repercussão geral da questão constitucional debatida nos autos. A embargada, ao se manifestar sobre as petições, aderira às razões postas quanto à repercussão. Inicialmente, ressaltou-se a ausência de trânsito em julgado e a demonstração, pelas partes, do reconhecimento da repercussão geral, pelo Plenário. Em seguida, considerou-se que a declaração de reconhecimento de repercussão geral aplicar-se-ia, inclusive, ao Supremo, de modo que, enquanto não houvesse trânsito em julgado, caberia aos Ministros acatá-la. AI 457581 ED-AgR/RS, rel. Min. Ellen Gracie, 19.4.2011. (AI-457581) (Inform. STF 624)

REPERCUSSÃO GERAL EM AI N. 808.968-RS
RELATOR: MIN. GILMAR MENDES
Cabimento de ação rescisória em Juizados Especiais Federais. Vedação pelo art. 56, da Lei n. 9.099/95. Matéria restrita ao âmbito infraconstitucional. Inexistência de repercussão geral. (Inform. STF 622)

REPERCUSSÃO GERAL EM RE N. 627.709-DF
RELATOR: MIN. RICARDO LEWANDOWSKI
EMENTA: CONSTITUCIONAL. COMPETÊNCIA. CAUSAS AJUIZADAS CONTRA A UNIÃO. ART. 109, § 2º, DA CONSTITUIÇÃO FEDERAL. EXTENSÃO. AÇÃO PROPOSTA CONTRA AUTARQUIA FEDERAL. EXISTÊNCIA DE REPERCUSSÃO GERAL. (Inform. STF 622)

REPERCUSSÃO GERAL E SOBRESTAMENTO
A 1ª Turma, por maioria, acolheu segundos embargos de declaração para sobrestar recurso extraordinário até o julgamento do AI 768491-RG/RS, em que reconhecida a repercussão geral da questão constitucional discutida nos autos. Entendeu-se que, uma vez admitida a repercussão geral e submetida ao Plenário, dever-se-iam sobrestar os processos em que debatida a mesma matéria. Vencido o Min. Ricardo Lewandowski, relator, que reputava não preenchidos os requisitos de embargabilidade, bem como desnecessário o sobrestamento, pois o agravo regimental fora julgado antes do reconhecimento da

repercussão geral. RE 511696 AgR-ED-ED/MG, rel. orig. Min. Ricardo Lewandowski, red. p/ o acórdão Min. Marco Aurélio, 1º.2.2011. (RE-511696) (Inform. STF 614)

INEXISTÊNCIA DE REPERCUSSÃO GERAL: RECURSO DEVOLVIDO À ORIGEM E INCOMPETÊNCIA DO STF

Ao adotar o entendimento firmado no julgamento do AI 760358 QO/SE (DJE de 3.12.2009) — no sentido de não caber recurso ao Supremo em face de decisões que aplicam a sistemática da repercussão geral na origem, a menos que haja negativa motivada do juiz em se retratar para seguir a decisão do STF —, a Turma desproveu agravo regimental em petição que impugnava acórdão do STJ que considerara prejudicado agravo de instrumento interposto contra decisão de inadmissibilidade de recurso extraordinário, com base no art. 543-B, § 2º, do CPC. No presente agravo regimental, alegava-se a competência do STF para julgar o agravo de instrumento a ele dirigido. Inicialmente, assinalou-se que os agravos de instrumento interpostos das decisões que inadmitiram recursos extraordinários já sujeitos ao requisito legal da repercussão geral podem ser sobrestados quando relativos a assuntos apreciados pelo aludido regime (RISTF, art. 328-A, § 1º). Enfatizou-se, em seguida, que, negada a existência de repercussão geral, os recursos sobrestados considerar-se-ão automaticamente inadmitidos (CPC, art. 543-B, § 2º). Concluiu-se que permitir que um recurso devolvido à origem seja reapreciado pelo Supremo significaria desconsiderar a própria finalidade do instituto da repercussão geral, transformando a Corte em órgão jurisdicional de revisão. Registrou-se, por fim, que a petição fora protocolizada em 18.12.2009, sendo manifesto seu não cabimento. **Pet 4729 AgR/RJ, rel. Min. Gilmar Mendes, 25.5.2010.** (Pet-4729) (Inform. STF 588)

REPERCUSSÃO GERAL EM RE N. 602.136-RJ

RELATORA: MIN. ELLEN GRACIE

INDENIZAÇÃO. DANOS MORAIS. CADASTRAMENTO INDEVIDO EM ÓRGÃO DE PROTEÇÃO AO CRÉDITO. APLICAÇÃO DOS EFEITOS DA AUSÊNCIA DE REPERCUSSÃO GERAL TENDO EM VISTA TRATAR-SE DE DIVERGÊNCIA SOLUCIONÁVEL PELA APLICAÇÃO DA LEGISLAÇÃO FEDERAL. INEXISTÊNCIA DE REPERCUSSÃO GERAL. (Inform. STF 570)

REPERCUSSÃO GERAL EM AI N. 768.339-SC

RELATOR: MIN. RICARDO LEWANDOWSKI

EMENTA: PROCESSUAL CIVIL. COMPETÊNCIA. COMPLEXIDADE DA DEMANDA. VALOR DA CAUSA. JUIZADO ESPECIAL FEDERAL. LEI 10.259/01. MATÉRIA INFRACONSTITUCIONAL. INEXISTÊNCIA DE REPERCUSSÃO GERAL. (Inform. STF 568)

REPERCUSSÃO GERAL EM RE N. 588.944-SE

RELATOR: MIN. CEZAR PELUSO

EMENTA: RECURSO. Extraordinário. Incognoscibilidade. Lei Complementar estadual nº 61/2001 de Sergipe. Redutor salarial. Desconto. Matéria infraconstitucional. Ausência de repercussão geral. Recurso não conhecido. Não apresenta repercussão geral o recurso extraordinário que, tendo por objeto restituição de valores descontados da remuneração do funcionalismo público local, versa sobre matéria infraconstitucional. (Inform. STF 567)

REPERCUSSÃO GERAL EM AI N. 759.421-RJ

RELATOR: MIN. CEZAR PELUSO

EMENTA: RECURSO. Extraordinário. Incognoscibilidade. Gratuidade de justiça. Declaração de hipossuficiência. Questão infraconstitucional. Precedentes. Ausência de repercussão geral. Recurso extraordinário não conhecido. Não apresenta repercussão geral o recurso extraordinário que, tendo por objeto questão relativa à declaração de hipossuficiência, para obtenção de gratuidade de justiça, versa sobre matéria infraconstitucional. (Inform. STF 567)

REPERCUSSÃO GERAL EM RE N. 579.073-DF

RELATOR: MIN. CEZAR PELUSO

EMENTA: RECURSO. Extraordinário. Incognoscibilidade. Sistema financeiro da habitação. Contrato de mútuo. Saldo devedor. Critério de reajuste. Questão infraconstitucional. Precedentes. Ausência de repercussão geral. Recurso extraordinário não conhecido. Não apresenta repercussão geral o recurso extraordinário que, tendo por objeto questão relativa ao critério de reajuste de saldo devedor de contrato de mútuo firmado no âmbito do sistema financeiro da habitação, versa sobre matéria infraconstitucional. (Inform. STF 567)

REPERCUSSÃO GERAL EM RE N. 597.673-RJ

RELATOR: MIN. EROS GRAU

EMENTA: RECURSO EXTRAORDINÁRIO. AÇÃO DE REPRESENTAÇÃO POR INCONSTITUCIONALIDADE. SERVENTIAS ÚNICAS. REEMBOLSO DOS ATOS GRATUITOS. PRINCÍPIO DA ISONOMIA. REPERCUSSÃO GERAL. EXISTÊNCIA.

Discute-se nos autos a garantia do ressarcimento aos cartórios de ofícios únicos pelos atos executados gratuitamente. Repercussão geral reconhecida. (Inform. STF 564)

REPERCUSSÃO GERAL EM RE N. 601.220-SP

RELATOR: MIN. EROS GRAU

EMENTA: RECURSO EXTRAORDINÁRIO. REPARAÇÃO DE DANOS. OBRIGAÇÃO DE FAZER. COMPETÊNCIA. FORO. INFORMAÇÃO. INTERNET. REPERCUSSÃO GERAL. EXISTÊNCIA. (Inform. STF 564)

REPERCUSSÃO GERAL EM AI N. 743.681-BA

RELATOR: MIN. CEZAR PELUSO

EMENTA: RECURSO. Extraordinário. Incognoscibilidade. Servidor público. Vantagem pecuniária. Verba denominada "indenização de campo". Reajuste. Matéria infraconstitucional. Ausência de repercussão geral. Recurso não conhecido. Não apresenta repercussão geral o recurso extraordinário que, tendo por objeto o reajuste da vantagem pecuniária denominada "indenização de campo, no mesmo percentual pago a título de reajuste de diárias, versa sobre matéria infraconstitucional. (Inform. STF 563)

REPERCUSSÃO GERAL EM AI N. 743.681-BA

RELATOR: MIN. CEZAR PELUSO

EMENTA: RECURSO. Extraordinário. Incognoscibilidade. Servidor público. Vantagem pecuniária. Verba denominada "indenização de campo". Reajuste. Matéria infraconstitucional. Ausência de repercussão geral. Recurso não conhecido. Não apresenta repercussão geral o recurso extraordinário que, tendo por objeto o reajuste da vantagem pecuniária denominada "indenização de campo, no mesmo percentual pago a título de reajuste de diárias, versa sobre matéria infraconstitucional. (Inform. STF 563)

REPERCUSSÃO GERAL EM RE N. 582.504-RJ

RELATOR: MIN. CEZAR PELUSO

EMENTA: RECURSO. Extraordinário. Incognoscibilidade. Plano de previdência privada. Resgate das contribuições. Índices de correção. Questão infraconstitucional. Precedentes. Ausência de repercussão geral. Recurso extraordinário não conhecido. Não apresenta repercussão geral o recurso extraordinário que, tendo por objeto questão de resgate de contribuição de plano de previdência privada, versa sobre matéria infraconstitucional. (Inform. STF 562)

REPERCUSSÃO GERAL EM RE N. 581.160-MG

RELATOR: MIN. RICARDO LEWANDOWSKI

EMENTA: CONSTITUCIONAL. PROCESSUAL CIVIL. HONORÁRIOS ADVOCATÍCIOS. EXCLUSÃO. AÇÕES ENTRE O FGTS E OS TITULARES DE CONTA VINCULADA. ART. 29-C (REDAÇÃO DA MP 2.164/2001), DA LEI 8.036/90. EXIS-TÊNCIA DE REPERCUSSÃO GERAL. (Inform. STF 561)

REPERCUSSÃO GERAL EM RE N. 586.453-SE

RELATORA: MIN. ELLEN GRACIE

PREVIDÊNCIA PRIVADA. COMPLEMENTAÇÃO DE APOSENTADORIA. COMPETÊNCIA. EXISTÊNCIA DE REPERCUSSÃO GERAL. (Inform. STF 561)

REPERCUSSÃO GERAL EM RE N. 586.789-PR

RELATOR: MIN. RICARDO LEWANDOWSKI

EMENTA: CONSTITUCIONAL. PROCESSUAL CIVIL. ART. 108, I, c, DA CONSTITUIÇÃO FEDERAL. COMPETÊNCIA PARA EXAME DE MANDADO DE SEGURANÇA, QUANDO UTILIZADO COMO SUBSTITUTIVO RECURSAL, CONTRA ATO DE JUIZ FEDERAL DOS JUIZADOS ESPECIAIS FEDE-RAIS. RELEVÂNCIA JURÍDICA DA QUESTÃO CONSTITU-CIONAL. EXISTÊNCIA DE REPERCUSSÃO GERAL. (Inform. STF 561)

REPERCUSSÃO GERAL EM RE N. 584.737-PR

RELATORA: MIN. ELLEN GRACIE

SERVIDOR PÚBLICO. FALECIMENTO APÓS A EDIÇÃO DO REGIME JURÍDICO ÚNICO. PENSÃO POR MORTE. APLICA-ÇÃO DA LEI 8.112/90 OU DA LEGISLAÇÃO PREVIDENCIÁRIA. INEXISTÊNCIA DE REPERCUSSÃO GERAL. (Inform. STF 561)

REPERCUSSÃO GERAL EM RE N. 596.478-RR

RELATORA: MIN. ELLEN GRACIE

ADMINISTRATIVO. ADMISSÃO SEM CONCURSO PÚBLICO. CONTRATO NULO. EFEITOS. RECOLHIMENTO DO FGTS. ART. 19-A DA LEI 8.036/90. CONSTITUCIONALIDADE. EXISTÊNCIA DE REPERCUSSÃO GERAL. (Inform. STF 561)

REPERCUSSÃO GERAL EM RE N. 599.903-RS

RELATORA: MIN. CÁRMEN LÚCIA

Ementa: HONORÁRIOS ADVOCATÍCIOS. EXECUÇÃO CONTRA A FAZENDA PÚBLICA NÃO EMBARGADA. EXECUÇÃO DE SENTENÇA PROFERIDA EM AÇÃO COLETIVA. MATÉRIA INFRACONSTITUCIONAL. AUSÊNCIA DE VIOLAÇÃO AO RECURSO EXTRAORDINÁRIO N. 420.816. RECURSO EXTRAORDINÁRIO RECUSADO. 1. O tema constitucional examinado no Recurso Extraordinário n. 420.816, Redator para o acórdão o Ministro Sepúlveda Pertence, estava restrito à redução interpretativa do art. 1º-D da Lei n. 9.494/1997 (Medida Provisória n. 2.180-35/2001) para torná-lo aplicável apenas às execuções por quantia certa contra a Fazenda Pública (art. 730 do Código de Processo Civil). 2. É infraconstitucional a questão do enquadramento jurídico da execução de sentença proferida em ação coletiva contra à Fazenda Pública ao disposto no art. 730 do Código de Processo Civil. **3.** Precedentes do Superior Tribunal de Justiça e deste Supremo Tribunal Federal. **4.** Recurso extraordinário recusado. (Inform. STF 558)

REPERCUSSÃO GERAL EM RE N. 596.701-MG

RELATOR: MIN. RICARDO LEWANDOWSKI

EMENTA: CONSTITUCIONAL. ADMINISTRATIVO. MILITAR INATIVO. REGIME PREVIDENCIÁRIO APLICÁVEL. COBRANÇA DE CONTRIBUIÇÃO PREVIDENCIÁRIA. RELEVÂNCIA JURÍDICA E ECONÔMICA DA QUESTÃO CONSTITUCIONAL. EXISTÊNCIA DE REPERCUSSÃO GERAL. (Inform. STF 551)

SERVIÇO DE TELEFONIA: ASSINATURA BÁSICA E INEXISTÊNCIA DE REPERCUSSÃO GERAL

Tendo em conta o que decidido acima e a fim de evitar recursos impertinentes, o Tribunal, por maioria, resolveu questão de ordem suscitada pelo Min. Cezar Peluso, no sentido de adotar o regime da inexistência de repercussão geral aos processos que envolvam a questão de assinatura básica de telefonia fixa, que tem caráter infraconstitucional. Vencido o Min. Marco Aurélio que entendia que a observância do pronunciamento do Tribunal seria automática pelos seus integrantes, não dependendo de autorização do Pleno. **RE 567454/BA, rel. Min. Carlos Britto, 18.6.2009**. (RE-567454) (Inform. STF 551)

REPERCUSSÃO GERAL EM RE N. 584.388-SC

RELATOR: MIN. RICARDO LEWANDOWSKI

EMENTA: CONSTITUCIONAL. SERVIDOR PÚBLICO APOSENTADO. REINGRESSO NO SERVIÇO PÚBLICO ANTES DA EDIÇÃO DA EC 20/98 E FALECIMENTO POSTERIOR À EMENDA. CUMULAÇÃO DE PENSÕES POR MORTE. POSSIBILIDADE. RELEVÂNCIA JURÍDICA E ECONÔMICA DA QUESTÃO CONSTITUCIONAL. EXISTÊNCIA DE REPERCUSSÃO GERAL. (Inform. STF 548)

RELATOR: MINISTRO PRESIDENTE

EMENTA: 1. Questão de ordem. Repercussão Geral. Recurso Extraordinário. 2. GDATA e GDASST. 3. Servidores inativos. Critérios de cálculo. Aplicação aos servidores inativos dos critérios estabelecidos aos ativos, de acordo com a sucessão de leis de regência. 4. Jurisprudência pacificada na Corte. 5. Questão de ordem acolhida para reconhecer a repercussão geral, reafirmar a jurisprudência do tribunal, desprover o recurso, autorizar a devolução aos tribunais de origem dos recursos extraordinários e agravos de instrumento que versem sobre o mesmo tema e autorizar as instâncias de origem à adoção dos procedimentos do art. 543-B, § 3º, do Código de Processo Civil. (Inform. STF 548)

EMENTA: ADMINISTRATIVO. SERVIDOR PÚBLICO. ESTADO DE MATO GROSSO. VERBA DE INCENTIVO DE APRIMORAMENTO À DOCÊNCIA. POSSIBILIDADE DE EXTENSÃO AOS PROFES-SORES INATIVOS. EXISTÊNCIA DE REPERCUSSÃO GERAL. REPERCUSSÃO GERAL EM RE N. 596.962-MT. RELATOR: MIN. MENEZES DIREITO. (Inform. STF 547)

REPERCUSSÃO GERAL EM RE N. 568.645-SP

RELATOR: MIN. MENEZES DIREITO

EMENTA CONSTITUCIONAL. PROCESSUAL CIVIL. EXECUÇÃO CONTRA A FAZENDA PÚBLICA. PRECATÓRIO. FRACIONAMENTO. LITISCONSÓRCIO ATIVO FACULTATIVO. CRÉDITOS INDIVIDUALIZADOS. REQUISIÇÃO DE PEQUENO VALOR. EXISTÊNCIA DE REPERCUSSÃO GERAL. (Inform. STF 544)

SUSPENSÃO DE LIMINAR E CONTROLE ABSTRATO DE CONSTITUCIONALIDADE - 1

O Tribunal iniciou julgamento de agravo regimental interposto contra decisão que negara seguimento a pedido de suspensão de liminar deferida, pelo Tribunal de Justiça do Estado de Minas Gerais, em ação direta de inconstitucionalidade ajuizada contra a Emenda 17/2004, que alterou dispositivos da Lei Orgânica do Município de Jacutinga-MG, passando a exigir a participação do Poder Legislativo municipal em matérias administrativas. A Min. Ellen Gracie, presidente, manteve os fundamentos da decisão agravada no sentido de ser incabível medida de contracautela em processo objetivo e de que o pedido formulado tem natureza de recurso. Asseverou a orientação fixada pelo Tribunal de que o disposto no art. 4º da Lei 8.437/92 se dirige a direitos subjetivos, não sendo aplicável em controle abstrato de constitucionalidade, já que este se desenvolve num processo objetivo, destinado à defesa da ordem jurídico-constitucional. Acrescentou que, quando a aludida lei quis cuidar de liminar concedida em processo objetivo, expressamente o fez na hipótese específica da ação popular e, em certos casos, nas ações civis públicas (Lei 8.437/92, artigos 1º, § 2º; 2º e 4º, § 1º). Após, o julgamento foi suspenso com o pedido de vista do Min. Gilmar Mendes. SL 73 AgR/MG, rel. Min. Ellen Gracie, 3.8.2006. (SL-73)

SUSPENSÃO DE LIMINAR E CONTROLE ABSTRATO DE CONSTITUCIONALIDADE - 2

O Tribunal retomou julgamento de agravo regimental interposto contra decisão que negara seguimento a pedido de suspensão de liminar deferida, pelo Tribunal de Justiça do Estado de Minas Gerais, em ação direta de inconstitucionalidade ajuizada contra a Emenda 17/2004, que alterou dispositivos da Lei Orgânica do Município de Jacutinga-MG, passando a exigir a participação do Poder Legislativo municipal em matérias administrativas — v. Informativo 434. O Min. Gilmar Mendes, em voto-vista, manifestou-se pela prejudicialidade do agravo regimental, ante a perda do objeto, tendo em conta a apreciação do mérito da mencionada ADI pela Corte Superior do TJMG, não mais subsistindo, assim, a medida cautelar atacada. Antes, entretanto, teceu considerações acerca da admissibilidade do pedido de suspensão de liminar concedida em ação direta de inconstitucionalidade estadual, nos termos do art. 4º da Lei 8.437/92. Asseverou, no ponto, que não se justificaria o óbice ao uso da suspensão de liminar instituída por essa lei, seja pela possibilidade de repercussão da decisão estadual no âmbito federal, seja pelo cabimento de recurso extraordinário contra acórdão proferido no processo objetivo. Ressaltou que, em precedentes aplicáveis à espécie, o Tribunal teria concedido efeito suspensivo ao recurso extraordinário interposto contra acórdão que julgou ação direta de inconstitucionalidade no âmbito estadual, como também acolhido pedido de suspensão de liminar deferida por Tribunal de Justiça dos Estados em ADI proposta perante as Cortes Estaduais. Após, o julgamento foi adiado. SL 73 AgR/MG, rel. Min. Ellen Gracie, 14.2.2008. (SL-73)

SUSPENSÃO DE LIMINAR E CONTROLE ABSTRATO DE CONSTITUCIONALIDADE - 3

O Tribunal retomou julgamento de agravo regimental interposto contra decisão que negara seguimento a pedido de suspensão de liminar deferida, pelo Tribunal de Justiça do Estado de Minas Gerais, em ação direta de inconstitucionalidade ajuizada contra a Emenda 17/2004, que alterou dispositivos da Lei Orgânica do Município de Jacutinga-MG, passando a exigir a participação do Poder Legislativo municipal em matérias administrativas — v. Informativos 434 e 494. A Min. Ellen Gracie, relatora, confirmou o voto proferido anteriormente no sentido de desprovimento do recurso. Refutou, inicialmente, a alegação de prejudicialidade suscitada pelo Min. Gilmar Mendes. Asseverou que, na linha de precedentes da Corte, o julgamento de mérito da mencionada ação direta pelo TJMG não seria motivo para prejuízo, ante a ultratividade das próprias decisões proferidas em suspensão de liminar, isto é, uma vez julgado o mérito, julgada definitivamente a ação, aquela suspensão, desde que confirmada a liminar, também a ela se aplicaria. Além disso, quanto à questão relativa à possibilidade de suspensão de liminar no controle concentrado, manteve sua posição anterior, tradicional da jurisprudência, afirmando que essas decisões em controle concentrado não se subsumem na hipótese prevista em lei, por não constituírem decisões propriamente executáveis. Aduziu, no ponto, que elas constam de uma simples declaração de constitucionalidade ou inconstitucionalidade, portanto produzem seus efeitos a partir desta declaração. Assim, não haveria propriamente o que suspender, atos a suspender e, também, porque não se trataria de ações contra o Poder Público. Ressaltou que, na suspensão de liminar, a discussão seria metajurídica, porquanto o que se cogitaria ali seriam os interesses superiores de saúde, segurança, ordem pública, de modo que não haveria propriamente o que se pudesse avaliar em sede de suspensão. Após, pediu vista dos autos o Min. Menezes Direito. **SL 73**

AgR/MG, rel. Min. Ellen Gracie, 16.4.2008. (SL-73)

SUSPENSÃO DE LIMINAR E CONTROLE ABSTRATO DE CONSTITUCIONALIDADE - 4

Em decorrência de fato superveniente, o Tribunal julgou prejudicado agravo regimental interposto contra decisão que negara seguimento a pedido de suspensão de liminar deferida, pelo Tribunal de Justiça do Estado de Minas Gerais, em ação direta de inconstitucionalidade ajuizada contra a Emenda 17/2004, que alterou dispositivos da Lei Orgânica do Município de Jacutinga-MG, passando a exigir a participação do Poder Legislativo municipal em matérias administrativas — v. Informativos 434, 494 e 502. Considerou-se que, em razão de ter sido negado seguimento ao agravo de instrumento por meio do qual se pretendia destrancar o recurso extraordinário — cujo seguimento fora negado — interposto contra a decisão que julgara o mérito da ação direta de inconstitucionalidade, esta teria se tornado definitiva. SL 73 AgR/MG, rel. Min. Ellen Gracie, 29.4.2009. (SL-73) (Inform. STF 544)

REPERCUSSÃO GERAL: SOBRESTAMENTO DE RE E AÇÃO CAUTELAR COM PEDIDO DE EFEITO SUSPENSIVO - *1*

O Tribunal, por maioria, resolvendo questão de ordem, em ação cautelar, na qual se pretendia fosse concedido efeito suspensivo a recurso extraordinário, decidiu que, quando reconhecida repercussão geral da matéria, for sobrestado recurso extraordinário sobre ela, admitido ou não na origem, é da competência do tribunal local conhecer e julgar ação cautelar tendente a dar-lhe efeito suspensivo. Em conseqüência, deu-se por incompetente, determinando a devolução dos autos ao Superior Tribunal de Justiça, onde o pedido cautelar de concessão de efeito suspensivo deverá ser apreciado. Na espécie, o recurso extraordinário fora interposto contra acórdão do STJ que, no julgamento de agravo regimental, mantivera o provimento do recurso especial da União e considerara que o crédito-prêmio do IPI fora extinto em 1990. A ação cautelar fora proposta no STJ e remetida ao Supremo, ao fundamento de que seria impossível a realização do primeiro juízo de admissibilidade do apelo extremo, diante do reconhecimento da existência de repercussão geral da matéria pelo Supremo no julgamento do RE 577302/RS (DJE de 2.5.2008). Entendeu-se que o Supremo deveria reafirmar o seu posicionamento, expresso nas Súmulas 634 ("*Não compete ao Supremo Tribunal Federal conceder medida cautelar para dar efeito suspensivo a recurso extraordinário ainda pendente do seu juízo de admissibilidade.*") e 635 ("*Cabe ao presidente do tribunal de origem decidir o pedido de medida cautelar em recurso extraordinário ainda pendente do seu juízo de admissibilidade.*"), quanto à competência de todos os Tribunais e Turmas Recursais *a quo* para o exame dos pedidos cautelares decorrentes da interposição dos recursos extraordinários, mesmo após o sobrestamento introduzido pelo art. 543-B, § 1º, do CPC e pelo art. 328 do Regimento Interno desta Corte. Asseverou-se que qualquer alteração na forma de fixação da competência cautelar hoje estabelecida por essas súmulas que viesse a atribuir ao Supremo a responsabilidade pelo exame de todos os pedidos de medida cautelar apresentados em matéria com repercussão geral em debate ou já reconhecida, ocasionaria um significativo aumento na quantidade de processos cautelares passíveis de serem individualmente analisados nesta Corte, o que, em princípio, não estaria em harmonia com o objetivo pretendido com a criação do requisito da repercussão geral. **AC 2177 QO-MC/PE, rel. Min. Ellen Gracie, 12.11.2008.** (AC-2177)

REPERCUSSÃO GERAL: SOBRESTAMENTO DE RE E AÇÃO CAUTELAR COM PEDIDO DE EFEITO SUSPENSIVO - 2

Ressaltou-se que, após o reconhecimento da repercussão geral pelo Plenário Virtual, os Tribunais *a quo* devem sobrestar os recursos extraordinários que versem sobre a mesma matéria até o pronunciamento definitivo do Supremo, nos termos do § 1º do art. 543-B do CPC, e que o art. 328-A do Regimento Interno do Supremo estabelece que "*o Tribunal de origem não emitirá juízo de admissibilidade sobre os recursos extraordinários já sobrestados.*". Considerou-se, entretanto, que a determinação do art. 328-A não implica o esgotamento, por si só, da competência do Tribunal *a quo*. Aduziu-se, no ponto, que o § 3º do art. 543-B do CPC preconiza que, depois do julgamento de "*mérito do recurso extraordinário, os recursos sobrestados serão apreciados pelos Tribunais, Turmas de Uniformização ou Turmas recursais, que poderão declará-los prejudicados ou retratar-se.*". Concluiu-se ser, dessa forma, inconteste que, mesmo após o reconhecimento da repercussão geral, a jurisdição do Tribunal *a quo* ainda não se encontra exaurida, e que a jurisdição do Supremo somente se inicia com a manutenção, pela instância ordinária, da decisão contrária ao entendimento fixado nesta Corte, em face do disposto no § 4º do art. 543-B do CPC. Em seguida, resolvendo outra questão de ordem, suscitada pelo Min. Cezar Peluso, o Tribunal deliberou avançar para estender a orientação também às demais hipóteses possíveis de ocorrerem, tendo em conta estar-se diante de instituto novo. Vencido o Min. Marco Aurélio, que, salientando não ser o Supremo órgão consultivo, entendia, quanto à questão de ordem levantada pelo Min. Cezar Peluso, que o julgamento deveria ficar restrito às balizas do processo, no que foi acompanhado pela Min. Cármen Lúcia, e, quanto à questão de fundo, só reconhecia a competência do tribunal local quanto a recurso ainda não admitido na origem, como se dera no caso. O Tribunal, por fim, considerou a observação feita pelo Min. Celso de Mello no sentido de que, se o recurso, apesar de sobrestado, estiver no Supremo, o seu relator, ante a natureza de urgência da tutela cautelar, a fim de não frustrar o princípio da efetividade do processo, poderá decidir. **AC 2177 QO-MC/PE, rel. Min. Ellen Gracie, 12.11.2008.** (AC-2177) (Inform. STF 528)

DEPÓSITO PRÉVIO E RECURSO ADMINISTRATIVO

O Tribunal, ao dar provimento a agravo de instrumento, convertendo-o em recurso extraordinário (CPC, art. 544, §§ 3º e 4º), resolveu questão de ordem no sentido de reconhecer a existência de repercussão geral da matéria discutida no apelo extremo — exigência de depósito prévio como requisito de admissibilidade de recurso administrativo — e ratificar o entendimento firmado na Corte sobre o tema, a fim de que sejam observadas as disposições do art. 543-B do CPC. Asseverou-se que a questão constitucional já foi apreciada pelo Tribunal no julgamento do RE 388359/PE (DJU de 22.6.2007), do RE 389383/SP e do RE 390513/SP (DJU de 29.6.2007), tendo sido consignado em suas ementas que a garantia constitucional da ampla defesa afasta a exigência do depósito como pressuposto de admissibilidade de recurso administrativo. **AI 698626/SP, rel. Min. Ellen Gracie, 2.10.2008.** (AI-698626) (Inform. STF 522)

REPERCUSSÃO GERAL: LEI COMPLEMENTAR 110/2001 E FGTS

O Tribunal, por maioria, resolveu questão de ordem suscitada, em recurso extraordinário, pelo Min. Gilmar Mendes, Presidente, no sentido de reconhecer a repercussão geral da questão constitucional nele analisada, concernente à ofensa ao ato jurídico perfeito por decisão que desconsidera a validade dos acordos comprovadamente firmados com a Caixa Econômica, decorrentes do termo de adesão previsto na LC 110/2001, que trata de correção monetária dos saldos em conta do FGTS. O Tribunal também reafirmou a jurisprudência da Corte quanto ao tema, citando o Enunciado 1 de sua Súmula Vinculante ("*Ofende a garantia constitucional do ato jurídico perfeito a decisão que, sem ponderar as circunstâncias do caso concreto, desconsidera a validez e a eficácia de acordo constante de termo de adesão instituído pela Lei Complementar nº 110/2001.*"), e denegou a distribuição do recurso, bem como de todos os demais versando a mesma matéria, determinando, ainda, a devolução dos autos à origem para adoção dos procedimentos previstos no art. 543-B, § 3º, do Código de Processo Civil. Vencido, parcialmente, o Min. Marco Aurélio que não aplicava o novo regime da repercussão geral aos recursos interpostos em data anterior à regulamentação desse instituto. Precedentes citados: RE 418918/RJ (DJU de 1º.7.2005); RE 427801 AgR-ED/RJ (DJU de 2.12.2005); RE 431363AgR/RJ (DJU de 16.12.2005); RE 582650 QO/BA (j. em 11.6.2008); RE 580108 QO/SP (j. em 11.6.2008). **RE 591068 QO/PR, rel. Min. Gilmar Mendes, 7.8.2008.** (RE-591068) (Inform. STF 514)

PROCEDIMENTO DE IMPLANTAÇÃO DO REGIME DE REPERCUSSÃO GERAL - 1

O Tribunal iniciou julgamento de questão de ordem em recurso extraordinário na qual se discute a pertinência da própria distribuição desse recurso, em face do regime da repercussão geral dos recursos extraordinários. Trata-se, na espécie, de recurso interposto contra acórdão do Tribunal Regional Federal da 4ª Região que autorizara a expedição de precatório complementar para a cobrança de juros de mora no período compreendido entre a data da conta de liquidação e a da extração do requisitório. A recorrente alega presente o pressuposto da repercussão geral em decisão do Pleno no RE 298616/SP (DJU de 3.10.2003), que teria afastado a possibilidade de expedição de precatório complementar para a cobrança de juros moratórios, tendo em conta a atualização dos valores devidos em 1º de julho e o prazo constitucional de pagamento até o final do exercício seguinte, período em que inexistiria mora. **RE 579431 QO/RS, rel. Min. Ellen Gracie, 13.3.2008.** (RE-579431)

PROCEDIMENTO DE IMPLANTAÇÃO DO REGIME DE REPERCUSSÃO GERAL - 2

A Min. Ellen Gracie, relatora, propôs solução para a questão de ordem no sentido de que o recurso extraordinário, por envolver matéria em que constatada a repercussão geral, tenha a sua distribuição denegada, bem como todos os demais que versem essa mesma matéria, com devolução dos autos à origem, para adoção de novo procedimento legal. Salientou, inicialmente, que a presente questão de ordem diria respeito aos procedimentos da implantação do regime da repercussão geral aos recursos extraordinários, relativamente às matérias que não precisariam ser levadas ao julgamento de mérito pelo Pleno, em virtude de já terem sido por ele decididas, com formação da jurisprudência da Corte. Asseverou que, no caso, a matéria já teria sido enfrentada pelo Pleno, no mencionado precedente, na linha contrária à do acórdão recorrido. Afirmou que o art. 543-A, § 3º, do Código de Processo Civil tornaria presumida a existência da repercussão geral quando o recurso extraordinário impugnasse decisão contrária à jurisprudência dominante no Plenário do Supremo (CPC: *"Art. 543-A. O Supremo Tribunal Federal, em decisão irrecorrível, não conhecerá do recurso extraordinário, quando a questão constitucional nele versada não oferecer repercussão geral, nos termos deste artigo. ... § 3o Haverá repercussão geral sempre que o recurso impugnar decisão contrária a súmula ou jurisprudência dominante do Tribunal."*). **RE 579431 QO/RS, rel. Min. Ellen Gracie, 13.3.2008.** (RE-579431)

PROCEDIMENTO DE IMPLANTAÇÃO DO REGIME DE REPERCUSSÃO GERAL - 3

Reconheceu, todavia, que a lei não estabeleceu o procedimento a ser adotado tanto pelo Supremo quanto pelos Tribunais e Turmas Recursais de origem nesses casos, nem quando a decisão impugnada estivesse em consonância com a jurisprudência da Corte. Tendo isso em conta, concluiu ser necessário extrair do texto legal solução que valorizasse o regime jurídico, a efetividade, a objetividade e a finalidade do novo instituto, para assegurar prestígio à jurisprudência já consolidada, e evitar novo julgamento de cada uma das questões constitucionais já pacificadas pelo Pleno. Aduziu que a lei não afastou o regime da repercussão geral para tais situações, tendo presumido a presença do pressuposto de admissibilidade quando existente jurisprudência dominante, razão pela qual o instituto não se aplicaria somente às questões constitucionais ainda não julgadas pelo Plenário. Salientou que, assim como se dá nos casos que são levados ao Plenário Virtual, seria importante declinar, de forma expressa, os assuntos submetidos aos efeitos ora analisados. Afirmou que a existência ou não de repercussão geral seria decorrência direta da relevância social, política, jurídica ou econômica da questão constitucional suscitada no apelo extremo, que não poderia ser afastada pelo fato de já ter sido o assunto enfrentado em sucessivos julgados anteriores da Corte, fosse a decisão de origem contrária ao entendimento do Supremo ou consentânea com ele, haja vista que a existência de julgados em outros processos, indicando se tratar de matéria que ultrapassa os interesses subjetivos da causa, afirmaria a repercussão geral. Por isso, os recursos extraordinários contrários à jurisprudência da Corte não mereceriam seguimento, não por ausência de repercussão geral, mas por contrariarem a jurisprudência, caracterizando-se como manifestamente improcedentes (CPC, art. 557). **RE 579431 QO/RS, rel. Min. Ellen Gracie, 13.3.2008.** (RE-579431)

PROCEDIMENTO DE IMPLANTAÇÃO DO REGIME DE REPERCUSSÃO GERAL - 4

Assim, reconhecida a incidência dos efeitos da repercussão geral, com associação aos precedentes do Plenário ou súmula, os Tribunais poderiam adotar o procedimento previsto no § 3º do art. 543-B, do CPC, negando admissibilidade aos recursos extraordinários e aos correspondentes agravos de instrumentos, em face da carência do pressuposto do interesse recursal. Da mesma forma, para as situações em que o acórdão recorrido fosse contrário ao entendimento consolidado no Plenário, os efeitos da repercussão geral deveriam ser estendidos. Enfatizou que a presunção do pressuposto da admissibilidade em casos assim (CPC, art. 543-A, § 3º) e a possibilidade de julgamentos monocráticos dos correspondentes recursos extraordinários e agravos de instrumento não subtrairiam do instituto da repercussão geral a totalidade dos seus efeitos, notadamente a possibilidade de retratação, pelos Tribunais e Turmas Recursais de origem, das decisões que fossem contrárias ao entendimento consolidado no STF. Esclareceu-se que, enquanto o STF não afirmasse, expressamente, a incidência dos efeitos da repercussão geral nessas hipóteses, as Presidências ou Vice-Presidências daquelas Cortes não se considerariam autorizadas a devolver os autos para efeitos de retratação pelos órgãos fracionários que houvessem proferido decisões contrárias ao entendimento aqui fixado. Para os assuntos já julgados sucessivamente pelo Plenário, a solução, no que diz respeito à repercussão geral, deveria ser a mesma. **RE 579431 QO/RS, rel. Min. Ellen Gracie, 13.3.2008.** (RE-579431)

PROCEDIMENTO DE IMPLANTAÇÃO DO REGIME DE REPERCUSSÃO GERAL - 5

Em suma, entendeu adequado que para as questões constitucionais já decididas pelo Plenário fossem atribuídos os efeitos da repercussão geral reconhecida, devendo os recursos extraordinários, com tema correspondente que vierem ao STF, ser devolvidos à origem, para os procedimentos aqui autorizados, como já acontece com aqueles cujos temas são levados ao Plenário Virtual. Propôs, também, que matérias já enfrentadas pelo Pleno fossem trazidas pela Presidência, antes da distribuição, em questão de ordem, para que se afirmasse de forma objetiva, e para cada uma, a aplicabilidade da repercussão geral, sempre que presente a relevância sob os aspectos legais. Em divergência, o Min. Marco Aurélio entendeu que o recurso extraordinário deveria ser distribuído. Considerou que não se poderia interpretar o § 3º do art. 543-A do CPC para nele ver incluída uma norma que revelasse que acórdãos da Corte anteriores à regulamentação da repercussão geral tivessem eficácia da repercussão geral. Aduziu que, nesses casos, em que já houvesse jurisprudência pacificada, o processo deveria ser trazido para julgamento para surgir no mundo jurídico, pela vez primeira, um pronunciamento do Tribunal sob o ângulo formal do instituto e, somente então, as Cortes de origem terem a possibilidade, diante desse novo crivo, já sob a regência do instituto, das conseqüências próprias, que são do instituto, ante a eficácia vinculante. Após, o julgamento foi suspenso com o pedido de vista da Min. Cármen Lúcia. **RE 579431 QO/RS, rel. Min. Ellen Gracie, 13.3.2008.** (RE-579431)

PROCEDIMENTO DE IMPLANTAÇÃO DO REGIME DE REPERCUSSÃO GERAL - 6

O Tribunal concluiu julgamento de questão de ordem, suscitada pela Min. Ellen Gracie em recurso extraordinário, na qual se discutia a pertinência da própria distribuição desse recurso, em face do regime da repercussão geral dos recursos extraordinários — v. Informativo 499. O recurso fora interposto contra acórdão do Tribunal Regional Federal da 4ª Região que autorizara a expedição de precatório complementar para a cobrança de juros de mora no período compreendido entre a data da conta de liquidação e a da extração do requisitório. A recorrente alegava presente o pressuposto da repercussão geral e a existência de decisão do Pleno no RE 298616/SP (DJU de 3.10.2003), que teria afastado a possibilidade de expedição de precatório complementar para a cobrança de juros moratórios, tendo em conta a atualização dos valores devidos em 1º de julho e o prazo constitucional de pagamento até o final do exercício seguinte, período em que inexistiria mora. Inicialmente, o Tribunal, por maioria, acompanhou a proposta apresentada pela Min. Ellen Gracie de definição de procedimento próprio para análise da repercussão geral e implantação dos correspondentes efeitos, relativamente às matérias com jurisprudência dominante na Corte. **RE 579431 QO/RS, rel. Min. Ellen Gracie, 11.6.2008.** (RE-579431)

PROCEDIMENTO DE IMPLANTAÇÃO DO REGIME DE REPERCUSSÃO GERAL - 7

A Min. Ellen aduziu que o art. 543-A, § 3º, do Código de Processo Civil tornaria presumida a existência da repercussão geral quando o recurso extraordinário impugnasse decisão contrária à jurisprudência dominante no Plenário do Supremo (CPC: *"Art. 543-A. O Supremo Tribunal Federal, em decisão irrecorrível, não conhecerá do recurso extraordinário, quando a questão constitucional nele versada não oferecer repercussão geral, nos termos deste artigo. ... § 3º Haverá repercussão geral sempre que o recurso impugnar decisão contrária a súmula ou jurisprudência dominante do Tribunal."*). Reconheceu, todavia, que a lei não estabeleceu o procedimento a ser adotado tanto pelo Supremo quanto pelos Tribunais e Turmas Recursais de origem nesses casos, nem quando a decisão impugnada estivesse em consonância com a jurisprudência da Corte. Tendo isso em conta, concluiu ser necessário extrair do texto legal solução que valorizasse o regime jurídico, a efetividade, a objetividade e a finalidade do novo instituto, para assegurar prestígio à jurisprudência já consolidada, e evitar novo julgamento de cada uma das questões constitucionais já pacificadas pelo Pleno. Entendeu que a lei não afastou o regime da repercussão geral para tais situações, tendo presumido a presença do pressuposto de admissibilidade quando existente jurisprudência dominante. Salientou que, assim como se dá nos casos que são levados ao Plenário Virtual, é importante declinar, de forma expressa, os assuntos com jurisprudência dominante, a sua eventual repercussão geral e submissão aos efeitos do novo regime de tramitação e julgamento dos recursos extraordinários e agravos de instrumento. **RE 579431 QO/RS, rel. Min. Ellen Gracie, 11.6.2008.** (RE-579431)

PROCEDIMENTO DE IMPLANTAÇÃO DO REGIME DE REPERCUSSÃO GERAL - 8

A Min. Ellen Gracie afirmou que a existência ou não de repercussão geral seria decorrência direta da relevância social, política, jurídica ou econômica da questão constitucional suscitada no apelo extremo, que não poderia ser afastada pelo fato de já ter sido o assunto enfrentado em sucessivos julgados anteriores da Corte, fosse a decisão de origem contrária ao entendimento do Supremo ou consentânea com ele, haja vista que a existência de julgados em outros processos, indicando se tratar de matéria que ultrapassa os interesses subjetivos da causa, afirmaria a repercussão geral. Por isso, os recursos extraordinários contrários à jurisprudência da Corte não mereceriam seguimento, não por ausência de repercussão geral, mas por contrariarem a jurisprudência, caracterizando-se como manifestamente improcedentes (CPC, art. 557). Em suma, entendeu adequado que para as questões constitucionais já decididas pelo Plenário fossem atribuídos os efeitos da repercussão geral reconhecida, devendo os recursos extraordinários, com tema correspondente que, doravante, vierem ao STF, ser devolvidos à origem, para os procedimentos aqui autorizados, como já acontece com aqueles cujos temas são levados ao Plenário Virtual. Propôs, também, que matérias já enfrentadas pelo Pleno fossem trazidas pela Presidência, antes da distribuição, em questão de ordem, para que se afirme de forma objetiva, e para cada uma, a aplicabilidade da repercussão geral, sempre que presente a relevância sob os aspectos legais, e para que se examine se permanece dominante a jurisprudência sobre o tema. O Min. Marco Aurélio não aderiu a essa proposta, ao fundamento de que o processo não deveria ser apresentado em questão de ordem, pelo Presidente, mas pautado, pelo relator, após a distribuição; e de que também não se poderia fazer retroagir a legislação alusiva à repercussão geral a ponto de assentar que poderia haver a modificação do que decidido pelas próprias cortes de origem nos recursos anteriores à vigência do instituto. Asseverou que isso somente se aplicaria aos recursos interpostos após a regulamentação da repercussão geral. Relativamente ao recurso extraordinário analisado, o Tribunal concluiu pela existência da repercussão geral, entendeu que há necessidade de análise aprofundada pelo Plenário sobre a possibilidade de incidência de juros de mora no período entre a conta de liquidação e a da expedição do requisitório, para fins de precatório complementar, já que, quanto ao tema, não ficou patente a existência de jurisprudência dominante. Em conseqüência, determinou-se a distribuição normal do recurso extraordinário, a fim de permitir o exame da matéria. Nesse ponto, a Min. Ellen Gracie, relatora, reajustou seu voto. **RE 579431 QO/RS, rel. Min. Ellen Gracie, 11.6.2008.** (RE-579431) (Inform. STF 510)

REPERCUSSÃO GERAL: CLÁUSULA CONSTITUCIONAL DA RESERVA DO PLENÁRIO - 2

Em conclusão, o Tribunal acolheu questão de ordem, suscitada pela Min. Ellen Gracie, para assentar procedimento próprio para análise da repercussão geral e implantação dos correspondentes efeitos, relativamente às matérias com jurisprudência dominante na Corte, e para negar a distribuição de recurso extraordinário interposto contra acórdão da 2ª Turma, do Superior Tribunal de Justiça, que, sem observância da cláusula de reserva de Plenário, afastou, em decisão de Turma, a incidência da Lei Complementar 118/2005, segundo a qual o prazo para repetição do indébito tributário fluiria do recolhimento indevido do tributo, para reconhecer incidente o prazo de 5 anos para fins de repetição do indébito tributário, contado do termo final previsto no art. 105, § 4º, do CTN (tese dos 5 + 5) — v. Informativo 502. QO resolvida no sentido de negar a distribuição do RE, por envolver questão em que constatada a repercussão geral, bem como de todos os demais recursos que versem essa mesma matéria, com devolução dos autos à origem, para adoção do novo regime de julgamento, previsto no art. 543-B, do CPC. Vencido o Min. Marco Aurélio que rejeitava a questão de ordem, para assentar o não cabimento da devolução, salientando que a jurisprudência da Corte, quanto à matéria, sequer estaria pacificada mediante verbete de súmula. **RE 582108 QO/SP, rel. Min. Ellen Gracie, 11.6.2008.** (RE-582108) (Inform. STF 510)

REPERCUSSÃO GERAL E RECURSOS ANTERIORES

Em seguida, o Tribunal, por maioria, acolheu outra questão de ordem, suscitada pelo Min. Gilmar Mendes, Presidente, no sentido de assentar a aplicabilidade do regime previsto no art. 543-B do CPC e, em especial, nos seus §§ 1º e 3º, aos recursos extraordinários interpostos de acórdãos publicados anteriormente a 3.5.2008, e aos agravos de instrumento respectivos, ficando, quanto aos mesmos, afastada a incidência do disposto no § 2º do referido artigo que trata da negativa de processamento fundada em ausência de repercussão geral. Em conseqüência, ficariam autorizados os tribunais, turmas recursais, e de uniformização, a adotar os procedimentos de sobrestamento, retratação e declaração de prejudicialidade de recursos extraordinários e de agravos de instrumento correspondentes. Vencido o Min. Marco Aurélio que rejeitava a questão de ordem por não aplicar o art. 543-B a recursos interpostos antes da regulamentação do instituto da repercussão geral. **AI 715423 QO/RS, rel. Min. Ellen Gracie, 11.6.2008.** (AI-715423) (Inform. STF 510)

REPERCUSSÃO GERAL: AUTO-APLICABILIDADE DO ART. 192, § 3º, DA CF - 1

O Tribunal iniciou julgamento de questão de ordem para exame da pertinência da distribuição de recurso extraordinário interposto contra acórdão da 5ª Turma Recursal, dos Juizados Especiais Estaduais da Bahia, que reconhecera a auto-aplicabilidade do art. 192, § 3º, da CF, na redação vigente anteriormente à EC 40/2003, firmando orientação no sentido de que a Constituição não limitou a 12% ao ano os juros no âmbito do Sistema Financeiro Nacional, além de afastar a possibilidade de capitalização. A Min. Ellen Gracie, Presidente, na linha do voto que proferira no julgamento do RE 579431 QO/RS (v. Informativo 499), propôs solução à questão de ordem no sentido de que o presente recurso extraordinário, por envolver questão em que constatada a repercussão geral, tenha a distribuição denegada, bem como todos os demais recursos versando a mesma matéria, devolvendo-se os autos à origem, para adoção do novo regime da repercussão geral. Após, pediu vista dos autos a Min. Cármen Lúcia. **RE 582650 QO/BA, rel. Min. Ellen Gracie, 16.4.2008.** (RE-582650) (Inform. STF 502)

REPERCUSSÃO GERAL: AUTO-APLICABILIDADE DO ART. 192, § 3º, DA CF - 3

Com base na decisão acima, o Tribunal, por maioria, resolveu deliberar sobre a proposta de Súmula Vinculante acerca da matéria. Vencido, na questão, o Min. Marco Aurélio que entendia ser necessário, como regra, submeter o teor do verbete proposto à Comissão de Jurisprudência do Tribunal. Após, o Tribunal aprovou o Enunciado da Súmula Vinculante 7 com o mesmo teor do Enunciado da Súmula 648 do STF ("*A norma do § 3º do art. 192 da Constituição, revogada pela Emenda Constitucional 40/2003, que limitava a taxa de juros reais a 12% ao ano, tinha sua aplicabilidade condicionada à edição de lei complementar.*"). Vencido o Min. Marco Aurélio que não aprovava o verbete ao fundamento de que o Enunciado da Súmula 648 diria respeito à interpretação de um artigo que não figuraria mais no cenário jurídico. RE 582650 QO/BA, rel. Min. Ellen Gracie, 11.6.2008. (RE-582650) (Inform. STF 510)

REPERCUSSÃO GERAL: AUTO-APLICABILIDADE DO ART. 192, § 3º, DA CF - 2

Em conclusão, o Tribunal acolheu questão de ordem, suscitada pela Min. Ellen Gracie, para assentar procedimento próprio para análise da repercussão geral e implantação dos correspondentes efeitos, relativamente às matérias com jurisprudência dominante na Corte, e para negar a distribuição de recurso extraordinário interposto contra acórdão da 5ª Turma Recursal, dos Juizados Especiais Estaduais da Bahia, que reconhecera a auto-aplicabilidade do art. 192, § 3º, da CF, na redação vigente anteriormente à EC 40/2003, firmando orientação no sentido de que a Constituição não limitou a 12% ao ano os juros no âmbito do Sistema Financeiro Nacional — v. Informativo 502. Considerou-se a existência de jurisprudência pacificada e do Enunciado da Súmula 648 do STF em posição contrária à do acórdão recorrido. QO resolvida no sentido de negar a distribuição do RE, por envolver questão em que constatada a repercussão geral, bem como de todos os demais recursos que versem essa mesma matéria, com devolução dos autos à origem, para adoção do novo regime de julgamento dos recursos extraordinários e agravos, previsto no art. 543-B, do CPC. Vencido, na questão, o Min. Marco Aurélio. **RE 582650 QO/BA, rel. Min. Ellen Gracie, 11.6.2008.** (RE-582650) (Inform. STF 510)

REPERCUSSÃO GERAL: CLÁUSULA CONSTITUCIONAL DA RESERVA DO PLENÁRIO - 1

O Tribunal iniciou julgamento de questão de ordem para exame da pertinência da distribuição de recurso extraordinário interposto contra acórdão da 2ª Turma, do Superior Tribunal de Justiça, que reconhecera incidente o prazo de 5 anos para fins de repetição do indébito tributário, contado do termo final previsto no art. 105, § 4º, do CTN (5 + 5), afastando a tese de que o prazo fluiria do recolhimento indevido. A Min. Ellen Gracie, Presidente, na linha do voto que proferira no julgamento do RE 579431 QO/RS (v. Informativo 499), propôs solução à questão de ordem no sentido de que o presente recurso extraordinário, por envolver questão em que constatada a repercussão geral, tenha a distribuição denegada, bem como todos os demais recursos versando a mesma matéria, devolvendo-se os autos à origem, para adoção do novo regime da repercussão geral. Após, pediu vista dos autos a Min. Cármen Lúcia. **RE 582108 QO/SP, rel. Min. Ellen Gracie, 16.4.2008.** (RE-582108) (Inform. STF 502)

REPERCUSSÃO GERAL EM RE N. 563.965-RN

RELATORA: MIN. CÁRMEN LÚCIA

EMENTA: INTERPRETAÇÃO DO ART. 543-A, § 3º, DO CÓDIGO DE PROCESSO CIVIL C/C ART. 323, § 1º, DO REGIMENTO INTERNO DO SUPREMO TRIBUNAL FEDERAL.

1. Não se presume a ausência de repercussão geral quando o recurso extraordinário impugnar decisão que esteja de acordo com a jurisprudência do Supremo Tribunal Federal, vencida a Relatora.

2. Julgamento conjunto dos Recursos Extraordinários n. 563.965, 565.202, 565.294, 565.305, 565.347, 565.352, 565.360, 565.366, 565.392, 565.401, 565.411, 565.549, 565.822, 566.519, 570.772 e 576.220. (Inform. STF 502)

REPERCUSSÃO GERAL EM RE N. 568.396-RS

RELATOR: MIN. MARCO AURÉLIO

REPERCUSSÃO GERAL - CAPITALIZAÇÃO MENSAL DOS JUROS - MEDIDA PROVISÓRIA Nº 2.170-36 - ARTIGO 62 DA CONSTITUIÇÃO FEDERAL - AFASTAMENTO NA ORIGEM. Admissão pelo Colegiado Maior. (Inform. STF 501)

REPERCUSSÃO GERAL EM RE N. 568.647-RS

RELATOR: MIN. MARCO AURÉLIO

REPERCUSSÃO GERAL - TÍTULO EXECUTIVO JUDICIAL - UNICIDADE - FAZENDA PÚBLICA - ARTIGO 100, § 1º E § 4º, DA CONSTITUIÇÃO FEDERAL. Admissão pelo Colegiado Maior. (Inform. STF 501)

REPERCUSSÃO GERAL EM RE N. 573.872-RS

RELATOR: MIN. RICARDO LEWANDOWSKI

EMENTA: CONSTITUCIONAL. PRECATÓRIO. EXECUÇÃO PROVISÓRIA DE DÉBITOS DA FAZENDA PÚBLICA. VIOLAÇÃO AO ART. 100 DA CONSTITUIÇÃO. EMENDA CONSTITUCIONAL 30/2000. EXISTÊNCIA DE REPERCUSSÃO GERAL. Precedentes nesta Corte quanto à matéria. Questão relevante do ponto de vista econômico, social e jurídico que ultrapassa o interesse subjetivo da causa. (Inform. STF 501)

REPERCUSSÃO GERAL EM RE N. 575.144-DF

RELATOR: MIN. RICARDO LEWANDOWSKI

EMENTA: PROCESSUAL PENAL MILITAR. RECURSO EXTRAORDINÁRIO. ART. 118, § 3º, DO REGIMENTO INTERNO DO SUPERIOR TRIBUNAL MILITAR. RELEVÂNCIA JURÍDICA. DEVER DE PUBLICIDADE INERENTE À LAVRATURA DE ACÓRDÃO. MANIFESTAÇÃO PELA EXISTÊNCIA DE REPERCUSSÃO GERAL. (Inform. STF 501)

13. EXECUÇÃO

13.1. Execução em Geral

EXECUÇÃO EXTRAJUDICIAL DE CRÉDITO HIPOTECÁRIO E DEVIDO PROCESSO LEGAL - 1

O Plenário iniciou julgamento de recurso extraordinário em que se discute, nos termos dos artigos 30, parte final, e 31 a 38 do Decreto-lei 70/66, a constitucionalidade, ou não, de execução extrajudicial de crédito hipotecário. O Min. Marco Aurélio, relator, desproveu o recurso, para declarar a inconstitucionalidade dos referidos dispositivos. Aduziu que nem mesmo a relapsia do devedor seria suficiente a chegar-se à execução privada, contemplada no aludido decreto-lei, considerada a regra contida no art. 5º, LIV, da CF. Nesse sentido, afirmou que a noção inerente ao devido processo remeteria, necessariamente, ao Judiciário, de modo a inviabilizar-se a execução privada. Destacou que o citado diploma infraconstitucional teria sido editado durante a "ditadura militar empresarial", quando havia, em primeiro lugar, a arrematação do imóvel, para que, somente após, tendo em conta a imissão de posse, interviesse o Judiciário. Reputou que esse procedimento seria resquício do autoritarismo da época; do esvaziamento do Judiciário como uma garantia do cidadão; do tratamento diferenciado, a beneficiar a parte mais forte na relação jurídica, ou seja, a parte credora. Após o voto do Min. Luiz Fux, que acompanhara o relator, pediu vista dos autos o Min. Dias Toffoli. RE 556520/SP, rel. Min. Marco Aurélio, 25.5.2011. (RE-556520)

EXECUÇÃO EXTRAJUDICIAL DE CRÉDITO HIPOTECÁRIO E DEVIDO PROCESSO LEGAL - 2

O Plenário retomou julgamento de recurso extraordinário em que se discute, nos termos dos artigos 30, parte final, e 31 a 38 do Decreto-lei 70/66, a compatibilidade, ou não, de execução extrajudicial de crédito hipotecário com o novo ordenamento constitucional — v. Informativo 628. Em voto-vista, o Min. Dias Toffoli, ao reafirmar a pacífica jurisprudência da Corte no sentido da recepção, pela CF/88, das normas do aludido diploma, proveu o recurso, sendo acompanhado pelo Min. Ricardo Lewandowski. Em divergência, os Ministros Cármen Lúcia e Ayres Britto negaram provimento ao extraordinário por reputarem que os preceitos impugnados afrontariam o princípio constitucional do devido processo legal (art. 5º, LIV). Após, pediu vista o Min. Gilmar Mendes. RE 556520/SP, rel. Min. Marco Aurélio, 18.8.2011. (RE-556520) (Inform. STF 636)

DIREITO PROCESSUAL CIVIL. LEGITIMIDADE ATIVA. CREDOR PRIVILEGIADO. AÇÃO DE INSOLVÊNCIA CIVIL. POSSIBILIDADE.

O credor privilegiado, nos moldes do art. 24 da Lei n. 8.906/1994, pode optar por ajuizar a ação de insolvência civil, renunciando, com isso, implicitamente, ao seu privilégio. O CPC, ao disciplinar a legitimidade ativa para requerer a insolvência civil, determina, em seu art. 753, I, como legitimado à propositura referida da ação, em primeiro lugar, qualquer credor quirografário. Em seguida, elenca o devedor e o inventariante do espólio do devedor (art. 753, II e III). Contudo, seria descabido vedar aos credores privilegiados, somente porque têm privilégio ou preferência, que propusessem a ação de declaração de insolvência, pois seria negar a quem tem mais o que se permite a quem tem menos. Assim, o credor privilegiado, ao pedir a insolvência civil, renuncia implicitamente ao privilégio de seu crédito e torna-se um credor quirografário, legitimado, portanto, para a propositura da ação. **REsp 488.432-MG, Rel. Min. Raul Araújo, julgado em 6/11/2012.** (Inform. STJ 508)

HONORÁRIOS ADVOCATÍCIOS. EXCEÇÃO. PRÉ-EXECUTIVIDADE.

Não é cabível a condenação em honorários advocatícios em exceção de pré-executividade julgada improcedente. Precedentes citados: AgRg no REsp 1.098.309-RS, DJe 22/11/2010, e EREsp 1.048.043-SP, DJe 29/6/2009. **REsp 1.256.724-RS, Rel. Min. Mauro Campbell Marques, julgado em 7/2/2012. (Inform. STJ 490)**

EXECUÇÃO. HONORÁRIOS ADVOCATÍCIOS. REVISÃO.

Trata-se de REsp em que a discussão cinge-se em definir se é possível, em execução de título judicial, a revisão do valor fixado a título de honorários advocatícios na sentença da fase de conhecimento e, em caso afirmativo, se, na hipótese em questão, a verba foi arbitrada de modo exagerado. A Turma reiterou não ser possível revisar, em execução, o valor de verba honorária fixada na sentença transitada em julgado, proferida na fase de conhecimento. Observou-se que, na hipótese, não se está diante de simples erro material, exsurgindo claramente da sentença relativa à fase de conhecimento que o juiz fixou os honorários advocatícios com base no § 3º do art. 20 do CPC, opção escorreita, visto que sua decisão, ainda que sujeita à liquidação, foi evidentemente de cunho condenatório, não se cogitando da incidência da regra do § 4º do mesmo artigo. Registrou-se ainda que, não bastasse o fato de a decisão em questão estar coberta pelo manto da coisa julgada, verifica-se que o TJ também incidiu em equívoco ao, tendo admitido que os honorários haviam sido arbitrados com base no § 3º do mencionado artigo, ter reduzido a verba para valor aquém do limite mínimo de 10% previsto no dispositivo legal. Assim, a Turma negou provimento ao recurso da instituição financeira e deu provimento ao da outra parte para determinar que a execução dos honorários advocatícios dê-se com base no percentual de 10% do valor da condenação imposta na respectiva fase de conhecimento. Precedentes citados: REsp 886.178-RS, DJe 25/2/2010; REsp 1.105.265-SC, DJe 22/10/2009; REsp 1.017.273-SC, DJe 17/11/2008; REsp 289.065-SP, DJ 13/3/2006; REsp 462.742-SC, DJ 31/5/2004, e REsp 226.873-PR, DJ 19/12/2003. **REsp 1.148.643-MS, Rel. Min. Nancy Andrighi, julgado em 6/9/2011.** (Inform. STJ 482)

EXECUÇÃO. DESIGNAÇÃO. NOVA HASTA PÚBLICA.

In casu, a questão está em verificar a possibilidade de designação de uma terceira hasta pública para alienação de imóvel penhorado por banco (recorrente), nos autos de execução extrajudicial, depois que frustrados os dois primeiros praceamentos. Como consabido, o CPC não faz referência, em nenhum momento, a uma terceira praça para a alienação de bens imóveis pertencentes ao devedor, prevendo, em seu art. 686, VI, no máximo, uma segunda praça. No entanto, conforme destacou o Min. Relator, a omissão legislativa, por si só, não constitui impedimento para que o julgador, diante das necessidades do caso concreto, disponibilize ao credor a técnica processual apta à satisfação de seu direito, pois o principal objetivo do Direito Processual Civil como um todo e da execução em particular consiste na tutela do direito material. Entretanto, ressaltou que a designação de medidas não previstas em lei, como na espécie – uma terceira praça pública –, dependerá, sempre, da prudente avaliação a ser realizada pelas instâncias de origem no caso concreto. Dessarte, deverão ser consideradas, entre outras circunstâncias, a probabilidade de êxito, ainda que baixa, da praça pública, seu custo em face do valor da execução, a possibilidade de existirem outros bens em nome dos devedores, o custo de sua penhora e o comportamento processual das partes. Assim, na hipótese, remetidos os autos ao juízo de primeiro grau, caberá a ele determinar ou não, com base nas circunstâncias do caso, a realização de uma terceira praça pública para a alienação do imóvel titulado pelos recorridos. Com essas considerações, a Turma conheceu em parte do recurso e nessa parte deu-lhe provimento. Precedente citado do STF: RE 90.066-GO, DJ 11/12/1978. **REsp 946.660-MS, Rel. Min. Paulo de Tarso Sanseverino, julgado em 1º/9/2011.** (Inform. STJ 482)

HC. EXECUÇÃO. ACORDO. PARTILHA. RENÚNCIA. ALIMENTOS.

Trata-se de *habeas corpus* por inadimplemento de pensão alimentícia. A execução de pensão alimentícia em concomitância com o curso de execução de acordo entre ex-cônjuges relativo à partilha de bens no qual o ex-cônjuge se comprometeu, ainda, a renunciar aos alimentos caracteriza *bis in idem* e impede a execução daquela pelo rito preconizado no art. 733 do CPC. O não exercício do direito à percepção de alimentos pelo lapso temporal de 30 anos, apesar de não importar em exoneração automática da obrigação alimentar, torna possível afastar a possibilidade de prisão civil do alimentante inadimplente, pois questionável a necessidade do alimentado e, por conseguinte, desnecessária a coação extrema, que tem o escopo único de resguardar a sobrevida de quem recebe alimentos. Com esse entendimento, a Turma concedeu a ordem. **HC 187.202-RJ, Rel. Min. Nancy Andrighi, julgado em 16/8/2011.** (Inform. STJ 481)

EXECUÇÃO. FALTA. COMPROVANTE. UTILIZAÇÃO. CRÉDITO.

Apesar dos aditivos de prorrogação e rerratificação das cédulas de crédito comercial, a instituição bancária recorrente moveu ação de execução contra os recorridos, sustentando que concedeu financiamento à sociedade empresária avalizado pelos demais executados, sendo a dívida representada por aquelas cédulas e, como os devedores não honraram os pagamentos previstos nos instrumentos de crédito, considerou o banco que havia vencido toda a operação. As instâncias ordinárias acolheram a exceção de pré-executividade alegada pelos recorridos e extinguiram a execução em razão da deficiência dos documentos que instruem o pedido inicial do banco. Consideraram que as quatro cédulas de crédito comercial da execução não se revestiam de liquidez, visto que os respectivos créditos teriam sido liberados de forma parcelada, em conta vinculada, o que exige, para a apuração do valor devido, a análise de extratos ou contas gráficas, os quais, segundo as instâncias ordinárias afirmaram, não foram trazidos aos autos. No recurso especial (REsp), o exequente (recorrente) defende a força executiva dos títulos. Para o Min. Relator, não merece reparo a decisão recorrida, no entanto o aresto recorrido deixou de enfrentar a alegação do recorrente quanto ao fato de a irregularidade na ação executiva ser sanável, nos termos do art. 284 c/c art. 616, ambos do CPC. Como essa alegação foi feita e reiterada pelo recorrente desde a primeira oportunidade, inclusive em apelação, o Min. Relator reconheceu que tal omissão configuraria violação do art. 535 do CPC, ficando prejudicadas as demais alegações do REsp. Nesse contexto, a Turma não conheceu do REsp retido e conheceu, em parte, do REsp principal e, nessa extensão, deu-lhe provimento para anular o acórdão que julgou os embargos de declaração e determinou o retorno dos autos ao tribunal *a quo* para que, como entender de direito, profira nova decisão, agora com a análise da questão relativa à possibilidade de o exequente recorrente sanar as irregularidades na inicial da execução. Precedentes citados: EREsp 241.813-SP, DJ 15/8/2005; REsp 799.440-DF, DJe 2/2/2010; EDcl no REsp 449.407-PR, DJe 25/11/2008; REsp 264.065-AM, DJ 1º/8/2006, e REsp 712.856-SC, DJ 6/3/2006. **REsp 791.676-GO, Rel. Min.** Luis Felipe Salomão, julgado em 28/6/2011. (Inform. STJ 479)

HONORÁRIOS ADVOCATÍCIOS. CONCURSO. CRÉDITO FISCAL.

A jurisprudência do STJ reconhece que os créditos referentes a honorários advocatícios, contratuais ou sucumbenciais, têm natureza alimentar. Contudo, disso não decorre dizer que são créditos trabalhistas a ponto de preferir os créditos fiscais da Fazenda Pública em concurso de credores, quanto mais se o art. 24 da Lei n. 8.906/1994 (EOAB), norma ordinária que é, não se sobrepõe ao art. 186 do CTN, que, como consabido, tem *status* de lei complementar. Precedentes citados: EREsp 854.535-RS, DJe 18/4/2008, e REsp 909.830-SC, DJe 6/8/2010. **REsp 939.577-RS, Rel. Min. Massami Uyeda, julgado em 3/5/2011.** (Inform. STJ 471)

TÍTULO EXECUTIVO ORIGINAL. INÉRCIA.

Questiona-se, no REsp, a possibilidade de, em execução de título extrajudicial promovida pela CEF, admitir-se a juntada tardia do título executivo original, após ter decorrido o prazo estabelecido pelo juízo para o exequente apresentá-lo. Para o Min. Relator, os arts. 614, I, e 283 do CPC devem ser interpretados de forma sistemática, sem descuido das demais regras e princípios processuais. Assim, antes de indeferir a inicial da execução e extinguir o feito sem resolução de mérito, o juízo deve, em observância ao princípio da instrumentalidade do processo, facultar que a parte junte o título executivo. Destaca que, para o tribunal de origem, não houve má-fé da exequente. Dessa forma, não é suficiente para ensejar a reforma do acórdão recorrido a alegação da recorrente de que não teve oportunidade de se manifestar por ter oferecido embargos à execução sem a demonstração de prejuízo. Com esse entendimento, a Turma conheceu parcialmente do recurso e, nessa extensão, negou-lhe provimento. Precedentes citados: REsp 595.768-PB, DJ 10/10/2005; AgRg no REsp 747.949-PR, DJ 3/10/2005; REsp 329.069-MG, DJ 4/3/2002; AgRg no REsp 330.878-AL, DJ 30/6/2003; REsp 329.069-MG, DJ 4/3/2002; REsp 49.910-MS, DJ 5/2/1996, e REsp 467.358-PR, DJ 20/10/2003. **REsp 924.989-RJ, Rel. Min. Luis Felipe Salomão, julgado em 5/5/2011.** (Inform. STJ 471)

RCL. EXECUÇÃO. TÍTULO JUDICIAL.

In casu, a instituição financeira reclamante celebrou contrato de financiamento agrícola com os ora interessados em julho de 1993, mas, em razão do inadimplemento, executou-os. Por sua vez, os interessados opuseram embargos à execução e repetição de indébito, os quais foram julgados simultaneamente, sendo a execução extinta e julgada procedente a ação que discutia a dívida, aplicando a repetição de indébito nos termos do art. 1.531 do CC/1916. Então, os interessados, vencedores, entendendo ser desnecessária a apuração dos valores, iniciaram a execução provisória sem proceder à prévia liquidação, o que levou o banco reclamante a opor exceção de pré-executividade ao argumento de ser ilíquido o título executivo judicial, que apenas afirmara ser devida eventual quantia cobrada a mais, no entanto determinava que o *quantum* devesse ser apurado em liquidação de sentença. O TJ negou provimento ao agravo de instrumento interposto contra a rejeição da exceção, o que deu ensejo a REsp, não conhecido por este Superior Tribunal. Então, os interessados pleitearam o prosseguimento da execução, momento em que foram apresentados embargos à execução, que, por sua vez, foram rejeitados, mantendo o TJ incólume a decisão. Daí, houve a interposição de outro REsp, cujo acórdão já transitou em julgado, decisão que se questiona nesta reclamação (Rcl). Para o voto vista vencedor, procede a Rcl, pois, além dos elevados valores em discussão, o prosseguimento da execução originou-se de interpretação equivocada dada pelos interessados e chancelada pelo juízo reclamado ao último acórdão proferido em REsp – naquela oportunidade, esse julgado fez considerações sobre a parte líquida da condenação para a devolução em dobro e afirmou que seria na forma da sentença, mas o juízo reclamado considerou como o momento do ilícito a data do vencimento da primeira parcela (1992) em vez da data do protesto (1993), alterando, assim, a base de cálculo para a apuração do *quantum* devido pelo reclamante (embora já tenha sido depositada a quantia que deveria ter resultado a extinção da execução). Diante do exposto, a Seção, ao prosseguir o julgamento, por maioria, reconheceu procedente a Rcl. **Rcl 2.826-BA, Rel. originária Min. Nancy Andrighi, Rel. para acórdão Min. Luis Felipe Salomão, julgada em 10/11/2010.** (Inform. STJ 455)

DESCONSIDERAÇÃO. PERSONALIDADE JURÍDICA. COISA JULGADA.

A Turma negou provimento ao recurso especial, mantendo a decisão do tribunal *a quo* que, com base no conjunto fático-probatório dos autos da execução, entendeu estarem presentes os requisitos autorizadores da desconsideração da personalidade jurídica da empresa da qual os ora recorrentes foram sócios. Na espécie, ficou demonstrado que os recorrentes, ao promover cisões da empresa e transferências de bens entre as sociedades dela decorrentes, bem como ao alterar os quadros societários, utilizaram-se da sua personalidade jurídica para frustrar o pagamento do crédito devido à recorrida. Segundo o Min. Relator, a teoria maior da desconsideração da personalidade jurídica, contida no art. 50 do CC/2002, exige, via de regra, não apenas a comprovação do estado de insolvência da pessoa jurídica para que os sócios e administradores possam ser responsabilizados pelas obrigações por ela contraídas, mas também a ocorrência de desvio de finalidade ou de confusão patrimonial. Ressaltou, ainda, inexistir ofensa à coisa julgada pelo fato de o pedido de desconsideração ter sido rejeitado em julgado anterior – embargos de terceiro –, pois o efeito da imutabilidade recai sobre a norma jurídica concreta do dispositivo do *decisum*, não sobre a fundamentação nele exarada. Precedente citado: REsp 279.273-SP, DJ 29/3/2004. **REsp 1.200.850-SP, Rel. Min. Massami Uyeda, julgado em 4/11/2010.** (Inform. STJ 454)

EXCEÇÃO DE PRÉ-EXECUTIVIDADE. SEGURO. INVALIDEZ. PRESCRIÇÃO.

Trata-se de ação de execução de seguro de vida e acidentes pessoais ajuizada na origem em razão de invalidez permanente do segurado para o trabalho. No REsp sustenta a seguradora inexistência do título porque a pretensão executória do recorrido à cobertura de uma indenização por invalidez é decorrente de doença (glaucoma) e não de acidente. Registra ainda que a pretensão do recorrido estaria prescrita por ter transcorrido mais de um ano entre a ciência da incapacidade e a propositura da ação. Consta dos autos que o juiz, em decisão monocrática, rejeitou a exceção de pré-executividade. No entanto, o tribunal *a quo,* em sede de agravo de instrumento, admitiu discutir as alegações da seguradora na referida exceção, mas negou provimento ao recurso. Para o Min. Relator, o recurso especial não pode ter êxito visto que, segundo a jurisprudência deste Superior Tribunal, a exceção de pré-executividade só pode ser utilizada quando não há necessidade de dilação probatória. Assevera, ainda, que o questionamento sobre a existência de título não dispensa a dilação probatória. Quanto à alegada prescrição, assevera o Min. Relator que, embora equivocada a forma de cálculo adotada pelo TJ, o resultado final não pode ser alterado visto que a prescrição não se consumou. Quanto à multa imposta por ocasião de embargos de declaração, como está fundamentada apenas na Constituição Federal (art. 93, IX), não cabe seu exame no STJ. Diante do exposto, a Turma negou provimento ao recurso. Precedentes citados: REsp 915.503-PR, DJ 26/11/2007; REsp 570.238-SP, DJe 17/5/2010, e

REsp 1.048.456-SP, DJe 5/8/2008. **REsp 1.063.211-MG, Rel. Min. Sidnei Beneti, julgado em 19/10/2010.** (Inform. STJ 452)

EXECUÇÃO. HONORÁRIOS ADVOCATÍCIOS.
Na espécie, ex-causídico promoveu execução autônoma para receber os honorários concomitantemente com a execução do valor dos alimentos promovida por novo advogado contratado pela ex-cliente. Segundo o Min. Relator, não há dúvidas quanto ao fato de serem devidos os honorários advocatícios ganhos no processo judicial, os quais podem ser pleiteados de forma autônoma (art. 23 da Lei n. 8.906/1994 – EOAB), desde que depositados em juízo, após o término da prestação profissional nos autos, ou seja, depois de o cliente ter recebido o que ganhou em juízo. Observa não haver legitimidade para o desdobramento do processo em novos autos de execução concomitante à execução promovida em prol do cliente, pois essa situação geraria uma complexa relação jurídica processual. Para o Min. Relator, nessa situação de a ex-advogada não ter recebido seus honorários quando da cessão do seu mandato, ou ela aguardaria a realização dos atos executórios da execução promovida pela ex-cliente por intermédio do novo advogado que a sucedeu e, ao final, quando depositados os honorários, pleitearia a porção que lhe cabe ou, então, a ex-advogada promoveria a execução autônoma como fez, porém ela só poderia pleiteá-los após o arbitramento do *quantum* que lhe cabe pelos serviços prestados. Entretanto, esclarece o Min. Relator que sempre será garantido aos advogados o levantamento autônomo e, nessa hipótese, não havendo acordo, será necessária decisão judicial para estabelecer a proporcionalidade dos honorários de cada um. Por outro lado, também explica que, para que a execução autônoma possa ser concomitante com a execução da cliente, é necessária a fixação prévia do valor devido, o que não ocorreu na espécie. Assim, é inviável, no caso dos autos, a execução autônoma dos honorários porque fundada em título ilíquido e ausente o interesse de agir. Assevera que o acórdão recorrido merece reparo, visto que o TJ extinguiu a execução sob o fundamento de litispendência em que se exige a repetição de três elementos da ação e, na espécie, a inviabilidade deu-se em um elemento, o objeto (o pagamento). Dessa forma, conclui o Min. Relator que, com rigor técnico, no caso, houve conexidade (fenômeno processual que ocorre quando duas ou mais ações têm alguns elementos comuns e outros diversos). Diante do exposto, a Turma corrigiu o fundamento legal da extinção da execução para o de falta de título e o de falta de interesse de agir (art. 267, IV e VI, § 3º, do CPC). **REsp 930.035-RJ, Rel. Min. Sidnei Beneti, julgado em 19/10/2010.** (Inform. STJ 452)

EXECUÇÃO. CARTA. FIANÇA. VALIDADE.
Trata-se de agravo regimental em que a agravante, entre outras alegações, sustenta a inidoneidade da carta de fiança apresentada, porquanto não contemplou os juros e a correção monetária, bem como a irregularidade dos cálculos apresentados pelo exequente (excesso de execução). Aduz não haver certeza ainda quanto à definitividade da execução, o que exigiria caução como garantia. Para o Min. Relator, o tribunal *a quo* asseverou a adequação e suficiência da carta de fiança apresentada, sendo ela idônea para servir de caução substitutiva, de sorte que a inversão do julgado encontra óbice na Súm. n. 7-STJ. Outrossim, consoante o art. 587 do CPC, com a redação dada pela Lei n. 11.382/2006, é definitiva a execução fundada em título extrajudicial; é provisória enquanto pendente apelação da sentença de improcedência dos embargos do executado quando recebidos com efeito suspensivo. Observou que, na espécie, já foi julgada a apelação interposta contra a sentença que julgou improcedentes os embargos do devedor e, como se cuida de ação de execução de título extrajudicial, é forçoso reconhecer que essa passou a ostentar caráter definitivo. Ademais, consoante jurisprudência deste Superior Tribunal, a execução por título extrajudicial, definitiva que é, não impõe ao autor o oferecimento de caução para garantia de eventuais prejuízos ao devedor. Destarte, a questão sobre a suficiência da caução prestada pelo exequente ficou superada ante a sua inexigibilidade na execução definitiva. Por fim, com relação ao alegado excesso de execução, a agravante não impugnou todos os fundamentos do acórdão recorrido, mormente o que tange à inadequação da via eleita, incidindo no ponto, por analogia, a Súm. n. 283-STF. Com esses argumentos, a Turma negou provimento ao agravo regimental. Precedentes citados: REsp 22.034-GO, DJ 30/11/1992; AgRg no REsp 798.215-PR, DJ 10/4/2006; REsp 94.410-GO, DJ 8/9/1998; REsp 1.017.920-SC, DJe 7/4/2009; REsp 668.124-SP, DJ 30/4/2007; REsp 768.386-SP, DJ 11/12/2006, e REsp 698.431-SP, DJe 16/9/2008. **AgRg no Ag 1.243.624-SP, Rel. Min. Vasco Della Giustina (Desembargador convocado do TJ-RS), julgado em 14/9/2010.** (Inform. STJ 447)

EXECUÇÃO. GUIA. PAGAMENTO. PRAZO.
A Turma, ao dar provimento ao recurso especial, consignou que o pedido de expedição de guia de pagamento formulado pelo devedor não suspende o prazo estabelecido pelo art. 475-J do CPC. Segundo o Min. Relator, o referido pleito, por independer de qualquer formalidade, não se coaduna com os princípios da celeridade e da efetividade trazidos pela reforma da lei instrumental civil ao processo de execução, o que evidencia o nítido propósito protelatório da parte recorrida. Precedentes citados: REsp 1.048.151-MG, DJe 26/5/2009, e Ag 1.041.397-RS, DJe 16/10/2009. **REsp 1.080.694-RJ, Rel. Min. Massami Uyeda, julgado em 12/8/2010.** (Inform. STJ 442)

EXECUÇÃO EXTRAJUDICIAL. NOTIFICAÇÃO. EDITAL.
Na demanda em que o agente financeiro é sucessor do BNH e o imóvel foi levado à praça, a Turma deu parcial provimento ao recurso para anular todos os atos praticados no processo desde a irregular notificação por edital, visto que o juízo de origem presumiu regular notificação dos devedores com base em certidão cartorária. Observou o Min. Relator que, embora cabível e legítima a intimação por edital na execução judicial, não é assim no caso da execução extrajudicial, porquanto, na primeira, ela só é feita pelo órgão julgador após criteriosa análise dos fatos que levam à convicção do desconhecimento do paradeiro dos réus e da impossibilidade de serem encontrados por outras diligências, além das já realizadas, enquanto, na segunda situação, não, visto que tudo fica ao arbítrio justamente da parte adversa, daí as limitações na condução da execução extrajudicial. Essa, inclusive, é a jurisprudência há muito sedimentada neste Superior Tribunal. Precedentes citados: REsp 37.792-RJ, DJ 24/4/1995; REsp 29.100-SP, DJ 10/5/1993; REsp 636.848-AL, DJ 27/11/2006; REsp 1.101.246-RS, DJe 26/8/2009, e AgRg no REsp 1.106.456-SP, DJe 21/9/2009. **REsp 611.920-PE, Rel. Min. Aldir Passarinho Junior, julgado em 5/8/2010.** (Inform. STJ 441)

EXCEÇÃO. PRÉ-EXECUTIVIDADE. MULTA.
Trata-se de ação ajuizada por sociedade empresária e outros (recorridos) contra banco (recorrente), objetivando o recebimento da quantia de mais de R$ 16 milhões resultante de multa por descumprimento de determinação judicial consubstanciada na exclusão dos nomes dos recorridos dos cadastros restritivos de crédito, incluindo o Sisbacen. Alega o recorrente que o juiz, ao acolher os embargos declaratórios opostos à sentença de procedência parcial da ação cautelar inominada, determinara a retirada do nome de todos os devedores dos diversos cadastros restritivos de crédito e impusera a aplicação de multa diária em desfavor da instituição financeira em caso de descumprimento da ordem judicial. Daí o recorrente ter apresentado a exceção de pré-executividade, arguindo o descabimento da execução de *astreintes* antes do trânsito em julgado da decisão de mérito da demanda. Para o Min. Relator, entre outras considerações, é cabível a arguição de pré-executividade, visto que a execução não poderia ter sido intentada, porquanto a ordem judicial que ensejaria o pagamento da multa acaso não observada referia-se, tão somente, à liberação dos recursos do Finor. Explica, ainda, que não há, no caso, ordem judicial descumprida a ensejar o cabimento da multa em execução, apenas houve equívoco em relação a sua imposição que surgiu quando da elaboração de ofício enviado pelo juiz ao gerente do banco. Nessa ocasião, foram associados comandos insertos nos parágrafos da decisão judicial referentes à exclusão dos nomes dos devedores dos diversos cadastros restritivos de crédito e à liberação dos recursos do Finor respectivamente, sendo que, apenas esse último previa a incidência da sanção. Diante do exposto, a Turma, na extensão conhecida do recurso, deu-lhe provimento, julgando extinto o processo de execução. Precedentes citados: REsp 576.045-RS, DJe 17/5/2010; EREsp 614.272-PR, DJ 6/6/2005; REsp 767.622-RJ, DJ 10/10/2005; REsp 663.874-DF, DJ 22/8/2005; REsp 822.766-RS, DJ 18/5/2006; REsp 1.081.772-SE, DJe 28/10/2009; e REsp 771.818-SP, DJ 5/3/2007. **REsp 1.119.820-PI, Rel. Min. Luis Felipe Salomão, julgado em 5/8/2010.** (Inform. STJ 441)

EXCEÇÃO DE PRÉ-EXECUTIVIDADE. EDCL.
A Turma negou provimento ao recurso por entender que não tem razão o recorrente com a interposta exceção de pré-executividade quanto à alegação de incompetência do juízo e da existência de falhas na memória do cálculo unilateral da dívida, sem força de título executivo, para obter a declaração de nulidade da execução. Com efeito, foi afastada a exceção na sentença proferida pelo juízo de primeiro grau, que concluiu tratar-se de um instrumento público de confissão de dívida. Ademais, visto que ausente o recurso do banco recorrido, não cabe alteração no tocante às observações de que, garantido o débito por hipoteca, sobre ela recairá a penhora para oferecer embargos do devedor e de que a exceção de pré--executividade interrompe o prazo para interpor os embargos, devendo esse prazo recomeçar a partir da intimação das executadas nos autos da execução para tal finalidade, razão pela qual é aplicável a Súm. n. 7-STJ. Outrossim, inexiste ofensa ao art. 535 do CPC, excepcionadas as hipóteses de cabimento de embargos de declaração com efeito infringente, quando

a causa foi decidida com base em premissa fática equivocada, como no caso. Precedentes citados: EDcl no REsp 599.653-SP, DJ 22/8/2005; REsp 1.000.106-MG, DJe 11/11/2009; EDcl no AgRg no Ag 909.091-SP, DJe 17/9/2009, e REsp 883.119-RN, DJe 16/9/2008. **REsp 806.254-RJ, Rel. Min. Sidnei Beneti, julgado em 3/12/2009.** (Inform. STJ 418)

EXECUÇÃO. EXTINÇÃO. INÉRCIA. EXEQUENTE. INTIMAÇÃO PESSOAL.

A questão posta no REsp cinge-se à legalidade da extinção do feito executivo com base no art. 794, I, do CPC, tendo em vista a inércia do exequente em pronunciar-se acerca de despacho que, além de determinar a expedição do alvará de levantamento do depósito judicial, indagava se o credor considerava satisfeita a obrigação pela executada. A Turma entendeu correto o acórdão recorrido, no qual, entre outras questões, ficou consignado que, se o abandono, que apenas conduz à extinção do processo sem exame do mérito, exige a intimação pessoal do próprio devedor, é evidente que maior cautela deve ser emprestada para a extinção do processo, com fundamento no art. 794, I, do CPC, sendo impossível atribuir ao silêncio, na execução do saldo devedor, efeito equivalente à disponibilidade do crédito eventualmente remanescente, que deve ser expressa e inequívoca para legitimar o reconhecimento da satisfação integral da obrigação, o que não ocorreu, no caso dos autos. Nessa instância especial, ressaltou-se que, efetivamente, a inocorrência da intimação pessoal do exequente para se pronunciar sobre o referido despacho afasta a extinção da execução, com espeque no referido dispositivo legal. Precedente citado: REsp 852.928-SP, DJ 26/10/2006. **REsp 854.926-SP, Rel. Min. Luiz Fux, julgado em 17/11/2009.** (Inform. STJ 416)

HONORÁRIOS ADVOCATÍCIOS. PRÉ-EXECUTIVIDADE.

Trata-se de REsp visando desconstituir acórdão no qual se manteve decisão que, embora tenha acolhido a exceção de pré-executividade ofertada pela executada, ora recorrente, deixou de fixar honorários advocatícios. A Turma, ao prosseguir o julgamento, negou provimento ao recurso ao entendimento de que é incabível o pagamento dos referidos honorários na exceção de pré-executividade, quando seu acolhimento ampara-se no simples e linear reconhecimento da iliquidez do título, sem qualquer repercussão na integridade da obrigação nele representada, cuja implementação pode ser regularmente processada após a respectiva liquidação, máxime quando se tem em conta que, para o exercício de tal exceção, não se requer a chamada garantia do juízo. Ressaltou-se que, em face das singularidades do caso, em que a pretensão da parte exequente permanece íntegra, sem sofrer qualquer espécie de restrição na sua inteireza, a rejeição do cumprimento ou da execução da decisão há de ser vista como algo bem próximo de um pedido de tutela intraprocessual que foi indeferido, não se configurando hipótese em que caibam honorários de advogado. **REsp 1.029.487-RS, Rel. Min. Napoleão Nunes Maia Filho, julgado em 20/10/2009.** (Inform. STJ 412)

CONTRATOS COLIGADOS. AFASTAMENTO. EXECUÇÃO. TÍTULO.

A questão cinge-se em verificar se o contrato de financiamento que aparelha a execução que originou os presentes embargos ostenta força executiva. O Tribunal de origem, com base no exame das cláusulas contratuais, consignou que o contrato de financiamento se destinou, exclusivamente, à aquisição de produtos da Companhia de Petróleo, havendo sido firmado com o propósito de incrementar a comercialização dos produtos de sua marca no posto de serviço, obrigando-se o posto revendedor a aplicar o financiamento recebido na movimentação do posto. O acórdão recorrido extraiu a conclusão de que as prestações assumidas pelas partes nos contratos de financiamento e de fornecimento de produtos são interdependentes, considerando evidenciada a conexão entre os contratos. Considerando que a finalidade das partes ao celebrar o contrato de financiamento, no caso concreto, era, em última análise, fomentar a atividade principal de distribuição e revenda de combustíveis, mostra-se evidente a relação de interdependência entre os contratos, a ensejar a possibilidade da arguição da exceção de contrato não cumprido, nos termos dos arts. 1.092 do CC/1916, 582 e 615, IV, do CPC, independentemente da existência de cláusula expressa. Efetivamente, é justamente a existência de obrigações recíprocas e interdependentes que dá azo à arguição da exceção de contrato não cumprido. Concretamente, a existência de discussão acerca do cumprimento das obrigações recíprocas pactuadas entre as partes afasta a força executiva do título, tornando-o inapto a aparelhar a presente execução. **REsp 985.531-SP, Rel. Min. Vasco Della Giustina (Desembargador convocado do TJ-RS), julgado em 1º/9/2009.** (Inform. STJ 405)

EXECUÇÃO. INTIMAÇÃO. EDITAL.

O prazo para oposição dos embargos à execução, quando o devedor é citado e intimado por edital, conta-se a partir do término da dilação editalícia, pois incide o disposto no art. 241, V, do CPC nos termos da redação em vigor na data do ato em comento. Observa o Min. Relator que a redação agora em vigor do *caput* do art. 738 daquele código, com a redação dada pela Lei n. 11.382/2006, afasta qualquer dúvida a esse respeito. **REsp 613.053-GO, Rel. Min. Aldir Passarinho Junior, julgado em 25/8/2009.** (Inform. STJ 404)

HONORÁRIOS ADVOCATÍCIOS. PRESTAÇÕES VINCENDAS.

As partes celebraram negócio jurídico que estipulava o pagamento de obrigações no transcorrer de vários anos. Alguns anos após a celebração, a recorrente ajuizou ação para a correção dos valores, no que se sagrou vitoriosa, ocasião em que se estipulou o pagamento dos honorários advocatícios incidentes sobre o valor da condenação, abrangendo diferença a ser calculada em liquidação. Executada essa diferença entre o valor pago e o devido até aquele momento, a recorrida também efetuou o depósito do valor a vencer depois dessa data, isso após o manejo de ação de consignação em pagamento. A recorrente, por sua vez, em nova ação, tenta executar os honorários advocatícios referentes a esse específico período. Note-se, porém, que a sentença condenatória não deixou de determinar o modo de cálculo dos honorários advocatícios. Ela transitou em julgado e sofreu execução quanto a todos os valores mencionados no título executivo. Como já dito, a recorrente pretende agora a execução de honorários advocatícios incidentes sobre prestações vincendas apuradas após o trânsito em julgado, dos quais a sentença nada disse. Dessarte, visto que a decisão transitou em julgado sem irresignação da recorrente, encontra-se precluso o exame da questão trazida nessa nova execução. Precedentes citados: REsp 605.066-RO, DJ 18/5/2007; REsp 875.678-PE, DJ 19/5/2008, e AgRg no REsp 942.594-PE, DJ 10/12/2007. **REsp 956.714-RJ, Rel. Min. João Otávio de Noronha, julgado em 4/8/2009.** (Inform. STJ 401)

EXECUÇÃO. CONTRATO. SERVIÇOS ADVOCATÍCIOS.

Trata-se de REsp em que a questão central é saber se a instituição financeira, ora recorrente, é parte legítima para figurar no polo passivo da ação de execução inicialmente ajuizada contra outra instituição financeira, que tem por lastro um contrato de prestação de serviços advocatícios entabulado entre essa e o ora recorrido. O Tribunal *a quo* reconheceu a legitimidade passiva da recorrente ao argumento de que, em outra ação na qual figuravam as mesmas partes, restou reconhecida a ocorrência de sucessão, a título universal, da segunda instituição bancária pela instituição bancária recorrente. Para o Min. Relator, a vinculação jurídica estabelecida entre as instituições financeiras, consubstanciada no contrato de compra e venda de ativos e assunção de obrigações, não implica, necessariamente, a assunção de toda a universalidade de direitos e obrigações da instituição incorporada pela instituição incorporadora, cabendo, portanto, às instâncias ordinárias assentar se o débito em discussão, o qual não trata de responsabilidade decorrente da continuidade das atividades bancárias, foi ou não objeto de transferência. Contudo, *in casu,* constatou-se que questões imprescindíveis para o deslinde da controvérsia não foram abordadas pelo Tribunal *a quo,* a despeito da devolução da matéria em sede de agravo de instrumento, bem como da oposição dos embargos de declaração para tal desiderato. Assim, a Turma deu provimento ao REsp, para anular o acórdão que julgou os embargos de declaração, para que outro seja proferido, sanando as omissões apontadas, ficando prejudicada a análise das demais questões. Precedente citado: REsp 803.854-RJ, DJe 17/11/2008. **REsp 1.096.916-PA, Rel. Min. Massami Uyeda, julgado em 18/6/2009.** (Inform. STJ 399)

NOTIFICAÇÃO. VIA POSTAL. EXECUÇÃO.

A Turma proveu o recurso, decidindo extinguir a execução hipotecária sem julgamento do mérito, ante a ilicitude de estabelecer a presunção da notificação apenas com base no carimbo de postagem do aviso de recebimento (AR) sem assinatura do recebedor. O sistema de intimação via postal mediante AR visa produzir documento que sirva de prova de entrega da notificação. Por isso, o carteiro deve exigir que o destinatário da correspondência ou seu recebedor assine no campo designado, constando, inclusive, o número do respectivo documento de identificação. **REsp 1.102.572-DF, Rel. Min. Sidnei Beneti, julgado em 2/6/2009.** (Inform. STJ 397)

CONTRATOS. MÚTUO BANCÁRIO. TÍTULO EXECUTIVO EXTRAJUDICIAL. EXCEÇÃO. PRÉ-EXECUTIVIDADE.

Na execução movida pelo banco contra o recorrido para recebimento de valor constante de contrato de mútuo com vencimento em 1991, foram opostos embargos à execução e manejada ação declaratória, devidamente julgados pelas instâncias ordinárias. No prosseguimento da execução, uma vez que transitado em julgado o acórdão do TJ relativo à ação declaratória e aos embargos à execução, foi oferecida, no mesmo ano, exceção de pré-executividade pelo recorrido, aduzindo nulidade da execução, porquanto se tratava de contrato de crédito em conta-corrente, e não de mútuo bancário. Mas o Min. Relator entendeu merecer acolhimento o recurso, pois exercitados todos os meios de defesa postos à disposição desde o ano de 1992, quando a execução foi iniciada. Somente em 2001, depois de esgotadas as vias de impugnação, é que o recorrido propôs a exceção de pré-executividade, inaugurando a referida tese, que se contrapõe aos princípios da preclusão e da concentração da defesa. No caso, está-se diante do denominado efeito preclusivo da coisa julgada. Restou evidente a falta de sintonia do julgado impugnado com o entendimento jurisprudencial deste Superior Tribunal no tocante às matérias que podem ser objeto da exceção de pré-executividade, aquelas que não demandam dilação probatória ou interpretação de cláusulas contratuais. Por fim, entende o Min. Relator assistir razão, ainda, ao recorrente no tocante à executividade do título, porquanto este Superior Tribunal entende que contrato de mútuo bancário, ainda que os valores sejam depositados em conta-corrente, é título executivo extrajudicial. Destacou, ainda, que a adequação da exceção de pré-executividade apenas se dá quando manejada anteriormente à penhora e aos embargos do devedor. Precedentes citados: AgRg nos EDcl no REsp 905.416-PR, DJ 8/2/2008; REsp 509.156-MG, DJ 15/3/2007, e AgRg no Ag 470.702-SP, DJ 24/2/2003. **REsp 757.760-GO, Rel. Min. Fernando Gonçalves, julgado em 12/5/2009.** (Inform. STJ 394)

EXECUÇÃO. TRANSITO EM JULGADO. MP. N. 2.180-35/2001.
A Turma entendeu que o parágrafo único do art. 741 do CPC, introduzido pela MP n. 2.180-35/2001, apesar de ter caráter de norma processual, não pode ser aplicado retroativamente, submetendo-se ao princípio do art. 5º, XXXVI, da CF/1988 (a lei não prejudicará o direito adquirido, o ato jurídico perfeito e a coisa julgada). Assim, só se admite a sua aplicação à sentença com trânsito em julgado ocorrido posteriormente à sua vigência. Contudo, no caso, embora a norma processual seja anterior ao trânsito em julgado, somente após este é que o STF declarou constitucional o art. 20, I, da Lei n. 8.880/1994 (RE 313.382-SC). O objetivo da norma contida no art. 741, parágrafo único, do CPC é evitar que títulos judiciais incompatíveis com a constituição sejam executados. Ainda entendeu que não se pode prestigiar a interpretação que adota a relativização da coisa julgada, levando-se em conta a data da interposição dos embargos de devedor, sem observar a data da decisão do STF, se posterior ao trânsito em julgado. Na hipótese, a suprema corte afastou a incerteza quanto à inconstitucionalidade, ao proclamar constitucional o art. 20, I, da Lei n. 8.880/1994, ou seja, desde o seu nascedouro e até antes do pronunciamento da corte maior era de absoluta normalidade para com o ordenamento jurídico. **REsp 1.049.702-RS, Rel. Min. Eliana Calmon, julgado em 17/3/2009.** (Inform. STJ 387)

PERDAS E DANOS. REINSERÇÃO. PRECLUSÃO CONSUMATIVA.
Foi ajuizada ação de execução para entrega de coisa incerta com base em dois contratos de compra e venda de semoventes, convertida em razão da inexistência de animais a serem apreendidos nas propriedades do executado, em execução por quantia certa contra devedor solvente, englobando essa não somente a valor dos animais, como também perdas e danos. Ao supor que a inclusão da importância relativa às perdas e danos retardaria o andamento do processo, o exequente dele desiste para, em momento posterior, retratar-se, procedimento que foi aceito pelo juiz. Inconformado com a reinserção de valores nas verbas executadas pelo recorrente, foi apresentada exceção de pré-executividade, seguida de agravo de instrumento, desprovido pelo Tribunal de origem, sem que houvesse a interposição de recurso especial. O recorrente, nessa sede, busca afastar o entendimento de estar preclusa a questão da inclusão das perdas e danos nas verbas executadas. Na espécie, o Min. Relator entende que, acerca da possibilidade de reinserção naqueles moldes, operou-se a preclusão consumativa, não podendo mais a questão ser objeto de discussão, ainda que consubstanciada em matéria de ordem pública. Quanto ao argumento do recorrente de que a exigência das perdas e danos configura hipótese de excesso de execução, matéria típica de embargos do devedor, devendo, nesse contexto, ser apreciada, sob pena de maltrato ao art. 745, III, do CPC, entendeu que não lhe assiste razão. Se o devedor opta por alegar a matéria relativa a excesso de execução em sede de exceção de pré-executividade e a questão é efetivamente julgada, não pode, depois, querer também se valer dos embargos à execução, alegando que o assunto é próprio desse meio de defesa, sob pena de incorrer em flagrante contradição. O fato de a apelação ser recurso de devolutividade ampla não significa que questões anteriormente discutidas e decididas em sede recursal possam novamente ser apresentadas. Precedente citado: REsp 742.958-AL, DJ 18/12/2006. **REsp 1.048.193-MS, Rel. Min. Fernando Gonçalves, julgado em 5/3/2009.** (Inform. STJ 385)

PRÉ-EXECUTIVIDADE. AUSÊNCIA. CITAÇÃO.
Trata-se de exceção de pré-executividade rejeitada pela sentença e pelo acórdão recorrido em que alega um dos recorrentes ausência de citação e o outro, legitimidade passiva. Afirma o primeiro recorrente que inicialmente não fora citado na execução por quantia certa e, passados quase 10 anos, tomou conhecimento da dívida mediante mandado para pagar o débito sob pena de 10% de multa, daí oferecer a exceção de pré-executividade. Ressalta o Min. Relator que esta é regida pelo princípio da eventualidade, que obriga a parte a deduzir todos os argumentos de que dispunha no momento da defesa (art. 300, CPC), o que também lhe confere alegar a inexistência ou nulidade de citação (art. 301, CPC). Afirma que não é conceder opção de o acionado fragmentar a defesa mediante a alegação apenas de falta de citação válida para posteriormente, em outra peça processual, vir deduzir as defesas de que dispuser. Se assim fosse, haveria uma espécie de nulidade hibernada, o que tornaria o processo infindo. Para o Min. Relator, no caso, não houve prejuízo ao recorrente, extrai-se que, intervindo por meio de defesa efetiva, como da exceção de pré-executividade, teve mais oportunidade de visualizar todo processo desenvolvido. Quanto à ilegitimidade passiva do outro recorrente, deixou-se de analisar, por incidência das Súmulas ns. 5 e 7 do STJ. Com essas considerações, entre outras, a Turma conheceu em parte do REsp e, nessa parte, negou-lhe provimento. **REsp 1.041.542-RN, Rel. Min. Sidnei Beneti, julgado em 3/3/2009.** (Inform. STJ 385)

LOCAÇÃO. FIADOR. EXECUÇÃO. CITAÇÃO. CÔNJUGE.
A recorrente alega a nulidade da arrematação, uma vez que o imóvel penhorado não teve seu valor devidamente atualizado, que foi arrematado por preço vil e, também, porque não foi citada para compor o polo passivo, visto que, também, é fiadora do contrato de locação juntamente com seu marido. Isso posto, a Turma, por maioria, conheceu do recurso e lhe negou provimento ao argumento de que a intimação pessoal da realização da hasta pública é necessária apenas em relação ao devedor executado, sendo desnecessário em relação ao seu cônjuge (art. 687, § 5º, do CPC). Tendo a recorrente e seu marido sido regularmente citados na ação de execução, restou completamente atendida a exigência do art. 10, § 1º, do CPC. É irrelevante o fato de a recorrente também constar como fiadora no contrato de locação que serviu de título executivo conjuntamente com seu marido, tendo em vista que a possibilidade de escolha de um dos devedores solidários afasta a figura do litisconsórcio compulsório ou necessário por notória antinomia ontológica, porquanto o que é facultativo não é obrigatório. Uma vez que o juiz, expressamente, afastou, na sentença, a alegação de arrematação do imóvel por preço vil, não há falar em ofensa ao art. 267, § 3º, do CPC. Precedente citado: REsp 763.605-MG, DJ 7/8/2006. **REsp 900.580-GO, Rel. Min. Arnaldo Esteves Lima, julgado em 10/2/2009.** (Inform. STJ 383)

EXECUÇÃO. EXCESSO. DEVOLUÇÃO.
A Turma entendeu que, reconhecido o excesso de execução por decisão judicial com trânsito em julgado, nada impede que o exeqüente, intimado na pessoa do seu causídico, devolva a parcela declarada indevida (arts. 475-B e 475-J do CPC), dispensada a propositura de nova ação, porquanto cabível ao embargante nos próprios autos da execução. Precedentes citados: REsp 757.850-RJ, DJ 15/5/2006; REsp 1.018.874-PR, DJ 19/2/2008, e Ag 1.098.903-PR, DJ 30/10/2008. **REsp 1.090.635-PR, Rel. Min. João Otávio de Noronha, julgado em 2/12/2008.** (Inform. STJ 379)

CONTRADITÓRIO. JUNTADA. DOCUMENTO.
Em embargos à execução de título de crédito (cheque emitido para pagamento em moeda estrangeira), o juiz julgou improcedentes os embargos à execução e o TJ reformou a sentença, julgando-os procedentes, extinguindo a execução por nulidade do título executivo, liberando os bens penhorados. Em REsp anterior, este Superior Tribunal devolveu os autos ao TJ para que, afastado o óbice da preclusão, apreciasse a questão de ausência de contraditório sobre documento apresentado pelo ora recorrente (credor). Conseqüentemente, o TJ declarou nulos os atos praticados nos autos posteriores à juntada do documento, oportunizando às partes manifestarem-se (art. 398 do CPC). Houve declaratórios e agravo regimental negados, ao argumento do reconhecimento deste Tribunal de falha de procedimento na fase de instrução processual. Inevitável, portanto, o retrocesso com a nulidade dos atos posteriores praticados. Esse novo REsp questiona se, ao manifestar-se a respeito do contraditório, o TJ poderia anular todos os atos praticados em primeiro grau de jurisdição, após a juntada do documento, do qual não houve contraditório. Explicitou a Min. Relatora que não se encontra agora em debate o art. 398 do CPC (que já foi aplicado no REsp anterior). Note-se que o recorrente não se conforma com a anulação dos atos processuais praticados após a juntada do documento (art. 398 do CPC). O mesmo documento que serviu para cassar o acórdão então recorrido deixaria de ter a importância por ele mesmo (recorrente) imprimida. Para a Min. Relatora, se à parte não é conferida oportunidade de se pronunciar a respeito de documento relevante para a demanda, é

evidente que o processo é nulo, por respeito ao indeclinável contraditório, sendo também esse o entendimento jurisprudencial. Quanto à multa (art. 557, § 2º, do CPC), foi afastada pela razão de a parte ter sido obrigada a esgotar as vias recursais. Precedente citado: AgRg no REsp 729.281-SP, DJ 19/3/2007. **REsp 785.360-DF, Rel. Min. Nancy Andrighi, julgado em 16/10/2008**. (Inform. STJ 372)

CUMPRIMENTO. OBRIGAÇÃO. MOEDA ESTRANGEIRA.

Não é ilegal a confissão de dívida em moeda estrangeira oriunda de um contrato de importação que indica como local de pagamento o exterior, tendo como foro de eleição, para solução das controvérsias, a cidade de São Paulo, com credor residente no exterior e devedora e fiadores comerciais domiciliados no Brasil, pois se aplicam as exceções do art. 2º, I e IV, do Dec. n. 23.501/1933. Quanto à aplicação do art. 585, § 2º, do CPC, que exige, para eficácia executiva, a indicação do Brasil como lugar de cumprimento da obrigação, a Turma adotou entendimento consentâneo com a realidade dos fatos negociais modernos. Assim, a residência do devedor em território nacional, a eleição de foro em São Paulo, o local da emissão da cambial e o instrumento da confissão de dívida são fatos que autorizam a constatação de que o cumprimento da obrigação far-se-á no Brasil. **REsp 1.080.046-SP, Rel. Min. Nancy Andrighi, julgado em 23/9/2008**. (Inform. STJ 369)

EXECUÇÃO. CLÁUSULA COMPROMISSÓRIA. JUÍZO ARBITRAL. HONORÁRIOS ADVOCATÍCIOS.

Na espécie, empresas estrangeiras ajuizaram execução com base em título extrajudicial, em razão de terem adquirido o controle acionário de cooperativa agroindustrial e, no contrato, constava cláusula de ajuste de preço após auditoria a ser realizada. Essa auditoria revelou que o preço pago fora maior. Após, em aditivo contratual, repactuou-se o preço e a executada confessou-se devedora, mas nenhum dos pagamentos acordados foi efetuado. Ocorre que, anteriormente à execução, as recorridas (as empresas estrangeiras) valeram-se do juízo arbitral para solucionar a controvérsia dessa mesma relação jurídica. Por isso, apresentou a recorrente exceção de pré-executividade, sustentando que o início de uma arbitragem impede a execução do contrato (art. 267, VII, CPC e art. 22 da Lei n. 9.307/1996). O Tribunal *a quo* afastou a pré-executividade, considerando que o pedido perante o juízo arbitral não abrange o valor executado (diferença entre o preço originário da compra de ações com preço depois fixado). Note-se que, após a aquisição, descobriu-se passivo trabalhista e fiscal não revelado pela vendedora. Para a Min. Relatora, incide a Súm. n. 7-STJ na questão da diferença entre o objeto da execução e o da arbitragem. Mas, por outro lado, observa que o sistema legal brasileiro revela a peculiaridade de admitir uma vasta gama de títulos executivos aptos a iniciar um juízo de execução forçada (art. 585, II, do CPC). Dessa forma, a inclusão de cláusula arbitral em documento particular assinado pelo devedor e por duas testemunhas pode suscitar dúvidas sobre a permanência do caráter executivo do título. No entanto, entre outras afirmações, destaca que a solução não aponta para o caráter excludente desses institutos, mas, ao contrário, deve-se admitir que a cláusula compromissória pode conviver com a natureza executiva do título, algumas controvérsias oriundas de um contrato devem ser submetidas à arbitragem e outras não. Mas reconhece que existem procedimentos coercitivos diretos que o juízo arbitral não possui, que exigem procedimento judicial para execução forçada do direito reconhecido na sentença arbitral (*ex vi* arts. 22, § 4º, e 31 da Lei n. 9.307/1996, bem como art. 475-N, IV, do CPC). Também mencionou o art. 267, VII, do CPC, embora não se aplique à hipótese. Por fim, quanto à ocorrência dos honorários advocatícios em exceção de pré-executividade, explica que eles são devidos tanto na procedência quanto na improcedência, desde que, a última hipótese, tenha-se formado contraditório. Com esse entendimento, a Turma confirmou a decisão recorrida. Precedentes citados: REsp 899.703-MS, DJ 15/10/2007; REsp 373.835-RS, DJ 8/10/2007, e EREsp 756.001-RJ, DJ 11/10/2007. **REsp 944.917-SP, Rel. Min. Nancy Andrighi, julgado em 18/9/2008**. (Inform. STJ 368)

EXECUÇÃO. MULTA COMINATÓRIA.

Discute-se a possibilidade de cobrança de multa cominatória em obrigações de fazer ou não fazer quando se tratar de prestação infungível. No caso, empresa de televisão interpôs ação de execução em busca de cumprimento de acordo em contrato de prestação de serviço artístico com cláusula de exclusividade. Os recorridos, por sua vez, opuseram embargos do devedor, alegando que, no acordo entre as partes, havia expressa renúncia da ora recorrente em relação à cobrança de quaisquer valores a título de indenização por descumprimento do contrato. A sentença julgou procedente em parte os embargos e afastou a pena pecuniária para a hipótese de descumprimento das obrigações, facultando à então embargada a conversão da execução em perdas e danos. Mas o Tribunal *a quo*, ao negar provimento às apelações, sustentou a impossibilidade da conversão da obrigação de fazer em perdas e danos e da condenação à indenização, porém pelo fato de ter sido dada quitação pela emissora em acordo nos autos da execução. Isso posto, para a corrente vencedora, admite-se a aplicação de multa cominatória no caso de inadimplemento de obrigação personalíssima, tal como a prestação de serviços artísticos (comediante) pactuada pelos recorridos. Ressalta o Min. Sidnei Beneti que, caso contrário, ter-se-ia a transformação de obrigações personalíssimas em obrigações sem coerção à execução, mediante a pura e simples transformação em perdas e danos que se transmutaria em fungível a prestação específica contratada. E isso viria inserir caráter opcional para o devedor, entre cumprir ou não, ao baixo ônus de apenas prestar indenização. A Turma, ao prosseguir na renovação do julgamento, por maioria, deu provimento ao recurso da emissora de televisão. **REsp 482.094-RJ, Rel. originário Min. Nancy Andrighi, Rel. para acórdão Min. Sidnei Beneti, julgado em 20/5/2008**. (Inform. STJ 356)

EXCEÇÃO. PRÉ-EXECUTIVIDADE. EXECUÇÃO.

Para o Min. Relator, é cabível a exceção de pré-executividade com a finalidade de questionar diversas nulidades que não necessitam de dilação probatória para serem constatadas, devendo-se adentrar a exceção para anular a execução. Entre as nulidades, apontou-se a falta de individualização dos créditos, uma vez que o título executivo decorre da sentença em ação coletiva e o exeqüente não individualizou os valores. Explica que a individualização de valores na execução é vital para evitar a duplicidade no pagamento da indenização, já que não há vedação para serem ajuizadas ações individuais sobre o mesmo crédito. Além de se verificar que houve, no caso, simples cálculo do contador quando a única forma seria a liquidação do julgado em razão da diversidade de credores (art. 608, CPC). Também observou a inadequação da execução na via da ação coletiva devido ao disposto no art. 98 da Lei n. 8.078/1990. Assim, os próprios lesados deveriam habilitar-se para requerer seu direito, não a federação como substituta. Com base nessas razões, a Turma, ao prosseguir o julgamento, por maioria, deu provimento ao recurso da União determinando a anulação da execução. **REsp 766.134-DF, Rel. Min. Francisco Falcão, julgado em 15/5/2008**. (Inform. STJ 355)

EXCEÇÃO. PRÉ-EXECUTIVIDADE. TERMO ADITIVO.

A Turma reiterou que é cabível, em exceção de pré-executividade, pela aplicação das Súmulas ns. 286 e 300 do STJ, a revisão de cláusulas contratuais para aferir a abusividade e o anatocismo de juros cobrados pelas instituições financeiras. Consabidamente, tais financeiras utilizam-se da Lei de Usura e da capitalização ao firmar com os clientes contratos originários que posteriormente ensejam contratos particulares e renegociação de dívida, malgrado conter vícios flagrantes. No caso, a execução funda-se em um instrumento de consolidação do débito mediante termo aditivo ao contrato (CPC, art. 858, II) e não no próprio contrato de abertura de crédito, o qual, nem por isso, perde a sua natureza de título executivo. Precedente citado: REsp 132.565-RS, DJ 12/2/2001. REsp **475.632-SC, Rel. Min. Aldir Passarinho Junior, julgado em 6/5/2008**. (Inform. STJ 354)

EXECUÇÃO. FIXAÇÃO. HONORÁRIOS ADVOCATÍCIOS.

A controvérsia pretende determinar se, na nova sistemática de execução estabelecida a partir da edição da Lei n. 11.232/2005, há incidência de honorários advocatícios na impugnação ao cumprimento da sentença. Para a Min. Relatora, as alterações perpetradas pela mencionada lei tiveram o escopo de unificar os processos de conhecimento e execução, tornando este último um mero desdobramento ou continuação daquele. Note-se ainda, que o art. 475-I do CPC é expresso em afirmar que o cumprimento da sentença, nos casos de obrigação pecuniária, faz-se por execução. Ora, se haverá arbitramento de honorários na execução (art. 20, § 4º, do CPC) e se o cumprimento da sentença se faz por execução, outra conclusão não é possível, senão a de que haverá a fixação de verba honorária na fase de cumprimento da sentença. No mais, o fato de a execução agora ser um mero "incidente" do processo não impede a condenação em honorários, como, aliás, ocorre em sede de exceção de pré-executividade, na qual esta Corte admite a incidência da verba. Outro argumento favorável ao arbitramento de honorários na fase de cumprimento da sentença decorre do fato de que a verba honorária fixada na fase de cognição leva em consideração apenas o trabalho realizado pelo advogado até então. Nem poderia ser diferente, já que, naquele instante, sequer se sabe se o sucumbente irá cumprir espontaneamente a sentença ou se irá opor resistência. Por derradeiro, é aqui que reside o maior motivo para que se fixem honorários também na fase de cumprimento de sentença, há de se considerar o próprio espírito condutor das alterações pretendidas com a Lei n. 11.232/2005, em especial a multa de 10% prevista no art. 475-J do CPC. Considerando que, para o devedor, é indiferente saber a quem paga, a multa do mencionado artigo perderia totalmente sua eficácia coercitiva e a nova sistemática impressa pela Lei n. 11.232/2005 não surtiria os efeitos pretendidos, já que não haveria nenhuma motivação complementar para o cumprimento voluntário da sentença. Ao contrário, as novas regras viriam em benefício do devedor que, se antes ficava sujeito a uma condenação em honorários que poderia alcançar os 20%, com a exclusão dessa verba, estaria agora tão-somente sujeito a uma multa percentual fixa de 10%. Tudo isso somado – embora cada fundamento pareça *per se* bastante – leva à conclusão de que deve o juiz fixar, na fase de cumprimento da sentença, verba honorária nos termos do art. 20, 4°, do CPC. **REsp 978.545-MG, Rel. Min. Nancy Andrighi, julgado em 11/3/2008.** (Inform. STJ 348)

FRAUDE. EXECUÇÃO. CIÊNCIA. AÇÕES.

A questão consiste em saber se a pendência de ação de conhecimento da qual possa decorrer a insolvência do devedor é abrangida pela hipótese prevista no art. 593, II, do CPC. A Min. Relatora ressaltou que a incidência do disposto no mencionado artigo não é automática, isto é, decorrente apenas da alienação na pendência de demanda capaz de reduzir o alienante à insolvência. E, segundo a jurisprudência deste Superior Tribunal, ficou esclarecido que, para existir fraude à execução, é preciso que a alienação do bem tenha ocorrido após registrada a citação válida do devedor ou, então, que o credor prove o conhecimento do adquirente sobre a existência da demanda pendente contra o alienante ao tempo da aquisição (precedente: AgRg no REsp 625.232-RJ, DJ 2/8/2004). Por outro lado, doutrina e jurisprudência têm exigido, nos casos em que inexiste o registro da citação ou da penhora, que ao credor cabe o ônus de provar que o terceiro tinha ciência da demanda em curso ou da constrição. Assim, para a caracterização da fraude de execução, é preciso que a alienação tenha ocorrido depois da citação válida, devendo este ato estar devidamente inscrito no registro, ou que fique provado que o adquirente sabia da existência da ação (precedente: REsp 218.290-SP, DJ 26/6/2000). Todavia, meditando melhor sobre a questão e, principalmente, considerando que esse entendimento acaba por privilegiar a fraude à execução por torná-la mais difícil de ser provada, a Min. Relatora diverge do entendimento acima transcrito quanto à questão relativa ao ônus da prova sobre a ciência pelo terceiro adquirente da demanda em curso ou da contrição. Isso porque o inciso II do art. 593 do CPC estabelece uma presunção relativa da fraude que beneficia o autor ou exeqüente. Portanto, em se tratando de presunção, é da parte contrária o ônus da prova da inocorrência dos pressupostos da fraude de execução (CPC, art. 334, IV), porque, a pessoa a quem a presunção desfavorece suporta o ônus de demonstrar o contrário, independentemente de sua posição processual, nada importando o fato de ser autor ou réu. Caberá ao terceiro adquirente, através dos embargos de terceiro (art. 1.046 e ss. do CPC), provar que, com a alienação ou oneração, não ficou o devedor reduzido à insolvência, ou demonstrar qualquer outra causa passível de ilidir a presunção de fraude disposta no art. 593, II, do CPC, inclusive a impossibilidade de ter conhecimento da existência da demanda. De fato, impossível desconhecer-se a publicidade do processo gerada pelo seu registro e pela distribuição da petição inicial (CPC, arts. 251 e 263), no caso de venda de imóvel de pessoa demandada judicialmente, ainda que não registrada a penhora ou mesmo a citação. A partir da vigência da Lei n. 7.433/1985, para a lavratura da escritura pública relativa a imóvel, o tabelião obrigatoriamente consigna no ato notarial, a apresentação do documento comprobatório dos feitos ajuizados. Não é crível que a pessoa que adquire imóvel (ou o recebe em dação em pagamento) desconheça a existência da ação distribuída (ou da penhora) em nome do proprietário do imóvel negociado. Diante disso, cabe ao comprador provar que desconhece a existência da ação em nome do vendedor, não apenas porque o art. 1° da mencionada lei exige a apresentação das certidões dos feitos ajuizados em nome do vendedor para lavratura da escritura pública de alienação de imóveis, mas, sobretudo, porque só se pode considerar, objetivamente, de boa-fé o comprador que toma mínimas cautelas para a segurança jurídica da sua aquisição (precedente: REsp 87.547-SP, DJ 22/3/1999). As pessoas precavidas são aquelas que subordinam os negócios de compra e venda de imóveis à apresentação das certidões negativas forenses. Portanto, tem o terceiro adquirente o ônus de provar, nos embargos de terceiro, que, mesmo constando da escritura de transferência de propriedade do imóvel a indicação da apresentação dos documentos comprobatórios dos feitos ajuizados em nome do proprietário do imóvel, não lhe foi possível tomar conhecimento desse fato. Na hipótese, observa-se que o acórdão recorrido é omisso em relação à existência da prova de que o adquirente, ora recorrente, não tinha conhecimento da ação de indenização ajuizada em face do proprietário do imóvel, ao tempo em que recebeu em dação em pagamento o imóvel em questão. E concluiu a Min. Relatora que, partindo-se da análise fática exposta no acórdão recorrido, a alegação de violação do art. 593, II, do CPC esbarra no teor da Súmula n. 7 deste Superior Tribunal. **REsp 618.625-SC, Rel. Min. Nancy Andrighi, julgado em 19/2/2008.** (Inform. STJ 345)

PROTESTO INVÁLIDO. PEDIDO. QUEBRA. EXTINÇÃO. AÇÃO.

É invalido o protesto de título cuja intimação foi realizada no endereço da devedora, contudo sem a identificação de quem a recebeu, pois a intimação pessoal é essencial à higidez do pedido de quebra. Assim, com fundamento no art. 267, IV, do CPC, extingue-se o processo. Precedente citado: EREsp 248.143-PA, DJ 23/8/2007. **REsp 472.801-SP, Rel. Min. Aldir Passarinho Junior, julgado em 21/2/2008.** (Inform. STJ 345)

EXECUÇÃO. COMPENSAÇÃO. PROVA.

É certo que, tanto em embargos do devedor quanto em execução, a compensação pode ser argüida como defesa. Porém, na última, exige-se que seja possível sua constatação *prima facie*. Assim, não é possível aceitá-la nos autos de execução quando, às vésperas da praça, o crédito do devedor depender de apuração mediante produção de prova, tal como na hipótese dos autos, em que se buscou o auxílio da perícia. Precedente citado: REsp 410.063-PE, DJ 21/5/2007. **REsp 716.841-SP, Rel. Min. Nancy Andrighi, julgado em 2/10/2007.** (Inform. STJ 334)

CONTRATO. PRESTAÇÃO. SERVIÇO. NOTAS FISCAIS. EXECUTIVIDADE.

A Turma, por maioria, entendeu que possui executividade o contrato de prestação de serviço ajustado entre companhia de água e esgoto e empresa prestadora, o qual vem acompanhado, para lastrear a ação executiva, das notas fiscais com seus referentes boletins de medição de serviços emitidos pela prestadora e assinadas pela empresa contratante por intermédio de seus prepostos, engenheiros e funcionários. Não se discute no recurso a inexistência da dívida, limitando-se a impugnar a via eleita para o recebimento dos débitos originados pelo contrato de prestação de serviço, não havendo qualquer argumento que afaste a liquidez, certeza e exigibilidade da importância pecuniária apresentada nos documentos trazidos que embasaram a referida ação. Ademais, não existe alegação de que são falsos os documentos que registram o débito exigido. Assim, a Turma, por maioria, negou provimento ao recurso. **REsp 882.747-MA, Rel. Min. José Delgado, julgado em 28/8/2007.** (Inform. STJ 329)

TÍTULO EXECUTIVO. CÁLCULO. MEMÓRIA. CONTADOR.

A Turma conheceu em parte o recurso ao entendimento de que, nos processos em que haja assistência judiciária e naqueles em que a memória de cálculos é superior ao do título executivo judicial ou extrajudicial, é cabível o auxílio do contador do juízo para conferir tais cálculos. Outrossim, pela presunção de imparcialidade, prevalece o valor encontrado pelo contador judicial, mesmo que seja maior que o da memória dos cálculos apresentados pelo credor, solicitado expressamente pelo exeqüente, já que o credor pode abdicar de parcelas do título executivo. **REsp 719.586-PR, Rel. Min. Eliana Calmon, julgado em 12/6/2007.** (Inform. STJ 323)

COMPETÊNCIA. EXECUÇÃO. SENTENÇA.

Trata-se de ação proposta em 1982 por familiares de participantes do movimento do conflito da Guerrilha do Araguaia com o objetivo de quebrar o sigilo das informações militares acerca do local dos restos mortais para o traslado e sepultamento das ossadas das pessoas vitimadas nesse movimento. A sentença julgou procedente o pedido; a apelação e a remessa oficial foram desprovidas, mas se determinou audiência solene de instalação dos trabalhos judiciais de quebra dos arquivos daquela guerrilha em local e hora designados pelo Ministro da Defesa, sob pena de busca e apreensão de documentos, multas e responsabilidade criminal de quem resista àquelas determinações. Destacou o Min. Relator que, em nosso sistema jurídico, os atos de execução são promovidos no juízo originalmente competente para atividade cognitiva (CPC arts. 57 e 475-P). Por outro lado, a apelação não poderia agravar a condenação da sentença (art. 515 do CPC) sob pena de *reformatio in pejus*, esses acréscimos também são inviáveis em reexame necessário (Súm. n. 45-STJ). Com esse entendimento, a Turma, ao prosseguir o julgamento, por maioria, deu provimento ao recurso da União para restabelecer integralmente a sentença de primeiro grau. **REsp 873.371-DF, Rel. Min. Teori Albino Zavascki, julgado em 26/6/2007.** (Inform. STJ 325)

QUOTAS CONDOMINIAIS. EXECUÇÃO DE SENTENÇA. EXCESSO. COBRANÇA. PRESTAÇÕES VINCENDAS.

Na espécie, o recorrido ajuizou embargos à execução de cobrança de quotas condominiais, alegando excesso do valor da condenação, ou seja, falta de comprovação dos valores cobrados. A sentença julgou improcedentes os embargos, pois, embora não haja, na sentença, referência a prestações vincendas, elas são devidas nos termos do art. 290 do CPC. O Tribunal *a quo* reconheceu o excesso de execução, aduzindo que, embora o Código Civil preveja que as parcelas vincendas possam ser incluídas implicitamente no pedido, é necessário que haja condenação na sentença, o que não ocorreu no caso. Isso posto, o Min.

Relator confirmou que, quando não consta da sentença a condenação às prestações vincendas, ainda que passível sua inclusão, mesmo que não constante do pedido na inicial, torna-se impertinente a sua cobrança na execução por ser necessário que a sentença as tenha incluído expressamente. Com esses argumentos, a Turma não conheceu do recurso. **REsp 674.384-SP, Rel. Min. Carlos Alberto Menezes Direito, julgado em 6/3/2007.** (Inform. STJ 312)

EXECUÇÃO. TÍTULO EXTRAJUDICIAL. CARÁTER DEFINITIVO. PENDÊNCIA. RECURSO.

A teor do disposto no art. 587 do CPC, é definitiva execução fundada em título executivo extrajudicial, ainda que pendente o julgamento de apelação interposta contra sentença de improcedência dos embargos do devedor. A oposição desses embargos acarreta a suspensão (art. 791, I, do CPC) – e não a provisoriedade – da execução, cujo processo volta a prosseguir tão logo sejam rejeitados os embargos, já que a apelação que impugna essa sentença não tem efeito suspensivo (art. 520, V, do CPC). **REsp 623.831-SP, Rel. Min. João Otávio de Noronha, julgado em 6/2/2007.** (Inform. STJ 309)

SÚMULA STF Nº 600

Cabe ação executiva contra o emitente e seus avalistas, ainda que não apresentado o cheque ao sacado no prazo legal, desde que não prescrita a ação cambiária.

SÚMULA STJ Nº 375

O reconhecimento da fraude à execução depende do registro da penhora do bem alienado ou da prova de má-fé do terceiro adquirente.

SÚMULA STJ Nº 317

É definitiva a execução de título extrajudicial, ainda que pendente apelação contra sentença que julgue improcedentes os embargos.

SÚMULA STJ Nº 300

O instrumento de confissão de dívida, ainda que originário de contrato de abertura de crédito, constitui título executivo extrajudicial.

SÚMULA STJ Nº 233

O contrato de abertura de crédito, ainda que acompanhado de extrato da conta-corrente, não é título executivo.

SÚMULA STJ Nº 199

Na execução hipotecária de crédito vinculado ao sistema financeiro da habitação, nos termos da Lei n. 5.741/71, a petição inicial deve ser instruída com, pelo menos, dois avisos de cobrança.

SÚMULA STJ Nº 196

Ao executado que, citado por edital ou por hora certa, permanecer revel, será nomeado curador especial, com legitimidade para apresentação de embargos.

SÚMULA STJ Nº 27

Pode a execução fundar-se em mais de um titulo extrajudicial relativos ao mesmo negócio.

13.2. Espécies de Execução

DIREITO PROCESSUAL CIVIL. EXECUÇÃO DE HONORÁRIOS. DESMEMBRAMENTO DO MONTANTE PRINCIPAL PARA PERMITIR A COBRANÇA PELO RITO DO RPV.

Não é possível o fracionamento das parcelas relativas aos honorários advocatícios do valor principal para fins de expedição de precatório ou de RPV, devendo essas parcelas ser somadas. Os princípios da vedação ao fracionamento, repartição ou quebra implicam, por primeiro, a impossibilidade de haver duas requisições para a mesma execução. Além disso, tais princípios determinam a necessária execução conjunta do valor principal e dos honorários advocatícios, impossibilitando que parte se faça pela via célere da requisição de pequeno valor (RPV) e parte pela via do precatório. Precedentes citados: **REsp 1.291.573-RS, DJe 5/3/2012; REsp 1.212.467-SE, DJe 14/12/2010, e REsp 1.016.970-MS, DJe 23/6/2008. REsp 1.348.463-RS, Rel. Min. Herman Benjamin, julgado em 18/10/2012.** (Inform. STJ 508)

DIREITO PROCESSUAL CIVIL. HONORÁRIOS ADVOCATÍCIOS EM EXECUÇÃO. PRECLUSÃO.

Não há preclusão no pedido de arbitramento de verba honorária no curso da execução, mesmo que a referida verba não tenha sido pleiteada no início do processo executivo e já tenha ocorrido o pagamento da requisição de pequeno valor (RPV), tendo em vista a inexistência de dispositivo legal que determine o momento processual para o pleito. Precedentes citados: **AgRg no REsp 1.292.635-RS, DJe 7/3/2012, e REsp 1.252.477-MG, DJe 14/6/2011. AREsp 41.773-RS, Rel. Min. Herman Benjamin, julgado em 6/11/2012.** (Inform. STJ 508)

DIREITO PROCESSUAL CIVIL. EXECUÇÃO. ELABORAÇÃO DE NOVOS CÁLCULOS. PRECLUSÃO.

Não é cabível, em razão da preclusão, a elaboração de novos cálculos e sua consequente homologação na hipótese em que já apurado o quantum debeatur, ainda que haja a juntada de documentos novos. Precedentes citados: **REsp 299.176-PE, DJ 2/8/2001, e AgRg no Ag 1.041.629-BA, DJe 29/11/2010. AgRg no AREsp 44.230-AM, Rel. Min. Humberto Martins, julgado em 18/10/2012.** (Inform. STJ 507)

DIREITO PROCESSUAL CIVIL. EXECUÇÃO DE TÍTULO EXECUTIVO EXTRAJUDICIAL. COMPROVAÇÃO DA OCORRÊNCIA DA CONDIÇÃO.

Em execução de título executivo extrajudicial, o implemento da condição deve ser comprovado no momento da propositura da ação. Conforme art. 614, III, do CPC, cumpre ao credor, ao requerer a execução, pedir a citação do devedor e instruir a petição inicial com a prova de que se verificou a condição, ou ocorreu o termo. Tal prova deve acompanhar a exordial, porque inerente à própria exigibilidade da obrigação. Precedentes citados: **REsp 187.932-ES, DJ 22/5/2000. REsp 986.972-MS, Rel. Min. Luis Felipe Salomão, julgado em 4/10/2012.** (Inform. STJ 506)

EXECUÇÃO. LEGITIMIDADE ATIVA. ADMINISTRADORA DE IMÓVEIS. ALUGUÉIS INADIMPLIDOS.

A administradora de imóveis não é parte legítima para ajuizar ação de execução de créditos referentes a contrato de locação, pois é apenas representante do proprietário, e não substituta processual. Assim, no caso, a imobiliária carece de legitimidade ativa para postular, em nome próprio, os aluguéis inadimplidos, que compõem o patrimônio do proprietário. **REsp 1.252.620-SC, Rel. Min. Nancy Andrighi, julgado em 19/6/2012.** (Inform. STJ 500)

EXECUÇÃO DE ALIMENTOS. APLICABILIDADE DO ART. 475-J DO CPC.

A Turma decidiu ser possível a cobrança de verbas alimentares pretéritas mediante cumprimento de sentença (art. 475-J do CPC). Sustentou-se que, após a reforma processual promovida pela Lei n. 11.232/2005, em que se buscou a simplificação do processo de execução, há de se conferir ao artigo 732 do CPC – que prevê rito especial para a satisfação de créditos alimentares – interpretação consoante a urgência e a importância da execução de alimentos. Assim, tendo como escopo conferir maior celeridade à entrega na prestação jurisdicional, devem ser aplicadas às execuções de alimentos as regras do cumprimento de sentença estabelecidas no art. 475-J do CPC. **REsp 1.177.594-RJ, Rel. Min. Massami Uyeda, julgado em 21/6/2012.** (Inform. STJ 500)

EXECUÇÃO. FIADORES. LEGITIMIDADE PARA IMPUGNAÇÃO.

A controvérsia diz respeito a redirecionamento de execução aos fiadores do devedor, em razão de ter sido infrutífero o leilão que teve como objeto os bens penhorados. A Turma entendeu que o devedor afiançado não possui legitimidade para recorrer de decisão que determinou a penhora de bens dos fiadores, uma vez não ser o titular do direito ameaçado pela nova constrição. Também não possui interesse recursal na impugnação, na medida em que não se busca situação jurídica mais vantajosa do que aquela nascida do redirecionamento da execução para os fiadores. **REsp 916.112-RO, Rel. Min. Luis Felipe Salomão, julgado em 5/6/2012.** (Inform. STJ 499)

BEM DE FAMÍLIA. PENHORA. INDENIZAÇÃO. ATO ILÍCITO.

O recorrente interpôs o presente recurso contra acórdão do tribunal de justiça que decidiu ser possível a constrição de bem de família quando a execução é oriunda de título judicial decorrente de ação de indenização por ato ilícito proveniente de condenação do recorrente com trânsito em julgado na esfera penal pelo cometimento do crime de furto qualificado de diversas mercadorias. Para o Min. Relator, os efeitos extrapenais genéricos da sentença penal condenatória são automáticos, ou seja, não precisam ser abordados pelo juiz na sentença, visto que são aplicáveis a qualquer crime e estão listados no art. 91 do CP. Assim, entre os bens jurídicos em discussão – de um lado, a preservação da moradia do devedor inadimplente e, de outro, o dever de ressarcir os prejuízos sofridos indevidamente por alguém em virtude de conduta ilícita criminalmente apurada –, preferiu o legislador privilegiar o ofendido em detrimento do infrator, criando essa exceção à impenhorabilidade do bem de família. Portanto, a regra de exceção trazida pelo art. 3º, VI, da Lei n. 8.009/1990 decorreria da necessidade e do dever do infrator de reparar os danos causados à vítima, no caso a recorrida, no âmbito cível. E, por fim, salienta que a ninguém é dado beneficiar-se da própria torpeza. Precedente citado: REsp 209.043- RS, DJ 5/2/2001. **REsp 947.518-PR, Rel. Min. Luis Felipe Salomão, julgado em 8/11/2011.** (Inform. STJ 487)

ALIMENTOS. EXECUÇÃO. RITO. CONVERSÃO *EX OFFICIO*.

A Turma concedeu a ordem de *habeas corpus* por entender que, cabendo ao credor a escolha do rito processual da execução de sentença condenatória ao pagamento de verba alimentar devida pelo executado, ora paciente – *in casu*, a exequente propôs a ação executória com base no art. 732 do CPC –, é vedada a sua conversão de ofício para o rito mais gravoso do art. 733 do mesmo código, que prevê a hipótese de prisão em caso de inadimplemento. Precedente citado: HC 128.229-SP, DJe 6/5/2009. **HC 188.630-RS, Rel. Min. Nancy Andrighi, julgado em 8/2/2011.** (Inform. STJ 462)

EXECUÇÃO. OBRIGAÇÃO. FAZER. EMBARGOS.

A Turma entendeu que nem sempre é possível aplicar o sistema de execução indireta de obrigação de fazer disposto no art. 461 do CPC, com a redação determinada pela Lei n. 10.444/2002, motivo pelo qual, em situações excepcionais – como a dos autos, em que a sentença homologatória do acordo celebrado entre as partes foi proferida em 1995 e a execução foi promovida em 2003 –, o art. 644 do CPC permite a aplicação subsidiária do sistema tradicional estabelecido pelos arts. 632 a 643 do CPC. Nesse contexto, em se tratando de hipótese que suscita dúvida quanto à medida impugnatória a ser oposta pelo devedor – se embargos à execução ou impugnação –, a oposição dos embargos pela parte pode ser aproveitada quando atende ao fim principal do processo, em atenção aos princípios da proporcionalidade e da razoabilidade. Ademais, se esses embargos foram aceitos pelo juízo e, à época, estava em vigor o art. 739, § 1º, do CPC, com a redação anterior ao advento da Lei n. 11.382/2006, é-lhes cabível a atribuição do efeito suspensivo; ainda que se entendesse pela incidência da atual sistemática da execução, a concessão de efeito suspensivo é excepcionalmente permitida pelos arts. 475-M e 739-A, § 1º, do CPC. Precedentes citados: REsp 1.079.776-PE, DJe 1º/10/2008, e REsp 1.043.016-SP, DJe 23/6/2008. **REsp 1.027.019-SP, Rel. Min. Nancy Andrighi, julgado em 8/2/2011.** (Inform. STJ 462)

RHC. ALIMENTOS. PRISÃO. CIVIL.

A Turma negou provimento ao recurso ordinário em que a defesa alega que a representante legal do alimentado se recusa a receber bens móveis e imóveis oferecidos à penhora e, assim, dificulta o pagamento do débito alimentar com a finalidade de ver decretada a prisão civil do paciente, que pretende pagar o débito de forma menos gravosa. Aduz o recurso, ainda, que o alimentado não estava privado de suas necessidades, visto que reside com a mãe em condomínio de luxo, pertencendo a classe social privilegiada. O Min. Relator, para negar o recurso, baseou-se nas circunstâncias descritas no acórdão recorrido de que a ordem de prisão originou-se da obrigação anterior assumida pelo paciente de prestar alimentos e de que ao devedor foram dadas todas as chances para cumprir sua obrigação de pai. Ademais, explicou que cabe ao credor a escolha da forma de execução dos alimentos: pela cobrança com penhora de bens, conforme o art. 732 do CPC, ou pela execução do procedimento do art. 733 do mesmo código, caso em que é admissível a prisão civil. Observa, também, ser pacífico o entendimento de que, para afastar a ordem de prisão decretada com base no art. 733, § 1º, do citado código, não basta o adimplemento de parcela do débito executado, é necessário que o devedor pague as últimas três parcelas anteriores ao ajuizamento da demanda acrescidas das vincendas (Súm. n. 309-STJ), o que não ocorreu no caso dos autos. Por fim, considerou não ser possível aferir, na via eleita, a incapacidade financeira do paciente para pagar a verba alimentar no valor fixado judicialmente ou mesmo a necessidade do alimentado. Precedentes citados: RHC 12.622-RS, DJ 12/8/2002, e RHC 22.001-SP, DJ 1º/10/2007. **RHC 27.936-RJ, Rel. Min. Paulo de Tarso Sanseverino, julgado em 16/9/2010.** (Inform. STJ 447)

REPETITIVO. PRISÃO CIVIL.

A Convenção Americana sobre Direitos Humanos, em seu art. 7º, § 7º, vedou a prisão civil do depositário infiel, ressalvada a hipótese do devedor de alimentos. Contudo, a jurisprudência pátria sempre admitiu a constitucionalidade do art. 5º, LXVII, da CF/1988, o qual prevê expressamente a prisão do depositário infiel. Isso em razão de o referido tratado internacional ter ingressado em nosso ordenamento jurídico na qualidade de norma infraconstitucional, porquanto, com a promulgação da Constituição de 1988, inadmissível seu recebimento com força de emenda constitucional. A edição da EC n. 45/2004 acresceu ao art. 5º da CF/1988 o § 3º, estabelecendo novo panorama nos acordos internacionais relativos a direitos humanos em território nacional. A CF/1988, de índole pós-positivista e fundamento de todo o ordenamento jurídico, expressa, como vontade popular, que a República Federativa do Brasil, formada pela união indissolúvel dos estados, municípios e do Distrito Federal, constitui-se em Estado democrático de direito e tem como um dos seus fundamentos a dignidade da pessoa humana como instrumento realizador de seu ideário de construção de uma sociedade justa e solidária. O Pretório Excelso, realizando interpretação sistemática dos direitos humanos fundamentais, promoveu considerável mudança acerca do tema em foco, assegurando os valores supremos do texto magno. O órgão pleno da Excelsa Corte, por ocasião do histórico julgamento do RE 466.343-SP, Relator Min. Cezar Peluso, reconheceu que os tratados de direitos humanos têm hierarquia superior à lei ordinária, ostentando *status* normativo supralegal, o que significa que toda lei antagônica às normas emanadas de tratados internacionais sobre direitos humanos é destituída de validade, máxime em face do efeito paralisante dos referidos tratados em relação às normas infralegais autorizadoras da custódia do depositário infiel. Dessa forma, no plano material, as regras provindas da Convenção Americana de Direitos Humanos, em relação às normas internas, são ampliativas do exercício do direito fundamental à liberdade, razão pela qual paralisam a eficácia normativa da regra interna em sentido contrário, haja vista que não se trata aqui de revogação, mas de invalidade. Precedentes citados do STF: RE 253.071-GO, DJ 29/6/2001; RE 206.482-SP, DJ 5/9/2003; HC 96.772-SP, DJe 21/8/2009; do STJ: RHC 26.120-SP, DJe 15/10/2009; HC 139.812-RS, DJe 14/9/2009; AgRg no Ag 1.135.369-SP, DJe 28/9/2009; RHC 25.071-RS, DJe 14/10/2009; EDcl no REsp 755.479-RS, DJe 11/5/2009; REsp 792.020-RS, DJe 19/2/2009, e HC 96.180-SP, DJe 9/2/2009. **REsp 914.253-SP, Rel. Min. Luiz Fux, julgado em 2/12/2009.** (Inform. STJ 418)

CDC. CRÉDITO RURAL.

In casu, trata-se de execução fiscal de crédito rural securitizado e cedido pelo Banco do Brasil à União. No REsp, a Fazenda Nacional, recorrente, alegou violação dos arts. 535 do CPC, 2º do CDC, 71 do DL n. 167/1967 e 14 da Lei n. 4.829/1965. Sustentou, entre outras questões, que o CDC não se aplica às operações de financiamento agrícola, pois o crédito rural tem normas próprias, destacando que, nessa forma de empréstimo, o mutuante não utiliza o dinheiro como destinatário final. Para a Min. Relatora, em relação à possibilidade de ser aplicado o CDC às operações de financiamento agrícola, bem como quanto à validade da comissão de permanência, a jurisprudência do STJ já consolidada na Segunda Seção é no sentido contrário à pretensão da recorrente, isto é, aplica-se o CDC aos contratos firmados entre instituição financeira e o agricultor, pessoa física, ainda que para viabilizar seu trabalho como produtor rural. É impossível, nos contratos bancários, a cobrança cumulada da comissão de permanência com os juros remuneratórios, correção monetária e/ou juros moratórios. Quanto à multa moratória, segundo ressaltou a Min. Relatora, o entendimento do STJ é que só se aplica tal multa no valor de 10% aos contratos firmados anteriormente à edição da Lei n. 9.298/1996. Quanto à tese de que o art. 14 da Lei n. 4.829/1965 não estabelece limite às taxas de juros, bem como à de que o Dec. n. 22.626/1933 não se aplica às taxas de juros e outros encargos cobrados nas operações realizadas por instituições públicas ou privadas que integram o Sistema Financeiro Nacional (Súmula n. 596-STF), observou que o Tribunal **a quo** não emitiu juízo de valor sobre a aplicabilidade desse enunciado do STF ao caso concreto, nem do referido art. 14 da citada lei, fato que dá ensejo à aplicação da Súmula n. 211-STJ. Destacou que tais questões não foram objeto da apelação, motivo pelo qual não estava a Corte de origem obrigada a se pronunciar sobre elas no julgamento dos embargos declaratórios. Diante disso, a Turma conheceu em parte do recurso e, nessa parte, negou-lhe provimento. Precedentes citados: AgRg no REsp 677.851-PR, DJe 11/5/2009; AgRg nos EDcl no REsp 866.389-DF, DJe 1º/7/2008; AgRg no REsp 794.526-MA, DJ 24/4/2006; REsp 435.249-MS, DJ 7/10/2002, e REsp 299.435-MT, DJ 13/12/2004. **REsp 1.127.805-PR, Rel. Min. Eliana Calmon, julgado em 6/10/2009.** (Inform. STJ 410)

EXECUÇÃO. PRESTAÇÃO ALIMENTÍCIA. PRISÃO CIVIL DE OFÍCIO.

Na espécie, constata-se que a alimentanda, ao ajuizar a ação de execução de alimentos, expôs os fatos e fundamentos que dão supedâneo à sua pretensão, sem fazer qualquer referência ao procedimento a ser adotado. Apenas requereu, em síntese, a condenação do executado para pagar o valor integral decorrente da pensão alimentícia do período de dezembro de 2000 até março de 2005, deduzindo-se os valores parcialmente pagos, não havendo qualquer pedido no sentido de que, pelo inadimplemento do débito alimentar pleiteado, seja utilizado o meio coercitivo da prisão civil. Diante disso, a Turma concedeu a ordem ao entendimento de que é certo que a execução de sentença condenatória de prestação alimentícia, em princípio, rege-se pelo procedimento da execução por quantia certa, ressaltando-se contudo, que a considerar o relevo das prestações de natureza alimentar, que possuem nobres e urgentes desideratos, a lei adjetiva civil confere ao exequente a possibilidade de requerer a adoção de mecanismos que propiciam a célere satisfação do débito alimentar seja pelo meio coercitivo da prisão civil do devedor seja pelo desconto em folha de pagamentos da importância devida. Todavia, é inconcebível que a exequente da verba alimentar, maior interessada na satisfação de seu crédito que detém efetivamente legitimidade para propor os meios executivos que entenda conveniente, seja compelida a adotar procedimento mais gravoso para o executado, do qual não se utilizou voluntariamente. Vale ressaltar que a prisão civil não deve ser decretada *ex officio*, isso porque é o credor quem sempre estará em melhores condições que o juiz para avaliar sua eficácia e oportunidade. Deixa-se, pois, ao exequente a liberdade de pedir ou não a aplicação desse meio executivo de coação, quando entenda que lhe vai ser de utilidade, pois pode acontecer que o exequente, maior interessado na questão, por qualquer motivo, não julgue oportuna e até considere inconveniente a prisão do executado. **HC 128.229-SP, Rel. Min. Massami Uyeda, julgado em 23/4/2009.** (Inform. STJ 391)

EDCL. PRISÃO CIVIL. ALIMENTOS.

A Turma acolheu os embargos de declaração com efeitos infringentes para conceder, de ofício, o *habeas corpus* em favor do paciente, diante das peculiaridades do caso concreto, sem contudo reduzir o valor dos alimentos inadimplidos, mas apenas retirar a força coercitiva da segregação civil daquela quantia supervenientemente tornada excessiva ao paciente. Esses alimentos deverão ser adimplidos na forma e modo previstos na decisão combatida ou em futura decisão a ser proferida no curso da ação revisional de alimentos. No caso, o paciente já não possuía condições de pagar a integralidade dos alimentos cobrados depois de ser dispensado do emprego (julho de 2006). No emprego atual, só recebe um salário mínimo e, por força de outra ação de alimentos, paga um quarto deste salário a outro filho. Portanto, não teve mais condições de arcar com valores de R$ 350,00 (de reajuste de alimentos promovido entre 11/2006 e 3/2007) e R$ 380,00 (de reajuste entre 4/2007 e 9/2007). Diante disso, para o Min. Relator, apesar de o paciente ter deixado de pagar os alimentos integralmente, não o fez por má-fé ou desinteresse, mas de acordo com os autos, por se tornarem excessivos à sua condição atual. **EDcl no RHC 24.957-PR, Rel. Min. Massami Uyeda, julgados em 2/4/2009.** (Inform. STJ 389)

HONORÁRIOS ADVOCATÍCIOS. EXECUÇÃO. FAZENDA PÚBLICA. MP N. 2.180-35/2001.

Trata-se de execução de título judicial proferido em ação ordinária coletiva proposta por sindicato de servidores federais na qualidade de substituto processual, com o objetivo de reconhecimento de direito reivindicado por eles. Para a Min. Relatora, a ação coletiva ajuizada por sindicato como substituto processual deve ter o mesmo tratamento dispensado à ação civil pública ajuizada em defesa de direitos individuais homogêneos, porque será necessária a execução individualizada pelos substituídos, o que demandará uma cognição exauriente e contraditório amplo sobre a existência do direito reconhecido naquela ação coletiva. Com esse entendimento, a Corte Especial, por unanimidade, deu provimento aos embargos de divergência para afastar a incidência da MP n. 2.180-35/2001 (que dispõe: não serão devidos honorários advocatícios pela Fazenda Pública nas execuções não-embargadas) e, conseqüentemente, embora por outros fundamentos, manteve o acórdão recorrido, o qual fixou os honorários advocatícios em 10% do valor devido. Observou-se, ainda, que não se aplica à hipótese a Súm. n. 315-STJ, pois confrontou-se tese jurídica expressa no julgamento do REsp, examinado duas vezes pelo primevo Min. Relator monocraticamente e pelo colegiado, com paradigmas colacionados pelo recorrente. Precedentes citados: EDcl no AgRg no REsp 639.226-RS, DJ 12/9/2005, e AgRg no Ag 675.135-RS, DJ 29/8/2005. **EAG 654.254-RS, Rel. Min. Eliana Calmon, julgados em 19/12/2007.** (Inform. STJ 343)

EXECUÇÃO FISCAL. REDIRECIONAMENTO. DISSOLUÇÃO IRREGULAR. SOCIEDADE.

O fechamento da empresa sem baixa na junta comercial constitui indício de que o estabelecimento comercial encerrou suas atividades de forma irregular. O comerciante tem obrigação de atualizar o seu registro cadastral nos órgãos competentes. Assim, tal circunstância autoriza a Fazenda a redirecionar a execução contra os sócios e administradores. Precedentes citados: EREsp 716.412-PR, REsp 839.684-SE, DJ 30/8/2006, e REsp 750.335-PR, DJ 10/4/2006. **REsp 985.616-RS, Rel. Min. Castro Meira, julgado em 6/11/2007.** (Inform. STJ 338)

EXECUÇÃO. FAZENDA PÚBLICA. PRECATÓRIO. BLOQUEIO. VALORES DEPOSITADOS DIVERGENTES.

O TRF da 3ª Região denegou a segurança, daí adveio o recurso ordinário sustentando que a autoridade impetrada não exerceu sua atribuição administrativa para sanar vício formal do precatório ao determinar os bloqueios dos recursos. Este Superior Tribunal pacificou entendimento no sentido de que cabe ao juízo da execução solucionar incidentes ou questões surgidas no cumprimento dos precatórios, visto que a função do presidente do Tribunal no processamento do requisitório de pagamento é de índole essencialmente administrativa, não abrangendo as decisões ou recursos de natureza jurisdicional. Salientou o Min. Relator que interfere na atividade jurisdicional do juízo da execução o ato da Presidência do Tribunal que determina o depósito da quantia na conta do juízo, com bloqueio da verba, até que se resolva o incidente levantado nos autos do procedimento administrativo relativo ao precatório, máxime quando as questões levantadas no incidente já haviam sido resolvidas, com trânsito em julgado, nos embargos à execução. Assim, a Turma deu parcial provimento ao recurso ordinário, para apenas determinar o desbloqueio do valor depositado na conta do juízo da execução concernente ao precatório, deixando para esse juízo resolver eventual levantamento do valor pelo recorrente. Precedente citado: REsp 493.612-MS, DJ 23/6/2003. **RMS 23.480-SP, Rel. Min. Humberto Martins, julgado em 28/8/2007.** (Inform. STJ 329)

IMPENHORABILIDADE. HONORÁRIOS. SUCUMBÊNCIA.

Após seu ajuizamento, a execução fiscal foi redirecionada a um dos sócios (art. 135 do CTN), pois noticiada a dissolução irregular da sociedade. Discute-se, agora, a penhora de verbas (essas em fase de precatório) de titularidade daquele sócio, referentes a honorários advocatícios de sucumbência oriundos de ação judicial na qual atuara como patrono da parte vencedora. Diante disso, a Turma, ao prosseguir o julgamento, reconheceu, com lastro em precedente do STF, a natureza alimentar e, conseqüentemente, a impenhorabilidade (art. 649, IV, do CPC) dos honorários advocatícios independentemente de sua origem, se derivados de relação contratual ou sucumbência judicial. Precedente citado do STF: RE 470.407-DF, DJ 13/10/2006. **REsp 854.535-RS, Rel. Min. José Delgado, julgado em 13/2/2007.** (Inform. STJ 310)

HONORÁRIOS ADVOCATÍCIOS. EXECUÇÃO NÃO-EMBARGADA. FAZENDA PÚBLICA. VIGÊNCIA. MP N. 2.180/2001.

Trata-se de execução não-embargada fundada em título judicial em que, no primeiro grau, entendeu-se não serem devidos honorários advocatícios, tendo em vista a inclusão do art. 1º-D na Lei n. 9.494/1997 pela MP n. 2.180-35/2001 – a qual dispõe que não são devidos honorários advocatícios pela Fazenda Pública nas execuções não-embargadas. O Tribunal *a quo* considerou a imposição constitucional de precatório e aduziu que a sucumbência deve ser examinada por meio do princípio da causalidade. Assim, concluiu que, como a Fazenda Pública não deu causa à execução por não ser possível o cumprimento espontâneo da sentença, inviável a aplicação do § 4º do art. 20 do CPC na espécie, uma vez que a Fazenda Pública só é citada para embargar. Neste Superior Tribunal, o REsp foi monocraticamente provido e ao respectivo agravo negou-se provimento. Daí os presentes embargos de divergência, nos quais o voto vencedor do Min. Luiz Fux, condutor do acórdão, esclarece que a matéria, em princípio, está adstrita à questão da eficácia da lei no tempo: assim a MP n. 2.180-35/2001 foi editada em 24 de agosto de 2001 e a EC n. 32 – que proibiu alteração de matéria processual por medida provisória – é de 11 de setembro do mesmo ano, logo a medida provisória é anterior à emenda constitucional citada. Lembrou, ainda, que a Corte Especial já assentou entendimento pacífico de que a medida provisória só se aplica a execuções iniciadas posteriormente a sua vigência. Além de que, no tocante aos honorários advocatícios, a citada medida provisória foi convertida na Lei n. 9.494/1997 com a inclusão do artigo 1º-D. Mesmo que não fosse assim, aduziu o Min. Luiz Fux: a citada emenda constitucional (EC n. 32) que se incorporou ao texto constitucional, à luz do Princípio da Supremacia Jurídica, manteve hígidas as medidas provisórias anteriores. Sendo assim, no caso concreto, a execução iniciou-se posteriormente, portanto se aplica à medida provisória citada. Com esse entendimento, a Corte Especial, ao prosseguir o julgamento, por maioria, acolheu os embargos de divergência do INSS. **EREsp 508.268-RS, Rel. originário Min. Franciulli Netto, Rel. para acórdão Min. Luiz Fux, julgados em 1º/2/2007.** (Inform. STJ 309)

SÚMULA VINCULANTE 17

Durante o período previsto no parágrafo 1º do artigo 100 da Constituição, não incidem juros de mora sobre os precatórios que nele sejam pagos.

SÚMULA STF Nº 655

A exceção prevista no art. 100, "caput", da Constituição, em favor dos créditos de natureza alimentícia, não dispensa a expedição de precatório, limitando-se a isentá-los da observância da ordem cronológica dos precatórios decorrentes de condenações de outra natureza.

SÚMULA STJ Nº 419

Descabe a prisão civil do depositário judicial infiel.

SÚMULA STJ Nº 406

A Fazenda Pública pode recusar a substituição do bem penhorado por precatório.

SÚMULA STJ Nº 311

Os atos do presidente do tribunal que disponham sobre processamento e pagamento de precatório não têm caráter jurisdicional.

SÚMULA STJ Nº 279

É cabível execução por título extrajudicial contra a Fazenda Pública.

SÚMULA STJ Nº 144

Os créditos de natureza alimentícia gozam de preferência, desvinculados os precatórios da ordem cronológica dos créditos de natureza diversa.

SÚMULA STJ Nº 85

Nas relações jurídicas de trato sucessivo em que a fazenda publica figure como devedora, quando não tiver sido negado o próprio direito reclamado, a prescrição atinge apenas as prestações vencidas antes do quinquênio anterior a propositura da ação.

13.3. Penhora e expropriação de bens

BEM DE FAMÍLIA: DESPESAS CONDOMINIAIS E PENHORABILIDADE

A Turma negou provimento a recurso extraordinário em que se sustentava ofensa aos artigos 5º, XXVI, e 6º, ambos da CF, sob a alegação de que a penhorabilidade do bem de família prevista no art. 3º, IV, da Lei 8.009/90 não compreenderia as despesas condominiais ("*Art. 3º: A impenhorabilidade é oponível em qualquer processo de execução civil, fiscal, previdenciária, trabalhista ou de outra natureza, salvo se movido:... IV - para cobrança de impostos, predial ou territorial, taxas e contribuições devidas em função do imóvel familiar;*"). Entendeu-se que, no caso, não haveria que se falar em impenhorabilidade do imóvel, uma vez que o pagamento de contribuição condominial (obrigação *propter rem*) é essencial à conservação da propriedade, isto é, à garantia da subsistência individual e familiar — dignidade da pessoa humana. Asseverou-se que a relação condominial tem natureza tipicamente de uma relação de comunhão de escopo, na qual os interesses dos contratantes são paralelos e existe identidade de objetivos, em contraposição à de intercâmbio, em que cada parte tem por fim seus próprios interesses, caracterizando-se pelo vínculo sinalagmático. RE 439003/SP, rel. Eros Grau, 6.2.2007. (RE-439003) (Inform. STF 455)

DIREITO PROCESSUAL CIVIL. IMPENHORABILIDADE DE BEM DE FAMÍLIA. INTERPRETAÇÃO RESTRITIVA DE SUAS EXCEÇÕES.

Não é possível a penhora do imóvel destinado à moradia de síndico em caso de indenização decorrente da prática de ilícito civil consistente na concessão pelo síndico de isenções de multas e encargos incidentes sobre contribuições condominiais em atraso, o que causou prejuízo ao condomínio. A Lei 8.009/90 institui a impenhorabilidade do bem de família como instrumento de tutela do direito fundamental à moradia da família e, portanto, indispensável à composição de um mínimo existencial para uma vida digna. Por ostentar esta legislação natureza excepcional, é insuscetível de interpretação extensiva, não se podendo presumir as exceções previstas em seu art. 3º. Precedentes citados: **REsp 988.915-SP, DJe 8/6/2012, e REsp 711.889-PR, DJe 1º/7/2010. REsp 1.074.838-SP, Rel. Min. Luis Felipe Salomão, julgado em 23/10/2012.** (Inform. STJ 509)

DIREITO PROCESSUAL CIVIL. PENHORA SOBRE O FATURAMENTO DA EMPRESA.

É possível, em caráter excepcional, que a penhora recaia sobre o faturamento da empresa, desde que o percentual fixado não torne inviável o exercício da atividade empresarial. Não há violação ao princípio da menor onerosidade para o devedor, previsto no art. 620 do CPC. Precedentes citados: **AgRg no REsp 1.320.996-RS, DJ 11/9/2012, e AgRg no Ag 1.359.497-RS, DJ 24/3/2011. AgRg no AREsp 242.970-PR, Rel. Min. Benedito Gonçalves, julgado em 13/11/2012.** (Inform. STJ 509)

DIREITO PROCESSUAL CIVIL. NULIDADE DA ARREMATAÇÃO. PRAZO DE LAVRATURA DO AUTO. REMIÇÃO.

No regime anterior à Lei n. 11.382/2006, é nula a arrematação no caso em que o auto é lavrado no mesmo dia em que realizada a praça, desde que existente pedido tempestivo de remição de bens. O art. 693 do CPC, na redação anterior à Lei n. 11.382/2006, dispunha que o auto de arrematação deveria ser lavrado em 24 horas após a praça ou leilão. A existência desse prazo, que mediava entre o fim da hasta e a lavratura do auto, objetivava a possibilidade do exercício do direito de remição, na forma do hoje revogado art. 788, I, do mesmo diploma legal. Logo, havendo oportuno pedido de remição de bens, a não observância do mencionado prazo de 24 horas acarreta prejuízo aos requerentes. Precedentes citados: **AgRg no Ag 889.836-RS, DJe 30/9/2009; REsp 805.259-SC, DJ 18/12/2006, e REsp 793.725-SC, DJ 2/10/2006. REsp 691.137-RS, Rel. Min. Raul Araújo, julgado em 4/10/2012.** (Inform. STJ 506)

NOMEAÇÃO DE BENS À PENHORA. CITAÇÃO. ORDEM LEGAL DOS BENS PENHORÁVEIS.

Nos termos do art. 53 da Lei n. 8.212/1991, a penhora deve ser realizada concomitantemente à citação. Portanto, contrariamente ao que entendeu o tribunal de origem, a norma não autoriza a efetivação da penhora antes da citação. Além disso, o mencionado dispositivo legal faculta ao exequente nomear bens à penhora, não havendo distinções quanto àqueles passíveis de constrição. Na hipótese, a nomeação de bens feita na petição inicial da execução fiscal foi indeferida sob o fundamento de que a penhora de dinheiro não se coaduna com a faculdade conferida pelo dispositivo supradito. No entanto, não cabe ao julgador, sem respaldo em elementos do caso concreto, criar exceções que a lei não previu. Ainda mais que, no ordenamento jurídico, a prioridade é a constrição recair sobre o dinheiro (arts. 11 da Lei n. 6.830/1980 e 655 do CPC), não se mostrando razoável afastar aquela faculdade concedida ao exequente usando como fundamento a natureza desse bem. Precedentes citados: **REsp 1.090.898-SP, DJe 31/8/2009, e REsp 1.166.842-BA, DJe 8/4/2010. REsp 1.287.915-BA, Rel. Min. Herman Benjamin, julgado em 4/9/2012.** (Inform. STJ 503)

LIBERAÇÃO DE PENHORA. PRINCÍPIO DA UNIDADE DA GARANTIA DA EXECUÇÃO.

O § 2º do art. 53 da Lei n. 8.212/1991 determina que, efetuado o pagamento integral da dívida executada, a penhora poderá ser liberada, desde que não haja outra execução pendente. A Turma manteve a decisão do tribunal *a quo* que, com base no princípio da unidade da garantia da execução, considerou legítima a atuação do juízo da execução fiscal que não autorizou a liberação de parte do valor penhorado por haver outros executivos fiscais contra a recorrente. É que, diante da norma mencionada, não houve violação do princípio da inércia, uma vez que a própria lei confere ao magistrado o controle jurisdicional sobre a penhora e o poder de não liberá-la, se houver outra execução pendente. Diante disso, concluiu-se ainda ser razoável admitir que o excesso de penhora verificado num determinado processo também não seja liberado quando o devedor tiver contra si outras execuções fiscais não garantidas. Salientou-se que o dispositivo mencionado reforça o princípio da unidade da garantia da execução, positivado no art. 28 da Lei n. 6.830/1980. **REsp 1.319.171-SC, Rel. Min. Herman Benjamin, julgado em 4/9/2012.** (Inform. STJ 503)

EXECUÇÃO DE DÍVIDA CONDOMINIAL. PENHORA *ON LINE*.

Na execução de dívida relativa a taxas condominiais, ainda que se trate de obrigação *propter rem*, a penhora não deve necessariamente recair sobre o imóvel que deu ensejo à cobrança, na hipótese em que se afigura viável a penhora *on line*. Para chegar ao entendimento, a Min. Relatora relembrou a natureza da taxa condominial, destinada à manutenção ou aprimoramento da coisa comum. Em função do caráter solidário da taxa de condomínio, a execução desse valor pode recair sobre o próprio imóvel, sendo possível o afastamento da proteção dada ao bem de família. Dessa forma, pretende-se impedir o enriquecimento sem causa do condômino inadimplente em detrimento dos demais. Essa construção jurisprudencial e doutrinária não significa, contudo, que a execução tenha que obrigatoriamente atingir o imóvel, se for possível satisfazer o crédito de outra forma, respeitada a gradação de liquidez prevista no art. 655 do CPC (com redação dada pela Lei n. 11.382/2006). Assim, encontrado saldo suficiente para o pagamento da dívida em conta corrente do executado, é cabível a penhora *on line*, sem que isso importe em violação ao princípio da menor onerosidade para o executado (art. 620 do CPC). Pelo contrário, a determinação de penhora *on line* representa observância ao princípio da primazia da tutela específica, segundo o qual a obrigação deve, sempre que possível, ser prestada como se tivesse havido adimplemento espontâneo. Precedentes citados: **AgRg no Ag 1.164.999-SP, DJe 16/10/2009; AgRg no Ag 1.325.638-MG, DJe 18/5/2012; AgRg no Ag 1.257.879-SP, DJe 13/5/2011, e REsp 1.246.989-PR, DJe 15/3/2012. REsp 1.275.320-PR, Rel. Min. Nancy Andrighi, julgado em 2/8/2012.** (Inform. STJ 501)

PENHORABILIDADE DA POUPANÇA. DEVEDOR TITULAR DE VÁRIAS CADERNETAS.

A impenhorabilidade prevista no art. 649, X, do CPC refere-se ao montante de 40 salários mínimos, considerando a totalidade do valor depositado em caderneta de poupança, independentemente do número de cadernetas titularizadas pelo devedor. No caso, o executado tinha seis cadernetas de poupança. O tribunal *a quo* determinou a penhora de uma das cadernetas de poupança ao fundamento de que o devedor mantinha várias aplicações de mesma natureza, sem considerar o valor total dos depósitos. A Min. Relatora asseverou ser indiferente o número de cadernetas de poupança titularizadas pelo devedor, pois o critério fixado por lei, apesar de ambíguo, diz respeito ao total do montante depositado. Registrou, ainda, que o limite de 40 salários mínimos foi adotado como o valor mínimo necessário para manutenção digna do executado. Assim, para a realização da penhora de poupança, deve-se apurar o valor de todas as aplicações em caderneta de poupança titularizadas pelo devedor e realizar a constrição apenas sobre o valor que exceder o limite legal de 40 salários mínimos. **REsp 1.231.123-SP, Rel. Min. Nancy Andrighi, julgado em 2/8/2012.** (Inform. STJ 501)

IMPENHORABILIDADE. PEQUENA PROPRIEDADE RURAL.

Cinge-se a controvérsia à análise da ocorrência da renúncia tácita à impenhorabilidade de pequena propriedade rural familiar dada em garantia pelo recorrido, em acordo extrajudicial posteriormente homologado judicialmente, o qual nele figura como garantidor solidário de obrigação de terceiro. Na espécie, a recorrente alega que a garantia oferecida pelo recorrido equipara-se à garantia real hipotecária, prevista no art. 3º, V, da Lei n. 8.009/1990. Contudo, o Min. Relator salientou que a ressalva prevista nesse dispositivo legal não alcança a hipótese dos autos, limitando-se, unicamente, à execução hipotecária, não podendo tal benefício (o da impenhorabilidade) ser afastado para a execução de outras dívidas. Assim, salvo as situações compreendidas nos incisos I a VII do art. 3º da Lei n. 8.009/1990, descabe a penhora de imóvel ou a sua oferta em garantia. Além do mais, o bem é uma pequena propriedade rural, cuja impenhorabilidade encontra-se garantida constitucionalmente (art. 5º, XXVI, da CF). De modo que, a exceção à impenhorabilidade do bem de família previsto em lei ordinária não pode afetar direito reconhecido pela Constituição, nem pode ser afastada por renúncia, por tratar-se de princípio de ordem pública que visa à proteção da entidade familiar. Precedentes citados: **REsp 470.935-RS, DJ 1º/3/2004, e REsp 526.460-RS, DJ 18/10/2004. REsp 1.115.265-RS, Rel. Min. Sidnei Beneti, julgado em 24/4/2012.** (Inform. STJ 496)

PENHORA. NUA PROPRIEDADE. IMÓVEL UTILIZADO COMO RESIDÊNCIA DA GENITORA DO DEVEDOR. BEM DE FAMÍLIA.

A Turma firmou o entendimento de que a nua propriedade é suscetível de constrição judicial, salvo se o imóvel do executado for considerado bem de família. Na hipótese dos autos, a proteção conferida pela Lei n. 8.009/1990 foi estendida ao imóvel do nu-proprietário (executado), onde reside sua genitora na condição de usufrutuária vitalícia. Segundo se asseverou, a Constituição Federal alçou o direito à moradia à condição de desdobramento da própria dignidade humana. Em especial atenção ao idoso conferiu-lhe expectativa de moradia digna no seio da família natural, situando-o, por conseguinte, como parte integrante desse núcleo familiar. Assim, quer por considerar a genitora do nu-proprietário como membro dessa entidade familiar, quer por vislumbrar o devido amparo à mãe idosa – pois o nu-proprietário habita com sua família direta outro imóvel alugado – reputou-se devidamente justificada a proteção legal ao imóvel em questão. **REsp 950.663-SC, Rel. Min. Luis Felipe Salomão, julgado em 10/4/2012.** (Inform. STJ 495)

PENHORA ONLINE. NOVO PEDIDO. SITUAÇÃO ECONÔMICA. MODIFICAÇÃO.

Na espécie, a controvérsia diz respeito à possibilidade de condicionar novos pedidos de penhora *online* à existência de comprovação da modificação econômica do devedor. *In casu*, cuidou-se, na origem, de ação de execução de título extrajudicial em que, diante da ausência de oferecimento de bens à penhora e da inexistência de bens em nome da recorrida, foi deferido pedido de penhora *online* de quantias depositadas em instituições financeiras. Entretanto, como não foram identificados valores aptos à realização da penhora, o juízo singular condicionou eventuais novos pedidos de bloqueio eletrônico à comprovação, devidamente fundamentada, da existência de indícios de recebimento de valor penhorável, sendo que tal decisão foi mantida pelo tribunal *a quo*. Nesse contexto, a Turma negou provimento ao recurso ao reiterar que a exigência de condicionar novos pedidos de penhora *online* à demonstração de indícios de alteração da situação econômica do devedor não viola o princípio de que a execução prossegue no interesse do credor (art. 612 do CPC). Consignou-se que, caso não se obtenha êxito com a penhora eletrônica, é possível novo pedido de bloqueio *online*, demonstrando-se provas ou indícios de modificação na situação econômica do devedor; pois, de um lado, protege-se o direito do credor já reconhecido judicialmente e, de outro, preserva-se o aparato judicial, por não transferir para o Judiciário os ônus e as diligências que são de responsabilidade do credor. Precedentes citados: **REsp 1.137.041-AC, DJe 28/6/2010, e REsp 1.145.112-AC, DJe 28/10/2010. REsp 1.284.587-SP, Rel. Min. Massami Uyeda, julgado em 16/2/2012.** (Inform. STJ 491)

PENHORABILIDADE DE SALÁRIO. NATUREZA ALIMENTAR DOS HONORÁRIOS ADVOCATÍCIOS SUCUMBENCIAIS.

A Turma entendeu que os honorários sucumbenciais, por serem autônomos (art. 23 da Lei n. 8.906/1994) e terem natureza alimentar, podem ser adimplidos com a constrição dos vencimentos do executado sem ofender o disposto no art. 649, IV, do CPC. O entendimento foi confirmado em execução promovida pelo advogado contra cliente, na qual não foram encontrados bens a serem penhorados. A distinção entre os honorários de sucumbência e os honorários contratuais, para efeitos de execução pelo advogado, está superada pela jurisprudência do STJ, que considera ambos de natureza alimentar. **REsp 948.492-ES, Rel. Min. Sidnei Beneti, julgado em 1º/12/2011.** (Inform. STJ 488)

PENHORA. PROPRIEDADE RURAL. BEM DE FAMÍLIA.

A *quaestio juris* está em saber se é possível a penhora de metade do imóvel rural em que residem os recorrentes (pai e filha). Na espécie, foi efetivada a penhora devido à execução de título extrajudicial. Na apelação, os recorrentes arguiram a nulidade da medida, sustentando a impenhorabilidade de bem de família (Lei n. 8.009/1990, art. 1º, parágrafo único, e § 2º do art. 4º) e da pequena propriedade rural trabalhada pela família para pagamento de débitos decorrentes de sua atividade produtiva (art. 5º, XXVI, da CF). O tribunal *a quo* consignou que não foram atendidos os requisitos para que a propriedade fosse declarada impenhorável, pois os recorrentes não trabalhavam em regime de economia familiar; o imóvel enquadrava-se no conceito de média propriedade rural (8,85 módulos fiscais) e o débito que originou a penhora foi decorrente da ação de execução na qual um dos recorrentes (o pai) figurava na condição de avalista. Assim, no REsp, entre outros temas, sustentam violação do § 2º do art. 4º da Lei n. 8.009/1990; art. 4º, II, da Lei n. 4.504/1964 e art. 4º da Lei n. 8.629/1993. Nesse contexto, *a priori*, esclareceu o Min. Relator que a Lei n. 8.009/1990 é de ordem pública e tem como propósito garantir a manutenção, com dignidade da família, sem impedir que o credor possa satisfazer seu crédito por meio do patrimônio do devedor, porém limita a responsabilidade dos devedores como forma de garantir um mínimo indispensável à sobrevivência da família, bem como a salutar continuidade do exercício profissional. Além disso, a CF também confere proteção à pequena propriedade rural (art. 5º, XXVI). Entretanto, explicou que, tendo em vista a inexistência de expressa disposição legal para definir o que seja pequena propriedade legal, no que tange à impenhorabilidade do bem de família quanto à propriedade rural, é adequado valer-se do conceito de propriedade familiar extraído de lei do âmbito do direito agrário (art. 4º, II, da Lei n. 4.504/1964). Contudo, ressaltou ser inaplicável ao caso o conceito de pequena e média propriedade rural constante na Lei n. 8.629/1993, uma vez que é voltado à desapropriação para reforma agrária. Ademais, frisou que a definição legal de um módulo fiscal, por tomar em conta o conceito de propriedade familiar, abrange, de acordo com as condições específicas de cada região, uma porção de terra mínima e suficiente para que a exploração da atividade agropecuária mostre-se economicamente viável pelo agricultor e sua família, o que atende ao preceito constitucional afeto à impenhorabilidade. Nesse passo, consignou que, a teor do art. 4º, § 2º, da Lei n. 8.009/1990, quando a residência familiar constituir-se em imóvel rural, a impenhorabilidade restringir-se-á à sede de moradia, com os respectivos bens móveis, não abrangendo, pois, a totalidade do imóvel e, nos casos do art. 5º, XXVI, da CF, à área limitada como pequena propriedade rural. *In casu*, a penhora incidiu sobre metade da propriedade rural, por isso ficou contemplada a impenhorabilidade garantida ao bem de família constituído por imóvel rural. Assim, concluiu que dos 50% da área rural que ficarão a salvo da penhora está abarcada a residência da família. Com essas, entre outras considerações, a Turma deu parcial provimento ao recurso para estabelecer que ficará a salvo da penhora a sede de moradia dos recorrentes, bem como assegurou o acesso à via pública. Precedentes citados do STF: RE 136.753-RS, DJ 25/4/1997; do STJ: REsp 1.007.070-RS, DJe 1º/10/2010. **REsp 1.018.635-ES, Rel. Min. Luis Felipe Salomão, julgado em 22/11/2011.** (Inform. STJ 488)

PENHORA. CONTA CORRENTE. PROVENTOS.

Cuida-se originariamente de execução de sentença, em que foi deferido pedido de desconsideração da personalidade jurídica e bloqueio de ativos. Diante disso, a ora recorrente (sócia da executada principal) apresentou pedido de reconsideração, tendo em vista a natureza alimentar dos ativos penhorados, pois não foram ressalvados os salários percebidos e depositados em sua única conta corrente. O juízo singular determinou o desbloqueio de 70% do valor pago a título de remuneração salarial, mantendo o bloqueio dos restantes 30%. O tribunal *a quo* manteve a referida penhora, bem como o bloqueio integral de outros valores porventura depositados em conta corrente. Assim, no REsp, a recorrente busca desconstituir acórdão que determinou o bloqueio de 30% do seu salário de servidora pública, ante sua natureza alimentar. A Turma entendeu pela impossibilidade da incidência de medida constritiva sobre verbas de natureza salarial. Consignou-se que a jurisprudência desta Corte vem interpretando a expressão ‘salário’ de forma ampla, sendo que todos os créditos decorrentes da atividade profissional estão incluídos na categoria protegida. Dessa forma, embora seja possível a penhora *on line* em conta corrente do devedor, devem ser ressalvados valores oriundos de depósitos com manifesto caráter alimentar, como, na espécie, – valores percebidos a título de salário. Assim, a Turma deu provimento ao recurso para reconhecer a impenhorabilidade tão somente dos valores relativos aos proventos percebidos pela recorrente. Precedentes citados: AgRg no Ag 1.388.490-SP, DJe 5/8/2011; AgRg no Ag 1.296.680-MG, DJe 2/5/2011; REsp 1.229.329-SP, DJe 29/3/2011; AgRg no REsp 1.023.015-DF, DJe 5/8/2008, e AgRg no REsp 969.549-DF, DJ 19/11//2007. **REsp 904.774-DF, Rel. Min. Luis Felipe Salomão, julgado em 18/10/2011.** (Inform. STJ 485)

ARREMATAÇÃO. DÉBITOS CONDOMINIAIS. SUB-ROGAÇÃO.

A Turma, ao dar provimento ao recurso especial, consignou que o arrematante não responde pelas despesas condominiais anteriores à arrematação do imóvel em hasta pública que não constaram do edital da praça. Salientou-se que, nesse caso, os referidos débitos sub-rogam-se no valor da arrematação (assim como ocorre com os débitos tributários nos termos do art. 130, parágrafo único, do CTN), podendo o arrematante requerer a reserva de parte do produto da alienação judicial para pagar a dívida. Segundo a Min. Relatora, responsabilizá-lo por eventuais encargos incidentes sobre o bem omitidos no edital compromete a eficiência da tutela executiva e é incompatível com os princípios da segurança jurídica e da proteção da confiança. Ressaltou que, embora o art. 694, § 1º, III, do CPC estabeleça que a existência de ônus não mencionados no edital pode tornar a arrematação sem efeito, é preferível preservar o ato mediante a aplicação do art. 244 da lei processual civil. Precedentes citados: REsp 540.025-RJ, DJ 30/6/2006; REsp 1.114.111-RJ, DJe 4/12/2009, e EDcl no REsp 1.044.890-RS, DJe 17/2/2011. **REsp 1.092.605-SP, Rel. Min. Nancy Andrighi, julgado em 28/6/2011.** (Inform. STJ 479)

PENHORA *ONLINE*. LEI N. 11.382/2006.

Trata-se, na origem, de ação de execução por quantia certa em razão do inadimplemento contratual da recorrida, tendo a recorrente requerido pedido liminar de aresto *online* nos termos do art. 615, III, do CPC. Com a edição da Lei n. 11.382/2006, que inseriu o art. 655-A no CPC, o Poder Judiciário foi dotado de mecanismo de bloqueio de contas ou investimentos dos devedores por meio do sistema Bacen-Jud. Diante da nova legislação, a jurisprudência deste Superior Tribunal estabeleceu dois critérios: se o pedido de penhora *online* foi requerido antes da vigência dessa lei, entende-se que tal medida é cabível apenas quando o exequente comprovar que exauriu as vias extrajudiciais de busca dos bens do executado; porém, se o pedido for realizado após a vigência daquela lei, a orientação é no sentido de que, para a penhora, não se exige mais a comprovação de esgotamento das vias extrajudiciais de busca de bens. No caso, o pedido realizou-se na vigência da referida lei, assim, a Turma deu provimento ao recurso. **REsp 1.159.807-ES, Rel. Min. Massami Uyeda, julgado em 16/6/2011 (ver Informativo n. 474).** (Inform. STJ 477)

FRAUDE. EXECUÇÃO. BEM PENHORADO. DOAÇÃO. FILHOS MENORES.

Os recorrentes opuseram, na origem, embargos à execução ajuizada em desfavor de seus pais sob a alegação de que o imóvel indicado à penhora pelo exequente não mais pertencia aos executados, pois estes haviam doado a eles o bem. Nesse contexto, a Turma negou provimento ao recurso especial, mantendo a decisão do tribunal *a quo* que entendeu haver, na espécie, fraude à execução. Asseverou ser inaplicável a Súm. n. 375-STJ na hipótese em que o imóvel penhorado foi doado aos filhos dos executados quando eles ainda eram menores, ainda que não tenha havido o registro do gravame, reduzindo os devedores (os pais) à insolvência. De acordo com o Min. Relator, não há como perquirir, nesse caso, se houve má-fé dos adquirentes ou se eles tinham ciência da penhora. Concluiu, portanto, que a má-fé dos doadores, os quais se desfizeram do bem de forma graciosa em detrimento dos credores, configura o ardil descrito no art. 593, II, do CPC. Precedentes citados: REsp 862.123-AL, DJ 4/6/2007; REsp 784.742-RS, DJ 4/12/2006; REsp 655.000-SP, DJ 27/2/2008, e REsp 699.332-MG, DJe 9/11/2009. **REsp 1.163.114-MG, Rel. Min. Luis Felipe Salomão, julgado em 16/6/2011.** (Inform. STJ 477)

EXECUÇÃO. PENHORA ONLINE.

Trata-se, no caso, da possibilidade de penhora de valores disponíveis em conta bancária dos executados, ora recorridos, por meio do sistema Bacen-Jud, sem a necessidade de comprovação do esgotamento de vias extrajudiciais de busca de bens a serem constritos. A Turma reiterou que, após a entrada em vigor da Lei n. 11.382/2006, é possível a penhora *online*, ainda que não haja o esgotamento dos demais meios de satisfação da execução, uma vez que o bloqueio de valores disponíveis em conta bancária está de acordo com a ordem legal prevista no art. 655 do CPC. Ademais, tal possibilidade está corroborada pelo fato incontroverso de que o único bem imóvel encontrado em nome dos executados está sendo habitado por terceiro e que tal bem é objeto de constrição nos embargos em outros processos pelo mesmo fato. Observou-se que, em se tratando de norma processual, vigora o princípio *tempus regit actum*, no qual o direito intertemporal preconiza que a lei nova se aplica imediatamente, inclusive aos processos em curso. Na hipótese, a decisão de primeiro grau que indeferiu a medida foi proferida em 24 de março de 2008, portanto após a vigência da referida lei, razão pela qual o procedimento a ser seguido na execução deve ser adequado às novas regras processuais. Precedentes citados: REsp 1.112.943-MA, DJe 23/11/2010; REsp 1.065.583-BA, DJe 4/9/2008; REsp 1.009.363-BA, DJe 16/4/2008, e REsp 1.056.246-RS, DJe 23/6/2008. **REsp 1.093.415-MS, Rel. Min. Luis Felipe Salomão, julgado em 24/5/2011.** (Inform. STJ 474)

BEM DE FAMÍLIA. PENHORA. SEQUESTRO.

Trata-se de REsp em que se alega ter o acórdão *a quo* violado os arts. 1º e 3º da Lei n. 8.009/1990, ao afastar a possibilidade de sequestro do bem imóvel do recorrido em razão de alegada impenhorabilidade própria dos bens de família; pois, segundo o recorrente, não se confundem os institutos do sequestro e da penhora. A Turma entendeu que, embora sejam distintos os institutos, a verdade é que, tendo a mencionada lei protegido o bem de família da penhora, também o protegeu, por via indireta, das medidas acauteladoras que se destinam a resguardar, no patrimônio do devedor, a solvência da dívida. Consignou-se que o sequestro tem como fim resguardar o credor pela antecipação de bens aptos a garantir a solvência final do devedor e a satisfação do credor se dá pela arrematação ou pela penhora, de modo que, vedada esta por se tratar de bem de família, está vedado também o sequestro. Registrou-se, ainda, que, consoante os princípios da executividade de forma menos gravosa ao devedor (art. 620 do CPC) e da estrita necessidade das medidas constritivas, não é possível permitir sequestro de bens que, afinal, não poderão ser expropriados. **REsp 1.245.466-RJ, Rel. Min. Mauro Campbell Marques, julgado em 26/4/2011.** (Inform. STJ 470)

ARREMATAÇÃO. BEM. SALDO REMANESCENTE. IMPENHORABILIDADE.

A Turma reiterou que a penhora do bem de família hipotecado somente pode ser efetivada quando a garantia tiver sido prestada em proveito da própria entidade familiar e não para assegurar dívida de terceiro. *In casu*, afastou-se a incidência da exceção disposta no inciso V do art. 3º da Lei n. 8.009/1990 e se reconheceu a impenhorabilidade do imóvel da agravada cuja hipoteca foi dada em garantia de empréstimo obtido por sociedade empresária junto ao banco agravante. Asseverou-se, ademais, que o fato de o bem em discussão ter sido arrematado em outro processo – ação de cobrança condominial – não implica falta de interesse da agravada em ver reconhecida a impenhorabilidade de seu único imóvel, uma vez que, utilizado o produto da arrematação para o pagamento das despesas condominiais (as quais afastam a regra da impenhorabilidade nos termos do art. 1.715 do CC/2002), o saldo remanescente não perde seu caráter de bem de família, conforme dispõe o parágrafo único do referido dispositivo, o qual deverá ser aplicado em benefício da entidade familiar. **AgRg no AgRg no Ag 1.094.203-SP, Rel. Min. Raul Araújo, julgado em 26/4/2011.** (Inform. STJ 470)

BEM DE FAMÍLIA. IMPENHORABILIDADE. CRÉDITO. HONORÁRIOS ADVOCATÍCIOS.
A Turma entendeu que não se pode penhorar bem de família para satisfazer crédito exequendo resultante de contrato de honorários advocatícios. O art. 3º da Lei n. 8.009/1990 não dispõe sobre os referidos créditos, não se podendo equipará-los aos de pensão alimentícia. Assim, a Turma deu parcial provimento ao recurso e afastou a constrição sobre o bem de família. **REsp 1.182.108-MS, Rel. Min. Aldir Passarinho Junior, julgado em 12/4/2011.** (Inform. STJ 469)

PENHORA *ONLINE*. FORMA PREFERENCIAL.
Em execução promovida na origem, a recorrente pleiteou a requisição de informações e o bloqueio de valores constantes de depósito ou aplicação financeira do recorrido por meio eletrônico nos termos do art. 655-A do CPC (penhora *online*). Contudo, o juízo executório indeferiu seu pedido sob a justificativa de que não utilizava o Bacen-Jud, decisão mantida pelo tribunal *a quo* ao fundamento de que o magistrado não está obrigado a aderir ao sistema. Nesse contexto, a Turma deu provimento ao recurso especial para afirmar que a penhora por via eletrônica constitui apenas uma forma preferencial, e não exclusiva, podendo a medida ser realizada pelo método tradicional da expedição de ofício. Ademais, explicitou o Min. Relator que, não obstante o cadastro no Bacen-Jud seja facultativo, as medidas constritivas devem ser adotadas quando requeridas pelo exequente, desde que cumpridos os demais requisitos necessários à efetivação da penhora. **REsp 1.017.506-RS, Rel. Min. João Otávio de Noronha, julgado em 22/3/2011.** (Inform. STJ 467)

PENHORA. CARTA. FIANÇA.
Cuida-se de REsp em que a questão centra-se em saber se é possível o credor recusar o oferecimento de fiança bancária pelo devedor em garantia a débito objeto de execução judicial. Na espécie, o devedor ofereceu, antes de qualquer iniciativa do credor, uma carta de fiança à penhora. Assim, ressaltou a Min. Relatora que, em tal situação, não se pode aplicar, de maneira direta, o entendimento de que a penhora de dinheiro mediante bloqueio de valores em conta-corrente tem prioridade absoluta sobre o oferecimento de qualquer outro bem. Trata-se de uma hipótese em que é necessário o juízo, ponderando os elementos da causa, apreciar o bem oferecido pelo devedor e checar a conveniência de acolhê-lo ou rejeitá-lo. Observou não se poder engessar a interpretação do CPC de modo a não permitir que, mesmo em hipóteses excepcionais, seja possível ao devedor evitar a imobilização de vultoso capital em espécie. Desse modo, entendeu que, embora a fiança bancária discutida não apresentasse condições de ser aceita na medida em que o devedor se dispôs apenas a cobrir o crédito executado, dever-se-ia ter facultado a ele o oferecimento da garantia nos moldes do art. 656, § 2º, do CPC, ou seja, no valor do débito acrescido de 30%. Dessarte, a recusa da referida fiança somente poderia ser justificada por sólidos argumentos que indicassem precisamente o prejuízo que seria causado ao credor e a ausência de significativos prejuízos ao devedor pela imobilização do capital, o que não ocorreu na espécie. Diante disso, a Turma conheceu parcialmente do recurso e, na parte conhecida, deu-lhe provimento para autorizar a penhora sobre a carta de fiança oferecida pelo devedor nos termos do art. 656, § 2º, do CPC. **REsp 1.116.647-ES, Rel. Min. Nancy Andrighi, julgado em 15/3/2011.** (Inform. STJ 466)

PENHORA *ON-LINE*. SUBSTITUIÇÃO. FIANÇA.
Discutiu-se a possibilidade de substituir a penhora *on-line* por fiança bancária na execução fiscal. Nesse contexto, o Min. Relator originário entendeu, com lastro nos arts. 9º, § 3º, e 15, I, ambos da Lei n. 6.830/1980, que não há como vetar essa substituição em qualquer fase do processo quanto mais ao considerar que a constrição em dinheiro pode ser extremamente gravosa ao executado, o que contraria o art. 620 do CPC. Também ressaltou haver precedente do STJ que considerou a fiança bancária tal como depósito em dinheiro para suficientemente garantir a execução fiscal. Contudo, ao final do julgamento, prevaleceram os votos divergentes, que entendiam ser necessária a comprovação dos pressupostos do princípio da menor onerosidade para possibilitar, eventualmente, a substituição. **EREsp 1.077.039-RJ, Rel. originário Min. Mauro Campbell Marques, Rel. para acórdão Min. Herman Benjamin, julgados em 9/2/2011.** (Inform. STJ 462)

BEM DE FAMÍLIA. ELEVADO VALOR. IMPENHORABILIDADE.
A Turma, entre outras questões, reiterou que é possível a penhora de parte ideal do imóvel caracterizado como bem de família quando for possível o desmembramento sem que, com isso, ele se descaracterize. Contudo, para que seja reconhecida a impenhorabilidade do bem de família, de acordo com o art. 1º da Lei n. 8.009/1990, basta que o imóvel sirva de residência para a família do devedor, sendo irrelevante o valor do bem. O referido artigo não particulariza a classe, se luxuoso ou não, ou mesmo seu valor. As exceções à regra de impenhorabilidade dispostas no art. 3º da referida lei não trazem nenhuma indicação no que se refere ao valor do imóvel. Logo, é irrelevante, para efeito de impenhorabilidade, que o imóvel seja considerado luxuoso ou de alto padrão. Assim, a Turma conheceu em parte do recurso e, nessa extensão, deu-lhe provimento. Precedentes citados: REsp 326.171-GO, DJ 22/10/2001; REsp 139.010-SP, DJ 20/5/2002, e REsp 715.259-SP, DJe 9/9/2010. **REsp 1.178.469-SP, Rel. Min. Massami Uyeda, julgado em 18/11/2010.** (Inform. STJ 456)

DESPEJO. ARREMATAÇÃO.
Aperfeiçoada a arrematação do imóvel locado pela lavratura e assinatura do respectivo auto (art. 694 do CPC), o ex-proprietário não mais possui legitimidade *ad causam* para propor ação de despejo, visto que sub-rogados ao arrematante todos os direitos que decorrem da locação, cuja aquisição não depende de forma especial prevista em lei. Precedente citado: REsp 620.072-SP, DJ 3/10/2005. **REsp 833.036-SP, Rel. Min. Laurita Vaz, julgado em 18/11/2010.** (Inform. STJ 456)

BEM. FAMÍLIA. HIPOTECA. RENÚNCIA. IMPENHORABILIDADE.
Trata-se de REsp em que a questão cinge-se em definir se o oferecimento voluntário de imóvel como garantia hipotecária tem o condão de descaracterizá-lo como bem de família, sujeitando-o à penhora para satisfação da dívida afiançada, tendo em vista a peculiaridade de que essa garantia foi prestada em benefício do filho dos fiadores. A Turma entendeu ser incontroverso, no caso, que o oferecimento do imóvel em garantia de dívida assumida em benefício da entidade familiar deu-se de forma voluntária, com ciência dos riscos do negócio. Ademais, o fato de o imóvel ser o único bem da família, circunstância que os próprios recorrentes fizeram questão de ressaltar, foi certamente sopesado ao oferecê-lo em hipoteca, sabedores de que o ato implicaria renúncia à impenhorabilidade. Assim, não se mostra razoável que agora, ante a sua inadimplência, os recorrentes usem esse fato como subterfúgio para livrar o imóvel da penhora. Tal atitude contraria a boa-fé ínsita às relações negociais, pois equivale à entrega de uma garantia que o devedor, desde o início, sabia ser inexequível, esvaziando-a por completo. Desse modo, inexiste ofensa ao art. 3º, V, da Lei n. 8.009/1990 e, consequentemente, justificativa para anular a constrição imposta ao bem. Diante desses fundamentos, negou-se provimento ao recurso. Precedentes citados: REsp 268.690-SP, DJ 12/3/2001; REsp 1.022.735-RS, DJe 18/2/2010, e AgRg no Ag 1.126.623-SP, DJe 6/10/2010. **REsp 1.141.732-SP, Rel. Min. Nancy Andrighi, julgado em 9/11/2010.** (Inform. STJ 455)

BEM. FAMÍLIA. IMÓVEL DESOCUPADO.
É consabido que a jurisprudência do STJ apregoa que o fato de a entidade familiar não utilizar o único imóvel como residência, por si só, não descaracteriza a proteção da impenhorabilidade dada ao bem de família (art. 1º da Lei n. 8.009/1990), pois, para tanto, é suficiente que o imóvel seja utilizado em proveito da família, como no caso de locação com o fim de garantir o sustento da entidade familiar. Contudo, tal proteção não alcança os imóveis comprovadamente desabitados, tal como na hipótese, em que a perícia judicial atestou o fato. Anote-se que o recorrente devedor sequer se desincumbiu do ônus de provar que o bem penhorado destinava-se à finalidade acima transcrita, ou mesmo que o bem estava posto à locação ou momentaneamente desocupado. Também não há como prosperar, diante dos elementos de perícia, a alegação de o imóvel estar sob reforma. Relembre-se que, em razão da Súm. n. 7-STJ, é vedada nova análise do contexto fático-probatório na sede especial, portanto inviável acolher a pretensão do recorrente. Esse entendimento foi adotado, por maioria, pela Turma após o prosseguimento do julgamento pelo voto de desempate do Min. Paulo de Tarso Sanseverino, consentâneo com o voto divergente da Min. Nancy Andrighi. Precedentes citados: EREsp 339.766-SP, DJ 23/8/2004; REsp 315.979-RJ, DJ 15/3/2004, e REsp 1.035.248-GO, DJe 18/5/2009. **REsp 1.005.546-SP, Rel. originário Min. Sidnei Beneti, Rel. para acórdão Min. Nancy Andrighi, julgado em 26/10/2010.** (Inform. STJ 453)

ALIENAÇÃO FIDUCIÁRIA. PENHORA. BEM. GARANTIA. EXEQUENTE.
Trata-se de REsp cuja discussão cingiu-se à possibilidade de penhora no caso em que o exequente é a própria instituição financeira à qual se encontra alienado o bem objeto da penhora. A Turma entendeu não haver óbice à incidência de penhora sobre o bem dado em garantia no contrato de alienação fiduciária, se o credor opta pelo processo executivo em vez da ação de busca e apreensão, conforme se deu na hipótese. Ressaltou-se não se tratar de bem alienado fiduciariamente a terceiro, o que afastaria a penhora, mas ao próprio exequente. Assim, nada obsta que o referido bem (um veículo de carga), nessa situação, possa ser penhorado. Precedente citado: REsp 448.489-RJ, DJ 19/12/2002. **REsp 838.099-SP, Rel. Min. Aldir Passarinho Junior, julgado em 26/10/2010.** (Inform. STJ 453)

CONCORRÊNCIA. PENHORAS. ARREMATANTE. LIQUIDAÇÃO EXTRAJUDICIAL.

Cinge-se a questão em saber se a instituição financeira em regime de liquidação extrajudicial, sob pena de nulidade da arrematação, deve depositar o preço do imóvel arrematado, tendo-se como premissa o fato de haver penhora cuja anterioridade conferiu ao ora recorrido a preferência no produto da arrematação. A Turma negou provimento ao recurso especial sob o fundamento de que o regime de liquidação extrajudicial da instituição financeira não lhe confere a preferência sobre todo e qualquer produto da arrematação, especialmente quando há outro credor com preferência ao recebimento do crédito (decisão transitada em julgado), sendo incabível a tese de remeter o credor preferencial à habilitação junto à liquidação. Frisou-se que a regra do art. 690, § 2º, do CPC, segundo a qual o credor que arrematar o bem não está obrigado a exibir o preço, não possui aplicação se houver concorrência de penhoras sobre o mesmo bem, com preferência de outro credor no produto da arrematação. Frisou-se, ainda, que o art. 18, a, da Lei n. 6.024/1974, na verdade, visa à proteção da massa da entidade liquidanda em benefício dos credores da instituição, não se aplicando a processos de execução ajuizados pela própria instituição em liquidação para a satisfação de interesses próprios. Precedentes citados: REsp 676.489-PE, DJ 20/6/2005; REsp 172.195-SP, DJ 11/9/2000, e REsp 122.625-MT, DJ 3/5/1999. **REsp 669.406-SP, Rel. Min. Luis Felipe Salomão, julgado em 26/10/2010.** (Inform. STJ 453)

INTERESSE. VIÚVA. HERANÇA. BEM DE FAMÍLIA.

A recorrente manteve casamento com o autor da herança, genitor da recorrida, que, por sua vez, havia ajuizado contra ele execução de alimentos. Com o falecimento, a recorrida requereu a abertura de inventário com a intenção de substituir o polo passivo da execução pelo espólio de seu pai, representado pela recorrente. Houve, então, a penhora da totalidade da herança, inclusive do imóvel no qual residiam a recorrente e seus filhos. Daí os embargos de terceiro ajuizados pela recorrente para a desconstituição dessa penhora ao fundamento de que o imóvel é indivisível, além de caracterizar-se como bem de família, afora o fato de ela já ser meeira dele, a inviabilizar a constrição. Assim, busca-se no especial reconhecer o interesse de agir da viúva meeira para a oposição dos embargos de terceiro quanto ao imóvel em que reside, considerados os fatos de que a constrição recaiu sobre a totalidade da herança, a penhora deu-se no rosto dos autos e há resguardo à meação. Quanto a isso, a jurisprudência do STJ apregoa serem cabíveis os embargos de terceiro de forma preventiva quando houver a ameaça de turbação ou esbulho de bem de sua propriedade. Constata-se, então, que a penhora no rosto dos autos (art. 674 do CPC) também é causa dessa turbação, ainda que não exista a penhora física do bem, pois acarreta os mesmos ônus de uma efetiva penhora direta, a viabilizar a defesa do bem mediante as vias processuais disponíveis. Anote-se que o fato de a constrição ter recaído sobre a totalidade da herança sequer é impeço a que se busque a proteção de um específico bem que a compõe, tal como no caso. Dessarte, na hipótese, há interesse de agir da recorrente na oposição de embargos de terceiro, mesmo que sua meação esteja resguardada, visto que o bem é indivisível e, caso a penhora recaia sobre ele, atingi-lo-á em sua integralidade, evidenciando a turbação de sua posse plena sobre o imóvel e interferindo em seu direito à moradia, assegurado pelo art. 6º da CF/1988, tudo em razão de débito alimentício contraído por outrem. Precedentes citados: REsp 1.019.314-RS, DJe 16/3/2010, e REsp 751.513-RJ, DJ 21/8/2006. **REsp 1.092.798-DF, Rel. Min. Nancy Andrighi, julgado em 28/9/2010.** (Inform. STJ 449)

REPETITIVO. PENHORA. SISTEMA BACEN-JUD. LEI N. 11.382/2006.

A Corte Especial, ao julgar recurso sob o regime do art. 543-C do CPC c/c a Res. n. 8/2008-STJ, entendeu que a penhora *online*, antes da entrada em vigor da Lei n. 11.382/2006, configura medida excepcional cuja efetivação está condicionada à comprovação de que o credor tenha realizado todas as diligências no sentido de localizar bens livres e desembaraçados de titularidade do devedor. Contudo, após o advento da referida lei, o juiz, ao decidir sobre a realização da penhora *online*, não pode mais exigir do credor prova de exaurimento das vias extrajudiciais na busca de bens a serem penhorados. Precedentes citados: AgRg no Ag 1.010.872-RS, DJe 15/9/2008; AgRg no REsp 1.129.461-SP, DJe 2/2/2010; REsp 1.066.091-RS, DJe 25/9/2008; REsp 1.009.363-BA, DJe 16/4/2008, e EREsp 1.087.839-RS, DJe 18/9/2009. **REsp 1.112.943-MA, Rel. Min. Nancy Andrighi, julgado em 15/9/2010.** (Inform. STJ 447)

ARREMATAÇÃO. PREÇO VIL.

A Turma deu provimento ao recurso especial a fim de anular a arrematação de dois imóveis promovida pela instituição financeira recorrida e determinar a realização de novo laudo de avaliação dos bens, ante o reconhecimento da ocorrência de preço vil. Na origem, os recorrentes ajuizaram ação de embargos à arrematação sob a alegação de que o mencionado laudo, por ter sido elaborado dois anos antes da hasta pública, conteria valores muito abaixo dos de mercado. Contudo, o tribunal *a quo* não acatou esse argumento por entender que o requerimento de alteração dos referidos preços deveria ter sido apresentado à época da realização da praça. De acordo com a Min. Relatora, este Superior Tribunal já se manifestou pela possibilidade de o juízo determinar, de ofício, a atualização do laudo avaliador, ressaltando, inclusive, haver precedente que define tal ato não como faculdade, mas como verdadeira obrigação. Por essa razão, não haveria falar em preclusão do direito de a parte interessada suscitar a matéria em posteriores embargos. Precedentes citados: EREsp 82.068-SP, DJ 9/3/1998, e REsp 1.104.563-PR, DJe 2/6/2010. **REsp 1.006.387-SC, Rel. Min. Nancy Andrighi, julgado em 2/9/2010.** (Inform. STJ 445)

PENHORA. USUFRUTO. IMÓVEL. RESIDÊNCIA.

O tribunal *a quo* reconheceu a possibilidade da penhora do direito ao exercício de usufruto vitalício da ora recorrente. Porém, o usufruto é um direito real transitório que concede a seu titular o gozo de bem pertencente a terceiro durante certo tempo, sob certa condição ou vitaliciamente. O nu-proprietário do imóvel, por sua vez, exerce o domínio limitado à substância da coisa. Na redação do art. 717 do CC/1916, vigente à época dos fatos, deduz-se que o direito de usufruto é inalienável, salvo quanto ao proprietário da coisa. Seu exercício, contudo, pode ser cedido a título oneroso ou gratuito. Resulta daí a jurisprudência admitir que os frutos decorrentes dessa cessão podem ser penhorados, desde que tenham expressão econômica imediata. No caso, o imóvel é ocupado pela própria devedora, que nele reside, não produzindo qualquer fruto que possa ser penhorado. Assim, não é cabível a penhora do exercício do direito ao usufruto do imóvel ocupado pelo recorrente, por ausência de amparo legal. Logo, a Turma deu provimento ao recurso. Precedentes citados: REsp 925.687-DF, DJ 17/9/2007; REsp 242.031-SP, DJ 29/3/2004, e AgRg no Ag 851.994-PR, DJ 1º/10/2007. **REsp 883.085-SP, Rel. Min. Sidnei Beneti, julgado em 19/8/2010.** (Inform. STJ 443)

ARREMATAÇÃO. AVALIAÇÃO. REPETIÇÃO.

Na espécie, a arrematação dos imóveis foi realizada em primeira praça, após quase dois anos da avaliação, incidindo, ainda, correção monetária no dia da venda. Assim, a Turma deu provimento ao recurso ao entender que não seria necessária a reavaliação dos bens a fim de adequar o preço à realidade do mercado à época da arrematação, diante da atual estabilidade econômica do país. Ademais, o juiz de primeiro grau salientou que o laudo de avaliação foi oportunamente impugnado pelos executados, que se conformaram com a decisão que desacolheu a impugnação. Além de que, na época da apelação (16/12/2004), a redação do art. 683, II, do CPC só admitia a possibilidade de repetição da avaliação quando verificada posterior redução nos valores dos bens, e não de sua elevação, o que só passou a ser admitido com a reforma introduzida pela Lei n. 11.382/2006. Precedente citado: REsp 167.976-RJ, DJ 13/12/1999. **REsp 869.955-SC, Rel. Min. Sidnei Beneti, julgado em 19/8/2010.** (Inform. STJ 443)

PENHORA. PEQUENA PROPRIEDADE RURAL. MÓDULO FISCAL.

Trata o recurso sobre a definição de pequena propriedade para efeitos de impenhorabilidade, direito fundamental disposto no art. 5º, XXVI, da CF/1988, que tem aplicação imediata. A Turma negou provimento ao recurso e manteve o entendimento do tribunal *a quo*, que delimitou a impenhorabilidade do imóvel rural *sub judice* em 25 hectares, correspondentes a um módulo fiscal da região, afastando a definição de pequena propriedade rural contida no art. 4º, II, da Lei n. 8.623/1993. A definição legal de um módulo fiscal abrange, de acordo com as condições específicas de cada região, uma porção de terra rural, mínima e suficiente, em que a exploração da atividade agropecuária mostra-se economicamente viável pelo agricultor e sua família, o que bem atende o preceito constitucional quanto à impenhorabilidade da pequena propriedade rural. **REsp 1.007.070-RS, Rel. Min. Massami Uyeda, julgado em 19/8/2010.** (Inform. STJ 443)

ARREMATAÇÃO. PAGAMENTO. LEILOEIRO.

A Turma deu provimento ao recurso especial para reconhecer como válido o pagamento efetuado pelo arrematante ao leiloeiro por ocasião da arrematação de imóvel. *In casu*, o tribunal *a quo* entendeu que o aperfeiçoamento do ato só ocorre no momento em que o valor do bem é depositado em juízo, o que não foi levado a efeito pelo profissional que presidiu o leilão, razão pela qual considerou indevido o pagamento realizado pela ora recorrente e anulou a hasta pública, nos termos do art. 694, § 1º, II, do CPC. Este Superior Tribunal, entretanto, afastou a incidência da referida norma sob o fundamento de que o leiloeiro exerce um *munus* público, revestindo-se de legitimidade e veracidade todos os atos por ele praticados. Salientou-se, ainda, a regra disposta no art. 705, V, do CPC, que evidencia ser atribuição do referido auxiliar receber e depositar o produto da alienação. **REsp 1.100.101-RJ, Rel. Min. Vasco Della Giustina (Desembargador convocado do TJ-RS), julgado em 12/8/2010.** (Inform. STJ 442)

PENHORA. BEM DE FAMÍLIA. VALOR VULTOSO.

Na espécie, o mérito da controvérsia é saber se o imóvel levado à constrição situado em bairro nobre de capital e com valor elevado pode ser considerado bem de família para efeito da proteção legal de impenhorabilidade, caso em que não há precedente específico sobre o tema no STJ. Ressalta o Min. Relator que, nos autos, é incontroverso o fato de o executado não dispor de outros bens capazes de garantir a execução e que a Lei n. 8.009/1990 não distingue entre imóvel valioso ou não, para efeito da proteção legal da moradia. Logo o fato de ser valioso o imóvel não retira sua condição de bem de família impenhorável. Com esse entendimento, a Turma conheceu em parte do recurso e lhe deu provimento para restabelecer a sentença. Precedentes citados do STF: RE 407.688-8-SP, DJ 6/10/2006; do STJ: REsp 1.024.394-RS, DJe 14/3/2008; REsp 831.811-SP, DJe 5/8/2008; AgRg no Ag 426.422-PR, DJe 12/11/2009; REsp 1.087.727-GO, DJe 16/11/2009, e REsp 1.114.719-SP, DJe 29/6/2009. **REsp 715.259-SP, Rel. Min. Luis Felipe Salomão, julgado em 5/8/2010.** (Inform. STJ 441)

PENHORA. SUBSTITUIÇÃO. DINHEIRO.

A penhora deve recair sobre dinheiro na execução por quantia certa de valor não muito elevado para uma instituição financeira com solidez reconhecida, obedecendo ao disposto na Súm. n. 328-STJ. No caso, cuidava-se de indicação à penhora de letra financeira do tesouro (LFT). **REsp 644.279-SP, Rel. Min. Luis Felipe Salomão, julgado em 22/6/2010.** (Inform. STJ 440)

BEM DE FAMÍLIA. IMPENHORABILIDADE.

Trata-se da possibilidade de penhorar bem imóvel em execução de título judicial oriundo de ação indenizatória em razão da prática de erro médico. No caso, houve a condenação para indenizar danos morais e materiais sem, contudo, determinar a obrigação de prestar alimentos, logo afastada a incidência do art. 3º, III, da Lei n. 8.009/1990. Quanto à exceção prevista no art. 3º, VI, da referida lei, não se deve aplicá-la em ilícito civil, quando não houver expressamente sentença penal condenatória, como lá previsto. Portanto, no caso, não é possível a penhora questionada. **REsp 711.889-PR, Rel. Min. Luis Felipe Salomão, julgado em 22/6/2010.** (Inform. STJ 440)

COMISSÃO. LEILOEIRO. HASTA PÚBLICA. INSUCESSO.

O recorrente leiloeiro realizou duas hastas públicas, porém infrutíferas, em razão da ausência de lançadores. O credor não teve nenhuma responsabilidade pelo insucesso dos leilões e acabou adjudicando o imóvel posteriormente. Assim, a comissão do leiloeiro apenas será devida quando houver arrematante, incumbido de efetuar o pagamento conforme disposto em lei ou arbitrado pelo juiz, de acordo com o art. 705, IV, do CPC. No caso, o pedido do leiloeiro somente diz respeito à comissão, não se podendo adentrar a possibilidade de ser ressarcido por eventuais despesas que tenha tido para a realização das praças. Logo, a Seção entendeu que a comissão de leiloeiro é devida somente quando haja arrematação do bem, interpretação que se harmoniza com o art. 705 do CPC, 24 e 40 do Dec. n. 2.198/1932 e 188 do Código Comercial. **REsp 764.636-RS, Rel. Min. Massami Uyeda, julgado em 9/6/2010.** (Inform. STJ 438)

FRAUDE À EXECUÇÃO. BOA-FÉ. REGISTRO. PENHORA.

A questão posta no REsp cinge-se em saber se constitui fraude à execução a simples existência, ao tempo da alienação de imóvel de propriedade do devedor, de demanda em curso em desfavor dele, capaz de reduzi-lo à insolvência, bastando sua citação válida no feito, sendo, assim, despicienda a existência de registro da penhora sobre o imóvel alienado. A Turma entendeu que, nos termos do art. 659, § 4º, do CPC, na redação que lhe foi dada pela Lei n. 8.953/1994, era exigível a inscrição, hoje averbação (Lei n. 11.382/2006), da penhora no cartório de registro imobiliário para que passasse a ter efeito *erga omnes* e, nessa circunstância, fosse eficaz para impedir a venda a terceiros em fraude à execução. Dessa forma, inexistindo registro da penhora sobre bem alienado a terceiro, incumbia à exequente e embargada fazer a prova de que o terceiro tinha conhecimento da ação ou da constrição judicial, agindo, assim, de má-fé. Ressaltou-se que, *in casu*, a alienação do bem objeto da constrição judicial operou-se antes do registro dela, razão pela qual descabido presumir a má-fé ou o prévio conhecimento do terceiro adquirente quanto ao gravame. Em verdade, o ônus da prova de que o terceiro tinha conhecimento da demanda ou do gravame transferiu-se para a credora, que dela não se desincumbiu. Desse modo, presume-se a boa-fé (ausência de registro) que merece ser prestigiada, não havendo, portanto, falar em fraude à execução na espécie (Súm. n. 375-STJ). Diante desses fundamentos, deu-se provimento ao recurso. Precedentes citados: **REsp 113.666-DF, DJ 30/6/1997; REsp 494.545-RS, DJ 27/9/2004; REsp 742.097-RS, DJe 28/4/2008; REsp 493.914-SP, DJe 5/5/2008, e REsp 1.046.004-MT, DJe 23/6/2008. REsp 753.384-DF, Rel. Min. Honildo Amaral de Mello Castro (Desembargador convocado do TJ-AP), julgado em 1º/6/2010.** (Inform. STJ 437)

PENHORA. PREFERÊNCIA. CREDORES.

In casu, a recorrente alega que o tribunal *a quo* não poderia ter reconhecido a preferência de banco credor sobre o produto da arrematação do imóvel em razão de a penhora do banco ser anterior à sua, porquanto a instituição financeira não havia providenciado o registro da penhora. Assim, discute-se, no REsp, se a penhora de imóvel precisa ser registrada para outorgar direito de preferência ao credor que a promove. Observa o Min. Relator ser cediço que um dos efeitos da penhora é gerar para o exequente direito de preferência do produto apurado com a alienação do bem objeto da constrição. Assim, recaindo mais de uma penhora sobre o mesmo bem, terá preferência aquele que primeiro houver realizado a penhora. Explica que, nos tribunais, já se discutiu muito se o registro seria requisito necessário para concluir a penhora, ou se seria apenas uma condição para eficácia do ato em relação a terceiros. Mas, depois da Lei n. 10.444/2002 e da Lei n. 11.382/2006 (que apenas substituiu expressão constante da lei anterior), tem-se que o registro da constrição ou a sua averbação no registro de imóveis é um ato acessório com o objetivo de dar publicidade da penhora e gerar conhecimento em relação a terceiros. Isso porque se considera perfeita e acabada a penhora desde a expedição do respectivo termo, revelando-se, assim, desinfluentes, no estabelecimento da preferência, o registro ou a averbação no registro de imóveis. Diante do exposto, entre outros argumentos, a Turma negou provimento ao recurso. Precedentes citados: REsp 31.475-RN, DJ 30/8/1993, e REsp 2.258-RS, DJ 14/12/1992. **REsp 829.980-SP, Rel. Min. Sidnei Beneti, julgado em 1º/6/2010.** (Inform. STJ 437)

REPETITIVO. PENHORA. IMÓVEL. SEDE. EMPRESA.

A Corte Especial, ao julgar o REsp submetido ao regime do art. 543-C do CPC e da Res. n. 8/2008-STJ, reafirmou que a penhora de imóvel no qual se localiza o estabelecimento da empresa é, excepcionalmente, permitida, quando inexistem outros bens passíveis de penhora e desde que não seja servil à residência da família. O art. 649, V, do CPC, com a redação dada pela Lei n. 11.382/2006, dispõe que são absolutamente impenhoráveis os livros, as máquinas, as ferramentas, os utensílios, os instrumentos ou outros bens móveis necessários ou úteis ao exercício de qualquer profissão. A interpretação teleológica do mencionado artigo, em observância aos princípios fundamentais constitucionais da dignidade da pessoa humana e dos valores sociais do trabalho e da livre iniciativa (art. 1º, III e IV, da CF/1988) e do direito fundamental de propriedade limitado a sua função social (art. 5º, XXII e XXIII, da CF/1988), legitima a inferência de que o imóvel profissional constitui instrumento necessário ou útil ao desenvolvimento da atividade objeto do contrato social, máxime quando se tratar de pequenas empresas, empresas de pequeno porte ou firma individual. O estabelecimento preceituado no art. 1.142 do CC/2002 compreende o conjunto de bens materiais e imateriais necessários ao atendimento do objetivo econômico pretendido, entre os quais se insere o imóvel onde se realiza a atividade empresarial. A Lei n. 6.830/1980, em seu art. 11, § 1º, determina que, excepcionalmente, a penhora poderá recair sobre o estabelecimento comercial, industrial ou agrícola, regra especial aplicável à execução fiscal, cuja presunção de constitucionalidade, até o momento, não restou ilidida. Destarte, revela-se admissível a penhora de imóvel que constitui parcela do estabelecimento industrial, desde que inexistentes outros bens passíveis de serem penhorados. Consequentemente, revela-se legítima a penhora, em execução fiscal, do bem de propriedade do executado onde funciona a sede da empresa individual, o qual não se encontra albergado pela regra de impenhorabilidade absoluta, ante o princípio da especialidade (*lex specialis derrogat lex generalis*). Precedentes citados: AgRg nos EDcl no Ag 746.461-RS, DJe 4/6/2009; REsp 857.327-PR, DJe 5/9/2008; REsp 994.218-PR, DJe 5/3/2008; AgRg no Ag 723.984-PR, DJ 29/5/2006, e REsp 354.622-SP, DJ 18/3/2002. **REsp 1.114.767-RS, Rel. Min. Luiz Fux, julgado em 2/12/2009.** (Inform. STJ 418)

ANULATÓRIA. MEAÇÃO. ATO ILÍCITO. PRECLUSÃO.

A Turma deu provimento ao recurso por entender que, inexistindo a oposição de embargos de terceiro para a defesa de meação no prazo de cinco dias da adjudicação (art. 1.048 do CPC) e após a assinatura da respectiva carta, ao cônjuge que não teve sua meação respeitada cabe a via da ação anulatória (art. 486 do CPC), para desconstituir ato judicial que não depende de sentença, como no caso de auto de adjudicação. Na hipótese da mulher colhida por adjudicação de bens que formam o patrimônio do casal em execução movida contra o marido, sem a sua participação nas circunstâncias que deram origem ao título executivo – ilícito perpetrado pelo cônjuge em acidente de trânsito –, afasta-se a preclusão, porquanto o ato ilícito do qual derivou o título executivo judicial foi praticado somente por um dos cônjuges, e o outro, por consequência, não compôs o polo passivo da ação indenizatória nem da execução. Com efeito, a meação do cônjuge responde pelas obrigações do outro somente quando contraídas em benefício da família (art. 592, IV, do CPC c/c os arts. 1.643 e 1.644 do CC/2002) e se configurada a solidariedade passiva entre os cônjuges. Tratando-se, porém, de dívida oriunda de ato ilícito praticado por apenas um dos cônjuges, ou seja, apresentando a obrigação que motivou o título executivo natureza pessoal demarcada pelas particularidades ínsitas à relação jurídica subjacente, a meação do outro só responde mediante a prova, cujo ônus é do credor, de que se beneficiou com o produto oriundo da infração, o que é notoriamente descartado na hipótese de ilícito decorrente de acidente de trânsito, do qual não se cogita em aproveitamento econômico àquele que o causou. Precedentes citados: REsp 59.211-MG, DJ 16/10/1995; REsp 218.606-SP, DJ 13/8/2001; REsp 49.533-RJ, DJ 5/6/1995, e REsp 146.260-SP, DJ 13/6/2005. **REsp 874.273-RS, Rel. Min. Nancy Andrighi, julgado em 3/12/2009.** (Inform. STJ 418)

PENHORA. ARREMATAÇÃO. CREDOR TRABALHISTA.

Trata-se de ação para anular arrematação cumulada com pedido de depósito do seu valor movida por exequentes em reclamação trabalhista contra o banco arrematante que, conforme alegam, teriam infringido o direito de preferência. A sentença negou a pretensão dos autores, e o TJ manteve a sentença. No REsp, os autores (recorrentes) admitem que houvera o levantamento da penhora dos lotes de 1 a 20 da quadra 2 referidos na sentença e no acórdão, mas que permanece a penhora no juízo trabalhista dos terrenos das quadras 3, 4 e 5 (a arrematação teria abrangido os terrenos das quadras 2, 3, 4 e 5). O banco, na resposta ao REsp, silenciou a respeito de quais lotes foram liberados e quais sofreram dupla penhora. Admite o julgado na origem que havia penhora trabalhista e que eles foram arrematados pelo banco. Anotou-se, também, que a penhora trabalhista sobre esses lotes era anterior à penhora do banco, mas o registro dessa última ocorreu antes da penhora trabalhista. Dessa forma, aponta o Min. Relator que a anterioridade da penhora trabalhista não liberada das citadas quadras resulta, no caso, em uma execução individual do banco (não uma execução coletiva falimentar ou de insolvência civil), em que a penhora foi arrematada pelo banco credor. Observa que vale a anterioridade da própria penhora, e não a anterioridade da averbação. Assim, o que aconteceu foi a arrematação, que é a consequência do levantamento do preço pelo credor com a primazia de penhora. Aponta que os credores trabalhistas penhorantes (ex-empregados) é que tinham direito à preleção dada a preferência decorrente do crédito trabalhista. Aduz que, embora a anulação facilitasse o deslinde, no caso, isso significaria enorme retrocesso, atingindo não só o presente processo, mas todo o processo de execução originário relativo à arrematação ocorrida há mais de dez anos. Por outro lado, demonstra que, arrematados os bens, não há previsão legal de anulação da praça ou de ineficácia da arrematação por falta de intimação prévia do credor trabalhista, nenhum dos incisos do art. 694, § 1º, do CPC destaca essa situação, só sendo possível cobrar o produto da penhora. Anota por fim, após várias considerações, que, válidos o praceamento e a arrematação, verifica-se, apenas, o destino do preço da arrematação, uma vez que o banco arrematou todos os bens, tanto os liberados como os não liberados, sem depositar nada aos autores. Por conseguinte, segundo o Min. Relator, no que foi acolhido pela Turma, o recurso deve ser provido em parte, apenas relativa aos bens em que os autores recorrentes lograram sucesso e o banco deve ser condenado ao pagamento do valor dos lotes pertinentes arrematados, depois se abre o concurso de credores e ao final serão feitos os ajustes das custas e honorários. **REsp 818.652-PR, Rel. Min. Sidnei Beneti, julgado em 10/11/2009.** (Inform. STJ 415)

PENHORA *ON LINE*. CONTA-CORRENTE. IR.

O recorrente, ao se insurgir contra a penhora *on line* do valor depositado em conta-corrente a título de restituição de imposto de renda, alega violação do art. 649, IV, do CPC. Então, cinge-se a questão em analisar se o valor do imposto de renda retido, decorrente de excesso descontado do soldo recebido pelo recorrente como militar da reserva, manteria a natureza remuneratória (alimentar) até a data de sua restituição, decorrente da declaração anual de ajuste; se o depósito de quantias referentes a salário, vencimento, provento ou soldo em conta-corrente retiraria a natureza alimentar da quantia depositada e se seria absoluta a regra de impenhorabilidade dos rendimentos dispostos no art. 649, IV, do CPC. Para a Min. Relatora, é possível discutir a possibilidade de penhora dos valores restituídos apenas em hipóteses em que se comprove que a origem do valor relativo à restituição de imposto de renda refira-se a receitas compreendidas no mencionado artigo. A devolução ao contribuinte do imposto de renda retido, referente à restituição de parcela do salário ou vencimento, não desmerece o caráter alimentar dos valores a serem devolvidos. Em princípio, é inadmissível a penhora de valores depositados em conta-corrente destinada ao recebimento de salário ou aposentadoria do devedor. Ao entrar na esfera de disponibilidade do recorrente, sem que tenha sido consumido integralmente para o suprimento de necessidades básicas, a verba relativa ao recebimento de salário, vencimento ou aposentadoria perde seu caráter alimentar, tornando-se penhorável. É de se concluir pela possibilidade de penhora dos valores depositados na conta-corrente do recorrente a título de restituição de imposto de renda, porquanto, em observância ao princípio da efetividade, não se mostra razoável, em situações em que não haja comprometimento da manutenção digna do executado, que o credor não possa obter a satisfação de seu crédito, ao argumento de que os rendimentos previstos no art. 649, IV, do CPC gozariam de impenhorabilidade absoluta. Precedente citado: RMS 25.397-DF, DJe 3/11/2008. **REsp 1.059.781-DF, Rel. Min. Nancy Andrighi, julgado em 1º/10/2009.** (Inform. STJ 409)

PENHORA. BEM IMÓVEL. INALIENABILIDADE.

Trata-se de REsp em que o cerne da questão é saber se a cláusula de inalienabilidade que grava bem imóvel herdado prolonga-se no tempo, mesmo após a morte da beneficiária. A Turma conheceu do recurso e lhe deu provimento ao entendimento de que o propósito da referida cláusula é proteger o patrimônio do beneficiário. A restrição, portanto, não pode ter vigência para além de sua vida. Com a sua morte, se não há a instituição de novo gravame por disposição testamentária, os bens transmitem-se aos herdeiros de forma livre e desembaraçada. A cláusula está atrelada à pessoa do beneficiário, não ao bem, porque sua natureza é pessoal, não real. Ressaltou-se que, na hipótese, não há testamento da falecida nem manifestação para manter o gravame sobre o bem a ser partilhado. Assim, ao contrário do que concluiu o acórdão recorrido, o bem imóvel ingressou na esfera patrimonial dos herdeiros sem qualquer restrição, podendo, portanto, ser objeto de penhora. Precedente citado: REsp 80.480-SP, DJ 24/6/1996. **REsp 1.101.702-RS, Rel. Min. Nancy Andrighi, julgado em 22/9/2009.** (Inform. STJ 408)

CONDOMÍNIO. ARRECADAÇÃO. PERCENTUAL. PENHORA.

Trata-se, no caso, de declaração de ineficácia da nomeação de bens à penhora promovida pelo condomínio (recorrente) que ofereceu créditos derivados da condenação da recorrida em outros processos envolvendo as partes. A recorrida, ao recusar a nomeação, requereu a penhora da renda de arrecadação do condomínio feita pela administradora do executado, o que foi acolhido pelo juiz, porém agravado pelo ora recorrente, para que fosse fixado em percentual da renda a ser penhorado mensalmente, de modo a não comprometer as atividades essenciais do condomínio. Provido nessa parte o recurso para que tal percentual seja fixado por depositário nomeado pelo juiz de 1º grau de jurisdição e submetido à aprovação judicial (art. 655-A, § 3º, do CPC). Precedentes citados: AgRg no REsp 686.968-SP, DJ 25/4/2005; AgRg no Ag 570.268-SP, DJ 6/12/2004, e MC 7.038-MG, DJ 3/11/2004. **REsp 829.583-RJ, Rel. Min. Nancy Andrighi, julgado em 3/9/2009.** (Inform. STJ 405)

IMPENHORABILIDADE. VERBA RESCISÓRIA TRABALHISTA.

Trata-se de REsp em que se alega, em síntese, violação do art. 649, IV, do CPC, isso porque, segundo o recorrente, não é possível estender a proteção legal da impenhorabilidade à verba indenizatória trabalhista recebida pelo executado e por ele aplicada no sistema financeiro, pois não se trata de salário. A Turma entendeu que é inadmissível a penhora dos valores recebidos a título de verba rescisória de contrato de trabalho e depositados em conta-corrente destinada ao recebimento de remuneração salarial (conta salário). E, tendo concluído o acórdão que a natureza de tais valores é salarial, portanto, impenhoráveis, rever as razões que ensejaram esse entendimento, encontra óbice na Súm. n. 7 do STJ. Diante disso, não se conheceu do recurso. Precedentes citados: AgRg no REsp 969.549-DF, DJ 19/11/2007, e AgRg no REsp 1.023.015-DF, DJ 5/8/2008. **REsp 978.689-SP, Rel. Min. Luis Felipe Salomão, julgado em 6/8/2009.** (Inform. STJ 401)

ARREMATAÇÃO. IMÓVEL. JUÍZOS DIVERSOS.

Discute-se a higidez de processo de execução promovido pelo banco em que houve a arrematação de imóvel também arrematado em execução de uma reclamatória trabalhista. Explica o Min. Relator que, embora a arrematação efetuada nos autos seja anterior àquela trabalhista, ocorre que há também nos autos ofício da vara trabalhista comunicando ao banco a penhora sobre o imóvel para pagamento de dívidas trabalhistas, mas não consta que o banco tenha-se oposto à constrição ou mesmo impugnado, mais tarde, a arrematação lá efetivada. Por essas circunstâncias, aliado ao fato de que o recurso especial não possui efeito suspensivo e também os recorrentes (banco e a arrematante) deixaram de requerer incidentalmente medida cautelar perante o STJ ou TRT e TST a fim de obstaculizar a aperfeiçoamento dos atos desenvolvidos perante a Justiça do Trabalho além de que, não foi provocado conflito de competência é que o Min. Relator concluiu pela perda do objeto dos recursos especiais. Ressaltou, entretanto, que o banco poderá prosseguir a execução de seu crédito hipotecário e à empresa arrematante caberá o levantamento do valor depositado. Diante do exposto, a Turma julgou prejudicados os recursos. **REsp 745.204-SC, Rel. Min. Aldir Passarinho Junior, julgado em 18/6/2009.** (Inform. STJ 399)

FRAUDE. EXECUÇÃO. PENHORA. REGISTRO.

A Turma, ao renovar o julgamento, reafirmou, por maioria, o entendimento de que, para dar-se fraude à execução (art. 593 do CPC) quando não registrada a penhora do imóvel, cabe ao credor o ônus de provar que o terceiro adquirente tinha ciência de que havia a constrição ou demanda contra o vendedor capaz de levá-lo à insolvência. Firmou-se, também, que, a despeito de a sentença produzir efeitos em relação a terceiros, a imutabilidade proporcionada pela coisa julgada limita-se às partes, pois é facultada ao terceiro a discussão posterior acerca da sentença que eventualmente seja prejudicial a seus interesses. Os votos vencidos, capitaneados pela Min. Nancy Andrighi, entendiam, conforme precedente da Turma, que, nessa situação, cabe sim ao terceiro adquirente a prova mencionada, pois é a pessoa que a presunção desfavorece quem suporta o ônus de provar o contrário, anotado ser relativa essa presunção. Na linha desses votos vencidos, o adquirente deve acautelar-se, efetuando, no mínimo, pesquisa nos distribuidores das comarcas de localização do imóvel e da residência do alienante, não apenas em razão da exigência prevista no art. 1º da Lei n. 7.433/1985, mas, também, de que só se considera de boa-fé o comprador que adotou mínimas cautelas para a segurança jurídica de sua aquisição. Precedentes citados: AgRg no EREsp 719.949-RS, DJ 8/11/2007; AgRg no REsp 944.728-DF, DJ 18/10/2007, e REsp 111.899-RJ, DJ 8/11/1999. **REsp 804.044-GO, Rel. originária Min. Nancy Andrighi, Rel. para acórdão Min. Massami Uyeda, julgado em 19/5/2009.** (Inform. STJ 395)

HONORÁRIOS ADVOCATÍCIOS. ÔNUS. SUCUMBÊNCIA. REGISTRO. IMÓVEL. PENHORA.

A parte que não registra a transferência de propriedade do imóvel levado à penhora não pode beneficiar-se com a condenação da parte contrária aos ônus de sucumbência. Com esse entendimento, a Turma deu provimento ao recurso do INSS. O recurso especial insurgia-se contra o acórdão do Tribunal *a quo* que negou provimento à apelação em embargos de terceiro, mantendo a sentença de procedência de desconstituição da penhora de imóvel em que o contrato de compra e venda anterior à execução não foi registrado. Observa o Min. Relator que o entendimento jurisprudencial deste Superior Tribunal é que os ônus sucumbenciais subordinam-se ao princípio da causalidade e devem ser suportados por quem deu causa à instauração do processo. Precedentes citados: EREsp 490.605-SC, DJ 20/9/2004; REsp 604.614-RS, DJ 29/11/2004; REsp 284.926-MG, DJ 25/6/2001, e REsp 557.045-SC, DJ 13/10/2003. **REsp 1.070.745-PR, Rel. Min. Teori Albino Zavascki, julgado em 28/4/2009.** (Inform. STJ 392)

INTIMAÇÃO. PENHORA.

A matéria versa sobre execução de título executivo judicial que, após a penhora, é colhida pela vigência da Lei n. 11.232/2005. Diante disso, a Turma deu provimento ao recurso para determinar que a intimação da penhora dê-se na forma do art. 457-J, § 1º, do CPC. Para a Min. Relatora, em sua interpretação literal, o art. 1.211 do CPC não é uma norma geral de direito intertemporal. Ao contrário, seu sentido está, a princípio, adstrito à eficácia das normas originárias do CPC no tempo. O mencionado artigo estabelece que aquele Código regerá o processo civil em todo o território brasileiro e que, ao entrar em vigor, suas disposições aplicar-se-ão desde logo aos processos pendentes. Assim, pode-se dizer que o direito brasileiro não reconhece a existência de direito adquirido ao rito processual. A lei nova aplica-se imediatamente ao processo em curso no que diz respeito aos atos presentes e futuros. Vale a regra do *tempus regit actum*. Por isso, é impreciso afirmar que a execução de título judicial, uma vez ajuizada, está imune a mudanças procedimentais. Tem-se, assim, que os atos pendentes a serem praticados no processo iniciado pelo recorrente passam a ser regidos pela Lei n. 11.232/2005. Como o Tribunal de origem reconheceu que o recorrente promoveu a execução de sentença em 1º/4/2004, requerendo a citação do executado na carta precatória para a Comarca de Curitiba, a qual foi cumprida em 30/6/2005, tendo ainda sido efetivada a penhora em imóvel dos executados, destacando que não houve ainda a intimação da penhora, vê-se que esta era efetivamente o ato pendente e deveria dar-se sob a forma da lei nova. Com isso, dispensa-se a intimação pessoal do executado que teve seus bens constritos se, nos autos, ele é representado por advogado regularmente constituído, nos termos do art. 475-J, § 1º, CPC. Precedentes citados: REsp 1.043.016-SP, DJe 23/6/2008; MC 13.951-SP, DJe 1º/4/2008, e REsp 1.026.610-RS, DJ 12/8/2008. **REsp 1.076.080-PR, Rel. Min. Nancy Andrighi, julgado em 17/2/2009.** (Inform. STJ 384)

HONORÁRIOS ADVOCATÍCIOS. PENHORA. HIPOTECA.

A Turma entendeu que, sem a expressa anuência do credor hipotecário, descabe a penhora sobre patrimônio dado em garantia real para assegurar crédito de cédula rural. Não obstante, ressaltou que este Superior Tribunal vem admitindo exceções, mormente referentes a créditos privilegiados, de natureza alimentar, inclusive os honorários advocatícios de que trata a espécie. Precedentes citados: REsp 401.496-GO, DJ 30/9/2002; REsp 170.582-GO, DJ 20/11/2000; REsp 120.007-MG, DJ 17/11/1997; REsp 116.743-MG, DJ 1º/12/1997; REsp 798.241-RJ, DJ 26/3/2003; REsp 915.325-PR, DJ 19/4/2007; REsp 1.032.747-SC, DJ 17/4/2008, e REsp 536.091-PR, DJ 3/10/2005. **REsp 509.490-MS, Rel. Min. Aldir Passarinho Junior, julgado em 2/12/2008.** (Inform. STJ 379)

CADASTRAMENTO. BACEN JUD. OBRIGATORIEDADE.

A Turma entendeu que, na interpretação do art. 655-A do CPC, a expressão "preferencialmente" deve ser entendida como sinônimo de precedência, primazia e prioridade, não de predileção. Em conseqüência, a utilização de meio eletrônico será sempre obrigatória quando estiver disponível e a utilização de outros mecanismos para obtenção de informações sobre a existência de ativos em nome do executado e a determinação de bloqueio de quantias depositadas em instituições financeiras seria possível apenas quando houvesse folhas operacionais que impedissem o uso do meio eletrônico. Assim, anote-se que são obrigatórios tanto o cadastramento no BACEN JUD de todos os magistrados cuja atividade jurisdicional compreende a necessidade de consulta e bloqueio de recursos financeiros (art. 2º da Resolução n. 61/2008 do CNJ), quanto a utilização de forma prioritária do referido sistema eletrônico para a realização do disposto no art. 655-A do CPC. Logo a Turma conheceu e deu provimento ao recurso. **REsp 1.043.759-DF, Rel. Min. Nancy Andrighi, julgado em 25/11/2008.** (Inform. STJ 378)

PENHORA. LEI VIGENTE.

A penhora foi rejeitada pelo juiz singular enquanto ainda não vigorava a novel redação do art. 655, I, do CPC, dada pela Lei n. 11.382/2006 (exige os depósitos e as aplicações em instituições financeiras como bens preferenciais na ordem de penhora). Dessarte, não há que incidir a redação superveniente (que vigorava quando do acórdão), porque é lei vigente na data da realização da penhora que regula os bens penhoráveis. Com esse entendimento, a Turma, por maioria, rejeitou os embargos de declaração. **EDcl no AgRg no REsp 1.012.401-MG, Rel. originário Min. Francisco Falcão, Rel. para acórdão Min. Luiz Fux, julgados em 20/11/2008.** (Inform. STJ 377)

DEBÊNTURES. ELETROBRÁS. PENHORA.

Não é possível a penhora de debêntures da Eletrobrás, por serem títulos de crédito de difícil e duvidosa liquidação, pelo que justificável o indeferimento do pedido de nomeação à penhora. **AgRg na MC 14.798-RS, Rel. Min. Nancy Andrighi, julgado em 18/11/2008.** (Inform. STJ 377)

SÚM. N. 84-STJ. EMBARGOS DE TERCEIRO. ADQUIRENTE. BOA-FÉ.

É cediço que a jurisprudência deste Superior Tribunal tem protegido a promessa de compra e venda, ainda que não registrada em cartório (art. 530, I, do CC/ 1916), preservando-se o direito dos terceiros adquirentes de boa-fé (Súm. n. 84-STJ). Ressalta a Min. Relatora que, em se tratando de execução fiscal com penhora sobre imóvel, o marco a ser considerado é o registro da constrição no cartório competente (art. 659, § 4º, do CPC), uma vez que não se pode impor ao terceiro adquirente a obrigação quanto à ciência da execução tão-somente pela existência da citação do devedor. Assim, ausente o registro da penhora efetuada sobre o imóvel, não se pode concluir que houve fraude. Ademais, na hipótese dos autos, ficou comprovado que a venda do imóvel, ainda que sem registro, foi realizada antes do ajuizamento da execução fiscal, motivo pelo qual deve ser preservado o direito do terceiro de boa-fé. Com essas considerações, a Turma negou provimento ao recurso da Fazenda. Precedentes citados: REsp 739.388-MG, DJ 10/4/2006, e REsp 120.756-MG, DJ 15/12/1997. **REsp 892.117-RS, Rel. Min. Eliana Calmon, julgado em 4/11/2008.** (Inform. STJ 375)

PENHORA *ON-LINE*. SUBSTITUIÇÃO. FIANÇA BANCÁRIA.

A sociedade empresarial executada ofereceu como garantia fiança bancária 30% maior que o valor executado, nos termos do art. 656, § 2º, do CPC. Apesar disso, foi determinada a penhora de suas contas bancárias no valor de R$ 4.531.681,76. Houve agravo de instrumento, e o TJ determinou a substituição da penhora *on-line* pela fiança bancária apresentada. No entanto o juízo singular descumpriu essa determinação e autorizou o levantamento dos valores. Cientificado dos fatos, o TJ anulou todos os atos contrários à determinação de substituição da garantia e exigiu a devolução do valor sacado. Não obteve êxito essa determinação pois, dentre outras razões, o juiz entendeu que seria necessário aguardar o julgamento da apelação interposta nos embargos à execução. Além disso, a sociedade empresarial passou a ser executada para pagar a verba honorária fixada nos embargos, sendo determinado novo bloqueio de seus ativos. Isso posto, adverte o Min. Relator que as alterações advindas da Lei n. 11.382/2006, a fim de tornar efetivo o processo de execução, devem ser tratadas com cautela, como por exemplo no contexto dos autos, em que, na execução principal, foram penhoradas via Bacen Jud e levantados valores vultosos sem garantia, apesar da decisão do TJ, deferindo a substituição da penhora *on-line* pela fiança bancária oferecida. Ademais, nova constrição sobre o patrimônio da devedora, nos mesmos moldes da anterior, foi deferida, o que desafia a razoabilidade e a estabilidade das decisões judiciais. Observa que o art. 9º, II, da Lei n. 6.830/1980 também admite a fiança bancária como garantia da execução fiscal. Logo, se nos créditos de natureza pública privilegiados, a fiança bancária é suficiente para assegurar o juízo, outro não poderia ser o entendimento adotado quanto aos créditos privados. Outrossim, a jurisprudência consolidou-se no sentido de que a penhora sobre a renda da empresa é medida excepcional. Com esse entendimento, a Turma deu provimento ao recurso para determinar a substituição da penhora sobre conta-corrente pela fiança bancária oferecida. Precedentes citados: REsp 910.522-SP, DJ 1º/8/2007, e AgRg no Ag 952.491-RJ, DJ 23/4/2008. **REsp 1.043.730-AM, Rel. Min. Fernando Gonçalves, julgado em 7/10/2008**. (Inform. STJ 371)

PENHORA. RECEITA. VALE-TRANSPORTE.

Executa-se a condenação que impingiu à empresa de transporte recorrente indenizar o dano moral, material e estético causado, mediante a penhora de 5% da renda que aufere com o vale-transporte. Isso posto, vale anotar que a penhora de créditos (arts. 671 a 676 do CPC) difere da penhora de empresa (arts. 677 a 679 do mesmo código). O primeiro tipo de penhora, como cediço, recai sobre direitos certos ou determináveis do devedor, efetivando-se por simples intimação a terceiro que fica obrigado a depositar em juízo prestações ou juros, a evitar que o executado receba a importância e frustre a satisfação do crédito. Já a outra penhora pode recair sobre o faturamento ou receita bruta, quando é nomeado um depositário pelo juiz, obrigado a indicar um plano de administração e assegurar a efetivação da penhora com depósitos temporários à disposição do juízo. Daí se estar diante da penhora de créditos na hipótese, pois deverá ser intimado terceiro (Fetranspor) para que retenha e deposite em juízo os 5% sobre o que paga periodicamente à recorrente. Portanto, a nomeação de administrador, no caso, só se afiguraria necessária e indispensável caso a penhora exigisse rigoroso controle sobre a "boca" do caixa, o que não é a hipótese. **REsp 1.035.510-RJ, Rel. Min. Nancy Andrighi, julgado em 2/9/2008**. (Inform. STJ 366)

EXECUÇÃO. PENHORA. IMÓVEL. CLÍNICA.

A Turma decidiu que a penhora deve ser mantida sobre o imóvel onde funciona a clínica do executado, ora recorrido, afastando a impenhorabilidade decretada pelo Tribunal *a quo*. Isso porque nada impede que os equipamentos instalados na clínica e necessários ao exercício profissional do recorrido sejam instalados em outro local. Outrossim o imóvel da clínica não se inclui na impenhorabilidade do art. 649, VI, do CPC (com a redação anterior à reforma promovida pela Lei n. 11.382/2006) nem no conceito de necessidade, utilidade ou indispensabilidade que norteiam sua interpretação. Precedente citado: REsp 98.025-RS, DJ 30/3/1998. **REsp 857.327-PR, Rel. Min. Nancy Andrighi, julgado em 21/8/2008**. (Inform. STJ 364)

PENHORA. BEM DE FAMÍLIA. EMBARGOS À EXECUÇÃO. SUCUMBÊNCIA.

Uma vez que o embargado não contribuiu para que a penhora recaísse sobre bem de família e não resistiu à pretensão de desconstituição deste, pois o ato partiu da iniciativa do oficial de justiça, não se justifica a condenação em honorários advocatícios diante da observância do princípio da causalidade. Precedentes citados: REsp 195.731-PR, DJ 21/8/2000, e REsp 45.727-MG, DJ 13/2/1995. **REsp 828.519-MG, Rel. Min. Mauro Campbell Marques, julgado em 7/8/2008**. (Inform. STJ 362)

HC. DEPOSITÁRIO INFIEL. EMPRESA DEVEDORA.

A Turma reafirmou que não pode ser considerado infiel o depositário que assumiu o encargo quando era empregado da empresa e, após ingressar em novo emprego, tentou livrar-se do encargo, mas teve seu pedido indeferido. Note-se que, no caso dos autos, o fato de ser filho de um dos sócios da empresa não alterou sua situação jurídica principalmente, segundo a Min. Relatora, porque procurou a Justiça para desonerar-se do encargo. Com essas considerações, concedeu-se a ordem de *habeas corpus*. Precedentes citados: HC 77.408-SP, DJ 17/5/2007; HC 81.345-SP, DJ 26/9/2007, e HC 68.985-SP, DJ 15/2/2007. **HC 106.104-SP, Rel. Min. Eliana Calmon, julgado em 5/8/2008**. (Inform. STJ 362)

DEPOSITÁRIO JUDICIAL. PRISÃO CIVIL. ILEGALIDADE.

A Turma, por maioria, concedeu o *writ* para afastar a prisão civil de depositário judicial infiel mormente seguindo a nova orientação do Pretório Excelso. Precedentes citados do STF: HC 90.702-RJ, DJ 23/5/2007; do STJ: REsp 286.326-RJ, DJ 2/4/2001; REsp 400.376-RJ, DJ 18/11/2002, e REsp 485.512-SP, DJ 25/2/2004. **HC 95.430-SP, Rel. Min. Aldir Passarinho Junior, julgado em 5/8/2008**. (Inform. STJ 362)

PENHORA. BEM. DIFÍCIL ALIENAÇÃO.

A recusa de bens oferecidos à penhora, no caso, um navio rebocador/empurrador, mostra-se legítima, sem que haja malferimento do art. 620 do CPC, máxime ante a reconhecida dificuldade de alienação daquele e o fato de que a penhora visa à expropriação de bens para satisfação integral do crédito exeqüendo. Em execução fiscal, admite-se a penhora do faturamento da empresa em casos excepcionais, desde que não existam bens a serem penhorados e sejam atendidas as exigências previstas nos arts. 677 a 679 e 716 a 720 do CPC. **REsp 976.357-RJ, Rel. Min. Carlos Fernando Mathias (Juiz convocado do TRF da 1ª Região), julgado em 19/6/2008**. (Inform. STJ 360)

SERVIDOR PÚBLICO. VENCIMENTOS. PENHORA.

A Turma reiterou o entendimento referente à impenhorabilidade dos vencimentos de servidor público, desprovendo o agravo regimental (art. 649, IV, do CPC). **AgRg no REsp 1.027.653-DF, Rel. Min. Massami Uyeda, julgado em 17/6/2008**. (Inform. STJ 360)

HC. PENHORA. FATURAMENTO. PRISÃO CIVIL. LEGITIMIDADE.

A Turma, ao prosseguir o julgamento, por maioria, entendeu que não há depositário sem a regular constituição de um depósito legal ou convencional. Não pode ser considerado depositário infiel aquele que nada recebe em depósito, mas simplesmente deixou de cumprir com a obrigação que assumiu de recolher mensalmente em juízo parte do futuro faturamento de pessoa jurídica, a título de penhora. Assim, por maioria, concedeu-se a ordem de *habeas corpus*. Precedentes citados: RHC 19.246-SC, DJ 29/5/2006, e RHC 20.075-SP, DJ 13/11/2006. **HC 102.173-SP, Rel. originário Min. Francisco Falcão, Rel. para acórdão Min. Luiz Fux, julgado em 17/6/2008**. (Inform. STJ 360)

EXCEÇÃO. PRÉ-EXECUTIVIDADE. INTIMAÇÃO.

A Turma reiterou o entendimento de que são válidas as intimações publicadas no órgão oficial (CPC, art. 236), no caso de exceção de pré-executividade referente aos atos praticados em outras comarcas. Também, inexiste a alegada nulidade da penhora, porquanto, em sede de carta precatória, os bens oferecidos pela empresa foram recusados pelo juízo deprecado, tendo havido o subseqüente arresto dos valores constantes de suas contas-correntes (CPC, art. 655, I). Precedentes citados: REsp 154.030-RJ, DJ 1º/2/1999; AgRg no REsp 726.384-MG, DJ 3/10/2005, e REsp 726.530-MG, DJ 10/10/2005. **REsp 947.297-PE, Rel. Min. Fernando Gonçalves, julgado em 26/5/2008**. (Inform. STJ 357)

EXECUÇÃO. PENHORA. VALOR. TERRENO.

Cinge-se a questão em discutir a possibilidade de que a penhora, em execução por quantia certa, recaia apenas sobre o terreno em que construídas duas casas, desconsiderando-se o valor delas, com base em discussões relativas à configuração da mora dos devedores e do eventual direito à indenização por benfeitoria. Para a Min. Relatora, o valor das benfeitorias, inclusive em face da eventual irregularidade das obras realizadas, é questão de perícia, que, no caso, declarou que o valor das construções é cerca de quatro vezes maior que o do próprio terreno. Não é possível que o credor pretenda aproveitar-se da disciplina relativa à rescisão de contrato, ao discutir a penhora de bem dos devedores, quando ele mesmo optou por propor ação de cobrança. O terreno, com suas acessões, não está sendo retomado pelo credor a partir do desfazimento do negócio, mas sim expropriado para satisfação de um crédito de valor certo; o fato de tal crédito ter origem no próprio contrato de compra e venda é, na hipótese, coincidência que não pode levar à mistura de disciplinas diversas ao alvedrio do interessado, em evidente enriquecimento sem causa dele, que contaria com a possibilidade de adjudicar o bem pelo preço de terra nua, quando, por tal valor, estaria também adquirindo o domínio de construções existentes em valor quatro vezes superior. **REsp 805.767-SP, Rel. Min. Nancy Andrighi, julgado em 13/5/2008**. (Inform. STJ 355)

PRISÃO CIVIL. DEPOSITÁRIO INFIEL. IMÓVEL.
O credor não diligenciou registrar a penhora (art. 659, § 4º, do CPC), daí que não pode pedir a prisão civil com fundamento na infidelidade do depositário judicial (proprietário) do bem imóvel (art. 666, II, do CPC). Antes da Lei n. 8.953/1994, a alienação do imóvel depositado judicialmente tinha-se por ineficaz relativamente à execução, daí que sem necessidade a prisão civil. Após essa lei, a alienação pode ser eficaz na falta de registro da penhora, mas a prisão civil do depositário judicial não pode ser aplicada como pena, visto que é ineficiente como coerção para volver o bem em disponível ao juízo. Portanto, para prevenir essa infidelidade, diante do regime atual, há que se diligenciar o registro da penhora. Anotou-se que, a muitos doutrinadores parece inconciliável o depósito judicial de imóvel com o próprio conceito de depósito. Precedente citado: REsp 186. 633-MS, DJ 1º/3/1999. **HC 99.346-MG, Rel. Min. Ari Pargendler, julgado em 6/5/2008**. (Inform. STJ 354)

PENHORA. NOMEAÇÃO. DEPOSITÁRIO.
A Turma reiterou que é sanável a falta de nomeação do depositário no auto de penhora, assim não há por que conduzir à nulidade de tal ato, em desacordo com os princípios da modernidade processualística, mormente por ser defeito juridicamente sem caráter absoluto, podendo ser suprido (arts. 664 a 666 do CPC). Precedentes citados: REsp 90.865-MG, DJ 26/10/1998; REsp 351.490-SP, DJ 1º/7/2002; REsp 294.952-MG, DJ 5/4/2004, e REsp 399.263-RS, DJ 24/2/2003. **REsp 990.502-MS, Rel. Min. Fernando Gonçalves, julgado em 6/5/2008**. (Inform. STJ 354)

DEPOSITÁRIO INFIEL. DÚVIDA. ENCARGO.
É orientação assente neste Superior Tribunal que, somente com a assinatura do auto de penhora, é que se aperfeiçoa o depósito judicial. No caso, há de se reconhecer que a assunção do encargo de depositário deu-se de forma, no mínimo, duvidosa, circunstância bastante para justificar a concessão do *writ*. Para o Min. Relator, a existência de dúvida quanto à intenção do paciente de assumir o encargo de depositário judicial dos bens penhorados é circunstância suficiente para infirmar a regularidade do auto de penhora, eximindo a parte das responsabilidades inerentes ao encargo. Diante disso, a Turma concedeu a ordem. Precedentes citados: RHC 15.891-SP, DJ 23/8/2004; RHC 14.107-PR, DJ 2/6/2003, e RHC 2.776-SP, DJ 22/11/1993. **HC 96.164-RS, Rel. Min. João Otávio de Noronha, julgado em 22/4/2008**. (Inform. STJ 353)

PENHORA. CONTA-CORRENTE.
A penhora em saldo bancário do devedor equivale à penhora sobre dinheiro. Somente em situações excepcionais e devidamente fundamentadas é que se admite essa forma de constrição. **EREsp 791.231-SP, Rel. Min. Eliana Calmon, julgados em 26/3/2008**. (Inform. STJ 349)

PENHORA. DIREITOS. PROMESSA.
É possível a penhora referente a bem objeto de promessa de compra e venda. A penhora em questão não incide sobre a propriedade, mas sobre os direitos relativos à promessa, daí que a promessa, em si, subsiste. O adquirente, na praça, sub-roga-se no direito do promitente comprador. A circunstância de a exeqüente ser a proprietária do bem prometido à venda não tem relevância. **REsp 860.763-PB, Rel. Min. Humberto Gomes de Barros, julgado em 6/3/2008**. (Inform. STJ 347)

PENHORA. SAFRA FUTURA. PRISÃO CIVIL.
Trata-se de *habeas corpus* preventivo contra acórdão do TJ que autorizou o decreto de prisão civil do paciente, resultante de não ter havido devolução do bem ou depósito do equivalente em dinheiro da safra de café, objeto de depósito judicial nos autos de execução movida por cooperativa de crédito rural. O Tribunal *a quo*, ao negar provimento ao agravo de instrumento dos impetrantes, entendeu que o paciente ofertou à penhora safra futura de café, estipulada em 1.670 sacas em cédula de crédito rural. Assim, concluiu que o descumprimento do encargo levou à caracterização do depositário infiel, autorizando o decreto de prisão. O impetrante assevera ser incabível o decreto de prisão por infidelidade no cumprimento do encargo de depositário judicial de safra futura. O Min. Relator ressaltou que, apesar de a safra futura de café ter sido ofertada à penhora pelo próprio paciente, esse fato, por si só, não é capaz de tornar incólume de revisão a decretação de prisão sancionada pelo Tribunal indigitado. O entendimento deste Superior Tribunal tem chancelado a penhora de bem fungível e aplicado a pena de prisão ao depositário judicial infiel. Todavia, no presente caso, há a figura de depósito de coisa futura, a safra de café não colhida à época da penhora. Aqui, o tratamento é diferenciado: a infidelidade do depósito de safra futura, mesmo que judicial, não autoriza a pena de prisão civil. Precedentes citados: RHC 13.600-MS, DJ 18/8/2003; RHC 15.907-SP, DJ 16/11/2004; RHC 17.900-DF, DJ 10/10/2005, e HC 26.639-SP, DJ 1º/3/2004. **HC 88.308-SP, Rel. Min. Aldir Passarinho Junior, julgado em 7/2/2008**. (Inform. STJ 343)

EXECUÇÃO TRABALHISTA. PENHORA. DIREITOS HEREDITÁRIOS. PRECLUSÃO.
Os direitos hereditários que o executado tenha ou venha a ter foram penhorados e arrematados em hasta pública, e o juiz deferiu a habilitação dos arrematantes no inventário, excluindo o herdeiro. Não houve recurso oportuno contra a habilitação dos arrematantes e a exclusão do herdeiro. Depois o juiz reconsiderou sua decisão e reincluiu o herdeiro para que houvesse apenas desconto em seu quinhão dos valores referentes àquela execução. Dessa decisão agravaram os arrematantes, mas o Tribunal *a quo* afastou a alegação de preclusão ao argumento de que, até o momento da sentença, o juiz poderia rever suas decisões. Isso posto, para o Min. Relator, o acórdão recorrido merece reforma, pois o juiz não poderia rever sua decisão sem a ocorrência de fatos novos, somente pode rever as questões referentes às condições da ação e aos pressupostos processuais com previsão legal expressa (CPC, art. 267, § 3º) em que a preclusão não se opera. No caso dos autos, a preclusão vinculou o juiz impedindo-o de reexaminar decisão consolidada pela ausência de recurso. Observou, ainda, que o direito à herança difere de direito hereditário, no caso, o direito à herança não foi negado tanto que foi transferido em pagamento de débito assumido pelo herdeiro. Note-se que o herdeiro excluído, inclusive, utilizou esse fato para afastá-lo de penhoras em outros processos trabalhistas. Com esse entendimento, a Turma deu provimento ao recurso dos arrematantes. Precedentes citados: REsp 261.651-PR, DJ 23/5/2005; REsp 343.750-MG, DJ 10/2/2003, e AgRg no Ag 332.188-RJ, DJ 25/6/2001. **REsp 999.348-RS, Rel. Min. Humberto Gomes de Barros, julgado em 18/12/2007**. (Inform. STJ 343)

HERANÇA. ESPÓLIO. PENHORA. DÍVIDAS. TESTAMENTO. CLÁUSULA. IMPENHORABILIDADE.
É cabível a penhora em execução contra o espólio, por dívidas deixadas pelo autor da herança, independentemente de testamento com cláusula de inalienabilidade e impenhorabilidade dos bens deixados. **REsp 998.031-SP, Rel. Min. Humberto Gomes de Barros, julgado em 11/12/2007**. (Inform. STJ 342)

ARREMATAÇÃO. IMÓVEL. DESPESAS. CONDOMÍNIO.
O agravado adjudicou imóvel e pagou as despesas de condomínio vencidas e não pagas. Dessarte, sub-rogou-se nos direitos do condomínio e, em ação de regresso, pode cobrar o que pagou do antigo proprietário, do promissário comprador ou do possuidor direto. Precedentes citados: REsp 503.081-RS, DJ 27/6/2005; REsp 427.012-SP, DJ 30/5/2005; REsp 223.282-SC, DJ 28/5/2001; REsp 194.481-SP, DJ 22/3/1999; REsp 164.096-SP, DJ 29/6/1998; AgRg no Ag 202.740-DF, DJ 24/5/1999; REsp 138. 389-MG, DJ 21/9/1998, e REsp 109.638-RS, DJ 27/10/1997. **AgRg no AgRg no Ag 775.421-SP, Rel. Min. Humberto Gomes de Barros, julgado em 3/12/2007.** (Inform. STJ 341)

DISSÍDIO. COMPROVAÇÃO. PENHORA. ÁREA CONTÍGUA. BEM DE FAMÍLIA.
Cuida-se de agravo regimental contra decisão que negou seguimento aos embargos de divergência por indemonstrada a similitude fática entre os acórdãos confrontados. Afirma o agravante estar caracterizado o dissídio porque, em ambos os arestos, foi discutida a possibilidade de penhora do imóvel contíguo à residência protegida pela Lei n. 8.009/1990 que contenha acessões do tipo churrasqueira e piscina, concluindo, entretanto, de forma antagônica. Para ele, o fato de o acórdão paradigmático fazer referências também a outras benfeitorias é irrelevante em razão da dificuldade de reunir acórdãos exatamente iguais e que a abordagem "ligeiramente diferente" não altera a conclusão de que tais bens são impenhoráveis. Mas o Min. Relator entendeu não prosperar o inconformismo, uma vez que a fundamentação do recurso, por si só, já evidencia a ausência de similitude entre as espécies confrontadas, porquanto, nesses autos, apenas se discute se piscina e churrasqueira são benfeitorias voluptuárias, enquanto no paradigma, além dessas, também constava área de serviço, cuja imprescindibilidade evitou a penhora do imóvel. Inexistente tal circunstância no julgado recorrido, inviável, pois, a comparação. Assim, a Seção negou provimento ao agravo regimental. **AgRg nos EREsp 624.355-SC, Rel. Min. Aldir Passarinho Junior, julgado em 24/10/2007.** (Inform. STJ 337)

EXECUÇÃO. PENHORA. BENS. TERCEIROS.
O Tribunal de Alçada, apreciando agravo de instrumento, entendeu legítima a recusa do banco exeqüente quanto ao bem oferecido em penhora pelos executados, por considerá-lo inidôneo aos fins colimados, seja por

pertencer a terceira empresa, seja por ser de difícil comercialização por situar-se em outra comarca, seja porque a dívida não é elevada, de sorte que a sua incidência sobre quatro automóveis não irá obstar as atividades da devedora. Isso posto, a Turma não conheceu do recurso, por entender que, em tais circunstancias, evidentemente que a discussão impõe o revolvimento de matéria fática (Súm. n. 7-STJ). **REsp 422.907-MG, Rel. Min. Aldir Passarinho Junior, julgado em 18/10/2007.** (Inform. STJ 336)

PENHORA. CONTRATO. ALIENAÇÃO FIDUCIÁRIA.
O bem sujeito à alienação fiduciária não pode ser penhorado em execução fiscal enquanto devedor o fiduciante, visto que aquele bem não lhe pertence. Trata-se, portanto, de mero possuidor sujeito à responsabilidade dos depositários. Porém nada obsta a constrição dos direitos que lhe advêm do contrato, pois o art. 11, VIII, da Lei n. 6.830/1980 (Lei de Execuções Fiscais) permite a constrição de direitos e ações. Precedentes citados: REsp 795.635-PB, DJ 7/8/2006; REsp 679.821-DF, DJ 17/12/2004, e REsp 260.880-RS, DJ 12/2/2001. **REsp 910.207-MG, Rel. Min. Castro Meira, julgado em 9/10/2007.** (Inform. STJ 335)

NOMEAÇÃO. BEM. PENHORA. LFT. RECUSA.
O recorrente aduziu que as letras financeiras do tesouro nacional (LFT) possuem liquidez. São títulos públicos federais, e a recusa dos mencionados títulos à penhora ofende o princípio da razoabilidade e também o da menor onerosidade ao devedor. Mas a Turma negou provimento ao recurso ao argumento de que é legítima sua recusa para determinar a substituição do bem penhorado por outros livres, sem que haja ofensa ao art. 620 do CPC, máxime porque a penhora visa à expropriação de bens para satisfação integral do crédito exeqüendo. Entendeu o Min. Relator que o princípio da menor onerosidade do devedor não pode resultar na maior onerosidade ao credor. Oferecido o bem à penhora sem observância da ordem prevista no art. 11 da Lei n. 6.830/1980, visto que, em primeiro lugar, está o dinheiro, e não os títulos da dívida pública, *in casu*, LFT, é lícito ao credor e ao julgador a não-aceitação da nomeação à penhora desses títulos, pois a execução é feita no interesse do exeqüente, e não no do executado. Precedentes citados: AgRg no Ag 744.591-SC, DJ 22/5/2006, e AgRg no REsp 900.484-RS, DJ 30/3/2007. **REsp 860.411-SP, Rel. Min. Luiz Fux, julgado em 2/10/2007.** (Inform. STJ 334)

HC. PENHORA. RENDA. DEPOSITÁRIO.
A Turma concedeu a ordem por entender que, tratando-se de restrição à liberdade individual, é necessário o perfeito enquadramento da situação fática ao conceito previsto na norma. É depositário aquele que recebe um bem para guardar até que o depositante o reclame (depósito voluntário) ou é nomeado responsável para a guarda de bens que foram objeto de penhora (depósito judicial), devendo a conta ser prestada na forma do art. 919 do CPC. Não é depositário aquele que, responsável pelo depósito de percentual incidente sobre a renda da empresa, descumpre a obrigação, pois são distintos os casos de penhora sobre o próprio bem e de penhora realizada sobre os eventuais frutos que o bem possa gerar. Nessa situação - penhora sobre a renda -, a constrição incide diretamente sobre os frutos, e não sobre o bem principal. Desse modo, apenas no primeiro caso, frise-se, fica caracterizada a situação de depositário. Malgrado a prisão civil não tenha natureza punitiva, é inviável sua decretação mediante técnicas que ampliem a tipificação prevista na lei. Precedentes citados: RHC 19.246-SC, DJ 29/5/2006, e RHC 20.075-SP, DJ 13/11/2006. **HC 87.140-RJ, Rel. Min. Denise Arruda, julgado em 2/10/2007.** (Inform. STJ 334)

BEM IMPENHORÁVEL. MICROEMPRESA.
A impenhorabilidade do bem (art. 649 do CPC), no caso examinada pela sentença, pode ser argüida a qualquer tempo, não a alcançando o disposto no art. 294 do CPC. Com esse entendimento, a Turma, ao prosseguir o julgamento, deu provimento ao recurso especial. **REsp 679.842-DF, Rel. Min. Carlos Alberto Menezes Direito, julgado em 4/9/2007.** (Inform. STJ 330)

IMÓVEL. CONSTRIÇÃO. CARTA PRECATÓRIA.
A jurisprudência deste Superior Tribunal firmou-se no sentido de que a gradação prevista no art. 11 da Lei n. 6.830/1980 não é rígida, podendo ser alterada a depender da situação fática, de modo que a execução satisfaça o crédito e se desenvolva da forma menos onerosa ao devedor, em consonância com o previsto no art. 620 do CPC. No caso, o simples fato de o imóvel indicado à constrição pela devedora encontrar-se localizado em outra unidade da Federação não acarreta dificuldade para avaliar e alienar o bem, visto que a execução pode realizar-se por carta precatória. Acrescentou o Min. Relator que a Segunda Turma também já se manifestou nesse sentido a respeito de bem móvel, afirmando que o fato de a coisa estar situada em lugar diverso do local da execução não impede a sua penhora, em face da possibilidade de uso da carta precatória. Precedentes citados: REsp 644.158-MG, DJ 24/10/2005; REsp 887.722-SP, DJ 1º/12/2006; REsp 911.303-SP, DJ 21/5/2007, e EAG 782.996-RS, DJ 4/6/2007. **REsp 939.294-SP, Rel. Min. Castro Meira, julgado em 2/8/2007.** (Inform. STJ 326)

EXECUÇÃO. ARREMATAÇÃO. IMISSÃO. POSSE. PRECLUSÃO.
Concluído o processo de execução e após a arrematação, determinada a imissão de posse, incabível a revisão do tema no mesmo processo, ao argumento de que o pedido de revogação é do arrendatário (CPC, art. 473). **REsp 794.692-MT, Rel. Min. Carlos Alberto Menezes Direito, julgado em 28/6/2007.** (Inform. STJ 325)

PENHORA. PRECATÓRIO. DEVEDOR. TERCEIRO.
É pacífico neste Superior Tribunal o entendimento acerca da possibilidade de nomeação à penhora de precatório, uma vez que a gradação estabelecida no art. 11 da Lei n. 6.830/1980 e no art. 656 do CPC tem caráter relativo por força das circunstâncias e do interesse das partes em cada caso concreto. Essa possibilidade decorre do princípio de que a execução deve-se operar pelo meio menos gravoso ao devedor. Penhora de precatório corresponde à penhora de crédito. Assim, nenhum impedimento para que a penhora recaia sobre precatório expedido por pessoa jurídica distinta da exeqüente. Nada impede, por outro lado, que a penhora recaia sobre precatório cuja devedora seja outra entidade pública que não a própria exeqüente. A penhora de crédito em que o é o devedor terceiro é prevista expressamente no art. 671 do CPC. A recusa, por parte do exeqüente, da nomeação à penhora de crédito previsto em precatório devido por terceiro pode ser justificada por qualquer das causas previstas no CPC (art. 656), mas não pela impenhorabilidade do bem oferecido. Precedente citado: AgRg no REsp 826.260-RS, DJ 7/8/2006. **EAg 782.996-RS, Rel. Min. Humberto Martins, julgados em 23/5/2007.** (Inform. STJ 321)

BEM DE FAMÍLIA. MORTE. CÔNJUGES.
A Turma não conheceu do recurso especial em agravo de instrumento tirado em ação declaratória de insolvência civil contra decisão que autorizou a arrecadação de fração ideal de bem imóvel. O espólio pediu declaração de insolvência civil ante diversas execuções e a viúva meeira opôs embargos de terceiro para resguardar meação de imóvel decorrente de herança paterna que trouxera para a comunhão de bens do casal. Mas, com o advento da Lei n. 8.009/1990, o espólio pediu que fosse excluído o imóvel o qual servia de residência da viúva e filhos, pedido negado nas instâncias ordinárias, porém concedido em recurso especial da Quarta Turma deste Superior Tribunal – excluiu o bem de família e determinou o prosseguimento da execução com a penhora de outros bens. Em liquidação, foi determinado que o imóvel fosse arrestado porque a viúva meeira também já falecera, de sorte que alterado o estado de fato do bem, mormente por a filha ainda morar no imóvel. Note-se que o Primeiro Tribunal de Alçada Civil do Estado de São Paulo deu parcial provimento ao agravo, reconhecendo que a situação não fora analisada em primeiro grau e determinou o retorno dos autos à primeira instância para análise da destinação do imóvel. Destacou o Min. Relator que não é alegado no REsp ofensa à coisa julgada, somente no RE. A tese a ser examinada em REsp é se incide ou não o art. 1º da Lei n. 8.009/1990, o que não foi possível fazer por ausência de manifestação das instâncias ordinárias a respeito. Outrossim, explicou que a Quarta Turma desta Corte, quando examinou o agravo interposto pela viúva sem considerações em relação ao restante da família, possibilita o reexame pelo juízo singular. **REsp 327.726-SP, Rel. Min. Aldir Passarinho Junior, julgado em 17/5/2007.** (Inform. STJ 320)

ADJUDICAÇÃO. PREÇO VIL. SÚM. N. 283-STF.
A recorrente sustenta que o acórdão do TRF violou o art. 32, § 2º, do DL n. 70/1966, ao considerar que o valor da arrematação não deve ser inferior ao da avaliação. Aduz que, pelo dispositivo referenciado, não há necessidade de que o preço pago na arrematação seja o da avaliação. Porém o Min. Relator entendeu que a questão não foi apresentada em sua inteireza. Considerou que, ao negar provimento à apelação da empresa pública, o TRF desenvolveu a questão no sentido de que o preço pago foi vil. Dessa forma, a questão circunscreveu-se ao valor ínfimo em que adjudicado o imóvel (R$ 16.606,00), enquanto a avaliação apontava R$ 56.560,00, e o montante aproximado da dívida chegava a R$ 9.000,00. Assim, as razões de decidir do acórdão não foram atacadas devidamente. Foi reconhecido o preço vil e, pelo montante da dívida, poder-se-ia cogitar, inclusive, a restituição de valores remanescentes à devedora. Assim, a Turma não conheceu do recurso. **REsp 760.707-SC, Rel. Min. Aldir Passarinho Junior, julgado em 8/5/2007.** (Inform. STJ 319)

IMPENHORABILIDADE. TELEVISÃO.
O aparelho de televisão constitui bem móvel essencial a uma razoável qualidade de vida da família contemporânea, muito por viabilizar o fácil e gratuito acesso à diversão, lazer, cultura, educação e sobretudo à informação. Assim, é parte integrante da residência e insuscetível de penhora (art. 1º, parágrafo único, da Lei n. 8.009/1990). Precedente citado: REsp 161.262-RS, DJ 5/2/2001. **REsp 831.157-SP, Rel. Min. Aldir Passarinho Junior, julgado em 3/5/2007.** (Inform. STJ 319)

FRAUDE À EXECUÇÃO. PENHORA. REGISTRO. ALIENAÇÃO. BEM.
Prosseguindo o julgamento, a Seção, após o voto de desempate do Min. Aldir Passarinho Junior, Presidente da Seção, por maioria, reiterou a jurisprudência de que, sem o registro da penhora, não há fraude à execução em relação à alienação do bem, cabendo ao adquirente demonstrar que não tinha ciência da constrição, não dispensada a boa-fé. Precedente citado: REsp 225.091-GO, DJ 28/8/2000. **EREsp 509.827-SP, Rel. originário Min. Ari Pargendler, Rel. para acórdão Min. Carlos Alberto Menezes Direito, julgados em 25/4/2007.** (Inform. STJ 318)

PENHORA. COOPERATIVA.
Ao prosseguir o julgamento, após o voto-vista do Min. Herman Benjamin e da reconsideração do voto do Min. Relator, a Turma negou provimento ao REsp e entendeu que é possível a penhora do faturamento da cooperativa executada. Firmou o Min. Herman Benjamin que o argumento da falta de intuito lucrativo dessas entidades, aliado ao fato de que a apuração de eventual sobras ou despesas não se dá mensalmente, não pode desembocar em uma espécie de impenhorabilidade desse bem da cooperativa. Aduziu que o pagamento de tributos é obrigação da cooperativa, pessoa jurídica diferente dos cooperados, e que o cumprimento desse dever faz-se com recursos que lhe são próprios. Logo, estéril a discussão em torno da nomenclatura que se dê a esses recursos (se faturamento ou arrecadação), pois, indubitavelmente, compõem seu patrimônio e respondem por suas obrigações. Anotou que, antes da apuração de sobras ou o rateio das perdas, realiza-se o pagamento das despesas da sociedade, dentre elas o pagamento dos tributos, seja de forma voluntária ou por execução forçada. **REsp 783.227-SP, Rel. Min. Humberto Martins, julgado em 24/4/2007.** (Inform. STJ 318)

BEM DE FAMÍLIA. INDICAÇÃO. PENHORA.
A indicação do bem de família à penhora não implica renúncia ao benefício conferido pela Lei n. 8.009/1990 quanto a sua impenhorabilidade, máxime se tratar de norma cogente contendora de princípio de ordem pública, consoante a jurisprudência do STJ. Assim, essa indicação não produz efeito capaz de ilidir aquele benefício. Com esse entendimento, a Turma, ao prosseguir o julgamento, por maioria, proveu o agravo e o recurso especial. O voto-vencido entendia que, ao revés, da indicação resulta a renúncia à benesse, visto que o direito à impenhorabilidade não seria similar à indisponibilidade. Precedentes citados: REsp 684.587-TO, DJ 14/3/2005; REsp 242.175-PR, DJ 8/5/2000, e REsp 205.040-SP, DJ 13/9/1999. **AgRg no REsp 813.546-DF, Rel. originário Min. Francisco Falcão, Rel. para acórdão Min. Luiz Fux, julgado em 10/4/2007.** (Inform. STJ 316)

ARRENDAMENTO. ESTABELECIMENTO COMERCIAL. BEM DE FAMÍLIA.
A Turma decidiu que a hipótese, por não cuidar de contrato de locação, mas de contrato de arrendamento para exploração de estabelecimento comercial, por si só, afasta a aplicação do art. 3º, VII, da Lei n. 8.009/1990. **REsp 685.884-MG, Rel. Min. Carlos Alberto Menezes Direito, julgado em 27/3/2007.** (Inform. STJ 315)

BEM DE FAMÍLIA. PENHORA. INDICAÇÃO.
Não tem eficácia a indicação de bem à penhora quando se tratar de bem de família, podendo ser invocada a impenhorabilidade, *ex vi* da Lei n. 8.009/1990. Precedentes citados: REsp 242.175-PR, DJ 8/5/2000; REsp 205.040-SP, DJ 13/9/1999, e REsp 507.686-SP, DJ 22/3/2004. **REsp 805.713-DF, Rel. Min. Aldir Passarinho Junior, julgado em 15/3/2007.** (Inform. STJ 313)

PENHORA. DINHEIRO. EXECUÇÃO. PRECLUSÃO.
É possível a penhora em dinheiro depositado em conta-corrente, e inocorre a preclusão para efeito de substituição da penhora de bem imóvel por valor em espécie, havendo motivo justo. Outrossim, cabe ao IRB o mesmo privilégio concedido a segurados e beneficiários credores por indenização, ajustada ou por ajustar, sobre reservas técnicas, fundos especiais ou provisões garantidoras de operações securitárias (art. 86 do DL n. 73/1966). **REsp 651.554-MT, Rel. Min. Carlos Alberto Menezes Direito, julgado em 1º/3/2007.** (Inform. STJ 311)

SÚMULA STJ Nº 497
Os créditos das autarquias federais preferem aos créditos da Fazenda estadual desde que coexistam penhoras sobre o mesmo bem.

SÚMULA STJ Nº 451
É legítima a penhora da sede do estabelecimento comercial.

SÚMULA STJ Nº 417
Na execução civil, a penhora de dinheiro na ordem de nomeação de bens não tem caráter absoluto.

SÚMULA STJ Nº 328
Na execução contra instituição financeira, é penhorável o numerário disponível, excluídas as reservas bancárias mantidas no Banco Central.

SÚMULA STJ Nº 319
O encargo de depositário de bens penhorados pode ser expressamente recusado.

SÚMULA STJ Nº 205
A lei 8.009/90 aplica-se a penhora realizada antes de sua vigência.

13.4. Embargos do devedor

REPERCUSSÃO GERAL EM RE N. 611.503-SP
RELATOR: MIN. AYRES BRITTO
CONSTITUCIONAL E PROCESSUAL CIVIL. EMBARGOS À EXECUÇÃO. ADEQUAÇÃO DOS TÍTULOS JUDICIAIS EXE-QÜENDOS ÀS DECISÕES DO SUPREMO TRIBUNAL FEDERAL. PARÁGRAFO ÚNICO DO ART. 741 DO CÓDIGO DE PROCESSO CIVIL. COISA JULGADA. PRESENÇA DA REPERCUSSÃO GERAL NA QUESTÃO CONSTITUCIONAL DISCUTIDA.
Possui repercussão geral a questão constitucional atinente à compatibilidade entre a garantia constitucional da coisa julgada e o parágrafo único do art. 741 do Código de Processo Civil. (Inform. STF 630)

RECLAMAÇÃO: TEMPESTIVIDADE DE EMBARGOS À EXECUÇÃO E ADC 11
O Tribunal, por maioria, julgou procedente pedido formulado em duas reclamações para determinar aos juízos reclamados que recebam os embargos à execução opostos pela União e lhes dê imediato processamento. Na espécie, os juízos reclamados, sob o fundamento de intempestividade, não receberam os embargos à execução opostos pela União, dentro do prazo estabelecido no disposto no art. 1º-B da Lei 9.494/97, acrescentado pela Medida Provisória 2.180-35/2001, a qual ampliou, para 30 dias, o prazo a que se refere o *caput* dos artigos 730 do CPC e 884 da CLT. Entendeu-se haver afronta à autoridade da decisão proferida pelo Supremo na ADC 11 MC/DF (DJU de 29.6.2007), que determinara a suspensão de todos os processos em que discutida a constitucionalidade do art. 1º-B da Medida Provisória 2.180-35. Ademais, considerou-se que, em razão de uma das decisões reclamadas ter sido proferida em processo que tramita há mais de 30 anos e a outra, em processo cujo trâmite supera 13 anos, e em observância ao princípio da razoável duração do processo, insculpido no art. 5º, LXXVIII, da CF, não seria plausível, nos casos sob exame, que se determinasse a suspensão dos aludidos processos, impondo-se que as partes aguardassem o julgamento de mérito da referida ADC 11/DF. Vencido o Min. Marco Aurélio, que julgava o pleito improcedente, asseverando que os juízos reclamados apenas teriam obedecido ao disposto no parágrafo único do art. 21 da Lei 9.868/99 (*"Concedida a medida cautelar, o Supremo Tribunal Federal fará publicar em seção especial do Diário Oficial da União a parte dispositiva da decisão, no pra-zo de dez dias, devendo o Tribunal proceder ao julgamento da ação no prazo de cento e oitenta dias, sob pena de perda de sua eficácia."*), e, passados os 180 dias a que se refere esse preceito, o qual seria imperativo, entendido ter caducado a decisão liminar proferida naquela ADC. Alguns precedentes citados: Rcl 6095 MC/PR (DJE de 6.6.2008); Rcl 6428 MC/SP (DJE de 29.8.2008); Rcl 5758 MC/SP (DJE de 7.2.2008); Rcl 5669 MC/RS (DJE de 1º.2.2008). **Rcl 5758/SP e Rcl 6428/SP, rel. Min. Cármen Lúcia, 13.5.2009.** (Rcl-5758) (Inform. STF 546)

DIREITO PROCESSUAL CIVIL. EXECUÇÃO FISCAL. INSTRUÇÃO DA PETIÇÃO INICIAL.
A execução fiscal deve ser instruída com a Certidão de Dívida Ativa CDA, de acordo com o artigo 6º, § 1º, da LEF, sendo inexigível a instrução com o Termo de Inscrição em Dívida Ativa do crédito executado. Precedentes citados: REsp 1.138.202-ES (Repetitivo), DJe 1º/2/2010, e REsp 1.065.622-SC, DJe 23/4/2009. **AgRg no AREsp 198.239-MG, Rel. Min. Napoleão Nunes Maia Filho, julgado em 13/11/2012.** (Inform. STJ 510)

DIREITO PROCESSUAL CIVIL. HONORÁRIOS ADVOCATÍCIOS. EMBARGOS À EXECUÇÃO. EXCESSO DE EXECUÇÃO.

A base de cálculo dos honorários advocatícios, em embargos à execução, deve incidir sobre o montante alegado como excessivo, ou seja, sobre o valor da execução que foi afastado com a procedência do pedido. Precedente citado: **EDcl no AgRg nos EmbExe MS 7.309-DF, DJe 19/6/2012. AgRg no AREsp 218.245-PR, Rel. Min. Herman Benjamin, julgado em 18/10/2012.** (Inform. STJ 508)

DIREITO PROCESSUAL CIVIL. EMBARGOS DO DEVEDOR EM EXECUÇÃO FISCAL. ADESÃO A PROGRAMA DE PARCELAMENTO FISCAL. HONORÁRIOS ADVOCATÍCIOS INDEVIDOS.

Não são devidos honorários advocatícios pelo executado no caso de desistência dos embargos à execução fiscal com a finalidade de adesão ao programa de parcelamento fiscal, salvo se a execução fiscal for ajuizada pelo INSS. Nessa situação específica, os honorários já estão incluídos no encargo de 20% previsto no Decreto-lei n. 1.025/1969 e a condenação do executado nessas verbas constituiria *bis in idem*. A circunstância de os incisos do § 3º do art. 1º da Lei n. 11.941/2009 preverem a redução em 100% dos valores do encargo legal não determina a condenação do contribuinte desistente da ação de embargos à execução fiscal ao pagamento da verba honorária, porque os valores cobrados na execução já contemplam a referida parcela. Precedentes citados: **AgRg no AgRg no Ag 1.223.449-SC, DJe 4/4/2011; REsp 1.143.320-RS, DJe 21/5/2010; EREsp 475.820-PR, DJ 15/12/2003, e REsp 1.006.682-RJ, DJe 22/9/2008. AgRg no REsp 1.241.370-SC, Rel. Min. Arnaldo Esteves Lima, julgado em 4/10/2012.** (Inform. STJ 506)

DIREITO PROCESSUAL CIVIL. EMBARGOS À EXECUÇÃO FISCAL. RECONHECIMENTO DA INEXIGIBILIDADE PARCIAL DA CDA.

O reconhecimento da inexigibilidade parcial de crédito representado na certidão da dívida ativa (CDA) não exige a emenda ou a substituição do título para o prosseguimento da execução fiscal quando a quantia indevida puder ser prontamente abatida por meros cálculos aritméticos. O excesso de execução não implica a decretação da nulidade do título executivo extrajudicial, mas tão-somente a redução do montante ao valor tido como devido, quando o valor remanescente puder ser apurado por simples cálculos aritméticos. Precedentes citados: **REsp 1.115.501-SP, DJe 30/11/2010, e REsp. 1.247.811-RS, DJe 21/6/2011. AgRg no REsp 941.809-PE, Rel. Min. Napoleão Nunes Maia Filho, julgado em 4/10/2012.** (Inform. STJ 506)

DIREITO PROCESSUAL CIVIL. EXECUÇÃO. EMBARGOS DO DEVEDOR. CUMULAÇÃO DE HONORÁRIOS ADVOCATÍCIOS.

É possível a cumulação de honorários advocatícios arbitrados na execução com aqueles fixados nos embargos do devedor, desde que a soma das condenações não ultrapasse o limite máximo de 20% estabelecido pelo art. 20, § 3º, do CPC. Precedente citado: **EREsp 659.228-RS, DJe 29/8/2011. AgRg no AREsp 170.817-PR, Rel. Min. Arnaldo Esteves Lima, julgado em 16/10/2012.** (Inform. STJ 506)

EMBARGOS DE TERCEIRO. AUSÊNCIA DO VALOR DA CAUSA.

A jurisprudência pacífica do STJ é que, em ação de embargos de terceiro, o valor da causa deve ser o do bem levado à constrição, não podendo exceder o valor da dívida. Na espécie, a sentença que fixou os honorários advocatícios explicitou o percentual devido a título de tal verba. Porém, o valor da causa não foi indicado, uma vez que o autor da ação de embargos de terceiro não se desincumbiu de tal providência. Contudo, não há iliquidez no título executivo a autorizar a extinção da execução dos honorários como determinado pelo juízo sentenciante, tendo em vista que os valores são alcançados por simples cálculos aritméticos consistentes na aplicação do percentual arbitrado na sentença ao valor que legalmente deveria ter sido atribuído aos embargos de terceiro. Precedentes citados: **AgRg no Ag 1.379.627-SP, DJe 4/5/2011; EREsp 187.429-DF, DJ 29/11/1999, e REsp 161.754-SP, DJ 15/3/1999. REsp 957.760-MS, Rel. Min. Luiz Felipe Salomão, julgado em 12/4/2012.** (Inform. STJ 495)

EXCEÇÃO. PRÉ-EXECUTIVIDADE. EMBARGOS. EXECUÇÃO.

Antes das Leis ns. 11.232/2005 e 11.382/2006, não se aceitava a insurgência do devedor quanto ao débito exequendo sem estar garantido o juízo por penhora. Contudo, em certas hipóteses, a jurisprudência aceita a exceção de pré-executividade, construída pela doutrina como meio de defesa do executado sem se aventar garantir o juízo. Segundo precedente do STJ relativo a recurso repetitivo, aquela exceção é cabível se a matéria for suscetível ao conhecimento de ofício pelo juízo e não houver necessidade de dilação probatória para sua solução; daí a exceção não comportar a alegação de excesso de execução em razão da necessária incursão na prova, salvo quando esse excesso é evidente. Disso tudo se deduz que só há justificativa para a exceção se ela puder evitar a constrição indevida dos bens. Então, se já realizada a penhora, com a consequente oposição de embargos à execução, vê-se prejudicada a exceção por perda do objeto, pois, se não foi evitada a constrição, restam os embargos em que se deduzirá toda a matéria de defesa, esvaziando-se por completo a exceção. No caso, a recorrida, antes da vigência das referidas leis, sem prévia garantia do juízo, insurgiu-se contra a memória de cálculo apresentada pelo recorrente quanto ao *dies a quo* da incidência de juros, questão unicamente de direito que dispensa a produção de provas, o que foi equiparado pelo TJ à exceção de pré-executividade. Logo, no momento de sua adoção, a medida era cabível, pois buscava evitar a constrição de bens. Sucede que o juízo não suspendeu o trâmite da execução, o que resultou na penhora e na oposição dos embargos, que repisaram o tema do excesso da execução. Dessarte, naquele instante, a recorrente perdeu o interesse em prosseguir na exceção, mas, mesmo assim, o juízo não declarou estar prejudicada a medida e sobreveio decisão do STJ no âmbito da exceção (juros a contar da citação), que conflita com a solução dada pelo TJ nos embargos (juros desde o ato ilícito), a que primeiro transitou em julgado. Portanto, há que reconhecer a nulidade da decisão proferida na exceção para que prevaleça a decisão proferida nos embargos à execução, a única válida e dotada de imutabilidade proveniente do trânsito em julgado. Precedentes citados: REsp 1.110.925-SP, DJe 4/5/2009; REsp 841.967-DF, DJe 2/4/2008; AgRg no REsp 1.086.160-RS, DJe 9/3/2009, e EDcl no REsp 795.764-PR, DJ 26/5/2006. **REsp 1.061.759-RS, Rel. Min. Nancy Andrighi, julgado em 21/6/2011.** (Inform. STJ 478)

EMBARGOS À EXECUÇÃO. TÍTULO JUDICIAL. LEI N. 11.232/2005.

Trata-se de REsp em que a controvérsia reside em saber qual o recurso cabível, apelação ou agravo de instrumento, contra decisão de improcedência de embargos à execução de título judicial opostos antes do advento da Lei n. 11.232/2005, mas julgados após a sua entrada em vigor. No julgamento do especial, entre outras considerações, ressaltou a Min. Relatora que a adoção de qualquer dos mencionados recursos, como regra absoluta e conforme o caso, acarretará prejuízo a uma das partes, que pode ser surpreendida por alterações procedimentais surgidas no decorrer da ação que trazem incerteza sobre como atuar no processo. Observou que a razoabilidade deve ser aliada do Poder Judiciário nessa tarefa, de forma que se alcance efetiva distribuição de Justiça. Assim, entendeu que a melhor solução é admitir que, não tendo havido expressa conversão dos ritos processuais pelo juízo em primeiro grau de jurisdição, alertando as partes de que os "embargos" passaram a ser simples "impugnação", tal como ocorreu na hipótese, é a apelação o recurso apropriado para atacar a decisão que, sob a égide da Lei n. 11.232/2005, julgou os embargos do devedor em respeito, inclusive, ao princípio da segurança jurídica, norma que informa a aplicação do art. 6o, §§ 1o e 2º, da LICC. Anote-se, por fim, não se desconhecer que as normas processuais têm imediata aplicação, todavia a utilização cega da regra geral de direito intertemporal poderia acarretar desastrosas consequências, daí seu emprego requerer temperamentos, tal como no caso. Esse entendimento foi acompanhado pelos demais Ministros da Turma, que, ao final, conheceu do recurso e lhe deu provimento para determinar que o tribunal de origem julgue o mérito da apelação interposta pela recorrente. Precedentes citados: REsp 1.044.693-MG, DJe 6/8/2009, e REsp 963.977-RS, DJe 5/9/2008. **REsp 1.062.773-RS, Rel. Min. Nancy Andrighi, julgado em 7/6/2011.** (Inform. STJ 476)

EMBARGOS. ADJUDICAÇÃO. *DIES A QUO*.

A Turma deu provimento ao recurso especial a fim de declarar tempestivos os embargos à adjudicação opostos pela recorrente, determinando o retorno dos autos ao tribunal *a quo* para que ele proceda ao seu julgamento. Na espécie, quando os embargos foram apresentados, a norma de regência não previa expressamente o *dies a quo* da contagem do prazo decendial para seu manejo (art. 746 do CPC com redação anterior à Lei n. 11.382/2006). Para o Min. Relator, na hipótese dos autos, o termo inicial para opor os embargos à adjudicação deve ser o da ciência do executado acerca do deferimento do pedido de adjudicação, tendo em vista que, não obstante ter ocorrido a intimação das praças, a adjudicação não foi postulada de forma imediata à finalização delas, tendo o auto sido assinado quase meio ano depois da segunda praça. Asseverou que, nesse caso, considerar o executado como cientificado a partir da assinatura da adjudicação do bem pelo credor distanciar-se-ia dos princípios insertos nos incisos LIV e LV do art. 5º da CF/1988. Considerou que o alargado prazo entre a praça e a assinatura do auto equivaleria à situação em que o bem é arrematado ou adjudicado na data da praça da qual o executado não foi intimado; pois, em ambos os casos, o devedor seria surpreendido quanto à ocorrência, no processo, de fato relevante do qual não foi cientificado. Precedente citado: REsp 294.702-SP, DJ 26/3/2001. **REsp 957.674-SC, Rel. Min. Paulo de Tarso Sanseverino, julgado em 2/6/2011.** (Inform. STJ 475)

DIREITO INTERTEMPORAL. EMBARGOS. EXECUÇÃO. ART. 738 DO CPC.
A Turma deu provimento ao recurso especial para afastar a intempestividade dos embargos à execução oferecidos pelo ora recorrente, tendo em vista a aplicação da teoria do isolamento dos atos processuais. *In casu*, a execução do contrato de locação e a citação do executado foram promovidas antes da vigência da Lei n. 11.382/2006, que alterou o art. 738 do CPC, sem que o devedor tivesse sido intimado da penhora. Esse dispositivo previa que os embargos seriam apresentados no prazo de 10 dias, contados da juntada aos autos da prova da intimação da penhora; com a novel legislação, passou a prever que eles seriam ofertados no prazo de 15 dias, contados da data da juntada aos autos do mandado de citação. Contudo, após a entrada em vigor da mencionada lei, o magistrado não intimou o executado para oferecer os embargos, ordenando, desde logo, que a penhora fosse realizada. Nesse contexto, consignou a Min. Relatora que, sendo o mandado de penhora o ato processual que mais se assemelha à intimação prevista na redação anterior do art. 738 do CPC, sua juntada aos autos (devidamente cumprido) deve ser considerada o termo *a quo* para opor os embargos à execução, observado o prazo de 15 dias trazido pelo novo diploma legal. Precedentes citados: REsp 1.107.662-SP, DJe 2/12/2010, e REsp 1.043.016-SP, DJe 23/6/2008. **REsp 1.124.979-RO, Rel. Min. Laurita Vaz, julgado em 3/5/2011.** (Inform. STJ 471)

EMBARGOS. EXECUÇÃO. OBRIGAÇÃO BILATERAL. DESCUMPRIMENTO. EXEQUENTE.
A Turma deu provimento ao recurso especial para determinar o prosseguimento normal dos embargos à execução opostos pelos recorrentes e liminarmente rejeitados pelo tribunal *a quo*, o qual entendeu que nenhum dos requisitos do art. 741 do CPC teria sido preenchido. Na espécie, a sentença exequenda determinou que os recorrentes restituíssem o imóvel objeto da ação de rescisão de contrato de compra e venda proposta, na origem, pelos recorridos, condenando-os, ainda, a pagar uma indenização por perdas e danos em decorrência da ocupação do bem; em contrapartida, impôs que os recorridos devolvessem as quantias recebidas, salvo os valores referentes às arras confirmatórias. Contudo, na execução, os recorrentes opuseram os embargos sob a alegação de que o título seria inexigível, já que os recorridos não teriam efetuado o pagamento que lhes cabia. Nesse contexto, consignou o Min. Relator que, nas execuções de títulos em que se evidenciam obrigações bilaterais, a aplicação do *exceptio non adimplenti contractus* exige que os exequentes cumpram a prestação que lhes cabe para, só então, iniciar a demanda executiva (arts. 582, *caput* e parágrafo único, e 615, IV, ambos do CPC), motivo pelo qual a alegação de ausência de contraprestação suscitada pelos recorrentes enquadra-se no rol de matérias que podem ser aventadas em embargos à execução ou impugnação ao cumprimento de sentença nos termos do art. 741, II, do CPC. Precedentes citados: REsp 196.967-DF, DJ 8/3/2000, e REsp 170.446-SP, DJ 14/9/1998. **REsp 826.781-RS, Rel. Min. Luis Felipe Salomão, julgado em 22/2/2011.** (Inform. STJ 464)

HONORÁRIOS ADVOCATÍCIOS. EMBARGOS. DEVEDOR.
Os embargos do devedor foram parcialmente acolhidos apenas para reduzir o valor devido, subsistindo a execução da dívida reduzida. Assim, há que ser fixada verba honorária única em favor do credor, a incidir sobre o valor remanescente em execução. Precedentes citados: EDcl no REsp 465.972-MG, DJ 23/8/2004; EDcl no REsp 139.343-RS, DJ 7/6/2004, e EREsp 598.730-SP, DJe 23/2/2010. **REsp 1.207.821-PR, Rel. Min. Luis Felipe Salomão, julgado em 16/11/2010.** (Inform. STJ 456)

EMBARGOS. EXECUÇÃO. EXTINÇÃO. HONORÁRIOS.
A Turma conheceu parcialmente do recurso especial e, nessa parte, negou-lhe provimento, mantendo a decisão do tribunal *a quo* que condenou a embargante, ora recorrente, ao pagamento dos ônus sucumbenciais. *In casu*, os embargos à execução por ela apresentados foram extintos por perda de objeto, já que a ação executória da qual se originaram foi julgada extinta por ausência de título executivo judicial. De acordo com o Min. Relator, não caberia à exequente, ora recorrida, arcar com os honorários decorrentes da extinção dos referidos embargos, já que ela sequer foi citada nesse feito, razão pela qual não há falar em ofensa ao art. 20 do CPC. **REsp 828.348-RS, Rel. Min. Aldir Passarinho Junior, julgado em 21/9/2010.** (Inform. STJ 448)

TÍTULO. RECONHECIMENTO. NULIDADE. OFÍCIO.
Nos embargos à arrematação, é lícito ao juiz ou ao tribunal conhecer de ofício da nulidade absoluta (no caso, falta de exequibilidade do título), mesmo que não haja pronunciamento anterior. O vício constante do título de crédito deve ser apontado pelo juízo em qualquer tempo ou grau de jurisdição, apesar da discussão doutrinária quanto a ser ele condição da ação de execução ou pressuposto processual. O aparente conflito entre o § 3º do art. 267, o § 4º do art. 301 e o art. 618 do CPC, normas que autorizam o conhecimento de ofício das nulidades processuais a qualquer tempo, e a primeva redação do art. 746 do CPC, que restringe essas nulidades arguíveis às aperfeiçoadas após a penhora, cede à interpretação de que a dita "superveniência da penhora" adstringe-se ao "pagamento, novação, transação ou prescrição" ou às nulidades não apreciáveis de ofício pelo Judiciário. Precedentes citados: AgRg no REsp 194.546-PR, DJ 13/10/2003; REsp 450.248-DF, DJ 16/12/2002, e REsp 488.380-DF, DJ 1º/3/2007. **REsp 776.272-SC, Rel. Min. Luis Felipe Salomão, julgado em 17/8/2010.** (Inform. STJ 443)

HONORÁRIOS ADVOCATÍCIOS. EMBARGOS. DIFERENÇA.
A jurisprudência deste Superior Tribunal pacificou-se no sentido de que, nas execuções embargadas, os honorários advocatícios cabem com exclusividade ao credor, ainda que reduzido parcialmente o débito. Contudo, o Tribunal *a quo* divergiu frontalmente dessa reiterada jurisprudência quando determinou o pagamento aos executados de honorários advocatícios decorrentes da parcial procedência dos embargos à execução, a serem apurados sobre a diferença entre o valor pretendido e o montante ao final obtido na execução. Sucede que esse critério foi atingido pela coisa julgada, o que o torna imutável, e agora se promove a liquidação desse julgado. Nesse contexto, o cálculo da diferença sobre a qual deverão incidir os honorários deve tomar por base o montante da diferença existente na data do ajuizamento da execução das cédulas de crédito comercial entre o valor que o banco então exigia da devedora e o que seria efetivamente devido na ocasião. Não faria sentido algum que a diferença fosse determinada em momento ulterior ao ajuizamento da execução. No que tange aos juros de mora, nesse caso em que a condenação do exequente resultou da oposição de embargos do devedor, eles devem incidir a partir da liquidação do julgado, ao se considerar que a sentença é ilíquida. Precedentes citados: REsp 505.697-RS, DJ 24/9/2007; AR 3.219-RS, DJ 11/10/2007; REsp 195.770-RS, DJ 15/3/2004; REsp 327.708-SP, DJ 24/2/2003, e AgRg no REsp 928.133-RS, DJe 20/10/2008. **REsp 1.064.119-RS, Rel. Min. Aldir Passarinho Junior, julgado em 3/12/2009.** (Inform. STJ 418)

HONORÁRIOS. EMBARGOS. REDUÇÃO.
A Seção, ao prosseguir o julgamento, após vista regimental, entendeu que, na hipótese de os embargos à execução serem julgados parcialmente procedentes para reduzir o valor devido, assim ainda subsistindo a execução pela dívida reduzida, deve ser fixada verba honorária única em favor do credor, que incidirá sobre o valor remanescente da execução. Quanto a isso, o Min. Aldir Passarinho Junior, ao referir-se a precedente, aduziu que se tenta evitar a fixação de honorários superiores ao valor que o credor iria receber, caso calculada a verba honorária sob o total da dívida, sem o decote realizado. Precedentes citados: EDcl no REsp 139.343-RS, DJ 7/6/2004; EDcl no REsp 465.972-MG, DJ 22/3/2004, e REsp 505.697-RS, DJ 24/9/2007. **EREsp 598.730-SP, Rel. Min. João Otávio de Noronha, julgados em 11/11/2009.** (Inform. STJ 415)

CÁLCULOS. TRÂNSITO EM JULGADO. PRECLUSÃO.
Em embargos à execução, sustentaram os ora recorrentes ofensa à coisa julgada e preclusão na execução de valores distintos daqueles homologados em liquidação por cálculo do contador uma vez que os exequentes foram intimados dos cálculos apresentados e intimados posteriormente do teor da sentença homologatória, mas se quedaram inertes. Sucede que, à época em que foram elaborados os cálculos (1997), já estava em vigor a Lei n. 8.898/1994, que deu nova redação ao art. 604 do CPC, suprimindo essa forma de liquidação. Por esse motivo, as instâncias ordinárias entenderam que não há ofensa à coisa julgada nem preclusão na decisão que homologa cálculo do contador quando já vigente legislação que a suprimiu. Para o Min. Relator, por ofensa à coisa julgada, não seria possível desconsiderar os cálculos apontados pelo contador judicial, transitada em julgado a sentença homologatória, mesmo em descompasso com o art. 604 do CPC, o que revela *error in procedendo*. Explica que contra a sentença homologatória proferida pelo juízo sentenciante os exequentes não se insurgiram no momento oportuno, seja de forma recursal seja pelo ajuizamento de ação de conteúdo rescisório, mesmo devidamente intimados, então, concordaram tacitamente com o decidido. Assim, o *quantum debeatur* encontra-se precluso, devendo prosseguir-se a execução com base nos valores resultantes dos cálculos do contador homologados na sentença dos autos principais. Com esse entendimento, a Turma deu provimento ao recurso. **REsp 714.205-PR, Rel. Min. Vasco Della Giustina (Desembargador convocado do TJ-RS), julgado em 4/6/2009.** (Inform. STJ 397)

EMBARGOS. EXECUÇÃO. EFEITO SUSPENSIVO. NOVA LEI.
Cinge-se a questão em determinar se, tendo o executado sido citado antes do advento da Lei n. 11.232/2005, os embargos à execução de título extrajudicial por ele opostos após a entrada em vigor da referida norma estariam dotados de efeito suspensivo. Para a Min. Relatora, antes das alterações promovidas pela mencionada lei, o direito ao oferecimento dos embargos à execução de título extrajudicial somente surgia com a garantia do juízo e, como tais embargos, mesmo no atual regime, mantiveram sua condição de ato autônomo, na hipótese vertente, tendo a Lei n. 11.382/2006 entrado em vigor após a citação da recorrente, mas antes do oferecimento de bens à penhora, os embargos devem ser processados já com base no rito inaugurado pela nova lei, portanto sem efeito suspensivo. **REsp 1.035.540-SP, Rel. Min. Nancy Andrighi, julgado em 28/4/2009.** (Inform. STJ 392)

ERESP. COISA JULGADA. PARADIGMA. EMBARGOS. DEVEDOR.
No caso, a decisão do juízo de execução de determinar a aplicação de supervenientes leis municipais para efeito do recálculo dos vencimentos de servidores afronta o comando expresso no acórdão exeqüendo de que outra legislação municipal é que deveria ser considerada. Na liquidação de sentença, o *quantum debeatur* a ser executado é o definido nos cálculos realizados com estrita observância da norma concreta da sentença exeqüenda, que não comporta modificação, sob pena de ofensa à coisa julgada, tal como se deu no caso. O meio processual adequado a eliminar do julgado as eventuais máculas ao Direito ou infração direta a dispositivo legal não pode ser a via dos embargos do devedor (utilizada pela municipalidade na espécie), pois é a ação rescisória o instrumento apropriado para tal. Por último, ressalta-se que o trânsito em julgado do acórdão apontado como paradigma é irrelevante ao cabimento dos embargos de divergência (arts. 496, VIII, 508 e 546, I, todos do CPC, e arts. 266 e 267, ambos do RISTJ). Com esse entendimento, a Seção, por maioria, deu provimento aos embargos. Os votos vencidos aplicavam as Súms. ns. 7-STJ e 280-STF. Precedentes citados: AgRg no Ag 941.671-SP, DJ 7/4/2008; AgRg no Ag 902.759-SP, DJ 26/11/2007; REsp 466.800-SP, DJ 4/8/2003; REsp 262.036-SP, DJ 23/8/2004, e REsp 585.392-SP, DJ 10/10/2005. **EREsp 585.392-SP, Rel. Min. Hamilton Carvalhido, julgados em 8/10/2008.** (Inform. STJ 371)

APLICAÇÃO INTERTEMPORAL. LEI N. 11.232/2005.
Na espécie, foram opostos embargos do devedor em 30/11/2005, em face de execução ajuizada com base em título executivo judicial que condenou o embargante a indenizar no valor de três salários mínimos por dano moral. Em 23/6/2006, entrou em vigor a Lei n. 11.232/2005. Em 4/8/2006, a sentença foi lançada aos autos, julgando parcialmente procedentes os embargos do devedor, para determinar o prosseguimento da execução. Em 15/8/2006, a referida sentença foi publicada e, em 30/8/2006, foi interposto recurso de apelação que não foi conhecido pelo Tribunal *a quo*. Assim, a Turma entendeu que, se não houve expressa conversão, pelo juízo de primeiro grau, dos ritos processuais para alertar as partes de que os "embargos" passaram a ser simples "impugnação", deve-se ter como cabível a apelação como recurso apropriado para atacar a decisão que, sob a égide da Lei n. 11.232/2005, julgou os embargos do devedor. Com isso, a Turma deu provimento ao recurso. **REsp 963.977-RS, Rel. Min. Nancy Andrighi, julgado em 26/8/2008.** (Inform. STJ 365)

COMPETÊNCIA. EMBARGOS. JUÍZO DEPRECANTE.
A Turma decidiu que compete ao juízo deprecante apreciar os embargos de terceiro opostos contra a penhora do imóvel por ele indicado (Súm. n. 33-TFR). Ademais a penhora efetivou-se com a decisão do juízo deprecante, reconhecendo a fraude à execução, sendo desinfluente que a penhora tenha sido determinada pelo juízo deprecado. Precedentes citados: CC 20.181-RS, DJ 27/10/1997; AgRg no REsp 656.989-MT, DJ 21/11/2005, e CC 44.223-GO, DJ 1°/8/2005. **REsp 1.033.333-RS, Rel. Min. Massami Uyeda, julgado em 19/8/2008.** (Inform. STJ 364)

EMBARGOS. DEVEDOR. LEI N. 11.232/2005. AG.
A Turma admitiu o manejo da medida cautelar originária para dar efeito suspensivo ao REsp, provado o *fumus boni juris*, visto que, opostos os embargos do devedor antes do advento da Lei n. 11.232/2005, aplicam-se imediatamente os arts. 162, § 1°, e 269, I, do CPC, malgrado a parte não tenha sido informada pelo juízo de 1° grau sobre a conversão de ritos. Desse modo, com a substituição dos embargos do devedor por embargos à execução, julgados improcedentes, a sua impugnação, resolvido ou não o mérito, é tratada como questão interlocutória, sujeita, pois, a agravo de instrumento e não à apelação (art. 475-M, § 3°, do CPC). **MC 14.589-RS, Rel. Min. Nancy Andrighi, julgada em 19/8/2008.** (Inform. STJ 364)

PRAZO. EMBARGOS. DEVEDOR.
O STJ entende que, a partir da introdução, pela Lei n. 8.953/1994, do § 1° no art. 739 do CPC, os embargos do devedor, mesmo em casos de execução referente à Lei n. 5.741/1971 (SFH), passam a ter efeito suspensivo. Isso, por sua vez, leva à revogação do disposto nos incisos I e II do art. 5° da referida Lei n. 5.741/1971. Assim, não há razão para que também não se tenha por revogado o *caput* desse art. 5°, que estabelecia o prazo para oposição dos embargos, visto que incompatível com a modificação preconizada também pela Lei n. 8.953/1994 no inciso I do art. 738 do CPC. Assim, mesmo na execução regida pela Lei n. 5.741/1971, o prazo para embargos será de dez dias contados da juntada aos autos da prova da intimação da penhora, e não mais da própria penhora, como antes determinava o revogado art. 5°. Precedente citado: REsp 596.930-PR, DJ 24/5/2004. **REsp 685.985-SC, Rel. Min. Aldir Passarinho Junior, julgado em 17/6/2008.** (Inform. STJ 360)

EMBARGOS. EXECUÇÃO. PENHORA. GARANTIA.
Versa a questão em determinar o momento em que se torna possível o oferecimento de embargos pelo devedor na antiga redação do art. 737, I, do CPC, quando se está diante da hipótese de penhora de renda mensal. Inicialmente, esclareceu a Min. Relatora que a presente discussão, embora diga respeito a dispositivo revogado, continua válida porque pode servir de subsídio a futuras discussões sobre tema semelhante, esse derivado da necessidade de penhora de renda como condição da concessão de efeito suspensivo a embargos do devedor, pois é crescente o uso de tal modalidade de constrição. Para a Min. Relatora, a solução preconizada pelo TJ de que, para os embargos à execução, basta a apreensão de bens ou direitos, não se cogitando da suficiência dos bens penhorados, não só discrepa do entendimento que o Superior Tribunal pacificara a respeito do antigo art. 737, I, do CPC, como foi contrariada pelas novas definições legislativas a respeito da necessidade de conferir maior efetividade à execução. Afinal, nos termos da Lei n. 11.382/2006, na medida em que é possível fazer uso de uma nova legislação como norte interpretativo das necessidades sociais reconhecidas pelo legislador – o efeito suspensivo eventualmente concedido aos embargos do devedor não pode ter o condão de paralisar a própria garantia integral do juízo, quando essa é de ser feita em momentos sucessivos. A garantia completa do juízo, portanto, continua a ser fundamental, tendo a nova lei resolvido, antecipadamente, dúvida potencialmente embaraçosa a respeito das peculiaridades referentes à específica modalidade de penhora de faturamento ou renda. Atualmente, os embargos do devedor não têm, em regra, efeito suspensivo (art. 739-A do CPC); para que este seja concedido, é necessária caução, penhora ou depósito suficientes (art. 739-A, § 1°, do CPC); mas, se pendentes, os atos de penhora e avaliação poderão ser finalizados apesar da incidência daquele efeito (art. 739-A, § 6°, do CPC). **REsp 767.838-RJ, Rel. Min. Nancy Andrighi, julgado em 13/5/2008.** (Inform. STJ 355)

EXCEÇÃO. PRÉ-EXECUTIVIDADE. DILAÇÃO PROBATÓRIA.
A Seção reafirmou que a jurisprudência admite a exceção de pré-executividade para discutir matérias de ordem pública em execução fiscal nas hipóteses de ilegitimidade passiva, pressupostos processuais, condições da ação etc. desde que sua interposição não necessite de dilação probatória. Precedentes citados: AgRg no Ag 591.949-RS, DJ 13/12/2004; AgRg no Ag 561.854-SP, DJ 19/4/2004; AgRg no REsp 588.045-RJ, DJ 28/4/2004; REsp 541.811-PR, DJ 16/8/2004, e REsp 287.515-SP, DJ 29/4/2002. **EREsp 866.632-MG, Rel. Min. José Delgado, julgados em 12/12/2007.** (Inform. STJ 342)

HONORÁRIOS ADVOCATÍCIOS. REDUÇÃO. EXECUÇÃO. EMBARGOS. COISA JULGADA. OFENSA.
Descabe ao Tribunal, em embargos à execução, alterar o valor da sucumbência fixada na fase de conhecimento, baseado no valor total da condenação, pois fere a coisa julgada (arts. 468, 610 e 741 do CPC). **REsp 404.643-PB, Rel. Min. Aldir Passarinho Junior, julgado em 4/12/2007.** (Inform. STJ 341)

EXCEÇÃO. PRÉ-EXECUTIVIDADE. CABIMENTO. NULIDADE. OFÍCIO.
O recorrente opôs exceção de pré-executividade, ao alegar ser parte ilegítima para figurar na ação, mas o juiz a tachou de incabível, ao entender ser caso de defesa mediante embargos à execução. Anote-se que, de forma alguma, adentrou o mérito da questão. Houve agravo de instrumento e o Tribunal não só entendeu cabível a exceção como julgou o mérito em desfavor do próprio recorrente, em claro *error in procedendo*. Sucede que não houve recurso dessa parte, pois o recorrente insurgiu-se quanto a outras questões referentes ao mérito, todas prequestionadas. Diante disso, a Turma entendeu conhecer do recurso, mas, ao aplicar o direito à espécie, reconheceu a existência de julgamento *extra petita* e *reformatio in pejus* e,

por isso, anulou, de ofício, o acórdão recorrido. Anotou-se que, superado o juízo de admissibilidade, o REsp tem efeito devolutivo amplo, que, em seu nível vertical, engloba o efeito translativo; a possibilidade de o órgão julgador conhecer, de ofício, as questões de ordem pública. Precedentes citados: REsp 609.144-SC, DJ 24/5/2004; REsp 641.904-DF, DJ 6/2/2006, e REsp 814.885-SE, DJ 19/5/2006. **REsp 869.534-SP, Rel. Min. Teori Albino Zavascki, julgado em 27/11/2007.** (Inform. STJ 340)

AÇÃO ORDINÁRIA. EXECUÇÃO. EMBARGOS.

Discutia-se a respeito da continência entre ação ordinária e execução posteriormente ajuizada. Na ordinária, perquiria-se sobre o inadimplemento de alguns contratos, dentre eles, um de mútuo, de que se origina o título posto em execução pela credora (de trâmite em outro juízo), execução em que houve a instauração da exceção de incompetência. Diante disso, a Turma entendeu, primeiro, que não haveria necessidade de oposição de embargos do devedor em concomitância com a exceção, visto que a própria ação revisional faz as vezes daqueles, conforme apregoa a jurisprudência deste Superior Tribunal. Determinou, assim, a paralisação da execução (suspensão), mantida no juízo diverso, até o deslinde da controvérsia posta na ação ordinária, porém mediante a necessária garantida do juízo. Não se poderia privilegiar a ação ordinária e submeter seus efeitos à execução antecipadamente. Precedentes citados: REsp 33.000-MG, DJ 26/9/1994; REsp 594.244-PR, DJ 4/4/2005; REsp 411.643-GO, DJ 15/5/2006; REsp 610.286-RJ, DJ 17/10/2005, e AgRg no Ag 434.205-TO, DJ 9/5/2005. **REsp 466.129-MT, Rel. Min. Aldir Passarinho Junior, julgado em 16/10/2007.** (Inform. STJ 336)

EMBARGOS. EXECUÇÃO. CRÉDITO HIPOTECÁRIO. EFEITO SUSPENSIVO.

a prevalência da regra do art. 739, § 1º, do CPC, introduzida pela Lei n. 8.953/1994. Aduziu o Min. Relator que esse entendimento não prevaleceu no âmbito deste Superior Tribunal. A Corte Especial, no julgamento do EREsp n. 520.959-SE, DJ 17/10/2005, pacificou a questão sob o enfoque de que os embargos à execução de crédito hipotecário somente têm efeito suspensivo se cumpridas as exigências dos incisos I e II do art. 5º da Lei n. 5.741/1971, porquanto este diploma legal, por ser especial, prevalece sobre a regra geral do art. 739, § 1º, do CPC. Mas ressalva seu ponto de vista no REsp 354.768-SE. Isso posto, a Turma conheceu em parte do recurso e deu-lhe provimento para condicionar a atribuição de efeito suspensivo aos embargos, atendida uma das condições do art. 5º, I e II, da Lei n. 5.741/1971. **REsp 754.736-MG, Rel. Min. Aldir Passarinho Junior, julgado em 25/9/2007.** (Inform. STJ 333)

EMBARGOS À ARREMATAÇÃO. INSTAURAÇÃO. CONTRADITÓRIO.

Os embargos à arrematação, para serem rejeitados liminarmente, deveriam ser intempestivos ou a petição inicial ser inepta ou não fundados numa das hipóteses previstas no art. 746 do CPC. O preço vil, a nulidade da avaliação e a nulidade da praça são fatos posteriores à penhora e devem ser alegados nos embargos à arrematação. Assim, não pode o magistrado antecipar a sentença de mérito sem antes instaurar o contraditório regular. Logo, a Turma, ao prosseguir o julgamento, por maioria, conheceu do recurso e lhe deu provimento. **REsp 877.469-RJ, Rel. originário Min. Humberto Gomes de Barros, Rel. para acórdão Min. Ari Pargendler, julgado em 7/8/2007.** (Inform. STJ 326)

EXCEÇÃO. PRÉ-EXECUTIVIDADE. IMPROCEDÊNCIA. HONORÁRIOS.

A Seção, por maioria, entendeu que, após a devida impugnação, diante da improcedência da exceção de pré-executividade, é cabível a condenação em honorários, visto que se configura a sucumbência. Os votos vencidos louvavam-se em precedentes da Quarta Turma que, nesse caso, admitem o pagamento de despesas pelo peticionário, mas não de honorários, visto que a execução prossegue, pois não se pôs termo ao processo (art. 20, § 1º, do CPC). **EREsp 756.001-RJ, Rel. Min. Carlos Alberto Menezes Direito, julgados em 27/6/2007.** (Inform. STJ 325)

EMBARGOS À EXECUÇÃO. PENHORA. BEM DE FAMÍLIA.

A Turma decidiu que, na hipótese de recair medida constritiva alegando tratar-se de bem de família (art. 1º da Lei n. 8.009/1990), nada obsta o exame da matéria pelo Tribunal *a quo*, descabendo a negativa de conhecimento do recurso pelo fato de se ter convertido o arresto em penhora. Precedente citado: REsp 275.385-MG, DJ 4/2/2002. **REsp 316.306-MG, Rel. Min. Aldir Passarinho Junior, julgado em 15/5/2007.** (Inform. STJ 320)

SÚMULA STJ Nº 487

O parágrafo único do art. 741 do CPC não se aplica às sentenças transitadas em julgado em data anterior à da sua vigência.

SÚMULA STJ Nº 331

A apelação interposta contra sentença que julga embargos à arrematação tem efeito meramente devolutivo.

SÚMULA STJ Nº 46

Na execução por carta, os embargos do devedor serão decididos no juízo deprecante, salvo se versarem unicamente vícios ou defeitos da penhora, avaliação ou alienação dos bens.

14. CAUTELAR

AC: EFEITO SUSPENSIVO A AI E REPERCUSSÃO GERAL

A 1ª Turma negou provimento a agravo regimental, do Estado do Paraná, para manter decisão do Min. Dias Toffoli, em que negado seguimento a ação cautelar, da qual relator, autuada em 23.5.2011, tendo como objetivo conferir eficácia suspensiva ao AI 802111/PR e ao AI 802511/PR, consequentemente, ao recurso extraordinário deduzido, bem assim sustar os efeitos de decisão proferida em apelação cível no Tribunal de Justiça estadual, até julgamento final da causa no STF. Na espécie, o relator provera os aludidos agravos de instrumento com o fito de admitir o apelo extremo e, nos termos do art. 328 do RISTF, determinar a devolução daqueles feitos à origem para apensamento aos autos originais, preceituando a aplicação, quanto ao extraordinário, do disposto no art. 543-B do CPC. Trata-se, no processo principal, de discussão acerca da existência de direito adquirido dos servidores inativos permanecerem na classe em que aposentados, não obstante o advento de lei estadual que, ao promover a reclassificação de cargos, reenquadra-os em classe inferior. Assinalou-se que o STF reconhecera a repercussão geral da matéria constitucional versada (RE 606199/PR, DJe de 12.8.2011), razão porque determinada a baixa dos autos. Asseverou-se que, na presente situação, o STF não mais deteria competência para o conhecimento da medida. **AC 2883 AgR/PR, rel. Min. Dias Toffoli, em 6.11.2012.** (AC-2883) (Inform. STF 687)

JUSTIFICAÇÃO JUDICIAL E CERTIDÃO DE TEMPO DE SERVIÇO

Ante o disposto no art. 866 do CPC ["*Art. 866. A justificação será afinal julgada por sentença e os autos serão entregues ao requerente independentemente de traslado, decorridas 48 (quarenta e oito) horas da decisão. Parágrafo único. O juiz não se pronunciará sobre o mérito da prova, limitando-se a verificar se foram observadas as formalidades legais*"], o pronunciamento judicial na justificação não torna estreme de dúvida o tempo de serviço. Essa a orientação da 1ª Turma ao, por maioria, denegar mandado de segurança, em que arguida ofensa a direito líquido e certo, porquanto teria sido olvidado título extraído da justificação judicial. Sustentava-se também decadência do direito de o Poder Público rever atos administrativos em razão do decurso de quase 10 anos entre a concessão de aposentadoria e o exame procedido pela Corte de Contas, assim como violação ao contraditório e ampla defesa. Sobrelevou-se haver atos sequenciais para o registro do benefício em comento, de modo que, enquanto não praticado o último, não se cogitaria de inércia punível da Administração. Logo, não se aplicaria o art. 54 da Lei 9.784/99 ("*O direito da Administração de anular os atos administrativos de que decorram efeitos favoráveis para os destinatários decai em cinco anos, contados da data em que foram praticados, salvo comprovada má-fé*"). Por fim, aludiu-se à Súmula Vinculante 3, consoante a qual o contraditório não alcançaria o processo de registro de aposentadoria ("*Nos processos perante o Tribunal de Contas da União asseguram-se o contraditório e a ampla defesa quando da decisão puder resultar anulação ou revogação de ato administrativo que beneficie o interessado, excetuada a apreciação da legalidade do ato de concessão inicial de aposentadoria, reforma e pensão*"). Vencido o Min. Dias Toffoli, ao sublinhar que a justificação judicial teria gerado certidão de tempo de serviço, a qual passaria a gozar de fé pública, então, acaso a União quisesse desconstituí-la, deveria promover a contestação. MS 28829/AM, rel. Min. Marco Aurélio, 11.9.2011. (MS-28829) (Inform. STF 679)

ISENÇÃO DE ÔNUS DA SUCUMBÊNCIA E MEDIDA CAUTELAR PREPARATÓRIA

O procedimento cautelar está intrinsecamente ligado ao processo principal, por isso a disciplina constitucional que se aplica às ações cautelares deve ser a mesma para eventuais medidas cautelares preparatórias que se façam necessárias, tendo em conta a natureza instrumental e acessória de tais medidas em face da ação principal. Com base nesse entendimento, a Turma proveu recurso extraordinário para isentar o recorrente do pagamento das custas processuais e dos honorários advocatícios impostos em razão de ter restado vencido em medida cautelar por ele intentada, preparatória de futura ação popular. Na espécie, tratava-se de recurso interposto contra acórdão do Tribunal de Justiça do Estado de São Paulo que confirmara sentença a qual concluíra que a isenção constitucional do ônus da sucumbência apenas abarca a ação popular e não as medidas cautelares, ainda que preparatórias. Consignou-se que a demanda principal, entretanto, não chegara a ser ajuizada, o que seria irrelevante para fins de isenção do autor do ônus da sucumbência. Ademais, assentou-se o não cabimento de interpretação restritiva do comando do art. 5º, LXXIII, da CF ("*LXXIII - qualquer cidadão é parte legítima para propor ação popular que vise a anular ato lesivo ao patrimônio público ou de entidade de que o Estado participe, à moralidade administrativa, ao meio ambiente e ao patrimônio histórico e cultural, ficando o autor, salvo comprovada má-fé, isento de custas judiciais e do ônus da sucumbência;*"). **RE 335428/SP, rel. Min. Dias Toffoli, 18.5.2010.** (RE-335428) (Inform. STF 587)

EMENTA: AÇÃO CAUTELAR. EFEITO SUSPENSIVO A RECURSO EXTRAORDINÁRIO NÃO ADMITIDO PELO TRIBUNAL DE ORIGEM. AGRAVO DE INSTRUMENTO PENDENTE DE JULGAMENTO. MEDIDA CAUTELAR CONCEDIDA PARA SUSPENDER OS EFEITOS DO ACÓRDÃO RECORRIDO. 2. Em situações excepcionais, em que estão patentes a plausibilidade jurídica do pedido – decorrente do fato de a decisão recorrida contrariar jurisprudência ou súmula do Supremo Tribunal Federal – e o perigo de dano irreparável ou de difícil reparação a ser consubstanciado pela execução do acórdão recorrido, o Tribunal poderá deferir a medida cautelar ainda que o recurso extraordinário tenha sido objeto de juízo negativo de admissibilidade perante o Tribunal de origem e o agravo de instrumento contra essa decisão ainda esteja pendente de julgamento. 3. Hipótese que não constitui exceção à aplicação das Súmulas 634 e 635 do STF. 4. Suspensão dos efeitos do acórdão impugnado pelo recurso extraordinário, até que o agravo de instrumento seja julgado. 5. Ação cautelar deferida. Unânime. (AC 1550 MC/RO, rel. Min. Gilmar Mendes) (Inform. STF 456)

DIREITO PROCESSUAL CIVIL. PROTESTO JUDICIAL. AUSÊNCIA DE LEGÍTIMO INTERESSE.

O protesto judicial formulado por quem não demonstra vínculo com a relação jurídica invocada deve ser indeferido por falta de legítimo interesse. A instrução do protesto deve ser suficiente para demonstrar o legítimo interesse do requerente, nos termos do art. 869 do CPC. Precedentes citados: **REsp 1.188.778-BA, DJe 19/4/2011, e REsp 1.200.548-ES, DJe 13/10/2010. REsp 1.200.075-RJ, Rel. Min. Nancy Andrighi, julgado em 23/10/2012.** (Inform. STJ 507)

AÇÃO CAUTELAR. COMPETÊNCIA. JUÍZO ESTATAL E TRIBUNAL ARBITRAL.

A constituição de tribunal arbitral implica, em regra, a derrogação da jurisdição estatal, devendo os autos da ação cautelar – ajuizada antes da formação do tribunal – ser encaminhados de imediato ao juízo arbitral regularmente constituído. No caso, antes de ser instaurado o procedimento arbitral, a recorrida ingressou com a medida cautelar amparada na possibilidade de que, na pendência da nomeação dos árbitros, admite-se que a parte recorra ao Judiciário para assegurar o resultado que pretende na arbitragem. Negado provimento ao pedido formulado na inicial, foi interposta apelação. Antes do julgamento do apelo recursal, que concedeu a tutela, as partes subscreveram ata de missão confirmando a constituição do tribunal arbitral. Assim, a Turma entendeu que o juízo arbitral deve assumir o processamento da ação na situação em que se encontra, para reapreciar e ratificar ou não a cautelar que foi concedida em caráter precário pelo Poder Judiciário. Precedente citado: **SEC 1-EX, DJe 1º/2/2012. REsp 1.297.974-RJ, Rel. Min. Nancy Andrighi, julgado em 12/6/2012.** (Inform. STJ 499)

CAUTELAR. ILEGITIMIDADE ATIVA E IMPOSSIBILIDADE JURÍDICA DE PRETENSA NETA, COM PAI VIVO E JÁ SUCUMBENTE EM OUTRAS DEMANDAS, POSTULAR A REALIZAÇÃO DE EXAME DE DNA PARA INSTRUÇÃO DE FUTURA DEMANDA VOLTADA À CONSTITUIÇÃO DE RELAÇÃO DE PARENTALIDADE.

A Turma, por maioria, entendeu aplicar o art. 1.606 do CC ao caso, concluindo pela ilegitimidade ativa da neta para ajuizar ação de produção antecipada de provas, em detrimento de pretenso avô, por se encontrar vivo o seu genitor, ausente legitimação concorrente entre classes de graus diferentes para postularem o reconhecimento de parentalidade, havendo apenas legitimação sucessiva e a partir da extinção da geração mais próxima do investigado. A Turma também concluiu pela impossibilidade jurídica do pedido, tendo em vista a expressa proibição legal à sua dedução, conforme se retira do mencionado art. 1.606, parágrafo único, do CC, em razão de o progenitor da investigante ter promovido demandas anteriores, nas quais não conseguiu provar a relação de descendência com o pretenso investigado. O mero fato de as demandas ajuizadas pelo pai da recorrente terem sido julgadas improcedentes, sem prova cabal da inexistência de descendência biológica, não afasta a aplicação do dispositivo, pois os descendentes mais remotos não estão autorizados a promover ação própria voltada ao reconhecimento do parentesco quando, em anterior processo, ascendente imediato e integrante de geração mais próxima não foi reconhecido como parente do investigado. No entender da maioria, a ausência de prova cabal legitima o pai da recorrente a ajuizar uma nova ação para relativizar os provimentos jurisdicionais que não o reconheceram como filho do ora recorrido, uma vez que suas ações foram julgadas improcedentes, sem a realização do exame de DNA, e, segundo o entendimento mais recente da Suprema Corte, pode ser reinaugurada essa discussão, exatamente nos casos em que, nos julgados de improcedência anteriores, não foi efetuado o exame do DNA. **REsp 876.434-RS, Rel. originário Min. Raul Araújo, Rel. para o acórdão Min. Marco Buzzi, julgado em 1º/12/2011.** (Inform. STJ 488)

LIMINARES. MC. DEPÓSITO. VALOR. LEVANTAMENTO. ACP. SUSTAÇÃO.

In casu, existem dois processos distintos em que se discute o destino de um mesmo depósito judicial. Há o REsp interposto pelo estado-membro ao qual se atribuiu o efeito suspensivo que está sendo questionado pela ora agravante em medida cautelar (MC), recurso esse oriundo de agravo de instrumento em ação cautelar conexa à ação declaratória de inexistência de relação jurídico-tributária. E também há uma ação civil pública (ACP) ajuizada pelo *Parquet* estadual contra a mesma parte, a ora agravante, na qual também foi deferida liminar, confirmada pelo TJ, sustando o levantamento do valor depositado, que, segundo se alega, pertenceria aos consumidores. Assim, as duas liminares têm o mesmo efeito prático – inibir o levantamento imediato do depósito pela agravante –, porém foram concedidas em ações totalmente distintas. Dessa forma, não tem razão a agravante quanto à alegação de que a decisão do TJ proferida em uma das ações tem prevalência sobre a outra; pois, enquanto vigorar qualquer um dos dois provimentos judiciais, impõe-se sua observância; eventual revogação ou modificação dessas medidas dependerão de decisão específica no respectivo processo. Ademais, a MC não é o instrumento próprio para fazer juízo sobre o acerto ou não das decisões tomadas na referida ACP, tampouco para provocar sua revogação. Com essas considerações, a Turma negou provimento ao agravo. **AgRg na MC 17.966-SC, Rel. Min. Teori Albino Zavascki, julgado em 20/9/2011.** (Inform. STJ 483)

PROTESTO. ALIENAÇÃO. BENS. LEGÍTIMO INTERESSE.

In casu, a recorrida utilizou-se do protesto contra a alienação de bens com o fim de resguardar herdeiros e terceiros dos riscos relacionados à aquisição de cotas da sociedade de advogados mantida entre o seu falecido pai e o recorrente. Para isso, aduziu que parte das cotas pertencentes ao seu pai teria sido irregularmente transferida para o recorrente, em detrimento dos herdeiros daquele. Para o recorrente, contudo, a recorrida careceria de interesse na utilização do referido protesto, na medida em que ela não herdará cotas, mas apenas o seu respectivo valor pecuniário a ser pago pela pessoa jurídica da sociedade e, mesmo assim, considerando-se a situação desta no momento em que seu falecido pai deixou de ser sócio. Portanto, no REsp, a questão está em saber se, na hipótese, a recorrida preenche os requisitos indispensáveis à utilização do mencionado protesto. A Turma entendeu haver na espécie a presença de tais requisitos, consignando que a condição de herdeira confere à recorrida legítimo interesse no protesto, sobretudo tendo em vista a controvérsia relativa ao direito a 40% das cotas da sociedade de advogados. Observou-se não se ignorar o fato de que tal sociedade se constitui *intuitu personae* e que o falecimento de um sócio não implica transmissão da condição de herdeiros, porém essa circunstância não elide o interesse da recorrida em resguardar os direitos que ela considera deter sobre as cotas que pertenciam ao seu falecido pai. Salientou-se, ainda, que a transação noticiada pelo recorrente, por ele firmada com parte dos herdeiros, não afasta legítimo interesse da recorrida no protesto, pois ela não participou do acordo. Ademais, não se constata abuso na utilização da medida que apenas objetivou tornar pública a pretensão da recorrida, de modo a precaver eventuais interessados na aquisição de cotas da sociedade, e, da forma como apresentado, o protesto não inviabiliza a alienação das referidas cotas, mas assegura que potenciais compradores fiquem cientes de tratar-se de bem litigioso, evitando com isso futura alegação de desconhecimento dos riscos envolvidos na negociação. Desse modo, reveste-se de garantia não apenas a recorrida e os demais herdeiros, como também os terceiros de boa-fé, não havendo, pois, qualquer violação do art. 869 do CPC. Com esses argumentos, entre outros, negou-se provimento ao recurso. **REsp 1.229.449-MG, Rel. Min. Nancy Andrighi, julgado em 7/6/2011.** (Inform. STJ 476)

CAUTELAR. ATENTADO. JURISDIÇÃO VOLUNTÁRIA.

A Turma consignou ser possível propor a ação cautelar de atentado no curso do procedimento de jurisdição voluntária. Segundo o Min. Relator, a expressão "processo principal" contida no art. 796 do CPC é abrangente e engloba todo e qualquer procedimento tendente a alcançar provimento por um dado juízo, não se limitando aos processos de jurisdição contenciosa. Ressaltou, ademais, que a doutrina processualista mais recente explica ser equivocado qualificar a jurisdição voluntária como atividade não jurisdicional por suposta ausência de lide: o litígio pode existir, apenas não é essencial ao ajuizamento da ação. Na espécie, a recorrente propôs, na origem, a ação de atentado com base no art. 879, III, do CPC para anular o registro de escritura pública efetivado enquanto o procedimento de dúvida registrária estava pendente de julgamento. Entretanto, *in casu*, aplicou-se a Súm. n. 283-STF porque a recorrente não impugnou todos os fundamentos aventados pelo tribunal *a quo* para desprover a apelação por ela interposta. **REsp 942.658-DF, Rel. Min. Paulo de Tarso Sanseverino, julgado em 2/6/2011.** (Inform. STJ 475)

MULTA COMINATÓRIA. EXIBIÇÃO. DOCUMENTOS. AÇÃO ORDINÁRIA.

A Turma entendeu que, assim como não cabe a multa cominatória nas ações cautelares de exibição de documentos (Súm. n. 372-STJ), também não se admite sua aplicação em pedido incidental de exibição de documentos para instruir ação ordinária (fase instrutória de processo de conhecimento). Segundo a Min. Relatora, nessas hipóteses, a consequência do descumprimento injustificado do ônus processual é a presunção de veracidade dos fatos que se pretendia comprovar (art. 359 do CPC) – presunção que não é absoluta –, e não a imposição de multa que a lei reserva para forçar o devedor a cumprir obrigação de fazer, não fazer ou entregar coisa. Precedente citado: AgRg no Ag 1.179.249-RJ, DJe 3/5/2011. **EDcl no AgRg no REsp 1.092.289-MG, Rel. Min. Maria Isabel Gallotti, julgados em 19/5/2011 (ver Informativo n. 469).** (Inform. STJ 473)

EXIBIÇÃO. DOCUMENTOS. RELAÇÃO JURÍDICA.

Buscava-se, mediante medida cautelar, que a administradora de consórcios exibisse os contratos que fez com consorciados, além dos extratos dos respectivos pagamentos. Contudo, alegou-se que, para tal, os autores, ora recorridos, deveriam ter municiado sua petição inicial com qualquer início de prova da constituição da relação jurídica havida entre eles e a administradora. Nesse contexto, vê-se que a cautelar, no caso, não é preparatória ou incidental a um processo de conhecimento, mas sim preparatória à própria execução judicial, o que é admissível: a existência da relação jurídica já foi reconhecida por juízo em momento anterior (no julgamento de ação declaratória). Daí não haver sentido em exigir dos recorridos aquela comprovação já declarada por sentença. Anote-se que o fato de a exibição ter sido requerida dessa forma não obsta seu manejo; ao contrário, ela se reforça pela declaração prévia da existência da relação jurídica. Precedente citado: REsp 896.435-PR, DJe 9/11/2009. **REsp 1.118.416-PR, Rel. Min. Nancy Andrighi, julgado em 3/5/2011.** (Inform. STJ 471)

SÓCIA. HOLDING. CAUTELAR. EXIBIÇÃO. DOCUMENTOS. EMPRESA CONTROLADORA.

Trata-se de ação cautelar de exibição de documentos ajuizada por participante de sociedade *holding* para ter acessos a documentos e mensagens eletrônicas (*e-mails*) que dizem respeito às sociedades controladas, de cujo quadro societário não participa. O TJ deu provimento ao apelo dos réus apenas para afastar da condenação a exibição das mensagens eletrônicas. Esclarece o Min. Relator que se tem, no caso, segundo o TJ, a constituição de uma *holding* familiar, cujas empresas – das quais a recorrente integra diretamente o quadro social (de quatro *holdings*) – são também controladoras daquelas (das quais exige a exibição dos documentos) de que não participa, ao menos de maneira direta, do capital estipulado no contrato social. Assim, a controvérsia principal versa em saber se a participação indireta tem a faculdade de conferir ao sócio da *holding* familiar – que não é sócio das empresas controladas – o direito de pedir a exibição de documentos que a lei confere somente aos sócios. Para o Min. Relator, o direito de acesso aos documentos da sociedade se dá com vistas a manter a harmonia na relação empresarial, verificando a condição daquelas empresas a fim de que a *holding* possa cumprir seu objetivo social. Assevera que impedir a recorrente de ter acesso aos documentos das empresas controladas fere o princípio constitucional da preservação da empresa. Por outro lado, aponta que a jurisprudência deste Superior Tribunal já reconheceu a legitimidade ativa de sócio de *holding* na ação de prestação de contas movida contra empresa controlada, da qual é sócia indireta. Quanto aos outros recursos especiais, reafirmou, nos termos da Súm. n. 372-STJ, que não cabe "aplicação de multa cominatória em ação de exibição de documentos", no que a Turma também acompanhou o voto do Min. Relator. Precedentes citados: **REsp 633.056-MG, DJ 2/5/2005; REsp 1.094.846-MS, DJe 3/6/2009, e REsp 433.711-MS, DJ 22/4/2003. REsp 1.223.733-RJ, Rel. Min. Luis Felipe Salomão, julgado em 7/4/2011.** (Inform. STJ 468)

AÇÃO CAUTELAR. EXIBIÇÃO. DOCUMENTOS. *E-MAILS* DIFAMATÓRIOS. HONORÁRIOS ADVOCATÍCIOS.

Trata-se, na origem, de ação cautelar de exibição de documentos proposta em desfavor da recorrente pela recorrida com o intuito de obter informações acerca da origem de mensagens eletrônicas difamatórias (*e-mails*) recebidas por seu namorado, o que causou, inclusive, o fim do relacionamento. A sentença julgou procedente o pedido, determinando o fornecimento dos dados cadastrais do remetente contidos no banco de dados da recorrente, condenando-a, ainda, em custas e honorários advocatícios, o que foi confirmado em grau de apelação. Assim, no REsp, a controvérsia diz respeito ao cabimento ou não de condenação em custas e honorários advocatícios na hipótese em que o acesso a dados cadastrais, por força do sigilo das comunicações, só é possível mediante determinação judicial. A Turma deu provimento ao recurso sob o fundamento de que, no caso, não houve qualquer resistência da ora recorrente, que, inclusive, na própria contestação, admitiu a possibilidade de fornecer os dados cadastrais, desde que mediante determinação judicial, sendo certo que não poderia ser compelida, extrajudicialmente, a prestar as informações à autora, ora recorrida, diante do sigilo constitucionalmente assegurado. Observou-se, contudo, ser orientação jurisprudencial do STJ que a medida cautelar de exibição de documentos é ação e, portanto, nessa qualidade, é devida a condenação da parte ré ao pagamento dos honorários advocatícios por força do princípio da causalidade. Todavia, como visto, a ora recorrente não deu causa ao ajuizamento da demanda. Dessa forma, como o acesso a dados cadastrais do titular de conta de *e-mail* do provedor de *Internet* só pode ser determinado pela via judicial, por meio de mandado, não há falar no referido princípio, apto a justificar a condenação nos ônus sucumbenciais. Precedentes citados: RHC 8.493-SP, DJ 2/8/1999; AgRg no Ag 1.266.152-SC, DJe 16/8/2010; REsp 533.866-RS, DJ 31/5/2004, e REsp 168.280-MG, DJ 10/5/1999. **REsp 1.068.904-RS, Rel. Min. Massami Uyeda, julgado em 7/12/2010.** (Inform. STJ 459)

CAUTELAR. LITISPENDÊNCIA. COISA JULGADA.

A Turma, ao negar provimento ao recurso especial, refutou a alegação de litispendência que, segundo a recorrente, ocorreria entre a medida cautelar da qual se originou o processo em tela e a apontada ação de obrigação de fazer (em sede de execução), todas intentadas pela recorrida. Segundo a Min. Relatora, não obstante ambas as ações terem as mesmas partes, não haveria identidade entre os pedidos e as causas de pedir. Na espécie, a sentença proferida na ação de obrigação de fazer condenou a recorrente à retirada do produto adquirido (álcool etílico anidro carburante) das dependências da recorrida, bem como ao pagamento do preço após 30 dias. Por sua vez, a ação cautelar foi proposta após a determinação, em fase executória, de busca e apreensão do combustível, a fim de condicionar a retirada do produto à apresentação do pagamento ou ao oferecimento de garantia. Desacolheu-se, ainda, o argumento de que essa condição posteriormente estabelecida importaria violação da coisa julgada. Para a Min. Relatora, a medida cautelar apenas objetivou assegurar a exequibilidade do *decisum* contra situação superveniente que poderia representar ameaça ao resultado útil do processo principal. Precedentes citados: REsp 719.566-RS, DJ 9/10/2006; AgRg no REsp 958.172-MG, DJe 17/5/2010, e REsp 741.682-RN, DJe 2/6/2008. **REsp 1.187.735-ES, Rel. Min. Nancy Andrighi, julgado em 2/9/2010.** (Inform. STJ 445)

CAUTELAR SATISFATIVA. AJUIZAMENTO. AUSÊNCIA. PREVISÃO LEGAL. IMPOSSIBILIDADE.

Para o ajuizamento da medida cautelar satisfativa, deve haver previsão expressa em nosso ordenamento jurídico, pois se trata de medida excepcional. Assim, na ausência de previsão legal, não cabe o ajuizamento de ação de busca e apreensão absolutamente satisfativa, com o intuito de retomar bens móveis objeto de contrato de comodato, no caso, cadeiras e mesas. Se não ajuizada ação de conhecimento no prazo do art. 806 do CPC (30 dias), deve-se extinguir a ação cautelar, sem resolução do mérito. Precedentes citados: REsp 577.693-MG, DJ 3/10/2005, e REsp 801.032-RJ, DJ 18/5/2006. **REsp 540.042-CE, Rel. Min. Luis Felipe Salomão, julgado em 10/8/2010.** (Inform. STJ 442)

CAUTELAR. EXIBIÇÃO. DOCUMENTOS.

Trata-se de REsp em que se discute a correção de acórdão que considerou indispensável a propositura de ação cautelar prévia e autônoma de exibição de documentos para obtenção de cópia de contrato de consórcio de veículos a que a autora alega ter aderido. *In casu*, a autora, ora recorrente, em vez de valer-se de cautelar preparatória, ajuizou diretamente a ação principal, discutindo o contrato e pleiteando a devolução de parcelas pagas, com a requisição incidental de exibição do contrato. No julgamento, nesta instância especial, inicialmente, observou-se que a regra, no Processo Civil brasileiro, é que a petição inicial deve ser instruída com os documentos que fundamentam a pretensão do autor, indispensáveis à propositura da ação. A produção de prova documental posterior, pelo sistema do código, somente é admissível quanto a fatos posteriores ou para impugnação de alegações da parte contrária. Desse modo, mediante uma interpretação literal e estática dessas normas, assistiria razão ao Tribunal a *quo* ao concluir que o contrato de consórcio, bem como os recibos de pagamento, são documentos indispensáveis à propositura da ação declaratória de nulidade de cláusula cumulada com cobrança. Com efeito, a visão clássica do processo determinaria que, ante a inexistência de tais documentos em poder da autora, competiria a ela, nos termos do art. 844 e seguintes do CPC, propor ação cautelar preparatória e, somente após concluído o procedimento cautelar, concluir pela conveniência ou não de ajuizar a ação principal. Sem isso, a petição inicial estaria incompleta, competindo ao juízo indeferi-la nos termos do art. 284, parágrafo único, do CPC. Por outro lado, contudo, ressaltou-se que o Processo Civil moderno tem, na máxima medida possível, de se direcionar a uma solução de mérito. As nulidades processuais somente podem ser decretadas em casos extremos, em que esteja clara a ofensa a princípios fundamentais do processo. Destacou-se que, entre as modalidades de exibição de documentos, a que mais se adéqua à intenção da autora, no ponto de vista técnico, de fato, é a exibição preparatória. Mas, na situação concreta, não há prejuízo em decorrência da formulação incidental do pedido de exibição. Na contestação, o recorrido, em momento nenhum, alegou não existir o contrato em que se funda o pedido, ao contrário, demonstrou conhecimento acerca da existência do grupo de consórcio ao qual supostamente aderiu a autora. Assim, a falta do documento na petição inicial não inviabilizou a defesa do réu. Todas as questões dúbias quanto à existência do contrato, quanto aos montantes pagos ou quanto à transferência do grupo de consórcio a outro administrador poderiam ser solucionadas mediante a aplicação direta das regras que disciplinam a exibição incidental de documentos, sem necessidade de medida cautelar preparatória. Com esses argumentos, entre outros, a Turma deu provimento ao recurso. Precedente citado: REsp 1.068.040-GO, DJe 16/12/2008. **REsp 896.435-PR, Rel. Min. Nancy Andrighi, julgado em 27/10/2009.** (Inform. STJ 413)

HONORÁRIOS ADVOCATÍCIOS. EXIBIÇÃO. DOCUMENTOS.

Trata-se de pagamento de honorários de advogado nas ações cautelares de exibição de documentos. No caso, a parte autora não comprovou a recusa da autarquia de entregar administrativamente os documentos. Logo, inaplicável o princípio da causalidade, pois não há qualquer indício de que a autarquia deu ensejo ao ajuizamento da ação cautelar. O fato de não apresentar contestação não conduz, na espécie, à veracidade das alegações do autor, pois os efeitos da revelia não se aplicam aos entes autárquicos, sobretudo em razão da indisponibilidade dos direitos a eles conferidos. Assim, não há condenação da ré em verba honorária por ter apresentado os documentos em juízo, pois não se configuraram a existência de lide e a causalidade da ação. **REsp 1.077.000-PR, Rel. Min. Maria Thereza de Assis Moura, julgado em 20/8/2009.** (Inform. STJ 403)

EXIBIÇÃO. DOCUMENTOS. SÚM. N. 372-STJ.

Trata-se de ação cautelar de exibição de documentos (art. 844 do CPC) referente à eleição para a presidência de determinado órgão de classe. Nesse contexto, ao prosseguir o julgamento, a Turma entendeu, por maioria, aplicar a Súm. n. 372 do STJ, pois a falta de exibição dos documentos requeridos pelo autor naquela via judicial implica a única sanção processual cabível: a admissão da presunção de veracidade dos fatos que se pretende comprovar mediante a prova sonegada. A multa cominatória, então, mostra-se incompatível com o procedimento da exibição de documentos. Anote-se que, nas hipóteses que não são passíveis de presunção da veracidade dos fatos, esse efeito, é claro, não pode prosperar, mas, na recusa, é possível ao juiz determinar a apreensão. Com esse entendimento, acolhido pela maioria quando do prosseguimento do julgamento, a Turma deu provimento ao recurso para afastar a multa. Os votos divergentes entendiam não conhecer do recurso em razão da aplicação da Súm. n. 284 do STF (por analogia), da Súm. n. 7 do STJ e do instituto da preclusão. **REsp 845.860-SP, Rel. Min. Luiz Fux, julgado em 7/5/2009.** (Inform. STJ 393)

BANCO. FORNECIMENTO. EXTRATOS.

O correntista pode acionar judicialmente o banco com objetivo de prestação de contas (Súm. n. 259-STJ) desde que indique a relação jurídica entre eles e especifique o período que entende necessário esclarecer. Assim, também detém interesse de agir para ajuizar ação de exibição de documentos, a fim de que a instituição financeira forneça extratos de caderneta de poupança para promover execução individual de sentença proferida em ação civil pública que reconheceu aos poupadores que mantinham cadernetas de poupança nos períodos de maio a julho/1987 e de dezembro/1988 a fevereiro/1989 o direito de receber as diferenças decorrentes dos expurgos inflacionários derivados dos Planos Econômicos Bresser e Verão. Ressalta o Min. Relator que a obrigação de o banco exibir os documentos decorre de lei, de integração contratual compulsória, não podendo ser objeto de recusa nem de condicionantes, em razão do princípio da boa fé objetiva. Diante disso, a Turma deu provimento ao recurso do correntista, restabelecendo a sentença que julgou procedente o pedido, determinando que, independentemente do trânsito em julgado e antes da lavratura do acórdão, comunique-se a imediata entrega da documentação retida. Vencida em parte a Min. Nancy Andrighi e o Min. Vasco Della Gustina (desembargador convocado do TJ-RS), que aplicavam a multa do art. 18 do CPC ao banco. **REsp 1.105.747-PR, Rel. Min. Massami Uyeda, julgado em 7/5/2009.** (Inform. STJ 393)

RECURSO REPETITIVO. CAUTELAR. EXIBIÇÃO. DOCUMENTOS.

A Seção, ao apreciar o REsp como recurso repetitivo (Lei n. 11.672/2008 e Res. n. 8/2008-STJ), reiterou seu entendimento de que a presunção de veracidade contida no art. 359 do CPC (a confissão ficta quanto aos fatos afirmados) não se aplica às ações cautelares de exibição de documentos, uma vez que ainda não há ação principal em curso e não se revela admissível, nesta hipótese, vincular o respectivo órgão judiciário, a quem compete a avaliação da prova, com o presumido teor do documento. **REsp 1.094.846-MS, Rel. Min. Carlos Fernando Mathias (Juiz convocado do TRF da 1ª Região), julgado em 11/3/2009.** (Inform. STJ 386)

CAUTELAR. EXIBIÇÃO. EXTRATOS BANCÁRIOS. TARIFA.

Trata-se de ação cautelar de exibição de documentos para obtenção de extratos e contratos relativos a negócios firmados entre o autor e a instituição financeira em que se alega a existência de débitos indevidos – sem autorização – na conta-corrente do autor. O juiz acolheu o pedido inicial, determinando a expedição dos extratos bancários mediante pagamento de tarifa. O autor opôs embargos declaratórios que foram rejeitados, neles o autor apontava contradição na exigência de tarifa bancária as quais a lei não autoriza. O Tribunal *a quo* também considerou pertinente tal cobrança e negou provimento ao apelo. Para o Min. Relator, incontroverso que o autor é correntista do banco réu, assim, há relação de consumo, logo o fornecedor deve informar plenamente o consumidor acerca dos serviços prestados (arts. 6º, III, 20, 31, 35 e 54, § 5º, do CDC). Ademais, a exibição judicial de documentos em ação cautelar não se confunde com a segunda emissão de extratos bancários, não cabendo cobrança de qualquer tarifa. Diante do exposto, a Turma deu provimento ao recurso para determinar a exibição dos documentos requeridos na petição inicial no prazo de cinco dias, afastada a cobrança de tarifa pela emissão dos extratos bancários. Precedentes citados: REsp 330.261-SC, DJ 8/4/2002, e REsp 653.895-PR, DJ 5/6/2006. **REsp 356.198-MG, Rel. Min. Luis Felipe Salomão, julgado em 10/2/2009.** (Inform. STJ 383)

CAUÇÃO. SUBSTITUIÇÃO. JULGAMENTO. CAUTELAR.

É admissível o pedido de cautela substitutiva (art. 805 do CPC) após o julgamento do mérito da ação cautelar. A substituição por caução da cautela anteriormente decretada pelo juízo só é condicionada ao cumprimento de dois requisitos: cuidar-se de cautela fungível e não haver prejuízo ao autor. Não há, no referido artigo, qualquer menção ao momento processual em que o pedido poderá ser formulado, basta ser posterior ao deferimento da cautela. Assim, o oferecimento da caução substitutiva pode ser feito a partir do momento em que deferida a medida, seja liminarmente ou após o julgamento do mérito da cautelar. Com esse entendimento, a Turma deu provimento ao REsp para que os autos retornem ao Tribunal *a quo* e se prossiga no julgamento, afastada a inadmissibilidade do referido pedido de substituição. Precedente citado: REsp 22.034-GO, DJ 30/11/1992. **REsp 1.052.565-RS, Rel. Min. Sidnei Beneti, julgado em 2/12/2008.** (Inform. STJ 379)

VASILHAMES. ÁGUA MINERAL. UTILIZAÇÃO.

Trata-se de recurso contra acórdão de TJ que julgou improcedentes a ação cautelar de busca e apreensão e a cominatória de obrigação de não-fazer movidas contra a recorrida por sociedade empresarial dedicada à exploração de águas minerais. A autora objetivava fosse impedida a ré de utilizar-se de garrafões por ela produzidos para comercialização de seu produto como vasilhames da água mineral originária de fonte da ré e por esta oferecida ao mercado consumidor. O acórdão recorrido serviu-se de prova pericial e se baseou em outros elementos fáticos dos autos, concluindo que não correspondiam à realidade as assertivas de que a ré não adquirira garrafões próprios; que aplicara sobre os vasilhames rótulo de sua marca e assim também os lacrara para consumo; que a propriedade dos garrafões é do consumidor que paga por eles e, após, troca-os nos postos, pagando apenas pelo conteúdo líquido, como no caso dos botijões de gás; que a comercialização dos recipientes é livre; e que há nítida diferenciação entre os produtos, impedindo a confusão do consumidor. Mas o Min. Relator esclareceu que, no caso, chegar a uma conclusão diferente, visto que a tese jurídica deixou de ser delineada com precisão pela falta de prequestionamento, somente se faz com o reexame fático, vedado a este Superior Tribunal. **REsp 886.025-CE, Rel. Min. Aldir Passarinho Junior, julgado em 28/10/2008**. (Inform. STJ 374)

CAUTELAR. PRINCIPAL. JULGAMENTO SIMULTÂNEO. EFEITOS.
Cinge-se a questão a determinar se o recurso de apelação interposto contra sentença que julga conjuntamente a medida cautelar e a respectiva ação principal deve ser recebido em ambos os efeitos ou tão-somente no efeito devolutivo. A Turma proveu o recurso, reafirmando o entendimento de que a apelação interposta contra decisão simultânea da ação principal e da ação cautelar deve ser recebida com efeitos diversos, não se justificando o recebimento no duplo efeito. De fato, não há possibilidade de extensão do efeito suspensivo do recurso de apelação interposto na ação de conhecimento às demandas enumeradas nos incisos do art. 520 do CPC. Precedentes citados: REsp 162.242-SP, DJ 28/8/2000; RMS 8.388-SP, DJ 23/3/1998; REsp 157.638-SC, DJ 14/6/1999; REsp 81.077-SP, DJ 23/9/1996; REsp 182.221-SP, DJ 24/3/2003, e REsp 102.716-SP, DJ 8/5/2000. **REsp 663.570-SP, Rel. Min. Carlos Fernando Mathias (Juiz convocado do TRF da 1ª Região), julgado em 21/10/2008**. (Inform. STJ 373)

MC. EFEITO SUSPENSIVO. AG.
Trata-se de medida cautelar que visa à concessão de efeito suspensivo ao agravo de instrumento manejado contra decisão que negou a subida de recurso especial no qual o requerente objetiva reformar julgamento do Tribunal *a quo* que lhe foi desfavorável. Aduz o recorrente, requerente na MC, que o Tribunal *a quo* não levou em conta documentação oferecida fora do prazo, é verdade, mas por motivo de força maior, visto que houve uma desestatização e, em seguida, privatização da então instituição bancária que passou a integrar o conglomerado ao qual pertence o ora requerente.
286 Assim, alega que, por absoluta impossibilidade, não foram acostados ao processo inúmeros documentos comprobatórios dos lançamentos a débito efetuados na conta-corrente da ora requerida, os quais afastam, de forma cabal, a conclusão de que o requerente procedeu a lançamentos sem causa. Sustenta, então, a plausibilidade do direito em causa, conforme precedentes do STJ. Diante disso, a Turma entendeu haver perigo de dano grave e de difícil ou incerta reparação, até porque, à luz dos precedentes invocados, há, efetivamente, plausibilidade do direito em debate, qual seja o exame e decisão sobre a documentação oferecida já na fase recursal, nas instâncias ordinárias, por motivo comprovado de força maior, como alegado no caso. Assim, nada obstante se cuidar de simples agravo de instrumento, dadas as peculiaridades envolventes da espécie, concedeu-se efeito suspensivo à medida cautelar. Precedentes citados: REsp 466.751-AC, DJ 23/6/2003; REsp 431.716-PB, DJ 19/12/2002, e REsp 183.056-RS, DJ 11/12/2000. **MC 14.355-SP, Rel. Min. Fernando Gonçalves, julgado em 19/6/2008**. (Inform. STJ 360)

CAUTELAR. SEQÜESTRO. PAULIANA. CONEXÃO.
Em hipótese semelhante, a Segunda Seção deste Superior Tribunal decidiu pela competência da Justiça do Trabalho para o julgamento de ação na qual uma instituição financeira postulou a condenação de ex-empregado a restituir o valor pago pela autora aos seus correntistas em razão de desvios que o réu supostamente teria efetuado em suas contas-correntes. Quanto às ações cautelar de seqüestro e pauliana, cuja conexão com a ação declaratória cumulada com indenização por danos morais e materiais foi reconhecida pelo juízo suscitado, não devem seguir a mesma sorte. Na hipótese, não há essa identidade entre as ações ajuizadas pela autora, verificando-se, tão-somente, a ocorrência de prejudicialidade. Afastada a conexão, é de ser reconhecida a competência da Justiça comum estadual para o julgamento da ação pauliana. Também já decidiu a Segunda Seção deste Superior Tribunal que a pretensão deduzida em ação na qual se pugna pela anulação de ato praticado em fraude contra credores é de natureza civil, ainda que o ato impugnado tenha o objetivo de frustrar a futura execução de uma dívida trabalhista. Quanto à ação cautelar de seqüestro, verifica-se que o bem cuja alienação pretende-se evitar é o mesmo cuja alienação objetiva-se desconstituir com a ação pauliana proposta, sendo essas duas ações, portanto, conexas. Isso posto, a Seção considerou competente o juízo comum estadual. **CC 74.528-SP, Rel. Min. Sidnei Beneti, julgado em 14/5/2008**. (Inform. STJ 355)

BUSCA E APREENSÃO. REVELIA. VISTA. DOCUMENTO.
Discute-se a aplicação da pena de revelia e a nulidade da sentença que se teria amparado em documento cuja vista não foi dada aos réus, ora recorrentes, em ação de busca e apreensão movida por instituição bancária. Explica o Min. Relator que a revelia foi corretamente aplicada; pois, segundo o acórdão recorrido, a contestação é intempestiva, uma vez que, após a citação, houve a retirada dos autos pelo advogado e, só após três meses e meio, eles foram devolvidos com a contestação. Essa demora, segundo o citado acórdão, obstruiu a marcha processual, não permitindo a juntada da carta precatória. Assim, para o Min. Relator, chegar-se à conclusão contrária demandaria reexame fático (Súm. n. 7-STJ). Observa o Min. Relator que o Tribunal *a quo* reconheceu que a parte, em tese, teve acesso aos autos em momento ulterior e nada alegou a respeito. Por outro lado, o documento a que se reportou a sentença, a cuja vista os recorrentes alegam que não tiveram acesso, é uma certidão do cartório atestando a retirada e a restituição desses autos de busca e apreensão pelo advogado dos recorrentes, informação de que já tinham ciência. Para o Min. Relator, afirmar que o causídico fê-lo em nome próprio e não dos recorrentes seria pueril e ele teria praticado a irregularidade de retirar autos de processo do qual não era advogado. Outrossim, não se alegou, em nenhum momento, que a certidão estaria errada ou era falsa; assim, não se configura a hipótese de nulidade da decisão. REsp 472.554-PR, Rel. Min. Aldir Passarinho Junior, julgado em 19/2/2008. (Inform. STJ 345)

EFICÁCIA CAUTELAR. ALIMENTOS PROVISIONAIS.
Uma vez não proposta a ação principal de alimentos no prazo de 30 dias (art. 806 do CPC) perde a eficácia a cautelar de alimentos (alimentos provisionais) nos termos do art. 808 do CPC. Precedente citado: EREsp 327.438-DF, DJ 14/8/2006. **REsp 436.763-SP, Rel. Min. Humberto Gomes de Barros, julgado em 27/11/2007.** (Inform. STJ 340)

AÇÃO CAUTELAR. EXIBIÇÃO. DOCUMENTO. MULTA COMINATÓRIA.
Trata-se de ação cautelar preparatória de exibição de documentos em que o Tribunal a quo, ao julgar o agravo de instrumento, manteve a multa fixada pelo juízo de origem, caso não cumprida a liminar que fixou o prazo de cinco dias para a apresentação dos documentos. Assim, a Turma conheceu e deu provimento ao recurso por entender que a incidência do art. 359 do CPC nas ações cautelares de exibição de documentos, determinada pelo art. 845 do estatuto, afasta a possibilidade de aplicação de multa cominatória pelo descumprimento da decisão judicial, uma vez que basta à autora a presunção de veracidade da alegação baseada na prova documental eventualmente não fornecida, eis que o provimento já lhe confere o elemento probatório essencial para instruir a ação principal. Precedentes citados: REsp 633.056-MG, DJ 2/5/2005, e REsp 633.056-MG, DJ 2/5/2005. **REsp 981.706-SP, Rel. Min. Aldir Passarinho Junior, julgado em 9/10/2007.** (Inform. STJ 335)

AÇÃO. BUSCA E APREENSÃO. LIMINAR DEFERIDA. REVISÃO. REUNIÃO. PROCESSOS.
Como acolhido em precedentes da Corte, o ajuizamento de ação objetivando discutir condições e cláusulas do pacto garantido por alienação fiduciária não obsta o prosseguimento da busca e apreensão fundada na mesma avença. Por outro lado, não tem cabimento impedir a liminar em ação de busca e apreensão porque ajuizada ação ordinária questionando a existência de defeito na máquina comprada, com conseqüente pedido de ruptura do contrato de compra e venda e, naturalmente, do financiamento para tanto. Concluiu o Min. Relator que, não se examinando a fase em que se encontram os feitos, não há apoio para a reunião dos processos, sendo certo que a Terceira Turma deste Superior Tribunal tem precedente no sentido de não existir conexão, mas, sim, prejudicialidade externa entre as ações de busca e apreensão e de revisão de cláusulas contratuais, quando ambas discutem o mesmo contrato de alienação fiduciária. Precedentes citados: REsp 633.581-SC, DJ 25/10/2004; REsp 531.290-MT, DJ 1º/3/2004; REsp 192.978-RS, DJ 9/8/1999; REsp 402.580-MS, DJ 4/11/2002, e MC 6.358-SP, DJ 2/8/2006. **REsp 669.819-SP, Rel. Min. Carlos Alberto Menezes Direito, julgado em 22/3/2007.** (Inform. STJ 314)

LIMINAR. BUSCA E APREENSÃO. CAUÇÃO.
Trata-se de recurso contra acórdão de Tribunal de Justiça que condicionou a concessão de liminar em ação de busca e apreensão à prestação de caução pelo credor. Esclareceu o Min. Relator que a estipulação da caução de 50% do valor do financiamento para a concessão da liminar de busca e apreensão vulnera o art. 3º do DL n. 911/1969. Acrescentou, também, que, no aresto estadual, não há nenhum fundamento a justificar o exercício do poder geral de cautela, inscrito nos arts. 789 e 799 do CPC. O único argumento levantado é no sentido de garantir-se uma potencial restituição a ser paga ao devedor. Contudo a compensação entre pretenso débito/

crédito será realizada ao final do processamento do feito. Isso posto, a Turma conheceu do recurso e deu-lhe provimento. Precedente citado: REsp 776.286-SC, DJ 12/12/2005. **REsp 788.782-RN, Rel. Min. Aldir Passarinho Junior, julgado em 13/3/2007.** (Inform. STJ 313)

SÚMULA STF Nº 390

A exibição judicial de livros comerciais pode ser requerida como medida preventiva.

SÚMULA STJ Nº 482

A falta de ajuizamento da ação principal no prazo do art. 806 do CPC acarreta a perda da eficácia da liminar deferida e a extinção do processo cautelar.

15. PROCEDIMENTOS ESPECIAIS

15.1. Possessórias

IMÓVEL. INADIMPLEMENTO. LEILÃO. SUSPENSÃO. CREDOR. REINTEGRAÇÃO. POSSE.

A *quaestio juris* está em estabelecer se há pretensão possessória em favor do credor por contrato de financiamento de imóvel com pacto de alienação fiduciária em garantia, na hipótese em que tal pretensão é exercida depois da consolidação da propriedade do imóvel, mas antes dos leilões a que se refere o art. 27 da Lei n. 9.514/1997. Na espécie, cuidou-se de ação de reintegração de posse por construtora (recorrida) referente a imóvel por ela vendido mediante alienação fiduciária em garantia, tendo em vista a inadimplência dos recorrentes. Para a retomada do bem, a recorrida constituiu-os em mora mediante notificação e, sem pagamento, consolidou o imóvel em sua propriedade (art. 26, § 7º, da Lei n. 9.514/1997). Em seguida, estabeleceu datas para a realização de dois leilões extrajudiciais do bem. Entretanto, antes da possessória ajuizada pela recorrida, o leilão foi suspenso por decisão judicial, em decorrência de ação ajuizada por um dos recorrentes devido à irregularidade de intimação quanto ao procedimento, sendo precedido de outro processo do outro recorrente com o mesmo objeto. Ocorre que, independentemente da realização do leilão que estava suspenso, a recorrida solicitou a reintegração da posse do imóvel. Nesse panorama, a Min. Relatora destacou que a disputa possessória se dá quando se está diante da afirmação de duas posses, cada uma com o seu respectivo fundamento de fato e de direito. No caso dos autos, a posse dos recorrentes sobre o imóvel foi adquirida por ato *inter vivos* consubstanciado em contrato de compra e venda com alienação fiduciária em garantia. Desse modo, os recorrentes exerceram seu poder de fato sobre o imóvel, sendo, portanto, a aquisição da posse, derivada. Porém, com a inadimplência, o credor, ora recorrido, inaugurou os procedimentos para a retomada do bem e, ao fazê-lo, resolveu o contrato que fundamentara a posse do imóvel pelos recorrentes, de modo que o fundamento jurídico dessa posse se esvaiu. Assim, uma vez resolvido o contrato do qual emergia o fundamento da posse derivada, esta retorna ao seu antigo titular, podendo-se interpretar como um ato de esbulho a permanência do antigo possuidor no bem. Dessa forma, a consolidação da propriedade do bem no nome do credor fiduciante confere-lhe o direito à posse do imóvel. Negá-lo implicaria autorizar que o devedor fiduciário permanecesse em bem que não lhe pertence sem pagamento de contraprestação, na medida em que a Lei n. 9.514/1997 estabelece, em seu art. 37-A, o pagamento de taxa de ocupação apenas depois da realização dos leilões extrajudiciais. Se os leilões são suspensos, como ocorreu na hipótese, a lacuna legislativa não pode implicar imposição ao credor fiduciante de um prejuízo a que não deu causa. Dessarte, o destino que deve ser dado ao imóvel entre o prazo da consolidação da propriedade em nome do credor fiduciante e a data dos leilões judiciais deve ser o de atender à natural destinação econômica do bem, sendo que a permanência daquele que promoveu esbulho do imóvel não atende a essa destinação. **REsp 1.155.716-DF, Rel. Min. Nancy Andrighi, julgado em 13/3/2012.** (Inform. STJ 493)

REINTEGRATÓRIA. POSSE. AUDIÊNCIA. JUSTIFICAÇÃO.

Trata-se de REsp decorrente de ação reintegratória de posse ajuizada, na origem, pela ora recorrida em desfavor da ora recorrente. Sustenta esta, em síntese, violação do art. 930, parágrafo único, do CPC, visto que, não tendo sido intimada nos termos do referido dispositivo legal, não poderia o tribunal *a quo* ter declarado sua revelia. Nesta instância especial, observou-se que, na hipótese, efetivamente na audiência de justificação, não foi apreciada a liminar nem fixado prazo para contestação, tampouco ocorreu a posterior intimação da recorrente, que se viu prejudicada no exercício do seu direito de defesa. Assim, entendeu-se carecer de respaldo jurídico a assertiva contida no bojo do acórdão impugnado de que a recorrente foi regularmente citada para contestar a ação, porquanto a audiência de justificação não é a sede para oferecer contestação, mas apenas para informar ao juiz os elementos de convicção para apreciar a liminar. Portanto, deveria ter sido intimada a recorrente em conformidade com o citado dispositivo da Lei Adjetiva Civil. Diante disso, a Turma deu provimento ao recurso. Precedentes citados: REsp 39.647-MG, DJ 23/5/1994; REsp 47.107-MT, DJ 8/9/1997, e AgRg no Ag 826.509-MT, DJe 11/9/2008. **REsp 890.598-RJ, Min. Luis Felipe Salomão, julgado em 23/11/2010.** (Inform. STJ 457)

SÚM. N. 84-STJ. POSSE INDIRETA.

Os recorrentes celebraram compromisso de compra e venda de imóvel que ainda estava financiado e hipotecado. Pagaram, então, o ágio e se comprometeram a continuar a quitar as prestações restantes. Contudo, havia cláusula, no pacto, que permitia aos promitentes vendedores continuar residindo no imóvel por mais dois anos. Sucede que, após a celebração do compromisso e antes que fosse levado ao registro, a recorrida obteve a constrição do imóvel mediante penhora em processo de execução referente à locação afiançada pelos promitentes vendedores. Nesse contexto, é necessário definir se os promitentes compradores podem manejar embargos de terceiro, nos termos da Súm. n. 84-STJ. Anote-se que o Tribunal *a quo* reconheceu haver posse indireta dos recorrentes, o que faz pressupor uma transmissão ficta da posse mediante uma espécie de constituto possessório, o que não pode ser afastado sem reexame de prova ou cláusulas contratuais (Súmulas ns. 5 e 7 do STJ). Todavia, há inúmeros julgados deste Superior Tribunal que concluem ser possível o oferecimento de embargos de terceiro com base em posse indireta, tal como alguns precedentes que lastreiam a própria Súm. n. 84-STJ. Por sua vez, o art. 1.046 do CPC não exclui a possibilidade de ajuizamento dos embargos de terceiro na hipótese. Assim, conclui-se admissível a oposição dos embargos de terceiros sob alegação de posse indireta referente a compromisso de compra e venda sem registro. Mostra-se inadequado acolher uma interpretação mais restritiva do texto da citada súmula com o fim de resguardar-se de eventual má-fé, visto que ela pode ser adequadamente combatida pelo Poder Judiciário. Precedentes citados: REsp 573-SP, DJ 6/8/1990; REsp 421.996-SP, DJ 24/2/2003; REsp 68.097-SP, DJ 11/9/2000, e REsp 64.746-RJ, DJ 27/11/1995. **REsp 908.137-RS, Rel. Min. Nancy Andrighi, julgado em 20/10/2009.** (Inform. STJ 412)

REINTEGRAÇÃO. POSSE. TERRAS PÚBLICAS.

Noticiam os autos que foram adquiridas terras públicas por instrumento de mandato outorgado por particular (mera detenção de posse); porém, durante o inventário decorrente da morte do adquirente, o imóvel sofreu apossamento, esbulho e grilagem por parte de terceiro. Então, houve o ajuizamento de cautelar de sequestro julgada procedente e, nos autos da cautelar, o autor (o espólio) pretendeu a expedição de mandado de desocupação, o qual foi indeferido ao argumento de que deveria ser ajuizado processo apropriado para tanto. Daí a ação de reintegração de posse interposta pelo espólio, em que a sentença extinguiu o processo sem resolução de mérito, sob o fundamento de que não cabe ao Judiciário decidir lide entre particulares que envolvam questões possessórias de ocupação de imóvel público, entretanto o Tribunal *a quo* deu provimento à apelação do recorrido (espólio), afirmando ser possível o ajuizamento da ação possessória. Isso posto, o REsp do MPDF tem por objetivo saber se é possível ao particular que ocupa terra pública utilizar-se de ação de reintegração de posse para reaver a coisa esbulhada por outro particular. Ressaltou a Min. Relatora que o tema ainda não foi apreciado neste Superior Tribunal, que só enfrentou discussões relativas à proteção possessória de particular perante o Poder Público – casos em que adotou o entendimento de que, em tais situações, a ocupação de bem público não passa de mera detenção, sendo, por isso, incabível invocar proteção possessória contra o órgão público. Observou que o espólio recorrido não demonstrou, na inicial, nenhum dos fundamentos que autorizam o pedido de proteção possessória e, sendo público o imóvel, nada mais é que mero detentor. Nesse contexto, concluiu haver impossibilidade de caracterização da posse por se tratar de imóvel público, pois não há título que legitime o direito do particular sobre esse imóvel. Assim, a utilização do bem público pelo particular só se considera legítima mediante ato ou contrato administrativo constituído a partir de rigorosa observância dos mandamentos legais para essa finalidade. Ademais, explica que o rito das possessórias previsto nos arts. 926 e seguintes do CPC exige que a posse seja provada de plano para que a ação tenha seguimento. Por essa razão, a Turma extinguiu o processo sem resolução de mérito, pela inadequação da ação proposta com fundamento no art. 267, IV, do CPC. Destacou-se, ainda, que o Judiciário poderá apreciar esse conflito por meio de outro rito que não o especial e nobre das possessórias. **REsp 998.409-DF, Rel. Min. Nancy Andrighi, julgado em 13/10/2009.** (Inform. STJ 411)

POSSE. MANUTENÇÃO. AÇÃO. DESISTÊNCIA.

A Turma proveu o recurso, considerando cabível o pedido de desistência em sede de ação possessória formulado pela ora recorrente (autora) antes da realização da audiência de justificação, cuja homologação prescinde da oitiva da parte *ex adversa*, com base no art. 267, VIII, do CPC. **REsp 1.090.109-AL, Rel. Min. Massami Uyeda, julgado em 3/9/2009.** (Inform. STJ 405)

AÇÃO POSSESSÓRIA. PERDAS E DANOS. REINTEGRAÇÃO.

Nos autos de ação de manutenção de posse cumulada com perdas e danos ora em sede de recurso especial, os recorrentes indicam a contradição do acórdão recorrido, pois, enquanto, de um lado, reconheceu o caráter mandamental das ações possessórias (a permitir o cumprimento das respectivas sentenças a partir da expedição da ordem de ocupação, até de ofício), de outro, considerava nula a sentença que determinava a expedição de tal mandado por julgá-la *extra petita*. Porém, está consignado, nesse mesmo acórdão, que o cumprimento da sentença proferida na referida ação foi desmembrada em duas vertentes. Na primeira, incumbida da questão possessória propriamente dita, decidiu-se inviável a expedição do mandado de imissão na posse, pois a área a ser restituída ainda penderia de individualização, a ser feita em sede de liquidação. Já a outra, relativa às perdas e danos, requereu execução específica, por tratar-se de quantia líquida, cujos embargos são, agora, o objeto do recurso especial. Então, restringindo-se a execução ajuizada pelos recorrentes apenas à parte referente às perdas e danos, o juiz singular estava impedido de, na sentença de embargos, determinar a restituição da área (sob pena de multa diária), pois expedira ordem de cumprimento impossível, dada a necessidade de liquidação (transmudando a referida multa em pena compulsória), além de extrapolar os limites do título judicial executado. Dessarte, a declaração de nulidade da sentença por mácula ao art. 460 do CPC nada tem de incompatível ou contraditório com o reconhecimento da possibilidade de execução autônoma nas ações possessórias, caindo por terra a tese defendida pelos recorrentes. Anote-se, por último, que não se negou cumprimento à ordem reintegratória, visto que se decidiu somente que os embargos à execução da parte relativa às perdas e danos não seriam próprios para aquele fim. **REsp 1.000.956-MG, Rel. Min. Fernando Gonçalves, julgado em 18/11/2008.** (Inform. STJ 377)

HIPOTECA. TERCEIRO. AÇÃO . MANUTENÇÃO. POSSE.

A ação de manutenção de posse não é o meio hábil para discutir a hipoteca realizada por terceiro em imóvel da ora recorrida. Aquela ação visa à obtenção de mandato judicial que faça cessar o ato turbado. Seu intuito é proteger exclusivamente a posse, sem nenhum questionamento ou disputa relativa à propriedade. O fato de a hipoteca ter sido oferecida por terceiro e averbada na matrícula do imóvel da recorrida não é suficiente para caracterizar turbação ou ameaça à posse do imóvel dessa. **REsp 768.102-SC, Rel. Min. Nancy Andrighi, julgado em 17/4/2008.** (Inform. STJ 352)

REINTEGRAÇÃO. POSSE. USUCAPIÃO. PREJUDICIALIDADE.

Foi interposta primeiramente uma ação de reintegração de posse pela ora recorrente e, um dia depois, a ora recorrida interpôs uma ação de usucapião urbana. A Turma entendeu não haver prejudicialidade externa (art. 265, IV, a, do CPC) a justificar o sobrestamento da ação possessoria ajuizada anteriormente, até que advenha juízo final sobre a propriedade que é discutida na ação de usucapião, pois a posse não depende da propriedade. Pode-se dar a tutela da posse mesmo contra a propriedade. **REsp 866.249-SP, Rel. Min. Nancy Andrighi, julgado em 17/4/2008.** (Inform. STJ 352)

EXECUÇÃO. REINTEGRAÇÃO PARCIAL. POSSE.

Houve ação de reintegração de posse ao fundamento de que estaria invadida parte de um terreno. Após o cumprimento de medida liminar, o juízo acolheu o pedido quanto à reintegração. Por sua vez, a execução, ora transitada em julgado, apenas cuidou de honorários, visto se crer que a reintegração liminar já cumprira por completo seu objetivo. Porém, muitos anos depois, quando da tentativa de aprovação de projeto imobiliário no local, viu-se que uma parcela da área ainda se encontrava fora da posse de sua proprietária. Diante disso, constata-se haver ainda um título judicial transitado em julgado que nunca foi plenamente efetivado no que se refere ao direito reconhecido em sentença. Assim, não há que se remeter as partes a uma hipotética "via própria", como pretendido pelo juízo singular, visto não haver qualquer alteração fática que possa dar a uma nova lide a possibilidade de não ser rejeitada de plano em face da coisa julgada. Há, sim, o direito de ver cumprido o mandado de reintegração em sua integralidade, diante do comando judicial que deve prevalecer, sem que importe o tempo decorrido, tal como determinado pelo acórdão ora recorrido. **REsp 696.744-SP, Rel. Min. Nancy Andrighi, julgado em 3/4/2008.** (Inform. STJ 350)

RCL. *LEASING*. AUTOMÓVEL.

Em ação possessória ajuizada pela ora reclamada em comarca paulista, com pedido de busca e apreensão de veículo adquirido mediante *leasing*, aquele juízo declarou-se incompetente, porquanto a hipótese era de relação de consumo, sendo o foro competente o do domicílio do devedor. Contra essa decisão, houve vários recursos sem êxito da instituição financeira, sendo mantida pelo TJ a decisão do juiz. Entretanto, mesmo incompetente, aquele juízo, por equívoco, após a decisão do TJ, expediu carta precatória para o domicílio do réu (Belo Horizonte) determinando a busca e apreensão do bem e, antes que o recurso especial confirmasse o acórdão do TJ de incompetência do juízo paulista, fora efetivada a busca e apreensão. Note-se que atualmente o processo encontra-se em Belo Horizonte. Isso posto, a reclamação consiste em saber se o juízo paulista teria descumprido decisão do STJ e se competiria a este Superior Tribunal declarar a nulidade da decisão proferida pelo juízo incompetente. Houve empate na votação e, a Min. Nancy Andrighi, Presidenta da Seção, desempatou o julgamento no sentido de que o lamentável equívoco deveria ter sido corrigido mediante a interposição de recurso adequado. Outrossim, não reconheceu que o juízo paulista descumpriu decisão do STJ porque, após o trânsito em julgado da decisão do STJ, que o reputou como incompetente, aquele juízo remeteu os autos ao de Belo Horizonte. Sendo assim, a reclamação perdeu o objeto. Compete ao juízo de Belo Horizonte decidir pela manutenção ou anulação da busca e apreensão do bem. **Rcl 1.616-SP, Rel. originário Min. Ari Pargendler, Rel. para acórdão Min. Sidnei Beneti, julgada em 26/3/2008.** (Inform. STJ 349)

REINTEGRAÇÃO. POSSESSORIA. DOMÍNIO.

Trata-se de ação de reintegração de posse com pedido de ressarcimento dos danos morais decorrentes da invasão e demolição do imóvel pelo município, sem que houvesse o devido processo legal expropriatório. Consta, nos autos, que a autora, embora tenha adquirido o imóvel em hasta pública, nunca conseguiu efetivar seu registro de propriedade em razão de discrepâncias nas respectivas demarcações. Entretanto a autora vinha exercendo a posse do imóvel, onde funcionou um supermercado por muitos anos, e continuava pagando os impostos, além de manter vigia no local, até a abrupta ocupação pelo município. O acórdão recorrido afirma que, a princípio, o município, mediante decreto, declarou o imóvel de utilidade pública para fins de desapropriação, daí a autora ter deixado de modernizá-lo. Mas, sem qualquer acordo entre as partes sobre a desapropriação, o município resolveu adentrar no imóvel com máquinas e o demoliu. Justifica sua atitude devido à necessidade de expandir as instalações de hospital público vizinho ao imóvel, bem como ter verificado, após publicar o decreto de utilidade pública, que o imóvel seria de sua propriedade e, por isso, não poderia promover a desapropriação. Contudo o município não logrou demonstrar, nos autos, essa titularidade sobre o imóvel como afirmava. Por interpretação da cadeia registral, também não detinha nenhum título. Sendo assim, no dizer do Min. Relator, assiste razão em parte à autora, eis que, em sede de ações possessórias, não cabe discutir domínio (art. 927 do CPC). Outrossim, como a autora comprova sua posse, mostra-se desnecessária nova manifestação do Tribunal *a quo* em sede de declaratórios, como quer o município. Ademais, embora a peça recursal do município enfatize a necessidade de que seja privilegiado o interesse público frente o interesse privado, sobretudo na área da saúde, tal argumento não é suficiente para superar os óbices de conhecimento do REsp. Enfatiza o Min. Relator que o acórdão recorrido acolheu a pretensão da autora em âmbito de ação de reintegração de posse e com base em elementos pertinentes aos feitos possessórios. Diante do exposto, a Turma conheceu em parte do recurso e, nessa parte, negou-lhe provimento. **REsp 858.517-RJ, Rel. Min. Castro Meira, julgado em 18/10/2007.** (Inform. STJ 336)

AÇÃO REIVINDICATÓRIA. INDENIZAÇÃO. OCUPAÇÃO. IMÓVEL. CERCEAMENTO. DEFESA. PRODUÇÃO. PROVAS.

Trata-se de ação reivindicatória cumulada com indenização por ocupação de imóvel proposta pelos ora recorridos. O juízo singular julgou procedente o pedido. Note-se que os réus insurgiram-se contra o julgamento antecipado da lide porque não lhes foi oportunizado produzir provas testemunhais e periciais. Além de não se conformarem pelo fato de o juiz ter decidido ser idêntica a matéria apresentada na ação declaratória incidental àquela ventilada na peça reivindicatória, determinando o processamento daquela no bojo dos autos desta. Mesmo opostos os embargos de declaração sobre o cerceamento de defesa, não foi permitido aos réus manifestar-se na ação declaratória incidental, bem como quanto às benfeitorias realizadas no imóvel. Isso posto, ressaltou o Min. Relator que, no tocante à alegação de cerceamento de defesa, convenceu-se o juiz *a quo* de que a matéria em testilha prescinde de outras provas além daquelas carreadas nos autos. Entretanto o juiz reproduz parte do inconformismo dos recorrentes na sua contestação aduzindo que eles compraram o imóvel e pagaram o preço e que a posse mansa e pacífica do imóvel há mais de sete anos faz presumir a existência do contrato de compra e venda. Para o Min. Relator, esses fatos dependem de outras provas que não as documentais e são de suma importância para balizar a decisão do julgador no que diz respeito à possível obrigação de indenizar pela ocupação das terras. Outrossim, é necessário que melhor se esclareça a que título encontravam-se os recorrentes na posse do imóvel por tanto tempo. Logo, não se poderia negar ás partes a oportunidade de produzir provas sob pena de cerceamento de defesa. Com esse entendimento, a Turma deu provimento ao recurso para anular a sentença, a fim de que o feito tenha regular prosseguimento e tenham oportunidade de produzir as provas. **REsp 915.937-GO, Rel. Min. Castro Filho, julgado em 5/6/2007.** (Inform. STJ 322)

REINTEGRAÇÃO DE POSSE. ARRENDAMENTO MERCANTIL. CAUÇÃO.

Trata-se de agravo de instrumento contra a decisão que determinou a prestação de caução nos termos do art. 835 do CPC em ação de reintegração de posse fundada em contrato de arrendamento mercantil. A Turma deu provimento ao REsp, pois, quando possível, a opção pela execução de título extrajudicial não há que exigir caução. **REsp 668.124-SP, Rel. Min. Carlos Alberto Menezes Direito, julgado em 3/4/2007.** (Inform. STJ 316)

SÚMULA STF Nº 262

Não cabe medida possessória liminar para liberação alfandegária de automóvel.

SÚMULA STJ Nº 228

É inadmissível o interdito proibitório para a proteção do direito autoral.

15.2. Consignação

CONSIGNATÓRIA. DINHEIRO. COISA DEVIDA.

Trata-se de REsp em que se discute a possibilidade de, em contrato para entrega de coisa certa (no caso, sacas de soja), utilizar-se a via consignatória para depósito de dinheiro com força liberatória de pagamento. A Turma negou provimento ao recurso sob o fundamento de que somente a entrega do que faltou das sacas de soja seria eficaz na hipótese, visto que o depósito em numerário, estimado exclusivamente pelo recorrente do quanto ele entende como devido, não pode compelir o recorrido a recebê-lo em lugar da prestação pactuada. Vale ressaltar que o credor não é obrigado a receber a prestação diversa da que lhe é devida, ainda que mais valiosa. Dessarte, a consignação em pagamento só é cabível pelo depósito da coisa ou quantia devida. Assim, não é possível ao recorrente pretender fazê-lo por objeto diverso daquele a que se obrigou. **REsp 1.194.264-PR, Rel. Min. Luis Felipe Salomão, julgado em 1º/3/2011.** (Inform. STJ 465)

CONSIGNAÇÃO. PAGAMENTO. CUMULAÇÃO. PEDIDOS. INSUFICIÊNCIA. DEPÓSITO.

A Turma reiterou o entendimento de que, em ação consignatória, é possível a ampla discussão sobre o débito, inclusive com o exame de validade de cláusulas contratuais. Assim, admite-se a cumulação de pedidos de revisão de cláusulas de contrato e de consignação em pagamento das parcelas tidas como devidas por força do mesmo negócio jurídico. Quanto à cautelar, no caso, a inicial requer a entrega das chaves do imóvel sob pena de multa diária, bem como a assinatura da escritura de compra e venda do imóvel em relação ao qual, na consignatória, discute-se o valor da prestação, portanto da dívida pendente. Logo, foi intentada incidentalmente sem natural propósito de acessoriedade, mas como uma segunda lide principal ou, quando menos, uma complementação de pedidos à primeira. Assim, a Turma conheceu em parte do recurso especial e lhe deu provimento para extinguir a ação cautelar sem julgamento do mérito, por impossibilidade jurídica dos pedidos formulados (art. 267, VI, do CPC) e julgou procedente, apenas em parte, a ação consignatória, considerando a insuficiência do depósito e a transformação do saldo sentenciado em título executivo. Precedentes citados: REsp 448.602-SC, DJ 17/2/2003; AgRg no REsp 41.953-SP, DJ 6/10/2003; REsp 194.530-SC, DJ 17/12/1999; REsp 616.357-PE, DJ 22/8/2005, e REsp 275.979-SE, DJ 9/12/2002. **REsp 645.756-RJ, Rel. Min. Aldir Passarinho Junior, julgado em 7/12/2010.** (Inform. STJ 459)

CONSIGNAÇÃO. PAGAMENTO. RELATIVIZAÇÃO. REVELIA.

Versa a questão sobre os efeitos da revelia em ação de consignação em pagamento e sobre a possibilidade de levantamento do valor depositado pelo demandante. Para o Min. Relator, a revelia caracterizada pela ausência de contestação, ou a apresentação intempestiva desta, não conduz à procedência do pedido deduzido na demanda consignatória, salvo se verificado pelo magistrado que, do exame das provas colacionadas aos autos, suficientes a seu convencimento, resulte presunção da veracidade dos fatos, consoante o disposto no art. 897 do CPC. Ao julgar o REsp 769.468-RJ, a Terceira Turma entendeu que, na ação de consignação em pagamento, quando decretada a revelia, não será compulsória a procedência do pedido se os elementos probatórios constantes nos autos conduzirem a conclusão diversa ou forem insuficientes para reformar o convencimento do juiz. Destacou o Min. Relator que a reforma do CPC engendrada em 1994 introduziu o § 1º no art. 899, possibilitando o levantamento, pelo consignado, das quantias depositadas, quando alegada em contestação a insuficiência do depósito. Trata-se de faculdade do credor, independentemente de concordância por parte do consignante. Assim, revela-se ilícito ao devedor valer-se de consignação em pagamento, ação de efeitos meramente declaratórios, para, após reconhecida a improcedência do pedido, pretender levantar a quantia que ele próprio afirmara dever. Julgado improcedente o pedido consignatório e convertida em favor do demandado a quantia incontroversa, a quitação parcial produzirá seus efeitos no plano do direito material, e, sob o ângulo processual, impedirá uma nova propositura pelo todo, admitindo a acionabilidade pelo resíduo não convertido. Raciocínio inverso infirmaria a *ratio essendi* do § 1º do art. 899 do CPC, fundado em razão de justiça, equidade e economia processual, no sentido de que visa preservar o direito daquele que realmente o possui. **REsp 984.897-PR, Rel. Min. Luiz Fux, julgado em 19/11/2009.** (Inform. STJ 416)

AÇÃO DE CONSIGNAÇÃO. PAGAMENTO. ABRANGÊNCIA.

Trata-se de ação de consignação em pagamento contra banco, no curso do processo, sujeito à liquidação extrajudicial em que a sentença julgou improcedentes os pedidos e o Tribunal *a quo* manteve a sentença. A Turma, após voto-vista, em renovação de julgamento, por maioria, deu parcial provimento ao recurso especial para declarar nula a cláusula contratual que determina a capitalização de juros, julgou procedente em parte o pedido consignatório com a extinção parcial da obrigação do recorrente até o limite do *quantum* depositado em juízo, facultando-se ao recorrido, desde já, a execução do saldo remanescente. A Min. Relatora ressaltou que o entendimento predominante na Segunda Seção deste Tribunal é no sentido de que na ação de consignação em pagamento, é possível ampla discussão sobre o débito e seu valor, inclusive com a interpretação da validade e alcance das cláusulas contratuais. Essa maior abrangência em nada agride a natureza da sentença proferida na ação consignatória. Já o voto vencido do Min. Ari Pargendler não conheceu do recurso por defender que a ação de consignação em pagamento não pode ser proposta contra cláusula contratual ajustada entre as partes, sem que antes tenha sido promovida sua anulação. Lembrou, ainda, precedente da Turma, REsp 438.999-DF, DJ 28/4/2003, no sentido de que a ação de consignação em pagamento admite discussão ampla sobre a liberação do devedor, mas é limitada a esse objeto, que não exige mais do que uma sentença de natureza declaratória. Assim, embora seja possível decidir a respeito da interpretação de cláusulas contratuais, não o é acerca da sua validade, que requer sentença com carga constitutivo-negativa. Já o voto vencido do Min. Carlos Alberto Menezes Direito só divergiu do Min. Ari Pargendler, apesar do precedente, quanto à possibilidade, na consignatória, de examinar-se a validade ou não de cláusula contratual, mas, na conclusão, acompanhou-o. Ressaltou-se, ainda, a falta de prequestionamento quanto à natureza da ação consignatória. **REsp 436.842-RS, Rel. Min. Nancy Andrighi, julgado em 8/3/2007.** (Inform. STJ 312)

SÚMULA STF Nº 449

O valor da causa, na consignatória de aluguel, corresponde a uma anuidade.

15.3. Monitória

AÇÃO MONITÓRIA. ADEQUAÇÃO DA VIA ELEITA.

Na espécie, o tribunal de origem entendeu que o autor era carecedor de interesse de agir por inadequação da via eleita, uma vez que, sendo possível o procedimento executório de títulos extrajudiciais (notas promissórias), descaberia a via da ação monitória. No entanto, assim como a jurisprudência do STJ é firme quanto à possibilidade de propositura de ação de conhecimento pelo detentor de título executivo – não havendo prejuízo ao réu em procedimento que lhe faculta diversos meios de defesa –, por iguais fundamentos o detentor de título executivo extrajudicial poderá ajuizar ação monitória para perseguir seus créditos, ainda que também o pudesse fazer pela via do processo de execução. Precedentes citados: REsp 532.377-

RJ, DJ 13/10/2003; REsp 207.173-SP, DJ 5/8/2002; REsp 435.319-PR, DJ 24/3/2003, e REsp 210.030-RJ, DJ 4/9/2000. **REsp 981.440-SP, Rel. Min. Luis Felipe Salomão, julgado em 12/4/2012. (Inform. STJ 495)**

REPETITIVO. EXECUÇÃO. CONVERSÃO. MONITÓRIA. INADMISSIBILIDADE.

Trata-se de REsp sob o regime do art. 543-C do CPC e Res. n. 8/2008-STJ, no qual entendeu-se inadmissível a conversão da ação de execução em ação monitória, de ofício ou a requerimento das partes, após ocorrida a citação, em razão da estabilização da relação processual a partir do referido ato. Precedentes citados: EREsp 575.855-ES, DJ 19/12/2006; AgRg no REsp 826.208-RS, DJ 15/10/2007, e AgRg no REsp 656.670-DF, DJe 15/12/2008. **REsp 1.129.938-PE, Rel. Min. Massami Uyeda, julgado em 28/9/2011.** (Inform. STJ 484)

AÇÕES CONEXAS. JULGAMENTO NÃO SIMULTÂNEO. NULIDADE.

Trata-se de REsp em que a questão centra-se na nulidade decorrente do julgamento não simultâneo das ações de reintegração de posse e monitória processadas no mesmo juízo de origem, o que, no entender da recorrente, acarretaria a violação do art. 105 do CPC, tornando infrutífera a decisão que declarou a conexão. Entre outras considerações, ressaltou o Min. Relator que, mesmo caracterizada a conexão, a reunião dos processos não constitui dever do magistrado, mas sim faculdade, na medida em que a ele cabe gerenciar a marcha processual, deliberando pela conveniência de processamento simultâneo das ações à luz dos objetivos da conexão e, caso não entenda oportuno, poderá determinar que sejam apreciadas em separado, sem que essa decisão possa ser inquinada de nulidade. Consignou que, conforme já delineado pelo tribunal *a quo*, os objetos das ações são diversos, sendo na primeira a reintegração da recorrida na posse dos materiais adquiridos para a execução da obra contratada, ou a indenização pelos valores despendidos, ao passo que, na segunda, a ora recorrida pretende o recebimento de parcela supostamente inadimplida e multa relativas ao contrato de empreitada celebrado com a ora recorrente. Assim, salientou ser forçoso o reconhecimento da correção do *decisum* das instâncias ordinárias no sentido de que a apreciação da matéria invocada na ação monitória não influenciaria a decisão da ação de reintegração de posse, não havendo risco de decisões conflitantes. Diante disso, a Turma não conheceu do recurso por entender estar o acórdão recorrido em harmonia com o entendimento deste Superior Tribunal e ser caso da incidência da Súm. n. 83-STJ, aplicável também nos casos de interposição pela alínea **a** do permissivo constitucional. Precedentes citados: AgRg nos EDcl no Ag 1.277.315-MG, DJe 3/3/2011; REsp 332.967-SP, DJ 17/9/2007; REsp 760.383-RJ, DJ 16/10/2006; REsp 609.224-ES; DJ 31/5/2004; AgRg no Ag 458.678-PR, DJ 7/6/2004; AgRg no Ag 440.253-BA, DJ 19/8/2002; REsp 112.647-RJ, DJ 22/3/1999; REsp 193.766-SP, DJ 22/3/1999, e REsp 5.270-SP, DJ 16/3/1992. **REsp 1.126.639-SE, Rel. Min. Luis Felipe Salomão, julgado em 21/6/2011.** (Inform. STJ 478)

AÇÃO MONITÓRIA. ILEGITIMIDADE.

Trata-se de REsp decorrente de ação monitória ajuizada pelos recorridos em desfavor do banco recorrente com o objetivo de que lhes fossem devolvidos os valores relativos aos depósitos e às aplicações financeiras por eles realizados numa cooperativa de crédito rural. Segundo os recorridos, tais quantias estariam depositadas no banco recorrente, dada sua condição de instituição bancária que administra o fluxo financeiro do sistema de cooperativas ao qual está vinculada a referida cooperativa, que, na época dos fatos, vale ressaltar, encontrava-se sob o regime de liquidação extrajudicial. Nesta instância especial, diversamente do que entenderam as instâncias ordinárias, assentou-se que não existe solidariedade entre bancos e cooperativas pelos serviços que estas prestam a seus cooperados. A responsabilidade dos bancos, notadamente os cooperativos, restringe-se à prestação dos serviços efetuados para as cooperativas e não para os associados. Existe apenas uma relação jurídica entre banco e cooperativa e nenhuma entre banco e cooperado. Ademais, a solidariedade não se presume, decorre de lei ou de vontade das partes, o que não é o caso. Assim, entendeu-se que, na hipótese, deve ser reconhecida a ilegitimidade do banco recorrente para figurar no polo passivo da referida ação monitória, cabendo, portanto, à cooperativa de crédito responder pelos prejuízos a que deu causa, até porque foi com ela que os recorridos efetivamente contrataram. Com essas considerações, entre outras, a Turma deu provimento ao recurso e, com base no art. 267, VI, do CPC, julgou extinta a ação monitória proposta contra o recorrente, invertendo-se os ônus sucumbenciais. **REsp 1.173.287-SP, Rel. Min. João Otávio de Noronha, julgado em 1º/3/2011.** (Inform. STJ 465)

MONITÓRIA. DECISÃO. CONVERSÃO.

A decisão que converte o mandado monitório em título executivo judicial tem a natureza de sentença (art. 1.102-C do CPC), pois pressupõe uma decisão com resolução de mérito (art. 269 do mesmo *codice*). Por outro lado, essa decisão não confere executividade ao documento que acompanha a inicial da monitória. Ela reconhece, sim, que é devida a obrigação nele subscrita, na forma em que foi apresentado na inicial da monitória (*quantum*), constituindo, dessa forma, o título executivo judicial. Assim, não há como dar contornos de cobrança à ação monitória. Precedente citado: REsp 712.575-DF, DJe 2/5/2006. **REsp 1.120.051-PA, Rel. Min. Massami Uyeda, julgado em 24/8/2010.** (Inform. STJ 444)

HONORÁRIOS ADVOCATÍCIOS. MONITÓRIA.

Em sede de ação monitória, os advogados laboraram na causa por 11 anos. Nesse período, apesar de não haver dilação probatória em face do julgamento antecipado da lide e de terem participado de apenas uma audiência, opuseram embargos, apresentaram contrarrazões à apelação, seguidas de embargos de declaração. Daí se mostra desproporcional a fixação de honorários advocatícios de R$ 1.000,00, que não refletem a importância da causa (que envolvia cerca de R$ 180.000,00), nem espelham a responsabilidade assumida pelos advogados. Anote-se, contudo, que, como consabido, há precedentes deste Superior Tribunal no sentido de que, nas ações em que não haja condenação, a fixação dos honorários deve guiar-se pelos critérios previstos no art. 20, § 3º, do CPC, consoante apreciação equitativa do juiz, sem, porém, vincular-se aos limites mínimo e máximo estabelecidos no *caput* daquele dispositivo. Assim, mostra-se melhor fixar a verba honorária em R$ 9.000,00. Precedentes citados: REsp 660.071-SC, DJ 13/6/2005; REsp 783.245-RN, DJe 2/6/2008, e AgRg nos EDcl no Ag 578.549-RS, DJ 10/9/2007. **REsp 821.866-SC, Rel. Min. Nancy Andrighi, julgado em 17/9/2009.** (Inform. STJ 407)

PROCURAÇÃO. ADVOGADO. MONITÓRIA.

Constavam da procuração conferida ao advogado poderes para que ele realizasse levantamentos judiciais e retivesse para si determinado percentual desse valor. Dessarte, esse documento é hábil para fundar ação monitória com fulcro no recebimento de honorários advocatícios, porque basta a essa ação a demonstração da liquidez do débito objeto de cobrança, e não a liquidez, certeza e exigibilidade, que são requisitos específicos de título executivo. Precedentes citados: REsp 647.184-DF, DJ 12/6/2006; REsp 240.043-ES, DJe 13/10/2008, e REsp 450.877-RS, DJ 16/12/2002. **REsp 967.319-SP, Rel. Min. Nancy Andrighi, julgado em 5/2/2009.** (Inform. STJ 382)

AÇÃO MONITÓRIA. PROMISSÓRIA PRESCRITA.

Trata-se de ação monitória com objetivo de cobrar valores decorrentes de inadimplemento de contrato de confissão de dívida com penhor mercantil e nota promissória vencida a ele relativa. Originariamente houve extinção da execução por falta dos pressupostos da espécie, daí a ação monitória. A ação foi julgada procedente e o Tribunal *a quo* acolheu apelação apenas para excluir a condenação à multa contratual e reduzir os juros moratórios para 6% ao ano. Isso posto, o Min. Relator rejeitou a nulidade do *decisum* e a alegada carência da ação (art. 268 do CPC) porque não se identifica a execução com o procedimento monitório. Tampouco reconheceu a litispendência e a coisa julgada. Outrossim, aduz que não prospera a irresignação sobre a aplicabilidade do art. 963 do CC, uma vez que o recorrente já sofrera execução anterior e opusera embargos, de sorte que teve ciência do vencimento da obrigação celebrada com o recorrido e da sua mora, além de que se cuida de cobrança de nota promissória vencida. Ademais, rejeitou a impropriedade da via eleita (arts. 1.102a, 1.102b e 1.102c do CPC) porquanto, a nota promissória prescrita como um contrato considerado ilíquido são um ou outro ou ambos documentos suficientes ao embasamento da ação monitória. Quanto à verba honorária, mereceu reparos, pois cabível a sucumbência de 10% a incidir sobre o valor da condenação. Ante o exposto, a Turma deu parcial provimento ao recurso. Precedentes citados: AgRg no Ag 883.818-RJ, DJ 31/10/2007, e REsp 682.559-RS, DJ 1º/2/2006. **REsp 437.136-MS, Rel. Min. Aldir Passarinho Junior, julgado em 13/5/2008.** (Inform. STJ 355)

AÇÃO MONITÓRIA. CHEQUE PRESCRITO. PROVA. CAUSA DEBENDI.

A jurisprudência assente deste Superior Tribunal admite que o cheque prescrito pode ser usado como prova hábil a embasar a ação monitória, pouco importando a causa de sua emissão. Contudo, com a oposição de embargos, abre-se o contraditório. O Tribunal *a quo*, ao examinar as provas, descaracterizou o crédito, esvaziando o título até para fins de ação monitória. Assim, a Turma aplicou a Súm. n. 7-STJ e não conheceu do recurso. Precedentes citados: REsp 471.392-RS, DJ 2/6/2003, e REsp 402.699-DF, DJ 16/9/2002. **REsp 555.308-MG, Rel. Min. Aldir Passarinho Junior, julgado em 18/9/2007.** (Inform. STJ 332)

AÇÃO MONITÓRIA. TÍTULOS. CRÉDITO.
Compete à Justiça comum estadual julgar ação monitória promovida por sindicato contra sindicalizado, lastreada em títulos de crédito sem força executiva. **CC 68.952-SP, Rel. Min. Humberto Gomes de Barros, julgado em 9/5/2007.** (Inform. STJ 319)

AÇÃO MONITÓRIA. RESTITUIÇÃO. PARCELAS. RESCISÃO. COMPRA E VENDA. IMÓVEL.
Discute-se, nos autos, o cabimento de ação monitória contra construtora, com a finalidade de obter a restituição das parcelas pagas em decorrência de rescisão de contrato imobiliário. A ação foi julgada procedente em primeira instância e extinta, no Tribunal *a quo,* por inadequação da via eleita. Isso posto, destaca o Min. Relator o acerto da decisão *a quo,* pois, embora a ação monitória seja via rápida na solução de litígios judiciais, ela não tem cabimento em debates complexos, como no caso específico dos autos. Explica que, na espécie, discute-se a rescisão contratual imobiliária de obrigações bilaterais profundas: prevê, de um lado, a construção de unidade residencial em condomínio vertical e, de outro, a obtenção de financiamento habitacional junto a agente financeiro. Sendo assim, não se cuida de simples crédito constituído por documento que não autoriza a cobrança pela via executiva, mas de possível crédito que só surgirá se primeiro for reconhecida a rescisão do contrato e o inadimplemento da obrigação pela ré, se total ou parcial e, numa segunda etapa, dependendo do que fora decidido antes, compete saber se o direito de restituição será total ou se há retenção em favor da construtora, como por exemplo, se reconhecido que o desfazimento do negócio deu-se devido à ocorrência de culpa ou não e em que grau. Com esse entendimento, a Turma não conheceu o recurso. **REsp 274.269-DF, Rel. Min. Aldir Passarinho Junior, julgado em 20/3/2007.** (Inform. STJ 314)

SÚMULA STJ Nº 384

Cabe ação monitória para haver saldo remanescente oriundo de venda extrajudicial de bem alienado fiduciariamente em garantia.

SÚMULA STJ Nº 339

É cabível ação monitória contra a Fazenda Pública.

SÚMULA STJ Nº 299

É admissível a ação monitória fundada em cheque prescrito.

SÚMULA STJ Nº 292

A reconvenção é cabível na ação monitória, após a conversão do procedimento em ordinário.

SÚMULA STJ Nº 282

Cabe a citação por edital em ação monitória.

SÚMULA STJ Nº 247

O contrato de abertura de crédito em conta-corrente, acompanhado do demonstrativo de débito, constitui documento hábil para o ajuizamento da ação monitória.

15.4. Embargos de terceiro

EMBARGOS. TERCEIRO. ILEGITIMIDADE.
Provido o recurso para manter o acórdão regional apenas na parte que afastou a ilegitimidade ativa do terceiro embargante, cabendo quanto ao resto a sua anulação, e determinar o retorno dos autos à vara de origem, sob pena de supressão de instância, para que examine as demais questões alusivas à divisibilidade ou não do bem de família penhorado, havido por herança. Na hipótese, o juízo de primeiro grau extinguiu a ação por ilegitimidade de parte para oposição de embargos de terceiro, considerando que a matéria referente à Lei n. 8.009/1990 deveria ser suscitada na execução. A Corte *a quo* avançou quanto à divisibilidade e à prova da residência no imóvel penhorado, temas que, pelo art. 515, § 3º, do CPC, na redação da Lei n. 10.358/2001, dizem respeito à primeira instância, que ficou suprimida. **REsp 611.149-RS, Rel. Min. Aldir Passarinho Junior, julgado em 2/12/2008.** (Inform. STJ 379)

ASSISTÊNCIA JUDICIÁRIA. EMBARGOS. TERCEIROS.
Em embargos de terceiro à execução para liberar penhora, julgados procedentes, o juiz deixou de condenar o embargado aos efeitos da sucumbência, por não haver impugnação específica à sua condição de hipossuficiente, mas o Tribunal *a quo* deu parcial provimento à apelação apenas para aplicar o art. 12 da Lei n. 1.060/1950. No REsp, insurge-se a recorrente contra a decisão que entendeu ser possível estender aos embargos de terceiro o benefício da assistência judiciária gratuita concedida ao embargado nos autos da execução em que ocorreu a constrição do bem do embargante. Explica o Min. Relator que a gratuidade de Justiça concedida ao credor da execução pode ser estendida aos embargos de terceiro, pois esses visam afastar constrição decorrente do processo principal de execução, no qual o embargado já obteve o benefício da gratuidade de Justiça. Entretanto, o beneficiário da Justiça gratuita, se vencido, deve responder pelos ônus da sucumbência, que ficarão suspensos enquanto durar a situação de pobreza pelo prazo máximo de cinco anos que, findo, prescreve a obrigação (art. 12 da Lei n. 1.060/1950). Precedentes citados: REsp 586.793-RJ, DJ 9/10/2006; REsp 816.472-RS, DJ 18/12/2006, e REsp 263.725-MA, DJ 16/10/2000. **REsp 180.467-SP, Rel. Min. Luís Felipe Salomão, julgado em 6/11/2008.** (Inform. STJ 375)

EMBARGOS DE TERCEIRO. FRAUDE. CREDORES.
A Turma reiterou serem cabíveis os embargos de terceiros fundados em contrato de compra e venda, uma vez que, no caso, o processo foi obstado pelo reconhecimento de uma fraude contra a credora hipotecária, que não é à execução, e isso na via de embargos. Outrossim, na hipótese, o imóvel hipotecado da CEF foi objeto de promessa de compra e venda pela construtora embargante antes do início da execução contra a construtora. Precedentes citados: REsp 662-RS, DJ 20/11/1989, e REsp 109.417-SP, DJ 26/10/1998. **REsp 443.865-PR, Rel. Min. Aldir Passarinho Junior, julgado em 5/8/2008.** (Inform. STJ 362)

EMBARGOS. TERCEIRO. FRAUDE. CREDORES. PROCESSO. DÚVIDA.
Em embargos de terceiro referentes à execução, foi mantida a penhora judicial, pois se negou valor à escritura de compra e venda celebrada entre os embargantes e a executada, sob o fundamento de que estava vetado seu registro, a teor da decisão do juízo de registros públicos em processo de dúvida suscitado pelo oficial de registro de imóveis. Sucede que é inviável o reconhecimento de fraude contra credores no bojo de embargos de terceiro (Súm. n. 195-STJ), pois necessária sua investigação e decretação na via própria da ação pauliana ou revocatória. A decisão proferida no processo de dúvida não obstrui o direito dos embargantes. Além de emanada em processo de jurisdição voluntária, ela apenas impede o registro, não afasta a higidez dos efeitos da escritura não-registrada, tal como preconiza a Súm. n. 84-STJ, ao menos até a sua desconstituição pela ação pauliana. Com esses fundamentos, a Turma afastou a penhora. **REsp 431.202-MG, Rel. Min. Aldir Passarinho Junior, julgado em 18/12/2007.** (Inform. STJ 343)

EMBARGOS DE TERCEIROS. PROVA. UNIÃO ESTÁVEL. MEAÇÃO.
A Turma não conheceu do recurso ao entendimento de que não cabem embargos de terceiros para obter declaratória de existência de união estável, na hipótese em que a companheira opôs os embargos contra o banco recorrente, objetivando resguardar sua meação do imóvel dado em hipoteca pelo companheiro, que omitira o fato. Também mesmo havendo uma ação declaratória, não basta que a união estável tenha se iniciado, é preciso que, na data do gravame, ela já houvesse se aperfeiçoado, com a prova de, pelo menos, dois anos de convivência. **REsp 952.141-RS, Rel. Min. Humberto Gomes de Barros, julgado em 28/6/2007.** (Inform. STJ 325)

SÚMULA STJ Nº 303

Em embargos de terceiro, quem deu causa à constrição indevida deve arcar com os honorários advocatícios.

SÚMULA STJ Nº 195

Em embargos de terceiro não se anula ato jurídico, por fraude contra credores.

SÚMULA STJ Nº 84

É admissível a oposição de embargos de terceiro fundados em alegação de posse advinda do compromisso de compra e venda de imóvel, ainda que desprovido do registro.

15.5. Inventário

INVENTÁRIO. TAXA JUDICIÁRIA. MEAÇÃO. CÔNJUGE SUPÉRSTITE.
Discute-se, no REsp, a base de cálculo da taxa judiciária em processo de inventário, tendo as instâncias ordinárias entendido que ela deveria incidir sobre o monte mor, incluindo-se aí a meação do cônjuge supérstite. Sustenta a inventariante que, da base de cálculo da taxa judiciária, deve ser excluída a meação do cônjuge sobrevivente. O Min. Relator afirmou que não há motivo para que a taxa judiciária incida sobre a totalidade dos bens do casal, sem a exclusão da meação do cônjuge sobrevivo, visto que, na jurisprudência do STF, taxa judiciária e custas judiciais "são espécies tributárias resultantes da prestação de serviço público específico e divisível e que têm como base de cálculo o valor da atividade estatal referida diretamente ao contribuinte". Com efeito, no seu dizer, no processo de inventário, a meação do cônjuge supérstite não é abarcada pelo serviço público prestado, destinado essencialmente a partilhar a herança deixada pelo *de cujus*; tampouco pode ser considerada proveito econômico, porqua nto pertencente por direito próprio e não sucessório ao cônjuge viúvo. Logo, no processo de inventário, a taxa judiciária deve ser calculada sobre o valor dos bens deixados pelo *de cujus*, excluindo-se a meação do cônjuge supérstite. Diante do exposto, a Turma deu provimento ao recurso para afastar a meação do cônjuge sobrevivente da base de cálculo da taxa judiciária. Ressaltou ainda o Min. Relator que, não obstante a existência de precedentes da Primeira Seção deste Tribunal sobre o tema, segundo aresto da Corte Especial, como a controvérsia imediata diz respeito à taxa judiciária devida, de caráter evidentemente tributário, em relação jurídica de direito privado, qual seja, processo de inventário de bens, há a incidência do art. 9º, § 2º, XII, do RISTJ. Precedentes citados do STF: ADI na MC 1.772-MG, DJ 8/9/2000; ADI 2.040-PR, DJ 25/2/2000; do STJ: REsp 343.718-SP, DJ 20/6/2005; REsp 437.525-SP, DJ 9/12/2003, e CC 87.898-MT, DJe 30/10/2008. **REsp 898.294-RS, Rel. Min. Luis Felipe Salomão, julgado em 2/6/2011.** (Inform. STJ 475)

INVENTÁRIO. COLAÇÃO. LEGITIMIDADE. TESTAMENTEIRO.
Discute-se, na hipótese, a legitimidade do testamenteiro e da viúva, ora recorrentes, para procederem à imputação, de modo a forçar as herdeiras legítimas a trazerem para conferência e imputação em suas cotas da legítima todos os bens recebidos do autor da herança. A Turma reiterou o entendimento de que o direito de exigir a colação dos bens recebidos a título de doação em vida do *de cujus* é privativo dos herdeiros necessários, pois a finalidade do instituto é resguardar a igualdade das suas legítimas. Observou-se que a exigência de imputação no processo de inventário desses bens doados também é direito privativo dos referidos herdeiros, visto que sua função é permitir a redução das liberalidades feitas pelo inventariado que, ultrapassando a parte disponível, invadam a legítima a ser entre eles repartida. Assim, carecem de legitimidade os recorrentes para exigir a colação dos bens recebidos pelas recorridas a título de doação feita pelo inventariado em vida, pois elas eram suas herdeiras necessárias na época da sua morte. Precedentes citados: REsp 400.948-SE, DJe 9/4/2010, e REsp 170.037-SP, DJ 24/5/1999. **REsp 167.421-SP, Rel. Min. Paulo de Tarso Sanseverino, julgado em 7/12/2010.** (Inform. STJ 459)

INVENTÁRIO. APURAÇÃO. HAVERES.
Trata-se de REsp em que o recorrente sustenta, entre outras questões, violação do parágrafo único do art. 993 do CPC sob o argumento de que, se a apuração de haveres descrita no referido dispositivo legal somente interessa aos pretendentes à posse e à propriedade dos bens do espólio, há de ser ela realizada nos autos do inventário. A Turma negou provimento ao recurso, por entender que, *in casu*, conforme se depreendeu dos autos, a dissolução da sociedade limitada da qual fazia parte o autor da herança revela-se objeto de controvérsia entre o sócio remanescente, ora recorrente, e os demais herdeiros. Assim, é perfeitamente cabível a decisão do juízo de primeiro grau que, vislumbrando a presença de questão de alta indagação, remeteu às vias ordinárias eventual apuração de haveres. Anotou-se que, na hipótese, agiu o julgador em perfeita consonância com o que dispõe o art. 984 do CPC, que autoriza o juiz do inventário a remeter aos meios ordinários as questões surgidas que demandem alta indagação ou dependam de outras provas. Desse modo, não há falar em ofensa ao art. 993, parágrafo único, II, do CPC. **REsp 289.151-SP, Rel. Min. Vasco Della Giustina (Desembargador convocado do TJ-RS) julgado em 7/10/2010.** (Inform. STJ 450)

NOMEAÇÃO. INVENTARIANTE DATIVO.
Noticiam os autos que a justificativa para a nomeação de inventariante dativo foi a animosidade entre as partes: de uma lado a viúva, casada sob regime de comunhão universal de bens e a, até então, única filha conhecida do falecido; do outro, o recém-descoberto filho menor, possível herdeiro, representado pela mãe. Apontam que tal animosidade é compreensível e até mesmo esperada, assim como o questionamento quanto à filiação do menor, uma vez que a esposa e a filha só souberam da existência do filho a partir de observação na certidão de óbito lançada em função da apresentação da certidão de nascimento do menor, em que o ora falecido anteriormente o reconhecera como filho. Questiona o REsp se houve violação à ordem legal de nomeação de inventariante conforme prevista no art. 990 do CPC. Isso posto, a Min. Relatora observa que este Tribunal já definiu não ter caráter absoluto aquela ordem para nomeação de inventariante, podendo ser alterada em situação de fato excepcional, quando o juiz tiver fundadas razões para tanto, como no caso de existência de litigiosidade entre partes. Diante do exposto, a Turma não conheceu do recurso, pois a firme convicção do juízo formada a partir dos elementos fáticos do processo veda o reexame em REsp (Súm. n. 7-STJ). Precedentes citados: REsp 402.891-RJ, DJ 2/5/2005; REsp 283.994-SP, DJ 7/5/2001, e REsp 88.296-SP, DJ 8/2/1999. **REsp 1.055.633-SP, Rel. Min. Nancy Andrighi, julgado em 21/10/2008.** (Inform. STJ 373)

NULIDADE. VENDA. IMÓVEL. CITAÇÃO.
Houve a participação ativa do Ministério Público durante todo o curso do inventário, inclusive pela ciência do trânsito em julgado da sentença de partilha. Após o trânsito, a meeira requereu a expedição do alvará permissivo da venda do imóvel e alegou que os herdeiros estavam incomunicáveis, visto que um residia na França e outro, no Amazonas, sem que houve quem precisasse seus paradeiros. Disso o representante do *Parquet* teve novamente ciência e ainda concordou com a venda, propondo que a parte dos herdeiros fosse depositada à disposição do juízo, o que foi acatado. Sucede que, cerca de sete meses após a alienação do bem, o próprio MP requereu, nos autos do pedido de alvará, a nulidade de todo o processo por falta de citação dos herdeiros condôminos, inclusive para o inventário. Mas o juízo indeferiu o pedido ao fundamentar-se no fato de que ficou preservada a parte dos herdeiros e no disposto nos arts. 1.109 e 1.111 do CPC. No Tribunal *a quo*, acrescentou-se a isso o fato de que o MP insurgiu-se em agravo de instrumento interposto nos autos do alvará, notadamente a via imprópria para tal. Surgiu, então, nos autos, um dos herdeiros, que concordava com a venda e requeria o levantamento da parte que lhe tocava. Diante disso tudo, a Turma, apesar da ausência da citação tanto no inventário quanto no trato do alvará, entendeu correto o acórdão recorrido, enquanto conclusivo da inadequação da via eleita. **REsp 538.384-DF, Rel. Min. Massami Uyeda, julgado em 20/9/2007.** (Inform. STJ 332)

ARROLAMENTO SUMÁRIO. HOMOLOGAÇÃO. PARTILHA. TRIBUTOS.
No arrolamento sumário (art. 1.031 e seguintes do CPC), cabível quando os herdeiros forem maiores, capazes e estiverem de acordo com a partilha, somente é possível o exame da comprovação da quitação dos tributos referentes aos bens e suas rendas. Nesse processo, é vedado ao juiz condicionar a homologação da partilha à entrega de documentos à Receita estadual necessários a seus cálculos, enquanto pagos os tributos e juntados os respectivos comprovantes aos autos, mesmo diante de pagamento incompleto, mal calculado o imposto pelo inventariante. A discussão a respeito de suposto pagamento a menor deve ser resolvida na esfera administrativa (art. 1.034 do CPC). Após o trânsito em julgado da homologação da partilha, ou seja, terminado o feito, é que a expedição do formal somente será admitida depois de verificada, pela Fazenda, a correção no pagamento de todos os tributos, não só dos incidentes sobre os bens do espólio (arts. 1.031, § 2º, e 1.034, § 1º, do CPC). **EDcl no REsp 927.530-SP, Rel. Min. Castro Meira, julgados em 21/8/2007.** (Inform. STJ 328)

INVENTÁRIO. RESERVA. BENS. AÇÃO. RECONHECIMENTO. SOCIEDADE. FATO.
A Turma, ao prosseguir o julgamento, não conheceu do recurso e, invocando o precedente do REsp 423.192-SP, DJ 28/7/2002, reafirmou o entendimento de que a reserva de bens, prevista no art. 1.001 do CPC, por ser medida de natureza cautelar, exige a presença dos requisitos do *fumus boni iuris* e do *periculum in mora*. Logo, a mera existência de ação de reconhecimento de união estável, ainda não julgada, não gera o direito de reserva de bens em poder do inventariante, além de não satisfazer o requisito do *fumus boni iuris*. No caso dos autos, ainda, o acórdão recorrido afirmou que não estava presente o perigo na demora, incidindo, portanto, a Súm. n. 7-STJ. **REsp 660.897-SP, Rel. Min. Carlos Alberto Menezes Direito, julgado em 2/8/2007.** (Inform. STJ 326)

AÇÃO. PRESTAÇÃO. CONTAS. MANDATÁRIO. CONTRATO. INVENTARIANTE.
Os herdeiros podem exigir contas do inventariante, mas não dos mandatários constituídos pelo inventariante. **REsp 647.135-SP, Rel. Min. Carlos Alberto Menezes Direito, julgado em 22/3/2007.** (Inform. STJ 314)

15.6. Separação, Divórcio e Dissolução de Sociedade de Fato

HOMOLOGAÇÃO. DIVÓRCIO. JAPÃO.
Trata-se da homologação de "sentença de divórcio em comum acordo proferida na cidade de Okazaki, província de Aichi, Japão. A Corte Especial, por maioria, entendeu que é possível homologar pedido de divórcio consensual realizado no Japão e dirigido à autoridade administrativa competente para tal mister. No caso, não há sentença, mas certidão de deferimento de registro de divórcio, passível de homologação deste Superior Tribunal. Precedente citado: AgRg na SE 456-EX, DJ 5/2/2007. **SEC 4.403-EX, Rel. Min. Arnaldo Esteves Lima, julgada em 1º/8/2011.** (Inform. STJ 480)

SEPARAÇÃO LITIGIOSA. DIVÓRCIO DIRETO. SÚM. N. 7-STJ.
Cuida-se de separação litigiosa convertida em divórcio direto, contraposta por reconvenção de iniciativa do cônjuge varão em que o cônjuge virago insiste que o patrimônio foi formado durante sociedade de fato com o autor, antes de contraírem núpcias, e que a venda foi simulada para permitir a contratação de mútuo habitacional. Diante disso, a Turma não conheceu do recurso por entender que a insistência quanto ao reconhecimento de que houve união estável pretérita não teve propósito prático, porque tal fato é irrelevante. O objetivo da recorrente somente poderia ser alcançado se comprovasse, o que não logrou fazer, que à época contribuiu para a aquisição do imóvel em disputa. Ressaltou o Min. Relator que as conclusões do julgado recorrido em sentido contrário estão ao abrigo da Súm. n. 7-STJ, pois a Corte revisora, soberana na análise da prova, promoveu a comparação entre as diversas espécies de elementos fáticos apresentados, privilegiando um em detrimento de outros, o que não cabe a este Superior Tribunal questionar, findando por adotar posicionamento desfavorável à recorrente. **REsp 625.201-PB, Rel. Min. Aldir Passarinho Junior, julgado em 23/9/2008.** (Inform. STJ 369)

SÚMULA STF Nº 381

Não se homologa sentença de divórcio obtida, por procuração, em país de que os cônjuges não eram nacionais.

SÚMULA STF Nº 380

Comprovada a existência de sociedade de fato entre os concubinos, é cabível a sua dissolução judicial, com a partilha do patrimônio adquirido pelo esforço comum.

SÚMULA STF Nº 379

No acordo de desquite não se admite renúncia aos alimentos, que poderão ser pleiteados ulteriormente, verificados os pressupostos legais.

SÚMULA STF Nº 305

Acordo de desquite ratificado por ambos os cônjuges não é retratável unilateralmente.

SÚMULA STF Nº 226

Na ação de desquite, os alimentos são devidos desde a inicial e não da data da decisão que os concede.

SÚMULA STJ Nº 197

O divorcio direto pode ser concedido sem que haja prévia partilha dos bens.

15.7. Investigação de Paternidade e Alimentos

AÇÃO DE INVESTIGAÇÃO DE PATERNIDADE E COISA JULGADA - 1
O Plenário iniciou julgamento de recurso extraordinário em que se discute a possibilidade, ou não, de superação da coisa julgada em ação de investigação de paternidade cuja sentença tenha decretado a extinção do processo, sem julgamento do mérito, por insuficiência probatória. Na situação dos autos, a genitora do autor não possuía, à época, condições financeiras para custear exame de DNA. Reconheceu-se a repercussão geral da questão discutida, haja vista o conflito entre o princípio da segurança jurídica, consubstanciado na coisa julgada (CF, art. 5º, XXXVI), de um lado; e a dignidade humana, concretizada no direito à assistência jurídica gratuita (CF, art. 5º, LXXIV) e no dever de paternidade responsável (CF, art. 226, § 7º), de outro. O Min. Luiz Fux salientou o aspecto de carência material da parte – para produção da prova extraída a partir do exame de DNA – como intrínseco à repercussão geral da matéria, tendo em vista a possibilidade, em determinados casos, de o proponente optar por não satisfazer o ônus da prova, independentemente de sua condição sócio-econômica, considerado entendimento jurisprudencial no sentido de se presumir a paternidade do réu nas hipóteses de não realização da prova pericial. RE 363889/DF, rel. Min. Dias Toffoli, 7.4.2011. (RE-363889)

AÇÃO DE INVESTIGAÇÃO DE PATERNIDADE E COISA JULGADA - 2
Em seguida, o Min. Dias Toffoli, relator, proveu o recurso para decretar a extinção do processo original sem julgamento do mérito e permitir o trâmite da atual ação de investigação de paternidade. Inicialmente, discorreu sobre o retrospecto histórico que culminara na norma contida no art. 226, § 7º, da CF ("Art. 226. A família, base da sociedade, tem especial proteção do Estado. ... § 7º - Fundado nos princípios da dignidade da pessoa humana e da paternidade responsável, o planejamento familiar é livre decisão do casal, competindo ao Estado propiciar recursos educacionais e científicos para o exercício desse direito, vedada qualquer forma coercitiva por parte de instituições oficiais ou privadas."), dispositivo que teria consagrado a igualdade entre as diversas categorias de filhos, outrora existentes, de modo a vedar qualquer designação discriminatória que fizesse menção à sua origem. A seguir, destacou a paternidade responsável como elemento a pautar a tomada de decisões em matérias envolvendo relações familiares. Nesse sentido, salientou o caráter personalíssimo, indisponível e imprescritível do reconhecimento do estado de filiação, considerada a preeminência do direito geral da personalidade. Aduziu existir um paralelo entre esse direito e o direito fundamental à informação genética, garantido por meio do exame de DNA. No ponto, asseverou haver precedentes da Corte no sentido de caber ao Estado providenciar aos necessitados acesso a esse meio de prova, em ações de investigação de paternidade. Reputou necessária a superação da coisa julgada em casos tais, cuja decisão terminativa se dera por insuficiência de provas. Entendeu que, a rigor, a demanda deveria ter sido extinta nos termos do art. 267, IV, do CPC ("Art. 267. Extingue-se o processo, sem resolução de mérito: ... IV - quando se verificar a ausência de pressupostos de constituição e de desenvolvimento válido e regular do processo;"), porque se teria mostrado impossível a formação de um juízo de certeza sobre o fato. Aduziu, assim, que se deveria possibilitar a repropositura da ação, de modo a concluir-se sobre a suposta relação de paternidade discutida. Afirmou que o princípio da segurança jurídica não seria, portanto, absoluto, e que não poderia prevalecer em detrimento da dignidade da pessoa humana, sob o prisma do acesso à informação genética e da personalidade do indivíduo. Assinalou não se poder mais tolerar a prevalência, em relações de vínculo paterno-filial, do fictício critério da verdade legal, calcado em presunção absoluta, tampouco a negativa de respostas acerca da origem biológica do ser humano, uma vez constatada a evolução nos meios de prova voltados para esse fim. Após, pediu vista dos autos o Min. Luiz Fux. RE 363889/DF, rel. Min. Dias Toffoli, 7.4.2011. (RE-363889) (Inform. STF 622)

AÇÃO DE INVESTIGAÇÃO DE PATERNIDADE E COISA JULGADA - 3
Em conclusão, o Plenário, por maioria, proveu recurso extraordinário em que discutida a possibilidade, ou não, de superação da coisa julgada em ação de investigação de paternidade cuja sentença tenha decretado a extinção do processo, sem julgamento do mérito, por insuficiência probatória — v. Informativo 622. Decretou-se a extinção do processo original sem julgamento do mérito e permitiu-se o trâmite da atual ação de investigação de paternidade. Prevaleceu o voto proferido pelo Min. Dias Toffoli. Para ele, dever-se-ia ressaltar a evolução dos meios de prova para aferição da paternidade — culminada com o advento do exame de DNA — e a prevalência da busca da verdade real sobre a coisa julgada, visto estar em jogo o direito à personalidade. Ressaltou que este direito teria sido obstaculizado, no caso, pelo fato de o Estado haver faltado com seu dever de assistência jurídica, uma vez que não custeara o exame à época da ação anterior. Os demais Ministros que deram provimento ao recurso ressaltaram que a espécie envolveria o cotejo entre a coisa julgada e o princípio da dignidade da pessoa humana, consubstanciado no direito à informação genética. O Min.Luiz Fux destacou a existência de corrente doutrinária que flexibilizaria o prazo para ajuizamento de ação rescisória nas hipóteses de ação de investigação de paternidade julgada improcedente por ausência de provas, o que corroboraria a superação da coisa julgada. Vencidos os Ministros Marco Aurélio e Cezar Peluso, Presidente, que desproviam o recurso. O Min. Marco Aurélio apontou que o réu, na ação em comento, não poderia ser obrigado a fazer o exame de DNA. Isso, entretanto, não implicaria presunção absoluta de paternidade, mas apenas relativa, a ser confrontada com as provas trazidas ao processo. Asseverou que o ordenamento traria exceções à imutabilidade da coisa julgada, a exemplo da ação rescisória, limitada ao prazo de 2 anos após o trânsito em julgado da ação de origem. Como, na situação em tela, haveria lapso de mais de 10 anos, a aludida exceção não seria aplicável. Destacou, ainda, a probabilidade de o interesse do autor ser patrimonial, e não relativo à sua identidade genética. O Presidente, por

sua vez, afirmou que o princípio da coisa julgada seria o postulado da certeza, a própria ética do direito. A respeito, assinalou que o direito não estaria na verdade, mas na segurança. Reputou que a relativização desse princípio em face da dignidade da pessoa humana poderia justificar, de igual modo, a prevalência do direito fundamental à liberdade, por exemplo, de maneira que nenhuma sentença penal condenatória seria definitiva. Salientou que, hoje em dia, o Estado seria obrigado a custear o exame de DNA do autor carente, de forma que a decisão da Corte teria pouca aplicabilidade prática. Por fim, frisou que a questão envolveria também a dignidade humana do réu, não apenas do autor, visto que uma nova ação de investigação de paternidade teria profunda repercussão na vida familiar daquele. RE 363889/DF, rel. Min. Dias Toffoli, 2.6.2011. (RE-363889) (Inform. STF 629)

REVISÃO DE ALIMENTOS. EFICÁCIA RETROATIVA.
Na execução de prestação alimentícia, que segue o rito do art. 733 do CPC, em que há o risco de constrição à liberdade do alimentante, não é possível cobrar valores relativos a honorários advocatícios nem valores glosados em ação revisional de alimentos. No presente feito, a planilha de cálculo, anexa à execução, foi elaborada depois do oferecimento da ação revisional de alimentos e antes da prolação da sentença que reduziu o valor da pensão alimentícia paga ao recorrido. Portanto, deve o recorrido recalcular a dívida, reduzindo os valores aos montantes fixados na sentença revisional, que possui eficácia retroativa à data da citação. Precedentes citados: **REsp 504.630-SP, DJ 10/4/2006, REsp 593.367-SP, DJ 17/5/2004, e HC 21.067-PA, DJ 21/10/2002. HC 224.769-DF, Rel. Min. Paulo de Tarso Sanseverino, julgado em 14/2/2012.** (Inform. STJ 491)

ALIMENTOS. PRESTAÇÕES VENCIDAS. DESCONTO EM FOLHA.
A *quaestio juris* consiste em saber se é possível, a requerimento do exequente, a execução de alimentos vencidos no curso da ação de alimentos, mediante desconto em folha do executado. A Turma entendeu ser possível o desconto em folha de pagamento do devedor de alimentos, inclusive quanto a débito pretérito, desde que em montante razoável e que não impeça sua própria subsistência. Consignou-se que os alimentos decorrem da solidariedade que deve haver entre os membros da família ou parentes, objetivando garantir a subsistência do alimentando, observadas sua necessidade e a possibilidade do alimentante. Ressaltou-se que os alimentos pretéritos ostentam também a natureza de crédito alimentar (Súm. n. 309-STJ). Ademais, os arts. 16 da Lei n. 5.478/1968 e 734 do CPC prevêem, preferencialmente, o desconto em folha para satisfação do crédito alimentar. Dessarte, não havendo ressalva quanto ao tempo em que perdura o débito para a determinação do desconto em folha, não se mostra razoável restringir-se o alcance dos comandos normativos para conferir proteção ao devedor de alimentos. Com essas considerações, entre outras, a Turma deu parcial provimento ao recurso para reconhecer a possibilidade do desconto em folha de pagamento do recorrido, para a satisfação do débito alimentar, ainda que pretérito, em percentual a ser estabelecido pelas instâncias ordinárias. Precedentes citados: RHC 9.718-MG, DJ 18/9/2000; HC 11.163-MG, DJ 12/6/2000, e REsp 254.047-SP, DJ 25/9/2000. **REsp 997.515-RJ, Rel. Min. Luis Felipe Salomão, julgado em 18/10/2011.** (Inform. STJ 485)

ALIMENTOS. AUDIÊNCIA. AUTOR. NÃO COMPARECIMENTO.
A Turma negou provimento ao RHC por entender que o não comparecimento do autor da ação de alimentos à audiência de conciliação não determina, necessariamente, o arquivamento do pedido, conforme estabelece o art. 7º da Lei n. 5.478/1968. Ressaltou-se que a peculiaridade do caso – menor residente fora do país – tem o condão de afastar a incidência do referido dispositivo. Consignou-se, ademais, que a alegação única de que o alimentante estava preso quando da intimação para cumprir voluntariamente a obrigação alimentícia não retira seu ônus de demonstrar a impossibilidade de adimpli-la. Para o Min. Relator, essa circunstância, apesar de representar especial dificuldade, não obsta o dever de pagar o débito, tendo em vista a necessidade de subsistência do filho. Reiterou, ainda, que a atual situação de desemprego não basta para eximir o pai da obrigação e que cabe a ele comprovar a falta de patrimônio suficiente para saldar a dívida. **RHC 29.777-MG, Rel. Min. Paulo de Tarso Sanseverino, julgado em 5/5/2011.** (Inform. STJ 471)

ALIMENTOS. PRISÃO CIVIL. DECISÃO. TRÂNSITO EM JULGADO.
A Turma denegou a ordem de *habeas corpus* por entender que o cumprimento da prisão civil do devedor de verba alimentar não exige o trânsito em julgado da decisão que a decreta, tendo em vista seu caráter coercitivo – e não punitivo, como na prisão penal –, não havendo falar em aplicação, na espécie, do art. 5º, LVII, da CF/1988. Ressaltou o Min. Relator que tal exigência contrariaria a própria finalidade da constrição civil, que é compelir o executado a adimplir imediatamente a obrigação alimentícia. **HC 161.217-SP, Rel. Min. Paulo de Tarso Sanseverino, julgado em 8/2/2011.** (Inform. STJ 462)

AÇÃO. ALIMENTOS. ASSISTÊNCIA JUDICIÁRIA GRATUITA.
Cuida-se de REsp em que a controvérsia dirimida tratou de saber se, na fase recursal de ação de alimentos, é facultado ao julgador indeferir a juntada de documento comprobatório de demissão sem justa causa do alimentante, consideradas as peculiaridades descritas no acórdão recorrido, bem como se o pedido de concessão do benefício da assistência judiciária gratuita deve ser formulado apartado, quando em curso a ação. Inicialmente, observou a Min. Relatora que, consoante a jurisprudência deste Superior Tribunal, se ausente a chamada guarda de trunfos, vale dizer, o espírito de ocultação premeditada e o propósito de surpreender o juízo e a parte contrária, a juntada de documento novo, mesmo em fase recursal, pode ser admitida em caráter excepcional, desde que respeitados os princípios da lealdade, da boa-fé e do contraditório, preservando-se, dessa forma, a função instrumental do processo. No caso em questão, todavia, a conclusão vertida no acórdão impugnado de manter o indeferimento da juntada da petição do alimentante foi tomada com base em circunstâncias peculiares da lide, que, ademais, são infensas à análise no REsp. Asseverou que, tanto em grau de apelação como em agravo regimental, o tribunal *a quo* manteve coerente a linha de raciocínio de que a hipótese específica, de ação de alimentos, na qual não há coisa julgada, não guarda sintonia com o caráter excepcional que deve ser conferido pelo julgador nos casos de admissão da juntada de documento novo na fase recursal. Assinalou que, além da ausência de coisa julgada na ação de alimentos, o tribunal de origem afirmou o esgotamento da matéria no âmbito de sua atuação, indicando a via revisional para o caso de superveniente mudança na situação financeira do alimentante, que poderá pleitear a redução do encargo nos termos do art. 1.699 do CC/2002. Destacou, ainda, a Min. Relatora que, das diversas fontes de renda mencionadas no acórdão atacado, o alimentante buscou comprovar o afastamento de apenas uma delas, que considera como a principal. No que se refere às necessidades dos alimentandos, consignou o aresto impugnado que eles mantêm um elevado padrão de vida, frequentando, inclusive, curso de idiomas, escolas particulares e de esportes, necessitando, portanto, da assistência material do pai. Quanto à ex-mulher, entendeu o acórdão que de sua situação de desemprego decorre a obrigação do ex-marido de lhe prestar alimentos. Desse modo, a prova irrefutável e imutável no recurso especial do reconhecimento do direito material da necessidade dos alimentandos, escoltado pela possibilidade do alimentante, quando em contraposição com regra de índole processual atinente à admissão de documento novo em fase recursal, assume significativa preponderância, a fim de que a aplicação do Direito não crie embaraço ao pronto atendimento das necessidades dos credores de alimentos, sob pena de restrição ao caráter emergencial implícito à obrigação alimentícia. Quanto ao benefício da assistência judiciária gratuita formulado no curso do processo, ressaltou que o aresto atacado está em harmonia com a jurisprudência do STJ, isto é, o pedido de concessão do benefício da assistência judiciária gratuita, quando formulado no curso da ação, deverá ser autuado separado, conforme dispõe o art. 6º da Lei n. 1.060/1950. Assim, ante as razões descritas, entre outras, a Turma negou provimento ao recurso. Precedentes citados: REsp 980.191-MS, DJe 10/3/2008; AgRg no Ag 540.217-SP, DJ 3/4/2006; REsp 466.751-AC, DJ 23/6/2003; REsp 431.716-PB, DJ 19/12/2002; REsp 41.158-MG, DJ 30/9/1996; REsp 1.058.689-RJ, DJe 25/5/2009; AgRg no Ag 876.596/RJ, DJe 24/8/2009, e AgRg no Ag 1.089.055-SP, DJe 23/3/2009. **REsp 1.121.031-MG, Rel. Min. Nancy Andrighi, julgado em 9/11/2010.** (Inform. STJ 455)

ALIMENTOS PROVISIONAIS. INVESTIGAÇÃO. PATERNIDADE. PRISÃO.
A Turma deu provimento ao recurso ordinário em *habeas corpus* para afastar a aplicação do § 1º do art. 733 do CPC na hipótese de execução de alimentos provisionais fixados em ação investigatória de paternidade antes de prolatada sentença que reconheça o vínculo de parentesco, fixação disciplinada nos arts. 5º da Lei n. 883/1949, vigente à época, e 7º da Lei n. 8.560/1992. Segundo o Min. Relator, não se mostra razoável a imposição da prisão civil quando existentes dúvidas acerca da possibilidade de arbitramento de alimentos em tais situações. Consignou, ainda, que o art. 5º, LXVII, da CF/1988 dispõe que a medida coercitiva será aplicada em caso de inadimplemento inescusável da obrigação alimentícia, o que não se verifica na espécie. Precedente citado: REsp 200.595-SP, DJ 9/6/2003. **RHC 28.382-RJ, Rel. Min. Raul Araújo, julgado em 21/10/2010.** (Inform. STJ 452)

INSTRUÇÃO PROCESSUAL. DNA. SEGUNDO GRAU.
Foi julgada procedente a ação de investigação de paternidade cumulada com petição de herança. Por sua vez, o Tribunal *a quo*, de ofício, anulou-a, para que fosse realizada nova instrução processual, a permitir novamente a submissão ao exame de DNA. Quanto a isso, vê-se que a apuração da verdade real é de interesse não só do autor, mas também do Estado, o que torna imprescindível o exame de DNA diante da incerteza da paternidade. É certo que o CPC acolheu o princípio dispositivo, de que o juiz deve julgar segundo o alegado pelas partes, porém ele mesmo o abrandou ao permitir a iniciativa probatória ao juiz na busca da verdade real (art. 130 daquele código). O fato de o processo estar sujeito à segunda instância não é óbice para que determine a colheita de novas provas, pois os desembargadores têm as mesmas prerrogativas dos magistrados de 1º grau na busca da referida verdade real. Dessarte, correta a iniciativa de anular a sentença e determinar novas provas diante da perplexidade causada pelas já produzidas, quanto mais se considerada a significativa desproporção econômica e sócio-cultural existente entre as partes. Não há falar em preclusão porque as questões probatórias não precluem para o magistrado, nem mesmo se deve cogitar sobre *reformatio in pejus*, pois a decisão anulada era desfavorável à recorrente. Por último, ressalte-se que, quanto à recusa de os filhos do investigado oferecerem material para o teste de DNA, é possível a exumação do cadáver para tal fim. Precedentes citados: REsp 192.681-PR, DJ 24/3/2003; REsp 218.302-PR, DJ 29/3/2004; AgRg no REsp 738.576-DF, DJ 12/9/2005; REsp 348.007-GO, DJ 1º/8/2005, e REsp 418.971-MG, DJ 7/11/2005. **REsp 1.010.559-RN, Rel. Min. Aldir Passarinho Junior, julgado em 16/10/2008**. (Inform. STJ 372)

REVISÃO. INDENIZAÇÃO. ATO ILÍCITO. HIPÓTESES.
Trata-se de ação de exoneração com pedido de revisão de alimentos em que os autores recorrentes alegam alteração da situação econômica das partes. Eles estariam em dificuldades financeiras enquanto o recorrido é pensionista da Previ e empresário do ramo de importações e exportações. A Turma entendeu que há somente duas hipóteses para que se altere o valor da prestação de alimentos decorrentes de ato ilícito, no caso, acidente de trânsito. Uma o decréscimo das condições econômicas da vítima, dentre elas a eventual defasagem da indenização fixada. A outra, a capacidade de pagamento do devedor. Se houver melhora, poderá a vítima requerer revisão para mais, até atingir a integralidade do dano material futuro; se houver piora, o próprio devedor pedirá a revisão para menor em atenção ao princípio da dignidade humana e à faculdade outorgada no art. 602, § 3º, do CPC (atual art. 475-Q, § 3º, do CPC). O fato de a vítima, mediante seus esforços e após enfrentar as adversidades e limitações físicas, reverter sua situação desfavorável não pode premiar o causador do dano irreversível. **REsp 913.431-RJ, Rel. Min. Nancy Andrighi, julgado em 27/11/2007.** (Inform. STJ 340)

ALIMENTOS PROVISIONAIS. SENTENÇA. REVOGAÇÃO. DECISÃO INTERLOCUTÓRIA. DUPLO EFEITO.
A matéria está em saber se, recebida a apelação no duplo efeito, estariam suspensos os efeitos da sentença e restabelecida a decisão interlocutória. O juiz, em ação de separação litigiosa, declarou a culpa da autora. Em razão disso, julgou improcedente ação de alimentos proposta em autos apartados, revogando a decisão que fixara os alimentos provisórios. A eficácia da sentença foi suspensa pelo empréstimo de duplo efeito à apelação. Entenderam o juiz e o Tribunal de origem que a suspensão não atingiria a exclusão dos alimentos, pois estes poderiam ser revogados a qualquer tempo. O Min. Relator argumentou que os alimentos provisórios são deferidos com base em juízo preliminar, porque o juiz enxerga verossimilhança nas alegações da autora. Julgado improcedente o pedido, o juízo provisório perde a eficácia. Com isso, é possível entender que, quanto ao mérito, a apelação interposta terá efeito suspensivo (regra geral do art. 520, *caput*, do CPC). Contudo, o capítulo relativo à revogação da decisão interlocutória dará ensejo à apelação apenas no efeito devolutivo, incidindo a regra do art. 520, II, do CPC. É que já não existe a obrigação de o recorrente prestar alimentos provisionais, sendo impossível restabelecer decisão proferida liminarmente e revogada por sentença assentada em provas. Incabível, portanto, aplicação do art. 13, § 3º, da Lei n. 5.478/1968. Isso posto, a Turma não conheceu do recurso. Precedentes citados: REsp 555.241-SP, DJ 1º/2/2005, e REsp 296.039-MT, DJ 20/8/2001. **REsp 746.760-SP, Rel. Min. Humberto Gomes de Barros, julgado em 6/11/2007.** (Inform. STJ 338)

ALIMENTOS. DÉBITO. PRISÃO.
Não é possível nova prisão relativa aos débitos alimentícios vencidos durante a execução, que já foi alcançada pela prisão anterior, sob pena de tratar-se de prorrogação que poderia conduzir à prisão perpétua, vedada no ordenamento jurídico brasileiro. **REsp 658.823-MS, Rel. Min. Carlos Alberto Menezes Direito, julgado em 17/5/2007.** (Inform. STJ 320)

ALIMENTOS. REDUÇÃO OU MAJORAÇÃO. APELAÇÃO. EFEITO.
A Turma reafirmou a orientação firmada no REsp 623.673-SP, DJ 12/5/2004 no sentido de atribuir sempre o efeito devolutivo à apelação, seja quando há redução, seja quando há majoração de alimentos. Com esses esclarecimentos, ao prosseguir o julgamento, a Turma negou provimento ao recurso. **REsp 595.209-MG, Rel. Min. Nancy Andrighi, julgado em 8/3/2007.** (Inform. STJ 312)

SÚMULA STJ Nº 358

O cancelamento de pensão alimentícia de filho que atingiu a maioridade está sujeito à decisão judicial, mediante contraditório, ainda que nos próprios autos.

SÚMULA STJ Nº 309

O débito alimentar que autoriza a prisão civil do alimentante é o que compreende as três prestações anteriores ao ajuizamento da execução e as que se vencerem no curso do processo.(*) (*) julgando o HC 53.068-MS, na sessão de 22/03/2006, a Segunda Seção deliberou pela ALTERAÇÃO da súmula n. 309. REDAÇÃO ANTERIOR (decisão de 27/04/2005, DJ 04/05/2005): O débito alimentar que autoriza a prisão civil do alimentante é o que compreende as três prestações anteriores à citação e as que vencerem no curso do processo.

SÚMULA STJ Nº 301

Em ação investigatória, a recusa do suposto pai a submeter-se ao exame de DNA induz presunção juris tantum de paternidade.

SÚMULA STJ Nº 277

Julgada procedente a investigação de paternidade, os alimentos são devidos a partir da citação.

SÚMULA STJ Nº 1

O foro do domicilio ou da residência do alimentando é o Competente para a ação de investigação de paternidade, quando cumulada com a de alimentos.

15.8. Usucapião

USUCAPIÃO. REINTEGRAÇÃO. POSSE.
Trata-se de REsp em que se discute se há conexão, a justificar a distribuição por dependência dos feitos, entre as ações de usucapião e de reintegração de posse envolvendo as mesmas partes e o mesmo bem imóvel. A Turma entendeu que, sendo a usucapião forma de aquisição de propriedade pela posse prolongada no tempo, a sentença proferida no respectivo processo deve guardar a necessária coerência com aquela prolatada na ação possessória relativa ao mesmo bem imóvel ajuizada posteriormente, sob pena de emissão de decisões judiciais conflitantes relativa ao fundamento que constitui a mesma causa (remota) de pedir. Consignou-se que deve ser reconhecida a existência de conexão entre ações mesmo quando verificada a comunhão somente entre a causa de pedir remota. Assim, deu-se provimento ao recurso para reconhecer a conexão suscitada na hipótese e determinar a reunião dos feitos no juízo que recebeu a primeira ação, ou seja, a de usucapião. Precedente citado: CC 49.434-SP, DJ 20/2/2006. **REsp 967.815-MG, Rel. Min. João Otávio de Noronha, julgado em 4/8/2011.** (Inform. STJ 480)

USUCAPIÃO. IMÓVEL. REDE FERROVIÁRIA.
Cinge-se a matéria à viabilidade da propositura de ação de usucapião de bem imóvel pertencente à rede ferroviária. O Min. Relator entendia que, uma vez desativada a via férrea e, consequentemente, afastado o bem de sua destinação de interesse público, o imóvel perdeu o caráter especial, motivo pelo qual passou a ter natureza de bem particular pertencente à sociedade de economia mista, portanto passível de usucapião. Mas o Min. Carlos Fernando Mathias (Juiz convocado do TRF da 1ª Região), discordando do Min. Relator, entendeu tratar-se de bem incluído entre os da União, conforme o art. 1º do DL n. 9.760/1946. Além de também mencionar as Leis ns. 3.115/1957 e 6.428/1977, ressaltou que a recente Lei n. 11.483/2007, com a redação dada ao inciso II do art. 2º pela Lei n. 11.772/2008, dispôs que os bens imóveis da extinta RFFSA ficam transferidos para a União. Diante disso, a Turma, por maioria, conheceu do recurso da União e lhe deu provimento. **REsp 242.073-SC, Rel. originário Luis Felipe Salomão, Rel. para acórdão Min. Carlos Fernando Mathias (Juiz convocado do TRF da 1ª Região), julgado em 5/3/2009.** (Inform. STJ 385)

USUCAPIÃO. POSSIBILIDADE JURÍDICA.

Ajuizou-se ação de usucapião extraordinária, porém um dos confinantes alega que a área descrita no pedido inicial não é ocupada totalmente pela autora, pois também ele ocuparia uma grande parte. Diante disso, o processo foi extinto sem julgamento do mérito, ao fundamento da impossibilidade jurídica do pedido (reconhecer-se a usucapião quando o autor tem apenas posse de parte do imóvel). Sucede que o CPC adota a teoria eclética quanto às condições da ação. O direito de ação independe do direito material, mas é conexo com ele. Existe o direito de ação se for admissível o exame concreto da relação de direito material exposta pelo autor, independentemente de ele ter ou não o direito subjetivo pleiteado. Especificamente quanto à possibilidade jurídica, a condição da ação controvertida nos autos, ela pode ser resumida na admissibilidade abstrata da tutela almejada, ou seja, a ausência de vedação explícita no ordenamento jurídico à concessão do provimento jurisdicional. Em suma, haveria a impossibilidade jurídica acaso o imóvel não fosse suscetível de aquisição e, consequentemente, de usucapião, o que não é o caso dos autos. Assim, pelos fundamentos do acórdão, poderia cogitar-se a improcedência do pedido, e não sua impossibilidade jurídica. **REsp 254.417-MG, Rel. Min. Luís Felipe Salomão, julgado em 16/12/2008.** (Inform. STJ 381)

USUCAPIÃO ESPECIAL. FÉRIAS. PROCEDIMENTO SUMÁRIO.

Trata-se de recurso em que se discute a tempestividade de apelação interposta em ação de usucapião durante o período de férias. O Min. Relator aduziu que, se a ação de usucapião conduz-se pelo rito sumário e as ações submetidas a tal processamento não têm os prazos suspensos durante as férias, evidentemente que a protocolização da apelação, pela recorrente, somente em 14/2/2000, se fez a destempo, visto que fluía o lapso recursal desde 3/1/2000, após o recesso de final de ano. Isso posto, a Turma conheceu do recurso, mas lhe negou provimento. Precedentes citados: REsp 363.942-PR, DJ 22/3/2004; REsp 3.822-MG, DJ 10/6/1996; REsp 37.319-SP, DJ 21/3/1994, e REsp 37.714-SP, DJ 18/10/1993. **REsp 401.400-PR, Rel. Min. Aldir Passarinho Junior, julgado em 10/4/2007.** (Inform. STJ 316)

SÚMULA STF Nº 391

O confinante certo deve ser citado, pessoalmente, para a ação de usucapião.

SÚMULA STF Nº 263

O possuidor deve ser citado pessoalmente para a ação de usucapião.

SÚMULA STF Nº 237

O usucapião pode ser argüido em defesa.

SÚMULA STJ Nº 11

A presença da União ou de qualquer de seus entes, na ação de usucapião especial, não afasta a competência do foro da situação do imóvel.

15.9. Outras ações de procedimento especial

DISCRIMINAÇÃO DE TERRAS: ARRECADAÇÃO E PRÉVIA DESCONSTITUIÇÃO DE ATO REGISTRAL

O Tribunal julgou improcedente pedido formulado em ação originária cível proposta pelo Instituto Nacional de Colonização e Reforma Agrária - INCRA contra o Instituto de Terras do Estado do Tocantins - ITERTINS e outros, em que se pretendia a anulação e o cancelamento de registro imobiliário, e a restituição dos imóveis ao autor. Alegava-se, em síntese, que os imóveis objeto da ação teriam sido arrecadados pelo GETAT - Grupo de Terras Araguaia-Tocantins, por meio das Portarias GETAT/P 41/80 e 171/85, como terras devolutas e incorporados ao patrimônio público federal, observado o disposto no art. 28 da Lei 6.383/76 ("*Sempre que se apurar, através de pesquisa nos registros públicos, a inexistência de domínio particular em áreas rurais declaradas indispensáveis à segurança e ao desenvolvimento nacionais, a União, desde logo, as arrecadará mediante ato do presidente do Instituto Nacional de Colonização e Reforma Agrária - INCRA,...*"). Sustentava-se, assim, a nulidade da titulação efetuada pelo ITERTINS, requerendo o cancelamento da matrícula e do registro dos aludidos imóveis, bem como a imissão da União na sua posse. Entendeu-se que, na espécie, não poderia ser aplicada a orientação fixada pela Corte em outros precedentes, em que se concluíra serem da União as glebas que, anteriormente à edição do Decreto-lei 2.375/87, tinham sido incorporadas ao patrimônio dela pelo Decreto-lei 1.164/71, e que foram excepcionadas por ele de seu âmbito de incidência por estarem registradas, na forma da lei, em nome de pessoa jurídica pública e por configurarem objeto de situação jurídica, já constituída ou em processo de formação, a favor de alguém. Considerou-se que a certidão da inexistência de domínio particular nas terras objeto de arrecadação, expedida por Cartório de Registro de Imóveis, omitira a existência de registros que contemplariam a cadeia dominial das áreas em questão, desde a primeira transmissão dos imóveis. Tendo em conta que o pressuposto para a arrecadação das glebas de terra era a ausência de posse ou de situação jurídica constituída sobre a área a ser arrecadada, o que não ocorrera no caso, concluiu-se que os processos discriminatórios das áreas em litígio apresentariam vício insanável, já que a certidão que lhes dera fundamento não correspondia à realidade fática no momento da arrecadação. O Min. Celso de Mello registrou que, tratando-se de discriminação de terras para efeito de ulterior arrecadação, impõe-se, se e quando o imóvel arrecadando estiver registrado em nome de particular, que se promova a prévia desconstituição do ato registral, que goza de presunção *iuris tantum* de legitimidade e veracidade, ressalvadas as hipóteses do registro Torrens. Precedentes citados: ACO 477/TO (DJU de 1º.8.2003); ACO 481/TO (DJU de 23.2.2001). **ACO 678/TO, rel. Min. Eros Grau, 22.10.2009.** (ACO-678) (Inform. STF 564)

LOCAÇÃO. DESPEJO. EXECUÇÃO PROVISÓRIA. CAUÇÃO.

Para que a caução seja dispensada na execução provisória, o único requisito que a lei impõe é que a causa de pedir da ação de despejo seja o descumprimento de mútuo acordo (art. 9º, I, da Lei n. 8.245/1991), a prática de infração legal ou contratual (art. 9º, II) ou a necessidade de reparações urgentes determinadas pelo Poder Público (art. 9º, IV). Ocorre que o *caput* do art. 64 da Lei n. 8.245/1991, com a redação anterior à Lei n. 12.112/2009, determinava que, salvo nas hipóteses das ações fundadas nos incisos I, II e IV do art. 9° (explicitados acima), a execução provisória do despejo dependia de caução. Assim, para a Min. Relatora, embora a Lei n. 8.245/1991 não tenha incluído expressamente o inciso III do art. 9º como hipótese de dispensa de caução, a falta de pagamento do aluguel e demais encargos pelo locatário constitui infração que está acobertada pelo inciso II do art. 9º e, nessa hipótese, dispensa-se a caução para a execução provisória do despejo, visto que não deve prevalecer uma interpretação literal do art. 64 da citada lei de locação. Anota que o despejo funda-se na falta de pagamento, sendo, portanto, dispensável a exigência de caução. Com esse entendimento, a Turma negou provimento ao recurso. Precedente citado: AgRg no Ag 663.548-MS, DJ 10/4/2006. **REsp 1.207.793-MG, Rel. Min. Nancy Andrighi, julgado em 14/4/2011.** (Inform. STJ 469)

AÇÃO. DEPÓSITO. BEM FUNGÍVEL. ARMAZÉM-GERAL.

A Turma deu provimento ao recurso especial para reiterar ser cabível a ação de depósito nos casos em que o objeto do contrato refere-se a bem fungível depositado em armazém-geral, estabelecimento cuja atividade social é a conservação e guarda de mercadorias dessa natureza. Na espécie, ressaltou o Min. Relator tratar-se de contrato de depósito típico, já que o produto, não obstante estivesse originariamente vinculado a Empréstimo do Governo Federal (EGF), foi adquirido de diversos produtores rurais pelo banco recorrente, que o entregou para depósito a armazém-geral estranho a esses produtores. Precedentes citados: REsp 210.674-RS, DJ 27/3/2000; EREsp 396.699-RS, DJ 3/5/2004; REsp 331.208-GO, DJ 30/8/2004; REsp 877.503-MG, DJe 11/11/2009; RHC 22.609-RS, DJ 19/12/2007; REsp 643.388-PR, DJ 6/3/2006, e REsp 440.832-RS, DJ 3/5/2004. **REsp 783.471-GO, Rel. Min. Luis Felipe Salomão, julgado em 22/3/2011.** (Inform. STJ 467)

LOCAÇÃO. DESPEJO. ANTECIPAÇÃO. TUTELA.

Discute-se, no REsp, se há possibilidade de conceder antecipação de tutela em ação de despejo por falta de pagamento, assinalando o Min. Relator ser importante que a jurisprudência sobre o tema agora seja sedimentada no âmbito das Turmas de Direito Privado, visto que, antes da emenda regimental n. 11-STJ, estava a matéria afeta à Terceira Seção deste Superior Tribunal. Quanto à tutela antecipada em si, anota o Min. Relator que a discussão acerca da possibilidade de sua concessão em ação de despejo é tema que há muito é questionado na doutrina e na jurisprudência, haja vista o art. 59, § 1º, da Lei n. 8.245/1991 (com a redação vigente à época), o qual prevê as hipóteses em que se mostra cabível a medida antecipatória. Ressaltou o Min. Relator que não se está analisando o preenchimento dos requisitos para a concessão da tutela antecipada (providência que esbarraria na Súm. n. 7-STJ), mas se analisa se a tutela antecipada – exceção à regra da cognição exauriente e do contraditório – foi adequadamente fundamentada, o que, no caso concreto, afirmou não ter ocorrido. Asseverou não ter dúvida em devolver os autos para novo julgamento, para que fosse observada a exigência de fundamentação adequada à concessão da tutela antecipada, com base no art. 273, § 1º, do CPC e nos precedentes citados. Entretanto, ponderou ter ocorrido fato superveniente à interposição do recurso, o que, a seu ver, impõe solução diversa, ou seja, a aprovação da Lei n. 12.112/2009 (chamada equivocadamente de "Nova Lei do Inquilinato"), que acrescentou exatamente a hipótese dos autos (inadimplemento de aluguéis e acessórios) como fundamento à concessão de liminar em despejo, ao acrescentar o inciso IX ao § 1º do art. 59 da Lei do Inquilinato. Diante do exposto, a Turma negou provimento ao recurso, aplicando desde logo o art. 59, § 1º, IX, e determinou que o autor, em dez dias a contar da intimação desta decisão, preste caução equivalente a três meses de aluguel, sob pena de revogação da liminar concedida. Precedentes citados: AgRg no REsp 1.162.579-DF, DJe 6/4/2010; MC 2.411-RJ, DJ 12/6/2000; REsp 445.863-SP, DJ 19/12/2002; REsp 595.172-SP, DJ 1º/7/2005; REsp 1.084.304-SP, DJe 26/5/2009, e REsp 131.853-SC, DJ 8/2/1999. **REsp 1.207.161-AL, Rel. Min. Luis Felipe Salomão, julgado em 8/2/2011.** (Inform. STJ 462)

AÇÃO. PRESTAÇÃO. CONTAS. INTIMAÇÃO.
Cinge-se a questão em determinar se é necessária a intimação pessoal do recorrente na segunda fase do procedimento de prestação de contas ou se é suficiente a intimação feita ao advogado da parte. Na hipótese, a ação de prestação de contas foi ajuizada com fundamento no art. 915 do CPC, ou seja, por quem tem o direito de exigir contas. Nessa situação, o procedimento especial da ação de prestação de contas é dividido em duas fases. A primeira determina a existência ou não do dever de prestar contas, ao passo que a segunda fase, iniciada quando há sentença reconhecendo a procedência do pedido, objetiva a apuração do saldo existente entre as partes. Portanto, considerando que, apesar de ser dividida em duas fases, a ação de prestação de contas é una, não é necessária uma nova citação, nem intimação pessoal do recorrente quando já existe advogado habilitado para atuar no processo. Do disposto nos termos do art. 915, § 2º, do CPC, verifica-se que o legislador omitiu-se quanto à forma de comunicação da sentença que decide a primeira fase da ação de prestação de contas. Não há como considerar, portanto, indispensável a intimação pessoal do recorrente, porque a regra é que a intimação deve ser feita ao advogado da parte, salvo disposição legal em contrário. Dessarte, a intimação da sentença que julga procedente o pedido de exigir contas, de que trata o art. 915, § 2º, do CPC, deve ser realizada ao advogado, de modo que é prescindível a intimação pessoal da parte. Precedente citado: REsp 961.439-CE, DJe 27/4/2009. **REsp 913.411-SP, Rel. Min. Nancy Andrighi, julgado em 3/11/2009.** (Inform. STJ 414)

INDÉBITO. RESTITUIÇÃO.
A Turma reiterou a tese de que, no referente à forma de correção de valores de indébitos lançados por instituição bancária, não há reparos a fazer quanto ao acórdão recorrido, pois está conforme a jurisprudência desta Corte, que não admite a restituição do indébito pela mesma metodologia de cálculos utilizada pela instituição financeira. Precedentes citados: REsp 664.208-MG, DJ 30/4/2007; REsp 437.222-MG, DJe 19/5/2008, e REsp 704.224-MG, DJe 20/3/2009. **REsp 696.942-MG, Rel. Min. Aldir Passarinho Junior, julgado em 20/8/2009.** (Inform. STJ 403)

AÇÃO DEMARCATÓRIA. TÍTULO DOMINIAL. LIMITES.
A ação de demarcação é cabível mesmo que haja definição dos limites divisórios, quando ainda existir dúvida acerca de sua correção e, principalmente, discordância entre o título dominial e a própria realidade. Dessarte, essa ação pode ser utilizada para eventual estabelecimento de novos limites se há divergência entre a verdadeira linha de confrontação dos imóveis e os correspondentes limites fixados no título (art. 946, I, do CPC c/c art. 1.297 do CC/2002). Seria impossível intentar ação reivindicatória diante da imprecisão da linha, pois, para tanto, faz-se necessária a perfeita individualização da coisa reivindicada. Precedentes citados: REsp 60.110-GO, DJ 2/10/1995, e REsp 3.193-PR, DJ 9/10/1990. **REsp 759.018-MT, Rel. Min. Luis Felipe Salomão, julgado em 5/5/2009.** (Inform. STJ 393)

INTIMAÇÃO. PRESTAÇÃO. CONTAS. INTEMPESTIVIDADE.
Em retificação à notícia do REsp 961.439-CE (ver Informativo n. 390), leia-se: a Turma entendeu descabidas as alegações quanto à não fluência do prazo para apresentação de contas por óbice da Súm. n. 211-STJ e quanto às alegadas irregularidades na intimação que deveriam ter sido suscitadas nos autos pela parte na primeira oportunidade, sob pena de preclusão. Ademais, tem-se como válida a intimação realizada em nome do procurador dando ciência da decisão judicial (art. 244 do CPC). Desse modo, desnecessária a intimação pessoal da ré na segunda fase do procedimento de prestação de contas, devendo igualmente ser aceita a intimação do seu causídico devidamente representado no feito, para fins da apresentação de contas, na forma do art. 915, § 3º, do CPC. Ao réu cabe uma possível impugnação dos valores cobrados em excesso na fase da execução, desde que observada a coisa julgada, porquanto a sentença que fixou o saldo a favor dos autores tem natureza condenatória e força de título executivo. Precedentes citados: REsp 337.640-SP, DJ 17/6/2002, e AgRg no AgRg no Ag 895.994-GO, DJe 19/5/2008. **REsp 961.439-CE, Rel. Min. Luis Felipe Salomão, julgado em 16/4/2009.** (Inform. STJ 391)

INTIMAÇÃO. PRESTAÇÃO. CONTAS. INTEMPESTIVIDADE.
A Turma entendeu descabidas as alegações quanto à não fluência do prazo para apresentação de contas por óbice da Súm. n. 211-STJ e quanto às alegadas irregularidades na intimação, que deveriam ter sido suscitadas nos autos pela parte na primeira oportunidade, sob pena de preclusão. Ademais, tem-se como válida a intimação realizada em nome do procurador dando ciência da decisão judicial (art. 244 do CPC). Desse modo, desnecessária a intimação pessoal da ré na segunda fase do procedimento de prestação de contas, devendo igualmente ser aceita a intimação do seu causídico devidamente representado no feito, para fins da apresentação de contas, na forma do art. 915, § 3º, do CPC. Ao réu cabe uma possível impugnação dos valores cobrados em excesso na fase da execução, desde que observada a coisa julgada, porquanto a sentença que fixou o saldo a favor dos autores tem natureza condenatória e força de título executivo. Precedentes citados: REsp 337.640-SP, DJ 17/6/2002, e AgRg no AgRg no Ag 895.994-GO, DJe 19/5/2008. **REsp 961.439-CE, Rel. Min. Luis Felipe Salomão, julgado em 16/4/2009.** (Inform. STJ 390)

PRESTAÇÃO. CONTAS. CONSIGNATÓRIA.
O recorrido ajuizou ação de prestação de contas contra os recorrentes, seus antigos advogados. Porém, após o aforamento da ação, os recorrentes efetuaram uma consignação extrajudicial (notificação de consignação) ao depositarem os valores que reputavam devidos (menores do que os pretendidos por seu antigo cliente). Silente o recorrido, alegam os recorrentes que já estão liberados pela quitação da dívida, daí a desnecessidade de prestarem contas. Diante disso, vê-se que, tal como afirmado pelo Tribunal *a quo*, não há que desprezar os ditames do art. 917 do CPC, pois a consignação deve ser feita de forma própria (mercantil), relevante, ainda, o fato de haver o ajuizamento da ação de prestação de contas, àquele tempo já citado um dos réus. Dessarte, remanesce legítimo interesse ao recorrido em obter as aludidas contas, não se podendo considerar qualquer revelia, anotado que a questão poderá ser amplamente debatida na referida ação, que se encontra ainda em sua primeira fase. **REsp 533.814-RS, Rel. Min. Aldir Passarinho Junior, julgado em 19/2/2009.** (Inform. STJ 384)

SÚMULA STJ Nº 389

A comprovação do pagamento do "custo do serviço" referente ao fornecimento de certidão de assentamentos constantes dos livros da companhia é requisito de procedibilidade da ação de exibição de documentos ajuizada em face da sociedade anônima.

SÚMULA STJ Nº 372

Na ação de exibição de documentos, não cabe a aplicação de multa cominatória.

SÚMULA STJ Nº 322

Para a repetição de indébito, nos contratos de abertura de crédito em conta-corrente, não se exige a prova do erro.

SÚMULA STJ Nº 268

O fiador que não integrou a relação processual na ação de despejo não responde pela execução do julgado.

SÚMULA STJ Nº 259

A ação de prestação de contas pode ser proposta pelo titular de conta-corrente bancária.

SÚMULA STJ Nº 242

Cabe ação declaratória para reconhecimento de tempo de serviço para fins previdenciários.

16. JUIZADO ESPECIAL

TURMA RECURSAL E COMPETÊNCIA - 1
Compete à turma recursal o exame de mandado de segurança, quando utilizado como substitutivo recursal, contra ato de juiz federal dos juizados especiais federais. Essa a conclusão do Plenário ao desprover recurso extraordinário em que pleiteado o estabelecimento da competência de Tribunal Regional Federal para processar e julgar o *writ*, visto que a referida Corte entendera competir à turma recursal apreciar os autos. Preliminarmente, conheceu-se do extraordinário. Explicitou-se que o caso não se assemelharia ao tratado no RE 576847/BA (DJe de 7.8.2009), em que se deliberara pelo não-cabimento de mandado de segurança impetrado contra decisão interlocutória proferida em juizado especial. RE 586789/PR, rel. Min. Ricardo Lewandowski, 16.11.2011. (RE-586789)

TURMA RECURSAL E COMPETÊNCIA - 2

No mérito, reputou-se que, verificado o caráter recursal do mandado de segurança, deveriam ser aplicadas as regras de competência atinentes à apreciação dos recursos, o que afastaria a incidência do art. 108, I, c, da CF, que trata da competência dos Tribunais Regionais Federais para processarem e julgarem, originariamente, mandado de segurança e *habeas data* contra ato do próprio tribunal ou de juiz federal. Aduziu-se que, nesse contexto, entre as competências definidas pela Constituição para o reexame das decisões, estariam as das turmas recursais dos juizados especiais (CF, art. 98, I) e a dos Tribunais Regionais Federais (CF, art. 108, II). Destacou-se que a Corte já teria afirmado que o texto constitucional não arrolara as turmas recursais entre os órgãos do Poder Judiciário, os quais estariam discriminados, *numerus clausus*, no art. 92 da CF. Depreender-se-ia, assim, que a Constituição não conferira às turmas recursais a natureza de órgãos autárquicos do Judiciário, tampouco a qualidade de tribunais, como também não lhes outorgara qualquer autonomia com relação aos Tribunais Regionais Federais. Nesse aspecto, os juízes de 1º grau e as turmas recursais que eles integram seriam instituídos pelos respectivos Tribunais Regionais Federais, estando subordinados a estes administrativa, mas não jurisdicionalmente. As turmas recursais seriam, portanto, órgãos recursais ordinários de última instância relativamente às decisões dos juizados especiais, a elas vinculados no que concerne ao reexame de seus julgados. No ponto, o Min. Luiz Fux destacou que essa competência decorreria, outrossim, da interpretação teleológica do art. 21, VI, da Lei Orgânica da Magistratura Nacional. O Min. Dias Toffoli rememorou, ademais, que a Corte assentara competir à própria turma recursal processar e julgar mandado de segurança impetrado contra os respectivos atos. Dessa maneira, a ela caberia analisar os mandados de segurança impetrados contra atos dos juizados especiais. RE 586789/PR, rel. Min. Ricardo Lewandowski, 16.11.2011. (RE-586789)

TURMA RECURSAL E COMPETÊNCIA - 3

Aduziu-se que as turmas recursais não estariam sujeitas à jurisdição dos tribunais de justiça estaduais, sequer, por via de conseqüência, à dos Tribunais Regionais Federais, conforme orientação da Corte. Desse modo, competente a turma recursal para processar e julgar recursos contra decisões de 1º grau, também o seria no que concerne a mandado de segurança substitutivo de recurso, sob pena de transformar o Tribunal Regional Federal em instância ordinária para reapreciação de decisões interlocutórias proferidas pelos juizados especiais. A respeito, o Min. Cezar Peluso, Presidente, frisou que o fato de se tratar de mandado se segurança, e não de recurso propriamente dito, não retiraria das turmas recursais a competência para revisão das decisões. O Colegiado acrescentou que os juizados especiais teriam sido concebidos com o escopo de simplificar a prestação jurisdicional — de maneira a aproximar o jurisdicionado do órgão judicante —, e não de multiplicar ou de dividir competências. Não faria sentido, portanto, transferir ao Tribunal Regional Federal a atribuição de rever atos de juízes federais no exercício da jurisdição do juizado especial, visto que as Turmas Recursais teriam sido instituídas para o aludido fim, observado, inclusive, o princípio da razoável duração do processo (CF, art. 5º, LXXVIII). RE 586789/PR, rel. Min. Ricardo Lewandowski, 16.11.2011. (RE-586789) (Inform. STF 648)

REPERCUSSÃO GERAL NO AI N. 808.968-RS
RELATOR: MIN. GILMAR MENDES

Cabimento de ação rescisória em Juizados Especiais Federais. Vedação pelo art. 59, da Lei n. 9.099/95. Matéria restrita ao âmbito infraconstitucional. Inexistência de repercussão geral. (Inform. STF 631)

JUIZADOS ESPECIAIS E MANDADO DE SEGURANÇA CONTRA DECISÃO INTERLOCUTÓRIA

Não cabe mandado de segurança contra decisão interlocutória proferida em Juizado Especial. Essa foi a orientação firmada pela maioria do Tribunal, ao negar provimento a recurso extraordinário interposto contra acórdão de Turma Recursal Cível e Criminal do Tribunal de Justiça do Estado da Bahia que indeferira a petição inicial do mandado de segurança da recorrente — impetrado contra decisão liminar concedida em primeiro grau, no âmbito dos Juizados Especiais —, extinguindo o feito sem julgamento do mérito. Asseverou-se que a Lei 9.099/95 está voltada à promoção de celeridade no processamento e julgamento das causas cíveis de complexidade menor, razão pela qual consagrou a regra da irrecorribilidade das decisões interlocutórias. Não caberia, por isso, nos casos por ela abrangidos, a aplicação subsidiária do Código de Processo Civil, sob a forma do agravo de instrumento ou a utilização do instituto do mandado de segurança, cujos prazos para interpor e impetrar, respectivamente, não se coadunam com os fins pretendidos pela Lei 9.099/95. Aduziu-se ser facultativa a opção pelo rito sumaríssimo, com as vantagens e limitações que a escolha acarreta. Asseverou-se, ademais, que a admissão do mandado de segurança ensejaria ampliação da competência dos Juizados Especiais, o que caberia exclusivamente ao Poder Legislativo. Por fim, afastou-se a ofensa ao princípio da ampla defesa, haja vista a possibilidade de impugnação das decisões interlocutórias quando da interposição de recurso inominado. Vencido o Min. Marco Aurélio, que provia o recurso, por considerar estar-se diante de exceção alcançada pela Lei 1.533/51, já que, não obstante essa lei revelar como regra o não cabimento de mandado de segurança contra decisão judicial, tal previsão pressuporia a possibilidade de ter-se recurso contra essa decisão, o que, na espécie, não se teria. Concluía, assim, que o afastamento do mandado de segurança importaria o afastamento da própria jurisdição. **RE 576847/BA, rel. Min. Eros Grau, 20.5.2009.** (RE-576847) (Inform. STF 547)

DIREITO PROCESSUAL CIVIL. JUIZADOS ESPECIAIS FEDERAIS CÍVEIS. VALOR DA CAUSA PARA FINS DE COMPETÊNCIA. DIVISÃO DO MONTANTE TOTAL PELO NÚMERO DE LITISCONSORTES.

O valor da causa para fins de fixação da competência nos juizados especiais federais, na hipótese de existência de litisconsórcio ativo, deve ser calculado dividindo-se o montante pelo número de autores. Dessa forma, se as parcelas percebidas e as supostamente devidas a cada um dos litisconsortes for inferior a sessenta salários mínimos, prevalece a competência absoluta do Juizado Especial Federal Cível para o julgamento da lide (art. 3º da Lei n. 10.259/2001). Precedentes citados: **AgRg no REsp 1209914/PB, DJe 14/2/2011; AgRg no CC 104714/PR, DJe 28/8/2009. REsp 1.257.935-PB, Rel. Min. Eliana Calmon, julgado em 18/10/2012.** (Inform. STJ 507)

EXECUÇÃO. MULTA COMINATÓRIA. JUIZADOS ESPECIAIS.

Na origem, a sociedade anônima do ramo de seguros de saúde (a seguradora recorrente) impetrou mandado de segurança (MS) contra o não provimento de recurso inominado proferido por turma recursal cível e criminal dos juizados especiais. Sustentou a seguradora não haver recurso cabível contra o ato judicial coator e, entre outros argumentos, afirmou que, após ter sido condenada no juizado especial estadual ao pagamento de danos materiais e morais, em ação indenizatória movida pela litisconsorte passiva necessária (segurada), a execução do valor da multa cominatória imposta, em fase de cumprimento de sentença, ultrapassou o valor de alçada fixado em 40 salários mínimos pela Lei n. 9.099/1995, o que tornou incompetente o juizado para processar a execução. Agora, no recurso em mandado de segurança (RMS), a seguradora insiste nas mesmas alegações. Para a Min. Relatora, antes de definir se a multa cominatória no juizado especial pode exceder o valor de alçada exigido em lei, deve-se primeiro observar que, nesses casos, a Corte Especial já estabeleceu que o exame do MS no TJ está restrito à definição da competência do juizado especial em contraposição à definição da competência da Justiça comum, não cabendo ao TJ enfrentar as questões de mérito decididas no juizado especial. Anotou ainda que, em relação à questão da competência dos juizados especiais, quando o valor de alçada for superado pelo da execução ou cumprimento de sentença, há precedentes da Terceira e Quarta Turma deste Superior Tribunal nos quais se estabeleceu ser competente o próprio juizado especial cível para a execução de suas sentenças independentemente do valor acrescido à condenação. Dessa forma, para a Min. Relatora, apesar de o valor da alçada ser de 40 salários mínimos calculados na data da propositura da ação e, quando da execução, o título ostentar valor superior em razão dos encargos inerentes à condenação (como juros, correção monetária e ônus da sucumbência), tal circunstância não altera a competência dos juizados especiais para a execução da obrigação reconhecida pelo título, pois não poderia o autor perder o direito aos encargos decorrentes da demora na solução da causa, no entanto o tratamento deve ser diferenciado na multa cominatória. Expõe que a multa cominatória, por se tratar de obrigação de fazer cujo cumprimento é imposto como pena de multa diária, incide após a intimação pessoal do devedor para seu adimplemento e o excesso desse *quantum* em relação à alçada fixada pela mencionada lei só pode ser verificado na fase de execução, não existindo possibilidade de controle da competência do juizado especial na fase de conhecimento. Por esse motivo, a Min. Relatora afastou a preclusão alegada pelo acórdão recorrido como obstáculo para a concessão da segurança. Também explica que afastou a incompetência do juizado especial, visto que, no caso, não há dúvidas de que a execução deve prosseguir naquele juízo especial, pois o valor da causa e a condenação por danos materiais e morais imposta pela sentença situaram-se em patamar inferior à alçada exigida na lei. Assim, a seu ver, uma interpretação sistemática dos dispositivos da Lei n. 9.099/1995 conduz à limitação da competência do juizado especial para cominar e executar as multas coercitivas (art. 52,V) em valores consentâneos com a alçada respectiva, o que deve ser aplicado por analogia à multa cominatória. Asseverou que, se a obrigação é tida pelo autor, no momento da opção pela via do juizado especial, como de "baixa complexidade", a demora em seu cumprimento não deve resultar em valor devido a título de multa superior ao valor da alçada. Anotou, ainda, que, para a jurisprudência do STJ, o valor da multa diária cominatória não faz coisa julgada material; pode, portanto, ser revisto a qualquer momento, no caso de se revelar insuficiente ou excessivo, conforme dispõe o art. 461, § 6º, do CPC. Logo, para a Min. Relatora, o valor executado a título de multa excedente à alçada deve ser suprimido, sem que esse fato constitua ofensa à coisa julgada. Concluiu que os atos executórios devem visar ao pagamento da obrigação principal (o qual é limitado pelos arts. 3º, I, e 39 da citada lei em 40 salários mínimos na data da propositura da ação), acrescidos dos seus acessórios posteriores ao ajuizamento (juros, correção e eventualmente ônus da sucumbência) e mais a multa cominatória que deve ser paga até o limite de outros 40 salários, na época da execução, sendo decotado o excesso (mesmo após o trânsito em julgado). Observou, por fim, que, se a multa até esse limite não for suficiente para constranger o devedor a cumprir a sentença, sobra ao credor, que livremente optou pelo via do juizado, valer-se de outros meios (*notitia criminis* por desobediência à ordem judicial ou ajuizamento de nova ação perante a Justiça comum) ou poderia até ensejar outra indenização. Com esse entendimento, a Turma deu provimento ao recurso. Precedentes citados: RMS 17.524-BA, DJ 11/9/2006; RMS 27.935-SP, DJe 16/6/2010, REsp 691.785-RJ, DJe 20/10/2010, e AgRg no RMS 32.032-BA, DJe 23/9/2010. **RMS 33.155-MA, Rel. Min. Maria Isabel Gallotti, julgado em 28/6/2011.** (Inform. STJ 479)

JUIZ LEIGO. TEMPO. INSCRIÇÃO. OAB.

O art. 7º da Lei n. 9.099/1995 prevê que o candidato seja advogado inscrito de forma definitiva há mais de cinco anos na OAB, para que possa pleitear o encargo de juiz leigo do juizado especial estadual. Dessarte, não há como computar, nesse tempo, a atuação do candidato como estagiário, mesmo que assim inscrito nos quadros da Ordem (art. 3º, § 2º, da Lei n. 8.906/1994). Relembre-se que os atos de estagiário inscrito na OAB só terão validade se praticados em conjunto com advogado devidamente habilitado que fique responsável por eles. O fato de o edital ser vago quanto a essa inscrição definitiva não pode afastar os ditames da referida lei. Também não há falar em ofensa ao princípio da proporcionalidade se impossível a comparação entre as exigências previstas para o citado concurso, um recrutamento tido por simplificado, e a série de critérios referentes ao ingresso na magistratura no cargo de juiz substituto (*vide* art. 93, I, da CF, alterado pela EC n. 45/2004, que exige três anos de prática jurídica). Note-se, por último, que a nova redação do dispositivo constitucional não revogou o art. 7º da Lei n. 9.099/1995, que ainda se encontra em consonância com os preceitos constitucionais. Precedentes citados: RMS 31.871-SE, DJe 5/11/2010; AgRg no Ag 1.046.602-RJ, DJe 29/9/2008; REsp 719.486-RS, DJ 6/3/2006, e AgRg no REsp 645.508-ES, DJ 14/3/2005. **RMS 24.147-PB, Rel. Min. Laurita Vaz, julgado em 22/3/2011.** (Inform. STJ 467)

RMS. JUIZADO ESPECIAL CÍVEL. COMPETÊNCIA.

A Turma entendeu, inicialmente, caber aos Tribunais de Justiça, via mandado de segurança, o controle da competência dos juizados especiais cíveis, ainda que já tenha ocorrido o trânsito em julgado da decisão que se pretende anular. Asseverou, ademais, que a fixação da competência dos juizados é pautada por somente dois critérios objetivos, quais sejam, valor e matéria, não havendo qualquer menção na Lei n. 9.099/1995 de que a necessidade de realização de prova técnica, por si só, afastaria a menor complexidade da causa. Por fim, sustentou que esses critérios não são cumulativos, razão pela qual a condenação nas ações em que a competência deu-se em razão da matéria, nos termos dos incisos II e III do art. 3º do mencionado diploma legal, pode extrapolar o valor de 40 salários mínimos. Com essas considerações, o recurso ordinário em mandado de segurança foi parcialmente conhecido e, nessa extensão, desprovido. Precedentes citados: RMS 17.524-BA, DJ 11/9/2006; CC 39.950-BA, DJe 6/3/2008; CC 83.130-ES, DJ 4/10/2007, e MC 15.465-SC, DJe 3/9/2009. **RMS 30.170-SC, Rel. Min. Nancy Andrighi, julgado em 5/10/2010**. (Inform. STJ 450)

QO. RCL. MULTA. TURMAS RECURSAIS ESTADUAIS.

A Corte Especial, em questão de ordem, acolheu proposta no sentido de que seja elaborada nova resolução com base na Res. n. 10/2007-STJ, a fim de adaptar a reclamação ao que foi posto, designando-se como Relatora a Min. Nancy Andrighi para sua elaboração, nos termos em que foi acolhida. A questão de ordem refere-se a uma recente decisão do STF, proferida nos EDcl no RE 571.572-8-BA, de relatoria da Min. Ellen Gracie, em que foi decidido que, enquanto não for criada a Turma de Uniformização para os Juizados Especiais estaduais, poderão ser mantidas decisões divergentes a respeito da interpretação da legislação infraconstitucional federal, determinando-se, por conseguinte, que, até a criação desse órgão, prevaleça a aplicação da jurisprudência do STF aos Juizados Especiais estaduais – como recomenda a lógica do sistema judiciário nacional – conferindo-se à reclamação (art. 105, I, **f**, da CF/1988) suficiente amplitude à solução do impasse. A Min. Nancy Andrighi ponderou que os reflexos de tal decisão já estão sendo sentidos nesta Corte, com o recebimento de reclamações em número considerável – como a presente reclamação –, destinadas a dirimir suposta divergência entre o acórdão prolatado por Turma Recursal estadual e a jurisprudência do Superior Tribunal de Justiça. Entretanto, conforme prevista no art. 187 e seguintes do RISTJ, a reclamação não foi concebida para servir de instrumento de uniformização de jurisprudência. Daí a necessidade de delinear uma sistemática de processamento específica para reclamações dessa natureza, levando em conta que o STJ, por intermédio da Res. n. 10/2007, já regulamentou o processamento dos incidentes de uniformização de decisões proferidas no âmbito dos Juizados Especiais Federais. Na hipótese, porém, a divergência é suscitada em relação a acórdão da denominada Turma de Uniformização (art. 14 da Lei n. 10.259/2001), competente para o julgamento de pedido fundado em divergência entre decisões de turmas de diferentes regiões ou da proferida em contrariedade a súmula ou jurisprudência dominante do STJ. Desse modo, tratando-se de Juizados Especiais Federais, este Tribunal tem-se manifestado somente no caso em que a orientação acolhida pela Turma de Uniformização, em questões de direito material, contrariar súmula ou jurisprudência dominante do STJ. Ademais, a Lei n. 9.099/1995, que instituiu os Juizados Especiais estaduais, não previu a criação de órgão nacional uniformizador da jurisprudência, lacuna que o PL n. 16/2007 da Câmara dos Deputados pretende suprimir. Enquanto isso não acontece e na esteira da decisão do STF, considerou a Min. Nancy Andrighi que compete ao STJ desempenhar esse papel, revisando os julgados que destoem de suas súmulas ou jurisprudência dominante. Nesse sentido, aduziu que a Res. n. 10/2007 pode servir de norte à elaboração de norma destinada a regular especificamente o processamento das reclamações contra decisões de Turmas Recursais estaduais, sendo necessárias apenas algumas adequações a fim de compatibilizar o procedimento com a sistemática hoje existente nos Juizados Especiais estaduais. Salientou ainda que, o âmbito da atuação do STJ, nessas reclamações, não será o mesmo daquele previsto para o pedido de uniformização de jurisprudência dos Juizados Especiais estaduais, que, se mantida a redação original do PL n. 16/2007, apreciará não apenas as alegações de contrariedade a súmula ou jurisprudência dominante do STJ, mas também as divergências entre decisões de Turmas Recursais de diferentes Estados, não sendo possível atribuir à reclamação tamanho alcance. Ainda que se queira expandir sua utilização, abarcando também a uniformização de jurisprudência dos Juizados Especiais estaduais, tal ampliação deve ser feita no contexto de sua destinação constitucional, para a preservação da competência do STJ e a garantia da autoridade de suas decisões. Aliás, o próprio STF, em sua decisão, consigna expressamente que o STJ afastará a divergência com a sua jurisprudência. Dessa forma, considerando que o campo de ação desta Corte deve ser mais restrito, limitando-se à análise das decisões das Turmas Recursais estaduais que contrariarem súmulas ou jurisprudência dominante do STJ, propôs a edição de uma resolução para sistematizar o processamento das reclamações, a fim de dirimir suposta divergência entre acórdão prolatado por Turma Recursal estadual e a jurisprudência deste STJ. Propôs, ademais, que a nova resolução seja elaborada exatamente com base na Res. n. 10/2007-STJ, acrescida das adaptações necessárias, apresentado desde logo seu primeiro rascunho, que seria aplicável, trazendo apenas cinco pontos da resolução que organiza a Turma Recursal com relação às diferenças jurisprudenciais e sumulares entre as Turmas Recursais Federais. Sugeriu, outrossim, a fixação de prazo, mormente porque a reclamação prevista no RISTJ não tem prazo definido em lei, assim como a Lei n. 10.259/2001 e a Res. n. 10/2007-STJ tampouco preveem prazo para apresentação do incidente de uniformização. Por isso, considera oportuna a fixação de prazo de quinze dias para interposição dessa reclamação, até para evitar dúvidas e controvérsias, termo que prevalece, mais ou menos, em todos os recursos. Aduz ainda que vale a pena fazer constar nessa resolução que a reclamação não depende de preparo, já que a Res. n. 10/2007-STJ é silente a esse respeito, podendo causar alguma dúvida, e assim já deixar expressamente fixado. Ademais, Quanto à extinção liminar, a Res. n. 10/2007-STJ prevê que o Min. Relator poderá indeferir o pedido, cabendo agravo dessa decisão. Na minuta, consignou expressamente que o Min. Relator poderá decidir, de plano, a reclamação, manifestamente inadmissível, improcedente, prejudicada, em conformidade ou dissonância com a decisão proferida em reclamação anterior, de conteúdo equivalente, e que dessa decisão caberá agravo, ampliando expressamente as possibilidades de julgamento da reclamação por decisão unipessoal, já que a matéria está consolidada. Dispôs também que os ofícios devem ser enviados aos tribunais de justiça de cada Estado-membro, do Distrito Federal, até porque em São Paulo há órgão específico subordinado à presidência do tribunal que coordena a criação e funcionamento de todas as Turmas Recursais. A rigor, também, esse órgão deveria receber ofício da Corte. Por isso, considera conveniente, nos casos em que necessária, a manifestação do representante do MP. Além desses itens, por sugestão do Min. João Otávio de Noronha, concordou-se em acrescentar um artigo, para dizer que toda reclamação incabível será considerada litigância de má-fé, de modo a incidir multa na forma do art. 17 do CPC. **Rcl 3.752-GO, Rel. Min. Nancy Andrighi, julgada em 18/11/2009.** (Inform. STJ 416)

MS. COMPETÊNCIA. CONTROLE. JUIZADOS ESPECIAIS.

Trata-se de RMS em que a questão diz respeito ao cabimento do MS para os tribunais de justiça controlarem atos praticados pelos membros ou presidentes das turmas recursais dos juizados especiais cíveis e criminais. A Turma entendeu que, na hipótese, é do TJ a competência para o julgamento do MS contra ato praticado pelo presidente da turma recursal dos juizados especiais. É importante ressaltar que a revisão das decisões de mérito dos juizados especiais não é possível pela via mandamental escolhida. Todavia, caso o ato impugnado refira-se tão somente à definição de competência desses órgãos, como ocorre na espécie, é admissível a impetração do *writ*. Assim, deu-se provimento ao recurso. Precedente citado: RMS 17.524-BA, DJ 11/9/2006. **RMS 26.665-DF, Rel. Min. Herman Benjamin, julgado em 26/5/2009.** (Inform. STJ 396)

MS. JUIZADO ESPECIAL. TRÂNSITO EM JULGADO.

O requerente pretende a antecipação de tutela em recurso ordinário em mandado de segurança impetrado no TJ, objetivando suspender a execução da sentença no Juizado Especial. Porém, a Turma indeferiu a liminar e julgou extinto o processo ao entendimento de que, tendo em vista que a ação principal discute acidente de veículo de via terrestre, hipótese prevista no art. 275, II, **d**, do CPC e, por conseguinte, abrangida pelo art. 3º, II, da Lei n. 9.099/1995, não há impedimento para que o Juizado Especial Cível condene o requerente ao pagamento de indenização em montante superior a 40 salários mínimos. E, ainda que o TJ devesse ter conhecido do mandado de segurança com vistas a analisar a competência do Juizado Especial, no mérito, o *writ* deve ser denegado, o que impede a concessão da liminar pleiteada. A competência do Juizado Especial, por si só, é suficiente para afastar a pretensão do requerente. Todavia, dada a relevância da matéria, a Min. Relatora teceu considerações acerca do fundamento subsidiário apresentado pelo TJ para não conhecer do mandado de segurança. Afirmou aquele Tribunal que, tendo a decisão reputada nula transitado em julgado, o conhecimento do mandado de segurança implicaria equipará-lo a uma ação rescisória, incabível no âmbito dos Juizados Especiais. Para a Min. Relatora, o raciocínio deve ser contrário àquele desenvolvido pelo TJ. Nosso sistema processual civil admite, como regra, o ajuizamento de ação rescisória contra sentença de mérito proferida por juiz ou tribunal absolutamente incompetente, nos termos do art. 485, II, do CPC. O art. 59 da Lei n. 9.099/1995, contudo, veda a propositura de ação rescisória contra decisões prolatadas no âmbito dos Juizados Especiais. Por outro lado, está pacificado neste STJ o entendimento de que incumbe aos Tribunais de Justiça exercer o controle da competência dos Juizados Especiais. Diante disso, a interpretação que melhor compatibiliza a vedação do art. 59 da Lei n. 9.099/1995 com o entendimento supra é a de que se deve admitir a impetração de mandado de segurança frente aos Tribunais de Justiça para controle da competência dos Juizados Especiais, ainda que a decisão a ser anulada já tenha transitado em julgado, sob pena de inviabilizar-se, ou ao menos limitar, tal controle, que, nos processos não submetidos ao Juizado Especial, faz-se possível por intermédio da ação rescisória. Ademais, a Lei n. 9.099/1995 não obsta a utilização da ação declaratória de inexistência de ato jurisdicional como meio de reconhecer a ausência de pressupostos de existência da relação processual – no particular, a competência do juízo – de sorte que a admissão do mandado de segurança não implica, necessariamente, sua equiparação à ação rescisória, podendo o *writ* ser igualado ao ajuizamento da *querella nullitatis*. Portanto, pelo menos em tese, com base no juízo perfunctório próprio da sede cautelar, o TJ deveria ter conhecido do mandado de segurança. Tal circunstância, porém, não se mostra suficiente à concessão da liminar, tendo em vista que, no que concerne ao próprio mérito do *writ*, os argumentos do requerente não são plausíveis de modo a caracterizar a presença do *fumus boni iuris*. **MC 15.465-SC, Rel. Min. Nancy Andrighi, julgado em 28/4/2009.** (Inform. STJ 392)

COMPETÊNCIA. EXECUÇÃO. RATEIO. PENSÃO MILITAR.

Em recurso de mandado de segurança, questiona-se a nulidade da sentença por absoluta incompetência do juizado especial cível para julgar ação de natureza alimentar, nos termos do disposto na Lei n. 9.099/1995. Explica o Min. Relator que, apesar de a pensão ter natureza alimentar, no caso dos autos, a causa não diz respeito ao pedido de alimentos, mas à execução de acordo extrajudicial firmado entre irmãos, cuja competência é do juizado especial cível, e não da vara da família. Diante do exposto, a Turma negou provimento ao recurso. **RMS 28.761-DF, Rel. Min. Fernando Gonçalves, julgado em 23/4/2009.** (Inform. STJ 391)

COMPETÊNCIA. JUIZADO ESPECIAL CÍVEL.

Trata-se de ação ajuizada com o objetivo de que as pessoas políticas demandadas fornecessem medicamentos de uso continuado para a autora. Em agravo regimental interposto contra decisão que reconheceu o conflito e declarou competente o juízo federal do juizado especial cível, nos termos da jurisprudência firmada na Súm. n. 348-STJ, ponderou-se em relação à aplicação subsidiária da Lei n. 9.099/1995, o alto grau de complexidade da lide e a prova técnica, temas impugnados pela agravante. Para a Min. Relatora, citando a doutrina, a regra é simples e objetiva, incide a Lei n. 9.099/1995 onde a Lei n. 10.259/2001 não regula a matéria. Dessa forma, observou não prosperar a argumentação de que os juizados especiais federais não detêm competência para conhecer de causa em que haja interesse da Fazenda, uma vez que a competência dos juizados federais encontra-se regulada no art. 6º, II, da Lei n. 10.259/2001. Outrossim, ressaltou que os juizados especiais foram criados com o objetivo de facilitar o acesso à Justiça, propiciando maior celeridade na solução dos conflitos. Assim, o citado dispositivo deve ser interpretado de forma lógico-sistemática, entendendo-se que aquele artigo cuidou tão-somente de autorizar que a União e demais pessoas jurídicas ali mencionadas figurassem no pólo passivo dos juizados federais, não se excluindo a viabilidade de que outras pessoas jurídicas possam, em litisconsórcio passivo com a União, ser demandadas no juizado especial cível. Por fim, quanto à prova técnica, o art. 12 da Lei n. 10.259/2001 admite expressamente a possibilidade de prova técnica, o que, por si só, representa a existência de lides de maior complexidade probatória, diferentemente do que se verifica nos juizados estaduais. Logo, pouco importa se a matéria objeto do conflito instaurado seja de grande ou pequena complexidade probatória, pois sua competência define-se em razão do critério absoluto do valor da causa. Precedentes citados: CC 73.000-RS, DJ 3/9/2007; CC 49.171-PR, DJ 17/10/2005, e CC 83.130-ES, DJ 4/10/2007. **AgRg no AgRg no CC 87.626-RS, Rel. Min. Eliana Calmon, julgado em 8/10/2008.** (Inform. STJ 371)

COMPETÊNCIA. MANDADO DE SEGURANÇA. JUIZADO ESPECIAL. CONTROLE.

A Turma entendeu que, não obstante ser possível o controle pelo juízo comum da competência dos juizados especiais via mandado de segurança, não é cabível o MS sem a observância das regras de competência de cada Tribunal para conhecimento de tais medidas. Outrossim, ainda que presente o interesse da CEF na causa a ponto de deslocar a competência para a Justiça Federal, não se altera aquela conclusão. Precedentes citados: CC 37.929-AL, DJ 22/2/2004; CC 67.330-MG, DJ 1º/2/2007; CC 73.000-RS, DJ 3/9/2007; CC 73.681-PR, DJ 16/8/2007, e CC 83.130-ES, DJ 4/10/2007. **RMS 24.014-MG, Rel. Min. Nancy Andrighi, julgado em 21/2/2008.** (Inform. STJ 345)

COMPETÊNCIA. JUIZADO ESPECIAL FEDERAL. NECESSIDADE. PERÍCIA CONTÁBIL.

Compete ao Juizado Especial Federal processar e julgar a ação revisional de contrato de financiamento celebrado sob o Sistema Financeiro Nacional, mesmo que necessário realizar perícia contábil para que sejam refeitos os cálculos das parcelas e do saldo devedor expurgando-se a capitalização dos juros em qualquer hipótese e a fixação de valores do saldo devedor e das prestações pela aplicação da tabela price, como requerido, desde que seguindo formalidade simplificada que seja compatível com o valor reduzido da causa. **CC 83.130-ES, Rel. Min. Nancy Andrighi, julgado em 26/9/2007.** (Inform. STJ 333)

COMPETÊNCIA. JUIZADO ESPECIAL FEDERAL. *PERPETUATIO IURISDICTIONIS*.

Trata-se de ação ajuizada no Juizado Especial Federal Cível em que, após a contestação, o autor informou que transferiu seu domicílio e o juizado determinou a remessa dos autos a outro, próximo ao domicílio atual do autor. Esse novo juízo recusou a competência, estabelecendo-se o presente conflito de competência. Explica o Min. Relator que a Lei n. 10.529/2001 estabelece a competência absoluta dos Juizados Especiais Federais em razão do valor da causa, respeitados os limites do art. 120 da CF/1988. Entretanto, identificada a competência absoluta do Juizado Especial Federal em razão das partes e do valor da causa, cabe definir onde a ação poderá ser proposta, sendo seguidos os critérios de distribuição territorial de competência previstos no art. 4º da Lei n. 9.099/1995. Não importa definir se essa competência territorial é relativa ou absoluta, uma ou outra não poderá ser alterada "em razão de modificações de estado de fato e de direito ocorridas posteriormente, salvo quando se suprimir órgão judiciário ou se alterar a competência em razão da matéria ou hierarquia" (art. 87, CPC). Assim, a regra *perpetuatio iurisdictionis* prevista no CPC orienta o processo civil em geral, preservando o princípio do juízo natural, o qual tem sede constitucional. Logo, a mudança de domicílio do autor não poderia determinar a alteração da competência do Juízo Especial Federal onde foi proposta a demanda. Com esse entendimento, a Seção declarou competente o Juízo Especial Federal suscitado. **CC 80.210-SP, Rel. Min. Humberto Gomes de Barros, julgado em 12/9/2007.** (Inform. STJ 331)

TURMA RECURSAL. JUIZADO ESPECIAL. AG. NEGATIVA. SEGUIMENTO. RMS.

Trata-se de agravo de instrumento interposto da decisão que negou seguimento ao recurso ordinário interposto contra decisão denegatória em mandado de segurança proferida por turma recursal de juizado especial. No caso, discute-se, no mérito, pedido de assistência judiciária. Note-se que houve anteriormente ação civil pública em que foi dada a indisponibilidade de bens dos sócios e da empresa industrial, a qual aduz não ter como se defender sem antes lhe ser garantida a gratuidade de justiça para, então, exercer seu direito de contestar a incompetência absoluta do juizado especial, porque, após a ação civil pública que julgou acidente ambiental, existem onze mil ações idênticas, todas discutindo indenização de danos morais. Segundo também a empresa industrial, está comprovado, por laudos do Poder Público e decisões do TCU, que o produto não era tóxico. O Min. Humberto Gomes de Barros destacou, em voto-vista, que a este Superior Tribunal não cabe julgar RMS contra decisões de turma recursal de juizados especiais, os quais, apesar de serem órgãos de segundo grau, não são propriamente tribunais, bem como é inviável o agravo de instrumento contra a negativa de seguimento do RMS. Outrossim, afirmou a Min. Relatora que no caso não há fungibilidade, pois ela somente é aplicável na hipótese de dúvida objetiva. Isso posto, a Turma negou provimento ao agravo regimental. **AgRg no Ag 815.341-RJ, Rel. Min. Nancy Andrighi, julgado em 28/8/2007.** (Inform. STJ 329)

COMPETÊNCIA. JUIZADO ESPECIAL FEDERAL. CÍVEL.

A Segunda Seção já assentou que "compete ao STJ o julgamento de conflito de competência estabelecido entre Juízo Federal e Juizado Especial Federal da mesma seção judiciária". No caso, o juízo suscitante declinou da sua competência, ao fundamento de que o inciso II, do art. 6º, da Lei n. 10.259/2001 não prevê a possibilidade de ajuizamento, perante o Juizado Especial Federal, de ação envolvendo pessoa jurídica de direito privado como litisconsorte passivo. A Min. Relatora esclareceu que o mencionado dispositivo não pode ser interpretado isoladamente, mas de forma sistemática com o art. 3º da mesma lei. Da interpretação desse dispositivo se extrai que a competência dos Juizados Especiais Federais Cíveis está contida numa competência mais ampla, que é a competência da Justiça Federal. Nessa linha de entendimento, a regra de atração da competência para a Justiça Federal se aplica, *mutatis mutandis* (isto é, tendo como divisor de águas o valor da causa e as expressas exceções contidas no § 1º, do art. 3º, da Lei n. 10.259/2001), aos juizados Especiais Federais Cíveis, razão pela qual: se no pólo passivo da demanda a União, autarquias, fundações e/ou empresas públicas federais estiverem presentes; se o valor da causa for de até sessenta salários mínimos; se a causa não for uma daquelas expressamente elencadas nos incisos do § 1, do art. 3º, da Lei n. 10.259/2001, a competência é do Juizado Especial Federal Cível, independentemente da existência de pessoa jurídica de direito privado como litisconsorte passivo dos entes referidos no art. 6º da Lei n. 10.259/2001. Precedentes citados: CC 51.173-PA, DJ 8/3/2007, e CC 49.171-PR, DJ 17/10/2005. **CC 73.000-RS, Rel. Min. Nancy Andrighi, julgado em 8/8/2007.** (Inform. STJ 326)

SÚMULA STJ Nº 376

Compete a turma recursal processar e julgar o mandado de segurança contra ato de juizado especial.

SÚMULA STJ Nº 203

Não cabe recurso especial contra decisão proferida por órgão de segundo grau dos juizados especiais. (*) julgando o AgRg no Ag 400.076-BA, na sessão de 23/05/02, a corte especial deliberou pela alteração da súmula n. 203. A redação anterior era a seguinte (decisão de 04/02/1998, DJ 12/02/1998): Não cabe recurso especial contra decisão proferida, nos limites de sua competência, por órgão de segundo grau dos juizados especiais.

17. MANDADO DE SEGURANÇA

MS E HABILITAÇÃO DE HERDEIROS

Não cabe a habilitação de herdeiros em mandado de segurança, quando houver falecimento do impetrante. Com base nessa orientação, a 1ª Turma negou provimento a agravo regimental, interposto de decisão monocrática do Min. Dias Toffoli, que julgara extinto, sem julgamento de mérito, processo do qual relator. Reconheceu-se, entretanto, a possibilidade dos herdeiros de buscar seus direitos pelas vias ordinárias. **RMS 26806 AgR/DF, rel. Min. Dias Toffoli, 22.5.2012.** (RMS-26806) (Inform. STF 667)

RMS E ART. 515, § 3º, DO CPC

O art. 515, § 3º, do CPC não se aplica em sede de mandado de segurança ["*Art. 515. A apelação devolverá ao tribunal o conhecimento da matéria impugnada. ... § 3º Nos casos de extinção do processo sem julgamento do mérito (art. 267), o tribunal pode julgar desde logo a lide, se a causa versar questão exclusivamente de direito e estiver em condições de imediato julgamento*"]. Com base nessa orientação, a 1ª Turma proveu recurso extraordinário para reformar decisão do STJ e determinar o retorno dos autos ao TJDFT para que julgue a demanda como entender de direito. Na espécie, o STJ, ao adentrar a matéria de fundo e prover o recurso ordinário no mandado de segurança, teria afastado a decisão que, na origem, julgara extinto o processo sem julgamento de mérito. Consignou-se que em jogo o devido processo legal, cerne do Estado Democrático de Direito, a direcionar a legislação comum. Asseverou-se que não se poderia transportar para o recurso ordinário constitucional o que previsto no art. 515 do CPC — sobre o recurso de apelação, sempre direcionado contra decisão de juízo e não de Tribunal — e que, ao aplicá-lo, teria havido supressão de instância. **RE 621473/DF, rel. Min. Marco Aurélio, 23.11.2010.** (RE-621473) (Inform. STF 610)

MANDADO DE SEGURANÇA E COMPETÊNCIA DO STF - 2

Por ilegitimidade da autoridade coatora, o Tribunal não conheceu de mandado de segurança impetrado contra suposto ato omissivo da Mesa da Câmara dos Deputados, substanciado na não nomeação dos impetrantes para o cargo de Analista Legislativo - Taquígrafo Legislativo da Câmara dos Deputados, e determinou a remessa dos autos à Justiça Federal, nos termos do art. 109, VIII, da CF — v. Informativo 502. Entendeu-se que o ato omissivo impugnado não seria da Mesa, mas do Presidente da Câmara dos Deputados, o qual não estaria incluso no rol taxativo de autoridades sujeitas à competência originária da Corte (CF, art. 102, I, d). **MS 23977/DF, rel. Min. Cezar Peluso, 12.5.2010.** (MS-23977) (Inform. STF 586)

MANDADO DE SEGURANÇA E ATO DE NATUREZA JURISDICIONAL - 1

A Turma deu provimento a recurso ordinário em mandado de segurança para determinar que, afastado o óbice apontado quanto ao não cabimento do *writ*, este tenha seqüência no STJ. Tratava-se de recurso interposto contra ato de Ministro do STJ, que se fundara no Enunciado 121 da Súmula do extinto Tribunal Federal de Recursos ("*Não cabe mandado de segurança contra ato ou decisão de natureza jurisdicional, emanado de Relator ou Presidente de Turma*"). Alegava o recorrente que, nos autos de execução trabalhista por ele proposta, o juízo laboral de Londrina - PR ordenara a penhora de bens da empresa reclamada. Paralelamente à execução, todavia, a empresa cedera parte de seu capital social para a constituição de outras empresas, o que levara o recorrente a postular, no juízo trabalhista, a declaração de sucessão de empresas, tendo tal pleito sido deferido. Ocorre que, supervenientemente, a antiga empresa tivera sua falência decretada por Vara de Falências e Concordatas do Rio de Janeiro — após o trânsito em julgado da decisão que implicara a declaração de sucessão. Diante disso, a empresa sucessora suscitara, no STJ, conflito de competência entre a Vara do Trabalho de Londrina e a Vara de Falências e Concordatas do Rio de Janeiro, tendo sido fixada a competência desta, em virtude da decretação de falência da empresa sucedida. Tal fato ensejara a impetração da segurança no STJ. **RMS 26098/RJ, rel. Min. Marco Aurélio, 26.5.2009.** (RMS-26098)

MANDADO DE SEGURANÇA E ATO DE NATUREZA JURISDICIONAL - 2

Consignou-se, em primeiro lugar, não haver o impetrante do mandado de segurança figurado, sequer como interesse, no conflito de competência dirimido pelo Ministro-relator, no STJ, no qual — estando envolvidos o Juízo do Trabalho de Londrina-PR e o de Falências e Concordatas do Rio de Janeiro — se estabelecera incumbir a este último atuar na execução trabalhista. Aduziu-se, assim, que não se poderia vislumbrar óbice à tramitação do mandado de segurança. Considerou-se, destarte, que a jurisprudência no sentido da inadequação da via eleita do manuseio do mandado de segurança mostrara-se-lhe imprópria. Ressaltou-se, por oportuno, a existência do interesse em ver apreciado o tema de fundo e que viera a formalizar a causa de pedir da impetração, visto que, na execução em curso, presente anterior sucessão trabalhista, acabara por prevalecer o envolvimento não da sucessora em si, mas da sucedida no que insolvente considerados ativo e passivo. Salientou-se que, a não se entender cabível o remédio constitucional, restaria fechada a porta ao interessado e impetrante para reverter o quadro referente ao conflito de competência. Enfatizou-se que, não obstante houvesse uma decisão no campo judicial, ela não ganharia — diante da relação subjetiva do procedimento que a ensejara — contornos próprios a dizer-se da pertinência de recurso. Aduziu-se, ademais, que se deveriam distinguir situações concretas, não se generalizando a jurisprudência no sentido da inadmissibilidade de mandado de segurança contra ato judicial. Observou-se, por outro lado, que a premissa seria válida quando houvesse possibilidade de impugnação na via da recorribilidade. **RMS 26098/RJ, rel. Min. Marco Aurélio, 26.5.2009.** (RMS-26098) (Inform. STF 548)

DESISTÊNCIA DO PROCESSO E DECISÃO DE MÉRITO - 1

A Turma deu parcial provimento a segundo agravo regimental em agravo de instrumento em que cooperativa de produtores sustentava a ocorrência de erro material na decisão impugnada, ao argumento de que não desistira do agravo anteriormente interposto, mas, sim, do próprio processo de mandado de segurança, requerendo, dessa forma, a homologação da desistência da impetração, independentemente da anuência do impetrado. Embora reconhecendo que a desistência fora dirigida ao processo (CPC, art. 267, VIII), negou-se a pretensão da agravante ao fundamento de que o *writ* tivera seu mérito apreciado, com rejeição do pedido, pelas instâncias ordinárias. Assim, entendeu-se que a parte prejudicada com esse julgamento não poderia, depois de aperfeiçoado este, pleitear uma decisão final meramente terminativa por meio de desistência do processo. AI 221462 AgR-AgR/SP, rel. Min. Cezar Peluso, 7.8.2007. (AI-221462)

DESISTÊNCIA DO PROCESSO E DECISÃO DE MÉRITO - 2

Salientou-se que a jurisprudência da Corte — no sentido de que a desistência de mandado de segurança, ainda que em instância extraordinária, pode dar-se a qualquer tempo, independentemente da anuência do impetrado — encontraria limite no julgamento de mérito da causa, momento a partir do qual a disciplina do conflito, ditada no exercício da jurisdição, impor-se-ia sobre a esfera de disponibilidade processual das partes. No ponto, aduziu-se que a autorização para que o impetrante desistisse do mandado de segurança, ainda que após o julgamento do mérito, transformaria esse instrumento em poderoso ardil para que o sistema jurisdicional viesse a ser fraudado, haja vista que bastaria ao impetrante prejudicado pelo julgamento desfavorável à sua pretensão simplesmente desistir da impetração e, em conseqüência, substituir potencial coisa julgada incidente sobre a negação de seu suposto direito, por provimento de caráter terminativo ou extintivo do processo, em que facultada a repropositura do pedido (CPC, art. 268). Concluiu-se, pois, que, julgado o mérito da causa, o demandante pode desistir de recurso eventualmente interposto, mantendo intacta a decisão recorrida, entretanto, não lhe será permitido desistir do processo, sobretudo quando a decisão lhe for desfavorável. Agravo regimental parcialmente provido para negar homologação à desistência do processo e determinar oportuna conclusão do agravo regimental para exame. Precedente citado: RE 163976 ED/SP (DJU de 26.4.96). AI 221462 AgR-AgR/SP, rel. Min. Cezar Peluso, 7.8.2007. (AI-221462) (Inform. STF 475)

DIREITO PROCESSUAL CIVIL. MANDADO DE SEGURANÇA. POSSIBILIDADE DE DECLARAÇÃO INCIDENTAL DE INCONSTITUCIONALIDADE POR VIA DIFUSA.

É possível declarar incidentalmente a inconstitucionalidade de lei ou ato normativo do Poder Público na via do mandado de segurança, vedando-se a utilização desse remédio constitucional tão somente em face de lei em tese ou na hipótese em que a causa de pedir seja abstrata, divorciada de qualquer elemento fático e concreto que justifique a impetração. Precedentes citados: **AgRg no REsp 1.301.163-SP, DJe 14/8/2012, e REsp 743.178-BA, DJ 11/9/2007. RMS 31.707-MT, Rel. Min. Diva Malerbi (Desembargadora convocada do TRF da 3ª Região), julgado em 13/11/2012.** (Inform. STJ 509)

DIREITO PROCESSUAL CIVIL. COMPETÊNCIA. MANDADO DE SEGURANÇA CONTRA PRESIDENTE DE SUBSEÇÃO DA OAB.

Compete à Justiça Federal processar e julgar mandado de segurança impetrado contra presidente de subseção da OAB. A definição da competência para o mandado de segurança dá-se, em regra, pela natureza da autoridade coatora. Há situações, contudo, em que a autoridade apontada como coatora exerce suas funções em entidades que ou são de direito privado, ou não integram os quadros da Administração Pública direta ou indireta. No caso da OAB, o STF entende que se trata de um serviço público independente, categoria única no elenco das personalidades jurídicas existentes no direito brasileiro. Assim, a competência para o *mandamus* deve ser fixada adotando-se como parâmetro a origem da função que foi delegada. No caso, as funções atribuídas à OAB pelo art. 44 da Lei n. 8.906/1994 são de natureza federal, fato que atrai a competência da Justiça Federal. Precedentes citados: **CC 122.713-SP, DJe 14/8/2012, e EREsp 235.723-SP, DJ 16/8/2004. AgRg no REsp 1.255.052-AP, Rel. Min. Humberto Martins, julgado em 6/11/2012.** (Inform. STJ 508)

DIREITO PROCESSUAL CIVIL. MANDADO DE SEGURANÇA. LEGITIMIDADE ATIVA. CUMPRIMENTO DE SENTENÇA ARBITRAL.

A câmara arbitral ou o próprio árbitro não têm legitimidade ativa para impetrar MS com o objetivo de dar cumprimento à sentença arbitral em que reconhecido ao trabalhador despedido sem justa causa o direito de levantar o saldo da conta vinculada do FGTS. Nos termos do disposto no art. 6º do CPC, somente é permitido pleitear, em nome próprio, direito de outrem nos casos previstos em lei. Assim, cabe a cada um dos trabalhadores submetidos ao procedimento arbitral insurgir-se contra o ato que recusou a liberação do levantamento do FGTS assegurado na via arbitral. Precedente citado: **AgRg no REsp 1.059.988-SP, DJe 24/9/2009. REsp 1.290.811-RJ, Rel. Min. Eliana Calmon, julgado em 18/10/2012.** (Inform. STJ 507)

DIREITO PROCESSUAL CIVIL. MANDADO DE SEGURANÇA. DESISTÊNCIA ANTES DE PROFERIDA A SENTENÇA.

A desistência do mandado de segurança pode ser requerida a qualquer tempo, desde que em momento anterior à prolação da sentença de mérito. Precedentes: **AgRg no REsp 1.098.273-MS, DJe 4/11/2011; AgRg no AgRg no REsp 928.453-RJ, DJe 14/6/2011, e AgRg no REsp 889.975-PE, DJe de 8/6/2009. REsp 1.296.778-GO, Rel. Min. Mauro Campbell Marques, julgado em 16/10/2012.** (Inform. STJ 507)

DIREITO PROCESSUAL CIVIL. MANDADO DE SEGURANÇA. RESULTADO EM EXAME PSICOTÉCNICO. DECADÊNCIA. TERMO A QUO.

O termo inicial do prazo decadencial para a impetração do mandado de segurança que se insurge contra resultado obtido em exame psicotécnico é a data da publicação do ato administrativo que determina a eliminação do candidato, não a data da publicação do edital do certame. Precedentes citados: **AgRg no AREsp 27.904-PI, DJe 30/4/2012; AgRg no RMS 28.581-CE, DJe 18/4/2012; AgRg no RMS 37.063-MS, DJe 3/4/2012; AgRg no Ag 1.108.357-SE, DJe 27/2/2012; RMS 35.192-PE, DJe 10/11/2011, e AgRg no REsp 1.269.416-MS, DJe 17/10/2011. AgRg no AREsp 202.442-RO, Rel. Min. Mauro Campbell Marques, julgado em 9/10/2012.** (Inform. STJ 506)

DIREITO PROCESSUAL CIVIL. RECURSO ORDINÁRIO EM MANDADO DE SEGURANÇA. EXIGÊNCIA DE DECISÃO COLEGIADA.

Não é cabível a interposição de recurso ordinário em face de decisão monocrática do relator no tribunal de origem que julgou extinto o mandado de segurança. A hipótese de interposição do recurso ordinário constitucional (art. 105, II, b, da CF) é clara, dirigindo-se contra os mandados de segurança decididos em única instância pelos tribunais regionais federais ou pelos tribunais dos estados, do Distrito Federal e Territórios, quando denegatória a decisão. Decisão de "tribunal" não é a monocrática exarada por um dos desembargadores, mas acórdão de um de seus órgãos fracionários. Embora se admita a utilização do recurso ordinário se o mandado de segurança for extinto sem exame do mérito, em se tratando de decisão monocrática, faz-se necessária a prévia interposição de agravo regimental sob pena de ofensa ao princípio da colegialidade. Precedente citado do STF: **RMS 30.870-BA, DJe 3/9/2012. AgRg na MC 19.774-SP, Rel. Min. Paulo de Tarso Sanseverino, julgado em 2/10/2012.** (Inform. STJ 505)

MANDADO DE SEGURANÇA. PROVA PRÉ-CONSTITUÍDA. JUNTADA. PARQUET.

A Turma proveu o recurso ordinário em mandado de segurança interposto pelo Ministério Público do Distrito Federal e Territórios para determinar ao tribunal de origem que julgue o mérito do *mandamus* ali impetrado, como entender de direito, uma vez que devidamente instruído com prova pré-constituída, juntada pelo representante do *Parquet* no parecer ministerial. De início, nos termos do enunciado da Súm. n. 99-STJ, reafirmou-se a legitimidade do Ministério Público para recorrer nos processos em que oficie como fiscal da lei independentemente de recurso da parte e, ainda, que se trate de discussão a respeito de direitos individuais disponíveis. Em seguida, destacou-se a possibilidade conferida ao Ministério Público para a iniciativa ampla em matéria probatória, quando atua na condição de *custus legis*, por expressa disposição legal contida no art. 83, II, do CPC. Pode, portanto, juntar documentos e certidões, apresentar testemunhas ou requerer qualquer medida ou diligência necessárias ao descobrimento da verdade real. Dessa forma, considerando-se devidamente instruída a ação mandamental com a prova do direito alegado na peça exordial, determinou-se o retorno dos autos ao tribunal *a quo* para exame do mérito. **RMS 27.455-DF, Rel. Min. Laurita Vaz, julgado em 3/11/2011.** (Inform. STJ 486)

QO. MANDADO DE SEGURANÇA. RESP. VISTA. MP.

A Turma, em questão de ordem, retirou o recurso especial de pauta e enviou os autos ao Ministério Público uma vez que, na origem, tratava-se de mandado de segurança. Desse modo, aplicou-se o art. 64, II, do RISTJ, entendendo que, mesmo em grau de recurso especial, o MP deve ter vista dos autos nos mandados de segurança. **QO no REsp 939.262-AM e no REsp 1.028.086-RO, Rel. Min. Teori Albino Zavascki, em 1º/9/2011.** (Inform. STJ 482)

MS. LITISCONSORTE NECESSÁRIO. CITAÇÃO.

Cuida-se de mandado de segurança extinto sem resolução de mérito pelo tribunal *a quo*, diante da ausência da inclusão, na inicial, de governador como litisconsorte passivo necessário. A impetração, na origem, voltou-se contra suposto ato omissivo atribuído ao comandante geral de polícia militar estadual e ao presidente de instituto previdenciário estadual devido à ausência de extensão de gratificação de função aos impetrantes, militares da reserva, que a recebiam na ativa. Essa gratificação foi alterada para símbolo maior que o anterior (de CDA-1 para NDS-3) pela Lei estadual n. 13.456/1999, que também proibiu sua extensão aos inativos, consequentemente houve aumento de remuneração, mas tal aumento só foi concedido aos ativos. Alegaram os impetrantes que fazem jus a perceber a gratificação no valor em que ela foi transformada devido ao tratamento isonômico assegurado aos aposentados e pensionistas. Insurgiram-se contra a violação de seus direitos pela citada lei estadual e contra o despacho do governador que fixou as parcelas integrantes dos proventos ao transferi-los para reserva. Assim, no recurso, eles apontam não ser o governador a autoridade coatora e, como o aresto recorrido assim entendeu, deveria ser oportunizada a emenda da inicial. Para a Min. Relatora, o governador não incluído no polo passivo do *writ* é a autoridade competente para alterar a composição da remuneração dos militares na reserva, inclusive em decorrência do seu despacho. Por isso, nesse ponto, manteve o entendimento do acórdão recorrido. Quanto à possibilidade de emenda da inicial devido ao erro na indicação da autoridade coatora, ressalta que a jurisprudência deste Superior Tribunal encontra-se divergente, há entendimentos de que, quando verificada a ilegitimidade da autoridade impetrada, uns afirmam ser vedada a retificação posterior do polo passivo do *writ*, devendo ser o *mandamus* extinto sem resolução de mérito; já outros consideram tratar-se de deficiência sanável, tendo em vista os princípios da economia processual e efetividade do processo, permitindo a correção da autoridade coatora por meio de emenda à inicial. No entanto, a Min. Relatora observa que, no caso dos autos, o aresto recorrido que extinguiu o MS sem resolução de mérito não o fez com fundamento de ilegitimidade das autoridades apontadas como coatoras, mas ao fundamento de ausência de inclusão de litisconsorte necessário. Nesse caso, assevera que não há como afastar a incidência do parágrafo único do art. 47 do CPC para oportunizar aos impetrantes promover a citação do governador como litisconsorte passivo. Considerou ainda que o art. 19 da Lei n. 1.533/1951 (em vigor na data da impetração e do julgamento do acórdão recorrido) determina que se apliquem ao MS os artigos do CPC que regulam o litisconsórcio. Diante do exposto, a Turma deu provimento ao recurso para cassar o aresto recorrido, determinando o retorno dos autos à origem para que os impetrantes promovam a citação do governador. Precedentes citados: RMS 19.096-MG, DJ 12/4/2007, e REsp 782.655-MG, DJe 29/10/2008. **RMS 24.082-GO, Rel. Min. Maria Thereza de Assis Moura, julgado em 22/3/2011.** (Inform. STJ 467)

MS. LEGITIMIDADE. DEPOSITÁRIO JUDICIAL.

O banco recorrente impetrou MS contra o ato do juízo que, a pedido do síndico, determinou a transferência dos ativos financeiros da massa falida nele depositados para outra instituição financeira. Nesse contexto, há legitimidade do banco para a impetração do *mandamus*, visto que, tal como prelecionam precedentes do STJ, na qualidade de depositário judicial, ao desempenhar a função de auxiliar do juízo, ele pode impetrar o MS como terceiro prejudicado. Anote-se que o CPC, em seu art. 499, prevê direito potestativo do prejudicado, daí não se falar em preclusão. Já o art. 515, § 3º, daquele mesmo código, conforme precedentes do STF, não se aplica, ainda que por simetria, ao recurso ordinário em mandado de segurança (*vide* Súm. n. 41-STJ). Dessarte, os autos devem retornar ao tribunal de origem para exame do mérito da impetração. Com esse entendimento, a Turma deu parcial provimento ao recurso, contudo o Min. Sidnei Beneti e a Min. Nancy Andrighi ficaram vencidos em parte, quanto à extensão dada à inaplicabilidade do art. 515, § 3º, do CPC ao recurso ordinário de mandado de segurança. Precedentes citados do STF: RMS 26.959-DF, DJe 15/5/2009; RMS 26.615-DF, DJe 31/10/2008; RMS 24.309-DF, DJ 30/4/2004; do STJ: RMS 25.462-RJ, DJe 20/10/2008; RMS 25.251-SP, DJe 3/5/2010; EDcl no RMS 27.007-SP, DJe 27/10/2009; RMS 14.266-MA, DJ 24/6/2002; AgRg no Ag 790.691-GO, DJe 1º/9/2008, e RMS 27.368-PE, DJe 27/5/2009. **RMS 25.553-SP, Rel. Min. Massami Uyeda, julgado em 3/8/2010.** (Inform. STJ 441)

MS. APELAÇÃO.

A Turma negou provimento ao recurso por entender que não cabe mandado de segurança para impugnar o mero recebimento, pelo juízo de primeiro grau, de recurso de apelação tido por intempestivo. Outrossim, inexiste direito líquido e certo ao não recebimento da apelação pelo juízo de primeiro grau, já que o exame dos pressupostos de admissibilidade do apelo não é da alçada exclusiva desse juízo, devendo ser objeto de avaliação pelo desembargador relator do apelo e pelo competente órgão colegiado da Corte *ad quem*. Precedentes citados: RMS 28.277-MG, DJe 11/5/2009; RMS 12.878-SP, DJ 11/6/2001, e REsp 34.128-SP, DJ 31/5/1993. **RMS 27.663-SP, Rel. Min. Massami Uyeda, julgado em 3/12/2009.** (Inform. STJ 418)

QO. MS. RETENÇÃO. AG.

A Turma, em questão de ordem, entendeu remeter o julgamento do recurso à Segunda Seção. Nos autos, discute-se o cabimento do mandado de segurança contra ato de desembargador que converte o agravo de instrumento em agravo retido, quando, no regimento interno do TJ, há a previsão de recurso próprio. **QO no RMS 26.828-RJ, Rel. Min. Sidnei Beneti, em 16/6/2009.** (Inform. STJ 399)

FGTS. CEF. COMPETÊNCIA. JUSTIÇA ESTADUAL.

Trata-se de mandado de segurança impetrado pela CEF contra ato de juiz de Direito que, em pedido de alvará judicial, determinou a liberação de complementos de atualização monetária de FGTS. Primeiramente, destacou o Min. Relator a inadequação do mandado de segurança contra ato judicial passível de recurso próprio porque, em se tratando de sentença proferida em feito de jurisdição voluntária, seria cabível o recurso de apelação (art. 1.110 do CPC). *In casu*, embora seja a CEF destinatária da ordem constante do alvará que autorizou o levantamento de quantia do FGTS, está caracterizada atividade de jurisdição voluntária, razão pela qual é competente a Justiça estadual (Lei n. 6.858/1980). Ademais, a CEF, como terceiro interessado, no momento em que intimada, poderia agravar, revelando-se o presente *writ* instrumento substitutivo de recurso, o que é repugnado pela jurisprudência do STF (Súm. n. 267-STF). Sob essa ótica, embora se trate de *writ*, o que arrastaria a competência da Justiça Federal *ratione personae*, a realidade é que o *mandamus* faz impropriamente as vezes do recurso. A decisão atacada pelo *writ* o foi como decorrência de ato judicial do juízo estadual no exercício de jurisdição ordinária. Nessas hipóteses, incide a Súmula n. 55-STJ. Do contrário, bastaria a utilização errônea ou dolosa do *writ* para deslocar a competência do juízo estadual. *In casu*, a inadmissão do *mandamus* revela-se patente em virtude de sua fisionomia recursal, por isso encontra-se estabelecida a competência do Tribunal estadual. Para o Min. Relator, ainda que ultrapassado o óbice erigido pela Súm. n. 267-STF, a pretensão do mandado de segurança *ab origine* esbarra em óbice intransponível, mormente porque, revelando seu exercício dependência de circunstâncias fáticas ainda indeterminadas, como sói ser a comprovação da alegada ausência de opção retroativa pelo FGTS na vigência do contrato de trabalho, o direito não enseja o uso da via da segurança, embora tutelado por outros meios judiciais. O Min. Teori Albino Zavascki (vencido) entende que, na espécie, a competência seria do TRF, em se tratando de mandado de segurança por ente federal contra ato de juiz de Direito. Ante o exposto, a Turma, por maioria, negou provimento ao recurso. **RMS 22.480-BA, Rel. Min. Luiz Fux, julgado em 2/12/2008.** (Inform. STJ 379)

RESP. NULIDADE. OFÍCIO. PREQUESTIONAMENTO.

No recurso especial, a Turma conheceu do recurso e o proveu para, preliminarmente, declarar a carência de ação e extinguir o processo por ser juridicamente impossível o pedido. Em embargos de divergência, a parte afirma que o acórdão divergiu da jurisprudência do STJ e do STF, uma vez que, ao mesmo tempo, extingue o processo sem julgamento de mérito (art. 267, VI, do CPC), mas discute esse mérito para denegar a segurança. Ressalta o Min. Relator que não se discutiu, no recurso ou na formação do acórdão recorrido, a possibilidade jurídica do *mandamus*. A questão surgiu no julgamento do REsp, decidindo a Turma que, por se tratar de tema relacionado às condições da ação, poderia ser apreciado independentemente de prequestionamento. Explica, ainda, que a divergência é manifesta diante dos acórdãos trazidos a confronto, afirmando que mesmo as nulidades absolutas não podem ser examinadas de ofício se não forem cogitadas de algum modo no acórdão recorrido, excetuando, apenas, as que decorram do próprio julgamento do REsp. Porém, observa que, na hipótese dos autos, a divergência é mais profunda, por ser questão de avaliação de prova e não envolver as condições da ação. Nessa circunstância, recebeu os embargos e determinou que a Turma julgue o recurso. Por esse motivo, alguns ministros acompanharam o Min. Relator com a ressalva do ponto de vista pessoal. Com esse entendimento, a Corte Especial, por maioria, recebeu os embargos. Precedentes citados: REsp 3.409-AL, DJ 19/11/1990; REsp 9.099-SP, DJ 16/12/1991, e REsp 163.445-SP, DJ 5/4/1999. **EREsp 173.421-AL, Rel. originário Min. Humberto Gomes de Barros, Rel. para acórdão Min. Cesar Asfor Rocha (RISTJ, art. 52, IV, b), julgados em 27/11/2008.** (Inform. STJ 378)

MS. AGRAVO RETIDO.
O Min. Relator entende cabível o *writ* contra ato judicial irrecorrível, desde que demonstrados os requisitos inerentes ao *periculum in mora* e ao *fumus boni iuris*, para o destrancamento de agravo retido com pedido de antecipação de tutela (art. 527, parágrafo único, do CPC). Entretanto, no caso, reconheceu não haver a necessária demonstração daqueles requisitos, e a mera circunstância de ser pedido de tutela antecipada, por si só, não basta para o êxito da ação mandamental. Dissentiram dessa tese o Min. Luís Felipe Salomão, seguido pelos Mins. Fernando Gonçalves, Aldir Passarinho Junior e Carlos Fernando Mathias (Juiz convocado do TRF da 1ª Região), por entenderem que, em regra, somente é cabível o *mandamus* em situações excepcionais, o que não é o caso *sub judice*, mormente por tratar-se de agravo retido e por não ter sido ainda julgado. Precedentes citados: REsp 1.032.924-DF, DJ 29/9/2008; RMS 25.143-RJ, DJ 19/12/2007, e RMS 26.319-AM, DJe 16/9/2008. **RMS 27.083-RJ, Rel. Min. João Otávio de Noronha, julgado em 4/11/2008.** (Inform. STJ 375)

MS. PEDIDO. DILIGÊNCIAS. RECURSO PRÓPRIO.
A Turma negou provimento ao recurso, por entender não ser cabível mandado de segurança contra decisão que indeferiu pedido de diligência na fase do art. 499 do CPP (antiga redação). O recurso cabível, na espécie, é a apelação, conforme dispõe o art. 593, II, do referido código ou mesmo *habeas corpus*, em razão da lesão, ainda que indireta, ao direito de locomoção. Precedentes citados: RMS 21.888-PR, DJ 14/5/2007, e RMS 13.118-SP, DJ 16/8/2004. **RMS 21.075-SP, Rel. Min. Laurita Vaz, julgado em 21/10/2008.** (Inform. STJ 373)

MS. TRANSPORTE INTERESTADUAL. LITISCONSÓRCIO.
A recorrente pretende demonstrar sua condição de litisconsorte passiva necessária e, subsidiariamente, ser admitida como assistente litisconsorcial por considerar patente seu interesse jurídico em que seja mantida intacta a decisão administrativa que lhe foi favorável e, conseqüentemente, desfavorável à recorrida. Inicialmente, esclareceu o Min. Relator que litisconsorte é parte, e não terceiro, na relação processual. Assim, para legitimar-se como litisconsorte é indispensável, antes de mais nada, legitimar-se como parte. Em nosso sistema, salvo nos casos em que a lei admite a legitimação extraordinária por substituição processual, só é parte legítima para a causa quem, em tese, figure como parte na relação de direito material nela deduzida. A assistência litisconsorcial supõe, conforme o art. 54 do CPC, a existência de uma relação jurídica material entre o assistente e o adversário do assistido que pode ser afetada pela sentença de mérito. No caso concreto, a sociedade empresarial não figura na relação de direito material objeto da demanda, sendo que a relação jurídica que mantém com a Administração não será afetada qualquer que seja o resultado da causa. Por fim, concluiu o Min. Relator, a recorrente não ostenta posição jurídica que a habilite a figurar como assistente litisconsorcial ou mesmo como assistente simples. Ela não mantém qualquer vínculo jurídico com a impetrante e a relação jurídica que ela ostenta em face da impetrada é autônoma e independente da que está posta em questão no mandado de segurança. Seu interesse é simplesmente econômico. Ademais, segundo a jurisprudência predominante deste Superior Tribunal, não cabe assistência em mandado de segurança, instituto que não se harmoniza com o rito célere dessa ação. Precedentes citados: REsp 617.258-RJ, DJ 7/12/2006; REsp 763.019-RJ, DJ 20/9/2007; RMS 18.996-MG, DJ 20/3/2006; AgRg no MS 7.307-DF, DJ 25/3/2002; AgRg no MS 5.690-DF, DJ 24/9/2001; MS 5.602-DF, DJ 26/10/1998, e AgRg no MS 7.205-DF, DJ 16/4/2001. **REsp 1.065.574-RJ, Rel. Min. Teori Albino Zavascki, julgado em 2/10/2008.** (Inform. STJ 370)

MS. ATO JUDICIAL. TERCEIRO. CAUSA "MADURA".
No trato de *mandamus* contra decisão judicial, é certo que o impetrante deve, previamente, interpor o recurso adequado com o fito de evitar a preclusão da matéria (Súm. n. 268-STF), a impedir a coisa julgada. Entretanto, como consabido, quando o MS é manejado por terceiro, não há razão para a exigência, visto o teor do art. 472 do CPC (a coisa julgada perfaz-se entre as partes) e da Súm. n. 202-STJ. Também é entendimento pacificado que o art. 515, § 3º, do CPC (teoria da causa "madura") pode ser aplicado, por analogia, em sede de RMS, a permitir a apreciação do mérito do *writ*, caso não juntado aos autos um complexo conjunto de provas a exigir detalhado exame. Já quanto às decisões não-fundamentadas, por reiteradas vezes o STJ as teve por nulas, tal como se deve dar nos autos, em que, tanto a decisão monocrática, quanto a colegiada não indicam, às claras, a existência do *fumus boni iuris* e do *periculum in mora* a justificar a concessão da liminar em medida cautelar (que se relaciona a depósito judicial de cento e quarenta milhões de reais). Precedentes citados: AgRg no RMS 23.777-RS, DJ 23/6/2008; RMS 17.126-ES, DJ 25/4/2008; RMS 21.683-SP, DJ 16/4/2007; REsp 519.242-RJ, DJ 9/12/2003; REsp 700.833-PA, DJ 23/4/2007; REsp 782.901-SP, DJ 20/6/2008, e REsp 177.992-CE, DJ 31/5/1999. **RMS 25.462-RJ, Rel. Min. Nancy Andrighi, julgado em 2/10/2008.** (Inform. STJ 370)

ASSISTÊNCIA JUDICIÁRIA. REGISTRO IMOBILIÁRIO.
Trata-se de recurso em mandado de segurança em que se pugna pela anulação de ato do juiz de primeiro grau confirmado – pelo acórdão recorrido – que exonerou o recolhimento dos emolumentos devidos pela extração de certidões de registro de imóveis, quando os litigantes usufruírem o benefício de assistência judiciária, isto é, pretende-se afastar a aplicação do art. 3º, II, da Lei n. 1.060/1950 aos serviços extrajudiciais dos cartórios oficializados. Dessarte, a Turma negou provimento ao recurso ao entendimento de que a gratuidade da Justiça estende-se aos atos extrajudiciais relacionados à efetividade do processo judicial em curso, mesmo em se tratando de registro imobiliário. A isenção contida no art. 3º, II, da Lei n. 1.060/1950 abrange os valores devidos pela extração de certidões de registro de imóveis, necessárias ao exercício do direito de ação, não procede a premissa de que inexiste lei específica regulamentando a isenção em tela, porque se aplica ao caso a já mencionada lei, cujo esteio constitucional repousa no art. 5º, LXXVII, da CF/1988, que assegura aos necessitados a dispensa do pagamento dos atos necessários ao exercício da cidadania. Também em nada aproveita ao recorrente a natureza privada dos serviços que realiza, pois eles não deixam de ostentar a natureza de serviços públicos, embora prestados por delegação e sob supervisão do Poder Judiciário. Ressalte-se que há precedentes do STF, os quais acolhem a isenção dos atos necessários ao exercício da cidadania, aplicando o princípio da proporcionalidade. Precedentes citados do STF: ADC 5-DF, DJ 5/10/2007; ADI 1.800-DF, DJ 28/9/2007; do STJ: REsp 94.649-RJ, DJ 9/9/1996. **RMS 26.493-RS, Rel. Min. Eliana Calmon, julgado em 19/8/2008.** (Inform. STJ 364)

TAXA JUDICIÁRIA. PAGAMENTO. VALOR REAL.
Trata-se de mandado de segurança impetrado com a finalidade de afastar a decisão judicial que condicionou a expedição de cartas de sentença (formal de partilha) ao pagamento da taxa judiciária calculada sobre o valor do patrimônio partilhado em processos de separação e divórcio. Ressalta o Min. Relator que o ato é de caráter administrativo, por isso passível de ataque pela via mandamental, sem constituir incidente de execução. Outrossim, verificou-se que, quando da homologação da separação judicial e da conversão em divórcio, houve o estabelecimento de custas, sendo o recolhimento inicial insuficiente porque preliminar. Assim, esse deve ser apurado e complementado ao final. Explica ainda que, no caso, ao que parece, não sucedeu antes essa complementação porque as partes não se interessaram em, desde logo, pedir a extração do formal de partilha, o que fizeram só após quatro anos. Assim, para o Min. Relator, não se trata de inovação ou decisão em descompasso com a coisa julgada, uma vez que a realidade dos autos veio a demonstrar que, após as avaliações, os bens eram de expressão econômica superior à declaração da exordial. Com esse entendimento, a Turma negou provimento ao RMS, ratificando os fundamentos da decisão a quo. **RMS 15.087-SP, Rel. Min. Aldir Passarinho Junior, julgado em 11/3/2008.** (Inform. STJ 348)

MS. CABIMENTO. OFÍCIO. DESCONTO. PENSÃO ALIMENTÍCIA.
Na dissolução da sociedade conjugal, a sentença, de forma genérica, condenou o varão ao pagamento de alimentos incidentes sobre seus rendimentos brutos. Seu empregador, o responsável pelo desconto em folha, consultou o juízo sobre a abrangência dos alimentos e ele o respondeu mediante ofício que excluía o desconto sobre determinadas verbas, tais como o 13º salário. Foi contra essa decisão cristalizada no ofício que o mandado de segurança foi impetrado. Note-se que a má instrução do MS não permite divisar se já havia trânsito em julgado ou recurso contra a sentença. É bem verdade que essa decisão deveria sofrer ataque por agravo de instrumento, mas o caráter *sui generis* da questão não permite que se valha do princípio da unirecorribilidade. As partes sequer foram intimadas desse ofício desprovido de fundamentação e dirigido a terceiro alheio ao processo, o que tolhe o agravo de pressuposto necessário à sua interposição, a intimação. Impossível atender às exigências do art. 525, I, do CPC. Doutro lado, não se exige da parte a vigilância aos atos judiciais após a sentença a ponto de impingir-lhe que deles se dê por intimada, quando não mais se espera que haja qualquer decisão. Daí não se poder falar em erro grosseiro quanto ao recurso utilizado, o que determina o prosseguimento do feito junto ao Tribunal de origem na esteira

do devido processo legal. **RMS 24.176-RS, Rel. Min. Nancy Andrighi, julgado em 14/2/2008.** (Inform. STJ 344)

MS. ACÓRDÃO. TURMA. STJ. MULTA. EDCL.
Trata-se de MS impetrado contra acórdão de Turma deste Superior Tribunal que, julgando segundos embargos de declaração com os mesmos fundamentos dos primeiros, condenou a embargante, ora impetrante, ao pagamento de 1% sobre o valor da causa por considerar o recurso protelatório. O Relator à época, Min. José Arnaldo da Fonseca, negou seguimento ao MS, por entendê-lo incabível, invocando a Súm. n. 121-STF. Interposto agravo regimental, a Corte Especial manteve a decisão agravada. A parte, então, opôs embargos de declaração que foram rejeitados. Insistiu na tese em recurso ordinário em mandado de segurança no STF, o qual reconheceu que o ato foi praticado no exercício do poder de polícia do juiz, logo o manejo de outros embargos poderia elevar a multa a 10% e, sem os pressupostos para interposição do extraordinário, cabe o MS, aplicando-se, com temperamentos, a Súm. n. 267-STF. Sendo assim, o cabimento da ação mandamental ficou superada pela decisão do STF, cabendo agora ao STJ examinar somente o mérito da demanda. Isso posto, a Corte Especial denegou a segurança, considerando que, no caso, a decisão atacada não foi abusiva nem ilegal, e a multa aplicada tem previsão legal (art. 538 do CPC), sendo a sua imposição devidamente justificada. **MS 9.575-SP, Rel. Min. Teori Albino Zavascki, julgado em 19/12/2007.** (Inform. STJ 343)

MS. AG. RETENÇÃO. PEDIDO. RECONSIDERAÇÃO.
Não cabe recurso da decisão que determina a retenção do agravo de instrumento, nem mesmo é aceita a correição parcial. Assim, há que se admitir o mandado de segurança contra a referida decisão. Anote-se que o pedido de reconsideração não tem natureza recursal, não interrompe nem suspende o prazo para a interposição do *writ*. Dessarte, o prazo decadencial deve ser contado da retenção do agravo, nascedouro da violação, e não da rejeição do pedido de reconsideração, mero desdobramento do ato coator anterior. Precedentes citados: RMS 22.847-MT, DJ 26/3/2007, e RMS 4.072-SC, DJ 6/2/1995. **RMS 24.654-PA, Rel. Min. Nancy Andrighi, julgado em 4/12/2007.** (Inform. STJ 341)

PENSÃO ALIMENTÍCIA. DÚVIDA. EXECUÇÃO. VIA PROCESSUAL.
Trata-se de mandado de segurança impetrado contra ato de juiz em resposta à consulta feita por autarquia sobre como proceder aos descontos de pensão alimentícia devida à ex-esposa do impetrante e já fixada em sentença proferida na separação e mantida no divórcio. A Turma negou provimento ao recurso, por entender que o mandado de segurança não é a via processual adequada, incidindo, no caso, o verbete n. 267 da Súmula do STF. A definição da base de cálculo para a incidência do percentual da pensão constou do despacho emanado do mesmo juízo em que fora decretada a separação do casal e a fixação dos alimentos e, agora, nada mais é do que um incidente de execução de sentença, atacável pela via processual própria. **RMS 15.211-MG, Rel. Min. Aldir Passarinho Junior, julgado em 13/11/2007.** (Inform. STJ 339)

MS. SUBSTITUIÇÃO. RECURSO.
A Turma negou provimento a recurso de mandado de segurança interposto contra acórdão do Tribunal *a quo* que julgou a autora carecedora de ação de segurança impetrada contra ato judicial que indeferiu pedido de gratuidade de justiça em ação anulatória. Reafirmou-se que o mandado de segurança não se presta à substituição do recurso cabível (Súm. n. 267-STF), além de não ser a via própria para investigação fática. **RMS 14.132-GO, Rel. Min. Aldir Passarinho Junior, julgado em 16/8/2007.** (Inform. STJ 327)

MS. DILAÇÃO PROBATÓRIA. AUSÊNCIA. DIREITO LÍQÜIDO E CERTO.
Trata-se de mandado de segurança impetrado por condomínio que almeja construir um edifício-garagem sob praça municipal e para isso necessita da alteração de acesso de vias públicas adjacentes ao prédio, bem como tornar a área de uso exclusivo em comum a todos os edifícios próximos. Para o Min. Relator, a controvérsia recai em matéria de fato complexa que não tem como ser tratada em MS. Ademais, não traz elementos para combater o ato impugnado, pois cabe ao Poder Público aferir da conveniência e oportunidade da construção de garagem subterrânea sob praça pública. Com esse entendimento, a Turma negou provimento ao recurso. Precedentes citados: RMS 3.529-PA, DJ 30/5/1994, e RMS 3.150-TO, DJ 23/5/1004. **RMS 14.284-RJ, Rel. Min. Aldir Passarinho Junior, julgado em 16/8/2007.** (Inform. STJ 327)

ILEGITIMIDADE. PRESIDENTE. BACEN.
Trata-se de mandado de segurança contra ato do presidente do Banco Central em que instituição bancária privada busca ver decretada a inconstitucionalidade da Resolução n. 3.424/2006 do Conselho Monetário Nacional, presidido pelo Ministro da Fazenda. Esse órgão, embora integre o Sistema Financeiro Nacional, não se confunde com o Banco Central, pois eles possuem atribuições diversas. Assim, o presidente do Bacen não pode dar cumprimento a qualquer ordem judicial na eventual hipótese de provimento do presente mandado de segurança. Logo, a Seção entendeu ilegítima a autoridade apontada como coatora, do que decorre o não-conhecimento do mandado de segurança, e julgou extinto o processo sem julgamento de mérito. **MS 12.700-DF, Rel. Min. Humberto Martins, julgado em 13/6/2007.** (Inform. STJ 323)

MANDADO DE SEGURANÇA. TERCEIRO PREJUDICADO. ATO JUDICIAL. SENTENÇA. TRÂNSITO EM JULGADO.
Na espécie, cumprindo obrigação que assumira em contrato de permuta, o proprietário outorgou procuração com poderes para que o interessado transferisse o imóvel. Esse interessado, por sua vez, no exercício da procuração, vendeu o imóvel a menores impúberes representados por seus pais. Posteriormente, o antigo proprietário do imóvel e autor da procuração exerceu ação com o propósito de cancelar o contrato de permuta e a procuração, no que teve êxito. Foi expedida ordem para que o oficial de registro de imóveis não transferisse o imóvel. A sentença fez coisa julgada, e o antigo proprietário notificou extrajudicialmente os menores para que desocupassem o imóvel. Então os menores, representados por seus pais, impetraram mandado de segurança contra a sentença transitada em julgado, e o Tribunal *a quo* decidiu pela inviabilidade da impetração do *mandamus*. Isso posto, o Min. Relator explicou que a jurisprudência deste Superior Tribunal ajustou-se no sentido de permitir ao terceiro prejudicado por decisão judicial impetrar MS em lugar de interpor contra ela os embargos de terceiro. Outrossim, lembra o Min. Relator que a sentença a qual prejudica terceiro estranho no processo expõe-se ao MS, mesmo que tenha transitado em julgado e não está condicionada à interposição de recurso (Súm n. 202-STJ). Destaca o Min. Relator ser claro que a sentença transitada em julgado não está desconstituída pela decisão proferida no MS. No caso dos autos, inclusive, os impetrantes pretendem, apenas, que os efeitos do ato judicial não os atinjam, não querem nem poderiam querer a rescisão da sentença. Pois apenas os efeitos da sentença transitada em julgado que prejudica terceiro podem ser afastadas por MS. Outrossim, sendo terceiros, não poderiam ser atingidos por qualquer determinação da sentença proferida em processo do qual não participaram. Sendo assim, no mérito, concedeu a segurança exclusivamente para declarar a ineficácia daquela decisão em relação aos impetrantes. Com esse entendimento, a Turma deu provimento ao RMS. Precedentes citados: RMS 8.879-SP, DJ 30/11/1998, e RMS 14.554-PR, DJ 15/12/2003. **RMS 22.741-RJ, Rel. Min. Humberto Gomes de Barros, julgado em 5/6/2007.** (Inform. STJ 322)

ART. 515, § 3º, DO CPC. NÃO-APLICAÇÃO. RECURSO ORDINÁRIO.
O presente *writ* foi impetrado por apenas quatro juízes auditores substitutos contra ato consubstanciado no indeferimento, pelo Tribunal *a quo*, de seu pedido de recebimento da diferença de vencimentos do cargo imediatamente superior aos seus (juiz auditor). Trata-se de *mandamus* que, em caso de concessão, terá seus efeitos limitados aos quatro juízes impetrantes. A Min. Relatora entendeu manter-se a regra de competência privativa do Tribunal *a quo*, prevista na constituição do estado, para julgamento do *mandamus* impetrado contra ato dele próprio. Estabelecido que o Tribunal de Justiça Militar do estado é o competente para apreciar o presente *writ*, discute-se a aplicação à espécie do disposto no art. 515, § 3º, do CPC. Segundo a Min. Relatora, o referido dispositivo legal previsto para o julgamento da apelação não deve ser estendido para o recurso ordinário de competência deste Superior Tribunal (art. 105, I e II). Desse modo, a aplicação do art. 515, § 3º, do CPC ao recurso ordinário, com a conseqüente transformação da competência recursal desta Corte em originária, incorreria em flagrante contrariedade ao texto constitucional e configuraria evidente usurpação da competência do Tribunal local para apreciação do mérito da demanda. Isso posto, a Turma deu provimento ao recurso ordinário para reconhecer a competência do Tribunal de Justiça Militar estadual na apreciação do feito e determinar o retorno dos autos àquela Corte para julgamento do mérito da segurança. **RMS 11.445-SP, Rel. Min. Maria Thereza de Assis Moura, julgado em 24/5/2007.** (Inform. STJ 321)

RECURSO. AG. EXCEÇÃO DE PRÉ-EXECUTIVIDADE. SÚMULA N. 267-STF.
O *mandamus* foi apresentado com a finalidade de impugnar a decisão que não acolheu o incidente de pré-executividade, afastando a tese do recorrente de que ocorrida a prescrição para o ajuizamento da execução. O Min. Relator destacou que, segundo a jurisprudência deste Superior Tribunal, o mandado de segurança não é sucedâneo do recurso processual adequado, mormente no presente caso em que, ao agravo de instrumento, poderia o Relator conferir efeito suspensivo, sendo certo, ainda, que não restou evidenciada

teratologia no ato apontado como coator. Assim, o mandado de segurança não é sucedâneo do agravo de instrumento, ao qual poderá ser concedido efeito suspensivo (Lei n. 9.139/1995). **RMS 20.373-GO, Rel. Min. Carlos Alberto Menezes Direito, julgado em 24/5/2007.** (Inform. STJ 321)

MS. REINTEGRAÇÃO. NOVA INVASÃO.

Houve o pedido de reintegração de posse e foi deferida a liminar. Após o trânsito em julgado da sentença que julgou procedente o pedido, novamente a área em questão foi invadida, fato que foi noticiado ao juízo. Diante da possibilidade de conciliação, o magistrado marcou audiência. Mas, após vários incidentes, determinou a realização da diligência para a reintegração de posse. Antes disso, porém, alguns invasores requereram a suspensão da reintegração de posse ao fundamento de que não foram partes naquela ação, por isso a sentença atingiu-os sem que exercessem o direito ao contraditório e à ampla defesa. Antes que o autor, por determinação do juízo, pudesse se manifestar, os invasores impetraram mandado de segurança renovando idêntico pedido. A liminar desse *mandamus* foi concedida, porém, após, a ordem foi denegada ao fundamento de que os invasores eram sucessores dos primitivos desalojados, por isso deveriam ser afetados pela sentença. Diante disso, a Turma, ao prosseguir o julgamento, entendeu, por maioria, primeiro, aplicar a Súm. n. 202-STJ. Afastou, então, a sucessão processual das partes à constatação de que os impetrantes não foram réus na ação, não lhes sendo possível a extensão dos efeitos da sentença (art. 42, § 3º, do CPC). Firmou que, diante de fato posterior, o juiz não poderia, para colher os novos invasores, modificar sua sentença, passada há mais de seis anos e atingida pelo trânsito em julgado (art. 463 do CPC), pois seria caso, sim, de nova ação de reintegração de posse. Note-se que a Min. Nancy Andrighi, em seu voto-vista, alertou para o fato de haver solução de continuidade entre a primeira e a segunda invasão, o que afastaria dos novos invasores a pecha de sucessores, entendimento também acompanhado pelo Min. Castro Filho, que ainda anotou o desprezo dos proprietários em emprestar destinação econômica e função social à área após o cumprimento da reintegração. O Min. Carlos Alberto Menezes Direito, vencido, apoiado em precedentes, fundamentava-se na afirmação do Tribunal *a quo* de que os invasores eram sucessores e de que, julgada procedente a ação de reintegração de posse, mantida em segunda instância, impossível negar a reintegração diante do mandado de segurança dos invasores. Precedentes citados: RMS 8.879-SP, DJ 30/11/1998, e RMS 513-RJ, DJ 4/4/1994. **RMS 21.443-SP, Rel. Min. Humberto Gomes de Barros, julgado em 15/5/2007.** (Inform. STJ 320)

CÓPIA. AUTOS. MS. *HABEAS DATA*.

O *habeas data* é meio hábil para se proteger o direito à informação ao possibilitar seu conhecimento ou sua retificação (art. 5º, LXXII, da CF/1988). No caso, busca-se extrair cópia integral de autos de processo administrativo, hipótese incompatível com o uso daquele instrumento processual (art. 7º da Lei n. 9.507/1997). Seria adequada, no caso, a utilização do mandado de segurança. **REsp 904.447-RJ, Rel. Min. Teori Albino Zavascki, julgado em 8/5/2007.** (Inform. STJ 319)

MANDADO DE SEGURANÇA. LIMINAR . NÃO-RECOLHIMENTO. SAT.

A supressão de receita que custeia a Previdência Social, contribuições para o Seguro de Acidente ao Trabalho – SAT, sobretudo diante das inúmeras liminares concedidas em ações cujo objetivo é a suspensão da exigibilidade do tributo, é circunstância que, por se subsumir ao comando normativo inscrito no art. 4º da Lei n. 4.348/1964, autoriza a suspensão de liminar em mandado de segurança por lesão à ordem econômica. Assim, a Turma não conheceu do recurso. **REsp 599.771-PE, Rel. Min. João Otávio de Noronha, julgado em 6/3/2007.** (Inform. STJ 312)

RMS. ERRO. AUTORIDADE COATORA. TEORIA DA ENCAMPAÇÃO.

A Turma, por maioria, deu provimento ao recurso, determinando o retorno dos autos para prosseguimento do feito, por reconhecer a legitimidade da autoridade apontada como coatora, uma vez que a jurisprudência aplica a teoria da encampação quando essa autoridade, ao prestar as informações, não se limita a alegar sua ilegitimidade, mas adentra o mérito do ato impugnado e requer a denegação da segurança. Na espécie, os impetrantes consideraram ilegítima a cobrança de Imposto Predial Urbano (IPTU) no valor de R$ 661.087,10 e da Taxa de Limpeza Pública (TLP) no valor de R$ 24.338,60. Isso porque não foi considerado o fato de o imóvel pertencer a uma associação de servidores públicos – entidade de assistência social sem fins lucrativos, com imunidade tributária – embora esse imóvel esteja alugado à outra impetrante, empresa de empreendimento tipo *shopping center*. Apontaram o secretário de Fazenda como responsável pelo lançamento desses impostos. O Min. Relator destacou que, em MS, instrumento constitucional enérgico, o juiz deve permitir, nesses casos, a emenda da inicial e, se não for erro escusável, até proceder a pequenas correções de ofício, em vez de extinguir o feito sem julgamento de mérito. O voto vencido do Min. Teori Albino Zavascki entendia que, na hipótese dos autos, não se poderia adotar a teoria da encampação porque importaria na mudança da competência originária da ação. Precedentes citados: RMS 19.782-RS, DJ 18/9/2006; MS 11.727-DF, DJ 30/10/2006; REsp 433.033-SP, DJ 1º/8/2006; REsp 574.981-RJ, DJ 25/2/2004, e RMS 15.262-TO, DJ 2/2/2004. **RMS 19.378-DF, Rel. Min. Luiz Fux, julgado em 1º/3/2007.** (Inform. STJ 311)

SÚMULA STF Nº 632

É constitucional Lei que fixa o prazo de decadência para a impetração de mandado de segurança.

SÚMULA STF Nº 631

Extingue-se o processo de mandado de segurança se o impetrante não promove, no prazo assinado, a citação do litisconsorte passivo necessário.

SÚMULA STF Nº 630

A entidade de classe tem legitimação para o mandado de segurança ainda quando a pretensão veiculada interesse apenas a uma parte da respectiva categoria.

SÚMULA STF Nº 629

A impetração de mandado de segurança coletivo por entidade de classe em favor dos associados independe da autorização destes.

SÚMULA STF Nº 627

No mandado de segurança contra a nomeação de magistrado da competência do presidente da república, este é considerado autoridade coatora, ainda que o fundamento da impetração seja nulidade ocorrida em fase anterior do procedimento.

SÚMULA STF Nº 626

A suspensão da liminar em mandado de segurança, salvo determinação em contrário da decisão que a deferir, vigorará até o trânsito em julgado da decisão definitiva de concessão da segurança ou, havendo recurso, até a sua manutenção pelo Supremo Tribunal Federal, desde que o objeto da liminar deferida coincida, total ou parcialmente, com o da impetração.

SÚMULA STF Nº 625

Controvérsia sobre matéria de direito não impede concessão de mandado de segurança.

SÚMULA STF Nº 624

Não compete ao Supremo Tribunal Federal conhecer originariamente de mandado de segurança contra atos de outros tribunais.

SÚMULA STF Nº 623

Não gera por si só a competência originária do Supremo Tribunal Federal para conhecer do mandado de segurança com base no art. 102, i, "n", da Constituição, dirigir-se o pedido contra deliberação administrativa do tribunal de origem, da qual haja participado a maioria ou a totalidade de seus membros.

SÚMULA STF Nº 622

Não cabe agravo regimental contra decisão do relator que concede ou indefere liminar em mandado de segurança.

SÚMULA STF Nº 512

Não cabe condenação em honorários de advogado na ação de mandado de segurança.

SÚMULA STF Nº 510

Praticado o ato por autoridade, no exercício de competência delegada, contra ela cabe o mandado de segurança ou a medida judicial.

SÚMULA STF Nº 474

Não há direito líquido e certo, amparado pelo mandado de segurança, quando se escuda em Lei cujos efeitos foram anulados por outra, declarada constitucional pelo Supremo Tribunal Federal.

SÚMULA STF Nº 430

Pedido de reconsideração na via administrativa não interrompe o prazo para o mandado de segurança.

SÚMULA STF Nº 429

A existência de recurso administrativo com efeito suspensivo não impede o uso do mandado de segurança contra omissão da autoridade.

SÚMULA STF Nº 405

Denegado o mandado de segurança pela sentença, ou no julgamento do agravo, dela interposto, fica sem efeito a liminar concedida, retroagindo os efeitos da decisão contrária.

SÚMULA STF Nº 392

O prazo para recorrer de acórdão concessivo de segurança conta-se da publicação oficial de suas conclusões, e não da anterior ciência à autoridade para cumprimento da decisão.

SÚMULA STF Nº 330

O Supremo Tribunal Federal não é competente para conhecer de mandado de segurança contra atos dos tribunais de justiça dos estados.

SÚMULA STF Nº 319

O prazo do recurso ordinário para o Supremo Tribunal Federal, em "habeas corpus" ou mandado de segurança, é de cinco dias.

SÚMULA STF Nº 304

Decisão denegatória de mandado de segurança, não fazendo coisa julgada contra o impetrante, não impede o uso da ação própria.

SÚMULA STF Nº 272

Não se admite como ordinário recurso extraordinário de decisão denegatória de mandado de segurança.

SÚMULA STF Nº 271

Concessão de mandado de segurança não produz efeitos patrimoniais em relação a período pretérito, os quais devem ser reclamados administrativamente ou pela via judicial própria.

SÚMULA STF Nº 270

Não cabe mandado de segurança para impugnar enquadramento da Lei 3780, de 12/7/1960, que envolva exame de prova ou de situação funcional complexa.

SÚMULA STF Nº 269

O mandado de segurança não é substitutivo de ação de cobrança.

SÚMULA STF Nº 268

Não cabe mandado de segurança contra decisão judicial com trânsito em julgado.

SÚMULA STF Nº 267

Não cabe mandado de segurança contra ato judicial passível de recurso ou correição.

SÚMULA STF Nº 266

Não cabe mandado de segurança contra Lei em tese.

SÚMULA STF Nº 248

É competente, originariamente, o Supremo Tribunal Federal, para mandado de segurança contra ato do Tribunal de Contas da União.

SÚMULA STF Nº 101

O mandado de segurança não substitui a ação popular.

SÚMULA STJ Nº 202

A impetração de segurança por terceiro, contra ato judicial, não se condiciona à interposição de recurso.

SÚMULA STJ Nº 177

O Superior Tribunal de Justiça é incompetente para processar e julgar, originariamente, mandado de segurança contra ato de órgão colegiado presidido por ministro de estado.

SÚMULA STJ Nº 105

Na ação de mandado de segurança não se admite condenação em honorários advocatícios.

SÚMULA STJ Nº 41

O Superior Tribunal de Justiça não tem competência para processar e julgar, originariamente, mandado de segurança contra ato de outros tribunais ou dos respectivos órgãos.

18. AÇÃO DIRETA DE INCONSTITUCIONALIDADE

AÇÃO CIVIL PÚBLICA E CONTROLE DIFUSO - 2

Em conclusão, o Plenário, por maioria, julgou procedentes pedidos formulados em reclamações em que alegada usurpação, por juiz federal de 1º instância, de competência originária do STF para o julgamento de ação direta de inconstitucionalidade (CF, art. 102, I, a). No caso, o magistrado deferira liminar em ação civil pública na qual o Ministério Público Federal pleiteava: a) nulidade do enquadramento dos outrora ocupantes do extinto cargo de censor federal nos cargos de perito criminal e de delegado federal de que trata a Lei 9.688/98, levado a efeito mediante portarias do Ministro de Estado da Justiça; e b) declaração *incidenter tantum* de inconstitucionalidade da Lei 9.688/98 — v. Informativo 261. Destacou-se que a declaração de inconstitucionalidade postulada nos autos da ação civil pública não se traduziria em mero efeito incidental, porém, constituir-se-ia no pedido principal deduzido pelo autor da demanda, cujo objeto final seria a pura e simples declaração de inconstitucionalidade da lei. Asseverou-se, com isso, estar demonstrada a usurpação da competência desta Corte. O Min. Luiz Fux salientou haver utilização da ação civil pública para fazer as vezes de ação direta de inconstitucionalidade. Vencido o Min. Carlos Velloso, relator, que reputava improcedentes os pleitos ao fundamento de que a pretendida declaração de inconstitucionalidade seria mera questão incidental. Rcl 1503/DF, rel. orig. Min. Carlos Velloso, red. p/ o acórdão Min. Dias Toffoli, 17.11.2011. (Rcl-1503) Rcl 1519/CE, rel. orig. Min. Carlos Velloso, red. p/ o acórdão Min. Dias Toffoli, 17.11.2011. (Rcl-1519) (Inform. STF 648)

RELATOR: MIN. DIAS TOFFOLI

EMENTA: AÇÃO DIRETA DE INCONSTITUCIONALIDADE. ARTIGOS 49 E 50 DA LEI Nº 4.847, DE 30 DE DEZEMBRO DE 1993, DO ESTADO DO ESPÍRITO SANTO, COM AS ALTERAÇÕES INTRODUZIDAS PELA LEI ESTADUAL Nº 5.011/95. LIMINAR DEFERIDA PELO PLENO DESTA CORTE. REVOGAÇÃO. PERDA DE OBJETO.

1. A Lei Complementar nº 219, de 26 de dezembro de 2001, em seu art. 11, determinou a revogação das disposições em contrário, especialmente as constantes da Lei nº 4.847/93. Ao reestruturar o Fundo Especial do Poder Judiciário do Espírito Santo (FUNDEPJ), criado pela Lei nº 5.942/99, destinou-lhe as taxas judiciárias, custas judiciais e emolumentos remuneratórios dos serviços judiciários e extrajudiciais oficializados previstos na Lei nº 4.847/93 – Regimento de Custas (art. 3º, II), revogando, portanto, os artigos impugnados na presente ação direta, que repartiam as receitas oriundas do recolhimento de custas e emolumentos remuneratórios dos serviços judiciários e extrajudiciários.

2. A jurisprudência desta Corte é pacífica quanto à prejudicialidade da ação direta de inconstitucionalidade por perda superveniente de objeto quando sobrevém a revogação da norma questionada. Precedentes.

3. Ação Direta de Inconstitucionalidade julgada prejudicada em razão da perda superveniente de seu objeto. (Inform. STF 615) * noticiado no Informativo 604

INCONSTITUCIONALIDADE. RESERVA. PLENÁRIO.

A Corte Especial do STJ, em atendimento a decisão do STF, processou incidente de inconstitucionalidade e declarou inconstitucional a segunda parte do art. 4º da LC n. 118/2005, que determinava a aplicação retroativa do art. 3º para alcançar, inclusive, fatos passados. Assim, é de se conferir aplicabilidade ao disposto no art. 481, § 1º, do CPC, o qual dispensa os órgãos fracionários dos Tribunais de submeter argüição de inconstitucionalidade ao plenário ou seu órgão especial quando já houver pronunciamento desses ou do plenário do STF sobre a questão. Precedentes citados do STF: RE 484.265-ES, DJ 23/8/2006; do STJ: AI nos EREsp 644.736-PE, DJ 27/8/2007. **AgRg no Ag 856.186-SP, Rel. Min. João Otávio de Noronha, julgado em 21/8/2007.** (Inform. STJ 328)

19. RECLAMAÇÃO

RECLAMAÇÃO E ERRONIA EM APLICAÇÃO DE PRECEDENTE EM RG - 1

O Plenário retomou julgamento de agravos regimentais interpostos de decisões do Min. Ricardo Lewandowski que, em reclamações das quais relator, delas não conhecera ao aplicar a orientação da Corte no sentido de ser incabível a reclamação para correção de eventual equívoco na sistemática do regime da repercussão geral. A parte agravante alega usurpação de competência do Supremo. Na sessão de 29.6.2011, o Min. Ricardo Lewandowski desproveu o agravo regimental. Consignou que a competência para adoção do entendimento firmado pelo STF, em regime de repercussão geral, seria dos tribunais de origem. Asseverou não haver previsão constitucional a permitir reclamação para corrigir suposta erronia nessas hipóteses. Afirmou que, caso haja algum equívoco nessa aplicação, as partes não ficariam desabrigadas, dispondo do recurso de agravo interno para sua correção.Nesta assentada, a Min. Ellen Gracie, em voto-vista, acompanhou o relator para negar provimento ao agravo regimental. Aduziu que a competência do STF somente se iniciaria com a manutenção, pela instância ordinária, de decisão contrária ao entendimento firmado no Supremo. Rememorou não caber agravo de instrumento nem reclamação da decisão contra o ato da presidência do tribunal de origem que, na aplicação do precedente firmado em sede de repercussão geral, classificasse erroneamente o caso concreto. Nessa circunstância, reafirmou ser cabível agravo interno. Acrescentou que, da decisão equivocada do órgão especial ou do plenário, ainda poderiam ser opostos os embargos de declaração para corrigir a ocorrência de erro material. Tudo no âmbito do tribunal *a quo*. Rcl 11427AgR/MG, rel. Min. Ricardo Lewandowski, 4.8.2011. (Rcl-11427) Rcl 11408 AgR/RS, rel. Min. Ricardo Lewandowski, 4.8.2011. (Rcl-11408)

RECLAMAÇÃO E ERRONIA EM APLICAÇÃO DE PRECEDENTE EM RG - 2

A Ministra reputou, ademais, que seria inviável o pronunciamento do STF em cada caso e que não se poderia simplesmente substituir a via do recurso extraordinário pela da reclamação, novamente sobrecarregando esta Corte. Entretanto, asseverou que a reclamação poderia, excepcionalmente, ser admitida quando o tribunal de origem classificar erroneamente a repercussão geral, se esse equívoco não for corrigido pelos mecanismos já assentados pela jurisprudência do Supremo. Destacou que, em se tratando de matéria constitucional nova, poderia o STF – a critério do relator –, vislumbrando icto oculi a presença de transcendência e relevância, transformar em recurso extraordinário a própria reclamação. Situação esta em que seria reconhecida a repercussão geral e solucionada a questão de mérito. Tudo com efeitos vinculantes para os casos semelhantes então em tramitação em qualquer instância. Porém, reconheceu que isso não ocorrera na Rcl 11427 AgR/MG, em que a parte suscitara a inconstitucionalidade da resolução que impusera regra sobre admissibilidade de recurso especial (pagamento de custas). Destacou que o próprio Supremo já teria dado resposta à essa matéria ao estabelecer a inexistência de repercussão geral quando a alegação disser respeito a pressupostos de admissibilidade do recurso especial ou recurso equivalente. Por fim, registrou que essa conclusão aplicar-se-ia também à Rcl 11408 AgR/RS. Após, pediu vista o Min. Gilmar Mendes. Rcl 11427AgR/MG, rel. Min. Ricardo Lewandowski, 4.8.2011. (Rcl-11427) Rcl 11408 AgR/RS, rel. Min. Ricardo Lewandowski, 4.8.2011. (Rcl-11408) (Inform. STF 634)

RECURSO EXTRAORDINÁRIO E NÃO CABIMENTO DE RECLAMAÇÃO

Não cabe o ajuizamento de reclamação contra decisão que, supostamente, teria afrontado entendimento firmado pela Corte em sede de recurso extraordinário com repercussão geral reconhecida. Esse a orientação do Plenário ao não conhecer de reclamação em que alegada ofensa ao teor de julgado em recurso extraordinário no qual consignada a incompetência da Justiça do Trabalho para processar e julgar a execução de créditos trabalhistas no caso de a empresa se encontrar em recuperação judicial. Asseverou-se que, na situação dos autos, a via estreita da reclamação prestar-se-ia às hipóteses abrangidas pela Súmula Vinculante ou quando se tratasse de decisão proferida na lide individual de que se cuida. Reputou-se que, de acordo com a sistemática inaugurada pela EC 45/2004, caberia aos juízes e desembargadores respeitar a autoridade da decisão tomada em sede de repercussão geral, na medida em que, no exercício de sua função, deveriam observar o entendimento do STF. Afirmou-se o intuito da citada reforma no sentido de desafogar esta Corte e liberá-la para a solução das grandes questões constitucionais, de modo que sua atuação haveria de ser subsidiária, quando o Tribunal *a quo* negar observância ao *leading case* da repercussão geral, ensejando, então, a interposição do apelo extremo. Aduziu-se existirem reiteradas decisões no sentido da inviabilidade da reclamação como sucedâneo de recursos e ações cabíveis, objetivando o acesso *per saltum* a este Tribunal. O Min. Luiz Fux não conheceu da reclamação, entretanto, sob o fundamento de que teria o escopo, na espécie, de desconstituir decisão que determinara o redirecionamento da execução de créditos trabalhistas para devedor subsidiário. Rcl 10793/SP, rel. Min. Ellen Gracie, 13.4.2011. (Rcl-10793) (Inform. STF 623)

REPERCUSSÃO GERAL E NÃO CABIMENTO DE RECLAMAÇÃO

Não cabe reclamação para corrigir eventual equívoco na aplicação do regime da repercussão geral. Ao reafirmar esse entendimento, o Plenário, por maioria, desproveu agravo regimental interposto contra decisão do Min. Ricardo Lewandowski, que não conhecera de reclamação da qual relator, em que alegada a usurpação da competência do STF. Na espécie, o recurso extraordinário da ora agravante fora indeferido em virtude do reconhecimento, em outro apelo extremo, da inexistência de repercussão geral da matéria. Asseverou-se que o filtro da repercussão geral perderia sua razão de ser se se admitisse que os recursos sobrestados ou mantidos no tribunal de origem fossem, por via transversa, remetidos ao Supremo, depois de já definida a questão da repercussão geral. O Min. Luiz Fux salientou recente alteração no regimento interno do STF no sentido de permitir que a própria Corte de origem observe o precedente firmado, quando aqui assentada a inexistência de repercussão geral. Vencido o Min. Marco Aurélio que provia o agravo ao fundamento de que deveria haver um instrumental para a correção de visão distorcida quanto à repercussão geral. Precedente citado: Rcl 7569/SP (DJe de 11.12.2009). Rcl 11250 AgR/RS, rel. Min. Ricardo Lewandowski, 7.4.2011. (Rcl-11250) (Inform. STF 622)

RECLAMAÇÃO E LEGITIMIDADE DE MINISTÉRIO PÚBLICO ESTADUAL - 3

O Plenário concluiu julgamento de reclamação ajuizada pelo Ministério Público do Estado de São Paulo con-tra acórdão que provera agravo de execução interposto em favor de condenado preso para restabelecer seu direito à remição dos dias trabalhados, cuja perda fora decretada em razão do cometimento de falta grave. Sustentava o reclamante violação ao Enunciado da Súmula Vinculante 9 ["*O disposto no artigo 127 da Lei nº 7.210/1984 (Lei de Execução Penal) foi recebido pela ordem constitucional vigente, e não se lhe aplica o limite temporal previsto no caput do artigo 58*"] — v. Informativo 580. Inicialmente, por maioria, reconheceu-se a legitimidade ativa autônoma do Ministério Público estadual para propor reclamação perante o STF. O Min. Marco Aurélio considerou que, como o *parquet* estadual atuara na 1ª e na 2ª instâncias, ao vislumbrar desrespeito ao citado verbete, seria ele parte legítima na reclamação perante o Supremo. Assinalou que não haveria como se conceber a confusão do Ministério Público quando atuasse como parte e como fiscal da lei. O Min. Celso de Mello assentou que o Ministério Público do Trabalho não disporia dessa legitimidade por uma singularidade, qual seja, a de integrar o Ministério Público da União, cujo chefe é o Procurador-Geral da República. Aduziu que, entretanto, não existiria qualquer relação de dependência entre o Ministério Público da União e o dos Estados-membros. Acentuou que estabelecer uma situação de subalternidade implicaria descaracterizar o próprio modelo federal de Estado, porque se estaria virtualmente, em sede jurisdicional, a transformar, em termos de Ministério Público, o Estado brasileiro em verdadeiro Estado unitário, em que as deliberações emanariam do órgão central do sistema, que seria o Procurador-Geral da República. Acrescentou que, muitas vezes, inclusive, os Ministérios Públicos estaduais poderiam formular representação perante o STF, deduzindo pretensão com a qual não concordasse, eventualmente, a chefia do Ministério Público da União, o que obstaria o acesso do *parquet* local no controle do respeito e observância, por exemplo, de súmulas impregnadas de eficácia vinculante. Rcl 7358/SP, rel. Min. Ellen Gracie, 24.2.2011. (RCL-7358)

RECLAMAÇÃO E LEGITIMIDADE DE MINISTÉRIO PÚBLICO ESTADUAL - 4

O Min. Cezar Peluso, por sua vez, ressaltou que fazer com que o Ministério Público estadual ficasse na dependência do que viesse a entender o Ministério Público Federal seria incompatível, dentre outros princípios, com o da paridade de armas. Disse, ademais, que se estaria retirando do Ministério Público estadual uma legitimidade que seria essencial para o exercício das suas funções, as quais não seriam exercidas pelo Ministério Público Federal. Ponderou, ainda, que a orientação segundo a qual só o Procurador-Geral da República poderia atuar perante o STF estaria disciplinada na Lei Complementar 75/93, em um capítulo que só cuidaria do Ministério Público da União, e que o art. 46 dessa lei, específico desse capítulo, estabeleceria incumbir ao Procurador-Geral da República as funções de *custos legis* e as do Ministério Público Federal perante o STF, mas não as funções de qualquer Ministério Público como parte. O Min. Ayres Britto, ao incorporar em seu voto os mencionados fundamentos, entendeu que a Carta Federal estruturaria o Ministério Pú-blico sob a forma de instituição-gênero, dividida em duas espécies: o da União, subdividido em ramos, e o dos Estados, unitariamente concebido. Comunicaria, ou estenderia, a ambas os mesmos traços de permanência, da sua essencialidade em face da função jurisdicional do Estado, assim como da submissão aos princípios da unidade, indivisibilidade e independência, além de autonomia funcional e administrativa (CF, art. 127, *caput* e §§ 1º e 2º). Aduziu que a Lei Maior, também, erigiria toda a ordem jurídica como a primeira das finalidades do Ministério Público e incum-biria a ele defendê-la. Salientou haver um vínculo necessário entre o instituto da reclamação e a defesa da ordem jurídica, a viabilizar o manejo da ação pelo órgão ministerial enquanto instituição-gênero. Assim, observou não haver distinção de qualidade entre o Ministério Público da União e o dos Estados, por serem a eles comuns tanto as finalidades quanto as competências previstas, respectivamente, nos artigos 127 e 129 da CF. Registrou que, aos Ministérios Públicos estaduais, competiria velar pela defesa da competência e pela autoridade das decisões do STF nas respectivas unidades federadas. Vencidos, no ponto, os Ministros Ellen Gracie, relatora, Dias Toffoli, Cármen Lúcia e Joaquim Barbosa, que deferiam a admissão do Procurador-Geral da República como autor da demanda, ao fundamento de que o *parquet* estadual não possuiria legitimidade para propor originariamente reclamação no STF. Consideravam, entretanto, que a ilegitimidade fora corrigida pelo Procurador-Geral, que ratificara a petição inicial. Rcl 7358/SP, rel. Min. Ellen Gracie, 24.2.2011. (RCL-7358)

RECLAMAÇÃO E LEGITIMIDADE DE MINISTÉRIO PÚBLICO ESTADUAL - 5

No mérito, por maioria, julgou-se procedente a reclamação para cassar o acórdão adversado. Esclareceu-se que o julgamento do agravo ocorrera em data posterior à edição da Súmula, o que expressamente reconhecido pela Corte estadual. Reputou-se incorreto o fundamento de que ela não seria vinculante em razão de ser anterior a data da falta grave. Consignou-se, ainda, que a súmula se destinaria à obediência pelos órgãos do Poder Judiciário e, por conseguinte, como a decisão impugnada seria posterior à sua edição, forçosamente, haveria de respeitá-la. O Min. Gilmar Mendes observou que, se a súmula só fosse aplicada a fatos que ocorressem a partir dela, esvaziar-se-ia boa parte de seu efeito útil. Vencidos os Ministros Celso de Mello e Marco Aurélio que a julgavam improcedente, ao fundamento de se tratar de matéria penal e de os fatos configuradores da falta disciplinar terem ocorrido antes da formulação sumular. Rcl 7358/SP, rel. Min. Ellen Gracie, 24.2.2011. (RCL-7358) (Inform. STF 617)

RECLAMAÇÃO. JUIZADOS ESPECIAIS ESTADUAIS. REQUISITOS.

A Seção, ao prosseguir o julgamento, deliberou, entre outras questões, limitar a admissibilidade das reclamações que chegam ao STJ contra decisões das turmas recursais dos juizados especiais estaduais àquelas que afrontam julgados em recurso repetitivo (art. 543-C do CPC e Res. n. 8/2008-STJ) ou enunciados da Súmula deste Superior Tribunal. Ademais, consignou que a divergência deve referir-se às regras de direito material, não se admitindo a reclamação que discuta regras de direito processual civil, tendo em vista que o processo, nos juizados especiais estaduais, orienta-se pelos critérios da Lei n. 9.099/1995. Outrossim, firmou que não serão conhecidos eventuais agravos regimentais interpostos de decisões monocráticas que não conheceram dessas reclamações. **Rcl 3.812-ES, Rel. originário Min. Sidnei Beneti, Rel. para acórdão Min. Nancy Andrighi, julgada em 9/11/2011.** (Inform. STJ 487)

MS. RECLAMAÇÃO. TURMA RECURSAL. EXCEPCIONALIDADE.

A Corte Especial, por maioria, concedeu a ordem em mandado de segurança, impetrado contra decisão de Ministro do STJ que indeferiu o processamento de reclamação – ajuizada com base na Res. n. 12/2009- STJ por considerá-la intempestiva. Para o Min. Relator, o início da contagem do prazo nas intimações realizadas por meio do diário eletrônico acontece no primeiro dia útil subsequente à data da publicação; e não a partir do momento em que o acórdão impugnado tornou-se público. Tendo em vista que o procedimento da reclamação é *sui generis*, com origem na jurisprudência do STJ e normatizado por resolução deste Superior Tribunal, que proclama expressamente a irrecorribilidade das decisões do relator que indeferir o seu processamento, autorizar-se-ia a impetração do *writ*, como único remédio hábil a preservar direito líquido e certo do impetrante e lhe garantir o acesso à prestação jurisdicional. **MS 16.180-DF, Rel. Min. Castro Meira, julgado em 5/10/2011.** (Inform. STJ 484)

RCL. DECISÃO MONOCRÁTICA.

A reclamação lastreada na Resolução n. 12/2009-STJ insurgia-se contra decisões monocráticas de juiz da turma recursal do juizado especial estadual. Assim, mostra-se incabível o recurso, pois essa reclamação destina-se a dirimir divergência entre acórdão da turma recursal estadual e a jurisprudência do STJ. Precedente citado do STF: EDcl no RE 571.572-BA, DJe 14/9/2009. **AgRg na Rcl 5.598-TO, Rel. Min. Nancy Andrighi, julgado em 25/5/2011.** (Inform. STJ 474)

RCL. CABIMENTO. DANO MORAL.

O STF, como consabido, admitiu o manuseio da reclamação para dirimir divergência de entendimento entre as turmas recursais dos juizados especiais estaduais e a jurisprudência consolidada do STJ. Na hipótese, não há como ter por cabível a reclamação que se insurge contra a fixação de danos morais pela turma recursal, tal como se daria na via do especial do qual essa reclamação é espécie de recurso sucedâneo, pois o valor arbitrado não se mostra excessivo ou ínfimo a ponto de comprometer o princípio do justo ressarcimento. Precedentes citados do STF: RE 571.572-BA, DJe 13/2/2009; do STJ: AgRg na Rcl 4.312-RJ, DJe 25/10/2010, e AgRg no Ag 344.673-RJ, DJ 5/11/2001. **AgRg na Rcl 5.243-MT, Rel. Min. Aldir Passarinho Junior, julgado em 14/3/2011.** (Inform. STJ 466)

QO. REMESSA. PRIMEIRA SEÇÃO. RECLAMAÇÃO. TRIBUNAL REGIONAL FEDERAL.

A Turma entendeu, em questão de ordem, remeter à Primeira Seção o julgamento do REsp quanto ao cabimento da reclamação perante os Tribunais Regionais Federais. **QO no REsp 863.055-GO, Rel. Min. Herman Benjamin, em 11/12/2007.** (Inform. STJ 342)

RECLAMAÇÃO. NOVA SENTENÇA.

A Seção julgou procedente a reclamação por entender que não se configura descumprimento de decisão proferida por esta Corte quando o juízo de primeira instância, acatando-a, profere nova sentença, mantendo, contudo, a pena-base fixada na sentença anterior, utilizando-se de outros fundamentos. A irresignação contra essa nova decisão deve ser manifestada mediante recurso próprio. **Rcl 2.183-SP, Rel. Min. Maria Thereza de Assis Moura, julgada em 28/2/2007.** (Inform. STJ 311)

3. DIREITO PENAL

1. CONCEITO, FONTES E PRINCÍPIOS

PRINCÍPIO DA INSIGNIFICÂNCIA E CONCURSO DE PESSOAS

A 2ª Turma, por maioria, denegou *habeas corpus* em que pleiteada a aplicação do princípio da insignificância em favor de condenado pela prática do delito de furto qualificado mediante concurso de pessoas (CP, art. 155, § 4º, IV). A defesa alegava a irrelevância da lesão patrimonial sofrida pela vítima, que seria da ordem de R$ 80,00. Entendeu-se que, conquanto o bem fosse de pequeno valor, o paciente teria cometido o crime em concurso de agentes, portanto sua culpabilidade e a periculosidade do fato seriam maiores. Destacou-se que o paciente seria acusado de diversos delitos contra o patrimônio e contra a pessoa, além de já ter condenação por tráfico de entorpecentes. Vencido o Min. Gilmar Mendes, que concedia a ordem. Sublinhava que, a despeito de haver participação de outra pessoa no furto, o montante seria pouco expressivo, bem como não teria havido violência ou qualquer outro meio para que se efetuasse a subtração. **HC 112103/MG, rel. Min. Ricardo Lewandowski, 21.8.2012**. (HC-112103) (Inform. STF 676)

PRINCÍPIO DA INSIGNIFICÂNCIA E CRIME AMBIENTAL

A 2ª Turma, por maioria, concedeu *habeas corpus* para aplicar o princípio da insignificância em favor de condenado pelo delito descrito no art. 34, *caput*, parágrafo único, II, da Lei 9.605/98 (*"Art. 34: Pescar em período no qual a pesca seja proibida ou em lugares interditados por órgão competente: ... Parágrafo único. Incorre nas mesmas penas quem: ... II - pesca quantidades superiores às permitidas, ou mediante a utilização de aparelhos, petrechos, técnicas e métodos não permitidos"*). No caso, o paciente fora flagrado ao portar 12 camarões e rede de pesca fora das especificações da Portaria 84/2002 do IBAMA. Prevaleceu o voto do Min. Cezar Peluso, que reputou irrelevante a conduta em face do número de espécimes encontrados na posse do paciente. O Min. Gilmar Mendes acresceu ser evidente a desproporcionalidade da situação, porquanto se estaria diante de típico crime famélico. Asseverou que outros meios deveriam reprimir este tipo eventual de falta, pois não seria razoável a imposição de sanção penal à hipótese. Vencido o Min. Ricardo Lewandowski, que denegava a ordem, tendo em conta a objetividade da lei de defesa do meio ambiente. Esclarecia que, apesar do valor do bem ser insignificante, o dispositivo visaria preservar a época de reprodução da espécie que poderia estar em extinção. Ressaltava que o paciente teria reiterado essa prática, embora não houvesse antecedente específico nesse sentido. **HC 112563/SC, rel. orig. Min. Ricardo Lewandowski, red. p/ o acórdão Min. Cezar Peluso, 21.8.2012**. (HC-112563) (Inform. STF 676)

INJÚRIA QUALIFICADA E PROPORCIONALIDADE DA PENA

A 1ª Turma iniciou julgamento de *habeas corpus* em que se alega a desproporcionalidade da pena prevista em abstrato quanto ao tipo qualificado de injúria, na redação dada pela Lei 10.741/2003 (*"Art. 140. Injuriar alguém, ofendendo-lhe a dignidade ou o decoro: ... § 3º. Se a injúria consiste na utilização de elementos referentes a raça, cor, etnia, religião, origem ou a condição de pessoa idosa ou portadora de deficiência: Pena - reclusão de um a três anos e multa"*). O Min. Luiz Fux, relator, denegou a ordem, no que foi acompanhado pela Min. Rosa Weber. Destacou que o tipo qualificado de injúria teria como escopo a proteção do princípio da dignidade da pessoa humana como postulado essencial da ordem constitucional, ao qual estaria vinculado o Estado no dever de respeito à proteção do indivíduo. Observou que o legislador teria atentado para a necessidade de se assegurar prevalência desses princípios. Asseverou que o impetrante pretenderia o trancamento da ação penal ao sustentar a inconstitucionalidade do art. 140, § 3º, do CP, questão não enfrentada em recurso especial no STJ. O Min. Marco Aurélio suscitou questão de ordem no sentido de que a matéria fosse submetida ao Plenário, diante da arguição de inconstitucionalidade do preceito. Para ele, o *habeas* prescindiria de prequestionamento do tema constitucional. Salientou que, ainda que a matéria não estivesse veiculada nas razões do especial, aquela Corte poderia conceder a ordem de ofício. Pontuou não desconhecer que o Pleno estaria assoberbado de processos a serem julgados. Entretanto, entendeu que o articulado conflito do art. 140, § 3º, do CP com a Constituição somente poderia ser examinado pelo Colegiado maior. Por fim, aduziu que, vencido quanto à aludida remessa, indeferia o *writ* por não aventar inconstitucionalidade. O relator e a Min. Rosa Weber resolveram a questão de ordem para que o julgamento prosseguisse na Turma. O primeiro ressaltou que o deslocamento somente deveria ocorrer no caso de se vislumbrar inconstitucionalidade de norma, consoante interpretação do art. 97 da CF. Complementou que, para conjurar lei do cenário jurídico, impenderia levar ao órgão próprio (CPC, art. 480). No entanto, para se afirmar a sua constitucionalidade, despicienda a afetação ao Plenário, em virtude da presunção de constitucionalidade. Ademais, demonstrou preocupação em se assentar a necessidade de envio ao Pleno de todo *habeas* no qual postulada essa pretensão. Após, pediu vista dos autos o Min. Dias Toffoli. **HC 109676/RJ, rel. Min. Luiz Fux, 19.6.2012**. (HC-109676) (Inform. STF 671)

PRINCÍPIO DA INSIGNIFICÂNCIA E FURTO - 1

A 1ª Turma indeferiu, em julgamento conjunto, *habeas corpus* nos quais se postulava trancamento de ação penal em virtude de alegada atipicidade material da conduta. Ademais, cassou-se a liminar anteriormente deferida em um deles (HC 110932/RS). Tratava-se, no HC 109183/RS, de condenado por furtar, com rompimento de obstáculo, bens avaliados em R$ 45,00, equivalente a 30% do salário mínimo vigente à época. No HC 110932/RS, de acusado por, supostamente, subtrair, mediante concurso de pessoas, bicicleta estimada em R$ 128,00, correspondente a 50% do valor da cesta básica da capital gaúcha em outubro de 2008. Mencionou-se que o Código Penal, no art. 155, § 2º, ao se referir ao pequeno valor da coisa furtada, disciplinaria critério de fixação da pena — e não de exclusão da tipicidade —, quando se tratasse de furto simples. Consignou-se que o princípio da insignificância não haveria de ter como parâmetro tão só o valor da *res furtiva*, devendo ser analisadas as circunstâncias do fato e o reflexo da conduta do agente no âmbito da sociedade, para decidir sobre seu efetivo enquadramento na hipótese de crime de bagatela. Discorreu-se que o legislador ordinário, ao qualificar a conduta incriminada, teria apontado o grau de afetação social do crime, de sorte que a relação existente entre o texto e o contexto — círculo hermenêutico — não poderia conduzir o intérprete à inserção de norma não abrangida pelos signos do texto legal. Assinalou-se que, consectariamente, as condutas imputadas aos autores não poderiam ser consideradas como inexpressivas ou de menor afetação social, para fins penais, adotando-se tese de suas atipicidades em razão do valor dos bens subtraídos. **HC 109183/RS, rel. Min. Luiz Fux, 12.6.2012**. (HC-109183), **HC 110932/RS, rel. Min. Luiz Fux, 12.6.2012**. (HC-110932)

PRINCÍPIO DA INSIGNIFICÂNCIA E FURTO - 2

O Min. Luiz Fux, relator, ponderou que não se poderia entender atípica figura penal que o Código assentasse típica, porquanto se atuaria como legislador positivo. Aduziu que, por menor, ou maior, que fosse o direito da parte, seria sempre importante para aquela pessoa que perdera o bem. Aludiu à solução com hermenêutica legal. O Min. Marco Aurélio complementou que a atuação judicante seria vinculada ao direito posto. Enfatizou haver balizamento em termos de reprimenda no próprio tipo penal. Admoestou que o furto privilegiado dependeria da primariedade do agente e, na insignificância, esta poderia ser colocada em segundo plano. O Min. Dias Toffoli subscreveu a conclusão do julgamento, tendo em conta as circunstâncias específicas de cada caso. Ante as particularidades das situações em jogo, a Min. Rosa Weber, acompanhou o relator, porém sem adotar a fundamentação deste. Vislumbrava que o Direito Penal não poderia — haja vista os princípios da interferência mínima do Estado e da fragmentariedade — atuar em certas hipóteses. **HC 109183/RS, rel. Min. Luiz Fux, 12.6.2012**. (HC-109183), **HC 110932/RS, rel. Min. Luiz Fux, 12.6.2012**. (HC-110932) (Inform. STF 670)

RECEPTAÇÃO: PRINCÍPIO DA INSIGNIFICÂNCIA E SUSPENSÃO CONDICIONAL DO PROCESSO

O princípio da insignificância, bem como o benefício da suspensão condicional do processo (Lei 9.099/95, art. 89) não são aplicáveis ao delito de receptação qualificada (CP, art. 180, § 1º). Com base nesse entendimento, a 2ª Turma conheceu, em parte, de *habeas corpus* e, nessa extensão, indeferiu a ordem impetrada em favor de denunciado pela suposta prática do crime de receptação qualificada por haver sido encontrado em sua farmácia medicamento destinado a fundo municipal de saúde. Frisou-se que a pena mínima cominada ao tipo penal em questão seria superior a um ano de reclusão, o que afastaria o instituto da suspensão condicional do processo. **HC 105963/PE, rel. Min. Celso de Mello, 24.4.2012**.(HC-105963) (Inform. STF 663)

PRINCÍPIO DA INSIGNIFICÂNCIA E FURTO QUALIFICADO

A 1ª Turma, por maioria, denegou *habeas corpus* em que se requeria a incidência do princípio da insignificância em favor de condenado por tentativa de furto qualificado de impressora avaliada em R$ 250,00. Destacou-se não ser de bagatela o valor do objeto em comento, consistente em dois terços do salário mínimo vigente à época. Vencida a Min. Rosa Weber, que deferia o *writ* ante a ausência de tipicidade penal. Salientava, ainda, desconsiderar aspectos vinculados à culpabilidade, à vida pregressa ou à reincidência na análise da aplicação desse postulado. **HC 108330/RS, rel. Min. Dias Toffoli, 20.3.2012**. (HC-108330) (Inform. STF 659)

PORTE DE ENTORPECENTE E PRINCÍPIO DA INSIGNIFICÂNCIA

Ao aplicar o princípio da insignificância, a 1ª Turma concedeu *habeas corpus* para trancar procedimento penal instaurado contra o réu e invalidar todos os atos processuais, desde a denúncia até a condenação, por ausência de tipicidade material da conduta imputada. No caso, o paciente fora condenado, com fulcro no art. 28, *caput*, da Lei 11.343/2006, à pena de 3 meses e 15 dias de prestação de serviços à comunidade por portar 0,6 g de maconha. Destacou-se que a incidência do postulado da insignificância, de modo a tornar a conduta atípica, exigiria o preenchimento concomitante dos seguintes requisitos: mínima ofensividade da conduta do agente; nenhuma periculosidade social da ação; reduzido grau de reprovabilidade do comportamento; e inexpressividade da lesão jurídica provocada. Consignou-se que o sistema jurídico exigiria considerar a relevantíssima circunstância de que a privação da liberdade e a restrição de direitos do indivíduo somente se justificariam quando estritamente necessárias à própria proteção das pessoas, da sociedade e de outros bens jurídicos que lhes fossem essenciais, notadamente naqueles casos em que os valores penalmente tutelados se expusessem a dano, efetivo ou potencial, impregnado de significativa lesividade. Deste modo, o direito penal não deveria se ocupar de condutas que produzissem resultados cujo desvalor — por não importar em lesão significativa a bens jurídicos relevantes — não representaria, por isso mesmo, expressivo prejuízo, seja ao titular do bem jurídico tutelado, seja à integridade da própria ordem social. **HC 110475/SC, rel. Min. Dias Toffoli, 14.2.2012**. (HC-110475) (Inform. STF 655)

CONTRABANDO E PRINCÍPIO DA INSIGNIFICÂNCIA

A 2ª Turma denegou *habeas corpus* em que se requeria a aplicação do princípio da insignificância em favor de pacientes surpreendidos ao portarem cigarros de origem estrangeira desacompanhados de regular documentação. De início, destacou-se a jurisprudência do STF no sentido da incidência do aludido postulado em casos de prática do crime de descaminho, quando o valor sonegado não ultrapassar o montante de R$ 10.000,00 (Lei 10.522/2002, art. 20). Em seguida, asseverou-se que a conduta configuraria contrabando, uma vez que o objeto material do delito em comento tratar-se-ia de mercadoria proibida. No entanto, reputou-se que não se cuidaria de, tão somente, sopesar o caráter pecuniário do imposto sonegado, mas, principalmente, de tutelar, entre outros bens jurídicos, a saúde pública. Por fim, consignou-se não se aplicar, à hipótese, o princípio da insignificância, pois neste tipo penal o desvalor da ação seria maior. O Min. Celso de Mello destacou a aversão da Constituição quanto ao tabaco, conforme disposto no seu art. 220, § 4º, a permitir que a lei impusse restrições à divulgação publicitária. **HC 110964/SC, rel. Min. Gilmar Mendes, 7.2.2012**. (HC-110964) (Inform. STF 654)

PRINCÍPIO DA INSIGNIFICÂNCIA E ROMPIMENTO DE OBSTÁCULO

A 2ª Turma concedeu *habeas corpus* para aplicar o postulado da insignificância em favor de condenado pela prática do crime de furto qualificado mediante ruptura de barreira (CP: *"Art. 155 - Subtrair, para si ou para outrem, coisa alheia móvel: ... § 4º - A pena é de reclusão de dois a oito anos, e multa, se o crime é cometido: I - com destruição ou rompimento de obstáculo à subtração da coisa"*), a fim de cassar sua condenação. Na espécie, o paciente pulara muro, subtraíra 1 carrinho de mão e 2 portais de madeira (avaliados em R$ 180,00) e, para se evadir do local, arrombara cadeado. Decorrido algum tempo, quando ainda transitava na rua, a polícia militar fora acionada e lograra êxito na apreensão dele e na devolução dos bens furtados à vítima. Inicialmente, consignou-se que não houvera rompimento de obstáculo para adentrar o local do crime, mas apenas para sair deste, o que não denotaria tamanha gravidade da conduta. Na seqüência, salientaram-se a primariedade do paciente e a ambiência de amadorismo para a consecução do delito. Assim, concluiu-se que a prática perpetrada não seria materialmente típica, porquanto presentes as diretivas para incidência do princípio colimado: a) mínima ofensividade da conduta do agente; b) nenhuma periculosidade social da ação; c) reduzidíssimo grau de reprovabilidade do comportamento; e d) inexpressividade da lesão jurídica provocada. HC 109363/MG, rel. Min. Ayres Britto, 11.10.2011. (HC-109363) (Inform. STF 644)

PRINCÍPIO DA INSIGNIFICÂNCIA E ROMPIMENTO DE OBSTÁCULO

A 2ª Turma denegou *habeas corpus* em que requerida a aplicação do princípio da insignificância em favor de condenado por crime de furto qualificado com rompimento de obstáculo (CP: *"Art. 155 - Subtrair, para si ou para outrem, coisa alheia móvel: Pena - reclusão, de um a quatro anos, e multa. ... § 4º - A pena é de reclusão de dois a oito anos, e multa, se o crime é cometido: I - com destruição ou rompimento de obstáculo à subtração da coisa"*). Na espécie, a defesa sustentava a atipicidade material da conduta, haja vista que a *res furtiva* fora avaliada em R$ 220,00. Na linha da jurisprudência firmada pela 2ª Turma, ratificou-se a inviabilidade da incidência do referido postulado aos delitos contra o patrimônio praticados mediante ruptura de barreira. HC 109609/MG, rel. Min. Gilmar Mendes, 27.9.2011. (HC-109609) (Inform. STF 642)

Apropriação indébita e princípio da insignificância

A 1ª Turma denegou *habeas corpus* em que se pleiteava o trancamento de ação penal com base na aplicação do princípio da insignificância em favor de denunciado pela suposta prática do delito de apropriação indébita de contribuições previdenciárias (CP: *"Art. 168-A. Deixar de repassar à previdência social as contribuições recolhidas dos contribuintes, no prazo e forma legal ou convencional"*), no valor de R$ 3.110,71. Aduziu-se tratar-se de apropriação indébita e não de débito fiscal, haja vista que houvera o desconto de contribuições não repassadas a entidade previdenciária . Portanto, o caso seria distinto daquele em que a jurisprudência do STF autoriza a incidência do referido postulado por ser dispensada pela administração tributária a exigibilidade judicial da exação para o crime de sonegação fiscal. HC 102550/PR, rel. Min. Luiz Fux, 20.9.2011.(HC-102550) (Inform. STF 641)

PRINCÍPIO DA INSIGNIFICÂNCIA E FURTO DE PRÊMIO ARTÍSTICO

A 1ª Turma denegou *habeas corpus* em que requerido o trancamento de ação penal, ante a aplicação do princípio da insignificância, em favor de acusado pela suposta prática do crime de furto de quadro denominado "disco de ouro". A defesa sustentava atipicidade da conduta, porque o bem possuiria valor apenas sentimental e teria sido restituído integralmente ao ofendido. De início, salientou-se que o acusado praticara o delito com invasão de domicílio e ruptura de barreira, o que demonstraria tanto a sua ousadia quanto o alto grau de reprovabilidade do seu comportamento. Aduziu-se que aquela conduta, por si só, não se enquadraria dentre os vetores que legitimariam a aplicabilidade do referido postulado. Asseverou-se, ainda, que o objeto subtraído seria dotado de valor inestimável para a vítima. Reputou-se não ter havido a restituição, porquanto o agente fora encontrado nas imediações do local do delito, logo após a ocorrência deste. O Min. Luiz Fux acrescentou que a aplicação do princípio da bagatela deveria levar em conta o valor da *res furtiva* para o sujeito passivo do crime. Frisou que, no caso, o ofendido recebera a premiação do "disco de ouro" após muito esforço para se destacar no meio artístico. Logo, explicitou que não se poderia cogitar insignificante a conduta do acusado sob qualquer ângulo. HC 107615/MG, rel. Min. Dias Toffoli, 6.9.2011. (HC-107615) (Inform. STF 639)

CONTRABANDO: PRINCÍPIO DA INSIGNIFICÂNCIA E REINCIDÊNCIA

A 1ª Turma denegou *habeas corpus* em que se requeria a incidência do princípio da insignificância. Na situação dos autos, a paciente, supostamente, internalizara maços de cigarro sem comprovar sua regular importação. De início, assinalou-se que não se aplicaria o aludido princípio quando se tratasse de parte reincidente, porquanto não haveria que se falar em reduzido grau de reprovabilidade do comportamento lesivo. Enfatizou-se que estariam em curso 4 processos-crime por delitos de mesma natureza, tendo sido condenada em outra ação penal por fatos análogos. Acrescentou-se que houvera lesão, além de ao erário e à atividade arrecadatória do Estado, a outros interesses públicos, como à saúde e à atividade industrial interna. Em seguida, asseverou-se que a conduta configuraria contrabando e que, conquanto houvesse sonegação de tributos com o ingresso de cigarros, tratar-se-ia de mercadoria sob a qual incidiria proibição relativa, presentes as restrições de órgão de saúde nacional. Por fim, reputou-se que não se aplicaria, à hipótese, o postulado da insignificância — em razão do valor do tributo sonegado ser inferior a R$ 10.000,00 — por não se cuidar de delito puramente fiscal. O Min. Marco Aurélio apontou que, no tocante ao débito fiscal, o legislador teria sinalizado que estampa a insignificância, ao revelar que executivos de valor até R$ 100,00 seriam extintos. HC 100367/RS, rel. Min. Luiz Fux, 9.8.2011. (HC-100367) (Inform. STF 635)

HC N. 107.370-SP
RELATOR: MIN. GILMAR MENDES

Habeas corpus. 2. Subtração de objetos da Administração Pública, avaliados no montante de R$ 130,00 (cento e trinta reais). 3. Aplicação do princípio da insignificância, considerados crime contra o patrimônio público. Possibilidade. Precedentes. 4. Ordem concedida. (Inform. STF 632) *noticiado no Informativo 624

DESCAMINHO E PRINCÍPIO DA INSIGNIFICÂNCIA

A 1ª Turma, por maioria, denegou *habeas corpus* em que se pleiteava a aplicação do princípio da insignificância — em favor de denunciado pela suposta prática do crime de descaminho —, haja vista o tributo totalizar valor inferior a R$ 10.000,00. Aludiu-se à Lei 10.522/2002. Nesse tocante, ressaltou-se que não se poderia confundir a possibilidade de o Procurador da Fazenda Nacional requerer o sobrestamento de execução fiscal, na origem, com a persecução criminal. Salientou-se que a ação penal, inclusive, seria pública e, ainda, a cargo do órgão ministerial. Vencidos os Ministros Dias Toffoli e Ricardo Lewandowski, que concediam a ordem. HC 100986/PR, rel. Min. Marco Aurélio, 31.5.2011. (HC-100986) (Inform. STF 629)

HC N. 104.286-SP
RELATOR: MIN. GILMAR MENDES

Habeas corpus. 2. Ex-prefeito condenado pela prática do crime previsto no art. 1º, II, do Decreto-Lei 201/1967, por ter utilizado máquinas e caminhões de propriedade da Prefeitura para efetuar terraplanagem no terreno de sua residência. 3. Aplicação do princípio da insignificância. Possibilidade. 4. Ordem concedida. (Inform. STF 627) *noticiado no Informativo 625

PRINCÍPIO DA INSIGNIFICÂNCIA E FURTO EM PENITENCIÁRIA - 1

A 1ª Turma iniciou julgamento de recurso ordinário em *habeas corpus* no qual se pretende a aplicação do princípio da insignificância a condenado pela tentativa de subtração de 1 cartucho de tinta para impressora do Centro de Progressão Penitenciária, em que trabalhava e cumpria pena por delito anterior. O Min. Ricardo Lewandowski, relator, negou provimento ao recurso. Asseverou que não haveria como se considerar reduzido o grau de reprovabilidade da conduta do paciente, porque durante o cumprimento da pena ele tentara, no próprio estabelecimento penitenciário, furtar um bem do Estado. Ressaltou que esse comportamento mostraria uma propensão do paciente para praticar delitos contra o patrimônio. Ademais, reputou que o encarceramento não surtiria qualquer efeito no sentido de ressocializá-lo. Após, pediu vista dos autos o Min. Dias Toffoli. RHC 106731/DF, rel. Min. Ricardo Lewandowski, 1º.3.2011. (RHC-106731)

PRINCÍPIO DA INSIGNIFICÂNCIA E FURTO EM PENITENCIÁRIA - 2

A 1ª Turma retomou julgamento de recurso ordinário em *habeas corpus* no qual se pretende a incidência do princípio da insignificância em favor de condenado pela tentativa de subtração de 1 cartucho de tinta para impressora do Centro de Progressão Penitenciária, em que trabalhava e cumpria pena por delito anterior — v. Informativo 618. Em divergência, o Min. Dias Toffoli deu provimento ao recurso, por entender aplicável, ao caso, o referido postulado, no que foi acompanhado pelo Min. Luiz Fux. Após, pediu vista dos autos a Min. Cármen Lúcia. RHC 106731/DF, rel. Min. Ricardo Lewandowski, 3.5.2011. (RHC-106731) (Inform. STF 625)

PRINCÍPIO DA INSIGNIFICÂNCIA E FURTO EM PENITENCIÁRIA - 3

Em conclusão de julgamento, a 1ª Turma, por maioria, deu provimento a recurso ordinário em *habeas corpus* para aplicar o princípio da insignificância em favor de condenado pela tentativa de subtração de cartucho de tinta para impressora do Centro de Progressão Penitenciária, em que trabalhava e cumpria pena por delito anterior —v. Informativos 618 e 625. Afirmou-se que, embora o bem pertencesse ao Estado, seu valor poderia ser reputado ínfimo, quase zero, e a ausência de prejuízo que pudesse advir para a Administração Pública seria suficiente para que incidisse o postulado. Vencidos os Ministros Ricardo Lewandowski, relator, e Marco Aurélio, que negavam provimento ao recurso. Asseveravam não poder ser considerado reduzido o grau de reprovabilidade da conduta do paciente que, não mais primário, tentara furtar bem público na constância do cumprimento de pena em estabelecimento penitenciário. **RHC 106731/DF, rel. orig. Min. Ricardo Lewandowski, red. p/ o acórdão Min. Dias Toffoli, 4.9.2012**. (RHC-106731) (Inform. STF 678)

PRINCÍPIO DA INSIGNIFICÂNCIA E ATO DE PREFEITO

A 2ª Turma concedeu *habeas corpus* para aplicar o princípio da insignificância em favor de ex-prefeito que, no exercício de suas atividades funcionais, utilizara-se de máquinas e caminhões de propriedade da prefeitura para efetuar terraplenagem em terreno de sua residência. Por esse motivo, fora denunciado pela suposta prática do crime previsto no art. 1º, II, do Decreto-Lei 201/67 ("*Art. 1º São crimes de responsabilidade dos Prefeitos Municipais, sujeitos ao julgamento do Poder Judiciário, independentemente do pronunciamento da Câmara dos Vereadores ... II - utilizar-se, indevidamente, em proveito próprio ou alheio, de bens, rendas ou serviços públicos*"). Asseverou-se tratar-se de prática comum na municipalidade em questão, mediante ressarcimento, para fins de remuneração dos condutores e abastecimento de óleo diesel. Concluiu-se pela plausibilidade da tese defensiva quanto ao referido postulado, dado que o serviço prestado, se contabilizado hoje, não ultrapassaria o valor de R$ 40,00. HC 104286/SP, rel. Min. Gilmar Mendes, 3.5.2011. (HC-104286) (Inform. STF 625)

PRINCÍPIO DA INSIGNIFICÂNCIA E ADMINISTRAÇÃO PÚBLICA

A 2ª Turma, por maioria, concedeu *habeas corpus* para reconhecer a aplicação do princípio da insignificância e absolver o paciente ante a atipicidade da conduta. Na situação dos autos, ele fora denunciado pela suposta prática do crime de peculato, em virtude da subtração de 2 luminárias de alumínio e fios de cobre. Aduzia a impetração, ao alegar a atipicidade da conduta, que as luminárias: a) estariam em desuso, em situação precária, tendo como destino o lixão; b) seriam de valor irrisório; e c) teriam sido devolvi das. Considerou-se plausível a tese sustentada pela defesa. Ressaltou-se que, em casos análogos, o STF teria verificado, por inúmeras vezes, a possibilidade de aplicação do referido postulado. Enfatizou-se que, esta Corte, já tivera oportunidade de reconhecer a admissibilidade de sua incidência no âmbito de crimes contra a Administração Pública. Observou-se que os bens seriam inservíveis e não haveria risco de interrupção de serviço. Vencida a Min. Ellen Gracie, que indeferia ordem. Salientava que o furto de fios de cobre seria um delito endêmico no Brasil, a causar enormes prejuízos, bem assim que o metal seria reaproveitável. HC 107370/SP, rel. Min. Gilmar Mendes, 26.4.2011. (HC-107370) (Inform. STF 624)

HC N. 107.240-RJ
RELATOR: MIN. RICARDO LEWANDOWSKI

EMENTA: *Habeas corpus*. PENAL MILITAR. PACIENTE CONDENADO PELO CRIME DE FURTO. PRINCÍPIO DA INSIGNIFICÂNCIA. INAPLICABILIDADE. RAZOÁVEL GRAU DE REPROVABILIDADE DA CONDUTA. BEM QUE NÃO PODE SER CONSIDERADO DE VALOR ÍNFIMO. ORDEM DENEGADA.

I – A aplicação do princípio da insignificância de modo a tornar a conduta atípica exige, além da pequena expressão econômica do bem que fora objeto de subtração, um reduzido grau de reprovabilidade da conduta do agente.

II – É relevante e reprovável a conduta de um militar que, em serviço, furta bem de um colega de farda, demonstrando desrespeito às leis e às instituições de seu País.

III – No caso em espécie, o bem subtraído – um aparelho celular avaliado em R$ 699,00 – não pode ser considerado de ínfimo valor, mormente quando considerados os vencimentos percebidos pelo ofendido – soldado do Exército.

IV – Ordem denegada. (Inform. STF 624)

FURTO EM ESTABELECIMENTO MILITAR E PRINCÍPIO DA INSIGNIFICÂNCIA

A 2ª Turma, por maioria, deu provimento a recurso ordinário em *habeas corpus* para reconhecer a atipicidade da conduta supostamente protagonizada pelos pacientes e determinar, por conseqüência, o trancamento da respectiva ação penal. Na situação dos autos, os recorrentes, civis, foram presos em flagrante e denunciados pela subtração de cápsulas de projéteis deflagrados e fragmentos de chumbo de estande de tiros do Exército, onde teriam adentrado após arrombar cerca de arame. Considerou-se incidir, na espécie, o postulado da insignificância penal. Aduziu-se que o objeto do furto fora avaliado em R$ 18,88. Observou-se que os acusados eram civis e preencheriam os requisitos para o enquadramento da conduta como beneficiária do referido postulado, dentre eles, ausência de violência ou ameaça, física ou moral, de vítima ou de terceiros. No ponto, acresceu-se que, como consignado em voto vencido no STM, a própria denúncia, ao descrever o fato, expusera que a finalidade seria de reversão do material em moeda e que o objeto caracterizava *res derelicta* — coisa despojada, descartada e abandonada pelo titular do direito real. Vencida a Min. Ellen Gracie, que desprovia o recurso, ao ressaltar que os pacientes teriam invadido estabelecimento castrense, cujo acesso seria vedado a civis. Apontou, ainda, que, se eles tivessem prosseguido na coleta, talvez conseguissem juntar quantidade razoável de metais, os quais, em tese, poderiam ser recolhidos e revertidos em favor da União. RHC 97816/SP, rel. Min. Ayres Britto, 12.4.2011. (RHC-97816) (Inform. STF 623)

PRINCÍPIO DA INSIGNIFICÂNCIA E MOEDA FALSA

A 2ª Turma indeferiu *habeas corpus* no qual pretendida a aplicação do princípio da insignificância em favor de condenado por introduzir duas notas falsas de R$ 10,00 em circulação (CP, art. 289, § 1º). Na espécie, a defesa sustentava atipicidade da conduta em virtude do reduzido grau de reprovabilidade da ação, bem como da inexpressiva lesão jurídica provocada. Afastou-se, inicialmente, a hipótese de falsificação grosseira e considerou-se que as referidas cédulas seriam capazes de induzir a erro o homem médio. Aduziu-se, em seguida, que o valor nominal derivado da falsificação de moeda não seria critério de análise de relevância da conduta, porque o objeto de proteção da norma seria supra-individual, a englobar a credibilidade do sistema monetário e a expressão da própria soberania nacional. HC 97220/MG, rel. Min. Ayres Britto, 5.4.2011. (HC-97220) (Inform. STF 622)

REINCIDÊNCIA E PRINCÍPIO DA INSIGNIFICÂNCIA

Ante o empate na votação, a 2ª Turma deferiu *habeas corpus* impetrado em favor de condenado à pena de 10 meses de reclusão, em regime semi-aberto, pela prática do crime de furto tentado de bem avaliado em R$ 70,00. Reputou-se, ante a ausência de tipicidade material, que a conduta realizada pelo paciente não configuraria crime. Aduziu-se que, muito embora ele já tivesse sido condenado pela prática de delitos congêneres, tal fato não poderia afastar a aplicabilidade do referido postulado, inclusive porque estaria pendente de análise, pelo Plenário, a própria constitucionalidade do princípio da reincidência, tendo em vista a possibilidade de configurar dupla punição ao agente. Vencidos os Ministros Joaquim Barbosa, relator, e Ayres Britto, que indeferiam o *writ*, mas concediam a ordem, de ofício, a fim de alterar, para o aberto, o regime de cumprimento de pena. HC 106510/MG, rel. orig. Min. Joaquim Barbosa, red. p/o acórdão Min. Celso de Mello, 22.3.2011. (HC-106510) (Inform. STF 620)

PRINCÍPIO DA INSIGNIFICÂNCIA E USUÁRIO DE DROGAS - 1

A Turma iniciou julgamento de *habeas corpus* em que se pretende o reconhecimento da atipicidade material da conduta do paciente — surpreendido na posse de cinco decigramas de maconha — em face da aplicação do princípio da insignificância. O Min. Ricardo Lewandowski, relator, denegou a ordem. Enfatizou que decorreria a presunção de perigo do delito da própria conduta do usuário, pois, ao adquirir a droga para seu consumo, realimentaria esse comércio, pondo em risco a saúde pública. Ressaltou, ainda, a real possibilidade de o usuário vir a se tornar mais um traficante, em busca de recursos para sustentar seu vício. Observou, por fim, que — por se tratar de crime no qual o perigo seria presumido — não se poderia falar em ausência de periculosidade social da ação, um dos requisitos cuja verificação seria necessária para a aplicação do princípio da insignificância. Após, pediu vista dos autos o Min. Dias Toffoli. **HC 102940/ES, rel. Min. Ricardo Lewandowski, 24.8.2010. (HC-102940)**

PRINCÍPIO DA INSIGNIFICÂNCIA E USUÁRIO DE DROGAS - 2

Em conclusão, a 1ª Turma, ao resolver questão de ordem, julgou prejudicado *habeas corpus* no qual se pretendia, mediante a aplicação do princípio da insignificância, o reconhecimento da atipicidade material da conduta do paciente — surpreendido na posse de 0,5 grama de maconha — v. Informativo 597. Verificou-se que, na instância de origem, fora proferida sentença que reconhecera a prescrição da pretensão punitiva do Estado e, conseqüentemente, extinguira a punibilidade do réu. Reajustou o voto o Min. Ricardo Lewandowski, relator. HC 102940/ES, rel. Min. Ricardo Lewandowski, 15.2.2011. (HC-102940) (Inform. STF 616)

ART. 229 DO CP E PRINCÍPIO DA ADEQUAÇÃO SOCIAL

Não compete ao órgão julgador descriminalizar conduta tipificada formal e materialmente pela legislação penal. Com esse entendimento, a 1ª Turma indeferiu *habeas corpus* impetrado em favor de condenados pela prática do crime descrito na antiga redação do art. 229 do CP [“*Manter, por conta própria ou de terceiro, casa de prostituição ou lugar destinado a encontros para fim libidinoso, haja ou não intuito de lucro ou mediação direta do proprietário ou gerente: Pena - reclusão, de 2 (dois) a 5 (cinco) anos, e multa.*”]. A defesa sustentava que, de acordo com os princípios da fragmentariedade e da adequação social, a conduta perpetrada seria materialmente atípica, visto que, conforme alegado, o caráter criminoso do fato estaria superado, por força dos costumes. Aduziu-se, inicialmente, que os bens jurídicos protegidos pela norma em questão seriam relevantes, razão pela qual imprescindível a tutela penal. Ademais, destacou-se que a alteração legislativa promovida pela Lei 12.015/2009 teria mantido a tipicidade da conduta imputada aos pacientes. Por fim, afirmou-se que caberia somente ao legislador o papel de revogar ou modificar a lei penal em vigor, de modo que inaplicável o princípio da adequação social ao caso. HC 104467/RS, rel. Min. Cármen Lúcia, 8.2.2011. (HC-104467) (Inform. STF 615)

CONTRABANDO E PRINCÍPIO DA INSIGNIFICÂNCIA

A 2ª Turma indeferiu *habeas corpus* impetrado em favor de denunciados como incursos nas penas do art. 334, § 1º, b, do CP (“*Importar ou exportar mercadoria proibida ou iludir, no todo ou em parte, o pagamento de direito ou imposto devido pela entrada, pela saída ou pelo consumo de mercadoria ... § 1º - Incorre na mesma pena quem ... b) pratica fato assimilado, em lei especial, a contrabando ou descaminho*”) c/c o art. 39 do Decreto-Lei 288/67 (“*Será considerado contrabando a saída de mercadorias da Zona Franca sem a autorização legal expedida pelas autoridades competentes*”). Pretendia a defesa fosse trancada a ação penal com base na aplicação do princípio da insignificância, pois o valor dos bens contrabandeados não ultrapassaria R$ 10.000,00. Sustentava, também, inépcia da denúncia, sob o argumento de ser genérica. Reputou-se, inicialmente, que o caso dos autos trataria de um tipo especial de contrabando, assemelhado ao descaminho, visto que os produtos oriundos da Zona Franca de Manaus não teriam sua utilização proibida em território nacional. Nesse sentido, aduziu-se razoável a aplicabilidade, em tese, do postulado da insignificância. Entretanto, explicitou-se que a defesa não teria comprovado a alegação de que o valor dos bens seria inferior a R$ 10.000,00, razão pela qual o pedido não foi conhecido nesse ponto. Por fim, no tocante à alegada inépcia da peça acusatória, considerou-se inexistir o vício aventado na impetração. **HC 97541/AM, rel. Min. Gilmar Mendes, 7.12.2010**. (HC-97541) (Inform. STF 612)

PRINCÍPIO DA INSIGNIFICÂNCIA E REINCIDÊNCIA

A 2ª Turma indeferiu *habeas corpus* em que se sustentava atipicidade da conduta, em virtude de incidência do princípio da insignificância, e nulidade do julgamento de recurso de apelação, por ofensa ao princípio da ampla defesa, em virtude de ter sido adiado sem que houvesse intimação do patrono do paciente informando a nova data designada. Na espécie, o paciente fora condenado pela prática do crime previsto no art. 184, § 2º, do CP, por ter exposto à venda milhares de adesivos contendo imagens de super-heróis e personagens infantis, produzidos com violação do direito de autor. Inicialmente, enfatizou-se que, para a aplicação do princípio da insignificância, deveriam ser observados todos os seus requisitos. Esclareceu-se que, apesar do valor irrisório obtido com a contrafação (cerca de R$ 200,00), constaria dos autos que o paciente fora condenado definitivamente em duas outras oportunidades por cometer delito idêntico. Reputou-se que, reconhecida a reincidência, a reprovabilidade do comportamento seria agravada de modo significativo, sendo suficiente para inviabilizar a aplicação do referido postulado. Ademais, consignou-se que, ainda que não realizado o julgamento do recurso na primeira sessão subseqüente à publicação da pauta, desnecessária seria a renovação da intimação, porquanto as partes se considerariam automaticamente intimadas para a sessão seguinte. **HC 100240/RJ, rel. Min. Joaquim Barbosa, 7.12.2010**. (HC-100240) (Inform. STF 612)

PRINCÍPIO DA INSIGNIFICÂNCIA: FURTO PRIVILEGIADO E SERVIÇO PÚBLICO - 1

A Turma iniciou julgamento de *habeas corpus* no qual se discute a incidência, ou não, do princípio da insignificância em relação a denunciado pela prática do delito previsto no art. 155, § 2º, do CP (“*Se o criminoso é primário, e é de pequeno valor a coisa furtada, o juiz pode substituir a pena de reclusão pela de detenção, diminuí-la de um a dois terços, ou aplicar somente a pena de multa.*”) em decorrência de haver furtado água potável mediante ligação clandestina, o que resultara em prejuízo econômico avaliado em R$ 96,33. O Min. Ricardo Lewandowski, relator, deferiu o *writ* para cassar o acórdão do STJ e restabelecer a decisão de 1º grau que absolvera o paciente ante a aplicação do mencionado princípio. O relator considerou satisfeitos os requisitos necessários à configuração do delito de bagatela, quais sejam: a) conduta minimamente ofensiva do agente; b) ausência de risco social da ação; c) reduzido grau de reprovabilidade do comportamento; e d) relativa inexpressividade da lesão jurídica. Desse modo, reputou cabível a incidência do postulado da insignificância e afastou, em conseqüência, a tipicidade da conduta imputada ao paciente. Acrescentou que caberia à concessionária lesada buscar a reparação do dano no juízo cível. O Min. Marco Aurélio, ressaltando sua dificuldade em colocar em plano secundário desvio de conduta quando envolvido serviço público, também concedeu a ordem, porém em menor extensão, para determinar que o juízo sentenciante observe o § 2º do art. 155 do CP. Após, pediu vista dos autos o Min. Carlos Britto. **HC 99054/RS, rel. Min. Ricardo Lewandowski, 25.8.2009.** (HC-99054)

PRINCÍPIO DA INSIGNIFICÂNCIA: FURTO PRIVILEGIADO E SERVIÇO PÚBLICO - 2

Em conclusão de julgamento, a 1ª Turma resolveu questão de ordem para julgar prejudicado *habeas corpus* no qual se pretendia a aplicação do princípio da insignificância em favor de denunciado pela suposta prática do delito previsto no art. 155, § 2º, do CP, em decorrência de haver furtado água potável mediante ligação clandestina, que resultara em prejuízo econômico avaliado em R$ 96,33 — v. Informativo 557. Reputou-se ter ocorrido a extinção da punibilidade, ante a prescrição da pretensão punitiva. **HC 99054/RS, rel. Min. Ricardo Lewandowski, 30.11.2010**. (HC-99054) (Inform. STF 611)

PRINCÍPIO DA INSIGNIFICÂNCIA E FURTO

A 1ª Turma, ao afastar a aplicação do princípio da insignificância, denegou *habeas corpus* a condenado por furto de 9 barras de chocolate de um supermercado avaliadas em R$ 45,00. Reputou-se que, em razão da reincidência específica do paciente em delitos contra o patrimônio, inclusive uma constante prática de pequenos delitos, não estariam presentes os requisitos autorizadores para o reconhecimento desse postulado. Salientou-se, no ponto, a divergência de entendimento entre os órgãos fracionários da Corte, haja vista que a 2ª Turma admite a aplicação do princípio da insignificância, mesmo para o agente que pratica o delito reiteradamente. Precedente citado: HC 96202/RS (DJe de 28.5.2010). **HC 101998/MG, rel. Min. Dias Toffoli, 23.11.2010**. (HC-101998) (Inform. STF 610)

HC N. 97.777-MS

RELATOR: MIN. RICARDO LEWANDOWSKI

Ementa: *Habeas corpus*. PENAL. TRÁFICO INTERNACIONAL DE ARMA DE FOGO OU MUNIÇÃO. INTELIGÊNCIA DO ART. 18 DA LEI 10.826/2003. TIPICIDADE RECONHECIDA. CRIME DE PERIGO ABSTRATO. TRANCAMENTO DA AÇÃO PENAL. IMPOSSIBILIDADE DE APLICAÇÃO DO PRINCÍPIO DA INSIGNIFICÂNCIA. ORDEM DENEGADA. I – A objetividade jurídica da norma penal transcende a mera proteção da incolumidade pessoal, para alcançar também a tutela da liberdade individual e do corpo social como um todo, asseguradas ambas pelo incremento dos níveis de segurança coletiva que a lei propicia. II – No caso em exame, a proibição da conduta pela qual o paciente está sendo processado visa, especialmente, combater e prevenir o tráfico internacional de armas e munições, cuja maior clientela é o crime organizado transnacional, que, via de regra, abastece o seu arsenal por meio do mercado ilegal, nacional ou internacional, de armas. III – Mostra-se irrelevante, no caso, cogitar-se da mínima ofensividade da conduta (em face da quantidade apreendida), ou, também, da ausência de periculosidade da ação, porque a hipótese é de crime de perigo abstrato, para o qual não importa o resultado concreto da ação, o que também afasta a possibilidade de aplicação do princípio da insignificância. IV – É reiterada a jurisprudência desta Suprema Corte no sentido de que o trancamento de ação penal constitui medida reservada a hipóteses excepcionais, como "*a manifesta atipicidade da conduta, a presença de causa de extinção da punibilidade do paciente ou a ausência de indícios mínimos de autoria e materialidade delitivas*" (HC 91.603, Rel. Min. Ellen Gracie), o que não se verifica na espécie. **V** – *Habeas corpus* **denegado.** (Inform. STF 610)

HC N. 104.468-MS

RELATOR: MIN. GILMAR MENDES

Habeas corpus. 2. Furto de janela veneziana no valor de R$ 120,00 (cento e vinte reais). 3. Mínimo grau de lesividade da conduta. Apli-cação do princípio da insignificância. Possibilidade. 4. Ordem concedida. (Inform. STF 610)

TRÁFICO INTERNACIONAL DE MUNIÇÃO E PRINCÍPIO DA INSIGNIFICÂNCIA

A 1ª Turma, por maioria, indeferiu *habeas corpus* em que se pretendia a aplicação do princípio da insignificância para trancar ação penal instaurada contra o paciente, pela suposta prática do crime de tráfico internacional de munição (Lei 10.826/2003, art. 18). A defesa sustentava que seria objeto da denúncia apenas a apreensão de 3 cápsulas de munição de origem estrangeira, daí a aplicabilidade do referido postulado. Aduziu-se que o denunciado faria do tráfico internacional de armas seu meio de vida e que teriam sido encontrados em seu poder diversos armamentos e munições que, em situação regular, não teriam sido objeto da peça acusatória. Nesse sentido, não se poderia cogitar da mínima ofensividade da conduta ou da ausência de periculosidade social da ação, porquanto a hipótese seria de crime de perigo abstrato, para o qual não importaria o resultado concreto. Vencido o Min. Marco Aurélio, que deferia a ordem por reputar configurado no caso o crime de bagatela, tendo em vista que a imputação diria respeito tão-somente às 3 cápsulas de origem estrangeira, mas não a todo o material apreendido. **HC 97777/MS, rel. Min. Ricardo Lewandowski, 26.10.2010**. (HC-97777) (Inform. STF 606)

PRINCÍPIO DA INSIGNIFICÂNCIA E DESCAMINHO - 1

A Turma retomou julgamento de *habeas corpus* em que pleiteado, ante a incidência do princípio da insignificância, o trancamento de ação penal instaurada para apurar a suposta prática do crime de descaminho (CP, art. 334, § 1º), em decorrência da apreensão de bebidas cujo valor estimado totalizaria o montante de R$ 2.991,00 (dois mil novecentos e noventa e um reais). Requer o paciente o restabelecimento do acórdão do TRF da 3ª Região que, diante da inexpressividade da lesão causada, assentara a atipicidade da conduta. Na sessão de 3.11.2009, o Min. Marco Aurélio, relator, indeferiu o *writ* por entender que se aplicar o arquivamento da execução — o qual se diferencia do instituto da extinção da execução — para fulminar a pretensão punitiva no campo penal seria olvidar que a falta de baixa na distribuição visa aguardar, até mesmo, o surgimento de novo débito fiscal e dar-se a acumulação, viabilizando-se a execução. Enfatizou que em jogo se faria interesse maior da sociedade no que contribuintes em geral observam o ônus tributário, adotando postura consentânea com a ordem jurídica e recolhendo os tributos devidos. Em divergência, o Min. Dias Toffoli, citando jurisprudência da Corte em seu voto-vista, deferiu o *habeas corpus* para reconhecer a aplicação do princípio da insignificância e trancar a ação penal. Consignou que o referido postulado emergiria do valor sonegado diante da grandeza do Estado e do custo de sua máquina, não se compreendendo movimentá-la para cobrar o tributo devido. Após, pediu vista dos autos a Min. Cármen Lúcia. **HC 96412/SP, rel. Min. Marco Aurélio, 24.11.2009**. (HC-96412)

PRINCÍPIO DA INSIGNIFICÂNCIA E DESCAMINHO - 2

Em conclusão de julgamento, a 1ª Turma, ante o empate na votação, concedeu *habeas corpus* para reconhecer a aplicação do princípio da insignificância ao crime de descaminho (CP, art. 334, § 1º) e trancar a ação penal ao fundamento de que o referido postulado emergiria do valor sonegado diante da grandeza do Estado e do custo de sua máquina, não se compreendendo movimentá-la para cobrar o tributo devido. No caso, houvera a apreensão de bebidas cujo valor estimado totalizaria o montante de R$ 2.991,00 — v. Informativo 569. Votaram pelo indeferimento os Ministros Marco Aurélio, relator, e Cármen Lúcia. **HC 96412/SP, rel. orig. Min. Marco Aurélio, red. p/ acórdão Min. Dias Toffoli, 26.10.2010**. (HC-96412) (Inform. STF 606)

PRINCÍPIO DA INSIGNIFICÂNCIA E ELEMENTOS SUBJETIVOS DESFAVORÁVEIS

A 2ª Turma, ante a falta de justa causa, concedeu *habeas corpus* para trancar ação penal instaurada em desfavor de acusado por furto de uma janela no valor de R$ 120,00. Considerou-se, relativamente ao princípio da insignificância, não ser possível a análise dos elementos subjetivos desfavoráveis, mesmo que se trate de reiteração de conduta. Afirmou-se, ainda, que o referido postulado, afetaria a própria tipicidade penal. **HC 104468/MS, rel. Min. Gilmar Mendes, 26.10.2010**. (HC-104468) (Inform. STF 606)

CRIME DE DESCAMINHO E PRINCÍPIO DA INSIGNIFICÂNCIA

A Turma indeferiu *habeas corpus* impetrado em favor de condenado pela prática do delito de descaminho (CP, art. 334), no qual se pretendia o trancamento de ação penal, por atipicidade da conduta, com base na aplicação do princípio da insignificância, pois o tributo devido seria inferior a R$ 10.000,00. Considerou-se que, embora o tributo elidido totalizasse R$ 8.965,29, haveria a informação de que o paciente responderia a outro processo — como incurso no mesmo tipo penal — cujo valor não pago à Fazenda Pública, considerados ambos os delitos, seria de R$ 12.864,35.

Destacou-se estar-se diante de reiteração de conduta delitiva, pois o agente faria do descaminho seu meio de vida, daí a inaplicabilidade do referido postulado. O Min. Marco Aurélio, relator, enfatizou seu convencimento no sentido de que, sendo o montante superior a R$ 100,00, caberia concluir-se pela tipicidade. **HC 97257/RS, rel. Min. Marco Aurélio, 5.10.2010.** (HC-97257) (Inform. STF 603)

RÁDIO COMUNITÁRIA CLANDESTINA: PRINCÍPIO DA INSIGNIFICÂNCIA E EXCEPCIONALIDADE

Ante o empate na votação, a Turma deferiu *habeas corpus* para, em face da atipicidade da conduta, cassar o acórdão proferido pelo STJ e restabelecer a sentença absolutória que aplicava o princípio da insignificância. Na espécie, os pacientes foram denunciados, por supostamente operarem rádio comunitária sem autorização legal, como incursos nas sanções do art. 183 da Lei 9.472/1997 [*"Desenvolver clandestinamente atividades de telecomunicação: Pena - detenção de dois a quatro anos, aumentada da metade se houver dano a terceiro, e multa de R$ 10.000,00 (dez mil reais). Parágrafo único. Incorre na mesma pena quem, direta ou indiretamente, concorrer para o crime"*]. Registrou-se que, nos termos da norma regulamentadora (Lei 9.612/98), o serviço de radiodifusão comunitária utilizado pela emissora seria de baixa potência — 25 watts e altura do sistema irradiante não superior a 30 metros — não tendo, desse modo, capacidade de causar interferência relevante nos demais meios de comunicação. Ressaltou-se a excepcionalidade do caso concreto e aduziu-se que a rádio era operada em pequena cidade no interior gaúcho, com cerca de dois mil habitantes, distante de outras emissoras de rádio e televisão e de aeroportos, o que demonstraria ser remota a possibilidade de causar algum prejuízo para outros meios de comunicação. Acresceu-se que, em comunidades localizadas no interior de tão vasto país, nas quais o acesso à informação não seria amplo como nos grandes centros, as rádios comunitárias surgiriam como importante meio de divulgação de notícias de interesse local, de modo que não se vislumbraria, na situação em apreço, reprovabilidade social da ação dos pacientes. Ademais, observou-se que fora pleiteada, ao Ministério das Comunicações, a autorização para execução do serviço de radiodifusão em favor da mencionada rádio. Concluiu-se que, em virtude da irrelevância da conduta praticada pelos pacientes e da ausência de resultado lesivo, a matéria não deveria ser resolvida na esfera penal e sim nas instâncias administrativas. Vencidos os Ministros Cármen Lúcia e Marco Aurélio que denegavam a ordem, tendo em conta a falta do licenciamento exigido para o serviço de radiodifusão comunitária e o teor de laudo pericial que teria concluído pela possibilidade de o funcionamento da referida rádio interferir em outras freqüências. O Min. Marco Aurélio salientava que o bem protegido seria da maior valia e a Min. Cármen Lúcia lembrava que algumas emissoras poderiam prestar desserviços, por exemplo, quando utilizadas por facções criminosas. **HC 104530/RS, rel. Min. Ricardo Lewandowski, 28.9.2010.** (HC-104530) (Inform. STF 602)

PRINCÍPIO DA INSIGNIFICÂNCIA E USUÁRIO DE DROGAS

A Turma iniciou julgamento de *habeas corpus* em que se pretende o reconhecimento da atipicidade material da conduta do paciente — surpreendido na posse de cinco decigramas de maconha — em face da aplicação do princípio da insignificância. O Min. Ricardo Lewandowski, relator, denegou a ordem. Enfatizou que decorreria a presunção de perigo do delito da própria conduta do usuário, pois, ao adquirir a droga para seu consumo, realimentaria esse comércio, pondo em risco a saúde pública. Ressaltou, ainda, a real possibilidade de o usuário vir a se tornar mais um traficante, em busca de recursos para sustentar seu vício. Observou, por fim, que — por se tratar de crime no qual o perigo seria presumido — não se poderia falar em ausência de periculosidade social da ação, um dos requisitos cuja verificação seria necessária para a aplicação do princípio da insignificância. Após, pediu vista dos autos o Min. Dias Toffoli. **HC 102940/ES, rel. Min. Ricardo Lewandowski, 24.8.2010.** (HC-102940) (Inform. STF 597)

ATO INFRACIONAL E PRINCÍPIO DA INSIGNIFICÂNCIA

A Turma, por maioria, indeferiu *habeas corpus* em que se pretendia a extinção de procedimento judicial de aplicação de medida sócio-educativa de prestação de serviços à comunidade a menor inimputável, instaurado em razão da prática de ato infracional equiparado ao crime de furto. Na espécie, o bem subtraído — uma bicicleta —, devidamente restituído à vítima, havia sido avaliado em cento e vinte reais, o que, segundo a impetração, implicaria a incidência do princípio da insignificância ao fato. Reputou-se necessário não considerar, à luz do referido postulado, apenas o valor pretendido à subtração, sob pena de deixar de existir a modalidade tentada de vários delitos. Nesse sentido, aduziu-se que não se poderia confundir o pequeno valor do objeto material do delito com a irrelevância da conduta do agente. Ressaltou-se, ademais, que o bem fora restituído por circunstâncias alheias à vontade do paciente — abordado por policiais na posse da bicicleta — e que ele possuiria envolvimento com drogas, utilizando-se da prática reiterada de atos contra o patrimônio para manter o vício. Destacou-se, por fim, que a medida sócio-educativa imposta seria proporcional ao ato perpetrado e imperiosa à reintegração plena do menor à sociedade. Vencido o Min. Gilmar Mendes, que deferia o *writ*. **HC 101144/RS, rel. Min. Ellen Gracie, 24.8.2010.** (HC-101144) (Inform. STF 597)

PRINCÍPIO DA INSIGNIFICÂNCIA E CRIME DE ROUBO - 1

A Turma iniciou julgamento de *habeas corpus* no qual a Defensoria Pública da União pleiteia o reconhecimento do princípio da insignificância em favor de condenado por roubo (CP, art. 157, § 2º, II), em decorrência de haver empregado grave ameaça para subtrair, em companhia de dois adolescentes, a quantia de R$ 3,25 (três reais e vinte e cinco centavos). O Min. Dias Toffoli, relator, indeferiu o writ. Enfatizou que, apesar de ínfimo o valor subtraído, houvera concurso de pessoas, com adolescentes, o que agravaria o contexto. Reportou-se, ademais, a jurisprudência do STF no sentido de ser inaplicável o princípio da insignificância ao delito de roubo. Após, o julgamento foi suspenso em virtude do pedido de vista do Min. Carlos Britto. HC 97190/GO, rel. **Min. Dias Toffoli, 10.11.2009.** (HC-97190)

PRINCÍPIO DA INSIGNIFICÂNCIA E CRIME DE ROUBO - 2

Em conclusão de julgamento, a Turma, por maioria, indeferiu *habeas corpus* no qual a Defensoria Pública da União pleiteava o reconhecimento do princípio da insignificância em favor de condenado por roubo majorado pelo concurso de pessoas (CP, art. 157, § 2º, II) — v. Informativo 567. Na espécie o paciente, em companhia de dois adolescentes, empregara grave ameaça, simulando portar arma de fogo sob a camiseta, e subtraíra a quantia de R$ 3,25. Enfatizou-se que, apesar de ínfimo o valor subtraído, houvera concurso de pessoas, dentre as quais adolescentes, o que agravaria o contexto. Reportou-se, ademais, à jurisprudência do STF no sentido de ser inaplicável o princípio da insignificância ao delito de roubo. O Min. Ayres Britto destacou que o reconhecimento do mencionado princípio, na situação concreta dos autos, poderia servir como estímulo à prática criminosa. Vencido o Min. Marco Aurélio que deferia o *writ* por concluir pela insignificância do procedimento, ante a peculiaridade da situação. **HC 97190/GO, rel. Min. Dias Toffoli, 10.8.2010.** (HC-97190) (Inform. STF 595)

PRINCÍPIO DA INSIGNIFICÂNCIA E ART. 168-A DO CP

A Turma, tendo em conta o valor supra-individual do bem jurídico tutelado, indeferiu *habeas corpus* em que condenados pelo delito de apropriação indébita previdenciária (CP, art. 168-A) pleiteavam a aplicação do princípio da insignificância. Consignou-se que, não obstante o pequeno valor das contribuições sonegadas à Previdência Social, seria incabível a incidência do almejado princípio. **HC 98021/SC, rel. Min. Ricardo Lewandowski, 22.6.2010.** (HC-98021) **HC 100938/SC, rel. Min. Ricardo Lewandowski, 22.6.2010.** (HC-100938) (Inform. STF 592)

ATO INFRACIONAL E PRINCÍPIO DA INSIGNIFICÂNCIA

A Turma deferiu *habeas corpus* em que se pretendia a extinção de procedimento judicial de aplicação de medida sócio-educativa a menor inimputável, instaurado em razão da prática de ato infracional equiparado ao crime de furto. Salientou-se, de início, que, embora a impetração se insurgisse contra decisão monocrática proferida por Ministro do STJ que indeferira o pleito liminar aduzido perante aquela Corte, fazia-se necessária a superação da Súmula 691/STF, ponderadas as particularidades do *writ*. Em seguida, considerou-se incidir, no caso, o princípio da insignificância, uma vez que a conduta imputada ao paciente, de que lhe resultara a imposição de medida sócio-educativa de internação, caracterizaria ato infracional equivalente ao delito de furto de objeto avaliado em quinze reais. Esse elemento, aliado às demais circunstâncias em torno do ato, afastaria a tipicidade da conduta, o que evidenciaria a ausência de justa causa do procedimento instaurado contra o paciente, à luz do referido princípio. **HC 102655/RS, rel. Min. Celso de Mello, 22.6.2010.** (HC-102655) (Inform. STF 592)

HC E TRÂNSITO EM JULGADO

Ao aplicar o princípio da insignificância, a Turma, por maioria, deferiu *habeas corpus* para trancar ação penal instaurada em desfavor de denunciado pela suposta prática do crime de descaminho (CP, art. 334, § 1º, c). Preliminarmente, conheceu-se do *writ*. Asseverou-se que, embora a impetração tivesse impugnado decisão já transitada em julgado, tal fato não impediria a apreciação do tema pela via do *habeas corpus*, haja vista que a questão trazida seria exclusivamente de direito, não havendo o envolvimento de matéria fática. Assim, reputou-se desnecessário o ajuizamento de revisão criminal, pois o próprio *habeas* seria a via adequada para a reanálise do tema jurídico colocado diante do quadro fático, o qual seria incontroverso. No mérito, consignou-se que o valor do tributo iludido estaria muito aquém do patamar de R$ 10.000,00 legalmente previsto no art. 20 da Lei 10.522/2002 (com a redação dada pela Lei 11.033/2004). Vencida, no ponto, a Min. Cármen Lúcia, que denegava a ordem por rejeitar a incidência do aludido princípio. **HC 95570/SC, rel. Min. Dias Toffoli, 1º.6.2010**. (HC-95570) (Inform. STF 589)

DESCAMINHO: PRINCÍPIO DA INSIGNIFICÂNCIA E QUOTA DE ISENÇÃO

Ante a incidência do princípio da insignificância, a Turma, por maioria, deferiu *habeas corpus* para determinar o trancamento de ação penal instaurada em desfavor de vendedor ambulante acusado pela suposta prática do crime de descaminho (CP, art. 334, § 1º, c), em decorrência do fato de haver sido surpreendido colocando à venda, em calçadão de praia, produtos importados sem as respectivas notas fiscais. Ressaltou-se que o valor dos bens seria de R$ 389,00, montante este inferior à quota de isenção de tributos, estabelecida pela Secretaria da Receita Federal, relativos à importação e à exportação de mercadorias. Vencido o Min. Marco Aurélio, que indeferia o *writ* por considerar que se teria, na espécie, o envolvimento de vendedores ambulantes os quais, geralmente, não portam toda a mercadoria que trazem do exterior. Ademais, aduziu que o valor em questão seria superior àquele que autoriza a extinção do executivo fiscal (R$ 100,00). **RHC 94905/CE, rel. Min. Dias Toffoli, 11.5.2010**. (RHC-94905) (Inform. STF 586)

"PIRATARIA" E PRINCÍPIO DA ADEQUAÇÃO SOCIAL

A Turma indeferiu *habeas corpus* em que a Defensoria Pública do Estado de São Paulo requeria, com base no princípio da adequação social, a declaração de atipicidade da conduta imputada a condenado como incurso nas penas do art. 184, § 2º, do CP (*"Art. 184. Violar direitos de autor e os que lhe são conexos: ... § 2º Na mesma pena do § 1º incorre quem, com o intuito de lucro direto ou indireto, distribui, vende, expõe à venda, aluga, introduz no País, adquire, oculta, tem em depósito, original ou cópia de obra intelectual ou fonograma reproduzido com violação do direito de autor, do direito de artista intérprete ou executante ou do direito do produtor de fonograma, ou, ainda, aluga original ou cópia de obra intelectual ou fonograma, sem a expressa autorização dos titulares dos direitos ou de quem os represente.*"). Sustentava-se que a referida conduta seria socialmente adequada, haja vista que a coletividade não recriminaria o vendedor de CD's e DVD's reproduzidos sem a autorização do titular do direito autoral, mas, ao contrário, estimularia a sua prática em virtude dos altos preços desses produtos, insuscetíveis de serem adquiridos por grande parte da população. Asseverou-se que o fato de a sociedade tolerar a prática do delito em questão não implicaria dizer que o comportamento do paciente poderia ser considerado lícito. Salientou-se, ademais, que a violação de direito autoral e a comercialização de produtos "piratas" sempre fora objeto de fiscalização e repressão. Afirmou-se que a conduta descrita nos autos causaria enormes prejuízos ao Fisco pela burla do pagamento de impostos, à indústria fonográfica e aos comerciantes regularmente estabelecidos. Rejeitou-se, por fim, o pedido formulado na tribuna de que fosse, então, aplicado na espécie o princípio da insignificância — já que o paciente fora surpreendido na posse de 180 CD's "piratas" — ao fundamento de que o juízo sentenciante também denegara o pleito tendo em conta a reincidência do paciente em relação ao mesmo delito. **HC 98898/SP, rel. Min. Ricardo Lewandowski, 20.4.2010**. (HC-98898) (Inform. STF 583)

PRINCÍPIO DA INSIGNIFICÂNCIA: ATO INFRACIONAL E PRESCRIÇÃO - 1

Por considerar ausente o interesse de agir, a Turma, em votação majoritária, não conheceu de *habeas corpus* em que se pleiteava a incidência do princípio da insignificância a menor acusado pela suposta prática de ato infracional equivalente ao delito tipificado no art. 155, § 4º, IV, do CP, c/c o art. 14, II, ambos do CP, em decorrência da tentativa de subtração de três calças jeans. Na espécie, o Ministro relator no STJ declarara, em recurso especial, a prescrição da pretensão estatal no tocante à aplicação da medida sócio-educativa. Sustentava a impetração, todavia, que o relator do especial não cogitara da possibilidade de aplicar o princípio da insignificância ao caso em tela, apesar de ter sido este ventilado nas razões recursais. Pleiteava, nesse sentido, o reconhecimento da falta de tipicidade da conduta, com base no mencionado princípio, por reputar mais benéfico ao paciente, registrando que a medida sócio-educativa só não ocorrera em virtude da prescrição. HC 96631/RS, rel. Min. Ricardo Lewandowski, 20.10.2009. (HC-96631)

PRINCÍPIO DA INSIGNIFICÂNCIA: ATO INFRACIONAL E PRESCRIÇÃO - 2

Aduziu-se, inicialmente, não se vislumbrar como outra decisão — que aplicasse o aludido princípio — pudesse ser mais benéfica ao paciente, dado que o reconhecimento da prescrição apagaria todos os efeitos do pretenso ato infracional por ele cometido. Assentou-se, assim, que o *writ* careceria de uma das condições da ação, qual seja, o interesse de agir, em face da inutilidade da medida requerida. Salientou-se, ademais, que a questão acerca da aplicação do princípio da insignificância sequer fora apreciada pelo relator no tribunal *a quo*, em razão da ausência de prequestionamento. Ressaltou-se, destarte, não caber ao STF o reexame dos requisitos de admissibilidade de recurso interposto nas instâncias inferiores. Vencido, no ponto, o Min. Marco Aurélio, que conhecia do *habeas corpus* por entender que a configuração do crime de bagatela — que levaria à absolvição pela atipicidade — mostrar-se-ia, nas circunstâncias, mais favorável do que a conclusão quanto à prescrição da pretensão punitiva. Quanto ao não enfretamento da matéria pelo STJ, asseverava que este poderia, ante o contexto, conceder a ordem de ofício, desde que se convencesse estar diante de uma ilegalidade passível de repercutir na liberdade de ir e vir do paciente. **HC 96631/RS, rel. Min. Ricardo Lewandowski, 20.10.2009**. (HC-96631) (Inform. STF 564)

PRINCÍPIO DA INSIGNIFICÂNCIA E APLICAÇÃO EM ATO INFRACIONAL - 1

Em face da peculiaridade do caso, a Turma indeferiu *habeas corpus* no qual se pleiteava a aplicação do princípio da insignificância a menor acusado pela prática de ato infracional equiparado ao delito tipificado no art. 155, § 4º, IV, do CP, consistente na subtração de uma ovelha no valor de R$ 90,00 (noventa reais). Na espécie, magistrada de primeira instância rejeitara a inicial da representação com base no citado princípio, tendo tal decisão, entretanto, sido cassada pelo tribunal local e mantida pelo STJ. Sustentava a impetração que a lesão econômica sofrida pela vítima seria insignificante, tomando-se por base o patrimônio desta, além de ressaltar que não houvera ameaça ou violência contra a pessoa. **HC 98381/RS, rel. Min. Ricardo Lewandowski, 20.10.2009**. (HC-98381)

PRINCÍPIO DA INSIGNIFICÂNCIA E APLICAÇÃO EM ATO INFRACIONAL - 2

Preliminarmente, observou-se que esta Turma já reconhecera a possibilidade de incidência do princípio da insignificância em se tratando de ato praticado por menor (HC 96520/RS, DJE de 24.4.2009). Na presente situação, assinalou-se que não se encontraria maior dificuldade em considerar satisfeitos os requisitos necessários à configuração do delito de bagatela, quais sejam, conduta minimamente ofensiva, ausência de periculosidade do agente, reduzido grau de reprovabilidade do comportamento e lesão jurídica inexpressiva. Mencionou-se, por outro lado, que o adolescente registraria antecedentes pela prática de outros atos infracionais, tendo sofrido medida sócio-educativa, além de ser usuário de substâncias entorpecentes. Tendo em conta o caráter educativo, protetor das medidas previstas no Estatuto da Criança e do Adolescente - ECA, asseverou-se que não pareceria desarrazoado o que fora decidido pela Corte de origem, ou seja, a aplicação de medida consistente na liberdade assistida, pelo prazo de seis meses — mínimo previsto pelo art. 188 do ECA —, além de sua inclusão em programa oficial ou comunitário de combate à dependência química (ECA, art. 101, VI). **HC 98381/RS, rel. Min. Ricardo Lewandowski, 20.10.2009**. (HC-98381) (Inform. STF 564)

EMENTA: RECURSO. Extraordinário. Inadmissibilidade. Princípio da insignificância. Atipicidade da conduta. Ofensa ao art. 5°, incs. XXXV, LV e LIV, da Constituição Federal. Inocorrência. Matéria infraconstitucional. Ausência de repercussão geral. Agravo de instrumento não conhecido. Não apresenta repercussão geral o recurso extraordinário que verse sobre a questão do reconhecimento de aplicação do princípio da insignificância, porque se trata de matéria infraconstitucional. **REPERCUSSÃO GERAL EM AI N. 747.522-RS. RELATOR: MIN. CEZAR PELUSO**. (Inform. STF 560)

EMENTA: *Habeas corpus*. PENAL. TENTATIVA DE FURTO. MERCADORIAS DE VALOR INEXPRESSIVO. PRINCÍPIO DA INSIGNIFICÂNCIA. APLICABILIDADE. *OCULTA COMPENSATIO*. 1. A aplicação do princípio da insignificância há de ser criteriosa e casuística, tendo-se em conta critérios objetivos. 2. Princípio que se presta a beneficiar as classes subalternas, conduzindo à atipicidade da conduta de quem comete delito movido por razões análogas às que toma São Tomás de Aquino, na Suma Teológica, para justificar a *oculta compensatio*. A conduta do paciente não excede esse modelo. 3. A tentativa de subtração de mercadorias cujos valores são inexpressivos não justifica a persecução penal. O Direito Penal, considerada a intervenção mínima do Estado, não deve ser acionado para reprimir condutas que não causem lesões significativas aos bens juridicamente tutelados. 4.Aplicação do princípio da insignificância justificada no caso. Ordem deferida. **HC N. 96.057-RS. RELATOR P/ O ACÓRDÃO: MIN. EROS GRAU**. (Inform. STF 555)

DESCAMINHO E PRINCÍPIO DA INSIGNIFICÂNCIA - 1

Por ausência de justa causa para a ação, a Turma, em votação majoritária, concedeu *habeas corpus*, interposto pela Defensoria Pública da União, para determinar o trancamento de ação penal instaurada contra acusado pela suposta prática do crime de descaminho (CP, art. 334, § 1º, d, c/c o § 2º), em decorrência de haver ingressado em território nacional com mercadorias de procedência estrangeira sem a regular documentação fiscal, importando em tributos possivelmente ilididos no valor de R$ 645,32 (seiscentos e quarenta e cinco reais e trinta e dois centavos). No caso, o STJ, ao afastar a incidência do princípio referido, assentara que o valor do tributo apurado ultrapassaria o montante previsto no art. 18, § 1º, da Lei 10.522/2002 — que estabelece o limite de R$ 100,00 (cem reais) para a extinção do crédito fiscal. **HC 96661/PR, rel. Min. Cármen Lúcia, 23.6.2009**. (HC-96661)

DESCAMINHO E PRINCÍPIO DA INSIGNIFICÂNCIA - 2

Considerou-se que, na espécie, dois aspectos objetivos deveriam ser considerados: 1) a inexpressividade do montante do débito tributário apurado, se comparado com a pena cominada ao delito (de 1 a 4 anos de reclusão) e com o valor de R$ 10.000,00 (dez mil reais), previsto no art. 20 da Lei 10.522/2002, para o arquivamento, sem baixa na distribuição, dos autos das infrações fiscais de débitos inscritos como dívida ativa da União; 2) o fato de ter havido a apreensão de todos os produtos objeto do crime de descaminho. Registrou-se, todavia, a necessidade de uma maior reflexão sobre a matéria, de modo a não se afirmar, sempre, de forma objetiva, a caracterização do princípio da insignificância quando o valor não seja exigível para o Fisco, devendo cada caso ser analisado conforme suas peculiaridades. Vencido o Min. Marco Aurélio, que indeferia o *writ* ao fundamento de que, no que tange ao patrimônio privado, não se chegaria a assentar o crime de bagatela quando a *res* alcançasse o valor de R$ 10.000,00, não sendo coerente, destarte, decidir-se em sentido contrário quando se visasse proteger a coisa pública. Asseverou, ademais, ser relutante em admitir essa fixação jurídica criada pela jurisprudência, na medida em que tal preceito não se encontraria em dispositivo normativo algum. **HC 96661/PR, rel. Min. Cármen Lúcia, 23.6.2009.** (HC-96661) (Inform. STF 552)

EMENTA: *Habeas corpus*. CONSTITUCIONAL. PENAL. PACIENTE DENUNCIADO PELA INFRAÇÃO DO ART. 289, § 1º, DO CÓDIGO PENAL. ALEGAÇÃO DE INCIDÊNCIA DO PRINCÍPIO DA INSIGNIFICÂNCIA. PRECEDENTE DO SUPREMO TRIBUNAL FAVORÁVEL À TESE DA IMPETRAÇÃO: NÃO APLICAÇÃO À ESPÉCIE VERTENTE. PRECEDENTES. *Habeas corpus* DENEGADO. 1. A existência de decisão neste Supremo Tribunal no sentido pretendido pela Impetrante, inclusive admitindo a incidência do princípio da insignificância ao crime de moeda falsa, não é bastante a demonstrar como legítima sua pretensão. 2. Nas circunstâncias do caso, o fato é penalmente relevante, pois a moeda falsa apreendida, além de representar um valor vinte vezes superior ao do precedente mencionado, seria suficiente para induzir a engano, o que configura a expressividade da lesão jurídica da ação do Paciente. 3. A jurisprudência predominante do Supremo Tribunal Federal é no sentido de reverenciar – em crimes de moeda falsa - a fé pública, que é um bem intangível, que corresponde, exatamente, à confiança que a população deposita em sua moeda. Precedentes. 4. *Habeas corpus* denegado. **HC N. 96.153-MG. RELATORA: MIN. CÁRMEN LÚCIA.** (Inform. STF 552)

EMENTA: AÇÃO PENAL. Justa causa. Inexistência. Delito teórico de descaminho. Tributo devido estimado em pouco mais de nove mil reais. Valor inferior ao limite de dez mil reais estabelecido no art. 20 da Lei nº 10.522/02, com a redação da Lei nº 11.033/04. Crime de bagatela. Aplicação do princípio da insignificância. Atipicidade reconhecida. Absolvição decretada. HC concedido para esse fim. Precedentes. Reputa-se atípico o comportamento de descaminho, quando o valor do tributo devido seja inferior ao limite previsto no art. 20 da Lei nº 10.522/2002, com a redação introduzida pela Lei nº 11.033/2004. **HC N. 92.119-GO. RELATOR: MIN. CEZAR PELUSO**. (Inform. STF 552)

EMENTA: AÇÃO PENAL. Delito de furto. Subtração de aparelho de som de veículo. Tentativa. Coisa estimada em cento e trinta reais. *Res* furtiva de valor insignificante. Inexistência de fuga, reação, arrombamento ou prejuízo material. Periculosidade não considerável do agente. Circunstâncias relevantes. Crime de bagatela. Caracterização. Aplicação do princípio da insignificância. Atipicidade reconhecida. Absolvição decretada. HC concedido para esse fim. Precedentes. Verificada a objetiva insignificância jurídica do ato tido por delituoso, à luz das suas circunstâncias, deve o réu, em recurso ou *habeas corpus*, ser absolvido por atipicidade do comportamento, quando tenha sido condenado. **HC N. 92.988-RS. RELATOR: MIN. CEZAR PELUSO**. (Inform. STF 552)

DESCAMINHO E PRINCÍPIO DA INSIGNIFICÂNCIA

Por ausência de justa causa, a Turma, em votação majoritária, proveu recurso ordinário em *habeas corpus* para trancar ação penal instaurada contra acusado pela suposta prática do crime de descaminho (CP, art. 334, § 1º, d), em decorrência do fato de ter ingressado em território nacional trazendo mercadorias de origem estrangeira, sem a documentação comprobatória de regularidade fiscal, alcançando os impostos devidos o montante de R$ 2.528,24 (dois mil quinhentos e vinte e oito reais e vinte e quatro centavos). No caso, o STJ, enfatizando a reiteração da conduta típica, rejeitara a aplicação do princípio da insignificância por considerar que já teria sido instaurado, anteriormente, procedimento contra o mesmo paciente por fato semelhante, porém arquivado. Asseverou-se que o art. 20 da Lei 10.522/2002 determina o arquivamento das execuções fiscais, sem cancelamento da distribuição, quando os débitos inscritos como dívida ativa da União forem iguais ou inferiores a R$ 10.000,00 (dez mil reais) — valor este resultante da modificação pela Lei 11.033/2004. Salientou-se que a jurisprudência do STF é firme no sentido da incidência do princípio da insignificância quando a quantia sonegada não ultrapassar o valor estabelecido no mencionado dispositivo, o que implicaria falta de justa causa para ação penal pelo crime de descaminho. Ademais, aduziu-se que a existência de procedimento criminal — arquivado — por fatos similares não se mostraria suficiente para afastar o aludido princípio, tendo em vista o caráter objetivo da regra estabelecida por esta Corte para o efeito de se reconhecer o delito de bagatela. Vencidos os Ministros Marco Aurélio e Carlos Britto que desproviam o recurso por considerar a repetição da prática delituosa, ressaltando que o paciente já fora beneficiado antes pelo instituto da insignificância pelo mesmo crime. Alguns pre-cedentes citados: HC 96374/PR (DJE de 23.4.2009); HC 96309/RS (DJE de 24.4.2009); RE 514531/RS (DJE de 6.3.2009). **RHC 96545/SC, rel. Min. Ricardo Lewandowski, 16.6.2009**. (RHC-96545) (Inform. STF 551)

EMENTA: *Habeas corpus*. CRIME DE DESCAMINHO (ART. 334 DO CP). TRIBUTO DEVIDO QUE NÃO ULTRAPASSA A SOMA DE R$ 2.500,00 (DOIS MIL E QUINHENTOS REAIS). DESNECESSÁRIO O REVOLVIMENTO DE MATÉRIA FÁTICA. ALEGADA INCIDÊNCIA DO PRINCÍPIO DA INSIGNIFICÂNCIA PENAL. ATIPICIDADE MATERIAL DA CONDUTA. PROCEDÊNCIA DA ALEGAÇÃO. ORDEM CONCEDIDA. 1. A simples leitura dos autos revela que o valor do tributo suprimido pelo paciente não ultrapassa o montante de R$ 2.500,00 (dois mil e quinhentos reais). Pelo que é desnecessário o revolvimento de matéria fática. 2. A relevância penal da conduta imputada ao paciente, no caso dos autos, é de ser investigada a partir das diretrizes do artigo 20 da Lei nº 10.522/2002. Dispositivo que determina, na sua redação atual, o arquivamento das execuções fiscais cujo valor consolidado for igual ou inferior a R$ 10.000,00 (dez mil reais). Autos que serão reativados somente quando os valores dos débitos inscritos como Dívida Ativa da União pela Procuradoria-Geral da Fazenda Nacional ultrapassarem esse limite (§ 1º). O que não sobressai do exame desta causa. 3. Incidência do princípio da insignificância penal, segundo o qual para que haja a incidência da norma incriminadora não basta a mera adequação formal do fato empírico ao tipo. Necessário que esse fato empírico se contraponha, em substância, à conduta normativamente tipificada. É preciso que o agente passivo experimente efetivo desfalque em seu patrimônio, ora maior, ora menor, ora pequeno, mas sempre um real prejuízo material. Não, como no caso, a supressão de um tributo cujo reduzido valor pecuniário nem sequer justifica a obrigatória cobrança judicial. 4. Entendimento diverso implicaria a desnecessária mobilização de uma máquina custosa, delicada e ao mesmo tempo complexa como é o aparato de poder em que o Judiciário consiste. Poder que não é de ser acionado para, afinal, não ter o que substancialmente tutelar. 5. Não há sentido lógico permitir que alguém seja processado, criminalmente, pela falta de recolhimento de um tributo que nem sequer se tem a certeza de que será cobrado no âmbito administrativo-tributário do Estado. Estado julgador que só é de *lançar mão* do direito penal para a tutela de bens jurídicos de cuja relevância não se tenha dúvida. 6. Jurisprudência pacífica de ambas as Turmas desta Suprema Corte: RE 550.761, da relatoria do ministro Menezes Direito (Primeira Turma); RE 536.486, da relatoria da ministra Ellen Gracie (Segunda Turma); e HC 92.438, da relatoria do ministro Joaquim Barbosa (Segunda Turma). 7. Ordem concedida para determinar o trancamento da ação penal. **HC N. 93.072-SP. RELATOR: MIN. CARLOS BRITTO**. (Inform. STF 550)

PRINCÍPIO DA INSIGNIFICÂNCIA E FURTO PRIVILEGIADO

A Turma indeferiu *habeas corpus* em que se pleiteava a aplicação do princípio da insignificância a condenado por 2 furtos praticados contra vítimas distintas. No caso, o paciente subtraíra para si uma bicicleta — avaliada em R$ 70,00 — e, em ato contínuo, dirigira-se a estabelecimento comercial, onde furtara uma garrafa de uísque — avaliada em R$ 21,80 —, sendo preso em flagrante. Entendeu-se que não estariam presentes os requisitos autorizadores para o reconhecimento desse princípio. Aduziu-se que o paciente, ao cometer 2 crimes de furto em concurso material, com vítimas distintas, demonstrara possuir propensão à prática de pequenos delitos, os quais não poderiam passar despercebidos pelo Estado. Asseverou-se que, embora o reconhecimento da atipicidade penal pela insignificância dependa da constatação de que a conduta seja a tal ponto irrelevante — desvalor da ação e do resultado — que não seja razoável impor-se a sanção penal descrita na lei, isso não ocorreria na espécie. Enfatizou-se que a bicicleta fora furtada de pessoa humilde e de poucas posses, que a utilizava para se deslocar ao seu local de trabalho, de modo a revelar que esse bem era relevante para a vítima, e cuja subtração repercutira expressivamente em seu patrimônio. Por fim, considerou-se que a situação dos autos fora devidamente enquadrada como infração de pequeno valor, na qual incidente causa de diminuição de pena referente ao furto privilegiado (CP, art. 155, § 2º), distinguindo-a, no ponto, da figura da infração insignificante, que permite o reconhecimento da atipicidade da conduta. **HC 96003/MS, rel. Min. Ricardo Lewandowski, 2.6.2009**. (HC-96003) (Inform. STF 549)

FALSIFICAÇÃO DE MOEDA E PRINCÍPIO DA INSIGNIFICÂNCIA

A Turma indeferiu *habeas corpus* em que condenado pela prática do delito previsto no art. 289, § 1º, do CP — por guardar em sua residência duas notas falsas no valor de R$ 50,00 — pleiteava a aplicação do princípio da insignificância. Inicialmente, não se adotou o paradigma da 2ª Turma, apontado pela impetração, ante a diversidade de situações, dado que aquele órgão julgador considerara as circunstâncias da situação concreta apresentada para conceder a ordem, tais como: a) a falsificação grosseira, b) a inexpressividade da lesão jurídica causada, e c) o fato de ter sido apreendida uma nota falsa no valor de R$ 5,00 em meio a outras notas verdadeiras. Em seguida, asseverou-se que, na espécie, cuidar-se-ia de notas falsas, as quais poderiam perfeitamente provocar o engano. Enfatizou-se, ademais, que o bem violado seria a fé pública, a qual é um bem intangível e que corresponde à confiança que a população deposita em sua moeda, não se tratando, assim, da simples análise do valor material por ela representado. Precedentes citados: HC 83526/CE (DJU de 26.3.2004), HC 93251/DF (DJE de 22.8.2008). **HC 96153/MG, rel. Min. Cármen Lúcia, 26.5.2009**. (HC-96153) (Inform. STF 548)

PRINCÍPIO DA INSIGNIFICÂNCIA E CONCESSÃO DE OFÍCIO DE HC

O princípio da insignificância, como fator de descaracterização material da própria atipicidade penal, constitui, por si só, motivo bastante para a concessão de ofício da ordem de *habeas corpus*. Com base nesse entendimento, a Turma deferiu, de ofício, *habeas corpus* para determinar a extinção definitiva do procedimento penal instaurado contra o paciente, invalidando-se todos os atos processuais, desde a denúncia, inclusive, até a condenação eventualmente já imposta. Registrou-se que, embora o tema relativo ao princípio da insignificância não tivesse sido examinado pelo STJ, no caso, cuidar-se-ia de furto de uma folha de cheque (CP, art. 157, *caput*) na quantia de R$ 80,00, valor esse que se ajustaria ao critério de aplicabilidade desse princípio — assentado por esta Corte em vários precedentes —, o que descaracterizaria, no plano material, a própria tipicidade penal. **HC 97836/RS, rel. Min. Celso de Mello, 19.5.2009**. (HC-97836) (Inform. STF 547)

RECEPTAÇÃO QUALIFICADA E PRINCÍPIO DA PROPORCIONALIDADE

O art. 180, § 1º, do CP não ofende os princípios da razoabilidade e da proporcionalidade ("*§ 1º - Adquirir, receber, transportar, conduzir, ocultar, ter em depósito, desmontar, montar, remontar, vender, expor à venda, ou de qualquer forma utilizar, em proveito próprio ou alheio, no exercício de atividade comercial ou industrial, coisa que deve saber ser produto de crime: Pena - reclusão, de três a oito anos, e multa.*"). Com fundamento nessa orientação, a Turma indeferiu *habeas corpus* no qual condenados por receptação qualificada (CP, art. 180, § 1º) — por efetuarem desmanche de veículos roubados —, alegando violação aos princípios da razoabilidade e da proporcionalidade, argüiam a inconstitucionalidade do mencionado dispositivo, na medida em que prevista pena mais severa para o agente que "deve saber" da origem ilícita do produto, em relação àquele que "sabe" de tal origem, conforme disposto no *caput* desse mesmo artigo ("*Art. 180 - Adquirir, receber, transportar, conduzir ou ocultar, em proveito próprio ou alheio, coisa que sabe ser produto de crime, ou influir para que terceiro, de boa-fé, a adquira, receba ou oculte: Pena - reclusão, de um a quatro anos, e multa.*"). De início, aduziu-se que a conduta descrita no § 1º do art. 180 do CP é mais gravosa do que aquela do *caput*, porquanto voltada para a prática delituosa pelo comerciante ou industrial, que, em virtude da própria atividade profissional, possui maior facilidade para agir como receptador de mercadoria ilícita. Em seguida, asseverou-se que, apesar da falta de técnica na redação do aludido preceito, a modalidade qualificada do § 1º abrangeria tanto o dolo direto quanto o eventual, ou seja, abarcaria a conduta de quem "sabe" e de quem "deve saber" ser a coisa produto de crime. Assim, se o tipo pune a forma mais leve de dolo (eventual), a conclusão lógica seria de que, com maior razão, também o faria em relação à forma mais grave (dolo direto), mesmo que não o tenha dito expressamente, pois o menor se insere no maior. **HC 97344/SP, rel. Min. Ellen Gracie, 12.5.2009**. (HC-97344) (Inform. STF 546)

DESCAMINHO E PRINCÍPIO DA INSIGNIFICÂNCIA

Por ausência de justa causa, a Turma deferiu *habeas corpus* para determinar o trancamento de ação penal instaurada contra acusado pela suposta prática do crime de descaminho (CP, art. 334), em decorrência do fato de haver iludido impostos devidos pela importação de mercadorias, os quais totalizariam o montante de R$ 5.118,60 (cinco mil cento e dezoito reais e sessenta centavos). No caso, o TRF da 4ª Região, por reputar a conduta do paciente materialmente típica, negara aplicação ao princípio da insignificância ao fundamento de que deveria ser mantido o parâmetro de R$ 2.500,00 (dois mil e quinhentos reais) para ajuizamento de execuções fiscais (Lei 10.522/2002) e não o novo limite de R$ 10.000,00 (dez mil reais) instituído pela Lei 11.033/2004. Inicialmente, salientou-se o caráter vinculado do requerimento do Procurador da Fazenda para fins de arquivamento de execuções fiscais e a inexistência, no acórdão impugnado, de qualquer menção a possível continuidade delitiva ou acúmulo de débitos que conduzisse à superação do valor mínimo previsto na Lei 10.522/2002, com a redação dada pela Lei 11.033/2004 ["*Art. 20. Serão arquivados, sem baixa na distribuição, mediante requerimento do Procurador da Fazenda Nacional, os autos das execuções fiscais de débitos inscritos como Dívida Ativa da União pela Procuradoria-Geral da Fazenda Nacional ou por ela cobrados, de valor consolidado igual ou inferior a R$ 10.000,00 (dez mil reais). § 1o Os autos de execução a que se refere este artigo serão reativados quando os valores dos débitos ultrapassarem os limites indicados.*"]. Entendeu-se não ser admissível que uma conduta fosse irrelevante no âmbito administrativo e não o fosse para o Direito Penal, que só deve atuar quando extremamente necessário para a tutela do bem jurídico protegido, quando falharem os outros meios de proteção e não forem suficientes as tutelas estabelecidas nos demais ramos do Direito. **HC 92438/PR, rel. Min. Joaquim Barbosa, 19.8.2008**. (HC-92438) (Inform. STF 516)

FALSIFICAÇÃO DE MOEDA E PRINCÍPIO DA INSIGNIFICÂNCIA

A Turma indeferiu *habeas corpus* em que condenado pela prática do delito previsto no art. 289, § 1º, do CP, por portar 10 cédulas falsas, cada uma com valor facial de R$ 5,00, pleiteava a aplicação do princípio da insignificância. Considerou-se que o paciente, ao fazer circular as notas falsas, sem comprovar a sua boa-fé, incorrera no crime de falsificação de moeda falsa, cujo bem jurídico tutelado é a fé pública. Desse modo, o tipo penal em questão não tem como pressuposto a ocorrência de prejuízo econômico, objetivamente quantificável, mas a proteção de um bem intangível, que corresponde à credibilidade do sistema financeiro. **HC 93251/DF, rel. Min. Ricardo Lewandowski, 5.8.2008**. (HC-93251) (Inform. STF 514)

ALTERAÇÃO DO CONTRATO SOCIAL E PRINCÍPIO DA CONSUNÇÃO - 1

A Turma indeferiu *habeas corpus* em que acusados pe-la suposta prática dos delitos previstos no art. 297 do CP e no art. 1º, I, da Lei 8.137/90 pleiteavam o trancamento de inquérito policial por falta de justa causa. No caso, durante o curso de ação de execução fiscal ajuizada contra determinada empresa, o Ministério Público Federal requerera a instauração de inquérito para apurar a responsabilidade penal dos pacientes, antigos sócios da empresa, em alteração do contrato social reputada fraudulenta pelos atuais sócios. A impetração sustentava a extinção da punibilidade (Lei 10.684/2003, art. 9º, § 2º), dado que, quando da instalação do referido inquérito, existia parcelamento do débito tributário, o qual já fora integralmente pago. Pretendia-se, também, o reconhecimento de que o delito tributário teria absorvido o de falso, porquanto este seria crime-meio para o cometimento daquele, uma vez que a conduta investigada seria a de prestar falsa declaração, por intermédio de simulação de venda de pessoa jurídica devedora de tributos, objetivando a supressão da dívida. HC 91542/RJ, rel. Min. Cezar Peluso, 18.9.2007. (HC-91542)

ALTERAÇÃO DO CONTRATO SOCIAL E PRINCÍPIO DA CONSUNÇÃO - 2

Entendeu-se que, na via eleita, não haveria como se chegar à conclusão almejada pelos pacientes. Asseverou-se que, embora admitida a tese da defesa, em nenhum momento a potencialidade lesiva do *falsum*, objeto de investigação do inquérito, esgotar-se-ia no suposto crime contra a ordem tributária, ainda que subsumido no art. 2º, I, da Lei 8.137/90 ("*Art. 2º. Constitui crime da mesma natureza: I - fazer declaração falsa ou omitir declaração sobre rendas, bens ou fatos, ou empregar outra fraude, para eximir-se, total ou parcialmente, de pagamento de tributo;*"). Nesse sentido, aduziu-se que, não obstante o falso servisse para, num primeiro momento, eximir os pacientes do pagamento de tributo devido pela pessoa jurídica de que eram sócios, poderia a falsificação não se ter esgotado em tal fato penalmente relevante, haja vista que o contrato regula situações jurídicas específicas da vida da sociedade e não se predestina a permitir ao Fisco, por meio da desconsideração da personalidade jurídica, executar os sócios. Assim, aduziu-se que a hipótese aventada pela impetração não estaria incluída no caso clássico de crime contra a ordem tributária, com falso na contabilidade da empresa, preordenado a fraudar o Fisco, reduzindo ou suprimindo o valor de tributo. Ademais, considerou-se possível a absorção do crime de falsificação por delito contra a ordem tributária, se houver, naquele, finalidade e destino específicos, voltados unicamente à prática de crime contra a ordem tributária. Concluiu-se que, na espécie, a falsificação apurada teria ido além e, como tal, possuiria potencialidade lesiva mais ampla, que transporia os limites do crime contra a ordem tributária. Ordem denegada, para que a autoridade policial, para além de crime contra a ordem tributária, cuja punibilidade está extinta, possa investigar outros eventuais ilícitos conseqüentes à alteração contratual da empresa. Precedente citado: HC 84453/PB (DJU de 4.2.2005). HC 91542/RJ, rel. Min. Cezar Peluso, 18.9.2007. (HC-91542) (Inform. STF 480)

1.1. SUPERIOR TRIBUNAL DE JUSTIÇA

DIREITO PENAL. FURTO QUALIFICADO PELA ESCALADA. PRINCÍPIO DA INSIGNIFICÂNCIA.

Não é possível a aplicação do princípio da insignificância ao furto praticado mediante escalada (art. 155, § 4º, II, do CP). O significativo grau de reprovabilidade do *modus operandi* do agente afasta a possibilidade de aplicação do princípio da insignificância. Precedentes citados do STF: HC 84.412-SP, DJ 19/11/2004; do STJ: HC 187.881-RS, DJe 28/9/2011, e HC 195.114-RS, DJe 7/10/2011. **REsp 1.239.797-RS, Rel. Min. Laurita Vaz, julgado em 16/10/2012.(Inform. STJ 506)**

DIREITO PENAL. FURTO DE PEQUENO VALOR. PRINCÍPIO DA INSIGNIFICÂNCIA.

Não é possível a aplicação do princípio da insignificância ao furto de objeto de pequeno valor. Não se deve confundir bem de pequeno valor com o de valor insignificante, o qual, necessariamente, exclui o crime ante a ausência de ofensa ao bem jurídico tutelado, qual seja, o patrimônio. O bem de pequeno valor pode caracterizar o furto privilegiado previsto no § 2º do art. 155 do CP, apenado de forma mais branda, compatível com a lesividade da conduta. Além disso, o STF já decidiu que, mesmo nas hipóteses de restituição do bem furtado à vítima, não se justifica irrestritamente a aplicação do princípio da insignificância, mormente se o valor do bem objeto do crime tem expressividade econômica. Precedentes citados do STF: HC 97.772-RS, DJe 20/11/2009; HC 93.021-PE, DJe 22/5/2009; HC 84.412-SP, DJ 19/11/2004, e do STJ: HC 106.605-SP, DJe 20/10/2008. **REsp 1.239.797-RS, Rel. Min. Laurita Vaz, julgado em 16/10/2012. (Inform. STJ 506)**

PRINCÍPIO DA INSIGNIFICÂNCIA. TENTATIVA. FURTO. APARELHO DVD.

A Turma reformou acórdão do tribunal de justiça, restabelecendo a sentença que condenou o recorrido à pena de um ano e quatro meses de reclusão em regime aberto pela tentativa de furto de um aparelho de DVD avaliado em R$ 250,00. Na hipótese, o recorrido adentrou um dos cômodos da residência e apossou-se do bem, tendo sido detido pela vítima quando saía da residência dela. Para o Min. Relator, a verificação da lesividade mínima da conduta, apta a torná-la atípica, deve levar em consideração a importância do objeto material subtraído, a condição econômica do sujeito passivo, assim como as circunstâncias e o resultado do crime, a fim de se determinar, subjetivamente, se houve ou não relevante lesão ao bem jurídico tutelado. Embora se trate de um único bem subtraído, cujo valor de R$ 250,00 possa ser considerado como reduzido ou irrelevante dependendo da condição econômica do sujeito passivo, a hipótese revela peculiaridades que devem ser levadas em consideração para afastar a hipótese de crime de bagatela. Precedentes citados: AgRg no REsp 982.818-RS, DJe 8/6/2011, e AgRg no REsp 1.228.962-MG, DJe 8/6/2011. **REsp 1.224.795-RS, Rel. Min. Gilson Dipp, julgado em 13/3/2012. (Inform. STJ 493)**

FURTO QUALIFICADO. PRINCÍPIO DA INSIGNIFICÂNCIA.

O princípio da insignificância requer, para sua aplicação, que a mínima ofensividade da conduta seja analisada caso a caso, observando o bem subtraído, a condição econômica do sujeito passivo, as circunstâncias e o resultado do crime. No caso, invocou-se tal princípio, pois foram apreendidos como objetos do furto apenas uma colcha de casal e um edredon. A Turma entendeu ser inaplicável esse princípio porque os agentes em concurso, ao ingressar na residência da vítima, romperam obstáculos durante o repouso noturno, motivos que indicam o alto grau de reprovabilidade da conduta. Além disso, outros objetos, não recuperados, também foram furtados. Precedentes citados: HC 187.961-RS, DJe 28/11/2011; AgRg no REsp 982.818-RS, DJe 8/6/2011, e RHC 29.133-GO, DJe 17/10/2011. **HC 179.572-SP, Rel. Min. Gilson Dipp, julgado em 15/3/2012.(Inform. STJ 493)**

FURTO. PRINCÍPIO DA INSIGNIFICÂNCIA.

In casu, trata-se da tentativa de furto de quatro saquinhos de suco, quatro pedaços de picanha e um frasco de fermento em pó, avaliados no total de R$ 206,44. Após o voto do Min. Relator denegando a ordem, verificou-se empate na votação, prevalecendo a decisão mais favorável ao réu. Dessa forma, a Turma concedeu a ordem nos termos do voto da Min. Maria Thereza de Assis Moura, em razão da incidência do princípio da insignificância ante a ausência de lesividade da conduta, em especial diante da capacidade econômica da vítima, que seria uma rede de supermercados, e em razão da restituição dos bens. **HC 169.029-RS. Rel. originário Min. Sebastião Reis Júnior, Rel. para acórdão Min. Maria Thereza de Assis Moura, julgado em 16/2/2012. (Inform. STJ 491)**

FURTO SIMPLES. CRIME IMPOSSÍVEL. SISTEMA ELETRÔNICO DE VIGILÂNCIA. PRINCÍPIO. INSIGNIFICÂNCIA. RES FURTIVA. VALOR IRRISÓRIO.

A Turma, cassando a liminar deferida, denegou a ordem na qual se pretendia o reconhecimento da ocorrência de crime impossível ou absolvição do paciente pela aplicação direta do princípio da insignificância e, subsidiariamente, a alteração do regime inicial de cumprimento da pena. Na espécie, o paciente foi condenado, pelo delito descrito no art. 155, *caput*, do Código Penal (CP), à pena de três anos e quatro meses de reclusão em regime semiaberto. Inicialmente, ressaltou o Min. Relator a posição firmada neste Superior Tribunal em diversos precedentes de que a presença de sistema eletrônico de vigilância no estabelecimento comercial não se mostra infalível para impedir a consumação dos delitos de furto. Logo, não seria o caso do reconhecimento da figura do crime impossível. Em seguida, destacou que, para a exclusão da tipicidade material pela aplicação do princípio da insignificância, como consabido, seria necessária a apreciação dos seguintes requisitos: a mínima ofensividade da conduta do agente, nenhuma periculosidade social da ação, o reduzido grau de reprovação do comportamento e a inexpressividade da lesão jurídica provocada. Ponderou, dessa forma, que a suposta inexpressividade da lesão jurídica provocada, configurada pela pequena lesão causada ao patrimônio da vítima, não deve ser utilizada como único parâmetro para aplicação do aludido princípio sob pena de relativizar o direito de propriedade, bem como estimular a prática reiterada de furtos de bens pequeno valor. Considerou, ademais, que o crime tratado nos autos não representa fato isolado na vida do paciente, razão pela qual a sua conduta não deve ser tida como penalmente irrelevante, mas comportamento altamente reprovável a ser combatido pelo Direito Penal. Inclusive, consta dos autos que o paciente, após ter tentado subtrair outros itens por diversas vezes no mesmo estabelecimento comercial, teria sido advertido de que, se houvesse outra tentativa, a Polícia Militar seria acionada. Por fim, diante da ausência de flagrante ilegalidade suportada pelo paciente apta a viabilizar a análise da matéria no *mandamus,* foi mantido o regime prisional semiaberto. Precedente citado do STF: HC 84.412-SP, DJ 19/11/2004. **HC 181.138-MG, Rel. Min. Gilson Dipp, julgado em 8/11/2011.** (Inform. STJ 487)

PRINCÍPIO. INSIGNIFICÂNCIA. FURTO QUALIFICADO. ABUSO. CONFIANÇA. EMPREGADA DOMÉSTICA.

Julgou-se procedente o pedido feito pelo MP para reformar acórdão do TJ que negou prosseguimento à denúncia pelo cometimento do crime de furto por empregada doméstica, que subtraiu o valor de R$ 120,00 da gaveta e da carteira do seu patrão. O Min. Relator entendeu, no que foi seguido pelos demais Ministros, que a atitude da ré revela lesividade suficiente para justificar uma condenação, havendo que se reconhecer a ofensividade, a periculosidade social e o significativo grau de reprovabilidade do seu comportamento. Continuando seu voto, o Min. Relator aduziu que a ação da denunciada se deu com nítido abuso de confiança, haja vista trabalhar na casa da vítima há dois anos e meio; não se poder considerar o valor de R$ 120,00 como bagatela, notadamente tomando-se de base o salário mínimo vigente à época (ano de 2007), de R$ 380,00, e, por último, haver notícias nos autos de que a denunciada já havia furtado da vítima, em ocasiões anteriores, mais R$ 270,00. **REsp 1.179.690-RS, Rel. Min. Og Fernandes, julgado em 16/8/2011.** (Inform. STJ 481)

PRINCÍPIO DA SUBSIDIARIEDADE. SUBTRAÇÃO. ÁGUA.
O paciente foi denunciado porque se constatou, em imóvel de sua propriedade, suposta subtração de água mediante ligação direta com a rede da concessionária do serviço público. Anote-se que, à época dos fatos, ele não residia no imóvel, mas quitou o respectivo débito. Dessarte, é aplicável o princípio da subsidiariedade, pelo qual a intervenção penal só é admissível quando os outros ramos do Direito não conseguem bem solucionar os conflitos sociais. Daí que, na hipótese, em que o ilícito toma contornos meramente contratuais e tem equacionamento no plano civil, não está justificada a persecução penal. Precedente citado: HC 14.337-GO, DJ 5/8/2002. **HC 197.601-RJ, Rel. Min. Maria Thereza de Assis Moura, julgado em 28/6/2011.** (Inform. STJ 479)

PRINCÍPIO. INSIGNIFICÂNCIA. REPROVABILIDADE. CONDUTA.
Fora aplicada ao paciente a medida socioeducativa de internação em razão da prática de ato infracional análogo ao delito previsto no art. 155, § 9º, II, do CP. No *habeas corpus,* pretende-se a aplicação do princípio da insignificância, pois a *res furtiva* foi avaliada em R$ 80,00. Assim, para a aplicação do mencionado princípio, deve-se aferir o potencial grau de reprovabilidade da conduta e identificar a necessidade de utilização do direito penal como resposta estatal. Se assim é, quanto à pessoa que comete vários delitos ou comete habitualmente atos infracionais, não é possível reconhecer um grau reduzido de reprovabilidade na conduta. Logo, mesmo que pequeno o valor da *res furtiva* (cadeira de alumínio), não ocorre desinteresse estatal à repressão do ato infracional praticado pelo paciente. Ademais, além de praticar reiteradamente atos infracionais, o paciente está afastado da escola e faz uso de drogas. Com isso, a Turma denegou a ordem. Precedentes citados do STF: HC 97.007-SP, DJe 31/3/2011; HC 100.690-MG, DJe 4/5/2011; do STJ: HC 137.794-MG, DJe 3/11/2009, e HC 143.304-DF, DJe 4/5/2011. **HC 182.441-RS, Rel. Min. Laurita Vaz, julgado em 14/6/2011.** (Inform. STJ 477)

PRINCÍPIO. INSIGNIFICÂNCIA. DESCAMINHO. HABITUALIDADE.
A Turma deu provimento ao recurso especial do MPF para afastar a incidência do princípio da insignificância na hipótese em que havia habitualidade na prática do crime de descaminho, ainda que o valor apurado do tributo tenha sido inferior a R$ 10 mil. Precedentes citados do STF: HC 102.088-RS, DJe 21/5/2010; HC 97.007-SP, DJe 31/3/2011; HC 101.998-MG, DJe 22/3/2011; HC 103.359-RS, DJe 6/8/2010; HC 96.202-RS, DJe 28/5/2010; do STJ: REsp 784.091-PR, DJ 30/10/2006; HC 44.986-RS, DJ 7/11/2005, e HC 38.965-RS, DJ 22/8/2005. **REsp 1.241.696-PR, Rel. Min. Laurita Vaz, julgado em 21/6/2011.** (Inform. STJ 478)

PRINCÍPIO. INSIGNIFICÂNCIA. FURTO. MOTOR ELÉTRICO.
A Turma não aplicou o princípio da insignificância no caso em que o paciente foi denunciado pelo furto de um motor elétrico avaliado em R$ 88,00. De acordo com o Min. Relator, não obstante o pequeno valor da *res furtiva*, o réu é reincidente e a conduta delituosa foi perpetrada mediante arrombamento da janela da residência da vítima, um lavrador de frágil situação financeira. Precedentes citados do STF: HC 96.202-RS, DJe 27/5/2010; do STJ: HC 130.365-SP, DJe 1º/2/2011; HC 152.875-SP, DJe 7/6/2010, e HC 139.600-RS, DJe 29/3/2010. **HC 195.178-MS, Rel. Min. Haroldo Rodrigues (Desembargador convocado do TJ-CE), julgado em 7/6/2011.** (Inform. STJ 476)

PRINCÍPIO. INSIGNIFICÂNCIA. RECEPTAÇÃO. CELULAR.
A Turma aplicou o princípio da insignificância na hipótese de receptação de um celular avaliado em R$ 55,00, mas adquirido pelo paciente por R$ 10,00. Ressalvou seu entendimento a Min. Maria Thereza de Assis Moura. Precedentes citados do STF: HC 91.920-RS, DJe 12/3/2010; HC 84.412-SP, DJ 19/11/2004; do STJ: HC 142.586-SP, DJe 1º/7/2010, e HC 153.757-MG, DJe 3/5/2010. **HC 191.067-MS, Rel. Min. Haroldo Rodrigues (Desembargador convocado do TJ-CE), julgado em 2/6/2011.** (Inform. STJ 475)

PRINCÍPIO. INSIGNIFICÂNCIA. ADMINISTRAÇÃO PÚBLICA.
Na impetração, foi requerida a alteração da capitulação legal atribuída na denúncia, o que é inviável no *habeas corpus*, uma vez que exige o revolvimento do conjunto fático-probatório. No caso, a acusação descreve fato criminoso com todas as circunstâncias, satisfazendo os requisitos do art. 77 do CPPM. De acordo com a peça acusatória, os fatos revelam indícios suficientes para justificar apuração mais aprofundada do caso. Mesmo que a capitulação esteja equivocada, como alegam os impetrantes, o que somente será verificado na instrução criminal, a defesa deve combater os fatos indicados na denúncia e não a estrita capitulação legal, não havendo assim qualquer prejuízo ao exercício da ampla defesa e do contraditório. Quanto ao princípio da insignificância, a Turma entendeu não ser possível sua aplicação aos crimes praticados contra a Administração, pois se deve resguardar a moral administrativa. Embora o crime seja militar, em última análise, foi praticado contra a Administração Pública. Precedentes citados: HC 154.433-MG, DJe 20/9/2010, e HC 167.915-MT, DJe 13/9/2010. **HC 147.542-GO, Rel. Min. Gilson Dipp, julgado em 17/5/2011.** (Inform. STJ 473)

PRINCÍPIO. INSIGNIFICÂNCIA. TENTATIVA. FURTO QUALIFICADO. ALIMENTO. HABITUALIDADE. CONDUTA.
Noticiam os autos que o paciente foi absolvido sumariamente em primeira instância pela prática do crime previsto no art. 155, § 4º, IV, c/c 14, II, ambos do CP (tentativa de furto qualificado). Houve apelação e o tribunal *a quo* reformou a decisão do juiz, dando provimento ao recurso do MP estadual para receber a denúncia oferecida contra os pacientes. Irresignada, a Defensoria Pública interpôs embargos de declaração que foram rejeitados. Daí o *habeas corpus*, sustentando que deve ser reconhecida a atipicidade da conduta em razão da aplicação do princípio da insignificância, haja vista o irrisório valor da *res* furtiva (6 kg de carne avaliados em R$ 51,00). No entanto, para a maioria dos ministros da Turma, a habitualidade da conduta tida por criminosa descaracteriza sua insignificância. Assim, se consta dos autos que o paciente continua praticando delitos de pequeno valor patrimonial, não se poderia dar salvo conduto à prática delituosa. Por outro lado, somados os reiterados delitos, ultrapassar-se-ia o pequeno valor, que, assim, deixa de ser irrisório e passa a ter relevância para a vítima. Ademais, mesmo verificada a necessidade e utilidade da medida de política criminal do princípio da insignificância, é imprescindível que sua aplicação se dê de forma prudente e criteriosa, razão pela qual é necessária a presença de certos elementos, como exige a jurisprudência do STF: a mínima ofensividade da conduta do agente, a ausência total de periculosidade social da ação, o ínfimo grau de reprovabilidade do comportamento e a inexpressividade da lesão jurídica ocasionada. Destarte, cabe ao intérprete da lei penal delimitar o âmbito de abrangência dos tipos penais abstratamente positivados no ordenamento jurídico, de modo a excluir de sua proteção aqueles fatos provocadores de ínfima lesão ao bem jurídico por ele tutelado, nos quais tem aplicação o princípio da insignificância. Anotou-se ainda que, nesses casos, não é possível aplicar esse princípio, pois haveria a possibilidade de incentivar o pequeno delinquente, sabendo que nunca será apenado, a fazer sucessivos furtos de pequenos valores. Com esses argumentos, entre outros, a Turma, por maioria, denegou a ordem. O Min. Adilson Vieira Macabu (Desembargador convocado do TJ-RJ) ficou vencido por entender que, no caso, não se trata de reincidência, mas de habitualidade na repetição da conduta e a habitualidade é uma conduta que lhe é atribuída, mas que não teve ainda o crivo do Poder Judiciário, ou seja, nem do contraditório nem do devido processo legal. Precedente citado do STF: HC 84.412-SP, DJ 19/11/2004. **HC 196.132-MG, Rel. Min. Napoleão Nunes Maia Filho, julgado em 10/5/2011.** (Inform. STJ 472)

PRINCÍPIO. INSIGNIFICÂNCIA. ARROMBAMENTO.
O paciente foi denunciado por tentar, mediante arrombamento, subtrair duas facas de cozinha, um alicate de unhas e uma chave de fenda (arts. 155, *caput* e § 4º, I, c/c 14, II, ambos do CP). Nesse contexto, a Turma, por maioria, entendeu não aplicar o princípio da insignificância e denegar a ordem. **HC 134.940-DF, Rel. originário Min. Celso Limongi (Desembargador convocado do TJ-SP), Rel. para acórdão Min. Haroldo Rodrigues (Desembargador convocado do TJ-CE), julgado em 5/5/2011.** (Inform. STJ 471)

PRINCÍPIO. INSIGNIFICÂNCIA. POLICIAL.
O paciente, policial militar, fardado e em serviço, subtraiu uma caixa de bombons de um supermercado, colocando-a dentro de seu colete à prova de balas. Vê-se, assim, não ser possível aplicar o princípio da insignificância à hipótese, visto não estarem presentes todos os requisitos necessários para tal (mínima ofensividade da conduta, nenhuma periculosidade social da ação, reduzidíssimo grau de reprovação do comportamento e inexpressividade da lesão jurídica provocada). Apesar de poder tachar de inexpressiva a lesão jurídica em razão de ser ínfimo o valor dos bens subtraídos (R$ 0,40), há alto grau de reprovação na conduta do paciente, além de ela ser relevante para o Direito Penal; pois, aos olhos da sociedade, o policial militar representa confiança e segurança, dele se exige um comportamento adequado, dentro do que ela considera correto do ponto de vista ético e moral. Anote-se que a interpretação que se dá ao art. 240, § 1º, do CPM (que ao ver do paciente justificaria a aplicação do referido princípio) não denota meio de trancar a ação penal, mas sim que cabe ao juízo da causa, após o processamento dela, analisar se a infração pode ser considerada apenas como disciplinar. Precedentes citados do STF: HC 84.412-0-SP, DJ 19/11/2004; HC 104.853-PR, DJe 18/11/2010; HC 102.651-MG, DJe 30/6/2010; HC 99.207-SP, DJe 17/12/2009; HC 97.036-RS, DJe 22/5/2009; do STJ: HC 141.686-SP, DJe 13/11/2009. **HC 192.242-MG, Rel. Min. Gilson Dipp, julgado em 22/3/2011.** (Inform. STJ 467)

PESCA PREDATÓRIA. PEQUENA QUANTIDADE. PRINCÍPIO. INSIGNIFICÂNCIA.
Trata-se de *habeas corpus* impetrado em favor de réu denunciado como incurso nas penas do art. 34, parágrafo único, II, da Lei n. 9.605/1998, uma vez que foi flagrado pela Polícia Militar de Proteção Ambiental praticando pesca predatória de camarão, com a utilização de petrechos proibidos em período defeso para a fauna aquática e sem autorização dos órgãos competentes. Postula o paciente a atipicidade da conduta com a aplicação do princípio da insignificância, visto que pescara aproximadamente quatro kg de camarão, que foram devolvidos ao *habitat* natural. A Turma denegou a ordem com o entendimento de que a quantidade de pescado apreendido não desnatura o delito descrito no art. 34 da Lei n. 9.605/1998, que pune a atividade durante o período em que a pesca seja proibida, exatamente como no caso, ou seja, em época da reprodução da espécie e com utilização de petrechos não permitidos (parágrafo único, II, do referido artigo). Há interesse estatal na repreensão da conduta em se tratando de delito contra o meio ambiente, dada sua relevância penal, tendo a CF destinado um capítulo inteiro à sua proteção. **HC 192.696-SC, Rel Min. Gilson Dipp, julgado em 17/3/2011.** (Inform. STJ 466)

INSIGNIFICÂNCIA. VALOR MÁXIMO. AFASTAMENTO.
A Turma afastou o critério adotado pela jurisprudência que considerava o valor de R$ 100,00 como limite para a aplicação do princípio da insignificância e deu provimento ao recurso especial para absolver o réu condenado pela tentativa de furto de duas garrafas de bebida alcoólica (avaliadas em R$ 108,00) em um supermercado. Segundo o Min. Relator, a simples adoção de um critério objetivo para fins de incidência do referido princípio pode levar a conclusões iníquas quando dissociada da análise do contexto fático em que o delito foi praticado – importância do objeto subtraído, condição econômica da vítima, circunstâncias e resultado do crime – e das características pessoais do agente. No caso, ressaltou não ter ocorrido repercussão social ou econômica com a tentativa de subtração, tendo em vista a importância reduzida do bem e a sua devolução à vítima (pessoa jurídica). Precedentes citados: REsp 778.795-RS, DJ 5/6/2006; HC 170.260-SP, DJe 20/9/2010, e HC 153.673-MG, DJe 8/3/2010. **REsp 1.218.765-MG, Rel. Min. Gilson Dipp, julgado em 1º/3/2011.** (Inform. STJ 465)

PRINCÍPIO. INSIGNIFICÂNCIA. ARROMBAMENTO.
Cuida-se de furto qualificado pelo rompimento de obstáculo: o paciente arrombou as duas portas do veículo da vítima para subtrair apenas algumas moedas. Assim, apesar do valor ínfimo subtraído (R$ 14,20), a vítima sofreu prejuízo de R$ 300,00 decorrente do arrombamento, o que demonstra não ser ínfima a afetação do bem jurídico a ponto de aplicar o princípio da insignificância, quanto mais se considerado o desvalor da conduta, tal qual determina a jurisprudência do STJ. Anote-se não se tratar de furto simples, mas de crime qualificado sujeito a um *plus* de reprovabilidade por suas peculiaridades. Precedentes citados do STF: HC 84.412-SP, DJ 19/11/2004; do STJ: HC 103.618-SP, DJe 4/8/2008; HC 160.916-SP, DJe 11/10/2010, e HC 164.993-RJ, DJe 14/6/2010. **HC 122.347-DF, Rel. Min. Maria Thereza de Assis Moura, julgado em 3/3/2011.** (Inform. STJ 465)

INSIGNIFICÂNCIA. APROPRIAÇÃO INDÉBITA. AGENDA.
A Turma concedeu a ordem de *habeas corpus* para reconhecer a atipicidade da conduta imputada ao paciente denunciado pela suposta prática do crime previsto no art. 168 do CP (apropriação indébita), ante a aplicação do princípio da insignificância. *In casu*, a vítima, advogado, alegou que o paciente – também advogado e colega do mesmo escritório de advocacia – teria se apropriado de sua agenda pessoal (avaliada em cerca de dez reais), a qual continha dados pessoais e profissionais. Para a Min. Relatora, a hipótese dos autos revela um acontecimento trivial, sem que tenha ocorrido qualquer circunstância hábil a lhe conferir maior relevância. Consignou que, por mais que se considere que o objeto supostamente tomado continha informações importantes à vítima, a conduta é dotada de mínimo caráter ofensivo e reduzido grau de reprovação, assim como a lesão jurídica é inexpressiva e não causa repulsa social. Precedentes citados do STF: HC 84.412-SP, DJ 19/11/2004; do STJ: HC 103.618-SP, DJe 4/8/2008; REsp 922.475-RS, DJe 16/11/2009; REsp 1.102.105-RS, DJe 3/8/2009, e REsp 898.392-RS, DJe 9/3/2009. **HC 181.756-MG, Rel. Min. Maria Thereza de Assis Moura, julgado em 15/2/2011.** (Inform. STJ 463)

TRANCAMENTO. AÇÃO PENAL. HC. APLICAÇÃO. PRINCÍPIO DA INSIGNIFICÂNCIA.
Trata-se, no caso, do furto de um "Disco de Ouro", de propriedade de renomado músico brasileiro, recebido em homenagem à marca de 100 mil cópias vendidas. Apesar de não existir nos autos qualquer laudo que ateste o valor da coisa subtraída, a atitude do paciente revela reprovabilidade suficiente para que não seja aplicado o princípio da insignificância, haja vista a infungibilidade do bem. Para aplicar o referido princípio, são necessários a mínima ofensividade da conduta do agente, nenhuma periculosidade social da ação, o reduzidíssimo grau de reprovabilidade do comportamento e a inexpressividade da ordem jurídica provocada. Assim, a Turma denegou a ordem. Precedentes citados: HC 146.656-SC, DJe 1º/2/2010; HC 145.963-MG, DJe 15/3/2010, e HC 83.027-PE, DJe 1º/12/2008. **HC 190.002-MG, Rel. Min. Og Fernandes, julgado em 3/2/2011.** (Inform. STJ 461)

HC. CONDUTA SOCIALMENTE ADEQUADA. TIPICIDADE.
Na via estreita do *habeas corpus*, não se pode aprofundar a dilação probatória e, assim sendo, não há como conhecer a pretensão de causa excludente de ilicitude consubstanciada no estado de necessidade em razão de alegada crise financeira pela qual os pacientes passavam. No caso, os pacientes foram surpreendidos por policiais quando comercializavam DVDs e CDs adulterados e reproduzidos com violação de direito autoral. A tese alegada de que a conduta do paciente é socialmente adequada não deve prosperar, pois o fato de que parte da população adquire referidos produtos não leva à conclusão de impedir a incidência do tipo previsto no art. 184, § 2º, do CP. Os pacientes foram condenados a dois anos de reclusão, por lhes serem favoráveis as circunstâncias judiciais e, deferida a substituição da pena por restritiva de direito, não se justifica o regime prisional fechado, devendo-se estabelecer o regime aberto. Assim, a Turma denegou a ordem pela atipicidade da conduta e expediu *habeas corpus* de ofício para conceder o regime aberto mediante condições a serem estabelecidas pelo juiz da execução. **HC 147.837-MG, Rel. Min. Napoleão Nunes Maia Filho, julgado em 16/10/2010.** (Inform. STJ 456)

PRINCÍPIO. INSIGNIFICÂNCIA. TRÁFICO. DROGAS.
Conforme precedentes, não se aplica o princípio da insignificância ao delito de tráfico de drogas, visto se tratar de crime de perigo abstrato ou presumido. Dessarte, é irrelevante para esse específico fim a quantidade de droga apreendida. Precedentes citados do STF: HC 88.820-BA, DJ 19/12/2006; HC 87.319-PE, DJ 15/12/2006; do STJ: HC 113.757-SP, DJe 9/2/2009; HC 81.590-BA, DJe 3/11/2008; HC 79.661-RS, DJe 4/8/2008, e HC 55.816-AM, DJ 11/12/2006. **HC 122.682-SP, Rel. Min. Laurita Vaz, julgado em 18/11/2010.** (Inform. STJ 456)

CONSUNÇÃO. PORTE ILEGAL. ARMA DE FOGO.
Em *habeas corpus*, o impetrante defende a absorção do crime de porte ilegal de arma de fogo pelo crime de homicídio visto que, segundo o princípio da consunção, a primeira infração penal serviu como meio para a prática do último crime. Explica o Min. Relator que o princípio da consunção ocorre quando uma infração penal serve inicialmente como meio ou fase necessária para a execução de outro crime. Logo, a aplicação do princípio da consunção pressupõe, necessariamente, a análise de existência de um nexo de dependência das condutas ilícitas para verificar a possibilidade de absorção daquela infração penal menos grave pela mais danosa. Assim, para o Min. Relator, impõe-se que cada caso deva ser analisado com cautela, deve-se atentar à viabilidade da aplicação do princípio da consunção, principalmente em *habeas corpus*, em que nem sempre é possível um profundo exame dos fatos e provas. No entanto, na hipótese, pela descrição dos fatos na instrução criminal, na pronúncia e na condenação, não há dúvida de que o porte ilegal de arma de fogo serviu de meio para a prática do homicídio. Diante do exposto, a Turma concedeu a ordem para, com fundamento no princípio da consunção, excluir o crime de porte de arma de fogo da condenação do paciente. Precedentes citados: REsp 570.887-RS, DJ 14/2/2005; HC 34.747-RJ, DJ 21/11/2005, e REsp 232.507-DF, DJ 29/10/2001. **HC 104.455-ES, Rel. Min. Og Fernandes, julgado em 21/10/2010.** (Inform. STJ 452)

FURTO. PENITENCIÁRIA. PRINCÍPIO. INSIGNIFICÂNCIA.
A Turma, por maioria, denegou a ordem de *habeas corpus* a paciente condenado por tentativa de furto de um cartucho de tinta para impressora avaliado em R$ 25,70. Segundo o Min. Relator, não obstante o ínfimo valor do bem que se tentou subtrair, o alto grau de reprovação da conduta não permite a aplicação do princípio da insignificância, pois perpetrada dentro da penitenciária em que o agente cumpria pena por crime anterior, o que demonstra seu total desrespeito à atuação estatal. Precedentes citados do STF: HC 84.412-SP, DJ 19/11/2004; do STJ: HC 104.408-MS, DJe 2/8/2010, e HC 152.875-SP, DJe 7/6/2010. **HC 163.435-DF, Rel. Min. Napoleão Nunes Maia Filho, julgado em 28/9/2010.** (Inform. STJ 449)

TRÁFICO. DROGAS. PRINCÍPIO. INSIGNIFICÂNCIA.
Segundo precedentes do STF e do STJ, o delito de tráfico de drogas não comporta a incidência do princípio da insignificância, visto que se cuida de delito de perigo abstrato praticado contra a saúde pública. Dessa

forma, para esse específico fim, é irrelevante a pequena quantidade da substância apreendida (no caso, 0,2 decigramas de *crack*). Contudo, essa quantidade, aliada ao fato de que foi aplicada a pena-base em seu mínimo legal, valida a aplicação da causa especial de diminuição em seu grau máximo de 2/3 (art. 33, § 4º, da Lei n. 11.343/2006). Então, o *quantum* da pena e a circunstância de o crime ser praticado na vigência da novel Lei de Drogas possibilitam fixar o regime semiaberto, ou mesmo o aberto, para início do cumprimento da pena (art. 33 do CP), bem como falar em substituição da pena de reclusão por restritivas de direitos (art. 44 do CP). Precedentes citados do STF: HC 91.759-MG, DJ 30/11/2007; HC 88.820-BA, DJ 19/12/2006; HC 101.291-SP, DJe 12/2/2010; HC 97.256-RS, DJ 2/10/2009; do STJ: HC 81.590-BA, DJe 3/11/2008; HC 55.816-AM, DJ 11/12/2006; HC 59.190-SP, DJ 16/10/2006; HC 131.265-SP, DJe 1º/3/2010; HC 130.793-SP, DJe 29/3/2010, e HC 118.776-RS, DJe 23/8/2010. **HC 155.391-ES, Rel. Min. Maria Thereza de Assis Moura, julgado em 2/9/2010.** (Inform. STJ 445)

PRINCÍPIO. INSIGNIFICÂNCIA. PREFEITO.

O tribunal *a quo* condenou o paciente à pena de reclusão de cinco anos, em regime semiaberto, pela prática da conduta prevista no art. 1º, I, do DL n. 201/1967, porque, no exercício do cargo de prefeito, concordou com a emissão de documento fiscal apto a justificar despesa que, atualmente, seria cerca de R$ 600, referente a uma festa oferecida a convidados especiais. A Turma, entre outras questões, entendeu ser inaplicável o princípio da insignificância aos crimes praticados por prefeito, em razão de sua responsabilidade na condução dos interesses da coletividade. A conduta esperada de um chefe da Administração municipal é a obediência aos mandamentos legais, com a obrigatoriedade de agir sempre pautado em valores éticos e morais, respeitando os compromissos funcionais firmados quando da aceitação do cargo. Quanto à questão da dosimetria da pena, a Turma verificou que o decreto condenatório carece de motivação apta a justificar a fixação da pena-base no patamar aplicado e, tendo sido reconhecida a inexistência de qualquer característica judicial desfavorável, reformou a sanção-base aplicando o mínimo legal, qual seja, dois anos de reclusão. Não havendo circunstâncias atenuante e agravante ou causas de diminuição e aumento de pena, fixou a pena definitiva naquele patamar. O teor do art. 33, § 2º, c, e § 3º, do CP fixou o regime aberto para início do cumprimento da sanção reclusiva. Contudo, concedeu *habeas corpus* de ofício para declarar extinta a punibilidade do paciente em razão da prescrição da pretensão punitiva estatal, na modalidade retroativa, nos termos dos arts. 107, IV, e 109, V, do CP. **HC 145.114-GO, Rel. Min. Jorge Mussi, julgado em 17/8/2010.** (Inform. STJ 443)

PRINCÍPIO. INSIGNIFICÂNCIA. FURTO. RESISTÊNCIA.

A Turma concedeu parcialmente a ordem de *habeas corpus* a paciente condenado pelos delitos de furto e de resistência, reconhecendo a aplicabilidade do princípio da insignificância somente em relação à conduta enquadrada no art. 155, *caput*, do CP (subtração de dois sacos de cimento de 50 kg, avaliados em R$ 45). Asseverou-se, no entanto, ser impossível acolher o argumento de que a referida declaração de atipicidade teria o condão de descaracterizar a legalidade da ordem de prisão em flagrante, ato a cuja execução o apenado se opôs de forma violenta. Segundo o Min. Relator, no momento em que toma conhecimento de um delito, surge para a autoridade policial o dever legal de agir e efetuar o ato prisional. O juízo acerca da incidência do princípio da insignificância é realizado apenas em momento posterior pelo Poder Judiciário, de acordo com as circunstâncias atinentes ao caso concreto. Logo, configurada a conduta típica descrita no art. 329 do CP, não há de se falar em consequente absolvição nesse ponto, mormente pelo fato de que ambos os delitos imputados ao paciente são autônomos e tutelam bens jurídicos diversos. **HC 154.949-MG, Rel. Min. Felix Fischer, julgado em 3/8/2010.** (Inform. STJ 441)

ROUBO CIRCUNSTANCIADO. PRINCÍPIO. INSIGNIFICÂNCIA.

In casu, o ora recorrido foi condenado à pena de cinco anos e quatro meses de reclusão e 13 dias-multa, pela prática do delito roubo circunstanciado, em virtude da subtração, mediante violência, de um cupom fiscal e o valor de R$ 10,00 (art. 157, § 2º, II, c/c 29 e 65, I e III, **d**, todos os CP). O tribunal *a quo,* em sede de apelação, reconheceu a incidência do princípio da insignificância, uma vez que não restou caracterizada significativa lesão ao patrimônio e à pessoa, cumulativamente, e julgou extinta a punibilidade do recorrido. Assim, o cerne da questão posta no especial cinge-se à possibilidade da incidência do principio da insignificância no delito de roubo. A Turma, ao prosseguir o julgamento, entendeu que é inviável a aplicação do princípio da insignificância em crimes perpetrados com violência ou grave ameaça à vítima, não obstante o ínfimo valor da coisa subtraída. Ademais, o STF já decidiu que o referido princípio não se aplica ao delito de roubo. Precedentes citados do: STF: RE-AgR 454.394-MG, DJ 23/3/2007; do STJ: REsp 468.998-MG, DJ 25/9/2006, e REsp 778.800-RS, DJ 5/6/2006. **REsp 1.159.735-MG, Rel. Min. Arnaldo Esteves Lima, julgado em 15/6/2010.** (Inform. STJ 439)

MOEDA FALSA. PRINCÍPIO. INSIGNIFICÂNCIA.

A Turma reiterou seu entendimento de que não se aplica o princípio da insignificância ao crime de moeda falsa, pois se trata de delito contra a fé pública, logo não há que falar em desinteresse estatal à sua repressão. No caso, o paciente utilizou duas notas falsas de R$ 50 para efetuar compras em uma farmácia. Assim, a Turma denegou a ordem. Precedentes citados do STF: HC 93.251-DF, DJe 5/8/2008; do STJ: HC 78.914-MG, DJe 1º/12/2008; REsp 964.047-DF, DJ 19/11/2007, e HC 129.592-AL, DJe 1º/6/2009. **HC 132.614-MG, Rel. Min. Laurita Vaz, julgado em 1º/6/2010.** (Inform. STJ 437)

PORTE ILEGAL. ARMA. RECEPTAÇÃO DOLOSA. CONSUNÇÃO.

Aquele que adquire arma de fogo cuja origem sabe ser ilícita responde por delito contra o patrimônio, no momento em que se apodera da *res*. Se depois mantiver consigo a arma, circulando com ela ou mantendo-a guardada, e vier a ser flagrado, responderá pelo crime de porte ilegal de arma tipificado no art. 14 do Estatuto do Desarmamento (Lei n. 10.826/2003). Assim, como os dois delitos praticados pelo ora recorrido possuem objetividade jurídica diversa e momentos de consumação diferentes, não há que se falar em consunção. Aqueles crimes são autônomos, devendo o recorrido responder a ambos em concurso material. Daí, a Turma conheceu do recurso e deu provimento a ele para condenar o réu quanto ao delito previsto no art. 180, *caput*, do CP, em concurso material com o delito tipificado no art. 14 do Estatuto do Desarmamento, determinando o retorno dos autos para a prolação de nova sentença. Precedente citado: HC 55.469-RJ, DJe 8/9/2008. **REsp 1.133.986-RS, Rel. Min. Jorge Mussi, julgado em 4/5/2010.** (Inform. STJ 433)

SEGURO-DESEMPREGO. FRAUDE.

As instâncias ordinárias rejeitaram a denúncia do Ministério Público e aplicaram o princípio da insignificância como causa excludente de tipicidade quanto ao crime descrito no art. 171, § 3º, do CP, consubstanciado no recebimento indevido de parcelas de seguro-desemprego. Para a Min. Maria Thereza de Assis Moura, autora do voto condutor da tese vencedora, na questão está posto como violado um valor que pertence ao Poder Público, assim, independentemente do *quantum*, não se pode aplicar o princípio da insignificância às fraudes contra o programa de seguro-desemprego. A tese vencida, invocando a doutrina, considerou que, na espécie, há conotação própria da insignificância e, não obstante se tratar de estelionato qualificado, reconheceu a bagatela, visto que a conduta dos denunciados (recorridos) não teve força para atingir o bem jurídico tutelado pela norma penal. Isso posto, a Turma deu provimento ao recurso do Ministério Público. Precedente citado: REsp 795.803-MG, DJe 13/4/2009. **REsp 776.216-MG, Rel. originário Min. Nilson Naves, Rel. para acórdão Min. Maria Thereza de Assis Moura, julgado em 6/4/2010.** (Inform. STJ 429)

TENTATIVA. FURTO. LIVRO.

A Turma negou ordem de *habeas corpus* que sustentava a ausência de justa causa para a ação penal pela atipicidade da conduta do paciente, em razão do valor da *res furtiva*, na tentativa de furto de um código comentado em livraria (R$ 150,00). Para o Min. Relator, a tentativa de furto do código subsume-se à definição jurídica do furto tentado, como também se amolda à tipicidade subjetiva uma vez que presente o dolo e ultrapassa a análise da tipicidade material, sendo proporcional a pena aplicada, de um ano e dois meses de reclusão no regime semiaberto e 46 dias-multa pela prática de tentativa de furto (art. 155, *caput*, c/c art. 15, II, ambos do CP). Ressalta que, para aplicar o princípio da insignificância, é necessário observar a insignificância da conduta (aceitação social) e a insignificância do resultado (lesão relevante), pois a intervenção do direito penal apenas se justifica quando o bem jurídico tutelado tenha sido exposto a um dano impregnado de significativa lesividade. Precedente citado do STF: HC 84.412-SP, DJ 19/11/2004. **HC 152.738-DF, Rel. Min. Arnaldo Esteves Lima, julgado em 18/2/2010.** (Inform. STJ 423)

PRINCÍPIO. INSIGNIFICÂNCIA. ENTORPECENTE.

Foi encontrado com o paciente apenas 1,75 gramas de maconha, porém isso não autoriza aplicar o princípio da insignificância ao delito de porte de entorpecentes, pois seria equivalente a liberar o porte de pequenas quantidades de droga *contra legem*. Precedente citado: REsp 880.774-RS, DJ 29/6/2007. **HC 130.677-MG, Rel. Min. Celso Limongi (Desembargador convocado do TJ-SP), julgado em 4/2/2010**. (Inform. STJ 421)

CRIME. PREFEITO. PRINCÍPIO. INSIGNIFICÂNCIA.
A Turma, por maioria, denegou a ordem de *habeas corpus* por entender que a conduta do prefeito que emitiu ordem de fornecimento de combustível (20 litros) a ser pago pelo município para pessoa que não era funcionário público, nem estava realizando qualquer serviço público e, ainda, conduzia veículo privado estaria tipificada no art. 1º, I, do DL n. 201/1967. O Min. Nilson Naves concedeu a ordem aplicando, ao caso, o princípio da insignificância. Contudo o Relator entendeu que não se aplica tal princípio quando há crime contra a Administração Pública, pois o que se busca resguardar não é somente o ajuste patrimonial, mas a moral administrativa. **HC 132.021-PB, Rel. Min. Celso Limongi, julgado em 20/10/2009.** (Inform. STJ 412)

FURTO QUALIFICADO. INSIGNIFICÂNCIA.
Trata-se de furto qualificado com destruição de obstáculo para subtração de *res furtiva*, pois o paciente quebrou o vidro do carro para furtar um guarda-chuva e uma chave de roda. O *habeas corpus* objetiva absolver o paciente, sustentando que a conduta atribuída é materialmente atípica pela aplicação do princípio da insignificância. Nessa circunstância, explica o Min. Relator, a questão suscita polêmica no que se refere aos limites e às características do princípio da insignificância, que se caracteriza como causa supra legal de atipia penal. Então, a questão está em saber se o objeto pretendido no furto, ao ser este consumado, estaria caracterizando um ilícito penal, um ilícito extra-penal ou algo até juridicamente indiferente. Aponta, citando a doutrina, que, se, por um lado, na moderna dogmática jurídico-penal, não se pode negar a relevância desse princípio; por outro, ele não pode ser manejado de forma a incentivar condutas atentatórias que, toleradas pelo Estado, afetariam seriamente a vida coletiva. Dessa forma, observa que no furto, para efeito de aplicação do princípio da insignificância, é imprescindível a distinção entre o ínfimo (ninharia desprezível) e o pequeno valor. Este último implica eventualmente o furto privilegiado (art. 155, § 2º, do CP), e aquele primeiro, na atipia conglobante (dada a mínima gravidade). A interpretação de insignificância deve necessariamente considerar o bem jurídico tutelado e o tipo de injusto para sua aplicação. Daí, ainda que se considere o delito como de pouca gravidade e esse delito não se identifica com o indiferente penal se, como um todo, observado o binômio o tipo de injusto e o bem jurídico, ele deixa de caracterizar a sua insignificância. Assevera que esse é o caso dos autos, o valor da *res furtiva* é insignificante, um delito de bagatela (guarda-chuva e chave de roda), entretanto a vítima teve de desembolsar a quantia de R$ 333,00 para recolocar o vidro quebrado, logo o valor total do prejuízo causado pelo paciente não é insignificante. Diante do espostoexposto, como não é o caso de reconhecer a irrelevância penal da conduta, a Turma denegou a ordem de *habeas corpus*. **HC 136.297-MG, Rel. Min. Felix Fischer, julgado em 6/10/2009.** (Inform. STJ 410)

FURTO. PRINCÍPIO. INSIGNIFICÂNCIA.
A Turma, após a retificação do voto da Min. Relatora, concedeu a ordem em razão da incidência do princípio da insignificância, pois se cuidava do furto de R$ 20,00 em espécie e de um celular no valor de R$ 80,00 (total de R$ 100,00). O Min. Felix Fischer, por sua vez, acompanhou a Turma, mas com a ressalva de seu entendimento. Precedentes citados do STF: HC 92.744-RS, DJe 15/8/2008, e HC 92.411-RS, DJe 9/5/2008. **HC 135.495-DF, Rel. Min. Laurita Vaz, julgado em 29/9/2009.** (Inform. STJ 409)

FURTO. CELULAR. PRINCÍPIO. INSIGNIFICÂNCIA.
Trata-se de HC em que se discute a aferição de tipicidade material no comportamento do paciente que subtraiu um aparelho celular avaliado em R$ 120,00. Para o Min. Relator, o fato pelo qual o paciente foi denunciado não constitui crime, tem a conotação própria da insignificância. Sendo ínfimo o valor do bem apreendido pela autoridade policial e não havendo nenhuma repercussão no patrimônio da vítima, impõe-se o reconhecimento da atipicidade material. Contudo, para a Min. Maria Thereza de Assis Moura, voto vencedor, a hipótese em questão parece não se enquadrar no universo em que a jurisprudência do STJ entende ser aplicável o princípio da insignificância. Para a Ministra, o desvalor da conduta, independentemente do preço pelo qual foi avaliado o celular, precisaria de mais informações para saber em que circunstâncias o fato ocorreu para se reconhecer tal princípio. Observou que, embora tenha havido a restituição do bem à vítima, isso foi feito pela polícia, não pela vontade do paciente. Observou, também, o Min. Celso Limongi (Desembargador convocado do TJ-SP) tratar-se de um ato de arrebatamento, e essa figura, ainda que não prevista no CP, está um pouco acima do furto. Assim, por maioria, a Turma denegou a ordem. **HC 142.582-DF, Rel. originário Min. Nilson Naves, Rel. para acórdão Min. Maria Thereza de Assis Moura, julgado em 1º/10/2009.** (Inform. STJ 409)

ECA. PRINCÍPIO. INSIGNIFICÂNCIA.
A conduta do adolescente de furtar uma bicicleta no valor de R$ 120,00 não se insere no conceito de crime de bagatela, pois não se confundem bens de pequeno valor e de valor insignificante. Só o segundo exclui o crime pela falta de ofensa ao bem jurídico tutelado (princípio da insignificância). Precedentes citados: **HC 107.779-RS, DJe 16/3/2009; HC 74.880-SP, DJ 24/9/2007, e HC 46.847-SP, DJ 27/3/2006. HC 135.451-RS, Rel. Min. Laurita Vaz, julgado em 15/9/2009.** (Inform. STJ 407)

REPETITIVO. DESCAMINHO. PRINCÍPIO. INSIGNIFICÂNCIA.
A Seção, ao julgar o recurso repetitivo (art. 543-C do CPC e Res. n. 8/2008-STJ), entendeu que, em atenção à jurisprudência predominante no STF, deve-se aplicar o princípio da insignificância ao crime de descaminho quando os delitos tributários não ultrapassem o limite de R$ 10 mil, adotando-se o disposto no art. 20 da Lei n. 10.522/2002. O Min. Relator entendeu ser aplicável o valor de até R$ 100,00 para a invocação da insignificância, como excludente de tipicidade penal, pois somente nesta hipótese haveria extinção do crédito e, consequentemente, desinteresse definitivo na cobrança da dívida pela Administração Fazendária (art. 18, § 1º, da referida lei), mas ressaltou seu posicionamento e curvou-se a orientação do Pretório Excelso no intuito de conferir efetividade aos fins propostos pela Lei n. 11.672/2008. **REsp 1.112.748-TO, Rel. Min. Felix Fischer, julgado em 9/9/2009.** (Inform. STJ 406)

INSIGNIFICÂNCIA. SURSIS PROCESSUAL.
A paciente foi denunciada por tentativa de furto de bens de pequena monta de um supermercado. Em primeiro grau, logo aceitou a proposta de suspensão condicional do processo; porém, posteriormente, impetrou *habeas corpus* em busca do trancamento da ação penal por atipicidade da conduta, em razão do princípio da insignificância. Nesse cenário, o trancamento da ação penal pode, num primeiro momento, aparentar desprestígio ao juízo de primeiro grau, porém se verifica não haver qualquer óbice a sua ultimação superveniente à referida suspensão, pois a denunciada tem o direito à ampla defesa. É certo que a aceitação da proposta ministerial de suspensão tem momento próprio. Dessa forma, não seria razoável exigir da defesa rejeitar a proposta por convicção da ilegalidade da ação penal, quando sobre ela pesaria o risco de aceitação da denúncia pelo juízo. Assim, a par de que a aplicação do princípio da bagatela utiliza-se de duplo critério: o valor de pequena monta e seu caráter ínfimo para a vítima, condições atendidas na espécie, há que se conceder a ordem para trancar a ação penal pela atipicidade da conduta. Anote-se que, mesmo quando o réu ostenta maus antecedentes, dos quais não há notícia nos autos, o princípio da insignificância exclui a tipicidade a ponto de tornar irrelevantes aspectos subjetivos para sua aplicação. Precedentes citados: HC 100.403-ES, DJe 11/5/2009; HC 103.370-MG, DJe 13/10/2008; HC 96.929-MG, DJe 25/8/2008; REsp 1.084.540-RS, DJe 1º/6/2009, e REsp 898.392-RS, DJe 9/3/2009. **HC 137.740-SP, Rel. Min. Celso Limongi (Desembargador convocado do TJ-SP), julgado em 25/8/2009.** (Inform. STJ 404)

PRINCÍPIO. INSIGNIFICÂNCIA. PESCA. APETRECHO PROIBIDO.
Consta da denúncia que o paciente foi flagrado ao pescar em represa mediante a utilização de uma rede de *nylon*, apetrecho de uso proibido. Vem daí a imputação do crime previsto no art. 34, parágrafo único, II, da Lei n. 9.605/1998. Anote-se que foram encontrados com ele apenas dois quilos de peixes de variadas espécies. Quanto a isso, vê-se da norma incriminadora que se trata de crime formal (crime de perigo abstrato), delito que prescinde de resultado danoso específico (no caso, ao meio ambiente). Porém, apesar de não se desconhecer que o enquadramento da lei de crimes ambientais no ordenamento jurídico brasileiro ainda é tema tormentoso a causar inúmeras discussões jurídicas, sobretudo quanto à configuração dos delitos penais nela insculpidos, chegando alguns a entender até que os princípios nela edificados, tais como os da prevenção e da precaução, sobrepõem-se aos próprios princípios penais de garantia ao cidadão, destaca-se que a hipótese em apreço resolve-se mesmo pela pouca invasão naquilo que a sociedade, mediante o ordenamento jurídico, espera quanto à proteção de sua existência, visto que há um mínimo de probabilidade de a conduta do paciente atingir o bem jurídico tutelado na espécie, a fauna aquática. Daí não se hesitar em consignar a presença da insignificância a ponto de, ao reconhecer a atipicidade material da conduta, conceder a ordem para trancar a ação penal por falta de justa causa. **HC 93.859-SP, Rel. Min. Maria Thereza de Assis Moura, julgado em 13/8/2009.** (Inform. STJ 402)

DESCAMINHO. PRINCÍPIO. INSIGNIFICÂNCIA.
Depreende-se dos autos que o paciente foi denunciado pela suposta prática do crime tipificado no art. 334 do CP. Rejeitada a exordial acusatória, o Ministério Público Federal, em recurso em sentido estrito no TJ, obteve seu reconhecimento, sendo também mantida em embargos infringentes de

nulidade. No *habeas corpus*, pugna o paciente pela aplicação do princípio da insignificância em razão do baixo valor dos tributos devidos. O Min. Relator observou que o montante do valor sonegado foi de R$ 672,69, superior ao valor fixado no art. 18, § 1º, da Lei n. 10.522/2002, não havendo, assim, como considerar insignificante a conduta do acusado. Isso posto, a Turma denegou a ordem de *habeas corpus*. Precedentes citados: HC 88.619-MG, DJ 9/8/2007, e HC 66.308-SP, DJe 10/3/2008. **HC 108.966-PR, Rel. Min. Napoleão Nunes Maia Filho, julgado em 2/6/2009 (ver Informativo n. 396).** (Inform. STJ 397)

PRINCÍPIO. INSIGNIFICÂNCIA. DESCAMINHO.

Os pacotes de cigarro e litros de uísque apreendidos por entrada ilegal no País totalizavam quase sete mil reais. Assim, não é possível incidir, nesse crime de descaminho, o princípio da insignificância, pois o parâmetro contido no art. 20 da Lei n. 10.522/2002 (dez mil reais) diz respeito ao arquivamento, sem baixa na distribuição, da ação de execução fiscal (suspensão da execução), o que denota sua inaptidão para caracterizar o que deve ser penalmente irrelevante. Melhor padrão para esse fim é o contido no art. 18, § 1º, daquela mesma lei, que cuida da extinção do débito fiscal igual ou inferior a cem reais. Anote-se que não se desconhecem recentes julgados do STF no sentido de acolher aquele primeiro parâmetro (tal qual faz a Sexta Turma do STJ), porém se mostra ainda preferível manter o patamar de cem reais, entendimento prevalecente no âmbito da Quinta Turma do STJ, quanto mais na hipótese, em que há dúvidas sobre o exato valor do tributo devido, além do fato de que a denunciada ostenta outras condenações por crimes de mesma espécie. Com esse entendimento, a Seção conheceu dos embargos e, por maioria, acolheu-os para negar provimento ao especial. **EREsp 966.077-GO, Rel. Min. Laurita Vaz, julgados em 27/5/2009.** (Inform. STJ 396)

MOEDA FALSA. NOTAS. 50 REAIS. PRINCÍPIO. INSIGNIFICÂNCIA.

A Turma negou a ordem por entender que não se aplica o princípio da insignificância ao crime de moeda falsa por tratar-se de delito contra a fé pública, visto que é interesse estatal a sua repreensão. Precedentes citados do STF: HC 93.251-DF, DJ 22/8/2008; do STJ; AgRg no REsp 1.026.522-CE, DJ 8/9/2009; REsp 964.047-DF, DJ 19/11/2007, e HC 52.620-MG, DJ 10/9/2007. **HC 129.592-AL, Rel. Min. Laurita Vaz, julgado em 7/5/2009.** (Inform. STJ 393)

PRINCÍPIO. INSIGNIFICÂNCIA. REINCIDÊNCIA.

Mesmo considerando tratar-se da tentativa de furto de um secador de cabelos (R$ 40,00), não há que falar em mínima ofensividade da conduta, enquanto o comportamento do agente, reincidente na prática de crimes contra o patrimônio (tal como se vê do acórdão recorrido), revela suficiente periculosidade social e significativo grau de reprovabilidade, o que inviabiliza a aplicação do princípio da insignificância. Com esse entendimento, a Turma, por maioria, negou provimento ao recurso. Precedentes citados do STF: HC 84.412-SP, DJ 19/11/2004; HC 84.424-SP, DJ 7/10/2005; do STJ: RHC 17.892-DF, DJ 19/12/2005, e HC 47.247-MS, DJ 12/6/2006. **RHC 24.326-MG, Rel. Min. Paulo Gallotti, julgado em 17/3/2009.** (Inform. STJ 387)

PRINCÍPIO. INSIGNIFICÂNCIA. FURTO. DVDS.

A denúncia descreve a tentativa de furto de dois discos (DVDs), mas a sentença condenatória alertava para a recorrência do réu na prática desses pequenos furtos, além de sua má conduta social e reprovável personalidade. Diante disso, o Min. Nilson Naves entendeu acolher a incidência do princípio da insignificância, pois sempre o aplica sem as amarras de ordem dogmática, propondo-se a não se prender ao fato de não se tratar da primeira vez. Firmou que, não obstante a reincidência, a habitualidade ou os maus antecedentes, ainda valeria aplicar o princípio à hipótese. Esse entendimento também foi acolhido pela Min. Maria Thereza de Assis Moura, porém a Turma, por maioria, entendeu negar a ordem de *habeas corpus*. **HC 120.286-MG, Rel. originário Min. Nilson Naves, Rel. para acórdão Min. Paulo Gallotti, julgado em 10/2/2009.** (Inform. STJ 383)

FURTO. FERRAMENTAS. PRINCÍPIO. INSIGNIFICÂNCIA.

O furto em questão, de ferramentas utilizadas na construção civil, além de caracterizar valor ínfimo (R$ 32,50), não afetou o patrimônio da vítima de forma expressiva, daí incidir o princípio da insignificância. Precedentes citados do STF: HC 84.412-SP, DJ 19/4/2004; do STJ: HC 39.599-MG, DJ 22/5/2006, e REsp 663.912-MG, DJ 5/6/2006.**HC 102.869-MG, Rel. Min. Napoleão Nunes Maia Filho, julgado em 3/2/2009.** (Inform. STJ 382)

PRINCÍPIO. INSIGNIFICÂNCIA. FURTO. ÁGUA POTÁVEL.

Cinge-se a questão em definir se é aplicável o princípio da insignificância ao delito do furto de água potável mediante ligação clandestina e em quantidade avaliada em noventa e seis reais e trinta e três centavos. A Turma, por maioria, entendeu que, quanto à incidência de tal princípio, necessários se fazem a mínima ofensividade da conduta do agente, a nenhuma periculosidade social da ação, o reduzido grau de reprovabilidade do comportamento e a inexpressividade da lesão jurídica provocada. Com efeito, a conduta perpetrada pelo agente não pode ser considerada irrelevante para o Direito Penal. O delito em causa não se insere na concepção doutrinária e jurisprudencial de crime de bagatela. No caso do furto, não se pode confundir bem de pequeno valor com de valor insignificante. Este, necessariamente, exclui o crime diante da ausência de ofensa ao bem jurídico tutelado, aplicando-se-lhe o princípio da insignificância; aquele, eventualmente, pode caracterizar o privilégio previsto no § 2º do art. 155 do Código Penal, já prevendo a Lei Penal a possibilidade de pena mais branda, compatível com a pequena gravidade da conduta. Assim, a subtração de bens cujo valor não pode ser considerado ínfimo não pode ser tido como um indiferente penal, na medida em que a falta de repressão de tais condutas representaria verdadeiro incentivo a pequenos delitos que, no conjunto, trariam desordem social. Precedentes citados do STF: HC 84.412-SP, DJ 19/11/2004; do STJ: REsp 904.876-RS, DJ 3/9/2007; REsp 406.986-MG, DJ 17/12/2004, e REsp 750.626-RS, DJ 4/9/2006. **REsp 984.723-RS, Rel. Min. Og Fernandes, julgado em 11/11/2008.** (Inform. STJ 376)

PRINCÍPIO DA INSIGNIFICÂNCIA. DEFENSOR. INTERROGATÓRIO.

O paciente, em companhia de seu irmão (menor), subtraiu de uma chácara (sem causar qualquer dano à cerca) uma ovelha avaliada em quarenta reais. A rês chegou a ser consumida por eles, encontrada, ainda na panela, parte da carne pronta para consumo. Já o interrogatório do paciente, realizado após o advento da Lei n. 10.792/2003, não teve a presença de defensor. O Tribunal *a quo*, por sua vez, afastou a aplicação do princípio da insignificância ao argumento de que sua aplicação ao caso, em suma, teria o efeito de liberar a prática desse tipo de furto. Diante disso, a Turma entendeu conceder a ordem e extinguir o processo em razão, justamente, do referido princípio. Frente aos fatos narrados nos autos, há que se afastar outras reflexões que ultrapassem critérios dogmáticos. A política criminal somente pode ser invocada para privilegiar o arco de liberdades do cidadão, mas nunca restringi-lo. Anotou-se, outrossim, que a ausência de defensor no interrogatório constitui nulidade absoluta, a ocasionar a anulação do processo a partir de sua realização, mesmo após o trânsito em julgado. Precedentes citados do STF: RHC 87.171-GO, DJ 3/2/2005; do STJ: HC 103.618-ES, DJe 4/8/2008; HC 36.947-SP, DJ 14/11/2005; HC 25.667 SP, DJ 23/8/2004; HC 41.152-RJ, DJ 22/5/2005; HC 41.638-MS, DJ 17/4/2006; HC 27.218-MA, DJ 25/8/2003; HC 21.750-SP, DJ 4/8/2003; HC 73.179-DF, DJ 18/6/2007; HC 44.417-MS, 10/10/2005, e HC 43.413-MS, DJ 10/10/2005. **HC 91.511-MS, Rel. Min. Maria Thereza de Assis Moura, julgado em 25/9/2008.** (Inform. STJ 369)

FURTO. VALOR IRRISÓRIO.

A Turma rejeitou a aplicação do princípio da insignificância, reservada aos casos em que for realmente cabível, i. e., em que é mínima a periculosidade do agente, o que não ocorre no caso, pois o réu adquiriu uma calça, pagou com cheque de origem criminosa e, indevidamente, ainda recebeu troco do vendedor. Precedente citado: REsp 770.899-RS, DJ 6/2/2006. **AgRg no REsp 1.047.939-SP, Rel. Min. Jane Silva (Desembargadora convocada do TJ-MG), julgado em 21/8/2008.** (Inform. STJ 364)

APROPRIAÇÃO INDÉBITA. PRINCÍPIO DA SUBSIDIARIEDADE.

A recorrente (uma contadora) comprometeu-se a desembaraçar a obtenção de benefício previdenciário devido à vítima. Para tanto, recebeu a quantia de quinhentos reais com o fito de quitar, junto ao INSS, contribuições atrasadas, o que, ao cabo, deixou de fazer. Também deixou de protocolar o próprio pedido administrativo para a concessão de auxílio-doença, obrigando a vítima a aguardar por mais um ano pelo benefício. Diante disso, viu-se denunciada e condenada pela prática da apropriação indébita (art. 168, § 1º, III, do CP). Isso posto, a Turma, ao continuar o julgamento e seguir o voto-vista do Min. Nilson Naves, entendeu, tal como o Tribunal de Justiça, que as relações aqui descritas bem podem ser resolvidas na esfera cível, pois o Direito Penal, tal como afirmou Roxin, é desnecessário quando se possa garantir a segurança e a paz jurídica através dos Direitos Civil e Administrativo, ou mesmo por medidas preventivas extrajurídicas. Assim, por maioria, a Turma não conheceu do especial. O voto vencido da Min. Jane Silva dava provimento ao especial para restabelecer a sentença condenatória, ao entender que esse entendimento do Tribunal de Justiça não encontra amparo no ordenamento jurídico pátrio, visto que resultaria em efetiva e ilegal negativa de vigência ao citado artigo do CP. Precedentes citados: HC 36.985-MG, DJ 10/10/2005; HC 39.599-MG, DJ 22/5/2006, e HC 93.893-SP, DJ 30/6/2008. **REsp 672.225-RS, Rel. originária Min. Jane Silva (Desembargadora convocada do TJ-MG), Rel. para acórdão Min. Nilson Naves, julgado em 7/8/2008.** (Inform. STJ 362)

PRINCÍPIO. INSIGNIFICÂNCIA. BEM RELEVANTE. VÍTIMA.
Quanto à aplicação do princípio da insignificância, tem-se reiterado que a verificação da lesividade mínima da conduta apta a torná-la atípica deve considerar não apenas o valor econômico e a importância da *res furtiva*, mas também a condição econômica da vítima e as circunstâncias e conseqüências do delito. No caso, apesar de os bens furtados totalizarem pouco mais de noventa reais, não há que se aplicar aquele princípio. Uma das vítimas é pessoa humilde, de poucas posses. Dessarte, sua bicicleta, que era utilizada como meio de transporte e foi furtada pelo ora paciente, é bem relevante e de repercussão em seu patrimônio. Logo em seguida a esse furto, o paciente voltou a delinqüir ao subtrair uma garrafa de uísque, bebida alcoólica por natureza, o que impede também a aplicação da referida benesse. Precedentes citados: REsp 686.716-RS, DJ 6/8/2007; REsp 828.181-RS, DJ 6/8/2007, e REsp 751.025-RS, DJ 13/3/2006. **HC 95.226-MS, Rel. Min. Jorge Mussi, julgado em 24/6/2008.** (Inform. STJ 361)

PRINCÍPIO. INSIGNIFICÂNCIA. REINCIDÊNCIA.
O ora paciente subtraiu um boné avaliado em R$ 50,00, o qual foi devolvido à vítima. Porém, diante da comprovação de seus maus antecedentes e de sua reincidência, foi condenado, por furto simples, à pena de um ano e seis meses de reclusão. Diante disso, é certo não se lhe aplicar a benesse do furto privilegiado. Contudo o delito pode ser considerado como de reduzido potencial ofensivo, a merecer a incidência do princípio da insignificância, que não pode ser obstado por sua reincidência ou maus antecedentes, visto que apenas jungido ao bem jurídico tutelado e ao tipo do injusto. Com esse entendimento, que prevaleceu em razão do empate na votação, a Turma, ao prosseguir o julgamento, concedeu a ordem de *habeas corpus*. Precedente citado: REsp 827.960-PR, DJ 18/12/2006. **HC 96.929-MS, Rel. Min. Jane Silva (Desembargadora convocada do TJ-MG), julgado em 8/4/2008.** (Inform. STJ 351)

HC. PROGRESSÃO. REGIME. LEI MAIS GRAVOSA.
A exigência do cumprimento de 2/5 ou de 3/5 da pena imposta como requisito objetivo para a progressão de regime dos condenados por crimes hediondos, prevista na Lei n. 11.464/2007, por ser essa mais gravosa, não pode retroagir para prejudicar o réu. O requisito objetivo necessário para a progressão do regime prisional de tais crimes, quando praticados antes da vigência da referida lei, é o previsto no art. 112 da Lei de Execuções Penais. Ressalte-se que, nesse caso, o crime ocorreu em data anterior à vigência da mencionada Lei n. 11.464/2007. Assim, a Turma concedeu a ordem. Precedentes citados: HC 84.793-MS, DJ 17/9/2007, e HC 84.230-SP, DJ 24/9/2007. **HC 96.535-SP, Rel. Min. Laurita Vaz, julgado em 11/3/2008.** (Inform. STJ 348)

PRINCÍPIO. INSIGNIFICÂNCIA. SURSIS PROCESSUAL.
A revogação do *sursis* processual não é empecilho para a aplicação do princípio da insignificância. O objeto que o paciente tentou furtar é uma bijuteria de ínfimo valor (menos de trinta reais), daí que, ao se considerar a hipótese, não se pode deixar de reconhecer a incidência daquele princípio somado ao da necessidade da pena (art. 59 do CP). Com esse entendimento, a Turma, por maioria, concedeu a ordem. Precedente citado: REsp 827.960-PR, DJ 18/12/2006. **HC 90.555-MG, Rel. Min. Jane Silva (Desembargadora convocada do TJ-MG), julgado em 11/3/2008.** (Inform. STJ 348)

PRINCÍPIO. INSIGNIFICÂNCIA. FURTO.
O paciente foi denunciado pelo furto de uma cruz de concreto de um túmulo (dez reais), bem como por estelionato, em razão de se ter passado por pedreiro especializado na construção de sepulcros e recebido valores para a construção de sepulturas que não foram sequer iniciadas. Do estelionato, viu-se absolvido ao fundamento de que se tratava de mero descumprimento contratual e, do furto, diz-se que se mostrava atípica a conduta dado o princípio da insignificância. Prosseguindo o julgamento do especial interposto pelo MP referente unicamente ao furto, a Turma, após o voto de desempate da Min. Jane Silva (Desembargadora convocada do TJ-MG), entendeu manter a absolvição determinada pela aplicação do princípio da insignificância feita pelo Tribunal *a quo*. Anotou que este Superior Tribunal vem aceitando a aplicação de tal princípio até diante do furto consumado e qualificado, situações mais gravosas que a dos autos. Outrossim, firmou que o valor da res furtiva, por si só, não é fator determinante da aplicação do referido princípio, porém deve ser sopesado com especial atenção, quanto mais se ínfimo, como no caso. Precedentes citados: HC 56.519-RJ, DJ 26/6/2006, e REsp 794.021-RS, DJ 3/4/2006. **REsp 708.324-RS, Rel. originário Min. Hamilton Carvalhido, Rel. para o acórdão Min. Maria Thereza de Assis Moura, julgado em 11/3/2008.** (Inform. STJ 348)

PRINCÍPIO. INSIGNIFICÂNCIA. DISTINÇÃO. BAGATELA.
No âmbito do furto, não há que se confundir bem de pequeno valor com o de valor insignificante. O primeiro pode caracterizar privilégio (art. 155, § 2º, do CP), com a previsão, pela lei penal, de pena mais branda compatível com a pequena gravidade da conduta. O segundo, necessariamente, exclui o crime diante da ausência de ofensa ao bem jurídico tutelado (princípio da insignificância). No caso dos autos, houve o furto consumado de uma carteira contendo um talonário de cheques e sessenta reais em dinheiro, pelo que não há que se falar em irrelevância da conduta. A subtração de bens cujo valor é considerado ínfimo não é indiferente para o Direito Penal, visto que a opção por não reprimir tal conduta representaria incentivo a esses pequenos delitos que, juntos, trariam a desordem social. Precedentes citados: HC 47.105-DF, DJ 10/4/2006, e RHC 17.892-DF, DJ 19/12/2005. **REsp 746.854-RS, Rel. Min. Laurita Vaz, julgado em 28/2/2008.** (Inform. STJ 346)

DESCAMINHO. CONTRABANDO. PRINCÍPIO. INSIGNIFICÂNCIA.
O paciente está sendo investigado pelo cometimento, em tese, do crime de contrabando ou descaminho (art. 334 do CP). Mas a Turma denegou a ordem ao argumento de que o princípio da insignificância invocado pela defesa não se aplica ao presente caso. Para a Min. Relatora, o valor de referência utilizado pela Fazenda Pública quanto aos débitos inscritos em dívida ativa da União são cem reais, conforme o art. 18, § 1º, da Lei n. 10.522/2002 e corresponde ao valor máximo de que o erário está disposto a abrir mão por meio do cancelamento. E, em seu art. 20, diz que, acima de cem reais até o limite de dez mil reais, serão arquivados, sem baixa na distribuição, mediante requerimento do procurador da Fazenda Nacional, os autos das execuções fiscais, porém com a ressalva do parágrafo primeiro de que os autos de execução a que se refere o artigo serão reativados quando os valores dos débitos ultrapassarem os limites indicados. O mencionado arquivamento não implica renúncia fiscal, mas, tão-somente, denota a política quanto à prioridade para efeito de cobrança imediata conferida aos montantes mais elevados. Logo, considerando-se que a lesividade da conduta no crime de descaminho deve ser aferida com base no valor do tributo incidente sobre as mercadorias apreendidas e que os montantes inicialmente apurados excedem em muito o valor de cem reais, não há que se falar em aplicação do princípio da insignificância. Entendeu a Min. Relatora que o trancamento do inquérito policial pela via do *habeas corpus* representa medida excepcional, admissível tão-somente quando evidenciada, de pronto, a atipicidade dos fatos investigados ou a impossibilidade de a autoria ser imputada ao indiciado, sendo que nenhuma dessas circunstâncias foi efetivamente demonstrada pela defesa. Precedente citado: HC 41.700-RS, DJ 20/6/2005. **HC 66.308-SP, Rel. Min. Jane Silva** (Desembargadora convocada do TJ-MG), **julgado em 21/2/2008.** (Inform. STJ 345)

HC. CONCESSÃO. ANULAÇÃO. PROCESSO. INQUIRIÇÃO.
O paciente foi condenado pelo Tribunal do Júri a 4 anos de reclusão pela prática dos delitos previstos no art. 121, c/c art. 14, II, do CP. Pede a anulação do feito; pois, segundo a tese da defesa, imbuído de violenta emoção, teria atentado contra a vida de seu ex-cônjuge e o seu então namorado, sendo que não foi feito o quesito relativo a tal versão, assim, não teve, durante todo o processo, a efetiva defesa garantida constitucionalmente e no art. 261 e parágrafo do CPP, esse acrescentado pela Lei n. 10.792/2003. A Min. Relatora entendeu assistir integral razão ao paciente quanto a ter ficado sem defesa efetiva durante todo o seu processo. A única testemunha ocular dos fatos não foi ouvida, tendo sido a ausência de sua oitiva o motivo pelo qual o defensor constituído desistiu de continuar a defesa do réu. O defensor nomeado não apresentou recurso em sentido estrito quando o pedido para inquirição de testemunha poderia ser reexaminado pelo Tribunal nem arrolou, na contrariedade, a referida testemunha, bem como, já em plenário, não cuidou de pedir a inclusão de quesito pertinente à defesa. Lembrou a Min. Relatora que, segundo o relato dos autos, a testemunha é imprescindível para o réu que alega que, antes de ele efetuar os disparos, por duas vezes, o namorado de sua ex-companheira tentou atropelá-lo com o veículo no qual se encontrava. Se confirmada sua versão pela testemunha, a pretensão de ver reconhecida a legítima defesa ficaria, em tese, possível de ser reconhecida. Entendeu a Min. Relatora que a omissão feriu o princípio da ampla defesa, constituindo nulidade absoluta, que pode ser reconhecida em qualquer fase do processo e até mesmo depois do trânsito em julgado da condenação. Dizer, como afirmou o Tribunal *a quo*, que as matérias argüidas foram atingidas pela preclusão é fazer tábula rasa do princípio constitucional do devido processo legal e da ampla defesa. Isso posto, a Turma concedeu a ordem de *habeas corpus*. **HC 88.934-PB, Rel. Min. Jane Silva (Desembargadora convocada do TJ-MG), julgado em 21/2/2008.** (Inform. STJ 345)

PRINCÍPIO. INSIGNIFICÂNCIA. REQUISITOS. INCIDÊNCIA.
Na aplicação do princípio da insignificância, torna-se necessário observar a mínima ofensividade da conduta do agente, a nenhuma periculosidade social da ação, o reduzido grau de reprovabilidade do comportamento e a inexpressividade da lesão jurídica provocada, conforme entendimento firmado do STF. Assim, o furto de um vaporizador, um chapéu e um facão, em horário de repouso noturno, não pode ser considerado penalmente irrelevante. Em tal conduta, não é mínima a ofensividade nem desprovida de periculosidade social nem inexpressiva a lesão jurídica provocada. Para a incidência do princípio da insignificância, não é bastante apenas o valor da coisa subtraída. Precedentes citados do STF: HC 84.412-SP, DJ 2/8/2004; do STJ: HC 47.105-DF, DJ 10/4/2006; HC 47.247-MS, DJ 12/6/2006, e HC 32.882-MS, DJ 14/6/2004. **REsp 908.051-RS, Rel. Min. Hamilton Carvalhido, julgado em 4/12/2007.** (Inform. STJ 341)

DESCAMINHO. PRINCÍPIO. INSIGNIFICÂNCIA. LEI N. 10.522/2002.
No caso, o débito tributário no delito de descaminho é um valor inferior ao mínimo legal estipulado para a cobrança fiscal (art. 20 da Lei n. 10.522/2002). Contudo não se aplica o princípio da insignificância penal uma vez que o agente se mostra um criminoso habitual nos delitos da espécie. Ademais, mesmo que haja lei regulamentando a atividade de camelô, não se deve concluir que o descaminho é socialmente aceitável. Assim a Turma denegou a ordem de *habeas corpus*. **HC 45.153-SC, Rel. Min. Maria Thereza de Assis Moura, julgado em 30/10/2007.** (Inform. STJ 338)

PRINCÍPIO. INSIGNIFICÂNCIA. SURSIS PROCESSUAL. SUBSTITUIÇÃO. PENAS.
Trata-se de tentativa de furto de trinta e duas cartelas de pilhas. Para que se aplique o princípio da insignificância, é necessário que se verifiquem dois critérios: o valor de pequena monta e o seu ínfimo caráter para a vítima. Na espécie, o valor da *res furtiva* ultrapassou o salário mínimo vigente à época do fato, logo não há que se falar em crime de bagatela. Quanto ao *sursis* processual, deve o magistrado verificar se o réu está sendo processado, além de observar as condicionantes dispostas no art. 77 do CP. Assim, o fato de já ter se submetido a uma anterior suspensão processual não desestimulou o ora paciente, que voltou a delinqüir, motivo que inviabiliza uma nova concessão. Para que o condenado tenha a pena privativa de liberdade substituída pela restritiva de direitos, é necessário que preencha os requisitos do art. 44 do CP. Logo a Turma denegou a ordem. **HC 53.139-PB, Rel. Min. Maria Thereza de Assis Moura, julgado em 31/10/2007.** (Inform. STJ 338)

PRINCÍPIO. INSIGNIFICÂNCIA. FURTO TENTADO.
Cuidou-se de furto tentado de duas camisetas e uma bermuda no valor aproximado de sessenta e cinco reais. Diante disso, o Min. Relator, ao buscar as lições de Welzel, Roxin, Assis Toledo e Luís Greco, vislumbrou, no caso, a excepcionalidade do princípio da insignificância, entendimento acompanhado também pela Min. Maria Thereza de Assis Moura. Porém, ao final, a Turma, por não acolher a aplicação do princípio ao caso, entendeu por dar provimento ao especial do MP. **REsp 724.468-RS, Rel. originário Min. Nilson Naves, Rel. para acórdão Min. Hamilton Carvalhido, julgado em 16/8/2007.** (Inform. STJ 327)

PRINCÍPIO. INSIGNIFICÂNCIA. CIRCUNSTÂNCIAS. CRIME.
É certo que o fato de o réu possuir antecedentes não impossibilita a aplicação do princípio da insignificância, porém, de outro lado, o pequeno valor da *res furtiva*, por si só, não autoriza uma aplicação automática do princípio. Há que se ponderar a importância e o valor sentimental daquele objeto para a vítima, sua condição econômica, as circunstâncias e o resultado do crime, tudo em busca da existência ou não de relevante lesão jurídica. No caso, o réu pungueou, à luz do dia, em plena via pública, R$ 75,00 do bolso da calça da vítima, uma analfabeta de 68 anos. Dessarte, mostra-se inviável a aplicação do aludido princípio diante do inegável interesse estatal na repressão desse crime. Note-se caracterizar roubo arrancar objetos presos ao corpo da vítima, mesmo sem lesão corporal. Precedentes citados do STF: AIQO 559.904-RS, DJ 26/8/2005; HC 84.412-SP, DJ 19/11/2004; do STJ: REsp 827.960-PR, DJ 18/12/2006; REsp 735.723-RS, DJ 20/3/2006, e REsp 336.634-SP, DJ 30/6/2003. **REsp 835.553-RS, Rel. Min. Laurita Vaz, julgado em 20/3/2007.** (Inform. STJ 314)

PRINCÍPIO. INSIGNIFICÂNCIA. ÓCULOS DE GRAUS.
Quanto ao furto, não há que se confundir bem de pequeno valor com de valor insignificante. O primeiro pode resultar no privilégio do § 2º do art. 155 do CP e abrandar a pena frente à pequena gravidade da conduta, porém isso não significa que essa seja irrelevante ao Direito Penal. Já o segundo, pela aplicação do princípio da insignificância, exclui o crime por força da falta de ofensa ao bem jurídico tutelado. No caso, furto consumado de óculos de grau no valor de R$ 158,00, não se tem uma intensa agressão ao patrimônio da vítima, mas não há como se inserir a conduta na concepção doutrinária e jurisprudencial de crime de bagatela. Precedentes citados: HC 46.780-MG, DJ 10/4/2006; HC 47.105-DF, DJ 10/4/2006, e RHC 17.892-DF, DJ 19/12/2005. **REsp 811.397-RS, Rel. Min. Laurita Vaz, julgado em 20/3/2007.** (Inform. STJ 314)

SÚMULA STJ Nº 17

Quando o falso se exaure no estelionato, sem mais potencialidade lesiva, é por este absorvido.

2. APLICAÇÃO DA LEI NO TEMPO E NO ESPAÇO

CONJUGAÇÃO DE LEIS E DESCABIMENTO
Com base no princípio unitário, a 1ª Turma denegou *habeas corpus* em que se pleiteava a mescla da legislação nova com a antiga, nos trechos em que mais favoráveis ao paciente. Na espécie dos autos, ele fora condenado a 17 anos e 6 meses de reclusão e, em grau de recurso, o STJ concedera a ordem, de ofício, a fim de reduzir a pena para 13 anos e 4 meses de reclusão, nos termos dispostos pela Lei 12.015/2009 — que revogou o art. 9º da Lei 8.072/90 e criou o tipo específico de estupro de vulnerável (CP, art. 217-A). Alegava-se que o acórdão questionado prejudicara o paciente, visto que a sentença condenatória estabelecera a pena-base em 6 anos e, pela nova regra, aplicada pelo STJ, esta fora fixada em 8 anos. Considerou-se, ademais, que não houvera qualquer decisão contrária aos interesses do paciente, porque reduzida a pena final, de 17 para 13 anos. HC 104193/RS, rel. Min. Marco Aurélio, 9.8.2011. (HC-104193) (Inform. STF 635)

HC N. 101.035-RJ

RELATOR: MIN. GILMAR MENDES
Habeas corpus. 2. Rapto. *Abolitio criminis*. Inexistência. Previsão no art. 148, §1º, V, do Código Penal. 3. Constrangimento ilegal não caracterizado. 4. Ordem denegada. (Inform. STF 610)

HC N. 103.787-MG

RELATOR: MIN. RICARDO LEWANDOWSKI
Ementa: *Habeas corpus*. PENAL. PRÁTICA DA MENDICÂNCIA E CORRUPÇÃO DE MENOR. *ABOLITIO CRIMINIS*. ATIPICIDADE SUPERVENIENTE DOS FATOS ATRIBUÍDOS AO PACIENTE. ORDEM CONCEDIDA DE OFÍCIO PARA TRANCAR A AÇÃO PENAL. *WRIT* PREJUDICADO.
I – A alegada ocorrência da *abolitio criminis* da imputação feita ao paciente não foi examinada pelo STJ no acórdão ora atacado, não podendo esta Suprema Corte analisá-la, sob pena de indevida supressão de instância e de extravasamento dos limites de competência do STF descritos no art. 102 da Constituição Federal.
II – O caso, porém, apresenta peculiaridades que recomendam a concessão da ordem, de ofício.
III – A Lei 12.015/2009 revogou a Lei 2.252/1954, que tratava da corrupção de menores, todavia, inseriu o art. 244-B no Estatuto da Criança e do Adolescente (Lei 8.069/1990), cuja redação é a mesma da norma revogada.
IV – O art. 60 do Decreto-Lei 3.688/1941 (Lei das Contravenções Penais), por sua vez, foi revogado pela Lei 11.983/2009, descriminalizando, assim, a conduta antes descrita como mendicância.
V – Segundo o art. 244-B do ECA, pratica o crime de corrupção de menor quem corrompe ou facilita a corrupção de menor de dezoito anos, com ele praticando infração penal ou induzindo-o a praticá-la.
VI – O objetivo desse dispositivo é a proteção do menor em relação à influência negativa de adultos em uma fase de formação da personalidade, evitando, com isso, sua inserção precoce no mundo do crime.
VII – Deixando de ser a mendicância infração penal, desaparece, no caso sob exame, o objeto jurídico tutelado pelo ECA, uma vez que não mais existe a contravenção que os menores foram levados a praticar, ocorrendo, por consequência, a *abolitio criminis* em relação aos dois delitos imputados ao paciente.
VIII – Ordem concedida de ofício para, reconhecendo a atipicidade fatos atribuídos ao paciente, trancar a ação penal relativamente às duas imputações (mendicância e corrupção de menor).
IX - *Habeas corpus* prejudicado. (Inform. STF 609)

CORRUPÇÃO DE MENORES PARA PRÁTICA DE MENDICÂNCIA E "ABOLITIO CRIMINIS"
A 1ª Turma concedeu, de ofício, *habeas corpus* para trancar ação penal instaurada contra o paciente, pela suposta prática do crime de corrupção de menor (Lei 8.069/90, art. 224-B) e da contravenção penal de mendicância

(Decreto-lei 3.688/41, art. 60). A defesa sustentava a *abolitio criminis* da imputação feita ao paciente, razão pela qual estaria extinta a punibilidade. Não obstante reconhecendo que a tese não teria sido aventada perante o STJ e que sua análise implicaria supressão de instância, considerou-se a particularidade do caso. Aduziu-se que o fato pelo qual estaria o paciente sendo processado seria corrupção de menores para a prática de mendicância. Entretanto, a partir da análise do art. 224-B do Estatuto da Criança e do Adolescente, reputou-se que, para a consumação do delito nele previsto, far-se-ia necessário que o agente corrompesse ou facilitasse a corrupção de menor, com ele praticando infração penal ou induzindo-o a praticá-la. Assim, tendo em conta a revogação do art. 60 da Lei das Contravenções Penais pela Lei 11.983/2009, concluiu-se que a conduta do acusado não seria típica, visto que a mendicância perdera o *status* de infração penal. **HC 103787/MG, rel. Min. Ricardo Lewandowski, 26.10.2010.** (HC-103787) (Inform. STF 606)

RAPTO E "ABOLITIO CRIMINIS"

A 2ª Turma indeferiu *habeas corpus* impetrado em favor de condenado pela prática do crime de rapto (CP, art. 219). A defesa sustentava a ocorrência de *abolitio criminis*, em razão da superveniência da Lei 11.106/2005, que revogou os artigos 219 a 222 do CP, e pleiteava a conseqüente extinção da pretensão executória. Aduziu-se que, muito embora o referido dispositivo tenha sido revogado com o advento da supracitada lei, a restrição da liberdade com finalidade libidinosa teria passado a figurar — a partir da entrada em vigor desta mesma norma — entre as possibilidades de qualificação dos crimes de seqüestro ou cárcere privado (CP, art. 148, § 1º, V). Reputou-se que a mera alteração da norma, portanto, não haveria de ser entendida como *abolitio criminis*, por ter havido continuidade normativa acerca do tipo penal. **HC101035/RJ, rel. Min. Gilmar Mendes, 26.10.2010.** (HC-101035) (Inform. STF 606)

CRIME HEDIONDO: INDULTO E IRRETROATIVIDADE

A Turma deferiu *habeas corpus* para restabelecer decisão do juízo das execuções que concedera indulto a condenado por homicídio qualificado (CP, art. 121, § 2º, I e IV) praticado antes do advento da Lei 8.930/94, a qual conferira nova redação à Lei 8.072/90 para nela incluir o referido tipo penal como delito hediondo. Tendo em conta que o Decreto 4.495/2002 não previra a aplicação de suas disposições aos crimes perpetrados anteriormente à vigência das Leis 8.072/90 e 8.930/94 — antes de sua definição legal como hediondos —, asseverou-se que a não extensão desse benefício de indulto ao paciente implicaria afronta ao art. 5º, XL, da CF (*"a lei penal não retroagirá, salvo para beneficiar o réu;"*). **HC 99727/RJ, rel. Min. Eros Grau, 1º.12.2009.** (HC-99727) (Inform. STF 570)

REPERCUSSÃO GERAL EM RE N. 596.152-SP

RELATOR: MIN. RICARDO LEWANDOWSKI

EMENTA: CONSTITUCIONAL. PENAL. CONFLITO DE LEIS NO TEMPO. NOVA LEGISLACÃO COM DISPOSITIVOS, AO MESMO TEMPO, MAIS GRAVOSOS E MAIS BENEFICOS. ART. 5º, XL, DA CONSTITUIÇÃO. EXISTÊNCIA DE REPERCUSSÃO GERAL. (Inform. STF 551)

CRIME HEDIONDO: INDULTO, COMUTAÇÃO DE PENAS E RETROATIVIDADE

Por considerar violado o art. 5º, XL, da CF (*"a lei penal não retroagirá, salvo para beneficiar o réu;"*), a Turma deu provimento a recurso extraordinário para afastar o óbice vislumbrado ao indulto e à comutação de penas a condenado por homicídio qualificado, latrocínio e atentado violento ao pudor cometidos antes do advento da Lei 8.072/90. No caso, a Corte de origem negara, ao recorrente, os citados benefícios previstos no Decreto natalino 4.011/2001 ao fundamento de que a vedação nele disposta abarcaria todos os delitos mencionados na Lei de Crimes Hediondos, independentemente de terem sido praticados antes ou depois da edição dessa mesma lei. De início, salientou-se que não se trataria, no caso, de elucidar a retroação, ou não, do decreto, mas da lei que servira de base para o afastamento do que nele contido. Aduziu-se que, diferentemente do Decreto natalino 2.002/96, que explicitou sua abrangência em relação aos crimes perpetrados anteriormente à vigência da Lei 8.072/90, o decreto envolvido nos autos silenciara sobre essa retroação. Em razão disso, entendeu-se que a retroação da aludida Lei 8.072/90, para alcançar a situação jurídica do recorrente, mostrar-se-ia prejudicial. Determinou-se, por conseguinte, que o juízo da execução proceda a novo exame da espécie sem levar em conta a lei mais gravosa, qual seja, a Lei 8.072/90. **RE 452991/RS, rel. Min. Marco Aurélio, 7.4.2009.** (RE-452991) (Inform. STF 541)

2.1. SUPERIOR TRIBUNAL DE JUSTIÇA

NOVATIO LEGIS IN MELLIUS. LEP.

A Turma deu provimento ao recurso para que o juízo da execução criminal substitua a pena privativa de liberdade imposta pela prática do crime do art. 16 da Lei n. 6.368/1976 pelas medidas previstas no art. 28 da Lei n. 11.343/2006, nos termos do art. 27 da nova Lei de Tóxicos. Para a Min. Relatora, o art. 28 da Lei n. 11.343/2006 deve retroagir para beneficiar o condenado pela prática do crime previsto no art. 16 da Lei n. 6.368/1976, por ser a nova legislação mais benéfica (CP, art. 2º, parágrafo único). Nos termos do art. 66, I, da LEP, bem como da Súm. n. 611-STF, compete ao juízo da execução criminal, após o trânsito em julgado da condenação, aplicar lei penal mais benigna. **REsp 1.025.228-RS, Rel. Min. Laurita Vaz, julgado em 6/11/2008.** (Inform. STJ 375)

SÚMULA STF Nº 711

A Lei penal mais grave aplica-se ao crime continuado ou ao crime permanente, se a sua vigência é anterior à cessação da continuidade ou da permanência.

3. TEORIA DO CRIME

DOLO EVENTUAL E QUALIFICADORA DA SURPRESA: INCOMPATIBILIDADE

São incompatíveis o dolo eventual e a qualificadora da surpresa prevista no inciso IV do § 2º do art. 121 do CP ("§ 2° Se o homicídio é cometido: ... IV - à traição, de emboscada, ou mediante dissimulação ou outro recurso que dificulte ou torne impossível a defesa do ofendido"). Com base nesse entendimento, a 2ª Turma concedeu *habeas corpus* para determinar o restabelecimento da sentença de pronúncia, com exclusão da mencionada qualificadora. Na espécie, o paciente fora denunciado pela suposta prática dos crimes previstos no art. 121, § 2º, IV, c/c o art. 18, I, ambos do CP, e no art. 306 da Lei 9.503/97 porque, ao conduzir veículo em alta velocidade e em estado de embriaguez, ultrapassara sinal vermelho e colidira com outro carro, cujo condutor viera a falecer. No STJ, dera-se provimento a recurso especial, interposto pelos assistentes de acusação, e submetera-se a qualificadora da surpresa (art. 121, § 2º, IV) ao tribunal do júri. Considerou-se que, em se tratando de crime de trânsito, cujo elemento subjetivo teria sido classificado como dolo eventual, não se poderia, ao menos na hipótese sob análise, concluir que tivesse o paciente deliberadamente agido de surpresa, de maneira a dificultar ou impossibilitar a defesa da vítima. **HC 111442/RS, rel. Min. Gilmar Mendes, 28.8.2012.** (HC-111442) (Inform. STF 677)

"RACHA" E DOLO EVENTUAL - 1

A 1ª Turma, por maioria, denegou *habeas corpus* em que alegado constrangimento ilegal decorrente de: a) falta de fundamentação da sentença de pronúncia, porquanto genérica; b) substituição indevida de relatores na ocasião do segundo julgamento de recurso em sentido estrito, uma vez que a mesma desembargadora — que anteriormente proferira voto prevalecente pelo provimento do apelo — mudara sua convicção; c) excesso de linguagem no acórdão confirmatório da decisão que pronunciara o réu; e d) contradição neste *decisum*, haja vista que o conselho de sentença entendera que o co-réu não participara da disputa dolosamente, mas culposamente. No mérito, a defesa sustentava que a conduta objeto da denúncia não caracterizaria dolo eventual, mas culpa consciente, pelo que pugnava pelo deferimento da ordem, a fim de que fosse determinada a competência do juízo singular, e não do tribunal do júri, para julgar o paciente. De início, assinalou-se que o juízo pronunciante teria cumprido seu dever de fundamentação, de modo a não incidir em excesso de linguagem, tendo em vista que ele apenas teria demonstrado seu convencimento acerca da materialidade do crime e dos indícios de autoria. Outrossim, ressaltou-se que a fundamentação do voto condutor do acórdão que confirmara a pronúncia também teria observado os limites inerentes à espécie de provimento jurisdicional, ao assentar a comprovação da materialidade do fato e dos indícios suficientes de autoria, consoante a norma vigente à época (CPP, art. 408: "*Se o juiz se convencer da existência do crime e de indícios de que o réu seja o seu autor, pronunciá-lo-á, dando os motivos do seu convencimento*"). Ademais, consignou-se que nada impediria que o mesmo magistrado, ao participar de nova apreciação de recurso, revelasse convencimento diverso, desde que devidamente motivado. No ponto, asseverou-se que, verificada a anulação do primeiro julgamento, este não condicionaria a manifestação do órgão julgador no segundo. HC 101698/RJ, rel. Min. Luiz Fux, 18.10.2011. (HC-101698)

"RACHA" E DOLO EVENTUAL - 2

Quanto ao mérito, distinguiu-se o caso dos autos daquele versado no HC 107801/SP (DJe de 13.10.2011), que cuidara de homicídio na direção de veículo automotor cometido por agente sob o efeito de bebidas alcoólicas. Rememorou-se que o Colegiado limitara a aplicação da teoria da *actio libera in causa* aos casos de embriaguez preordenada. Sublinhou-se, entretanto, que não se deveria generalizar a compreensão de que qualquer homicídio praticado na direção de veículo automotor seria culposo, desde que tratasse de embriaguez preordenada. Elucidou-se que a diferença entre dolo eventual e culpa consciente encontrar-se-ia no elemento volitivo do tipo penal. Todavia, ante a impossibilidade de se adentrar a psique do agente, essa análise exigiria a observação de todas as circunstâncias objetivas do caso concreto. Nesse sentido, dessumiu-se, da descrição dos fatos realizada pelas instâncias ordinárias, que o réu, ao lançar-se em prática de altíssima periculosidade em via pública e mediante alta velocidade, teria consentido com que o resultado se produzisse, de sorte a incidir em dolo eventual (CP, art. 18, I: "*Diz-se o crime: I - doloso, quando o agente quis o resultado ou assumiu o risco de produzi-lo*"). No ponto, assentou-se que o Supremo firmara jurisprudência no sentido de que o homicídio cometido na direção de veículo automotor em virtude de "pega" seria doloso. Desta feita, aludiu-se que a prática de competições automobilísticas em vias públicas seria crime autônomo, doloso e de perigo concreto (CTB, art. 308: "*Participar, na direção de veículo automotor, em via pública, de corrida, disputa ou competição automobilística não autorizada pela autoridade competente, desde que resulte dano potencial à incolumidade pública ou privada*"). Enfatizou-se que este tipo penal, se resultar em lesão corporal ou homicídio, progrediria para os delitos dispostos nos artigos 129 ou 121 do CP, em sua forma dolosa, visto que seria contra-senso transmudá-lo para a modalidade culposa em razão do advento de resultado mais grave. Assim, reconheceu-se presente o elemento volitivo do dolo eventual. Por fim, explicou-se tanto haver hipótese de "racha" entre dois condutores, assim como de apenas um motorista, que poderia perseguir outro veículo, o que denotaria um único imputável para a prática. Vencido o Min. Marco Aurélio, que concedia a ordem, para que os 2 réus respondessem criminalmente pelo fato tendo em conta o art. 302 do CTB ("*Praticar homicídio culposo na direção de veículo automotor*"). HC 101698/RJ, rel. Min. Luiz Fux, 18.10.2011. (HC-101698) (Inform. STF 645)

DESCLASSIFICAÇÃO DE HOMICÍDIO DOLOSO PARA CULPOSO NA DIREÇÃO DE VEÍCULO AUTOMOTOR - 1

A 1ª Turma iniciou julgamento de *habeas corpus* em que requerida a desclassificação do delito de homicídio doloso para culposo na direção de veículo automotor, descrito na revogada redação do art. 302, parágrafo único, V, da Lei 9.503/97 – CTB ("*Art. 302. Praticar homicídio culposo na direção de veículo automotor: ... Parágrafo único. No homicídio culposo cometido na direção de veículo automotor, a pena é aumentada de um terço à metade, se o agente: ... V – estiver sob a influência de álcool ou substância tóxica ou entorpecente de efeitos análogos*"). Na espécie, o paciente fora pronunciado como incurso no art. 121, § 2º, IV, c/c o art. 18, I, 2ª parte, do CP. A defesa sustentava que o fato de o réu estar sob efeito de álcool ou substância análoga na condução do veículo quando perpetrara o referido crime não autorizaria o reconhecimento de dolo eventual. A Min. Cármen Lúcia, relatora, denegou a ordem. Entendeu que a via estreita do writ não seria adequada para apuração do elemento subjetivo do tipo penal. Nesse sentido, reputou que a análise de ocorrência de culpa consciente ou de dolo eventual em processos de competência do tribunal do júri demandaria aprofundado revolvimento da prova produzida no âmbito da ação penal. Ressaltou que, na fase de pronúncia, somente as acusações manifestamente improcedentes não poderiam ser admitidas, porquanto vigoraria o princípio *in dubio pro societate*. Ponderou, por fim, que eventual debate sobre a desclassificação do delito em comento caberia tão-somente ao conselho de sentença, juiz natural da causa. Após, pediu vista o Min. Luiz Fux. HC 107801/ SP, rel. Min. Cármen Lúcia, 31.5.2011. (HC-107801)

DESCLASSIFICAÇÃO DE HOMICÍDIO DOLOSO PARA CULPOSO NA DIREÇÃO DE VEÍCULO AUTOMOTOR - 2

Em conclusão, a 1ª Turma deferiu, por maioria, *habeas corpus* para desclassificar o delito de homicídio doloso para culposo na direção de veículo automotor, descrito na revogada redação do art. 302, parágrafo único, V, da Lei 9.503/97 - CTB ("*Art. 302. Praticar homicídio culposo na direção de veículo automotor: ... Parágrafo único. No homicídio culposo cometido na direção de veículo automotor, a pena é aumentada de um terço à metade, se o agente: ... V - estiver sob a influência de álcool ou substância tóxica ou entorpecente de efeitos análogos*") — v. Informativo 629. Inicialmente, ressaltou-se que o exame da questão não demandaria revolvimento do conjunto fático-probatório, mas apenas revaloração jurídica do que descrito nas instâncias inferiores. Em seguida, consignou-se que a aplicação da teoria da *actio libera in causa* somente seria admissível para justificar a imputação de crime doloso no caso de embriaguez preordenada quando ficasse comprovado que o agente teria se inebriado com o intuito de praticar o ilícito ou assumir o risco de produzi-lo, o que não ocorrera na espécie dos autos. Asseverou-se que, nas hipóteses em que o fato considerado doloso decorresse de mera presunção em virtude de embriaguez alcoólica eventual, prevaleceria a capitulação do homicídio como culposo na direção de veículo automotor em detrimento daquela descrita no art. 121 do CP. O Min. Marco Aurélio acrescentou que haveria norma especial a reger a matéria, com a peculiaridade da causa de aumento decorrente da embriaguez ao volante. Sublinhou que seria contraditória a prática generalizada de se vislumbrar o dolo eventual em qualquer desastre de veículo automotor com o resultado morte, porquanto se compreenderia que o autor do crime também submeteria a própria vida a risco. Vencida a Min. Cármen Lúcia, relatora, que denegava a ordem por reputar que a análise de ocorrência de culpa consciente ou de dolo eventual em processos de competência do tribunal do júri demandaria aprofundado revolvimento da prova produzida no âmbito da ação penal. HC 107801/SP, rel. orig. Min. Cármen Lúcia, red. p/ o acórdão Min. Luiz Fux, 6.9.2011. (HC-107801) (Inform. STF 639)

ARREPENDIMENTO POSTERIOR E REQUISITOS

A incidência do arrependimento posterior, contido no art. 16 do CP ("*Nos crimes cometidos sem violência ou grave ameaça à pessoa, reparado o dano ou restituída a coisa, até o recebimento da denúncia ou da queixa, por ato voluntário do agente, a pena será reduzida de um a dois terços*") prescinde da reparação total do dano e o balizamento, quanto à diminuição da pena decorrente da aplicação do instituto, está na extensão do ressarcimento, bem como na presteza com que ele ocorre. Essa a conclusão prevalente da 1ª Turma que, diante do empate, deferiu *habeas corpus* impetrado em favor do paciente — condenado pela prática dos crimes capitulados nos artigos 6º e 16 da Lei 7.492/86 e no art. 168, § 1º, III, do CP —, para que o juízo de 1º grau verifique se estão preenchidos os requisitos necessários ao benefício e o aplique na proporção devida. A defesa sustentava a incidência da referida causa de diminuição, pois teria ocorrido a reparação parcial do dano e o disposto no art. 16 do CP não exigiria que ele fosse reparado em sua integralidade. Aduziu-se que a lei estabeleceria apenas a data limite do arrependimento — o recebimento da denúncia —, sem precisar o momento em que deva ocorrer. Além disso, afirmou-se que a norma aludiria à reparação do dano ou restituição da coisa, sem especificar sua extensão. Nesse aspecto, a gradação da diminuição da pena decorreria justamente da extensão do ressarcimento, combinada com o momento de sua ocorrência. Assim, se total e no mesmo dia dos fatos, a redução deveria ser a máxima de dois terços. Os Ministros Cármen Lúcia, relatora, e Dias Toffoli, indeferiam a ordem por reputarem que a configuração do arrependimento posterior apenas se verificaria com a reparação completa, total e integral do dano. Afirmavam, ademais, que o parâmetro para a aplicabilidade dessa causa redutora de pena seria apenas o momento em que o agente procedesse ao ressarcimento da vítima. Nesse sentido, quanto mais próximo ao recebimento da peça acusatória fosse praticado o ato voluntariamente, menor a redução da pena. **HC 98658/PR, rel. orig. Min. Cármen Lúcia, red. p/ o acórdão Min. Marco Aurélio, 9.11.2010**. (HC-98658) (Inform. STF 608)

REVISÃO CRIMINAL: DIREITO DE AGUARDAR EM LIBERDADE E ART. 16 DO CP

Ante as peculiaridades do caso, a Turma, por maioria, deferiu *habeas corpus* para que o paciente aguarde em liberdade o julgamento de revisão criminal, ficando, neste período, suspenso o prazo prescricional. Na espécie, o STJ, em recurso especial movido pelo *parquet*, cassara decisão absolutória proferida por tribunal local e restabelecera sentença que condenara o paciente à pena de 2 anos e 8 meses de reclusão, em regime inicial aberto, pela prática do crime de apropriação indébita, agravada pela reincidência e aumentada em virtude de o paciente ter cometido o crime na condição de advogado da vítima (CP, art. 168, § 1º, III, c/c o art. 61, I). Essa decisão transitara em julgado, sendo ajuizada, pelo paciente, revisão criminal, em que se busca a aplicação da causa de diminuição de pena prevista no art. 16 do CP ("*Nos crimes cometidos sem violência ou grave ameaça à pessoa, reparado o dano ou restituída a coisa, até o recebimento da denúncia ou da queixa, por ato voluntário do agente, a pena será reduzida de um a dois terços.*"). O Ministro relator no STJ, liminarmente, indeferira tal pleito, o que ensejara a presente impetração. Frisou-se que, no caso, o impetrante, antes do recebimento da denúncia, celebrara acordo amigável com a vítima, visando ao ressarcimento da quantia indevidamente apropriada. Salientou-se, ademais, que, se fosse aplicada a redução máxima prevista no art. 16 do CP, o paciente já teria quase cumprido integralmente a sua pena. Vencido o Min. Carlos Britto, que indeferia o *writ*. **HC 99918/RS, rel. Min. Dias Toffoli, 1º.12.2009**. (HC-99918) (Inform. STF 570)

TENTATIVA: "ITER CRIMINIS" E DOSIMETRIA

A Turma, por maioria, deferiu *habeas corpus* para restabelecer acórdão de Corte local que reduzira, pela configuração da tentativa, metade da pena imposta a um delito de roubo praticado pelo paciente, em concurso material, com outros delitos também de roubo. Tratava-se, na espécie, de *habeas corpus* impetrado contra acórdão do STJ que mantivera a diminuição da reprimenda, em virtude da tentativa, no seu percentual mínimo (1/3), ao fundamento de que a conduta do paciente aproximara-se dos limites da consumação do crime, não se aperfeiçoando o resultado por circunstâncias alheias à vontade do agente. No caso, o paciente e co-réus, mediante grave ameaça exercida com emprego de revólver, subtraíram a moto da vítima, não a levando consigo porque esta possuía sistema de segurança que interrompera a transmissão de combustível, paralisando-a instantes depois do início da execução do delito, sendo a ação acompanhada pelas outras vítimas. Enfatizou-se que a capitulação da referida conduta como crime tentado, ou como delito consumado, não estaria em jogo. Discutir-se-ia, no caso, tão-somente o percentual de redução da pena. Aduziu-se que o Código Penal estabelece reprimenda menor para os crimes tentados em relação àquela aplicável aos consumados (*"Art. 14 - Diz-se o crime: ... II - tentado, quando, iniciada a execução, não se consuma por circunstâncias alheias à vontade do agente. Parágrafo único - Salvo disposição em contrário, pune-se a tentativa com a pena correspondente ao crime consumado, diminuída de um a dois terços."*). Tendo isso em conta, salientou-se que a doutrina é assente no sentido de que a definição do percentual da redução da pena observará apenas o *iter criminis* percorrido, ou seja, tanto maior será a diminuição quanto mais distante ficar o agente da consumação, bem como tanto menor será a diminuição quanto mais se aproximar o agente da consumação do delito. Reputou-se que a interpretação que melhor equacionaria a causa, por atender à idéia-força de proporcionalidade entre o crime e a pena, seria aquela desenvolvida pelo tribunal estadual, que concluíra que "a ação delitiva ficou entre um extremo e outro, não podendo, assim, a sanção ficar no mínimo nem no máximo, mas num meio termo". Vencidos os Ministros Menezes Direito e Ricardo Lewandowski, que mantinham o acórdão do STJ. O primeiro por considerar que a hipótese não seria distinta daquela em que, havendo a posse do bem furtado, esta é obstada pela ação de policiais que perseguem, logo em seguida, o agente do ato ilícito e devolvem o bem à vítima. Já o Min. Ricardo Lewandowski apontava dúvidas quanto a ser possível avaliar-se, em *habeas corpus*, o quanto o roubador teria percorrido do *iter criminis*, pois se estaria revolvendo fatos e provas e, ademais, entendia ser subjetiva a avaliação do percurso por aquele feito, registrando, no ponto, que a simples inversão da posse da *res* já caracterizaria o roubo consumado. **HC 95960/PR, rel. Min. Carlos Britto, 14.4.2009**. (HC-95960) (Inform. STF 542)

REVALORAÇÃO DA PROVA E DOLO EVENTUAL - 1

Nova valoração de elementos fático-jurídicos não se confunde com reapreciação de matéria probatória. Com base nesse entendimento, a Turma indeferiu *habeas corpus* em que pleiteado o reconhecimento da competência do juiz singular, e não do tribunal do júri, para processar e julgar o paciente. No caso, em razão de suposto envolvimento em "racha", que ocasionara a morte de ocupantes de terceiro veículo, o paciente e o co-réu foram inicialmente pronunciados como incursos nas sanções do art. 121, *caput*, c/c os artigos 70 e 29, todos do CP. Ocorre que o tribunal local, afastando a ocorrência de dolo eventual, desclassificara o crime para o art. 121, § 3º, c/c o art. 70, ambos do mesmo diploma, ao fundamento de restar caracterizada, na hipótese, a culpa consciente. O STJ, no exame do recurso especial, restabelecera a pronúncia de 1º grau, o que ensejara a presente impetração, na qual alegada ofensa à Súmula 7 da jurisprudência daquela Corte (*"A pretensão de simples reexame de prova não enseja recurso especial."*). Inicialmente, enfatizou-se que a controvérsia consistiria em saber se o STJ analisara material fático-probatório, o que eventualmente repercutiria na configuração de dolo eventual ou da culpa consciente relacionada à conduta imputada ao paciente. **HC 91159/MG, rel. Min. Ellen Gracie, 2.9.2008**. (HC-91159)

REVALORAÇÃO DA PROVA E DOLO EVENTUAL - 2

Salientou-se que, no Direito Penal contemporâneo, além do dolo direto — em que o agente quer o resultado como fim de sua ação e o considera unido a esta última — há o dolo eventual, em que o sujeito não deseja diretamente a realização do tipo penal, mas a aceita como possível ou provável (CP, art. 18, I, *in fine*). Relativamente a este ponto, aduziu-se que, dentre as várias teorias que buscam justificar o dolo eventual, destaca-se a do assentimento ou da assunção, consoante a qual o dolo exige que o agente aquiesça em causar o resultado, além de reputá-lo como possível. Assim, esclareceu-se que, na espécie, a questão principal diz respeito à distinção entre dolo eventual e culpa consciente, ambas apresentando em comum a previsão do resultado ilícito. Observou-se que para a configuração do dolo eventual não é necessário o consentimento explícito do agente, nem sua consciência reflexiva em relação às circunstâncias do evento, sendo imprescindível, isso sim, que delas (circunstâncias) se extraia o dolo eventual e não da mente do autor. Desse modo, reputou-se que o dolo eventual não poderia ser descartado ou julgado inadmissível, de modo abstrato e presumido, na fase do *iudiciu accusationis*, como fizera o tribunal de justiça. Destarte, ressaltando tratar-se de *quaestio juris* e não de *quaestio facti*, concluiu-se que não houve julgamento contrário à orientação contida no aludido Enunciado 7 da Súmula do Tribunal *a quo*, uma vez que não se procedera ao revolvimento de material probatório. Entendeu-se, ao contrário, que o STJ atribuíra nova valoração aos elementos fático-jurídicos existentes nos autos, qualificando-os como homicídio doloso. **HC 91159/MG, rel. Min. Ellen Gracie, 2.9.2008**. (HC-91159) (Inform. STF 518)

3.1. SUPERIOR TRIBUNAL DE JUSTIÇA

DIREITO PENAL. CONCURSO FORMAL IMPRÓPRIO. DOLO EVENTUAL.

Os desígnios autônomos que caracterizam o concurso formal impróprio referem-se a qualquer forma de dolo, direto ou eventual. A segunda parte do art. 70 do CP, ao dispor sobre o concurso formal impróprio, exige, para sua incidência, que haja desígnios autônomos, ou seja, a intenção de praticar ambos os delitos. O dolo eventual também representa essa vontade do agente, visto que, mesmo não desejando diretamente a ocorrência de um segundo resultado, aceitou-o. Assim, quando, mediante uma só ação, o agente deseja mais de um resultado ou aceita o risco de produzi-lo, devem ser aplicadas as penas cumulativamente, afastando-se a regra do concurso formal perfeito. Precedentes citados do STF: HC 73.548-SP, DJ 17/5/1996; e do STJ: REsp 138.557-DF, DJ 10/6/2002. **HC 191.490-RJ, Rel. Min. Sebastião Reis Júnior, julgado em 27/9/2012.(Inform. STJ 505)**

LESÃO COPORAL. MORTE. NEXO. CAUSALIDADE.

Segundo consta dos autos, o recorrente foi denunciado pela prática do crime de lesão corporal qualificada pelo resultado morte (art. 129, § 3º, do CP), porque, durante um baile de carnaval, sob efeito de álcool e por motivo de ciúmes de sua namorada, agrediu a vítima com chutes e joelhadas na região abdominal, ocasionando sua queda contra o meio-fio da calçada, onde bateu a cabeça, vindo à óbito. Ocorre que, segundo o laudo pericial, a causa da morte foi hemorragia encefálica decorrente da ruptura de um aneurisma cerebral congênito, situação clínica desconhecida pela vítima e seus familiares. O juízo singular reconheceu que houve crime de lesão corporal simples, visto que restou dúvida sobre a existência do nexo de causalidade entre a lesão corporal e o falecimento da vítima. O tribunal *a quo*, por sua vez, entendeu ter ocorrido lesão corporal seguida de morte (art. 129, § 3º, c/c o art. 61, II, **a** e **c**, do CP), sob o argumento de que a agressão perpetrada pelo recorrente contra a vítima deu causa ao óbito. Assim, a questão diz respeito a aferir a existência de nexo de causalidade entre a conduta do recorrente e o resultado morte (art. 13 do CP). Nesse contexto, a Turma, prosseguindo o julgamento, por maioria, deu provimento ao agravo regimental e ao recurso especial, determinando o restabelecimento da sentença. Conforme observou a Min. Maria Thereza de Assis Moura em seu voto-vista, está-se a tratar dos crimes preterdolosos, nos quais, como cediço, há dolo no comportamento do agente, que vem a ser notabilizado por resultado punível a título de culpa. Ademais, salientou que, nesse tipo penal, a conduta precedente que constitui o delito-base e o resultado mais grave devem estar em uma relação de causalidade, de modo que o resultado mais grave decorra sempre da ação precedente, e não de outras circunstâncias. Entretanto, asseverou que o tratamento da causalidade, estabelecido no art. 13 do CP, deve ser emoldurado pelas disposições do art. 18 do mesmo *codex*, a determinar que a responsabilidade somente se cristalize quando o resultado puder ser atribuível ao menos culposamente. Ressaltou que, embora alguém que desfira golpes contra uma vítima bêbada que venha a cair e bater a cabeça no meio-fio pudesse ter a previsibilidade objetiva do advento da morte, na hipótese, o próprio laudo afasta a vinculação da *causa mortis* do choque craniano, porquanto não aponta haver liame entre o choque da cabeça contra o meio-fio e o evento letal. *In casu*, a causa da morte foi hemorragia encefálica decorrente da ruptura de um aneurisma cerebral congênito, situação clínica de que sequer a vítima tinha conhecimento. Ademais, não houve golpes perpetrados pelo recorrente na região do crânio da vítima. Portanto, não se mostra razoável reconhecer como típico o resultado morte, imantando-o de caráter culposo. Dessa forma, restabeleceu-se a sentença de primeiro grau que desvinculou o resultado do comportamento do agente, que não tinha ciência da particular, e determinante, condição fisiológica da vítima. **AgRg no REsp 1.094.758-RS, Rel. originário Min. Sebastião Reis Júnior, Rel. para acórdão Min. Vasco Della Giustina (Desembargador convocado do TJ-RS), julgado em 1º/3/2012. (Inform. STJ 492)**

FURTO CONSUMADO. DESCLASSIFICAÇÃO. TENTATIVA.

Trata-se de *habeas corpus* em favor de paciente que foi condenado pela prática do crime de furto, conforme disposto no art. 155, *caput,* do CP, à pena de um ano e oito meses de reclusão em regime inicial semiaberto. A impetração busca a desclassificação do delito de furto consumado para a modalidade tentada. Para o Min. Relator, o furto consumou-se, ficando descaracterizada a alegada tentativa, uma vez que os autos noticiam que o paciente apoderou-se de tacógrafo o qual se encontrava dentro do caminhão da vítima, colocou-o em uma sacola e, ao se evadir do local, foi avistado pela vítima, que o perseguiu em companhia de policiais militares, recuperando o bem. Observa que as instâncias ordinárias não acolheram a tese de desclassificação da conduta do paciente com base na prova colhida durante a instrução criminal, a demonstrar que o paciente apoderou-se do bem da vítima, ainda que por pouco tempo. Dessa forma, afirma que a decisão *a quo* não dissentiu da orientação deste Superior Tribunal de que o delito de furto se consuma quando a coisa furtada sai da esfera de vigilância da vítima e passa para a posse do agente, ainda que por pouco tempo, depois de percorrido o *iter criminis.* Diante do exposto, a Turma denegou a ordem. Precedentes citados: AgRg no REsp 1.036.511-RS, DJe 4/10/2010, e HC 159.728-RJ, DJe 3/11/2010. **HC 152.051-MG, Rel. Min. Napoleão Nunes Maia Filho, julgado em 7/12/2010.** (Inform. STJ 459)

PASSAPORTE FALSO. INEXIGIBILIDADE. OUTRA CONDUTA.

O ora recorrido foi denunciado como incurso no art. 304 c/c o art. 297, ambos do CP, pois embarcou para os Estados Unidos da América utilizando passaporte brasileiro e visto consular falsificados, sendo repatriado pelas autoridades norte-americanas de imigração. O tribunal *a quo* absolveu-o com fulcro no art. 386, V, do CPP. A Turma deu provimento ao recurso do *Parquet* ao entender que a tese de que era inexigível conduta diversa ao ora recorrido (que passava por dificuldades financeiras e buscava melhores condições de sobrevivência no país estrangeiro) não pode ser aceita como fundamento para sua absolvição, pois o delito previsto no art. 304 do CP consuma-se com a simples apresentação do documento falso para o fim proposto, além de que ele despendeu considerável quantia (oito mil reais) para falsificar o passaporte e o visto, não restando demonstradas as alegadas dificuldades financeiras. Precedentes citados: REsp 620.600-RJ, DJ 12/9/2005; REsp 335.072-RJ, DJ 25/10/2004, e REsp 518.635-RJ, DJ 29/9/2003. **REsp 1.124.743-RJ, Rel. Min. Felix Fischer, julgado em 23/2/2010.** (Inform. STJ 424)

ROUBO. TENTATIVA. PREPARAÇÃO.

A polícia, informada de que a quadrilha preparava-se para roubar um banco, passou a monitorar seus integrantes mediante escuta telefônica, o que revelou todos os detalhes do planejamento do crime. No dia avençado para o cometimento do delito, após seguir os membros do grupo até a porta da agência bancária, ali efetuou as prisões. Denunciado por tentativa de roubo circunstanciado e formação de quadrilha, o ora paciente, um dos autores do crime, alega, entre outros, a atipicidade da conduta, visto que não se ultrapassou a fase dos atos preparatórios. Contudo, essa pretensão esbarra na impossibilidade de revolvimento das provas em sede de *habeas corpus*, considerado o fato de que o Tribunal de origem, de forma fundamentada, concluiu pelo início dos atos executórios do crime, que só não se consumou em razão da pronta intervenção policial. Anote-se que, embora se reconheça o prestígio da teoria objetivo-formal no Direito Penal, segundo a doutrina, qualquer teoria pode revelar contornos diferenciados quando confrontada com o caso concreto. Com esses fundamentos, a Turma concedeu parcialmente a ordem, apenas para, conforme precedentes, redimensionar a pena aplicada ao paciente. **HC 112.639-RS, Rel. Min. Og Fernandes, julgado em 25/8/2009.** (Inform. STJ 404)

MERGULHADOR PROFISSIONAL. CAUSALIDADE. MORTE.

Prosseguindo o julgamento, a Turma, por maioria, concedeu a ordem, dada a ausência de causalidade entre a conduta do acusado, engenheiro naval, e a morte da vítima, mergulhador profissional contratado para mergulhar em águas poluídas com agentes químicos, tais como a nafta. No caso, não há falar em negligência do réu, porquanto ele prestou as informações pertinentes ao êxito do trabalho do profissional qualificado, alertando sobre a sua exposição à substância tóxica. Outrossim, no âmbito jurídico, "a afirmação da causalidade (...) deve estar respaldada em elementos empíricos que demonstrem que o resultado não ocorreria, com um grau de probabilidade nos limites da certeza, se a ação devida fosse efetivamente realizada, tal como o contexto o determinava." Não demonstrada empiricamente essa relação, é de se negar a causalidade. **HC 68.871-PR, Rel. originário Min. Maria Thereza de Assis Moura, Rel. para acórdão Min. Og Fernandes, julgado em 6/8/2009.** (Inform. STJ 401)

HC. PROPAGANDA ENGANOSA. RESPONSABILIDADE PENAL OBJETIVA.

No caso, embora a acusação tenha narrado o delito e apontado o paciente como diretor da empresa beneficiada pela propaganda enganosa, não relata, nem de forma singela, o nexo de imputação correspondente, não descrevendo de que forma o denunciado teria contribuído para a consecução do ilícito penal. Vale ressaltar que o estatuto social prevê que a representação ativa e passiva competirá a dois diretores em conjunto ou a um diretor e a um procurador. Contudo não se esclareceu a razão pela qual somente o ora paciente figurou no pólo passivo da ação. Desse modo, a atribuição do delito tão-somente pelo fato de o paciente ser um dos administradores da pessoa jurídica é o mesmo que lhe impor o inadmissível instituto da responsabilidade penal objetiva. Com esse fundamento, a Turma concedeu parcialmente o *habeas corpus.* Precedentes citados do STF: RHC 85.658-ES, DJ 12/8/2005, e HC 80.549-SP, DJ 24/8/2001; do STJ: HC 47.124-SP, DJ 23/10/2006; HC 53.466-PB, DJ 22/5/2006, e APn 404-AC, DJ 24/10/2005. **HC 58.831-SC, Rel. Min. Arnaldo Esteves Lima, julgado em 8/4/2008.** (Inform. STJ 351)

HOMICÍDIO. NEGLIGÊNCIA. DENÚNCIA. DEVER DE AGIR.

O administrador de uma madeireira foi denunciado por homicídio em razão de não ter fornecido à vítima os equipamentos de segurança obrigatórios para que realizasse seu serviço (no caso, um capacete) nem tê-la instruído devidamente para o desenvolvimento da atividade. Contudo, a relação de causalidade nos crimes omissivos impróprios é normativa (art. 13, § 2º, do CP): só possui relevância penal o comportamento em que o omitente devia e podia agir para evitar o resultado quando estipulado legalmente. Assim, o dever de agir tem que estar descrito na denúncia, sob pena de que não se possa concluir sobre a tipicidade e autoria do delito. No caso, está claro que a acusação é que o agente não impediu o resultado, porém a denúncia não revela por que estaria obrigado a fazê-lo, falha que a compromete a ponto de se trancar a ação penal. **HC 52.000-MT, Rel. Min. Hamilton Carvalhido, julgado em 6/12/2007.** (Inform. STJ 341)

SÚMULA STF Nº 145

Não há crime, quando a preparação do flagrante pela polícia torna impossível a sua consumação.

4. AUTORIA E CONCURSO DE PESSOAS

EMENTA: *Habeas corpus.* Direito Penal e Processual Penal. Concurso de pessoas. Reconhecimento de delito em modalidades de consumação distintas para co-réus que praticaram o mesmo fato criminoso em unidade de desígnios. Impossibilidade. Aplicação da teoria monista. Tratando-se de concurso de pessoas que agiram com unidade de desígnios e cujas condutas tiveram relevância causal para a produção do resultado, é inadmissível o reconhecimento de que um agente teria praticado o delito na forma tentada e o outro, na forma consumada. Segundo a teoria monista ou unitária, havendo pluralidade de agentes e convergência de vontades para a prática da mesma infração penal, como se deu no presente caso, todos aqueles que contribuem para o crime incidem nas penas a ele cominadas (CP, art. 29), ressalvadas as exceções para as quais a lei prevê expressamente a aplicação da teoria pluralista. Ordem concedida. **HC N. 97.652-2. RELATOR: MIN. JOAQUIM BARBOSA. Noticiado no Informativo 554** (Inform. STF 559)

CONCURSO DE PESSOAS: TEORIA MONISTA E FIXAÇÃO DE REPRIMENDA MAIS GRAVE A UM DOS CO-RÉUS

Por reputar não observada a teoria monista adotada pelo ordenamento pátrio (CP, art. 29) — segundo a qual, havendo pluralidade de agentes e convergência de vontades para a prática da mesma infração penal, todos aqueles que contribuem para o crime incidem nas penas a ele cominadas, ressalvadas as exceções legais —, a Turma deferiu *habeas corpus* cassar decisão do STJ que condenara o paciente pela prática de roubo consumado. No caso, tanto a sentença condenatória quanto o acórdão proferido pelo tribunal local condenaram o paciente e o co-réu por roubo em sua forma tentada (CP, art. 157, § 2º, I e II, c/c o art. 14, II). Contra esta decisão, o Ministério Público interpusera recurso especial, apenas contra o paciente, tendo transitado em julgado o acórdão da Corte estadual relativamente ao co-réu. Assentou-se que o acórdão impugnado, ao prover o recurso especial, para reconhecer que o paciente cometera o crime de roubo consumado, provocara a inadmissível situação consistente no fato de se condenar, em modalidades delitivas distintas quanto à consumação, os co-réus que perpetraram a mesma infração penal. Destarte, considerando que os co-réus atuaram em acordo de vontades, com unidade de desígnios e suas condutas possuíram relevância causal para a produção do resultado decorrente da prática do delito perpetrado, observou-se ser imperioso o reconhecimento uniforme da forma do delito cometido. Assim, restabeleceu-se a reprimenda anteriormente fixada para o paciente pelo tribunal local. **HC 97652/RS, rel. Min. Joaquim Barbosa, 4.8.2009.** (HC-97652) (Inform. STF 554)

4.1. SUPERIOR TRIBUNAL DE JUSTIÇA

ART. 29 DO CP. INDICAÇÃO. SENTENÇA. PRONÚNCIA.

A Turma deu provimento ao recurso especial do *Parquet* para consignar que, na decisão de pronúncia, o art. 29 do CP – referente ao concurso de pessoas – deve ser mencionado quando da indicação do tipo penal incriminador nos termos da antiga redação do art. 408, § 1º, do CPP (anterior à Lei n. 11.689/2008). Segundo a Min. Relatora, o *caput* do referido art. 29 não se relaciona apenas ao aspecto da dosimetria da pena, mas influencia na tipicidade da conduta por se tratar de norma de extensão, a permitir uma adequação típica de subordinação mediata. Ressaltou que, *in casu*, a indicação do dispositivo é imprescindível para a tipicidade formal, tendo em vista que a denúncia não detalhou a conduta de cada acusado pela suposta prática dos delitos de homicídio e homicídio tentado, não constando a informação de quem teria disparado a arma contra as vítimas. **REsp 944.676-RS, Rel. Min. Laurita Vaz, julgado em 21/6/2011.** (Inform. STJ 478)

5. PENA, MEDIDA DE SEGURANÇA, CONCURSO DE CRIMES E AÇÃO PENAL

DOSIMETRIA: AGRAVANTE E FUNDAMENTAÇÃO INIDÔNEA

332 A 1ª Turma julgou extinto *habeas corpus* por inadequação da via processual. Porém, por empate na votação, concedeu a ordem, de ofício, para reduzir a pena do paciente e estabelecer regime prisional inicial menos gravoso. No caso, o juiz de piso, ao fixar a reprimenda e regime prisional mais severos, teria considerado como circunstâncias judiciais desfavoráveis o registro de antecedentes criminais, a personalidade voltada para a prática de crimes e o fato de o delito perpetrado configurar *"porta de entrada"* a delitos de maior gravidade. Prevaleceu o voto do Min. Dias Toffoli, relator, que consignou que o juiz não poderia avaliar o crime de furto como *"porta de entrada"* para delitos de maior gravidade, de modo a aferir esse elemento como indicador de maior reprovabilidade da conduta. Tampouco, em vista da falta de certidões específicas, seria possível reconhecer-se a presença de maus antecedentes do paciente. Assim, afastou duas causas genéricas de agravamento da pena e redimensionou a dosimetria e o regime prisional. A Min. Rosa Weber, no que foi acompanhada pelo Min. Luiz Fux, não concedeu a ordem de ofício. Observava que, além de a matéria não ter sido apreciada pelo tribunal de origem, a consubstanciar supressão de instância, não haveria situação teratológica a permitir a revisão da dosimetria da pena. **HC 112309/MS, rel. Min. Dias Toffoli, 27.11.2012.** (HC-112309) (Inform. STF 690)

ROUBOS: CONTINUIDADE DELITIVA E QUADRILHA ARMADA - 1

A 2ª Turma denegou *habeas corpus* em que pretendida a redução de penas-base, o reconhecimento de continuidade delitiva de diversos crimes de roubo e o afastamento de qualificadora do crime de quadrilha. Na situação dos autos, cuidava-se de condenado, com outras pessoas, pela prática de 3 delitos de roubo qualificado — 2 consumados e 1tentado — e formação de quadrilha armada. No que tange ao pleito de redução das penas-base, reputou-se que a sentença condenatória não mereceria reparo, pois considerara desfavoráveis antecedentes criminais do paciente e sua personalidade para elevar a reprimenda em 2 anos acima do mínimo legal, portanto, bem justificada. Outrossim, não teria desbordado os lindes da proporcionalidade e da razoabilidade, logo, inexistiria flagrante ilegalidade ou teratologia a justificar a concessão da ordem, sendo incabível a utilização de *writ* para realização de novo juízo de reprovabilidade. **HC 113413/SP, rel. Min. Ricardo Lewandowski, 16.10.2012.** (HC-113413)

ROUBOS: CONTINUIDADE DELITIVA E QUADRILHA ARMADA - 2

Quanto ao pedido de reconhecimento de continuidade delitiva entre todos os delitos de roubo, consumados e tentado, apontou-se que o acórdão do STJ estaria consonante com o posicionamento firmado nesta Corte, no sentido de não bastar similitude entre as condições objetivas (tempo, lugar, modo de execução e outras similares), mas, ainda, precisaria haver, entre estas, ligação a mostrar, de plano, que os crimes subsequentes seriam continuação do primeiro. Além do mais, a reiteração delitiva, indicadora de deliquência habitual ou profissional, por si só descaracterizaria crime continuado. No ponto, esclareceu-se que o paciente fora reconhecido como criminoso habitual, uma vez que faria disto seu *modus vivendi*. Acresceu-se ser assente na doutrina e na jurisprudência que prática do crime como profissão, incidiria na hipótese de habitualidade, ou de reiteração delitiva, que não se confundiria com a da continuidade delitiva. Em seguida, afirmou-se que, para se chegar à conclusão diversa, necessitar-se-ia revolver fatos e provas, impossível nesta via eleita. **HC 113413/SP, rel. Min. Ricardo Lewandowski, 16.10.2012.** (HC-113413)

ROUBOS: CONTINUIDADE DELITIVA E QUADRILHA ARMADA - 3

Ato contínuo, registrou-se o acerto da aplicação do concurso material entre os roubos consumados, no interior de shopping, e a tentativa de subtração de automóvel, nas imediações do referido estabelecimento comercial. Sublinhou-se que a tentativa ocorrida na área externa consubstanciaria ação autônoma, cometida tão só com o objetivo de assegurar a fuga do paciente e de comparsa, não havendo falar em continuidade delitiva. No tocante ao concurso formal dos delitos perpetrados dentro do estabelecimento, acentuou-se a correção das decisões das instâncias antecedentes, visto que constituiriam desígnios autônomos. Por último, reportou-se à jurisprudência do STF segundo a qual a condenação simultânea pelos crimes de roubo qualificado com emprego de arma de fogo e formação de quadrilha armada não configuraria *bis in idem*. Isso porque não haveria relação de dependência ou subordinação entre as citadas condutas e os dispositivos penais visariam bens jurídicos diversos. **HC 113413/SP, rel. Min. Ricardo Lewandowski, 16.10.2012.** (HC-113413) (Inform. STF 684)

CRIMES DE ROUBO E CONTINUIDADE DELITIVA

A prática reiterada de crimes contra o patrimônio, indicadora de delinquência habitual ou profissional, impossibilita o reconhecimento de continuidade delitiva para efeito de unificação de penas. Com base nessa orientação, a 1ª Turma, por maioria, denegou *habeas corpus* em que pretendido novo cálculo de pena pela prática de 2 delitos de roubo qualificado, objetos de condenações diversas. Ressaltou-se que as seguidas ações criminosas descaracterizariam o crime continuado. Vencido o Min. Marco Aurélio, que concedia a ordem ao consignar que a matéria teria se esgotado no tribunal de justiça. Além disso, sinalizou a existência de princípio de hermenêutica e aplicação do Direito, segundo o qual o preceito deveria ser interpretado de modo a beneficiar e não a prejudicar aquele protegido pela norma. **HC 109730/RS, rel. Min. Rosa Weber, 2.10.2012.** (HC-109730) (Inform. STF 682)

DOSIMETRIA DA PENA E "ERROR IN PROCEDENDO"

A 1ª Turma negou provimento a recurso ordinário em *habeas corpus* em que se pleiteava a diminuição da pena-base ao argumento de inexistência de fundamentação idônea para majoração da reprimenda acima do mínimo legal. Aduziu-se não ter sido demonstrada qualquer ilegalidade ou arbitrariedade e, muito menos, *error in procedendo* na decisão condenatória. **RHC 101576/SP, rel. Min. Rosa Weber, 26.6.2012.** (RHC-101576) (Inform. STF 672)

ART. 44 DO CPP E DESCRIÇÃO INDIVIDUALIZADA DO FATO CRIMINOSO

A 2ª Turma deu provimento a recurso ordinário em *habeas corpus* para invalidar, desde a origem, procedimento penal instaurado contra o recorrente e declarar a extinção da punibilidade, por efeito da consumação do prazo decadencial. No caso, fora oferecida queixa-crime por suposta ocorrência de crime de injúria sem que na procuração outorgada pelo querelante ao seu advogado constasse o fato criminoso de maneira individualizada. Reputou-se que a ação penal privada, para ser validamente ajuizada, dependeria, dentre outros requisitos essenciais, da estrita observância, por parte do querelante, da formalidade imposta pelo art. 44 do CPP. Esse preceito exigiria constar, da procuração, o nome do querelado e a menção expressa ao fato criminoso, de modo que o instrumento de mandato judicial contivesse, ao menos, referência individualizadora do evento delituoso e não apenas o *nomen iuris*. Asseverou-se, por outro lado, não ser necessária a descrição minuciosa ou a referência pormenorizada do fato. Observou-se, ainda, que, embora a presença do querelante na audiência de conciliação possibilitasse suprir eventual omissão da procuração judicial, a regularização do mandato somente ocorreria se ainda não consumada a decadência do direito de queixa. Sucede que, decorrido, *in albis*, o prazo decadencial, sem a correção do vício apontado, impor-se-ia o reconhecimento da extinção da punibilidade do querelado. **RHC 105920/RJ, rel. Min. Celso de Mello, 8.5.2012.** (RHC-105920) (Inform. STF 665)

CONFISSÃO ESPONTÂNEA E CARÁTER PREPONDERANTE

A 2ª Turma, ao reconhecer, na espécie, o caráter preponderante da confissão espontânea, concedeu *habeas corpus* para determinar ao juízo processante que redimensionasse a pena imposta ao paciente. No caso, discutia-se se esse ato caracterizaria circunstância atenuante relacionada à personalidade do agente e, portanto, preponderante nos termos do art. 67 do CP ("*No concurso de agravantes e atenuantes, a pena deve aproximar-se do limite indicado pelas circunstâncias preponderantes, entendendo-se como tais as que resultam dos motivos determinantes do crime, da personalidade do agente e da reincidência*"). Inicialmente, acentuou-se que a Constituição (art. 5º, LXIII) asseguraria aos presos o direito ao silêncio e que o Pacto de São José da Costa Rica (art. 8º, 2, g) institucionalizaria o princípio da não autoincriminação — *nemo denetur se detegere*. Nesse contexto, o chamado réu confesso assumiria postura incomum, ao afastar-se do instinto do autoacobertamento para colaborar com a elucidação dos fatos, do que resultaria a prevalência de sua confissão. Em seguida, enfatizou-se que, na concreta situação dos autos, a confissão do paciente contribuíra efetivamente para sua condenação e afastara as chances de reconhecimento da tese da defesa técnica no sentido da não consumação do crime. Asseverou-se que o instituto da confissão espontânea seria sanção do tipo premial e que se assumiria com o paciente postura de lealdade. Destacou-se o caráter individual, personalístico dos direitos subjetivos constitucionais em matéria criminal e, como o indivíduo seria uma realidade única, afirmou-se que todo o instituto de direito penal que se lhe aplicasse, deveria exibir o timbre da personalização, notadamente na dosimetria da pena. **HC 101909/MG, rel. Min. Ayres Britto, 28.2.2012**. (HC-101909) (Inform. STF 656)

DOSIMETRIA E FUNDAMENTAÇÃO IDÔNEA

A 2ª Turma iniciou julgamento de *habeas corpus* em que se pretende a redução da pena-base fixada, em virtude da alegada falta de fundamentação idônea para sua exacerbação. No caso, ao majorar a pena-base, o juiz considerara que "*a) os motivos que levaram à prática das infrações penais foram o egoísmo e o desejo de obter ganho fácil; b) as circunstâncias em que ocorreram as práticas criminosas foram graves, em razão da nocividade e expressiva quantidade de droga apreendida (quase 13 kg de cocaína); e c) as consequências são graves pelo mal causado aos consumidores*". O Min. Gilmar Mendes, relator, con-quanto entendesse correta a conclusão do magistrado no que concerne ao motivo do crime — lucro fácil, por este não integrar a essência do crime de tráfico de entorpecentes — concedeu, parcialmente, a ordem, para que se proceda nova individualização da pena. No ponto, determinou que se afastasse a circunstância judicial referente ao "*mal causado pelo tóxico*", por ser ínsito à conduta delituosa e estar incorporado ao próprio tipo penal, o que impossibilitaria sua utilização como elemento hábil a proporcionar o recrudescimento da reprimenda, sob pena de *bis in idem*. Após, pediu vista o Min. Ayres Britto. HC 107532/SC, rel. Min. Gilmar Mendes, 28.6.2011. (HC-107532) (Inform. STF 633)

DOSIMETRIA E FUNDAMENTAÇÃO IDÔNEA - 2

A 2ª Turma retomou julgamento de *habeas corpus* em que se pretende a redução da pena-base fixada em virtude da alegada falta de fundamentação idônea para sua exacerbação. No caso, ao majorar a pena-base, o juiz considerara que "a) os motivos que levaram à prática das infrações penais foram o egoísmo e o desejo de obter ganho fácil; b) as circunstâncias em que ocorreram as práticas criminosas foram graves, em razão da nocividade e expressiva quantidade de droga apreendida (quase 13 kg de cocaína); e c) as consequências são graves pelo mal causado aos consumidores" — v. Informativo 633. O Min. Ayres Britto, em voto-vista, acompanhou o Min. Gilmar Mendes, relator, no tocante ao afastamento da circunstância judicial referente ao "**mal causado pelo tóxico**", mas concedeu a ordem, em maior extensão, para determinar ao juízo da causa que refaça a dosimetria da pena, excluída a referência ao motivo do crime "ganho fácil". Consignou que essa expressão apontada pelo magistrado para justificar o maior rigor no cálculo da pena já se encontraria embutida na conduta concretamente praticada pelo agente — venda de drogas. Dessa forma, a comercialização ilícita de entorpecente teria sido, de imediato, a razão pela qual se dera a condenação do acusado, na forma do art. 33 da Lei 11.343/2006. Assim, o alegado intuito de **ganho fácil**, por ser inerente a essa modalidade delitiva, não deveria ser validamente invocado para aumentar a reprimenda por implicar *bis in idem*. Após, pediu vista o Min. Ricardo Lewandowski. **HC** 107532/SC, rel. Min. Gilmar Mendes, 6.12.2011. (**HC-107532**)

DOSIMETRIA E FUNDAMENTAÇÃO IDÔNEA - 3

Em conclusão de julgamento, a 2ª Turma, por maioria, deferiu *habeas corpus* para determinar ao magistrado de primeiro grau que efetue nova dosimetria, a afastar, além da circunstância relativa à consequência do crime "mal causado pelo tóxico", também o motivo invocado — vontade de obter lucro fácil. No caso, ao majorar a pena-base, o juiz considerara que "a) os motivos que levaram à prática das infrações penais foram o egoísmo e o desejo de obter ganho fácil; b) as circunstâncias em que ocorreram as práticas criminosas foram graves, em razão da nocividade e expressiva quantidade de droga apreendida (quase 13 kg de cocaína); e c) as consequências são graves pelo mal causado aos consumidores" — v. Informativos 633 e 651. Concluiu-se que a circunstância judicial aludida ao "mal causado pelo tóxico", seria ínsita à conduta delituosa e estaria incorporada ao próprio tipo penal, a impossibilitar sua utilização como elemento hábil a proporcionar o recrudescimento da reprimenda, sob pena de *bis in idem*. Na mesma linha de entendimento, quanto à referência ao motivo do crime "ganho fácil", consignou-se que essa expressão apontada pelo magistrado para justificar o maior rigor no cálculo da pena já se encontraria embutida na conduta praticada — venda de drogas. Dessa forma, a comercialização ilícita de entorpecente teria sido, de imediato, a razão pela qual se dera a condenação do acusado, na forma do art. 33 da Lei 11.343/2006. Assim, o alegado intuito de "ganho fácil", por ser inerente a essa modalidade delitiva, não deveria ser validamente invocado para aumentar a reprimenda por implicar, também, *bis in idem*. Vencido, em parte, o Min. Gilmar Mendes, relator, que, concedia a ordem somente para afastar a fundamentação "mal causado pelo tóxico". Vencido, integralmente, o Min. Joaquim Barbosa, que indeferia o *writ*. **HC 107532/SC, rel. orig. Min. Gilmar Mendes, red. p/ o acórdão Min. Ricardo Lewandowski, 8.5.2012**. (HC-107532) (Inform. STF 665)

ED: DOSIMETRIA E CIRCUNSTÂNCIA JUDICIAL - 1

A 1ª Turma iniciou julgamento de embargos declaratórios opostos de acórdão denegatório de *habeas corpus* impetrado em favor do paciente, submetido ao tribunal do júri por homicídio simples. A Min. Cármen Lúcia, relatora, rejeitou os embargos, no que foi acompanhada pelo Min. Luiz Fux. Afirmou que, no julgamento do *writ*, consignara-se que a alteração da pena exigiria o revolvimento de prova, atividade incompatível com os limites do *habeas*. Asseverou inexistir contradição, porquanto a pena definida não representaria afronta à lei. Verificou que se pretenderia, em embargos, reexaminar o que decidido na Turma. Considerou, por fim, não ser hipótese de concessão da ordem de ofício. Em divergência, o Min. Marco Aurélio deferiu, de ofício, o *writ* para fixar a reprimenda em 5 anos e 6 meses, ou seja, pena-base de 6 anos com redução de 6 meses pela confissão espontânea. Assinalou que, ao se pronunciar o paciente, não fora articulada qualquer das qualificadoras; tampouco, por elas denunciado. Entendeu que, no entanto, o juiz-presidente evocara na primeira fase da dosimetria, a título de circunstâncias judiciais, dados que consubstanciariam qualificadoras como o motivo fútil e a surpresa da vítima. Ressaltou que a sentença não aludiria a qualquer outra circunstância judicial. Concluiu que aqueles aspectos não poderiam ser considerados à luz do art. 59 do CP. Após, pediu vista o Min. Dias Toffoli. HC 107501 ED/GO, rel. Min. Cármen Lúcia, 14.6.2011. (HC-107501)

ED: DOSIMETRIA E CIRCUNSTÂNCIA JUDICIAL - 2

Em conclusão, a 1ª Turma rejeitou embargos declaratórios opostos de acórdão denegatório de *habeas corpus* impetrado em favor de pronunciado por homicídio simples entretanto, por maioria, concedeu a ordem de ofício — v. Informativo 631. No caso, a juíza-presidente do tribunal do júri evocara na primeira fase da dosimetria, a título de circunstâncias judiciais, dados que consubstanciariam qualificadoras como o motivo fútil, a premeditação e a surpresa da vítima. Ressaltou-se que a sentença não aludira a qualquer outra circunstância judicial. Concluiu-se que aqueles aspectos não poderiam ser considerados à luz do art. 59 do CP, porquanto não seria possível a magistrada substituir o Ministério Público, tampouco o corpo de jurados, já que o paciente não fora denunciado, pronunciado e julgado por homicídio qualificado. Vencidos os Ministros Cármen Lúcia, relatora, e Luiz Fux, que consignavam que a alteração da pena exigiria o revolvimento de prova, atividade incompatível com os limites do *habeas*. HC 107501 ED/GO, rel. orig. Min. Cármen Lúcia, red. p/ o acórdão Min. Marco Aurélio, 2.8.2011. (HC-107501) (Inform. STF 634)

MEDIDA DE SEGURANÇA E HOSPITAL PSIQUIÁTRICO

A 1ª Turma deferiu parcialmente *habeas corpus* em favor de denunciado por homicídio qualificado, perpetrado contra o seu próprio pai em 1985. No caso, após a realização de incidente de insanidade mental, constatara-se que o paciente sofria de esquizofrenia paranóide, o que o impedira de entender o caráter ilícito de sua conduta, motivo pelo qual fora internado em manicômio judicial. Inicialmente, afastou-se a alegada prescrição e a conseqüente extinção da punibilidade. Reafirmou-se a jurisprudência desta Corte no sentido de que o prazo máximo de duração de medida de segurança é de 30 anos, nos termos do art. 75 do CP. Ressaltou-se que o referido prazo não fora alcançado por haver interrupção do lapso prescricional em face de sua internação, que perdura há 26 anos. No entanto, com base em posterior laudo que atestara a periculosidade do paciente, agora em grau atenuado, concedeu-se a ordem a fim de determinar sua internação em hospital psiquiátrico próprio para tratamento ambulatorial. HC 107432/RS, rel. Min. Ricardo Lewandowski, 24.5.2011. (HC-107432) (Inform. STF 628)

POLICIAL FEDERAL E CRIME DE CONCUSSÃO

Ante o empate na votação, a 1ª Turma deferiu *habeas corpus* impetrado em favor de policial federal para anular a sentença proferida, a fim de que outra seja prolatada pelo juiz da causa, consideradas as singularidades de cada acusado, conforme o disposto no art. 59 do CP ("*O juiz, atendendo à culpabilidade, aos antecedentes, à conduta social, à personalidade do agente, aos motivos, às circunstâncias e conseqüências do crime, bem como ao comportamento da vítima, estabelecerá, conforme seja necessário e suficiente para reprovação e prevenção do crime: I - as penas aplicáveis dentre as cominadas; II - a quantidade de pena aplicável, dentro dos limites previstos; III - o regime inicial de cumprimento da pena privativa de liberdade; IV - a substituição da pena privativa da liberdade aplicada, por outra espécie de pena, se cabível*"). Na espécie, o paciente e outro agente de polícia foram condenados à pena de 6 anos de reclusão e 60 dias-multa, pela prática do crime de concussão, prevista no art. 316 do CP ("*Exigir, para si ou para outrem, direta ou indiretamente, ainda que fora da função ou antes de assumi-la, mas em razão dela, vantagem indevida:Pena - reclusão, de dois a oito anos, e multa*"). Refutou-se que, na dosimetria, ter-se-ia utilizado apenas o critério "culpabilidade" para majorar a pena e repetido os mesmos aspectos para ambos os acusados. O Min. Marco Aurélio ressaltou que a sentença condenatória potencializara o fato de os agentes serem policiais, o que seria elemento neutro, intrínseco ao próprio tipo penal. Vencidos os Ministros Cármen Lúcia, relatora, e Luiz Fux, que denegavam o *writ*. HC 104864/RJ, rel. orig. Min. Cármen Lúcia, red. p/o acórdão Min. Marco Aurélio,17.5.2011. (HC-104864) (Inform. STF 627)

VIOLÊNCIA PRESUMIDA E REGIME DE CUMPRIMENTO DE PENA

O crime cometido com violência presumida obstaculiza o benefício da substituição da pena privativa de liberdade por restritiva de direitos. Esse o entendimento da 2ª Turma, ao indeferir *habeas corpus* impetrado em favor de condenado a 3 anos de reclusão em regime semi-aberto pela prática do crime então descrito no art. 213, c/c art. 224, a, do CP . A impetração sustentava que a violência a impedir o benefício da substituição da pena (CP, art. 44, I) seria a violência real, e não a presumida (CP, art. 224). Asseverou-se que, embora a reprimenda aplicada fosse inferior a 4 anos, o crime teria sido cometido com violência à pessoa, motivo suficiente para obstaculizar o benefício requerido. Entendeu-se que a vedação da substituição da pena privativa de liberdade por restritiva de direitos não alcançaria somente a violência física, real, mas também a presumida. HC 99828/SP, rel. Min. Gilmar Mendes, 17.5.2011. (HC-99828) (Inform. STF 627)

REPERCUSSÃO GERAL EM RE N. 601.182-MG
RELATOR: MIN. MARCO AURÉLIO

DIREITOS POLÍTICOS – CONDENAÇÃO CRIMINAL – SUBSTITUIÇÃO DA PENA RESTRITIVA DA LIBERDADE PELA RESTRITIVA DE DIREITOS – ARTIGO 15, INCISO III, DA CONSTITUIÇÃO FEDERAL – ALCANCE – AFASTAMENTO DA SUSPENSÃO NA ORIGEM – REPERCUSSÃO GERAL CONFIGURADA. Possui repercussão geral a controvérsia sobre a suspensão de direitos políticos, versada no artigo 15, inciso III, da Constituição Federal, tendo em vista a substituição da pena privativa de liberdade pela restritiva de direitos. (Inform. STF 623)

DOSIMETRIA DA PENA E PROPORCIONALIDADE - 1

A Turma iniciou julgamento de *habeas corpus* em que condenado à pena de 6 anos e 8 meses de reclusão pela prática do crime previsto no art. 157, § 2º, I e II, do CP sustenta ilegalidade na fixação de sua pena-base, acima do mínimo legal. Alega a defesa que, para a caracterização da personalidade e da conduta social do agente, foram considerados idênticos fatos (*bis in idem*), a saber, os atos infracionais cometidos pelo paciente durante a adolescência. Aduz que, mesmo que se entenda que os atos infracionais perpetrados no passado permitissem concluir que o paciente tivesse uma personalidade voltada para o crime e que apresentasse má conduta social, a dosimetria da pena não teria respeitado a devida proporcionalidade, pois apenas um dos oito critérios previstos em lei apresentar-se-ia desfavorável. Ademais, afirma que o fato de ter o paciente praticado o delito em plena luz do dia não poderia ser levado em seu desfavor, visto que, a rigor, facilitaria a defesa da vítima e a intervenção de terceiros para evitar a sua consumação. O Min. Ricardo Lewandowski, relator, tendo em conta os princípios da proporcionalidade, da razoabilidade e da individualidade, deferiu o writ para determinar ao juízo sentenciante que proceda a nova dosimetria da pena, a ser fixada em patamar mais próximo do mínimo legal. Reputou que não se afiguraria razoável que a pena-base tivesse sido aumentada de metade, em face dos atos infracionais realizados pelo paciente durante a adolescência e em razão de ter sido o delito cometido durante o dia. Salientou que os atos infracionais podem e devem, sim, ser levados em conta na avaliação da personalidade do paciente. Todavia, essa circunstância judicial, por si só, não seria apta a elevar a pena-base em metade, porquanto o art. 59 do CP listaria oito circunstâncias que poderiam ser consideras no momento do estabelecimento da sanção, e destas, no caso, somente a personalidade desajustada do agente se faria presente. Consignou que também não se mostraria pertinente para a exacerbação da pena o fato de ter sido o crime praticado durante o dia. Enfatizou, por outro lado, que o *habeas corpus* não seria a via adequada para a correção da dosagem da pena. Após, pediu vista dos autos o Min. Carlos Britto. HC 97056/DF, rel. Min. Ricardo Lewandowski, 8.9.2009. (HC-97056)

DOSIMETRIA DA PENA E PROPORCIONALIDADE - 2

A Turma retomou julgamento de *habeas corpus* em que condenado à pena de 6 anos e 8 meses de reclusão pela prática do crime previsto no art. 157, § 2º, I e II, do CP, sustenta ilegalidade na fixação de sua pena-base, acima do mínimo legal. Alega a defesa que, para a caracterização da personalidade e da conduta social do agente, foram considerados idênticos fatos (*bis in idem*), a saber, os atos infracionais cometidos pelo paciente durante a adolescência. Aduz que, mesmo que se entenda que os atos infracionais perpetrados no passado permitissem concluir que o paciente tivesse uma personalidade voltada para o crime e que apresentasse má conduta social, a dosimetria da pena não teria respeitado a devida proporcionalidade, pois apenas um dos oito critérios previstos em lei apresentar-se-ia desfavorável. Ademais, afirma que o fato de ter o paciente praticado o delito em plena luz do dia não poderia ser levado em seu desfavor, visto que, a rigor, facilitaria a defesa da vítima e a intervenção de terceiros para evitar a consumação — **v. Informativo 558. HC 97056/DF, rel. Min. Ricardo Lewandowski, 13.10.2009**. (HC-97056)

DOSIMETRIA DA PENA E PROPORCIONALIDADE - 3

Em voto-vista, o Min. Carlos Britto acompanhou o Min. Ricardo Lewandowski, relator, para conceder, em parte, a ordem e determinar que o juízo processante fixe nova pena-base. Consignou que as circunstâncias judiciais (CP, art. 59) são alvo de críticas por parte da doutrina e da própria jurisprudência quanto à indeterminação do seu conteúdo e quanto à falta de parâmetros objetivos para o cálculo da pena-base. Aduziu a necessidade de observância da proporcionalidade entre a pena-base aplicada e as circunstâncias judiciais valoradas, a partir das peculiaridades do caso concreto, pelo julgador. No ponto, asseverou que a proporcionalidade seria estabelecida entre a quantidade de circunstâncias judiciais desfavoráveis ao agente e a majoração da pena mínima definida no tipo penal. Tendo isso em conta, reputou que a exasperação da metade da pena-base não estaria devidamente motivada. Após o voto do Min. Marco Aurélio que iniciou a divergência para indeferir o writ ao fundamento de que as causas de aumento de pena (CP, art. 157, § 2º) justificariam o acréscimo de 2 anos à pena mínima prevista no tipo, pediu vista a Min. Cármen Lúcia. **HC 97056/DF, rel. Min. Ricardo Lewandowski, 13.10.2009.** (HC-97056)

DOSIMETRIA DA PENA E PROPORCIONALIDADE - 4

Em conclusão de julgamento, a 1ª Turma, por maioria, indeferiu *habeas corpus* impetrado em favor de condenado à pena de 6 anos e 8 meses de reclusão pela prática do crime previsto no art. 157, § 2º, I e II, do CP. Pugnava-se pela ilegalidade da fixação da pena acima do mínimo legal — v. Informativos 558 e 563. Reputou-se não haver ilegalidade, a ser corrigida pela via eleita, na dosimetria da pena imposta ao paciente, uma vez que teriam sido consideradas a personalidade do agente, sua conduta social e as circunstâncias do crime para a fixação da pena-base acima do patamar mínimo. Vencidos os Ministros Ricardo Lewandowski, relator, e Ayres Britto, que deferiam o *writ* para determinar que o juízo processante fixasse nova pena-base. **HC 97056/DF, rel. orig. Min. Ricardo Lewandowski, red. p/ o acórdão Min. Marco Aurélio, 2.12.2010**. (HC-97056) (Inform. STF 611)

HC N. 103.824-RS

RELATOR: MIN. AYRES BRITTO

EMENTA: *Habeas corpus*. SUBSTITUIÇÃO DA PENA. REQUISITOS OBJETIVOS E SUBJETIVOS. ART. 44 DO CÓDIGO PENAL. PRESENÇA DE CIRCUNSTÂNCIAS JUDICIAIS DESFAVORÁVEIS. LASTRO FACTUAL IDÔNEO. QUADRO EMPÍRICO DA CAUSA. ORDEM INDEFERIDA.

1. A dosimetria da pena exige do julgador uma cuidadosa ponderação dos efeitos ético-sociais da sanção e das garantias constitucionais, especialmente a garantia da individualização do castigo.
2. Em matéria penal, a necessidade de fundamentação das decisões judiciais, penhor de *status* civilizatório dos povos, tem na fixação da pena um dos seus momentos culminantes.
3. Não há ilegalidade ou abuso de poder se, no trajeto da aplicação da pena, o julgador explicita, coerentemente, os motivos de sua decisão. O inconformismo da impetrante com a impossibilidade de substituição da reprimenda não é suficiente para indicar a evidente falta de motivação ou de congruência dos fundamentos da pena afinal fixada.

4. O quadro empírico da causa impede a imediata substituição da pena privativa de liberdade por pena restritiva de direitos. Isso porque o paciente não preenche o requisito subjetivo de que trata o art. 44 do Código Penal. Inexistência de afronta às garantias constitucionais da individualização da pena e da fundamentação das decisões judiciais (inciso XLVI do art. 5º e inciso IX do art. 93 da CF).
5. Ordem denegada. (Inform. STF 607)

HOMICÍDIO E CONFISSÃO ESPONTÂNEA

A 1ª Turma deferiu *habeas corpus* a condenado pela prática de homicídio tentado para determinar o redimensionamento, por parte do juízo competente, da pena imposta. A defesa pretendia fosse considerada, na reprimenda, a atenuante da confissão espontânea, que fora afastada por conter a tese defensiva da legítima defesa e configurar, portanto, confissão qualificada. Reputou-se que a simples postura de reconhecimento da prática do delito atrairia a observância da regra contida no art. 65, III, d, do CP (*"São circunstâncias que sempre atenuam a pena: ... III - ter o agente: ... d) confessado espontaneamente, perante a autoridade, a autoria do crime"*), que não possuiria qualquer ressalva no tocante à maneira como o agente pronuncia a confissão. Precedentes citados: HC 69479/RJ (DJU de 18.12.92) e HC 82337/RJ (DJU de 4.4.2003). **HC 99436/RS, rel. Min. Cármen Lúcia, 26.10.2010**. (HC-99436) (Inform. STF 606)

PENA DE MULTA E SÚMULA 719 DO STF

A 2ª Turma indeferiu *habeas corpus* em se pleiteava a aplicação de multa, em substituição à pena privativa de liberdade imposta a condenado a 1 ano de reclusão, ao argumento de ser mais benéfica ao paciente do que a pena restritiva de direitos, consoante Enunciando 719 da Súmula do STF (*"A imposição do regime de cumprimento mais severo do que a pena aplicada permitir exige motivação idônea."*). Entendeu-se que o referido Verbete não diria respeito a penas restritivas de direitos, mas ao regime de cumprimento de pena privativa de liberdade. Além disso, considerou-se que o juiz não estaria obrigado a substituir a pena privativa de liberdade por pena de multa (CP, art. 44, § 2º). Ressaltou-se que este órgão julgador, em precedente firmado no HC 83092/RJ (DJU de 29.8.2003), já se pronunciara no sentido da impossibilidade de substituição da pena privativa de liberdade por multa nas hipóteses de condenação superior a 6 meses. Ademais, afirmara que: a) se a pena imposta ultrapassar 6 meses e for menor ou igual a 1 ano deverá ser aplicada uma restritiva de direitos; b) se superior a esse tempo, duas restritivas de direitos. **HC 98995/RS, rel. Min. Gilmar Mendes, 19.10.2010**. (HC-98995) (Inform. STF 605)

REINCIDÊNCIA: AGRAVAMENTO DE PENA E RECEPÇÃO PELA CF/88

A Turma afetou ao Plenário o julgamento de uma série de *habeas corpus* em que se discute eventual ofensa ao art. 5º, XLVI, da CF, decorrente da suposta existência de *bis in idem* em razão do agravamento de pena pela reincidência. Consignou-se que o tema encontra-se em discussão no RE 591563/RS, de relatoria do Min. Cezar Peluso, cuja repercussão geral fora reconhecida. **HC 94361/RS, rel. Min. Gilmar Mendes, 28.9.2010. (HC-94361) HC 93815/RS, rel. Min. Gilmar Mendes, 28.9.2010**. (HC-93815) **HC 94711/RS, rel. Min. Gilmar Mendes, 28.9.2010**. (HC-94711) **HC 93411/RS, rel. Min. Gilmar Mendes, 28.9.2010**. (HC-93411) (Inform. STF 602)

REINCIDÊNCIA E MEIO DE PROVA

A legislação pátria não exige documento específico para que seja comprovada a reincidência do agente. Com base nesse entendimento, a Turma indeferiu *habeas corpus* impetrado em favor de condenado cuja pena-base fora exacerbada pelo reconhecimento da reincidência, a qual demonstrada em folha de antecedentes expedida pelo Departamento da Polícia Federal. A defesa sustentava que a certidão cartorária judicial seria o documento hábil para comprovar esse fato. Aduziu-se que o sistema legal estabeleceria apenas o momento em que a reincidência poderia ser verificada (CP, art. 63). Enfatizou-se que, no caso, a folha de antecedentes, expedida por órgão policial, seria idônea a demonstrá-la, por conter todas as informações necessárias para isso, além de ser um documento público com presunção *iuris tantum* de veracidade. Ressaltou-se que o intervalo de tempo compreendido entre o trânsito em julgado da condenação anterior e a nova sentença condenatória seria inferior a cinco anos e que, portanto, o paciente seria tecnicamente reincidente. **HC 103969/MS, rel. Min. Ricardo Lewandowski, 21.9.2010**. (HC-103969) (Inform. STF 601)

FURTO E ROUBO: CONTINUIDADE DELITIVA

A Turma reafirmou jurisprudência da Corte no sentido de não haver continuidade delitiva entre os crimes de roubo e de furto. Em conseqüência, indeferiu *habeas corpus* impetrado contra acórdão do STJ que, ao prover recurso especial, interposto pelo Ministério Público estadual, reputara não configurada a continuidade delitiva entre os crimes de roubo majorado e de furto qualificado. Considerou-se que os referidos delitos são de espécies distintas, uma vez que o furto tem como bem jurídico violado somente o patrimônio, enquanto o roubo, crime pluriofensivo e complexo, ofende o patrimônio, a liberdade individual e a integridade física da vítima, o que afasta o nexo de continuidade e enseja a aplicação da regra do concurso material. Alguns precedentes citados: HC 70360/SP (DJU de 3.6.94); RE 85425/SP (DJU de 15.4.77). **HC 97057/RS, rel. Min. Gilmar Mendes, 3.8.2010**. (HC-97057) (Inform. STF 594)

REINCIDÊNCIA E CONFISSÃO ESPONTÂNEA: CONCURSO

A agravante da reincidência prepondera sobre a atenuante da confissão espontânea, a teor do art. 67 do CP ("No concurso de agravantes e atenuantes, a pena deve aproximar-se do limite indicado pelas circunstâncias preponderantes, entendendo-se como tais as que resultam dos motivos determinantes do crime, da personalidade do agente e da reincidência."). Com base nesse entendimento, a Turma indeferiu *habeas corpus* em que a Defensoria Pública da União requeria a compensação da agravante da reincidência com a atenuante da confissão espontânea, na 2ª fase da imposição de pena ao réu. **HC 102486/MS, rel. Min. Cármen Lúcia, 6.4.2010.** (HC-102486) (Inform. STF 581)

DOSIMETRIA DA PENA E MESMAS CIRCUNSTÂNCIAS JUDICIAIS

A Turma, por maioria, negou provimento a recurso ordinário em *habeas corpus* no qual condenado por tentativa de roubo qualificado pelo concurso de pessoas (CP, art. 157, § 2º, II c/c o art. 14, II) insurgia-se contra acórdão do tribunal de justiça local que, ao prover recurso de apelação do Ministério Público, majorara a pena aplicada pelo juízo sentenciante, em desconformidade com o art. 59 do CP. Tendo em conta que a apelação devolve ao tribunal a análise dos fatos e de seu enquadramento, reputou-se que o órgão revisor poderia exasperar a pena pelas mesmas circunstâncias judiciais apontadas na sentença, fixando-a em patamar acima daquele prolatado pelo juízo. Aduziu-se que, mesmo sem modificação dessas circunstâncias judiciais, o tribunal teria competência para valorá-las novamente e concluir que a pena mais adequada — dentro do balizamento do tipo — para a situação concreta não seria aquela disposta na sentença. Salientou-se que, se o órgão revisor só pudesse alterar a pena-base se constatada uma circunstância judicial não contemplada na sentença, ele ficaria manietado quanto à devolutividade e à revisão. Vencidos os Ministros Cármen Lúcia, relatora, e Ricardo Lewandowski que, embora reconhecendo a devolutividade da apelação, proviam o recurso ao fundamento de que as razões do acórdão impugnado teriam sido mera repetição dos motivos da sentença, sem que houvesse qualquer justificativa concreta capaz de validar a elevação da pena, o que gerara arbitrariedade. **HC 97473/DF, rel. orig. Min. Cármen Lúcia, red. p/ o acórdão Min. Dias Toffoli, 10.11.2009.** (HC-97473) (Inform. STF 567)

EMENTA: RECURSO ORDINÁRIO EM *Habeas corpus*. DOSIMETRIA DA PENA. SISTEMA TRIFÁSICO. PENA APLICADA ACIMA DO MÍNIMO LEGAL. EXAME, PELO JULGADOR, DO CONJUNTO EMPÍRICO DA CAUSA. CIRCUNSTÂNCIAS DESFAVORÁVEIS AO CONDENADO. FUNDAMENTAÇÃO IDÔNEA. RECURSO DESPROVIDO. 1. A dosimetria da pena exige do julgador uma cuidadosa ponderação dos efeitos ético-sociais da sanção e das garantias constitucionais, especialmente a garantia da individualização do castigo. 2. Em matéria penal, a necessidade de fundamentação das decisões judiciais tem na fixação da pena um dos seus momentos culminantes. 3. Não há ilegalidade ou abuso de poder se, no trajeto da aplicação da pena, o julgador explicita os motivos de sua decisão. O inconformismo do impetrante com a análise das circunstâncias do crime não é suficiente para indicar a evidente falta de motivação ou de congruência dos fundamentos da pena afinal fixada. 4. O exame do merecimento ou não da reprimenda, como fixada, exige o revolvimento do quadro fático-probatório da causa, incabível na via processualmente contida do *habeas corpus*. 5. Recurso desprovido. **RHC N. 95.778-RJ. RELATOR: MIN. CARLOS BRITTO**. (Inform. STF 563)

EMENTA: RECURSO. Extraordinário. Inadmissibilidade. Circunstâncias judiciais previstas no art. 59 do Código Penal. Fixação da pena-base. Fundamentação. Questão da ofensa aos princípios constitucionais da individualização da pena e da fundamentação das decisões judiciais. Inocorrência. Matéria infraconstitucional. Ausência de repercussão geral. Agravo de instrumento não conhecido. Não apresenta repercussão geral o recurso extraordinário que verse sobre a questão da valoração das circunstâncias judiciais previstas no art. 59, do Código Penal, na fundamentação da fixação da pena-base pelo juízo sentenciante, porque se trata de matéria infraconstitucional. **REPERCUSSÃO GERAL EM AI N. 742.460-RJ. RELATOR: MIN. CEZAR PELUSO**. (Inform. STF 560).

EMENTA: *Habeas corpus.* ATENUANTE. PENA FIXADA AQUÉM DO MÍNIMO LEGAL. IMPOSSIBILIDADE. APLICAÇÃO DE CAUSA DE AUMENTO DE PENA DO ROUBO AO FURTO QUALIFICADO. IMPOSSIBILIDADE. ORDEM DENEGADA. O Supremo Tribunal Federal firmou o entendimento de que o reconhecimento de atenuante não pode levar a pena para um patamar inferior ao mínimo legal, previsto no preceito secundário da norma penal incriminadora, mesmo que as circunstâncias judiciais sejam favoráveis. Firme é também a jurisprudência desta Corte no sentido de que a causa de aumento de pena contida no art. 157, § 2º, II, do Código Penal não deve ser aplicada ao furto qualificado pelo concurso de pessoas, para o qual há previsão legal expressa. Precedentes: HC 93.905, rel. min. Eros Grau, *DJe-112* de 20.06.2008; HC 92.926, rel. min. Ellen Gracie, *DJe-107* de 13.06.2008; HC 93.071, rel. min. Menezes Direito, *DJe-078* de 02.05.2008. Ordem denegada. **HC N. 95.425-RS. RELATOR: MIN. JOAQUIM BARBOSA.** (Inform. STF 559)

EMENTA: AÇÃO PENAL. Delitos de roubo qualificado e de latrocínio. Crime continuado. Reconhecimento. Inadmissibilidade. Tipos de objetividades jurídicas distintas. Inexistência da correlação representada pela lesão do mesmo bem jurídico. Crimes de espécies diferentes. HC denegado. Inaplicabilidade do art. 71 do CP. Não pode reputar-se crime continuado a prática dos delitos de roubo e de latrocínio. **HC N. 87.089-SP. RELATOR: MIN. CEZAR PELUSO.** (Inform. STF 552)

EMENTAS: AÇÃO PENAL. Réu inimputável. Imposição de medida de segurança. Prazo indeterminado. Cumprimento que dura há vinte e sete anos. Prescrição. Não ocorrência. Precedente. Caso, porém, de desinternação progressiva. Melhora do quadro psiquiátrico do paciente. HC concedido, em parte, para esse fim, com observação sobre indulto. 1. A prescrição de medida de segurança deve ser calculada pelo máximo da pena cominada ao delito atribuído ao paciente, interrompendo-se-lhe o prazo com o início do seu cumprimento. 2. A medida de segurança deve perdurar enquanto não haja cessado a periculosidade do agente, limitada, contudo, ao período máximo de trinta anos. 3. A melhora do quadro psiquiátrico do paciente autoriza o juízo de execução a determinar procedimento de desinternação progressiva, em regime de semi-internação. **HC N. 97.621-RS. RELATOR: MIN. CEZAR PELUSO. Noticiado no Informativo 549** (Inform. STF 552)

EMENTA: AÇÃO PENAL. Sentença. Condenação. Pena privativa de liberdade. Fixação abaixo do mínimo legal. Inadmissibilidade. Existência apenas de atenuante ou atenuantes genéricas, não de causa especial de redução. Aplicação da pena mínima. Jurisprudência reafirmada, repercussão geral reconhecida e recurso extraordinário improvido. Aplicação do art. 543-B, § 3º, do CPC. Circunstância atenuante genérica não pode conduzir à redução da pena abaixo do mínimo legal. **REPERCUSSÃO GERAL POR QUEST. ORD. EM RE N. 597.270-RS. RELATOR: MIN. CEZAR PELUSO.** (Inform. STF 549)

EMENTA: *Habeas corpus.* APLICAÇÃO DA PENA. CRIME TENTADO. REDUÇÃO DA PENA. CRITÉRIOS. ORDEM CONCEDIDA. 1. No mais forte reconhecimento do clássico princípio da correlação ou correspondência entre o crime e a pena, o Código Penal estabelece que a reprimenda para os delitos tentados é menor do que aquela aplicável aos delitos consumados. 2. A redução constante do parágrafo único do art. 14 do Código Penal é de ser equacionada de acordo com o *iter criminis* percorrido pelo agente. 3. No caso, as instâncias competentes assentaram que o delito de roubo não se consumou, dando-se que a ação delitiva "ficou entre um extremo e outro". Pelo que se revela acertada a decisão que deu pela redução de metade da pena. 4. Ordem concedida. Noticiado no Informativo 542 (Inform. STF 547)

REPERCUSSÃO GERAL EM RE N. 593.818-SC

RELATOR: MIN. JOAQUIM BARBOSA

EMENTA: MATÉRIA PENAL. FIXAÇÃO DA PENA-BASE. CIRCUNSTÂNCIAS JUDIDICAIS. MAUS ANTECEDENTES. SENTENÇA CONDENATÓRIA EXTINTA HÁ MAIS DE CINCO ANOS. PRINCÍPIO DA PRESUNÇÃO DE NÃO-CULPABILIDADE. MANIFESTAÇÃO PELO RECONHECIMENTO DO REQUISITO DE REPERCUSSÃO GERAL PARA APRECIAÇÃO DO RECURSO EXTRAORDINÁRIO. (Inform. STF 541)

ATENUANTES GENÉRICAS E FIXAÇÃO DA PENA ABAIXO DO MÍNIMO LEGAL

O Tribunal resolveu questão de ordem no sentido de reconhecer a existência de repercussão geral da matéria discutida em recurso extraordinário — fixação da pena abaixo do mínimo legal por força de circunstâncias atenuantes genéricas — e reafirmar a jurisprudência da Corte quanto à impossibilidade dessa fixação. No mérito, o Tribunal negou provimento ao recurso. O Min. Cezar Peluso, relator, fez, ainda, considerações sobre a tese, pela qual teria simpatia, de as minorantes especiais — que atuam na 3ª fase de cálculo da pena —, bem como as circunstâncias concretas de cada caso — as quais não se confundiriam com as atenuantes genéricas previstas — poderem conduzir a pena abaixo do mínimo legal. Asseverou, no ponto, ser necessário fazer uma distinção entre as atenuantes genéricas e as circunstâncias especiais de cada caso. Afirmou que as atenuantes genéricas, que estão previstas na lei, não caracterizariam situações tais que, por si sós, justificariam a redução da pena aquém do mínimo legal. Aduziu que, por sua vez, as circunstâncias particulares de cada caso, se não consideradas, implicariam ofensa à individualização da pena e ao devido processo legal, em termos substantivos, haja vista que influiriam com a questão de tratamento justo de cada caso. Tendo em conta, contudo, não ser esta a situação do caso analisado, concluiu que, se a Corte decidisse rever sua jurisprudência, teria de tomar certas cautelas, em face do risco de deixar a cada juiz a definição da pena para cada crime. Em seguida, o Tribunal, por maioria, resolveu outra questão de ordem, no sentido de, nos *habeas corpus* que tratem do assunto ora analisado, autorizar o relator a decidir o pedido monocraticamente (RISTF, art. 21). Vencido, no ponto, o Min. Marco Aurélio, que entendia não caber essa autorização. Alguns precedentes citados: HC 93187/RS (DJE de 19.9.2008); HC 93141/RS (DJE de 22.8.2008); HC 94365/RS (DJE de 29.8.2008); HC 92203/RS (DJE de 12.9.2008); HC 93821/RS (DJE de 11.4.2008). **RE 597270 QO/RS, rel. Min. Cezar Peluso, 26.3.2009.** (RE-597270) (Inform. STF 540)

SUBSTITUIÇÃO DA PENA E REINCIDÊNCIA GENÉRICA

A Turma deferiu *habeas corpus* impetrado pela Defensoria Pública da União em favor de condenado por portar cédulas falsas (CP, art. 289, § 1º), cujo pleito de conversão da pena corporal por restritiva de direitos fora denegado em virtude da existência de condenação anterior pelo crime de tráfico de drogas (Lei 6.368/76, art. 12). Na ocasião, o magistrado de 1º grau entendera que a condição de reincidente do réu obstaria a concessão desse benefício legal, nos termos do art. 44, II, do CP (*"Art. 44. As penas restritivas de direitos são autônomas e substituem as privativas de liberdade, quando: ... II - o réu não for reincidente em crime doloso;"*). Asseverou-se que, na espécie, tratar-se-ia de reincidência genérica, na qual cabível, em tese, a substituição pretendida, tendo em conta o que disposto no § 3º do mencionado art. 44 do CP (*"§ 3o Se o condenado for reincidente, o juiz poderá aplicar a substituição, desde que, em face de condenação anterior, a medida seja socialmente recomendável e a reincidência não se tenha operado em virtude da prática do mesmo crime."*). Ordem concedida para que o juízo monocrático profira nova decisão, desta feita, fundamentada, no que tange à reincidência genérica do paciente e, consequentemente, à eventual possibilidade de substituição da pena privativa de liberdade pela restritiva de direitos. **HC 94990/MG, rel. Min. Ricardo Lewandowski, 2.12.20008.** (HC-94990) (Inform. STF 531)

MAUS ANTECEDENTES E PROCESSOS EM CURSO

A Turma decidiu afetar ao Plenário julgamento de *habeas corpus* nos quais se discute se inquéritos policiais e ações penais sem trânsito em julgado podem ser considerados como elementos caracterizadores de maus antecedentes. A impetração aduz que tal reconhecimento violaria o princípio constitucional da não culpabilidade e que a pena aplicada aos pacientes fora exasperada com base nessas circunstâncias judiciais reputadas desfavoráveis. Requer, em conseqüência, a fixação da pena-base no mínimo legal. HC 94620/MS, rel. Min. Ricardo Lewandowski, 14.10.2008. (HC-94620) **HC 94680/SP, rel. Min. Ricardo Lewandowski, 14.10.2008.** (HC-94680) (Inform. STF 524)

DETRAÇÃO E CRIME ANTERIOR

Não é possível creditar-se ao réu, para fins de detração, tempo de encarceramento anterior à prática do crime que deu origem à condenação atual. Com base nessa jurisprudência, a Turma indeferiu *habeas corpus* em que se pretendia abater da pena aplicada ao paciente período em que este estivera anteriormente custodiado. Asseverou-se que, se acolhida a tese da defesa, considerando esse período como "crédito" em relação ao Estado, estar-se-ia concedendo ao paciente um "bill" de indenidade. Precedentes citados: RHC 61195/SP (DJU de 23.9.83); HC 55614/SP (DJU de 3.3.78); HC 51807/Guanabara (DJU de 23.8.74). **HC 93979/RS, rel. Min. Cármen Lúcia, 22.4.2008.** (HC-93979) (Inform. STF 503)

CONFISSÃO ESPONTÂNEA EXTRAJUDICIAL E RETRATAÇÃO EM JUÍZO

Tendo em conta as peculiaridades do caso, a Turma, por maioria, deferiu *habeas corpus* para restabelecer acórdão do extinto Tribunal de Alçada do Paraná que, embora salientando a retratação do paciente em juízo, reduzira a pena a ele imposta diante do reconhecimento da atenuante da confissão extrajudicial. Considerou-se que, na espécie, nada obstante a mencionada retratação, as declarações do paciente na fase pré-processual, em conjunto com as provas apuradas sob o contraditório, embasaram a condenação. Assim, incidente a atenuante da confissão espontânea prevista na alínea d do inciso III do art. 65 do CP (*"Art. 65. São circunstâncias que sempre atenuam a pena:... III □ ter o agente:... d) confessado espontaneamente, perante a autoridade, a autoria do crime;"*). Asseverou-se que a confissão extrajudicial deve ser avaliada conforme sua influência sobre o juízo da condenação e que, na situação dos autos, ajudara na própria investigação policial, bem como servira de auxílio para fundamentar a decisão judicial que afirmara a responsabilidade penal do paciente. Enfatizou-se, ainda, que são assegurados aos presos os direitos ao silêncio (CF, art. 5º, LXIII) e à não auto-incriminação (Pacto de São José da Costa Rica, art. 14, 3, g). Além disso, aduziu-se que constituiria ilegalidade a ser reparada na via eleita a premissa fixada no acórdão impugnado em que assentado que a confissão retratada reduziria a pena se fosse o único fundamento para a condenação. Entendeu-se que essa tese desvirtuaria o sistema processual brasileiro que impede condenações motivadas exclusivamente na confissão, quer judicial, quer extrajudicial. Vencido o Min. Menezes Direito que, aplicando a jurisprudência do STF no sentido de que o ato singular da retratação afastaria a atenuante, indeferia o *writ*. **HC 91654/PR, rel. Min. Carlos Britto, 8.4.2008**. (HC-91654) (Inform. STF 501)

FUGA DO RÉU E CUMPRIMENTO DA PENA UNIFICADA

A Turma deferiu, em parte, *habeas corpus* impetrado em favor de condenado a um total de 54 anos de prisão pela prática de diversos delitos, cuja execução da pena unificada (30 anos) deveria ser iniciada a partir da data de sua recaptura, desprezando-se o período de tempo de pena por ele já cumprido. Considerou-se que a fuga do paciente não poderia configurar-se como meio interruptivo do cumprimento da pena privativa de liberdade, com a conseqüência de acarretar novo cômputo do período de prisão, como se houvesse perda do tempo anteriormente cumprido. No ponto, asseverou-se que o tempo de partida para a unificação seria, nessa hipótese, não a data em que o sentenciado fora recapturado, mas a época em que ele iniciara efetivamente o cumprimento das penas. Rejeitou-se, ainda, a pretensão de que os demais benefícios legais fossem calculados com base no máximo unificado, porquanto colidiria com o Enunciado da Súmula 715 do STF (*"A pena unificada para atender ao limite de trinta anos de cumprimento, determinado pelo art. 75 do Código Penal, não é considerada para a concessão de outros benefícios, como o livramento condicional ou regime mais favorável de execução."*). HC parcialmente deferido para que o período de pena cumprido anteriormente à fuga do paciente seja computado para o efeito de cumprimento da pena unificada. HC 84766/SP, rel. Min. Celso de Mello, 11.9.2007. (HC-84766) (Inform. STF 479)

REINCIDÊNCIA E "*BIS IN IDEM*"

A majoração da pena resultante da reincidência não configura violação ao princípio do *non bis in idem*. Com base nesse entendimento e assentando a recepção, pela CF/88, do inciso I do art. 61 do CP (*"São circunstâncias que sempre agravam a pena, quando não constituem ou qualificam o crime: I - a reincidência;"*), a Turma indeferiu *habeas corpus* em que condenado pela prática do crime de roubo, cuja pena fora majorada em razão da reincidência, e mantida pelo STJ, sustentava que a sua utilização, como causa obrigatória de agravamento de pena, conflitaria com o aludido princípio constitucional, porquanto estabeleceria como regra a punição a fato já punido. Considerou-se que o acórdão do STJ estaria em consonância com a orientação pacificada nesta Corte. Precedentes citados: HC 73394/SP (DJU de 21.3.97); HC 74746/SP (DJU de 11.4.97). HC 91688/RS, rel. Min. Eros Grau, 14.8.2007. (HC-91688) (Inform. STF 476)

Crime Continuado - 1

Iniciado o julgamento de *habeas corpus* impetrado em favor de diretor-superintendente de um grupo de empresas, no qual se pretende a reunião das dezesseis ações penais contra ele instauradas - pela suposta prática de crimes contra a ordem tributária e contra a Previdência Social, em virtude do não recolhimento aos cofres públicos das parcelas referentes ao INSS, IR e IPI -, cujos processos encontram-se em fases distintas, sob a alegação de que os crimes originam-se do mesmo fato, ensejando, por conseguinte, o reconhecimento da continuidade delitiva. O Min. Sepúlveda Pertence, relator, tendo em conta que é relativa a competência pelo lugar da infração, e que cabe ao juízo da execução o exame sobre a existência ou não do crime continuado, votou no sentido de indeferir o writ, por entender que os sucessivos pedidos de reunião dos processos estariam preclusos, já que requeridos posteriormente ao prazo da defesa prévia, no que foi acompanhado pelos Ministros Joaquim Barbosa, Carlos Britto e Cezar Peluso. O Min. Sepúlveda Pertence ressaltou, ainda, que a possibilidade de exclusão de processos da unificação, a teor do disposto no art. 82 do CPP, ocorre nos casos em que já existe sentença definitiva, tratando-se esta de sentença de primeiro grau e não de sentença transitada em julgado, consoante alegado. Após, o julgamento foi adiado em razão do pedido de vista do Min. Marco Aurélio. Precedentes citados: HC 69599/RJ (RTJ 148/420), HC 69287/SP (RTJ 147/212), HC 77571/RJ (DJU de 16.4.99). (CPP, art. 82: "Se, não obstante a conexão ou continência, forem instaurados processos diferentes, a autoridade de jurisdição prevalente deverá avocar os processos que corram perante outros juízes, salvo se já estiverem com sentença definitiva. Neste caso, a unidade dos processos só se dará, ulteriormente, para efeito de soma ou de unificação das penas."). HC 81134/RS, rel. Min. Sepúlveda Pertence, 16.12.2003. (**HC-81134**)

CRIME CONTINUADO - 2

Retomado o julgamento de *habeas corpus* impetrado em favor de diretor-superintendente de um grupo de empresas, no qual se pretende a reunião das dezesseis ações penais contra ele instauradas, sob a alegação de que os crimes originam-se do mesmo fato, ensejando, assim, o reconhecimento da continuidade delitiva - v. Informativo 334. O Min. Marco Aurélio, entendendo incabível ao juízo da execução o exame sobre a existência de crime continuado, uma vez que tal instituto pressupõe que as ações penais estejam em curso, proferiu voto-vista no sentido de deferir em parte o writ, para determinar a reunião dos processos, por considerar que os crimes praticados são da mesma espécie, já que decorrentes da ausência de recolhimento de tributos. O Min. Marco Aurélio ressaltou, ainda, em seu voto, que estariam excetuados da citada reunião os processos em que: a) não houve provocação nesse sentido; b) foi versada matéria após o prazo peremptório relativo às alegações finais, e c) já ocorreu o trânsito em julgado da decisão proferida. Após, pediu vista o Min. Cezar Peluso. HC 81134/RS, rel. Min. Sepúlveda Pertence, 20.4.2004.(**HC-81134**)

CRIME CONTINUADO - 3

A Turma retomou julgamento de *habeas corpus* impetrado em favor de diretor-superintendente de um grupo de empresas, em que se pretende a reunião das dezesseis ações penais contra ele instauradas, sob a alegação de que os crimes originam-se dos mesmos fatos, ensejando, assim, o reconhecimento da continuidade delitiva - v. Informativos 334 e 344. Em questão de ordem, decidiu-se que os autos, atualmente com vista ao Min. Cezar Peluso, retornem ao Min. Sepúlveda Pertence, relator, para o exame de petição na qual se sustenta que, não obstante as empresas terem aderido ao REFIS após o recebimento da denúncia, o paciente teria direito à suspensão da pretensão punitiva do Estado, em virtude da alteração superveniente da legislação, consistente no advento da Lei 10.684/2003, que afastara o requisito da anterioridade do recebimento da denúncia (Lei 10.684/2003, art.9º: "É suspensa a pretensão punitiva do Estado, referente aos crimes previstos nos arts. 1º e 2º da Lei 8.137, de 27 de dezembro de 1990, e nos arts. 168A e 337A do Decreto-Lei nº 2.848, de 7 de dezembro de 1940 - Código Penal, durante o período em que a pessoa jurídica relacionada com o agente dos aludidos crimes estiver incluída no regime de parcelamento. ... § 2º Extingue-se a punibilidade dos crimes referidos neste artigo quando a pessoa jurídica relacionada com o agente efetuar o pagamento integral dos débitos oriundos de tributos e contribuições sociais, inclusive acessórios."). HC 81134 QO/RS, rel. Min. Sepúlveda Pertence, 25.5.2004.(**HC-81134**)

CRIME CONTINUADO - 4

A Turma retomou julgamento de questão de ordem em *habeas corpus* impetrado em favor de diretor-superintendente de um grupo de empresas, no qual se pretende a reunião de dezesseis ações penais contra ele instauradas - v. Informativos 334, 344 e 349. Indeferiu-se petição em que se pretendia a suspensão da pretensão punitiva do Estado, pela adesão das empresas ao REFIS, em virtude da alteração superveniente da legislação, consistente no advento da Lei 10.684/2003 (Lei 10.684/2003, art. 9º: "É suspensa a pretensão punitiva do Estado, referente aos crimes previstos nos arts. 1º e 2º da Lei nº 8.137, de 27 de dezembro de 1990, e nos arts. 168A e 337A do Decreto-Lei no 2.848, de 7 de dezembro de 1940 - Código Penal, durante o período em que a pessoa jurídica relacionada com o agente dos aludidos crimes estiver incluída no regime de parcelamento."). Entendeu-se que a Lei 10.684/2003 não tem aplicação ao crime de apropriação indébita de contribuições descontadas dos segurados e não repassadas ao INSS, porquanto o dispositivo que previa o parcelamento desses débitos fora objeto de veto presidencial (§2º do art. 5º). Desse modo, a referência que o art. 9º da citada Lei fez ao delito do art. 168A teria se tornado inócua. Considerou-se, também, a existência da Lei 10.666/2003, que proíbe, em seu art. 7º, esse parcelamento, bem como a impossibilidade da suspensão da pretensão punitiva prevista no art. 9º da Lei invocada, quando já existente condenação definitiva. Ressaltou-se ainda que, embora o impetrante tenha noticiado a existência de processos por crimes relacionados a outros tributos, aos quais não haveria óbice legal ao parcelamento, não existiria nos autos elementos que permitissem a aferição do estado de cada processo, e que a pendência de ação direta de inconstitucionalidade da norma invocada (ADI 3002/DF) não recomendaria a sua aplicação. Ademais, a aplicabilidade da referida Lei superveniente a alguns processos deveria ser requerida perante o juízo em que se encontra cada um deles. Após, determinou-se o retorno dos autos com vista ao Ministro Cezar Peluso. HC 81134 QO/RS, rel. Min. Sepúlveda Pertence, 3.8.2004.(**HC-81134**)

CRIME CONTINUADO - 5

A Turma retomou julgamento de *habeas corpus* impetrado em favor de diretor-superintendente de um grupo de empresas, no qual se pretende a reunião de dezesseis ações penais contra ele instauradas - v. Informativos 334, 344, 349 e 355. O Min. Cezar Peluso, em voto-vista, concedeu a ordem, de ofício, para determinar a suspensão dos processos e da prescrição penal, enquanto as pessoas jurídicas relacionadas ao agente estiverem incluídas no REFIS, por entender, na linha do que decidido no HC 81929/RJ (DJU de 27.2.2004), que a Lei 10.684/2003 possui retroatividade por ser mais benéfica que a existente ao tempo da impetração (Lei 9.249/95) - a qual previa a extinção da punibilidade quando o pagamento fosse realizado até o recebimento da denúncia. O Min. Sepúlveda Pertence, relator, reafirmou o voto proferido na questão de ordem anteriormente suscitada. Após, o julgamento foi adiado em virtude de novo pedido de vista do Min. Cezar Peluso. HC 81134/RS, rel. Min. Sepúlveda Pertence, 14.12.2004. (**HC-81134**)

CRIME CONTINUADO - 6

A Turma concluiu julgamento de *habeas corpus* impetrado em favor de diretor-superintendente de um grupo de empresas, no qual se pretendia a reunião de dezesseis ações penais contra ele instauradas — v. Informativos 334, 344, 349, 355 e 374. Ressaltando-se a jurisprudência da Corte no sentido de ser relativa a competência pelo lugar da infração, e que cabe ao juízo da execução o exame sobre a existência ou não do crime continuado, indeferiu-se, por maioria, o *writ*, por se entender que os sucessivos pedidos de reunião dos processos estariam preclusos, já que requeridos posteriormente ao prazo da defesa prévia ou no curso da instrução ou após o seu término. Asseverou-se, ademais, a possibilidade de a unificação das penas proceder-se no juízo da execução, a teor do disposto na parte final do art. 82 do CPP ("*Se, não obstante a conexão ou continência, forem instaurados processos diferentes, a autoridade de jurisdição prevalente deverá avocar os processos que corram perante outros juízes, salvo se já estiverem com sentença definitiva. Neste caso, a unidade dos processos só se dará, ulteriormente, para efeito de soma ou de unificação das penas.*"). Vencido o Min. Marco Aurélio que concedia a ordem para determinar a reunião dos processos, presente a continuidade delitiva, excetuados aqueles em que: a) não houvera provocação nesse sentido; b) fora versada matéria após o prazo peremptório relativo às alegações finais, e c) já ocorrera o trânsito em julgado da decisão proferida. HC 81134/RS, rel. Min. Sepúlveda Pertence, 7.8.2007. (HC-81134) (Inform. STF 475)

SUBSTITUIÇÃO DA PENA E FUNDAMENTAÇÃO

A Turma deferiu *habeas corpus* impetrado em favor de condenado à pena de 3 anos de reclusão, em regime inicialmente aberto, cuja sentença lhe negara o direito à substituição da pena privativa de liberdade por restritiva de direitos (CP, art. 44), por força de circunstância relativa a co-réus. Inicialmente, ressaltou-se que as penas restritivas de direitos têm assento constitucional e operam como alternativa aos efeitos estigmatizantes do cárcere, compondo o "sistema trifásico" de aplicação da pena. Dessa forma, o magistrado não pode silenciar sobre a aplicação ou não do art. 44 do CP ("*As penas restritivas de direito são autônomas e substituem as privativas de liberdade, quando:...*"), que instaura nova fase de fixação da pena, necessária e suficiente, para a prevenção e repressão do delito. Aduziu-se que, para ser atendida a teleologia do citado dispositivo, o juiz precisa adentrar o exame das circunstâncias do caso para nelas encontrar os fundamentos da negativa ou da concessão das penas restritivas de direito. Na espécie, entendeu-se que o juízo, antes de examinar as particularidades das condutas dos acusados e de suas condições subjetivas, apenas se referira, de forma genérica, ao art. 44 do CP, denegando a pretendida substituição com base nos antecedentes de co-réus, que não teriam pertinência com a situação do paciente, bem como na presença de circunstâncias que seriam próprias ao tipo penal a ele imputado. Assim, consideraram-se violados os direitos constitucionais da fundamentação dos provimentos judiciais e da individualização da pena. Por fim, ressaltou-se ser possível extrair que o magistrado mencionara a primariedade do paciente, sua boa conduta social e personalidade normal, devendo tais atributos ser, também, valorados na análise do cabimento da substituição. HC deferido para cassar, no ponto, a pena imposta ao paciente e determinar ao juízo de origem que proceda, com base nas circunstâncias do caso concreto, ao exame de que trata o art. 44 do CP. HC 90991/RS, rel. Min. Carlos Britto, 21.6.2007. (HC-90991) (Inform. STF 472)

DOSIMETRIA DA PENA E "BIS IN IDEM"

Por vislumbrar a ocorrência de *bis in idem*, a Turma, por maioria, deferiu *habeas corpus* impetrado em favor de dele-gado da polícia federal que, condenado pela prática dos crimes de peculato e concussão (CP, artigos 312, § 1º e 316, *caput*, respectivamente), tivera sua pena majorada em virtude de sua qualidade de funcionário público. Tendo em conta que os delitos imputados ao paciente são crimes de mão própria, entendeu-se que a condição de delegado não poderia ser considerada como circunstância judicial para elevar a pena-base. No ponto, asseverou-se que a sentença, na parte da dosimetria, referira-se apenas à personalidade do acusado, ao cargo de delegado por ele ocupado e à gravidade de seus atos como circunstâncias judiciais. HC concedido para anular os acórdãos proferidos pelo TRF da 3ª Região e pelo STJ, bem como a sentença condenatória no capítulo referente à dosimetria da pena, para que outra seja fixada sem levar em conta a condição de funcionário público do paciente na fase do art. 59 do CP, devendo o juiz suprimir o acréscimo correspondente a essa circunstância. Salientou-se, ainda, que, no cálculo da pena, o magistrado, embora possa levar em consideração os elementos que já ponderara, não poderá fazê-lo em relação a novas circunstâncias judiciais, sob pena de a ordem implicar *reformatio in pejus*. Vencido o Min. Joaquim Barbosa que indeferia o *writ* por considerar que a sentença estaria fundamentada em outros elementos, tais como o fato de o paciente estar armado, o poder de coerção daí decor-rente, além de ser incumbido da segurança pública. HC 88545/SP, rel. Min. Eros Grau, 12.6.2007. (HC-88545) (Inform. STF 471)

DOSIMETRIA DA PENA E FUNDAMENTAÇÃO

Por ausência de fundamentação, a Turma, em votação majoritária, deferiu, em parte, *habeas corpus* para anular acórdão do Tribunal de Justiça do Estado do Rio Grande do Sul, no capítulo referente à fixação da pena-base, de modo a restabelecer, no ponto, a sentença condenatória, determinando o cumprimento da pena de 5 anos e 8 meses em regime inicial fechado. No caso, o tribunal de origem acolhera o recurso de apelação do Ministério Público local e majorara para 8 anos, com fundamento em circunstâncias judiciais desfavoráveis e nos princípios da necessidade e suficiência à reprovação e prevenção do delito, a pena-base imposta pela sentença que condenara o paciente por tentativa de homicídio simples. Entendeu-se que, na espécie, a mera alegação de "bondade" do juiz de primeiro grau, que fixara a pena-base em patamar pouco acima do mínimo legal (4 anos de reclusão em regime inicial aberto), não poderia servir de motivo para o aumento da reprimenda básica, haja vista a sua discricionariedade e distanciamento das circunstâncias enumeradas no art. 59 do CP. Asseverou-se, ademais, que o argumento de necessidade e suficiência da pena para justificar tal acréscimo divergiria, na hipótese, do ordenamento jurídico e não encontraria respaldo no exame das circunstâncias que definem a pena-base no caso concreto. Rejeitaram-se, ainda, as demais questões suscitadas, porquanto a reincidência estaria reconhecida pelo juiz natural da causa, bem como justificada a redução da pena decorrente da tentativa. Vencidos os Ministros Marco Aurélio e Sepúlveda Pertence que indeferiam o *writ* por não vislumbrar ilicitude na aludida majoração, fundamentada a partir das circunstâncias judiciais retratadas na sentença. HC 88422/RS, rel. Min. Carlos Britto, 20.3.2007. (HC-88422) (Inform. STF 460)

SONEGAÇÃO FISCAL: CRIME CONTINUADO E INTERVALO TEMPORAL - 1

A Turma, por maioria, deferiu, em parte, *habeas corpus* em que denunciado por suposta sonegação de tributo de recolhimento mensal (Lei 8.137/90, artigos 1º, I e II; e 11) pleiteava a reunião de todas as ações penais contra ele instauradas, ao argumento de que os crimes foram cometidos em continuidade delitiva (CP, art. 71), ainda que o intervalo entre as condutas tenha sido superior a 30 dias, e, em conseqüência, haveria conexão entre os processos (CPP, artigos 76 e 78, II, c). No caso, não obstante o processo relativo a delitos cometidos nos meses de julho e outubro de 1998 já ter sido distribuído a determinada vara criminal, outras novas denúncias, concernentes aos meses de março de 2000 a junho de 2001; julho a outubro de 1998; maio e novembro de 1999 e janeiro e fevereiro de 2000; março e abril de 1999, foram oferecidas, referentes aos mesmos tributo e tipo penal, que, distribuídas livremente, ensejaram 4 ações penais simultâneas em varas diversas . HC 89573/PE, rel. Min. Sepúlveda Pertence, 13.2.2007. (HC-89573)

SONEGAÇÃO FISCAL: CRIME CONTINUADO E INTERVALO TEMPORAL - 2

Inicialmente, ressaltou-se que o crime continuado não se amolda às hipóteses de prorrogação de competência, seja pela conexão (CPP, art. 76), seja pela continência (CPP, art. 77), ocorrendo, isto sim, distribuição por prevenção. Assim, reputou-se necessário para o deslinde da questão saber se, na espécie, configurar-se-ia crime continuado para, caso afirmativo, remeterem-se as ações para o juízo prevento; ou, caso negativo, analisar-se o tema residual da prorrogação da competência pela continência ou conexão entre os crimes. Tendo em conta que uma das denúncias admitira intervalo de até 3 meses entre as condutas (meses de julho e outubro de 1998), considerou-se razoável aceitar-se, sem desfigurar a continuidade delitiva, esse prazo como o máximo a ser considerado como parâmetro para todas as ações, sem prejuízo da escolha de critério mais favorável pelas instâncias de mérito. Em conseqüência, deferiu-se o *writ*, nesta parte, para que o paciente passe a responder a 3 acusações (meses de julho e outubro de 1998; março a maio de 1999; novembro de 1999, janeiro de 2000 a outubro de 2001 e dezembro de 2001). Concluiu-se que o parcial reconhecimento da continuidade delitiva não alteraria a distribuição da primeira ação penal, devendo esta permanecer em vara distinta, na qual se encontra. Em seguida, procedeu-se ao exame da questão residual relativa à eventual conexão ou continência desse processo com os demais. Entendeu-se incabível a continência, pois inexistente concurso de agentes, concurso formal ou erro na execução a ele assimilável, bem como se afastou a possibilidade de conexão, haja vista sequer haver sido suscitada pela impetração, salvo como decorrência da continuidade delitiva. Vencido, parcialmente, o Min. Marco Aurélio que deferia o *writ* em maior extensão para que o processo tivesse curso em juízo único, ao fundamento de que, na hipótese, o critério temporal fixado pela jurisprudência não deveria prevalecer. Por fim, estendeu-se a ordem ao co-réu. HC 89573/PE, rel. Min. Sepúlveda Pertence, 13.2.2007. (HC-89573) (Inform. STF 456)

5.1. SUPERIOR TRIBUNAL DE JUSTIÇA

DIREITO PENAL. DETRAÇÃO EM PROCESSOS DISTINTOS. DELITO PRATICADO ANTES DA SEGREGAÇÃO.

É cabível a aplicação do benefício da detração penal previsto no art. 42 do CP em processos distintos, desde que o delito pelo qual o sentenciado cumpre pena tenha sido cometido antes da segregação cautelar, evitando a criação de um crédito de pena. Precedentes citados: HC 188.452-RS, DJe 1º/6/2011, e HC 148.318-RS, DJe 21/2/2011. HC 178.894-RS, Rel. Min. Laurita Vaz, julgado em 13/11/2012.(Inform. STJ 509)

DIREITO PENAL. DOSIMETRIA DA PENA. REGISTROS CRIMINAIS. *BIS IN IDEM*.

Havendo registros criminais já considerados na primeira e na segunda fase da fixação da pena (maus antecedentes e reincidência), essas mesmas condenações não podem ser valoradas para concluir que o agente possui personalidade voltada à criminalidade. A adoção de entendimento contrário caracteriza o indevido *bis in idem*. Precedentes citados: HC 235.496-SP, DJe 24/8/2012, e HC 184.027-MS, DJe 26/6/2012. HC 165.089-DF, Rel. Min. Laurita Vaz, julgado em 16/10/2012.(Inform. STJ 506)

DIREITO PENAL. FIXAÇÃO DA PENA-BASE. ARGUMENTOS GENÉRICOS OU CIRCUNSTÂNCIAS ELEMENTARES DO PRÓPRIO TIPO PENAL.

Não é possível a utilização de argumentos genéricos ou circunstâncias elementares do próprio tipo penal para o aumento da pena-base com fundamento nas consequências do delito. Precedentes citados: HC 150.025-DF, DJe 1/8/2011, e HC 170.730-AC, DJe 10/10/2011. HC 165.089-DF, Rel. Min. Laurita Vaz, julgado em 16/10/2012.(Inform. STJ 506)

DIREITO PENAL. CONFISSÃO ESPONTÂNEA. INCIDÊNCIA DA ATENUANTE.

A **confissão realizada em juízo, desde que espontânea, é suficiente para fazer incidir a atenuante prevista no art. 65, III, d,** do CP, quando expressamente utilizada para a formação do convencimento do julgador. O CP confere à confissão espontânea do acusado, no art. 65, inciso III, **d**, a estatura de atenuante genérica, para fins de apuração da pena a ser atribuída na segunda fase do sistema trifásico de cálculo da sanção penal. Com efeito, a afirmação de que as demais provas seriam suficientes para a condenação do paciente, a despeito da confissão espontânea, não autoriza a exclusão da atenuante, se ela efetivamente ocorreu e foi utilizada na formação do convencimento do julgador. Precedentes citados: HC 172.201-MG, DJe 24/5/2012, e HC 98.931-SP, DJe 15/8/2011. **REsp 1.183.157-SP, Rel. Min. Sebastião Reis Júnior, julgado em 16/10/2012. (Inform. STJ 506)**

DIREITO PENAL. LESÃO CORPORAL LEVE PRATICADA NO ÂMBITO FAMILIAR. IMPOSSIBILIDADE DE SUBSTITUIÇÃO DE PENA.

Não é possível a substituição da pena privativa de liberdade por restritiva de direitos em caso de condenação por crime de lesão corporal previsto no art. 129, § 9º, do CP. A substituição da pena privativa de liberdade por restritiva de direitos pressupõe, entre outras coisas, que o crime não tenha sido cometido com violência ou grave ameaça. A violência física se expressa de inúmeras maneiras, sendo comum a todas elas o uso da força e a submissão da vítima, que fica acuada. Embora haja casos de violência doméstica com requintes de crueldade extrema e outros que se restrinjam às vias de fato (tapas, empurrões, socos, por exemplo), a violência praticada em maior ou menor grau de intensidade caracteriza-se pelo simples fato de o agente utilizar a força, de forma agressiva, para submeter a vítima. O termo "violência" contido no art. 44, I, do CP, que impossibilita a substituição da pena privativa de liberdade por restritiva de direitos, não comporta quantificação ou qualificação. A Lei Maria da Penha surgiu para salvaguardar a mulher de todas as formas de violência (não só física, mas moral e psíquica), inclusive naquelas hipóteses em que a agressão possa não parecer tão violenta. Precedentes citados: HC 182.892-MS, DJe 20/6/2012, e HC 192.417-MS, DJe 19/12/2011. HC 192.104-MS, Rel. Min. Og Fernandes, julgado em 9/10/2012.(Inform. STJ 506)

DIREITO PENAL. PENA-BASE FIXADA NO MÍNIMO LEGAL. REGIME PRISIONAL MAIS GRAVOSO. INEXISTÊNCIA DE MOTIVAÇÃO CONCRETA. IMPOSSIBILIDADE.

Fixada a pena-base no mínimo legal, é vedado o estabelecimento de regime prisional mais gravoso do que o cabível em razão da sanção imposta, com base apenas na gravidade abstrata do delito. Somente se consideradas as circunstâncias judiciais de forma desfavoráveis, com fundamentos idôneos, poderia ser mantido regime prisional mais gravoso. Ademais, a opinião do julgador sobre a gravidade abstrata do crime não constitui motivação idônea para a imposição de regime mais severo do que o permitido segundo a pena aplicada (Súm. n. 718-STF). Assim, não se pode determinar regime mais rigoroso quando inidônea a fundamentação, baseada tão somente na gravidade abstrata da conduta cometida e na opinião pessoal dos julgadores. Precedentes citados do STF: HC 72.315-MG, DJ 26/5/1995; do STJ: HC 94.823-SP, DJ 23/6/2008; RHC 29.446-MG, DJe 6/4/2011, e HC 177.679-SP, DJe 13/12/2010. HC 218.617-SP, Rel. Min. Laurita Vaz, julgado em 2/10/2012.(Inform. STJ 505)

DIREITO PENAL. REINCIDÊNCIA. AUSÊNCIA DA DATA EXATA DOS FATOS NA DENÚNCIA. IN DUBIO PRO REO.

A agravante da reincidência não deve ser aplicada se não há na denúncia exatidão da data dos fatos apta a demonstrar que o delito ocorreu após o trânsito em julgado de condenação anterior. Em observância ao princípio do *in dubio pro reo*, deve ser dada a interpretação mais favorável ao acusado, não se podendo presumir que o trânsito em julgado referente ao crime anterior ocorreu antes do cometimento do segundo delito. Precedentes citados: HC 52.329-RS, DJe 15/12/2008, e EDcl no HC 143.883-SP, DJe 17/10/2011. HC 200.900-RJ, Rel. Min. Sebastião Reis Júnior, julgado em 27/9/2012.(Inform. STJ 505)

DIREITO PENAL. DOSIMETRIA. REINCIDÊNCIA. MAJORAÇÃO SUPERIOR A 1/6.

O aumento da pena pela reincidência em fração superior a 1/6 exige motivação idônea. Embora a lei não preveja percentuais mínimos e máximos de majoração da pena pela reincidência, deve-se atentar aos princípios da proporcionalidade, razoabilidade, necessidade e suficiência à reprovação e à prevenção do crime. Precedentes citados: HC 126.126-SP, DJe 7/6/2011, e HC 158.848-DF, DJe 10/5/2010. **HC 200.900-RJ, Rel. Min. Sebastião Reis Júnior, julgado em 27/9/2012. (Inform. STJ 505)**

DIREITO PENAL. EFEITOS DA CONDENAÇÃO. IMPOSSIBILIDADE DE CASSAÇÃO DE APOSENTADORIA.

A cassação da aposentadoria não é consectário lógico da condenação penal. Os efeitos da condenação previstos no art. 92 do CP devem ser interpretados restritivamente. Não havendo previsão legal expressa sobre a cassação de aposentadoria no referido artigo, não pode o juiz criminal determiná-la. Dessa forma, caso o réu tenha passado para a inatividade antes da condenação, sua aposentadoria não pode ser afetada por sentença penal condenatória posteriormente proferida, mesmo que o fato apurado tenha sido cometido quando o funcionário ainda estava ativo. Isso não significa que a prática de crime em serviço não possa afetar a aposentadoria, pois a cassação da aposentadoria tem previsão legal no âmbito administrativo. Precedentes citados do STF: RE 477.554-MG, DJe 25/8/2011; do STJ: REsp 1.250.950-DF, DJe 27/6/2012. **RMS 31.980-ES, Rel. Min. Og Fernandes, julgado em 2/10/2012.(Inform. STJ 505)**

DOSIMETRIA DA PENA. CIRCUNSTÂNCIAS DESFAVORÁVEIS INERENTES DO TIPO PENAL.
Os elementos inerentes ao próprio tipo penal não podem ser considerados para a exasperação da pena-base. A primeira fase da dosimetria é o momento em que o julgador efetivamente individualiza a pena pelas circunstâncias ali analisadas. Porém, o julgador não pode agir com livre arbítrio, deve motivar as razões que foram seguidas, e demonstrá-las concretamente. No caso, trata-se de crime de tortura em que o juiz monocrático usou como parâmetro para fundamentar o aumento da pena, no tocante à culpabilidade, o fato de o crime ter sido praticado com requinte e crueldade. Quanto aos motivos, justificou a exasperação da pena por terem sidos ligados à mera maldade, intolerância, desequilíbrio emocional e insensibilidade. A Turma, por maioria, entendeu que a sentença proferida desatendeu ao princípio da motivação nas decisões judiciais, porque, ao analisar a culpabilidade e os motivos, utilizou argumentos integrantes do próprio tipo penal, tortura, para majorar a pena na sua fase inicial. Precedentes citados: HC 185.633-ES, DJe 28/6/2012, e HC 149.907-SE, DJe 18/6/2012. **HC 227.302-RJ, Rel. Gilson Dipp, julgado em 21/8/2012.(Inform. STJ 502)**

CONCUSSÃO. PENA-BASE. EXASPERAÇÃO.
Na espécie, trata-se de crime praticado por policiais civis que intencionalmente deixaram de cumprir o seu dever de ofício (não deram voz de prisão em flagrante a integrantes de organização criminosa que tinham em sua posse 25 quilos de cocaína), exigindo para si vantagem indevida no valor, aproximadamente, de R$ 250 mil, em troca da liberdade dos integrantes daquela quadrilha. Por isso, os pacientes foram condenados à pena de cinco anos de reclusão, no regime inicial fechado, mais o pagamento de 80 dias-multa, com a consequente perda dos cargos exercidos (art. 92, I, **a**, do CP), pela prática do crime previsto no art. 316 do CP (concussão). O Min. Relator asseverou que não houve constrangimento ilegal ao se considerar elevada a culpabilidade dos pacientes, visto que o magistrado sentenciante, nesse ponto, não levou em consideração a qualidade de funcionário público dos acusados, elementar do tipo penal infringido, mas sim o fato de o delito ter sido praticado por policiais civis, condição pessoal ostentada pelos pacientes que, em conjunto com as demais circunstâncias do ilícito perpetrado, são fundamentos aptos a respaldar a exacerbação da pena-base acima do mínimo legal. Segundo se afirmou, como os pacientes eram policiais civis, tinham maiores condições de entender o caráter ilícito dos seus atos e também o dever funcional de reprimir a criminalidade. Assim, demonstrada a gravidade concreta do delito, maior a censurabilidade das suas condutas, justificando-se a exasperação da reprimenda inicial. No entanto, o juiz de primeiro grau, ao prosseguir na análise das circunstâncias previstas no art. 59 do CP, afirmou que os motivos do delito somente poderiam ser a cupidez e a malevolência, argumento que não é autorizador do aumento da pena, pois tal circunstância está inserida na elementar normativa do tipo penal. Ademais, o julgador se limitou a fazer referência genérica acerca das graves consequências que a conduta criminosa trouxe à instituição policial a que pertenciam os condenados, deixando de indicar fator concreto que levasse a essa conclusão, que não a própria conduta criminosa. De modo que, à luz dos critérios previstos no art. 59 do CP, bem como dos arts. 5º, XLVI, e 93, IX, da CF/1988, careceu o decreto condenatório de motivação apta a justificar a fixação da pena-base tão acima do mínimo legal. Assim, com essas e outras considerações, a Turma concedeu em parte a ordem para reduzir a pena-base para quatro anos e três meses de reclusão e pagamento de 50 (cinquenta) dias-multa, mantidos, no mais, a sentença e o aresto combatidos. **HC 166.605-RJ, Rel. Min. Jorge Mussi, julgado em 2/8/2012.(Inform. STJ 501)**

CONCURSO FORMAL. LATROCÍNIO.
Na hipótese, os recorrentes, objetivando a reforma do julgado, sustentaram negativa de vigência ao art. 70 do CP, alegando a ocorrência de apenas uma subtração patrimonial e a morte de duas vítimas, o que configuraria crime único de latrocínio, e não concurso formal impróprio. Porém, foi comprovado que os agentes não se voltaram apenas contra um patrimônio, mas que, ao contrário, os crimes resultaram de desígnios autônomos. Daí, as instâncias *a quo* decidiram que os agentes desejavam praticar mais de um latrocínio, tendo em cada um deles consciência e vontade, quando efetuaram os disparos contra as vitimas. Assim, aplica-se o concurso formal impróprio entre os delitos de latrocínio (art. 70, parte final , do CP), pois ocorreram dois resultados morte, ainda que tivesse sido efetuada apenas uma subtração patrimonial. Ademais, consoante a Súm. n. 610 do STF, há crime de latrocínio quando o homicídio se consuma, ainda que não realize o agente a subtração de bens da vítima. Precedentes citados: HC 56.961-PR, DJ 7/2/2008; HC 33.618-SP, DJ 6/2/2006, e REsp 729.772-RS, DJ 7/11/2005. **REsp 1.164.953-MT, Rel. Min. Laurita Vaz, julgado em 27/3/2012. (Inform. STJ 494)**

DOSIMETRIA DA PENA. CONDENAÇÕES PRETÉRITAS. CRIME CULPOSO.
Não há flagrante ilegalidade se o juízo sentenciante considera, na fixação da pena, condenações pretéritas, ainda que tenha transcorrido lapso temporal superior a cinco anos entre o efetivo cumprimento das penas e a infração posterior; pois, embora não sejam aptas a gerar a reincidência, nos termos do art. 64, I, do CP, são passíveis de serem consideradas como maus antecedentes no sopesamento negativo das circunstâncias judiciais. Contudo, no caso dos autos, existem peculiaridades suficientes para infirmar o entendimento então consolidado, pois o aumento da pena do crime doloso por crime culposo cometido em passado distante afrontaria os princípios da razoabilidade e da proporcionalidade na fixação da pena privativa de liberdade. **HC 198.557-MG, Rel. Min. Marco Aurélio Bellizze, julgado em 13/3/2012. (Inform. STJ 493)**

DOSIMETRIA DA PENA. ÚNICA CONDENAÇÃO TRANSITADA EM JULGADO. VALORAÇÃO. ***BIS IN IDEM.***
O fato de o paciente registrar uma única condenação transitada em julgado não pode ser valorado, ao mesmo tempo, como circunstância judicial desfavorável e agravante de reincidência, sob pena de *bis in idem*. Por sua vez, configura constrangimento ilegal o aumento da pena no crime de roubo, na terceira fase de individualização, acima do patamar mínimo (um terço), com base apenas nos números de majorantes (Súm. n. 443/STJ). Acolhidos esses entendimentos, a Turma concedeu a ordem para reconhecer a ocorrência de *bis in idem* e reduzir para o patamar de 1/3 a exasperação decorrente das majorantes previstas no art. 157, § 2º, II e V, do CP, ficando definitivamente fixada a pena em seis anos e oito meses de reclusão, mantido o regime fechado. **HC 147.202-MG, Rel. Min. Og Fernandes, julgado em 28/2/2012. (Inform. STJ 492)**

MAUS ANTECEDENTES. CONDENAÇÃO. PROCESSO CONEXO. INADMISSIBILIDADE.
Tendo em vista que uma mesma sentença julgou dois processos conexos, mostra-se inadmissível a consideração da condenação oriunda de um desses para fins de exasperar a pena-base do outro processo, como maus antecedentes, seja porque julgados numa mesma oportunidade, englobada e indissociadamente, seja porque a condenação não cumpriu, até então, o requisito do prévio trânsito em julgado. **HC 143.026-RJ, Rel. Min. Laurita Vaz, julgado em 27/9/2011.** (Inform. STJ 484)

FIXAÇÃO. PENA-BASE. SUPERIOR. MÍNIMO. CABIMENTO.
A Turma reiterou o entendimento de que, conforme o grau de reprovabilidade da conduta e a existência de circunstâncias desfavoráveis, é cabível a fixação de regime mais severo aos condenados à pena inferior a oito anos desde que devidamente fundamentada a decisão. E considera-se devidamente fundamentada a sentença que estabeleceu regime fechado para o cumprimento de pena com base no nível de organização do bando criminoso, na quantidade de drogas e armamentos apreendidos, na nítida desproporção entre uma tentativa de homicídio realizada por meios de explosivos em estabelecimento jornalístico e sua motivação (veiculação de reportagem cujo conteúdo desagradou a um dos membros do grupo criminoso), no *modus operandis* do delito e na especial reprovação da vingança privada devido à tentativa de cerceamento da imprensa. Com esse entendimento, a Turma denegou a ordem. **HC 196.485-SP, Rel. Min. Gilson Dipp, julgado em 1º/9/2011.** (Inform. STJ 482)

DOCUMENTO FALSO. CARGO PÚBLICO RELEVANTE. ELEVAÇÃO. CULPABILIDADE.
A Turma decidiu que não há constrangimento ilegal em fixar a pena-base acima do mínimo legal, considerando-se mais elevada a culpabilidade do paciente, ocupante de cargo público relevante, com alto grau de instrução, por ter apresentado, em uma barreira de fiscalização policial, documento público falsificado, praticando, assim, o crime do art. 304 do CP. Para os ministros, ratificando acórdão do tribunal *a quo*, o grau de culpabilidade do denunciado seria superior ao ordinário, porque exercia, no momento da infração, entre outros, o cargo de secretário de Estado adjunto e era detentor de três cursos superiores. Por tanto, o paciente tinha maiores condições de entender o caráter ilícito do seu ato, razão pela qual não se mostra injustificada a decisão que considerou um pouco mais elevada a sua culpabilidade. **HC 194.326-RS, Rel. Min. Jorge Mussi, julgado em 18/8/2011.** (Inform. STJ 481)

DETRAÇÃO. CUSTÓDIA CAUTELAR.
A Turma denegou a ordem de *habeas corpus* e reafirmou ser inviável aplicar o instituto da detração penal nos processos relativos a crimes cometidos após a custódia cautelar. Precedentes citados do STF: HC 93.979-RS, DJe

19/6/2008; do STJ: REsp 1.180.018-RS, DJe 4/10/2010; HC 157.913-RS, DJe 18/10/2010, e REsp 650.405-RS, DJ 29/8/2005. **HC 178.129-RS, Rel. Min. Og Fernandes, julgado em 7/6/2011.** (Inform. STJ 476)

CIRCUNSTÂNCIAS JUDICIAIS DESFAVORÁVEIS. REGIME FECHADO.

A Turma denegou a ordem de *habeas corpus* e reafirmou que as circunstâncias judiciais desfavoráveis – *in casu*, culpabilidade, circunstâncias do crime e maus antecedentes (duas condenações transitadas em julgado) – autorizam a adoção do regime inicial fechado para o cumprimento da reprimenda, ainda que o paciente tenha sido condenado à pena de cinco anos e oito meses de reclusão (homicídio tentado). Precedente citado: HC 126.311-SP, DJe 15/6/2009. **HC 193.146-MG, Rel. Min. Napoleão Nunes Maia Filho, julgado em 24/5/2011.** (Inform. STJ 474)

DETRAÇÃO PENAL. CRIME POSTERIOR. PRISÃO CAUTELAR.

A Turma denegou a ordem de *habeas corpus*, reafirmando a jurisprudência deste Superior Tribunal de ser inviável a aplicação da detração penal em relação aos crimes cometidos posteriormente à custódia cautelar. No *writ*, a Defensoria sustentava constrangimento ilegal na decisão de não concessão da detração ao paciente que permaneceu preso cautelarmente em outro feito criminal no período de 27/9/2006 a 7/9/2007 e buscava a detração da pena pela prática de crime perpetrado em 27/11/2007. Precedentes citados do STF: HC 93.979-RS, DJe 19/6/2008; do STJ: REsp 650.405-RS, DJ 29/8/2005; HC 157.913-RS, DJe 18/10/2010, e REsp 1.180.018-RS, DJe 04/10/2010. **HC 197.112-RS, Rel. Min. Og Fernandes, julgado em 19/5/2011.** (Inform. STJ 473)

CARGA ROUBADA. RECEPTAÇÃO. CONCURSO. PESSOAS.

In casu, os pacientes foram condenados por receptação de carga roubada e, na ocasião do crime, o motorista foi morto. Na primeira instância, cada um deles recebeu como pena dois anos e seis meses de reclusão em regime aberto e o pagamento de 30 dias-multa. Irresignada com a condenação, a defesa apelou e o TJ deu parcial provimento ao recurso para determinar a substituição da pena privativa de liberdade por duas restritivas de direitos: prestação de serviços à comunidade pelo mesmo período da sanção reclusiva e prestação pecuniária, mas manteve a sentença quanto à fixação da pena-base dos pacientes acima do mínimo legal previsto. No *habeas corpus*, sustenta ser nula a sentença condenatória no tocante à dosimetria da pena mantida pelo tribunal *a quo*, já que a sanção básica teria sido aplicada um ano e seis meses acima do mínimo legalmente previsto sem a devida fundamentação e com base nas elementares do delito. Ressalta o Min. Relator que o juiz, ao analisar as circunstâncias judiciais conforme dispostas no art. 59 do CP, considerou-as desfavoráveis aos pacientes, apontando-as com base concreta nos fatos narrados nos autos, que evidenciaram ser desfavoráveis a culpa, as circunstâncias e as consequências do delito praticado pelos pacientes. Assim, verificada a adequação da análise dessas circunstâncias, a Turma denegou a ordem. **HC 149.456-RS, Rel. Min. Jorge Mussi, julgado em 10/5/2011.** (Inform. STJ 472)

LATROCÍNIO. PENA-BASE. MÍNIMO LEGAL.

A Turma reduziu a pena do paciente condenado pelos crimes de roubo seguido de morte e corrupção de menores por entender que os fundamentos utilizados pelo magistrado sentenciante para fixar a pena-base acima do mínimo legal foram genéricos e inerentes ao próprio tipo penal. *In casu*, o juiz entendeu, no tocante ao latrocínio, ter o réu agido com culpabilidade elevada pelo fato de ele ter efetuado, juntamente com um menor, disparo de arma de fogo contra a vítima. Entretanto, consignou o Min. Relator que, além de o paciente também ter sido condenado pelo delito autônomo do art. 1º da Lei n. 2.252/1954, o resultado morte – somente alcançado por meio do disparo – já integra o tipo penal. Ademais, salientou que a justificativa referente à motivação econômica do apenado é inerente aos delitos contra o patrimônio, ressaltando que a circunstância de a conduta ter sido perpetrada em via pública de madrugada não representa desvalor que ultrapassa o *modus operandi* comum a esses crimes. Precedentes citados: HC 50.672-RJ, DJ 23/4/2007; HC 178.660-GO, DJe 21/2/2011, e HC 109.831-DF, DJe 1º/2/2011. **HC 150.231-DF, Rel. Min. Og Fernandes, julgado em 10/5/2011.** (Inform. STJ 472)

ROUBO. PORTADOR. NECESSIDADES ESPECIAIS.

Desponta dos autos que as decisões das instâncias ordinárias de condenar o paciente ao cumprimento de pena de reclusão no regime inicial fechado pela prática de roubo circunstanciado (art. 157, § 2º, I, do CP) valeram-se de circunstâncias judiciais, especialmente da personalidade do paciente evidenciada nas circunstâncias do crime, que foi praticado com grave ameaça (mediante arma) contra pessoa portadora de necessidades especiais (limitações físicas que a impediram de qualquer tipo de defesa). Dessarte, embora a pena aplicada não alcance o patamar de oito anos de reclusão, veda-se a fixação do regime semiaberto diante da valoração negativa e fundamentada das circunstâncias judiciais (art. 33, § 3º, do CP). Com esse entendimento, a Turma, por maioria, denegou a ordem. Precedentes citados: HC 173.848-SP, DJe 1º/2/2011; HC 45.110-DF, DJ 21/11/2005, e HC 98.295-PR, DJe 30/6/2008. **HC 188.899-SP, Rel. Min. Og Fernandes, julgado em 28/4/2011.** (Inform. STJ 470)

MEDIDA. SEGURANÇA. DURAÇÃO.

A Turma concedeu a ordem de *habeas corpus* para limitar a duração da medida de segurança à pena máxima abstratamente cominada ao delito praticado pelo paciente, independentemente da cessação da periculosidade, não podendo ainda ser superior a 30 anos, conforme o art. 75 do CP. Precedentes citados: HC 135.504-RS, DJe 25/10/2010; HC 113.993-RS, DJe 4/10/2010; REsp 1.103.071-RS, DJe 29/3/2010, e HC 121.877-RS, DJe 8/9/2009. **HC 147.343-MG, Rel. Min. Laurita Vaz, julgado em 5/4/2011.** (Inform. STJ 468)

SERVIDOR PÚBLICO. PECULATO.

Consta dos autos que os pacientes, funcionários públicos municipais, foram condenados, em primeira instância, às penas de seis anos de reclusão em regime inicial semiaberto e ao pagamento de multa pela prática do crime de peculato (art. 312, *caput*, c/c o art. 71, ambos do CP), em razão de depósitos de dinheiro em sua conta-corrente proveniente de suposto desvio de verbas públicas. Mas o tribunal *a quo* proveu somente em parte a apelação interposta pela defesa, reduzindo a pena aplicada para quatro anos e seis meses de reclusão em regime inicial semiaberto. Isso posto, no *habeas corpus* explica o Min. Relator que a realização de corpo de delito é sempre necessária e insubstituível para evidenciar a materialidade quando se trata da prática de ilícito que deixa vestígios ou produz alterações no mundo dos fatos ou da natureza; porém, no caso, a questão da imprescindibilidade do exame de corpo de delito sequer foi submetida à apreciação do tribunal *a quo*, o que veda a análise do tema neste Superior Tribunal, pois consubstanciaria supressão de instância. Destaca que a condenação veio suficientemente arrimada no acervo das provas colhidas, principalmente por farta prova documental juntada, como extratos bancários, cópias das declarações de imposto de renda e nos depoimentos colhidos, inclusive do prefeito do município, não sendo admissível seu reexame na via estreita do *habeas corpus*. Por outro lado, reduz a pena-base fixada em três anos de reclusão para dois anos e seis meses de reclusão, tornando-a definitiva em três anos e nove meses de reclusão, em razão da aplicação do aumento pela continuidade delitiva nos moldes definidos nas instâncias ordinárias (1/2). Expõe o Min. Relator, quanto ao reconhecimento da confissão espontânea, que, em nenhum momento, os pacientes confessaram a prática do delito, houve apenas a confirmação do depósito, entretanto a defesa afirma que o dinheiro foi transferido para a conta de forma lícita para cobrir despesas do município. Assim, assevera que, como se trata de confissão qualificada, não há que aplicar a atenuante (art. 65, III, **d**, do CP). Reajusta também o regime prisional para o semiaberto em consequência do *quantum* da pena aplicada. Com esse entendimento, a Turma concedeu em parte o *writ*, com recomendação ao juízo da execução para examinar a possibilidade de substituição da sanção. Precedentes citados: HC 72.073 SP, DJ 21/5/2007; HC 69.007-SP, DJ 14/5/2007; HC 100.911-SP, DJe 16/2/2009; HC 102.362-SP, DJe 2/2/2009; HC 68.719-SP, DJ 4/6/2007; HC 81.206-PR, DJe 3/11/2008; HC 111.341-MS, DJe 9/11/2009, e HC 129.278-RS, DJe 25/2/2009. **HC 124.009-SP, Rel. Min. Napoleão Nunes Maia Filho, julgado em 15/3/2011.** (Inform. STJ 466)

DETRAÇÃO. CÔMPUTO. PERÍODO ANTERIOR.

A Turma reiterou o entendimento de que se admite a detração por prisão ocorrida em outro processo, desde que o crime pelo qual o sentenciado cumpre pena tenha sido praticado anteriormente à prisão cautelar proferida no processo do qual não resultou condenação. Contudo, nega-se a detração do tempo de recolhimento quando o crime é praticado posteriormente à prisão provisória, para que o criminoso não se encoraje a praticar novos delitos, como se tivesse a seu favor um crédito de pena cumprida. Precedentes citados: RHC 61.195-SP, DJ 23/9/1983; do STJ: REsp 878.574-RS, DJ 29/6/2007; REsp 711.054-RS, DJ 14/5/2007, e REsp 687.428-RS, DJ 5/3/2007. **HC 155.049-RS, Rel. Min. Celso Limongi (Desembargador convocado do TJ-SP), julgado em 1º/3/2011.** (Inform. STJ 465)

CONFISSÃO ESPONTÂNEA. PRISÃO. FLAGRANTE.

A Turma, entre outras questões, entendeu que o fato de a prisão do paciente ter sido em flagrante não impede, por si só, que se reconheça a atenuante da confissão espontânea. Precedente citado: REsp 435.430-MS, DJ 18/12/2006. **HC 135.666-RJ, Rel. Min. Og Fernandes, julgado em 22/2/2011.** (Inform. STJ 464)

TRÁFICO. ENTORPECENTES. CONFISSÃO ESPONTÂNEA.
In casu, o ora paciente foi condenado como incurso no art. 33 c/c o art. 40, III, ambos da Lei n. 11.343/2006, à pena de sete anos, nove meses e 22 dias de reclusão, a ser cumprida inicialmente em regime fechado. Em recurso de apelação, o tribunal *a quo* manteve a sentença. Daí sobreveio o *habeas corpus* em que se pretende o reconhecimento da atenuante de confissão espontânea disposta no art. 65, III, **d**, do CP. Ao apreciar o *writ*, observou o Min. Relator que o paciente alegou ter comprado 20 gramas de maconha para consumo próprio, quando, na realidade, conforme o boletim de ocorrência, ele foi flagrado à beira do muro da delegacia de polícia local portando 180 gramas dessa substância entorpecente. Contudo, apesar de o paciente ter admitido a propriedade da droga, negou a sua comercialização, aduzindo que o entorpecente destinava-se ao consumo próprio, procurando, com isso, minimizar a sua conduta. Assim, consignou que, como o acusado não assumiu o fato criminoso que lhe foi imputado, é impossível aplicar a atenuante do art. 65, III, do CP. Registrou, ademais, que, para o reconhecimento da referida atenuante, exigir-se-ia aprofundada incursão na seara fático-probatória, o que não é possível na via do *habeas corpus*. Diante disso, a Turma denegou a ordem. Precedentes citados: REsp 1.133.917-PR, DJe 1º/2/2011; HC 150.408-SP, DJe 12/4/2010; HC 105.408-MS, DJe 1º/6/2009, e REsp 934.004-RJ, DJ 26/11/2007. **HC 191.105-MS, Rel. Min. Og Fernandes, julgado em 17/2/2011.** (Inform. STJ 463)

HC. CONTINUIDADE DELITIVA. REQUISITOS.
A Turma denegou a ordem de *habeas corpus* para não reconhecer a continuidade delitiva entre os delitos de homicídio praticados pelo paciente. Para a caracterização do crime continuado, consignou-se que o STJ vem adotando a teoria mista, a qual exige o preenchimento dos requisitos objetivos – mesmas condições de tempo, lugar e maneira de execução – e do subjetivo – unidade de desígnios. *In casu*, asseverou o Min. Relator que entender de modo contrário à conclusão do tribunal *a quo* de que tais requisitos não teriam sido cumpridos demandaria revolvimento fático-probatório dos autos, o que não é possível em *habeas corpus*. Salientou, ademais, que eventual modificação da sentença condenatória, *in casu*, exigiria ainda mais cautela por se tratar de julgamento proveniente do tribunal do júri, em que impera a soberania dos veredictos. Precedentes citados do STF: HC 89.097-MS, DJe 24/4/2008; HC 85.113-SP, DJ 1º/7/2005; RHC 85.577-RJ, DJ 2/9/2005; HC 95.753-RJ, DJe 6/8/2009; HC 70.794-SP, DJ 13/12/2002; do STJ: HC 142.384-SP, DJe 13/9/2010, e HC 93.323-RS, DJe 23/8/2010. **HC 151.012-RJ, Rel. Min. Gilson Dipp, julgado em 23/11/2010.** (Inform. STJ 457)

CONFISSÃO. NÃO EXTENSÃO. CORRÉUS.
A circunstância atenuante de confissão espontânea é de caráter subjetivo, pessoal, uma vez que o ato de reconhecer e declarar o ocorrido é prestado pela própria parte à qual a benesse se destina. O que busca a norma é agraciar o agente que contribui com a Justiça. Logo, não se pode estender a minoração da pena pela confissão a outros acusados que não confessaram, desvirtuando, assim, o intuito da lei penal. Daí a Turma deu provimento ao recurso para afastar das penas dos demais réus a atenuante da confissão feita por somente um dos acusados. Precedentes citados: HC 89.321-MS, DJe 6/4/2009; RHC 10.892-SP, DJ 17/9/2001, e REsp 603.909-DF, DJ 3/11/2004. **REsp 905.821-PR, Rel. Min. Maria Thereza de Assis Moura, julgado em 23/11/2010.** (Inform. STJ 457)

MEDIDA DE SEGURANÇA. PRESCRIÇÃO. PRETENSÃO EXECUTÓRIA.
A Turma concedeu a ordem de *habeas corpus* para restabelecer a decisão do juízo da execução que extinguiu a medida de segurança imposta ao paciente em razão da prescrição da pretensão executória. Para o Min. Relator, a prescrição da pretensão executória alcança não só os imputáveis, mas também aqueles submetidos ao regime de medida de segurança. Isso porque essa última está inserida no gênero sanção penal, do qual figura, como espécie, ao lado da pena. Por esse motivo, o CP não precisa estabelecer, especificamente, a prescrição no caso de aplicação exclusiva de medida de segurança ao acusado inimputável, aplicando-se, nesses casos, a regra disposta no art. 109 do referido código. Considerou, ainda, a presença da atenuante da menoridade relativa: o art. 115 do CP reduz pela metade os prazos de prescrição quando o criminoso era, ao tempo do crime, menor de 21 anos de idade, bem como a data em que se reconheceu a extinção da punibilidade. Precedentes citados: HC 41.744-SP, DJ 20/6/2005; REsp 1.103.071-RS, DJe 29/3/2010, e HC 85.755-MG, DJe 24/11/2008. **HC 59.764-SP, Rel. Min. Og Fernandes, julgado em 25/5/2010.** (Inform. STJ 436)

CONFISSÃO ESPONTÂNEA. PREPONDERÂNCIA. REINCIDÊNCIA.
Trata-se de paciente condenado como incurso no art. 157, § 2º, I e II, do CP à pena de sete anos e cinco meses de reclusão em regime inicial fechado, além de ao pagamento de multa. Agora, no *habeas corpus*, busca a compensação entre a circunstância atenuante da confissão espontânea e a agravante da reincidência. Para o Min. Relator, a ordem não merece ser concedida; pois, na doutrina e na jurisprudência deste Superior Tribunal, firmou-se o entendimento de que a circunstância agravante da reincidência, como preponderante, deve prevalecer sobre a atenuante da confissão espontânea a teor do art. 67 do CP. Com esse entendimento, a Turma denegou a ordem. Precedentes citados: HC 43.014-SP, DJ 29/6/2007; REsp 889.187-SC, DJ 19/3/2007; REsp 960.066-DF, DJe 14/4/2008; HC 81.954-PR, DJ 17/12/2007; REsp 912.053-MS, DJ 5/11/2007; HC 64.012-RJ, DJ 7/5/2007, e REsp 713.826-RS, DJ 20/6/2005. **HC 152.085-DF, Rel. Min. Felix Fischer, julgado em 20/4/2010.** (Inform. STJ 431)

REDUÇÃO. PENA-BASE. EXASPERAÇÃO. PENA PECUNIÁRIA.
O paciente foi condenado a quatro anos de reclusão e multa por infração ao art. 171, § 3º, do CP. Recorreu da decisão e o tribunal *a quo* desclassificou os fatos para o tipo do art. 299 do mesmo código, reduzidas as penas para três anos e seis meses de reclusão. Pleiteia seja suspensa a execução da pena, anulado o acórdão e realizado outro julgamento. O Min. Relator entendeu que, na aplicação da pena-base, foi considerada a alta culpabilidade do réu, por ser funcionário público e trair a confiança da Administração. O próprio tribunal impetrado reconheceu que o paciente, apesar de responder a vários processos, alguns já sentenciados, não ostenta condenação com trânsito em julgado. Assim, embora admitidas circunstâncias judiciais desfavoráveis a justificar exasperação na pena-base, não poderia ser ela fixada duas vezes acima do mínimo, com base somente na culpabilidade intensa e nas ações penais em curso. Diante disso, a Turma concedeu a ordem para reduzir a pena-base a um ano e seis meses de reclusão. Pela continuidade delitiva, manteve a exasperação de 1/6 fixada na instância *a quo*, ficando o paciente condenado a um ano e nove meses de reclusão, mantida a pena pecuniária. Precedentes citados: HC 45.111-DF, DJe 11/12/2009, e HC 83.480-DF, DJe 28/9/2009. **HC 137.208-CE, Rel. Min. Celso Limongi (Desembargador convocado do TJ-SP), julgado em 5/4/2010.** (Inform. STJ 429)

REINCIDÊNCIA. PREPONDERÂNCIA. CONFISSÃO ESPONTÂNEA.
A recorrente foi condenada como incursa nas sanções do art. 155, § 4º, IV, c/c o art. 14, II, ambos do CP, à pena de um ano e oito meses de reclusão em regime semiaberto e ao pagamento de 12 dias-multa. No REsp, alega que o acórdão recorrido divergiu de julgado deste Superior Tribunal, ao considerar que a agravante da reincidência prepondera sobre a atenuante da confissão espontânea. Todavia, explica o Min. Relator que, devido ao disposto no art. 67 do CP, a circunstância agravante da reincidência, como preponderante, prevalece sobre a atenuante da confissão e, nesse sentido, são os precedentes deste Superior Tribunal. Precedentes citados: AgRg no REsp 908.821-SP, DJe 13/10/2009; HC 135.537-SP, DJe 13/10/2009; AgRg no Ag 1.102.656-MG, DJe 28/9/2009; REsp 912.053-MS, DJ 5/11/2007; HC 43.014-SP, DJ 29/6/2007, e REsp 695.614-RS, DJ 19/9/2005. **REsp 1.123.841-DF, Rel. Min. Felix Fischer, julgado em 26/11/2009.** (Inform. STJ 417)

CONFISSÃO. NEGATIVA. PRÁTICA. CRIME.
O paciente foi condenado por ter submetido a vítima, pessoa do sexo masculino que se encontrava embriagada no momento dos fatos, à prática de ato libidinoso. Entre outros temas, discutiu-se, nesta sede, a redução da pena em razão de confissão espontânea. Quanto a isso, verifica-se constar da denúncia que o paciente admitiu a prática do ato, porém alegou haver consentimento da vítima, que até lhe prometera paga, versão que foi desacreditada pelo juízo. Diante disso, a Turma, ao prosseguir o julgamento, entendeu, por maioria, não se verificar a confissão espontânea apta a reduzir a pena, visto que, para fazer jus ao benefício, o acusado deve assumir, de forma voluntária, sem ressalvas ou desculpas, a prática do delito. No caso, ao contrário, o paciente negou justamente a perpetração do crime. Anotou, também, que o juiz não se valeu das declarações do paciente para embasar a condenação, o que inviabilizaria o reconhecimento da referida atenuante. Precedentes citados: HC 90.470-MS, DJe 17/3/2008; HC 106.334-MS, DJe 2/3/2009; AgRg no Ag 875.991-RJ, DJe 11/5/2009, e AgRg no HC 105.776-SP, DJe 8/9/2008. **HC 141.534-MS, Rel. Min. Haroldo Rodrigues (Desembargador convocado do TJ-CE), julgado em 24/11/2009.** (Inform. STJ 417)

MAUS ANTECEDENTES. FATOS POSTERIORES. DENÚNCIA.
No caso, outros fatos ocorridos depois da denúncia também foram apreciados pelo Judiciário, porém o trânsito em julgado da respectiva condenação deu-se antes de se julgarem os fatos descritos na denúncia. Nesse contexto, a Turma, ao prosseguir o julgamento, reafirmou o entendimento jurisprudencial de que os inquéritos e processos em andamento não po-

dem ser considerados como maus antecedentes para efeito de majorar a pena-base, nem como processos já transitados em julgado referentes a fatos posteriores aos narrados na denúncia, daí entender não ser possível considerar maus antecedentes no caso. O Min. Felix Fischer, todavia, ressaltou que essa análise há que ser procedida com extrema cautela. Assim, fixada a pena-base no mínimo legal, visto que reconhecidas as circunstâncias judiciais favoráveis ao réu (primário e de bons antecedentes), a Turma também entendeu não ser possível lhe infligir regime prisional mais gravoso apenas com base na gravidade genérica do delito (arts. 59 e 33, §§ 2º e 3º, do CP e Súmulas ns. 718 e 719 do STF). Precedentes citados: HC 72.024-DF, DJe 30/6/2008; HC 107.795-RS, DJe 2/3/2009; HC 120.319-RS, DJe 13/4/2009; HC 61.936-RJ, DJ 23/10/2006, e HC 108.038-SP, DJe 1º/12/2008. **HC 130.762-SP, Rel. Min. Laurita Vaz, julgado em 17/11/2009.** (Inform. STJ 416)

CONTINUIDADE. ROUBO. LATROCÍNIO.

A Turma reiterou que não é possível reconhecer a continuidade delitiva entre os crimes de roubo e de latrocínio, pois não se trata de delitos de mesma espécie, apesar de pertencerem ao mesmo gênero. Precedentes citados: HC 98.307-SP, DJe 2/6/2008; HC 68.137-RJ, DJ 12/3/2007; REsp 563.051-RS, DJ 16/5/2005; RHC 15.534-PR, DJ 24/5/2004; REsp 70.905-SP, DJ 30/6/1997, e REsp 26.855-PR, DJ 5/9/1994. **REsp 751.002-RS, Rel. Min. Maria Thereza de Assis Moura, julgado em 27/10/2009.** (Inform. STJ 413)

ROUBO. EXTORSÃO. ARMA. *BIS IN IDEM*.

O paciente associou-se a outros três para a prática de crimes patrimoniais. Primeiro, mediante o uso de arma de fogo, eles roubaram um automóvel e os pertences do condutor, além de restringir sua liberdade. Logo após, usando novamente aquele instrumento, constrangeram outra vítima a fornecer senhas de cartões magnéticos e a assinar cheques para que obtivessem vantagem patrimonial indevida. Por isso, foram condenados pela prática de roubo e extorsão circunstanciados e também pela formação de quadrilha armada. O que se alega é a existência de *bis in idem* na condenação, em razão da punição mais de uma vez pela mesma circunstância, o uso da arma. Nesse contexto, é certo que o reconhecimento do *bis in idem* deriva da interpretação crítica dos fatos à luz do conceito fundamental de bem jurídico. No caso, quanto à extorsão e ao roubo, em que a incriminação busca tutelar o patrimônio e a liberdade ou integridade física, por mais que o resultado seja o mesmo (subtração de bens), não há falar em *bis in idem*, porquanto praticados perante vítimas diferentes. O fato de o juízo reconhecer a continuidade delitiva, não implica deixar de reconhecer que ambos os delitos são circunstanciados. Já quanto ao crime de quadrilha, o bem jurídico protegido com a incriminação é a paz pública, a demonstrar, em comparação ao outro grupo de incriminações, que eles são independentes, a ponto de justificar a exasperação em razão do emprego de arma. Precedentes citados: HC 91.129-SP, DJe 4/8/2008; HC 54.773-SP, DJ 7/2/2008; HC 27.142-RS, DJ 28/8/2006, e HC 33.894-RJ, DJ 14/3/2005. **HC 73.234-SP, Rel. Min. Maria Thereza de Assis Moura, julgado em 18/6/2009.** (Inform. STJ 399)

CONFISSÃO ESPONTÂNEA. REINCIDÊNCIA.

Conforme recente entendimento adotado pela Sexta Turma, a atenuante da confissão espontânea pode ser compensada com a agravante da reincidência. Precedente citado: HC 94.051-DF, DJ 22/9/2008. **HC 121.681-MS, Rel. Min. Paulo Gallotti, julgado em 17/3/2009.** (Inform. STJ 387)

MAUS ANTECEDENTES. AÇÕES. INQUÉRITOS.

A Turma, ao prosseguir o julgamento, entendeu como constrangimento ilegal considerar os processos em andamento com o fito de majorar a pena-base em razão de maus antecedentes e da personalidade voltada para o crime, apesar de que esse tema (de carência de fundamentação para a elevação da pena-base acima do mínimo legal) não foi apreciado pelo Tribunal *a quo*. Concluiu, também, tal como aduzido pelo Min. Jorge Mussi, de pronto, fixar a condenação e não a remeter novamente à consideração do juízo singular. A Min. Laurita Vaz, por sua vez, ressaltou não se tratar de *habeas corpus* de ofício, pois o Tribunal *a quo*, ao confirmar a sentença condenatória, tornou-se a autoridade coatora, o que foi acolhido pelos outros componentes do colegiado. Por último, anote-se que o Min. Relator acompanhou a Turma com ressalvas. Precedentes citados: HC 103.021-DF, DJe 29/9/2008, e HC 72.024-DF, DJe 30/6/2008. **HC 105.060-PE, Rel. Min. Napoleão Nunes Maia Filho, julgado em 25/11/2008.** (Inform. STJ 378)

ROUBO. CRIME CONTINUADO.

Trata-se de crime de roubo praticado por três agentes: quanto a dois co-réus, por serem primários, as instâncias ordinárias reconheceram que eles praticaram os crimes de forma continuada (art. 71 do CP) e, em relação ao recorrente, mentor dos roubos, não houve tal reconhecimento devido à reincidência na prática delitiva. Para o Min. Relator, a jurisprudência deste Superior Tribunal reconhece que a habitualidade no crime exclui a caracterização do crime continuado. Entretanto, a corrente vencedora inaugurada pelo Min. Nilson Naves entendeu que deve haver igualdade de tratamento entre os agentes que, no caso, concorreram para os mesmos crimes praticados e, segundo a sentença, com igualdade de participação sob as mesmas condições (tempo, lugar e maneira de execução). Ademais, o simples fato de o recorrente ter antecedentes criminais não induz, no caso, o reconhecimento de delitos anteriormente praticados e os roubos pelos quais fora condenado. Inclusive, nas decisões das instâncias ordinárias, não houve demonstração da reiteração criminosa. Isso posto, após o voto de desempate da Min. Jane Silva, que acompanhou a divergência, a Turma, por maioria, deu provimento ao recurso para que o juiz refaça o cálculo da pena à vista do crime continuado em relação ao recorrente. **REsp 448.668-PB, Rel. originário Min. Hamilton Carvalhido, Rel. para acórdão Min. Nilson Naves, julgado em 25/11/2008.** (Inform. STJ 378)

ROUBO. EXTORSÃO. CONTINUAÇÃO DELITIVA.

É possível a continuação delitiva entre os crimes de roubo e extorsão, pois esses delitos foram colocados no CP sob mesmo capítulo, a indicar serem de mesma espécie, além de ofenderem os mesmos bens juridicamente tutelados. Na hipótese dos autos, o agente subtraiu bens móveis da vítima e subseqüentemente a coagiu para obter a senha de seu cartão magnético. Assim, todos os requisitos necessários à continuação estão presentes. Há pluralidade de condutas (a subtração e a imposição à adoção de determinado comportamento), sendo certo que, para a continuação delitiva, os crimes de mesma espécie não precisam ser idênticos. Também existe homogeneidade das circunstâncias de tempo e lugar (o réu realizou o roubo e a extorsão no mesmo local e lapso temporal). Além disso, o agente utilizou-se do mesmo modo de execução (o seqüestro momentâneo da vítima com uso de violência ou grave ameaça), afora a existência de conexão ocasional (aproveitou-se da ocasião antecedente para continuar a praticar o delito e obter maior lucro). Anote-se que a impossibilidade de caracterização da continuidade delitiva entre o furto e o roubo não pode servir de guia à solução da hipótese em apreço, visto que, diferentemente do tipo do furto, o do roubo também tutela outros bens jurídicos além do patrimônio, que são os mesmos aos que o da extorsão busca salvaguardar. Precedente citado: REsp 190.534-SP, DJ 8/3/1999. **REsp 1.031.683-SP, Rel. Min. Jane Silva (Desembargadora convocada do TJ-MG), julgado em 6/11/2008.** (Inform. STJ 375)

CONDENAÇÕES. MAU ANTECEDENTE. AGRAVANTE GENÉRICA.

A Turma, por maioria, entendeu que, se o réu possui mais de uma condenação definitiva, uma pode ser utilizada como mau antecedente e outra, como agravante genérica, não se falando em *bis in idem*. O Min. Nilson Naves (vencido) entendia aplicar-se o mesmo princípio que vem adotando quanto às qualificadoras. Precedentes citados: AgRg no REsp 704.741-RS, DJ 27/8/2007, e REsp 952.552-SP, DJ 5/5/2008. **AgRg no REsp 1.072.726-RS, Rel. Min. Paulo Gallotti, julgado em 6/11/2008.** (Inform. STJ 375)

APN. MAGISTRADO. CORRUPÇÃO. DISTRIBUIÇÃO.

O magistrado foi denunciado por ter manipulado a distribuição de agravos de instrumento, o que, somado à prolação de decisões ou retardo de outras, ao final, propiciou a almejada compensação de créditos (cento e cinqüenta milhões de reais) entre bancos, estando um deles, à época, em liquidação judicial. O co-réu (advogado) foi um dos que firmou o pedido de compensação com antecipação de tutela. Para tanto, recebeu, em espécie, cerca de um milhão e meio de reais a título de honorários, dos quais repassou quase setecentos mil reais em empréstimo a duas empresas de construção que têm o primeiro réu e sua mulher como principais sócios. Quanto à suspensão condicional do processo (já negada ao co-réu quando do recebimento da denúncia), à época dos fatos, o art. 317 do CP previa a pena de reclusão de um a oito anos, pois ainda não vigorava a Lei n. 10.763/2003, que a elevou ao patamar de dois a doze anos. Porém, cuida-se de corrupção qualificada (§ 1º), tal como disposto na denúncia e no acórdão que a recebeu, a determinar o aumento de um terço, o que elevaria seu mínimo a um ano e quatro meses, ultrapassando o limite estabelecido no art. 89 da Lei n. 9.099/1995. Os indícios probatórios, sem muito esforço de interpretação, levam à conclusão de que houve entre os réus uma concorrência efetiva para alcançar fim vedado em lei. A corrupção passiva (art. 317 c/c art. 29, ambos do CP) está caracterizada. O magistrado é primário e não registra antecedentes criminais, fato, contudo, que, conforme a jurisprudência, por si só, não é decisivo para o estabelecimento da pena em seu mínimo legal. Sua ação foi praticada com intenso dolo e culpabilidade, não havendo dúvida quanto à alienação de ato de ofício, ação que mancha o nome e a dignidade da Justiça. Assim, à falta de agravantes ou atenuantes, a pena deve ser fixada definitivamente em três anos de reclusão e trinta e seis dias-multa, a ser cumprida no regime prisional aberto (art. 33, § 2º, **c**, do CP), sem substituição, visto que não atendidos os requisitos do art. 44, III, desse mesmo código. Como efeito da condenação, declarou-se, expressamente, a perda do cargo de juiz (art. 92, I, **a**, do CP e art. 26 da LC n. 35/1979, a Loman), por se tratar de delito praticado com grave violação de dever no exercício do cargo de magistrado. O crime é próprio, mas foi realizado tão-só em decorrência do cargo, do qual se exige certeza de honestidade. A conduta do co-réu também é revestida de intenso dolo e culpabilidade, arranhando, em particular, a imagem da advocacia como peça essencial da Justiça. Daí que fixada idêntica pena e igual regime de cumprimento ao co-réu, com o diferencial de que a condenação deverá ser comunicada à OAB. Precedente citado do STF: HC 76.591-RJ, DJ 4/9/1998. **APn 224-SP, Rel. Min. Fernando Gonçalves, julgada em 1º/10/2008.** (Inform. STJ 370)

TENTATIVA. FURTO QUALIFICADO. ROMPIMENTO. OBSTÁCULO. CONCURSO. PESSOAS.
O paciente foi condenado à pena de um ano e dois meses de reclusão em regime inicial semi-aberto e ao pagamento de 18 dias-multa, fixados no valor mínimo legal, por tentativa de furto qualificado, com destruição ou rompimento de obstáculo e mediante concurso de pessoas (art. 155, § 4º, I e IV, c/c o art. 14, II, todos do CP). O Tribunal *a quo* acolheu parcialmente o recurso de apelação, tão-somente para reconhecer a circunstância atenuante da confissão espontânea, mantendo a pena-base acima do mínimo. A impetração, em síntese, alega que a majoração da pena-base carece de fundamentação idônea, pois a única circunstância considerada negativa foi a culpabilidade. Diz ainda que a circunstância atenuante da confissão espontânea e a agravante da reincidência devem ser compensadas de forma igualitária. O Min. Relator entendeu que não constitui fundamento para majorar a pena-base acima do mínimo legal a assertiva de que o réu agiu com culpabilidade, porque possuía pleno conhecimento acerca da ilicitude do fato. Essa consciência sobre a ilicitude diz respeito à culpabilidade que caracteriza o tipo e não às circunstâncias judiciais do art. 59 do CP. A circunstância agravante da reincidência prepondera sobre a atenuante da confissão espontânea, a teor do art. 67 do CP. Diante disso, a Turma concedeu parcialmente a ordem. **HC 85.975-DF, Rel. Min. Napoleão Nunes Maia Filho, julgado em 4/9/2008.** (Inform. STJ 366)

SUBSTITUIÇÃO. PENA. CRIME HEDIONDO.
A Turma, ao prosseguir o julgamento, concedeu a ordem para restabelecer a decisão do magistrado de primeiro grau que deferira, de um lado, o regime aberto para o cumprimento da pena e, de outro lado, a substituição da pena privativa de liberdade por duas restritivas de direitos, ao entendimento de que, sempre que aplicada pena privativa de liberdade em patamar não-superior a quatro anos, é admissível a substituição da pena privativa de liberdade pela restritiva de direitos, ainda que se trate dos crimes equiparados a hediondos, levando-se em consideração as recentes decisões da Sexta Turma. Precedentes citados: REsp 702.500-BA, DJ 10/4/2006, e HC 32.498-RS, DJ 17/12/2004. **HC 90.380-ES, Rel. Min. Nilson Naves, julgado em 17/6/2008.** (Inform. STJ 360)

PENA. DOSIMETRIA. AGRAVANTE. REINCIDÊNCIA.
A Turma conheceu do recurso e deu-lhe provimento para cassar o acórdão recorrido e reconhecer a aplicação da agravante do art. 61, I, do CP no caso e restabelecer a sentença condenatória proferida nesse ponto, por entender que, restando comprovada a reincidência, a sanção corporal deverá ser sempre agravada nos termos do mencionado artigo, que se encontra plenamente em vigor, importando sua exclusão em flagrante ofensa à lei federal e aos princípios da isonomia e da individualização da pena, constitucionalmente garantidos. O fato de o reincidente ser punido mais gravemente do que o primário não viola a Constituição Federal nem a garantia do *ne bis in idem*, isto é, ninguém pode ser punido duplamente pelos mesmos fatos, pois visa tão-somente reconhecer maior reprovabilidade na conduta daquele que é contumaz violador da lei penal. **REsp 984.578-RS, Rel. Min. Jorge Mussi, julgado em 5/6/2008.** (Inform. STJ 358)

CRIME MILITAR. EXCLUSÃO. PM. PRAÇA.
Cinge-se a questão em saber se é possível a exclusão de praça da Polícia Militar como pena acessória ou como efeito automático da sentença penal condenatória, ante a CF/1988. Para a Min. Relatora, o art. 125, § 4º, parte final, da CF/1988 subordina a perda de graduação dos praças das polícias militares à decisão do Tribunal competente, mediante procedimento específico. Diante disso, a Turma por maioria, concedeu a ordem para excluir da condenação a exclusão do paciente das Forças Armadas, que apenas poderá ser imposta, se for o caso, em processo específico. Precedentes citados do STF: RE 121.533-MG, DJ 30/11/1990; do STJ: REsp 696.433-MS, DJ 20/6/2005. **HC 29.575-MS, Rel. Min. Maria Thereza de Assis Moura, julgado em 26/5/2008.** (Inform. STJ 357)

REGIME FECHADO. REINCIDÊNCIA.
A Turma, por maioria, concedeu a ordem para reduzir a reprimenda ao argumento de que a caracterização de reincidência tem como requisito a prática de novo crime após o trânsito em julgado de sentença que tenha condenado a pessoa por crime anterior, é dizer, um ou mais crimes que, sendo vários, hipótese que ora se considera especificamente, integram o suporte fáctico da norma do art. 63 do CP. Daí porque não há como levar a efeito separação de modo a excluir do suporte fáctico da norma da reincidência crime ou crimes, para então lhe atribuir função de antecedente judicial, tomando a seguir condenação remanescente para afirmar a agravante legal da reincidência. A interpretação conjunta dos arts. 59 e 68 do CP deixa bem certo que as circunstâncias judiciais não são outras que não aquelas cuja função, em cada caso, depende da valoração do juiz, enquanto as denominadas circunstâncias legais, agravantes e atenuantes, têm função obrigatória na individualização da pena, não havendo, assim, entre as denominadas circunstâncias judiciais e as legais, diferença ontológica qualquer. Caracterizando-se a circunstância agravante da reincidência, excluída estará a consideração como circunstância judicial dos antecedentes que fundam a sua caracterização, na precisa razão de que a indevida divisão dos antecedentes implica, em última análise, violação do princípio *ne bis in idem*. Desse modo, configura reincidência a sentença condenatória transitada em julgado anterior ao cometimento de novo crime a qual não ultrapasse período de tempo superior a 5 anos entre a data da extinção da pena e a infração posterior (art. 64 do CP), devendo a maior ou menor quantidade de condenações influir no *quantum* de pena a ser aumentado. *In casu*, ambos os antecedentes invocados pelo magistrado sentenciante alcançaram o trânsito em julgado antes da data do fato, podendo, pois, ter função como agravante legal. Precedentes citados: REsp 813.019-SP, DJ 22/10/2007, e RHC 15.055-SP, DJ 11/4/2005. **HC 97.119-SP, Rel. Min. Hamilton Carvalhido, julgado em 29/4/2008.** (Inform. STJ 354)

CONFISSÃO ESPONTÂNEA. RETRATAÇÃO.
Se a confissão extrajudicial foi efetivamente utilizada para embasar a sentença condenatória, a atenuante da confissão espontânea deve ser aplicada (art. 65, III, **d**, do CP), mesmo que posteriormente haja retratação em juízo. Precedentes citados: HC 39.870-MS, DJ 14/3/2005; HC 39.595-MS, DJ 7/3/2005, e HC 39.347-MS, DJ 1º/7/2005. **HC 68.010-MS, Rel. Min. Laurita Vaz, julgado em 27/3/2008.** (Inform. STJ 349)

SUBSTITUIÇÃO. PENA. VIOLÊNCIA. GRAVE AMEAÇA.
É firme a jurisprudência do STJ no sentido de ser incabível a substituição da pena privativa de liberdade por restritiva de direitos quando no trato de crime cometido mediante violência ou grave ameaça (art. 44, I, do CP). Para tanto, nada importa o grau de participação do agente no delito, mesmo que de menor importância, pois isso constituiria causa de diminuição da pena, sem alteração da classificação jurídica do crime, de que lhe são meios a violência e a grave ameaça, a obstar a pena alternativa. Precedentes citados: HC 65.123-SP, DJ 17/9/2007; HC 81. 524-SP, DJ 6/8/2007, e HC 48.223-CE, DJ 26/6/2003. **HC 66.402-GO, Rel. Min. Hamilton Carvalhido, julgado em 6/12/2007.** (Inform. STJ 341)

CONFISSÃO ESPONTÂNEA. INCIDÊNCIA.
Os recorrentes alegam que o acórdão exigiu requisito não contemplado em lei para a incidência de atenuante da confissão, qual seja, a espontaneidade do agente. A questão é a da atenuante da confissão e discute se a sua incidência tem como pressuposto a espontaneidade do agente. O Min. Relator esclareceu que a jurisprudência dos tribunais superiores já se firmou no sentido de que "a confissão espontânea, ainda que parcial, é circunstância que sempre atenua a pena, *ex vi* do art. 65, III, **d**, do CP, o qual não faz qualquer ressalva no tocante à maneira como o agente a pronunciou" (STF, HC 82.337-RJ, DJ 4/4/2003). A única exigência legal para a incidência da mencionada atenuante é que seja ela levada em consideração pelo magistrado quando da fixação da autoria do delito, fazendo-se despicienda, por conseqüência, a aferição da intenção do agente no momento em que a pronunciou. A própria retratação em juízo, em tais casos, não tem o condão de excluir a aplicação da atenuante em referência, como se infere da jurisprudência deste Superior Tribunal. No caso, não há dúvida de que a confissão do paciente foi considerada para a condenação. Precedentes citados: HC 34.991-RJ, DJ 7/3/2005; HC 46.909-PR, DJ 2/5/2006; HC 47.950-MS, DJ 10/4/2006, e HC 39.870-MS, DJ 14/3/2005. **REsp 645.435-MS, Rel. Min. Hamilton Carvalhido, julgado em 13/11/2007.** (Inform. STJ 339)

FIXAÇÃO. REGIME INICIAL. CUMPRIMENTO. PENA.
Não pode o juiz estabelecer regime de cumprimento de pena mais rigoroso baseando-se apenas na gravidade abstrata do crime. Assim, a Turma negou provimento ao recurso. **AgRg no HC 83.927-SP, Rel. Min. Nilson Naves, julgado em 30/10/2007.** (Inform. STJ 338)

PENA PRIVATIVA DE LIBERDADE. SUBSTITUIÇÃO. RESTRITIVAS DE DIREITOS.
Trata-se de *habeas corpus* de paciente processado por infração ao art. 5º da Lei n. 7.492/1986 e ao art. 340 do CP em concurso material e condenado a 3 anos e 9 meses no regime semi-aberto e 30 dias-multa, não sendo substituída a pena privativa de liberdade por restritiva de direito. Segundo o juiz, isso deveu-se aos antecedentes e à culpabilidade, que impediram a benesse legal. No Tribunal *a quo,* tal entendimento foi confirmado. Note-se que o paciente estava em liberdade quando houve a apelação da sentença condenatória e, por isso, o Min. Relator concedeu a liminar. Ressalta o Min. Relator que responder a processo criminal não significa ter maus antecedentes, uma vez que só se considera culpado após o trânsito em julgado de sentença penal condenatória. Outrossim, as conseqüências apontadas pelo juiz sentenciante são próprias do objeto tutelado pela norma primária, o que conduz à constatação de que foi inadequadamente considerada. No caso, não são fatos impeditivos da substituição da pena, além de que se trata de pena privativa de liberdade não superior a 4 anos e se recomenda que se evite a ação criminógena do cárcere cada dia maior. Concluiu pela concessão da ordem para substituir a pena privativa de liberdade por prestação de serviços à comunidade e prestação pecuniária. Ficou a cargo do juiz da execução a implementação das restritivas de direitos e estendidos os efeitos ao co-réu. Precedentes citados: HC 54.705-RJ, DJ 30/10/2006, e HC 32.498-RS, DJ 17/12/2004. **HC 56.416-RJ, Rel. Min. Nilson Naves, julgado em 27/9/2007.** (Inform. STJ 333)

HC. PENA PRIVATIVA. LIBERDADE. PENA RESTRITIVA. DIREITOS.
A paciente foi condenada à pena de dois anos e um mês de reclusão, a ser cumprida em regime semi-aberto, por porte ilegal de arma de fogo de uso permitido. Interpôs recurso de apelação, ao qual foi negado provimento. Busca a paciente a substituição de pena privativa de liberdade por restritiva de direitos. O MP observou que o tema ventilado no presente *writ* não foi objeto de análise pelo Tribunal *a quo* e, assim, configuraria a vedada supressão de instância. No caso, a denunciada acompanhava carreata de kombis e vans que faziam protestos no local. O juiz partiu da premissa de que, ao participar da legítima defesa de seus interesses junto à cooperativa – transporte urbano –, a ré teria conduta social inadequada. Porém o Min. Relator argumentou que, pela simples leitura da denúncia, verifica-se que a arma e as munições estavam na bolsa da paciente e no banco de trás do automóvel. Aduziu não se tratar de fatos impeditivos da substituição, considerando, sobretudo, que a pena privativa de liberdade ficou pouco acima do mínimo – entre dois e quatro anos – e acabou fixada em dois anos e um mês. E concluiu que, se a paciente dirigiu-se ao Tribunal recorrendo da sentença, no caso, a apelação estava devolvendo todo o conhecimento do processo, pois quem pode o mais pode também o menos. Isso posto, a Turma conheceu do *habeas corpus* e o deferiu para substituir a pena privativa de liberdade por restritiva de direitos a ser estabelecida pelo juízo da execução. **HC 70.967-RJ, Rel. Min. Nilson Naves, julgado em 21/8/2007.** (Inform. STJ 328)

HC. NOVO CRIME. LIVRAMENTO CONDICIONAL. EXTINÇÃO. PUNIBILIDADE.
A questão consistiu na extinção da punibilidade nos casos em que transcorre o período do livramento condicional sem expressa suspensão ou revogação do benefício diante da prática de crime nesse interregno. Na espécie, três meses após o término do período de prova do livramento, foi juntada aos autos da execução a folha de antecedentes criminais atualizada do paciente, informando o cometimento de crime durante aquele período. Ao prosseguir o julgamento pela Turma, houve empate na votação, prevalecendo a decisão mais favorável ao paciente, reafirmando entendimento anterior majoritário no sentido de que, se o livramento condicional não foi suspenso por medida cautelar durante o período de prova, impõe-se a declaração da extinção da pena imposta, não se mostrando possível a revogação do benefício. Note-se que essa tese foi defendida no parecer do MP. Entretanto, para a Min. Maria Thereza de Assis Moura, em seu voto-vista vencido, se, durante a vigência do livramento condicional, o liberado é acusado da prática de novo delito, ocorre a prorrogação automática do prazo até que se verifique o trânsito em julgado da nova ação penal, e a extinção da punibilidade não pode, nesse caso, ser declarada na pendência da ação penal sob pena de violação do art. 89 do CP, ainda que o conhecimento do novo delito, durante o período de prova do livramento, tenha-se dado após o término da sentença. Precedente citado: HC 33.752-RJ, DJ 23/10/2006. **HC 25.727-RJ, Rel. Min. Paulo Gallotti, julgado em 8/5/2007.** (Inform. STJ 319)

APROPRIAÇÃO INDÉBITA. SENTENÇA. DESCLASSIFICAÇÃO.
Na espécie, busca a impetração ver declarada a nulidade da ação penal desde a denúncia. Afirmam as pacientes que não cometeram o delito de apropriação indébita, pois os fatos narrados na peça acusatória configuram o crime de estelionato. Também alegam falta de fundamentação no tocante ao aumento decorrente da continuidade delitiva. Consta dos autos que as pacientes foram condenadas em primeiro grau e o tribunal de origem, em apelação, manteve a condenação, só reduzindo a pena. Para a Turma, que denegou a ordem, a tese de desclassificação do delito de apropriação indébita qualificada para estelionato não foi enfrentada naquele tribunal, nem mesmo suscitada; enfrentá-la agora, neste Superior Tribunal, seria supressão de instância. Outrossim, a jurisprudência do STJ firmou entendimento de que o aumento da pena pela continuidade delitiva é fixado levando-se em conta, tão-somente, o número de infrações cometidas. Note-se que a sentença demonstra a prática de inúmeras condutas delituosas, objetivando a apropriação ilícita de valores pagos por mais de quatrocentos cooperativados, por longo tempo, para a aquisição de casa própria, o que resulta o aumento da pena pela continuidade delitiva em sua fração máxima. Precedentes citados: REsp 773.487-GO, DJ 12/2/2007; HC 47.652-SP, DJ 18/12/2006, e HC 30.105-SP, DJ 18/4/2005. **HC 60.712-DF, Rel. Min. Paulo Gallotti, julgado em 10/4/2007.** (Inform. STJ 316)

SÚMULA STF Nº 723

Não se admite a suspensão condicional do processo por crime continuado, se a soma da pena mínima da infração mais grave com o aumento mínimo de um sexto for superior a um ano.

SÚMULA STF Nº 719

A imposição do regime de cumprimento mais severo do que a pena aplicada permitir exige motivação idônea.

SÚMULA STF Nº 718

A opinião do julgador sobre a gravidade em abstrato do crime não constitui motivação idônea para a imposição de regime mais severo do que o permitido segundo a pena aplicada.

SÚMULA STF Nº 605

Não se admite continuidade delitiva nos crimes contra a vida.

SÚMULA STF Nº 499

Não obsta à concessão do "sursis" condenação anterior à pena de multa.

SÚMULA STF Nº 422

A absolvição criminal não prejudica a medida de segurança, quando couber, ainda que importe privação da liberdade.

SÚMULA STJ Nº 493

É inadmissível a fixação de pena substitutiva (art. 44 do CP) como condição especial ao regime aberto.

SÚMULA STJ Nº 444

É vedada a utilização de inquéritos policiais e ações penais em curso para agravar a pena-base.

SÚMULA STJ Nº 440

Fixada a pena-base no mínimo legal, é vedado o estabelecimento de regime prisional mais gravoso do que o cabível em razão da sanção imposta, com base apenas na gravidade abstrata do delito.

SÚMULA STJ Nº 269

É admissível a adoção do regime prisional semi-aberto aos reincidentes condenados a pena igual ou inferior a quatro anos se favoráveis as circunstâncias judiciais.

SÚMULA STJ Nº 241

A reincidência penal não pode ser considerada como circunstância agravante e, simultaneamente, como circunstância judicial.

SÚMULA STJ Nº 231

A incidência da circunstância atenuante não pode conduzir à redução da pena abaixo do mínimo legal.

SÚMULA STJ Nº 171

Cominadas cumulativamente, em lei especial, penas privativa de liberdade e pecuniária, é defeso a substituição da prisão por multa.

6. EXTINÇÃO DA PUNIBILIDADE – PRESCRIÇÃO

PRESCRIÇÃO: PENA RESTRITIVA DE LIBERDADE E PENA DE INABILITAÇÃO - 1

A 1ª Turma extinguiu *habeas corpus*, porquanto substitutivo de recurso ordinário, contudo concedeu, de ofício, a ordem para, assentando a prescrição da pretensão punitiva do Estado (CP, art. 109, V), afastar a incidência da pena de inabilitação para o exercício de cargo ou função pública a que o paciente fora condenado por crime de responsabilidade. Tendo em conta tratar-se de ex-prefeito, reputou-se que não se poderia evocar a norma prevista na Constituição de serem os prefeito julgado por tribunal de justiça, uma vez que inexistiria a prerrogativa, pois cessado o exercício do cargo . Em seguida, salientou-se que o *writ* deveria ser implementado no que diz respeito à inabilitação. Apontou-se que, no caso, haveria de observar-se que o fenômeno decorreria de processo-crime, como consequência de condenação à pena restritiva da liberdade. **HC 106962/SP, rel. Min. Marco Aurélio, 20.11.2012**. (HC-106962)

PRESCRIÇÃO: PENA RESTRITIVA DE LIBERDADE E PENA DE INABILITAÇÃO - 2

Ato contínuo, consignou-se que — considerado o disposto no § 2º do art. 1º do referido decreto ["Art. 1º São crimes de responsabilidade dos Prefeitos Municipal (sic), sujeitos ao julgamento do Poder Judiciário, independentemente do pronunciamento da Câmara dos Vereadores: ... § 2º A condenação definitiva em qualquer dos crimes definidos neste artigo, acarreta a perda de cargo e a inabilitação, pelo prazo de cinco anos, para o exercício de cargo ou função pública, eletivo ou de nomeação, sem prejuízo da reparação civil do dano causado ao patrimônio público ou particular"] — seria necessário, presente a mencionada inabilitação, o trânsito em julgado do pronunciamento condenatório, sob pena de firmar-se precocemente a culpa. Verificou-se a ausência de trânsito em julgado de agravo de instrumento, interposto para a subida do recurso extraordinário da defesa. Alfim, assinalou-se que, fixada pena restritiva de liberdade em 2 anos — em virtude de condenação como incurso no art. 1º, I, do Decreto-Lei 201/67 —, ante a passagem do tempo, incidira a prescrição da pretensão punitiva, a afastar a base da inabilitação. **HC 106962/SP, rel. Min. Marco Aurélio, 20.11.2012**. (HC-106962) (Inform. STF 689)

PRESCRIÇÃO E MARCO INTERRUPTIVO

A 1ª Turma iniciou julgamento de *habeas corpus* em que se pretende o reconhecimento de extinção de punibilidade, tendo em vista suposta prescrição da pretensão punitiva estatal. No caso, o paciente fora condenado, pelo delito de concussão (CP, art. 316), à pena de 10 anos de reclusão e 40 dias-multa, em sentença publicada em 3.7.2002. Interposta apelação, o tribunal local reduzira a pena para 5 anos e 4 meses de reclusão em acórdão publicado em 29.4.2004. O STJ, em 4.12.2009, ao julgar recurso especial, alterara a reprimenda para 2 anos de reclusão em regime aberto. O Min. Dias Toffoli, relator, concedeu a ordem para julgar extinta a punibilidade do réu, por reputar consumada a prescrição da pretensão punitiva, com fundamento no art. 107, IV, do CP. Assinalou que houvera decurso de lapso temporal superior a 4 anos entre o último marco interruptivo — sentença condenatória recorrível (CP, art.117) — e a presente data. Aduziu que o acórdão confirmatório que diminui a pena imposta ao réu não interromperia a prescrição e, por isso, esta já teria ocorrido. Em divergência, o Min. Marco Aurélio, denegou a ordem. Consignou que a sentença não poderia ser considerada título condenatório, em razão de ter sido substituída por acórdão da Corte estadual, e este, por aresto do STJ. Dessa forma, inadmissível ressuscitar a sentença como marco interruptivo da prescrição com a pena fixada pelo STJ. Após, pediu vista dos autos o Min. Luiz Fux. HC 109966/SP, rel. Dias Toffoli, 8.11.2011. (HC-109966) (Inform. STF 647)

PRESCRIÇÃO E MARCO INTERRUPTIVO - 2

Em conclusão de julgamento, a 1ª Turma deferiu *habeas corpus* para julgar extinta a punibilidade do réu, por reputar consumada a prescrição da pretensão punitiva, com fundamento no art. 107, IV, do CP. No caso, o paciente fora condenado, pelo delito de concussão (CP, art. 316), à pena de 10 anos de reclusão e 40 dias-multa, em sentença publicada em 3.7.2002. Interposta apelação, o tribunal local reduzira a pena para 5 anos e 4 meses de reclusão em acórdão publicado em 29.4.2004. O STJ, em 4.12.2009, ao julgar recurso especial, alterara a reprimenda para 2 anos de reclusão em regime aberto — v. Informativo 647. Assinalou-se que houvera decurso de lapso temporal superior a 4 anos entre o último marco interruptivo — sentença condenatória recorrível (CP, art.117) — e a data deste julgamento. Aduziu-se que o acórdão confirmatório que diminui a pena imposta ao réu não interromperia a prescrição e, por isso, esta ter-se-ia consumado. O Min. Luiz Fux afirmou que, mesmo se houvesse a interrupção da prescrição pelo o art. 117, IV, do CP, com a redação dada pela Lei 11.596/2007 ("*O curso da prescrição interrompe-se: IV - pela publicação da sentença ou acórdão condenatórios recorríveis*") ela ocorreria. Isto porque o acórdão do STJ transitara em julgado para o Ministério Público. Assim, dever-se-ia considerar a pena *in concreto* aplicada, cujo prazo prescricional seria de 4 anos, a teor do art. 109, V, do CP. Desta forma, transcorridos mais de 5 anos entre o acórdão do tribunal de justiça e a decisão proferida pelo STJ, estaria extinta a punibilidade pela prescrição da pretensão punitiva. Reajustou o voto o Min. Marco Aurélio. HC 109966/SP, rel. Min. Dias Toffoli, 13.12.2011. (HC-109966) (Inform. STF 652)

PRESCRIÇÃO E CUMPRIMENTO DE PENA POR OUTRO DELITO - 1

A 1ª Turma iniciou julgamento de recurso ordinário em *habeas corpus* em que se discute a ocorrência, ou não, da prescrição da pretensão executória da pena, em virtude de o réu ser menor de 21 anos à época do delito. No caso, o paciente fora condenado à pena de 8 meses de detenção pelo crime de lesão corporal leve e a defesa sustenta a ocorrência da prescrição, haja vista que já decorrido o interregno de 1 ano do trânsito em julgado da sentença condenatória sem o início da execução da pena. Solicitada a certidão criminal para verificar eventual cumprimento da reprimenda, constatou-se que, embora não iniciada a execução dessa pena, o réu encontrava-se preso pela prática de latrocínio. O Min. Dias Toffoli, relator, ao salientar que o réu já estaria custodiado, desproveu o recurso por reputar possível a soma das penas. Após, pediu vista o Min. Luiz Fux. RHC 105504/MS, rel. Min. Dias Toffoli, 9.8.2011. (RHC-105504)

PRESCRIÇÃO E CUMPRIMENTO DE PENA POR OUTRO DELITO - 2

A 1ª Turma retomou julgamento de recurso ordinário em *habeas corpus* em que se discute a ocorrência, ou não, de prescrição da pretensão executória da pena, em virtude de o réu ser menor de 21 anos à época do delito. No caso, o paciente fora condenado à pena de 8 meses de detenção pelo crime de lesão corporal leve e a defesa sustenta a ocorrência da prescrição, haja vista que já decorrido o interregno de 1 ano do trânsito em julgado da sentença condenatória sem o início da execução da pena. Solicitada a certidão criminal para verificar eventual cumprimento da reprimenda, constatou-se que, embora não iniciada a execução dessa pena, o réu encontrava-se preso pela prática de latrocínio — v. Informativo 635. Em voto-vista, o Min. Luiz Fux acompanhou o Min. Dias Toffoli, relator, para desprover o recurso. No tocante à alegada menoridade do recorrente, asseverou que a data de seu nascimento constaria de documentos inaptos à prova da idade, quais sejam, a denúncia e a certidão de execução criminal, sendo certo que a lei civil somente admitiria essa comprovação por meio de certidão própria — certidão do registro civil. Aduziu que, unificadas as penas em 16.12.2009, antes do transcurso do lapso de 2 anos contados do termo inicial, ocorrido em 23.6.2008, data do trânsito em julgado para a acusação, não se verificaria a prescrição da pretensão executória. Após, pediu vista o Min. Marco Aurélio. RHC 105504/MS, rel. Min. Dias Toffoli, 25.10.2011. (RHC-105504) (Inform. STF 646)

PRESCRIÇÃO E CUMPRIMENTO DE PENA POR OUTRO DELITO - 3

Em conclusão, a 1ª Turma desproveu recurso ordinário em *habeas corpus* no qual discutida a ocorrência de prescrição da pretensão executória da pena em virtude de o réu ser menor de 21 anos à época do delito. No caso, o paciente fora condenado à pena de 8 meses de detenção pelo crime de lesão corporal leve e a defesa sustentava a ocorrência de prescrição, haja vista que já decorrido o interregno de 1 ano do trânsito em julgado da sentença condenatória sem o início da execução da pena. Solicitada a certidão criminal para verificar eventual cumprimento da reprimenda, constatou-se que, embora não iniciada a execução dessa pena, o réu encontrava-se preso pela prática de latrocínio — v. Informativos 635 e 646. No tocante à alegada menoridade do recorrente, asseverou-se que a data de seu nascimento constaria de documentos inaptos à prova da idade, quais sejam, a denúncia e a certidão de execução criminal, de modo que a lei civil somente admitiria essa comprovação por meio de declaração própria — certidão do registro civil. Aduziu-se que, unificadas as penas em 16.12.2009, antes do transcurso do lapso de 2 anos contados do termo inicial, ocorrido em 23.6.2008, data do trânsito em julgado para a acusação, não se verificaria a prescrição da pretensão executória. Ademais, ao salientar-se que o réu já estaria custodiado, reputou-se possível a soma das penas. O Min. Marco Aurélio acrescentou que o termo inicial alusivo à prescrição da pretensão executória coincidiria com a data em que o título executivo transitasse em julgado para a defesa, não para o Ministério Público apenas. Ressaltou que o fato de a acusação não haver interposto recurso contra a sentença não faria retroagir o citado marco, caso contrário colocar-se-ia em xeque o princípio da não culpabilidade. Sublinhou que, à data do trânsito em julgado do acórdão que dera margem a este *writ*, o réu já estava cumprindo pena ante diversas condenações. Logo, como ele não poderia submeter-se a segunda reprimenda sem antes cumprir a anterior, não teria ocorrido prescrição. RHC 105504/MS, rel. Min. Dias Toffoli, 13.12.2011. (RHC-105504) (Inform. STF 652)

PRESCRIÇÃO E ART. 115 DO CP

A causa de redução do prazo prescricional constante do art. 115 do CP ("*São reduzidos de metade os prazos de prescrição quando o criminoso era, ao tempo do crime, menor de vinte e um anos, ou, na data da sentença, maior de setenta anos*") deve ser aferida no momento da sentença penal condenatória. Com base nesse entendimento, a 2ª Turma indeferiu *habeas corpus* em que se pleiteava o reconhecimento da prescrição da pretensão punitiva em favor de condenado que completara 70 anos entre a data da prolação da sentença penal condenatória e a do acórdão que a confirmara em sede de apelação. HC 107398/RJ, rel. Min. Gilmar Mendes, 10.5.2011. (HC-107398) (Inform. STF 626)

PRESCRIÇÃO: RECEBIMENTO DA DENÚNCIA E AUTORIDADE INCOMPETENTE

O recebimento da denúncia por magistrado absolutamente incompetente não interrompe a prescrição penal (CP, art. 117, I). Esse o entendimento da 2ª Turma ao denegar *habeas corpus* no qual a defesa alegava a consumação do lapso prescricional intercorrente, que teria acontecido entre o recebimento da denúncia, ainda que por juiz incompetente, e o decreto de condenação do réu. Na espécie, reputou-se que a prescrição em virtude do interregno entre os aludidos marcos interruptivos não teria ocorrido, porquanto apenas o posterior acolhimento da peça acusatória pelo órgão judiciário competente deteria o condão de interrompê-la. HC 104907/PE, rel. Min. Celso de Mello, 10.5.2011. (HC-104907) (Inform. STF 626)

HC N. 105.754-PR

RELATORA: MIN. CÁRMEN LÚCIA

EMENTA: *Habeas corpus*. CONSTITUCIONAL. PENAL. CRIME DE FALSIDADE IDEOLÓGICA. ALEGAÇÃO DE OCORRÊNCIA DA PRESCRIÇÃO EM PERSPECTIVA. INADIMISSIBILIDADE. PRECEDENTES. ORDEM DENEGADA.

1. A jurisprudência do Supremo Tribunal Federal não admite a aplicação da prescrição em perspectiva. Precedentes.

2. *Habeas corpus* denegado (Inform. STF 622)

REDIMENSIONAMENTO DA PENA E PRESCRIÇÃO

O acórdão de segundo grau que, ao confirmar a condenação, modifica a pena de modo a refletir no cálculo do prazo prescricional, tem relevância jurídica e, portanto, deve ser considerado marco interruptivo da prescrição da pretensão punitiva do Estado. Com base nesse entendimento, a 1ª Turma indeferiu *habeas corpus* em que pretendido o reconhecimento da prescrição, porquanto passados mais de 14 anos entre a data da sentença condenatória — exarada sob a égide do texto primitivo do inciso IV do art. 117 do CP — e a do julgamento do recurso no STJ. Inicialmente, observou-se que a pena de reclusão fixada em 2 anos e 6 meses, em primeira instância, fora elevada para 4 anos e 6 meses quando do julgamento do recurso de apelação. Após, consignou-se que, independentemente da discussão acerca da retroatividade, ou não, da regra trazida pela Lei 11.596/2007, na época em que prolatada a sentença, já haveria jurisprudência consolidada do STF no sentido da citada orientação. Ressaltou-se que, considerada a pena de 4 anos e 6 meses de reclusão, o prazo prescricional seria de 12 anos (CP, art. 109, III), não tendo transcorrido lapso superior entre as causas de interrupção do prazo prescricional. HC 106222/SP, rel. Min. Ricardo Lewandowski, 1º.3.2011. (HC-106222) (Inform. STF 618)

EXTINÇÃO DA PUNIBILIDADE E CERTIDÃO DE ÓBITO FALSA - 1

A 1ª Turma iniciou julgamento de *habeas corpus* impetrado em favor de pronunciado, em sentença transitada em julgado, pela suposta prática de homicídio. A defesa sustenta que a desconstituição do despacho interlocutório que teria declarado extinta a punibilidade do paciente — em razão de ter se baseado em certidão de óbito falsa — seria nula, uma vez que violado o princípio da coisa julgada. Ademais, alega que não haveria indícios suficientes a apontar o acusado como autor do delito. O Min. Dias Toffoli, relator, indeferiu a ordem. Em relação ao primeiro fundamento, reputou que a decisão que declara extinta a punibilidade do agente seria despacho interlocutório misto, que decidiria incidentes da causa sem examinar-lhe o mérito. Afirmou, ademais, que a extinção da punibilidade em razão da morte do agente seria fato observado independentemente de qualquer decisão judicial e, nesse sentido, aduziu que o formalismo da coisa julgada haveria de ser superado, tendo em vista que uma decisão meramente declarativa não poderia existir se o seu pressuposto fosse falso. Em relação ao segundo fundamento, consignou não ser admissível examiná-lo na via eleita, por demandar reexame aprofundado de fatos e provas. **HC 104998/SP, rel. Min. Dias Toffoli, 30.11.2010**. (HC-104998)

EXTINÇÃO DA PUNIBILIDADE E CERTIDÃO DE ÓBITO FALSA - 2

Em divergência, o Min. Marco Aurélio deferiu o *writ*. Reputou, inicialmente, que a morte não seria a única causa de extinção da punibilidade prevista em lei e que, ao se relativizar o princípio da coisa julgada quanto a essa causa extintiva de pena, dever-se-ia fazê-lo também no que se refere às demais, o que inadmissível. Aduziu inexistir revisão criminal *pro societate* e que, se o órgão acusador não impugnara o documento falso no momento próprio para tal, restar-lhe-ia apenas eventual propositura de ação criminal para apurar o suposto delito de falsidade ideológica. A respeito do segundo argumento da impetração, afirmou não haver elementos que apontassem para a existência de indícios suficientes de autoria em relação ao paciente e que, no caso, teria havido responsabilização penal objetiva. Após, pediu adiamento do feito o Min. Dias Toffoli. **HC 104998/SP, rel. Min. Dias Toffoli, 30.11.2010**. (HC-104998)

EXTINÇÃO DA PUNIBILIDADE E CERTIDÃO DE ÓBITO FALSA - 3

A 1ª Turma, em conclusão de julgamento, indeferiu, por maioria, *habeas corpus* impetrado em favor de pronunciado, em sentença transitada em julgado, pela suposta prática de homicídio. A defesa sustentava que a desconstituição do despacho interlocutório que teria declarado extinta a punibilidade do paciente — pois baseado em certidão de óbito falsa — seria nula, uma vez que violado o princípio da coisa julgada. Ademais, alegava não haver indícios suficientes a apontar o acusado como autor do delito — v. Informativo 611. O Min. Dias Toffoli, relator, acompanhado pelos Ministros Cármen Lúcia e Ricardo Lewandowski, manteve a posição externada por ocasião do pedido de adiamento do feito, no sentido de indeferir a ordem. Afirmou que o suposto óbito do paciente seria fato inexistente e que, portanto, não poderia existir no mundo jurídico. Por essa razão, reputou não haver óbice à desconstituição da coisa julgada. Em relação à suposta ausência de justa causa para a pronúncia do paciente, aduziu que a análise da tese implicaria revolvimento fático-probatório, inviável na sede eleita. Vencido o Min. Marco Aurélio, que concedia a ordem. **HC 104998/SP, rel. Min. Dias Toffoli, 14.12.2010**. (HC-104998) (Inform. STF 613)

LEI DE IMPRENSA E CAUSA INTERRUPTIVA DE PRESCRIÇÃO

Aplicam-se aos crimes regulados pela Lei de Imprensa as regras para a contagem de prazo prescricional dispostas no Código Penal. Ao reafirmar esse entendimento, a Turma denegou *habeas corpus* em que condenado por crimes da Lei de Imprensa alegava a ocorrência de prescrição da pretensão punitiva, haja vista o transcurso do lapso de 2 anos previsto no art. 41 da Lei 5.250/67 ("*A prescrição da ação penal, nos crimes definidos nesta Lei, ocorrerá 2 anos após a data da publicação ou transmissão incriminada, e a condenação, no dôbro do prazo em que fôr fixada*"). Registrou-se que a prescrição da pretensão punitiva ocorre antes do trânsito em julgado da condenação e regula-se pela pena máxima cominada ao crime (CP, art. 109). Ademais, asseverou-se que em nenhuma das ações penais teria transcorrido o prazo de 2 anos, previsto no referido art. 41, entre as causas legais de interrupção do prazo prescricional do CP, não havendo, portanto, falar-se em prescrição da pretensão punitiva. **HC 103855/SP, rel. Min. Ricardo Lewandowski, 28.9.2010**. (HC-103855) (Inform. STF 602)

PRESCRIÇÃO E PRAZO ENTRE A CITAÇÃO E O INTERROGATÓRIO

A Turma concedeu, em parte, *habeas corpus* para declarar extinta a punibilidade de um dos réus, pela ocorrência da prescrição, o qual condenado a 2 anos de reclusão, por furto qualificado (CP, art. 155 § 4º, IV). No caso, tendo em vista que esse réu possuía menos de 21 anos à época do fato e que o prazo prescricional deveria ser reduzido pela metade, assentou-se o transcurso de mais de 2 anos da condenação sem o início do cumprimento da pena. Entretanto, rejeitou-se o outro fundamento da impetração concernente à nulidade dos interrogatórios dos pacientes e de todos os atos processuais que se seguiram, em decorrência do exíguo prazo de 4 dias entre a citação deles e o interrogatório. Entendeu-se que o referido prazo seria suficiente para que os acusados se preparassem para o interrogatório, pois, à época, ainda não estava em vigor a Lei 11.719/2008, e o réu era citado apenas para ser interrogado, mas não para apresentar resposta por escrito. Por fim, entendeu-se não ser aplicável a mesma solução dada no HC 84373/BA (DJe de 26.6.2009), haja vista a diversidade de situação, qual seja, a ocorrência, nesse precedente, do interrogatório apenas um dia após a citação do réu. **HC 103682/RS, rel. Min. Joaquim Barbosa, 28.9.2010**. (HC-103682) (Inform. STF 602)

PRESCRIÇÃO DA PRETENSÃO PUNITIVA E DETRAÇÃO

A Turma indeferiu *habeas corpus* no qual a Defensoria Pública do Estado do Rio de Janeiro sustentava a ocorrência de prescrição da pretensão punitiva, dado que, se subtraído da reprimenda o período em que a paciente estivera presa em virtude de flagrante delito, restaria configurada a extinção da punibilidade. Asseverou-se que a prescrição da pretensão punitiva deve observar a pena aplicada, a pena concretizada no título executivo judicial, sem diminuir-se período em que o réu esteve, provisoriamente, sob a custódia do Estado (detração). **HC 100001/RJ, rel. Min. Marco Aurélio, 11.5.2010.** (HC-100001) (Inform. STF 586)

PRESCRIÇÃO E ART. 115 DO CP

A causa de redução do prazo prescricional constante do art. 115 do CP deve ser aferida no momento da sentença penal condenatória [*"São reduzidos de metade os prazos de prescrição quando o criminoso era, ao tempo do crime, menor de 21 (vinte e um) anos, ou, na data da sentença, maior de 70 (setenta) anos."*]. Ao aplicar esta orientação, a Turma indeferiu *habeas corpus* em que se pretendia o reconhecimento da prescrição da pretensão punitiva de condenado que completara 70 anos de idade pouco tempo após a prolação da sentença penal condenatória e na pendência do julgamento do recurso de apelação defensivo. Precedentes citados: HC 86320/SP (DJU de 24.11.2006) e HC 71711/SP (DJU de 5.10.1994). **HC 96968/RS, rel. Min. Carlos Britto, 1º.12.2009.** (HC-96968) (Inform. STF 570)

PRESCRIÇÃO DA PRETENSÃO PUNITIVA EM PERSPECTIVA: EXTINÇÃO DE PUNIBILIDADE E INADMISSIBILIDADE

O Tribunal, após reconhecer a existência de repercussão geral no tema objeto de recurso extraordinário interposto contra acórdão de Turma Recursal Criminal do Estado do Rio Grande do Sul, reafirmou a jurisprudência da Corte acerca da inadmissibilidade de extinção da punibilidade em virtude da decretação da prescrição da pretensão punitiva em perspectiva e deu provimento ao apelo extremo do Ministério Público. Asseverou-se que tal orientação fora consolidada, de regra, sob o fundamento de ausência de previsão legal da figura. Alguns precedentes citados: RHC 98741/MA (DJE de 7.8.2009); AI 728423 AgR/SP (DJE de 19.6.2009); Inq 2728/BA (DJE de 23.3.2009); HC 94338/PR (DJE de 17.4.2009); RHC 94757/SP (DJE de 31.10.2008); RHC 88291/GO (DJE de 22.8.2008). **RE 602527 QO/RS, rel. Min. Cezar Peluso, 19.11.2009.** (RE-602527) (Inform. STF 568)

REDUÇÃO DA PENA: PRESCRIÇÃO DA PRETENSÃO PUNITIVA E CAUSA DE INTERRUPÇÃO

A modificação do título executivo judicial quanto à pena imposta não implica o afastamento da interrupção verificada com a decisão condenatória, considerada a prescrição da pretensão punitiva. Com base nessa orientação, a Turma indeferiu *habeas corpus* impetrado contra acórdão do STJ o qual reputara que a redução da pena, operada em sede de *habeas corpus*, não desconstituiria os fatos interruptivos da prescrição da pretensão punitiva, nem o seu termo final. No caso, a defesa, tendo em conta que o STJ, em *writ* lá impetrado, diminuíra a reprimenda aplicada ao paciente, reiterava o pleito de extinção da punibilidade da pretensão punitiva, ao argumento de ocorrência da prescrição intercorrente. Enfatizou-se, inicialmente, que o processo configura uma marcha objetivando a solução final. Entendeu-se, destarte, que atos formalizados — a menos que sejam declarados nulos — repercutiriam no campo próprio, pouco importando a alteração de conteúdo ocorrido por meio de nova decisão. Esclareceu-se que, na espécie, os fatores interruptivos da prescrição surgiram com o recebimento da denúncia e a sentença condenatória, não implicando o pronunciamento formalizado em *habeas corpus* — mediante o qual reduzida a pena imposta — o afastamento do fenômeno levando em conta a sentença modificada. Concluiu-se que o fato de a sentença ser reformada para se diminuir a pena cominada não afastaria a conseqüência que é própria da sentença condenatória, qual seja, a de interrupção da prescrição. **HC 95758/PE, rel. Min. Marco Aurélio, 23.6.2009.** (HC-95758) (Inform. STF 552)

PENAL. *Habeas corpus.* **RÉU QUE TERIA COMPLETADO 70 ANOS APÓS A SENTENÇA CONDENATÓRIA. INAPLICABILIDADE DO ART. 115 DO CP. PRECEDENTES DO STF. ORDEM DENEGADA.** 1. A jurisprudência desta Suprema Corte é firme no sentido de que a redução do prazo prescricional prevista no art. 115 do CP somente é aplicada quando o agente contar com mais de 70 (setenta) anos na data da sentença condenatória. 2. No caso em tela, o paciente teria completado 70 (setenta) anos após a sentença condenatória, não fazendo jus, portanto, à redução do prazo prescricional prevista no art. 115 do Código Penal. 3. Vale ressaltar, ainda, que os impetrantes sequer juntaram aos autos prova de que o paciente é maior de 70 (setenta) anos. 4. Ante o exposto, denego a ordem de *habeas corpus.* **HC N. 98.418-RJ. RELATORA: MIN. ELLEN GRACIE.** (Inform. STF 552)

MEDIDA DE SEGURANÇA E LIMITAÇÃO TEMPORAL - 1

Aplica-se à medida de segurança o instituto da prescrição nos termos do art. 109 e seguintes do CP. Com base nesse entendimento e por considerar não consumada a prescrição, a Turma concedeu, em parte, *habeas corpus* para restabelecer decisão proferida por juiz de primeiro grau no capítulo em que determinara a aplicação do regime de desinternação progressiva pelo prazo de 6 meses da medida de segurança imposta ao paciente — cuja inimputabilidade por doença mental fora reconhecida — em processo instaurado para apurar suposta prática do delito de lesão corporal leve (CP, art. 129). Na espécie, o juízo monocrático reconhecera a prescrição da mencionada medida e ordenara a liberação gradativa do paciente, sendo esta decisão cassada pelo tribunal local, o que ensejara a impetração de *habeas* denegado pelo STJ. Sustentava a impetração, além da prescrição da medida de segurança, que a CF vedaria a aplicação de penas de caráter perpétuo, de forma que a internação do paciente — a qual perfaz quase 28 anos — não poderia perdurar por tempo indeterminado. **HC 97621/RS, rel. Min. Cezar Peluso, 2.6.2009.** (HC-97621)

MEDIDA DE SEGURANÇA E LIMITAÇÃO TEMPORAL - 2

Tendo em conta o delito imputado ao paciente, cuja pena máxima é de 1 ano, rejeitou-se a alegada ocorrência da prescrição da pretensão punitiva, pois não transcorrera o prazo de 4 anos entre cada uma das causas interruptivas (CP, art. 109, V). O mesmo se entendeu em relação à prescrição executória, dado que o início da execução interromperia a contagem do prazo prescricional (CP, art. 117, V). Salientou-se, ademais, não se tratar de prescrição pela duração da medida, haja vista que a internação do paciente não teria atingido, ainda, o limite máximo de 30 anos a ela incidente, qualquer que seja o crime, conforme orientação firmada no julgamento do HC 84219/SP (DJU 23.9.2005). Asseverou-se, todavia, que o paciente teria jus à desinternação progressiva, podendo receber alta planejada, uma vez que existiriam indicações de sua melhora, com gradativa absorção pelo meio social. Considerou-se que o paciente cumpriria, em tese, os requisitos para ser beneficiado com indulto, nos termos do Decreto 6.706/2008, sendo necessária, portanto, a manifestação do juízo de primeiro grau a respeito. **HC 97621/RS, rel. Min. Cezar Peluso, 2.6.2009.** (HC-97621) (Inform. STF 549)

LEI 11.596/2007: PRESCRIÇÃO E ACÓRDÃO CONDENATÓRIO

A Lei 11.596/2007, ao alterar a redação do inciso IV do art. 117 do CP (*"Art. 117 - O curso da prescrição interrompe-se: ... IV - pela publicação da sentença ou acórdão condenatórios recorríveis;"*), apenas confirmara pacífico posicionamento doutrinário e jurisprudencial no sentido de que o acórdão condenatório reveste-se de eficácia interruptiva da prescrição penal. Com base nesse entendimento, a Turma indeferiu *habeas corpus* em que pleiteada a declaração de extinção da punibilidade do paciente que, inicialmente condenado por abuso de autoridade (Lei 4.898/65, art. 4º, a), tivera sua sentença reformada, pelo tribunal de justiça local, para a prática do crime de extorsão, sendo este acórdão anulado pelo STJ no tocante à causa especial de aumento de pena. Inicialmente, aduziu-se ser juridicamente relevante a existência de dois lapsos temporais, a saber: a) entre a data do recebimento da denúncia e a sentença condenatória e b) entre esta última e o acórdão que reformara em definitivo a condenação, já que o acórdão que modifica substancialmente decisão monocrática representa novo julgamento e assume, assim, caráter de marco interruptivo da prescrição. Tendo em conta a pena máxima cominada em abstrato para o delito de extorsão simples ou a sanção concretamente aplicada, constatou-se que, no caso, a prescrição não se materializara. O Min. Marco Aurélio ressaltou em seu voto que a mencionada Lei 11.596/2007 inserira mais um fator de interrupção, pouco importando a existência de sentença condenatória anterior, sendo bastante que o acórdão, ao confirmar essa sentença, também, por isso mesmo, mostre-se condenatório. **HC 92340/SC, rel. Min. Ricardo Lewandowski, 18.3.2008.** (HC-92340) (Inform. STF 499)

PENAS RESTRITIVAS DE DIREITOS E PRESCRIÇÃO

A Turma indeferiu *habeas corpus* em que condenada pela prática do crime de estelionato (CP, art. 171) — cuja pena privativa de liberdade fora substituída por restritiva de direitos consistente em prestação pecuniária em favor da vítima — pleiteava a declaração da prescrição da pretensão punitiva ao argumento de que já transcorrido período superior a 2 anos entre a data do recebimento da denúncia e a sentença condenatória. Sustentava, na espécie, que a pena restritiva de direito que ostenta feição reparatória teria a mesma natureza jurídica da pena de multa, o que implicaria a aplicação do art. 114 do CP (e não do art. 109 do mesmo diploma) para a contagem do prazo prescricional. Entendeu-se que, no caso, a prescrição da pretensão punitiva deveria ser calculada com base nos parâmetros descritos no citado art. 109 do CP que, em seu parágrafo único, estende "*às penas restritivas de direitos os mesmos prazos previstos para as privativas de liberdade*". Assim, reputou-se incabível a alegação de que a mera substituição da pena privativa de liberdade pela restritiva de direitos de caráter reparatório alteraria a própria natureza da reprimenda. Por conseguinte, tendo em conta que a paciente fora condenada à pena de 1 ano de reclusão e pagamento de multa, concluiu-se pela não ocorrência da extinção da punibilidade, porquanto não ultrapassado lapso superior a 4 anos (CP, art. 109, V) entre a data do fato (18.4.2001) e a data do recebimento da denúncia (8.2.2002), bem como entre esta última e a data da sentença condenatória (31.5.2004). Por fim, afastou-se a pretendida incidência do art. 114, I, do CP (*"A prescrição da pena de multa ocorrerá: I - em 2 anos, quando a multa for a única cominada ou aplicada;"*), uma vez que tal dispositivo refere-se à pena de multa, quando esta for a única cominada ou aplicada, hipótese distinta da presente. Precedentes citados: RHC 81923/SP (DJU de 21.6.2002); HC 86619/SC (DJU de 14.10.2005); RHC 90114/PR (DJU de 17.8.2007). HC 92224/SP, rel. Min. Carlos Britto, 20.11.2007. (HC-92224) (Inform. STF 489)

PRESCRIÇÃO: MAIOR DE 70 ANOS E ESTATUTO DO IDOSO - 1

A Turma iniciou julgamento de *habeas corpus* impetrado em favor de condenado por crime de falsidade ideológica (CP, art. 299) e crime contra a ordem tributária (Lei 8.137/90, art. 1º, I), no qual se pretende a incidência da redução do prazo prescricional prevista no art. 115 do CP (*"São reduzidos de metade os prazos de prescrição quando o criminoso era, ao tempo do crime, menor de 21 (vinte e um) anos, ou, na data da sentença, maior de 70 (setenta) anos"*), ten-do em conta a circunstância de o paciente, à época do julgamento da apelação, contar setenta anos. O Min. Marco Aurélio, relator, concedeu a ordem para proclamar a prescrição da pretensão punitiva consideradas as penas concretizadas e impostas ao paciente. Inicialmente, afastou a alegação de que o mencionado dispositivo teria sido derrogado pela Lei 10.741/2003, que define como idoso aquele que possui idade igual ou superior a 60 anos, ao fundamento de ser completa a norma do CP, não remetendo à disciplina legal do que se entende por idoso, mas fixando os 70 anos como capazes de levar à diminuição do prazo prescricional. Em seguida, reportando-se ao que decidido na Ext 591/República Italiana (DJU de 22.9.95), afirmou que o art. 115 do CP, ao remeter à data da sentença, há de ser analisado de modo a apanhar como marco temporal — época a ser levada em conta, presente a idade do acusado — não a data do pronunciamento do Juízo, mas aquela em que o título executivo penal condenatório se torne imutável na via do recurso. Relativamente ao crime de falsidade ideológica, reconheceu que a prescrição já incidira na data do recebimento da denúncia. Após, o julgamento foi suspenso em virtude do pedido de vista do Min. Ricardo Lewandowski. HC 89969/RJ, rel. Min. Marco Aurélio, 13.3.2007. (HC-89969)

PRESCRIÇÃO: MAIOR DE 70 ANOS E ESTATUTO DO IDOSO - 2

Em conclusão de julgamento, a Turma, por maioria, ressaltando o fato de o paciente haver completado 70 anos em data anterior à publicação do acórdão que julgara embargos de declaração opostos em sede de apelação interposta contra a sentença condenatória, deferiu *habeas corpus* impetrado em favor de condenado por crime de falsidade ideológica (CP, art. 299) e crime contra a ordem tributária (Lei 8.137/90, art. 1º, I), para proclamar a prescrição da pretensão punitiva, ante a incidência do art. 115 do CP ("São reduzidos de metade os prazos de prescrição quando o criminoso era,... na data da sentença, maior, de 70 anos (setenta) anos") — v. Informativo 459. Inicialmente, afastou-se a alegação de que o mencionado dispositivo teria sido derrogado pelo Estatuto do Idoso (Lei 10.741/2003). No mérito, tendo em vista o que decidido na Ext 591/República Italiana (DJU de 22.9.95), asseverou-se que o art. 115 do CP, ao remeter à data da sentença, deve ser analisado de modo a conferir a tal expressão um sentido mais amplo. O Min. Marco Aurélio, relator, no ponto, salientou que esse vocábulo apanharia como marco temporal não a data do pronunciamento do Juízo, mas aquela em que o título executivo penal condenatório se tornou imutável na via do recurso. Vencido o Min. Carlos Britto por considerar que o termo em questão refere-se à sentença de 1º grau. HC 89969/RJ, rel. Min. Marco Aurélio, 26.6.2007. (**HC-89969**) (Inform. STF 473)

PRESCRIÇÃO E EC 35/2001

A Turma deu provimento a recurso extraordinário interposto contra acórdão do Tribunal de Justiça do Distrito Federal e Territórios que, por maioria, decretara a extinção da punibilidade de deputado distrital em decorrência da prescrição, ao fundamento de que a Emenda Constitucional 35/2001, ao abolir a licença do Congresso Nacional como condição de procedibilidade para a abertura de processo contra parlamentar, teria criado regra mais benéfica em relação à suspensão do prazo prescricional, a qual, por ser de caráter material, deveria retroagir em benefício do réu. Com base em precedentes da Corte, considerou-se que, no caso, o prazo prescricional, suspenso com a solicitação da licença para prosseguimento da ação à Câmara Legislativa do DF (CF, art. 53, § 2º, na sua redação original), deveria voltar a correr quando da publicação da EC 35/2001. RE provido para reformar o acórdão impugnado, no sentido de que se reconheça que, até o presente momento não é possível declarar a prescrição da pretensão punitiva *in abstrato* em relação ao réu. Precedentes citados: Inq 457 QO/DF (DJU de 6.8.93); Inq 1344/DF (DJU de 1º.8.2003); Inq 1566 QO/AC (DJU de 22.3.2002). RE 477837/DF, rel. Min. Gilmar Mendes, 13.3.2007. (RE-477837) (Inform. STF 459)

6.1. SUPERIOR TRIBUNAL DE JUSTIÇA

PRESCRIÇÃO. PRETENSÃO EXECUTÓRIA. PENA RESTRITIVA DE DIREITOS. ABANDONO NO CUMPRIMENTO.

No caso de abandono pelo sentenciado do cumprimento da pena restritiva de direitos – prestação de serviços à comunidade –, a prescrição da pretensão executória será regulada pelo tempo restante do cumprimento da medida substitutiva imposta. Com base nesse entendimento, a Turma concedeu a ordem para declarar extinta a punibilidade do paciente pela ocorrência da prescrição executória da pena. Ao conferir interpretação extensiva ao art. 113 do CP, decidiu-se que o abandono no cumprimento da pena restritiva de direitos pode se equiparado às hipóteses de "evasão" e da "revogação do livramento condicional" previstas no referido artigo, uma vez que as situações se assemelham na medida em que há, em todos os casos, sentença condenatória e o cumprimento de parte da pena pelo sentenciado. Precedentes citados: HC 101.255-SP, DJe 7/12/2009; HC 225.878-SP, DJe 25/4/2012. **HC 232.764-RS, Rel. Min. Maria Thereza de Assis Moura, julgado em 25/6/2012.(Inform. STJ 500)**

PRESCRIÇÃO. SENTENÇA. PUBLICAÇÃO. ART. 389 DO CPP.

Trata-se de recurso em *habeas corpus* que tem por objeto ser declarada a extinção da punibilidade do paciente pela prescrição retroativa. Inicialmente, ressaltou o Min. Relator que, *in casu*, embora a sentença seja datada de 3/6/2009, último dia antes da consumação do prazo prescricional, não se sabe, ao certo, a data em que houve a sua entrega em mãos do escrivão, uma vez que esse, em descumprimento ao disposto no art. 389 do CPP, não lavrou o respectivo termo de recebimento. Nem as informações complementares prestadas pelo juízo *a quo* esclareceram tal fato. Assim, entendeu que, sendo o primeiro ato que demonstrou, de maneira inequívoca, a publicidade da sentença, a ciência que o MP nela após, em 8/6/2009, deve ser considerada como a efetiva publicação. Observou, ademais, não se poder admitir que, na solução da dúvida decorrente da omissão cartorária, adote-se o entendimento mais prejudicial ao réu, ou seja, presumir que a publicação da sentença em mãos do escrivão ocorreu na mesma data da sua prolação, segundo fez o acórdão recorrido. Diante disso, a Turma, por maioria, deu provimento ao recurso para declarar extinta a punibilidade do paciente pela prescrição da pretensão punitiva, nos termos do art. 107, IV, c/c o art. 110, *caput*, ambos do CP. Precedente citado do STF: HC 73.242-GO, DJ 24/5/1996. **RHC 28.822-AL, Rel. Min. Sebastião Reis Júnior, julgado em 22/8/2011.** (Inform. STJ 481)

PRESCRIÇÃO. ADITAMENTO. DENÚNCIA.

O aditamento da denúncia (nova capitulação sem descrição de fato novo) não torna nula a primeva exordial acusatória. Assim, mantém-se o recebimento da denúncia como marco da interrupção do prazo prescricional. **HC 188.471-ES, Rel. Min. Napoleão Nunes Maia Filho, julgado em 31/5/2011.** (Inform. STJ 475)

QO. ESTELIONATO. PREVIDÊNCIA. PRESCRIÇÃO.

A Turma, em questão de ordem (QO), decidiu remeter o julgamento do REsp à Terceira Seção. Trata o caso do marco inicial para a contagem do prazo prescricional nos crimes de estelionato praticados contra a Previdência. **QO no REsp 1.206.105-RJ, Rel. Min. Gilson Dipp, em 5/5/2011.** (Inform. STJ 471)

PRESCRIÇÃO. PENDÊNCIA. RESP. INTERESSE.

O tribunal *a quo*, na ocasião do julgamento da apelação, declarou extinta a punibilidade do primeiro recorrente, pela ocorrência da prescrição da pretensão punitiva estatal. No Superior Tribunal de Justiça, quando do julgamento do Recurso Especial, o segundo recorrente também veio a ser beneficiado com o instituto da prescrição. Questionou-se, então, se a Turma julgadora, diante do reconhecimento da extinção da punibilidade dos recorrentes, poderia conhecer do apelo especial, no qual se alega, entre outros temas, a atipicidade das condutas, e prosseguir no julgamento com o exame da matéria de fundo. Nesse contexto, após a convocação sucessiva de dois Ministros da Quinta Turma para a composição do quórum, a Sexta Turma, por maioria, entendeu que, consumado o lapso prescricional na pendência do julgamento do especial, há que se declarar, preliminarmente, a extinção da punibilidade, ficando prejudicada, em consequência, a análise da matéria objeto de irresignação. Segundo o Relator, mostra-se patente a falta de interesse dos recorrentes em obter a absolvição em razão da atipicidade da conduta, diante dos amplos efeitos produzidos pelo reconhecimento daquele instituto, tal como apregoado pela doutrina e jurisprudência desta Corte. Já os votos vencidos entendiam que, nesses casos em que se busca a absolvição, o reconhecimento da prescrição poderia produzir alguns reflexos na esfera extrapenal (tal como no caso, de funcionários públicos sujeitos à decretação da perda do cargo pela Administração), devendo-se, assim, assegurar-lhes o direito de ver o mérito analisado. Precedentes citados do STF: HC 96.631-RS, DJe 20/11/2009; do STJ: AgRg no Ag 811.515-CE, DJe 23/3/2009; RHC 17.276-SP, DJ 18/2/2008; REsp 661.338-RS, DJ 14/11/2005, e REsp 691.696-PE, DJ 27/3/2006. **REsp 908.863-SP, Rel. Min. Og Fernandes, julgado em 8/2/2011.** (Inform. STJ 462)

MAUS ANTECEDENTES. DOSIMETRIA. PENA. PRESCRIÇÃO.

A Turma concedeu a ordem de *habeas corpus* para reconhecer a prescrição da pretensão punitiva em processo no qual o paciente foi condenado pela prática da conduta descrita no art. 139 do CP (difamação). Nesses autos, declarou-se extinta a punibilidade em razão do cumprimento integral da pena. Contudo, sustenta o impetrante ser necessário o reconhecimento da prescrição, porquanto a referida condenação teria influenciado no cálculo da pena fixada em outro processo, em que o paciente responde pelo suposto cometimento do delito do art. 312 do CP (peculato). De acordo com o Min. Relator, ainda que o tribunal *a quo* não tenha analisado o assunto, a matéria prescricional é de ordem pública, reconhecível mesmo após o trânsito em julgado do *decisum* condenatório e em *habeas corpus*. Ademais, salientou haver interesse do paciente em ter seu pleito acolhido, tendo em vista que o processo fulminado pela prescrição não pode ser considerado como maus antecedentes para fins de majoração da pena-base em feito diverso, no qual o paciente responde pela suposta prática do crime previsto no art. 312 do Código Penal. Precedentes citados: HC 41.228-SP, DJ 29/8/2005; REsp 303.157-RJ, DJ 14/2/2005, e REsp 573.397-PR, DJe 5/5/2008. **HC 162.084-MG, Rel. Min. Og Fernandes, julgado em 10/8/2010.** (Inform. STJ 442)

HC. PRESCRIÇÃO. MARCO INTERRUPTIVO.

Trata-se de HC impetrado em favor de réu condenado, pela prática do delito de tráfico de drogas (art. 12, *caput*, da Lei n. 6.368/1976), à pena de três anos e seis meses de reclusão em regime integralmente fechado, em que se aponta como autoridade coatora o tribunal *a quo*, em virtude do fato de ele não ter reconhecido a prescrição da pretensão punitiva estatal, ao argumento de que o acórdão confirmatório da sentença penal condenatória é causa interruptiva da prescrição. Sustenta a impetração, em síntese, que, no caso concreto, transcorridos mais de nove anos entre a data da sentença penal condenatória com trânsito em julgado para a acusação (que se deu em 26/9/2000) e o julgamento dos embargos infringentes opostos pela defesa em face do acórdão da apelação (que ocorreu em 8/10/2009), ainda sem trânsito em julgado, é inarredável a ocorrência da prescrição pela pena em concreto fixada. Aduz, ainda, que o acórdão apenas confirmou a condenação, logo não tem o condão de interromper o lapso prescricional. Diante disso, a Turma concedeu a ordem para declarar extinta a punibilidade do paciente em decorrência da prescrição da pretensão punitiva estatal, reiterando o firme entendimento deste Superior Tribunal e do STF de que o acórdão que apenas confirma a condenação sem promover alteração substancial da pena não é marco interruptivo da prescrição. Registrou-se, ainda, que, *in casu*, considerando-se que a pena aplicada concretamente foi de três anos e seis meses, o lapso temporal a ser considerado é de oito anos, diante do que reza o art. 109, IV, do CP, prazo que foi ultrapassado; pois, entre o trânsito em julgado para a acusação (26/9/2000) e a data da publicação do acórdão proferido em embargos infringentes manejados pela defesa (26/11/2009), transcorreram mais de nove anos. Precedentes citados: HC 111.502-AC, DJe 10/11/2008, e AgRg no REsp 710.552-MT, DJe 1º/2/2010. **HC 155.290-SP, Rel. Min. Napoleão Nunes Maia Filho, julgado em 11/5/2010.** (Inform. STJ 434)

EXTINÇÃO. PUNIBILIDADE. CERTIDÃO FALSA. ÓBITO.

A Turma, entre outras questões, entendeu que pode ser revogada a decisão que, com base em certidão de óbito falsa, julga extinta a punibilidade do ora paciente, uma vez que não gera coisa julgada em sentido estrito. A formalidade não pode ser levada a ponto de tornar imutável uma decisão lastreada em uma falsidade. O agente não pode ser beneficiado por sua própria torpeza. Precedente citado do STF: HC 84.525-8-MG, DJ 3/12/2004. **HC 143.474-SP, Rel. Min. Celso Limongi (Desembargador convocado do TJ-SP), julgado em 6/5/2010.** (Inform. STJ 433)

PRESCRIÇÃO. MAIOR DE 70 ANOS.

In casu, o recorrente pleiteia a extinção de sua punibilidade em razão de já contar mais de 70 anos, visto que, em decorrência disso, o prazo prescricional deve ser reduzido pela metade. A Turma reafirmou o entendimento de que, nos termos do art. 115 do CP, são reduzidos pela metade os prazos prescricionais quando o réu, ao tempo da sentença, tem mais de 70 anos. Contudo, na hipótese, não se aplica a referida norma, porque o recorrente completou 70 anos somente após o julgamento do recurso de apelação. Precedentes citados: STF: HC 86.320-SP, DJ 24/11/2006; HC 84.909-MG, DJ 2/3/2005; HC 71.811-SP, DJ 15/12/2000; do STJ: REsp 951.510-DF, DJe 4/8/2008; HC 104.557-RS, DJe 3/11/2008; EDcl nos EDcl no REsp 628.652-RJ, DJe 2/5/2005; EDcl no REsp 624.988-RJ, DJ 5/12/2005, e REsp 662.958-RS, DJ 29/11/2004. **RHC 26.146-SP, Rel. Min. Felix Fischer, julgado em 4/3/2010.** (Inform. STJ 425)

ESTELIONATO. PREVIDÊNCIA SOCIAL.

A Turma reiterou que o estelionato praticado contra a Previdência Social, consubstanciado na concessão de aposentadoria com base em dados falsos, é crime instantâneo de efeitos permanentes. Asseverou, assim, que o dia inicial para a contagem do prazo prescricional é a data do início do pagamento do benefício fraudulento. No caso, considerando que a pena aplicada na sentença não alcança 4 (quatro) anos, e que, entre a data dos fatos (26/6/1984) e a do recebimento da denúncia (30/8/2002) transcorreu lapso superior a 8 (oito) anos, concedeu-se a ordem para declarar extinta a punibilidade na ação penal por ocorrência da prescrição da pretensão punitiva na modalidade retroativa, a teor do que dispõe o art. 109, IV, do CP. Precedentes citados do STF: HC 84.998-RS, DJ 16/9/2005; do STJ: HC 90.451-RJ, DJe 19/12/2008, e HC 135.443-PA, DJe 8/9/2009. **HC 48.412-SP, Rel. Min. Og Fernandes, julgado em 23/2/2010.** (Inform. STJ 424)

PRESCRIÇÃO. PUNIBILIDADE. IDOSO.

A Turma, prosseguindo o julgamento, por maioria, não reconheceu a prescrição da pretensão punitiva no caso de recorrente condenado por crime de concussão, entendendo que não se aplica o benefício do art. 115 do CP ao agente que tenha completado 70 anos após o julgamento do recurso de apelação. O STF vem decidindo que não se aplica tal benefício, porquanto o lapso prescricional somente se reduz à metade se o agente, na data da sentença condenatória, tiver mais de 70 anos. Precedentes citados do STF: HC 89.969-RJ, DJ 5/10/2007, e HC 84.909-MG, DJ 6/5/2005. **REsp 650.363-SC, Rel. originário Min. Nilson Naves, Rel. para acórdão Min. Maria Thereza de Assis Moura, julgado em 23/2/2010.** (Inform. STJ 424)

PRESCRIÇÃO. PRETENSÃO PUNITIVA.

A Turma reafirmou que não cabe aplicar o benefício do art. 115 do CP, ou seja, redução dos prazos de prescrição, quando o agente contar mais de 70 anos na data do acórdão que se limita a confirmar a sentença. Precedentes citados do STF: HC 96.968-RS, DJe 5/2/2010; AgRg no HC 94.067-RO, DJe 13/3/2009; do STJ: HC 131.909-GO, DJe 30/11/2009; HC 104.557-DF, DJe 3/11/2008, e HC 67.830-SC, DJ 18/6/2007. **HC 123.579-RJ, Rel. Min. Felix Fischer, julgado em 18/2/2010.** (Inform. STJ 423)

ADVOGADO COMUM. RÉUS. VERSÕES DIVERSAS.

Ressalta o Min. Relator que, no caso dos autos, os dois réus foram patrocinados pelo mesmo advogado, mas, dado que as versões apresentadas por eles são divergentes, não poderia ter o causídico continuado como defensor comum. Explica que a condenação a 12 anos de reclusão é o próprio prejuízo pelo fato de o paciente ter sido defendido pelo mesmo advogado. Também observa haver deficiência técnica da defesa. Assim, concluiu o Min. Relator, no que foi acompanhado pela Turma, que é inviável a análise das questões constantes da inicial não levadas à apreciação do TJ, em razão da supressão de instância. Entretanto, é caso de concessão da ordem de ofício para anular o processo a partir do oferecimento da defesa prévia para, em seguida, de rigor reconhecer a extinção da punibilidade pela prescrição da pretensão punitiva, considerando-se a pena aplicada para cada delito e a impossibilidade de aplicação da pena superior na prolação de nova sentença. A denúncia foi recebida em 23/3/1999. A pena aplicada para cada delito foi de seis anos (arts. 213 e 214, ambos do CP), com lapso prescricional de 12 anos (art. 109, III, do CP), e tanto o paciente como o corréu eram menores de 21 anos à época dos fatos. Assim, o prazo prescricional deve ser contado pela metade (art. 115 do CP), tempo já decorrido da data do recebimento da denúncia e o julgamento do HC. Precedentes citados: HC 80.461-MS, DJe 21/9/2009, e HC 119.165-SP, DJe 3/8/2009. **HC 135.445-PE, Rel. Min. Celso Limongi (Desembargador convocado do TJ-SP), julgado em 17/11/2009.** (Inform. STJ 416)

PRESCRIÇÃO. SEPTUAGENÁRIO.

O paciente buscava, em *habeas corpus*, a decretação da extinção da punibilidade pela prescrição alcançada, como alega, pela redução do prazo prescricional à metade em razão de ter completado 70 anos de idade quando ainda não transitada em julgado a decisão condenatória, pois sujeita até hoje ao julgamento de agravo no STF. Anote-se ser o pedido inédito, visto que esse tema não foi suscitado no agravo de instrumento e no regimental interpostos em favor do paciente, mas já julgados pelo STJ (negou-se provimento a ambos). Nesse contexto, o Min. Nilson Naves, o Relator originário, entendeu, preliminarmente, competente o STJ para o julgamento do HC, isso em razão do ineditismo e da natureza da matéria suscitada, conhecível até de ofício. Entendeu, também, que o termo "sentença" de que cuida o art. 115 do CP deve ter amplo alcance, indo até a última decisão (seu trânsito em julgado), por força da necessária aplicação extensiva que deve ser dada às disposições favoráveis aos réus e da tendência de humanização do Direito Penal. Porém, esse entendimento não foi acolhido pela maioria dos componentes da Terceira Seção. A Min. Maria Thereza de Assis Moura, que capitaneou a divergência, não conhecia do HC ao fundamento de que esse pedido deveria ser formulado perante o STF. Aduziu, também, que, mesmo no caso de conhecimento, a referida redução do prazo prescricional só deve ser aplicada no caso de os 70 anos serem completados antes da primeira decisão condenatória, seja ela sentença ou acórdão. **HC 132.347-RJ, Rel. originário Min. Nilson Naves, Rel. para acórdão Min. Maria Thereza de Assis Moura, julgado em 22/9/2009.** (Inform. STJ 408)

PRESCRIÇÃO. 70 ANOS. REDUÇÃO.

A Turma, ao prosseguir o julgamento, entendeu, por maioria, que não se aplica o benefício do art. 115 do CP (redução pela metade do prazo prescricional) se o agente conta mais de 70 anos de idade somente na data do acórdão que se limita a confirmar a sentença condenatória. Precedentes citados do STF: HC 86.320-SP, DJ 24/11/2006; HC 84.909-MG, DJ 6/5/2005; HC 71.811-SP, DJ 15/12/2000; do STJ: REsp 951.510-DF, DJe 4/8/2008; HC 104.557-RS, DJe 3/11/2008; EDcl nos EDcl no REsp 628.652-RJ, DJ 2/5/2005; EDcl no REsp 624.988-RJ, DJ 5/12/2005, e REsp 662.958-RS, DJ 29/11/2004. **HC 131.909-GO, Rel. Min. Felix Fischer, julgado em 10/9/2009.** (Inform. STJ 406)

PRESCRIÇÃO RETROATIVA. MAIOR DE 70 ANOS.

O ora paciente foi condenado pela prática do crime previsto no art. 214 c/c o art. 224, "a", ambos do CP. No seu recurso de apelação, foi-lhe reduzida a pena; mantida, porém, a condenação. No HC, busca-se, em síntese, o reconhecimento da prescrição da pretensão punitiva na forma retroativa, a qual teria ocorrido entre o recebimento da denúncia e a publicação da sentença condenatória. Afirma-se que, tendo o paciente atingido 70 anos de idade antes do trânsito em julgado da referida sentença, impõe-se a redução do prazo prescricional pela metade, tendo em vista o disposto no art. 115 do CP. Inicialmente, o Min. Relator destacou que, apesar de a alegada ocorrência da prescrição não ter sido enfrentada no acórdão impugnado, impõe-se seu exame, isso porque, em se tratando de matéria de ordem pública, essa pode e deve ser reconhecida de ofício a qualquer tempo, inclusive após o trânsito em julgado da condenação. Destacou, ainda, que o termo "sentença" pode ser interpretado de forma ampla, devendo ser lido como o último provimento judicial, admitindo a aplicação da norma quando o condenado completar a idade de 70 anos na data do julgamento da apelação por ele interposta, mormente quando o recurso é provido parcialmente, como ocorreu na hipótese dos autos. Assim, por se tratar de interpretação mais favorável ao réu, além de estar de acordo com a finalidade da norma, qual seja, de evitar a prisão de pessoa em idade avançada, deve aplicar-se o redutor do prazo prescricional ao paciente, que contava com mais de 70 anos quando do julgamento da apelação, cujo acórdão limitou-se a redimensionar a pena imposta, reduzindo-a. Diante disso, a Turma, ao prosseguir o julgamento, por maioria, concedeu a ordem para declarar extinta a punibilidade do agente, reconhecendo a prescrição da pretensão punitiva na modalidade retroativa, a teor do disposto no art. 109, III, c/c os arts. 110, § 1º, e 115, todos do CP. Precedentes citados: REsp 823.866-SP, DJe 22/4/2008; EDcl nos EDcl no Ag 701.669-RJ, DJ 12/11/2007, e REsp 764.348-PR, DJ 26/6/2006. **HC 124.375-PR, Rel. Min. Og Fernandes, julgado em 23/6/2009.** (Inform. STJ 400)

PRESCRIÇÃO. INABILITAÇÃO. FUNÇÃO PÚBLICA.

A jurisprudência do STJ firmou-se no sentido de que a pena de inabilitação para o exercício de função pública (art. 1º, § 2º, do DL n. 201/1967) é autônoma em relação à privativa de liberdade, isso tendo em conta suas naturezas jurídicas diversas, o que denota serem também distintos seus prazos prescricionais. Precedentes citados do STF: HC 87.375-SC, DJe 26/9/2008; QO no AI 379.392-SP, DJ 16/8/2002; do STJ: REsp 885.452-PR, DJ 14/4/2008, e REsp 819.738-SC, DJ 12/2/2007. **HC 91.954-RJ, Rel. Min. Paulo Gallotti, julgado em 18/6/2009.** (Inform. STJ 399)

PRAZO. PRESCRIÇÃO. SEPTUAGENÁRIO.

Embora o paciente não contasse com 70 anos na data da prolação da decisão do juízo de primeiro grau, já alcançara essa idade quando do julgamento de sua apelação. Assim, encontrava-se sob a égide do disposto no art. 115 do CP, a fazer jus à redução pela metade do prazo prescricional. Tanto a doutrina quanto a jurisprudência do STJ são uníssonas em afirmar que é inviável uma interpretação literal daquela norma (de só aplicá-la na data da prolação da sentença), pois, indubitavelmente, o legislador teve intenção de cunho benevolente diante do septuagenário, de reconhecer sua incidência também quando do acórdão. Precedentes citados: REsp 823.866-SP, DJ 22/4/2008; HC 51.794-SP, DJ 4/12/2006, e REsp 764.348-PR, DJ 26/6/2006. **HC 118.862-BA, Rel. Min. Jorge Mussi, julgado em 12/5/2009.** (Inform. STJ 394)

HC. CONTAGEM. PENA. SENTENÇA CONDENATÓRIA. RECURSO. ACUSAÇÃO. PENDÊNCIA.

O ponto central para o deslinde da questão está no *quantum* de pena que servirá como parâmetro para a contagem da prescrição – se a de 4 anos aplicada pela sentença penal condenatória ou se a de 6 meses aplicada pelo acórdão que julgou a apelação da defesa. Pretende o impetrante que a pena de 6 meses aplicada em grau recursal seja a utilizada para pautar a contagem da prescrição superveniente. Utiliza-se, para tanto, da redação do art. 110, § 1º, do CP. A Min. Relatora esclareceu que a pena aplicada a que se refere o § 1º do art. 110 é a pena da sentença condenatória e não de eventual acórdão que reduza a pena em grau de apelação, mormente se ainda se encontra em trâmite recurso especial do MP. **HC 53.351-RJ, Rel. Min. Maria Thereza de Assis Moura, julgado em 24/4/2007.** (Inform. STJ 318)

SÚMULA STF Nº 604

A prescrição pela pena em concreto é somente da pretensão executória da pena privativa de liberdade.

SÚMULA STF Nº 497

Quando se tratar de crime continuado, a prescrição regula-se pela pena imposta na sentença, não se computando o acréscimo decorrente da continuação.

SÚMULA STF Nº 146

A prescrição da ação penal regula-se pela pena concretizada na sentença, quando não há recurso da acusação.

SÚMULA STJ Nº 438

É inadmissível a extinção da punibilidade pela prescrição da pretensão punitiva com fundamento em pena hipotética, independentemente da existência ou sorte do processo penal.

SÚMULA STJ Nº 338

A prescrição penal é aplicável nas medidas sócio-educativas.

SÚMULA STJ Nº 220

A reincidência não influi no prazo da prescrição da pretensão punitiva.

SÚMULA STJ Nº 191

A pronúncia é causa interruptiva da prescrição, ainda que o tribunal do júri venha a desclassificar o crime.

7. CRIMES CONTRA A PESSOA

RETRATAÇÃO E CRIME DE CALÚNIA

A 2ª Turma indeferiu *habeas corpus* em que alegada ausência de justa causa para a ação penal em virtude de retratação por parte do acusado, nos termos do art. 143 do CP. Na espécie, o paciente fora denunciado pela suposta prática do crime de calúnia (CP, art. 138), com a causa de aumento de pena prevista no art. 141, II, do CP (*"contra funcionário público, no exercício das funções"*), porquanto imputara a magistrado o delito de advocacia administrativa ao deferir reiterados pedidos de dilação de prazo à parte contrária. Salientou-se que a retratação seria aceitável nos crimes contra a honra praticados em desfavor de servidor ou agentes públicos, pois a lei penal preferiria que o ofensor desmentisse o fato calunioso ou difamatório atribuído à vítima à sua condenação. Porém, reputou-se que, no caso, não houvera a retratação, uma vez que o paciente apenas tentara justificar o seu ato como reação, como rebeldia momentânea, ao mesmo tempo em que negara ter-se referido ao juiz em particular. **HC 107206/RS, rel. Min.Gilmar Mendes, 6.3.2012.** (HC-107206) (Inform. STF 657)

DIFAMAÇÃO E IMUNIDADE PROFISSIONAL DE ADVOGADO

A 1ª Turma, por maioria, denegou *habeas corpus* em que se pleiteava o trancamento da ação penal. Na espécie, a paciente — condenada pelo crime de difamação — teria ofendido a reputação de magistrada, desmerecendo a sua capacitação funcional, diante dos serventuários e demais pessoas presentes no cartório da vara judicial. De início, aduziu-se que as alegações de atipicidade da conduta e de inexistência de dolo não poderiam ser apreciadas nesta via, uma vez que, para chegar a conclusão contrária à adotada pelas instâncias ordinárias, seria necessário o reexame do conjunto fático-probatório, não admissível nesta sede. Em seguida, ponderou-se estar diante de fato, em tese, típico, ilícito e culpável, revestido de considerável grau de reprovabilidade. Ressaltou-se que o comportamento da paciente amoldar-se-ia, em princípio, perfeitamente à descrição legal da conduta que a norma visaria coibir (CP, art. 139). Desse modo, afirmou-se que não haveria falar em atipicidade da conduta. Ante as circunstâncias dos autos, reputou-se, também, que não se poderia reconhecer, de plano, a ausência do animus difamandi, identificado na sentença condenatória e no acórdão que a confirmara. No tocante à alegação de que teria agido acobertada pela imunidade conferida aos advogados, asseverou-se que seria inaplicável à espécie a excludente de crime (CP, art. 142), haja vista que a ofensa não teria sido irrogada em juízo, na discussão da causa. Acrescentou-se que a mencionada excludente não abrangeria o magistrado, que não poderia ser considerado parte na relação processual, para os fins da norma. Frisou-se, também, que a jurisprudência e a doutrina seriam pacíficas nesse sentido, na hipótese de ofensa a magistrado. O Min. Luiz Fux enfatizou que a frase proferida pela advogada encerraria uma lesão penal bifronte. Vencidos os Ministros Marco Aurélio, relator, e Dias Toffoli, que concediam a ordem. Aquele, para assentar a atipicidade da conduta da paciente sob o ângulo penal; este, porquanto afirmava que a difamação estaria expressamente imunizada pelo § 2º do art. 7º do Estatuto da Advocacia. HC 104385/SP, rel. orig. Min. Marco Aurélio, red. p/ o acórdão Min. Ricardo Lewandowski, 28.6.2011. (HC-104385) (Inform. STF 633)

HC N. 95.136-PR
RELATOR: MIN. JOAQUIM BARBOSA

EMENTA: *Habeas corpus*. Homicídio qualificado pelo modo de execução e dolo eventual. Incompatibilidade. Ordem concedida.

O dolo eventual não se compatibiliza com a qualificadora do art. 121, § 2º, inc. IV, do CP ("traição, emboscada, ou mediante dissimulação ou outro recurso que dificulte ou torne impossível a defesa do ofendido"). Precedentes. Ordem concedida. (Inform. STF 621) * noticiado no Informativo 618

DOLO EVENTUAL E QUALIFICADORA: INCOMPATIBILIDADE

São incompatíveis o dolo eventual e a qualificadora prevista no inciso IV do § 2º do art. 121 do CP ("§ 2º Se o homicídio é cometido: ... IV - à traição, de emboscada ou mediante dissimulação ou outro recurso que dificulte ou torne impossível a defesa do ofendido"). Com base nesse entendimento, a 2ª Turma deferiu *habeas corpus* impetrado em favor de condenado à pena de reclusão em regime integralmente fechado pela prática de homicídio qualificado descrito no artigo referido. Na espécie, o paciente fora pronunciado por dirigir veículo, em alta velocidade, e, ao avançar sobre a calçada, atropelara casal de transeuntes, evadindo-se sem prestar socorro às vítimas. Concluiu-se pela ausência do dolo específico, imprescindível à configuração da citada qualificadora e, em conseqüência, determinou-se sua exclusão da sentença condenatória. Precedente citado: HC 86163/SP (DJU de 3.2.2006). HC 95136/PR, rel. Min. Joaquim Barbosa, 1º.3.2011. (HC-95136) (Inform. STF 618)

INQUÉRITO E REDUÇÃO A CONDIÇÃO ANÁLOGA À DE ESCRAVO - 1

O Tribunal iniciou julgamento de inquérito no qual se imputa a Senador da República e a co-denunciado a suposta prática dos tipos penais previstos nos artigos 149, 203, §§ 1º e 2º e 207, §§ 1º e 2º, todos do CP, em concurso formal homogêneo. No caso, a inicial acusatória narra que, a partir de diligência realizada por grupo de fiscalização do Ministério do Trabalho e Emprego - MTE, constatara-se que os denunciados teriam, no período de janeiro e fevereiro de 2004, reduzido aproximadamente 35 trabalhadores a condição análoga à de escravos, inclusive com a presença de menor de idade entre os trabalhadores, nas dependências de fazenda de propriedade do parlamentar e administrada pelo co-denunciado. O Ministério Público Federal atribui aos denunciados o possível aliciamento de trabalhadores rurais — em unidade da federação distante daquela em que o trabalho seria prestado — com a conseqüente frustração de seus direitos trabalhistas. Afirma que tais trabalhadores teriam sido reduzidos a condição análoga à de escravos, ante as condições degradantes de trabalho, a jornada exaustiva e a restrição de locomoção por dívidas contraídas. Registra, ainda, que o mencionado relatório de fiscalização detectara que o alojamento para os trabalhadores consistiria em ranchos de folhas de palmeiras, sem qualquer beneficiamento do piso, sendo que um deles levantado sobre um brejo com mau cheiro e excessiva umidade. Constatara, também, a presença de trabalhadores enfermos e com lesões nas mãos. Verificara, ainda, inexistir: a) cozinha e sim fogareiros improvisados; b) refeitório; c) sanitário e água potável; d) fornecimento de equipamento individual de trabalho e material de primeiros socorros, tendo os trabalhadores que comprá-los em armazém existente na fazenda, assim como os alimentos de que necessitavam. O parlamentar sustenta em sua defesa que: a) interpusera recurso perante a Delegacia Regional do Trabalho e, em razão disso, a punibilidade estaria condicionada à decisão administrativa; b) todos os empregados foram unânimes ao afirmar que não eram proibidos de sair da fazenda; c) o vínculo de trabalho na fazenda era temporário; d) os empregados faziam refeições sem qualquer desconto na diária; e) a venda de mercadorias pelo empregador não seria proibida e f) o fato de ser proprietário da fazenda não o vincularia criminalmente à imputação penal. O co-denunciado, por sua vez, alega que: a) o Senador apenas o nomeara como procurador para comparecer à cidade na qual arregimentados os trabalhadores, com o fim de efetivar o pagamento das verbas trabalhistas impostas pelos auditores-fiscais e b) não seria administrador da fazenda, pois, à época dos fatos, era assessor de Governador. **Inq 2131/DF, rel. Min. Ellen Gracie, 7.10.2010**. (INQ-2131)

INQUÉRITO E REDUÇÃO A CONDIÇÃO ANÁLOGA À DE ESCRAVO - 2

A Min. Ellen Gracie, relatora, recebeu a denúncia por reputar preenchidos os requisitos legais (CPP, art. 41). Inicialmente, salientou que a existência de processo trabalhista não teria o condão de afastar o exame do juízo de admissibilidade da denúncia. Destacou, no ponto, o ajuizamento de recurso trabalhista pelo *parquet* e a independência entre a instância trabalhista e a penal. Em seguida, reiterou que a investigação fora realizada por grupo de fiscalização que contara com a atuação de auditores-fiscais do trabalho e outros servidores do MTE, de procurador do Ministério Público do Trabalho, de delegado, escrivão e agentes do Departamento de Polícia Federal. Observou que, nos últimos anos, houvera a edição de leis que alteraram a disciplina legal referente aos crimes relacionados à organização do trabalho e à liberdade pessoal no exercício de atividade laboral. Aludiu, em especial, à Lei 9.777/98 — que ampliou o rol de condutas que podem se amoldar ao crime de frustração de direito assegurado por lei trabalhista, inclusive com a previsão da prática do *truck system* (forma de pagamento de salários em mercadorias), mantendo armazéns na fazenda para fornecimento de produtos e mercadorias aos trabalhadores mediante desconto dos valores no salário — e à Lei 10.803/2003 — que estendeu o rol de condutas amoldadas ao delito de redução a condição análoga à de escravo. Citou, também, que o único instrumento internacional a conceituar a escravidão seria o Tratado de Roma (art. 7º). Enfatizou que as condutas descritas nos referidos tipos penais atentariam contra o princípio da dignidade da pessoa humana sob o prisma tanto do direito à liberdade quanto do direito ao trabalho digno. Aduziu, ademais, a possibilidade de coexistência dos crimes dos artigos 149, 203 e 207, todos do CP, sem que se cogitasse de consunção. Relativamente ao delito de redução a condição análoga à de escravo (CP, art. 149), consignou que a fiscalização do MTE demonstrara as péssimas condições de alojamento, fornecimento de água, jornada diária superior ao limite de 2 horas excedentes (12 horas-diárias, salvo nos domingos em que seria de 6 horas-diárias) e ausência de repouso semanal remunerado. Haveria, ainda, cópias de lançamentos contábeis acerca das dívidas assumidas por vários trabalhadores no armazém informalmente mantido na fazenda. Considerou que a imputação referente ao possível cometimento do crime do art. 207 do CP, na modalidade de recrutamento de trabalhadores fora da localidade de execução do trabalho, não assegurando condições de seu retorno ao lugar de origem, também encontraria substrato probatório produzido durante as investigações. Assinalou que a fraude descrita consistiria em promessas de salários e outros benefícios trabalhistas por ocasião da contratação. No que concerne ao crime do art. 203 do CP, referente à frustração, mediante fraude, de direitos assegurados pela legislação trabalhista, ressaltou a lavratura dos autos de infração por parte dos auditores do MTE, em face da não formalização de contrato de trabalho. **Inq 2131/DF, rel. Min. Ellen Gracie, 7.10.2010**. (INQ-2131)

INQUÉRITO E REDUÇÃO A CONDIÇÃO ANÁLOGA À DE ESCRAVO - 3

A relatora, em passo seguinte, analisou as alegações formuladas pelo parlamentar. Rejeitou o pleito de se aguardar a suspensão do procedimento administrativo no âmbito do MTE, porquanto deveria prevalecer o princípio da independência das instâncias e inexistiria força vinculante do julgamento desse feito administrativo na esfera criminal. Afastou, também, a alegação de atipicidade da conduta relativa ao art. 149 do CP — em virtude da existência de elementos mínimos de prova a autorizar o recebimento da peça acusatória —, bem como a assertiva de responsabilidade objetiva do parlamentar — haja vista a narrativa de concurso de agentes e a informação de que as atividades seriam voltadas à exploração agropecuária da fazenda, sendo, por isso, inequívoco o benefício do proprietário. Afirmou, também, que a circunstância de o serviço desempenhado na fazenda ser transitório não modificaria o quadro jurídico da denúncia. Mencionou que os argumentos acerca da inexistência de armazém na fazenda, de ausência de jornada exaustiva, de inocorrência de condições degradantes de trabalho e de não-caracterização de trabalho sem remuneração deverão ser examinados em outra etapa do processo. Relativamente às questões apresentadas pelo co-denunciado, a relatora asseverou que o argumento de que ele não seria administrador da fazenda poderia vir a ser refutado pelos testemunhos dos trabalhadores. Por fim, asseverou que a comprovação de vínculo funcional com o governo não excluiria, de imediato, a imputação dos fatos em concurso de agentes. Após, pediu vista dos autos o Min. Gilmar Mendes. **Inq 2131/DF, rel. Min. Ellen Gracie, 7.10.2010**. (INQ-2131) (Inform. STF 603)

PORTADOR DO VÍRUS HIV E TENTATIVA DE HOMICÍDIO - 1

A Turma iniciou julgamento de *habeas corpus* em que se discute se o portador do vírus HIV que, tendo ciência da doença e deliberadamente a ocultando de seus parceiros, pratica tentativa de homicídio ao manter relações sexuais sem preservativo. Trata-se de *writ* impetrado contra o indeferimento, pelo STJ, de liminar em idêntica medida na qual se reitera o pleito de revogação do decreto de prisão preventiva e de desclassificação do delito para o de perigo de contágio de moléstia grave (CP: *"Art. 131 Praticar, com o fim de transmitir a outrem moléstia grave de que está contaminado, ato capaz de produzir o contágio: ..."*). Preliminarmente, o Min. Marco Aurélio, relator, salientando a existência de sentença de pronúncia e aduzindo que, em prol de uma boa política judiciária, a situação em tela estaria a ensejar a manifestação do STF, conheceu do *writ*. No mérito, concedeu, em parte, a ordem para imprimir a desclassificação do crime e determinar o envio do processo para distribuição a uma das varas criminais comuns do Estado-membro. Em interpretação sistemática, reputou descabido cogitar-se de tentativa de homicídio, porquanto haveria crime específico, considerada a imputação. Registrou, relativamente ao tipo subjetivo, que se teria no art. 131 do CP a presença do dolo de dano, enquanto que no art. 121 do CP verificar-se-ia a vontade consciente de matar ou a assunção do risco de provocar a morte. Afirmou não ser possível potencializar este último tipo a ponto de afastar, tendo em conta certas doenças, o que disposto no aludido art. 131 do CP. Após os votos dos Ministros Dias Toffoli e Cármen Lúcia acompanhando o relator, pediu vista o Min. Ayres Britto. **HC 98712/SP, rel. Min. Marco Aurélio, 27.4.2010**. (HC-98712)

PORTADOR DO VÍRUS HIV E TENTATIVA DE HOMICÍDIO - 2

Em conclusão de julgamento, a Turma deferiu *habeas corpus* para imprimir a desclassificação do delito e determinar o envio do processo para distribuição a uma das varas criminais comuns estaduais. Tratava-se de *writ* em que se discutia se o portador do vírus HIV, tendo ciência da doença e deliberadamente a ocultando de seus parceiros, teria praticado tentativa de homicídio ao manter relações sexuais sem preservativo. A defesa pretendia a desclassificação do delito para o de perigo de contágio de moléstia grave (CP: *"Art. 131 Praticar, com o fim de transmitir a outrem moléstia grave de que está contaminado, ato capaz de produzir o contágio: ..."*) — v. Informativo 584. Entendeu-se que não seria clara a intenção do agente, de modo que a desclassificação do delito far-se-ia necessária, sem, entretanto, vinculá-lo a um tipo penal específico. Tendo em conta que o Min. Marco Aurélio, relator, desclassificava a conduta para o crime de perigo de contágio de moléstia grave (CP, art. 131) e o Min. Ayres Britto, para o de lesão corporal qualificada pela enfermidade incurável (CP, art. 129, § 2º, II), chegou-se a um consenso, apenas para afastar a imputação de tentativa de homicídio. Salientou-se, nesse sentido, que o Juiz de Direito, competente para julgar o caso, não estaria sujeito sequer à classificação apontada pelo Ministério Público. **HC 98712/SP, rel. Min. Marco Aurélio, 5.10.2010**. (HC-98712) (Inform. STF 603)

HOMICÍDIO: COMPATIBILIDADE ENTRE DOLO EVENTUAL E QUALIFICADORA DA TORPEZA

O dolo eventual pode coexistir com a qualificadora do motivo torpe do crime de homicídio. Com base nesse entendimento, a Turma desproveu recurso ordinário em *habeas corpus* interposto em favor de médico pronunciado pela prática dos delitos de homicídio qualificado e de exercício ilegal da medicina (artigos 121, § 2º, I e 288, parágrafo único, ambos c/c o art. 69, do CP, respectivamente), em decorrência do fato de, mesmo inabilitado temporariamente para o exercício da atividade, havê-la exercido e, nesta condição, ter realizado várias cirurgias plásticas — as quais cominaram na morte de algumas pacientes —, sendo motivado por intuito econômico. A impetração sustentava a incompatibilidade da qualificadora do motivo torpe com o dolo eventual, bem como a inadequação da linguagem utilizada na sentença de pronúncia pela magistrada de primeiro grau. Concluiu-se pela mencionada compossibilidade, porquanto nada impediria que o paciente — médico —, embora prevendo o resultado e assumindo o risco de levar os seus pacientes à morte, praticasse a conduta motivado por outras razões, tais como torpeza ou futilidade. Afastou-se, também, a alegação de excesso de linguagem, ao fundamento de que a decisão de pronúncia estaria bem motivada, na medida em que a juíza pronunciante — reconhecendo a existência de indícios suficientes de autoria e materialidade do fato delituoso — tivera a cautela, a cada passo, de enfatizar que não estaria antecipando qualquer juízo condenatório, asseverando que esta seria uma competência que assistiria unicamente ao Tribunal do Júri. **RHC 92571/DF, rel. Min. Celso de Mello, 30.6.2009**. (RHC-92571) (Inform. STF 553)

INTERPELAÇÃO JUDICIAL - DÚVIDA INEXISTENTE - PRESIDENTE DA REPÚBLICA – COMPETÊNCIA

EMENTA: INTERPELAÇÃO JUDICIAL. PROCEDIMENTO DE NATUREZA CAUTELAR. MEDIDA PREPARATÓRIA DE AÇÃO PENAL REFERENTE A DELITOS CONTRA A HONRA (CP, ART. 144). PEDIDO DE EXPLICAÇÕES AJUIZADO CONTRA O PRESIDENTE DA REPÚBLICA. COMPETÊNCIA ORIGINÁRIA DO SUPREMO TRIBUNAL FEDERAL, QUANDO SE TRATAR DE PESSOA QUE DISPONHA, PERANTE A SUPREMA CORTE, DE PRERROGATIVA DE FORO NAS INFRAÇÕES PENAIS COMUNS. IMPUTAÇÕES ALEGADAMENTE OFENSIVAS. AUSÊNCIA, NO ENTANTO, DE DUBIEDADE, EQUIVOCIDADE OU AMBIGÜIDADE. INEXISTÊNCIA DE DÚVIDA (SUBJETIVA OU OBJETIVA), POR PARTE DO INTERPELANTE, QUANTO AO CONTEÚDO MORALMENTE OFENSIVO DAS AFIRMAÇÕES. INVIABILIDADE JURÍDICA DO AJUIZAMENTO DA INTERPELAÇÃO JUDICIAL, POR FALTA DE INTERESSE PROCESSUAL. PEDIDO DE EXPLICAÇÕES A QUE SE NEGA SEGUIMENTO.

- **A competência penal originária** do Supremo Tribunal Federal, **para processar** pedido de explicações em juízo, **deduzido** com apoio no Código Penal (art. 144), **somente se concretizará** quando o interpelando **dispuser**, "*ratione muneris*", **da prerrogativa de foro**, perante a Suprema Corte, nas infrações penais comuns (**CF**, art. 102, I, "**b**" e "**c**").

- O pedido de explicações constitui típica providência de ordem cautelar, destinada a aparelhar ação penal principal tendente a sentença penal condenatória. O interessado, ao formulá-lo, invoca, em juízo, tutela cautelar penal, visando a que se esclareçam situações revestidas de equivocidade, ambigüidade ou dubiedade, a fim de que se viabilize o exercício futuro de ação penal condenatória.

- **A interpelação judicial** acha-se **instrumentalmente** vinculada **à necessidade** de esclarecer situações, frases **ou** expressões, escritas **ou** verbais, **caracterizadas** por sua dubiedade, equivocidade **ou** ambigüidade. **Ausentes** esses requisitos **condicionadores** de sua formulação, a interpelação judicial, **porque desnecessária**, revela-se processualmente **inadmissível**. - **Onde não houver** dúvida **em torno** do conteúdo **alegadamente** ofensivo das afirmações questionadas **ou**, então, **onde inexistir qualquer incerteza** a propósito **dos destinatários** de tais declarações, **aí não terá pertinência nem cabimento** a interpelação judicial, **pois ausentes**, em tais hipóteses (**como sucede** na espécie), **os pressupostos necessários** à sua adequada utilização. **Doutrina. Precedentes.** Pet 4553/DF. RELATOR: MIN. CELSO DE MELLO. (Inform. STF 544)

ABORTO PROVOCADO SEM O CONSENTIMENTO DA GESTANTE E ELEMENTO SUBJETIVO DO TIPO - 1

A Turma deferiu, em parte, *habeas corpus* impetrado contra decisão monocrática de Ministro do STJ que mantivera a pronúncia do paciente pela suposta prática de aborto provocado sem o consentimento da gestante. Na espécie, o paciente atendera, durante 2 vezes na mesma noite, grávida de 9 meses que se dirigira à instituição hospitalar em que ele se encontrava de plantão, queixando-se de dores do parto. Após examiná-la, o paciente constatara falso trabalho de parto e recomendara o regresso da gestante a sua casa. Ao amanhecer, esta retornara ao hospital, sendo novamente recebida pelo paciente, que a encaminhara para a realização de parto cesariano. Tendo em conta que o paciente havia encerrado seu turno, a cirurgia fora feita por outro médico que assumira o plantão, o qual retirara o feto, que já estava sem vida, em decorrência de sofrimento fetal. O Ministério Público estadual oferecera, então, denúncia contra o paciente, sustentando que a sua conduta omissiva teria sido determinante para a morte fetal, haja vista a demora na realização do parto. Concluída a instrução, o paciente fora impronunciado, ante a ausência de indícios suficientes de prática de conduta dolosa. Essa decisão, contudo, fora reformada pela Corte estadual que, ao prover recurso da acusação, concluíra que a dúvida acerca da culpabilidade do agente militaria contra ele (princípio *in dubio pro societate*), sendo a pronúncia mantida pelo STJ, o que ensejara o presente *habeas corpus*. **HC 95068/CE, rel. Min. Carlos Britto, 17.3.2009**. (HC-95068)

ABORTO PROVOCADO SEM O CONSENTIMENTO DA GESTANTE E ELEMENTO SUBJETIVO DO TIPO - 2
Inicialmente, salientou-se que o legislador, atento ao fato de o tribunal do júri ser um foro de natureza política, sem compromisso com a técnica jurídica, estabeleceu, no Código de Processo Penal, rito bifásico para que a essa instância só sejam remetidos aqueles casos em que haja fortes indícios da prática de crime doloso contra a vida. Dessa forma, o princípio *in dubio pro societate* deve ser interpretado com reservas e, para que exista pronúncia, é necessária a existência de indícios de que a conduta do acusado foi dolosa, para que se fixe a competência do aludido tribunal. Na situação dos autos, aduziu-se que o acervo probatório seria insuficiente para se chegar a conclusões convincentes sobre a autoria, haja vista que não realizados exames essenciais à elucidação da *causa mortis* do feto. Ademais, os depoimentos indicariam que a gestante tivera gravidez normal; que o feto fora auscultado, pelo paciente, por 2 oportunidades naquela noite, ostentando boa saúde; que não haveria indicativos de trabalho de parto até o princípio da manhã seguinte; que pareceres técnicos teriam informado ser raro ocorrer sofrimento fetal quando a gravidez transcorre normalmente, além de outros temas que só poderiam ser apreciados pelo juízo competente. Do exposto, entendeu-se que não houvera dolo na conduta do paciente, porquanto ele não se mostrara indiferente, atendendo a gestante e acreditando que aquelas ocasiões em que procurado não seriam as mais adequadas à realização do parto. Assim, se agira com negligência ou até mesmo com imperícia, não se poderia concluir que quisesse produzir o resultado morte ou que a ele se mostrasse indiferente, o que afastaria cogitar-se de dolo eventual. No ponto, asseverou-se que, ainda que se reconhecesse a existência de indícios de autoria, estes revelariam, no máximo, a prática de delito culposo, o que implicaria o afastamento da competência do tribunal do júri, já que o crime de aborto não admite tal modalidade. Ordem concedida para afastar o cometimento do crime de aborto e determinar o encaminhamento dos autos ao juiz de primeiro grau a fim de decidir como entender adequado. **HC 95068/CE, rel. Min. Carlos Britto, 17.3.2009**. (HC-95068) (Inform. STF 539)

HOMICÍDIO CULPOSO: INOBSERVÂNCIA DE REGRA TÉCNICA E *BIS IN IDEM* - 1
Por reputar configurado *bis in idem*, a Turma deferiu *habeas corpus* para afastar a causa de aumento de pena decorrente da inobservância de regra técnica de profissão (CP, art. 121, § 4º, primeira parte). Na espécie, as pacientes foram acusadas de homicídio culposo agravado pela "inobservância da boa técnica da profissão médica" no pós-operatório da vítima, a qual teria falecido em conseqüência de infecção, cujos sintomas não foram observados pelas pacientes que, dessa forma, teriam deixado de adotar as medidas cabíveis, dentre elas, a realização de exame específico. A impetração alegava em síntese: a) que a peça acusatória não indicaria a norma técnica que deveria ter sido observada, impossibilitando a ampla defesa; b) que o fato — a suposta inobservância da regra técnica de profissão — seria apresentada na denúncia como núcleo da culpa (na modalidade negligência) e, ao mesmo tempo, como causa especial de aumento de pena, contrariando o princípio do *ne bis in idem* e c) que a desconsideração da agravante tornaria possível a suspensão condicional do processo (Lei 9.099/95, art. 89). **HC 95078/RJ, rel. Min. Cezar Peluso, 10.3.2009**. (HC-95078)

HOMICÍDIO CULPOSO: INOBSERVÂNCIA DE REGRA TÉCNICA E *BIS IN IDEM* - 2
Esclareceu-se, inicialmente, não ter a legislação penal previsto a figura de homicídio culposo qualificado por inobservância de regra técnica. Asseverou-se, entretanto, que isso não significaria que a causa de aumento de pena fosse inaplicável, mas apenas que seria mister a concorrência de duas condutas distintas: uma para fundamentar a culpa, e outra para configurar a majorante. Ressaltou-se ser impróprio atribuir-se, *a priori*, maior reprovabilidade penal à omissão negligente, que ofende dever fundado em norma regulamentar, que à violação das pautas sociais de cuidado. Observou-se haver, na denúncia, a descrição de uma sucessão de atos que, em tese, indicariam a negligência das médicas em ignorar os sintomas da doença que, diante das circunstâncias, não lhes era permitido desconhecer. Salientou-se, contudo, que, no caso, se as médicas ignoraram a presença dos sintomas, seria natural que tivessem procedido como se não houvesse doença por tratar. Daí a não realização do exame — que, segundo a peça exordial acusatória, teria diagnosticado o problema — ser mera decorrência da primeira omissão, e não nova conduta. Desse modo, patenteou-se ter a mesma conduta servido à denúncia como fundamento da culpa e da causa de aumento da pena. Por fim, determinou-se que fosse dada vista dos autos ao Ministério Público para manifestação a respeito do disposto no art. 89 da Lei 9.099/95. **HC 95078/RJ, rel. Min. Cezar Peluso, 10.3.2009**. (HC-95078) (Inform. STF 538)

REVALORAÇÃO DA PROVA E DOLO EVENTUAL - 1
Nova valoração de elementos fático-jurídicos não se confunde com reapreciação de matéria probatória. Com base nesse entendimento, a Turma indeferiu *habeas corpus* em que pleiteado o reconhecimento da competência do juiz singular, e não do tribunal do júri, para processar e julgar o paciente. No caso, em razão de suposto envolvimento em "racha", que ocasionara a morte de ocupantes de terceiro veículo, o paciente e o co-réu foram inicialmente pronunciados como incursos nas sanções do art. 121, *caput*, c/c os artigos 70 e 29, todos do CP. Ocorre que o tribunal local, afastando a ocorrência de dolo eventual, desclassificara o crime para o art. 121, § 3º, c/c o art. 70, ambos do mesmo diploma, ao fundamento de restar caracterizada, na hipótese, a culpa consciente. O STJ, no exame do recurso especial, restabelecera a pronúncia de 1º grau, o que ensejara a presente impetração, na qual alegada ofensa à Súmula 7 da jurisprudência daquela Corte (*"A pretensão de simples reexame de prova não enseja recurso especial."*). Inicialmente, enfatizou-se que a controvérsia consistiria em saber se o STJ analisara material fático-probatório, o que eventualmente repercutiria na configuração de dolo eventual ou da culpa consciente relacionada à conduta imputada ao paciente. **HC 91159/MG, rel. Min. Ellen Gracie, 2.9.2008**. (HC-91159)

REVALORAÇÃO DA PROVA E DOLO EVENTUAL - 2
Salientou-se que, no Direito Penal contemporâneo, além do dolo direto — em que o agente quer o resultado como fim de sua ação e o considera unido a esta última — há o dolo eventual, em que o sujeito não deseja diretamente a realização do tipo penal, mas a aceita como possível ou provável (CP, art. 18, I, *in fine*). Relativamente a este ponto, aduziu-se que, dentre as várias teorias que buscam justificar o dolo eventual, destaca-se a do assentimento ou da assunção, consoante a qual o dolo exige que o agente aquiesça em causar o resultado, além de reputá-lo como possível. Assim, esclareceu-se que, na espécie, a questão principal diz respeito à distinção entre dolo eventual e culpa consciente, ambas apresentando em comum a previsão do resultado ilícito. Observou-se que para a configuração do dolo eventual não é necessário o consentimento explícito do agente, nem sua consciência reflexiva em relação às circunstâncias do evento, sendo imprescindível, isso sim, que delas (circunstâncias) se extraia o dolo eventual e não da mente do autor. Desse modo, reputou-se que o dolo eventual não poderia ser descartado ou julgado inadmissível, de modo abstrato e presumido, na fase do *iudiciu accusationis*, como fizera o tribunal de justiça. Destarte, ressaltando tratar-se de *quaestio juris* e não de *quaestio facti*, concluiu-se que não houve julgamento contrário à orientação contida no aludido Enunciado 7 da Súmula do Tribunal *a quo*, uma vez que não se procedera ao revolvimento de material probatório. Entendeu-se, ao contrário, que o STJ atribuíra nova valoração aos elementos fático-jurídicos existentes nos autos, qualificando-os como homicídio doloso. **HC 91159/MG, rel. Min. Ellen Gracie, 2.9.2008**. (HC-91159) (Inform. STF 518)

EMENTA: MEMBRO DO CONGRESSO NACIONAL. ENTREVISTA JORNALÍSTICA CONCEDIDA A EMISSORA DE RÁDIO. **AFIRMAÇÕES** REPUTADAS MORALMENTE OFENSIVAS. **PRETENDIDA** RESPONSABILIZAÇÃO PENAL DA CONGRESSISTA, **POR SUPOSTA** PRÁTICA DE CRIME CONTRA A HONRA. **IMPOSSIBILIDADE. PROTEÇÃO CONSTITUCIONAL** DISPENSADA **AO INTEGRANTE** DO PODER LEGISLATIVO. **IMUNIDADE PARLAMENTAR MATERIAL** (CF, ART. 53, *"CAPUT"*). **ALCANCE** DESSA GARANTIA CONSTITUCIONAL. **TUTELA QUE SE ESTEN-DE** ÀS OPINIÕES, PALAVRAS **E** PRONUNCIAMENTOS, **INDEPENDENTEMENTE** DO *"LOCUS"* (**ÂMBITO ESPACIAL**) EM QUE PROFERIDOS, **ABRANGENDO** AS ENTREVISTAS JORNALÍSTICAS, **AINDA** QUE CONCEDIDAS **FORA** DAS DEPENDÊNCIAS DO PARLAMENTO, **DESDE** QUE TAIS MANIFESTAÇÕES **GUARDEM PERTINÊNCIA** COM O EXERCÍCIO DO MANDATO REPRESENTATIVO. O ***"TELOS"*** DA GARANTIA CONSTITUCIONAL DA IMUNIDADE PARLAMENTAR. **DOUTRINA. PRECEDENTES. INADMISSIBILIDADE**, NO CASO, **DA PRETENDIDA** PERSECUÇÃO PENAL, POR DELITOS CONTRA A HONRA, **EM FACE** DA INVIOLABILIDADE CONSTITUCIONAL **QUE AMPARA** OS MEMBROS DO CONGRESSO NACIONAL. **EXTINÇÃO DO PROCESSO PENAL.** (Inq 2330/DF, rel. Min. Celso de Mello, DJ 16.8.2007) (Inform. STF 476)

7.1 SUPERIOR TRIBUNAL DE JUSTIÇA

DIREITO PENAL. CRIME DE ABORTO. INÍCIO DO TRABALHO DE PARTO. HOMICÍDIO OU INFANTICÍDIO.
Iniciado o trabalho de parto, não há crime de aborto, mas sim homicídio ou infanticídio conforme o caso. Para configurar o crime de

homicídio ou infanticídio, não é necessário que o nascituro tenha respirado, notadamente quando, iniciado o parto, existem outros elementos para demonstrar a vida do ser nascente, por exemplo, os batimentos cardíacos. **HC 228.998-MG, Rel. Min. Marco Aurélio Bellizze, julgado em 23/10/2012.(Inform. STJ 507)**

ADVOGADO. CRIME DE DIFAMAÇÃO. AUSÊNCIA TEMPORÁRIA DO MAGISTRADO DA SALA DO INTERROGATÓRIO.

O paciente responde à ação penal pelo crime de difamação, por ter afirmado, ao peticionar em processo judicial em que atuava como advogado, que a juíza do feito, ainda que temporariamente, ausentou-se do interrogatório do seu cliente, deixando de assinar o referido ato. Ciente dessa manifestação, a juíza ofereceu representação ao Ministério Público Federal, requerendo que fossem tomadas as medidas criminais cabíveis, originando-se a denúncia pelo crime de difamação. A Turma concedeu a ordem de *habeas corpus* para trancar a ação penal por atipicidade da conduta do paciente, por não ter sido caracterizado o *animus difamandi*, consistente no especial fim de difamar, na intenção de ofender, na vontade de denegrir, no desejo de atingir a honra do ofendido, sem o qual não se perfaz o elemento subjetivo do tipo penal em testilha, impedindo que se reconheça a configuração do delito. Precedentes citados: APn 603-PR, DJe 14/10/2011, e APn 599-MS, DJe 28/6/2010. **HC 202.059-SP, Rel. Min. Marco Aurélio Bellizze, julgado em 16/2/2012.** (**Inform. STJ 491**)

QUEIXA-CRIME. CALÚNIA. DIFAMAÇÃO. ASSÉDIO. MENSAGENS. CELULAR.

In casu, a paciente responde pela prática dos crimes de calúnia e difamação porque, em 20/8/2008, dirigiu-se a um dos sócios administradores do escritório de advocacia no qual estagiava e afirmou, segundo a queixa-crime, ter-se sentido assediada, pois recebera do querelante, o advogado que a supervisionava, dois torpedos em seu celular no dia da sua viagem para os Estados Unidos da América, com a declaração amorosa "eu te amo". Recebida a queixa, foi impetrado *habeas corpus* prévio, o qual foi denegado pelo tribunal a quo sob o fundamento de que, de um lado, a alegação de atipicidade demandaria deslindar o mérito da ação penal privada e, de outro, a decisão que recebeu a queixa-crime estaria suficientemente fundamentada. No writ em questão, pretende-se o trancamento da ação penal por atipicidade de conduta, tendo em vista que a paciente agiu com exclusivo animus narrandi, estando ausente o dolo específico necessário para caracterizar a difamação e, consequentemente, a justa causa para tal ação. Sustenta-se que a paciente sentiu-se constrangida com as mensagens recebidas em seu telefone celular e que, por isso, entendeu não haver mais condições de prosseguir no estágio, razão pela qual entrou em contato com o então sócio administrador do escritório a fim de tratar de sua saída, apontando o ocorrido. A Turma concedeu a ordem por entender que os fatos, conforme narrados na queixa-crime, não são suficientes à caracterização de crime contra a honra e, muito menos, de calúnia. Consignou-se que a paciente, sentindo-se desconfortável com as mensagens recebidas do supervisor, tratou de pedir afastamento, exibindo as mensagens, sem alarde, apenas para justificar a sua decisão de encerrar antecipadamente o estágio. Registrou-se, ainda, que, para a caracterização dos crimes contra a honra, é necessária a intenção dolosa de ofender, o que não ocorreu no caso. Assim, falta à peça acusatória o mínimo de plausibilidade, revelando-se ausente a justa causa, condição necessária para o recebimento da queixa-crime, nos termos do art. 395, III, do CPP. Precedentes citados do STF: RHC 81.750-SP, DJe 10/8/2007; do STJ: RHC 15.941-PR, DJ 1º/2/2005, e APn 347-PA, DJ 14/3/2005. HC 173.881-SP, Rel. Min. Celso Limongi (Desembargador convocado do TJ-SP), julgado em 17/5/2011. (Inform. STJ 473)

HOMICÍDIO CULPOSO. AUMENTO. PENA. REGRA TÉCNICA. *BIS IN IDEM*.

Trata-se de recurso em *habeas corpus* em que se discute o afastamento da causa de aumento de pena constante do § 4º do art. 121 do CP, relativa à inobservância de regra técnica de profissão, sustentando o recorrente que essa mesma causa foi utilizada para a caracterização do próprio tipo penal. A Turma, ao prosseguir o julgamento, por maioria, deu provimento ao recurso sob o fundamento de que, embora a causa de aumento de pena referente à inobservância de regra técnica de profissão se situe no campo da culpabilidade, demonstrando que o comportamento do agente merece uma maior censurabilidade, não se pode utilizar do mesmo fato para, a um só tempo, tipificar a conduta e, ainda, fazer incidir o aumento de pena. Consignou-se que, no caso, a peça exordial em momento algum esclarece em que consistiu a causa de aumento de pena, apenas se referindo à inobservância de regra técnica como a própria circunstância caracterizadora da negligência do agente, fazendo de sua ação uma ação típica. Assim, entendeu-se estar claro que a inobservância de regra técnica foi utilizada para configurar o próprio núcleo da culpa, não podendo servir também para possibilitar o aumento de pena, visto que não se pode recair em indesejável *bis in idem*. Precedentes citados do STF: HC 95.078-RJ, DJe 15/5/2009; do STJ: REsp 606.170-SC, DJ 14/11/2005. RHC 22.557-SP, Rel. Min. Haroldo Rodrigues (Desembargador convocado do TJ-CE), julgado em 17/5/2011. (Inform. STJ 473)

APN. CRIMES CONTRA A HONRA.

Cuida-se, na espécie, de queixa-crime oferecida contra conselheiro de tribunal de contas estadual pela suposta prática dos delitos tipificados nos arts. 138 (calúnia), 139 (difamação) e 140 (injúria) c/c 141, II (contra funcionário público, em razão de suas funções) e III (na presença de várias pessoas ou por meio que facilite a divulgação da calúnia, da difamação ou da injúria), todos do CP, em razão de alegadas ofensas perpetradas contra dois servidores durante sessões de julgamento realizadas naquele órgão. No tocante à calúnia, ressaltou a Min. Relatora que, para a configuração do delito, exige-se que o agente aja com o dolo específico de macular a honra alheia, tendo consciência da falsidade do fato criminoso que imputa ao ofendido. Acentuou, ademais, que a narração da prática delituosa deve ser específica e devidamente contextualizada, não bastando a simples indicação de cometimento de um determinado crime. Quanto à difamação, asseverou que sua ocorrência dá-se a partir da imputação deliberada de fato ofensivo à reputação da vítima, não sendo suficiente a descrição de situações meramente inconvenientes ou negativas. Já no que se refere à injúria, destacou que a retorsão prevista no art. 140, § 1º, II, do CP só permite que a pena não seja aplicada àquele que responde de forma injuriosa a uma injúria que lhe foi primeiramente proferida, desde que assim o faça imediatamente após ter sido ofendido. *In casu*, entendeu-se que as afrontas foram iniciadas pelo acusado e rebatidas por um dos querelantes, de forma que as palavras emitidas pelo querelado em momento posterior a essa sequência não se enquadrariam no referido dispositivo. Com essas considerações, a Corte Especial, por unanimidade, recebeu parcialmente a queixa-crime. Contudo, apesar de a maioria de seus integrantes ter entendido pelo afastamento do querelado do cargo, em aplicação analógica do art. 29 da LOMAN, o *quorum* qualificado de 2/3 não foi alcançado, motivo pelo qual o Conselheiro permanecerá no exercício de suas funções. **APn 574-BA, Rel. Min. Eliana Calmon, julgada em 18/8/2010.** (Inform. STJ 443)

CIÚME. MOTIVO FÚTIL. HOMICÍDIO.

O Tribunal *a quo*, ao analisar recurso em sentido estrito, extirpou da pronúncia a qualificadora do motivo fútil, ao afirmar, peremptoriamente, não se encaixar o ciúme nessa categoria. Nesse contexto, a Turma, ao prosseguir o julgamento, entendeu, por maioria, caber ao conselho de sentença decidir se o paciente praticou o ilícito motivado por ciúme e, consequentemente, analisar, no caso concreto, se esse sentimento é motivo a qualificar o homicídio perpetrado. Apenas as circunstâncias qualificadoras manifestamente improcedentes podem ser excluídas, de pronto, da pronúncia, pois não se deve usurpar do Tribunal do Júri o pleno exame dos fatos da causa. Anotou-se, por último, que este Superior Tribunal já assentou a tese de o reconhecimento do ciúme como motivo fútil, ou mesmo torpe, depender do caso concreto. Precedentes citados: HC 123.918-MG, DJe 5/10/2009; HC 104.097-RS, DJe 13/10/2009; HC 112.271-PE, DJe 19/12/2008; HC 95.731-RJ, DJe 18/8/2008, e REsp 857.080-MG, DJ 18/12/2006. **REsp 810.728-RJ, Rel. Min. Maria Thereza de Assis Moura, julgado em 24/11/2009.** (Inform. STJ 417)

QUEIXA-CRIME. ATIPICIDADE. DELITOS.

Trata-se de queixa-crime oferecida contra desembargadora e juízes de Direito ante a alegada prática dos delitos tipificados, respectivamente, nos arts. 139 e 140 do CP, na forma do art. 70 do mesmo código, sob o argumento de terem os acusados ofendido a honra do querelante. Porém a Corte Especial rejeitou a queixa-crime ao entendimento de que o fato imputado aos querelados não se subsume ao tipo do art. 140, *caput*, do CP pela ausência do *animus injuriandi*. Não houve menosprezo ao querelante, nem foi sua honra subjetiva atingida. A resposta dada pelos querelados, embora veemente, nada tem de ofensiva seja à pessoa do querelante seja ao profissional. Quanto à difamação, entendeu a Min. Relatora que o delito requer a presença de dolo específico, qual seja, *animus diffamandi*. O tipo legal exige uma determinada tendência subjetiva de realizar a conduta típica, a saber: a finalidade de macular a reputação alheia, o ânimo de difamar. É indispensável, porém, o *animus diffamandi*, que indica o fim de ofender a honra alheia. Não atua com esse elemento subjetivo do tipo quem pratica o fato com *animus jocandi, narrandi, consulendi, defendendi* etc. A Min. Relatora não identificou o elemento subjetivo capaz de levar à configuração do tipo do art. 139, *caput*, do

CP. As declarações do querelante à imprensa e a nota divulgada pela associação dos magistrados deixam transparecer que os querelados pretenderam corrigir o autor que agrediu o magistrado chamando-o de parcial, ao tempo em que hipotecaram, por intermédio da associação de classe, solidariedade ao colega ofendido sem nenhum escopo de macular a honra objetiva do querelante, fato que conduz à atipicidade do delito de difamação. Sendo assim, falta à peça acusatória o mínimo de plausibilidade, revelando-se ausente a justa causa, condição necessária para o recebimento da inicial acusatória nos termos do art. 395, III, do CPP. A atipicidade da conduta imputada aos querelados foi demonstrada, como ressaltado pelo MPF, diante da inadequação dos tipos objetivo e subjetivo do delito de difamação, revelando-se, portanto, desnecessário e constrangedor o curso do processo, capaz, por si só, de macular a dignidade dos acusados. **APn 568-AL, Rel. Min. Eliana Calmon, julgada em 12/11/2009.** (Inform. STJ 415)

CALÚNIA. ADVOGADO.

No processo em que se buscava a aposentadoria por tempo de serviço, a advogada narrou, nos autos, que seus representados constataram a falta de boa-fé do funcionário do órgão previdenciário, visto que ele digitou, na ata de oitiva das testemunhas referente à justificação administrativa, frases por elas não declaradas, o que constituiria crime. Por sua vez, o funcionário fez representação criminal contra a advogada (a qual deu azo à formulação de *notícia criminis*), que culminou no oferecimento de denúncia pelo delito de calúnia (art. 138 do CP). Porém, em exame perfunctório dos elementos colacionados aos autos, não obstado na via do *habeas corpus*, não há como se vislumbrar o elemento subjetivo do injusto (o dolo específico), consistente na vontade livre e consciente de ofender a honra subjetiva do servidor do INSS. A advogada apenas se referiu às informações obtidas de seus clientes e de testemunhas constantes dos autos e de declarações prestadas em juízo, no desiderato de rechaçar a negativa de a Autarquia Previdenciária conceder a aposentadoria pleiteada. Vê-se que cumpria seu dever de ofício (de defender seus constituintes), ao indicar atos que, se falsos, decorreram de depoimentos prestados, não por ela, mas por terceiros. A advocacia constitui *munus* público e integra a administração da Justiça, não devem seus representantes passar pela vexatória situação de envolver-se em indevidos processos criminais, como na hipótese, de forçada atribuição da autoria do delito em apreço. Precedentes citados: HC 30.042-SP, DJ 11/4/2005; HC 96.763-RS, DJ 12/5/2008; HC 76.099-PE, DJ 1º/12/2008; RHC 8.819-SP, DJ 30/10/2000; APn 165-DF, DJ 28/3/2005, e HC 66.867-RR, DJ 18/6/2007. **HC 113.000-RS, Rel. Min. Jorge Mussi, julgado em 12/5/2009.** (Inform. STJ 394)

HOMICÍDIO QUALIFICADO. PAGA. COMUNICAÇÃO. CO-AUTORES.

A Turma entendeu que, no homicídio, o fato de ter sido o delito praticado mediante paga ou promessa de recompensa, por ser elemento do tipo qualificado, é circunstância que não atinge exclusivamente o executor, mas também o mandante ou qualquer outro co-autor. Ademais, com relação ao pedido de exclusão da qualificadora do recurso que impossibilitou a defesa da vítima, torna-se necessário o revolvimento do conteúdo fático-probatório, o que é vedado na via estreita do *habeas corpus*. Precedentes citados do STF: HC 71.582-MG, DJ 9/6/1995; do STJ: HC 56.825-RJ, DJ 19/3/1997, e REsp 658.512-GO, DJ 7/4/2008. **HC 99.144-RJ, Rel. Min. Og Fernandes, julgado em 4/11/2008.** (Inform. STJ 375)

TRÂNSITO. HOMICÍDIO DOLOSO. AVANÇO. SINAL VERMELHO.

A Turma denegou ordem de *habeas corpus* em que há indícios de que os ocupantes do utilitário sinistrado estavam alcoolizados, enquanto o motorista (supostamente, o prefeito) avançou o semáforo na luz vermelha, causando a colisão com outro veículo, o que causou o falecimento da motorista do automóvel abalroado. Não se excluiu a possibilidade de o condutor, seja ele quem for, ter assumido o risco de provocar lesão grave em alguém que pudesse vir a ser atingido por seu veículo, ocasionando-lhe a morte. Observa a Min. Relatora que ficou evidente, corroborado pelas teses da defesa, que todas as questões necessitam ser esclarecidas no percurso do processo, tal como a desclassificação do crime de doloso para a forma culposa prevista na legislação de trânsito e os depoimentos tidos pela defesa como divergentes (uns dizem que o prefeito dirigia o veículo, outros que não). Outrossim, não há carência de fundamentação no recebimento da denúncia. Dessa forma, a acusação não pode, de plano, ser julgada improcedente, necessitando de produção de outras provas para dirimir todas as dúvidas. Precedentes citados do STF: HC 75.846-4-BA, DJ 20/2/1998; do STJ: RHC 20.021-RJ, DJ 21/5/2007. **HC 110.984-RN, Rel. Min. Jane Silva (Desembargadora convocada do TJ-MG), julgado em 30/10/2008.** (Inform. STJ 374)

HC. ADVOGADO. IMUNIDADE.

Trata-se de *habeas corpus* substitutivo de recurso ordinário impetrado pela OAB em favor de advogada, ora paciente, inscrita em seus quadros que fora denunciada pela prática, em tese, das condutas tipificadas nos arts. 138 (duas vezes) e 140, ambos c/c 141, II, e 331, todos do CP, em virtude de ter adentrado a sala de audiência, presidida por magistrado, com trabalhos ainda em curso referentes a outro processo do qual a paciente não era advogada regularmente constituída. Interrompeu a referida audiência, jogou petição sobre a mesa do juiz e lhe exigiu despacho imediato. Diante da recusa do magistrado, atribuiu a ele a prática do crime de prevaricação e abuso de autoridade. Alega a impetrante, em síntese, carência de justa causa para a ação penal, aduzindo, para tanto, que as condutas imputadas à paciente são atípicas, pois se deram no exercício legal da advocacia e, ainda, por estarem acobertadas pela imunidade constitucional assegurada aos advogados no propósito de defesa de seus constituintes. Nesse contexto, a Turma concedeu, parcialmente, a ordem para trancar a ação penal tão-somente quanto ao crime de calúnia (por suposta imputação falsa do delito de prevaricação), sob argumento de não ter havido, *in casu*, imputação concreta da prática de prevaricação pelo magistrado, visto que a paciente, ao descrever os fatos, não declinou, como determina o tipo do art. 319 do CP, quais seriam os interesses ou sentimentos pessoais que o magistrado buscaria satisfazer com sua ação. *Ex officio*, reconheceu a extinção da punibilidade pela prescrição da pretensão punitiva estatal quanto às imputações de injúria e desacato, em razão de a pena prevista em abstrato para ambas as condutas não ultrapassar o patamar de dois anos. Tendo em vista que o último marco interruptivo da prescrição (o recebimento da denúncia) ocorreu em 19/2/2004, verifica-se o lapso temporal superior a quatro anos, nos termos do art. 107, IV, c/c o art. 109, V, ambos do CP. Ressaltou-se que, quanto ao crime de calúnia com substrato em abuso de autoridade, o fato imputado ao magistrado não consiste tão-somente em ter recusado despacho à petição, mas sim tê-lo feito abusando de sua autoridade, constituindo, assim, a elementar da falsidade, imputação descrita na denúncia, não merecendo acolhimento a alegação de atipicidade objetiva e subjetiva da conduta. Precedentes citados do STF: HC 81.517-SP, DJ 14/6/2002; HC 69.085-RJ, DJ 26/3/1993; do STJ: HC 20.648-AM, DJ 24/3/2003; RHC 9.847-BA, DJ 27/8/2001; RHC 9.778-RJ, DJ 5/2/2001, e RHC 9.277-PB, DJ 4/9/2000. **HC 71.407-SP, Rel. Min. Felix Fischer, julgado em 2/10/2008.** (Inform. STJ 370)

DELITOS CONTRA A HONRA. INTERNET.

O Ministério Público Federal ofereceu denúncia contra procuradora de Justiça, indiciando-a como incursa nas sanções dos arts. 138, 139 e 140, c/c art. 141, I, II e III, todos do CP (calúnia, difamação e injúria, com as agravantes específicas do art. 141 do CP). A denunciada enviou, pela *Internet*, mensagem eletrônica (*e-mail*), para todos os computadores que formam a rede utilizada por todos os membros em atividade do Ministério Público local, com o objetivo de atingir a honra subjetiva e objetiva de procurador de Justiça. Mas a Corte Especial rejeitou a denúncia na medida em que todos os fatos descritos pelo Ministério Público Federal, à mingua de elemento subjetivo, levam à atipicidade da conduta. **APn 516-DF, Rel. Min. Eliana Calmon, julgada em 20/8/2008.** (Inform. STJ 364)

HC. CRIMES. HONRA.

Cuida-se de *habeas corpus* em favor de advogado contra quem se instaurou ação penal por crimes contra a honra. Originariamente, foi a ordem denegada sob o argumento de que a pretensão evidenciaria o exame de matéria probatória, o que não se pode fazer no âmbito restrito do *mandamus*. O Min. Relator entendeu, quanto ao emprego do *habeas corpus* em tais casos, que é lícito dele se utilizar, conferindo-lhe o maior alcance possível. Para o Min. Relator, não há, na peça a que se reportou a denúncia, ofensa à honra do serventuário. Também não se encontram todos os elementos da prevaricação a que aludiu o denunciante. O mesmo dá-se, também, com a injúria na frase "retardamento de processo por simples indolência ou simplesmente maldade com a autora". Trata-se, no caso de frase mal construída, com o inoportuno emprego de uma ou outra palavra sem que se tivesse a vontade de ofender a dignidade ou o decoro do serventuário. O Min. Relator entende que é penalmente irrelevante o fato noticiado naqueles autos e, se algum excesso houve, tal não adentrou o campo penal. **HC 88.545-SP, Rel. Min. Nilson Naves, julgado em 15/4/2008.** (Inform. STJ 352)

OFENSA. HONRA. ADVOGADO. MAGISTRADO.

Trata-se de queixa-crime em que o querelado, advogado, imputou ao querelado, desembargador relator de exceções de suspeição, a ofensa em sua honra objetiva e subjetiva ao afirmar, no exercício de suas funções, em sessão de julgamento, que "o causídico que patrocinava o excipiente tenta induzir em erro este Tribunal, suscitando alegações infundadas e omitindo a realidade dos fatos". Ressaltou o Min. Relator que, no exercício da função jurisdicional e como fundamento de decisão, o desembargador atentou para a conduta do causídico porque os argumentos utilizados não se sustentavam na exceção de suspeição. Ademais, não se pode inferir das expressões utilizadas pelo querelado, relacionadas com o mérito da decisão, a vontade de injuriar ou difamar o querelante. O querelado, no estrito cumprimento do dever legal, a teor do art. 41 da Loman, não pode ser punido ou prejudicado pelas opiniões que manifestar ou pelo teor das decisões que proferir. No caso concreto, nem houve excesso de linguagem ou conduta ofensiva. Acrescentou que, nos termos do art. 142, III, do CP, não constitui injúria ou difamação punível o conceito desfavorável emitido por funcionário público, em apreciação ou informação prestada no cumprimento de dever de ofício. Diante do exposto, a Corte Especial rejeitou a queixa-crime. Precedentes citados do STF: QC 501-DF, DJ 28/11/1997; do STJ: APn 256-PE, DJ 1º/8/2006. **APn 482-PA, Rel. Min. Humberto Gomes de Barros, julgada em 17/10/2007.** (Inform. STJ 336)

EXCEÇÃO. VERDADE. DIFAMAÇÃO.

Trata-se de exceção da verdade em ação penal privada em que se imputava abuso de autoridade, além de relacionamento com pessoas de má conduta. Destacou o Min. Relator que, entre os fatos objeto da exceção, havia um que o excipiente classificava como calúnia, mas na verdade era difamação. Entretanto há três julgados da Corte Especial, ExVerd 21, DJ 30/10/2000; ExVerd 22, DJ 28/2/2000, e ExVerd 23, DJ 6/12/1999, que ampliam a exceção da verdade, não apenas a restringindo à calúnia, mas, também, incluindo a difamação. Outrossim, no caso dos autos, a exceção restou totalmente improcedente à falta de demonstração da verdade daquelas imputações feitas à autoridade ofendida. Dessa forma, a Corte Especial, após renovação do julgamento, julgou improcedente a exceção da verdade. **ExVerd 42-ES, Rel. Min. Hamilton Carvalhido, julgada em 20/6/2007.** (Inform. STJ 324)

HOMICÍDIO CULPOSO. ERRO MÉDICO. MAJORANTE.

A questão consiste em saber se há *bis in idem* no caso de homicídio culposo cometido por imperícia médica e a causa de majoração da pena prevista no art. 121, § 4º, do CP, relativa à inobservância de regra técnica de profissão, arte ou ofício. Consta da ação que os denunciados, médicos anestesistas, agiram em conjunto, embora a errônea escolha técnica da cirurgia atribuída ao primeiro acusado – biópsia por meio de punção controlada por tomografia com o paciente em decúbito dorsal, aliada à administração de drogas anestésicas, relaxantes e depressoras – agravou o quadro de deficiência respiratória da vítima (devido à extensa massa tumoral comprimindo a traquéia, a veia cava superior e croça da aorta, comprovada em exames anteriores). Essa técnica adotada levou a uma parada cardíaca, ao coma e, posteriormente, à morte. Isso posto, para o Min. Relator não houve inépcia da exordial, uma vez que, com a imputação concreta da falta de cuidado associada, especificamente, à inobservância daquilo que deveria profissionalmente ter sido adotado mostra que a atribuição da inobservância técnica profissional (art. 121, § 4º, do CP) não pode ser descartada de plano. Outrossim, a qualificação (v.g.. negligência, impudência e imperícia), que, conforme o caso, pode ser discutida ou ser polêmica, não é a essência do crime culposo, a essência dele é a falta de cuidado objetivo. Diante do exposto, a Turma denegou a ordem, cassando a liminar anteriormente concedida. Precedentes citados do STF: HC 86.969-RS, DJ 24/2/2006; do STJ: REsp 191.911-SP, DJ 3/6/2002, e RHC 17.530-RS, DJ 26/9/2005. **HC 63.929-RJ, Rel. Min. Felix Fischer, julgado em 13/3/2007.** (Inform. STJ 313)

SÚMULA STJ Nº 18

A sentença concessiva do perdão judicial é declaratória da extinção da punibilidade, não subsistindo qualquer efeito condenatório.

8. CRIMES CONTRA O PATRIMÔNIO

PORTE DE GRANADA: DESNECESSIDADE DE APREENSÃO E PERÍCIA

A 1ª Turma denegou *habeas corpus* no qual postulada a exclusão da majorante de emprego de arma de fogo, prevista no art. 157, § 2º, I, do CP, em face de porte de granada no delito de roubo. Aplicou-se, relativamente ao artefato em questão, jurisprudência do STF firmada nas hipóteses de ausência de apreensão e de perícia de arma de fogo. **HC 108034/MG, rel. Min. Rosa Weber, 7.8.2012.** (HC-108034) (Inform. STF 674)

LATROCÍNIO E NEXO CAUSAL - 1

A 1ª Turma, por maioria, deferiu *habeas corpus* a fim de invalidar decisão que condenara o paciente pelo crime de latrocínio (CP, art. 157, §3º) e determinar fosse prolatada nova sentença relacionada à imputação do crime de roubo tentado. Na espécie, o ora impetrante fora denunciado pelos seguintes delitos praticados em conjunto com outro agente não identificado: a) roubo qualificado consumado (CP, art. 157, §2º, I e II), em padaria; b) roubo qualificado tentado (CP, art. 157, §2º, I e II, c/c art. 14, II), em farmácia; e c) receptação (CP, art. 180), por conta de utilização de veículo subtraído. A vítima do primeiro delito acionara a polícia militar, que prendera em flagrante o paciente no interior da farmácia, enquanto este praticava o segundo crime. O seu cúmplice aguardava do lado de fora do estabelecimento para garantir o sucesso da subtração. Quando vários policiais chegaram ao local, detiveram o paciente, ao passo que o coautor empreendera fuga e matara policial que seguira em seu encalço. O juízo singular, ao aplicar o art. 383 do CPP, condenara o paciente, respectivamente, pelos crimes de roubo consumado (padaria); latrocínio, em decorrência da morte do policial (farmácia); e receptação, porquanto entendera que a conduta estaria narrada na inicial acusatória, tendo apenas se dado classificação inadequada do tipo criminal. Na fase recursal, as condenações foram mantidas, mas com diminuição das penas. **HC 109151/RJ, rel. Min. Rosa Weber, 12.6.2012.** (HC-109151)

LATROCÍNIO E NEXO CAUSAL - 2

Inicialmente, a Min. Rosa Weber, relatora, rememorou jurisprudência da Corte no sentido de que o coautor que participa de roubo armado responderia pelo latrocínio, ainda que o disparo tivesse sido efetuado só pelo comparsa. Entretanto, reputou que não se poderia imputar o resultado morte ao coautor quando houvesse ruptura do nexo de causalidade entre os agentes. O Min. Luiz Fux acrescentou que seria necessário o nexo biopsicológico no quesito relativo à culpabilidade. Explicou que a coautoria resultaria da ciência de ambos a respeito do que iriam fazer e que um deles já estaria preso enquanto o outro fugia. O Min. Dias Toffoli, ante as peculiaridades do caso, acompanhou a relatora. Vencido o Min. Marco Aurélio, que indeferia o *writ* ao fundamento de existir elemento a ligar o resultado morte ao roubo. Considerava ser esta a exigência do Código Penal ao retratar o latrocínio. Versava pouco importar que o segundo agente tivesse atirado tentando escapar à sua prisão, o que denotaria elo entre o roubo e o resultado morte. Precedente citado: HC 74861/SP (DJU de 25.3.97). **HC 109151/RJ, rel. Min. Rosa Weber, 12.6.2012.** (HC-109151) (Inform. STF 670)

COATORIA E PARTICIPAÇÃO DE MENOR

A participação do menor de idade pode ser considerada com o objetivo de caracterizar concurso de pessoas para fins de aplicação da causa de aumento de pena no crime de furto (*"Art. 157 - Subtrair coisa móvel alheia, para si ou para outrem, mediante grave ameaça ou violência a pessoa, ou depois de havê-la, por qualquer meio, reduzido à impossibilidade de resistência: ... § 2º - A pena aumenta-se de um terço até metade: ... II - se há o concurso de duas ou mais pessoas"*). Com esse entendimento, a 1ª Turma denegou *habeas corpus* em que pretendida a redução da pena definitiva aplicada. Sustentava a impetração que o escopo da norma somente poderia ser aplicável quando a atuação conjunta de agentes ocorresse entre imputáveis. Aduziu-se que o legislador ordinário teria exigido, tão somente, *"o concurso de duas ou mais pessoas"* e, nesse contexto, não haveria nenhum elemento específico quanto à condição pessoal dos indivíduos. Asseverou-se que o fato de uma delas ser menor inimputável não teria o condão de excluir a causa de aumento de pena. **HC 110425/ES, rel. Min. Dias Toffoli, 5.6.2012.** (HC-110425) (Inform. STF 669)

RECEPTAÇÃO DE BENS DA ECT E MAJORAÇÃO DA PENA

No delito de receptação, os bens de empresa pública recebem o mesmo tratamento que os da União e, por isso, cabível a majoração da pena ao crime contra ela praticado. Com base nesse entendimento, a 1ª Turma indeferiu *habeas corpus* impetrado em favor de denunciado pela suposta prática do crime de receptação dolosa de bem de propriedade da Empresa Brasileira de Correios e Telégrafos - ECT. Asseverou-se que, nos termos da jurisprudência do STF, a mencionada empresa pública — prestadora de serviços públicos — equiparar-se-ia à fazenda pública e seus bens sujeitar-se-iam às mesmas regras estabelecidas aos da União. Destacou-se que o § 6º do art. 180 do CP (*"Tratando-se de bens e instalações do patrimônio da União, Estado, Município, empresa concessionária de serviços públicos ou sociedade de economia mista, a pena prevista no caput deste artigo aplica-se em dobro"*) disporia sobre a incidência de majorante ao crime de estelionato e, nesse rol, estaria incluída a ECT. Por isso, não houvera interpretação extensiva da norma, tampouco qualquer exacerbação a desafiar o *writ*. **HC 105542/RS, rel. Min. Rosa Weber, 17.4.2012.** (HC-105542) (Inform. STF 662)

ROUBO E MOMENTO CONSUMATIVO

A 1ª Turma, por maioria, deferiu *habeas corpus* para desclassificar o crime de roubo na modalidade consumada para a tentada. Na espécie, os pacientes, mediante violência física, subtraíram da vítima quantia de R$ 20,00. Ato contínuo, foram perseguidos e presos em flagrante por policiais que estavam no local do ato delituoso. Inicialmente, aludiu-se à pacífica jurisprudência da Corte no sentido da desnecessidade de inversão de posse mansa e pacífica do bem para haver a consumação do crime em comento. Entretanto, consignou-se que essa tese seria inaplicável às hipóteses em que a conduta fosse, o tempo todo, monitorada por policiais que se encontrassem no cenário do crime. Isso porque, no caso, ao obstar a possibilidade de fuga dos imputados, a ação da polícia teria frustrado a consumação do delito por circunstâncias alheias à vontade dos agentes (*"Art. 14. Diz-se o crime: ... II - tentado, quando, iniciada a execução, não se consuma por circunstâncias alheias à vontade do agente"*). Vencida a Min. Cármen Lúcia, por reputar que, de toda sorte, os réus teriam obtido a posse do bem, o que seria suficiente para consumação do crime. Precedente citado: HC 88259/SP (DJU de 26.5.2006). HC 104593/MG, rel. Min. Luiz Fux, 8.11.2011. (HC-104593) (Inform. STF 647)

HC N. 106.095-RS
RELATORA: MIN. CÁRMEN LÚCIA

EMENTA: *Habeas corpus*. CONSTITUCIONAL. PENAL. FURTO QUALIFICADO. FURTO COMETIDO COM USO DE CHAVE "MIXA". ALEGAÇÃO DE CONSTRANGIMENTO ILEGAL DECORRENTE DA EVENTUAL ATIPICIDADE DA QUALIFICADORA DO EMPREGO DE CHAVE FALSA: IMPROCEDÊNCIA. ORDEM DENEGADA.

1. A jurisprudência do Supremo Tribunal Federal é firme no sentido de que o conceito de chave falsa abrange a chave "mixa" e todo e qualquer instrumento ou dispositivo empregado para abertura de fechaduras. Precedentes.
2. Ordem denegada. (Inform. STF 627) *noticiado no Informativo 625

RHC N. 102.984-RJ
RELATOR: MIN. DIAS TOFFOLI

Recurso ordinário em *habeas corpus*. Paciente condenado a 14 anos e 2 meses de reclusão por formação de quadrilha, roubo circunstanciado (duas vezes), sequestro e cárcere privado (duas vezes). Continuidade delitiva não configurada. Necessidade de unidade de desígnios. Reexame de fatos e provas. Via estreita do HC imprópria. Quadrilha armada e roubo circunstanciado pelo emprego de arma. *Bis in idem*. Inocorrência. Cárcere privado. Retenção das vítimas em seu próprio veículo durante os roubos. Pretensão de exclusão dos crimes de sequestro. Supressão de instância. Matéria não debatida no Tribunal *a quo*. Recurso desprovido. Verificação, todavia, da ocorrência de *novatio legis in melius*. Reconhecimento da figura única do roubo qualificado (CP, art. 157, § 2º, inciso V, introduzido pela Lei nº 9.426/96). Ordem concedida de ofício para exclusão dos crimes de sequestro.

1. A via estreita do *habeas corpus* é inadequada para a incursão em aspectos fáticos do processo ou para a dilação probatória tendente a comprovar a existência dos requisitos objetivos e subjetivos para o reconhecimento da continuidade delitiva.

2. As condenações por roubo circunstanciado pelo emprego de arma e por quadrilha armada não configuram o vedado *bis in idem*, em face da autonomia dos crimes, bem como das circunstâncias que os qualificam. Precedentes.

3. A tese de que a retenção da vítima em seu próprio veículo durante o roubo não configura o crime de sequestro não foi apreciada nas instâncias antecedentes, inviabilizando sua análise nesta Corte, sob pena de indevida supressão de instância.

4. Conforme narrado na denúncia, as vítimas foram privadas momentaneamente de sua liberdade, sendo, contudo, postas espontaneamente em liberdade pelos roubadores tão logo assegurada a posse mansa e pacífica das **res furtivae**, o que enseja, nos termos do que dispõe o parágrafo único do art. 2º do ordenamento penal, a aplicação da **novatio legis in melius**, com o reconhecimento da figura única do roubo qualificado, na forma prevista no inciso V do § 2º do art. 157 do CP, introduzido pela Lei nº 9.426/96.
5. Recurso ordinário a que se nega provimento. Ordem de *habeas corpus* concedida de ofício. (Inform. STF 626) *noticiado no Informativo 613

CHAVE "MIXA" E FURTO QUALIFICADO

O furto praticado mediante o emprego de "mixa" é qualificado nos termos do art. 155, § 4º, III, do CP (*"Art. 155 - Subtrair, para si ou para outrem, coisa alheia móvel: Pena - reclusão, de um a quatro anos, e multa ... § 4º - A pena é de reclusão de dois a oito anos, e multa, se o crime é cometido: ... III - com emprego de chave falsa"*). Com base nessa orientação, a 1ª Turma denegou *habeas corpus* no qual sustentada a ilegalidade da incidência dessa qualificadora no crime em comento. HC 106095/RS, rel. Min. Cármen Lúcia, 3.5.2011. (HC-106095) (Inform. STF 625)

FURTO E LIGAÇÃO CLANDESTINA DE TV A CABO

A 2ª Turma concedeu *habeas corpus* para declarar a atipicidade da conduta de condenado pela prática do crime descrito no art. 155, § 3º, do CP (*"Art. 155 - Subtrair, para si ou para outrem, coisa alheia móvel: ... § 3º - Equipara-se à coisa móvel a energia elétrica ou qualquer outra que tenha valor econômico."*), por efetuar ligação clandestina de sinal de TV a cabo. Reputou-se que o objeto do aludido crime não seria "energia" e ressaltou-se a inadmissibilidade da analogia *in malam partem* em Direito Penal, razão pela qual a conduta não poderia ser considerada penalmente típica. HC 97261/RS, rel. Min. Joaquim Barbosa, 12.4.2011. (HC-97261) (Inform. STF 623)

HC N. 105.263-MG
RELATOR: MIN. DIAS TOFFOLI

EMENTA: *Habeas corpus*. **Penal. Sentença penal condenatória. Crime do art. 157, § 2º, inciso I, do CP. Incidência da majorante em razão do emprego da arma. Precedentes.**

1. Firmado nesta Corte Suprema o entendimento de que a incidência da majorante do inciso I do § 2º do artigo 157 do Código Penal prescinde da apreensão da arma, se comprovado, por outros meios, o seu emprego. 2. *Habeas corpus* denegado. (Inform. STF 619)

ELEMENTO SUBJETIVO DO TIPO: SEQÜESTRO E ROUBO DE VEÍCULOS

Ante o empate na votação, a 1ª Turma deferiu *habeas corpus*, de ofício, para excluir, da condenação do paciente, a pena relativa ao crime de seqüestro. Tratava-se, na espécie, de recurso ordinário em *habeas corpus* interposto em favor de condenado pela prática dos delitos de quadrilha armada, roubo qualificado, seqüestro e cárcere privado. A defesa requeria o reconhecimento: a) da continuidade delitiva em relação aos crimes de roubo praticados pelo paciente, afastado o concurso material imposto pelo tribunal de justiça local; b) da tese de que a condenação pelo crime de roubo qualificado pelo emprego de arma e por crime de formação de quadrilha armada consistiria em *bis in idem*; c) da atipicidade do crime de seqüestro. Prevaleceu o voto proferido pelo Min. Dias Toffoli, relator, que, inicialmente, não conheceu do recurso. No tocante ao primeiro argumento, aduziu que o exame do tema demandaria o revolvimento de matéria fática, incabível na sede eleita. Rejeitou o alegado *bis in idem*, dada a autonomia do crime de quadrilha ou bando. No que concerne à última assertiva, registrou que a questão não fora apreciada na origem. Contudo, vislumbrou a possibilidade da concessão da ordem de ofício. Asseverou que os crimes de seqüestro e cárcere privado imputados ao recorrente na denúncia, na realidade, tiveram escopo único, exclusivamente voltado à consumação do crime de roubo de veículos automotores, ainda que a privação de liberdade das vítimas tivesse ocorrido por razoável período de tempo. Enfatizou que estas teriam sido colocadas espontaneamente em liberdade pelos criminosos, tão-logo assegurada a posse mansa e pacífica da *res furtiva*. Em razão disso, considerou não caracterizado o crime de seqüestro por ausência do elemento subjetivo do tipo. Os Ministros Ricardo Lewandowski e Cármen Lúcia votaram pela não concessão, de ofício, do *writ* RHC 102984/RJ, rel. Min. Dias Toffoli, 8.2.2011. (RHC-102984) (Inform. STF 615)

AP N. 516-DF

RELATOR: MIN. AYRES BRITTO

EMENTA: AÇÃO PENAL ORIGINÁRIA. CRIMES DE APROPRIAÇÃO INDÉBITA PREVIDENCIÁRIA E SONEGAÇÃO DE CONTRIBUIÇÃO PREVIDENCIÁRIA (INCISO I DO § 1º DO ART. 168-A E INCISO III DO ART. 337-A, AMBOS DO CÓDIGO PENAL). CONTINUIDADE DELITIVA E CONCURSO MATERIAL. ELEMENTO SUBJETIVO DO TIPO. DOLO ESPECÍFICO. NÃO-EXIGÊNCIA PARA AMBAS AS FIGURAS TÍPICAS. MATERIALIDADE E AUTORIA COMPROVADAS EM RELAÇÃO AO CO-RÉU DETENTOR DO FORO POR PRERROGATIVA DE FUNÇÃO. PRECÁRIA CONDIÇÃO FINANCEIRA DA EMPRESA. EXCLUDENTE DE CULPABILIDADE. INEXIGIBILIDADE DE CONDUTA DIVERSA. NÃO-COMPROVAÇÃO. INAPLICABILIDADE AO DELITO DE SONEGAÇÃO DE CONTRIBUIÇÃO PREVIDENCIÁRIA. PROCEDÊNCIA DA ACUSAÇÃO. ABSOLVIÇÃO DA CO-RÉ. INSUFICIÊNCIA DE PROVAS. PENA DE 3 (TRÊS) ANOS E 6 (SEIS) MESES DE RECLUSÃO E 30 (TRINTA) DIAS-MULTA, PARA CADA DELITO, TOTALIZANDO 7 (SETE) ANOS DE RECLUSÃO E 60 (SESSENTA) DIAS-MULTA, FIXADOS EM ½ (UM MEIO) SALÁRIO MÍNIMO. REGIME INICIAL DE CUMPRIMENTO DA PENA. SEMI-ABERTO. SUBSTITUIÇÃO DA PENA PRIVATIVA DE LIBERDADE. *SURSIS*. DESCABIMENTO.

1. O acusado, detentor do foro por prerrogativa de função, na condição de sócio-gerente da empresa Curtume Progresso Indústria e Comércio Ltda., deixou de repassar ao INSS, no prazo legal, no período de janeiro de 1995 a agosto de 2002, valores arrecadados pela empresa a título de contribuições incidentes sobre a remuneração de empregados, relacionados em folha de pagamento mensal e rescisões de contrato de trabalho. Além disso, no período de maio de 1999 a agosto de 2002, omitiu fatos geradores de contribuições previdenciárias nas Guias de Recolhimento do Fundo de Garantia por Tempo de Serviço e Informações à Previdência Social – GFIP referentes a remunerações pagas a segurados empregados e contribuintes individuais e à diferença de remuneração paga a segurados empregados. Valores consolidados em 14 de março de 2003, respectivamente, em R$ 259.574,72 (duzentos e cinqüenta e nove mil, quinhentos de setenta e quatro reais e setenta e dois centavos) e R$ 618.587,06 (seiscentos e dezoito mil, quinhentos e oitenta e sete reais e seis centavos).

2. A materialidade delitiva ressai do procedimento fiscal já encerrado, acompanhado de farta de documentação, que resultou nos valores indevidamente apropriados e sonegados, detalhados nas notificações fiscais de lançamento de débito lavradas pela autoridade fazendária e não impugnadas na esfera administrativa.

3. A orientação jurisprudencial do Supremo Tribunal Federal é firme no sentido de que, para a configuração do crime de apropriação indébita previdenciária, basta a demonstração do dolo genérico, sendo dispensável um especial fim de agir, conhecido como *animus rem sibi habendi* (a intenção de ter a coisa para si). Assim como ocorre quanto ao delito de apropriação indébita previdenciária, o elemento subjetivo animador da conduta típica do crime de sonegação de contribuição previdenciária é o dolo genérico, consistente na intenção de concretizar a evasão tributária.

4. Não se presta para a suspensão da pretensão punitiva estatal, nos moldes do art. 9º da Lei 10.684/2003, a juntada de "*Recibo de Pedido de Parcelamento da Lei 11.941, de 27 de maio de 2009*", cuja primeira prestação não foi paga no prazo previsto no referido documento, porque não comprova a efetiva obtenção do parcelamento administrativo do débito fiscal.

5. A mera participação no quadro societário como sócio-gerente não pode significar a automática, ou mecânica, responsabilização criminal, porquanto não se pode presumir a responsabilidade criminal daquele que se acha no contrato social como sócio-gerente, devido apenas a essa condição, pois tal increpação mecânica ou linear acarretaria a aplicação de inadmissível figura de responsabilidade penal objetiva.

6. Os elementos probatórios confrontados com as diferentes versões externadas pela defesa no curso da persecução penal, bem como a juntada de alteração contratual com registro falso da junta comercial excluindo o acusado da sociedade permitem chegar à conclusão da responsabilidade penal deste. No procedimento fiscal, ganha destaque e corrobora inequivocamente a condição contratual de sócio-gerente do acusado o instrumento procuratório por ele outorgado, representando a empresa, em que concede poderes a mandatário para os atos relacionados à ação fiscal. Mandatário que efetivamente assinou todas as notificações fiscais de lançamento de débito e os atos com ela relacionados. A transmissão de poderes, típicos de administração societária, confere certeza do grau de envolvimento do acusado com a administração da empresa. De outra parte, a concessão de procuração pelo acusado a terceiro, com outorga de poderes de gerência da empresa, não conferiu exclusividade de poderes ao outorgado, preservando os poderes de gestão do acusado.

7. A prova testemunhal produzida durante a instrução criminal não infirma a condição do acusado de responsável pela administração da sociedade, se nenhuma das pessoas ouvidas mantinha contato direto ou tinha vínculo com a empresa. Se não mantiveram contato com o dia-a-dia da empresa, não há de se atribuir ao depoimento de empregados de pessoas jurídicas outras – ainda que de empresas de um mesmo grupo familiar – a força de afastar do acusado a condição de responsável pela administração da sua empresa.

8. No âmbito dos crimes contra a ordem tributária, tem-se admitido, tanto em sede doutrinária quanto jurisprudencial, como causa supralegal de exclusão de culpabilidade a precária condição financeira da empresa, extrema ao ponto de não restar alternativa socialmente menos danosa que não a falta do não-recolhimento do tributo devido. Configuração a ser aferida pelo julgador, conforme um critério valorativo de razoabilidade, de acordo com os fatos concretos revelados nos autos, cabendo a quem alega tal condição o ônus da prova, nos termos do art. 156 do Código de Processo Penal. Deve o julgador, também, sob outro aspecto, aferir o elemento subjetivo do comportamento, pois a boa-fé é requisito indispensável para que se confira conteúdo ético a tal comportamento.

9. Não é possível a aplicação da referida excludente de culpabilidade ao delito do art. 337-A do Código Penal, porque a supressão ou redução da contribuição social e quaisquer acessórios são implementadas por meio de condutas fraudulentas – incompatíveis com a boa-fé – instrumentais à evasão, descritas nos incisos do *caput* da norma incriminadora.

10. Hipótese em que o conjunto probatório não revela, em absoluto, a precária condição financeira da empresa. Nítida é a deficiência da prova de tal condição, não havendo nos autos um só documento que permita concluir por modo diverso. De mais a mais, a posterior autuação da empresa, referente ao período de setembro de 2002 a abril 2004, demonstra a plena continuidade dos seus negócios, de maneira a patentear que os elementos de convicção constantes dos autos caminham em sentido contrário à tese defensiva.

11. A continuidade delitiva se configura pela sucessão de crimes autônomos de idêntica espécie – praticados nas mesmas condições de tempo, lugar e maneira de execução – e que se considera um só crime por *fictio iuris* (ficção de direito).

12. Não há nos autos prova ou evidência de que a co-ré detivesse poder de mando, ou houvesse exercido qualquer atividade na empresa. O que afasta, por completo, a sua responsabilidade penal pelos crimes cometidos.

13. Réu condenado à pena-base de 3 (três) anos de reclusão e 30 (trinta) dias-multa, para cada delito, que, na ausência de circunstâncias atenuantes e agravantes e aumentada de 1/6 (um sexto) ante a continuidade delitiva, foi tornada definitiva em 3 (três) anos e 6 (seis) meses e 30 (trinta) dias-multa. Pena que, somada, devido ao concurso material, totalizou 7 (sete) anos de reclusão e 60 (sessenta) dias-multa, fixados no valor unitário de ½ (um meio) salário mínimo, vigente em agosto de 2002 (término da continuidade delitiva), atualizados monetariamente desde então. Fixação do regime semi-aberto para o início do cumprimento da pena, seguido do reconhecimento da impossibilidade de conversão das penas privativas de liberdade por restritivas de direitos ou da falta de direito ao *sursis* da pena.

14. Co-ré absolvida por insuficiência de provas, nos termos do inciso V do art. 386 do Código de Processo Penal. (Inform. STF 612)

**noticiado no Informativo 602*

ROUBO: EMPREGO DE ARMA DE FOGO E CAUSA DE AUMENTO

É desnecessária a apreensão e a perícia da arma de fogo para caracterizar a majorante prevista no art. 157, § 2º, I, do CP, se por outros meios for comprovado seu emprego na prática criminosa. A 2ª Turma, em homenagem aos princípios da segurança jurídica e da colegialidade, e para evitar decisões díspares entre as Turmas, deliberou acompanhar essa orientação, formalizada pelo Plenário no julgamento do HC 96099/RS (DJe de 5.6.2009) e, em conseqüência, indeferiu *habeas corpus* em que sustentada a necessidade de apreensão e perícia de arma de fogo para fins de verificação da sua potencialidade lesiva e conseqüente incidência da referida causa de aumento. Consignou-se que tal entendimento já vinha sendo adotado pela 1ª Turma e que a 2ª Turma teria, em casos análogos, sufragado tese em sentido diametralmente oposto após a prolação do citado paradigma. Os Ministros Gilmar Mendes, relator, e Celso de Mello ressalvaram sua convicção pessoal. **HC 103046/RJ e HC 104984/RS, rel. Min. Gilmar Mendes, 19.10.2010**. (HC-103046) (Inform. STF 605)

ROUBO: EMPREGO DE ARMA BRANCA E CAUSA DE AUMENTO

Ao aplicar a orientação anteriormente exposta, a 2ª Turma indeferiu *habeas corpus* em que a defesa pretendia fosse anulada condenação imposta ao paciente pela prática de roubo circunstanciado pelo emprego de arma branca (CP, art. 157, § 2º, I), sem que o referido instrumento tivesse sido apreendido e periciado. **HC 100854/DF, rel. Min. Gilmar Mendes, 19.10.2010**. (HC-100854) (Inform. STF 605)

ESTELIONATO PREVIDENCIÁRIO: NATUREZA E PRESCRIÇÃO

A Turma concedeu, em parte, *habeas corpus* para reconhecer que a fraude perpetrada por terceiros no estelionato previdenciário consubstancia crime instantâneo de efeitos permanentes. Inicialmente, superou-se a alegada violação ao princípio da colegialidade, pois a decisão monocrática proferida pelo STJ fora fundamentada na orientação jurisprudencial dominante naquela Corte, a permitir a atuação do relator (CPC, art. 557, § 1º-A). Frisou-se que, ao julgar o HC 86467/RS (DJU de 22.6.2007), o STF alterara a jurisprudência, até então consolidada, em matéria de prescrição do crime de estelionato previdenciário, ao reputar que a conduta deve ser classificada como crime instantâneo de efeitos permanentes. Lembrou-se que o mencionado precedente estabelece como marco inicial da contagem do prazo prescricional a data em que ocorreu o pagamento indevido da primeira parcela, ocasião em que o dano ter-se-ia aperfeiçoado. Destacou-se que o entendimento não seria válido para o beneficiário da fraude perpetrada, mas apenas para aquela pessoa que falsificara os dados que possibilitaram ao beneficiário receber as prestações indevidas. Tendo em conta que o *habeas* não estaria instruído com cópia dos atos que demonstrariam de forma inequívoca os marcos interruptivos da prescrição, remeteu-se ao juízo competente a análise da ocorrência dela. Por fim, enfatizou-se que, na hipótese da extinção da punibilidade, a execução da pena deverá ter início imediato. **HC 91716/PR, rel. Min. Joaquim Barbosa, 31.8.2010.** (HC-91716) (Inform. STF 598)

EMENTA: RECEPTAÇÃO SIMPLES (DOLO DIRETO) **E RECEPTAÇÃO QUALIFICADA** (DOLO INDIRETO EVENTUAL). COMINAÇÃO DE PENA **MAIS LEVE** PARA O CRIME **MAIS** GRAVE (**CP**, ART. 180, "*CAPUT*") **E** DE PENA **MAIS** SEVERA PARA O CRIME **MENOS** GRAVE (**CP**, ART. 180, § 1º). **TRANSGRESSÃO**, PELO LEGISLADOR, **DOS PRINCÍPIOS CONSTITUCIONAIS** DA PROPORCIONALIDADE **E** DA INDIVIDUALIZAÇÃO "*IN ABSTRACTO*" DA PENA. **LIMITAÇÕES MATERIAIS QUE SE IMPÕEM** À OBSERVÂNCIA DO ESTADO, **QUANDO** DA ELABORAÇÃO DAS LEIS. **A POSIÇÃO** DE *ALBERTO SILVA FRANCO, DAMÁSIO E. JESUS* **E** DE *CELSO, ROBERTO, ROBERTO JÚNIOR* **E** *FÁBIO DELMANTO*. **A PROPORCIONALIDADE** COMO POSTULADO BÁSICO **DE CONTENÇÃO DOS EXCESSOS** DO PODER PÚBLICO. O "*DUE PROCESS OF LAW*" **EM SUA DIMENSÃO SUBSTANTIVA** (**CF**, ART. 5º, INCISO LIV). **DOUTRINA. PRECEDENTES. A QUESTÃO** DAS ANTINOMIAS (APARENTES **E** REAIS). **CRITÉRIOS DE SUPERAÇÃO. INTERPRETAÇÃO AB-ROGANTE. EXCEPCIONALIDADE. UTILIZAÇÃO**, SEMPRE QUE POSSÍVEL, PELO PODER JUDICIÁRIO, **DA INTERPRETAÇÃO CORRETIVA**, AINDA QUE DESTA RESULTE **PEQUENA** MODIFICAÇÃO NO TEXTO **DA LEI. MEDIDA CAUTELAR DEFERIDA.** (HC 102094 – MC/SC – Rel. Min. Celso de Mello) (Inform. STF 597)

FURTO QUALIFICADO E ROMPIMENTO DE OBSTÁCULO

A Turma indeferiu *habeas corpus* em que a Defensoria Pública da União pleiteava, sob alegação de ofensa ao princípio da proporcionalidade, o afastamento da qualificadora do rompimento de obstáculo à subtração da coisa (CP, art. 155, § 4º, I). Sustentava que o furto dos objetos do interior do veículo seria mais severamente punido do que o furto do próprio veículo, impondo-se sanção mais elevada para o furto do acessório. Entendeu-se que, na situação dos autos, praticada a violência contra a coisa, restaria configurada a forma qualificada do mencionado delito. **HC 98606/RS, rel. Min. Marco Aurélio, 4.5.2010.** (HC-98606) (Inform. STF 585)

ESTELIONATO PREVIDENCIÁRIO: NATUREZA E PRESCRIÇÃO

O denominado estelionato contra a Previdência Social (CP, art. 171, § 3º), quando praticado pelo próprio beneficiário do resultado do delito, é crime permanente. Com base nesse entendimento, a Turma indeferiu *habeas corpus* no qual se pleiteava a declaração de extinção da punibilidade de condenado por fraude contra a Previdência Social em proveito próprio por haver declarado vínculo empregatício inexistente com empresas, com o fim de complementar período necessário para a aposentadoria por tempo de contribuição. Consignou-se que o STF tem distinguindo as situações: a do terceiro que implementa fraude para que uma pessoa diferente possa lograr o benefício — em que configurado crime instantâneo de efeitos permanentes — e a do beneficiário acusado pela fraude, que comete crime permanente enquanto mantiver em erro o INSS. Precedentes citados: HC 75053/SP (DJU de 30.4.98); HC 79744/SP (DJU de 12.4.2002) e HC 86467/RS (DJU de 22.6.2007). **HC 99112/AM, rel. Min. Marco Aurélio, 20.4.2010.** (HC-99112) (Inform. STF 583)

ESTELIONATO: ASSISTÊNCIA JUDICIÁRIA GRATUITA E COBRANÇA DE HONORÁRIOS - 1

A Turma iniciou julgamento de *habeas corpus* em que denunciado pela suposta prática do crime previsto no art. 171, *caput*, do CP pleiteia o trancamento de ação penal, ao argumento de atipicidade da conduta imputada. Na espécie, o paciente teria auferido vantagem para si, em prejuízo alheio, ao cobrar honorários advocatícios de cliente beneficiado pela assistência judiciária gratuita, bem como forjado celebração de acordo em ação de reparação de danos para levantamento de valores referentes a seguro de vida. Aduz a impetração, ademais, que, depois de ofertada e recebida a denúncia, juízo cível homologara, por sentença, o citado acordo, reputando-o válido, isento de qualquer ilegalidade, que os autores não teriam sofrido prejuízo algum, e que os honorários advocatícios eram efetivamente devidos. O Min. Ricardo Lewandowski, relator, por considerar que ambas as condutas descritas na denúncia não caracterizam qualquer crime, concedeu a ordem para trancar a ação penal em curso, no que foi acompanhado pelo Min. Dias Toffoli. **HC 95058/ES, rel. Min. Ricardo Lewandowski, 23.2.2010.** (HC-95058)

ESTELIONATO: ASSISTÊNCIA JUDICIÁRIA GRATUITA E COBRANÇA DE HONORÁRIOS - 2

Observou, inicialmente, que, consoante jurisprudência pacífica desta Suprema Corte, o trancamento de ação penal somente seria cabível em sede de *habeas corpus* quando, de modo flagrante, e que não demande o exame aprofundado dos elementos probatórios, ficar evidenciada a atipicidade da conduta, a extinção da punibilidade ou a ausência de elementos indiciários demonstrativos de autoria e prova da materialidade. Nesse diapasão, ressaltou que, do confronto entre a inicial acusatória e a sentença homologatória cível, saltaria aos olhos a atipicidade dos fatos imputados ao paciente. Consignou, assim, não haver qualquer ilegalidade ou crime no fato de um advogado pactuar com seu cliente — em contrato de risco — a cobrança de honorários, no caso de êxito em ação judicial proposta, mesmo quando este goza do benefício da gratuidade de justiça. Frisou que tal entendimento, aliás, estaria pacificado na Súmula 450 deste Tribunal ("*são devidos honorários de advogado sempre que vencedor o beneficiário da justiça gratuita.*"). Asseverou que o *parquet* estadual laborara em equívoco ao apontar, na exordial acusatória, que o paciente estaria impossibilitado de cobrar honorários advocatícios, por força art. 3º, V, da Lei 1.060/50, uma vez que o referido dispositivo apenas isentaria a pessoa necessitada de pagar os honorários resultantes da sucumbência, ou seja, aqueles devidos ao advogado da parte contrária, mas não os que ela contrata com o seu patrono, levando em conta o eventual proveito que terá na causa. Assentou, por derradeiro, que a acusação de ter o paciente forjado a celebração de acordo em ação de reparação de danos também se mostrara equivocada, porquanto o pacto tido como fraudulento fora homologado no juízo cível, que atestara estar ele isento de quaisquer vícios, além de não ter causado qualquer prejuízo aos menores envolvidos. **HC 95058/ES, rel. Min. Ricardo Lewandowski, 23.2.2010.** (HC-95058)

ESTELIONATO: ASSISTÊNCIA JUDICIÁRIA GRATUITA E COBRANÇA DE HONORÁRIOS - 3

Em divergência, o Min. Marco Aurélio indeferiu o *writ* por entender que o contexto apresenta peculiaridades que sugerem o trânsito da ação penal. Averbou que a singularidade básica — além da notícia de que o mencionado acordo teria resultado de um conluio — seria a nomeação do paciente como advogado dativo. Destacou, destarte, que, como advogado dativo, não poderia o paciente, por de trás da cortina, celebrar um acordo com o assistido, o menos afortunado, para lograr honorários. Registrou não conceber que, numa situação concreta, em que houvesse designação, pelo Estado-juiz, de defensor dativo, este viesse a entabular — asseverando presumir-se que sem conhecimento do juízo — um acordo com aquele necessitado da assistência jurídica, para tomar uma carona no resultado da ação intentada. Após, pediu vista dos autos a Min. Cármen Lúcia. **HC 95058/ES, rel. Min. Ricardo Lewandowski, 23.2.2010.** (HC-95058) (Inform. STF 576)

ESTELIONATO: ASSISTÊNCIA JUDICIÁRIA GRATUITA E COBRANÇA DE HONORÁRIOS - 4

Em conclusão, a 1ª Turma, por maioria, concedeu *habeas corpus* para trancar ação penal ao fundamento de atipicidade de conduta (CP, art. 171, *caput*). Na espécie, o paciente supostamente teria auferido vantagem para si, em prejuízo alheio, ao cobrar honorários advocatícios de cliente beneficiado pela assistência judiciária gratuita, bem como forjado celebração de acordo em ação de reparação de danos para levantamento de valores referentes a seguro de vida. Aduzia a impetração que, depois de ofertada e recebida a denúncia, juízo cível homologara, por sentença, o citado acordo, reputando-o válido, isento de qualquer ilegalidade; que os autores não teriam sofrido prejuízo algum; e que os honorários advocatícios seriam efetivamente devidos — v. Informativo 576. Consignou-se não haver qualquer ilegalidade ou crime no fato de advogado pactuar com seu cliente — em contrato de risco — a cobrança de honorários, no caso de êxito em ação judicial proposta, mesmo quando gozasse do benefício da gratuidade de justiça. Frisou-se que esse entendimento estaria pacificado no Enunciado 450 da Súmula do STF ("*São devidos honorários de advogado sempre que vencedor o beneficiário da justiça gratuita*"). Vencidos os Ministros Marco Aurélio, que denegava o *writ*, e Cármen Lúcia, que o concedia parcialmente para trancar a ação penal apenas quanto à conduta referente à cobrança de honorários advocatícios de parte amparada pela gratuidade da justiça, ante a falta de justa causa para o seu prosseguimento. Por outro lado, denegava a ordem quanto à segunda conduta imputada ao paciente ao destacar que, na denúncia, teriam sido descritos comportamentos típicos quanto à forja na formalização de acordo, sendo factíveis e obviados os indícios de autoria e materialidade delitivas. **HC 95058/ES, rel. Min. Ricardo Lewandowski, 4.9.2012.** (HC-95058) (Inform. STF 678)

ART. 155, § 2º, DO CP: FURTO QUALIFICADO E PRIVILÉGIO

A Turma, por maioria, deferiu *habeas corpus* para admitir a compatibilidade entre a hipótese do furto qualificado e o privilégio de que trata o § 2º do art. 155 do CP. No caso, os pacientes foram condenados pela prática do crime previsto no art. 155, § 4º, IV, do CP, em virtude da subtração de uma novilha holandesa, no valor de R$ 200,00 (duzentos reais). Pleiteava a impetração a aplicação do princípio da insignificância ou o reconhecimento da causa especial de diminuição da pena prevista no art. 155, § 2º, do CP (furto privilegiado). Inicialmente, rejeitou-se o primeiro pedido ao fundamento de que os requisitos essenciais à incidência do princípio da insignificância não estariam presentes na espécie, porquanto, embora se cuidasse de bem de pequeno valor, a sentença condenatória realçara a situação econômica da vítima, a relevância do seu prejuízo, bem como o aspecto socioeconômico da região, na qual predomina o minifúndio. Em seguida, quanto ao furto qualificado-privilegiado, asseverou-se que, recentemente, em que pese julgados mais antigos em sentido contrário, a Corte vem se afastando da ortodoxia que dava como inconciliável o tratamento privilegiado do crime de furto com suas hipóteses qualificadas. Vencido, no ponto, o Min. Marco Aurélio, que indeferia o *writ* por não conciliar o furto privilegiado com o furto qualificado, sob pena de a junção fazer surgir terceiro tipo penal. Precedente citado: HC 94765/RS (DJE 26.9.2008). **HC 97051/RS, rel. Min. Cármen Lúcia, 13.10.2009**. (HC-97051) (Inform. STF 563)

NATUREZA DO CRIME DE ESTELIONATO CONTRA A PREVIDÊNCIA

O denominado estelionato contra a Previdência Social (CP, art. 171, § 3º) é crime instantâneo de efeitos permanentes e, como tal, consuma-se ao recebimento da primeira prestação do benefício indevido, contando-se daí o prazo de prescrição da pretensão punitiva. Com base nesse entendimento, a Turma, por maioria, deferiu *habeas corpus* para declarar extinta a punibilidade dos pacientes, tendo em conta a ocorrência da prescrição retroativa. Aduziu-se que, nesta espécie de crime, o prazo prescricional seria aquele previsto no art. 111, I, do CP. Vencida a Min. Ellen Gracie, relatora, que indeferia o *writ* por reputar que, no caso específico dos crimes de estelionato praticados contra a Previdência Social, a execução e a consumação do crime se prolongariam no tempo, não sendo necessário que a fraude ou o ardil fossem renovados a cada período de tempo. **HC 95379/RS, rel. orig. Min. Ellen Gracie, red. p/ o acórdão Min. Cezar Peluso, 25.8.2009**. (HC-95379) (Inform. STF 557)

EMENTA: *Habeas corpus*. PENAL E PROCESSUAL PENAL. TENTATIVA DE FURTO. ABSOLVIÇÃO FUNDADA EM VÁRIOS FUNDAMENTOS. RECURSO ESPECIAL DA ACUSAÇÃO INTERPOSTO SOB FUNDAMENTO ÚNICO. INOCORRÊNCIA. RESTABELECIMENTO DA CONDENAÇÃO. AUSÊNCIA DE OFENSA AO PRINCÍPIO *TANTUM DEVOLUTUM QUANTUM APELATUM*. CRIME IMPOSSÍVEL, FACE AO SISTEMA DE VIGILÂNCIA DO ESTABELECIMENTO COMERCIAL. INOCORRÊNCIA. 1. Tendo o Ministério Público impugnado todos os fundamentos pelos quais a paciente foi absolvida, restabelecendo-se a condenação em recurso especial, não procede a alegação de ofensa ao princípio *tantum devolutum quantum apelatum*. 2. O pleito de absolvição fundado em que o sistema de vigilância do estabelecimento comercial tornou impossível a subtração da coisa não pode vingar. A paciente e seu comparsa deixaram o local do crime, somente sendo presos após perseguição, restando, assim, caracterizada a tentativa de furto. Poderiam, em tese, lograr êxito no intento delituoso. Daí que o meio para a consecução do crime não era absolutamente ineficaz. Ordem indeferida. **HC N. 95.613-RS RELATOR: MIN. EROS GRAU**. (Inform. STF 555)

NATUREZA DO CRIME DE ESTELIONATO CONTRA A PREVIDÊNCIA

Ante o empate na votação, a Turma deferiu *habeas corpus* para, reconhecendo a prescrição da pretensão punitiva do Estado, declarar extinta a punibilidade de denunciado como incurso no art. 171, § 3º, do CP, por haver, na qualidade de representante do Fundo de Assistência ao Trabalhador Rural - FUNRURAL, supostamente autorizado o recebimento, de forma fraudulenta, de benefício previdenciário. Entendeu-se que a situação dos autos revelaria crime instantâneo de efeitos permanentes, embora tivesse repercutido no tempo e beneficiado terceiro. Aduziu-se, nesse sentido, que a fraude perpetrada surtira efeitos imediatos, nos idos de 1980. Vencidos os Ministros Cármen Lúcia, relatora, e Ricardo Lewandowski, que indeferiam o *writ* por considerar que o delito imputado ao paciente teria natureza permanente e, por isso, o prazo prescricional começaria a fluir a partir da cessação da permanência e não do primeiro pagamento do benefício. **HC 95564/PE, rel. orig. Min. Cármen Lúcia, red. p/ o acórdão Min. Marco Aurélio, 30.6.2009.** (HC-95564) (Inform. STF 553)

ROUBO: EMPREGO DE ARMA DE FOGO E CAUSA DE AUMENTO

A Turma, invocando decisão por ela proferida no HC 95142/RS (DJE de 5.12.2008) — segundo a qual não se aplica a causa de aumento prevista no art. 157, § 2º, I, do CP, a título de emprego da arma de fogo, se esta não foi apreendida e nem periciada, sem prova do disparo — e não obstante reconhecendo a existência de entendimento diverso firmado pelo Plenário no HC 96099/RS (DJE de 10.3.2009), deferiu, por maioria, *habeas corpus* para afastar a mencionada qualificadora e restabelecer a pena proferida pelo tribunal de origem. Na espécie, condenados como incursos nos artigos 157, § 2º, I e II, c/c o art. 14, ambos do CP, pleiteavam o afastamento da qualificadora de emprego de arma de fogo, já que esta não fora devidamente apreendida para comprovar a existência, ou não, de seu potencial lesivo. Vencida a Min. Ellen Gracie que indeferia o *writ*. **HC 94827/RS, rel. Min. Eros Grau, 2.6.2009**. (HC-94827) (Inform. STF 549)

EMENTA: ROUBO QUALIFICADO PELO EMPREGO DE ARMA DE FOGO. APREENSÃO E PERÍCIA PARA A COMPROVAÇÃO DE SEU POTENCIAL OFENSIVO. DESNECESSIDADE. CIRCUNSTÂNCIA QUE PODE SER EVIDENCIADA POR OUTROS MEIOS DE PROVA. ORDEM DENEGADA. I - Não se mostra necessária a apreensão e perícia da arma de fogo empregada no roubo para comprovar o seu potencial lesivo, visto que tal qualidade integra a própria natureza do artefato. II - Lesividade do instrumento que se encontra *in re ipsa*. III - A qualificadora do art. 157, § 2º, I, do Código Penal, pode ser evidenciada por qualquer meio de prova, em especial pela palavra da vítima - reduzida à impossibilidade de resistência pelo agente - ou pelo depoimento de testemunha presencial. IV - Se o acusado alegar o contrário ou sustentar a ausência de potencial lesivo da arma empregada para intimidar a vítima, será dele o ônus de produzir tal prova, nos termos do art. 156 do Código de Processo Penal. V - A arma de fogo, mesmo que não tenha o poder de disparar projéteis, pode ser empregada como instrumento contundente, apto a produzir lesões graves. VI - Hipótese que não guarda correspondência com o roubo praticado com arma de brinquedo. VII - Precedente do STF. VIII - Ordem indeferida. HC N. 96.099-RS. RELATOR: MIN. RICARDO LEWANDOWSKI. **Noticiado no Informativo 536** (Inform. STF 549)

EMENTA: *Habeas corpus*. **PENAL. PROCESSUAL PENAL. ROUBO. CONSUMAÇÃO INDEPENDENTEMENTE DA POSSE MANSA E PACÍFICA DA COISA. PRECEDENTES. DECISÃO IMPUGNADA. REEXAME DE PROVA. INOCORRÊNCIA. ALEGAÇÃO DE VIOLAÇÃO À SÚMULA 7 DO STJ. IMPROCEDÊNCIA.** *Habeas corpus* **DENEGADO.** I - A jurisprudência desta Corte tem entendido que a consumação do roubo ocorre no momento da subtração, com a inversão da posse da *res*, independentemente, portanto, da posse pacífica e desvigiada da coisa pelo agente. II – No caso em espécie, o STJ não reexaminou matéria de prova ao julgar o recurso especial. Partiu, sim, das premissas fáticas assentadas pelo acórdão recorrido, de forma que não há falar em violação à Súmula 7 daquela Corte. III – *Habeas corpus* denegado. **HC N. 96.696-SP. RELATOR: MIN. RICARDO LEWANDOWSKI**. (Inform. STF 549)

ENQUADRAMENTO JURÍDICO E LATROCÍNIO TENTADO - 1

A Turma indeferiu *habeas corpus* no qual pronunciado por tentativa de latrocínio alegava que a não apreciação das teses da defesa, apresentadas antes da sentença monocrática, configuraria nulidade insanável, na medida em que, se essas tivessem sido examinadas, ele poderia ser responsabilizado apenas por lesões corporais. No caso, o paciente fora denunciado pela suposta prática do crime de tentativa de homicídio qualificado em concurso material com roubo circunstanciado (CP, art. 121, § 2º, V, c/c o art. 14, II e o art. 157, § 2º, I, II e V), mas sua defesa requerera a impronúncia tanto por homicídio quanto por latrocínio tentado ou, alternativamente, a desclassificação para lesões corporais. Ocorre que o juízo sentenciante o impronunciara somente das imputações contidas na denúncia, o que ensejara a interposição, pela defesa, de recurso em sentido estrito, ao argumento de ofensa ao princípio da ampla defesa, já que não examinados seus argumentos. Não provido esse recurso, foram impetrados *habeas corpus* perante as demais instâncias, também denegados. Daí a presente impetração, sob idêntico fundamento. **HC 97104/SP, rel. Min. Eros Grau, 26.5.2009**. (HC-97104)

ENQUADRAMENTO JURÍDICO E LATROCÍNIO TENTADO - 2

Aduziu-se que, reconhecido, pela sentença condenatória, o dolo de matar, ficara suficientemente respondida a preliminar da defesa. Entretanto, por considerar que a referida sentença não enquadrara corretamente os fatos, concedeu-se a ordem, de ofício, para anular a sentença condenatória, a fim de que o paciente seja submetido ao Tribunal do Júri. Asseverou-se que os fatos por ele praticados ocorreram em 2 momentos. Iniciado o roubo, os agentes, diante da reação inesperada das vítimas, teriam desistido da empreitada, saindo do veículo e liberando-as. No segundo momento, a vítima que estava na direção decidira perseguir os assaltantes em fuga, ocasião em que o paciente, temendo ser preso, atirara contra ela, causando-lhe ferimentos. Assim, tendo em conta que a cadeia causal relativa ao delito de roubo rompera-se quando o paciente desistira da sua prática, concluiu-se restar caracterizado o crime de constrangimento ilegal consumado (CP, art. 146) em concurso material com a tentativa de homicídio qualificado ("*V - para assegurar ... a impunidade ... de outro crime;*"). Observou-se, ao final, que, em caso de nova condenação, a pena aplicada não poderá superar aquela fixada na sentença anulada. **HC 97104/SP, rel. Min. Eros Grau, 26.5.2009**. (HC-97104) (Inform. STF 548)

ROUBO: EMPREGO DE ARMA DE FOGO E CAUSA DE AUMENTO
A Turma — invocando recente decisão proferida pelo Plenário do STF no HC 96099/RS (DJE de 10.3.2009) — indeferiu *habeas corpus* para assentar que para a caracterização da majorante prevista no art. 157, § 2º, I, do CP não se exige que a arma de fogo seja periciada ou apreendida, desde que, por outros meios de prova, reste demonstrado o seu potencial lesivo. Na espécie, a impetração pleiteava o afastamento da mencionada qualificadora, na medida em que a arma não fora devidamente apreendida para comprovar a existência, ou não, de sua lesividade. O Min. Celso de Mello, relator, acrescentou que, não obstante tivesse posição diversa a respeito da matéria, em respeito ao postulado da colegialidade, curvava-se à orientação Plenária. **HC 94616/SP, rel. Min. Celso de Mello, 19.5.2009.** (HC-94616) (Inform. STF 547)

ROUBO: EMPREGO DE ARMA DE FOGO E CAUSA DE AUMENTO
A Turma, invocando recente decisão por ela proferida no HC 95142/RS (DJE de 5.12.2008) — segundo a qual não se aplica a causa de aumento prevista no art. 157, § 2º, I, do CP, a título de emprego da arma de fogo, se esta não foi apreendida e nem periciada, sem prova do disparo —, deferiu, em parte, *habeas corpus* para afastar a mencionada qualificadora e restabelecer a pena proferida pelo tribunal de origem. Na espécie, condenados como incursos no art. 157, § 2º, I e II, do CP pleiteavam o afastamento da qualificadora de emprego de arma de fogo, já que esta não fora devidamente apreendida para comprovar a existência, ou não, de seu potencial lesivo. **HC 93105/RS, rel. Min. Cezar Peluso, 14.4.2009.** (HC-93105) (Inform. STF 542)

ENQUADRAMENTO JURÍDICO E LATROCÍNIO TENTADO - 1
A Turma proveu recurso ordinário em *habeas corpus* para anular, a partir da sentença proferida, processo-crime instaurado em desfavor de condenado, em regime integralmente fechado, por tentativa de latrocínio (CP, art. 157, § 3º, c/c o art. 14, II) e por roubo (CP, art. 157, § 2º, I, II e V). Tratava-se, na espécie, de recurso interposto contra acórdão do STJ que deferira, parcialmente, *writ* lá impetrado apenas para afastar o óbice à progressão de regime, afirmando que, no tocante à pretendida desclassificação do crime de latrocínio tentado para roubo qualificado, seu exame implicaria o revolvimento de matéria fático-probatória. Inicialmente, repeliu-se a preliminar de intempestividade argüida pelo Ministério Público Federal. Esclareceu-se que, no ponto, incidiria a regência especial da Lei 8.038/90, a qual prevê o prazo de 5 dias para a interposição do recurso ordinário (art. 30). No mérito, enfatizou-se que a situação dos autos reclamaria a apreciação do acerto ou desacerto do enquadramento jurídico dos fatos incontroversos — no que agasalhada a tese de prática de tentativa de latrocínio —, os quais consistiriam em, durante perseguição decorrente do roubo de veículo de certa vítima, o ora recorrente haver efetuado disparos de arma de fogo contra o carro, não sendo esta atingida em virtude de erro de pontaria, uma vez que se encontrava no seu interior. **RHC 94775/RJ, rel. Min. Marco Aurélio, 7.4.2009.** (RHC-94775)

ENQUADRAMENTO JURÍDICO E LATROCÍNIO TENTADO - 2
Assentou-se que o latrocínio não consubstancia tipo autônomo e que esta premissa afastaria a possibilidade de falar-se em tentativa. Aduziu-se que o § 3º do art. 157 do CP encerra causa de aumento no que considerada a subtração de coisa móvel alheia mediante grave ameaça ou violência à pessoa, cuja majoração exige a indispensável ocorrência de lesão corporal de natureza grave ou morte, ambas resultantes da violência. Mencionou-se que essa mesma orientação fora adotada no julgamento do HC 77240/SP (DJU de 30.6.2000), em que estabelecido não haver crime de latrocínio quando a subtração dos bens da vítima se realiza, mas o homicídio não se consuma, conduta esta que tipifica roubo com resultado lesão corporal grave, devendo a pena ser dosada com observância da primeira parte do § 3º do art. 157 do CP. Ademais, ressaltou-se que se deveria afastar a conclusão sobre a ocorrência do latrocínio tentado, mesmo porque, se assim não se fizesse, a referida primeira parte do § 3º do art. 157 do CP ficaria relegada a letra morta. Ter-se-ia de entender, assim, que, no caso de lesão grave, haveria, também e com maior razão considerado evento no qual a lesão fosse leve, a tentativa de latrocínio. Dessa forma, reputou-se configurado, na hipótese, crime de roubo com a causa de aumento lesão grave, o que implicaria, quanto a crimes dolosos, a incidência da continuidade delitiva (CP, art. 71, parágrafo único), dado que os 2 roubos, cometidos em um mesmo dia, teriam objetos idênticos. Por fim, asseverou-se que se deveria ter em conta a forma mais gravosa do parágrafo único, a viabilizar o aumento da pena mais grave que, na presente situação, será a do roubo com a causa de aumento da primeira parte do § 3º do art. 157 do CP e o teto da majoração, ou seja, até o triplo. Ordem concedida para que outra sentença seja prolatada presente a ocorrência não de um crime de roubo e outro de tentativa de latrocínio, mas de 2 crimes de roubo, sendo que o segundo com a causa de aumento prevista na primeira parte do § 3º do art. 157 do CP, abrindo-se margem, em face dos requisitos legais do art. 71, à conclusão sobre a continuidade delitiva. **RHC 94775/RJ, rel. Min. Marco Aurélio, 7.4.2009.** (RHC-94775) (Inform. STF 541)

ROUBO: EMPREGO DE ARMA DE FOGO E CAUSA DE AUMENTO
Ante o empate na votação, a Turma deferiu *habeas corpus* para excluir a majorante prevista no art. 157, § 2º, I, do CP da pena aplicada ao paciente, tendo em conta que, na espécie, a arma supostamente por ele utilizada não fora apreendida e nem periciada. Entendeu-se que, desse modo, não seria possível aferir sua lesividade, o que não justificaria a incidência do aumento de pena no crime de roubo a que condenado o paciente. O Min. Cezar Peluso salientou que os registros policiais contêm inúmeros casos em que a arma apreendida seria de brinquedo, a qual propiciaria a aparência de arma de verdade, com potencial lesivo que, na hipótese, não existiria. Acrescentou, ainda, ser desconforme com o Direito Penal uma eventual presunção de que a arma tem sempre potencial lesivo. Vencidos os Ministros Ellen Gracie, relatora, e Joaquim Barbosa, que denegavam a ordem por reputar que o reconhecimento da aludida causa de aumento de pena prescindiria da apreensão e da realização de perícia na arma, quando provado o seu uso no roubo por outros meios de prova. **HC 96865/SP, rel. orig. Min. Ellen Gracie, rel. p/ o acórdão Min. Eros Grau, 31.3.2009.** (HC-96865) (Inform. STF 541)

ART. 155, § 2º, DO CP: FURTO QUALIFICADO E PRIVILÉGIO
A Turma, superando a restrição do Enunciado 691 da Súmula do STF, deferiu *habeas corpus* para aplicar a minorante prevista no § 2º do art. 155 do CP (“*Se o criminoso é primário, e é de pequeno valor a coisa furtada, o juiz pode substituir a pena de reclusão pela de detenção, diminuí-la de um a dois terços, ou aplicar somente a pena de multa.*”) à pena de condenado por furto qualificado mediante concurso de pessoas (CP, art. 157, § 4º, IV). Assentou-se, de início, que se deveria considerar como critério norteador a verificação da compatibilidade entre as qualificadoras (CP, art. 155, § 4º) e o privilégio (CP, art. 155, § 2º) e, a esse respeito, entendeu-se que, no segmento do crime de furto, não haveria incompatibilidade entre as regras constantes dos dois parágrafos referidos. Reputou-se, então, possível, na espécie, a incidência do privilégio estabelecido no § 2º do art. 155 do CP, visto que, apesar de o crime ter sido cometido em concurso de pessoas, o paciente seria primário e a coisa furtada de pequeno valor (R$ 125,00). Tendo isso em conta, reduziu-se, em 2/3, a pena-base fixada em 2 anos e 4 meses de reclusão, o que conduziria à pena corporal de 9 meses e 10 dias de reclusão. Enfatizou-se, por fim, que o cumprimento da pena restritiva de direito, consistente na prestação de serviço à comunidade, será feito na forma a ser determinada pelo magistrado sentenciante, observado, como período, o cumprimento da pena ora fixada. **HC 96843/MS, rel. Min. Ellen Gracie, 24.3.2009.** (HC-96843) (Inform. STF 540)

ROUBO: EMPREGO DE ARMA DE FOGO E CAUSA DE AUMENTO - 1
Para a caracterização da majorante prevista no art. 157, § 2º, I, do CP, não se exige que a arma de fogo seja periciada ou apreendida, desde que, por outros meios de prova, reste demonstrado o seu potencial lesivo. Com base nesse entendimento, o Tribunal, por maioria, indeferiu *habeas corpus*, afetado ao Pleno pela 1ª Turma, impetrado contra decisão do STJ que entendera desnecessária a apreensão de arma de fogo e sua perícia para a caracterização da causa de aumento de pena do crime de roubo. No caso, a Defensoria Pública da União sustentava constrangimento ilegal, consistente na incidência da majorante do inciso I do § 2º do art. 157 do CP — violência ou ameaça exercida com o emprego de arma de fogo —, sem que verificado o potencial lesivo do revólver. Assentou-se que, se por qualquer meio de prova — em especial pela palavra da vítima, como no caso, ou pelo depoimento de testemunha presencial — ficar comprovado o emprego de arma de fogo, esta circunstância deverá ser levada em consideração pelo magistrado na fixação da pena. Ressaltou-se que, se o acusado alegar o contrário ou sustentar a ausência de potencial lesivo da arma empregada para intimidar a vítima, será dele o ônus de produzir tal evidência, nos termos do art. 156 do CPP, segundo o qual a prova da alegação incumbirá a quem a fizer. Aduziu-se não ser razoável exigir da vítima ou do Estado-acusador comprovar o potencial lesivo da arma, quando o seu emprego ficar evidenciado por outros meios de prova, mormente quando esta desaparece por ação do próprio acusado, como usualmente acontece após a prática de delitos dessa natureza. **HC 96099/RS, rel. Min. Ricardo Lewandowski, 19.2.2009.** (HC-96099)

ROUBO: EMPREGO DE ARMA DE FOGO E CAUSA DE AUMENTO - 2
Enfatizou-se, ademais, que a arma de fogo, mesmo que, eventualmente, não tenha o poder de disparar projéteis, pode ser empregada como instrumento contundente, apto a produzir lesões graves contra vítimas inermes. Ressaltou-se, também, que a hipótese não guardaria nenhuma correspondência com o roubo perpetrado com o emprego de arma de

brinquedo — exemplo frequentemente invocado pelos que defendem a necessidade de perícia para caracterização da forma qualificada do delito —, em que o tipo penal fica circunscrito àquele capitulado no *caput* do art. 157 do CP, porquanto a ameaça contra a vítima restringe-se apenas ao plano psicológico, diante da impossibilidade de que lhe sobrevenha qualquer mal físico. Concluiu-se que exigir uma perícia para atestar a potencialidade lesiva da arma de fogo empregada no delito de roubo, ainda que cogitável no plano das especulações acadêmicas, teria como resultado prático estimular os criminosos a desaparecer com elas, de modo a que a qualificadora do art. 157, § 2º, I, do CP dificilmente poderia ser aplicada, a não ser nas raras situações em que restassem presos em flagrante, empunhando o artefato ofensivo. Vencidos os Ministros Cezar Peluso, Eros Grau e Gilmar Mendes, que concediam a ordem, para revogar a qualificadora mencionada, ao fundamento de que ela só poderia ser aplicada nos casos em que demonstrada a lesividade potencial da arma, porque a intimidação, a violência e a grave ameaça já fazem parte do tipo penal. Afirmavam que, em caso de dúvida, como na espécie, por não se saber se a arma tinha ou não real capacidade ofensiva, a presunção não poderia correr contra o réu, seja por força do princípio do *favor rei*, seja em razão do princípio do ônus da prova que, em matéria penal, recai sempre sobre a acusação. A Min. Cármen Lúcia, não obstante reconhecendo ser elementar do tipo a existência de um instrumento que possa de alguma forma constituir a gravidade que se contém nesse tipo penal, acompanhou o relator, neste caso, por reputar comprovada a lesividade do revólver, por outros meios de prova, independentemente da perícia. **HC 96099/RS, rel. Min. Ricardo Lewandowski, 19.2.2009.** (HC-96099) (Inform. STF 536)

ROUBO: EMPREGO DE ARMA DE FOGO E CAUSA DE AUMENTO

A Turma deferiu, em parte, *habeas corpus* para afastar a qualificadora prevista no art. 157, § 2º, I, do CP. Tendo em conta que, no caso, a arma não fora apreendida e nem periciada, entendeu-se que não seria possível aferir seu potencial lesivo, o que não justificaria a incidência da majorante no crime de roubo a que condenado o paciente. Rejeitou-se, ainda, a alegação de nulidade do processo ante a ausência do representante do Ministério Público no interrogatório (CPP, art. 564, III, d). Aduziu-se, no ponto, que seria inconsistente o argumento da impetração no sentido de que, se o *parquet* tivesse comparecido e feito reperguntas, a defesa do paciente poderia ter sido mais bem exercida. **HC 95142/RS, rel. Min. Cezar Peluso, 18.11.2008.** (HC-95142) (Inform. STF 529)

ROUBO: EMPREGO DE ARMA DE FOGO E CAUSA DE AUMENTO - 1

A Turma iniciou julgamento de *habeas corpus* impetrado contra acórdão do STJ que restabelecera a condenação do paciente ao fundamento de que, para a caracterização da majorante prevista no art. 157, § 2º, I, do CP, não seria exigível que a arma de fogo fosse periciada ou apreendida, desde que comprovado, por outros meios, que fora devidamente utilizada para intimidar a vítima. No caso, o paciente ingressara, com arma de fogo na cintura, em estabelecimento comercial e, subjugando funcionária, subtraíra valores. A impetração requer a manutenção da pena imposta pelo tribunal de origem, ao argumento de que seria indispensável a apreensão e a perícia da arma para aferição da mencionada causa de aumento. Sustenta que a potencialidade lesiva desse instrumento não poderia ser atestada por outros elementos de prova contidos nos autos. A Min. Cármen Lúcia, relatora, deferiu o writ para anular o referido acórdão do STJ e restabelecer a condenação do paciente pelo crime de roubo, descrito no art. 157, caput, do CP. Entendeu que o emprego de arma de fogo simulada, ineficiente, descarregada ou arma de brinquedo não poderia constituir causa especial de aumento de pena na prática do roubo, embora pudesse servir de instrumento de intimidação. Asseverou ser incabível dar ao objeto "arma" alcance extensivo, diverso daquele que a caracteriza como instrumento capaz de lesar a integridade física de alguém, sob pena de se atribuir à majorante interpretação diversa para conseqüente aplicação extensiva, proibida no Direito Penal. Assim, enfatizou que, se a arma não for apreendida para fins de perícia ou não for possível atestar a sua potencialidade lesiva por outros meios de prova, como ocorrera na espécie, não teria a acusação como fazer prova da idoneidade da arma. Nessas condições, considerou que a aludida arma deveria ser reputada inidônea à ofensividade exigida pela norma, e, ainda, ineficaz à causação efetiva ou potencial de dano, o que impediria a incidência da causa de aumento disposta no inciso I do § 2º do art. 157 do CP. Após, o julgamento foi suspenso em virtude do pedido de vista do Min. Ricardo Lewandowski. HC 92871/SP, rel. Min. Cármen Lúcia, 1º.4.2008. (**HC-92871**)

ROUBO: EMPREGO DE ARMA DE FOGO E CAUSA DE AUMENTO - 2

Para a caracterização da majorante prevista no art. 157, § 2º, I, do CP, não é exigível que a arma seja periciada ou apreendida, desde que comprovado, por outros meios, que foi devidamente empregada para intimidar a vítima. Com base nessa orientação, a Turma, em conclusão de julgamento, indeferiu, por maioria, *habeas corpus* em que requerida a manutenção da pena imposta pelo tribunal de origem, ao argumento de que seriam indispensáveis a apreensão e a perícia da arma para aferição da mencionada causa de aumento. A impetração sustentava que, na situação dos autos, a potencialidade lesiva desse instrumento não teria sido atestada por outros elementos de prova — v. Informativo 500. Asseverou-se que o potencial lesivo integra a própria natureza do artefato e que, se por qualquer meio de prova, em especial pela palavra da vítima ou pelo depoimento de testemunha presencial ficar comprovado o emprego de arma de fogo, esta circunstância deverá ser levada em conta pelo magistrado na fixação da pena. Dessa forma, observou-se que, caso o acusado alegue o contrário ou sustente ausência de potencial lesivo do revólver utilizado para intimidar a vitima, será dele o ônus de provar tal evidência (CPP, art. 156). Ressaltou-se, ademais, que a arma, ainda que não tivesse o poder de disparar projéteis, poderia ser usada como instrumento contundente, apto a produzir lesões graves. Por fim, aduziu-se que se exigir perícia para atestar a potencialidade lesiva do revólver empregado no delito de roubo teria como resultado prático estimular os criminosos a desaparecerem com elas, de modo que a aludida qualificadora dificilmente teria aplicação. Vencida a Min. Cármen Lúcia, relatora, que deferia o *writ* para anular o acórdão impugnado e restabelecer a condenação do paciente pelo crime de roubo, descrito no art. 157, *caput*, do CP, uma vez que, na espécie, não fora possível atestar, por outros meios de prova, a potencialidade lesiva do artefato. Precedente citado: HC 84032/SP (DJU de 30.4.2004). **HC 92871/SP, rel. orig. Min. Cármen Lúcia, rel. p/ o acórdão Min. Ricardo Lewandowski, 4.11.2008.** (HC-92871) (Inform. STF 527)

ROUBO E MOMENTO CONSUMATIVO - 1

A Turma iniciou julgamento de *habeas corpus* em que se pretende a tipificação da conduta do paciente na modalidade tentada do crime de roubo, ao argumento de que o delito não se consumara, haja vista que ele, após a subtração dos objetos da vítima, fora perseguido por policial e vigilante que presenciaram a cena criminosa e o prenderam em flagrante, recuperando a *res furtiva*. O Min. Marco Aurélio, relator, concedeu a ordem para restabelecer o entendimento sufragado pelo Tribunal de Justiça do Estado de São Paulo que, por reconhecer a hipótese de tentativa, reduzira a pena aplicada ao paciente. Inicialmente, aduziu que o tema versado está a merecer reflexão, distinguindo-se situações concretas reveladoras do crime tentado e do crime consumado. Considerou que, se autoridades policiais assistiram à subtração e, no mesmo momento, acudiram à vítima, detendo os envolvidos e reavendo os bens roubados, não há como cogitar de crime consumado, em vez de simplesmente tentado. Em divergência, o Min. Ricardo Lewandowski indeferiu o *writ* por reputar caracterizado, na espécie, roubo frustrado, pois todos os elementos do tipo se consumaram com a inversão da posse da *res furtiva*. Após, pediu vista o Min. Menezes Direito. **HC 92450/DF, rel. Min. Marco Aurélio, 26.8.2008.** (HC-92450)

ROUBO E MOMENTO CONSUMATIVO - 2

A Turma reafirmou a orientação desta Corte no sentido de que a prisão do agente ocorrida logo após a subtração da coisa furtada, ainda que sob a vigilância da vítima ou de terceira pessoa, não descaracteriza a consumação do crime de roubo. Por conseguinte, em conclusão de julgamento, indeferiu, por maioria, *habeas corpus* no qual se pretendia a tipificação da conduta do paciente na modalidade tentada do crime de roubo, ao argumento de que o delito não se consumara, haja vista que ele, logo após a subtração dos objetos da vítima, fora perseguido por policial e vigilante que presenciaram a cena criminosa e o prenderam em flagrante, recuperando os pertences — v. Informativo 517. Reputou-se evidenciado, na espécie, roubo frustrado, pois todos os elementos do tipo se consumaram com a inversão da posse da *res* furtiva. Vencido o Min. Marco Aurélio, relator, que concedia a ordem para restabelecer o entendimento sufragado pelo Tribunal de Justiça do Estado de São Paulo que, por reconhecer a hipótese de tentativa, reduzira a pena aplicada ao paciente. **HC 92450/DF, rel. orig. Min. Marco Aurélio, rel. p/ o acórdão Min. Ricardo Lewandowski, 16.9.2008.** (HC-92450) (Inform. STF 520)

ESTELIONATO CONTRA A PREVIDÊNCIA E CRIME INSTANTÂNEO

Aplicando o precedente firmado no julgamento do HC 86467/RS (DJU de 22.6.2007) no sentido de que o crime consubstanciado na concessão de aposentadoria a partir de dados falsos é instantâneo, não o transmudando em permanente o fato de terceiro haver sido beneficiado com a fraude de forma projetada no tempo, a Turma deferiu *habeas corpus* para declarar extinta a punibilidade do paciente. No caso, o paciente fora condenado por infringência do art. 171, § 3º, do CP, em virtude de haver adulterado anotações da carteira de trabalho de co-réu, de modo a permitir que esse recebesse aposentadoria. Tendo em conta que a pena aplicada seria inferior a 4 anos e que já transcorrido o prazo prescricional superior a 8 anos (CP, art. 109, IV), concluiu-se que o reconhecimento da prescrição retroativa se imporia. HC 94148/SC, rel. Min. Carlos Britto, 3.6.2008. (HC-94148) (Inform. STF 509)

FURTO QUALIFICADO E HIBRIDISMO PENAL

A causa de aumento de pena relativa ao concurso de pessoas no crime de roubo (CP, art. 157, § 2º) não pode ser aplicada ao crime de furto quando existe, para este, idêntica previsão legal de aumento de pena (CP, art. 155, § 4º, IV). Com base nesse entendimento, a Turma indeferiu *habeas corpus* em que pleiteada a anulação de todo o processo criminal ou o restabelecimento do acórdão do tribunal de origem, mais benéfico ao paciente, que, ao aplicar à pena de furto simples a majorante prevista para o crime de roubo, reduzira a sanção imposta. Rejeitou-se, ainda, a alegação de ilegalidade no reconhecimento da reincidência, a traduzir *bis in idem*. Asseverou-se que o recrudescimento da sanção resultaria da escolha do paciente por continuar delinqüindo. Precedentes citados: HC 92626/RS (j. em 25.3.2008); HC 73394/SP (DJU de 21.3.97); HC 74746/SP (DJU de 11.4.97); HC 91688/RS (DJU de 26.10.2007). **HC 93620/RS, rel. Min. Eros Grau, 8.4.2008**. (HC-93620) (Inform. STF 501)

ROUBO: EMPREGO DE ARMA DE FOGO E CAUSA DE AUMENTO

A Turma iniciou julgamento de *habeas corpus* impetrado contra acórdão do STJ que restabelecera a condenação do paciente ao fundamento de que, para a caracterização da majorante prevista no art. 157, § 2º, I, do CP, não seria exigível que a arma de fogo fosse periciada ou apreendida, desde que comprovado, por outros meios, que fora devidamente utilizada para intimidar a vítima. No caso, o paciente ingressara, com arma de fogo na cintura, em estabelecimento comercial e, subjugando funcionária, subtraíra valores. A impetração requer a manutenção da pena imposta pelo tribunal de origem, ao argumento de que seria indispensável a apreensão e a perícia da arma para aferição da mencionada causa de aumento. Sustenta que a potencialidade lesiva desse instrumento não poderia ser atestada por outros elementos de prova contidos nos autos. A Min. Cármen Lúcia, relatora, deferiu o *writ* para anular o referido acórdão do STJ e restabelecer a condenação do paciente pelo crime de roubo, descrito no art. 157, *caput*, do CP. Entendeu que o emprego de arma de fogo simulada, ineficiente, descarregada ou arma de brinquedo não poderia constituir causa especial de aumento de pena na prática do roubo, embora pudesse servir de instrumento de intimidação. Asseverou ser incabível dar ao objeto "*arma*" alcance extensivo, diverso daquele que a caracteriza como instrumento capaz de lesar a integridade física de alguém, sob pena de se atribuir à majorante interpretação diversa para conseqüente aplicação extensiva, proibida no Direito Penal. Assim, enfatizou que, se a arma não for apreendida para fins de perícia ou não for possível atestar a sua potencialidade lesiva por outros meios de prova, como ocorrera na espécie, não teria a acusação como fazer prova da idoneidade da arma. Nessas condições, considerou que a aludida arma deveria ser reputada inidônea à ofensividade exigida pela norma, e, ainda, ineficaz à causação efetiva ou potencial de dano, o que impediria a incidência da causa de aumento disposta no inciso I do § 2º do art. 157 do CP. Após, o julgamento foi suspenso em virtude do pedido de vista do Min. Ricardo Lewandowski. **HC 92871/SP, rel. Min. Cármen Lúcia, 1º.4.2008**. (HC-92871) (Inform. STF 500)

EMENTA: RECEPTAÇÃO SIMPLES (DOLO DIRETO) **E RECEPTAÇÃO QUALIFICADA** (DOLO INDIRETO EVENTUAL). COMINAÇÃO DE PENA **MAIS LEVE** PARA O CRIME **MAIS** GRAVE (**CP**, ART. 180, "*CAPUT*") **E** DE PENA **MAIS** SEVERA PARA O CRIME **MENOS** GRAVE (**CP**, ART. 180, § 1º). **TRANSGRESSÃO**, PELO LEGISLADOR, **DOS PRINCÍPIOS CONSTITUCIONAIS** DA PROPORCIONALIDADE **E** DA INDIVIDUALIZAÇÃO "*IN ABSTRACTO*" DA PENA. **LIMITAÇÕES MATERIAIS QUE SE IMPÕEM** À OBSERVÂNCIA DO ESTADO, **QUANDO** DA ELABORAÇÃO DAS LEIS. **A POSIÇÃO** DE ALBERTO SILVA FRANCO, DAMÁSIO E. JESUS **E** DE CELSO, ROBERTO, ROBERTO JÚNIOR E FÁBIO DELMANTO. **A PROPORCIONALIDADE** COMO POSTULADO BÁSICO **DE CONTENÇÃO DOS EXCESSOS** DO PODER PÚBLICO. O "*DUE PROCESS OF LAW*" **EM SUA DIMENSÃO SUBSTANTIVA** (**CF**, ART. 5º, INCISO LIV). **DOUTRINA. PRECEDENTES. A QUESTÃO** DAS ANTINOMIAS (APARENTES E REAIS). **CRITÉRIOS DE SUPERAÇÃO. INTERPRETAÇÃO AB-ROGANTE. EXCEPCIONALIDADE. UTILIZAÇÃO**, SEMPRE QUE POSSÍVEL, PELO PODER JUDICIÁRIO, **DA INTERPRETAÇÃO CORRETIVA**, AINDA QUE DESTA RESULTE **PEQUENA** MODIFICAÇÃO NO TEXTO DA LEI. **PRECEDENTE** DO SUPREMO TRIBUNAL FEDERAL. **MEDIDA CAUTELAR DEFERIDA**. (HC 92525, rel. Min. Celso de Mello, j. em 31/03/08) (Inform. STF 500)

FURTO QUALIFICADO E HIBRIDISMO PENAL

A Turma indeferiu *habeas corpus* em que condenado pela prática de furto qualificado pelo concurso de agentes (CP, art. 155, § 4º, III) pleiteava a manutenção da decisão proferida pelo tribunal de origem que, ao aplicar à pena de furto simples a majorante prevista para o crime de roubo (CP, art. 157, § 2º), reduzira a sanção imposta. Inicialmente, salientou-se que a analogia *in bonam parte* realizada pelo tribunal de justiça estadual — que aumentara a pena-base do furto em um terço e não no dobro, como determina a lei —, ainda que com fundamento nos princípios constitucionais da proporcionalidade e da isonomia, não se mostrara de boa técnica. Esclareceu-se que o legislador estabelecera diferença entre a qualificadora existente no furto e a causa de aumento de pena disposta na hipótese de roubo. Asseverou-se que, do ponto de vista técnico, não se poderia afirmar que o legislador aumentara a pena do furto no caso de concurso de agentes, mas que, na verdade, ter-se-ia novo tipo penal, cujo elemento definidor seria o concurso. Ademais, considerou-se errônea a assertiva de que o legislador, na espécie, não teria atentado para a necessária proporcionalidade entre o crime e a pena, pois ao criar novo tipo penal, com a correspondente sanção, certamente levara em conta critérios de valoração, em matéria de política criminal, que não se reduziriam a mera equivalência aritmética. Assim, entendeu-se que, em se tratando de furto qualificado, não haveria exasperação circunstancial a partir de um tipo penal básico, como ocorre no roubo, porém uma figura típica diversa para a qual cominada sanção autônoma, não se podendo concluir, dessa forma, que o aumento da pena em dobro (CP, art. 155, § 4º) violaria aos mencionados princípios constitucionais da proporcionalidade e da isonomia. **HC 92626/RS, rel. Min. Ricardo Lewandowski, 25.3.2008**. (HC-92626) (Inform. STF 499)

ESTELIONATO: PRESTAÇÕES PERIÓDICAS E CRIME INSTANTÂNEO

A Turma, por maioria, deferiu *habeas corpus* para pronunciar a prescrição da pretensão punitiva do Estado relativamente ao paciente, condenado por estelionato em razão de, na qualidade de advogado, haver induzido em erro sua cliente, obtendo para si crédito a ser por ela recebido de município, através de precatório, decorrente de ação indenizatória anteriormente ajuizada. Entendeu-se que a circunstância de a satisfação do crédito se dar por meio de precatório não alteraria a conduta praticada pelo paciente, a qual consubstanciaria crime instantâneo, verificada a vantagem ilícita em prejuízo de terceiro, muito embora, sob o ângulo pecuniário, essa fosse alcançada posteriormente. Entretanto, não obstante haver-se enfatizado que o desdobramento do ato, no tocante à percepção das parcelas, seria simples conseqüência do crime instantâneo, concluiu-se pela aludida prescrição, tendo em conta que o delito fora perpetrado em 1997. Vencido o Min. Menezes Direito que indeferia o *writ* ao fundamento de tratar-se, no caso, de crime permanente, cuja prescrição se prolongaria no tempo. **HC 88872/MS, rel. Min. Marco Aurélio, 4.3.2008**. (HC-88872) (Inform. STF 497)

Lei 10.684/2003: Extinção da Punibilidade e Aplicação da Lei Mais Benéfica - 1

A Turma iniciou julgamento de *habeas corpus* impetrado em favor de condenado pela prática do crime de apropriação indébita de contribuições previdenciárias, em que se pretende a suspensão da pretensão punitiva do Estado, pela adesão da empresa ao REFIS em data anterior ao veto ao § 2º do art. 5º da Lei 10.684/2003, o qual permitia o parcelamento de débitos referentes a contribuições descontadas dos segurados e não repassadas ao INSS. Sustenta-se, na espécie, que: a) em abril de 2000, o paciente obtivera o parcelamento do débito previdenciário; b) a Lei 10.684/2003 seria mais benéfica, a incidir o disposto no art. 2º e parágrafo único do CP; c) o trânsito em julgado do decreto condenatório ocorrera em 9.8.2004; d) o veto ao disposto no § 2º do art. 5º da Lei 10.684/2003 não alcançaria a situação do paciente, no que são excluídos do parcelamento os débitos decorrentes de contribuições dos segurados e não recolhidas pelo empregador; e) a sentença fora proferida antes do veto. O Min. Marco Aurélio, relator, acompanhado pelos Ministros Eros Grau e Cezar Peluso, deferiu, em parte, o writ para anular o acórdão do TRF da 1ª Região que confirmara a condenação do paciente e suspender a pretensão punitiva e o curso da prescrição, ficando sobrestado o processo instaurado. Inicialmente, o relator apresentou panorâmica da evolução legislativa no trato da matéria, ressaltando que a opção político-legislativa sempre foi no sentido de, tanto quanto possível, alcançar-se a liquidação da dívida ativa da Fazenda, afirmando, também, que tais normas dizem respeito ao não recolhimento de contribuições descontadas de empregados. Asseverou que, no caso, o parcelamento ocorrera em data anterior ao citado veto e que esse parcelamento produz, até ser contestado, as conseqüências mencionadas no referido art. 9º da Lei 10.684/2003 ("É suspensa a pretensão punitiva do Estado, referente aos crimes previstos nos arts. 1º e 2º da Lei no 8.137, de 27 de dezembro de 1990, e nos arts. 168A e 337A do Decreto-Lei no 2.848, de 7 de dezembro de 1940 - Código Penal, durante o período em que a pessoa jurídica relacionada com o agente dos aludidos crimes estiver incluída no regime de parcelamento. § 1º A prescrição criminal não corre durante o período de suspensão da pretensão punitiva. § 2º Extingue-se a punibilidade dos crimes referidos neste artigo quando a pessoa jurídica relacionada com o agente efetuar o pagamento integral dos débitos oriundos de tributos e contribuições sociais, inclusive acessórios."). Entendeu, tendo em conta a interpretação sistemática e teleológica do art. 2º do CP e do CPP, aplicável, portanto, a Lei 10.684/2003, considerando que a incidência do art. 9º desse diploma legal não poderia afastar a do seu § 1º. Dessa forma, concluiu, em observância ao princípio da unidade, ser inadmissível a tese da defesa no sentido de se ter a proclamação da incidência do art. 9º da Lei 10.648/2003, ante a adesão ao REFIS, obstando-se a pretensão punitiva do Estado e, ao mesmo tempo, assentar-se o curso da prescrição. Após, o julgamento foi adiado em virtude do pedido de vista do Min. Sepúlveda Pertence. HC 85661/DF, rel. Min. Marco Aurélio, 25.10.2005. **(HC-85661)**

LEI 10.684/2003: EXTINÇÃO DA PUNIBILIDADE E APLICAÇÃO DA LEI MAIS BENÉFICA - 2

Em conclusão de julgamento, a Turma concedeu, de ofício, *habeas corpus* para declarar a extinção da punibilidade pela prescrição da pretensão punitiva, e, em conseqüência, julgou prejudicado *writ* no qual condenado pela suposta prática do crime de apropriação indébita de contribuições previdenciárias pretendia a suspensão da pretensão punitiva do Estado, pela adesão da empresa ao REFIS em data anterior ao veto ao § 2º do art. 5º da Lei 10.684/2003, que permitia o parcelamento de débitos referentes a contribuições descontadas dos segurados e não repassadas ao INSS — v. Informativo 407. Reconheceu-se, na espécie, a prescrição retroativa com relação aos fatos ocorridos até 4 anos antes do recebimento da denúncia, questão esta sequer ventilada pela defesa, e afastou-se, por conseguinte, o trânsito em julgado da condenação imposta ao paciente. Considerou-se o fato de haver sido aplicada ao paciente a pena de 2 anos, acrescida de metade em razão da continuidade delitiva, bem como a interposição de apelação somente pela defesa, hipótese em que a prescrição regula-se pela pena aplicada (CP, art. 110, § 1º). No ponto, ressaltou-se que caberia a Corte de origem, quando do julgamento do citado recurso, reduzir o acréscimo imposto na sentença pela continuidade delitiva, o que não ocorrera. Todavia, entendeu-se não ser o caso de determinar-se o retorno dos autos para nova dosimetria, uma vez que, removido o trânsito em julgado, inevitável o reconhecimento da prescrição intercorrente relativamente aos demais fatos imputados ao paciente. Assim, concluiu-se que a prescrição ocorrera antes mesmo da inclusão do *habeas corpus* em mesa para julgamento. HC 85661/DF, rel. Min. Marco Aurélio, 3.8.2007. (HC-85661) (Inform. STF 474)

ROUBO E MOMENTO CONSUMATIVO

A Turma, por maioria, indeferiu *habeas corpus* em que se pleiteava a tipificação da conduta dos pacientes na modalidade tentada do crime de roubo, ao argumento de que não houvera a cessação da ameaça/violência a legitimar a sua consumação, uma vez que foram surpreendidos no instante em que a ação ocorria e sofreram interceptação imediata. Esclareceu-se, inicialmente, que, após a subtração da coisa, os pacientes deixaram o local caminhando, e que a vítima, percebendo a direção que tomavam, informara à autoridade local, que, por sua vez, efetivara a prisão dos mesmos. Aplicou-se o entendimento firmado pelo STF, que dispensa, para a consumação do roubo, o critério de saída da coisa da chamada "esfera de vigilância da vítima" e se contenta com a verificação de que, cessada a clandestinidade ou a violência, o agente tenha tido a posse da *res furtiva*, ainda que retomada, em seguida, pela perseguição imediata. Vencido o Min. Marco Aurélio que, salientando a transcrição do depoimento da vítima a revelar que não perdera os agentes de vista, considerou que o recurso especial, ao restabelecer a sentença que condenara os pacientes por roubo consumado, não tinha condições de ser conhecido. Precedentes citados: RE 102490/SP (DJU de 16.8.2001); HC 89958/SP (DJU de 27.4.2007); HC 89653/SP (DJU de 23.3.2207). HC 89959/SP, rel. Min. Carlos Britto, 29.5.2007. (HC-89959) (Inform. STF 469)

NATUREZA DO CRIME DE ESTELIONATO CONTRA A PREVIDÊNCIA

A Turma concluiu julgamento de *habeas corpus* em que condenado à pena de um ano e oito meses de reclusão e multa pela prática do crime previsto no art. 171, § 3º, do CP pretendia a declaração de extinção da punibilidade pela ocorrência da prescrição retroativa, haja vista que o delito fora cometido em 4.10.94 e a denúncia recebida em 23.11.99. Tratava-se de *writ* impetrado contra decisão do Presidente do STJ que negara seguimento a recurso ordinário ao fundamento de não restar atendida a exigência constitucional estabelecida pelo art. 102, II, a, qual seja, cuidar-se de decisão colegiada de Tribunal Superior — v. Informativo 461. Tendo em conta que a pena aplicada seria inferior a 2 anos e que já transcorrido o prazo prescricional de 4 anos (CP, art. 109, V), deferiu-se a ordem para fulminar, ante a prescrição retroativa, a pretensão punitiva. Inicialmente, salientou-se que a interposição de recurso ordinário pressupõe decisão de Tribunal Superior formalizada por colegiado e que, na espécie, seria cabível agravo contra o ato individual do relator indeferindo o *habeas*. Quanto à prescrição, informou-se que o paciente fora condenado por haver viabilizado, mediante fraude e na qualidade de servidor do Instituto Nacional do Seguro Social - INSS, o reconhecimento de benefício previdenciário. Considerou-se que a fraude perpetrada pelo agente consubstancia crime instantâneo de resultados permanentes, não obstante tenha repercutido no tempo e beneficiado terceiro. Precedente citado: HC 80349/SC (DJU de 4.5.2001). HC 86467/RS, rel. Min. Marco Aurélio, 23.4.2007. (HC-86467) (Inform. STF 464)

8.1. SUPERIOR TRIBUNAL DE JUSTIÇA

CRIME DE EXTORSÃO. FORMA TENTADA.

Trata-se de recurso interposto pelo MP estadual contra acórdão que manteve sentença condenatória, porém reformou-a parcialmente para reconhecer a forma tentada do delito de extorsão praticado pelo ora recorrido. O órgão ministerial sustenta que o acórdão violou o art. 158 do CP, pois o legislador não subordina a consumação do delito à efetiva consecução do proveito econômico, bastando que o agente tenha obrado com tal intuito. Na espécie, o recorrido constrangeu a vítima, mediante grave ameaça, consistente no prenúncio de que a mataria, exigindo-lhe a quantia de 300 reais, a retirada dos boletins de ocorrência contra ele registrados e a entrega dos filhos nos finais de semana. Diante da reiteração das ameaças, a vítima acionou a polícia, que surpreendeu o recorrido, procedendo a sua prisão. Sob tal contexto, a Turma entendeu que, *in casu*, feita a exigência pelo recorrido, a vítima não se submeteu à sua vontade, deixando de realizar a conduta que ele procurava lhe impor. Assim, a hipótese é de tentativa como decidido pelo tribunal *a quo*, e não, como pretende o recorrente, de crime consumado. Precedente citado: HC 95389-SP, DJe 23/11/2009. **REsp 1.094.888-SP, Rel. Min. Sebastião Reis Júnior, julgado em 21/8/2012. (Inform. STJ 502)**

ESTELIONATO PREVIDENCIÁRIO. PRAZO PRESCRICIONAL.

A *quaestio juris* está em saber se o delito pelo qual foi condenada a paciente, de estelionato previdenciário (art. 171, § 3º, do CP), possui natureza permanente ou instantânea, a fim de verificar a prescrição da pretensão punitiva. Na espécie, a paciente foi condenada, pelo delito mencionado, à pena de um ano, nove meses e dez dias de reclusão em regime fechado, além de vinte dias-multa, por ter omitido o óbito de sua filha, portadora de deficiência, ocorrido em 1º/5/2001, data a partir da qual começou a receber indevidamente o benefício de aposentadoria pertencente ao *de cujus*, tendo a conduta perdurado até 12/2006. No *writ*, busca a declaração da extinção da punibilidade devido à prescrição retroativa da pretensão punitiva, sustentando que o crime de estelionato contra a Previdência Social é delito instantâneo de efeitos permanentes. Nesse contexto, destacou-se que, no julgamento do HC 85.601-SP, o STF distinguiu duas situações para a configuração da natureza jurídica do delito em comento. Para aquele que comete a fraude contra a Previdência e não se torna beneficiário da aposentadoria, o crime é instantâneo, ainda que de efeitos permanentes. Contudo, para o beneficiário, o delito continua sendo permanente, consumando-se com a cessação da permanência. *In casu*, a paciente não apenas omitiu da Previdência Social o óbito da verdadeira beneficiária da aposentadoria, mas também passou a receber indevidamente os valores respectivos. Assim, sendo a paciente beneficiária da aposentadoria indevida, que não apenas induziu, mas manteve a vítima (Previdência Social) em erro, o delito possui natureza permanente, consumando-se na data da cessação da permanência, no caso, 12/2006. Dessa forma, não há falar em prescrição retroativa, pois não transcorreu o lapso prescricional devido (quatro anos) entre a data da consumação do delito (12/2006) e o recebimento da denúncia (27/6/2008). Com essas, entre outras considerações, a Turma, prosseguindo o julgamento, por maioria, denegou a ordem. Precedentes citados do STF: HC 85.601-SP, DJ 30/11/2007, e HC 102.049-RJ, DJe 12/12/2011. **HC 216.986-AC, Rel. originário Min. Vasco Della Giustina (Desembargador convocado do TJ-RS), Rel. para acórdão Min. Maria Thereza de Assis Moura, julgado em 1º/3/2012. (Inform. STJ 492)**

ESTELIONATO JUDICIAL. TIPICIDADE.

A Turma deu provimento ao recurso especial para absolver as recorrentes – condenadas como incursas nas sanções do art. 171, § 3º, do CP – por entender que a conduta a elas atribuída – levantamento indevido de valores por meio de tutela antecipada, no bojo de ação civil – não configura o denominado "estelionato judicial". A Min. Relatora asseverou que admitir tal conduta como ilícita violaria o direito de acesso à justiça, constitucionalmente assegurado a todos os indivíduos nos termos do disposto no art. 5º, XXXV, da CF. Sustentou-se não se poder punir aquele que, a despeito de formular pedido descabido ou estapafúrdio, obtém a tutela pleiteada. Destacou-se, ademais, a natureza dialética do processo, possibilitando o controle pela parte contrária, através do exercício de defesa e do contraditório, bem como a interposição dos recursos previstos no ordenamento jurídico. Observou-se, inclusive, que o magistrado não estaria obrigado a atender os pleitos formulados na inicial. Dessa forma, diante de tais circunstâncias, seria incompatível a ideia de ardil ou indução em erro do julgador, uma das elementares para a caracterização do delito de estelionato. Acrescentou-se que eventual ilicitude na documentação apresentada juntamente com o pedido judicial poderia, em tese, constituir crime autônomo, que não se confunde com a imputação de "estelionato judicial" e, *in casu*, não foi descrito na denúncia. Ponderou-se, ainda, que, em uma análise mais detida sobre os elementos do delito de estelionato, não se poderia considerar a própria sentença judicial como a vantagem ilicitamente obtida pelo agente, uma vez que resultante do exercício constitucional do direito de ação. Por sua vez, concluiu-se que o Direito Penal, como *ultima ratio*, não deve ocupar-se de questões que encontram resposta no âmbito extrapenal, como na hipótese dos autos. A deslealdade processual pode ser combatida com as regras dispostas no CPC, por meio da imposição de multa ao litigante de má-fé, além da possibilidade de punição disciplinar no âmbito do Estatuto da Advocacia. **REsp 1.101.914-RJ, Rel. Min. Maria Thereza de Assis Moura, julgado em 6/3/2012. (Inform. STJ 492)**

IMUNIDADE RELATIVA. RELAÇÃO DE PARENTESCO. AUSÊNCIA DE COABITAÇÃO. MERA HOSPEDAGEM OCASIONAL.

In casu, o recorrido foi denunciado como incurso nas sanções do art. 155, § 4o, II, do CP em virtude de ter subtraído para si, do interior da residência do seu tio, dois revólveres. O juízo *a quo* julgou extinta sua punibilidade com fundamento nos arts. 107, IV, e 182, ambos do CP, ao argumento de ter-se implementado a decadência do direito de representação. Ingressou o *parquet* com recurso em sentido estrito ao qual se negou provimento, razão pela qual interpôs o presente REsp. Sustenta o MP que não havia entre vítima e recorrido (tio e sobrinho) relação de coabitação, mas sim mera hospitalidade, haja vista o recorrido ter passado aproximadamente três semanas na casa de seu tio. A Turma deu provimento ao recurso ao entender que, para incidir a imunidade trazida no art. 182, III, do CP, deve ser comprovada a relação de parentesco entre tio e sobrinho, bem como a coabitação, a residência conjunta quando da prática do crime, que não se confunde com a mera hospedagem, a qual tem caráter temporário e, *in casu,* durou apenas três semanas. Assim, afastada a denominada imunidade penal relativa, deve ser retomado o regular curso da ação penal, porquanto desnecessária, *in casu,* a apresentação de representação pela vítima. Precedentes citados: RMS 34.607-MS, DJe 28/10/2011, e HC 101.742-DF, DJe 31/8/2011. **REsp 1.065.086-RS, Rel. Min. Maria Thereza de Assis Moura, julgado em 16/2/2012. (Inform. STJ 491)**

FOLHAS DE CHEQUE E OBJETO MATERIAL DO CRIME.

A Turma, ao reconhecer a atipicidade da conduta praticada pelo paciente, concedeu a ordem para absolvê-lo do crime de receptação qualificada de folhas de cheque. Reafirmou-se a jurisprudência do Superior Tribunal de Justiça no sentido de que o talonário de cheque não possui valor econômico intrínseco, logo não pode ser objeto material do crime de receptação. **HC 154.336-DF, Rel. Min. Laurita Vaz, julgado em 20/10/2011.** (Inform. STJ 485)

FURTO QUALIFICADO. PRIVILÉGIO. PRIMARIEDADE. PEQUENO VALOR. RES FURTIVA.

A Seção, pacificando o tema, julgou procedente os embargos de divergência, adotando orientação de que o privilégio estatuído no § 2º do art. 155 do CP mostra-se compatível com as qualificadoras do delito de furto, desde que as qualificadoras sejam de ordem objetiva e que o fato delituoso não seja de maior gravidade. Sendo o recorrido primário e de pequeno valor a *res furtiva*, verificando-se que a qualificadora do delito é de natureza objetiva – concurso de agentes – e que o fato criminoso não se revestiu de maior gravidade, torna-se devida a incidência do benefício legal do furto privilegiado, pois presente a excepcionalidade devida para o seu reconhecimento na espécie. Precedentes citados do STF: HC 96.843-MS, DJe 23/4/2009; HC 100.307-MG, DJe 3/6/2011; do STJ: AgRg no HC 170.722-MG, DJe 17/12/2010; HC 171.035-MG, DJe 1º/8/2011, e HC 157.684-SP, DJe 4/4/2011. **EREsp 842.425-RS, Rel. Min. Og Fernandes, julgados em 24/8/2011.** (Inform. STJ 481)

FURTO. ROMPIMENTO. OBSTÁCULO. PERÍCIA.

A Turma reiterou que, tratando-se de furto qualificado pelo rompimento de obstáculo, de delito que deixa vestígio, torna-se indispensável a realização de perícia para a sua comprovação, a qual somente pode ser suprida por prova testemunhal quando desaparecerem os vestígios de seu cometimento ou esses não puderem ser constatados pelos peritos (arts. 158 e 167 do CPP). No caso, cuidou-se de furto qualificado pelo arrombamento de porta e janela da residência, porém, como o rompimento de obstáculo não foi comprovado por perícia técnica, consignou-se pela exclusão do acréscimo da referida majorante. Precedentes citados: HC 136.455-MS, DJe 22/2/2010; HC 104.672-MG, DJe 6/4/2009; HC 85.901-MS, DJ 29/10/2007, e HC 126.107-MG, DJe 3/11/2009. **HC 207.588-DF, Rel. Min. Og Fernandes, julgado em 23/8/2011.** (Inform. STJ 481)

ARMA. FOGO. INIDONEIDADE. PERÍCIA. OUTROS MEIOS. PROVA.

A Turma, entre outras questões, reiterou o entendimento adotado pela Terceira Seção, com ressalva da Min. Relatora, de que é prescindível a apreensão e perícia de arma de fogo para a aplicação da causa de aumento de pena prevista no art. 157, § 2º, I, do CP, impondo-se a verificação, caso a caso, da existência de outras provas que atestem a utilização do mencionado instrumento. No caso, o magistrado de primeiro grau e a corte estadual assentaram a existência de prova pericial suficiente a demonstrar a inidoneidade da arma de fogo utilizada pelo réu, dada sua ineficácia para a realização dos disparos. Assim, a Turma concedeu a ordem a fim de afastar a causa de aumento prevista no art. 157, § 2º, I, do CP e reduziu a pena para cinco anos e quatros meses de reclusão a ser cumprida inicialmente no regime semiaberto, mais 13 dias-multa. **HC 199.570-SP, Rel. Min. Maria Thereza de Assis Moura, julgado em 21/6/2011.** (Inform. STJ 478)

ROUBO QUALIFICADO TENTADO. RES FURTIVA. BEM ILÍCITO.

Trata-se de paciente condenado por crime de tentativa de roubo qualificado de duas máquinas caça-níqueis à pena de dois anos e 20 dias de reclusão em regime inicial fechado. Sustenta o impetrante a atipicidade da conduta porque a tentativa de roubo incidiu sobre duas máquinas caça-níqueis, que são bens ilícitos. Assim, busca a impetração, liminarmente e no mérito, a absolvição do paciente e, subsidiariamente, requer a fixação do regime inicial intermediário. Para a Min. Relatora, ao contrário do que sustenta o impetrante, é típica a conduta de roubar as máquinas caça-níqueis porque, apesar da proibição à exploração do jogo de azar vigente em nosso ordenamento jurídico, a *res furtiva* tem relevância econômica, pois atinge o patrimônio da vítima, objeto jurídico tutelado pela lei penal. Por outro lado, reconhece que o regime inicial de cumprimento da pena deve ser o semiaberto nos termos da Súm. n. 269-STJ, visto que a pena-base imposta ao paciente foi fixada no mínimo legal em razão do reconhecimento de circunstâncias judiciais favoráveis. Daí asseverar a Min. Relatora que, tendo em vista o *quantum* da pena definitiva aplicada, apesar de reincidência, afigura-se possível o condenado iniciar o cumprimento de sua reprimenda no regime prisional semiaberto. Diante do exposto, a Turma concedeu parcialmente a ordem. Precedentes citados: HC 132.817-SP, DJe 21/9/2009, e HC 120.039-SP, DJe 11/5/2009. **HC 202.784-SP, Rel. Min. Laurita Vaz, julgado em 21/6/2011.** (Inform. STJ 478)

CONCURSO. AGENTES. CARACTERIZAÇÃO.

A Turma, entre outras questões, asseverou que, para caracterizar o concurso de agentes, basta que duas ou mais pessoas concorram para a prática delituosa, não sendo necessária a identificação dos corréus. Consignou-se, ainda, que essa causa de aumento pode ser reconhecida mesmo nas hipóteses em que o crime (*in casu*, roubo) tenha sido supostamente cometido na companhia de inimputável. Segundo o Min. Relator, os motivos que impõem o agravamento da punição são o maior risco que a pluralidade de pessoas proporciona à integridade física e ao patrimônio alheios e o maior grau de intimidação infligido à vítima. Precedentes citados: HC 85.631-SP, DJe 23/11/2009; HC 169.151-DF, DJe 2/8/2010; HC 131.763-MS, DJe 14/9/2009, e HC 88.444-DF, DJe 13/10/2009. **HC 197.501-SP, Rel. Min. Og Fernandes, julgado em 10/5/2011.** (Inform. STJ 472)

LATROCÍNIO. PATRIMÔNIO. CASAL.

Na espécie, o paciente foi condenado pela prática de dois crimes de latrocínio – um consumado e outro tentado – em concurso formal. Na impetração, sustentou-se que os delitos foram praticados contra um casal, o que caracterizaria violação de apenas um patrimônio, devendo ser reconhecido, portanto, o cometimento de crime único. Nesse contexto, a Turma, ao prosseguir o julgamento, por maioria, denegou a ordem de *habeas corpus* por entender que o fato de as vítimas serem casadas não necessariamente significa que os objetos subtraídos de sua residência compunham um patrimônio comum indivisível. Segundo salientou o Min. Relator, mesmo nas hipóteses de os cônjuges adotarem o regime da comunhão universal, há bens que não se comunicam, como os do caso: foram subtraídos, entre outros itens, um par de alianças de ouro e quantia em dinheiro proveniente, ao que tudo indica, da aposentadoria por eles recebida. Concluiu, portanto, que, *in casu*, foram cometidos dois crimes contra duas vítimas diferentes mediante uma única ação e lesão a mais de um patrimônio, o que caracteriza o concurso formal nos termos do art. 70 do CP, ainda que as vítimas fossem casadas civilmente. Precedente citado: REsp 729.772-RS, DJ 7/11/2005. **HC 122.061-RS, Rel. originária Min. Laurita Vaz, Rel. para acórdão Min. Jorge Mussi, julgado em 3/5/2011.** (Inform. STJ 471)

ROUBO ARMADO. DISPAROS. COAUTORIA.

A Turma entendeu, entre outras questões, que o paciente condenado por roubo armado seguido de morte responde como coautor, ainda que não tenha sido o responsável pelos disparos que resultaram no óbito da vítima. Na espécie, ficou demonstrado que houve prévio ajuste entre o paciente e os outros agentes, assumindo aquele o risco do evento morte. Precedentes citados: REsp 622.741-RO, DJ 18/10/2004; REsp 418.183-DF, DJ 4/8/2003, e REsp 2.395-SP, DJ 21/5/1990. **HC 185.167-SP, Rel. Min. Og Fernandes, julgado em 15/3/2011.** (Inform. STJ 466)

HC. FURTO PRIVILEGIADO E QUALIFICADO.

Trata-se de *habeas corpus* impetrado pela Defensoria Pública contra acórdão do TJ em que o paciente foi condenado ao cumprimento de dois anos de reclusão em regime aberto, substituído por prestação de serviços à comunidade por igual período e, ainda, ao pagamento de dez dias-multa por violação do art. 155, § 4º, III e IV, do CP. Isso porque o paciente, juntamente com o corréu e mediante o emprego de chave falsa (mixa), subtraiu para si um aparelho toca-cds que se achava instalado no interior do veículo, sendo que não houve prejuízo à vítima, pois a *res furtiva* foi recuperada. As instâncias ordinárias reconheceram que o paciente era primário, bem como que a *res furtiva* foi avaliada em R$ 150,00 – consta do auto de avaliação indireta juntado aos autos que esse valor era inferior ao salário mínimo vigente de R$ 240,00 à época do delito (janeiro de 2004). Busca a impetração o reconhecimento do furto privilegiado, aplicando-se ao paciente pena de multa; para isso, alega que a conduta perpetrada pelo agente se amolda ao tipo previsto no art. 155, § 2º, do CP. Para o Min. Relator, a questão dos autos envolve admitir ou não, em nosso ordenamento jurídico, a figura do furto qualificado-privilegiado. Assevera que o acentuado desvalor de ação nas hipóteses de furto qualificado não pode ser abalado ou neutralizado pela configuração de dados componentes do furto privilegiado (menor desvalor de resultado e primariedade), visto que o furto privilegiado se identificaria com o furto bisonho de um réu primário. Afirma não guardar o furto privilegiado relação com as maneiras de agir (revoltantes e atrevidas) descritas no § 4º do art. 155 do CP (furto qualificado). Ademais, explica que, se o desvalor de resultado não distingue, em termos do bem jurídico patrimônio, o ilícito penal do ilícito civil, carece de sentido jurídico aceitar que, no furto, um menor desvalor de resultado possa nulificar o acentuado desvalor de ação (fator decisivo, aqui, na identificação do grau do injusto). Considera ainda o Min. Relator, entre outras questões, que, se fosse aplicado ao § 4º o disposto no § 2º, ter-se-ia acentuada diferença de tratamento penal na aplicação ao réu reincidente em comparação ao primário; no concurso de agentes, o primário ficaria com pena simbólica e o reincidente, com pena acima de dois anos de reclusão (dada a agravante), mas ressalta que a mesma situação poderia ocorrer em processos distintos. Observa, com base na doutrina e na jurisprudência, que, se fosse diferente, toda tentativa de furto seria, em verdade, tentativa de furto privilegiado. Conclui que, ainda que a *res furtiva* seja de pequeno valor (e não ínfimo, porquanto esse implicaria a incidência do princípio da insignificância) e o réu seja primário, não se aplica ao furto qualificado a minorante do § 2º do mesmo artigo e *codex* citados. Não obstante os abalizados argumentos do Min. Relator, a Turma, ao prosseguir o julgamento, concedeu a ordem, aderindo, por maioria, ao voto vista do Min. Jorge Mussi, de acordo com a mais recente orientação do Supremo Tribunal Federal a qual afirma não haver qualquer incompatibilidade teórica ou legal da incidência do privilégio do § 2º do art. 155 do CP às hipóteses de furto qualificado, desde que as qualificadoras sejam de ordem objetiva e que a pena final não fique restrita à multa. O voto vista aplicou, em favor do paciente, o privilégio do § 2º do art. 155 do CP, observando que sua pena definitiva ficou em oito meses de reclusão, substituída por prestação de serviços à comunidade por igual período em local e hora a serem designados pelo juízo da execução, além do pagamento de sete dias-multa, mantidos, no mais, a sentença e o acórdão impugnado. Também noticiou que a Sexta Turma deste Superior Tribunal vem reconhecendo a compatibilidade entre o furto qualificado e o privilégio disposto no § 2º do art. 155 do CP, conforme a orientação do STF. Precedentes citados do STF: HC 102.490-SP, DJe 18/6/2010; HC 97.034-MG, DJe 7/5/2010; HC 99.569-MG, DJe 12/3/2010; HC 99.581-RS, DJe 5/3/2010; HC 96.752-RS, DJe 14/8/2009; HC 96.843-RS, DJe 14/6/2009; no STJ: REsp 77.143-SP, DJ 10/6/1996; REsp 84.671-SP, DJ 17/2/1997; HC 124.238-MG, DJe 7/12/2009, e HC 118.206-MG, DJe 8/6/2009. **HC 157.684-SP, Rel. originário Min. Felix Fischer, Rel. para acórdão Min. Jorge Mussi, julgado em 7/12/2010.** (Inform. STJ 459)

GERENTE. INSTITUIÇÃO FINANCEIRA. FURTO QUALIFICADO. FRAUDE.

A Turma deu provimento ao recurso especial para subsumir a conduta do recorrido ao delito de furto qualificado pela fraude (art. 155, § 4º, II, do CP), não ao de estelionato (art. 171 do CP). *In casu*, o réu, como gerente de instituição financeira, falsificou assinaturas em cheques de titularidade de correntistas com os quais, por sua função, mantinha relação de confiança, o que possibilitou a subtração, sem obstáculo, de valores que se encontravam depositados em nome deles. Para o Min. Relator, a fraude foi utilizada para burlar a vigilância das vítimas, não para induzi-las a entregar voluntariamente a *res*. **REsp 1.173.194-SC, Rel. Min. Napoleão Nunes Maia Filho, julgado em 26/10/2010.** (Inform. STJ 453)

ERESP. RECEPTAÇÃO SIMPLES E QUALIFICADA. ART. 180, CAPUT, § 1º, DO CP.

In casu, conforme os autos, os embargados foram denunciados pela prática do delito de receptação qualificada, uma vez que, no mês de agosto de 2003, ficou constatado que eles tinham em depósito, no exercício de atividade comercial, diversos veículos que sabiam ser produto de crime. Processados, sobreveio sentença, condenando-os pela infração do art. 180, § 1º, do CP às penas de quatro anos e seis meses de reclusão em regime semiaberto e 30 dias-multa. Em sede de apelação, o tribunal *a quo* reduziu a pena para um ano e seis meses de reclusão, além de 15 dias-multa, sob o fundamento de que a pena estabelecida para o delito de receptação qualificada mostrava-se desproporcional à gravidade do crime. Segundo aquela corte, mais apropriada seria, na espécie, a fixação da pena nos limites previstos para a forma simples de receptação. Sobreveio, então, o REsp, ao qual, monocraticamente, foi negado seguimento, ensejando agravo regimental que também foi desprovido pela Sexta Turma deste Superior Tribunal. Nos embargos de divergência (EREsp), o MP ressaltou que a Quinta Turma do STJ, bem como o STF, vêm pronunciando-se sobre a matéria contra a possibilidade de aplicar a pena prevista no art. 180, *caput*, do CP quando caracterizada a forma qualificada do delito. A defesa, por sua vez, assinalou que, se acolhida a argumentação do embargante, haveria uma punição muito mais severa à receptação qualificada, praticada com dolo eventual, do que a prevista para a modalidade simples, mesmo com dolo direto. Nesse contexto, a Seção entendeu que, apesar dos fundamentos defensivos no sentido de que não seria razoável o agravamento da sanção do tipo penal qualificado, que traz como elemento constitutivo do tipo o dolo eventual, não há como admitir a imposição da reprimenda prevista para a receptação simples em condenação pela prática de receptação qualificada (crime autônomo). Assim, adotou o entendimento de que a pena mais severa cominada à forma qualificada do delito tem razão de ser, tendo em vista a maior gravidade e reprovação da conduta, uma vez que praticada no exercício de atividade comercial ou industrial. Observou tratar de opção legislativa, em que se entende haver a necessidade de repressão mais dura a tais condutas, por serem elas dotadas de maior lesividade. Desse modo, não existem motivos para negar a distinção feita pelo próprio legislador, atento aos reclamos da sociedade que representa, no seio da qual é mais reprovável a conduta praticada no exercício de atividade comercial, como ocorre no caso, cuja lesão exponencial resvala num sem número de consumidores, todos vitimados pela cupidez do comerciante que revende mercadoria espúria. Inviável, pois, sem negar vigência ao dispositivo infraconstitucional em questão e sem ofensa aos princípios da proporcionalidade e da razoabilidade constitucionalmente previstos, impor ao paciente, pela violação do art. 180, § 1º, do CP, a sanção prevista ao infrator do *caput* do referido artigo. Diante disso, acolheu, por maioria, os embargos a fim de reformar o acórdão embargado e dar provimento ao recurso especial, restabelecendo a condenação pela forma qualificada da receptação nos termos da sentença. Precedentes citados do STF: RE 443.388-SP, DJe 11/9/2009; do STJ: HC 128.253-SC, DJe 3/8/2009, e REsp 700.887-SP, DJ 19/3/2007. **EREsp 772.086-RS, Rel. Min. Jorge Mussi, julgados em 13/10/2010.** (Inform. STJ 451)

PERÍCIA. ARMA. FOGO. POTENCIALIDADE LESIVA. QUALIFICADORA.

A jurisprudência assente na Turma dispõe que, para incidir a majorante prevista no art. 157, § 2º, I, do CP, é imprescindível apreender a arma para, posteriormente, aferir sua potencialidade lesiva mediante perícia. No caso, o exame pericial constatou que ela não se encontrava apta para a realização de disparo, assim, afasta-se o acréscimo decorrente do emprego de arma. Logo, a Turma concedeu a ordem, afastando a mencionada qualificadora. Precedentes citados: HC 111.769-SP, DJe 3/8/2009, e AgRg no HC 111.143-RS, DJe 2/3/2009. **HC 118.439-SP, Rel. Min. Og Fernandes, julgado em 28/9/2010.** (Inform. STJ 449)

EXTORSÃO. SEQUESTRO. MORTE. CONSUMAÇÃO.
Trata-se de *habeas corpus* impetrado em favor da ora paciente condenada à pena de 26 anos de reclusão a ser cumprida no regime integralmente fechado, pela prática do crime de extorsão mediante sequestro com resultado morte, em que a defesa pretende a cassação da sentença criminal com a determinação de que se remetam os autos ao Tribunal do Júri, sob o argumento de que, na verdade, trata-se de crime contra vida, razão pela qual sustenta que não houve a correta tipificação penal. Aduz a defesa que os elementos constitutivos do tipo não se consumaram, pois não ocorreu a exigência de resgate, uma vez que todos os réus foram presos de imediato e o homicídio foi praticado anteriormente à extorsão. A Turma denegou a ordem, afastando a incidência do crime de homicídio ao fundamento de que a intenção dos agentes, inclusive da ora paciente, era pleitear o resgate no valor ajustado entre os acusados, sendo que a morte da vítima deu-se em decorrência de sua resistência e dos incessantes gritos de socorro. Registrou-se o ensinamento do Min. Assis Toledo manifestado em precedente deste Superior Tribunal no sentido de que a extorsão mediante sequestro qualificada pelo resultado morte não se descaracteriza quando a morte do próprio sequestrado ocorre no momento de sua apreensão, como ocorreu *in casu*. Precedentes citados: HC 87.764-SC, DJe 25/5/2009, e RHC 1.846-GO, DJ 20/4/1992. **HC 113.978-SP, Rel. Min. Og Fernandes, julgado em 16/9/2010.** (Inform. STJ 447)

FURTO. QUALIFICADORA. CONFISSÃO ESPONTÂNEA.
Cuida-se de *habeas corpus* em favor de paciente condenado como incurso nas sanções dos arts. 155, § 4.º III, c/c 14, II, ambos do CP, e 68, *caput*, do DL n. 3.688/1941, às penas de três anos, sete meses e dez dias de reclusão, em regime inicial fechado, e à de 150 dias-multa. Com base em precedentes deste Superior Tribunal, reafirmou-se que o uso da chave mixa para destrancar fechadura de automóvel com fim de viabilizar o acesso à *res furtiva* configura a qualificadora de emprego de chave falsa, o que atrai uma reprimenda maior e a incidência do art. 155, § 4º, III, do CP. Por outro lado, consta dos autos que o paciente, de fato, possuía maus antecedentes. Tais circunstâncias embasaram o aumento da pena-base. Também, ele era reincidente, fato que provocou a incidência da agravante prevista no art. 61, I, do CP. Segundo o Min. Relator, esses fatores foram valorados adequadamente: o primeiro, ao se fixar a pena-base e o segundo, por ocasião do reconhecimento da reincidência do paciente. Contudo ressalta que, embora a confissão espontânea do paciente tenha servido como fundamento para sua condenação, essa circunstância não pôde ser compensada em virtude da preponderância da circunstância agravante da reincidência sobre a atenuante de confissão espontânea, atendendo ao disposto do art. 67 do CP. Diante do exposto, a Turma denegou a ordem. Precedentes citados: REsp 889.187-SC, DJ 19/3/2007; HC 43.014-SP, DJ 29/6/2007; REsp 960.066-DF, DJe 14/4/2008, e AgRg no Ag 841.240-DF, DJ 25/6/2007. **HC 152.079-DF, Rel. Min. Felix Fischer, julgado em 12/8/2010.** (Inform. STJ 442)

ROUBO. FURTO. VIOLÊNCIA. MANUTENÇÃO. POSSE.
Consta da denúncia que o recorrido teria arrancado o relógio da vítima (avaliado em R$ 150,00) e, após, empreendido fuga, mas, em ato contínuo, a vítima reagiu e o perseguiu, oportunidade em que travaram luta corporal. Por isso, ele foi denunciado pela prática do crime de roubo impróprio tentado, visto que, segundo a exordial, a violência só foi perpetrada após a subtração da *res furtiva*, com o fito de garantir-lhe a posse. Contudo, no especial, o *Parquet* almeja a condenação do recorrido por tentativa de roubo simples ao argumento de que, desde o início, a vítima sofreu a violência para que se viabilizasse a subtração de seu patrimônio. Para tanto, haveria necessidade de aplicar o art. 384 do CPP (*mutatio libelli*) em segunda instância, o que é objetado pela Súm. n. 453-STF. Dessarte, visto não se adequar a conduta imputada ao tipo penal do art. 157, *caput*, do CP e ser impossível a *mutatio libelli* no recurso especial, é impossível a condenação do recorrido por tentativa de roubo simples. Também não há como restabelecer a sentença que o condenou por tentativa de roubo impróprio, porque se mostra incontroverso, no acórdão recorrido, que não houve emprego de violência para a manutenção da posse da *res*, circunstância elementar do tipo. Anote-se que o princípio da insignificância não deve ser aplicado ao caso, pois não se pode reconhecer a irrelevância penal da conduta. Assim, ao considerar a primariedade do réu e o pequeno valor da coisa furtada, o recorrido deve ser condenado às sanções do furto privilegiado tentado, sendo suficiente aplicar-lhe a pena de multa. **REsp 1.155.927-RS, Rel. Min. Felix Fischer, julgado em 18/5/2010. (Inform. STJ 435)**

TENTATIVA. FURTO. QUALIFICADORA.
Discute-se, no crime de tentativa de furto, se o rompimento de obstáculo (quebra do vidro de veículo para subtrair aparelho de som) tipifica o delito de furto qualificado e, se reconhecido tal rompimento, a pena aplicada fere o princípio da proporcionalidade. Para o Min. Relator, o rompimento de porta ou vidro para o furto do próprio veículo é considerado furto simples. Não seria razoável reconhecer como qualificadora o rompimento de vidro para furto de acessórios dentro de carro, sob pena de resultar a quem subtrai o próprio veículo menor reprovação. Assevera, assim, que, nos casos como dos autos, considerar o rompimento de obstáculo como qualificadora seria ofender o princípio da proporcionalidade da resposta penal, que determina uma graduação de severidade da pena em razão da prática do crime, apesar de a jurisprudência deste Superior Tribunal considerá-la como qualificadora. Com esse entendimento, a Turma, por maioria, concedeu a ordem de *habeas corpus*. Precedentes citados: AgRg no REsp 983.291-RS, DJe 16/6/2008, e REsp 1.094.916-RS, DJ 13/10/2009. **HC 152.833-SP, Rel. Min. Nilson Naves, julgado em 5/4/2010.** (Inform. STJ 429)

SUPERIORIDADE NUMÉRICA. FURTO QUALIFICADO.
O paciente, acompanhado de dois menores, subtraiu a mochila da vítima. Então, foi denunciado pela prática de roubo qualificado pelo concurso de agentes (art. 157, § 2º, II, do CP), ao se considerar a superioridade numérica também como a grave ameaça inerente àquele crime. Nesse contexto, a Turma, ao prosseguir o julgamento, apesar de conceder a ordem à unanimidade, entendeu, por maioria, tratar-se, sim, de furto qualificado, pois a denúncia não narrou qualquer violência ou grave ameaça, sendo demasiado dizer que ela estaria consubstanciada na causa que qualifica o crime. O Min. Nilson Naves entendia estar-se diante de roubo simples; pois, aceito tratar-se a superioridade numérica de grave ameaça, ela não poderia ser utilizada para também qualificar o roubo, sob pena de *bis in idem*. **HC 147.622-RJ, Rel. originário Min. Nilson Naves, Rel. para acórdão Min. Maria Thereza de Assis Moura, julgado em 9/3/2010.** (Inform. STJ 426)

ROUBOS. BANCO. ARMAS. VIGILANTES.
Trata-se de paciente condenado por infração aos arts. 157, § 2º, I e II, por três vezes combinado com os arts. 29, 70 e 71, parágrafo único, e 72, todos do CP. Alega a impetração que, na espécie, deveria ser aplicado o princípio da consunção, porque a subtração das armas dos vigilantes é fato necessário para a execução do crime de roubo de agência bancária. No caso em comento, o tribunal *a quo* considerou estarem caracterizados primeiro dois crimes distintos: o roubo à agência bancária e à empresa de segurança, com a subtração das armas dos vigilantes, depois houve um roubo de um carro para a fuga do local. Ressalta o Min. Relator que há, nos autos, informação de que as armas subtraídas dos vigilantes não teriam sido usadas na execução do roubo. As armas utilizadas no evento criminoso foram passadas aos agentes por terceira pessoa não identificada, pela janela da agência bancária, com elas é que foram rendidos os vigilantes e subtraídas suas armas. Explica que, no caso, a conduta do paciente ao praticar o roubo à agência, subtrair as armas dos vigilantes e roubar o automóvel consistiu uma única ação, embora atingidas pessoas distintas, o que caracteriza o concurso formal de delitos previsto na primeira parte do art. 70 do CP. Observou que o não reconhecimento do concurso formal de delitos caracteriza constrangimento ilegal, devendo-se adequar as penas aplicadas. Por outro lado, a circunstância de ter a sentença condenatória transitado em julgado não impede a adequação das penas. Nesse contexto, a Turma concedeu a ordem em parte, ficando mantido o regime fechado. Precedentes citados: HC 43.704-PR, DJ 26/9/2005; REsp 662.999-RS, DJ 21/2/2005; HC 10.452-RJ, DJ 20/3/2000, e HC 78.153-MS, DJ 17/3/2008. **HC 145.071-SC, Rel. Min. Celso Limongi (Desembargador convocado do TJ-SP), julgado em 2/3/2010.** (Inform. STJ 425)

ROUBO. ARMA BRANCA. MAJORANTE.
Trata-se de roubo qualificado pelo emprego de arma branca (art. 157, § 2º, I, do CP) e o impetrante pleiteia a concessão da ordem para que seja cancelada a agravante. Inicialmente, destacou o Min. Relator que a orientação da Sexta Turma em reiterados julgados é no sentido de que, para a aplicação da causa de aumento pelo uso de arma, é imprescindível a apreensão dela, a fim de que sua potencialidade lesiva seja apurada e atestada por um *expert*. Exemplificou que, nos casos em que não há apreensão, mas a vítima e demais testemunhas afirmam de forma coerente que houve disparo com a arma de fogo, não é necessária a apreensão e a perícia do objeto para constatar que a arma possuía potencialidade lesiva e não era de brinquedo, uma vez que sua eficácia mostra-se evidente. Contudo, nos demais casos, sua apreensão é necessária. Isso decorre da mesma raiz hermenêutica que inspirou a revogação da Súm. n. 174-STJ. A referida súmula, que autorizava a exasperação da pena quando do emprego de arma de brinquedo no roubo, tinha como embasamento a teoria de caráter subjetivo. Autorizava-se o aumento da pena em razão da maior intimidação que a imagem da arma de fogo causava na vítima. Então, em sintonia com o princípio da exclusiva tutela de bens jurídicos, imanente ao Direito Penal do fato, próprio do Estado democrático de direito,

a tônica exegética passou a recair sobre a afetação do bem jurídico. Assim, reconheceu-se que o emprego de arma de brinquedo não representava maior risco para a integridade física da vítima; tão só gerava temor nela, ou seja, revelava apenas fato ensejador da elementar "grave ameaça". Do mesmo modo, não se pode exacerbar a pena de forma desconectada da tutela do bem jurídico, ao se enfrentar a questão da arma branca. Afinal, sem a apreensão, como seria possível aferir sua potencialidade? Sem a perícia, como saber se a faca utilizada não estava danificada? Logo, sob o enfoque do conceito fulcral de interpretação e aplicação do Direito Penal (o bem jurídico), não se pode majorar a pena pelo emprego de arma de fogo sem a apreensão e a perícia para determinar se o instrumento utilizado pelo paciente, de fato, era uma arma de fogo, circunstância apta a ensejar o maior rigor punitivo. Portanto, no caso, cabe o cancelamento da agravante referente ao uso de arma branca. Diante disso, a Turma concedeu a ordem. **HC 139.611-MG, Rel. Min. Celso Limongi (Desembargador convocado do TJ-SP), julgado em 18/2/2010.** (Inform. STJ 423)

APROPRIAÇÃO INDÉBITA. CONTRIBUIÇÃO PREVIDENCIÁRIA.
É cediço que, conforme recente orientação do STF, o esgotamento da via administrativa na qual se discute a exigibilidade do tributo é condição de procedibilidade para a instauração de inquérito policial a fim de apurar o delito tipificado no art. 168-A, § 1º, I, do CP e esse entendimento passou a nortear os julgados sobre a matéria neste Superior Tribunal. Também se destacou que a matéria está de novo sob exame do STF, mas, como até agora não há decisão do tema na Corte Suprema, continua a prevalecer o entendimento jurisprudencial de ser necessário o esgotamento da via administrativa para o início de apuração da apropriação indébita da contribuição previdenciária. Isso posto, no caso, ressalta o Min. Relator que, conforme informação contida nos autos, são dois lançamentos, um deles foi impugnado pela via administrativa e o outro não. Assim, a Turma, ao prosseguir o julgamento, concedeu parcialmente a ordem de HC para trancar o inquérito quanto à notificação fiscal de um deles em razão do recurso administrativo pendente. Precedentes citados: RHC 22.717-PR, DJe 29/6/2009, e HC 96.348-BA, DJe 4/8/2008. **HC 97.789-SP, Rel. Min. Napoleão Nunes Maia Filho, julgado em 3/12/2009.** (Inform. STJ 418)

APROPRIAÇÃO INDÉBITA. DESÍDIA.
Na espécie, o denunciado apanhou emprestada a bicicleta pertencente à vítima, com a finalidade de adquirir alguns suprimentos para realizar um churrasco. Horas após, retornou à residência da vítima sem a bicicleta, alegando não se lembrar sequer de tê-la pedido emprestado. Passados 20 dias dos fatos, a vítima conseguiu reaver a bicicleta que estava abandonada no estabelecimento comercial onde o paciente efetuou as citadas compras. Foi denunciado por apropriação indébita e condenado à pena de um ano e seis meses de reclusão, estabelecido o regime inicial semiaberto para o cumprimento da pena. Para o Min. Nilson Naves, o Relator, o crime requer uma especial finalidade – a intenção do agente em obter um proveito, que não há de ser necessariamente econômico, bastando que seja injusto. É indispensável que a negativa ou omissão seja precedida ou acompanhada de circunstâncias que inequivocamente revelem o arbitrário *animus rem sibi habendi* ou que não haja nenhum fundamento legal ou motivo razoável para a recusa. Com efeito, a simples desídia no omitir não caracteriza a apropriação. No caso, o paciente não auferiu proveito algum em razão do empréstimo. Como, então, atestar a vontade inequívoca de não restituir a *res*? Há sérias dúvidas da tipicidade do fato, visto que a ação de apropriar-se ficou a meio caminho – se o crime é um fato típico e antijurídico, como se falar em conduta penalmente punível se o elemento subjetivo não se ultimou? Assim, entendeu que não há justa causa para a ação penal fundada no art. 168, *caput*, do CP. Diante disso, a Turma concedeu a ordem. Precedentes citados: HC 36.824-RR, DJ 6/6/2005; HC 5.308-RS, DJ 1º/6/1998, e RHC 22.914-BA, DJe 24/11/2008. **HC 92.828-MS, Rel. Min. Nilson Naves, julgado em 5/11/2009.** (Inform. STJ 414)

APROPRIAÇÃO INDÉBITA PREVIDENCIÁRIA. INQUÉRITO. PROCESSO CÍVEL PENDENTE.
Trata-se de HC no qual se busca trancar o inquérito policial que apura a ocorrência de delito previsto no art. 168-A do CP. A instauração do mencionado inquérito decorreu de fiscalização na empresa do ora paciente que resultou na existência de débito referente à notificação fiscal de lançamento de débito (NFLD). Ocorre que houve compensação administrativa da NFLD com um crédito do paciente perante a Previdência Social, a qual, posteriormente e sem notificação prévia, foi desfeita. Assim, o paciente ajuizou uma ação ordinária na qual foi concedida uma antecipação de tutela a fim de responder à exigibilidade do crédito da NFLD. Uma vez suspensa a exigibilidade do crédito previdenciário, necessário o exaurimento de instância cível para a condição de procedibilidade em eventual ação penal, pois somente deveria ser repassada a contribuição quando houvesse certeza de sua existência, seu valor e sua exigibilidade. Contudo, não é caso de trancamento do inquérito policial. Deve-se suspender o inquérito até a decisão final na esfera cível. Deve-se aguardar o seu resultado para então verificar se há justa causa, pois a tipicidade do crime pelo qual foi acusado necessita da solução definitiva no cível. **HC 146.013-MS, Rel. Min. Maria Thereza de Assis Moura, julgado em 20/10/2009.** (Inform. STJ 412)

HC. ESTELIONATO JUDICIÁRIO.
In casu, o paciente, juntamente com outras pessoas, teria levado o juízo cível a erro e, assim, obtido vantagem supostamente indevida, em ação judicial que culminou na condenação da União ao pagamento de valores, o que, no entendimento da acusação, caracterizaria estelionato. Em *habeas corpus* (HC) perante o Tribunal *a quo*, buscou-se o trancamento da ação penal por ausência de justa causa, mas a ordem foi denegada. Discutiu-se a possibilidade de se praticar o tipo do crime previsto no art. 171 do CP na seara judicial, denominado pela jurisprudência e doutrina de "estelionato judiciário". Nesta instância, entendeu-se que as supostas manobras e inverdades no processo podem configurar deslealdade processual e infração disciplinar, mas não crime de falso e estelionato. O caso carece de tipicidade penal; estranho, portanto, à figura do estelionato, mais ainda à do denominado estelionato judiciário. Com esses fundamentos, entre outros, a Turma, ao prosseguir o julgamento, por maioria, concedeu a ordem. Precedentes citados: RHC 2.889-MG, DJ 7/3/1994, e REsp 878.469-RJ, DJ 29/6/2007. **HC 136.038-RS, Rel. Min. Nilson Naves, julgado em 1º/10/2009.** (Inform. STJ 409)

ESTELIONATO. PROMESSA. COMPRA E VENDA.
O paciente, mediante procuração que não lhe conferia poderes para alienar imóvel, firmou promessa de compra e venda com a vítima, que lhe pagou a importância avençada no contrato sem, contudo, ser investida na posse. Mesmo diante da discussão a respeito de o contrato de promessa de compra e venda poder configurar o tipo do art. 171, § 2º, I, do CP, o acórdão impugnado mostrou-se claro em afirmar que o paciente efetivamente alienou o imóvel que não era de sua propriedade mediante essa venda mascarada, da qual obteve lucro sem efetuar sua contraprestação por absoluta impossibilidade de fazê-la, visto que não era o proprietário do lote que, de fato, vendeu. Daí ser, no caso, inequívoca a tipicidade da conduta, mesmo que perpetrado o crime mediante a feitura de promessa, não se podendo falar, assim, em trancamento da ação penal. Precedente citado: HC 68.685-SP, DJ 10/9/2007. **HC 54.353-MG, Rel. Min. Og Fernandes, julgado em 25/8/2009.** (Inform. STJ 404)

ESTELIONATO. FORNECIMENTO. SUCATA.
O paciente, proprietário de uma empresa dedicada ao comércio de ferro-velho, foi denunciado pela suposta prática do delito descrito no art. 171, § 2º, IV, do CP, por fornecer a uma companhia siderúrgica sucatas com diversas impurezas, tais como pedras, areia, madeiras e outros objetos, alterando a qualidade e quantidade do produto, com o propósito, em tese, de obter vantagem ilícita. O acusado fornecia, há muito, esse tipo de mercadoria para a vítima. Porém, pela simples leitura dos autos, sem qualquer incursão pela seara fático-probatória, não se vislumbrou suficientemente demonstrado o dolo na conduta do paciente em induzir ou manter a siderúrgica em erro, bem como qualquer obtenção de vantagem ilícita para si ou sequer o prejuízo alheio. Inexistindo previsão legal no ordenamento pátrio para enquadramento do paciente como sujeito ativo do crime tipificado no art. 171, § 2º, IV, do CP, por mero inadimplemento de obrigação contratual e, não narrando a denúncia, conforme exigência do art. 41 do CPP, indicativo de eventual conduta ilícita perpetrada pelo acusado, a Turma entendeu que a continuidade da ação penal configura constrangimento ilegal. Precedentes citados do STF: HC 87.441-PE, DJe 13/3/2009; do STJ: HC 63.655-SP, DJe 5/5/2008; HC 46.296-PB, DJ 14/11/2005; HC 84.715-CE, DJ 5/11/2007; HC 26.656-SC, DJe 7/4/2008, e RHC 21.359-SP, DJe 19/5/2008. **HC 55.889-ES, Rel. Min. Og Fernandes, julgado em 25/8/2009.** (Inform. STJ 404)

ROUBO. CAUSA. AUMENTO. ARMA. GARFO.
O paciente, denunciado pela prática de roubo, insurge-se contra a aplicação da causa de aumento de pena por emprego de arma (art. 157, § 2º, I, do CP), no caso, um garfo de cozinha, que não foi apreendido ou submetido à perícia. Neste Superior Tribunal, o Ministro Relator originário aplicou o entendimento de ser dispensável a apreensão da arma ou a realização de exame pericial para aplicar aquela causa de aumento quando presentes outros elementos probatórios que demonstrem seu efetivo uso no crime. Diante da dúvida, quanto ao material de fabrico do garfo e a seu potencial ofensivo, a Turma, no caso, entendeu, por maioria, conceder a ordem. **HC 131.387-RJ, Rel. originário Min. Og Fernandes, Rel. para acórdão Min. Celso Limongi (Desembargador convocado do TJ-SP), julgado em 21/5/2009.** (Inform. STJ 395)

ROUBO CIRCUNSTANCIADO. ARMA BRANCA NÃO APREENDIDA.
A Turma, denegou a ordem de *habeas corpus* ao entendimento (já consolidado na jurisprudência) de que, no crime de roubo, quando existem outros elementos comprobatórios que levam a admitir a autoria imputada ao réu, não é necessária a apreensão da arma ou sua perícia para o aumento da pena pelo seu uso, conforme previsto no art. 157, § 2º, I, do CP. Nas instâncias ordinárias, ficou comprovado que o ora paciente ingressou num vagão de trem armado de um estilete e que, sob ameaça, subtraiu dinheiro e o celular da vítima, a qual depois o reconheceu. Precedentes citados: HC 96.407-SP, DJ 4/8/2008, e HC 91.294-SP, DJ 23/6/2008. **HC 127.661-SP, Rel. Min. Laurita Vaz, julgado em 14/5/2009.** (Inform. STJ 394)

FURTO QUALIFICADO. DOSIMETRIA. PENA.
O paciente insurge-se contra a pena-base e a incidência da qualificadora prevista no art. 155, § 4º, I, do CP, isso porque ele destruiu vidro traseiro de veículo para subtrair objeto do seu interior. Para o Min. Relator a súplica não pode prosperar quanto à qualificadora, uma vez que, conforme a jurisprudência deste Superior Tribunal, o rompimento de obstáculo (no caso, o vidro) para subtração de objeto no interior do veículo qualifica o furto, embora também a jurisprudência reconheça como furto simples o fato de levar o automóvel após arrombá-lo. Ressalta ainda seu ponto de vista nos dois casos, observando que não poderia prevalecer entendimento desigual, entretanto se curva à posição do colegiado. Na ocasião, comentou-se a possibilidade de reavaliar tal posicionamento. Com relação à pena-base, explica o Min. Relator, está incorreta a decisão *a quo*, por ter sido majorada com base em dados insuficientes quanto à personalidade do agente, e de ofício constatou que a confissão extrajudicial do paciente serviu como fundamento para sua condenação, mas não foi reconhecida como atenuante (art. 65, III, **d**, do CP). Diante desses fatos, a Turma concedeu parcialmente a ordem para anular a sentença condenatória unicamente no que concerne à dosimetria da pena, para que outra seja proferida com nova e motivada fixação da reprimenda. Precedentes citados do STF: HC 91.654-PR, DJe 7/11/2008; do STJ: REsp 875.918-RS, DJ 5/2/2007; HC 42.658-MG, DJ 22/8/2005; REsp 745.530-RS, DJ 12/6/2006; HC 116.541-SP, DJe 2/3/2009; HC 51.427-MS, DJ 5/6/2006, e HC 47.950-MS, DJ 10/4/2006. **HC 127.464-MG, Rel. Min. Felix Fischer, julgado em 5/5/2009.** (Inform. STJ 393)

APROPRIAÇÃO INDÉBITA PREVIDENCIÁRIA. PROCESSO ADMINISTRATIVO PENDENTE.
A Turma concedeu a ordem para suspender o inquérito policial até o julgamento definitivo do processo administrativo, por entender que, enquanto houver processo administrativo questionando a existência, o valor ou a exigibilidade de contribuição social, é atípica a conduta prevista no art. 168-A do CP, que tem, como elemento normativo do tipo a existência da contribuição devida a ser repassada. Não importa violação da independência das esferas administrativa e judiciária o aguardo da decisão administrativa, a quem cabe efetuar o lançamento definitivo. **HC 128.672-SP, Rel. Min. Maria Thereza de Assis Moura, julgado em 5/5/2009.** (Inform. STJ 393)

EMPREGO. ARMA. FOGO. APREENSÃO. PERÍCIA. NECESSIDADE.
A Turma, por maioria, mesmo após recente precedente do STF em sentido contrário, reiterou seu entendimento de que é necessária a apreensão da arma de fogo para que possa implementar o aumento da pena previsto no art. 157, § 2º, I, do CP. Com a ausência da apreensão e perícia da arma, não se pode apurar sua lesividade e, portanto, o maior risco para a integridade física da vítima. Precedentes citados do STF: HC 96.099-RS, DJ 10/3/2009; HC 92.871-SP, DJ 6/3/2009; HC 95.142-RS, DJ 5/12/2008; do STJ: HC 36.182-SP, DJ 21/3/2008; HC 100.906-MG, DJ 9/6/2008, e HC 105.321-PA, DJ 27/5/2008. **HC 99.762-MG, Rel. Min. Maria Thereza de Assis Moura, julgado em 10/3/2009.** (Inform. STJ 386)

ESTELIONATO. INSS. AUXÍLIO-DOENÇA. PRESCRIÇÃO.
O estelionato contra a Previdência Social (art. 171, § 3º, do CP) deve ser considerado crime instantâneo de efeitos permanentes e, se assim é, consuma-se com o recebimento da primeira prestação do benefício indevido, termo *a quo* que deve ser observado para a contagem do lapso prescricional da pretensão punitiva. Precedentes citados do STJ: HC 90.451-RJ, DJ 19/12/2008 e REsp 964.335-RJ, DJ 10/12/2007; do STF: HC 82.965-RN, DJ 28/3/2008 e HC 84.998-RS, DJ 16/9/2005. **HC 121.336-SP, Rel. Min. Celso Limongi (Desembargador convocado do TJ-SP), julgado em 10/3/2009.** (Inform. STJ 386)

HC. RECEPTAÇÃO QUALIFICADA. SUBSTITUIÇÃO. PENA.
A hipótese é de receptação qualificada (art. 180, § 1º, do CP), mediante a qual o paciente, dono de frigorífico, adquiriu, no exercício de atividade comercial, uma carga de 21,5 toneladas de carne (produto de crime). Foi condenado à pena de três anos de reclusão em regime inicial aberto e a dez dias-multa, fixado o valor da unidade em cinco salários mínimos, como incurso nas penas do art. 180, § 1º, do CP. A pena privativa de liberdade foi substituída pela restritiva de direitos de prestação pecuniária no valor de cinco salários mínimos mensais durante a condenação. A insurgência é contra o valor da unidade do dia-multa, o valor da prestação pecuniária e o fato de ter sido fixado pagamento de custas processuais no valor de cem UFSP em decorrência de lei posterior ao delito, que, portanto, não deveria retroagir. A Min. Relatora concedia a ordem em menor extensão. Já o Min. Nilson Naves, à vista de precedente de sua relatoria, trazendo lições doutrinárias e refletindo sobre as imperfeições formais e materiais do mencionado § 1º, fruto da Lei n. 9.426/1996, que, em suma, determina que o fato menos grave é apenado mais severamente, entendeu dever ser desconsiderado o preceito secundário do referido § 1º. Assim, adotando as diretrizes originariamente postas pela sentença, fixou a pena-base em um ano de reclusão, concedendo a ordem em maior extensão. Relativamente ao mais, votou em conformidade com a Min. Relatora. Precedentes citados do STJ: HC 101.531-MG, DJ 16/6/2008. **HC 109.780-SP, Rel. originária Min. Jane Silva (Desembargadora convocada do TJ-MG), Rel. para acórdão Min. Nilson Naves, julgado em 16/12/2008.** (Inform. STJ 381)

FURTO. PRIVILÉGIO. QUALIFICADORA.
A Turma entendeu que, no furto qualificado pelo concurso de agentes, não há óbice ao reconhecimento do privilégio, desde que estejam presentes os requisitos ensejadores de sua aplicação, quais sejam, a primariedade do agente e o pequeno valor da coisa furtada, o que ocorreu no caso. Assim, assentou-se que, no crime de furto, é possível a aplicação simultânea do privilégio e da citada qualificadora. Nesse contexto, foi concedida parcialmente a ordem de *habeas corpus* para reconhecer o furto privilegiado e, conseqüentemente, mitigar a pena anteriormente imposta. Estendeu-se essa decisão ao co-réu. **HC 96.140-MS, Rel. Min. Jorge Mussi, julgado em 2/12/2008.** (Inform. STJ 379)

DELAÇÃO PREMIADA. FORNECIMENTO. NÚMERO. TELEFONE.
No caso de extorsão mediante seqüestro (art. 159 do CP), não se considera vc (§ 4º do referido artigo) o fato de o paciente, depois de preso, apenas fornecer o número de telefone de seu comparsa, visto que, em nenhum momento, facilitou a resolução do crime ou influenciou a soltura da vítima. Precedente citado: HC 92.922-SP, DJe 10/3/2008. **HC 107.916-RJ, Rel. Min. Og Fernandes, julgado em 7/10/2008.** (Inform. STJ 371)

FURTO QUALIFICADO. ROMPIMENTO. OBSTÁCULO. PERÍCIA.
A Turma, por maioria, entendeu que, para a aplicação da causa de aumento do art. 155, § 4º, I, do CP, é necessária a realização de perícia (se viável). Os votos vencidos entendiam que o rompimento do obstáculo poderia ser demonstrado por outros meios de prova, tais como a testemunhal ou a documental. **AgRg no REsp 942.341-RS, Rel. originário Min. Hamilton Carvalhido, Rel. para acórdão Min. Maria Thereza de Assis Moura, julgado em 7/10/2008.** (Inform. STJ 371)

APROPRIAÇÃO INDÉBITA PREVIDENCIÁRIA. CRÉDITO TRIBUTÁRIO.
Cinge-se a questão em saber se, em relação ao delito de apropriação indébita previdenciária, previsto no art. 168-A do CP, faz-se necessário o exaurimento da via administrativa em que se discute a exigibilidade do crédito tributário. Isso posto, a Turma negou provimento ao recurso ao entendimento de que, em relação ao delito de apropriação indébita previdenciária, exige-se a constituição definitiva do crédito tributário para que se dê início à persecução criminal. Precedentes citados: HC 96.348-BA, DJ 4/8/2008, e HC 82.397-RJ, DJ 19/5/2008. **REsp 1.028.984-MT, Rel. Min. Felix Fischer, julgado em 2/10/2008.** (Inform. STJ 370)

ROUBO. ARMA. PERÍCIA. ÔNUS.
Os pacientes foram condenados ao regime fechado pela prática de roubo em concurso de pessoas e com emprego de arma (art. 157, § 2º, I e II, do CP). Alegam que a arma não foi apreendida, quanto mais sujeita à perícia, a afastar, assim, a respectiva qualificadora. Diante disso, ao prosseguir o julgamento pelo voto-vista do Min. Felix Fischer, a Turma confirmou o acerto da imposição do regime fechado (há circunstâncias subjetivas desfavoráveis) e reiterou que a falta de apreensão e perícia da arma pode muito bem ser suprida pela firmeza da prova testemunhal (art. 167 do CPP), tal como no caso. Porém não chegou a aderir ao entendimento do Min. Relator de que o ônus da prova da falta de potencial lesivo da arma deva ser dos acusados por força do art. 156 do CPP. Precedentes citados do STF: HC 84.032-SP, DJ 30/4/2004; do STJ: REsp 838.154-RS, DJ 18/12/2006; REsp 822.161-RS, DJ 30/10/2006; REsp 265.026-PB, DJ 1º/7/2002, e HC 18.818-SP, DJ 15/4/2002. **HC 99.597-SP, Rel. Min. Napoleão Nunes Maia Filho, julgado em 23/9/2008.** (Inform. STJ 369)

CHEQUE PRÉ-DATADO. ESTELIONATO.

O paciente entregou cheques a seu irmão e ele utilizou-os na aquisição de mercadorias junto à vítima, um comerciante. Sucede que os cheques foram sustados pelo paciente e, após, foram resgatados por seu irmão em troca de outros emitidos por sua filha, sobrinha do paciente, cheques igualmente sustados, o que frustrou o pagamento em prejuízo, mais uma vez, da vítima. Ordem de *habeas corpus* foi impetrada no Tribunal de Justiça em favor da sobrinha, ao final concedida por tratar-se de cheques pré-datados entregues à vítima para saldar débito preexistente, o que afasta o estelionato. Nesta sede, a Turma, igualmente, entendeu conceder a ordem ao paciente e, por extensão, a seu irmão, visto que os cheques em questão foram emitidos em garantia de dívida (preexistente o débito), anotando que o paciente sequer era devedor, quanto mais que a própria vítima, em depoimento dado em juízo, afirmou tratar-se de cheques pré-datados (Súm. n. 246-STF). Precedente citado: RHC 20.600-GO, DJ 25/2/2008. **HC 96.132-SP, Rel. Min. Nilson Naves, julgado em 7/8/2008.** (Inform. STJ 362)

AUMENTO. PENA. ARMA BRANCA. PERÍCIA.

Mostra-se desnecessária a apreensão e submissão à perícia da faca utilizada no roubo seguido de estupro para que se aplique a causa de especial aumento de pena (art. 157, § 2°, I, do CP). Isso porque, no caso, a potencialidade lesiva da arma é presumida diante da existência de depoimento firme e coerente da vítima a atestar seu efetivo uso nos delitos. Precedentes citados: HC 83.479-DF, DJ 1°/10/2007, e HC 85.233-SP, DJ 22/10/2007. **HC 96.407-SP, Rel. Min. Jorge Mussi, julgado em 19/6/2008.** (Inform. STJ 360)

HC. CHEQUE. GARANTIA. DÍVIDA. SUSTAÇÃO.

Para a Min. Relatora originária, a ação penal deveria prosseguir para que no seu curso, fossem os fatos definitivamente esclarecidos, bastando por ora, a presença das provas mencionadas na denúncia. A circunstância ainda obscura quanto à sustação do pagamento por meio de declaração de extravio ou boletim de ocorrência de roubo do cheque, que, em tese, poderia ser considerado um meio fraudulento para a obtenção de vantagem ilícita, nos termos da denúncia, é um fato típico que deve ser esclarecido. Porém, verificou-se empate na votação, prevalecendo a decisão mais favorável ao réu. A Turma concedeu a ordem nos termos do voto do Min. Nilson Naves, para quem a emissão de cheque como garantia de dívida não configura o crime do art. 171, § 2°, VI, do Código Penal (estelionato). No caso, o próprio ofendido (credor) não demonstrou claramente que se cuidava de ordem de pagamento à vista, ao contrário, afirmou tratar-se de pagamento a prazo; descaracterizou, portanto, o crime de estelionato. Precedentes citados: RHC 20.600-GO, DJ 25/2/2008; HC 11.984-PB, DJ 12/6/2000, e RHC 9.221-MT, DJ 3/4/2000. **HC 103.449-SP, Rel. originária Min. Jane Silva (Desembargadora convocada do TJ-MG), Rel. para acórdão Min. Nilson Naves, julgado em 12/6/2008.** (Inform. STJ 359)

TENTATIVA. FURTO. QUALIFICADO. OBJETOS. CARRO.

É pacífica a jurisprudência deste Superior Tribunal no sentido de que a subtração de objetos que se encontram no interior de veículo mediante rompimento de obstáculo, no caso, quebra da janela, qualifica o delito de furto, agravando-o, conforme o disposto no art. 155, § 4°, I, do CP. Assim, o Tribunal *a quo* não poderia afastar a qualificadora do rompimento de obstáculo e aplicar analogicamente ao crime de furto a causa especial de aumento da pena prevista para o crime de roubo em concurso de pessoas (art. 57, § 2°, II, do CP). Com esse entendimento, a Turma manteve a decisão recorrida, tendo em conta que o agravante não desconstituiu os fundamentos adotados monocraticamente pelo Relator. Precedentes citados: REsp 702.844-RS, DJ 13/6/2005; REsp 554.676-RS, DJ 2/8/2004, e AgRg no REsp 987.172-RS, DJ 24/3/2008. **AgRg no REsp 983.291-RS, Rel. Min. Paulo Gallotti, julgado em 27/5/2008.** (Inform. STJ 357)

APROPRIAÇÃO INDÉBITA. CONTRIBUIÇÃO PREVIDENCIÁRIA. PARCELAMENTO.

A questão está em saber se o simples parcelamento do débito de que dispõe o art. 34 da Lei n. 9.249/1995, na vigência desta lei, extingue a punibilidade dos crimes de apropriação indébita de contribuições previdenciárias. No caso, houve o parcelamento do débito antes do recebimento da denúncia, impondo-se, dessa forma, a declaração da extinção da punibilidade do crime (art. 34 da mencionada lei). Precisamente por consistir em uma das hipóteses de pagamento, o parcelamento do débito, desde que anterior ao recebimento da denúncia, afasta a justa causa da ação penal e determina a extinção da punibilidade do respectivo delito. Precedentes citados: RHC 13.047-SP, DJ 2/8/2004; EREsp 229.496-RS, DJ 3/2/2003; REsp 378.799-RS, DJ 16/6/2003, e REsp 403.622-RN, DJ 30/6/2003. **AgRg no REsp 1.026.214-RS, Rel. Min. Hamilton Carvalhido, julgado em 29/4/2008.** (Inform. STJ 354)

ROUBO. ARMA. APREENSÃO.

A Turma, por maioria, reiterou que, para caracterizar-se a causa de aumento prevista no art. 157, § 2°, I, do CP, há a necessidade de apreender e realizar perícia na arma, com o intuito de constatar sua potencialidade lesiva, a menos que sua eficácia evidencie-se incontroversa por outros meios de prova, tais como o relato de testemunhas ou vítimas. *In casu,* retirada a causa de aumento, a pena deve ser fixada em seu mínimo legal, a modificar o regime de cumprimento da pena. O Min. Paulo Gallotti acompanhou esse entendimento com ressalvas. Precedentes citados do STF: HC 72.315-MG, DJ 26/5/1995; do STJ: HC 59.350-SP, DJ 25/5/2007; HC 36.182-SP, DJ 21/3/2005; AgRg no HC 79.973-SP, DJ 10/12/2007, e HC 88.060-SP, DJ 17/12/2007. **HC 97.376-SP, Rel. Min. Jane Silva (Desembargadora convocada do TJ-MG), julgado em 22/4/2008.** (Inform. STJ 353)

RECEPTAÇÃO QUALIFICADA. PENA.

É consabido que há imperfeições (formal e material) no § 1° do art. 180 do CP quanto ao crime de receptação qualificada, pois o fato menos grave é apenado mais severamente. Inclusive, é da tradição brasileira e estrangeira uma menor punibilidade para a receptação em relação ao crime tido por originário. Porém, devido à atual redação do § 1°, determinada pela Lei n. 9.426/1996, o dolo eventual (que também determina o reconhecimento da prática de receptação culposa) transformou a punibilidade de menor (menos grave) em maior (mais grave). Fala-se na inconstitucionalidade do referido § 1°, mas melhor aqui seria desconsiderar esse preceito secundário. Com esse entendimento, adotado pela maioria, a Turma concedeu a ordem a fim de substituir a reclusão de três a oitos anos prevista no § 1° pela de um a quatro anos do *caput* do art. 180 do CP, e fixou a pena, definitivamente, em um ano e dois meses de reclusão, ao seguir as diretrizes originalmente adotadas pela sentença, considerada aí a reincidência e a multa lá fixada. Note-se que o início de cumprimento da pena privativa de liberdade dar-se-á no regime aberto. **HC 101.531-MG, Rel. Min. Nilson Naves, julgado em 22/4/2008.** (Inform. STJ 353)

FURTO QUALIFICADO. RELAÇÃO SUBJETIVA DE CONFIANÇA. QUALIFICADORA.

O furto praticado por agente diarista contratada em função de boas referências, a quem foram entregues as próprias chaves do imóvel enquanto viajavam os patrões, caracteriza, certamente, a forma qualificada prevista no artigo 155, § 4°, II, do CP. **HC 82.828-MS, Rel. Min. Hamilton Carvalhido, julgado em 21/2/2008.** (Inform. STJ 345)

ROUBO. ARMA. APREENSÃO. PERÍCIA.

O impetrante pretende o afastamento da qualificadora do emprego de arma visto não ter sido esta apreendida e periciada. Para a Min. Relatora, se a arma não é apreendida e periciada nos casos em que não se pode aferir a sua eficácia, não há como a acusação provar que ela poderia lesionar mais severamente o bem jurídico tutelado, caso em que se configura crime de roubo por inegável existência de ameaça, todavia não se justifica a incidência da causa de aumento, que se presta a reprimir, de forma mais gravosa, aquele que atenta gravemente contra o bem jurídico protegido. Nos casos em que não há apreensão, mas a vítima e demais testemunhas afirmam de forma coerente que houve disparo com a arma de fogo, especificamente nesse tipo de caso, não é necessária a apreensão e a perícia do objeto para constatar que a arma possuía potencialidade lesiva e não era de brinquedo, uma vez que sua eficácia mostra-se evidente. Contudo, nos demais casos, sua apreensão é necessária. Isso decorre, como afirma a Ministra Maria Thereza de Assis Moura, da mesma raiz hermenêutica que inspirou a revogação da Súmula n. 174 deste Superior Tribunal. A referida súmula que, anteriormente, autorizava a exasperação da pena quando do emprego de arma de brinquedo no roubo tinha como embasamento teoria de caráter subjetivo. Autorizava-se o aumento da pena em razão da maior intimidação que a imagem da arma de fogo causava na vítima. Então, em sintonia com o princípio da exclusiva tutela de bens jurídicos, imanente ao Direito Penal do fato, próprio do Estado democrático de direito, a tônica exegética passou a recair sobre a afetação do bem jurídico. Assim, reconheceu-se que o emprego de arma de brinquedo não representava maior risco para a integridade física da vítima; tão só gerava temor nesta, ou seja, revelava apenas fato ensejador da elementar "grave ameaça". Do mesmo modo, não se pode incrementar a pena de forma desconectada da tutela do bem jurídico ao se enfrentar a hipótese em exame. Afinal, sem a apreensão, como seria possível dizer que a arma do paciente não era de brinquedo ou se encontrava desmuniciada? Sem a perícia, como seria possível dizer que a arma do paciente não estava danificada? Logo, à luz do conceito fulcral de interpretação e aplicação do Direito Penal - o bem jurídico - não se pode majorar a pena pelo emprego de arma de fogo sem a apreensão e a realização de perícia para se determinar que o instrumento utilizado pelo paciente, de fato, era uma arma de fogo, circunstância apta a ensejar o maior rigor punitivo. Logo, o emprego de arma de fogo é circunstância objetiva e torna imperiosa a aferição da idoneidade do mecanismo lesivo, o que somente se viabiliza mediante sua apreensão e conseqüente elaboração do exame pericial, nos casos em que a eficácia da arma não exsurge incontroversa por outros meios de prova. Isso posto, a Turma concedeu a ordem para decotar a causa de aumento de pena referente ao uso de arma de fogo, aplicando sobre a pena-base a majorante do concurso de pessoas em um terço. Precedentes citados: HC 59.350-SP, DJ 28/5/2007, e HC 36.182-SP, DJ 21/3/2005. **HC 89.518-SP, Rel. Min. Jane Silva (Desembargadora convocada do TJ-MG, julgado em 21/2/2008.** (Inform. STJ 345)

ROUBO. FURTO. CONCURSO. AGENTES. ANALOGIA.
Descabida a aplicação analógica do art. 157, § 2º, II, CP, que trata do aumento de pena no crime de roubo, ao crime de furto qualificado, mormente em razão do concurso de agentes (CP, art. 155, § 4º, IV). Precedentes citados: REsp 540.768-RS, DJ 24/11/2003, e REsp 401.274-RS, DJ 4/8/2003. **REsp 916.977-RS, Rel. Min. Carlos Fernando Mathias (Juiz convocado do TRF 1ª Região), julgado em 16/10/2007.** (Inform. STJ 336)

***HABEAS CORPUS*. ESTELIONATO. TRANCAMENTO. AÇÃO PENAL.**
O paciente comprou grande quantidade de milho, e os primeiros cheques para pagamento foram devidamente compensados. Posteriormente, fez uma outra compra a prazo e deu em garantia cheques que acabaram sendo objeto do procedimento criminal instaurado (art. 171, § 2º, VI, segunda figura, do CP). Mas o Min. Relator observou pairar dúvidas quanto à emissão dos mencionados cheques em garantia de dívida, pois o ofendido não deixou claro tratar-se de cheques sem suficiente provisão de fundos, de ordem de pagamento à vista. E, diante disso, não havendo clareza quanto a se tratar de ordens de pagamento à vista, falou-se até em pagamento a prazo. A Turma deu provimento ao recurso ordinário com a finalidade de extinguir a ação penal. **RHC 20.600-GO, Rel. Min. Nilson Naves, julgado em 9/10/2007.** (Inform. STJ 335)

ROUBO. ARMA DE FOGO. PERÍCIA. REINCIDÊNCIA. AGRAVANTE. INDIVIDUALIZAÇÃO. PENA.

Para configurar a causa especial do aumento de pena (art. 157, §º 2º, I, do CP), não são necessárias a apreensão e a perícia na arma de fogo utilizada no roubo, quando as demais provas constantes dos autos são firmes sobre sua efetiva utilização na prática da conduta criminosa. Na espécie, foram disparados tiros para o alto no intuito de intimidar as vítimas durante o assalto, circunstância por si só, caracterizadora da real possibilidade lesiva da arma. Ademais, restando comprovada no momento da dosimetria da pena a reincidência, a sanção deverá ser sempre agravada, sob pena de violação ao comando disposto no art. 61, I, do CP. Precedentes citados: REsp 838.154-RS, DJ 18/12/2006, REsp 822.161-RS, DJ 30/10/2006, e HC 18.818-SP, DJ 15/4/2002. **REsp 965.998-RS, Rel. Min. Napoleão Nunes Maia Filho, julgado em 25/9/2007.** (Inform. STJ 333)

ESTELIONATO. REPARAÇÃO. DANO. ARREPENDIMENTO.
Trata-se de *habeas corpus* impetrado pela Defensoria Pública em favor de paciente condenada, como incursa na sanção do art. 171, *caput*, do CP, à pena de um ano de reclusão, substituída por restritiva de direito. Postula seja declarada a extinção da punibilidade ao alegar que não houve prejuízo decorrente da conduta, pois a paciente restituiu à vítima os valores obtidos ilicitamente. Solicita, também, a aplicação da Súm. n. 554-STF e o disposto no art. 34 da Lei n. 9.249/1995, a qual determina a extinção da punibilidade quando há o pagamento dos tributos devidos antes do recebimento da denúncia. Explicou o Min. Relator que o estelionato consumou-se no momento em que a paciente obteve a vantagem ilícita e a vítima experimentou o prejuízo. Assim, a reparação do dano foi posterior à consumação do estelionato, o que autoriza, tão-somente, o reconhecimento da causa de redução da pena prevista no art. 16 do CP. Outrossim, a reparação do dano anteriormente ao recebimento da denúncia exclui o crime de estelionato em sua forma base, pois a Súm n. 554-STF só tem aplicação para o crime de estelionato na modalidade de emissão de cheques sem fundos (art. 171, § 2º, VI, do CP). Por último, aduziu ser inviável a aplicação do art. 34 da Lei n. 9.249/1995 ao crime de estelionato. Com esse entendimento, a Turma denegou a ordem de *habeas corpus*. Precedentes citados: RHC 20.387-BA, DJ 30/4/2007, e RHC 13.554-RN, DJ 3/11/2003. **HC 61.928-SP, Rel. Min. Felix Fischer, julgado em 4/9/2007.** (Inform. STJ 330)

SÚMULA STF Nº 610

Há crime de latrocínio, quando o homicídio se consuma, ainda que não realize o agente a subtração de bens da vítima.

SÚMULA STF Nº 554

O pagamento de cheque emitido sem provisão de fundos, após o recebimento da denúncia, não obsta ao prosseguimento da ação penal.

SÚMULA STF Nº 246

Comprovado não ter havido fraude, não se configura o crime de emissão de cheque sem fundos.

SÚMULA STJ Nº 443

O aumento na terceira fase de aplicação da pena no crime de roubo circunstanciado exige fundamentação concreta, não sendo suficiente para a sua exasperação a mera indicação do número de majorantes.

SÚMULA STJ Nº 442

É inadmissível aplicar, no furto qualificado, pelo concurso de agentes, a majorante do roubo.

SÚMULA STJ Nº 96

O crime de extorsão consuma-se independentemente da obtenção da vantagem indevida.

SÚMULA STJ Nº 73

A utilização de papel moeda grosseiramente falsificado configura, em tese, o crime de estelionato, da competência da justiça estadual.

SÚMULA STJ Nº 24

Aplica-se ao crime de estelionato, em que figure como vítima entidade autárquica da previdência social, a qualificadora do § 3º, do art. 171, do Código Penal.

9. CRIMES CONTRA A DIGNIDADE SEXUAL

Crime hediondo e atentado violento ao pudor
É hediondo o crime de atentado violento ao pudor praticado com violência presumida. Esse o entendimento da 1ª Turma ao denegar, por maioria, *habeas corpus* em que se alegava não ser admissível a caracterização como hediondo do crime de atentado violento ao pudor. A impetração sustentava a ausência de previsão legal, uma vez que o delito não estaria incluído no rol da Lei 8.072/90. Vencido o Min. Marco Aurélio que deferia o *writ* por reputar hediondo apenas o crime perpetrado na forma qualificada, quando dele resultasse lesão corporal de natureza grave. HC 101860/RS, rel. orig. Min. Marco Aurélio, red. p/ o acórdão Min. Dias Toffoli, 5.4.2011. (HC-101860) (Inform. STF 622)

HC N. 103.404-SP
RELATOR: MIN. DIAS TOFFOLI
EMENTA: PENAL. PROCESSUAL PENAL. *Habeas corpus.* **ATENTADO VIOLENTO AO PUDOR. VIOLÊNCIA PRESUMIDA. VÍTIMA MENOR DE QUATORZE ANOS. AUMENTO DE PENA PREVISTO NO ART. 9º DA LEI 8.072/90.** *Bis in idem:* **INOCORRÊNCIA. LEI Nº 12.015/09: REPERCUSSÃO. SUPRESSÃO DE INSTÂNCIA: MATÉRIA NÃO SUBMETIDA À INSTÂNCIA ANTECEDENTE. QUESTÃO, ADEMAIS, DE COMPETÊNCIA DO JUÍZO DA EXECUÇÃO. SÚMULA Nº 611 DO STF.**
1 - Não constitui *bis in idem* o aumento de pena previsto no art. 9º da Lei 8.072/90, por ser a vítima do atentado violento ao pudor menor de 14 (quatorze) anos. Precedentes do STF.
2. - No estupro e no atentado violento ao pudor não é a idade da vítima que compõe o tipo, mas o emprego, para lograr a prática sexual incriminada, de grave ameaça ou de violência, o qual, na verdade, a regra de extensão do art. 224 – antes de presumi-lo existente -, equipara à incapacidade de consentir da vítima, entre outras razões, pela presunção legal extraída de não ser ela maior de quatorze anos.
3. - A repercussão da Lei nº 12.015/09 sobre a pena imposta ao paciente, além de não haver sido objeto de questionamento e apreciação na instância antecedente, em conformidade com o disposto na Súmula 611 desta Suprema Corte, deve ser objeto de consideração pelo juízo da execução.
4. - **Writ** não conhecido. Ordem concedida de ofício. (Inform. STF 622)
*noticiado no Informativo 613

DOSIMETRIA: ART. 59 DO CP E "*BIS IN IDEM*"
A 2ª Turma denegou *habeas corpus* no qual pretendida a realização de nova dosimetria da pena. Na espécie, o paciente fora condenado a de 10 anos de reclusão, em regime inicial fechado, pela prática do delito de atentado violento ao pudor com violência presumida, descrito na revogada redação do art. 214, *caput*, c/c. art. 224, ambos do CP.

A defesa sustentava que a majoração da reprimenda em virtude das circunstâncias de quebra de confiança e de coabitação configuraria *bis in idem*. Aduziu-se que a pena fora imposta em conformidade com o sistema trifásico (CP, art. 68), tendo em vista que as circunstâncias judiciais de majoração relativas à quebra da confiança e à coabitação com a vítima não estabeleceriam, necessariamente, relação de vinculação ou interdependência. HC 98446/MS, rel. Min. Joaquim Barbosa, 29.3.2011. (HC-98446) (Inform. STF 621)

HC N. 102.683-RS
RELATORA: MIN. ELLEN GRACIE
Habeas corpus. DIREITO PENAL. ESTUPRO. VIOLÊNCIA REAL. DESNECESSIDADE DE LESÕES CORPORAIS. EXISTÊNCIA DE UNIÃO ESTÁVEL ENTRE O PACIENTE E A MÃE DA VÍTIMA. LEGITIMIDADE DO MINISTÉRIO PÚBLICO PARA PROPOSITURA DA AÇÃO. ORDEM DENEGADA.

1. A questão diz respeito à legitimidade do Ministério Público para propor a ação penal no caso concreto.
2. É dispensável a ocorrência de lesões corporais para a caracterização da violência real nos crimes de estupro. Precedentes.
3. Caracterizada a ocorrência de violência real no crime de estupro, incide, no caso, a Súmula 608/STF: "*No crime de estupro, praticado mediante violência real, a ação penal é pública incondicionada*".
4. Tem a jurisprudência admitido também a posição do mero concubino ou companheiro para tornar a ação pública incondicionada.
5. Havendo o vínculo de união estável entre o paciente e a mãe da vítima, aplica-se o inciso II do § 1º do art. 225 do Código Penal (vigente à época dos fatos).
6. *Writ* denegado. (Inform. STF 614)

ESTUPRO E ATENTADO VIOLENTO AO PUDOR: CONTINUIDADE DELITIVA - 1

A 1ª Turma concedeu, de ofício, *habeas corpus* para incumbir ao juízo da execução a tarefa de enquadrar o caso ao cenário jurídico trazido pela Lei 12.015/2009, devendo, para tanto, proceder à nova dosimetria da pena fixada e afastar o concurso material entre os ilícitos contra a dignidade sexual, aplicando a regra da continuidade (CP, art. 71, parágrafo único: "*Nos crimes dolosos, contra vítimas diferentes, cometidos com violência ou grave ameaça à pessoa, poderá o juiz, considerando a culpabilidade, os antecedentes, a conduta social e a personalidade do agente, bem como os motivos e as circunstâncias, aumentar a pena de um só dos crimes, se idênticas, ou a mais grave, se diversas, até o triplo, observadas as regras do parágrafo único do art. 70 e do art. 75 deste Código*"). Na situação dos autos, pleiteava-se a exclusão da causa de aumento de pena prevista no art. 9º da Lei 8.072/90 (Lei dos Crimes Hediondos) a condenado pela prática dos crimes de estupro e atentado violento ao pudor contra menores de 14 anos. A impetração argumentava que: a) a aplicação da referida causa especial de aumento com a presunção de violência decorrente da menoridade das vítimas, sem a ocorrência do resultado lesão corporal grave ou morte, implicaria *bis in idem*, porquanto a violência já teria incidido na espécie como elementar do crime; e b) o art. 9º daquela norma estaria implicitamente revogado após o advento da Lei 12.015/2009. HC 103404/SP, rel. Min. Dias Toffoli, 14.12.2010. (HC-103404)

ESTUPRO E ATENTADO VIOLENTO AO PUDOR: CONTINUIDADE DELITIVA - 2

Inicialmente, a Turma, por maioria, vencido o Min. Marco Aurélio, não conheceu do *writ*, ao fundamento de que a apreciação da matéria sob o enfoque da nova lei acarretaria indevida supressão de instância. Salientou-se, no entanto, a existência de precedentes desta Corte segundo os quais não configuraria *bis in idem* a aludida aplicação da causa especial de aumento de pena. Ademais, observaram-se recentes posicionamentos das Turmas no sentido de que, ante a nova redação do art. 213 do CP, teria desaparecido o óbice que impediria o reconhecimento da regra do crime continuado entre os antigos delitos de estupro e atentado violento ao pudor. Por fim, determinou-se que o juízo da execução enquadre a situação dos autos ao atual cenário jurídico, nos termos do Enunciado 611 da Súmula do STF ("*Transitada em julgado a sentença condenatória, compete ao juízo das execuções a aplicação de lei mais benigna*"). Alguns precedentes citados: HC 102355/SP (DJe de 28.5.2010); HC 94636/SP (DJe de 24.9.2010). HC 103404/SP, rel. Min. Dias Toffoli, 14.12.2010. (HC-103404) (Inform. STF 613)

ESTUPRO E ATENTADO VIOLENTO AO PUDOR: CONTINUIDADE DELITIVA - 1

A 1ª Turma concedeu, de ofício, *habeas corpus* para incumbir ao juízo da execução a tarefa de enquadrar o caso ao cenário jurídico trazido pela Lei 12.015/2009, devendo, para tanto, proceder à nova dosimetria da pena fixada e afastar o concurso material entre os ilícitos contra a dignidade sexual, aplicando a regra da continuidade (CP, art. 71, parágrafo único: "*Nos crimes dolosos, contra vítimas diferentes, cometidos com violência ou grave ameaça à pessoa, poderá o juiz, considerando a culpabilidade, os antecedentes, a conduta social e a personalidade do agente, bem como os motivos e as circunstâncias, aumentar a pena de um só dos crimes, se idênticas, ou a mais grave, se diversas, até o triplo, observadas as regras do parágrafo único do art. 70 e do art. 75 deste Código*"). Na situação dos autos, pleiteava-se a exclusão da causa de aumento de pena prevista no art. 9º da Lei 8.072/90 (Lei dos Crimes Hediondos) a condenado pela prática dos crimes de estupro e atentado violento ao pudor contra menores de 14 anos. A impetração argumentava que: a) a aplicação da referida causa especial de aumento com a presunção de violência decorrente da menoridade das vítimas, sem a ocorrência do resultado lesão corporal grave ou morte, implicaria *bis in idem*, porquanto a violência já teria incidido na espécie como elementar do crime; e b) o art. 9º daquela norma estaria implicitamente revogado após o advento da Lei 12.015/2009. HC 103404/SP, rel. Min. Dias Toffoli, 14.12.2010. (HC-103404)

ESTUPRO E ATENTADO VIOLENTO AO PUDOR: CONTINUIDADE DELITIVA - 2

Inicialmente, a Turma, por maioria, vencido o Min. Marco Aurélio, não conheceu do *writ*, ao fundamento de que a apreciação da matéria sob o enfoque da nova lei acarretaria indevida supressão de instância. Salientou-se, no entanto, a existência de precedentes desta Corte segundo os quais não configuraria *bis in idem* a aludida aplicação da causa especial de aumento de pena. Ademais, observaram-se recentes posicionamentos das Turmas no sentido de que, ante a nova redação do art. 213 do CP, teria desaparecido o óbice que impediria o reconhecimento da regra do crime continuado entre os antigos delitos de estupro e atentado violento ao pudor. Por fim, determinou-se que o juízo da execução enquadre a situação dos autos ao atual cenário jurídico, nos termos do Enunciado 611 da Súmula do STF ("*Transitada em julgado a sentença condenatória, compete ao juízo das execuções a aplicação de lei mais benigna*"). Alguns precedentes citados: HC 102355/SP (DJe de 28.5.2010); HC 94636/SP (DJe de 24.9.2010). HC 103404/SP, rel. Min. Dias Toffoli, 14.12.2010. (HC-103404) (Inform. STF 613)

ESTUPRO E ATENTADO VIOLENTO AO PUDOR: LEI 12.015/2009 E CONTINUIDADE DELITIVA

Em observância ao princípio constitucional da retroatividade da lei penal mais benéfica (CF, art. 5º, XL), deve ser reconhecida a continuidade delitiva aos crimes de estupro e atentado violento ao pudor praticados anteriormente à vigência da Lei 12.015/2009 e nas mesmas condições de tempo, lugar e maneira de execução. Com base nesse entendimento, a Turma concedeu *habeas corpus* de ofício para determinar ao juiz da execução, nos termos do enunciado da Súmula 611 do STF, que realize nova dosimetria da pena, de acordo com a regra do art. 71 do CP. Tratava-se, na espécie, de *writ* no qual condenado em concurso material pela prática de tais delitos, pleiteava a absorção do atentado violento ao pudor pelo estupro e, subsidiariamente, o reconhecimento da continuidade delitiva. Preliminarmente, não se conheceu da impetração. Considerou-se que a tese defensiva implicaria reexame de fatos e provas, inadmissível na sede eleita. Por outro lado, embora a matéria relativa à continuidade delitiva não tivesse sido apreciada pelas instâncias inferiores, à luz da nova legislação, ressaltou-se que a citada lei uniu os dois ilícitos em um único tipo penal, não mais havendo se falar em espécies distintas de crimes. Ademais, elementos nos autos evidenciariam que os atos imputados ao paciente teriam sido perpetrados nas mesmas condições de tempo, lugar e maneira de execução. **HC 96818/SP, rel. Min. Joaquim Barbosa, 10.8.2010**. (HC-96818) (Inform. STF 595)

ULTRA-ATIVIDADE DA LEI PENAL BENÉFICA E LEI 11.106/2005

A Turma, por maioria, não conheceu de *habeas corpus*, mas concedeu a ordem, de ofício, para declarar a extinção da punibilidade de condenado pela prática do delito descrito no art. 213, c/c os artigos 224, a, e 225, § 1º, I e § 2º (com a redação anterior às alterações promovidas pela Lei 12.015/2009), na forma do art. 71, todos do CP, em decorrência de haver constrangido, à época, menor de 12 anos de idade à prática de conjunção carnal. A impetração requeria a aplicação da lei penal vigente ao tempo dos fatos, por ser menos gravosa ao paciente, haja vista que o art. 107, VII, do CP — que previa a extinção da punibilidade pelo casamento do agente com a vítima nos crimes contra os costumes — fora revogado pela Lei 11.106/2005. Informava que, embora a conversão de união estável em casamento tivesse ocorrido em 13.3.2007, os fatos delituosos aconteceram entre agosto de 2004 e julho de 2005. Tendo em conta que a decisão impugnada fora proferida monocraticamente pelo relator do recurso especial no STJ, considerou-se que o conhecimento do *writ* implicaria supressão de instância. Vencido o Min. Marco Aurélio que o julgava prejudicado. Entretanto, reputou-se patente a coação ilegal e determinou-se a expedição do contramandado de prisão em favor do paciente ou, caso esta já tenha sido efetuada, a expedição do competente alvará de soltura clausulado. Reconheceu-se, em observância ao art. 5º, XL, da CF, a ultra-atividade da lei penal mais benéfica ao agente. Enfatizou-se que, diante do quadro de miséria e desamparo em que vive a vítima — a qual agora já possui dois filhos com o paciente — manter o réu encarcerado nenhum benefício poderia trazer a ela e à sociedade, cabendo, nesse contexto, invocar a garantia disposta no art. 226 da CF, que assegura, à família, base da sociedade, especial proteção do Estado. **HC 100882/SP, rel. Min. Ricardo Lewandowski, 25.5.2010**. (HC-100882) (Inform. STF 588)

LEI 12.015/2009: ESTUPRO E ATENTADO VIOLENTO AO PUDOR

A Turma deferiu *habeas corpus* em que condenado pelos delitos previstos nos artigos 213 e 214, na forma do art. 69, todos do CP, pleiteava o reconhecimento da continuidade delitiva entre os crimes de estupro e atentado violento ao pudor. Observou-se, inicialmente, que, com o advento da Lei 12.015/2009, que promovera alterações no Título VI do CP, o debate adquirira nova relevância, na medida em que ocorrera a unificação dos antigos artigos 213 e 214 em um tipo único [CP, Art. 213: *"Constranger alguém, mediante violência ou grave ameaça, a ter conjunção carnal ou a praticar ou permitir que com ele se pratique outro ato libidinoso: (Redação dada pela Lei nº 12.015, de 2009)."*]. Nesse diapasão, por reputar constituir a Lei 12.015/2009 norma penal mais benéfica, assentou-se que se deveria aplicá-la retroativamente ao caso, nos termos do art. 5º, XL, da CF, e do art. 2º, parágrafo único, do CP. **HC 86110/SP, rel. Min. Cezar Peluso, 2.3.2010**. (HC-86110) (Inform. STF 577)

ESTUPRO E ATENTADO VIOLENTO AO PUDOR: CRIME CONTINUADO

Em face de empate na votação, a Turma deferiu *habeas corpus* impetrado em favor de condenado pela prática dos crimes de estupro e de atentado violento ao pudor para determinar a unificação das penas pelo reconhecimento de crime continuado. Entendeu-se que a circunstância de esses delitos não possuírem tipificação idêntica não seria suficiente a afastar a continuidade delitiva, uma vez que ambos são crimes contra a liberdade sexual e, no caso, foram praticados no mesmo contexto fático e contra a mesma vítima. Vencidos, no ponto, os Ministros Carlos Britto, relator, e Cármen Lúcia que aplicavam a orientação da Corte, no sentido de que o estupro e o atentado violento ao pudor, ainda que praticados contra a mesma vítima, caracterizam hipótese de concurso material. Por unanimidade, deferiu-se o *writ* para afastar o óbice legal do art. 2º, § 1º, da Lei 8.072/90, declarado inconstitucional, de modo a que o juiz das execuções analise os demais requisitos da progressão do regime de execução. Rejeitou-se, ainda, a alegação de intempestividade do recurso especial do Ministério Público, ao fundamento de que, consoante assentado pela jurisprudência do STF, as férias forenses suspendem a contagem dos prazos recursais, a teor do art. 66 da LOMAN. HC 89827/SP, rel. Min. Carlos Britto, 27.2.2007. (HC-89827) (Inform. STF 457)

EMENTA: I. *Habeas corpus*: conhecimento.

Não se sujeita o recurso ordinário de *habeas corpus* nem a petição substitutiva dele ao requisito do prequestionamento na decisão impugnada: para o conhecimento deles, basta que a coação seja imputável ao órgão de gradação jurisdicional inferior, o que tanto ocorre quando esse haja examinado e repelido a ilegalidade aventada, quanto se omite de decidir sobre a alegação do impetrante ou sobre matéria sobre a qual, no âmbito de conhecimento da causa a ele devolvida, se devesse pronunciar de ofício.

II - Estupro ou atentado violento ao pudor praticados com violência real: delitos complexos (C.Penal, art. 101).

1.Dispõe o §2º do art. 147 do C.Penal, que além das penas cominadas ao constrangimento ilegal, se este for praticado com violência, devem ser aplicadas as penas correspondentes (vias de fato, lesões corporais ou morte).

2.O fato constitutivo da violência real, pois, não se inclui na tipificação do constrangimento ilegal (C.Penal, art. 146, **caput**), como aliás se infere da objetividade jurídica deste; mas se inclui ela, ao contrário, no de estupro ou atentado violento ao pudor mediante violência real: quando praticados com violência real, portanto, não se trata de mero constrangimento ilegal com finalidade específica, mas de delitos efetivamente complexos.

3.Daí que, comprovada a ausência de finalidade específica de conjunção carnal ou ato libidinoso diverso, restam, no caso de violência real, duas infrações penais em concurso material: (a) constrangimento ilegal e homicídio; (b) constrangimento ilegal e lesões corporais; ou ainda, (c) constrangimento ilegal e vias de fato; assim, só a concorrência do especial fim de agir é que os converte em crime diverso contra a liberdade sexual.

III - Estupro ou atentado violento ao pudor praticado mediante violência que - sem resultar em lesões, como lhe é próprio -, se amolda à contravenção de vias de fato (LCP, arts. 17 e 21): não-incidência da Súmula 608 do Supremo Tribunal Federal.

1. A regra do art. 17 LCP - segundo a qual a persecução das contravenções penais se faz mediante ação pública incondicionada - não foi alterada, sequer com relação à de vias de fato, pelo art. 88 da L. 9.099/95, que condicionou à representação a ação penal por lesões corporais leves (HC 80.617, **Pertence**, RTJ 177/866).

2. Ocorre que, embora constituam delitos complexos, não se aplica o art. 101 do C.Penal quando a violência mediante a qual foram praticados se amolde à **contravenção** de vias de fato e não a crime.

3. Para ampliar a incidência do art. 101 do C.Penal às contravenções penais, não cabe a invocação do art. 3º do C.Pr. Penal: a ampliação cogitada teria reflexo nas causas de extinção da punibilidade, o que imprime à regra conteúdo materialmente penal.

IV - Incidência do art. 255, §1º, I, do C.Penal: hipossuficiência da vítima: não basta, para infirmá-la a constituição de advogado pelo assistente da acusação (Precedentes).

1.Além de dispensável, para a comprovação da hipossuficiência da vítima, a declaração ou atestado de miserabilidade formalizado, não basta, para infirmá-la, a constituição de advogado pelo assistente da acusação. Precedentes.

2.Inviabilidade do *habeas corpus*, ademais, para verificar a efetiva hipossuficiência econômica da vítima, questão não acertada nas instâncias de mérito.

V - Ausência de representação: suficiência da demonstração inequívoca do interesse na persecução criminal.

1.A satisfazer a exigência da representação é suficiente a demonstração inequívoca do interesse na persecução criminal: precedentes.

2.Tratando-se de notícia crime coercitiva, qual a prisão em flagrante, basta a ausência de oposição expressa ou implícita da vítima ou de seus representantes, de tal modo que se verifique, que a intenção sempre foi a de que se prosseguisse na persecução criminal do fato, propósito que se reforça, no caso, com a superveniente habilitação do menor como assistente de acusação.

VI. *Habeas corpus* indeferido. (HC 86058/RJ, rel. Min. Sepulveda Pertence, DJU 9.2.2007) (Inform. STF 456)

9.1. SUPERIOR TRIBUNAL DE JUSTIÇA

ATENTADO VIOLENTO AO PUDOR. HEDIONDEZ. NÃO CONFIGURAÇÃO. CAUSA ESPECIAL DE AUMENTO DE PENA. INAPLICABILIDADE. SUPERVENIÊNCIA DE LEI PENAL MAIS BENÉFICA.

A Turma, ao prosseguir o julgamento, concedeu a ordem para afastar a hediondez do delito de atentado violento ao pudor praticado pelo paciente, bem como para excluir a incidência da causa especial de aumento de pena prevista no art. 9º da Lei n. 8.072/1990. Segundo o entendimento da Turma, os crimes de estupro e atentado violento ao pudor (artigos 213 e 214, ambos do CP), cometidos mediante violência presumida, não são considerados hediondos se praticados antes da vigência da Lei n. 12.015/2009, que alterou a redação dada a Lei dos Crimes Hediondos, visto que tais delitos não estavam incluídos de forma expressa no art. 1º da Lei n. 8.072/1990. Quanto à circunstância majorante, sustentou-se sua inaplicabilidade em decorrência da superveniência de lei penal mais benéfica. A orientação jurisprudencial desta Corte a respeito do tema era no sentido de que a causa especial de aumento de pena incidiria nos crimes sexuais supracitados apenas quando resultassem lesões corporais de natureza grave ou morte. Entretanto, com o advento da novel legislação e a unificação dos delitos em tipo penal diverso (art. 217-A), sob a denominação de estupro de vulnerável, deve ser observado o novo preceito secundário mais favorável ao paciente (art. 2º do CPP). **HC 107.949-SP, Rel. Min. Og Fernandes, julgado em 18/9/2012.(Inform. STJ 504)**

ESTUPRO. ATENTADO VIOLENTO AO PUDOR. CONTINUIDADE DELITIVA.

In casu, o recorrido foi condenado à pena de nove anos e quatro meses de reclusão pela prática de dois crimes de atentado violento ao pudor em continuidade e à pena de sete anos de reclusão por dois delitos de estupro, igualmente em continuidade, cometidos contra a mesma pessoa. Em grau de apelação, o tribunal *a quo* reconheceu a continuidade delitiva entre os crimes de estupro e atentado violento ao pudor e reduziu a pena para sete anos e seis meses de reclusão em regime fechado. O MP, ora recorrente, sustenta a existência de concurso material entre os delitos. A Turma, ao prosseguir o julgamento, por maioria, negou provimento ao recurso, adotando o entendimento de que os delitos de estupro e de atentado violento ao pudor correspondem a uma mesma espécie de tipo penal, confirmando a possibilidade do crime continuado. Dessarte, consignou-se que o tribunal de origem nada mais fez que seguir a orientação de uma vertente jurisprudencial razoável que acabou por harmonizar-se com a legislação nova que agora prestigia essa inteligência, isto é, sendo os fatos incontroversos, o que já não pode ser objeto de discussão nessa instância especial, o acórdão recorrido apenas adotou a tese de que os crimes são da mesma espécie e, assim, justificou a continuidade. Precedentes citados do STF: HC 103.353-SP, DJe 15/10/2010; do STJ: REsp 565.430-RS, DJe 7/12/2009. **REsp 970.127-SP, Rel. originária Min. Laurita Vaz, Rel. para acórdão Min. Gilson Dipp, julgado em 7/4/2011.** (Inform. STJ 468)

ESTUPRO. ATENTADO VIOLENTO AO PUDOR. CONTINUIDADE DELITIVA.

In casu, o recorrido foi condenado à pena de nove anos e quatro meses de reclusão pela prática de dois crimes de atentado violento ao pudor em continuidade e à pena de sete anos de reclusão por dois delitos de estupro, igualmente em continuidade, cometidos contra a mesma pessoa. Em grau de apelação, o tribunal *a quo* reconheceu a continuidade delitiva entre os crimes de estupro e atentado violento ao pudor e reduziu a pena para sete anos e seis meses de reclusão em regime fechado. O MP, ora recorrente, sustenta a existência de concurso material entre os delitos. A Turma, ao prosseguir o julgamento, por maioria, negou provimento ao recurso, adotando o entendimento de que os delitos de estupro e de atentado violento ao pudor correspondem a uma mesma espécie de tipo penal, confirmando a possibilidade do crime continuado. Dessarte, consignou-se que o tribunal de origem nada mais fez que seguir a orientação de uma vertente jurisprudencial razoável que acabou por harmonizar-se com a legislação nova que agora prestigia essa inteligência, isto é, sendo os fatos incontroversos, o que já não pode ser objeto de discussão nessa instância especial, o acórdão recorrido apenas adotou a tese de que os crimes são da mesma espécie e, assim, justificou a continuidade. Precedentes citados do STF: HC 103.353-SP, DJe 15/10/2010; do STJ: REsp 565.430-RS, DJe 7/12/2009. **REsp 970.127-SP, Rel. originária Min. Laurita Vaz, Rel. para acórdão Min. Gilson Dipp, julgado em 7/4/2011.** (Inform. STJ 468)

ROUBO CIRCUNSTANCIADO. ESTUPRO. ATENTADO VIOLENTO. PUDOR.

In casu, o paciente foi condenado a 23 anos de reclusão em regime fechado e a multa, por infração dos arts. 213 e 214 c/c arts. 226, I, e 69, *caput*, por duas vezes, e no art. 157, § 2º, I e II, todos do CP. No *habeas corpus*, busca a impetração o reconhecimento de crime único nos termos da novel Lei n. 12.015/2009 e afastamento da causa de aumento prevista no art. 157, § 2º, I, do CP, em razão da não apreensão da arma utilizada (estilete), bem como a possibilidade de progressão de regime prisional. Ressaltou o Min. Relator que a Turma possui firme orientação de que a impossibilidade de apreensão da arma para perícia a fim de verificar sua potencialidade lesiva não afasta a configuração de aumento de pena quando há prova testemunhal. No caso dos autos, houve o depoimento da vítima sobre a arma utilizada no roubo. Com relação à incidência da Lei n. 12.015/2009, reafirma o Min. Relator que atos de penetração distintos da conjunção carnal implicam o reconhecimento de diversas condutas delitivas e não de existência de crime único, uma vez que ele ou a absorção de um tipo pelo outro não ocorrem. Por outro lado, reconhece proceder a reforma de parte da decisão, no ponto que fixou o regime integralmente fechado para o desconto da reprimenda, visto que a Lei n.11.464/2007 alterou o art. 2º da Lei de Crimes Hediondos, suprimindo a vedação de progressão de regime para condenados por crimes hediondos ou equiparados, proibição declarada inconstitucional pelo STF. Diante do exposto, a Turma, por maioria, concedeu parcialmente a ordem, apenas para fixar o regime inicialmente fechado para o cumprimento da pena, afastando o impedimento à progressão de regime. Precedentes citados: REsp 1.121.391-SP, DJe 28/6/2010, e HC 104.724-MS, DJe 2/8/2010. **HC 169.499-SP, Rel. Min. Napoleão Nunes Maia Filho, julgado em 7/10/2010.** (Inform. STJ 450)

CONTINUIDADE DELITIVA. ESTUPRO. ATENTADO VIOLENTO. PUDOR.

Trata-se, entre outras questões, de saber se, com o advento da Lei n. 12.015/2009, há continuidade delitiva entre os atos previstos antes separadamente nos tipos de estupro (art. 213 do CP) e atentado violento ao pudor (art. 214 do mesmo *codex*), agora reunidos em uma única figura típica (arts. 213 e 217-A daquele código). Assim, entendeu o Min. Relator que primeiramente se deveria distinguir a natureza do novo tipo legal, se ele seria um tipo misto alternativo ou um tipo misto cumulativo. Asseverou que, na espécie, estaria caracterizado um tipo misto cumulativo quanto aos atos de penetração, ou seja, dois tipos legais estão contidos em uma única descrição típica. Logo, constranger alguém à conjunção carnal não será o mesmo que constranger à prática de outro ato libidinoso de penetração (sexo oral ou anal, por exemplo). Seria inadmissível reconhecer a fungibilidade (característica dos tipos mistos alternativos) entre diversas formas de penetração. A fungibilidade poderá ocorrer entre os demais atos libidinosos que não a penetração, a depender do caso concreto. Afirmou ainda que, conforme a nova redação do tipo, o agente poderá praticar a conjunção carnal ou outros atos libidinosos. Dessa forma, se praticar, por mais de uma vez, cópula vaginal, a depender do preenchimento dos requisitos do art. 71 ou do art. 71, parágrafo único, do CP, poderá, eventualmente, configurar-se continuidade. Ou então, se constranger vítima a mais de uma penetração (por exemplo, sexo anal duas vezes), de igual modo, poderá ser beneficiado com a pena do crime continuado. Contudo, se pratica uma penetração vaginal e outra anal, nesse caso, jamais será possível a caracterização de continuidade, assim como sucedia com o regramento anterior. É que a execução de uma forma nunca será similar à de outra, são condutas distintas. Com esse entendimento, a Turma, ao prosseguir o julgamento, por maioria, afastou a possibilidade de continuidade delitiva entre o delito de estupro em relação ao atentado violento ao pudor. **HC 104.724-MS, Rel. originário Min. Jorge Mussi, Rel. para acórdão Min. Felix Fischer, julgado em 22/6/2010.** (Inform. STJ 440)

ATENTADO. PUDOR. MENORES. CONTINUIDADE DELITIVA.

O paciente atraiu uma adolescente de 13 anos ao interior de seu estabelecimento comercial, como o objetivo de praticar atentado violento ao pudor contra ela. Para tanto, utilizou-se do seguinte expediente: seu empregado beijou a vítima, e o paciente, simulando fúria, disse à vítima que sua loja possuía circuito interno de televisão e que, caso não fizesse tudo o que lhe fosse determinado, enviaria o filme, com a cena gravada, a seus pais. Com esse mesmo ardil, tempos depois, constrangeu uma adolescente de 16 anos à mesma prática. Então, condenado às penas do crime dos arts. 214, c/c o 224, "a", e 226, I, do CP (em suas antigas redações) e, de novo, às do art. 214 do CP (também na redação primeva), buscou, mediante *habeas corpus*, o reconhecimento da continuidade delitiva (art. 71 desse mesmo *codex*), além do afastamento da pecha de hediondez atribuída aos crimes. Contudo, embora haja semelhança no *modus operandi*, os delitos foram praticados contra diferentes vítimas, em dias diversos, de maneira autônoma e isolada, sem a comprovação de qualquer liame que vinculasse ambas as empreitadas criminosas. Dessarte, não há falar em unidade de desígnios e, consequentemente, em crime continuado, assemelhando-se a hipótese à habitualidade criminosa. Anote-se, também, que o *habeas corpus*, tal como acolhido pela jurisprudência do STJ, não se mostra adequado à verificação da existência do crime continuado, que requer exame detalhado de provas sobre circunstâncias de tempo, lugar e modo de execução dos crimes cometidos, além da análise de requisitos subjetivos. Quanto ao tema da hediondez, a Turma, a partir do julgamento do HC 88.664-GO, passou a afastá-la nos crimes de estupro ou atentado violento ao pudor cometidos mediante violência presumida. Assim, o precedente não se aplica ao crime praticado contra a vítima de 16 anos, porque cometido na forma simples. Entretanto, também não se afasta a hediondez do delito praticado contra a de 13 anos, pois houve violência moral consistente na grave ameaça à vítima. Com esse entendimento, a Turma, ao prosseguir o julgamento, por maioria, negou provimento ao recurso. O voto vencido dava parcial provimento ao recurso para reduzir a pena do crime praticado contra a vítima de 16 anos, ao classificar os fatos como atentado ao pudor mediante fraude (antiga redação do art. 216 do CP). Precedentes citados do STF: HC 96.790-SC, DJe 24/4/2009; do STJ: REsp 799.013-MG, DJ 28/9/2009; HC 94.901-SP, DJe 5/5/2008; HC 44.389-SP, DJ 13/3/2006, e HC 88.664-GO, DJe 8/9/2009. **RHC 22.800-SP, Rel. Min. Og Fernandes, julgado em 11/5/2010** (ver Informativo n. 400). (Inform. STJ 434)

UNIÃO ESTÁVEL. ATENTADO VIOLENTO. PUDOR.

A hipótese é de atentado violento ao pudor com violência presumida (perpetrado em desfavor de menor). Apesar de o agente não ser casado com a mãe da menor, com ela manteve incontroversa e duradoura união estável, figurando, de fato, como padrasto no âmbito familiar. Dessa forma, incide a causa especial de aumento de pena prevista no art. 226, II, do CP, que, mesmo antes da Lei n. 11.106/2005, incidia quando comprovada a relação de autoridade (por qualquer motivo) entre o réu e a vítima. Precedentes citados: REsp 821.877-RS, DJ 4/12/2006; HC 31.977-RS, DJe 26/5/2008, e HC 11.888-DF, DJ 18/9/2000. **REsp 1.060.166-DF, Rel. Min. Laurita Vaz, julgado em 6/4/2010.** (Inform. STJ 429)

ESTUPRO. ATENTADO VIOLENTO AO PUDOR. LEI N. 12.015/2009.

Trata-se de *habeas corpus* no qual se pleiteia, em suma, o reconhecimento de crime continuado entre as condutas de estupro e atentado violento ao pudor, com o consequente redimensionamento das penas. Registrou-se, inicialmente, que, antes das inovações trazidas pela Lei n. 12.015/2009, havia fértil discussão acerca da possibilidade de reconhecer a existência de crime continuado entre os delitos de estupro e atentado violento ao pudor, quando o ato libidinoso constituísse preparação à prática do delito de estupro, por caracterizar o chamado prelúdio do coito (*praeludia coiti*), ou de determinar se tal situação configuraria concurso material sob o fundamento de que seriam crimes do mesmo gênero, mas não da mesma espécie. A Turma concedeu a ordem ao fundamento de que, com a inovação do Código Penal introduzida pela Lei n. 12.015/2009 no título referente aos hoje denominados "crimes contra a dignidade sexual", especificamente em relação à redação conferida ao art. 213 do referido diploma legal, tal discussão perdeu o sentido. Assim, diante dessa constatação, a Turma assentou que, caso o agente pratique estupro e atentado violento ao pudor no mesmo contexto e contra a mesma vítima, esse fato constitui um crime único, em virtude de que a figura do atentado violento ao pudor não mais constitui um tipo penal autônomo, ao revés, a prática de outro ato libidinoso diverso da conjunção carnal também constitui estupro. Observou-se que houve ampliação do sujeito passivo do mencionado crime, haja vista que a redação anterior do dispositivo legal aludia expressamente a *mulher* e, atualmente, com a redação dada pela referida lei, fala-se em *alguém*. Ressaltou-se ainda que, não obstante o fato de a Lei n. 12.015/2009 ter propiciado, em alguns pontos, o recrudescimento de penas e criação de novos tipos penais, o fato é que, com relação a ponto específico relativo ao art. 213 do CP, está-se diante de norma penal mais benéfica (*novatio legis in mellius*). Assim, sua aplicação, em consonância com o princípio constitucional da retroatividade da lei penal mais favorável, há de alcançar os delitos cometidos antes da Lei n. 12.015/2009, e, via de consequência, o apenamento referente ao atentado violento ao pudor não há de subsistir. Todavia, registrou-se também que a prática de outro ato libidinoso não restará impune, mesmo que praticado nas mesmas circunstâncias e contra a mesma pessoa, uma vez que caberá ao julgador distinguir, quando da análise das circunstâncias judiciais previstas no art. 59 do CP para fixação da pena-base, uma situação da outra, punindo mais severamente aquele que pratique mais de uma ação integrante do tipo, pois haverá maior reprovabilidade da conduta (juízo da culpabilidade) quando o agente constranger a vítima à conjugação carnal e, também, ao coito anal ou qualquer outro ato reputado libidinoso. Por fim, determinou-se que a nova dosimetria da pena há de ser feita pelo juiz da execução penal, visto que houve o trânsito em julgado da condenação, a teor do que dispõe o art. 66 da Lei n. 7.210/1984. **HC 144.870-DF, Rel. Min. Og Fernandes, julgado em 9/2/2010.** (Inform. STJ 422)

ESTUPRO. RETROATIVIDADE. LEI.

Este Superior Tribunal firmou a orientação de que a majorante inserta no art. 9º da Lei n. 8.072/1990, nos casos de presunção de violência, consistiria em afronta ao princípio *ne bis in idem*. Entretanto, tratando-se de hipótese de violência real ou grave ameaça perpetrada contra criança, seria aplicável a referida causa de aumento. Com a superveniência da Lei n. 12.015/2009, foi revogada a majorante prevista no art. 9º da Lei dos Crimes Hediondos, não sendo mais admissível sua aplicação para fatos posteriores à sua edição. Não obstante, remanesce a maior reprovabilidade da conduta, pois a matéria passou a ser regulada no art. 217-A do CP, que trata do estupro de vulnerável, no qual a reprimenda prevista revela-se mais rigorosa do que a do crime de estupro (art. 213 do CP). Tratando-se de fato anterior, cometido contra menor de 14 anos e com emprego de violência ou grave ameaça, deve retroagir o novo comando normativo (art. 217-A) por se mostrar mais benéfico ao acusado, *ex vi* do art. 2º, parágrafo único, do CP. **REsp 1.102.005-SC, Rel. Min. Felix Fischer, julgado em 29/9/2009.** (Inform. STJ 409)

ESTUPRO. VIOLÊNCIA PRESUMIDA. MENOR.

A Seção, por maioria, entendeu que a presunção de violência (art. 224, **a**, do CP) tem caráter absoluto. Ela é instrumento legal destinado à proteção da liberdade sexual do menor de quatorze anos justamente em razão de sua incapacidade volitiva. Assim, seu consentimento é irrelevante para a formação do tipo penal de estupro ou atentado violento ao pudor, pois o que se coíbe é qualquer prática sexual envolvendo pessoas nessa faixa etária. Porém, diante da constatação de que o crime foi praticado com violência presumida, não há que aplicar, sob pena de *bis in idem*, a agravante do art. 61, II, **h**, do CP, porque a menoridade da vítima já é elementar do crime. O Min. Nilson Naves, que capitaneou os votos vencidos, entende aquela presunção como relativa, a admitir prova em contrário, tal como já defendia Nelson Hungria, Heleno Fragoso e Aníbal Bruno, isso também calcado no amadurecimento precoce dos jovens de hoje. Precedentes citados do STF: HC 81.268-DF, DJ 16/11/2002; do STJ: REsp 905.877-PR, DJ 14/5/2007; Pet 5.535-SP, DJ 7/2/2008; HC 77.018-SC, DJ 16/6/2008; REsp 617.315-DF, DJ 5/9/2005; REsp 295.648-RJ, DJ 8/10/2001, e REsp 762.044-SP, DJ 2/5/2006. **EREsp 688.211-SC, Rel. Min. Laurita Vaz, julgados em 8/10/2008.** (Inform. STJ 371)

ESTUPRO. MENOR DE 14 ANOS.

Cuida-se de embargos de divergência contra o acórdão da Sexta Turma que entendeu ser relativa a presunção de violência contida no art. 224, **a** do CP (menor de 14 anos), sendo, portanto, passível de prova em contrário. O embargado cita como paradigma acórdão da Quinta Turma deste Tribunal que concluiu ser a violência ficta uma presunção absoluta. O Min. Relator esclareceu que o citado artigo prevê algumas circunstâncias, entre as quais está inserido ser a vítima menor de 14 anos, em que, ainda que não haja efetiva violência física ou real, será ela presumida diante da induvidosa restrição da capacidade volitiva da vítima de se posicionar em relação aos fatos de natureza sexual. Estando tal proteção apoiada na *innocentia consilii* da vítima, que não pode ser entendida como mera ausência de conhecimento do ato sexual em si, mas sim como falta de maturidade psico-ética de lidar com a vida sexual e suas conseqüências, eventual consentimento, ainda que existente, é desprovido de qualquer valor, possuindo a referida presunção caráter absoluto. O acusado, que não desconhecia a menoridade da vítima, deu-lhe guarida em sua casa enquanto ela se escondia da mãe e a levou a ingerir bebida alcoólica, embriagando-a antes da prática da conjunção carnal. Diante disso, a Seção, ao prosseguir o julgamento, por maioria, acolheu os embargos. **EREsp 666.474-MG, Rel. Min. Napoleão Nunes Maia Filho, julgados em 10/9/2008.** (Inform. STJ 367)

ATENTADO VIOLENTO AO PUDOR. DESCLASSIFICAÇÃO. PRINCÍPIO. PROPORCIONALIDADE.

Em nosso sistema jurídico, diferente do português ou espanhol, o atentado violento ao pudor (art. 214 do CP) engloba atos libidinosos de diferentes níveis, nos quais estão incluídos os contatos voluptuosos e os beijos lascivos. Assim, se o Tribunal *a quo* concluiu que houve a prática de ato próprio daquele ilícito, praticado com violência presumida, não lhe caberia desclassificá-lo para o crime de corrupção de menores (art. 218 do CP) em razão do princípio da proporcionalidade penal, daí que a Turma, entendeu restabelecer a sentença no que tange à pena aplicada. Precedentes citados: REsp 714.979-RS, DJ 5/9/2005; REsp 765.593-RS, DJ 19/12/2005, e REsp 732.989-AC, DJ 7/11/2005. **REsp 831.058-RS, Rel. Min. Felix Fischer, julgado em 13/9/2007.** (Inform. STJ 331)

10. CRIMES CONTRA A FÉ PÚBLICA

PEDIDO DE EXTENSÃO: FALSIDADE IDEOLÓGICA E DESCAMINHO - 1

A 2ª Turma denegou dois *habeas corpus* impetrados — ambos em favor dos mesmos pacientes — contra acórdãos proferidos em *writs* diversos no STJ. Nas situações dos autos, eles foram denunciados, com outros réus, em várias ações penais resultantes de uma operação policial. Num dos *habeas*, o STJ concedera a ordem para trancar, no que tange ao delito de falsidade ideológica (CP, art. 299), uma ação penal, cuja denúncia fora recebida também quanto ao crime de descaminho, estendendo a decisão aos demais co-réus. No outro, aquela Corte determinara, quanto aos pacientes, o trancamento da mesma ação sobre o crime de descaminho (CP, art. 334). Inicialmente, observou-se que os casos não seriam exatamente iguais, apesar da proximidade das matérias. Em seguida, acrescentou-se que, no HC 104314/PR, pleiteara-se a extensão dos efeitos da decisão favorável aos pacientes para trancar as demais ações em trâmite que também tratassem de acusação relativamente aos delitos de falsidade ideológica. Já no HC 100875/PR, requerera-se a extensão para aquelas referentes aos crimes de descaminho. Repeliu-se, nos dois *habeas corpus*, o pedido de extensão dos *writs* — sob a alegação de haver identidade de acusações, de réus e conexão probatória entre os feitos, a reclamar julgamento uniforme — formulado com base na interpretação sistemática do art. 580 do CPP. Destacou-se que tal dispositivo conferiria, em caráter excepcional, efeito extensivo às decisões benéficas com o objetivo de dar efetividade, no plano jurídico, à garantia de eqüidade. Explicitou-se que esta diria respeito ao tratamento igualitário aos agentes do delito quando houvesse concurso de pessoas, uma vez que o direito penal pátrio teria adotado a teoria monista ou unitária, segundo a qual todos aqueles que concorressem para a prática do crime sujeitar-se-iam às penas a ele cominadas. Consignou-se que a conexão seria o liame que as coisas, pessoas e fatos guardariam entre si; que tal instituto estaria ligado às regras de fixação da competência e não encontraria relação com regras do julgamento propriamente dito, razão pela qual não importaria necessariamente em julgamentos iguais. Além disso, asseverou-se que cada fato imputado aos pacientes, apesar da conexão, deveria ser julgado individualmente, de acordo com o livre convencimento motivado do magistrado. **HC 104314/PR, rel. Min. Ellen Gracie, 16.11.2010.** (HC-104314) **HC 100875/PR, rel. Min. Ellen Gracie, 16.11.2010.** (HC-100875)

PEDIDO DE EXTENSÃO: FALSIDADE IDEOLÓGICA E DESCAMINHO - 2

Com relação ao crime de falsidade ideológica (HC 104314/PR), frisou-se manifestação da Procuradoria Geral da República, no sentido de que: a) o STJ, ao negar o pedido de extensão, concluíra que os fatos referentes às ações penais, embora semelhantes, quanto ao *modus operandi*, seriam diversos daqueles discutidos na ação penal cujo trancamento parcial fora determinado; b) o *falsum*, nas ações penais que se pretenderia ver trancadas, poderia extrapolar totalmente o campo deduzido e até mesmo integrar outra espécie de ilicitude que tivesse atingido não só a ordem tributária. Verificou-se, ainda, que — a despeito de a maior parte dos processos instaurados imputarem aos pacientes a prática dos delitos contidos nos artigos 299 e 334 do CP — em três denúncias a eles se atribuíra somente a primeira infração em continuidade delitiva. Inferiu-se, portanto, que as falsificações em tese perpetradas não poderiam ser entendidas, em todas as ações penais, apenas como meio para a execução do crime de descaminho. Ademais, assentou-se que reconhecer todas as imputações de prática do crime de falsidade ideológica, como meio para a execução de outros delitos, implicaria antecipação desse juízo, a inviabilizar a atividade do Ministério Público de comprovar as imputações. Por fim, não se vislumbrou, na hipótese, ausência de justa causa ou flagrante ilegalidade demonstrada em inequívoca prova pré-constituída, a justificar o trancamento da ação penal. **HC 104314/PR, rel. Min. Ellen Gracie, 16.11.2010**. (HC-104314) **HC 100875/PR, rel. Min. Ellen Gracie, 16.11.2010**. (HC-100875)

PEDIDO DE EXTENSÃO: FALSIDADE IDEOLÓGICA E DESCAMINHO - 3

No tocante ao HC 100875/PR, entendeu-se que não haveria de prevalecer a posição adotada no STJ que, ao decidir o *writ* referente a uma das ações penais, considerara aplicável ao crime de descaminho o mesmo tratamento dado aos delitos mencionados no art. 1º da Lei 8.137/90. Reputou-se que o descaminho não deveria ter o tratamento aplicado aos crimes contra a ordem tributária. Desse modo, seria desnecessário o encerramento do processo administrativo fiscal para o desencadeamento da ação penal. Enfatizou-se que a consumação do crime em comento ocorreria com a importação ou exportação de mercadoria sem o pagamento, no todo ou em parte, do imposto devido por sua entrada ou saída, logo, tratar-se-ia de crime formal, a não exigir resultado naturalístico. Afirmou-se, entretanto, não ser possível a reforma do mencionado acórdão do STJ, inclusive, já transitado em julgado. A respeito do argumento de que seria aplicável às demais ações a solução jurídica determinada por essa Corte, naquele *writ*, tendo em conta a conexão entre elas, reportou-se ao que decidido na presente assentada. Salientou-se a conexão entre as ações em virtude do concurso de crimes. Por fim, não se conheceu do pleito de extensão dos efeitos do *habeas corpus* no STJ aos co-réus na ação penal trancada, o qual apresentado mediante petição no HC 100875/PR. No ponto, consignou-se não ser possível apreciar o pedido sob pena de supressão de instância. O Min. Ayres Britto registrou, ainda, que para chegar à conclusão de haver uma rigorosa identidade de situação no plano fático-processual seria necessário amplo revolvimento de fatos e provas, inadmissível na via eleita. **HC 104314/PR, rel. Min. Ellen Gracie, 16.11.2010**. (HC-104314) **HC 100875/PR, rel. Min. Ellen Gracie, 16.11.2010**. (HC-100875) (Inform. STF 609)

FALSIDADE IDEOLÓGICA PARA FINS ELEITORAIS E PRESTAÇÃO DE CONTAS - 1

O Plenário, por maioria, recebeu denúncia oferecida contra Senador da República, e outro, pela suposta prática do crime de falsidade ideológica para fins eleitorais em concurso de pessoas (art. 350 do Código Eleitoral c/c o art. 29 do CP). Relata a peça acusatória que o parlamentar, então candidato a Governador do Estado de Rondônia, e o segundo denunciado, responsável pela administração financeira da campanha, teriam protocolado, em 24.11.98, no Tribunal Regional Eleitoral, prestação de contas com dados inverídicos, concernentes a doações feitas por certa empresa. Considerou-se a existência de indícios suficientes da autoria e materialidade do delito. Asseverou-se que a materialidade estaria suficientemente comprovada, na fase de cognição sumária, pela demonstração de recursos arrecadados, em que constaria a doação da referida empresa para a campanha do primeiro denunciado, pela comunicação, feita pelo sócio-proprietário dessa empresa, ao TRE, no sentido de não ter contribuído para a campanha eleitoral, e, ainda, pelas declarações de informações econômico-fiscais da pessoa jurídica que atestariam que a empresa não obtivera rendimentos, nem tivera movimentação financeira no período da suposta doação. Além disso, ter-se-ia o depoimento do referido sócio da empresa, que, ao ser inquirido, confirmara a autenticidade de sua assinatura na fotocópia da correspondência que encaminhara ao TRE. **Inq 1990/RN, rel. Min. Cármen Lúcia, 11.11.2010**. (Inq-1990)

FALSIDADE IDEOLÓGICA PARA FINS ELEITORAIS E PRESTAÇÃO DE CONTAS - 2

Quanto à autoria, afastou-se, de início, a alegação de atipicidade da conduta por ausência de elemento normativo objetivo do tipo, uma vez que, "*se o documento que contém o falso ideológico depende ou está passível de verificação por degraus superiores, delito não existe*". Aduziu-se estar presente a potencialidade lesiva da conduta, haja vista a falta de condições materiais tanto do Poder Judiciário quanto de qualquer outro órgão para procurar cada um dos milhares de doadores de campanha para investigar se a doação realmente foi feita. Enfatizou-se haver confiança nas declarações prestadas e que a investigação só é realizada quando há suspeita de falsidade, como no caso. Acrescentou-se tratar-se de crime formal que não exige, para sua consumação, a efetiva ocorrência do dano. Não se acolheram, de igual modo, as assertivas de que a denúncia deveria ser rejeitada por ausência do elemento subjetivo do tipo na conduta, e de que os denunciados teriam agido de forma culposa, não havendo essa previsão no tipo penal. Observou-se ser fato incontroverso que os denunciados teriam assinado a demonstração de recursos arrecadados, o que levaria à presunção de que tinham conhecimento e estavam de acordo com o que haviam assinado. Fez-se referência ao que disposto nos artigos 20 e 21 da Lei 9.504/97 ("*Art. 20. O candidato a cargo eletivo fará, diretamente ou por intermédio de pessoa por ele designada, a administração financeira de sua campanha, usando recursos repassados pelo comitê, inclusive os relativos à cota do Fundo Partidário, recursos próprios ou doações de pessoas físicas ou jurídicas, na forma estabelecida nesta Lei. Art. 21. O candidato é solidariamente responsável com a pessoa indicada na forma do art. 20 desta Lei pela veracidade das informações financeiras e contábeis de sua campanha, devendo ambos assinar a respectiva prestação de contas.*"). Ressaltou-se caber à defesa dos denunciados fazer a contraprova, no transcorrer da instrução processual, de que eles não agiram com dolo, salientando vigorar, nesta fase, o princípio do *in dubio pro societate*. **Inq 1990/RN, rel. Min. Cármen Lúcia, 11.11.2010**. (Inq-1990)

FALSIDADE IDEOLÓGICA PARA FINS ELEITORAIS E PRESTAÇÃO DE CONTAS - 3

Repeliu-se, também, o argumento de que seria indispensável, para a configuração do delito, que o agente realizasse a conduta típica para fins eleitorais, visto que, de outra forma, não se teria a incidência do art. 350 do Código Eleitoral, mas a do art. 299 do CP. Afirmou-se que os denunciados se defenderiam dos fatos alegados na denúncia, e não da tipificação legal atribuída pelo Ministério Público; que seria irrelevante, nesta fase, a classificação dada ao crime na denúncia, e que os fatos atribuídos aos denunciados estariam em consonância com os requisitos do art. 41 do CPP. Por fim, rechaçou-se a afirmação de que os donos da empresa em questão não mereceriam credibilidade por serem fraudadores do Fisco. Entendeu-se que tal argumento em nada alteraria a imputação feita pelo órgão ministerial e que, se algum ilícito tributário fora praticado por terceiros, isso deveria ser apurado pelas instâncias próprias. Vencidos os Ministros Dias Toffoli e Gilmar Mendes que, tendo em conta a pena máxima abstratamente cominada ao delito ser de 3 anos, e por reputarem ser de natureza privada a declaração firmada pelos denunciados perante o TRE (prestação de contas), não recebiam a denúncia por considerarem extinta a punibilidade pela prescrição da pretensão punitiva do Estado. **Inq 1990/RN, rel. Min. Cármen Lúcia, 11.11.2010**. (Inq-1990) (Inform. STF 608)

FALSA IDENTIDADE E AUTODEFESA

Aplicando orientação firmada pela Corte segundo a qual a atribuição de falsa identidade (CP, art. 307) perante autoridade policial com o intuito de ocultar antecedentes não configura autodefesa, a Turma, por maioria, manteve decisão monocrática do Min. Ricardo Lewandowski que provera recurso extraordinário criminal, do qual relator, em que o Ministério Público Federal refutava o trancamento, por atipicidade de conduta, de ação penal instaurada em face do ora agravante. Considerou-se que não foram aduzidos novos argumentos capazes de afastar as razões expendidas na decisão agravada, bem como rejeitou-se a alegação de que a questão constitucional não fora ventilada, uma vez que o voto condutor no Tribunal *a quo* amparara-se em fundamento constitucional. Vencido o Min. Marco Aurélio que, num primeiro passo, dava provimento ao agravo regimental para assentar que o recurso extraordinário não tinha condições de prosperar e, em passo seguinte, asseverar que, ainda que se pudesse cogitar da rediscussão da matéria, caminharia no sentido do provimento do regimental, a fim de que, aparelhado o processo, viesse o extraordinário à Turma para julgamento. Precedentes citados: HC 72377/SP (DJU de 30.6.95); RE 470944/DF (DJU de 27.3.2006); HC 92763/MS (DJE de 25.4.2008); HC 70179/SP (DJU de 14.3.94). **RE 561704 AgR/SP, rel. Min. Ricardo Lewandowski, 3.3.2009**. (HC-561704) (Inform. STF 537)

COLA ELETRÔNICA E TIPIFICAÇÃO PENAL
Iniciado o exame de denúncia apresentada contra deputado federal, atualmente Secretário de Estado, em razão de ter despendido quantia em dinheiro na tentativa de obter, por intermédio de cola eletrônica, a aprovação de sua filha e amigos dela no vestibular, conduta essa tipificada pelo Ministério Público Federal como crime de estelionato, posteriormente alterada para falsidade ideológica (CP, art. 299). Preliminarmente, o Tribunal assentou sua competência originária para o julgamento da causa, haja vista que o licenciamento do exercício de mandato de deputado federal para assumir cargo de Secretário de Estado não afasta a prerrogativa de foro do parlamentar. Em seguida, o Min. Maurício Corrêa, relator, proferiu voto no sentido de rejeitar a denúncia por entender que o fato narrado não constitui crime ante a ausência das elementares objetivas do tipo, porquanto, na espécie, a fraude não está na veracidade do conteúdo do documento, mas sim na utilização de terceiros na formulação das respostas aos quesitos. O Min. Maurício Corrêa salientou, ainda, que, apesar de seu grau de reprovação social, tal conduta não se enquadra nos tipos penais em vigor, em face ao princípio da reserva legal e da proibição de aplicação da analogia in malam partem. Após, o julgamento foi adiado em virtude do pedido de vista do Min. Gilmar Mendes. (CP, art. 299: "Omitir, em documento público ou particular, declaração que dele devia constar, ou nele inserir ou fazer inserir declaração falsa ou diversa da que devia ser escrita, com o fim de prejudicar direitos, criar obrigação ou alterar a verdade sobre fato juridicamente relevante.") Inq. 1.145-PB, rel. Min. Maurício Corrêa, 28.4.2003. (**INQ-1145**)

COLA ELETRÔNICA E TIPIFICAÇÃO PENAL - 2
O Tribunal retomou julgamento de denúncia apresentada contra deputado federal, atual Secretário de Estado, em razão de ter despendido quantia em dinheiro na tentativa de obter, por intermédio de cola eletrônica, a aprovação de sua filha e amigos dela no vestibular, conduta essa tipificada pelo Ministério Público Federal como crime de estelionato, posteriormente alterada para falsidade ideológica (CP, art. 299) - v. Informativo 306. O Min. Gilmar Mendes, em voto-vista, acompanhou o Min. Maurício Corrêa, relator, no sentido de rejeitar a denúncia. Tendo em conta o princípio da legalidade estrita na esfera penal, considerou atípica a conduta do denunciado, não a enquadrando no tipo penal de falsidade ideológica, mesmo sob a modalidade inserir. Ressaltou que, embora reprovável a prática da cola eletrônica, a persecução penal não pode ser legitimamente instaurada.

Também seguiu o voto do relator o Min. Joaquim Barbosa. Após,o julgamento foi adiado em virtude do pedido de vista do Min. Carlos Britto (CP, art. 299: "Omitir, em documento público ou particular, declaração que dele devia constar, ou nele inserir ou fazer inserir declaração falsa ou diversa da que devia ser escrita, com o fim de prejudicar direitos, criar obrigação ou alterar a verdade sobre fato juridicamente relevante."). Inq 1145/PB, rel. Min. Maurício Corrêa, 3.8.2005. (**INQ-1145**)

COLA ELETRÔNICA E TIPIFICAÇÃO PENAL - 3
O Tribunal retomou julgamento de denúncia apresentada contra deputado federal, em razão de ter despendido quantia em dinheiro na tentativa de obter, por intermédio de cola eletrônica, a aprovação de sua filha e amigos dela no vestibular de universidade federal, conduta essa tipificada pelo Ministério Público Federal como crime de estelionato (CP, art. 171), e posteriormente alterada para falsidade ideológica (CP, art. 299) — v. Informativos 306 e 395. O Min. Carlos Britto, em voto-vista, divergiu do relator, para receber a denúncia, por entender que os fatos nela descritos amoldam-se tanto ao tipo penal do estelionato quanto da falsidade ideológica. Relativamente ao estelionato, asseverou que a vantagem ilícita consistiria na obtenção de vaga, por meio fraudulento, em instituição pública federal, e o prejuízo alheio, nos ônus suportados pela própria universidade federal, em face do custeio dos estudos dos alunos fraudadores, bem como pelos candidatos que foram injustamente excluídos das vagas por estes preenchidas, que perderam suas taxas de inscrição no certame e ainda assumiram outras despesas com a preparação para o vestibular, todos induzidos a erro quanto à lisura da competição. No que tange à falsidade ideológica, tendo em conta o princípio da eventualidade, considerou que a operação de compra e venda de antecipação das respostas corretas em vestibular significaria fazer inserir em documento particular declaração diversa da que devia ser escrita, pois o que devia ser escrito seria o entendimento pessoal do candidato, e não o de um cúmplice, transmitido por meio eletrônico com a finalidade de alterar a verdade de um fato juridicamente relevante, qual seja, o real conhecimento do candidato fraudador. Após o voto da Min. Cármen Lúcia, que acompanhava o voto do relator, e dos votos do Min. Ricardo Lewandowski, que acompanhava a divergência, e do Min. Joaquim Barbosa, que, reformulando seu voto, também o fazia, pediu vista dos autos o Min. Cezar Peluso. Inq 1145/PB, rel. Min. Maurício Corrêa, 16.11.2006. (**Inq-1145**)

Cola Eletrônica e Tipificação Penal - 4
Em conclusão de julgamento, o Tribunal, por maioria, rejeitou denúncia apresentada contra Deputado Federal, em razão de ter despendido quantia em dinheiro na tentativa de obter, por intermédio de cola eletrônica, a aprovação de sua filha e amigos dela no vestibular de universidade federal, conduta essa tipificada pelo Ministério Público Federal como crime de estelionato (CP, art. 171), e posteriormente alterada para falsidade ideológica (CP, art. 299) — v. Informativos 306, 395 e 448. Entendeu-se que o fato narrado não constituiria crime ante a ausência das elementares objetivas do tipo, porquanto, na espécie, a fraude não estaria na veracidade do conteúdo do documento, mas sim na utilização de terceiros na formulação das respostas aos quesitos. Salientou-se, ainda, que, apesar de seu grau de reprovação social, tal conduta não se enquadraria nos tipos penais em vigor, em face do princípio da reserva legal e da proibição de aplicação da analogia *in malam partem*. Vencidos os Ministros Carlos Britto, Ricardo Lewandowski, Joaquim Barbosa e Marco Aurélio, que recebiam a denúncia. Inq 1145/ PB, rel. orig. Min. Maurício Corrêa, rel. p/ o acórdão Min. Gilmar Mendes, 19.12.2006. (Inq-1145) (Inform. STF 453)

10.1. SUPERIOR TRIBUNAL DE JUSTIÇA

DIREITO PENAL. COLA ELETRÔNICA. ATIPICIDADE DA CONDUTA. A "cola eletrônica", antes do advento da Lei n. 12.550/2011, era uma conduta atípica, não configurando o crime de estelionato. Fraudar concurso público ou vestibular através de cola eletrônica não se enquadra na conduta do art. 171 do CP (crime de estelionato), pois não há como definir se esta conduta seria apta a significar algum prejuízo de ordem patrimonial, nem reconhecer quem teria suportado o revés. Assim, caso ocorresse uma aprovação mediante a fraude, os únicos prejudicados seriam os demais candidatos ao cargo, já que a remuneração é devida pelo efetivo exercício da função, ou seja, trata-se de uma contraprestação pela mão de obra empregada, não se podendo falar em prejuízo patrimonial para a administração pública ou para a organizadora do certame. Ademais, não é permitido o emprego da analogia para ampliar o âmbito de incidência da norma incriminadora; pois, conforme o princípio da legalidade estrita, previsto no art. 5º, XXXIX, da CF e art. 1º do CP, a tutela penal se limita apenas àquelas condutas previamente definidas em lei. Por fim, ressalta-se que a Lei n. 12.550/2011 acrescentou ao CP uma nova figura típica com o fim de punir quem utiliza ou divulga informação sigilosa para lograr aprovação em concurso público. Precedentes citados do STF: Inq 1.145-PB, DJe 4/4/2008; do STJ: HC 39.592-PI, DJe 14/12/2009, e RHC 22.898-RS, DJe 4/8/2008. **HC 245.039-CE, Rel. Min. Marco Aurélio Bellizze, julgado em 9/10/2012.(Inform. STJ 506)**

FALSIFICAÇÃO DE DOCUMENTO PARTICULAR. SONEGAÇÃO DE PAPEL OU OBJETO DE VALOR PROBATÓRIO. TIPICIDADE.
A conduta de alterar a petição inicial não se subsume aos tipos descritos nos arts. 298 e 356 do CP. No caso, o advogado percebeu que a lista de pedidos da petição protocolizada estava incompleta. No dia seguinte, retornou ao cartório, trocou a última folha da peça por outra que continha o pedido que faltava, momento em que foi flagrado jogando algo no lixo, o que parecia ser uma folha dos autos. Em seguida, foi chamado um representante da OAB para confirmar a adulteração, acompanhado por um servidor do tribunal e por um policial. Não foi identificada, na oportunidade, a supressão de parte dos autos ou outra grave irregularidade, apenas a alteração da última folha da petição inicial, sendo que a folha constante dos autos continha um pedido a mais. O Min. Relator registrou que a petição inicial não pode ser considerada documento para aplicação das sanções dos arts. 298 e 356 do CP, pois não atesta nada, nem certifica a ocorrência de fatos ou a existência de qualquer direito. Ela tem caráter propositivo e as afirmações nela contidas poderão ser submetidas ao contraditório para posterior análise pelo Poder Judiciário, que averiguará a procedência ou não dos pedidos. Precedentes citados do STF: HC 85.064-SP, DJ 12/5/2006; HC 82.605-GO, DJ 11/4/2003; do STJ: RHC 11.403-CE, DJ 10/6/2002, e RHC 20.414-RS, DJ 7/2/2008. **HC 222.613-TO, Rel. Min. Vasco Della Giustina (Desembargador convocado do TJ-RS), julgado em 24/4/2012. (Inform. STJ 496)**

GRATUIDADE JUDICIÁRIA. DECLARAÇÃO DE POBREZA. FALSIDADE.
A Turma reiterou o entendimento de que a apresentação de declaração de pobreza com informações falsas para obtenção da assistência judiciária gratuita não caracteriza os crimes de falsidade ideológica ou uso de documento falso. Isso porque tal declaração é passível de comprovação posterior, de ofício ou a requerimento, já que a presunção de sua veracidade é relativa. Além disso, constatada a falsidade das declarações constantes no documento, pode o juiz da causa fixar multa de até dez vezes o valor das custas judiciais como punição (Lei n. 1.060/1950, art. 4º, § 1º). Com esses fundamentos, o colegiado trancou a ação penal pela prática de fal-

sidade ideológica e uso de documento falso movida contra acusado. **HC 217.657-SP, Rel. Min. Vasco Della Giustina (Desembargador convocado do TJ-RS), julgado em 2/2/2012. (Inform. STJ 490)**

USO DE DOCUMENTO FALSO: TIPICIDADE DA CONDUTA E PRINCÍPIO DA AUTODEFESA.

A Turma denegou *habeas corpus* no qual se postulava o reconhecimento da atipicidade da conduta praticada pelo paciente – uso de documento falso (art. 304 do CP) – em razão do princípio constitucional da autodefesa. Alegava-se, na espécie, que o paciente apresentara à autoridade policial carteira de habilitação e documento de identidade falsos, com objetivo de evitar sua prisão, visto que foragido do estabelecimento prisional, conduta plenamente exigível para a garantia de sua liberdade. O Min. Relator destacou não desconhecer o entendimento desta Corte de que não caracteriza o crime disposto no art. 304, tampouco no art. 307, ambos do CP, a conduta do acusado que apresenta falso documento de identidade à autoridade policial para ocultar antecedentes criminais e manter o seu *status libertatis*, tendo em vista se tratar de hipótese de autodefesa, já que atuou amparado pela garantia consagrada no art. 5º, inciso LXII, da CF. Considerou, contudo, ser necessária a revisão do posicionamento desta Corte para acolher entendimento recente do Supremo Tribunal Federal em sentido contrário, proferido no julgamento do RE 640.139-DF, quando reconhecida a repercussão geral da matéria. Ponderou-se que, embora a aludida decisão seja desprovida de caráter vinculante, deve-se atentar para a finalidade do instituto da repercussão geral, qual seja, uniformizar a interpretação constitucional. Conclui-se, assim, inexistir qualquer constrangimento ilegal suportado pelo paciente uma vez que é típica a conduta daquele que à autoridade policial apresenta documentos falsos no intuito de ocultar antecedentes criminais negativos e preservar sua liberdade. **HC 151.866-RJ, Rel. Min. Jorge Mussi, julgado em 1º/12/2011.** (Inform. STJ 488)

USO. DOCUMENTO FALSO. AUTODEFESA. IMPOSSIBILIDADE.

A Turma, após recente modificação de seu entendimento, reiterou que a apresentação de documento de identidade falso no momento da prisão em flagrante caracteriza a conduta descrita no art. 304 do CP (uso de documento falso) e não constitui um mero exercício do direito de autodefesa. Precedentes citados STF: HC 103.314-MS, DJe 8/6/2011; HC 92.763-MS, DJe 25/4/2008; do STJ: HC 205.666-SP, DJe 8/9/2011. **REsp 1.091.510-RS, Rel. Min. Maria Thereza de Assis Moura, julgado em 8/11/2011.** (Inform. STJ 487)

FALSIDADE IDEOLÓGICA. DOLO ESPECÍFICO. NECESSIDADE.

O Ministério Público, na denúncia, assinalou que o paciente teria cometido o delito do art. 299 do CP (falsidade ideológica) pelo fato de ser procurado pela Justiça. O tribunal *a quo*, na apelação, entendeu que o paciente teria inserido sua foto na carteira de identidade civil de outrem a fim de não ser reconhecido pela Justiça, haja vista existir mandado de prisão expedido em seu desfavor. Logo, a Turma, por maioria, reiterou o entendimento de que, uma vez indicado pelas instâncias ordinárias o dolo específico do paciente, de maneira suficiente a configurar o crime pelo qual foi condenado, não cabe em *habeas corpus* analisar profundamente as provas para chegar à conclusão diversa. Assim, a Turma, por maioria, denegou a ordem. Precedentes citados: HC 139.269-PB, DJe 15/12/2009; HC 111.355-SP, DJe 8/3/2010, e HC 80.646-RJ, DJe 9/2/2009. **HC 132.992-ES, Rel. Min. Maria Thereza de Assis Moura, julgado em 26/10/2010.** (Inform. STJ 453)

USO. DOCUMENTO FALSO. FALSIFICAÇÃO. CRIME ÚNICO.

Na hipótese, o ora paciente foi condenado a dois anos e seis meses de reclusão e 90 dias-multa por falsificação de documento público e a dois anos e três meses de reclusão e 80 dias-multa por uso de documento falso, totalizando quatro anos e nove meses de reclusão no regime semiaberto e 170 dias-multa. Em sede de apelação, o tribunal *a quo* manteve a sentença. Ao apreciar o *writ*, inicialmente, observou o Min. Relator ser pacífico o entendimento doutrinário e jurisprudencial de que o agente que pratica as condutas de falsificar documento e de usá-lo deve responder por apenas um delito. Assim, a questão consistiria em saber em que tipo penal, se falsificação de documento público ou uso de documento falso, estaria incurso o paciente. Para o Min. Relator, seguindo entendimento do STF, se o mesmo sujeito falsifica documento e, em seguida, faz uso dele, responde apenas pela falsificação. Destarte, impõe-se o afastamento da condenação do ora paciente pelo crime de uso de documento falso, remanescendo a imputação de falsificação de documento público. Registrou que, apesar de seu comportamento reprovável, a condenação pelo falso (art. 297 do CP) e pelo uso de documento falso (art. 304 do CP) traduz ofensa ao princípio que veda o *bis in idem*, já que a utilização pelo próprio agente do documento que anteriormente falsificara constitui fato posterior impunível, principalmente porque o bem jurídico tutelado, ou seja, a fé pública, foi malferido no momento em que se constituiu a falsificação. Significa, portanto, que a posterior utilização do documento pelo próprio autor do falso consubstancia, em si, desdobramento dos efeitos da infração anterior. Diante dessas considerações, entre outras, a Turma concedeu a ordem para excluir da condenação o crime de uso de documento falso e reduzir as penas impostas ao paciente a dois anos e seis meses de reclusão no regime semiaberto e 90 dias-multa, substituída a sanção corporal por prestação de serviços à comunidade e limitação de fim de semana. Precedentes citados do STF: HC 84.533-9-MG, DJe 30/6/2004; HC 58.611-2-RJ, DJ 8/5/1981; HC 60.716-RJ, DJ 2/12/1983; do STJ: REsp 166.888-SC, DJ 16/11/1998, e HC 10.447-MG, DJ 1º/7/2002. **HC 107.103-GO, Rel. Min. Og Fernandes, julgado em 19/10/2010.** (Inform. STJ 452)

ADULTERAÇÃO. PLACA. REBOQUE.

A Turma concedeu a ordem de *habeas corpus* a paciente denunciado pela suposta prática do delito tipificado no art. 311, *caput*, do CP (adulteração de sinal identificador de veículo automotor) ante o reconhecimento da atipicidade da conduta. *In casu*, o réu foi acusado de ter substituído a placa original do reboque com o qual trafegava em rodovia federal. Entretanto, de acordo com o Min. Relator, a classificação estabelecida pelo art. 96 da Lei n. 9.503/1997 (Código de Trânsito Brasileiro) situa os veículos automotores e os veículos de reboque ou semirreboque em categorias distintas, diferença também evidenciada pelo conceito que lhes é atribuído pelo Manual Básico de Segurança no Trânsito, elaborado pela Associação Nacional dos Fabricantes de Veículos Automotores (Anfavea). Asseverou, ademais, que o legislador, ao criminalizar a prática descrita no art. 311 do CP, assim o fez por razões de política criminal, para coibir a crescente comercialização clandestina de uma classe específica de veículos e resguardar a fé pública. Concluiu, portanto, estar ausente o elemento normativo do tipo – categoria de veículo automotor –, ressaltando que a interpretação extensiva do aludido dispositivo ao veículo de reboque caracterizaria analogia *in malam partem*, o que ofenderia o princípio da legalidade estrita. **HC 134.794-RS, Rel. Min. Jorge Mussi, julgado em 28/9/2010.** (Inform. STJ 449)

APN. MODIFICAÇÃO. PLACA. VEÍCULO.

Trata-se, na origem, de *habeas corpus* no qual se objetivava o trancamento de ação penal (APN) por falta de justa causa, em razão de que o paciente, ora recorrido, teria modificado letra da placa identificadora de veículo. O tribunal *a quo* concedeu a ordem sob o fundamento de que, na hipótese, trata-se de fato atípico caracterizado como mera infração administrativa; assim, inexistiria sustentação fático-jurídica para o prosseguimento da referida ação. Daí, o MP interpôs o REsp em que, além de divergência jurisprudencial, sustentou que a conduta é típica, pois o recorrido alterou a placa do veículo, ato que se insere no tipo penal descrito no art. 311, *caput*, do CP. Nesta instância especial, entendeu-se que, no caso, efetivamente, houve a colocação de fita adesiva ou isolante para alterar letra ou número da placa de identificação do veículo, o que é perceptível a olho nu. Em sendo assim, o meio empregado para a adulteração não se presta à ocultação de veículo, objeto de crime contra o patrimônio. Observou-se que qualquer cidadão, por mais incauto que seja, tem condições de identificar a falsidade, que, de tão grosseira, a ninguém pode iludir. Em suma, a fraude é risível, grotesca. Logo, a fé pública não é sequer atingida. Ressaltou-se que a punição de mera infração administrativa com a sanção criminal prevista no tipo descrito no art. 311 da lei subjetiva penal desafia a razoabilidade e proporcionalidade, porquanto a fé pública permaneceu incólume e, à míngua de lesão ao bem jurídico tutelado, a conduta praticada pelo recorrido é atípica. Não é possível dar a um ato que merece sanção administrativa o mesmo tratamento dispensado à criminalidade organizada. Diante disso, a Turma negou provimento ao recurso. **REsp 503.960-SP, Rel. Min. Celso Limongi (Desembargador convocado do TJ-SP), julgado em 16/3/2010.** (Inform. STJ 427)

OCULTAÇÃO. PLACA. VEÍCULO.

Na espécie, o ora paciente foi denunciado pela prática do crime previsto no art. 311, *caput*, do CP, uma vez que teria ocultado, mediante dispositivo operado manualmente, a placa de identificação de seu veículo quando passava pela cancela de uma praça de pedágio, objetivando, com a prática, furtar-se de efetuar o devido pagamento. A Turma, de acordo com o fato narrado na inicial, na qual ficou demonstrada a ausência de adulteração ou remarcação de sinal identificador do veículo, concedeu a ordem para trancar a ação penal, pois não se aplica o art. 311 do CP aos fatos da denúncia, restando, assim, atípica a conduta imputada ao paciente. A conduta descrita no referido artigo não prevê a modalidade de ocultar, mas, tão somente, a de adulterar e remarcar, sendo esses verbos núcleos do tipo. **HC 139.199-SP, Rel. Min. Felix Fischer, julgado em 23/2/2010.** (Inform. STJ 424)

HC. FALSIDADE IDEOLÓGICA.

Trata-se de *habeas corpus* (HC) em que se pretende o trancamento de ação penal contra o paciente que foi denunciado como incurso nas penas do art. 299 do CP, tendo sido a denúncia recebida e designado interrogatório. Consta dos autos que, em fevereiro de 2005, foi distribuído, por ordem atribuída ao paciente, um comunicado consistente em folhas de papel sem assinatura, onde se noticiava que, de acordo com o Decreto Municipal n. 5.415/2005, as antigas tarifas do transporte coletivo do município voltariam a vigorar. Para o Min. Relator, a denúncia carece de aptidão para dar início à ação penal. Com efeito, a fé pública, objeto jurídico tutelado pelo art. 299 do CP, não sofre perigo quando falta ao documento requisito necessário à configuração do próprio falso. Ressaltou que, no caso, as conclusões do acórdão decorrem de um único depoimento tomado durante o inquérito policial, o que é insuficiente para servir como identificação do autor e justa causa ao prosseguimento da ação penal. Ressaltou, ainda, que, sendo uma das características do documento a identificação de quem o escreveu, o escrito anônimo não é documento, constitui a mais clara manifestação da vontade de não documentar. Nesse contexto, a Turma concedeu a ordem a fim de extinguir a ação penal, visto que o fato, evidentemente, não constitui crime (art. 386, III, do CPP). Precedente citado: RHC 1.499-RJ, DJ 4/5/1992. **HC 67.519-MG, Rel. Min. Nilson Naves, julgado em 1º/10/2009.** (Inform. STJ 409)

APN. FALSIDADE IDEOLÓGICA. DOCUMENTO PÚBLICO.

O réu, conselheiro do Tribunal de Contas estadual, foi denunciado pela prática do crime tipificado no art. 299 do CP, pois, em laudo de vistoria de imóvel (por ele assinado sob termo de responsabilidade) constante de processo administrativo conduzido pelo Incra, com fins de subsidiar a emissão de título de propriedade rural, no preenchimento do respectivo formulário, omitiu do técnico responsável sua condição, à época, de prefeito municipal (pela segunda vez) da localidade onde se situa o imóvel, ao declarar que não exercia função pública ou mandato eletivo. Anote-se que o réu, em interrogatório, não contesta o fato de que firmou sua assinatura no laudo. Daí que, conforme o conjunto da prova, efetivamente fez, em documento público, declaração diversa da que devia ser escrita. Anote-se que essa resposta à pergunta inequívoca e relacionada a fato juridicamente relevante era condição *sine qua non* à obtenção do título dominial (frise-se, sob condição resolutiva), registro ora em vias de cancelamento (Lei n. 4.504/1964 e Lei n. 4.947/1966). Diante disso, a Corte Especial julgou procedente a denúncia para condenar o réu nas sanções do referido artigo do CP, que foram substituídas por pena de prestação de serviços à comunidade e prestação pecuniária, as duas dirigidas a entidades voltadas às políticas agrárias. Gizou-se não haver como prosperar a alegação de que o réu ignorava o conteúdo do documento, pois se está no trato de impedimento notório na seara da divisão de terras (art. 25, § 3º, da Lei n. 4.504/1964), e pesar o fato de o réu, durante todo o curso do processo perante o Incra, nunca declinar o exercício de seu mandato eletivo de prefeito (ou mesmo deputado estadual). Não há como, também, atribuir a outrem a hipotética falha em preencher o documento, visto que se tem por certo que as respostas foram ditadas e que o réu subscritor era o responsável pela veracidade dessas informações. Exsurgem, daí, como induvidosas a materialidade e a autoria do fato subsumido no tipo do art. 299 do CP. Por fim, esclareça-se que o antecedente registrado (ação penal em curso neste Superior Tribunal), apesar de ser óbice ao deferimento do *sursis* processual, não pode ser considerado na individualização da resposta penal em razão da força que tem a presunção da não culpabilidade. **APn 239-RR, Rel. Min. Hamilton Carvalhido, julgada em 19/8/2009.** (Inform. STJ 403)

FALSIDADE IDEOLÓGICA. DECLARAÇÃO. POBREZA.

A princípio, é típica a conduta de quem, com o fito de obter a benesse da assistência judiciária gratuita, assina declaração de que não tem condições de pagar as despesas e custas do processo judicial sem prejuízo próprio ou de sua família (declaração de "pobreza"), mas apresenta evidentes possibilidades de arcar com elas. Daí não haver constrangimento ilegal na decisão do juízo de remeter cópia dessa declaração ao Ministério Público para a análise de possível cometimento do crime de falsidade ideológica. Precedente citado: HC 55.841-SP, DJ 11/2/2006. **RHC 21.628-SP, Rel. Min. Laurita Vaz, julgado em 3/2/2009.** (Inform. STJ 382)

FALSIDADE IDEOLÓGICA. ADVOGADO. PETIÇÃO.

Mostra-se atípica a conduta do advogado que insere dado incorreto na petição de *habeas corpus* (corrigido nas informações da própria autoridade coatora). Esse dado (o número de um procedimento administrativo fiscal que se mostrou ser o de uma representação fiscal para fins penais) lastreou-se em informações constantes da própria denúncia, a evidenciar o equívoco ou a falsa representação a respeito do fato objeto da falsidade. Anote-se que, a par da ciência ou não do agente acerca do falso, não caracteriza o crime de falsidade ideológica a declaração que depende de confirmação ou controle posterior, pois ela não produz efeitos por sua própria força, tal como no caso, em que o dado inserto na petição foi confrontado pelo juízo com a informação correta da autoridade coatora, a Receita Federal, quanto mais se a petição judicial não pode ser tida por documento particular a amoldar-se ao elemento normativo do tipo penal do art. 299 do CP. Por último, vê-se que um exame mais aprofundado da prova pré-constituída jungida ao *habeas corpus* é possível se necessário para a constatação da existência de justa causa no recebimento da denúncia. Precedente citado do STF: HC 82.605-9-GO, DJ 11/4/2003. **HC 51.613-RJ, Rel. Min. Maria Thereza de Assis Moura, julgado em 25/9/2008.** (Inform. STJ 369)

FALSIDADE IDEOLÓGICA. DECLARAÇÃO. POBREZA.

Para o Min. Relator, a declaração de pobreza fora das hipóteses da Lei n. 1.060/1950, com a finalidade de obter o benefício da gratuidade judiciária, por si só, não se amolda ao delito tipificado no art. 299 do CP (falsidade ideológica), uma vez que essa declaração, em si mesma, goza da presunção *juris tantum* que está sujeita à comprovação posterior realizada de ofício pelo magistrado ou mediante impugnação (art. 5º da citada lei), portanto não constitui documento para fins penais. Destaca ser também nesse sentido o entendimento do STF. Precedente citado do STF: HC 85.976-3-MT, DJ 24/2/2006. **REsp 1.044.724-SC, Rel. Min. Felix Fischer, julgado em 16/9/2008.** (Inform. STJ 368)

USO. DOCUMENTO FALSO. DESTINAÇÃO.

Trata-se de pedido de trancamento da ação penal ante a carência de justa causa. O paciente, para confirmar sua identidade ao porteiro, apresentou "carteira de homenagem", que antigamente era distribuída pela polícia. Destaca o Min. Relator que o ato não foi movido com o propósito de o paciente passar-se por policial, e sim para adentrar o local, confirmando informação verbal. A apresentação da carteira não assumiu o objetivo a que se prestava, faltando, no caso, destinação específica que denota o tipo do art. 304 do CP. A conduta punível é a de utilizar, de maneira consciente, documento em que há falsidade material, como se fosse autêntico ou aquele que traga informações geralmente falsas, como se fossem verdadeiras, ou seja dar-se o emprego para o qual foi falsificado. Prosseguindo o julgamento, a Turma, por maioria, concedeu a ordem de *habeas corpus* ante a atipicidade dos fatos descritos na denúncia. **HC 60.964-MG, Rel. Min. Paulo Medina, julgado em 10/4/2007.** (Inform. STJ 316)

FALSIDADE IDEOLÓGICA. RETIFICAÇÃO. IR.

Trata-se de denúncia fundada no art. 299 do CP (falsidade ideológica), aduzindo que a denunciada teria prestado declaração falsa em retificadora de imposto de renda entregue à Receita Federal (DIRPF de 1997 a 2000) a fim de comprovar rendimentos não declarados anteriormente e, assim, dar lastro à transação imobiliária, a qual participou também seu pai e irmão. Em princípio, a investigação teve como objetivo apurar crime contra a ordem tributária, mas restou afastada essa hipótese, diante do fato de as declarações retificadoras de imposto de renda não terem efeito de suprimir ou reduzir tributos, então o MPF apontou o crime de falsidade ideológica. Isso posto, para o Min. Relator as notícias trazidas nos autos, uma vez que tipicamente não dizem respeito à supressão ou redução de tributo, tal a sua exposição pela denúncia, são notícias referentes a fato penalmente irrelevante, em termos de falsidade ideológica, por lhe faltar, em suma, o dolo específico. Outrossim, note-se que não há, nos autos, quem sofreu o prejuízo, nem foi exposto pelo denunciante, assim a falsidade, só por si, é penalmente irrelevante. O fato narrado, portanto, não constitui o crime previsto no art. 299 do CP. Com esse entendimento, a Turma concedeu a ordem, a fim de reformar o acórdão recorrido e rejeitar a denúncia, a teor do art. 43, I, do CPP. **HC 57.739-SP, Rel. Min. Nilson Naves, julgado em 13/3/2007.** (Inform. STJ 313)

11. CRIMES CONTRA A ADMINISTRAÇÃO PÚBLICA E AS FINANÇAS PÚBLICAS

DENUNCIAÇÃO CALUNIOSA CONTRA AUTORIDADE DETENTORA DE PRERROGATIVA DE FORO E TIPICIDADE - 1

A 2ª Turma denegou *habeas corpus* no qual pleiteada a atipicidade da conduta descrita como denunciação caluniosa (CP, art. 339: "*Dar causa à instauração de investigação policial, de processo judicial, instauração de investigação administrativa, inquérito civil ou ação de improbidade administrativa contra alguém, imputando-lhe crime de que o sabe inocente*") sob alegação de inexistência dos elementos objetivo e subjetivo do tipo. Na espécie, juiz federal requerera instauração de procedimento investigatório denominado representação criminal — que tramitara perante órgão especial de tribunal regional federal — em face de outro magistrado e de membro do Ministério Público, dando-lhes como incursos nos crimes de prevaricação e abuso de autoridade. Esse procedimento fora arquivado, sem a instauração de processo penal contra os representados. O parquet federal oferecera, então, denúncia contra o paciente, de forma a imputar-lhe a prática dos crimes de denunciação caluniosa e abuso de autoridade, a qual fora recebida e resultara em sua condenação. A defesa arguia ausência de justa causa para a persecução criminal, ante o arquivamento liminar do feito, porquanto hipoteticamente não teria havido a deflagração de investigação administrativa, de inquérito policial ou civil ou de ação judicial. Sustentava, igualmente, que a representação não se amoldaria às elementares da capitulação penal. **HC 106466/SP, rel. Min. Ayres Britto, 14.2.2012**. (HC-106466)

DENUNCIAÇÃO CALUNIOSA CONTRA AUTORIDADE DETENTORA DE PRERROGATIVA DE FORO E TIPICIDADE - 2

No tocante ao elemento objetivo do tipo, entendeu-se que a representação criminal subscrita pelo paciente preencheria a finalidade do art. 339 do CP, com a redação da Lei 10.028/2000. Isso porque ela consubstanciaria modalidade de "investigação administrativa", cujo escopo seria apurar a veracidade das infrações penais atribuídas aos representados. Asseverou-se que a referida medida contivera os seguintes procedimentos: a) o chamamento dos representados, mediante notificação, para o exercício da ampla defesa, diante das imputações então formalizadas; b) o ônus da apresentação de resposta escrita, no prazo legal, acompanhada dos necessários esclarecimentos; c) o encaminhamento de todas as peças informativas ao Ministério Público Federal para pronunciar-se sobre a procedência das acusações; e d) a deliberação de órgão colegiado do tribunal de origem quanto ao mérito do pedido veiculado na representação. Nesse contexto, rechaçou-se a assertiva de que houvera arquivamento liminar. **HC 106466/SP, rel. Min. Ayres Britto, 14.2.2012**. (HC-106466)

DENUNCIAÇÃO CALUNIOSA CONTRA AUTORIDADE DETENTORA DE PRERROGATIVA DE FORO E TIPICIDADE - 3

Com relação ao elemento subjetivo do tipo, rememorou-se jurisprudência desta Corte no sentido de que a configuração do tipo incriminador em causa exigiria dolo direto quanto ao conhecimento, por parte do acusado, da inocência dos representados, de modo que a presença de dolo eventual do agente seria insuficiente. A respeito, extraíram-se dos autos elementos bastantes que comprovariam a consciência da falsidade da imputação realizada. Salientou-se, por fim, que não seria esta a via adequada para renovação de atos próprios de instrução processual a fim de se concluir que o acusado não deteria pleno conhecimento da inocência dos representados. Precedente citado: RHC 85023/TO (DJe de 1º.2.2008). **HC 106466/SP, rel. Min. Ayres Britto, 14.2.2012**. (HC-106466) (Inform. STF 655)

CAUSA DE AUMENTO E AGENTE POLÍTICO

A causa de aumento de pena prevista no § 2º do art. 327 do CP ("*A pena será aumentada da terça parte quando os autores dos crimes previstos neste Capítulo forem ocupantes de cargos em comissão ou de função de direção ou assessoramento de órgão da administração direta, sociedade de economia mista, empresa pública ou fundação instituída pelo poder público*") aplica-se aos agentes detentores de mandato eletivo que exercem, cumulativamente, as funções política e administrativa. Com base nessa orientação, a 2ª Turma negou provimento a recurso ordinário em *habeas corpus* em que se questionava a dosimetria da pena. No caso, o paciente fora condenado pelo crime de peculato (CP, art. 312) por desviar valores descontados dos salários de vereadores e servidores e não repassá-los aos cofres da fazenda pública quando exercia a presidência da câmara de vereadores. **RHC 110513/RJ, rel. Min. Joaquim Barbosa, 29.5.2012**. (RHC-110513) (Inform. STF 668)

MÉDICO CONVENIADO PELO SUS E EQUIPARAÇÃO A FUNCIONÁRIO PÚBLICO

Considera-se funcionário público, para fins penais, o médico particular em atendimento pelo Sistema Único de Saúde - SUS, antes mesmo da alteração normativa que explicitamente fizera tal equiparação por exercer atividade típica da Administração Pública (CP, art. 327, § 1º, introduzido pela Lei 9.983/2000). Essa a orientação da 2ª Turma ao, por maioria, negar provimento a recurso ordinário em *habeas corpus* interposto por profissional de saúde condenado pela prática do delito de concussão (CP, art. 316). Na espécie, o recorrente, em período anterior à vigência da Lei 9.983/2000, exigira, para si, vantagem pessoal a fim de que a vítima não aguardasse procedimento de urgência na fila do SUS. A defesa postulava a atipicidade da conduta. Prevaleceu o voto do Min. Ayres Britto, relator, que propusera novo equacionamento para solução do caso, não só a partir do conceito de funcionário público constante do art. 327, *caput*, do CP, como também do entendimento de que os serviços de saúde, conquanto prestados pela iniciativa privada, consubstanciar-se-iam em atividade de relevância pública (CF, artigos 6º, 197 e 198). Asseverou que o hospital ou profissional particular que, mediante convênio, realizasse atendimento pelo SUS, equiparar-se-ia a funcionário público, cujo conceito, para fins penais, seria alargado. Reputou, dessa forma, não importar a época do crime em comento. Vencido o Min. Celso de Mello, que provia o recurso, ao fundamento da irretroatividade da *lex gravior*, porquanto a tipificação do mencionado crime, para aqueles em exercício de função delegada da Adminis-tra-ção, somente teria ocorrido a partir da Lei 9.983/2000. RHC 90523/ES, rel. Min. Ayres Britto, 19.4.2011. (RHC-90523) (Inform. STF 624)

PECULATO-DESVIO: SECRETÁRIA PARLAMENTAR E PRESTAÇÃO DE SERVIÇOS PARTICULARES

O Tribunal, por maioria, recebeu denúncia oferecida pelo Ministério Público Federal contra Deputado Federal, em que se lhe imputa a prática do crime previsto no art. 312 do CP, na modalidade de peculato-desvio, em razão de ter supostamente desviado valores do erário, ao indicar e admitir determinada pessoa como secretária parlamentar, quando de fato essa pessoa continuava a trabalhar para a sociedade empresária de titularidade do denunciado. Inicialmente, rejeitou-se a argüição de atipicidade da conduta, por se entender equivocado o raciocínio segundo o qual seria a prestação de serviço o objeto material da conduta do denunciado. Asseverou-se que o objeto material da conduta narrada foram os valores pecuniários (dinheiro referente à remuneração de pessoa como assessora parlamentar). No mais, considerou-se que os requisitos do art. 41 do CPP teriam sido devidamente preenchidos, havendo justa causa para a deflagração da ação penal, inexistindo qualquer uma das hipóteses que autorizariam a rejeição da denúncia (CPP, art. 43, hoje art. 395, na redação da lei). Vencidos os Ministros Marco Aurélio e Celso de Mello, que rejeitavam a denúncia por reputar atípica a conduta imputada ao denunciado. **Inq 1926/DF, rel. Min. Ellen Gracie, 9.10.2008**. (Inq-1926) (Inform. STF 523)

AGENTE POLÍTICO: INCIDÊNCIA DO ART. 327, § 2º, DO CP E PRESCRIÇÃO

O Tribunal, por maioria, rejeitou denúncia oferecida pela Procuradoria-Geral da República contra Deputado Federal pela suposta prática do delito de prevaricação, em razão de, no exercício do cargo de 4º Secretário da Câmara dos Deputados, ter deixado de tomar as devidas providências no sentido da retomada de imóveis funcionais irregularmente ocupados por ex-parlamentares, embora ciente desse fato. Inicialmente, afirmou-se que a denúncia imputaria ao denunciado o delito de prevaricação nas modalidades comissiva e omissiva. Asseverou-se que, na forma comissiva, o delito seria instantâneo, e que estaria no suposto ato de "emprestar" os imóveis a pessoas não habilitadas para o gozo desse benefício, tendo sido materializada a conduta típica no ano de 2001. Ressaltou-se que, na forma omissiva, o crime seria permanente, tendo cessado a omissão em 19.5.2004. Entendeu-se que incidiria, na espécie, o disposto no § 2º do art. 327 do CP, haja vista que o denunciado exercia função de direção, e concluiu-se que a prescrição em ambas as modalidades não teria ocorrido (CP: "*Art. 327 - Considera-se funcionário público, para os efeitos penais, quem, embora transitoriamente ou sem remuneração, exerce cargo, emprego ou função pública. ... § 2º - A pena será aumentada da terça parte quando os autores dos crimes previstos neste Capítulo forem ocupantes de cargos em comissão ou de função de direção ou assessoramento de órgão da administração direta, sociedade de economia mista, empresa pública ou fundação instituída pelo poder público.*"). Aduziu-se que o art. 327, *caput*, do CP, ao conceituar funcionário público, abrangeria todos os que exercessem cargo, emprego ou função pública, no âmbito de qualquer dos poderes. Nesse ponto, ficou vencido o Min. Menezes Direito, que afastava a incidência do § 2º do art. 327 do CP, por não equiparar parlamentar a funcionário público, reconhecendo prescrito o delito na modalidade comissiva. No mérito, considerou-se que não estariam presentes os indícios de autoria e materialidade. Vencidos os Ministros Cezar Peluso e Marco Aurélio, que recebiam a denúncia. **Inq 2191/DF, rel. Min. Carlos Britto, 8.5.2008**. (INQ-2191) (Inform. STF 505)

11.1. SUPERIOR TRIBUNAL DE JUSTIÇA

DIREITO PENAL. CRIME DE DESOBEDIÊNCIA. NECESSIDADE DE INTIMAÇÃO PESSOAL DO DESTINATÁRIO DA ORDEM.

Não se configura o crime de desobediência na hipótese em que as notificações do responsável pelo cumprimento da ordem foram encaminhadas por via postal, sendo os avisos de recebimento subscritos por terceiros. Para caracterizar o delito de desobediência, exige-se a notificação pessoal do responsável pelo cumprimento da ordem, demonstrando a ciência inequívoca da sua existência e, após, a intenção deliberada de não cumpri-la. Precedentes citados: HC 115.504-SP, DJe 9/2/2009; HC 84.664-SP, DJe 13/10/2009, e RHC 24.021-SP, DJe 28/6/2010. **HC 226.512-RJ, Rel. Min. Sebastião Reis Júnior, julgado em 9/10/2012.**(Inform. STJ 506)

PREFEITO. CONCUSSÃO. EXASPERAÇÃO. PENA-BASE.

O fato de o paciente ser prefeito municipal na época da infração e ter-se conluiado com o presidente de autarquia municipal e com sujeito que teria sido diretor da empresa vítima do crime de concussão é suficiente para exasperar a pena-base além do mínimo legal, porque foi indicada uma forma particularizada pela qual a exigência de vantagem ilícita logrou maior efetividade. Ademais, para a Min. Rel., esses fatos indicam fundamento ligado a um maior poder de vulneração do bem jurídico: prestígio da administração pública. Não havendo dúvida de que a condição de servidor público é elementar do tipo penal descrito. Todavia, *in casu*, o cargo de prefeito, conjugado com poderosos e influentes comparsas, torna mais propício o sucesso delitivo. Em razão de a cobrança de propina mensal ter-se alongado por período superior a um ano, foi confirmada a aplicação da fração máxima da majorante da continuidade delitiva. Precedentes citados: HC 158.968-RJ, DJe 15/6/2011, e HC 116.437-SP, DJe 19/4/2010. **HC 117.514-SP, Rel. Min. Maria Thereza de Assis Moura, julgado em 22/11/2011.** (Inform. STJ 488)

PECULATO. ESTAGIÁRIA DE DIREITO. ADVOGADA.

In casu, as ora pacientes foram denunciadas porque a primeira, na qualidade de estagiária de Direito, e a segunda, como advogada, juntamente com um procurador do INSS, teriam fraudado aquele instituto, fazendo acordos em ações de revisão de benefícios previdenciários propostas pelas primeiras, cujos cálculos dos valores devidos eram alterados para maior, propiciando aos envolvidos o recebimento de parcela significativa do montante apurado. No *writ* em questão, alega-se, principalmente, que as pacientes foram processadas e condenadas pelo crime de peculato (art. 312 do CP), tipo penal em que se faz imprescindível a atuação conectante de servidor público, todavia os fatos pelos quais o referido procurador teria sido condenado em outras ações, nas quais não foram denunciadas as pacientes, são diversos daqueles que deram suporte à ação penal a que elas respondem. Assim, se ausente a circunstância elementar do crime, a ação deve ser trancada ou as acusadas, absolvidas. A Turma consignou que somente pode ser imputado o crime de peculato ao estranho, ou seja, não servidor público, quando a sua atuação ilícita dá-se em coparceria com quem ostente essa qualidade. Contudo, não se verifica *primo ictu oculi* que aquele revestido da condição de servidor público, no caso, o procurador do INSS, não teria, pelos fatos narrados na denúncia, sido processado em outra ação penal. É que foram vários os processos criminais contra ele e outras pessoas integrantes do referido esquema de fraude, todos com trânsito em julgado. Desse modo, mostra-se correto o tribunal *a quo* quando afirma que, somente pela análise da denúncia e da sentença proferida nos autos originários, não é possível sustentar a alegação de que ficou provado, no decorrer da instrução da ação penal, que o mencionado agente público, que teria sido coautor do crime de peculato com as pacientes, não fora condenado em outra ação penal pelas condutas imputadas a elas. Observou-se, ainda, que a via própria para a análise dessa e das demais questões (pedido de desclassificação para o crime de estelionato, suposta ilegalidade na dosimetria da pena e ausência de prova da materialidade do delito) é o recurso de apelação, ainda pendente de julgamento no tribunal de origem. Diante desses fundamentos, entre outros, não se conheceu do *habeas corpus*. **HC 201.273-RJ, Rel. Min. Napoleão Nunes Maia Filho, julgado em 28/6/2011.** (Inform. STJ 479)

QO. DENÚNCIA. USO INDEVIDO. BRASÃO. REPÚBLICA.

A Turma, em questão de ordem (QO), deliberou pela anulação do julgamento proferido na assentada de 2/6/2011, tendo em vista a defesa pretender manifestar-se oralmente e, por equívoco, não ter sido intimada da data daquela sessão. Assim, proferiu novo julgamento, negando provimento ao recurso. *In casu,* o paciente foi denunciado por apor o brasão da República em diversas cartas de teor exclusivamente particular encaminhadas a órgãos públicos e privados (art. 296, § 1º, II, do CP), conduta que, somada à sua identificação como suplente de deputado federal, teria conferido a tais cartas a aparência de documentos oficiais. Vê-se que a denúncia narra a ocorrência de fato típico em tese, não se vislumbrando nela o vício da inépcia, pois está condizente com todos os requisitos do art. 41 do CPP e apta ao exercício da ampla defesa. Por sua vez, o brasão da República constitui notório símbolo identificador da Administração Pública Federal, por isso é obrigatória sua utilização por seus órgãos (Lei n. 5.700/1971). Assim, não prospera o argumento de que não há óbice a seu uso por particulares, quanto mais se os documentos em questão não se relacionam à condição eventualmente ocupada pelo paciente (como dito, suplente de deputado federal). Anote-se, por último, que o delito em questão é crime de mera conduta, assim, mostra-se irrelevante para sua consumação apurar a existência de prejuízo. Precedentes citados: RHC 29.544-RJ, DJe 12/5/2011; RHC 28.001-RJ, DJe 28/3/2011, e HC 89.696-SP, DJe 23/8/2010. **RHC 29.397-SP, Rel. Min. Og Fernandes, julgado em 14/6/2011.** (Inform. STJ 477)

RCL. CRIME. FALSA IDENTIDADE.

A reclamação tem por base a Res. n. 12/2009-STJ, visto que a turma recursal dos juizados especiais estaduais em questão teria proferido acórdão que diverge da jurisprudência do STJ. Houve a concessão de liminar para determinar a suspensão dos processos em trâmite nos juizados especiais que tratem de tema semelhante ao da reclamação. O reclamante foi condenado por ter declarado, diante da autoridade policial, nome diverso do seu com o fim de ocultar sua vida pregressa (art. 307 do CP). Contudo, prevalece no STJ o entendimento de que, em regra, essa conduta é atípica, pois geralmente não se subsume ao tipo constante do referido artigo, visto que se está buscando não uma vantagem ilícita, mas sim o exercício de possível direito constitucional – a autodefesa. Anote-se, todavia, que essa averiguação faz-se caso a caso. Quanto ao tema, a Min. Maria Thereza de Assis Moura trouxe ao conhecimento da Seção recente julgado do STF nesse mesmo sentido. Assim, a Seção julgou procedente a reclamação para reformar a decisão da turma recursal dos juizados especiais estaduais e absolver o reclamante por atipicidade, ratificando a liminar concedida apenas quanto a ele, revogando-a no que diz respeito aos demais processos, que deverão ser analisados um a um pelos respectivos órgãos julgadores, mas com a observância do entendimento reiterado pelo STJ. Por último, cogitou-se sobre a remessa do julgamento à Corte Especial em razão da cláusula de reserva de plenário, diante da aventada inconstitucionalidade parcial do referido artigo do CP, o que foi descartado. Precedentes citados do STF: HC 103.314-MS, DJe 7/6/2011; do STJ: HC 171.389-ES, DJe 17/5/2011; HC 99.179-SP, DJe 13/12/2010; HC 46.747-MS, DJ 20/2/2006; HC 21.202-SP, DJ 13/3/2006; HC 153.264-SP, DJe 6/9/2010; HC 145.261-MG, DJe 28/2/2011, e REsp 432.029-MG, DJ 16/11/2004. **Rcl 4.526-DF, Rel. Min. Gilson Dipp, julgada em 8/6/2011.** (Inform. STJ 476)

FALSIFICAÇÃO. DOCUMENTOS. USO.

No caso, o paciente fora condenado pela prática de três crimes, dois de falsificação de documentos e um de uso de documento falso. Isso porque teria falsificado duas certidões de casamento, uma que fora utilizada por ele próprio para obtenção do passaporte e outra utilizada pelo corréu para o mesmo fim. Assim, apenas a condenação relativa a um dos três crimes deve ser afastada. Somente com relação à falsificação e utilização do mesmo documento pelo paciente pode incidir o princípio da consunção. Como a falsificação e o respectivo uso se encontram teleologicamente ligados, em respeito ao princípio mencionado, tem-se um único delito. Quanto ao delito de falsificação da outra certidão de casamento, é inviável tal proceder, uma vez que foi utilizado pelo corréu, pois o *bis in idem* somente é reconhecido quando o mesmo agente falsifica e usa o documento. Precedentes citados: HC 107.103-GO, DJe 8/11/2010; HC 146.521-SP, DJe 7/6/2010, e CC 107.100-RJ, DJe 1º/6/2010. **HC 150.242-ES, Rel. Min. Maria Thereza de Assis Moura, julgado em 31/5/2011.** (Inform. STJ 475)

COMPETÊNCIA. DOCUMENTOS FALSOS. PECULATO.

Trata-se de recurso em *habeas corpus* contra acórdão que manteve a condenação do paciente à pena de quatro anos e dois meses de reclusão em regime semiaberto e pagamento de 31 dias-multa, pela suposta prática dos delitos previstos nos arts. 304 e 312, *caput*, do CP. Consoante os autos, o paciente fora condenado porque teria usado cartões de ponto ideologicamente falsos nos autos de reclamação trabalhista, além de ter-se apropriado, em proveito próprio, de bem móvel de que tinha a posse em razão do cargo, já que teria subtraído os documentos comprobatórios de seu horário de trabalho da autarquia municipal em que exercia a função de superintendente. Portanto, pretende-se, em síntese, a decretação da nulidade da ação penal que culminou com a condenação do recorrente ou, alternativamente, a redução da pena imposta a ele. A Turma, entre outras questões, consignou que, na hipótese, no que se refere ao delito de uso de documento falso, o juiz estadual, prolator da sentença, é absolutamente incompetente, pelo que se impõe a anulação do édito repressivo quanto ao ponto, facultando-se a ratificação, pela Justiça Federal (competente para o julgamento de tal crime), dos demais atos processuais anteriormente praticados, inclusive os decisórios não referentes ao mérito da causa. Por outro lado, quanto ao crime de peculato-apropriação, registrou-se que, para a configuração, é imprescindível que o funcionário público se aproprie de coisa que possua significação patrimonial, de modo que simples cartões de ponto, embora posteriormente utilizados para pleitear verbas trabalhistas indevidas, não podem ser considerados objeto material do mencionado ilícito porque não possuem qualquer valor monetário, já que, por si só, não representam acréscimo ao patrimônio do agente ou de quem quer que seja. Ressaltou-se que, mesmo não se admitindo a aplicação do princípio da insignificância nos crimes contra a Administração Pública, o certo é que, no peculato-apropriação, o bem objeto da conduta do funcionário público deve possuir, em si mesmo, algum significado patrimonial, ainda que ínfimo, o que não se verifica no tocante aos comprovantes de frequência supostamente apropriados indevidamente pelo ora recorrente. Desse modo, constatou-se a ausência de justa causa para a ação penal no que se refere ao crime previsto no *caput* do art. 312 do CP, impondo-se o trancamento da ação penal. Trancado o feito com relação ao crime de peculato-apropriação, entendeu-se prejudicado o exame das alegações de nulidade da ação penal por deficiência de defesa, pela inobservância do art. 514 do CPP, pela inversão na ordem de intimação do acusado e de seu defensor e pela ilegalidade na dosimetria da pena. Diante desses fundamentos, entre outros, deu-se provimento ao recurso. Precedentes citados do STF: HC 88.262-SP, DJ 30/3/2007; HC 83.006-SP, DJ 29/8/2003; do STJ: CC 109.021-RS, DJe 19/3/2010; CC 85.803-SP, DJ 27/8/2007; HC 117.722-PR, DJe 13/4/2009; HC 76.946-SP, DJe 16/3/2009, e HC 160.623-RS, DJe 6/12/2010. **RHC 23.500-SP, Rel. Min. Jorge Mussi, julgado em 5/5/2011.** (Inform. STJ 471)

TROCA. PLACAS. VEÍCULO. ART. 311 DO CP.

A Turma deu provimento ao recurso do *Parquet* ao entender que a troca das placas originais de automóvel por outras de outro veículo constitui adulteração de sinal identificador (art. 311 do CP). Precedentes citados: AgRg no REsp 783.622-DF, DJe 3/5/2010, e HC 107.301-RJ, DJe 21/6/2010. **REsp 1.189.081-SP, Rel. Min. Gilson Dipp, julgado em 14/4/2011.** (Inform. STJ 469)

HC. PATROCÍNIO INFIEL.

Trata-se de *habeas corpus* em que se pretende o trancamento de ação penal referente ao crime de patrocínio infiel imputado ao paciente. Para tanto, alega-se a atipicidade da conduta ao fundamento de que não há procurações nos autos constituindo o paciente como defensor dos réus contra os quais teria sido praticado tal crime, tampouco existe liame de confiança entre eles, além de não haver registro de prejuízo para os mencionados réus em decorrência da conduta imputada ao paciente. A Turma, por maioria, denegou a ordem ao entendimento de que os fatos narrados na peça acusatória revelam indícios suficientes para justificar a apuração mais aprofundada do suposto crime. Observou-se que, embora fossem pagos por outros denunciados os honorários advocatícios do acusado, este figurava como advogado dos referidos réus, uma vez que havia entre eles um liame de confiança que se estabelece entre o advogado e seus clientes, sendo que o paciente utilizou essa confiança para induzi-los por diversas vezes ao erro e a atitudes que lhes trouxeram grandes prejuízos no decorrer do processo. Desse modo, o acusado quebrou o dever de lealdade que a condição de advogado lhe impunha, visto que, na realidade, defendia os interesses de outros em detrimento dos interesses dos aludidos réus, sobretudo no momento em que os orientou a assumir toda a responsabilidade criminal. Assim, consignou-se que, no caso, além da descrição do fato típico, há indícios suficientes da autoria e materialidade, não sendo possível descartar de plano o cometimento do patrocínio infiel, bem como não existe motivo que justifique o arquivamento prematuro do processo. **HC 135.633-PA, Rel. Min. Gilson Dipp, julgado em 3/3/2011.** (Inform. STJ 465)

ATIPICIDADE. DECLARAÇÃO. NOME FALSO.

A paciente foi presa em flagrante pela suposta prática de delitos previstos nas Leis ns. 11.343/2006 e 10.826/2003, mas o MP somente a denunciou pelo pretenso cometimento do crime previsto no art. 307 do CP, visto que ela, na delegacia de polícia, declarou chamar-se por nome que, em realidade, não era o seu, mas sim de sua prima, tudo a demonstrar que almejava encobrir seus antecedentes criminais. Contudo, este Superior Tribunal já firmou que a conduta de declarar nome falso à autoridade policial é atípica, por inserir-se no exercício do direito de autodefesa consagrado na CF, o que levou a Turma a absolvê-la da imputação. Precedentes citados: HC 153.264-SP, DJe 6/9/2010, e HC 81.926-SP, DJe 8/2/2010. **HC 145.261-MG, Rel. Min. Celso Limongi (Desembargador convocado do TJ-SP), julgado em 8/2/2011.** (Inform. STJ 462)

CORRUPÇÃO PASSIVA. VANTAGEM.

O *habeas corpus*, em síntese, busca o trancamento da ação penal, ao argumento de ser atípica a conduta atribuída ao paciente. Ele, à época dos fatos, era supervisor de unidade de cálculo na Justiça Federal e foi denunciado pela suposta infração aos arts. 317, *caput*, e 357, *caput* e parágrafo único, ambos do CP, por ter: a) recebido vantagem indevida em troca de atos de ofício relacionados ao exercício de sua função; b) oferecido a quantia de R$ 2 mil a outra servidora pública federal para que agilizasse expedição de precatório em ação judicial ainda na fase de execução de sentença. Consta dos autos que a servidora comunicou o fato a seus superiores e, autorizada, gravou conversa telefônica em que o paciente admitia ter recebido o mesmo valor oferecido para efetuar os cálculos referentes ao processo. Com base nessas evidências, a denúncia foi julgada parcialmente procedente. O paciente foi condenado à pena de cinco anos e quatro meses de reclusão, no regime inicial semiaberto, imposta pela prática do crime de corrupção passiva, mas foi absolvido da acusação do crime de exploração de prestígio. Para o Min. Relator, diversamente do alegado na impetração, o paciente não foi denunciado pelo crime de corrupção passiva pelo simples fato de ter oferecido à servidora pública a referida importância, mas pelos indícios de ele ter recebido vantagem pecuniária para si e para outrem com a finalidade de realizar ato funcional. Observa que, segundo a doutrina e a jurisprudência, para a configuração do crime de corrupção passiva, é indispensável haver nexo de causalidade entre a conduta do servidor e a realização de ato funcional de sua competência. Explica o Min. Relator que, mesmo que se considere ser impossível à funcionária, como oficiala de gabinete, exercer qualquer influência para a rápida expedição do precatório, a condenação do paciente subsistiria, em razão de ter recebido para si e para outrem vantagem indevida, o que já seria suficiente para sua condenação. Também observa que não procede a assertiva da defesa quanto a elidir o crime a incompetência da funcionária para acelerar a expedição do precatório, visto que o paciente acreditava que ela poderia agilizar o precatório. Assim, a atividade visada pelo suborno estaria abrangida nas atribuições, na competência da funcionária ou teria, ao menos, relação funcional imediata com o desempenho do respectivo cargo, o que seria suficiente, portanto, para a configuração do delito do art. 317 do CP. Diante do exposto, a Turma denegou a ordem. Precedentes citados: REsp 440.106-RJ, DJ 9/10/2006, e REsp 825.340-MG, DJ 25/9/2006. **HC 135.142-MS, Rel. Min. Jorge Mussi, julgado em 10/8/2010.** (Inform. STJ 442)

CRIME. FALSO TESTEMUNHO. ESPOSA. RÉU.

A impetrante foi denunciada por ter, como testemunha, supostamente mentido em processo criminal no qual figura como réu seu marido. A Turma entendeu que, para a caracterização do crime de falso testemunho, não é necessário o compromisso da testemunha. Porém, no caso, como a testemunha possui fortes laços afetivos com o réu (esposa), não se pode exigir que ela diga a verdade, justamente em desfavor da pessoa pela qual nutre afeição, colocando em risco até mesmo a própria unidade familiar. Assim, por não haver ilicitude na conduta, a Turma concedeu a ordem para trancar a ação penal. Precedentes citados: HC 20.924-SP, DJ 7/4/2003, e REsp 198.426-MG, DJ 5/11/2001. **HC 92.836-SP, Rel. Min. Maria Thereza de Assis Moura, julgado em 27/4/2010.** (Inform. STJ 432)

TENTATIVA. CONTRABANDO. MERCADORIA.

Na espécie, a fiscalização aduaneira verificou que um grande número de bolsas e porta-maquiagens supostamente de grifes famosas e de alto valor agregado havia sido importado por meio das remessas postais por pessoas físicas. Após as referidas mercadorias terem sido fotografadas e catalogadas, a matriz francesa elaborou laudo de constatação, o qual concluiu pela falsidade delas. O Min. Nilson Naves, o Relator, entendeu que, se a importação ou exportação faz-se através de alfândega, o crime somente estará consumado depois de ter sido a mercadoria liberada pelas autoridades ou transposta a zona fiscal. Diante disso, a Turma, ao prosseguir o julgamento, concedeu a ordem para reduzir a pena imposta a cada um dos pacientes, fixando-a em oito meses de reclusão no regime aberto, e substituiu a pena privativa de liberdade por prestação de serviços à comunidade, ficando a implementação da restritiva de direitos a cargo do juiz da execução. Os Ministros Og Fernandes e Maria Thereza de Assis Moura a concediam em menor extensão. **HC 120.586-SP, Rel. Min. Nilson Naves, julgado em 5/11/2009.** (Inform. STJ 414)

PECULATO. DIÁRIAS.

A Turma, prosseguindo o julgamento, por maioria, denegou o *writ*, considerando ser apta a denúncia, uma vez que a conduta ilícita atribuída ao réu (peculato) não pode ser considerada atípica, pois presentes os indícios que fundamentaram a acusação. A inépcia da denúncia, eventualmente, pode ser acolhida quando inequivocamente houver prova de deficiência que impeça a compreensão da acusação em prejuízo da defesa do acusado, ou quando presentes quaisquer das falhas elencadas no art. 43 do CPP. No caso, os processos de concessão de diárias aos corréus, conforme a denúncia, evidenciam a pendência do pagamento de indenização à prestação de contas pela diretoria do órgão legislativo estadual, responsável pela apreciação da legalidade da despesa e eventual regularização. Ao acusado cabia o dever de prestar contas da indenização concedida aos corréus, daí o reconhecimento da tipicidade de sua conduta. No mais, ausente a alegada falta de justa causa. Precedentes citados: RHC 18.502-SP, DJ 15/5/2006; HC 88.178-SP, DJe 2/2/2009, e RHC 14.143-ES, DJ 4/8/2003. **HC 116.302-ES, Rel. Min. Laurita Vaz, julgado em 23/6/2009.** (Inform. STJ 400)

FALSO TESTEMUNHO. PROVA CONTRA TERCEIRO.

A perícia constatou que o primeiro denunciado, com a conivência do segundo, falsificou parte de carta, assinando-a dois anos após a data declarada no documento, com o fim de ela ser utilizada como prova em ação de cobrança de honorários de intermediação de imóvel e outra avença proposta contra espólio, na pessoa de seus herdeiros. O primeiro denunciado, subscritor da carta, ao ser arrolado como testemunha pelo comparsa na ação de cobrança, declarou expressa e falsamente que assinou o documento logo em seguida à elaboração do contrato. Diante disso, destaca o Min. Relator que, nessa hipótese, o falso testemunho não foi utilizado para evitar a autoincriminação, mas constitui conduta típica de testemunha com intuito deliberado de produzir prova falsa em conluio com o autor da ação originária. Assim, ainda que acidentalmente, essas afirmações possam acarretar-lhe eventual autoincriminação, o princípio constitucional *nemo tenetur se detegere*, disposto no art. 5º, LXIII, da CF/1988, não alcança aqueles que comparecem em juízo com o propósito deliberado de produzir provas falsas contra terceiros. Com esse entendimento, a Turma denegou a ordem. **HC 98.629-SC, Rel. Min. Felix Fischer, julgado em 21/5/2009.** (Inform. STJ 395)

DESACATO. SUJEITO ATIVO. FUNCIONÁRIO PÚBLICO.

O paciente, na qualidade de Secretário de Estado, foi chamado a prestar esclarecimentos à Assembléia Legislativa. Consta que, na sessão, ele teria detratado os deputados estaduais ali presentes, o que resultou em sua denúncia pela suposta prática do delito de desacato (art. 331 do CP). A Sexta Turma, prosseguindo no julgamento, após o voto vista do Min. Og Fernandes (que desempatou a votação), denegou, por maioria, a ordem entendendo que o crime em questão, de natureza comum, pode ser praticado por qualquer pessoa, inclusive, funcionário público, seja ele superior ou inferior hierárquico à vítima. Isto porque o bem jurídico a ser tutelado é o prestígio da função pública, portanto, o sujeito passivo principal é o Estado e, secundariamente, o funcionário ofendido. Decidiu-se, ainda, que a exordial acusatória apresenta indícios suficientes para a persecução criminal, sendo impossível aferir, no momento, a alegada atipicidade da conduta do paciente por ausência de dolo. Os votos vencidos concediam a ordem para extinguir a ação penal por falta de justa causa. Precedentes citados: Inq 292-AC, DJ 4/2/2002, e HC 9.322-GO, DJ 23/8/1999. **HC 104.921-SP, Rel. Min. Jane Silva (Desembargadora convocada do TJ-MG), julgado em 21/5/2009.** (Inform. STJ 395)

PECULATO. DESVIO. DIÁRIAS. PASSAGENS ÁEREAS.

Ao prosseguir o julgamento, a Corte Especial, por maioria, recebeu em parte a denúncia contra ex-presidente de TJ, recebendo-a pela prática de peculato na modalidade de desvio tipificado no art. 312, *caput*, 2ª parte c/c art. 71, ambos do CP, devido à concessão irregular de diárias e passagens aéreas, em continuidade delitiva; pela prática do crime de ordenação de despesa não autorizada, previsto no art. 359-D c/c art. 69, ambos do CP. Rejeitando-a quanto ao crime de peculato na modalidade desvio, em relação a duas exposições de obras de artes estrangeiras, e quanto ao crime de responsabilidade, mas manteve o afastamento do magistrado do cargo. Também recebeu a denúncia, em parte e por maioria, em relação a dois funcionários que eram detentores de cargos em comissão (filho e esposa do acusado), pelo crime do art. 312, *caput*, 2ª parte c/c o art. 71 ambos do CP, por serem eles beneficiários do crime, respondem porque receberam passagens e diárias que a denúncia diz indevidas cuja apuração dar-se-á no decorrer da instrução. Assinalou-se, ainda, que a Corte Especial já havia, por maioria, rejeitado a preliminar de incompetência do STJ e, por unanimidade, rejeitado as outras preliminares. Destacou a Min. Relatora, entre outras questões, que a rejeição das denúncias pelo Tribunal de Contas estadual não inibe o MP de oferecer denúncia, nem impede a instauração da respectiva ação penal, aplicando-se o mesmo entendimento à decisão da Procuradoria-Geral de Justiça que, na Comissão de Combate à Improbidade Administrativa e Irresponsabilidade Fiscal, determinou o arquivamento dos autos, por não vislumbrar irregularidades no pagamento de passagens aéreas e diárias etc. Precedentes citados do STF: HC 84.488-ES, DJ 5/5/2006, e HC 84.630-RJ, DJ 25/8/2006; do STJ: APn 329-PB, DJ 23/4/2007, e APn 451-PB, DJe 30/10/2008. **APn 477-PB, Rel. Min. Eliana Calmon, julgada em 4/3/2009.** (Inform. STJ 385)

HC. PATROCÍNIO INFIEL.

In casu, a impetrante e ora paciente foi constituída advogada das duas partes litigantes, inclusive, com duas procurações outorgadas distintamente, ainda que pela mesma pessoa, mas para representar espólios diversos. Nessa condição, passou a atuar no interesse de ambas as partes no processo em que se discutia posse em virtude de usufruto. Sucede que a paciente requereu a extinção do processo, ocorrido o falecimento das partes no curso da demanda e diante do fato de o representante de ambas ser a mesma pessoa que outorgou procuração à impetrante para cuidar do interesse dos dois espólios e, conseqüentemente, das duas partes. Em razão disso, houve uma representação criminal pela suposta prática do crime de tergiversação (patrocínio infiel), instaurando-se inquérito policial, cujo trancamento se pede nesse *habeas corpus*. A Turma concedeu a ordem por entender que, na hipótese, verifica-se que o representante de ambos os espólios estava de acordo, não havendo que se falar em infidelidade, pois não houve o patrocínio simultâneo de interesses antagônicos. Assim, é manifesta a atipicidade do fato. Precedentes citados: HC 62.655-RJ, DJ 15/10/2007, e HC 79.765-MG, DJ 7/2/2008. **HC 120.470-MG, Rel. Min. Og Fernandes, julgado em 17/2/2009.** (Inform. STJ 384)

HC. MÉDICO. SUS. EQUIPARAÇÃO. FUNCIONÁRIO PÚBLICO.

Trata-se de *habeas corpus* impetrado pelo paciente (médico do SUS) pleiteando o reconhecimento da atipicidade de sua conduta em virtude de a Lei n. 9.983/2000, a qual emprestou nova redação ao art. 327, § 1º, do CP, acrescentando a expressão "e quem trabalha para empresa prestadora de serviço contratada ou conveniada para a execução de atividade típica da Administração Pública", ser posterior ao fato que lhe é imputado na denúncia, datado de 1995. Desse modo, não poderia ele ser equiparado a funcionário público para fins penais. A Turma, por maioria, concedeu a ordem para trancamento da ação penal em curso, ao entendimento de que contraria o princípio da irretroatividade da lei penal considerar o paciente funcionário público por um ato cometido em 1995, quando a lei que alterou a redação do § 1º do art. 327 do CP, que abrangeu a figura do médico conveniado ao SUS, é apenas do ano 2000. Dessarte, diante da ausência do elemento normativo do tipo, qual seja, a condição de funcionário público, não se mostra possível a imputação ao paciente do delito previsto no art. 316 do CP (concussão). Precedentes citados do STF: HC 83.830-RS, DJ 30/4/2004; HC 87.227-RS, DJ 20/4/2006; do STJ: REsp 983.805-PR, DJe 18/8/2008. **HC 115.033-SP, Rel. Min. Og Fernandes, julgado em 17/2/2009.** (Inform. STJ 384)

CALÚNIA. DIFAMAÇÃO. MAGISTRADO. ADVOGADO. IMUNIDADE PROFISSIONAL.

O paciente, advogado, contratado para ajuizar ação de reparação de danos materiais e morais contra empresa de administração de crédito que foi julgada parcialmente procedente. Já em fase de execução, o magistrado proferiu sentença para reduzir o crédito executado, decorrente de multa diária pelo não-cumprimento de obrigação de fazer. Para o Min. Relator, não obstante a dureza das palavras consignadas pelo paciente em seu apelo, elas não denotam o dolo específico exigido para tipificação do delito de calúnia, no caso, de imputar o crime de tentativa de coação ilegal no curso do processo (art. 344, c.c. art. 18, II, do CP), uma vez que foram expostas com o claro propósito de corroborar a tese de que a sentença proferida está eivada de ressentimento do magistrado pela recusa à proposta de conciliação por ele apresentada, afetando, inclusive, a sua imparcialidade. Além disso, no caso concreto, o termo "coagir", utilizado pelo paciente, não foi empregado em sentido técnico, uma vez que não foi esclarecido qual o risco penalmente relevante que o magistrado teria imposto à parte exeqüente para fins de configuração da grave ameaça exigida pelo art. 344 do CP. No mais, as expressões utilizadas pelos advogados no exercício do seu mister não constituem injúria ou difamação, pois, nos termos do art. 7º, § 2º, da Lei n. 8.906/1994, estão amparadas pelo pálio da imunidade. Vale ressaltar que eventuais excessos no exercício da citada prerrogativa profissional estão, de acordo com o mesmo dispositivo legal, sujeitos às sanções disciplinares impostas pela OAB. Dessa forma, as palavras que embasaram a propositura da ação penal foram proferidas por advogado no exercício do seu mister, com o objetivo de fundamentar a tese de imparcialidade do magistrado à redução do crédito exeqüendo, inexistindo justa causa para o recebimento da denúncia. Precedentes citados: HC 41.576-RS, DJ 25/6/2007; HC 25.705-SP, DJ 2/8/2004, e RHC 12.458-SP, DJ 29/9/2003. **HC 76.099-PE, Rel. Min. Arnaldo Esteves Lima, julgado em 7/8/2008.** (Inform. STJ 362)

APN. PREVARICAÇÃO. INÉPCIA. DENÚNCIA.

Quanto à denúncia oferecida pelo MP contra magistrado de TRF, indiciando-o como incurso nas sanções do art. 319 do CP (prevaricação), a Min. Relatora esclareceu que, na tipificação desse crime, não basta afirmar ter havido transgressão do princípio da moralidade, exigindo-se seja apontado o dispositivo de lei infringido pela ação ou inação do servidor público. Falta, para a configuração do delito, além do elemento subjetivo específico, a motivação do autor do ato de ofício, já que o tipo assim o exige. Para a Min. Relatora, o Ministério Público não conseguiu demonstrar, na peça acusatória, o motivo determinante do agir da autoridade, sequer por indícios capazes de sustentar a denúncia. Assim, nos termos do art. 43, I, do CP, a Corte Especial rejeitou-a. Precedentes citados: RHC 9.865-MS, DJ 11/6/2001; RHC 8.479-SP, DJ 28/2/2000, e RHC 3.984-GO, DJ 20/2/1995. **APn 505-CE, Rel. Min. Eliana Calmon, julgada em 18/6/2008.** (Inform. STJ 360)

DESOBEDIÊNCIA. SOLICITAÇÃO. HC. LIMINAR.

A regra é que não se aceite, no âmbito deste Superior Tribunal, *habeas corpus* para combater liminar em outro *writ* (Súm. n. 691-STF). Porém certo é que o teor do referido enunciado pode ser mitigado enquanto presente flagrante violação de direito subjetivo, tal como no caso, em que o relator, no Tribunal *a quo*, em decisão monocrática, não outorgou a tutela mandamental evidentemente cabível frente à atipicidade da conduta objeto da ação penal. Em verdade, o crime de desobediência (art. 330 do CP) ora imputado pressupõe necessariamente a existência de uma ordem inequívoca exarada por funcionário público e comunicada ao destinatário de forma legal, anotado que, uma vez caracterizado o delito, não há que se falar em elisão por ulterior acatamento da determinação. No caso, os ofícios expedidos pelo juízo solicitavam (e não ordenavam ou determinavam) que se agendasse dia e hora para que o paciente, então deputado federal detentor dessa prerrogativa processual, prestasse depoimento, o que não se confunde com ordem judicial para fins de incidência do art. 330 do CP. Note-se que os ofícios sequer continham o clássico alerta ao destinatário de que seu descumprimento importaria em crime, ou mesmo a genérica cláusula de "sob as penas da lei", daí concluir-se pela inexistência de ordem, sendo forçoso o trancamento da ação penal por manifesta atipicidade da conduta do paciente. Com esse entendimento, a Turma, ao prosseguir o julgamento, concedeu a ordem. Precedentes citados do STF: HC 90.172-SP, DJ 17/8/2007; do STJ: HC 49.517-PI, DJ 26/3/2007. **HC 86.429-SP, Rel. Min. Napoleão Nunes Maia Filho, julgado em 13/9/2007.** (Inform. STJ 331)

COBRANÇA INDEVIDA. SERVIÇOS. MÉDICO CONVENIADO. SUS. ART. 327, CP.

O médico que realiza consulta pelo Sistema Único de Saúde (SUS) enquadra-se no conceito de funcionário público (art. 327, § 1º, do CP) por exercer função pública delegada. Assim, estando o médico na função de administrador de hospital, reconhece-se a causa de aumento da pena prevista no art. 327, § 2º, do CP. Precedentes citados: HC 51.054-RS, DJ 5/6/2006, e RHC 17.974-SC, DJ 13/12/2005. **AgRg no Ag 664.461-SC, Rel. Min. Nilson Naves, julgado em 19/6/2007.** (Inform. STJ 324)

12. OUTROS CRIMES DO CÓDIGO PENAL

CRIME DE QUADRILHA E DENÚNCIAS SUCESSIVAS

A 1ª Turma concedeu *habeas corpus* para reconhecer litispendência entre ações que imputavam ao réu o crime de quadrilha (CP, art. 288) com fundamento em fatos conexos, de modo a afastar esse tipo penal das denúncias subseqüentes à primeira. Na espécie, o paciente fora acusado simultaneamente por associação para a prática de fatos criminosos em cinco processos criminais, dois dos quais com a qualificadora de quadrilha armada (CP, art. 288, parágrafo único). Inicialmente, aludiu-se que o crime de quadrilha seria autônomo, sendo suficiente para caracterizá-lo a demonstração da existência de associação prévia com estabilidade e finalidade voltada para a prática de atos ilícitos, além da união de desígnios entre os envolvidos, de sorte a prescindir de delitos anteriores ou posteriores. Realçou-se que a própria tipificação do crime em tela pressuporia o propósito de cometimento reiterado de infrações penais. Aduziu-se que, conquanto existisse possibilidade jurídica de imputarem-se diversos delitos de quadrilha ao agente que participasse de várias associações ilícitas, não seria este o caso dos autos, haja vista que teriam sido cindidas as ações penais em decorrência da distinção entre as empresas supostamente utilizadas como "laranjas", e não porque o paciente integraria quadrilhas independentes. Reputou-se, pois, que configuraria *bis in idem* essa atribuição ao réu por mais de uma vez, tendo em conta a mesma base fática, relativa à prática habitual de delitos de sonegação fiscal, falsidade ideológica, ocultação de bens e capitais, corrupção ativa e passiva e frustração de direitos trabalhistas. Dessa forma, em virtude de o paciente não compor diversas quadrilhas independentes, concluiu-se que apenas uma imputação deveria permanecer hígida. Ademais, afastou-se a qualificadora de quadrilha armada por deficiência na peça inicial, uma vez que não esclarecera qual dos acusados teria portado arma. Por fim, estendeu-se a ordem aos co-réus, que se encontravam em situação análoga àquela do ora paciente. HC 103171/SP, rel. Min. Marco Aurélio, 29.11.2011. (HC-103171) (Inform. STF 650)

EXERCÍCIO ILEGAL DE ARTE FARMACÊUTICA E CURANDEIRISMO E NECESSIDADE DE LAUDO PERICIAL - 1

A Turma deferiu *habeas corpus* para absolver os pacientes da condenação pelos crimes de exercício ilegal de arte farmacêutica e de curandeirismo (CP, artigos 282 e 284, respectivamente). No caso, foram encontrados em poder dos pacientes substâncias que eles supostamente teriam manipulado com o objetivo de produzir compostos de natureza medicamentosa. Em tal ocasião, fora realizado Laudo de Exame de Local e apreendidos os produtos. Inicialmente, assentou-se a contradição lógico-jurídica intrínseca às condenações impostas aos pacientes, porquanto os delitos imputados excluem-se mutuamente, já que, no crime previsto no art. 282 do CP, exige-se que o agente apresente aptidões ou conhecimentos médicos, ainda que sem a devida autorização legal para exercer o respectivo ofício, enquanto, para se configurar o do art. 284, é necessário que o sujeito ativo seja pessoa inculta ou ignorante. Considerando não se tratar de ato cometido por pessoas rudes, desprovidas de recursos técnicos, mas, sim, por agentes que, mediante diagnóstico e manipulação de substâncias prescreviam "supostos medicamentos" que eles mesmos produziam e comercializavam, e da informação constante da sentença de que as vítimas "tiveram um tratamento típico daqueles que se faz com um médico", reputou-se errônea a qualificação da conduta no tipo penal de curandeirismo. **HC 85718/DF, rel. Min. Cezar Peluso, 18.11.2008.** (HC-85718)

EXERCÍCIO ILEGAL DE ARTE FARMACÊUTICA E CURANDEIRISMO E NECESSIDADE DE LAUDO PERICIAL - 2

De igual modo, afastou-se a imputação de exercício ilegal de arte farmacêutica, não obstante ausente controvérsia sobre o fato de os pacientes não serem farmacêuticos. Asseverou-se que esse delito só estaria caracterizado se as substâncias apreendidas fossem autênticos compostos alopáticos, o que dependeria de perícia, não efetuada, não sendo suficiente o Laudo de Exame de Local. No ponto, enfatizou-se que a falta do exame de corpo de delito não poderia ser suprida mediante exame indireto (CPP, art. 167), pois este é cabível apenas nas hipóteses em que os vestígios hajam desaparecido, o que não se dera no caso, pois, de acordo com a sentença, o objeto da prova estava à disposição do juízo que não a produzira. Dessa forma, concluiu-se que a condenação por exercício ilegal de arte farmacêutica, fundada somente nas conclusões do Laudo de Exame do Local, padeceria de nulidade (CPP, art. 564, III, b). **HC 85718/DF, rel. Min. Cezar Peluso, 18.11.2008.** (HC-85718) (Inform. STF 529)

QUADRILHA E MOMENTO DA CONSUMAÇÃO

Aplicando o entendimento firmado pela Corte no sentido de que o crime de quadrilha ou bando (CP, art. 288), por ser delito autônomo e formal, se consuma no momento em que se concretiza a convergência de vontades e independe da realização ulterior do fim visado, a Turma indeferiu *habeas corpus* em que requerido o trancamento de ação penal. Alegava-se, na espécie, falta de justa causa, pois o feito estaria embasado em meras suposições de que o paciente integraria organização criminosa e de que a inicial acusatória seria genérica, por não descrever a sua conduta, bem como não apontaria indícios mínimos de autoria. Considerou-se que a denúncia oferecida estaria formal e materialmente apta para dar ensejo à persecução penal, atendendo os requisitos do art. 41 do CPP, com a descrição individualizada da conduta delituosa supostamente praticada pelo paciente, permitindo o amplo exercício de sua defesa. Afastou-se, ainda, a alegação de que os fatos imputados ao paciente seriam inverídicos, uma vez que o seu exame demandaria análise aprofundada das provas, incabível na via eleita. Ademais, no ponto, salientou-se a complexidade do caso, a envolver 12 acusados e vários processos incidentes. Precedentes citados: HC 81260/ES (DJU de 14.6.2002); HC 84768/PE (DJU de 27.5.2005); HC 72992/SP (DJU de 14.11.96); HC 81260/ES (DJU de 14.6.2002); HC 89433/MG (DJU de 6.11.2006); RHC 88144/SP (DJU de 2.6.2006). HC 88978/DF, rel. Min. Cezar Peluso, 4.9.2007. (HC-88978) (Inform. STF 478)

12.1. SUPERIOR TRIBUNAL DE JUSTIÇA

ESTABELECIMENTO COMERCIAL. VENDA DE PRODUTOS SEM REGISTRO DA ANVISA. PERÍCIA.

In casu, os pacientes foram denunciados pela prática do delito previsto no art. 273, § 1º e § 1º-B, I, do CP, porque, no estabelecimento comercial deles (loja de suplementos alimentares), os agentes da Anvisa encontraram à venda produtos sem o exigível registro na Agência. Assim, busca-se, na impetração, entre outros temas, o trancamento da ação penal por ausência de justa causa, tendo em vista que não foi realizado exame pericial para comprovar que os produtos apreendidos não poderiam ser comercializados. A Turma entendeu *que*, para a configuração do aludido delito, não é exigível a perícia, bastando a ausência de registro na Anvisa, obrigatório na hipótese de insumos destinados a fins terapêuticos ou medicinais. Ademais, consignou-se que as características dos produtos podem ser atestadas por fiscal técnico da Agência, conhecedor das normas de regulação que, no exercício do seu mister, tem fé pública. No caso, foram os profissionais da Anvisa – conhecedores das normas da agência que gozam de fé pública no exercício de suas funções – que identificaram que os produtos apreendidos no estabelecimento administrado pelos pacientes não possuíam o necessário registro, portanto não se mostra lógico tampouco razoável exigir a perícia, até porque eram insumos sujeitos à vigilância, previstos na abrangente legislação. Além disso, os impetrantes não apresentaram documentação que demonstrasse que os produtos não estariam sujeitos à vigilância sanitária. Dessa forma, concluiu-se que não ocorre a falta de justa causa para a ação penal, devendo as instâncias ordinárias procederem ao juízo de culpabilidade na espécie. **HC 177.972-BA, Rel. Min. Laurita Vaz, julgado em 28/8/2012.(Inform. STJ 503)**

PENSÃO ALIMENTÍCIA. INADIMPLÊNCIA. ART. 244 DO CP.

In casu, o paciente foi denunciado sob a acusação de deixar de prover a subsistência de seus dois filhos menores sem justa causa, faltando ao pagamento de pensão alimentícia acordada judicialmente. Assim, no *habeas corpus*, discute-se o enquadramento de tal fato ao disposto no art. 244 do CP. Segundo a Min. Relatora, a caracterização do tipo penal exige que se demonstre que a conduta de não pagar a pensão alimentícia foi realizada por alguém que, podendo implementá-la, não o faz sem uma justificativa, o que não foi demonstrado na incoativa, que se limita a afirmar que a omissão do ora paciente foi "sem justa causa". Ressaltou que esse elemento não está no tipo penal apenas como adorno, mas, como o próprio nome indica, é uma parte essencial e a acusação dele deve se ocupar, demonstrando, em cada caso concreto, a razão do não pagamento da pensão, ou seja, se, pelos fatos ocorridos, há motivos justos para o alimentante deixar de solver as prestações, o que não ocorreu na hipótese. Registrou, ademais, que, se assim não fosse, estar-se-ia igualando os ilícitos penal e civil, pois não haveria mais diferença entre eles, bastando que o alimentante falte ao seu dever para cometer um crime, o que não é possível, não é esse o espírito da lei penal. Com esse entendimento, a Turma concedeu a ordem para trancar a ação penal, seja pela ausência de justa causa para a acusação, diante da atipicidade da conduta, seja pela inépcia da denúncia, visto que não suficientemente descritos os fatos. **HC 141.069-RS, Rel. Min. Maria Thereza de Assis Moura, julgado em 22/8/2011.** (Inform. STJ 481)

OPTOMETRIA. EXERCÍCIO ILEGAL. MEDICINA.

O recorrente possui a formação técnica necessária para exercer legalmente a atividade de optometrista, porém se viu investigado em razão de suposto exercício ilegal da medicina (art. 282 do CP). Noticiou-se que, em um consultório instalado nos fundos de uma ótica, estaria a aviar receitas, realizar exames oftalmológicos e prescrever óculos corretivos. Diante disso, apesar de acentuada controvérsia sobre a questão, no caso concreto, é plausível a alegada ocorrência do fato típico, não se mostrando evidente ou indubitável a atipicidade. Daí a impossibilidade de trancar a investigação penal que busca, justamente, desvendar a existência ou não de criminalidade na conduta perpetrada, quanto mais se, apesar de consabido que a ausência de justa causa pode ser apurada na via do *habeas corpus*, esse não admite análise que imponha juízo valorativo sobre as provas, sob pena de deslocar a discussão do contexto probatório para aquela sede. Precedentes citados do STF: RHC 87.935-RJ, DJe 1º/6/2007; do STJ: RHC 22.297-MS, DJe 19/5/2008; RHC 18.116-SP, DJ 6/3/2006, e RHC 11.676-SP, DJ 4/2/2002. **RHC 22.921-PR, Rel. Min. Jane Silva (Desembargadora convocada do TJ-MG), julgado em 25/9/2008.** (Inform. STJ 369)

13. CRIMES RELATIVOS A DROGAS E ASPECTOS CORRELATOS

TRÁFICO PRIVILEGIADO E CRIME HEDIONDO

A 2ª Turma acolheu proposição formulada pelo Min. Celso de Mello no sentido de afetar ao Plenário julgamento de *habeas corpus* em que se discute a hediondez no crime de tráfico privilegiado previsto no parágrafo 4º do art. 33 da Lei 11.343/2006 ("*§ 4º Nos delitos definidos no caput e no § 1º deste artigo, as penas poderão ser reduzidas de um sexto a dois terços, desde que o agente seja primário, de bons antecedentes, não se dedique às atividades criminosas nem integre organização criminosa*"). Na espécie, o paciente fora condenado por tráfico internacional de drogas e a defesa requerera indulto, denegado pelo juízo das execuções penais. Em mutirão carcerário, entendera-se que teria jus ao perdão da pena, já que cumprido 1/3 da reprimenda. Ocorre que, posteriormente, o tribunal local cassara o benefício, a ensejar a presente impetração. Alega-se que o tráfico privilegiado não seria hediondo porque não estaria expressamente identificado no art. 2º da Lei 8.072/90 ("*Art. 2º Os crimes hediondos, a prática da tortura, o tráfico ilícito de entorpecentes e drogas afins e o terrorismo são insuscetíveis de: I - anistia, graça e indulto; II - fiança*"), a prever tão somente a figura do tráfico de entorpecentes do *caput* do mencionado art. 33 da Lei de Drogas. Sustenta-se, ademais, que esse fato seria bastante para que o paciente não sofresse as restrições impostas pela Lei dos Crimes Hediondos. **HC 110884/MS, rel. Min. Ricardo Lewandowski, 27.11.2012.** (HC-110884) (Inform. STF 690)

REGIME INICIAL DE CUMPRIMENTO DE PENA E ESTRANGEIRO - 1

A 1ª Turma iniciou julgamento de *habeas corpus* em que pleiteada a fixação de regime inicial menos gravoso (semiaberto) para cumprimento de pena — de 6 anos e 3 meses de reclusão — por estrangeiro condenado pela prática dos delitos tipificados nos artigos 33, *caput*, e 40, I, todos da Lei 11.343/2006. No caso, o paciente tentara embarcar em voo internacional com substância entorpecente. A defesa alega, em suma, que o juízo de 1º grau não considerara, na terceira fase da imposição da reprimenda, as causas de diminuição previstas nos artigos 33, §4º, e 41 do citado diploma, bem assim que a causa de aumento do art. 40, I, da mesma lei, também não fora utilizada no seu patamar mínimo. A Min. Rosa Weber, relatora, julgou extinto o *writ* e salientou não ser caso de concessão, de ofício, da ordem, haja vista que a dosimetria seria matéria não apreciada nas instâncias anteriores. Outrossim, preceituou que, de fato, o Plenário reputaria inválida, para o tráfico de drogas, a imposição compulsória de regime inicial fechado para cumprimento de pena. Todavia, a Corte não reconheceria direito automático a regime menos gravoso, porquanto a questão deveria ser apreciada pelo juiz, à luz dos requisitos legais gerais do art. 33 do CP. **HC 113890/SP, rel. Min. Rosa Weber, 16.10.2012.** (HC-113890)

REGIME INICIAL DE CUMPRIMENTO DE PENA E ESTRANGEIRO - 2

Além disso, explicou que o regime fechado justificar-se-ia diante da fundamentação do acórdão, no sentido de que se cuidaria de ádvena, sem qualquer vínculo de ordem pessoal, profissional ou patrimonial com o Brasil, nada indicando que aqui viesse a permanecer. Logo, a substituição de pena privativa por restritiva de direitos certamente frustraria a aplicação da lei criminal, de modo que não se revelaria medida recomendável e suficiente para prevenção e repressão do delito. O Min. Luiz Fux, ao perfilhar esse entendimento, sublinhou que o fato de o acusado ser estrangeiro realmente levaria à frustração da observância da lei penal. Nesse sentido, também fez alusão à quantidade de drogas que o paciente tencionava traficar internacionalmente. Após, o Min. Marco Aurélio pediu vista. **HC 113890/SP, rel. Min. Rosa Weber, 16.10.2012.** (HC-113890) (Inform. STF 684)

HC E DEVOLUTIVIDADE DE APELAÇÃO - 1

A 1ª Turma julgou extinto *habeas corpus* ante a inadequação da via processual e, por maioria, concedeu a ordem, de ofício, a fim de que o juízo da execução avalie matéria referente ao regime inicial de cumprimento de pena. Na espécie, o paciente fora condenado à pena de 4 anos e 2 meses de reclusão, sob a acusação da prática do delito de tráfico de entorpecentes (Lei 11.343/2006, art. 33). A decisão monocrática aplicara-lhe a minorante do art. 33, § 4º, da mesma norma, na fração de 1/6, sem declinar a motivação, bem como assentara que o paciente seria tecnicamente primário e não integraria organização criminosa. O tribunal local, em sede de apelação exclusiva da defesa — a qual visava à redução da pena no patamar máximo (2/3) —, com base em circunstâncias não aventadas na sentença, dispusera que estas serviriam de justificativas para desprover o recurso (confissão de prática do delito como meio de sobrevivência e alusão a grande quantidade de entorpecentes), e, por isso, mantivera a reprimenda do então recorrente. O STJ encampara os fundamentos agregados ao acórdão de 2ª instância e indeferira *writ* lá impetrado. Neste *habeas*, a defesa reiterava que a não aplicação do redutor no grau máximo careceria de fundamentação idônea, bem como requeria a substituição da pena privativa de liberdade por restritiva de direitos. **HC 108183/ES, rel. Min. Luiz Fux, 11.9.2012.** (HC-108183)

HC E DEVOLUTIVIDADE DE APELAÇÃO - 2

De início, consignou-se existir excepcionalidade a determinar a concessão da ordem *ex officio*, tendo em conta o STF haver declarado, *incidenter tantum*, a inconstitucionalidade do art. 44 da Lei 11.343/2006, de maneira a afastar o óbice à substituição da pena privativa de liberdade por restritiva de direitos em relação ao crime de tráfico de entorpecentes. Quanto ao pleito de aplicação do redutor em grau máximo, o Min. Luiz Fux, relator, ressalvou acolher o argumento da *reformatio in pejus* ao compreender que o acréscimo de fundamentos pelo tribunal estadual, em apelação exclusiva da defesa, caracterizaria *reformatio in pejus*. Indicou que, quanto à profundidade do efeito devolutivo, teria havido reforma prejudicial, dado que assunto não devolvido em apelação fora resolvido de ofício pelo tribunal regional. Assim, entreviu que configuraria reforma prejudicial completar decisão singular, ao expor motivos por que não poderia ter sido reduzida a pena do paciente. A Min. Rosa Weber, por sua vez, sinalizou que, para decidir matéria de dosimetria da pena, haveria maior discricionariedade das instâncias anteriores. Assinalou que o tribunal local teria suprido, com fundamentação maior, a negativa do juízo de 1º grau de não incidir a minorante em fração mais expressiva, o que seria permitido em virtude do amplo efeito devolutivo do recurso. O Min. Marco Aurélio, ao perfilhar esta orientação, vislumbrou possível desprover a apelação por aspecto que não servira de base à decisão monocrática, com o fito de revelar as razões da percentagem, desde que não se agravasse a situação do réu. Vencido o Min. Dias Toffoli no tocante à concessão de ofício. **HC 108183/ES, rel. Min. Luiz Fux, 11.9.2012**. (HC-108183) (Inform. STF 679)

ARTIGOS 12 E 13 DA LEI 6.368/76

Ante a inadequação da via eleita, a 1ª Turma extinguiu *habeas corpus* — porquanto substitutivo de recurso ordinário constitucional —, em que discutido se a condenação por tráfico de entorpecentes (Lei 6.368/76, art. 12) absorveria comportamento previsto no art. 13 do mesmo diploma. Ato contínuo, por maioria, concedeu-se, de ofício, a ordem para cassar a pena cominada ao paciente pelo crime do aludido art. 13, sem prejuízo do restante da condenação a ele imposta. Cuidar-se-ia de condenado — nas instâncias ordinárias —, em concurso formal, pela prática dos delitos dos artigos 12, 13 e 14 da lei de regência anterior. Explicitou-se que o paciente integrava grupo criminoso dedicado ao tráfico internacional de drogas, especificamente cocaína, e, em laboratório de refino, desta extrairia *crack*. Reputou-se que o *writ* trataria apenas de enquadramento jurídico. A par disso, avaliou-se que, na situação dos autos, o fabrico da droga (art. 13) estaria subsumido no delito do art. 12, que seria mais amplo. Dessa maneira, o legislador teria antecipado o momento consumativo do tráfico na modalidade de produção ou preparo de entorpecentes, ao tipificar mera conduta de "*possuir ou guardar*" máquinas ou instrumentos destinados a essa finalidade. Enfatizou-se que, na situação dos autos, o delito subsidiário seria aplicável somente quando não configurado o do art. 12. Por outro lado, advertiu-se ser possível, em outro contexto, haver a caracterização de ambos os crimes. Na sequência, pontuou-se que os dispositivos em questão guardariam similitude com os atuais artigos 33 e 34 da Lei 11.343/2006. Rematou-se haver duplo apenamento e, por fim, estendeu-se o benefício aos demais corréus condenados pelo delito do art. 13, caso, igualmente sancionados pelo art. 12. Vencido o Min. Marco Aurélio, que entendia não ser hipótese de deferimento da ordem de ofício, haja vista faltar ilegalidade evidente. Estimava, ainda, descaber a discutida absorção. Precedente citado: HC 100946/GO (DJe de 27.2.2012). **HC 104633/SP, rel. Min. Rosa Weber, 11.9.2012**. (HC-104633) (Inform. STF 679)

TRÁFICO: CAUSA DE AUMENTO E TRANSPORTE PÚBLICO - 1

A 1ª Turma, por maioria, deferiu, em parte, *habeas corpus* para reduzir, da pena imposta, a causa de aumento prevista no art. 40, III, da Lei 11.343/2006 ("*As penas previstas nos arts. 33 a 37 desta Lei são aumentadas de um sexto a dois terços, se: a infração tiver sido cometida nas dependências ou imediações de estabelecimentos prisionais, de ensino ou hospitalares, de sedes de entidades estudantis, sociais, culturais, recreativas, esportivas, ou beneficentes, de locais de trabalho coletivo, de recintos onde se realizem espetáculos ou diversões de qualquer natureza, de serviços de tratamento de dependentes de drogas ou de reinserção social, de unidades militares ou policiais ou em transportes públicos*"). No caso, a paciente fora presa em flagrante delito quando trazia consigo, dentro de ônibus coletivo público intermunicipal, maconha proveniente do Paraguai, para ser entregue na cidade de São Paulo. Diante deste fato, com aplicação das causas de aumento de pena previstas no art. 40, I e III, da Lei de Drogas, fora condenada a 6 anos e 8 meses de reclusão.**HC 109538/MS, rel. orig. Min. Luiz Fux, red. p/ o acórdão Min. Rosa Weber, 15.5.2012**. (HC-109538)

TRÁFICO: CAUSA DE AUMENTO E TRANSPORTE PÚBLICO - 2

Entendeu-se que, com base em interpretação teleológica, o disposto no art. 40, III, do mencionado diploma, referir-se-ia a comercialização em transporte público, não alcançando a situação de o agente ter sido surpreendido quando trazia consigo droga em ônibus intermunicipal, sem que nele a tivesse vendido. Por fim, fixou-se em 5 anos e 10 meses a reprimenda e indeferiu-se o pedido de substituição da pena privativa de liberdade por restritivas de direito, em razão de a condenação superar 4 anos (CP, art. 44, I e II). Vencido o Min. Luiz Fux, relator, que indeferia a ordem, por reputar correto o acórdão do STJ, que considerava que a causa de aumento de pena prevista no art. 40, III, da Lei 11.343/2006 deveria incidir nos casos em que o agente utilizasse transporte público com grandes aglomerações de pessoas para passar desapercebido, a tornar a traficância mais fácil e ágil, o que bastaria, para sua incidência, o simples uso desse tipo de transporte.**HC 109538/MS, rel. orig. Min. Luiz Fux, red. p/ o acórdão Min. Rosa Weber, 15.5.2012**. (HC-109538) (Inform. STF 666)

LEI 11.343/2006 E REGIME INICIAL FECHADO

A ausência de pronunciamento definitivo por parte do Pleno do Supremo Tribunal Federal sobre a constitucionalidade, ou não, do início de cumprimento da pena em regime fechado no crime de tráfico de drogas praticado na vigência da Lei 11.464/2007 não permite fixação de regime inicial diverso. Essa a conclusão da Turma ao indeferir *habeas corpus* em que sustentado o preenchimento dos requisitos do art. 33, § 2º, c, do CP. Rejeitou-se, também, proposta, formulada pelo Min. Marco Aurélio, no sentido da remessa do feito ao Plenário. Salientou-se que a matéria estaria pendente de apreciação pelo referido órgão, no HC 101284/MG, a ele afetado por este órgão fracionário, de modo a impedir este último de afastar a vedação legal na espécie. Aduziu-se que, caso a ordem fosse concedida, não haveria óbice a que a defensoria impetrasse outro *writ* ou que, perante o juízo da execução, requeresse o afastamento do art. 44 da Lei 11.343/2006. Vencido o suscitante, ao fundamento de caber ao Plenário analisar a harmonia, ou não, da Lei 8.072/90 com a Constituição, no que vedaria o início do cumprimento da pena em regime diverso do fechado. Ponderava que, ante a execução da totalidade da pena até outubro deste ano, medida diversa se mostraria inócua. **HC 111510/SP, rel. Min. Dias Toffoli, 24.4.2012**.(HC-111510) (Inform. STF 663)

TRÁFICO DE ENTORPECENTE: SUBSTITUIÇÃO DE PENA E FIXAÇÃO DE REGIME

No crime de tráfico de entorpecente, a substituição da pena privativa de liberdade por restritiva de direitos, bem assim a fixação de regime aberto são cabíveis. Essa a orientação da 2ª Turma ao conceder dois *habeas corpus* para determinar que seja examinada a possibilidade de substituição da pena privativa de liberdade por restritiva de direitos. No HC 111844/SP, após a superação do óbice contido no Enunciado 691 da Súmula do STF, concedeu-se, em parte, de ofício, a ordem, ao fundamento de que, caso o paciente não preenchesse os requisitos necessários para a referida substituição, dever-se-ia analisar o seu ingresso em regime de cumprimento menos gravoso. No HC 112195/SP, reputou-se que o condenado demonstrara atender as exigências do art. 33, § 2º, c, do CP e, portanto, teria direito ao regime aberto. **HC 111844/SP, rel. Min. Celso de Mello, 24.4.2012**. (HC-111844),**HC 112195/SP, rel. Min. Gilmar Mendes, 24.4.2012**. (HC-112195) (Inform. STF 663)

TRÁFICO DE DROGAS E DOSIMETRIA DA PENA

Ante empate na votação, a 1ª Turma deferiu *habeas corpus* para que magistrado apreciasse a percentagem de causa de diminuição da pena, prevista no art. 33, § 4º, da Lei 11.343/2006, a condenado pela prática de tráfico de drogas. Alegava-se que as instâncias ordinárias ter-se-iam fundamentado em presunções quanto às suas ligações com a criminalidade. Consideraram-se a menoridade do paciente, a ausência de registro de antecedentes e a aplicação da pena básica no mínimo legal. Asseverou-se não haver na sentença, nem no acórdão, qualquer dado concreto que mostrasse a integração do paciente a grupo criminoso. Destacou-se que a circunstância de ele ter sido surpreendido com a droga revelaria o tráfico, mas não a integração à atividade em si, como contido no preceito, atividade criminosa com potencial maior. Os Ministros Luiz Fux, relator, e Min. Rosa Weber denegavam a ordem por entenderem que a mercancia de drogas, pelo réu, em lugar conhecido pelo comércio clandestino de entorpecente, por si só, constituiria prova robusta de sua participação na atividade criminosa. Aduziam que o tribunal de origem teria procedido a irrepreensível atividade intelectiva, porquanto a apreensão de grande quantidade de droga seria fato que permitiria concluir, mediante raciocínio dedutivo, pela sua dedicação ao tráfico.**HC 108280/SP, rel. orig. Min. Luiz Fux, red. p/ o acórdão Min. Marco Aurélio, 10.4.2012**. (HC-108280) (Inform. STF 661)

TRÁFICO DE DROGAS: NATUREZA PECUNIÁRIA DA PENA E COMPETÊNCIA

Ante a peculiaridade do caso, especificamente no tocante à natureza pecuniária da sanção, a 2ª Turma deu parcial provimento a recurso ordinário em *habeas corpus*, para determinar que a Corte estadual, superada a questão relativa à possibilidade de substituição da reprimenda, prossiga no julgamento da apelação. O acórdão recorrido concedera, em parte, pedido de *writ* lá impetrado, a fim de restabelecer a sentença e determinar a substituição da pena privativa de liberdade imposta ao paciente, condenado pela prática do crime descrito no art. 33, *caput*, da Lei 11.343/2006, por restritivas de direitos. O STJ deixara de apreciar o pleito formulado pela defesa no que se referia ao abrandamento da prestação pecuniária fixada em primeiro grau, por entender que incidiria em indevida supressão de instância. Ressaltou-se — considerados inúmeros precedentes do STF — que, por se tratar de *habeas corpus* impetrado contrà acórdão proferido em sede de apelação, o qual, em princípio, devolveria o conhecimento integral da causa, a competência originária para julgá-lo seria daquele Tribunal Superior, ainda quando o fundamento da impetração não houvesse sido aventado no recurso ordinário, nem dele se ocupado a decisão impugnada. No entanto, considerou-se que a especificidade da espécie recomendaria o retorno dos autos ao colegiado local. **RHC 108439/DF, rel. Min. Ayres Britto, 20.3.2012.** (RHC-108439) (Inform. STF 659)

TRÁFICO INTERNACIONAL DE DROGAS: "MULA" E ORGANIZAÇÃO CRIMINOSA

A 2ª Turma, por maioria, denegou *habeas corpus* impetrado em favor de condenado pela prática do crime de tráfico internacional de drogas (Lei 11.343/2006, art. 33, *caput*, c/c o art. 40, I). A defesa pretendia a aplicação da causa especial de redução de pena prevista no art. 33, § 4º, do mesmo diploma, em seu grau máximo de 2/3, a fim de que a reprimenda privativa de liberdade fosse substituída por restritiva de direitos. Reputou-se que, na situação dos autos, o paciente integraria, de fato, organização criminosa, não podendo ser considerado simples "mula" ocasional, a qual, após aliciada sairia de um país economicamente subdesenvolvido transportando pequena quantidade de droga. Ao contrário, ele teria transportado grande quantidade de entorpecente, mediante remuneração, com despesas custeadas previamente. Aduziu-se existir, consoante afirmado pelas instâncias ordinárias, estrutura logística voltada à remessa de vultuosas quantidades de droga para o exterior a partir do Brasil, com o fornecimento de passaportes, hospedagem, dinheiro e outros bens ao transportador da mercadoria. Destacou-se que concluir de forma diversa implicaria reexame fático-probatório, incabível na via eleita. Vencido o Min. Ayres Britto, que concedia a ordem. **HC 110551/SP, rel. Min. Ricardo Lewandowski, 13.3.2012.** (HC-110551) (Inform. STF 658)

LAUDO DEFINITIVO DE EXAME TOXICOLÓGICO NO CRIME DE TRÁFICO DE DROGAS

A 1ª Turma negou provimento a recurso ordinário em *habeas corpus* no qual se pleiteava a nulidade da decisão que condenara o recorrente por tráfico de drogas. Alegava-se que o laudo toxicológico definitivo teria sido juntado após a sentença, quando da interposição de recurso pelo Ministério Público. Assentou-se que, no caso, a apresentação tardia desse parecer técnico não acarretaria a nulidade do feito, haja vista que demonstrada a materialidade delitiva por outros meios probatórios. Asseverou-se, ademais, que a nulidade decorrente da juntada extemporânea teria como pressuposto a comprovação de prejuízo ao réu, para evitar-se condenação fundada em meros indícios, sem a certeza da natureza da substância ilícita, o que não teria ocorrido na espécie. **RHC 110429/MG, rel. Min. Luiz Fux, 6.3.2012.** (RHC-110429) (Inform. STF 657)

ART. 33, § 2º, DA LEI 11.343/2006 E CRIMINALIZAÇÃO DA "MARCHA DA MACONHA" - 1

O Plenário julgou procedente pedido formulado em ação direta, ajuizada pela Procuradora-Geral da República em exercício, para dar interpretação conforme a Constituição ao § 2º do artigo 33 da Lei 11.343/2006 [*"Art. 33... § 2º Induzir, instigar ou auxiliar alguém ao uso indevido de droga. Pena - detenção de 1 (um) a 3 (três) anos, e multa de 100 (cem) a 300 (trezentos) dias-multa"*], com o fim de dele excluir qualquer significado que ensejasse a proibição de manifestações e debates públicos acerca da descriminalização ou da legalização do uso de drogas ou de qualquer substância que leve o ser humano ao entorpecimento episódico, ou então viciado, das suas faculdades psico-físicas. Rejeitou-se, de início, a preliminar de não-conhecimento da ação. Aduziu-se que o preceito impugna-do estaria servindo como fundamento para a proibição judicial de eventos públicos — popularmente chamados de "Marcha da Maconha" — de defesa da legalização ou da descriminalização do uso de entorpecentes. Assim, destacou-se que o dispositivo comportaria pluralidade de sentidos, sendo um deles contrário à Constituição, a possibilitar a aplicação da técnica de interpretação com ela conforme. No mérito, reiterou-se o que afirmado quando do julgamento da ADPF 187/DF (acórdão pendente de publicação, v. Informativo 631) em que assentado que essas manifestações representariam a prática legítima do direito à livre expressão do pensamento, propiciada pelo exercício do direito de reunião. ADI 4274/DF, rel. Min. Ayres Britto, 23.11.2011. (ADI-4274)

ART. 33, § 2º, DA LEI 11.343/2006 E CRIMINALIZAÇÃO DA "MARCHA DA MACONHA" - 2

O Min. Ayres Britto, relator, enfatizou que as liberdades de pensamento, de expressão, de informação e de comunicação fariam parte do rol de direitos individuais de matriz constitucional, tidos como emanação direta do princípio da dignidade da pessoa humana e da cidadania. Registrou que o direito de reunião seria insusceptível de censura prévia e poderia ser visto como especial veículo da busca de informação para uma consciente tomada de posição comunicacional. Salientou, por outro lado, que a única vedação constitucional, relativamente a esse direito, diria respeito a convocação cuja base de inspiração revelasse propósitos e métodos de violência física, armada ou beligerante. O Min. Luiz Fux relembrou que deveriam ser considerados os seguintes parâmetros: 1) que se tratasse de reunião pacífica, sem armas, previamente noticiada às autoridades públicas quanto à data, ao horário, ao local e ao objetivo, e sem incitação à violência; 2) que não existisse incitação, incentivo ou estímulo ao consumo de entorpecentes na sua realização; 3) que não ocorresse o consumo de entorpecentes na ocasião da manifestação ou evento público e 4) que não houvesse a participação ativa de crianças e adolescentes na sua realização. Por sua vez, o Min. Celso de Mello reafirmou que as liberdades de expressão e de reunião possuiriam interconexão e que deveriam ser exercidas com observância das restrições que emanariam do próprio texto constitucional. Realçou, ademais, que a Constituição objetivara subtrair da interferência do Poder Público o processo de comunicação e de livre expressão das idéias, mesmo que estas pudessem eventualmente ser rejeitadas por estamentos dominantes ou por grupos majoritários dentro da formação social. Asseverou que a defesa em espaços públicos da legalização das drogas não caracterizaria ilícito penal — quer sob a égide do Código Penal, quer sob o que estabelecido na regra em comento —, mas sim o exercício legítimo do direito à livre manifestação do pensamento, sendo irrelevante, para o efeito de proteção constitucional, a maior ou a menor receptividade social da proposta. De outro lado, o Min. Gilmar Mendes fez ressalva no sentido de não se poder depreender deste julgamento que o texto constitucional permitiria toda e qualquer reunião. No ponto, o Min. Cezar Peluso, Presidente, consignou que a análise sobre a liberdade de reunião para efeito de manifestação do pensamento deveria ser feita caso a caso, para se saber se a questão não implicaria outorga ou proposta de outorga de legitimidade a atos que repugnariam a consciência democrática, o próprio sistema jurídico constitucional de um país civilizado. ADI 4274/DF, rel. Min. Ayres Britto, 23.11.2011. (ADI-4274) (Inform. STF 649)

TRÁFICO DE DROGAS E COMBINAÇÃO DE LEIS - 1

O Plenário iniciou julgamento de recurso extraordinário em que se discute a aplicabilidade, ou não, da causa de diminuição de pena prevista no art. 33, § 4º, da Lei 11.343/2006 sobre condenações fixadas com base no art. 12, caput, da Lei 6.368/76, diploma normativo este vigente à época da prática do delito. Na espécie, o Ministério Público Federal alega afronta ao art. 5º, XL, da CF ("a lei penal não retroagirá, salvo para beneficiar o réu;") ao argumento de que a combinação de regras mais benignas de dois sistemas legislativos diversos formaria uma terceira lei. O Min. Ricardo Lewandowski, relator, proveu o recurso para determinar que o juízo da Vara de Execuções Penais aplique, em sua integralidade, a legislação mais benéfica ao recorrido, no que foi acompanhado pelos Ministros Cármen Lúcia e Joaquim Barbosa. Inicialmente, ressaltou que a doutrina sempre esteve dividida quanto ao tema. Em seqüência, entendeu não ser possível a conjugação de partes mais benéficas de diferentes normas para se criar uma terceira lei, sob penal de ofensa aos princípios da legalidade e da separação de poderes. RE 596152/SP, rel. Min. Ricardo Lewandowski, 2.12.2010. (**RE-596152**)

TRÁFICO DE DROGAS E COMBINAÇÃO DE LEIS - 2

Afirmou que a Constituição permitiria a retroatividade da lei penal para favorecer o réu, mas não mencionaria sua aplicação em partes. Consignou que a Lei 6.368/76 estabelecia para o delito de tráfico de drogas uma pena em abstrato de 3 a15 anos de reclusão e fora revogada pela Lei 11.343/2006, que cominou, para o mesmo crime, pena de 5 a 15 anos de reclusão. Enfatizou, assim, que a novel lei teria imposto reprimenda mais severa para aquele tipo penal e que o legislador se preocupara em diferenciar o traficante organizado do pequeno traficante. Acrescentou haver correlação entre o aumento da pena-base mínima prevista no caput do art. 33 da Lei 11.343/2006 e a inserção da causa de diminuição disposta em seu § 4º. Explicitou que, ao ser permitida a combinação das leis referidas para se extrair um terceiro gênero, os magistrados estariam atuando como legislador positivo. Ademais, ponderou que, dessa forma, poder-se-ia chegar à situação em que o delito de tráfico viesse a ser punido com pena semelhante às das infrações de menor potencial ofensivo. Concluiu que, se na dúvida quanto à legislação mais benéfica em determinada situação, dever-se-ia examinar o caso concreto e verificar a lei, que aplicada em sua totalidade, seria mais favorável. RE 596152/SP, rel. Min. Ricardo Lewandowski, 2.12.2010. (**RE-596152**)

TRÁFICO DE DROGAS E COMBINAÇÃO DE LEIS - 3

Em divergência, o Min. Cezar Peluso, Presidente, proveu o recurso, no que foi seguido pelo Min. Dias Toffoli. Reiterou o teor do voto proferido no julgamento do HC 95435/RS (DJe de 7.11.2008), no sentido de entender que aplicar a causa de diminuição não significaria baralhar e confundir normas, uma vez que o juiz, ao assim proceder, não criaria lei nova, mas apenas se movimentaria dentro dos quadros legais para uma tarefa de integração perfeitamente possível. Além disso, asseverou que se deveria observar a finalidade e a ratio do princípio, para que fosse dada correta resposta ao tema, não havendo como se repudiar a aplicação da causa de diminuição também a situações anteriores. Nesse diapasão, realçou, também, que a vedação de junção de dispositivos de leis diversas seria apenas produto de interpretação da doutrina e da jurisprudência, sem apoio direto em texto constitucional. Após, pediu vista o Min. Ayres Britto. RE 596152/SP, rel. Min. Ricardo Lewandowski, 2.12.2010. (**RE-596152**)

TRÁFICO DE DROGAS E COMBINAÇÃO DE LEIS - 4

O Plenário retomou julgamento de recurso extraordinário em que se discute a aplicabilidade, ou não, da causa de diminuição de pena prevista no art. 33, § 4º, da Lei 11.343/2006 sobre condenações fixadas com base no art. 12, *caput*, da Lei 6.368/76, diploma normativo este vigente à época da prática do delito — v. Informativo 611. Em voto-vista, o Min. Ayres Britto acompanhou a divergência iniciada pelo Min. Cezar Peluso, Presidente, e desproveu o recurso. Aduziu que a expressão "lei" contida no princípio insculpido no art. 5º, XL, da CF (*"a lei penal não retroagirá, salvo para beneficiar o réu"*) referir-se-ia à norma penal, considerada como dispositivo isolado inserido em determinado diploma de lei. No ponto, destacou que a discussão estaria na combinação de normas penais que se friccionassem no tempo, e não na mesclagem de leis. Afirmou, ademais, que a Constituição vedaria a mistura de normas penais que, ao dispor sobre o mesmo instituto legal, contrapusessem-se temporalmente. Nesse sentido, reputou que o fato de a Lei 11.343/2006 ter criado a figura do pequeno traficante, a merecer tratamento diferenciado — não contemplada na legislação anterior —, não implicaria conflito de normas, visto que a minorante seria inédita, sem contraposição a qualquer regra anterior. Após, pediu vista o Min. Luiz Fux. RE 596152/SP, rel. Min. Ricardo Lewandowski, 26.5.2011. (RE-596152)

TRÁFICO DE DROGAS E COMBINAÇÃO DE LEIS - 5

Em conclusão de julgamento, o Plenário, ante empate na votação, desproveu recurso extraordinário em que se discutia a aplicabilidade, ou não, da causa de diminuição de pena prevista no art. 33, § 4º, da Lei 11.343/2006 sobre condenações fixadas com base no art. 12, *caput*, da Lei 6.368/76, diploma normativo este vigente à época da prática do delito — v. Informativos 611 e 628. Além disso, assentou-se a manutenção da ordem de *habeas corpus*, concedida no STJ em favor do ora recorrido, que originara o recurso. Na espécie, o recorrente, Ministério Público Federal, alegava afronta ao art. 5º, XL, da CF (*"a lei penal não retroagirá, salvo para beneficiar o réu"*), ao argumento de que a combinação de regras mais benignas de 2 sistemas legislativos diversos formaria uma terceira lei. Aduziu-se que a expressão "lei" contida no princípio insculpido no mencionado inciso referir-se-ia à norma penal, considerada como dispositivo isolado inserido em determinado diploma de lei. No ponto, destacou-se que a discussão estaria na combinação de normas penais que se friccionassem no tempo. Afirmou-se, ademais, que a Constituição vedaria a mistura de normas penais que, ao dispor sobre o mesmo instituto legal, contrapusessem-se temporalmente. Nesse sentido, reputou-se que o fato de a Lei 11.343/2006 ter criado a figura do pequeno traficante, a merecer tratamento diferenciado — não contemplada na legislação anterior — não implicaria conflito de normas, tampouco mescla, visto que a minorante seria inédita, sem contraposição a qualquer regra pretérita. Por se tratar de pedido de *writ* na origem e em vista de todos os atuais Ministros do STF terem votado, resolveu-se aplicar ao caso concreto o presente resultado por ser mais favorável ao paciente com fundamento no art. 146, parágrafo único, do RISTF (*"Parágrafo único. No julgamento de habeas corpus e de recursos de habeas corpus proclamar-se-á, na hipótese de empate, a decisão mais favorável ao paciente"*). Nesse tocante, advertiu-se que, apesar de a repercussão geral ter sido reconhecida, em decorrência da peculiaridade da situação, a temática constitucional em apreço não fora consolidada. RE 596152/SP, rel. orig. Min. Ricardo Lewandowski, red. p/ o acórdão Min. Ayres Britto, 13.10.2011. (RE 596152)

TRÁFICO DE DROGAS E COMBINAÇÃO DE LEIS - 6

O Min. Cezar Peluso, Presidente, frisou o teor do voto proferido pela 2ª Turma no julgamento do HC 95435/RS (DJe de 7.11.2008), no sentido de entender que aplicar a causa de diminuição não significaria baralhar e confundir normas, uma vez que o juiz, ao assim proceder, não criaria lei nova, apenas se movimentaria dentro dos quadros legais para uma tarefa de integração perfeitamente possível. Além disso, consignou que se deveria cumprir a finalidade e a *ratio* do princípio, para que fosse dada correta resposta ao tema, não havendo como se repudiar a aplicação da causa de diminuição também a situações anteriores. Realçou, ainda, que a vedação de convergência de dispositivos de leis diversas seria apenas produto de interpretação da doutrina e da jurisprudência, sem apoio direto em texto constitucional. O Min. Celso de Mello, a seu turno, enfatizou que o citado pronunciamento fora ratificado em momento subseqüente, no julgamento de outro *habeas corpus*. Acresceu que não se cuidaria, na espécie, da denominada "criação indireta da lei". Ato contínuo, assinalou que, mesmo se fosse criação indireta, seria preciso observar que esse tema haveria de ser necessariamente examinado à luz do princípio constitucional da aplicabilidade da lei penal mais benéfica. RE 596152/SP, rel. orig. Min. Ricardo Lewandowski, red. p/ o acórdão Min. Ayres Britto, 13.10.2011. (RE-596152)

TRÁFICO DE DROGAS E COMBINAÇÃO DE LEIS - 7

De outro lado, o Min. Ricardo Lewandowski, relator, dava provimento ao recurso do *parquet* para determinar que o juízo da Vara de Execuções Penais aplicasse, em sua integralidade, a legislação mais benéfica ao recorrido, no que fora acompanhado pelos Ministros Cármen Lúcia, Joaquim Barbosa, Luiz Fux e Marco Aurélio. Ressaltava a divisão da doutrina acerca do tema. Entendia não ser possível a conjugação de partes mais benéficas de diferentes normas para se criar uma terceira lei, sob pena de ofensa aos princípios da legalidade e da separação de poderes. Afirmava que a Constituição permitiria a retroatividade da lei penal para favorecer o réu, mas não mencionaria sua aplicação em partes. Registrava que a Lei 6.368/76 estabelecia para o delito de tráfico de drogas uma pena em abstrato de 3 a15 anos de reclusão e fora revogada pela Lei 11.343/2006, que cominara, para o mesmo crime, pena de 5 a 15 anos de reclusão. Evidenciava, dessa maneira, que a novel lei teria imposto reprimenda mais severa para aquele tipo penal e que o legislador se preocupara em diferenciar o traficante organizado do pequeno traficante. Acrescentava haver correlação entre o aumento da pena-base mínima prevista no *caput* do art. 33 da Lei 11.343/2006 e a inserção da causa de diminuição disposta em seu § 4º. Explicitava que, ao ser permitida a combinação das leis referidas para se extrair um terceiro gênero, os magistrados atuariam como legisladores positivos. Por fim, ponderava que se poderia chegar à situação em que o delito de tráfico fosse punido com pena semelhante às das infrações de menor potencial ofensivo. Concluía que, na dúvida quanto à legislação mais benéfica em determinada situação, dever-se-ia examinar o caso concreto e verificar a lei que, aplicada em sua totalidade, fosse mais favorável. RE 596152/SP, rel. orig. Min. Ricardo Lewandowski, red. p/ o acórdão Min. Ayres Britto, 13.10.2011. (RE-596152)

TRÁFICO DE DROGAS E COMBINAÇÃO DE LEIS - 8

O Min. Luiz Fux apontava afronta ao princípio da isonomia (CF, art. 5º, *caput*), pois a *lex tertia*, aplicada pelo STJ, conceberia paradoxo decorrente da retroação da lei para conferir aos fatos passados situação jurídica mais favorável do que àqueles praticados durante a sua vigência. Dessumia que a aplicação da retroatividade da lei "em tiras" consistiria em velada deturpação da nova percepção que o legislador, responsável por expressar os anseios sociais, manifestara sobre a mesma conduta. Indicava, ademais, violação a outros fundamentos da Constituição: o princípio da legalidade e a democracia. Criar-se-ia, com a tese por ele refutada, regra não prevista na lei antiga nem na lei nova, que não experimentaria do batismo democrático atribuído à lei formal. Destacava que a questão reclamaria, portanto, o que se denominara como "sistema da apreciação *in concreto*" em conjunto com o princípio da alternatividade, para resolver pela aplicação da lei antiga ou da lei nova, uma ou outra, integralmente. O Min. Marco Aurélio, por sua vez, aduzia que, com a Lei 11.343/2006, houvera, também, a exacerbação das penas relativas à multa. Assegurava que, naquele contexto, cuidara-se, para situações peculiares, de uma causa de diminuição da reprimenda, ao inseri-la no artigo. No aspecto, salientava que o parágrafo seria interpretado segundo o artigo. A razão de ser do preceito seria mitigar a elevação do piso em termos de pena restritiva da liberdade de 3 para 5 anos. Por esse motivo, entendia haver mesclagem de sistemas, ao se manter a pena da Lei 6.368/76 adotando-se, contudo, a causa de diminuição que estaria jungida à cabeça do art. 33 da outra norma. Asseverava que, ao se proceder dessa maneira, colocar-se-ia em segundo plano o princípio unitário e criar-se-ia novo diploma para reger a matéria. RE 596152/SP, rel. orig. Min. Ricardo Lewandowski, red. p/ o acórdão Min. Ayres Britto, 13.10.2011. (RE-596152)
(Inform. STF 644)

"FOGUETEIRO" E ATIPICIDADE DA CONDUTA - 1

A 1ª Turma iniciou o julgamento de *habeas corpus* em que se discute o reconhecimento da superveniente atipicidade da conduta em relação ao crime previsto no art. 12, § 2º, III, da Lei 6.368/76, com a conseqüente declaração de extinção da punibilidade. No caso, o paciente fora condenado por associação para o tráfico de drogas, em virtude de sua atuação como "fogueteiro". O Min. Marco Aurélio, relator, concedeu a ordem para expungir da condenação a cláusula alusiva ao tráfico de drogas. Ressaltou que o art. 33 da Lei 11.343/2006 não repetiu o tipo do inciso III do § 2º do art. 12 da Lei 6.368/76, a revelar a contribuição, sob qualquer forma, para incentivar ou difundir o uso indevido ou o tráfico ilícito de substância entorpecente ou que determine dependência física ou psíquica. Consignou que os núcleos do art. 33 da Lei 11.343/2006 mostrar-se-iam exaustivos e que, em direito penal, não seria permitida a interpretação extensiva em prejuízo da defesa. Após, pediu vista o Min. Luiz Fux. HC 106155/RJ, rel. Min. Marco Aurélio, 23.8.2011. (HC-106155)

"FOGUETEIRO" E ATIPICIDADE DA CONDUTA - 2

Em conclusão de julgamento, a 1ª Turma, por maioria, denegou *habeas corpus*, mas, concedeu a ordem, de ofício, para determinar ao juízo da execução que proceda a nova dosimetria da pena, com base na reprimenda abstratamente cominada no art. 37 da Lei 11.343/2006. Na situação dos autos, discutia-se o reconhecimento da superveniente atipicidade da conduta de condenado por associação para o tráfico de drogas, em virtude de sua atuação como "fogueteiro", por não ter o art. 33 da novel Lei de Drogas repetido o tipo do art. 12, § 2º, III, da Lei 6.368/76 — v. Informativo 637. Reputou-se que a conduta do "fogueteiro" no tráfico enquadrar-se-ia como informante, que na sistemática da lei anterior seria penalmente responsável como co-autor ou partícipe do crime para o qual colaborava, ou seja, o tráfico de entorpecentes. Asseverou-se que essa conduta fora reproduzida, não no art. 33 da Lei 11.343/2006, mas no seu art. 37 ("*Colaborar, como informante, com grupo, organização ou associação destinados à prática de qualquer dos crimes previstos nos arts. 33, caput e § 1º, e 34 desta Lei: Pena reclusão, de 2 a 6 anos, e pagamento de 300 a 700 dias-multa*"). HC 106155/RJ, rel. orig. Min. Marco Aurélio, red. p/ o acórdão Min. Luiz Fux, 4.10.2011. (HC-106155)

"FOGUETEIRO" E ATIPICIDADE DA CONDUTA - 3

Consignou-se que o inciso II do § 2º do art. 12 da Lei 6.368/76 conteria a expressão "*contribui de qualquer maneira*", ao passo que o art. 37 da Lei 11.343/2006 utiliza-se dos termos "*colaborar como informante*", sendo certo que não haveria distinção ontológica entre os termos nucleares "*contribuir*" e "*colaborar*", a ensejar a inafastável conclusão de que essas condutas estariam tipificadas em ambas as leis. Destarte, reconhecida a dupla tipicidade, seria imperioso que a dosimetria da pena fosse feita com base no *quantum* cominado no preceito do art. 37 da Lei 11.343/2006, *lex mitior*, que, por essa razão, deveria retroagir (CF, art. 5º, XL), e não com fulcro na pena abstratamente cominada no art. 12 da Lei 6.368/76 (3 a 15 anos de reclusão). Vencido o Min. Marco Aurélio, que concedia a ordem por considerar que o paciente não poderia ser processado como informante, mas como aquele que promove a difusão do uso indevido ou do tráfico ilícito de substância entorpecente, conduta não contida na nova Lei de Entorpecentes. HC 106155/RJ, rel. orig. Min. Marco Aurélio, red. p/ o acórdão Min. Luiz Fux, 4.10.2011. (HC-106155) (Inform. STF 643)

TRÁFICO ILÍCITO DE ENTORPECENTES E SUSPENSÃO CONDICIONAL DA PENA - 1

A 1ª Turma iniciou julgamento de *habeas corpus* em que se pleiteia a suspensão condicional da pena a condenado pela prática do crime de tráfico ilícito de entorpecentes (Lei 11.343/2006, art. 33). O Min. Marco Aurélio, relator, denegou a ordem. Reputou não se poder cogitar do benefício devido à vedação expressa contida no art. 44 do referido diploma ("*Os crimes previstos nos arts. 33, caput e § 1º, e 34 a 37 desta Lei são inafiançáveis e insuscetíveis de sursis, graça, indulto, anistia e liberdade provisória, vedada a conversão de suas penas em restritivas de direitos*"), que estaria em harmonia com a Lei 8.072/90 e com a Constituição, em seu art. 5º, XLIII ("*a lei considerará crimes inafiançáveis e insuscetíveis de graça ou anistia a prática da tortura, o tráfico ilícito de entorpecentes e drogas afins, o terrorismo e os definidos como crimes hediondos, por eles respondendo os mandantes, os executores e os que, podendo evitá-los, se omitirem*"). Após, pediu vista o Min. Dias Toffoli. HC 101919/MG, rel. Min. Marco Aurélio, 26.4.2011. (HC-101919)

TRÁFICO ILÍCITO DE ENTORPECENTES E SUSPENSÃO CONDICIONAL DA PENA - 2

Em conclusão de julgamento, a 1ª Turma denegou, por maioria, *habeas corpus* em que se pleiteava a suspensão condicional da pena a condenado pela prática do crime de tráfico ilícito de entorpecentes (Lei 11.343/2006, art. 33) — v. Informativo 624. Reputou-se não se poder cogitar do benefício devido à vedação expressa contida no art. 44 do referido diploma ("*Os crimes previstos nos arts. 33, caput e § 1º, e 34 a 37 desta Lei são inafiançáveis e insuscetíveis de sursis, graça, indulto, anistia e liberdade provisória, vedada a conversão de suas penas em restritivas de direitos*"), que estaria em harmonia com a Lei 8.072/90 e com a Constituição, em seu art. 5º, XLIII ("*a lei considerará crimes inafiançáveis e insuscetíveis de graça ou anistia a prática da tortura, o tráfico ilícito de entorpecentes e drogas afins, o terrorismo e os definidos como crimes hediondos, por eles respondendo os mandantes, os executores e os que, podendo evitá-los, se omitirem*"). Vencido o Min. Dias Toffoli, que deferia a ordem ao aplicar o mesmo entendimento fixado pelo Plenário, que declarara incidentalmente a inconstitucionalidade do óbice da substituição da pena privativa de liberdade por restritiva de direito em crime de tráfico ilícito de droga. HC 101919/MG, rel. Min. Marco Aurélio, 6.9.2011. (HC-101919) (Inform. STF 639)

ESTRANGEIRO NÃO RESIDENTE E SUBSTITUIÇÃO DE PENA - 1

A Turma iniciou julgamento de *habeas corpus* em que se pleiteia a concessão da substituição da pena privativa de liberdade por restritiva de direitos a súdito estrangeiro, sem residência no Brasil, condenado — à pena de 4 anos de reclusão e a 50 dias-multa — pela prática do crime de tráfico de entorpecentes (Lei 6.368/76, art. 12, *caput*, c/c art. 18, I). O Min. Gilmar Mendes, relator, deferiu o *writ*. Consignou, de início, que o fato de o estrangeiro não possuir domicílio no território brasileiro não afastaria, por si só, o benefício da substituição da pena. Mencionou que há jurisprudência antiga desta Corte segundo a qual a residência seria apenas um ponto para aplicação espacial da Constituição. Não se trataria, pois, de critério que valorizasse a residência como elemento normativo em si mesmo. Assentou que a interpretação do art. 5º, *caput*, da CF não deveria ser literal, porque, de outra forma, os estrangeiros não residentes estariam alijados da titularidade de todos os direitos fundamentais. Ressaltou a existência de direitos assegurados a todos, independentemente da nacionalidade do indivíduo, porquanto considerados emanações necessárias do princípio da dignidade da pessoa humana. Alguns direitos, porém, seriam dirigidos ao indivíduo como cidadão, tendo em conta a situação peculiar que o ligaria à pátria. Assim, os direitos políticos pressuporiam exatamente a nacionalidade brasileira. Direitos sociais, como o direito ao trabalho, tenderiam a ser também não inclusivos dos ádvenas sem residência no país. Ademais, afirmou que seria no âmbito dos direitos chamados individuais que os direitos do estrangeiro não residente ganhariam maior significado. Nesse ponto, concluiu que o fato de o paciente não possuir domicílio no Brasil não legitimaria a adoção de tratamento distintivo e superou essa objeção. **HC 94477/PR, rel. Min. Gilmar Mendes, 3.8.2010**. (HC-94477)

ESTRANGEIRO NÃO RESIDENTE E SUBSTITUIÇÃO DE PENA - 2

Em seguida, o relator verificou que o suposto fato delituoso ocorrera na vigência da Lei 6.368/76, o que, portanto, permitiria a aplicação do entendimento consagrado no STF, no sentido de que há possibilidade da substituição da pena privativa de liberdade por restritiva de direitos desde que o fato seja anterior à Lei 11.343/2006. Salientou que a Lei 9.714/98 — mediante a qual foi ampliado o rol de penas restritivas de direitos, no ordenamento jurídico brasileiro — não conteria norma específica que proibisse o benefício legal pretendido para os crimes hediondos, mas apenas restringiria tal possibilidade para os crimes que envolvessem violência ou grave ameaça à pessoa, como defluiria do art. 44, I, do CP ("*As penas restritivas de direitos são autônomas e substituem as privativas de liberdade, quando: . I □ aplicada pena privativa de liberdade não superior a quatro anos e o crime não for cometido com violência ou grave ameaça à pessoa ou, qualquer que seja a pena aplicada, se o crime for culposo*"). Assim, concedeu a ordem para que, uma vez afastada a proibição da mencionada substituição, seja tal possibilidade aferida fundamentadamente pelo magistrado de 1º grau, segundo os requisitos do art. 44 do CP. Após, pediu vista dos autos a Min. Ellen Gracie. **HC 94477/PR, rel. Min. Gilmar Mendes, 3.8.2010**. (HC-94477)

ESTRANGEIRO NÃO RESIDENTE E SUBSTITUIÇÃO DE PENA - 3

Em conclusão, a 2ª Turma concedeu a ordem para afastar o óbice da substituição da pena privativa de liberdade por restritiva de direito a estrangeiro não residente no país. Na espécie, a Min. Ellen Gracie pedira vista dos autos e, em virtude de sua aposentadoria, a defensoria pública requerera a solução da lide. Nesta assentada, o relator confirmou seu voto. Consignou, de início, que o fato de o estrangeiro não possuir domicílio no território brasileiro não afastaria, por si só, o benefício da substituição da pena. Mencionou haver jurisprudência antiga desta Corte segundo a qual a residência seria apenas um ponto para aplicação espacial da Constituição. Não se trataria, pois, de critério que valorizasse a residência como elemento normativo em si mesmo. Assentou que a interpretação do art. 5º, *caput*, da CF não deveria ser literal, porque, de outra forma, os estrangeiros não residentes estariam alijados da titularidade de todos os direitos fundamentais. Ressaltou a existência de direitos assegurados a todos, independentemente da nacionalidade do indivíduo, porquanto considerados emanações necessárias do princípio da dignidade da pessoa humana. Alguns direitos, porém, seriam dirigidos ao indivíduo como cidadão, tendo em conta a situação peculiar que o ligaria à pátria. Assim, os direitos políticos pressuporiam exatamente a nacionalidade brasileira. HC 94477/PR, rel. Min. Gilmar Mendes, 6.9.2011. (HC-944477)

ESTRANGEIRO NÃO RESIDENTE E SUBSTITUIÇÃO DE PENA - 4
Direitos sociais, como o direito ao trabalho, tenderiam a ser também não inclusivos dos ádvenas sem residência no país. Ademais, afirmou que seria no âmbito dos direitos chamados individuais que os direitos do estrangeiro não residente ganhariam maior significado. Nesse ponto, concluiu que o fato de o paciente não possuir domicílio no Brasil não legitimaria a adoção de tratamento distintivo e superou essa objeção. Em seguida, o relator verificou que o suposto fato delituoso ocorrera na vigência da Lei 6.368/76, o que, portanto, permitiria a aplicação do entendimento consagrado no STF, no sentido de ser possível a substituição da pena privativa de liberdade por restritiva de direitos desde que o fato fosse anterior à Lei 11.343/2006. Salientou que a Lei 9.714/98 — mediante a qual foi ampliado o rol de penas restritivas de direitos, no ordenamento jurídico brasileiro — não conteria norma específica que proibisse o benefício legal pretendido para os crimes hediondos, mas apenas restringiria essa possibilidade para os crimes que envolvessem violência ou grave ameaça à pessoa, como defluiria do art. 44, I, do CP (*"As penas restritivas de direitos são autônomas e substituem as privativas de liberdade, quando: I – aplicada pena privativa de liberdade não superior a quatro anos e o crime não for cometido com violência ou grave ameaça à pessoa ou, qualquer que seja a pena aplicada, se o crime for culposo"*) — v. Informativo 594. Por fim, o Colegiado determinou o retorno dos autos para que o juiz da execução penal decida sobre o preenchimento dos requisitos objetivos e subjeti-vos do art. 44 do CP. 94477/PR, rel. Min. Gilmar Mendes, 6.9.2011. (HC-944477) (Inform. STF 639)

DOSIMETRIA E QUANTIDADE DE DROGA APREENDIDA
A 2ª Turma, em julgamento conjunto de *habeas corpus* e recurso ordinário em *habeas corpus*, reafirmou orientação no sentido de que a quantidade de substância ilegal entorpecente apreendida deve ser sopesada na primeira fase de individualização da pena, nos termos do art. 42 da Lei 11.343/2006, sendo impróprio invocá-la por ocasião da escolha do fator de redução previsto no § 4º do art. 33 da mesma lei, sob pena de *bis in idem*. Com base nesse entendimento, determinou-se a devolução dos autos para que as instâncias de origem procedam a nova individualização da pena, atentando-se para a adequada motivação do fator reducional oriundo da causa especial de diminuição. HC 108513/RS , rel. Min. Gilmar Mendes, 23.8.2011. (HC-108513)
RHC 107857/DF, rel. Min. Gilmar Mendes, 23.8.2011. (RHC-107857) (Inform. STF 637)

HC N. 103.311-PR
RELATOR: MIN. LUIZ FUX
EMENTA: PENAL E PROCESSO PENAL. *Habeas corpus.* **TRÁFICO ILÍCITO DE ENTORPECENTES. LEI Nº 6.368/76, ARTIGOS 12 E 18, I. SUBSTITUIÇÃO DE PENA PRIVATIVA DE LIBERDADE POR RESTRITIVA DE DIREITOS. REQUISITOS OBJETIVOS E SUBJETIVOS DO ART. 44 DO CÓDIGO PENAL PRESENTES. ESTRANGEIRO. POSSIBILIDADE. ORDEM CONCEDIDA.**
1. O Princípio da Isonomia, garantia pétrea constitucional extensível aos estrangeiros, impede que o condenado não nacional pelo crime de tráfico ilícito de entorpecentes seja privado da concessão do benefício da substituição da pena privativa por restritiva de direitos quando atende aos requisitos objetivos e subjetivos do art. 44 do Código Penal. (Precedentes: HC 85894, Rel. Ministro GILMAR MENDES, TRI-BUNAL PLENO, DJe 28/09/2007; HC 103068/MG, Rel. Ministro DIAS TOFFOLI, PRIMEIRA TURMA, DJe 21/02/2011; HC 103093/RS, Rel. Ministro GILMAR MENDES, SEGUNDA TURMA, DJe 01/10/2010; HC 89976/RJ, Rel. Ministra ELLEN GRACIE, TRIBUNAL PLENO, DJe 24/04/2009; HC 96011/RS, Rel. Ministro JOAQUIM BARBOSA, SEGUNDA TURMA, DJe 10/09/2010; HC 96923/SP, Rel. Ministro GILMAR MENDES, SEGUNDA TURMA, DJe 10/09/2010; HC 91600/RS, Rel. Ministro SEPÚLVEDA PERTENCE, PRIMEIRA TURMA, DJ 06/09/2007; HC 84715, Rel. Ministro JOAQUIM BARBOSA, SEGUNDA TURMA, DJ 29/06/2007).
2. O tráfico, mercê de equiparado ao crime hediondo, admite o benefício na forma da doutrina clássica do tema que assenta: "É possível a substituição da pena privativa de liberdade no caso de crime hediondo (Lei 8.072/1990) por pena restritiva de direitos, sendo que essa substituição deve atender, concomitantemente, aos requisitos objetivos e subjetivos listados no art. 44 do CP. O rótulo do delito como "hediondo" não figura como empecilho à substituição, desde que cabível" (*in* Prado, Luiz Regis - Comentários ao Código Penal, Revista dos Tribunais, 4ª Edição, p. 210).
3. É cediço na Corte que: "O SÚDITO ESTRANGEIRO, MESMO AQUELE SEM DOMICÍLIO NO BRASIL, TEM DIREITO A TODAS AS PRERROGATIVAS BÁSICAS QUE LHE ASSEGUREM A PRESERVAÇÃO DO "STATUS LIBERTATIS" E QUE LHE GARANTAM A OBSERVÂNCIA, PELO PODER PÚBLICO, DA CLÁUSULA CONSTITUCIONAL DO "DUE PROCESS". - O súdito estrangeiro, mesmo o não domiciliado no Brasil, tem plena legitimidade para impetrar o remédio constitucional do "*habeas corpus*", em ordem a tornar efetivo, nas hipóteses de persecução penal, o direito subjetivo, de que também é titular, à observância e ao integral respeito, por parte do Estado, das prerrogativas que compõem e dão significado à cláusula do devido processo legal. - A condição jurídica de não nacional do Brasil e a circunstância de o réu estrangeiro não possuir domicílio em nosso país não legitimam a adoção, contra tal acusado, de qualquer tratamento arbitrário ou discrimina-tório. Precedentes (HC 94.016/SP, Rel. Min. CELSO DE MELLO, v.g.). - Impõe-se, ao Judiciário, o dever de assegurar, mesmo ao réu estrangeiro sem domicílio no Brasil, os direitos básicos que resultam do postulado do devido processo legal, notadamente as prerrogativas inerentes à garantia da ampla defesa, à garantia do contraditório, à igualdade entre as partes perante o juiz natural e à garantia de imparcialidade do magistrado processante (...)". (HC 102041/SP, Rel. Ministro Celso de Mello, SEGUNDA TURMA, DJe 20/08/2010).
4. "O legislador deixou por conta dos operadores jurídicos a tarefa de individualizar o instituto alternativo da substituição em cada caso concreto. É preciso que se faça um juízo de valor sobre a "suficiência" da resposta alternativa ao delito. Essa valoração deve ter em mira a repressão e prevenção do delito. É sempre importante enfatizar que essa valoração deve ser objetiva e descritiva, isto é, fundamentada, para se possibilitar o seu democrático controle" (*in* Gomes, Luiz Flávio - Penas e Medidas Alternativas à Prisão, Revista dos Tribunais, p. 596/597).
5. *In casu*, restou comprovado o direito do estrangeiro ao benefício, máxime porque (*i*) a ele foi fixado o regime aberto para iniciar o cumprimento da pena; (*ii*) inexiste decreto de expulsão em seu desfavor; e (*iii*) na visão das instâncias inferiores, preenche os requisitos do art. 44, como declarou o Superior Tribunal de Justiça, *in verbis*: "Desse modo, fixada a pena-base no mínimo legal, sendo o agente primário e inexistindo circunstâncias judiciais desfavoráveis, não é legítimo agravar o regime de cumprimento da pena, a teor do disposto no artigo 33, § 2.º, alínea c, e § 3.º do Código Penal, que dispõe que "o condenado não reincidente, cuja pena seja igual ou inferior a 4 (quatro)anos, poderá, desde o início, cumpri-la em regime aberto". Portanto, a decisão que lhe impôs o regime inicial fechado para o cumprimento da pena há de ser reformada para adequar-se à individualização da sanção criminal, em estrita obediência ao disposto no mencionado texto legal."
6. Parecer do *parquet* pela concessão da ordem.
Ordem concedida. (Inform. STF 633) *noticiado no Informativo 630

HC N. 103.311-PR
RELATOR: MIN. LUIZ FUX
EMENTA: PENAL E PROCESSO PENAL. *Habeas corpus.* **TRÁFICO ILÍCITO DE ENTORPECENTES. LEI Nº 6.368/76, ARTIGOS 12 E 18, I. SUBSTITUIÇÃO DE PENA PRIVATIVA DE LIBERDADE POR RESTRITIVA DE DIREITOS. REQUISITOS OBJETIVOS E SUBJETIVOS DO ART. 44 DO CÓDIGO PENAL PRESENTES. ESTRANGEIRO. POSSIBILIDADE. ORDEM CONCEDIDA.**
1. O Princípio da Isonomia, garantia pétrea constitucional extensível aos estrangeiros, impede que o condenado não nacional pelo crime de tráfico ilícito de entorpecentes seja privado da concessão do benefício da substituição da pena privativa por restritiva de direitos quando atende aos requisitos objetivos e subjetivos do art. 44 do Código Penal. (Precedentes: HC 85894, Rel. Ministro GILMAR MENDES, TRI-BUNAL PLENO, DJe 28/09/2007; HC 103068/MG, Rel. Ministro DIAS TOFFOLI, PRIMEIRA TURMA, DJe 21/02/2011; HC 103093/RS, Rel. Ministro GILMAR MENDES, SEGUNDA TURMA, DJe 01/10/2010; HC 89976/RJ, Rel. Ministra ELLEN GRACIE, TRIBUNAL PLENO, DJe 24/04/2009; HC 96011/RS, Rel. Ministro JOAQUIM BARBOSA, SEGUNDA TURMA, DJe 10/09/2010; HC 96923/SP, Rel. Ministro GILMAR MENDES, SEGUNDA TURMA, DJe 10/09/2010; HC 91600/RS, Rel. Ministro SEPÚLVEDA PERTENCE, PRIMEIRA TURMA, DJ 06/09/2007; HC 84715, Rel. Ministro JOAQUIM BARBOSA, SEGUNDA TURMA, DJ 29/06/2007).
2. O tráfico, mercê de equiparado ao crime hediondo, admite o benefício na forma da doutrina clássica do tema que assenta: "É possível a substituição da pena privativa de liberdade no caso de crime hediondo (Lei 8.072/1990) por pena restritiva de direitos, sendo que essa substituição deve atender, concomitantemente, aos requisitos objetivos e subjetivos listados no art. 44 do CP. O rótulo do delito como "hediondo" não figura como empecilho à substituição, desde que cabível" (*in* Prado, Luiz Regis - Comentários ao Código Penal, Revista dos Tribunais, 4ª Edição, p. 210).
3. É cediço na Corte que: "O SÚDITO ESTRANGEIRO, MESMO AQUELE SEM DOMICÍLIO NO BRASIL, TEM DIREITO A TODAS AS PRERROGATIVAS BÁSICAS QUE LHE ASSEGUREM A PRESERVAÇÃO DO "STATUS LIBERTATIS" E QUE LHE GARANTAM A OBSERVÂNCIA, PELO PODER PÚBLICO, DA CLÁUSULA CONSTITUCIONAL DO "DUE PROCESS". - O súdito estrangeiro, mesmo o não domiciliado no Brasil,

tem plena legitimidade para impetrar o remédio constitucional do "*habeas corpus*", em ordem a tornar efetivo, nas hipóteses de persecução penal, o direito subjetivo, de que também é titular, à observância e ao integral respeito, por parte do Estado, das prerrogativas que compõem e dão significado à cláusula do devido processo legal. - A condição jurídica de não nacional do Brasil e a circunstância de o réu estrangeiro não possuir domicílio em nosso país não legitimam a adoção, contra tal acusado, de qualquer tratamento arbitrário ou discrimina-tório. Precedentes (HC 94.016/SP, Rel. Min. CELSO DE MELLO, v.g.). - Impõe-se, ao Judiciário, o dever de assegurar, mesmo ao réu estrangeiro sem domicílio no Brasil, os direitos básicos que resultam do postulado do devido processo legal, notadamente as prerrogativas inerentes à garantia da ampla defesa, à garantia do contraditório, à igualdade entre as partes perante o juiz natural e à garantia de imparcialidade do magistrado processante (...)". (HC 102041/SP, Rel. Ministro Celso de Mello, SEGUNDA TURMA, DJe 20/08/2010).

4. "O legislador deixou por conta dos operadores jurídicos a tarefa de individualizar o instituto alternativo da substituição em cada caso concreto. É preciso que se faça um juízo de valor sobre a "suficiência" da resposta alternativa ao delito. Essa valoração deve ter em mira a repressão e prevenção do delito. É sempre importante enfatizar que essa valoração deve ser objetiva e descritiva, isto é, fundamentada, para se possibilitar o seu democrático controle" (*in* Gomes, Luiz Flávio - Penas e Medidas Alternativas à Prisão, Revista dos Tribunais, p. 596/597).

5. *In casu*, restou comprovado o direito do estrangeiro ao benefício, máxime porque *(i)* a ele foi fixado o regime aberto para iniciar o cumprimento da pena; *(ii)* inexiste decreto de expulsão em seu desfavor; e *(iii)* na visão das instâncias inferiores, preenche os requisitos do art. 44, como declarou o Superior Tribunal de Justiça, *in verbis*: "Desse modo, fixada a pena-base no mínimo legal, sendo o agente primário e inexistindo circunstâncias judiciais desfavoráveis, não é legítimo agravar o regime de cumprimento da pena, a teor do disposto no artigo 33, § 2.º, alínea c, e § 3.º do Código Penal, que dispõe que "o condenado não reincidente, cuja pena seja igual ou inferior a 4 (quatro)anos, poderá, desde o início, cumpri-la em regime aberto". Portanto, a decisão que lhe impôs o regime inicial fechado para o cumprimento da pena há de ser reformada para adequar-se à individualização da sanção criminal, em estrita obediência ao disposto no mencionado texto legal."

6. Parecer do *parquet* pela concessão da ordem.

Ordem concedida. (Inform. STF 633) *noticiado no Informativo 630

PRINCÍPIO DA ISONOMIA E SUBSTITUIÇÃO DE PENA

A 1ª Turma, ao aplicar o princípio da isonomia, concedeu *habeas corpus* em favor de cidadão paraguaio, em situação irregular no Brasil, aqui condenado a 4 anos de reclusão pela prática do delito de tráfico ilícito de entorpecentes (Lei 6.368/76, art. 12 c/c art. 18). Considerou-se que o referido postulado seria garantia extensível aos estrangeiros e impediria que não nacional condenado pela prática do mencionado crime fosse privado da concessão do benefício de substituição da pena privativa de liberdade por restritiva de direitos quando preenchesse os requisitos objetivos e subjetivos do artigo 44 do CP. Asseverou-se que o discrímen, fato de o paciente ser estrangeiro, não impediria a aplicação da aludida cláusula pétrea. HC 103311/PR, rel. Min. Luiz Fux, 7.6.2011. (HC-103311) (Inform. STF 630)

PRINCÍPIO DA ISONOMIA E SUBSTITUIÇÃO DE PENA

A 1ª Turma, ao aplicar o princípio da isonomia, concedeu *habeas corpus* em favor de cidadão paraguaio, em situação irregular no Brasil, aqui condenado a 4 anos de reclusão pela prática do delito de tráfico ilícito de entorpecentes (Lei 6.368/76, art. 12 c/c art. 18). Considerou-se que o referido postulado seria garantia extensível aos estrangeiros e impediria que não nacional condenado pela prática do mencionado crime fosse privado da concessão do benefício de substituição da pena privativa de liberdade por restritiva de direitos quando preenchesse os requisitos objetivos e subjetivos do artigo 44 do CP. Asseverou-se que o discrímen, fato de o paciente ser estrangeiro, não impediria a aplicação da aludida cláusula pétrea. HC 103311/PR, rel. Min. Luiz Fux, 7.6.2011. (HC-103311) (Inform. STF 630)

TRÁFICO DE DROGAS E LEI MAIS BENÉFICA - 1

A 1ª Turma iniciou julgamento de *habeas corpus* em que se pretende a desclassificação da conduta imputada ao paciente, prevista no art. 12 da Lei 6.368/76 ("*Importar ou exportar, remeter, preparar, produzir, fabricar, adquirir, vender, expor à venda ou oferecer, fornecer ainda que gratuitamente, ter em depósito, transportar, trazer consigo, guardar, prescrever, ministrar ou entregar, de qualquer forma, a consumo substância entorpecente ou que determine dependência física ou psíquica, sem autorização ou em desacordo com determinação legal ou regulamentar*"), para a disposta no art. 33, § 3º, da Lei 11.343/2006 ("*§ 3º Oferecer droga, eventualmente e sem objetivo de lucro, a pessoa de seu relacionamento, para juntos a consumirem*"). Busca-se reduzir a pena para 6 meses de detenção, bem como substituí-la por restritiva de direito e multa. Alternativamente, pleiteia-se a aplicação do redutor de 2/3 sobre a pena mínima prevista no art. 33 da Lei 11.343/2006 e a convolação da reprimenda privativa de liberdade para restritiva de direito, consistente na prestação de serviços à comunidade e multa. HC 107448/MG, rel. Min. Ricardo Lewandowski, 10.5.2011. (HC-107448)

TRÁFICO DE DROGAS E LEI MAIS BENÉFICA - 2

O Min. Ricardo Lewandowski, relator, denegou a ordem. Ressaltou não ser possível, na via eleita, o reexame do conjunto fático-probatório para se chegar à desclassificação colimada. No que concerne ao pedido alternativo de aplicação da causa especial de redução da pena do § 4º, da mesma norma, não conheceu do *writ*, porquanto a matéria não fora discutida no STJ. Reputou, ainda, que a jurisprudência desta Corte não admite a combinação de leis no tempo, sob pena de se criar uma terceira lei. Entretanto, concedeu a ordem, de ofício, para o tribunal de justiça verificar e aplicar integralmente o diploma legal mais benéfico ao paciente: Lei 6.368/76 ou Lei 11.343/2006. O Min. Dias Toffoli acompanhou o relator quanto ao conhecimento e à denegação da ordem, mas a concedeu, de ofício, em maior extensão para que se possa fazer a dosimetria da pena conjugando ambas as leis. Após, pediu vista o Min. Marco Aurélio. HC 107448/MG, rel. Min. Ricardo Lewandowski, 10.5.2011. (HC-107448) (Inform. STF 626)

TRÁFICO DE DROGAS: "SURSIS" E SUBSTITUIÇÃO DE PENA POR RESTRITIVA DE DIREITOS

A 1ª Turma julgou prejudicado *habeas corpus* em que condenado à reprimenda de 1 ano e 8 meses de reclusão em regime fechado e 166 dias-multa, pela prática do crime de tráfico ilícito de entorpecentes (Lei 11.343/2006, art. 33), pleiteava a suspensão condicional da pena nos termos em que concedida pelo Tribunal de Justiça estadual. Em seguida, deferiu, de ofício, a ordem para reconhecer a possibilidade de o juiz competente substituir a pena privativa de liberdade por restritiva de direitos, desde que preenchidos os requisitos objetivos e subjetivos previstos na lei. A impetração questionava acórdão que, em 9.3.2010, ao dar provimento a recurso especial do *parquet*, não admitira o *sursis*, em virtude de expressa vedação legal. Consignou-se que, ao julgar o HC 97256/RS (DJe de 16.12.2010), o Supremo concluíra, em 1º.9.2010, pela inconstitucionalidade dos artigos 33, § 4º; e 44, *caput*, da Lei 11.343/2006, ambos na parte em que vedavam a substituição da pena privativa de liberdade por restritiva de direitos em condenação pelo delito em apreço.Asseverou-se, portanto, estar superado este impedimento. Salientou-se que a convolação da reprimenda por restritiva de direitos seria mais favorável ao paciente. Ademais, observou-se que o art. 77, III, do CP estabelece a aplicabilidade de suspensão condicional da pena quando não indicada ou cabível a sua substituição por restritiva de direitos (CP, art. 44). HC 104361/RJ, rel. Min. Cármen Lúcia, 3.5.2011. (HC-104361) (Inform. STF 625)

DOSIMETRIA E QUANTIDADE DE DROGA APREENDIDA

A 1ª Turma indeferiu *habeas corpus* no qual pretendida a aplicação, em patamar máximo, da causa especial de diminuição de pena, prevista no § 4º do art. 33 da Lei 11.343/2006 ("*Nos delitos definidos no caput e no § 1º deste artigo, as penas poderão ser reduzidas de um sexto a dois terços, vedada a conversão em penas restritivas de direitos, desde que o agente seja primário, de bons antecedentes, não se dedique às atividades criminosas nem integre organização criminosa*"), em face de a quantidade de droga já ter sido contemplada pelo juiz ao fixar a pena-base com fulcro no art. 42 do mesmo diploma legal ("*O juiz, na fixação das penas, considerará, com preponderância sobre o previsto no art. 59 do Código Penal, a natureza e a quantidade da substância ou do produto, a personalidade e a conduta social do agente*"). Concluiu-se que, embora já considerada a quantidade de substância entorpecente na fixação da pena- base, seria legítimo esse critério para graduar a causa de diminuição. HC 104195/MS, rel. Min. Luiz Fux, 26.4.2011. (HC-104195) (Inform. STF 624)

HC N. 107.274-MS

RELATOR: MIN. RICARDO LEWANDOWSKI

EMENTA: *Habeas corpus*. PENAL. TRÁFICO ILÍCITO DE DROGAS. PENA. DOSIMETRIA. PENA-BASE. FIXAÇÃO NO MÍNIMO LEGAL. IMPOSSIBILIDADE. MAUS ANTECEDENTES. NATUREZA ALTAMENTE NOCIVA DA DROGA APREENDIDA. REINCIDÊNCIA/MAUS ANTECEDENTES. COMPROVAÇÃO. CERTIDÃO. IDONEIDADE. *Bis in idem*. INOCORRÊNCIA. CAUSA ESPECIAL DE DIMINUIÇÃO PREVISTA NO § 4º DO ART. 33 DA LEI 11.343/2006. APLICAÇÃO. INVIABILIDADE. ORDEM DENEGADA.

I – Ao fixar a pena-base acima do mínimo legal, o magistrado sentenciante considerou os maus antecedentes ostentados pelo réu e a natureza altamente nociva da droga apreendida, de modo que a reprimenda não merece nenhum reparo nesse ponto.

II – Não procede a alegação de que a inexistência de certidão cartorária atestando o trânsito em julgado de eventual condenação inviabilizaria o reconhecimento de maus antecedentes/reincidência e que a folha de antecedentes criminais não serviria para esse fim. Esta Corte já firmou entendimento no sentido da idoneidade do referido documento, que possui fé pública. Precedentes.

III – Infração cometida em transporte público. Incidência da causa de aumento prevista no art. 40, III, da Lei 11.343/2006.

IV – Não caracteriza *bis in idem* a consideração da reincidência para fins de majoração da pena-base e como fundamento para a negativa de concessão da benesse prevista no art. 33, § 4º, da Lei Antidrogas.

V- Para a concessão do benefício previsto no § 4º do art. 33 da Lei 11.343/2006, é necessário que o réu seja primário, ostente bons antecedentes, não se dedique às atividades criminosas nem integre organização criminosa.

VI – Réu que apresenta maus antecedentes, condição que impede a aplicação da referida causa de diminuição.

VII - Ordem denegada. (Inform. STF 624)

HC N. 102.547-MG
RELATOR: MIN. DIAS TOFFOLI

EMENTA: *Habeas corpus*. **Tráfico de entorpecentes. Figura privilegiada. Delito praticado sob a égide da Lei nº 11.343/06. Pretensão à redução da pena no patamar máximo legalmente admissível. Dosimetria. Reexame que implica a análise da prova, vedada na via processual eleita. Substituição da pena privativa de liberdade em restritiva de direitos. Possibilidade. Aplicação do art. 44 do Código Penal. Substituição admissível. Precedente do Pleno. Paciente que se encontra no gozo de liberdade condicional. Substituição que, no momento, se afigura mais gravosa ao paciente. Ordem prejudicada neste particular.**

1. O *habeas corpus* não é a via adequada para a análise do pedido de mitigação da pena quando sua fixação tiver apoio nas circunstâncias constantes do § 4º do art. 33 e do art. 42, ambos da Lei nº 11.343/06.
2. A dosimetria levada a efeito na instância ordinária não apenas atendeu aos requisitos legais, como respeitou o princípio da individualização da pena. O Tribunal **a quo** analisou as circunstâncias previstas no § 4º do art. 33 da Lei nº 11.343/06 e estabeleceu a mitigação da pena aplicada ao paciente fundando-se nas circunstâncias indicadas no art. 42 do mesmo diploma legal. Precedentes. Ordem, nesse aspecto, denegada.
3. O Tribunal Pleno desta Suprema Corte, em 1º/9/10, ao analisar o HC nº 97.256/RS, Relator o Ministro **Ayres Britto**, por maioria de votos, declarou, **incidenter tantum**, a inconstitucionalidade dos arts. 33, § 4º, e 44, **caput**, da Lei nº 11.343/06 na parte em que vedavam a substituição da pena privativa de liberdade por restritiva de direitos em condenação pelo crime de tráfico de entorpecentes.
4. O cumprimento de pena restritiva de direito, ainda que pelo prazo remanescente de eventual parte da reprimenda corporal, encontrando-se o réu em liberdade condicional, afigura-se mais gravoso ao paciente. *Habeas corpus* prejudicado.
5. Ordem parcialmente prejudicada e, no mais, denegada. (Inform. STF 624) *noticiado no Informativo 616

"MULA" E CAUSA DE DIMINUIÇÃO DE PENA - 1

A 1ª Turma iniciou julgamento de recurso ordinário em *habeas corpus* em que se pretende seja aplicada, em favor de condenado por tráfico de entorpecentes pelo transporte 1,5 kg de cocaína, a causa de diminuição da pena do § 4º do art. 33 da Lei 11.343/2006 e a atenuante genérica decorrente da confissão espontânea. O Min. Dias Toffoli, relator, afastou a tese da confissão espontânea e deu provimento parcial ao recurso por reputar que a quantidade de droga transportada não implicaria, por si só, participação em organização criminosa. Considerou que o paciente, sem registro de nenhuma outra ocorrência com o tráfico, seria uma simples "mula", cuja conduta poderia ser enquadrada como traficância menor ou eventual. Após, pediu vista o Min. Ricardo Lewandowski. RHC 103556/SP, rel. Min. Dias Toffoli, 1º.3.2011. (RHC-103556)

"Mula" e causa de diminuição de pena - 2

Em conclusão, a 1ª Turma, por maioria, negou provimento a recurso ordinário em *habeas corpus* para assentar a inviabilidade da aplicação da atenuante da confissão espontânea, bem como da causa de diminuição prevista no art. 33, § 4º, da Lei 11.343/2006, por não se verificar, de forma cabal, a ausência de envolvimento do réu com atividades criminosas. Na espécie, o recorrente fora condenado pela prática do crime de tráfico por haver transportado 1,5 Kg de cocaína — v. Informativo 618. Prevaleceu o voto do Min. Ricardo Lewandowski, que destacou o fato de ter o recorrente se deslocado de São Paulo para Alagoas com grande quantidade de entorpecente. Entendeu que o fato seria expressivo a demonstrar seu envolvimento com a delinqüência. Ademais, reputou que, para se chegar à orientação diversa da adotada pelas instâncias antecedentes, no sentido da inexistência de vínculo do ora recorrente com atividades criminosas, seria necessário adentrar o conjunto fático-probatório, inviável em sede de *habeas corpus*. Vencidos os Ministros Dias Toffoli, relator, e Luiz Fux, que proviam, em parte, o recurso, de modo a afastar somente a confissão espontânea, por reputarem que a quantidade de droga transportada não implicaria, por si só, participação em organização criminosa. Consideravam que o paciente, sem registro de nenhuma outra ocorrência com o tráfico, seria uma simples "mula", cuja conduta poderia ser enquadrada como traficância menor ou eventual. RHC 103556/SP, rel. orig. Min. Dias Toffoli, red. p/ o acórdão Min. Ricardo Lewandowski, 5.4.2011. (RHC-103556) (Inform. STF 622)

HC N. 106.313-MG
RELATOR: MIN. GILMAR MENDES

Habeas corpus. 2. Tráfico de entorpecentes. 3. Pedido de aplicação da causa especial de diminuição de pena (Lei n. 11.343/2006, art. 33, § 4º) em seu patamar máximo. A quantidade de droga apreendia é circunstância que deve ser sopesada na primeira fase de individualização da pena, nos termos do art. 42 da Lei 11.343/2006, sendo impróprio invocá-la por ocasião de escolha do fator de redução previsto no § 4º do art. 33, sob pena de *bis in idem*. 4. Ordem parcialmente deferida para determinar que se proceda a nova individualização da pena, bem como que, fixada a individualização da pena, delibere-se sobre o regime inicial de cumprimento de pena e a possibilidade de conversão da pena privativa de liberdade em restritiva de direito, segundo os requisitos previstos no art. 44 do CP. (Inform. STF 622) *noticiado no Informativo 619

HC N. 104.764-RS
RELATOR: MIN. DIAS TOFFOLI

EMENTA: *Habeas corpus*. Tráfico de entorpecentes. Delito praticado sob a égide da Lei nº 11.343/06. Substituição da pena privativa de liberdade por restritiva de direitos. Possibilidade. Aplicação do art. 44 do Código Penal. Requisitos presentes. Substituição admissível. Ordem concedida.

1. A regra do art. 44 do Código Penal é aplicável ao crime de tráfico de entorpecentes, observados os seus pressupostos de incidência.
2. Não se afigura possível a negativa de substituição calcada exclusivamente em virtude da vedação contida no art. 44 da Lei nº 11.343/06, em decorrência apenas da natureza da infração.
3. Ordem concedida. (Inform. STF 621)

DOSIMETRIA E QUANTIDADE DE DROGA APREENDIDA

A quantidade de droga apreendida deve ser sopesada na primeira fase de individualização da pena, nos termos do art. 42 da Lei 11.343/2006, sendo impróprio invocá-la por ocasião da escolha do fator de redução previsto no § 4º do art. 33 da mesma Lei, sob pena de *bis in idem*. Com base nesse entendimento, a 2ª Turma deferiu parcialmente *habeas corpus* para determinar ao TRF da 3ª Região que proceda a nova individualização da pena, atentando-se para a adequada motivação do fator de redução oriundo da causa especial de diminuição da pena. Determinou-se, ainda, que, fixada a individualização da reprimenda, deverá o Tribunal deliberar sobre o regime inicial de cumprimento, bem assim sobre a possibilidade de conversão da pena em restritiva de direitos, segundo os requisitos previstos no art. 44 do CP. De início, ressaltou-se que as balizas para a concessão da referida causa especial seriam as seguintes: a) ser o agente primário; b) possuidor de bons antecedentes; c) não se dedicar a atividades criminosas; e d) não integrar organização criminosa. Em seguida, observou-se que o magistrado de primeiro grau, ao estabelecer a causa de diminuição no patamar de 1/3, atentara-se para a quantidade e a espécie da droga apreendida. O STJ, por sua vez, mantivera aquela decisão, por reputar considerável a quantidade de droga apreendida. No que concerne ao pedido de substituição da pena privativa de liberdade por restritiva de direitos, registrou-se que o Plenário declarara incidentalmente a inconstitucionalidade da expressão "*vedada a conversão em penas restritivas de direitos*", constante do § 4º do art. 33 da Lei 11.343/2006, e da expressão "*vedada a conversão de suas penas em restritivas de direitos*", contida no referido art. 44 do mesmo diploma legal. Alguns precedentes citados: HC 101317/MS (DJe de 6.8.2010); HC 98172/GO (DJe de 8.10.2010); HC 104423/AL (DJe de 8.10.2010); HC 97256/RS (DJe de 16.12.2010). HC 106313/MG, rel. Min. Gilmar Mendes, 15.3.2011. (HC-106313) (Inform. STF 619)

"MULA" E CAUSA DE DIMINUIÇÃO DE PENA

A 2ª Turma iniciou julgamento de *habeas corpus* em que se pretende seja aplicada, em favor de condenada por tráfico de entorpecentes pelo transporte de 951 g de cocaína, a causa de diminuição da pena do § 4° do art. 33 da Lei 11.343/2006. No caso, as instâncias de origem, embora tenham reconhecido que a ré seria primária, portadora de bons antecedentes e não se dedicaria à atividade criminosa, concluíram que, de fato, ela integraria organização criminosa e, portanto, não teria jus à citada causa de diminuição. O Min. Ayres Britto, relator, concedeu a ordem sob o fundamento de que o fato de transportar droga, por si só, não seria o bastante para afirmar que a paciente integraria organização criminosa. Ressaltou que as organizações criminosas se aproveitariam de pessoas vulneráveis socialmente para a arriscada tarefa de transportar entorpecentes, que tal atividade não teria reconhecimento para o mundo do tráfico e que essas pessoas seriam descartáveis para o grupo criminoso. Em divergência, a Min. Ellen Gracie, denegou a ordem, no que foi acompanhada pelos Ministros Joaquim Barbosa e Celso de Mello. Considerou que o tráfico internacional não existiria sem o transporte da droga pelas chamadas "mulas". Após, pediu vista o Min. Gilmar Mendes. HC 101265/SP, rel. Min. Ayres Britto, 1°.3.2011. (HC-101265) (Inform. STF 618)

"MULA" E CAUSA DE DIMINUIÇÃO DE PENA - 2

Em conclusão de julgamento, a 2ª Turma, por maioria, denegou *habeas corpus* em que pretendida a aplicação, em favor de condenada por tráfico de entorpecentes pelo transporte de 951 g de cocaína, a causa de diminuição da pena do § 4° do art. 33 da Lei 11.343/2006. No caso, as instâncias de origem, embora tivessem reconhecido que a ré seria primária, com bons antecedentes e que não se dedicaria à atividade criminosa, concluíram que, de fato, ela integraria organização criminosa e, portanto, não teria jus à citada causa de diminuição — v. Informativo 618. Considerou-se que o tráfico internacional não existiria sem o transporte da droga pelas chamadas "mulas". O Min. Gilmar Mendes ressaltou que a "mula", de fato, integraria a organização criminosa, na medida em que seu trabalho seria condição *sine qua non* para a narcotraficância internacional. Pressupunha, assim, que toda organização criminosa estruturar-se-ia a partir de divisão de tarefas que objetivasse um fim comum. Assim, inegável que esta tarefa de transporte estaria inserida nesse contexto como essencial. Além disso, asseverou que o legislador não teria intenção de dispensar tratamento menos rigoroso ao "traficante mula" ou, ainda, a outros com "*participação de menor importância*" e não diretamente ligados ao núcleo da organização. Se esse fosse o propósito, certamente consubstanciaria elementar do tipo. Ter-se-ia, então, um tipo penal derivado. Vencido o Min. Ayres Britto, relator, que deferia a ordem. **HC 101265/SP, rel. orig. Min. Ayres Britto, red. p/ o acórdão Min. Joaquim Barbosa, 10.4.2012**. (HC-101265) (Inform. STF 661)

LIBERDADE PROVISÓRIA E TRÁFICO ILÍCITO DE ENTORPECENTE

Ao acolher proposta formulada pelo Min. Ayres Britto, a 2ª Turma deliberou afetar ao Plenário julgamento de *habeas corpus* em que se discute a constitucionalidade, ou não, da vedação abstrata da liberdade provisória prevista no art. 44 da Lei 11.343/2006, bem como o excesso de prazo para o encerramento da instrução criminal. HC 104339/SP, rel. Min. Gilmar Mendes, 22.2.2011. (HC-104339) (Inform. STF 617)

HC: LIBERDADE PROVISÓRIA E PREJUDICIALIDADE

A 1ª Turma, por maioria, julgou prejudicado, em parte, *habeas corpus* em que se pleiteava a redução da pena no patamar máximo previsto no art. 33, § 4°, da Lei 11.343/2006, bem como a substituição da reprimenda por restritiva de direitos ou a concessão de *sursis*. Na espécie, o paciente fora condenado a pena inferior a 2 anos de reclusão. Inicialmente, ressaltou-se que, embora o paciente tivesse jus à substituição da pena corporal pela restritiva de direitos, ele estaria em liberdade condicional desde 4.2.2010, o que configuraria situação mais favorável do que a pretendida neste *writ*. Enfatizou-se que, agora, o cumprimento da reprimenda restritiva de direito, ainda que pelo prazo remanescente de eventual parte daquela corporal, afigurar-se-ia mais gravoso ao condenado. Em seguida, denegou-se a ordem quanto à análise da dosimetria. No ponto, reputou-se que o reexame seria vedado na via eleita, porquanto consistiria no revolvimento de prova. Ademais, observou-se que o tribunal de justiça estadual, ao proferir decisão mais favorável do que a sentença de 1° grau, reduzira a pena de maneira fundamentada, respeitara o princípio da individualização e atendera aos requisitos legais, fundando-se nas circunstâncias indicadas no art. 42 do referido diploma. Vencido o Min. Marco Aurélio que afastava o prejuízo da impetração e concedia a ordem para aplicar o art. 44 do CP, consubstanciado na Lei 11.343/2006. HC 102547/MG, rel. Min. Dias Toffoli, 15.2.2011. (HC-102547) (Inform. STF 616)

394

LEI 8.072/90 E REGIME INICIAL DE CUMPRIMENTO DE PENA - 1

A 2ª Turma concedeu *habeas corpus* para determinar ao juízo da execução que proceda ao exame da possibilidade de substituição da pena privativa de liberdade por restritiva de direitos ou, no caso de o paciente não preencher os requisitos, que modifique o regime de cumprimento da pena para o aberto. Na situação dos autos, o magistrado de primeiro grau condenara o paciente à pena de 1 ano e 8 meses de reclusão, a ser cumprida no regime inicialmente fechado, nos termos do art. 2°, § 1°, da Lei 8.072/90 (Lei dos Crimes Hediondos), com a redação dada pela Lei 11.464/2007 ("*Art. 2° Os crimes hediondos, a prática da tortura, o tráfico ilícito de entorpecentes e drogas afins e o terrorismo são insuscetíveis de: § 1° A pena por crime previsto neste artigo será cumprida inicialmente em regime fechado*"). Observou-se, em princípio, que o Supremo declarara, *incidenter tantum*, a inconstitucionalidade da antiga redação do art. 2°, § 1°, da Lei 8.072/90, em que se estabelecia o regime integralmente fechado para o cumprimento das penas por crimes previstos naquela norma. Consignou-se, ainda, que a nova redação do aludido dispositivo estaria sendo alvo de debates nas instâncias inferiores e que o STJ concluíra por sua inconstitucionalidade, ao fundamento de que, a despeito das modificações preconizadas pela Lei 11.464/2007, persistiria a ofensa ao princípio constitucional da individualização da pena e, também, da proporcionalidade. HC 105779/SP, rel. Min. Gilmar Mendes, 8.2.2011. (HC-105779)

LEI 8.072/90 E REGIME INICIAL DE CUMPRIMENTO DE PENA - 2

Em seguida, considerou-se que deveria ser superado o disposto na Lei dos Crimes Hediondos quanto à obrigatoriedade do início de cumprimento de pena no regime fechado, porquanto o paciente preencheria os requisitos previstos no art. 33, § 2°, c, do CP. Aduziu-se, para tanto, que a decisão formalizada pelo magistrado de primeiro grau: 1) assentara a não reincidência do condenado e a ausência de circunstâncias a ele desfavoráveis; 2) reconhecera a sua primariedade; e 3) aplicara reprimenda inferior a 4 anos. No que concerne ao pedido de substituição da pena por restritiva de direitos, registrou-se que o Plenário desta Corte declarara incidentalmente a inconstitucionalidade da expressão "*vedada a conversão em penas restritivas de direitos*", constante do § 4° do art. 33 da Lei 11.343/2006, e da expressão "*vedada a conversão de suas penas em restritivas de direitos*", contida no referido art. 44 do mesmo diploma legal. Alguns precedentes citados: HC 82959/SP (DJU de 1°.9.2006); HC 97256/RS (DJe de 16.12.2010). HC 105779/SP, rel. Min. Gilmar Mendes, 8.2.2011. (HC-105779) (Inform. STF 615)

LIBERDADE PROVISÓRIA E TRÁFICO DE DROGAS - 1

O Tribunal iniciou julgamento de dois *habeas corpus*, afetados ao Pleno pela 2ª Turma, nos quais se questiona a proibição de liberdade provisória, prevista no art. 44 da Lei 11.343/2006, a presos em flagrante por tráfico ilícito de entorpecentes — v. Informativo 598. Inicialmente, o Tribunal resolveu questão de ordem suscitada pelo Min. Joaquim Barbosa no sentido de lhe designar a relatoria dos feitos. Aduziu-se que o Min. Eros Grau, relator originário dos *writs*, após proferir seu voto pela concessão da ordem, aposentara-se na pendência de pedido de vista, em que deliberada a remessa ao Plenário, considerada a argüição de inconstitucionalidade do referido art. 44 da Lei 11.343/2006. Tendo em conta a falta de regra regimental específica a incidir sobre o caso, reputou-se que deveria ser aplicado, analogicamente, o art. 38, IV, b e c, do RISTF ("*Art. 38 - O Relator é substituído: ... IV - em caso de aposentadoria, renúncia ou morte: ...b) pelo Ministro que tiver proferido o primeiro voto vencedor, acompanhando o do Relator, para lavrar ou assinar os acórdãos dos julgamentos anteriores à abertura da vaga; c) pela mesma forma da letra "b" deste inciso, e, enquanto não empossado o novo Ministro, para assinar carta de sentença e admitir recurso.*"). Consignou-se que, retomado o julgamento depois da aposentadoria do relator e não havendo Ministro nomeado para a sua vaga, a relatoria do feito passaria para o Ministro que proferisse o 1° voto acompanhando o relator originário até a decisão final do órgão colegiado. Observou-se que, na espécie, o Min. Joaquim Barbosa apresentara voto-vista na mesma linha do Min. Eros Grau antes da submissão do feito ao Plenário. **HC 92687/MG, rel. Min. Eros Grau, 9.9.2010.** (HC-92687) **HC 100949/SP, rel. Min. Eros Grau, 9.9.2010**. (HC-100949)

LIBERDADE PROVISÓRIA E TRÁFICO DE DROGAS - 2

Em seguida, o Min. Marco Aurélio formulou nova questão de ordem para que não fosse computado o voto prolatado pelo Min. Eros Grau na sessão de julgamento da 2ª Turma, no que acompanhado pelos Ministros Cármen Lúcia, Ayres Britto e Celso de Mello. Entenderam os aludidos Ministros que, com o deslocamento, ter-se-ia o início de apreciação pelo Plenário de forma completa: com apresentação de novo relatório, sustentação oral e prolação de novo voto pelo relator. Salientaram que a deliberação pelo envio ao Pleno superaria os votos proferidos no âmbito das turmas, não podendo haver "regime híbrido de votação". No ponto, destacaram que, reiniciado o julgamento, não se poderia mais computar nenhum dos votos proferidos no órgão fracionário, considerado o princípio da concentração dos votos no órgão colegiado de que será emanada a decisão final, sob pena de se contar com um voto ficto proferido no Plenário. Assinalaram cuidar-se de regra de competência, a qual não aceitaria concessões. Ponderaram, ainda, que, presente o sucessor do Min. Eros Grau, caberia a ele votar e suceder aquele na própria relatoria dos *habeas*. Em divergência, os Ministros Joaquim Barbosa, Dias Toffoli, Gilmar Mendes e Cezar Peluso, Presidente, admitiram o aproveitamento daquele voto. Ao enfatizar a peculiaridade da hipótese em apreço, asseveraram que o Tribunal poderia superar essas formalidades, haja vista que o sistema jurídico reverencia a liberdade como bem maior — depois da vida humana — e permite que qualquer tribunal, em qualquer circunstância e independentemente de formalidades, conceda ordem de ofício. Registraram que orientação diversa significaria uma interpretação contra a liberdade. Acrescentaram que os pacientes já possuiriam expectativa de direito relativamente ao voto que lhes fora favorável, que o tipo de processo e que o tema de fundo permitiriam essa solução para o caso, o qual seria heterodoxo. Após, o julgamento foi suspenso para aguardar os votos dos Ministros Ricardo Lewandowski e Ellen Gracie, ausentes nesta assentada. **HC 92687/MG, rel. Min. Eros Grau, 9.9.2010**. (HC-92687) **HC 100949/SP, rel. Min. Eros Grau, 9.9.2010**. (HC-100949)

LIBERDADE PROVISÓRIA E TRÁFICO DE DROGAS - 3

O Plenário retomou julgamento de dois *habeas corpus*, afetados pela 2ª Turma, nos quais se questiona a proibição de liberdade provisória, prevista no art. 44 da Lei 11.343/2006, a presos em flagrante por tráfico ilícito de entorpecentes — v. Informativos 598 e 599. Inicialmente, por maioria, acolheu-se questão de ordem suscitada pelo Min. Marco Aurélio no sentido de que não fosse admitido o cômputo do voto prolatado pelo Min. Eros Grau na sessão de julgamento da 2ª Turma. Vencidos os Ministros Joaquim Barbosa, relator, Dias Toffoli, Gilmar Mendes e Cezar Peluso, Presidente. No mérito, o relator deferiu o *writ*. Consignou, primeiro, que a decisão que denegara o pedido de liberdade provisória não encontraria respaldo em circunstância concreta ou nos requisitos cautelares do art. 312 do CPP. Ao revés, estaria amparada apenas na vedação legal abstrata à liberdade provisória contida no preceito questionado. Em seqüência, o Min. Joaquim Barbosa mencionou que o STF já decidira que nem mesmo a condenação em dois graus de jurisdição autorizaria a expedição de mandado de prisão, a qual dependeria do reconhecimento dos pressupostos cautelares pelo juiz ou do trânsito em julgado da sentença condenatória. Assim, se o Poder Judiciário não poderia, depois de ampla cognição e apreciação dos fatos e provas, determinar a custódia do condenado mesmo considerando que os recursos excepcionais têm efeito meramente devolutivo, com muito menos razão uma decisão sumária, como a da prisão em flagrante, poderia escapar à obrigatoriedade de fundamentação tendo em conta o caso concreto e os requisitos cautelares. Asseverou que a segregação de ofício ofenderia os direitos constitucionais de motivação das decisões judiciais, motivação esta que não poderia ser feita em abstrato, e de acesso ao Judiciário, haja vista que o art. 44 da Lei 11.343/2006 retiraria a possibilidade de examinar a existência de lesão ao direito do jurisdicionado, obrigando a Justiça a manter preso o acusado em situação de flagrante. Salientou, ademais, que este Tribunal já se manifestara contrariamente à prisão *ex lege*. **HC 92687/MG, rel. Min. Joaquim Barbosa, 2.12.2010**. (HC-92687) **HC 100949/SP, rel. Min. Joaquim Barbosa, 2.12.2010**. (HC-100949)

LIBERDADE PROVISÓRIA E TRÁFICO DE DROGAS - 4

Considerou que a proibição de fiança estabelecida na norma constitucional não poderia ser confundida com vedação à liberdade provisória, porquanto seriam institutos diversos. Aquela seria fixada independentemente da apreciação dos pressupostos cautelares (CPP, art. 322) e, no caso dos crimes hediondos, a própria Constituição impediria que a autoridade policial e o juiz a arbitrassem. Dessa forma, dispensável a previsão legal acerca da fiança. Enfatizou que a Constituição não estabeleceria a impossibilidade de concessão da liberdade provisória aos presos em flagrante por crimes hediondos, visto que as hipóteses de liberdade provisória não se restringiriam às de crimes afiançáveis. Concluiu que a prisão em flagrante no processo penal brasileiro, seja o crime afiançável ou não, estaria condicionada, para sua manutenção, à presença dos requisitos cautelares previstos no art. 312 do CPP. Com isso, o juízo competente teria sempre o dever de demonstrar no caso concreto a necessidade de manter o acusado preso durante o processo (CPP, art. 312). Após o voto do Min. Dias Toffoli que, ao seguir o relator, declarou a inconstitucionalidade do art. 44 da Lei 11.343/2006 na parte em veda a liberdade provisória aos crimes previstos "*nos arts. 33, caput e § 1º, e 34 a 37 desta Lei*" para tornar definitiva a liberdade dos pacientes, pediu vista a Min. Cármen Lúcia. **HC 92687/MG e HC 100949/SP, rel. Min. Joaquim Barbosa, 2.12.2010**. (HC-92687)

LIBERDADE PROVISÓRIA E TRÁFICO DE DROGAS - 5

O Plenário retomou julgamento conjunto de dois *habeas corpus*, afetados pela 2ª Turma, nos quais questionada a proibição de liberdade provisória, prevista no art. 44 da Lei 11.343/2006, a presos em flagrante por tráfico ilícito de entorpecentes — v. Informativos 599 e 611. Em voto-vista, a Min. Cármen Lúcia não conheceu do HC 92687/DF. Destacou que, de acordo com informações prestadas em data anterior à impetração do *writ* nesta Corte, o juízo de origem deferira a liberdade provisória, desclassificando o crime de tráfico para o de posse, e que, portanto, não haveria objeto. Reajustaram seus votos pelo não conhecimento os Ministros relator e Dias Toffoli. No que se refere ao HC 100949/SP, após manifestação da Min. Cármen Lúcia esclarecendo que, na espécie, o acórdão recorrido não teria em nenhum momento tratado da Lei 11.343/2006, mas fundamentado a custódia cautelar no art. 312 do CPP, o Min. Joaquim Barbosa indicou adiamento. **HC 92687/MG e HC 100949/SP, rel. Min. Joaquim Barbosa, 9.12.2010**. (HC-92687) (Inform. STF 612)

TRÁFICO DE DROGAS E COMBINAÇÃO DE LEIS - 1

O Plenário iniciou julgamento de recurso extraordinário em que se discute a aplicabilidade, ou não, da causa de diminuição de pena prevista no art. 33, § 4º, da Lei 11.343/2006 sobre condenações fixadas com base no art. 12, *caput*, da Lei 6.368/76, diploma normativo este vigente à época da prática do delito. Na espécie, o Ministério Público Federal alega afronta ao art. 5º, XL, da CF ("*a lei penal não retroagirá, salvo para beneficiar o réu;*") ao argumento de que a combinação de regras mais benignas de dois sistemas legislativos diversos formaria uma terceira lei. O Min. Ricardo Lewandowski, relator, proveu o recurso para determinar que o juízo da Vara de Execuções Penais aplique, em sua integralidade, a legislação mais benéfica ao recorrido, no que foi acompanhado pelos Ministros Cármen Lúcia e Joaquim Barbosa. Inicialmente, ressaltou que a doutrina sempre esteve dividida quanto ao tema. Em seqüência, entendeu não ser possível a conjugação de partes mais benéficas de diferentes normas para se criar uma terceira lei, sob penal de ofensa aos princípios da legalidade e da separação de poderes. **RE 596152/SP, rel. Min. Ricardo Lewandowski, 2.12.2010**. (RE-596152)

TRÁFICO DE DROGAS E COMBINAÇÃO DE LEIS - 2

Afirmou que a Constituição permitiria a retroatividade da lei penal para favorecer o réu, mas não mencionaria sua aplicação em partes. Consignou que a Lei 6.368/76 estabelecia para o delito de tráfico de drogas uma pena em abstrato de 3 a15 anos de reclusão e fora revogada pela Lei 11.343/2006, que cominou, para o mesmo crime, pena de 5 a 15 anos de reclusão. Enfatizou, assim, que a novel lei teria imposto reprimenda mais severa para aquele tipo penal e que o legislador se preocupara em diferenciar o traficante organizado do pequeno traficante. Acrescentou haver correlação entre o aumento da pena-base mínima prevista no *caput* do art. 33 da Lei 11.343/2006 e a inserção da causa de diminuição disposta em seu § 4º. Explicitou que, ao ser permitida a combinação das leis referidas para se extrair um terceiro gênero, os magistrados estariam atuando como legislador positivo. Ademais, ponderou que, dessa forma, poder-se-ia chegar à situação em que o delito de tráfico viesse a ser punido com pena semelhante às das infrações de menor potencial ofensivo. Concluiu que, se na dúvida quanto à legislação mais benéfica em determinada situação, dever-se-ia examinar o caso concreto e verificar a lei, que aplicada em sua totalidade, seria mais favorável. **RE 596152/SP, rel. Min. Ricardo Lewandowski, 2.12.2010**. (RE-596152)

TRÁFICO DE DROGAS E COMBINAÇÃO DE LEIS - 3

Em divergência, o Min. Cezar Peluso, Presidente, proveu o recurso, no que foi seguido pelo Min. Dias Toffoli. Reiterou o teor do voto proferido no julgamento do HC 95435/RS (DJe de 7.11.2008), no sentido de entender que aplicar a causa de diminuição não significaria baralhar e confundir normas, uma vez que o juiz, ao assim proceder, não criaria lei nova, mas apenas se movimentaria dentro dos quadros legais para uma tarefa de integração perfeitamente possível. Além disso, asseverou que se deveria observar a finalidade e a *ratio* do princípio, para que fosse dada correta resposta ao tema, não havendo como se repudiar a aplicação da causa de diminuição também a situações anteriores. Nesse diapasão, realçou, também, que a vedação de junção de dispositivos de leis diversas seria apenas produto de interpretação da doutrina e da jurisprudência, sem apoio direto em texto constitucional. Após, pediu vista o Min. Ayres Britto. **RE 596152/SP, rel. Min. Ricardo Lewandowski, 2.12.2010**. (RE-596152) (Inform. STF 611)

HC N. 104.237-SP

RELATOR: MIN. RICARDO LEWANDOWSKI

EMENTA: *Habeas corpus*. PENAL. TRÁFICO ILÍCITO DE ENTORPECENTES. APLICAÇÃO DA CAUSA DE DIMINUIÇÃO PREVISTA NO § 4º DO ART. 33 DA LEI 11.343/2006 EM SEU GRAU MÁXIMO (2/3). AUSÊNCIA DE FUNDAMENTAÇÃO PARA APLICAR A REDUÇÃO EM 1/6. INOCORRÊNCIA. REPRIMENDA ADEQUADA PARA REPROVAÇÃO E PREVENÇÃO DO CRIME. IMPOSSIBILIDADE DE AVALIAR-SE, NA VIA DO *Habeas corpus*, A PENA ADEQUADA AO FATO PELO QUAL FOI CONDENADO O PACIENTE. ORDEM DENEGADA.

I - O Superior Tribunal de Justiça não deixou de justificar a aplicação da causa de diminuição em seu grau mínimo, pois reconheceu que a grande quantidade de droga apreendida era fundamento hábil para reduzir a pena no patamar mínimo, ou seja, em 1/6.

II - O juiz não está obrigado a aplicar o máximo da causa de diminuição prevista no § 4º do art. 33 da Lei de Drogas quando presentes os requisitos para a concessão desse benefício, tendo plena discricionariedade para aplicar a redução no patamar que entenda necessário e suficiente para reprovação e prevenção do crime, segundo as peculiaridades de cada caso concreto. Do contrário, seria inócua a previsão legal de um patamar mínimo e um máximo.

III - O *habeas corpus* não pode ser utilizado como forma de verificar a pena adequada para os delitos pelos quais o paciente foi condenado, visto que representaria um novo juízo de reprovabilidade.

IV - Ordem denegada. (Inform. STF 609)

TRÁFICO DE DROGAS E LIBERDADE PROVISÓRIA

Ante a peculiaridade do caso, a 1ª Turma denegou *habeas corpus*, mas o concedeu, de ofício, por votação majoritária, para que a paciente aguarde em liberdade o trânsito em julgado da ação penal, se por outro motivo não estiver custodiada. Na espécie, presa em flagrante, com outros réus, em 8.5.2007 — por suposto crime de tráfico ilícito de entorpecentes em associação (Lei 11.343/2006, artigos 33, *caput*, § 1º, I, e 35) —, permanecera enclausurada durante todo o processo. O juízo de primeiro grau a condenara à pena de 15 anos e 2 meses de reclusão, em regime inicialmente fechado, e a sanção pecuniária, mantendo a custódia cautelar. A defesa interpusera, dentre outros recursos, apelação, desprovida por maioria, e embargos infringentes. De início, salientou-se que o tema acerca da vedação da liberdade provisória a preso em flagrante por tráfico de entorpecentes aguarda o posicionamento do Plenário. Consignou-se, também, que a matéria relativa ao excesso de prazo não fora submetida ao crivo do STJ, o que impediria o seu conhecimento, sob pena de supressão de instância. Considerou-se, entretanto, que a situação dos autos admitiria concessão da ordem de ofício. No ponto, registrou-se, com base no andamento processual constante do *site* do tribunal estadual, o transcurso de praticamente 1 ano entre a sentença e o julgamento da apelação e, ainda, a distribuição dos embargos de infringência, opostos em 20.1.2010, apenas em 8.11.2010. Reputou-se patente o constrangimento ilegal, sobretudo por ser a paciente maior de 60 anos e portadora de doença grave (câncer), tendo assegurado, por lei, prioridade na tramitação em todas as instâncias. Vencido o Min. Ricardo Lewandowski que, por não entender configurado o excesso de prazo, apenas denegava o *writ*. Por fim, negou-se a extensão da ordem aos demais co-réus. Enfatizou-se que somente a paciente teria jus às benesses legais referidas, e que apenas ela obtivera um voto favorável pela absolvição e opusera embargos infringentes. Ademais, observou-se que os co-réus, em face da decisão unânime contra eles proferida, interpuseram recursos especial e extraordinário, ambos em tramitação. Desse modo, em relação a eles não haveria mais instância ordinária. Vencido, nesta parte, o Min. Marco Aurélio que estendia a concessão do *habeas* aos co-réus. **HC 102015/SP, rel. orig. Min. Marco Aurélio, red. p/acórdão Min. Dias Toffoli, 9.11.2010**. (HC-102015) (Inform. STF 608)

TRÁFICO DE DROGAS: LIBERDADE PROVISÓRIA E AUSÊNCIA DE FUNDAMENTAÇÃO

A 1ª Turma concedeu *habeas corpus* a preso em flagrante por tráfico de entorpecentes para que aguarde em liberdade o trânsito em julgado da ação penal. Salientou-se que, não obstante a jurisprudência majoritária desta Corte no sentido de não caber liberdade provisória em tal crime, o caso concreto revelaria excepcionalidade a justificar a concessão. Explicou-se que o paciente obtivera a liberdade provisória em liminar deferida no *writ* impetrado no tribunal de justiça estadual. Consignou-se que, no julgamento de mérito daquele *habeas corpus*, a decisão por meio da qual fora determinada sua prisão preventiva ocorrera sem quaisquer dos fundamentos do art. 312 do CPP. Salientou-se, no ponto, a orientação firmada pelo Supremo segundo a qual a execução provisória da pena, ausente a justificativa da segregação cautelar, fere o princípio da presunção de inocência. Ressaltou-se, também, que, durante o período em que estivera solto, o paciente comparecera aos atos. Concluiu-se, dessa forma, que, se ele estivera em liberdade durante certo tempo, poderia assim permanecer até o trânsito em julgado. **HC 99717/DF, rel. Min. Ricardo Lewandowski, 9.11.2010**. (HC-99717) (Inform. STF 608)

TRÁFICO DE DROGAS: COMBINAÇÃO DE LEIS E PRINCÍPIO DO "NE REFORMATIO IN PEJUS"

A 2ª Turma indeferiu *habeas corpus* impetrado contra acórdão do STJ que determinara ao Juízo das Execuções que aplicasse à pena de condenado, como incurso no art. 12 da Lei 6.368/76, a causa de diminuição prevista no art. 33, § 4º, da Lei 11.343/2006, no montante de 1/6 a 2/3, até o limite de 1 ano e 8 meses de reclusão. No caso, a defesa insurgia-se contra a fixação desse limite de redução, porquanto utilizada a pena mínima cominada em abstrato do art. 33 da Lei 11.343/2006 (5 anos de reclusão), mas não aquela em vigor à época dos fatos (3 anos de reclusão). Reputou-se não ser possível combinar dispositivos contidos em ambos os diplomas, sob pena de invasão da competência do Poder Legislativo e ofensa, por conseguinte, ao princípio constitucional da separação dos Poderes. Salientou-se que, muito embora o ato apontado como coator tivesse permitido a combinação de leis, contrariando entendimento fixado por esta Corte, ele não poderia ser desconstituído, em obediência ao princípio do *ne reformatio in pejus*. Precedentes citados: HC 96884/MS (DJe de 5.2.2010) e RHC 101278/RS, (DJe de 21.5.2010). **HC 97221/SP, rel. Min. Gilmar Mendes, 19.10.2010**. (HC-97221) (Inform. STF 605)

LIBERDADE PROVISÓRIA E TRÁFICO DE DROGAS

A Turma indeferiu *habeas corpus* em que pleiteada a liberdade provisória de preso em flagrante pela suposta prática do crime de tráfico de drogas (Lei 11.343/2006, art. 33). A defesa sustentava a inconstitucionalidade do art. 44 da mesma lei, que veda a concessão desse benefício. Inicialmente, por maioria, rejeitou-se questão preliminar, suscitada pelo Min. Marco Aurélio, vencido, no sentido de afetar o caso ao Plenário ou aguardar que tal órgão decida sobre a argüição de inconstitucionalidade do art. 44 em processo que já se encontra a ele submetido, pois não caberia à Turma deliberar a respeito. Afirmou-se que, se a Corte vier a reputar inconstitucional o referido dispositivo, tanto não haverá óbice a uma nova impetração quanto o próprio juízo processante poderá agir de ofício e conceder a liberdade ao paciente. No mérito, invocaram-se precedentes das Turmas segundo os quais tal vedação seria legítima e considerou-se hígida a constrição cautelar imposta, uma vez que presentes os requisitos da prisão preventiva. **HC 104616/MG, rel. Min. Ricardo Lewandowski, 21.9.2010**. (HC-104616) (Inform. STF 601)

CONFIGURAÇÃO DA INTERESTADUALIDADE DE TRÁFICO DE DROGAS

Por reputar devidamente aplicada a causa de aumento de pena prevista no art. 40, V, da Lei 11.343/2006 ("*Art. 40. As penas previstas nos arts. 33 a 37 desta Lei são aumentadas de um sexto a dois terços, se: ... V - caracterizado o tráfico entre Estados da Federação ou entre estes e o Distrito Federal*"), a Turma indeferiu *habeas corpus* em que se afirmava a necessidade de efetiva transposição de fronteira estadual para a caracterização da interestadualidade. Na espécie, o paciente fora preso em flagrante em ônibus que fazia o trajeto de Campo Grande/MS a Cuiabá/MT, trazendo consigo substância entorpecente, e confessara, na fase inquisitorial e em juízo, a intenção de transportar a droga para cidade situada no Estado de Mato Grosso. Asseverou-se que, sob o aspecto da política penal adotada, a inovação disposta no mencionado inciso visaria coibir a expansão do tráfico de entorpecentes entre as unidades da Federação. Entendeu-se que a configuração da interestadualidade do tráfico de entorpecentes prescindiria da efetiva transposição das fronteiras do Estado, e que bastariam, para tanto, elementos que sinalizassem a destinação da droga para além dos limites estaduais. **HC 99452/MS, rel. Min. Gilmar Mendes, 21.9.2010**. (HC-99452) (Inform. STF 601)

LIBERDADE PROVISÓRIA E TRÁFICO DE DROGAS

A Turma retomou julgamento de dois *habeas corpus* nos quais se questiona a proibição de liberdade provisória — prevista no art. 44 da Lei 11.343/2006 — a presos em flagrante por tráfico ilícito de entorpecentes. O Min. Eros Grau, relator, na sessão de 20.4.2010, concedera a ordem, em ambos, por entender que a vedação legal abstrata à liberdade provisória contida na nova lei de entorpecentes consubstanciaria afronta escancarada aos princípios da presunção de inocência, do devido processo legal e da dignidade da pessoa humana (CF, artigos 1º, III e 5º, LIV e LVII). Nesta assentada, após a devolução do pedido de vista do Min. Joaquim Barbosa, deliberou-se afetar ao Plenário o julgamento dos *writs*. Por fim, deferiu-se liminar no HC 92687/MG, para, afastando o óbice do art. 44 da Lei 11.343/2006, determinar ao juiz que examine se estão presentes os pressupostos do art. 312 do CPP. **HC 92687/MG, rel. Min. Eros Grau, 31.8.2010**. (HC-92687) **HC 100949/SP, rel. Min. Eros Grau, 31.8.2010**. (HC-100949) (Inform. STF 598)

TRÁFICO ILÍCITO DE ENTORPECENTES E SUBSTITUIÇÃO DE PENA PRIVATIVA DE LIBERDADE POR RESTRITIVA DE DIREITOS - 1

O Tribunal iniciou julgamento de *habeas corpus*, afetado ao Pleno pela 1ª Turma, em que condenado à pena de 1 ano e 8 meses de reclusão pela prática do crime de tráfico ilícito de entorpecentes (Lei 11.343/2006, art. 33, § 4º) questiona a constitucionalidade da vedação abstrata da substituição da pena privativa de liberdade por restritiva de direitos disposta no art. 44 da citada Lei de Drogas ("*Os crimes previstos nos arts. 33, caput e § 1º, e 34 a 37 desta Lei são inafiançáveis e insuscetíveis de sursis, graça, indulto, anistia e liberdade provisória, vedada a conversão de suas penas em restritivas de direitos.*"). Sustenta a impetração que a proibição, no caso de tráfico de entorpecentes, da substituição pretendida ofende as garantias da individualização da pena (CF, art. 5º, XLVI), bem como aquelas constantes dos incisos XXXV e LIV do mesmo preceito constitucional — v. Informativo 560. O Min. Ayres Britto, relator, concedeu parcialmente a ordem e declarou incidentalmente a inconstitucionalidade da expressão "*vedada a conversão em penas restritivas de direitos*", constante do citado § 4º do art. 33, e da expressão "*vedada a conversão de suas penas em restritivas de direitos*", contida no também aludido art. 44, ambos dispositivos da Lei 11.343/2006. **HC 97256/RS, rel. Min. Ayres Britto, 18.3.2010**. (HC-97256)

TRÁFICO ILÍCITO DE ENTORPECENTES E SUBSTITUIÇÃO DE PENA PRIVATIVA DE LIBERDADE POR RESTRITIVA DE DIREITOS - 2

O Min. Ayres Britto, lembrou, inicialmente, ter a jurisprudência do Supremo se mantido firme no sentido de admitir a conversão da pena privativa de liberdade em restritiva de direitos, por todo o período de vigência da Lei 6.368/76, revogada pela Lei 11.343/2006 e, mesmo com o advento da Lei 8.072/90. Citou, no ponto, o que decidido no HC 85894/RJ (DJE de 28.9.2007). Após mencionar o disposto no inciso XLIII do art. 5º da CF ("*a lei considerará crimes inafiançáveis e insuscetíveis de graça ou anistia a prática da tortura, o tráfico ilícito de entorpecentes e drogas afins, o terrorismo e os definidos como crimes hediondos, por eles respondendo os mandantes, os executores e os que, podendo evitá-los, se omitirem;*"), afirmou ser possível vocalizar, daí, uma primeira proposição interpretativa, qual seja, a de que, em tema de vedações de benefícios penais ao preso ou, então, ao agente penalmente condenado, a Constituição Federal impôs à lei que verse por modo igual os delitos por ela de pronto indicados como hediondos e outros que venham a receber a mesma tarja, sem diferenciação entre o que já é hediondo por qualificação diretamente constitucional e hediondo por explicitação legal, ou por descrição legal. Portanto, frisou ter-se isonomia interna de tratamento, antecipadamente assegurada pela nossa Magna Carta. Observou, em seguida, que embora a Carta Federal tenha habilitado a lei para completar a lista dos crimes hediondos, a ela impôs um limite material, qual seja, a não concessão dos benefícios da fiança, da graça e da anistia para os que incidirem em tais delitos. Assim, enfatizou que a própria norma constitucional cuidou de enunciar as restrições a serem impostas àqueles que venham a cometer as infrações penais adjetivadas de hediondas, não incluindo, nesse catálogo de restrições, a vedação à conversão da pena privativa de liberdade em restritiva de direitos. Acrescentou que, nessa regra de parâmetro, a Constituição fez clara opção por não admitir tratamento penal ordinário mais rigoroso do que o que nela mesma previsto, subtraindo do legislador comum a possibilidade de estabelecer constrições sobejantes daquelas já preestabelecidas pelo próprio legislador constituinte, em consonância com o postulado de que a norma constitucional restritiva de direitos ou garantias fundamentais é de ser contidamente interpretada, inclusive quando de sua primária aplicação pelo legislador comum. **HC 97256/RS, rel. Min. Ayres Britto, 18.3.2010**. (HC-97256)

TRÁFICO ILÍCITO DE ENTORPECENTES E SUBSTITUIÇÃO DE PENA PRIVATIVA DE LIBERDADE POR RESTRITIVA DE DIREITOS - 3

Aduziu que a Constituição Federal teria ido além, haja vista que também não teria feito diferenciação constritiva entre os crimes por ela nominados, ou seja, não teria feito diferenciação restritiva quanto aos benefícios penais ou as causas excludentes de criminalidade que optou por excluir do âmbito dos crimes ali expressamente indicados. Considerou que, em tema de crimes hediondos, não haveria como reforçar o discurso da própria Constituição quanto às excludentes de punibilidade ou à proibição de benefício penal a quem responder pela autoria deles, porquanto o próprio do capítulo que versa sobre direitos e garantias individuais, historicamente oponíveis ao Estado, inclusive ao estado legislador, seria ampliar a esfera de liberdade das pessoas naturais e não estreitar, ou, por qualquer modo, encurtar esse espaço de movimentação humana. **HC 97256/RS, rel. Min. Ayres Britto, 18.3.2010**. (HC-97256)

TRÁFICO ILÍCITO DE ENTORPECENTES E SUBSTITUIÇÃO DE PENA PRIVATIVA DE LIBERDADE POR RESTRITIVA DE DIREITOS - 4

Prosseguindo, expôs que, no que se refere à garantia mesma da individualização da pena (CF, art. 5º, XLVI: "*a lei regulará a individualização da pena e adotará, entre outras, as seguintes: a) privação ou restrição da liberdade; b) perda de bens; c) multa; d) prestação social alternativa; e) suspensão ou interdição de direitos;*"), uma nova proposição interpretativa seria cabível, salientando que a Carta Federal não teria imposto a essa garantia qualquer restrição. Referiu-se, no ponto, ao que deduzira a respeito desse dispositivo, por ocasião do julgamento do HC 89959/SP (DJU de 24.8.2007), no sentido de que, embora o preceito constitucional não prescinda da intercalação do diploma legal, o núcleo semântico da garantia da individualização da pena não pode ser por ele nulificado, ou seja, não pode ser nulificado pelo texto legal requestado. Mencionou que, por um modo convergente, os doutrinadores compreendem que o processo de individualização da pena se desenvolve em três momentos individuados e complementares: o legislativo, o judicial e o executório ou administrativo, e que todas essas etapas do conceito individualizador seriam destinadas a garantir o axioma da pena particularizada ou rigorosamente personalizada, inextensível, portanto, a qualquer outro indivíduo. Isto é, o princípio da individualização da pena significaria o reconhecimento de que cada ser humano é um microcosmo, que não se poderia repetir na sua conformação psicofísica e espiritual. Para o relator, daqui se inferiria que a lei comum não teria como respaldar na Constituição Federal a força de subtrair do juiz sentenciante o poder-dever de impor ao delinqüente a sanção criminal que a ele juiz se afigurar como expressão de um concreto balanceamento ou de uma empírica ponderação, balanceamento este de circunstâncias objetivas com protagonizações subjetivas do fato tipo, imbricadamente, implicando essa ponderação em concreto a opção jurídico-positiva pela prevalência do razoável sobre o racional. **HC 97256/RS, rel. Min. Ayres Britto, 18.3.2010**. (HC-97256)

TRÁFICO ILÍCITO DE ENTORPECENTES E SUBSTITUIÇÃO DE PENA PRIVATIVA DE LIBERDADE POR RESTRITIVA DE DIREITOS - 5

O relator disse que o momento sentencial da dosimetria da pena não significaria senão a imperiosa tarefa de transportar para as singularidades objetivas e subjetivas do caso concreto os comandos abstratos da lei. Destarte, nessa primeira etapa da concretude individualizadora da reprimenda, o juiz sentenciante se movimentaria com irreprimível discricionariedade entre aplicar a pena de privação ou de restrição da liberdade e outra que já não tivesse por objeto esse bem jurídico maior da liberdade física do sentenciado, sem prejuízo, de que a proposição da lei pudesse ser endurecedora nos crimes enunciados pela Constituição Federal (art. 5º, LXIII). Anotou que, se a lei não poderia fechar para o julgador a porta da alternatividade sancionatória, poderia prever, no entanto, a cumulação da pena que tivesse por conteúdo a liberdade com outra pena desvestida de tal natureza. Nesse sentido, explicou que o direito penal bem poderia cumular penas, inclusive a privativa e a restritiva de liberdade corporal (CF, art. 37, § 4º), mas lhe seria vedado subtrair da instância julgadora a possibilidade de se deslocar com discricionariedade nos quadrantes da alternatividade sancionatória. Uma coisa seria a lei estabelecer condições mais severas para a concreta incidência da alternatividade, severidade legal jurisdicionalmente sindicável tão-só pelos vetores da razoabilidade e da proporcionalidade, outra seria proibir pura e secamente, como fez o art. 33, § 4º, da Lei 11.343/2006, a convolação da pena supressora ou restritiva da liberdade em pena restritiva de direitos. **HC 97256/RS, rel. Min. Ayres Britto, 18.3.2010**. (HC-97256)

TRÁFICO ILÍCITO DE ENTORPECENTES E SUBSTITUIÇÃO DE PENA PRIVATIVA DE LIBERDADE POR RESTRITIVA DE DIREITOS - 6

Assentou, ademais, que a garantia constitucional da individualização da pena foi regrada em dispositivo posterior justamente àquele referente aos crimes hediondos, ou seja, depois que falou dos crimes hediondos, já num dispositivo posterior, tratou-se da individualização da pena, sem abrir exceção nenhuma para os crimes hediondos. Atentou que, mais que isso, a garantia da individualização da pena, se veio num dispositivo constitucional posterior à relação dos crimes hediondos, viria num contexto semântico anterior à própria indicação das penas. Daí que, ao começar o seu discurso normativo sobre a garantia da individualização da reprimenda penal, a Constituição Federal o teria feito em termos absolutamente assecuratórios dessa garantia. Sem precisar da lei comum, teria feito de tal garantia uma cabal situação jurídica subjetiva de todo e qualquer indivíduo, independentemente do crime por ele cometido ou mesmo da pena que viesse a sofrer. Avaliou que, ao requestar o comando intercalar da lei, a Constituição o teria feito apenas para que a legislação ordinária regulasse as condições de aplicabilidade da individualização em função de cada tipo penal, não recrutando o legislador ordinário para excluir do âmbito da garantia qualquer dos tipos criminais, dado se cuidar de situação jurídico-ativa concebida para incidir em face de todo e qualquer delito legalmente descrito e do seu específico apenamento. **HC 97256/RS, rel. Min. Ayres Britto, 18.3.2010.** (HC-97256)

TRÁFICO ILÍCITO DE ENTORPECENTES E SUBSTITUIÇÃO DE PENA PRIVATIVA DE LIBERDADE POR RESTRITIVA DE DIREITOS - 7

Acrescentou que, por isso, na própria Constituição, nenhuma exceção teria sido aberta à personalização da reprimenda, nem por ocasião do atuar legislativo do Estado, nem nas subseqüentes fases da dosimetria e do regime de execução intramuros penitenciários. Cuidar-se-ia de enunciado constitucional que escaparia à classificação das normas restringíveis ou normas de eficácia contida, pois esse enunciado constitucional assecuratório da individualização da pena, independentemente do delito ou do apenamento legal, seria insuscetível de contração no seu núcleo deôntico que seria de intransigente proteção individual. Apontou que as penas restritivas de direitos seriam em essência uma alternativa aos efeitos certamente traumáticos, estigmatizantes e onerosos do cárcere. Articulou que não por acaso todas elas seriam comumente chamadas de penas alternativas, pois essa seria mesmo a sua natureza, ou seja, constituir-se num substitutivo ao encarceramento e suas gravíssimas e, por vezes, vexatórias seqüelas. Estar-se-ia diante, assim, de opção constitucional, que, além de cultuar o vetor da proporcionalidade entre os bens jurídicos violados e a resposta punitiva do Estado, traduziria que a pena privativa de liberdade corporal não seria a única a cumprir a função retributivo-ressocializadora ou restritivo-preventiva da sanção penal. As demais penas, chamadas de alternativas, também seriam vocacionadas para esse geminado papel da retribuição, prevenção e ressocialização, não havendo ninguém melhor do que o juiz natural da causa para saber, no caso concreto, qual o tipo alternativo de reprimenda suficiente para castigar e, ao mesmo tempo, recuperar socialmente o apenado, além de inibir condutas de igual desvalia social, conciliando, com isso, justiça material e segurança jurídica, tudo como lídima expressão de categoria jurídica positiva da razoabilidade. **HC 97256/RS, rel. Min. Ayres Britto, 18.3.2010.** (HC-97256)

TRÁFICO ILÍCITO DE ENTORPECENTES E SUBSTITUIÇÃO DE PENA PRIVATIVA DE LIBERDADE POR RESTRITIVA DE DIREITOS - 8

Consignou que todas essas proposições ganhariam em claridade se se atentasse para o fato de que a Carta Magna teria prestigiado a liberdade física das pessoas, fazendo do aprisionamento uma exceção (CF, art. 5º, LVII, LXI, LXVI). Daí que, no próprio dispositivo em que habilita a lei ordinária a cominar pena privativa ou restritiva de liberdade, a Constituição arrolaria espécies de apenamento que a lei tanto poderia fazer incidir sob o regime da cumulatividade quanto não poderia subtrair do regime de convolação, isto é, penas que a lei não estaria obrigada a cumular com outras, mas que obrigatoriamente se disponibilizariam para o regime de substituição àquelas que tivessem por conteúdo a liberdade humana. Comentou que teria sido exatamente à luz dessa vertente constitucional da convolação que, por meio da Lei 9.714/88, o legislador ordinário teria ampliado as possibilidades de aplicação de uma outra modalidade de pena substitutiva do aprisionamento, isto é, a pena restritiva de direitos, conferindo ao art. 44 do CP a sua atual redação, o qual fixa as balizas da substituição com base em pressupostos de ordem objetiva e subjetiva, ou seja, juízos de ponderação (*"Art. 44. As penas restritivas de direitos são autônomas e substituem as privativas de liberdade, quando:... III - a culpabilidade, os antecedentes, a conduta social e a personalidade do condenado, bem como os motivos e as circunstâncias indicarem que essa substituição seja suficiente."*). Com isso, a lei teria densificado por mais um modo a superlativa garantia constitucional da individualização de toda e qualquer reprimenda. Então, o juízo de suficiência da pena convolada seria do magistrado inafastavelmente como conseqüência mesma da garantia da individualização da pena que seria a pena personalizada, em função das circunstâncias objetivas do crime e das condições do protagonizadoras do agente e também da vítima. Tratar-se-ia, portanto, de necessário recurso à ponderação judicial de fatos típicos e sua autoria delituosa, na trama de um "processo orteguiano" de concretização constitucional que o art. 59 do CP teria vindo a completar (*"Art. 59 - O juiz, atendendo à culpabilidade, aos antecedentes, à conduta social, à personalidade do agente, aos motivos, às circunstâncias e conseqüências do crime, bem como ao comportamento da vítima, estabelecerá, conforme seja necessário e suficiente para reprovação e prevenção do crime: I - as penas aplicáveis dentre as cominadas;... IV - a substituição da pena privativa da liberdade aplicada, por outra espécie de pena, se cabível."*). **HC 97256/RS, rel. Min. Ayres Britto, 18.3.2010.** (HC-97256)

TRÁFICO ILÍCITO DE ENTORPECENTES E SUBSTITUIÇÃO DE PENA PRIVATIVA DE LIBERDADE POR RESTRITIVA DE DIREITOS - 9

O relator realçou, por fim, que, no plano dos Tratados e Convenções Internacionais, aprovados e promulgados pelo Estado brasileiro, seria conferido tratamento diferenciado ao tráfico ilícito de entorpecentes, na hipótese de o tráfico se caracterizar pelo seu menor potencial ofensivo, para possibilitar alternativas ao encarceramento. Referiu-se, nesse sentido, à Convenção contra o Tráfico Ilícito de Entorpecentes e de Substâncias Psicotrópicas incorporadas ao direito interno pelo Decreto 154/91. Revelou que, no caso dos autos, o paciente tivera reconhecido em seu benefício a causa de diminuição de pena, que se lê no § 4º do art. 33 da Lei de Tóxicos, no seu limite máximo de 2/3 de encurtamento, em função de lhe serem favoráveis todas as circunstâncias judiciais, estando aliado a isso a pequena quantidade e a falta de diversidade da droga apreendida, restando a condenação em termos definitivos em 1 ano e 8 meses de reclusão, sob regime prisional fechado, além de 180 dias multa. No mais, concedeu o *habeas corpus* não para assegurar ao paciente a imediata e requerida convolação, mas para remover o obstáculo da Lei 11.343/2006, devolvendo ao juiz da execução a tarefa de auferir o preenchimento de condições objetivas e subjetivas. Após, pediu vista dos autos o Min. Joaquim Barbosa. **HC 97256/RS, rel. Min. Ayres Britto, 18.3.2010.** (HC-97256)

TRÁFICO ILÍCITO DE ENTORPECENTES E SUBSTITUIÇÃO DE PENA PRIVATIVA DE LIBERDADE POR RESTRITIVAS DE DIREITOS - 10

O Tribunal retomou julgamento de *habeas corpus*, afetado ao Pleno pela 1ª Turma, em que condenado à pena de 1 ano e 8 meses de reclusão pela prática do crime de tráfico ilícito de entorpecentes (Lei 11.343/2006, art. 33, § 4º) questiona a constitucionalidade da vedação abstrata da substituição da pena privativa de liberdade por restritiva de direitos disposta no art. 44 da citada Lei de Drogas (*"Os crimes previstos nos arts. 33, caput e § 1º, e 34 a 37 desta Lei são inafiançáveis e insuscetíveis de sursis, graça, indulto, anistia e liberdade provisória, vedada a conversão de suas penas em restritivas de direitos."*). Sustenta a impetração que a proibição, nas hipóteses de tráfico de entorpecentes, da substituição pretendida ofende as garantias da individualização da pena (CF, art. 5º, XLVI), bem como aquelas constantes dos incisos XXXV e LIV do mesmo preceito constitucional — v. Informativos 560 e 579. O Min. Joaquim Barbosa, em voto-vista, iniciou a divergência e denegou o *writ* por considerar que a vedação à substituição da pena privativa de liberdade por restritiva de direitos nos crimes de tráfico de drogas estaria de acordo com a Constituição e com a realidade social brasileira, não prejudicando a individualização justa, equânime e adequada da pena cabível nesses crimes, de acordo com o caso concreto. **HC 97256/RS, rel. Min. Ayres Britto, 26.8.2010.** (HC-97256)

TRÁFICO ILÍCITO DE ENTORPECENTES E SUBSTITUIÇÃO DE PENA PRIVATIVA DE LIBERDADE POR RESTRITIVAS DE DIREITOS - 11

Asseverou que, no ordenamento pátrio, a substituição da pena não caberia em qualquer crime, sendo esta vedada em várias situações (CP, art. 44). Salientou que o Código Penal, ao versar sobre a substituição da pena, fixara as diretrizes a serem observadas pelo juiz no momento de sua aplicação. Consignou, ademais, que o instituto em apreço não derivaria diretamente da garantia constitucional da individualização da pena, haja vista que o ordenamento não outorgaria ao juiz a liberdade ampla da analisar se a substituição seria possível em toda e qualquer situação concreta. Reputou que a garantia da individualização da pena somente seria violada se o legislador estivesse impedido por completo de realizar a individualização judicial nos crimes hediondos em pelo menos um de seus dois momentos: o da aplicação da pena prevista na lei pelo juiz sentenciante e o da execução e cumprimento da reprimenda pelo condenado. Assinalou, nesse sentido, que a proibição legal da substituição da pena no delito de tráfico, referir-se-ia apenas a uma diminuição da esfera de atuação judicial na cominação da reprimenda e que não se extinguiria a possibilidade de individualização judicial na fase de sua aplicação. Aduziu que o legislador teria legitimidade para estabelecer limites mínimos e máximos à atuação judicial, na imposição da pena em concreto, e que, por tal motivo, a lei penal poderia impor tanto as penas previstas no art. 5º, XLVI, da CF — tais como, penas privativas de liberdade e restritivas de direitos — quanto outras ali não abarcadas, à exceção das penas constitucionalmente proscritas (art. 5º, XLVII). Concluiu que a garantia da individualização da pena não constituiria impedimento a outras vedações legais e que, se abstraída em demasia, culminaria em situação na qual o legislador não poderia instituir pena alguma, competindo ao juiz individualizar a sanção penal de acordo com o seu julgamento no caso concreto dentre aquelas estabelecidas exclusivamente na Constituição. **HC 97256/RS, rel. Min. Ayres Britto, 26.8.2010.** (HC-97256)

TRÁFICO ILÍCITO DE ENTORPECENTES E SUBSTITUIÇÃO DE PENA PRIVATIVA DE LIBERDADE POR RESTRITIVAS DE DIREITOS - 12

Após os votos dos Ministros Dias Toffoli, Ricardo Lewandowski, Gilmar Mendes e Cezar Peluso, Presidente, que acompanhavam o Min. Ayres Britto, relator, no sentido de conceder parcialmente a ordem e declarar incidentalmente a inconstitucionalidade da expressão *"vedada a conversão em penas restritivas de direitos"*, constante do § 4º do art. 33 da Lei 11.343/2006, e da expressão *"vedada a conversão de suas penas em restritivas de direitos"*, contida no também aludido art. 44 do mesmo diploma legal, e dos votos dos Ministros Cármen Lúcia, Ellen Gracie e Marco Aurélio, que seguiam a divergência, o julgamento foi suspenso a fim de se colher o voto do Min. Celso de Mello. Por derradeiro, concedeu-se medida cautelar em favor do paciente para que ele aguarde em liberdade a conclusão deste julgamento. **HC 97256/RS, rel. Min. Ayres Britto, 26.8.2010.** (HC-97256)

TRÁFICO ILÍCITO DE ENTORPECENTES E SUBSTITUIÇÃO DE PENA PRIVATIVA DE LIBERDADE POR RESTRITIVAS DE DIREITOS - 13

Em conclusão, o Tribunal, por maioria, concedeu parcialmente *habeas corpus* e declarou, incidentalmente, a inconstitucionalidade da expressão "*vedada a conversão em penas restritivas de direitos*", constante do § 4º do art. 33 da Lei 11.343/2006, e da expressão "*vedada a conversão de suas penas em restritivas de direitos*", contida no aludido art. 44 do mesmo diploma legal. Tratava-se, na espécie, de *writ*, afetado ao Pleno pela 1ª Turma, em que condenado à pena de 1 ano e 8 meses de reclusão pela prática do crime de tráfico ilícito de entorpecentes (Lei 11.343/2006, art. 33, § 4º) questionava a constitucionalidade da vedação abstrata da substituição da pena privativa de liberdade por restritiva de direitos disposta no art. 44 da citada Lei de Drogas ("*Os crimes previstos nos arts. 33, caput e § 1º, e 34 a 37 desta Lei são inafiançáveis e insuscetíveis de sursis, graça, indulto, anistia e liberdade provisória, vedada a conversão de suas penas em restritivas de direitos.*"). Sustentava a impetração que a proibição, nas hipóteses de tráfico de entorpecentes, da substituição pretendida ofenderia as garantias da individualização da pena (CF, art. 5º, XLVI), bem como aquelas constantes dos incisos XXXV e LIV do mesmo preceito constitucional — v. Informativos 560, 579 e 597. Esclareceu-se, na presente assentada, que a ordem seria concedida não para assegurar ao paciente a imediata e requerida convolação, mas para remover o obstáculo da Lei 11.343/2006, devolvendo ao juiz da execução a tarefa de auferir o preenchimento de condições objetivas e subjetivas. Vencidos os Ministros Joaquim Barbosa, Cármen Lúcia, Ellen Gracie e Marco Aurélio que indeferiam o *habeas corpus*. **HC 97256/RS, rel. Min. Ayres Britto, 1º.9.2010.** (HC-97256) (Inform. STF 598)

TRÁFICO DE DROGAS: LIBERDADE PROVISÓRIA E PROGRESSÃO DE REGIME

A Turma concedeu, de ofício, *habeas corpus* para que o juízo competente examine os requisitos necessários à obtenção da progressão de regime a condenado à pena de 10 anos de reclusão, em regime inicialmente fechado, por tráfico ilícito de entorpecentes e associação para o tráfico (Lei 11.343/2006, artigos 33 e 35). Na espécie, o paciente — preso em flagrante delito em 1º.2.2007 — permanecera enclausurado durante todo o processo. A impetração pleiteava o direito dele de recorrer em liberdade da condenação, não transitada em julgado, imposta pelo juízo de primeiro grau. Alegava, ainda, que a manutenção da prisão cautelar ocorrera sem a devida fundamentação legal. Preliminarmente, denegou-se a ordem. Reafirmou-se a jurisprudência da 1ª Turma, no sentido de ser vedada a concessão de liberdade provisória aos presos em flagrante por tráfico de drogas, não havendo ilegalidade na manutenção da custódia daquele que respondera a ação penal nessa condição. Por outro lado, observou-se que o paciente cometera o delito antes do advento da Lei 11.464/2007; já teria permanecido em regime fechado por mais de 1/6 da pena aplicada e que somente a defesa desta recorrera. Alguns precedentes citados: HC 92747/SP (DJE de 25.4.2008); HC 98340/MG (DJE de 23.10.2009); HC 92612/PI (DJE de 11.4.2008); HC 101483/GO (DJE de 14.5.2010). **HC 98679/SP, rel. Min. Dias Toffoli, 10.8.2010.** (HC-98679) (Inform. STF 595)

TRÁFICO DE DROGAS E COMBINAÇÃO DE LEIS

A Turma indeferiu *habeas corpus* em que condenada por crime de tráfico de drogas praticado sob a vigência Lei 6.368/76 pretendia fosse aplicada à sua pena-base a causa de diminuição prevista no art. 33, § 4º da Lei 11.343/2006 ("*§ 4o Nos delitos definidos no caput e no § 1o deste artigo, as penas poderão ser reduzidas de um sexto a dois terços, vedada a conversão em penas restritivas de direitos, desde que o agente seja primário, de bons antecedentes, não se dedique às atividades criminosas nem integre organização criminosa.*"). Aduziu-se, de início, que a sentença condenatória considerara diversos fatores que afastariam a diminuição da pena, tais como maus antecedentes, quantidade de droga apreendida, entre outros. Destacou-se, ademais, que a nova lei majorou a pena mínima aplicada a tal crime de três para cinco anos, daí o advento da referida causa de diminuição. Por fim, considerou-se não ser lícito tomar preceitos isolados de uma e outra lei, pois cada uma delas deve ser analisada em sua totalidade, sob pena de aplicação de uma terceira lei, criada unicamente pelo intérprete. Declarou-se, ainda, o prejuízo do pedido de substituição da pena privativa de liberdade por restritiva de direitos. **HC 103153/MS, rel. Min. Cármen Lúcia, 3.8.2010.** (HC-103153) (Inform. STF 594)

DESPROPORÇÃO ENTRE O FATO E A PENA APLICADA - 1

Por ofensa ao princípio da razoabilidade e diante da excepcionalidade do caso, a Turma, em votação majoritária, deferiu *habeas corpus* para anular acórdão de tribunal de justiça — que condenara o paciente pela prática do crime de tráfico de substância entorpecente (Lei 6.368/76, art. 12) à pena de 3 anos de reclusão — e restabelecer decisão do juízo processante que desclassificara a conduta para o delito de uso, aplicando a pena de advertência sobre os efeitos da droga (Lei 11.343/2006, art. 28). Tratava-se de *writ* impetrado em favor de preso em flagrante na posse de 2g de maconha dentro do tênis que supostamente teria oferecido a droga a informante da polícia. **HC 98816/SP, rel. Min. Ricardo Lewandowski, 29.6.2010.** (HC-98816)

DESPROPORÇÃO ENTRE O FATO E A PENA APLICADA - 2

Inicialmente, destacou-se não ser cabível o revolvimento de fatos e provas em *habeas corpus* e enfatizou-se a necessidade de se fazer justiça na situação concreta. Asseverou-se a desproporção entre o fato imputado ao paciente e a pena a ele cominada, da qual já teria cumprido 1 ano e meio em regime fechado. Afirmou-se não se tratar de aplicação do princípio da insignificância, mas apenas de se consignar o mencionado descompasso. Registrou-se, ademais, que o réu seria primário, possuiria bons antecedentes e residência fixa. O Min. Ayres Britto acrescentou que a falta de fundamentação real não acarretaria mero *error in procedendo* — inobservância das regras do processo —, e sim erro substancial que atingiria o conteúdo do processo. Rejeitou-se, também, a pretensão de substituição da pena privativa de liberdade por restritiva de direitos. Vencido o Min. Marco Aurélio que, ante as premissas do acórdão impugnado, indeferia o *writ* por não vislumbrar ilegalidade. Observava que o referido acórdão assentara o tráfico de entorpecentes, aludindo que o paciente, perante a autoridade policial, admitira estar na posse da droga, apesar de não ser usuário, tendo, entretanto, declarado em juízo que se dirigira à residência daquele informante somente para buscar roupas e que não tinha conhecimento de que a porção de maconha estaria em seu tênis. **HC 98816/SP, rel. Min. Ricardo Lewandowski, 29.6.2010.** (HC-98816) (Inform. STF 593)

EMENTA: "*Habeas corpus*". **DENEGAÇÃO** DO DIREITO DE RECORRER EM LIBERDADE **FUNDADA NO ART. 59** DA *LEI DE DROGAS*. **CONTEÚDO NORMATIVO** DESSA REGRA LEGAL **VIRTUALMENTE IDÊNTICO AO DO ART. 594** DO CPP QUE, **NÃO** OBSTANTE **HOJE** DERROGADO (**LEI** Nº 11.719/2008), **FOI CONSIDERADO INCOMPATÍVEL**, PELO SUPREMO TRIBUNAL FEDERAL, COM A **VIGENTE** CONSTITUIÇÃO (**RHC** 83.810/RJ, Rel. Min. JOAQUIM BARBOSA). **REFORÇO DE ARGUMENTAÇÃO** EFETUADO PELO SUPERIOR TRIBUNAL DE JUSTIÇA. **INADMISSIBILIDADE. PRECEDENTES** DO STF. **AINDA** QUE POSSÍVEL TAL REFORÇO, **OS FUNDAMENTOS** EM QUE SE APÓIA MOSTRAR-SE-IAM **DESTITUÍDOS** DE CONSISTÊNCIA **EM FACE DA APARENTE** INCONSTITUCIONALIDADE **DO ART. 44** DA *LEI DE DROGAS*. **VEDAÇÃO LEGAL** IMPOSTA, EM CARÁTER ABSOLUTO **E** APRIORÍSTICO, **QUE OBSTA**, "*IN ABSTRACTO*", **A CONCESSÃO DE LIBERDADE PROVISÓRIA** NOS CRIMES **TIPIFICADOS** NO ART. 33, "*CAPUT*" **E** § 1º, **E** NOS ARTS. 34 **A** 37, **TODOS** DA **LEI DE DROGAS**. **POSSÍVEL INCONSTITUCIONALIDADE** DA REGRA LEGAL VEDATÓRIA (ART. 44). **OFENSA AOS POSTULADOS CONSTITUCIONAIS** DA PRESUNÇÃO DE INOCÊNCIA, DO "*DUE PROCESS OF LAW*", DA DIGNIDADE DA PESSOA HUMANA **E** DA PROPORCIONALIDADE. **O SIGNIFICADO** DO PRINCÍPIO DA PROPORCIONALIDADE, **VISTO SOB A PERSPECTIVA** DA "*PROIBIÇÃO DO EXCESSO*": **FATOR DE CONTENÇÃO E CONFORMAÇÃO** DA PRÓPRIA ATIVIDADE NORMATIVA DO ESTADO. **PRECEDENTE** DO SUPREMO TRIBUNAL FEDERAL: **ADI 3.112/DF** (**ESTATUTO DO DESARMAMENTO, ART. 21**). **CARÁTER EXTRAORDINÁRIO** DA PRIVAÇÃO **CAUTELAR** DA LIBERDADE INDIVIDUAL. **NÃO SE DECRETA NEM SE MANTÉM** PRISÃO CAUTELAR, **SEM** QUE HAJA **REAL** NECESSI-DADE DE SUA EFETIVAÇÃO, **SOB PENA** DE OFENSA AO "*STATUS LIBERTATIS*" DAQUELE QUE A SOFRE. **PRECEDENTES. MEDIDA CAUTELAR DEFERIDA.** (HC 103529 MC/SP, Rel. Min. Celso de Mello) (Inform. STF 585)

PRISÃO PREVENTIVA E FALTA DE FUNDAMENTAÇÃO

A Turma, superando o óbice do Enunciado 691 da Súmula do STF, por maioria, concedeu, de ofício, *habeas corpus* para permitir que condenado pela prática dos crimes descritos nos artigos 33 e 35, c/c o art. 40, V, todos da Lei 11.343/2006 aguarde em liberdade o julgamento de idêntica medida no STJ. No caso, o juiz sentenciante, após condenar o paciente, mantivera a prisão cautelar ao fundamento de que nessa condição ele permanecera durante toda a instrução criminal. Aduziu-se que o magistrado, quando da prolação da sentença penal condenatória, tem um duplo dever: o de fundamentar o decreto de condenação penal e o de justificar a decretação da custódia cautelar ou a sua manutenção. Enfatizou-se que essa orientação fora positivada pela Lei 11.719/2008 ("*Art. 387. O juiz, ao proferir sentença condenatória: ... Parágrafo único. O juiz decidirá, fundamentadamente, sobre a manutenção ou, se for o caso, imposição de prisão preventiva ou de outra medida cautelar, sem prejuízo do conhecimento da apelação que vier a ser interposta.*"). Entendeu-se que, na espécie, o magistrado não motivara nem sequer indicara as razões pelas quais mantivera a segregação. Estenderam-se os efeitos da decisão aos co-réus. Vencida a Min. Ellen Gracie, relatora, que não conhecia do *writ*. **HC 99914/SC, rel. orig. Min. Ellen Gracie, red. p/ o acórdão Min. Celso de Mello, 23.3.2010**. (HC-99914) (Inform. STF 580)

"ABOLITIO CRIMINIS" E CLORETO DE ETILA - 1

A Turma deferiu *habeas corpus* para declarar extinta a punibilidade de denunciado pela suposta prática do delito de tráfico ilícito de substância entorpecente (Lei 6.368/76, art. 12) em razão de ter sido flagrado, em 18.2.98, comercializando frascos de cloreto de etila (lança-perfume). Tratava-se de *writ* em que se discutia a ocorrência, ou não, de *abolitio criminis* quanto ao cloreto de etila ante a edição de resolução da Agência Nacional de Vigilância Sanitária - ANVISA que, 8 dias após o haver excluído da lista de substâncias entorpecentes, novamente o incluíra em tal listagem. Inicialmente, assinalou-se que o Brasil adota o sistema de enumeração legal das substâncias entorpecentes para a complementação do tipo penal em branco relativo ao tráfico de entorpecentes. Acrescentou-se que o art. 36 da Lei 6.368/76 (vigente à época dos fatos) determinava fossem consideradas entorpecentes, ou capazes de determinar dependência física ou psíquica, as substâncias que assim tivessem sido especificadas em lei ou ato do Serviço Nacional de Fiscalização da Medicina e Farmácia do Ministério da Saúde — sucedida pela ANVISA. Consignou-se que o problema surgira com a Resolução ANVISA RDC 104, de 7.12.2000, que retirara o cloreto de etila da Lista F2 — lista das substâncias psicotrópicas de uso proscrito no Brasil, da Portaria SVS/MS 344, de 12.5.98 — para incluí-lo na Lista D2 — lista de insumos utilizados como precursores para fabricação e síntese de entorpecentes e/ou psicotrópicos. Ocorre que aquela primeira resolução fora editada pelo diretor-presidente da ANVISA, *ad referendum* da diretoria colegiada (Decreto 3.029/99, art. 13, IV), não sendo tal ato referendado, o que ensejara a reedição da Resolução 104, cujo novo texto inserira o cloreto de etila na lista de substâncias psicotrópicas (15.12.2000). **HC 94397/BA, rel. Min. Cezar Peluso, 9.3.2010**. (HC-94397)

"ABOLITIO CRIMINIS" E CLORETO DE ETILA - 2

Aduziu-se que o fato de a primeira versão da Resolução ANVISA RDC 104 não ter sido posteriormente referendada pelo órgão colegiado não lhe afastaria a vigência entre sua publicação no Diário Oficial da União - DOU e a realização da sessão plenária, uma vez que não se cuidaria de ato administrativo complexo, e sim de ato simples, mas com caráter precário, decorrente da vontade de um único órgão — Diretoria da ANVISA —, representado, excepcionalmente, por seu diretor-presidente. Salientou-se que o propósito da norma regimental do citado órgão seria assegurar ao diretor-presidente a vigência imediata do ato, nas hipóteses em que aguardar a reunião do órgão colegiado lhes pudesse fulminar a utilidade. Por conseguinte, assentou-se que, sendo formalmente válida, a resolução editada pelo diretor-presidente produzira efeitos até a republicação, com texto absolutamente diverso. Repeliu-se a fundamentação da decisão impugnada no sentido de que faltaria ao ato praticado pelo diretor-presidente o requisito de urgência, dado que a mera leitura do preâmbulo da resolução confirmaria a presença desse pressuposto e que a primeira edição da resolução não fora objeto de impugnação judicial, não tendo sua legalidade diretamente questionada. Assim, diante da repercussão do ato administrativo na tipicidade penal e, em homenagem ao princípio da legalidade penal, considerou-se que a manutenção do ato seria menos prejudicial ao interesse público do que a sua invalidação. Rejeitou-se, também, a ocorrência de erro material, corrigido pela nova edição da resolução, a qual significara, para efeitos do art. 12 da Lei 6.368/76, conferir novo sentido à expressão "substância entorpecente ou que determine dependência física ou psíquica, sem autorização ou em desacordo com determinação legal ou regulamentar", elemento da norma penal incriminadora. Concluiu-se que atribuir eficácia retroativa à nova redação da Resolução ANVISA RDC 104 — que tornou a definir o cloreto de etila como substância psicotrópica — representaria flagrante violação ao art. 5º, XL, da CF. Em suma, assentou-se que, a partir de 7.12.2000 até 15.12.2000, o consumo, o porte ou o tráfico da aludida substância já não seriam alcançados pela Lei de Drogas e, tendo em conta a disposição da lei constitucional mais benéfica, que se deveria julgar extinta a punibilidade dos agentes que praticaram quaisquer daquelas condutas antes de 7.12.2000. **HC 94397/BA, rel. Min. Cezar Peluso, 9.3.2010**. (HC-94397) (Inform. STF 578)

TRÁFICO DE DROGAS: CONTRA-RAZÕES E REEXAME DE ELEMENTOS DE PROVA - 1

A Turma deferiu *habeas corpus* para restabelecer acórdão proferido por tribunal de justiça que desclassificara a conduta imputada ao paciente da figura do tráfico (Lei 6.368/76, art. 12) para a de uso de substância entorpecente (Lei 6.368/76, art. 16), ante a ausência de elemento probatório conducente à prática de mercancia. Na espécie, relator no STJ dera provimento ao recurso especial manejado pelo Ministério Público para restabelecer a sentença condenatória, a qual assentara que a quantidade de maconha apreendida — que, no entender do magistrado monocrático, seria suficiente à confecção de 475 cigarros — bem como a intenção do agente de expô-la à venda levariam à caracterização do delito de tráfico ilícito de entorpecentes. Alegava a impetração, em suma, que: a) a admissão do recurso especial sem apresentação de contra-razões cercearia o direito de defesa, provocando a nulidade do ato; b) o julgamento da controvérsia pelo STJ teria implicado o reexame da prova, tendo em conta que o tribunal de justiça teria desclassificado o crime a partir da reapreciação do conjunto probatório. **HC 98664/SP, rel. Min. Marco Aurélio, 23.2.2010**. (HC-98664)

TRÁFICO DE DROGAS: CONTRA-RAZÕES E REEXAME DE ELEMENTOS DE PROVA - 2

Destacou-se, de início, que não caberia a potencialização, no processo penal, da premissa de as contra-razões consubstanciarem simples faculdade da parte, dado que o processo penal pressuporia a concretude da defesa. Registrou-se, destarte, que, interposto recurso pelo Ministério Público, deixando aquela de apresentar impugnação, cumpriria designar defensor para fazê-lo. Evidenciou-se que essa óptica acabaria robustecida em situação na qual defensor dativo estava atuando em prol do réu, eis que, muitas vezes, não atuaria ele com a diligência recomendável. No ponto, os Ministros Cármen Lúcia e Ricardo Lewandowski afastaram a nulidade, por entender não constituir cerceamento do direito de defesa da impetrante a circunstância de a Defensoria Pública não ter apresentado as contra-razões, haja vista que fora devidamente intimada para a prática do ato. Asseverou-se, por outro lado, que o STJ não poderia reexaminar os elementos probatórios do processo para concluir de forma diametralmente oposta, fazendo-o a partir da premissa de que estaria em jogo não prática voltada ao uso de substância entorpecente, mas sim tráfico. Frisou-se, considerada a sentença do Juízo, que a apreensão alcançara 480 gramas de maconha e que, segundo os cálculos efetuados e constantes da sentença, seria possível confeccionar 475 cigarros. Aduziu-se que, no caso, não se caminhara para o enquadramento jurídico de fatos, mas para a presunção do extravagante, contrariando o que assentado no acórdão do tribunal local. **HC 98664/SP, rel. Min. Marco Aurélio, 23.2.2010**. (HC-98664) (Inform. STF 576)

TRÁFICO DE DROGAS E COMBINAÇÃO DE LEIS INCRIMINADORAS

A Turma deferiu *habeas corpus* impetrado pela Defensoria Pública da União em favor de condenado por tráfico ilícito de entorpecentes na vigência da Lei 6.368/76 para determinar que magistrado de 1ª instância aplique a causa de diminuição de pena trazida pelo § 4º do art. 33 da Lei 11.343/2006, bem assim para que fixe regime de cumprimento compatível com a quantidade de pena apurada após a redução. Consignou-se que a Constituição Federal determina que a lei penal não retroagirá, salvo para beneficiar o réu (CF, art. 5º, XL) e, tendo em conta que o § 4º do art. 33 da Lei 11.343/2006 consubstancia *novatio legis in mellius*, entendeu-se que ele deveria ser aplicado em relação ao crime de tráfico de entorpecentes descrito em lei anterior. **HC 101511/MG, rel. Min. Eros Grau, 9.2.2010**. (HC-101511) (Inform. STF 574)

LIBERDADE PROVISÓRIA E TRÁFICO DE DROGAS - 1

A Turma deferiu *habeas corpus* a fim de que condenada pelos crimes descritos nos artigos 33 e 35 da Lei 11.343/2006 seja posta em liberdade. No caso, a paciente, presa em flagrante, fora condenada em primeira instância e tivera negado o seu pleito de apelar em liberdade, ao argumento de persistirem os fundamentos da prisão cautelar anteriormente decretada. Alegava a impetração que não haveria base concreta à justificação da custódia cautelar para garantia da aplicação da lei penal, não passando a afirmação judicial nesse sentido de mera presunção. Sustentava, ainda, ser a paciente primária, ter bons antecedentes e residência fixa, além de já ter progredido para o regime semi-aberto. **HC 101505/SC, rel. Min. Eros Grau, 15.12.2009**. (HC-101505)

LIBERDADE PROVISÓRIA E TRÁFICO DE DROGAS - 2

Aduziu-se que a necessidade de garantia da ordem estaria fundada em conjecturas a respeito da gravidade e das conseqüências dos crimes imputados à paciente, não havendo qualquer dado concreto a justificá-la. Asseverou-se que, no que tange à conveniência da instrução criminal — tendo em conta o temor das testemunhas —, a prisão deixara de fazer sentido a partir da prolação da sentença condenatória. Considerou-se que a circunstância, aventada na sentença, de que a prisão em flagrante consubstanciaria óbice ao apelo em liberdade não poderia prosperar, dado que a vedação da concessão de liberdade provisória ao preso em flagrante por tráfico de entorpecentes, veiculada pelo art. 44 da Lei de Drogas, implicaria afronta aos princípios da presunção de inocência, do devido processo legal e da dignidade da pessoa humana (CF, artigos 1º, III, e 5º, LIV, LVII). Frisou-se, destarte, a necessidade de adequação da norma veiculada no art. 5º, XLII, da CF — adotada pelos que entendem que a inafiançabilidade leva à vedação da liberdade provisória — a esses princípios. Enfatizou-se que a inafiançabilidade, por si só, não poderia e não deveria — considerados os princípios mencionados — constituir causa impeditiva da liberdade provisória. **HC 101505/SC, rel. Min. Eros Grau, 15.12.2009.** (HC-101505)

LIBERDADE PROVISÓRIA E TRÁFICO DE DROGAS - 3

Evidenciou-se, assim, inexistirem antinomias na CF. Ressaltou-se que a regra constitucional — bem como a prevista na legislação infraconstitucional — seria a liberdade, sendo a prisão exceção, de modo que o conflito entre normas estaria instalado se se admitisse que o seu art. 5º, XLII, estabelecesse, além das restrições nele contidas, vedação à liberdade provisória. Salientou-se ser inadmissível, ante tais garantias constitucionais, compelir-se alguém a cumprir pena sem decisão transitada em julgado, impossibilitando-o, ademais, de usufruir de benefícios da execução penal. Registrou-se não se negar a acentuada nocividade da conduta do traficante de entorpecentes, nocividade aferível pelos malefícios provocados no quanto concerne à saúde pública, exposta a sociedade a danos concretos e a riscos iminentes. Esclareceu-se, por fim, todavia, que se imporia ao juiz o dever de explicitar as razões pelas quais cabível a prisão cautelar. **HC 101505/SC, rel. Min. Eros Grau, 15.12.2009.** (HC-101505) (Inform. STF 572)

TRÁFICO ILÍCITO DE ENTORPECENTES: CUMPRIMENTO EM REGIME ABERTO E CONVERSÃO EM PENA RESTRITIVA DE DIREITOS (ERRATA)

Comunicamos que o correto teor da matéria referente ao HC 101291/SP, divulgada no Informativo 569, é este:

A Turma, superando a restrição fundada no Enunciado 691 da Súmula do STF, concedeu *habeas corpus* a condenado pelo crime de tráfico ilícito de entorpecentes (Lei 6.368/76, art. 12, *caput*) para determinar que tribunal local substitua a pena privativa de liberdade por outra restritiva de direitos ou, havendo reversão, que o início do cumprimento da pena privativa de liberdade se dê no regime aberto. Assentou-se que a quantidade de pena imposta — 3 anos —, não constando circunstâncias desfavoráveis ao paciente, que não registra antecedentes, permitiria não só que a pena tivesse início no regime aberto (CP, art. 33, § 2º, c), mas, também, a substituição por pena restritiva de direitos (CP, art. 44, § 2º, segunda parte). **HC 101291/SP, rel. Min. Eros Grau, 24.11.2009.** (Inform. STF 571)

EMENTA: *Habeas corpus.* PRISÃO EM FLAGRANTE POR TRÁFICO DE DROGAS. LIBERDADE PROVISÓRIA: INADMISSIBILIDADE. ORDEM DENEGADA.

A proibição de liberdade provisória, nos casos de crimes hediondos e equiparados, decorre da própria inafiançabilidade imposta pela Constituição da República à legislação ordinária (Constituição da República, art. 5º, inc. XLIII): Precedentes. O art. 2º, inc. II, da Lei n. 8.072/90 atendeu o comando constitucional, ao considerar inafiançáveis os crimes de tortura, tráfico ilícito de entorpecentes e drogas afins, o terrorismo e os definidos como crimes hediondos. Inconstitucional seria a legislação ordinária que dispusesse diversamente, tendo como afiançáveis delitos que a Constituição da República determina sejam inafiançáveis. Desnecessidade de se reconhecer a inconstitucionalidade da Lei n. 11.464/07, que, ao retirar a expressão '*e liberdade provisória*' do art. 2º, inc. II, da Lei n. 8.072/90, limitou-se a uma alteração textual: a proibição da liberdade provisória decorre da vedação da fiança, não da expressão suprimida, a qual, segundo a jurisprudência deste Supremo Tribunal, constituía redundância. Mera alteração textual, sem modificação da norma proibitiva de concessão da liberdade provisória aos crimes hediondos e equiparados, que continua vedada aos presos em flagrante por quaisquer daqueles delitos. 2. A Lei n. 11.464/07 não poderia alcançar o delito de tráfico de drogas, cuja disciplina já constava de lei especial (Lei n. 11.343/06, art. 44, *caput*), aplicável ao caso vertente. 3. Irrelevância da existência, ou não, de fundamentação cautelar para a prisão em flagrante por crimes hediondos ou equiparados: Precedentes. 4. Ordem denegada. **HC N. 98.548-SC. RELATORA: MIN. CÁRMEN LÚCIA.** (Inform. STF 571)

TRÁFICO DE DROGAS E COMBINAÇÃO DE LEIS INCRIMINADORAS

A Turma indeferiu *habeas corpus* impetrado em favor de condenada à pena de 4 anos de reclusão por tráfico ilícito de entorpecentes (Lei 6.368/76, art. 12) em que pleiteada a diminuição da pena para o mínimo legal (3 anos), tendo em vista ser ela primária e preponderarem circunstâncias judiciais favoráveis. Requeria-se, também, por idênticas razões, a aplicação do art. 33, § 4º, da Lei 11.343/2006, que possibilita a redução da pena de um sexto a dois terços em tais casos. Considerou-se que a sentença condenatória estaria devidamente fundamentada, com motivação suficiente para a elevação da pena-base acima do mínimo legal. Rejeitou-se, de igual modo, o pleito de incidência do novo dispositivo da Lei 11.343/2006, pois a causa especial de diminuição nele estabelecida tem como parâmetro a nova pena imposta ao crime de tráfico de entorpecentes pelo diploma legal em questão, que parte do mínimo de 5 anos. Assim, combinar referida norma com a pena imposta à paciente, sob a égide da Lei 6.368/76, significaria criar uma terceira pena, não estabelecida em lei, o que seria vedado ao órgão julgador, por força dos princípios da separação dos poderes e da reserva legal. **HC 96844/MS, rel. Min. Joaquim Barbosa, 4.12.2009.** (HC-96844) (Inform. STF 570)

LEI 6.368/76: CAUSA DE AUMENTO E *BIS IN IDEM* - 1

Os crimes de auxílio ao tráfico ilícito de drogas (Lei 6.368/76, art. 12, § 2°, III) e de associação para o tráfico (Lei 6.368/76, art. 14) são autônomos, sendo possível a incidência da causa de aumento de pena prevista no art. 18, I, do mesmo diploma legal, de forma independente, sobre cada um desses delitos, desde que presente a elementar da transnacionalidade do crime [Lei 6.368/76, art. 18, I: "*As penas dos crimes definidos nesta Lei serão aumentadas de 1/3 (um terço) a 2/3 (dois terços): I - no caso de tráfico com o exterior ou de extra-territorialidade da lei penal;*"]. Ao aplicar essa orientação, a Turma indeferiu *habeas corpus* em que condenado por tráfico internacional e associação para o tráfico de drogas em concurso material (art. 12, § 2º, III e 14 c/c o art. 18, I, todos da Lei 6.368/76 c/c o art. 69 do CP) alegava a impossibilidade de se aplicar a majorante disposta na antiga Lei de Entorpecentes simultaneamente às sanções previstas para os crimes mencionados, sob pena de *bis in idem.* **HC 97979/SP, rel. Min. Cármen Lúcia, 3.11.2009.** (HC-97979)

LEI 6.368/76: CAUSA DE AUMENTO E *BIS IN IDEM* - 2

Enfatizou-se, inicialmente, a jurisprudência da Corte segundo a qual os crimes praticados pelo paciente são autônomos, ou seja, constituem-se em infrações penais independentes uma da outra, o que tornaria possível a ocorrência do concurso material. Ademais, reputou-se que esse entendimento seria cabível já sob a égide da Lei 11.343/2006, que tipifica esses delitos de modo bastante semelhante à Lei 6.368/76. Ressaltou-se, ainda, que o *bis in idem* somente ocorreria quando uma mesma circunstância fosse utilizada mais de uma vez para sancionar o réu de maneira mais severa por um delito praticado. Salientou-se, contudo, que se estaria, na espécie, diante de dois delitos diversos, que o legislador, em virtude de política criminal, quisera reprimir de forma mais severa quando presente a transnacionalidade. Considerou-se, por fim, que poderia suceder o fato de somente o tráfico ilícito de drogas ser feito para o exterior e a associação ser unicamente para prática do crime dentro do país. Neste caso, apenas incidiria a causa de aumento quanto ao primeiro delito. **HC 97979/SP, rel. Min. Cármen Lúcia, 3.11.2009.** (HC-97979) (Inform. STF 566)

LIBERDADE PROVISÓRIA E TRÁFICO DE DROGAS

A Turma, superando a restrição fundada no Enunciado 691 da Súmula do STF, concedeu, de ofício, *habeas corpus* para assegurar a denunciado pela suposta prática do delito de tráfico de substância entorpecente (Lei 11.343/2006, art. 33) o direito de permanecer em liberdade, salvo nova decisão judicial em contrário do magistrado competente fundada em razões supervenientes. Enfatizou-se que a prisão cautelar do paciente fora mantida com base, tão-somente, no art. 44 da Lei 11.343/2006 ("*Art. 44. Os crimes previstos nos arts. 33, caput e § 1o, e 34 a 37 desta Lei são inafiançáveis e insuscetíveis de sursis, graça, indulto, anistia e liberdade provisória, vedada a conversão de suas penas em restritivas de direitos.*") que, segundo a Turma, seria de constitucionalidade, ao menos, duvidosa. **HC 100742/SC, rel. Celso de Mello, 3.11.2009.** (HC-100742) (Inform. STF 566)

PRISÃO PREVENTIVA - FLAGRANTE - TRÁFICO DE DROGAS - FIANÇA VERSUS LIBERDADE PROVISÓRIA, ADMISSÃO DESTA ÚLTIMA - Possui repercussão geral a controvérsia sobre a possibilidade de ser concedida liberdade provisória a preso em flagrante pela prática de tráfico de drogas, considerada a cláusula constitucional vedadora da fiança nos crimes hediondos e equiparados. (Inform. STF 565). REPERCUSSÃO GERAL EM RE N. 601.384-RS. RELATOR: MIN. MARCO AURÉLIO

LEI 10.409/2002 E INOBSERVÂNCIA DE RITO – 1

A Turma iniciou julgamento de *habeas corpus* no qual se pleiteia, sob alegação de inobservância do art. 38 da Lei 10.409/2002, a nulidade de processo-crime que resultara na condenação da paciente como incursa nas sanções do art. 12, III, c/c o art. 18, III, ambos da Lei 6.368/76. A impetração sustenta que a não abertura de prazo para o oferecimento da defesa preliminar por escrito geraria nulidade processual de caráter absoluto. A Min. Cármen Lúcia, relatora, indeferiu o writ, no que foi acompanhada pelo Min. Ricardo Lewandowski. De início, ressaltou que, não obstante exista entendimento do STF no sentido de que o prejuízo de determinadas nulidades seria de prova impossível, o princípio do pas de nullitè sans grief exige, em regra, a demonstração de prejuízo concreto à parte que suscita o vício, independentemente da sanção prevista para o ato — nulidade absoluta ou relativa. Em seguida, aduziu que, no caso, a defesa da paciente não comprovara eventual prejuízo que a preterição da formalidade teria causado, limitando-se a afirmar que a inobservância do rito previsto na Lei 10.409/2002 ofenderia os princípios da ampla defesa e do contraditório. Asseverou que, apesar de haver, nesta Corte, decisões nas quais as ações penais foram anuladas em decorrência do não cumprimento do disposto no art. 38 da Lei 10.409/2002, constatar-se-ia na situação dos autos que: a) o juízo local, ao apreciar a alegada nulidade na sentença penal condenatória, considerara inexistir violação ao contraditório e à ampla defesa, uma vez que a defesa fora bem realizada, não dando ensejo a qualquer nulidade; b) o tribunal de justiça local, ao analisar o recurso de apelação interposto pela defesa, consignara que o pedido de nulidade não fora motivado; e c) a existência de precedente específico da 1ª Turma do STF desfavorável à tese da impetração (HC 94011/SP, DJE de 12.9.2008). **HC 96864/SP, rel. Min. Cármen Lúcia, 16.6.2009.** (HC-96864)

LEI 10.409/2002 E INOBSERVÂNCIA DE RITO – 2

Em divergência, o Min. Marco Aurélio, assentando tratar-se de nulidade relativa, concedeu a ordem por considerar que a inobservância da forma geraria a presunção de prejuízo, mas que, na espécie, tal prejuízo estaria certificado pela condenação da paciente. Ademais, consignou que, desde o início, a defesa manifestara seu inconformismo quanto ao descumprimento do rito previsto no art. 38 da Lei 10.409/2002. Enfatizou, por fim, que o citado dispositivo não consubstanciaria apenas o atraso da marcha processual, mas sim segurança jurídica, ensejando ao acusado o exercício do direito de defesa. Após, o julgamento foi adiado em virtude do pedido de vista do Min. Carlos Britto. HC 96864/SP, rel. Min. Cármen Lúcia, 16.6.2009. (HC-96864)

LEI 10.409/2002 E INOBSERVÂNCIA DE RITO - 3

Em conclusão de julgamento, a Turma, ante o empate na votação, deferiu, por maioria, *habeas corpus* para anular o processo desde a decisão de recebimento da denúncia. Tratava-se de *writ* no qual condenada nas sanções do art. 12, III, c/c o art. 18, III, ambos da Lei 6.368/76, sustentava a nulidade, em caráter absoluto, de processo-crime sob alegação de inobservância do art. 38 da Lei 10.409/2002, porquanto não lhe fora oportunizada a abertura de prazo para o oferecimento da defesa preliminar por escrito — v. Informativo 551. Assentou-se que, na espécie, em que pese se tratar de nulidade relativa, a inobservância da forma geraria a presunção de prejuízo, e que tal prejuízo estaria certificado pela condenação da paciente. Consignou-se, ademais, que, desde o início, a defesa manifestara seu inconformismo quanto ao descumprimento do rito previsto no art. 38 da Lei 10.409/2002. Enfatizou-se, por fim, que o citado dispositivo não consubstanciaria apenas o atraso da marcha processual, mas sim segurança jurídica, ensejando ao acusado o exercício do direito de defesa. O Min. Carlos Britto acrescentou que a ausência de oportunidade para o oferecimento da defesa prévia na ocasião legalmente assinalada revelar-se-ia incompatível com a pureza do princípio constitucional da plenitude de defesa, mormente em matéria penal. Aduziu que, nestes termos, a ampla defesa seria transformada em curta defesa, ainda que por um momento, e já não haveria como desconhecer o automático prejuízo para a parte processual acusada. Por fim, asseverou que, não obstante a revogação da Lei 10.409/2002, a defesa preliminar fora mantida pela Lei 11.343/2006 (art. 55). Vencidos os Ministros Cármen Lúcia, relatora, e Ricardo Lewandowski, que indeferiam o *writ* ao argumento de que, no caso, a defesa da paciente não comprovara eventual prejuízo que a preterição da formalidade teria causado, limitando-se a afirmar que a inobservância do rito previsto na Lei 10.409/2002 ofenderia os princípios da ampla defesa e do contraditório. HC **96864/SP, rel. orig. Min. Cármen Lúcia, red. p/ o acórdão Min. Marco Aurélio, 20.10.2009.** (HC-96864) (Inform. STF 564)

EMENTAS: 1. AÇÃO PENAL. Condenação. Pena. Privativa de liberdade. Prisão. Causa de diminuição prevista no art. 33 da Lei nº 11.343/2006. Cálculo sobre a pena cominada no art. 12, caput, da Lei nº 6.368/76, e já definida em con-creto. Admissibilidade. Criação jurisdicional de terceira norma. Não ocorrência. Nova valoração da conduta do chamado "pequeno traficante". Retroatividade da lei mais benéfica. A causa de diminuição de pena prevista no art. 33 da Lei nº 11.343/2006, mais benigna, pode ser aplicada sobre a pena fixada com base no disposto no art. 12, caput, da Lei nº 6.368/76. 2. AÇÃO PENAL. Condenação. Pena. Privativa de liberdade. Prisão. Majorante prevista no art. 18, III, da Lei nº 6.368/76 revogada pela Lei nº 11.343/2006. Retroatividade da lei mais benéfica. HC concedido para afastar a causa de aumento de pena. Inteligência do art. 5º, XL, da CF. A causa de aumento de pena relativa à associação eventual para o tráfico ilícito de entorpecentes, prevista no art. 18, III, da Lei nº 6.368/76, foi revogada pela nova lei de drogas. **HC N. 97.128-MG. RELATOR: MIN. CEZAR PELUSO.** (Inform. STF 563)

LIBERDADE PROVISÓRIA E TRÁFICO DE DROGAS

A Turma indeferiu *habeas corpus* impetrado pela Defensoria Pública da União em favor de paciente preso em flagrante pela suposta prática dos crimes previstos no art. 33 da Lei 11.343/2006. Pleiteava-se a concessão de liberdade provisória ao argumento de que a segregação mostrar-se-ia insustentável, dado que não se encontrava fundada nos requisitos da constrição cautelar, expressos no art. 312 do CPP, bem como de que o indeferimento do benefício discreparia do que disposto na Lei 11.464/2007. Preliminarmente, a Turma, por maioria, resolveu questão de ordem no sentido de não afetar o julgamento do processo ao Plenário. Vencido, no ponto, o Min. Marco Aurélio que, ressaltando o fato de a causa de pedir envolver pleito de declaração incidental de inconstitucionalidade do art. 44 da Lei 11.343/2006, pugnava pelo deslocamento do feito, considerado o Verbete Vinculante 10 ["*Viola a cláusula de reserva de plenário (CF, artigo 97) a decisão de órgão fracionário de tribunal que, embora não declare expressamente a inconstitucionalidade de lei ou ato normativo do poder público, afasta sua incidência, no todo ou em parte.*"]. Assentou-se, no mérito, que a jurisprudência desta Corte é firme quanto à legitimidade da proibição de liberdade provisória nos crimes de tráfico ilícito de entorpecentes, uma vez que ela decorre da inafiançabilidade prevista no art. 5º, XLIII, da CF e da vedação expressa estabelecida no art. 44 da citada Lei de Drogas ("*Os crimes previstos nos arts. 33, caput e § 1º, e 34 a 37 desta Lei são inafiançáveis e insuscetíveis de sursis, graça, indulto, anistia e liberdade provisória, vedada a conversão de suas penas em restritivas de direitos.*"). Relativamente à alegada contradição com a Lei 11.464/2007, entendeu-se que também não assistiria razão à impetração, já que a Lei 11.343/2006 é especial em relação à Lei dos Crimes Hediondos, não havendo, portanto, qualquer antinomia no sistema jurídico. **HC 97463/MG, rel. Min. Ricardo Lewandowski, 6.10.2009.** (HC-97463) (Inform. STF 562)

LIBERDADE PROVISÓRIA - VEDAÇÃO LEGAL - INCONSTITUCIONALIDADE - PRISÃO CAUTELAR - FUNDAMENTAÇÃO INADEQUADA

EMENTA: "*Habeas corpus*". VEDAÇÃO LEGAL ABSOLUTA, IMPOSTA EM CARÁTER APRIORÍSTICO, INIBITÓRIA DA CONCESSÃO DE LIBERDADE PROVISÓRIA NOS CRIMES TIPIFICADOS NO ART. 33, "*CAPUT*" E § 1º, E NOS ARTS. 34 A 37, TODOS DA LEI DE DROGAS. POSSÍVEL INCONSTITUCIONALIDADE DA REGRA LEGAL VEDATÓRIA (ART. 44). OFENSA AOS POSTULADOS CONSTITUCIONAIS DA PRESUNÇÃO DE INOCÊNCIA, DO "*DUE PROCESS OF LAW*", DA DIGNIDADE DA PESSOA HUMANA E DA PROPORCIONALIDADE. O SIGNIFICADO DO PRINCÍPIO DA PROPORCIONALIDADE, VISTO SOB A PERSPECTIVA DA "*PROIBIÇÃO DO EXCESSO*": FATOR DE CONTENÇÃO E CONFORMAÇÃO DA PRÓPRIA ATIVIDADE NORMATIVA DO ESTADO. PRECEDENTE DO SUPREMO TRIBUNAL FEDERAL: ADI 3.112/DF (ESTATUTO DO DESARMAMENTO, ART. 21). CARÁTER EXTRAORDINÁRIO DA PRIVAÇÃO CAUTELAR DA LIBERDADE INDIVIDUAL. NÃO SE DECRETA PRISÃO CAUTELAR, SEM QUE HAJA REAL NECESSIDADE DE SUA EFETIVAÇÃO, SOB PENA DE OFENSA AO "*STATUS LIBERTATIS*" DAQUELE QUE A SOFRE. IRRELEVÂNCIA, PARA EFEITO DE CONTROLE DA LEGALIDADE DO DECRETO DE PRISÃO CAUTELAR, DE EVENTUAL *REFORÇO DE ARGUMENTAÇÃO* ACRESCIDO POR TRIBUNAIS DE JURISDIÇÃO SUPERIOR. PRECEDENTES. MEDIDA CAUTELAR DEFERIDA. HC 100362-MC/SP. RELATOR: MIN. CELSO DE MELLO. (Inform. STF 559)

DIREITO PENAL E PROCESSUAL PENAL. *Habeas corpus.* SUBSTITUIÇÃO DA PENA PRIVATIVA DE LIBERDADE. CRIME DE TRÁFICO ILÍCITO DE ENTORPECENTE. FATO ANTERIOR À LEI 11.343/06. PROGRESSÃO DO REGIME PRISIONAL. CONCESSÃO DA ORDEM. 1. Trata-se de *habeas corpus* impetrado contra ato do Superior Tribunal de Justiça que, no julgamento de *writ* anteriormente aforado perante aquela Corte, denegou a ordem. 2. A questão de direito debatida neste *writ* envolve a possibilidade (ou não) de incidência do art. 44, do Código Penal, às hipóteses relacionadas aos crimes hediondos e a eles equiparados, como é o caso do crime de tráfico ilícito de substância entorpecente (Lei n° 6.368/76, art. 12; Lei n° 11.343/06, art. 33). 3. O Pleno desta Corte já teve oportunidade de apreciar a questão no HC n° 85.894-5/RJ (rel. Min. Gilmar Mendes, DJ 28.09.2007). 4. Entendo que não haveria aplicação retroativa da regra contida no art. 44, *caput,* da Lei n° 11.343/06, ao presente caso, eis que o sistema jurídico anterior ao seu advento já não permitia a substituição da pena corporal por pena restritiva de direito em relação aos crimes hediondos e a eles equiparados. A esse respeito, estou convencida acerca da impossibilidade de substituição da pena privativa de liberdade por penas restritivas de direito, mesmo no período anterior ao advento da Lei n° 11.343/06. 5. Contudo, na linha do precedente desta Corte já referido (HC nº 85.894-5, rel. Min. Gilmar Mendes), não encontro razão para tratar o presente caso de modo diferente, ainda que atualmente esteja em vigor o art. 44, da Lei nº 11.343/06. Adotando-se o raciocínio já desenvolvido nos votos vencedores do referido julgamento, a norma do art. 44, da Lei nº 11.343/06, não pode retroagir para atingir fatos pretéritos, sob pena de violação ao princípio da reserva absoluta de lei formal em matéria penal. 6. E, no tema referente à progressão do regime prisional, levando em conta que – considerada a orientação que passou a existir nesta Corte à luz do precedente no HC 82.959/SP – o sistema jurídico anterior à edição da lei de 2007 era mais benéfico ao condenado em matéria de requisito temporal (1/6 da pena), comparativamente ao sistema implantado pela Lei n° 11.646/07 (2/5 ou 3/5, dependendo do caso), deve ser concedida a ordem para que haja o exame do pedido de progressão do regime prisional do paciente, levando em conta o requisito temporal de 1/6 da pena fixada. 7.Ordem concedida para que se proceda ao exame, pelo juízo competente, da presença (ou não) dos requisitos do art. 44, do Código Penal, e da progressão do regime prisional. HC N. 89.976-RJ. RELATORA: MIN. ELLEN GRACIE. **Noticiado no Informativo 540**(Inform. STF 555)

EMENTA: *Habeas corpus.* 1. PRISÃO EM FLAGRANTE POR TRÁFICO DE DROGAS. LIBERDADE PROVISÓRIA: INADMISSIBILIDADE. 2. PEDIDO FORMULADO PARA QUE OS PACIENTES TENHAM O DIREITO DE RECORRER EM LIBERDADE: IMPOSSIBILIDADE. SENTENÇA CONDENATÓRIA QUE ASSENTOU ESTAREM PRESENTES, NO CASO, OS PRESSUPOSTOS PARA DECRETAÇÃO DA PRISÃO CAUTELAR. **1.** A proibição de liberdade provisória, nos casos de crimes hediondos e equiparados, decorre da própria inafiançabilidade imposta pela Constituição da República à legislação ordinária (Constituição da República, art. 5º, inc. XLIII): Precedentes. O art. 2º, inc. II, da Lei n. 8.072/90 atendeu o comando constitucional, ao considerar inafiançáveis os crimes de tortura, tráfico ilícito de entorpecentes e drogas afins, o terrorismo e os definidos como crimes hediondos. Inconstitucional seria a legislação ordinária que dispusesse diversamente, tendo como afiançáveis delitos que a Constituição da República determina sejam inafiançáveis. Desnecessidade de se reconhecer a inconstitucionalidade da Lei n. 11.464/07, que, ao retirar a expressão '*e liberdade provisória*' do art. 2º, inc. II, da Lei n. 8.072/90, limitou-se a uma alteração textual: a proibição da liberdade provisória decorre da vedação da fiança, não da expressão suprimida, a qual, segundo a jurisprudência do Supremo Tribunal, constituía redundância. Mera alteração textual, sem modificação da norma proibitiva de concessão da liberdade provisória aos crimes hediondos e equiparados, que continua vedada aos presos em flagrante por quaisquer daqueles delitos. **2.** A Lei n. 11.464/07 não poderia alcançar o delito de tráfico de drogas, cuja disciplina já constava de lei especial (Lei n. 11.343/06, art. 44, *caput*), aplicável ao caso vertente. **3.** Irrelevância da existência, ou não, de fundamentação cautelar para a prisão em flagrante por crimes hediondos ou equiparados: Precedentes. **4.** Sentença condenatória que assentou a existência dos pressupostos para a decretação da prisão cautelar. Não há falar, no caso, na possibilidade de os Pacientes recorrerem em liberdade. **5.** Impossibilidade de execução provisória da pena privativa de liberdade ou restritiva de direitos decorrente de sentença penal condenatória, ressalvada a decretação de prisão cautelar nos termos do art. 312 do Código de Processo Penal. **6.** Ordem denegada. HC N. 97.883-MG. RELATORA: MIN. CÁRMEN LÚCIA. **Noticiado no Informativo 552**(Inform. STF 555)

TRÁFICO ILÍCITO DE ENTORPECENTES E SUBSTITUIÇÃO DE PENA PRIVATIVA DE LIBERDADE POR RESTRITIVA DE DIREITOS

A Turma indeferiu *habeas corpus* em que condenado por tráfico de drogas (Lei 6.368/76, art. 12, *caput*) pleiteava a substituição da pena privativa de liberdade por restritiva de direitos, bem como o cumprimento da pena em regime aberto. Entendeu-se que a norma contida no art. 44, *caput*, da Lei 11.343/2006, ao expressamente estabelecer a proibição da conversão almejada, apenas explicitou regra que era implícita no sistema jurídico brasileiro quanto à incompatibilidade do regime legal de tratamento em matéria de crimes hediondos e a eles equiparados com o regime pertinente aos outros delitos. Salientou-se que a Lei 9.714/98 modificou a redação do aludido art. 44 do CP — e assim ampliou os casos de substituição da pena corporal por penas restritivas de direitos — mas não incidiu no âmbito do tratamento legislativo referente aos crimes hediondos e a eles assemelhados, inclusive em virtude da redação original contida no art. 2º, § 1º, da Lei 8.072/90, que contemplava o regime integralmente fechado para o cumprimento da reprimenda corporal. Desse modo, considerou-se não haver aplicação retroativa da regra contida no art. 44, *caput*, da Lei 11.343/2006, à espécie, uma vez que o sistema jurídico anterior ao seu advento já não permitia a substituição da pena privativa de liberdade por restritiva de direito em relação aos delitos hediondos e equiparados. Concluiu-se pela impossibilidade dessa substituição, mesmo no período anterior à edição da Lei 11.343/2006. Mencionou-se que, ainda que se admitisse a referida conversão nos crimes de tráfico de entorpecentes praticados na vigência da Lei 6.368/76, na situação dos autos estaria ausente o requisito subjetivo (CP, art. 44, III), haja vista serem desfavoráveis as circunstâncias judiciais do paciente, conforme afirmado pelas demais instâncias. Diante disso, reputou-se incabível também o acolhimento da fixação do regime aberto para o cumprimento da pena. **HC 97843/SP, rel. Min. Ellen Gracie, 23.6.2009.** (HC-97843) (Inform. STF 552)

TRÁFICO ILÍCITO DE ENTORPECENTES: SUBSTITUIÇÃO DE PENA PRIVATIVA DE LIBERDADE E PROGRESSÃO DE REGIME

Na linha da orientação fixada pela Corte no julgamento do HC 82959/SP (DJU de 1º.9.2006) e do HC 85894/RJ (DJE de 28.9.2007), o Tribunal concedeu *habeas corpus* impetrado em favor de condenadas a penas de reclusão em regime integralmente fechado e de multa por violação ao art. 12 c/c o art. 18, III, da Lei 6.368/76, para tornar possível a substituição da pena privativa de liberdade por restritiva de direito relativamente aos fatos ocorridos anteriormente à vigência da Lei 11.343/2006, bem como a progressão do regime prisional, desde que atendido o requisito temporal de cumprimento de 1/6 da pena. Determinou-se que caberá ao juízo sentenciante aferir a presença dos requisitos do art. 44 do CP e, eventualmente, caso não haja substituição da pena corporal, incumbirá ao juízo da execução penal a verificação da presença dos requisitos objetivos e subjetivos para a progressão do regime prisional. A Min. Ellen Gracie, relatora, ressalvou seu entendimento pessoal relativamente às duas questões tratadas, curvando-se, entretanto, à jurisprudência majoritária da Corte. **HC 89976/RJ, rel. Min. Ellen Gracie, 26.3.2009**. (HC-89976) (Inform. STF 540)

TRÁFICO ILÍCITO DE ENTORPECENTES E SUBSTITUIÇÃO DE PENA PRIVATIVA DE LIBERDADE POR RESTRITIVA DE DIREITOS - 1

Ante o empate na votação, a Turma deferiu *habeas corpus* para cassar acórdãos proferidos pelo STJ e pelo Tribunal de Justiça do Estado do Rio Grande do Sul - TJ/RS, a fim de que este decida quanto à possibilidade, ou não, de substituição da pena privativa de liberdade por restritiva de direitos, perante as circunstâncias concretas do caso. Na espécie, condenada por infração ao art. 12, *caput*, da Lei 6.368/76 pleiteava a mencionada substituição, não obstante a vedação expressa trazida pela Lei 11.343/2006, que revogara aquela. Ocorre que o juízo de 1º grau, na forma do art. 44, III, do CP, negara tal substituição, amparado na elevada culpabilidade dos crimes de tráfico de entorpecentes e suas gravíssimas conseqüências, sendo mantida a decisão pelo TJ/RS que, por sua vez, em grau de apelação, ativera-se apenas ao óbice da vedação legal, salientando a orientação firmada pelo Supremo no HC 79567/RJ (DJU de 3.3.2000), no sentido de que o disposto no art. 44 do CP é regra geral, não podendo ser aplicado à Lei 6.368/76, visto tratar-se de lei especial. O STJ, todavia, na esteira do entendimento do juízo monocrático, ponderara sobre as circunstâncias concretas observadas pela sentença, afastando-se da fundamentação externada pela Corte local. **HC 96112/RS, rel. orig. Min. Ellen Gracie, rel. p/ o acórdão, Min. Cezar Peluso, 17.3.2009**. (HC-96112)

TRÁFICO ILÍCITO DE ENTORPECENTES E SUBSTITUIÇÃO DE PENA PRIVATIVA DE LIBERDADE POR RESTRITIVA DE DIREITOS - 2

Afirmou-se, inicialmente, que a solução do tema desdobrar-se-ia em dois aspectos: o teórico e o concreto. No tocante à impossibilidade teórica da substituição requerida, registrou-se a jurisprudência do STF no sentido de não haver empecilho à substituição da pena privativa de liberdade por restritiva de direitos em crime de tráfico de entorpecentes cometidos antes da vigência da Lei 11.343/2006, desde que presentes os requisitos do art. 44 do CP. Em seguida, ressaltou-se que a motivação para o indeferimento da não substituição da pena mereceria detida atenção e que os fundamentos adotados pela sentença condenatória não poderiam ser considerados, já que ela fora de todo substituída pelo acórdão proferido em grau de apelação (CPC, art. 512). Este também não poderia subsistir perante a citada jurisprudência do STF, e tampouco o acórdão do STJ, tendo em conta a inovação *in pejus* por ele operada, que o maculara, por isso, de nulidade absoluta. Explicou-se, no ponto, que o acórdão do TJ/RS — substituindo a sentença nesse tópico e negando provimento à apelação da defesa — baseara-se apenas na impossibilidade legal teórica da substituição pleiteada, sem alusão alguma aos fundamentos factuais de que, posteriormente, se valera o STJ. Destarte, asseverou-se que o STJ não poderia ter considerado os fundamentos adotados pela sentença condenatória, pela razão óbvia de que esta fora de todo substituída pelo acórdão proferido em grau de apelação. Salientou-se, também, ser mais que consolidada a jurisprudência do STF segundo a qual, quando insuficiência, falta ou erronia da fundamentação constitua causa de nulidade da decisão que decreta prisão preventiva, não as podem suprir informações prestadas em *habeas corpus*, nem acórdão que o denegue, indefira liminar, ou desproveja recurso da defesa. A razão manifesta seria porque, se o pudessem, estaria caracterizado agravamento da situação jurídico-substancial do réu que recorrera ou impetrara *habeas corpus*, sendo essa a orientação que conviria ao caso, onde a decisão do STJ, para manter o acórdão da apelação, adicionara-lhe fundamento fático desfavorável ao paciente, piorando, nesse sentido, sua situação na causa. Diante disso, concluiu-se que, como não se manifestara o TJ/RS sobre as circunstâncias do caso, restringindo a fundamentação na vedação teórica, que não existe, terá de se pronunciar, perante a nulidade radical do acórdão do STJ, sobre a coexistência, ou não, dos requisitos previstos no art. 44 do CP, sob pena de supressão de instância. Vencidos os Ministros Ellen Gracie, relatora, e Joaquim Barbosa, que denegavam a ordem sob o fundamento da impossibilidade de substituição da pena privativa de liberdade por penas restritivas de direito, mesmo no período anterior ao advento da Lei 11.343/2006. **HC 96112/RS, rel. orig. Min. Ellen Gracie, rel. p/ o acórdão, Min. Cezar Peluso, 17.3.2009**. (HC-96112) (Inform. STF 539)

TRÁFICO DE DROGAS E PROGRESSÃO DE REGIME

O Tribunal proveu, parcialmente, recurso ordinário em *habeas corpus*, afetado ao Pleno pela 1ª Turma, no qual se questionava a possibilidade, ou não, de progressão do regime de cumprimento da pena corporal imposta no período de vigência da redação originária do art. 2º, § 1º, da Lei 8.072/90 ("*Art. 2º Os crimes hediondos, a prática da tortura, o tráfico ilícito de entorpecentes e drogas afins e o terrorismo são insuscetíveis de: ... §1º A pena por crime previsto neste artigo será cumprida integralmente em regime fechado.*"). Tratava-se, na espécie, de *writ* em que condenado à pena em regime integralmente fechado pela prática do crime de tráfico de substância entorpecente requeria a progressão do regime prisional. De início, ressaltou-se que o julgamento do STF em processos subjetivos, relacionados à situação dos autos, não alterara a vigência da regra contida no referido art. 2º, § 1º, daquela lei. Assim, surgira a necessidade de edição da Lei 11.464/2007 para que houvesse a alteração da redação do dispositivo legal, com base na orientação firmada pela Corte no HC 82959/SP (DJU de 1º.9.2006). Assentou-se que o sistema jurídico anterior ao advento da Lei 11.464/2007 seria mais benéfico ao condenado em matéria de requisito temporal — impondo apenas o cumprimento de 1/6 da pena — comparativamente ao sistema implantando pela novel lei, que exige 2/5 ou 3/5, dependendo do caso. Dessa forma, entendeu-se possível a concessão parcial da ordem, para que haja o exame, pelo juiz da execução, do pedido de progressão do regime prisional do paciente, considerando-se o requisito temporal de cumprimento de 1/6 da pena e a presença, ou não, dos demais pressupostos. Precedente citado: HC 94025/SP (DJE de 1º.8.2008). **RHC 91300/DF, rel. Min. Ellen Gracie, 5.3.2009**. (RHC-91300) (Inform. STF 537)

TRÁFICO DE DROGAS E ART. 33, § 4º, DA LEI 11.343/2006

Para que a redução da pena prevista no § 4º do art. 33 da Lei 11.343/2006 seja concedida, não basta que o agente seja primário e tenha bons antecedentes, sendo necessário, também, que ele não se dedique a atividades criminosas nem integre organização criminosa. Com base nesse entendimento, a Turma desproveu recurso ordinário em *habeas corpus* no qual se pleiteava a incidência da referida causa especial de diminuição de pena a condenado pela prática do crime de tráfico ilícito de entorpecentes na vigência da antiga Lei de Tóxicos (Lei 6.368/76, art. 12). Aduziu-se que, na espécie, a dedicação do recorrente ao tráfico de drogas ficara devidamente comprovada nos autos e que não fora afastada pela defesa na apelação e nas demais impetrações posteriores. Os Ministros Marco Aurélio e Carlos Britto também denegaram o recurso, mas por fundamento diverso, consentâneo com a óptica do tribunal estadual, no sentido de que o aludido § 4º do art. 33 da Lei 11.343/2006 não se aplica à situação concreta regida pela Lei 6.368/76, sob pena de se olvidar o critério unitário, chegando ao conglobamento com o surgimento de uma nova regra normativa. **RHC 94802/RS, rel. Min. Menezes Direito, 10.2.2009**. (RHC-94802) (Inform. STF 535)

Proibição Legal de Liberdade Provisória - Lei de Drogas - Restrição Constitucional (Transcrições)

EMENTA: "*Habeas corpus*". VEDAÇÃO LEGAL ABSOLUTA, EM CARÁTER APRIORÍSTICO, DA CONCESSÃO DE LIBERDADE PROVISÓRIA. LEI DE DROGAS (ART. 44). INCONSTITUCIONALIDADE. OFENSA AOS POSTULADOS CONSTITUCIONAIS DA PRESUNÇÃO DE INOCÊNCIA, DO "*DUE PROCESS OF LAW*", DA DIGNIDADE DA PESSOA HUMANA E DA PROPORCIONALIDADE. O SIGNIFICADO DO PRINCÍPIO DA PROPORCIONALIDADE, VISTO SOB A PERSPECTIVA DA "*PROIBIÇÃO DO EXCESSO*": FATOR DE CONTENÇÃO E CONFORMAÇÃO DA PRÓPRIA ATIVIDADE NORMATIVA DO ESTADO. PRECEDENTE DO SUPREMO TRIBUNAL FEDERAL: ADI 3.112/DF (ESTATUTO DO DESARMAMENTO, ART. 21). CARÁTER EXTRAORDINÁRIO DA PRIVAÇÃO CAUTELAR DA LIBERDADE INDIVIDUAL. NÃO SE DECRETA PRISÃO CAUTELAR, SEM QUE HAJA REAL NECESSIDADE DE SUA EFETIVAÇÃO, SOB PENA DE OFENSA AO "*STATUS LIBERTATIS*" DAQUELE QUE A SOFRE. EVASÃO DO DISTRITO DA CULPA: FATOR QUE, POR SI SÓ, NÃO AUTORIZA A PRISÃO PREVENTIVA. IRRELEVÂNCIA, PARA EFEITO DE CONTROLE DA LEGALIDADE DO DECRETO DE PRISÃO CAUTELAR, DE EVENTUAL *REFORÇO DE ARGUMENTAÇÃO* ACRESCIDO POR TRIBUNAIS DE JURISDIÇÃO SUPERIOR. PRECEDENTES. MEDIDA CAUTELAR DEFERIDA. **HC 96715-MC/SP. RELATOR: MIN. CELSO DE MELLO**. (Inform. STF 533)

TRÁFICO DE DROGAS E COMBINAÇÃO DE LEIS INCRIMINADORAS

A Turma iniciou julgamento de *habeas corpus* em que condenado por tráfico ilícito de entorpecentes (Lei 6.368/76, art. 12, c/c art. 29 do CP) propugna pela aplicação da causa de diminuição de pena prevista pelo art. 33, § 4º, da nova Lei de Drogas (Lei 11.343/2006), lei esta já em vigor à época da prolação da sentença condenatória. Alega que o STJ concedera parcialmente a ordem, mas equivocara-se ao determinar que a redução pretendida fosse efetivada sobre o *caput* do art. 33 da Lei 11.343/2006, cuja pena mínima é de 5 anos, uma vez que o réu fora condenado à pena mínima prevista no *caput* do art. 12 da antiga Lei de Drogas (Lei 6.368/76), que é de 3 anos, portanto mais benéfica. A Min. Ellen Gracie, relatora, indeferiu a ordem, afirmando que a questão de direito central no *writ* diz respeito à possibilidade de combinação de normas incriminadoras relativas ao tráfico ilícito de entorpecentes. Lembrou que o STF tem orientação consolidada no sentido de que não é possível a combinação de leis no tempo, uma vez que, agindo assim, estaria criando uma terceira lei (*lex tertia*). Nesse diapasão, a relatora assentou entendimento de que extrair alguns dispositivos, de forma isolada, de um diploma legal, e outro preceito de outro diploma legal, implica alterar por completo o seu espírito normativo, criando um conteúdo diverso do previamente estabelecido pelo legislador. Destarte, concluiu não haver razão para consideração de terceira regra (diferente dos sistemas jurídicos das Leis 6.368/76 e 11.343/2006) relativamente à situação individual do paciente. Após, o julgamento foi suspenso em virtude de pedido de vista formulado pelo Ministro Cezar Peluso. Precedente citado: HC 68416/DF (DJU de 30.10.92). **HC 95435/RS, rel. Min. Ellen Gracie, 7.10.2008**. (HC-95435) (Inform. STF 523)

TRÁFICO DE DROGAS: LIBERDADE PROVISÓRIA E EXCEPCIONALIDADE

Ante as peculiaridades da situação dos autos, a Turma deferiu *habeas corpus* para que a paciente permaneça em liberdade até eventual sentença penal condenatória transitada em julgado. Na espécie, a paciente fora presa em flagrante por portar maconha quando visitava seu marido em presídio, sendo denunciada como incursa nas sanções dos artigos 12 e 18 da Lei 6.368/76. Insurgia-se contra decisão que cassara o benefício de liberdade provisória a ela concedido e expedira mandado de prisão, ainda não cumprido, em seu desfavor. Inicialmente, enfatizou-se que, apesar da controvérsia a respeito da possibilidade, ou não, da liberdade provisória em caso de prisão em flagrante por tráfico ilícito de entorpecentes, o *writ* deveria ser concedido, sob pena de ofensa à dignidade da pessoa humana, valor transformado em princípio normativo no texto da CF/88. No ponto, tendo em conta o debilitado estado de saúde da paciente — portadora do vírus HIV, o que lhe acarretara doenças como hepatite C e câncer de medula —, bem como o fato de possuir filha pequena que dela dependeria economicamente, entendeu-se estar-se diante de exceção, a qual deveria ser capturada pelo ordenamento jurídico. Asseverou-se que a regra seria no sentido do não cabimento de liberdade provisória nas hipóteses de prisão em flagrante por tráfico ilícito de entorpecentes, contudo ela não poderia acolher as circunstâncias descritas no presente feito. Observou-se que a custódia preventiva da paciente não anteciparia a sua condenação, mas consistiria em autêntica vingança da sociedade civil, uma vez que manter enclausurada pessoa doente não restabeleceria a ordem, além de nada reparar. Desse modo, concluiu-se que submetê-la ao cárcere seria incompatível com o direito, mesmo que adequado à regra. Leia o inteiro teor do voto condutor do acórdão na seção Transcrições deste Informativo. **HC 94916/RS, rel. Min. Eros Grau, 30.9.2008**. (HC-94916) (Inform. STF 522)

DOSIMETRIA: TRÁFICO DE DROGAS E NATUREZA DO ENTORPECENTE

A Turma, por maioria, indeferiu *habeas corpus* em que requerida a exclusão de circunstância judicial reputada inidônea para elevar a pena-base acima do mínimo legal. No caso, o paciente fora condenado à pena de 5 anos e 4 meses de reclusão por tráfico ilícito de entorpecente (Lei 6.368/76, art. 12) e tivera sua pena redimensionada para 4 anos, em idêntico regime prisional, pelo STJ, que excluíra a circunstância de o réu utilizar-se de sua residência para comercializar drogas. Mantivera, contudo, o aumento decorrente da natureza da substância apreendida, cocaína, em razão de sua maior nocividade à saúde pública, dado o seu alto grau de dependência física e psíquica. A impetração sustentava que a natureza do entorpecente não poderia ser invocada para a majoração da pena, alegando ausência de elementos concretos aptos a legitimá-la. Inicialmente, salientou-se que, embora tipificadas por fontes heterônomas que complementam a norma penal em branco, as espécies de substâncias entorpecentes constituem elementares do tipo, e que cabe ao juiz conjugá-las a outros fatores, como a quantidade e a qualidade, ao individualizar a pena a ser aplicada. Nesse sentido, afirmou-se que a quantidade e a espécie de entorpecente traficado, quando combinadas, são circunstâncias judiciais que podem justificar a exasperação da pena-base para além do mínimo legal e que, na hipótese, a majoração não se amparara somente na circunstância de a cocaína deter maior potencial lesivo. Entendeu-se que, na espécie, houve a indicação de fatos concretos para que fosse efetuado o acréscimo da pena do paciente, enfatizando-se a apreensão de 14 g de cocaína, situação que, em tese, deveria ser diferenciada da apreensão da mesma quantidade de outras substâncias capazes de configurar o crime. Por fim, aduziu-se que não haveria que se falar em desproporcionalidade no aumento da pena-base em 1 ano de reclusão, sobretudo se levado em conta que a reprimenda cominada ao delito varia de 3 a 15 anos de reclusão. Vencido o Min. Ricardo Lewandowski que concedia a ordem para reduzir a pena-base ao patamar mínimo por considerar que a majoração da pena com fundamento na natureza da substância entorpecente ampliaria demais a discricionariedade do juiz, afetando os princípios da legalidade e da segurança jurídica. **HC 94655/MS, rel. Min. Cármen Lúcia, 19.8.2008**. (HC-94655) (Inform. STF 516)

TRÁFICO DE DROGAS E SUBSTITUIÇÃO DE PENA PRIVATIVA DE LIBERDADE POR RESTRITIVA DE DIREITOS - 1

A Turma iniciou julgamento de *habeas corpus* em que se questiona a possibilidade, ou não, de incidência do art. 44, do CP, às hipóteses relacionadas aos crimes hediondos e a eles equiparados. No caso, condenadas à pena em regime integralmente fechado por infração ao art. 12, c/c o art. 18, ambos da Lei 6.368/76, pleiteiam a progressão de regime de cumprimento de pena, bem como a substituição da pena privativa de liberdade por restritivas de direito. A Min. Ellen Gracie, relatora, deferiu, em parte, o *writ*, estabelecendo que o regime do cumprimento da pena será o inicialmente fechado, permitindo-se a progressão do regime prisional, desde que atendidos os requisitos do art. 2º, §§ 1º e 2º, da Lei 8.072/90, na redação que lhe foi dada pela Lei 11.464/2007, não admitindo, no entanto, a substituição da pena corporal por penas restritivas de direito. Em conseqüência, revogou a liminar anteriormente concedida, devendo o magistrado verificar a presença dos requisitos subjetivos e objetivos para eventual progressão do regime prisional à luz da Lei 11.464/2007. **HC 89976/RJ, rel. Min. Ellen Gracie, 24.6.2008**. (HC-89976)

TRÁFICO DE DROGAS E SUBSTITUIÇÃO DE PENA PRIVATIVA DE LIBERDADE POR RESTRITIVA DE DIREITOS - 2

A relatora, no tocante à aplicação do mencionado art. 44, do CP, asseverou que a Corte já apreciara a questão, quando do julgamento do HC 85894/RJ (DJU de 28.9.2007), concluindo no sentido do cabimento da substituição da pena privativa de liberdade pela restritiva de direitos, nos crimes hediondos, tendo em conta o afastamento do óbice à progressão de regime. Entretanto, afirmou que, com o advento da Lei 11.343/2006 (art. 44, *caput*), a mencionada conversão fora expressamente vedada nas hipóteses de condenação pelos crimes de tráfico ilícito de substância entorpecente e outros delitos assemelhados, e que tal lei apenas explicitara regra que era implícita no sistema jurídico brasileiro. No ponto, considerou não haver incidência retroativa da regra contida no art. 44, *caput*, da Lei 11.343/2006, à espécie, eis que o sistema jurídico anterior a sua vinda já não admitia a substituição da pena corporal por pena restritiva de direito quanto aos crimes hediondos e a eles equiparados. Dessa forma, assentou a impossibilidade de substituição da pena privativa de liberdade por penas restritivas de direito, ainda que no período anterior ao advento da Lei 11.343/2006. Relativamente ao tema do regime de cumprimento da pena privativa de liberdade em relação às pacientes, esclareceu que, com a nova redação, dada pela Lei 11.464/2007, ao § 1º, e a introdução do § 2º, ambos do art. 2º, da Lei 8.072/90, deverão ser cumpridos os requisitos e condições impostas, mesmo quanto às pessoas que praticaram condutas criminosas em época anterior à nova ordem jurídica instaurada sobre o assunto. Do contrário, aduziu que haveria descumprimento do comando constitucional contido no art.5º, XLIII, não cumprindo o papel axiológico e a própria razão de ser da Lei dos Crimes Hediondos, a saber, tratar de modo mais severo os casos referentes aos crimes hediondos e a eles equiparados. Após, a Turma determinou fosse a matéria afetada ao Plenário. **HC 89976/RJ, rel. Min. Ellen Gracie, 24.6.2008**. (HC-89976) (Inform. STF 512)

TRÁFICO DE DROGAS E PROGRESSÃO DE REGIME

A Turma decidiu remeter ao Plenário julgamento de *habeas corpus* em que se questiona a possibilidade, ou não, de progressão do regime de cumprimento de pena corporal imposta no período de vigência da redação originária do art. 2º, § 1º, da Lei 8.072/90 ("*Art. 2º Os crimes hediondos, a prática da tortura, o tráfico ilícito de entorpecentes e drogas afins e o terrorismo são insuscetíveis de: ... § 1º A pena por crime previsto neste artigo será cumprida integralmente em regime fechado.*"). Trata-se, na espécie, de *writ* em que condenado à pena em regime integralmente fechado pela prática do crime de tráfico de substância entorpecente requer a progressão do regime prisional. Sustenta a inconstitucionalidade do mencionado dispositivo legal, ao argumento de que a Lei 8.072/90 não poderia impedir a aplicação do princípio da individualização da pena. **RHC 91300/DF, rel. Min. Ellen Gracie, 24.6.2008**. (RHC-91300) (Inform. STF 512)

LEI 10.409/2002 E INOBSERVÂNCIA DE RITO

A Turma, embora reconhecendo a inobservância do art. 38 da Lei 10.409/2002, indeferiu, por maioria, *habeas corpus* impetrado em favor de condenado pela prática dos crimes de tráfico ilícito de entorpecentes e associação para o tráfico (Lei 6.368/76, artigos 12 e 14), cuja citação para oferecimento de defesa preliminar não fora realizada. Inicialmente, ressaltou-se a existência de precedentes da Corte no sentido de que a não-observação do rito previsto na Lei 10.409/2002, especialmente no que concerne à apresentação de defesa preliminar, nos termos do citado art. 38, pode acarretar nulidade da ação penal, desde o recebimento da denúncia. Entretanto, aduziu-se que o STF já reconhecera a necessidade de ser demonstrado, pelo impetrante, o efetivo prejuízo decorrente da inobservância da aludida regra processual, independentemente de se tratar de nulidade absoluta ou relativa. Asseverou-se que, no caso, não existiriam elementos que indicassem a ocorrência de constrangimento ilegal a ensejar a concessão da ordem para anular a ação penal desde o recebimento da inicial acusatória, tendo em conta que os demais atos processuais foram perfeitamente realizados, e por meio dos quais se oportunizara ao paciente todos os meios de defesa em direito admitidos. Ademais, enfatizou-se que a Lei 10.409/2002 fora revogada pela Lei 11.343/2006, o que afastaria qualquer utilidade no reconhecimento da alegada nulidade processual, pois a nova norma aplicável aos crimes relacionados às drogas não mais exige o interrogatório pré-processual. Vencido o Min. Marco Aurélio que deferia o *writ* por entender que o devido processo legal restara violado, no que não se atentara para o que previsto na Lei 10.409/2002 quanto à intimação do acusado, a fim de pronunciar-se antes do recebimento ou não da denúncia. **HC 94011/SP, rel. Min. Menezes Direito, 10.6.2008**. (HC-94011) (Inform. STF 510)

LIBERDADE PROVISÓRIA E TRÁFICO DE DROGAS

A Turma indeferiu *habeas corpus* em que pleiteada a soltura da paciente, presa em flagrante desde novembro de 2006, por suposta infringência dos artigos 33 e 35, ambos da Lei 11.343/2006. A defesa aduzia que a paciente teria direito à liberdade provisória, bem como sustentava a inocorrência dos requisitos para a prisão cautelar e a configuração de excesso de prazo nessa custódia. Afirmou-se que esta Corte tem adotado orientação segundo a qual há proibição legal para a concessão da liberdade provisória em favor dos sujeitos ativos do crime de tráfico ilícito de drogas, o que, por si só, seria fundamento para denegar-se esse benefício. Enfatizou-se que a aludida Lei 11.343/2006 cuida de norma especial em relação àquela contida no art. 310, parágrafo único, do CPP, em consonância com o disposto no art. 5º, XLIII, da CF. Desse modo, a redação conferida ao art. 2º, II, da Lei 8.072/90, pela Lei 11.464/2007, não pre-pondera sobre o disposto no art. 44 da citada Lei 11.343/2006, eis que esta se refere explicitamente à proibição da concessão de liberdade provisória em se tratando de delito de tráfico ilícito de substância entorpecente. Asseverou-se, ainda, que, de acordo com esse mesmo art. 5º, XLIII, da CF, são inafiançáveis os crimes hediondos e equiparados, sendo que o art. 2º, II, da Lei 8.072/90 apenas atendeu ao comando constitucional. Entendeu-se que, no caso, também deveria ser acrescentada a circunstância de haver indicação da existência de organização criminosa integrada pela paciente, a revelar a presença da necessidade da prisão preventiva como garantia da ordem pública. Considerou-se, também, que a prisão possuiria fundamentação idônea. Por fim, rejeitou-se a alegação de eventual excesso de prazo, uma vez que essa questão não fora argüida no tribunal *a quo*, o que configuraria supressão de instância. Além disso, existiriam elementos nos autos que evidenciariam a complexidade do processo, com pluralidade de réus, defensores e testemunhas, assim como a notícia de vários incidentes processuais suscitados por alguns defensores. **HC 92495/PE, rel. Min. Ellen Gracie, 27.5.2008**. (HC-92495) (Inform. STF 508)

ED: EFEITOS MODIFICATIVOS E DEFESA PRELIMINAR

A Turma deu parcial provimento a embargos de declaração opostos, com efeitos infringentes, contra acórdão por ela prolatado, por meio do qual concedera *habeas corpus* ao fundamento de que a não observância do contraditório prévio, determinado pelo art. 38 da Lei 10.409/2002, acarreta a nulidade do processo penal desde o recebimento da denúncia, por afronta ao direito de defesa — v. Informativo 436. Sustentava o embargante a ocorrência de erro material, uma vez que não teriam sido juntados aos autos documentos relativos ao recebimento de segundo aditamento da denúncia, este sim precedido de intimação do paciente para a apresentação de defesa preliminar (Lei 10.409/2002, art. 38), o que afastaria a existência de nulidade. Pleiteava, em conseqüência, a revogação do mencionado acórdão e o restabelecimento da prisão do paciente. Entendeu-se, na linha do que decidido no RHC 86084/BA (DJU de 24.11.2006), que a superveniente citação realizada com o objetivo de se conceder aos réus a possibilidade de apresentação de defesa preliminar supriria eventuais nulidades. Asseverou-se que, na espécie, o juiz, antes de receber a ratificação da denúncia, proporcionara a defesa preliminar. ED acolhidos para restabelecer a inteireza da ação penal em andamento, reformando-se a decisão proferida neste *habeas corpus* para que se conclua pela concessão parcial da ordem, apenas a fim que seja cassado o decreto de prisão preventiva do paciente, mantido o recebimento da denúncia. O Min. Ricardo Lewandowski recebia integralmente os embargos. Precedente citado: HC 87347 ED/MS (DJU de 29.6.2007). **HC 87346 ED/MS, rel. Min. Cármen Lúcia, 6.5.2008**. (HC-87346) (Inform. STF 505)

LIBERDADE PROVISÓRIA: LEI 11.464/2007 E TRÁFICO DE DROGAS - 1

A Turma, por maioria, indeferiu *habeas corpus* impetrado contra acórdão do STJ que denegara liberdade provisória a denunciado pela suposta prática do crime de tráfico ilícito de drogas (Lei 11.343/2006, art. 33, *caput*) que, preso em flagrante em 10.2.2007, alegava excesso de prazo e falta de óbices à concessão do referido benefício. Pre-liminarmente, tendo em conta a jurisprudência do STF no sentido de que, com a superveniência da sentença condenatória, que constitui novo título da prisão, encontra-se superada a questão relativa ao antecedente excesso de prazo da custódia, não se conheceu do *writ*, no ponto. Contudo, entendeu-se que, nas circunstâncias do caso, não restaria prejudicado o exame do pedido de concessão de liberdade provisória, uma vez que a solução quanto ao seu cabimento teria influência direta na discussão relativa à possibilidade de o paciente apelar em liberdade. Assim, salientou-se que, se correta a tese sustentada pela defesa de que deveria ter sido concedida a liberdade provisória desde o início do processo, o paciente, ao tempo da sentença, estaria em liberdade e, portanto, poderia, em princípio, suscitar a aplicação do art. 59 da Lei 11.343/2006 ("*Nos crimes previstos nos arts. 33, caput e § 1o, e 34 a 37 desta Lei, o réu não poderá apelar sem recolher-se à prisão, salvo se for primário e de bons antecedentes, assim reconhecido na sentença condenatória.*"). **HC 93302/SP, rel. Min. Cármen Lúcia, 25.3.2008**. (HC-93302)

LIBERDADE PROVISÓRIA: LEI 11.464/2007 E TRÁFICO DE DROGAS - 2

No mérito, aduziu-se que, para a Constituição, a prisão em flagrante seria espécie de prisão processual, ficando, de regra, reservada à legislação ordinária definir se admite, ou não, a liberdade provisória, podendo tal benesse ser negada de duas formas: a) expressamente ou b) dispondo que o delito é inafiançável. Se admitida, a liberdade provisória pode dar-se com ou sem o pagamento de fiança. Nesse sentido, os incisos LXVI, ("ninguém será levado à prisão ou nela mantido, quando a lei admitir a liberdade provisória, com o sem fiança;"), XLII ("a prática do racismo constitui crime inafiançável e imprescritível, sujeito à pena de reclusão, nos termos da lei;") e XLIII ("a lei considerará crimes inafiançáveis e insuscetíveis de graça ou anistia a prática da tortura, o tráfico ilícito de entorpecentes e drogas afins, o terrorismo e os definidos como crimes hediondos..."), todos do art. 5º, da CF. No tocante a esse último dispositivo, asseverou-se que esse inciso possuía eficácia limitada até a superveniência da Lei 8.072/90 (art. 2º, II), que proibiu a concessão de fiança e liberdade provisória aos crimes hediondos e equiparados. No ponto, esclareceu-se que, para o deslinde da presente questão, dever-se-ia analisar se a Lei 11.464/2007, ao alterar o referido art. 2º, II, da Lei 8.072/90, excluindo a expressão "*e liberdade provisória*", teria possibilitado a concessão desta aos presos em flagrante pela prática de tortura, tráfico de entorpecentes e drogas afins, terrorismo e delitos definidos como hediondos. **HC 93302/SP, rel. Min. Cármen Lúcia, 25.3.2008** (HC-93302)

LIBERDADE PROVISÓRIA: LEI 11.464/2007 E TRÁFICO DE DROGAS - 3

Considerou-se que a inafiançabilidade imposta ao delito imputado ao paciente bastaria para impedir a concessão de liberdade provisória, sendo irrelevante a alteração efetuada pela Lei 11.464/2007 que, mantendo a vedação de fiança, somente retirara uma redundância contida no texto originário do art. 2º, II, da Lei 8.072/90. Ressaltou-se que esta Corte possui orientação consolidada no sentido de que a proibição de liberdade provisória nos processos por crimes hediondos e assemelhados decorre da própria inafiançabilidade imposta pela Constituição à legislação ordinária. Dessa forma, por maiores razões, incabível esse benefício aos presos em flagrante por tráfico de drogas. Ademais, enfatizou-se que a Lei 11.464/2007 não alcançaria os dispositivos legais que cuidam do delito de tráfico de drogas que, ao tempo da sua entrada em vigor, já contava com disciplina específica a respeito (Lei 11.343/2006: "*Art. 44. Os crimes previstos nos arts. 33, caput e § 1º, e 34 a 37 desta Lei são inafiançáveis e insuscetíveis de sursis, graça, indulto, anistia e liberdade provisória, vedada a conversão de suas penas em restritivas de direitos. Parágrafo único. Nos crimes previstos no caput deste artigo, dar-se-á o livramento condicional após o cumprimento de dois terços da pena, vedada sua concessão ao reincidente específico.*"). Assim, reputou-se que a Lei 11.464/2007 não poderia modificar a disciplina que, quando do seu advento, já constava de lei especial, aplicável à espécie. Por fim, rejeitou-se a proposta de concessão de *habeas corpus* de ofício para que o paciente progredisse de regime prisional, porquanto ainda pendente de apreciação recurso da acusação que, se provido, majoraria a pena a período superior ao tempo em que custodiado o paciente. Atentou-se para o fato de que este fora preso em flagrante quando vigente a Lei 11.343/2006, que passou a exigir, na hipótese, o cumprimento de, pelo menos, 2/5 da pena para a progressão. Vencido, no ponto, o Min. Marco Aurélio que concedia a ordem, de ofício, para que o juízo de primeiro grau analisasse as condições, visando à progressão de regime de cumprimento da pena. **HC 93302/SP, rel. Min. Cármen Lúcia, 25.3.2008**. (HC-93302) (Inform. STF 499)

ENQUADRAMENTO NA DENÚNCIA E RESPONSABILIDADE OBJETIVA

A Turma iniciou julgamento de *habeas corpus* em que se pretende o trancamento de ação penal instaurada contra denunciado, com terceiros, pela suposta infração aos artigos 12 e 14, da Lei 6.368/76 e ao art. 180, do CP, todos combinados com o art. 69 do referido código. A impetração sustenta a ilegalidade da custódia preventiva, sob os seguintes fundamentos: a) excesso de prazo; b) inexistência dos requisitos previstos no art. 312 do CPP; e c) falta de justa causa para a ação penal, considerada a atipicidade da conduta. Alega, ainda, que a denúncia não conteria a descrição individualizada dos fatos imputados ao paciente. O Min. Marco Aurélio, relator, ante o pronunciamento do STJ em idêntica medida, declarou o prejuízo parcial da impetração no tocante à prisão preventiva. No mérito, deferiu o *writ* quanto aos fatos narrados na denúncia e o enquadramento dela constante. Aduziu que, relativamente ao paciente, os fatos diriam respeito à imputação ligada à circunstância de adquirir produto que sabia de procedência ao menos duvidosa, implementando, assim, prática enquadrável no delito de receptação. Asseverou que o Ministério Público estadual, no entanto, a partir da premissa de ter o paciente adquirido produto de acusado de tráfico de drogas, o denunciara também por associação para tal fim e até mesmo por tráfico. Entendeu que o *parquet* fizera ilação incompatível com o ordenamento jurídico vigente, chegando-se assim à responsabilidade objetiva. Após, o julgamento foi suspenso em virtude do pedido de vista do Min. Ricardo Lewandowski. **HC 92258/SP, rel. Min. Marco Aurélio, 11.3.2008**. (HC-92258) (Inform. STF 498)

LEI 11.343/2006: CONTRADITÓRIO PRÉVIO E INOBSERVÂNCIA DE RITO

A Turma, superando a restrição fundada no Enunciado da Súmula 691 do STF, deferiu *habeas corpus* impetrado contra decisão de Ministra do STJ que denegara pedido de liminar formulado em outro *writ*, no qual se alegava: a) nulidade formal do processo, em decorrência da inobservância da fase do contraditório prévio disposta na Lei 10.409/2002 (art. 38) e b) impossibilidade de execução provisória de medida de segurança no ordenamento jurídico brasileiro, eis que o paciente sofrera absolvição imprópria. Na presente impetração, a defesa reiterara tais argumentos. Asseverou-se que a previsão desse contraditório prévio a que se referia a revogada Lei 10.409/2002 traduzia indisponível garantia de índole jurídico-constitucional aos denunciados por suposta prática dos delitos tipificados nos artigos 12, 13 e 14 da Lei 6.368/76, de tal modo que, em relação a esses acusados, a observância desse rito procedimental configuraria instrumento de limitação ao poder persecutório do Estado, ainda mais se se considerasse que, nessa resposta prévia — que compunha fase processual insuprimível —, tornava-se lícita a formulação de razões, de fato ou de direito, inclusive aquelas pertinentes ao mérito da causa, reputadas essenciais ao pleno exercício da defesa pelo acusado. Enfatizou-se, no ponto, que a jurisprudência do STF era no sentido de que a inobservância do rito procedimental previsto na aludida lei caracterizava típica hipótese de nulidade processual absoluta, sendo-lhe ínsita a idéia de prejuízo, uma vez comprometida a garantia constitucional da plenitude de defesa. Registrou-se que, não obstante revogada a Lei 10.409/2002, a nova Lei de Tóxicos (Lei 11.343/2006, art. 55) manteve a fase ritual de contraditório prévio. Assim, concluiu-se que esse primeiro fundamento seria suficiente para viabilizar a concessão da ordem, haja vista implicar a invalidação do procedimento penal instaurado contra o paciente, desde o recebimento da denúncia, inclusive. **HC 90226/SP, rel. Min. Celso de Mello, 18.12.2007**. (HC-90226) (Inform. STF 493)

GUARDA DE SUBSTÂNCIA ENTORPECENTE E FATO INCONTROVERSO

A Turma, por maioria, deferiu, de ofício, *habeas corpus* para restabelecer acórdão do Tribunal de Justiça de Minas Gerais que, por reconhecer a atipicidade dos fatos, absolvera promotora de justiça denunciada pela suposta prática do crime de tráfico de entorpecentes (Lei 6.368/76, art. 12), em decorrência do fato de haver sido encontrado, em armário do gabinete da promotoria, substância entorpecente a ela entregue por mãe de viciado. No caso, além da tese acolhida pelo tribunal de origem, a defesa sustentara, ainda, a de ausência de dolo e a de inconsciência da ilicitude do ato. Ocorre que, em recurso especial, o STJ considerara que a paciente estaria incursa no citado art. 12 da Lei 6.368/76 e remetera os autos ao TJ/MG para que este fixasse a pena. Em razão disso, a paciente alegava que, afastada a primeira tese defensiva, caberia à instância inferior apreciar os demais argumentos. Entendeu-se que, na espécie, sem a necessidade do exame de prova, impor-se-ia a concessão da ordem em extensão maior do que a pleiteada, tendo em conta a versão assentada pelo tribunal estadual de que a prova seria irrefutável no sentido de que a acusada não tinha a droga para seu uso e muito menos para tráfico, rejeitando, assim, eventual imputação no art. 16 da mesma lei. Ressaltou-se, ademais, que o tipo em que condenada a paciente seria crime de perigo abstrato, contra a saúde pública, e exigiria que a guarda fosse destinada à entrega, onerosa ou não, a consumo de terceiros. Vencido, em parte, o Min. Ricardo Lewandowski que deferia o *writ* nos termos do pedido, para garantir a apreciação, pela Corte Especial daquele tribunal, das demais teses defen-sivas, inclusive com a rejeição da denúncia, se for o caso, sem prejuízo de fixar esta, desde logo, na hipótese de serem elas superadas, a pena correspondente ao delito alegadamente praticado pela paciente, nos termos do acórdão prolatado pelo STJ. HC 86685/MG, rel. orig. Min. Ricardo Lewandowski, rel. p/ o acórdão Min. Sepúlveda Pertence, 19.6.2007. (HC-86685) (Inform. STF 472)

Crime Hediondo e Substituição de Pena Privativa de Liberdade por Restritiva de Direitos

A Turma deferiu *habeas corpus* impetrado em favor de condenado à pena de 3 anos de reclusão, em regime integralmente fechado, pela prática do crime do art. 12 da Lei 6.368/76 para que lhe seja possibilitada a substituição da pena privativa de liberdade imposta por restritiva de direitos, nos termos da sentença penal condenatória. Inicialmente, aduziu-se que essa substituição está expressamente proibida pelo art. 33, § 4º, da Lei 11.343/2006 (Nova Lei de Tóxicos). Não obstante isso, tendo em conta tratar-se de feito remanescente, considerou-se que o caso deveria ser apreciado à luz da legislação anterior (Lei 6.368/76) por conter redação mais benéfica, conforme entendimento do STF. Assim, aplicou-se a orientação firmada no julgamento do HC 85894/RJ (j. em 19.4.2007) no sentido do cabimento da pretendida substituição, por ausência de vedação expressa da lei vigente à época. HC 84715/SP, rel. Min. Joaquim Barbosa, 8.5.2007. (HC-84715) (Inform. STF 466)

ART. 28 DA LEI 11.343/2006 E DESPENALIZAÇÃO

A Turma, resolvendo questão de ordem no sentido de que o art. 28 da Lei 11.343/2006 (Nova Lei de Tóxicos) não implicou *abolitio criminis* do delito de posse de drogas para consumo pessoal, então previsto no art. 16 da Lei 6.368/76, julgou prejudicado recurso extraordinário em que o Ministério Público do Estado do Rio de Janeiro alegava a incompetência dos juizados especiais para processar e julgar conduta capitulada no art. 16 da Lei 6.368/76. Considerou-se que a conduta antes descrita neste artigo continua sendo crime sob a égide da lei nova, tendo ocorrido, isto sim, uma despenalização, cuja característica marcante seria a exclusão de penas privativas de liberdade como sanção principal ou substitutiva da infração penal. Afastou-se, também, o entendimento de parte da doutrina de que o fato, agora, constituir-se-ia infração penal *sui generis*, pois esta posição acarretaria sérias conseqüências, tais como a impossibilidade de a conduta ser enquadrada como ato infracional, já que não seria crime nem contravenção penal, e a dificuldade na definição de seu regime jurídico. Ademais, rejeitou-se o argumento de que o art. 1º do DL 3.914/41 (Lei de Introdução ao Código Penal e à Lei de Contravenções Penais) seria óbice a que a novel lei criasse crime sem a imposição de pena de reclusão ou de detenção, uma vez que esse dispositivo apenas estabelece critério para a distinção entre crime e contravenção, o que não impediria que lei ordinária superveniente adotasse outros requisitos gerais de diferenciação ou escolhesse para determinado delito pena diversa da privação ou restrição da liberdade. Aduziu-se, ainda, que, embora os termos da Nova Lei de Tóxicos não sejam inequívocos, não se poderia partir da premissa de mero equívoco na colocação das infrações relativas ao usuário em capítulo chamado "Dos Crimes e das Penas". Por outro lado, salientou-se a previsão, como regra geral, do rito processual estabelecido pela Lei 9.099/95. Por fim, tendo em conta que o art. 30 da Lei 11.343/2006 fixou em 2 anos o prazo de prescrição da pretensão punitiva e que já transcorrera tempo superior a esse período, sem qualquer causa interruptiva da prescrição, reconheceu-se a extinção da punibilidade do fato e, em conseqüência, concluiu-se pela perda de objeto do recurso extraordinário. RE 430105 QO/RJ, rel. Min. Sepúlveda Pertence, 13.2.2007. (RE-430105) (Inform. STF 456)

CRIME HEDIONDO E SUBSTITUIÇÃO DE PENA PRIVATIVA DE LIBERDADE POR RESTRITIVAS DE DIREITOS

A Turma deferiu *habeas corpus* impetrado contra acórdão do STJ que, dando provimento a recurso especial do Ministério Público estadual, obstara a substituição de pena privativa de liberdade por restritiva de direito a condenado à pena de 3 anos de reclusão, em regime integralmente fechado, pela prática de tráfico ilícito de entorpecente (então capitulado no art. 12 da Lei 6.368/76). Considerou-se o precedente fixado no julgamento do HC 82959/SP (DJU de 14.9.2006), em que declarada a inconstitucionalidade do § 1º do art. 2º da Lei 8.072/90, que vedava a progressão de regime a condenados pela prática de crimes hediondos, e, ainda, precedentes da Turma que, antes desse julgamento, já vinham entendendo que a aludida vedação não impedia a substituição. HC deferido para que, afastada a incidência do art. 2º, § 1º, da Lei 8.072/90, seja restabelecida a substituição da pena privativa de liberdade por restritivas de direitos, desde que preenchidos os pressupostos legais do art. 44 do CP. HC 88879/RJ, rel. Min. Ricardo Lewandowski, 6.2.2007. (HC-88879) (Inform. STF 455)

13.1. SUPERIOR TRIBUNAL DE JUSTIÇA

DIREITO PENAL. REQUISITOS PARA CONFIGURAÇÃO DO DELITO DE ASSOCIAÇÃO PARA O TRÁFICO.

Exige-se o dolo de se associar com permanência e estabilidade para a caracterização do crime de associação para o tráfico, previsto no art. 35 da Lei n. 11.343/2006. Dessa forma, é atípica a conduta se não houver ânimo associativo permanente (duradouro), mas apenas esporádico (eventual). Precedentes citados do STF: HC 64.840-RJ, DJ 21/8/1987; do STJ: HC 166.979-SP, DJe 15/8/2012, e HC 201.256-MG, DJe 29/6/2012. **HC 139.942-SP, Rel. Min. Maria Thereza de Assis Moura, julgado em 19/11/2012.(Inform. STJ 509)**

INDULTO. TRÁFICO ILÍCITO DE DROGAS.

É pacífico o entendimento do STJ de não ser possível o deferimento de indulto a réu condenado por tráfico ilícito de drogas, ainda que tenha sido aplicada a causa de diminuição de pena prevista no art. 33, § 4º, da Lei n. 11.343/2006, já que remanesce a tipicidade do crime. O STF já asseverou a inconstitucionalidade da concessão do indulto ao condenado por tráfico de drogas, independentemente do *quantum* da pena imposta, diante do disposto no art. 5º, XLIII, da CF. Precedentes citados do STF: ADI 2.795-DF, DJ 20/6/2003; do STJ: HC 147.389-MS, DJe 17/11/2011; HC 160.102-MS, DJe 28/9/2011; HC 167.120-MS, DJe 21/3/2011; HC 149.032-MS, DJe 22/11/2010, e HC 147.982-MS, DJe 21/6/2010. **HC 167.825-MS, Rel. Min. Alderita Ramos de Oliveira (Desembargadora convocada do TJ-PE), julgado em 16/8/2012.(Inform. STJ 502)**

TRÁFICO. NÃO APREENSÃO DA DROGA.

A ausência de apreensão da droga não torna a conduta atípica se existirem outros elementos de prova aptos a comprovarem o crime de tráfico. No caso, a denúncia fundamentou-se em provas obtidas pelas investigações policiais, dentre elas a quebra de sigilo telefônico, que são meios hábeis para comprovar a materialidade do delito perante a falta da droga, não caracterizando, assim, a ausência de justa causa para a ação penal. **HC 131.455-MT, Rel. Min. Maria Thereza de Assis Moura, julgado em 2/8/2012.(Inform. STJ 501)**

LEI PENAL NO TEMPO. TRÁFICO E ASSOCIAÇÃO PARA O TRÁFICO INTERNACIONAL DE DROGAS. DELITO PERMANENTE. PROGRESSÃO DE REGIME.
No *habeas corpus*, o paciente, condenado pelos crimes de tráfico e associação para o tráfico internacional de drogas, postulava a retificação da sua guia de recolhimento para que constasse como data do delito o dia 5/9/2006, conforme fixada para o corréu, em observância ao princípio da isonomia, propiciando-lhe, assim, a progressão de regime após o cumprimento de 1/6 da pena, nos termos da antiga redação da Lei n. 8.072/1990. A Turma, por maioria, denegou a ordem sob a afirmação de que, tratando-se de condenado por delito de natureza permanente, incide a legislação vigente ao tempo da cessação dos atos executórios, ainda que mais gravosa. Na espécie, as atividades criminosas se ultimaram com a prisão de diversas pessoas, inclusive com a do paciente em 11/4/2008. Dessa forma, considerada a data do cometimento do delito – 11/4/2008 –, aplica-se ao paciente, para a progressão prisional, os parâmetros estabelecidos na novel legislação (Lei n. 11.464/2007), ou seja, o cumprimento de 2/5 da pena, aos condenados por crimes hediondos ou equiparados. Destacou o Min. Og Fernandes que, não obstante constar, na guia de execução do corréu, data diversa por suposto equívoco do Juízo da Execução, esta não poderia ser utilizada em benefício do paciente, sob o manto da isonomia. Vale dizer, um erro não justifica o outro. **HC 202.048-RN, Rel. originário Min. Sebastião Reis, Rel. para o acórdão Min. Og Fernandes, julgado em 15/5/2012. (Inform. STJ 497)**

TRÁFICO INTERESTADUAL. DROGAS. TRANSPORTE PÚBLICO.
Na espécie, o paciente foi abordado dentro de transporte coletivo, quando transportava 1.120 g de cocaína, no interior de sua bagagem pessoal. A pena foi fixada em oito anos e nove meses de reclusão, a ser inicialmente cumprida em regime fechado, e ao pagamento de 100 dias-multa, sendo que o tribunal *a quo* confirmou as causas de aumento de pena previstas no art. 40, III e V, da Lei n. 11.343/2006. No *writ*, o paciente alega a necessidade de efetiva transposição da fronteira para a caracterização do tráfico interestadual de drogas. Nesse contexto, a Turma denegou a ordem ao entendimento de que, para a incidência da causa de aumento prevista no art. 40, V, da Lei n. 11.343/2006, não é necessária a efetiva transposição da fronteira interestadual, bastando que fique evidenciado, pelos elementos de prova, que a droga transportada teria como destino localidade de outro estado da Federação. *In casu*, o paciente foi preso em flagrante em ônibus que fazia o trajeto de Corumbá-MS para Florianópolis-SC, trazendo consigo droga, e confessou, tanto em inquérito quanto em juízo, a intenção de transportá-la para a cidade localizada no Estado de Santa Catarina, local em que residia. Ressaltou-se que a referida causa de aumento de pena visou valorar o elevado grau de reprovabilidade da conduta daquele que busca fornecer droga para além dos limites do seu estado. Ademais, consignou-se que, o fato de a droga ter sido encontrada na mala do paciente localizada no interior de transporte coletivo (ônibus) mostrou-se suficiente para a caracterização da majorante prevista no art. 40, III, da mencionada lei. Precedentes citados do STF: HC 99.452-MS, DJe 8/10/2010; do STJ: HC 157.630-SP, DJe 13/12/2010; REsp 1.199.567-MS, DJe 28/6/2011; HC 100.644-MS, DJe 28/6/2011, e HC 184.419-MS, DJe 13/12/2010. **HC 109.724-MS, Rel. Min. Og Fernandes, julgado em 23/8/2011.** (Inform. STJ 481)

TRÁFICO. DROGAS. TRANSPORTE PÚBLICO. MAJORANTE. ART. 40, III, DA LEI N. 11.343/2006.
Na espécie, a paciente foi surpreendida ao transportar seis quilos de maconha dentro de um ônibus intermunicipal. O tribunal *a quo* fixou a pena-base no mínimo legal e reconheceu a causa de aumento da pena prevista no art. 40, III, da Lei n. 11.343/2006, tornando-a definitiva em seis anos e oito meses de reclusão a ser inicialmente cumprida em regime fechado. A Turma denegou a ordem apoiada em remansosa jurisprudência, afirmando que a causa do aumento de pena do art. 40, III, da Lei 11.343/2006 incide quando o agente utiliza transporte público com grandes aglomerações de pessoas no intuito de passar despercebido, tornando a traficância mais fácil e ágil. Para a incidência da referida norma, basta o simples uso daquele tipo de transporte, independentemente da distribuição da droga naquele local, sendo irrelevante se o paciente ofereceu ou tentou disponibilizar a substância para outros passageiros. Precedentes citados: HC 116.051-MS, DJe 3/5/2010, e HC 119.635-MS, DJe 15/12/2009. **HC 199.417-MS, Rel. Min. Haroldo Rodrigues (Desembargador convocado do TJ-CE), julgado em 24/5/2011 (ver Informativo n. 472).** (Inform. STJ 474)

TRÁFICO. DROGAS. TRANSPORTE PÚBLICO.
A Turma reafirmou que, no delito de tráfico ilícito de drogas, a causa de aumento de pena do art. 40, III, da Lei n. 11.343/2006 incide pela simples utilização do transporte público na condução da substância entorpecente, sendo irrelevante se o agente a ofereceu ou tentou distribuí-la aos demais passageiros no local. Precedentes citados: HC 116.051-MS, DJe 3/5/2010, e HC 119.635-MS, DJe 15/12/2009. **HC 118.565-MS, Rel. Min. Haroldo Rodrigues (Desembargador convocado do TJ-CE), julgado em 10/5/2011.** (Inform. STJ 472)

TRÁFICO. PRESCRIÇÃO. ANSIOLÍTICO. ANORÉXICO.
O paciente firmou prescrição médica de medicamentos que continham ansiolíticos e anoréxicos, o que é proibido pelos arts. 47 e 48 da Portaria n. 344/1998 da Secretaria de Vigilância Sanitária do Ministério da Saúde. Destaca-se a peculiaridade de que não se prescreviam ambos os medicamentos na mesma receita, mas em separadas, daí a alegação de falta de justa causa para a ação penal. Nesse contexto, a Turma, ao prosseguir o julgamento, entendeu negar provimento ao recurso. O Min. Celso Limongi (Desembargador convocado do TJ-SP) destacou, em seu voto-vista, que, mesmo diante da peculiaridade, é certo que se tomavam os medicamentos em associação, o que poderia ocasionar a dependência química. Assim, concluiu que essa conduta deve ser analisada primeiramente pelas instâncias ordinárias, lembrando, também, que o crime de tráfico ilícito de drogas caracteriza-se como norma penal em branco, a depender de regulamentação administrativa. Por último, aduziu que a falta de apreensão das receitas não tem importância, visto que são devolvidas aos pacientes (art. 35, § 5º, da referida portaria) e que as notificações juntadas nos autos são "espelhos" das receitas. **RHC 26.915-SC, Rel. Min. Maria Thereza de Assis Moura, julgado em 5/5/2011.** (Inform. STJ 471)

TRÁFICO. ENTORPECENTES. CAUSAS. DIMINUIÇÃO. PENA.
Trata-se de *habeas corpus* em que se pretende o incremento da fração redutora prevista no art. 33, § 4º, da Lei n. 11.343/2006 sob a alegação de que o paciente preenche os requisitos legais. Pretende-se, ainda, a fixação do regime aberto e a substituição da pena privativa de liberdade por restritiva de direitos. A Turma, ao prosseguir o julgamento, denegou a ordem ao entendimento de que, na hipótese, justifica-se o percentual de 1/6 para a diminuição da pena por força do art. 33, § 4º, da Lei n. 11.343/2006, sendo perfeitamente possível a utilização da quantidade e da qualidade da droga, bem como da conduta social (o exercício da prática delitiva como meio de subsistência) para tal balizamento. Quanto ao regime prisional em que a reprimenda será inicialmente cumprida, esclareceu-se que os fatos que ensejaram a propositura da ação penal ocorreram em 21/1/2008, ou seja, após a vigência da Lei n. 11.464/2007, que, alterando a Lei n. 8.072/1990, impôs o regime fechado como o inicial para todos os condenados pela prática de tráfico ilícito de entorpecentes, independentemente do *quantum* de pena aplicado. Assim, consignou-se que, na espécie, o aresto hostilizado, ao eleger o regime prisional fechado para o início do cumprimento da pena imposta ao paciente, nada mais fez do que seguir expressa determinação legal (art. 2º, § 1º, da Lei n. 8.072/1990). Registrou-se, por fim, não possuir o paciente os requisitos necessários a fim de obter a concessão da substituição da pena por restritiva de direitos, visto que a pena aplicada foi superior a quatro anos. Precedentes citados: HC 134.249-SP, DJe 14/9/2009, e HC 122.106-SP, DJe 22/6/2009. **HC 175.907-ES, Rel. Min. Napoleão Nunes Maia Filho, julgado em 7/4/2011.** (Inform. STJ 468)

TRÁFICO. DROGAS. REGIME PRISIONAL.
A Turma denegou a ordem de *habeas corpus,* com ressalva do ponto de vista pessoal de alguns Ministros, firmando o entendimento de que o delito de tráfico de entorpecentes, por ser equiparado aos crimes hediondos segundo expressa disposição constitucional, sujeita-se ao tratamento dispensado a esses crimes. Ademais, com o advento da Lei n. 11.464/2007, que deu nova redação ao § 1º do art. 2º da Lei n. 8.072/1990 (crimes de tráfico), ficou estabelecida a obrigatoriedade do regime inicial fechado para os crimes ali previstos. Assim, o regime inicial fechado para o desconto das penas impostas por desrespeito ao art. 33 da Lei n. 11.343/2006, nos termos da alteração trazida pela Lei n. 11.464/2007, é imposição legal que independe da quantidade de sanção imposta e de eventuais condições pessoais favoráveis do réu. O Min. Relator ressaltou ainda que, no caso, o fato delituoso é posterior ao advento da nova redação do art. 2º da Lei dos Crimes Hediondos, já que foi praticado em 29/6/2008, e os pacientes foram condenados, respectivamente, às penas de quatro anos, três meses e 20 dias de reclusão e quatro anos e dois meses de reclusão em regime inicialmente fechado pela prática do delito previsto no art. 33 da Lei n. 11.343/2006. Precedente citado: REsp 1.193.080-MG, DJe 16/11/2010. **HC 174.543-SP, Rel. Min. Gilson Dipp, julgado em 15/3/2011.** (Inform. STJ 466)

TRÁFICO. DROGAS. SUBSTITUIÇÃO. PENA.

A Turma concedeu a ordem para assegurar ao paciente a substituição da pena privativa de liberdade por pena restritiva de direitos, a ser implementada pelo juízo das execuções penais nos termos do art. 44 do CP. É cediço que a vedação da substituição da pena privativa de liberdade por pena restritiva de direitos constante do art. 44 da Lei n. 11.343/2006 aos apenados pela prática do crime de tráfico de drogas não subsiste após o Plenário do STF ter declarado incidentalmente a inconstitucionalidade dos termos desse art. 44 que vedavam tal benefício. Precedentes citados: HC 97.256-RS, DJe 15/5/2008, e HC 106.296-SP, DJe 2/8/2010. **HC 162.965-MG, Rel. Min. Laurita Vaz, julgado em 15/3/2011.** (Inform. STJ 466)

TRÁFICO. DROGAS. CONTINUIDADE DELITIVA.

Com referência ao crime de tráfico de drogas, a Turma, por maioria, entendeu, entre outros tópicos, que a jurisprudência do STJ é pacífica quanto a permitir o aumento de pena pela continuidade delitiva ao se levar em conta o número de infrações. Assim, na hipótese, de quatro delitos, entendeu correta a exacerbação da pena em um quarto em razão do crime continuado. O voto divergente do Min. Jorge Mussi entendia não ser possível aplicar ao delito de tráfico de drogas a figura do crime continuado em razão de sua natureza de crime permanente. O Min. Honildo Amaral de Mello Castro (Desembargador convocado do TJ-AP) acompanhou a maioria com ressalvas. Precedentes citados: HC 112.087-SP; HC 125.013-MS, DJe 30/11/2009; HC 106.027-RS, DJe 23/8/2010; HC 103.977-SP, DJe 6/4/2009; HC 44.229-RJ, DJ 20/3/2006, e HC 30.105-SP, DJ 18/4/2005. **HC 115.902-RJ, Rel. Min. Laurita Vaz, julgado em 18/11/2010.** (Inform. STJ 456)

TRÁFICO. DROGAS. SUBSTITUIÇÃO. PENA.

A Turma reafirmou ser possível a substituição da pena privativa de liberdade por restritiva de direitos nas condenações referentes ao crime de tráfico de drogas praticado sob a égide da Lei n. 11.343/2006, conforme apregoam precedentes do STF e do STJ. Na hipótese, o paciente foi condenado pela prática do delito descrito no art. 33, *caput*, daquela lei e lhe foi aplicada a pena de um ano e oito meses de reclusão, reduzida em razão do § 4º do citado artigo. Então, reconhecida sua primariedade e determinada a pena-base no mínimo legal em razão das favoráveis circunstâncias judiciais, há que fixar o regime aberto para o cumprimento da pena (princípio da individualização da pena) e substituí-la por duas restritivas de direitos a serem definidas pelo juízo da execução. Precedentes citados do STF: HC 102.678-MG, DJe 23/4/2010; do STJ: HC 149.807-SP, DJe 3/11/2009; HC 118.776-RS; HC 154.570-RS, DJe 10/5/2010, e HC 128.889-DF, DJe 5/10/2009. **HC 151.199-MG, Rel. Min. Haroldo Rodrigues** (Desembargador convocado do TJ-CE), **julgado em 10/6/2010** (ver Informativo n. 433). (Inform. STJ 438)

TRÁFICO. DROGAS. REGIME FECHADO.

O crime imputado ao paciente foi tráfico de drogas praticado em 8/5/2008, já sob a égide da Lei n. 11.464/2007, cuja entrada em vigor se deu em 29/3/2007, que alterou o art. 2º, § 1º, da Lei n. 8.072/1990, determinando o estabelecimento de regime fechado para o início do cumprimento da pena aplicada, qualquer que ela seja. A defesa do paciente alega que a quantidade imposta, a primariedade e as circunstâncias judiciais favoráveis autorizariam a imposição do regime aberto. Destaca o Min. Relator que, embora, segundo o art. 2º, § 1º, da Lei n. 8.072/1990 (com a novel redação da Lei n. 11.464/2007), tenha sido vedado, expressamente, para os crimes hediondos ou a eles equiparados o regime inicial diverso do fechado, na fixação do regime prisional para o início de cumprimento da pena privativa de liberdade, há de levar-se em consideração a quantidade de pena imposta, as circunstâncias judiciais desfavoráveis ou favoráveis, a presença de agravantes, atenuantes, causas de aumento ou diminuição. Isso porque, no Estado democrático de direito, as normas devem mostrar-se ajustadas com o processo constitucional. Observa que a aplicação literal do artigo inserido pela Lei. n. 11.464/2007 na Lei dos Crimes Hediondos sem considerar as peculiaridades do caso concreto acarretaria ofensa aos princípios da individualização da pena, da proporcionalidade e da efetivação do justo. Ressalta que, em decisão plenária em 2006, o STF declarou a inconstitucionalidade da proibição à progressão de regime (art. 2º, § 1º, na redação antiga da Lei dos Crimes Hediondos) por afronta ao princípio da individualização da pena e só depois a Lei n. 11.464/2007 derrogou a vedação à progressão de regime. No entanto, ainda persiste a ofensa ao princípio da individualização da pena, pois se aquele dispositivo responsável por impor o integral cumprimento da reprimenda no regime fechado é inconstitucional, também o é aquele dispositivo que determina a todos, independente da pena ou das circunstâncias judiciais do caso concreto, que inicie a expiação no regime mais gravoso. Pelo exposto, conclui que, na hipótese dos autos, a pena de um ano e oito meses de reclusão aliada às circunstâncias judiciais favoráveis permite o estabelecimento do regime aberto para o cumprimento da pena privativa de liberdade e também a sanção corporal por duas medidas restritivas de direitos. Observou ainda que, no julgamento da apelação interposta pelo MP, o tribunal *a quo*, embora tenha aplicado a causa de diminuição contida no art. 33, § 4º, da Lei n. 11.343/2006, no patamar máximo de dois terços, deixou de efetuar a mesma redução em relação à multa, o que ocasiona o constrangimento ilegal alegado pela defesa. Com esse entendimento, a Turma estabeleceu o regime aberto para o cumprimento da privativa de liberdade, substituiu-a por prestação de serviços à comunidade e limitação de fim de semana, redimensionou a pena pecuniária de 332 para 166 dias-multa e determinou que a implementação das restritivas de direitos ficasse a cargo do juiz das execuções. Com essa decisão, a Turma modificou seu entendimento sobre o tema ao adotar o do STF. Precedentes citados do STF: HC 82.959-SP, DJ 1º/9/2006; do STJ: HC 128.889-DF, DJe 5/10/2009; HC 102.741-RS, DJe 16/11/2009; HC 130.113-SC, DJe 19/2/2010, e HC 154.570-RS, DJe 10/5/2010. **HC 149.807-SP, Rel. Min. Og Fernandes, julgado em 6/5/2010.** (Inform. STJ 433)

TRÁFICO. ENTORPECENTE. DIMINUIÇÃO. PENA.

A Turma reiterou seu entendimento de que não se aplica a causa de diminuição de pena prevista no art. 33, § 4º, da Lei n. 11.343/2006, se evidenciado, nos autos, que o recorrido dedica-se à atividade criminosa – apreensão de vários apetrechos para comercialização de entorpecentes (embalagens, rolo plástico e balança de precisão) –, mesmo que seja primário e tenha bons antecedentes. Precedentes citados: HC 119.149-SP, DJe 2/2/2009; HC 113.005-SP, DJe 1/12/2008, e HC 148.148-SP, DJ 15/12/2007. **REsp 1.158.733-MG, Rel. Min. Felix Fischer, julgado em 4/5/2010.** (Inform. STJ 433)

TRÁFICO. COMBINAÇÃO. LEIS.

Como consabido, vem do art. 5º, XL, da CF/1988 o reconhecimento do princípio da retroatividade da lei mais benéfica como garantia fundamental, aplicando-se, imediatamente, a nova norma mais favorável ao acusado até mesmo após o trânsito em julgado da condenação. Contudo, a verificação da *lex mitior* no confronto de leis é feita *in concreto*, pois a norma aparentemente mais benéfica em determinado caso pode não sê-lo em outro. Daí que, conforme a situação, há retroatividade da norma nova ou a ultra-atividade da antiga (princípio da extra-atividade). Isso posto, o § 4º do art. 33 da Lei n. 11.343/2006 (nova lei de tráfico de drogas), que, ao inovar, previu causa de diminuição de pena explicitamente vinculada ao novo apenamento constante no *caput* daquele mesmo artigo, não pode ser combinado ao conteúdo do preceito secundário do tipo referente ao tráfico previsto no art. 12 da Lei n. 6.368/1976 (antiga lei de tráfico de entorpecentes), a gerar terceira norma, não elaborada e jamais prevista pelo legislador. A aplicação dessa minorante, inexoravelmente, aplica-se somente em relação à pena prevista no *caput* do art. 33 da nova lei. Dessarte, há que se verificar, caso a caso, a situação mais vantajosa ao condenado, visto que, conforme apregoam a doutrina nacional, a estrangeira e a jurisprudência prevalecente no STF, jamais se admite a combinação dos textos para criar uma regra inédita. Precedentes citados do STF: RHC 94.806-PR, DJe 16/4/2010; HC 96.766-MG, DJe 5/3/2010, e HC 96.844-MS, DJe 5/2/2010. **EREsp 1.094.499-MG, Rel. Min. Felix Fischer, julgados em 28/4/2010.** (Inform. STJ 432)

TRÁFICO. DIMINUIÇÃO. PENA. HEDIONDEZ.

O crime de tráfico de drogas (*caput* e § 1º do art. 33 da Lei n. 11.343/2006), por expressa disposição constitucional (art. 5º, XLIII, da CF/1988), é figura equiparada, sem ressalvas, aos crimes hediondos tal como definidos em lei (Lei n. 8.072/1990), daí se sujeitar ao tratamento dispensado a esses crimes. Assim, não se justifica afastar essa equiparação pelo só motivo de que incidente a causa especial de diminuição de pena prevista no § 4º do art. 33 da Lei n. 11.343/2006, pois tal incidência não implica desconsiderar as razões que levaram o próprio texto constitucional a prever tratamento rigoroso ao tráfico. Acrescente-se que a vedação à substituição da pena privativa de liberdade por restritiva de direitos, também prevista no § 4º do referido artigo de lei, presta-se a demonstrar que a previsão da redução da pena não afasta o caráter hediondo do crime. Nem sequer o alegado paralelo com o homicídio privilegiado mostra-se pertinente, visto que, contrariamente ao que ocorre nos crimes contra a vida, no impropriamente nominado "tráfico privilegiado", as circunstâncias que se consideram para diminuir a pena não têm o condão de mitigar o juízo de reprovação incidente sobre a conduta de traficar: a aplicação da referida causa de diminuição da pena do tráfico interfere na quantidade da pena, não na qualificação ou natureza do malsinado crime. Sendo assim, na hipótese em questão, é descabida a pretensão de substituir a pena privativa de liberdade por restritiva de direitos, bem como de fixar o regime inicial aberto (arts. 33, § 4º, e 44 da Lei n. 11.343/2006 e art. 2º, § 1º, da Lei n. 8.072/1990).

Precedentes citados do STF: liminar no HC 102.881-SC, DJe 11/3/2010; do STJ: HC 143.361-SP, DJe 8/3/2010. **HC 149.942-MG, Rel. Min. Felix Fischer, julgado em 6/4/2010.** (Inform. STJ 429)

TRÁFICO. DROGAS. ASSOCIAÇÃO.

Trata-se de pacientes denunciados e condenados por tráfico de entorpecentes e associação; um deles foi condenado a nove anos e quatro meses de reclusão, sendo cinco anos e dez meses por tráfico e três anos e seis meses pela associação, enquanto o outro, a oito anos e seis meses de reclusão, ou seja, cinco anos e três meses por tráfico e três anos e três meses pela associação. A Defensoria Pública, no *habeas corpus*, alega que a condenação por associação foi fundamentada no simples fato de estarem os pacientes juntos no momento da abordagem policial e que o enquadramento legal para o aumento da pena é o de associação eventual prevista em legislação revogada pela Lei n. 11.343/2006. Para o Min. Relator, não há crime de associação; pois, em nenhum momento, foi feita qualquer referência nos autos a vínculo associativo permanente, e esse crime reclama concurso de duas ou mais pessoas de forma estável ou permanente, ligadas pelo *animus* associativo dos agentes, não se confundindo com a simples coautoria. Observa que também nesse sentido é a jurisprudência deste Superior Tribunal. Com esse entendimento, a Turma concedeu a ordem para excluir da condenação o tipo do art. 35 da Lei n. 11.343/2006. Precedentes citados: HC 21.863-MG, DJ 4/8/2003, e HC 46.077-MS, DJ 20/3/2006. **HC 149.330-SP, Rel. Min. Nilson Naves, julgado em 6/4/2010.** (Inform. STJ 429)

TRÁFICO. ENTORPECENTE. SUBSTITUIÇÃO. PENA.

O paciente foi condenado e incurso nas penas do art. 33 da Lei n. 11.343/2006. O Tribunal *a quo*, à vista do § 4º, reduziu-as em seu grau máximo, ficando estabelecido um ano e oito meses de reclusão em regime inicialmente fechado para o cumprimento da pena. Inicialmente, destacou o Min. Relator que a Sexta Turma deste Superior Tribunal vem admitindo a substituição da pena mais gravosa desde o julgamento do HC 32.498-RS, DJ 17/4/2004. Destacou, também, que o STF, no julgamento do HC 82.959-SP, entendeu que conflita com a garantia de individualização da pena (art. 5º, XLVI, da CF/1988) a imposição, mediante norma, do cumprimento da pena em regime integralmente fechado, nova inteligência do princípio da individualização da pena, em evolução jurisprudencial, assentada a inconstitucionalidade do art. 2º, § 1º, da Lei n. 8.072/1990. Entendeu que, como a progressão tem a ver com a garantia da individualização, de igual modo, a substituição da pena mais gravosa. E concluiu pela concessão da ordem, substituindo a pena privativa de liberdade por duas restritivas de direito: prestação de serviços à comunidade e limitação de fim de semana, deixando a cargo do juiz da execução estabelecer o que for necessário para a implementação das penas. A Min. Maria Thereza de Assis Moura e o Min. Og Fernandes salientaram que, até agora, seu posicionamento era denegar a ordem de *habeas corpus*, tendo em vista a decisão da Corte Especial que concluiu pela constitucionalidade da vedação. Mas, diante do posicionamento do STF no HC 102.678-MG, a decisão da Corte Especial sofreu outro posicionamento, em que restou assegurada a possibilidade da conversão da pena, aplicável nas hipóteses da Lei n. 11.343/2006, para o delito de tráfico, respeitadas as circunstâncias fáticas. Então, votaram também no sentido da concessão da ordem. Diante disso, a Turma, por maioria, também o fez. Precedentes citados: HC 120.353-SP, DJe 8/9/2009; HC 112.947-MG, DJe 3/8/2009; HC 76.779-MT, DJe 4/4/2008, e REsp 661.365-SC, DJe 7/4/2008. **HC 118.776-RS, Rel. Min. Nilson Naves, julgado em 18/3/2010.** (Inform. STJ 427)

TRÁFICO. DROGAS. REGIME INICIAL FECHADO.

Trata-se de HC no qual o paciente busca a fixação de regime prisional mais brando para o início do cumprimento de pena, uma vez que foi condenado pela prática do crime de tráfico de drogas cometido em 28/4/2008, portanto após o advento da Lei n. 11.464/2007. A Turma denegou a ordem e reiterou seu entendimento de que, embora o legislador tenha previsto a possibilidade de reduzir as sanções do agente primário, de bons antecedentes que não se dedica à atividade criminosa nem integra organização criminosa (art. 33, § 4º, da Lei n. 11.343/2006), subsistem as razões que o levaram a qualificar o tráfico ilícito de entorpecentes como equiparado a hediondo, pois os critérios que permitem a redução da pena não têm a finalidade de mitigar o juízo de reprovação incidente sobre a conduta delituosa em si mesma, que continua sendo a de tráfico ilícito de drogas. Demonstrada a hediondez da figura descrita no art. 33, § 4º, da Lei n. 11.343/2006, não há que se falar em não incidência da Lei n. 11.464/2007 nesses casos. Assim, consumado o crime de tráfico de entorpecentes após o advento da Lei n. 11.464/2007, a qual atribuiu nova redação ao art. 2º, § 1º, da lei dos crimes hediondos (Lei n. 8.072/1990), que estabeleceu o regime inicial fechado no caso dos condenados pela prática do mencionado delito, não há falar em regime inicial diverso do fechado. Precedentes citados do STF: HC 91.360-SP, DJe 20/6/2008; do STJ: HC 119.506-GO, DJe 9/2/2009, e HC 106.461-GO, DJe 3/11/2008. **HC 143.361-SP, Rel. Min. Jorge Mussi, julgado em 23/2/2010.** (Inform. STJ 424)

HC. CAUSA ESPECIAL. DIMINUIÇÃO. PENA.

O paciente pleiteia a aplicação da causa especial de diminuição de pena prevista no art. 33, § 4º, da Lei n. 11.343/2006, em seu patamar máximo. Diante disso, a Turma concedeu a ordem em parte, para aplicar a causa especial de diminuição de pena prevista no mencionado artigo da referida lei em seu grau máximo de dois terços, reduzindo, consequentemente, a reprimenda imposta ao paciente para um ano e oito meses de reclusão e 166 dias-multa, mantida no mais a sentença condenatória. O Min. Relator entendeu que o paciente preenche os requisitos para a aplicação da causa de diminuição de pena. No caso, porém, entendeu que a natureza da droga apreendida não se mostra suficiente a fundamentar a aplicação da causa de diminuição, em grau mínimo, até porque, na hipótese, verificou-se a apreensão de 10 invólucros de cocaína, o que não pode ser considerado como expressiva quantidade de entorpecentes a fim de justificar uma menor diminuição de pena. Portanto, somente a elevada quantidade de entorpecente e circunstâncias judiciais desfavoráveis, o que não é o caso, justificariam adequadamente a redução em fração diversa da máxima legal. Assim, está caracterizado o constrangimento ilegal na aplicação do benefício em questão, na fração de um terço, devendo ser redimensionadas as penas. Quanto ao pedido de substituição de pena ao fundamento de inconstitucionalidade da norma que veda tal benefício, contida no art. 33, § 4º, e no art. 44, ambos da mesma lei, os referidos preceitos impedem a conversão da pena corporal em restritiva de direitos no caso de condenados por tráfico ilícito de entorpecente. Ressalvando seu entendimento, destacou o Min. Relator que a Corte Especial deste Superior Tribunal rejeitou a inconstitucionalidade suscitada pela Sexta Turma no HC 120.353-SP, DJe 18/12/2009, reconhecendo a validade das referidas normas proibitivas à conversão da pena. Destacou, ainda, que a infração foi cometida em 1º/9/2007; na vigência, portanto, da Lei n. 11.343/2006, o que impede a concessão do intentado benefício por expressa proibição legal. **HC 153.125-MG, Rel. Min. Og Fernandes, julgado em 18/2/2010.** (Inform. STJ 423)

TRÁFICO. ENTORPECENTE. SUBSTITUIÇÃO. PENA.

O paciente foi preso em flagrante trazendo consigo aproximadamente cinco quilos de cocaína, sendo condenado como incurso no art. 33 c/c o art. 40, I, ambos da Lei n. 11.343/2006. No HC, pretende o reconhecimento do direito à substituição de pena, sustentando a inconstitucionalidade da norma que veda o benefício contida no art. 33, § 4º, e no art. 44, ambos do referido diploma legal. Inicialmente, observou-se que, em recente decisão proferida pela Corte Especial deste Superior Tribunal, foi reconhecida a validade das mencionadas normas proibitivas de conversão da pena. Ressaltou-se que a infração cometida ocorreu em 17/5/2007, na vigência, portanto, da citada Lei n. 11.343/2006; e, ainda, que, se assim não fosse, o paciente não preenche o requisito previsto no art. 44, III, do CP, já que a sentença reconheceu como desfavoráveis sua conduta social e personalidade na ocasião da fixação da pena-base. Diante disso, a Turma, por maioria, denegou a ordem. O Min. Nilson Naves, em voto vencido, concedia a ordem para substituir a pena privativa de liberdade por duas restritivas de direitos, quais sejam, prestação de serviços à comunidade e limitação de fim de semana, ficando a cargo do juiz das execuções sua implementação. Precedentes citados: HC 118.098-RS, DJe 9/12/2008, e HC 128.256-SP, DJe 26/10/2009. **HC 120.353-SP, Rel. Min. Og Fernandes, julgado em 9/2/2010.** (Inform. STJ 422)

HC. TRÁFICO INTERNACIONAL. DROGAS.

O paciente, juntamente com outras pessoas, inclusive dois irmãos seus, estaria envolvido, de forma estável, em vigoroso esquema de tráfico internacional de drogas. No curso de investigações realizadas pela Polícia Federal brasileira, em conjunto com a Polícia colombiana, foram apreendidos, no intervalo de três dias, dois carregamentos de cocaína com peso aproximado de 143 quilos. O entorpecente teria por origem a Colômbia e seguiria à Ilha de Cabo Verde, de onde seria levado à Europa. Inicialmente, o Min. Relator Og Fernandes entendeu que deve ser afastada a pena referente ao crime previsto no art. 10 da Lei n. 9.437/1997, uma vez que a condenação deu-se pelo crime de posse ilegal de arma, pois o paciente guardava, em sua residência, armamento de uso permitido. Tal conduta, entretanto, há de ser alcançada pela *abolitio criminis* temporária trazida pela Lei n. 10.826/2003, impondo, assim, o reconhecimento da atipicidade. Sobre a alegação de faltar justa causa para a persecução penal quanto aos crimes de tráfico de drogas e associação para o tráfico, entendeu o Min. Relator que, nesse ponto, a ordem não comporta concessão. A jurisprudência iterativa deste

Superior Tribunal é no sentido de que o trancamento da ação penal em sede de *habeas corpus* é medida excepcional, somente se justificando se demonstrada, inequivocamente, a absoluta falta de provas, a atipicidade da conduta ou a ocorrência de causa extintiva da punibilidade. Mas, na hipótese, foram apontados robustos fundamentos que indicam a participação do paciente nos crimes que lhe são atribuídos. Pela descrição pormenorizada da atuação de cada um dos envolvidos, ao paciente incumbiria a tarefa de remeter a droga para fora do país. O entorpecente seguiria para a Europa em navios, camuflado em carregamentos de tijolos e de madeiras, remessa que se valeria da empresa de propriedade de seus irmãos. Em razão disso, a Turma concedeu parcialmente a ordem tão somente a fim de afastar da condenação a pena referente ao crime de posse ilegal de arma de fogo. Precedentes citados: HC 100.561-MT, DJe 18/5/2009; HC 120.232-RJ, DJe 1º/6/2009; HC 61.174-MS, DJ 24/9/2007; HC 81.982-PB, DJe 21/9/2009, e HC 110.625-PR, DJe 2/3/2009. **HC 44.267-PA, Rel. Min. Og Fernandes, julgado em 3/12/2009.** (Inform. STJ 418)

TRÁFICO. ENTORPECENTE. ADOLESCENTE.

O paciente foi condenado, pela prática de crime de tráfico ilícito de entorpecente dirigido ao consumo de adolescente, à pena de oito anos e nove meses de reclusão. Agora, em *habeas corpus* substitutivo de recurso ordinário, busca o reconhecimento da *abolitio criminis* quanto à majorante prevista no art. 18, III, segunda parte, da Lei n. 6.368/1976, porque a nova Lei de Tóxicos (Lei n. 11.343/2006) não contemplou a hipótese. Explica o Min. Relator que, apesar de a nova Lei de Tóxicos não prever mais o concurso eventual de agentes como causa de aumento de pena para os delitos nela previstos, o art. 40, VI, dessa lei continua estabelecendo o tráfico como causa de aumento de pena, quando sua prática envolver ou visar atingir criança, adolescente ou pessoa com capacidade de entendimento diminuída por qualquer motivo. Nesses casos, não há *abolitio criminis*, por isso o TJ manteve a causa de aumento em virtude de o crime ter envolvido venda de substância entorpecente para adolescente. Ante o exposto, a Tuma denegou a ordem. Precedente citado: HC 100.153-RS, DJe 2/6/2008. **HC 133.887-SP, Rel. Min. Felix Fischer, julgado em 5/11/2009.** (Inform. STJ 414)

HC. TRÁFICO. ENTORPECENTE. DOSIMETRIA. PENA.

O paciente foi condenado à pena definitiva de sete anos de reclusão em regime fechado e multa por infração ao art. 33, *caput*, da Lei n. 11.343/2006. Sustenta a impetração a ausência de fundamentação concreta para manutenção da pena-base acima do mínimo legal, alega que processos em andamento foram considerados como antecedentes criminais e que deve ser aplicada a causa de diminuição prevista no art. 33, § 4º, da mencionada lei. Para o Min. Relator, a elevada quantidade da droga (157,3 kg de maconha) é fundamento suficiente, no caso, para a manutenção da pena-base tal como fixada pela sentença e confirmada pelo acórdão recorrido. Na hipótese, a exacerbação da pena-base, ainda que se retire a menção aos maus antecedentes do paciente, porque, segundo a orientação deste Superior Tribunal, ações penais em andamento e inquéritos em curso não podem ser considerados como maus antecedentes para fins de elevação da pena-base, sob pena de violação do princípio constitucional da presunção de inocência, a sanção penal não deve retroceder ao mínimo legal, uma vez que extremamente elevada a culpabilidade em vista da quantidade de droga apreendida. É inviável a aplicação do redutor do art. 33, § 4º, da Lei n. 11.343/2006 no caso; pois, apesar da primariedade do acusado, a expressiva quantidade da droga indica sua participação em organização criminosa. **HC 140.221-MS, Rel. Min. Napoleão Nunes Maia Filho, julgado em 22/9/2009.** (Inform. STJ 408)

TRÁFICO. ENTORPECENTE. NOVA LEI.

O paciente foi denunciado e condenado como incurso no art. 33 da Lei n. 11.343/2006 à pena de sete anos e seis meses de reclusão e 750 dias multa. Apelou, mas o Tribunal *a quo* só reduziu a pena base ao mínimo legal, deixando de conceder a minorante prevista no art. 33, § 4º, da citada lei ao argumento de que seria facultativa sua aplicação. Insurge-se o paciente contra esse entendimento, por preencher todos os requisitos legais para sua aplicação. Observa a Min. Relatora que o delito foi cometido sob a égide da nova legislação (Lei n. 11.343/2006) e, uma vez preenchidos os requisitos previstos no seu art. 33, § 4º, é de rigor a aplicação da causa de diminuição por não se tratar de mera faculdade do julgador. Diante do exposto, a Turma, ao prosseguir o julgamento, concedeu a ordem para reformar o acórdão recorrido e a sentença condenatória, para quantificar a pena em dois anos e seis meses de reclusão e 250 dias multa e, ainda, de ofício, determinar que o paciente seja submetido ao regime aberto mediante aferição dos requisitos subjetivos e estabelecimento de condições pelo juízo das Execuções Penais. **HC 129.626-SP, Rel. Min. Laurita Vaz, julgado em 13/8/2009.** (Inform. STJ 402)

TRÁFICO INTERNACIONAL. ENTORPECENTE.

Trata-se de paciente estrangeira residente em Lisboa, mas presa em flagrante em São Paulo, com 4.988g de cocaína condicionada em fundos falsos de duas malas prontas para embarcar rumo à ilha de Cabo Verde. A paciente foi condenada à pena de nove anos e quatro meses de reclusão em regime inicial fechado, mais pagamento de 800 dias multas por infringência ao art. 33, *caput*, c/c art. 40, I, da Lei n. 11.343/2006. A defesa apelou, mas o Tribunal *a quo* só deu parcial provimento ao recurso para aplicar a causa de diminuição de pena prevista no art. 33, § 4º, da citada lei, daí o *habeas corpus*. Para o Min. Relator, a súplica quanto à incompetência da Justiça Federal não comporta conhecimento, uma vez que a sentença condenatória e o acórdão recorrido, diante dos fatos probatórios, concluíram de forma fundamentada pela transnacionalidade do delito de tráfico de entorpecente, que, como sabido, é de competência da Justiça Federal. Correto foi também o indeferimento justificado pelo juiz para inquirição de testemunhas arroladas residentes no exterior, as quais, segundo a própria paciente, nada sabiam sobre os fatos apurados, caracterizando-se prescindibilidade de tal inquirição, ou até inocuidade, sendo coerente com o princípio da celeridade processual. O pedido de retratação da confissão previsto nos arts. 196 e 200 do CPP foi feito após a prolação da sentença condenatória, quando exaurida a jurisdição do juízo de primeiro grau, sem qualquer elemento novo de prova a justificar uma diligência em segunda instância, e a retração isolada não seria suficiente para acarretar a absolvição do paciente. Por outro lado, o art. 59 da Lei n. 11.343/2006 só é aplicável se o réu permaneceu em liberdade no curso do processo, o que não é o caso. Ressaltou que a proibição da concessão de liberdade provisória a autores de tráfico ilícito de entorpecentes está prevista no art. 44 da citada lei que é, *per se*, fundamento suficiente, e, por se tratar de norma especial, a regra geral do parágrafo único da art. 310 do CPP resta afastada. Observou ainda que, sendo a pena base acima do patamar mínimo, mas com fundamentação concreta e dentro do critério da discricionariedade juridicamente vinculada, não há como proceder a qualquer reparo em sede de *habeas corpus*. Com esses argumentos, a Turma denegou a ordem. Precedentes citados do STF: HC 83.468-ES, DJ 23/4/2004; do STJ: HC 21.532-CE, DJ 2/12/2002; AgRg no RHC 22.355-MG, DJe 3/11/2009; RHC 17.290-MG, DJe 17/3/2008, e RHC 24.237-ES, DJ 19/12/2002. **HC 132.908-CE, Rel. Min. Felix Fischer, julgado em 13/8/2009.** (Inform. STJ 402)

ARGUIÇÃO. INCONSTITUCIONALIDADE. ART. 44 DA LEI N. 11.343/2006.

A Turma, ao prosseguir o julgamento, acolheu a arguição de inconstitucionalidade do art. 44 da Lei n. 11.343/2006 (quanto à vedação da conversão das penas privativas de liberdade em restritivas de direitos) proposta pelo Min. Nilson Naves em seu voto vista e, conforme dispõe o art. 200 do RISTJ, remeteu o feito ao julgamento da Corte Especial. **HC 120.353-SP, Rel. Min. Og Fernandes, julgado em 13/8/2009.** (Inform. STJ 402)

ENTORPECENTE. TRÁFICO INTERESTADUAL.

As pacientes adquiriram a droga em um estado-membro com a confessada intenção de transportá-la a outro. Sucede que seu desígnio foi obstado por causas alheias à sua vontade, visto que interceptadas e presas antes de cruzarem a fronteira interestadual. Nesse contexto, a Turma, por maioria, decotou da condenação a causa especial de aumento prevista no art. 40, V, da Lei n. 11.343/2006, por entender não configurado o tráfico interestadual. **HC 115.787-MS, Rel. Min. Jorge Mussi, julgado em 3/2/2009.** (Inform. STJ 382)

PUNIBILIDADE. EXTINÇÃO. DETRAÇÃO. SERVIÇOS À COMUNIDADE.

A Turma, prosseguindo o julgamento, denegou a ordem para sustar a execução da pena de prestação de serviços à comunidade até a decisão final do pedido de detração do condenado pelo delito do art. 28, II, da Lei n. 11.343/2006; na espécie, em que há despenalização do uso de entorpecentes em razão da citada lei, não se extingue a punibilidade com o cumprimento da pena. **HC 90.285-MG, Rel. Min. Napoleão Nunes Maia Filho, julgado em 11/12/2008**. (Inform. STJ 380)

NULIDADE. DENÚNCIA ANÔNIMA. LAUDO TOXOLÓGICO.

Trata-se de *habeas corpus* em que se pretende a nulidade do processo contra o ora paciente, sob a alegação de que ele foi processado e condenado com base em denúncia anônima, de que inexiste prova da materialidade do delito, está ausente o laudo toxicológico da droga e falta fundamentação à sentença e ao acórdão recorrido. A denúncia anônima, ainda que com reservas, é admitida em nosso ordenamento jurídico, sendo considerada apta a deflagrar procedimentos de averiguação, como o inquérito policial, conforme contenha ou não elementos informativos idôneos suficientes e desde que observadas as devidas cautelas no que diz respeito à identidade do investigado. Na hipótese, o laudo da substância entorpecente não é condição única para basear a condenação, pois outros dados, incluindo a vasta prova testemunhal e documental produzida na instrução criminal, foram suficientes para convencer as instâncias ordinárias no sentido da traficância e, em conseqüência, da materialidade delitiva. Assim, não há falar em falta de fundamentação do acórdão *a quo*. Contudo, no caso, não deve subsistir o entendimento firmado no acórdão ora impugnado porque ausente motivação idônea a justificar o aumento de pena, em relação à transnacionalidade delitiva, acima do patamar mínimo de 1/6, conforme prevê o art. 40, I, da Lei n. 11.343/2006. Com esses argumentos, entre outros, a Turma concedeu parcialmente a ordem. Precedentes citados: HC 44.649-SP, DJ 8/10/2007; HC 38.093-AM, DJ 17/12/2004, e HC 40.329-RJ, DJ 21/3/2005. **HC 91.727-MS, Rel. Min. Arnaldo Esteves Lima, julgado em 2/12/2008.** (Inform. STJ 379)

PRISÃO PREVENTIVA. TRÁFICO. ASSOCIAÇÃO.

Trata-se de *habeas corpus* contra o acórdão que manteve a prisão do ora paciente, denunciado pela prática em tese dos delitos previstos nos arts. 33, 35 e 40 da Lei n. 11.343/2006. Alega-se, entre outras coisas, a ocorrência de constrangimento ilegal diante da ausência de fundamentação da ordem de prisão preventiva, que se restringiu a repetir o texto do art. 312 do CPP, sem indicar motivação concreta que ensejasse a medida extrema, em flagrante ofensa à regra do art. 93 da CF/1988. Ao prosseguir o julgamento, a Turma, por maioria, denegou a ordem ao entendimento de que, frente a fortes indícios de que o paciente, cidadão estrangeiro, liderava bem montada e complexa organização criminosa com ramificações no exterior e voltada para a prática de tráfico internacional de entorpecentes, não se mostra desfundamentado o decreto de prisão cautelar e a negativa de sua revogação, sustentados no resguardo da ordem pública, pois há sérios riscos de as atividades ilícitas serem retomadas com a soltura do paciente. Condições pessoais, ainda que efetivamente favoráveis, o que não ocorre no caso, não teriam, a princípio, o condão de, por si sós, ensejar a revogação da preventiva, se há nos autos elementos suficientes para a sua ordenação e manutenção. Precedentes citados: HC 83.475-RJ, DJ 17/3/2008, e HC 54.680-AP, DJ 25/6/2007. **HC 103.807-SP, Rel. Min. Jorge Mussi, julgado em 2/12/2008.** (Inform. STJ 379)

LEI N. 10.409/2002. INOBSERVÂNCIA. RITO.

Paciente condenado pela prática do art. 12 da Lei n. 6.368/1976 (antiga Lei de Tóxicos) busca, mediante *habeas corpus*, a nulidade absoluta do processo ao alegar cerceamento de defesa, uma vez que não foi observado o rito previsto no art. 38 da Lei n. 10.409/2002 – que consiste na apresentação de defesa prévia antes do recebimento da denúncia. Explica o Min. Relator que, embora haja entendimento firmado neste Superior Tribunal de que a falta deste rito acarreta nulidade absoluta do processo, em alguns casos a Quinta e a Sexta Turma têm afastado essa nulidade, quando se trata de ação penal referente a processos de crimes diversos, com ritos distintos, mas de apuração conexa. Observa, ainda, haver recente julgado do STF (Informativo n. 510 daquela Suprema Corte) que denegou a ordem de *habeas corpus* apesar da inobservância do rito em comento. Sendo assim, afirma que, no caso dos autos, tal fato não enseja anulação do processo, pois, a despeito do lamentável lapso do juízo de primeiro grau, não houve prejuízo concreto no exercício da ampla defesa a ensejar anulação do processo. Com esses argumentos, a Turma, por maioria, denegou a ordem. Precedentes citados do STF: HC 94.011-SP, DJ 12/9/2008; do STJ: HC 85.432-SP, DJ 6/10/2008, e HC 46.337-GO, DJ 10/12/2007. **HC 104.611-SP, Rel. Min. Felix Fischer, julgado em 18/11/2008.** (Inform. STJ 377)

TRÁFICO. ENTORPECENTE. LEI MAIS BENÉFICA.

Trata-se de *habeas corpus* impetrado contra acórdão proferido pelo Tribunal *a quo* que, em sede de apelação criminal em favor do paciente, manteve íntegra a sentença que o condenou por violação do art. 12, *caput*, da Lei n. 6.368/1976, sem, contudo, manifestar-se acerca da incidência da causa de redução de pena trazida no art. 33, § 4º, da Lei n. 11.343/2006, que já estava vigente na data daquele julgamento, ocorrido em 26/2/2008. Sustenta o paciente a ocorrência de constrangimento ilegal em virtude de cuidar-se de lei nova mais benéfica, devendo ser aplicada aos fatos anteriores à sua vigência, pois se trata de direito subjetivo do acusado quando preenchidos os pressupostos legais, portanto norma cogente. Na esteira de seus precedentes no sentido da impossibilidade de combinação das leis no tempo, cuja conseqüência é permitir a aplicação da regra mais benigna em comento ao crime de narcotráfico cometido na vigência da Lei n. 6.368/1976 somente se o cálculo da redução for efetuado sobre a pena-base cominada ao delito do art. 33 da Lei n. 11.343/2006, facultando-se ao condenado a escolha entre o regramento antigo e o atual, a Turma concedeu parcialmente a ordem para que o Tribunal de Justiça impetrado analise a possibilidade de redução da pena com fulcro no art. 33, § 4º, da Lei n. 11.343/2006, aplicando, se for o caso, em sua integralidade, a legislação que melhor favorecer o paciente. Ficou ressalvado o entendimento do Min. Relator no sentido da possibilidade de aplicação dos ditames mais benéficos da nova Lei de Tóxicos aos fatos cometidos anteriormente à sua vigência, mesmo quando já transitada em julgado a sentença condenatória, à luz do princípio da retroatividade da lei penal mais benigna constitucionalmente previsto no art. 5º, XL, da CF/1988, e em observância ao parágrafo único do art. 2º do Código Penal, não constituindo, portanto, criação de uma terceira lei aplicável ao caso concreto, havendo, nesse sentido, precedentes da Sexta Turma. Precedentes citados: HC 83.716-SE, DJ 1/10/2007; HC 88.114-MS, DJ 3/12/2007; HC 82.587-RJ, DJ 9/6/2008; HC 93.291-SP, DJ 29/09/2008; HC 96.242-SP, DJ 9/6/2008; HC 83.146-DF, DJ 22/4/2008, e HC 87.464-SP, DJ 7/2/2008. **HC 112.647-SP, Rel. Min. Jorge Mussi, julgado em 4/11/2008.** (Inform. STJ 375)

TRÁFICO. ENTORPECENTE. DIMINUIÇÃO. PENA. LEI N. 11.343/2006.

Trata-se de *habeas corpus* em que se pretende a diminuição da pena imposta à paciente com a devida aplicação do art. 33, § 4°, da Lei n. 11.343/2006. Para tanto, sustenta-se que, no julgamento do recurso de apelação, já estava em vigor a referida lei que trouxe o benefício. A Turma, por maioria, e pelo voto médio da Min. Jane Silva (Desembargadora convocada do TJ-MG), concedeu a ordem ao entendimento de que, se a apelação foi julgada após a lei nova, em que se prevê a possibilidade da diminuição da pena, cabia ao Tribunal *a quo* examiná-la em favor da ré, ora paciente. Assim, com o julgamento do mérito do *habeas corpus* por este Superior Tribunal, não há supressão de instância, visto que o Tribunal de origem deveria ter examinado toda a matéria, o que não ocorreu. Contudo a paciente não tem direito ao regime aberto, pois que foi condenada à pena de quatro anos, ou seja, parte das circunstâncias judiciais foi tomada contra ela. O juiz levou em conta a quantidade da droga para determinar a pena, o que deve pesar também no quantitativo e no regime. Desse modo, reduziu-se a pena em 1/6, fixou-se o regime semi-aberto para o início do cumprimento, mas se negou a substituição da pena privativa de liberdade pela prestação de serviços à comunidade e limitação de fim de semana. O Min. Nilson Naves (vencido em parte), diversamente, fixava a pena em um ano e quatro meses (redução de 2/3), somados a vinte e dois dias-multa, estabelecendo o regime aberto para o cumprimento da pena, concedida a referida substituição. **HC 101.939-SP, Rel. originário Min. Nilson Naves, Rel. para acórdão Min. Jane Silva** (Desembargadora convocada do TJ-MG), julgado em 14/10/2008. (Inform. STJ 372)

SUBSTITUIÇÃO. PENA.

Em fato anterior à vigência da Lei n. 11.343/2006, uma vez atendidos os requisitos dispostos no art. 44 do CP, é possível a substituição da pena privativa de liberdade por penas restritivas de direito, mesmo em crime de tráfico de entorpecentes, já que o STF julgou inconstitucional o art. 2º, § 1º, da Lei n. 8.072/1990 (Lei dos Crimes Hediondos), devendo o juízo das execuções criminais promover a execução daquelas (art. 147 e segs. da Lei n. 7.210/1984). Precedentes citados do STF: CC 84.715-SP, DJ 29/6/2007; do STJ: HC 66.722-MS, DJ 19/3/2007; HC 67.481-DF, DJ 26/3/2007, e HC 97.933-RJ, DJ 25/4/2008. **HC 83.254-RS, Rel. Min. Maria Thereza de Assis Moura, julgado em 3/6/2008.** (Inform. STJ 358)

TRÁFICO. ENTORPECENTES. INTERROGATÓRIO PRELIMINAR.

O impetrante pugna pelo reconhecimento da nulidade da ação penal desde o recebimento da denúncia, por inobservância do procedimento devido, asseverando tratar-se de nulidade absoluta. Afirma que o fato de ter sido inviabilizado o exercício do contraditório prévio ao recebimento da denúncia provocou grave prejuízo ao paciente, já que os resquícios da substância entorpecente por ele usada no momento do delito já haviam sido excretados no momento do exame pois permanecem no organismo apenas entre 24 e 36 horas após o uso. Volta-se também contra a utilização de dados de terceira pessoa alheia ao processo na fixação da pena porque, na parte dispositiva da sentença, constou como condenado outro nome, o qual foi retirado e substituído pelo nome do paciente, em sede de embargos de declaração opostos pelo Ministério Público. Todavia, não apenas o nome, mas outros dados relativos a outra pessoa constaram da sentença e ainda permaneceram, agravando a situação do paciente e a pena. Porém, a Turma denegou a ordem ao argumento de que não se decreta a nulidade do feito para determinar a realização de medida pré-processual – interrogatório preliminar da Lei n. 10.409/2002 – se não houver qualquer modificação na nova realização de atos, visto que a atual legislação não mais prevê o interrogatório preliminar, mas apenas a defesa escrita, a qual foi inicialmente apresentada. Sentença que se utilizaria de circunstâncias pessoais relativas à terceira pessoa estranha ao processo para a fixação da pena foge aos estreitos limites do *habeas corpus*, fazendo-se necessária a análise pormenorizada da ação penal do paciente e do terceiro em questão, para apurar se houve a introdução de elementos estranhos aos autos na sentença. **HC 62.974-PE, Rel. Min. Maria Thereza de Assis Moura, julgado em 15/4/2008.** (Inform. STJ 352)

HC. LEI MAIS BENÉFICA.
Trata-se de paciente primária, de bons antecedentes, que não está envolvida em atividades criminosas nem tampouco com organização marginal e foi condenada por crime de tráfico de entorpecente praticado sob a égide da Lei n. 6.368/1976. A Turma entendeu que se aplica a benesse do art. 33, § 4º, da Lei n. 11.343/2006 em atenção ao princípio de que a lei penal retroagirá para beneficiar o réu (art. 5º, XL, CF/1988) aos fatos verificados na vigência da Lei n. 6.368/1976. Precedentes citados: HC 88.114-MS, DJ 3/12/2007, e HC 94.157-MS, DJ 20/11/2007. **HC 97.038-SP, Rel. Min. Nilson Naves, julgado em 3/4/2008.** (Inform. STJ 350)

TRÁFICO INTERESTADUAL. PRISÃO. MODUS OPERANDI.
A Turma, prosseguindo o julgamento, por maioria, entendeu que, não obstante a liberdade seja a regra e a prisão a exceção, para a garantia da ordem pública, é cabível a prisão preventiva do réu não só por traficar grande quantidade de entorpecentes, mas também por estarem presentes determinados detalhes ligados eventualmente a um sofisticado *modus operandi* de organização criminosa, em que ocupava função de destaque. **HC 94.308-ES, Rel. Min. Jane Silva (Desembargadora convocada do TJ-MG), julgado em 25/3/2008.** (Inform. STJ 349)

TRÁFICO. SUBSTITUIÇÃO. PENA. ESTRANGEIRO. RESIDÊNCIA. PAÍS.
O acusado foi preso no aeroporto, enquanto tentava transportar consigo grande quantidade de cocaína para o exterior. Por isso foi condenado e agora busca a substituição da segregação pela pena restritiva de direitos. É certo que a hediondez do crime não é mais incompatível com a substituição da pena, porém pesa o fato de que o acusado é estrangeiro sem residência no país e estava em trânsito no território nacional, quando da prática do crime. O art. 5º da CF/1988 iguala os brasileiros aos estrangeiros residentes no país, daí o complicador. Além disso, as circunstâncias, as condições judiciais, não são de todo favoráveis ao ora recorrente, pois consignado que, motivado pelo lucro fácil, transportava grande quantidade de substância entorpecente. Com esse entendimento, a Turma negou provimento ao recurso especial. O Min. Hamilton Carvalhido, por sua vez, ressaltou não se cuidar da lei nova e, para acompanhar a Turma, apegou-se mais ao fundamento de a resposta alternativa não se mostrar suficiente, no caso concreto, para prevenção e reversão do crime. Precedentes citados: HC 55.503-SC, DJ 22/5/2006; HC 32.498-RS, DJ 17/12/2004, e HC 9.464-SC, DJ 16/8/1999. **REsp 908.384-SP, Rel. Min. Nilson Naves, julgado em 4/10/2007.** (Inform. STJ 334)

DIFERENÇA. COMPROVAÇÃO. CÓPIAS. INTERNET. TRÁFICO. SUBSTITUIÇÃO. PENA PRIVATIVA. LIBERDADE. RESTRITIVA. DIREITOS.
Dispensa-se a indicação de repositório oficial onde publicado o acórdão paradigma que comprova a divergência quando esse é do próprio Superior Tribunal de Justiça, bastando, inclusive, que o documento para comprovação do dissenso tenha sido extraído da página eletrônica disponível no *site* deste Superior Tribunal. A nova redação dada ao art. 541, parágrafo único, do CPC autoriza a hipótese. Assim, preenchidos os requisitos do art. 44 do CP, é possível a substituição da pena privativa de liberdade pela restritiva de direitos, mesmo no crime de tráfico de entorpecentes, uma vez que declarada pelo STF a inconstitucionalidade do art. 2º, § 1º, da Lei n. 8.072/1990. Precedentes citados do STF: HC 88.879-RJ, DJ 2/3/2007; do STJ: HC 60.407-SP, DJ 7/5/2007; HC 66.978-SP, DJ 14/5/2007; HC 67.481-DF, DJ 26/3/2007; EREsp 430.810-MS, DJ 9/2/2005, e REsp 327.687-SP, DJ 15/4/2002. **REsp 845.746-DF, Rel. Min. Maria Thereza de Assis Moura, julgado em 19/6/2007.** (Inform. STJ 324)

ENTORPECENTE. SUPERVENIÊNCIA. LEI MAIS BENÉFICA.
Trata-se de paciente condenado pela prática do delito tipificado no art. 16 da Lei n. 6.368/1976, antiga Lei de Tóxicos. Entretanto ressalta o Min. Relator que a superveniência da Lei n. 11.343/2006, em seu art. 28, que trata da posse de droga para consumo, ensejou verdadeira despenalização que, segundo a questão de ordem no RE 430.105-RJ (Informativo n. 456-STF), cuja característica marcante seria a exclusão de penas privativas de liberdade como sanção principal ou substitutiva da infração penal. Sendo assim, tratando-se de *novatio legis in mellius*, deve ela retroagir, nos termos do art. 5º, XL, da CF/1988 e art. 2º, parágrafo único, do CP, a fim de que o paciente não mais se sujeite à pena de privação de liberdade. Com esse entendimento, a Turma concedeu a ordem para que o paciente seja posto em liberdade e o juízo de execução (art. 66 da LEP) analise eventual extinção da punibilidade, tendo em vista a nova legislação e o tempo de pena cumprido. **HC 73.432-MG, Rel. Min. Felix Fischer, julgado em 14/6/2007.** (Inform. STJ 323)

14. CRIMES CONTRA O MEIO AMBIENTE

ART. 38 DA LEI 9.605/98 E POTENCIAL OFENSIVO
O delito tipificado no art. 38 da Lei 9.605/98 (*"Destruir ou danificar floresta considerada de preservação permanente, mesmo que em formação, ou utilizá-la com infringência das normas de proteção: Pena - detenção, de um a três anos, ou multa, ou ambas as penas cumulativamente. Parágrafo único. Se o crime for culposo, a pena será reduzida à metade"*) não constitui infração de menor potencial ofensivo. Essa a conclusão da 2ª Turma ao denegar *habeas corpus* em que se pleiteava a declaração da competência do juizado especial federal criminal para apreciação do processo na origem, em face da possibilidade de imposição de multa como reprimenda. Na espécie, tratava-se de denunciado por, supostamente, edificar obras de forma ilícita às margens de lago de preservação ambiental. Salientou-se que a competência do juizado estaria afastada, uma vez que a pena máxima cominada superaria o limite de 2 anos (art. 2º da Lei 10.259/2001 c/c art. 61 da Lei 9.099/95). Concluiu-se ser competente a justiça federal comum. **HC 112758/TO, rel. Min. Ricardo Lewandowski, 16.10.2012.** (HC-112758) (Inform. STF 684)

DANO AMBIENTAL E NEXO DE CAUSALIDADE
Em conclusão de julgamento, a 2ª Turma, por maioria, deferiu *habeas corpus* para determinar o trancamento de ação penal ajuizada contra proprietário de área localizada em parque estadual, denunciado por crime contra o meio ambiente. Na espécie, conforme escritura de compra e venda, o paciente adquirira gleba de terra na região e, no contrato estaria previsto o direito de os proprietários anteriores procederem à colheita do que fora por eles plantado. Ao verificar desmatamento naquela área de plantio, a fiscalização ambiental lavrara boletins de ocorrência que culminaram em ação civil pública contra o paciente pelos crimes dos artigos 38, 39, 40 e 48 da Lei 9.605/98 (Lei de Crimes Ambientais). No STJ, reconhecera-se excesso acusatório com parcial concessão da ordem e delimitara-se a imputação ao crime do art. 40 da Lei 9.605/98. Ressaltou-se não ser possível que intervenções legislativas apanhassem realidades constituídas e as transformassem em práticas ilícitas. Asseverou-se que: a) o mencionado parque ambiental fora criado em data posterior à aquisição da propriedade; b) o plantio de mandioca seria preexistente à aquisição da propriedade; c) o paciente substituíra o mandiocal por gramíneas; d) o dano não adviera do plantio de gramíneas, mas da supressão da vegetação para o plantio daqueles tubérculos; e e) a área em questão seria pouco significativa. Destacou-se que, por restringir-se a imputação ao delito de dano, não se verificaria nexo de causalidade entre a conduta imputada ao paciente e o malefício ambiental por ele supostamente causado. Frisou-se que o laudo técnico apontara para a regeneração natural da área, com indicação de medidas simples para o afastamento do dano, que poderiam ser obtidas pelas vias administrativas e cíveis. Reajustou o voto o Min. Ayres Britto, relator. Vencida a Min. Ellen Gracie, que denegava a ordem. **HC 95154/SP, rel. Min. Ayres Britto, 27.3.2012.** (HC-95154) (Inform. STF 660)

HC EM CRIME AMBIENTAL E REEXAME DE FATOS
A 2ª Turma iniciou julgamento de *habeas corpus* em que se pretende o trancamento de ação penal sob a alegação de prescrição da pretensão punitiva e atipicidade da conduta. Na espécie, o paciente fora condenado às penas de 6 meses e de 1 ano, ambas de reclusão, por ocupar clandestinamente área de propriedade do Governo do Distrito Federal (Lei 4.947/66, art. 20) e por ter impedido a regeneração das espécies vegetais que lá se desenvolviam (Lei 9.605/98, art. 48), respectivamente. O Min. Gilmar Mendes, relator, concedeu a ordem ao fundamento de ausência de nexo de causalidade entre a conduta e o suposto dano, haja vista que não obtidos vestígios materiais que permitissem esclarecer a autoria e, tampouco, quando se dera a substituição da vegetação nativa por gramíneas. Asseverou que a eventual retirada de árvores em área pública teria ocorrido antes da vigência da Lei 9.605/98. Frisou, ainda, a Lei distrital 1.519/97, que permitia o cercamento de área lindeira ao lote, desde que respeitado limite de altura para o alambrado. Em divergência, o Min. Ricardo Lewandowski denegou a ordem. Consignou não ser o *habeas corpus* meio adequado para revolver o contexto fático-probatório em que se teria dado a referida invasão, bem como se impedira, ou não, a regeneração das matas nativas. Após, pediu vista o Min. Celso de Mello. **HC 105908/DF, rel. Min. Gilmar Mendes, 13.12.2011.** (HC-105908) (Inform. STF 652)

ABSOLVIÇÃO DE PESSOA FÍSICA E CONDENAÇÃO PENAL DE PESSOA JURÍDICA

É possível a condenação de pessoa jurídica pela prática de crime ambiental, ainda que haja absolvição da pessoa física relativamente ao mesmo delito. Com base nesse entendimento, a 1ª Turma manteve decisão de turma recursal criminal que absolvera gerente administrativo financeiro, diante de sua falta de ingerência, da imputação da prática do crime de licenciamento de instalação de antena por pessoa jurídica sem autorização dos órgãos ambientais. Salientou-se que a conduta atribuída estaria contida no tipo penal previsto no art. 60 da Lei 9.605/98 ("*Construir, reformar, ampliar, instalar ou fazer funcionar, em qualquer parte do território nacional, estabelecimentos, obras ou serviços potencialmente poluidores, sem licença ou autorização dos órgãos ambientais competentes, ou contrariando as normas legais e regulamentares pertinentes: Pena - detenção, de um a seis meses, ou multa, ou ambas as penas cumulativamente*"). Reputou-se que a Constituição respaldaria a cisão da responsabilidade das pessoas física e jurídica para efeito penal ("*Art. 225. Todos têm direito ao meio ambiente ecologicamente equilibrado, bem de uso comum do povo e essencial à sadia qualidade de vida, impondo-se ao Poder Público e à coletividade o dever de defendê-lo e preservá- lo para as presentes e futuras gerações. ... § 3º - As condutas e atividades consideradas lesivas ao meio ambiente sujeitarão os infratores, pessoas físicas ou jurídicas, a sanções penais e administrativas, independentemente da obrigação de reparar os danos causados*"). RE 628582 AgR/RS rel. Min. Dias Toffoli, 6.9.2011. (RE-628582) (Inform. STF 639)

CONFLITO APARENTE DE NORMAS: LEI 8.176/91 E LEI 9.605/98

A Turma indeferiu *habeas corpus* em que denunciado pela suposta prática dos crimes previstos nos artigos 2º da Lei 8.176/91 e 55 da Lei 9.605/98 alegava conflito aparente de normas, ao argumento de que o mesmo fato — extrair minério sem a competente autorização ou licença — teria sido tipificado por dois dispositivos. Assentou-se que as assertivas da impetração não mereceriam prosperar, na medida em que os artigos 2º da Lei 8.176/91 e 55 da Lei 9.605/98 tutelariam bens jurídicos distintos, porquanto o primeiro teria por objetivo resguardar o patrimônio da Uni-ão e o segundo o meio ambiente (Lei 8.176/91, art. 2º: "*Constitui crime contra o patrimônio, na modalidade de usurpação, produzir bens ou explorar matéria-prima pertencentes à União, sem autorização legal ou em desacordo com as obrigações impostas pelo título autorizativo.*". Lei 9.605/98, art. 55: "*Executar pesquisa, lavra ou extração de recursos minerais sem a competente autorização, permissão, concessão ou licença, ou em desacordo com a obtida:*"). **HC 89878/SP, rel. Min. Eros Grau, 20.4.2010**. (Inform. STF 583)

LOTEAMENTO CLANDESTINO E CRIME AMBIENTAL - 1

A Turma indeferiu *habeas corpus* em que condenado pelo delito de loteamento clandestino (Lei 6.766/79, art. 50) e por crime ambiental (Lei 9.605/98, art. 40) alegava a inépcia da denúncia, porque esta: a) não teria particularizado a sua conduta; b) não teria esclarecido se a conduta estaria tipificada na Lei 4.771/65 (Código Florestal) ou na Lei 9.605/98; c) teria afirmado que o local do loteamento seria área de conservação, quando o laudo oficial declarara o contrário; e d) não teria precisado a data do cometimento do crime ambiental. Afirmava a impetração que a área em que realizado o loteamento não seria Unidade de Conservação ao tempo dos fatos ou do oferecimento da denúncia, consoante demonstrado em laudo técnico, não sendo a Lei 9.605/98 aplicável ao caso, porquanto as condutas supostamente danosas teriam sido praticadas em 1996. No ponto, argumentava que somente com o advento do Decreto 4.340/2002 — que regulamentou a Lei 9.985/2000, que instituiu o Sistema Nacional de Unidades de Conservação (SNUC), em que estabelecidos critérios e normas para a criação, implantação e gestão das Unidades de Conservação —, poder-se-ia cogitar da existência de Unidade de Conservação. Pretendia, por fim, o reconhecimento de erro na dosimetria da pena. Inicialmente, afastou-se o argumento de inépcia da inicial acusatória, haja vista o preenchimento dos seus requisitos formais e a descrição satisfatória das condutas imputadas, mostrando a relação existente entre o paciente e os crimes tipificados, de modo a ensejar o pleno exercício de sua defesa. Registrou-se, também, que a suposta incompatibilidade entre o que apurado no laudo técnico e o declarado na denúncia não ensejaria, conforme pretendido pelo paciente, a anulação dos atos processuais, mas envolveria reapreciação do conjunto fático-probatório, inadmissível na via eleita. Ademais, ressaltou-se que, embora as condutas reputadas delituosas tenham se iniciado em 1996, elas avançaram, segundo o acórdão impugnado, até, pelo menos, 1999. HC 89735/SP, rel. Min. Menezes Direito, 20.11.2007. (HC-89735)

LOTEAMENTO CLANDESTINO E CRIME AMBIENTAL - 2

Quanto à questão da qualificação jurídica da área loteada, assinalou-se que não se poderia subordinar a vigência do art. 40 da Lei 9.605/98 à do Decreto 4.340/2002, que regulamentou a Lei 9.985/2000. Aduziu-se que aquele dispositivo visa tutelar as áreas que denomina de Unidades de Conservação ("*Art. 40. Causar dano direto ou indireto às Unidades de Conservação e às áreas de que trata o art. 27 do Decreto nº 99.274, de 6 de junho de 1990, independentemente de sua localização: § 1º Entende-se por Unidades de Conservação as Reservas Biológicas, Reservas Ecológicas, Estações Ecológicas, Parques Nacionais, Estaduais e Municipais, Florestas Nacionais, Estaduais e Municipais, Áreas de Proteção Ambiental, Áreas de Relevante Interesse Ecológico e Reservas Extrativistas ou outras a serem criadas pelo Poder Público.*"). Ocorre que, posteriormente, editara-se a Lei 9.985/2000, que modificou a redação original dos §§ 1º e 2º do art. 40 da Lei 9.605/98, além de inserir o art. 40-A, com três parágrafos, cujo *caput* fora vetado. Assim, as Unidades de Conservação dividiram-se em dois grupos, a saber: Unidades de Conservação de Proteção Integral e Unidades de Conservação de Uso Sustentável. Asseverou-se que, entretanto, a lei nova restara vetada também na parte em que propunha mudança na redação do *caput* do art. 40, o que implicaria a permanência do texto original desse preceito, que passa-ria a reger os parágrafos do art. 40-A ("*Art. 40. VETADO. § 1º Entende-se por Unidades de Conservação de Proteção Integral as Estações Ecológicas, as Reservas Biológicas, os Parques Nacionais, os Monumentos Naturais e os Refúgios de Vida Silvestre.*"; *Art. 40-A. VETADO. § 1º Entende-se por Unidades de Conservação de Uso Sustentável as Áreas de Proteção Ambiental, as Áreas de Relevante Interesse Ecológico, as Florestas Nacionais, as Reservas Extrativistas, as Reservas de Fauna, as Reservas de Desenvolvimento Sustentável e as Reservas Particulares do Patrimônio Natural.*"). Em conseqüência, a distinção feita entre os tipos de Unidade de Conservação não teria efeitos penais de ordem prática. Ademais, enfatizou-se que o § 1º do art. 40 e o § 1º do art. 40-A repetiram as hipóteses previstas na redação original do § 1º do art. 40. Dessa forma, considerou-se que a edição da Lei 9.985/2000 não teria o condão de subtrair o caráter delituoso da conduta que, anteriormente a sua edição, preenchia o tipo do art. 40 da Lei 9.605/98, texto este auto-aplicável, como advertira o acórdão recorrido. Concluiu-se, assim, não haver se falar em *abolitio criminis*, em ofensa ao princípio da irretroatividade com a incidência do art. 40 da Lei 9.605/98, ou, tampouco, em desclassificação para delito previsto na Lei 4.771/65. Relativamente à pena-base imposta, entendeu-se que a sua majoração acima do mínimo legal estaria lastreada em elementos diversos daqueles que compõem o tipo penal. HC 89735/SP, rel. Min. Menezes Direito, 20.11.2007. (HC-89735) (Inform. STF 489)

TRANCAMENTO DE AÇÃO PENAL: CRIME AMBIENTAL E PERIGO DE DANO GRAVE OU IRREVERSÍVEL

A Turma indeferiu *habeas corpus* em que pleiteado o trancamento de ação penal instaurada contra denunciada, juntamente com indústria química, pela suposta prática do crime previsto no art. 54, § 3º, da Lei 9.605/98 ("*Art. 54. Causar poluição de qualquer natureza em níveis tais que resultem ou possam resultar em danos à saúde humana, ou que provoquem a mortandade de animais ou a destruição significativa da flora: ... § 3º Incorre nas mesmas penas previstas no parágrafo anterior quem deixar de adotar, quando assim o exigir a autoridade competente, medidas de precaução em caso de risco de dano ambiental ou irreversível.*"). Requeria-se, subsidiariamente, a anulação do processo, desde o início. Na espécie, em virtude da contaminação da área em que situada a empresa, fora ajuizada ação civil pública relativamente às atividades por ela desenvolvidas entre os anos de 1932 e 1986, cujo pedido fora julgado procedente. Desativada a unidade de produção por exigência de órgão ambiental, a empresa recebera auto de infração e advertência por armazenar produto poluente. Com o advento da Lei 9.605/98, as denunciadas foram acusadas de deixar de adotar as medidas de precaução exigidas pelas autoridades competentes, apesar do risco de dano ambiental grave ou irreversível. Entendeu-se que a inicial acusatória preencheria os requisitos formais do art. 41 do CPP, indicando minuciosamente as condutas criminosas em tese praticadas pela paciente, de modo a permitir o exercício do direito de ampla defesa. Rejeitou-se a alegação de que o dano ambiental que poderia decorrer da conduta da paciente já se teria produzido, não havendo que se falar na possibilidade de aplicação do aludido art. 54, § 3º, da Lei 9.605/98, destinado a evitar resultados danosos ao meio ambiente. Asseverou-se que os autos demonstrariam que o resultado que se almejaria resguardar, apto a caracterizar o risco tutelado pela regra jurídica, não seria a contaminação do terreno por produtos químicos poluentes, uma vez que esta, eventualmente, poderia até ter ocorrido. Enfatizou-se, no ponto, que as medidas de precaução impostas pelas autoridades competentes objetivavam impedir que tal poluição trouxesse maiores conseqüências para o meio ambiente e para as pessoas em geral. Ressaltou-se que, a partir da denúncia, seria possível verificar que, apesar de a área estar degradada desde data anterior à vigência daquele diploma legal, persistiria o risco de dano ambiental grave ou irreversível consistente no possível agravamento dos efeitos da poluição. Ademais, considerou-se que o crime capitulado no tipo penal em referência não deixa vestígios, não sendo viável, pois, o pretendido trancamento da ação penal ao argumento de que não teria sido realizado exame de corpo de delito. Não bastasse isso, aduziu-se haver registro de diversos documentos técnicos elaborados pela autoridade incumbida da fiscalização ambiental indicando, de forma expressa, o perigo de dano grave ou irreversível ao meio ambiente. HC 90023/SP, rel. Min. Menezes Direito, 6.11.2007. (HC-90023) (Inform. STF 487)

14.1. SUPERIOR TRIBUNAL DE JUSTIÇA

CRIME AMBIENTAL. SÍTIO ARQUEOLÓGICO.
Narra a denúncia que o paciente teria adquirido terreno no intuito de iniciar uma incorporação imobiliária, tendo, posteriormente, descoberto que o terreno era protegido por registro, pois se tratava de um sítio arqueológico (art. 27 da Lei n. 3.924/1961). Diante da falta de recursos, vendeu o imóvel a uma incorporadora, também do ramo da construção civil, omitindo, para tanto, a informação sobre a existência do sítio arqueológico, além de ter fornecido aos adquirentes projeto de empreendimento imobiliário que, depois de implementado, resultou na destruição da área ambientalmente protegida, sendo denunciado como incurso nas sanções do art. 62, I, da Lei n. 9.605/1998. O Min. Relator asseverou que tal conduta não é suficiente para configurar o referido crime, que pressupõe a prática de uma das três ações descritas no tipo penal, quais sejam: destruir, inutilizar ou deteriorar bem especialmente protegido por lei, ato administrativo ou decisão judicial. Mesmo que se pudesse considerar o comportamento omisso do paciente como a caracterizar o delito ambiental analisado, há que ter presente que sua conduta foi irrelevante para a consecução do resultado. A conduta de não comunicar aos novos proprietários a existência de área de proteção ambiental poderia, em tese, configurar crime omissivo impróprio ou comissivo por omissão, no qual o agente só pode ser punido se ostentar posição de garante, conforme dispõe o art. 13, § 2º, do CP. Contudo, no caso, o paciente não tinha por lei obrigação de cuidado, proteção ou vigilância, tampouco assumiu a responsabilidade de impedir o resultado, de modo que só poderia ser incriminado se, com seu comportamento, houvesse criado o risco da ocorrência da lesão. Daí, a Turma concedeu a ordem para trancar a ação penal. **HC 134.409-SP, Rel. Min. Jorge Mussi, julgado em 16/8/2011.** (Inform. STJ 481)

CRIME PERMANENTE. MEIO AMBIENTE. TIPICIDADE.
O ato do paciente de impedir a regeneração natural de flora ao cercar e construir duas quadras esportivas em área pública estendeu-se no tempo, sendo constantemente violado o bem jurídico tutelado (meio ambiente). Assim, ainda que a vegetação tenha sido retirada quando a área não era considerada de preservação ambiental e antes da vigência da Lei do Meio Ambiente, a conduta acima descrita é típica (art. 48 da Lei n. 9.605/1998). Houve prorrogação do momento consumativo, pois o paciente poderia fazer cessar sua atividade delitiva, bastando retirar a cerca que anexa seu terreno à área pública de preservação permanente invadida quando foi notificado para tanto, e assim não o fez. Logo, a conduta narrada caracteriza-se como crime permanente, em que não é possível precisar o início da atividade delituosa, bastando apenas provar, a qualquer momento, que a conduta persiste. Assim, o lapso prescricional somente começa a fluir do momento em que cessa a permanência. Desse modo, a Turma denegou a ordem. Precedentes citados do STF: RHC 83.437-SP, DJe 18/4/2008; do STJ: RHC 16.171-SP, DJ 30/8/2004. **HC 116.088-DF, Rel. Min. Laurita Vaz, julgado em 16/9/2010.** (Inform. STJ 447)

CRIME. MEIO AMBIENTE. PESSOA JURÍDICA.
Conforme a jurisprudência deste Superior Tribunal, nos crimes que envolvem sociedades empresárias (nos quais a autoria nem sempre se mostra bem definida), a acusação tem que estabelecer, mesmo que minimamente, a ligação entre a empreitada criminosa e o denunciado. O simples fato de ser sócio, gerente ou administrador não permite a instauração da persecução penal pelos crimes praticados no âmbito da sociedade, se não se comprovar, ainda que mediante elemento a ser aprofundado no decorrer da ação penal, a relação de causa e efeito entre as imputações e a função do denunciado na sociedade, sob pena de acolher indevida responsabilidade penal objetiva. Na hipótese, foi denunciada, primeiramente, a pessoa jurídica e, por meio de aditamento, a pessoa física. Em relação a esta última, o MP, quando do aditamento à denúncia, não se preocupou em apontar o vínculo entre ela e a ação poluidora. Só isso bastaria para tachar de inepto o aditamento à denúncia. Contudo, soma-se a isso o fato de haver, nos autos, procuração pública que dá poderes para outrem gerir a sociedade. Daí que o aditamento não se sustenta ao incluir a recorrente apenas por sua qualidade de proprietária da sociedade. A inépcia do aditamento também contamina a denúncia como um todo, em razão de agora só figurar a pessoa jurídica como denunciada, o que é formalmente inviável, pois é impossível a responsabilização penal da pessoa jurídica dissociada da pessoa física, a qual age com elemento subjetivo próprio. Precedentes citados: RHC 19.734-RO, DJ 23/10/2006; HC 86.259-MG, DJe 18/8/2008, e REsp 800.817-SC, DJe 22/2/2010. **RHC 24.239-ES, Rel. Min. Og Fernandes, julgado em 10/6/2010.** (Inform. STJ 438)

HC. CRIME AMBIENTAL. EDIFICAÇÃO.
Sobre o paciente pesa a acusação da suposta prática dos crimes previstos no art. 40, *caput*, c/c o 40-A, § 1º, da Lei n. 9.605/1998 e no art. 20 da Lei n. 4.947/1966, pois teria ele ocupado, irregularmente, área às margens de um lago, além de ter realizado algumas edificações não permitidas. A defesa impetrou *habeas corpus*, buscando fosse reconhecida a extinção da punibilidade em decorrência da prescrição da pretensão punitiva, o que foi denegado pelo TJ. Neste *writ*, o defensor aduz que os atos imputados ao paciente foram praticados nos idos de 1997 e já foram alcançados pela prescrição da pretensão punitiva. Sustenta que a pena máxima abstrata seria de cinco anos, regulando-se a prescrição em 12 anos, mas tal prazo seria reduzido à metade por se tratar de pessoa septuagenária. Porém, o Min. Og Fernandes, Relator, entendeu que discutir se as edificações foram ou não, em toda sua extensão, construídas em período anterior a 1998 é matéria que inevitavelmente demanda a necessidade de amplo exame do acervo probatório, providência incompatível com a ação constitucional do *habeas corpus*. Ele ainda fez um cotejo entre a peça acusatória e trecho da inicial do processo movido na esfera cível, a partir do que se evidenciou a necessidade de se apurar a exata data em que todas as obras foram edificadas. É também pela indispensabilidade de se precisar a data do cometimento das infrações que, para o Min. Relator, não se pode apontar, de plano, a violação dos postulados constitucionais da anterioridade e da irretroatividade da norma penal. Daí a impossibilidade de extinguir a ação penal. Com base nesses fundamentos, a Turma, ao prosseguir o julgamento, por maioria, denegou a ordem. **HC 114.913-DF, Rel. Min. Og Fernandes, julgado em 3/12/2009.** (Inform. STJ 418)

INUNDAÇÃO. CRIME AMBIENTAL.
Trata-se de HC em que se alega, em favor dos ora pacientes, que as indústrias pertencentes a eles não eram mais proprietárias do imóvel onde ocorreu o delito ambiental, não podendo, dessa forma, agir para evitar o dano causado pelo rompimento da barragem de resíduos industriais, motivo por que se pretende o trancamento da ação penal pela ausência de justa causa. A Turma, ao prosseguir o julgamento, por maioria, concedeu a ordem ao entendimento de que, mesmo se encontrando presentes, na hipótese, o perigo para o bem jurídico tutelado e a posição de garantidor dos diretores da empresa, ora pacientes, no que se refere ao poder de agir, carece desse elemento para configurar a conduta omissiva deles. De fato, na época em que a propriedade inundada encontrava-se sob o domínio das indústrias pertencentes aos pacientes, poder-se-ia imputar a eles a omissão de desativar o reservatório que deu causa ao desastre ambiental, visto que, com a não realização da ação devida ou esperada, os diretores assumiram o risco da ocorrência do resultado (dolo eventual). Entretanto, na data em que ocorreu tal evento, a propriedade inundada já não pertencia ao grupo empresarial há mais de nove anos, motivo pelo qual os diretores não detinham mais o poder de agir para interromper o processo causal que levaria ao resultado, ou seja, evitar a ocorrência da inundação. Portanto, ausente um dos elementos objetivos – poder de agir – previstos no art. 13 do CP, falta efetivamente justa causa para o prosseguimento da ação penal, em face de atipicidade da conduta. **HC 94.543-RJ, Rel. originário Min. Napoleão Nunes Maia Filho, Rel. para o acórdão Min. Arnaldo Esteves Lima, julgado em 17/9/2009.** (Inform. STJ 407)

CRIME AMBIENTAL. CULPA. OMISSÃO.
Trata-se de associação denunciada e autuada pela Polícia Ambiental por ter suprimido vegetação rasteira e arbustiva em área de preservação permanente, além de cortar oito árvores nativas isoladas. A pessoa jurídica (associação) e seu representante legal (presidente) pretendiam construir uma valeta para implantação de rede de esgoto, mas promoveram a intervenção na área de preservação permanente sem obter autorização para isso. Note-se que, neste *habeas corpus*, o presidente do conselho da associação, paciente, busca a suspensão e o trancamento da ação penal e alega que não foram denunciados os funcionários da empresa contratada que ocasionaram os fatos delituosos. Para o Min. Napoleão Nunes Maia Filho, condutor da tese vencedora, existem diversas modalidades de culpa em matéria ambiental de acordo com o art. 2º da Lei n. 9.605/1998. Há o dever de vigilância e também o de escolher quem trabalha em áreas de preservação. No caso, não há indícios de nenhuma conduta dolosa, mas há indício de culpa *in vigilando*, *in negligendo* e *in elegendo*, ao escolher para trabalhar pessoa que não tem aptidão de preservar floresta considerada

de preservação permanente. Tal conduta pode ser sancionada, evidentemente, não com pena restritiva de liberdade, mas com sanção financeira, obrigação de repor as árvores ou condenação a plantar o dobro de árvores etc. Outrossim, o crime é sempre uma conduta e, no caso, há indícios de uma conduta de crime de omissão. Ademais, não é só a pessoa que pratica fisicamente que comete o crime. Na verdade, quem contrata, fornece os meios, remunera etc. também comete o crime ambiental. Nesses casos, também há a responsabilização penal da pessoa jurídica, o que não exclui a responsabilidade das pessoas físicas. Outrossim, como afirmou a Min. Laurita Vaz, a denúncia, pela descrição, é válida, o que possibilita tanto à entidade como ao seu presidente se defender. Com esse entendimento, a Turma, por maioria, denegou a ordem. **HC 92.822-SP, Rel. originário Min. Arnaldo Esteves Lima, Rel. para acórdão Min. Napoleão Nunes Maia Filho, julgado em 17/6/2008.** (Inform. STJ 360)

15. CRIMES CONTRA A ORDEM TRIBUTÁRIA, A ORDEM ECONÔMICA E CONTRA O SISTEMA FINANCEIRO NACIONAL

CRIME TRIBUTÁRIO E OFERECIMENTO DE DENÚNCIA ANTES DA CONSTITUIÇÃO DEFINITIVA DO CRÉDITO TRIBUTÁRIO - 1

A 1ª Turma, por maioria, denegou *habeas corpus* em que se pleiteava o trancamento de ação penal, ante a ausência de constituição definitiva do crédito tributário à época em que recebida a denúncia, por estar pendente de conclusão o procedimento administrativo-fiscal. Assentou-se que a Lei 8.137/90 não exigiria, para a configuração da prática criminosa, a necessidade de esgotar-se a via administrativa, condição imposta pela Constituição somente à justiça desportiva e ao processo referente ao dissídio coletivo, de competência da justiça do trabalho. Consignou-se que seria construção pretoriana a necessidade de exaurimento do processo administrativo-fiscal para ter-se a persecução criminal e que o Ministério Público imputara a prática criminosa concernente à omissão de informações em declarações do imposto de renda com base em auto de infração que resultara em crédito tributário. Portanto, descaberia potencializar a construção jurisprudencial a ponto de chegar-se, uma vez prolatada sentença condenatória — confirmada em âmbito recursal e transitada em julgado — ao alijamento respectivo, assentando a falta de justa causa. HC 108037/ES, rel. Min. Marco Aurélio, 29.11.2011. (HC-108037)

CRIME TRIBUTÁRIO E OFERECIMENTO DE DENÚNCIA ANTES DA CONSTITUIÇÃO DEFINITIVA DO CRÉDITO TRIBUTÁRIO - 2

O Min. Luiz Fux acrescentou que no curso da ação penal houvera a constituição definitiva do crédito tributário. Assim, aplicável o art. 462 do CPC ("*Se, depois da propositura da ação, algum fato constitutivo, modificativo ou extintivo do direito influir no julgamento da lide, caberá ao juiz tomá-lo em consideração, de ofício ou a requerimento da parte, no momento de proferir a sentença*"). Vencido o Min. Dias Toffoli, que concedia a ordem e aplicava a Súmula Vinculante 24 ("*Não se tipifica crime material contra a ordem tributária, previsto no art. 1º, incisos I a IV, da Lei nº 8.137/90, antes do lançamento definitivo do tributo*"), em razão de a denúncia ter sido apresentada e recebida antes desse momento do processo administrativo. HC 108037/ES, rel. Min. Marco Aurélio, 29.11.2011. (HC-108037) (Inform. STF 650)

CRIMES CONTRA A ORDEM TRIBUTÁRIA E QUADRILHA - 1

A Turma iniciou julgamento conjunto de três *habeas corpus* em que se pleiteia o trancamento de ações penais que imputam aos pacientes a suposta prática de crimes contra a ordem tributária e de formação de quadrilha. No caso, a denúncia noticia a existência de esquema criminoso na administração de entidade filantrópica utilizado com o objetivo de iludir a fiscalização tributária e desrespeitar as normas que regem as entidades fundacionais. O Ministério Público afirma que os denunciados teriam transformado a referida entidade filantrópica — sem observância dos mandamentos legais — em uma empresa controladora e administradora de outras pessoas jurídicas de cunho econômico, na medida em que possuíam a maioria do controle acionário dessas, quando não a exclusividade. Sustenta a impetração a inépcia da inicial acusatória e a falta de justa causa para as ações penais. No tocante aos delitos contra a ordem tributária, alega ausência de individualização da conduta atribuída aos pacientes, bem como de indicação precisa do modo como eles supostamente teriam omitido operações em documentos e livros contábeis. Assinala a defesa que a denúncia fora oferecida antes do término dos procedimentos administrativo-fiscais. Quanto à formação de quadrilha, argumenta que as demais acusações são meras reiterações das imputações feitas nas outras ações penais, o que configuraria flagrante *bis in idem*. **HC 92497/SP, rel. Min. Carlos Britto, 17.11.2009. (HC-92497) HC 92499/SP, rel. Min. Carlos Britto, 17.11.2009. (HC-92499) HC 92959/SP, rel. Min. Carlos Britto, 17.11.2009. (HC-92959)**

CRIMES CONTRA A ORDEM TRIBUTÁRIA E QUADRILHA - 2

Inicialmente, procedeu-se à análise do *habeas corpus* que teria antecedido as demais imputações de formação de quadrilha. O Min. Carlos Britto, relator, indeferiu o writ. Ressaltou que para cada infração tributária fora atribuído aos pacientes o cometimento do aludido crime e que a denúncia, ao contrário do que afirmado pela impetração, não atribuiria responsabilidade penal aos pacientes pelo fato exclusivo da administração das pessoas jurídicas. Enfatizou que a exordial se basearia numa série de elementos concretos e indicativos da existência de uma associação criminosa para a prática de crimes tributários, o que viabilizaria o prosseguimento da ação penal. Assinalou que, em que pese entenda correta a tese de que o crime de formação de quadrilha não se configura como decorrência pura e simples do fato de sócios gerenciarem uma pessoa jurídica envolvida em crimes tributários, não seria o caso de aplicá-la ao processo penal objeto do presente *habeas corpus*, isso porque, na espécie, haveria elementos concretos, de natureza indiciária, viabilizando o prosseguimento da ação penal. Esclareceu que o fato em si de se reunirem pessoas numa sociedade comercial, com o objetivo de praticar atos empresariais lícitos, não configuraria a formação de quadrilha, na eventualidade de prática de crimes contra a ordem tributária. Destacou, porém, que não menos certo poderia haver a associação de pessoas para praticar atos empresariais lícitos e, paralelamente, cometer crimes contra a ordem tributária. Observou ser este o núcleo da denúncia, cumprindo examinar, ao longo da instrução criminal, se os indícios até agora existentes se confirmariam com mais nitidez. **HC 92497/SP, rel. Min. Carlos Britto, 17.11.2009. (HC-92497) HC 92499/SP, rel. Min. Carlos Britto, 17.11.2009. (HC-92499) HC 92959/SP, rel. Min. Carlos Britto, 17.11.2009. (HC-92959)**

CRIMES CONTRA A ORDEM TRIBUTÁRIA E QUADRILHA - 3

Em divergência, o Min. Marco Aurélio concedeu a ordem, no que foi acompanhado pelo Min. Dias Toffoli. Considerou que os indícios apontados para se chegar à pretensão punitiva quanto ao crime de quadrilha não seriam idôneos. Afirmou ver com reserva denúncias com esta junção — qual seja, a imputação de crime fiscal e de crime de quadrilha —, na medida em que não poderia imaginar que alguém constituiria uma sociedade simplesmente para sonegar, mormente pessoas que têm ficha ilibada. Mencionou que não se poderia partir do pressuposto de que se abriria uma empresa, se formalizaria uma pessoa jurídica, se criaria uma fundação, para a prática de crimes. Para ele, não se poderia aí presumir — por essa criação — o dolo específico do delito de formação de quadrilha. Destacou estar preocupado com o que vem se tornando regra ultimamente, ou seja, o parquet denunciar pelo crime de sonegação e a partir da reunião de pessoas num corpo societário lançar, também, a imputação por quadrilha. Ressaltou, no ponto, que a denúncia teria de reunir dados e indícios para se chegar a tal conclusão. Após, pediu vista, quanto a este writ, a Min. Cármen Lúcia. **HC 92497/SP, rel. Min. Carlos Britto, 17.11.2009. (HC-92497) HC 92499/SP, rel. Min. Carlos Britto, 17.11.2009. (HC-92499) HC 92959/SP, rel. Min. Carlos Britto, 17.11.2009. (HC-92959)**

CRIMES CONTRA A ORDEM TRIBUTÁRIA QUADRILHA - 4

Relativamente ao *habeas corpus* que cuidava apenas do crime de formação de quadrilha, a Turma o deferiu para determinar o trancamento da ação penal, ante a evidente ocorrência de *bis in idem*. Assinalou que esta denúncia seria simples transcrição literal daquela ação penal anteriormente ajuizada. Quanto ao *habeas corpus* restante, concedeu-se, em parte, a ordem para determinar o trancamento da ação penal exclusivamente em relação ao crime de quadrilha. Determinou-se, contudo, o prosseguimento em relação ao crime de sonegação fiscal. Observou-se que a jurisprudência do STF é firme em considerar excepcional o trancamento da ação penal pela via processualmente estreita do *habeas corpus*, que somente autorizaria o encerramento prematuro do processo-crime quando de logo avultasse ilegalidade ou abuso de poder. Acentuou-se que houvera, sim, a devida particularização das condutas ilícitas supostamente protagonizadas pelos pacientes, pelo que não seria possível reconhecer a inépcia da denúncia, sendo descabido o nível de detalhamento requerido pelos impetrantes. Enfatizou-se, por outro lado, que se colheria dos autos que a denúncia fora apresentada de modo a permitir o mais amplo exercício do direito de defesa dos pacientes, logo não sendo fruto de um arbitrário exercício do poder-dever de promover a ação penal pública. Rememorou-se orientação da Corte no sentido de que, nos crimes societários ou de gabinete, não se aceitaria uma denúncia de todo genérica, mas se admitiria uma denúncia um tanto ou quanto genérica, dada a evidente dificuldade de individualização de condutas que no mais das vezes são concebidas e perpetradas a portas fechadas. Averbou-se, ademais, que os pacientes não se desincumbiram do seu dever processual de comprovar, nos autos, a suposta pendência administrativa dos débitos tributários objeto da denúncia.

HC 92497/SP, rel. Min. Carlos Britto, 17.11.2009. (HC-92497)
HC 92499/SP, rel. Min. Carlos Britto, 17.11.2009. (HC-92499)
HC 92959/SP, rel. Min. Carlos Britto, 17.11.2009. (HC-92959)

CRIMES CONTRA A ORDEM TRIBUTÁRIA E QUADRILHA - 5

Em conclusão, por maioria, a 1ª Turma concedeu *habeas corpus* para determinar o trancamento de ação penal quanto à imputação aos pacientes da suposta prática do delito de formação de quadrilha (CP, art. 288) para consecução de crimes contra a ordem tributária — v. Informativo 568. Prevaleceu o voto do Min. Marco Aurélio. Considerou que os indícios apontados para se chegar à pretensão punitiva quanto ao crime de quadrilha não seriam idôneos. Afirmou ver com reserva denúncias que contivessem convergência de imputação de crime fiscal e de crime de quadrilha, na medida em que não poderia imaginar que alguém constituiria uma sociedade simplesmente para sonegar, mormente pessoas que possuíssem ficha ilibada. Mencionou que não se poderia partir do pressuposto de que se formalizaria uma pessoa jurídica para a prática de crimes. Assim, não se presumiria — por essa criação — o dolo específico do delito de formação de quadrilha. Destacou sua preocupação com a prática do *parquet* de denunciar pelo crime de sonegação e, a partir da reunião de pessoas num corpo societário, lançar, também, a imputação por formação de quadrilha. Ressaltou, no ponto, que a inicial acusatória teria de reunir dados e indícios para se chegar a essa conclusão. A Min. Cármen Lúcia, ao acrescentar que, de fato, a descrição dos comportamentos dos pacientes não tornaria factíveis ou óbvios os indícios mínimos de autoria e materialidade delitivas para a prática do crime em questão. Vencido o Min. Ayres Britto, relator, que denegava a ordem. Assinalava que, conquanto entendesse correta a tese de que o crime de formação de quadrilha não se configuraria como decorrência pura e simples do fato de sócios gerenciarem uma pessoa jurídica envolvida em crimes tributários, não seria o caso de aplicá-la ao caso. Destacava que poderia haver a associação de pessoas para praticar atos empresariais lícitos e, paralelamente, cometer crimes contra a ordem tributária. Observava ser este o núcleo da denúncia, cumprindo examinar, ao longo da instrução criminal, se os indícios se confirmariam com mais nitidez. HC 92499/SP, rel. orig. Min. Ayres Britto, red. p/ o acórdão Min. Marco Aurélio, 18.10.2011. (HC-92499) (Inform. STF 645)

CRIME CONTRA A ORDEM TRIBUTÁRIA E TIPICIDADE

Ao aplicar a Súmula Vinculante 24 ("*Não se tipifica crime material contra a ordem tributária, previsto no art. 1º, incisos I a IV, da Lei nº 8.137/90, antes do lançamento definitivo do tributo*"), a 2ª Turma deferiu *habeas corpus* para determinar, por ausência de justa causa, o trancamento de ação penal deflagrada durante pendência de recurso administrativo fiscal do contribuinte. Entendeu-se que, conquanto a denúncia tenha sido aditada após a inclusão do tributo na dívida ativa, inclusive com nova citação dos acusados, o vício processual não seria passível de convalidação, visto que a inicial acusatória fundara-se em fato destituído, à época, de tipicidade penal. Precedente citado: HC 81611/DF (DJU de 13.5.2005). HC 100333/SP, rel. Min. Ayres Britto, 21.6.2011. (HC-100333) (Inform. STF 632)

CRIME CONTRA A ORDEM TRIBUTÁRIA E PENDÊNCIA DE LANÇAMENTO DEFINITIVO DO CRÉDITO TRIBUTÁRIO - 1

A Turma iniciou julgamento de *habeas corpus* em que acusado da suposta prática dos crimes de formação de quadrilha armada, lavagem de dinheiro, crime contra a ordem tributária e falsidade ideológica pleiteia o trancamento da ação penal contra ele instaurada ao fundamento de inépcia da denúncia e de ausência de justa causa para a persecução criminal, por imputar-se ao paciente fato atípico, dado que o suposto crédito tributário ainda penderia de lançamento definitivo. Sustenta a impetração que os débitos fiscais foram devidamente declarados, em que pese não tenham sido pagos, o que revelaria inadimplência e não tentativa de falsear ou omitir dados ao Fisco. Argumenta que o delito descrito no art. 1º da Lei 8.137/90 ("Constitui crime contra a ordem tributária suprimir ou reduzir tributo, ou contribuição social e qualquer acessório, mediante as seguintes condutas:") teria a fraude como elemento nuclear do tipo e, verificado que não ocorrera fraude e sim ausência de satisfação da obrigação tributária, não estaria configurado crime tributário. Nesse sentido, alega que, não se evidenciando a presença do núcleo do tipo, descaberia falar-se em conduta delituosa e, conseqüentemente, a denúncia seria inepta, decorrendo, então, a ausência de justa causa para a ação penal. O Min. Marco Aurélio, relator, indeferiu a ordem. Frisou que tanto a suspensão de ação penal quanto o trancamento surgiriam com excepcionalidade maior. Considerou que a denúncia não estaria a inviabilizar a defesa. Reputou, por outro lado, que o caso versaria não a simples sonegação de tributos, mas a existência de organização, em diversos patamares, visando à prática de delitos, entre os quais os de sonegação fiscal, falsidade ideológica, lavagem de dinheiro, ocultação de bens e capitais, corrupção ativa e passiva, com frustração de direitos trabalhistas. Concluiu não se poder reputar impróprio o curso da ação penal, não cabendo exigir o término de possível processo administrativo fiscal. Após, pediu vista dos autos o Min. Dias Toffoli. HC 96324/SP, rel. Min. Marco Aurélio, 13.4.2010. (HC-96324)

CRIME CONTRA A ORDEM TRIBUTÁRIA E PENDÊNCIA DE LANÇAMENTO DEFINITIVO DO CRÉDITO TRIBUTÁRIO - 2

A 1ª Turma retomou julgamento de *habeas corpus* em que acusado da suposta prática dos crimes de formação de quadrilha armada, lavagem de dinheiro, crime contra a ordem tributária e falsidade ideológica pleiteia o trancamento da ação penal contra ele instaurada. Sustenta a impetração a inépcia da denúncia e a ausência de justa causa para a persecução criminal, por imputar-se ao paciente fato atípico, dado que o suposto crédito tributário ainda penderia de lançamento definitivo — v. Informativo 582. O Min. Dias Toffoli concedeu a ordem para trancar, por ausência de justa causa, a ação penal instaurada contra o paciente pelo crime previsto no art. 1º, II, da Lei 8.137/90. Determinou, ainda, o prosseguimento da ação quanto às demais apurações ainda pendentes de julgamento. Ressaltou inexistir a constituição definitiva do crédito tributário, o que impediria o Ministério Público de iniciar a persecução penal. Aduziu que o *parquet* e o Poder Judiciário não teriam competência para a apuração do referido crédito, pois tal ato seria exclusivo da Administração Tributária. Afirmou que, mesmo que o devedor seja condenado criminalmente e com trânsito em julgado, a lei permitiria o pagamento do débito com a extinção da punibilidade e que, no caso, isso não seria possível diante da ausência da constituição definitiva da obrigação tributária. Concluiu pela atipicidade da conduta de sonegação fiscal imputada ao paciente. Após, pediu vista dos autos o Min. Luiz Fux. HC 96324/SP, rel. Min. Marco Aurélio, 29.3.2011. (HC-96324)

CRIME CONTRA A ORDEM TRIBUTÁRIA E PENDÊNCIA DE LANÇAMENTO DEFINITIVO DO CRÉDITO TRIBUTÁRIO - 3

A 1ª Turma retomou julgamento de *habeas corpus* em que acusado da suposta prática dos crimes de formação de quadrilha armada, lavagem de dinheiro, crime contra a ordem tributária e falsidade ideológica pleiteia o trancamento da ação penal contra ele instaurada ao argumento de inépcia da denúncia e de ausência de justa causa para a persecução criminal, por imputar-se ao paciente fato atípico, dado que o suposto crédito tributário ainda penderia de lançamento definitivo — v. Informativos 582 e 621. O Min. Luiz Fux acompanhou o Min. Marco Aurélio, relator, e indeferiu a ordem. Ressaltou que a via eleita seria imprópria para apreciar matéria fática com o escopo de trancar a ação penal. Asseverou que envolvido fato de extrema complexidade, forjado por organização criminosa que, ao constituir pessoa jurídica fictícia, visaria a exclusão do crime fiscal pelo verdadeiro responsável tributário. Consignou que o falso não estaria absorvido pelo crime tributário nos casos em que o documento falso continua passível de gerar lesões jurídicas. Após, pediu vista o Min. Ricardo Lewandowski. HC 96324/SP, rel. Min. Marco Aurélio, 10.5.2011. (HC-96324)

CRIME CONTRA A ORDEM TRIBUTÁRIA E PENDÊNCIA DE LANÇAMENTO DEFINITIVO DO CRÉDITO TRIBUTÁRIO - 4

Em conclusão, a 1ª Turma, por maioria, denegou *habeas corpus* em que acusado da suposta prática dos crimes de formação de quadrilha armada, lavagem de dinheiro, crime contra a ordem tributária e falsidade ideológica pleiteava o trancamento da ação penal contra ele instaurada, ao argumento de inépcia da denúncia e de ausência de justa causa para a persecução criminal, por se imputar ao paciente fato atípico, dado que o suposto crédito tributário ainda penderia de lançamento definitivo — v. Informativos 582, 621 e 626. Frisou-se que tanto a suspensão de ação penal quanto o trancamento surgiriam com excepcionalidade maior. Considerou-se que a denúncia não estaria a inviabilizar a defesa. Reputou-se, por outro lado, que o caso versaria não a simples sonegação de tributos, mas a existência de organização, em diversos patamares, visando à prática de delitos, entre os quais os de sonegação fiscal, falsidade ideológica, lavagem de dinheiro, ocultação de bens e capitais, corrupção ativa e passiva, com frustração de direitos trabalhistas. Concluiu-se não se poder reputar impróprio o curso da ação penal, não cabendo exigir o término de possível processo administrativo fiscal. O Min. Ricardo Lewandowski, destacou que o caso não comportaria aplicação da jurisprudência firmada pela Corte no julgamento do HC 81.611/DF (DJU de 13.5.2005), no sentido da falta de justa causa à ação penal instaurada para apurar delito de sonegação fiscal quando ainda não exaurida a via administrativa, e, por conseguinte, não constituído, definitivamente, o crédito tributário. Por fim, acrescentou que a análise da conduta do acusado constituiria matéria probatória a ser apreciada pelo juiz natural da causa no curso da ação penal, de modo que não se cogitaria, de plano, afastar a imputação do referido crime. Vencido o Min. Dias Toffoli, que concedia a ordem apenas para trancar, por ausência de justa causa, a ação penal instaurada contra o paciente pelo crime previsto no art. 1º, II, da Lei 8.137/90. HC 96324/SP, rel. Min. Marco Aurélio, 14.6.2011. (HC-96324) (Inform. STF 631)

PRINCÍPIO DA CONSUNÇÃO: CRIME CONTRA A ORDEM TRIBUTÁRIA E FALSIDADE IDEOLÓGICA - 1

Ao aplicar a Súmula Vinculante 24 ("*Não se tipifica crime material contra a ordem tributária, previsto no art. 1º, incisos I a IV, da Lei nº 8.137/90, antes do lançamento definitivo do tributo*"), a Turma deferiu *habeas corpus* para determinar, por ausência de tipicidade penal, a extinção do procedimento investigatório instaurado para apurar suposta prática de crimes de falsidade ideológica e contra a ordem tributária. Na espécie, o paciente, domiciliado no Estado de São Paulo, teria obtido o licenciamento de seu veículo no Estado do Paraná de modo supostamente fraudulento — indicação de endereço falso —, com o fim de pagar menos tributo, haja vista que a alíquota do IPVA seria menor. Inicialmente, salientou-se que o STJ reconhecera o prejuízo do *habeas* lá impetrado, em face da concessão, nestes autos, de provimento cautelar. Em seguida, observou-se que a operação desencadeada pelas autoridades estaduais paulistas motivara a suscitação de diversos conflitos de competência entre órgãos judiciários dos Estados-membros referidos, tendo o STJ declarado competente o Poder Judiciário paulista. Aquela Corte reconhecera configurada, em contexto idêntico ao dos autos do *writ* em exame, a ocorrência de delito contra a ordem tributária (Lei 8.137/90), em virtude da supressão ou redução de tributo, afastada a caracterização do crime de falsidade ideológica (CP, art. 299). Reputou-se claro que o delito alegadamente praticado seria aquele definido no art. 1º da Lei 8.137/90, tendo em conta que o *crimen falsi* teria constituído meio para o cometimento do delito-fim, resolvendo-se o conflito aparente de normas pela aplicação do postulado da consunção, de tal modo que a vinculação entre a falsidade ideológica e a sonegação fiscal permitiria reconhecer, em referido contexto, a preponderância do delito contra a ordem tributária. **HC 101900/SP, rel. Min. Celso de Mello, 21.9.2010**. (HC-101900)

PRINCÍPIO DA CONSUNÇÃO: CRIME CONTRA A ORDEM TRIBUTÁRIA E FALSIDADE IDEOLÓGICA - 2

Ademais, determinou-se que, o reconhecimento da configuração do crime contra a ordem tributária, afastada a caracterização do delito de falsidade ideológica, tornaria pertinente a invocação, na espécie, da Súmula Vinculante 24. Destacou-se que, enquanto não encerrada, na instância fiscal, o respectivo procedimento administrativo, não se mostraria possível a instauração da persecução penal nos delitos contra a ordem tributária, tais como tipificados no art. 1º da Lei 8.137/90. Esclareceu-se ser juridicamente inviável a instauração de persecução penal, mesmo na fase investigatória, enquanto não se concluir, perante órgão competente da administração tributária, o procedimento fiscal tendente a constituir, de modo definitivo, o crédito tributário. Asseverou-se, por fim, que se estaria diante de comportamento desvestido de tipicidade penal, a evidenciar, portanto, a impossibilidade jurídica de se adotar, validamente, contra o suposto devedor, qualquer ato de persecução penal, seja na fase pré-processual (inquérito policial), seja na fase processual ("*persecutio criminis in judicio*"), pois comportamentos atípicos não justificariam a utilização pelo Estado de medidas de repressão criminal. **HC 101900/SP, rel. Min. Celso de Mello, 21.9.2010**. (HC-101900) (Inform. STF 601)

INQ N. 2.027-RO

RELATOR: MIN. JOAQUIM BARBOSA

EMENTA: PENAL. INQUÉRITO. CRIME CONTRA O SISTEMA FINANCEIRO NACIONAL. FINANCIAMENTO OBTIDO JUNTO AO BANCO INTERNACIONAL PARA A RECONSTRUÇÃO E O DESENVOLVIMENTO - BIRD. APLICAÇÃO PELO ESTADO DE RONDÔNIA EM FINALIDADE DIVERSA DA ESTABELECIDA NO CONTRATO DE FINANCIAMENTO. PROVA DE MATERIALIDADE. INDÍCIOS DE AUTORIA. CLASSIFICAÇÃO TÍPICA CORRETA. DENÚNCIA RECEBIDA.

1. Os fatos narrados pela denúncia se subsumem ao tipo do art. 20 da Lei nº 7.492/86. O BIRD é instituição financeira oficial, tendo fornecido as verbas do financiamento ao ente federativo em questão, através da União, para aplicação em Plano Agropecuário e Florestal de Rondônia – PLANAFLORO -, mas os recursos foram retirados da conta vinculada do Convênio e utilizados em finalidades desconhecidas. 2. A denúncia encontra-se devidamente instruída com provas da materialidade do crime – documentos bancários e ofícios determinando a transferência dos recursos vinculados ao PLANAFLORO para a Conta Única do Governo - e indícios suficientes de autoria, colhidos ao longo do inquérito. A expressiva soma, em tese, desviada – quase seis milhões e meio de reais – e a continuidade dos saques, ao longo de um ano, concentrados em período de campanha eleitoral, afastam a possibilidade de se acolher, nesta fase, a alegação de desconhecimento do então Governador. 3. É irrelevante se os indiciados têm ou não atribuição de ordenar despesas, uma vez que o Ministério Público Federal não os acusa de determinar uma despesa indevida, mas sim de empregar os recursos provenientes de financiamento do BIRD em finalidade diversa da prevista contratualmente. Todos os indiciados assumiram compromisso de observar os termos do convênio, assinado, de próprio punho, pelo então Governador, no momento do repasse das verbas. 4. O elemento subjetivo do crime é o dolo simples, bastando, para sua configuração, a consciência e a vontade dos agentes de utilizar recursos vinculados por convênio em finalidade diversa da contratada. Precedentes. 5. Denúncia recebida. (Inform. STF 609)

CRIME CONTRA O SISTEMA FINANCEIRO NACIONAL E AUTORIA -1

O Tribunal iniciou julgamento de inquérito em que se imputa a Senador e outras três pessoas a suposta prática do **crime** previsto no art. 20 da Lei 7.492/86, porque teriam aplicado, em finalidade diversa da prevista, recursos provenientes de financiamento concedido pelo BIRD - Banco Internacional para a Reconstrução e **o** Desenvolvimento à República Federativa do Brasil. Na espécie, a União, mediante convênio, transferira ao Governo do Estado de Rondônia parte desses recursos, a fim de que fossem integralmente utilizados na execução do Plano Agropecuário e Florestal de Rondônia - PLANAFLORO. **O** Min. Joaquim Barbosa, relator, considerando que a denúncia narra conduta típica e que se fazem presentes indícios suficientes de **autoria** e de materialidade, recebeu-a, no que foi acompanhado pelos Ministros Cármen Lúcia, Ricardo Lewandowski, Eros Grau, Carlos Britto e Cezar Peluso. Asseverou, inicialmente, que **o** argumento de atipicidade da conduta, por ausência de dolo, seria questão a ser aferida no bojo da ação penal e que a denúncia não teria imputado aos acusados uma ordenação de despesa indevida, e sim a ilícita transferência de recursos que deveriam ser aplicados estritamente no PLANAFLORO e foram desviados para a Conta do Tesouro Estadual. **Inq 2027/RO, rel. Min. Joaquim Barbosa, 26.4.2007**. (INQ-2027)

CRIME CONTRA O SISTEMA FINANCEIRO NACIONAL E AUTORIA - 2

Aduziu que **o** Senador denunciado, então Governador do referido Estado, comprometera-se, no Termo Simplificado de Convênio, na qualidade de convenente, a aplicar **os** recursos discriminados exclusivamente na consecução do objeto, tendo sido descrito, ainda, no anexo 1 do aludido convênio, como responsável pelo plano de trabalho. Além disso, constariam da denúncia documentos apontando para a materialidade do delito e contendo indícios de autoria contra os acusados. Ressaltou, ademais, que, pairando dúvida quanto à possibilidade de os outros denunciados com o Senador — à época dos fatos, o Secretário da Fazenda do Estado, o Coordenador do PLANOFORO e a Chefe do seu Departamento Financeiro — terem agido com conhecimento e, mais, sob a determinação do então Governador, não seria adequado acolher, de plano, antes da instrução criminal, a tese defensiva. Por fim, asseverou que a alegação de inexistência de vínculo contratual de financiamento entre o BIRD e o Estado de Rondônia seria irrelevante, haja vista que os recursos supostamente desviados seriam, de fato, provenientes do financiamento concedido por instituição financeira, nos exatos termos do art. 20 da Lei 7.429/86. Após, o julgamento foi suspenso com o pedido de vista do Min. Gilmar Mendes. Inq 2027/RO, rel. Min. Joaquim Barbosa, 26.4.2007. (INQ-2027)

CRIME CONTRA O SISTEMA FINANCEIRO NACIONAL E AUTORIA - 3

O Tribunal retomou julgamento de inquérito em que se imputa a ex-Governador de Estado, atual Senador, e outras três pessoas a suposta prática do crime previsto no art. 20 da Lei 7.492/86, porque teriam aplicado, em finalidade diversa da prevista, recursos provenientes de financiamento concedido, à República Federativa do Brasil, pelo BIRD - Banco Internacional para a Reconstrução e o Desenvolvimento. Na espécie, a União, mediante convênio, transferira ao Governo do Estado de Rondônia parte desses recursos, a fim de que fossem integralmente utilizados na execução do Plano Agropecuário e Florestal de Rondônia - PLANAFLORO — v. Informativo 464. O Min. Gilmar Mendes, Presidente, em voto-vista, rejeitou a denúncia no que diz respeito ao Senador, por entender que, diante dos fatos nela descritos, ele não teria praticado nenhum crime, cabendo ao juízo de 1ª instância analisar a viabilidade da ação penal em relação aos demais denunciados que não dispõem de foro por prerrogativa de função. Afirmou, inicialmente, que, não obstante seja possível estabelecer uma relação de presunção no sentido de que o administrador ou agente público conheça os fatos relativos a sua administração, responsabilizando-se pela conduta de seus auxiliares, isso não prevalece, de modo absoluto, na esfera penal, haja vista que crime é ato pessoal do agente, não se admitido, pelo menos como regra geral no ordenamento jurídico brasileiro, a responsabilidade penal objetiva. Discordou, em seguida, dos fundamentos do relator quanto a ser suficiente, para atribuir ao atual Senador a prática de crime contra o sistema financeiro nacional, o simples fato de, na época, ele exercer o cargo de Governador do Estado e de ter firmando o convênio com a União, comprometendo-se a não aplicar os recursos em finalidades outras daquelas pactuadas. **Inq 2027/RO, rel. Min. Joaquim Barbosa, 12.2.2009**. (Inq-2027)

CRIME CONTRA O SISTEMA FINANCEIRO NACIONAL E AUTORIA - 4

O Min. Gilmar Mendes observou que, da leitura da denúncia, resta evidente um grosseiro equívoco e uma notória lacuna na tentativa de vincular, com gravíssimos efeitos penais, a conduta do ex-Governador e o desvio de recursos. Aduziu que, se houvesse relação de causa e efeito entre uma ação ou omissão do ex-Governador, deveria o parquet explicitá-la de modo consistente e, se houvesse consistência, a cadeia causal dificilmente ocorreria diretamente entre um ato do Governador de Estado e o desvio de um recurso de projeto PLANAFLORO, segundo a denúncia, operado diretamente por gestores desta, conforme assinaturas lançadas em requisições de transferência dirigidas ao Banco do Brasil, nada, entretanto, demonstrando a atuação, direta ou indireta, do então Governador. Ou seja, ressaltou que, se há um efeito danoso e se há uma tentativa de responsabilização individual, um pressuposto básico para isso é a demonstração consistente de relação de causalidade entre o suposto agente criminoso e o fato. No ponto, asseverou não ver como imputar o evento danoso descrito na denúncia ao ex-Governador, e que, caso contrário, sempre que constatada qualquer aplicação de recursos vinculados ao Estado de forma tida por indevida, haveria imediata responsabilização do Governador, fazendo-se necessário, antes, aprofundado exame investigatório para a propositura da ação penal. Salientou ser gritante a fragilidade dos elementos indiciários coligidos em desfavor do ex-Governador e que nada justificaria o início de uma ação penal, com todas as conseqüências deletérias para o réu que dela decorrem apenas porque assinou o convênio com o Ministério do Planejamento e Orçamento, não merecendo mínima importância, em termos de teórica configuração de ilícito penal por parte do ex-Governador do Estado, a pura demonstração de que houve transferência de valores para fins diversos dos pactuados ou a hipótese de testemunha ouvir dizer que a ordem para tanto teria partido do Chefe do Executivo Estadual. **Inq 2027/RO, rel. Min. Joaquim Barbosa, 12.2.2009**. (Inq-2027)

CRIME CONTRA O SISTEMA FINANCEIRO NACIONAL E AUTORIA - 5
Prosseguindo, o Min. Gilmar Mendes considerou estar-se diante de um quadro de evidente má compreensão dos limites do direito penal. Para ele, tendo em conta apenas as condutas objetivamente imputadas ao ex-Governador, verificar-se-ia que, no fundo, a única motivação para a denúncia seria o fato de desempenhar tal função, absolutamente nada, porém, indicando tivesse tomado parte na transferência. Concluiu, após lembrar que a atuação institucional de uma autoridade que dirige o Estado dá-se em um contexto de notório risco, que acreditar que qualquer transferência de recursos ocorrida no âmbito do Estado pudesse representar um ato criminoso de seu Governador, pelo simples fato de haver assinado o convênio de transferência de recursos obtidos pelo Governo Federal junto ao BIRD, sem, ao menos, empreender investigações que pudessem colher ao menos indícios de sua participação, afigurar-se-ia, no mínimo, um excesso. Após, pediu vista dos autos o Min. Menezes Direito. **Inq 2027/RO, rel. Min. Joaquim Barbosa, 12.2.2009**. (Inq-2027)

CRIME CONTRA O SISTEMA FINANCEIRO NACIONAL E AUTORIA - 6
O Tribunal retomou julgamento de inquérito em que se imputa a ex-Governador de Estado, atual Senador, e outras três pessoas a suposta prática do crime previsto no art. 20 da Lei 7.492/86, porque teriam aplicado, em finalidade diversa da prevista, recursos provenientes de financiamento concedido, à República Federativa do Brasil, pelo BIRD - Banco Internacional para a Reconstrução e o Desenvolvimento. Na espécie, a União, mediante convênio, transferira ao Governo do Estado de Rondônia parte desses recursos, a fim de que fossem integralmente utilizados na execução do Plano Agropecuário e Florestal de Rondônia - PLANAFLORO — v. Informativos 464 e 535. Na sessão de 17.12.2009, o Min. Dias Toffoli, em voto-vista, acompanhou a divergência aberta pelo Min. Gilmar Mendes, Presidente, e rejeitou a denúncia contra todos os acusados. Asseverou que o fato de o Governador ter assinado o convênio não seria suficiente para a responsabilidade penal, que seria, portanto, objetiva, o que rechaçado pelo nosso ordenamento jurídico. Aduziu que, embora tivesse assinado o convênio, não seria ele o seu executor, e, portanto, o responsável direto pelo controle de sua execução. Na ocasião, reajustaram seus votos anteriores, para também rejeitar a denúncia em relação a todos os acusados, os Ministros Ricardo Lewandowski, Cezar Peluso e Gilmar Mendes, Presidente. O Min. Ricardo Lewandowski registrou a existência de documento emitido pelo SIAFI - Sistema Integrado de Administração Financeira do Governo Federal e com data posterior à da denúncia que comprovaria ter sido o aludido convênio devidamente adimplido. O Min. Cezar Peluso, por sua vez, considerou que, diante dos dados constantes dos autos e da descrição da denúncia, não haveria acusação de que não se cumprira o convênio, com a aplicação das verbas em outro propósito. Asseverou que estas, apesar de terem sido utilizadas por certo período para outra coisa, qual seja, o pagamento de servidores do Estado, posteriormente teriam retornado. Explicou que teria havido mera irregularidade de caráter contábil — visto que as verbas estavam no mesmo "Tesouro", embora em rubricas diversas — destituída de valoração material que legitimasse a tipificação penal. Concluiu que, de outro modo, estar-se-ia a punir uma mera conduta formal sem nenhuma repercussão, sem nenhum dano a um bem com valor jurídico tutelado pela norma. Após os votos da Min. Ellen Gracie, que seguia a divergência, e do Min. Marco Aurélio, que acompanhava o relator, o julgamento foi suspenso. Na assentada do dia 18.12.2009, depois de ter sido colhido o voto do Min. Celso de Mello, que acompanhava o relator para receber a denúncia, o julgamento foi adiado por indicação do relator. **Inq 2027/RO, rel. Min. Joaquim Barbosa, 17 e 18.12.2009**. (Inq-2027)

CRIME CONTRA O SISTEMA FINANCEIRO NACIONAL E AUTORIA - 7
Por reputar presentes indícios suficientes de autoria e de materialidade, o Tribunal, por maioria, recebeu denúncia contra ex-Governador de Estado, atual Senador, e outras três pessoas pela suposta prática do crime previsto no art. 20 da Lei 7.492/86, os quais teriam aplicado, em finalidade diversa da prevista, recursos provenientes de financiamento concedido, à República Federativa do Brasil, pelo BIRD - Banco Internacional para a Reconstrução e o Desenvolvimento. Na espécie, a União, mediante convênio, transferira ao Governo do Estado de Rondônia parte desses recursos, a fim de que fossem integralmente utilizados na execução do Plano Agropecuário e Florestal de Rondônia - PLANAFLORO — v. Informativos 464, 535 e 572. Asseverou-se, inicialmente, que o argumento de atipicidade da conduta, por ausência de dolo, seria questão a ser aferida no bojo da ação penal e que a denúncia não teria imputado aos acusados uma ordenação de despesa indevida, e sim a ilícita transferência de recursos que deveriam ser aplicados estritamente no PLANAFLORO e foram desviados para a Conta do Tesouro Estadual. Aduziu-se que o Senador denunciado, então Governador do referido Estado, comprometera-se, no Termo Simplificado de Convênio, na qualidade de convenente, a aplicar os recursos discriminados exclusivamente na consecução do objeto, tendo sido descrito, ainda, no anexo 1 do aludido convênio, como responsável pelo plano de trabalho. Além disso, constariam da denúncia documentos apontando para a materialidade do delito e contendo indícios de autoria contra os acusados. Ressaltou-se, ademais, que, pairando dúvida quanto à possibilidade de os outros denunciados com o Senador — à época dos fatos, o Secretário da Fazenda do Estado, o Coordenador do PLANAFLORO e a Chefe do seu Departamento Financeiro — terem agido com conhecimento e, mais, sob a determinação do então Governador, não seria adequado acolher, de plano, antes da instrução criminal, a tese defensiva. Considerou-se, por fim, que a alegação de inexistência de vínculo contratual de financiamento entre o BIRD e o Estado de Rondônia seria irrelevante, haja vista que os recursos supostamente desviados seriam, de fato, provenientes do financiamento concedido por instituição financeira, nos exatos termos do art. 20 da Lei 7.429/86. Vencidos os Ministros Gilmar Mendes, Dias Toffoli, Ricardo Lewandowski, Ellen Gracie e Cezar Peluso, que rejeitavam a denúncia. **Inq 2027/RO, rel. Min. Joaquim Barbosa, 12.8.2010**. (Inq-2027) (Inform. STF 595)

TRANCAMENTO DE AÇÃO PENAL E ART. 17 DA LEI 7.492/86 - 1
A Turma indeferiu *habeas corpus* no qual pleiteado o trancamento de ação penal instaurada em desfavor de denunciado pela suposta prática do crime previsto no art. 17 da Lei 7.492/86, por ter subscrito, na qualidade de diretor de instituição financeira, contratos de mútuo para conceder empréstimos vedados por lei. Sustentava a impetração falta de justa causa em razão da atipicidade da conduta, sob as seguintes assertivas: a) a instituição financeira da qual o mesmo era diretor não concedera empréstimo, mas, sim, recebera; b) o empréstimo fora feito por empresa panamenha; c) à época dos fatos não havia norma administrativa para regular o ingresso de capitais em instituição financeira, feito por empresa estrangeira, controlada pela instituição; d) o empréstimo de ouro feito pela instituição financeira para determinada empresa fora considerado regular pelo Conselho de Recursos do Sistema Financeiro Nacional. **HC 97567/RJ, rel. Min. Ellen Gracie, 27.4.2010**. (HC-97567)

TRANCAMENTO DE AÇÃO PENAL E ART. 17 DA LEI 7.492/86 - 2
Inicialmente, enfatizou-se que o trancamento de ação penal, em *habeas corpus*, seria medida excepcionalíssima. Em seguida, considerou-se que a conduta atribuída ao paciente estaria suficientemente individualizada para o fim de se concluir no sentido do juízo positivo de admissibilidade da imputação feita na peça acusatória. Assim, da narrativa dos fatos, poder-se-ia afirmar a existência de justa causa para a deflagração e o prosseguimento do processo-crime, não se tratando de denúncia — formal ou materialmente — inepta. Mencionou-se que as questões suscitadas merecerão exame mais detido por ocasião da prolação da sentença, mas entendeu-se que haveria um substrato fático-probatório mínimo e suficiente para o recebimento da exordial. Quanto ao argumento de que o Conselho de Recursos do Sistema Financeiro Nacional reputara lícito o empréstimo efetuado pelo banco, aduziu-se inexistir nos autos a cópia desse procedimento administrativo, que poderá vir a ser apreciado pelo juízo monocrático. Assinalou-se que esta Corte possui orientação segundo a qual constitui ônus do impetrante instruir adequadamente o *writ* com os documentos necessários ao exame da pretensão posta em juízo. Por fim,

registrou-se que, ante a independência entre as esferas administrativa e penal, a decisão do Banco Central em procedimento administrativo não impediria a atuação do Ministério Público, titular da ação penal. **HC 97567/RJ, rel. Min. Ellen Gracie, 27.4.2010**. (HC-97567) (Inform. STF 584)

CRIME CONTRA A ORDEM TRIBUTÁRIA E PENDÊNCIA DE LANÇAMENTO DEFINITIVO DO CRÉDITO TRIBUTÁRIO

A Turma iniciou julgamento de *habeas corpus* em que acusado da suposta prática dos crimes de formação de quadrilha armada, lavagem de dinheiro, crime contra a ordem tributária e falsidade ideológica pleiteia o trancamento da ação penal contra ele instaurada ao fundamento de inépcia da denúncia e de ausência de justa causa para a persecução criminal, por imputar-se ao paciente fato atípico, dado que o suposto crédito tributário ainda penderia de lançamento definitivo. Sustenta a impetração que os débitos fiscais foram devidamente declarados, em que pese não tenham sido pagos, o que revelaria inadimplência e não tentativa de falsear ou omitir dados ao Fisco. Argumenta que o delito descrito no art. 1º da Lei 8.137/90 ("*Constitui crime contra a ordem tributária suprimir ou reduzir tributo, ou contribuição social e qualquer acessório, mediante as seguintes condutas:*") teria a fraude como elemento nuclear do tipo e, verificado que não ocorrera fraude e sim ausência de satisfação da obrigação tributária, não estaria configurado crime tributário. Nesse sentido, alega que, não se evidenciando a presença do núcleo do tipo, descaberia falar-se em conduta delituosa e, conseqüentemente, a denúncia seria inepta, decorrendo, então, a ausência de justa causa para a ação penal. O Min. Marco Aurélio, relator, indeferiu a ordem. Frisou que tanto a suspensão de ação penal quanto o trancamento surgiriam com excepcionalidade maior. Considerou que a denúncia não estaria a inviabilizar a defesa. Reputou, por outro lado, que o caso versaria não a simples sonegação de tributos, mas a existência de organização, em diversos patamares, visando à prática de delitos, entre os quais os de sonegação fiscal, falsidade ideológica, lavagem de dinheiro, ocultação de bens e capitais, corrupção ativa e passiva, com frustração de direitos trabalhistas. Concluiu não se poder reputar impróprio o curso da ação penal, não cabendo exigir o término de possível processo administrativo fiscal. Após, pediu vista dos autos o Min. Dias Toffoli. **HC 96324/SP, rel. Min. Marco Aurélio, 13.4.2010**. (HC-96324) (Inform. STF 582)

PARCELAMENTO DOS DÉBITOS TRIBUTÁRIOS E SUSPENSÃO DA PRETENSÃO PUNITIVA - 1

A Turma deferiu, em parte, *habeas corpus* em que acusados pela suposta prática dos delitos previstos no art. 1º, II e IV, da Lei 8.137/90 — na medida em que teriam implementado atos com o objetivo de se furtarem à incidência tributária — requeriam a suspensão da pretensão punitiva em razão do parcelamento dos débitos tributários. No caso, os pacientes foram condenados em primeira instância, decisão essa confirmada pelo TRF da 3ª Região, sendo intentados, em seguida, os recursos especial e extraordinário. Ocorre que, diante do parcelamento do débito tributário, os pacientes requereram a suspensão da pretensão punitiva ao TRF, tendo seu pleito sido negado ao fundamento de que não teria sido demonstrada, a partir de prova inequívoca, a inserção do débito tributário no programa de parcelamento ou o integral pagamento da dívida fiscal. Contra essa decisão, fora impetrado *habeas corpus* no STJ, o qual fora denegado. Reitera a presente impetração, que, nos termos do art. 9º da Lei 10.684/2003, suspendem-se a pretensão punitiva e o prazo prescricional durante o período no qual a pessoa jurídica relacionada com o agente a quem imputada a prática dos crimes estiver incluída no regime de parcelamento, não se justificando, portanto, determinar o início da execução da pena. **HC 96681/SP, rel. Min. Marco Aurélio, 13.4.2010**. (HC-96681)

PARCELAMENTO DOS DÉBITOS TRIBUTÁRIOS E SUSPENSÃO DA PRETENSÃO PUNITIVA - 2

Assentou-se que, consoante o art. 9º da Lei 10.684/2003, fica suspensa a pretensão punitiva do Estado atinente aos crimes previstos nos artigos 1º e 2º da Lei 8.137/90 e nos artigos 168-A e 337-A do CP, durante o período no qual a pessoa jurídica relacionada com o agente dos citados delitos fizer-se incluída no regime de parcelamento. Ressaltou-se que a interpretação teleológica do preceito conduziria a assentar-se que, ainda em curso o processo penal, poderia dar-se a suspensão aludida, pouco importando já existir sentença condenatória no cenário. Registrou-se que o que caberia perquirir é se ainda não teria havido a preclusão, no campo da recorribilidade, do decreto condenatório. Salientou-se que o objetivo maior da norma seria impedir a ocorrência de glosa penal, o prosseguimento do processo-crime, esteja em que fase estiver, quando verificado o parcelamento e, portanto, o acerto de contas entre os integrantes da relação jurídica reveladora do débito fiscal. Nesta óptica, implementou-se a suspensão do título executivo judicial tal como prevista no art. 9º da Lei 10.684/2003. Enfatizou-se que a empresa aderira ao programa excepcional de parcelamento de débitos antes do trânsito em julgado da decisão, permanecendo ela na situação própria ao parcelamento, tendo jus à suspensão de eficácia do título executivo judicial, sendo que, cumpridas as condições do parcelamento, com a liquidação integral do débito, dar-se-á a extinção da punibilidade. **HC 96681/SP, rel. Min. Marco Aurélio, 13.4.2010**. (HC-96681) (Inform. STF 582)

CRIMES CONTRA A ORDEM TRIBUTÁRIA E PERSECUÇÃO PENAL

Os delitos previstos no art. 1º da Lei 8.137/90 são de natureza material, exigindo para sua tipificação a constituição definitiva do crédito tributário para o desencadeamento da ação penal. Tendo em conta essa orientação, a Turma deferiu *habeas corpus* para reconhecer a nulidade de ação penal instaurada contra acusados pela suposta prática de crimes contra a ordem tributária (Lei 8.137/90, art. 1º, III), por vislumbrar, no caso, falta de justa causa para o desencadeamento da ação penal. Alegava a impetração que a persecução penal iniciara-se antes mesmo de haver qualquer ato de fiscalização, e que o processo administrativo tendente a constituir o crédito tributário somente se encerrara pouco antes de prolatado acórdão pelo TRF da 3ª Região, em virtude de decisão do Conselho de Contribuintes, que negara provimento aos recursos interpostos pela empresa da qual os pacientes são sócios. Sustentava, assim, que a materialidade do crime não estaria configurada por ocasião do recebimento da denúncia e, em conseqüência, inexistiria justa causa apta a autorizar o desencadeamento da ação penal. Asseverou-se que careceria de justa causa qualquer ato investigatório ou persecutório judicial antes do pronunciamento definitivo da administração fazendária no tocante ao débito fiscal e responsabilidade do contribuinte. Considerou-se que o *parquet* não teria a faculdade de decidir subjetivamente sobre o que seria, numa visão prospectiva, "definitivo" em termos de lançamento tributário, autorizando, destarte, o oferecimento da denúncia antes de constituído o crédito em favor do Fisco. Ressaltou-se, ademais, que tal entendimento encontrar-se-ia, já por ocasião do recebimento da denúncia, pacificado no STF, e consubstanciada na Súmula Vinculante 24 ("*Não se tipifica crime material contra a ordem tributária, previsto no art. 1º, incisos I a IV, da Lei nº 8.137/90, antes do lançamento definitivo do tributo.*"). **HC 97118/SP, rel. Min. Ricardo Lewandowski, 23.3.2010**. (HC-97118) (Inform. STF 580)

EMENTA: AÇÃO PENAL. Crime tributário, ou crime contra a ordem tributária. Art. 1º, I e II, da Lei nº 8.137/90. Delito material. Tributo. Processo administrativo. Suspensão por decisão do Conselho de Contribuintes. Crédito tributário juridicamente inexistente. Falta irremediável de elemento normativo do tipo. Crime que se não tipificou. Condenação. Inadmissibilidade. Absolvição decretada. HC concedido para esse fim. Precedentes. Não se tipificando crime tributário sem o lançamento fiscal definitivo, não se justifica pendência de ação penal, nem *a fortiori* condenação a esse título, quando está suspenso o procedimento administrativo por decisão do Conselho de Contribuintes. **HC N. 86.236-PR RELATOR: MIN. CEZAR PELUSO**. (Inform. STF 552)

SONEGAÇÃO FISCAL E ESGOTAMENTO DE INSTÂNCIA ADMINISTRATIVA

O Tribunal, por maioria, deu parcial provimento a recurso ordinário em *habeas corpus*, impetrado em favor de acusada pela suposta prática dos crimes previstos no art. 2º, I, da Lei 8.137/90 (sonegação fiscal) e no art. 203 do CP ("*Frustrar, mediante fraude ou violência, direito assegurado pela legislação do trabalho*"), para trancar o inquérito policial contra ela instaurado relativamente à investigação do possível crime de sonegação fiscal, sem prejuízo do seu prosseguimento em relação aos demais fatos. Aplicou-se o entendimento firmado pela Corte no sentido de que o prévio exaurimento da via administrativa é condição objetiva de punibilidade, não havendo se falar, antes dele, em consumação do crime material contra a Ordem Tributária, haja vista que, somente após a decisão final do procedimento administrativo fiscal é que será considerado lançado, definitivamente, o referido crédito. No que se refere ao delito tipificado no art. 203 do CP, entendeu-se que, por estarem os fatos sendo apurados ainda em fase pré-processual, sem que houvesse uma acusação formal contra a paciente, seria prematura a alegação de incompetência da Justiça Federal. Vencido, em parte, o Min. Marco Aurélio, que, por considerar que a frustração dos direitos trabalhistas estaria ligada à sonegação fiscal, ou seja, seria um *iter criminis* até mesmo para a sonegação, dava provimento integral ao recurso, reputando necessário se aguardar a liquidação do processo administrativo, a fim de se ter certeza quanto ao crime de sonegação. Precedentes citados: HC 88994/SP (DJU de 19.12.2006); HC 88657 AgR/ES (DJU de 10.8.2006); HC 81611/DF (DJU de 13.5.2005). **RHC 90532/CE, rel. Min. Joaquim Barbosa, 1º.7.2008**. (RHC-90532) (Inform. STF 513)

QUADRILHA E CRIMES CONTRA A ORDEM TRIBUTÁRIA: AUTONOMIA - 1

A Turma conheceu, em parte, de *habeas corpus*, e nessa parte o denegou, impetrado contra ato do STJ que indeferira igual medida, em que se pretendia o trancamento de ação penal instaurada contra os pacientes, denunciados pela suposta prática de crimes contra a ordem tributária (art. 1º, c/c art. 12, da Lei 8.127/90), em concurso formal impróprio e de forma continuada, bem como por infringirem o art. 288, do CP ("Associarem-se mais de três pessoas, em quadrilha ou bando, para o fim de cometer crimes:..."). Sustentavam os impetrantes: a) que, em razão da empresa dos pacientes ter aderido ao programa de recuperação fiscal e ter parcelado seu débito, na forma do art. 9º da Lei 10.684/2003, pela qual os mesmos obtiveram direito à suspensão do processo-crime por sonegação fiscal, isso implicaria falta de justa causa para a ação penal em relação ao delito do art. 288, do CP; b) ausência do elemento subjetivo para consumação do crime de quadrilha, consistente na expressão "para o fim de cometer crimes", sob o argumento de que o cometimento desse delito não restaria caracterizado pelo simples fato dos pacientes estarem na gerência de uma empresa; c) inépcia da peça acusatória, em face de constar da inicial mera referência ao art. 288, do CP, desprovida de qualquer descrição da conduta subsumível à figura típica nele descrita. Inicialmente, afastou-se essa última alegação, tendo em vista que o argumento não havia sido posto à apreciação das instâncias precedentes, de maneira a impedir o seu conhecimento neste writ. Asseverou-se, ademais, que da denúncia se extraía uma fartura de detalhes caracterizadores do fumus comissi delicti, autorizador da persecução penal relativa ao crime de quadrilha. Salientou-se a jurisprudência do STF no sentido de admitir excepcionalmente o trancamento da ação penal por *habeas corpus* quando ausente qualquer situação de iliquidez ou de dúvida objetiva quanto aos fatos subjacentes à acusação penal, inocorrentes na espécie. Considerou-se improcedente a assertiva de que inexistiria o elemento subjetivo do tipo do art. 288, do CP, tendo em conta que o fato dos pacientes estarem na gerência da empresa não impediria que, nessa condição, viessem a se associar para o fim de cometer crimes. Por fim, com base no entendimento da Corte no sentido de que o crime de quadrilha ou bando, por ser delito autônomo e formal, se consuma no momento em que se concretiza a convergência de vontades e independe da realização ulterior do fim visado, concluiu-se que a suspensão da ação penal pelo crime de sonegação fiscal, decorrente da adesão ao programa de recuperação fiscal, não implicava a ausência de justa causa para acusação pelo crime de quadrilha. HC 84223/RS, rel. Min. Eros Grau, 3.8.2004.(**HC-84223**)

QUADRILHA E CRIMES CONTRA A ORDEM TRIBUTÁRIA: AUTONOMIA - 2

A Turma retomou julgamento de *habeas corpus* impetrado contra ato do STJ que indeferira igual medida, em que se pretende o trancamento de ação penal instaurada contra denunciados pela suposta prática de crimes contra a ordem tributária (Lei 8.137/90, art. 1º, c/c art. 12), em concurso formal impróprio e de forma continuada, bem como por infringência do art. 288, do CP (*"Associarem-se mais de três pessoas, em quadrilha ou bando, para o fim de cometer crimes:..."*). Sustentam os impetrantes: a) que, em razão da empresa dos pacientes ter aderido ao programa de recuperação fiscal e ter parcelado seu débito, na forma do art. 9º da Lei 10.684/2003, pela qual os mesmos obtiveram direito à suspensão do processo-crime por sonegação fiscal, isso implicaria falta de justa causa para a ação penal em relação ao delito do art. 288, do CP; b) ausência do elemento subjetivo para consumação do crime de quadrilha, consistente na expressão "para o fim de cometer crimes", sob o argumento de que o cometimento desse delito não restaria caracterizado pelo simples fato de os pacientes estarem na gerência de uma empresa; c) inépcia da peça acusatória, em face de constar da inicial mera referência ao art. 288, do CP, desprovida de qualquer descrição da conduta subsumível à figura típica nele descrita — v. Informativos 355 e 358. Na sessão de 14.9.2004, a Turma recebera embargos de declaração para renovar o julgamento do *writ.* Reiniciado em 19.10.2004, o Min. Eros Grau, relator, reiterando os fundamentos do seu voto proferido em 3.8.2004, indeferiu o *habeas corpus*, no que foi acompanhado pelo Min. Carlos Britto. HC 84223/RS, rel. Min. Eros Grau, 14.8.2007. (HC-84223)

QUADRILHA E CRIMES CONTRA A ORDEM TRIBUTÁRIA: AUTONOMIA - 3

Em voto-vista, o Min. Cezar Peluso deferiu parcialmente a ordem para determinar o trancamento da ação penal contra os pacientes, quanto à acusação de formação de quadrilha ou bando. Entendeu que a suposta prática de delitos econômicos por pessoas que se associaram, nos termos da lei, para o exercício de atividades lícitas, não pode justificar nem legitimar, por si só, imputação do crime previsto no art. 288 do CP. Aduziu, então, que esse dispositivo só encontraria adequação típica na constituição de sociedades criadas com a finalidade específica de práticas delituosas, ou seja, esclareceu que o propósito da prática reiterada de crimes deveria ser o móvel da associação de mais de três pessoas. Por conseqüência, reputou necessário o exame da denúncia. No caso, salientando que a acusação principal seria a de omissão de faturamento para fins de tributação federal, considerou evidente que os réus, eventualmente associados, o teriam feito com o objetivo de exercer atos lícitos de mercancia, acabando por supostamente praticar crimes contra a ordem tributária, em continuidade delitiva, conforme afirmado pela denúncia. Após o voto do Min. Eros Grau que reconsiderou seu voto para acompanhar o do Min. Cezar Peluso, pediu vista o Min. Carlos Britto. HC 84223/RS, rel. Min. Eros Grau, 14.8.2007. (HC-84223)

QUADRILHA E CRIMES CONTRA A ORDEM TRIBUTÁRIA: AUTONOMIA - 4

Em conclusão de julgamento, a Turma, por maioria, indeferiu *habeas corpus* impetrado contra ato do STJ que denegara igual medida, em que se pretendia o trancamento de ação penal instaurada contra denunciados pela suposta prática de crimes contra a ordem tributária (Lei 8.137/90, art. 1º, c/c o art. 12), em concurso formal impróprio e de forma continuada, bem como por infringência do art. 288, do CP ("Associarem-se mais de três pessoas, em quadrilha ou bando, para o fim de cometer crimes:...") — v. Informativos 355, 358 e 476. Asseverou-se que, nessa fase de simples recebimento da denúncia, poder-se-ia extrair dessa inicial fartura de detalhes caracterizadores do fumus comissi delicti, autorizador da persecução penal em relação ao delito de quadrilha. Salientou-se que a jurisprudência do STF admite excepcionalmente o trancamento da ação penal por *habeas corpus* quando ausente qualquer situação de iliquidez ou de dúvida objetiva quanto aos fatos subjacentes à acusação penal, inocorrentes na espécie. Considerou-se improcedente a assertiva de que inexistiria o elemento subjetivo do tipo do art. 288, do CP, tendo em conta que o fato de os pacientes estarem na gerência da empresa não impediria que, nessa condição, viessem a se associar para o fim de cometer crimes. Por fim, com base no entendimento da Corte no sentido de que o crime de quadrilha ou bando, por ser delito autônomo e formal, se consuma no momento em que se concretiza a convergência de vontades e independe da realização ulterior do fim visado, concluiu-se que a suspensão da ação penal pelo crime de sonegação fiscal, decorrente da adesão a programa de recuperação fiscal, não implicaria falta de justa causa para acusação pelo crime de quadrilha. Vencido o Min. Cezar Peluso que deferia parcialmente a ordem para determinar o trancamento da ação penal quanto à acusação de formação de quadrilha ou bando. O Min. Eros Grau retomou os fundamentos do seu voto originário. HC 84223/RS, rel. Min. Eros Grau, 3.6.2008. (**HC-84223**) (Inform. STF 509)

LEI 10.684/2003: PARCELAMENTO ESPECIAL E DILIGÊNCIA INVESTIGATÓRIA

A Turma, tendo em conta a articulação de inconstitucionalidade de preceito normativo, deliberou afetar ao Plenário julgamento de recurso extraordinário interposto pelo Ministério Público Federal contra acórdão do TRF da 4ª Região que indeferira correição parcial, em matéria criminal, ao fundamento de inexistência de erro na condução de processo pela 1ª instância. No caso, após o recebimento de representação fiscal para fins penais oriunda da delegacia da Receita Federal, o *parquet* requisitara a instauração de inquérito e a oitiva dos responsáveis pela empresa. Ocorre que a autoridade policial, considerando a existência de parcelamento de débito fiscal, encerrara as investigações. Por conseguinte, o Juízo Federal Criminal de Novo Hamburgo/RS aplicara o disposto no § 1º do art. 9º da Lei 10.864/2003 (*"Art. 9º. É suspensa a pretensão punitiva do Estado, referente aos crimes previstos nos arts. 1º e 2º da Lei nº 8.137, de 27 de dezembro de 1990, e nos arts. 168A e 337A do Decreto-Lei nº 2.848, de 7 de dezembro de 1940 - Código Penal, durante o período em que a pessoa jurídica relacionada com o agente dos aludidos crimes estiver incluída no regime de parcelamento. § 1º A prescrição criminal não corre durante o período de suspensão da pretensão punitiva."*), enquanto perdurasse a inclusão dos investigados no Programa de Parcelamento Especial - PAES, e determinara, ainda, o trancamento do inquérito policial. O recorrente sustenta, na espécie, que a magistrada não poderia ter impedido a continuidade das investigações por ele requisitadas, na qualidade de *dominus litis*, e que a adesão ao mencionado programa não obsta o prosseguimento do inquérito. Ademais, assevera que a constitucionalidade do art. 9º da Lei 10.684/2003 está sendo questionada na ADI 3002/DF e que o acórdão recorrido ofende o princípio da proporcionalidade. Requer, ao final, o provimento do recurso para a retomada das investigações policiais. RE 462790/RS, rel. Min. Ricardo Lewandowski, 6.11.2007. (RE-462790) (Inform. STF 487)

PARTICIPAÇÃO EM CRIME DE GESTÃO FRAUDULENTA

A Turma indeferiu *habeas corpus* em que se pretendia o trancamento de ação penal instaurada contra denunciado como suposto partícipe do crime de gestão fraudulenta (Lei 7.492/86, art. 4º, *caput*, c/c o art.

25), em decorrência do fato de haver avalizado, em prejuízo de instituição financeira, empréstimo reputado irregular que beneficiaria sua própria empresa. Sustentava-se, na espécie, a inépcia da denúncia e a impossibilidade de seu recebimento, sob a alegação de atipicidade da conduta. A impetração argumentava que o avalista, nessa qualidade, não poderia cometer o delito de gestão fraudulenta e que a concessão de um único aval não seria apta a configurar o tipo. Entendeu-se que, no caso, a denúncia descrevera suficientemente a conduta do paciente ao imputar-lhe a participação no crime de gestão fraudulenta. Nesse sentido, asseverou-se que a condição pessoal de controlador, administrador, diretor ou gerente de instituição financeira, por ser elementar do mencionado crime, comunicar-se-ia ao paciente, sendo possível, dessa forma, a existência da figura do partícipe do crime de gestão fraudulenta. Além disso, rejeitou-se a alegação de necessidade de reiteração de condutas para a caracterização do mencionado delito, haja vista tratar-se de crime habitual impróprio, ou acidentalmente habitual, em que uma única ação tem relevância para configurar o tipo, não constituindo pluralidade de crimes a repetição de atos. Precedentes citados: HC 84238/BA (DJU de 10.9.2004) e HC 81852/RS (DJU de 14.6.2002). HC 89364/PR, rel. Min. Joaquim Barbosa, 23.10.2007. (HC-89364) (Inform. STF 485)

CRIME CONTRA O SISTEMA FINANCEIRO NACIONAL E AUTORIA - 1

O Tribunal iniciou julgamento de inquérito em que se imputa a Senador e outras três pessoas a suposta prática do crime previsto no art. 20 da Lei 7.492/86, porque teriam aplicado, em finalidade diversa da prevista, recursos provenientes de financiamento concedido pelo BIRD - Banco Internacional para a Reconstrução e o Desenvolvimento à República Federativa do Brasil. Na espécie, a União, mediante convênio, transferira ao Governo do Estado de Rondônia parte desses recursos, a fim de que fossem integralmente utilizados na execução do Plano Agropecuário e Florestal de Rondônia - PLANAFLORO. O Min. Joaquim Barbosa, relator, considerando que a denúncia narra conduta típica e que se fazem presentes indícios suficientes de autoria e de materialidade, recebeu-a, no que foi acompanhado pelos Ministros Cármen Lúcia, Ricardo Lewandowski, Eros Grau, Carlos Britto e Cezar Peluso. Asseverou, inicialmente, que o argumento de atipicidade da conduta, por ausência de dolo, seria questão a ser aferida no bojo da ação penal e que a denúncia não teria imputado aos acusados uma ordenação de despesa indevida, e sim a ilícita transferência de recursos que deveriam ser aplicados estritamente no PLANAFLORO e foram desviados para a Conta do Tesouro Estadual. Inq 2027/RO, rel. Min. Joaquim Barbosa, 26.4.2007. (INQ-2027)

CRIME CONTRA O SISTEMA FINANCEIRO NACIONAL E AUTORIA - 2

Aduziu que o Senador denunciado, então Governador do referido Estado, comprometera-se, no Termo Simplificado de Convênio, na qualidade de convenente, a aplicar os recursos discriminados exclusivamente na consecução do objeto, tendo sido descrito, ainda, no anexo 1 do aludido convênio, como responsável pelo plano de trabalho. Além disso, constariam da denúncia documentos apontando para a materialidade do delito e contendo indícios de autoria contra os acusados. Ressaltou, ademais, que, pairando dúvida quanto à possibilidade de os outros denunciados com o Senador — à época dos fatos, o Secretário da Fazenda do Estado, o Coordenador do PLANOFORO e a Chefe do seu Departamento Financeiro — terem agido com conhecimento e, mais, sob a determinação do então Governador, não seria adequado acolher, de plano, antes da instrução criminal, a tese defensiva. Por fim, asseverou que a alegação de inexistência de vínculo contratual de financiamento entre o BIRD e o Estado de Rondônia seria irrelevante, haja vista que os recursos supostamente desviados seriam, de fato, provenientes do financiamento concedido por instituição financeira, nos exatos termos do art. 20 da Lei 7.429/86. Após, o julgamento foi suspenso com o pedido de vista do Min. Gilmar Mendes. Inq 2027/RO, rel. Min. Joaquim Barbosa, 26.4.2007. (INQ-2027) (Inform. STF 464)

CRIME CONTRA A ORDEM TRIBUTÁRIA E DELITOS AUTÔNOMOS

Salientando a existência de situação jurídica distinta entre três pacientes, a Turma, por não vislumbrar manifesto constrangimento ilegal apto a afastar a incidência do Enunciado da Súmula 691 do STF, não conheceu de *habeas corpus* impetrado em favor de dois deles, ao fundamento de que, consoante documentos e informações prestadas pelo juízo de origem, a denúncia fora oferecida quando já encerrado o procedimento administrativo fiscal. No caso, os pacientes foram denunciados pela suposta prática dos crimes de sonegação fiscal (Lei 8.137/90, art. 1º, I e II); falsidades material e ideológica (CP, artigos 297 e 299); uso de documento falso (CP, art. 304); formação de quadrilha (CP, art. 288); e lavagem de bens e valores (Lei 9.613/98, art. 1º, VII; § 1º, I; e § 2º, II). Preliminarmente, afastou-se o argumento do Ministério Público no sentido de que a substituição de decisão liminar impugnada por acórdão de mérito proferido em *habeas corpus* ensejaria o prejuízo do *writ*. Considerou-se, no ponto, ser possível, ao menos em tese, que o STF aprecie alegado constrangimento ilegal decorrente de decisão de mérito que apenas reitera os fundamentos do indeferimento de medida liminar originariamente impugnada perante esta Corte. Por outro lado, deferiu-se a ordem unicamente em favor de um dos pacientes e no que se refere ao crime de sonegação fiscal, para trancar a ação penal por falta de justa causa, porquanto inexistentes elementos que indiquem a constituição definitiva de crédito tributário, sem prejuízo de que a persecução penal perdure em relação aos demais tipos imputados. Aplicou-se, na espécie, a orientação firmada no julgamento do HC 81611/DF (DJU de 13.5.2006), em que fixado o entendimento de que, enquanto pendente decisão definitiva do processo administrativo, a ação penal pela prática do delito tipificado no art. 1º da Lei 8.137/90 carece de justa causa. Precedentes citados: HC 87353/ES (DJU de 19.12.2006); ADI 1571/DF (DJU de 30.4.2004); HC 85207/RS (DJU de 29.4.2005). HC 88162/MS, rel. Min. Gilmar Mendes, 6.2.2007. (HC-88162) (Inform. STF 455)

15.1 SUPERIOR TRIBUNAL DE JUSTIÇA

DIREITO PENAL. CRIME CONTRA A ORDEM TRIBUTÁRIA. OMISSÃO DE RECEITA. TIPICIDADE.

A incompatibilidade entre os rendimentos informados na declaração de ajuste anual e valores movimentados no ano calendário caracteriza a presunção relativa de omissão de receita. Por ser relativa, a presunção pode ser afastada por prova contrária do contribuinte. O dolo do tipo manifesta-se na conduta dirigida à omissão de receita e à redução do IRPF, concretizada na apresentação de declaração de imposto de renda sem informar a realização da respectiva movimentação financeira Precedentes citados: RHC 20.438-SP, DJ 17/12/2007, e REsp 792.812-RJ, DJ 2/4/2007. **REsp 1.326.034-PE, Rel. Min. Og Fernandes, julgado em 2/10/2012**.(Inform. STJ 505)

MEDIDAS INVESTIGATÓRIAS. DELITOS CONEXOS A CRIMES CONTRA A ORDEM TRIBUTÁRIA. AUSÊNCIA DE LANÇAMENTO DEFINITIVO.

Não há nulidade na decretação de medidas investigatórias para apurar crimes autônomos conexos ao crime de sonegação fiscal quando o crédito tributário ainda pende de lançamento definitivo. Conforme a jurisprudência do STF, à qual esta Corte vem aderindo, não há justa causa para a persecução penal do crime de sonegação fiscal antes do lançamento do crédito tributário, sendo este condição objetiva de punibilidade. No caso, foram decretadas medidas investigatórias (interceptação telefônica, busca e apreensão e quebra de sigilo bancário e fiscal) antes do lançamento do crédito tributário. Porém, buscava-se apurar não apenas crimes contra a ordem tributária, mas também os de formação de quadrilha e falsidade ideológica. Portanto, não há ilegalidade na autorização das medidas investigatórias, visto que foram decretadas para apurar outros crimes nos quais não há necessidade de instauração de processo administrativo-tributário. Nesse caso, incumbe ao juízo criminal investigar o esquema criminoso, cabendo à autoridade administrativo-fiscal averiguar o montante de tributo que não foi pago. Assim, a Turma entendeu que não são nulas as medidas decretadas, pois atenderam os pressupostos e fundamentos de cautelaridade, sobretudo porque, quando do oferecimento da denúncia, os créditos tributários já tinham sido definitivamente lançados. Precedentes do STF: HC 81.611-DF, DJ 13/5/2005, e do STJ: RHC 24.049-SP, DJe 7/2/2011. **HC 148.829-RS, Rel. Min. Laurita Vaz, julgado em 21/8/2012. (Inform. STJ 502)**

AÇÃO PENAL. DESCAMINHO. TRIBUTO NÃO CONSTITUÍDO.

A Turma entendeu que não há justa causa para a ação penal quanto ao crime de descaminho quando o crédito tributário não está devidamente constituído. Apenas com a sua constituição definitiva no âmbito administrativo realiza-se a condição objetiva de punibilidade sem a qual não é possível a instauração de inquérito policial ou a tramitação de ação penal. Precedentes citados: HC 139.998-RS, DJe de 14/2/2011, e HC 48.805-SP, DJ de 19/11/2007. **RHC 31.368-PR, Rel. Min. Marco Aurélio Bellizze, julgado em 8/5/2012. (Inform. STJ 497)**.

DIREITO PENAL. GESTÃO TEMERÁRIA. PARECER OPINATIVO. PARTICIPAÇÃO. VÍNCULO SUBJETIVO.

É possível imputar àquele que emitiu parecer opinativo favorável à realização de determinado investimento a participação em crime de gestão temerária, desde que demonstrado o vínculo subjetivo entre o agente e o fato delituoso. É próprio o crime de gestão temerária, previsto no art. 4º, parágrafo único, da Lei n. 7.492/1986 (Lei dos Crimes contra o Sistema Financeiro Nacional). Dessa forma, exige, para a sua realização, especial condição do agente, descrita no art. 25 da citada lei, qual seja, que o agente tenha poderes de gestão na empresa, poderes especiais ligados à administração, controle ou direção da empresa. Entretanto, não se pode deixar de atentar para o caso em que terceiras pessoas não elencadas no rol do art. 25 da referida lei concorrem de alguma forma para a prática do crime. Nesses casos, aplica-se a norma de extensão prevista no art. 29 do Código Penal, segundo a qual, "quem, de qualquer modo, concorre para o crime incide nas penas a este cominadas, na medida de sua culpabilidade". É indeclinável que se demonstre o nexo de causalidade entre a conduta da terceira pessoa e a realização do fato típico. Esse nexo exige a presença do elemento subjetivo, consubstanciado na consciência de que sua conduta, mediante ajuste de vontades, é voltada para a ocorrência do resultado que a lei visa reprimir. **RHC 18.667-DF, Rel. Min. Og Fernandes, julgado em 9/10/2012.**(Inform. STJ 506)

USO DE RECIBOS IDEOLOGICAMENTE FALSOS. DECLARAÇÃO DE IRPF. TIPIFICAÇÃO.

Constitui mero exaurimento do delito de sonegação fiscal a apresentação de recibo ideologicamente falso à autoridade fazendária, no bojo de ação fiscal, como forma de comprovar a dedução de despesas para a redução da base de cálculo do imposto de renda de pessoa física (IRPF), (Lei n. 8.137/1990). Na espécie, o paciente, em procedimento fiscal instaurado contra terceira pessoa (psicóloga), teria apresentado recibo referente a tratamento não realizado, para justificar declaração anterior prestada à Receita Federal por ocasião do recolhimento do seu IRPF. Segundo se afirmou, o falso teria sido cometido única e exclusivamente com o objetivo de reduzir ou suprimir o pagamento do imposto de renda. Assim, em consonância com o enunciado da Súm. n. 17 desta Corte, exaurida a potencialidade lesiva do documento para a prática de outros crimes, a conduta do falso ficaria absorvida pelo crime de sonegação fiscal. Noticiou-se, por fim, o adimplemento do débito fiscal, oriundo da referida sonegação, na esfera administrativa. Nesse contexto, a Turma determinou o trancamento da ação penal – por falta de justa causa – instaurada contra o paciente com fulcro nos arts. 299 e 304 ambos do CP. **HC 131.787-PE, Rel. Min. Marco Aurélio Bellizze, julgado em 14/8/2012. (Inform. STJ 502)**

HC. GESTÃO FRAUDULENTA. INSTITUIÇÃO FINANCEIRA. AÇÃO PENAL. TRANCAMENTO. POSSIBILIDADE.

Trata-se de *habeas corpus* em que se pretende o trancamento de ação penal referente ao crime de gestão fraudulenta de instituição financeira. Segundo a denúncia, o paciente, operador de mesa de corretora de valores, realizou uma única operação denominada *day trade*, juntamente com um dirigente de determinado fundo de pensão, em prejuízo deste último. A Turma entendeu que o crime do art. 4o, *caput* da Lei n. 7.492/1986 (gestão fraudulenta) é de mão própria e somente pode ser cometido por quem tenha poder de direção, conforme expressamente previsto no art. 25 da citada lei. Ademais, exige para a sua consumação a existência de habitualidade, ou seja, de uma sequência de atos perpetrados com dolo, na direção da instituição financeira, visando à obtenção de vantagem indevida em prejuízo da pessoa jurídica. A descrição de um só ato, isolado no tempo, não legitima denúncia pelo delito de gestão fraudulenta, como ocorre na espécie, onde o ora paciente está imbricado como mero partícipe, estranho aos quadros da instituição financeira, por ter efetivado uma operação na bolsa de valores, em mesa de corretora. Com essas considerações, entre outras, a Turma concedeu a ordem. **HC 101.381-RJ, Rel. Min. Maria Thereza de Assis Moura, julgado em 27/9/2011.** (Inform. STJ 484)

CRIMES. SFN. GESTÃO FRAUDULENTA.

In casu, os recorrentes e outros foram condenados pelos crimes previstos nos arts. 4°, *caput*, 5°, *caput*, e 7°, III, c/c o art. 25 da Lei n. 7.492/1986 em concurso material. Contra essa sentença, foi interposta apelação, provida parcialmente em relação aos recorrentes para absolvê-los quanto ao crime do art. 5° e redimensionar as penas quanto às demais imputações. Nesta instância especial, consoante os autos, entendeu-se que os recorrentes, na qualidade de diretores e administradores da sociedade empresária que administravam, no período de janeiro de 1994 a dezembro de 1995, geriram fraudulentamente a instituição, provocando a insolvência e a consequente liquidação extrajudicial e, ainda, enormes prejuízos não só ao Sistema Financeiro Nacional (SFN) como também a milhões de investidores que adquiriram os títulos de capitalização denominados "Papatudo", emitidos pela referida sociedade empresária. Ressaltou-se que a inicial descreve, de forma satisfatória, a conduta delituosa dos acusados, relatando os elementos indispensáveis para a demonstração da existência dos crimes em tese praticados, bem assim os indícios suficientes para a deflagração da persecução penal. Desse modo, deve ser tida por apta a denúncia, reservando-se para a instrução criminal o detalhamento mais preciso das condutas dos réus, ora recorrentes, e a comprovação dos fatos a eles imputados, a fim de permitir a correta e equânime aplicação da lei penal. Observou-se que este Superior Tribunal, na linha do entendimento do STF, tem decidido que, nos crimes de autoria coletiva, é prescindível a descrição minuciosa e individualizada da ação de cada acusado, bastando a narrativa das condutas delituosas e da suposta autoria, com elementos suficientes para garantir o direito à ampla defesa e ao contraditório, tal como verificado na hipótese. Quanto ao segundo recorrente, contudo, consignou-se que não poderia a sentença utilizar um mesmo fato consistente nos prejuízos causados pela conduta delituosa para considerar desfavoráveis as circunstâncias e as consequências do crime, em indevido *bis in idem*. Igualmente, era vedado ao tribunal *a quo* valorar negativamente circunstância, a culpabilidade, em recurso exclusivo da defesa; em assim procedendo, houve *reformatio in pejus*. Em relação ao primeiro recorrente, registrou-se que não há como aplicar, na espécie, a atenuante da confissão espontânea, tendo em vista que ele negou a autoria delitiva e, no exame da culpabilidade do agente e das circunstâncias do crime, verificou-se que os elementos concretos foram detidamente analisados pelo tribunal *a quo*, para demonstrar por que sua conduta se reveste de especial reprovabilidade. Assim, ficou consignado, no acórdão, que os ilícitos foram perpetrados sob a orientação do primeiro recorrente, que engendrou complexo esquema para gerir e desviar recursos e emitir títulos sem lastro por longo lapso temporal. Além disso, ele foi o maior beneficiário da empreitada. Quanto ao recurso do MP, assentou-se ir de encontro ao óbice contido na Súm. n. 7-STJ o pedido de condenação pelo crime do art. 5°, caput, da Lei n. 7.492/1986, relativo à apropriação ou desvio de dinheiro, título, valor ou outro bem, pois o tribunal de origem fundamentou a absolvição também no fato de que o desvio de valores para sociedades empresárias controladas pelo primeiro recorrente constitui a própria gestão fraudulenta e se identifica plenamente com o conceito jurídico definido no art. 4°, *caput*, da mesma lei. Diante dessas considerações, entre outras, a Turma, por unanimidade, não conheceu do recurso do MP e, por maioria, conheceu do recurso do segundo recorrente e deu a ele parcial provimento, bem como negou provimento ao recurso do primeiro recorrente. **REsp 946.653-RJ, Rel. Min. Laurita Vaz, julgado em 2/6/2011.** (Inform. STJ 475)

ADVOCACIA ADMINISTRATIVA FAZENDÁRIA. PARTÍCIPE.

A Turma, ao prosseguir o julgamento, por maioria, denegou a ordem de *habeas corpus* por entender que, no delito de advocacia administrativa fazendária (art. 3°, III, da Lei n. 8.137/1990), o particular pode figurar como partícipe, desde que saiba da condição de funcionário público do autor, a teor dos arts. 11 da mencionada lei e 29, *caput*, do CP. Em voto vista que acompanhou a Min. Relatora, o Min. Gilson Dipp consignou que a suposta participação do paciente diz respeito à condição de servidor público do autor, que é elementar do crime e da qual ele tinha conhecimento, razão por que a ele pode se comunicar nos termos do art. 30 do CP. Precedentes citados: HC 93.352-SC, DJe 9/11/2009; HC 30.832-PB, DJ 19/4/2004, e RHC 5.779-SP, DJ 1°/12/1997. **HC 119.097-DF, Rel. Min. Laurita Vaz, julgado em 1°/3/2011.** (Inform. STJ 465)

SONEGAÇÃO FISCAL. PROCEDIMENTO ADMINISTRATIVO.

Para a promoção da ação penal referente ao delito de sonegação fiscal (art. 1° da Lei n. 8.137/1990), não é necessário que se instaure procedimento administrativo fiscal contra cada um dos corréus na qualidade de pessoas físicas, se já transcorreu outro procedimento de igual natureza em que se apurou haver a prática do crime por meio da pessoa jurídica. O fato de o paciente não ser sócio da empresa em questão não afasta a possibilidade de imputar-lhe o aludido crime, visto que há liame causal, estabelecido em razão de sua qualidade de procurador da sociedade, além de existir suficiente descrição na denúncia de sua participação no crime. Precedentes citados: HC 40.994-SC, DJ 24/4/2006; HC 41.310-MA, DJ 29/8/2005, e HC 89.386-RJ, DJe 20/10/2008. **HC 86.309-MS, Rel. Min. Maria Thereza de Assis Moura, julgado em 8/2/2011.** (Inform. STJ 462)

GESTÃO TEMERÁRIA. INSTITUIÇÃO FINANCEIRA.

In casu, conforme os autos, o paciente foi denunciado pelo delito de gestão temerária, previsto no art. 4°, parágrafo único, da Lei n. 7.492/1986. Foi condenado, contudo, pelo crime de gestão fraudulenta à pena de três anos de reclusão, além de 10 dias-multa, substituída a sanção corporal por restritivas de direito. O tribunal *a quo* proveu parcialmente a apelação da defesa a fim de condenar o paciente a dois anos de reclusão pelo crime de gestão temerária, nos termos da denúncia ofertada, declarando extinta a punibilidade pela prescrição retroativa. Opostos embargos de declaração pelo MPF, esses foram acolhidos com efeitos infringentes, para, restabelecer a sentença condenatória. Daí adveio o *habeas corpus* em que se pretendeu a cassação do acórdão que acolheu os embargos de declaração opostos pelo MP por serem intempestivos, o reconhecimento da extinção da punibilidade pela ocorrência da prescrição, bem como a anulação do julgamento dos aclaratórios, visto que os desembargadores que os apreciaram, principalmente, o relator, não foram os mesmos que compunham o órgão responsável pelo exame do acórdão embargado, circunstância que teria afrontado os princípios do juiz natural e da identidade física do juiz. Ao apreciar o *writ,* salientou o Min. Relator que, na hipótese, o tribunal *a quo* acabou por reapreciar a causa nos embargos de declaração opostos pelo MP, isto é, reformou o julgado anterior em prejuízo do réu, sem que estivesse presente alguma omissão, contradição ou obscuridade, ou até mesmo algum erro sobre premissa fática que, de forma excepcional, autorizasse a modificação do julgado. Em verdade, os embargos de declaração ministeriais serviram para que se procedesse à nova avaliação das provas, a fim de que se concluísse ser o caso de crime de gestão fraudulenta de instituição financeira, e não gestão temerária. Ressaltou que, nesse contexto, o que se operou, nos embargos de declaração opostos pelo MP, foi verdadeira reversão de julgado, circunstância que consubstancia evidente constrangimento ilegal. Salientou, ainda, que o fato de o órgão fracionário que proferiu a decisão no tribunal de origem encontrar-se composto, à época do julgamento dos embargos de declaração, por outros desembargadores não autoriza àquele órgão distanciar-se das balizas contidas no art. 619 do CPP. Observou que a reforma do julgado, se fosse o caso, somente poderia ser operada em recursos de natureza extraordinária. Destacou, por fim, o Min. Relator que a possibilidade de rediscussão pelo próprio tribunal do mérito da decisão proferida na apelação, fora a revisão criminal, está adstrita à hipótese dos chamados embargos infringentes. Porém, tal recurso, previsto no art. 609 do CPP, é privativo da defesa, não do MP, e somente pode ser manejado contra acórdão não unânime, o que, sequer, foi o caso. Diante desses fundamentos, a Turma denegou a ordem, mas concedeu *habeas corpus* de ofício para cassar o acórdão proferido nos embargos de declaração ministeriais, restabelecendo a decisão exarada na apelação. Precedentes citados: EDcl no AgRg no Ag 1.281.210-MG, DJe 13/9/2010; EDcl no HC 135.211-SP, DJe 14/6/2010; EDcl no AgRg no REsp 1.055.421-RS, DJe 7/6/2010; Pet 4.284-RJ, DJe 15/3/2010; EDcl no REsp 859.815-RS, DJe 21/6/2010; EDcl no REsp 599.653-SP, DJ 22/8/2005; EDcl nos EDcl no AgRg no AG 1.027.718-MG, DJe 24/5/2010; EDcl no AgRg nos EDcl nos EREsp 1.110.359-SC, DJe 16/9/2010; EDcl no AgRg no Ag 1.166.436-RJ, DJe 18/12/2009 e EDcl nos EDcl no AgRg no REsp 415.691-DF, DJ 9/10/2006. **HC 155.811-AL, Rel. Min. Og Fernandes, julgado em 16/11/2010.** (Inform. STJ 456)

GESTÃO TEMERÁRIA. INSTITUIÇÃO FINANCEIRA. TRANCAMENTO. AÇÃO PENAL.

Na espécie, a ora paciente, integrante de diretoria colegiada de instituição financeira, foi denunciada por gestão temerária em razão da falta de prudência no processamento de operação de mútuo concedido à empresa construtora. A Turma, ao prosseguir o julgamento, concedeu a ordem para trancar a ação penal, por entender que, para a consumação do crime descrito no art. 4°, parágrafo único, da Lei n. 7.492/1986 (gestão temerária), exige-se uma sequência de atos na direção da empresa, não bastando um fato isolado no tempo. É necessária a habitualidade para que se legitime a denúncia pelo crime mencionado. Ademais, no caso, a conduta não revela temeridade, mas os riscos próprios da atividade financeira, o que afasta o elemento subjetivo (dolo eventual). **HC 97.357-GO, Rel. Min. Maria Thereza de Assis Moura, julgado em 28/9/2010** (ver Informativo n. 448). (Inform. STJ 449)

FRAUDE. LEASING FINANCEIRO.

De acordo com a denúncia, os recorrentes obtiveram, mediante fraude, crédito na forma *leasing* financeiro. No REsp, eles afirmam que o contrato de arrendamento mercantil (*leasing*) não se enquadraria no termo "financiamento" disposto no art. 19 da Lei n. 7.492/1986 (crimes contra o Sistema Financeiro Nacional) e, mesmo que fosse financiamento, o crime não estaria caracterizado, visto que o *leasing* foi deferido por banco privado, portanto não envolveu recursos públicos. Contudo, para o Min. Relator, está caracterizado o delito contra o sistema financeiro, pois o fato de o *leasing* financeiro não constituir financiamento não afasta, por si só, a configuração do delito previsto no citado artigo. Isso porque, embora não seja um financiamento propriamente dito, esse constitui o núcleo ou elemento preponderante dessa modalidade de arrendamento mercantil, segundo as mais recentes doutrinas e decisão do STF, o qual distinguiu cada uma das modalidades de arrendamento mercantil, ou seja, o *leasing* operacional, o *leasing-back* e o *leasing* financeiro. Quanto à assertiva dos recorrentes de que o *leasing* não envolvia recursos públicos, segundo o Min. Relator, a questão não foi objeto de debate nas instâncias ordinárias, mas observa que, mesmo se ultrapassado esse óbice, o recurso não poderia prosperar, visto que, conforme a mencionada lei, para a configuração do delito, basta a obtenção do financiamento mediante fraude em instituição financeira (pessoa jurídica de direito público ou privado), não levando em consideração se há utilização de recursos públicos. A única diferenciação é o aumento da pena no caso de envolver instituição financeira pública ou haver repasse de recursos públicos. Diante do exposto, a Turma negou provimento ao recurso na parte conhecida. Precedente citado do STF: RE 547.245-SC, DJe 5/3/2010. **REsp 706.871-RS, Rel. Min. Celso Limongi (Desembargador convocado do TJ-SP), julgado em 22/6/2010.** (Inform. STJ 440)

ALEGAÇÃO. NULIDADE. OFENSA. ART. 514 DO CPP.

A denúncia afirma que o ora recorrente teria praticado o crime tipificado no art. 1°, II, c/c os arts. 11 e 12, II, da Lei n. 8.137/1990, na forma do art. 71 do CP. Dizia que a ação criminosa do servidor consistia em burlar a fiscalização tributária, concedendo, contrariamente à lei, benefícios fiscais a empresas que não possuíam os requisitos para tal, estabelecendo um esquema que possibilitasse aos empresários a prática das mais variadas fraudes, suprimindo ou reduzindo os valores de ICMS devidos, sem que fossem importunados por quaisquer outros servidores fazendários. A Turma reiterou o entendimento de que o procedimento previsto no art. 514 do CPP aplica-se aos delitos previstos nos arts. 312 a 326 do CP, ou seja, aos crimes funcionais próprios (somente o funcionário público pode praticar). No caso, o recorrente teria concorrido para a prática de infração penal contra a ordem tributária, cujos bens tutelados são, essencialmente, a fé e a Administração públicas e o erário. Mesmo que a Administração seja atingida pelo crime fiscal, percebe-se que, nele, a condição de funcionário não é inerente à prática delituosa, uma vez que o agente pode ser, em regra, o próprio contribuinte. Assim, a Turma negou provimento ao recurso. Precedentes citados do STF: HC 95.969-SP, DJe 12/6/2009; do STJ: HC 91.228-RS, DJ 10/12/2007; HC 79.751-RJ, DJe 14/4/2008, e RHC 22.164-MG, DJe 15/3/2010. **RHC 22.118-MT, Rel. Min. Jorge Mussi, julgado em 1°/6/2010.** (Inform. STJ 437)

EVASÃO. DIVISAS. TRANSFERÊNCIA REGULAR.

O paciente e outras pessoas foram acusados de remeter mais de R$ 10 milhões pertencentes a uma sociedade empresária para conta de sua subsidiária situada no exterior, mediante a suposta máscara de empréstimo bancário (contratos de *loan agreement)*, o que caracterizaria a evasão de divisas do art. 22, parágrafo único, da Lei n. 7.492/1986. Sucede que, tal como consta dos documentos acostados aos autos, tanto o Banco Central quanto a Receita Federal sequer detectaram irregularidades nessas transferências internacionais, a impor que se conceda a ordem para extinguir a ação penal com extensão a todos os acusados, tal como o fez a Turma ao prosseguir o julgamento. **HC 76.336-SP, Rel. Min. Nilson Naves, julgado em 15/4/2010.** (Inform. STJ 430)

LAVAGEM. DINHEIRO. EVASÃO. DIVISAS. CRIME TRIBUTÁRIO.

O *habeas corpus* buscava o trancamento da ação penal em relação ao crime de lavagem de dinheiro e evasão de divisas, visto que, quanto ao delito tributário que seria seu antecedente lógico, a ação penal foi trancada por falta de condição de punibilidade, pois o crédito tributário ainda não fora constituído. Sucede que há concreta autonomia entre os três delitos. Os fatos passaram-se de modo diverso do alegado: em vez de o delito tributário, antecedente aos outros, produzir a renda e necessitar da lavagem, claramente se lê da denúncia que os denunciados, representantes de concessionária de serviço público, de forma desconhecida, obtiveram grande volume de rendimentos que foram omitidos do Fisco para sonegar o pagamento de várias contribuições. Por isso o tribunal *a quo* limitou-se a declarar a falta de condição objetiva de punibilidade em relação ao crime tributário, exatamente porque não se sabia como surgiram os rendimentos e quais eram os tributos sonegados. Contudo, restaram incólumes a suspeita de evasão de divisas, bem como o vultoso rendimento que a denúncia afirma ser objeto de lavagem mediante a simulação de empréstimos bancários para justificar sua origem ilícita, daí a conclusão de haver a autonomia concreta mencionada. Com esse entendimento, a Turma, ao prosseguir o julgamento, por maioria, denegou a ordem. Precedentes citados: HC 113.169-RS, DJe 27/4/2009, e RHC 20.040-PR, DJ 7/2/2008. **HC 133.274-RJ, Rel. Min. Celso Limongi (Desembargador convocado do TJ-SP), julgado em 15/4/2010.** (Inform. STJ 430)

CRIME TRIBUTÁRIO. SERVIDOR PÚBLICO.

Trata-se de crime contra a ordem tributária imputado a servidor público da Fazenda estadual, conforme disposto no art. 1° da Lei n. 8.137/1990. A Turma, ao prosseguir o julgamento, concedeu parcialmente a ordem de *habeas corpus* quanto à dosimetria da pena aplicada. No caso, a sentença e o acórdão que a confirmou apoiavam-se em elementos como culpabilidade, ambição de lucro fácil e repercussão contra a administração pública, que são decorrentes da própria conduta ilícita, para dosar a pena em 50% acima do mínimo básico, apesar de reconhecer ser o paciente primário. Mas, a jurisprudência deste Superior Tribunal não admite que os elementos integrantes do próprio tipo penal possam ser tomados como fatores de aumento da pena-base, até para evitar a duplicidade de reprovação quanto aos mesmos elementos. Dessa forma, no caso, a pena-base deve ser fixada em dois anos, acrescida de 1/3 e 1/6 pela continuidade delitiva e pela condição de servidor. O Min. Napoleão Nunes Maia Filho ressaltou ponto de vista pessoal quanto à incriminação do servidor público nos incisos do art. 1º da Lei n. 8.137/1990, quando, a seu ver, deveriam ser as penas cominadas nos incisos do art. 3º da mesma lei, que são mais severas. Justifica tal posição pelo fato de o paciente, como fiscal de tributos, não dever ser processado por crimes próprios de contribuinte, pois o funcionário público pratica conduta mais reprovável que o contribuinte. Além disso, pode vir a ser beneficiado com a extinção da punibilidade pelo simples pagamento do tributo devido, o que, ao seu ver, não parece ser próprio do sistema de repressão aos delitos cometidos por servidores públicos. Contudo, por fim, o Min. Napoleão Nunes Maia Filho concluiu que nem mesmo a doutrina faz a distinção de tal singularidade e ainda admite a coautoria ou participação do funcionário público nesses crimes próprios de contribuinte, por isso acompanhou o Min. Relator com ressalvas. Precedentes citados: HC 44.215-PE, DJe 9/3/2009; HC 108.564-SP, DJe 23/3/2009, e HC 92.548-PE, DJe 9/3/2009. **HC 121.408-SC, Rel. Min. Arnaldo Esteves Lima, julgado em 3/12/2009.** (Inform. STJ 418)

DELITO MATERIAL. NÃO ATENDIMENTO. EXIGÊNCIA. FISCO.
O STJ já firmou o entendimento de que o delito de supressão ou redução de tributo é material (art. 1º da Lei n. 8.137/1990), consumando-se, portanto, no momento da efetiva supressão ou redução consubstanciadas na vantagem auferida ou no prejuízo causado com a evasão tributária. Por sua vez, o delito previsto no parágrafo único do referido dispositivo (de descumprir exigência da autoridade fazendária) também tem essa natureza. Portanto, para sua configuração, é necessário que haja a redução ou supressão de tributo tal qual definido no *caput* daquele artigo, o que não ocorreu na hipótese. **REsp 1.113.460-SP, Rel. Min. Celso Limongi (Desembargador convocado do TJ-SP), julgado em 24/11/2009.** (Inform. STJ 417)

LICENCIAMENTO. VEÍCULO. ESTADO DIVERSO.
A Turma reiterou o entendimento de que o licenciamento de veículo em Estado que possua alíquota do imposto de propriedade de veículo automotor (IPVA) menor que a alíquota do Estado onde reside o proprietário do veículo não configura crime de falsidade ideológica, em razão da indicação de endereço falso, mas, sim, supressão ou redução de tributo. A finalidade da falsidade ideológica é pagar tributo a menor, uma vez que ela é o crime meio para a consecução do delito fim de sonegação fiscal. Precedentes citados: CC 96.939-PR, DJe 5/3/2009; HC 70.930-SP, DJe 17/11/2008, e HC 94.452-SP, DJe 8/9/2008. **HC 146.404-SP, Rel. Min. Nilson Naves, julgado em 19/11/2009.** (Inform. STJ 416)

CRIME. SISTEMA FINANCEIRO.
A Turma denegou *habeas corpus* para trancamento da ação penal a paciente denunciado juntamente com três réus, na qualidade de diretores vice-presidentes e diretores executivos de banco, que teriam firmado empréstimos indiretos de mútuo de dinheiro e de ouro entre empresas nas quais a própria instituição financeira detinha participação acionária, o que configuraria, em tese, o delito tipificado no art. 17 da Lei n. 7.492/1986. Ressaltou-se que o fato de o Banco Central ter convalidado os referidos contratos mediante procedimento administrativo não obsta a atuação do MP, titular da ação penal pública, de oferecer denúncia se entender caracterizado algum ilícito penal, bem como o Poder Judiciário processar e julgar a demanda. **HC 54.843-RJ, Rel. Min. Arnaldo Esteves Lima, julgado em 16/12/2008.** (Inform. STJ 381)

HC. SONEGAÇÃO FISCAL. FALSIDADE IDEOLÓGICA.
Trata-se de *habeas corpus* em que se objetiva o trancamento da ação penal sob a alegação de que o crime de falsidade ideológica constituiu meio para a sonegação de tributo e deveria ser por ele absorvido e, como ainda não há sequer processo administrativo tendente a apurar tal ilícito, não haveria também crime algum a ser apurado. De acordo com os autos, o crime de falsidade ideológica praticado pelas ora pacientes teve como única finalidade o pagamento a menor de tributo municipal. Declararam que a empresa era sediada em município diverso do verdadeiro porque pretendiam, com isso, pagar porcentagem menor de ISS, ou seja, praticaram a conduta da falsidade ideológica com o escopo de sonegar tributos. Se houvesse sido apurado o delito fiscal, esse absorveria a falsidade. Com isso, não se pode, nesse caso, querer transformar a falsidade em delito autônomo simplesmente porque não foi apurado o crime tributário. Ressalte-se que prosseguir com a ação penal pelo crime meio, sem antes apurar a existência do delito fim, pode levar a resultados absurdos, isso porque, em relação ao crime tributário, existe a possibilidade de adimplemento da quantia devida e conseqüente extinção da punibilidade. Na hipótese, a alteração do endereço deu-se com a finalidade exclusiva de reduzir pagamento de tributo, constituindo-se, portanto, em crime meio. Isso posto, a Turma entendeu que o delito de falsidade não é autônomo, logo não pode, sozinho, ensejar uma possível condenação, razão pela qual não há justa causa para a ação penal. Assim, concedeu a ordem de *habeas corpus*. Precedentes citados do STF: HC 81.611-DF, DJ 13/5/2005; do STJ: HC 57.739-SP, DJ 5/11/2007; HC 75.599-SP, DJ 8/10/2007, e HC 4.547-RJ, DJ 7/4/1997. **HC 94.452-SP, Rel. Min. Jane Silva (Desembargadora convocada do TJ-MG), julgado em 12/8/2008.** (Inform. STJ 363)

SONEGAÇÃO FISCAL. ADESÃO. REFIS. CONSTRIÇÕES JUDICIAIS. LEVANTAMENTO.
Trata-se de recurso especial contra acórdão que determinou o levantamento de bens sob constrições judiciais ao argumento de que o denunciado encontrava-se amparado pela sua adesão ao Programa de Recuperação Fiscal (Refis), visto que a homologação dessa prescinde de garantias legalmente exigidas, o que ocorreu no caso. A Turma deu provimento ao recurso ao fundamento de que a adesão ao Refis implica a suspensão da pretensão punitiva, e não a extinção da punibilidade, que só ocorre com o pagamento integral dos tributos. Dessa forma, impossibilita-se o levantamento dos bens sob constrições judiciais. Ressalte-se que as garantias prestadas para a homologação da opção pelo Refis possuem natureza administrativa e não podem substituir as medidas judiciais assecuratórias. Precedente citado: REsp. 733.455-RS, DJ 7/11/2005. **RESP 762.072-RS, Rel. Min. Laurita Vaz, julgado em 19/2/2008.** (Inform. STJ 345)

DENÚNCIA. EXAME. FATOS. TIPICIDADE.
A Corte Especial recebeu a denúncia contra o Conselheiro do Tribunal de Contas do Estado do Espírito Santo só quanto à acusação por crime de ocultação de valores (art. 1º, § 1º, II, da Lei n. 9.613/1998) e rejeitou-a quanto à acusação por crime contra a ordem tributária (art. 1º, I, II e IV, da mesma lei) por ser um crime material ou de resultado que carece de decisão definitiva em processo administrativo de lançamento. Para o Min. Relator, estavam suficientemente demonstrados os pressupostos processuais e as condições para o exercício da ação penal, inclusive a justa causa (prova de materialidade e indícios suficientes da autoria). Ressaltou que, ainda que se tivesse por inadequada a capitulação posta na denúncia, não há dúvida que subsistiria, dos fatos narrados, a tipicidade do delito de receptação previsto no art. 180 do CP, satisfazendo-se, assim, a condição do inciso I do art. 41 do CPP, podendo ocorrer, se for o caso, por aditamento ao longo da instrução ou por *emendatio libelli*, na ocasião da sentença. Nesse momento, importa que os fatos imputados constituem, em tese, fatos penalmente típicos. Precedentes citados do STF: HC 81.611-DF, DJ 13/5/2005; HC 84.345-PR, DJ 24/3/2006; do STJ: HC 56.374-SP, DJ 6/8/2007; REsp 771.667-SC, DJ 9/4/2007, e APn 290-PR, DJ 26/9/2005. **APn 472-ES, Rel. Min. Teori Albino Zavascki, julgada em 19/9/2007.** (Inform. STJ 332)

CRIME. ORDEM TRIBUTÁRIA. LEGALIDADE. PROVAS OBTIDAS. CPMF.
Os impetrantes pretendem a concessão da ordem para que sejam anulados o inquérito policial e os atos dele decorrentes, pois baseados em prova supostamente ilícita, já que o uso dos dados da CPMF do paciente ocorreu em período em que esse procedimento era expressamente proibido pelo § 3º do art. 11 da Lei n. 9.311/1996, que vigeu até a edição da Lei n. 10.174/2001. Mas a Turma denegou a ordem ao entendimento de que é possível a retroação da Lei n. 10.174/2001 para englobar fatos geradores ocorridos em momento anterior à sua vigência. Conforme entendimento deste Superior Tribunal, o referido dispositivo legal tem natureza procedimental; portanto, com aplicação imediata, é passível de alcançar fatos pretéritos. Assim, não há constrangimento ilegal na investigação da suposta prática, no ano de 1998, de crime contra a ordem tributária, pois decorrente de atividade legalmente autorizada à fiscalização tributária; logo, lícita a prova produzida. **HC 31.448-SC, Rel. Min. Arnaldo Esteves Lima, julgado em 23/8/2007.** (Inform. STJ 328)

DESCAMINHO. PAGAMENTO. TRIBUTO. ANTERIORIDADE. OFERECIMENTO. DENÚNCIA.
As pacientes são acusadas de descaminho em razão de suposta compra de roupas íntimas pelos Correios. A *res* foi avaliada em oito mil e cinqüenta e seis dólares americanos e teria sido comprada por uma amiga numa das tradicionais "queimas de estoque" das lojas da cidade norte-americana de Miami. Sendo a impetração do presente *writ* anterior à aceitação da proposta de suspensão condicional do processo, não se configura um óbice à analise do mérito pela Sexta Turma. Para o deslinde da questão jurídica apresentada no presente remédio heróico, é imprescindível o cotejo analítico de dois tipos penais: sonegação fiscal e descaminho. A Min. Relatora

entendeu que, no caso, pode-se colher de empréstimo o espírito normativo da Lei n. 10.684/2003, pois dispõe de idêntica raiz exegética. Tal diploma deixou suficientemente clara a existência de outros tipos penais de cariz tributário além daqueles presentes na Lei n. 8.137/1990, destacando pontualmente no CP os crimes previdenciários, prevendo-se também hipótese de extinção de punibilidade em razão do prévio pagamento do débito. Assim, pode-se concluir que o crime de descaminho é intrinsecamente tributário, ou seja, "tutela-se o direito que o Estado tem de instituir e cobrar impostos e contribuições". Portanto, uma vez certificado que o pagamento do tributo foi operado antes do oferecimento da denúncia, de rigor é reconhecer-se a falta de utilidade e presteza do emprego do processo penal. Isso posto, ao se prosseguir o julgamento, após o voto-vista do Min. Hamilton Carvalhido não conhecendo do pedido de *habeas corpus*, e o voto do Min. Paulo Gallotti, no mesmo sentido, verificou-se empate na votação. Prevalecendo a decisão mais favorável às rés, a Turma conheceu do pedido de *habeas corpus* e concedeu a ordem. **HC 48.805-SP, Rel. Min. Maria Thereza de Assis Moura, julgado em 26/6/2007.** (Inform. STJ 325)

SÚMULA VINCULANTE 24

Não se tipifica crime material contra a ordem tributária, previsto no art. 1º, incisos I a IV, da Lei no 8.137/90, antes do lançamento definitivo do tributo.

SÚMULA STF Nº 609

É pública incondicionada a ação penal por crime de sonegação fiscal.

16. CRIMES DE TRÂNSITO

ART. 306 DO CTB: CONDUÇÃO SOB EFEITO DE ÁLCOOL E PROVA

A 2ª Turma denegou *habeas corpus* em que se pretendia trancar ação penal instaurada contra o paciente, ante a ausência de realização de teste de alcoolemia mediante exame de sangue para configuração do crime previsto no art. 306 da Lei 9.503/97 ["*Conduzir veículo automotor, na via pública, estando com concentração de álcool por litro de sangue igual ou superior a 6 (seis) decigramas, ou sob a influência de qualquer outra substância psicoativa que determine dependência*"]. De início, assentou-se inexistir ilegalidade evidente a conduzir à concessão da ordem pretendida. Observou-se que, com a redação da Lei 11.705/2008, o tipo penal passara a exigir para caracterização do delito, objetivamente, comprovação inequívoca da concentração de álcool igual ou superior a seis decigramas por litro de sangue. Em seguida, explicitou-se que esta poderia ser confirmada por teste de alcoolemia mediante exame de sangue ou em aparelho de ar alveolar pulmonar, também conhecido como etilômetro ou bafômetro, conforme determinaria o art. 2º do Decreto 6.488/2008 — que regulamenta o art. 276 e o parágrafo único do art. 306, ambos do CTB —, disciplinando a margem de tolerância de álcool no sangue e a equivalência entre os distintos testes para efeitos de crime de trânsito. Desse modo, considerando que o condutor submetera-se à aferição do bafômetro, reputou-se inviável cogitar da falta de justa causa para a ação penal. **HC 110905/RS, rel. Min. Joaquim Barbosa, 5.6.2012.** (HC-110905) (Inform. STF 669)

CRIME DE PERIGO ABSTRATO E EMBRIAGUEZ AO VOLANTE

A 2ª Turma denegou *habeas corpus* em que se pretendia o restabelecimento de sentença absolutória de denunciado pela suposta prática do delito tipificado no art. 306 do CTB ["*Conduzir veículo automotor, na via pública, estando com concentração de álcool por litro de sangue igual ou superior a 6 (seis) decigramas, ou sob a influência de qualquer outra substância psicoativa que determine dependência*"]. O paciente alegava a inconstitucionalidade da referida norma ao criar crime de perigo abstrato, na medida em que a modalidade do delito seria compatível apenas com a presença de dano efetivo. Aludiu-se que, segundo a jurisprudência do STF, seria irrelevante indagar se o comportamento do agente atingira, ou não, algum bem juridicamente tutelado. Consignou-se, ainda, legítima a opção legislativa por objetivar a proteção da segurança da própria coletividade. HC 109269/MG, rel. Min. Ricardo Lewandowski, 27.9.2011. (HC-109269) (Inform. STF 642)

HOMICÍDIO CULPOSO NA DIREÇÃO DE VEÍCULO AUTOMOTOR E CONSTITUCIONALIDADE.

A Turma, ao declarar a constitucionalidade do art. 302, parágrafo único, da Lei 9.503/97 - Código de Trânsito Brasileiro, manteve acórdão que condenara o recorrente e o co-réu pelo crime de homicídio culposo em decorrência de acidente de trânsito. Alegava-se, na espécie, que, em razão de a pena-base variável cominada no dispositivo mencionado ser de 2 a 4 anos de detenção e, no art. 121, § 3º, do CP, ser apenas de 1 a 3 anos, o tratamento diferenciado seria inconstitucional por violar o princípio da igualdade (CF, art. 5º, *caput*). Considerou-se que o princípio da isonomia não impede o tratamento diversificado das situações quando houver um elemento de *discrímen* razoável, pois inegável a existência de maior risco objetivo em decorrência da condução de veículos nas vias públicas. Enfatizou-se que a maior freqüência de acidentes de trânsito, acidentes graves, com vítimas fatais, ensejou a aprovação de tal projeto de lei, inclusive com o tratamento mais rigoroso contido no art. 302, parágrafo único, do CTB. Destarte, a majoração das margens penais — comparativamente ao tratamento dado pelo art. 121, § 3º, do CP — demonstra o enfoque maior no desvalor do resultado, notadamente em razão da realidade brasileira, envolvendo os homicídios culposos, provocados por indivíduos na direção de veículos automotores (CTB: "*Art. 302. Praticar homicídio culposo na direção de veículo automotor: Penas - detenção, de dois a quatro anos, e suspensão ou proibição de se obter a permissão ou a habilitação para dirigir veículo automotor. Parágrafo único. No homicídio culposo cometido na direção de veículo automotor, a pena é aumentada de um terço à metade, se o agente:...*"). **RE 428864/SP, rel. Min. Ellen Gracie, 14.10.2008.** (RE-428864) (Inform. STF 524)

SÚMULA STF Nº 720

O art. 309 do Código de Trânsito Brasileiro, que reclama decorra do fato perigo de dano, derrogou o art. 32 da Lei das Contravenções Penais no tocante à direção sem habilitação em vias terrestres.

16.1. SUPERIOR TRIBUNAL DE JUSTIÇA

DIREITO PENAL. CRIME DO ART. 310 DO CTB. EXIGÊNCIA DE PERIGO CONCRETO DE DANO.

Para a configuração do crime previsto no art. 310 do CTB, é exigida a demonstração de perigo concreto de dano. Segundo a jurisprudência do STJ, o delito descrito no art. 309 do Código de Trânsito Brasileiro (CTB) – conduzir veículo automotor sem habilitação – necessita da existência de perigo concreto para sua configuração. No mesmo sentido segue a posição do STF, que, inclusive, editou a Súm. n. 720 sobre o tema. O mesmo entendimento deve ser aplicado ao delito previsto no art. 310 do CTB – permitir, confiar ou entregar a direção de veículo automotor a pessoa não habilitada. Assim, não basta a simples entrega do veículo a pessoa não habilitada para a caracterização do crime, fazendo-se necessária a demonstração de perigo concreto de dano decorrente de tal conduta. Precedentes citados do STF: HC 84.377-SP, DJ 27/8/2004; do STJ: Ag 1.141.187-MG, DJe 18/8/2009; REsp 331.104-SP, DJ 17/5/2004; HC 28.500-SP, DJ 4/9/2006, e HC 150.397-SP, DJe 31/5/2010. **HC 118.310-RS, Rel. Min. Og Fernandes, julgado em 18/10/2012.(Inform. STJ 507)**

DIREÇÃO. EMBRIAGUEZ. PERIGO ABSTRATO.

A Turma reiterou que o crime do art. 306 do Código de Trânsito Brasileiro é de perigo abstrato, pois o tipo penal em questão apenas descreve a conduta de dirigir veículo sob a influência de álcool acima do limite permitido legalmente, sendo desnecessária a demonstração da efetiva potencialidade lesiva do condutor. Assim, a denúncia traz indícios concretos de que o paciente foi flagrado conduzindo veículo automotor e apresentando concentração de álcool no sangue superior ao limite legal, fato que sequer é impugnado pelo impetrante, não restando caracterizada a ausência de justa causa para a persecução penal do crime de embriaguez ao volante. Logo, a Turma denegou a ordem. Precedentes citados: HC 140.074-DF, DJe 22/2/2010, e RHC 26.432-MT, DJe 14/12/2009. **HC 175.385-MG, Rel. Min. Laurita Vaz, julgado em 17/3/2011.** (Inform. STJ 466)

EMBRIAGUEZ AO VOLANTE. ART. 306 DO CTB.

Trata-se de pedido de trancamento da ação penal por ausência de prova da materialidade do delito de embriaguez ao volante por não ter sido realizado exame toxicológico de sangue. *In casu*, foi realizado o exame do bafômetro e constatou-se a concentração alcoólica de ar nos pulmões, que corresponde à concentração sanguínea acima do limite legal. De modo que a materialidade do crime foi demonstrada, tendo em vista que o art. 306 do CTB não exige expressamente o exame toxicológico de sangue. Com essas considerações, entre outras, a Turma denegou a ordem. Precedentes citados: HC 158.311-RS, DJe 18/10/2010; HC 166.377-SP, DJe 1º/7/2010; HC 155.069-RS, DJe 26/4/2010; HC 151.087-SP, DJe 26/4/2010, e HC 140.074-DF, DJe 14/12/2009. **HC 177.942-RS, Rel. Min. Celso Limongi (Desembargador convocado do TJ-SP), julgado em 22/2/2011.** (Inform. STJ 464)

HOMICÍDIO. ALCOOLEMIA.

O processo crime averigua a prática de homicídio e não de condução de veículo automotor sob influência de álcool (art. 306 do CTB). Assim, mesmo que se apure ser a quantidade de álcool detectada no etilômetro suficiente apenas para caracterizar infração administrativa, esse fato, por si só, não tem o condão de cessar a persecução criminal. Contudo, não há demonstração concreta a permitir a segregação cautelar do paciente, sendo-lhe permitido aguardar o julgamento em liberdade mediante o compromisso de comparecer a todos os atos do processo, além da necessária entrega ao juízo da carteira de habilitação para dirigir veículos. Precedentes citados do STF: HC 100.012-PE, DJe 26/2/2010; HC 101.055-GO, DJe 18/12/2009; do STJ: HC 48.208-GO, DJ 6/3/2006; HC 43.887-MG, DJ 26/9/2005; HC 141.553-MG, DJe 26/4/2010, e HC 117.769-SP, DJe 8/6/2009. **HC 162.678-MA, Rel. Min. Laurita Vaz, julgado em 18/11/2010.** (Inform. STJ 456)

EMBRIAGUEZ AO VOLANTE. EXAME. ALCOOLEMIA.

Antes da reforma promovida pela Lei n. 11.705/2008, o art. 306 do CTB não especificava qualquer gradação de alcoolemia necessária à configuração do delito de embriaguez ao volante, mas exigia que houvesse a condução anormal do veículo ou a exposição a dano potencial. Assim, a prova poderia ser produzida pela conjugação da intensidade da embriaguez (se visualmente perceptível ou não) com a condução destoante do veículo. Dessarte, era possível proceder-se ao exame de corpo de delito indireto ou supletivo ou, ainda, à prova testemunhal quando impossibilitado o exame direto. Contudo, a Lei n. 11.705/2008, ao dar nova redação ao citado artigo do CTB, inovou quando, além de excluir a necessidade de exposição a dano potencial, determinou a quantidade mínima de álcool no sangue (seis decigramas por litro de sangue) para configurar o delito, o que se tornou componente fundamental da figura típica, uma elementar objetiva do tipo penal. Com isso, acabou por especificar, também, o meio de prova admissível, pois não se poderia mais presumir a alcoolemia. Veio a lume, então, o Dec. n. 6.488/2008, que especificou as duas maneiras de comprovação: o exame de sangue e o teste mediante etilômetro ("bafômetro"). Conclui-se, então, que a falta dessa comprovação pelos indicados meios técnicos impossibilita precisar a dosagem de álcool no sangue, o que inviabiliza a necessária adequação típica e a própria persecução penal. É tormentoso ao juiz deparar-se com essa falha legislativa, mas ele deve sujeitar-se à lei, quanto mais na seara penal, regida, sobretudo, pela estrita legalidade e tipicidade. Anote-se que nosso sistema repudia a imposição de o indivíduo produzir prova contra si mesmo (autoincriminar-se), daí não haver, também, a obrigação de submissão ao exame de sangue e ao teste do "bafômetro". Com esse entendimento, a Turma concedeu a ordem de *habeas corpus* para trancar a ação penal. Precedente citado do STF: HC 100.472-DF, DJe 10/9/2009. **HC 166.377-SP, Rel. Min. Og Fernandes, julgado em 10/6/2010.** (Inform. STJ 438)

HOMICÍDIO. FAIXA. PEDESTRES.

A causa de aumento da pena constante do art. 302, parágrafo único, II, do CTB só incide quando o homicídio culposo cometido na direção de veículo automotor ocorrer na calçada ou sobre a faixa de pedestres. Portanto, não incide quando o atropelamento ocorrer a poucos metros da referida faixa, tal como no caso, visto que o Direito Penal não comporta interpretação extensiva em prejuízo do réu, sob pena de violação do princípio da reserva legal (art. 5º, XXXIX, da CF/1988). **HC 164.467-AC, Rel. Min. Arnaldo Esteves Lima, julgado em 18/5/2010. (Inform. STJ 435)**

CTB. EMBRIAGUEZ. EXAME PERICIAL.

No HC, pede-se o trancamento de ação penal diante da falta de justa causa porque não houve o exame de alcoolemia. Segundo o Min. Relator, para a configuração do crime de trânsito descrito no art. 306 da Lei n. 9.503/1997 (CTB), a realização da perícia, quando possível, torna-se imprescindível. Entretanto, ressalvou as hipóteses em que a perícia não é realizada porque, na comarca, não há os equipamentos necessários à realização do exame ou em razão da recusa do acusado em submeter-se aos exames de alcoolemia. Nesses casos, observou ser possível concluir o estado de embriaguez quando ele é perceptível por testemunhas ou pelo exame clínico, de acordo com preceitos doutrinários estabelecidos em medicina legal. Dessa forma, esclareceu que, quando não é possível realizar o exame para indicar a concentração de álcool no sangue, há outros tipos de prova (testemunhal ou exame clínico) que atestam, indubitavelmente, o estado de embriaguez do motorista, o que admite a aplicação do art. 167 do CPP. Observou ainda que, no caso dos autos, o exame de alcoolemia não foi realizado por falta de equipamento hábil na comarca, além de não ficar esclarecida a razão pela qual não se fez o exame de sangue. Porém, houve o exame clínico e, por essa razão, há suficientes indícios de materialidade do crime, sendo precipitado o trancamento da ação penal. Diante do exposto, a Turma denegou a ordem de *habeas corpus*. **HC 132.374-MS, Rel. Min. Felix Fischer, julgado em 6/10/2009.** (Inform. STJ 410)

CRIME. TRÂNSITO. HOMICÍDIO DOLOSO QUALIFICADO.

No caso, o denunciado, ao conduzir seu veículo à velocidade de 165 Km/h, colidiu com o veículo da vítima, que trafegava à sua frente, provocando sua morte. Para o Min. Relator, ainda que a qualificadora de "perigo comum" (art. 121, § 2º, III, do CP) possa, em tese, ocorrer na hipótese de homicídio informado por dolo eventual no trânsito automotivo, na hipótese, todavia, revela-se adequada a sua exclusão pela sentença de pronúncia e pelo acórdão que a confirmou, tratando-se, portanto, de qualificadora improcedente. Mas, para o Min. Napoleão Nunes Maia Filho, voto-vencedor, pela verificação objetiva da ação praticada pelo agente – conduzir um veículo em via pública a 165 Km/h –, é evidentemente, causador de perigo comum. Observou que a inclusão da qualificadora do perigo comum não impede que o Tribunal do Júri a exclua, mas a não-inclusão impede que o Tribunal do Júri a acrescente. E concluiu preservar a denúncia e, principalmente, preservar a soberania do Tribunal do Júri de excluir a qualificadora, se achar que deva, e dar provimento ao recurso do Ministério Público, porque a descrição da conduta, embora sumária, breve, revela-se suficientemente completa para permitir a conclusão de que a conduta praticada pelo agente produziu esse perigo comum. **REsp 912.060-DF, Rel. Min. Arnaldo Esteves Lima, Rel. para acórdão Min. Napoleão Nunes Maia Filho, julgado em 14/11/2007.** (Inform. STJ 339)

HOMICÍDIO CULPOSO. SOCORRO. VÍTIMA.

Ao registrar inicialmente que o fato em questão ocorreu antes da vigência do Código Brasileiro de Trânsito (CBT), a Turma entendeu que, no homicídio culposo, a ausência de imediato socorro à vítima é causa de aumento de pena (art. 121, § 4º, do CP) e que não há que se cogitar na aplicação da atenuante genérica do art. 65, III, **b**, daquele mesmo código quando tal socorro for efetivamente prestado, pois se cuida, sim, de dever legal do agente causador do delito, anotado que seu cumprimento não importa mitigação da sanção. **HC 65.971-PR, Rel. Min. Napoleão Nunes Maia Filho, julgado em 13/9/2007.** (Inform. STJ 331)

SÚMULA STF Nº 720

O art. 309 do código de trânsito brasileiro, que reclama decorra do fato perigo de dano, derrogou o art. 32 da Lei das contravenções penais no tocante à direção sem habilitação em vias terrestres.

17. ESTATUTO DO DESARMAMENTO E LEGISLAÇÃO CORRELATA

POSSE DE ARMA DE FOGO E ATIPICIDADE TEMPORÁRIA

A 2ª Turma denegou *habeas corpus* em que se pleiteava o reconhecimento de extinção da punibilidade da conduta atribuída ao paciente de posse irregular de arma de fogo de uso permitido (Lei 10.826/2003, art. 12). Explicitou-se constar dos autos que os armamentos apreendidos teriam sido utilizados para garantir a prática de tráfico de drogas. Salientou-se que, portanto, não seriam passíveis de regularização. Dessa maneira, não haveria que se falar em *abolitio criminis*. **HC 111842/ES, rel. Min. Cármen Lúcia, 13.11.2012**. (HC-111842) (Inform. STF 688)

PORTE DE MUNIÇÃO E LESIVIDADE DA CONDUTA

A 2ª Turma denegou *habeas corpus* no qual se requeria a absolvição do paciente — condenado pelo porte de munição destinada a revólver de uso permitido, sem autorização legal ou regulamentar (Lei 10.826/2003, art. 14) — sob o argumento de ausência de lesividade da conduta. Inicialmente, não se conheceu do *writ* quanto à alegada atipicidade em razão de *abolitio criminis* temporária, pois não veiculada no STJ. No que concerne ao pedido alternativo de absolvição do paciente, enfatizou-se que a objetividade jurídica da norma penal em comento transcenderia a mera proteção da incolumidade pessoal para alcançar, também, a tutela da liberdade individual e do corpo social como um todo, asseguradas ambas pelo incremento dos níveis de segurança coletiva que a lei propiciaria. Por fim, firmou-se ser irrelevante cogitar-se da lesividade da conduta de portar apenas munição, porque a hipótese seria de crime de perigo abstrato, para cuja caracterização não importaria o resultado concreto da ação. **HC 113295/SP, rel. Min. Ricardo Lewandowski, 13.11.2012**. (HC-113295) (Inform. STF 688)

ARMA DE FOGO DE USO RESTRITO E PRERROGATIVAS DE CARGO
Comete, em tese, o crime tipificado no art. 16 da Lei 10.826/2003 [*"Possuir, deter, portar, adquirir, fornecer, receber, ter em depósito, transportar, ceder, ainda que gratuitamente, emprestar, remeter, empregar, manter sob sua guarda ou ocultar arma de fogo, acessório ou munição de uso proibido ou restrito, sem autorização e em desacordo com determinação legal ou regulamentar: Pena - reclusão, de 3 (três) a 6 (seis) anos, e multa"*] aquele que for flagrado na posse de arma de fogo de uso restrito sem autorização e em desacordo com determinação legal ou regulamentar, independentemente das prerrogativas do cargo. Essa a conclusão da 2ª Turma ao denegar *habeas corpus*, em que arguida a atipicidade da conduta e a ausência de justa causa para o prosseguimento da ação penal. Na espécie, discutia-se a necessidade de registro, no Comando Militar do Exército, de arma de fogo de uso restrito das Forças Armadas mantida sob a guarda de conselheiro de Tribunal de Contas, que também seria militar da reserva. Alegava-se que as condições pessoais do paciente assegurar-lhe-iam as prerrogativas inerentes tanto aos militares quanto aos magistrados, cumulativamente. Asseverou-se que a posse legal de armamentos deveria dar-se em conformidade com a legislação ou regulamento pertinente à espécie. Consignou-se que a observância às normas permitiria que o Poder Público detivesse meios necessários à fiscalização e ao controle, dentre outros aspectos, de origem, propriedade, localização, utilização e destinação das armas de fogo. Frisou-se que, admitir-se a prescindibilidade do registro de arma seria o mesmo que consentir aos detentores de certas prerrogativas a posse ou porte de armamento de origem ilícita, com numeração ou sinal de identificação suprimido ou adulterado, ou até mesmo produto de crime, o que contrariaria frontalmente a *mens legis* que lastrearia o Estatuto do Desarmamento (Lei 10.826/2003). **HC 110697/DF, rel. Min. Joaquim Barbosa, 25.9.2012**. (HC-110697) (Inform. STF 681)

LEI 11.706/2008: "VACATIO LEGIS" E ARMAS DE USO RESTRITO
A 2ª Turma negou provimento a recurso ordinário em *habeas corpus* no qual se alegava atipicidade da conduta atribuída ao paciente, delineada no art. 16 da Lei 10.826/2003 (*"Possuir, deter, portar, adquirir, fornecer, receber, ter em depósito, transportar, ceder, ainda que gratuitamente, emprestar, remeter, empregar, manter sob sua guarda ou ocultar arma de fogo, acessório ou munição de uso proibido ou restrito, sem autorização e em desacordo com determinação legal ou regulamentar"*), em face da *abolitio criminis temporalis* estabelecida pela Lei 11.706/2008, que conferira nova redação aos artigos 30 e 32 do Estatuto do Desarmamento. Na espécie, fora apreendido, em 18.7.2007, na residência da namorada do paciente, arsenal contendo pistolas, granada, várias munições e carregadores para fuzil e armas de calibres diversos. Consignou-se que a *vacatio legis* prevista nos mencionados dispositivos não tornaria atípica a conduta de posse ilegal de arma de uso restrito nem a ela aplicar-se-ia. **RHC 111637/RJ, rel. Min. Ricardo Lewandowski, 5.6.2012**. (RHC-111637) (Inform. STF 669)

Permuta de armas: Estatuto do Desarmamento e "abolitio criminis"
A 1ª Turma denegou *habeas corpus* em que se pleiteava a aplicação da *abolitio criminis*, contida nos artigos 30 e 32 da Lei 10.826/2003 (Estatuto do Desarmamento), em favor de réus que, no prazo estipulado pelos mencionados dispositivos, permutaram suas armas de fogo. A impetração sustentava que o ato perpetrado entre ambos estaria absorvido pelo crime de posse. Asseverou-se que os artigos citados estabeleceram prazo para que os possuidores ou proprietários de armas de fogo regularizassem-nas ou entregassem-nas às autoridades competentes, descriminalizando, temporariamente, apenas as condutas típicas de possuir ou ser proprietário de arma de fogo. Na seqüência, salientou-se que a permuta seria uma forma de aquisição de armas, considerada uma cessão ou um fornecimen-to recíproco, descaracterizada, portanto, a atipicidade da conduta. HC 99448/RS, rel. Min. Luiz Fux, 10.5.2011. (HC-99448) (Inform. STF 626)

PORTE ILEGAL DE ARMA DE FOGO E AUSÊNCIA DE MUNIÇÃO – 1
A Turma iniciou julgamento de *habeas corpus* em que denunciado pela suposta prática do crime de porte ilegal de arma de fogo de uso permitido pleiteia o trancamento de ação penal. O Min. Joaquim Barbosa, relator, conheceu parcialmente do *writ* e, na parte conhecida, denegou a ordem. Ressaltou que ainda não fora pacificada pela Corte a questão relativa à tipicidade do porte ilegal de arma de fogo sem munição. Sem comprometer-se com a tese, entendeu que deveria prevalecer, especialmente após a entrada em vigor da Lei 10.826/2003, corrente segundo a qual a hipótese seria de crime de perigo abstrato, para cuja caracterização não importaria o resultado concreto da ação. Aduziu que a referida lei, além de tipificar o simples porte de munição, não exigiria para a caracterização do crime sob análise que a arma estivesse municiada, de acordo com que se extrairia da redação do art. 14 daquele diploma legal. Avaliou, ainda, que o trancamento de ação penal seria medida reservada a hipóteses excepcionais, como a manifesta atipicidade da conduta, a presença de causa de extinção da punibilidade do paciente ou a ausência de indícios mínimos de autoria e materialidade delitivas, o que não se daria na espécie. Para evitar supressão de instância, não conheceu da alegação, não apreciada pelo STJ nem pelo tribunal estadual, de que o paciente fora autorizado, por presidente da Corte estadual, a portar arma, a qual só não estaria registrada em seu nome porque, à época dos fatos, ainda vigoraria o prazo legal para o devido registro. Não obstante, explicitou que esse prazo, espécie de *vacatio legis* indireta, teria sido destinado aos proprietários e possuidores de arma de fogo (Lei 10.826/2003, art. 12), e não àqueles acusados de porte ilegal (art. 14). Após, pediu vista dos autos o Min. Celso de Mello. **HC 96759/CE, rel. Min. Joaquim Barbosa, 21.9.2010**. (HC-96759)

PORTE ILEGAL DE ARMA DE FOGO E AUSÊNCIA DE MUNIÇÃO – 2
A 2ª Turma retomou julgamento de *habeas corpus* em que denunciado pela suposta prática do crime de porte ilegal de arma de fogo de uso permitido pleiteia o trancamento de ação penal — v. Informativo 601. Em voto-vista, o Min. Celso de Mello dissentiu do relator, para conceder a ordem em parte. Inicialmente, reconheceu a posição majoritária da Turma no sentido de que, para a configuração do crime em comento, seria irrelevante o fato de a arma se encontrar municiada ou desmuniciada. Não obstante, aduziu ser necessário que a arma estivesse devidamente municiada ou que, ao menos, tivesse o agente acesso livre e imediato à munição para que houvesse a tipicidade delitiva. Por fim, reputou que o prazo para registro de arma de fogo, ocorrido à época dos fatos, configuraria *abolitio criminis* aplicável apenas aos casos de posse, e não de porte ilegal de arma de fogo, como na espécie. Após o voto no Min. Ayres Britto, que acompanhava o relator, pediu vista dos autos o Min. Gilmar Mendes. HC **96759/CE, rel. Min. Joaquim Barbosa, 7.12.2010**. (HC-96759) (Inform. STF 612)

PORTE ILEGAL DE ARMA DE FOGO E AUSÊNCIA DE MUNIÇÃO - 3
Em conclusão, a 2ª Turma, por maioria, denegou *habeas corpus* no qual denunciado pela suposta prática do crime de porte ilegal de arma de fogo de uso permitido pleiteava o trancamento de ação penal — v. Informativos 601 e 612. Entendeu-se que, após a entrada em vigor da Lei 10.826/2003, a hipótese seria de crime de perigo abstrato, para cuja caracterização não importaria o resultado concreto da ação. Aduziu-se que a referida lei, além de tipificar o simples porte de munição, não exigiria para a configuração do crime sob análise que a arma estivesse municiada, de acordo com que se extrairia da redação do art. 14 daquele diploma legal. Avaliou-se, ainda, que o trancamento de ação penal seria medida reservada a situações excepcionais, como a manifesta atipicidade da conduta, a presença de causa de extinção da punibilidade do paciente ou a ausência de indícios mínimos de autoria e materialidade delitivas, inocorrentes na espécie. Para evitar supressão de instância, não se conheceu da alegação, não apreciada pelo STJ nem pelo tribunal estadual, de que o paciente fora autorizado, por presidente da Corte estadual, a portar arma, a qual só não estaria registrada em seu nome porque, à época dos fatos, ainda vigoraria o prazo legal para o devido registro. Não obstante, explicitou-se que esse prazo, espécie de *vacatio legis* indireta, teria sido destinado aos proprietários e possuidores de arma de fogo (Lei 10.826/2003, art. 12), e não àqueles acusados de porte ilegal (art. 14) . Vencido o Min. Celso de Mello, que concedia a ordem por entender destituída de tipicidade penal a conduta imputada ao paciente. **HC 96759/CE, rel. Min. Joaquim Barbosa, 28.2.2012**.(HC-96759) (Inform. STF 656)

PORTE ILEGAL DE ARMA DE FOGO E EXAME PERICIAL - 1
A Turma iniciou julgamento de *habeas corpus* impetrado pela Defensoria Pública da União em favor de condenado por porte ilegal de arma de fogo de uso permitido (Lei 10.826/2003, art. 14) no qual sustenta a necessidade de exame pericial para a configuração do delito. Alega que, embora a arma tivesse sido periciada, tal exame seria absolutamente nulo, porquanto realizado por policiais. O Min. Marco Aurélio, relator, deferiu o *writ* por reputar indispensável a perícia no caso de apreensão de armas de fogo. Inicialmente, salientou que o art. 25 da Lei 10.826/2003 determinava a realização de perícia em armas de fogo, acessórios ou munições apreendidos (*"Armas de fogo, acessórios ou munições apreendidos serão, após elaboração do laudo pericial e sua juntada aos autos, encaminhados pelo juiz competente, quando não mais interessarem à persecução penal, ao Comando do Exército, para destruição, no prazo máximo de 48 horas."*), sendo tal dispositivo alterado pela Lei 11.706/2008, a qual estabeleceu que a perícia ficaria restrita às armas de fogo. Em seguida, após concluir que a suspeição a que alude o art. 280 do CPP (*"É extensivo aos peritos, no que lhes for aplicável, o disposto sobre suspeição dos juízes."*), alcançaria também os impedimentos, asseverou que policial não poderia, a um só tempo, exercer atividade que lhe seja inerente e atuar, como ocorrera na espécie, como perito. Registrou que a acumulação seria inadequada e acabaria revelando comprometimento a prejudicar o objeto da própria

perícia, que seria a análise eqüidistante do material apreendido. Após, pediu vista o Min. Dias Toffoli. **HC 96921/RS, rel. Min. Marco Aurélio, 22.6.2010**. (HC-96921)

PORTE ILEGAL DE ARMA DE FOGO E EXAME PERICIAL - 2

Em conclusão de julgamento, a Turma, por maioria, indeferiu *habeas corpus* — impetrado em favor de condenado pela prática do delito de porte ilegal de arma de fogo de uso permitido (Lei 10.826/2003, art. 14) — no qual se sustentava a indispensabilidade de exame pericial válido na arma apreendida. Salientou-se a peculiaridade do caso, pois o próprio paciente confirmara, em juízo, que havia comprado a pistola. Asseverou-se, inclusive, que o paciente fora preso por ter feito uso da arma — em suposto crime contra a vida —, e que ela se mostrara eficaz. Vencido o Min. Marco Aurélio, relator, que concedia a ordem por entender indispensável a feitura de perícia quando da apreensão de armas de fogo. Acrescentava que o CPP revelaria impedimentos relativamente à atuação dos peritos e que, assim, a um só tempo, o policial não poderia exercer atividade que lhe fosse inerente e atuar como perito. **HC 96921/RS, rel. orig. Min. Marco Aurélio, red. p/acórdão Min. Dias Toffoli, 14.9.2010**. (HC-96921) (Inform. STF 600)

POSSE ILEGAL DE ARMA E RETIFICAÇÃO DE REGISTRO

Ante a atipicidade da conduta, o Tribunal, por maioria, concedeu *habeas corpus* para trancar ação penal instaurada contra desembargador federal, denunciado pela suposta prática do delito previsto no art. 16 da Lei 10.826/2003 (posse ou porte ilegal de arma de fogo de uso restrito). Na espécie, no curso de investigação procedida pela Polícia Federal, fora apreendida na residência do paciente caneta-revólver de origem taiwanesa a qual não constaria do rol de registro no Ministério da Defesa. Reconheceu-se que a aludida caneta-revólver, de fato, estaria regularmente registrada perante o órgão competente, e que teria havido mero equívoco no que toca à menção de sua procedência, indevidamente consignada como de origem norte-americana, no certificado de registro de colecionador expedido em favor do paciente. Observou-se que esse erro material, inclusive, fora posteriormente corrigido pelo Ministério da Defesa. Concluiu-se que a mera divergência quanto à origem da fabricação da arma não seria suficiente para caracterizar o crime em questão, máxime não tendo sido localizado outro equipamento similar de origem diversa. Vencido o Min. Marco Aurélio que denegava a ordem. **HC 102422/SP, rel. Min. Dias Toffoli, 10.6.2010**. (HC-102422) (Inform. STF 590)

PORTE ILEGAL DE ARMA DE FOGO E EXAME PERICIAL

A Turma, por maioria, indeferiu *habeas corpus* impetrado pela Defensoria Pública da União em favor de condenado pela prática do crime de porte ilegal de arma de fogo (Lei 9.437/97, art. 10) no qual se sustentava a necessidade de exame pericial para a configuração do delito. Alegava que, embora a perícia tivesse sido feita na arma de fogo apreendida, esta fora realizada por policiais que atuaram no inquérito e sem qualificação necessária. Reputou-se que eventual nulidade do exame pericial na arma não descaracterizaria o delito atualmente disposto no art. 14, *caput*, da Lei 10.826/2003, quando existir um conjunto probatório que permita ao julgador formar convicção no sentido da existência do crime imputado ao réu, bem como da autoria do fato. Salientou-se, ainda, que os policiais militares, conquanto não haja nos autos a comprovação de possuírem curso superior, teriam condições de avaliar a potencialidade lesiva da arma. Registrou-se, contudo, que a sentença condenatória sequer se baseara na perícia feita por esses policiais, mas sim na declaração do próprio paciente que, quando interrogado, dissera que usava aquela arma para a sua defesa pessoal, demonstrando saber de sua potencialidade. Vencido o Min. Marco Aurélio, que deferia o *writ* por considerar que o laudo pericial, ante o teor do art. 25 da Lei 10.826/2003 ["*As armas de fogo apreendidas, após a elaboração do laudo pericial e sua juntada aos autos, quando não mais interessarem à persecução penal serão encaminhadas pelo juiz competente ao Comando do Exército, no prazo máximo de 48 (quarenta e oito) horas, para destruição ou doação aos órgãos de segurança pública ou às Forças Armadas, na forma do regulamento desta Lei.*"], seria formalidade essencial, que deveria ser realizada por técnicos habilitados e não por policiais militares. Precedente citado: HC 98306/RS (DJE de 19.11.2009). **HC 100008/RS, rel. Min. Dias Toffoli, 18.5.2010**. (HC-10008) (Inform. STF 587)

PORTE ILEGAL DE MUNIÇÃO -1

A Turma iniciou julgamento de *habeas corpus* em que se pretende, por ausência de potencialidade lesiva ao bem juridicamente protegido, o trancamento de ação penal instaurada contra denunciado pela suposta prática do crime de porte de munição sem autorização legal (Lei 10.826/2003, art. 14), sob o argumento de que o princípio da intervenção mínima no Direito Penal limita a atuação estatal nessa matéria. O Min. Eros Grau, relator, não obstante seu voto proferido no RHC 81057/SP (DJU de 29.4.2005), no sentido da atipicidade do porte de arma desmuniciada, indeferiu o writ por entender que a interpretação a ser dada, na espécie, seria diferente, uma vez que se trata de objeto material diverso: porte de munição, o qual é crime abstrato e não reclama, para a sua configuração, lesão imediata ao bem jurídico tutelado. Após, o Min. Joaquim Barbosa pediu vista. **HC 90075/SC, rel. Min. Eros Grau, 27.2.2007. (HC-90075)**

PORTE ILEGAL DE MUNIÇÃO - 2

A Turma retomou julgamento de *habeas corpus* em que se pretende, por ausência de potencialidade lesiva ao bem juridicamente protegido, o trancamento de ação penal instaurada contra denunciado pela suposta prática do crime de porte de munição sem autorização legal (Lei 10.826/2003, art. 14), sob o argumento de que o princípio da intervenção mínima no Direito Penal limita a atuação estatal nesta matéria — v. Informativo 457. O Min. Joaquim Barbosa, em voto-vista, acompanhou o Min. Eros Grau, relator, e indeferiu o writ por considerar que o crime de porte de munição é de perigo abstrato e não fere as normas constitucionais nem padece de vícios de tipicidade. Após, o julgamento foi suspenso em virtude do pedido de vista do Min. Cezar Peluso. **HC 90075/SC, rel. Min. Eros Grau, 5.6.2007**. (HC-90075)

PORTE ILEGAL DE MUNIÇÃO - 3

A Turma retomou julgamento de *habeas corpus* em que se pretende, por ausência de potencialidade lesiva ao bem juridicamente protegido, o trancamento de ação penal instaurada contra denunciado pela suposta prática do crime de porte de munição sem autorização legal (Lei 10.826/2003, art. 14), sob o argumento de que o princípio da intervenção mínima no Direito Penal limita a atuação estatal nesta matéria — v. Informativos 457 e 470. O Min. Cezar Peluso, em voto-vista, por reputar atípica a conduta imputada ao paciente, deferiu o *writ* para determinar o trancamento da ação penal. Observou, de início, que a matriz definidora e legitimadora do Direito Penal residiria, sobretudo, na noção de bem jurídico, sendo ela que permitiria compreender os valores aos quais o ordenamento concederia a relevância penal, de acordo com a ordem axiológica da Constituição, e, por isso, legitimaria a atuação do instrumento penal. Ressaltou que, na chamada sociedade do risco, com a pretensão de se atenuar a insegurança decorrente da complexidade, globalidade e dinamismo social, demandar-se-ia a regulação penal das atividades capazes de produzir perigo, na expectativa de que o Direito Penal fosse capaz de evitar condutas geradoras de risco e de garantir um estado de segurança. Considerou que, para justificar a antecipação da tutela penal para momento anterior à efetiva lesão ao interesse protegido, falar-se-ia em prevenção e controle das fontes de perigo a que estão expostos os bens jurídicos, para tratar situações antes não conhecidas pelo Direito Penal tradicional. Frisou que, para previsão de determinada conduta como reprovável, construir-se-ia uma relação meramente hipotética entre a ação incriminada e a produção de perigo ou dano ao bem jurídico. Destacou que o ilícito penal consistiria na infração do dever de observar determinada norma, concentrando o injusto muito mais no desvalor da ação do que no desvalor do resultado, que se faria cada vez mais difícil identificar ou mensurar. **HC 90075/SC, rel. Min. Eros Grau, 20.4.2010**. (HC-90075)

PORTE ILEGAL DE MUNIÇÃO - 4

Assim, enfatizou que, em vez do tradicional elemento de lesão ao bem jurídico, apareceria como pressuposto legitimador da imputação a desaprovação do comportamento que vulnera dever definido na esfera extra-penal. Asseverou, no ponto, que essa tendência poderia entrar em choque com os pressupostos do Direito Penal clássico, fundado na estrita legalidade, na proporcionalidade, na causalidade, na subsidiariedade, na intervenção mínima, na fragmentariedade e lesividade, para citar alguns dos seus princípios norteadores. Evidenciou, destarte, que grave dilema se poria no fato de que, de um lado se professaria que o Direito Penal deveria dedicar-se apenas à proteção subsidiária repressiva dos bens jurídicos essenciais, por meio de instrumentos tradicionais de imputação de responsabilidade, segundo princípios e regras clássicos de garantia, e, de outro, postular-se-ia a flexibilização e ajuste dos instrumentos dogmáticos e das regras de atribuição de responsabilidade, para que o Direito Penal reunisse condições de atuar na proteção dos bens jurídicos supra individuais, e no controle dos novos fenômenos do risco. Esclareceu que as normas de perigo abstrato punem a realização de conduta imaginada ou hipoteticamente perigosa sem a necessidade de configuração de efetivo perigo ao bem jurídico, na medida em que a periculosidade da conduta típica seria determinada antes, por meio de uma generalização, de um juízo hipotético do legislador, fundado na idéia de mera probabilidade. Avaliou que, nos tipos de perigo concreto, se exigiria o desvalor do resultado, impondo o risco do bem protegido, enquanto, nos tipos de perigo abstrato, ocorreria claro adiantamento da proteção do bem a fases anteriores à efetiva lesão. Asseverou, todavia, que deveria restar caracterizado um mínimo de ofensividade como fator de delimitação e conformação de condutas que merecessem reprovação penal. Nesse sentido, registrou que a aplicação dos instrumentos penais de atribuição de responsabilidade às novas realidades haveria de se restringir aos casos em que fosse possível compatibilizar a nova tipificação com os princípios clássicos do Direito Penal. **HC 90075/SC, rel. Min. Eros Grau, 20.4.2010**. (HC-90075)

PORTE ILEGAL DE MUNIÇÃO - 5

Salientou ser certo que a lesividade nem sempre significaria dano efetivo ao bem jurídico protegido, mas, para se entender e justificar como tal, exigiria, pelo menos, que de algum modo se pusesse em causa uma situação de perigo. Reportou que, ainda nos delitos de perigo abstrato, seria preciso acreditar na perigosidade da ação, no desvalor real da ação e na possibilidade de resultado perigoso, não sendo punível, por isso, a conduta que não pusesse em perigo, nem sequer em tese ou por hipótese, o bem jurídico protegido. Entendeu que a conduta considerada perigosa de um ponto de vista geral e abstrato poderia não o ser em verdade e, no caso dos autos, não haveria possibilidade de lesão à incolumidade pública em virtude do transporte de 10 projéteis, de forma isolada, sem a presença de arma de fogo. Sustentou que daí não se poderia admitir a comparação com eventual tráfico ou transporte de grande quantidade de material de munição. Nesse diapasão, compreendeu que a conduta de portar munição, uma das várias previstas pelo art. 14 da Lei 10.826/2003, não seria aprioristicamente detentora de dignidade penal, porquanto se haveria de se verificar, em cada caso, se a conduta seria capaz de, por si, representar ameaça real ou potencial a algum bem jurídico. Consignou que, se não se vislumbrar ofensividade da conduta, a criminalização do porte de munição fulmina a referência material, que, segundo os padrões clássicos, deveria não só justificar a intervenção do Direito Penal, mas presidir a interpretação dos tipos com vistas a determinar a sua realização. **HC 90075/SC, rel. Min. Eros Grau, 20.4.2010**. (HC-90075)

PORTE ILEGAL DE MUNIÇÃO - 6

Assinalou que, se a conduta em questão não detém dignidade penal, a aplicação do art. 14 da Lei 10.826/2003, na espécie, representaria unicamente o uso do Direito Penal para a manutenção do sistema de controle do comércio de armas e munições. Ou seja, tal modelo imporia a aceitação de um discurso eminentemente funcional, mediante prevenção em geral negativa, procurando intimidar toda a sociedade quanto à prática criminosa. Assentou que isso justificaria, do ponto de vista da política criminal, certa antecipação da tutela, derrogando-se o princípio da lesividade, em função de necessidades da administração, o que, definitivamente, não seria e nem poderia ser o seu papel, nem sequer no contexto de uma sociedade de risco. Acrescentou, ademais, que o conceito material do delito e a idéia de subsidiariedade do Direito Penal, como diretriz político-criminal, pressuporiam que, antes de lançar mão do Direito Penal, o Estado adotasse outras medidas de política social que visassem proteger o bem jurídico, podendo fazê-lo de maneira igual e até mais eficiente. Afirmou que a condenação do paciente pelo porte de 10 projéteis apenas como incurso em tipo penal tendente a proteger a incolumidade pública contra efeitos deletérios da circulação de arma de fogo no país seria um exemplo do exercício irracional do *ius puniendi* ou do crescente distanciamento entre bem jurídico e situação incriminada, o que, fatalmente, conduzirá à progressiva indefinição ou diluição do bem jurídico protegido que é a razão de ser do Direito Penal. Após, pediu vista dos autos a Min. Ellen Gracie. **HC 90075/SC, rel. Min. Eros Grau, 20.4.2010**. (HC-90075) (Inform. STF 583)

PORTE ILEGAL DE MUNIÇÃO E AUSÊNCIA DE LAUDO PERICIAL

A Turma deferiu *habeas corpus* em que se discutia se o crime de porte ilegal de munição (Lei 10.826/2003, art. 14) imporia, ou não, a realização de perícia — atestando-se a potencialidade lesiva das munições — para a configuração do delito. Asseverou-se que, no caso, a questão envolveria a problemática da aplicação da lei no tempo, perquirindo-se qual norma estaria em vigor na data da prática criminosa. Salientou-se que, na época do crime, o art. 25 da Lei 10.826/2003 determinava a realização de perícia em armas de fogo, acessórios ou munições apreendidos ("*Armas de fogo, acessórios ou munições apreendidos serão, após elaboração do laudo pericial e sua juntada aos autos, encaminhados pelo juiz competente, quando não mais interessarem à persecução penal, ao Comando do Exército, para destruição, no prazo máximo de 48 horas.*"), sendo tal dispositivo alterado pela Lei 11.706/2008, a qual estabeleceu que a perícia ficaria restrita às armas de fogo. Aduziu-se não ter cabimento tomar preceitos legais como inócuos, mormente quando disserem respeito a certo tipo. No ponto, consignou-se haver, no artigo aludido, a exigência de elaboração do laudo pericial e a juntada do processo, sendo única a sua razão de ser: comprovar a potencialidade quer do revólver, quer do acessório ou da munição apreendidos. Frisou-se, assim, que, ante o fato de a formalidade estar ligada ao próprio tipo penal, não caberia a inversão do ônus da prova para se atribuir ao acusado a comprovação da falta de potencialidade quer da arma, do acessório ou da munição. Ordem concedida para restabelecer o entendimento sufragado pelo Tribunal de Justiça do Estado de Santa Catarina que implicara a absolvição do paciente. **HC 97209/SC, rel. Min. Marco Aurélio, 16.3.2010**. (HC-97209) (Inform. STF 579)

PORTE ILEGAL DE MUNIÇÃO

Ante as peculiaridades do caso, a Turma, por maioria, deferiu *habeas corpus* para reconhecer a atipicidade da conduta imputada a denunciado pela prática do delito previsto no art. 16 da Lei 10.826/2003, por ter sido apreendida munição de uso proibido ou restrito no interior de sua residência. Na espécie, as instâncias inferiores reputaram a conduta materialmente atípica, em face da ausência lesiva da munição, porquanto desacompanhada da arma de fogo. Ocorre, contudo, que o STJ reformara tal acórdão por considerar irrelevante a não apreensão da arma para configuração do tipo, haja vista cuidar-se de delito de perigo abstrato. Inicialmente, salientou-se que, durante o seu interrogatório, o paciente afirmara que mantinha as munições em roupeiro a título de recordação do período em que servira o Exército. Em seguida, assentou-se que a conduta em apreço, a rigor, enquadrar-se-ia no tipo previsto no art. 16 do Estatuto do Desarmamento. Destarte, asseverou-se que se estaria diante de conduta formalmente típica, a qual, todavia, não se mostraria típica em sua dimensão material, na medida em que não seria possível vislumbrar, nas circunstâncias, situação que expusesse o corpo social a perigo, dado que a munição apreendida — guardada em armário e desacompanhada da arma de fogo — seria incapaz, por si só, de provocar qualquer lesão ao bem jurídico tutelado — a incolumidade pública. Por fim, enfatizou-se que não se estaria a firmar tese segundo a qual a munição desacompanhada da arma seria conduta atípica, mas apenas se atentando às singularidades do caso concreto. Vencido o Min. Marco Aurélio, que indeferia o *writ* por entender típica a conduta. Aduzia que a quadra vivenciada levara ao abandono do enquadramento do porte de munição como simples contravenção penal e o Congresso Nacional, em uma opção político-normativa, trouxera à balha o art. 16 da Lei 10.826/2003, que possui diversos núcleos — que são conducentes a concluir-se que se tem crime formal e não material. Salientava que no referido tipo penal se teve presente, numa ficção jurídica, que qualquer das condutas colocaria em risco a paz pública, os cidadãos em geral. **HC 96532/RS, rel. Min. Ricardo Lewandowski, 6.10.2009**. (HC-96532) (Inform. STF 562)

PORTE ILEGAL DE ARMA DE FOGO E EXAME PERICIAL

A Turma indeferiu *habeas corpus* em que condenados pela prática do crime de porte ilegal de arma de fogo (Lei 10.826/2003, art. 16, parágrafo único, IV) sustentavam a nulidade da perícia técnica efetuada na arma de fogo, dado que o laudo fora firmado por pessoas sem a qualificação necessária para a sua realização. Entendeu-se que a eventual nulidade do exame pericial da arma, por si só, não afastaria a caracterização do delito em questão. Ressaltou-se, por oportuno, que, no presente caso, a pistola apreendida estava municiada e que o laudo pericial — ainda que não tivesse informado se os peritos nomeados para o exame possuíam diploma de curso superior — concluíra que a arma se mostrara eficaz para produzir disparos. **HC 98306/RS, rel. Min. Ellen Gracie, 29.9.2009**. (HC-98306) (Inform. STF 561)

PORTE ILEGAL DE ARMA DE FOGO COM SINAL DE IDENTIFICAÇÃO RASPADO

Para a caracterização do crime previsto no art. 16, parágrafo único, IV, da Lei 10.826/2003, é irrelevante se a arma de fogo é de uso permitido ou restrito, bastando que o identificador esteja suprimido. Com base nesse entendimento, a Turma indeferiu *habeas corpus* em que condenado pela prática do crime de porte ilegal de arma de fogo com numeração raspada (Lei 10.826/2003, art. 16, parágrafo único, IV) pleiteava a desclassificação da conduta que lhe fora imputada para a figura do porte ilegal de arma de fogo de uso permitido (Lei 10.826/2003, art. 14). Sustentava a impetração que, se a arma de fogo com numeração raspada é de uso permitido, configurar-se-ia o delito previsto no art. 14 e não o do art. 16, parágrafo único, IV, ambos do Estatuto do Desarmamento. Observou-se que, no julgamento do RHC 89889/DF (DJE 5.12.2008), o Plenário do STF entendera que o delito de que trata o mencionado inciso IV do parágrafo único do art. 16 do Estatuto do Desarmamento tutela o poder-dever do Estado de controlar as armas que circulam no país, isso porque a supressão do número, da marca ou de qualquer outro sinal identificador do artefato potencialmente lesivo impediria o cadastro, o controle, enfim, o rastreamento da arma. Asseverou-se que a função social do referido tipo penal alcançaria qualquer tipo de arma de fogo e não apenas de uso restrito ou proibido. Enfatizou-se, ademais, ser o delito de porte de arma com numeração raspada delito autônomo — considerado o *caput* do art. 16 da Lei 10.826/2003 — e não mera qualificadora ou causa especial de aumento de pena do tipo de porte ilegal de arma de uso restrito, figura típica esta que, no caso, teria como circunstância elementar o fato de a arma (seja ela de uso restrito, ou não) estar com a numeração ou qualquer outro sinal identificador adulterado, raspado ou suprimido. **HC 99582/RS, rel. Min. Carlos Britto, 8.9.2009.** (HC-99582) (Inform. STF 558)

EMENTA: PENAL. RECURSO ORDINÁRIO EM *HABEAS CORPUS*. PORTE DE ARMA DE FOGO DESMUNICIADA. INTELIGÊNCIA DO ART. 14 DA LEI 10.826/03. TIPICIDADE RECONHECIDA. CRIME DE PERIGO ABSTRATO. RECURSO DESPROVIDO.

I. A objetividade jurídica da norma penal transcende a mera proteção da incolumidade pessoal, para alcançar também a tutela da liberdade individual e do corpo social como um todo, asseguradas ambas pelo incremento dos níveis de segurança coletiva que a Lei propicia.

II. Mostra-se irrelevante, no caso, cogitar-se da eficácia da arma para a configuração do tipo penal em comento, isto é, se ela está ou não municiada ou se a munição está ou não ao alcance das mãos, porque a hipótese é de crime de perigo abstrato, para cuja caracterização desimporta o resultado concreto da ação.

III – Recurso desprovido. RHC N. 90.197-DF. RELATOR: MIN. RICARDO LEWANDOWSKI. **Noticiado no Informativo 550** (Inform. STF 558)

PORTE ILEGAL DE ARMA E AUSÊNCIA DE MUNIÇÃO

O fato de a arma de fogo encontrar-se desmuniciada torna atípica a conduta prevista no art. 14 da Lei 10.826/2003 ["Portar, deter, adquirir, fornecer, receber, ter em depósito, transportar, ceder, ainda que gratuitamente, emprestar, remeter, empregar, manter sob guarda ou ocultar arma de fogo, acessório ou munição, de uso permitido, sem autorização e em desacordo com determinação legal ou regulamentar: Pena – reclusão, de 2 (dois) a 4 (quatro) anos, e multa."]. Com base nesse entendimento, a Turma, por maioria, deferiu *habeas corpus* impetrado em favor de condenado pela prática do crime de porte ilegal de arma de fogo de uso permitido (Lei 10.826/2003, art. 14), haja vista que a arma encontrava-se desmuniciada. Vencida a Min. Ellen Gracie, relatora, que, por reputar típica a conduta em tela, indeferia o writ. **HC 99449/MG, rel. orig. Min. Ellen Gracie, red. p/ o acórdão Min. Cezar Peluso, 25.8.2009.** (HC-99449) (Inform. STF 557)

PORTE DE ARMA E PERÍCIA SOBRE A POTENCIALIDADE LESIVA

É desnecessária a realização de perícia para a configuração do crime de porte ilegal de arma. Com base nesse entendimento, a Turma, vencido o Min. Eros Grau, indeferiu *habeas corpus* no qual se discutia a dispensabilidade, ou não, da demonstração da potencialidade lesiva de revólver e, conseqüentemente, a exigibilidade da realização de exame pericial válido para a caracterização do tipo penal previsto no art. 10, § 3º, IV, da Lei 9.437/97. Precedente citado: HC 93188/RS (DJE de 6.3.2009). **HC 95271/RS, rel. Min. Ellen Gracie, 28.4.2009.** (HC-95271) (Inform. STF 544)

PORTE ILEGAL DE ARMA E AUSÊNCIA DE MUNIÇÃO

Para a configuração do delito de porte ilegal de arma de fogo é irrelevante o fato de a arma encontrar-se desmuniciada e de o agente não ter a pronta disponibilidade de munição. Com base nesse entendimento, a Turma desproveu recurso ordinário em *habeas corpus* interposto por condenado pela prática do crime de porte ilegal de arma de fogo (Lei 9.437/97, art. 10), no qual se alegava a atipicidade do porte de revólver desmuniciado ante a ausência de lesão ao bem jurídico penalmente protegido. Assentou-se que a objetividade jurídica da norma penal transcende a mera proteção da incolumidade pessoal para alcançar a tutela da liberdade individual e do corpo social como um todo, asseguradas ambas pelo incremento dos níveis de segurança coletiva que a lei propicia. Enfatizou-se, destarte, que se mostraria irrelevante, no caso, cogitar-se da eficácia da arma para configuração do tipo penal em comento — isto é, se ela estaria, ou não, municiada ou se a munição estaria, ou não, ao alcance das mãos —, porque a hipótese seria de crime de perigo abstrato para cuja caracterização desimporta o resultado concreto da ação. **RHC 90197/DF, rel. Min. Ricardo Lewandowski, 9.6.2009.** (RHC-90197) (Inform. STF 550)

PORTE ILEGAL DE ARMA E AUSÊNCIA DE MUNIÇÃO

Arma desmuniciada ou sem possibilidade de pronto municiamento não configura o delito previsto no art. 14 da Lei 10.826/2003. Com base nesse entendimento, a Turma, por maioria, deferiu *habeas corpus* para trancar ação penal instaurada em desfavor de denunciado pela suposta prática do crime de porte ilegal de arma de fogo, em razão de possuir, portar e conduzir espingarda, sem munição, sem autorização e em desacordo com determinação legal ou regulamentar. Vencidos os Ministros Ellen Gracie, relatora, e Joaquim Barbosa que denegavam o *writ* por considerar típica a conduta narrada na inicial acusatória. **HC 97811/SP, rel. orig. Min. Ellen Gracie, red. p/ o acórdão Min. Eros Grau, 9.6.2009.** (HC-97811) (Inform. STF 550)

PORTE ILEGAL DE MUNIÇÃO DE USO RESTRITO E AUSÊNCIA DE LAUDO PERICIAL - 1

A Turma indeferiu *habeas corpus* em que condenados por tráfico de entorpecentes (Lei 6.368/76, art. 12 c/c o art. 18, III) e porte ilegal de munição de uso restrito (Lei 10.826/2003, art. 16) pleiteavam a concessão da ordem para que fosse reconhecida a atipicidade do delito descrito no art. 16 da Lei 10.826/2003, pela ausência de laudo pericial (CPP, art. 158) das munições apreendidas que atestasse a sua potencialidade lesiva. Alegava, também, a impetração: a)inobservância do disposto no art. 31, parágrafo único, da Lei 10.409/2002, em decorrência de juntada de documento sigiloso relativo à quebra de sigilo telefônico fora do prazo legal, qual seja, após a realização da audiência de instrução e julgamento e b) contrariedade aos critérios definidos no art. 59 do CP, por ter sido a pena-base fixada acima do mínimo legal, sem motivação idônea. **HC 93876/RJ, rel. Min. Ricardo Lewandowski, 28.4.2009.** (HC-93876)

PORTE ILEGAL DE MUNIÇÃO DE USO RESTRITO E AUSÊNCIA DE LAUDO PERICIAL - 2

Quanto ao primeiro ponto, observou-se que o Estatuto do Desarmamento — que dispõe sobre registro, posse e comercialização de armas de fogo — fora promulgado com o objetivo de disciplinar a venda de armas e munições em território nacional, bem como de regulamentar os registros e portes das armas que estão em posse de cidadãos comuns, visando, em última análise, garantir a segurança da coletividade. Asseverou-se, ademais, que a objetividade jurídica dos delitos nela tipificados transcende a mera proteção da incolumidade pessoal, para alcançar também a tutela da liberdade individual e do corpo social, asseguradas ambas pelo incremento dos níveis de segurança coletiva que a lei propicia. Entendeu-se, por conseguinte, irrelevante indagar-se acerca da eficácia da arma ou das munições para a configuração do tipo penal em comento, sendo, assim, despicienda, do ponto de vista jurídico, a falta ou nulidade do laudo pericial. Nesse sentido, reputou-se configurado o crime previsto no *caput* do art. 16 da Lei 10.826/2003, uma vez que restara atestada a materialidade delitiva por outros meios de prova. Com relação à nulidade decorrente do fato de ter sido o procedimento de quebra de sigilo telefônico juntado aos autos após a audiência de instrução e julgamento, registrou-se que a questão não poderia ser conhecida, dado que a matéria não fora apreciada nas instâncias inferiores. Por fim, aduziu-se que o magistrado, ao fixar a pena-base dos pacientes, fundamentara adequadamente as circunstâncias judiciais constantes do art. 59 do CP, o que justificaria a fixação do *quantum* da pena acima do mínimo legal, haja vista a grande quantidade de substância entorpecente apreendida, assim como o fato de os pacientes serem os mentores intelectuais e controladores da ação delitiva. O Min. Menezes Direito acrescentou, no ponto, a necessidade de se deixar inequívoco que foram consideradas circunstâncias judiciais outras que não os antecedentes criminais para a fixação da pena acima do mínimo legal, ressaltando que esse tema encontra-se pendente de julgamento pelo Plenário da Corte. **HC 93876/RJ, rel. Min. Ricardo Lewandowski, 28.4.2009.** (HC-93876) (Inform. STF 544)

PORTE DE ARMA E PERÍCIA SOBRE A POTENCIALIDADE LESIVA

Para a configuração do crime de porte ilegal de arma de fogo não importa se a arma está municiada ou, ainda, se apresenta regular funcionamento. Com base nesse entendimento, a Turma indeferiu *habeas corpus* em que se pleiteava a descaracterização da materialidade da conduta imputada ao paciente, porte ilegal de arma de fogo (Lei 9.437/97, art. 10), sob a alegação de ausência de perícia para comprovação do potencial lesivo do revólver apreendido. De início, ressaltou-se que a mencionada norma incriminadora não fazia menção à necessidade de se aferir o potencial lesivo da arma. Aduziu-se que a Lei 9.437/97 fora revogada pela Lei 10.826/2006 (Estatuto do Desarmamento), cujo art. 14 tipificou a simples conduta de portar munição, a qual, isoladamente, ou seja, sem a arma, não possui qualquer potencial ofensivo. Ademais, asseverou-se que ambos os diplomas legais foram promulgados com o fim de garantir a segurança da coletividade, sendo que a objetividade jurídica neles prevista transcende a mera proteção da incolumidade pessoal. Dessa forma, dispensável a realização do laudo pericial do revólver para avaliação da materialidade do crime. **HC 96922/RS, rel. Min. Ricardo Lewandowski, 17.3.2009.** (HC-96922) (Inform. STF 539)

ART. 14 DA LEI 10.826/2003 E TIPICIDADE MATERIAL

O mero fato de o funcionamento de arma de fogo não ser perfeito não afasta a tipicidade material do crime definido no art. 14 da Lei 10.826/2003. Com base nesse entendimento, a Turma indeferiu *habeas corpus* em que condenado por porte ilegal de arma de fogo pleiteava o reconhecimento da atipicidade material de sua conduta, sob a alegação de que não restara comprovada, de forma válida, a potencialidade lesiva da arma apreendida. Aduzia, ainda, que a constitucionalidade do delito de arma desmuniciada encontrar-se-ia em análise nesta Corte. Inicialmente, asseverou-se que o presente *writ* não trataria do caso do porte de arma sem munição, nem do porte de munição sem arma, dado que o paciente fora denunciado porque trazia consigo revólver municiado com cartuchos intactos. Considerou-se que, na espécie, a perícia não concluíra pela inidoneidade da arma municiada portada pelo paciente. Ressaltou-se que o revólver não apresentava perfeitas condições de funcionamento, mas, conforme destacado na sentença condenatória, possuiria aptidão de produzir disparos, o que seria suficiente para atingir o bem juridicamente tutelado. **HC 93816/RS, rel. Min. Joaquim Barbosa, 6.5.2008**. (HC-93816) (Inform. STF 505)

HC DE OFÍCIO: PORTE DE ARMA E PERÍCIA

A Turma indeferiu *habeas corpus* em que condenado pela prática do crime de porte ilegal de arma de fogo (Lei 9.437/97, art. 10, *caput*) almejava o restabelecimento de sua absolvição. Na espécie, a sentença condenatória fora reformada pelo tribunal de justiça local que o absolvera por reconhecer a nulidade do exame de "constatação de funcionamento e potencialidade" da arma, realizado por policiais civis e não por peritos. O Ministério Público estadual interpusera, então, recurso especial, provido sob o fundamento de que seria prescindível para a afirmação da caracterização do crime previsto no art. 10 da Lei 9.437/97 a análise pericial que atestasse a potencialidade da arma apreendida. A Min. Cármen Lúcia, relatora, ressaltou que a questão de fundo objeto da impetração não se confundiria com aquela submetida ao Plenário, referente à atipicidade da arma desmuniciada e sem possibilidade de municiamento imediato. Tratar-se-ia de saber se a aptidão da arma para o disparo, independentemente de estar ela municiada ou não, constituiria elemento indispensável para a caracterização do crime de porte de arma. O Min. Menezes Direito aduziu que essa matéria relativa à perícia deveria ser de início apreciada. Se reputada dispensável a perícia, seria cabível a concessão da ordem, de ofício, para que o tribunal local analisasse os outros argumentos da defesa; se necessária, e tendo em conta a nulidade do laudo pericial, seria viável o restabelecimento do acórdão proferido pela Corte de origem. Enfatizou-se, contudo, que o tribunal de justiça restringira-se a absolver o paciente sem apreciar as demais questões suscitadas na sua apelação e que o STJ, ao prover o recurso especial do *parquet*, não poderia, desde logo, restabelecer a condenação imposta em 1º grau. Dessa forma, denegou-se o pedido formulado, porém, concedeu-se *habeas corpus* de ofício, para que se prossiga na apreciação da apelação perante o Tribunal de Justiça do Estado do Rio Grande do Sul. O Min. Marco Aurélio explicitou em seu voto que o porte prescinde da averiguação se a arma estaria apropriada ou não ao uso. **HC 89665/RS, rel. Min. Cármen Lúcia, 22.4.2008**. (HC-89665) (Inform. STF 503)

PORTE ILEGAL DE MUNIÇÃO

A Turma iniciou julgamento de *habeas corpus* em que a Defensoria Pública da União sustenta que o simples porte de munição sem autorização legal não representaria ofensa ao bem jurídico protegido pela Lei 10.826/2003, qual seja, a paz social. O Min. Joaquim Barbosa, relator, indeferiu o *writ*, no que foi acompanhado pelo Min. Eros Grau. Ressaltando que a intenção do legislador fora de tornar mais rigorosa a repressão aos delitos relativos às armas de fogo, considerou que o crime de porte de munição seria de perigo abstrato e não feriria as normas constitucionais nem padeceria de vícios de tipicidade. Enfatizou que a aludida norma tem por objetivo a proteção da incolumidade pública, sendo dever do Estado garantir aos cidadãos os direitos fundamentais relativos à segurança pública. Ademais, asseverou que, no caso, o paciente também fora condenado, em concurso material, pela prática do crime de receptação, não sendo o porte de munição um fato isolado. Assim, tendo em conta essas particularidades, concluiu no sentido da tipicidade material da conduta, aduzindo que, para se afirmar o contrário, seria exigível o revolvimento das provas dos autos, incabível na via eleita. Após, o julgamento foi suspenso em virtude do pedido de vista do Min. Cezar Peluso. **HC 92533/RS, rel. Min. Joaquim Barbosa, 4.3.2008**. (HC-92533) (Inform. STF 497)

LEI 10.826/2003: ATIPICIDADE TEMPORÁRIA E POSSE DE ARMA DE FOGO

A Turma indeferiu *habeas corpus* em que se pretendia o reconhecimento da extinção da punibilidade com fundamento na superveniência de norma penal descriminalizante. No caso, o paciente fora condenado pela prática do crime de posse ilegal de arma de fogo de uso restrito (Lei 9.437/97, art. 10, § 2º), em decorrência do fato de a polícia, em cumprimento a mandado de busca e apreensão, haver encontrado uma pistola em sua residência. A impetração sustentava que durante a *vacatio legis* do Estatuto do Desarmamento, que revogou a citada Lei 9.437/97, fora criada situação peculiar relativamente à aplicação da norma penal, haja vista que concedido prazo (Lei 10.826/2003, artigos 30 e 32) aos proprietários e possuidores de armas de fogo, de uso permitido ou restrito, para que regularizassem a situação dessas ou efetivassem a sua entrega à autoridade competente, de modo a caracterizar o instituto da *abolitio criminis*. Entendeu-se que a *vacatio legis* especial prevista nos artigos 30 e 32 da Lei 10.826/2003 ("*Art. 30. Os possuidores e proprietários de armas de fogo não registradas deverão, sob pena de responsabilidade penal, no prazo de 180 dias (cento e oitenta) dias após a publicação desta Lei, solicitar o seu registro apresentando nota fiscal de compra ou a comprovação da origem lícita da posse, pelos meios de prova em direito admitidos. Art. 32. Os possuidores e proprietários de armas de fogo não registradas poderão, no prazo de 180 (cento e oitenta) dias após a publicação desta Lei, entregá-las à Polícia Federal, mediante recibo e, presumindo-se a boa-fé, poderão ser indenizados, nos termos do regulamento desta Lei.*"), não obstante tenha tornado atípica a posse ilegal de arma de fogo havida no curso do prazo que assinalou, não subtraiu a ilicitude penal da conduta que já era prevista no art. 10, § 2º, da Lei 9.437/97 e continuou incriminada, com mais rigor, no art. 16 da Lei 10.826/2003. Ausente, assim, estaria o pressuposto fundamental para que se tivesse como caracterizada a *abolitio criminis*. Ademais, ressaltou-se que o prazo estabelecido nos mencionados dispositivos expressaria o caráter transitório da atipicidade por ele indiretamente criada. No ponto, enfatizou-se que se trataria de norma temporária que não teria força retroativa, não podendo configurar, pois, *abolitio criminis* em relação aos ilícitos cometidos em data anterior. **HC 90995/SP, rel. Min. Menezes Direito, 12.2.2008**. (HC-90995) (Inform. STF 494)

PORTE ILEGAL DE ARMA DE FOGO SEM MUNIÇÃO COM SINAL DE IDENTIFICAÇÃO SUPRIMIDO - 1

O Tribunal iniciou julgamento de recurso ordinário em *habeas corpus*, afetado ao Pleno pela 1ª Turma, impetrado em favor de condenado pela prática do crime de porte ilegal de arma de fogo com numeração de identificação suprimida (Lei 10.826/2003, art. 16, parágrafo único, IV), no qual se pretende a nulidade da condenação, por ati-picidade da conduta, em face da ausência de lesividade da arma desmuniciada apreendida — v. Informativo 447. A Min. Cármen Lúcia, relatora, conheceu em parte do recurso e, na parte conhecida, negou-lhe provimento, por considerar que os fatos descritos na denúncia amoldam-se ao tipo previsto no art. 16, parágrafo único, IV, da Lei 10.826/2003 ("*Art. 16. Possuir, deter, portar, adquirir, fornecer, receber, ter em depósito, transportar, ceder, ainda que gratuitamente, emprestar, remeter, empregar, manter sob sua guarda ou ocultar arma de fogo, acessório ou munição de uso proibido ou restrito, sem autorização e em desacordo com determinação legal ou regulamentar:... Pena - reclusão, de 3 (três) a 6 (seis) anos, e multa. ... Parágrafo único. Nas mesmas penas incorre quem: ... IV - portar, possuir, adquirir, transportar ou fornecer arma de fogo com numeração, marca ou qualquer outro sinal de identificação raspado, suprimido ou adulterado;*"). RHC 89889/DF, rel. Min. Cármen Lúcia, 29.10.2007. (RHC-89889)

PORTE ILEGAL DE ARMA DE FOGO SEM MUNIÇÃO COM SINAL DE IDENTIFICAÇÃO SUPRIMIDO - 2

Enfatizou que, nas condutas descritas no referido inciso, não se exigiria como elementar do tipo a arma ser de uso permitido ou restrito, e que, no caso, a arma seria de uso permitido, tendo sido comprovada a supressão do seu número de série por abrasão. Diante disso, concluiu ser impertinente a discussão acerca da inadequação da conduta descrita na denúncia e tipificação pela qual fora o recorrente condenado. Quanto ao argumento de atipicidade da conduta em face da ausência de lesividade da arma de fogo apreendida por estar ela desmuniciada e não haver, nos autos, comprovação de munição portada pelo recorrente, esclareceu que ter-se-ia, na espécie, hipótese diversa da analisada quando do julgamento do RHC 81057/SP (DJU de 29.4.2005), já que se tratara, naquela ocasião, do art. 10 da Lei 9.437/97, substituído, no sistema jurídico pela norma do art. 14 da Lei 10.826/2003. Afirmou que o tipo do inciso IV do parágrafo único do art. 16 da Lei 10.826/2003 é um tipo novo, já que, na Lei 9.437/97, punia-se aquele que suprimisse ou alterasse marca, numeração ou qualquer sinal de identificação de arma de fogo ou artefato. Assim, a nova figura teria introduzido cuidado penal inédito do tema, tipificando o portar, possuir ou transportar a arma com a supressão ou alteração do número de série ou de outro sinal de sua identificação, independentemente de a arma de fogo ser de uso restrito, proibido ou permitido, tendo por objeto jurídico, além da incolumidade, a segurança pública, ênfase especial dada ao controle pelo Estado das armas de fogo existentes no país, pelo que o relevo ao municiamento ou não da munição da arma que se põe nos tipos previstos no *caput* dos artigos 14 e 16 da Lei 10.826/2003 não encontraria paralelo no inciso IV do parágrafo único deste último dispositivo. Após, o julgamento foi suspenso para que se colha informação junto ao Juízo das Execuções Penais do Distrito Federal quanto ao cumprimento da pena imposta ao recorrente. RHC 89889/DF, rel. Min. Cármen Lúcia, 29.10.2007. (RHC-89889) (Inform. STF 486)

PORTE ILEGAL DE ARMA E AUSÊNCIA DE MUNIÇÃO

A Turma iniciou julgamento de recurso ordinário em *habeas corpus* impetrado em favor de condenado pela prática do crime de porte ilegal de arma de fogo (Lei 9.437/97, art. 10), em que se alega a atipicidade do porte de revólver desmuniciado, em face da ausência de lesão ou ameaça de lesão ao bem jurídico penalmente protegido. Inicialmente, por maioria, rejeitou-se a proposta da Procuradoria-Geral da República no sentido de sobrestar o julgamento até a decisão do HC 85240/SP, pendente de apreciação pelo Plenário (v. Informativo 404). Vencidos, no ponto, os Ministros Marco Aurélio e Carlos Britto que a acolhiam. Em seguida, o Min. Ricardo Lewandowski, relator, deu provimento ao recurso por entender que o porte de arma desmuniciada, sem que haja munição ao alcance do agente, não gera resultado típico, uma vez que não cria perigo à incolumidade pública e não tem o condão de incrementá-lo. Asseverou ser necessário aferir, em cada caso concreto, se a conduta enseja ou não risco ao bem jurídico supra-individual, para além de um juízo de valor contido na escolha legislativa em incriminá-lo. Ressaltou, por fim, que a arma desmuniciada poderá, contudo, ser apta à configuração de outros delitos. Após o voto do Min. Sepúlveda Pertence, que acompanhava o relator, pediu vista dos autos a Min. Cármen Lúcia. RHC 90197/DF, rel. Min. Ricardo Lewandowski, 10.4.2007. (RHC-90197) (Inform. STF 462)

17.1. SUPERIOR TRIBUNAL DE JUSTIÇA

DIREITO PENAL. POSSE DE MUNIÇÃO. *ABOLITIO CRIMINIS* TEMPORÁRIA.

É atípica a conduta de possuir munição, seja de uso permitido ou restrito, sem autorização ou em desconformidade com determinação legal ou regulamentar, no período abrangido pela *abolitio criminis* temporária prevista no art. 30 da Lei n. 10.826/2003, na redação anterior à Lei n. 11.706/2008. O prazo legal para a regularização do registro de arma previsto na Lei n. 10.826/2003, prorrogado pelas Leis ns. 10.884/2004, 11.118/2005 e 11.191/2005, permitiu a devolução das armas e munições até 23 de outubro de 2005. Assim, nesse período, houve a descriminalização temporária no tocante às condutas delituosas relacionadas à posse de arma de fogo ou munição. Incabível a interpretação de ser aplicada apenas aos casos que envolvam arma de fogo e munição de uso permitido com base na Lei n. 11.706/2008, pois a nova redação é aplicável apenas aos crimes praticados após 24 de outubro de 2005, uma vez que a redação anterior, conferida pela Lei n. 11.191/2005, era mais benéfica em razão de não conter tal restrição. Precedentes citados: HC 164.321-SP, DJe 28/6/2012, e HC 78.481-RJ, DJe 23/8/2010. **HC 187.023-MS, Rel. Min. Marco Aurélio Bellizze, julgado em 9/10/2012.**(Inform. STJ 506)

APREENSÃO DE ARMA EM CAMINHÃO. TIPIFICAÇÃO.

O veículo utilizado profissionalmente não pode ser considerado "local de trabalho" para tipificar a conduta como posse de arma de fogo de uso permitido (art. 12 da Lei n. 10.826/2003). No caso, um motorista de caminhão profissional foi parado durante fiscalização da Polícia Rodoviária Federal, quando foram encontrados dentro do veículo um revólver e munições intactas. Denunciado por porte ilegal de arma de fogo de uso permitido (art. 14 do Estatuto do Desarmamento), a conduta foi desclassificada para posse irregular de arma de fogo de uso permitido (art. 12 do mesmo diploma), reconhecendo-se, ainda, a *abolitio criminis* temporária. O entendimento foi reiterado pelo tribunal de origem no julgamento da apelação. O Min. Relator registrou que a expressão "local de trabalho" contida no art. 12 indica um lugar determinado, não móvel, conhecido, sem alteração de endereço. Dessa forma, a referida expressão não pode abranger todo e qualquer espaço por onde o caminhão transitar, pois tal circunstância está sim no âmbito da conduta prevista como porte de arma de fogo. Precedente citado: HC 116.052-MG, DJe 9/12/2008. **REsp 1.219.901-MG, Rel. Min. Sebastião Reis Júnior, julgado em 24/4/2012.(Inform. STJ 496)**

PORTE ILEGAL DE MUNIÇÃO. AUSÊNCIA DE ARMA DE FOGO.

A Turma, por maioria, absolveu o paciente do crime de porte ilegal de munição; ele fora preso com um único projétil, sem ter havido apreensão da arma de fogo. O Min. Relator entendeu que se trata de crime de perigo abstrato, em que não importa se a munição foi apreendida com a arma ou isoladamente para caracterizar o delito. Contudo, no caso, verificou que não houve lesão ao bem jurídico tutelado na norma penal, que visa resguardar a segurança pública, pois a munição foi utilizada para suposta ameaça, e não é esse tipo de perigo, restrito a uma única pessoa, que o tipo penal visa evitar. E, por se tratar de apenas um projétil, entendeu pela ofensividade mínima da conduta, portanto por sua atipicidade. A Min. Maria Thereza de Assis Moura e o Min. Og Fernandes também reconheceram a atipicidade da conduta, mas absolveram o paciente sob outro fundamento: o crime de porte de munição é de perigo concreto, ou seja, a munição sem arma não apresenta potencialidade lesiva. Precedente citado do STF: HC 96.532-RS, DJe 26/11/2009. **HC 194.468-MS, Rel. Min. Sebastião Reis Júnior, julgado em 17/4/2012. (Inform. STJ 495)**

ARMA DE FOGO DESMUNICIADA. TIPICIDADE.

A Turma, acompanhando recente assentada, quando do julgamento, por maioria, do REsp 1.193.805-SP, manteve o entendimento de que o porte ilegal de arma de fogo é crime de perigo abstrato, cuja consumação se caracteriza pelo simples ato de alguém levar consigo arma de fogo sem autorização ou em desacordo com determinação legal – sendo irrelevante a demonstração de efetivo caráter ofensivo. Isso porque, nos termos do disposto no art. 16, parágrafo único, IV, da Lei n. 10.826/2003, o legislador teve como objetivo proteger a incolumidade pública, transcendendo a mera proteção à incolumidade pessoal, bastando, assim, para a configuração do delito em discussão a probabilidade de dano, e não sua ocorrência. Segundo se observou, a lei antecipa a punição para o ato de portar arma de fogo; é, portanto, um tipo penal preventivo, que busca minimizar o risco de comportamentos que vêm produzindo efeitos danosos à sociedade, na tentativa de garantir aos cidadãos o exercício do direito à segurança e à própria vida. Conclui-se, assim, ser irrelevante aferir a eficácia da arma para a configuração do tipo penal, que é misto-alternativo, em que se consubstanciam, justamente, as condutas que o legislador entendeu por bem prevenir, seja ela o simples porte de munição ou mesmo o porte de arma desmuniciada. Relativamente ao regime inicial de cumprimento da pena, reputou-se mais adequada ao caso a fixação do semiaberto; pois, apesar da reincidência do paciente, a pena-base foi fixada no mínimo legal – três anos – aplicação direta da Súm. n. 269/STJ. **HC 211.823-SP, Rel. Min. Sebastião Reis Júnior, julgado em 22/3/2012. (Inform. STJ 493)**

PORTE. ARMA DE FOGO DESMUNICIADA. MUNIÇÃO INCOMPATÍVEL.

In casu, o paciente foi flagrado em via pública com uma pistola calibre 380 com numeração raspada e um cartucho com nove munições, calibre 9 mm, de uso restrito. Em primeiro grau, foi absolvido do porte de arma, tendo em vista a falta de potencialidade lesiva do instrumento, constatada por meio de perícia. Entendeu, ainda, o magistrado que não se justificaria a condenação pelo porte de munição, já que os projéteis não poderiam ser utilizados. O tribunal *a quo* deu provimento ao apelo ministerial ao entender que se consubstanciavam delitos de perigo abstrato e condenou o paciente, por ambos os delitos, a quatro anos e seis meses de reclusão no regime fechado e vinte dias-multa. A Turma, ao prosseguir o julgamento, após o voto-vista do Min. Sebastião Reis Júnior, denegando a ordem de *habeas corpus*, no que foi acompanhado pelo Min. Vasco Della Giustina, e o voto da Min. Maria Thereza de Assis Moura, acompanhando o voto do Min. Relator, verificou-se o empate na votação. Prevalecendo a situação mais favorável ao acusado, concedeu-se a ordem de *habeas corpus* nos termos do voto Min. Relator, condutor da tese vencedora, cujo entendimento firmado no âmbito da Sexta Turma, a partir do julgamento do AgRg no REsp 998.993-RS, é que, "tratando-se de crime de porte de arma de fogo, faz-se necessária a comprovação da potencialidade do instrumento, já que o princípio da ofensividade em direito penal exige um mínimo de perigo concreto ao bem jurídico tutelado pela norma, não bastando a simples indicação de perigo abstrato." Quanto ao porte de munição de uso restrito, apesar de tais munições terem sido aprovadas no teste de eficiência, não ofereceram perigo concreto de lesão, já que a arma de fogo apreendida, além de ineficiente, era de calibre distinto. O Min. Relator ressaltou que, se a Sexta Turma tem proclamado que é atípica a conduta de quem porta arma de fogo desmuniciada, quanto mais a de quem leva consigo munição sem arma adequada ao alcance. Aliás, não se mostraria sequer razoável absolver o paciente do crime de porte ilegal de arma de fogo ao fundamento de que o instrumento é ineficiente para disparos e condená-lo, de outro lado, pelo porte da munição. Precedente citado: AgRg no REsp 998.993-RS, DJe 8/6/2009. **HC 118.773-RS, Rel. Min. Og Fernandes, julgado em 16/2/2012. (Inform. STJ 491)**

CRIME ÚNICO. GUARDA. MUNIÇÃO.

O crime de manter sob a guarda munição de uso permitido e de uso proibido caracteriza-se como crime único, quando houver unicidade de contexto, porque há uma única ação, com lesão de um único bem jurídico, a segurança coletiva, e não concurso formal, como entendeu o tribunal estadual. Precedente citado: HC 106.233-SP, DJe 3/8/2009. **HC 148.349-SP, Rel. Min. Maria Thereza de Assis Moura, julgado em 22/11/2011.** (Inform. STJ 488)

ARMA DESMUNICIADA. USO PERMITDO. ATIPICIDADE.
Conforme o juízo de primeiro grau, a paciente foi presa em flagrante quando trazia consigo uma arma de fogo calibre 22 desmuniciada que, periciada, demonstrou estar apta a realizar disparos. Assim, a Turma, ao prosseguir o julgamento, por maioria, concedeu a ordem com base no art. 386, III, do CPP e absolveu a paciente em relação à acusação que lhe é dirigida por porte ilegal de arma de fogo de uso permitido, por entender que o fato de a arma de fogo estar desmuniciada afasta a tipicidade da conduta, conforme reiterada jurisprudência da Sexta Turma. Precedentes citados do STF: RHC 81.057-SP, DJ 29/4/2005; HC 99.449-MG, DJe 11/2/2010; do STJ: HC 76.998-MS, DJe 22/2/2010, e HC 70.544-RJ, DJe 3/8/2009. **HC 124.907-MG, Rel. Min. Og Fernandes, julgado em 6/9/2011.** (Inform. STJ 482)

PORTE ILEGAL. MUNIÇÃO SEM AUTORIZAÇÃO.
Trata-se da necessidade ou não de comprovação da potencialidade lesiva para configuração do delito de porte ilegal de munição. Nas instâncias ordinárias, o juiz condenou o ora recorrido, como incurso no art. 14 (*caput*) da Lei n. 10.826/2003, a dois anos de reclusão em regime aberto e 10 dias-multa, substituída a sanção por duas medidas restritivas de direitos, mas o Tribunal *a quo* proveu sua apelação, absolvendo-o. Daí que o MP estadual interpôs o REsp, afirmando que o porte de munição sem autorização e em desacordo com a determinação legal ou regulamentar não depende da comprovação da potencialidade lesiva da munição, tal como é, também, no caso da presença de arma de fogo. O Min. Relator, invocando precedente do STF no RHC 93.876-DF, ainda não publicado, entendeu que se está diante de crime de perigo abstrato, de forma que tão só o comportamento do agente de portar munição sem autorização ou em desacordo com determinação legal ou regulamentar é suficiente para a configuração do delito em debate. Observou, ainda, que não via previsão típica em que o legislador tenha desejado a análise caso a caso da comprovação de que a conduta do agente produziu concretamente situação de perigo. Porém, essa posição ficou vencida após a divergência inaugurada pelo Min. Nilson Naves, que concluiu pela atipicidade da conduta, conforme posição similar ao porte de arma sem munição, que, por não possuir eficácia, não pode ser considerada arma. Precedente citado: HC 70.544-RJ, DJe 3/8/2009. **REsp 1.113.247-RS, Rel. originário Min. Haroldo Rodrigues (Desembargador convocado do TJ-CE), Rel. para acórdão Min. Nilson Naves, julgado em 15/9/2009.** (Inform. STJ 407)

PORTE ILEGAL. ARMA DE FOGO DESMUNICIADA.
A Turma, ao prosseguir o julgamento, por maioria, deu provimento ao agravo regimental a fim de conceder a ordem de *habeas corpus* para restabelecer a sentença. Para o Min. Nilson Naves, o condutor da tese vencedora, conforme precedente, a arma de fogo sem munição não possui eficácia, por isso não pode ser considerada arma. Consequentemente, não comete o crime de porte ilegal de arma de fogo previsto na Lei n. 10.826/2003 aquele que tem consigo arma de fogo desmuniciada. Precedente citado: HC 70.544-RJ, DJe 3/8/2009. **AgRg no HC 76.998-MS, Rel. originário Min. Haroldo Rodrigues (Desembargador convocado do TJ-CE), Rel. para acórdão Min. Nilson Naves, julgado em 15/9/2009.** (Inform. STJ 407)

ATIPICIDADE. CONDUTA. ARMA DE FOGO DESMUNICIADA.
A Turma, ao prosseguir o julgamento, por maioria, concedeu a ordem a fim de extinguir a ação penal, ao considerar que a arma sem eficácia não é arma, assim não comete crime de porte ilegal de arma de fogo aquele que consigo traz arma desmuniciada. Precedente citado: HC 116.742-MG, DJe 16/2/2009. **HC 110.448-SP, Rel. Min. Nilson Naves, julgado em 18/8/2009.** (Inform. STJ 403)

HC. POSSE ILEGAL. ARMA. FOGO.
Trata-se de *habeas corpus* substitutivo de recurso ordinário contra acórdão que manteve o recebimento da denúncia do ora paciente em relação ao crime de posse ilegal de arma de fogo. A Turma denegou a ordem de *habeas corpus*, por entender que a nova redação dada aos arts. 30 e 32 da Lei n. 10.826/2003 (Estatuto do Desarmamento) pela Lei n. 11.706/2008 prorrogou até o dia 31 de dezembro de 2008 apenas o prazo para a regularização de armas de fogo de uso permitido, não contemplando as armas de uso restrito ou de numeração raspada, como no caso dos autos. Assim, sendo o paciente flagrado no dia 9 de abril de 2008, não tinha ele qualquer possibilidade de regularizar as armas que possuía. De outro lado, não entregando tais armas espontaneamente à autoridade competente, evidencia-se a existência de justa causa para a ação penal pela demonstração de dolo de manter em seu poder armas de fogo de origem irregular. **HC 124.454-PR, Rel. Min. Laurita Vaz, julgado em 16/6/2009.** (Inform. STJ 399)

HC. PORTE ILEGAL. ARMA SEM MUNIÇÃO.
Trata-se da tipicidade material no âmbito dos crimes de porte ou posse de arma de fogo quando sem munição. Na hipótese dos autos, o MP ofereceu a denúncia contra o paciente – jovem lavrador que portava arma de fogo na cintura em um bar. Rejeitada a denúncia pelo juiz ao argumento de atipicidade, houve recurso em sentido estrito do MP, que foi provido pelo TJ. Nesses casos, este Superior Tribunal, na maioria dos julgados, tem se posicionado no sentido de que, em se tratando do Estatuto do Desarmamento, basta o porte ilegal de arma de fogo para ser punido. Todavia, o STF já considerou atípico o porte de arma de fogo sem munição (RHC 81.507-SP, DJ 29/4/2005), apesar de estar ainda suspenso o julgamento do HC 90.075-SC sobre a matéria, em razão de pedido de vista. Com essas considerações, entre outras, os votos vencedores reconheceram a ausência de tipicidade material e determinaram o trancamento da ação penal, nas circunstâncias do caso, em que não houve a concreta afetação do bem jurídico, aplicando-se o princípio da ofensividade (art. 157 do CP). Houve empate na votação, prevalecendo, assim, a decisão mais favorável ao réu, o que levou a Turma a conceder a ordem de *habeas corpus*. Precedente citado: HC 113.050-SP. **HC 70.544-RJ, Rel. Min. Nilson Naves, julgado em 25/11/2008.** (Inform. STJ 378)

PORTE. ARMA. ABOLITIO CRIMINIS.
A Turma denegou a ordem e reiterou o entendimento de que a benesse instituída pelo art. 32 da Lei n. 10.826/2003 não alcança a hipótese do cometimento do crime de porte de arma de fogo. Precedentes citados: REsp 982.309-GO, DJ 30/6/2008; AgRg no HC 84.060-MG, DJ 4/8/2008, e HC 71.821-MG, DJ 19/11/2007. **HC 56.179-SP, Rel. Min. Maria Thereza de Assis Moura, julgado em 16/9/2008.** (Inform. STJ 368)

POSSE ILEGAL. ARMA DE FOGO. IRRETROATIVIDADE. LEI N. 11.706/2008.
O paciente foi denunciado pela prática do crime previsto no art. 12 da Lei n. 10.826/2003 (posse ilegal de arma de fogo e munições de uso permitido em sua residência), por fato ocorrido em 3/12/2006. A Lei n. 11.706/2008 possibilitou novamente a devolução voluntária das armas de fogo até 31/12/2008, alterando, entre outros, os arts. 30 e 32 da referida lei (Estatuto do Desarmamento). Contudo, na época dos fatos, não havia qualquer prazo para a devolução, sendo posterior a última norma. Assim, a referida conduta jamais deixou de ser considerada criminosa, além de que, por tratar-se de norma de caráter transitório, não possui força retroativa. Assim, a Turma negou provimento ao recurso. Precedente citado do STF: HC 90.995-SP, DJ 7/3/2008. **RHC 22.668-RS, Rel. Min. Jane Silva (Desembargadora convocada do TJ-MG), julgado em 2/9/2008.** (Inform. STJ 366)

POSSE. ARMA DE FOGO. NUMERAÇÃO RASPADA.
Aquele que está na posse de arma de fogo com numeração raspada tem sua conduta tipificada no art. 16, parágrafo único, IV, e não no art. 12, *caput*, da Lei n. 10.826/2003, mesmo que o calibre do armamento corresponda a uma arma de uso permitido. Precedente citado do STF: RHC 89.889-DF, DJ 27/2/2008. **REsp 1.036.597-RJ, Rel. Min. Felix Fischer, julgado em 21/8/2008.** (Inform. STJ 364)

PORTE. ARMA. NUMERAÇÃO RASPADA.
A Turma entendeu que o porte de arma de uso permitido, restrito ou proibido com a supressão do número de série incide no crime do art. 16, § 4º, da Lei n. 10.826/2003, descabendo o argumento de atipicidade da conduta por ausência de lesividade, já que a ênfase se dá em razão da necessidade do controle pelo Estado das armas de fogo existentes no país. **AgRg no REsp 990.839-RS, Rel. Min. Jane Silva (Desembargadora convocada do TJ-MG), julgado em 19/6/2008.** (Inform. STJ 360)

PORTE. ILEGAL. ARMA. MUNIÇÃO.
A Turma, ao retomar o julgamento e por maioria, negou provimento ao agravo ao entendimento de que, para a caracterização do delito previsto no art. 14 da Lei n. 10.826/2003, que revogou a Lei n. 9.437/1997, é irrelevante se a munição possui potencialidade lesiva, revelando-se desnecessária a realização de perícia. Precedentes citados: REsp 949.442-PB, DJ 10/12/2007, e REsp 941.526-RS, DJ 17/9/2007. **AgRg no REsp 917.040-SC, Rel. Min. Paulo Gallotti, julgado em 29/4/2008.** (Inform. STJ 354)

PORTE ILEGAL. ARMA. PERIGO CONCRETO.
O delito tipificado no art. 10, *caput*, da revogada Lei n. 9.437/1997 apenas exige o porte de arma de fogo sem autorização ou em desacordo com determinação legal ou regular. Mostra-se desnecessária, para sua configuração, a demonstração de efetivo perigo à coletividade, daí a irrelevância de, no caso, a arma estar armazenada dentro de uma bolsa, quanto mais que

ela era capaz de efetuar disparos, dela podendo lançar mão o recorrido a qualquer tempo. Precedentes citados: REsp 666.869-RS, DJ 1º/7/2005, e REsp 292.943-MG, DJ 16/9/2002. **REsp 930.219-MG, Rel. Min. Felix Fischer, julgado em 8/11/2007.** (Inform. STJ 338)

18. CRIME ORGANIZADO

ORGANIZAÇÃO CRIMINOSA. ATIPICIDADE. DENÚNCIA. INÉPCIA.

Prosseguindo no julgamento, a Turma, por maioria, decidiu que a referência ao instituto da organização criminosa não afeta a tipicidade. Desse modo, como não há, no ordenamento jurídico nacional (Lei n. 9.034/1995), definição desse instituto, descabe a sua imputação, tipificação, anterioridade e taxatividade. Outrossim, a verificação de todas as características de organização criminosa remete ao exame fático-probatório, vedado na via do *habeas corpus*. **HC 69.694-SP, Rel. Min. Maria Thereza de Assis Moura, julgado em 18/12/2007.** (Inform. STJ 343)

19. CRIME DE TORTURA

TORTURA. PRESO. LESÕES GRAVES.

A vítima encontrava-se detida sob responsabilidade de agentes estatais (delegacia da polícia civil) por ter ameaçado a vida de um terceiro. Contudo, lá apresentou comportamento violento e incontido: debatia-se contra as grades, agredia outros detentos e dirigia impropérios contra os policiais. Após, os outros detentos foram retirados da cela e a vítima foi algemada, momento em que passou a provocar e ofender o policial que a guardava, que, em seguida, adentrou a cela e lhe desferiu vários golpes de cassetete, o que lhe causou graves lesões (constatadas por laudo pericial), agressão que somente cessou após a intervenção de outro policial. Então, é inegável que a vítima, enquanto estava detida, foi submetida a intenso sofrimento físico por ato que não estava previsto em lei, nem resultava de medida legal, o que configurou a tortura prevista no art. 1º, § 1º, da Lei n. 9.455/1997. Essa modalidade de tortura, ao contrário das demais, não exige especial fim de agir por parte do agente para configurar-se, bastando o dolo de praticar a conduta descrita no tipo objetivo. Já o Estado democrático de direito repudia o tratamento cruel dispensado por seus agentes a qualquer pessoa, inclusive presos. Conforme o art. 5º, XLIX, da CF/1988, os presos mantêm o direito à intangibilidade de sua integridade física e moral. Desse modo, é inaceitável impor castigos corporais aos detentos em qualquer circunstância, sob pena de censurável violação dos direitos fundamentais da pessoa humana. Anote-se, por último, que a revaloração de prova ou de dados explicitamente admitidos e delineados no decisório recorrido, quando suficientes para a decisão da questão, tal como se deu na hipótese, não implica reexame da matéria probatória vedada na via especial (Súm. n. 7-STJ). No especial, não se pode examinar mera *quaestio facti* ou *error facti in iudicando*, contudo não há óbice ao exame do *error iuris in iudicando* (tal qual o equívoco na valoração de provas) e o *error in procedendo*. Com esse entendimento, a Turma, ao prosseguir o julgamento, por maioria, deu provimento ao especial. Precedente citado: REsp 184.156-SP, DJ 9/11/1998. **REsp 856.706-AC, Rel. originária Min. Laurita Vaz, Rel. para acórdão Min. Felix Fischer, julgado em 6/5/2010.** (Inform. STJ 433)

20. CRIMES RELATIVOS A LICITAÇÃO

EVENTO ESPORTIVO E AUSÊNCIA DE LICITAÇÃO - 1

O Tribunal, por maioria, recebeu denúncia oferecida pelo Ministério Público Federal em desfavor de Deputado Federal, e outros co-denunciados, pela suposta prática do delito de dispensa ou inexigibilidade de licitação. Relata a denúncia que o parlamentar, então prefeito, e seu secretário de comunicação social teriam contratado os serviços de determinada empresa de publicidade para realizar, em 2003, evento esportivo na municipalidade, sem o devido procedimento licitatório. A conduta dos agentes públicos e a do particular beneficiado com a contratação fora enquadrada, respectivamente, no art. 89 e no seu parágrafo único, da Lei 8.666/93 ("*Dispensar ou inexigir licitação fora das hipóteses previstas em lei, ou deixar de observar as formalidades pertinentes à dispensa ou à inexigibilidade: ... Parágrafo único. Na mesma pena incorre aquele que, tendo comprovadamente concorrido para a consumação da ilegalidade, beneficiou-se da dispensa ou inexigibilidade ilegal, para celebrar contrato com o Poder Público.*"). De início, salientou-se que o *parquet* sustentava a ocorrência de burla ao preceito contido no art. 25, III, do mesmo diploma legal ("*Art. 25. É inexigível a licitação quanto houver inviabilidade de competição, em especial: ... III - para contratação de serviços técnicos enumerados no art. 13 desta Lei, de natureza singular, com profissionais ou empresas de notória especialização, vedada a exigibilidade para serviços de publicidade e divulgação.*"). **Inq 3016/SP, rel. Min. Ellen Gracie, 30.9.2010.** (Inq-3016)

EVENTO ESPORTIVO E AUSÊNCIA DE LICITAÇÃO - 2

Em seguida, reputou-se que, nesta etapa processual, haveria substrato mínimo a sustentar a deflagração da ação penal, e que a defesa não conseguira infirmar a plausibilidade da peça acusatória. Aduziu-se que a circunstância de o contrato firmado pelos agentes públicos contar com o aval e a aprovação da Procuradoria do Município não elidiria a responsabilidade dos acusados, haja vista que o parecer não conteria carga opinativa e não vincularia o administrador público. Ademais, afastou-se a assertiva de que os preços oferecidos pela empresa do co-réu seriam condizentes com os cobrados no mercado, dado que isso demandaria análise da matéria de fundo. De igual modo, entendeu-se inviável o exame da alegação de inexistência de dolo dos investigados. Consignou-se, no ponto, que a dilação probatória reconstruiria, historicamente, os fatos e que ela também permitiria a apreciação relativa à exigência, ou não, de finalidade específica para a configuração do tipo penal. Destacou-se, ainda, que a peça acusatória não poderia ser rejeitada em face da suposta falta de prejuízo, porquanto o crime em apreço caracterizar-se-ia pelo simples "dispensar" ou "inexigir" o certame, não podendo o resultado naturalístico ser considerado condição imprescindível à consumação do delito. Refutou-se o argumento de atipicidade da conduta do empresário, haja vista que demonstrado pela acusação que, embora a marca do evento tivesse sido registrada perante o INPI, isso não implicaria a conclusão de ser o prestador de serviço um especialista de natureza singular. Observou-se que, não obstante os eventos de 1996 a 2000 terem ocorrido sem licitação, o Tribunal de Contas já se manifestara, em 2002, sobre a necessidade de certame no evento de 1999, o que, ao que parece, sinalizaria terem os investigados arriscado realizar algo irregular. Por derradeiro, assinalou-se que a manifestação do Ministério Público sobre o arquivamento do caso na esfera cível, rejeitando as ponderações da Corte de Contas estadual, não impediria a investigação e deflagração da ação penal, ante a independência das instâncias. Vencidos os Ministros Dias Toffoli, Celso de Mello e Cezar Peluso, Presidente, que, por falta de justa causa, rejeitavam a denúncia, quanto ao empresário beneficiado, ao não vislumbrarem a existência de descrição mínima de sua suposta participação no delito. **Inq 3016/SP, rel. Min. Ellen Gracie, 30.9.2010.** (Inq 3016) (Inform. STF 602)

ART. 92 DA LEI 8.666/93 E TIPICIDADE - 1

O Tribunal iniciou julgamento de ação penal promovida pelo Ministério Público Federal em que imputa a dois Deputados Federais a suposta prática do crime tipificado no art. 92, *caput*, e seu parágrafo único, da Lei 8.666/93 ("*Art. 92. Admitir, possibilitar ou dar causa a qualquer modificação ou vantagem, inclusive prorrogação contratual, em favor do adjudicatário, durante a execução dos contratos celebrados com o Poder Público, sem autorização em lei, no ato convocatório da licitação ou nos respectivos instrumentos contratuais, ... : Pena - detenção, de dois a quatro anos, e multa. Parágrafo único. Incide na mesma pena o contratado que, tendo comprovadamente concorrido para a consumação da ilegalidade, obtém vantagem indevida ou se beneficia, injustamente, das modificações ou prorrogações contratuais.*") c/c o art. 29, do CP. Narra a denúncia que um dos parlamentares, então Prefeito de Município do Paraná, teria homologado e adjudicado a empresa de propriedade do segundo parlamentar denunciado a concessão de terminal rodoviário localizado naquele Município em desacordo com as cláusulas previstas na Lei Municipal 1.776/98, a qual autorizou o então Prefeito a licitar, estabelecendo a possibilidade de recebimento de títulos da dívida pública federal até um certo montante e com avaliação de mercado pelo Banco do Brasil S/A, corretora de valores e bolsa de valores. Sustenta que o primeiro denunciado, além de ter aceito o recebimento de apólices da dívida pública em valor superior ao permitido pela lei municipal, não teria exigido a avaliação nela prevista, lesando, com isso, o patrimônio do Município e admitindo vantagem indevida em favor do segundo denunciado. Relata, ainda, que o segundo denunciado, por sua vez, tinha conhecimento de que a oferta feita por sua empresa era contrária à citada lei, e que, ao efetuar a entrega de títulos da dívida pública desacompanhados dos requisitos legais, concorrera para a consumação da ilegalidade, dela obtendo injusta vantagem econômica. Em preliminar, sustentava a defesa do segundo acusado atipicidade da conduta, sob a alegação de que o art. 92 da Lei 8.666/93 não se destinaria a eventuais condutas praticadas em momento anterior à assinatura do contrato administrativo entre o licitante, adjudicatário do objeto licitado, e o Poder Público. Aduzia que, no caso concreto, os títulos considerados inválidos teriam sido apresentados pelo acusado durante o procedimento licitatório, por ocasião da proposta de preço, o que não teria acarretado o descumprimento ou a alteração de condição contratual, mas única e exclusivamente, suposta inobservância de exigência editalícia, fato ocorrido em momento anterior à celebração do contrato. **AP 433/PR, rel. Min. Ellen Gracie, 4.3.2010**. (AP-433)

ART. 92 DA LEI 8.666/93 E TIPICIDADE - 2

A Min. Ellen Gracie, relatora, julgou procedente a pretensão punitiva estatal e condenou os réus a penas de detenção e de dez dias multa, convertendo-as, presentes os requisitos do art. 44 do CP, em duas penas restritivas de direitos. Preliminarmente, entendeu que a denúncia teria preenchido devidamente os requisitos do art. 41 do CPP, por descrever, suficientemente, os delitos imputados aos réus, assim como o local, o período em que ocorreram, permitindo o pleno exercício do direito de defesa. Em seguida, observou que, de fato, a proposta da empresa do segundo denunciado estaria em desacordo com as exigências contidas na lei municipal, e repetidas no edital de licitação, as quais, frisou, visavam resguardar o principal objetivo da autorização para a concessão, que seria o pagamento da dívida do Município com o INSS. Salientou que essas exigências objetivavam evitar que o Município recebesse títulos sem validade e, por conseguinte, sofresse grave prejuízo. Concluiu que, ao aceitar as apólices sem a devida avaliação pelo Banco do Brasil, o primeiro acusado teria causado significativo prejuízo aos cofres municipais, já que os títulos apresentados pela empresa do segundo réu não teriam sido aceitos pelo INSS. Asseverou, em seguida, que a alegação da defesa do segundo denunciado no sentido da atipicidade não mereceria ser acolhida, visto que a entrega dos originais dos títulos da dívida pública se dera por ocasião da lavratura do termo de concessão, consoante determinado até mesmo pelo edital de licitação. Reputou que, ao aceitar como parte do pagamento os títulos da dívida apresentados pela empresa em desconformidade com as determinações da lei municipal, o primeiro acusado teria admitido vantagem indevida em favor do adjudicatário do objeto da licitação durante a execução do contrato de concessão firmado com o Município. Dessa forma, depois de encerrado o procedimento licitatório, no momento da assinatura do termo de concessão, e, portanto, no início da execução do contrato celebrado entre a empresa e o Município, o primeiro acusado teria admitido vantagem em favor do adjudicatário consistente em aceitar, como parte do pagamento pela exploração do terminal, esses títulos sem autorização legal. Expôs que a vantagem consistiria exatamente na aceitação dos títulos, sem validade, os quais evitaram que a empresa tivesse de desembolsar a quantia devida em espécie. Registrou, por fim, que o dolo do segundo acusado também restaria evidenciado, já que ele possuía plena ciência das exigências constantes do edital de concorrência acerca dos títulos da dívida pública, tendo apresentado, no entanto, as apólices, como parte do pagamento, acompanhadas apenas de um parecer econômico da Fundação Getúlio Vargas, em clara contrariedade ao edital e à lei municipal. **AP 433/PR, rel. Min. Ellen Gracie, 4.3.2010**. (AP-433)

ART. 92 DA LEI 8.666/93 E TIPICIDADE - 3

Em divergência, o Min. Dias Toffoli absolveu os réus, por atipicidade da conduta (CPP, art. 386, III). Considerou que o fato descrito na peça acusatória não se subsumiria ao tipo penal previsto no art. 92 da Lei 8.666/93, haja vista que, no caso, não se estaria, ainda, na fase de execução do contrato, salientando haver de se fazer interpretação restritiva em matéria de legislação penal. Após os votos dos Ministros Cezar Peluso, revisor, Carmen Lúcia, Joaquim Barbosa e Ayres Britto, acompanhando a relatora, no sentido de condenar os réus, e dos votos dos Ministros Ricardo Lewandowski, Marco Aurélio, Celso de Mello e Gilmar Mendes, Presidente, acompanhando a divergência, no sentido de absolver os réus, o Tribunal, por maioria, rejeitou questão de ordem suscitada pela relatora, e acompanhada pelos Ministros Dias Toffoli e Ricardo Lewandowski, de, em face da iminência da prescrição do delito (5.3.2010) se adotar o art. 146, do RISTF (*"Havendo, por ausência ou falta de um Ministro, nos termos do art. 13, IX, empate na votação de matéria cuja solução dependa de maioria absoluta, considerar-se-á julgada a questão proclamando-se a solução contrária à pretendida ou à proposta."*), e deliberou aguardar-se o Min. Eros Grau, ausente justificadamente, para proferir voto de desempate. **AP 433/PR, rel. Min. Ellen Gracie, 4.3.2010**. (AP-433)

ART. 92 DA LEI 8.666/93 E TIPICIDADE - 4

Por atipicidade da conduta (CPP, art. 386, III), o Tribunal, por maioria, absolveu, em ação penal promovida pelo Ministério Público Federal, dois Deputados Federais aos quais se imputava a suposta prática do crime tipificado no art. 92, *caput*, e seu parágrafo único, da Lei 8.666/93 (*"Art. 92. Admitir, possibilitar ou dar causa a qualquer modificação ou vantagem, inclusive prorrogação contratual, em favor do adjudicatário, durante a execução dos contratos celebrados com o Poder Público, sem autorização em lei, no ato convocatório da licitação ou nos respectivos instrumentos contratuais, ... : Pena - detenção, de dois a quatro anos, e multa. Parágrafo único. Incide na mesma pena o contratado que, tendo comprovadamente concorrido para a consumação da ilegalidade, obtém vantagem indevida ou se beneficia, injustamente, das modificações ou prorrogações contratuais."*) c/c o art. 29, do CP — v. Informativo 577. Considerou-se que o fato descrito na peça acusatória não se subsumiria ao tipo penal previsto no art. 92 da Lei 8.666/93, haja vista que, no caso, não se estaria, ainda, na fase de execução do contrato, salientando-se haver de se fazer interpretação restritiva em matéria de legislação penal. Vencidos os Ministros Ellen Gracie, relatora, Cezar Peluso, revisor, Cármen Lúcia, Joaquim Barbosa e Ayres Britto, que condenavam os réus. **AP 433/PR, rel. orig. Min. Ellen Gracie, red. p/ o acórdão Min. Dias Toffoli, 11.3.2010**. (AP-433) (Inform. STF 578)

CONVÊNIO: DISPENSA DE LICITAÇÃO E TRANCAMENTO DE AÇÃO PENAL

A Turma indeferiu *habeas corpus* em que se pleiteava, por falta de justa causa, o trancamento de ação penal instaurada contra acusado pela prática do delito previsto no art. 89 da Lei 8.666/93 em decorrência do fato de haver assinado, na qualidade de presidente de autarquia, convênio como instrumento de suposta contratação de terceiros por intermédio de pessoa jurídica (*"Art. 89. Dispensar ou inexigir licitação fora das hipóteses previstas em lei, ou deixar de observar as formalidades pertinentes à dispensa ou à inexigibilidade."*). Inicialmente, enfatizou-se que a jurisprudência do STF orienta-se no sentido de considerar excepcional o trancamento de ação penal pela via expressa do *writ*. Ademais, aduziu-se que, em se tratando de examinar a alegação de inépcia, dois são os parâmetros objetivos que devem ser observados: o art. 41 do CPP — que indica um necessário conteúdo positivo para a denúncia — e o art. 395, do mesmo diploma, com a redação dada pela Lei 11.719/2008, — o qual impõe que a peça acusatória não incorra em determinadas impropriedades (*"Art. 395. A denúncia ou queixa será rejeitada quando: I - for manifestamente inepta; II - faltar pressuposto processual ou condição para o exercício da ação penal; ou III- faltar justa causa para o exercício da ação penal."*). Entendeu-se que a inicial descreve, suficientemente, os fatos reputados ilícitos, o que permitiria o exercício da ampla defesa. Esclareceu-se, ainda, que a denúncia estaria embasada em elementos de informações que noticiariam a ocorrência de diversas irregularidades na celebração do aludido convênio. **HC 92246/DF, rel. Min. Carlos Britto, 11.11.2008**. (HC-92246) (Inform. STF 528)

INEXIGIBILIDADE DE LICITAÇÃO E FALTA DE JUSTA CAUSA

Por ausência de justa causa, a Turma deferiu *habeas corpus* para determinar o trancamento de ação penal instaurada contra dois advogados denunciados, com um prefeito, como incursos nas penas dos artigos 89, parágrafo único, 92, ambos da Lei 8.666/93, e do art. 1º, XVI, do Decreto-lei 201/67, em razão de haverem firmado, sem licitação, contrato de prestação de serviços advocatícios com a prefeitura para a venda de terrenos públicos a munícipes interessados. No caso, diante da extinção da punibilidade pela prescrição da pretensão punitiva, o tribunal de justiça local recebera, parcialmente, a denúncia, rejeitando-a em relação ao delito capitulado no Decreto-lei 201/67. Entendeu-se que, na espécie, tratar-se-ia de inexigibilidade de licitação (Lei 8.666/93, art. 25), cujos requisitos de notória especialização, confiança e relevo do trabalho a ser contratado estariam demonstrados na prova documental trazida com a inicial. Além disso, asseverou-se que a consideração pela Administração municipal da experiência profissional em projeto similar executado noutro município evidenciaria a presença da notória especialização e do elemento subjetivo da confiança, bem como do atendimento ao interesse público local. Rejeitou-se, de igual modo, a imputação do art. 92, da Lei 8.666/93, ante a falta de ilicitude penal na avença inicialmente estabelecida com o primeiro causídico. Tendo em conta que o outro paciente fora denunciado porque passara a figurar como contratante num dos aditamentos e que estes seriam mera decorrência da avença primitiva, aduziu-se que, em verdade, ocorrera contratação, natural para a execução desse projeto complexo, uma vez que ele gozaria da confiança profissional da Administração e do advogado originariamente contratado. Estenderam-se os efeitos dessa decisão ao prefeito. HC 86198/PR, Min. Sepúlveda Pertence, 17.4.2007. (HC-86198) (Inform. STF 463)

20.1. SUPERIOR TRIBUNAL DE JUSTIÇA

EFEITOS EXTRAPENAIS. PERDA DO CARGO PÚBLICO. NOVO MANDATO.

Os efeitos extrapenais de *decisum* condenatório de agente político (prefeito) não podem alcançar novo mandato de modo a afastá-lo do cargo atual. Na hipótese, a interpretação extensiva do art. 83 da Lei de Licitações e Contratos não pode ser admitida porque o mandato do recorrido (2001-2004) expirou antes de ele ser julgado pelo crime cometido, não podendo perder o cargo atual para o qual foi reeleito em 2009. É que a perda do cargo público (sanção administrativa) é um efeito da condenação pelos crimes definidos na lei supradita, logo o afastamento deve ser daquele cargo que permitiu o cometimento do crime, e não de outro que, no futuro, venha a ser ocupado pelo condenado, como ocorreu na espécie. Ademais, ressaltou-se que, em observância ao princípio da legalidade, caso o legislador objetivasse proibir novas investiduras em cargos públicos de agente político criminalmente condenado, deveria, como efeito da sanção penal – nos termos do dispositivo mencionado –, afirmar literalmente tal impedimento legal (como ocorre, por exemplo, na denominada Lei da Ficha Limpa, em relação à inelegibilidade para cargo público), entretanto, *in casu*, essa determinação não ocorreu. **REsp 1.244.666-RS, Rel. Min. Sebastião Reis Júnior, julgado em 16/8/2012.(Inform. STJ 502)**

DELAÇÃO ANÔNIMA. IMPROBIDADE ADMINISTRATIVA. LICITAÇÃO.

No *habeas corpus*, sustenta a impetração a nulidade da ação penal, alegando que tanto a denúncia quanto a condenação basearam-se exclusivamente em dados colhidos em correspondência apócrifa, ou seja, denúncia anônima mediante e-mail e, por isso, ela deveria ser considerada prova ilícita. No entanto, segundo o Min. Relator, ao contrário do que afirma a impetração, os autos demonstram que o Ministério Público Federal, legitimado para averiguar a regularidade dos contratos administrativos denunciados, somente formou sua opinio delicti depois de verificar a existência de elementos mínimos e colher, de forma idônea, todos os dados informativos, para então determinar a instauração da investigação criminal. Por outro lado, a condenação da paciente por fraude à licitação (art. 90 da Lei n. 8.666/1993) fundou-se em acervo probatório composto por depoimento de testemunhas e dos réus, informações prestadas pela Superintendência do Incra, cópia do procedimento administrativo de licitação sob suspeita e outros documentos; todos comprovaram que somente uma empresa foi contactada para fornecer orçamento prévio, servindo de base para a elaboração de edital licitatório, e, depois, a mesma empresa foi vencedora, apesar de não poder participar do certame por estar em dívida com a Receita Federal. Dessa forma, concluiu o Min. Relator que, pelos documentos constantes dos autos, não há, de plano, comprovação que possa evidenciar ser a exordial acusatória ou a sentença condenatória embasadas apenas em denúncia anônima. Assim, até por ser inviável ampla dilação probatória em HC, não há como acatar a irresignação da impetração. Diante do exposto, a Turma denegou a ordem em consonância com o parecer da Subprocuradoria-Geral da República. Precedentes citados: HC 44.649-SP, DJ 8/10/2007, e HC 93.421-RO, DJe 9/3/2009. HC 191.797-PA, Rel. Min. Napoleão Nunes Maia Filho, julgado em 21/6/2011. (Inform. STJ 478)

FRAUDE. LICITAÇÃO. ANULAÇÃO. TIPICIDADE.

A anulação de licitação devido a evidente ajuste entre os licitantes não afasta a tipicidade da conduta descrita no art. 90 da Lei n. 8.666/1993. **RHC 18.598-RS, Rel. Min. Laurita Vaz, julgado em 6/11/2007.** (Inform. STJ 338)

ADVOGADO. IMUNIDADE. FRAUDE. PROCEDIMENTO LICITATÓRIO.

Atribui-se à paciente a prática do crime previsto no art. 90 da Lei de Licitações porque, na qualidade de procuradora, teria emitido pareceres jurídicos considerando lícitos os aditamentos contratuais tidos como ilegais pelo Ministério Público. Pesa contra ela a colaboração efetiva e relevante no suposto esquema engendrado para fraudar os procedimentos licitatórios realizados pela prefeitura municipal. O tema central diz respeito à afirmação por parte da impetrante de que a conduta da paciente revestia-se de legalidade e se encobria pelo estrito cumprimento do dever profissional. A Turma conheceu, em parte, da impetração, mas, nessa parte, denegou a ordem por entender que, embora seja reconhecida a imunidade do advogado no exercício da profissão, o ordenamento jurídico não lhe confere absoluta liberdade para praticar atos contrários à lei, sendo-lhe, ao revés, exigida a mesma obediência aos padrões normais de comportamento e de respeito à ordem legal. A defesa voltada especialmente à consagração da imunidade absoluta do advogado esbarra em evidente dificuldade de aceitação, na medida em que altera a sustentabilidade da ordem jurídica: a igualdade perante a lei. Ademais, a tão-só figuração de advogado como parecerista nos autos de procedimento de licitação, por si só, não retira da sua atuação a possibilidade de prática de ilícito penal, porquanto, mesmo que as formalidades legais tenham sido atendidas no seu ato, havendo favorecimento nos meios empregados, é possível o comprometimento ilegal do agir. **HC 78.553-SP, Rel. Min. Maria Thereza de Assis Moura, julgado em 9/10/2007.** (Inform. STJ 335)

DENÚNCIA. RECEBIMENTO. CONTRATAÇÃO. LICITAÇÃO.

Foi a conselheira do Tribunal de Contas denunciada como incursa no art. 89 da Lei das Licitações, por ter fatiado contrato, sem autorização legal, quando prefeita de município, tudo para fugir da exigência do certame licitatório. O Min. Relator observou que a denúncia descreve, minuciosamente, fatos que, caso comprovados, durante a instrução, configuram violação do mencionado dispositivo. Cuida-se de efeito danoso da contratação sem licitação pública que será averiguado com base nas provas apuradas no curso da relação jurídica processual. Existe justa causa em denúncia que preenche, com base em procedimento administrativo, os requisitos para o seu recebimento, por descrever fatos que, em tese, aconteceram e são considerados ilícitos. Assim, a Corte Especial, ao prosseguir o julgamento, recebeu a denúncia. **APn 480-MG, Rel. Min. José Delgado, julgada em 6/6/2007.** (Inform. STJ 322)

21. VIOLÊNCIA DOMÉSTICA

Lei Maria da Penha e audiência de retratação

A 2ª Turma denegou *habeas corpus* em que condenado pela prática do delito de lesão corporal qualificada por violência doméstica (CP, art. 129, § 9º) pretendia o trancamento de ação penal contra ele instaurada. A impetração alegava que a suposta vítima, esposa do paciente, admitira, no decorrer do processo, ser a responsável pelas agressões por ter iniciado o entrevero e, ainda, que o art. 16 da Lei 11.340/2006 (Lei Maria da Penha) dispunha que deveria haver audiência para renúncia à representação perante o juiz. No tocante à primeira assertiva, reputou-se que a pretensão deveria ter sido apurada no decorrer do processo de conhecimento, e não em sede de *habeas corpus*, conforme requerido. Em relação à audiência de retratação da delação postulatória, aduziu-se que, com fulcro no dispositivo mencionado (*"Art. 16. Nas ações penais públicas condicionadas à representação da ofendida de que trata esta Lei, só será admitida a renúncia à representação perante o juiz, em audiência especialmente designada com tal finalidade, antes do recebimento da denúncia e ouvido o Ministério Público"*), esta poderia ocorrer, em caso de violência contra a mulher, mas somente antes do recebimento da denúncia pelo Ministério Público. HC 109176/MG, rel. Min. Ricardo Lewandowski, 4.10.2011. (HC-109176) (Inform. STF 643)

21.1. SUPERIOR TRIBUNAL DE JUSTIÇA

DIREITO PENAL E PROCESSUAL PENAL. LESÃO CORPORAL LEVE OU CULPOSA NO ÂMBITO DOMÉSTICO. AÇÃO PENAL PÚBLICA INCONDICIONADA.

O crime de lesão corporal, mesmo que leve ou culposa, praticado contra a mulher, no âmbito das relações domésticas, deve ser processado mediante ação penal pública incondicionada. No julgamento da ADI 4.424-DF, o STF declarou a constitucionalidade do art. 41 da Lei n. 11.340/2006, afastando a incidência da Lei n. 9.099/1995 aos crimes praticados com violência doméstica e familiar contra a mulher, independentemente da pena prevista. Precedente citado do STF: ADI 4.424-DF, DJe 17/2/2012; do STJ: AgRg no REsp 1.166.736-ES, DJe 8/10/2012, e HC 242.458-DF, DJe 19/9/2012. **AREsp 40.934-DF, Rel. Min. Marilza Maynard (Desembargadora convocada do TJ-SE), julgado em 13/11/2012.** (Inform. STJ 509)

QUALIFICADORA. LESÃO CORPORAL CONTRA HOMEM. VIOLÊNCIA DOMÉSTICA.

O aumento de pena do § 9º do art. 129 do CP, alterado pela Lei n. 11.340/2006, aplica-se às lesões corporais cometidas contra homem no âmbito das relações domésticas. Apesar da Lei Maria da Penha ser destinada à proteção da mulher, o referido acréscimo visa tutelar as demais desigualdades encontradas nas relações domésticas. *In casu*, o paciente empurrou seu genitor, que com a queda sofreu lesões corporais. Assim, não há irregularidade em aplicar a qualificadora de violência doméstica às lesões corporais contra homem. Contudo, os institutos peculiares da citada lei só se aplicam quando a vítima for mulher. **RHC 27.622-RJ, Rel. Min. Jorge Mussi, julgado em 7/8/2012.(Inform. STJ 501)**

LEI MARIA DA PENHA. BRIGA ENTRE IRMÃOS.

A hipótese de briga entre irmãos – que ameaçaram a vítima de morte – amolda-se àqueles objetos de proteção da Lei n. 11.340/2006 (Lei Maria da Penha). *In casu*, caracterizada a relação íntima de afeto familiar entre os agressores e a vítima, inexiste a exigência de coabitação ao tempo do crime, para a configuração da violência doméstica contra a mulher. Com essas e outras ponderações, a Turma, por maioria, denegou a ordem de *habeas corpus*. Precedentes citados do STF: HC 106.212-MS, DJe 13/6/2011; do STJ: HC 115.857-MG, DJe 2/2/2009; REsp 1.239.850-DF, DJe 5/3/2012, e CC 103.813-MG, DJe 3/8/2009. **HC 184.990-RS, Rel. Min. Og Fernandes, julgado em 12/6/2012.(Inform. STJ 499)**

LEI MARIA DA PENHA. CRIME DE AMEÇA ENTRE IRMÃOS.
A Turma, cassando o acórdão recorrido, deu provimento ao recurso para estabelecer a competência de uma das varas do Juizado de Violência Doméstica e Familiar contra a Mulher para examinar processo em que se apura a prática do crime de ameaça. Na hipótese, o recorrido foi ao apartamento da sua irmã, com vontade livre e consciente, fazendo várias ameaças de causar-lhe mal injusto e grave, além de ter provocado danos materiais em seu carro, causando-lhe sofrimento psicológico e dano moral e patrimonial, no intuito de forçá-la a abrir mão do controle da pensão que a mãe de ambos recebe. Para os integrantes da Turma, a relação existente entre o sujeito ativo e o passivo deve ser analisada em face do caso concreto, para verificar a aplicação da Lei Maria da Penha, tendo o recorrido se valido de sua autoridade de irmão da vítima para subjugar a sua irmã, com o fim de obter para si o controle do dinheiro da pensão, sendo desnecessário configurar a coabitação entre eles. Precedentes citados: CC 102.832-MG, DJe 22/4/2009, e HC 115.857-MG, DJe 2/2/2009. **REsp 1.239.850-DF, Rel. Min. Laurita Vaz, julgado em 16/2/2012. (Inform. STJ 491)**

VIOLÊNCIA DOMÉSTICA. LEI MARIA DA PENHA. AUDIÊNCIA.
Trata-se de RMS em que se pretende o reconhecimento do direito líquido e certo da mulher que tenha sofrido violência doméstica e familiar de não ser obrigada a participar de audiência confirmatória da representação pela persecução penal. Para tanto, alega-se que a audiência prevista no art. 16 da Lei n. 11.340/2006 (Lei Maria da Penha) só pode ser determinada pelo magistrado quando a vítima manifestar interesse em retratar-se da representação. A Turma entendeu que a audiência prevista no art. 16 da mencionada lei não deve ser realizada *ex officio* como condição da abertura da ação penal, sob pena de constrangimento ilegal à mulher, vítima de violência doméstica e familiar, pois isso configuraria ato de ratificação da representação, inadmissível na espécie. Consignou-se que a realização da audiência deve ser precedida de manifestação de vontade da ofendida, se assim ela o desejar, em retratar-se da representação registrada, cabendo ao magistrado verificar a espontaneidade e a liberdade na prática de tal ato. Com esse entendimento, a Turma concedeu a segurança para determinar que a audiência de retratação da representação da ação penal de natureza pública condicionada somente seja realizada após prévia manifestação da ofendida. Precedentes citados: HC 178.744-MG, DJe 24/6/2011; HC 168.003-ES, DJe 1º/6/2011, e HC 96.601-MS, DJe 22/11/2010. **RMS 34.607-MS, Rel. Min. Adilson Vieira Macabu (Desembargador convocado do TJ/RJ), julgado em 13/9/2011.** (Inform. STJ 483)

LEI MARIA DA PENHA. EX-NAMORADA. RELAÇÃO ÍNTIMA. AFETO.
Na espécie, foi lavrado termo circunstanciado para apurar a conduta do réu, suspeito de ameaçar sua ex-namorada. O juízo de Direito declinou da competência para o juizado especial, aduzindo que a conduta narrada nos autos não se encontra dentro das perspectivas e finalidades inerentes à Lei da Violência Doméstica. Por sua vez, o juizado especial criminal entendeu por suscitar conflito perante o Tribunal de Justiça, pois o caso em análise enquadrar-se-ia na Lei Maria da Penha, e este declinou da competência para o STJ. A Min. Relatora entendeu que a Lei n. 11.340/2006, denominada Lei Maria da Penha, em seu art. 5º, III, caracteriza como violência doméstica aquela em que o agressor conviva ou tenha convivido com a ofendida, independentemente de coabitação. Contudo é necessário salientar que a aplicabilidade da mencionada legislação a relações íntimas de afeto, como o namoro, deve ser analisada em face do caso concreto. Não se pode ampliar o termo "relação íntima de afeto" para abarcar um relacionamento passageiro, fugaz ou esporádico. *In casu*, verifica-se nexo de causalidade entre a conduta criminosa e a relação de intimidade existente entre agressor e vítima, que estaria sendo ameaçada de morte após romper o namoro de quase dois anos, situação apta a atrair a incidência da referida lei. Assim, a Seção conheceu do conflito para declarar a competência do juízo de Direito. Precedente citado: CC 90.767-MG, DJe 19/12/2008. **CC 100.654-MG, Rel. Min. Laurita Vaz, julgado em 25/3/2009.** (Inform. STJ 388)

LEI MARIA DA PENHA. EX-NAMORADA. MEDIDA PROTETIVA.
Noticiam os autos que o paciente iniciou namoro com a vítima em ambiente onde ambos trabalhavam e que, após quatro anos de namoro, certo tempo depois do término desse relacionamento, o paciente passou a espalhar panfletos difamatórios contra ela, pichar o muro de sua residência e até seu quarto, culminando com incêndio ocorrido na garagem de sua casa, o que a levou a acionar os bombeiros. Segundo a vítima, os vizinhos viram o paciente circulando em frente da casa no dia dos fatos. Consta ainda que foi instaurado inquérito policial para apurar a prática do crime ocorrido no âmbito doméstico e que o Ministério Público, ao tomar conhecimento dos fatos, propôs medida protetiva de proibição de aproximação do paciente em relação a ela e seus familiares. Irresignado com a determinação, impetrou *habeas corpus* no TJ, que foi denegado. Esclarece a Min. Relatora que, nesse momento, não é permitido adentrar as provas dos autos na via estreita do *habeas corpus* e, na fase procedimental em que o processo encontra-se, a palavra da vítima é suficiente para configurar os indícios de autoria. Ressalta que, nesse diapasão, considera-se que quatro anos de namoro configuram, para os efeitos da Lei Maria da Penha, relação doméstica ou familiar, por caracterizar relacionamento íntimo. Explica que mantém esse entendimento porque, nos casos julgados pela Terceira Seção deste Superior Tribunal (CC 91.980-MG e CC 94.447-MG), embora, por maioria, tenha a Terceira Seção decidido remeter a causa ao juiz de Direito do Juizado Especial em vez de ao juízo de Direito Criminal, fê-lo por entender que, naqueles casos específicos sob julgamento, a violência praticada contra a mulher não decorria da relação de namoro. Sendo assim, a Terceira Seção não decidiu que a relação de namoro não é alcançada pela Lei Maria da Penha. Anotou que as disposições preliminares da Lei n. 11.340/2006 dispõem, no art. 4º, que a lei (Maria da Penha) deverá ser interpretada tendo por objetivo os fins sociais a que ela se destina, considerando, especialmente, as mulheres nas suas condições peculiares, em situação de violência doméstica e familiar. Explica que, depois de o legislador chamar atenção para a interpretação correta, dispõe em seguida sobre o que configura violência doméstica para os efeitos da lei – preceitua que a unidade doméstica refere-se a todo e qualquer espaço de convívio, ainda que esporádico, que a família é considerada a união de pessoas, dentre outras, por vontade expressa e que o âmbito doméstico familiar é caracterizado por qualquer relação íntima de afeto, na qual o agressor conviva com a ofendida (art. 5º da citada lei). Logo, não se trata de saber se a relação do casal caracterizou união estável ou não, se o convívio cessou ou não, basta que, em determinado momento, por vontade própria, ainda que esporadicamente, tenha havido relação de afeto, independentemente de coabitação. Para a Min. Relatora, não se pode afastar o namoro do âmbito de proteção da Lei Maria da Penha sob pena de corroborar o estado de violência apresentado todos os dias nos noticiários. Com essas colocações, entre outras, a Turma conheceu parcialmente do pedido e, nessa parte, denegou a ordem. **HC 92.875-RS, Rel. Min. Jane Silva (Desembargadora convocada pelo TJ-MG), julgado em 30/10/2008.** (Inform. STJ 374)

LEI MARIA DA PENHA. EX-NAMORADOS.
O ex-namorado teria jogado um copo de cerveja na vítima, a ex-namorada, oportunidade em que também lhe desferiu um tapa no rosto e a ameaçou de futuras agressões. A vítima estava acompanhada de outro rapaz naquele momento e alega ter necessitado da ajuda de amigos para livrar-se das agressões. Nesse contexto, discutiu-se a aplicação do art. 5º, III, da Lei n. 11.340/2006 (Lei Maria da Penha) a refletir na determinação da competência para o julgamento do crime em questão. A Seção, por maioria, declarou a competência de juizado especial criminal, por entender não incidir o referido artigo à hipótese, visto que ele se refere não a toda e qualquer relação, mas sim à relação íntima de afeto, categoria na qual não se encaixa a situação descrita nos autos, que não passou de um namoro (de natureza fugaz, muitas vezes), aliás, já terminado. Por sua vez, a Min. Jane Silva (Desembargadora convocada do TJ-MG), vencida juntamente com o Min. Napoleão Nunes Maia Filho, declarava competente o juízo de Direito da vara criminal, ao entender que o namoro configuraria, para efeitos de aplicação daquela lei, uma relação doméstica ou familiar, simplesmente por ser relação de afeto, que deve ser assim reconhecida mesmo que não haja coabitação, posterior união estável ou casamento (também não importando ter cessado ou não), pois o escopo da lei é o de proteger a mulher colocada em situação de fragilidade diante do homem em decorrência de qualquer relação íntima em que o convívio possa resultar. Precedentes citados: CC 88.952-MG, DJ 4/3/2008, e HC 96.992-SP, DJ 12/9/2008. **CC 91.980-MG, Rel. Min. Nilson Naves, julgado em 8/10/2008.** (Inform. STJ 371)

22. OUTROS CRIMES PREVISTOS EM LEGISLAÇÃO EXTRAVAGANTE

CRIME DE LAVAGEM DE DINHEIRO E JOGO ILEGAL - 1
A 1ª Turma iniciou julgamento de *habeas corpus* em que alegado constrangimento ilegal, decorrente de inépcia da denúncia e de falta de justa causa para a ação penal, em virtude da impossibilidade de configuração do necessário crime antecedente do delito de lavagem de dinheiro. Na espécie, o tribunal de origem indeferira o *writ* lá impetrado mediante os seguintes fundamentos: a) a denúncia oferecida pelo Ministério Público conteria narrativa relacionada à existência de quadrilha organizada para o cometimento de delitos; b) essa organização criminosa ligar-se-ia à prática de crime de lavagem de dinheiro, inclusive pelo primeiro paciente e esposa, responsáveis pelas retificações nas declarações de

rendimentos exatamente para lavarem dinheiro decorrente de atividades de associação criminosa; c) a finalidade da lavagem de dinheiro seria obter da Receita Federal a legitimação dos capitais amealhados, ainda que mediante artifício, sendo que o Conselho de Controle de Atividades Financeiras - COAF informara operação atípica em relação ao nome da segunda paciente; e d) aquele que pratica o crime antecedente não seria o único possível autor do crime de lavagem de dinheiro, mas também com ele responderiam todos os que, de alguma forma, concorressem para a conduta de dissimulação, emprestando nomes. O STJ indeferira o pedido de medida liminar em *habeas corpus* impetrado em face dessa decisão, porquanto o deslinde da controvérsia demandaria aprofundado exame do mérito da impetração. HC 101798/RJ, rel. Min. Marco Aurélio, 13.12.2011. (HC-101798)

CRIME DE LAVAGEM DE DINHEIRO E JOGO ILEGAL - 2

O Min. Marco Aurélio, relator, concedeu a ordem para assentar a inexistência de justa causa para a persecução criminal. Consignou que o crime previsto no art. 1º da Lei 9.613/98 pressuporia recursos decorrentes dos tipos constantes de seus incisos ("*Art. 1º Ocultar ou dissimular a natureza, origem, localização, disposição, movimentação ou propriedade de bens, direitos ou valores provenientes, direta ou indiretamente, de crime: I - de tráfico ilícito de substâncias entorpecentes ou drogas afins; II – de terrorismo e seu financiamento; III - de contrabando ou tráfico de armas, munições ou material destinado à sua produção; IV - de extorsão mediante seqüestro; V - contra a Administração Pública, inclusive a exigência, para si ou para outrem, direta ou indiretamente, de qualquer vantagem, como condição ou preço para a prática ou omissão de atos administrativos; VI - contra o sistema financeiro nacional; VII - praticado por organização criminosa; VIII – praticado por particular contra a administração pública estrangeira*"). Assim, reputou que, sem o crime antecedente enquadrável em um dos dispositivos do citado artigo, não caberia versar o de lavagem de dinheiro e tê-lo como configurado, pois, na espécie, a retificação da declaração de imposto de renda teria se dado em virtude da prática de jogo ilegal, conduta não descrita na norma acima mencionada. Por fim, excluiu a possibilidade de cogitar-se como organização criminosa o tipo rotulado, uma vez que ainda não ocorrida a inserção desse delito no arcabouço normativo pátrio. Após, pediu vista o Min. Luiz Fux. HC 101798/RJ, rel. Min. Marco Aurélio, 13.12.2011. (HC-101798) (Inform. STF 652)

CRIME DE LAVAGEM DE DINHEIRO E JOGO ILEGAL - 3

Em conclusão, a 1ª Turma, por maioria, em face de julgamento de mérito do *writ* no STJ, não conheceu de *habeas corpus* impetrado de decisão liminar daquele tribunal. Na espécie, alegava-se constrangimento ilegal, decorrente de inépcia da denúncia e de falta de justa causa para a ação penal, em virtude da impossibilidade de configuração do necessário crime antecedente do delito de lavagem de dinheiro. O STJ indeferira a liminar porquanto o deslinde da controvérsia demandaria aprofundado exame do mérito da impetração — v. Informativo 652. Ressaltou-se que, conforme consulta ao STJ, teria havido decisão de mérito do *habeas* lá impetrado, passível de recurso para o STF, não sendo cabível o presente *writ*. Vencido o Min. Marco Aurélio, relator, que entendia não haver o prejuízo. Asseverava que a notícia do julgamento impediria articular-se o Verbete 691da Súmula deste Supremo. No mérito, assentava a inexistência de justa causa para a persecução criminal. **HC 101798/RJ, rel. orig. Min. Marco Aurélio, red. p/ o acórdão Min. Luiz Fux, 27.3.2012**. (HC-101798) (Inform. STF 660)

PRECATÓRIO: DESCUMPRIMENTO DE ORDEM JUDICIAL E CRIME DE RESPONSABILIDADE

Por reputar atípica a conduta de descumprimento de ordem materialmente administrativa, expedida em sede de precatório, a 2ª Turma concedeu *habeas corpus* para invalidar procedimento penal em tramitação na justiça federal, bem como determinar a extinção definitiva de inquérito policial com o conseqüente arquivamento dos respectivos autos. Na espécie, instaurara-se inquérito policial para apurar suposto crime de desobediência, previsto no art. 1º, XIV, do Decreto-lei 201/67 ["*Art. 1º São crimes de responsabilidade dos Prefeitos Municipal* (sic), *sujeitos ao julgamento do Poder Judiciário, independentemente do pronunciamento da Câmara dos Vereadores:... XIV - Negar execução a lei federal, estadual ou municipal, ou deixar de cumprir ordem judicial, sem dar o motivo da recusa ou da impossibilidade, por escrito, à autoridade competente*"], imputado ao paciente, então prefeito, ante suposta omissão de incluir verba, na lei orçamentária de município, para pagamento de precatório. O magistrado, sem manifestação do Ministério Público, ordenara o arquivamento das peças informativas e, por esta razão, o *parquet* recorrera ao STJ, que decidira pela reabertura do inquérito instaurado. Asseverou-se que essa decisão teria submetido o paciente a procedimento penal apoiado em fatos destituídos de tipicidade, pois, conforme jurisprudência da Corte, os atos praticados por presidentes de tribunais, no tocante ao processamento e ao pagamento de precatório judicial, têm natureza administrativa, não jurisdicional, como exige o tipo em comento. HC 106124/PR, rel. Min. Celso de Mello, 22.11.2011. (HC-106124) (Inform. STF 649)

CRIME CONTRA AS RELAÇÕES DE CONSUMO E MODALIDADE OMISSIVA - 1

A 2ª Turma desproveu recurso ordinário em *habeas corpus* em que se sustentava nulidade da condenação de 2 pacientes por suposta: a) ausência de fundamentação idônea; b) falta de correlação entre a denúncia e a sentença condenatória; c) impossibilidade de cometimento, por omissão, do crime previsto no art. 7º, VII, da Lei 8.137/90; e d) aplicação abusiva do art. 71 do CP. Além disso, um deles também alegava inadequada atribuição de responsabilidade penal objetiva, com a conseqüente violação ao princípio da presunção de inocência. Quanto a essa alegação, consignou-se que a denúncia imputara a conduta de efetivar contratos de assistência médico-hospitalar, apesar de o condenado ter conhecimento de que médicos, laboratórios e hospitais conveniados ao plano de saúde passaram a recusar o atendimento aos consumidores e que, na qualidade de integrante de sociedade empresarial, teria plena ciência da situação econômica da empresa e do débito para com os consumidores. Ainda assim, continuara a celebrar contratos. Desta forma, concluiu-se que a conduta praticada tivera o condão de induzir os consumidores a erro, de modo a caracterizar a figura típica prevista no art. 7º, VII, da Lei 8.137/90, o que afastaria qualquer alegação atinente a eventual responsabilidade penal objetiva imputada à defesa. RHC 88861/MG, rel. Min. Gilmar Mendes, 25.10.2011. (RHC-88861)

CRIME CONTRA AS RELAÇÕES DE CONSUMO E MODALIDADE OMISSIVA - 2

Não se vislumbrou ausência de fundamentação idônea, porquanto a imputação seria clara e não houvera a "*inaceitável indeterminação da participação dos pacientes*". Assentou-se que o fato descrito na denúncia estaria em perfeita harmonia com a tipificação pela qual os pacientes foram condenados. Ademais, a conduta reportada na inicial acusatória teria sido a de indução do consumidor a erro por meio de declaração falsa quanto à natureza do serviço. Destacou-se que a sentença, por sua vez, chegara à mesma conclusão, ao considerar que o meio utilizado para manter os consumidores em erro seria omissivo, ao fundamento de que os pacientes teriam celebrado contrato de assistência médico-hospitalar, a despeito de saber que os estabelecimentos conveniados ao seu plano de saúde recusariam atendimento aos consumidores credenciados. Asseverou-se que essa decisão não desbordaria da imputação e reconheceria que os denunciados "*celebraram contratos de assistência médico-hospitalar, realizando venda de um serviço que não correspondia ao ofertado*". Por fim, ressaltou-se que o magistrado de primeiro grau, ao atentar para a pluralidade de condutas praticadas nas mesmas condições de tempo, lugar e maneira de execução e, tendo em vista que 98 vítimas foram induzidas a erro, aumentara, de forma escorreita, a pena dos pacientes em 2/3, nos termos do art. 71 do CP. RHC 88861/MG, rel. Min. Gilmar Mendes, 25.10.2011. (RHC-88861) (Inform. STF 646)

PREFEITO E CRIME DE RESPONSABILIDADE

A 1ª Turma deproveu recurso ordinário em *habeas corpus* em que pretendido o trancamento de ação penal ajuizada, com fulcro no art. 1º, II, do DL 201/67 ["*Art. 1º São crimes de responsabilidade dos Prefeitos Municipal* (sic), *sujeitos ao julgamento do Poder Judiciário, independentemente do pronunciamento da Câmara dos Vereadores: ... II - utilizar-se, indevidamente, em proveito próprio ou alheio, de bens, rendas ou serviços públicos*"], contra ex-prefeito que, no exercício do cargo, emprestara carro oficial a correligionário para fins particulares. Na espécie, o paciente colocara veículo da prefeitura à disposição de vereador que, ao se dirigir a evento festivo, na companhia de familiares e de terceiro, colidira o automóvel. Asseverou-se que o trancamento de ação penal somente seria possível em situações de extrema excepcionalidade, o que não seria o caso. O Min. Marco Aurélio destacou a minudência da denúncia e a temeridade de se admitir, existentes 5.567 municípios no Brasil, a reprodução desse fato em outras municipalidades. RHC 107675/DF, rel. Min. Luiz Fux, 27.9.2011. (RHC-107675) (Inform. STF 642)

INQUÉRITO E LAVAGEM DE CAPITAIS - 1

Por vislumbrar prova da materialidade e indícios suficientes de autoria, o Plenário, em votação majoritária, recebeu, em parte, denúncia oferecida pelo Ministério Público Federal contra deputado federal e outras 8 pessoas acusadas da suposta prática dos delitos de lavagem de dinheiro (Lei 9.613/98, art. 1º, V e § 1º, II e § 4º) e de formação de quadrilha ou bando (CP, art. 288), rejeitando-a, no que concerne a este último delito, somente quanto ao parlamentar e sua mulher. No caso, a peça acusatória narrara o envolvimento de 11 pessoas — o parlamentar, sua esposa, seus 4 filhos, nora e genro, casal de doleiros e consultor financeiro naturalizado suíço — em pretensa ocultação e dissimulação da origem, da natureza e da propriedade de valores provenientes de delitos de corrupção passiva, alegadamente cometidos pelo parlamentar e seu filho, em virtude da condição de agente político do primeiro, prefeito à época dos fatos. Descrevera a inicial que, para a ocultação desses recursos financeiros, os denunciados se utilizariam de diversas contas bancárias — mantidas em instituições financeiras localizadas na Europa e nos Estados Unidos —, cujos titulares seriam empresas e fundos de investimentos *offshore*, de propriedade da família do parlamentar, o que caracterizaria organização criminosa voltada para a lavagem de capitais. Inq 2471/SP, rel. Min. Ricardo Le-wandowski, 29.9.2011. (Inq-2471)

INQUÉRITO E LAVAGEM DE CAPITAIS - 2

Constaria, ainda, a referência ao retorno desse numerário ao Brasil por meio da compra de títulos denominados ADR's (*American Depositary Receipts*) de determinada empresa, pertencente à família do deputado federal, com o intuito de dissimular a origem dos valores. A denúncia fora inicialmente ofertada perante a justiça federal, sendo remetida ao Supremo ante a diplomação do acusado. Diante disso, a Procuradoria-Geral da República, ao ratificar a exordial, aditara-a para modificar período relativo ao 5º conjunto de fatos nela descritos, bem como requerera o desmembramento do feito, de modo que a tramitação nesta Corte ocorresse apenas em relação ao detentor de prerrogativa de foro. Na ocasião, o Colegiado mantivera decisão do Min. Ricardo Lewandowski, relator, que, por não entrever a participação direta do parlamentar nos conjuntos fáticos de números 5 a 8, encaminhara à origem os tópicos desmembrados — aqui incluído o casal de doleiros. Inq 2471/SP, rel. Min. Ricardo Lewandowski, 29.9.2011. (Inq-2471)

INQUÉRITO E LAVAGEM DE CAPITAIS - 3

De início, rejeitou-se a preliminar de inépcia de denúncia genérica ao fundamento de que, em se tratando de atuação coletiva de agentes, cujos crimes teriam sido praticados por meio da colaboração de várias pessoas físicas e jurídicas, não seria razoável exigir-se, nesta fase processual, que o Ministério Público descrevesse de forma minuciosa os atos atribuídos a cada um dos denunciados, sob pena de adentrar-se em inextrincável cipoal fático. Além disso, as condutas dos agentes estariam de tal modo interligadas, a permitir sua análise sob um mesmo *modus operandi*. De igual modo, superou-se a alegação de que a exordial referir-se-ia a documentos

que não constariam dos autos. Assinalou-se que o *parquet* posteriormente juntara novos documentos e mídia eletrônica, oportunidade em que os acusados puderam se manifestar. Repeliu-se, também, a assertiva de que o delito de lavagem constituiria mero exaurimento do crime antecedente de corrupção passiva. Aduziu-se que a Lei 9.613/98 não excluiria a possibilidade de que o ilícito penal antecedente e a lavagem de capitais subseqüente tivessem a mesma autoria, sendo aquele independente em relação a esta. Rechaçou-se a pretensa litispendência ou o risco de dupla penalização no que se refere a outra ação penal em curso no STF contra o parlamentar e seu filho, pois os delitos seriam diversos. Inq 2471/SP, rel. Min. Ricardo Lewandowski, 29.9.2011. (Inq-2471)

INQUÉRITO E LAVAGEM DE CAPITAIS - 4

Ante a natureza permanente da lavagem de capitais, afastou-se o argumento de ofensa ao princípio vedatório de retroação da lei penal em prejuízo do réu. Sustentava a defesa que a peça ministerial imputaria aos denunciados fatos ocorridos antes da entrada em vigor da Lei 9.613/98. Consignou-se que, embora as transferências ilícitas de recursos para o exterior tivessem ocorrido antes de 4 de março de 1998, enquanto os valores correspondentes não viessem a ser legalmente repatriados ou remanescessem ocultos no exterior, o crime de lavagem de capitais continuaria sendo perpetrado. Os Ministros Dias Toffoli e Gilmar Mendes fizeram a reserva de não se comprometerem com a tese, vindo a apreciá-la na ação penal. Nesse contexto, explicitou-se que o marco inicial da prescrição seria computado a partir do momento em que descoberto o delito, ou seja, quando o que estivesse oculto viesse a lume. No ponto, o Presidente somou-se ao Ministro Dias Toffoli para ressalvar seu entendimento quanto ao tema da prescrição. Em passo seguinte, considerou-se que os documentos oriundos da quebra de sigilo bancário dos acusados, enviados por governos estrangeiros às autoridades brasileiras, seriam hábeis para embasar a denúncia. Ademais, o Plenário, ao julgar outra ação penal ajuizada contra o parlamentar, autorizara utilização das provas em outros processos. Mencionou-se que toda a documentação que instruíra os autos fora colhida de modo lícito, com observância das garantias constitucionais dos denunciados. Inq 2471/SP, rel. Min. Ricardo Lewandowski, 29.9.2011. (Inq-2471)

INQUÉRITO E LAVAGEM DE CAPITAIS - 5

Frisou-se não ser indispensável haver perfeita correspondência entre os valores tidos pela acusação como oriundos do crime de corrupção passiva e os movimentados, posteriormente, nas contas correntes mantidas no exterior pela família do deputado federal. Refutou-se, ainda, a alusão de dependência das regras descritas no § 1º em relação ao *caput* e aos incisos do art. 1º da Lei 9.613/98. Entendeu-se que essas seriam autônomas e subsidiárias, de modo a não haver impedimento para que os acusados, em mesma ação penal, respondessem separada e subsidiariamente por ações enquadradas em cada um dos preceitos, desde que existente prova da materialidade e indícios suficientes de autoria. Ressaltou-se que para a caracterização do delito de lavagem de capitais bastaria o cometimento de atos que objetivassem a ocultação patrimonial, sendo irrelevante o local em que operada a camuflagem, dado que em jogo crime de natureza transnacional. No que se refere ao consultor financeiro, enfatizou-se que, não obstante a carta rogatória expedida para a Suíça — com o objetivo de intimá-lo para fins de apresentação de defesa preliminar — não tivesse sido formalmente cumprida, sua finalidade fora atingida, haja vista que ele constituíra advogado para representá-lo neste inquérito, o qual tivera amplo acesso aos autos e demonstrara conhecimento inequívoco sobre os elementos componentes dos autos. Inq 2471/SP, rel. Min. Ricardo Lewandowski, 29.9.2011. (Inq-2471)

INQUÉRITO E LAVAGEM DE CAPITAIS - 6

Por fim, resolveu-se questão de ordem suscitada da tribuna no sentido de que o 5º conjunto fático retornasse ao STF, uma vez que o mencionado aditamento, além de alterar o intervalo em que supostamente perpetradas as condutas, teria incluído nova imputação ao parlamentar. A defesa, durante o julgamento, informou que tramitariam perante a 1ª instância duas ações penais, porquanto o juízo, ao receber o traslado, procedera à separação entre os agentes brasileiros e o residente suíço. Argüiu que o juízo acatara a inicial quanto aos nacionais e não se manifestara no que se refere ao estrangeiro. Por maioria, reputou-se que o Supremo deveria apreciar esse grupo de fatos apenas no tocante ao titular da prerrogativa de foro. O relator asseverou que não haveria prejuízo ao parlamentar, já que amplamente se manifestara em defesa preliminar — apresentada antes do desmembramento — e quando da juntada de documentos adicionais. Explicou que, naquela oportunidade, concluíra, com base em elementos precários de cognição, pela inexistência de relação direta com o parlamentar. Agora, após examinar o conjunto indiciário, considerou que o fatos estariam tão imbricados que o aditamento deveria ser acolhido. Ademais, afirmou que essas acusações estariam incluídas no 3º conjunto fático. O Min. Cezar Peluso, Presidente, acrescentou que a anterior decisão da Corte, relativa ao desmembramento, não teria configurado verdadeiro arquivamento. Vencidos os Ministros Dias Toffoli, Gilmar Mendes e Marco Aurélio, que não conheciam da questão de ordem. Este aduzia não ser possível rever o arquivamento que favorecera o deputado sem que surgissem dados fáticos novos. Além disso, tendo em conta o princípio da segurança jurídica, apontava que a decisão do Pleno não estaria submetida à condição resolutiva. O primeiro, por sua vez, observava que o Tribunal teria outrora acatado a separação do feito. Inq 2471/SP, rel. Min. Ricardo Lewandowski, 29.9.2011. (Inq-2471)

INQUÉRITO E LAVAGEM DE CAPITAIS - 7

No mérito, a partir de farta documentação probatória, a exemplo de pareceres técnicos, verificou-se a existência de indícios substanciais de que o delito de corrupção passiva, pressuposto para o recebimento da denúncia por lavagem de dinheiro, teria ocorrido por intermédio de um sistema de desvios de verbas pagas pela prefeitura a construtoras. Aludiu-se a conjunto de empresas que, durante anos, teriam vendido serviços fictos àquela, mediante remuneração de 10%. Afirmou-se, também por depoimentos testemunhais, que parte das propinas seriam remetidas ao exterior, com o auxílio de doleiros, para contas da família do parlamentar, com movimentação de aproximadamente US$ 1 bilhão. Assinalou-se que a mera ocultação de capitais já poderia configurar, por si só, o crime de lavagem. Entretanto, enalteceu-se o trabalho pericial realizado pelo Ministério Público do Estado de São Paulo, em que retratado o caminho percorrido pelo dinheiro retirado do país. Destacou-se que a elementar subjetiva "servidor público" comunicar-se-ia ao filho do parlamentar, não havendo impedimento para que fosse processado por corrupção passiva em co-autoria. Inq 2471/SP, rel. Min. Ricardo Lewandowski, 29.9.2011. (Inq-2471)

INQUÉRITO E LAVAGEM DE CAPITAIS - 8

Registrou-se que não haveria como deixar de considerar que cada transferência internacional representaria, em tese, ajuda à pulverização do capital ilícito, a caracterizar elo que daria continuidade ao processo de ocultação patrimonial. Aduziu-se que esse raciocínio alcançaria os demais acusados que, de alguma forma, manipularam ou foram beneficiados com os recursos. Realçaram-se que as indicações, referências, comparações e conclusões do laudo elaborado pelo Ministério Público estadual seriam confirmadas por outro trabalho pericial efetivado por técnicos do Departamento de Recuperação de Ativos e Cooperação Jurídica Internacional, da Secretaria Nacional de Justiça, órgão vinculado ao Ministério da Justiça. Anotou-se que, em 11.5.2006, por intermédio de comunicação oficial desse ente, a acusação tomara ciência dos documentos oriundos de autoridade norte-americana. Razão pela qual, em face da permanência do delito, não se cogitaria de prescrição. Para evitar a ocorrência de *bis in idem*, julgou-se o pleito ministerial improcedente quanto à imputação, em concurso material, de ocultação de recursos oriundos de crime praticado por organização criminosa (Lei 9.613/98, art. 1º, VII e § 4º). Correr-se-ia o risco de punir os acusados, duas vezes, por corrupção passiva, desta vez cometida por meio de organização criminosa. Inq 2471/SP, rel. Min. Ricardo Lewandowski, 29.9.2011. (Inq-2471)

INQUÉRITO E LAVAGEM DE CAPITAIS - 9

Por outro lado, recebeu-se a denúncia quanto à formação de quadrilha ou bando (CP, art. 288). Entretanto, no que concerne ao parlamentar e à sua mulher, reconheceu-se a prescrição da pretensão punitiva, haja vista que ambos teriam mais de 70 anos de idade (CP, art. 115). Para o acolhimento da pretensão acusatória, levou-se em conta não só o fato de os denunciados integrarem a mesma família, mas também, consoante demonstrado para fins de cognição sumária e inaugural, a circunstância de serem sócios de várias pessoas jurídicas *offshore*, suspeitas de envolvimento na lavagem de capitais; transferirem recursos entre essas sociedades; e empregarem mecanismos societários complexos a dificultar a identificação de seus dirigentes. Ademais, conforme comprovado, essa associação objetivaria a prática de crimes. Advertiu-se inexistir empecilho para a exacerbação da pena, com base no § 4º do art. 1º da Lei 9.613/98, na hipótese de demonstração de que os crimes de lavagem de capital teriam sido perpetrados de modo habitual e reiterado. Vencido o Min. Marco Aurélio, que rejeitava a denúncia. Salientava que as práticas delituosas teriam ocorrido em 1998 e, em conseqüência, pronunciava a prescrição da pretensão punitiva quanto ao parlamentar. Esclarecia que o crime de lavagem se operaria com os atos e os fatos realizados, possuindo natureza instantânea. Determinava, por conseguinte, a baixa dos autos à justiça de primeiro grau relativamente aos demais envolvidos. Inq 2471/SP, rel. Min. Ricardo Lewandowski, 29.9.2011. (Inq-2471) (Inform. STF 642)

INEXIGIBILIDADE DE LICITAÇÃO E AUSÊNCIA DE DOLO - 1

O Plenário, por maioria, rejeitou denúncia ajuizada contra atual deputado federal, então prefeito à época dos fatos, além de outros acusados pela suposta prática, em concurso, do crime previsto no art. 89 da Lei 8.666/93 ("*Dispensar ou inexigir licitação fora das hipóteses previstas em lei, ou deixar de observar as formalidades pertinentes à dispensa ou à inexigibilidade*"). Constava da inicial acusatória que o parlamentar, o diretor e o secretário municipal de esportes e lazer teriam contratado bandas de música para as comemorações de carnaval na localidade, supostamente em desacordo com as hipóteses legais e sem o necessário procedimento administrativo disposto no art. 26 da mencionada lei. A acusação afirmava, também, que os grupos musicais foram contratados por empresas sem vínculo com o setor artístico; que a substituição de 2 bandas, após parecer da procuradoria local pela inexigibilidade da licitação, teria gerado um acréscimo de R$ 7 mil ao valor das contratações, a totalizar R$ 62 mil; e que existiriam processos de contratação identicamente numerados com a mesma data e com o mesmo objeto. No caso, a exordial fora aditada para consignar que o parlamentar, ao ratificar as conclusões da procuradoria do município sem observar as formalidades legais, teria se omitido no seu dever de agir. Inq 2482/MG, rel. orig. Min. Ayres Britto, red. p/ o acórdão, Min. Luiz Fux, 15.9.2011. (Inq-2482)

INEXIGIBILIDADE DE LICITAÇÃO E AUSÊNCIA DE DOLO - 2

Prevaleceu o voto do Min. Luiz Fux, que assentou a falta de justa causa para o recebimento da denúncia, ante a ausência de elemento subjetivo do tipo. Destacou, de início, ser inverídica a assertiva de que o recebimento da peça acusatória, tendo em conta a prevalência da presunção de inocência, possibilitaria ao acusado melhores condições de comprovar a ausência de ilicitude. Em seguida, registrou que os delitos da Lei de Licitações não seriam crimes de mera conduta ou formais, mas sim de resultado, o qual ficaria afastado, na espécie, porque as bandas, efetivamente, prestaram serviço. Ao analisar o dolo, asseverou que a consulta sobre a possibilidade de fazer algo demonstraria a inexistência de vontade de praticar ilícito, de modo que aquele que consulta e recebe uma resposta de um órgão jurídico no sentido de que a licitação seria inexigível não teria manifestação voltada à prática de infração penal. Assinalou, ademais, que, na área musical e artística, as obrigações seriam firmadas em razão das qualidades pessoais do contratado, fundamento este para a inexigibilidade de licitação. O Min. Dias Toffoli frisou que a denúncia não descrevera em que consistiria a vantagem obtida com a não-realização do certame. Por sua vez, o Min. Gilmar Mendes apontou que, se não se tratar de intérpretes consagrados, a norma do art. 25, III, da Lei 8.666/93 sofreria uma relativização, uma localização. Por fim, os Ministros Celso de Mello e Cezar Peluso, Presidente, não vislumbraram a existência de fato típico. Aquele Ministro acrescentou que o mencionado aditamento não definira em que consistiria a relevância causal da omissão imputada ao parlamentar. Inq 2482/MG, rel. orig. Min. Ayres Britto, red. p/ o acórdão, Min. Luiz Fux, 15.9.2011. (Inq-2482)

INEXIGIBILIDADE DE LICITAÇÃO E AUSÊNCIA DE DOLO - 3

Vencidos os Ministros Ayres Britto, relator, que recebia a denúncia em sua integralidade, e Marco Aurélio, que a acolhia apenas contra o então prefeito e determinava a remessa de cópias ao juízo de primeiro grau relativamente aos acusados que não possuíam prerrogativa de foro no STF. Aduzia, ainda, que não se teria contratado escolhendo banda única pelo valor artístico — quando presente a exclusividade para prestar os serviços —, porém 8 bandas mediante empresas intermediárias. O relator, ao seu turno, reputava que a peça acusatória atenderia as exigências legais e que presente conjunto probatório sinalizador da prática de condutas comissivas e omissivas para burlar a necessidade de licitação. Além disso, apontava que a exordial permitiria aos acusados o conhecimento dos fatos a eles atribuídos, com o exercício da ampla defesa. Inq 2482/MG, rel. orig. Min. Ayres Britto, red. p/ o acórdão, Min. Luiz Fux, 15.9.2011. (Inq-2482) (Inform. STF 640)

AÇÃO PENAL E ESTERILIZAÇÃO CIRÚRGICA IRREGULAR - 1

O Plenário, por maioria, julgou parcialmente procedente pedido formulado em ação penal promovida pelo Ministério Público Federal para condenar Deputado Federal pela prática do crime de esterilização cirúrgica irregular (Lei 9.263/96, art. 15) à pena de 3 anos, 1 mês e 10 dias de reclusão e ao pagamento de 14 dias-multa, calculados no valor unitário equivalente a 1 salário mínimo. No caso, a peça acusatória narrara que, no período que antecedera às eleições municipais de 2004, o parlamentar, entre os meses de janeiro e março, teria oferecido, na qualidade de pré-candidato a prefeito, vantagem a eleitoras, consistente na realização gratuita de cirurgia de esterilização, com o suposto objetivo de lograr votos. Para tanto, a denúncia descrevera que ele contaria com o auxílio de sua companheira e de sua enteada que, na condição de administradoras da Fundação "PMDB Mulher" naquela localidade, aliciavam e cadastravam mulheres para serem submetidas ao citado procedimento cirúrgico. Nessa cooptação, também contava com a ajuda de 2 correligionários que abordavam interessadas nos bairros da municipalidade. Em passo seguinte, as eleitoras eram operadas pelo marido da enteada do réu e pelo proprietário do hospital privado para o qual encaminhadas, este, amigo do parlamentar. Consta da inicial que os procedimentos eram feitos sem a observância dos requisitos pré-cirúrgicos exigidos por lei, bem como que seriam emitidas guias com intervenções distintas das efetivadas, para fins de ressarcimento pelo SUS, uma vez que o nosocômio não possuía autorização para esse específico atendimento. Dessa forma, o *parquet* imputara ao parlamentar o cometimento dos supostos delitos de corrupção eleitoral (Código Eleitoral, art. 299), de estelionato qualificado (CP, art. 171, § 3º), de formação de quadrilha ou bando (CP, art. 288) e de esterilização cirúrgica irregular (Lei 9.263/96, art. 15), em concurso material e em continuidade delitiva (CP, artigos 69 e 71, respectivamente). AP 481/PA, rel. Min. Dias Toffoli, 8.9.2011. (AP-481)

AÇÃO PENAL E ESTERILIZAÇÃO CIRÚRGICA IRREGULAR - 2

Prevaleceu o voto do Min. Dias Toffoli, relator, que, de início, rejeitou tese defensiva no sentido da atipicidade da conduta prevista no crime de corrupção eleitoral (Código Eleitoral, art. 299) se perpetrada em data anterior ao registro oficial da candidatura ao pleito eletivo. Asseverou que esta Corte, quando do recebimento da denúncia, teria reconhecido a tipicidade da conduta. Ademais, destacou que se exigir a condição especial de "candidato" para a ocorrência dessa infração tornaria inócua a norma penal tipificadora do delito de corrupção eleitoral, de modo a possibilitar, antes do registro das candidaturas, toda sorte de irregularidades por parte dos pretendentes a cargos eletivos. Aludiu que, no tipo em comento, não haveria menção quanto a conceitos de ordem temporal, diferentemente do que ocorreria com o crime de captação ilícita de sufrágio (Lei 9.504/97, art. 41-A), o qual faz referência à expressão "candidato". No mérito, reputou que os elementos coligidos nos autos indicariam ser o réu o principal articulador do estratagema, com o objetivo de captação ilegal de votos em seu favor, embora não houvesse comprovação de que fizera, pessoalmente, qualquer oferta às eleitoras e, tampouco, existissem depoimentos das testemunhas afirmando que teriam sido por ele abordadas para a realização das cirurgias. Assinalou ser improvável que o denunciado desconhecesse os fatos, dado que o encaminhamento ao hospital era efetivado pela agremiação política por ele instituída e mantida. Ao avançar a análise sobre o dolo, entendeu configurado o elemento subjetivo do tipo concernente à vontade livre e consciente do acusado em corromper, dando, oferecendo, prometendo vantagem para obter o voto das eleitoras. Assim, por considerar desfavoráveis a culpabilidade, as circunstâncias, os motivos e as conseqüências do crime, fixou a pena-base em 1 ano e 2 meses de reclusão e 6 dias-multa, no valor unitário de 1 salário mínimo (em atenção à situação econômica do sentenciado). Na 2ª fase da dosimetria, compensou a circunstância atenuante de o réu ser maior de 70 anos, nos dias atuais (CP, art. 65, I), com as agravantes de torpeza (CP, art. 61, I) e de promoção, organização e direção das atividades dos demais agentes (CP, art. 62, I), tornando a pena definitiva, diante da inexistência de causas especiais de aumento ou de diminuição da pena. Reconheceu a continuidade delitiva na prática de 5 crimes e, em conseqüência, aumentou de 1/3 a pena, a totalizar 1 ano, 6 meses e 20 dias de reclusão e 8 dias-multa. Entretanto, ao aplicar o art. 115 do CP, declarou extinta a punibilidade pela prescrição da pretensão punitiva, tendo em conta o transcurso de lapso superior a 2 anos entre os fatos e o recebimento da inicial acusatória pelo STF (13.12.2007), bem assim desse termo até a presente data. AP 481/PA, rel. Min. Dias Toffoli, 8.9.2011. (AP-481)

AÇÃO PENAL E ESTERILIZAÇÃO CIRÚRGICA IRREGULAR - 3

No tocante à prática de esterilização cirúrgica irregular, assentou que a materialidade do delito fora comprovada relativamente a 5 eleitoras, por meio de provas documental e testemunhal. Registrou que houvera a demonstração de que as intervenções teriam sido efetuadas sem a observância das formalidades previstas no art. 10 da Lei 9.263/96, em estabelecimento de saúde não credenciado. Além disso, apontou que, pelos mesmos motivos citados no reconhecimento da participação do denunciado no crime de corrupção eleitoral, concluir-se-ia que, de igual modo, ele concorrera para a realização irregular dessas operações. Reiterou que não seria crível que ele pudesse desconhecer o tipo de procedimento propiciado às eleitoras, porquanto essa era a oferta feita às mulheres em seu reduto eleitoral para angariar votos em seu favor. Asseverou que, não obstante a esterilização tivesse sido feita por médicos indicados pelo denunciado, ele tivera efetiva participação no cometimento dessas infrações, devendo por elas responder, na forma do art. 29, *caput*, do CP. Ao levar em conta as circunstâncias judiciais acima referidas, estabeleceu a pena-base em 2 anos e 4 meses de reclusão e 11 dias-multa, no valor de 1 salário mínimo. Tornou-a definitiva ante a compensação da atenuante com as agravantes já mencionadas e a ausência de causas de diminuição e de aumento da pena. Igualmente, fizera incidir o acréscimo de 1/3 pela continuidade delitiva, o que resultara na pena total de 3 anos, 1 mês e 10 dias de reclusão e 14 dias-multa. AP 481/PA, rel. Min. Dias Toffoli, 8.9.2011. (AP-481)

AÇÃO PENAL E ESTERILIZAÇÃO CIRÚRGICA IRREGULAR - 4

No que concerne ao delito de estelionato, enfatizou que, ao contrário do que sustentado pela defesa, das provas carreadas poder-se-ia extrair que o parlamentar tinha conhecimento da falsificação de autorizações para internação hospitalar. Com isso, visava induzir órgão público em erro para que fossem reembolsadas as despesas suportadas pelo nosocômio e pagos os honorários médicos aos responsáveis pelas cirurgias. Consignou estar caracterizada a tipicidade material do delito pela efetiva lesão ao erário, cujo prejuízo poderia ser classificado como de pequeno valor — considerado o importe aproximado de R$ 200,36 a R$ 369,89 para cada uma das cirurgias —, apto ao reconhecimento do privilégio previsto no art. 171, § 1º, do CP, não obstante tratar-se de crime qualificado (CP, art. 171, § 3º). No ponto, mencionou que a situação seria análoga à do privilégio aplicável ao furto de bem de pequeno valor (CP, art. 155, § 2º). Reafirmou o que dito quanto às circunstâncias judiciais já apreciadas e fixou a pena-base em 1 ano e 2 meses de reclusão e 11 dias-multa, no valor de 1 salário mínimo. Também procedeu à compensação da atenuante com as agravantes referidas outrora e, diante da causa especial de aumento de pena concernente à prática de crime em detrimento de entidade de direito público, aumentou a pena provisória, em 1/3, a resultar em 1 ano, 6 meses e 20 dias de reclusão e 14 dias-multa. Aplicou, ainda, a causa de diminuição em idêntica fração, pelo menor prejuízo individualmente suportado pelo ofendido em cada uma das infrações, perfazendo 1 ano e 13 dias de reclusão e 9 dias-multa. Por fim, ao reconhecer o crime continuado, acresceu 1/3 à pena, o que culminara no total de 1 ano, 4 meses e 17 dias de reclusão e 12 dias-multa. De igual forma, declarou extinta a punibilidade pela prescrição da pretensão punitiva. AP 481/PA, rel. Min. Dias Toffoli, 8.9.2011. (AP-481)

AÇÃO PENAL E ESTERILIZAÇÃO CIRÚRGICA IRREGULAR - 5

Relativamente ao crime de formação de quadrilha ou bando, salientou que a prova produzida no curso da instrução processual seria firme em demonstrar a estabilidade e a permanência da associação entre os envolvidos. Outrossim, seria irrelevante, para a configuração do tipo em tela, que não houvesse concurso direto de todos os integrantes do bando no cometimento de todas as infrações, bastando que o fim almejado fosse a prática de crimes. Estabeleceu a pena-base em 1 ano e 2 meses de reclusão, consideradas desfavoráveis a culpabilidade, as circunstâncias, os motivos e as conseqüências do delito. Na fase seguinte, fez a citada compensação e, em virtude da inexistência de causas de aumento e de diminuição, tornou a pena definitiva Reconheceu, ainda, a extinção da punibilidade pela prescrição da pretensão punitiva. Após fixar a quantidade de pena, determinou o seu cumprimento em regime inicial aberto, cujas condições deverão ser disciplinadas na execução. O Colegiado vedou a substituição da pena privativa de liberdade por restritiva de direitos, vencido o relator. Prevaleceu, no ponto, o voto do Min. Luiz Fux, revisor, que a entendia incabível, dadas as peculiaridades da espécie, pois a esterilização seria uma violência mais do que simbólica, realizada com significativa interferência na higidez física das mulheres. Por fim, o relator observou que, se o sentenciado estiver no exercício do cargo parlamentar por ocasião do trânsito em julgado desta decisão, dever-se-á oficiar à Câmara dos Deputados para fins de deliberação de eventual perda do mandato. O Min. Marco Aurélio absolvia o réu e julgava o pleito improcedente. Ressaltava que o tipo previsto no art. 15 da Lei 9.263/96 seria crime de mão própria, o qual não admitiria participação, e que, considerado o objetivo visado pelo agente — obtenção de votos —, ele não teria adentrado campo para praticar fraude junto ao SUS. Dessa forma, excluídos esses 2 crimes, afastava a ocorrência do art. 288 do CP quanto ao delito eleitoral. AP 481/PA, rel. Min. Dias Toffoli, 8.9.2011. (AP-481) (Inform. STF 639)

AÇÃO PENAL: CRIMES DE RESPONSABILIDADE E PREFEITO - 1

O Tribunal, por maioria, julgou procedente, em parte, ação penal promovida pelo Ministério Público do Estado do Paraná para condenar Deputado Federal pela prática dos crimes tipificados no art. 1º, IV e V, do Decreto-lei 201/67 ("*Art. 1º São crimes de responsabilidade dos Prefeitos Municipais, sujeitos ao julgamento do Poder Judiciário, independentemente do pronunciamento da Câmara dos Vereadores: IV - empregar subvenções, auxílios, empréstimos ou recursos de qualquer natureza, em desacordo com os planos ou programas a que se destinam; V - ordenar ou efetuar despesas não autorizadas por lei, ou realizá-las em desacordo com as normas financeiras pertinentes;*"), às penas de 3 meses de detenção para cada tipo penal, e declarou extinta a pretensão punitiva do Estado, pela consumação da prescrição penal, com base no art. 109, VI, c/c o art. 110, § 1º, e o art. 119, todos do CP, na redação anterior à Lei 12.234/2010. Entendeu-se que o acusado, no exercício do mandato de Prefeito Municipal de Curitiba/PR, teria dolosamente determinado, sem a prévia inclusão no orçamento público e em afronta à ordem de precedência cronológica, o pagamento de precatório resultante de ação de desapropriação, mediante a utilização de recursos do empréstimo do Banco Interamericano de Desenvolvimento - BID destinados ao implemento do projeto de transporte urbano da capital paranaense. Quanto ao delito previsto no inciso IV do art. 1º do Decreto-lei 201/67, ficou vencido o Min. Marco Aurélio, revisor, que julgava a ação improcedente. **AP 503/PR, rel. Min. Celso de Mello, 20.5.2010**. (AP-503)

AÇÃO PENAL: CRIMES DE RESPONSABILIDADE E PREFEITO - 2

No que tange à dosimetria penal, ficaram vencidos os Ministros Ricardo Lewandowski e Cármen Lúcia, que impunham, ao réu, a pena de 4 meses e 15 dias de detenção para cada um dos crimes referidos, e o Min. Ayres Britto, que fixava a pena de 2 anos e 2 meses de detenção. No que se refere à declaração de extinção da pretensão punitiva do Estado, ficou vencido o Min. Ayres Britto. O Tribunal ainda julgou improcedente a ação e absolveu o acusado quanto ao crime previsto no art. 1º, XIV, do Decreto-lei 201/67 ("*Negar execução a lei federal, estadual ou municipal, ou deixar de cumprir ordem judicial, sem dar o motivo da recusa ou da impossibilidade, por escrito, à autoridade competente;*"). Considerou-se que o descumprimento da ordem emanada do Presidente do Tribunal de Justiça local relativa ao pagamento de outros precatórios anteriores ao precatório em questão, incluídos na lei orçamentária, não consubstanciaria a conduta prevista no citado dispositivo legal. Asseverou-se que o Presidente do Tribunal, ao desempenhar as suas atribuições no processamento dos precatórios, atua como autoridade administrativa, não exercendo, em conseqüência, nesse estrito contexto procedimental, qualquer parcela de poder jurisdicional. Dessa forma, as decisões por ele proferidas com fundamento nessa específica competência apresentam-se desvestidas de conteúdo jurisdicional, circunstância que efetivamente descaracteriza a ocorrência do não cumprimento de "ordem judicial" prevista na descrição típica inscrita no inciso XIV do art. 1º do Decreto-lei 201/67. **AP 503/PR, rel. Min. Celso de Mello, 20.5.2010**. (AP-503) (Inform. STF 587)

ATIVIDADE CLANDESTINA DE TELECOMUNICAÇÃO: LEI 9.472/97 E LEI 4.117/62 - 1

A Turma iniciou julgamento de *habeas corpus* no qual denunciado pela suposta prática do crime previsto no art. 183 da Lei 9.472/97 ("*Desenvolver clandestinamente atividades de telecomunicação: Pena – detenção de dois a quatro anos, ...*") alega que o fato narrado na denúncia corresponderia, em verdade, à hipótese prevista no art. 70 da Lei 4.117/62 ["*Constitui crime punível com a pena de detenção de 1 (um) a 2 (dois) anos, aumentada da metade se houver dano a terceiro, a instalação ou utilização de telecomunicações, sem observância do disposto nesta Lei e nos regulamentos.*"] devendo, pois, em razão da pena cominada, submeter-se ao rito da Lei 9.099/95, a qual confere vários benefícios ao acusado, dentre os quais a possibilidade de transação penal. **HC 93870/SP, rel. Joaquim Barbosa, 9.2.2010**. (HC-93870)

ATIVIDADE CLANDESTINA DE TELECOMUNICAÇÃO: LEI 9.472/97 E LEI 4.117/62 - 2

O Min. Joaquim Barbosa, relator, indeferiu o *writ* por reputar escorreita a tipificação da conduta, nos termos da ação penal de origem. Ressaltou, inicialmente, que se tornaria necessário saber se o art. 70 da Lei 4.117/62 continuaria, ou não, em vigor, dado o disposto no art. 215, I, da Lei 9.472/97 (*"Ficam revogados: I – a Lei 4.117/62, salvo quanto à matéria penal não tratada nesta Lei e quanto aos preceitos relativos à radiodifusão;"*). Considerou que, como o próprio núcleo do tipo penal indica, desenvolver clandestinamente atividade de telecomunicações seria um crime habitual. Destarte, enfatizou que quem, uma vez ou outra, utiliza atividades de telecomunicações, sem habitualidade, não pratica o crime definido no art. 183 da Lei 9.472/97, mas sim o disposto no art. 70 da Lei 4.117/62. Reputou que a diferença entre os dois tipos penais seria esta: o crime do art. 183 da Lei 9.472/97 somente se consumaria quando houvesse habitualidade. Quando esta estiver ausente, ou seja, quando o acusado vier a instalar ou se utilizar de telecomunicações clandestinamente, mas apenas uma vez ou de modo não rotineiro, a conduta estaria subsumida no art. 70 da Lei 4.117/62, pois não haveria aí um meio ou estilo de vida, um comportamento reiterado ao longo do tempo, que seria punido de modo mais severo pelo art. 183 da Lei 9.472/97. Assim, compreendeu que, no caso em análise, haver-se-ia de manter hígida a decisão, pois a denúncia esclarecera que os aparelhos de telecomunicações eram utilizados de forma clandestina e habitual pelo paciente no exercício da atividade de "lotação", com o propósito de se comunicar com colaboradores da prática de transporte clandestino de passageiros e, assim, evitar ser flagrado pela fiscalização. Após, pediu vista dos autos o Min. Cezar Peluso. **HC 93870/SP, rel. Joaquim Barbosa, 9.2.2010**. (HC-93870)

ATIVIDADE CLANDESTINA DE TELECOMUNICAÇÃO: LEI 9.472/97 E LEI 4.117/62 - 3

Em conclusão de julgamento, a Turma, por reputar escorreita a tipificação da conduta, nos termos da ação penal de origem, indeferiu *habeas corpus* no qual denunciado pela suposta prática do crime previsto no art. 183 da Lei 9.472/97 (*"Desenvolver clandestinamente atividades de telecomunicação: Pena – detenção de dois a quatro anos, ..."*) alegava que o fato narrado na denúncia corresponderia, em verdade, à hipótese prevista no art. 70 da Lei 4.117/62 [*"Constitui crime punível com a pena de detenção de 1 (um) a 2 (dois) anos, aumentada da metade se houver dano a terceiro, a instalação ou utilização de telecomunicações, sem observância do disposto nesta Lei e nos regulamentos."*]. Sustentava que deveria, pois, em razão da pena cominada, submeter-se ao rito da Lei 9.099/95, que confere vários benefícios ao acusado, dentre os quais a possibilidade de transação penal — v. Informativo 574. **HC 93870/SP, rel. Min. Joaquim Barbosa, 20.4.2010**. (HC-93870)

ATIVIDADE CLANDESTINA DE TELECOMUNICAÇÃO: LEI 9.472/97 E LEI 4.117/62 - 4

Ressaltou-se, inicialmente, que se tornaria necessário saber se o art. 70 da Lei 4.117/62 continuaria, ou não, em vigor, dado o disposto no art. 215, I, da Lei 9.472/97 (*"Ficam revogados: I □ a Lei 4.117/62, salvo quanto à matéria penal não tratada nesta Lei e quanto aos preceitos relativos à radiodifusão;"*). Considerou-se que, como o próprio núcleo do tipo penal indica, desenvolver clandestinamente atividade de telecomunicações seria um crime habitual. Destarte, enfatizou-se que quem, uma vez ou outra, utiliza atividades de telecomunicações, sem habitualidade, não pratica o crime definido no art. 183 da Lei 9.472/97, mas sim o disposto no art. 70 da Lei 4.117/62. Reputou-se que a diferença entre os dois tipos penais seria esta: o crime do art. 183 da Lei 9.472/97 somente se consumaria quando houvesse habitualidade. Quando esta estiver ausente, ou seja, quando o acusado vier a instalar ou se utilizar de telecomunicações clandestinamente, mas apenas uma vez ou de modo não rotineiro, a conduta estaria subsumida no art. 70 da Lei 4.117/62, pois não haveria aí um meio ou estilo de vida, um comportamento reiterado ao longo do tempo, que seria punido de modo mais severo pelo art. 183 da Lei 9.472/97. Assim, compreendeu-se que, no caso em análise, haver-se-ia de manter hígida a decisão, pois a denúncia esclarecera que os aparelhos de telecomunicações eram utilizados de forma clandestina e habitual pelo paciente no exercício da atividade de "lotação", com o propósito de se comunicar com colaboradores da prática de transporte clandestino de passageiros e, assim, evitar ser flagrado pela fiscalização. **HC 93870/SP, rel. Min. Joaquim Barbosa, 20.4.2010**. (HC-93870) (Inform. STF 583)

CONSTRUÇÃO DE ESTACIONAMENTO DE SUPERMERCADO POR MUNICÍPIO E ART. 1°, II, DO DECRETO-LEI 201/67 - 1

O Tribunal retomou julgamento de inquérito instaurado pela Procuradoria-Geral de Justiça do Rio Grande do Norte em que se imputa a Senadora e outro a suposta prática do crime descrito no art. 1°, II, do Decreto-lei 201/67. Na espécie, a primeira denunciada, então Prefeita do Município de Mossoró/RN, celebrara um "Protocolo de Intenções" com o segundo denunciado, sócio-gerente de supermercado, por meio do qual a denunciada se obrigara a executar os serviços de pavimentação asfáltica da área de estacionamento lateral da loja desse estabelecimento comercial, bem como promover, mediante solicitação da empresa, a realização de cursos de capacitação e treinamento de mão-de-obra necessária à operação do empreendimento. Na sessão de 6.8.2009, o Min. Ayres Britto, relator, rejeitara a denúncia por não vislumbrar ilícito penal. Salientando que o estacionamento construído não seria de serventia exclusiva dos clientes do supermercado, considerara que, no caso, haveria um aspecto social preponderante sobre o aspecto puramente mercantil ou econômico do empreendimento. Afirmou estar-se diante de empresa beneficiária de pequeno porte, e que a atividade estaria inserida na organização do abastecimento alimentar, para a qual o Estado teria competências materiais explícitas. Enfatizara, ademais, que o fato de o supermercado criar centenas de empregos diretos no Município teria grande significado social e que seria ínfimo o valor do dispêndio publico, qual seja, inferior a quatro mil reais, não estando caracterizada nenhuma discrepância, nenhum superfaturamento entre esse valor e a área construída. Concluíra, por derradeiro, que, se ilícito houvesse, seria mais de caráter administrativo. **Inq 2646/RN, rel. Min. Ayres Britto, 18.2.2010**. (Inq-2646)

CONSTRUÇÃO DE ESTACIONAMENTO DE SUPERMERCADO POR MUNICÍPIO E ART. 1°, II, DO DECRETO-LEI 201/67 - 2

Na presente assentada, o Min. Joaquim Barbosa, em voto-vista, recebeu a denúncia por entender que os fatos nela narrados se enquadram no tipo penal previsto no art. 1°, II, do Decreto-lei 201/67. Explicou que, ainda que se admitisse a premissa de que a denunciada, ao firmar o "Protocolo de Intenções" com o denunciado, tivera como objetivo promover o desenvolvimento econômico do Município de Mossoró, contribuindo para uma melhor qualidade de vida da população local, não se poderia negar o fato de que as obrigações assumidas pela municipalidade beneficiariam uma única pessoa, em detrimento de todas as demais que eventualmente tivessem interesse em se estabelecer na localidade, com os mesmos incentivos. Observou, ainda, que o estacionamento em questão não seria público, nem seria utilizado por outras pessoas além dos próprios clientes do supermercado do denunciado. Assim, o pacto celebrado entre os denunciados teria sido elaborado de forma flagrantemente leonina e prejudicial à municipalidade, havendo indícios robustos de que a então prefeita de Mossoró teria se utilizado, indevidamente, em proveito do co-denunciado, de bens, rendas e serviços públicos. Após os votos dos Ministros Dias Toffoli, Ellen Gracie e Gilmar Mendes, Presidente, que acompanhavam o relator, e dos votos dos Ministros Cármen Lúcia, Cezar Peluso e Marco Aurélio, que acompanhavam a divergência, o julgamento foi adiado, em face do empate, para serem colhidos os votos dos Ministros Celso de Mello, licenciado, Eros Grau e Ricardo Lewandowski, ausentes justificadamente. **Inq 2646/RN, rel. Min. Ayres Britto, 18.2.2010**. (Inq-2646)

CONSTRUÇÃO DE ESTACIONAMENTO DE SUPERMERCADO POR MUNICÍPIO E ART. 1°, II, DO DECRETO-LEI 201/67 - 3

Em conclusão, o Tribunal, por maioria, rejeitou denúncia apresentada pela Procuradoria-Geral de Justiça do Rio Grande do Norte pela qual se imputava a Senadora e outro a suposta prática do crime descrito no art. 1°, II, do Decreto-lei 201/67. Na espécie, a primeira denunciada, então Prefeita do Município de Mossoró/RN, celebrara um "Protocolo de Intenções" com o segundo denunciado, sócio-gerente de supermercado, por meio do qual a denunciada se obrigara a executar os serviços de pavimentação asfáltica da área de estacionamento lateral da loja desse estabelecimento comercial, bem como promover, mediante solicitação da empresa, a realização de cursos de capacitação e treinamento de mão-de-obra necessária à operação do empreendimento — v. Informativo 575. Entendeu-se não haver o apontado ilícito. Salientando que o estacionamento construído não seria de serventia exclusiva dos clientes do supermercado, considerou-se que, no caso, existiria um aspecto social preponderante sobre o aspecto puramente mercantil ou econômico do empreendimento. Afirmou-se que se estaria diante de empresa beneficiária de pequeno porte, e que a atividade estaria inserida na organização do abastecimento alimentar, para a qual o Estado teria competências materiais explícitas. Enfatizou-se, ademais, que o fato de o supermercado criar centenas de empregos diretos no Município teria grande significado social e que seria ínfimo o valor do dispêndio público, qual seja, inferior a quatro mil reais, não estando caracterizada nenhuma discrepância, nenhum superfaturamento entre esse valor e a área construída. Concluiu-se, por derradeiro, que, se ilícito houvesse, seria mais de caráter administrativo. Vencidos os Ministros Joaquim Barbosa, Cármen Lúcia, Cezar Peluso e Marco Aurélio, que recebiam a denúncia. **Inq 2646/RN, rel. Min. Ayres Britto, 24.2.2010**. (Inq-2646) (Inform. STF 576)

MEDIDA SÓCIO-EDUCATIVA E ADVENTO DA MAIORIDADE

A Turma reafirmou jurisprudência da Corte no sentido de que o atingimento da maioridade não impede o cumprimento de medida sócio-educativa de semiliberdade e indeferiu *habeas corpus* em que se pleiteava a extinção dessa medida aplicada ao paciente que, durante o seu curso, atingira a maioridade penal. Sustentava a impetração constrangimento ilegal, dado que, como o paciente completara a maioridade civil — 18 anos —, e, portanto, alcançara a plena imputabilidade penal, não teria mais legitimação para sofrer a imposição dessa medida sócio-educativa. Asseverou-se, todavia, que, se eventualmente a medida sócio-educativa superar o limite etário dos 18 anos, ela poderá ser executada até os 21 anos de idade, quando a liberação tornar-se-á compulsória. Alguns precedentes citados: HC 91441/RJ (DJU de 29.6.2007); HC 91490/RJ (DJU de 15.6.2007) e HC 94938/RJ (DJE de 3.10.2008). **HC 96355/RJ, rel. Min. Celso de Mello, 19.5.2009**. (HC-96355) (Inform. STF 547)

CORRUPÇÃO DE MENORES E CRIME FORMAL

A Turma, por maioria, indeferiu *habeas corpus* no qual condenado pela prática dos delitos de roubo qualificado em concurso material com o de corrupção de menores (CP, art. 157, § 2º, I e II, c/c Lei 2.252/54, art. 1º) pretendia anular sua condenação relativamente ao aludido crime de corrupção de menores. A impetração sustentava a ausência de comprovação da materialidade delitiva quanto a tal crime, ao argumento de que não teria sido evidenciada, documentalmente, a menoridade da vítima, constando apenas mera informação da mãe do menor nesse sentido. Considerou-se que, tanto no acórdão proferido pelo STJ quanto no prolatado pelo tribunal de origem, ficara assentada a participação de um menor e, em se tratando de crime formal, estaria correto o entendimento fixado no acórdão impugnado de que o objeto jurídico tutelado pelo tipo em questão é a proteção da moralidade do menor e que esse tipo penal visa coibir a prática de delitos em que existe a exploração daquele. Assim, prescindível a prova da efetiva corrupção do menor. Vencido o Min. Ricardo Lewandowski, relator, que, por reputar incabível, no caso, o debate sobre a natureza do delito, cingindo-se a questão à prova da menoridade, para ele não demonstrada, concedia a ordem para anular a decisão no tocante ao crime de corrupção de menores e restabelecia a pena fixada nas instâncias ordinárias. **HC 92014/SP, rel. orig. Min. Ricardo Lewandowski, rel. p/ o acórdão Min. Menezes Direito, 2.9.2008**. (HC-92014) (Inform. STF 518)

MERCADORIA IMPRÓPRIA AO CONSUMO E PERÍCIA

O tipo previsto no inciso IX, do art. 7º, da Lei 8.137/90 ("*Art. 7° Constitui crime contra as relações de consumo: ... IX - vender, ter em depósito para vender ou expor à venda ou, de qualquer forma, entregar matéria-prima ou mercadoria, em condições impróprias ao consumo;*") pressupõe a demonstração inequívoca da impropriedade do produto para o uso. Com base nesse entendimento, a Turma deferiu *habeas corpus* para absolver os pacientes da condenação por crime contra as relações de consumo (Lei 8.137/90, art. 7º, IX), decorrente da fabricação de produtos para consumo em desconformidade com normas regulamentares e sem registro no Ministério da Saúde. Considerou-se que, no caso, embora se tratasse de crime formal, o elemento do tipo não fora comprovado no processo ante a inexistência de perícia que atestasse a imprestabilidade das mercadorias ao consumo. Ademais, ressaltou-se que a tipificação desse crime estaria vinculada ao art. 18, § 6º, do Código de Defesa do Consumidor, o qual estabelece os produtos impróprios ao consumo ("*§ 6° São impróprios ao uso e consumo: I - os produtos cujos prazos de validade estejam vencidos; II - os produtos deteriorados, alterados, adulterados, avariados, falsificados, corrompidos, fraudados, nocivos à vida ou à saúde, perigosos ou, ainda, aqueles em desacordo com as normas regulamentares de fabricação, distribuição ou apresentação; III - os produtos que, por qualquer motivo, se revelem inadequados ao fim a que se destinam.*"). **HC 90779/PR, rel. Min. Carlos Britto, 17.6.2008**. (HC-90779) (Inform. STF 511)

TRANCAMENTO DE AÇÃO PENAL E NORMA PENAL EM BRANCO

Constitui ilegalidade reparável pela via do *habeas corpus* fazer com que alguém responda pelo exercício ilegal de uma profissão que ainda não foi regulamentada. Com base nesse entendimento, a Turma deferiu, em parte, *habeas corpus* para determinar, quanto à acusação de exercício ilegal da profissão de árbitro ou mediador (Lei de Contravenções Penais, art. 47), o trancamento de ação penal instaurada contra acusada também pela suposta prática dos delitos de formação de quadrilha, falsidade ideológica e usurpação de função pública (CP, artigos 288, 299 e 328, parágrafo único, respectivamente). Considerou-se que, ausente regulamentação legal das condições jurídicas necessárias ao desempenho da função de árbitro, ou mediador, não seria possível dar-se por caracterizada, nem mesmo em tese, a conduta descrita no art. 47 da LCP ("*Art. 47. Exercer profissão ou atividade econômica ou anunciar que a exerce, sem preencher as condições a que por lei está subordinado o seu exercício:*"). Enfatizou-se que os requisitos referidos na figura típica devem estar regulamentados por lei, sem os quais restaria inviabilizado, no caso, o manejo da ação penal com base no art. 47 da LCP que, por se tratar de norma penal em branco, depende da indicação de lei que estabeleça as condições para o exercício de determinada atividade. Entendeu-se que, quanto aos demais crimes, a denúncia apresentaria os elementos mínimos necessários ao prosseguimento da persecução penal. **HC 92183/PE, rel. Min. Carlos Britto, 18.3.2008**. (HC-92183) (Inform. STF 499)

ART. 1º, I, DO DECRETO-LEI 201/67 E DEMONSTRAÇÃO DO DOLO

Em recurso criminal, a ausência de prequestionamento não impede a concessão de *habeas corpus* de ofício quando a ilegalidade é flagrante e implica constrangimento à liberdade de locomoção. Com base nesse entendimento, a Turma, resolvendo questão de ordem, negou provimento a agravo de instrumento por ausência de prequestionamento, mas, concedeu, de ofício, *habeas corpus* para cassar a sentença que condenara o paciente por suposta infração do art. 1º, I, do Decreto-lei 201/67 (3 vezes), em continuidade delitiva. No caso, o acórdão recorrido concluíra pela responsabilização do paciente por desvio de rendas públicas em favor de empreiteiros, porquanto a ele, na qualidade de prefeito, caberia verificar os atos administrativos praticados pelos servidores e secretários municipais, estando o dolo, dessa forma, ínsito na própria conduta incriminada. Entendeu-se que o delito previsto no citado art. 1º, I, do DL 201/67 somente se configura quando presente o dolo, que pressupõe o conhecimento e a vontade de realizar os elementos da figura típica, e que, na espécie, não bastaria o fato de o agravante deixar de fiscalizar seus subordinados. Ademais, asseverou-se que seria imprescindível a demonstração de que o agravante tivesse conhecimento das condutas praticadas pelos servidores e de que quisesse o resultado ou assumisse o risco de produzi-lo (CP, art. 18, I), situação esta não afirmada pelas instâncias de mérito. Por fim, salientou-se ser irrelevante cogitar-se de qualificar o fato imputado ao agente como peculato culposo, uma vez que, sendo de um ano a pena máxima cominada ao referido crime, inevitável o reconhecimento da prescrição. AI 516429 QO/RS, rel. Min. Sepúlveda Pertence, 25.6.2007. (AI-516429) (Inform. STF 473)

22.1 SUPERIOR TRIBUNAL DE JUSTIÇA

DIREITO PROCESSUAL PENAL. INTERCEPTAÇÃO TELEFÔNICA SEM AUTORIZAÇÃO JUDICIAL. VÍCIO INSANÁVEL.

Não é válida a interceptação telefônica realizada sem prévia autorização judicial, ainda que haja posterior consentimento de um dos interlocutores para ser tratada como escuta telefônica e utilizada como prova em processo penal. A interceptação telefônica é a captação de conversa feita por um terceiro, sem o conhecimento dos interlocutores, que depende de ordem judicial, nos termos do inciso XII do artigo 5º da CF, regulamentado pela Lei n. 9.296/1996. A ausência de autorização judicial para captação da conversa macula a validade do material como prova para processo penal. A escuta telefônica é a captação de conversa feita por um terceiro, com o conhecimento de apenas um dos interlocutores. A gravação telefônica é feita por um dos interlocutores do diálogo, sem o consentimento ou a ciência do outro. A escuta e a gravação telefônicas, por não constituírem interceptação telefônica em sentido estrito, não estão sujeitas à Lei 9.296/1996, podendo ser utilizadas, a depender do caso concreto, como prova no processo. O fato de um dos interlocutores dos diálogos gravados de forma clandestina ter consentido posteriormente com a divulgação dos seus conteúdos não tem o condão de legitimar o ato, pois no momento da gravação não tinha ciência do artifício que foi implementado pelo responsável pela interceptação, não se podendo afirmar, portanto, que, caso soubesse, manteria tais conversas pelo telefone interceptado. Não existindo prévia autorização judicial, tampouco configurada a hipótese de gravação de comunicação telefônica, já que nenhum dos interlocutores tinha ciência de tal artifício no momento dos diálogos interceptados, se faz imperiosa a declaração de nulidade da prova, para que não surta efeitos na ação penal. Precedente citado: EDcl no HC 130.429-CE, DJe 17/5/2010. **HC 161.053-SP, Rel. Min. Jorge Mussi, julgado em 27/11/2012**. (Inform. STJ 510)

INVASÃO DE IMÓVEL PARTICULAR. VENDA DIRETA AOS DETENTORES. PARCELAMENTO IRREGULAR E EXTORSÃO.

A ameaça de exercício de direito de reintegração da posse durante negociação de venda direta aos detentores de terreno irregularmente ocupado não configura o crime de extorsão ou de parcelamento irregular de solo urbano. No caso, durante os anos 70, houve irregular ocupação e fracionamento de terreno próximo ao município. Tempos depois, foi reconhecida pela municipalidade a irreversibilidade da ocupação e foram realizadas obras de urbanização no local. No final da década de 90, os proprietários do terreno obtiveram judicialmente a reintegração da posse. Utilizando o argumento de possibilidade de execução da reintegração, o paciente – na qualidade de procurador dos proprietários – passou a negociar a venda dos lotes irregularmente ocupados diretamente com seus detentores. Com base nessa conduta, foi oferecida denúncia contra o paciente pela prática dos crimes previstos no art. 50, I, da Lei n. 6.766/1979, art. 71 do CDC e art. 158, *caput* e § 1°, do CP. Absolvido em primeiro grau, o paciente foi condenado pelos crimes de extorsão, na modalidade continuada, e parcelamento irregular do solo. O Min. Jorge Mussi registrou que a previsão do art. 50, I, da Lei n. 6.766/1979 visa tutelar o interesse da Administração Pública na ordenação da ocupação do solo urbano, bem como o interesse dos adquirentes das áreas parceladas em obter legitimamente a propriedade. Para a configuração do crime, é necessário que o agente faça as alterações no solo, com intenção de fracionar a área, sem a prévia autorização do órgão público competente ou em desacordo com a legislação aplicável. No caso, após a ocupação irregular, à revelia dos proprietários, a própria municipalidade realizou as obras de urbanização. Assim, não se pode atribuir ao paciente qualquer conduta que pudesse ser tipificada no referido dispositivo legal. Quanto ao crime de extorsão, o Min. Jorge Mussi asseverou que na hipótese não há descrito na conduta nenhum dos dois elementos do delito, quais sejam, a vantagem indevida e o constrangimento ilegal. De fato, o paciente representava os interesses dos legítimos proprietários quando negociava a venda direta aos detentores das frações do terreno irregularmente ocupado, não havendo falar em obtenção de vantagem indevida. Ressaltou, ainda, que eventual vício de vontade no negócio celebrado é matéria a ser discutida no âmbito civil, sem repercussão penal. **HC 121.718-PR, Rel. originário Min. Adilson Vieira Macabu (Desembargador convocado do TJ-RJ), Rel. para acórdão Min. Jorge Mussi, julgado em 5/6/2012.(Inform. STJ 499)**

PRESCRIÇÃO. CRIME ANTECEDENTE. LAVAGEM DE DINHEIRO.
A extinção da punibilidade pela prescrição quanto aos crimes antecedentes não implica o reconhecimento da atipicidade do delito de lavagem de dinheiro (art. 1° da Lei n. 9.613/1998) imputado ao paciente. Nos termos do art. 2°, II, § 1° da lei mencionada, para a configuração do delito de lavagem de dinheiro não há necessidade de prova cabal do crime anterior, mas apenas a demonstração de indícios suficientes de sua existência. Assim sendo, o crime de lavagem de dinheiro é delito autônomo, independente de condenação ou da existência de processo por crime antecedente. Precedentes citados do STF: HC 93.368-PR, DJe 25/8/2011; HC 94.958-SP, DJe 6/2/2009; do STJ: HC 137.628-RJ, DJe 17/12/2010; REsp 1.133.944-PR, DJe 17/5/2010; HC 87.843-MS, DJe 19/12/2008; APn 458-SP, DJe 18/12/2009, e HC 88.791-SP, DJe 10/11/2008. **HC 207.936-MG, Rel. Min. Jorge Mussi, julgado em 27/3/2012. (Inform. STJ 494)**

PREFEITO. INABILITAÇÃO. FUNÇÃO PÚBLICA. PENA AUTÔNOMA.
A inabilitação para o exercício de função pública, prevista no art. 1°, § 2°, do DL n. 201/1967, foi elevada ao *status* de pena restritiva de direitos com o advento da Lei n. 7.209/1984, sendo, portanto, autônoma, em relação à privativa de liberdade. Além disso, aquela possui natureza jurídica distinta desta, devendo os seus prazos prescricionais fluírem de forma diversa. Precedentes citados: REsp 945.828-PR, DJe 18/10/2010; HC 91.954-RJ, DJe 3/8/2009, e REsp 885.452-PR, DJe 14/4/2008. **REsp 1.182.397-RS, Rel. Min. Gilson Dipp, julgado em 13/3/2012. (Inform. STJ 493)**

INTERCEPTAÇÃO TELEFÔNICA. TERMO INICIAL.
A Lei n. 9.296/1996, que regula a quebra de sigilo das comunicações telefônicas, estabelece em 15 dias o prazo para duração da interceptação, porém não estipula termo inicial para cumprimento da ordem judicial. No caso, a captação das comunicações via telefone iniciou-se pouco mais de três meses após o deferimento, pois houve greve da Polícia Federal no período, o que interrompeu as investigações. A Turma entendeu que não pode haver delonga injustificada para o começo da efetiva interceptação e deve-se atentar sempre para o princípio da proporcionalidade, mas, na hipótese, sendo a greve evento que foge ao controle direto dos órgãos estatais, não houve violação do mencionado princípio. Assim, a alegação de ilegalidade das provas produzidas, por terem sido obtidas após o prazo de 15 dias, não tem fundamento, uma vez que o prazo é contado a partir do dia em que se iniciou a escuta, e não da data da decisão judicial que a autorizou. Precedente citado: HC 135.771-PE, DJe 24/8/2011. **HC 113.477-DF, Rel. Min. Maria Thereza de Assis Moura, julgado em 20/3/2012. (Inform. STJ 493)**

INTERCEPTAÇÃO TELEFÔNICA. PRORROGAÇÃO REITERADA DA MEDIDA.
A Turma, por maioria, reiterou o entendimento de que as interceptações telefônicas podem ser prorrogadas sucessivas vezes pelo tempo necessário para a produção da prova, especialmente quando o caso for complexo e a prova, indispensável, sem que a medida configure ofensa ao art. 5°, *caput*, da Lei n. 9.296/1996. Sobre a necessidade de fundamentação da prorrogação, esta pode manter-se idêntica à do pedido original, pois a repetição das razões que justificaram a escuta não constitui, por si só, ilicitude. Precedentes citados: RHC 13.274-RS, DJ 29/9/2003; HC 151.415-SC, DJe 2/12/2011; HC 134.372-DF, DJe 17/11/2011; HC 153.994-MT, DJe 13/12/2010; HC 177.166-PR, DJe 19/9/2011, e HC 161.660-PR, DJe 25/4/2011. **HC 143.805-SP, Rel. originário Min. Adilson Vieira Macabu (Desembargador Convocado do TJRJ), Rel. para o acórdão Min. Gilson Dipp, julgado em 14/2/2012. (Inform. STJ 491)**

INTERCEPTAÇÃO TELEFÔNICA. INVESTIGAÇÃO EM CURSO.
O pedido de interceptação telefônica não pode ser a primeira providência investigatória realizada pela autoridade policial. *In casu,* ao formular o pedido de quebra do sigilo telefônico, a autoridade policial descreveu quais eram os ilícitos que estariam sendo praticados, quais tipos de pessoas integravam a organização criminosa, bem como qual era a sua forma de atuação no cometimento dos crimes. Ficou evidenciado que a quebra do sigilo telefônico não foi a primeira medida efetivada pela autoridade policial. Pelo contrário, tal providência teve suporte em elementos já colhidos que demonstravam que as investigações em curso levantaram indícios da prática criminosa e apontavam para a imprescindibilidade do deferimento da medida excepcional, segundo o disposto no art. 2° da Lei n. 9.296/1996. Precedentes citados: HC 85.502-SP, DJe 9/5/2011, e HC 43.234-SP, DJe 21/5/2011. **HC 130.054-PE, Rel. Min. Sebastião Reis Júnior, julgado em 7/2/2012. (Inform. STJ 490)**

PORTADORA. DEFICIÊNCIA. ACESSO. SALA. AULA. IMPEDIMENTO. PROFESSORA.
In casu, trata-se de saber se a conduta praticada pela recorrente, na condição de professora, qual seja, impedir o acesso de aluna portadora de deficiência auditiva à sala de aula, preenche o comando incriminador descrito no art. 8°, I, da Lei n. 7.853/1989. A Turma entendeu que, na hipótese, não se demonstrou a conduta típica, pois, consoante os autos, não se verifica ter a recorrente recusado, suspendido, procrastinado, cancelado ou feito cessar, sem justa causa, a inscrição da aluna. Observou-se que em se tratando de professora, a menos que cumule também atividades de diretoria do estabelecimento educacional, o que não restou descrito, não teria a recorrente condições de praticar a conduta típica, a qual está intrinsecamente relacionada à inscrição da educanda. Portanto, não se demonstrou de nenhuma forma a prática da conduta típica, a possibilidade de a recorrente ser sujeito ativo do delito em questão, haja vista cuidar-se de crime próprio. Ademais, não se identificou eventual prejuízo à inscrição da aluna na escola. Assim, deu-se provimento ao recurso para restabelecer a decisão de 1° grau, que entendeu ser atípica a conduta da recorrente. **REsp 1.022.478-RN, Rel. Min. Maria Thereza de Assis Moura, julgado em 4/10/2011.** (Inform. STJ 484)

INTERCEPTAÇÃO TELEFÔNICA. INÍCIO E DURAÇÃO DO PRAZO.
O prazo de 15 dias previsto no art. 5° da Lei n. 9.296/1996 não se inicia da decisão judicial que autoriza a interceptação telefônica, mas do dia em que a medida é efetivada. Ademais, as escutas podem extrapolar o prazo veiculado na lei sempre que houver comprovada necessidade. O prazo de oito meses mostrou-se indispensável para que a autoridade policial chegasse aos envolvidos no sofisticado esquema de tráfico de drogas, principalmente pela complexidade do feito, pelo número de acusados, pela quantidade de drogas e pela variedade de entorpecentes. Precedentes citados do STF: Inq 2.424-RJ, DJe 26/3/2010; do STJ: HC 50.193-ES, DJ 21/8/2006, e HC 125.197-PR, DJe 24/6/2011. **HC 135.771-PE, Rel. Min. Og Fernandes, julgado em 4/8/2011.** (Inform. STJ 480)

SONEGAÇÃO FISCAL. PARCELAMENTO. DÉBITO.
Trata-se de *habeas corpus* contra acórdão que, segundo a impetrante, procedera ao julgamento *extra petita,* submetendo a ora paciente, sem justa causa, a procedimento investigatório e à circunstância de ver contra si instaurada ação penal por crime tributário cuja dívida encontra-se parcelada e regularmente adimplida. Dessarte, pretende obstar o formal prosseguimento da investigação em desfavor da paciente, bem como suspender a pretensão punitiva e o curso do prazo prescricional, segundo dispõe o art. 9° da Lei n. 10.684/2003. A Turma, entre outras questões, entendeu que o acórdão ora atacado, ao restabelecer o procedimento investigatório, providência não pleiteada na insurgência do MPF, extrapolou os limites recursais, julgando *extra petita* e divergindo do entendimento deste Superior Tribunal, qual seja, parcelado o débito fiscal nos termos do referido dispositivo, suspende-se também a pretensão punitiva e a prescrição, pois o escopo maior da norma penal é o pagamento do tributo. Observou-se, ademais, não se tratar, na hipótese, de nenhuma violação da independência das esferas administrativa e judicial. Trata-se de uma questão de competência, pois só à autoridade administrativa cabe efetuar o lançamento definitivo do tributo. Diante disso, concedeu-se a ordem para suspender o curso do

procedimento investigatório até o resultado definitivo do parcelamento do débito administrativamente concedido à ora paciente pela Receita Federal. Precedentes citados do STF: HC 81.611-DF, DJ 13/5/2005; AgRg no Inq 2.537-GO, DJe 13/6/2008; do STJ: HC 29.745-SP, DJ 6/2/2006; RHC 16.218-SP, DJe 12/8/2008; HC 68.407-SP, DJ 26/3/2007, e HC 40.515-MT, DJ 16/5/2005. **HC 100.954-DF, Rel. Min. Maria Thereza de Assis Moura, julgado em 14/6/2011.** (Inform. STJ 477)

ECA. TRÁFICO. INTERNAÇÃO.

O ato infracional análogo ao tráfico de drogas, apesar de sua natureza eminentemente hedionda, não enseja, por si só, a aplicação da medida socioeducativa de internação, já que essa conduta não revela violência ou grave ameaça à pessoa (art. 122 do ECA). No caso, apesar de não estar justificada a internação, nos autos há suficientes elementos para a aplicação da medida de semiliberdade. Precedentes citados: HC 148.791-RJ, DJe 26/4/2010, e HC 136.253-SP, DJe 13/10/2009. **HC 165.704-SP, Rel. Min. Maria Thereza de Assis Moura, julgado em 2/9/2010.** (Inform. STJ 445)

HC. TRANCAMENTO. AÇÃO. JUSTA CAUSA.

Segundo consta da sentença condenatória, o paciente, na qualidade de sócio-gerente de uma empresa, teria vendido um automóvel com hodômetro adulterado, marcando quilometragem menor que a efetivamente rodada pelo veículo. Foi, portanto, condenado à pena de dois anos de reclusão no regime aberto, substituída por duas restritivas de direitos, consistentes em prestações, pecuniária e de serviços à comunidade, pela prática da conduta prevista no art. 7º, IX, da Lei n. 8.137/1990. Assim, a Turma negou provimento à ordem. Entendeu, entre outras questões, que, quanto à inépcia da denúncia, houve preclusão, pois alegada somente após a prolação da sentença condenatória (art. 569 do CPP). Ademais, para o trancamento da ação penal na via estreita do *habeas corpus*, é necessário exsurgir, à primeira vista, a alegada falta de justa causa para sua continuidade. Precedentes citados: HC 124.936-RS, DJe 26/4/2010; HC 33.232-MS, DJ 20/9/2004; HC 91.115-RJ, DJe 4/8/2008, e HC 54.399-PE, DJe 2/6/2008. **HC 135.906-MG, Rel. Min. Jorge Mussi, julgado em 17/8/2010.** (Inform. STJ 443)

INTERCEPTAÇÃO TELEFÔNICA. DENÚNCIA ANÔNIMA.

A Turma entendeu que a interceptação telefônica autorizada pelo juiz foi necessária para o prosseguimento das investigações que estavam em curso, diante da impossibilidade de obtenção de provas por meios diversos. A denúncia anônima não foi o único elemento a lastrear a autorização do monitoramento telefônico. Assim, a Turma, por maioria, denegou a ordem. **HC 128.776-SP, Rel. Min. Celso Limongi (Desembargador convocado do TJ-SP), julgado em 22/6/2010.** (Inform. STJ 440)

PERÍCIA. ALIMENTO IMPRÓPRIO. CONSUMO.

A Turma, por maioria, reiterou que não é suficiente para configurar o crime do art. 7º, IX, da Lei n. 8.137/1990 a simples constatação de que os alimentos apresentam-se impróprios ao consumo, pois é necessária a feitura de laudo pericial para sua comprovação. A hipótese era de alimentos de procedência ignorada e fora do prazo de validade. **REsp 1.154.774-RS, Rel. originário Min. Napoleão Nunes Maia Filho, Rel. para acórdão Min. Jorge Mussi, julgado em 6/4/2010.** (Inform. STJ 429)

INTERCEPTAÇÃO TELEFÔNICA. FUNDAMENTAÇÃO.

O *habeas corpus* buscava desentranhar dos autos de inquérito gravações interceptadas do telefone pertencente ao paciente. Nesse contexto, apesar de ainda não haver ação penal instaurada em seu desfavor, o que afastaria a suposta ameaça à sua liberdade de locomoção, a Turma, por maioria, entendeu conhecer do *writ* e, por unanimidade, conceder a ordem, determinando o desentranhamento requerido. Isso porque o STJ entende que a eventual declinação de competência não tem o condão de invalidar a prova até então colhida. Assim, o fato de os autos serem encaminhados ao STF em razão da prerrogativa de foro de alguns dos denunciados não retira a competência do juiz de decretar a quebra do sigilo telefônico do paciente, que não detinha tal prerrogativa. É certo que a competência jurisdicional, em regra, deve ser firmada no local dos fatos tidos por delituosos (art. 69, I, do CPP), contudo essa regra cai por terra diante da fixação da competência mediante prevenção, tal como na hipótese (art. 83 do mesmo código). Já quanto à garantia de sigilo prevista no art. 5º, XII, da CF/1988, seu afastamento deve pressupor o cumprimento cumulativo das seguintes exigências: existirem indícios razoáveis da autoria ou participação na infração penal (art. 2º, I, da Lei n. 9.296/1996), haver decisão judicial fundamentada (art. 5º da mesma legislação), renovável pelo prazo de quinze dias, e infração não punida com detenção, além de não ser possível realizar a prova por outros meios. O fato de a investigação ser sigilosa em nada interfere na necessidade de a autoridade policial ter que demonstrar ao juiz a existência dos referidos indícios. Assim, por violar os princípios da razoabilidade, proporcionalidade e dignidade da pessoa humana, é inadmissível, no caso, manter a prova colhida na interceptação, porque oriunda de injustificada quebra do sigilo telefônico, que sequer qualificou o agente ou mesmo trouxe indícios razoáveis de que seria o autor ou teria participado da infração penal (art. 2º, parágrafo único, da Lei n. 9.296/1996), afora o constatado período excessivo durante o qual perdurou a quebra (660 dias). Precedentes citados do STF: HC 81.260- ES, DJ 19/4/2002; do STJ: HC 56.222-SP, DJ 7/2/2008, e RHC 19.789-RS, DJ 5/2/2007. **HC 88.825-GO, Rel. Min. Arnaldo Esteves Lima, julgado em 15/10/2009.** (Inform. STJ 411)

CRIME ANTECEDENTE. LAVAGEM. DINHEIRO.

Na espécie, o Min. Relator rejeitava a denúncia por entender que não teria ocorrido o crime de lavagem de dinheiro, tendo em vista que os empréstimos feitos às empresas de propriedade do magistrado não consubstanciam ocultação de valores, de modo que haveria mero pós-fato impunível e o autor do crime antecedente não poderia responder pelo crime de lavagem de dinheiro. Mas o Min. Gilson Dipp, divergindo do voto do Min. Relator, entendeu que existem elementos suficientes para o recebimento da denúncia. A existência do crime antecedente é induvidosa, uma vez que os denunciados foram condenados por este Superior Tribunal pela prática do delito de corrupção passiva. Com o investimento em empreendimento imobiliário e a conversão dos valores oriundos da vantagem indevida paga ao funcionário público em razão da prática de ato de ofício, fechou-se o ciclo da lavagem de dinheiro. Para efeito de recebimento da denúncia, são suficientes os indícios coligidos nos dois itens anteriores, aliados à inverossimilhança da justificativa dada pelo magistrado para amealhar a quantia de R$ 3.642.080,04, que é o custo estimado da obra em referência. Não logrou o denunciado comprovar a existência de empréstimos feitos por ele próprio, sua mulher, amigos e parentes, entre os quais, os co-denunciados. Trata-se, em verdade, de uma argumentação circular, em que sucessivos e generosos empréstimos, geralmente em espécie, procuram dar aparência de licitude a valores totalmente incompatíveis com as posses e os vencimentos de um magistrado. Diante disso, a Corte Especial, por maioria, recebeu a denúncia. **APn 458-SP, Rel. originário Min. Fernando Gonçalves, Rel. para acórdão Min. Gilson Dipp, julgada em 16/9/2009.** (Inform. STJ 407)

INTERCEPTAÇÃO TELEFÔNICA. MÍDIA.

Não há ofensa ao princípio da ampla defesa no fato de o juiz de primeiro grau não realizar a transcrição dos diálogos decorrentes de interceptação telefônica, pois se disponibilizou para os defensores a mídia na qual todas as conversas encontram-se gravadas. Logo, a Turma, por maioria, negou provimento ao recurso. Precedentes citados: HC 101.808-MT, DJe 4/8/2008, e HC 86.255-DF, DJ 17/12/2007. **RHC 20.472-DF, Rel. Min. Maria Thereza de Assis Moura, julgado em 24/8/2009.** (Inform. STJ 404)

ADOLESCENTE. TRÁFICO. ENTORPECENTE.

Trata-se de adolescente representado pela prática de ato infracional equiparado ao delito de tráfico de entorpecente. Julgada procedente a representação, foi-lhe aplicada medida sócio-educativa de internação. Para o Min. Relator, o pedido comporta concessão, pois este Superior Tribunal já pacificou a orientação jurisprudencial de que a gravidade do ato infracional equiparado ao tráfico de entorpecente, por si só, não autoriza a aplicação da medida sócio-educativa de internação elencada no art. 122 do ECA. Na hipótese dos autos, não há qualquer indicação de aplicação anterior de medida sócio-educativa ao paciente. Ademais, ressaltou-se que a reiteração capaz de ensejar a incidência da medida sócio-educativa, a teor do inciso II do art. 122 do ECA, só ocorre quando praticados, no mínimo, três atos infracionais graves. Com esse entendimento, a Turma concedeu a ordem. Precedentes citados: HC 105.896-SP, DJe 15/12/2008; HC 99.542-SP, DJe 4/8/2008; HC 48.197-SP, DJ 6/3/2006; HC 37.895-RJ, DJ 6/2/2006; HC 62.294-RJ, DJ 12/3/2007, e HC 105.896-SP, DJe 15/12/2008. **HC 134.534-SP, Rel. Min. Felix Fischer, julgado em 13/8/2009.** (Inform. STJ 402)

HC. EXPLORAÇÃO SEXUAL. MENOR.

O impetrante busca o trancamento da ação penal ao argumento de ser o paciente apenas o proprietário do local utilizado para a exploração sexual de menor e de nem se encontrar no local na hora do fato criminoso. Porém, a Turma denegou a ordem, por entender que a inicial acusatória fundada nos indícios de autoria constantes dos autos demonstra, de forma suficiente para a deflagração da ação penal, que, em tese, o paciente contribuía para o crime de exploração sexual de menor, na condição de proprietário do hotel onde ocorria o crime, nos exatos termos do § 1º do art. 244-A, do ECA. Acolher a alegação de que o denunciado não tinha ciência de que a adolescente prostituía-se em seu estabelecimento demanda dilação probatória insuscetível de ser feita na via do *habeas corpus*. O exame da tese defensiva deve ser feito no momento próprio, pelo juízo ordinário, após necessária instrução criminal contraditória. **HC 94.423-CE, Rel. Min. Laurita Vaz, julgado em 21/5/2009.** (Inform. STJ 395)

CORRUPÇÃO. MENOR. CRIME. PERIGO.
O crime de corrupção de menores (art. 1º da Lei n. 2.252/1954) é de perigo, prescinde da demonstração de efetiva e posterior corrupção penal do menor. Precedentes citados: REsp 140.899-PR, DJ 27/4/1998; REsp 852.716-PR, DJ 19/3/2007, e REsp 853.350-PR, DJ 18/12/2006. **REsp 1.043.849-PR, Rel. Min. Felix Fischer, julgado em 26/6/2008.** (Inform. STJ 361)

NULIDADE. COMPOSIÇÃO. TURMA. MAGISTRADO CONVOCADO.
Não houve nulidade devido à participação, no julgamento do agravo regimental neste Superior Tribunal, de magistrado convocado de Tribunal Regional Federal, pois o art. 56 do RISTJ prevê sua convocação ou a de desembargador estadual em caso de vaga ou afastamento de ministro por prazo superior a trinta dias. **EDcl no AgRg no Ag 723.222-SP, Rel. Min. Paulo Gallotti, julgado em 12/11/2007.** (Inform. STJ 339)

VENDA. IMÓVEL. CONDIÇÕES IMPRÓPRIAS. LEI N. 8.137/1990.
A conduta de vender imóvel em condições impróprias para o fim que se destina não é a tipificada no art. 7º, IX, da Lei n. 8.137/1990, pois o objeto material do tipo penal contido nessa norma restringe-se à matéria-prima ou mercadoria destinada ao consumo, conceito que, sabidamente, não alcança os imóveis. **REsp 955.683-DF, Rel. Min. Felix Fischer, julgado em 8/11/2007.** (Inform. STJ 338)

PREFEITO. CRIME. RESPONSABILIDADE. ATRASO. PRESTAÇÃO. CONTAS.
A denúncia atende os requisitos do art. 41 do CPP e, para a elucidação dos fatos em tese delituosos nela descritos, necessário que se faça a regular instrução criminal, com o contraditório e a ampla defesa assegurados. Não caberia, na fase de recebimento ou rejeição da denúncia, a verificação da existência do elemento subjetivo do crime. Assim, a Turma, por maioria, deu provimento ao recurso e reiterou o entendimento de que o simples atraso na prestação de contas pelo prefeito é suficiente para configurar o delito previsto no art. 1º, VI, do DL n. 201/1967, sendo irrelevante para sua configuração que a prestação tenha sido feita antes da denúncia. Precedentes citados: HC 11.355-BA, DJ 12/3/2001; REsp 795.899-MA, DJ 11/9/2006, e REsp 416.233-MA, DJ 10/5/2004. **REsp 448.543-MA, Rel. Min. Arnaldo Esteves Lima, julgado em 6/9/2007.** (Inform. STJ 330)

CRIME. VENDA. MATÉRIA-PRIMA. MERCADORIA. CONDIÇÕES IMPRÓPRIAS. CONSUMO. SURSIS PROCESSUAL.
A matéria cuida de duas questões. A primeira refere-se à necessidade de perícia relativamente ao crime descrito no art. 7º, IX, da Lei n. 8.137/1990. O Min. Relator aduziu que o tipo penal em apreço é de perigo abstrato, prescindindo-se da realização de perícia, pois, uma vez empreendida a conduta, consumado restaria o delito independentemente da verificação de exposição do bem jurídico a risco, o qual é presumido. Ademais, o crime contra as relações de consumo revela norma penal em branco, na medida em que a expressão "mercadoria em condições impróprias ao consumo" encontra seu significado preenchido pelo comando inserto no art. 18, § 6º, I, do CDC. Concluiu o Min. Relator não ser necessária a realização de perícia para a apuração da impropriedade do produto. Quanto à segunda questão, o cabimento de proposta de suspensão condicional do processo em crime cuja sanção penal mínima envolve pena privativa de liberdade superior a um ano, mas a que se comina, alternativamente, pena de multa, a Min. Maria Thereza de Assis Moura divergiu do entendimento do Min. Relator observando que, de acordo com o espírito consensual que deve empolgar o tratamento da chamada criminalidade de menor ou médio potencial ofensivo, como no caso, é indispensável o oferecimento de proposta de suspensão condicional do processo. Apesar de esse posicionamento não ser o esposado pela jurisprudência deste Superior Tribunal, entende ser a providência mais consentânea com os institutos trazidos pela Lei n. 9.099/1995. Entendeu a Min. Maria Thereza de Assis Moura que o mais adequado, nesse caso, é abrir-se vista para que o Ministério Público estadual manifeste-se sobre a proposta de *sursis* processual. Acrescentou que a possibilidade de sua formulação após a sentença condenatória já foi reconhecida pela doutrina e pela jurisprudência deste Superior Tribunal e do STF. O Min. Nilson Naves também acompanhou o voto da Min. Maria Thereza de Assis Moura, louvando-se em lições de doutrinadores que priorizam a ressocialização do infrator por outras vias, que não a prisional. Assim, ao prosseguir o julgamento, verificou-se empate na votação, prevalecendo a decisão mais favorável ao réu. A Turma concedeu parcialmente a ordem. **HC 34.422-BA, Rel. originário Min. Hamilton Carvalhido, Rel. para acórdão Min. Maria Thereza de Assis Moura, julgado em 24/5/2007.** (Inform. STJ 321)

SÚMULA STF Nº 592

Nos crimes falimentares, aplicam-se as causas interruptivas da prescrição, previstas no código penal.

4. DIREITO PROCESSUAL PENAL

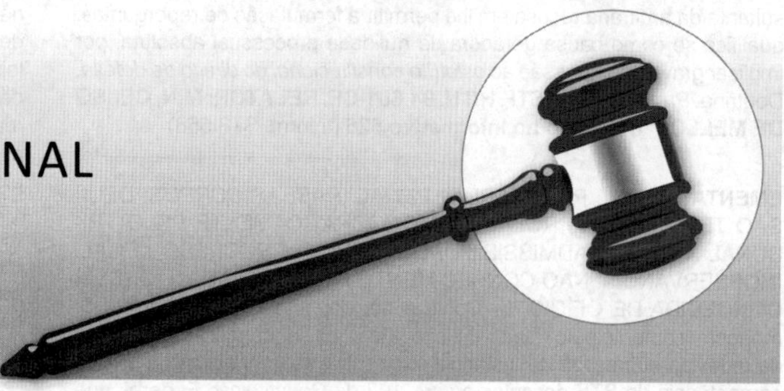

1. FONTES, PRINCÍPIOS GERAIS, EFICÁCIA DA LEI PROCESSUAL NO TEMPO E NO ESPAÇO E INTERPRETAÇÃO

DIREITO PENAL E PROCESSUAL PENAL. NATUREZA DA AÇÃO PENAL. NORMA PROCESSUAL PENAL MATERIAL.

A norma que altera a natureza da ação penal não retroage, salvo para beneficiar o réu. A norma que dispõe sobre a classificação da ação penal influencia decisivamente o *jus puniendi,* pois interfere nas causas de extinção da punibilidade, como a decadência e a renúncia ao direito de queixa, portanto tem efeito material. Assim, a lei que possui normas de natureza híbrida (penal e processual) não tem pronta aplicabilidade nos moldes do art. 2º do CPP, vigorando a irretroatividade da lei, salvo para beneficiar o réu, conforme dispõem os arts. 5º, XL, da CF e 2º, parágrafo único, do CP. Precedente citado: HC 37.544-RJ, DJ 5/11/2007. **HC 182.714-RJ, Rel. Min. Maria Thereza de Assis Moura, julgado em 19/11/2012. (Inform. STJ 509)**

ECA: RITO E PRINCÍPIO DA IDENTIDADE FÍSICA DO JUIZ

A 2ª Turma negou provimento a recurso ordinário em *habeas corpus* no qual se pugnava pelo reconhecimento de nulidade da decisão que impusera a menor o cumprimento de medida sócio-educativa de semiliberdade, pela prática de ato infracional equiparado ao crime de roubo circunstanciado em concurso de agentes. A defesa alegava que, no rito em questão, não teria sido observado o disposto no art. 399, § 2º, do CPP (*"Recebida a denúncia ou queixa, o juiz designará dia e hora para a audiência, ordenando a intimação do acusado, de seu defensor, do Ministério Público e, se for o caso, do querelante e do assistente. ... § 2 O juiz que presidiu a instrução deverá proferir a sentença."*). Sustentava, também, não haver fundamentação idônea para a aplicação da referida medida. Aduziu-se, inicialmente, que o princípio da identidade física do juiz não se aplicaria ao procedimento previsto no ECA, uma vez que esse diploma possuiria rito processual próprio e fracionado, diverso do procedimento comum determinado pelo CPP. A seguir, reputou-se que o recorrente teria cometido ato infracional caracterizado pela violência e grave ameaça à pessoa, de modo que estaria devidamente justificada a aplicação da medida sócio-educativa imposta. **RHC 105198/DF, rel. Min. Gilmar Mendes, 23.11.2010**. (RHC-105198) (Inform. STF 610)

LEI 11.719/2008: INTERROGATÓRIO E "TEMPUS REGIT ACTUM"

A Turma indeferiu *habeas corpus* em que se pleiteava renovação de interrogatório para observância da novel redação do art. 400 do CPP, conferida pela Lei 11.719/2008 [*"Na audiência de instrução e julgamento, a ser realizada no prazo máximo de 60 (sessenta) dias, proceder-se-á à tomada de declarações do ofendido, à inquirição das testemunhas arroladas pela acusação e pela defesa, nesta ordem, ressalvado o disposto no art. 222 deste Código, bem como aos esclarecimentos dos peritos, às acareações e ao reconhecimento de pessoas e coisas, interrogando-se, em seguida, o acusado"*]. Observou-se que o interrogatório fora realizado em data anterior à vigência daquela lei, o que, pelo princípio *tempus regit actum*, excluiria a obrigação de se renovar ato validamente praticado sob a égide de lei anterior, para que o paciente fosse interrogado ao final da audiência de instrução e julgamento. Por fim, reafirmou-se o entendimento do Supremo segundo o qual não se declara a nulidade de ato processual se a alegação não vier acompanhada de prova do efetivo prejuízo sofrido pelo paciente. **HC 104555/SP, rel. Min. Ricardo Lewandowski, 28.9.2010**. (HC-104555) (Inform. STF 602)

EMENTA: *"HABEAS CORPUS"* – NECESSIDADE DE RESPEITO, PELO PODER PÚBLICO, ÀS PRERROGATIVAS JURÍDICAS QUE COMPÕEM O PRÓPRIO ESTATUTO CONSTITUCIONAL DO DIREITO DE DEFESA - A GARANTIA CONSTITUCIONAL DO *"DUE PROCESS OF LAW"* COMO EXPRESSIVA LIMITAÇÃO À ATIVIDADE PERSECUTÓRIA DO ESTADO (INVESTIGAÇÃO PENAL E PROCESSO PENAL) - O CONTEÚDO MATERIAL DA CLÁUSULA DE GARANTIA DO *"DUE PROCESS"* - INTERROGATÓRIO JUDICIAL - NATUREZA JURÍDICA – MEIO DE DEFESA DO ACUSADO - POSSIBILIDADE DE QUALQUER DOS LITISCONSORTES PENAIS PASSIVOS FORMULAR REPERGUNTAS AOS DEMAIS CO-RÉUS, NOTADAMENTE SE AS DEFESAS DE TAIS ACUSADOS SE MOSTRAREM COLIDENTES - PRERROGATIVA JURÍDICA CUJA LEGITIMAÇÃO DECORRE DO POSTULADO CONSTITUCIONAL DA AMPLA DEFESA - PRECEDENTE DO SUPREMO TRIBUNAL FEDERAL (PLENO) - MAGISTÉRIO DA DOUTRINA – PEDIDO DEFERIDO.

A essencialidade do postulado do devido processo legal, que se qualifica como requisito legitimador da própria *"persecutio criminis"*.

- O exame da cláusula referente ao *"due process of law"* permite nela identificar alguns elementos essenciais à sua configuração como expressiva garantia de ordem constitucional, destacando-se, dentre eles, por sua inquestionável importância, as seguintes prerrogativas: (a) direito ao processo (garantia de acesso ao Poder Judiciário); (b) direito à citação e ao conhecimento prévio do teor da acusação; (c) direito a um julgamento público e célere, sem dilações indevidas; (d) direito ao contraditório e à plenitude de defesa (direito à autodefesa e à defesa técnica); (e) direito de não ser processado e julgado com base em leis *"ex post facto"*; (f) direito à igualdade entre as partes; (g) direito de não ser processado com fundamento em provas revestidas de ilicitude; (h) direito ao benefício da gratuidade; (i) direito à observância do princípio do juiz natural; (j) direito ao silêncio (privilégio contra a auto-incriminação); (l) direito à prova; e (m) direito de presença e de *"participação ativa"* nos atos de interrogatório judicial dos demais litisconsortes penais passivos, quando existentes.

- O direito do réu à observância, pelo Estado, da garantia pertinente ao *"due process of law"*, além de traduzir expressão concreta do direito de defesa, também encontra suporte legitimador em convenções internacionais que proclamam a essencialidade dessa franquia processual, que compõe o próprio estatuto constitucional do direito de defesa, enquanto complexo de princípios e de normas que amparam qualquer acusado em sede de persecução criminal, mesmo que se trate de réu estrangeiro, sem domicílio em território brasileiro, aqui processado por suposta prática de delitos a ele atribuídos.

O INTERROGATÓRIO JUDICIAL COMO MEIO DE DEFESA DO RÉU.

- Em sede de persecução penal, o interrogatório judicial – notadamente após o advento da Lei nº 10.792/2003 – qualifica-se como ato de defesa do réu, que, além de não ser obrigado a responder a qualquer indagação feita pelo magistrado processante, também não pode sofrer qualquer restrição em sua esfera jurídica em virtude do exercício, sempre legítimo, dessa especial prerrogativa. Doutrina. Precedentes.

Possibilidade jurídica de um dos litisconsortes penais passivos, invocando a garantia do *"due process of law"*, ver assegurado o seu direito de formular reperguntas aos co-réus, quando do respectivo interrogatório judicial.

- Assiste, a cada um dos litisconsortes penais passivos, o direito – fundado em cláusulas constitucionais (CF, art. 5º, incisos LIV e LV) – de formular reperguntas aos demais co-réus, que, no entanto, não estão obrigados a respondê-las, em face da prerrogativa contra a auto-incriminação, de que também são titulares. O desrespeito a essa franquia individual do réu, resultante da arbitrária recusa em lhe permitir a formulação de reperguntas, qualifica-se como causa geradora de nulidade processual absoluta, por implicar grave transgressão ao *estatuto constitucional do direito de defesa*. Doutrina. Precedente do STF. **HC N. 94.601-CE. RELATOR: MIN. CELSO DE MELLO. * noticiado no Informativo 526** (Inform. STF 558)

EMENTA: PENAL. PROCESSUAL PENAL. *HABEAS CORPUS*. DECISÃO TERMINATIVA PROFERIDA MONOCRATICAMENTE PELO TRIBUNAL *A QUO*. INADMISSIBILIDADE. DEVIDO PROCESSO LEGAL. INOBSERVÂNCIA. NÃO CONHECIMENTO DA IMPETRAÇÃO. ORDEM CONCEDIDA DE OFÍCIO. I - Como a decisão impugnada foi proferida monocraticamente pelo relator, o pleito não pode ser conhecido, sob pena de indevida supressão de instância e de extravasamento dos limites de competência do STF descritos no art. 102 da Constituição Federal, que pressupõe seja a coação praticada por Tribunal. II - O *habeas corpus* deve ser apresentado ao colegiado após seu regular processamento, sendo indevida a decisão monocrática terminativa depois de apreciado o pedido liminar e oferecido o parecer do Ministério Público. Hipótese de violação ao princípio da colegialidade. III - *Habeas Corpus* não conhecido. IV - Ordem concedida de ofício para anular a decisão atacada e determinar a apreciação do mérito pelo colegiado competente. **HC N. 96.012-CE. RELATOR: MIN. RICARDO LEWANDOWSKI**. (Inform. STF 555)

RESOLUÇÃO E CRIAÇÃO DE VARA ESPECIALIZADA

Ao aplicar o precedente firmado no julgamento do HC 88660/CE (j. em 15.5.2008), no sentido de que o Poder Judiciário tem competência para dispor sobre especialização de varas, porque é matéria que se insere no âmbito da organização judiciária dos tribunais, cujo tema não se encontra restrito ao campo de incidência exclusiva da lei, já que depende da integração dos critérios estabelecidos na Constituição, nas leis e nos regimentos internos dos tribunais, a Turma indeferiu *habeas corpus* em que alegada ofensa ao princípio do juiz natural ante a edição de resolução por tribunal de justiça. No caso, o Ministério Público do Estado do Rio Grande do Norte sustentava que a Lei de Organização e Divisão Judiciárias daquela unidade da federação não previa a fixação, por resolução do tribunal, de competência de varas judiciais. Assim, inconstitucional e ilegal a Resolução 19/2005, do Tribunal de Justiça do referido Estado-membro, que determinara a distribuição de ações penais envolvendo a prática de crimes sexuais contra crianças, adolescentes e idosos à determinada vara. De início, ressaltou-se a legitimidade do Ministério Público para impetrar *habeas corpus* com fundamento na incumbência da defesa da ordem jurídica e dos interesses individuais indisponíveis, bem como quando envolvido o princípio do juiz natural. No mérito, considerou-se que a resolução impugnada estaria em consonância com o entendimento desta Corte. Asseverou-se que a regra prevista no art. 73, da Constituição estadual, reproduziria o disposto no art. 96, II, d, da CF, ao prever que lei complementar, de iniciativa do tribunal de justiça, dispusesse sobre a organização e divisão judiciárias do Estado. Ademais, enfatizou que a leitura interpretativa do artigo 96, I, a e d, e II, d, da CF, admite que haja alteração da competência dos órgãos do Poder Judiciário por deliberação do tribunal de justiça, desde que sem impacto orçamentário, eis que houve simples alteração promovida administrativamente, constitucionalmente admitida, visando a uma melhor prestação da tutela jurisdicional, de natureza especializada. Outros precedentes citados: HC 84056/DF (DJU de 4.2.2005); HC 84103/DF (DJU de 6.8.2004). **HC 91024/RN, rel. Min. Ellen Gracie, 5.8.2008.** (HC-91024) (Inform. STF 514)

RESOLUÇÃO E CRIAÇÃO DE VARA ESPECIALIZADA - 1

A Turma iniciou julgamento de habeas corpus em que acusado pela suposta prática de crimes contra o sistema financeiro nacional, contra a ordem tributária, de lavagem de ativos ilícitos e apropriação indébita alega ofensa aos princípios constitucionais da reserva de lei e da separação de Poderes. Sustenta-se, na espécie, a incompetência da 11ª Vara Federal da Seção Judiciária do Estado do Ceará, porquanto o inquérito policial iniciara-se no Juízo Federal da 12ª Vara daquela Seção Judiciária e, com a criação dessa vara especializada em cuidar de delitos financeiros, o procedimento fora para lá distribuído, em data anterior ao oferecimento da denúncia. Afirma-se, ainda, por violação ao princípio do juiz natural, bem como pela não observância do disposto no art. 75, parágrafo único, do CPP, a ilegalidade e a inconstitucionalidade da Resolução 10-A/2003, do TRF da 5ª Região, que regulamentou a Resolução 314/2003, do Conselho da Justiça Federal - CJF, a qual criou a aludida vara especializada. **HC 88660/CE, rel. Min. Cármen Lúcia, 27.2.2007**. (HC-88660)

RESOLUÇÃO E CRIAÇÃO DE VARA ESPECIALIZADA - 2

A Min. Cármen Lúcia, relatora, deferiu o writ para determinar que o paciente seja julgado pela 12ª Vara Federal da Seção Judiciária do Estado do Ceará. De início, ressaltou que o tema pertinente à organização judiciária não estaria restrito ao campo de incidência exclusiva da lei, uma vez que dependeria da integração de critérios preestabelecidos na Constituição, nas leis e nos regimentos internos dos tribunais. Entendeu que, no caso, o TRF da 5ª Região não invadira competência reservada ao Poder Legislativo, mas exercitara competência constitucionalmente legítima e amparada pelo seu regimento interno, o mesmo não ocorrendo com o CJF, que exorbitara de sua competência ao definir atribuições de órgãos judiciais. Todavia, asseverou que, embora inconstitucional a Resolução 314/2003, este vício não atingiria a Resolução 10-A/2003, pois esta fora formalmente expedida nos termos da Constituição e não estaria fundamentada apenas naquela resolução. Afastou, ainda, afronta ao princípio do juiz natural, haja vista que a resolução do TRF da 5ª Região não instituiu juízo ad hoc ou criou tribunais de exceção. De outro lado, considerou que a posterior especialização de vara, quando já definida a competência pela distribuição, macularia de ilegalidade a aludida Resolução 10-A/2003, porquanto não observadas as normas legais do processo penal (CPP, art. 75). Após, pediu vista o Min. Ricardo Lewandowski. **HC 88660/CE, rel. Min. Cármen Lúcia, 27.2.2007**. (HC-88600)

RESOLUÇÃO E CRIAÇÃO DE VARA ESPECIALIZADA - 3

A Turma retomou julgamento de habeas corpus em que acusado pela suposta prática de crimes contra o sistema financeiro nacional, contra a ordem tributária, de lavagem de ativos ilícitos e de apropriação indébita alega ofensa aos princípios constitucionais da reserva de lei e da separação de poderes. Sustenta-se, na espécie, a incompetência da 11ª Vara Federal da Seção Judiciária do Estado do Ceará — criada pela Resolução 314/2003 do Conselho da Justiça Federal - CJF e regulamentada pela Resolução 10-A/2003, do TRF da 5ª Região —, porquanto o inquérito policial iniciara-se no Juízo Federal da 12ª Vara daquela Seção Judiciária e, com a criação dessa vara especializada em cuidar de delitos financeiros, o procedimento fora para lá distribuído, em data anterior ao oferecimento da denúncia, em ofensa ao princípio do juiz natural e ao art. 75, parágrafo único, do CPP — v. Informativo 457. Após o voto-vista do Min. Ricardo Lewandowski que acompanhava o voto da Min. Cármen Lúcia, relatora, que deferia o writ para determinar que o paciente seja julgado pela 12ª Vara Federal da Seção Judiciária do Estado do Ceará, a Turma, resolvendo questão de ordem suscitada pelo Min. Marco Aurélio, decidiu afetar o julgamento ao Plenário. **HC 88660/CE, rel. Min. Cármen Lúcia, 22.5.2007**. (HC-88660).

RESOLUÇÃO E CRIAÇÃO DE VARA ESPECIALIZADA - 4

O Tribunal, por maioria, denegou *habeas corpus*, afetado ao Pleno pela 1ª Turma, em que acusado pela suposta prática de crimes contra o sistema financeiro nacional, contra a ordem tributária, de lavagem de ativos ilícitos e apropriação indébita alegava ofensa aos princípios constitucionais da reserva de lei e da separação de Poderes. Sustentava-se, na espécie, a incompetência da 11ª Vara Federal da Seção Judiciária do Estado do Ceará, porquanto o inquérito policial iniciara-se no Juízo Federal da 12ª Vara daquela Seção Judiciária e, com a criação dessa vara especializada em cuidar de delitos financeiros, o procedimento fora para lá distribuído, em data anterior ao oferecimento da denúncia. Afirmava-se, ainda, por violação ao princípio do juiz natural, bem como pela não observância do disposto no art. 75, parágrafo único, do CPP, a ilegalidade e a inconstitucionalidade da Resolução 10-A/2003, do TRF da 5ª Região, que regulamentou a Resolução 314/2003, do Conselho da Justiça Federal - CJF, a qual fixou prazo para que os Tribunais Regionais Federais especializassem varas federais criminais para processar e julgar os crimes contra o sistema financeiro nacional e de lavagem ou ocultação de bens, direitos e valores (CPP: "*Art. 75. A precedência da distribuição fixará a competência quando, na mesma circunscrição judiciária, houver mais de um juiz igualmente competente. Parágrafo único. A distribuição realizada para o efeito da concessão de fiança ou da decretação de prisão preventiva ou de qualquer diligência anterior à denúncia ou queixa prevenirá a da ação penal.*") — v. Informativos 457 e 468. **HC 88660/CE, rel. Min. Cármen Lúcia, 15.5.2008.** (HC-86660)

RESOLUÇÃO E CRIAÇÃO DE VARA ESPECIALIZADA - 5

De início, ressaltou-se que o tema pertinente à organização judiciária não estaria restrito ao campo de incidência exclusiva da lei, uma vez que dependeria da integração de critérios preestabelecidos na Constituição, nas leis e nos regimentos internos dos tribunais. Entendeu-se que, no caso, o TRF da 5ª Região não invadira competência reservada ao Poder Legislativo, mas exercitara competência constitucionalmente legítima e amparada pelo seu regimento interno, o mesmo não ocorrendo com o CJF, que exorbitara de sua competência ao definir atribuições de órgãos judiciais. Todavia, asseverou-se que, embora inconstitucional a Resolução 314/2003, este vício não atingiria a Resolução 10-A/2003, pois esta fora formalmente expedida nos termos da Constituição e não estaria fundamentada apenas naquela resolução. Afastou-se, ainda, afronta ao princípio do juiz natural, haja vista que a resolução do TRF da 5ª Região não instituiu juízo *ad hoc* ou criou tribunais de exceção. **HC 88660/CE, rel. Min. Cármen Lúcia, 15.5.2008.** (HC-86660)

RESOLUÇÃO E CRIAÇÃO DE VARA ESPECIALIZADA - 6

Tendo em conta as informações prestadas pelo Juízo da 11ª Vara Federal, concluiu-se não ter havido ofensa ao parágrafo único do art. 75 do CPP, haja vista que as providências tomadas pelo Juízo da 12ª Vara Federal não teriam determinado decisões que repercutiriam no objeto nuclear de julgamento da ação penal. Por fim, asseverou-se que, conforme aventado, o art. 75 do CPP poderia comportar uma interpretação diferente, no sentido de que, entendida como regra de prevenção, pressuporia ela a existência, ao tempo da efetiva propositura da ação, de dois juízes igualmente competentes. Nessa perspectiva, seria possível argumentar que, quando a denúncia fora protocolizada, o único competente para julgar os delitos imputados ao paciente seria o Juízo da 11ª Vara Federal. Esclareceu-se, não obstante, que, desde a primeira análise feita, na espécie em pauta, a competência para julgar esses delitos não ficara exclusivamente restringida ao Juízo da 11ª Vara Federal, porque o da 12ª Vara Federal continuara competente para prosseguir com as ações penais (Resolução 10-A/2003, art. 5º, parágrafo único). Assim, nem mesmo a subsistência da competência residual do Juízo da 12ª Vara Federal lhe permitiria abarcar a causa, já que não consumado o elemento decisório ou o recebimento da denúncia, único a justificar a manutenção de sua competência. No ponto, afirmou-se que a regra contida no parágrafo único do art. 75 do CPP, que não é absoluta, teria sua aplicação restrita aos casos em que o juízo prevento deixa de existir ou se dele for retirada por completo a competência para o julgamento da causa. Vencido o Min. Marco Aurélio que concedia a ordem, ao fundamento de que a Resolução 10-A/2003 estaria em confronto com os princípios do promotor natural e do juiz natural, asseverando que, a partir do momento em que houvera necessidade de distribuição do inquérito por representação, visando à formalização de atos de constrição, não se teria como observar resoluções, atos administrativos, a ponto de afastar a prevenção estabelecida ante o disposto nos artigos 75 e 83 do CPP. **HC 88660/CE, rel. Min. Cármen Lúcia, 15.5.2008.** (HC-86660) (Inform. STF 506)

TURMAS RECURSAIS E COMPETÊNCIA EM MATÉRIA CRIMINAL

A Turma negou provimento a recurso extraordinário em que se discutia se as Turmas Recursais do Tribunal de Justiça do Estado de Santa Catarina seriam competentes para processar e julgar re-cursos em matéria criminal, inclusive *habeas corpus*, em decorrência da edição de resolução daquela Corte. O recorrente alegava ofensa ao princípio do juiz natural e a configuração de juízo de exceção, haja vista a inexistência de legislação estabelecendo competência criminal àquelas turmas recursais. Sustentava, ainda, que tais turmas possuiriam apenas competência para julgamento de recursos cíveis e que a referida resolução violaria o art. 98, I, da CF ("*Art. 98. A União, no Distrito Federal e nos Territórios, e os Estados criarão: I - juizados especiais, providos por juízes togados, ou togados e leigos, competentes para a conciliação, o julgamento e a execução de causas cíveis de menor complexidade e infrações penais de menor potencial ofensivo, mediante os procedimentos oral e sumariíssimo, permitidos, nas hipóteses previstas em lei, a transação e o julgamento de recursos por turmas de juízes de primeiro grau;*"). Entendeu-se que a citada resolução do tribunal local apenas regulamentara a atuação das turmas recursais dos juizados especiais cíveis que já existiam anteriormente à Lei 9.099/95, por força da Lei Complementar estadual 77/93. Enfatizou-se que, considerando a necessidade de as causas criminais envolvendo delitos de menor potencial ofensivo ser processadas de acordo com o rito da Lei 9.099/95 e tendo em vista que não sobreviera nova lei estadual no prazo definido no art. 95 dessa mesma lei, o tribunal de justiça, observando os princípios constitucionais e legais que determinaram a criação dos juizados de pequenas causas, declarara que os juizados especiais e as turmas recursais julgariam também causas criminais, e não apenas cíveis. Dessa forma, asseverou-se que não faria sentido exigir daquele Estado-membro outra lei para dispor sobre o que previsto na Lei 9.099/95. Concluiu-se que seria legítima, portanto, a resolução do tribunal que, pautada nos objetivos da Lei 9.099/95 e com base nos já existentes juizados especiais, regulamentou o julgamento das causas criminais por aqueles órgãos. **RE 463560/SC, rel. Min. Joaquim Barbosa, 29.4.2008.** (RE-463560) (Inform. STF 504)

PRINCÍPIO DO JUIZ NATURAL E CONVOCAÇÃO DE JUÍZES

A Turma, por não vislumbrar a alegada ofensa ao princípio do juiz natural, indeferiu *habeas corpus* em que requerida a nulidade de acórdão do TRF da 3ª Região, ao argumento de que este fora relatado por juiz federal convocado para substituir, ante licenciamento do cargo, desembargadora a quem distribuído o feito. Afirmava-se, na espécie, que o afastamento da desembargadora por longo período exigiria a redistribuição do processo, com sorteio de novo relator. Inicialmente, enfatizou-se que o princípio do juiz natural não apenas veda a instituição de tribunais e juízos de exceção como também impõe que as causas sejam processadas e julgadas pelo órgão jurisdicional previamente determinado, a partir de critérios constitucionais de repartição taxativa de competências, excluída qualquer alternativa de discricionariedade. Considerou-se que a convocação de juízes de 1º grau de jurisdição para substituir desembargadores não viola o aludido princípio constitucional, autorizado, no âmbito da justiça federal, pela Lei 9.788/99. Ademais, asseverou-se que o órgão competente para o julgamento da causa, e que efetivamente exercera essa competência, seria o tribunal e não o relator designado. No ponto, salientou-se que, no caso, não se vislumbraria, no ato de designação do juiz convocado, nenhum traço de discricionariedade capaz de comprometer a imparcialidade da decisão proferida pelo colegiado competente. HC 86889/SP, rel. Min. Menezes Direito, 20.11.2007. (HC-86889) (Inform. STF 489)

LEI 9.099/95 E RETROATIVIDADE DA LEI PENAL MAIS BENÉFICA

O Tribunal julgou parcialmente procedente pedido formulado em ação direta de inconstitucionalidade proposta pelo Conselho Federal da Ordem dos Advogados do Brasil para dar interpretação conforme ao art. 90 da Lei 9.099/95 ("*As disposições desta Lei não se aplicam aos processos penais cuja instrução já estiver iniciada.*"), de modo a impedir que dele se extraiam conclusões conducentes a negar aplicabilidade imediata e retroativa às normas de direito penal mais favoráveis aos réus contidas nessa lei. Tendo em conta que a Lei 9.099/95 tem natureza mista, já que composta por normas de natureza processual e penal, entendeu-se que, para a concreta aplicação do princípio da retroatividade da norma penal mais benéfica (CF, art. 5º, XL), o legislador não poderia conferir o mesmo tratamento para todas as normas nela inseridas. Precedente citado: Inq 1055 QO/AM (DJU de 6.5.96). ADI 1719/DF, rel. Min. Joaquim Barbosa, 18.6.2007. (ADI-1719) (Inform. STF 472)

DEMORA NO JULGAMENTO DE HC E INJUSTO CONSTRANGIMENTO - 1

A Turma iniciou julgamento de *habeas corpus* em que se pretende a concessão da ordem para determinar que o STJ coloque em pauta idêntica medida lá impetrada, ao argumento de excesso de prazo no julgamento do *writ* que, impetrado em 1º.8.2006, tivera liminar indeferida em 21.8.2006, data em que os autos foram remetidos ao Ministério Público Federal. A Min. Cármen Lúcia, relatora, indeferiu o *writ*, no que foi acompanhada pelo Min. Ricardo Lewandowski. Embora reconhecendo não ser curto o período de pendência daquela ação no Tribunal *a quo*, considerou que a concessão da ordem, neste caso, seria medida excepcional e tornar-se-ia viável se essa demora configurasse efetivo e óbvio constrangimento ilegal pelo descumprimento da norma da razoável duração do processo (CF, art. 5º, LXXVIII), o que não comprovado na espécie. Aduziu, nesse sentido, que o feito, já concluso com parecer, estaria tendo regular processamento, que, em princípio, não se teriam os fundamentos pelos quais o *habeas corpus* teria sido denegado na origem e que não haveria risco iminente ao direito de ir e vir do paciente, porquanto não se encontra preso. Após, o julgamento foi suspenso em virtude do pedido de vista do Min. Carlos Britto. HC 91041/PE, rel. Min. Cármen Lúcia, 22.5.2007. (HC-91041) 451

DEMORA NO JULGAMENTO DE HC E INJUSTO CONSTRANGIMENTO - 2

Em face do empate na votação, a Turma deferiu *habeas corpus* para determinar que o STJ apresente em mesa idêntica medida lá impetrada — em 1º.8.2006, cuja liminar fora indeferida em 21.8.2006, e nesta data remetida ao Ministério Público Federal —, na primeira sessão subseqüente à comunicação da presente ordem, nos termos do art. 664 do CP, c/c o art. 202 do RISTF — v. Informativo 468. Asseverando a necessidade de se conciliar o direito à "razoável duração do processo" (CF, art. 5º, LXXVIII), em tema de impetração de *habeas corpus*, com o dever estatal de não-negação de justiça (CF, art. 5º, XXXV), afirmou-se que a tramitação de processo que se instaura por ajuizamento de um *habeas corpus* tem primazia sobre o andamento de qualquer outra ação, ainda que esta também tenha expressa nominação constitucional, porquanto aquele visa proteger a liberdade de locomoção. Desse modo, de nada valeria declarar o direito à razoável duração do processo, se a ele não correspondesse o dever estatal de julgar, dever que se transmuta em garantia de acesso eficaz ao Poder Judiciário, garantia individual a se operacionalizar pela imposição de dupla e imbricada interdição: a) ao Poder Legislativo, no sentido de não poder afastar da apreciação judiciária todo tipo de lesão ou ameaça a direito e b) aos próprios órgãos do Poder Judiciário, na acepção de que nenhum deles pode optar pelo não-exercício do poder de decidir sobre tais reclamos de lesão ou ameaça a direito, haja vista a obrigação de solver ou liquidar as matérias formalmente submetidas à sua apreciação. HC 91041/PE, rel. orig. Min. Cármen Lúcia, rel. p/ o acórdão Min. Carlos Britto, 5.6.2007. (HC-91041)

DEMORA NO JULGAMENTO DE HC E INJUSTO CONSTRANGIMENTO - 3

Tendo isso em conta, entendeu-se que a vaga informação de que o julgamento do *writ* impetrado no STJ ocorreria em momento "oportuno" seria incompatível com a presteza máxima exigida pelo dever de decidir. Assim, não obstante reconhecendo a situação fática daquela Corte em relação à imensa quantidade de processos aguardando apreciação, concluiu-se ser da competência do STF determinar, aos Tribunais Superiores, o julgamento de mérito desse ou daquele *habeas corpus* que a ele se afigure como irrazoavelmente desprivilegiado em seu andamento (CF, art. 102, I, i). Os Ministros Cármen Lúcia e Ricardo Lewandowski votaram pelo indeferimento da ordem, ao fundamento de que a sua concessão, no caso, seria medida excepcional. HC 91041/PE, rel. orig. Min. Cármen Lúcia, rel. p/ o acórdão Min. Carlos Britto, 5.6.2007. (HC-91041) (Inform. STF 470)

DEMORA NO JULGAMENTO DE HC E INJUSTO CONSTRANGIMENTO - 1

A Turma iniciou julgamento de *habeas corpus* em que se pretende a concessão da ordem para que o STJ julgue, o mais breve possível, idêntica medida lá impetrada, ao argumento de excesso de prazo no julgamento do *writ*, que se encontra concluso ao relator desde 17.3.2006. O Min. Celso de Mello, relator, tendo em conta esse lapso temporal, concedeu a ordem para determinar que o STJ proceda de imediato ao julgamento do *habeas corpus*, por entender configurado, na espécie, o excesso de prazo no exame da medida, no que foi acompanhado pelo Min. Eros Grau. Asseverou que o réu tem o direito público subjetivo de ser julgado pelo Poder Público dentro de um prazo razoável, sob pena de caracterizar-se situação de injusto constrangimento ao seu *status libertatis*. Após, pediu vista o Min. Joaquim Barbosa. HC 90147/SC, rel. Min. Celso de Mello, 20.3.2007. (HC-90147)

DEMORA NO JULGAMENTO DE HC E INJUSTO CONSTRANGIMENTO - 2

A Turma, tendo em conta a superveniência de julgamento do *habeas corpus* pelo STJ, acolheu proposta suscitada pelo Min. Joaquim Barbosa no sentido de julgar prejudicado o *writ*, aqui impetrado, em que se pretendia a concessão da ordem para que aquela Corte julgasse, o mais breve possível, idêntica medida, ao argumento de excesso de prazo no seu julgamento, uma vez que conclusos os autos ao relator desde 17.3.2006 — v. Informativo 460. HC 90147/SC, rel. Min. Celso de Mello, 3.4.2007. (HC-90147) (Inform. STF 462)

1.1. SUPERIOR TRIBUNAL DE JUSTIÇA

DIREITO PROCESSUAL PENAL. ANTECEDENTES CRIMINAIS. EXCLUSÃO DA INFORMAÇÃO EM CASO DE PRESCRIÇÃO DA PRETENSÃO PUNITIVA.

É indevida a manutenção na folha de antecedentes criminais de dados referentes a processos nos quais foi reconhecida a extinção da pretensão punitiva estatal. Não há por que serem mantidos os registros do investigado ou processado no banco de dados do instituto de identificação nos casos de arquivamento do inquérito policial, absolvição, reabilitação ou extinção da punibilidade pelo advento da prescrição, porquanto as referidas informações passam a ser de interesse meramente eventual do juízo criminal. A manutenção dos dados na folha de antecedentes criminais nessas circunstâncias constitui ofensa ao direito à preservação da intimidade de quem foi investigado ou processado. Assim, os dados deverão ficar apenas registrados no âmbito do Poder Judiciário e disponibilizados para consultas justificadas de juízes criminais. Precedentes citados: RMS 32.886-SP, DJe 1º/12/2011; RMS 35.945-SP, DJe 3/4/2012; RMS 25.096-SP, DJe 7/4/2008; Pet 5.948-SP, DJe 7/4/2008. **RMS 29.273-SP, Rel. Min. Maria Thereza de Assis Moura, julgado em 20/9/2012.(Inform. STJ 505)**

FUNDAMENTAÇÃO REMISSIVA. NULIDADE.

O órgão judicante, ao decidir um recurso, deve agregar suas próprias fundamentações nas razões de decidir. A mera repetição da decisão ou a referência remissiva à sentença violam o art. 93, IX, da CF e prejudicam a garantia do duplo grau de jurisdição. No caso, o órgão julgador do tribunal de origem apenas ratificou as razões da sentença e incorporou o parecer da Procuradoria-Geral de Justiça, sem acrescentar argumentos próprios ao acórdão. A Min. Relatora, com base na doutrina, alertou que tal procedimento resulta em omissão do julgador, que deixa de expor suas próprias razões para justificar a manutenção da decisão recorrida. Em outras palavras, nessas situações, o magistrado se omite quanto à valoração crítica dos argumentos por ele adotados. Por outro lado, ficou registrada a possibilidade de o órgão julgador adotar razões de decidir da sentença, desde que traga ao contexto os argumentos contrapostos nas razões e contrarrazões recursais, de tal forma a viabilizar o salutar caráter dialético, expressão da garantia do contraditório. Com esses fundamentos, a Turma anulou o acórdão atacado, determinando novo julgamento que enfrente os argumentos contrapostos no recurso. Precedentes citados: HC 90.684-RS, DJe 13/4/2009; HC 63.664-SP, DJ 26/2/2007, e HC 23.893-PA, DJ 17/11/2003. **HC 232.653-SP, Rel. Min. Maria Thereza de Assis Moura, julgado em 24/4/2012. (Inform. STJ 496)**

HC. ADVOGADO. ACESSO. DENÚNCIA.

In casu, requerem os impetrantes o reconhecimento do direito de ter acesso à denúncia de uma ação penal na qual não possuem procuração, visando instruir a defesa de seu cliente na ação penal a que responde. Noticiam os autos que o paciente foi denunciado e pronunciado por homicídio qualificado com dolo eventual, acusado de ter causado a morte de nove pessoas ao dirigir embriagado. Com base em notícias vinculadas na imprensa nacional, a defesa do paciente solicitou ao juízo processante cópia da exordial acusatória de uma ação penal em trâmite no órgão especial do Tribunal de Justiça estadual, envolvendo um promotor público que teria, também, atropelado e matado três pessoas, vindo a ser denunciado por homicídio culposo. Alegam os impetrantes que o paciente e o aludido promotor de justiça, embora tenham praticado a mesma conduta, receberam tratamentos legais e processuais diversos, razão pela qual o elemento de prova pretendido seria essencial à tese da defesa, visando à desclassificação do tipo denunciado. Com o indeferimento do pedido, a defesa impetrou *habeas corpus* na corte local, também denegado. Inicialmente, observou o Min. Relator que, por determinação constitucional, é assegurado aos membros do *Parquet* foro especial por prerrogativa de função, criado para proteger determinados cargos ou funções públicas diante de sua relevância, já que as decisões referentes aos delitos praticados por seus ocupantes poderiam ocasionar uma série de implicações. Por outro vértice, ainda que a regra seja a da publicidade nos termos do art. 93, IX, da CF, excepcionalmente, a fim de que se preserve a intimidade do réu e desde que não prejudique o interesse público à informação, a autoridade competente poderá decretar o sigilo processual. É o que aparenta ser o caso da ação penal movida em desfavor do promotor. Também, é certo que a ampla defesa deve abranger tanto o direito de o acusado ser assistido por profissional habilitado, como o direito de defender-se com a maior amplitude possível, e é certo que a imputação de responsabilidade penal a qualquer acusado deve observar o devido processo legal e permitir o pleno exercício da ampla defesa e do contraditório. Nesse viés, cabe ao magistrado a faculdade do indeferimento, de forma motivada, das providências que julgar protelatórias, irrelevantes ou impertinentes. Ressaltou, ainda, o Min. Relator que, no caso, restou equivocadamente fundamentada a negativa de acesso à cópia da denúncia, limitando-se o magistrado processante a afirmar que a eventual simetria entre os fatos não justifica a juntada ou a quebra de sigilo decretado por outro juízo. É exatamente a aparente simetria entre os fatos que justifica o pedido do paciente para ter acesso à cópia da exordial de outra ação penal, visando ao cotejo entre aquela e a sua acusação. Diante dessa e de outras considerações, a Turma concedeu a ordem. **HC 137.422-SP, Rel. Min. Jorge Mussi, julgado em 10/4/2012.(Inform. STJ 495)**

PRINCÍPIO DA IDENTIDADE FÍSICA DO JUÍZ. JUÍZA SUBSTITUTA.

Não há ofensa ao art. 399, § 2º do CPP, que estatui que o juiz que presidiu a instrução deverá proferir a sentença – identidade física –, na hipótese de juíza substituta tomar os depoimentos das testemunhas de acusação e, posteriormente, ser sucedida pela juíza titular que prosseguiu com a audiência, ouvindo as testemunhas de defesa e proferindo sentença de mérito que condenou o impetrante. Ademais, a juíza substituta estava exercendo o seu *munus* em caráter temporário, podendo ser designada, por ato da presidência do tribunal, a atuar em qualquer outra vara. Por outro lado, a juíza titular tem por função, dentre outros atos, a entrega da prestação jurisdicional nos feitos conclusos para sentença. **HC 219.482-SC, Rel. Min. Og Fernandes, julgado em 27/3/2012. (Inform. STJ 494)**

CONVOCAÇÃO. TJ. JUÍZES.

Os pacientes foram condenados por infração aos arts. 155, § 4º, IV, c/c o 14, II, todos do CP e, no *habeas corpus*, buscam a nulidade do acórdão *a quo* por ofensa ao princípio do juiz natural, tendo em vista que o julgamento ocorreu em câmara criminal composta majoritariamente por juízes de primeiro grau. Sucede que a celeuma sobre o sistema de convocação de juízes, para atuação no TJ de São Paulo, foi resolvida no STF (Informativo do STF n. 581), no sentido da regularidade dessas convocações visto que tais convocações seriam uma resposta à difícil conjuntura de sobrecarga de trabalho para atender a efetividade a um novo direito fundamental introduzido na Constituição a partir da EC n. 45/2004. Assim, diante da posição adotada pelo STF, a Turma denegou a ordem por não haver a nulidade apontada. Precedente citado do STF: HC 96.821-SP, DJe 15/6/2009. **HC 153.326-SP, Rel. Min. Felix Fischer, julgado em 20/4/2010**. (Inform. STJ 431)

COMPETÊNCIA. REDISTRIBUIÇÃO. PRINCÍPIO. JUIZ NATURAL.
Na impetração, sustenta-se que, quando já definida a competência pela distribuição, resolução alguma, ainda que de criação de varas, pode ter o condão de determinar a redistribuição de processos anteriormente distribuídos, sob pena de clara e grave violação do princípio do juiz natural, que macula com a pecha de nulidade todos os atos decisórios desde então praticados por juízo incompetente. Diante disso, a Turma denegou o *habeas corpus* ao entendimento de que a redistribuição do feito decorrente da criação de vara com idêntica competência com a finalidade de igualar os acervos dos juízos e dentro da estrita norma legal, não viola o princípio do juiz natural, uma vez que a garantia constitucional permite posteriores alterações de competência. Observou-se que o STF já se manifestou no sentido de que inexiste violação ao referido princípio, quando ocorre redistribuição do feito em virtude de mudança na organização judiciária, visto que o art. 96, a, da CF/1988 assegura aos tribunais o direito de dispor sobre a competência e o funcionamento dos respectivos órgãos jurisdicionais. Precedentes citados do STF: HC 91.253-MS, DJ 14/11/2007; do STJ: HC 48.746-SP, DJe 29/9/2008; HC 36.148-CE, DJ 17/4/2006; HC 44.765-MG, DJ 24/10/2005; REsp 675.262-RJ, DJ 2/5/2005; HC 41.643-CE, DJ 3/10/2005; HC 10.341-SP, DJ 22/11/1999, e RHC 891-SP, DJ 4/3/1991. **HC 102.193-SP, Rel. Min. Laurita Vaz, julgado em 2/2/2010.** (Inform. STJ 421)

FALSIFICAÇÃO. IDENTIDADE. APELAÇÃO ANULADA.
No caso, o paciente foi condenado à pena de dois anos e cinco meses de reclusão em regime semiaberto, bem como ao pagamento de 15 dias multa pela prática do delito tipificado no art. 304 do CP. No *habeas corpus*, o impetrante aponta constrangimento ilegal porque a Juíza Titular da Vara Criminal que recebeu a denúncia contra o paciente e determinou outros atos instrutórios é a mesma que foi convocada a compor Câmara do TJ, atuando como revisora do acórdão de apelação. Observou o Min. Relator que consta das informações dadas pelo Juízo de Primeira Instância que a Magistrada Titular da Vara Criminal atuou na instrução, recebeu a denúncia, procedeu ao interrogatório e, posteriormente, recebeu o apelo defensivo. Assim, mesmo que ela não tenha sido a prolatora da sentença, não se pode afastar que sua participação criaria empecilhos à sua atuação em outra instância, a teor do que estabelece o art. 252, III, do CPP. Também ressaltou o Min. Relator que hoje se confere primordial atenção ao interrogatório, tanto que, após as reformas processuais, explicitou-se o princípio da identidade física do julgador (art. 399, § 2º, do CPP). Dessa forma, entendeu estar configurada a ofensa aos princípios do devido processo legal e também da imparcialidade dos julgadores. Diante do exposto, a Turma concedeu a ordem para anular o acórdão da apelação e determinar que outro seja realizado, apontando o impedimento da Desembargadora convocada que atuou em primeira instância, além de assegurar ao paciente aguardar em liberdade o desfecho do processo. **HC 121.416-RS, Rel. Min. Og Fernandes, julgado em 15/10/2009.** (Inform. STJ 411)

MP. PARECER. CONTRADITÓRIO.
Quando ausente a hipótese de competência originária ou na falta de específica previsão legal em sentido contrário, a função do MP que atua em segundo grau é de *custos legis*. Dessarte, após sua manifestação, não há contraditório, pois o parecer não possui natureza de ato de parte, não estando sequer vinculado às contrarrazões ofertadas pelo promotor de Justiça, esse sim parte na ação penal. Desse modo, não há ofensa aos princípios do contraditório, da ampla defesa e do devido processo legal se não há intimação da defesa para manifestar-se acerca do parecer elaborado pelo *Parquet*. Anote-se que o CPP não prevê qualquer intimação da defesa quanto ao parecer ministerial (art. 610 daquele código), o que reforça ainda mais o caráter imparcial da função exercida pela Procuradoria Geral de Justiça nessa hipótese. Ademais, no caso em tela, a Turma Recursal sequer acolheu o parecer, pois deu provimento parcial ao apelo para diminuir a pena, enquanto o prévio parecer escrito sugeria o não provimento do apelo. Daí evidenciada a ausência de prejuízo que justifique a anulação do ato, pois se mostra o julgamento favorável ao réu. Precedentes citados do STF: MC na ADI 758, DJ 8/4/1994; HC 81.436-MG, DJ 22/2/2002; do STJ: HC 57.019-SE, DJe 3/3/2008; HC 58.587-RJ, DJ 20/11/2006; HC 97.217-GO, DJe 29/9/2008, e RHC 12.720-BA, DJ 18/8/2003. **HC 134.275-GO, Rel. Min. Felix Fischer, julgado em 18/8/2009.** (Inform. STJ 403)

AUDIÊNCIA. ART. 212 DO CPP. NOVA REDAÇÃO.
Trata-se de HC impetrado pelo MP em favor do paciente contra acórdão proferido pelo TJ que negou provimento à reclamação ajuizada pelo impetrante naquele tribunal e referente à decisão proferida nos autos do processo-crime em que o paciente foi condenado à pena de cinco anos, sete meses e 20 dias de reclusão em regime fechado, pela prática do delito previsto no art. 157, *caput*, do CP. Na reclamação e neste HC, a questão de grande relevância é a aplicabilidade do art. 212 do CPP diante da alteração de sua redação promovida pela Lei n. 11.690/2008, que passou a vigir a partir de 9 de agosto de 2008. O MP alega que, designada audiência de instrução e julgamento, essa se realizou no dia 14/8/2008 em desacordo com as normas contidas no referido art. 212 do CPP, uma vez que houve inversão na ordem de formulação das perguntas, o que enseja nulidade absoluta (que prescinde da demonstração do efetivo prejuízo e de dilação probatória), em virtude da violação do referido artigo, bem como do sistema acusatório, do devido processo legal e do princípio da dignidade da pessoa humana (arts. 129, I; 5º, LIV, e 1º, III, todos da CF/1988). O juiz de 1º grau indeferiu o pleito do MP em audiência sob o fundamento de que tal dispositivo legal não trouxe inovação com relação ao sistema outrora estabelecido a respeito da presidência dos atos procedimentais no curso das audiências, qual seja, sistema presidencial, o qual permanece em pleno vigor e, nessa condição, concede ao magistrado o poder/dever de, caso queira, arguir primeiro as testemunhas arroladas pelas partes. Diante disso, a Turma concedeu a ordem para anular a audiência realizada em desconformidade com o contido no art. 212 do CPP e os atos subsequentes, determinando que outra seja realizada nos moldes do referido dispositivo, sob os argumentos de que, dentre outros, no caso vertente restou violado *due process of law* constitucionalmente normatizado, pois o retrocitado art. 5º, LIV, da CF/1988 preceitua que ninguém será privado da liberdade ou de seus bens sem o devido processo legal e, na espécie, o ato reclamado não seguiu o rito estabelecido na legislação processual penal, acarretando a nulidade do feito. Afinal, a teor do art. 212 do CPP com sua nova redação, a oitiva das testemunhas deve ocorrer com perguntas feitas direta e primeiramente pelo MP e depois pela defesa, sendo que, no caso, o juiz não se restringiu a colher, ao final, os esclarecimentos que elegeu necessários, mas sim realizou o ato no antigo modo, ou seja, efetuou a inquirição das vítimas, olvidando a alteração legal, mesmo diante do alerta ministerial no sentido de que a audiência fosse concretizada nos moldes da vigência da Lei n. 11.690/2008. Também restou consignado que, além de a parte ter direito à estrita observância do procedimento estabelecido na lei, por força do princípio do devido processo legal, o paciente teve proferido julgamento em seu desfavor, sendo que, diante do novo método utilizado para a inquirição de testemunhas, a colheita da referida prova de forma diversa, ou seja, pelo sistema presidencial, indubitavelmente lhe acarretou evidente prejuízo. **HC 121.216-DF, Rel. Min. Jorge Mussi, julgado em 19/5/2009.** (Inform. STJ 395)

QO. JUÍZES CONVOCADOS. SUBSTITUIÇÃO. FÉRIAS.
A Turma, em questão de ordem, decidiu remeter o julgamento do *habeas corpus* à Terceira Seção. O caso trata da convocação de dois juízes federais para substituírem dois desembargadores federais em virtude de férias. Assim, a Turma julgadora no Tribunal *a quo* funcionou naquele julgamento com dois juízes convocados e somente um desembargador federal. A questão é saber se houve, na hipótese, violação do princípio constitucional do juiz natural. **HC 109.456-DF, Rel. Min. Jane Silva (Desembargadora convocada do TJ-MG), em 9/12/2008.** (Inform. STJ 380)

TJ. APELAÇÃO. NULIDADE.
A Seção entendeu que são nulos os julgamentos de recursos proferidos por turma composta, majoritariamente, por juízes de 1º grau voluntários, uma vez que viola o princípio do juiz natural (arts. 93, II, 94, 98, I, da CF/1988). Precedentes citados: HC 72.941-SP, DJ 19/11/2007, e HC 9.405-SP, DJ 18/6/2001. **HC 101.943-SP, Rel. Min. Jane Silva, (Desembargadora convocada do TJ-MG), julgado em 24/9/2008.** (Inform. STJ 369)

COLEGIADO. COMPOSIÇÃO. JUÍZES CONVOCADOS.
Trata-se de *habeas corpus* em que se alega a nulidade do julgamento que condenou o ora paciente pelo crime tipificado no art. 334 do CP, visto que, no TRF, o órgão fracionário (colegiado) que apreciou o recurso da acusação foi composto majoritariamente por juízes convocados, o que violaria o princípio do juiz natural. A Turma entendeu que, a despeito de não haver impedimento à convocação de juízes de primeiro grau para atuar no TRF, a composição majoritária do órgão colegiado, no caso a turma, por juízes convocados efetivamente violou o princípio do juiz natural. Com efeito, nos termos dos arts. 93, III, 94 e 98, I, da CF/1988, a jurisdição para o julgamento de recursos de competência do Tribunal pertence aos desembargadores titulares. A própria Carta Magna restringe a competência de órgão revisor formado por juízes de primeiro grau ao julgamento de recursos que versem sobre crimes de menor complexidade e infrações de menor potencial ofensivo, no âmbito da Turma Recursal dos Juizados Especiais. Com esse fundamento, concedeu-se a ordem de *habeas corpus*. Precedentes citados: HC 72.941-SP, DJ 19/11/2007, e HC 9.405-SP, DJ 18/6/2001. **HC 105.413-GO, Rel. Min. Laurita Vaz, julgado em 27/5/2008.** (Inform. STJ 357)

HC. HOMICÍDIO QUALIFICADO. PRINCÍPIO. PROMOTOR NATURAL.
A designação de promotores de outras comarcas para auxiliar em determinado processo sem a interferência na condução da persecução penal não revela violação do princípio do promotor natural. **HC 38.365-GO, Rel. Min. Maria Thereza de Assis Moura, julgado em 21/8/2007.** (Inform. STJ 328)

NÃO-CONFIGURAÇÃO. VIOLAÇÃO. PRINCÍPIO. PROMOTOR NATURAL.
Cuida-se de recurso interposto pelo Ministério Público estadual contra acórdão do TJ que não conheceu dos embargos opostos pelo *parquet*, ao argumento de violação do princípio do promotor natural. O recurso integrativo oposto pelo MP não foi conhecido ao fundamento de ilegitimidade postulatória. Isso posto, a Turma deu provimento ao recurso ao argumento de que a ofensa ao princípio do promotor natural verifica-se de exceção, lesionando o exercício pleno e independente das atribuições do Ministério Público, o que não ocorre nos autos. A atuação ministerial pautada pela própria organização interna, com atribuições previamente definidas na Lei Orgânica do Ministério Público estadual, não configura violação do princípio do promotor natural. Precedentes citados: REsp 632.945-RS, DJ 23/8/2004, e RHC 17.231-PE, DJ 10/10/2005. **REsp 904.422-SC, Rel. Min. Felix Fischer, julgado em 22/5/2007.** (Inform. STJ 321)

SÚMULA STF Nº 704

Não viola as garantias do juiz natural, da ampla defesa e do devido processo legal a atração por continência ou conexão do processo do co-réu ao foro por prerrogativa de função de um dos denunciados.

2. INQUÉRITO POLICIAL

SÚMULA VINCULANTE 14 E ACESSO A MÍDIAS DANIFICADAS
Por reputar violada a Súmula Vinculante 14 ("*É direito do defensor, no interesse do representado, ter acesso amplo aos elementos de prova que, já documentados em procedimento investigatório realizado por órgão com competência de polícia judiciária, digam respeito ao exercício do direito de*
454 *defesa*"), o Plenário julgou procedente pedido formulado em reclamação para conceder ao reclamante acesso aos documentos apreendidos na sede de empresa, da qual diretor-presidente, em especial, ao conteúdo de mídias supostamente vazias ou danificadas. Na espécie, o juízo de origem permitira a disponibilização de parte dos arquivos recolhidos — em investigações procedidas na denominada "Operação Satiagraha" —, selecionada por peritos da polícia federal, sob a assertiva de que o restante das mídias estaria corrompido, a impedir o espelhamento pretendido pela defesa. Asseverou-se que, sendo o espelhamento o meio adequado para viabilizar o acesso ao conteúdo das mídias danificadas e para comprovar quais estariam realmente vazias, não poderia o magistrado opor resistência à efetivação dessa medida, para não inviabilizar o contato do reclamante com elementos de prova, em cerceio a sua defesa. Rcl 9324/SP, rel. Min. Cármen Lúcia, 24.11.2011. (Rcl-9324) (Inform. STF 649)

CONDUÇÃO COERCITIVA DE PESSOA À DELEGACIA - 1
A 1ª Turma denegou, por maioria, *habeas corpus* impetrado em favor de paciente que fora conduzido à presença de autoridade policial, para ser inquirido sobre fato criminoso, sem ordem judicial escrita ou situação de flagrância, e mantido custodiado em dependência policial até a decretação de sua prisão temporária por autoridade competente. A impetração argumentava que houvera constrangimento ilegal na fase inquisitiva, bem como nulidades no curso da ação penal. Em conseqüência, requeria o trancamento desta. Verificou-se, da leitura dos autos, que esposa de vítima de latrocínio marcara encontro com o paciente, o qual estaria na posse de cheque que desaparecera do escritório da vítima no dia do crime. A viúva, então, solicitara a presença de policial para acompanhar a conversa e, dessa forma, eventualmente, chegar-se à autoria do crime investigado. Ante as divergências entre as versões apresentadas por aquela e pelo paciente, durante o diálogo, todos foram conduzidos à delegacia para prestar esclarecimentos. Neste momento, fora confessado o delito. Assentou-se que a própria Constituição asseguraria, em seu art. 144, § 4º, às polícias civis, dirigidas por delegados de carreira, as funções de polícia judiciária e a apuração de infrações penais. O art. 6º, II a VI, do CPP, por sua vez, estabeleceria as providências a serem tomadas pelas autoridades referidas quando tivessem conhecimento da ocorrência de um delito. Assim, asseverou-se ser possível à polícia, autonomamente, buscar a elucidação de crime, sobretudo nas circunstâncias descritas. Enfatizou-se, ainda, que os agentes policiais, sob o comando de autoridade competente (CPP, art. 4º), possuiriam legitimidade para tomar todas as providências necessárias, incluindo-se aí a condução de pessoas para prestar esclarecimentos, resguardadas as garantias legais e constitucionais dos conduzidos. Observou-se que seria desnecessária a invocação da teoria dos poderes implícitos. HC 107644/SP, rel. Min. Ricardo Lewandowski, 6.9.2011. (HC-107644)

CONDUÇÃO COERCITIVA DE PESSOA À DELEGACIA - 2
Passou-se, em seguida, à análise das demais alegações do impetrante. No tocante ao uso de algemas, entendeu-se que fora devidamente justificado. Afastou-se a assertiva de confissão mediante tortura, porquanto, após decretada a prisão temporária, o paciente fora submetido a exame no Instituto Médico Legal, em que não se constatara nenhum tipo de lesão física. Assinalou-se não haver evidência de cerceamento de defesa decorrente do indeferimento da oitiva das testemunhas arroladas pelo paciente e do pedido de diligências, requeridos a destempo, haja vista a inércia da defesa e a conseqüente preclusão dos pleitos. Além disso, consignou-se que a jurisprudência desta Corte firmara-se no sentido de não haver cerceamento ao direito de defesa quando magistrado, de forma fundamentada, lastreada em elementos de convicção existentes nos autos, indefere pedido de diligência probatória que repute impertinente, desnecessária ou protelatória. Explicitou-se que a defesa do paciente não se desincumbira de indicar, oportunamente, quais elementos de provas pretendia produzir para absolvê-lo. Desproveu-se, também, o argumento de que houvera inversão na ordem de apresentação das alegações finais, porque a magistrada, em razão de outros documentos juntados pela defesa nessa fase, determinara nova vista dos autos ao Ministério Público, o que não implicaria irregularidade processual. Considerou-se que, ao contrário, dera-se a estrita observância aos princípios do devido processo legal e do contraditório. Ademais, reputou-se suficientemente motivada a prisão cautelar. O Min. Dias Toffoli acompanhou o relator, ante a peculiaridade da espécie. Acrescentou que a condução coercitiva do paciente visara a apuração de infração penal gravíssima, em vista de posse de objeto de subtração que estivera em poder da vítima antes de sua morte. Mencionou que se poderia aplicar, à situação dos autos, a teoria dos poderes implícitos. Apontou que alguns teóricos classificariam esse proceder, que não teria significado de prisão, como custódia ou retenção. Por fim, destacou que o STJ desprovera o último recurso do réu, mediante decisão transitada em julgado. Vencido o Min. Marco Aurélio, que concedia a ordem. HC 107644/SP, rel. Min. Ricardo Lewandowski, 6.9.2011. (HC-107644) (Inform. STF 639)

EMENTA: *PERSECUÇÃO PENAL* **E** *DELAÇÃO ANÔNIMA*. **DOUTRINA. PRECEDENTES. PRETENDIDA EXTINÇÃO DO PROCEDIMENTO PENAL. DESCARACTERIZAÇÃO**, *NA ESPÉCIE*, **DA PLAUSIBILIDADE JURÍDICA DO PEDIDO. MEDIDA CAUTELAR INDEFERIDA.**
- **As autoridades públicas não podem** iniciar **qualquer** medida de persecução (penal **ou** disciplinar), **apoiando-se**, *unicamente*, para tal fim, em peças apócrifas **ou** em escritos anônimos. **É por essa razão** que o **escrito anônimo não autoriza**, *desde que isoladamente considerado*, **a imediata instauração** de "*persecutio criminis*".
- **Peças apócrifas não podem** ser formalmente incorporadas a procedimentos **instaurados** pelo Estado, *salvo* quando forem produzidas **pelo acusado ou**, *ainda*, **quando constituírem**, *elas próprias*, **o corpo de delito** (*como sucede* com bilhetes de resgate no crime de extorsão mediante seqüestro, *ou como ocorre* com cartas **que evidenciem** a prática de crimes contra a honra, **ou que corporifiquem** o delito de ameaça **ou que materializem** o "*crimen falsi*", **p.ex.**).
- **Nada impede**, *contudo*, **que o Poder Público**, *provocado* por delação anônima ("*disque-denúncia*", **p. ex.**), **adote** medidas **informais** destinadas a apurar, *previamente*, em averiguação sumária, "***com prudência e discrição***", **a possível** ocorrência *de eventual* situação de ilicitude penal, *desde que o faça* com o objetivo **de conferir a verossimilhança** dos fatos nela denunciados, *em ordem a promover*, *então*, em caso positivo, a formal instauração da "*persecutio criminis*", **mantendo-se**, *assim*, **completa desvinculação** desse procedimento estatal **em relação** às peças apócrifas.
- **Diligências prévias** que, **promovidas** pelo Departamento de Polícia Federal, *revelariam* a preocupação da Polícia Judiciária **em observar**, *com cautela* **e** *discrição*, **as diretrizes jurisprudenciais** estabelecidas, **em tema** *de delação anônima*, pelo Supremo Tribunal Federal **e** pelo Superior Tribunal de Justiça. HC 106664 MC/SP. RELATOR: MIN. CELSO DE MELLO. DJ 23.05.11. (Inform. STF 629)

INQUÉRITO POLICIAL: SIGILO E DIREITO DE VISTA - 1
O Plenário, por maioria, desproveu agravo regimental interposto de decisão do Min. Joaquim Barbosa, proferida nos autos de ação penal, da qual relator, movida pelo Ministério Público Federal contra diversas pessoas acusadas da suposta prática de crimes ligados ao esquema denominado "Mensalão". A decisão questionada indeferira pleito defensivo em que se

pretendia fossem expedidos ofícios com o objetivo de cotejar a rotina de instituição financeira envolvida no caso com a de outras, na tentativa de demonstrar que as práticas adotadas por aquela seriam semelhantes às demais, ou mesmo mais rigorosas. A defesa também requeria acesso aos autos de outro inquérito, que tramita em segredo de justiça, instaurado a partir de relatório elaborado por comissão parlamentar mista de inquérito, após o oferecimento da denúncia que originara a ação penal de que se cuida. AP 470 Décimo Quinto AgR/MG, rel. Min. Joaquim Barbosa, 12.5.2011. (AP-470)

INQUÉRITO POLICIAL: SIGILO E DIREITO DE VISTA - 2

Em relação às diligências solicitadas, reputou-se que, ainda que se provasse que as práticas adotadas por dirigentes de outras instituições financeiras análogas fossem semelhantes àquelas atribuídas aos agravantes na mesma época — de modo a concluir que também poderiam, em tese, ser consideradas ilícitas —, esse fato não teria o condão de tornar lícitas condutas similares, como as imputadas aos agravantes. Por essa razão, entendeu-se que as provas que se pretendia produzir não seriam necessárias para o julgamento do caso. Por sua vez, no tocante ao acesso aos autos sigilosos, ressaltou-se que os recorrentes não estariam sob investigação naquele procedimento, que trataria, inclusive, de fatos diversos daqueles apurados na presente ação. Vencidos os Ministros Celso de Mello, Marco Aurélio e Dias Toffoli, que davam parcial provimento ao agravo apenas para garantir aos agravantes acesso aos autos sob sigilo. No ponto, destacou o Min. Celso de Mello que caberia aos acusados, em observância ao direito à prova, julgar se os elementos de informação colhidos seriam, ou não, pertinentes à defesa. Afirmou que eventual acesso formal, por meio de advogado, aos autos, não comprometeria as investigações, visto que não haveria procedimentos em curso — tais como interceptações telefônicas. Enfatizou que a concessão do pedido, em consonância com a ampla defesa e com a paridade de armas, não procrastinaria o andamento da ação penal em questão e que o processo encontrar-se-ia no momento próprio para a realização de diligências. AP 470 Décimo Quinto AgR/MG, rel. Min. Joaquim Barbosa, 12.5.2011. (AP-470) (Inform. STF 626)

HC N. 93.930-RJ

RELATOR: MIN. GILMAR MENDES

Habeas corpus. 2. Poder de investigação do Ministério Público. 3. Suposto crime de tortura praticado por policiais militares. 4. Atividade investigativa supletiva aceita pelo STF. 5. Ordem denegada. (Inform. STF 614)

MINISTÉRIO PÚBLICO E INVESTIGAÇÃO CRIMINAL

A 1ª Turma, por maioria, indeferiu *habeas corpus* em que se pretendia o trancamento de ação penal, sob o argumento de que a investigação criminal teria partido exclusivamente do Ministério Público. Observou-se que a denúncia se baseara em declarações prestadas, espontaneamente, pelo co-réu ao representante do Ministério Público e que, a partir dessas informações, o *parquet* realizara diligências, devidamente acompanhado pela polícia civil, além de ouvir outras pessoas, o que não implicara presidir inquérito policial e nem invadir seara reservada à Polícia Judiciária. Afirmou-se, ademais, a desnecessidade do inquérito policial se o Ministério Público já dispuser de elementos capazes de formar sua *opinio delicti*. Concluiu-se não ter havido ilegalidade nos procedimentos adotados pelo órgão ministerial nem ilicitude das provas produzidas. Vencido o Min. Marco Aurélio, que sobrestava o feito até o julgamento pelo Plenário do HC 84548/SP, no qual se discute a distinção do inquérito para propositura da ação civil e para ação penal. No mérito, concedia a ordem por entender que o Ministério Público procedera à investigação e que o acompanhamento da polícia inverteria a ordem natural das coisas. **HC 96638/BA, rel. Min. Ricardo Lewandowski, 2.12.2010**. (HC-96638) (Inform. STF 611)

HC N. 100.341-AM

RELATOR: MIN. JOAQUIM BARBOSA

Ementa: *Habeas corpus*. Comissão Parlamentar de Inquérito. Atividades investigatórias específicas simultaneamente realizadas por órgão jurisdicional e comissão parlamentar de inquérito. Viabilidade. Utilização, por CPI, de documentos oriundos de inquérito sigiloso. Possibilidade. Investigação, por CPI, da suposta participação de magistrado em fatos ilícitos não relacionados com o exercício de atividades estritamente jurisdicionais. Aposentadoria superveniente. Pedido prejudicado. Extensão dos trabalhos da CPI a fatos conexos ao objeto inicialmente estabelecido. Viabilidade. Direito ao silêncio, garantia contra a auto-incriminação e comunicação com advogado. Aplicabilidade plena.

A existência de procedimento penal investigatório, em tramitação no órgão judiciário competente, não impede a realização de atividade apuratória por uma Comissão Parlamentar de Inquérito, ainda que seus objetos sejam correlatos, pois cada qual possui amplitude distinta, delimitada constitucional e legalmente, além de finalidades diversas. Precedentes.

As comissões parlamentares de inquérito possuem poderes de investigação próprios das autoridades judiciais, entre os quais a competência para ter acesso a dados sigilosos (art. 58, § 3º, da Constituição Federal, e art. 2º da Lei nº 1.579/52). Precedentes.

A superveniente aposentadoria prejudica a apreciação da possibilidade de uma CPI investigar atos de caráter não jurisdicionais praticados por aquele que era magistrado à época dos fatos.

A Comissão Parlamentar de Inquérito poderá estender o âmbito de sua apuração a fatos ilícitos ou irregulares que, no curso do procedimento investigatório, se revelarem conexos à causa determinante da criação da comissão. Precedentes.

É jurisprudência pacífica desta Corte assegurar-se ao convocado para depor perante CPI o privilégio contra a auto-incriminação, o direito ao silêncio e a comunicar-se com o seu advogado. Precedentes.

Ordem parcialmente concedida. (Inform. STF 611)

**noticiado no Informativo 607*

INQUÉRITO POLICIAL E DENÚNCIA ANÔNIMA

A 2ª Turma indeferiu *habeas corpus* em que se pretendia o trancamento de ações penais movidas contra a paciente, sob a alegação de que estas supostamente decorreriam de investigação deflagrada por meio de denúncia anônima, em ofensa ao art. 5º, IV, da CF. Ademais, sustentava-se ilegalidade na interceptação telefônica realizada no mesmo procedimento investigatório. Reputou-se não haver vício na ação penal iniciada por meio de denúncia anônima, desde que seguida de diligências realizadas para averiguação dos fatos nela noticiados, o que ocorrido na espécie. Considerou-se, ainda, que a interceptação telefônica, deferida pelo juízo de 1º grau, ante a existência de indícios razoáveis de autoria e demonstração de imprescin-dibilidade, não teria violado qualquer dispositivo legal. Concluiu-se que tanto as ações penais quanto a interceptação decorreriam de investigações levadas a efeito pela autoridade policial, e não meramente da denúncia anônima, razão pela qual não haveria qualquer nulidade. **HC 99490/SP, rel. Min. Joaquim Barbosa, 23.11.2010.** (HC-99490) (Inform. STF 610)

INQUÉRITO POLICIAL E ARQUIVAMENTO IMPLÍCITO

O sistema processual penal brasileiro não prevê a figura do arquivamento implícito de inquérito policial. Ao reafirmar esse entendimento, a 1ª Turma denegou *habeas corpus* em que se sustentava a sua ocorrência em razão de o Ministério Público estadual haver denunciado o paciente e co-réu, os quais não incluídos em denúncia oferecida anteriormente contra terceiros. Alegava a impetração que o paciente, por ter sido identificado antes do oferecimento da primeira peça acusatória, deveria dela constar. Inicialmente, consignou-se que o Ministério Público esclarecera que não incluíra o paciente na primeira denúncia porquanto, ao contrário do que afirmado pela defesa, não dispunha de sua identificação, o que impediria a propositura da ação penal naquele momento. Em seguida, aduziu-se não importar, de qualquer forma, se a identificação do paciente fora obtida antes ou depois da primeira peça, pois o pedido de arquivamento deveria ser explícito (CPP, art. 28). Nesse sentido, salientou-se que a ocorrência de arquivamento deveria se dar após o requerimento expresso do *parquet*, seguido do deferimento, igualmente explícito, da autoridade judicial (CPP, art. 18 e Enunciado 524 da Súmula do STF). Ressaltou-se que a ação penal pública incondicionada submeter-se-ia a princípios informadores inafastáveis, especialmente o da indisponibilidade, segundo o qual incumbiria, obrigatoriamente, ao Ministério Público o oferecimento de denúncia, quando presentes indícios de autoria e prova de materialidade do delito. Explicou-se que a indisponibilidade da denúncia dever-se-ia ao elevado valor social dos bens tutelados por meio do processo penal, ao se mostrar manifesto o interesse da coletividade no desencadeamento da persecução sempre que as condições para tanto ocorrerem. Ademais, registrou-se que, de acordo com a jurisprudência do Supremo, o princípio da indivisibilidade não se aplicaria à ação penal pública. Concluiu-se pela higidez da segunda denúncia. Alguns precedentes citados: **RHC 95141/RJ** (DJe de 23.10.2009); **HC 92445/RJ** (DJe de 3.4.2009). **HC 104356/RJ, rel. Min. Ricardo Lewandowski, 19.10.2010.** (HC-104356) (Inform. STF 605)

DESARQUIVAMENTO DE INQUÉRITO E EXCLUDENTE DE ILICITUDE - 1

A Turma iniciou julgamento de habeas corpus em que se discute a possibilidade de desarquivamento de inquérito policial, com fundamento no art. 18 do CPP ("Depois de ordenado o arquivamento do inquérito pela autoridade judiciária, por falta de base para a denúncia, a autoridade policial poderá proceder a novas pesquisas, se de outras provas tiver notícia."), e posterior oferecimento de denúncia, quando o arquivamento decorre do reconhecimento da existência de uma excludente de ilicitude. No caso, após o arquivamento do inquérito, o Ministério Público reinquirira testemunhas e concluíra que as declarações destas, contidas naquele, teriam sido alteradas por autoridade policial. Diante dessas novas provas, o parquet oferecera denúncia contra os pacientes. Pretende-se, na espécie, o trancamento da ação penal. O Min. Ricardo Lewandowski, relator, deferiu, em parte, o writ para anular o recebimento da denúncia, que poderá ser repetida, depois da realização de novas investigações, por meio do competente inquérito policial, no prazo previsto em lei. Considerou possível a reabertura das investigações, nos termos do citado art. 18, in fine, ante os novos elementos de convicção colhidos pelo Ministério Público. Asseverou que o arquivamento do inquérito não faz coisa julgada — desde de que não tenha sido por atipicidade do fato — nem causa preclusão, haja vista se tratar de decisão tomada rebus sic stantibus. Todavia, entendeu que, na hipótese, o parquet não poderia ter oferecido denúncia com base em investigações realizadas de forma independente da polícia, realizando, deste modo, contraprova para opô-la ao acervo probatório obtido no âmbito policial. Após, pediu vista dos autos a Min. Cármen Lúcia. **HC 87395/PR, rel. Min. Ricardo Lewandowski, 24.10.2006**. (HC-87395)

DESARQUIVAMENTO DE INQUÉRITO E EXCLUDENTE DE ILICITUDE - 2

O Tribunal iniciou julgamento de habeas corpus, remetido ao Pleno pela 1ª Turma, em que se discute a possibilidade de desarquivamento de inquérito policial, com fundamento no art. 18 do CPP ("Depois de ordenado o arquivamento do inquérito pela autoridade judiciária, por falta de base para a denúncia, a autoridade policial poderá proceder a novas pesquisas, se de outras provas tiver notícia."), e posterior oferecimento de denúncia, quando o arquivamento decorre do reconhecimento da existência de uma excludente de ilicitude (CP, art. 23, II). No caso, após o arquivamento do inquérito, o Ministério Público reinquirira testemunhas e concluíra que as declarações destas, contidas naquele, teriam sido alteradas por autoridade policial. Diante dessas novas provas, o parquet oferecera denúncia contra os pacientes. Pretende-se, na espécie, o trancamento da ação penal — v. Informativos 446 e 512. O Min. Ricardo Lewandowski, relator, deferiu, em parte, o writ para anular o recebimento da denúncia, que poderá ser repetida, depois da realização de novas investigações, por meio do competente inquérito policial, no prazo previsto em lei. Considerou possível a reabertura das investigações, nos termos do citado art. 18 do CPP, in fine, ante os novos elementos de convicção colhidos pelo Ministério Público. Asseverou que o arquivamento do inquérito não faz coisa julgada — desde que não tenha sido por atipicidade do fato — nem causa preclusão, haja vista se tratar de decisão tomada rebus sic stantibus. Todavia, entendeu que, na hipótese, o parquet não poderia ter oferecido denúncia com base em investigações procedidas de forma independente da polícia, realizando, deste modo, contraprova para opô-la ao acervo probatório obtido no âmbito policial. Em divergência, o Min. Marco Aurélio concedeu a ordem em toda a sua extensão, por considerar que, na espécie, o juízo monocrático, ao deferir o pleito de arquivamento, reconhecendo a legítima defesa, teria proferido verdadeira sentença absolutória, tal como previsto no art. 386, VI, do CPP, não sendo mais possível se acionar o art. 18 do CPP para se ter nova denúncia. Após, pediu vista dos autos o Min. Joaquim Barbosa. **HC 87395/PR, rel. Min. Ricardo Lewandowski, 26.11.2009**. (HC-87395)

DESARQUIVAMENTO DE INQUÉRITO E EXCLUDENTE DE ILICITUDE - 3

O Tribunal retomou julgamento de *habeas corpus*, remetido ao Pleno pela 1ª Turma, em que se discute a possibilidade de desarquivamento de inquérito policial, com fundamento no art. 18 do CPP (*"Depois de ordenado o arquivamento do inquérito pela autoridade judiciária, por falta de base para a denúncia, a autoridade policial poderá proceder a novas pesquisas, se de outras provas tiver notícia."*), e posterior oferecimento de denúncia, quando o arquivamento decorre do reconhecimento da existência de excludente de ilicitude (CP, art. 23, II e III, 1ª parte). Na espécie, após o arquivamento do inquérito, o Ministério Público reinquirira testemunhas e concluíra que as declarações destas, contidas naquele, teriam sido alteradas por autoridade policial. Diante dessas novas provas, o *parquet* oferecera denúncia contra os pacientes. Pretende-se o trancamento da ação penal — v. Informativos 446, 512 e 569. O Min. Joaquim Barbosa, em voto-vista, acompanhando a divergência iniciada pelo Min. Marco Aurélio, deferiu o *writ* para determinar o trancamento da ação penal, por reputar que o arquivamento do inquérito policial — realizado a partir do reconhecimento de que houvera legítima defesa e estrito cumprimento do dever legal — fizera coisa julgada material, o que impediria seu posterior desarquivamento. **HC 87395/PR, rel. Min. Ricardo Lewandowski, 26.8.2010**. (HC-87395)

DESARQUIVAMENTO DE INQUÉRITO E EXCLUDENTE DE ILICITUDE - 4

Enfatizou não vislumbrar diferença ontológica entre a decisão que arquiva o inquérito, quando comprovada a atipicidade do fato, e aquela que o faz, quando reconhecida a legalidade e licitude desse, porquanto ambas estariam fundadas na inexistência de crime e não na mera ausência ou insuficiência de provas para oferecimento de denúncia. Registrou orientação da Corte no sentido de que, arquivado o inquérito policial com base na inexistência do crime, produzir-se-ia coisa julgada material. Aduziu, destarte, que, tal como não seria admissível o desarquivamento do inquérito policial pelo surgimento de provas novas que revelassem a tipicidade de fato anteriormente considerado atípico pelas provas existentes, também seria inviável o desarquivamento na hipótese de fato julgado lícito com apoio em provas sobejamente colhidas. Asseverou que, na situação dos autos, o Ministério Público, diante do acervo probatório apurado, concluíra que o fato investigado não seria criminoso e, em conseqüência, deixara de oferecer denúncia e requerera o acolhimento das mencionadas excludentes de ilicitude, o que fora acatado pelo juízo de origem. Assim, o arquivamento não decorrera de mero encerramento de investigações improfícuas, mas sim de um pronunciamento de mérito, anterior ao oferecimento da denúncia e que corresponderia à absolvição sumária. Após o voto do Min. Cezar Peluso, Presidente, que seguia a divergência, pediu vista dos autos o Min. Ayres Britto. Por fim, o Tribunal determinou a suspensão do processo penal, até conclusão deste julgamento. **HC 87395/PR, rel. Min. Ricardo Lewandowski, 26.8.2010.** (HC-87395) (Inform. STF 597)

ED: INQUÉRITO POLICIAL E DIREITO DE VISTA - 1

A Turma iniciou julgamento de embargos de declaração opostos pelo Ministério Público Federal contra acórdão que deferira habeas corpus para permitir o acesso dos acusados a procedimento investigativo sigiloso — v. Informativo 529. O embargante sustenta que a concessão da ordem, sem ressalvas na parte dispositiva, pode levar o juízo de 1ª instância ao engano de autorizar o acesso a todos os atos do procedimento investigatório e não somente àqueles referentes às diligências já concluídas. O Min. Ricardo Lewandowski, relator, acompanhado pela Min. Carmén Lúcia, acolheu os declaratórios, sem os efeitos modificativos. Inicialmente, em face da importância do tema, considerou oportuna a explicitação a fim de evitar qualquer equívoco quanto ao alcance da decisão embargada e salientou que o exame do writ ocorrera antes da aprovação da Súmula Vinculante 14 ("É direito do defensor, no interesse do representado, ter acesso amplo aos elementos de prova que, já documentados em procedimento investigatório realizado por órgão com competência de polícia judiciária, digam respeito ao exercício do direito de defesa."). Assim, recebeu os embargos exclusivamente para esclarecer, com base inclusive na referida Súmula Vinculante 14, que o alcance da ordem concedida refere-se ao direito assegurado ao indiciado — bem como ao seu defensor — de acesso aos elementos constantes em procedimento investigatório que lhe digam respeito e que já se encontrem documentados nos autos, não abrangendo as informações concernentes à decretação e à realização das diligências investigatórias pendentes, em especial, as que digam respeito a terceiros eventualmente envolvidos. O Min. Marco Aurélio, enfatizando que o sigilo diz respeito a terceiros, divergiu para possibilitar à defesa o conhecimento do todo existente nos autos e não apenas às peças que estariam ligadas ao envolvido. Após, pediu vista dos autos o Min. Carlos Britto. **HC 94387 ED/RS, rel. Min. Ricardo Lewandowski, 30.6.2009**. (HC-94387)

ED: INQUÉRITO POLICIAL E DIREITO DE VISTA - 2

Em conclusão de julgamento, a Turma, tendo em conta a Súmula Vinculante 14 (*"É direito do defensor, no interesse do representado, ter acesso amplo aos elementos de prova que, já documentados em procedimento investigatório realizado por órgão com competência de polícia judiciária, digam respeito ao exercício do direito de defesa."*), rejeitou embargos de declaração opostos pelo Ministério Público Federal contra acórdão que deferira *habeas corpus* para permitir o acesso dos defensores dos acusados a procedimento investigativo sigiloso — v. Informativo 553. Entretanto, de ofício, concedeu a ordem para que a defesa tenha acesso ao que já coligido nos autos do inquérito policial. Na presente situação, o embargante sustentava que a concessão da ordem, sem ressalvas na parte dispositiva, poderia levar o juízo de 1ª instância ao engano de autorizar o acesso a todos os atos do procedimento investigatório e não somente àqueles referentes às diligências já concluídas. Os Ministros Ricardo Lewandowski, relator, e Cármen Lúcia reajustaram seus votos. **HC 94387 ED/RS, rel. Min. Ricardo Lewandowski, 6.4.2010**. (HC-94387) (Inform. STF 581)

DENÚNCIA ANÔNIMA: INVESTIGAÇÃO CRIMINAL E QUEBRA DE SIGILO TELEFÔNICO - 1

A Turma, por maioria, indeferiu *habeas corpus* no qual se pleiteava o trancamento de investigação ou qualquer persecução criminal iniciada com base exclusivamente em denúncias anônimas. Tratava-se, na espécie, de procedimento investigatório — que culminara com a quebra de sigilo telefônico dos pacientes — instaurado com base em delação apócrifa para apurar os crimes de associação para o tráfico de entorpecentes (Lei 6.368/76, art. 14) e de corrupção passiva majorada (CP, art. 317, § 1º), supostamente praticados por oficiais de justiça que estariam repassando informações sobre os locais de cumprimento de mandados de busca e apreensão e de prisão. Destacou-se, de início, entendimento da Corte no sentido de que a denúncia anônima, por si só, não serviria para fundamentar a instauração de inquérito policial, mas que, a partir dela, poderia a polícia realizar diligências preliminares para apurar a veracidade das informações obtidas anonimamente e, então, instaurar o procedimento investigatório propriamente dito. **HC 95244/PE, rel. Min. Dias Toffoli, 23.3.2010**. (HC-95244)

DENÚNCIA ANÔNIMA: INVESTIGAÇÃO CRIMINAL E QUEBRA DE SIGILO TELEFÔNICO - 2

Salientou-se que, no caso, a partir de informações obtidas por colaboradores, e, posteriormente, somadas às mencionadas ligações anônimas, policiais — ainda sem instaurar o pertinente inquérito policial — diligenciaram no sentido de apurar as identidades dos investigados e a veracidade das respectivas ocupações funcionais, tendo eles confirmado tratar-se de oficiais de justiça, cujos nomes eram os mesmos fornecidos pelos "denunciantes". Asseverou-se que, somente após essas explicitações, o delegado representara ao Judiciário local pela necessidade de quebra do sigilo telefônico dos investigados, considerando-se, no ponto, que os procedimentos tomados pela autoridade policial estariam em perfeita consonância com a jurisprudência do STF. Registrou-se, ademais, que o juízo monocrático, em informações prestadas, comunicara o devido recebimento da denúncia, porquanto demonstrada a existência da materialidade dos crimes imputados e indícios suficientes de autoria, não sendo o caso de rejeição sumária. **HC 95244/PE, rel. Min. Dias Toffoli, 23.3.2010**. (HC-95244)

DENÚNCIA ANÔNIMA: INVESTIGAÇÃO CRIMINAL E QUEBRA DE SIGILO TELEFÔNICO - 3

Vencido o Min. Marco Aurélio, que deferia o *writ* para trancar a ação penal em curso contra os pacientes. Afirmava estar-se diante de um ato de constrição maior, a afastar a privacidade quanto às comunicações telefônicas, que é inviolável (CF, art. 5º, XII), não se podendo ter a persecução criminal simplesmente considerada denúncia anônima. Frisava que, no caso, simplesmente se buscara saber se aqueles indicados como a beneficiarem, quanto a cumprimento de mandados, delinqüentes seriam, ou não, oficiais de justiça. Aduzia ser muito pouco para se chegar a este ato extremo, saindo-se da estaca zero para o ponto de maior constrição, que é o da interceptação telefônica, na medida em que não se investigara coisa alguma. Considerava que, se assim o fosse, bastaria um ofício ao tribunal local para que este informasse sobre a identidade dos oficiais de justiça. Precedente citado: HC 84827/TO (DJE de 23.11.2007). **HC 95244/PE, rel. Min. Dias Toffoli, 23.3.2010**. (HC-95244) (Inform. STF 580)

REABERTURA DE INQUÉRITO: NOTÍCIA DE NOVA PROVA - 1

O Tribunal iniciou julgamento de *habeas corpus* impetrado contra o Procurador-Geral da República, que requerera o desarquivamento de procedimento administrativo e a reabertura de inquérito policial instaurado para apurar a suposta prática de crime de tráfico de influência por parte do paciente, à época Senador da República, acusado de intermediar contrato firmado entre entidade da Administração Indireta estadual e pessoa jurídica de direito privado. Narra o impetrante que o então Procurador-Geral da República, depois de analisar as informações, determinara o arquivamento do procedimento administrativo instaurado, no Ministério Público Federal, para apurar a prática do aludido delito, ao fundamento de não haver prova, ainda que indiciária, de participação do paciente. Alega que esse arquivamento seria irretratável, nos termos da jurisprudência da Corte (Inq 2054/DF, DJU de 6.10.2006). Expõe, ainda, que, após Relatório Circunstanciado elaborado por Procuradores da República, o atual Procurador-Geral, ao verificar o surgimento de novas provas, que teriam alterado substancialmente o quadro probatório anterior, desarquivara o procedimento e requerera a reabertura do inquérito policial. Sustenta que a nova prova consistiria na reinquirição de uma antiga testemunha que se limitara a confirmar dado já anteriormente coligido, e que a reabertura do inquérito, sem novas provas, seria ilegal e abusiva. **HC 94869/DF, rel. Ricardo Lewandowski, 11.2.2010**. (HC-94869)

REABERTURA DE INQUÉRITO: NOTÍCIA DE NOVA PROVA - 2

O Min. Ricardo Lewandowski, relator, denegou a ordem. Inicialmente, indeferiu o pleito do impetrante de que fosse reconhecida, *in limine*, a prescrição da pretensão punitiva do paciente por força da desclassificação do delito a ele imputado, haja vista que a doutrina pátria seria uníssona ao afirmar que o delito tipificado no art. 332 do CP também poderia ser praticado por funcionário público. Asseverou, em seguida, que a orientação estabelecida no citado precedente não se aplicaria ao caso, porquanto se referiria à impossibilidade de se substituir a decisão de arquivamento por nova denúncia e não à reabertura de inquérito policial, hipótese dos autos. Afirmou que o Enunciado 524 da Súmula do Supremo estabelece que, "*arquivado inquérito policial, por despacho do juiz, a requerimento do promotor de justiça, não pode a ação penal ser iniciada, sem novas provas*", e que a situação sob exame não seria de oferecimento de denúncia após o desarquivamento de inquérito, mas de reabertura de inquérito. Asseverou que para o desarquivamento de inquérito seria necessária apenas a existência de novas provas, nos termos do art. 18 do CPP ("*Depois de ordenado o arquivamento do inquérito pela autoridade judiciária, por falta de base para a denúncia, a autoridade policial poderá proceder a novas pesquisas, se de outras provas tiver notícia.*"). Para o relator, diante da notícia de novos elementos de convicção por parte do *parquet*, seria admissível a reabertura das investigações, a teor da parte final do art. 18 do CPP, mesmo porque o arquivamento de inquérito policial não faria coisa julgada nem acarretaria a preclusão, por se tratar de decisão tomada *rebus sic standibus*. Registrou que, se, por um lado, para desarquivar o inquérito policial bastaria a notícia de provas novas, por outro lado, o Ministério Público só poderia ofertar a denúncia se produzidas provas novas, nos termos daquele Verbete. Assim, enquanto o art. 18 do CPP regula o desarquivamento de inquérito policial, quando decorrente da carência de provas (falta de base para a denúncia), só permitindo o prosseguimento das investigações se houver notícia de novas provas, a Súmula 524 cria uma condição específica para o desencadeamento da ação penal, caso tenha sido antes arquivado o procedimento, qual seja, a produção de novas provas. **HC 94869/DF, rel. Ricardo Lewandowski, 11.2.2010**. (HC-94869)

REABERTURA DE INQUÉRITO: NOTÍCIA DE NOVA PROVA - 3

Frisou que o desarquivamento pode ensejar a imediata propositura da ação penal, se as novas provas tornarem dispensável qualquer outra diligência policial, mas que isso não significaria que esses dois momentos — o desarquivamento e a apresentação da demanda — poderiam ser confundidos. Ressaltou que o desarquivamento do inquérito policial constitui tão-só uma decisão administrativa, de natureza persecutória, no sentido de alterar os efeitos do arquivamento, e que, enquanto este tem como conseqüência a cessação das investigações, aquele tem como efeito a retomada das investigações inicialmente paralisadas pela decisão de arquivamento. Resumiu que, sem notícia de prova nova o inquérito policial não pode ser desarquivado, e sem produção de prova nova não pode ser proposta ação penal. Observou que, no caso, o atual Procurador-Geral da República, a partir de Relatório Circunstanciado, elaborado por integrantes do *parquet* federal, entendera que teriam surgido novas provas que desmentiriam a versão originalmente apresentada pelo paciente, e que, de uma leitura perfunctória desse Relatório, seria possível constatar que esses Procuradores da República teriam se baseado em elementos extraídos de investigação levada a efeito em outro procedimento administrativo que culminara em ação penal. Salientando, por fim, que provas novas, de acordo com a Corte, são as que produzem alteração no panorama probatório dentro do qual foi concebido e acolhido o pedido de desarquivamento do inquérito, devendo ser substancialmente inovadoras, e não formalmente novas, concluiu que, na espécie, num primeiro exame, não apenas a referida testemunha teria trazido fatos novos, mas também outras provas teriam sido colhidas, como notas fiscais, estando-se diante, portanto, de notícia de provas novas. Após os votos dos Ministros Ellen Gracie e Joaquim Barbosa, que acompanhavam o relator, pediu vista dos autos o Min. Dias Toffoli. **HC 94869/DF, rel. Ricardo Lewandowski, 11.2.2010**. (HC-94869) (Inform. STF 574)

EMENTA: "*HABEAS CORPUS*" – CRIME DE TORTURA ATRIBUÍDO A POLICIAL CIVIL – POSSIBILIDADE DE O MINISTÉRIO PÚBLICO, FUNDADO EM INVESTIGAÇÃO POR ELE PRÓPRIO PROMOVIDA, FORMULAR DENÚNCIA CONTRA REFERIDO AGENTE POLICIAL – VALIDADE JURÍDICA DESSA ATIVIDADE INVESTIGATÓRIA – CONDENAÇÃO PENAL IMPOSTA AO *POLICIAL TORTURADOR* - LEGITIMIDADE JURÍDICA DO PODER INVESTIGATÓRIO DO MINISTÉRIO PÚBLICO – MONOPÓLIO CONSTITUCIONAL DA TITULARIDADE DA AÇÃO PENAL PÚBLICA PELO "*PARQUET*" – TEORIA DOS PODERES IMPLÍCITOS – CASO "*McCULLOCH v. MARYLAND*" (1819) – MAGISTÉRIO DA DOUTRINA (*RUI BARBOSA, JOHN MARSHALL, JOÃO BARBALHO, MARCELLO CAETANO, CASTRO NUNES, OSWALDO TRIGUEIRO*, v.g.) – OUTORGA, AO MINISTÉRIO PÚBLICO, PELA PRÓPRIA CONSTITUIÇÃO DA REPÚBLICA, DO PODER DE CONTROLE EXTERNO SOBRE A ATIVIDADE POLICIAL – LIMITAÇÕES DE ORDEM JURÍDICA AO PODER INVESTIGATÓRIO DO MINISTÉRIO PÚBLICO – "*HABEAS CORPUS*" INDEFERIDO. NAS HIPÓTESES DE AÇÃO PENAL PÚBLICA, O INQUÉRITO POLICIAL, QUE CONSTITUI *UM* DOS DIVERSOS INSTRUMENTOS ESTATAIS DE INVESTIGAÇÃO PENAL, TEM POR DESTINATÁRIO PRECÍPUO O MINISTÉRIO PÚBLICO.

– O inquérito policial qualifica-se como procedimento administrativo, de caráter pré-processual, ordinariamente vocacionado a subsidiar, nos casos de infrações perseguíveis mediante ação penal de iniciativa pública, a atuação persecutória do Ministério Público, que é o verdadeiro destinatário dos elementos que compõem a "*informatio delicti*". Precedentes.

– A investigação penal, quando realizada por organismos policiais, será sempre dirigida por autoridade policial, a quem igualmente competirá exercer, com exclusividade, a presidência do respectivo inquérito.

– A outorga constitucional de funções de polícia judiciária à instituição policial não impede nem exclui a possibilidade de o Ministério Público, que é o "*dominus litis*", determinar a abertura de inquéritos policiais, requisitar esclarecimentos e diligências investigatórias, estar presente e acompanhar, junto a órgãos e agentes policiais, quaisquer atos de investigação penal, mesmo aqueles sob regime de sigilo, sem prejuízo de outras medidas que lhe pareçam indispensáveis à formação da sua "*opinio delicti*", sendo-lhe vedado, no entanto, assumir a presidência do inquérito policial, que traduz atribuição privativa da autoridade policial. Precedentes.

A ACUSAÇÃO PENAL, PARA SER FORMULADA, NÃO DEPENDE, NECESSARIAMENTE, DE PRÉVIA INSTAURAÇÃO DE INQUÉRITO POLICIAL.

– Ainda que inexista qualquer investigação penal promovida pela Polícia Judiciária, o Ministério Público, mesmo assim, pode fazer instaurar, validamente, a pertinente "*persecutio criminis in judicio*", desde que disponha, para tanto, de elementos mínimos de informação, fundados em base empírica idônea, que o habilitem a deduzir, perante juízes e Tribunais, a acusação penal. Doutrina. Precedentes.

A QUESTÃO DA CLÁUSULA CONSTITUCIONAL DE EXCLUSIVIDADE E A ATIVIDADE INVESTIGATÓRIA.

– A cláusula de *exclusividade* inscrita no art. 144, § 1°, inciso IV, da Constituição da República - que não inibe a atividade de investigação criminal do Ministério Público – tem por única finalidade conferir à Polícia Federal, dentre os diversos organismos policiais que compõem o aparato repressivo da União Federal (*polícia federal*, *polícia rodoviária federal* e *polícia ferroviária federal*), primazia investigatória na apuração dos crimes previstos no próprio texto da Lei Fundamental ou, ainda, em tratados ou convenções internacionais.

– Incumbe, à Polícia Civil dos Estados-membros e do Distrito Federal, ressalvada a competência da União Federal e excetuada a apuração dos crimes militares, a função de proceder à investigação dos ilícitos penais (crimes e contravenções), sem prejuízo do poder investigatório de que dispõe, como atividade subsidiária, o Ministério Público.

– Função de polícia judiciária e função de investigação penal: uma distinção conceitual relevante, que também justifica o reconhecimento, ao Ministério Público, do poder investigatório em matéria penal. Doutrina.

É PLENA A LEGITIMIDADE CONSTITUCIONAL DO PODER DE INVESTIGAR DO MINISTÉRIO PÚBLICO, POIS OS ORGANISMOS POLICIAIS (EMBORA DETENTORES DA FUNÇÃO DE POLÍCIA JUDICIÁRIA) NÃO TÊM, NO SISTEMA JURÍDICO BRASILEIRO, O MONOPÓLIO DA COMPETÊNCIA PENAL INVESTIGATÓRIA.

– O poder de investigar compõe, em sede penal, o complexo de funções institucionais do Ministério Público, que dispõe, na condição de "*dominus litis*" e, também, como expressão de sua competência para exercer o controle externo da atividade policial, da atribuição de fazer instaurar, ainda que em caráter subsidiário, mas por autoridade própria e sob sua direção, procedimentos de investigação penal destinados a viabilizar a obtenção de dados informativos, de subsídios probatórios e de elementos de convicção que lhe permitam formar a "*opinio delicti*", em ordem a propiciar eventual ajuizamento da ação penal de iniciativa pública. Doutrina. Precedentes.

CONTROLE JURISDICIONAL DA ATIVIDADE INVESTIGATÓRIA DOS MEMBROS DO MINISTÉRIO PÚBLICO: OPONIBILIDADE, A ESTES, DO SISTEMA DE DIREITOS E GARANTIAS INDIVIDUAIS, QUANDO EXERCIDO, PELO "PARQUET", O PODER DE INVESTIGAÇÃO PENAL.

– O Ministério Público, sem prejuízo da fiscalização intra-orgânica e daquela desempenhada pelo Conselho Nacional do Ministério Público, está permanentemente sujeito ao controle jurisdicional dos atos que pratique no âmbito das investigações penais que promova "*ex propria auctoritate*", não podendo, dentre outras limitações de ordem jurídica, desrespeitar o direito do investigado ao silêncio ("*nemo tenetur se detegere*"), nem lhe ordenar a condução coercitiva, nem constrangê-lo a produzir prova contra si próprio, nem lhe recusar o conhecimento das razões motivadoras do procedimento investigatório, nem submetê-lo a medidas sujeitas à reserva constitucional de jurisdição, nem impedi-lo de fazer-se acompanhar de Advogado, nem impor, a este, indevidas restrições ao regular desempenho de suas prerrogativas profissionais (Lei n° 8.906/94, art. 7°, v.g.).

– O procedimento investigatório instaurado pelo Ministério Público deverá conter todas as peças, termos de declarações ou depoimentos, laudos periciais e demais subsídios probatórios coligidos no curso da investigação, não podendo, o "*Parquet*", sonegar, selecionar ou deixar de juntar, aos autos, quaisquer desses elementos de informação, cujo conteúdo, por referir-se ao objeto da apuração penal, deve ser tornado acessível tanto à pessoa sob investigação quanto ao seu Advogado.

- O regime de sigilo, sempre excepcional, eventualmente prevalecente no contexto de investigação penal promovida pelo Ministério Público, não se revelará oponível ao investigado e ao Advogado por este constituído, que terão direito de acesso – considerado o princípio da comunhão das provas – a todos os elementos de informação que já tenham sido formalmente incorporados aos autos do respectivo procedimento investigatório. **HC N. 89.837-DF. RELATOR: MIN. CELSO DE MELLO.** (Inform. STF 568)

DELAÇÃO ANÔNIMA - INVESTIGAÇÃO PENAL - MINISTÉRIO PÚBLICO - AUTONOMIA INVESTIGATÓRIA

EMENTA: A INVESTIGAÇÃO PENAL E A QUESTÃO DA DELAÇÃO ANÔNIMA. DOUTRINA. PRECEDENTES. PRETENDIDA EXTINÇÃO DO PROCEDIMENTO INVESTIGATÓRIO, COM O CONSEQÜENTE ARQUIVAMENTO DO INQUÉRITO POLICIAL. DESCARACTERIZAÇÃO, NA ESPÉCIE, DA PLAUSIBILIDADE JURÍDICA DO PEDIDO. MEDIDA CAUTELAR INDEFERIDA.

- As autoridades públicas não podem iniciar qualquer medida de persecução (penal ou disciplinar), apoiando-se, unicamente, para tal fim, em peças apócrifas ou em escritos anônimos. É por essa razão que o escrito anônimo não autoriza, desde que isoladamente considerado, a imediata instauração de "*persecutio criminis*".

- Peças apócrifas não podem ser formalmente incorporadas a procedimentos instaurados pelo Estado, salvo quando forem produzidas pelo acusado ou, ainda, quando constituírem, elas próprias, o corpo de delito (como sucede com bilhetes de resgate no crime de extorsão mediante seqüestro, ou como ocorre com cartas que evidenciem a prática de crimes contra a honra, ou que corporifiquem o delito de ameaça ou que materializem o "*crimen falsi*", p. ex.).

- Nada impede, contudo, que o Poder Público, provocado por delação anônima ("*disque-denúncia*", p. ex.), adote medidas informais destinadas a apurar, previamente, em averiguação sumária, "*com prudência e discrição*", a possível ocorrência de eventual situação de ilicitude penal, desde que o faça com o objetivo de conferir a verossimilhança dos fatos nela denunciados, em ordem a promover, então, em caso positivo, a formal instauração da "*persecutio criminis*", mantendo-se, assim, completa desvinculação desse procedimento estatal em relação às peças apócrifas.

MINISTÉRIO PÚBLICO. AUTONOMIA INVESTIGATÓRIA. POSSIBILIDADE DE OFERECER DENÚNCIA INDEPENDENTEMENTE DE PRÉVIA INSTAURAÇÃO DE INQUÉRITO POLICIAL.

- O Ministério Público, independentemente da prévia instauração de inquérito policial, também pode formar a sua "*opinio delicti*" com apoio em outros elementos de convicção - inclusive aqueles resultantes de atividade investigatória por ele próprio promovida - que evidenciem a materialidade do fato delituoso e a existência de indícios suficientes de autoria, desde que os dados informativos que dão suporte à acusação penal não derivem de documentos ou escritos anônimos nem os tenham como único fundamento causal. Doutrina. Precedentes. **HC 100042-MC/RO. RELATOR: MIN. CELSO DE MELLO**. (Inform. STF 565)

INQUÉRITO POLICIAL E ARQUIVAMENTO IMPLÍCITO

O sistema processual penal brasileiro não agasalhou a figura do arquivamento implícito de inquérito policial. Com base nesse entendimento, a Turma desproveu recurso ordinário em *habeas corpus* interposto contra acórdão do STJ que denegara *writ* lá impetrado ao fundamento de que eventual inobservância do princípio da indivisibilidade da ação penal não gera nulidade quando se trata de ação penal pública incondicionada. No caso, o paciente fora preso em flagrante pela prática do delito de roubo, sendo que — na mesma delegacia em que autuado — já tramitava um inquérito anterior, referente ao mesmo tipo penal, contra a mesma vítima, ocorrido dias antes, em idênticas condições, sendo-lhe imputado, também, tal fato. Ocorre que o *parquet* — em que pese tenha determinado o apensamento dos dois inquéritos, por entendê-los conexos — oferecera a denúncia apenas quanto ao delito em que houvera o flagrante, quedando-se inerte quanto à outra infração penal. O Tribunal local, todavia, ao desprover recurso de apelação, determinara que, depois de cumprido o acórdão, fosse aberta vista dos autos ao Ministério Público para oferecimento de denúncia pelo outro roubo. Destarte, fora oferecida nova exordial acusatória, sendo o paciente novamente condenado. Sustentava o recorrente, em síntese, a ilegalidade da segunda condenação, na medida em que teria havido arquivamento tácito, bem como inexistiria prova nova a autorizar o desarquivamento do inquérito. **RHC 95141/RJ, rel. Min. Ricardo Lewandowski, 6.10.2009.** (RHC-95141) (Inform. STF 562)

EMENTA: RECURSO ORDINÁRIO EM *HABEAS CORPUS*. CRIME TRIBUTÁRIO. PROCESSO ADMINISTRATIVO EM CURSO. INQUÉRITO POLICIAL. CONSTRANGIMENTO. PRECEDENTES. INVESTIGAÇÃO

CONJUNTA DE CRIME CONTRA A ORGANIZAÇÃO DO TRABALHO. TRANCAMENTO DO INQUÉRITO POLICIAL. INVIABILIDADE. COMPETÊNCIA DA JUSTIÇA FEDERAL PARA PROCESSAR E JULGAR CRIMES CONTRA A ORGANIZAÇÃO DO TRABALHO. PRECEDENTE. RECURSO JULGADO PARCIALMENTE PROCEDENTE.
1. Recurso Ordinário em *habeas corpus*, no qual se pretende o trancamento de inquérito policial instaurado para apuração de possível crime de sonegação fiscal, sob o fundamento de que o procedimento administrativo ainda não foi concluído. Constrangimento ilegal que se verifica na espécie, segundo precedentes desta Corte. 2. Pretensão de trancamento do inquérito policial, também, quanto à investigação de possível crime contra a organização do trabalho, ao argumento de que a competência para processo e julgamento de eventual crime não é da Justiça Federal. Alegação infundada na atual fase, em que os fatos ainda estão sob apuração. Entendimento do Supremo Tribunal Federal, ademais, no sentido de que os crimes contra a organização do trabalho são da competência da Justiça Federal. Precedente. 3. Recurso parcialmente provido. **RHC N. 90.532-CE. RELATOR: MIN. JOAQUIM BARBOSA. Noticiado no Informativo 513** (Inform. STF 546)

DESARQUIVAMENTO DE INQUÉRITO POLICIAL E EXCLUDENTE DE ILICITUDE - 1
A Turma, por maioria, indeferiu *habeas corpus* no qual pleiteado o trancamento de ação penal instaurada a partir do desarquivamento de inquérito policial, em que reconhecida excludente de ilicitude. No caso, o citado inquérito apurava homicídio imputado ao paciente, delegado de polícia, e a outros policiais, sendo arquivado a pedido do Ministério Público do Estado do Espírito Santo, que reputara configurado o estrito cumprimento do dever legal. Passados dez anos da decisão judicial, fora instalado, pelo *parquet*, o Grupo de Trabalho para Repressão ao Crime Organizado - GRCO naquela unidade federativa — que dera origem, posteriormente, a Comissões Parlamentares de Inquérito em âmbito estadual e nacional —, cujos trabalhos indicariam que o paciente e os demais policiais não teriam agido em estrito cumprimento do dever legal, mas sim supostamente executado a vítima ("queima de arquivo"). A partir disso, novas oitivas das mesmas testemunhas arroladas no inquérito arquivado foram realizadas e o órgão ministerial, concluindo pela caracterização de prova substancialmente nova, desarquivara aquele procedimento, o que fora deferido pelo juízo de origem e ensejara o oferecimento de denúncia. A impetração alegava que o arquivamento estaria acobertado pelo manto da coisa julgada formal e material, já que reconhecida a inexistência de crime, incidindo o Enunciado 524 da Súmula do STF (*"Arquivado o inquérito policial, por despacho do Juiz, a requerimento do Promotor de Justiça, não pode a ação penal ser iniciada, sem novas provas."*). **HC 95211/ES, rel. Min. Cármen Lúcia, 10.3.2009.** (HC-95211)

DESARQUIVAMENTO DE INQUÉRITO POLICIAL E EXCLUDENTE DE ILICITUDE - 2
O Min. Ricardo Lewandowski suscitou questão de ordem no sentido de que os autos fossem deslocados ao Plenário, porquanto transpareceria que as informações as quais determinaram a reabertura do inquérito teriam se baseado em provas colhidas pelo próprio Ministério Público. Contudo, a Turma entendeu, em votação majoritária, que, antes, deveria apreciar matéria prejudicial relativa ao fato de se saber se a ausência de ilicitude configuraria, ou não, coisa julgada material, tendo em conta que o ato de arquivamento ganhara contornos absolutórios, pois o paciente fora absolvido ante a constatação da excludente de antijuridicidade (estrito cumprimento do dever legal). Vencido, no ponto, o Min. Ricardo Lewandowski que, ressaltando o contexto fático, não conhecia do *writ* por julgar que a via eleita não seria adequada ao exame da suposta prova nova que motivara o desarquivamento. No mérito, também por maioria, denegou-se a ordem. Aduziu-se que a jurisprudência da Corte seria farta quanto ao caráter impeditivo de desarquivamento de inquérito policial nas hipóteses de reconhecimento de atipicidade, mas não propriamente de excludente de ilicitude. Citando o que disposto no aludido Verbete 524 da Súmula, enfatizou-se que o tempo todo fora afirmado, desde o Ministério Público capixaba até o STJ, que houvera novas provas decorrentes das apurações. Ademais, observou-se que essas novas condições não afastaram o fato típico, o qual não fora negado em momento algum, e sim a ilicitude que inicialmente levara a esse pedido de arquivamento. Vencidos os Ministros Menezes Direito e Marco Aurélio que deferiam o *habeas corpus* por considerar que, na espécie, ter-se-ia coisa julgada material, sendo impossível reabrir-se o inquérito independentemente de outras circunstâncias. O Min. Marco Aurélio acrescentou que nosso sistema convive com os institutos da justiça e da segurança jurídica e que, na presente situação, este não seria observado se reaberto o inquérito, a partir de preceito que encerra exceção (CPP, art. 18). **HC 95211/ES, rel. Min. Cármen Lúcia, 10.3.2009.** (HC-95211) (Inform. STF 538)

MINISTÉRIO PÚBLICO E PODER INVESTIGATÓRIO - 1
A Turma indeferiu *habeas corpus* em que acusados por denunciação caluniosa (CP, art. 339, § 2º) pleiteavam o trancamento da ação penal sob os seguintes argumentos: a) falta de justa causa, na medida em que as condutas atribuídas aos pacientes teriam sido realizadas sob o cumprimento de ordem hierárquica superior, b) ilegalidade da denúncia fundada em depoimentos colhidos pelo Ministério Público e c) impossibilidade de oferecimento da denúncia pelo mesmo promotor de justiça que colhera os depoimentos. Assentou-se que o pleito, no que tange à alegada falta de justa causa, não mereceria ser acolhido, pois ultrapassaria os estreitos limites do *writ*, por envolver, necessariamente, reexame do conjunto fático-probatório. **HC 91661/PE, rel. Min. Ellen Gracie, 10.3.2009.** (HC-91661)

MINISTÉRIO PÚBLICO E PODER INVESTIGATÓRIO - 2
Relativamente à possibilidade de o Ministério Público promover procedimento administrativo de cunho investigatório, asseverou-se, não obstante a inexistência de um posicionamento do Pleno do STF a esse respeito, ser perfeitamente possível que o órgão ministerial promova a colheita de determinados elementos de prova que demonstrem a existência da autoria e da materialidade de determinado delito. Entendeu-se que tal conduta não significaria retirar da Polícia Judiciária as atribuições previstas constitucionalmente, mas apenas harmonizar as normas constitucionais (artigos 129 e 144), de modo a compatibilizá-las para permitir não apenas a correta e regular apuração dos fatos, mas também a formação da *opinio delicti*. Ressaltou-se que o art. 129, I, da CF atribui ao *parquet* a privatividade na promoção da ação penal pública, bem como, a seu turno, o Código de Processo Penal estabelece que o inquérito policial é dispensável, já que o Ministério Público pode embasar seu pedido em peças de informação que concretizem justa causa para a denúncia. Aduziu-se que é princípio basilar da hermenêutica constitucional o dos poderes implícitos, segundo o qual, quando a Constituição Federal concede os fins, dá os meios. Destarte, se a atividade-fim — promoção da ação penal pública — foi outorgada ao *parquet* em foro de privatividade, é inconcebível não lhe oportunizar a colheita de prova para tanto, já que o CPP autoriza que peças de informação embasem a denúncia. Considerou-se, ainda, que, no presente caso, os delitos descritos na denúncia teriam sido praticados por policiais, o que, também, justificaria a colheita dos depoimentos das vítimas pelo Ministério Público. Observou-se, outrossim, que, pelo que consta dos autos, a denúncia também fora lastreada em documentos (termos circunstanciados) e em depoimentos prestados por ocasião das audiências preliminares realizadas no juizado especial criminal de origem. Por fim, concluiu-se não haver óbice legal para que o mesmo membro do *parquet* que tenha tomado conhecimento de fatos em tese delituosos — ainda que por meio de oitiva de testemunhas — ofereça denúncia em relação a eles. **HC 91661/PE, rel. Min. Ellen Gracie, 10.3.2009.** (HC-91661) (Inform. STF 538)

EMENTA: PROCESSUAL PENAL. *HABEAS CORPUS*. SÚMULA 691 DO SUPREMO TRIBUNAL FEDERAL. SUPERAÇÃO. POSSIBILIDADE. FLAGRANTE ILEGALIDADE. CARACTE-RIZAÇÃO. ACESSO DOS ACUSADOS A PROCEDIMENTO INVESTIGATIVO SIGILOSO. POSSIBILIDADE SOB PENA DE OFENSA AOS PRINCÍPIOS DO CONTRADITÓRIO, DA AMPLA DEFESA. PRERROGATIVA PROFISSIONAL DOS ADVOGADOS. ART. 7, XIV, DA LEI 8.906/94. ORDEM CONCEDIDA. I - O acesso aos autos de ações penais ou inquéritos policiais, ainda que classificados como sigilosos, por meio de seus defensores, configura direito dos investigados. II - A oponibilidade do sigilo ao defensor constituído tornaria sem efeito a garantia do indiciado, abrigada no art. 5º, LXIII, da Constituição Federal, que lhe assegura a assistência técnica do advogado. III - Ademais, o art. 7º, XIV, do Estatuto da OAB estabelece que o advogado tem, dentre outros, o direito de *"examinar em qualquer repartição policial, mesmo sem procuração, autos de flagrante e de inquérito, findos ou em andamento, ainda que conclusos à autoridade, podendo copiar peças e tomar apontamentos"*. IV - Caracterizada, no caso, a flagrante ilegalidade, que autoriza a superação da Súmula 691 do Supremo Tribunal Federal. V - Ordem concedida. Noticiado no Informativo 529 (Inform. STF 534)

INQUÉRITO POLICIAL E DIREITO DE VISTA
Constitui direito do investigado o acesso aos autos de inquérito policial ou de ação penal, ainda que tramitem sob "segredo de justiça" ou sob a rubrica de "sigilosos". Com base nesse entendimento, a Turma superou o Enunciado 691 da Súmula do STF e deferiu *habeas corpus* para permitir que os pacientes, por intermédio de seus advogados, tenham acesso aos elementos coligidos no inquérito policial, que lhes digam respeito diretamente. Asseverou-se que a oponibilidade do sigilo ao defensor constituído tornaria sem efeito a garantia abrigada no art. 5º, LXIII, da CF, no qual assegurada ao indiciado a assistência técnica de advogado. Reportou-se, ademais, à orientação firmada pela Corte no HC 88190/RJ (DJU de 6.10.2006) nesse sentido, enfatizando-se que esse direito do causídico, passível de proteção

por *habeas corpus*, limita-se ao acesso às informações relativas ao seu constituinte, não abrangendo aquelas referentes a terceiros eventualmente envolvidos. Outro precedente citado: HC 82354/PR (DJU de 24.9.2004). **HC 94387/RS, rel. Min. Ricardo Lewandowski, 18.11.2008**. (HC-94387) (Inform. STF 529)

MINISTÉRIO PÚBLICO E INVESTIGAÇÃO CRIMINAL - 1

A Turma negou provimento a recurso extraordinário, em que se sustentava invasão das atribuições da polícia judiciária pelo Ministério Público Federal, porque este estaria presidindo investigação criminal, e ilegalidade da quebra do sigilo de dados do recorrente. Na espécie, o recorrente tivera seu sigilo bancário e fiscal quebrado para confrontação de dados da CPMF com a declaração de imposto de renda, com o intuito de se apurar possível sonegação fiscal. Quanto à questão relativa à possibilidade de o *parquet* promover procedimento administrativo de cunho investigatório e à eventual violação da norma contida no art. 144, § 1º, I e IV, da CF, considerou-se irrelevante o debate. Asseverou-se que houvera a devida instauração de inquérito policial para averiguar fatos relacionados às movimentações de significativas somas pecuniárias em contas bancárias, bem como que o Ministério Público requerera, a título de tutela cautelar inominada, ao juízo competente, a concessão de provimento jurisdicional que afastasse o sigilo dos dados bancários do recorrente. **RE 535478/SC, rel. Min. Ellen Gracie, 28.10.2008**. (RE-535478)

MINISTÉRIO PÚBLICO E INVESTIGAÇÃO CRIMINAL - 2

Considerou-se, ademais, que, mesmo que se tratasse da temática dos poderes investigatórios do Ministério Público, melhor sorte não assistiria ao recorrente, haja vista que a denúncia pode ser fundamentada em peças de informação obtidas pelo órgão do Ministério Público sem a necessidade do prévio inquérito policial, como já previa o CPP. Reputou-se não haver óbice a que o Ministério Público requisite esclarecimentos ou diligencie diretamente a obtenção da prova de modo a formar seu convencimento a respeito de determinado fato, aperfeiçoando a persecução penal, especialmente em casos graves como o presente que envolvem altas somas em dinheiro movimentadas em contas bancárias. Aduziu-se, tendo em conta ser princípio basilar da hermenêutica constitucional o dos "poderes implícitos", segundo o qual, quando a Constituição Federal concede os fins, dá os meios, que se a atividade fim — a promoção da ação penal pública — foi outorgada ao *parquet* em foro de privatividade, não haveria como não lhe oportunizar a colheita de prova para tanto, já que o CPP autoriza que peças de informação embasem a denúncia. Dessa forma, concluiu-se pela possibilidade de, em algumas hipóteses, ser reconhecida a legitimidade da promoção de atos de investigação por parte do Ministério Público, especialmente quando se verifique algum motivo que se revele autorizador dessa investigação. No mais, afastou-se a apontada violação ao princípio da irretroatividade das leis, devido à invocação do disposto na Lei 10.174/2001 para utilização de dados da CPMF, haja vista que esse diploma legal passou a autorizar a utilização de certas informações bancárias do contribuinte para efeitos fiscais, mas, mesmo no período anterior a sua vigência, já era possível a obtenção desses dados quando houvesse indícios de prática de qualquer crime. Não se trataria, portanto, de eficácia retroativa dessa lei, e sim de apuração de ilícito penal mediante obtenção das informações bancárias. No que tange aos demais argumentos apresentados, não se conheceu do recurso, já que as matérias teriam natureza infraconstitucional. **RE 535478/SC, rel. Min. Ellen Gracie, 28.10.2008**. (RE-535478) (Inform. STF 526)

INQUÉRITO JUDICIAL CONTRA MAGISTRADO E PRINCÍPIO DO JUIZ NATURAL - 1

O Tribunal, por maioria, denegou *habeas corpus*, afetado ao Pleno pela 1ª Turma, impetrado em favor de juiz federal do TRF da 3ª Região que buscava, por falta de justa causa, o trancamento de inquérito em trâmite no STJ, no qual investigada a suposta prática de crimes contra a Administração Pública, contra a ordem tributária e de lavagem de dinheiro. Na espécie, perante o TRF da 3ª Região fora instaurado inquérito em desfavor do paciente para apuração do suposto delito de corrupção passiva. Autorizada a quebra de sigilo telefônico de diversas pessoas, surgiram indícios de possível envolvimento de outros magistrados daquela Corte, o que ensejara o deslocamento do processo para o STJ. Lá chegando, o feito fora autuado como inquérito e o Ministro-relator abrira vista dos autos à Procuradoria-Geral da República. Valendo-se da oportunidade da referida vista, membro do *parquet* requerera a juntada de determinado procedimento criminal, para que investigação procedida pela Polícia Federal pudesse ser realizada conjuntamente. Durante a apuração dos fatos, o Ministro-relator no STJ deferira requerimento de interceptação telefônica do paciente e prorrogara outras interceptações relativamente a diversos investigados. Posteriormente, a autoridade policial pleiteara, também, a prisão temporária, a quebra de sigilos bancário e fiscal, bem como a expedição de mandados de busca e apreensão nas residências e locais de trabalhos dos indiciados, sendo o pedido deferido pela autoridade reputada coatora, com exceção da custódia temporária. Realizado o interrogatório do paciente, dera-se vista do inquérito ao órgão do Ministério Público. Alegava-se, na espécie: a) ofensa ao princípio do juiz natural, pois o Órgão Especial do STJ não teria deliberado sobre a instauração do inquérito contra o paciente, conforme estabelecido pelo art. 33, parágrafo único, da LOMAN (LC 35/79: "*Art. 33 - São prerrogativas do magistrado: ... Parágrafo único - Quando, no curso de investigação, houver indício da prática de crime por parte do magistrado, a autoridade policial, civil ou militar, remeterá os respectivos autos ao Tribunal ou órgão especial competente para o julgamento, a fim de que prossiga na investigação.*"); b) ausência de autoria do crime e de fato típico que servisse para justificar a abertura do inquérito; c) indevida atuação da Polícia Federal no inquérito; e d) determinação ilegal de vista ao Ministério Público Federal pela autoridade coatora, o que estaria a causar a violação ao sigilo do inquérito — v. Informativo 515. **HC 94278/SP, rel. Min. Menezes Direito, 25.9.2008**. (HC-94278)

INQUÉRITO JUDICIAL CONTRA MAGISTRADO E PRINCÍPIO DO JUIZ NATURAL - 2

Preliminarmente, o Tribunal rejeitou a alegação de prejudicialidade do *writ* em razão de já ter sido apresentada a denúncia perante o STJ e o *habeas* se dirigir contra o inquérito. Entendeu-se não haver razão forte o bastante a sustentar essa prejudicialidade, haja vista que a decisão proferida no *habeas corpus* repercutiria na denúncia, pois esta estaria apoiada no inquérito. No mérito, considerou-se inexistir qualquer ato ilegal praticado pelo Ministro-relator do inquérito no STJ. Afastou-se, inicialmente, a alegação de ofensa ao princípio do juiz natural porque desprovida de fundamento jurídico. Asseverou-se que a remessa dos autos do inquérito ao STJ se deu por estrito cumprimento à regra de competência originária prevista no art. 105, I, a, da CF, tendo em vista a suposta participação do magistrado federal nos fatos investigados, e que compete à Corte Especial receber ou rejeitar a denúncia, conforme o caso, sendo desnecessária, entretanto, sua autorização para instauração do inquérito judicial. Aduziu-se não ser possível dar o alcance pretendido pelo paciente ao que disposto no art. 33, parágrafo único, da LOMAN, que prescreve uma regra de competência segundo a qual, havendo indício da prática de crime por parte de magistrado, desloca-se a competência ao tribunal competente para julgar a causa, a fim de que este tribunal prossiga na investigação que foi iniciada em outro tribunal que perdeu sua competência. Esclareceu-se que, no tribunal, o inquérito é distribuído ao relator, a ele cabendo determinar as diligências próprias para a realização das investigações, e até mesmo o arquivamento dessas investigações, ou, se o caso, a apresentação da idéia do arquivamento ao plenário do tribunal. Enfatizou-se, também, inexistir, nesse dispositivo, conteúdo normativo que imponha a submissão, ao órgão colegiado, desde logo, da autorização para que o inquérito possa prosseguir. **HC 94278/SP, rel. Min. Menezes Direito, 25.9.2008**. (HC-94278)

INQUÉRITO JUDICIAL CONTRA MAGISTRADO E PRINCÍPIO DO JUIZ NATURAL - 3

Afastou-se, ademais, a apontada irregularidade na decisão que determinou a vista dos autos ao *parquet*. Ressaltou-se que, como titular da ação penal, nos termos do art. 129, I e VIII, da CF, a investigação dos fatos tidos como delituosos é destinada ao Ministério Público Federal, que, por isso, deve, necessariamente, participar das investigações e requerer as diligências que reputar necessárias para, com base nos indícios da autoria e se comprovada a materialidade dos crimes, oferecer a denúncia ao órgão julgador. Daí, ser ilógico se falar em sigilo das investigações relativamente ao autor da eventual ação penal. Rejeitou-se, de igual modo, o argumento de que o inquérito se transformou em procedimento da polícia federal, visto que legitimamente autorizada a delegação dos atos instrutórios do inquérito à polícia federal que os executa por expressa autorização legal e regimental. No ponto, realçou-se que ao juiz compete comandar as providências necessárias no curso do inquérito, subordinando-se a autoridade policial à autoridade judiciária, sem nenhuma autonomia. No que concerne aos indícios de autoria e à comprovação da materialidade dos crimes imputados ao paciente, concluiu-se pela ausência de condições, na fase atual, para apreciação do tema, por não ter sido recebida a denúncia, estando o *habeas* dirigido, especificamente, contra ato do relator no momento do inquérito. Vencido o Min. Marco Aurélio, que concedia a ordem, e, reportando-se ao voto que proferira no julgamento do HC 77355/RS (DJU de 29.9.98), assentava que só poderia haver a investigação contra o integrante do tribunal se ouvido esse mesmo integrante e que o próprio tribunal teria de deliberar quanto a essa seqüência das investigações. **HC 94278/SP, rel. Min. Menezes Direito, 25.9.2008**. (HC-94278) (Inform. STF 521)

EMENTA: PODER INVESTIGATÓRIO DO MINISTÉRIO PÚBLICO. A QUESTÃO DE SUA LEGITIMIDADE CONSTITUCIONAL: MATÉRIA **AINDA PENDENTE** DE DEFINIÇÃO PELO SUPREMO TRIBUNAL

FEDERAL (**HC** 84.548/SP). A INVESTIGAÇÃO PENAL, **QUANDO** REALIZADA PELA POLÍCIA JUDICIÁRIA, **É PRESIDIDA** POR AUTORIDADE POLICIAL. **DOUTRINA. PRECEDENTE DO STF. A PESSOA INVESTIGADA** PELO PODER PÚBLICO **JAMAIS SE DESPOJA** DE SUA CONDIÇÃO DE SUJEITO DE DIREITOS **E** DE GARANTIAS INDISPONÍVEIS (**HC 86.059-MC/PR**, REL. MIN. CELSO DE MELLO). **AS ATUAÇÕES POSSÍVEIS** DO MINISTÉRIO PÚBLICO **NO ÂMBITO** DO INQUÉRITO POLICIAL. **PRETENDIDA INCONSTITUCIONALIDADE** DE INVESTIGAÇÃO PRELIMINAR, QUANDO **PROMOVIDA**, EXCLUSIVAMENTE, PELO MINISTÉRIO PÚBLICO. **DOUTRINA**. MEDIDA CAUTELAR **INDEFERIDA**. (HC 94173 MC/BA, rel. Min. CELSO DE MELLO, j. em 1º/08/08) (Inform. STF 513)

INQUÉRITO CIVIL PÚBLICO E RECEBIMENTO DE DENÚNCIA

A decisão que reputa válido o recebimento de denúncia lastreada em notícia-crime extraída de inquérito civil público não viola o texto constitucional. Com base nesse entendimento e tendo em conta a desnecessidade de prévia instauração de inquérito policial para o oferecimento da inicial acusatória, a Turma negou provimento a recurso extraordinário em que se sustentava ofensa aos artigos 129, I, III, VI, VII e VIII, e 144, § 4º, ambos da CF. No caso, o recorrente pleiteava o restabelecimento da rejeição de tal peça, sob a alegação de que o Ministério Público não teria atribuição para oferecer denúncia baseada em inquérito civil público instaurado com o objetivo de propor futura ação civil pública para a proteção do meio ambiente. Inicialmente, ressaltou-se que as peças de investigação trazidas ao conhecimento do *parquet* teriam sido autuadas no âmbito de suas atribuições constitucionais (CF, art. 129, III) e que o representante daquele órgão, ao concluir as investigações na esfera cível e constatar a possibilidade de a conduta também configurar crime, remetera cópia do procedimento ao Procurador-Geral de Justiça, haja vista a presença de suposto acusado com prerrogativa de foro. Asseverou-se que se o fato disser respeito a interesse difuso ou coletivo, o Ministério Público pode instaurar procedimento administrativo, com base no aludido art. 129, III, da CF. Ademais, entendeu-se que, na espécie, a notícia-crime continha os elementos necessários para provar a materialidade e os indícios da autoria do fato apurado. **RE 464893/GO, rel. Min. Joaquim Barbosa, 20.5.2008.** (RE-464893) (Inform. STF 507)

MINISTÉRIO PÚBLICO: INVESTIGAÇÃO CRIMINAL E MEMBRO DA INSTITUIÇÃO

A Turma indeferiu *habeas corpus* em que Secretário de Segurança Pública requeria, por falta de justa causa, o trancamento de ação penal contra ele instaurada pela suposta prática do crime de abuso de autoridade (Lei 4.898/65, art. 4º, a), consistente no fato de haver ordenado a delegado de polícia que mantivesse a custódia de algumas pessoas, cujas prisões foram realizadas sem determinação escrita da autoridade judiciária e sem que estivessem em flagrante delito. A defesa alegava, ainda, que as provas colhidas em procedimento investigatório realizado diretamente pelo Ministério Público não poderiam embasar a denúncia. Entendeu-se que, na espécie, a atuação do Ministério Público encontraria fundamento na legislação infraconstitucional, haja vista que não se trataria de investigação qualquer empreendida pelo *parquet* estadual, porquanto o ora paciente seria membro da instituição e, nessa qualidade, possuiria a prerrogativa de ter sua conduta apurada pelo Procurador-Geral de Justiça (Lei 8.625/93, art. 41, parágrafo único e LC 75/93, art. 18, parágrafo único). Ademais, considerou-se que a inicial acusatória descrevera de forma clara, precisa, pormenorizada e individualizada a conduta imputada ao paciente, o que viabilizaria o exercício da ampla defesa, e que o trancamento de ação penal por ausência de justa causa, fundado na inépcia da denúncia, seria medida excepcional, não caracterizada no presente caso. Rejeitou-se, ainda, a tese de inexigibilidade do dever legal de agir do paciente. No ponto, tendo em conta que as polícias civis e militares seriam, conforme previsto em lei local, subordinadas hierárquica, administrativa e funcionalmente ao Secretário de Segurança Pública, enfatizou-se que o paciente exerceria poder de mando e determinava como seus subordinados deveriam proceder. Por fim, afastou-se a assertiva de falta de conjunto probatório mínimo à comprovação de existência de justa causa ao fundamento de que a via escolhida não comportaria dilação probatória. **HC 93224/SP, rel. Min. Eros Grau, 13.5.2008.** (HC-93224) (Inform. STF 506)

ARQUIVAMENTO DE INQUÉRITO: ART. 28 DO CPP E JUSTA CAUSA - 1

A Turma, por maioria, indeferiu *habeas corpus* em que denunciada, com terceiros, pela suposta prática do crime de homicídio qualificado reiterava as alegações de afronta ao princípio do promotor natural e falta de justa causa para o oferecimento da denúncia. Na espécie, o tribunal de origem concedera idêntica medida para determinar o trancamento da ação penal ante a inépcia da inicial acusatória. Determinado esse trancamento, a promotora de justiça da causa requerera a extinção da punibilidade dos réus e o conseqüente arquivamento dos autos. Ocorre que o juízo de 1º grau, com base no art. 28 do CPP, ordenara a remessa do feito para o Procurador-Geral de Justiça, que designara outro membro do *parquet* para oferecer a denúncia em desfavor da paciente, sendo essa peça recebida. A defesa impetrara, então, *habeas corpus* denegado sucessivamente no tribunal de justiça local e no STJ. Inicialmente, ressaltou-se que não existiria ofensa ao princípio do promotor natural pelo fato de ter sido pedido o arquivamento dos autos do inquérito policial por um promotor de justiça e apresentação da denúncia por outro, indicado pelo Procurador-Geral de Justiça, depois de o juízo singular haver reputado improcedente o pedido de arquivamento. Enfatizou-se que o aludido princípio do promotor natural, uma das garantias que advém do princípio do devido processo legal, é direito titularizado pelo cidadão para impedir que o Estado exorbite de suas atribuições em benefício ou em detrimento de alguém, fixando para determinada pessoa promotor *ad hoc*. **HC 92885/CE, rel. Min. Cármen Lúcia, 29.4.2008.** (HC-92885)

ARQUIVAMENTO DE INQUÉRITO: ART. 28 DO CPP E JUSTA CAUSA - 2

Considerou-se que as normas que permitiriam ao Procurador-Geral de Justiça a substituição do promotor que deveria dar continuidade ao processo (CPP, art. 28 e Lei 8.625/93, art. 10, IX, d) — se observados os critérios normais de distribuição, por outro membro do Ministério Público, designado especialmente para atuar em caso determinado —, teriam sido atendidas em sua inteireza, em observância ao princípio do promotor natural. Relativamente à alegada ausência de justa causa para a segunda ação penal, salientou-se que o tribunal de justiça acolhera tão-somente a tese de inépcia da primeira denúncia e não a de falta de justa causa, como sustentava a impetração. Assim, incabível o trancamento da ação penal se presente na denúncia, como na hipótese, a exposição do fato criminoso, com todas as suas circunstâncias, e adequada indicação da conduta ilícita imputada ao réu, de modo a propiciar-lhe o pleno exercício do direito de defesa. Vencidos os Ministros Carlos Britto e Marco Aurélio que, tendo em conta a contradição entre a ementa e a parte dispositiva do acórdão do tribunal estadual, concediam a ordem por concluir que a falta de justa causa restara proclamada, quando se condicionou o ajuizamento de ação penal futura ao levantamento de novos dados. **HC 92885/CE, rel. Min. Cármen Lúcia, 29.4.2008.** (HC-92885) (Inform. STF 504)

INTERCEPTAÇÃO TELEFÔNICA E ACESSO DA DEFESA - 1

A Turma deferiu *habeas corpus* para assegurar que a defesa tenha amplo acesso às peças de inquérito instaurado contra indiciados pela suposta prática dos delitos tipificados no art. 4º da Lei 8.137/90, no art. 1º da Lei 8.176/91 e no art. 288 do CP, cujos advogados constituídos não puderam consultar e extrair cópias do conteúdo escrito e gravado dos procedimentos resultantes de escutas telefônicas implementadas no curso da investigação. No caso, o inquérito policial apura a existência de cartel no mercado varejista de gasolina em determinada capital. Ocorre que o juízo de origem decretara a prisão temporária dos pacientes e a defesa não tivera acesso ao conteúdo dos apensos desse inquérito e do procedimento cautelar apuratório no qual autorizadas as interceptações telefônicas. Apresentado requerimento ao magistrado com o pleito de vista e de extração de cópias da investigação, na integralidade, o juízo excluíra o acesso aos áudios decorrentes das interceptações (com as correspondentes degravações) e às diligências ainda em curso. Contra essa decisão, fora impetrado *habeas corpus* no tribunal de justiça local, que concedera medida acauteladora tão-só em relação à tomada de depoimento dos pacientes e o indeferira no mérito, ensejando, então, idêntica medida no STJ. **HC 92331/PB, rel. Min. Marco Aurélio, 18.3.2008.** (HC-92331)

INTERCEPTAÇÃO TELEFÔNICA E ACESSO DA DEFESA - 2

Inicialmente, considerou-se superado o óbice do Enunciado 691 da Súmula do STF, haja vista o posterior julgamento formalizado pelo STJ, manifestando-se os impetrantes pela ausência de prejuízo no que deferida parcialmente a ordem. Em seguida, ressaltou-se que a preservação da privacidade seria a razão da cláusula final do art. 8º da Lei 9.296/96 ("*A interceptação de comunicação telefônica, de qualquer natureza, ocorrerá em autos apartados, apensados aos autos do inquérito policial ou do processo criminal, preservando-se o sigilo das diligências, gravações e transcrições respectivas.*") e que o sigilo das diligências mostrar-se-ia a tônica das investigações policiais, contudo até o estágio em que já apurados os fatos, quando colacionados dados que viabilizassem o interrogatório dos envolvidos. Ademais, entendeu-se que impedir o acesso do profissional da advocacia aos autos contrastaria com o direito à assistência técnica assegurado ao acusado. Nesse sentido, asseverou-se que o sigilo próprio aos dados da interceptação telefônica estaria direcionado a proteger e não a gerar quadro em que alguém se visse envolvido, devendo comparecer à delegacia policial, sem que se lhe fosse proporcionado, e ao advogado, conhecer as razões respectivas. Concluiu-se que o sigilo pode estar ligado a investigações em andamento, mas, a partir do momento em que existe interrogatório dos envolvidos, indispensável o acesso, à defesa, ao que se contém no próprio inquérito. Fora isso, seria impossibilitar a atuação da defesa, em violação ao devido processo legal. Precedente citado: HC 90232/AM (DJU de 2.3.2007). HC **92331/PB, rel. Min. Marco Aurélio, 18.3.2008**. (HC-92331) (Inform. STF 499)

MINISTÉRIO PÚBLICO: INVESTIGAÇÃO CRIMINAL E LEGITIMIDADE

A Turma, acolhendo proposta do Min. Joaquim Barbosa, relator, deliberou afetar ao Plenário julgamento de dois *habeas corpus* nos quais se discute a possibilidade ou não de o Ministério Público conduzir investigações para a instauração de ação penal. Na espécie, o *parquet* requerera a quebra de sigilo telefônico dos pacientes-investigados e solicitara, caso deferida — e o juízo competente a admitira —, que a diligência fosse por ele diretamente efetuada, haja vista o suposto envolvimento de autoridades policiais nos fatos, objeto do inquérito. Sustenta-se, em síntese, a ilegalidade das atividades investigativas realizadas pelo órgão ministerial antes e depois do oferecimento da denúncia, por ofensa às garantias do devido processo legal e do contraditório, o que tornaria nula a ação penal instaurada contra os pacientes pela infringência ao art. 288 do CP; aos artigos 4º, *caput*, 11, 16, 21, parágrafo único, 22, *caput* e parágrafo único, todos da Lei 7.492/86; e ao art. 1º, VI e VII da Lei 9.613/98. HC 83634/SP, rel. Min. Joaquim Barbosa, 20.11.2007. (HC-83634) HC 83933/SP, rel. Min. Joaquim Barbosa, 20.11.2007. (HC-83933) (Inform. STF 489)

DETENTOR DE PRERROGATIVA DE FORO E INDICIAMENTO

O Tribunal, por maioria, resolveu questão de ordem suscitada em inquérito originário promovido pelo Ministério Público Federal, no qual se apura o envolvimento de Senador quanto à ocorrência das supostas práticas delituosas sob investigação na denominada "Operação Sanguessuga", no sentido de anular o ato formal de indiciamento do parlamentar realizado por autoridade policial. Ressaltando que a prerrogativa de foro tem por escopo garantir o livre exercício da função do agente político, e fazendo distinção entre os inquéritos originários, a cargo e competência do STF, e os de natureza tipicamente policial, que se regulam inteiramente pela legislação processual penal brasileira, entendeu-se que, no exercício da competência penal originária do STF (art. 102, I, b, da CF c/c o art. 2º da Lei 8.038/90), a atividade de supervisão judicial deve ser constitucionalmente desempenhada durante toda a tramitação das investigações, ou seja, desde a abertura dos procedimentos investigatórios até o eventual oferecimento, ou não, de denúncia pelo Ministério Público, sob pena de esvaziamento da própria idéia dessa prerrogativa. Em razão disso, concluiu-se que a autoridade policial não poderia ter indiciado o parlamentar sem autorização prévia do Ministro-relator do inquérito. Ademais, em manifestação *obiter dictum*, asseverou-se que a autoridade policial também dependeria dessa autorização para a abertura de inquérito em que envolvido titular de prerrogativa de foro perante esta Corte. Vencidos os Ministros Joaquim Barbosa, Carlos Britto, Marco Aurélio e Celso de Mello, que não anulavam o indiciamento, por considerar que o membro do Congresso Nacional poderia ser submetido à investigação penal, mediante instauração de inquérito policial, e conseqüente indiciamento — ato de natureza legal, vinculada —, por iniciativa da própria autoridade policial, independente de autorização prévia do STF. Precedentes citados: Pet 2805/DF (DJU de 27.2.2004); Inq 2285/DF (DJU de 13.3.2006); Inq 149/DF (DJU de 27.10.83); Inq 1793 AgR/DF (DJU de 14.6.2002); Pet 1954/DF (DJU de 1º.8.2003); Pet 2805/DF (DJU de 27.2.2004); Pet 1104/DF (DJU de 23.5.2003); Pet 3248/DF (DJU de 23.11.2004); Pet 2998/MG (DJU de 6.11.2006); Rcl 2138/DF (acórdão pendente de publicação); Rcl 2349/TO (DJU de 5.8.2005). Inq 2411 QO/MT, rel. Min. Gilmar Mendes, 10.10.2007. (Inq-2411) (Inform. STF 483)

DETENTOR DE FORO POR PRERROGATIVA DE FUNÇÃO E INDICIAMENTO - 1

O Tribunal iniciou julgamento de inquérito em que se imputa, respectivamente, a Senador e outros, a suposta prática dos crimes previstos no art. 350 do Código Eleitoral (falsidade ideológica para fins eleitorais) e no art. 1º, VI, c/c o § 1º, II, da Lei 9.613/98 (lavagem ou ocultação de bens, direitos e valores), e se apura a venda de documentos e informações que revelariam o envolvimento de políticos numa determinada fraude. Inicialmente, determinou-se a retificação da autuação para que constasse ser o caso de inquérito, nos termos do art. 231 do Regimento Interno do STF. Em seguida, o Tribunal, por considerar inexistentes elementos informativos que pudessem alicerçar a denúncia, deferiu o pedido de arquivamento do inquérito com relação ao parlamentar e também deferiu habeas corpus, de ofício, relativamente a um dos outros indiciados, para o fim de estender-lhe os efeitos desse arquivamento, tendo em conta que seu indiciamento se pretendera fundar em indícios da prática por ambos, em co-autoria, do crime de falsidade ideológica para fins eleitorais, dada a combinação do art. 350 do Código Eleitoral com os artigos 20 e 21 da Lei 11.300/2006. Pet 3825 QO/MT, rel. Min. Sepúlveda Pertence, 11.4.2007. **(Pet-3825)**

DETENTOR DE FORO POR PRERROGATIVA DE FUNÇÃO E INDICIAMENTO - 2

Prosseguindo, o Min. Sepúlveda Pertence, relator, indeferiu o pedido de anulação formal do indiciamento do Senador por alegada carência de poder da autoridade policial para determiná-lo. Afirmou o relator que nem a instauração de inquérito policial depende da iniciativa do Procurador-Geral da República para a apuração de fato em que se verifique a possibilidade de envolvimento de titular de prerrogativa de foro do Supremo, nem o mero indiciamento formal de dignitário necessita da prévia decisão de um Ministro da Casa. Asseverou que tanto a abertura das investigações de qualquer fato aparentemente delituoso quanto, no curso delas, o indiciamento formal, por si só, de quem quer que se desvele possível autor da conduta incriminada são atos da autoridade que preside o inquérito, de ofício, se for o caso, e que a prerrogativa de foro do indigitado autor do fato criminoso é critério que diz respeito, exclusivamente, à determinação da competência jurisdicional originária do Tribunal respectivo quando do oferecimento da denúncia ou, eventualmente, antes dela, se se fizer necessária diligência sujeita à prévia autorização judicial. Pet 3825 QO/MT, rel. Min. Sepúlveda Pertence, 11.4.2007. **(Pet-3825)**

DETENTOR DE FORO POR PRERROGATIVA DE FUNÇÃO E INDICIAMENTO - 3

O relator salientou, ademais, que o indiciamento possui caráter ambíguo, constituindo-se, ao mesmo tempo, fonte de direitos, prerrogativas e garantias processuais (CF, art. 5º, LVII e LXIII), e fonte de ônus e deveres que representam alguma forma de constrangimento, além dos decorrentes da estigmatização social que a publicidade lhe imprime, traduzindo-se, ainda, como o marco temporal a partir de quando a supervisão judicial sobre o inquérito há de ser entregue ao tribunal competente para o processo penal que vier a ser eventualmente instaurado. Afirmou que, instaurado de ofício, licitamente, o inquérito, incumbiria, à autoridade policial, o indiciamento, que, apesar de não previsto pela lei brasileira, deveria ser objeto de um ato formal, ante as implicações jurídicas que ocasiona para o status de indiciado. Assim, o indiciamento seria um poder-dever da autoridade policial, uma vez convencida da concorrência dos seus pressupostos. Tendo isso em conta, o relator, ressaltando, ademais, que o indiciamento em inquérito policial é um fato, cuja anotação nos registros policiais costuma ser utilizado no futuro em prejuízo do indiciado, não obstante o arquivamento solicitado pelo Ministério Público, atendido ou deferido pelo órgão judiciário competente, concluiu que a solução não estaria na anulação do fato do indiciamento ou da denúncia, mas na desconsideração de seu registro. Dessa forma, ressalvou que, no caso, o arquivamento do inquérito haveria de apagar os efeitos deletérios do status provisório de indiciado. Nesse ponto, rejeitou-se, por maioria, questão de ordem suscitada pelo Min. Marco Aurélio no sentido do prejuízo da deliberação a respeito da anulação do indiciamento, em face do arquivamento do inquérito. O julgamento foi suspenso em virtude do pedido de vista do Min. Gilmar Mendes. Pet 3825 QO/MT, rel. Min. Sepúlveda Pertence, 11.4.2007. **(Pet-3825)**

DETENTOR DE FORO POR PRERROGATIVA DE FUNÇÃO E INDICIAMENTO - 4

Na linha da orientação firmada no julgamento acima relatado, o Tribunal, por maioria, em questão de ordem suscitada em inquérito — no qual imputado, respectivamente, a Senador e a outros a suposta prática dos crimes previstos no art. 350 do Código Eleitoral (falsidade ideológica para fins eleitorais) e no art. 1º, VI, c/c o § 1º, II, da Lei 9.613/98 (lavagem ou ocultação de bens, direitos e valores), e apurada a venda de documentos e informações que revelariam o envolvimento de políticos numa determinada fraude — anulou o ato formal de indiciamento do parlamentar realizado por autoridade policial — v. Informativo 462. Vencidos os Ministros Sepúlveda Pertence, relator, Joaquim Barbosa, Carlos Britto e Celso de Mello, que não anulavam o indiciamento, nos termos dos fundamentos supracitados. Pet 3825 QO/MT, rel. orig. Min. Sepúlveda Pertence, rel. p/ o acórdão Min. Gilmar Mendes, 10.10.2007. (Pet-3825) (Inform. STF 483)

INVESTIGAÇÃO CRIMINAL PROMOVIDA PELO MINISTÉRIO PÚBLICO E ADITAMENTO DA DENÚNCIA - 1

O Tribunal iniciou julgamento de *habeas corpus* em que se pretende o trancamento da ação penal movida contra o paciente, acusado da suposta prática do crime de homicídio, e a invalidação da decisão que decretara sua prisão preventiva. Sustenta-se a inexistência de base legal para a prisão e a impossibilidade de se admitir investigação promovida pelo Ministério Público e que viera a servir de base ao aditamento à denúncia, a partir do qual o paciente fora envolvido na ação penal. O Min. Marco Aurélio, relator, deferiu a ordem. Entendeu que, já existente processo devidamente formalizado, o Ministério Público, à margem das atribuições que lhe são cometidas pela Constituição Federal (CF, art. 129), implementara investigação para levantar os dados que compõem os apensos que serviram de base à denúncia contra o paciente, o que seria da com-petência da polícia civil. HC 84548/SP, rel. Min. Marco Aurélio, 11.6.2007. (HC-84548)

INVESTIGAÇÃO CRIMINAL PROMOVIDA PELO MINISTÉRIO PÚBLICO E ADITAMENTO DA DENÚNCIA - 2

Asseverou que ao Ministério Público cabe o controle externo da atividade policial, sendo que, em relação a investigações de práticas delituosas, pode requisitar diligências investigatórias e provocar a instauração do inquérito policial, indicados os fundamentos jurídicos de suas manifestações processuais, nos termos do que dispõem os incisos VII e VIII do art. 129 da CF, normas harmônicas com o que previsto quanto às atribuições das polícias federal e civis (CF, art. 144 e parágrafos). Ressaltou não ser possível proceder à leitura ampliativa dos aludidos incisos do art. 129 da CF, sob pena de se chegar a conflito com o texto constitucional sobre o papel investigatório das polícias, transmudando-se o inquérito policial em inquérito ministerial. Destacou que o próprio art. 129 da CF dá um tratamento diferenciado, conforme o inquérito vise à propositura de ação civil pública, quando é função institucional do *parquet* promover o inquérito, ou à ação penal, hipótese em que lhe cumpre apenas provocar a instauração e requisitar as diligências que repute indispensáveis. O relator também julgou insuficientes os fundamentos da prisão preventiva decretada. Aduziu que, sem culpa formada, e militando em favor do paciente a presunção de não-culpabilidade, chegara-se a verdadeira execução de pena ainda não formalizada. Afirmou que o próprio Juízo deixara consignado que a materialidade do crime e os indícios de autoria não são capazes, por si sós, de respaldar a prisão preventiva, e que, aludindo às personalidades dos réus, fizera-o sem apre-sentar dados concretos que demonstrassem que elas seriam discrepantes do padrão médio. No que respeita à comoção popular, concluiu não se poder atuar, no âmbito do Judiciário, a partir do barulho da sociedade. HC 84548/SP, rel. Min. Marco Aurélio, 11.6.2007. (HC-84548)

INVESTIGAÇÃO CRIMINAL PROMOVIDA PELO MINISTÉRIO PÚBLICO E ADITAMENTO DA DENÚNCIA - 3

Em seguida, o Min. Sepúlveda Pertence, adiantando seu voto, acompanhou, em parte, o Min. Marco Aurélio, no que respeita à prisão preventiva, e denegou a ordem quanto ao trancamento da ação penal. Rejeitou a argüição abstrata de inconstitucionalidade de qualquer ato investigatório do Ministério Público e reconheceu-lhe, como titular da ação penal, o poder de suplementar atos de informação. Asseverou não reconhecer, entretanto, por falta de disciplina legal, os poderes de coerção conferidos à autoridade policial no curso do inquérito. Reportou-se, em relação à legitimidade da denúncia e do seu recebimento, a acórdãos do Tribunal, que afastaram o entendimento de que, da eventual incompetência da autoridade que houvesse procedido às investigações, decorresse nulidade ou inviabilidade da denúncia. Concluiu que, se com base em qualquer elemento de informação, não reduzido a um procedimento administrativo ou estritamente policial, é cabível a denúncia, o fato de este ou aquele elemento de informação ter sido colhido pelo Ministério Público não implica a inviabilidade da ação penal que nele se funde. Após, pediu vista dos autos o Min. Cezar Peluso. HC 84548/SP, rel. Min. Marco Aurélio, 11.6.2007. (HC-84548) (Inform. STF 471)

INQUÉRITO POLICIAL E DIREITO DE VISTA

A Turma não conheceu de *habeas corpus* impetrado contra decisão de ministro do STJ que negara seguimento a idêntica medida dirigida contra decisão denegatória de liminar — em que se sustentava a inoponibilidade de sigilo das investigações em inquérito policial aos advogados constituídos pelo paciente — ao fundamento de que o pedido possuiria natureza satisfativa e o deferimento da liminar resultaria na perda de objeto das impetrações antecedentes. Concedeu-se, porém, a ordem, de ofício, para assegurar aos causídicos do paciente a faculdade de consultar os elementos de informação já introduzidos nos autos, bem como de obter as cópias pertinentes. Entendeu-se que, ao advogado do indiciado em inquérito policial, titular do direito de acesso aos autos respectivos, não é oponível o sigilo que se imponha ao procedimento. Salientando a inexistência de conflito de interesses contrapostos, asseverou-se que a Lei 8.906/94 prestigia a prerrogativa do defensor contra a oponibilidade ao advogado do sigilo decretado no inquérito. No ponto, ressaltou-se que o inciso XIV do seu art. 7º não faz nenhuma distinção entre inquéritos sigilosos e não sigilosos. Além disso, afirmou-se que tal oponibilidade esvaziaria a garantia prevista no inciso LXIII do art. 5º da CF ("*o preso será informado de seus direitos, entre os quais o de permanecer calado, sendo-lhe assegurada a assistência da família e de advogado;*"), que se estende ao indiciado solto. Precedentes citados: HC 82354/PR (DJU de 24.9.2004); HC 87827/RJ (DJU de 23.6.2006); HC 86059 MC/PR (DJU de 30.6.2005). HC 90232/AM, rel. Min. Sepúlveda Pertence, 18.12.2006. (HC-90232) (Inform. STF 453)

2.1. SUPERIOR TRIBUNAL DE JUSTIÇA

DIREITO PROCESSUAL PENAL. INVESTIGAÇÃO PENAL. MP. ACESSO DOS SERVIDORES ÀS PROVAS.

O MP pode promover, por autoridade própria, atos de investigação penal, sendo permitido o acesso dos servidores da referida instituição à colheita da prova. Com fundamento na CF e na Lei Complementar n. 75/1993, o MP possui a prerrogativa de instaurar processo administrativo de investigação e de conduzir diligências investigatórias. Isso porque a atuação do MP representa o exercício concreto de uma atividade típica de cooperação que, mediante a requisição de elementos informativos e acompanhamento de diligências investigatórias, promove a convergência de dois importantes órgãos estatais incumbidos da persecução penal e da concernente apuração da verdade real. Tratando-se de escutas telefônicas, não se pode concluir do art. 6º da Lei n. 9.296/1996 que apenas a autoridade policial é autorizada a proceder às interceptações. No entanto, esses atos de investigação não comprometem ou reduzem as atribuições de índole funcional das autoridades policiais, a quem sempre caberá a presidência do inquérito policial. Ademais, a eventual escuta e posterior transcrição das interceptações pelos servidores do MP não anulam as provas, pois se trata de mera divisão de tarefas dentro do próprio órgão, o que não retira dos promotores de justiça a responsabilidade pela condução das diligências, conforme o art. 4º, V, da Res. n. 76/2009 do CNMP. Precedentes citados do STF: RE 468.523-SC, DJ 19/2/2010; do STJ: HC 131.836-RJ, DJe 6/4/2011, e REsp 998.249-RS, DJe 30/5/2012. **HC 244.554-SP, Rel. Min. Marco Aurélio Bellizze, julgado em 9/10/2012.(Inform. STJ 506)**

CRIME CONTRA FLORA. INDICIAMENTO POSTERIOR. DENÚNCIA.

O paciente foi denunciado como incurso nas penas do art. 38 da Lei n. 9.605/1998 por ter danificado área de floresta em formação considerada de preservação permanente, fatos supostamente ocorridos em 2/10/2007. No *habeas corpus*, o impetrante/paciente busca que seja determinada a revogação do seu indiciamento formal após já ter sido oferecida a denúncia sobre os mesmos fatos. Registra o Min. Relator que, por ocasião da impetração do *writ* (no STJ) ainda não havia julgamento do HC originário impetrado no tribunal de origem; somente depois sobreveio o acórdão denegando a ordem, motivo pelo qual examina esse *habeas corpus* como substitutivo de recurso ordinário. Observa ser cediço que este Superior Tribunal, em reiterados julgados, vem afirmando seu posicionamento jurisprudencial de que caracteriza constrangimento ilegal o formal indiciamento do paciente que já teve contra si oferecida denúncia, como no caso, inclusive esta já foi recebida pelo juízo *a quo*. Diante do exposto, a Turma concedeu a ordem. Precedentes citados: RHC 21.657-SP, DJe 15/3/2010, e HC 145.935-SP, DJe 7/6/2010. **HC 179.951-SP, Rel. Min. Gilson Dipp, julgado em 10/5/2011 (ver Informativo n. 471).** (Inform. STJ 472)

DENÚNCIA. RECEBIMENTO. INDICIAMENTO.

A jurisprudência do STJ diz que o indiciamento formal dos acusados após o recebimento da denúncia os submete a ilegal e desnecessário constrangimento, visto não mais se justificar tal procedimento próprio da fase inquisitorial quando a ação penal já se encontra em curso. Precedentes citados. HC 174.576-SP, DJe 18/10/2010, e HC 92.117-SP, DJe 18/12/2009. **HC 182.455-SP, Rel. Min. Haroldo Rodrigues (Desembargador convocado do TJ-CE), julgado em 5/5/2011.** (Inform. STJ 471)

INQUÉRITO POLICIAL. ARQUIVAMENTO. COISA JULGADA MATERIAL.

Cuida-se de *habeas corpus* em que se discute, em síntese, se a decisão que determina o arquivamento do inquérito policial no âmbito da Justiça comum, reconhecendo a atipicidade do fato e a incidência de cláusula excludente da ilicitude, impede o recebimento da denúncia pelo mesmo fato perante a Justiça especializada, no caso a Justiça Militar. A Turma concedeu a ordem ao entendimento de que a decisão de arquivamento do inquérito policial no âmbito da Justiça comum, acolhendo promoção ministerial no sentido da atipicidade do fato e da incidência de causa excludente de ilicitude, impossibilita a instauração de ação penal na Justiça especializada, uma vez que o Estado-Juiz já se manifestou sobre o fato, dando-o por atípico, o que enseja coisa julgada material. Registrou-se que, mesmo tratando-se de decisão proferida por juízo absolutamente incompetente, deve-se reconhecer a prevalência dos princípios do *favor rei*, *favor libertatis* e *ne bis in idem*, de modo a preservar a segurança jurídica que o ordenamento jurídico demanda. Precedentes citados do STF: HC 86.606-MS, DJ 3/8/2007; do STM: CP-FO 2007.01.001965-3-DF, DJ 11/1/2008; do STJ: APn 560-RJ, DJe 29/10/2009; HC 90.472-RS, DJe 3/11/2009; RHC 17.389-SE, DJe 7/4/2008; HC 36.091-RJ, DJ 14/3/2005, e HC 18.078-RJ, DJ 24/6/2002. **HC 173.397-RS, Rel. Min. Maria Thereza de Assis Moura, julgado em 17/3/2011.** (Inform. STJ 466)

PODERES. INVESTIGAÇÃO. MP.

A Turma deu provimento ao recurso por entender, entre outras questões, que o Ministério Público possui legitimidade para proceder à coleta de elementos de convicção no intuito de elucidar a materialidade do crime e os indícios da autoria. Proceder à referida colheita é um consectário lógico da própria função do *Parquet* de promover, com exclusividade, a ação penal. A polícia judiciária não possui o monopólio da investigação criminal. O art. 4º, parágrafo único, do CP não excluiu a competência de outras autoridades administrativas ao definir a competência da polícia judiciária. Assim, no caso, é possível ao órgão ministerial oferecer denúncias lastreadas nos procedimentos investigatórios realizados pela Procuradoria de Justiça de combate aos crimes praticados por agentes políticos municipais. Precedentes citados do STF: RE 468.523-SC, DJe 19/2/2010; do STJ: HC 12.704-DF, DJ 18/11/2002; HC 24.493-MG, DJ 17/11/2003, e HC 18.060-PR, DJ 26/8/2002. **REsp 1.020.777-MG, Rel. Min. Laurita Vaz, julgado em 17/2/2011.** (Inform. STJ 463)

MP. LEGITIMIDADE. INVESTIGAÇÃO.

Trata-se de *habeas corpus* impetrado em benefício próprio em que o paciente, condenado pelo crime de extorsão (seis anos e oito meses), alega constrangimento ilegal na apuração do crime pelo Ministério Público, visto que, sendo policial civil, estaria subordinado à corregedoria da Polícia Civil, detentora da atribuição de apurar as infrações cometidas pelos integrantes da corporação. O Min. Relator fez considerações sobre as funções do MP como titular da ação penal pública de proceder e efetuar diligências de investigação, que são consentâneas com a sua finalidade constitucional prevista no art. 129, VI e VIII, da CF/1988, LC n. 75/1993 e art. 26 da Lei n. 8.625/1993. Ainda com base em precedentes do STF e do STJ, afirmou não haver óbice para que o MP requisite esclarecimentos ou diligencie diretamente a obtenção da prova para formar seu convencimento de determinado fato, inclusive aqueles que envolvem policiais. No caso, o Min. Relator esclareceu que a colheita de declarações pelo MP serviu de fundamento para instalação de inquérito policial cuja presidência coube à autoridade policial que, inclusive, representou pela interceptação telefônica e outras diligências. Diante do exposto, a Turma denegou a ordem. Precedentes citados do STF: RE 468.573-SC, DJe 19/2/2010; do STJ: HC 33.682-PR, DJe 4/5/2009; HC 84.266-RJ, DJ 22/10/2007, e HC 94.810-MG, DJe 13/10/2008. **HC 133.818-SP, Rel. Min. Og Fernandes, julgado em 21/10/2010.** (Inform. STJ 452)

INQUÉRITO. SIGILO. ADVOGADO. ACESSO.

Trata-se de *habeas corpus* em que se busca garantir ao advogado do paciente direito de vista dos autos do inquérito policial em curso na Vara Criminal estadual com a possibilidade, inclusive, de obtenção de cópias reprográficas dos referidos autos. A Turma reiterou o entendimento de que, mesmo na hipótese de decretação de sigilo, é possível o acesso do advogado ao inquérito policial que envolve seu constituinte. Ressaltou-se, porém, que, além da necessidade da demonstração de que seu cliente está sendo, efetivamente, alvo de investigação no inquérito policial, o acesso conferido aos causídicos deverá limitar-se aos documentos já disponibilizados nos autos. Não é possível, assim, sob pena de ineficácia do meio persecutório, que a defesa tenha acesso à decretação e às vicissitudes da execução de diligências em curso. Com esse fundamento, concedeu-se a ordem de *habeas corpus*. Precedentes citados do STF: HC 82.354-PR, DJ 24/9/2004; HC 87.827/RJ, DJ 23/6/2006; do STJ: HC 88.104-RS, DJ 19/12/2007; HC 64.290-SC, DJ 6/8/2007, e MS 11.568-SP, DJ 21/5/2007. **HC 58.377-RJ, Rel. Min. Laurita Vaz, julgado em 3/6/2008.** (Inform. STJ 358)

INQÚERITO POLICIAL. AMPLA DEFESA.

O inquérito policial é um procedimento preparatório que apresenta conteúdo meramente informativo no intuito de fornecer elementos para a propositura da ação penal. Contudo, mesmo não havendo ainda processo, no curso do inquérito pode haver momentos de violência e coação ilegal, daí se deve assegurar a ampla defesa e o contraditório. No caso, a oitiva de testemunhas, bem como a quebra do sigilo telefônico, ambos requeridos pelo paciente, não acarretará nenhum problema ao inquérito, mas sim fornecerá à autoridade policial melhores elementos para suas conclusões. Precedentes citados: HC 36.813-MG, DJ 5/8/2004; HC 44.305-SP, DJ 4/6/2007, e HC 44.165-RS, DJ 23/4/2007. **HC 69.405-SP, Rel. Min. Nilson Naves, julgado em 23/10/2007.** (Inform. STJ 337)

HC. CONCESSÃO. ADVOGADO. ACESSO. AUTOS. INQUÉRITO POLICIAL.

A Turma, ao prosseguir o julgamento e por maioria, concedeu a ordem, vencido o Min. Hamilton Carvalhido, que dele não conhecia. Cuida-se de decisão que não concedeu ao defensor constituído vista em cartório dos autos do inquérito policial. O Min. Relator admitiu ter o advogado direito de acesso aos autos do inquérito policial, a despeito do caráter desse processo preliminar – instrução provisória que antecede à propositura da ação penal. Além disso, é direito do advogado "*examinar em qualquer repartição policial, mesmo sem procuração, autos de flagrante e de inquérito, findos ou em andamento, ainda que conclusos à autoridade, podendo copiar peças e tomar apontamentos*" (Lei n. 8.906/1994, art. 7º, XIV). **HC 44.165-RS, Rel. Min. Nilson Naves, julgado em 18/12/2006.** (Inform. STJ 309)

SÚMULA VINCULANTE 14

É direito do defensor, no interesse do representado, ter acesso amplo aos elementos de prova que, já documentados em procedimento investigatório realizado por órgão com competência de polícia judiciária, digam respeito ao exercício do direito de defesa.

SÚMULA STF Nº 524

Arquivado o inquérito policial, por despacho do juiz, a requerimento do promotor de justiça, não pode a ação penal ser iniciada, sem novas provas.

SÚMULA STF Nº 397

O poder de polícia da câmara dos deputados e do senado federal, em caso de crime cometido nas suas dependências, compreende, consoante o regimento, a prisão em flagrante do acusado e a realização do inquérito.

3. AÇÃO PENAL E AÇÃO CIVIL

INJÚRIA PRECONCEITUOSA E LEGITIMIDADE DO MINISTÉRIO PÚBLICO - 1

A Turma, por maioria, indeferiu *habeas corpus* impetrado em favor de 2 cidadãos norte-americanos que pleiteavam o trancamento de ação penal contra eles instaurada pela suposta prática do ato de preconceito de procedência nacional (Lei 7.716/89, art. 20: "*Praticar, induzir ou incitar a discriminação ou preconceito de raça, cor, etnia, religião ou procedência nacional.*"). No caso, durante vôo internacional, um dos pacientes, com o incentivo de seu colega, também comissário de bordo, teria supostamente ofendido um passageiro brasileiro. Alegava a impetração: a) ilegitimidade do Ministério Público Federal para propor a ação penal, porque os fatos narrados na inicial configurariam, em tese, o crime previsto no art. 140, § 3º, do CP, de iniciativa do ofendido, e não o delito de injúria preconceituosa; e b) falta de justa causa para a ação penal, pois não haveria, nos autos, prova material suficiente para embasar a imputação. **HC 90187/RJ, rel. Min. Menezes Direito, 4.3.2008.** (HC-90187)

INJÚRIA PRECONCEITUOSA E LEGITIMIDADE DO MINISTÉRIO PÚBLICO - 2

Entendeu-se que, na espécie, a questão relativa à legitimidade *ad causam* do MPF se confundiria com a própria necessidade de se instruir a ação penal, haja vista que seria no momento da prolação da sentença que o juiz poderia confirmar o tipo penal indicado na inicial acusatória ou, se reputar conveniente, desclassificar a conduta descrita, nos termos previstos no art. 383 (*emendatio libelli*) ou no art. 384 (*mutatio libelli*) do CPP. Dessa forma, concluiu-se que qualquer capitulação jurídica feita sobre um fato na denúncia é sempre provisória até a sentença, tornando-se definitiva apenas no instante decisório final. Logo, não caberia ao STF, em *habeas corpus*, antecipar-se ao magistrado de primeiro grau e, antes de iniciada a instrução criminal, firmar juízo de valor sobre as provas indiciárias trazidas aos autos para tipificar a conduta criminosa descrita. Rejeitou-se, de igual modo, o argumento de ausência de justa causa para a ação penal, porquanto existiriam elementos concretos suficientes com relação aos pacientes para amparar a denúncia, nos moldes em que fora proposta, e ensejar a continuidade da persecução penal. Ademais, salientou-se a jurisprudência consolidada da Corte no sentido de que o trancamento da ação penal por tal motivo, em sede de *habeas corpus*, constitui medida excepcional que, em princípio, não tem lugar quando os fatos narrados na denúncia caracterizam crime em tese. Enfatizou-se, por fim, que o contraditório se desenvolveria na ação penal, na qual produzidos os elementos de convicção do julgador e garantidos aos pacientes todos os meios de defesa constitucionalmente previstos. Vencido o Min. Marco Aurélio que, por considerar que a definição sobre tratar-se de ação penal pública ou privada não dependeria de prova posterior, mas da descrição do fato narrado, deferia o *writ* para assentar que a presente ação necessitaria da iniciativa da vítima (CP, art. 141, § 3º) e que, no tocante ao segundo paciente, não se teria peça hábil a chegar-se a persecução criminal, já que deficiente quanto à exposição do verbo "*incitar*". **HC 90187/RJ, rel. Min. Menezes Direito, 4.3.2008.** (HC-90187) (Inform. STF 497)

Ação Penal Pública Condicionada e Ilegitimidade da Defensoria Pública

A Turma negou provimento a recurso ordinário em *habeas corpus* em que a Defensoria Pública do Estado do Rio de Janeiro alegava a ilegitimidade do Ministério Público para propor ação penal pública condicionada à representação pela suposta prática dos delitos de estupro (CP, art. 213) e atentado violento ao pudor (CP, art. 214) quando, não obstante a pobreza da vítima, o ente da federação possui Defensoria Pública devidamente aparelhada. Rejeitou-se o argumento de inconstitucionalidade do art. 225, §§ 1º e 2º, do CP pelo simples fato de o Estado-membro ser provido de Defensoria Pública estruturada. Asseverou-se, no ponto, ser distinto o dever de o Estado prestar assistência judiciária às pessoas menos favorecidas e as condições estabelecidas no Código Penal para a propositura da ação penal. Desse modo, considerou-se despropositada a construção da recorrente no sentido de invocar, para a espécie, a norma do art. 68 do CPP e a jurisprudência fixada pela Corte quanto a esse dispositivo — até que viabilizada, em cada Estado, a implementação da Defensoria Pública, o *parquet* deteria legitimidade para o ajuizamento de ação civil *ex delicto*, quando o titular do direito à reparação do dano for pobre —, a fim de converter a ação penal pública condicionada em ação penal privada, que passaria a ter como parte legitimada ativa a Defensoria Pública. Aduziu-se que a opção do legislador pela convivência entre os artigos 32 do CPP (autoriza o juiz, comprovada a pobreza da parte, a nomear advogado para a promoção da ação penal privada) e 225 do CP (concede titularidade ao Ministério Público para a propositura de ação penal pública condicionada) tem como conseqüência impedir que, na hipótese do art. 225, § 1º, I, do CP (vítima pobre), depois de formalizada a representação, possa haver concessão de perdão ou abandono da causa. Por fim, entendeu-se que tal eleição não fora alterada com a criação e instalação das defensorias públicas nos Estados, pois a norma visa impedir que, nas hipóteses de pobreza declarada da ofendida, após a representação formalizada, não haja disposição de conteúdo material do processo. RHC 88143/RJ, rel. Min. Joaquim Barbosa, 24.4.2007. (RHC-88143) (Inform. STF 464)

3.1. SUPERIOR TRIBUNAL DE JUSTIÇA

DIREITO PROCESSUAL PENAL. TRANCAMENTO DA AÇÃO PENAL. INÉPCIA DA DENÚNCIA. SUPERVENIÊNCIA DE SENTENÇA CONDENATÓRIA. IMPOSSIBILIDADE.

A alegação de inépcia da denúncia perde força diante da superveniência de sentença condenatória. O trancamento da ação penal por inépcia da exordial acusatória não se afigura cabível diante da prolação de sentença, pois o juízo singular, ao examinar abrangentemente as provas dos autos, entendeu serem suficientes para embasar o *decisum* condenatório. O édito condenatório afasta a dúvida quanta à existência de elementos suficientes para a inauguração do processo penal como também para a própria condenação. Precedentes citados do STF: HC 88.963-RJ, DJe 11/4/2008; do STJ: HC 111.720-PE, DJe 15/6/2011, e EDcl no HC 130.499-BA, DJe 28/2/2011. **HC 122.296-MG, Rel. Min. Og Fernandes, julgado em 16/10/2012.(Inform. STJ 506)**

PRESCRIÇÃO DA PRETENSÃO PUNITIVA. COMUNICABILIDADE DA ESFERA PENAL E CIVIL.

A extinção da punibilidade, em função da prescrição retroativa, não vincula o juízo cível na apreciação de pedido de indenização decorrente do ato delituoso. No caso, após o atropelamento, foram ajuizadas uma ação penal por lesão corporal culposa na direção de veículo automotor (art. 303 do CTB) e uma ação de reparação de danos materiais e morais pela vítima. A ação cível ficou suspensa até a conclusão da penal. Quanto a esta, a sentença reconheceu a autoria e materialidade do fato e aplicou a pena. Na apelação, o tribunal acolheu a preliminar de prescrição, na forma retroativa, da pretensão punitiva do Estado. Retomado o julgamento da ação indenizatória, a sentença julgou improcedente o pedido, reconhecendo a culpa exclusiva da vítima, fundamentando-se nas provas produzidas nos autos. Na apelação, o tribunal reformou a sentença com base exclusiva no reconhecimento da autoria e materialidade presentes na sentença criminal, condenando a motorista ao pagamento de indenização por danos materiais e morais. Dessa decisão foi interposto o recurso especial. O Min. Relator afirmou ser excepcional a hipótese de comunicação das esferas cível e penal, conforme interpretação do art. 1.525 do CC/1916 (art. 935 do CC/2002) e do art. 65 do CPP. Ressaltou, ainda, que o art. 63 do CPP condiciona a execução cível da sentença penal condenatória à formação da coisa julgada no juízo criminal. No caso, não houve reconhecimento definitivo da autoria e materialidade delitiva, pois o acórdão, ao reconhecer a prescrição da pretensão punitiva, rescindiu a sentença penal condenatória e extinguiu todos os seus efeitos, incluindo o efeito civil previsto no art. 91, I, do CP. Com esses e outros argumentos, a Turma deu provimento ao recurso para anular o acórdão do Tribunal de origem e determinar novo julgamento da apelação, com base nos elementos de prova do processo cível, podendo, ainda, ser utilizados os elementos probatórios produzidos no juízo penal, a título de prova emprestada, observado o contraditório. **REsp 678.143-MG, Rel. Min. Raul Araújo, julgado em 22/5/2012.(Inform. STJ 498)**

DENÚNCIA. IN DUBIO PRO SOCIETATE.

In casu, a denúncia foi parcialmente rejeitada pelo juiz singular quanto a alguns dos denunciados por crime de roubo circunstanciado e quadrilha, baseando a rejeição no fato de a denúncia ter sido amparada em delação posteriormente tida por viciada, o que caracteriza a fragilidade das provas e a falta de justa causa. O tribunal *a quo*, em sede recursal, determinou o recebimento da denúncia sob o argumento de que, havendo indícios de autoria e materialidade, mesmo na dúvida quanto à participação dos corréus deve vigorar o princípio *in dubio pro societate*. A Turma entendeu que tal princípio não possui amparo legal, nem decorre da lógica do sistema processual penal brasileiro, pois a sujeição ao juízo penal, por si só, já representa um gravame. Assim, é imperioso que haja razoável grau de convicção para a submissão do indivíduo aos rigores persecutórios, não devendo se iniciar uma ação penal carente de justa causa. Nesses termos, a Turma restabeleceu a decisão de primeiro grau. Precedentes citados do STF: HC 95.068, DJe 15/5/2009; HC 107.263, DJe 5/9/2011, e HC 90.094, DJe 6/8/2010; do STJ: HC 147.105-SP, DJe 15/3/2010, e HC 84.579-PI, DJe 31/5/2010. **HC 175.639-AC, Rel. Min. Maria Thereza de Assis Moura, julgado em 20/3/2012. (Inform. STJ 493)**

DENÚNCIA. INÉPCIA. CONDUTA. INDIVIDUALIZAÇÃO.

A Turma reiterou que, nos crimes de autoria coletiva, é prescindível a descrição minuciosa e individualizada da ação de cada acusado, bastando a narrativa das condutas delituosas e da suposta autoria, com elementos suficientes para garantir o direito à ampla defesa e ao contraditório. Entretanto, consignou-se que, embora não seja indispensável a descrição pormenorizada da conduta de cada denunciado em tais delitos, não se pode conceber que o órgão acusatório deixe de estabelecer qualquer vínculo entre o denunciado e a empreitada criminosa a ele imputada. *In casu*, não foi demonstrada a mínima relação entre os atos praticados pelo paciente com os delitos que lhe foram imputados, isto é, o efetivo nexo de causalidade entre a conduta e os crimes pelos quais responde. Dessa forma, concluiu-se que a ausência absoluta de elementos individualizados que apontem a relação entre os fatos delituosos e a autoria ofende o princípio da ampla defesa, tornando, assim, inepta a denúncia. Dessarte, a Turma concedeu a ordem para reconhecer a inépcia da denúncia apenas em relação ao ora paciente, determinando o trancamento da ação penal em seu favor, sem prejuízo do oferecimento de nova peça acusatória contra ele, com observância do disposto no art. 41 do CPP. Precedentes citados do STF: HC 88.600-SP, DJ 9/3/2007; e HC 73.271-SP, DJ 4/10/1996; do STJ: HC 107.503-AP, DJe 9/2/2009, e HC 117.945-SE, DJe 17/11/2008. **HC 214.861-SC, Rel. Min. Laurita Vaz, julgado em 28/2/2012. (Inform. STJ 492)**

TRANCAMENTO AÇÃO PENAL E FALTA DE JUSTA CAUSA.

A Turma concedeu a ordem para determinar o trancamento da ação penal proposta contra a paciente, pela suposta prática do crime previsto no art. 90 c/c art. 84, § 2º, ambos da Lei n. 8.666/1993, por ausência de justa causa à persecução criminal. De início, observou-se que o trancamento da ação penal, em sede de *habeas corpus*, constitui medida excepcional admissível apenas quando, de plano, se constata falta de justa causa para o seu prosseguimento, seja em razão da atipicidade do fato imputado ao denunciado, seja diante da ausência de elementos que emprestem alguma base à investigação. Na espécie, de uma simples leitura da denúncia, verificou-se que a paciente não cometeu qualquer infração penal. Constatou-se que, no exercício de suas funções como procuradora autárquica, ela limitou-se a exarar parecer, em um único ponto, divergente da manifestação de outro colega. Aduziu-se que, além de apresentar motivação adequada para sua discordância, a denunciada não teve qualquer capacidade decisória sobre as manifestações apresentadas. Concluiu-se, portanto, que não se pode imputar à paciente a prática de conduta delituosa apenas por ter emitido parecer opinativo discordante de outro Procurador. **HC 185.591-DF, Rel. Min. Adilson Vieira Macabu (Desembargador Convocado do TJ/RJ), julgado em 20/10/2011.** (Inform. STJ 485)

RCL. QUEIXA-CRIME. PROCURAÇÃO. FATO CRIMINOSO.

Trata-se de reclamação (Rcl) em que o reclamante insurge-se contra a decisão de Juizado Especial Criminal confirmada em apelação a qual rejeitou queixa-crime por ele apresentada sob o fundamento de que não teria indicado, na procuração outorgada ao seu patrono, o fato criminoso em toda sua extensão. A Seção conheceu da reclamação e julgou procedente o pedido por entender que a decisão impugnada de fato está divergente da jurisprudência do STJ. Assim, reiterou que a procuração outorgada pelo reclamante ao seu advogado, para fins de ingresso com queixa-crime, não requer a descrição pormenorizada do fato criminoso. Precedentes citados: HC 83.543-GO, DJ 8/10/2007; HC 106.423-SC, DJe 17/12/2010; HC 119.827-SC, DJe 19/4/2010; HC 36.843-RJ, DJe 8/6/2009, e HC 36.843-RJ, DJe 6/8/2009. **Rcl 5.478-DF, Rel. Min. Sebastião Reis Júnior, julgada em 14/9/2011.** (Inform. STJ 483)

ACIDENTE. TRÂNSITO. HOMICÍDIO CULPOSO. DENÚNCIA INEPTA. PRESCRIÇÃO.

In casu, o paciente foi denunciado pela suposta prática do delito previsto no art. 302, *caput*, c/c o art. 303, *caput*, por cinco vezes, ambos da Lei n. 9.503/1997 (Código de Trânsito Brasileiro – CTB), na forma do art. 70 do CP. No *habeas corpus*, entre outras alegações, sustenta-se a inépcia da denúncia; pois, a despeito de imputar crime culposo, não descreveu em que consistiu o ato, cerceando, assim, o direito de defesa e de contraditório que possui o paciente. Para o Min. Relator, trata-se, na hipótese, de denúncia inepta, uma vez que não descreveu qual a conduta praticada pelo paciente que decorreria de negligência, imprudência ou imperícia, a qual teria ocasionado a produção do resultado naturalístico. Registrou que não é típico o fato de o paciente ter perdido o controle da direção e ter, em consequência, invadido a contramão. A tipicidade, se houvesse, estaria na causa da perda do controle do veículo. Essa, entretanto, não é mencionada na peça acusatória. Outrossim, verifica-se que se encontra extinta a punibilidade pela prescrição da pretensão punitiva em relação ao delito de lesão corporal culposa (art. 303 do CTB). Isso porque a pena máxima abstratamente cominada para o delito é de seis meses a dois anos de detenção. Portanto, nos termos do art. 109, V, do CP, prescreve em quatro anos, prazo há muito transcorrido desde a data da ocorrência dos fatos, em 4/10/2003. Ressaltou, ainda, que o acréscimo decorrente do concurso formal não é levado em consideração no cálculo da prescrição, pela aplicação da regra do art. 119 do CP. Diante disso, a Turma, por maioria, concedeu a ordem para anular a denúncia, sem prejuízo de oferecimento de outra devidamente corrigida no tocante ao delito tipificado no art. 302 do CTB e, por unanimidade, deferiu *habeas corpus* de ofício, para declarar extinta a punibilidade em relação aos crimes tipificados no art. 303 do mesmo código, nos termos do art. 107, IV, c/c o art. 109, V e o art. 119, do CP. Precedentes citados do STF: HC 86.609-RJ, DJ 23/6/2006; do STJ: HC 91.098-PA, DJe 28/4/2008; HC 8.682-PE, DJ 21/6/1999; REsp 337.747-MG, DJ 16/6/2003, e REsp 73.642-SC, DJ 16/2/1998. **HC 188.023-ES, Rel. Min. Sebastião Reis Júnior, julgado em 1º/9/2011.** (Inform. STJ 482)

PRISÃO PREVENTIVA. DENÚNCIA. PRINCÍPIO. INDIVISIBILIDADE.

A denúncia formulada pelo MP estadual descrevia, além do crime de quadrilha (art. 288 do CP), a prática dos crimes de lavagem de dinheiro ou ocultação de bens, direitos e valores provenientes de crime (art. 1º, V e VII, da Lei n. 9.613/1998) mediante coautoria e continuidade, visto que foram constatadas reiteradas fraudes em licitações de vários órgãos e instituições públicas por meio da corrupção de agentes públicos, a demonstrar a existência de complexa organização criminosa supostamente encabeçada pelo ora paciente. Contudo, apesar de mencionar autoridades estaduais detentoras de foro especial, a denúncia não enumerou, entre os acusados, qualquer um que ostentasse tal privilégio e sequer descreveu condutas que, por sua natureza ou outro motivo, estariam reservadas à competência jurisdicional especial. Assim, é forçoso reconhecer a competência da Justiça comum estadual do local da infração, juízo que lhe decretou a prisão preventiva. A possível participação de agentes que tenham foro especial não deve derivar de suposição subjetiva, mas sim de objetiva acusação inserta na denúncia pelo *Parquet*, a quem cabe, pelo princípio da indivisibilidade da ação penal, a obrigação de denunciar todos os partícipes da ação delituosa: se não o fez é porque não existem indícios contra tais autoridades. Quanto à prisão preventiva, não se desconhece a jurisprudência de que é necessária, na fundamentação do decreto prisional, a identificação e a descrição das condutas e razões objetivas que justifiquem a invocação de qualquer das cláusulas insertas no art. 312 do CPP. Contudo, há situações em que se mostra mais relevante a descrição do conjunto das ações delituosas (o universo delituoso) do que a discriminação individual das condutas, tal como no caso, particularmente pela atribuição ao paciente da prática do crime de quadrilha. Todavia, vê-se que, apesar da parcimônia com a qual a decisão combatida, apoiada em fatos consistentes e compatíveis com as provas indicadas, descreveu os atos individuais atribuídos ao paciente, há um mínimo de detalhamento das condutas, mostrando-se suficiente a manter a custódia cautelar decretada em garantia à instrução processual (há risco de comprometimento e eliminação de provas, tais como limpezas de arquivos, apagamento de indícios etc.), da aplicação da lei penal (foi apurada a intenção de fuga do paciente, o que levou à determinação de que se retivesse seu passaporte) e da ordem pública (em liberdade, voltaria a delinquir). Com esses fundamentos, ao prosseguir o julgamento, a Turma, por maioria, denegou a ordem. **HC 184.660-SP, Rel. originário Min. Adilson Vieira Macabu (Desembargador convocado do TJ-RJ), Rel. para acórdão Min. Gilson Dipp, julgado em 19/5/2011.** (Inform. STJ 473)

AÇÃO PENAL PRIVADA SUBSIDIÁRIA. INÉRCIA. MP.

No trato de crime de denunciação caluniosa (art. 339 do CP), a ação penal privada subsidiária só teria guarida diante da prova inequívoca de haver a total inércia do MP: mesmo de posse de todos os elementos necessários para formular acusação, ele deixa de ajuizar a ação penal no prazo legal sem qualquer motivo justificado. No caso, o MP instaurou procedimento investigatório contra a promotora (querelada), o qual, ao final, foi arquivado pela Procuradoria-Geral de Justiça por falta de tipicidade da conduta. Assim, não há como ter por cabível a ação privada subsidiária, mesmo que se reconheça como ausência de manifestação do MP o fato de o procurador-geral só ter arquivado a representação após o ajuizamento da citada ação penal subsidiária, pois eventual inação do MP estaria suprida por seu parecer de rejeição da queixa-crime, pedido que, segundo a jurisprudência, é irrecusável. Precedentes citados do STF: AgRg no Inq 2.242-0-DF, DJ 25/8/2006; do STJ: AgRg na APn 557-DF, DJe 9/11/2010; AgRg na SD 180-RJ, DJe 28/6/2010; REsp 857.063-PR, DJe 23/6/2008, e HC 64.564-GO, DJ 9/4/2007. **HC 175.141-MT, Rel. Min. Celso Limongi (Desembargador convocado do TJ-SP), julgado em 2/12/2010.** (Inform. STJ 458)

QUEIXA. DIFAMAÇÃO. RENÚNCIA.

A renúncia a que alude o art. 104 do CP diz respeito ao direito de queixa, não influindo no prosseguimento da ação penal já promovida. Então, oferecida a queixa-crime, não é mais cabível a renúncia porque não há mais nada a renunciar. A pretensão do querelante de obstar o prosseguimento da ação penal pode ser acolhida pelo perdão do ofendido (arts. 105 e 106 do CP), a depender, contudo, da aceitação do querelado. Na hipótese, apesar de indeferido o pedido de renúncia, não há qualquer elemento nos autos que corrobore o dolo específico do querelado de macular a reputação do querelante ao decidir exceção de suspeição, daí se rejeitar a queixa-crime. **APn 600-MS, Rel. Min. Teori Albino Zavascki, julgada em 18/8/2010.** (Inform. STJ 443)

APN. DECADÊNCIA. EXTINÇÃO. PUNIBILIDADE.

Trata-se de ação penal (APn) em que o querelante ofereceu duas queixas-crime (arts. 139 e 140 do CP) contra desembargador de Tribunal de Justiça, em razão de que, durante sessão plenária daquela Corte, ele teria ofendido a reputação e a honra subjetiva do querelante. A Corte Especial, por maioria, entendeu que, na hipótese dos autos, ocorreu a decadência do direito de queixa e a consequente extinção da punibilidade quanto ao querelado, visto que os supostos delitos de injúria e difamação teriam sido consumados na data de 17/9/2008, conforme se verifica em certidão juntada aos autos e, diante da não manifestação do querelante a respeito de que a ciência do fato poderia ter-se dado em data posterior, considerou-se que o início do prazo decadencial ocorreu na referida data. Todavia, as queixas, tanto pela difamação como pela injúria, só foram apresentadas neste Superior Tribunal na data de 17/3/2009, isto é, um dia depois de findo o prazo para o oferecimento da inicial. Ressaltou-se, ainda, que o prazo decadencial para oferecimento de queixa-crime é de seis meses, independentemente do número de dias de cada mês, já que a contagem dá-se pelo número de meses. Precedentes citados: APn 390-DF, DJ 10/4/2006; APn 360-MG, DJ 25/4/2005, e REsp 203.574-SP, DJ 6/11/2000. **APn 562-MS, Rel. originário Min. Fernando Gonçalves, Rel. para acórdão Min. Felix Fischer (art. 52, IV, b, do RISTJ), julgada em 2/6/2010.** (Inform. STJ 437)

HC. DENÚNCIA. INSERÇÃO DE FOTOGRAFIA E INCLUSÃO DA EXPRESSÃO AÇÃO PENAL CONDENATÓRIA.

No *habeas corpus*, alega-se constrangimento ilegal do paciente pelo fato de, na denúncia, constar sua foto digitalizada por meio eletrônico, o que fere o princípio do direito de imagem, além de que a expressão "condenatória" para nomear ação penal, no rosto da denúncia, fere o princípio da presunção de inocência. Por outro lado, há notícias, no *site* que o TJ mantém na *internet*, de que a condenação do paciente por roubo circunstanciado (em crime continuado) já transitou em julgado. De acordo com o Min. Relator, é cediço que, para ser cabível o *habeas corpus*, é necessário que haja fundado receio de o paciente estar sofrendo ou de se achar ameaçado de sofrer violência ou coação à sua liberdade de ir, vir e permanecer. Pondera que, nesse entendimento, não se pode considerar *per se* o *habeas corpus* como meio para corrigir inserção de foto em peça acusatória bem como a inclusão da expressão "condenatória", usada para definir a ação penal. Apesar dessas considerações, no caso dos autos, afirma que a aposição de fotografia do acusado na denúncia viola várias normas constitucionais: o direito à honra, à imagem e à dignidade da pessoa humana. Além disso, foi desnecessária a digitalização da foto na denúncia, uma vez que já consta dos autos da ação penal a identificação civil e criminal do acusado. Assim, não haveria necessidade de, novamente, inseri-la na peça acusatória da denúncia. Assevera, no entanto, não haver constrangimento na utilização do termo "ação penal condenatória" porque essa é a classificação dada à ação penal instaurada pelo Estado contra o acusado. Dessa forma, apesar de a sentença estar acobertada pelo manto da coisa julgada, determinou-se que seja riscada da denúncia a parte na qual consta a foto do ora paciente. Com esse entendimento, a Turma concedeu parcialmente a ordem. **HC 88.448-DF, Rel. Min. Og Fernandes, julgado em 6/5/2010.** (Inform. STJ 433)

INTERNET. QUEIXA. ADITAMENTO.

In casu, foi oferecida queixa-crime pela suposta prática dos crimes de calúnia, injúria e difamação por meio de mensagens eletrônicas contra só uma das autoras do delito. Posteriormente se realizou emenda à inicial para incluir a segunda recorrente. Daí o *habeas corpus* da defesa, denegado no TJ. Para o Min. Relator, na mensagem eletrônica acostada, afigura-se clara a ocorrência de coautoria, que deixou de ser incluída na queixa-crime. Explica caber à querelante propor a ação penal privada obrigatoriamente contra todos os supostos coautores do delito que, no caso, são perfeitamente identificáveis. Observa, ainda, que o direito de queixa é indivisível; assim, a queixa contra qualquer autor do crime obrigará ao processo de todos os envolvidos (art. 48 do CPP). Consequentemente, o ofendido não pode limitar a acusação a este ou aquele autor da conduta tida como delituosa. Esclarece que não observar o princípio da indivisibilidade da ação penal, que torna obrigatória a formulação da queixa contra todos os autores, co-autores e partícipes do crime, além de acarretar a renúncia ao direito de queixa a todos, é causa da extinção da punibilidade (art. 107, V, do CP). Diante do exposto, a Turma deu provimento ao recurso em *habeas corpus*, declarando a extinção da punibilidade em relação a ambas as recorrentes. Precedentes citados: HC 19.088-SP, DJ 22/4/2003; APn 186-DF, DJ 17/6/2002; HC 15.989-RJ, DJ 4/2/2002, e HC 12.203-PE, DJ 12/6/2000. **RHC 26.752-MG, Rel. Min. Felix Fischer, julgado em 18/2/2010.** (Inform. STJ 423)

AÇÃO PENAL PÚBLICA CONDICIONADA. ARQUIVAMENTO.

Atribui-se a pecha de criminosa à conduta de noticiar, em vários veículos, tal como a *Internet*, a existência de representação oferecida ao Conselho Nacional de Justiça (CNJ) a respeito da indicação de determinado juiz federal para compor o TRF. A parte ofendida fez representação ao MPF, que não propôs a ação penal pública, mas requereu o arquivamento por entender não ocorrer o crime ali narrado. Discutiu-se, então, a possibilidade de abrir vista ao ofendido para que avaliasse a conveniência de propor ação penal privada. Sucede que esse entendimento, defendido pelo Min. Relator, não foi acolhido pela maioria da Corte Especial, pois prevaleceu, ao final, o voto vista do Min. Nilson Naves no sentido de que, escolhida a via da ação penal pública condicionada, o MP que não foi omisso, diante do pedido de arquivamento, não pode ser substituído pela parte. Anotou-se que não se pode aplicar a sistemática do art. 28 do CPP porque o subprocurador-geral, no caso, atua por delegação justamente do procurador-geral e que não se desconhece que o STF tem admitido dupla legitimidade apenas em algumas hipóteses, tais como nos crimes contra a honra de servidor público em razão do exercício de suas funções (Súm n. 714-STF). **AgRg na SD 180-RJ, Rel. originário Min. Luiz Fux, Rel. para acórdão Min. Nilson Naves, julgado em 4/11/2009.** (Inform. STJ 414)

APROPRIAÇÃO INDÉBITA. ESTELIONATO. QUADRILHA.

Trata-se de paciente condenada juntamente com outros cinco co-réus (funcionários de universidade) que se associaram com o propósito de praticar, de forma reiterada, os crimes de estelionato e apropriação indébita. Valendo-se de suas funções, cobravam dos alunos os valores em dinheiro correspondentes aos cheques pré-datados devolvidos, bem como apropriavam-se de pagamento de mensalidades e matrículas em cheques, entre os anos de 1995 a 1997. A impetração argúi inépcia da denúncia proposta em ação penal já julgada em ambas as instâncias ordinárias. Entretanto, observa o Min. Relator que a alegação não se encontra preclusa, pois essa suposta mácula foi devidamente suscitada em alegações finais da defesa. A apelação devolve ao TJ o conhecimento integral relativo à ação penal, logo não há nulidade no exame de matéria suscitada pela defesa em sede de alegações finais e não apreciado pelo juízo monocrático, desde que não haja reformatio in pejus. Explica, ainda, que a exordial acusatória apresenta uma narração congruente dos fatos, de modo a permitir o pleno exercício da ampla defesa, descreveu condutas que, ao menos em tese, configuram crime. Assim, a denúncia atentou aos ditames do art. 41 do CPP. Ademais, há descrição do liame entre a conduta do paciente e o fato delituoso descritos na denúncia. Quanto à falta de individualização da conduta, admite-se a denúncia de forma mais ou menos genérica desde que atribua a todos a conduta delituosa e permita a cada um o exercício da defesa. A falta de indicação de datas classifica-se como mera irregularidade e, no caso, sequer é omissão, pois a denúncia delimita o intervalo de tempo entre 1995 e 1997. Por fim, quanto ao crime de formação de quadrilha, a narrativa da denúncia denota a existência de associação para prática dos crimes e a orientação do STF é que, nesse crime, não se deve exigir minuciosa demonstração dos atos de cada participante, sendo, como no caso, suficiente a evidência, nos limites do *indicium acusationis*, da conduta atribuída. Com esse entendimento, a Turma, por maioria, denegou a ordem. Precedentes citados do STF: HC 73.271-SP, DJ 4/10/1996; HC 86.000-PE, DJ 2/2/2007; HC 88.359-RJ, DJ 9/3/2007; HC 73.963-DF, DJ 27/9/1996; HC 88.310-PA, 6/11/2006; HC 86.622-SP, DJ 22/9/2006, e HC 89.240-DF, DJ 27/4/2007; do STJ: HC 41.440-SP, DJ 3/4/2006; HC 24.780-MS, DJ 10/5/2004; RHC 21.284-RJ, DJ 1º/10/2007; RHC 18.483-PE, DJ 3/12/2007; HC 84.202-MG, DJ 29/10/2007, e RHC 2.660-SP, DJ 31/5/1993. **HC 87.463-SP, Rel. Min. Felix Fischer, julgado em 19/8/2008.** (Inform. STJ 364)

ARQUIVAMENTO. MP. REPRESENTAÇÃO. AÇÃO PENAL PRIVADA SUBSIDIÁRIA DA PÚBLICA.

Na espécie, promotores de Justiça estadual foram acusados da prática do delito de denúncia caluniosa (art. 339 do CP) e o Tribunal *a quo* recebeu a queixa em ação penal privada subsidiária da pública, em razão de a Procuradoria-Geral da Justiça estadual ter determinado o arquivamento da *notitia criminis,* nos termos do art. 29, VII, da Lei n. 8.625/1993, acolhendo parecer do promotor de Justiça corregedor-geral. Consta dos autos que esses promotores de Justiça representaram em desfavor dos noticiantes perante a Procuradoria-Geral da Justiça estadual sobre irregularidades na construção de edifício sob regime de incorporação a preço de custo, por violação da Lei n. 4.591/1964, com base em farta documentação e acreditando na existência de fatos ilícitos. Isso posto, destacou o Min. Relator que é pacífico na doutrina e na jurisprudência que só cabe ação penal privada subsidiária quando configurada a inércia do MP, ou seja, quando transcorrido o prazo para o oferecimento da denúncia. No caso dos autos, não houve omissão, tendo em vista que a Procuradoria-Geral estadual determinou o arquivamento da representação, acolhendo parecer da Corregedoria-Geral. Superado esse ponto, questionou-se, ainda, a necessidade, ou não, de o procurador-geral da Justiça, autoridade máxima na hierarquia ministerial no âmbito estadual, submeter essa decisão de arquivamento administrativo ao Judiciário. Explicou o Min. Relator, com base em precedentes deste Superior Tribunal e do STF, que o acatamento de arquivamento pelo Judiciário é obrigatório. E, se é obrigatório, não se justifica requerê-lo ao Judiciário, de acordo com precedente da lavra do Min. Eduardo Ribeiro. Ademais, como o procurador-geral estadual equivale ao procurador-geral da República, a LONMP (Lei n. 8.625/1993), no art. 29, não deixa dúvida de que o arquivamento ocorre no âmbito interno da Procuradoria, tanto que pode ser revisto pelo Colégio de Procuradores (art. 12, XI, da mesma lei) a pedido do legítimo interessado (no caso, não houve esse pedido). Outrossim, não há inércia do MP, quando atua legalmente ao determinar, internamente, o arquivamento da representação por despacho motivado, de acordo com o devido processo legal administrativo. Precedentes citados do STF: Pet 2.509-MG, DJ 18/2/2004; Inq 1.884-RS, DJ 27/8/2004; do STJ: AgRg na SD 32-PB, DJ 5/9/2005, e Pet 2.662-SC, DJ 23/3/2005. **HC 64.564-GO, Rel. Min. Arnaldo Esteves Lima, julgado em 13/3/2007.** (Inform. STJ 313)

SÚMULA STF Nº 714

É concorrente a legitimidade do ofendido, mediante queixa, e do ministério público, condicionada à representação do ofendido, para a ação penal por crime contra a honra de servidor público em razão do exercício de suas funções.

SÚMULA STF Nº 594

Os direitos de queixa e de representação podem ser exercidos, independentemente, pelo ofendido ou por seu representante legal.

4. JURISDIÇÃO E COMPETÊNCIA; CONEXÃO E CONTINÊNCIA

COMPETÊNCIA: SOCIEDADE DE ECONOMIA MISTA E AÇÃO PENAL - 1

A 1ª Turma iniciou julgamento de agravo regimental interposto de decisão monocrática do Min. Dias Toffoli que, em recurso extraordinário do qual relator, assentara a competência da justiça federal para processar e julgar ação penal referente a crime perpetrado contra o interesse da sociedade de economia mista Companhia Docas do Pará. O relator ressaltou que a mencionada companhia, cuja maior parcela de seu capital seria composta por verba pública federal, teria por ofício administrar e explorar as instalações portuárias do Estado do Pará, atividades exclusivamente atribuídas à União, conforme o disposto no art. 21, XII, f, da CF. Afirmou que a presença de interesse direto e específico da União, de suas entidades autárquicas e empresas públicas constituiria pressuposto para atrair a competência da justiça federal. Aduziu que a União expressamente manifestara interesse em compor, na qualidade de assistente litisconsorcial, ação de improbidade administrativa proposta na origem para o mesmo complexo fático objeto dos presentes autos, a reforçar o seu interesse específico. **RE 614115 AgR/PA, rel. Min. Dias Toffoli, 10.4.2012**. (RE-614115)

COMPETÊNCIA: SOCIEDADE DE ECONOMIA MISTA E AÇÃO PENAL - 2

A Min. Rosa Weber também mantinha a decisão agravada. Asseverou que, em princípio, os crimes praticados contra sociedade de economia mista, em geral, não se submeteriam à competência da justiça federal. Entretanto, estaria justificada a competência dessa os delitos estivessem, de alguma forma, relacionados a serviços por concessão, autorização ou delegação da União ou se houvesse indícios de desvio das verbas federais recebidas por sociedades de economia mista e sujeitas à prestação de contas perante o órgão federal. Em divergência, o Min. Luiz Fux deu provimento ao agravo regimental, no que foi acompanhado pelo Min. Marco Aurélio. Rememorou o Enunciado 556 da Súmula do STF ("*É competente a justiça comum para julgar as causas em que é parte a sociedade de economia mista*"). Consignou que o art. 109, IV, da CF, não contemplaria a hipótese de sociedade de economia mista ("*Art. 109. Aos juízes federais, compete processar e julgar: ... IV - os crimes políticos e as infrações penais praticadas em detrimento de bens, serviços ou interesse da União ou de suas entidades autárquicas ou empresas públicas*"). Afirmou que o citado verbete perderia o sentido se a dotação orçamentária da União fosse considerada como elemento a atrair a competência da justiça federal. Após, o julgamento foi suspenso para aguardar-se o voto da Min. Cármen Lúcia. **RE 614115 AgR/PA, rel. Min. Dias Toffoli, 10.4.2012**. (RE-614115) (Inform. STF 661)

INCOMPETÊNCIA DE JUÍZO E NULIDADE DA DENÚNCIA - 1

A 1ª Turma, por maioria, deferiu parcialmente *habeas corpus* para declarar a nulidade de denúncia oferecida por integrante do Ministério Público que não detinha atribuição para atuar no feito. Na espécie, a peça de acusação que imputara ao paciente a prática de delito contra a ordem econômica, na forma continuada e em quadrilha, fora recebida por magistrado da justiça federal. No *writ* impetrado e denegado no tribunal de origem sustentara-se incompetência absoluta deste órgão judicante, porquanto os supostos crimes não afetariam bens ou interesses da União. Após, idêntica medida fora requerida no STJ, o qual reconhecera a incompetência absoluta daquela justiça para processar o feito, anulara a ação penal desde o recebimento da denúncia e determinara a remessa dos autos à justiça comum. A impetração alegava que deveriam ser declarados nulos todos os atos processuais desde o inquérito policial. Ressaiu-se que a problemática da atuação da polícia judiciária resolver-se-ia no campo do crivo do juízo competente estadual. Assim, enfatizou-se que eventual vício teria presente a regra do art. 567 do CPP ("*A incompetência do juízo anula somente os atos decisórios, devendo o processo, quando for declarada a nulidade, ser remetido ao juiz competente*"). Portanto, frisou-se descaber, ante simples circunstância de haver-se concluído pela competência da justiça comum, assentar-se automaticamente a nulidade do que fora investigado pela corporação federal. HC 109893/RS, rel. Min. Marco Aurélio, 13.12.2011. (HC-109893)

INCOMPETÊNCIA DE JUÍZO E NULIDADE DA DENÚNCIA - 2

De outro lado, entendeu-se que a declaração de incompetência que fulminara, inclusive, o recebimento da denúncia deveria também afirmar a insubsistência do ato praticado pelo Ministério Público Federal, que dera margem à ação criminal. Todavia, ressaltou-se a incolumidade dos atos investigatórios procedidos pela polícia federal, sem prejuízo de ulterior exame pela justiça comum. O Min. Dias Toffoli acresceu que o princípio do juiz natural seria uma das grandes consequências do processo civilizatório e do Estado Democrático. Enfatizou, outrossim, que ato nulo não se ratificaria. A Min. Cármen Lúcia versou a respeito do risco de se considerar hígida peça acusatória que tivesse sido oferecida por membro do *parquet* que não fosse o promotor natural, pois se poderia aventar criação ou indicação de órgãos acusadores especialmente para determinados casos, o que denotaria ruptura no sistema. Vencido o Min. Luiz Fux, que denegava a ordem integralmente. Aduzia que a incompetência da justiça federal apenas deveria resultar no envio dos autos ao juízo que detinha atribuição para o julgamento. Registrava que a inicial acusatória poderia, ou não, ser recebida pelo magistrado competente. HC 109893/RS, rel. Min. Marco Aurélio, 13.12.2011. (HC-109893) (Inform. STF 652)

TERRAS INDÍGENAS E CONFLITO DE COMPETÊNCIA

A 2ª Turma iniciou julgamento de recurso extraordinário em que discutida a competência da justiça federal para julgar crime de furto qualificado supostamente praticado por indígena em área reservada. Na espécie, o furto de madeira imputado ao ora recorrido teria sido cometido em ambiente de disputa de terras tidas como tradicionalmente ocupadas por índios. Em conseqüência, o juízo estadual declinara da competência para processar e julgar o feito e o encaminhara à justiça federal, que, por sua vez, suscitara conflito negativo de competência no STJ, dirimido no sentido de competir à justiça estadual apreciar a questão. O Min. Joaquim Barbosa, relator, proveu o recurso. Destacou que o fato de o delito ter sido perpetrado por indígena e no interior de área a ser integrada a reserva, por si só, não atrairia a competência da justiça federal, porém, as peculiaridades do caso indicariam o contrário. Reputou que o crime em comento estaria intimamente ligado a disputa sobre direitos indígenas, a incidir a regra do inciso IX do art. 109 da CF. Após, pediu vista o Min. Gilmar Mendes. RE 541737/SC, rel. Min. Joaquim Barbosa, 29.11.2011. (RE-541737) (Inform. STF 650)

TURMA RECURSAL E COMPETÊNCIA - 1

Compete à turma recursal o exame de mandado de segurança, quando utilizado como substitutivo recursal, contra ato de juiz federal dos juizados especiais federais. Essa a conclusão do Plenário ao desprover recurso extraordinário em que pleiteado o estabelecimento da competência de Tribunal Regional Federal para processar e julgar o *writ*, visto que a referida Corte entendera competir à turma recursal apreciar os autos. Preliminarmente, conheceu-se do extraordinário. Explicitou-se que o caso não se assemelharia ao tratado no RE 576847/BA (DJe de 7.8.2009), em que se deliberara pelo não-cabimento de mandado de segurança impetrado contra decisão interlocutória proferida em juizado especial. RE 586789/PR, rel. Min. Ricardo Lewandowski, 16.11.2011. (RE-586789)

TURMA RECURSAL E COMPETÊNCIA - 2

No mérito, reputou-se que, verificado o caráter recursal do mandado de segurança, deveriam ser aplicadas as regras de competência atinentes à apreciação dos recursos, o que afastaria a incidência do art. 108, I, c, da CF, que trata da competência dos Tribunais Regionais Federais para processarem e julgarem, originariamente, mandado de segurança e *habeas data* contra ato do próprio tribunal ou de juiz federal. Aduziu-se que, nesse contexto, entre as competências definidas pela Constituição para o reexame das decisões, estariam as das turmas recursais dos juizados especiais (CF, art. 98, I) e a dos Tribunais Regionais Federais (CF, art. 108, II). Destacou-se que a Corte já teria afirmado que o texto constitucional não arrolara as turmas recursais entre os órgãos do Poder Judiciário, os quais estariam discriminados, *numerus clausus*, no art. 92 da CF. Depreender-se-ia, assim, que a Constituição não conferira às turmas recursais a natureza de órgãos autárquicos do Judiciário, tampouco a qualidade de tribunais, como também não lhes outorgara qualquer autonomia com relação aos Tribunais Regionais Federais. Nesse aspecto, os juízes de 1º grau e as turmas recursais que eles integram seriam instituídos pelos respectivos Tribunais Regionais Federais, estando subordinados a estes administrativa, mas não jurisdicionalmente. As turmas recursais seriam, portanto, órgãos recursais ordinários de última instância relativamente às decisões dos juizados especiais, a elas vinculados no que concerne ao reexame de seus julgados. No ponto, o Min. Luiz Fux destacou que essa competência decorreria, outrossim, da interpretação teleológica do art. 21, VI, da Lei Orgânica da Magistratura Nacional. O Min. Dias Toffoli rememorou, ademais, que a Corte assentara competir à própria turma recursal processar e julgar mandado de segurança impetrado contra os respectivos atos. Dessa maneira, a ela caberia analisar os mandados de segurança impetrados contra atos dos juizados especiais. RE 586789/PR, rel. Min. Ricardo Lewandowski, 16.11.2011. (RE-586789)

TURMA RECURSAL E COMPETÊNCIA - 3

Aduziu-se que as turmas recursais não estariam sujeitas à jurisdição dos tribunais de justiça estaduais, sequer, por via de conseqüência, à dos Tribunais Regionais Federais, conforme orientação da Corte. Desse modo, competente a turma recursal para processar e julgar recursos contra decisões de 1º grau, também o seria no que concerne a mandado de segurança substitutivo de recurso, sob pena de transformar o Tribunal Regional Federal em instância ordinária para reapreciação de decisões interlocutórias proferidas pelos juizados especiais. A respeito, o Min. Cezar Peluso, Presidente, frisou que o fato de se tratar de mandado se segurança, e não de recurso propriamente dito, não retiraria das turmas recursais a competência para revisão das decisões. O Colegiado acrescentou que os juizados especiais teriam sido concebidos com o escopo de simplificar a prestação jurisdicional — de maneira a aproximar o jurisdicionado do órgão judicante —, e não de multiplicar ou de dividir competências. Não faria sentido, portanto, transferir ao Tribunal Regional Federal a atribuição de rever atos de juízes federais no exercício da jurisdição do juizado especial, visto que as Turmas Recursais teriam sido instituídas para o aludido fim, observado, inclusive, o princípio da razoável duração do processo (CF, art. 5º, LXXVIII). RE 586789/PR, rel. Min. Ricardo Lewandowski, 16.11.2011. (RE-586789) (Inform. STF 648)

HC E EXECUÇÃO DE SENTENÇA ESTRANGEIRA

A 1ª Turma concedeu *habeas corpus* em favor de condenado por roubo, lavagem de dinheiro e associação criminosa, pela Justiça da República do Paraguai, para afastar o ato de constrição, sem prejuízo de submissão do pleito ao STJ, na forma da legislação vigente. Na espécie, o Governo paraguaio formalizara pedido de extradição do nacional brasileiro e de seqüestro de bens supostamente adquiridos por ele no Brasil com o dinheiro oriundo do crime. A AGU, no entanto, cientificara ao Estado requerente a impossibilidade de se conceder a extradição de brasileiro nato e propôs medida cautelar objetivando o atendimento do segundo pedido, o qual fora deferido por juiz federal com fulcro no art. 2º, f, c/c o art. 22 do Protocolo de Assistência Mútua em Assuntos Penais (Acordo de Cooperação Internacional). Dessa decisão, o paciente propusera Reclamação no STJ sob a alegação de o juiz federal ser absolutamente incompetente para o deferimento das diligências requeridas. Reputou-se tratar de ato de constrição patrimonial do paciente — seqüestro seguido de expropriação —, a ser implementado no Estado brasileiro. Enfatizou que, nos termos do art. 105, I, i, da CF, a competência para homologação de sentença ádvena e concessão de *exequatur* a cartas rogatórias é do STJ. Ressaltou-se que, aos juízes federais, caberia apenas a execução desses instrumentos jurídicos, como previsto no art. 109, X da CF. Ademais, protocolo de assistência mútua em assuntos penais não se sobreporia aos ditames constitucionais. Destacou-se, ainda, que o próprio protocolo, em seu art. 7º revelaria que a cooperação dar-se-ia segundo as normas existentes no país requerido. Esse entendimento seria robustecido pelo fato de a lei maior jungir a execução de atos no território brasileiro decorrentes de pronunciamento de órgão ou autoridade judicial estrangeira ao crivo do STJ. Por fim, assinalou-se que a existência de acordo de cooperação entre os países não dispensaria formalidade essencial à valia do ato, incumbindo ao STJ verificar a observância dos requisitos previstos no art. 15 da Lei de Introdução às Normas do Direito Brasileiro. O Min. Luiz Fux apontou para o uso indevido do *writ* em hipótese na qual não esteja em jogo a liberdade de ir e vir. Porém, assinalou que, no caso em tela, caberia um balanceamento dos interesses: de um lado, a questão formal, que seria o descabimento desse remédio em situações a envolver patrimônio e, de outro, o abalo acerca da soberania nacional. No sopesamento de valores, prevaleceria este último. HC 105905/MS, rel. Min. Marco Aurélio, 11.10.2011. (HC-105905) (Inform. STF 644)

INTERCEPTAÇÃO TELEFÔNICA E AUTORIDADE COMPETENTE

A 1ª Turma iniciou julgamento de agravo regimental interposto de decisão do Min. Dias Toffoli que, em recurso extraordinário do qual relator, negara seguimento a pleito recursal, com base nos Enunciados 279, 280, 282 e 356 da Súmula desta Corte. Alegava-se a incompetência do juízo de 1ª instância que, na fase investigatória, autorizara a quebra do sigilo telefônico do agravante, vereador à época dos fatos. Ocorre que a Constituição do Estado do Rio de Janeiro estabelece a competência do tribunal de justiça para processar e julgar ação contra aquele agente político. Interposto recurso à Corte local, esta declarara a incompetência do juízo singular e, não obstante, legitimara as provas produzidas na fase investigatória, o que fora mantido pelo STJ. Na assentada, o relator manteve a decisão agravada. Todavia, de ofício, concedeu a ordem de *habeas corpus* para determinar o desentranhamento das transcrições e das provas decorrentes da interceptação telefônica (CP, art. 157), sem prejuízo dos demais elementos constantes do inquérito policial que, autonomamente, possam embasar a denúncia do *parquet* estadual. Aduziu que a prova coligida seria nula, porquanto autorizada por magistrado sabidamente incompetente. Após, pediu vista o Min. Luiz Fux. RE 632343 AgR/RJ, rel. Min. Dias Toffoli, 13.9.2011. (RE-632343) (Inform. STF 640)

INQUÉRITO: GRAVAÇÃO AMBIENTAL E LICITUDE DA PROVA - 1

O Tribunal iniciou julgamento de questão de ordem suscitada em inquérito no qual se imputa a senador e a prefeito a suposta prática de desvio de verbas federais (DL 201/67, art. 1º, I). O Min. Marco Aurélio, relator, resolveu a questão de ordem no sentido de determinar o trancamento do inquérito por entender que sua instauração teve origem em prova obtida por meio ilícito (CF, art. 5º, LVI), qual seja, uma gravação ambiental, em fita magnética, de diálogo realizada por terceiro sem conhecimento dos interlocutores nem o esclarecimento da forma como obtida. Em divergência, o Min. Eros Grau, acompanhado pelos Ministros Carlos Velloso, Ellen Gracie e Carlos Britto, admitiu o processamento do inquérito, ao fundamento de que inexiste a ilicitude apontada, e, ainda que houvesse, ela não teria o condão de contaminar as provas subseqüentes. O julgamento foi suspenso com o pedido de vista do Min. Joaquim Barbosa. **Inq 2116-QO/RR, rel. Min. Marco Aurélio, 1º.8.2005. (INQ-2116)**

INQUÉRITO: GRAVAÇÃO AMBIENTAL E LICITUDE DA PROVA - 2

Retomado julgamento de questão de ordem suscitada em inquérito no qual se imputa a senador e a prefeito a suposta prática de desvio de verbas federais (DL 201/67, art. 1º, I) - v. Informativo 395. O Min. Joaquim Barbosa, em voto-vista, divergiu do relator para admitir o processamento do inquérito, no que foi acompanhado pelos Ministros Cezar Peluso e Sepúlveda Pertence. Entendeu que a fita magnética não fora o ponto inicial das investigações, mas sim a carta-denúncia, apresentada pelo próprio autor da gravação da fita, na qual já constava o nome de boa parte dos investigados, inclusive o do senador, razão pela qual, a gravação não teria maiores conseqüências para a validade da instauração do inquérito e dos procedimentos investigatórios nele realizados. Após, pediu vista dos autos o Min. Gilmar Mendes. **Inq 2116-QO/RR, rel. Min. Marco Aurélio, 6.4.2006. (Inq-2116)**

INQUÉRITO: GRAVAÇÃO AMBIENTAL E LICITUDE DA PROVA - 3

O Plenário retomou julgamento de questão de ordem suscitada em inquérito no qual se imputa a senador e a prefeito a suposta prática de desvio de verbas federais (DL 201/67, art. 1º, I) — v. Informativos 395 e 422. O Min. Gilmar Mendes, em voto-vista, formulou questão de ordem para que, antes de se analisar a legalidade, ou não, da prova, o Colegiado conheça do argumento de incompetência do Supremo, por ausência de justa causa para investigar detentor de foro por prerrogativa de função. De início, observou que seria questionável a autonomia da "carta/denúncia" em relação à fita com a qual se obtivera a gravação ambiental. Ressaltou que o acurado exame dos autos evidenciaria que a "carta" não cuidaria de relatar fatos, em tese, criminosos de que — por qualquer motivo estranho à gravação — tivesse conhecimento e, sim, pura narrativa do teor da fita magnética, acrescida de impressões pessoais de seu autor. Reputou que não se poderia entender que o inquérito estaria lastreado em algo mais que a "carta/denúncia". Salientou que, caso reconhecida a ilicitude da prova consubstanciada em interceptação ambiental clandestina, todos os demais elementos restariam contaminados, por derivados, tão-somente, da fita magnética. Inq 2116 QO/RR, rel. Min. Marco Aurélio, 28.4.2011. (Inq-2116)

INQUÉRITO: GRAVAÇÃO AMBIENTAL E LICITUDE DA PROVA - 4

Em seguida, frisou que a análise da própria competência do STF para apreciar e processar o inquérito precederia a controvérsia sobre possível ilicitude de prova. Consignou que o subscritor da missiva não fizera uma acusação direta ao senador aludido nos autos, apenas realçara que o prefeito teria relações políticas com ele e, também, com uma senadora. Asseverou que, embora diversas diligências tivessem sido encetadas, não haveria no inquérito qualquer referência ou mínimo de prova que envolvesse o senador em ilícitos. Salientou que a única alusão a agente público com prerrogativa de foro continuaria sendo aquela feita a "um senador da República", sem que nada mais tivesse vindo ao inquérito. Registrou que, desse modo, urgiria constatar-se que não haveria o menor princípio de prova contra quem possuísse prerrogativa de foro a permitir a manutenção dos autos nesta Corte. Por fim, encaminhou a questão no sentido do trancamento do inquérito quanto ao senador e, posterior, remessa dos autos à Seção Judiciária de Roraima. Diante desse novo fato evocado no voto-vista, o Plenário deliberou fazer a conclusão do inquérito ao Ministro relator. Inq 2116 QO/RR, rel. Min. Marco Aurélio, 28.4.2011. (Inq-2116)

INQUÉRITO: GRAVAÇÃO AMBIENTAL E ILICITUDE DA PROVA - 5

O Plenário concluiu questões de ordem suscitadas em inquérito no qual se imputa a senador e a prefeito a suposta prática de desvio de verbas federais (DL 201/67, art. 1º, I) — v. Informativos 395, 422 e 624. Inicialmente, rejeitou-se, por maioria, a questão de ordem proposta pelo Min. Gilmar Mendes no sentido de que, antes de se examinar a licitude da prova, fosse assentada a incompetência do Supremo, por ausência de justa causa para investigar o detentor de foro por prerrogativa de função. Deliberou-se pelo prosseguimento do inquérito, sob a fiscalização da Corte, porquanto se estaria em fase embrionária, na qual apenas cabível a indagação sobre a existência, ou não, de indícios quanto ao possível envolvimento do parlamentar, presentes na espécie. O Min. Marco Aurélio salientou as referências feitas ao senador pelo subscritor da "carta/denúncia", posteriormente reafirmadas em depoimento prestado na polícia federal, sobre eventual percentual de comissão destinado ao parlamentar. Vencidos o suscitante e os Ministros Luiz Fux, Dias Toffoli e Celso de Mello. Em seguida, também por votação majoritária, resolveu-se a questão de ordem outrora levantada pelo Min. Marco Aurélio para se admitir o processamento do inquérito. Reputou-se inocorrente a ilicitude apontada, e, ainda que houvesse, ela não teria o condão de contaminar as provas subseqüentes. O Min. Celso de Mello acrescentou que, no caso, a investigação penal poderia ter por base elementos de informação obtidos a partir de captação ambiental — ainda que à revelia de qualquer dos sujeitos que participaram da relação dialógica — e de delação não-anônima ("carta/denúncia"). Vencidos o suscitante e o Min. Gilmar

Mendes, que, ante origem ilícita da prova, determinavam o trancamento do feito. Inq 2116 QO/RR, rel. orig. Min. Marco Aurélio, red. p/ o acórdão Min. Ayres Britto, 15.9.2011. (Inq-2116) (Inform. STF 640)

EMENTA: VEREADOR. IMUNIDADE PARLAMENTAR EM SENTIDO MATERIAL: **INVIOLABILIDADE** (**CF**, art. 29, VIII). **DISCURSO** PROFERIDO POR VEREADOR **NA TRIBUNA** DA CÂMARA MUNICIPAL À QUAL SE ACHA VINCULADO. **IMPOSSIBILIDADE DE RESPONSABILIZAÇÃO PENAL** (*E CIVIL*) DO MEMBRO DO PODER LEGISLATIVO DO MUNICÍPIO. **PRESSUPOSTOS DE INCIDÊNCIA** *DA GARANTIA CONSTITUCIONAL* DA IMUNIDADE PARLAMENTAR. **PRÁTICA** *"IN OFFICIO"* **E PRÁTICA** *"PROPTER OFFICIUM"*. **RECURSO IMPROVIDO.**

- **A garantia constitucional da imunidade parlamentar** em sentido material (**CF**, art. 29, VIII, **c/c** o art. 53, *"caput"*) **exclui a responsabilidade penal** (*e também civil*) do membro do Poder Legislativo (**Vereadores**, Deputados e Senadores), **por manifestações**, *orais* **ou** *escritas*, **desde** que motivadas **pelo desempenho** do mandato (**prática** *"in officio"*) **ou externadas** em razão deste (**prática** *"propter officium"*).

- **Tratando-se de Vereador**, a inviolabilidade constitucional **que o ampara** no exercício da atividade legislativa **estende-se** às opiniões, palavras **e** votos por ele proferidos, *mesmo fora* do recinto da própria Câmara Municipal, **desde** *que nos estritos limites territoriais* do Município **a que se acha** funcionalmente vinculado. **Precedentes**. **AI 631.276/SP**, Rel. Min. CELSO DE MELLO, *v.g.*).

- **Essa prerrogativa** político-jurídica - *que protege* o parlamentar (**como** os Vereadores, *p. ex.*) **em tema** de responsabilidade penal - **incide**, *de maneira ampla*, **nos casos** em que as declarações contumeliosas tenham sido proferidas **no recinto** da Casa legislativa, **notadamente** da tribuna parlamentar, **hipótese** em que será **absoluta** a inviolabilidade constitucional. **Doutrina**. **Precedentes**. (AI 818.693/MT, rel. Min. Celso de Mello, DJ 4.8.2011) (Inform. STF 640)

PRINCÍPIO DO JUIZ NATURAL: VACÂNCIA E JUIZ INSTRUTOR - 1

A Turma iniciou julgamento de *habeas corpus* em que se pleiteia, sob a alegação de ofensa ao princípio do juiz natural, a nulidade absoluta da ação penal, a partir do primeiro despacho proferido por juiz autorizado para oficiar no feito. No caso, o paciente fora pronunciado como incurso no art. 121, § 2º, III e IV, c/c o art. 29, ambos do CP, em razão de haver coordenado, na condição de comandante da Polícia Militar, operação no Município de Eldorado dos Carajás-PA, que resultara na morte de dezenove pessoas, em decorrência de confronto entre policiais e integrantes do Movimento dos Trabalhadores Rurais Sem-Terra. A impetração alega que, embora a ação penal tivesse sido instaurada perante a Comarca de Curionópolis, a instrução e a sentença de pronúncia foram realizadas por juiz de vara penal da Comarca de Belém. O Min. Gilmar Mendes, relator, indeferiu a ordem. Assentou, de início, a capacidade e competência do juiz prolator da pronúncia, o qual fora designado pelo Presidente do Tribunal do Estado do Pará, mediante portaria (em 6.5.97), em caráter exclusivo e sem prejuízo de sua competência. Registrou que a designação estaria fundamentada no Código Judiciário do Estado e no Regimento Interno daquele Tribunal. Em seguida, salientou que a designação objetivara dar celeridade a um feito importante e complexo, não comum ao cotidiano da Comarca de Curionópolis, com grande volume de atos processuais a praticar, o que justificaria a exclusiva atuação de juiz para o procedimento. **HC 86604/PA, rel. Min. Gilmar Mendes, 14.6.2010.** (HC-86604)

PRINCÍPIO DO JUIZ NATURAL: VACÂNCIA E JUIZ INSTRUTOR - 2

Asseverou não ser a hipótese de se afirmar que houvera um tribunal de exceção, haja vista que o Judiciário local buscara suprir uma omissão existente, ante o grave fato ocorrido e a falta de juiz por quase dez meses naquela Comarca. Considerou, ademais, que, em razão disso, o Tribunal dera poderes ao magistrado para que se deslocasse e ouvisse testemunhas em qualquer outra comarca do Estado. No ponto, ressaltou que o Congresso Nacional aprovou lei que permite ao STF, também, valer-se de um juiz, assim chamado juiz instrutor, para evitar a demora oriunda da expedição de cartas. Consignou que, de fato, houvera a designação, em 6.6.97, de magistrada para responder pela Comarca, mas subsistira a competência do juiz designado para a instrução e julgamento do feito. Destacou que o caso demandava uma solução para o estado de inércia em que se encontrava o processo e que a designação homenagearia o devido processo legal, assegurando uma duração razoável do processo. Não vislumbrou, por fim, qualquer indicação de parcialidade por parte do Tribunal ou do magistrado designado na condução do feito. Após o voto da Min. Ellen Gracie, que acompanhava o relator, pediu vista dos autos o Min. Celso de Mello. **HC 86604/PA, rel. Min. Gilmar Mendes, 14.6.2010.** (HC-86604)

PRINCÍPIO DO JUIZ NATURAL: VACÂNCIA E JUIZ INSTRUTOR - 3

Em conclusão, a 2ª Turma, por maioria, denegou habeas corpus em que pleiteada, sob a alegação de ofensa ao princípio do juiz natural, a nulidade absoluta da ação penal, a partir do primeiro despacho proferido por juiz autorizado para oficiar no feito – v. Informativo 591. Salientou-se que a designação do juiz prolator da pronúncia, em caráter exclusivo, pelo Presidente do Tribunal do Estado do Pará, mediante portaria, estaria fundamentada em Código Judiciário do Estado e no Regimento Interno daquele tribunal, o que não configuraria constrangimento ilegal. Ressaltou-se que a designação objetivara suprimir uma omissão existente diante do grave fato ocorrido e da falta de juiz para assumir a Comarca de Curionópolis. Reputou-se, ainda, que o caso demandava uma solução para o estado de inércia em que se encontrava o processo e que a designação homenagearia o devido processo legal, assegurando uma duração razoável do processo. Por fim, não se vislumbrou qualquer indicação de parcialidade por parte do tribunal ou do magistrado designado na condução do feito. Vencido o Min. Celso de Mello, que deferia, em parte, o pedido por considerar violado o princípio do juiz natural, em virtude de não haver um critério previamente definido que pautasse o ato de designação por parte do Presidente do TJ/PA. E, em conseqüência, declarava a nulidade do processo-crime em trâmite no aludido juízo — relativamente ao ora paciente — em ordem a invalidar, a partir da data de designação da magistrada para responder pela comarca, todos os atos processuais, inclusive os de conteúdo decisório. HC 86604/PA, rel. Min. Gilmar Mendes, 28.6.2011. (**HC-86604**) (Informativo 633)

DENUNCIAÇÃO CALUNIOSA E COMPETÊNCIA

A 2ª Turma concedeu *habeas corpus* a fim reconhecer a competência da justiça federal para processar e julgar a ação penal de origem. Na situação dos autos, o paciente teria, supostamente, influenciado outro militar a formular representação por crime de abuso de autoridade, em Procuradoria da República, contra os oficiais responsáveis pela decretação do acautelamento daqueloutro. Asseverou-se, inicialmente, que a conduta típica da denunciação caluniosa está prevista normativamente tanto no CP (art. 339), quanto no CPM (art. 343). Observou-se que o fato dera origem a procedimento administrativo e, posteriormente, a inquérito policial federal. Em seguida, verificou-se que a conduta não dera causa, originariamente, à instauração de inquérito ou processo judicial no âmbito da justiça militar, o que somente viera a ocorrer após a declinação da competência pelo juízo federal em favor da justiça castrense. Dessa forma, reputou-se que os fatos se amoldariam ao tipo previsto no Código Penal comum. HC 101013/RS, rel. Min. Joaquim Barbosa, 7.6.2011. (HC-101013) (Inform. STF 630)

PRISÃO E PRERROGATIVA DE FORO

A 1ª Turma concedeu *habeas corpus* para cassar decreto de prisão expedido por juiz de direito contra deputado estadual. Entendeu-se que, ante a prerrogativa de foro, a vara criminal seria incompetente para determinar a constrição do paciente, ainda que afastado do exercício parlamentar. HC 95485/AL, rel. Min. Marco Aurélio, 24.5.2011. (HC-95485) (Inform. STF 628)

CRIME PRATICADO POR MILITAR E COMPETÊNCIA

A 1ª Turma deferiu *habeas corpus* para declarar a incompetência da justiça castrense para apreciar ação penal instaurada pela suposta prática do crime de lesão corporal grave (CPM, art. 209, § 1º). Na espécie, o delito teria sido cometido por um militar contra outro, sem que os envolvidos conhecessem a situação funcional de cada qual, além de não estarem uniformizados. Entendeu-se que a competência da justiça militar, conquanto excepcional, não poderia ser fixada apenas à luz de critério subjetivo, mas também por outros elementos que se lhe justificassem a submissão, assim como a precípua análise de existência de lesão, ou não, do bem juridicamente tutelado. HC 99541/RJ, rel. Min. Luiz Fux, 10.5.2011. (HC-99541) (Inform. STF 626)

AP N. 396-RO
RELATORA: MIN. CÁRMEN LÚCIA

EMENTA: QUESTÃO DE ORDEM NA AÇÃO PENAL. DEPUTADO FEDERAL. RENÚNCIA AO MANDATO. ABUSO DE DIREITO: RECONHECIMENTO DA COMPETÊNCIA DO SUPREMO TRIBUNAL FEDERAL PARA CONTINUIDADE DO JULGAMENTO DA PRESENTE AÇÃO PENAL. DENÚNCIA. CRIMES DE PECULATO E DE QUADRILHA. ALEGAÇÕES DE NULIDADE DA AÇÃO PENAL, DE INVESTIGAÇÃO PROMOVIDA POR ÓRGÃO DO MINISTÉRIO PÚBLICO DE PRIMEIRO GRAU, DE OFENSA AO PRINCÍPIO DO PROMOTOR NATURAL, DE CRIME POLÍTICO, DE INÉPCIA DA DENÚNCIA, DE CONEXÃO E DE CONTINÊNCIA: VÍCIOS NÃO CARACTERIZADOS. PRELIMINARES REJEITADAS. PRECEDENTES. CONFIGURAÇÃO DOS CRIMES DE PECULATO E DE QUADRILHA. AÇÃO PENAL JULGADA PROCEDENTE.

1. Renúncia de mandato: ato legítimo. Não se presta, porém, a ser utilizada como subterfúgio para deslocamento de competências constitucionalmente

definidas, que não podem ser objeto de escolha pessoal. Impossibilidade de ser aproveitada como expediente para impedir o julgamento em tempo à absolvição ou à condenação e, neste caso, à definição de penas.
2. No caso, a renúncia do mandato foi apresentada à Casa Legislativa em 27 de outubro de 2010, véspera do julgamento da presente ação penal pelo Plenário do Supremo Tribunal: pretensões nitidamente incompatíveis com os princípios e as regras constitucionais porque exclui a aplicação da regra de competência deste Supremo Tribunal.
3. É firme a jurisprudência do Supremo Tribunal de que o Ministério Público pode oferecer denúncia com base em elementos de informação obtidos em inquéritos civis, instaurados para a apuração de ilícitos civis e administrativos, no curso dos quais se vislumbre suposta prática de ilícitos penais. Precedentes.
4. O processo e o julgamento de causas de natureza civil não estão inscritas no texto constitucional, mesmo quando instauradas contra Deputado Estadual ou contra qualquer autoridade, que, em matéria penal, dispõem de prerrogativa de foro.
5. O inquérito civil instaurado pelo Ministério Público estadual não se volta à investigação de crime político, sendo inviável a caracterização de qualquer dos fatos investigados como crime político.
6. É apta a denúncia que bem individualiza a conduta do réu, expondo de forma pormenorizada o fato criminoso, preenchendo, assim, os requisitos do art. 41 do Código de Processo Penal. Basta que, da leitura da peça acusatória, possam-se vislumbrar todos os elementos indispensáveis à existência de crime em tese, com autoria definida, de modo a permitir o pleno exercício do contraditório e da ampla defesa.
7. A pluralidade de réus e a necessidade de tramitação mais célere do processo justificam o desmembramento do processo.
8. As provas documentais e testemunhais revelam que o réu, no cargo de diretor financeiro da Assembléia Legislativa do Estado de Rondônia, praticou os crimes de peculato, na forma continuada, e de quadrilha narrados na denúncia, o que impõe a sua condenação.
9. Questão de ordem resolvida no sentido de reconhecer a subsistência da competência deste Supremo Tribunal Federal para continuidade do julgamento.
10. Preliminares rejeitadas.
11. Ação penal julgada procedente. (Inform. STF 624) *noticiado no Informativo 606

Dupla imputação pelo mesmo fato: "bis in idem" e competência

A 2ª Turma indeferiu *habeas corpus* em que requerido trancamento de ação penal sob a alegação de que os pacientes estariam sendo processados pela justiça militar pelos mesmos fatos a que já responderiam como acusados em persecução criminal na justiça federal. Ressaltou-se que, embora as ações penais tivessem se originado de um mesmo fato, os pacientes não estariam sendo processados em ambos os juízos pela mesma conduta delituosa. Na justiça federal, foram denunciados pela suposta prática de atentado contra a segurança de transporte marítimo, fluvial ou aéreo (CP, art. 261), enquanto na justiça militar, por eventual inobservância de lei, regulamento ou instrução (CPM, art. 324) e por homicídio culposo — com idêntica definição na lei penal comum e na lei castrense. Reputou-se que a competência absoluta seria improrrogável e inderrogável e que não seria possível, mesmo nos casos de conexão ou continência, reunir o processamento e o julgamento dos delitos na mesma esfera jurisdicional, por força do art. 79, I, do CPP (*"A conexão e a continência importarão unidade de processo e julgamento, salvo: I- no concurso entre a jurisdição comum e a militar"*). HC 105301/MT, rel. Min. Joaquim Barbosa, 5.4.2011. (HC-105301) (Inform. STF 622)

AÇÃO PENAL: REAUTUAÇÃO E NOVO RECEBIMENTO DE DENÚNCIA NO STF

Por constatar a materialidade e indícios de autoria, o Plenário, em votação majoritária, recebeu denúncia oferecida pelo Ministério Público Federal contra Deputada Federal pela suposta prática do crime previsto no art. 293, § 1º, do CP, consistente na utilização de selos falsos de IPI. Relata a denúncia que a parlamentar e outros 13 investigados seriam sócios, gerentes e administradores de empresas com atividades voltadas para a fabricação, comercialização, distribuição e transporte de cigarros, que obteriam lucros vultosos mediante a prática de vários delitos. De início, tendo em conta peculiaridades, rejeitou-se a preliminar, suscitada pelo Min. Marco Aurélio, de validade do recebimento da denúncia em 1º grau. Considerou-se, sobretudo, o fato de que, apesar de ter havido recebimento da denúncia em 1ª instância, a acusada teria sido diplomada entre a data da assinatura do despacho de recebimento da inicial acusatória e a data de sua publicação em cartório, momento este em que o juízo não seria mais competente para julgar a parlamentar. Frisou-se, também, que a própria defesa da acusada pedira a reautuação dos autos como inquérito perante o STF, e que haveria manifestação da Procuradoria Geral da República no sentido de concordar com esse pleito. Registrou-se, ainda, que o rito fora reaberto, possibilitando-se a defesa prévia, e que não teria havido prejuízo para a acusada, já que o recebimento da denúncia na origem provavelmente teria sido, inclusive, em maior extensão. Vencido, no ponto, o Ministro Marco Aurélio, que considerava ter-se ato formalizado, não afastado do cenário jurídico e praticado por autoridade competente, ou seja, o juízo, já que a acusada não gozava, à época, de prerrogativa de foro. Reputava que o recebimento da denúncia se dera antes da diplomação, e que o ato deveria ser considerado na data em que formalizado e não na da ciência à parte. Consignou, por fim, não estar sensibilizado com a concordância das partes, por ser o direito instrumental imperativo, e de não se tratar de perquirir, em si, o prejuízo, ou não, mas de se verificar se o figurino instrumental estaria sendo respeitado. Rejeitou-se, ainda, por unanimidade, a denúncia quanto ao crime de lavagem de dinheiro (Lei 9.613/98, art. 1º, VII), e, por maioria, quanto ao crime de quadrilha ou bando (CP, art. 288). Inq 2786/RJ, rel. Min. Ricardo Lewandowski, 17.2.2011.(Inq-2786) (Inform. STF 616)

AÇÃO PENAL: RENÚNCIA A MANDATO DE PARLAMENTAR E COMPETÊNCIA DO STF - 1

O Plenário, por maioria, julgou procedente pedido formulado em ação penal para condenar Deputado Federal pela prática dos delitos tipificados nos artigos 288 e 312, este na forma do art. 71, c/c o art. 69, todos do CP, à pena de 13 anos, 4 meses e 10 dias de reclusão e ao pagamento de 66 dias-multa, no valor de um salário mínimo vigente à época do fato, corrigido monetariamente. Na espécie, o Ministério Público do Estado de Rondônia instaurara procedimento investigatório a partir de representações em que questionada a licitude de contrato publicitário firmado entre a Assembléia Legislativa local e determinada empresa. No decorrer das apurações, o *parquet* constatara a existência de suposto esquema criminoso — engendrado para desviar dinheiro daquela Casa Legislativa — no qual o réu, na qualidade de diretor financeiro da Assembléia Legislativa, teria assinado vários cheques e os repassado, por mais de 2 anos, à mencionada empresa de publicidade a pretexto de pagamento pelos serviços, sequer prestados. Em razão disso, o Procurador-Geral de Justiça do Ministério Público daquela unidade federativa oferecera denúncia contra o parlamentar e outros 7 co-réus por formação de quadrilha e peculato, em concurso material e de pessoas. Após o recebimento da inicial acusatória pela Corte de origem, o réu fora empossado Deputado Federal e o processo, desmembrado, remetido ao STF, que assim o mantivera e afirmara a validade dos atos judiciais praticados anteriormente à diplomação e à posse do parlamentar federal. **AP 396/RO, rel. Min. Cármen Lúcia, 28.10.2010**. (AP-396)

AÇÃO PENAL: RENÚNCIA A MANDATO DE PARLAMENTAR E COMPETÊNCIA DO STF - 2

Inicialmente, por maioria, resolveu-se questão de ordem suscitada pela Min. Cármen Lúcia, relatora, no sentido de se reconhecer a subsistência da competência do Supremo para a causa. Tendo em conta que o parlamentar apresentara, perante à Presidência da Câmara dos Deputados, manifestação formal de renúncia ao seu mandato, a defesa alegava que a prerrogativa de foro não mais se justificaria. Realçou-se que o pleito de renúncia fora formulado em 27.10.2010 e publicado no Diário da Câmara no dia seguinte, data para a qual pautado o julgamento da presente ação penal. Aduziu-se que os motivos e fins desse ato demonstrariam o intento do parlamentar de se subtrair ao julgamento por esta Corte, em inaceitável fraude processual, que frustraria as regras constitucionais e não apenas as de competência. Destacou-se, desse modo, que os fins dessa renúncia — às vésperas da apreciação do feito e após a tramitação do processo por mais de 14 anos — não se incluiriam entre aqueles aptos a impedir o prosseguimento do julgamento, configurando, ao revés, abuso de direito ao qual o sistema constitucional vigente não daria guarida. Vencido o Min. Marco Aurélio que, ao salientar a competência de direito estrito do Supremo, assentava que, com a renúncia operada, o réu teria deixado de ser membro do Congresso Nacional, o que cessaria, em conseqüência, a competência desta Corte. Os Ministros Dias Toffoli e Joaquim Barbosa sinalizavam, ainda, não ter efeito a renúncia operada após o fim da instrução, quando o processo já estiver concluso para o relator, faltando apenas a elaboração do voto. **AP 396/RO, rel. Min. Cármen Lúcia, 28.10.2010**. (AP-396)

AÇÃO PENAL: RENÚNCIA A MANDATO DE PARLAMENTAR E COMPETÊNCIA DO STF - 3

Em seguida, rejeitaram-se todas as preliminares argüidas pelo réu. No tocante à alegação de que o inquérito teria sido instaurado e dirigido pelo Ministério Público em ofensa aos princípios do devido processo legal e da ampla defesa, enfatizou-se que os elementos de informação que serviram de suporte para a denúncia não teriam sido extraídos de investigação penal conduzida pelo *parquet*, mas de autos de inquérito civil. Relativamente à eventual quebra do princípio do promotor natural, observou-se que a peça acusatória fora apresentada pelo titular do órgão ministerial em âmbito estadual. Ressaltou-se, ainda, que os crimes em apreço seriam crimes contra a Administração Pública, o que afastaria a assertiva de que, por se tratar de crime político, haveria a impossibilidade de instauração de ação de improbidade. Repeliram-se, de igual modo, os argumentos de inépcia da denúncia e de ausência de subsunção dos fatos narrados ao tipo penal do art. 288 do CP ao fundamento de que a inicial teria delineado os limites de atuação do parlamentar. Por fim, quanto à necessidade de unidade do julgamento, mencionou-se que o desmembramento do processo fora mantido, em conformidade com a jurisprudência deste Tribunal. **AP 396/RO, rel. Min. Cármen Lúcia, 28.10.2010.** (AP-396)

AÇÃO PENAL: RENÚNCIA A MANDATO DE PARLAMENTAR E COMPETÊNCIA DO STF - 4

No mérito, reputou-se que a materialidade do crime de peculato estaria demonstrada pela vasta prova documental carreada, especialmente pelos cheques destinados ao pagamento da empresa. Acrescentou-se que a prova testemunhal produzida revelaria que a empresa de publicidade, embora tivesse recebido os pagamentos, não prestara serviços para o Poder Legislativo do Estado-membro e nem emitira notas fiscais. No ponto, assinalou-se que testemunha afirmara que documentos teriam sido incinerados por um dos co-réus. No que concerne à autoria, considerou-se que o acervo probatório, produzido sob o crivo do contraditório, apresentaria elementos de convicção suficientes para a formação de um juízo de certeza sobre o envolvimento do parlamentar na empreitada criminosa. Além dos cheques por ele assinados, as testemunhas ouvidas em juízo confirmaram que o parlamentar seria o diretor financeiro da Assembléia Legislativa à época. Também constariam depoimentos afirmando que a empresa que recebia os cheques não possuiria registro contábil, empregados, escritório, equipamentos ou telefone para contato. Consignou-se que não se trataria de responsabilização do acusado com base em prova indiciária, entretanto, ter-se-iam elementos de informação em simetria com o conjunto de provas produzidas durante a instrução processual. Assim, explicitou-se que os indícios obtidos na fase de investigação teriam sido confirmados pela instrução processual. Registrou-se não ser razoável supor-se que um diretor financeiro, ao efetuar o pagamento de serviços que custaram milhões de reais aos cofres públicos, desconhece a não realização dos serviços de publicidade. Por derradeiro, reconheceu-se a ocorrência de crime continuado (CP, art. 71), haja vista que os delitos de peculato teriam sido perpetrados no exercício do cargo de diretor financeiro da Assembléia Legislativa do Estado de Rondônia, por meio da assinatura de cheques pertencentes a tal órgão e a emissão de cada um deles fora efetuada com regularidade de tempo. **AP 396/RO, rel. Min. Cármen Lúcia, 28.10.2010.** (AP-396)

AÇÃO PENAL: RENÚNCIA A MANDATO DE PARLAMENTAR E COMPETÊNCIA DO STF - 5

Com relação ao crime de formação de quadrilha, destacou-se que o tipo exigiria que, pelo menos, 4 pessoas se associassem, em caráter estável e permanente, com a finalidade de cometer crimes. Assinalou-se que no esquema criminoso teria ficado comprovado o envolvimento do Presidente da Assembléia Legislativa do Estado de Rondônia, irmão do réu, de empresário do setor de comunicações naquele ente federativo, de servidores daquela Casa Legislativa e de sócios e patrono da empresa de publicidade. O caráter estável e permanente da associação também estaria demonstrado, já que efetuados, pelo menos, 22 pagamentos indevidos em um período de quase 1 ano. Ademais, avaliou-se que a continuidade delitiva seria bastante para a caracterização da elementar "finalidade de cometer crimes". Quanto ao parlamentar, destacou-se que o delito de formação de quadrilha teria prova autônoma e independente, de forma a inexistir impedimento à sua condenação por tal crime, independentemente da apuração, nestes autos, da responsabilidade dos demais envolvidos. Informou-se, ademais, que os outros co-réus estariam sendo processados pelo mesmo crime na instância própria, com prolação de sentença penal condenatória. Afirmou-se que, na hipótese de absolvição desses co-réus em instância diversa e de condenação do parlamentar na presente ação penal, existiriam soluções processuais para evitar essa aporia, a exemplo da revisão criminal. Vencido o Min. Cezar Peluso, Presidente, que absolvia o réu da imputação do art. 288 do CP. Ao enfatizar a plurissubjetividade do tipo penal em apreço e o desmembramento do processo, considerava que, para haver condenação pelo Supremo, seria necessário que os demais co-réus tivessem sido definitivamente condenados pelo juízo competente, sob pena do reconhecimento de formação de quadrilha a um único membro. **AP 396/RO, rel. Min. Cármen Lúcia, 28.10.2010.** (AP-396)

AÇÃO PENAL: RENÚNCIA A MANDATO DE PARLAMENTAR E COMPETÊNCIA DO STF - 6

No tocante à dosimetria da pena, prevaleceu o voto do Min. Dias Toffoli, revisor, relativamente ao delito de peculato, que estabeleceu a pena-base em 5 anos de reclusão e 30 dias-multa (culpabilidade, conduta social, personalidade, circunstâncias, motivos e conseqüências do delito desfavoráveis ao sentenciado) e, ante a ausência de circunstâncias atenuantes e agravantes, aplicou, à pena provisória, a majoração em 1/3, ante a causa especial de aumento prevista no § 2º do art. 327 do CP, a totalizar 6 anos e 8 meses de reclusão e 40 dias-multa. Nos termos preceituados no art. 71 do CP, aumentou a pena em 2/3, tornando-a definitiva em 11 anos, 1 mês e 10 dias de reclusão e 66 dias-multa. No que concerne à formação de quadrilha, fixou-se a pena em 2 anos e 3 meses de reclusão. Em conseqüência, determinou-se o regime fechado para o cumprimento inicial da pena. Na reparação do dano, seguiu-se a proposta da relatora no sentido da restituição, pelo sentenciado, aos cofres públicos do Estado de Rondônia do valor correspondente a R$ 1.647.500,00, atualizados na execução pelos índices de correção monetária, e da suspensão dos seus direitos políticos enquanto durarem os efeitos da condenação, além de outras cominações constantes de seu voto. Assentou-se o não cabimento da substituição da pena privativa de liberdade por restritiva de direitos e a possibilidade de o réu recorrer em liberdade, até que a pena se torne definitiva. Vencidos, quanto à dosimetria em relação ao peculato, os Ministros Cármen Lúcia, Joaquim Barbosa e Ellen Gracie, que aplicavam a pena de 13 anos e 9 meses de reclusão e 230 dias-multa, e Cezar Peluso, Presidente, que a fixava em 11 anos, 1 mês e 10 dias de reclusão e 66 dias-multa. **AP 396/RO, rel. Min. Cármen Lúcia, 28.10.2010**. (AP-396) (Inform. STF 606)

CONFLITO DE ATRIBUIÇÕES E FALSIFICAÇÃO DE DOCUMENTO PÚBLICO

O Tribunal, ao resolver conflito de atribuições entre o Ministério Público Federal e Ministério Público estadual, reconheceu a atribuição do primeiro para apurar possível prática do crime de falsificação de papéis públicos (CP, art. 293), consistente na apresentação de guias de recolhimento (DARF) supostamente irregulares à Secretaria da Receita Federal - SRF. Reputou-se que, ao versar os fatos sobre imputação contrária ao bom serviço federal, incumbiria ao *parquet* federal atuar. Salientou-se pouco importar a existência, ou não, de dano patrimonial. Consignou-se, ademais, que o recolhimento do tributo devido — posteriormente à apresentação das guias de recolhimento irregulares — não obstaria a continuidade das investigações, haja vista a necessidade de se saber qual o delito perpetrado, ou seja, se teria havido crime de falso, crime tributário em sentido estrito ou se a falsidade teria consistido em meio para a consumação do crime contra a ordem tributária. Vencido o Min. Dias Toffoli, que concedia a ordem de ofício para encerrar o procedimento investigatório, tendo em conta a quitação do tributo, o qual extinguiria a punibilidade. **PET 4680/MG, rel. Min. Marco Aurélio, 29.9.2010**. (PET-4680) (Inform. STF 602)

EMENTA: SUPLENTE DE SENADOR DA REPÚBLICA. DIREITOS INERENTES À SUPLÊNCIA. INEXTENSIBILIDADE, AO MERO SUPLENTE DE MEMBRO DO CONGRESSO NACIONAL, DAS PRERROGATIVAS CONSTITUCIONAIS PERTINENTES AO TITULAR DO MANDATO PARLAMENTAR. PRERROGATIVA DE FORO, PERANTE O SUPREMO TRIBUNAL FEDERAL, NAS INFRAÇÕES PENAIS. INAPLICABILIDADE AO SUPLENTE DE DEPUTADO FEDERAL/SENADOR DA REPÚBLICA. RECONHECIMENTO, NO CASO, DA FALTA DE COMPETÊNCIA PENAL ORIGINÁRIA DO SUPREMO TRIBUNAL FEDERAL, POR SE TRATAR DE MERO SUPLENTE DE CONGRESSISTA. REMESSA DOS AUTOS AO JUÍZO DE ORIGEM. (Inq. 2800/RJ, Rel. Min. Celso de Mello) (Inform. STF 595)

JUIZ APOSENTADO: VITALICIEDADE E PRERROGATIVA DE FORO - 1

O Tribunal iniciou julgamento de recurso extraordinário, afetado ao Pleno pela 1ª Turma, em que se discute se o foro especial por prerrogativa de função se estende ou não àqueles que se aposentam em cargos cujos ocupantes ostentam tal prerrogativa. Trata-se, na espécie, de agravo de instrumento convertido em recurso extraordinário criminal interposto, por desembargador aposentado, contra decisão da Corte Especial do STJ que declinara de sua competência, em ação penal contra ele instaurada, ao fundamento de que, em decorrência de sua aposentadoria, não teria direito à prerrogativa de foro pelo encerramento definitivo da função. O ora recorrente sustenta a incidência do art. 95, I, da CF, assegurador da vitaliciedade aos magistrados, sob a alegação de que esta somente poderia ser afastada por sentença judicial transitada em julgado, na qual consignada a perda do cargo. Alega, ainda, que a correta leitura do art. 105, I, a, da CF, incluiria também os desembargadores aposentados, uma vez que interpretação diversa desse dispositivo o colocaria em situação inusitada, pois, o submeteria, na qualidade de ex-presidente e ex-corregedor-geral, a juiz que eventualmente tenha recebido alguma sanção disciplinar. Por fim, pleiteia o reconhecimento da negativa de vigência aos artigos 5º, XXXV, LIV, LV, e § 2º e 93, IX, ambos da CF e, alternativamente, requer sejam tidos como transgredidos os artigos 94, I e 105, I, a, da CF — v. Informativo 485. **RE 549560/CE, rel. Min. Ricardo Lewandowski, 20.2.2008**. (RE-549560)

JUIZ APOSENTADO: VITALICIEDADE E PRERROGATIVA DE FORO - 2

O Min. Ricardo Lewandowski, relator, negou provimento ao recurso por entender que a pretensão do recorrente esbarra na orientação jurisprudencial fixada pelo Supremo. Reportou-se ao que decidido no HC 80717/SP (DJU de 5.3.2001), no qual se consignara que, com o cancelamento do Enunciado da Súmula 394 do STF, estaria afastada a competência originária do STJ para proceder ao julgamento de juiz do TRT aposentado, entendimento baseado no julgamento do Inq 687 QO/SP (DJU de 9.11.2001). Citou, também, o que estabelecido pela Corte no RE 291485/RJ (DJU de 23.4.2003), no sentido de que o foro especial por prerrogativa de função tem por objetivo o resguardo da função pública; que o magistrado, no exercício do ofício judicial, goza da prerrogativa de foro especial, garantia que está voltada não à pessoa do juiz, mas aos jurisdicionados; e que, não havendo mais o exercício da função judicante, não há de perdurar o foro especial, haja vista que o resguardo dos jurisdicionados, nesse caso, não é mais necessário. Ressaltou, ainda, que o provimento vitalício é o ato que garante a permanência do servidor no cargo, aplicando-se apenas aos que integram as fileiras ativas da carreira pública. Por fim, aduziu não haver se falar em parcialidade do magistrado de 1ª instância para o julgamento do feito, porquanto a lei processual prevê o uso de exceções capazes de afastar essa situação. Em seguida, o Min. Marco Aurélio levantou questão acerca da impossibilidade de se discutir a matéria, que já se encontraria julgada por esta Corte, em processo objetivo (ADI 2797/DF, DJU de 19.12.2006), sob pena de se atuar como legislador positivo, restabelecendo, embora de forma mitigada, o § 1º do art. 84 do CPP. No ponto, o relator acompanhou essa manifestação, mantendo seu voto. **RE 549560/CE, rel. Min. Ricardo Lewandowski, 20.2.2008.** (RE-549560)

JUIZ APOSENTADO: VITALICIEDADE E PRERROGATIVA DE FORO - 3

Em divergência, o Min. Menezes Direito deu provimento ao recurso para assegurar ao magistrado aposentado plena prerrogativa das garantias que são inerentes à magistratura, ao fundamento de que o ato que é objeto do processo foi praticado no exercício das funções judicantes. Salientou, inicialmente, estar-se diante de situação exemplar não contemplada em nenhum dos precedentes citados, que deveria ser analisada pela Corte, qual seja, o fato de que um ex-desembargador, aposentado hoje, ter praticado um delito no exercício da função judicante. Disse que, se o magistrado é vitalício no exercício da função judicante, e se ele, eventualmente, em razão dessa atividade, comete certo ato que pode ser objeto de determinada ação, essa ação não se referiria a nenhuma atividade posterior ao exercício da atividade judicante, mas concretamente ao exercício da atividade judicante. Assim, quando um magistrado, sob qualquer circunstância, em qualquer instância, exercesse atividade judicante, ele teria de ter, até por princípio de responsabilidade do sistema constitucional, a proteção que a CF lhe assegura (CF, art. 95, I). Mencionou, ademais, dispositivo constante do Estatuto de Roma, que aprovou o Estatuto do Tribunal Penal Internacional, integrado pela adesão brasileira e relativo à garantia dos juízes que dele fazem parte (*"Artigo 48º... 2 - Os juízes, o procurador, os procuradores-adjuntos e o secretário gozarão, no exercício das suas funções ou em relação a estas, dos mesmos privilégios e imunidades reconhecidos aos chefes das missões diplomáticas, continuando a usufruir de absoluta imunidade judicial relativamente às suas declarações, orais ou escritas, e aos atos que pratiquem no desempenho de funções oficiais após o termo do respectivo mandato."*). Após, o julgamento foi suspenso com o pedido de vista do Min. Eros Grau. **RE 549560/CE, rel. Min. Ricardo Lewandowski, 20.2.2008.** (RE-549560)

JUIZ APOSENTADO: VITALICIEDADE E PRERROGATIVA DE FORO - 4

O Tribunal retomou julgamento de recurso extraordinário, afetado ao Pleno pela 1ª Turma, em que se discute se o foro especial por prerrogativa de função se estende, ou não, àqueles que se aposentam em cargos cujos ocupantes ostentam tal prerrogativa. Trata-se, na espécie, de agravo de instrumento convertido em recurso extraordinário criminal interposto, por desembargador aposentado, contra decisão da Corte Especial do STJ que declinara de sua competência, em ação penal contra ele instaurada, ao fundamento de que, em decorrência de sua aposentadoria, não teria direito à prerrogativa de foro pelo encerramento definitivo da função — v. Informativos 485 e 495. O Min. Eros Grau, em voto-vista, deu provimento ao recurso, na linha da divergência inaugurada pelo Min. Menezes Direito. Entendeu que, quando se trata de cargo de exercício temporário, a exemplo dos decorrentes de mandato eletivo, a prerrogativa seria da função, razão pela qual a prerrogativa do foro especial persistiria apenas enquanto durasse a função. Reconheceu, que, no entanto, relativamente ao magistrado, a prerrogativa seria do cargo e não da função. Explicou tratar-se, neste caso, de cargo vitalício, que perdura pela vida inteira, podendo perecer unicamente em virtude de sentença judicial transitada em julgado. Por isso, projetar-se-ia à aposentadoria. Após o voto do Min. Ayres Britto, que acompanhava o voto do relator no sentido de negar provimento ao recurso, o julgamento foi suspenso para aguardar a composição completa. RE 549560/CE, rel. Min. Ricardo Lewandowski, 6.5.2010. (**RE-549560**) (Inform. STF 585)

CRIME DE REDUÇÃO A CONDIÇÃO ANÁLOGA À DE ESCRAVO E COMPETÊNCIA - 1

O Tribunal iniciou julgamento de recurso extraordinário, afetado ao Pleno pela 2ª Turma, interposto contra acórdão da 3ª Turma do TRF da 1ª Região que declarara ser da competência da Justiça Estadual processar e julgar ação penal por crime de *"reduzir alguém a condição análoga à de escravo"* (CP, art. 149) — v. Informativo 556. O Min. Cezar Peluso, relator, negou provimento ao recurso. Entendeu que a conduta prevista no art. 149 do CP não basta para deslocar a competência da Justiça Estadual para a Federal, quando não é caso de aplicação do art. 109, IV e VI, da CF. Relativamente à incidência do inciso VI, asseverou que não se desconheceria o precedente da Corte consubstanciado no acórdão do RE 398041/PA (DJE de 19.12.2008). Lembrou que, na ocasião, teria se manifestado no sentido de que, quando aquela norma constitucional se refere a crimes contra a organização do trabalho, está a tratar dos que, típica e essencialmente, dizem respeito a relações de trabalho, e não, aos que, eventualmente, possam ter relações circunstanciais com o trabalho, haja vista que apenas no primeiro caso se justificaria a competência da Justiça Federal, perante o interesse da União no resguardo da específica ordem jurídica concernente ao trabalho. Ressaltou, ademais, não discordar que o cerne desse julgamento estaria em que o princípio da dignidade humana seria indissociável dos princípios que regem a organização do trabalho. Ponderou, contudo, que, embora o princípio da dignidade humana seja a fonte última de todos os outros valores e direitos fundamentais, isso não autorizaria concluir que a violação daquele implique violação de todos estes. Aduziu que, no caso, a norma penal estaria a proteger não a organização do trabalho, não obstante tenha a dignidade humana como um de seus princípios informadores. Enfatizou que o tipo penal da conduta de redução a condição análoga à de escravo não seria tutelar a organização do trabalho como sistema ou ordem, mas evitar que a pessoa humana fosse rebaixada à condição de mercadoria. Nesse sentido, o foco da tutela normativa seria o ser humano considerado em si mesmo, na sua liberdade imanente de sujeito de direito, cuja dignidade não tolera seja reduzido a objeto, e não o interesse estatal no resguardo da organização do trabalho, dentro da qual o ser humano é visto apenas como protagonista de relações que daí se irradiam. Por essa razão, concluiu não ser possível incluir o delito tipificado no art. 149 do CP na categoria dos crimes contra a organização do trabalho, a qual seria uma noção sistêmica cuja autonomia conceitual, apesar de refletir a preocupação da ordem jurídica com a pessoa do trabalhador, constituiria a objetividade jurídica primeira da norma. **RE 459510/MT, rel. Min. Cezar Peluso, 4.2.2010.** (RE-459510)

CRIME DE REDUÇÃO A CONDIÇÃO ANÁLOGA À DE ESCRAVO E COMPETÊNCIA - 2

O relator afastou, da mesma forma, a aplicação do inciso IV do art. 109 da CF. Frisou que, para a incidência de tal preceito, a alegação de lesão a bens, serviços ou interesse da União, ou de suas autarquias, haveria de ser estimada perante a situação concreta, dentro da qual o interesse haveria de ser direto e específico, conforme reiterada jurisprudência da Corte, o que não ocorreria no caso. No ponto, salientou, ainda, não ser possível confundir o objeto de fiscalização da entidade federal com sua atividade fiscalizatória, para assim demonstrar interesse da União ou da entidade, como pretendido pelo recorrente. Registrou, por fim, não ter o recorrente apresentado elementos que demonstrassem e justificassem o reconhecimento de interesse direto e específico da União, concluindo ser da Justiça Estadual a competência para cognição do processo e das medidas conexas. Em divergência, o Min. Dias Toffoli deu provimento ao recurso, por vislumbrar ofensa ao art. 109, VI, da CF. Considerou, em suma, que esse dispositivo constitucional conteria o art. 149 do CP, haja vista que o crime de redução a condição análoga à de escravo atentaria contra o principal objetivo da organização do trabalho que é garantir a liberdade do trabalhador de, dignamente e dentro dos parâmetros legais e constitucionais, vender a sua força de trabalho. Após, pediu vista dos autos o Min. Joaquim Barbosa. **RE 459510/MT, rel. Min. Cezar Peluso, 4.2.2010.** (RE-459510) (Inform. STF 573)

REPASSE DE VERBAS FEDERAIS E COMPETÊNCIA

Compete à Justiça Federal o processamento de ação penal em que se apure eventual irregularidade no repasse de verbas pela União a unidade federativa por intermédio do Sistema Único de Saúde - SUS. Com base nesse entendimento, a Turma desproveu recurso ordinário em *habeas corpus* no qual Secretário de Saúde de Estado alegava a incompetência da Justiça Federal para processar e julgar o feito, haja vista que, em virtude do cargo exercido, o foro competente seria o tribunal de justiça local. Entendeu-

-se, todavia, ser evidente o interesse da União, a atrair a competência da Justiça Federal, dado que as verbas repassadas à unidade federativa em questão seriam oriundas do SUS, afetas, portanto, à fiscalização do Tribunal de Contas da União - TCU. Aduziu-se que, tendo em conta o envolvimento de Secretário de Estado, a competência seria atraída para o Tribunal Regional Federal. Precedentes citados: RE 464621/RN (DJE de 21.11.2008); RE 196982 (DJU de 27.6.97). **RHC 98564/DF, rel. Min. Eros Grau, 15.9.2009**. (RHC-98564) (Inform. STF 559)

PROCESSOS SIGILOSOS E NECESSIDADE DE EXTRAÇÃO DE CÓPIAS AOS MINISTROS

O Tribunal decidiu, por maioria, pelo desmembramento de inquérito, e determinou fosse comunicada à Presidência a necessidade de que, em todos os processos sigilosos, sejam extraídas cópias para os Ministros para efeito de julgamento. Na espécie, trata-se de inquérito, que tramita sob o regime de sigilo, instaurado com a finalidade de apurar os crimes previstos no art. 299 do Código Eleitoral, no art. 1º da Lei 9.613/98 (lavagem de dinheiro), e no art. 288 do Código Penal (quadrilha ou bando), diante de indícios que apontam para a compra de apoio eleitoral. No curso das investigações, mediante interceptações telefônicas, foram incluídos Governador e Senador da República, motivo que ensejara a tramitação do feito perante o Supremo. Em questão de ordem, o Governador investigado aventava a necessidade de se ter prévia autorização da Assembléia Legislativa estadual para que pudesse ser processado judicialmente. Decidiu-se pelo desdobramento do processo, determinando-se remessa de cópia ao Superior Tribunal de Justiça para conhecimento da denúncia contra o Governador de Estado, considerando-se, em conseqüência, prejudicada a questão de ordem suscitada. Vencido o Min. Celso de Mello, que entendia que não deveria ocorrer o desmembramento, haja vista não saber, por não ter tido acesso a quaisquer peças dos autos, se haveria uma situação que pudesse justificar sua aplicação, que é excepcional. **Inq 2718 QO/GO, rel. Min. Ricardo Lewandowski, 20.8.2009**. (Inq-2718) (Inform. STF 556)

REDUÇÃO A CONDIÇÃO ANÁLOGA À DE ESCRAVO E COMPETÊNCIA

A Turma deliberou afetar ao Plenário julgamento de *habeas corpus* impetrado contra acórdão do TRF da 1ª Região que declarara a incompetência da Justiça Federal para processar e julgar o crime de redução a condição análoga à de escravo (CP, art. 149). Sustenta a impetração que deixar de reconhecer a competência da Justiça Federal para a apreciação e julgamento do delito em tela seria contrariar flagrantemente a norma contida no art. 109, IV e VI, da CF. **RE 459510/MT, rel. Min. Cezar Peluso, 18.8.2009**. (RE-459510) (Inform. STF 556)

EMENTA: *Habeas corpus.* Processual penal. Competência do Juízo. Prisão preventiva. Fundamentação idônea. Cautelaridade demonstrada. Alegação de excesso de prazo. Questão não analisada no Superior Tribunal de Justiça. Supressão de instância. Precedentes da Corte. 1. Tem prevenção para a ação penal o Juiz que primeiro toma conhecimento da causa e examina a representação policial relativa aos pedidos de prisão temporária, busca e apreensão e interceptação telefônica, nos termos do art. 75, parágrafo único, c/c art. 83 do Código de Processo Penal. 2. A análise do decreto de prisão preventiva autoriza o reconhecimento de que existe fundamento suficiente para justificar a privação processual da liberdade do paciente, nos termos do art. 312 do Código de Processo Penal, especialmente porque se constatou, através da interceptação telefônica autorizada judicialmente, que o paciente estava envolvido com o extravio de processo relativo a tráfico ilícito de entorpecentes e, também, na tentativa de utilização de testemunhas que faltariam com a verdade. 3. A questão relativa ao excesso de prazo não foi examinada pelo Superior Tribunal de Justiça, o que impossibilita a sua análise, nesta sede, sob pena de indevida supressão de instância. 4. Habeas corpus denegado. **HC N. 88.214-PE. RELATOR P/ O ACÓRDÃO: MIN. MENEZES DIREITO** (Inform. STF 555)

EMENTA: Inquérito. Deputado Federal. Julgamento iniciado. Término do mandato eletivo. Prosseguimento nesta Suprema Corte. Arquivamento. Imunidade parlamentar reconhecida. Precedentes. 1. Uma vez iniciado o julgamento de Parlamentar nesta Suprema Corte, a superveniência do término do mandato eletivo não desloca a competência para outra instância. 2. Nos termos do parecer do Ministério Público Federal, as circunstâncias dos autos revelam a presença da necessária conexão entre os fatos relatados no inquérito e a condição de parlamentar do investigado, a ensejar o reconhecimento da imunidade material (art. 53 da Constituição Federal). 3. Inquérito arquivado. Inq **N. 2.295-MG. RELATOR P/ O ACÓRDÃO: MIN. MENEZES DIREITO. Noticiado no Informativo 525** (Inform. STF 549)

EMENTA: COMPETÊNCIA. Criminal. Ação penal. Falsificação de Cadernetas de Instrução e Registro (CIRs), expedidas pela Marinha. Licença de natureza civil. Inexistência de prejuízo patrimonial a instituição militar. Infração comum em dano de interesse da União. Incompetência da Justiça Militar. Feito da competência da Justiça Federal. HC concedido. Aplicação dos arts. 21, XXII, 109, IV, e 144, § 1º, III, todos da CF. Precedente. É da Justiça Federal a competência para processar e julgar ação penal por falsificação de Caderneta de Instrução e Registro – CIR, expedida pela Marinha. **HC N. 96.561-PA. RELATOR: MIN. CEZAR PELUSO**. (Inform. STF 549)

COMPETÊNCIA - DOCUMENTO FALSO. Conforme disposto no artigo 109, inciso IV, da Constituição Federal, a falsidade de certidão emitida por autarquia federal direciona à competência da Justiça Federal. **RE N. 468.783-RS. RELATOR: MIN. MARCO AURÉLIO**. (Inform. STF 548)

PRINCÍPIO DO JUIZ NATURAL E FALTA DE CONEXÃO PROBATÓRIA

Por reputarem inexistentes elementos concretos que indicassem a conexão probatória entre as condutas imputadas aos pacientes e o denominado "caso Banestado", a Turma assentou a competência da Justiça Federal em São Paulo para processar e julgar ação penal na qual se apura a ocorrência dos crimes de evasão de divisas e de lavagem de dinheiro. No caso, a denúncia atribui aos pacientes o controle e a administração de conta bancária nos Estados Unidos e que, por intermédio de contas CC-5 e do esquema "dólar-cabo", teriam movimentado vultosas quantias, supostamente evadindo divisas e mantendo recursos no exterior com a utilização de casa de câmbio localizada no Estado de São Paulo. Ocorre que o feito fora remetido à Vara Federal no Estado do Paraná, pois identificados relacionamentos entre a conta titularizada pelos pacientes com contas de outros investigados envolvidos no "caso Banestado". Salientou-se que, no tocante à competência, o art. 69 do CPP a define ante os seguintes fatores: o lugar da infração, o domicílio ou residência do réu, a natureza da infração, a distribuição, a conexão ou continência, a prevenção e a prerrogativa de função. Registrou-se que, na presente situação, não haveria qualquer trecho na inicial acusatória, na decisão proferida pelo STJ ou na manifestação do Ministério Público junto ao STF que direcionasse no sentido da conexão probatória e, portanto, de competência por atração, visando à racionalização da apuração dos fatos. Considerou-se, ao contrário, laudo da Polícia Federal que revelaria a inexistência da aludida conexão probatória, haja vista que não identificadas transações da conta apreciada com contas mantidas no Banestado. Dessa forma, aduziu-se que os pacientes, domiciliados em São Paulo e lá exercendo atividade econômica, estariam sendo compelidos a defenderem-se no Paraná. Por fim, declarou-se a incompetência da 2ª Vara Criminal da Subseção Judiciária de Curitiba-PR para julgar a ação, a partir da denúncia. Os Ministros Ricardo Lewandowski e Cármen Lúcia ressaltaram que não se estaria apontando a nulidade de nenhum ato já praticado, cabendo ao juízo que vier a conduzir o processo avaliar o aproveitamento desses atos. **HC 90236/PR, rel. Min. Marco Aurélio, 19.5.2009.** (HC-90236) (Inform. STF 547)

CRIME AMBIENTAL: BEM DA UNIÃO E COMPETÊNCIA

Por considerar caracterizada imputação a revelar prejuízo de bem da União, a Turma deu provimento a recurso extraordinário a fim de assentar a competência da Justiça Federal para processar e julgar ação penal em que se apura crime praticado contra o meio ambiente. No caso, empresa fora denunciada por descartar resíduos tóxicos sobre rio que atravessa o Estado de Alagoas. O tribunal de justiça local reconhecera a competência da Justiça Estadual para processar o feito ao fundamento de que não se vislumbrara, nos autos, interesse público federal. Entendeu-se que, na espécie, teria sido potencializado o interesse da população local em detrimento do fato de a poluição alcançar bem público federal. Asseverou-se, destarte, pouco importar que se tivesse chegado ao comprometimento de açude, córregos e riachos locais, devendo prevalecer a circunstância de o dano apontado haver ocorrido em rio — o qual banha dois Estados- membros — que, pelo teor do inciso III do art. 20 da CF, consubstancia bem da União ("*São bens da União: ... os lagos, rios e quaisquer correntes de água em terrenos de seu domínio, ou que banhem mais de um Estado...*"). Concluiu-se que esse preceito e a premissa fática constante do acórdão impugnado atrairiam a incidência do inciso IV do art. 109 da CF. Por fim, estabeleceu-se ser competente para a propositura da ação penal o Ministério Público Federal. **RE 454740/AL, rel. Min. Marco Aurélio, 28.4.2009.** (RE-454740) (Inform. STF 544)

FALSIDADE: DOCUMENTO FEDERAL E COMPETÊNCIA

Compete à Justiça Federal processar e julgar ação penal relativa a crime de falsificação de documento público e de uso de documento falso (CP, artigos 297 e 304, respectivamente), quando a falsificação incide sobre documentos federais. Com base nessa orientação, a Turma proveu recurso extraordinário para assentar a competência da Justiça Federal para julgar os delitos cometidos pelo recorrido, consubstanciados na adulteração de Certidão Negativa de Débito emitida pelo Instituto Nacional do Seguro Social - INSS, apresentada, perante órgão da Administração Pública municipal, com o objetivo de viabilizar participação em procedimento licitatório. Enfatizou-se que pouco importaria, na espécie, o fato de o documento alterado ter sido utilizado junto à Administração Pública municipal, haja vista tratar-se de serviço prestado por autarquia federal (CF, art. 109, IV). Assim, aduziu-se que, se não fosse percebida a falsificação, haveria prejuízo considerada a situação jurídica do contribuinte, revelando-o quite com o fisco federal, muito embora, se procedente a imputação, a realidade se mostrasse diversa. Precedente citado: RE 411690/PR (DJU de 3.9.2004). **RE 446938/PR, rel. Min. Marco Aurélio, 7.4.2009**. (RE-446938) (Inform. STF 541)

ATOS DECISÓRIOS: RATIFICAÇÃO E ÓRGÃO INCOMPETENTE - 1

A Turma indeferiu *habeas corpus* em que se pleiteava a anulação da decisão de Juíza Federal do TRF da 3ª Região que convalidara monocraticamente o recebimento da denúncia oferecida em desfavor da paciente e de terceiro pela suposta prática do delito de lavagem de dinheiro (Lei 9.613/98, art. 1º, V e VII, e § 4º). A defesa sustentava que o ato de recebimento da peça acusatória em ação penal de competência originária de Tribunal não poderia ser ratificado em face de sua natureza de decisão interlocutória mista. Aduzia, ainda, que, se eventualmente viável tal convalidação, essa deveria ocorrer de modo colegiado, requerendo, subsidiariamente, a ratificação da peça acusatória pelo Órgão Especial daquela Corte. No caso, após o feito ter sido distribuído, na origem, por prevenção, impetrara-se *habeas corpus* no STJ, o qual determinara que a distribuição ocorresse de forma livre, cabendo ao relator decidir a respeito da ratificação ou não dos atos decisórios já realizados anteriormente. Destarte, em conformidade com tal acórdão, efetuara-se a livre distribuição da ação penal, sendo ratificados, pela nova relatora, todos os atos decisórios praticados. Contra essa decisão, fora impetrado novo *writ* no STJ, que o indeferira ao fundamento de que o TRF apenas cumprira ordem antes prolatada, o que dera azo ao presente *habeas corpus*. **HC 94372/SP, rel. Min. Joaquim Barbosa, 9.12.2008**. (HC-94372)

ATOS DECISÓRIOS: RATIFICAÇÃO E ÓRGÃO INCOMPETENTE - 2

Assentou-se que o STF, hodiernamente, vem admitindo a ratificação dos atos decisórios praticados por órgão jurisdicional absolutamente incompetente. Ademais, enfatizou-se que o STJ, no julgamento do primeiro *habeas*, não determinara a anulação dos atos decisórios praticados antes da livre distribuição da ação penal, mas apenas ordenara que o feito fosse livremente distribuído, fazendo, inclusive, expressa menção de caber ao relator decidir a respeito da ratificação ou não dos atos decisórios já procedidos. Nesse diapasão, mencionou-se que, no acórdão impugnado, o mesmo STJ consignara haver o TRF da 3ª Região cumprido, tão-somente, anterior decisão sua. No que tange ao argumento de que o colegiado deveria convalidar o ato de recebimento da denúncia, aduziu-se que o Órgão Especial do TRF da 3ª Região recebera a inicial acusatória, sendo que somente a ratificação dessa peça se dera monocraticamente. Concluiu-se, por fim, que, a prevalecer a tese da impetração, a denúncia seria, novamente, submetida ao mesmo colegiado, o qual se pronunciara pelo recebimento da denúncia. Precedentes citados: RE 464894 AgR/PI (DJE de 15.8.2008) e HC 88262/SP (DJU de 30.3.2007). **HC 94372/SP, rel. Min. Joaquim Barbosa, 9.12.2008**. (HC-94372) (Inform. STF 532)

CRIMES COMETIDOS POR SERVIDOR DO TJDFT E COMPETÊNCIA

Delitos praticados *in officio* por servidores administrativos do Tribunal de Justiça do Distrito Federal e Territórios - TJDFT são processados e julgados perante a própria Justiça do Distrito Federal e não pela Justiça Federal. Com base nessa orientação, a Turma indeferiu *habeas corpus* em que se buscava fosse fixada a competência da Justiça Federal para processar e julgar os crimes de falsidade ideológica e corrupção passiva supostamente cometidos por oficial de justiça, vinculado ao TJDFT, no desempenho de suas funções. Sustentava a impetração a nulidade de todo o procedimento instaurado perante o Poder Judiciário local, na medida em que, como o Poder Judiciário do DF é organizado e mantido pela União, a competência para o processamento do feito seria da Justiça Federal. Asseverou-se, por fim, que o Poder Judiciário distrital tem o tratamento da Justiça local. **HC 93019/DF, rel. Min. Celso de Mello, 2.12.2008**. (HC-93019) (Inform. STF 531)

REPASSE DE VERBAS FEDERAIS E CONVÊNIO CUMPRIDO - 1

Compete à justiça comum estadual processar e julgar crime de apropriação indébita (CP, art. 168, § 1º, III) de quantia pertencente a fundação de direito privado. Com base nesse entendimento, a Turma indeferiu, por maioria, *habeas corpus* impetrado em favor de denunciado por suposta apropriação de valores repassados pela União, em decorrência de convênio firmado — para implantação de projeto de ensino de informática em estabelecimentos prisionais em todo o país — entre o Ministério da Justiça e a fundação da qual, à época, presidente. A impetração sustentava a competência da justiça federal para apreciar o feito (CF, art. 109, IV). Na espécie, depois do cumprimento do mencionado convênio, o paciente efetuara saque de vultosa quantia que sobrara na conta bancária da entidade, adquirindo, em proveito próprio, apartamentos, carros e outros bens. A Corte de origem confirmara esse contexto fático e assentara que o Tribunal de Contas da União – TCU aferira a legalidade e legitimidade da avença, informando que o objeto do contrato fora realizado em sua totalidade. **HC 89523/DF, rel. Min. Carlos Britto, 25.11.2008**. (HC-89523)

REPASSE DE VERBAS FEDERAIS E CONVÊNIO CUMPRIDO - 2

Salientando a jurisprudência do STF sobre desvio de verbas da União transferidas para outros entes federados ou pessoas jurídicas de direito privado, o cumprimento integral do que pactuado com a União, bem como a titularidade da conta corrente da qual efetuado o saque, asseverou-se que o dinheiro remanescente não estava mais sujeito a qualquer fiscalização pelo TCU nem tampouco se destinava a custeio de serviço ou atividade de competência da União. Assim, entendeu-se que somente houvera lesão a direito de fundação de direito privado, uma vez que o delito imputado ao paciente tivera por objeto numerário existente em conta dessa mesma entidade, já desvinculado de finalidade relativa ao acordo, o que afastaria a alegação de ofensa a bem, serviço ou interesse da União. Por fim, acrescentou-se que a aludida sobra, conforme indícios apontados pelo tribunal local, teria sua origem provável em superfaturamento de preços, a indicar outro possível crime não impugnado neste processo. O Min. Ricardo Lewandowski indeferiu o *writ* ao fundamento de que a matéria demandaria dilação probatória, incabível na sede eleita. Vencido o Min. Marco Aurélio que, por reputar configurado dano concreto à coisa pública, tendo em conta que o desvio envolvera metade do valor do objeto contratado, declarava a competência da justiça federal, porque a ela incumbe processar e julgar ações quando o detrimento refere-se a bem da União. Precedentes citados: RE 232093/CE (DJU de 28.4.2000); HC 78728/RS (DJU de 16.4.99); RHC 71419/MT (DJU de 16.6.95). **HC 89523/DF, rel. Min. Carlos Britto, 25.11.2008**. (HC-89523) (Inform. STF 530)

ARQUIVAMENTO DO FEITO E COMPETÊNCIA

A Turma negou provimento a recurso ordinário em *habeas corpus* no qual se pleiteava fosse declarada a competência do TRF da 1ª Região para julgar *writ* lá impetrado contra ato do Juízo da 10ª Vara Criminal Federal da Seção Judiciária do Distrito Federal, que deferira medida cautelar de quebra de sigilo telefônico. No caso, a requerimento do Ministério Público Federal, com base em relatório da Polícia Rodoviária Federal, fora determinada, pelo juízo supra, a mencionada quebra de sigilo telefônico de diversos suspeitos de prática de crimes contra a Administração Pública. Diante do caráter interestadual dos fatos apurados, a investigação iniciada no Distrito Federal fora desmembrada e as informações repassadas às Seções Judiciárias do Rio de Janeiro e de São Paulo (CPP, art. 70). Ressaltou-se, inicialmente, que o mencionado Juízo da 10ª Vara Criminal Federal da 1ª Região, após remeter todo o con-junto probatório recolhido, arquivara, em seguida, o procedimento original. Destarte, aduziu-se que o *habeas corpus* impetrado perante o TRF da 1ª Região buscava impugnar procedimento já encerrado, daí não ter o TRF conhecido da impetração, sob o fundamento de que não haveria ato de Juízo Federal que se encontrasse sob a sua jurisdição a implicar ameaça ou lesão ao direito de locomoção dos pacientes. Concluiu-se que o pedido de anulação da interceptação telefônica, cuja irregularidade se alegava, deveria ter sido dirigido ao Tribunal responsável pela Seção Judiciária em que instaurada a ação penal contra os pacientes, qual seja, o Juízo Federal da 2ª Vara do Estado do Rio de Janeiro. **RHC 87198/DF, rel. Min. Cezar Peluso, 25.11.2008**. (RHC-87198) (Inform. STF 530)

COMPETÊNCIA DO SUPREMO: DESMEMBRAMENTO E CONEXÃO - 1

O Tribunal iniciou julgamento de inquérito em que se imputa a magistrados (Ministro do STJ, dois membros do TRF da 2ª Região e um juiz do TRT da 15ª Região) e outros (um procurador regional da República e um advogado, este irmão do aludido Ministro do STJ) a suposta prática dos crimes de quadrilha, corrupção passiva e prevaricação (CP, artigos 288, 317, *caput* e § 1º, e 319, respectivamente). Alega o Ministério Público Federal que os denunciados compõem, em níveis diversos, uma organização criminosa voltada à exploração ilegal das atividades de bingos e máquinas caça-níqueis no Estado do Rio de Janeiro — Informativo 464. O Tribunal, por maioria, rejeitou preliminar e exceção de incompetência, afirmando sua competência para o processamento do feito, resolveu questão de ordem para determinar o não remembramento dos autos e negou provimento ao agravo regimental interposto contra a decisão que determinara o desmembramento. Esclareceu-se, primeiro, que, na hipótese, não teria havido desmembramento algum de causa, haja vista que a palavra desmembramento teria sido usada com base numa licença retórica, para descrever, simplificadamente, a só extração e remessa de cópias do inquérito, a requerimento do Ministério Público, a outro juízo, que este reputara competente para a supervisão de inquérito autônomo e cognição de eventual ação penal contra pessoas não sujeitas à jurisdição originária desta Corte, por fatos distintos, a cujo respeito não existiria co-autoria em relação aos que seriam objeto da denúncia aqui formulada, nem risco teórico de decisões contraditórias. **Inq 2424/RJ, rel. Min. Cezar Peluso, 19 e 20.11.2008.** (Inq-2424)

COMPETÊNCIA DO SUPREMO: DESMEMBRAMENTO E CONEXÃO - 2

No que se refere à alegação, por meio de exceção de incompetência, de que o STJ seria o tribunal competente para julgar os membros do TRF, asseverou-se que, se a jurisdição especial por prerrogativa de função neste STF, como a mais alta Corte do país, é garantia constitucional do mais justo julgamento a que podem aspirar os titulares dessa prerrogativa, ainda que ditada por regra de conexão incontroversa, o acusado excipiente não teria, sob nenhum argumento nem pretexto, interesse jurídico em renunciar a esse favor constitucional, para ser julgado por um órgão de menor categoria. Ademais, reputou-se não ser possível, nas circunstâncias do caso, ser o excipiente julgado pelo STJ, sobretudo porque, nos precisos termos da denúncia, os fatos a ele atribuídos guardariam nítida e inafastável conexão aos imputados ao Ministro do STJ, que é submisso à jurisdição e competência penal originária desta Corte, diversamente do que ocorre com os réus denunciados perante a 1ª instância, razão pela qual o Supremo seria o juiz natural do acusado excipiente (art. 76 do CPP c/c o art. 102, I, c, da CF). Repeliram-se, também, tanto o argumento de que, sem a reunião de processos, haveria prejuízo da defesa do procurador regional, porque não teria participado da colheita de provas que se dera em 1º grau, onde se apura contra ele o crime de quadrilha, além de sobrevir eventualmente decisões conflitantes, como o pedido formulado pelo último acusado, em questão de ordem, no sentido de que o crime de quadrilha a ele imputado fosse julgado também pelo Supremo, haja vista que, além da conexão probatória existente em relação ao crime de corrupção, haveria evidente continência entre a imputação da quadrilha dirigida contra o seu irmão, e aquela deduzida contra ele no 1º grau. Aduziu-se que, ainda que existisse conexão, tal fato não importaria necessariamente na unidade de processos de julgamento, a teor do disposto no art. 80 do CPP, e considerou-se que, no caso, a denúncia revelaria aqui a independência relativa dos fatos atribuídos aos co-denunciados até quanto à formação de quadrilha que, segundo ela, estaria estruturada em níveis dispostos de acordo com a posição ocupada pelo agente e grau de seu comprometimento com o sucesso da atividade-fim. Ressaltou-se que o Procurador-Geral da República, antes de oferecer a denúncia, requerera o desmembramento do inquérito para evitar o tumulto que, em dano dos próprios acusados e da Administração da Justiça, poderia causar o número excessivo de denunciados na mesma causa. Vencido, no ponto, o Min. Marco Aurélio, que, salientando que o desmembramento, no caso, teria sido parcial e heterodoxo, assentava que o Supremo só teria competência para julgar o único detentor de prerrogativa de foro perante esta Corte, ou seja, o Ministro do STJ. **Inq 2424/RJ, rel. Min. Cezar Peluso, 19 e 20.11.2008.** (Inq-2424) (Inform. STF 529)

LEGITIMIDADE DO MINISTÉRIO PÚBLICO E INCOMPETÊNCIA ABSOLUTA - 1

A Turma iniciou julgamento de habeas corpus impetrado pelo Ministério Público do Estado do Rio Grande do Norte em que requerida, ante disposição da Constituição Estadual e da lei de organização judiciária, a declaração de incompetência absoluta de vara criminal para julgamento do paciente. A impetração sustenta a inconstitucionalidade formal da resolução do tribunal de justiça que fixou a competência da vara, haja vista a contrariedade com a Constituição potiguar (art. 72, VI, a) e com o princípio da reserva legal. Requer a livre distribuição do feito ou, alternativamente, a continuidade do julgamento do RHC denegado pelo STJ por ilegitimidade ativa ad causam. O Min. Ricardo Lewandowski, relator, assentando a ilegitimidade do Ministério Público, não conheceu do writ, no que foi acompanhado pelo Min. Menezes Direito. Enfatizou que, embora o parquet possa legitimamente impetrar habeas corpus para proteger o direito constitucional de ir e vir, essa medida não pode ser utilizada para veicular pretensão da acusação, ainda que, em tese, juridicamente legítima. Tendo em conta que, no caso, a diligência para que o paciente fosse intimado quanto ao interesse na impetração não lograra êxito e que o impetrante almeja, por intermédio de habeas corpus, o reconhecimento da inconstitucionalidade de resolução, entendeu que o pedido deduzido pelo parquet extrapolaria os estreitos limites do writ, mostrando-se inadequada a via processual eleita para alcançar o desiderato proposto. Considerou que a alegação de ilegalidade na resolução que atribui competência a determinado juízo constituiria iniciativa exclusiva da defesa, pois somente caberia a ela, argüi-la em benefício do réu. Ademais, admitida a possibilidade de o Ministério Público, que atua como parte no processo penal, impetrar habeas corpus em hipóteses como estas, violar-se-ia o princípio do devido processo legal, com prejuízo para o exercício da ampla defesa. Após o voto do Min. Carlos Britto, concluindo pela legitimidade do Ministério Público, pediu vista dos autos a Min. Cármen Lúcia. **HC 91510/RN, rel. Min. Ricardo Lewandowski, 19.2.2008.** (HC-91510)

LEGITIMIDADE DO MINISTÉRIO PÚBLICO E INCOMPETÊNCIA ABSOLUTA - 2

Em conclusão de julgamento, a Turma, por maioria, não conheceu de *habeas corpus* impetrado pelo Ministério Público do Estado do Rio Grande do Norte em que requerida, ante disposição da Constituição Estadual e da lei de organização judiciária, a declaração de incompetência absoluta de vara criminal para julgamento dos pacientes. A impetração sustentava a inconstitucionalidade formal da resolução do tribunal de justiça que fixou a competência da vara, haja vista a contrariedade com a Constituição potiguar (art. 72, IV, a) e com o princípio da reserva legal — v. Informativo 495. Assentou-se a ilegitimidade do Ministério Público para postular o reconhecimento de incompetência de juízo, por intermédio de *habeas corpus*, quando não manifesto o interesse da defesa. Ressaltou-se que, apesar de a resolução questionada haver sido revogada, os novos diplomas normativos não prejudicariam o mérito do *writ*, uma vez que somente atribuíram idêntica competência a outras varas, além daquela em que julgado o paciente. Considerou-se que a alegação de ilegalidade na resolução que conferiu competência a determinado juízo constituiria iniciativa exclusiva da defesa, pois somente caberia a ela argüi-la em benefício do réu. Ademais, entendeu-se que se admitir a possibilidade de o *parquet*, que atua como parte no processo penal, impetrar *habeas corpus* em hipóteses como estas violaria o princípio do devido processo legal, com prejuízo para o exercício da ampla defesa. Vencido o Min. Marco Aurélio, que reputava o Ministério Público parte legítima para esta impetração, porquanto estaria em jogo o princípio do juiz natural relativamente a processo-crime que poderia desaguar no cerceio à liberdade de ir e vir dos pacientes. **HC 91510/RN, rel. Min. Ricardo Lewandowski, 11.11.2008.** (HC-91510) (Inform. STF 528)

CONEXÃO: COMPETÊNCIA RELATIVA E PREVENÇÃO - 1

A Turma indeferiu *habeas corpus* no qual se discutia a possível nulidade de processo criminal, em virtude de suposta incompetência do juízo processante. Na espécie, os pacientes foram processados no Juízo da Comarca de Angélica/MS pela prática dos crimes de latrocínio (CP, art. 157, § 3º), ocultação de cadáver (CP, art. 211), formação de quadrilha (CP, art. 288), adulteração de chassi (CP, art. 311) e corrupção de menores (Lei 2.252/54, art. 1º), em decorrência do fato de terem matado duas pessoas, após subtração de veículo para ulterior desmanche em uma oficina situada na cidade de Dourados/MS. Pleiteava-se a remessa dos autos a essa Comarca ao argumento de que o crime de latrocínio fora lá perpetrado, não obstante a subtração tivesse ocorrido na Comarca de Angélica. Aduzia-se, ademais, que, nos denominados crimes plurilocais, em que a conduta e o resultado acontecem em lugares distintos, a competência seria fixada pelo lugar da consumação do delito, não havendo o que se cogitar da *perpetuatio jurisdictionis* (CPC, art. 87). **HC 96453/MS, rel. Min. Ellen Gracie, 28.10.2008.** (HC-96453)

CONEXÃO: COMPETÊNCIA RELATIVA E PREVENÇÃO - 2

Consignou-se que a tese da impetração, no que tange à argüição de incompetência relativa ao Juízo da Comarca de Angélica, restringira-se apenas a cuidar do lugar da consumação do crime de latrocínio, quando, na verdade, haveria também outros crimes a serem analisados, os quais apontavam para a fixação da competência desse mesmo Juízo. Salientou-se, assim, que o crime de formação de quadrilha — que é crime permanente, porque sua consumação se prolonga no tempo —, teria sido, em tese, praticado em território de duas ou mais jurisdições — Municípios de Angélica, Dourados, entre outros — e, nesta hipótese, a competência seria firmada pela prevenção (CPP, artigos 71 e 83). Destarte, como o Juízo da Comarca de Angélica fora o primeiro a praticar atos no processo, concluiu-se que a competência territorial teria sido fixada com base na prevenção. Além disso, levando-se em conta a existência de conexão entre os crimes de quadrilha e os demais delitos atribuídos aos pacientes, o Juiz de Direito da Comarca de Angélica teria se tornado competente para processá-los e julgá-los também relativamente a esses outros delitos (CPP, art. 76). Por fim, esclareceu-se que a conexão é o liame que se estabelece entre dois ou mais fatos, que se tornam, dessa forma, ligados por algum motivo, oportunizando sua reunião no mesmo processo, de modo a permitir que sejam julgados por um só juiz, com base no mesmo substrato probatório, e evitando o surgimento de decisões contraditórias. **HC 96453/MS, rel. Min. Ellen Gracie, 28.10.2008.** (HC-96453) (Inform. STF 526)

DESVIO DE VERBAS PÚBLICAS FEDERAIS E COMPETÊNCIA

A Turma desproveu recurso extraordinário contra decisão da Justiça Estadual que declinara, em favor da Justiça Federal, da competência para julgar processo em que se investiga a prática de fraude em diversas licitações envolvendo empresas de construção civil. Ante a constatação de indícios de desvio de verbas federais, a Corte de origem reconhecera a existência de interesse da União em ver apurada a responsabilidade pelo suposto desvio de tais recursos. O recorrente argüia ofensa ao art. 109, IV, da CF, eis que os elementos colhidos da prática de fraude em diversas licitações envolviam empresas de construção civil, o que afastaria a competência da Justiça Federal. Adotou-se orientação do Supremo no sentido de competir à Justiça Federal processar e julgar crimes em detrimento do interesse da União que envolvam possível desvio de verbas federais. Precedentes citados: HC 80867/PI (DJU de 12.4.2002) e HC 81994/SP (DJU 27.9.2002). **RE 464621/RN, rel. Min. Ellen Gracie, 14.10.2008**. (RE-464621) (Inform. STF 524)

REDUÇÃO A CONDIÇÃO ANÁLOGA À DE ESCRAVO E COMPETÊNCIA

A Turma deu provimento a recurso extraordinário para fixar a competência da Justiça Federal para julgar os crimes de exposição da vida ou da saúde de trabalhadores a perigo, de redução a condição análoga à de escravo, de frustração de direito assegurado por lei trabalhista e de omissão de dados da Carteira de Trabalho e Previdência Social (CP, artigos 132, 149, 203 e 297, § 4º, respectivamente). Entendeu-se, no caso, que as condutas atribuídas aos recorridos, em tese, violam bens jurídicos que extrapolam os limites da liberdade individual e da saúde dos trabalhadores reduzidos àquela condição, malferindo os princípios da dignidade da pessoa humana e da liberdade do trabalho. Por conseguinte, afastou-se a competência da Justiça Estadual. Por outro lado, não se conheceu do recurso na parte referente à alegada competência da Justiça Federal para conhecer e julgar outros crimes descritos na denúncia, alegadamente conexos, porquanto envolveriam o exame de legislação infraconstitucional, bem como o revolvimento de matéria fático-probatória. Precedentes citados: RE 398041/PA (j. em 30.11.2006); RE 480138/RR (DJE 24.4.2008) e RE 508717/PA (DJU 11.4.2007). **RE 541627/PA, rel. Min. Ellen Gracie, 14.10.2008**. (RE-541627) (Inform. STF 524)

HC CONTRA ATO DE MEMBRO DO MPF E COMPETÊNCIA

Compete ao TRF, com fundamento no art. 108, I, a, da CF, processar e julgar, originariamente, *habeas corpus* contra ato de membro do Ministério Público Federal – MPF com atuação na primeira instância (*"Art. 108. Compete aos Tribunais Regionais Federais: I - processar e julgar, originariamente: a) os juízes federais da área de sua jurisdição, incluídos os da Justiça Militar e da Justiça do Trabalho, nos crimes comuns e de responsabilidade, e os membros do Ministério Público da União, ressalvada a competência da Justiça Eleitoral;"*). Com base nesse entendimento, a Turma deu provimento a recurso extraordinário em que se questionava a competência para apreciar *writ* impetrado contra ato de Procurador da República que requisitara a instalação de inquérito policial para apurar suposta prática de crime previsto no art. 22 da Lei 7.492/86. RE provido a fim de determinar o retorno dos autos ao TRF da 3ª Região, para processamento e julgamento do *habeas corpus*. **RE 377356/SP, rel. Min. Cezar Peluso, 7.10.2008**. (RE-377356) (Inform. STF 523)

CONEXÃO: COMPETÊNCIA RELATIVA E PRINCÍPIO DO JUIZ NATURAL - 1

A Turma indeferiu *habeas corpus* no qual se pretendia, em face de suposta conexão, o julgamento, na Justiça Federal, de todos os crimes objeto da denúncia. No caso, juiz federal recebera a inicial acusatória somente em relação aos delitos de contrabando, descaminho e formação de quadrilha, declinando da competência para a Justiça Estadual quanto à acusação por homicídio qualificado. Ocorre que o magistrado do tribunal do júri suscitara conflito negativo de competência e remetera os autos ao STJ. A impetração requeria a suspensão da ação penal em curso na Justiça Federal até o julgamento definitivo do mencionado conflito de competência. Alegava, para tanto, que a não suspensão do processo — que se encontra na fase de alegações finais — resultaria na perda de objeto do conflito, de modo a causar dano irreparável ao paciente, consubstanciado na ofensa ao princípio do juiz natural, pois a imputação relativa ao homicídio não seria apreciada em conjunto com as demais acusações, tendo em conta o que disposto no art. 82 do CPP (*"Se, não obstante a conexão ou continência, forem instaurados processos diferentes, a autoridade de jurisdição prevalente deverá avocar os processos que corram perante os outros juízes, salvo se já estiverem com sentença definitiva. Neste caso, a unidade dos processos só se dará, ulteriormente, para o efeito de soma ou de unificação das penas."*) e no Enunciado 235 da Súmula do STJ (*"A conexão não determina a reunião dos processos, se um deles já foi julgado."*). **HC 95291/RJ, rel. Min. Cezar Peluso, 30.9.2008**. (HC-95291)

CONEXÃO: COMPETÊNCIA RELATIVA E PRINCÍPIO DO JUIZ NATURAL - 2

Esclareceu-se que o reputado constrangimento ilegal não teria origem no desmembramento dos processos, nem na provável prejudicialidade do conflito de competência que pende no STJ, mas resultaria da análise da ação penal referente aos crimes de contrabando, descaminho e formação de quadrilha por outro juiz que não o mesmo para julgar o paciente por homicídio. Assim, considerou-se não caber a esta Corte decidir sobre a viabilidade da tese da defesa no que diz respeito à conexão entre as causas relativas ao homicídio e aos demais crimes atribuídos ao paciente, limitando-se apenas à questão de saber se a conexão seria critério absoluto de definição de competência, a ponto de eventual julgamento de uma das ações e a conseqüente impossibilidade de incidência das regras de conexão representarem afronta ao art. 5º, LIII, da CF. Observou-se que as regras de conexão são aplicáveis a causas que, em princípio, seriam examinadas em separado e que, verificada a conexão entre os feitos, deve-se recorrer aos critérios de modificação ou prorrogação das competências já conferidas. Asseverou-se que, se incabíveis as regras modificativas da competência, as atribuições jurisdicionais originárias devem ser mantidas, visto que competência absoluta não se modifica ou prorroga. Nesse sentido, afirmou-se que a conexão só altera competência relativa, pois torna competente para o caso concreto juiz que não o seria sem ela. Enfatizou-se que, sendo relativa a competência por conexão, o julgamento da ação penal pelos delitos de contrabando, descaminho e formação de quadrilha não violaria o princípio do juiz natural. Ademais, afirmou-se que, na hipótese de o conflito de competência perder o objeto, será porque o órgão competente para apreciar cada uma das ações não poderá ser determinado por conexão, mas pelas regras de distribuição originária de competência, a saber: juízo competente será aquele que, segundo essas, já o seria para julgar a mesma ação, se não tivesse havido nexo entre as infrações penais. Aduziu-se, ainda, ser questionável o argumento de que a incidência do referido Verbete levaria à perda do objeto do conflito de competência, uma vez que possível reconhecimento de conexão entre causas provocará junção dos processos para o efeito de soma ou de unificação das penas (CPP, art. 82, parte final). Dessa forma, não se vislumbrou dano irreparável a incidir no prosseguimento da ação penal em curso na Justiça Federal. **HC 95291/RJ, rel. Min. Cezar Peluso, 30.9.2008**. (HC-95921) (Inform. STF 522)

VENDA DE COMBUSTÍVEL ADULTERADO E COMPETÊNCIA DA JUSTIÇA COMUM

O interesse da União, para que ocorra a competência da Justiça Federal prevista no art. 109, IV, da CF, tem de ser direto e específico. Com base nesse entendimento, o Tribunal desproveu recurso extraordinário interposto pelo Ministério Público Federal em que alegava que a interpretação conjunta dos incisos IV e VI do art. 109 da CF revelaria ser da Justiça Federal a competência para processar e julgar os crimes contra a ordem econômica se, independentemente de previsão da lei definidora, houvesse lesão a interesse da União. Sustentava o *parquet* que a comercialização de combustível fora dos padrões fixados pela Agência Nacional de Petróleo vulneraria diretamente o interesse direto dessa autarquia federal no controle, fiscalização e regulação da atividade de distribuição e revenda de derivados de petróleo e álcool. Asseverou-se que, não obstante se possa reconhecer a competência da Justiça Federal para ações penais por crimes contra a ordem econômica, nos termos do art. 109, IV, da CF, ainda que a legislação ordinária não a tenha previsto, a alegação de lesão a bens, serviços ou interesse da União ou de suas autarquias deve ser estimada perante o caso concreto — situação diversa das hipóteses declinadas no inciso VI desse dispositivo, que condiciona a competência à previsão da lei. Considerou-se que o interesse da União, no caso, seria genérico. Ressaltou-se, também, não haver se confundir o objeto de fiscalização da entidade federal com a sua atividade fiscalizatória, para assim demonstrar interesse da União ou da entidade. Precedentes citados: RE 502915/SP (DJU de 27.4.2007); ACO 1058/CE (DJE de 23.5.2008); RE 198488/SP (DJU de 11.12.98); RE 454735/SP (DJU de 18.11.2005). **RE 454737/SP, rel. Min. Cezar Peluso, 18.9.2008**. (RE-454737) (Inform. STF 520)

FALSIDADE DE SINAL PÚBLICO E COMPETÊNCIA

A Turma deu provimento a recurso extraordinário interposto contra acórdão do TRF da 5ª Região que reputara competente a Justiça Estadual para processar e julgar ação penal instaurada em desfavor da recorrida, condenada em 1ª instância por falsificação de sinal público e estelionato contra a Empresa Brasileira de Correios e Telégrafos – EBCT. No caso, a sentença condenatória fora modificada posteriormente e a referida Corte, ao aplicar o princípio da consunção, afirmara que a descrição referente à falsidade de sinal identificador seria meio de execução do estelionato contra particulares. O Ministério Público Federal sustentava a competência da Justiça Federal para o feito, uma vez que a recorrida, após a rescisão do contrato de franquia que celebrara com a EBCT, prosseguira no exercício das atividades — inclusive a de receber pagamento de contas —, utilizando-se da marca identificadora da empresa pública. Considerou-se que a hipótese não se confunde com a orientação de que o delito de *falsum* é absorvido pelo crime de estelionato, restando caracterizado claro interesse da empresa pública federal nas condutas narradas na denúncia, atribuídas à recorrida, daí a competência da Justiça Federal (CF, art. 109, IV). Acrescentou-se, também, a circunstância de existir outra imputação quanto a possível estelionato na emissão de cheques sem fundo contra a EBCT, que, a despeito de ter sido rechaçada no julgamento da apelação, atrairia, por si só, a competência da Justiça Federal em relação aos demais fatos expostos na inicial acusatória. Assim, havendo concurso de crimes, a competência da Justiça Federal alcançaria os fatos supostamente criminosos que teriam sido praticados em conexão com aqueles de competência da Justiça Federal. RE provido para reformar o acórdão do Pleno do TRF da 5ª Região no julgamento dos embargos infringentes, restabelecendo a condenação da recorrida pela prática do crime do art. 296, § 1º, II, do CP. Precedentes citados: HC 85773/SP (DJU de 27.4.2007); RHC 82059/PR (DJU de 25.10.2002). **RE 560944/PE, rel. Min. Ellen Gracie, 26.8.2008**. (RE-560944) (Inform. STF 517)

DESMEMBRAMENTO DE FEITO E CONEXÃO

A Turma deferiu *habeas corpus* para determinar o desmembramento de inquérito em curso no STJ, nele permanecendo apenas os autos relativamente ao detentor da prerrogativa de foro — Conselheiro do Tribunal de Contas do Estado do Mato Grosso. Tratava-se, na espécie, de *writ* em que se pleiteava o reconhecimento da competência do tribunal do júri para julgar a paciente, bem como se sustentava a ausência de fundamentação na decisão que determinara a quebra de sigilo de dados telefônicos. O STJ, tendo em conta a presença do co-réu com prerrogativa de foro, indeferira a pretensão e assentara a sua competência para processar o feito. Preliminarmente, afastou-se a alegação de prejuízo do *habeas corpus* com a substituição do ato impugnado por outro, no qual lançadas as razões da quebra do sigilo telefônico. Considerou-se que ainda persistiria o interesse da defesa relativamente ao exame do tema da competência do STJ. No ponto, entendeu-se que a continência e a conexão não poderiam alterar competência fixada na Constituição. Ademais, asseverou-se que o argumento de ordem prática no sentido de se evitar, mediante a reunião de ações penais, decisões conflitantes não se sobreporia à competência funcional estabelecida em normas de envergadura maior. **HC 89056/MS, rel. Min. Marco Aurélio, 12.8.2008**. (HC-89056) (Inform. STF 515)

FALSIFICAÇÃO DE CARTEIRA DE HABILITAÇÃO NAVAL E INCOMPETÊNCIA DA JUSTIÇA MILITAR

Compete à Justiça Federal *stricto sensu* processar e julgar acusado pela suposta prática do crime de falso relativamente a documento de habilitação naval de natureza civil e não militar. Inicialmente, salientou-se que consubstancia regra a competência da Justiça comum para os processos-crimes, surgindo como exceção a competência penal quer da Justiça Federal *stricto sensu*, quer da Justiça Federal Militar. Aduziu-se, dessa forma, que os preceitos que encerram exceção merecem interpretação restritiva e que a definição de crime militar a atrair a jurisdição especializada encontra-se contida no art. 9º do Código Penal Militar. Entendeu-se que a situação dos autos não se adequaria à regra linear prevista no inciso I do mencionado art. 9º do CPM ("*Art. 9º Consideram-se crimes militares, em tempo de paz: I - os crimes de que trata êste Código, quando definidos de modo diverso na lei penal comum, ou nela não previstos, qualquer que seja o agente, salvo disposição especial;*"), haja vista a existência de disciplina na lei penal comum, bem como a correspondência de tipologia entre o art. 311, do CPM e o art. 297, do CP. Ademais, frisou-se, que não haveria campo para a análise considerados os incisos II e III do mesmo dispositivo. Ressaltou-se, entretanto, que, relativamente à alínea a, do inciso III, do art. 9º, do CPM, a menção a "ordem administrativa militar" não alcançaria o serviço de fiscalização presente no caso. Assim, concluiu-se que, estando em jogo serviço público federal — de fiscalização naval —, incidente o art. 109, IV, da CF ("*Art. 109. Aos juízes federais compete processar e julgar: ... IV - os crimes políticos e as infrações penais praticadas em detrimento de bens, serviços ou interesse da União ou de suas entidades autárquicas ou empresas públicas, excluídas as contravenções e ressalvada a competência da Justiça Militar e da Justiça Eleitoral;*"). Por fim, determinou-se a remessa do processo, em tramitação na 2ª Auditoria da Segunda Circunscrição da Justiça Militar, para a primeira instância, considerada a Seção da Justiça Federal do Paraná, declarando insubsistente a peça primeira da ação penal. Precedentes citados: HC 68928/PA (DJU de 19.12.91); CC 7030/SC (DJU de 7.5.93). **HC 90451/SP, rel. Min. Marco Aurélio, 5.8.2008**. (HC-90451) (Inform. STF 514)

CRIME CONTRA O SISTEMA FINANCEIRO E COMPETÊNCIA

A Turma indeferiu *habeas corpus* em que alegada a competência da justiça estadual para processar e julgar os pacientes, denunciados por estelionato e pela suposta prática de crime contra o Sistema Financeiro Nacional (CP, art. 171 e Lei 7.492/86, art. 5º), consistente na operação, em instituição financeira de direito privado, de esquema de pagamento de notas frias. A impetração sustentava que o feito envolveria apenas interesses privados e que os pacientes não ocupavam, à época dos fatos, cargo de direção ou de administração naquela instituição, o que afastaria a incidência da referida Lei 7.492/86. Reputou-se que a regra nela contida ("*Art. 26. A ação penal, nos crimes previstos nesta lei, será promovida pelo Ministério Público Federal, perante a Justiça Federal.*") não colidiria com aquela prevista no art. 109, VI, da CF ("*Art. 109. Aos juízes federais compete processar e julgar: ... VI - os crimes contra a organização do trabalho e, nos casos determinados por lei, contra o sistema financeiro e a ordem econômico-financeira;*"). Nesse sentido, entendeu-se acertada a decisão do STJ que assentara a competência da justiça federal para o processamento da causa, não obstante o envolvimento de instituição privada. No ponto, enfatizou-se a presença de interesses da União consubstanciados no controle, na higidez e na legalidade do Sistema Financeiro Nacional. Ademais, em reforço à atração da competência da justiça federal para o exame do caso, ressaltou-se que a denúncia noticiaria que a operação do esquema delituoso utilizara-se da falsificação de documento supostamente emitido pelo Banco Central do Brasil e que um dos pacientes detinha, à época dos fatos, poderes e atribuições próprias de gerente de operações. **HC 93733/RJ, rel. Min. Carlos Britto, 17.6.2008**. (HC-93733) (Inform. STF 511)

DESMEMBRAMENTO DE FEITO E CONEXÃO - 1

O Tribunal, por maioria, deu provimento a agravo regimental interposto contra decisão que determinara o desmembramento dos autos de inquérito em que o Ministério Público Federal imputa a Senador, Governador e outros, a suposta prática dos crimes previstos nos artigos 299 do Código Eleitoral e 288, 328, 342, 343 e 344, do Código Penal, e mantivera apenas o Senador, para julgamento no Supremo, por ser o único detentor da prerrogativa de foro perante esta Corte. Considerou-se a existência de conexão a impor o julgamento conjunto dos denunciados. Vencidos os Ministros Marco Aurélio, relator, e Ricardo Lewandowski, que negavam provimento a ambos os recursos. **Pet 3838 AgR/RO, rel. Min. Marco Aurélio, 5.6.2008**. (Pet-3838)

DESMEMBRAMENTO DE FEITO E CONEXÃO - 2

Em seguida, o Tribunal passou a deliberar sobre o requerimento do Procurador-Geral da República no sentido de desdobrar os autos do inquérito ante a negativa de licença da Assembléia Legislativa para o curso do processo contra o Governador, a fim de evitar a prescrição dos delitos imputados aos demais co-réus. O Min. Marco Aurélio, relator, indeferiu o pedido, concluindo pela inconstitucionalidade do inciso XIII do art. 29 e da expressão "admitida a acusação pelo voto de dois terços dos Deputados", contida na cabeça do art. 67, ambos da Constituição do Estado de Rondônia, que condicionam a instauração de processo contra o Governador e o Vice-Governador à prévia licença da Assembléia Legislativa. Considerou não haver, no ponto, a indispensável simetria em relação à Carta Federal. Ressaltou que, no caso, nem o § 4º do art. 86 da CF, que estabelece que o Presidente da República, na vigência do mandato, não pode ser responsabilizado por atos estranhos ao exercício das respectivas funções, serviria de base para o constituinte estadual impor a licença referida, porque esse dispositivo constitucional encerraria exceção maior, somente podendo ser considerado quanto ao Presidente da República. Após, pediu vista dos autos o Min. Eros Grau. Pet 3838 AgR/RO, rel. Min. Marco Aurélio, 5.6.2008. (**Pet-3838**) (Inform. STF 509)

CAPITULAÇÃO PENAL POR AUTORIDADE POLICIAL

Por não vislumbrar supressão das atribuições funcionais do Ministério Público, a Turma negou provimento a recurso extraordinário interposto pelo *parquet* federal sob a alegação de ofensa ao art. 129, I, da CF. Na espécie, atendendo à requisição daquela instituição, a polícia federal instaurara inquérito para apurar suposta prática de crime contra o meio ambiente. Vencido o prazo, a autoridade policial remetera o inquérito ao juízo federal, solicitando a dilatação do prazo para o prosseguimento das investigações. O magistrado, antes de apreciar esse pedido, concluíra pela incompetência do juízo, ao fundamento de se tratar de delito contra a flora em terras particulares, sem interesse específico e direto da Administração Federal. Ordenara, em conseqüência, o envio dos autos à justiça estadual, o que ensejara a interposição de recurso em sentido estrito pelo recorrente. O TRF da 3ª Região reputara o crime como de menor potencial ofensivo e, aduzindo não ter competência para decidir se o feito deveria ser apreciado pela justiça federal ou pela justiça estadual, encaminhara os autos à turma recursal criminal. Contra essa decisão, o ora recorrente opusera embargos de declaração, rejeitados, em que sustentava que, sem a *opinio delicti* formulada pelo Ministério Público, não poderia o Poder Judiciário concluir se o delito seria de menor potencial ofensivo, sob pena de violar o aludido art. 129, I, da CF. Enfatizou-se, no presente re-curso, que o Ministério Público seria o *dominus litis* da ação penal e que a capitulação do crime pela autoridade policial teria apenas natureza provisória, não gerando efeitos permanentes. Ademais, esclareceu-se que, na espécie, em virtude das peculiaridades da investigação, fora necessário determinar, embora provisoriamente, a tipificação do fato, afim de que se pudesse determinar o juízo competente para examinar eventuais medidas requeridas na fase pré-processual, inclusive o pleito de dilatação de prazo para a conclusão das investigações. Ressaltou-se, ainda, que o órgão ministerial poderá alterar a tipificação a ser dada ao fato quando do oferecimento da denúncia e, caso conclua pela ocorrência de tipo penal de maior potencial ofensivo, poderá requerer a remessa dos autos à jurisdição que entender para apreciar a questão, adotando o procedimento apropriado (Lei 9.099/95, art. 77, § 2º). **RE 497170/SP, rel. Min. Ricardo Lewandowski, 13.5.2008.** (RE-497170) (Inform. STF 506)

COMPETÊNCIA PENAL E PREVENÇÃO - 1

A Turma iniciou julgamento de *habeas corpus* impetrado contra decreto de prisão temporária expedido por Ministra do STJ a quem distribuído, por prevenção, inquérito em curso na Corte Especial daquele tribunal, originado de desmembramento, por ela determinado, de outro inquérito do qual relatora. A impetração sustenta a nulidade desse decreto, por ausência de competência da autoridade tida por coatora, sob a alegação de que o caso não comportaria o critério de prevenção disposto no art. 69, IV, do CPP, já que seriam distintos os fatos e pessoas envolvidos em ambos os inquéritos, devendo o feito ser distribuído livremente (CPP, *"Art. 69. Determinará a competência jurisdicional: ...IV - a distribuição;"*). O Min. Eros Grau, relator, indeferiu a ordem. Inicialmente, asseverou que a questão concernente à prisão temporária estaria prejudicada em conseqüência da revogação do ato que a ordenara, mas subsistiria o argumento de incompetência da relatora. Considerou inexistir, nos autos, informação de que a aludida Ministra tivesse sido provocada relativamente à falta de prevenção, circunstância que, em tese, poderia ensejar o não conhecimento da argüição de incompetência no STF. No ponto, reputou incidente o Enunciado da Súmula 706 do Supremo (*"É relativa a nulidade decorrente da inobservância da competência penal por prevenção."*), bem como enfatizou que os impetrantes não demonstraram o prejuízo que a distribuição por prevenção causara ao paciente. Após, pediu vista o Min. Cezar Peluso. **HC 93163/BA, rel. Min. Eros Grau, 12.2.2008.** (HC-93163)

COMPETÊNCIA PENAL E PREVENÇÃO - 2

Em conclusão de julgamento, a Turma indeferiu *habeas corpus* impetrado contra decreto de prisão temporária expedido por Ministra do STJ, a quem distribuído, por prevenção, inquérito em curso na Corte Especial daquele tribunal, originado de desmembramento, por ela determinado, de outro inquérito do qual relatora — v. Informativo 494. A impetração sustentava a nulidade desse decreto, por ausência de competência da autoridade tida por coatora, sob a alegação de que o caso não comportaria o critério de prevenção disposto no art. 69, IV, do CPP, já que seriam distintos os fatos e pessoas envolvidos em ambos os inquéritos, devendo o feito ser distribuído livremente (CPP: *"Art. 69. Determinará a competência jurisdicional: ... IV - a distribuição;"*). Considerou-se inexistir, nos autos, informação de que a aludida Ministra tivesse sido provocada relativamente à falta de prevenção, circunstância que, em tese, poderia ensejar o não conhecimento da argüição de incompetência no STF. No ponto, reputou-se incidente o Enunciado 706 da Súmula do Supremo (*"É relativa a nulidade decorrente da inobservância da competência penal por prevenção."*), bem como enfatizou-se que os impetrantes não demonstraram o prejuízo que a distribuição por prevenção causara ao paciente. O Min. Cezar Peluso acompanhou o voto do Min. Eros Grau, relator, mas por fundamento diverso, qual seja, o de que a referida Ministra tomara conhecimento dos fatos que posteriormente constituíram objeto do segundo inquérito, de modo a caracterizar prevenção, nos termos do art. 83 do CPP (*"Verificar-se-á a competência por prevenção toda vez que, concorrendo dois ou mais juízes igualmente competentes ou com jurisdição cumulativa, um deles tiver antecedido aos outros na prática de algum ato do processo ou de medida a este relativa, ainda que anterior ao oferecimento da denúncia ou da queixa ..."*). **HC 93163/BA, rel. Min. Eros Grau, 11.3.2008.** (HC-93163) (Inform. STF 498)

CRIME CONTINUADO E REUNIÃO DOS FEITOS - 1

A Turma iniciou julgamento de *habeas corpus* em que advogado, denunciado por suposta obtenção fraudulenta de benefícios junto ao INSS (CP, artigos 171, § 3º; 299 e 304), pretende o reconhecimento da continuidade delitiva em relação aos crimes imputados, bem como a reunião de mais de 500 processos em curso contra ele. Sustenta-se, na espécie: a) a presença dos requisitos legais para a caracterização da continuidade delitiva; b) a existência de conexão intersubjetiva entre os feitos, já que em todos figurariam os mesmos réu e autor; c) a ocorrência de conexão probatória, uma vez que a prova obtida em uma ação serviria às demais e d) a inviabilidade do exercício de ampla defesa, tendo em conta o elevado número de processos. O Min. Menezes Direito, relator, preliminarmente, conheceu parcialmente da impetração, haja vista que esta Corte estaria impedida de examinar, sob pena de supressão de instância, se os requisitos fáticos indicados pela defesa seriam suficientes para caracterizar o crime continuado. Ademais, salientou a impossibilidade de concessão, de ofício, da ordem, pois a questão demandaria dilação probatória não admitida nesta via processual. **HC 91895/SP, rel. Min. Menezes Direito, 19.2.2008.** (HC-91895)

CRIME CONTINUADO E REUNIÃO DOS FEITOS - 2

Quanto ao mérito, deferiu também, em parte, o *writ* para determinar que os processos sejam todos submetidos ao mesmo juízo prevento. Asseverou que, relativamente à reunião dos feitos com base nas conexões subjetiva e probatória, se o juiz natural da causa reputara não ser conveniente a reunião dos processos em uma única ação, não caberia ao STF, em *habeas corpus*, substituir-se ao órgão julgador para afirmar o contrário. Além disso, enfatizou que, desde que submetidos ao mesmo juízo, o magistrado pode utilizar-se da faculdade de não reunir processos conexos, por força do que dispõe a regra contida no art. 80 do CPP (*"Será facultativa a separação dos processos quando as infrações tiverem sido praticadas em circunstâncias de tempo ou de lugar diferentes, ou, quando pelo excessivo número de acusados e para não lhes prolongar a prisão provisória, ou por outro motivo relevante, o juiz reputar conveniente a separação."*). Observou, no entanto, que embora a conexão não implique, necessariamente, a reunião dos feitos em um único processo, eles devem ser submetidos à competência do mesmo juízo prevento. De outro lado, quanto à alegada inviabilização do direito de ampla defesa do paciente, entendeu que a multiplicidade de ações penais não constituiria, por si só, obstáculo ao exercício dessa garantia, não podendo o vício em questão ser invocado em situações abstratas. Após os votos dos Ministros Ricardo Lewandowski e Cármen Lúcia acompanhando o relator, pediu vista dos autos o Min. Marco Aurélio. **HC 91895/SP, rel. Min. Menezes Direito, 19.2.2008.** (HC-91895) (Inform. STF 495)

TRIBUNAL DE JÚRI E PRERROGATIVA DE FORO: PREVALÊNCIA - 1

O Tribunal iniciou julgamento de questão de ordem, suscitada pela defesa, em ação penal movida pelo Ministério Público Federal contra Deputado Federal, acusado da suposta prática de tentativa de homicídio, na qual alega a incompetência do Supremo para processar e julgar o feito, tendo em vista a competência constitucional do Tribunal do Júri para o julgamento dos crimes dolosos contra a vida (CF, art. 5º, XXXVIII). Na sessão de 5.11.2007, o Tribunal deu início ao exame de outra questão de ordem, relativa à possibilidade de prosseguimento no julgamento do feito mesmo após o parlamentar ter renunciado ao mandato, mas, por considerar que a segunda questão de ordem apresentada seria prejudicial à primeira, decidiu julgá-la antes. O Min. Joaquim Barbosa, relator, resolveu a segunda questão de ordem no sentido de que competência do Tribunal do Júri cede diante da norma que fixa o foro por prerrogativa de função (CF, art. 102, I, b). Reportando-se a vários precedentes nessa linha, asseverou que o art. 102, I, b, da CF firmou a competência do Supremo para julgar e processar os membros do Congresso Nacional em relação a quaisquer infrações penais comuns, e que não haveria hipótese de antinomia entre normas constitucionais, nem necessidade de ponderação entre princípios e/ou regras constitucionais. Assim, afastou o alegado conflito com o art. 5º, XXXVIII, da CF. Após os votos dos Ministros Eros Grau e Carlos Britto, que acompanhavam o relator, pediu vista dos autos o Min. Marco Aurélio. AP 333/PB, rel. Min. Joaquim Barbosa, 5 e 7.11.2007. (AP-333)

TRIBUNAL DE JÚRI E PRERROGATIVA DE FORO: PREVALÊNCIA - 2

O Tribunal resolveu duas questões de ordem — suscitadas em ação penal movida pelo Ministério Público Federal contra Deputado Federal, acusado da suposta prática de tentativa de homicídio —, relativas à: a) incompetência do Supremo para julgar o feito, tendo em vista a competência constitucional do Tribunal do Júri para o julgamento dos crimes dolosos contra a vida (CF, art. 5º, XXXVIII) e b) possibilidade de prosseguimento no julgamento do feito mesmo após o parlamentar ter renunciado ao mandato — v. Informativo 487. No que se refere à alegada incompetência do Supremo para julgamento de crimes dolosos contra a vida, levantada pela defesa, o Tribunal julgou-a no sentido de que competência do Tribunal do Júri cede diante da norma que fixa o foro por prerrogativa de função (CF, art. 102, I, b), em face do princípio da especialidade. Asseverou-se que o art. 102, I, b, da CF firmou a competência do Supremo para julgar e processar os membros do Congresso Nacional em relação a quaisquer infrações penais comuns. AP 333/PB, rel. Min. Joaquim Barbosa, 5.12.2007. (AP-333)

RENÚNCIA A MANDATO DE PARLAMENTAR E COMPETÊNCIA DO STF - 3

No que concerne à questão alusiva à possibilidade do prosseguimento do feito, ante a renúncia, o Tribunal, por maioria, declinou de sua competência para o Juízo Criminal da Comarca de João Pessoa/PB, tendo prevalecido, no ponto, o voto do Min. Marco Aurélio. Entendeu-se que, em razão da renúncia do parlamentar, cessada estaria a competência do Supremo para julgar o feito. Considerou-se que a renúncia teria sido exercida de forma legítima, inclusive antes de ter se dado o início ao julgamento, ato que não seria passível de questionamento, surtindo efeitos por simples manifestação de vontade. Ressaltou-se que, diante disso, ao Tribunal caberia tão-só, sob pena de transformar-se em órgão de exceção, constatar não haver mais ação penal dirigida contra detentor de mandato eletivo, e sim contra cidadão comum. Aduziu-se, quanto à assertiva de que o acusado visara, com a renúncia, afastar a competência do Supremo, dever-se, no campo da presunção, acolher o que normalmente ocorre e não o extravagante. Ademais, salientou-se que a atuação do Supremo pressuporia o restabelecimento da condição de Deputado Federal, o que não seria possível, considerado eventual vício no ato de vontade formalizado, tendo em conta as balizas, o objeto, até mesmo, do processo penal. Por fim, afirmou-se que, ainda que se admitisse que o fim visado tivesse sido o de julgamento pelo Tribunal do Júri e, por conseqüência, o retardamento do julgamento, estar-se-ia diante de processo-crime, no qual surge não só a ne-cessária defesa técnica como a autodefesa. AP 333/PB, rel. Min. Joaquim Barbosa, 5.12.2007. (AP-333)

RENÚNCIA A MANDATO DE PARLAMENTAR E COMPETÊNCIA DO STF - 4

Quanto a essa última questão, ficaram vencidos os Ministros Joaquim Barbosa, relator, Carlos Britto, Cezar Peluso e Cármen Lúcia, que a resolviam no sentido do prosseguimento do feito perante esta Corte, ao fundamento de se estar caracterizado, na espécie, caso de abuso de direito sob a roupagem de um suposto direito subjetivo. Asseveraram que a renúncia consubstanciaria manobra processual para obstaculizar a efetiva prestação jurisdicional pelo Supremo, tendo em vista que o réu a formalizara somente 5 dias antes da sessão de julgamento, quando já publicada a pauta, não obstante pudesse fazê-lo durante a longa instrução processual. O Min. Carlos Britto afirmou, em seu voto, que o abuso de direito teria sido regulado implicitamente no art. 55, § 4º, da CF, no âmbito do processo parlamentar ("*§ 4º A renúncia de parlamentar submetido a processo que vise ou possa levar à perda do mandato, nos termos deste artigo, terá seus efeitos suspensos até as deliberações finais de que tratam os §§ 2º e 3º.*"). O Min. Cezar Peluso reputou a renúncia válida, mas relativamente ineficaz perante a competência desta Corte. Acrescentou, salientando o princípio da *perpetuatio jurisdictionis* (CPC, art. 87), aplicável ao processo penal por analogia, que, no caso, teria havido uma alteração de direito superveniente, que diria com a condição do réu, que não poderia influir na competência já perpetuada no momento da propositura da ação, bem como apontou para a gravidade de conseqüências de ordem prática que poderiam advir com a descida dos autos, dentre as quais a prescrição. No ponto relativo ao princípio citado, os Ministros Gilmar Mendes e Celso de Mello fizeram observações sobre a necessidade de nova reflexão da Corte a respeito de situações como a do caso, ante a revogação da Súmula 394 do STF. A Min. Cármen Lúcia, por sua vez, enfatizou a impossibilidade de o réu, por ato de vontade, dispor da competência do Supremo. Precedentes citados: HC 69325/GO (DJU de 4.12.92); HC 70581/AL (DJU de 29.10.93); HC 79212/PB (DJU de 17.9.99); RE 162966/RS (DJU de 8.4.94); HC 73232/GO (DJU de 3.5.96); HC 58410/RJ (DJU de 15.5.81); HC 78168/PB (DJU 29.8.2003); Rcl 511/PB (DJU de 15.9.95); HC 69344/RJ (DJU de 18.6.93). AP 333/PB, rel. Min. Joaquim Barbosa, 5.12.2007. (AP-333) (Inform. STF 491)

TRÁFICO DE ENTORPECENTES E COMPETÊNCIA - 1

A Turma iniciou julgamento de recurso extraordinário interposto pelo Ministério Público Federal contra acórdão do TRF da 1ª Região que mantivera decisão de juiz federal que, por entender tratar-se de tráfico doméstico, declinara da competência para a justiça comum de feito relativo a tráfico de substância entorpecente. No caso concreto, as recorridas foram denunciadas pela suposta prática dos crimes previstos nos artigos 12 c/c 18, III, ambos da Lei 6.368/76, em decorrência do transporte de cocaína de Cuiabá/ MT para São Paulo. Em razão de problemas nos vôos, as recorridas foram obrigadas a desembarcar em Brasília antes de seguirem viagem para o destino final, sendo presas em flagrante no aeroporto. Alega-se, na espécie, ofensa ao art. 109, IX, da CF ("Art. 109: Aos juízes federais compete processar e julgar: ... IX - os crimes cometidos a bordo de navios e aeronaves, ressalvada a competência da Justiça Militar;"). O Min. Sepúlveda Pertence, relator, acompanhado pelo Min. Eros Grau, deu provimento ao recurso para firmar a competência da justiça federal. Aduzindo que o citado dispositivo constitucional não fora alcançado pela regra do art. 27 da Lei 6.368/76 e que o fato delituoso ocorrera a bordo de aeronave, considerou, na linha de precedentes da Corte (HC 85050/MS, DJU de 4.3.2005 e HC 80730/MS, DJU de 22.3.2002), que, para o fim de determinação de competência, a incidência do art. 109, IX, da CF, independe do tipo de crime cometido "a bordo de navios ou aeronaves", cuja persecução, só por isso, incumbe, por força da norma constitucional, à justiça federal. Em divergência, o Min. Marco Aurélio, deu interpretação restritiva ao aludido dispositivo constitucional para negar provimento ao recurso extraordinário. Salientando que o flagrante ocorrera quando as denunciadas estavam em terra, asseverou que o transporte, que antecedera a prisão, não seria suficiente para deslocar a competência para a justiça federal. Após, o julgamento foi adiado em face do pedido de vista do Min. Cezar Peluso. RE 463500/DF, rel. Min. Sepúlveda Pertence, 14.2.2006. **(RE-463500)**

TRÁFICO DE ENTORPECENTES E COMPETÊNCIA - 2

A Turma concluiu julgamento de recurso extraordinário interposto pelo Ministério Público Federal contra acórdão do TRF da 1ª Região que mantivera decisão de juiz federal que, por entender tratar-se de tráfico doméstico, declinara da competência, para a justiça comum, de feito relativo a tráfico de substância entorpecente — v. Informativo 416. No caso, as recorridas foram denunciadas pela suposta prática dos crimes previstos nos artigos 12, c/c 18, III, ambos da Lei 6.368/76, em decorrência do transporte de cocaína de Cuiabá/MT para São Paulo. Em razão de problemas nos vôos, foram obrigadas a desembarcar em Brasília antes de seguirem viagem para o destino final, sendo presas em flagrante no aeroporto. Em votação majoritária, desproveu-se o recurso ao fundamento de que a justiça estadual seria competente para conhecer da causa. Tendo em conta que o flagrante ocorrera quando as denunciadas estavam em terra, asseverou-se que o transporte, que antecedera a prisão, não seria suficiente para deslocar a competência para a justiça federal, devendo o art. 109, IX, da CF ser interpretado restritivamente ("*Art. 109. Aos juízes federais compete processar e julgar: ... IX - os crimes cometidos a bordo de navios e aeronaves, ressalvada a competência da Justiça Militar;*"). Vencidos os Ministros Sepúlveda Pertence, relator, e Eros Grau que assentavam a competência da justiça federal. RE 463500/DF, rel. orig. Min. Sepúlveda Pertence, rel. p/ o acórdão Min. Marco Aurélio, 4.12.2007. (RE-463500) (Inform. STF 491)

ART. 89 DA LEI 8.666/93: REPASSE DE VERBA E COMPETÊNCIA

A Turma, por maioria, deferiu *habeas corpus* impetrado em favor de prefeito denunciado e processado perante a justiça federal pela suposta prática do delito previsto no art. 89 da Lei 8.666/93, em decorrência de haver dispensado, fora dos casos previstos em lei, licitação para a construção de complexo penitenciário, cuja verba era oriunda de convênio com a União e sujeita à fiscalização pelo Tribunal de Contas da União - TCU. Entendeu-se que o fato de haver controle pelo TCU, bem como convênio vinculando a execução de uma obra específica a um determinado repasse, não seriam suficientes para atrair a competência da justiça federal, nos termos do art. 109, IV, da CF ("*Art. 109. Aos juízes federais compete processar e julgar: ... IV - os crimes políticos e as infrações penais praticadas em detrimento de bens, serviços ou interesse da União ou de suas entidades autárquicas ou empresas públicas, excluídas as contravenções e ressalvada a competência da Justiça Militar e da Justiça Eleitoral;*"). Asseverou-se que esse repasse faria ingressar, no patrimônio estadual, a verba transferida e que eventual delito previsto na Lei de Licitações ou no Código Penal ensejaria a competência da justiça estadual, haja vista que não se poderia identificar, no repasse, um interesse direto da União a justificar a competência da justiça federal. Vencido o Min. Carlos Britto, relator, que, tendo em conta tratar-se de repasse vinculado, indeferia o *writ* para assentar a competência da justiça federal. Ordem concedida para proclamar a competência da justiça comum. HC 90174/GO, rel. originário Min. Carlos Britto, rel. p/ o acórdão Min. Menezes Direito, 4.12.2007. (HC-90174) (Inform. STF 491)

RECEBIMENTO DE DENÚNCIA E COMPETÊNCIA - 1

O Tribunal iniciou julgamento de *habeas corpus* impetrado contra ato do Min. Joaquim Barbosa, relator da Ação Penal 420/MG, que implicara a declaração de validade da decisão mediante a qual o Juiz da 4ª Vara Federal Criminal de Belo Horizonte recebera denúncia oferecida pela Procuradoria da República no Estado de Minas Gerais contra o paciente, Deputado Federal, por suposta prática dos delitos descritos nos artigos 4º, da Lei 7.492/86, e 299, do CP. Alegam os impetrantes que a denúncia não poderia ter sido recebida em 18.12.2006, porquanto o protocolo eletrônico registrara, como data de entrada do documento, 19.12.2006, dia em que o paciente fora diplomado Deputado Federal, o que acarretaria, portanto, a incompetência do juízo federal. O Min. Marco Aurélio, relator, indeferiu a ordem, no que foi acompanhado pelos Ministros Ricardo Lewandowski, Carlos Britto e Cezar Peluso. Entendeu que a documentação própria aos processos jurisdicionais comprova seqüência cronológica que não levaria à conclusão de que a denúncia teria sido recebida quando já diplomado o paciente, com a prática de falsidade ideológica, mediante lançamento de data anterior à do real efetivo recebimento da denúncia. Esclareceu que, conforme o relatório de andamentos do processo, a distribuição automática teria ocorrido em 18.12.2006, com remessa à Vara no mesmo dia, constando o imediato recebimento pela Secretaria, seguindo-se a autuação da denúncia e a conclusão do processo para o ato de cognição incompleta de recebimento. Asseverou, ademais, que a razão de o carimbo de protocolo registrar a distribuição em 19.12.2007 decorreria do fato de, apenas depois do recebimento da denúncia, os autos de inquérito terem sido encaminhados da distribuição para o competente registro, nos termos do disposto no art. 156, § 6º, do Regimento Interno do TRF da 1ª Região. HC 91449/MG, rel. Min. Marco Aurélio, 15.8.2007. (HC-91449)

RECEBIMENTO DE DENÚNCIA E COMPETÊNCIA - 2

O Min. Eros Grau abriu divergência, deferindo a ordem. Salientou o fato de a denúncia ter sido examinada em período de pouco mais de uma hora, sendo os autos compostos de cerca de mil páginas e considerou ser o caso de se aplicar o princípio *in dubio pro reo*. Também deferiram o *writ* os Ministros Gilmar Mendes e Celso de Mello, ao fundamento de se extrair dessas circunstâncias a ocorrência de comportamento judiciário infringente da proporcionalidade em concreto, e o Min. Sepúlveda Pertence, que asseverou a evidente violação, na espécie, ao devido processo legal. Em seguida, o Tribunal, por maioria, em face do empate na votação, resolveu questão de ordem no sentido de ter voto a Min. Ellen Gracie, Presidente, tendo em conta a ressalva contida no art. 146, parágrafo único, do Regimento Interno do STF (*"No julgamento do habeas corpus, pelo Plenário, o Presidente não terá voto, salvo em matéria constitucional, proclamando-se, na hipótese de empate, a decisão mais favorável ao paciente."*). Vencidos, no ponto, os Ministros Ricardo Lewandowski, Gilmar Mendes e Ellen Gracie, que entendiam que, havendo empate, deveria prevalecer a decisão mais favorável ao paciente. Após, a Presidente pediu vista dos autos. HC 91449/MG, rel. Min. Marco Aurélio, 15.8.2007. (HC-91449)

RECEBIMENTO DE DENÚNCIA E COMPETÊNCIA - 3

O Tribunal, por maioria, indeferiu *habeas corpus* impetrado contra ato do Min. Joaquim Barbosa, relator da Ação Penal 420/MG, que implicara a declaração de validade da decisão mediante a qual o Juiz da 4ª Vara Federal Criminal de Belo Horizonte recebera denúncia oferecida pela Procuradoria da República no Estado de Minas Gerais contra o paciente, Deputado Federal, por suposta prática dos delitos descritos nos artigos 4º, da Lei 7.492/86, e 299, do CP. Alegavam os impetrantes que a denúncia não poderia ter sido recebida em 18.12.2006, porquanto o protocolo eletrônico registrara, como data de entrada do documento, 19.12.2006, dia em que o paciente fora diplomado Deputado Federal, o que acarretaria, portanto, a incompetência do juízo federal — v. Informativo 476. Entendeu-se que a documentação própria aos processos jurisdicionais teria comprovado seqüência cronológica que não levaria à conclusão de que a denúncia teria sido recebida quando já diplomado o paciente, com a prática de falsidade ideológica, mediante lançamento de data anterior à do real efetivo recebimento da denúncia. Esclareceu-se que, conforme o relatório de andamentos do processo, a distribuição automática teria ocorrido em 18.12.2006, com remessa à Vara no mesmo dia, constando o imediato recebimento pela Secretaria, seguindo-se a autuação da denúncia e a conclusão do processo para o ato de cognição incompleta de recebimento. Asseverou-se, ademais, que a razão de o carimbo de protocolo registrar a distribuição em 19.12.2007 decorreria do fato de, apenas depois do recebimento da denúncia, os autos de inquérito terem sido encaminhados da distribuição para o competente registro, nos termos do disposto no art. 156, § 6º, do Regimento Interno do TRF da 1ª Região. Vencidos os Ministros Eros Grau, Gilmar Mendes, Celso de Mello e Sepúlveda Pertence, que deferiam a ordem. HC 91449/MG, rel. Min. Marco Aurélio, 7.11.2007. (HC-91449) (Inform. STF 487)

ART. 84 DO CPP: PRERROGATIVA DE FORO DE CO-RÉU E COMPETÊNCIA DO STF

A Turma, resolvendo questão de ordem, decidiu afetar ao Plenário julgamento de *habeas corpus* em que se sustenta a competência do STF para processar e julgar ação penal instaurada contra o paciente — condenado, pela 6ª Vara Federal Criminal no Estado do Rio de Janeiro, por peculato (CP, art. 312) e gestão fraudulenta de instituição financeira (Lei 7.492/86, art. 4º) —, tendo em conta a presença de co-réu detentor de foro especial por prerrogativa de função, a saber, ex-presidente do Banco Central do Brasil, cujo cargo fora transformado em cargo de Ministro de Estado. No caso, discute-se se a posterior decretação de inconstitucionalidade, pelo STF, dos §§ 1º e 2º do art. 84, do CPP, inseridos pela Lei 10.628/2002, na ADI 2797/DF (DJU de 19.12.2006), teria extinguido a competência especial por prerrogativa de função para atos administrativos praticados pelos ex-ocupantes do cargo de Presidente do BACEN (Lei 11.036/2004, art. 2º, parágrafo único), dispositivo este reputado constitucional por esta Corte no julgamento da ADI 3289/DF (DJU de 3.2.2006). HC 88673 QO/RJ, rel. Min. Menezes Direito, 9.10.2007. (HC-88673) (Inform. STF 483)

ART. 84 DO CPP: PRERROGATIVA DE FORO DE CO-RÉU E COMPETÊNCIA DO STF

O Tribunal, por maioria, denegou *habeas corpus* em que se sustentava a competência do STF para processar e julgar ação penal instaurada contra o paciente — condenado, pela 6ª Vara Federal Criminal no Estado do Rio de Janeiro, por peculato (CP, art. 312) e gestão fraudulenta de instituição financeira (Lei 7.492/86, art. 4º) —, tendo em conta a presença de co-réu detentor de foro especial por prerrogativa de função, a saber, ex-presidente do Banco Central do Brasil, cujo cargo fora transformado em cargo de Ministro de Estado. No caso, discutia-se se a posterior decretação de inconstitucionalidade, pelo STF, dos §§ 1º e 2º do art. 84, do CPP, inseridos pela Lei 10.628/2002, na ADI 2797/DF (DJU de 19.12.2006), teria extinguido a competência especial por prerrogativa de função para atos administrativos praticados pelos ex-ocupantes do cargo de Presidente do BACEN (Lei 11.036/2004, art. 2º, parágrafo único), dispositivo este reputado constitucional por esta Corte no julgamento da ADI 3289/DF (DJU de 3.2.2006) — v. Informativo 483. Entendeu-se não haver se falar em nulidade da sentença, em razão do foro por prerrogativa de função, tendo em conta que o co-réu jamais exercera o cargo de presidente do BACEN, já que não fora aperfeiçoado o ato de sua nomeação pelo Presidente da República. Asseverou-se, no ponto, que o exercício de funções inerentes ao cargo, em regime de substituição, não teria o condão de tornar o exercente titular do cargo. Ademais, considerou-se estar devidamente fundamentado o decreto de prisão preventiva expedido contra o paciente, salientando ser o caso de sua manutenção, sobretudo, diante do fato de ele estar, atualmente, foragido. Vencido o Min. Marco Aurélio, que concedia o *writ*. HC 88673/RJ, rel. Min. Menezes Direito, 31.10.2007. (HC-88673) (Inform. STF 486)

MEMBRO DE TRF: AUSÊNCIA DE CONEXÃO E COMPETÊNCIA DO STF

O Tribunal, por maioria, denegou *habeas corpus* impetrado contra decisão proferida em inquérito que, acolhendo requerimento do Procurador-Geral da República, determinara o desmembramento da investigação promovida contra o paciente e outros, com remessa de cópias dos autos ao Juízo da 6ª Vara da Seção Judiciária do Rio de Janeiro. Pleiteava-se, na espécie, a declaração de competência do Superior Tribunal de Justiça para processar e julgar o paciente, juiz do Tribunal Regional Federal da 2ª Região, que, juntamente com Ministro do STJ, outro juiz do TRF da 2ª Região e Procurador Regional da República, tiveram o curso do inquérito mantido perante o STF. Requeria-se, alternativamente, a reunião dos processos, por conexão. Entendeu-se não haver, entre as condutas imputadas a cada nível da quadrilha, conexão tão forte que impusesse a reunião obrigatória dos processos perante o STF, nem independência suficiente das condutas dos integrantes do terceiro nível da organização, do qual faria parte o paciente, para permitir a instauração de processos autônomos em relação a cada um deles. Considerou-se, ademais, que ter-se-ia atendido o disposto no art. 80 do CPP, que admite a separação de processos em nome da conveniência da instrução, ante o elevado número de réus. Vencidos os Ministros Marco Aurélio, relator, e Ricardo Lewandowski, que, asseverando que as normas definidoras da competência do Supremo são de Direito estrito (CF, art. 102) e que a competência deveria ser definida em razão da prerrogativa de foro e não dos crimes perpetrados, deferiam o *writ*, por vislumbrar ofensa ao princípio do juiz natural, determinando o encaminhamento de cópia do inquérito ao STJ, com extensão da ordem aos demais envolvidos não detentores de foro perante o STF. HC 91224/RJ, rel. orig. Min. Marco Aurélio, rel. p/ o acórdão Min. Cármen Lúcia, 15.10.2007. (HC-91224) (Inform. STF 484)

PREVENÇÃO E PRECLUSÕES LÓGICA E CONSUMATIVA

A competência por prevenção é relativa, passível, portanto, de preclusão, quando não argüida no momento oportuno. Com base nesse entendimento, o Tribunal desproveu agravo regimental interposto contra decisão da Presidência que indeferira o pedido de redistribuição do presente *habeas corpus*, por prevenção, ao Min. Gilmar Mendes, mantendo a relatoria do Min. Joaquim Barbosa para o julgamento do feito. Considerou-se que, no caso, estaria configurada a hipótese de preclusão consumativa, pois o impetrante manifestara-se reiteradas vezes nos autos antes de suscitar a prevenção de competência do Min. Gilmar Mendes, bem como de preclusão lógica, haja vista que o próprio impetrante suscitara, depois do julgamento do *habeas corpus* em face do qual se estabeleceria a prevenção de competência alegada, a redistribuição do presente feito, por prevenção, ao

Min. Joaquim Barbosa. Asseverou-se, por fim, que o registro do instituto da preclusão se mostra essencial para evitar tumulto processual advindo de reiteradas e contraditórias alegações de prevenção por parte de eventuais interessados. Precedentes citados: HC 69287/SP (DJU de 30.10.92); HC 69599/RJ (DJU de 27.8.93); HC 77754/SP (DJU de 28.5.99); RE 325571/RS (DJU de 26.10.2005). HC 86005 AgR/AL, rel. Min. Ellen Gracie, 20.9.2007. (HC-86005) (Inform. STF 480)

PRERROGATIVA DE FORO E PRINCÍPIO DO JUIZ NATURAL

A Turma indeferiu *habeas corpus* em que promotor de justiça, sob a alegação de ofensa ao princípio do juiz natural, sustentava a incompetência do STJ para processá-lo e julgá-lo pela suposta prática dos crimes de corrupção passiva e tráfico de influência (CP, artigos 317, § 1º e 332, parágrafo único, respectivamente). Pleiteava-se, na espécie, o reconhecimento da nulidade *ab initio* do processo-crime e a conseqüente remessa dos autos ao tribunal de justiça local, ao argumento de que a garantia constitucional de que os membros do Ministério Público devem ser processados e julgados pelo tribunal de justiça deveria sobrepor-se à competência do órgão de maior graduação, em caso de continência ou conexão (CPP, art. 78, III). Tendo em conta que a prerrogativa funcional é instituída no interesse público do bom exercício do cargo, entendeu-se que o paciente não teria interesse, nem a faculdade de renunciar a tal direito, para ser julgado por órgão de menor predicamento, porquanto essa prerrogativa é irrenunciável. Nesse sentido, asseverou-se que outra conclusão tornaria inconstitucionais, por violação à garantia do juízo natural, todas as normas que, com exceção das regras constitucionais originárias ou primárias, previssem foro especial por prerrogativa de função, pois sempre poderiam os titulares dos cargos ou funções alegar que seu juiz natural haveria de ser o órgão que, de menor categoria, seria o competente para julgá-los, se não existissem ou não fossem válidas as normas que lhes assegurassem essa prerrogativa constitucional. Por fim, aduziu-se, ainda, que a denúncia apontara a participação, em co-autoria, de desembargador, cuja presença fixaria a competência do STJ, a teor do Enunciado da Súmula 704 do STF (*"Não viola as garantias do juiz natural, da ampla defesa e do devido processo legal a atração por continência ou conexão do processo do co-réu ao foro por prerrogativa de função de um os denunciados."*). HC 91437/PI, rel. Min. Cezar Peluso, 4.9.2007. (HC-91437) (Inform. STF 478)

VERBETE 394 DA SÚMULA E ART. 84 DO CPP - 1

Iniciado o julgamento de questão de ordem suscitada em inquérito, em que se discute, ante a alteração dada ao art. 84 do Código de Processo Penal pela Lei 10.628/2002, se persiste a competência desta Corte para o julgamento de ação penal instaurada contra ex-deputado federal, por crimes supostamente praticados no exercício do mandato ou em razão dele. O Min. Marco Aurélio, relator, considerando que a orientação firmada pelo STF quando do cancelamento do Verbete 394 da Súmula [Inq 687-SP (RTJ 179/912)] - no sentido de que a competência especial não alcança aqueles que não mais exercem o cargo ou mandato - consubstancia a interpretação constitucional que deve ser dada ao art. 102, I, b e c da CF/88, proferiu voto no sentido de declarar a inconstitucionalidade do § 1º do art. 84 do CPP, determinando a baixa dos autos à primeira instância. Após, o julgamento foi adiado em face do pedido de vista do Min. Sepúlveda Pertence (CPP, art. 84, § 1º: "A competência especial por prerrogativa de função, relativa a atos administrativos do agente, prevalece ainda que o inquérito ou a ação judicial sejam iniciados após a cessação do exercício da função pública."). Inq 2.010-QO-SP, rel. Min. Marco Aurélio, 25.9.2003.(**INQ-2010**)

VERBETE 394 DA SÚMULA E ART. 84 DO CPP - 2

Retomado julgamento de questão de ordem suscitada em inquérito, no qual se questiona, ante a alteração dada ao art. 84 do Código de Processo Penal pela Lei 10.628/2002, se persiste a competência desta Corte para o julgamento de ação penal instaurada contra ex-deputado federal, por crimes supostamente praticados no exercício do mandato ou em razão dele — v. Informativo 322. Após o voto-vista do Min. Eros Grau, que aplicava a orientação firmada pelo STF no julgamento da ADI 2797/DF (acórdão pendente de publicação), em que reconhecida a inconstitucionalidade do § 1º do art. 84 do CPP, e determinava a baixa dos autos à primeira instância, pediu vista o Min. Gilmar Mendes (CPP, art. 84, § 1º: "A competência especial por prerrogativa de função, relativa a atos administrativos do agente, prevalece ainda que o inquérito ou a ação judicial sejam iniciados após a cessação do exercício da função pública.").Inq 2010 QO/SP, rel. Min. Marco Aurélio, 19.4.2006. (**Inq-2010**)

VERBETE 394 DA SÚMULA E ART. 84 DO CPP - 3

Em conclusão de julgamento, o Tribunal resolveu questão de ordem suscitada em inquérito, no qual se questionava, ante a alteração dada ao art. 84 do Código de Processo Penal pela Lei 10.628/2002, se persistiria a competência desta Corte para o julgamento de ação penal instaurada contra ex-Deputado Federal, por crimes supostamente praticados no exercício do mandato ou em razão dele — v. Informativos 322 e 423. Aplicou-se a orientação firmada pelo STF no julgamento da ADI 2797/DF (acórdão pendente de publicação), em que reconhecida a inconstitucionalidade do § 1º do art. 84 do CPP, e determinou-se a baixa dos autos à primeira instância (CPP, art. 84, § 1º: *"A competência especial por prerrogativa de função, relativa a atos administrativos do agente, prevalece ainda que o inquérito ou a ação judicial sejam iniciados após a cessação do exercício da função pública."*). Inq 2010 QO/SP, rel. Min. Marco Aurélio, 23.5.2007. (Inq-2010) (Inform. STF 468)

RESOLUÇÃO E CRIAÇÃO DE VARA ESPECIALIZADA - 1

A Turma iniciou julgamento de *habeas corpus* em que acusado pela suposta prática de crimes contra o sistema financeiro nacional, contra a ordem tributária, de lavagem de ativos ilícitos e apropriação indébita alega ofensa aos princípios constitucionais da reserva de lei e da separação de Poderes. Sustenta-se, na espécie, a incompetência da 11ª Vara Federal da Seção Judiciária do Estado do Ceará, porquanto o inquérito policial iniciara-se no Juízo Federal da 12ª Vara daquela Seção Judiciária e, com a criação dessa vara especializada em cuidar de delitos financeiros, o procedimento fora para lá distribuído, em data anterior ao oferecimento da denúncia. Afirma-se, ainda, por violação ao princípio do juiz natural, bem como pela não observância do disposto no art. 75, parágrafo único, do CPP, a ilegalidade e a inconstitucionalidade da Resolução 10-A/2003, do TRF da 5ª Região, que regulamentou a Resolução 314/2003, do Conselho da Justiça Federal - CJF, a qual criou a aludida vara especializada. HC 88660/CE, rel. Min. Cármen Lúcia, 27.2.2007. (HC-88660)

RESOLUÇÃO E CRIAÇÃO DE VARA ESPECIALIZADA - 2

A Min. Cármen Lúcia, relatora, deferiu o *writ* para determinar que o paciente seja julgado pela 12ª Vara Federal da Seção Judiciária do Estado do Ceará. De início, ressaltou que o tema pertinente à organização judiciária não estaria restrito ao campo de incidência exclusiva da lei, uma vez que dependeria da integração de critérios preestabelecidos na Constituição, nas leis e nos regimentos internos dos tribunais. Entendeu que, no caso, o TRF da 5ª Região não invadira competência reservada ao Poder Legislativo, mas exercitara competência constitucionalmente legítima e amparada pelo seu regimento interno, o mesmo não ocorrendo com o CJF, que exorbitara de sua competência ao definir atribuições de órgãos judiciais. Todavia, asseverou que, embora inconstitucional a Resolução 314/2003, este vício não atingiria a Re-solução 10-A/2003, pois esta fora formalmente expedida nos termos da Constituição e não estaria fundamentada apenas naquela resolução. Afastou, ainda, afronta ao princípio do juiz natural, haja vista que a resolução do TRF da 5ª Região não instituiu juízo *ad hoc* ou criou tribunais de exceção. De outro lado, considerou que a posterior especialização de vara, quando já definida a competência pela distribuição, macularia de ilegalidade a aludida Resolução 10-A/2003, porquanto não observadas as normas legais do processo penal (CPP, art. 75). Após, pediu vista o Min. Ricardo Lewandowski. HC 88660/CE, rel. Min. Cármen Lúcia, 27.2.2007. (HC-8860)

RESOLUÇÃO E CRIAÇÃO DE VARA ESPECIALIZADA - 3

A Turma retomou julgamento de *habeas corpus* em que acusado pela suposta prática de crimes contra o sistema financeiro nacional, contra a ordem tributária, de lavagem de ativos ilícitos e de apropriação indébita alega ofensa aos princípios constitucionais da reserva de lei e da separação de poderes. Sustenta-se, na espécie, a incompetência da 11ª Vara Federal da Seção Judiciária do Estado do Ceará — criada pela Resolução 314/2003 do Conselho da Justiça Federal - CJF e regulamentada pela Resolução 10-A/2003, do TRF da 5ª Região —, porquanto o inquérito policial iniciara-se no Juízo Federal da 12ª Vara daquela Seção Judiciária e, com a criação dessa vara especializada em cuidar de delitos financeiros, o procedimento fora para lá distribuído, em data anterior ao oferecimento da denúncia, em ofensa ao princípio do juiz natural e ao art. 75, parágrafo único, do CPP — v. Informativo 457. Após o voto-vista do Min. Ricardo Lewandowski que acompanhava o voto da Min. Cármen Lúcia, relatora, que deferia o *writ* para determinar que o paciente seja julgado pela 12ª Vara Federal da Seção Judiciária do Estado do Ceará, a Turma, resolvendo questão de ordem suscitada pelo Min. Marco Aurélio, decidiu afetar o julgamento ao Plenário. HC 88660/CE, rel. Min. Cármen Lúcia, 22.5.2007. (HC-88660) (Inform. STF 468)

LEGITIMIDADE DO MINISTÉRIO PÚBLICO E RECONHECIMENTO DE INCOMPETÊNCIA ABSOLUTA

Em face do empate na votação, a Turma deferiu, em parte, *habeas corpus* para assentar a legitimidade do *parquet* para postular o reconhecimento da incompetência absoluta do juízo originário. Tratava-se, na espécie, de *writ* impetrado pelo Ministério Público do Estado do Rio Grande do Norte em que requerida, ante disposição da Constituição Estadual e da lei de organização judiciária, a declaração de incompetência de vara criminal para o julgamento do paciente. Entendeu-se que, no caso, o aludido reconhecimento afetaria diretamente a defesa de um direito individual indisponível do paciente, qual seja, o de ser julgado por um juiz competente (CF, art. 5º, LIII), e que o Ministério Público, órgão de defesa de toda a ordem jurídica (CF, art. 127, *caput*), seria parte legítima para impetrar *habeas corpus* em que se visa ao reconhecimento da incompetência absoluta de juiz processante da ação penal. De outro lado, no tocante à alegada incompetência do juízo, para se evitar dupla supressão de instância e tendo em conta o fato de não haver constrangimento iminente à liberdade do paciente, entendeu-se recomendável remeterem-se os autos ao Tribunal de Justiça local a fim de que, afastada a preliminar de conhecimento, aprecie o pedido como entender de direito. Vencidos os Ministros Sepúlveda Pertence e Ricardo Lewandowski que indeferiam a ordem por considerar que a natureza da via eleita estaria sendo desvirtuada para se discutir questão de lei de organização judiciária estadual. HC 90305/RN, rel. Min. Carlos Britto, 20.3.2007. (HC-90305) (Inform. STF 460)

HABEAS CORPUS E PREVENÇÃO

O Tribunal negou provimento a agravo regimental em *habeas corpus* interposto contra decisão da Presidência que não reconhecera a hipótese de prevenção suscitada pelos impetrantes e mantivera a relatoria do *writ* com o Min. Joaquim Barbosa. Na espécie, o *habeas corpus* fora distribuído ao Min. Joaquim Barbosa por prevenção em relação a outro, ao qual ele negara seguimento, ficando vencido, no julgamento de agravo regimental interposto contra essa decisão, em relação à preliminar de conhecimento do *writ* e à concessão do pedido liminar, tendo sido designado para redigir o acórdão, nessa ocasião, o Min. Eros Grau. Alegavam os ora agravantes a necessidade de redistribuição da presente impetração ao Min. Eros Grau, ao fundamento de que o provimento do agravo fora para o fim de conhecer do pedido, razão por que seria o conhecimento, e não a decisão de mérito, que firmaria a prevenção, nos termos do disposto no § 2º do art. 69 do RISTF ("*Art. 69. O conhecimento do mandado de segurança, do habeas corpus e do recurso civil ou criminal torna preventa a competência do Relator, para todos os recursos posteriores, tanto na ação quanto na execução, referentes ao mesmo processo. ... § 2° Vencido o Relator, a prevenção referir-se-á ao Ministro designado para lavrar o acórdão.*"). Entendeu-se ter sido correta a distribuição do presente *writ*, haja vista que, conforme ressaltado na decisão que não reconhecera a hipótese de prevenção, a questão preliminar debatida em sede do agravo regimental no qual o Min. Eros Grau proferira o voto vencedor — não incidência do Enunciado da Súmula 691 do STF — resultara em mudança de relatoria apenas para a lavratura do respectivo acórdão, não implicando, por isso, o deslocamento da relatoria originária quanto ao julgamento de mérito, que permanecera com o Min. Joaquim Barbosa. Precedente citado: HC 86673/RJ (DJU de 1º.10.2004). HC 89306 AgR/SP, rel. Min. Ellen Gracie, 8.3.2007. (HC-89306) (Inform. STF 458)

CRIME PRATICADO A BORDO DE AERONAVE E COMPETÊNCIA

A Turma, por maioria, negou provimento a recurso ordinário em *habeas corpus* em que se sustentava a incompetência da justiça federal para julgar denunciados pela suposta prática do crime de roubo qualificado ocorrido no interior de avião pousado (CP, artigos 157, § 2º, I, II, III e 288, c/c o art. 69), consistente na subtração de numerário pertencente ao Banco do Brasil e sob a guarda de empresa transportadora de valores. Alegava-se, na espécie, que os sujeitos passivos do crime não estariam abarcados pelo art. 109, IV, da CF ("*Art. 109: Aos juízes federais compete processar e julgar: IV - os crimes políticos e as infrações penais praticadas em detrimento de bens, serviços ou interesses da União ou de suas entidades autárquicas ou empresas públicas...*"). Tendo em conta que o delito fora cometido a bordo de aeronave, entendeu-se que o fato de esta se encontrar em terra não afastaria a competência da justiça federal prevista no art. 109, IX, da CF ("*IX - os crimes cometidos a bordo de navios e aeronaves, ressalvada a competência da Justiça Militar;*"). Asseverou-se tratar-se de norma constitucional taxativa sobre competência, cuja interpretação deve ser restrita, e que, no caso, a qualidade do sujeito passivo não importaria. Vencidos os Ministros Marco Aurélio, relator, e Ricardo Lewandowski, que davam provimento ao recurso para fixar a competência da justiça estadual onde verificado o roubo, por considerar que a razão de ser do disposto no aludido art. 109, IX, da CF, não seria a proteção do deslocamento em si verificado mediante navios e aeronaves, e sim a determinação da área geográfica da prática criminosa e, portanto, da comarca competente para o julgamento. RHC 86998/SP, rel. orig. Min. Marco Aurélio, rel. p/ o acórdão Min. Cármen Lúcia, 13.2.2007. (RHC-86998) (Inform. STF 456)

JUSTIÇA ESTADUAL E CRIME CONTRA A ORDEM ECONÔMICA

Por não vislumbrar ofensa aos serviços de fiscalização de entidade autárquica (Agência Nacional de Petróleo - ANP) a justificar a competência da justiça federal para julgamento de ação penal proposta contra acusado pela suposta infração ao art. 1º da Lei 8.176/91, consistente na venda de combustível adulterado, a Turma manteve acórdão que assentara a competência da justiça estadual para o julgamento da causa. Alegava-se, na espécie, violação ao art. 109, IV, da CF ("*Art. 109. Aos juízes federais compete processar e julgar: IV - os crimes políticos e as infrações penais praticadas em detrimento de bens, serviços ou interesses da União ou de suas entidades autárquicas...*"). De início, ressaltou-se que: regra geral, os crimes contra a ordem econômica são de competência da justiça estadual; no caso, não haveria a incidência do art. 109, VI, da CF ("*VI - os crimes contra a organização do trabalho e, nos casos determinados em lei, contra sistema financeiro e a ordem econômico-financeira;*"), uma vez que a Lei 8.176/91 não previu a competência para o processo e julgamento do fato imputado ao ora recorrido; e os crimes elencados no citado inciso devem ser julgados pela justiça federal, ainda que ausente na legislação infraconstitucional disposição nesse sentido, quando os fatos se enquadrarem nas hipóteses previstas no art. 109, IV, da CF. Todavia, entendeu-se que o art. 109, VI, da CF não limita a disciplina quanto à competência da justiça federal relativamente aos crimes contra o sistema financeiro e a ordem econômico-financeira, ao contrário, ele a amplia para permitir, que a partir das peculiaridades de determinadas condutas lesivas a esses sistemas, possa a legislação infraconstitucional subtrair da justiça estadual a competência para julgar causas que se aconselha sejam apreciadas pela justiça federal, mesmo que não abrangidas pelo art. 109, IV, da CF. E, a partir dessa premissa, considerou-se que a conduta imputada ao recorrido não se amoldaria ao disposto no aludido art. 109, IV, da CF, haja vista que não se poderia confundir o fato objeto da fiscalização, a adulteração de combustível, com o exercício das atividades fiscalizatórias da ANP, cujo embaraço ou impedimento poderiam, em tese, configurar crimes de competência da justiça federal, porquanto lesivos a serviços prestados por entidade autárquica federal. RE 502915/SP, rel. Min. Sepúlveda Pertence, 13.2.2007. (RE-502915) (Inform. STF 456)

CRIAÇÃO DE FORO E "PERPETUATIO JURISDICTIONIS" - 1

A Turma indeferiu *habeas corpus* em que acusado como suposto mandante de homicídios alegava a ausência de fundamentação da prisão preventiva e a incompetência do juízo que a decretara. No caso, no curso da ação penal, adviera a Lei 10.772/2003, dispondo sobre a criação de novas varas federais, dentre as quais a sediada em Patos de Minas/MG, com jurisdição sobre o Município de Unaí/MG, local onde praticado o fato delituoso. Posteriormente, a Corregedoria-Geral do TRF da 1ª Região editara o Provimento COGER 19/05, regulamentando a redistribuição de processos às recentes varas criadas, tão logo fossem implementadas, o que acontecera com a subseção referida. Os autos, entretanto, não foram para lá remetidos por se encontrarem no TRF em face de recurso em sentido estrito interposto pelo paciente e pelos co-réus. Ocorre que, depois, a custódia preventiva do paciente fora determinada pelo juízo federal de Belo Horizonte/MG. No dia seguinte à decretação desta prisão, o Provimento 25/05 alterou a redação do art. 1º do mencionado Provimento COGER 19/05 para impedir novas redistribuições de ações penais e determinar a devolução, às varas federais de origem, das ações já distribuídas. HC 89849/MG, rel. Min. Sepúlveda Pertence, 18.12.2006. (HC-89849)

CRIAÇÃO DE FORO E "PERPETUATIO JURISDICTIONIS" - 2

Inicialmente, analisando a questão da competência, prejudicial das demais, considerou-se que a solução da controvérsia deveria partir da incidência ou não do princípio da *perpetuatio jurisdictionis* no processo penal. No ponto, asseverou-se que a orientação fixada no julgamento do RHC 83181/RJ (DJU de 22.10.2004) — no sentido de que esse princípio, instituído no art. 87 do CPC, aplica-se, por analogia, ao processo penal (CPP, art. 3º) —, deve ser entendida como regra geral e que a incidência do princípio da *perpetuatio jurisdictionis* somente se justificaria, nos crimes dolosos contra a vida, pelas suas peculiaridades, na fase anterior ao julgamento pelo júri. Assim, tendo em conta o objetivo de se preservar o julgamento do réu pelos seus pares, aduziu-se que apenas a competência territorial do júri deveria ser prorrogada. Por conseguinte, o que poderia se sujeitar à sanção de nulidade relativa seria a eventual realização de julgamento pelo júri na subseção originária e, apesar disso, ressalvada a hipótese de para esta não ser desaforado o *judicium causae*. Conclui-se, desse modo, que, na espécie, não haveria nenhuma irregularidade a ser sanada, dada a aplicação, por analogia, do art. 87 do CPC e que a disciplina dos Provimentos COGER 19 e 25 do TRF da 1ª Região perderia relevo, porquanto os autos não foram sequer enviados para a vara federal de Patos de Minas/MG. No tocante à fundamentação da segregação preventiva, entendeu-se que o decreto embasara-se em elementos concretos, cujo reexame não seria viável em *habeas corpus*. Nesse sentido, salientou-se que o fato de o paciente haver patrocinado a defesa de um dos co-réus executores do delito, com o intuito deste evadir-se, constituiria, em tese, ato que poderia prejudicar a instrução e, em conseqüência, legitimar a prisão preventiva. HC 89849/MG, rel. Min. Sepúlveda Pertence, 18.12.2006. ((HC-89849) (Inform. STF 453)

4.1. SUPERIOR TRIBUNAL DE JUSTIÇA

DIREITO PROCESSUAL PENAL. COMPETÊNCIA. PENA MAIS GRAVE. CONSIDERAÇÃO DA PENA MÁXIMA COMINADA.

Infração com pena mais grave, para os fins de fixação de competência (art. 78, II, a, do CPP), é aquela em que a pena máxima cominada é a mais alta, e não a que possui maior pena mínima. Na determinação da competência por conexão ou continência, havendo concurso de jurisdições da mesma categoria, preponderará a do lugar da infração à qual for cominada a pena mais grave. A gravidade do delito, para fins penais, é estabelecida pelo legislador. Por isso, tem-se por mais grave o delito para o qual está prevista a possibilidade de, abstratamente, ser conferida pena maior. O legislador permitiu cominar sanção mais alta a determinado delito porque previu hipóteses em que a conduta ocorre sob particularidades de maior reprovabilidade, razão pela qual essa deve, em abstrato, ser entendida como a mais grave. **HC 190.756-RS, Rel. Min. Laurita Vaz, julgado em 23/10/2012.(Inform. STJ 507)**

FORO ESPECIAL. MOMENTO DO INÍCIO DA GARANTIA CONSTITUCIONAL.

O foro por prerrogativa de função vale a partir da diplomação para o exercício de cargo eletivo. No caso, o paciente foi denunciado no juízo da comarca onde fora prefeito por não mais ocupar o cargo. Por decisão do STJ, com base nos §§ 1º e 2º do art. 84 do CPP (com redação dada pela Lei n. 10.628/2002), que determinavam a manutenção do foro por prerrogativa de função mesmo após o mandato, foi reconhecida a competência do TJPR para julgar a ação. Após a decisão do STJ, o STF declarou a inconstitucionalidade dos parágrafos do art. 84 do CPP, razão pela qual o feito foi remetido ao juízo de primeiro grau. Ocorre que, antes de a sentença ser proferida, o réu foi diplomado para o exercício de mandato de prefeito municipal, tornando novamente o TJPR competente para o feito e viciando os atos processuais praticados após o referido marco temporal. O Min. Relator ressaltou, contudo, a possibilidade de ratificação dos atos que não sejam diretamente ligados ao julgamento do mérito da ação. Precedentes citados do STF: ADI 2.797; Inq 1.935-AP, DJ de 4/6/2004; HC 94.705-RJ, DJe 1º/7/2009; HC 73.196-SP, DJ 31/5/1996; HC 88.262-SP, DJ 15/9/2009; do STJ: AgRg na APn 236-SC, DJ 12/2/2007; HC 10.564-PE, DJ 23/10/2000, e HC 76.946-SP, DJe 16/3/2009. **HC 233.832-PR, Rel. Min. Jorge Mussi, julgado em 4/9/2012.(Inform. STJ 503)**

HC. COMPETÊNCIA. TRÁFICO INTERNACIONAL DE DROGAS.

Trata-se de HC em favor de paciente que foi preso preventivamente e denunciado por tráfico de drogas e associação para o tráfico. Sustentando a incompetência do juízo federal que avocou processo em trâmite na Justiça estadual, o impetrante afirma que os fatos objeto do processo instaurado na Justiça Federal já eram objeto de ação penal anterior em trâmite no juízo estadual no qual houve a decretação da prisão preventiva dos acusados e a expedição de cartas precatórias para a oitiva das testemunhas de acusação e defesa. Alega, ainda, a ocorrência da *perpetuatio jurisdictionis* daquele juízo, sendo ilegal o encaminhamento do feito ao juízo federal. Ocorre, porém, que os fatos descritos perante a Justiça estadual, resultando na prisão dos acusados, estavam relacionados com aqueles que foram objeto da Operação Marambaia, responsável pela investigação de um grupo especializado no tráfico internacional de entorpecentes, em cujo processo o paciente é réu. Por isso, o Tribunal *a quo* determinou a reunião do feito que tramitava no juízo estadual com aquele que tramitava no juízo federal, encaminhando os autos ao último. O Min. Relator manteve esse entendimento porquanto caracterizada a chamada conexão intersubjetiva por concurso, aplicando-se ao caso a Súm. n. 122/STJ, a qual preceitua o seguinte: "Compete à Justiça Federal o processo e julgamento unificado dos crimes conexos de competência federal e estadual, não se aplicando a regra do art. 78, II, a, do Código de Processo Penal". Também, não houve a inépcia da proemial nem ausência da justa causa, pois a denúncia ampara-se em suporte probatório mínimo e apto a deflagrar a persecução penal, indicando a possível autoria dos delitos, estando, entre os elementos de prova, as interceptações de conversas telefônicas judicialmente autorizadas. Quanto ao excesso de prazo, o pedido está prejudicado, pois foi proferida sentença condenatória em 31/1/2011. Com essas e outras considerações, a Turma julgou prejudicado em parte o pedido e, no mais, denegou a ordem. Precedentes citados: HC 95.339-SP, DJe 1º/7/2010; HC 160.026-BA, DJe 23/2/2010, e HC 173.401-SP, DJe 26/6/2010. **HC 169.989-RS, Rel. Min. Og Fernandes, julgado em 28/2/2012. (Inform. STJ 492)**

COMPETÊNCIA. HOMICÍDIO CULPOSO. CARREGAMENTO. NAVIO.

Trata-se de conflito negativo entre o juízo federal (suscitante) e o juízo estadual da vara criminal (suscitado) em autos de inquérito instaurado para apurar a prática de crime de homicídio culposo ocorrido durante operação de carregamento de veículos para navio de bandeira italiana. A Seção conheceu do conflito e declarou competente para o processo e julgamento do feito o juízo estadual. Ressaltou-se que, para a determinação de competência da Justiça Federal, não basta que o eventual delito tenha sido cometido no interior de embarcação de grande porte. Torna-se necessário que ela se encontre em situação de deslocamento internacional ou em situação de potencial deslocamento. *In casu*, a embarcação encontrava-se ancorada para carregamento, sendo ele feito por pessoas estranhas à embarcação (entre elas, a vítima), visto que eram estivadores e não passageiros ou funcionários do navio. Ademais, a conduta culposa ocorreu em solo antes do início da operação de reembarque. Precedente citado: CC 43.404-SP, DJ 2/3/2005. **CC 116.011-SP, Rel. Min. Gilson Dipp, julgado em 23/11/2011.** (Inform. STJ 488)

AÇÃO PENAL. INDÍGENA. ASSISTÊNCIA DA FUNAI.

A Turma deu provimento ao recurso para anular a ação penal na origem, desde o recebimento da denúncia, inclusive, determinando, por conseguinte, a remessa dos autos à Justiça Federal para o julgamento da causa, assegurado ao ora recorrente, indígena, sua colocação em liberdade e a assistência da Funai. Na espécie, o recorrente, pertencente à etnia Kokama da aldeia São José, situada no município de Santo Antônio do Iça-AM, fronteira com a Colômbia, foi processado e condenado pelo juízo da vara criminal estadual como incurso nas sanções do art. 33, *caput*, da Lei n. 11.343/2006 (Lei de Drogas). A defesa sustentava a necessidade da intervenção da Funai no feito em razão da condição de indígena do recorrente nos termos da legislação correspondente. Inicialmente, destacou-se ser cabível a análise da matéria em mandado de segurança, porquanto constatada a omissão da Justiça criminal em julgar o pedido de assistência de terceiro não integrante na relação processual. No mérito, asseverou-se que a negativa do juiz criminal em permitir a intervenção da Funai na ação penal pelo fato de ter sido o recorrente considerado integrado à sociedade – pois ele possuía documentos comuns aos não índios (CPF, RG, título de eleitor etc.) – seria incompatível com a nova inteligência constitucional. Afirmou-se que o Estatuto do Índio (Lei n. 6.001/1973), concebido na vigência da CF/1967, não pode ser interpretado na sua literalidade, sendo cabível sua análise conforme a inspiração constitucional atual, nos termos dos arts. 231 e 232 da CF/1988. Salientou-se que o grau de integração do índio à sociedade e a questão referente à sua incapacidade não seriam pressupostos para definir a intervenção da Funai. Considerou-se, ainda, que a definição da condição de índio deve ser dada pela antropologia e segundo critérios estabelecidos em lei para os quais é irrelevante o grau de integração. Adotado o normativo da Convenção OIT n. 169, o Estado brasileiro acolheu, formalmente, como critério de identificação a autoidentificação, de tal modo que, para fins legais, é indígena quem se sente, comporta-se ou afirma-se como tal, de acordo com os costumes, organizações, usos, língua, crenças e tradições indígenas da comunidade a que pertença. Por sua vez, consignou o Min. Relator que não cabe ao juiz criminal aferir a capacidade civil do recorrente uma vez que se trata de questão prejudicial heterogênea de exame exclusivo na jurisdição civil. Ao final, reconheceu-se a competência da Justiça Federal para análise e julgamento da causa, tendo em vista a presença da autarquia federal no feito na qualidade de assistente de indígena. **RMS 30.675-AM, Rel. Min. Gilson Dipp, julgado em 22/11/2011.** (Inform. STJ 488)

COMPETÊNCIA. INGRESSO. MEDICAMENTO IRREGULAR.

É da competência da Justiça Federal a apuração do crime de incolumidade pública (art. 273 do CP) quando caracterizada a procedência internacional do medicamento. *In casu*, a denunciada foi detida com medicamento de origem estrangeira irregular – cytotec 200 mcg – guardado em sua bolsa durante viagem de Foz do Iguaçu-PR a Araraquara-SP. A produção do medicamento se deu na Itália e sua aquisição provavelmente se deu no Paraguai. A Seção ratificou o entendimento de que, apurada a importação de medicamentos proibidos, revela-se a existência de lesão a bens, interesses ou serviços da União, porquanto presentes indícios de que o acusado é o responsável pelo ingresso do produto em território nacional, o que configura a internacionalidade da conduta. Precedentes citados: CC 85.634-SP, DJe 18/12/2008, e CC 95.721-SP, DJe 30/9/2010. **CC 116.037-SP, Rel. Min. Gilson Dipp, julgado em 9/11/2011.** (Inform. STJ 487)

COMPETÊNCIA. CLONAGEM. TELEFONE. JUSTIÇA ESTADUAL.

A Seção entendeu que compete à Justiça comum estadual processar e julgar a ação em que se imputa a acusado a conduta de clonar telefones celulares, qual seja, reprogramar um aparelho de telefonia celular com número de linha e ESN de outro aparelho. Asseverou-se que a conduta do acusado de clonar telefone não se subsume ao tipo penal do art. 183 da Lei n. 9.472/1997, uma vez que não houve o desenvolvimento clandestino de atividades de telecomunicação, mas apenas a utilização de linha preexistente e pertencente a outro usuário, com a finalidade de obter vantagem patrimonial indevida, às custas dele e das concessionárias de telefonia móvel que exploram legalmente o serviço, tendo a obrigação de ressarcir os clientes nas hipóteses da referida fraude, inexistindo quaisquer prejuízos em detrimento de bens, serviços ou interesses da União a ensejar a competência da Justiça Federal. Precedentes citados: CC 109.456-SP, DJe 6/9/2010, e CC 50.638-MG, DJ 30/4/2007. **CC 113.443-SP, Rel. Min. Marco Aurélio Bellizze, julgado em 28/9/2011.** (Inform. STJ 484)

COMPETÊNCIA ORIGINÁRIA. TRIBUNAL. INSTRUÇÃO PRÉVIA. PRODUÇÃO. PROVA. IMPOSSIBILIDADE.

Nos procedimentos de competência originária dos tribunais não há possibilidade de uma fase instrutória prévia ao recebimento da denúncia, sendo defeso ao acusado requerer produção de provas nesse momento processual, tendo em vista que não existe ainda processo criminal instaurado contra ele. Antes do recebimento da ação penal, somente é cabível o oferecimento de defesa prévia. **HC 198.419-PA, Rel. Min. Jorge Mussi, julgado em 27/9/2011.** (Inform. STJ 484)

FORO PRIVILEGIADO. PROCURADOR. ESTADO.

Tal como apregoado pelo STF, é possível a fixação da competência do TJ para processar e julgar originariamente procurador de Estado nos crimes comuns e de responsabilidade, como o fez o art. 161, IV, **d**, da Constituição do Estado do Rio de Janeiro. Daí que o trâmite da respectiva ação penal no juízo singular viola o princípio do juiz natural. Precedentes citados do STF: ADI 2.587-GO, DJ 6/11/2006; ADI 541-PB, DJ 6/9/2007, e RE 631.993-RJ, DJe 5/4/2011. **HC 86.001-RJ, Rel. Min. Og Fernandes, julgado em 28/6/2011.** (Inform. STJ 479)

QO. COMPETÊNCIA. HC. INDEFERIMENTO. EXPEDIÇÃO. PASSAPORTE.

Após a Primeira Turma declinar de sua competência para processar e julgar o *habeas corpus*, a Quinta Turma, em questão de ordem (QO), suscitou o conflito, que será dirimido pela Corte Especial nos termos do art. 11, XII, do RISTJ. *In casu*, a impetração insurge-se contra o ato da autoridade administrativa que indeferiu o requerimento de expedição de passaporte formulado pelo paciente. Alega-se ser inconstitucional a norma que fundamentou esse indeferimento (art. 3º, VIII, da Instrução Normativa n. 3/2008-DG/DPF), porquanto ela teria extrapolado, no exercício de seu poder regulamentar, os limites estabelecidos pelo Dec. n. 5.978/2006. Sustenta-se que o fato de o paciente ter sido condenado à pena privativa de liberdade por sentença já transitada em julgado não constitui óbice à obtenção do documento, pois a vedação do referido decreto alcançaria apenas os indivíduos que estejam judicialmente proibidos de obtê-lo, não os que estejam impedidos pela Justiça de sair do país. Para o Min. Relator, na espécie, a impetração não busca alterar a condenação penal do paciente, tampouco discutir eventuais efeitos da sentença. Entende que o exame da *quaestio* centra-se em saber se essa condenação amolda-se aos critérios adotados pela Administração nos limites de seu poder regulamentar para expedir documentos de viagem, o que evidencia a natureza administrativa da relação jurídica em análise. Ressalta que os fundamentos utilizados para negar o requerimento do paciente se encontram exclusivamente no ato normativo dito inconstitucional. Precedentes citados: MS 13.922-DF, DJe 8/6/2009, e MS 6.268-DF, DJ 5/6/2000. **QO no HC 192.407-RJ, Rel. Min. Jorge Mussi, julgada em 21/6/2011.** (Inform. STJ 478)

COMPETÊNCIA. CRIME. MOEDA FALSA. RECEPTAÇÃO. CONEXÃO.

Foram apreendidas, além de diversos bens móveis supostamente produto de crime, notas falsas de R$ 5,00 durante o cumprimento de um mandado de busca e apreensão expedido no bojo de um inquérito policial no qual se investigava a prática de crime de receptação. Assim, a questão resume-se em saber se há conexão entre os delitos de moeda falsa e receptação para justificar a competência da Justiça Federal para processá-los e julgá-los. A Seção entendeu ser competente a Justiça comum estadual para julgar o feito referente ao crime de receptação (art. 180, *caput*, do CP) e a Justiça Federal, ao crime de moeda falsa (art. 289, § 1º, do CP), pois não estão presentes quaisquer causas de modificação de competência inseridas nos arts. 76 e 77 do CPP, o que, por consequência, afasta a aplicação da Súm. n. 122-STJ. Afastou-se, também, a eventual configuração da conexão nas modalidades objetiva e instrumental, uma vez que não se extraem dos autos quaisquer indícios de que os crimes tenham sido praticados com o intuito de facilitar ou ocultar um ou outro, nem existe a possibilidade de a produção de prova de uma infração influir na da outra, pois inexiste vínculo probatório entre elas, por se tratar, aparentemente, de condutas independentes. Precedentes citados: CC 115.687-SP, DJe 7/6/2011, e CC 81.206-SC, DJe 9/9/2008. **CC 110.702-RS, Rel. Min. Jorge Mussi, julgado em 22/6/2011.** (Inform. STJ 478)

COMPETÊNCIA. CRIME. MEIO AMBIENTE.

O suposto delito contra o meio ambiente (pesca sem autorização mediante petrechos proibidos) foi praticado em área adjacente à unidade de conservação federal. Assim, vislumbra-se prejuízo à União, autarquia ou empresa pública federais a ponto de determinar a competência da Justiça Federal para seu processo e julgamento. Precedentes citados: CC 100.852-RS, DJe 8/9/2010, e CC 92.722-RJ, DJe 19/4/2010. **CC 115.282-RS, Rel. Min. Maria Thereza de Assis Moura, julgado em 8/6/2011.** (Inform. STJ 476)

DESMEMBRAMENTO. DENÚNCIA. GOVERNADOR. CONCURSO. PESSOAS.

No caso, apenas um entre os nove réus tem foro por prerrogativa de função neste Superior Tribunal, a teor do art. 105, I, **a**, da CF/1988. Logo, conforme precedentes da Corte Especial ao interpretar o art. 80, última parte, do CPP, existem várias razões idôneas para justificar o desmembramento do processo, entre as quais o número excessivo de acusados que não tem foro por prerrogativa de função neste Superior Tribunal, a complexidade dos fatos apurados, bem assim a necessidade de tramitação mais célere do processo em razão da potencial ocorrência de prescrição. Ademais, o fato de imputar a prática do crime de formação de quadrilha a detentores de foro por prerrogativa de função não impede o desmembramento. Assim, a Corte Especial determinou o desmembramento do processo. **QO na APn 425-ES, Rel. Min. Teori Albino Zavascki, julgada em 18/5/2011.** (Inform. STJ 473)

COMPETÊNCIA. CRIME. CALÚNIA. *INTERNET*.

Trata-se de conflito de competência em que se busca determinar o juiz que processará e julgará a ação penal na qual se imputa crime de calúnia em razão de ser publicada carta encaminhada por pessoa que usava pseudônimo em blog de jornalista, na *internet*. A Seção, por maioria, aplicou o art. 70 do CPP e afastou a aplicação da Lei de Imprensa em razão de decisão do STF que declarou não recepcionados pela CF todos os dispositivos da Lei n. 5.250/1967. Daí entendeu que, tratando-se de queixa-crime que imputa a prática do crime de calúnia decorrente de carta divulgada em blog, via *internet*, o foro para o processamento e julgamento da ação é o do lugar do ato delituoso, ou seja, de onde partiu a publicação do texto, no caso, o foro do local onde está hospedado o servidor, a cidade de São Paulo. O voto vencido entendia que o ofendido poderia propor a ação onde melhor lhe aprouvesse. Precedente citado: CC 102.454-RJ, DJe 15/4/2009. **CC 97.201-RJ, Rel. Min. Celso Limongi (Desembargador convocado do TJ-SP), julgado em 13/4/2011.** (Inform. STJ 469)

COMPETÊNCIA. HOMICÍDIO. LESÃO CORPORAL. MILITAR.

O policial militar abordou o civil e constatou divergências em sua identificação, o que o levou a externar a intenção de encaminhá-lo ao presídio para averiguações. Ato contínuo, o civil empreendeu fuga e foi alvejado em parte vital (bexiga e intestino delgado) por disparo de arma de fogo efetuado pelo militar, vindo a sofrer cirurgia e convalescer em hospital por sete dias. Discute-se, então, a competência diante da subsunção da conduta ao tipo do homicídio doloso (tentativa), o que atrai a competência da Justiça comum (art. 125, § 4º, da CF), ou ao da lesão corporal de competência da Justiça Militar, pela necessária determinação do elemento subjetivo do agente (se havia o *animus necandi*). Vê-se, então, haver necessidade de um exame mais detido do conjunto probatório, revelando-se prudente aguardar o desfecho da instrução probatória, em prol da precisão e clareza que os fatos reclamam. Dessarte, o processo deve tramitar no juízo comum por força do princípio *in dubio pro societate* aplicável à fase do inquérito policial; pois, só mediante prova inequívoca, o réu pode ser subtraído de seu juiz natural. Assim, diante da ausência de prova inconteste e tranquila sobre a falta do *animus necandi*, há que declarar competente o juízo de direito do Tribunal do Júri suscitado. **CC 113.020-RS, Rel. Min. Og Fernandes, julgado em 23/3/2011.** (Inform. STJ 467)

COMPETÊNCIA. PRODUTO. REGISTRO. VIGILÂNCIA SANITÁRIA.

Houve a apreensão de produtos relativos à suplementação alimentar (anabolizantes) em poder do investigado. O juízo estadual declinou da competência porque ela seria da Justiça Federal, ao entender que se tratava do crime previsto no art. 334 do CP (contrabando ou descaminho). Mas investiga-se, ao final, a apreensão de produtos sem a devida inscrição na vigilância sanitária e destinados à venda em estabelecimento comercial de propriedade do investigado, conduta constante do art. 273 do mesmo *Codex*, que, em regra, é de competência da Justiça estadual, somente existindo interesse da União que justifique a mudança da competência caso haja indícios de internacionalidade. Sucede que essa internacionalidade não pode advir da simples presunção do juízo estadual de que o investigado tinha ciência da procedência estrangeira da mercadoria, tal como se deu no caso. Assim, declarou-se competente o juízo estadual suscitado. Precedentes citados: CC 104.842-PR, DJe 1º/2/2011; AgRg no CC 88.668-BA, DJe 24/4/2009, e CC 97.430-SP, DJe 7/5/2009. **CC 110.497-SP, Rel. Min. Maria Thereza de Assis Moura, julgado em 23/3/2011.** (Inform. STJ 467)

COMPETÊNCIA. EXTORSÃO. CONSUMAÇÃO.

A *quaestio juris* consistiu em saber se a competência para apurar suposto crime de extorsão na modalidade de comunicação por telefone de falso sequestro com exigência de resgate por meio de depósito bancário seria o juízo do local onde a vítima teria sofrido a ameaça por telefone e depositado a quantia exigida ou aquele onde está situada a agência bancária da conta beneficiária do valor extorquido. Para a Min. Relatora, como a extorsão é delito formal, consuma-se no momento e no local em que ocorre o constrangimento para que se faça ou se deixe de fazer alguma coisa (Súm. n. 96-STJ). Assim, o local em que a vítima foi coagida a efetuar o depósito mediante ameaça por telefone é onde se consumou o delito. Por isso, aquele é o local em que será processado e julgado o feito independentemente da obtenção da vantagem indevida, ou seja, da efetivação do depósito ou do lugar onde se situa a agência da conta bancária beneficiada. Com esse entendimento, a Seção declarou competente o juízo suscitado. Precedentes citados: REsp 1.173.239-SP, DJe 22/11/2010; AgRg no Ag 1.079.292-RJ, DJe 8/2/2010, e CC 40.569-SP, DJ 5/4/2004. **CC 115.006-RJ, Rel. Min. Maria Thereza de Assis Moura, julgado em 14/3/2011.** (Inform. STJ 466)

COMPETÊNCIA. FURTO. LOCAL. ADMINISTRAÇÃO MILITAR.

In casu, houve um furto de bem móvel (aparelho de som) nas dependências de local sob a administração militar do Exército Brasileiro, a saber, em delegacia de serviço militar, no entanto o aparelho furtado é de propriedade privada, pois pertence a um capitão que, na época do delito, ali trabalhava. Anotou a Min. Relatora que, na espécie, não se apura a invasão do local da unidade militar, apura-se tão somente o furto do aparelho de som praticado por civil, sendo que o bem furtado também não pertence ao patrimônio público sob administração militar, mas a particular; assim, embora a vítima seja militar, não incidiria nenhuma das hipóteses previstas no art. 9º, I e III, do Código Penal Militar (CPM). Nessas circunstâncias, não houve crime militar, visto que o delito não atingiu as instituições militares, única hipótese apta a caracterizar o crime militar no caso concreto.Trata-se, na verdade, de crime comum, em que a competência para processar e julgar o feito é do juízo de direito criminal que, nos autos, é o suscitado. Precedente citado do STF: CJ 6.718-RJ, DJ 1º/7/1988. **CC 115.311-PA, Rel. Min. Maria Thereza de Assis Moura, julgado em 14/3/2011.** (Inform. STJ 466)

COMPETÊNCIA. DOCUMENTOS FALSOS. *LEASING*. CARRO.

Noticiam os autos que fora instaurado inquérito policial para apurar a autoria e materialidade de estelionato a partir da apresentação de documentos falsos para obtenção de recursos financeiros junto à instituição bancária em contrato de arrendamento mercantil na modalidade de *leasing* financeiro de veículo. Esses autos foram encaminhados primeiro pelo juízo de direito, ao acolher a representação da autoridade policial e parecer do MP estadual, ao juízo federal naquela comarca para a apuração de crime contra o sistema financeiro previsto no art. 19 da Lei n. 7.492/1986, mas esse juízo, por sua vez, declinou de sua competência para o juízo de uma das varas federais especializadas da capital. Então, o juízo da vara federal especializada suscitou o conflito de competência. Para a Min. Relatora, a matéria em exame é complexa, tendo sido apreciada neste Superior Tribunal uma única vez, na Sexta Turma, na qual o voto da relatoria do Min. Celso Limongi (Desembargador convocado do TJ-SP), com base em precedente do STF, asseverou que o fato de o *leasing* financeiro não constituir financiamento não afasta, por si só, a configuração do delito previsto no art. 19 da Lei n. 7.492/1986. Naquela ocasião, o colegiado concluiu que, ao fazer um *leasing* financeiro, obtém-se invariavelmente um financiamento e o tipo penal em análise descrito no citado art. 19 refere-se exatamente à obtenção de financiamento mediante fraude, sem exigir que isso ocorra num contrato de financiamento propriamente dito. Observa ainda a Min. Relatora que o *leasing* financeiro possui certas particularidades, mas que não se pode, de pronto, afastar a incidência do tipo penal descrito no art. 19 em comento, no qual se refere à obtenção de financiamento mediante fraude, porque, embora não seja financiamento propriamente dito, ele constitui o núcleo ou elemento preponderante dessa modalidade de arrendamento mercantil. Com esse entendimento, a Seção declarou competente para processar e julgar o feito o juízo federal da vara criminal especializada em crimes contra o sistema financeiro nacional e lavagem, ocultação de bens e direitos e valores, o suscitante. Precedentes citados do STF: RE 547.245-SC, DJe 4/3/2010; do STJ: REsp 706.871-RS, DJe 2/8/2010. **CC 114.322-SP, Rel. Min. Maria Thereza de Assis Moura, julgado em 14/3/2011.** (Inform. STJ 466)

COMPETÊNCIA. VIOLÊNCIA DOMÉSTICA.

Trata-se de *habeas corpus* em que se discute a competência para o processamento e julgamento de crimes dolosos contra a vida em se tratando de violência doméstica. No caso, cuida-se de homicídio qualificado tentado. Alega a impetração sofrer o paciente constrangimento ilegal em decorrência da decisão do tribunal *a quo* que entendeu competente o juizado especial criminal para processar e julgar, até a fase de pronúncia, os crimes dolosos contra a vida praticados no âmbito familiar. A Turma concedeu a ordem ao entendimento de que, consoante o disposto na própria lei de organização judiciária local (art. 19 da Lei n. 11.697/2008), é do tribunal do júri a competência para o processamento e julgamento dos crimes dolosos contra a vida, ainda que se trate de delito cometido no contexto de violência doméstica. Precedentes citados: HC 163.309-DF, DJe 1º/2/2011, e HC 121.214-DF, DJe 8/6/2009. **HC 145.184-DF, Rel. Min. Laurita Vaz, julgado em 3/3/2011.** (Inform. STJ 465)

COMPETÊNCIA. ROUBO. INTERIOR. AERONAVE.

Trata-se de *habeas corpus* impetrado em favor de paciente condenado por roubo e formação de quadrilha em continuidade delitiva (arts. 288 e 157, § 2º, I e II, ambos do CP). Alega o impetrante a incompetência da Justiça Federal para processar e julgar o crime, visto que, apesar de o roubo dos malotes (com mais de R$ 4 milhões) ter ocorrido a bordo de aeronave, deu-se em solo (aeroporto) contra a transportadora, sendo a vítima o banco, que possui capital privado e público; nessas circunstâncias, não deslocaria a competência para a Justiça Federal. Para o Min. Relator, não há falar em qualidade da empresa lesada diante do entendimento jurisprudencial e do disposto no art. 109, IX, da CF/1988, que afirmam a competência dos juízes federais para processar e julgar os delitos cometidos a bordo de aeronaves, independentemente de elas se encontrarem no solo. Com esse entendimento, a Turma denegou a ordem. Precedentes citados do STF: RHC 86.998-SP, DJ 27/4/2007; do STJ: HC 40.913-SP, DJ 15/8/2005, e HC 6.083-SP, DJ 18/5/1998. **HC 108.478-SP, Rel. Min. Adilson Vieira Macabu (Desembargador convocado do TJ-RJ), julgado em 22/2/2011.** (Inform. STJ 464)

COMPETÊNCIA. HC. FORNECIMENTO. PROVAS. INQUÉRITO.

Trata-se de *habeas corpus* (HC) no qual se suscitou preliminar de incompetência deste Superior Tribunal para dele conhecer. *In casu,* narram os impetrantes que foi instaurado inquérito policial destinado a apurar fatos ligados a autoridade com foro privilegiado no STJ e a outros indiciados em operação policial; porém, atendendo pedido do procurador-geral da República, o Min. Relator determinou seu desmembramento para o Tribunal Regional Federal (TRF) com relação aos ora pacientes. Anotou-se que, no HC, foram apontados como autoridades coatoras o desembargador relator do inquérito policial, que, segundo alega a impetração, teria negado o acesso ao material probatório, e o procurador regional da República, que, como membro do MP da União, oficia perante o TRF e é o responsável pela apuração dos fatos questionados; alega a impetração que o procurador estaria, por conta própria, conduzindo as investigações. Para a Min. Relatora, nesse contexto, seria manifesta a competência deste Superior Tribunal para apreciar originariamente o *habeas corpus* a teor do art. 105, I, **a** e **c**, da CF/1988. Assim, entendeu, ao contrário da tese vencedora, que o procurador regional não estaria atuando por delegação do procurador-geral da República, isto é, ele não estaria exercendo uma atribuição que é própria deste, mas desempenhando uma função que lhe é conferida pelos arts. 8º, I, V e VII, e 18, parágrafo único, ambos da LC n. 75/1993, mediante designação daquela autoridade. Entretanto, a maioria dos membros da Turma entendeu que, quando o procurador-geral da República encarregou o procurador regional para acompanhar o inquérito, houve uma designação especial, o que não se confundiria com aquela designação dada aos procuradores para atuar em um dos órgãos julgadores do TRF. Assim, no momento em que foi retirado um desses procuradores originários da Turma em que o desembargador é relator, o procurador-geral da República assumiu a responsabilidade de dizer que tal procurador é que serve para acompanhar o feito; logo, é a participação desse caso do procurador-geral da República que só pode ter seus atos questionados no STF. Diante do exposto, a Turma, por maioria, não conheceu do HC e determinou sua remessa ao STF, tornando sem efeito a liminar concedida. **HC 185.495-DF, Rel. originária Min. Laurita Vaz, Rel. para acórdão Min. Napoleão Nunes Maia Filho, julgado em 15/2/2011.** (Inform. STJ 463)

COMPETÊNCIA. LOCAL. CRIME. DÚVIDA.

A Turma denegou a ordem de *habeas corpus* e entendeu que, havendo dúvidas quanto ao local da consumação do delito de homicídio, a competência para o processamento e julgamento do feito deve seguir a regra subsidiária da prevenção nos termos do art. 83 do CPP. Precedentes citados: HC 81.588-BA, DJe 14/4/2008; RHC 14.667-MG, DJ 11/10/2004; HC 23.710-PE, DJ 18/11/2002, e CC 36.333-SP, DJ 10/2/2003. **HC 184.063-MG, Rel. Min. Celso Limongi** (Desembargador convocado do TJ-SP), **julgado em 7/12/2010**. (Inform. STJ 459)

COMPETÊNCIA. DOCUMENTO FALSO. HABILITAÇÃO.

Trata-se de conflito de competência (CC) entre as Justiças Federal e Militar. No caso, o Ministério Público Militar denunciou o acusado pela suposta prática do crime previsto no art. 315 c/c o art. 311, ambos do Código Penal Militar (uso de documento falso). Isso porque ele teria apresentado carteira de habilitação de arrais amador (para condução de embarcação) falsificada à equipe de inspeção naval da capitania dos portos. A Seção conheceu do conflito e declarou competente para o julgamento do feito a Justiça Federal, ao entendimento de que, não obstante o objeto da falsificação seja carteira de habilitação de arrais amador, cuja emissão é realizada pela Marinha do Brasil, órgão integrante das Forças Armadas, a hipótese não atrai a competência da Justiça Militar. Observou-se que se trata de delito de falso cometido por sujeito ativo civil que apresentou a documentação quando instado para tanto no ato de fiscalização naval. Contudo, conforme dispõe o art. 21, XXII, da CF/1988, a execução de polícia marítima é da competência da União e exercida pela Polícia Federal (art. 144 do mesmo texto constitucional). Precedentes citados do STF: HC 103.318-PA, DJe 10/9/2010, e HC 90.451-SP, DJe 3/10/2008. **CC 108.134-SP, Rel. Min. Gilson Dipp, julgado em 24/11/2010.** (Inform. STJ 457)

COMPETÊNCIA. CRIMES DOLOSOS CONTRA A VIDA. DEPUTADO ESTADUAL.

Cuida-se de conflito de competência cuja essência é saber a quem cabe julgar os crimes dolosos contra a vida quando praticados por deputado estadual, isto é, se a prerrogativa de função desses parlamentares está inserida na própria Constituição Federal ou apenas na Constituição do estado. A Seção, por maioria, entendeu que as constituições locais, ao estabelecer para os deputados estaduais idêntica garantia prevista para os congressistas, refletem a própria Constituição Federal, não se podendo, portanto, afirmar que a referida prerrogativa encontra-se prevista, exclusivamente, na Constituição estadual. Assim, deve prevalecer a teoria do paralelismo constitucional, referente à integração de várias categorias de princípios que atuam de forma conjunta, sem hierarquia, irradiando as diretrizes constitucionais para os demais diplomas legais do estado. Consignou-se que a adoção de um critério fundado na aplicação de regras simétricas reforça a relevância da função pública protegida pela norma do foro privativo. Ademais, a própria Carta da República institui, em seu art. 25, o princípio da simetria, dispondo que os estados organizam-se e se regem pelas constituições e leis que adotarem, observando-se, contudo, os princípios por ela adotados. Diante desses fundamentos, por maioria, conheceu-se do conflito e se declarou competente para o julgamento do feito o TJ. **CC 105.227-TO, Rel. Min. Maria Thereza de Assis Moura, julgado em 24/11/2010**. (Inform. STJ 457)

COMPETÊNCIA. CRIME. POLICIAL FEDERAL.

A Turma, entre outras questões, assentou, por maioria, que compete à Justiça Federal o julgamento dos delitos cometidos por policiais federais que estejam fora do exercício de suas funções, mas utilizem farda, distintivo, identidade, arma e viatura da corporação. **REsp 1.102.270-RJ, Rel. Min. Napoleão Nunes Maia Filho, julgado em 23/11/2010**. (Inform. STJ 457)

COMPETÊNCIA. JÚRI FEDERAL. ANULAÇÃO. PRONÚNCIA.

Na origem, o ora paciente foi denunciado no juízo federal, juntamente com outros corréus, como incurso nas sanções do art. 121, § 2º, I e IV, c/c art. 14, II, art. 288, parágrafo único, e art. 334, § 1º, c, todos do CP. Alegando a incompetência daquele juízo para instruir e julgar a ação penal com relação aos crimes de homicídio, sob o argumento de que tais ilícitos não seriam conexos com os de descaminho e formação de quadrilha, a defesa do paciente opôs exceção de incompetência, a qual foi rejeitada. Tal decisão deu ensejo à impetração de *habeas corpus* no TRF, que denegou a ordem, mantendo a competência da Justiça Federal. Encerrada a instrução criminal, o paciente foi pronunciado pelo referido juízo federal, a fim de que fosse levado a julgamento do Tribunal do Júri pelos ilícitos que lhe foram atribuídos na denúncia. Dessa decisão, a defesa do paciente não recorreu, fazendo-o apenas alguns dos corréus. Na sessão de julgamento do paciente no Tribunal do Júri, ele foi absolvido das imputações referentes aos crimes de homicídio e condenado à pena de oito anos de reclusão pela prática dos crimes de descaminho e formação de quadrilha, sendo-lhe concedido o direito de recorrer em liberdade. Irresignadas, tanto a defesa quanto a acusação apelaram, ambas pugnando pela reforma da decisão tomada pelos jurados, reputando-a manifestamente contrária à prova dos autos. Posteriormente, o TRF, ao julgar os recursos em sentido estrito interpostos pelos corréus, anulou a sentença pela qual foram pronunciados e, em virtude de tal provimento, julgou prejudicado o recurso de apelação interposto pela defesa do paciente, declarando nulo o julgamento, decisão que ora se aponta como ato coator. Assim, o objeto da impetração cinge-se à alegação de ilegalidade do aresto, porquanto teria o tribunal *a quo*, de ofício, determinado a anulação da pronúncia em desfavor do paciente. A Turma, ao prosseguir o julgamento, denegou a ordem ao entendimento de que a posição adotada pelo tribunal *a quo*, ao apreciar as apelações da sentença do júri federal, não foi pior nem melhor para o paciente, mas sim neutra, de forma a prestigiar o cânone constitucional do juiz natural. Observou-se que a absolvição quanto aos crimes contra a vida (e a condenação pelos demais delitos) alcançada não era definitiva; pois, caso a Corte de origem julgasse a apelação (providência que ora se persegue), haveria o risco de provimento à insurgência ministerial. A partir daí, novo júri seria designado, com a possibilidade de condenação mais gravosa. Por outro lado, com a anulação da pronúncia, nada impediria que nova absolvição viesse a lume. Assim, todos os veios argumentativos abertos não passam de mera conjectura. Reafirmou-se também que a incompetência é matéria de ordem pública e deve ser declarada de ofício, em qualquer grau de jurisdição, conforme jurisprudência reiterada desta Corte Superior. Por fim, registrou-se, ainda, que o aresto não afrontou a Súm. n. 160-STF, uma vez que o reconhecimento da nulidade não foi contra o paciente, na justa medida em que não havia qualquer situação consolidada em seu favor. Precedentes citados: AgRg no REsp 804.123-AP, DJe 16/12/2009; RMS 18.433-MA, DJ 28/2/2005, e HC 90.014-MS, DJe 10/5/2010. **HC 87.249-MT, Rel. Min. Maria Thereza de Assis Moura, julgado em 19/10/2010**. (Inform. STJ 452)

COMPETÊNCIA. RADIODIFUSÃO CLANDESTINA. REVOGAÇÃO PARCIAL. LEI.

Noticiam os autos que um dos interessados neste conflito de competência foi condenado à pena de um ano de detenção em regime aberto como incurso no art. 70 da Lei n. 4.117/1962 (exploração clandestina de radiodifusão). Então, diante da condenação, a defesa do réu interpôs apelação dirigida ao TRF, o qual, acolhendo manifestação do MP, declinou de sua competência para julgar o recurso, determinando a remessa dos autos à Turma Recursal do Juizado Especial Federal. Por sua vez, o Juízo da Turma Recursal suscitou este conflito negativo de competência ao argumento de que, como o art. 70 da citada lei foi substituído pelo art. 183 da Lei n. 9.472/1997, cuja pena máxima abstratamente cominada passou a ser de quatro anos, a pena máxima encontra-se fora dos parâmetros previstos pela Lei n. 10.259/2001 (lei que criou os juizados cíveis e criminais federais). Consequentemente, o julgamento do recurso não se sujeitaria à competência da Turma Recursal dos Juizados Especiais Federais. Assevera o Min. Relator que, para este Superior Tribunal, a Lei n. 9.472/1997 não teve efeito ab-rogatório sobre a Lei n. 4.117/1962, mas apenas o derrogatório, ou seja, houve revogação apenas parcial, permanecendo inalteráveis os preceitos relativos aos delitos de radiodifusão, conforme previsto expressamente no art. 215, I, da Lei n. 9.472/1997. Diante do exposto, a Seção conheceu do conflito de competência e declarou competente para julgar a apelação o suscitado, o TRF. Precedente citado: CC 94.570-TO, DJe 18/12/2008. **CC 112.139-SP, Rel. Min. Gilson Dipp, julgado em 27/10/2010**. (Inform. STJ 453)

COMPETÊNCIA. DESLOCAMENTO. JUSTIÇA FEDERAL. HOMICÍDIO. GRUPOS DE EXTERMÍNIO.

Trata-se de incidente de deslocamento de competência suscitado pelo procurador-geral da República para transferir à Justiça Federal a investigação, o processamento e o julgamento do homicídio de advogado e vereador conhecido defensor dos direitos humanos que, durante toda a sua trajetória pública, vinha denunciando grupos de extermínio que agem impunes há mais de uma década em região nordestina. O vereador foi assassinado em 24/1/2009, depois de sofrer diversas ameaças e atentados por motivo torpe (vingança), supostamente em decorrência de sua atuação de enfrentamento e denúncias contra os grupos de extermínio. As ações desses grupos denunciados pelo vereador resultaram em cerca de duzentos homicídios com características de execução sumária e com suposta participação de particulares e autoridades estaduais, tendo, inclusive, assassinado testemunhas envolvidas. Segundo a Min. Relatora, tais fatos decorrem de grave violação de direitos humanos, o que acabou por atrair a atenção de organizações da sociedade civil, das autoridades municipais locais, das Secretarias de Segurança dos dois estados do Nordeste envolvidos, dos respectivos Ministérios Públicos e Tribunais de Justiça, do Senado Federal e da Câmara dos Deputados, do Ministério da Justiça e da Polícia Federal, da Comissão Interamericana de Direitos Humanos (OEA), da Ordem dos Advogados, passando pelo Ministério Público Federal, até a manifestação do então procurador-geral da República. Ressalta que a instauração de comissão parlamentar de inquérito na Câmara dos Deputados (CPI) para investigar a atuação desses grupos de extermínio deu-se, em 2005. Entretanto observa que desde 2002 já haviam sido feitas, na jurisdição internacional na OEA, recomendações para que fossem adotadas medidas cautelares destinadas à proteção integral de diversas pessoas envolvidas, entre elas o vereador, medidas as quais ou deixaram de ser cumpridas ou não foram efetivas. Para a Min. Relatora, os fatos que motivaram o pedido de deslocamento da competência nos moldes do § 5º do art. 109 da CF/1988 fundamentaram-se nos pressupostos exigidos para sua concessão: na existência de grave violação de direitos humanos, no risco de responsabilização internacional decorrente do descumprimento de obrigações jurídicas assumidas em tratados internacionais e na incapacidade das instâncias e autoridades locais de oferecer respostas efetivas como levantar provas, combater, reprimir ou punir as ações desses grupos de extermínio que deixaram de ser feitas, muitas vezes, pela impossibilidade de condições. Por outro lado, destaca que não foram trazidos elementos concretos em que se evidenciaria o envolvimento de membros do Judiciário ou do MP local ou ainda inércia em apurar os fatos. Também explica que não poderia acolher pedidos genéricos quanto ao desarquivamento de feitos ou outras investigações de fatos não especificados ou mesmo sem novas provas. Diante do exposto, a Seção, ao prosseguir o julgamento, acolheu em parte o incidente, deslocando a ação penal para a Justiça Federal da Paraíba, que designará a circunscrição competente sobre o local do crime e dos fatos a ele conexos, bem como determinando a comunicação deste julgamento ao ministro da Justiça e às Corregedorias dos Tribunais de Justiça dos estados nordestinos envolvidos. Precedente citado: IDC 1-PA, DJ 10/10/2005. **IDC 2-DF, Rel. Min. Laurita Vaz, julgado em 27/10/2010.** (Inform. STJ 453)

CC. TENTATIVA. HOMICÍDIO. ADVOGADO. SILVÍCOLA. MENTOR.

Trata-se de conflito de competência (CC) em que figura como suscitante o juízo estadual e como suscitado o TRF da 1ª Região. *In casu,* ocorreu tentativa de homicídio contra um advogado, crime do qual seria mentor um silvícola. Nesta superior instância, ao apreciar o conflito, inicialmente ressaltou o Min. Relator ser verdade que a competência federal penal, principalmente nas causas que envolvam índios, é alvo de inúmeras dúvidas doutrinárias e jurisprudenciais, sempre havendo vozes dissonantes. Entretanto, é possível valer-se de um princípio para definir se determinada ação deve tramitar na Justiça Federal ou na Justiça estadual: trata-se do princípio da preponderância do interesse da União. Na hipótese, a motivação da tentativa de homicídio seria a penhora de um micro-ônibus pertencente à associação indígena para saldar dívidas. Assim, entendeu o Min. Relator que, interpretando em conjunto o art. 3º da Lei n. 6.001/1973 e o art. 231 da CF/1988, não há como negar que, no caso, a motivação para o crime extrapolou o interesse privado (individual). É que, sendo vedada a implantação de garimpos particulares em reservas indígenas, criou-se uma maneira indireta de fazer a extração dos bens minerais escondidos em seu subsolo. Convenceu-se a comunidade indígena daquela região acerca da necessidade de aquisição de bens materiais modernos, sabendo-se que jamais seus membros teriam como quitar as dívidas contraídas. Desse modo, não se aplica à espécie o enunciado da Súm. n. 140-STJ, já que houve indubitavelmente disputa sobre direitos indígenas, o que atrai a competência da Justiça Federal. Diante dessas considerações, entre outras, a Seção conheceu do conflito e declarou competente a Justiça Federal, determinando a remessa dos autos ao TRF da 1ª Região a fim de prosseguir o julgamento do recurso em sentido estrito interposto pela defesa contra pronúncia que submeteu os réus a julgamento pelo tribunal do júri. Precedentes citados: CC 93.000-MS, DJe 14/11/2008, e HC 65.898-MS, DJ 14/5/2007. **CC 99.406-RO, Rel. Min. Jorge Mussi, julgado em 13/10/2010.** (Inform. STJ 451)

COMPETÊNCIA. CRIMES. SISTEMA FINANCEIRO. LAVAGEM. DINHEIRO.

In casu, trata-se de ação penal em curso contra a ora recorrente pela suposta prática dos crimes de quadrilha, lavagem de dinheiro e contra o sistema financeiro nacional. No RHC, a recorrente sustenta, em suma, que a competência para o julgamento da referida ação deve ser fixada em razão do seu domicílio, uma vez que realmente não é possível fixar o local de consumação dos delitos no país. A Turma negou provimento ao recurso sob o fundamento de que a competência em processo penal é determinada pelo lugar em que se consumou o crime e, quando iniciada a execução no território nacional e a infração se consumar fora dele, como no caso, a competência será determinada pelo lugar em que tiver sido praticado, no Brasil, o último ato de execução. Assim, tendo em vista que a exordial acusatória imputa à recorrente a prática de operações de câmbio e remessas de divisas ao exterior irregulares por meio de instituições financeiras sediadas em lugar diverso do seu domicílio, a competência para o processamento e julgamento do feito, inclusive diante de reconhecida conexão probatória, é do juízo da vara criminal especializada em crimes contra o sistema financeiro e lavagem de dinheiro, ou seja, onde se encontra a mencionada ação penal, ainda que em seção judiciária diversa da do estado onde reside a recorrente. Precedentes citados: RHC 19.909-PR, DJ 3/12/2007; HC 57.991-PR, DJ 27/3/2007, e HC 35.138-PR, DJ 13/9/2004. **RHC 25.163-PR, Rel. Min. Laurita Vaz, julgado em 5/10/2010.** (Inform. STJ 450)

FRAUDE. CONTRATO. LEASING. CRIME. SISTEMA FINANCEIRO NACIONAL.

Trata-se de conflito de competência que visa definir qual o juízo competente para apurar, processar e julgar eventual crime consistente na conduta de adquirir um veículo mediante fraude em contrato de *leasing*. Assim, a questão cinge-se em saber se tal conduta configura crime contra o Sistema Financeiro Nacional. Para o Min. Celso Limongi, segundo entendimento assentado na Sexta Turma em REsp do qual foi relator, o fato de o *leasing* financeiro não constituir financiamento não afasta, por si só, a configuração do delito previsto no art. 19 da Lei n. 7.492/1986, isso porque, embora não seja um financiamento, ele constitui o núcleo ou elemento preponderante dessa modalidade de arrendamento mercantil. Ressaltou, entre outras questões, que o tipo penal do referido dispositivo legal refere-se, exatamente, à obtenção de financiamento, sem exigir que isso ocorra num contrato de financiamento propriamente dito. Desse modo, a Seção, ao prosseguir o julgamento, por maioria, julgou procedente o conflito e declarou competente o juízo federal (suscitante) para processar e julgar o feito. Os votos vencidos, contudo, entendiam que, quando as pessoas enganadas e efetivamente lesadas pelas eventuais práticas dos crimes de falsificação e estelionato são os particulares, ainda que tenha a União interesse na punição do agente, tal seria genérico e reflexo, pois não há ofensa a seus bens, serviços ou interesses. Dessa forma, a eventual obtenção de crédito concedido por instituição financeira por meio de contrato de arrendamento mercantil (*leasing*) não configura delito tipificado na Lei n. 7.492/1986, visto que o *leasing* não é propriamente um contrato de financiamento. Precedentes citados do STF: RE 547.245-SC, DJe 5/3/2010; do STJ: REsp 706.871-RS, DJe 2/8/2010. **CC 111.477-SP, Rel. originário Min. Arnaldo Esteves Lima, Rel. para acórdão Min. Celso Limongi** (Desembargador convocado do TJ-SP), **julgado em 8/9/2010** (ver Informativo n. 440). (Inform. STJ 446)

COMPETÊNCIA. JUSTIÇA FEDERAL. INTERNET VIA RÁDIO.

A conduta de transmitir sinal de *internet*, via rádio, de forma clandestina, configura, em tese, o delito previsto no art. 183 da Lei n. 9.472/1997 (desenvolvimento clandestino de atividade de telecomunicações), de competência da Justiça Federal, uma vez que se trata de serviço cuja exploração é atribuída à União, ainda que se reconheça possível prejuízo a ser suportado pela empresa de telefonia. AgRg **no CC 111.056-SP, Rel. Min. Og Fernandes, julgado em 25/8/2010.** (Inform. STJ 444)

COMPETÊNCIA. FRAUDE. FINANCIAMENTO. VEÍCULOS.

A fraude praticada em contratos de financiamento perante instituição financeira, com destinação específica, no caso a aquisição de veículos automotores com garantia de alienação fiduciária, subsume-se, em tese, ao tipo previsto no art. 19 da Lei n. 7.492/1986, devendo ser processada perante a Justiça Federal, conforme o art. 26 do mesmo diploma. Precedentes citados: CC 30.427-RS, DJ 20/5/2002, e Cat 45-RJ, DJ 4/8/1997. **CC 112.244-SP, Rel. Min. Og Fernandes, julgado em 25/8/2010.** (Inform. STJ 444)

CONEXÃO. FACILITAÇÃO. CONTRABANDO. CORRUPÇÃO.

Trata-se de *habeas corpus* impetrado em favor de policial supostamente arregimentado por organização criminosa de exploração de jogos de azar, da qual fazem parte outros agentes públicos. O paciente foi denunciado pela suposta prática dos delitos de corrupção passiva qualificada, quadrilha ou bando, e facilitação de contrabando ou descaminho, além de violação de sigilo funcional. Segundo a denúncia, embasada em farto suporte probatório colhido em investigação, entre as quais diligências de busca e apreensão, bem como interceptação telefônica, deferida por autorização judicial de Ministro do STF, o paciente teria recebido vantagem patrimonial indevida, por intermédio de corréu, para se omitir e dar informações de ações policiais, além de agregar novos interessados na quadrilha. Também foi narrado que o paciente encontrava-se mensalmente com corréu, em datas apontadas nas investigações como o dia de pagamento dos agentes públicos cooptados, constando ainda da denúncia menção a diálogos interceptados. No *habeas corpus*, busca-se: a) o trancamento do processo sob as alegações de incompetência da Justiça Federal; b) a inépcia da denúncia; c) a ilicitude de prova – porque não teria existido autorização para a interceptação via rádio ou, se considerada autorizada, a decisão seria ilegal por falta de fundamentação; e d) a atipicidade das condutas, porquanto a imputação dos crimes ao paciente deu-se de maneira genérica e defeituosa. Nesse ponto, afirma a impetração não haver prova da materialidade nem indício de autoria dos crimes. Observou a Min. Relatora que, como é cediço, o trancamento de ação por falta de justa causa, na via estreita do HC, somente é possível quando se comprova, *de plano*, a atipicidade da conduta, a incidência de causa de extinção da punibilidade ou a ausência de indícios de autoria ou de prova sobre a materialidade do delito, hipóteses que não ocorreram na espécie. Por outro lado, ressalta aplicar-se ao caso a Súm. n. 122-STJ, a qual reconhece ser da competência da Justiça Federal os casos de crimes conexos de competência federal e estadual, isso porque diversas ações penais foram instauradas em virtude de ser numerosa e complexa a organização criminosa e de haver, entre seus membros, alguns acusados da prática de crimes da competência da Justiça Federal. Também ressaltou que a denúncia permitiu ao paciente, sem dificuldade, a ciência das condutas ilícitas que lhe foram imputadas, bem como lhe garantiu o livre exercício do contraditório e da ampla defesa. Logo, ao contrário do que sustenta a defesa, não houve inépcia da inicial nem atipicidade dos fatos. A denúncia descreveu com detalhes os crimes em tese, além de fundamentá-los, justificando-se pelos indícios não só a ação, mas seu prosseguimento. Destacou ainda que a comunicação por meio de rádio (Nextel) deu-se no mesmo aparelho da linha interceptada. Dessa forma, não procede a alegação de ilicitude da prova porque não estava prevista na decisão que deferiu a interceptação telefônica. Por fim observou que, por absoluta ausência de competência constitucional, este Superior Tribunal não poderia conhecer de pedido da impetração com o qual se pretende a revisão de decisões proferidas pelo Supremo. Diante do exposto, a Turma conheceu em parte da ordem e, nessa extensão, denegou-a. Precedentes citados do STF: HC 94.592-SP, DJe 3/4/2009; do STJ: CC 100.653-GO, DJe 6/4/2010; HC 110.704-RJ, DJe 9/3/2009; HC 69.551-PR, DJ 4/6/2007, e RHC 18.502-SP, DJ 15/5/2006. **HC 96.476-RJ, Rel. Min. Laurita Vaz, julgado em 10/8/2010**. (Inform. STJ 442)

COMPETÊNCIA. ROUBO. CORREIOS.

No caso, compete à Justiça estadual o processo e julgamento da ação penal instaurada em razão do roubo qualificado perpetrado na agência dos Correios, pois os valores subtraídos, conforme as instâncias ordinárias, eram de exclusiva propriedade do Banco Postal (convênio entre o Bradesco e a EBCT). Assim, o prejuízo é dirigido ao franqueado, sem que haja qualquer lesão a bens, serviços, ou interesses da União. Precedentes citados: HC 109.810-MG, DJe 19/12/2008; HC 39.200-SP, DJ 19/12/2005; CC 46.791-AL, DJ 6/12/2004; CC 27.343-SP, DJ 24/9/2001, e CC 30.537-PR, DJ 20/8/2001. **HC 96.684-BA, Rel. Min. Maria Thereza de Assis Moura, julgado em 5/8/2010**. (Inform. STJ 441)

COMPETÊNCIA. FURTO. BENS. RFFSA.

A MP n. 353/2007, convertida na Lei n. 11.483/2007, transferiu para a União os bens imóveis e para o Departamento Nacional de Infra-Estrutura de Transporte (DNIT) os bens moveis e imóveis operacionais da extinta Rede Ferroviária Federal S.A. (RFFSA). Assim, a União passou a ter interesse nos feitos criminais em que se apura a prática de furto de bens operacionais, no caso dormentes, antes pertencentes à RFFSA. Consequentemente, incide o art. 87 do CPC, que determina a remessa dos autos não sentenciados ao juízo superveniente competente quando a competência for alterada em razão da matéria, por não se aplicar a *perpetuatio jurisdictionis* em nulidade absoluta. Precedentes citados: CC 61.588-RJ, DJ 17/9/2007, e CC 62.601-RS, DJe 17/10/2008. **CC 101.444-RS, Rel. Min. Jorge Mussi, julgado em 23/6/2010**. (Inform. STJ 440)

RECEPTAÇÃO. FURTO. ECT.

O recorrente foi denunciado perante a Justiça comum estadual pela prática de receptação dolosa de uma balança de precisão furtada da Empresa de Correios e Telégrafos (ECT). Porém, viu-se condenado por sentença exarada pela Justiça Federal. No especial, insurge-se contra a aplicação da majorante prevista no art. 180, § 6°, do CP, incidente quando envolvidos bens de patrimônio de empresa pública federal. Primeiro, note-se que as empresas estatais (empresas públicas e sociedades de economia mista) são dotadas de personalidade jurídica de direito privado, mas possuem regime híbrido, a depender da finalidade da estatal: se presta serviço público ou explora a atividade econômica, predominará o regime público ou o privado. É certo que a ECT é empresa pública, pessoa jurídica de direito privado, prestadora de serviço postal, que, conforme o art. 21, X, da CF/1988, é de natureza pública e essencial, encontrando-se aquela empresa, por isso, sob o domínio do regime público. Ela é mantida pela União e seus bens pertencem a essa mantenedora, consubstanciam propriedade pública e estão integrados à prestação de serviço público. Daí que eles são insusceptíveis de qualquer constrição que afete a continuidade, regularidade e qualidade da prestação do serviço. Nesse contexto, vê-se que é plenamente justificada a tutela a bens, serviços e interesses da União diante do furto de bem pertencente à ECT, razão pela qual se atraiu a competência da Justiça Federal (art. 109, IV, da CF/1988), vista a conexão entre o furto (principal) e a receptação em questão (acessório). Também se acha albergada nessa tutela a incidência da referida majorante, não se podendo falar que foi dada, no caso, uma interpretação extensiva desfavorável ao conceito de bens da União. Anote-se, por último, que a balança objeto de receptação é diretamente vinculada à prestação do serviço postal, pois é o instrumento utilizado para a pesagem da correspondência. Com esse entendimento, a Turma, por maioria, negou provimento ao recurso. Já o voto divergente entendia ser necessário o decote da majorante, pois não se poderia ampliar o conceito de bem da União para abranger aqueles afetos às empresas públicas. Precedentes citados do STF: AgRg no RE 393.032-MG, DJe 18/12/2009; RE 398.630-SP, DJ 17/9/2004, e QO na ACO 765-RJ, DJe 4/9/2009. **REsp 894.730-RS, Rel. originária Min. Laurita Vaz, Rel. para acórdão Min. Arnaldo Esteves Lima, julgado em 17/6/2010**. (Inform. STJ 439)

COMPETÊNCIA. FALSIFICAÇÃO. DARF.

A sociedade empresária apresentou à Receita Federal guias DARF para comprovar o pagamento de receitas federais. Contudo, não existia, na Receita, qualquer registro da correspondente arrecadação, e o banco no qual se alega feito o pagamento negou serem suas as autenticações mecânicas existentes nos documentos. Por isso, houve a instauração de inquérito para apurar a suposta prática de crime de falsificação de papéis públicos (art. 293, V e § 1°, I, do CP). Diante do fato de que o contribuinte fez novo recolhimento dos tributos, constata-se não haver qualquer lesão à Receita Federal que possa impor a competência da Justiça Federal. Assim, em similitude à Súm. n. 107-STJ, fixou-se a competência da Justiça estadual. Precedentes citados: CC 103.269-SP, DJe 20/5/2010, e CC 37.933-SP, DJ 23/6/2003. **CC 110.529-SP, Rel. Min. Maria Thereza de Assis Moura, julgado 9/6/2010**. (Inform. STJ 438)

COMPETÊNCIA. INDÍGENA. DELITO. SERVIDOR PÚBLICO.

Emerge dos autos a constatação de ser praxe, entre os indígenas, a entrega de seus cartões magnéticos à custódia de servidores da Funai para movimentação de suas contas bancárias. Foram comprovados saques indevidos e existem fortes indícios de que esses fatos delituosos foram praticados por servidor público federal no exercício de sua função. Assim, compete à Justiça Federal processar e julgar esses delitos, tal qual previa a Súm. n. 254 do extinto TFR. Anote-se não incidir a Súm. n. 140-STJ, pois o que atrai a competência da Justiça Federal é o possível sujeito ativo do delito (servidor público), sendo desinfluente figurar indígena como vítima. Precedentes citados: HC 47.364-SC, DJ 4/9/2006, e CC 97.679-RO, DJe 19/12/2008. **CC 105.202-MG, Rel. Min. Jorge Mussi, julgado em 9/6/2010**. (Inform. STJ 438)

COMPETÊNCIA. TRANSFERÊNCIA. PRESÍDIO FEDERAL.

Conforme o juízo estadual (suscitante), os encarcerados em questão são de alta periculosidade, vinculados a facções criminosas e ao narcotráfico, exercem forte influência na população carcerária dos presídios daquele estado, além de terem arquitetado constatados planos de fuga e de execução de autoridades, fatos que justificariam a submissão ao regime disciplinar diferenciado, em garantia da segurança pública. Em 2007, a pedido daquele juízo, houve a transferência deles para presídio federal de segurança máxima localizado em outro estado da Federação, permanência que foi prorrogada até 2009. Contudo, novo pedido de renovação dessa permanência foi refutado pelo juízo federal (suscitado), o que desencadeou o conflito de competência. Anote-se que os presos continuam segregados na penitenciária federal e faltam apenas três meses para o final da controvertida permanência. Na hipótese, apesar de as autoridades judiciárias não afirmarem ou negarem sua competência, vê-se que há entre elas franca discordância a ponto de autorizar entrever-se um conflito fora dos moldes tradicionais. É certo que há possibilidade de renovação do prazo de permanência em presídio de segurança máxima quando cumpridos os requisitos do art. 10, § 1°, da Lei n. 11.671/2008. Esse pedido de transferência há que ser fundamentado pelo juízo de origem (arts. 3° e 4° da referida lei). Todavia, o acompanhamento da execução da pena em razão da citada transferência cabe ao juízo federal competente da localidade em que se situar o presídio de segurança máxima, ressalvados os casos de presos provisórios (art. 4°, §§ 1° e 2°, também da citada lei). Com esses fundamentos, a Seção, mediante o voto de desempate da Min. Presidente Laurita Vaz, entendeu declarar a competência do juízo federal, bem como manter os presos no presídio federal até o final do prazo de prorrogação da permanência. Os votos vencidos alertavam para o objetivo do regime diferenciado, de apenas temporariamente segregar presos de alta periculosidade, visto que, por ser medida tão drástica, em que o preso permanece isolado muitas horas por dia, não poderia eternizar-se, o que seria desumano. Precedente citado: CC 40.326-RJ, DJ 30/3/2005. **CC 110.576-AM, Rel. Min. Arnaldo Esteves Lima, julgado em 9/6/2010**. (Inform. STJ 438)

COMPETÊNCIA. DESVIO. SELO. CAMPANHA ELEITORAL.
A denúncia, amparada em inquérito policial, narra que o paciente (deputado estadual), em sua campanha eleitoral, utilizou dolosamente selos postais obtidos de forma ilícita por funcionários públicos federais dos Correios (em possível detrimento de verbas da Assembléia Legislativa), além de apresentar notas fiscais falsas para esquivar-se da fiscalização do TRE. Alega não ter participação no delito, pois apenas contratou com uma sociedade empresária a coleta e postagem das correspondências. Sustenta, também, que a suposta aquisição dos selos deu-se após a consumação do peculato, o que configuraria receptação, não se podendo falar, também, em tal crime porque não teria ciência de que os selos eram produto do crime. Nesse contexto, ressalta-se que é imputado crime de peculato aos funcionários dos Correios, pois consta dos autos que atuaram na condição de funcionários públicos. Como consabido, dá-se na Justiça Federal a apuração de crime praticado por funcionário público federal no exercício de suas atribuições funcionais. Outrossim, a princípio, houve violação dos serviços dos Correios (empresa pública federal), o que, por si só, atrai a competência da Justiça Federal (art. 109, IV, da CF/1988). Entender pela falta de ofensa aos referidos serviços demandaria ampla dilação probatória, o que é incompatível com a via eleita. Quanto à configuração do peculato ou receptação, frise-se que ambos os crimes seguem o mesmo rito e nenhum deles é hediondo. Daí que, tal como propalado pela jurisprudência, o paciente deve defender-se dos fatos imputados no decorrer da instrução, pois sua capitulação pode alterar-se no momento da sentença, conforme as hipóteses previstas no CPP. Já no que concerne à falta de provas da ciência de ilicitude ou mesmo da própria utilização dos selos, a denúncia aponta vários indícios de prova quanto à participação do paciente, tais como o depoimento de servidores da Assembléia Legislativa e o interrogatório dos corréus. Assim, ao considerar os limites cognitivos do *writ* e os dados colhidos até então, constata-se haver um mínimo de elementos a autorizar o prosseguimento da ação penal. Precedentes citados do STF: HC 87.324-SP, DJ 18/5/2007; HC 91.634-GO, DJ 5/10/2007; RHC 88.139-MG, DJ 17/11/2006; do STJ: CC 97.955-RS, DJe 26/8/2008; CC 97.679-RO, DJe 19/12/2008; HC 147.953-RS, DJe 3/5/2010, e HC 116.490-RJ, DJe 7/12/2009. **HC 147.964-RS, Rel. Min. Felix Fischer, julgado em 8/6/2010**. (Inform. STJ 438)

COMPETÊNCIA. TJ. TURMA RECURSAL. MESMO ESTADO. LEI MARIA DA PENHA.
Trata-se de conflito de competência em que o suscitante é a primeira turma recursal criminal dos juizados especiais e o suscitado, o tribunal de justiça do mesmo estado, nos autos de ação penal que tratam de violência doméstica contra a mulher. A ação penal teve início no primeiro juizado de violência doméstica e familiar contra a mulher, que remeteu os autos ao terceiro juizado, também da violência doméstica e familiar contra a mulher, que, por sua vez, suscitou o conflito negativo de competência, remetendo os autos ao TJ. Este declinou da competência, sustentando tratar-se de infração penal de menor potencial ofensivo, e os remeteu à primeira turma recursal criminal, que, acolhendo parecer do MP, suscitou conflito de competência. Para o Min. Relator, o mesmo raciocínio de não caber ao Superior Tribunal de Justiça julgar conflitos de competência entre juizados especiais e juízes de primeiro grau da Justiça Federal de uma mesma seção judiciária – segundo o entendimento do STF por ocasião do julgamento no RE 590.409-RJ, DJe 29/10/2009 – deve ser aplicado em relação a eventual conflito suscitado entre tribunal de justiça e turma recursal criminal do mesmo estado, tendo em vista que as turmas recursais constituem órgãos recursais ordinários de última instância relativamente às decisões dos juizados especiais, mas não se qualificam como tribunal, requisito essencial para que se instaure a competência especial do STJ (nesse sentido, há precedente da Seção). Dessa forma, por um lado, conclui o Min. Relator, não há conflito de competência a ser dirimido. Por outro lado, observa que a Lei n. 11.340/2006 (Lei Maria da Penha) afastou a competência da turma recursal ao determinar a não aplicação da Lei n. 9.099/1995, criando mecanismos para coibir a violência doméstica com o objetivo de dar maior proteção à mulher no âmbito de suas relações. Sendo assim, compete ao TJ, e não à turma recursal, decidir as questões relativas à violência doméstica contra a mulher, portanto a decisão do TJ, ao declinar da sua competência para a turma recursal processar e julgar o conflito negativo de competência instaurado entre os juizados de violência doméstica e familiar contra a mulher, configura constrangimento ilegal, impondo a correção de tal ilegalidade por meio da concessão de *habeas corpus* de ofício. Diante do exposto, a Turma não conheceu do conflito de competência, porém concedeu o *habeas corpus* de ofício a fim de determinar que o TJ do estado aprecie o conflito negativo de competência instaurado, como entender de direito. Precedentes citados: CC 90.072-SP, DJe 30/4/2010, e CC 110.609-RJ, DJe 28/4/2010. **CC 110.530-RJ, Rel. Min. Og Fernandes, julgado em 26/5/2010**. (Inform. STJ 436)

COMPETÊNCIA.TJ. TURMA RECURSAL. MESMO ESTADO.
Trata-se de conflito negativo de competência, sendo o suscitante a turma criminal do colégio recursal de circunscrição judiciária e o suscitado, o tribunal de justiça do mesmo estado. Noticiam os autos que os réus foram denunciados perante o juízo da vara criminal pela prática do crime previsto no art. 155, § 4º, IV, c/c o art. 14, todos do Código Penal. Recebida a exordial, foi acolhida a proposta de suspensão condicional do processo formulada pelo MP, que, no entanto, posteriormente, requereu a revogação do benefício ao fundamento de que foram descumpridas as condições impostas. O juízo de Direito, entretanto, indeferiu o pleito e, ainda, julgou extinta a punibilidade dos réus. Diante desse fato, o *Parquet*, irresignado, interpôs recurso em sentido estrito, contudo o tribunal de justiça determinou a remessa dos autos ao colégio recursal, que, por sua vez, suscitou o conflito. Isso posto, segundo observa o Min. Relator, no caso dos autos, aplicam-se os mesmos argumentos explicitados no conflito de competência (CC 110.530-RJ) julgado anteriormente, de acordo com o entendimento do STF de não caber ao Superior Tribunal de Justiça julgar conflitos de competência entre juizados especiais e juízes de primeiro grau da Justiça Federal de uma mesma Seção Judiciária e, nesse sentido, há precedente da Seção. Da mesma forma, não há conflito de competência a ser dirimido na espécie. Para o Min. Relator, nesse caso, a competência para julgamento de recurso interposto contra sentença de juiz de direito no exercício da jurisdição comum é do tribunal de justiça, não da turma recursal do juizado especial. Assim, a decisão do TJ que remeteu os autos para o colégio recursal configura nítido constrangimento ilegal, impondo-se a correção de tal ilegalidade por meio da concessão de *habeas corpus* de ofício. Ante o exposto, a Seção não conheceu do conflito de competência, porém concedeu o *habeas corpus* de ofício a fim de determinar que o Tribunal de Justiça aprecie o recurso em sentido estrito interposto. Precedentes citados do STF: RE 590.409-RJ DJe 29/10/2009; do STJ: CC 56.271-RS, DJ 25/9/2006; CC 85.947-SC, DJ 20/8/2007; CC 107.635-PR, e CC 90.072-SP, DJe 30/4/2010. **CC 107.994-SP, Rel. Min. Og Fernandes, julgado em 26/5/2010**. (Inform. STJ 436)

COMPETÊNCIA. ANOTAÇÕES FALSAS.
Noticiam os autos que foi instaurado inquérito policial para apurar a suposta prática dos crimes de sonegação de contribuição previdenciária e de ausência de anotação na carteira de trabalho (CTPS), previstos nos arts. 203 e 297, §§ 3º e 4º, do CP. Por um lado, quanto ao crime de sonegação de contribuição previdenciária, o juízo federal e juizado especial determinou o arquivamento do feito, declinando da competência quanto aos demais crimes. Por outro lado, o juízo de direito da vara criminal suscitou o conflito, alegando que o sujeito passivo da infração penal é a Previdência Social, haja vista incidir a regra do art. 109, IV, da CF/1988 – que atribui aos juízes federais a competência para julgar as infrações penais praticadas contra bens, serviços ou interesses da União ou de suas autarquias. Preliminarmente, o Min. Relator ressalvou seu ponto vista sobre a competência da Justiça Federal para processar e julgar o delito descrito no art. 297, §§ 3º e 4º, do CP, porquanto, nesse delito, o principal sujeito passivo do crime, a seu ver, é a União, representada pela Previdência Social e, só secundariamente, o segurado e seus dependentes que vierem a ser prejudicados, pois a ausência de anotação de informações relativas ao vínculo empregatício na CTPS afeta diretamente a arrecadação de tributos, já que a contribuição previdenciária é calculada com base no valor do salário pago ao empregado. Explica ser esse também o entendimento da doutrina, contudo a Terceira Seção, com base na Súm. n. 62-STJ, tem decidido pela competência da Justiça estadual para processar e julgar o crime de ausência de anotação na CTPS. A Seção tem decidido nesse mesmo sentido quanto ao crime de frustração de direitos trabalhistas, tipificado no art. 203 do CP, pois entende, em ambos os casos, que a conduta delituosa atinge apenas interesse privado, visto que acarreta prejuízo somente a um empregado da empresa. Por essa razão, não o considera crime contra a organização do trabalho, justificando, assim, a fixação da competência da Justiça estadual. Diante do exposto, a Seção, declarou competente o juízo de Direito suscitante. Precedentes citados: CC 20.334-SP, DJ 15/5/2000; CC 100.744-PR, DJe 22/5/2009, e AgRg no CC 62.750-SP, DJe 5/5/2008. **CC 96.365-PR, Rel. Min. Jorge Mussi, julgado em 26/5/2010**. (Inform. STJ 436)

COMPETÊNCIA. CRIME. SISTEMA FINANCEIRO. DESCLASSIFICAÇÃO. ESTELIONATO.
Trata-se de conflito negativo de competência entre TRF e juízo de direito de vara criminal estadual. Consta dos autos que o Ministério Público Federal (MPF) ofereceu denúncia por utilização de documentos falsos para contraírem empréstimos na modalidade CDC no Banco do Brasil, o que viola o art. 19, *caput* e parágrafo único, da Lei n. 7.492/1986, bem como os arts. 297 e 304 c/c 69 e 71, todos do CP, causando, dessa forma, prejuízos ao banco. Sobreveio a sentença proferida pelo titular da vara criminal federal, condenando a ré a seis anos de reclusão e ao pagamento de 30 dias-multa no menor valor unitário. Então, a ré interpôs recurso de apelação, sustentando, em preliminar, a incompetência absoluta da Justiça Federal ao fundamento de que não foi comprovado o prejuízo patrimonial da União, mas apenas o da sociedade de economia mista com foro na Justiça estadual e, no mérito, buscava a desclassificação do crime para estelionato, o que resultaria também na incompetência absoluta da Justiça Federal. O TRF acolheu as alegações da defesa ao argumento de que a conduta da ré não poderia ser considerada crime financeiro, mas sim estelionato, visto que o prejuízo causado atingira apenas o patrimônio da instituição financeira, por isso declarou a nulidade do processo desde o recebimento da denúncia, revogando a prisão preventiva imposta à ré. Assim, após deslocados os autos para a Justiça comum estadual, o *Parquet* estadual afirmou que já se havia manifestado sobre o tema no sentido de ser a competência da Justiça Federal e pugnou que os autos fossem devolvidos ao TRF para que ele suscitasse o conflito de competência. Dessa forma, o julgamento, em questão de ordem, foi retificado pelo TRF, suscitando o conflito de competência. Para o Min. Relator, o art. 19 da Lei n. 7.492/1986 exige, para configuração do crime contra o sistema financeiro, a utilização de fraude para obter financiamento de instituição financeira, o que difere da obtenção de empréstimo. Isso porque os financiamentos são operações realizadas com destinação específica, em que, para a obtenção de crédito, existe alguma concessão por parte do Estado como incentivo, assim há vinculação entre a concessão do crédito e o patrimônio da União. Também se exige a comprovação da aplicação desses recursos, por exemplo: os financiamentos de parques industriais, máquinas e equipamentos, bens de consumo duráveis, rurais e imobiliários. Dessarte, segundo o Min. Relator, na hipótese dos autos, tem razão o suscitante, pois não houve lesão ao patrimônio da União, de suas entidades autárquicas ou empresas públicas, conforme exigido pelo art. 109, IV, da CF/1988, visto que, em todas as vezes, a ré obteve empréstimo na modalidade de crédito direto ao consumidor (CDC); isso causou lesão exclusivamente à instituição financeira, como apontou o TRF. Por outro lado, quanto à imputação pelos delitos de uso de documento falso e falsificação de documento público tipificados nos arts. 304 e 297 do CP, destaca não existirem, nos autos, elementos que apontem a utilização dos documentos falsos em outras situações que não a obtenção dos empréstimos, por isso incide, na espécie, a Súm. n. 17-STJ. Diante do exposto, a Seção conheceu do conflito para declarar competente o juízo da vara criminal, o suscitado. Precedentes citados: CC 104.893-SE, DJe 29/3/2010; CC 106.283-SP, DJe 3/9/2009, e CC 31.125-SP, DJ 1º/7/2004. CC 107.100-RJ, Rel. Min. Jorge Mussi, julgado em 26/5/2010. (Inform. STJ 436)

CC. USO. PASSAPORTE ESTRANGEIRO. FALSIFICAÇÃO.
Trata-se de conflito negativo de competência entre juízo de Direito e juízo federal. A indiciada foi presa em flagrante ao tentar embarcar para Paris com carteira de identidade e passaporte venezuelanos falsos. Destacou-se que, no caso, não se discute eventual apresentação de documentos na entrada do país. Segundo a jurisprudência deste Superior Tribunal, o crime de documento falso consuma-se no momento e lugar em que ele é utilizado. Na hipótese, o delito foi praticado em detrimento do serviço prestado na fronteira, em que a União, por meio da Polícia Federal, fiscaliza o controle de ingresso e saída de estrangeiros do país, evidenciando-se, assim, segundo a Min. Relatora, o interesse da União na sua apuração. Diante do exposto, a Seção declarou competente o juízo federal suscitado. Precedentes citados: CC 46.728-SP, DJ 26/9/2005, e CC 36.360-RJ, DJ 19/12/2002. **CC 110.436-SP, Rel. Min. Maria Thereza de Assis Moura, julgado em 26/5/2010**. (Inform. STJ 436)

COMPETÊNCIA. TORTURA. PM. PF.
In casu, o indiciado foi preso em flagrante pela suposta prática de crime de roubo e, em depoimento, alegou ter sido torturado para que confessasse os fatos a ele imputados. Feito o exame de corpo de delito, comprovaram-se as lesões corporais supostamente praticadas por policiais militares na dependência de delegacia da Polícia Federal. Esses fatos denotariam indícios de crime de tortura. Noticiam os autos que, no momento do recebimento da notícia do suposto delito de roubo, os policiais militares estavam em diligência de apoio a policiais federais. Daí o juizado especial criminal, ao acolher parecer do MP estadual, remeteu os autos à Justiça Federal de Subseção Judiciária. Por sua vez, o juízo federal de vara única, ao receber os autos, suscitou o conflito de competência ao considerar que os policiais federais não participaram do suposto ato de tortura. Para o Min. Relator, com base na doutrina, o crime de tortura é comum, porém se firma a competência conforme o lugar em que for cometido. Assim, se o suspeito é, em tese, torturado em uma delegacia da Polícia Federal, deve a Justiça Federal apurar o débito. Destaca, ainda, que a Lei n. 9.455/1997 tipifica também a conduta omissiva daqueles que possuem o dever de evitar a conduta criminosa (art. 1º, I, a, § 2º, da citada lei). Quanto à materialidade e autoria do suposto crime de tortura, embora não haja, nos autos, informações de que os policiais federais teriam participado ativamente do crime de tortura, os fatos, em tese, foram praticados no interior de delegacia da Polícia Federal, o que, segundo o Min. Relator, atrai a competência da Justiça Federal nos termos do art. 109, IV, da CF/1988. Nesse contexto, a Seção conheceu do conflito para declarar competente o juízo federal suscitante. **CC 102.714-GO, Rel. Min. Jorge Mussi, julgado em 26/5/2010**. (Inform. STJ 436)

COMPETÊNCIA. CRIME. RELAÇÕES. CONSUMO.
Em conflito de competência entre juízos de vara criminal de comarcas situados em estados federados diversos, a questão consiste em definir a competência para processar e julgar possível crime contra as relações de consumo (art. 7º, IX, da Lei n. 8.137/1990) supostamente perpetrado por sociedade empresária responsável pela venda de pneus impróprios para o consumo, visto que laudo técnico apontou a existência de defeito de fabricação. Anotou o parecer do MPF que a norma citada descreve uma conduta voltada não para a sociedade empresária responsável pela sua fabricação, mas para aquela responsável pela sua exposição à venda e comercialização. Para a Min. Relatora, a questão suscitada consiste em definir a competência para processar e julgar o crime contra relação de consumo previsto no art. 7º, IX, da Lei n. 8.137/1990. Assim, verifica-se que o núcleo da ação inicia-se e se encerra com a exposição do produto à venda; nesse caso, deve incidir o art. 70 do CPP, segundo o qual a competência será, de regra, determinada pelo lugar em que se consumar a infração ou, no caso de tentativa, pelo lugar em que for praticado o último ato de execução, conforme também sufragado em precedente. Com esse entendimento, a Seção declarou competente o juízo da vara criminal do local onde foi exposto o produto à venda, o suscitado. Precedente citado: CC 27.315-SP, DJ 18/2/2002. **CC 107.764-BA, Rel. Min. Maria Thereza de Assis Moura, julgado em 26/5/2010**. (Inform. STJ 436)

COMPETÊNCIA. CONEXÃO. DELITOS. EXTINÇÃO. PUNIBILIDADE.
Em conflito de competência entre o suscitante juízo de Direito e o suscitado juízo federal, consta dos autos que o MPF ofereceu denúncia contra um agente quanto à suposta prática do delito descrito no art. 334, *caput*, do CP (descaminho) e contra os outros dois corréus pela suposta prática do delito previsto no art. 180 do CP (receptação). Entretanto, com relação ao primeiro denunciado, houve a extinção da punibilidade devido ao seu falecimento. Diante disso, o juízo federal declinou de sua competência para o julgamento dos corréus em favor do juízo estadual. Porém, o MP estadual manifestou-se no sentido de competir à Justiça Federal o julgamento do feito, com base na *perpetuatio jurisdictionis*. Observou, ainda, o MP estadual que, nos termos do art. 81 do CPP, nos casos de conexão ou continência, quando há absolvição ou desclassificação do crime que atraiu a competência, o feito continua no mesmo juízo para apreciação dos demais delitos conexos. Para a Min. Relatora, as razões de conduzir a competência no processo penal são sempre de ordem pública, pois decorrem da CF/1988. Assim, as normas de conexão, de índole meramente legal, não poderiam sobrepor-se aos regramentos constitucionais de determinação de competência. Logo, na hipótese de conexão entre os crimes de descaminho e de receptação, em que o primeiro atraiu a competência da Justiça Federal para processar e julgar os delitos, não mais existindo atração para a Justiça Federal processar e julgar o feito devido à extinção da punibilidade pela morte do agente, desaparece o interesse da União, o que desloca a competência para a Justiça estadual. Destaca que não é o caso de aplicação do princípio da *perpetuatio jurisdictionis*: o juiz não proferiu sentença de mérito, apenas decretou de ofício a extinção da punibilidade. Diante do exposto, a Seção conheceu do conflito para declarar competente o juízo de Direito, o suscitante. Precedentes citados do STF: HC 69.325-GO, DJ 4/12/1992; do TFR: CC 7.043-RS, DJ 6/11/1986. **CC 110.998-MS, Rel. Min. Maria Thereza de Assis Moura, julgado em 26/5/2010**. (Inform. STJ 436)

COMPETÊNCIA. *INTERNET*. CRIMES CONTRA HONRA.
A Seção entendeu, lastreada em orientação do STF, que a Lei de Imprensa (Lei n. 5.250/1967) não foi recepcionada pela CF/1988. Assim, nos crimes contra a honra, aplicam-se, em princípio, as normas da legislação comum, quais sejam, o art. 138 e seguintes do CP e o art. 69 e seguintes do CPP.

Logo, nos crimes contra a honra praticados por meio de publicação impressa em periódico de circulação nacional, deve-se fixar a competência do juízo pelo local onde ocorreu a impressão, uma vez que se trata do primeiro lugar onde as matérias produzidas chegaram ao conhecimento de outrem, de acordo com o art. 70 do CPP. Quanto aos crimes contra a honra praticados por meio de reportagens veiculadas na *Internet*, a competência fixa-se em razão do local onde foi concluída a ação delituosa, ou seja, onde se encontra o responsável pela veiculação e divulgação das notícias, indiferente a localização do provedor de acesso à rede mundial de computadores ou sua efetiva visualização pelos usuários. Precedentes citados do STF: ADPF 130-DF, DJe 6/11/2009; do STJ: CC 29.886-SP, DJ 1º/2/2008. **CC 106.625-DF, Rel. Min. Arnaldo Esteves Lima, julgado em 12/5/2010**. (Inform. STJ 434)

COMPETÊNCIA. ESTELIONATO. EMPRÉSTIMO. APOSENTADA.
Cuida-se da suposta prática de estelionato mediante a contratação fraudulenta de empréstimo consignado em folha de pagamento de proventos do INSS. Constatou-se que foi utilizada a senha de um representante de corretora de seguros para realizar o empréstimo fraudulento na instituição financeira privada e consigná-lo na folha de pagamento da aposentada. Diante disso, constata-se que o estelionato não foi cometido em detrimento de bens, serviços ou interesses da União ou suas entidades autárquicas, o que afasta a competência da Justiça Federal e determina a da Justiça comum estadual. Precedentes citados: CC 102.207-SP, DJe 3/8/2009; CC 38.293-RS, DJ 9/6/2003, e AgRg no CC 37.487-RS, DJ 20/10/2003. **CC 100.725-RS, Rel. Min. Jorge Mussi, julgado em 28/4/2010**. (Inform. STJ 432)

COMPETÊNCIA. CRIME. ABUSO. AUTORIDADE.
Trata-se de *habeas corpus* em que o paciente afirma ser incompetente a Justiça Federal para processar o feito em que é acusado pelo crime de abuso de autoridade. Na espécie, após se identificar como delegado de Polícia Federal, ele teria exigido os prontuários de atendimento médico, os quais foram negados pela chefe plantonista do hospital, vindo, então, a agredi-la. A Turma, por maioria, entendeu que, no caso, não compete à Justiça Federal o processo e julgamento do referido crime, pois interpretou restritivamente o art. 109, IV, da CF/1988. A simples condição funcional de agente não implica que o crime por ele praticado tenha índole federal, se não comprometidos bens, serviços ou interesses da União e de suas autarquias públicas. Precedente citado: CC 1.823-GO, DJ 27/5/1991. **HC 102.049-ES, Rel. Min. Nilson Naves, julgado em 13/4/2010**. (Inform. STJ 430)

COMPETÊNCIA. CORRETOR. CRECI.
A Seção decidiu que compete ao juizado especial civil e criminal processar e julgar a contravenção penal referente ao exercício ilegal da atividade profissional no caso de um corretor de imóveis que teve sua inscrição cancelada pelo Creci por impontualidade do pagamento das anuidades (art. 205 do CP c/c Res. n. 761/2002 do Creci; art. 47 do DL n. 3.688/1941; art. 109, IV, da CF/1988, e art. 5º da Lei n. 6.530/1978). Precedentes citados: CC 13.019-BA, DJ 13/11/1995, e CC 90.776-MG, DJe 14/3/2008. **CC 104.924-MG, Rel. Min. Jorge Mussi, julgado em 24/3/2010**. (Inform. STJ 428)

COMPETÊNCIA. CRIME AMBIENTAL.
A Seção decidiu que compete ao juizado especial federal processar e julgar crime ambiental (art. 39 da Lei n. 9.605/1998) decorrente do corte de árvores (palmito) em floresta de preservação permanente sem autorização do IBAMA, que administra o Parque Nacional de Itatiaia, por ser área particular vizinha à unidade de conservação (art. 9º da Lei n. 4.771/1965). Precedente citado: CC 89.811-SC, DJe 3/4/2008. **CC 92.722-RJ, Rel. Min. Jorge Mussi, julgado em 24/3/2010**. (Inform. STJ 428)

COMPETÊNCIA. CRIMES. CONEXÃO.
A Seção decidiu que compete à Justiça Federal processar e julgar os crimes de roubo em questão (o de uma motocicleta cometido contra um particular e o perpetrado contra a Empresa Brasileira de Correios). No caso, há indícios de conexão, porquanto ambos os delitos ocorreram no mesmo dia, tendo o primeiro delito servido de transporte dos indiciados para a prática do segundo crime (art. 76, II, do CPP e Súm. n. 122-STJ). Precedente citado: CC 20.137-AM, DJ 25/2/1998. **CC 104.605-RO, Rel. Min. Jorge Mussi, julgado em 24/3/2010**. (Inform. STJ 428)

TRANSPORTE. MUNICÍPIO. SEM-TERRA.
A Turma deu provimento ao REsp do MP estadual para receber a denúncia oferecida pela prática do delito previsto no art. 1º, II, do DL n. 201/1967, contra o recorrido (prefeito), devendo o TJ dar prosseguimento ao feito – ou então o juiz de primeiro grau, caso já não exerça o cargo com prerrogativa de função. Narra a denúncia que o prefeito estaria utilizando veículos de propriedade do município para transportar integrantes do movimento sem-terra para a propriedade rural invadida. Para o Min. Relator, não há inépcia da denúncia, visto que obedeceu ao art. 41 do CPP e, havendo indícios de autoria, as eventuais controvérsias sobre a participação do prefeito devem ser esclarecidas no curso do processo. **REsp 623.519-PR, Rel. Min. Og Fernandes, julgado em 17/11/2009.** (Inform. STJ 416)

COMPETÊNCIA. NOTAS FISCAIS INIDÔNEAS.
Uma sociedade empresária estabelecida em uma determinada cidade utilizou notas fiscais emitidas por outra sociedade com sede em cidade situada em outro estado. A intenção era de, em tese, lesar o Fisco estadual pelo aproveitamento de créditos de ICMS, pois já declarada a inidoneidade documental dessas mesmas notas fiscais, daí os supostos crimes contra a ordem tributária. Esses delitos (art. 1º, IV, da Lei n. 8.137/1990), como consabido, são crimes materiais que se consumam com a supressão ou redução do tributo após transcorrido o prazo para seu recolhimento, no local em que verificado o prejuízo decorrente da conduta típica. Seu objeto material podem ser notas fiscais e seu objeto jurídico tutelado é, sem dúvida, a arrecadação do estado. Dessa forma, no caso, entrelaçadas as provas das infrações, revelado o liame lógico entre os delitos, há a conexão (art. 76 do CPP) e, diante do concurso entre jurisdições de mesma categoria, a competência firma-se por prevenção, pois não ocorreu qualquer das hipóteses do art. 78, II, **a** e **b**, do referido código. Precedente citado: CC 75.170-MG, DJ 27/9/2007. **CC 96.497-SP, Rel. Min. Arnaldo Esteves Lima, julgado em 23/9/2009.** (Inform. STJ 408)

COMPETÊNCIA. HOMICÍDIO. REMOÇÃO. ÓRGAOS.
Nos autos, o fato imputado aos acusados é de homicídio qualificado contra menor – médicos e enfermeiros teriam cometido uma série de atos e omissões voluntários com intenção de forjar e documentar a morte do paciente, com o fim de fazê-lo doador de órgãos para transplante, em desacordo com a legislação vigente. Os autos foram remetidos, após o interrogatório dos acusados, ao juízo federal ao argumento da existência de conexão probatória ou instrumental entre os delitos de homicídio, de competência estadual, com os crimes de remoção de tecidos e órgãos, de competência federal, devido ao interesse da União, por ser ela gestora do Sistema Nacional de Transplante e organizadora da lista única nacional. Narram os autos, ainda, que, num primeiro momento, o juízo federal declarou-se competente, mas, depois, acolheu a preliminar da defesa de incompetência do juízo federal e remeteu os autos ao juízo estadual, que suscitou o conflito de competência. Isso posto, para o Min. Nilson Naves (Relator) não é pelo fato de o Ministério da Saúde exercer as funções de órgão central do Sistema Nacional de Transplante (art. 4º do Dec. n. 2.268/1997) que se requer, em todo e qualquer caso de remoção (tecidos, órgão e parte do corpo em desacordo com as disposições da citada lei), pronuncie-se a Justiça Federal. Ressalta, ainda, acolhendo os argumentos do juízo federal, que a remoção dos órgãos foi consequência da ação de homicídio, que é a ação principal, e, no caso, irá estabelecer a competência do juízo estadual. Com esse entendimento, a Seção declarou competente o juízo estadual. Precedente citado: CC 45.483-RJ, DJ 9/2/2005. **CC 103.599-MG, Rel . Min. Nilson Naves, julgado em 24/6/2009.** (Inform. STJ 400)

PRERROGATIVA. FORO. RAZÕES. RECURSO.
A Turma reafirmou o entendimento de que a prerrogativa de foro não alcança os ex-ocupantes de cargos e funções públicas (ADI 2.797-DF e 2.860-DF do STF) e, na espécie, o paciente jamais teve a seu favor a referida prerrogativa, pois em 1983, época em que era prefeito, não havia disposição alguma conferindo prerrogativa de foro a prefeito, o que só viria acontecer com a promulgação da CF/1988, quando já não mais ocupava o cargo. Quanto à ausência de razões do recurso em sentido estrito, a Turma reiterou que, no caso de omissão do defensor constituído, impõe-se a intimação do réu para a constituição de outro defensor; se não constituído, impõe-se a nomeação de defensor dativo. O julgamento sem que o recurso tenha sido arrazoado é nulo. Assim, a Turma concedeu parcialmente a ordem. **HC 118.102-GO, Rel. Min. Nilson Naves, julgado em 16/6/2009.** (Inform. STJ 399)

COMPETÊNCIA. JF. DANO. APA.
No caso, cuida-se de dano causado à Área de Preservação Ambiental (APA) do Cairuçu, criada pelo Decreto Federal nº 89.242/83, que consistiu no desmatamento de extensa área de floresta considerada de preservação permanente, com destruição de mata ciliar ou galeria, e utilização de toda vertente de um rio. Assim, como a área está sujeita à restrição administrativa ao uso da propriedade privada, subsiste interesse direto e específico da

União, o que atrai a competência da Justiça Federal para julgamento do feito. Logo, a Seção, ao prosseguir o julgamento, declarou competente o Juízo Federal da 1ª Vara de Angra dos Reis./RJ. **CC 80.905-RJ, Rel. Min. Og Fernandes, julgado em 10/6/2009.** (Inform. STJ 398)

CONEXÃO. CRIME FINANCEIRO. COAÇÃO.
Em *habeas corpus* substitutivo de recurso ordinário, o paciente insurge-se contra decisão do TJ que manteve o reconhecimento de conexão entre a ação penal referente a crime financeiro e a relativa a delito de coação (supostas ameaças praticadas pelo ora paciente contra seu corréu na primeira ação). Note-se que as ameaças ocorreram no interior do estado, e a ação referente ao crime financeiro tramita na capital. Inicialmente, a Min. Relatora observa que, embora a existência de conexão entre ações penais, sobretudo na modalidade instrumental, em regra, requeira exame do conjunto probatório, no caso específico, a prova é pré-constituída, não ensejando dilação probatória. Isso posto, reconheceu a conexão objetiva (art. 76, II, do CPC), pois o paciente se teria aliado a outros para ameaçar seu corréu, coagindo-o a isentá-lo de culpa, inocentando-o do crime financeiro. Também verificou a necessidade de conexão instrumental entre as duas ações pela inegável ligação entre a produção probatória dos dois procedimentos: a prova de uma ação influi direta e necessariamente na prova da outra, não podendo, portanto, ser processadas em juízos diversos. Corrobora essa tese o fato de que, na ação referente ao crime financeiro, por diversas vezes, foi determinada a prisão preventiva do paciente para garantir a instrução criminal. Assim, concluiu que somente com a conexão das ações é que se conseguiu demonstrar que as ameaças até então invocadas como razão de decidir, na ação de crime financeiro, não eram desprovidas de dados concretos, justificando-se o deslocamento da competência do local da consumação do suposto delito de coação (art. 344 do CP). Esclareceu ainda que a conexão das ações penais não impõe necessariamente a unificação dos feitos; pode ocorrer, conforme o caso, o trâmite separado, mas no mesmo juízo (art. 80 do CPP). No tocante à irregularidade de avocação pelo juízo relativo ao crime financeiro, asseverou que não teria ocorrido, uma vez que a remessa dos autos teria partido do juízo referente ao delito de coação com parecer favorável do MP. Nesse ponto, a Min. Maria Thereza de Assis Moura considerou não estar sendo discutida, nesses autos, a avocação. Com esse entendimento, a Turma denegou a ordem, vencido o Min. Nilson Naves, por entender que, no caso, não se justificava determinar a competência pela conexão, justificando-a pelo lugar da infração. Ademais, observava haver notícias de que a ação pelo crime financeiro foi sentenciada, enquanto a ação pela coação no curso do processo está na fase de defesa prévia. Precedentes citados: CC 91.353-SP, DJe 14/4/2008; HC 57.991-PR, DJ 27/3/2007; HC 59.084-PR, DJ 27/11/2006; RHC 18.915-SP, DJ 10/4/2006, e Cat 44-MG, DJ 9/12/1996. **HC 113.562-PR, Rel. Min. Jane Silva (Desembargadora convocada do TJ-MG), julgado em 9/6/2009.** (Inform. STJ 398)

CRIMES CONEXOS. COMPETÊNCIA FEDERAL.
Trata-se de paciente que, juntamente com outros 17, está sendo acusada de fraudar licitações públicas realizadas com recursos federais oriundos de convênios firmados entre municípios, órgãos e autarquias federais (MEC e FNDE). Irresignada com o recebimento da denúncia e com a prisão cautelar, sustenta a nulidade da ação penal, inclusive por incompetência do juízo processante, uma vez que os recursos são federais e ainda alvo de inquérito na Polícia Federal, por incidirem as Súmulas ns. 208 e 122 deste Superior Tribunal. Isso posto, inicialmente, o Min. Relator reconheceu que o *mandamus* impetrado no Tribunal de origem perdeu seu objeto no que concerne à análise dos fundamentos da prisão preventiva, tendo em vista sua revogação pelo juízo de primeiro grau. Dessa forma, a ordem foi conhecida somente em parte, em razão da incompetência absoluta do juízo processante, pois, no caso, os recursos tem realmente origem federal (Súm. n. 208-STJ) e o fato de a exordial acusatória imputar também crimes de competência estadual em razão da conexão não afasta a competência do Juízo Federal (Súm. n. 122-STJ). Com esse entendimento, a Turma conheceu parcialmente da ordem de *habeas corpus* e, nessa parte, concedeu-a para declarar a nulidade de todos os atos decisórios proferidos na ação penal, devendo as peças ser remetidas ao juízo federal competente. **HC 97.457-PE, Rel. Min. Felix Fischer, julgado em 2/6/2009.** (Inform. STJ 397)

COMPETÊNCIA. LAVAGEM. DINHEIRO. CRIME ANTECEDENTE.
A Seção declarou competente o juízo federal da vara especializada em crimes contra o Sistema Financeiro Nacional e em lavagem de valores suscitante para dar prosseguimento ao feito apurado em inquérito policial pela prática de conduta que se amolda ao tipo penal de lavagem de dinheiro que teve como crime antecedente tráfico nacional de entorpecente, mas no qual os investigados foram processados e condenados pelo juízo federal criminal. No caso dos autos, embora o crime antecedente seja tráfico nacional de entorpecentes, ele só foi julgado pelo juízo federal por haver conexão com crime de falsidade de passaporte em observância às regras de competência. Assim também, o juízo federal é competente para o julgamento do crime de lavagem de dinheiro nos termos do art. 2º, III, **b**, da Lei n. 9.613/1998. **CC 97.636-SP, Rel. Min. Maria Thereza de Assis Moura, julgado em 22/4/2009.** (Inform. STJ 391)

COMPETÊNCIA. ADULTERAÇÃO. IDENTIFICADOR. VEÍCULO.
No crime de adulteração de sinal identificador de veículo mediante substituição de placa original por outra falsa, o fato de o veículo ter sido flagrado por fiscalização da Polícia Rodoviária Federal em barreira policial não altera a natureza do crime, que se consuma com a mera falsidade, ou seja, com a lesão direta à fé pública do órgão que registrou o veículo, no caso, o Detran estadual de sua procedência. Assim, como não há lesão direta a bens, interesses ou serviços da União ou de suas autarquias, a Seção declarou competente o Tribunal de Justiça suscitado para julgar o recurso de apelação da defesa. Precedentes citados: AgRg no REsp 884.974-RS, DJ 4/8/2008; REsp 762.993-SP, DJ 26/6/2006, e HC 41.366-SP, DJ 20/6/2005. **CC 100.414-RS, Rel. Min. Maria Thereza de Assis Moura, julgado 22/4/2009.** (Inform. STJ 391)

COMPETÊNCIA. VENDA. MEDICAMENTO IMPORTADO ABORTIVO.
Os réus foram denunciados, respectivamente, pela suposta prática do crime previsto no art. 124 do CP e dos delitos tipificados no art. 124, c/c o art. 29, *caput*, c/c o art. 273, § 1º-A, na forma do art. 69, todos do CP. As provas reunidas nos autos, segundo a denúncia, apontam indícios de que o réu tinha conhecimento da finalidade abortiva do medicamento importado sem registro junto à Anvisa, tendo-o em estoque para venda e a corré, mesmo tendo ciência de que tal medicamento provocar-lhe-ia aborto, adquiriu-o. No caso, a importação irregular do medicamento do Paraguai não é objeto da ação penal, e a conduta de tê-lo em depósito para venda, sem registro, em desconformidade com a exigência do órgão de vigilância sanitária não configura ofensa a bens, direitos ou serviços da União. Nesse contexto, a Seção declarou competente o Tribunal de Justiça suscitado para examinar o mérito de recurso em sentido estrito. **CC 97.430-SP, Rel. Min. Maria Thereza de Assis Moura, julgado em 22/4/2009.** (Inform. STJ 391)

COMPETÊNCIA. JUIZADO ESPECIAL. VIOLÊNCIA DOMÉSTICA.
Vê-se a legalidade da Resolução n. 7/2006 do TJDFT, que atribuiu aos juizados especiais criminais (com exceção de determinadas circunscrições) a competência para as causas decorrentes de violência familiar e doméstica contra a mulher. Note-se que não se trata de aplicar a Lei n. 9.099/1995 a esses casos (o que é vetado pelo art. 41 da Lei n. 11.340/2006), pois, no art. 2º daquela resolução, está expressamente ressaltado que os procedimentos instituídos pela Lei n. 9.099/1995 não se confundem com os da Lei 11.340/2006: há o alerta de que eles devem ser aplicados separadamente, conforme seus respectivos ritos. Precedente citado: CC 96.522-MG, DJ 19/12/2008. **CC 97.456-DF, Rel. Min. Maria Thereza de Assis Moura, julgado em 11/2/2009.** (Inform. STJ 383)

COMPETÊNCIA. LAVAGEM. CAPITAIS.
É da competência da Justiça Federal os casos em que as infrações penais referentes à lavagem de capitais são praticadas contra o sistema financeiro e ordem econômico-financeira ou em detrimento de bens, serviços ou interesses da União, suas entidades autárquicas ou empresas públicas, bem como nos casos em que o crime antecedente for afeito à competência da Justiça Federal. No caso, não se notam as situações acima descritas, ressaltado que o crime antecedente (de tráfico de drogas que não ostenta internacionalidade) não é da competência da Justiça Federal, o que determina reconhecer a competência da Justiça comum estadual. Precedentes citados: CC 43.131-SP, DJ 22/11/2004, e HC 15.068-RJ, DJ 13/8/2001. **CC 96.678-MG, Rel. Min. Maria Thereza de Assis Moura, julgado em 11/2/2009.** (Inform. STJ 383)

COMPETÊNCIA. CORREIOS. CONDOMÍNIO.
Apesar de a discussão pautar-se na obrigação de os Correios entregarem correspondências na porta de cada um dos moradores (individualmente) ou na portaria do condomínio por eles formado, vê-se que não se está a apontar qualquer prejuízo àquela empresa pública, a indicar lesão a bens, serviços ou interesses da União, pois somente os particulares foram afetados pela retenção das missivas pela administração do condomínio (mais de cem mil). Daí que, no caso, a Justiça comum estadual é a competente para a apuração de eventual crime de sonegação de correspondência (art. 151, § 1º, I, do CP). **CC 95.877-SP, Rel. Min. Maria Thereza de Assis Moura, julgado em 11/2/2009.** (Inform. STJ 383)

COMPETÊNCIA. TRABALHO ESCRAVO.
Nos crimes de redução à condição análoga à de escravo e frustração de direito assegurado por lei trabalhista (arts. 149 e 203 do CP), é da Justiça Federal a competência, quando eles se referem a determinado grupo de trabalhadores (art. 109, V-A e VI, da CF/1988; art. 10, VII, da Lei n. 5.010/1966, e Título IV da Parte Especial do CP). Precedentes citados do STF: RE 398.041-PA, DJ 19/12/2008; RE 508.717-PA, DJ 11/4/2007; RE 499.143-PA, DJ 1º/2/2007; do STJ: HC 26.832-TO, DJ 21/2/2005, e HC 18.242-RJ, DJ 25/6/2007. **CC 95.707-TO, Rel. Min. Maria Thereza de Assis Moura, julgado em 11/2/2009.** (Inform. STJ 383)

COMPETÊNCIA. USO INDEVIDO. BRASÃO. REPÚBLICA.
Apreendeu-se em poder do réu uma carteira (expedida por entidade privada) que ostentava o Brasão da República, distintivo da Administração Federal, seguido da inscrição "delegado ambiental", além de uma placa utilizada no painel de seu veículo de semelhante teor. Diante disso, é certo afirmar que o crime em questão (art. 296, § 1º, III, do CP, na redação dada pela Lei n. 9.983/2000) tem como bem jurídico tutelado a fé pública: busca resguardar o interesse da União consistente na correta identificação de seus agentes. Dessarte, no caso, exurge a competência da Justiça Federal (art. 109, IV, da CF/1988), sendo desnecessário haver lesão a bens estatais. **CC 85.097-MS, Rel. Min. Maria Thereza de Assis Moura, julgado em 11/2/2009.** (Inform. STJ 383)

COMPETÊNCIA. INTERCEPTAÇÃO TELEFÔNICA.
Compete à Justiça comum estadual o processo e julgamento do delito de interceptação telefônica sem autorização judicial (art. 10 da Lei n. 9.296/1996), pois não se evidencia ofensa a bens, serviços ou interesses da União, suas autarquias ou empresas públicas, mas sim violação da privacidade do particular. Precedente citado: CC 40.113-SP, DJ 1º/7/2004. **CC 98.890-SP, Rel. Min. Maria Thereza de Assis Moura, julgado em 11/2/2009.** (Inform. STJ 383)

COMPETÊNCIA. ESTELIONATO. LIBERAÇÃO. VEÍCULO.
O réu foi denunciado pela prática de estelionato, pois, valendo-se de meio fraudulento, induziu a autoridade policial estadual a erro, conseguindo, mediante expediente, a liberação de motocicleta antes apreendida por se tratar de instrumento de crime de roubo. Anote-se que, apesar de a motocicleta, ao tempo do crime, encontrar-se em poder daquela autoridade, não há notícia de seu perdimento em favor da União, de sua incorporação ao patrimônio do ente federal. Daí sobressair a competência da Justiça comum estadual, pois a conduta em questão não alcançou a esfera de interesses da União ou mesmo seus bens ou serviços, visto que somente desfavorecido o particular com a prática do ato tido por criminoso. **CC 43.283-SP, Rel. Min. Og Fernandes, julgado em 11/2/2009.** (Inform. STJ 383)

AÇÃO PENAL. APOSENTADORIA. CNJ.
Primeiramente, a Corte Especial, por unanimidade, entendeu indeferir o pedido de adiamento do julgamento feito pelo advogado de um dos réus, ao fundamento de que a alegada moléstia do causídico, que o impediria de realizar a pretendida sustentação oral, não foi corroborada por atestado médico quando do pedido. Dando-se continuidade ao julgamento para o recebimento da denúncia, a Min. Relatora informou que um dos réus, Desembargador que responde a processo por infração disciplinar, peticionou nos autos, noticiando que pediu e lhe foi concedida a aposentadoria (juntou o pedido de aposentadoria e a respectiva publicação). Por sua vez, o MPF, com a palavra, trouxe a informação de que o Conselho Nacional de Justiça (CNJ), com base no art. 1º, § 5º, de sua Resolução n. 30/2007, no dia anterior à sessão da Corte Especial, havia tornado sem efeito a referida aposentadoria, o que determinaria continuar a ação penal sujeita à competência do STJ. Alegou, ainda, que estaria a juntar uma certidão oriunda do CNJ atestando o ocorrido (apresentou, naquele momento, uma sem assinatura). O advogado do réu, então, alegou que essa notícia surpreendera a defesa, que ainda não foi formalmente cientificada pelo CNJ. Abertos os debates, discutiu-se a competência do STJ para a ação penal, os efeitos processuais do pedido da aposentadoria, ou mesmo a constitucionalidade da referida resolução. Nesse contexto, a Min. Relatora, vencida juntamente com outros Ministros, entendeu possível prosseguir o julgamento, ao defender que a aposentadoria é um ato complexo que só se perfaz com a chancela do Tribunal de Contas e que o mero pedido, mesmo que deferido e publicado pelo Tribunal de Justiça, não é capaz de afastar a competência do STJ. Entendeu, também, que recente precedente do STF referente à renúncia a mandato parlamentar não se aplica ao caso de magistrado (cargo vitalício). Porém, a maioria dos Ministros componentes da Corte Especial, constatado que não há possibilidade de prescrição, entendeu adiar o julgamento para que a defesa não seja surpreendida e se junte a referida certidão. **QO na APN 477-PB, Rel. Min. Eliana Calmon, em 17/12/2008.** (Inform. STJ 381)

COMPETÊNCIA. JF. INDÍGENAS.
A Turma, prosseguindo o julgamento, por maioria, em que pese o entendimento contrário, decidiu que compete à Justiça Federal (arts. 109, XI, e 231 da CF/1988) processar e julgar a ação penal pela prática de atividade criminosa dirigida contra integrantes da comunidade indígena, restando caracterizado prejuízo real de proporções transindividuais, pois colocou em risco a organização social da reserva, bem como seus costumes e cultura. Cabível a prisão justificada dos apenados pelos reiterados delitos (art. 312 do CPP) contra vários membros do povo aborígine, coagindo-os à outorga de procuração com amplos poderes para contratar empréstimos bancários, abrir contas, retirar e utilizar cartões de benefícios previdenciários. Inaplicável, ao caso, a Súm. n. 140-STJ. Precedentes citados: HC 76.744-RS, DJ 20/3/2007; HC 104.499-MS, DJ 1º/9/2008; HC 90.892-RN, DJ 19/5/2008, e HC 59.474-RJ, DJ 14/5/2007. **HC 77.280-RS, Rel. Min. Arnaldo Esteves Lima, julgado em 11/12/2008.** (Inform. STJ 380)

PRERROGATIVA. FORO. CO-AUTORIA. HOMICÍDIO.
A controvérsia consiste em definir se a previsão do foro por prerrogativa de função pública de um dos supostos co-autores intelectuais do homicídio acarretaria a unidade do processo e julgamento para o outro sem prerrogativa de função. No caso, a reclamante alega a usurpação da competência do STJ pelo juízo de primeiro grau que, após a denúncia neste Superior Tribunal, recebeu aditamento à denúncia para inseri-la em processo, no qual são processados os supostos executores do crime. Segundo a tese vencedora, a decisão mais correta é desmembrar os feitos, mantendo no STJ apenas o suposto co-autor que efetivamente exerce função privilegiada. Considerou-se que tanto a prerrogativa de foro como o Tribunal do Júri têm competência estabelecida pela Constituição e, na hipótese de crime contra a vida, seria difícil haver critérios válidos em desfavor do Tribunal do Júri em razão de extensão do foro privilegiado, sem desvirtuar sua natureza e finalidade. Observou-se ser esse um dos motivos pelo qual o STF cancelou sua Súm. n. 394, bem como considerou inconstitucional a Lei n. 10.628/2002 no julgamento da ADin 2.797-DF (DJ 19/12/2006). Quanto à edição da Súm. n. 704-STF, destacou-se que ela não se refere ao específico confronto entre o foro por prerrogativa de função e o Tribunal do Júri, mas apenas aos demais delitos que não têm relação com os crimes contra a vida, quando ausente a necessidade de conciliar dois dispositivos constitucionais. Outrossim, ponderou-se que a prevalência da prerrogativa de foro no processo, tal como sustentada por alguns com base nos arts. 76, 77 e 78 do CPP, não procede, uma vez que dispositivos da Constituição não poderiam ser interpretados a partir das regras infraconstitucionais sobre prevenção do processo penal, quando, ao contrário, é a Constituição que deve servir para esclarecer a legislação ordinária. Com essas considerações, entre outras, a Corte Especial, por maioria, julgou parcialmente procedente a reclamação e declarou nula *ab initio* a ação penal relativamente à reclamante, sem negar a competência do Tribunal do Júri. Cassou, ainda, a decisão de recebimento de aditamento da denúncia, que não podia ocorrer antes de destituída a prevenção do STJ. Excluiu, também, da investigação a reclamante, assim como julgou extintas todas as providências jurisdicionais adotadas no inquérito em relação a ela. Declinou, outrossim, de sua competência, para que o juízo de primeiro grau processe e julgue a reclamante pelo fato contra si denunciado, julgando prejudicado o agravo do MP contra a decisão liminar do Min. Relator. Precedentes citados do STF: HC 73.235-DF, DJ 18/10/1996; HC 69.325-GO, DJ 4/12/1992; do STJ: REsp 738.338-PR, DJ 21/11/2005; HC 36.844-MA, DJ 1º/8/2005, e HC 28.738-SP, DJ 24/5/2004. **Rcl 2.125-CE, Rel. Min. Hamilton Carvalhido, julgada em 3/12/2008**. (Inform. STJ 379)

DIREITO AUTORAL. DESCAMINHO. *BIS IN IDEM*.
Na espécie, as instâncias ordinárias, soberanas na análise do arcabouço fático-probatório, concluíram que o paciente introduziu no País unidades de cds gravados ("piratas"), com violação de direitos autorais (art. 184, § 2°, do CP), bem como outras mercadorias, no caso, cds "virgens", sem o recolhimento dos impostos devidos (art. 334, *caput*, do mesmo código), razão pela qual não há falar, *in casu*, em violação do princípio do *ne bis in idem*, já que configurada, na hipótese, a prática de dois delitos distintos. Destarte, reconhecida a prática do crime de descaminho, evidencia-se a lesão a bens, serviços ou interesses da União, o que firma a competência da Justiça Federal para o processamento e julgamento do feito. Diante disso, a Turma denegou a ordem de *habeas corpus*. Precedentes citados: HC 28.335-RJ, DJ 20/10/2003; HC 11.840-RS, DJ 22/10/2001; CC 48.291-RS, DJ 4/12/2006, e CAt 180-RS, DJ 6/3/2006. **HC 107.598-PR, Rel. Min. Felix Fisher, julgado em 2/12/2008**. (Inform. STJ 379)

COMPETÊNCIA. STJ. HC. LOCAL. CUSTÓDIA. TRANSPORTE. VIATURA.

O STJ não é competente originariamente para apreciar *habeas corpus* cujos pedidos dizem respeito ao local da custódia, quando ela é da competência de autoridade policial, tampouco para examinar pedido de transporte do paciente no banco de passageiro das viaturas (camburões) da Polícia Federal. Assim, a Seção não conheceu dos pedidos e cassou a liminar concedida. **HC 112.927-DF, Rel. Min. Jane Silva (Desembargadora convocada do TJ-MG), julgado em 22/10/2008.** (Inform. STJ 373)

COMPETÊNCIA. JF. ANIMAL EXÓTICO.

É cediço que a edição da Lei n. 9.605/1998 desencadeou o cancelamento da Súm. n. 91-STJ. Porém a jurisprudência tem reservado a competência da Justiça Federal, nos crimes contra o meio ambiente, quando comprovada a lesão a bens ou interesses da União, de suas autarquias ou empresas públicas (art. 109, IV, da CF/1988), além da hipótese de o dano assumir contornos regionais ou nacionais. No caso, foi constatado, em laudo de vistoria, que o indiciado mantinha em cativeiro animais de fauna exótica (um babuíno e sete tigres-de-bengala) sem nenhuma marcação ou comprovação de origem, em desacordo com a Instrução Normativa n. 2/2001 do Ibama, o responsável pela expedição de autorização de ingresso e posse desse tipo de animal. Assim, diante da prática, em tese, do delito previsto no art. 31 da Lei n. 9.605/1998 (introdução sem licença de espécie no País) e do inegável interesse daquela autarquia federal, deve ser firmada a competência do juízo federal. Precedentes citados: CC 34.689-SP, DJ 17/6/2002, e CC 37.137-MG, DJ 14/4/2003. **CC 96.853-RS, Rel. Min. Og Fernandes, julgado em 8/10/2008.** (Inform. STJ 371)

COMPETÊNCIA. REMUNERAÇÃO. PRESO.

A Seção entendeu que é do juízo das execuções penais a competência para processar e julgar o pedido de pagamento da remuneração do trabalho realizado pelo apenado em estabelecimento prisional. O Min. Nilson Naves e o Min. Napoleão Nunes Maia Filho ressalvaram seus entendimentos pessoais. Precedentes citados: CC 92.851-MS, DJ 19/9/2008, e CC 66.974-PR, DJ 13/8/2007. **CC 92.856-MS, Rel. Min. Og Fernandes, julgado em 8/10/2008.** (Inform. STJ 371)

COMPETÊNCIA. USO. FARDA MILITAR. ESTELIONATO.

O réu fez uso de farda militar para se fazer passar por oficial do Exército Brasileiro e, assim, ludibriar um civil, enquanto lhe oferecia a oportunidade de ingressar nas Forças Armadas mediante pagamento de dinheiro. Vê-se, então, que o uso indevido do uniforme militar (art. 172 do CPM) foi meio necessário para a prática do estelionato (art. 171 c/c art. 14, II, ambos do CP). Daí ser forçoso reconhecer a absorção daquele delito por esse último, em observância do princípio da consunção, a determinar a fixação da competência para o processamento e julgamento do réu no juízo comum estadual e o trancamento da ação penal instaurada no juízo castrense. **CC 92.547-RS, Rel. Min. Napoleão Nunes Maia Filho, julgado em 8/10/2008.** (Inform. STJ 371)

COMPETÊNCIA. SOLDADO TEMPORÁRIO.

O serviço auxiliar voluntário (Lei n. 10.029/2000) é restrito às áreas administrativa, auxiliar à saúde e de defesa civil, das polícias militares e corpos de bombeiro. É expressa a vedação ao porte ou uso de armas de fogo, ou mesmo exercício do poder de polícia. Já a Lei paulista n. 11.064/2002, ao seguir os critérios estabelecidos naquela norma federal, discriminou as obrigações e objetivos inerentes ao serviço auxiliar voluntário a ser cumprido pelo denominado soldado temporário, deixando explícito que essa atividade, além de cunho social (oferecer qualificação profissional e renda a jovens), objetivava direcionar os policiais militares lotados em áreas administrativas às atividades ligadas diretamente à segurança da população. Dessarte, essas legislações em nenhum momento consideraram militar o soldado temporário. Desse modo, o crime que se alega cometido pelo paciente como soldado temporário (art. 303, § 2º, do CPM) não é de competência da Justiça Militar, visto se estar diante de "civil ou assemelhado". Assim, há que anular, desde a denúncia, o processo promovido diante da auditoria da Justiça Militar, pois que, para tanto, é competente a Justiça comum estadual. Precedente citado: HC 62.100-SP, DJ 4/8/2008. **HC 66.442-SP, Rel. Min. Og Fernandes, julgado em 7/10/2008.** (Inform. STJ 371)

HC. PROVIMENTO N. 238/2004-CJF/3ª REGIÃO. CAUTELAR. BUSCA E APREENSÃO.

O Provimento n. 238/2004 do CJF/3ª Região, que vigeu de 30/8/2004 a 17/10/2005, dispõe que apenas o processamento e julgamento dos crimes contra o sistema financeiro nacional, "lavagem" de dinheiro ou ocultação de bens, direitos e valores são da competência das 2ª e 6ª Varas Federais Criminais de São Paulo. Logo, o juízo da 1ª Vara Federal de Ribeirão Preto era incompetente em 13/10/2005, para processar e julgar medida cautelar preparatória de busca e apreensão relativa a crimes contra o sistema financeiro nacional, devendo-se, então, declarar ilícitas as provas obtidas por meio de diligência determinada por aquele juízo. Assim, a Turma concedeu, em parte, a ordem para declarar ilícitas as provas eventualmente obtidas referentes a crimes contra o sistema financeiro, determinando sua devolução ao paciente, mas preservou a competência de citado juízo para processar e julgar os demais delitos comuns, mantendo a custódia dos documentos que tratem de tais infrações. Precedentes citados: CC 88.159-SP, DJ 14/11/2007, e HC 48.021-SP, DJ 30/10/2006. **HC 61.271-SP, Rel. Min. Arnaldo Esteves Lima, julgado em 21/8/2008.** (Inform. STJ 364)

COMPETÊNCIA. REVISÃO CRIMINAL. JUIZADOS ESPECIAIS.

Compete à Turma Recursal Criminal processar e julgar a revisão criminal em que o réu condenado por praticar o crime previsto no art. 147 do CP (crime de menor potencial ofensivo) pelo Juizado Especial criminal pugna pela reforma de decisão. Isso se deve ao fato de que as decisões proferidas pelos Juizados Especiais não ficam submetidas à revisão dos Tribunais de Justiça, pois a vinculação entre eles é apenas administrativa, e não jurisdicional. Assim, a Seção, ao prosseguir o julgamento, por maioria, determinou que compete à Turma Recursal julgar a revisão criminal, observado o *caput* do art. 625 do CPP. Caso a composição daquele colegiado impossibilite a observância do mencionado artigo, deve-se, em tese, convocar magistrados suplentes para fazer parte do julgamento. Precedentes citados: REsp 470.673-RS, DJ 4/8/2003, e CC 39.876-PR, DJ 19/12/2003. **CC 47.718-RS, Rel. Min. Jane Silva (Desembargadora convocada do TJ-MG), julgado em 13/8/2008.** (Inform. STJ 363)

COMPETÊNCIA. EVASÃO. DIVISAS.

A Seção declarou competente o juízo federal para prosseguir no feito que apura suposta prática de evasão de divisas efetuada como antecipação de pagamentos de importação por representantes legais de empresa. A competência, no caso, fixou-se pelo local da remessa (conta-corrente), ou seja, na capital mineira, onde a operação de câmbio foi realizada (art. 70 do CPP), ainda que os depósitos ou transferências eletrônicas bancárias tenham sido feitas no domicílio fiscal das empresas envolvidas, entre elas, a empresa ora investigada, de São Paulo. Anote-se que a Min. Relatora destacou que, até o momento, não há indícios da prática do delito descrito no parágrafo único do art. 22 da Lei n. 7.492/1986, mas apenas o do seu *caput*, que não necessariamente se consuma no domicílio tributário da empresa. Precedentes citados: CC 74.975-SP, DJ 2/4/2007, e CC 70.018-RJ, DJ 22/3/2007. **CC 81.710-MG, Rel. Min. Jane Silva (Desembargadora convocada do TJ-MG), julgado em 23/6/2008.** (Inform. STJ 361)

COMPETÊNCIA. PAPEL MOEDA FALSO.

Discute-se se a falsificação de papel moeda é grosseira (Súm. n. 73-STJ) ou se o produto é capaz de passar por cédulas autênticas, a fim de determinar a competência para processar e julgar o feito. Sob o ponto de vista técnico, as cédulas são de baixa qualidade, mas capazes de passar por cédulas autênticas, a depender do local e momento em que forem utilizadas. Para a Min. Relatora, diante dos elementos de convicção até então colhidos nos autos, apesar do parecer técnico, em tese, há a configuração de delito definido no art. 289, § 1º, do CP, que, por lesar os interesses da União, é de competência da Justiça Federal (art. 109, IV, da CF/1988). Diante do exposto, a Seção declarou competente o juízo federal. **CC 79.889-PE, Rel. Min. Jane Silva (Desembargadora convocada do TJ-MG), julgado em 23/6/2008.** (Inform. STJ 361)

COMPETÊNCIA. PREVENÇÃO.

O paciente, segundo consta nos autos, em conjunto com os demais co-réus, seria responsável pela prática de tráfico internacional de drogas, sua função seria a gerência econômica do negócio, o encarregado de encomendar no exterior e pagar o exportador. Logo, havendo indícios sobre a transnacionalidade do delito, cabe à Justiça Federal processar e julgar a ação penal. Por outro lado, quando incerto o local da consumação do crime para fixar a competência do juízo fora do território nacional, deve ser utilizado o critério da prevenção (arts. 70 e 83 do CPP). No caso, o paciente limitou-se a argüir o último ato de execução, mas deixou de delimitar em que ele teria consistido. Ademais, consta da denúncia que o feito foi desencadeado após longa investigação policial, mostrando-se inviável precisar com exatidão o último ato de execução e em que local. Assim, não há excesso de prazo, foram 37 denunciados, várias cartas precatórias e, atualmente, a instrução está encerrada. Por fim, quanto à revogação de prisão preventiva, não houve a juntada sequer de cópia da decisão que determinou a custódia cautelar, ônus do impetrante, inviabilizando a compreensão da questão. Todavia, o acórdão do Tribunal *a quo* encontra-se devidamente fundamentado, a demonstrar que sua prisão preventiva mostrou-se necessária. Com esses fundamentos, a Turma julgou parcialmente prejudicado o pedido e, na outra parte, denegou o *habeas corpus*. Precedentes citados: HC 75.352-MT, DJ 17/3/2008; HC 52.097-AP, DJ 1º/8/2006, e RHC 16.816-PR, DJ 25/4/2005. **HC 97.155-SP, Rel. Min. Jane Silva (Desembargadora convocada do TJ-MG), julgado em 27/5/2008.** (Inform. STJ 357)

HC. COMPETÊNCIA.

A Turma denegou a ordem ao entendimento de que a competência para processar e julgar o presente caso é da Justiça do Distrito Federal, uma vez que foi imputada ao paciente a conduta de entregar a consumo produto medicamentoso de procedência ignorada e sem registro no órgão competente, nos termos do § 1º-B, V e VI, do art. 273 do CP. Não houve acusação de que o paciente tenha importado para o território nacional tais produtos, bem como não se verifica a ocorrência de lesão a bens ou interesses da União. Assim, é incabível o deslocamento do feito para a Justiça Federal. Precedente citado: CC 40.639-MS, DJ 24/5/2004. **HC 58.613-DF, Rel. Min. Arnaldo Esteves Lima, julgado em 3/4/2008.** (Inform. STJ 350)

COMPETÊNCIA. FURTO SIMPLES. BIJUTERIAS.

O crime de furto simples tentado com pena máxima cominada em 4 anos (art. 155, *caput*, do CP), mesmo considerando a diminuição de pena referente à tentativa em sua fração mínima (um terço), resultaria em 3 anos e 8 meses, *quantum* superior a 2 anos, pena estipulada para determinar a competência do Juizado Especial (parágrafo único do art. 2º da Lei n. 10.259/2001). Assim deve ser julgado no juízo comum. Quanto à falta de justa causa ante a necessária aplicação do princípio da insignificância, afirma a Min. Relatora estar, aparentemente, demonstrado que não se ajusta a aplicação desse princípio, pois não se conseguiu demonstrar, de plano, a irrelevância do resultado e a desvalia do comportamento do agente frente ao Direito Penal. Observa que, não obstante o prejuízo sofrido pelo ofendido não ultrapasse o valor de um salário mínimo, a conduta da paciente é penalmente protegida, dada sua inequívoca relevância. Não se poderia permitir a prática de uma conduta ardilosa que fere o interesse social na manutenção da confiança mútua entre o comprador e o vendedor. Dessa forma, considerou que não há constrangimento ilegal a ser sanado e reconheceu que a denúncia preenche os requisitos do art. 41 do CPP, razão pela qual não deve ser trancada a ação penal. Com esse entendimento, a Turma denegou a ordem. Precedente citado: REsp 827.960-PR, DJ 18/12/2006. **HC 94.927-SP, Rel. Min. Jane Silva** (Desembargadora convocada do TJ-MG), **julgado em 1º/4/2008.** (Inform. STJ 350)

JUIZ CONVOCADO. SUBSTITUIÇÃO. TRIBUNAL. PRERROGATIVA DE FORO.

Os juízes de 1º grau, quando convocados para os Tribunais de Justiça para exercer a função de desembargador, não possuem a prerrogativa de foro previsto pelo art. 105, I, da CF/1988. A prerrogativa de foro é inerente ao cargo, e não a eventual exercício da função em substituição, uma vez que o convocado mantém sua investidura no cargo de origem, ou seja, juiz de 1º grau. Precedente citado: HC 86.218-DF, DJ 2/8/2007. **AgRg na Rp 368-BA, Rel. Min. Arnaldo Esteves Lima, julgado em 5/3/2008.** (Inform. STJ 347)

COMPETÊNCIA. PREVENÇÃO. CRIMES.

A hipótese é de crime de receptação praticado na modalidade de conduzir ou transportar caminhão subtraído de seu proprietário por diversos estados da Federação, adquirindo assim a qualidade de permanente e ainda o de quadrilha (que detém essa característica). Nesses casos, havendo vários magistrados de igual jurisdição e não sendo possível definir a competência pela gravidade do crime ou pelo número de infrações, a Seção reafirmou que a competência deve ser fixada pela prevenção. Precedentes citados: CC 48.652-MG, DJ 20/3/2006; CC 46.661-PR, DJ 2/8/2006, e CC 46.165-RJ, DJ 15/12/2004. **CC 88.617-RJ, Rel. Min. Napoleão Nunes Maia Filho, julgado em 27/2/2008.** (Inform. STJ 346)

COMPETÊNCIA. APURAÇÃO. CRIME AMBIENTAL.

Discute-se a competência de processamento de inquérito policial e posterior ação penal com o objetivo de apurar a suposta prática de crime ambiental de corte de palmito no interior do Parque das Nascentes (SC), área de preservação permanente, com abuso de autorização de corte concedida pelo departamento de meio ambiente. Observa o Min. Relator que a Terceira Seção firmou o entendimento de que, sendo a proteção do meio ambiente matéria de competência comum da União, dos estados, do Distrito Federal e dos municípios e inexistindo dispositivo constitucional ou legal fixando expressamente qual Justiça é competente para julgar ações penais por crimes ambientais, tem-se, em regra, a competência da Justiça estadual. Perante a Justiça Federal, o processamento impõe, nos casos, que seja demonstrada a lesão a bens e serviços de interesse da União (art. 109, IV, da CF/1988). Isso posto, no caso dos autos, à época dos fatos, o local onde o crime ambiental teria ocorrido pertencia ao município de Blumenau (SC); contudo, posteriormente, passou a fazer parte do Parque Nacional da Serra do Itajaí, administrado pelo Ibama, restando configurado o interesse da União. Diante do exposto, a Seção declarou competente a Justiça Federal, o suscitante. Precedente citado: CC 61.588-RJ, DJ 17/9/2007. **CC 88.013-SC, Rel. Min. Napoleão Nunes Maia Filho, julgado em 27/2/2008.** (Inform. STJ 346)

COMPETÊNCIA. APROPRIAÇÃO INDÉBITA. REPRESENTANTE COMERCIAL.

Compete ao juízo do local onde o representante comercial deveria efetuar a prestação de contas processar e julgar o crime de apropriação indébita imputado a ele. Precedentes citados: CC 17.571-SP, DJ 27/10/1997, e CC 1.884-RJ, DJ 16/12/1991. **CC 89.067-MG, Rel. Min. Maria Thereza de Assis Moura, julgado em 13/2/2008.** (Inform. STJ 344)

COMPETÊNCIA. FURTO MEDIANTE FRAUDE. TRANSFERÊNCIA. VALORES. CONTA-CORRENTE. *INTERNET*.

A fraude eletrônica para transferir valores de conta bancária por meio da *Internet Banking* da Caixa Econômica Federal constitui crime de furto qualificado. Assim, o juízo competente para processar e julgar a ação penal é do local da consumação do delito de furto, ou seja, de onde foi subtraído o bem da vítima, saindo de sua esfera de disponibilidade. Precedentes citados: CC 86.241-PR, DJ 20/8/2007, e CC 67.343-GO, DJ 11/12/2007. **CC 87.057-RS, Rel. Min. Maria Thereza de Assis Moura, julgado em 13/2/2008.** (Inform. STJ 344)

QO. INCOMPETÊNCIA. RELATOR. PREVENÇÃO.

A Seção, por maioria, acolheu a questão de ordem sobre a prevenção de relator em conflito de competência, que faz parte do gênero recurso, *ex vi* do art. 71 do RISTJ c/c o art. 83 do CPP. No caso, foi decidido no CC 72.283-MT, DJ 5/2/2007, Rel. Min. Maria Thereza de Assis Moura, que cabia à Justiça Federal processar e julgar a ação motivada pelo acidente com o avião da GOL, em 2006, no Mato Grosso. Após o inquérito policial, denunciados os controladores de vôo pelo *Parquet*, deu-se nova argüição de incompetência quanto à ação penal, decidindo-se, porém, neste conflito, pelo afastamento da prevenção da Min. Relatora. **CC 91.016-MT, Rel. Min. Paulo Gallotti, julgado em 28/11/2007.** (Inform. STJ 340)

COMPETÊNCIA. JUSTIÇA FEDERAL. ART. 149 CP. DELITOS CONTRA ORGANIZAÇÃO DO TRABALHO.

Compete à Justiça Federal processar e julgar os crimes de redução à condição análoga de escravo, uma vez que se enquadram na categoria de delitos contra a organização do trabalho nos termos do art. 109, VI, da CF/1988. Precedentes citados do STF: RE 398.041-PA, DJ 3/3/2005; do STJ: CC 62.156-MG, DJ 6/8/2007, e HC 43.384-BA, DJ 5/8/2005. **REsp 909.340-PA, Rel. Min. Laurita Vaz, julgado em 25/9/2007.** (Inform. STJ 333)

QO. COMPETÊNCIA. RECLAMAÇÃO. *HABEAS CORPUS*. PERDA. FORO ESPECIAL.

A Corte Especial concedeu *habeas corpus* ao ora reclamante, àquele tempo detentor de foro especial, ao fundamento de que, nas dependências em que fora recolhido não havia como acomodá-lo sem desrespeitar os ditames da lei, bem como de que apresentava gravíssimo estado de saúde. Sucede que houve a reclamação diante da alegação de que se estava a descumprir esse julgado, visto, em suma, o juízo da execução haver determinado a realização de exames médicos no apenado. Diante da declaração da inconstitucionalidade, pelo STF, da Lei n. 10.628/2002, o então ministro relator determinou a remessa dos autos ao julgamento da Seção, nomeando-se o relator por prevenção, ao fundamento da modificação da competência pela perda do foro especial. Diante disso, a Seção, em questão de ordem suscitada pelo Min. Nilson Naves, entendeu submeter a matéria de competência desta reclamação à apreciação da Corte Especial, encaminhado-se os autos ao primitivo ministro relator. **QO na RCL 2.235-SP, Rel. Min. Carlos Fernando Mathias (Juiz convocado do TRF da 1º Região), em 26/9/2007.** (Inform. STJ 333)

HC. COMPETÊNCIA. JUSTIÇA COMUM. PENAS SUPERIORES A DOIS ANOS.

A Turma, por unanimidade, denegou a ordem por entender que, praticados os delitos de menor potencial ofensivo em concurso material, se o somatório das penas máximas abstratas previstas para os tipos penais ultrapassar dois anos, afastada estará a competência do juizado especial, devendo o feito ser instruído e julgado por juízo comum. Precedentes citados: CC 51.537-DF, DJ 9/10/2006, e REsp 776.058-SC, DJ 15/5/2006. **HC 66.312-RS, Rel. Min. Maria Thereza de Assis Moura, julgado em 18/9/2007.** (Inform. STJ 332)

COMPETÊNCIA. FRAUDE ELETRÔNICA. *INTERNET*. CONTA-CORRENTE. BANCO.

O cerne da questão consiste em se determinar o juízo competente para processar e julgar crime de transferências eletrônicas bancárias sem consentimento do correntista para outra pessoa via *internet* em detrimento da CEF. No caso dos autos, a fraude foi usada para burlar o sistema de proteção e vigilância do banco sobre os valores mantidos sob sua guarda, configurando crime de furto qualificado por fraude e não estelionato. Assim, considera-se consumado o crime de furto no momento em que o agente torna-se possuidor da *res furtiva*, ou seja, no momento em que o bem subtraído sai da esfera de disponibilidade da vítima. No caso, a conta-corrente da vítima estava situada em Porto Alegre-RS, local da consumação do delito (art. 155, § 4º, II, do CP). Com esse entendimento, em sintonia com o parecer do MPF e a jurisprudência deste Superior Tribunal, a Seção declarou competente o Juízo Federal suscitante. Precedente citado: CC 67.343-GO. **CC 72.738-RS, Rel. Min. Maria Thereza de Assis Moura, julgado em 8/8/2007.** (Inform. STJ 326)

COMPETÊNCIA. AÇÃO PENAL. IR. SERVIDOR MUNICIPAL.

Conforme o art. 158, I, da CF/1988, pertence ao município o produto de arrecadação do imposto de renda incidente na fonte devido pelos servidores municipais. Assim, na ação penal, a competência para julgar o ex-prefeito acusado de não recolher, na fonte, o imposto de renda devido pelos servidores municipais é do Juízo de Direito com jurisdição no município eventualmente lesado. **CC 57.518-CE, Rel. Min. Arnaldo Esteves Lima, julgado em 27/6/2007.** (Inform. STJ 325)

COMPETÊNCIA. ESTELIONATO. MÉDICOS. DADOS. CRM.

Médicos foram ludibriados e sofreram prejuízos pela prática de estelionato que se valeu de dados constantes do *site* mantido pelo Conselho Regional de Medicina e outras entidades representativas da classe médica. Dessarte, o interesse daquela autarquia federal na identificação e punição dos estelionatários é de natureza genérica e reflexa, pois derivado da representação da categoria como entidade de classe, ou mesmo da necessidade de manter seguros os dados que disponibiliza. Assim, mostra-se afastada a competência da Justiça Federal para o processo e julgamento da ação penal, visto que não foi a autarquia a lesada ou aquela a sofrer os prejuízos advindos do estelionato, mas sim foram os médicos, daí a competência do juízo de Direito. **CC 61.121-SP, Rel. Min. Arnaldo Esteves Lima, julgado em 13/6/2007.** (Inform. STJ 323)

PREVENÇÃO. INQUÉRITO. AÇÃO PENAL.

Instaurou-se inquérito no TRF em razão de investigações promovidas pela Polícia Federal, a chamada "Operação Anaconda". Esse inquérito, então, foi distribuído a determinada desembargadora federal. Posteriormente, houve denúncia contra o paciente e mais onze, pela suposta prática do crime de formação de quadrilha, ação penal distribuída à mesma desembargadora. Naquela ocasião, distribuiu-se à mesma magistrada mais uma ação penal, agora figurando como réus o paciente e mais outro, isso pelo crime de falsidade ideológica, peculato, corrupção passiva e prevaricação. Diante disso, a Turma entendeu correta a distribuição das ações penais, visto que destinadas à mesma desembargadora federal em razão do disposto no art. 75, parágrafo único, do CPP, pois as respectivas denúncias encontram lastro nos mesmos elementos do inquérito distribuído livremente àquela magistrada. Anote-se que, neste Superior Tribunal, a prevenção é firmada por impetrações e recursos referentes a uma mesma ação penal (art. 71 do RISTJ), motivo pelo qual a distribuição a distintos ministros de *habeas corpus* relacionados àquelas ações penais não configura constrangimento ilegal. **HC 60.157-SP, Rel. Min. Gilson Dipp, julgado em 17/5/2007.** (Inform. STJ 320)

COMPETÊNCIA. JF. HC. HOMICÍDIO. POLICIAL. RÉUS ÍNDIOS.

Os crimes de homicídio pelos quais respondem os pacientes tiveram como motivação a declarada defesa de suas terras, o que é corroborado pelas circunstâncias de tempo, lugar e modo em que ocorreram, a evidenciar que a ação delituosa, perpetrada por um grupo significativo de índios, traduz aparente reunião de esforços para proteção de interesses indígenas. A Min. Relatora entendeu que, sem embargo da evidente reprovabilidade das condutas dos réus, em especial pela sua brutalidade, foram elas praticadas em cenário que indica haver estreita ligação com disputa pela posse de terras entre índios e produtores rurais locais, na medida em que os policiais - que não estavam caracterizados - teriam sido confundidos com fazendeiros com quem estavam em constante conflito. Esclareceu que a competência para julgar e processar os indígenas, no caso, é da Justiça Federal (art. 109, XI, CF/1988). A Turma concedeu a ordem para declarar a incompetência do juízo de Direito de Vara Criminal de Comarca e, assim, anular o processo *ab initio*, com o aproveitamento dos atos não-decisórios já praticados, determinando sejam os respectivos autos, imediatamente, encaminhados para o juízo federal da região, a quem competirá apreciar a necessidade da decretação da prisão preventiva dos réus, atendidas as garantias legais acerca do local da eventual custódia. **HC 65.898-MS, Rel. Min. Laurita Vaz, julgado em 27/3/2007.** (Inform. STJ 315)

COMPETÊNCIA. FURTO. INTERNET. CONTA BANCÁRIA.

O furto mediante fraude não pode ser confundido com o estelionato. No furto, a fraude é utilizada para burlar a vigilância da vítima, para lhe tirar a atenção. No estelionato, a fraude objetiva obter consentimento da vítima, iludi-la para que entregue voluntariamente o bem. Na hipótese, o agente valeu-se da fraude eletrônica via *internet* para subtrair valores da conta-corrente de titularidade de correntista da CEF, assim há furto mediante fraude, essa usada para burlar o sistema de vigilância e proteção do banco aos valores mantidos sob sua guarda. É importante esclarecer que os valores transferidos mediante dados digitais, apesar de não tangíveis, não deixam de ser dinheiro. Esses dados não possuem existência autônoma, desvinculada do bem que representam. São passíveis de movimentação e transferência de titularidade e, também, estão sujeitos a furto por meio informático. Outrossim, é consabido que o furto consuma-se no momento em que o bem é subtraído da vítima, ao sair da esfera de sua disponibilidade, e o desapossamento, embora efetivado por meio digital, teve lugar na conta-corrente da agência situada em Campo Mourão-PR, o que leva à fixação da competência na vara federal daquela cidade. Esse entendimento foi acompanhado pela Seção, mas o Min. Felix Fischer, em seu voto-vista, ressalvou seu entendimento de que se cuida de crime contra o patrimônio do correntista, diferentemente do crime de roubo ou extorsão que ocorre em agência bancária ("assalto a banco"), porém acompanhou o entendimento após constatar que os precedentes deste Superior Tribunal não questionam a competência da Justiça Federal. Precedentes citados: REsp 226.222-RJ, DJ 17/12/1999; HC 8.179-GO, DJ 17/5/1999, e CC 19.488-RS, DJ 8/6/1998. **CC 67.343-GO, Rel. Min. Laurita Vaz, julgado 28/3/2007.** (Inform. STJ 315)

JUSTIÇA TRABALHISTA. COMPETÊNCIA. AÇÃO PENAL.

É certo que a EC n. 45/2004 ampliou sobremaneira a competência da Justiça do Trabalho, ao possibilitar-lhe processar e julgar todas as ações decorrentes da relação de trabalho. Consabido, também, que a nova redação do art. 114 da CF/1988 permitiu-lhe processar e julgar certos *habeas corpus*. Porém disso não se pode concluir que lhe atribuiu competência para processar e julgar ações penais, tais como as do delito previsto no art. 203 do CP, pois se estaria a violar o princípio do juiz natural, tal como já apregoado pelo STF. Precedente citado do STF: ADI 3.684-DF, DJ 1º/2/2007. **CC 59.978-RS, Rel. Min. Laurita Vaz, julgado em 28/3/2007.** (Inform. STJ 315)

COMPETÊNCIA. DOCUMENTO FALSO. SAQUE. CONTA BANCÁRIA. CEF.

Compete à Justiça Federal processar e julgar ação penal por crime de tentativa de efetuar saque, com documento falso, de conta bancária junto à CEF, havendo o interesse da União, uma vez que a instituição financeira arcaria com os prejuízos causados ao correntista lesado. Precedentes citados: RHC 19.846-GO, DJ 9/10/2006, e HC 39.904-RJ, DJ 2/5/2005. **CC 22.842-RJ, Rel. Min. Maria Thereza de Assis Moura, julgado em 14/3/2007.** (Inform. STJ 313)

COMPETÊNCIA. ESTELIONATO. FALSIFICAÇÃO. DOCUMENTO PARTICULAR. CONSULADO.

Compete à Justiça estadual processar e julgar crimes de estelionato e falsificação de documento particular praticado em detrimento de consulado estrangeiro, sem prejuízo para a União, autarquias federais ou empresas públicas federais. Precedentes citados: CC 30.139-SP, DJ 12/03/2001, e CC 12.423-PR, DJ 5/5/1997. **CC 45.650-SP, Rel. Min. Maria Thereza de Assis Moura, julgado em 14/3/2007.** (Inform. STJ 313)

COMPETÊNCIA. POLICIAL MILITAR. ACIDENTE. TRÂNSITO.

Compete à Justiça estadual processar e julgar ação decorrente de acidente automobilístico envolvendo policiais militares (acusado e vítima) fora do exercício da atividade. Precedentes citados: CC 12.589-SP, DJ 22/4/1997, e CC 12.634-SP, DJ 19/5/1997. **CC 26.986-SP, Rel. Min. Maria Thereza de Assis Moura, julgado em 14/3/2007.** (Inform. STJ 313)

CRIMES. CONEXÃO. BANESTADO. SISTEMA FINANCEIRO.

A Turma denegou ordem de *habeas corpus*. No caso, não se aplica o art. 88 do CPP, pois, quando do oferecimento da denúncia, o MP federal demonstrou a presença de elementos probatórios que justificaram a conexidade instrumental prevista no art. 76, III, do CPP, visto que as provas colhidas nos autos poderiam influir no conjunto probatório do caso Banestado. Outrossim, já se firmou, neste Superior Tribunal, que, para consumação do crime previsto no art. 22 da Lei n. 7.492/1986, não se faz necessário que as divisas saiam do país, mas deve existir operação cambial não autorizada com o intuito de evasão de divisas em prejuízo ao sistema financeiro (art. 70 do CPP). Logo o crime de evasão de divisas independe da saída do dinheiro do país. Nem é inepta a denúncia que descreve adequadamente a conduta incriminada se é possível ao denunciado compreender os limites da acusação, ainda que não tenha pormenores. Além disso, não é possível o trancamento de ação penal em *habeas corpus* sem que os fatos da denúncia sejam atípicos ou inexistentes os indícios da autoria do delito. Por fim, reconheceu-se a função institucional do MP em promover a ação penal (art. 129, I, da CF/1988), bem como a realização de diligências para colher elementos embasadores da denúncia, sendo, entretanto, vedada a produção independente da prova, o que não ocorreu no caso. **HC 57.991-PR, Rel. Min. Paulo Medina, julgado em 13/2/2007.** (Inform. STJ 310)

SÚMULA STF N º 722

São da competência legislativa da União a definição dos crimes de responsabilidade e o estabelecimento das respectivas normas de processo e julgamento.

SÚMULA STF Nº 721

A competência constitucional do tribunal do júri prevalece sobre o foro por prerrogativa de função estabelecido exclusivamente pela Constituição Estadual.

SÚMULA STF Nº 704

Não viola as garantias do juiz natural, da ampla defesa e do devido processo legal a atração por continência ou conexão do processo do co-réu ao foro por prerrogativa de função de um dos denunciados.

SÚMULA STF Nº 703

A extinção do mandato do prefeito não impede a instauração de processo pela prática dos crimes previstos no art. 1º do Decreto-Lei 201/1967.

SÚMULA STF Nº 702

A competência do tribunal de justiça para julgar prefeitos restringe-se aos crimes de competência da justiça comum estadual; nos demais casos, a competência originária caberá ao respectivo tribunal de segundo grau.

SÚMULA STF Nº 611

Transitada em julgado a sentença condenatória, compete ao juízo das execuções a aplicação de Lei mais benigna.

SÚMULA STF Nº 603

A competência para o processo e julgamento de latrocínio é do juiz singular e não do tribunal do júri.

SÚMULA STF Nº 522

Salvo ocorrência de tráfico para o exterior, quando, então, a competência será da justiça federal, compete à justiça dos estados o processo e julgamento dos crimes relativos a entorpecentes.

SÚMULA STF Nº 498

Compete à justiça dos estados, em ambas as instâncias, o processo e o julgamento dos crimes contra a economia popular.

SÚMULA STF Nº 451

A competência especial por prerrogativa de função não se estende ao crime cometido após a cessação definitiva do exercício funcional.

SÚMULA STF Nº 396

Para a ação penal por ofensa à honra, sendo admissível a exceção da verdade quanto ao desempenho de função pública, prevalece a competência especial por prerrogativa de função, ainda que já tenha cessado o exercício funcional do ofendido.

SÚMULA STJ Nº 244

Compete ao foro do local da recusa processar e julgar o crime de estelionato mediante cheque sem provisão de fundos.

SÚMULA STJ Nº 200

O juízo federal competente para processar e julgar acusado de crime de uso de passaporte falso é o do lugar onde o delito se consumou.

SÚMULA STJ Nº 192

Compete ao juízo das execuções penais do estado a execução das penas impostas a sentenciados pela justiça federal, militar ou eleitoral, quando recolhidos a estabelecimentos sujeitos à administração estadual.

SÚMULA STJ Nº 172

Compete à justiça comum processar e julgar militar por crime de abuso de autoridade, ainda que praticado em serviço.

SÚMULA STJ Nº 165

Compete à justiça federal processar e julgar crime de falso testemunho cometido no processo trabalhista.

SÚMULA STJ Nº 151

A competência para o processo e julgamento por crime de contrabando ou descaminho define-se pela prevenção do juízo federal do lugar da apreensão dos bens.

SÚMULA STJ Nº 147

Compete à justiça federal processar e julgar os crimes praticados contra funcionário público federal, quando relacionados com o exercício da função.

SÚMULA STJ Nº 122

Compete à justiça federal o processo e julgamento unificado dos crimes conexos de competência federal e estadual, não se aplicando a regra do art. 78, II, "a", do Código de Processo Penal.

SÚMULA STJ Nº 108

A aplicação de medidas socioeducativas ao adolescente, pela pratica de ato infracional, é da competência exclusiva do juiz.

SÚMULA STJ Nº 107

Compete a justiça comum estadual processar e julgar crime de estelionato praticado mediante falsificação das guias de recolhimento das contribuições previdenciárias, quando não ocorrente lesão a autarquia federal.

SÚMULA STJ Nº 104

Compete à justiça estadual o processo e julgamento dos crimes de falsificação e uso de documento falso relativo a estabelecimento particular de ensino.

SÚMULA STJ Nº 90

Compete à justiça estadual militar processar e julgar o policial militar pela prática do crime militar, e a comum pela prática do crime comum simultâneo aquele.

SÚMULA STJ Nº 78

Compete à justiça militar processar e julgar policial de corporação estadual, ainda que o delito tenha sido praticado em outra unidade federativa.

SÚMULA STJ Nº 75

Compete à justiça comum estadual processar e julgar o policial militar por crime de promover ou facilitar a fuga de preso de estabelecimento penal.

SÚMULA STJ Nº 62

Compete à justiça estadual processar e julgar o crime de falsa anotação na carteira de trabalho e previdência social, atribuído a empresa privada.

SÚMULA STJ Nº 53

Compete à justiça comum estadual processar e julgar civil acusado de pratica de crime contra instituições militares estaduais.

SÚMULA STJ Nº 48

Compete ao juízo do local da obtenção da vantagem ilícita processar e julgar crime de estelionato cometido mediante falsificação de cheque.

SÚMULA STJ Nº 47

Compete à justiça militar processar e julgar crime cometido por militar contra civil, com emprego de arma pertencente à corporação, mesmo não estando em serviço.

SÚMULA STJ Nº 42

Compete à justiça comum estadual processar e julgar as causas cíveis em que é parte sociedade de economia mista e os crimes praticados em seu detrimento.

SÚMULA STJ Nº 38

Compete à justiça estadual comum, na vigência da constituição de 1988, o processo por contravenção penal, ainda que praticada em detrimento de bens, serviços ou interesse da União ou de suas entidades.

5. QUESTÕES E PROCESSOS INCIDENTES

INÉPCIA DA DENÚNCIA E QUESTÃO PREJUDICIAL - 1

Por reputar atendidas as exigências formais e materiais contidas no art. 41 do CPP, a Turma indeferiu *habeas corpus* em que se pretendia, ante a alegação de inépcia da denúncia, a declaração de nulidade de ação penal instaurada em desfavor de administrador de empresa que, nessa qualidade, fora denunciado como incurso nas sanções do art. 1º, II e V, da Lei 8.137/90, c/c o art. 29 do CP, em continuidade delitiva, pelo fato de supostamente ter omitido a saída de mercadorias da empresa para não recolher o imposto devido sobre a circulação. A impetração, tendo em conta o depósito integral dos valores exigidos pela Fazenda estadual, requeria, subsidiariamente, a suspensão do aludido feito, haja vista se encontrar suspensa a exigibilidade do crédito tributário. Para tanto, pleiteava a aplicação de interpretação analógica do art. 9º da Lei 10.684/2003 ou o reconhecimento da prejudicial externa ao caso, visto que em curso ação cível anulatória, na qual se busca a anulação de auto de infração fiscal objeto do presente *writ* (Lei 10.684/2003: "*Art. 9º É suspensa a pretensão punitiva do Estado, referente aos crimes previstos nos arts. 1º e 2º da Lei no 8.137, de 27 de dezembro de 1990, e nos arts. 168A e 337A do Decreto-Lei no 2.848, de 7 de dezembro de 1940 – Código Penal, durante o período em que a pessoa jurídica relacionada com o agente dos aludidos crimes estiver incluída no regime de parcelamento. § 1º A prescrição criminal não corre durante o período de suspensão da pretensão punitiva. § 2º Extingue-se a punibilidade dos crimes referidos neste artigo quando a pessoa jurídica relacionada com o agente efetuar o pagamento integral dos débitos oriundos de tributos e contribuições sociais, inclusive acessórios.*"). **HC 101754/PE, rel. Min. Ellen Gracie, 8.6.2010.** (HC-101754)

INÉPCIA DA DENÚNCIA E QUESTÃO PREJUDICIAL - 2

Considerou-se que a conduta do paciente estaria suficientemente individualizada para se concluir por um juízo positivo de admissibilidade da imputação feita na denúncia. Mencionou-se ser irrelevante a assertiva no sentido de que o paciente teria permanecido em São Paulo, sendo a contabilidade da empresa exercida pelo co-réu em Pernambuco, uma vez que a distância não impediria o exercício de seu poder de gerência sobre a empresa. Relativamente à legislação invocada pelo paciente, salientou-se que, na espécie, não houvera a adesão da empresa a programa de parcelamento de tributos. Assinalou-se a inexistência de cláusula genérica (interpretação analógica) ou lacuna a ser suprida (analogia) na situação em apreço, que pudesse implicar a aplicação do art. 9º da Lei 10.684/2003. Além disso, asseverou-se que, na espécie, para se evitar o *jus puniendi* estatal, o paciente deveria ter realizado o pagamento do tributo devido antes do recebimento da denúncia (Lei 9.249/95). Não se conheceu do *writ* no tocante ao argumento de questão prejudicial externa (CPP, art. 93), já que não enfrentada pelo STJ. Aduziu-se, contudo, que, mesmo que superado tal óbice, o reconhecimento da presença de questão prejudicial externa ensejaria uma facultativa suspensão do curso do processo penal, de competência do juízo processante. **HC 101754/PE, rel. Min. Ellen Gracie, 8.6.2010.** (HC-101754) (Inform. STF 590)

CONFLITO DE COMPETÊNCIA: JUIZADO ESPECIAL E JUÍZO FEDERAL - 1

Compete ao Tribunal Regional Federal o julgamento de conflito de competência estabelecido entre Juizado Especial Federal e juiz de primeiro grau da Justiça Federal da mesma Seção Judiciária. Com base nesse entendimento, o Tribunal proveu recurso extraordinário, para anular acórdão do Superior Tribunal de Justiça, determinando-se a remessa dos autos ao Tribunal Regional Federal da 2ª Região, a fim de que julgue, como entender de direito, o conflito de competência entre o Juízo Federal do 7º Juizado Especial e o Juízo Federal da 35ª Vara da Seção Judiciária do Estado do Rio de Janeiro. Na espécie, o STJ, dando solução ao aludido conflito, declarara o Juízo Federal competente para julgar ação declaratória de nulidade, cumulada com pedido de pensão por falecimento, ajuizada contra o INSS. Contra essa decisão, o Ministério Público interpusera agravo regimental, ao qual fora negado provimento, o que ensejara a interposição do recurso extraordinário. Salientou-se, inicialmente, que, nos termos do art. 105, I, d, da CF, a competência do STJ para julgar conflitos de competência está circunscrita aos litígios que envolvam tribunais distintos ou juízes vinculados a tribunais diversos. Considerou-se que a competência para dirimir o conflito em questão seria do Tribunal Regional Federal ao qual o juiz suscitante e o juizado suscitado estariam ligados, haja vista que tanto os juízes de primeiro grau quanto os que integram os Juizados Especiais Federais estão vinculados àquela Corte. No ponto, registrou-se que esse liame de ambos com o tribunal local restaria caracterizado porque: 1) os crimes comuns e de responsabilidade dos juízes de primeiro grau e das Turmas Recursais dos Juizados Especiais são julgados pelo respectivo Tribunal Regional Federal e 2) as Varas Federais e as Turmas Recursais dos Juizados Especiais Federais são instituídos pelos respectivos Tribunais Regionais Federais, estando subordinados a eles administrativamente. **RE 590409/RJ, rel. Min. Ricardo Lewandowski, 26.8.2009.** (RE-590409)

CONFLITO DE COMPETÊNCIA: JUIZADO ESPECIAL E JUÍZO FEDERAL - 2

Reportou-se à orientação firmada pelo Tribunal no julgamento do HC 86834/SP (DJU de 9.3.2007), no sentido de reconhecer a competência do Tribunal Regional Federal para o julgamento dos crimes comuns e de responsabilidade praticados por juízes de primeiro grau e das Turmas Recursais. Citou-se, também, o disposto na Lei 10.259/2001, que comete aos Tribunais Regionais Federais a faculdade de instituir os Juizados Especiais Federais e de estabelecer sua competência, bem como lhes atribui o poder-dever de coordenar e prestar suporte administrativo aos Juizados Especiais (artigos 21, 22 e 26). Observou-se, ademais, que a Constituição não arrola as Turmas Recursais dentre os órgãos do Poder Judiciário, os quais são por ela discriminados no art. 92, de forma taxativa, outorgando-lhes, apenas, a incumbência de julgar os recursos oriundos dos Juizados Especiais. Considerou-se que a Constituição não conferiu, portanto, às Turmas Recursais, integradas por juízes de primeiro grau, a natureza de órgãos autárquicos ou a qualidade de tribunais, também não lhes tendo outorgado qualquer autonomia com relação aos Tribunais Regionais Federais. Explicou-se que, por isso, contra suas decisões não cabe recurso especial ao STJ, mas sim recurso extraordinário ao Supremo. Assim, não sendo possível qualificar as Turmas Recursais como tribunais, não seria lícito concluir que os juízes dos Juizados Especiais estariam a elas vinculados, salvo — e exclusivamente — no que concerne ao reexame de seus julgados. Outro precedente citado: RE 136154/DF (DJU de 23.4.93). **RE 590409/RJ, rel. Min. Ricardo Lewandowski, 26.8.2009.** (RE-590409) (Inform. STF 557)

INCIDENTE DE INSANIDADE MENTAL E AUSÊNCIA DE DÚVIDA RAZOÁVEL

Por não vislumbrar gravame à defesa da paciente, a Turma denegou *habeas corpus* em que se alegava constrangimento ilegal consubstanciado no indeferimento do pedido de realização de seu exame de insanidade mental. No caso, a paciente fora denunciada, com terceiros, como incursa nas sanções dos artigos 136, §§ 2º e 3º e 148, § 2º, ambos do CP e do art. 1º, II, § 3º, primeira parte e § 4º, II, da Lei 9.455/97 pelo fato de supostamente ter submetido menor de idade a sessões de tortura física, maus tratos e mantê-la em cárcere privado. Durante o curso da ação penal, pleiteara-se a realização do citado exame, denegado pelo juízo de primeiro grau e pelas demais instâncias. A impetração sustentava que a negativa dessa perícia constituiria cerceamento de defesa, haja vista a existência de dúvidas quanto à integridade mental da acusada. De início, salientou-se que a instauração de incidente de insanidade mental pressupõe a configuração de dúvida razoável sobre a integridade mental do requerente, que, na presente situação, não fora demonstrada na petição inicial e nos documentos coligidos nos autos. Aduziu-se que a instauração desse incidente não pode ser autorizada somente porque requerida, sendo necessários elementos que ensejem dúvida quanto à higidez mental do paciente. Dessa forma, entendeu-se que a negativa do aludido exame não ofendera os princípios da ampla defesa e do contraditório. Concluiu-se que, inexistindo qualquer informação concreta que colocasse em dúvida a sanidade mental da paciente, não importaria cerceamento de defesa a denegação de pedido para a realização de perícia psiquiátrica. Além disso, considerou-se suficiente a fundamentação utilizada pelo julgador ordinário para afastar a necessidade da perícia para a elucidação dos fatos. **HC 97098/GO, rel. Min. Joaquim Barbosa, 28.4.2009.** (HC-97098) (Inform. STF 544)

5.1. SUPERIOR TRIBUNAL DE JUSTIÇA

COMPETÊNCIA. RESTITUIÇÃO. BENS. BUSCA. APREENSÃO.
A Seção declarou que compete ao juízo federal criminal que ordenou a busca e apreensão (suscitado) processar e julgar o pedido de restituição dos pássaros silvestres apreendidos pela Polícia Federal concomitantemente à atuação administrativa do Ibama, que acompanhou o cumprimento do mandado. Na espécie, a requerente vive em união estável com um dos investigados no inquérito que apura a suposta prática de crimes relacionados à criação e comercialização ilegal de aves silvestres. Sustentou que a busca efetivada na residência do casal também apreendeu animais de sua propriedade e, como ela não foi indiciada, seus pássaros devem ser-lhe restituídos. O juízo suscitado havia declinado da competência sob o fundamento de que o pedido tem índole civil e deve ser analisado pelo juízo dos fatos, porquanto a apreensão não teria derivado de sua ordem, mas do ato de império do Ibama no exercício de sua atribuição administrativa. Contudo, entendeu a Min. Relatora que, havendo dúvidas quanto ao fato de o objeto do pedido igualmente ser produto de crime – máxime se a requerente é mulher do investigado, vivendo na mesma residência em que os pássaros foram encontrados –, o destino dos animais deve ser resolvido pelo juízo criminal que ordenou a apreensão, nos termos dos arts. 118 e 120 do CPP, pois eles ainda interessam ao processo e à continuidade das investigações. Ressaltou que, não obstante a atuação do Ibama, a apreensão também partiu da ordem judicial, de forma que a apuração acerca da circunstância de a requerente ser terceira de boa-fé deve ser efetivada pelo juízo que ordenou a diligência. Salientou, ainda, que os efeitos decorrentes da participação do órgão administrativo devem ser questionados pela via própria na esfera cível, e não em pedido de restituição na esfera criminal. Precedente citado: CC 39.509-PR, DJ 2/3/2005. **CC 115.000-MS, Rel. Min. Maria Thereza de Assis Moura, julgado em 27/4/2011.** (Inform. STJ 470)

LIBERAÇÃO. PATRIMÔNIO APREENDIDO.
Trata-se de agravo regimental interposto contra decisão de indeferimento do pedido de levantamento do sequestro de diversos bens de propriedade do denunciado agravante, entre os quais imóveis e veículos de luxo. A Min. Eliana Calmon, inicialmente, esclareceu que o desbloqueio dos bens sequestrados, depois de oferecida a denúncia, vem sendo examinado caso a caso após a oitiva do MPF e decidido conforme a situação fática e jurídica de cada caso, nada havendo de pessoal ou subjetivo quanto à liberação. As poucas liberações ocorridas, sem motivação expressa, deram-se em cumprimento ao disposto no art. 131, I, do CPP, ou seja, antes do recebimento da denúncia. Na espécie, não há razão plausível para a liberação do patrimônio apreendido, tendo o denunciado formulado pedido genérico e, sem razão alguma, simplesmente requerendo sejam desonerados os seus bens, levantado o sequestro de bens contra si decretado. Diante disso, a Corte Especial negou provimento ao agravo. **AgRg na APn 536-BA, Rel. Min. Eliana Calmon, julgado em 12/11/2009.** (Inform. STJ 415)

CC. FURTO. OBRAS. ARTE.
Trata-se de conflito de competência entre o juízo federal e o estadual sobre a competência para processar e julgar o crime de furto ocorrido em museu, ocasião em que foram subtraídas obras de arte tombadas pelo Instituto do Patrimônio Histórico e Artístico Nacional (IPHAN). Para o Min. Relator, o simples fato de ser o museu associação particular sem fins lucrativos a expor obras de arte não desloca a competência para a Justiça Federal, conforme resulta da aplicação do art. 109 da CF/1988. Sob a orientação dessa mesma regra, importa verificar se, no caso, houve lesão a interesse da União. O objetivo do tombamento é a proteção do patrimônio histórico e artístico nacional, cabendo ao IPHAN a sua manutenção e vigilância, conforme o disposto nos arts. 19 e 20 do DL n. 25/1937. A União, por intermédio do IPHAN, tem efetivo interesse na preservação e manutenção do patrimônio histórico e artístico nacional, resguardando os bens de excepcional valor cultural e artístico. Assim, determinada a competência da Justiça Federal, não se pode manter a sentença condenatória proferida por juízo incompetente, visto ser aquela de ordem constitucional. Diante disso, a Seção conheceu do conflito para declarar a competência do juízo federal suscitante e concedeu *habeas corpus* de ofício, para anular a sentença condenatória proferida pelo juízo estadual, facultando-se a ratificação dos atos processuais anteriormente praticados, na forma legal. **CC 106.413-SP, Rel. Min. Arnaldo Esteves Lima, julgado em 14/10/2009.** (Inform. STJ 411)

COMPETÊNCIA. ROUBO. CASA LOTÉRICA.
Cinge-se a questão em saber se a Justiça Federal é a competente para o processo e julgamento do feito relativo ao delito de roubo em casa lotérica. A Seção conheceu do conflito e declarou competente o juízo de Direito, o suscitado, por entender que o roubo ocorrido em casa lotérica, estabelecimento de pessoa jurídica de direito privado permissionária de serviço público, não caracteriza hipótese de competência da Justiça Federal, pois inexiste detrimento de bens, serviços ou interesses da União e suas entidades. Precedente citado: CC 40.771-SP, DJ 9/5/2005. **CC 100.740-PB, Rel. Min. Maria Thereza de Assis Moura, julgado em 12/8/2009.** (Inform. STJ 402)

COMPETÊNCIA. FALSIFICAÇÃO. RESPONSABILIDADE TÉCNICA.
Na hipótese, foi falsificada a assinatura do engenheiro ambiental nas anotações de responsabilidade técnica apresentadas perante o instituto ambiental do estado. A questão está em definir se tal conduta importaria lesão ao Conselho Regional de Engenharia e Arquitetura e Agronomia (CREA), que possui natureza jurídica de autarquia federal. A Seção conheceu do conflito e declarou a competência o juízo de Direito suscitado, por entender que o crime não foi praticado contra o conselho profissional, mas contra o próprio profissional, que teve sua assinatura falsificada, e o órgão estadual perante o qual o documento foi apresentado. Precedente citado: CC 20.583-ES, DJ 17/2/1999. **CC 101.020-PR, Rel. Min. Maria Thereza de Assis Moura, julgado em 12/8/2009.** (Inform. STJ 402)

COMPETÊNCIA. CONTRAVENÇÃO. LEI MARIA DA PENHA.
No caso, o autor desferiu socos e tapas no rosto da declarante, porém sem deixar lesões. Os juízos suscitante e suscitado enquadraram a conduta no art. 21 da Lei de Contravenções Penais (vias de fato). Diante disso, a Seção conheceu do conflito para declarar competente o juízo de Direito da Vara Criminal, e não o do Juizado Especial, por entender ser inaplicável a Lei n. 9.099/1995 aos casos de violência doméstica e familiar contra a mulher, ainda que se trate de contravenção penal. Precedentes citados: CC 104.128-MG, DJe 5/6/2009; CC 105.632-MG, DJe 30/6/2009, e CC 96.522-MG, DJe 19/12/2008. **CC 104.020-MG, Rel. Min. Maria Thereza de Assis Moura, julgado em 12/8/2009.** (Inform. STJ 402)

COMPETÊNCIA. DESMATAMENTO. FLORESTA AMAZÔNICA.
A questão está em definir a competência para processar e julgar o crime de desmatamento da floresta amazônica em terreno objeto de propriedade particular. A Seção conheceu do conflito e declarou competente o juízo de Direito, o suscitante, ao entendimento de que não há que confundir patrimônio nacional com bem da União. Aquela locução revela proclamação de defesa de interesses do Brasil diante de eventuais ingerências estrangeiras. Tendo o crime de desmatamento ocorrido em propriedade particular, área que já pertenceu, mas hoje não mais, a parque estadual, não há que se falar em lesão a bem da União. Ademais, como o delito não foi praticado em detrimento do Ibama, que apenas fiscalizou a fazenda do réu, ausente prejuízo para a União. Precedentes citados do STF: RE 458.227-TO, DJ 15/2/2006; do STJ: HC 18.366-PA, DJ 1º/4/2002, e REsp 592.012-TO, DJ 20/6/2005. **CC 99.294-RO, Rel. Min. Maria Thereza de Assis Moura, julgado em 12/8/2009.** (Inform. STJ 402)

COMPETÊNCIA. APROPRIAÇÃO INDÉBITA. VEÍCULO.
Foi instaurado inquérito visando apurar eventual ocorrência de delito tipificado no art. 171, § 2º, I, c/c o art. 14, II, ambos do CP. O autor do suposto delito, para resolver problemas particulares em cidade localizada no Estado de São Paulo, tomou emprestado, em uma cidade paranaense, um veículo de propriedade da vítima. O autor, chegando à cidade paulista, tentou entregar o mencionado carro a um terceiro, a título de compensação de dívidas, como se fosse sua propriedade. Das decisões proferidas pelos juízos suscitante e suscitado, vê-se que ambos entendem ter o agente praticado os delitos de apropriação indébita e de estelionato, este absorvido por aquele. A divergência foi instaurada quanto ao local de consumação do crime de apropriação indébita, tendo o primeiro juízo entendido que se daria no local da tradição do bem (em São Paulo) e o segundo, no local em que foi realizado o empréstimo (no Paraná). Assim, a questão está em definir o local da consumação do delito de apropriação indébita e, consequentemente, o juízo competente para processar e julgar a respectiva ação penal. Isso posto, a Seção conheceu do conflito e declarou competente o juízo suscitado ao argumento de que a apropriação consumou-se na cidade paulista, lugar em que o acusado entregou o veículo ao credor, momento em que transformou a posse em propriedade, em que externou sua vontade em não restituir o bem que estava em sua posse em razão de empréstimo. Precedentes citados: CC 57. 125-MT, DJ 7/8/2006; CC 16.389-SP; DJ 21/10/1996; CC 1.646-MG, DJ 3/6/1991, e CC 355-PE, DJ 25/9/1989. **CC 102.103-PR, Rel. Min. Maria Thereza de Assis Moura, julgado em 12/8/2009.** (Inform. STJ 402)

COMPETÊNCIA. BOLSA. VALORES.

Discute-se a competência para processar e julgar eventuais crimes previstos nos arts. 4º, 6º e 10 da Lei n. 7.492/1986 e 1º da Lei n. 8.137/1990, cometidos por diversas pessoas jurídicas e físicas, em operações ilícitas realizadas na bolsa de valores de São Paulo e do Rio de Janeiro. Tais crimes consistiriam na conduta de comprar papéis no mercado à vista e realizar a venda simultânea de uma série de opções de compra sobre essas ações, ocasionando uma pré-fixação dos preços para as opções. As referidas pessoas jurídicas e físicas, domiciliadas em São Paulo, realizaram negócios nas mencionadas bolsas, nos mercados à vista e de opções, gerando possíveis prejuízos a investidores institucionais. Inicialmente o processo tramitou no juízo da Justiça Federal em São Paulo, que o encaminhou à vara federal criminal especializada em crimes contra o sistema financeiro nacional e lavagem de valores. Este, por sua vez, remeteu ao juízo paulista. Diante disso, a Seção conheceu do conflito para declarar competente o juízo federal da vara criminal especializada, o suscitante. Entendeu que a Lei n. 7.492/1986 busca a preservação das instituições públicas e privadas que compõem o sistema financeiro, de modo a viabilizar a transparência, a licitude, a boa-fé, a segurança e a veracidade, que devem reger as relações entre aquelas e os aplicadores, poupadores, investidores, segurados e consorciados. Os delitos dos arts. 4º, 6º e 10 da referida lei são formais, ou seja, não exigem resultados decorrentes das condutas, e se consumam com a prática dos atos de gestão (art. 4º), no momento em que se presta a falsa informação ou a oculta (art. 6º) e quando é formalizado o demonstrativo contábil falso (art. 10). Os eventuais crimes previstos nos referidos artigos da lei consumam-se onde articuladas as possíveis operações fraudulentas praticadas nas Bolsas de Valores, independentemente do local onde as transações foram realizadas, consoante o art. 70 do CPP. **CC 91.162-SP, Rel. Min. Arnaldo Esteves Lima, julgado em 12/8/2009.** (Inform. STJ 402)

COMPETÊNCIA. CRIMES AMBIENTAIS. DESOBEDIÊNCIA.

O paciente foi denunciado como incurso nas sanções do art. 330 do CP e arts. 39, 40 e 60, todos da Lei n. 9.605/1998. Recebida a denúncia, foi questionada a competência da Justiça Federal para instruir e julgar a ação penal, dando ensejo ao conflito de competência instaurado entre o juízo federal e o juízo de Direito. Ao julgar o referido conflito, a Terceira Seção deste Superior Tribunal declarou a competência da Justiça Federal. Posteriormente, o juízo federal reconheceu a prescrição da pretensão punitiva estatal quanto ao crime do art. 330 do CP, o qual, praticado em detrimento de funcionário público federal, atraiu, por conexão, a competência da Justiça Federal para julgar os demais crimes ambientais. Sustentam os impetrantes que, uma vez declarada extinta a punibilidade do paciente com relação ao crime de desobediência, carece a Justiça Federal de competência para julgá-lo pela suposta infração dos aludidos crimes ambientais, já que não se caracterizou qualquer ofensa a bens da União apta a justificá-la. Defendem, por essa razão, que o direito de o paciente ser julgado por magistrado competente está sendo violado pela decisão do TRF, que, ao denegar o *writ* impetrado a seu favor, reconheceu a competência da Justiça Federal para continuar processando o feito. Para a Min. Relatora, na hipótese de conexão entre crime de desobediência de servidor federal e crimes ambientais, em que existiu atração do processamento e julgamento para a Justiça Federal, sobrevindo prescrição do crime contra a Administração Pública, desaparece o interesse da União, devendo haver o deslocamento da competência para a Justiça estadual. Diante disso, a Turma concedeu a ordem para determinar o envio dos autos da ação penal para o juízo estadual, que se tornou o competente para processar e julgar os crimes ambientais em questão. Precedentes citados do STF: HC 69.325-GO, DJ 4/12/1992; do TFR: CC 7.043-RS, DJ 6/11/1986. **HC 108.350-RJ, Rel. Min. Maria Thereza de Assis Moura, julgado em 4/8/2009.** (Inform. STJ 401)

COMPETÊNCIA. DOCUMENTO FALSO. VISTO.

Trata-se de conflito negativo de competência entre o juízo estadual e o juízo federal nos autos em que a acusada foi presa em flagrante por ter cometido, em tese, o crime previsto no art. 304 do CP, ao instruir requerimento de visto em passaporte com documentos falsos (contracheque, extrato bancário e declaração de imposto de renda). Para o Min. Relator, considerando-se que a utilização dos documentos falsificados deu-se dentro de seção consular da embaixada, que é apenas representação de Estado estrangeiro dentro do território nacional, não se pode falar em prejuízo de bens, serviços ou interesse da União, devendo fixar-se a competência da Justiça estadual. Ressalta, ainda, que as declarações de imposto de renda falsas também só foram usadas para requerer o visto e não em detrimento da União, motivo pelo qual não há como fixar a competência da Justiça Federal. Diante do exposto, a Seção declarou competente uma das varas criminais da Justiça comum de Brasília. Precedentes citados: CC 12.423-PR, DJ 5/5/20071009, e CC 33.157-RS, DJ 11/3/2002. **CC 104.334-DF, Rel. Min. Jorge Mussi, julgado em 24/6/2009.** (Inform. STJ 400)

AUDIÊNCIA PRELIMINAR. DENÚNCIA ORAL. JUIZADO ESPECIAL.

Na espécie, foi instaurado inquérito policial com o objetivo de apurar a suposta prática do crime previsto no art. 129, § 6º, do CP, tratando-se, no caso, de agressão física por genitora da vítima. Designada audiência preliminar perante o juizado especial criminal, não foi possível a intimação pessoal da autora do delito, que não compareceu à audiência. O juiz, após vista do Ministério Público, encaminhou os autos ao juízo comum, mesmo sem o oferecimento da denúncia. Para o Min. Relator, o procedimento do juizado especial prevê a realização de audiência preliminar, momento em que é cabível a transação penal, atendidos os requisitos legais, não sendo caso de arquivamento. Entretanto o art. 77 da Lei n. 9.099/1995 dispõe que, não havendo aplicação da pena proposta pelo MP pela ausência do autor do fato, ou pela não ocorrência da hipótese prevista no art. 76 da referida lei, o MP oferecerá, de imediato, denúncia oral, se não houver necessidade de diligências. Portanto, no caso, como a autora não compareceu à audiência preliminar e sendo prescindíveis as diligências, é caso de apresentação de denúncia oral, perante o juizado especial (art. 77 *caput* da Lei n. 9.099/1995). Diante disso, a Seção conheceu do conflito e declarou competente o juízo suscitado. Precedente citado: CC 91.965-MG, DJ 4/9/2008. **CC 102.240-PB, Rel. Min. Og Fernandes, julgado em 25/3/2009.** (Inform. STJ 388)

COMPETÊNCIA. CRIMES. *INTERNET*.

Discute-se a competência para processar e julgar diversos crimes veiculados em *sites* da *Internet*: divulgação de imagens pornográficas de crianças e adolescentes, estelionato, facilitação de prostituição e corrupção de menores. O juízo federal reconheceu como de sua competência o delito de divulgação de imagens pornográficas e suscitou o conflito de competência em relação aos demais delitos. Por outro lado, o parecer do Ministério Público Federal reconheceu a existência de conexão probatória ou instrumental (em que o vínculo é objetivo, pois as infrações nutrem relação de causa e efeito). Por esse motivo, todos os delitos deveriam ser apreciados pela Justiça Federal. Para a Min. Relatora, é imprescindível verificar se, entre os crimes de estelionato, facilitação de prostituição e corrupção de menores, haveria vínculo etiológico com o delito do art. 241 do ECA, esse último de competência da Justiça Federal. Assim, sob esse prisma, o delito contra o patrimônio perpetrado por meio de outro *site* não tem liame instrumental, relação de causa e efeito, para justificar a competência federal. Ademais, o fato de esse delito, em tese, ter extravasado limites estaduais não autoriza o reconhecimento de afetação de bens jurídicos da União, nem nas hipóteses elencadas no art. 109 da CF/1988. Já os crimes de facilitação de prostituição e corrupção de menores praticados no mesmo *site* do crime de divulgação de imagens pornográficas de crianças e adolescentes, em razão do reconhecimento da conexão instrumental ou probatória e à luz da Súm. n. 122-STJ, devem ser julgados na Justiça Federal. Com esse entendimento, a Seção declarou competente o juízo de Direito da vara criminal, o suscitado, para processar e julgar o crime de estelionato, e o juízo federal criminal e juizado especial, o suscitante, para julgar os demais crimes. **CC 101.306-PR, Rel. Min. Maria Thereza de Assis Moura, julgado em 16/2/2009.** (Inform. STJ 384)

COMPETÊNCIA. IMAGENS PORNOGRÁFICAS. *INTERNET*.

Trata-se de conflito negativo de competência em que o juízo federal do RJ e o juízo federal do júri e das execuções penais de SP declararam-se incompetentes para presidir inquérito policial que apura delito tipificado no art. 241 da Lei n. 8.069/1990 supostamente praticado pelo paciente, enquanto teria vinculado imagens pornográficas de crianças e adolescentes na *Internet*. Explica o Min. Relator que, de acordo com o entendimento deste Superior Tribunal, o delito previsto no art. 241 do ECA ocorre no momento da publicação das imagens, ou seja, no lançamento das fotografias de pornografia infantil na *Internet*. Por isso, o local em que se encontra sediado o provedor de acesso ao ambiente virtual não é relevante para a fixação da competência. Diante do exposto, a Seção declarou competente o juízo do júri e das execuções penais de São Paulo, o suscitado, levando em conta ser o local do lançamento das fotos na *Internet*, de acordo com a documentação dos autos. Precedente citado: CC 29.886-SP, DJ 1º/2/2008. **CC 66.981-RJ, Rel. Min. Og Fernandes, julgado em 16/2/2009.** (Inform. STJ 384)

COMPETÊNCIA. AGRESSÃO. NAMORO.

Discute-se, em conflito de competência, se o disposto na Lei n. 11.340/2006 (Lei Maria da Penha) é aplicável às relações entre namorados. Para a Min. Relatora, como o art. 5º da citada lei dispõe que a "violência doméstica" abrange qualquer relação íntima de afeto e dispensa a coabitação, cada demanda deve ter uma análise cuidadosa, caso a caso. Deve-se comprovar se a convivência é duradoura ou se o vínculo entre as partes é eventual, efêmero, uma vez que não incide a lei em comento nas relações de namoro eventuais. No caso, o suposto fato delituoso não se amolda aos requisitos exigidos na Lei Maria da Penha. Dessa forma, a Seção declarou competente o juízo de Direito do juizado especial criminal, o suscitado. Precedente citado: CC 85.425-SP, DJ 26/6/2007. **CC 91.979-MG, Rel. Min. Maria Thereza de Assis Moura, julgado em 16/2/2009.** (Inform. STJ 384)

COMPETÊNCIA. JUIZADO ESPECIAL CRIMINAL.
Noticiam os autos que, entre o paciente idoso e outra idosa, houve desentendimentos no interior de um bar e, após esse incidente, ele teve contra si apresentada queixa-crime perante o juizado especial criminal, sendo-lhe imputada a suposta prática de dois crimes, o de difamação e o de injúria real. O MP opinou pela incompetência do juizado especial. Acolhida a incompetência, houve a redistribuição do feito ao juízo comum criminal. Então, foi oposta exceção de incompetência, mas o juiz a rejeitou. Isso posto, destacou a Min. Relatora que a criação dos juizados especiais criminais deu-se em razão da matéria criminal de menor potencial ofensivo. Expõe que o paciente teve contra si oferecida queixa-crime em que se lhe imputou a prática, em concurso formal, de duas condutas delitivas e que o limite de dois anos para se fixar a competência dos juizados especiais criminais se conta pela pena máxima do crime mais grave, acrescido de eventual exasperação máxima, mais a metade, que é o máximo da regra do concurso. Explicitou, ainda, que, no caso, pode se considerar qualquer um dos dois delitos, porque ambos prevêem a detenção em um ano. Sendo assim, feita essa operação, o resultado é de dois anos. Destacou, também, que, com relação à previsão do art. 68 do CP, mesmo que fosse possível a conversão de uma causa de aumento em agravante (art. 61, II, h, do CP), isso não influenciaria esse cálculo, porquanto já computada entre a pena mínima e máxima. Diante do exposto, a Turma concedeu a ordem para anular o processo iniciado no juízo criminal e determinar o envio dos autos ao Juizado Especial Criminal. Precedentes citados: HC 66.707-RS, DJ 5/2/2007; REsp 611.718-RS, DJ 3/11/2004, e HC 80.773-RJ, DJ 19/11/2007. **HC 119.272-SP, Rel. Min. Maria Thereza de Assis Moura, julgado em 25/11/2008.** (Inform. STJ 378)

BENS APREENDIDOS. DEVOLUÇÃO.
O requerente pretende a restituição de um *notebook* e um HD apreendidos por terem relação com os fatos em apuração (art. 6º, II, do CPP). Mas o Min. Relator entende que tais bens ainda apresentam relevante interesse para o processo, mormente diante de oferecimento de denúncia em que se imputa ao requerente fato consistente em suposta prática de fraude processual, o que impede, por ora, a restituição daqueles bens. O art. 118 do CPP estabelece que, antes de transitar em julgado a sentença final, as coisas apreendidas não poderão ser restituídas enquanto interessarem ao processo. **AgRg na Pet 6.330-SP, Rel. Min. Felix Fischer, julgado em 19/11/2008.** (Inform. STJ 377)

RESTITUIÇÃO. BENS APREENDIDOS.
Trata-se de agravo regimental interposto por construtora, insurgindo-se contra a decisão que, após oitiva do MPF, indeferiu o pleito de restituição de bens apreendidos por ocasião da deflagração de operação policial, inquérito que colocou a construtora requerente no centro das investigações policiais. A Min. Relatora entendeu que deve ser mantido o bloqueio como forma de garantir o ressarcimento ao erário, se for o caso, ao final da demanda. Esclareceu estar atenta às dificuldades do réu e sua empresa, que opera com o patrimônio bloqueado e, por isso mesmo, em mais de uma oportunidade, tem autorizado providências no sentido de manter a construtora em funcionamento. Entretanto, não se podem olvidar os possíveis prejuízos causados ao erário pelo agir da construtora e o fato de que muitos dos seus bens são oriundos de atividade ilícita praticada contra os cofres estatais, segundo levantamentos feitos pelo TCU e CGU que serviram de base para a denúncia. A ação penal será demorada pela complexidade, pelo número de denunciados e pela atuação procrastinatória das defesas, o que, entretanto, não retira a responsabilidade patrimonial do causador do dano, de responder com seu patrimônio. Diante disso, a Corte Especial negou provimento ao agravo. **AgRg na APn 536-BA, Rel. Min. Eliana Calmon, julgado em 20/8/2008.** (Inform. STJ 364)

6. PROVA

INTERROGATÓRIO DE RÉU SEM RECURSOS PARA DESLOCAMENTO E CARTA PRECATÓRIA
A 1ª Turma deu provimento a recurso ordinário em *habeas corpus* para que o interrogatório da recorrente — declarada revel — fosse realizado mediante carta precatória. Na espécie, ela fora citada e apusera ciência no mandado expedido. Ocorre que, no dia do interrogatório, não comparecera ao juízo. O Conselho Permanente de Justiça para o Exército marcara, então, nova audiência e, posteriormente, tornara sem efeito a designação. Na sequência, determinara a intimação da acusada para comprovar as alegações de não dispor de recursos bastantes ao deslocamento da cidade de sua residência para o local em que o ato judicial ocorreria. Inicialmente, salientou-se que oficiala consignara declaração da recorrente quanto à insuficiência financeira. Ademais, em processo anterior a ré já teria sido ouvida por meio de carta precatória. Assentou-se o cerceamento de defesa. Destacou-se a importância, no processo-crime, da defesa direta, a ocorrer em depoimento. RHC 103468/MS, rel. Min. Marco Aurélio, 20.11.2012. (RHC-103468) (Inform. STF 689)

BACEN E ENVIO DE INFORMAÇÕES INDIVIDUALIZADAS
A 1ª Turma iniciou exame de *habeas corpus* em que se pleiteia a declaração de nulidade de ação penal, embasada na ilegalidade das quebras de sigilos bancário e fiscal dos pacientes. Outrossim, busca seja assentada a nulidade das provas obtidas ilicitamente, determinando-se a prolação de nova sentença. O Min. Marco Aurélio, relator, julgou extinto o *habeas*, sem apreciação do pedido, por inadequação da via processual, porquanto substitutivo de recurso ordinário, mas concedeu, de ofício, a ordem para declarar insubsistente o processo adversado. Delineou estar em discussão a possibilidade de o Banco Central do Brasil - Bacen poder fornecer ao Ministério Público, sem autorização judicial, dados bancários. Explicitou que se, de um lado, a notícia da prática de crime seria dever de todo cidadão e, com base maior, de entidade como o Bacen, de outro, o afastamento do sigilo de dados, consoante disposto no inciso XII do art. 5º da CF ("*é inviolável o sigilo da correspondência e das comunicações telegráficas, de dados e das comunicações telefônicas, salvo, no último caso, por ordem judicial, nas hipóteses e na forma que a lei estabelecer para fins de investigação criminal ou instrução processual penal*"), somente se faria possível mediante ato de órgão judicial. Anotou que o primado do Judiciário presente a garantia constitucional revelada no aludido preceito também abarcaria dados bancários. Aduziu estar-se diante de tema de grande importância considerada a ordem jurídica no que as Leis 4.729/65, 6.385/76 e 7.492/86 conteriam preceitos abrangentes a versarem o envio de elementos ao Ministério Público sem a intermediação judicial. Acentuou que o Bacen, mediante expediente dirigido ao Procurador-Geral da República, não se limitara a noticiar possível prática de crime e procedera à remessa de diversos dados, inclusive de correntistas individualizados. Dessa maneira, o Bacen, ao implementar a mencionada quebra, teria colocado em segundo plano a reserva do Judiciário prevista na Constituição. Por fim, complementou que, a partir desse fenômeno, a ação penal ter-se-ia iniciado. Após, pediu vista a Min. Rosa Weber. HC 99223/PR, rel. Min. Marco Aurélio, 6.11.2012. (HC-99223) (Inform. STF 687)

LESÃO CORPORAL GRAVE E LAUDO PERICIAL
A 2ª Turma denegou *habeas corpus* em que requerida a reforma da condenação imposta ao paciente por crime de lesão corporal de natureza grave para simples. A defesa argumentava que, ante a ausência de laudo pericial a apontar o grau das lesões sofridas pela vítima, não se caracterizaria a qualificadora de perigo de vida (CP, art. 129, § 1º, II). O Colegiado informou que constara da sentença que o risco de morte fora latente, uma vez que envolveria dano provocado em região extremamente vital (pescoço). Demais disso, houvera necessidade de intervenção cirúrgica e de internação. Aludiu ao acórdão do tribunal estadual em que consignadas a existência de provas documentais e a possibilidade de substituição da prova pericial por testemunhal, desde que desaparecidos os vestígios da conduta (CPP, art. 167). Na sequência, extraiu-se dos autos não ter sido possível realizar a perícia porque a vítima teria desaparecido. Ademais, assinalou-se a efetiva comprovação das lesões mediante prova testemunhal e relatórios de atendimento hospitalar. Alfim, asseverou-se inexistir nulidade, porquanto a falta de laudo pericial não impediria o reconhecimento da materialidade do adversado delito por outros meios. HC 114567/ES, rel. Min. Gilmar Mendes, 16.10.2012. (HC-114567) (Inform. STF 684)

HC E VALIDADE DE PROVAS COLHIDAS EM "LAN HOUSE"
A 1ª Turma denegou *habeas corpus* impetrado em favor de sargento do Exército condenado pelo envio de panfletos, divulgados pela internet, a incitar militares à desobediência, à indisciplina e à prática de crimes. Além disso, teria ofendido a dignidade e desacatado diversos oficiais das Forças Armadas. A defesa sustentava nulidade: a) do processo, ao argumento de utilização, para fins condenatórios, de provas ilícitas, porque recolhidas, sem autorização judicial, em *lan house*, a afrontar o art. 5º, XII, da CF ("*é inviolável o sigilo da correspondência e das comunicações telegráficas, de dados e das comunicações telefônicas, salvo, no último caso, por ordem judicial, nas hipóteses e na forma que a lei estabelecer para fins*

de investigação criminal ou instrução processual penal"); e b) do interrogatório, colhido por precatória, com cerceamento de defesa. Destacou-se a gravidade do conteúdo das mensagens enviadas pela rede. Ressaltou-se, no entanto, não estar em discussão o teor delas ou a materialidade dos delitos, mas apenas os aspectos processuais que teriam ensejado a condenação criminal. Asseverou-se que os dados contidos no computador não requereriam acesso via autorização judicial ou do acusado, porquanto o proprietário do estabelecimento comercial teria: a) permitido o exame do equipamento e consequente identificação das provas; e b) autorizado que o computador fosse periciado. O laudo resultante teria sido elemento probatório a corroborar a autoria do crime pelo paciente. Assinalou-se que o conteúdo das comunicações por ele transmitidas não fora descoberto pelo exame na máquina, porém explicitado pelos destinatários que, diante da gravidade, levaram o fato ao conhecimento da autoridade que procedera à investigação. Por fim, aduziu-se não haver nulidade na precatória, visto que demonstrada a enorme distância entre a sede do juízo e a cidade em que o paciente servia. HC 103425/AM, rel. Min. Rosa Weber, 26.6.2012. (HC-103425) (Inform. STF 672)

CORRUPÇÃO DE MENORES E PROVA DA IDADE DA VÍTIMA

Ao concluir julgamento, a 1ª Turma concedeu *habeas corpus* para afastar a condenação imposta ao paciente pela prática do crime de corrupção de menores, decotando-se a pena a ela referente, tendo em conta a inexistência, nos autos de ação penal, de prova civil da menoridade de corréu. Esclareceu-se que, para a caracterização do delito em comento, o tribunal de justiça local admitira, como prova da idade da vítima, declaração por ela prestada perante a autoridade policial. Aduziu-se que a idade comporia o estado civil da pessoa e se provaria pelo assento de nascimento, cuja certidão — salvo quando o registro seja posterior ao fato — tem sido considerada prova inequívoca, para fins criminais, tanto da idade de acusado quanto de vítima (CPP, art. 155). Avaliou-se inexistir, na espécie, prova documental idônea da menoridade, a impossibilitar a configuração típica da conduta atribuída ao condenado. A Min. Cármen Lúcia frisou que, especificamente em relação às provas que dizem respeito ao estado das pessoas, dever-se-ia verificar exceção à regra da ampla liberdade probatória, isto é, a observância das restrições estabelecidas na lei civil. Precedente citado: HC 73338/RJ (DJU de 19.12.96). HC 110303/DF, rel. Min. Dias Toffoli, 26.6.2012. (HC-110303) (Inform. STF 672)

Produção antecipada de provas e fundamentação

A 1ª Turma iniciou julgamento de *habeas corpus* em que se pretende a nulidade da produção antecipada de prova testemunhal. A medida fora deferida sob o fundamento de que a demora na sua realização poderia prejudicar a busca da verdade real, ante a possibilidade de as testemunhas não se lembrarem, com precisão, dos fatos presenciados. Suspenso o processo ante a revelia do acusado, a defesa sustenta inexistir o requisito da urgência, contido no art. 366 do CPP ("*Se o acusado, citado por edital, não comparecer, nem constituir advogado, ficarão suspensos o processo e o curso do prazo prescricional, podendo o juiz determinar a produção antecipada das provas consideradas urgentes e, se for o caso, decretar prisão preventiva, nos termos do disposto no art. 312*"). Na espécie dos autos, após 4 anos do suposto fato praticado pelo paciente, o magistrado determinara a oitiva dos policiais que teriam realizado a abordagem. O Min. Dias Toffoli, relator, concedeu a ordem por reconhecer, no caso em exame, ilegalidade na prova oral coletada antes do devido momento processual. Afirmou que a apreciação da conveniência quanto à realização da antecipação da prova subsumir-se-ia às hipóteses previstas no art. 225 do CPP ("*Se qualquer testemunha houver de ausentar-se, ou, por enfermidade ou por velhice, inspirar receio de que ao tempo da instrução criminal já não exista, o juiz poderá, de ofício ou a requerimento de qualquer das partes, tomar-lhe antecipadamente o depoimento*"). Asseverou que a colheita de indícios probantes sem o conhecimento e a possibilidade de se fazer presente ao ato o réu e o defensor por ele constituído importaria em violação ao devido processo legal e à ampla defesa. Em divergência, o Min. Marco Aurélio denegou a ordem ao fundamento de que o art. 366 do CPP autorizaria o magistrado a coletar as provas tidas como urgentes. Assim, entendeu que o depoimento teria essa premência. Destacou que o fato de a providência requerida — oitiva dos policiais — não ter se realizado de imediato, como convinha, não prejudicaria o que deferido e implementado pelo juízo. Aduziu, ainda, que a circunstância de o paciente estar foragido impediria a observância do princípio constitucional do contraditório. Após, pediu vista o Min. Luiz Fux. HC 108064/RS, rel. Min. Dias Toffoli, 20.9.2011. (HC-108064) (Inform. STF 641)

PRODUÇÃO ANTECIPADA DE PROVAS E FUNDAMENTAÇÃO - 2

Em conclusão, por maioria, a 1ª Turma deferiu *habeas corpus* para declarar a nulidade da produção antecipada de prova testemunhal, realizada com base no art. 366 do CPP, em face de eventual ausência do requisito da urgência ("*Se o acusado, citado por edital, não comparecer, nem constituir advogado, ficarão suspensos o processo e o curso do prazo prescricional, podendo o juiz determinar a produção antecipada das provas consideradas urgentes e, se for o caso, decretar prisão preventiva, nos termos do disposto no art. 312*") — v. Informativo 641. Reconheceu-se, na espécie, ilegalidade na prova oral coletada antes do devido momento processual. Afirmou-se que a apreciação da conveniência quanto à realização da antecipação da prova subsumir-se-ia às hipóteses previstas no art. 225 do CPP ("*Se qualquer testemunha houver de ausentar-se, ou, por enfermidade ou por velhice, inspirar receio de que ao tempo da instrução criminal já não exista, o juiz poderá, de ofício ou a requerimento de qualquer das partes, tomar-lhe antecipadamente o depoimento*"). Asseverou-se que a colheita de indícios probantes sem o conhecimento e a possibilidade de se fazerem presentes ao ato o réu e o defensor por ele constituído implicaria violação ao devido processo legal e à ampla defesa. HC 108064/RS, rel. Min. Dias Toffoli, 13.12.2011. (HC-108064)

PRODUÇÃO ANTECIPADA DE PROVAS E FUNDAMENTAÇÃO - 3

O Min. Luiz Fux acrescentou que a produção antecipada da prova testemunhal teria sido determinada ante o efeito deletério que a passagem do tempo poderia exercer sobre a memória das testemunhas, fato genérico e inapto à aplicação do dispositivo excepcional em comento. Realçou que esse fundamento não se enquadraria nos casos de urgência previstos na lei, tampouco mediante a interpretação extensiva autorizada no art. 3º do CPP. Sublinhou que a justificativa de que o tempo apagaria a lembrança dos fatos teria diminuta força persuasiva, tendo em vista que o crime imputado ocorrera em 2005, e o pedido de antecipação da prova somente se formalizara em 2009. Vencido o Min. Marco Aurélio, que denegava a ordem ao fundamento de que o art. 366 do CPP autorizaria o magistrado a coletar as provas tidas como urgentes e que o depoimento teria essa premência. Destacava que a providência requerida — oitiva dos policiais — não teria se realizado de imediato, como convinha, a não prejudicar o que deferido e implementado pelo juízo. Aduzia, ainda, que a circunstância de o paciente estar foragido impediria a observância do princípio constitucional do contraditório. HC 108064/RS, rel. Min. Dias Toffoli, 13.12.2011. (HC-108064) (Inform. STF 652)

EXAME GRAFOTÉCNICO E RECUSA DO INVESTIGADO

A 2ª Turma denegou *habeas corpus* em que se sustentava a nulidade de sentença condenatória por crime de falso, sob a alegação de estar fundamentada em prova ilícita, consubstanciada em exame grafotécnico a que o paciente se negara realizar. Explicitou-se que o material a partir do qual fora efetuada a análise grafotécnica consistira em petição para a extração de cópias, manuscrita e formulada espontaneamente pelo próprio paciente nos autos da respectiva ação penal. Consignou-se inexistir ofensa ao princípio da proibição da auto-incriminação, bem assim qualquer ilicitude no exame grafotécnico. Salientou-se que, conforme disposto no art. 174, II e III, do CPP, para a comparação de escritos, poderiam servir quaisquer documentos judicialmente reconhecidos como emanados do punho do investigado ou sobre cuja autenticidade não houvesse dúvida. Em seguida, aduziu-se que a autoridade poderia requisitar arquivos ou estabelecimentos públicos do investigado, a quem se atribuíra a letra. Assentou-se que o fato de ele se recusar a fornecer o material não afastaria a possibilidade de se obter documentos. Ademais, mesmo que se entendesse pela ilicitude do exame grafotécnico, essa prova, por si só, não teria o condão de macular o processo. Por fim, em relação à dosimetria, assinalou que o STF já tivera a oportunidade de afirmar entendimento no sentido de que, uma vez reconhecida a continuidade delitiva, a exasperação da pena, a teor do que determina o art. 71 do CP, ocorreria com base no número de infrações cometidas. HC 99245/RJ, rel. Min. Gilmar Mendes, 6.9.2011. (HC-99245) (Inform. STF 639)

PROVA ILÍCITA E AUSÊNCIA DE FUNDAMENTAÇÃO

São consideradas ilícitas as provas produzidas a partir da quebra dos sigilos fiscal, bancário e telefônico, sem a devida fundamentação. Com esse entendimento, a 2ª Turma deferiu *habeas corpus* para reconhecer a ilicitude das provas obtidas nesta condição e, por conseguinte, determinar o seu desentranhamento dos autos de ação penal. Na espécie, os pacientes foram denunciados pela suposta prática de crimes contra o Sistema Financeiro Nacional (Lei 7.492/86, artigos 11, 16 e 22, *caput*), lavagem de dinheiro (Lei 9.613/98, art. 1º, VI e VII ,e § 4º), e formação de quadrilha (CP, art. 288), por promoverem evasão de divisas do país, efetuarem operação de câmbio não autorizadas, operarem instituição financeira clandestina e, ainda, movimentarem recursos e valores paralelamente à contabilidade exigida pela legislação. Ressaltou-se que a regra seria a inviolabilidade do sigilo das correspondências, das comunicações telegráficas, de dados e das comunicações telefônicas (CF, art. 5º, XII), o que visa, em última análise, a resguardar também direito constitucional à intimidade (art. 5º, X). E, somente se justificaria a sua mitigação quando razões de interesse público, devidamente fundamentadas por ordem judicial, demonstrassem a conveniência de sua violação para fins de promover a investigação criminal ou instrução processual penal. No caso, o magistrado de primeiro grau não apontara fatos concretos que justificassem a real necessidade da quebra desses sigilos, mas apenas se reportara aos argumentos deduzidos pelo Ministério Público. Asseverou-se, ademais, que a Constituição veda expressamente, no seu art. 5º, LVI, o uso da prova obtida ilicitamente nos processos judiciais, no intuito precípuo de tutelar os direitos fundamentais dos atingidos pela persecução penal. Por fim, não se conheceu do *writ* na parte em que sustentada a ilegalidade das prorrogações das interceptações telefônicas, em razão da perda superveniente do objeto, uma vez que o tribunal de origem concedera a ordem em favor dos pacientes. HC 96056/PE, rel. Min. Gilmar Mendes, 28.6.2011. (HC-96056) (Inform. STF 633)

PERITO CRIMINAL E FORMAÇÃO ACADÊMICA - 1

O Plenário iniciou julgamento de agravo regimental interposto de decisão do Min. Joaquim Barbosa, proferida nos autos de ação penal, da qual relator, movida pelo Ministério Público Federal contra diversas pessoas acusadas da suposta prática de crimes ligados ao esquema denominado "Mensalão". A decisão questionada indeferira pleito defensivo em que se pretendia o fornecimento de dados sobre a formação acadêmica e experiência profissional de peritos criminais que atuaram no processo. O relator desproveu o agravo, no que foi acompanhado pelos Ministros Luiz Fux, Cármen Lúcia e Ellen Gracie. Afirmou que os peritos seriam oficiais, designados pelo Instituto Nacional de Criminalística - INC, e que, a partir da leitura do disposto no art. 159, *caput*, do CPP ("*O exame de corpo de delito e outras perícias serão realizados por perito oficial, portador de diploma de curso superior*"), não haveria essa obrigatoriedade. Em divergência, o Min. Celso de Mello deu provimento parcial ao recurso, para determinar que o INC forneça apenas a qualificação acadêmica dos peritos. Afirmou que essa exigência seria razoável, dada a possibilidade de que a formação técnica do perito designado, embora oficial, não seja compatível com o exame pretendido. Reputou, ademais, que tal prática permitiria à defesa impugnar a prova colhida a partir da perícia. Após os votos dos Ministros Gilmar Mendes, Marco Aurélio e Cezar Peluso, Presidente, que seguiam a divergência, determinou-se colher, na próxima assentada, o voto dos Ministros faltantes. AP 470 Décimo Quarto AgR/MG, rel. Min. Joaquim Barbosa, 28.4.2011. (AP-470)

PERITO CRIMINAL E FORMAÇÃO ACADÊMICA - 2

Em conclusão, o Plenário, por maioria, deu parcial provimento a agravo regimental interposto de decisão do Min. Joaquim Barbosa, proferida nos autos de ação penal, da qual relator, movida pelo Ministério Público Federal contra diversas pessoas acusadas da suposta prática de crimes ligados ao esquema denominado "Mensalão". A decisão questionada indeferiu pleito defensivo em que se pretendia o fornecimento de dados sobre a formação acadêmica e experiência profissional de peritos criminais que atuaram no processo — v. Informativo 624. Determinou-se que o Instituto Nacional de Criminalística - INC informe apenas a formação superior dos peritos que atuaram nos autos, sem suspensão do processo. Nesta assentada, o Min. Celso de Mello destacou o art. 2º da Lei 11.690/2008 ("*Aqueles peritos que ingressaram sem exigência do diploma de curso superior até a data de entrada em vigor desta Lei continuarão a atuar exclusivamente nas respectivas áreas para as quais se habilitaram, ressalvados os peritos médicos*"). Salientou, ademais, que o agravante pretenderia o esclarecimento dessa circunstância porque se trataria de peritos que ingressaram no INC antes do início da vigência da citada lei e, por isso, deveriam atuar "*exclusivamente*" na área para a qual se habilitaram. A Min. Cármen Lúcia reajustou o voto. Vencidos os Ministros relator, Luiz Fux, Ellen Gracie, Ricardo Lewandowski e Ayres Britto, que desproviam o recurso por considerarem preclusa a matéria. AP 470 Décimo Quarto AgR/MG, rel. orig. Min. Joaquim Barbosa, red. p/o acórdão Min. Celso de Mello, 26.5.2011. (AP-470) (Inform. STF 628)

RHC N. 103.550-PR
RELATORA: MIN. ELLEN GRACIE

RECURSO EM *HABEAS CORPUS*. DIREITO PROCESSUAL PENAL. OITIVA DE TESTEMUNHA. PRECLUSÃO. VIOLAÇÃO À AMPLA DEFESA. INEXISTÊNCIA. CONEXÃO. VINCULAÇÃO DE JULGAMENTOS. IMPOSSIBILIDADE. INSUFICIÊNCIA DE PROVAS À CONDENAÇÃO. VIA INADEQUADA. DESPROVIMENTO.

1. A violação ao princípio da ampla defesa teria ocorrido por não ter sido ouvida uma testemunha de defesa.

2. Não há nos autos qualquer manifestação da defesa do recorrente insurgindo-se contra o cancelamento da audiência em que seria inquirida a testemunha, tampouco há referência acerca do tema nas alegações finais.

3. Portanto, não há que se falar, no caso concreto, em violação ao princípio da ampla defesa, em razão da preclusão do direito de oitiva da testemunha.

4. A existência de conexão entre processos sobre o mesmo delito (art. 304 do CP) não vincula seus julgamentos. O instituto da conexão liga-se às regras de fixação da competência e não encontra relação com regras de julgamento.

5. A alegação de ausência de provas suficientes para a condenação não pode ser objeto de apreciação neste recurso, que mantém o mesmo campo cognitivo do *habeas corpus*.

6. Recurso a que se nega provimento. (Inform. STF 624)

AG. REG. NO AI N. 560.223-SP
RELATOR: MIN. JOAQUIM BARBOSA

Ementa: AGRAVO REGIMENTAL EM AGRAVO DE INSTRUMENTO. GRAVAÇÃO AMBIENTAL FEITA POR UM INTERLOCUTOR SEM CONHECIMENTO DOS OUTROS: CONSTITUCIONALIDADE. AUSENTE CAUSA LEGAL DE SIGILO DO CONTEÚDO DO DIÁLOGO. PRECEDENTES.

1. A gravação ambiental meramente clandestina, realizada por um dos interlocutores, não se confunde com a interceptação, objeto cláusula constitucional de reserva de jurisdição.

2. É lícita a prova consistente em gravação de conversa telefônica realizada por um dos interlocutores, sem conhecimento do outro, se não há causa legal específica de sigilo nem de reserva da conversação. Precedentes.

3. Agravo regimental desprovido. (Inform. STF 624) *noticiado no Informativo 623

ESCRITÓRIO DE ADVOCACIA E GRAVAÇÃO CLANDESTINA

A 2ª Turma desproveu agravo regimental interposto contra decisão do Min. Joaquim Barbosa, que negara seguimento a agravo de instrumento, do qual relator, tendo em vista a jurisprudência sedimentada desta Corte, segundo a qual é lícita a prova consistente em gravação de conversa realizada por um dos interlocutores, sem conhecimento do outro, se não há causa legal específica de sigilo nem de reserva de conversação. Na espécie, o autor da ação de indenização instaurada na origem, ora agravado, na condição de advogado, sócio do escritório de advocacia recorrente e um dos interlocutores da conversa, juntara ao processo prova obtida por meio da gravação de diálogo, que envolvia a sua demissão, mantido com outros sócios nas dependências do escritório. Asseverou-se que a gravação ambiental meramente clandestina realizada por um dos interlocutores não se confundiria com a interceptação objeto de cláusula constitucional de reserva de jurisdição. AI 560223 AgR/SP, rel. Min. Joaquim Barbosa, 12.4.2011. (AI-560223) (Inform. STF 623)

Escuta ambiental e ação controlada

A 1ª Turma indeferiu *habeas corpus* no qual pretendida a decretação de nulidade de provas colhidas por meio de escuta ambiental em ação controlada. Alegava a defesa que tais provas teriam sido obtidas ilicitamente. Reputou-se não haver ilegalidade na denominada "ação controlada"e depreendeu-se, do contexto fático, que esta ocorrera visando à elucidação de fatos aptos a consubstanciar tipo penal, procedendo-se em prol da coisa pública. O Min. Luiz Fux salientou que as provas teriam sido colhidas de acordo com o previsto no art. 2º, II e IV, da Lei 9.034/95 e que a sua nulificação atingiria completamente o inquérito, instaurado em prol da moralidade administrativa e do bem público. HC 102819/DF, rel. Min. Marco Aurélio, 5.4.2011. (HC-102819) (Inform. STF 622)

QUEST. ORD. EM AP N. 421-SP
RELATOR: MIN. JOAQUIM BARBOSA

EMENTA: QUESTÃO DE ORDEM. AÇÃO PENAL. DEPUTADO FEDERAL ARROLADO COMO TESTEMUNHA. NÃO INDICAÇÃO DE DIA, HORA E LOCAL PARA A OITIVA OU NÃO COMPARECIMENTO NA DATA JÁ INDICADA. AUSÊNCIA DE JUSTA CAUSA PARA O NÃO ATENDIMENTO AO CHAMADO JUDICIAL. DECURSO DE MAIS DE TRINTA DIAS. PERDA DA PRERROGATIVA PREVISTA NO ART. 221, *CAPUT*, DO CÓDIGO DE PROCESSO PENAL. Passados mais de trinta dias sem que a autoridade que goza da prerrogativa prevista no *caput* do art. 221 do Código de Processo Penal tenha indicado dia, hora e local para a sua inquirição ou, simplesmente, não tenha comparecido na data, hora e local por ela mesma indicados, como se dá na hipótese, impõe-se a perda dessa especial prerrogativa, sob pena de admitir-se que a autoridade arrolada como testemunha possa, na prática, frustrar a sua oitiva, indefinidamente e sem justa causa. Questão de ordem resolvida no sentido de declarar a perda da prerrogativa prevista no *caput* do art. 221 do Código de Processo Penal, em relação ao parlamentar arrolado como testemunha que, sem justa causa, não atendeu ao chamado da justiça, por mais de trinta dias. (Inform. STF 614)

DIREITO AO SILÊNCIO E ENTREVISTA A JORNAL

A 2ª Turma indeferiu *habeas corpus* em que se alegava a ilicitude da prova juntada aos autos consistente na não advertência ao acusado de seu direito de permanecer calado. No caso, o paciente concedera entrevista a jornal, na qual narrara o *modus operandi* de 2 homicídios a ele imputados. Reputou-se que a Constituição teria conferido dignidade constitucional ao direito ao silêncio, dispondo expressamente que o preso deve ser informado pela autoridade policial ou judicial da faculdade de manter-se calado. Consignou-se que o dever de advertir os presos e os acusados em geral de seu direito de permanecerem calados consubstanciar-se-ia em uma garantia processual penal que teria como destinatário precípuo o Poder Público. Concluiu-se, entretanto, não haver qualquer nulidade na juntada da prova, entrevista concedida espontaneamente a veículo de imprensa. HC 99558/ES, rel. Min. Gilmar Mendes, 14.12.10. (HC-99558) (Inform. STF 613)

INTERROGATÓRIO: LEI 11.719/2008 E LEI 8.038/90

O Tribunal resolveu questão de ordem suscitada em ação penal, movida pelo Ministério Público Federal contra diversas pessoas acusadas da suposta prática de crimes ligados ao esquema denominado "Mensalão", para indeferir a renovação de interrogatórios. A defesa pleiteava que os réus fossem ouvidos novamente, haja vista as modificações promovidas pela Lei 11.719/2008, que alterou o momento em que efetuado o interrogatório, transferindo-o para o final da instrução. Aduziu-se que, no caso, quando sobreviera o novel regramento, os acusados já teriam sido interrogados, com observância de todos os direitos e as garantias, de acordo com a Lei 8.038/90, a qual institui normas procedimentais específicas para os processos de competência do STF e do STJ. Assentou-se, assim, a validade dos interrogatórios realizados segundo a legislação então vigente. Salientou-se que o tema relativo à incidência, ou não, da mencionada Lei 11.719/2008 aos feitos de competência originária do STF ficaria em aberto, devendo ser apreciado pela Corte naquelas hipóteses em que ainda não realizado o interrogatório. O relator, ao aplicar o princípio da especialidade, deixou consignado, desde logo, que a nova norma legislativa não alteraria o procedimento previsto na Lei 8.038/90, uma vez que a fase processual em que deve ocorrer o interrogatório continua expressamente prescrita no seu art. 7º (*"Recebida a denúncia ou a queixa, o relator designará dia e hora para o interrogatório, mandando citar o acusado ou querelado e intimar o órgão do Ministério Público, bem como o querelante ou o assistente, se for o caso."*). **AP 470 Oitava-QO/DF, rel. Min. Joaquim Barbosa, 7.10.2010.** (AP-470) (Inform. STF 603)

CRIME DE FURTO: QUALIFICADORA E NULIDADE DE PERÍCIA

A Turma, por maioria, denegou habeas corpus em que alegada a nulidade de laudo pericial mediante o qual reconhecida a existência de qualificadora pertinente ao rompimento de obstáculo em crime de furto. A defesa alegava inexistência de relação entre a habilitação técnica dos peritos nomeados e a natureza do exame realizado, bem como ausência de indicação da metodologia por eles utilizada para a resposta dos quesitos, em dissonância com o que exigido pela legislação processual penal. Sustentava ser aplicável ao fato, ademais, o princípio da insignificância. Para evitar supressão de instância, conheceu-se da impetração, apenas na parte relativa à suposta nulidade. Nessa parte, entendeu-se idônea a perícia realizada, pois, comprovada a ausência de peritos oficiais, foram nomeados 2 peritos, ambos com curso superior, atendidos, portanto, os requisitos contidos nos artigos 159, § 1º, e 171, do CPP. Vencido o Min. Marco Aurélio, relator, que deferia a ordem. Reputava ser necessário harmonizar-se o sistema processual como um todo, de modo a interpretar-se a legislação instrumental penal em conjunto com a instrumental civil, na qual se exige que os peritos comprovem sua especialidade na matéria sobre a qual deverão opinar, nos termos do art. 145, § 2º, do CPC ("Os peritos comprovarão sua especialidade na matéria sobre que deverão opinar, mediante certidão do órgão profissional em que estiverem inscritos"). Aduzia também configurar nulidade a não descrição da metodologia utilizada na elaboração do "auto de constatação de dano", de forma a desclassificar o delito para furto simples. **HC 99035/ RS, rel. orig. Min. Marco Aurélio, red. p/ o acórdão Min. Dias Toffoli, 5.10.2010. (HC-99035)** (Inform. STF 603)

CONDENAÇÃO E ELEMENTOS COLIGIDOS EM INQUÉRITO POLICIAL - 1

A Turma iniciou julgamento de *habeas corpus* em que se questiona condenação fundada unicamente em elementos colhidos na fase investigatória. No caso, o paciente, absolvido pelo juízo monocrático, tivera sua sentença reformada pela Corte estadual — que o condenara a 27 anos de reclusão —, com base em depoimentos colhidos no inquérito, muito embora houvessem sido refutados em juízo. O Min. Marco Aurélio, relator, concedeu a ordem. Inicialmente, superou a preliminar suscitada pelo Ministério Público Federal no sentido do não conhecimento da impetração, porque demandaria revisão dos elementos probatórios coligidos no processo. Reputou que, do contrário, ter-se-ia violência ao princípio do acesso ao Judiciário, o qual visa afastar lesão ou ameaça de lesão a direito. Em seguida, considerou que elementos coligidos em sede de inquérito policial, sem o indispensável contraditório, esvaziados por completo em juízo, não serviriam à condenação. Salientou que o paciente fora condenado sem que fosse apresentada contra si, em juízo, prova de fato criminoso e demonstrada a culpa. Após, pediu vista dos autos o Min. Dias Toffoli. **HC 96356/RS, rel. Min. Marco Aurélio, 3.8.2010.** (HC-96356)

CONDENAÇÃO E ELEMENTOS COLIGIDOS EM INQUÉRITO POLICIAL - 2

Em conclusão de julgamento, a Turma, por maioria, concedeu *habeas corpus* para restabelecer a decisão absolutória do juízo processante. Tratava-se de *writ* em que se questionava condenação fundada unicamente em elementos colhidos na fase investigatória. No caso, o paciente, absolvido pelo juízo monocrático, tivera sua sentença reformada pela Corte estadual — que o condenara a 27 anos de reclusão —, com base em depoimentos colhidos no inquérito, muito embora houvessem sido refutados em juízo — v. Informativo 594. Inicialmente, superou-se a preliminar suscitada pelo Ministério Público Federal no sentido do não conhecimento da impetração ante a necessidade de revisão dos elementos probatórios coligidos no processo. Asseverou-se, no ponto, que o não conhecimento do *writ* resultaria em violência ao princípio do acesso ao Judiciário, o qual visa afastar lesão ou ameaça de lesão a direito. Em seguida, considerou-se que elementos reunidos em sede de inquérito policial, sem o indispensável contraditório, esvaziados por completo em juízo, não serviriam à condenação. Salientou-se que o paciente fora condenado sem que fosse apresentada contra si, em juízo, prova de fato criminoso e demonstrada a culpa. Vencido o Min. Ricardo Lewandowski. **HC 96356/RS, rel. Min. Marco Aurélio, 24.8.2010.** (HC-96356) (Inform. STF 597)

BUSCA E APREENSÃO: ESCRITÓRIO DE ADVOCACIA E ERRO DE ENDEREÇO - 1

Mandado judicial de busca e apreensão em escritório de advocacia não pode ser expedido de modo genérico, em aberto, sem objeto definido, mas sim de forma delimitada, restrita ou fechada, mesmo sendo o advogado investigado. Com base nesse entendimento, a Turma deferiu *habeas corpus* para declarar a nulidade das provas apreendidas no escritório de advocacia do paciente. Tratava-se de *writ* impetrado pela Ordem dos Advogados do Brasil - OAB em favor de Conselheiro Federal contra decisão de Ministra do STJ que, nos autos de inquérito do qual relatora, deferira busca e apreensão em imóvel de propriedade do paciente e decretara sua prisão preventiva. A Polícia Federal, ao chegar ao local indicado como residência do paciente, constante do mandado, percebera tratar-se do escritório de advocacia do investigado, razão por que de imediato comunicara o fato à OAB, antes de proceder à diligência. Essa circunstância fora conhecida da autoridade apontada como coatora somente quando da oitiva do paciente em juízo. **HC 91610/BA, rel. Min. Gilmar Mendes, 8.6.2010.** (HC-91610)

BUSCA E APREENSÃO: ESCRITÓRIO DE ADVOCACIA E ERRO DE ENDEREÇO - 2

Enfatizou-se, de início, que embora genérica a fundamentação da decisão impugnada, a Ministra relatora indicara a prova que desejava ver recolhida (escopo da diligência), sem contudo especificá-la. Assim, não haveria como ser reconhecida a nulidade do decreto, haja vista a inexistência de nulidades na pouca explicitação dos objetos a serem recolhidos durante a realização do ato que era dirigido à busca e apreensão na residência do paciente. Por outro lado, reputou-se que seria nula a sua execução, porquanto o endereço anotado no decreto era profissional, e não residencial, demandando a busca e apreensão em escritório de advocacia uma especificidade muito maior, que não fora observada. Reconheceu-se, pois, a nulidade procedimental, pelo fato de os integrantes da Polícia Federal terem cumprido a diligência sem a anterior e indispensável comunicação do equívoco, quanto à natureza do local do cumprimento, à Ministra relatora, o que não lhe propiciara a oportunidade de delimitar o objeto do mandado judicial de busca e apreensão. Por derradeiro, assentou-se não ser jurídica e nem se justificar em um Estado Democrático de Direito uma devassa indiscriminada para recolher objetos que nenhum interesse possuíam para a causa. Ainda consignou-se que, dos documentos apreendidos, apenas dois permaneceriam no corpo do inquérito, sendo os demais devolvidos ao escritório. Determinou-se que as provas obtidas devem ser desentranhadas dos autos de inquérito que tramita no STJ e devolvidas ao paciente, sem que se possa usar qualquer de suas informações na investigação, em relação ao paciente ou a qualquer outro investigado. **HC 91610/BA, rel. Min. Gilmar Mendes, 8.6.2010.** (HC-91610) (Inform. STF 590)

RECEBIMENTO DE DENÚNCIA E PROVAS ILÍCITAS - 1

A Turma iniciou julgamento de *habeas corpus* em que se pretende o trancamento de ação penal instaurada contra o paciente, sob a alegação de que o STJ não poderia receber denúncia oferecida com esteio em provas que antes declarara ilícitas, obtidas por meio de interceptações telefônicas realizadas em outra investigação criminal, cuja ação penal correspondente fora trancada com fundamento na ilicitude da prova no julgamento do HC 57624/RJ. O Min. Eros Grau, relator, denegou a ordem. Salientou, inicialmente, que as transcrições que os impetrantes dizem terem sido declaradas ilícitas no julgamento do citado *habeas corpus* tinham por escopo a apuração do crime de sonegação fiscal e que, como as escutas telefônicas foram autorizadas antes da constituição definitiva do crédito tributário, condição de procedibilidade da ação penal, o STJ as anulara. Asseverou que a denúncia que resultara na ação penal instaurada contra o ora paciente não se valeria exclusivamente das escutas invalidadas, mas, principalmente, de documentos extraídos de inquérito, não se podendo afirmar que esses documentos seriam derivados da prova obtida ilicitamente. Ressaltou que o trancamento de ação penal em *habeas corpus* é medida excepcionalíssima e que o cenário de incerteza que haveria no caso impediria que assim se procedesse. Tendo em conta extrair-se do voto do relator no HC 57624/RJ que as interceptações telefônicas realizadas tinham a finalidade de servir à investigação da suposta prática do crime de sonegação fiscal, reputou haver dúvida a respeito da exclusividade, ou não, da escuta telefônica como prova dos fatos imputados na peça acusatória, referentes aos crimes de estelionato, formação de quadrilha, falsidade ideológica e uso de documento falso. Concluiu que a certeza da exclusividade da prova e da contaminação de outras a partir dela demandaria aprofundado reexame do acervo fático-probatório coligido nas investigações, o que seria inviável em *habeas corpus*. **HC 92467/ES, rel. Min. Eros Grau, 1º.6.2010**. (HC-92467)

RECEBIMENTO DE DENÚNCIA E PROVAS ILÍCITAS - 2

Em divergência, o Min. Celso de Mello concedeu a ordem, determinando a extinção do procedimento penal, sem prejuízo de o Ministério Público, eventualmente, oferecer nova peça acusatória com base em prova lícita. Considerou que se mostraria indivisível a questão da ilicitude da prova penal resultante de interceptação telefônica tal como qualificada no anterior julgamento do HC 57624/RJ pelo STJ. Afirmou que a ação persecutória do Estado, qualquer que seja a instância do poder perante a qual ela se instaura e se desenvolve, para revestir-se de legitimidade, não pode apoiar-se em elementos probatórios ilicitamente obtidos, sob pena de ofensa à garantia constitucional do devido processo, que tem, no dogma da inadmissibilidade das provas ilícitas, umas de suas mais expressivas projeções concretizadoras no plano do nosso sistema de direito positivo.
 Após, pediu vista dos autos o Min. Gilmar Mendes. **HC 92467/ES, rel. Min. Eros Grau, 1º.6.2010.** (HC-92467)

RECEBIMENTO DE DENÚNCIA E PROVAS ILÍCITAS - 3

Em conclusão de julgamento, a 2ª Turma, por maioria, indeferiu *habeas corpus* em que se pretendia o trancamento de ação penal instaurada contra o paciente. Alegava-se que o STJ não poderia receber denúncia oferecida com esteio em provas que antes declarara ilícitas, obtidas por meio de interceptações telefônicas realizadas em outra investigação criminal, cuja ação penal correspondente fora trancada com fundamento na ilicitude da prova em julgamento, naquela Corte, do HC 57624/RJ — v. Informativo 589. Salientou-se, inicialmente, que as transcrições que os impetrantes diziam terem sido declaradas ilícitas no julgamento do citado *writ* objetivavam a apuração do crime de sonegação fiscal e que, como as escutas telefônicas haviam sido autorizadas antes da constituição definitiva do crédito tributário, condição de procedibilidade da ação penal, o STJ as anulara. Asseverou-se que a denúncia que resultara na ação penal instaurada contra o ora paciente não se valeria exclusivamente das escutas invalidadas, mas, principalmente, de documentos extraídos de inquérito, não se podendo afirmar que esses documentos seriam derivados da prova obtida ilicitamente. Ressaltou-se que o trancamento de ação penal em *habeas corpus* seria medida excepcionalíssima e que o cenário de incerteza que haveria no caso impediria que assim se procedesse. **HC 92467/ES, rel. orig. Min. Eros Grau, red. p/o acórdão Min. Gilmar Mendes, 26.10.2010.** (HC-92467)

RECEBIMENTO DE DENÚNCIA E PROVAS ILÍCITAS - 4

Extraiu-se do voto do relator no HC 57624/RJ que as interceptações telefônicas realizadas tinham a finalidade de servir à investigação da suposta prática do crime de sonegação fiscal. Assim, reputou-se haver dúvida a respeito da exclusividade, ou não, da escuta telefônica como prova dos fatos imputados na peça acusatória, referentes aos crimes de estelionato, formação de quadrilha, falsidade ideológica e uso de documento falso. Concluiu-se que a certeza da exclusividade da prova e da contaminação de outras a partir dela demandaria aprofundado reexame do acervo fático-probatório coligido nas investigações, o que seria inviável em *habeas corpus*. Vencido o Min. Celso de Mello que concedia a ordem, por considerar que se mostraria indivisível a questão da ilicitude da prova penal resultante de interceptação telefônica tal como qualificada no anterior julgamento do HC 57624/RJ pelo STJ. **HC 92467/ES, rel. orig. Min. Eros Grau, red. p/o acórdão Min. Gilmar Mendes, 26.10.2010.** (HC-92467) (Inform. STF 606)

INTERROGATÓRIO E REPERGUNTA A CO-RÉU

A decisão que impede de forma absoluta que o defensor de um dos réus faça qualquer repergunta a outro réu ofende os princípios constitucionais da ampla defesa, do contraditório e da isonomia. Com base nesse entendimento, a Turma, por maioria, deferiu em parte *habeas corpus* para anular a instrução do processo principal a partir do interrogatório, inclusive, e, em conseqüência, a condenação do paciente pela prática do crime de associação para o tráfico de drogas entre Estados da Federação (Lei 11.343/2006, art. 35, c/c o art. 40, V). Ressaltou-se que a nova sistemática processual penal passou a dispor que, após as perguntas formuladas pelo juiz ao réu, podem as partes, por intermédio do magistrado, requerer esclarecimentos ao acusado (CPP, art. 188, com a redação dada pela Lei 10.792/2003). Consignou-se que, no caso, a impetração demonstrara o prejuízo sofrido pela defesa e que não se resignara com o indeferimento, pelo juízo de 1º grau, do pedido de formulação de reperguntas a co-réu, o que fora registrado e protestado em ata de audiência, sendo suscitada a nulidade ainda em sede de apelação e perante o STJ. Rejeitou-se, por outro lado, a pretensão relativamente ao delito de tráfico de drogas (Lei 11.343/2006, art. 33), porquanto a condenação estaria fundamentada em diversos elementos de prova que não o interrogatório dos réus. Vencido, no ponto, o Min. Marco Aurélio que deferia o *writ* em maior extensão, por reputar que a inobservância da forma prevista no art. 188 do CPP implicaria nulidade, pouco importando as provas posteriores, uma vez que, sendo o defeito precedente às demais provas, as contaminaria. Estenderam-se os efeitos da concessão da ordem ao co-réu. **HC 101648/ES, rel. Min. Cármen Lúcia, 11.5.2010.** (HC-101648) (Inform. STF 586)

BUSCA E APREENSÃO EM ESCRITÓRIO DE ADVOCACIA

A Turma indeferiu *habeas corpus* em que pleiteado o desentranhamento, dos autos de ação penal, de provas coligidas e apreendidas no escritório de advocacia do paciente. A impetração sustentava ofensa ao direito à intimidade do paciente, haja vista que o mandado judicial deveria ter sido cumprido "nas sedes das empresas" das quais o paciente seria sócio e não no seu escritório de advocacia, cujo endereço não constava do citado mandado. Reputou-se demonstrado que, no caso, o escritório de advocacia também era utilizado pelo paciente para o gerenciamento de seus negócios comerciais, sendo uma extensão da empresa. Salientou-se, ademais, que o sucesso da medida comprovaria que, de fato, aquele local seria usado como sede de negócios outros, além das atividades advocatícias. **HC 96407/RS, rel. Min. Dias Toffoli, 6.4.2010.** (HC-96407) (Inform. STF 581)

GRAVAÇÃO AMBIENTAL POR UM DOS INTERLOCUTORES E PROVA ADMISSÍVEL

O Tribunal, por maioria, reconheceu a existência de repercussão geral no tema objeto de recurso extraordinário interposto contra acórdão de Turma Recursal dos Juizados Especiais Cíveis e Criminais de Comarca do Estado do Rio de Janeiro, reafirmou a jurisprudência da Corte acerca da admissibilidade do uso, como meio de prova, de gravação ambiental realizada por um dos interlocutores, e deu provimento ao apelo extremo da Defensoria Pública, para anular o processo desde o indeferimento da prova admissível e ora admitida. Vencido o Min. Marco Aurélio que desprovia o recurso, ao fundamento de que essa gravação, que seria camuflada, não se coadunaria com os ares constitucionais, considerada a prova e também a boa-fé que deveria haver nas relações humanas. Alguns precedentes citados: RE 402717/PR (DJE de 13.2.2009); AI 578858 AgR/RS (DJE de 28.8.2009); AP 447/RS (DJE de 28.5.2009); AI 503617 AgR/PR (DJU de 4.3.2005); HC 75338/RJ (DJU de 25.9.98); Inq 657/DF (DJU de 19.11.93); RE 212081/RO (DJU de 27.3.98). **RE 583937 QO/RJ, rel. Min. Cezar Peluso, 19.11.2009**. (RE-583937) (Inform. STF 568)

Habeas corpus. Processual penal e constitucional. Interrogatório do réu. Videoconferência. Lei nº 11.819/05 do Estado de São Paulo. Inconstitucionalidade formal. Competência exclusiva da União para legislar sobre matéria processual. Art. 22, I, da Constituição Federal. 1. A Lei nº 11.819/05 do Estado de São Paulo viola, flagrantemente, a disciplina do art. 22, inciso I, da Constituição da República, que prevê a competência exclusiva da União para legislar sobre matéria processual. 2. Habeas corpus concedido. **HC N. 90.900-SP. RELATOR P/ O ACÓRDÃO: MIN. MENEZES DIREITO**. Noticiado no Informativo 526. (Inform. STF 565)

ART. 221 DO CPP: NÃO COMPARECIMENTO E PERDA DA PRERROGATIVA

O Tribunal resolveu questão de ordem suscitada em ação penal no sentido de declarar a perda da prerrogativa prevista no *caput* do art. 221 do CPP ("*O Presidente e o Vice-Presidente da República, os senadores e deputados federais, os ministros de Estado, os governadores de Estados e Territórios, os secretários de Estado, os prefeitos do Distrito Federal e dos Municípios, os deputados às Assembléias Legislativas Estaduais, os membros do Poder Judiciário, os ministros e juízes dos Tribunais de Contas da União, dos Estados, do Distrito Federal, bem como os do Tribunal Marítimo serão inquiridos em local, dia e hora previamente ajustados entre eles e o juiz.*") em relação a Deputado Federal arrolado como testemunha que, sem justa causa, não atendera, ao chamado da justiça, no prazo de trinta dias. Na espécie, o juízo federal encarregado da diligência informara que o parlamentar em questão, embora tivesse indicado cinco diferentes datas e horários em que desejava ser inquirido, não comparecera a nenhuma das audiências designadas nessas datas por ele indicadas. Asseverou-se que a regra prescrita no art. 221 do CPP tenta conciliar o dever que todos têm de testemunhar com as relevantes funções públicas exercidas pelas autoridades ali mencionadas, por meio de agendamento prévio de dia, hora e local para a realização de audiência em que essas autoridades serão ouvidas. Afirmou-se que o objetivo desse dispositivo legal não seria abrir espaço para que essas autoridades pudessem, simplesmente, recusar-se a testemunhar, seja não indicando a data, a hora e o local em que quisessem ser ouvidas, seja não comparecendo aos locais, nas datas e nos horários por elas indicados. Em razão disso, concluiu-se que, sob pena de admitir-se que a autoridade, na prática, pudesse, indefinidamente, frustrar a sua oitiva, dever-se-ia reconhecer a perda da sua especial prerrogativa, decorrido tempo razoável sem que ela indicasse dia, hora e local para sua inquirição ou comparecesse no local, na data e na hora por ela mesma indicados. Registrou-se, por fim, que essa solução não seria nova no cenário jurídico brasileiro, tendo em conta o disposto no § 7º do art. 32 da EC 1/69, incluído pela EC 11/78, que estabelecia a perda das prerrogativas processuais de parlamentares federais, arrolados como testemunhas, que não atendessem, sem justa causa, no prazo de trinta dias, ao convite judicial. O Min. Celso de Mello observou que essa prerrogativa processual muitas vezes é utilizada para procrastinar intencionalmente o regular andamento e o normal desfecho de causa penal em andamento na Corte, e que a proposta formulada pelo relator seria plenamente compatível com a exigência de celeridade e seriedade por parte de quem é convocado como testemunha para depor em procedimentos judiciais. **AP 421 QO/SP, rel. Min. Joaquim Barbosa, 22.10.2009.** (AP-421) (Inform. STF 564)

EMENTA: AÇÃO PENAL. Prova. Ilicitude. Caracterização. Quebra de sigilo bancário sem autorização judicial. Confissão obtida com base na prova ilegal. Contaminação. HC concedido para absolver a ré. Ofensa ao art. 5º, inc. LVI, da CF. Considera-se ilícita a prova criminal consistente em obtenção, sem mandado, de dados bancários da ré, e, como tal, contamina as demais provas produzidas com base nessa diligência ilegal. HC N. 90.298-RS. RELATOR: MIN. CEZAR PELUSO. Noticiado no Informativo 558 (Inform. STF 563)

PARLAMENTAR INDICIADO - INAPLICABILIDADE DO ART. 221 DO CPP (TRANSCRIÇÕES)

EMENTA: CONGRESSISTA QUE NÃO É TESTEMUNHA, MAS QUE FIGURA COMO INDICIADO OU RÉU: AUSÊNCIA DA PRERROGATIVA PROCESSUAL A QUE SE REFERE A LEI (CPP, ART. 221).

- Os Senadores e os Deputados somente dispõem da prerrogativa processual de serem inquiridos em local, dia e hora previamente ajustados entre eles e a autoridade competente, quando arrolados como testemunhas ou quando ostentarem a condição de ofendidos (CPP, art. 221; CPC, art. 411, VI).

Essa especial prerrogativa não se estende aos parlamentares, quando indiciados em inquérito policial ou quando figurarem como réus em processo penal.

- O membro do Congresso Nacional, quando ostentar a condição formal de indiciado ou de réu, não poderá sofrer condução coercitiva, se deixar de comparecer ao ato de seu interrogatório, pois essa medida restritiva, que lhe afeta o "*status libertatis*", é vedada pela cláusula constitucional que assegura, aos parlamentares, o estado de relativa incoercibilidade pessoal (CF, art. 53, § 2º). Inq 2839/SP. **RELATOR: MIN. CELSO DE MELLO.** (Inform. STF 563)

DIREITO AO SILÊNCIO - RECUSA EM COLABORAR COM AS AUTORIDADES PÚBLICAS - LEGITIMIDADE - DESCABIMENTO DE PRISÃO CAUTELAR

EMENTA: "*HABEAS CORPUS*". DENEGAÇÃO DE MEDIDA LIMINAR. SÚMULA 691/STF. SITUAÇÃO EXCEPCIONAL QUE AFASTA, NO CASO, A RESTRIÇÃO SUMULAR. RETARDAMENTO EXCESSIVO (UM ANO E 2 MESES) DO JULGAMENTO, PELO SUPERIOR TRIBUNAL DE JUSTIÇA, DO MÉRITO DO "*WRIT*" LÁ IMPETRADO. PRISÃO CAUTELAR DECRETADA COM FUNDAMENTO NA GRAVIDADE OBJETIVA DO CRIME E NA RECUSA DA PACIENTE EM RESPONDER AO INTERROGATÓRIO JUDICIAL A QUE FOI SUBMETIDA. INCOMPATIBILIDADE DESSES FUNDAMENTOS COM OS CRITÉRIOS FIRMADOS PELO SUPREMO TRIBUNAL FEDERAL EM TEMA DE PRIVAÇÃO CAUTELAR DA LIBERDADE INDIVIDUAL. DIREITO DO INDICIADO/RÉU AO SILÊNCIO. DIREITO - QUE TAMBÉM LHE ASSISTE - DE NÃO SER CONSTRANGIDO A PRODUZIR PROVAS CONTRA SI PRÓPRIO. DECISÃO QUE, AO DESRESPEITAR ESSA PRERROGATIVA CONSTITUCIONAL, DECRETA A PRISÃO PREVENTIVA DA ACUSADA. INADMISSIBILIDADE. NECESSIDADE DE RESPEITO E OBSERVÂNCIA, POR PARTE DE MAGISTRADOS, TRIBUNAIS E ÓRGÃOS DE PERSECUÇÃO PENAL, DOS DIREITOS E GARANTIAS FUNDAMENTAIS ASSEGURADOS A QUALQUER INVESTIGADO, INDICIADO OU RÉU. MEDIDA CAUTELAR DEFERIDA.

- **O direito ao julgamento sem** dilações indevidas **qualifica-se** como prerrogativa fundamental **que decorre** da garantia constitucional do "*due process of law*".

- **O réu - especialmente** aquele que se acha sujeito a medidas cautelares **de privação** da sua liberdade - **tem direito subjetivo de ser julgado**, pelo Poder Judiciário, **dentro** de prazo razoável, **sem** demora excessiva **nem** dilações indevidas. **Convenção Americana sobre Direitos Humanos** (Art. 7º, ns. 5 e 6). **Doutrina. Jurisprudência.**

- O excesso de prazo, quando exclusivamente imputável ao aparelho judiciário - não derivando, portanto, de qualquer fato procrastinatório causalmente atribuível ao réu - traduz situação anômala que compromete a efetividade do processo, pois, além de tornar evidente o desprezo estatal pela liberdade do cidadão, frustra um direito básico que assiste a qualquer pessoa: o direito à resolução do litígio, sem dilações indevidas, em tempo razoável e com todas as garantias reconhecidas pelo ordenamento constitucional. Doutrina. Precedentes.

- A recusa em responder ao interrogatório policial e/ou judicial e a falta de cooperação do indiciado ou do réu com as autoridades que o investigam ou que o processam traduzem comportamentos que são inteiramente legitimados pelo princípio constitucional que protege qualquer pessoa contra a auto-incriminação, especialmente a pessoa exposta a atos de persecução penal.

O Estado - **que não tem o direito** de tratar suspeitos, indiciados **ou** réus como se culpados fossem (**RTJ** 176/805-806) - **também não pode** constrangê-los a produzir provas **contra** si próprios (**RTJ** 141/512).

Aquele que sofre persecução penal instaurada pelo Estado tem, dentre outras prerrogativas básicas, o direito (a) de permanecer em silêncio, (b) de não ser compelido a produzir elementos de incriminação contra si próprio nem constrangido a apresentar provas que lhe comprometam a defesa e (c) de se recusar a participar, ativa ou passivamente, de procedimentos probatórios que lhe possam afetar a esfera jurídica, tais como a reprodução simulada do evento delituoso e o fornecimento de padrões gráficos ou de padrões vocais, para efeito de perícia criminal (HC 96.219-MC/SP, Rel. Min. CELSO DE MELLO, v.g.). Precedentes.

- O exercício do direito contra a auto-incriminação, além de inteiramente oponível a qualquer autoridade ou agente do Estado, não legitima, por efeito de sua natureza eminentemente constitucional, a adoção de medidas que afetem ou restrinjam a esfera jurídica daquele contra quem se instaurou a "*persecutio criminis*", notadamente a decretação de sua prisão cautelar.

- A prática do direito ao silêncio, que se revela insuscetível de qualquer censura policial e/ou judicial, não pode ser desrespeitada nem desconsiderada pelos órgãos e agentes da persecução penal, porque o exercício concreto dessa prerrogativa constitucional – além de não importar em confissão – jamais poderá ser interpretado em prejuízo da defesa. Precedentes. Medida cautelar deferida. **HC 99289-MC/RS. RELATOR: MIN. CELSO DE MELLO.** (Inform. STF 549)

PROVA EMPRESTADA EM PROCESSO PENAL

A Turma manteve decisão do STJ que, em *habeas corpus* lá impetrado, admitira a utilização de prova emprestada em processo penal, desde que sobre ela ambas as partes fossem cientificadas, a fim de que pudessem exercer o contraditório. Tratava-se, na espécie, de *writ* — impetrado em favor de condenado em primeira instância pela prática do crime de extorsão mediante seqüestro (CP, art. 159, § 3º) — no qual se sustentava, em síntese, que a prova emprestada deveria ser julgada ilícita, na medida em que produzida sem a observância do devido processo legal e do contraditório, ainda que gerada em processo no qual o réu também figurara como parte. Considerou-se que, na verdade, a defesa pretendia o revolvimento de fatos e provas, incabível na via estreita do *habeas corpus*. Observou-se, ademais, relativamente à possibilidade de manifestação do paciente quanto à prova emprestada, bem como quanto à higidez das demais provas que serviram de embasamento para a condenação, que não haveria, no ponto, nenhuma ilegalidade. **HC 95186/SP, rel. Min. Ricardo Lewandowski, 26.5.2009.** (HC-95186) (Inform. STF 548)

CERCEAMENTO DE DEFESA E PROVA PERICIAL - 1

A Turma iniciou julgamento de *habeas corpus* impetrado em favor de condenado por atentado violento ao pudor (CP, art. 214, c/c o art. 61, c, última parte) — que se encontra foragido —, no qual se pretende a anulação do acórdão condenatório proferido pelo tribunal de origem, bem como a realização de prova pericial. No caso, o paciente, absolvido pelo juízo de 1° grau, tivera sua sentença reformada pela Corte estadual, que determinara o cumprimento da pena em regime integralmente fechado. Constam informações de que a defesa impetrara anteriormente dois pedidos de *habeas corpus* perante o STF, sendo ambos denegados. No primeiro, requereu que o paciente aguardasse em liberdade o exame de recurso especial e, no segundo, aduziu que somente a palavra da vítima teria sido levada em consideração e não o conjunto probatório contido nos autos. Na presente ordem, a impetração se dirige contra o indeferimento de perícia técnica que teria a finalidade de descrever o órgão genital do paciente para confrontá-la com a descrição feita pela vítima. **HC 82587/RJ, rel. Min. Cezar Peluso, 12.5.2009.** (HC-82587)

CERCEAMENTO DE DEFESA E PROVA PERICIAL - 2

O Min. Cezar Peluso, relator, indeferiu o *writ*. De início, enfatizou que a condenação do paciente tivera por fundamento o conjunto probatório, que incluía o auto de exame de corpo de delito, o relatório da vítima ao posto médico do local de trabalho — onde o crime teria ocorrido — e os depoimentos colhidos em juízo. Afirmou que a palavra da vítima, nesse contexto, não se encontrava isolada, mas em harmonia com as provas pericial e testemunhal, produzidas com observância das garantias do devido processo legal. Aduziu, ademais, que esta questão já fora submetida ao Supremo. Quanto à perícia almejada, asseverou que o juiz criminal deve proceder à reconstituição histórica dos fatos mediante a realização de provas, ordenando diligências que repute necessárias (CPP, art. 156, II). Contudo, salientou que, com exceção do exame de corpo de delito, a lei outorga ao juízo a ponderação da necessidade de nova prova pericial, de modo, que, se motivadamente denega o pedido, com o objetivo de evitar perícias inúteis, impertinentes ou procrastinatórias, não há que se falar em cerceamento de defesa. Dessa forma, tendo em conta o contexto da situação descrita nos autos, afastou a reputada ofensa à garantia da ampla defesa. Por fim, concedeu a ordem de ofício, para autorizar a progressão de regime, se a ela, segundo decisão do juízo da execução, tiver jus o paciente, nos termos do art. 112 da Lei de Execução Penal - LEP, já que os fatos ocorreram antes do advento da Lei 11.464/2007. Após o voto do Min. Eros Grau, que acompanhava o relator, o julgamento foi suspenso ante o pedido de vista do Min. Joaquim Barbosa. **HC 82587/RJ, rel. Min. Cezar Peluso, 12.5.2009.** (HC-82587)

CERCEAMENTO DE DEFESA E PROVA PERICIAL - 3

Em conclusão de julgamento, a Turma indeferiu *habeas corpus* impetrado em favor de condenado por atentado violento ao pudor (CP, art. 214, c/c o art. 61, c, última parte), no qual se pretendia a anulação do acórdão condenatório proferido pelo tribunal de origem, bem como a realização de prova pericial — v. Informativo 546. Enfatizou-se que a condenação do paciente tivera por fundamento o conjunto probatório, que incluía o auto de exame de corpo de delito, o relatório da vítima ao posto médico do local de trabalho — onde o crime teria ocorrido — e os depoimentos colhidos em juízo. Afirmou-se que a palavra da vítima, nesse contexto, não se encontrava isolada, mas em harmonia com as provas pericial e testemunhal, produzidas com observância das garantias do devido processo legal. Aduziu-se, ademais, que esta questão já fora submetida ao Supremo. Quanto à perícia almejada, asseverou-se que o juiz criminal deve proceder à reconstituição histórica dos fatos mediante a realização de provas, ordenando diligências que repute necessárias (CPP, art. 156, II). Contudo, salientou-se que, com exceção do exame de corpo de delito, a lei outorga ao juízo a ponderação da necessidade de nova prova pericial, de modo que, se motivadamente denega o pedido, com o objetivo de evitar perícias inúteis, impertinentes ou procrastinatórias, não há que se falar em cerceamento de defesa. Tendo em conta o contexto da situação descrita nos autos, afastou-se a reputada ofensa à garantia da ampla defesa. Por fim, concedeu-se a ordem de ofício, para autorizar a progressão de regime, se a ela, segundo decisão do juízo da execução, tiver jus o paciente, nos termos do art. 112 da Lei de Execução Penal - LEP, já que os fatos ocorreram antes do advento da Lei 11.464/2007. **HC 82587/RJ, rel. Min. Cezar Peluso, 26.5.2009.** (HC-82587) (Inform. STF 548)

PRODUÇÃO ANTECIPADA DE PROVAS E FUNDAMENTAÇÃO

Se o acusado citado por edital não comparecer e nem constituir advogado, o juiz pode, suspenso o processo, determinar a produção antecipada de prova testemunhal apenas quando esta seja urgente, nos termos do art. 255 do CPP. Com base nessa orientação, a Turma deferiu *habeas corpus* para restabelecer decisão de 1° grau que denegara requerimento de antecipação da produção da prova testemunhal feito pelo Ministério Público em processo suspenso com base no art. 366 do CPP ("*Se o acusado, citado por edital, não comparecer, nem constituir advogado, ficarão suspensos o processo e o curso do prazo prescricional, podendo o juiz determinar a produção antecipada das provas consideradas urgentes*..."). Entendeu-se que, no caso, o fundamento do pedido do *parquet* — possibilidade de a testemunha se esquecer de detalhes importantes dos fatos em decorrência do decurso do tempo — não atenderia aos pressupostos legais exigidos pela norma vigente para a adoção dessa medida excepcional. Precedentes citados: RHC 83709/SP (DJU de 1°.7.2005) e RHC 85311/SP (DJU de 1°.4.2005). **HC 96325/SP, rel. Min. Cármen Lúcia, 19.5.2009.** (HC-96325) (Inform. STF 547)

EMENTA: AÇÃO PENAL. SEGUNDA QUESTÃO DE ORDEM. OITIVA DE TESTEMUNHA DE ACUSAÇÃO. QUALIDADE DE ADVOGADO. PRERROGATIVA DE RECUSAR-SE A DEPOR. INAPLICABILIDADE. SIGILO PROFISSIONAL. FATOS NÃO ALCANÇADOS. DEPOIMENTO COLHIDO NA FASE INQUISITORIAL. LEGITIMIDADE DE SUA SUBMISSÃO AO CRIVO DO CONTRADITÓRIO. PEDIDO DE DISPENSA INDEFERIDO. TESTEMUNHA MANTIDA. 1. O advogado arrolado como testemunha de acusação na presente ação penal defendeu os interesses do Partido dos Trabalhadores no denominado "Caso Santo André". 2. Não se aplica a prerrogativa prevista no art. 7°, XIX, da Lei n° 8.906/94 (Estatuto da Ordem dos Advogados do Brasil), tendo em vista que nem o antigo cliente da testemunha – o Partido dos Trabalhadores – nem os fatos investigados na presente ação penal guardam relação com o homicídio do então Prefeito do Município de Santo André. 3. A proibição de depor diz respeito ao conteúdo da confidência de que o advogado teve conhecimento para exercer o múnus para o qual foi contratado, não sendo este o caso dos autos. 4. Os fatos que interessam à presente ação penal já foram objeto de ampla investigação, e a própria testemunha – que ora recusa-se a depor – já prestou esclarecimentos sobre os mesmos na fase inquisitorial, perante a autoridade policial. Assim, os fatos não estão protegidos pelo segredo profissional.
5. Ausente a proibição de depor prevista no art. 207 do Código de Processo Penal e inaplicável a prerrogativa prevista no art. 7°, XIX, da Lei n° 8.906/94, a testemunha tem o dever de depor. 6. Questão de ordem resolvida no sentido de indeferir o pedido de dispensa e manter a necessidade do depoimento da testemunha arrolada pela acusação, cuja oitiva deve ser desde logo designada pelo juízo delegatário competente. **SEG. QUEST. ORD. EM AP N. 470-MG. RELATOR: MIN. JOAQUIM BARBOSA.** (Inform. STF 544)

LICITUDE DA GRAVAÇÃO AMBIENTAL PROMOVIDA POR INTERLOCUTOR

É lícita a gravação ambiental de diálogo realizada por um de seus interlocutores. Esse foi o entendimento firmado pela maioria do Plenário em ação penal movida contra ex-Prefeito, atual Deputado Federal, e outra, pela suposta prática do delito de prevaricação (CP, art. 319) e de crime de responsabilidade (Decreto-Lei 201/67, art. 1°, XIV). Narrava a denúncia que os então Prefeito e Secretária Municipal de Transportes e Serviços Públicos de Município do Estado do Rio Grande do Sul, em conjunção de vontades e comunhão de esforços, teriam praticado ato de ofício contra disposição expressa do Código de Trânsito Brasileiro - CTB, consistente em determinar que os fiscais municipais de trânsito deixassem de autuar os veículos da Prefeitura, por qualquer infração de trânsito, e que não procedessem ao lançamento no sistema informatizado do DETRAN dos autos de infração, a fim de "*satisfazer interesse pessoal (dos denunciados) em encobrir as infrações de trânsito de sua própria administração municipal*". Também por votação majoritária, o Tribunal absolveu os denunciados. No que se refere ao delito de prevaricação, entendeu-se, por unanimidade, ausente o elemento subjetivo do tipo, haja vista que a instrução criminal não evidenciara o especial fim de agir a que os denunciados supostamente teriam cedido. Quanto ao crime de responsabilidade, considerou-se, por maioria, tendo em conta a gravação ambiental e depoimentos constantes dos autos, inexistir robusta comprovação da conduta típica imputada ao ex-Prefeito, sujeito ativo do delito, não sendo possível, tratando-se de crime de mão própria, incriminar, por conseguinte, a conduta da então Secretária Municipal. Asseverou-se que a gravação ambiental, feita por um dos fiscais municipais de trânsito, de uma reunião realizada com a ex--Secretária Municipal, seria prova extremamente deficiente, porque cheia de imprecisões, e que, dos depoimentos colhidos pelas testemunhas, não se poderia extrair a certeza de ter havido ordem de descumprimento do CTB por parte do ex-Prefeito. Vencidos, quanto a esse ponto, os Ministros Joaquim Barbosa, revisor, Eros Grau, Cezar Peluso e Marco Aurélio, que condenavam os dois denunciados pelo crime de responsabilidade. Vencidos, no que tange à licitude da gravação ambiental, os Ministros Menezes Direito e Marco Aurélio, que a reputavam ilícita. **AP 447/RS, rel. Min. Carlos Britto, 18.2.2009.** (AP-447) (Inform. STF 536)

EMENTA: PROVA. Criminal. Interceptação telefônica. Deferimento por juízo do DF, em investigação preliminar. Desmembramento ulterior e redistribuição dos feitos. Remessa de todo o conjunto probatório recolhido a outro órgão. Arquivamento dos autos originais. Ilegalidade que deveria arguida perante o juízo da ação penal instaurada com base naquela prova. Inexistência de ato coator do primeiro juízo. HC denegado. Recurso improvido. Se o juízo que, originalmente, deferiu interceptação telefônica, remeteu, por incompetência reconhecida perante as investigações ulteriores, os autos do procedimento a outro órgão, não pode ser tido como coator em relação à ação penal subseqüente, cuja denúncia se fundou nessa prova. **RHC N. 87.198-DF. RELATOR: MIN. CEZAR PELUSO. Noticiado no Informativo 530** (Inform. STF 534)

INTERROGATÓRIO POR VIDEOCONFERÊNCIA - 1

A Turma, acolhendo proposta da Min. Ellen Gracie, remeteu ao Plenário julgamento de *habeas corpus*, do qual relatora, em que a Defensoria Pública do Estado de São Paulo sustenta possível nulidade de atos processuais realizados por intermédio do sistema de videoconferência. Considerou-se que matéria idêntica encontra-se submetida à apreciação do Pleno (HC 92590/SP). No caso, trata-se de *habeas corpus* impetrado contra acórdão do STJ que, ao rejeitar a alegação de que o interrogatório por videoconferência violaria os princípios do devido processo legal, da ampla defesa, do contraditório, da publicidade e da isonomia, negara seguimento a igual medida. A impetração reitera, ainda, argüição de inconstitucionalidade formal da lei estadual que instituiu esse meio de interrogatório (Lei estadual 11.819/2005), pois somente a União poderia legislar sobre matéria processual. **HC 90900/SP, rel. Min. Ellen Gracie, 2.9.2008.** (HC-90900)

INTERROGATÓRIO POR VIDEOCONFERÊNCIA - 2

O Tribunal, por maioria, concedeu *habeas corpus* impetrado em favor de condenado pela prática do delito previsto no art. 157, § 2º, I e II, do CP, e declarou, *incidenter tantum*, a inconstitucionalidade formal da Lei paulista 11.819/2005, que previu a utilização de aparelho de videoconferência nos procedimentos judiciais destinados ao interrogatório e à audiência de presos — v. Informativo 518. Na espécie, o interrogatório do paciente, a despeito da discordância de sua defesa, realizara-se sem a presença do paciente na sala da audiência, por meio da videoconferência. Entendeu-se que a norma em questão teria invadido a competência privativa da União para legislar sobre direito processual (CF, art. 22, I). Vencidos, em parte, os Ministros Carlos Britto e Marco Aurélio, que também consideravam caracterizada a inconstitucionalidade material do diploma examinado. Vencida a Min. Ellen Gracie, relatora, que indeferia o *writ*, por não vislumbrar vício formal, já que o Estado de São Paulo não teria legislado sobre processo, e sim sobre procedimento (CF, art. 24, XI), nem vício material, haja vista que o procedimento instituído teria preservado todos os direitos e garantias fundamentais, bem como por reputar não demonstrado qualquer prejuízo na realização do interrogatório do paciente. **HC 90900/SP, rel. orig. Min. Ellen Gracie, rel. p/ o acórdão Min. Menezes Direito, 30.10.2008.** (HC-90900) (Inform. STF 526)

EMENTA: "*HABEAS CORPUS*". RESPEITO, PELO PODER PÚBLICO, ÀS PRERROGATIVAS JURÍDICAS QUE COMPÕEM O PRÓPRIO ESTATUTO CONSTITUCIONAL DO DIREITO DE DEFESA. A GARANTIA CONSTITUCIONAL DO "*DUE PROCESS OF LAW*" COMO EXPRESSIVA LIMITAÇÃO À ATIVIDADE PERSECUTÓRIA DO ESTADO (INVESTIGAÇÃO PENAL E PROCESSO PENAL). O CONTEÚDO MATERIAL DA CLÁUSULA DE GARANTIA DO "*DUE PROCESS*". INTERROGATÓRIO JUDICIAL. NATUREZA JURÍDICA. POSSIBILIDADE DE QUALQUER DOS LITISCONSORTES PENAIS PASSIVOS FORMULAR REPERGUNTAS AOS DEMAIS CO-RÉUS, NOTADAMENTE SE AS DEFESAS DE TAIS ACUSADOS SE MOSTRAREM COLIDENTES. PRERROGATIVA JURÍDICA CUJA LEGITIMAÇÃO DECORRE DO POSTULADO CONSTITUCIONAL DA AMPLA DEFESA. PRECEDENTE DO STF (PLENO). MAGISTÉRIO DA DOUTRINA. MEDIDA CAUTELAR DEFERIDA.

- Assiste, a cada um dos litisconsortes penais passivos, o direito – fundado em cláusulas constitucionais (CF, art. 5º, incisos LIV e LV) – de formular reperguntas aos demais co-réus, que, no entanto, não estão obrigados a respondê-las, em face da prerrogativa contra a auto-incriminação, de que também são titulares. O desrespeito a essa franquia individual do réu, por implicar grave transgressão ao estatuto constitucional do direito de defesa, qualifica-se como causa geradora de nulidade processual absoluta. Doutrina. Precedentes do STF. (HC 94.601 MC/CE, rel. Min. Celso de Mello, j. em 24.10.08) (Inform. STF 526)

ACORDO DE COLABORAÇÃO: DENÚNCIA DE CO-RÉUS E OITIVA NA CONDIÇÃO DE INFORMANTES - 1

O Tribunal, por maioria, resolveu questão de ordem suscitada em ação penal — movida pelo Ministério Público Federal contra 40 pessoas acusadas da suposta prática de crimes ligados ao esquema denominado "Mensalão" —, para julgar válida a oitiva, nessa ação, na condição de informantes, de dois denunciados, em 1ª instância, de participação na prática de alguns desses crimes, e rejeitar a alegação de nulidade do processo do 1º grau. Na espécie, os citados co-réus, apesar de indicados na denúncia como envolvidos nos fatos investigados, foram arrolados como testemunhas pelo Procurador-Geral da República e não foram denunciados, na presente ação penal, por força de Acordo de Colaboração que firmaram com o Ministério Público Federal. Ocorre que, posteriormente, vieram a ser denunciados em 1ª instância. Alegava-se, na espécie, não ser possível denunciá-los no 1º grau de jurisdição, sob pena de violação à decisão do Supremo que indeferira o pedido de desmembramento do feito, tampouco ouvi-los com testemunhas na presente ação penal, tendo em vista sua qualidade de co-réus. Quanto à primeira alegação, entendeu-se inexistir qualquer violação à decisão da Corte, porquanto os co-réus não teriam sido denunciados nos autos da presente ação penal, sendo, por isso, incabível falar-se em desmembramento do feito. Asseverou-se ter havido oferecimento de denúncia autônoma contra eles, perante juízo competente, em atuação no 1º grau, três anos após a denúncia feita nesta ação penal, a fim de viabilizar o cumprimento dos termos do Acordo de Colaboração citado, no qual o *parquet* se comprometeu a solicitar o perdão judicial dos acusados, caso cumpram esses termos (Lei 9.807/99, artigos 13 e 14). Esclareceu-se, ademais, não ser possível nem o aditamento da denúncia, na fase da presente ação penal (oitiva de testemunhas de acusação), haja vista que isso causaria prejuízo extremo ao bom andamento do feito, nem o ajuizamento da denúncia perante o Supremo, em razão de os acusados não possuírem aqui foro por prerrogativa de função. **AP 470 QO/MG, rel. Min. Joaquim Barbosa, 23.10.2008.** (AP-470)

ACORDO DE COLABORAÇÃO: DENÚNCIA DE CO-RÉUS E OITIVA NA CONDIÇÃO DE INFORMANTES - 2

Quanto à segunda assertiva, considerou-se que, em virtude de serem co-réus, e não testemunhas em sentido próprio, as quais devem ser estranhas aos fatos objeto do julgamento, eles poderiam ser ouvidos nesta fase da ação penal, na condição de informantes, que é uma "testemunha imprópria", que não presta compromisso. Reportando-se ao que decidido no HC 89671/RJ (DJU de 16.2.2007), asseverou-se que os dois co-réus firmaram acordo de delação premiada com o *parquet* federal, ostentando a qualidade de co-réus colaboradores, porém, por não terem sido denunciados, não foram ouvidos na fase do interrogatório judicial, daí por que foram arrolados, na denúncia, como testemunhas de acusação. Aduziu-se que a oitiva dos referidos co-réus seria fundamental tanto para submeter suas declarações pré-processuais ao crivo do contraditório quanto para possibilitar o cumprimento, pelos mesmos, dos termos do acordo de delação premiada firmada, salientando-se que a Lei 9.807/99 condiciona a concessão do perdão, com a conseqüente extinção da punibilidade, à efetividade da colaboração prestada pelos co-réus "delatores". Concluiu-se, assim, ser perfeitamente viável o aproveitamento dos depoimentos dos co-réus nesta fase de oitiva de testemunhas de acusação, e não haver qualquer ilegalidade na colheita dos seus depoimentos, sob o crivo do contraditório, na condição de informantes. Vencido o Min. Marco Aurélio que não admitia o depoimento dos co-réus nem como testemunhas nem como informantes. **AP 470 QO/MG, rel. Min. Joaquim Barbosa, 23.10.2008.** (AP-470) (Inform. STF 525)

GARANTIA DO DEVIDO PROCESSO: ESTRANGEIRO NÃO-RESIDENTE E REPERGUNTAS - 1

Assiste a co-réu o direito de formular reperguntas aos demais litisconsortes penais passivos em ordem a conferir real efetividade e plenitude ao direito de defesa. Com base nesse entendimento, a Turma deferiu, de ofício, *habeas corpus* para anular — desde os interrogatórios judiciais dos demais co-réus, inclusive, realizados sem a co-participação da defesa do paciente —, processo-crime contra ele instaurado para apurar suposta prática do crime de lavagem de dinheiro no curso de contrato de financiamento mantido entre sua empresa e clube de futebol. Preliminarmente, superou-se a restrição fundada no Enunciado 691 da Súmula do STF. Reconheceu-se, em seguida, que o fato de o paciente ostentar a condição jurídica de estrangeiro (nacional russo) e de não possuir domicílio no Brasil não lhe inibe, por si só, o acesso aos instrumentos processuais de tutela da liberdade nem lhe subtrai o direito de ver respeitadas, pelo Poder Público, as prerrogativas de ordem jurídica e as garantias de índole constitucional que o ordenamento positivo brasileiro confere e assegura a qualquer pessoa que sofra persecução penal promovida pelo Estado. Nesse contexto, aduziu-se que se impõe, ao Judiciário, o dever de assegurar, mesmo ao réu estrangeiro sem domicílio no Brasil, os direitos básicos que resultam do postulado do devido processo legal, notadamente as prerrogativas inerentes à garantia da ampla defesa, à garantia do contraditório, à igualdade entre as partes perante o juiz natural e à garantia de imparcialidade do magistrado processante. Asseverou-se que o direito do réu à observância, pelo Estado, da garantia pertinente ao *due process of law*, além de traduzir expressão concreta do direito de defesa, também encontra suporte legitimador em convenções internacionais que proclamam a essencialidade dessa franquia processual, que compõe o próprio estatuto constitucional do direito de defesa, enquanto complexo de princípios e de normas que amparam qualquer acusado em sede de persecução criminal, ainda que se trate de réu estrangeiro, sem domicílio em território brasileiro, aqui processado por suposta prática de delitos a ele atribuídos. **HC 94016/SP, rel. Min. Celso de Mello, 16.9.2008.** (HC-94016)

GARANTIA DO DEVIDO PROCESSO: ESTRANGEIRO NÃO-RESIDENTE E REPERGUNTAS - 2

Na seqüência, assentou-se que a magnitude do tema constitucional versado na impetração imporia algumas reflexões em torno da nova disciplina normativa a que se submete, hoje, o interrogatório, notadamente, o judicial. Ressaltou-se que, com a superveniência da Lei 10.792/2003, registraram-se significativas alterações no regime pertinente ao interrogatório, as quais refletiram a nova constituição jurídica que a CF/88 conferiu àquele que sofre persecução penal, fortalecendo as prerrogativas inerentes à garantia da plenitude de defesa, do contraditório e do tratamento paritário das partes no processo penal. Ao imputado, assegurou-se um círculo de proteção destinado a ampará-lo contra eventuais excessos e abusos cometidos por representantes do Estado, destacando-se que o réu não pode ser constrangido a confessar a prática do delito e nem a renunciar ao seu direito ao silêncio, nem auto-incriminar-se. Realçou-se, também, a relevância de se qualificar o interrogatório judicial como expressivo meio de defesa do réu, o que enseja a possibilidade de co-réu participar ativamente do interrogatório judicial dos demais litisconsortes penais passivos, traduzindo projeção concretizadora da própria garantia constitucional da plenitude de defesa, cuja integridade há de ser preservada por juízes e tribunais. No ponto, entendeu-se que eventual transgressão a tal direito subjetivo provoca nulidade absoluta dos atos processuais que se seguirem ao interrogatório judicial, em face da repercussão que deriva do desrespeito, pelo magistrado, a tão essencial franquia conferida pela própria CF. Sendo assim, determinou-se a realização de novos interrogatórios, assegurada, desde já, ao paciente, mediante regular e prévia intimação de seu advogado, a oportunidade de participação no interrogatório dos demais co-réus. Por fim, estendeu-se, de ofício, essa ordem em favor desses mesmos co-réus. Precedente citado: AP 470 AgR/MG (j. em 6.12.2007). **HC 94016/SP, rel. Min. Celso de Mello, 16.9.2008.** (HC-94016) (Inform. STF 520)

ADEQUAÇÃO TÍPICA: ROUBO CONSUMADO E HOMICÍDIO TENTADO - 1

A Turma deferiu, parcialmente, *habeas corpus* para cassar sentença de 1º grau que condenara o paciente por latrocínio tentado (CP, art. 157, § 3º, *in fine*, c/c art. 14, II). Na espécie, embora consumado o roubo, da violência praticada não resultara morte, mas lesão corporal de natureza grave numa das vítimas. A defesa reiterava a alegação de que a capitulação dada ao fato seria inadequada e pleiteava, por esse motivo, o ajuste da imputação para roubo qualificado pelo resultado de lesão corporal grave (CP, art. 157, § 3º, 1ª parte). Inicialmente, adotou-se como premissa o cometimento do crime de roubo (CP, art. 157) e aduziu-se que a matéria discutida nos autos envolveria a adequação típica da conduta atribuída ao paciente. Asseverou-se que o latrocínio constitui delito complexo, em que o crime-fim é o roubo, não passando o homicídio de crime-meio. Desse modo, salientou-se que a doutrina divide-se quanto à correta tipificação dos fatos na hipótese de consumação do crime-fim (roubo) e de tentativa do crime-meio (homicídio), a saber: a) classificação como roubo qualificado pelo resultado, quando ocorra lesão corporal grave; b) classificação como latrocínio tentado; c) classificação como homicídio qualificado, na forma tentada, em concurso material com o roubo qualificado. Enfatizou-se, contudo, que tais situações seriam distintas daquela prevista no Enunciado 610 da Súmula do STF ("*Há crime de latrocínio, quando o homicídio se consuma, ainda que não realize o agente a subtração de bens da vítima.*") e que as decisões impugnadas aderiram à tese de que as circunstâncias dos fatos evidenciaram o *animus necandi* dos agentes, caracterizando, por isso, tentativa de latrocínio. Esclareceu-se, ainda, que esta Corte possui entendimento no sentido de não ser possível punição por tentativa de latrocínio, quando o homicídio não se realiza, e que é necessário o exame sobre a existência de dolo homicida do agente, para, presente esse ânimo, dar-se por caracterizado concurso material entre homicídio tentado e roubo consumado. **HC 91585/RJ, rel. Min. Cezar Peluso, 16.9.2008.** (HC-91585)

ADEQUAÇÃO TÍPICA: ROUBO CONSUMADO E HOMICÍDIO TENTADO - 2

Tendo em conta essas balizas, observou-se que para a classificação da conduta imputada ao paciente seria preciso identificar-se a finalidade dos agentes: a) se considerado ausente o *animus necandi* na violência praticada, incidiria o art. 157, § 3º, 1ª parte, do CP; b) se definido que a intenção era de matar as vítimas, o tipo correspondente seria o do art. 121, § 2º, V, do CP, na forma tentada, em concurso material com o crime de roubo. Afirmou-se, entretanto, que em sede de *habeas corpus* não se pode discutir o alcance da prova sobre a intenção do agente. Assim, reputou-se incontroverso que, consoante admitido pelo STJ, as indicações seriam no sentido de que o dolo era de matar e não o de provocar lesão corporal. Esse o quadro, assentou-se que não restaria alternativa senão a da teórica tipificação do fato como homicídio, na forma tentada, em concurso material com o delito de roubo. Por conseguinte, ante o reconhecimento da competência do tribunal do júri, determinou-se que a ele sejam remetidos os autos, a fim de que proceda a novo julgamento, limitando eventual condenação à pena aplicada na sentença ora anulada. Por fim, estendeu-se, de ofício, essa mesma ordem aos co-réus. **HC 91585/RJ, rel. Min. Cezar Peluso, 16.9.2008.** (HC-91585) (Inform. STF 520)

COMPARTILHAMENTO DE DADOS SIGILOSOS E PROCEDIMENTO ADMINISTRATIVO DISCIPLINAR

O Tribunal, resolvendo questão de ordem suscitada, pelo Min. Carlos Britto, em inquérito instaurado contra Deputado Federal, do qual relator, deferiu, por maioria, o requerimento de remessa de cópias dos autos, com a cláusula de sigilo, ao Presidente do Conselho de Ética e Decoro Parlamentar da Câmara dos Deputados. Na espécie, o Presidente do referido Conselho solicitara o compartilhamento das informações constantes dos autos do inquérito para subsidiar procedimento administrativo disciplinar movido contra o parlamentar naquela Casa Legislativa. Na linha de precedentes da Corte, entendeu-se que os elementos informativos de uma investigação criminal, ou as provas colhidas no bojo de instrução processual penal, desde que obtidos mediante interceptação telefônica devidamente autorizada por juiz competente, como no caso, podem ser compartilhados para fins de instruir procedimento administrativo disciplinar. Vencidos os Ministros Marco Aurélio e Joaquim Barbosa, que indeferiam o pedido, ao fundamento de que os dados sigilosos obtidos só poderiam ser utilizados para fins de persecução criminal, nos termos do que disposto no art. 5º, XII, da CF. Precedentes citados: Inq 2424 QO/RJ (DJU de 24.8.2007); Inq 2424 Seg. QO/RJ (DJU de 24.8.2007); AP 470 ED/MG (acórdão pendente de publicação). **Inq 2725 QO/SP, rel. Min. Carlos Britto, 25.6.2008.** (Inq-2725) (Inform. STF 512)

PRESENÇA DE DEFENSOR E DELAÇÃO DE CO-RÉUS

A Turma, por maioria, deferiu *habeas corpus* para anular o processo a partir da instrução, no tocante estritamente ao paciente, condenado, juntamente com terceiros, pela prática dos crimes de formação de quadrilha e roubo (CP, artigos 288, parágrafo único, e 157 § 2º, I, II e V). Tratava-se, na espécie, de *writ* em que se reiterava a alegação de nulidade absoluta do processo, uma vez que a sentença condenatória se baseara em depoimentos de co-réus, realizados na fase policial, que imputaram a conduta delitiva ao paciente, sem que houvesse sido dada oportunidade de seu advogado fazer reperguntas. Inicialmente, salientou-se que os interrogatórios foram efetuados no curso do inquérito e em juízo em data anterior à vigência da Lei 10.792/2003, não se podendo cogitar, em princípio, da necessidade de comparecimento do defensor do paciente para fazer eventuais perguntas aos co-réus. Reputou-se inviável anular o processo penal em razão dos interrogatórios realizados na polícia, pois, segundo jurisprudência desta Corte, as nulidades processuais concernem, tão-somente, aos defeitos de ordem jurídica que afetam os atos praticados ao longo da ação penal condenatória. Aduziu-se, ainda, que o inquérito constitui peça informativa e que eventuais vícios nele existentes não contaminam a ação penal. Ademais, reputou-se preclusa a assertiva de que o patrono do paciente também não teria participado dos interrogatórios dos co-réus realizados em juízo, uma vez que, estando em causa nulidade relativa, não fora argüida oportunamente. Por outro lado, asseverou-se que questão diversa seria saber se a delação dos co-réus, retratada em juízo, poderia amparar a condenação do paciente. No ponto, ressaltou-se que esse ato não pode ser tomado como testemunho, em sentido processual, mesmo que o defensor do co-réu dela-tado tenha participado do interrogatório do delator e a ele tenha feito reperguntas. Registrou-se que o STF admite a invocação da delação, desde que não seja o motivo exclusivo da condenação, mas que, no caso, as delações foram retratadas em juízo e decisivas para a condenação, haja vista que não houvera indicação de outra prova conclusiva que pudesse implicar a responsabilidade penal do paciente. Vencido o Min. Marco Aurélio que, ao fundamento de cuidar-se de vício no julgamento, concedia a ordem em maior extensão para assentar a absolvição do paciente, ante a deficiência probatória da imputação contida na denúncia. **HC 94034/SP, rel. Min. Cármen Lúcia, 10.6.2008.** (HC-94034) (Inform. STF 510)

INQUÉRITO POLICIAL E PROVA ILÍCITA - 1

A Turma deferiu *habeas corpus* para determinar a exclusão, do inquérito policial, de cópia de documentos obtidos ilicitamente que, antes desentranhadas, foram reconduzidas, por via indireta, ao mesmo procedimento inquisitório. No caso, ex-presidente da empresa da qual os pacientes são diretores ajuizara reclamação trabalhista e requerera, com base em documentos sigilosos da empresa, fornecidos por colega de trabalho, a abertura de inquérito policial para apuração de supostos crimes de falsidade cometidos no âmbito da reclamada. A empresa, então, aduzindo que tais documentos teriam sido obtidos de modo ilícito, solicitara a instauração de inquérito policial e o desentranhamento da documentação sigilosa que instruíra o primeiro inquérito policial, porquanto violado o art. 5º, LVI, da CF. O juízo de origem determinara o desentranhamento dessas provas e declarara a sua ilicitude. O Ministério Público Federal requisitara cópia integral dos autos daquela ação trabalhista. Diante disso, a defesa dos pacientes informara ao magistrado que o reclamante havia juntado aos autos cópia integral do inquérito, do qual constavam os documentos sigilosos, sendo-lhe deferida a solicitação para que tais cópias do inquérito policial fossem excluídas da requisição do MPF. Contra esta decisão, o *parquet* impetrara mandado de segurança perante o TRF da 3ª Região, postulando a remessa de cópia integral da aludida ação trabalhista, inclusive com os documentos desentranhados por ilicitude, sob a alegação de indevido cerceio a sua atividade institucional. Concedida a liminar, os diretores da empresa impetraram *habeas corpus*, não conhecido por Ministro do STJ, em que sustentaram a reinserção, por via oblíqua, daquela prova ilícita. No presente *writ*, reiteraram os fundamentos do pedido. **HC 82862/SP, rel. Min. Cezar Peluso, 19.2.2008.** (HC-82862)

INQUÉRITO POLICIAL E PROVA ILÍCITA - 2

Inicialmente, salientou-se que, durante o trâmite do feito, o TRF da 3ª Região deferira a segurança pleiteada pelo Ministério Público Federal. Entendeu-se caracterizado constrangimento ilegal manifesto, autorizador da cognição oficial do pedido, agora contra o teor do julgamento superveniente que absorvera a eficácia da liminar impugnada neste *habeas corpus*. Reputou-se, ainda, dispensável adentrar a questão relativa ao uso desvirtuado do mandado de segurança, já que não poderia haver direito líquido e certo, da parte acusadora, de fazer juntar aos autos de procedimento de persecução criminal, mediante sentença mandamental de segurança, prova originalmente obtida de forma ilícita, qualquer que fosse a razão ou o pretexto invocado para o lograr. Enfatizou, nesse sentido, que o poder jurídico que as partes têm de requerer e produzir provas que julguem necessárias à apuração da verdade encontra limite intransponível no seu eventual caráter ilícito, repudiado pela Constituição (art. 5º, LVI). Ademais, aduziu-se que, na espécie, seria patente a ilicitude das provas, porquanto obtidas por funcionário da empresa, sem autorização desta, sob acusação de criminoso abuso de confiança. Concluiu-se que a permissão, para efeito de suporte de *opinio delicti* e de convicção judicial, da juntada de cópia integral dos autos da reclamação trabalhista em que contida cópia de documentos de presumida origem ilícita, autorizaria a produção, por via indireta, de prova, em princípio, ilícita. **HC 82862/SP, rel. Min. Cezar Peluso, 19.2.2008.** (HC-82862) (Inform. STF 495)

ART. 188 DO CPP: PARTICIPAÇÃO DE DEFENSOR DE CO-RÉU EM INTERROGATÓRIO - 1

Por entender legítimo, em face do que dispõe o art. 188 do CPP ("*Após proceder ao interrogatório, o juiz indagará das partes se restou algum fato para ser esclarecido, formulando as perguntas correspondentes se o entender pertinente e relevante.*"), que as defesas dos co-réus participem dos interrogatórios de outros réus, e considerando que a coincidência de datas entre as audiências realizadas em diversos Estados-membros pode trazer dificuldades aos defensores que eventualmente queiram participar desses interrogatórios, o Tribunal, por maioria, deu parcial provimento a agravos regimentais interpostos em ação penal — movida pelo Ministério Público Federal contra 40 pessoas acusadas da suposta prática de crimes ligados ao esquema denominado "Mensalão" —, para determinar a expedição de ofício aos juízos competentes para a realização dos interrogatórios, solicitando-lhes que informem as datas já reservadas para as audiências. AP 470 AgR/MG, rel. Min. Joaquim Barbosa, 6.12.2007. (AP-470)

ART. 188 DO CPP: PARTICIPAÇÃO DE DEFENSOR DE CO-RÉU EM INTERROGATÓRIO - 2

Na espécie, cuidava-se de recurso interposto contra decisão do Min. Joaquim Barbosa, relator, que, tendo em conta o que decidido pelo Pleno no julgamento que recebera a denúncia, no sentido da prática dos atos instrutórios imediatamente após a publicação do acórdão, independentemente da apreciação de eventuais embargos declaratórios, determinara a expedição de cartas de ordem, delegando, por livre distribuição, a um dos juízes federais de seções judiciárias de 8 Estados-membros, em relação aos réus domiciliados nas respectivas circunscrições judiciárias, a competência para a citação, interrogatório e recebimento da defesa prévia. Alegavam os agravantes que fora argüida, em embargos de declaração, ainda não julgados, a ausência de esclarecimento, na decisão plenária que recebera a denúncia, quanto à oportunidade de intervenção defensiva no interrogatório dos acusados, em razão da multiplicidade destes e da realização de interrogatórios em diversos Estados da federação. Sustentavam que, não obstante o que deliberado pelo plenário, a inexistência de ressalva, relativamente aos interrogatórios ordenados, da garantia da organização de calendário capaz de permitir a presença simultânea das defesas em cada um deles, considerado o disposto no art. 188 do CPP, implicaria prejuízo às defesas dos agravantes. Requeriam, em liminar, a sustação da eficácia das cartas de ordem expedidas e, afinal, o provimento do recurso para que fosse feita a aludida ressalva nessas cartas. AP 470 AgR/MG, rel. Min. Joaquim Barbosa, 6.12.2007. (AP-470)

ART. 188 DO CPP: PARTICIPAÇÃO DE DEFENSOR DE CO-RÉU EM INTERROGATÓRIO - 3

Inicialmente, o Tribunal não conheceu do recurso quanto ao pedido de sustação da eficácia das cartas de ordem expedidas, por considerar tratar-se de decisão do Plenário contra a qual incabível o agravo regimental. Na parte conhecida, o Tribunal ressaltou que o disposto no art. 188 do CPP constitui mera faculdade, devendo, dessa forma, ser franqueada aos defensores de todos os réus a oportunidade de participação no interrogatório dos demais co-réus, mas cabendo a cada um deles decidir sobre a conveniência de comparecer ou não à audiência. Asseverou-se que, no caso, tanto os agravantes quanto os demais co-réus teriam sido devidamente intimados das expedições das cartas de ordem para a realização dos interrogatórios e recebimento das defesas prévias. Salientou-se, ademais, a jurisprudência do Tribunal no sentido da prescindibilidade da intimação dos defensores do réu pelo juízo deprecado quando da oitiva de testemunhas por carta precatória, bastando a intimação da expedição da carta, orientação que seria aplicável, por analogia, à espécie, haja vista ser a disciplina jurídica das cartas de ordem, no sistema processual brasileiro, de modo geral, a mesma das cartas precatórias (CPC, art. 202; CPP, artigos 3º e 222). Estabeleceu-se, por fim, que, se necessária a alteração de datas, o juiz deverá comunicá-la ao relator, que, na hipótese de eventual coincidência delas ou de proximidade que impossibilite a defesa dos réus, determinará a marcação de nova data. Vencido, em parte, o Min. Marco Aurélio que provia o recurso a fim de que houvesse intimação específica de todos os defensores considerada cada data designada para interrogatório dos réus. Precedentes citados: HC 89159/SP (DJU de 13.10.2006); HC 82888/SP (DJU de 6.6.2003). AP 470 AgR/MG, rel. Min. Joaquim Barbosa, 6.12.2007. (AP-470) (Inform. STF 491)

INTERCEPTAÇÃO TELEFÔNICA: DEGRAVAÇÃO E AMPLA DEFESA

A Turma iniciou julgamento de habeas corpus impetrado em favor de condenado pela prática dos delitos de formação de quadrilha e descaminho (CP, arts. 288 e 334, respectivamente) e de lavagem de dinheiro proveniente de crimes contra a administração (Lei 9.613/98, 1º, V e § 4º), em que se pretende a anulação de processo, a partir do reconhecimento da ilegalidade e inconstitucionalidade de interceptações telefônicas nele realizadas. Sustentam os impetrantes violação aos princípios da ampla defesa e do contraditório, e aos arts. 5º, XII, da CF, e 6º, § 1º, da Lei 9.296/96, porque parte das gravações telefônicas efetuadas diriam respeito a períodos não abrangidos pela autorização judicial, o que resultaria na suspeição de todas as provas encontradas nos autos; não teria sido feita a transcrição das conversas interceptadas pela polícia; nem fora permitida a realização de perícia para verificar a veracidade da autoria dos diálogos apontados como sendo do acusado. Preliminarmente, o Min. Marco Aurélio, relator, conheceu do writ, por considerar cabível o habeas corpus, ainda que pendente de julgamento apelação que veicule a mesma questão nele posta. Afastou a análise da matéria relativa ao fato de parte das interceptações telefônicas não ter sido alvo de autorização judicial, já que a mesma não fora objeto de exame na impetração originária. No mérito, entendeu que a condenação se dera com base em elementos probatórios obtidos à margem da ordem jurídica em vigor, haja vista não ter sido observado o previsto no § 1º do art. 6º da Lei 9.296/96, que determina que as escutas telefônicas sejam transcritas, procedimento este que seria essencial à valia da prova interceptada, por viabilizar o conhecimento da conversação e, com isso, o exercício de direito de defesa pelo acusado, bem como a atuação do Ministério Público. Assim, deferiu o writ para declarar a nulidade do processo, a partir do momento em que indeferido o pleito de degravação das fitas, tornando insubsistente o decreto condenatório, e julgando prejudicada a apelação interposta. O Min. Eros Grau acompanhou o relator. Em divergência, o Min. Carlos Britto indeferiu o pedido por não vislumbrar prejuízo para a defesa, em face de seu amplo acesso ao conteúdo da conversas telefônicas. Após, pediu vista o Min. Cezar Peluso. HC 83983/PR, rel. Min. Marco Aurélio, 7.12.2004. (**HC-83983**)

INTERCEPTAÇÃO TELEFÔNICA: DEGRAVAÇÃO E AMPLA DEFESA - 2

Em conclusão de julgamento, a Turma, por maioria, deferiu *habeas corpus* para declarar, a partir do momento em que indeferido o pleito de degravação das fitas, a nulidade do processo instaurado em desfavor de condenado pela prática dos delitos de formação de quadrilha e descaminho (CP, artigos 288 e 334, respectivamente) e de lavagem de dinheiro proveniente de crimes contra a Administração (Lei 9.613/98, art. 1º, V e § 4º), tornando insubsistente o decreto condenatório, e reputando prejudicada a apelação interposta — v. Informativo 373. Preliminarmente, conheceu-se do *writ*, por se considerar cabível essa medida, ainda que pendente julgamento de apelação que veicule a mesma questão nele posta. Afastou-se a análise da matéria relativa ao fato de parte das interceptações telefônicas não ter sido alvo de autorização judicial, já que não examinada na impetração originária. No mérito, entendeu-se que a condenação se dera com base em elementos probatórios obtidos à margem da ordem jurídica em vigor, haja vista não ter sido observado o previsto no § 1º do art. 6º da Lei 9.296/96, que determina que as escutas telefônicas sejam transcritas, procedimento este que seria essencial à valia da prova interceptada, por viabilizar o conhecimento da conversação e, com isso, o exercício de direito de defesa pelo acusado, bem como a atuação do Ministério Público. O Min. Cezar Peluso acompanhou a conclusão do Min. Marco Aurélio apenas por duas razões factuais, a saber: dupla supressão de instância quanto à apreciação da regularidade das interceptações telefônicas e cerceamento ao direito de defesa, porquanto parte relevante da instrução da causa fora realizada sem que o paciente tivesse conhecimento da integridade das escutas, somente franqueadas após a inquirição das testemunhas de acusação. Vencido o Min. Carlos Britto que indeferia o pedido por não vislumbrar prejuízo para a defesa, em face de seu amplo acesso ao conteúdo das conversas telefônicas. HC 83983/PR, rel. Min. Marco Aurélio, 4.12.2007. (HC-83983) (Inform. STF 491)

Acordo de Delação Premiada e Sigilo - 1

A Turma iniciou julgamento de *habeas corpus* em que se discute a possibilidade de os advogados do paciente terem acesso aos autos de investigação preambular em que estabelecidos acordos de delação premiada, a partir dos quais foram utilizados documentos que subsidiaram as ações penais contra ele instauradas. Alega-se, na espécie, ofensa aos princípios do contraditório, da ampla defesa e do duplo grau de jurisdição, já que desconhecido o teor dos acordos firmados entre o Ministério Público Federal e os delatores, o que impediria a defesa de aferir os limites de atuação dos representantes do *parquet* e do Poder Judiciário. Sustenta-se, ainda, que parte dos membros do MPF que ofereceram as denúncias contra o paciente foram vítimas do fato a ele imputado em ação que as precede, a saber, interceptação telefônica não autorizada. HC 90688/PR, rel. Min. Ricardo Lewandowski, 18.9.2007. (HC-90688)

ACORDO DE DELAÇÃO PREMIADA E SIGILO - 2

O Min. Ricardo Lewandowski, relator, deferiu, em parte, o *writ* para determinar que a 2ª Vara Federal Criminal de Curitiba/PR certifique quais foram as autoridades, judiciárias e do MPF, responsáveis pela propositura e homologação dos acordos de delação premiada firmados em relação a 2 delatores. Salientando que a delação premiada constitui elemento de prova, entendeu fundada, à primeira vista, a suspeita da impetração quanto a possível falta de isenção dos subscritores dos acordos de delação premiada, uma vez que os representantes do *parquet* que subscreveram as denúncias também foram, em tese, vítimas do paciente, sendo razoável supor a hipótese de que eles também firmaram tais acordos, em indesejável coincidência dos papéis de acusador e vítima. Afastou, contudo, a pretensão de se conferir publicidade aos citados acordos, cujo sigilo lhe é ínsito, inclusive por força de lei, aduzindo que ao paciente basta saber quem participou da confecção e homologação dos acordos, sendo pública e notória a condição dos delatores. Em divergência, o Min. Menezes Direito, por não considerar o acordo de delação premiada um meio de prova e sim um instrumento de colaboração do réu, denegou a ordem ao fundamento de que tal acordo, como um todo, está coberto pelo sigilo, não havendo que se falar em violação aos princípios do contraditório e da ampla defesa. Após os votos dos Ministros Carlos Britto e Cármen Lúcia acompanhando o relator, pediu vista dos autos o Min. Marco Aurélio. HC 90688/PR, rel. Min. Ricardo Lewandowski, 18.9.2007. (HC-90688) (Inform. STF 480)

INTERROGATÓRIO POR VIDEOCONFERÊNCIA - 1

A Turma deferiu *habeas corpus* impetrado em favor de paciente cujo interrogatório fora realizado por videoconferência, no estabelecimento prisional em que recolhido, sem que o magistrado declinasse as razões para a escolha desse sistema. Na espécie, o paciente não fora citado ou requisitado para se defender, mas apenas instado a comparecer à sala da cadeia pública, no mesmo dia em que o interrogatório acontecera. Por ocasião da defesa prévia, pleitear-se a nulidade do interrogatório e, em conseqüência, a realização de outro, na presença do juiz. O pedido restara indeferido e o paciente, condenado, apelara da sentença e, em preliminar, reiterara a nulidade do feito. Sem sucesso, a defesa impetrara idêntica medida no STJ, denegada, ao fundamento de que o interrogatório mediante teleconferência, em tempo real, não ofenderia o princípio do devido processo legal e seus consectários, bem como de que não demonstrado o prejuízo. Entendeu-se que o interrogatório do paciente, realizado — ainda na vigência da redação original do art. 185 do CPP — por teleaudiência, estaria eivado de nulidade, porque violado o seu direito de estar, no ato, perante o juiz. HC 88914/SP, rel. Min. Cezar Peluso, 14.8.2007. (HC-88914)

INTERROGATÓRIO POR VIDEOCONFERÊNCIA - 2

Inicialmente, aduziu-se que a defesa pode ser exercitada na conjugação da defesa técnica e da autodefesa, esta, consubstanciada nos direitos de audiência e de presença/participação, sobretudo no ato do interrogatório, o qual deve ser tratado como meio de defesa. Nesse sentido, asseverou-se que o princípio do devido processo legal (CF, art. 5º, LV) pressupõe a regularidade do procedimento, a qual nasce da observância das leis processuais penais. Assim, nos termos do Código de Processo Penal, a regra é a realização de audiências, sessões e atos processuais na sede do juízo ou no tribunal onde atua o órgão jurisdicional (CPP, art. 792), não estando a videoconferência prevista no ordenamento. E, suposto a houvesse, a decisão de fazê-la deveria ser motivada, com demonstração de sua excepcional necessidade no caso concreto, o que não ocorrera na espécie. Ressaltou-se, ademais, que o projeto de lei que possibilitava o interrogatório por meio de tal sistema (PL 5.073/2001) fora rejeitado e que, de acordo com a lei vigente (CPP, art. 185), o acusado, ainda que preso, deve comparecer perante a autoridade judiciária para ser interrogado. Entendeu-se, no ponto, que em termos de garantia individual, o virtual não valeria como se real ou atual fosse, haja vista que a expressão "perante" não contemplaria a possibilidade de que esse ato seja realizado *on-line*. Afastaram-se, ademais, as invocações de celeridade, redução dos custos e segurança referidas pelos favoráveis à adoção desse sistema. Considerou-se, pois, que o interrogatório por meio de teleconferência viola a publicidade dos atos processuais e que o prejuízo advindo de sua ocorrência seria intuitivo, embora de demonstração impossível. Concluiu-se que a inteireza do processo penal exige defesa efetiva, por força da Constituição que a garante em plenitude, e que, quando impedido o regular exercício da autodefesa, em virtude da adoção de procedimento sequer previsto em lei, restringir-se-ia a defesa penal. HC 88914/SP, rel. Min. Cezar Peluso, 14.8.2007. (HC-88914) (Inform. STF 476)

INVIOLABILIDADE DE DOMICÍLIO E ILICITUDE DA PROVA

O conceito de "casa", para os fins da proteção constitucional a que se refere o art. 5º, XI, da CF (*"XI - a casa é asilo inviolável do indivíduo, ninguém nela podendo penetrar sem consentimento do morador, salvo em caso de flagrante delito ou desastre, ou para prestar socorro, ou, durante o dia, por determinação judicial;"*), reveste-se de caráter amplo e, por estender-se a qualquer aposento ocupado de habitação coletiva, compreende o quarto de hotel ocupado por hóspede. Com base nesse entendimento, a Turma deu provimento a recurso ordinário em *habeas corpus* para restabelecer a sentença penal absolutória proferida nos autos de processo-crime instaurado contra acusado pela suposta prática dos delitos de estelionato e de falsificação de documento particular. No caso, o tribunal de justiça local reformara a sentença que, por reconhecer a ilicitude da prova, absolvera o recorrente da ação penal originada de documentos obtidos em diligência realizada por agentes policiais que, sem autorização judicial, ingressaram no quarto de hotel por ele ocupado. Inicialmente, salientou-se que os órgãos e agentes da polícia judiciária têm o dever de observar, para efeito do correto desempenho de suas prerrogativas, os limites impostos pela Constituição e pelo ordenamento jurídico. Assim, entendeu-se que, tais sujeitos, ao ingressarem no compartimento sem a devida autorização judicial, transgrediram a garantia individual pertinente à inviolabilidade domiciliar (CF, art. 5º, XI), que representa limitação ao poder do Estado e é oponível aos próprios órgãos da Administração Pública. Asseverou-se que, em conseqüência dessa violação, ter-se-ia a ilicitude material das provas obtidas com a questionada diligência (CF, art. 5º, LVI). Aduziu-se, ainda, que a cláusula constitucional do devido processo legal possui, no dogma da inadmissibilidade das provas ilícitas, uma de suas projeções concretizadoras mais expressivas, na medida em que o réu tem o direito de não ser denunciado, julgado e condenado com apoio em elementos instrutórios obtidos ou produzidos de forma incompatível com os limites impostos pelo ordenamento ao poder persecutório e ao poder investigatório do Estado. RHC 90376/RJ, rel. Min. Celso de Mello, 3.4.2007. (RHC-90376) (Inform. STF 462)

DIREITO DE DEFESA: INTERROGATÓRIO JUDICIAL E ENTREVISTA COM O DEFENSOR

A Turma negou provimento a recurso ordinário em *habeas corpus* em que condenado pela prática dos crimes de gestão fraudulenta e evasão de divisas (Lei 7.792/86, artigos 4º e 22, parágrafo único) sustentava a nulidade absoluta do processo penal de conhecimento contra ele instaurado, sob a alegação de que não lhe fora possibilitado, antes do interrogatório judicial, entrevistar-se com o seu defensor constituído. Inicialmente, aduziu-se que, em face do advento da Lei 10.792/2003, o interrogatório passou a constituir um ato de defesa, além de se qualificar como meio de prova. Assim, salientando essa nova diretriz legislativa, asseverou-se que a falta do defensor ao ato de interrogatório do acusado pode representar situação de grave desrespeito ao seu direito de defesa, de modo a ensejar eventual nulidade do procedimento penal. Entretanto, considerou-se que a situação processual, no caso, seria diversa. Entendeu-se que o direito de defesa do ora recorrente fora assegurado, tendo em conta o fato de que a juíza atuante no feito determinara, reiteradas vezes, a intimação do advogado constituído, que quedara inerte, bem como designara defensor dativo, com o qual o réu entrevistara-se prévia, pessoal e reservadamente. RHC 89892/PR, rel. Min. Celso de Mello, 6.3.2007. (RHC-89892) (Inform. STF 458)

CORRUPÇÃO PASSIVA E ENCONTRO FORTUITO DE PROVAS - 1

A Turma iniciou julgamento de habeas corpus impetrado em favor de Subprocurador-Geral da República denunciado pela suposta prática do crime de corrupção passiva (CP, art. 317, §1º, c/c art. 61, II, g), consistente no recebimento de vantagens indevidas, em decorrência de sua participação em processos judiciais, nos quais não poderia atuar como advogado, por intervir, valendo-se do seu cargo, como membro do Ministério Público e por envolver a União e/ou autarquias. No caso concreto, a partir de investigações procedidas na denominada "Operação Anaconda", autorizadas pelo TRF da 3ª Região, surgiram indícios de envolvimento do paciente nesses fatos. Em razão disso, requereu-se ao STJ, em fase preambular de procedimento penal regido pela Lei 8.038/90, a realização de busca e apreensão nos endereços do paciente, bem como a quebra dos seus sigilos bancário, fiscal, telefônico, telemático e de dados. Alega-se, na espécie, ofensa ao devido processo legal (CF, art. 5º, LIV e LV; Lei 8.038/90, artigos 4º e 5º), à garantia de fundamentação das decisões judiciais (CF, art. 93, IX), ao princípio protetor da intimidade (CF, art. 5º, X) e das inviolabilidades do domicílio (CF, art. 5º, XI) e do sigilo de comunicação de dados (CF, art. 5º, XII). Ademais, sustenta-se a generalidade da denúncia, a atipicidade da conduta, baseada em procedimento instaurado perante instância incompetente, e a ausência de justa causa para a persecução penal, uma vez que não demonstrada a existência de nexo causal entre a conduta do paciente e a prática, omissão ou retardamento de ato de seu ofício como Subprocurador, com atuação perante o STJ. Por fim, requer-se o trancamento da ação penal em trâmite na Corte Especial do STJ e a não utilização dos elementos obtidos com a decisão que determinara a busca e apreensão e a mencionada quebra. HC 84224/DF, rel. Min. Gilmar Mendes, 13.12.2005. (**HC-84224**)

Corrupção Passiva e Encontro Fortuito de Provas - 2

O Min. Gilmar Mendes, relator, deferiu o writ para que seja declarada a nulidade de todos os atos praticados desde a propositura da denúncia, sem qualquer prejuízo de outra que, de modo fundamentado e nos termos do art. 41 do CPP, faça referência às provas que já foram colhidas na oportunidade da execução da ordem de busca e apreensão e da quebra de sigilo bancário, fiscal e telefônico. Tendo em conta a jurisprudência do STF, que exige, para a configuração do crime de corrupção passiva, a descrição minudenciada acerca do modo pelo qual o denunciado teria praticado o ato tido por criminoso, considerou a denúncia inepta, porquanto imprecisa ao descrever a conduta típica e realizar o devido enquadramento legal. Quanto ao "encontro fortuito de provas", entendeu possível, com fundamento em doutrina alemã, a valoração dos conhecimentos fortuitos de provas que concedam lastro probatório mínimo para persecução penal em sede de ação penal legitimamente instaurada. Salientou que, no caso, as investigações iniciais cumpriram o escopo específico para o qual foram designadas e que, em face de conexões supervenientes, foram requeridas novas diligências para a apuração do suposto envolvimento do paciente. No ponto, rejeitou as alegações de descumprimento da garantia da fundamentação das decisões judiciais e de constrangimento ilegal no tocante à violação das prerrogativas constitucionais de sigilo e inviolabilidade da intimidade, do domicílio e da comunicação de dados. Afastou, de igual modo, o argumento de incompetência, haja vista que no momento da prolação da decisão, esta fora emanada por autoridade judicial constitucionalmente competente, nos termos do art. 105, I, a, da CF. Por outro lado, reputou transgredido o princípio do devido processo legal, pela não observância da fase do contraditório preambular prevista nos artigos 4º e 5º da Lei. 8.038/90, dado que não se oportunizara ao paciente a possibilidade de se manifestar, previamente, sobre o recebimento da denúncia. Após, o julgamento foi suspenso em virtude do pedido de vista do Min. Joaquim Barbosa. HC 84224/DF, rel. Min. Gilmar Mendes, 13.12.2005. (**HC-84224**)

CORRUPÇÃO PASSIVA E ENCONTRO FORTUITO DE PROVAS - 3

A Turma retomou julgamento de habeas corpus impetrado em favor de Subprocurador-Geral da República denunciado pela suposta prática do crime de corrupção passiva (CP, art. 317, § 1º, c/c art. 61, II, g), consistente no recebimento de vantagens indevidas, em decorrência de sua participação em processos judiciais, nos quais não poderia atuar como advogado, por intervir, valendo-se do seu cargo, como membro do Ministério Público e por envolver a União e/ou autarquias. No caso concreto, a partir de investigações procedidas na denominada "Operação Anaconda", autorizadas pelo TRF da 3ª Região, surgiram indícios de envolvimento do paciente nesses fatos. Em razão disso, requereu-se ao STJ, em fase preambular de procedimento penal regido pela Lei 8.038/90, a realização de busca e apreensão nos endereços do paciente, bem como a quebra dos seus sigilos bancário, fiscal, telefônico, telemático e de dados — v. Informativo 413. HC 84224/DF, rel. Min. Gilmar Mendes, 3.10.2006. (**HC-84224**)

CORRUPÇÃO PASSIVA E ENCONTRO FORTUITO DE PROVAS - 4

Em voto-vista, o Min. Joaquim Barbosa deferiu, em parte, o writ para impedir a utilização de provas obtidas após o oferecimento da denúncia. Inicialmente, rejeitou as alegações de inépcia da inicial, por considerá-la cognoscível e respaldada em documentos legalmente apreendidos, bem como de atipicidade e de falta de justa causa, por demandarem análise das provas, viável quando do julgamento da ação penal de origem. No tocante ao argumento de ofensa à garantia de fundamentação das decisões judiciais (CF, art. 93, IX), ao princípio protetor da intimidade (CF, art. 5º, X) e das inviolabilidades do domicílio (CF, art. 5º, XI) e do sigilo de comunicação de dados (CF, art. 5º, XII), acompanhou o voto do relator no sentido de existir base razoável para o prosseguimento das investigações. Por outro lado, dele divergiu em relação à ofensa ao contraditório preambular ao fundamento de que não haveria prejuízo ao direito de defesa do paciente em virtude da decretação de busca e apreensão e de quebra de sigilos em momento anterior à sua resposta. Asseverou que essas medidas não teriam relação com os fatos dos quais o paciente deveria se defender, objetivando apenas a apuração de outros ilícitos. Por fim, reputou que as provas colhidas em decorrência das medidas judiciais não poderiam constar dos autos da ação penal. Após, pediu vista o Min. Cezar Peluso. HC 84224/DF, rel. Min. Gilmar Mendes, 3.10.2006. (**HC-84224**)

CORRUPÇÃO PASSIVA E ENCONTRO FORTUITO DE PROVAS - 5

A Turma, em conclusão de julgamento, deferiu *habeas corpus* impetrado em favor de Subprocurador-Geral da República denunciado pela suposta prática do crime de corrupção passiva (CP, art. 317, § 1º, c/c art. 61, II, g) — v. Informativos 413 e 443. Inicialmente, nos termos do voto do Min. Joaquim Barbosa, rejeitaram-se as alegações de inépcia da inicial, que consideraram cognoscível e respaldada em documentos legalmente apreendidos, bem como de atipicidade e de falta de justa causa, por demandarem análise das provas, viável quando do julgamento da ação penal de origem. No tocante ao argumento de ofensa à garantia de fundamentação das decisões judiciais (CF, art. 93, IX), ao princípio protetor da intimidade (CF, art. 5º, X) e das inviolabilidades do domicílio (CF, art. 5º, XI) e do sigilo de comunicação de dados (CF, art. 5º, XII), acompanhou-se o voto do Min. Gilmar Mendes, relator, no sentido de existir base razoável para o prosseguimento das investigações. Por outro lado, afastou-se a alegação de ofensa ao contraditório preambular (Lei 8.038/90, artigos 4º e 5º) ao fundamento de que não haveria prejuízo ao direito de defesa do paciente em virtude da decretação de busca e apreensão e de quebra de sigilos em momento anterior à sua resposta. Asseverou-se que essas medidas não teriam relação com os fatos dos quais o paciente deveria se defender, objetivando apenas a apuração de outros ilícitos. Vencido, no ponto, o Min. Gilmar Mendes que deferia o *habeas*, em maior extensão, por reputar transgredido o princípio do devido processo legal, pela não observância do contraditório preambular. Por fim, reputou-se que as provas colhidas em decorrência das medidas judiciais não poderiam constar dos autos da ação penal. *Writ* deferido para excluir as provas obtidas após o oferecimento da denúncia. HC 84224/DF, rel. orig. Min. Gilmar Mendes, rel. p/ o acórdão Min. Joaquim Barbosa, 27.2.2007. (HC-84224) (Inform. STF 457)

6.1. SUPERIOR TRIBUNAL DE JUSTIÇA

DIREITO PROCESSUAL PENAL. ILICITUDE DE PROVA. GRAVAÇÃO SEM O CONHECIMENTO DO ACUSADO. VIOLAÇÃO DO DIREITO AO SILÊNCIO.

É ilícita a gravação de conversa informal entre os policiais e o conduzido ocorrida quando da lavratura do auto de prisão em flagrante, se não houver prévia comunicação do direito de permanecer em

silêncio. O direito de o indiciado permanecer em silêncio, na fase policial, não pode ser relativizado em função do dever-poder do Estado de exercer a investigação criminal. Ainda que formalmente seja consignado, no auto de prisão em flagrante, que o indiciado exerceu o direito de permanecer calado, evidencia ofensa ao direito constitucionalmente assegurado (art. 5º, LXIII) se não lhe foi avisada previamente, por ocasião de diálogo gravado com os policiais, a existência desse direito. **HC 244.977-SC, Rel. Min. Sebastião Reis Júnior, julgado em 25/9/2012.(Inform. STJ 505)**

INTERROGATÓRIO DE CORRÉU. POSSIBILIDADE DE ESCLARECIMENTOS A PEDIDO DAS DEFESAS DOS OUTROS CORRÉUS.
A defesa do corréu tem o direito de fazer perguntas no interrogatório dos demais acusados, conforme dispõe o art. 188 do CPP – com redação dada pela Lei n. 10.792/2003. Tal modificação foi feita com o objetivo de assegurar a ampla defesa e o contraditório durante a produção da prova em interrogatório, respeitado o direito do acusado inquirido de não ser obrigado a prestar declarações que o autoincriminem. Dessa forma, além de poder assistir ao interrogatório de corréu, a defesa dos demais corréus pode fazer os questionamentos que entender necessários no interesse dos seus clientes. Precedentes citados do STF: HC 101.648-ES, DJe 9/2/2011; HC 94.601-CE, DJe 11/9/2009; do STJ: HC 162.451-DF, DJe 16/6/2010, e HC 172.390-GO, DJe 1º/2/2011. **HC 198.668-SC, Rel. Min. Jorge Mussi, julgado em 4/9/2012.(Inform. STJ 503)**

INTERROGATÓRIO. VIDEOCONFERÊNCIA.
A Turma reafirmou que o interrogatório do acusado realizado por videoconferência antes da regulamentação do procedimento por lei federal (Lei n. 11.900/2009) consubstancia nulidade absoluta, pois viola o princípio constitucional do devido processo legal, por restringir a defesa do acusado sem fundamentação legal idônea. *In casu*, tanto o interrogatório quanto a instrução criminal se valeram do expediente de teleaudiência. Além disso, à época de sua realização (15/6/2007), não havia lei federal que respaldasse o ato, existindo, tão somente a Lei n. 11.819/2005-SP, posteriormente declarada inconstitucional pelo STF. Assim, consignou-se que a realização do interrogatório judicial por meio de videoconferência, antes da vigência da Lei n. 11.900/2009, constitui causa de nulidade absoluta, pois, como dito, opõe-se nitidamente ao interesse público na preservação do devido processo legal. Precedentes citados do STF: AI 820.070-SP, DJe 1º/2/2011; do STJ: RHC 26.190-SP, DJe 1º/8/2011; HC 193.025-SP, DJe 21/9/2011, e HC 179.922-SP, DJe 11/5/2011. **HC 193.904-SP, Rel. Min. Adilson Vieira Macabu (Desembargador convocado do TJ-RJ), julgado em 22/5/2012. (Inform. STJ 498)**

SIGILO. CORRESPONDÊNCIA. VIOLABILIDADE.
A Turma, por maioria, entendeu que não é absoluto o princípio constitucional da inviolabilidade das comunicações. *In casu*, a simples menção, no julgamento plenário, de cartas apreendidas que provaram o relacionamento extraconjugal entre a paciente e o corréu, acusados do homicídio da vítima (marido da paciente), não viola o sigilo de correspondência. Nos termos da jurisprudência do STF, o interesse público, em situações excepcionais, como na hipótese, pode se sobrepor aos direitos individuais a fim de evitar que os direitos e garantias fundamentais sejam utilizados para resguardar conduta criminosa. Também já decidiu a Suprema Corte que a cláusula tutelar da inviolabilidade do sigilo epistolar não pode constituir instrumento de salvaguarda de práticas ilícitas. Além disso, a apreensão das cartas é respaldada pelo art. 240, § 1º, **f**, do CPP. Ademais, o juízo condenatório não estava alicerçado somente nessa prova, obtida na fase inquisitorial, mas em amplo contexto probatório colhido nas duas fases do procedimento, sendo incabível a pretensão de anular o julgamento soberano realizado pelo Tribunal do Júri. Precedentes citados do STF: HC 70.814-SP, DJ 24/6/1994, e do STJ: HC 93.874-DF, DJe 2/8/2010. **HC 203.371-RJ, Rel. Min. Laurita Vaz, julgado em 3/5/2012.(Inform. STJ 496)**

INOBSERVÂNCIA DA ORDEM DE INQUIRIÇÃO DE TESTEMUNHAS.
A inobservância da ordem de inquirição de testemunhas prevista no art. 212 do CPP é causa de nulidade relativa, ou seja, o reconhecimento do vício depende de arguição em momento oportuno e comprovação do prejuízo para a defesa. No caso, a magistrada realizou dezenas de perguntas às testemunhas de acusação antes da inquirição direta pelas partes. Os questionamentos demonstraram o interesse na colheita de provas de caráter eminentemente acusatório. No momento de inquirição das testemunhas de defesa, a juíza não realizou perguntas. A defesa pediu que constasse na ata a discrepância quanto à ordem de indagação prevista no art. 212 do CPP. Nesse contexto, restou claro o prejuízo à defesa do acusado, com ofensa ao citado artigo do diploma processual, o qual foi modificado pela Lei n. 11.690/2008. O Min. Relator para acórdão ressaltou que a nova redação do dispositivo teve como objetivo consolidar um modelo com feições acusatórias, distanciando o juiz do papel de protagonista da prova. Assim, a Turma reconheceu a nulidade desde a audiência de instrução, bem como de todos os atos posteriores. Determinou, ainda, que nova audiência seja feita observando o disposto no art. 212 do CPP. Precedente citado do STF: HC 87.926-SP, DJe 24/4/2008. **HC 212.618-RS, Rel. originário Min. Og Fernandes, Rel. para acórdão Min. Sebastião Reis Júnior, julgado em 24/4/2012. (Inform. STJ 496)**

BUSCA E APREENSÃO. DOCUMENTOS. ESCRITÓRIO DE ADVOCACIA. NOVA INVESTIGAÇÃO.
Cuida-se de *habeas corpus* no qual os impetrantes postulam o trancamento do inquérito policial devido à suposta nulidade no procedimento, pelo fato de o inquérito ter sido originado de documentos apreendidos no escritório do advogado do paciente em determinação judicial relativa a outra investigação. A Turma reafirmou que configura excesso a instauração de investigações ou ações penais com base apenas em elementos recolhidos durante a execução de medidas judiciais cautelares relativamente a investigados que não eram, inicialmente, objeto da ação policial. Nesse tocante, destacou-se que os escritórios de advocacia, como também os de outros profissionais, não são impenetráveis à investigação de crimes. Entretanto, consignou-se que os documentos, as mídias e os objetos pertencentes a clientes do advogado averiguado, bem como dos demais instrumentos de trabalho que contenham informações sobre clientes somente poderão ser utilizados caso ele esteja sendo formalmente investigado como partícipe ou coautor pela prática do mesmo crime que deu causa à quebra de inviolabilidade (§ 7º do art. 7º da Lei n. 8.906/1994). *In casu*, o paciente não estava sendo formalmente investigado e o crime ora apurado não guardava relação com o crime que originou a cautelar de busca e apreensão (estelionato judiciário). Assim, a Turma concedeu em parte a ordem para afastar do inquérito policial instaurado contra o paciente a utilização dos documentos obtidos por meio da busca e apreensão no escritório de seu advogado. Precedente citado: HC 149.008-PR, DJe 9/8/2010. **HC 227.799-RS, Rel. Min. Sebastião Reis Júnior, julgado em 10/4/2012.(Inform. STJ 495)**

TESTEMUNHAS. INQUIRIÇÃO. JUIZ. DEPOIMENTO POLICIAL. LEITURA. RATIFICAÇÃO.
A discussão diz respeito à maneira pela qual o magistrado efetuou a oitiva de testemunhas de acusação, ou seja, a forma como a prova ingressou nos autos. Na espécie, o juiz leu os depoimentos prestados perante a autoridade policial, indagando, em seguida, das testemunhas se elas ratificavam tais declarações. O tribunal *a quo* afastou a ocorrência de nulidade, por entender que a defesa encontrava-se presente na audiência na qual teve oportunidade para formular perguntas para as testemunhas. Nesse panorama, destacou a Min. Relatora que, segundo a inteligência do art. 203 do CPP, o depoimento da testemunha ingressa nos autos de maneira oral. Outrossim, frisou que, desse comando, retiram-se, em especial, duas diretrizes. A primeira, ligada ao relato, que será oral, reforçado, inclusive, pelo art. 204 do CPP. A segunda refere-se ao filtro de fidedignidade, ou seja, ao modo pelo qual a prova ingressa nos autos. Dessa forma, ressaltou que a produção da prova testemunhal, por ser complexa, envolve não só o fornecimento do relato oral, mas também o filtro de credibilidade das informações apresentadas. *In casu*, tal peculiaridade foi maculada pelo modo como empreendida a instrução, na medida em que o depoimento policial foi chancelado como judicial com uma simples confirmação, não havendo como, dessa maneira, aferir sua credibilidade. Assim, concluiu não se mostrar lícita a mera leitura do magistrado das declarações prestadas na fase inquisitória, para que a testemunha, em seguida, ratifique-a. Com essas, entre outras considerações, a Turma, prosseguindo o julgamento, concedeu a ordem para anular a ação penal a partir da audiência de testemunhas de acusação, a fim de que seja refeita a colheita da prova testemunhal, mediante a regular realização das oitivas, com a efetiva tomada de depoimento, sem a mera reiteração das declarações prestadas perante a autoridade policial. Precedentes citados do STF: HC 75.652- MG, DJ 19/12/1997, e HC 54.161-RJ, DJ 22/4/1976. **HC 183.696-ES, Rel. Min. Maria Thereza de Assis Moura, julgado em 14/2/2012. (Inform. STJ 491)**

HOMICÍDIO QUALIFICADO. PRONÚNCIA. FALTA DE MATERIALIDADE. AUSÊNCIA DO CORPO DA SUPOSTA VÍTIMA.
Trata-se, na origem, de recurso em sentido estrito no qual o tribunal *a quo* entendeu existirem outras provas que demonstrariam a materialidade do crime, indicando a confissão do paciente e depoimentos testemunhais. A Turma negou a ordem ao entender que, nos termos do art. 167 do CPP, a prova testemunhal pode suprir a falta do exame de corpo de delito, caso desaparecidos os vestígios. O STJ já decidiu que tal situação se aplica, inclusive, aos casos de homicídio, se ocultado o corpo da vítima. Diante

desse contexto, não se mostra possível avaliar profundamente as provas carreadas aos autos para concluir de modo diverso. Ademais, caberá aos jurados competentes a análise detida dos elementos de convicção carreados, por ocasião do julgamento pelo tribunal do júri, mostrando-se prematuro o trancamento do feito. Precedentes citados: HC 110.642-ES, DJe 6/4/2009; HC 79.735-RJ, DJ 3/12/2007; HC 205.763-PR, DJe 22/8/2011, e HC 204.733-RJ, DJe 25/8/2011. **HC 170.507-SP, Rel. Min. Maria Thereza de Assis Moura, julgado em 16/2/2012. (Inform. STJ 491)**

DIREITO PROCESSUAL PENAL. BUSCA EM INTERIOR DE VEÍCULO. PRESCINDIBILIDADE DE MANDADO JUDICIAL.

Prescinde de mandado judicial a busca por objetos em interior de veículo de propriedade do investigado fundada no receio de que a pessoa esteja na posse de material que possa constituir corpo de delito, salvo nos casos em que o veículo é utilizado para moradia, como é o caso de cabines de caminhão, barcos, trailers. Isso porque, nos termos do art. 244 do CPP, a busca nessa situação equipara-se à busca pessoal. **HC 216.437-DF, Rel. Min. Sebastião Reis Júnior, julgado em 20/9/2012.(Inform. STJ 505)**

GRAVAÇÃO AMBIENTAL. DENÚNCIA ANÔNIMA. DESEMBARGADOR. PREFEITO MUNICIPAL.

Em preliminar, a Corte Especial decidiu que não há violação aos direitos à intimidade ou à privacidade na gravação ambiental feita no interior do prédio da prefeitura municipal. E, diante do virtual conflito entre valores igualmente resguardados pela Constituição, deve prevalecer um juízo de ponderação, admitindo-se a prova colhida. Quanto à alegação de montagem na gravação, a perícia realizada pelo Departamento de Polícia Técnica da Secretaria de Segurança Pública não constatou qualquer sinal indicativo de edição ou montagem. A Corte Especial também rejeitou a alegação de inadmissibilidade da prova em razão de não ter sido identificada a pessoa responsável por realizar a gravação, sob o fundamento de que os depoimentos prestados pelo denunciado são no sentido de ter sido feita a gravação a mando do prefeito. O fato de ter sido realizada por terceiro não identificado não torna ilegal a prova, haja vista que, à luz do princípio da divisibilidade da ação penal de iniciativa pública, podem ser feitas em momento posterior a identificação e a eventual responsabilização do agente que atuou em nome e a mando do acusado. Sobre a questão de denúncia anônima levantada pelo segundo denunciado, o Supremo Tribunal Federal, a partir do julgamento da questão de ordem no Inq 1.957-PR, relatado pelo Ministro Carlos Velloso, entendeu que o inquérito policial não pode ser instaurado com base exclusiva em denúncia anônima, salvo quando o documento em questão tiver sido produzido pelo acusado ou constituir o próprio corpo de delito. Ademais, a Subprocuradoria-Geral da República agiu nos estritos limites definidos nos precedentes do Supremo Tribunal Federal, tendo requisitado a instauração de inquérito somente depois de constatadas as diligências preliminares levadas a termo por comissão designada pelo tribunal de justiça, que, num juízo sumário, apurou a idoneidade dessa notícia. O terceiro denunciado alegou em preliminar a aplicação do princípio da não autoincriminação, aduzindo a tese de que a gravação ambiental não pode ser utilizada como subsídio para imputar-lhe a prática do crime de corrupção ativa, sob o argumento de que, ao determinar a realização da gravação, agiu em legítima defesa, com o fim de proteger-se da investida do outro acusado. Caso se concluísse pela prática do delito de corrupção ativa, estar-se-ia admitindo prova por ele mesmo produzida. Para a Min. Relatora, o denunciado agiu de forma voluntária, determinando a gravação ambiental de conversa de negociação para a prática do crime contra a Administração Pública. Sendo assim, o princípio da não autoincriminação não se subsume ao caso, pois ele veda que o acusado ou investigado sejam coagidos tanto física ou moralmente a produzir prova contrária aos seus interesses, fato diverso do que ocorreu nesses autos. No mérito, a Corte Especial decidiu pelo recebimento da denúncia oferecida contra os acusados, desembargador e seu filho, por entender configurada, em tese, a prática do crime tipificado no art. 317, § 1°, do Código Penal na forma do art. 29, *caput*, do estatuto repressivo pátrio. E também recebeu a denúncia oferecida contra o acusado, prefeito municipal, pela prática, em tese, do delito tipificado no art. 333, parágrafo único, do CP, para que o STJ possa processar e julgar os supostos crimes de corrupção passiva e ativa descritos na denúncia, na qual desembargador teria solicitado e recebido de prefeito municipal, réu na ação penal originária em trâmite no tribunal estadual, vantagens indevidas: a nomeação da namorada do seu filho para exercer função comissionada na prefeitura municipal e o pagamento de R$ 400 mil para retardar, por alguns meses, o andamento do processo penal em que o prefeito era acusado de desvios de verbas. Para tanto se valeu da intermediação do seu filho, que, apesar de não ser funcionário público, responde criminalmente pela prática do crime de corrupção passiva em concurso de pessoas. Sobre o período de afastamento do desembargador de suas atividades, entendeu a Corte Especial que deve coincidir com o fim da instrução criminal, tendo em vista a gravidade da infração imputada e a circunstância de o suposto delito ter sido cometido no exercício da judicatura. Precedentes citados do STF: HC 98.345-RJ, DJe 17/9/2010; HC 99.490-SP, DJe 1º/2/2011; QO no RE 583.937-RJ, DJe 18/12/2009; do STJ: HC 118.860-SP, DJe 17/12/2010; AgRg na APn 626-DF, DJe 11/11/2010; HC 119.702-PE, DJe 2/3/2009, e RHC 7.717-SP, DJ 19/10/1998. **APn 644-BA, Rel. Min. Eliana Calmon, julgada em 30/11/2011.** (Inform. STJ 488)

DENÚNCIA ANÔNIMA. INQUÉRITO. FUNÇÃO. MP.

Conforme os autos, por meio de *e-mail* anônimo encaminhado à Ouvidoria-Geral do Ministério Público estadual, fiscais de renda e funcionários de determinada empresa estariam em conluio para obter informações de livros fiscais, reduzindo ou suprimindo tributos estaduais e obrigações acessórias, causando lesão ao erário. Em decorrência desse fato, o MP determinou a realização de diligências preliminares para a averiguação da veracidade do conteúdo da denúncia anônima. A Turma, reiterando jurisprudência assente no STJ, entendeu que, embora tais informações não sejam idôneas, por si só, a dar ensejo à instauração de inquérito policial, muito menos de deflagração de ação penal, caso sejam corroboradas por outros elementos de prova, dão legitimidade ao início do procedimento investigatório. Assim, no caso, não há nenhum impedimento para o prosseguimento da ação penal, muito menos qualquer ilicitude a contaminá-la, uma vez que o MP agiu em estrito cumprimento de suas funções. Ademais o *Parquet*, conforme entendimento da Quinta Turma deste Superior Tribunal, possui prerrogativa de instaurar procedimento administrativo de investigação e conduzir diligências investigatórias (art. 129, VI, VII, VIII e IX, da CF; art. 8º, § 2º, I, II, IV, V e VII, da LC n. 75/1993 e art. 26 da Lei n. 8.625/1993). Aduziu ainda que, hodiernamente, adotou-se o entendimento de que o MP possui legitimidade para proceder, diretamente, à colheita de elementos de convicção para subsidiar a propositura de ação penal, só lhe sendo vedada a presidência do inquérito, que compete à autoridade policial. Quanto à agravante do art. 12, II, da Lei n. 8.137/1990, não se deve aplicá-la ao caso, pois o próprio artigo restringe seu âmbito de incidência ao delito previsto nos arts. 1º, 2º, 4º, 5º e 7º da referida lei, excluindo expressamente o art. 3º da sua abrangência. Como no caso a imputação é a funcionário público, haveria *bis in idem* na imposição da mencionada agravante a fato que constitui elemento de crime funcional previsto no art. 3º, II, da Lei n. 8.137/1990. Precedentes citados: HC 159.466-ES, DJe 17/5/2010, e RHC 21.482-RS, DJe 12/4/2010. **RHC 24.472-RJ, Rel. Min. Jorge Mussi, julgado em 15/9/2011.** (Inform. STJ 483)

SIGILO FISCAL. QUEBRA. MP. IMPOSSIBILIDADE.

A Turma reiterou o entendimento de que o Ministério Público, no uso de suas prerrogativas institucionais, não está autorizado a requisitar documentos fiscais e bancários sigilosos diretamente ao Fisco e às instituições financeiras, sob pena de violar os direitos e garantias constitucionais de intimidade da vida privada dos cidadãos. Somente quando precedida da devida autorização judicial, tal medida é válida. Assim, a Turma concedeu a ordem para determinar o desentranhamento dos autos das provas decorrentes da quebra do sigilo fiscal realizada pelo Ministério Público sem autorização judicial, cabendo ao magistrado de origem verificar quais outros elementos de convicção e decisões proferidas na ação penal em tela e na medida cautelar de sequestro estão contaminados pela ilicitude ora reconhecida. **HC 160.646-SP, Rel. Min. Jorge Mussi, julgado em 1º/9/2011.** (Inform. STJ 482)

CRIME. PROPRIEDADE IMATERIAL. PERÍCIA. RITO.

Os crimes praticados contra a propriedade imaterial (inclusive os contra a propriedade industrial) são, de regra, apurados mediante ação penal privada, com exceção dos elencados nos arts. 184, §§ 1º, 2º e 3º, do CP e 191 da Lei n. 9.279/1996, além dos cometidos em prejuízo de entes de direito público. A maioria desses delitos deixa vestígios, daí por que a parte deve requerer a realização da medida preparatória de busca e apreensão como forma de colher a prova da materialidade delitiva e dos indícios de sua autoria. Nos crimes contra a propriedade imaterial, submetidos à ação penal pública, a busca e a apreensão podem ser efetuadas pela autoridade policial (art. 240, § 1º, do CPP). Contudo, nos crimes sujeitos à ação penal privada, a medida preparatória cautelar deve ser realizada por dois peritos nomeados pelo juiz, conforme os arts. 527 e 530-A do CPP. A hipótese trata de crimes contra a propriedade imaterial, puníveis mediante ação penal privada, e, apesar de o mandado de busca e apreensão se fundar no art. 240 do CPP, a medida seguiu o rito especial disposto na legislação de regência, à exceção da presença de duas testemunhas (art. 530-C do CPP). Destacou-se que o fato de apenas um perito oficial (acompanhado de um assistente, cuja qualificação técnica se desconheça nos autos) ter efetivado o exame do corpo de delito em questão não leva à nulidade do procedimento. Essa conclusão decorre da interpretação sistêmica dos arts. 527 e 159 do CPP, já na redação que lhe deu a Lei n. 11.690/2008, que passou a exigir a presença de dois peritos tão somente nos exames realizados sem o profissional oficial. Também não enseja nulidade a falta da assinatura de testemunhas, especificamente designadas para esse fim no termo de busca e apreensão (arts. 245, § 7º, e 530-C do CPP), por se tratar de mera irregularidade formal, sendo certo que os policiais e os oficiais de justiça que participaram da medida podem figurar como testemunha, para testar a legalidade da diligência. Anote-se que o ato contou com a participação de representantes legais de ambas as partes com a autorização expressa do juízo. Por último, vê-se que o interessado não demonstrou ser-lhe imposto qualquer prejuízo (*pas de nullité sans grief*). Precedentes citados do STF: HC 85.177-RJ, DJ 1º/7/2005; do STJ: REsp 543.037-RJ, DJ 16/11/2004; AgRg no REsp 978.445-MS, DJe 28/2/2011; HC 139.256-RO, DJe 14/3/2011; HC 175.212-MG, DJe 8/6/2011, e AgRg no APn 510-BA, DJe 19/8/2010. **RMS 31.050-RS, Rel. Min. Og Fernandes, julgado em 28/6/2011.** (Inform. STJ 479)

NULIDADES. FASE PRÉ-PROCESSUAL. PROVAS ILÍCITAS. CONTAMINAÇÃO. AÇÃO PENAL.

Trata-se de paciente denunciado na Justiça Federal pela suposta prática do crime de corrupção ativa previsto no art. 333, *caput*, c/c o art. 29, *caput*, ambos do CP. A ação penal condenou-o em primeira instância e, contra essa sentença, há apelação que ainda está pendente de julgamento no TRF. No *habeas corpus*, buscam os impetrantes que seja reconhecida a nulidade dos procedimentos pré-processuais (como monitoramento telefônico e telemático, bem como ação controlada) que teriam subsidiado a ação penal e o inquérito policial; pois, a seu ver, incorreram em inúmeras ilegalidades, visto que os atos típicos de polícia judiciária foram efetuados por agentes de órgão de inteligência (pedido negado em *habeas corpus* anterior impetrado no TRF). Pretendem que essa nulidade possa ser utilizada em favor do paciente nas investigações e/ou ações penais decorrentes de tais procedimentos, inclusive, entre elas, a sentença da ação penal que o condenou. Anotou-se que o inquérito policial foi iniciado formalmente em 25/6/2008, mas as diligências seriam anteriores a fevereiro de 2007 e, até julho de 2008, os procedimentos de monitoramento foram efetuados, sem autorização judicial, por agentes de órgão de inteligência em desatenção à Lei n. 9.296/1999. Inclusive, o delegado da Polícia Federal responsável teria arregimentado, para as ações de monitoramento, entre 75 e 100 servidores do órgão de inteligência e ex-agente aposentado sem o conhecimento do juiz e do MP, consoante ficou demonstrado em outra ação penal contra o mesmo delegado – a qual resultou na sua condenação por violação de sigilo funcional e fraude processual quando no exercício da apuração dos fatos relacionados contra o ora paciente. O Min. Relator aderiu ao parecer do MPF e concedeu a ordem para anular a ação penal desde o início, visto haver a participação indevida e flagrantemente ilegal do órgão de inteligência e do investigador particular contratado pelo delegado, o que resultou serem as provas ilícitas – definiu como prova ilícita aquela obtida com violação de regra ou princípio constitucional. Considerou que a participação de agentes estranhos à autoridade policial, que tem a exclusividade de investigação em atividades de segurança pública, constituiria violação do art. 144, § 1º, IV, da CF/1988, da Lei n. 9.883/1999, dos arts. 4º e 157 e parágrafos do CPP e, particularmente, dos preceitos do Estado democrático de direito. Destacou também como fato relevante a edição de sentença condenatória do delegado por crime de violação de sigilo profissional e fraude processual – atualmente convertida em ação penal no STF (em razão de prerrogativa de foro decorrente de cargo político agora ocupado pelo delegado). Asseverou ser razoável que a defesa do paciente tenha apresentado documentos novos na véspera do julgamento dos embargos de declaração opostos contra a denegação do *writ* pelo TRF, visto não tê-los obtido antes (tratava-se de um CD-ROM de leitura inviável até aquele momento). Como foram consideradas ilícitas as provas colhidas, adotou a teoria dos frutos da árvore envenenada (os vícios da árvore são transmitidos aos seus frutos) para anular a ação penal desde o início, apontando que assim se posicionam a doutrina e a jurisprudência – uma vez reconhecida a ilicitude das provas colhidas, essa circunstância as torna destituídas de qualquer eficácia jurídica, sendo que elas contaminam a futura ação penal. Contudo, registrou o Min. Relator, os eventuais delitos cometidos pelo paciente devem ser investigados e, se comprovados, julgados, desde que seja observada a legalidade dos métodos utilizados na busca da verdade real, respeitando-se o Estado democrático de direito e os princípios da legalidade, da impessoalidade e do devido processo legal; o que não se concebe é o desrespeito às normas constitucionais e aos preceitos legais. Para a tese vencida, inaugurada com a divergência do Min. Gilson Dipp, é inviável a discussão do tema na via do *habeas corpus*, pois ela se sujeita a exame de prova e não há os elementos de certeza para a conclusão pretendida pelos impetrantes. Destacou a coexistência de apelação no TRF sobre a mesma discussão do *habeas corpus*, com risco de invasão ou usurpação da competência jurisdicional local. Relembrou, assim, as observações feitas em julgamentos semelhantes de que esse expediente de medidas concomitantes e substitutivas de recursos ordinários é logicamente incompatível com a ordem processual por expor à possível ambiguidade, contradição ou equívoco os diferentes órgãos judiciais que vão examinar o mesmo caso concreto. Asseverou ser fora de qualquer dúvida que o órgão de inteligência em comento se rege por legislação especial e institucionalmente serve ao assessoramento e como subsídio ao presidente da República em matéria de interesse ou segurança da sociedade e do Estado, mas tal situação, a seu ver, não afastaria a possível participação dos agentes de inteligência nessa ou noutra atividade relacionada com seus propósitos institucionais, nem impediria aquele órgão de relacionar-se com outras instituições, compartilhando informações. Entende, assim, que, mesmo admitindo o suposto e possível excesso dos agentes de inteligência nos limites da colaboração ou mesmo a eventual invasão de atribuições dos policiais, essa discussão sujeitar-se-ia à avaliação fático-probatória, que só poderia ser formalmente valorizada quando inequívoca e objetivamente demonstrada, a ponto de não remanescerem dúvidas. No entanto, explicitou que, nos autos, há uma grande quantidade de cópias de documentos e referências que requer largueza investigatória incompatível com a via do *habeas corpus*. Ressaltou que, conquanto exista prova produzida em outra instrução penal, o suposto prevalecimento dessa prova emprestada (apuração dos delitos atribuídos ao delegado) pressupõe discussão de ambas as partes quanto ao seu teor e credibilidade, o que não ocorreu. Todavia, a seu ver, se fosse considerável tal prova, a conclusão seria inversa, pois houve o arquivamento dos demais crimes atribuídos ao delegado relacionados com a suposta usurpação da atividade de polícia judiciária, que, no caso, é a Polícia Federal, no que se baseou toda a impetração. Ademais, estaria superada a fase de investigação, pois há denúncia recebida, sentença de mérito editada pela condenação e apelação oferecida sobre todos os temas referidos havidos antes da instauração da ação penal; tudo deveria ter sido discutido no tempo próprio ou no âmbito da apelação, caso as supostas nulidades ou ilicitudes já não estivessem preclusas pela força do disposto na combinação dos arts. 564, III; 566; 571, II, e 573 e parágrafos do CPP. Ademais, o juiz afirmou implicitamente a validade dos procedimentos no ato de recebimento da denúncia e as interceptações ou monitoramentos tidos por ilícitos foram confirmados por depoimentos de testemunhas colhidos em contraditório, respeitada a ampla defesa. Para o voto de desempate do Min. Jorge Mussi, entre outras considerações, o órgão de inteligência não poderia participar da investigação na clandestinidade sem autorização judicial; essa participação, na exposição de motivos da Polícia Federal, ficou evidente. Assim, a prova obtida por meio ilícito não é admitida no processo penal brasileiro, tampouco pode condenar qualquer cidadão. Explica que não há supressão de instância quando a ilicitude da prova foi suscitada nas instâncias ordinárias e, nesses casos, o remédio jurídico é o *habeas corpus* ou a revisão criminal. A Turma, ao prosseguir o julgamento, por maioria, concedeu a ordem. Precedentes citados do STF: HC 69.912-RS, DJ 26/11/1993; RE 201.819-RS, DJ 27/10/2006; do STJ: HC 100.879-RJ, DJe 8/9/2008, e HC 107.285-RJ, DJe 7/2/2011. HC 149.250-SP, Rel. Min. Adilson Vieira Macabu (Desembargador convocado do TJ-RJ), julgado em 7/6/2011. (Inform. STJ 476)

EXAME. RAIOS X. TRÁFICO. ENTORPECENTES.

Uma das questões suscitadas pela defesa no *writ* afirma a ilegalidade da prova produzida, sob o fundamento de que a submissão dos pacientes ao exame de raios x, a fim de constatar a ingestão de cápsulas de cocaína, ofende o princípio segundo o qual ninguém pode ser compelido a produzir prova contra si (*nemo tenetur se detegere*). A Turma entendeu que não houve violação do referido princípio, uma vez que não ficou comprovada qualquer recusa na sujeição à radiografia abdominal; ao contrário, os pacientes teriam assumido a ingestão da droga, narrando, inclusive, detalhes da ação que culminaria no tráfico internacional do entorpecente. Ressaltou que os exames de raios x não exigiram qualquer agir ou fazer por parte dos pacientes, tampouco constituíram procedimentos invasivos ou até mesmo degradantes que pudessem violar seus direitos fundamentais, acrescentando, ainda, que a postura adotada pelos policiais não apenas acelerou a colheita da prova, como também visou à salvaguarda do bem jurídico vida, já que o transporte de droga de tamanha nocividade no organismo pode ocasionar a morte. Assim, a Turma, entre outras questões, denegou a ordem. **HC 149.146-SP, Rel. Min. Og Fernandes, julgado em 5/4/2011.** (Inform. STJ 468)

CONDENAÇÃO. PROVA. INQUÉRITO.

O acórdão condenatório proferido pelo TJ lastreou-se apenas em provas colhidas no inquérito. Porém a função do inquérito, como se sabe, é de fornecer elementos tendentes à abertura da ação penal (*vide* Exposição de Motivos do CPP, arts. 12 e 155, desse mesmo código, este último na redação que lhe deu a Lei n. 11.690/2008), pois, conforme vetusta doutrina, a prova, para que tenha valor, deve ser feita perante o juiz competente, mediante as garantias de direito conferidas aos indiciados e de acordo com as prescrições estabelecidas em lei. Assim, o inquérito toma feitios de instrução provisória, cabendo à acusação fazer a prova no curso da instrução criminal ou formação da culpa, atenta ao contraditório: é trabalho da acusação transformar os elementos do inquérito em elementos de convicção do juiz. Dessarte, a condenação deve fundar-se, sobretudo, nos elementos de convicção da fase judicial, o que não ocorreu na hipótese. Precedentes citados: HC 112.577-MG, DJe 3/8/2009; HC 24.950-MG, DJe 4/8/2008, e HC 56.176-SP, DJ 18/12/2006. **HC 148.140-RS, Rel. Min. Celso Limongi (Desembargador convocado do TJ-SP), julgado em 7/4/2011.** (Inform. STJ 468)

TRÁFICO INTERNACIONAL. INTERCEPTAÇÕES TELEFÔNICAS. PERÍCIA.

Cuida-se de condenado pela prática dos delitos previstos nos arts. 33, *caput*, 35, *caput*, c/c o art. 40, I, todos da Lei n. 11.343/2006, em que o tribunal *a quo* afastou as preliminares suscitadas na apelação e deu parcial provimento apenas para reduzir a pena imposta. O REsp foi conhecido na parte em que o recorrente apontou nulidade das interceptações telefônicas por inobservância ao disposto no art. 6º, §§ 1º e 2º, da Lei n. 9.296/1996 quanto à necessidade da identificação dos interlocutores por meio de perícia técnica e de degravação dos diálogos em sua íntegra, também efetuada por perícia técnica, pleiteando, consequentemente, a imprestabilidade da escuta telefônica realizada e sua desconsideração como meio de prova. Observa o Min. Relator que este Superior Tribunal, em diversas oportunidades, já afirmou não haver necessidade de identificação dos interlocutores por meio de perícia técnica ou de degravação dos diálogos em sua integridade por peritos oficiais, visto que a citada lei não faz qualquer exigência nesse sentido. Assim, verificada a ausência de qualquer vício na prova obtida por meio de interceptações telefônicas, a Turma conheceu em parte do recurso e, nessa parte, negou-lhe provimento, afastando a hipótese de ofensa ao citado artigo. Precedentes citados: HC 138.446-GO, DJe 11/10/2010; HC 127.338-DF, DJe 7/12/2009; HC 91.717-PR, DJe 2/3/2009, e HC 66.967-SC, DJ 11/12/2006. **REsp 1.134.455-RS, Rel. Min. Gilson Dipp, julgado em 22/2/2011.** (Inform. STJ 464)

FURTO QUALIFICADO. FRAUDE. INVESTIGAÇÃO. PROVA ILÍCITA.

Trata-se de *habeas corpus* no qual se alega, em síntese, que a sentença condenatória dos pacientes pela prática do crime previsto no art. 155, § 4º, II, do CP (furto qualificado mediante fraude) e o acórdão que a confirmou devem ser anulados, uma vez que toda a investigação se originou de prova ilícita consistente em documento expedido sem a devida autorização judicial. Sustenta-se que a autorização para quebra de sigilo bancário dos pacientes só se concretizou seis meses depois da publicidade dada ao documento, que gozava de proteção do sigilo bancário. Inicialmente, ressaltou o Min. Relator que, quanto à proteção dada às informações de operações bancárias, o sigilo, segundo disposição legal, corresponde à obrigação imposta às instituições financeiras, configurando infração penal sua quebra injustificada. Porém, sobre o que dispõe o art. 5º, XII, da CF/1988, entende ser necessário que sua interpretação seja feita com temperamentos, afinal, inexiste, no ordenamento pátrio, direito absoluto. Assim, diante do caso concreto, cabe ao intérprete fazer uma ponderação de valores. A inviolabilidade dos sigilos é, portanto, a regra e a quebra, a exceção; como tal se deve observar que a fundamentação para a quebra dos sigilos seja de modo que encontre apoio no princípio da proporcionalidade, sob pena de serem consideradas ilícitas as provas obtidas dessa violação. Desse modo, a par da regra da liberdade dos meios de prova, excetua-se a utilização daquelas obtidas por meios ilegais, conforme dispõe o art. 5º, LVI, da CF/1988, inserindo-se, nesse contexto, as oriundas da quebra de sigilo sem autorização judicial devidamente motivada. Entretanto, no caso em foco, entendeu o Min. Relator haver peculiaridade que afasta, por completo, a proteção à violação de sigilo bancário que é reivindicada, isto é, tratou-se toda a operação bancária de um golpe efetivado por meio de um engodo. Aliás, a própria titularidade solidária que detinha uma das pacientes e que agora é reclamada para respaldar eventual autorização legal nasceu como início da trama que foi efetivada contra a vítima, conforme se inferiu da sentença condenatória. Dessa forma, antes mesmo de verificar eventual tensão entre princípios que ensejasse a relativização daquele que prevê o sigilo das informações, observou que a pretensão de reconhecimento da nulidade é precedida do desejo de beneficiar os pacientes com o fruto do ato ilícito, o que foge à razoabilidade. Lembrou, ainda, o § 2º do art. 157 do CPP, o qual entende servir para mitigar a teoria da contaminação da prova, restringindo-a para os casos em que a prova ilícita foi absolutamente determinante para a descoberta da prova derivada que sem aquela não existiria, o que não aconteceu na espécie. Asseverou, por fim, que, *in casu*, o sobrinho da vítima, na condição de herdeiro, teria, inarredavelmente, após a habilitação no inventário, o conhecimento das movimentações financeiras e, certamente, saberia do desfalque que a vítima havia sofrido; ou seja, a descoberta seria inevitável, não havendo, portanto, razoabilidade alguma em anular todo o processo e demais provas colhidas, não só durante a instrução criminal, mas também aquelas colhidas na fase pré-processual investigativa. Diante desses fundamentos, entre outros, a Turma denegou a ordem. Precedentes citados: HC 133.347-PE, DJe 30/11/2009, e HC 67.435-RS, DJe 23/3/2009. **HC 52.995-AL, Rel. Min. Og Fernandes, julgado em 16/9/2010.** (Inform. STJ 447)

PROVA EMPRESTADA. PERÍCIA. ARMA.

Trata-se de paciente condenado à pena de seis anos de reclusão em regime inicial fechado, mais multa por infringência ao art. 157, § 2º, I e II, do CP (roubou um veículo com o objetivo de fugir da cena do crime de latrocínio que cometeu). Houve apelação e o TJ reduziu a reprimenda para cinco anos e seis meses, além de 26 dias-multa. Agora, em *habeas corpus*, sustenta a nulidade da sentença fundamentada exclusivamente em prova emprestada, afirma ser imprescindível a apreensão e perícia de arma de fogo para incidência da majorante do emprego de arma e, por fim, alega que o aumento da pena em razão de duas majorantes não foi corretamente fundamentado. Para o Min. Relator, a súplica quanto à prova emprestada não pode ser acolhida, visto que tanto a jurisprudência do Supremo quanto a deste Superior Tribunal admitem a prova emprestada no processo penal, desde que observados os princípios do contraditório e da ampla defesa, quando a prova emprestada for um dos elementos de convicção que sustentam o decreto condenatório. Ressalta que, no caso dos autos, essas premissas foram observadas e, segundo a denúncia, a prova emprestada foi colhida de processo entre as mesmas partes. Quanto a ser imprescindível apreensão e perícia da arma de fogo para a incidência de majorante, também não acolheu a irresignação. Ainda expôs estudo com base na doutrina e jurisprudência sobre a prova pericial no direito processual pátrio. Assim destaca, entre outras considerações, que, conforme dispõe o art. 158 do CPP, é indispensável o exame de corpo de delito, direto ou indireto, sob pena de tornar-se nulo o processo. É indispensável a perícia quando as infrações deixam vestígios mas, se esses vestígios desaparecem, a perícia pode ser suprida pela prova testemunhal (art. 167 do CPP). Por outro lado, aponta doutrina de que a conjugação do princípio do livre convencimento fundamentado (ou da persuasão racional, *ex vi* art. 155 do CPP), com a denominada busca da verdade real processual, com a limitação estabelecida pelo sistema, numa visão mais moderna, estabelece que a livre convicção do juiz não é absoluta, é condicionada às provas colhidas no processo, às admitidas, às sujeitas a um juízo de credibilidade e ao valor legal da prova, se for o caso. Afirma não haver incompatibilidade entre o disposto no art. 155 e o 158 do CPP, apenas há a prudência do legislador ao dar garantias contra acusações injustas. Observa ainda que a injustificável falta de exame de corpo de delito, apesar de constituir uma nulidade por força legal, também pode, eventualmente, ensejar a falta de prova essencial da materialidade do delito ou circunstância qualificadora ou majorante, tudo a depender do caso em si. Esse entendimento deve ser aplicado também para verificar a ocorrência da majorante do emprego de arma no crime de roubo. Assinala que, para a configuração da majorante, a realização da perícia, quando possível, torna-se imprescindível. Contudo, ressalta ficar comprovado, nos autos, que o autor efetuou disparos com arma de fogo e, nesse caso, sua apreensão e perícia estão dispensadas; pois, nessa circunstância, ficou evidenciada sua potencialidade lesiva. Explica que como não consta dos autos o motivo pelo qual a arma não foi apreendida e periciada, na impossibilidade da realização do exame pericial, incide o art. 167 do CPP. Quanto ao aumento da pena acima do patamar mínimo, em razão de duas majorantes, registra ser isso possível desde que fundamentado (art. 68, parágrafo único, e 157, § 2º, ambos do CP). No entanto, na espécie, há ausência de circunstâncias que possam justificar o aumento além do mínimo legal e ainda verifica a hipótese de concessão de HC de ofício quanto à fixação do regime semiaberto para o cumprimento da pena, uma vez que preenchidos os requisitos do art. 33, § 2º, b e § 3º, c/c o art. 59, todos do CP. Diante do exposto, a Turma concedeu parcialmente a ordem somente para aplicar o aumento mínimo de 1/3, em razão das majorantes, e de ofício concedeu-a a fim de fixar o regime inicial semiaberto para cumprimento da pena. Precedentes citados do STF: HC 67.707-RS, DJ 14/8/1992; HC 95.019-SP, DJe 9/10/2009; HC 69.591-SE, DJ 29/9/2006; HC 72.283-SP, DJ 9/6/1995; HC 76.420-SP, DJ 14/8/1998; do STJ: HC 47.813-RJ, DJ 10/9/2007; HC 103.510-RJ, DJe 19/12/2009; REsp 336.553-SP, DJ 24/3/2003; HC 37.900-RJ, DJ 1º/8/2005; HC 25.097-RS, RS, DJ 16/6/2003; HC 1.257-PE, DJ 14/9/1992, e HC 101.895-SP, DJe 8/9/2008. **HC 155.149-RJ, Rel. Min. Felix Fischer, julgado em 29/4/2010 (ver Informativo n. 345-STJ). (Inform. STJ 432)**

CRIME. DIGNIDADE SEXUAL. MENOR. DEPOIMENTO ESCRITO.

In casu, conforme os autos, o paciente, aproveitando-se de estar a sós com a vítima (adolescente de 12 anos), da qual é tio, chamou-a ao banheiro onde realizava um conserto hidráulico; ali ele segurou a mão dela junto ao seu órgão genital, até esgotamento de sua lascívia. Após tal ato, determinou que não falasse nada a qualquer pessoa. Vale registrar que esse fato ocorreu na casa da adolescente, sendo que ela relatou o ocorrido à sua mãe, contrariando determinação do agressor. O juiz condenou o ora paciente à pena de seis anos e seis meses de reclusão em regime aberto pela prática do delito descrito no art. 214, c/c o art. 224, a, e art. 61, II, f, todos do CP; na apelação, a sentença foi mantida. Daí adveio o *habeas corpus* no qual se alegou que o conjunto probatório é insuficiente para sustentar a condenação. Acentuou-se que o magistrado fundamentou sua decisão apenas no testemunho da vítima menor de idade. Alegou-se, ainda, suposta violação do art. 204 do CPP, visto que o depoimento da ofendida não ocorreu de forma oral. A Turma entendeu, entre outras questões, que, mesmo não se realizando o depoimento oralmente, não houve ofensa do disposto no art. 204 do CPP. Isso porque a vítima lavrou a declaração em audiência diante do magistrado, do representante do MP e da advogada de defesa, não trazendo documento previamente escrito. Ressaltou-se que, não tendo a vítima coragem para narrar os fatos na sala de audiência, a ela se oportunizou a lavratura do texto, na presença das autoridades acima descritas, bem como na presença de sua mãe, que em nada interferiu. Assinalou-se que, em face da sua situação peculiar (menor que sofreu abusos sexuais), justificava-se a eleição de tal meio para tomar suas declarações. De toda sorte, a defesa também não se insurgiu contra a prova apresentada em audiência. Observou-se que o CPP acolheu o princípio *pas de nullité sans grief*, daí se conclui que somente há de se declarar a nulidade do feito quando resultar prejuízo devidamente demonstrado pela parte interessada e, na espécie, entendeu-se não haver qualquer prejuízo ou constrangimento ao exercício de defesa do acusado. Diante disso, denegou-se a ordem. Precedentes citados: HC 48.228-PB, DJe 20/10/2008, e HC 26.163-MS, DJ 11/4/2005. **HC 148.215-RJ, Rel. Min. Og Fernandes, julgado em 20/4/2010**. (Inform. STJ 431)

EXAME. SANIDADE. LAUDOS.

O paciente foi denunciado pela suposta prática de dois crimes de homicídio duplamente qualificado (sendo um tentado), além de aborto. Em *habeas corpus* substitutivo de recurso ordinário, discute-se a necessidade de novo exame psiquiátrico (terceiro) em razão do antagonismo entre as duas perícias antes realizadas. O primeiro laudo psiquiátrico concluiu por sua inimputabilidade penal, mas foi anulado em grau de reexame necessário. Já o segundo laudo reconheceu a imputabilidade penal. Nas instâncias ordinárias se indeferiu a realização da terceira perícia por a considerarem desnecessária. Para o Min. Relator, a simples existência de dois laudos não justifica a realização de um terceiro. Isso porque o primeiro exame foi cassado não por ser desfavorável à defesa, mas, sim, por conter vícios – ausência dos quesitos elaborados pelo MP e pela defesa e não ter explicitado conclusivamente se, à época dos fatos, o paciente era capaz de entender o caráter ilícito de sua conduta. Acrescentou que o segundo laudo, precedido das formalidades legais, fez referência ao estado psicológico do acusado tanto à época dos fatos quanto ao tempo da elaboração da perícia. Observou, ainda, que os laudos são dirigidos ao Magistrado para que forme seu livre convencimento, podendo adotá-los ou não. Salientou, ademais, que os jurados, soberanamente, concluíram, no júri, pela responsabilização do paciente e sua perfeita imputabilidade, condenando-o a 25 anos de reclusão. Com esse entendimento, a Turma denegou a ordem. **HC 63.087-PR, Rel. Min. Og Fernandes, julgado em 6/4/2010**. (Inform. STJ 429)

HC. AUDIÊNCIA. VIDEOCONFERÊNCIA. ARMA. PERÍCIA.

O paciente foi condenado, por infração ao art. 157, § 2º, I e II, do CP, à pena de reclusão em regime inicial fechado, além de pena pecuniária. O impetrante pretende a nulidade do processo em razão de a audiência de instrução, na qual foram colhidos os depoimentos das testemunhas, ter sido realizada sem a presença física do acusado. Porém, a jurisprudência deste Superior Tribunal é no sentido de que a ausência do réu na mencionada instrução não configura nulidade, se a ela tiver comparecido seu defensor e não lhe tenha sobrevindo qualquer prejuízo, como no caso. Contudo, quanto à alegação de impossibilidade de majoração da pena do crime pelo emprego de arma ante a ausência de perícia, entendeu o Min. Relator que a súplica é procedente. O exame de corpo de delito é, em regra, indispensável quando a infração deixar vestígios. Apenas quando inviável sua realização ou no caso de desaparecimento dos vestígios, poderá a prova testemunhal suprir-lhe a falta (arts. 158 c/c 167, ambos do CPP). No caso, o afastamento da majorante do emprego de arma é medida que se impõe em face da viabilidade da realização de tal exame e, pelo que foi exposto na denúncia, a arma utilizada no crime foi apreendida pela polícia na residência do réu e reconhecida pela vítima. Dessa forma, não tendo sido realizada perícia como determina o CPP, não haveria como reconhecer a qualificadora do emprego de arma. Já quanto ao alegado equívoco no aumento da pena, também o Min. Relator entendeu comportar acolhimento o pedido, tendo em vista o disposto no parágrafo único do art. 68 e no § 2º do art. 157, ambos do CP. O aumento de pena acima do patamar mínimo, pela ocorrência de duas majorantes específicas, não pode dar-se pela simples constatação da existência delas, como no caso, mas deve ser feito com base nos dados concretos em que se evidenciou o fato criminoso. E quanto à fixação do regime mais gravoso somente em razão da gravidade do crime, o Min. Relator entendeu também assistir razão à impetrante, uma vez que, atendidos os requisitos constantes do art. 33, § 2º, b, e § 3º, c/c o art. 59, todos do CP, quais sejam, a ausência de reincidência, a condenação por um período superior a quatro anos e não excedente a oito e a existência de circunstâncias judiciais favoráveis, deve o paciente cumprir a pena privativa de liberdade no regime inicial semiaberto. A gravidade genérica do delito, por si só, é insuficiente para justificar a imposição do regime inicial fechado para o cumprimento da pena. É indispensável a criteriosa observação dos preceitos inscritos nos arts. 33, § 2º, b, e § 3º, do CP. Diante disso, a Turma concedeu parcialmente a ordem. Precedentes citados do STF: HC 69.591-SE, DJ 29/9/2006; HC 72.283-SP, DJ 9/6/1995; HC 76.420-SP, DJ 14/8/1998; HC 89.330-SP, DJ 22/9/2006; HC 83.927-SP, DJ 4/6/2004; HC 83.508-SP, DJ 6/2/2004; do STJ: HC 96.319-MS, DJe 8/9/2008; HC 79.080-SP, DJe 26/5/2008; REsp 336.553-SP, DJ 24/3/2003; HC 37.900-RJ, DJ 1º/8/2005; HC 25.097-RS, DJ 16/6/2003; HC 1.257-PE, DJ 14/9/1992; HC 101.005-SP, DJe 1º/9/2008; HC 91.162-SP, DJe 16/6/2008; HC 97.882-SP, DJe 5/5/2008; HC 59.370-SP, DJ 13/8/2007, e HC 64.817-SP, DJ 6/8/2007. **HC 131.655-SP, Rel. Min. Felix Fischer, julgado em 9/3/2010**. (Inform. STJ 426)

INTERROGATÓRIO. CORRÉUS. ADVOGADO.

Há julgados da Turma e do STF no sentido de ser possível, em casos de delação, a intervenção de advogado em interrogatório de réu diverso daquele que defende. Contudo, esse entendimento deve ser estendido a casos em que não houve a referida delação, isso em respeito ao devido processo legal. Anote-se que todas as partes devem contribuir para a busca da verdade, conforme se extrai do art. 188 do CPP. No caso, a Turma refutou as alegações de excesso de prazo e falta de acesso ao teor da interceptação telefônica realizada; contudo, ao adotar o entendimento acima descrito, anulou a sentença e converteu o julgamento em diligência para que se intimem os defensores com o fim de se manifestarem sobre o interesse na arguição dos réus que não defendem, designar data para a dita complementação e, após, retomar a marcha processual a partir do art. 402 do CPP. Precedentes citados do STF: HC 94.601-CE, DJe 11/9/2009; HC 94.016-SP, DJe 27/2/2009; HC 91.292-PR, DJ 24/8/2007; do STJ: HC 83.875-GO, DJe 4/8/2008. **HC 112.993-ES, Rel. Min. Maria Thereza de Assis Moura, julgado em 9/3/2010.** (Inform. STJ 426)

INTERCEPTAÇÃO TELEFÔNICA. DURAÇÃO.

Nos autos, devido à complexidade da organização criminosa, com muitos agentes envolvidos, demonstra-se, em princípio, a necessidade dos diversos pedidos para prorrogação das interceptações telefônicas. Tal fato, segundo o Min. Relator, não caracteriza nulidade, uma vez que não consta da Lei n. 9.296/1996 que a autorização para interceptação telefônica possa ser prorrogada uma única vez; o que exige a lei é a demonstração da sua necessidade. De igual modo, assevera que a duração da interceptação telefônica deve ser proporcional à investigação efetuada. No caso dos autos, o prolongamento das escutas ficou inteiramente justificado porquanto necessário à investigação. Com esse entendimento, a Turma ao prosseguir o julgamento, denegou a ordem, pois não há o alegado constrangimento ilegal descrito na inicial. Precedentes citados: HC 13.274-RS, DJ 4/9/2000, e HC 110.644-RJ, DJe 18/5/2009. **HC 133.037-GO, Rel. Min. Celso Limongi (Desembargador convocado do TJ-SP), julgado em 2/3/2010.** (Inform. STJ 425)

ESCUTA TELEFÔNICA. ACESSO.

Trata-se de *habeas corpus* impetrado pela defesa da paciente para ter acesso aos arquivos de áudio, com fornecimento de senhas, a fim de que possa fazer o cotejo analítico do que fora transcrito nos autos e o conteúdo das escutas telefônicas realizadas pela autoridade policial. No caso dos autos, a paciente e mais sete pessoas foram denunciadas pelo MP como incursas nas sanções do arts. 33, *caput*, e 35, ambos da Lei n. 11.343/2006, na forma do art. 69, *caput*, do CP. Para o Min. Relator, apresenta-se ilegal o ato que, por fim, indeferiu o requerimento da defesa de ter acesso ao inteiro teor das escritas telefônicas, até porque, segundo o art. 9º da Lei

n. 9.296/1996, a gravação que não interessa à prova será inutilizada por decisão judicial. Observa, ainda, que, assim como se impõe a juntada de parte da degravação (§ 2º do art. 6º da citada lei), deveria impor-se a degravação de todo o conteúdo. Expõe que, na espécie, a defesa viu-se tolhida diante do indeferimento do acesso às escutas telefônicas, o que se equipara à violação do princípio da ampla defesa, pois não se pode esquecer a inviolabilidade do sigilo das comunicações telefônicas é a regra (inciso XII do art. 5º da CF/1988) e a violabilidade, a exceção. Assim, ao interessado assiste o direito líquido e certo de amplo conhecimento do inteiro teor da interceptação telefônica. Com esse entendimento, a Turma concedeu a ordem para assegurar à defesa da paciente o acesso à escuta/quebra do sigilo telefônico, anulando o processo e, por outro lado, garantiu a liberdade provisória mediante termo de comparecimento aos atos do processo. Precedentes citados: HC 92.397-SP, DJ 18/12/2007; APn 464-RS, DJ 15/10/2007. **HC 150.892-RS, Rel. Min. Nilson Naves, julgado em 2/3/2010**. (Inform. STJ 425)

HC. INTERPRETAÇÃO. ART. 212 CPP.
O impetrante pedia a concessão de medida liminar para que, preventivamente, fosse determinada a paralisação da ação penal até o julgamento do *writ* e a concessão da ordem, no mérito, para que fosse decretada a nulidade da audiência, conforme determina o art. 212 do CPP, com a nova redação conferida pela Lei n. 11.690/2008. O Min. Relator deferiu a liminar para suspender, até o julgamento final do *habeas corpus*, a tramitação da ação penal na qual figura como réu o paciente. Segundo o impetrante, com o novo texto, tal dispositivo alterou a ordem de quem pergunta, estabelecendo que, primeiramente, as partes devem perguntar e, apenas ao final, poderá o juiz, de forma suplementar, formular perguntas. Assim, tal ordem não teria sido observada, o que, na sua visão, ensejaria nulidade absoluta. Mas o Min. Relator observou que a matéria fora examinada recentemente pela Sexta Turma no HC 121.212-RJ e reiterou seu entendimento de que a oitiva da testemunha sem a observância da ordem prevista no novel modelo processual não altera o sistema acusatório. Diante disso, a Turma cassou a liminar e denegou a ordem. **HC 133.655-DF, Rel. Min. Nilson Naves, julgado em 18/2/2010** (ver Informativo n. 421). (Inform. STJ 423)

NULIDADE. ORDEM. INQUIRIÇÃO. TESTEMUNHAS.
Cuida-se de *habeas corpus* impetrado pelo Ministério Público em favor da paciente, contra acórdão proferido pelo TJ que julgou improcedente reclamação ajuizada nos autos do processo-crime pelo qual foi condenada à pena de um ano e cinco meses e 15 dias de reclusão em regime semiaberto e ao pagamento de 15 dias-multa, pela prática do delito disposto no art. 342, § 1º, do CP. O impetrante narra que, designada audiência de instrução e julgamento, ela se realizou em desacordo com as normas do art. 212 do CPP, com a nova redação que lhe foi dada pela Lei n. 11.690/2008, pois houve inversão na ordem de formulação das perguntas. Isso posto, a Turma concedeu a ordem para anular a audiência realizada em desconformidade com o art. 212 do CPP e os atos subsequentes, determinando-se que outra seja procedida nos moldes do referido dispositivo, ao entendimento de que ficou suficientemente demonstrada a nulidade decorrente do ato em apreço, em razão de evidente ofensa ao devido processo legal, sendo mister reiterar que contra a paciente foi proferida sentença condenatória, bem demonstrando que, diante do novo método utilizado para a inquisição de testemunhas, a colheita da prova de forma diversa, indubitavelmente, acarretou-lhe evidente prejuízo, sendo bastante para declarar nulo o ato reclamado e os subsequentes e determinar que outro seja realizado dentro dos ditames legais. **HC 145.182-DF, Rel. Min. Jorge Mussi, julgado em 4/2/2010**. (Inform. STJ 421)

NULIDADE. ORDEM. INQUIRIÇÃO. TESTEMUNHAS.
A Lei n. 11.690/2008 alterou a redação do art. 212 do CPP e modificou a ordem de inquirição das testemunhas, ao estabelecer que, primeiramente, as partes devem perguntar e, só ao final, poderá o juiz fazê-lo de forma suplementar, tal qual pugna o modelo norte-americano (*cross-examination*). Porém, a oitiva de testemunha sem observância dessa nova ordem não resulta nulidade absoluta, pois não se altera o sistema acusatório nem se viola a lei. O juiz, no modelo brasileiro, não é mero expectador, visto que possui participação ativa no processo cujo controle incumbe-lhe. Dele se espera a proteção de direitos e garantias constitucionais e também a busca da verdade real. Anote-se que o próprio CPP, em seu art. 473, permite que, no júri, as perguntas sejam feitas inicialmente pelo juiz presidente e, depois, pelas partes diretamente. Vê-se que o caráter acusatório é o mesmo nos dois procedimentos, de sorte que não há a nulidade pela alteração da ordem de perguntas. Precedente citado: HC 121.215-DF, DJe 18/11/2008. **HC 144.909-PE, Rel. Min. Nilson Naves, julgado em 4/2/2010**. (Inform. STJ 421)

INTERCEPTAÇÃO TELEFÔNICA. ADVOGADO. SIGILO.
Trata-se de *habeas corpus* substitutivo de recurso ordinário contra decisão do Tribunal *a quo* que indeferiu a liminar pleiteada. Sustenta-se a nulidade da interceptação telefônica e das suas prorrogações e se requer, nesta superior instância, que seja garantido o sigilo do material colhido nas gravações. A Turma, por maioria, concedeu parcialmente a ordem, para que seja garantido o sigilo das interceptações realizadas em desfavor do paciente, em observância à liberdade do exercício legítimo da profissão (no caso, trata-se de advogado), sendo que, diante da pendência de julgamento do mérito do HC pelo Tribunal de origem, este Superior Tribunal não conheceu do *writ* nessa parte, caso contrário, configurar-se-ia supressão de instância. **HC 114.458-SP, Rel. Min. Arnaldo Esteves Lima, julgado em 2/2/2010**. (Inform. STJ 421)

SIGILO. COMUNICAÇÕES TELEFÔNICAS. INVIOLABILIDADE.
Trata-se de *habeas corpus* impetrado em favor dos pacientes em que se pretende a declaração da nulidade das interceptações telefônicas realizadas no procedimento investigatório. Diante disso, a Turma concedeu a ordem por entender que foi constatado que o acesso às informações protegidas por sigilo constitucionalmente garantido foi possibilitado por decisão que não atendeu aos requisitos elencados pelo legislador ordinário. Segundo o entendimento da Turma, trata-se de medida açodada, pois se provou que indícios de autoria poderiam ser colhidos com o depoimento dos sócios da empresa investigada, ato por diversas vezes postergado pela própria autoridade policial e realizado apenas após a autorização de interceptação telefônica objurgada, circunstância que evidencia a preterição, pelo juiz, dos requisitos indisponíveis para o abrandamento do sigilo das comunicações telefônicas. O Min. Relator destacou que este Superior Tribunal já decidiu ser ilegal a interceptação telefônica deferida sem a observância dos requisitos elencados nos incisos do art. 2º da Lei n. 9.296/1996. No caso, o objeto primordial das investigações era o suposto crime de apropriação indébita previdenciária e também estaria sendo praticado o delito de sonegação fiscal, fato que também motivou a quebra do sigilo telefônico dos investigados. Também, este Superior Tribunal entende que se tem por ilegal qualquer ato investigatório, dentre os quais a quebra de sigilo telefônico destinada à colheita de provas acerca de crime contra a ordem tributária, sem que se tenha notícia da constituição definitiva do crédito tributário tido por sonegado. **HC 128.087-SP, Rel. Min. Jorge Mussi, julgado em 27/10/2009.** (Inform. STJ 413)

APROPRIAÇÃO INDÉBITA. TIPICIDADE. CONFISSÃO.
Por força de questionamento em ação popular, foi determinado pelo juízo penal que os valores referentes a aumento de subsídios aprovado em favor do paciente e outros (todos vereadores) deveriam ser depositados em instituição bancária. Contudo, eles obtiveram acesso a essas quantias e alguns fizeram uso delas. Daí a denúncia do paciente pelo crime de peculato, que resultou em sua condenação pela prática de apropriação indébita (no momento da inversão da posse, ele não mais ostentava a condição de funcionário público, porque não foi reeleito). Nesse contexto, não há falar em nulidade do acórdão da apelação por falta de enfrentamento da questão referente à atipicidade da conduta. O Tribunal de origem combateu e rechaçou a tese de atipicidade por falta de posse do numerário, apontando que o paciente sacou os valores depositados por ordem judicial em caderneta de poupança de que ele mesmo era titular, apesar de ciente de que não poderia movimentá-los, e quando chamado a restituí-los, não atendeu a determinação. Desse modo, caracteriza-se indevida inversão da posse, diante da configuração do *animus rem sibi habendi*. Além disso, ao entender presente a omissão, deveria manejar embargos de declaração do acórdão de apelação, providência não ultimada, o que resultou no trânsito em julgado do aresto sem que fosse interposto nenhum recurso. Mostra-se também correto o acórdão quando equilibrou a dosagem da pena ao fixar sua majoração pela metade em razão das circunstâncias judiciais apontadas desfavoráveis na sentença (culpabilidade, personalidade, motivos e consequências do crime). Todavia, a impetração merece amparo quanto ao uso da confissão do paciente como elemento relevante à condenação, visto ser de rigor, nesse caso, a incidência da atenuante do art. 65, III, "d", do CP. Para tanto, conforme a jurisprudência do STJ, é prescindível a espontaneidade, bastando que haja apenas a voluntariedade. Por tudo isso, a Turma entendeu conceder parcialmente a ordem para reduzir a pena devido à presença da atenuante da confissão, decisão cujos efeitos foram estendidos a outros corréus. Precedentes citados: RHC 7.934-MG, DJ 9/11/1998; REsp 303.202-MS, DJ 5/2/2007; HC 42.865-SP, DJ 21/11/2005; HC 119.889-MG, DJe 2/2/2009; RHC 12.842-PR, DJ 29/9/2003; HC 96.133-MS, DJe 15/12/2008, e HC 66.437-SP, DJe 3/11/2008. **HC 117.764-SP, Rel. Min. Og Fernandes, julgado em 27/10/2009.** (Inform. STJ 413)

HC. QUADRILHA. PROVAS. INTERCEPTAÇÃO TELEFÔNICA.
Os impetrantes pretendem a concessão da ordem para que seja reconhecida a ilicitude de todas as provas produzidas em relação ao paciente, a partir da interceptação telefônica em autos de procedimento criminal, bem como aquelas que dela derivam. Alegam não haver fundamentação idônea a respaldar a quebra do sigilo telefônico do paciente. Para o Min. Relator, o pedido de interceptação telefônica formulado por órgão de inteligência da Polícia Federal fundamenta-se em relatório da própria Polícia, o qual traz informações graves acerca das investigações decorrentes de operação mediante a qual foram coletadas várias provas da participação de agentes e delegados da mencionada polícia na prática de vários crimes, que deram origem a inúmeras ações criminais, sendo que o paciente é réu em algumas dessas ações e foi condenado em duas delas. Diante disso, a Turma denegou a ordem por entender que é lícita a quebra de sigilo telefônico baseada em fatos apurados na investigação e relatados pela autoridade policial, não sendo cabível, na via estreita do *habeas corpus*, o exame da suficiência dos indícios, por demandar revolvimento da matéria fática. **HC 65.925-SP, Rel. Min. Arnaldo Esteves Lima, julgado em 22/9/2009.** (Inform. STJ 408)

PROCESSO PENAL. PROVA EMPRESTADA. NULIDADE.
A Turma denegou a ordem, reiterando o entendimento de ser admissível a prova emprestada no processo penal, desde que não constitua o único elemento de convicção do juiz. No caso, porém, o fato de não haver segurança de que a prova encartada nos autos (depoimentos de testemunhas) trasladada de outra ação penal em que o impetrante não era réu sequer levada ao conhecimento do Conselho de Sentença, inibe o acolhimento da pretendida nulidade pela defesa, com base exclusivamente, em sua suposta utilização pelo MP em Plenário. Precedentes citados do STF: HC 67.707-RS, DJ 14/8/1992; do STJ: HC 103.510-RJ, DJe 19/12/2008; HC 93.431-SP, DJe 18/8/2008; HC 93.521-SP, DJe 14/4/2008; HC 41.805-RJ, DJ 22/8/2005; HC 66.873-SP, DJ 29/6/2007, e REsp 499.177-RS, DJ 2/4/2007. **HC 94.624-SP, Rel. Min. Felix Fischer, julgado em 26/5/2009.** (Inform. STJ 396)

INTERROGATÓRIO. PERGUNTA. ADVOGADO. CORRÉU.
Mesmo diante da alteração do art. 188 do CPP pela Lei n. 10.792/2003, que transformou o interrogatório judicial em meio de produção de prova a necessitar do contraditório e da presença de advogado, nele, não há como sujeitar o interrogado a perguntas formuladas pelo advogado de seu corréu, pois aquele ato ainda mantém seu caráter de instrumento de autodefesa. Assim, não há que se falar em qualquer cerceamento da defesa do paciente em razão da negativa do pedido de seu advogado para questionar o interrogado, visto que, mesmo diante de efetiva delação do corréu, existe a possibilidade de realizar diligência para contradizer as alegações prestadas (art. 402 do CPP) ou infirmar qualquer depoimento antes da prolação da sentença, nas alegações finais. Precedentes citados: HC 42.780-PR, DJ 12/2/2007; HC 83.875-GO, DJ 4/8/2008; HC 100.792-RJ, DJ 30/6/2008, e HC 85.522-SP, DJ 22/10/2007. **HC 90.331-SP, Rel. Min. Laurita Vaz, julgado em 14/4/2009.** (Inform. STJ 390)

MS. APREENSÃO. DOCUMENTOS. ARQUIVAMENTO. INQUÉRITO.
No inquérito policial para apurar a comprovada falsificação (estelionato) de assinatura de um avalista em cédula de crédito industrial (constante de ação executiva), foi determinada pelo juízo a quebra de sigilo bancário e a busca e apreensão de documentos depositados no departamento jurídico de um banco (documentos originais relativos às transações entre a instituição financeira e a sociedade avalizada). Desse modo, o mandado de segurança que pretende reconhecer a ilegalidade dessa ordem judicial diante das peculiaridades não perde seu objeto pelo arquivamento do inquérito por falta de elementos suficientes à instauração da ação penal. Quanto a isso, é certo que a inviolabilidade do escritório de advocacia é relativa, pois é prevista a possibilidade de nele ingressar quando em cumprimento do mandado de busca e apreensão expedido por magistrado, desde que a apreensão verse sobre objeto capaz de constituir elemento do corpo de delito e essa decisão esteja fundamentada (antiga redação do art. 7º, II, da Lei n. 8.906/1994 e art. 243, § 2º, do CPP): que haja satisfatória demonstração da necessidade da medida para evitar o desaparecimento ou adulteração de provas indispensáveis à comprovação da materialidade do delito. Sucede que, na hipótese, carecem de fundamentação tanto a decisão que ordenou a quebra de sigilo bancário quanto a que determinou a apreensão. Desse modo, há que preservar o sigilo profissional do advogado em respeito a seu papel essencial na administração da Justiça (arts. 5º, XIV, e 133 da CF/1988) e a própria confiança empenhada por seus clientes. Assim, ao se preservar o princípio da ampla defesa, está vedada a apreensão de todos os documentos acobertados pelo sigilo: os que possam comprometer o cliente ou sua defesa seja na esfera cível ou na penal (segundo o banco, os documentos só interessam à busca da anulação do título na ação executiva). Precedente citado: RMS 19.772-MT, DJ 17/11/2008. **RMS 27.419-SP, Rel. Min. Napoleão Nunes Maia Filho, julgado em 14/4/2009.** (Inform. STJ 390)

SIGILO TELEFÔNICO. INDICAÇÃO. INVESTIGADO.
A Turma considerou ilícita a prova resultante da interceptação de comunicações telefônicas realizadas pelo paciente. Tal como observou o Min. Nilson Naves em seu voto-vista, tanto no requerimento da autoridade policial quanto na decisão do juízo de autorização do monitoramento não há a qualificação e nem sequer a identificação do investigado (art. 2º, parágrafo único, da Lei n. 9.296/1996). **HC 89.023-MS, Rel. Min. Jane Silva (Desembargadora convocada do TJ-MG), julgado em 7/10/2008.** (Inform. STJ 371)

INTERROGATÓRIO. VIDEOCONFERÊNCIA. NULIDADE ABSOLUTA.
O interrogatório judicial realizado por meio de videoconferência constitui causa de nulidade absoluta processual, pois afronta o princípio constitucional do devido processo legal e seus consectários (art. 5º, LV, da CF/1988). Precedente citado do STF: HC 88.914-SP, DJ 5/10/2007. **HC 108.457-SP, Rel. Min. Felix Fischer, julgado em 18/9/2008.** (Inform. STJ 368)

HC. INTERCEPTAÇÃO. LINHAS TELEFÔNICAS.
Na espécie, o paciente foi incurso em operação deflagrada pela Polícia Federal denominada *overlord*. Foi denunciado inicialmente por infração aos arts. 12, § 2º, III (contribuir de qualquer forma para incentivar ou difundir o uso indevido ou tráfico ilícito de substância entorpecente) e 14 (associação para o tráfico), ambos da Lei n. 6.368/1976. Esses o Tribunal *a quo* os rejeitou, mas recebeu a denúncia por infração aos arts. 333, parágrafo único (corrupção ativa), e 344 (coação no curso do processo), ambos do CP, e art. 1º, V, c/c §§ 1º e 4º da Lei n. 9.613/1998 (lavagem de dinheiro e ocultação de bens e valores) c/c com os arts. 29 e 69 do CP, devido à sua atuação como advogado, conforme transcrições das degravações de interceptação de telefone. Expõe o Min. Relator que a eventual juntada de relatório com alegadas rasuras na fase da investigação policial, ainda que não se refira a todas as transcrições das diversas gravações realizadas, possibilita ao paciente as informações necessárias à sua defesa, não decorrendo daí qualquer prejuízo, até porque, posteriormente, a transcrição completa das gravações foi juntada aos autos. Quanto ao desrespeito a seu sigilo profissional, porquanto devidamente inscrito na OAB, a matéria já foi esclarecida pelo Tribunal *a quo*, afastada qualquer irregularidade, na medida em que a atuação do acusado (pela qual supostamente foram praticados os delitos) foi no efetivo exercício de sua função de advogado. Outrossim, em tese, os delitos que lhe são imputados são suficientes para o recebimento da denúncia. Quanto à pretensão de pedido de extensão, esse não prospera, embora oriunda da mesma operação, o paciente sequer figura naqueles autos como denunciado. Com esses argumentos, a Turma denegou a ordem. **HC 88.863-MT, Rel. Min. Napoleão Nunes Maia Filho, julgado em 16/9/2008.** (Inform. STJ 368)

INTERCEPTAÇÃO TELEFÔNICA. AUTORIZAÇÕES SUCESSIVAS.
Trata-se de *habeas corpus* em que se pugna pela nulidade ab initio do processo penal, visto que sua instauração deu-se com base em provas ilícitas, ou seja, decorrentes de interceptação telefônica cuja autorização foi sucessivamente renovada e os investigados, ora pacientes, foram assim monitorados por um prazo superior a dois anos. A Turma entendeu que, no caso, houve sim violação do princípio da razoabilidade, uma vez que a Lei n. 9.296/1996, no seu art. 5º, prevê o prazo de 15 dias para a interceptação telefônica, renovável por mais 15, caso seja comprovada a indispensabilidade desse meio de prova. Assim, mesmo que fosse o caso de não haver explícita ou implícita violação desse dispositivo legal, não é razoável que a referida interceptação seja prorrogada por tanto tempo, isto é, por mais de dois anos. Ressaltou-se que, no caso da referida lei, embora não esteja clara a hipótese de ilimitadas prorrogações, cabe ao juiz interpretar tal possibilidade. Contudo, dada a natureza da norma que alude à restrição da liberdade, o que está ali previsto é uma exceção à regra. Se o texto legal parece estar indeterminado ou dúbio, cabe a esta Corte dar à norma interpretação estrita, face a sua natureza limitadora do direito à intimidade, de modo a atender ao verdadeiro espírito da lei. Com isso, concedeu-se a ordem de *habeas corpus* a fim de reputar ilícita a prova resultante de tantos dias de interceptações telefônicas e, conseqüentemente, declarar nulos os atos processuais pertinentes e retornar os autos ao juiz originário para determinações de direito. **HC 76.686-PR, Rel Min. Nilson Naves, julgado em 9/9/2008.** (Inform. STJ 367)

AÇÃO PENAL. DILIGÊNCIA ILEGAL.
Os impetrantes informaram que foi realizada por agentes da Receita Federal e da Polícia Federal uma *blitz* ilegal, sem mandado judicial, na qual foram apreendidos diversos documentos que serviram como único fundamento para instaurar contra o paciente o inquérito policial e a ação penal, entre outras. Alegam que o STF já julgou ilegal essa busca e apreensão e anulou uma das ações penais dela originadas (HC 82.788-RJ, DJ 2/6/2006). Assim, entende a Min. Relatora assistir razão aos impetrantes, por considerar que, se todas as provas que embasaram a denúncia derivaram da documentação apreendida em diligência considerada ilegal, é de se reconhecer incidente a teoria dos frutos da árvore envenenada. Tendo o STF declarado a ilicitude da diligência, impõe-se a extensão dessa decisão a todas as ações dela derivadas em atendimento, também, aos princípios da isonomia e da segurança jurídica. **HC 100.879-RJ, Rel. Min. Maria Thereza de Assis Moura, julgado em 19/8/2008**. (Inform. STJ 364)

NULIDADE. RECONHECIMENTO FOTOGRÁFICO.
Frente à autoridade policial, as vítimas do crime reconheceram os pacientes mediante a apresentação de fotografias constantes de documentos pessoais e oficiais, novamente utilizadas quando perante o juízo. Porém, a inobservância do art. 226 do CPP é uma nulidade relativa, a escorar-se na demonstração do prejuízo, não deduzida no caso. Outrossim, o reconhecimento fotográfico não é de todo vazio de valor probatório, pois pode ser reunido a outras provas, a servir de elemento de convicção do juiz. Anote-se que a prisão deu-se enquanto na posse da quase totalidade da *res furtiva*. Precedentes citados: RHC 23.224-RJ, DJ 9/6/2008; REsp 604.325-PR, DJ 21/6/2004, e RHC 10.307-SP, DJ 23/10/2000. **HC 95.687-MG, Rel. Min. Napoleão Nunes Maia Filho, julgado em 24/6/2008**. (Inform. STJ 361)

PROVA EMPRESTADA. NECESSIDADE. AUTORIZAÇÃO. JUIZ CRIMINAL.
A interceptação telefônica como meio de prova necessita de expressa autorização do juízo criminal. Sua remessa e utilização em processo disciplinar devem ser autorizadas pelo juízo responsável pela preservação do sigilo de tal prova. Ademais, necessário que se respeitem, ainda, os princípios do contraditório e da ampla defesa. Caso não observados esses requisitos serão nulos a sindicância e o processo administrativo disciplinar lastreado exclusivamente nas fitas degravadas das interceptações telefônicas. Precedentes citados do STF: RMS 24.956-DF, DJ 10/11/2005; do STJ: MS 9.212-DF, DJ 1º/6/2005, e MS 12.468-DF, DJ 14/11/2007. **RMS 16.429-SC, Rel. Min. Maria Thereza de Assis Moura, julgado em 3/6/2008**. (Inform. STJ 358)

INTERCEPTAÇÃO TELEFÔNICA. DENÚNCIA ANÔNIMA.
Trata-se de *habeas corpus* em que se busca o trancamento de inquérito policial instaurado contra o paciente, visto que tal procedimento iniciou-se com a interceptação telefônica fundada exclusivamente em denúncia anônima. A Turma, por maioria, entendeu que, embora apta para justificar a instauração do inquérito policial, a denúncia anônima não é suficiente a ensejar a quebra de sigilo telefônico (art. 2º, I, da Lei n. 9.296/1996). A delação apócrifa não constitui elemento de prova sobre a autoria delitiva, ainda que indiciária; é mera notícia vinda de pessoa sem nenhum compromisso com a veracidade do conteúdo de suas informações, haja vista que a falta de identificação inviabiliza, inclusive, a sua responsabilização pela prática de denunciação caluniosa (art. 339 do CP). Assim, as gravações levadas a efeito contra o paciente, por terem sido produzidas mediante interceptação telefônica autorizada em desconformidade com os requisitos legais, bem como todas as demais provas delas decorrentes, abrangidas em razão da teoria dos frutos da árvore envenenada, adotada pelo STF, são ilícitas e, conforme o disposto no art. 5º, LVI, da CF/1988, inadmissíveis para embasar eventual juízo de condenação. Contudo, entendeu-se que é temerário fulminar o inquérito policial tão-somente em virtude da ilicitude da primeira diligência realizada. Isso porque, no transcurso do inquérito, é possível que tenha ocorrido a coleta de alguma prova nova e independente levada por pessoa estranha, ou seja, sem conhecimento do teor das escutas telefônicas. Realizar a correlação das provas posteriormente produzidas com aquela que constitui a raiz viciada implica dilação probatória inviável em sede de *habeas corpus* e a autoridade policial pode recomeçar as averiguações por outra linha de investigação, independente da que motivou a instauração do inquérito, ou seja, a denúncia anônima, tendo em vista que o procedimento ainda não foi encerrado, quer por indiciamento quer por arquivamento. Com esses fundamentos, concedeu-se parcialmente a ordem de *habeas corpus*. Precedentes citados do STF: Pet-AgR 2.805-DF, DJ 13/11/2002; RHC 90.376-RJ, DJ 18/05/2007; do STJ: HC 44.649-SP, DJ 8/10/2007; HC 38.093-AM, DJ 17/12/2004, e HC 67.433-RJ, DJ 7/5/2007. **HC 64.096-PR, Rel. Min. Arnaldo Esteves Lima, julgado em 27/5/2008**. (Inform. STJ 357)

INTERROGATÓRIO JUDICIAL. VIDEOCONFERÊNCIA. NULIDADE.
A Turma, alterando sua jurisprudência, concedeu o *writ*, ao entendimento de que o interrogatório realizado por videoconferência, em tempo real, viola o princípio do devido processo legal, em que pese o papel da informatização moderna do Judiciário (Lei n. 11.419/2006). Outrossim, o interrogatório judicial por videoconferência pode gerar nulidade devido às carências até então insanáveis, a exemplo da falta de controle nacional dos presidiários, de modo a dispensar a presença do réu perante o julgador. Ademais, por ser peça imprescindível no processo penal, o interrogatório é o momento em que, de viva voz e pessoalmente, o acusado, confrontado frente ao julgador, relata sua versão dos fatos, para que se determine sua culpabilidade ou inocência (art. 185, § 2º, do CPP). **HC 98.422-SP, Rel. Min. Jane Silva (Desembargadora convocada do TJ-MG), julgado em 20/5/2008**. (Inform. STJ 356)

INTERROGATÓRIO. VIDEOCONFERÊNCIA.
Trata-se de *habeas corpus* em que se alega nulidade da ação penal desde a fase de interrogatório judicial do paciente, em razão de esse ato processual ter sido realizado pelo sistema de videoconferência. A Turma concedeu a ordem ao entendimento de que o uso do sistema de videoconferência ofende o princípio do devido processo legal, ao adotar rito procedimental não previsto em lei e restringir a amplitude de defesa do acusado, mitigando o direito de presença e audiência do réu nos atos processuais, constituindo-se causa de nulidade absoluta do processo. Precedente citado do STF: HC 88.914-SP, DJ 5/10/2007. **HC 94.069-SP, Rel. Min. Felix Fischer, julgado em 13/5/2008**. (Inform. STJ 355)

RÉU. RETIRADA. SALA. AUDIÊNCIA.
É certo que a jurisprudência deste Superior Tribunal não vê nulidade na retirada do réu da sala de audiências a pedido de testemunhas ou vítimas (art. 217 do CPP). Porém, ao curvar-se a esses precedentes, a Min. Relatora ressalvou seu entendimento de que a aludida retirada em razão da simples aplicação automática do comando legal, sem que se indague os motivos que levam à remoção do acusado, fere o próprio conteúdo daquela norma, bem como o art. 93, IX, da CF/1988. Dever-se-ia fundamentar concretamente a remoção, pautando-se no comportamento do acusado. Precedentes citados do STF: HC 68.819-SP, DJ 28/8/1992; do STJ: HC 28.810-SP, DJ 9/5/2005; HC 29.982-SP, DJ 9/5/2005, e HC 11.550-SP, DJ 25/9/2000. **HC 83.549-RS, Rel. Min. Maria Thereza de Assis Moura, julgado em 22/4/2008**. (Inform. STJ 353)

PROCURADOR-GERAL. DENÚNCIA ANÔNIMA. *E-MAIL*.
A Turma concedeu a ordem e determinou o arquivamento do procedimento criminal instaurado contra procurador-geral, pois calcado em *e-mail* contendo denúncia anônima que atribuiu ao paciente, detentor de foro por prerrogativa de função, prática de crime contra a honra. O art. 5º, IV, da CF/1988 veda o anonimato, a fim de coibir tais abusos contra os direitos de personalidade (honra, vida privada e intimidade). Outrossim, ao se admitir a submissão de uma pessoa com tal prerrogativa, fragiliza-se, sobretudo, a instituição a que pertence e, em última instância, o próprio Estado democrático de direito. Embora não seja descartada a possibilidade de que o MP proceda à investigação mediante denúncia anônima, em se tratando de denúncia de crime contra a honra, não prevalecem tais denúncias anônimas. Precedentes citados: HC 44.165-RS, DJ 23/4/2007, e HC 42.914-RS, DJ 19/8/2005. **HC 95.838-RJ, Rel. Min. Nilson Naves, julgado em 26/2/2008**. (Inform. STJ 346)

CORRUPÇÃO ATIVA. PAGAMENTO. PROPINA EXIGIDA. TESTEMUNHO INDIRETO.
Não configura corrupção ativa sujeitar-se a pagar a propina exigida pela autoridade policial, sobretudo se, na espécie, não houve obtenção de vantagem indevida com o pagamento da quantia. No nosso sistema penal, não se aceita a confissão extrajudicial obtida mediante depoimento informal (sabidamente classificado como prova ilícita), porém não se obsta, em princípio, aceitar o testemunho indireto, ou por ouvir dizer. Precedentes citados do STF: HC 80.949-RJ, DJ 14/12/2001; do STJ: HC 22.371-RJ, DJ 31/3/2003. **HC 62.908-SE, Rel. Min. Laurita Vaz, julgado em 6/11/2007**. (Inform. STJ 338)

ESTUPRO. SALA. AUDIÊNCIA. PRESENÇA. RÉU. VÍTIMA. MAIORIDADE. DECADÊNCIA.
O paciente foi condenado pela prática de atentado violento ao pudor, estupro e tortura, crimes perpetrados contra seus próprios filhos. Diante disso, a Turma, entre outros temas, decidiu que a presença do réu na sala de audiência pode ser tolhida se houver o temor por parte de testemunhas ou vítimas (art. 217 do CPP), tal como no caso, sobretudo se garantida a permanência de sua defensora. Quanto à alegação de ocorrência da

decadência do direito de queixa quanto à vítima que atingira a maioridade, asseverou cuidar-se de ação penal pública incondicionada, visto que houve violência real nos crimes em questão, praticados com abuso do pátrio poder (art. 225, § 1º, II, do CP), e que essa filha mais velha foi vítima, desde os quinze anos, de crimes sexuais cometidos em continuidade pelo pai, isso de acordo com a denúncia, a sentença e o acórdão. **HC 62.393-GO, Rel. Min. Maria Thereza de Assis Moura, julgado em 4/10/2007.** (Inform. STJ 334)

PROVA. GRAVAÇÃO TELEFÔNICA. VIOLAÇÃO. PRIVACIDADE.

É certo que o STF entende que a licitude da gravação de conversa telefônica realizada por um dos interlocutores sem a ciência do outro deve ser examinada caso a caso. Na hipótese, a gravação deu-se pela amásia do réu tão-somente para responsabilizá-lo pelo homicídio perpetrado contra a vítima, com quem ela mantinha envolvimento amoroso. Tal gravação deveu-se à escuta perpetrada por sugestão da autoridade policial. Dessarte, a prova aqui é ilícita, colhida que foi com indevida violação de privacidade (art. 5º, X, da CF/1988), porque não foi colhida como meio de defesa ou em razão de uma investida criminosa. Precedentes citados do STF: HC 80.949-9-RJ, DJ 14/12/2001; AI-AgR 503.617-PR, DJ 4/3/2005; HC 74.678-SP, DJ 15/8/1997, e HC 75.338-RJ, DJ 25/9/1998. **HC 57.961-SP, Rel. Min. Felix Fischer, julgado em 21/6/2007.** (Inform. STJ 324)

PROVA EMPRESTADA. AÇÃO CONEXA. SEGREDO. JUSTIÇA.

A Min. Relatora esclareceu que, no caso, a prova emprestada de outra ação penal somente pode ser valorada se ambas as partes tiveram integral ciência e se houve a possibilidade do exercício do contraditório. Aduziu que a vedação da presença do advogado não-constituído ao interrogatório de co-réu em ação conexa que corre sob sigilo não constitui cerceamento de defesa se não ficou comprovado em que medida a prova influenciou o julgamento, não se evidenciando qualquer prejuízo. Também não há nulidade na sentença que analisa todas as teses defensivas, rebatendo-as prontamente. Com esse entendimento, a Turma negou provimento ao recurso. **RHC 20.372-SP, Rel. Min. Maria Thereza de Assis Moura, julgado em 24/5/2007.** (Inform. STJ 321)

7. SUJEITOS PROCESSUAIS

IMPEDIMENTO DE MAGISTRADO E JUÍZO DE ADMISSIBILIDADE

As hipóteses de impedimento previstas no art. 252 do CPP constituem rol taxativo. Ao reafirmar essa orientação, a 2ª Turma indeferiu *habeas corpus* em que se sustentava o impedimento de juiz federal que participara de julgamento de mérito de ação penal originária no órgão especial e, posteriormente, na condição de vice-presidente de tribunal regional federal, negara seguimento a recursos extraordinário e especial interpostos pelo paciente. Reputou-se não haver ilegalidade derivada do juízo de admissibilidade dos aludidos recursos excepcionais realizado pelo mesmo magistrado que presidira a sessão e proferira voto pela condenação do ora paciente, uma vez que teria se limitado a cumprir norma regimental ao verificar os requisitos de admissibilidade dos recursos manejados, o que não se confundiria com a natureza da análise de mérito efetuada no julgamento da ação originária pela Corte regional. HC 94089/SP, rel. Min. Ayres Britto, 14.2.2012. (HC-94089) (Inform. STF 655)

ASSISTENTE DA ACUSAÇÃO E MUDANÇA DE COMPETÊNCIA - 1

A 2ª Turma desproveu recurso ordinário em *habeas corpus* interposto contra acórdão do STJ que denegara o *writ* lá impetrado, sob o fundamento, dentre outros, de que seria prematuro o reconhecimento de eventual prescrição, ante a possibilidade de a pena ser alterada. Na espécie, o paciente fora condenado por juízo federal, em 28.7.2005, pelo delito de denunciação caluniosa (CP, art. 339), o que ensejara o manejo de apelação exclusivamente pela defesa. Em 12.9.2006, a vítima requerera o seu ingresso como assistente de acusação, cujo pedido fora deferido, com a anuência do Ministério Público Federal. No entanto, o TRF da 1 ª Região declarara, de ofício, a incompetência daquela justiça para processar e julgar o feito, anulara todos os atos decisórios, julgara prejudicada a apelação e determinara a remessa dos autos à justiça estadual. Após ratificada, a peça acusatória fora recebida pelo juízo competente e proferida sentença para condenar o réu à pena de 2 anos de reclusão, em regime inicial aberto, substituída por duas restritivas de direitos. Contra esta decisão, apenas a defesa deduzira recurso. Em segundo grau, o ofendido ingressara com pedido de reautuação dos autos para fazer deles constar o nome do assistente da acusação e de seu advogado, bem assim de reconhecimento de nulidade processual, dada a ausência de intimação pessoal do assistente, nos termos do art. 564, III, o, do CPP. O relator da apelação criminal admitira a pleiteada inclusão, porém, a partir daquele momento processual, o que resultara na interposição de agravo interno, não conhecido, por suposta incapacidade postulatória, uma vez subscrito por defensor público. De ofício, fora decretada a prescrição da pretensão punitiva estatal, pois, entre a data dos fatos (27.7.2002) e a da sentença condenatória proferida por magistrado estadual (9.2.2009) teria transcorrido o lapso de prescrição previsto no art. 109, V, do CP. A vítima da denunciação caluniosa apresentara reclamação, insistindo na necessidade de sua intimação da sentença estadual, bem como na existência de capacidade postulatória, porquanto seu advogado teria ingressado na Defensoria Pública antes da atual Constituição. O pleito fora julgado procedente. A defesa do paciente, então, impetrara o *habeas corpus*, objeto deste recurso, perante o STJ. RHC 106710/AM, rel. Min. Gilmar Mendes, 29.3.2011. (RHC-106710)

ASSISTENTE DA ACUSAÇÃO E MUDANÇA DE COMPETÊNCIA - 2

De início, considerou-se que se à vítima fosse atribuída a qualidade de assistente, nenhum efeito poderia ser colhido de decisão que não a intimara de seu conteúdo. Assinalou-se que não seria a hipótese de se argumentar pela impossibilidade de *reformatio in pejus*, porque a sentença recorrida seria nula de pleno direito e não haveria sequer recurso de apelação a ser analisado. Salientou-se que as nulidades absolutas poderiam ser argüidas a qualquer tempo. Aludiu-se ao entendimento do STF segundo o qual o prazo para o assistente da acusação interpor recurso começa a correr do encerramento *in albis* do prazo do Ministério Público e de sua necessária intimação. Reafirmou-se jurisprudência desta Corte no sentido de que o assistente poderia manusear recurso de apelação independentemente da postura adotada pelo titular da ação penal. Aduziu-se que a anulação dos atos decisórios da justiça incompetente, neles incluído o de deferimento do pedido da vítima naquela esfera, não teria o condão de desconstituir o direito material da parte ofendida de figurar no pólo ativo da demanda e que não se poderia desconhecer o pedido de habilitação constante dos autos. No ponto, consignou-se que o *status* de assistente do Ministério Público, exercido pela vítima, perdurara formalmente enquanto o feito, por equívoco, tramitava na justiça federal e, materialmente, durante todo o processo, a sua condição de ofendido apto a exercer a assistência processual. Registrou-se, ainda, a inexistência de intimação da vítima, por ocasião da mudança de jurisdição, para que se manifestasse quanto a seu interesse. Asseverou-se ter ocorrido uma omissão flagrante da justiça estadual que deixara de despachar a habilitação requerida em 12.9.2006 e sequer intimara o anterior assistente. Em seguida, mencionou-se que a ação seria pública, sem a participação necessária do ofendido no andamento processual. Nesse tocante, explicitou-se que nem todos que o desejassem seriam aptos a cerrar forças em um dos lados da lide penal e, portanto, o instituto da habilitação somente geraria efeitos quando deferido. Conquanto isso, destacou-se que deveria ser observado que o contraditório e o devido processo legal também atingiriam aquele que tem direito material e expressara-se livremente no sentido de desejar exercer seu direito de figurar como assistente da acusação. Reputou-se que a omissão consistente em desconhecer o pleito de habilitação do ofendido, na qualidade de assistente, bem como negar-lhe os direitos de figurar no pólo ativo da demanda, representaria afronta ao devido processo legal. Concluiu-se que, em virtude da desobediência à referida cláusula, haja vista a ausência de intimação do ofendido, a própria sentença estadual não se aperfeiçoara e não haveria, dessa maneira, como reconhecer o trânsito em julgado para a acusação. RHC 106710/AM, rel. Min. Gilmar Mendes, 29.3.2011. (RHC-106710) (Inform. STF 621)

IMPEDIMENTO DE MAGISTRADO E NULIDADE ABSOLUTA

Há prejuízo quando o magistrado preside sessão de julgamento de recurso penal no qual estava impedido de atuar. Com base nesse entendimento, a 2ª Turma deferiu *habeas corpus* no qual se pleiteava — sob o argumento de que o Presidente da Câmara julgadora seria pai da promotora de Justiça que atuara na ação penal em 1º grau — a nulidade de julgamento, realizado no Tribunal de Justiça estadual, de recurso em sentido estrito em que determinada a prisão preventiva do paciente. Na espécie, o juiz processante não acolhera o pedido de prisão formulado pelo Ministério Público quando do oferecimento da denúncia, decisão contra a qual a acusação recorrera. Ressaltou-se a gravidade da participação de um juiz impedido no julgamento de qualquer causa, notadamente de uma de índole penal. Aduziu-se que a própria doutrina ao tratar de suspeição, defeito menos grave do que o impedimento, afirmaria que, reconhecida a suspeição de magistrado, haveria nulidade absoluta, sendo desnecessária a comprovação de prejuízo (CP, art. 566). Reputou-se haver presunção de prejuízo formulada pelo próprio legislador, apesar de inexistir referência expressa ao impedimento, a causar a nulidade do processo. Observou-se que, em matéria de processo civil, a suspeição não tornaria rescindível uma sentença de mérito, mas o impedimento seria motivo de rescindibilidade de julgado, por lhe ser ínsita a noção de prejuízo absoluto. Ressaltou-se ser de ordem pública a matéria que cuidaria de impedimento. Consignou-se que, especialmente em virtude de presunção absoluta, seria secundário saber se o voto do Presidente influiria, ou não, no julgamento do recurso. Asseverou-se que, ademais, o juízo responsável pela condução do procedimento penal do Júri, ao rejeitar o pleito ministerial, oferecera razões que se ajustariam à orientação da jurisprudência do STF. O Min. Gilmar Mendes frisou que o órgão julgador em questão não estaria devidamente composto nos termos do princípio do juiz natural. Vencida a Min. Ellen Gracie, relatora, que denegava o *writ*, por entender não ter ocorrido o exercício de jurisdição por parte do magistrado, o qual teria se limitado a exercer a presidência da Câmara julgadora do recurso. **HC 102965/RJ, rel. orig. Min. Ellen Gracie, red. p/o acórdão Min. Celso de Mello, 30.11.2010.** (HC-102965) (Inform. STF 611)

IMPEDIMENTO DE MAGISTRADO: REINTERROGATÓRIO E INSTAURAÇÃO DE INQUÉRITO - 1

A Turma indeferiu *habeas corpus* em que se pretendia, sob a alegação de ofensa ao princípio do devido processo legal e ao sistema penal acusatório, a anulação dos atos praticados desde o recebimento da denúncia oferecida em desfavor do paciente pela suposta prática do crime de gestão fraudulenta de instituição financeira. A impetração requeria a procedência da exceção de impedimento oposta, uma vez que o magistrado da causa teria presidido, em outro processo, "delação premiada" de co-réus, a qual servira de fundamento probatório para a ação penal apresentada em face do paciente. Enfatizou-se que as hipóteses de impedimento previstas no art. 252 do CPC constituem rol taxativo. Registrou-se que, no caso, não houvera propriamente instauração de expediente administrativo tendente à obtenção de informações relevantes que pudessem ensejar a concessão de eventuais benefícios decorrentes da lei em virtude da delação, mas se tratara de reinterrogatório efetuado a pedido dos co-réus (CPP, art. 196), que decidiram fazer esclarecimentos suplementares, não podendo o juiz ignorar os fatos por eles descritos. **HC 97553/PR, rel. Min. Dias Toffoli, 16.6.2010.** (HC-97553)

IMPEDIMENTO DE MAGISTRADO: REINTERROGATÓRIO E INSTAURAÇÃO DE INQUÉRITO - 2

Aduziu-se que o interrogatório e o fato de o juiz ter conhecido e julgado ação penal dos co-réus não seriam causas de impedimento à condução de processo-crime instaurado contra o paciente. Acrescentou-se que, na situação dos autos, o magistrado não interviera diretamente na investigação ou na persecução penal movida em desfavor do paciente e que a discordância daquele em acatar pedido de arquivamento do inquérito policial — formulado com base na ocorrência de prescrição em perspectiva — não poderia ser interpretada como adiantamento de juízo de valor a respeito do processo. No ponto, consignou-se que, em tal ocasião, ao invés de o magistrado determinar o retorno dos autos ao Procurador da República em primeiro grau, deveria ter adotado as providências estabelecidas no art. 28 do CPP. Entretanto, asseverou-se que a denúncia fora ratificada por Câmara de Coordenação e Revisão do *parquet* federal, ensejando válido e regular prosseguimento da ação penal promovida contra o paciente. Por fim, observou-se que a simples expedição de ofício ao STJ solicitando a presteza no julgamento de questão que implicara a suspensão do trâmite do processo-crime dos co-réus indicaria prudente preocupação do juiz para que não viesse a ocorrer eventual prescrição da pretensão punitiva estatal. **HC 97553/PR, rel. Min. Dias Toffoli, 16.6.2010.** (HC-97553) (Inform. STF 591)

ASSISTENTE DE ACUSAÇÃO E LEGITIMIDADE PARA RECORRER - 1

O Tribunal, por maioria, indeferiu *habeas corpus*, afetado ao Pleno pela 1ª Turma, impetrado contra decisão do STJ que provera, em parte, o recurso especial interposto pelo assistente de acusação, determinando o prosseguimento do exame de sua apelação, superado o óbice quanto a sua ilegitimidade recursal. Na espécie, o assistente de acusação interpusera apelação contra a sentença que absolvera a paciente do delito de estelionato, cujo acórdão, que não conhecera do apelo em razão de o Ministério Público ter deixado transcorrer *in albis* o prazo recursal, ensejara a interposição do recurso especial — v. Informativo 585. Não se vislumbrou, no caso, ilegalidade ou abuso de poder no julgado do STJ, mas sim se reputou acatada a jurisprudência consolidada inclusive no Supremo no sentido de que o assistente da acusação tem legitimidade recursal supletiva, mesmo após o advento da CF/88. Mencionou-se, também, o Enunciado da Súmula 210 ("*O assistente do Ministério Público pode recorrer, inclusive extraordinariamente, na ação penal, nos casos dos arts. 584, § 1º, e 589, do Código de Processo Penal*"), o qual não teria sofrido qualquer restrição ou deixado de ser recepcionado pela nova ordem constitucional. Afirmou-se que, apesar de a Constituição Federal, em seu art. 129, I, atribuir ao Ministério Público a competência para promover, privativamente, a ação penal pública, na forma da lei, ela teria abrandado essa regra, ao admitir, no seu art. 5º, LIX, a ação penal privada subsidiária da pública nos casos de inércia do *parquet*. Assim, o art. 5º, LIX, da CF daria o fundamento para legitimar a atuação supletiva do assistente de acusação nas hipóteses em que o Ministério Público deixasse de recorrer. **HC 102085/RS, rel. Min. Cármen Lúcia, 10.6.2010.** (HC-102085)

ASSISTENTE DE ACUSAÇÃO E LEGITIMIDADE PARA RECORRER - 2

Vencidos os Ministros Marco Aurélio e Cezar Peluso, que concediam a ordem. O Min. Marco Aurélio asseverou que o art. 5º, LIX, da CF só poderia ser acionado no caso de inércia do Ministério Público em promover a ação penal pública, o que não ocorrera no caso concreto, salientando o fato de o *parquet* ter, ainda, se manifestado, em alegações finais, no sentido de absolver a ré. Reputou não ser admissível que uma ação que nascesse penal pública incondicionada se transformasse, na fase recursal, em ação penal privada. O Min. Cezar Peluso, por sua vez, ao enfatizar que recorrer é apenas uma etapa da ação, que é um estado contínuo de prática de atos, só podendo ser reconhecido como direito de quem seja titular da ação, concluiu que o assistente penal, por não ser titular de ação penal nenhuma, não poderia recorrer. Com base nisso, o Min. Cezar Peluso deu interpretação conforme ao art. 584, § 1º, e ao art. 598, ambos do CPP, no sentido de reconhecer que a possibilidade de recurso é apenas assegurada ao querelante e não ao assistente de acusação. **HC 102085/RS, rel. Min. Cármen Lúcia, 10.6.2010.** (HC-102085) (Inform. STF 590)

ASSISTENTE DE ACUSAÇÃO E LEGITIMIDADE PARA RECORRER

A Turma deliberou afetar ao Plenário julgamento de *habeas corpus* em que se questiona a legitimidade do assistente de acusação para interpor apelação na ausência de recurso do Ministério Público. No caso, a paciente, após regular trâmite da instrução criminal, fora absolvida da imputação de estelionato, o que ensejara apelação por parte do assistente de acusação. Ocorre que, ante a falta de recurso do *parquet*, o tribunal de origem não conhecera da apelação. Contra essa decisão, o assistente manejara recurso especial que, provido em parte, determinara o prosseguimento no exame da apelação, superado o óbice da ilegitimidade do assistente de acusação. Daí a impetração do *writ* pela Defensoria Pública da União em que se almeja o reconhecimento da ilegitimidade do assistente da acusação para recorrer e a manutenção da sentença absolutória em favor da paciente. **HC 102085/RS, rel. Min. Cármen Lúcia, 4.5.2010.** (HC-102085) (Inform. STF 585)

IMPEDIMENTO DE MAGISTRADO E JUÍZO DE ADMISSIBILIDADE

As hipóteses de impedimento previstas no art. 252 do CPP constituem rol taxativo. Com base nessa orientação, a Turma, por maioria, indeferiu *habeas corpus* em que se sustentava o impedimento de juíza federal que, na condição de Vice-Presidente de Tribunal Regional Federal, negara trânsito a recursos extraordinário e especial interpostos pelo paciente contra acórdão condenatório proferido em apelação criminal da qual a referida magistrada fora também relatora. Considerou-se que o inciso III do art. 252 do CPP ("*Art. 252. O juiz não poderá exercer jurisdição no processo em que: ... III - tiver funcionado como juiz de outra instância, pronunciando-se, de fato ou de direito, sobre a questão;*") não preceituaria qualquer ilegalidade em razão de juízo de admissibilidade dos aludidos recursos extraordinários a ser realizado pela mesma magistrada que julgara o recurso de apelação criminal. Registrou-se, nesse ponto, que a juíza se limitara a verificar os requisitos de admissibilidade dos recursos interpostos. Afastou-se, de igual modo, a alegação de nulidade do julgamento do *writ* impetrado no tribunal *a quo*, consistente no fato de o membro do Ministério Público haver realizado sustentação oral depois da defesa. Aduziu-se que a referida ação constitucional fora promovida pela defesa, o que garantiria ao impetrante o direito de se pronunciar em primeiro lugar. Ademais, salientou-se que os regimentos internos do STJ e do STF asseguram textualmente a primazia da sustentação oral ao impetrante e não ao *parquet*, nas sessões do Plenário e das Turmas. Por outro lado, acolheu-se a assertiva da admissibilidade de *habeas corpus* contra a decisão que inadmitir o trâmite dos recursos extraordinário e especial, a despeito do cabimento do recurso de agravo de instrumento. Assentou-se que a jurisprudência do STF encontra-se consolidada no sentido de que eventual cabimento de recurso criminal não impediria a impetração do *writ*, mas que, na espécie, não restaria caracterizado qualquer constrangimento ilegal, ilegalidade ou abuso de poder no acórdão questionado. Vencido o Min. Marco Aurélio que, por reputar insubsistente o crivo negativo operado no TRF quanto ao recurso especial, concedia a ordem para que outro ocorresse, atuando quem não participara do Colegiado julgador da apelação, que desaguara no acórdão impugnado mediante o recurso trancado. Salientava, no caso, a diferença entre a admissibilidade de apelação com a de recurso de natureza extraordinária — interposto com base em alegada violência a lei —, bem como adotava interpretação teleológica ao art. 252, III, do CPP para concluir que tal norma afastaria a dupla atuação do magistrado, em homenagem ao sistema de freios e contrapesos. **HC 97293/SP, rel. Min. Cármen Lúcia, 16.6.2009.** (HC-97293) (Inform. STF 551)

MAGISTRADO: ATUAÇÃO EM INQUÉRITO E AUSÊNCIA DE IMPEDIMENTO PARA A AÇÃO PENAL - 1

O Tribunal indeferiu *habeas corpus* em que se pretendia fosse declarada a nulidade de decisão da Corte Especial do STJ que recebera denúncia, porque o mesmo Ministro que presidira o inquérito tornara-se, posteriormente, prevento para atuar como relator da ação penal. Alegava-se, na espécie, em síntese: a) ofensa aos princípios da impessoalidade dos atos de Administração da Justiça e da imparcialidade do magistrado; b) impossibilidade de ser fixada a competência pela prevenção quando o juiz tivesse atuado anteriormente no inquérito; c) vedação de tal prática pelo art. 8º do Pacto de San José da Costa Rica, que assegura, no âmbito criminal, a imparcialidade do julgador; d) inadmissibilidade, nos termos do art. 252 do CPP, da participação de juiz em processo no qual se manifestou anteriormente; e) inconstitucionalidade do art. 75 do CPP e seus reflexos nos regimentos internos do STJ e do STF por violação aos princípios do devido processo legal e da imparcialidade do magistrado. Inicialmente, o Tribunal rejeitou preliminar suscitada pelo Ministério Público — no sentido de ser inviável debater-se, no âmbito do *habeas corpus*, o impedimento ou a suspeição de magistrado por envolver análise aprofundada de elementos fático-probatórios —, haja vista não se estar, a rigor, discutindo impedimento ou suspeição do Ministro do STJ, mas uma tese de direito, constitucional. No ponto, o Min. Marco Aurélio, sustentando a envergadura maior do *habeas corpus*, asseverou ser suficiente que se tenha, na via direta ou indireta, o envolvimento da liberdade de ir e vir e a assertiva sobre a prática de um ato ilícito à margem da ordem jurídica, para concluir-se pela adequação do *writ*, e que, portanto, se no curso de uma ação penal, surge um questionamento sobre suspeição ou impedimento do relator, esse questionamento pode desafiar o *habeas corpus*. **HC 92893/ES, rel. Min. Ricardo Lewandowski, 2.10.2008.** (HC-92893)

MAGISTRADO: ATUAÇÃO EM INQUÉRITO E AUSÊNCIA DE IMPEDIMENTO PARA A AÇÃO PENAL - 2

No mérito, afastaram-se todos os argumentos do impetrante. Ao salientar que as hipóteses de impedimento elencadas no art. 252 do CPP constituem um rol taxativo, considerou-se não ser possível interpretar extensivamente os incisos I e II desse artigo para entender que um juiz que atuou na fase pré-processual haja desempenhado função equivalente a de delegado de polícia ou membro do Ministério Público. Em seguida, afirmou-se que, no Brasil, não foi adotada a sistemática do juizado de instrução, na qual o magistrado exerce, simultaneamente, as funções próprias da autoridade policial e do *parquet* no que respeita à coleta das provas. Esclareceu-se que, no modelo acusatório aplicado em nosso ordenamento processual penal, caracterizado pela publicidade, pelo contraditório, pela igualdade entre as partes e pela neutralidade do juiz, quando o magistrado preside o inquérito, apenas atua como um administrador, um supervisor, um coordenador, no que tange à montagem do acervo probatório e às providências acautelatórias, agindo sempre por provocação, e nunca de ofício. Portanto, não exterioriza nenhum juízo de valor sobre os fatos ou as questões de direito, emergentes nessa fase preliminar, que o impeça de proceder com imparcialidade no curso da ação penal. Assim, o Judiciário, em nosso sistema processual penal, atua no inquérito para assegurar a observância dos direitos e liberdades fundamentais e dos princípios sobre os quais se assenta o Estado Democrático de Direito. **HC 92893/ES, rel. Min. Ricardo Lewandowski, 2.10.2008.** (HC-92893)

MAGISTRADO: ATUAÇÃO EM INQUÉRITO E AUSÊNCIA DE IMPEDIMENTO PARA A AÇÃO PENAL - 3

Ressaltou-se, também, que, no caso dos processos penais originários, que tramitam no STJ e no STF, regulados pela Lei 8.038/90, o relator escolhido, na forma regimental, terá as atribuições que a legislação processual confere aos juízes singulares, dentre as quais a de presidir o andamento do inquérito (art. 2º), e que, finda a instrução, o tribunal procederá ao julgamento, na forma determinada pelo regimento interno (art. 12, II). Ou seja, ainda que determinado relator seja escolhido, nos termos regimentais, para presidir à instrução, o julgamento é feito pelo órgão colegiado do tribunal prescrito pela Constituição para julgar a autoridade com prerrogativa de foro. Em razão disso, repeliu-se a afirmação de que seria inconstitucional o parágrafo único do art. 75 do CPP, que estabelece a prevenção do magistrado que houver determinado qualquer diligência anterior à denúncia ou à queixa para o julgamento da ação penal. Por fim, aduziu-se que eventuais incompatibilidades ou impedimento do Ministro relator do feito devem ser argüidos mediante o procedimento previsto no art. 112 do CPP, de espectro mais amplo quanto à apreciação de fatos e provas. Precedentes citados: HC 86579/ES (DJU de 31.8.2007); HC 68784/SP (DJU de 26.3.93); HC 73099/SP (DJU de 13.10.95); HC 67997/DF (DJU de 20.9.90); ADI 1517 MC/DF (DJU de 22.11.2002). **HC 92893/ES, rel. Min. Ricardo Lewandowski, 2.10.2008.** (HC-92893) (Inform. STF 522)

SÚMULA 115 DO STJ E MATÉRIA CRIMINAL - 1

A Turma deferiu *habeas corpus* impetrado contra decisão de Ministra-relatora no STJ que, aplicando o Enunciado da Súmula 115 daquela Corte (*"na instância especial, é inexistente recurso interposto por advogado sem procuração nos autos."*), não conhecera de agravo de instrumento interposto para o processamento de recurso especial inadmitido na origem. A impetração sustentava que o mencionado Verbete somente incidiria nos processos de natureza cível, não se exigindo, no processo criminal, a procuração para o advogado nomeado, pelo réu, por ocasião do interrogatório judicial e que atuara durante todo o trâmite da ação penal. Inicialmente, rejeitou-se a alegação de que o referido Enunciado seria aplicável apenas em matéria cível. Asseverou-se, no ponto, que a orientação do STF é no sentido de que o ônus quanto à correta formação do instrumento cabe exclusivamente ao agravante, ainda que em âmbito penal. HC 87008/MG, rel. Min. Joaquim Barbosa, 8.5.2007. (HC-87008)

SÚMULA 115 DO STJ E MATÉRIA CRIMINAL - 2

Considerou-se que a norma contida no art. 266 do CPP, que autoriza a nomeação de defensor ao réu na audiência de interrogatório, deve flexibilizar a interpretação que é dada à formalização do agravo de instrumento em matéria penal. Nesse sentido, aduziu-se que, ao invés de ser anexado o mandato aos autos do agravo, em casos tais, deve o advogado diligenciar para que seja juntada ao feito cópia do termo de interrogatório ou uma certidão da secretaria da vara informando que sua nomeação se deu no ato de interrogatório, o que não ocorrera na espécie. Entretanto, apesar da falta de diligência da defesa constituída, entendeu-se que o paciente não poderia ser prejudicado, uma vez que chegara ao conhecimento do Supremo que ele fora defendido pelo mesmo patrono desde o interrogatório até a fase recursal, inclusive. *Writ* deferido para possibilitar que a autoridade apontada como coatora decida o agravo de instrumento como entender de direito, sob pena de cerceamento de defesa. Precedentes citados: AI 232439 AgR/PB (DJU de 6.8.99) e AI 326102 AgR/SP (DJU de 29.6.2001). HC 87008/MG, rel. Min. Joaquim Barbosa, 8.5.2007. (HC-87008) (Inform. STF 466)

7.1. SUPERIOR TRIBUNAL DE JUSTIÇA

DIREITO PROCESSUAL PENAL. IMPEDIMENTO DE MAGISTRADO. PRONUNCIAMENTO ANTERIOR EM OUTRA INSTÂNCIA.

O impedimento previsto no art. 252, III, do CPP, refere-se à hipótese do magistrado ter funcionado como juiz de outra instância, de modo que não se enquadra a situação na qual o julgador acumula, no mesmo juízo, jurisdição cível e criminal. O referido impedimento busca evitar ofensa ao duplo grau de jurisdição, que ocorreria caso o magistrado sentenciante participasse de julgamento do mesmo feito em outra instância. Assim, o impedimento, quando presente, ocorre dentro do mesmo processo, não o configurando a simples circunstância de o magistrado ter se pronunciado sobre os mesmos fatos em esferas jurídicas distintas, tal como no caso de decisão em ação civil pública e, posteriormente, em ação penal. Precedentes citados do STF: HC 73.099-SP, DJ 17/5/1996; do STJ: REsp 1.177.612-SP, DJe 17/10/2011, e HC 131.792-SP, DJe 6/12/2011. **REsp 1.288.285-SP, Rel. Min. Campos Marques (Desembargador-convocado do TJ-PR), julgado em 27/11/2012. (Inform. STJ 510)**

DESEMBARGADOR SUSPEITO. VOTAÇÃO EM ÓRGÃO ESPECIAL.

Não há nulidade no julgamento realizado pelo órgão especial do Tribunal de Justiça, composto de vinte e quatro desembargadores, apesar de um deles ter declarado a sua suspeição e, mesmo assim, ter participado da votação. Tendo em vista que apenas dois desembargadores foram contrários ao recebimento da denúncia contra a promotora de justiça, deve-se entender que a efetiva participação do magistrado suspeito não influenciou no resultado do julgamento, circunstância que, nos termos da jurisprudência deste Superior Tribunal, afasta a alegação de nulidade. Também não pode ser declarada a nulidade da ação penal por ilicitude das escutas telefônicas realizadas em outro processo, que julgava terceira pessoa, sob a alegação da incompetência do magistrado que autorizou a produção da prova, com base na prerrogativa de função da paciente, pois se trata de prova emprestada, resultante do encontro fortuito, submetida ao crivo do contraditório e da ampla defesa no processo em que a paciente figura como denunciada. Precedente citado: HC 130.990-RJ, DJe 22/2/2010. **HC 227.263-RJ, Rel. Min. Vasco Della Giustina (Desembargador convocado do TJ-RS), julgado em 27/3/2012. (Inform. STJ 494)**

JUIZ. PROMOÇÃO. ANTIGUIDADE. MORTE. CANDIDATO.

Foi aberto o procedimento administrativo para o preenchimento de vaga de desembargador mediante a promoção de magistrado estadual por antiguidade. Constavam da lista três nomes submetidos ao crivo do conselho de magistratura; contudo, no dia da votação, deu-se o falecimento da juíza inscrita mais antiga. Diante disso, o órgão especial, lastreado no art. 3º, § 2º, da Resolução n. 3/1989 do TJ-RJ, entendeu anular o concurso de promoção e abrir outro pela publicação de novo edital. Daí a impetração do mandado de segurança em favor do juiz que ocupava a segunda posição na lista. Frise-se que cerca de 50 magistrados mais antigos do que o impetrante não se inscreveram no primevo concurso. Nesse contexto, a Turma, ao prosseguir o julgamento, negou provimento ao recurso. O Min. Og Fernandes trouxe à baila o art. 80 da Loman, dando sentido lato ao termo "lei" constante do dispositivo. Já o Min. Celso Limongi (Desembargador convocado do TJ-SP), em seu voto-vista, ressaltou que, ao cabo, a *ratio legis* do referido dispositivo da resolução não é outro senão promover o mais antigo da carreira e não o mais antigo da lista e que não há falar em falta de fundamentação no ato atacado, que preservou o interesse coletivo de garantir a finalidade da norma, estabelecendo a livre participação dos magistrados mais antigos. **RMS 24.644-RJ, Rel. Min. Maria Thereza de Assis Moura, julgado em 5/5/2011.** (Inform. STJ 471)

MP. CUSTOS LEGIS. CONTRADITÓRIO.
A Turma denegou a ordem de *habeas corpus* por entender que o MP, quando oferta parecer em segundo grau de jurisdição, atua como *custos legis*, e não como parte, razão pela qual a ausência de oportunidade à defesa para se manifestar sobre essa opinião não consubstancia violação dos princípios do contraditório, da ampla defesa e da paridade de armas. Precedentes citados: HC 127.630-SP, DJe 28/9/2009, e RHC 15.738-SP, DJ 28/3/2005. **HC 167.910-MG, Rel. Min. Jorge Mussi, julgado em 1º/3/2011.** (Inform. STJ 465)

IMPEDIMENTO. JUIZ CONVOCADO. TJ.
No caso, foi proferida sentença por juiz que, posteriormente, foi convocado para compor o TJ e, efetivamente, veio a participar do julgamento da apelação interposta pela defesa do ora paciente, no qual foi mantida a sentença. Assim, a Turma entendeu que houve ofensa ao art. 252, III, do CPP, que prevê regra de impedimento, devendo-se decretar a nulidade do respectivo acórdão por infração à lei processual e, em última razão, à própria imparcialidade do magistrado. Precedentes citados: HC 121.416-RS, DJe 3/11/2009; HC 57.018-SP, DJe 22/3/2010; HC 113.176-AL, DJe 31/8/2009, e HC 31.042-RJ, DJe 3/8/2009. **HC 172.009-SP, Rel. Min. Maria Thereza de Assis Moura, julgado em 23/11/2010.** (Inform. STJ 457)

SUSPEIÇÃO. PARCIALIDADE. MAGISTRADO.
Trata-se de *habeas corpus* contra acórdão que julgou improcedente a exceção de suspeição oposta em desfavor do juiz da vara em que o ora paciente responde à ação penal, visando afastá-lo dos feitos criminais na referida ação. Alega-se que, pelos atos no exercício da judicatura e as opiniões manifestadas extra-autos, estaria caracterizada a parcialidade do referido magistrado de 1º grau, reclamando, assim, sua suspeição. Desse modo, pugna-se não só pelo reconhecimento da suspeição, mas também pela redistribuição da citada ação penal, bem como pela nulidade *ab initio* de todos os atos jurisdicionais já praticados pelo mencionado juiz. A Turma entendeu, entre outras questões, que, sendo do excipiente o ônus de produção de prova, ela, quando apresentada, deve ser confrontada com os argumentos do excepto, possibilitando ao julgador aferir sua veracidade e o contexto fático no qual foi gerada. Observou-se que, embora possíveis, mas pouco prováveis, ocorrem hipóteses nas quais a parcialidade do magistrado revela-se ostensiva, viabilizando, desde logo, a utilização da via do *habeas corpus* para afastar o constrangimento. Contudo, no caso, tal não ocorreu, visto que a documentação apresentada, por si só, não demonstrou a pretensa parcialidade do magistrado (excepto), conforme bem ponderou o acórdão impugnado. Ademais, é notório o descabimento, mediante a estreita ação em foco, do aprofundado exame de provas, tal como, por exemplo, coligir tópicos isolados de várias decisões do magistrado, apenas aqueles que seriam adversos, inseridos em contexto amplo, para formar, em decorrência, suposto conjunto probatório que justificaria a imputação a ele do grave vício de parcialidade. Assinalou-se que a exceção que consistiria em pretensa parcialidade, para ser acolhida, deveria restar sobejamente demonstrada pelo excipiente, com apoio em elementos de persuasão indenes de dúvidas, convergentes, sobretudo, em ação de pedir *habeas corpus*. Isso, porém, não ocorreu na hipótese. Diante de tais fundamentos, entre outros, o *habeas corpus* foi parcialmente conhecido, e, na parte conhecida, denegou-se a ordem. **HC 146.796-SP, Rel. Min. Arnaldo Esteves Lima, julgado em 4/3/2010.** (Inform. STJ 425)

PROVA. NULIDADE. MENOR. INTÉRPRETE.
A Turma entendeu haver violação do art. 279, II, do CPP, independente do consentimento do defensor público, vedada a indicação de menor de 21 anos como perita, pois ela não teria amadurecimento suficiente para atuar na condição de intérprete da mãe surda-muda, visto que comprometeria o resultado da oitiva, contrariando as bases da verdade real. Outrossim, não bastasse a tenra idade da intérprete, menor de 12 anos, trata-se de pessoa comprometida pelo vínculo afetivo com a vítima sua mãe. **REsp 259.725-SP, Rel. Min. Maria Thereza Assis Moura, julgado em 18/12/2007.** (Inform. STJ 343)

SÚMULA STF Nº 210

O assistente do ministério público pode recorrer, inclusive extraordinariamente, na ação penal, nos casos dos arts. 584, § 1º, e 598 do Código de Processo Penal.

SÚMULA STF Nº 208

O assistente do ministério público não pode recorrer, extraordinariamente, de decisão concessiva de "habeas corpus".

SÚMULA STJ Nº 234

A participação de membro do Ministério Público na fase investigatória criminal não acarreta o seu impedimento ou suspeição para o oferecimento da denúncia.

8. CITAÇÃO, INTIMAÇÃO E PRAZOS

PRODUÇÃO ANTECIPADA DE PROVAS E FUNDAMENTAÇÃO - 1
A 2ª Turma denegou *habeas corpus* em que se pleiteava a nulidade de produção antecipada de prova testemunhal, em face de alegada ausência de fundamentação válida da decisão que a teria determinado sem indicação da necessária urgência. Na espécie, denunciado pela suposta prática de furto qualificado pelo concurso de agentes (CP, art. 155, § 4º, IV), depois de citado por edital, não constituíra defensor nem manifestara resposta. Por sua vez, o corréu, citado pessoalmente, apresentara defesa. O juízo de origem, a seu turno, designara audiência de instrução e julgamento, consignando que o ato, em relação ao paciente, constituiria realização antecipada de provas nos termos do art. 366 do CPP ("*Se o acusado, citado por edital, não comparecer, nem constituir advogado, ficarão suspensos o processo e o curso do prazo prescricional, podendo o juiz determinar a produção antecipada das provas consideradas urgentes e, se for o caso, decretar prisão preventiva, nos termos do disposto no art. 312*"). HC 110280/MG, rel. Min. Gilmar Mendes, 7.8.2012. (HC-110280)

PRODUÇÃO ANTECIPADA DE PROVAS E FUNDAMENTAÇÃO - 2
Assinalou-se que, na situação vertente, o adiantamento daquela prova configurar-se-ia medida necessária em virtude da possibilidade concreta de perecimento (fato teria ocorrido em 2008). Aduziu-se que, além disso, a prova fora efetuada durante audiência de instrução e julgamento do corréu, na presença da Defensoria Pública. Sublinhou-se que, se comparecesse ao processo, o acusado poderia requerer a realização de provas, inclusive a repetição daquela praticada em antecipação, desde que apresentasse argumentos idôneos. Destacou-se, assim, que os embasamentos adotados pelo juízo de origem — a limitação da memória humana e o comprometimento da busca da verdade real — seriam aptos a justificar a determinação da antecipação de prova testemunhal. HC 110280/MG, rel. Min. Gilmar Mendes, 7.8.2012. (HC-110280) (Inform. STF 674)

REPERCUSSÃO GERAL EM RE N. 600.851-DF
RELATOR: MIN. RICARDO LEWANDOWSKI
EMENTA: CONSTITUCIONAL. PROCESSUAL PENAL. RÉU CITADO POR EDITAL. REVELIA. SUSPENSÃO DO PROCESSO E DO PRAZO PRESCRICIONAL NOS TERMOS DO ART. 366 DO CÓDIGO DE PROCESSO PENAL. CONTROVÉRSIA SOBRE A EXISTÊNCIA DE LIMITAÇÃO TEMPORAL. ARTIGO 5º, XLII E XLIV, DA CONSTITUIÇÃO FEDERAL. REPERCUSSÃO GERAL RECONHECIDA. (Inform. STF 633)

INTIMAÇÃO FICTA E TEOR DE PUBLICAÇÃO
A 1ª Turma, por maioria, concedeu *habeas corpus* para determinar ao Tribunal de Justiça paulista que proceda à republicação do acórdão proferido em apelação criminal, com a reabertura de prazo processual. Na espécie, a Secretaria daquela Corte — após o processo retornar, com a devida ciência, da Procuradoria-Geral de Justiça — publicara no Diário Oficial, para início de contagem de prazo da defesa, o resultado do mencionado julgamento nos seguintes termos: "*Por votação unânime, deram provimento parcial ao apelo, nos termos do v. acórdão.*" Observou-se, inicialmente, que o STF firmara entendimento no sentido de se considerar suficiente a publicação do dispositivo de acórdão no Diário Oficial para efeito de intimação de réu e de abertura de prazo recursal. Em seguida, constatou-se a plausibilidade jurídica e reputou-se haver ilegalidade na forma como realizada a publica-

ção. O Min. Marco Aurélio ressaltou que o objeto da intimação ficta seria dar conhecimento à parte. Salientou, no ponto, que, no tocante ao acórdão, a publicidade decorreria do lançamento de dispositivo no órgão oficial, que não se resumiria a uma ou duas palavras, tais como, "desprovimento" ou "provimento parcial". Vencido o Min. Luiz Fux, que denegava a ordem, por considerar cumprida a finalidade da lei. HC 100239/SP, rel. Min. Cármen Lúcia, 17.5.2011. (HC-100239) (Inform. STF 627)

EXCEÇÃO DE VERDADE: COMPETÊNCIA E INTEMPESTIVIDADE - 1

A Turma deferiu *habeas corpus* para anular o recebimento de exceção de verdade, dada a sua intempestividade. No caso, juízo de primeira instância reconhecera a tempestividade de exceção de verdade oposta por querelado — editor de jornal — nos autos de queixa-crime ajuizada por Deputado Federal, para a averiguação da suposta prática do crime de calúnia, previsto no art. 20 da Lei 5.250/67 (Lei de Imprensa). Discutia-se, na espécie, a ocorrência, ou não, de constrangimento ilegal ao paciente que, na condição de parlamentar, tivera recebida a exceção da verdade, oferecida em ação penal que tramita perante o primeiro grau. **HC 92618/SP, rel. Min. Ellen Gracie, 24.11.2009.** (HC-92618)

EXCEÇÃO DE VERDADE: COMPETÊNCIA E INTEMPESTIVIDADE - 2

Observou-se, inicialmente, que o presente *writ* não ficaria prejudicado com o julgamento da ADPF 130/DF (j. em 30.4.2009), pois, embora não recepcionada a Lei de Imprensa, tanto o tipo penal de calúnia quanto o instituto da exceção da verdade continuariam a existir no ordenamento jurídico brasileiro, nos termos do art. 138, *caput* e § 3º, do CP. Ressaltou-se que, em se tratando de procedimento de natureza penal, o prazo para apresentação da exceção da verdade deveria ser contado da data da intimação feita à parte e não da data da juntada do mandado aos autos, nos termos do art. 798, § 5º, a, do CPP. Salientou-se, inclusive, que tal entendimento restara consolidado no Enunciado 710 da Súmula desta Corte (*"No processo penal, contam-se os prazos da data de intimação, e não da juntada aos autos do mandado ou carta precatória ou de ordem."*). Desse modo, aduziu-se que, tendo o querelado protocolizado a exceção da verdade dez dias após sua intimação, forçoso o reconhecimento de sua intempestividade, já que ultrapassado o prazo de cinco dias fixado no art. 43, §§ 1º e 3º, da Lei 5.250/67, nos termos do art. 798, § 5º, a, do CPP. Por fim, asseverou-se que não se poderia falar em preclusão para a verificação da tempestividade da exceção da verdade, pois, sendo o STF o órgão competente para o julgamento da exceção da verdade, poderia ele, a qualquer tempo, fiscalizar o cumprimento de seus pressupostos de admissibilidade. **HC 92618/SP, rel. Min. Ellen Gracie, 24.11.2009.** (HC-92618) (Inform. STF 569)

CITAÇÃO: NULIDADE E EXTENSÃO DOS EFEITOS AOS ATOS POSTERIORMENTE PRATICADOS - 1

A Turma, por maioria, deferiu *habeas corpus* para determinar a soltura de denunciado pela suposta prática dos delitos tipificados nos artigos 171, *caput*, e 171, § 2º, I, ambos do CP, cuja prisão preventiva fora decretada ante sua revelia. No caso, não localizado o paciente para ser interrogado, o juízo de primeiro grau ordenara sua citação por edital e, em passo seguinte, decretara sua prisão preventiva. Declarado revel, o processo fora suspenso (CPP, art. 366), assim como o prazo prescricional, e fora deferida a produção antecipada de provas (Lei 9.271/96). Posteriormente, o paciente impetrara *writ*, na Corte local, pleiteando a nulidade da referida citação — ao argumento de que não fora procurado em todos os endereços constantes do processo —, bem como da segregação cautelar, sendo estes pleitos denegados. Em decisão monocrática, Ministra do STJ deferira, em parte, idêntica medida impetrada em favor do paciente, para anular o processo desde a citação. Deixara de concedê-la no que tange à prisão preventiva, sob o fundamento de que, não obstante a apontada nulidade da citação editalícia, haveria motivos idôneos a justificar a segregação cautelar, notadamente o risco para a ordem pública decorrente da possibilidade de reiteração delitiva, pois o paciente responderia pela prática de estelionato em vários inquéritos e processos na região. No presente *writ*, a impetração reiterava as alegações de excesso de prazo da prisão, invalidade da custódia cautelar em virtude de sua contaminação pela nulidade da citação e ausência de fundamentação idônea para manutenção da preventiva. **HC 95892/SP, rel. Min. Cármen Lúcia, 31.3.2009.** (HC-95892)

CITAÇÃO: NULIDADE E EXTENSÃO DOS EFEITOS AOS ATOS POSTERIORMENTE PRATICADOS - 2

Com relação ao eventual excesso de prazo da prisão, assentou-se que o STJ decidira corretamente ao afirmar que a espécie não se inseriria nos casos em que se deveria reconhecer ultrapassado o limite da razoabilidade, na medida em que, além de ter sido o mandado de prisão cumprido em outro Estado da Federação, a prisão do paciente só fora efetivada 5 anos após a instauração do processo-crime e da decretação de sua prisão preventiva. Desse modo, reputou-se não afrontado o princípio constitucional da duração razoável dos processos (art. 5º, LXXVIII). Entendeu-se, por outro lado, que, embora a prisão preventiva tivesse sido decretada em razão da garantia da ordem pública e, por haver ainda considerações sobre a possibilidade de reiteração delitiva do paciente, sua principal razão fora o não comparecimento do paciente ao seu interrogatório, ou seja, a sua segregação fora decretada no curso de um processo-crime — nulo, por vício de citação — para essencialmente assegurar a aplicação da lei penal. Destarte, enfatizou-se que, se a conseqüência jurídica da citação editalícia irregular fora a declaração de sua nulidade pelo STJ, o princípio da causalidade, estabelecido no art. 573, § 1º, do CPP (*"a nulidade de um ato, uma vez declarada, causará a dos atos que dele diretamente dependem ou sejam conseqüência"*), impõe a extensão dos efeitos da nulidade aos atos que sejam subseqüentes à citação do paciente, incluído aí o decreto de prisão preventiva. Vencidos os Ministros Menezes Direito e Carlos Britto, que indeferiam o *writ*, ante a existência de outros motivos idôneos a justificar a segre-gação cautelar, mormente o de se evitar que o acusado cometesse novos delitos, levando-se em conta a prática habitual e contumaz destes. **HC 95892/SP, rel. Min. Cármen Lúcia, 31.3.2009.** (HC-95892) (Inform. STF 541)

PRODUÇÃO ANTECIPADA DE PROVA E FUNDAMENTAÇÃO

A Turma, por maioria, indeferiu *habeas corpus* em que se alegava falta de demonstração da urgência na produção antecipada de prova testemunhal da acusação, decretada, nos termos do art. 366 do CPP, ante a revelia do paciente. Assentou-se que a determinação de produção antecipada de prova está ao alvedrio do juiz, o qual pode ordenar a sua realização se considerar existentes condições urgentes para que isso ocorra. Observou-se, ainda, que tanto o art. 225 quanto o art. 366, ambos do CPP, dão respaldo a atuação do juízo em ouvir testemunhas, principalmente, as presenciais da prática delituosa. Ademais, enfatizou-se que, no caso, não fora designada audiência para a oitiva das testemunhas, o que poderia ensejar eventual automatismo do magistrado, mas sim de audiência de antecipação de provas. Vencido o Min. Ricardo Lewandowski, relator, que, por vislumbrar ofensa ao dever de fundamentar as decisões judiciais e às garantias do contraditório e da ampla defesa, concedia a ordem ao fundamento de que a antecipação da prova fora determinada de modo automático, em virtude de o paciente não ter sido localizado para a citação (CPP: *"Art. 225. Se qualquer testemunha houver de ausentar-se, ou, por enfermidade ou por velhice, inspirar receio de que ao tempo da instrução criminal já não exista, o juiz poderá, de ofício ou a requerimento de qualquer das partes, tomar-lhe antecipadamente o depoimento. ... Art. 366. Se o acusado, citado por edital, não comparecer, nem constituir advogado, ficarão suspensos o processo e o curso do prazo prescricional, podendo o juiz determinar a produção antecipada das provas consideradas urgentes e, se for o caso, decretar prisão preventiva, nos termos do disposto no art. 312."*). **HC 93157/SP, rel. orig. Min. Ricardo Lewandowski, rel. p/ o acórdão Min. Menezes Direito, 23.9.2008.** (HC-93157) (Inform. STF 521)

CARTA ROGATÓRIA: CUSTAS E AÇÃO PENAL PÚBLICA - 1

A Turma iniciou julgamento de habeas corpus em que se pleiteia a anulação de processo-crime — instaurado contra denunciado pela suposta prática do crime de apropriação indébita previdenciária (CP, art. 168-A) — a partir do despacho que, na instância de origem, condicionara a expedição de carta rogatória ao recolhimento prévio das custas. No caso, com o recebimento da denúncia, a defesa arrolara testemunhas residentes nos Estados Unidos da América, sendo-lhe determinado, pela autoridade judicial, o pagamento das custas de expedição de carta rogatória. Diante do descumprimento dessa providência, o magistrado declarara a preclusão. Sustenta-se, na espécie, a incidência da alínea k do item 10 da Portaria/MRE 26/90, segundo a qual as custas, nas cartas rogatórias expedidas em processos movidos pelo Ministério Público, serão pagas pela Embaixada do Brasil, bem como a contrariedade ao disposto no art. 804 do CPP, que estabelece que as custas serão recolhidas pelo vencido. Alega-se, também, ofensa aos princípios da ampla defesa, do contraditório e da igualdade. **HC 85653/SP, rel. Min. Ricardo Lewandowski, 10.10.2006.** (HC-85653)

CARTA ROGATÓRIA: CUSTAS E AÇÃO PENAL PÚBLICA – 2

O Min. Ricardo Lewandowski, relator, deferiu o writ, no que foi acompanhado pela Min. Cármen Lúcia. Inicialmente, salientou que a aludida alínea k da Portaria 26/90 fora posteriormente alterada, para constar que as custas, nas diligências requeridas pelo parquet, serão pagas pela Embaixada do Brasil. Assim entendeu que, contrario sensu, quando se tratar de diligência solicitada pela defesa, é cabível tal antecipação. Todavia, tendo em conta que a decisão impugnada é anterior à mencionada modificação legislativa, considerou, então, que, nos processos movidos pelo Ministério Público, as despesas serão pagas pela Embaixada do Brasil, haja vista o princípio tempus regit actum e a interpretação estrita que deve ser conferida ao dispositivo da portaria. Após o voto divergente do Min. Carlos Britto que indeferia o habeas corpus, pediu vista o Min. Marco Aurélio. **HC 85653/SP, rel. Min. Ricardo Lewandowski, 10.10.2006.** (HC-85653)

CARTA ROGATÓRIA: CUSTAS E AÇÃO PENAL PÚBLICA - 3

A Turma retomou julgamento de *habeas corpus* em que se pleiteia a anulação de processo-crime — instaurado contra denunciado pela suposta prática do delito de apropriação indébita previdenciária (CP, art. 168-A) — a partir do despacho que, na instância de origem, condicionara a expedição de carta rogatória ao recolhimento prévio das custas. No caso, com o recebimento da denúncia, a defesa arrolara testemunhas residentes nos Estados Unidos da América, sendo-lhe determinado, pela autoridade judicial, o pagamento das custas de expedição de carta rogatória — v. Informativo 445. Em voto-vista, o Min. Marco Aurélio, acompanhando a divergência, indeferiu o *writ*. Afastou a aplicação do disposto no art. 804 do CPP (*"A sentença ou o acórdão, que julgar a ação, qualquer incidente ou recurso, condenará nas custas o vencido."*), haja vista que esta regra refere-se a ações em curso no país e despesas efetuadas em território nacional. Aduziu de início que, se a diligência é requerida pela defesa, a esta cabe a satisfação respectiva, inexistindo norma legal a direcionar em sentido contrário. Ressaltou, ainda, que a exigência do depósito decorre da legislação americana e que o tratado ratificado mediante o Decreto 3.810/2001 — que trata da assistência mútua e gratuita entre os Estados no combate à criminalidade — não guarda pertinência com a espécie. Assim, rejeitou a possibilidade de a solução ser norteada pelo aparente conflito temporal entre as portarias referidas pelo relator. Após, o julgamento foi suspenso em virtude do pedido de vista do Min. Menezes Direito. **HC 85653/ SP, rel. Min. Ricardo Lewandowski, 12.2.2008.** (HC-85653)

CARTA ROGATÓRIA: CUSTAS E AÇÃO PENAL PÚBLICA - 4

Em conclusão de julgamento, a Turma, por maioria, indeferiu *habeas corpus* no qual se pleiteava a anulação de processo-crime — instaurado contra denunciado pela suposta prática do delito de apropriação indébita previdenciária (CP, art. 168-A) — a partir do despacho que, na instância de origem, condicionara a expedição de carta rogatória ao recolhimento prévio das custas. No caso, com o recebimento da denúncia, a defesa arrolara testemunhas residentes nos Estados Unidos da América, sendo-lhe determinado, pela autoridade judicial, o pagamento das custas de expedição de carta rogatória — v. Informativos 445 e 494. Preliminarmente, rejeitou-se questão de ordem suscitada pela defesa no sentido de que, em face do empate na votação, dever-se-ia conceder a ordem ao paciente, mostrando-se incabível o voto do Min. Menezes Direito para desempatar o julgamento. Afirmou-se que a presença do referido Ministro é substitutiva da presença do Min. Sepúlveda Pertence, que integrava a Turma quando do início do julgamento. No mérito, afastou-se a aplicação do disposto no art. 804 do CPP (*"A sentença ou o acórdão, que julgar a ação, qualquer incidente ou recurso, condenará nas custas o vencido."*), haja vista que esta regra referir-se-ia a ações em curso no país e despesas efetuadas em território nacional. Aduziu-se de início que, se a diligência foi requerida pela defesa, a esta caberia a satisfação respectiva, inexistindo norma legal a direcionar em sentido contrário. Ressaltou-se, ainda, que a exigência do depósito decorreria da legislação americana e que o tratado ratificado mediante o Decreto 3.810/2001 — que trata da assistência mútua e gratuita entre os Estados no combate à criminalidade — não guardaria pertinência com a espécie. Vencidos os Ministros Ricardo Lewandowski, relator, e Cármen Lúcia que deferiam o *writ*. **HC 85653/SP, rel. orig. Min. Ricardo Lewandowski, rel. p/ o acórdão Min. Carlos Britto, 5.8.2008.** (HC-85653) (Inform. STF 514)

RESTITUIÇÃO DE PRAZO E RECURSO DE OFÍCIO

A Turma indeferiu *habeas corpus* em que condenados por roubo qualificado e porte ilegal de arma pretendiam a reabertura de prazo para interposição de apelação. A impetração alegava que os pacientes não tiveram a oportunidade, quando intimados da sentença condenatória, de "recorrer de ofício" conforme possibilitado a co-réu que se encontrava preso. Aduzia, ainda, que o privilégio dado ao réu preso, consistente na entrega de um "termo de recurso", deveria ser estendido aos pacientes, sob pena de se reputar indevida a intimação da sentença. Entendeu-se que o pedido de restituição do prazo recursal não encontraria lastro nos autos, haja vista a demonstração, pelo tribunal de origem, que os pacientes foram devidamente intimados da sentença penal condenatória. Aplicou-se, no ponto, orientação firmada pela Corte no sentido de não ocorrer cerceamento quando a defesa, regularmente intimada, deixa de interpor recurso ou apresentar uma das peças processuais. Esclareceu-se que, no caso, não haveria de se cogitar de ausência de defesa, porquanto houvera a interposição de embargos de declaração da sentença em tempo hábil, e que a defesa optara pela não apresentação de apelação. Ademais, enfatizou-se a inexistência de dispositivo legal que determine a necessidade de o mandado de intimação da sentença ser acompanhado de termo de apelação, salientando-se que tal providência seria recomendável em se tratando de réu preso, que poderá ter mais dificuldade em manter contado com seu defensor. Dessa forma, rejeitou-se o aduzido constrangimento ilegal quanto à diferença de procedimentos adotados e afirmou-se que os pacientes pretendem efetuar, em *habeas corpus*, a revisão da condenação, já transitada em julgado. Por fim, considerou-se prejudicado o pleito concernente à repercussão geral da matéria, dado que a via eleita, para ser conhecida, não exige tal preliminar nem prequestionamento. **HC 93120/SC, rel. Min. Joaquim Barbosa, 8.4.2008.** (HC-93120) (Inform. STF 501)

CITAÇÃO POR EDITAL E DIREITO DE DEFESA - 1

Ante a verificação da falta de regular citação pessoal do paciente, a Turma deferiu *habeas corpus* para anular o processo a partir da citação editalícia levada a efeito pelo Juízo do 2º Tribunal do Júri da Capital de São Paulo. No caso, o paciente fora denunciado, com terceiro, pela suposta prática dos delitos de tentativa de homicídio simples (CP, art. 121, *caput*, c/c o art. 14, II) e homicídio simples (CP, art. 121, *caput*). Contudo, o juiz do tribunal do júri, convencido da ausência de elementos que indicassem o cometimento de crimes dolosos contra a vida, determinara a desclassificação dos delitos imputados, com a remessa dos autos ao juízo singular, que o condenara por latrocínio consumado (CP, art. 157, § 3º, 2ª parte) e por latrocínio tentado (CP, art. 157, § 3º, 2ª parte, c/c o art. 14, II). Ocorre que no curso do feito perante o tribunal do júri, em face da não localização do paciente, expedira-se mandado de prisão e a citação se realizara por edital. Diante do não-comparecimento para o interrogatório, o processo prosseguira à revelia do paciente. Não apresentada a defesa prévia, o juízo nomeara defensora *ad hoc* para representá-lo durante a oitiva das testemunhas arroladas pela acusação. **HC 88548/SP, rel. Min. Gilmar Mendes, 18.3.2008.** (HC-88548)

CITAÇÃO POR EDITAL E DIREITO DE DEFESA - 2

Tendo em conta que, na espécie, não foram esgotados todos os meios disponíveis para a localização do paciente, entendeu-se que a citação por edital não deveria ter sido realizada. Asseverou-se que tal falta não seria sanada pela simples nomeação de defensor dativo. Considerou-se, no ponto, que não se constatando a escorreita citação do acusado, com uso de todos os meios ao alcance do juízo para que fosse localizado, negara-se-lhe o direito ao interrogatório e, em acréscimo, fora-lhe retirada a prerrogativa de, livremente, escolher o advogado incumbido de sua defesa, elegendo, junto com este, as testemunhas que caberia arrolar e as demais provas que poderia produzir. Nesse sentido, enfatizou-se que o direito de defesa constitui pedra angular do sistema de proteção dos direitos individuais e materializa uma das expressões do princípio da dignidade da pessoa humana. Ordenou-se, por fim, a renovação do feito em todos os seus demais termos, devendo o paciente ser colocado em liberdade se, por outro motivo, não estiver preso. Precedentes citados: HC 70460/SP (DJU de 4.2.94); HC 74577/SP (DJU de 28.2.97); HC 81151/DF (DJU de 22.2.2002); HC 67755/SP (DJU de 11.9.92). **HC 88548/SP, rel. Min. Gilmar Mendes, 18.3.2008.** (HC-88548) (Inform. STF 499)

FAC-SÍMILE E PRAZO RECURSAL

Nos atos sujeitos a prazo, o termo inicial da contagem dos 5 dias para a apresentação dos originais a que se refere o art. 2º, parágrafo único, da Lei 9.800/99 deve ser contado do término do prazo assinado para a prática do ato e não do recebimento do material por fax (*"Art. 2º A utilização de sistema de transmissão de dados e imagens não prejudica o cumprimento dos prazos, devendo os originais ser entregues em juízo, necessariamente, até cinco dias da data do seu término. Parágrafo único. Nos atos não sujeitos a prazo, os originais deverão ser entregues, necessariamente, até cinco dias da data da recepção do material."*). Com base nesse entendimento, a Turma rejeitou preliminar de intempestividade suscitada pelo Ministério Público e conheceu de recurso ordinário em *habeas corpus* cujo original fora apresentado ao protocolo 2 dias após o fim do prazo recursal. Todavia, no mérito, negou-lhe provimento por entender incabível infirmar, na via eleita, as declarações das instâncias inferiores no sentido da boa procedência da gravação de fita supostamente obtida como produto de montagem em decorrência de armação política. RHC 86952/SP, rel. Min. Marco Aurélio, 13.2.2007. (RHC-86952) (Inform. STF 456)

ART. 366 DO CPP E SUSPENSÃO DO PRAZO PRESCRICIONAL

A Turma deu provimento a recurso extraordinário interposto pelo Ministério Público do Estado do Rio Grande do Sul contra acórdão do tribunal de justiça local que mantivera decisão que, ao declarar a revelia do ora recorrido (CPP, art. 366), suspendera o curso do processo, mas limitara a suspensão do prazo prescricional ao da prescrição em abstrato do fato delituoso. Inicialmente, afastou-se a alegação de ofensa ao art. 97 da CF, no sentido de que a interpretação dada pela Corte *a quo* ao citado art. 366 do CPP consubstanciar-se-ia em uma espécie de controle de constitucionalidade. Asseverou-se, no ponto, que no controle difuso, a interpretação que restringe a aplicação de uma norma a alguns casos, mantendo-a com relação a outros, não se identifica com a declaração de inconstitucionalidade prevista naquele dispositivo constitucional. No tocante à suspensão da prescrição, entendeu-se que a Constituição não veda que seu prazo seja indeterminado, uma vez que não se constitui em hipótese de imprescritibilidade e a retomada do curso da prescrição fica apenas condicionada a evento futuro e incerto. Além disso, aduziu-se que a Constituição se restringe a enumerar os crimes sujeitos à imprescritibilidade (CF, art. 5º, XLII e XLIV), sem proibir, em tese, que lei ordinária crie outros casos. Por fim, considerou-se inadmissível sujeitar-se o período de suspensão de que trata o art. 366 do CPP ao tempo da prescrição em abstrato, visto que, do contrário, o que se teria seria uma causa de interrupção e não de suspensão. RE provido para determinar a suspensão da prescrição por prazo indeterminado. Precedente citado: Ext 1042/Governo de Portugal (j. em 19.12.2006). RE 460971/RS, rel. Min. Sepúlveda Pertence, 13.2.2007. (RE-460971) (Inform. STF 456)

8.1. SUPERIOR TRIBUNAL DE JUSTIÇA

DIREITO PROCESSUAL PENAL. REPUBLICAÇÃO DE DECISÃO. REABERTURA DO PRAZO RECURSAL.

O prazo para a interposição de recurso flui a partir da última publicação da decisão a ser impugnada, de modo que a republicação, mesmo que desnecessária ou feita por equívoco, acarreta a reabertura do prazo recursal. Precedentes citados: AgRg no REsp 1.219.132-PR, DJe 12/5/2011, e EREsp 281.590-MG, DJ 1º/8/2006. **HC 238.698-SP, Rel. Min. Marilza Maynard (Desembargadora-convocada do TJ-SE), julgado em 20/11/2012. (Inform. STJ 510)**

DIREITO PROCESSUAL PENAL. NULIDADE. CITAÇÃO POR EDITAL.

É nulo o processo a partir da citação na hipótese de citação editalícia determinada antes de serem esgotados todos os meios disponíveis para a citação pessoal do réu. A citação por edital, a teor do disposto nos arts. 361 e 362 do CPP, constitui medida de exceção e, sem esgotamento do chamamento pessoal mediante mandado no endereço mencionado pelo réu, configura nulidade insanável, consoante preceitua o art. 546, III, e, também do CPP, pois acarreta prejuízo ao réu e viola o direito constitucional da ampla defesa. Precedentes citados: HC 209.466-MG, DJe 29/03/2012; REsp 684.811-MG, DJ 5/09/2005; RHC 11.271-PR, DJ 26/08/2002; HC 7.967-SP, DJ 31/05/1999. **HC 213.600-SP, Rel. Min. Laurita Vaz, julgado em 4/10/ 2012.(Inform. STJ 506)**

INTIMAÇÃO. PRONÚNCIA. CITAÇÃO POR EDITAL.

Há a necessidade de intimação pessoal da sentença de pronúncia quando o réu foi citado por edital. No caso, a citação ocorreu antes de o art. 366 do CPP ser alterado pela Lei n. 9.271/1996, o qual não determinava a suspensão do processo se o acusado houvesse sido citado por edital, como hoje dispõe. Seguindo a norma então vigente, o processo prosseguiu à revelia da ré até a pronúncia, quando ficou suspenso por ser, naquele momento, essencial a intimação pessoal da acusada, a qual não foi localizada. Com o advento da Lei n. 11.689/2008, que permite a intimação da pronúncia por edital, o tribunal *a quo* procedeu, assim, à intimação. No entanto, a Turma, por maioria, entendeu que a intimação editalícia da pronúncia somente pode ocorrer quando o réu tomou conhecimento da ação contra ele promovida, de forma inconteste, seja pela sua citação pessoal, pelo seu comparecimento em cartório ou pela constituição de advogado. Portanto, a nova norma (art. 420, parágrafo único, do CPP) deve ser interpretada em consonância com o art. 366 do mesmo Código, ou seja, há impossibilidade da intimação por edital daquele citado fictamente para defender-se. O Min. Relator ressaltou que tal entendimento está em consonância com o Pacto de San José da Costa Rica, que assegura a todo acusado a comunicação prévia e pormenorizada da acusação formulada. Dessa forma, a ordem foi concedida para declarar a nulidade da intimação por edital da pronúncia, devendo serem obstados os atos processuais até a intimação pessoal da paciente. Precedente citado: HC 172.382-RJ, DJe 15/6/2011. **HC 152.527-MG, Rel. Min. Og Fernandes, julgado em 17/4/2012. (Inform. STJ 495)**

NULIDADE. AUDIÊNCIAS DEPRECADAS. JUÍZOS DIVERSOS. INTIMAÇÃO. ADVOGADOS.

Trata-se de paciente preso preventivamente e denunciado pela suposta prática do crime previsto no art. 157, § 3º, do CP (latrocínio), tendo subtraído o valor de R$ 60 mil em espécie, que seria produto da venda de um imóvel celebrada com o próprio acusado. Alega o impetrante a nulidade de uma das audiências deprecadas para ouvir uma testemunha de acusação devido à impossibilidade de seu comparecimento simultâneo às duas, uma vez que também fora marcada para o mesmo dia e horário uma outra audiência em comarca diversa, à qual ele compareceu para ouvir duas testemunhas de acusação. Para o Min. Relator, no caso dos autos, o advogado do paciente foi cientificado das datas e horários das audiências nos juízos deprecados com três dias de antecedência; por isso, teve tempo suficiente para requerer um adiamento, mas, em vez disso, quedou-se inerte. Por outro lado, asseverou não haver prejuízo porque, da análise do termo da audiência que a impetração pretende anular, verificou também que a testemunha ouvida afirmou tão somente ter achado o corpo da vítima e chamado a polícia, sem ter presenciado o fato delituoso; disse, ainda, não conhecer a vítima ou o acusado. Assim, concluiu o Min. Relator ser irrelevante o testemunho para a defesa, visto que as declarações em nada alterariam o panorama fático do processo, nem esclareceriam a possível autoria do fato criminoso, sendo mesmo desnecessárias ao deslinde da causa. Destacou, ainda, que a intimação da defesa dessas audiências no juízo deprecado, em tese, seria dispensável, segundo a orientação deste Superior Tribunal, conforme a Súm. n. 273-STJ. Dessa forma, concluiu que, como houve a intimação, o certo é que elas deveriam ter sido marcadas em dias diferentes, a possibilitar o comparecimento do advogado de defesa, porém, como o ato já foi praticado, nesse caso, é indispensável verificar se a sua realização causou efetivo prejuízo ao réu. Na hipótese, esclarece que se pode constatar a absoluta desnecessidade de sua repetição ou anulação, como postulado, por nada servir ao paciente o testemunho prestado. Assim, a seu ver, admitir a nulidade sem nenhum critério de avaliação, apenas por simples presunção de ofensa aos princípios constitucionais é permitir o uso do devido processo legal como mero artifício ou manobra de defesa, e não como aplicação do justo a cada caso, distanciando-se o Direito do seu ideal, qual seja, a aplicação da Justiça. Com esse entendimento, a Turma, ao prosseguir o julgamento, por maioria, não obstante o parecer do subprocurador em sentido contrário, denegou a ordem. **HC 181.674-PE, Rel. Min. Napoleão Nunes Maia Filho, julgado em 21/6/2011.** (Inform. STJ 478)

CITAÇÃO. EDITAL. ANTECIPAÇÃO. PROVA. SUSPENSÃO. PROCESSO.

A Turma deu provimento ao recurso por entender que a produção antecipada de provas, conforme dispõe o art. 366 do CPP, não deve ser utilizada em todos os casos em que haja a suspensão do processo em razão da ausência do réu citado por edital. A providência deve ser resultante de uma avaliação do risco concreto do perecimento da prova e de impossibilidade de sua obtenção futura, caso não seja realizada antecipadamente. Logo, é uma medida excepcional que deve ser devidamente justificada. Precedentes citados: RHC 24.964-DF, DJe 13/12/2010; HC 102.758-SP, DJe 22/11/2010, e HC 138.837-DF, DJe 1º/2/2010. **REsp 1.224.120-PR, Rel. Min. Gilson Dipp, julgado em 17/2/2011.** (Inform. STJ 463)

DEFENSOR DATIVO. INTIMAÇÃO. DIFICULDADE. LOCALIZAÇÃO.

Sob o fundamento de que havia dificuldade em localizar a advogada dativa regularmente constituída para a defesa do paciente, o TRF nomeou-lhe outra mediante publicação no Diário da Justiça e, assim, realizou o julgamento da apelação. Então, vê-se, pelas peças acostadas aos autos, que o julgamento dessa apelação deu-se em desacordo com julgado do STJ. Uma circunstância é a total impossibilidade de efetuar a intimação, essa sim justificadora da nomeação de novo defensor, outra é a simples dificuldade de localização, pois se faz necessário esgotar todos os meios de localização do defensor para garantir a estrita observância do devido processo legal e da ampla defesa. Note-se, outrossim, que o entendimento esposado por este Superior Tribunal é que deve ser pessoal a intimação do defensor dativo, o que nem sequer se deu quando nomeado o novo defensor. Precedentes citados: HC 82.766-GO, DJe 24/5/2010, e HC 130.191-SP, DJe 11/10/2010. **HC 178.192-RJ, Rel. Min. Og Fernandes, julgado em 8/2/2010.** (Inform. STJ 462)

INTIMAÇÃO. DEFENSOR DATIVO. INÉRCIA. ADVOGADO.

Trata-se de paciente condenado a nove anos e cinco meses de reclusão em regime inicial fechado e mais 30 dias-multa pelo crime de roubo (art. 157, § 2º, I e II, c/c art. 14, II, e art. 69, todos do CP). Noticiam os autos que houve apelação, mas os advogados constituídos deixaram de apresentar em tempo as razões; por esse motivo, o paciente foi intimado por edital para constituir novo patrono. No entanto, devido a sua inércia, foi-lhe nomeada defensora pública, que pugnou por sua absolvição e, subsidiariamente, pela redução da pena. Então, o TJ não conheceu da apelação porque o paciente não fora recolhido à prisão; contudo, posteriormente, em *habeas* corpus, foi concedida a ordem para determinar o julgamento da apelação. Para esse julgamento da apelação, a defensora pública foi intimada pessoalmente. Agora, em novo *habeas corpus*, alega a nulidade do julgamento da apelação por falta de intimação do defensor constituído, afirmando afronta aos princípios constitucionais da ampla defesa e do devido processo legal por impossibilitar sua sustentação oral. Para o Min. Relator, é cediço que a jurisprudência desta Corte firmou o entendimento de que constitui nulidade, por cerceamento de defesa, a falta de intimação válida do defensor constituído da sessão de julgamento da apelação. Entretanto, observa que não é essa a hipótese dos autos, visto que, no caso, os advogados constituídos deixaram de apresentar as razões de apelação, bem como o paciente permaneceu silente após a intimação para constituir novo procurador, por esse motivo o tribunal *a quo* tomou as providências cabíveis, nomeando uma defensora pública ao paciente para garantir sua ampla defesa. Por outro lado, explica que a defensora pública apresentou as razões recursais após ter sido intimada pessoalmente do dia da sessão de julgamento da apelação, consequentemente, não houve a alegada nulidade, uma vez que a defensora pública então responsável pela condução do processo foi devidamente cientificada. Conclui que, segundo a jurisprudência deste Superior Tribunal a partir da nomeação do defensor dativo, o defensor constituído não precisa mais ser intimado dos demais atos do processo. Diante do exposto, a Turma denegou a ordem. Precedentes citados do STF: HC 73.807-SC, DJ 31/5/1996; do STJ: HC 66.599-SP, DJ 3/12/2007, e HC 81.504-BA, DJe 14/4/2008. **HC 147.345-PB, Rel. Min. Og Fernandes, julgado em 18/11/2010.** (Inform. STJ 456)

QO. INTIMAÇÃO. MP. PRAZOS RECURSAIS.

Em questão de ordem, a Turma decidiu que a intimação pessoal do Ministério Público (MP) por mandado dá-se na data ali registrada. Então, o prazo recursal é contado conforme o art. 800 c/c o 798, § 5º, e o 370, § 4º, todos do CPP. Dessa forma, se houver recusa do MP em receber a intimação, o prazo recursal será contado da certidão do meirinho. Precedentes citados: EDcl no REsp 1.032.034-SP, DJe 7/12/2009; AgRg nos EREsp 310.417-PB, DJe 27/3/2008, e REsp 724.550-GO, DJ 16/6/2005. **QO no REsp 761.811-SC, Rel. Min. Maria Thereza de Assis Moura, julgada em 4/5/2010.** (Inform. STJ 433)

DEFENSOR PÚBLICO. INTIMAÇÃO.

O paciente foi condenado por homicídio qualificado a 30 anos de reclusão. Em sede de apelação, essa condenação foi reduzida a 14 anos. Pretende-se, agora, na via do *habeas corpus*, a nulidade do julgamento da apelação por falta de intimação pessoal do defensor dativo. Neste Superior Tribunal, é pacífico o entendimento de que é necessária a intimação pessoal do defensor público (ou quem lhe faça as vezes) para todos os atos do processo, sob pena de nulidade. Porém se verifica haver, no caso, o trânsito em julgado da decisão sem qualquer irresignação da defesa, que só se insurgiu nove anos após, daí o Min. Relator originário denegar a ordem, por entender preclusa a matéria, além de não existir significativo prejuízo à defesa, pois a condenação foi, ao cabo, diminuída. Por sua vez, a Min. Maria Thereza de Assis Moura aderiu a esses fundamentos. Sucede que, ao prosseguir-se o julgamento em razão de voto vista, o Min. Og Fernandes e o Min. Celso Limongi divergiram, ao entendimento de que, por se tratar de nulidade absoluta, não haveria falar em preclusão. Constatado o empate, prevaleceu a decisão mais favorável ao réu, a de conceder a ordem para que se intime o defensor e seja novamente levada a julgamento a apelação. **HC 110.817-SP, Rel. originário Min. Haroldo Rodrigues (Desembargador convocado do TJ-CE), Rel. para acórdão Min. Og Fernandes, julgado em 24/11/2009.** (Inform. STJ 417)

PRODUÇÃO ANTECIPADA. PROVAS. NECESSIDADE.

A jurisprudência deste Superior Tribunal é firme no sentido de que a produção antecipada das provas, conforme o art. 366 do CPP, exige concreta demonstração da urgência e da necessidade da medida. Não é motivo hábil para justificá-la, como na espécie, a decisão que afirma que as testemunhas, no futuro, possam vir a mudar de domicílio, dificultando a colheita de provas, e que elas poderão perder a memória dos fatos. Assim, a Turma deu provimento ao recurso, para anular a decisão que determinou a produção antecipada de provas, bem como os atos subsequentes, sem prejuízo de nova determinação fundamentada em dados concretos. **RHC 21.173-DF, Rel. Min. Maria Thereza de Assis Moura, julgado em 19/11/2009.** (Inform. STJ 416)

PUBLICAÇÃO. EMENTA. INTIMAÇÃO. ADVOGADO.

A Turma, ao prosseguir o julgamento, por maioria, denegou a ordem de *habeas corpus* ao entendimento de que a lei processual não exige a publicação do inteiro teor da ementa do acórdão para a contagem de prazo recursal. Observou-se que o CPP limita-se a prever apenas que a intimação do advogado constituído ocorrerá por publicação na imprensa oficial. Assim, aplica-se subsidiariamente o art. 506, III, do CPC, o qual, desde a edição da Lei n. 11.276/2006, prevê que não é necessário publicar a ementa do acórdão, basta a publicação do dispositivo do acórdão no órgão oficial. Observou o Min. Napoleão Nunes Maia Filho (vencido) que, no caso, houve duas publicações: a primeira referiu-se à ata de julgamento e a segunda repetiu a primeira, não se podendo afirmar que a segunda publicação seja o dispositivo do acórdão, o que gera dúvida para a defesa, que, por sinal, perdeu o prazo recursal. Precedentes citados: HC 71.614-SP, DJ 3/12/2007, e HC 49.886-SP, DJ 5/2/2007. **HC 103.232-SP, Rel. Min. Laurita Vaz, julgado em 21/5/2009.** (Inform. STJ 395)

PRODUÇÃO ANTECIPADA. PROVA. FUGA.

O art. 366 do CPP, que permite ao juiz determinar a produção antecipada de provas consideradas urgentes, tem uma boa dose de permissividade, porém não está sujeito à total discricionariedade do magistrado. Para que se imponha tal antecipação quanto à prova testemunhal, a acusação há que, satisfatoriamente, justificá-la. A inquirição de testemunha, por si só, não é prova urgente, e a mera referência aos limites da memória humana não é suficiente para determinar a medida excepcional. No caso, soma-se a isso o fato de que a prisão não se encontra fundamentada, pois as alegações de que o réu fugiu ou de que o crime é grave não se prestam a justificar o decreto de prisão. Com esse entendimento, a Turma concedeu a ordem para cassar a decisão que antecipou a prova testemunhal, com a determinação de que seja desentranhada dos autos a já realizada. Outrossim, revogou a prisão, impondo ao réu o compromisso de comparecer a todos os atos para os quais for convocado, sob pena de renovação da prisão pelo juiz do processo. Precedentes citados: EREsp 469.775-SP, DJ 2/3/2005; HC 45.873-SP, DJ 25/9/2006, e HC 38.652-PI, DJ 1º/8/2005. **HC 122.936-PB, Rel. Min. Nilson Naves, julgado em 23/4/2009.** (Inform. STJ 391)

CARTA ROGATÓRIA. CERCEAMENTO. DEFESA.

In casu, não houve a oitiva de uma testemunha residente no exterior arrolada pelo réu, ora paciente, alegou-se que não havia recursos para custear a expedição da carta rogatória. Ressalte-se que o paciente era beneficiário da Justiça gratuita. Nesse contexto, a Turma entendeu que, na hipótese, configurou-se o cerceamento de defesa e, em conseqüência, concedeu a ordem de *habeas corpus*. **HC 55.550-MG, Rel. Min. Og Fernandes, julgado em 9/12/2008.** (Inform. STJ 380)

HC. INTERROGATÓRIO. ACUSADO. CARTA ROGATÓRIA.

O paciente objetiva reconhecimento de constrangimento ilegal proveniente do ato do juízo federal que, ao receber denúncia, determinou sua citação por carta rogatória à Itália para que seja interrogado no Brasil. Sustenta sua defesa que obrigá-lo a se deslocar de seu domicílio para ser interrogado no Brasil violaria os princípios constitucionais da ampla defesa e do contraditório, além de nada obstar que o interrogatório seja conduzido por magistrado da Itália. Explica a Min. Relatora que o processo penal brasileiro adotou não só um sistema acusatório e a CF/1988 consagrou um sistema garantista que engloba a defesa técnica e a autodefesa. E, na hipótese dos autos, o Dec. n. 862/1993 promulga tratado sobre cooperação judiciária em matéria penal entre Brasil e Itália (17/10/1989), que compreende especialmente a comunicação de atos judiciais, interrogatório de indiciados ou acusados, a coleta de provas etc. Assim, levando-se em conta que o princípio da identidade física do juiz não vigora no processo penal brasileiro tendo em vista o direito inalienável do paciente à autodefesa e em havendo meios de garantir seu exercício, nada obsta que o interrogatório seja realizado em país estrangeiro. Apesar de o CPP não disciplinar o interrogatório mediante carta rogatória, sua aceitação é pacífica pela jurisprudência. Com esse entendimento, a Turma concedeu a ordem. Precedente citado: EDcl no RHC 1.969-RJ, DJ 27/9/1993. **HC 88.225-RJ, Rel. Min. Jane Silva (Desembargadora convocada do TJ-MG), julgado em 1º/4/2008.** (Inform. STJ 350)

CARTA ROGATÓRIA. TESTEMUNHAS.

A Turma conheceu em parte do recurso, contudo negou-lhe provimento por entender que o ato realizado no Estado estrangeiro buscou unicamente cumprir a carta rogatória expedida pela autoridade judiciária nacional, sem que tenha ocorrido qualquer inovação capaz de ocasionar prejuízo à defesa do réu. Ademais, no caso, houve a intimação da defesa, possibilitando a formulação de perguntas às testemunhas, medida diligente do magistrado condutor do feito. Vale ressaltar que a nomeação pelo *fiscal general del estado* de um advogado para estar presente na oitiva das testemunhas deveu-se às regras próprias do estado rogado, inexistindo qualquer possibilidade de interferência do Brasil, sob pena de afronta à soberania. Precedente citado do STF: HC 71.880-RS, DJ 17/5/1996. **REsp 886.379-RS, Rel. Min. Felix Fischer, julgado em 18/3/2008.** (Inform. STJ 349)

INTIMAÇÃO PESSOAL. DEFENSOR CONSTITUÍDO.
A ausência de intimação pessoal do defensor constituído pelo réu para o julgamento da apelação não implica cerceamento de defesa, visto que essa prerrogativa é do defensor público ou dativo a esse equiparado. O advogado constituído pelo paciente deve ser intimado pela imprensa oficial, conforme dispõe o art. 370, § 1º, do CPP. De outro modo, não restou configurada a prescrição retroativa da pretensão punitiva do Estado, como alegado na impetração, uma vez que não transcorreu o marco temporal interruptivo descrito no art. 117 do CP, a caracterizar a causa extintiva, nos termos do inciso III do art. 109 do mesmo diploma legal. Com esse entendimento, a Turma denegou a ordem. Precedentes citados: HC 51.560-SP, DJ 4/6/2007; RHC 21.863-PR, DJ 5/11/2007, e HC 45.251-SP, DJ 5/2/2007. **HC 82.558-SP, Rel. Min. Jorge Mussi, julgado em 6/3/2008.** (Inform. STJ 347)

MP. PRAZO. INTIMAÇÃO PESSOAL.
O STF, em precedente, firmou o entendimento de que o prazo para interposição do recurso pelo Ministério Público inicia-se da entrada dos autos naquela instituição. Todavia, no momento da interposição deste especial, a orientação jurisprudencial prevalecente entendia que o prazo era contado da aposição do ciente pelo representante do *Parquet*. Daí dele não se exigir conduta diversa, como se pudesse antever tal mudança de entendimento. Precedente citado do STF: HC 83.255-SP, DJ 20/8/2004; do STJ: REsp 738.187-DF, DJ 13/3/2006, e HC 28.598-MG, DJ 1º/8/2005. **REsp 796.488-CE, Rel. Min. Laurita Vaz, julgado em 28/2/2008.** (Inform. STJ 346)

INTIMAÇÃO. SENTENÇA. DESEJO. RECURSO.
Não há qualquer preceito legal que exija, quando da intimação da sentença penal condenatória, que se indague o réu sobre seu desejo de recorrer. **HC 77.964-SP, Rel. Min. Laurita Vaz, julgado em 21/2/2008.** (Inform. STJ 345)

***HABEAS CORPUS*. CONTAGEM. PRAZO. PUBLICAÇÃO. FINAIS DE SEMANA.**
Trata-se de *habeas corpus* impetrado contra decisão do Tribunal de Justiça que não conheceu dos embargos de declaração opostos em face de agravo regimental interposto contra indeferimento *in limine* de revisão criminal, por intempestividade. A discussão restringe-se à definição do termo *a quo* para contagem do prazo recursal quando a publicação do acórdão ocorrera em dias de sábado/domingo. A Turma, à unanimidade, concedeu a ordem, reforçando o entendimento de que, quando há publicação em fins de semana, deve essa ser considerada no primeiro dia útil subseqüente (segunda-feira), entendendo-se como dia útil aquele em que haja expediente forense, sendo que a contagem do prazo deverá iniciar-se na terça-feira, em observância aos arts. 619 e 798, § 1º, do CPP e, analogicamente, ao art. 240 do CPC. Portanto, tendo em vista que o prazo para interposição de embargos de declaração na esfera penal é de dois dias e o protocolo do referido recurso ocorreu na quarta-feira, não há que se falar em intempestividade. Precedente citado: REsp 457.665-RN, DJ 22/3/2004. **HC 85.686-BA, Rel. Min. Napoleão Nunes Maia Filho, julgado em 4/12/2007.** (Inform. STJ 341)

HC. NULIDADE. CITAÇÃO POR EDITAL. AÇÃO PENAL.
Por não ter sido encontrado, o paciente deixou de ser citado pessoalmente em ação penal pela suposta prática do delito previsto no art. 289, § 1º, do CP, embora, na fase de inquérito policial, por força da sua prisão em flagrante, tenha fornecido seu endereço correto e também a despeito de constar documento da polícia federal apontando o endereço correto. Após essa fase, o endereço passou a ser registrado de forma incorreta nos autos, resultando na revelia do paciente, que foi condenado e preso no ambiente de trabalho. Ressalta o Min. Relator que, apesar de a nulidade não ter sido suscitada em nenhum momento dos autos, há os pareceres da Subprocuradoria-Geral da República e da Procuradoria Regional pelo seu acolhimento. Diante desses fatos, a Turma concedeu a ordem de *habeas corpus*, acolhendo a nulidade pelo indicado vício inicial e anulou o processo relativamente ao paciente, desde e inclusive a sua citação por edital, retornando os autos à instância ordinária. **HC 91.950-SP, Rel. Min. Nilson Naves, julgado em 27/11/2007.** (Inform. STJ 340)

RMS. REVELIA. ANTECIPAÇÃO. PROVA TESTEMUNHAL.
Na espécie, o recorrente responde pelo crime tipificado no art. 157, § 2º, I e II, do CP e, citado por edital, não compareceu ao interrogatório marcado pelo juiz. Diante desse fato, o Ministério Público requereu a suspensão do processo e do prazo prescricional, bem como a produção antecipada da prova testemunhal e a prisão preventiva do recorrente. Daí o RMS postulado pela Defensoria Pública alegando a ilegalidade da decisão quanto à colheita antecipada da prova testemunhal. Para a Min. Relatora, causa constrangimento a decisão que aceita a produção antecipada de provas e se limita somente a justificá-la em torno da alegação de temporalidade da memória. Ressalta que a regra do art. 366 do CPP com a redação dada pela Lei n. 9.271/1996 afirma que a determinação da colheita antecipada de prova deve vir lastreada por motivação eficiente, demonstração de urgência, o que equivale *mutatis mutandis* a compreendê-la na linha de comprovação do pressuposto cautelar do *periculum in mora*. Assim, a produção antecipada exige mais que presunções, deve suster-se por meio de efetiva evidência de sua necessidade e utilidade. Com esse entendimento, a Turma deu provimento ao recurso, concedeu a ordem para impedir a produção antecipada da prova testemunhal sem prejuízo de nova determinação caso exista motivação a comprovar a urgência do procedimento. Precedentes citados: HC 57.241-SP, DJ 9/10/2006, e HC 76.831-SP, DJ 3/9/2007. **RHC 21.519-DF, Rel. Min. Maria Thereza de Assis Moura, julgado em 27/9/2007.** (Inform. STJ 333)

SÚMULA STF Nº 710

No processo penal, contam-se os prazos da data da intimação, e não da juntada aos autos do mandado ou da carta precatória ou de ordem.

SÚMULA STF Nº 366

Não é nula a citação por edital que indica o dispositivo da Lei penal, embora não transcreva a denúncia ou queixa, ou não resuma os fatos em que se baseia.

SÚMULA STF Nº 351

É nula a citação por edital de réu preso na mesma unidade da federação em que o juiz exerce a sua jurisdição.

SÚMULA STJ Nº 455

A decisão que determina a produção antecipada de provas com base no art. 366 do CPP deve ser concretamente fundamentada, não a justificando unicamente o mero decurso do tempo.

SÚMULA STJ Nº 415

O período de suspensão do prazo prescricional é regulado pelo máximo da pena cominada.

9. PRISÃO, MEDIDAS CAUTELARES E LIBERDADE PROVISÓRIA

PRISÃO PREVENTIVA: EXCEÇÃO E MEDIDAS CAUTELARES DO ART. 319 DO CPP - 1
Ante empate na votação, a 1ª Turma concedeu parcialmente habeas corpus a fim de determinar a substituição da decisão que denegara à paciente o direito de recorrer em liberdade por outra que imponha medidas cautelares previstas no novel art. 319 do CPP, cuja redação foi conferida pela Lei 12. 403/2011. Na espécie, em primeiro *habeas corpus*, o STJ deferira relaxamento de prisão preventiva em virtude de excesso de prazo. Posteriormente, sobreviera sentença que condenara a ré pelos delitos de formação de quadrilha armada, receptação e porte ilegal de arma de fogo de uso restrito (CP, artigos 288, parágrafo único e 180, *caput* e Estatuto do Desarmamento, art. 16, respectivamente), bem como lhe negara o direito de recorrer em liberdade, na medida em que considerara inalterados os motivos do indeferimento da liberdade provisória. Este título judicial assentara a necessidade de acautelamento da ordem pública, porquanto a condenada atuava como informante de facção criminosa altamente estruturada, o que denotaria sua periculosidade e real possibilidade de que pudesse voltar a delinqüir. Em decorrência, a defesa impetrara segundo *writ* no STJ, o qual mantivera a condenação prolatada pelo juízo singular, daí a impetração neste Supremo. A defesa alegava que os fundamentos da renovação da reprimenda não seriam legítimos, porque a paciente teria sido rejulgada pelos idênticos fatos apostos na decisão que decretara sua prisão preventiva. HC 106446/SP, rel. orig. Min. Cármen Lúcia, red. p/ o acórdão Min. Dias Toffoli, 20.9.2011.(HC-106446)

PRISÃO PREVENTIVA: EXCEÇÃO E MEDIDAS CAUTELARES DO ART. 319 DO CPP - 2
Prevaleceu o voto médio do Min. Dias Toffoli, que reputou superado o dispositivo do decreto que retomara os mesmos argumentos que inspiraram o de custódia cautelar em benefício da ordem pública e da segurança jurídica. Ponderou que perturbações de monta justificariam o encarceramento com respaldo na paz social apenas nos casos em que a sociedade se sentisse desprovida de sua tranqüilidade. Consignou, outrossim, que a nova redação do art. 319 do CPP introduziria a segregação prisional como exceção e que o fato de a paciente receber ordens e manter contato com organiza-

ção criminosa não justificaria, por si só, a aplicação dessa medida, que deveria ser a última escolha do magistrado. Por conseguinte, determinou a adoção dos procedimentos alternativos constantes dos incisos I, II, e III do referido artigo (*"Art. 319. São medidas cautelares diversas da prisão: I - comparecimento periódico em juízo, no prazo e nas condições fixadas pelo juiz, para informar e justificar atividades; II - proibição de acesso ou frequência a determinados lugares quando, por circunstâncias relacionadas ao fato, deva o indiciado ou acusado permanecer distante desses locais para evitar o risco de novas infrações; III - proibição de manter contato com pessoa determinada quando, por circunstâncias relacionadas ao fato, deva o indiciado ou acusado dela permanecer distante"*) em substituição à prisão processual proferida pelo juízo singular. O Ministro Marco Aurélio concedia a ordem integralmente, ao destacar a insubsistência da decisão que negara à ré o direito de recorrer em liberdade. Sublinhava que o fato de o juízo de 1º grau ter se reportado a título de prisão processual que fora glosado pelo Judiciário — ante o excesso de prazo — indicaria contornos de execução criminal precoce, uma vez que a condenação ainda não transitara em julgado. HC 106446/SP, rel. orig. Min. Cármen Lúcia, red. p/ o acórdão Min. Dias Toffoli, 20.9.2011.(HC-106446)

PRISÃO PREVENTIVA: EXCEÇÃO E MEDIDAS CAUTELARES DO ART. 319 DO CPP - 3

Os Ministros Cármen Lúcia e Luiz Fux, por sua vez, denegavam a ordem e asseveravam que a revogação da prisão preventiva por excesso de prazo não impediria a sua decretação por outras razões, ou até pelas mesmas, se estas persistissem. Igualmente, frisavam que a superveniência de sentença condenatória sobrelevaria eventual constrangimento detectado no decorrer da instrução criminal, desde que presentes os requisitos previstos em lei. Enfatizavam que os elementos concretos de convicção que determinaram a manutenção da constrição da paciente estariam suficientemente demonstrados. HC 106446/SP, rel. orig. Min. Cármen Lúcia, red. p/ o acórdão Min. Dias Toffoli, 20.9.2011.(HC-106446) (Inform. STF 641)

RESIDÊNCIA DO RÉU E DIREITO DE RECORRER EM LIBERDADE

O fato de o réu não residir no distrito da culpa não constitui, por si só, motivo bastante para justificar a denegação do direito de recorrer em liberdade. Com base nesse entendimento, a 2ª Turma proveu recurso ordinário em *habeas corpus* para garantir aos recorrentes, se por outro motivo não estiverem presos, o direito de permanecerem em liberdade, até o eventual trânsito em julgado da sentença condenatória. No caso, os pacientes foram condenados a 3 anos de reclusão pelo crime de estelionato, sem direito de recorrer em liberdade, sob o fundamento de preservação da ordem pública e da fiel execução da lei penal, especialmente, pelo fato de terem permanecido presos durante a instrução criminal e do receio de que pudessem evadir-se por não possuírem residência na comarca. Consignou-se que constituiria discriminação de ordem regional, vedada pelo art. 3º, IV, da CF, considerar o fato de a residência do réu não estar localizada no distrito da culpa. Ressaltou-se não haver motivo idôneo para a manutenção da custódia cautelar. O Min. Ricardo Lewandowski acrescentou que os recorrentes já teriam direito à progressão para o regime aberto, uma vez que condenados à pena de 3 anos de reclusão no semi-aberto. RHC 108588/DF, rel. Min. Celso de Mello, 13.9.2011. (RHC-108588) (Inform. STF 640)

PRISÃO PREVENTIVA: NOVA LEI E FALTA DE FUNDAMENTAÇÃO

Ao aplicar a nova redação do art. 313, I ,do CPP ["Art. 313. Nos termos do art. 312 deste Código, será admitida a decretação da prisão preventiva: I - nos crimes dolosos punidos com pena privativa de liberdade máxima superior a 4 (quatro) anos"], alterado pela Lei 12.403/2011, a 2ª Turma concedeu habeas corpus para cassar o decreto de prisão preventiva exarado em desfavor dos pacientes. Na espécie, eles foram acusados pela suposta prática dos delitos de resistência (CP, art. 329) e de desacato (CP, art. 331), ambos com pena máxima abstratamente cominada de 2 anos de detenção. Apontou-se que, com as inovações trazidas pela referida lei — a qual dispõe sobre matérias pertinentes à prisão processual, fiança, liberdade provisória, e demais medidas cautelares — a segregação, no caso, seria imprópria. Ademais, entendeu-se que o magistrado não reunira dados concretos hábeis a justificar a necessidade da constrição cautelar como meio necessário e inafastável para se resguardar a aplicação da lei penal. Ao contrário, assinalou-se que fora utilizado formulário padrão, previamente elaborado, o que evidenciaria, de forma flagrante, a ausência de individualização dos decretos prisionais. HC 107617/ES, rel. Min. Gilmar Mendes, 23.8.2011. (HC-107617) (Inform. STF 637)

Busca e apreensão e prisão em flagrante

A 1ª Turma, por maioria, concedeu *habeas corpus* para anular flagrante imposto ao paciente, preso por haver sido encontrado drogas no interior de sua residência, onde morava com o enteado. Na espécie, após a segregação deste pela suposta prática do crime de tráfico, fora expedido mandado de busca e apreensão, que culminara na prisão em flagrante do padrasto, única pessoa presente naquele local no momento da busca. Asseverou-se que o enteado teria, posteriormente, confessado a prática criminosa e declarado não existir envolvimento por parte do paciente, bem como que este ostentaria bons antecedentes e primariedade. Concluiu-se que o flagrante teria decorrido de ilação e que seria, portanto, ilegal. Determinou-se a expedição de alvará de soltura, a ser cumprido com as cautelas próprias. Vencido o Min. Ricardo Lewandowski, relator, que denegava a ordem. HC 106812/PR, rel. orig. Min. Ricardo Lewandowski, red. p/ o acórdão Min. Marco Aurélio, 5.4.2011. (HC-106812) (Inform. STF 622)

HC N. 105.304-PA
RELATOR: MIN. GILMAR MENDES

Habeas Corpus. 2. Prisão. Alegada falta de fundamentação da decisão proferida pelo Juízo da 3ª Vara Federal da Seção Judiciária do Pará. Inocorrência. 3. Pedido de prisão domiciliar considerado o grave estado de saúde do paciente. Falta de situação excepcional a justificar o pleito. Estado de saúde estável. 4. *Habeas corpus* parcialmente conhecido e, nesta parte, indeferido. (Inform. STF 622)

PRISÃO CAUTELAR E FUNDAMENTOS - 1

Em conclusão de julgamento, a 2ª Turma, por maioria, indeferiu *habeas corpus* para restabelecer ordem de prisão preventiva decretada pelo juízo de 1º grau em desfavor do paciente, à época denunciado pela suposta prática reiterada do crime descrito no art. 213 do CP. Na sessão de 30.11.2010, a Min. Ellen Gracie, relatora, preliminarmente apontou que a questão já teria sido apreciada nos autos do HC 100429/SP, o que obstaria o conhecimento do *writ*. No mérito, indeferiu a ordem e revogou a liminar anteriormente concedida. Aduziu que o decreto prisional, renovado na sentença condenatória superveniente, teria fundamentação idônea, considerada a necessidade de garantia da ordem pública. Afirmou que o agente, na condição de médico, teria praticado uma série de crimes contra diversas pacientes e uma funcionária, durante vários anos, nas dependências de sua clínica, aproveitando-se da debilidade momentânea das vítimas, algumas sob efeito de sedativos. Nesse sentido, considerada a gravidade concreta dos crimes perpetrados, bem como seu *modus operandi*, reputou ser o paciente perigoso, de modo que existiria o risco de reiteração criminosa, se solto. Ressaltou que o fato de ele estar impossibilitado de exercer sua profissão, visto que seu registro profissional estaria suspenso pelo Conselho Regional de Medicina, não impediria eventual prática de novos delitos. Naquela sessão, o julgamento fora suspenso com o pedido de vista do Min. Joaquim Barbosa. HC 102098/SP, rel. Min. Ellen Gracie, 15.2.2011. (HC-102098)

PRISÃO CAUTELAR E FUNDAMENTOS - 2

Na presente assentada, destacou-se, de início, que muito embora houvesse sido expedido novo decreto prisional contra o paciente, com base na garantia de aplicação da lei penal, após ele haver tentado, em 27.12.2010, renovar seu passaporte, o suposto constrangimento ilegal, objeto deste *writ*, estaria mantido, pois apenas liminarmente suspenso. Salientou-se, também, que, na hipótese de se considerar inválido o novo título prisional, remanesceria o anteriormente exarado. Preliminarmente, ainda, superou-se o óbice ao conhecimento da impetração apontado pela relatora. Reputou-se que a decisão proferida naqueles autos de *habeas corpus* teria se cingido ao não conhecimento da ação com base no Enunciado 691 da Súmula do STF. Nesse sentido, a análise do decreto prisional lá realizada teria sido sumária e superficial, não fazendo coisa julgada material. No mérito, acompanhou-se o entendimento da relatora para denegar a ordem. HC 102098/SP, rel. Min. Ellen Gracie, 15.2.2011. (HC-102098)

PRISÃO CAUTELAR E FUNDAMENTOS - 3

Vencidos os Ministros Celso de Mello e Gilmar Mendes, que deferiam a ordem. Aduziam não haver elementos concretos a autorizar a mantença da medida cautelar para a garantia da ordem pública, haja vista não existir prova cabal de que, uma vez impedido de exercer a medicina, o condenado voltaria a delinqüir, consideradas as circunstâncias dos crimes e seu *modus operandi*. Dessa forma, a prisão cautelar expedida seria mera antecipação de pena. Destacavam que o paciente, durante as investigações criminais, solto, não teria se comportado de modo a justificar as suposições contidas no decreto prisional e que, dada a notoriedade dos fatos na mídia, seria pouco provável que outras vítimas em potencial a ele se submetessem ou que silenciassem diante de novas condutas delitivas. HC 102098/SP, rel. Min. Ellen Gracie, 15.2.2011. (HC-102098) (Inform. STF 616)

RECOLHIMENTO COMPULSÓRIO E DIREITO DE APELAR EM LIBERDADE - 1

A exigência de recolhimento compulsório do condenado para apelar viola os princípios constitucionais da ampla defesa, do contraditório e do duplo grau de jurisdição. Com base nesse entendimento, a 2ª Turma deferiu *habeas corpus* para que seja devolvido o prazo recursal e expedido contramandado de prisão em favor do paciente. No caso, o juiz decretara a prisão preventiva do réu para assegurar a aplicação da lei penal, uma vez que ele não fora localizado e, também, em decorrência da magnitude da lesão causada, consistente em gestão fraudulenta de dois consórcios (Lei 7.492/86: "*Art. 30. Sem prejuízo do disposto no art. 312 do Código de Processo Penal, aprovado pelo Decreto-lei nº 3.689, de 3 de outubro de 1941, a prisão preventiva do acusado da prática de crime previsto nesta lei poderá ser decretada em razão da magnitude da lesão causada. Art. 31. Nos crimes previstos nesta lei e punidos com pena de reclusão, o réu não poderá prestar fiança, nem apelar antes de ser recolhido à prisão, ainda que primário e de bons antecedentes, se estiver configurada situação que autoriza a prisão preventiva.*"). HC 103986/SP, rel. Min. Gilmar Mendes, 8.2.2011. (HC-103986)

RECOLHIMENTO COMPULSÓRIO E DIREITO DE APELAR EM LIBERDADE - 2

Ressaltou-se que o fato de o paciente não ter sido encontrado não seria motivo idôneo para manter a prisão cautelar. Além disso, consignou-se que o réu não estaria obrigado a colaborar com a instrução criminal e que a fuga do distrito da culpa, por si só, não autorizaria o decreto constritivo. Assentou-se, ainda, que exigência de recolhimento compulsório do condenado para recorrer, nos termos do que disposto no art. 594 do CPP, sem que presentes quaisquer dos pressupostos do art. 312 do CPP, não seria compatível com a CF/88. Reputou-se que essa mesma conclusão se aplicaria ao disposto no art. 31 da Lei 7.492/86 (Lei do Colarinho Branco), que possui redação análoga à do art. 594 do CPP. Precedente citado: RHC 83810/RJ (DJe de 23.10.2009). HC 103986/SP, rel. Min. Gilmar Mendes, 8.2.2011. (HC-103986) (Inform. STF 615)

PRISÃO PREVENTIVA E INDÍCIOS DE AMEAÇA A TESTEMUNHA

A 1ª Turma, por maioria, indeferiu *habeas corpus* em que se alegava constrangimento ilegal ante a falta de fundamentação apta a justificar prisão preventiva, sobretudo, por ausência de dado concreto e idôneo que comprovasse a suposta coação que o paciente teria infligido às testemunhas. Afirmou-se que, embora o juiz não descrevesse explicitamente essa coação, haveria, nos autos, fortes indícios de que ela ocorrera. Vencido o Min. Marco Aurélio, que entendia que o mero indício não seria suficiente para embasar a custódia cautelar, sendo necessária a demonstração do ato concreto que estaria a causar tumulto ao processo. **HC 103877/RS, rel. Min. Dias Toffoli, 2.12.2010.** (HC-103877) (Inform. STF 611)

PRISÃO PREVENTIVA E MUDANÇA DE DOMICÍLIO

A simples mudança, para o exterior, de domicílio ou residência de indiciado, com a devida comunicação à autoridade competente, não justifica, por si só, a prisão preventiva. Com base nesse entendimento, a 2ª Turma, concedeu habeas corpus a acusada por suposto crime de estelionato na modalidade emissão de cheque sem fundo cuja segregação cautelar tivera como exclusivo fundamento o fato de ela haver se mudado para outro país por efeito de casamento. Considerou-se não se estar diante de nenhuma das hipóteses enquadradas no art. 312 do CPP. **HC 102460/SP, rel. Min. Ayres Britto, 23.11.2010.** (HC-102460) (Inform. STF 610)

HC N. 101.300-SP

RELATOR : MIN. AYRES BRITTO

EMENTA: *HABEAS CORPUS*. ROUBO. FORMAÇÃO DE QUADRILHA. PRISÃO PREVENTIVA. GARANTIA DA ORDEM PÚBLICA E APLICAÇÃO DA LEI PENAL. PRISÃO PREVENTIVA EMBASADA NA CONTEXTURA FACTUAL DOS AUTOS. RISCO CONCRETO DE REITERAÇÃO NA PRÁTICA DELITUOSA. ACAUTELAMENTO DO MEIO SOCIAL. PACIENTE QUE PERMANECEU FORAGIDO POR MAIS DE DOIS ANOS. ALEGAÇÃO DE FALTA DE PROVAS IDÔNEAS PARA A CONDENAÇÃO. ORDEM DENEGADA.

1. O conceito jurídico de ordem pública não se confunde com incolumidade das pessoas e do patrimônio (art. 144 da CF/88). Sem embargo, ordem pública se constitui em bem jurídico que pode resultar mais ou menos fragilizado pelo modo personalizado com que se dá a concreta violação da integridade das pessoas ou do patrimônio de terceiros, tanto quanto da saúde pública (nas hipóteses de tráfico de entorpecentes e drogas afins). Daí sua categorização jurídico-positiva, não como descrição do delito nem cominação de pena, porém como pressuposto de prisão cautelar; ou seja, como imperiosa necessidade de acautelar o meio social contra fatores de perturbação que já se localizam na gravidade incomum da execução de certos crimes. Não da incomum gravidade abstrata desse ou daquele crime, mas da incomum gravidade na perpetração em si do crime, levando à consistente ilação de que, solto, o agente reincidirá no delito. Donde o vínculo operacional entre necessidade de preservação da ordem pública e acautelamento do meio social. Logo, conceito de ordem pública que se desvincula do conceito de incolumidade das pessoas e do patrimônio alheio (assim como da violação à saúde pública), mas que se enlaça umbilicalmente à noção de acautelamento do meio social. 2. É certo que, para condenar penalmente alguém, o órgão julgador tem de olhar para trás e ver em que medida os fatos delituosos e suas coordenadas dão conta da culpabilidade do acusado. Já no que toca à decretação da prisão preventiva, se também é certo que o juiz valora esses mesmos fatos e vetores, ele o faz na perspectiva da aferição da periculosidade do agente. Não propriamente da culpabilidade. Pelo que o *quantum* da pena está para a culpabilidade do agente assim como o decreto de prisão preventiva está para a periculosidade, pois é tal periculosidade que pode colocar em risco o meio social quanto à possibilidade de reiteração delitiva (cuidando-se, claro, de prisão preventiva com fundamento na garantia da ordem pública). 3. Na concreta situação dos autos, o fundamento da garantia da ordem pública, tal como lançado, basta para validamente sustentar a prisão processual do paciente. Não há como refugar a aplicabilidade do conceito de ordem pública se o caso em análise evidencia a necessidade de acautelamento do meio social quanto àquele risco da reiteração delitiva. Situação que atende à finalidade do art. 312 do CPP. 4. Não há que se falar em inidoneidade do decreto de prisão, se este embasa a custódia cautelar a partir do contexto empírico da causa. Até porque, sempre que a maneira da perpetração do delito revelar de pronto a extrema periculosidade do agente, abre-se ao decreto prisional a possibilidade de estabelecer um vínculo funcional entre o *modus operandi* do suposto crime e a garantia da ordem pública. Precedentes: HCs 93.012 e 90.413, da relatoria dos ministros Menezes Direito e Ricardo Lewandowski, respectivamente. 5. No caso, a prisão preventiva também se justifica na garantia de eventual aplicação da lei penal. Isso porque o paciente permaneceu foragido por mais de dois anos. 6. A via processualmente contida do *habeas corpus* não é o *locus* para a discussão do acerto ou desacerto na análise do conjunto factual probatório que embasa a sentença penal condenatória. 7. Ordem denegada. (Inform. STF 609)

RECÂMBIO DE PRESO E INÉRCIA ESTATAL

A 1ª Turma, por maioria, não conheceu de *habeas corpus*, mas concedeu a ordem, de ofício, para o fim de revogar a prisão preventiva decretada em ação penal de comarca do interior de Pernambuco, com a determinação de expedição de alvará de soltura clausulado. Na espécie, o paciente fora denunciado por homicídio quadruplamente qualificado, supostamente cometido naquela unidade federativa, sendo preso em 20.1.2009, em São Paulo, sem que providenciado, até o mês de setembro deste ano, o seu recâmbio àquela comarca. A impetração pleiteava a revogação da custódia preventiva em virtude de ausência de fundamentação idônea e excesso de prazo. Asseverou-se que, embora houvesse motivação adequada para a segregação cautelar do paciente, a situação dos autos apresentaria peculiaridade. Aduziu-se que, de acordo com informações obtidas junto ao juízo processante, o feito ficara paralisado desde a prisão do paciente. Fora produzida apenas antecipação da prova acusatória, e facultada à defesa a realização de interrogatório por precatória na capital paulista. Em razão disso, apontou-se a aparente irregularidade do caso, pois não haveria a indicação de que teria ocorrido formal intimação para o oferecimento de defesa prévia e de apresentação de rol de testemunhas e, ainda, porque não incumbiria à defesa requerer a providência do interrogatório. Enfatizou-se que, apesar da gravidade do crime imputado ao paciente, sua liberdade individual não poderia ficar ao arbítrio do Estado-acusador, quanto ao andamento, ou não, do processo. Destacou-se a inércia estatal em recambiar de ofício o réu. Reputou-se que a demora no desfecho da ação penal não poderia ser debitada à defesa e que o juízo processante desconsiderara recomendação da Corte pernambucana no sentido de priorizar o recâmbio do réu àquela comarca. Vencidos os Ministros Ricardo Lewandowski, quanto à concessão de ofício, e Marco Aurélio, que conhecia do *writ* e concedia a ordem ante o excesso de prazo. **HC 104667/PE, rel. Min. Dias Toffoli, 19.10.2010.** (HC-104667) (Inform. STF 605)

PRISÃO CAUTELAR E EXCESSO DE PRAZO

A Turma, ante a excepcionalidade do caso, deferiu *habeas corpus* para conceder liberdade provisória aos pacientes, presos preventivamente, desde 2003, pela suposta prática do crime de homicídio qualificado. Reputou-se, inicialmente, não se tratar de superação do Enunciado 691 da Súmula do STF, pois o pedido de liminar no *writ* impetrado perante o STJ ainda não teria sido apreciado naquela Corte e o feito sequer possuiria relator. Aduziu-se a excessiva demora na constrição cautelar. Estabeleceram-se, por fim, algumas condições a que os pacientes deverão se submeter, dentre elas o compromisso de comparecimento a todos os atos do processo e a proibição de se ausentarem do distrito da culpa sem autorização judicial. **HC 102668/PA, rel. Min. Dias Toffoli, 5.10.2010.** (HC-102668) (Inform. STF 603)

PRISÃO CAUTELAR E EXCESSO DE PRAZO - 1

A Turma retomou julgamento de *habeas corpus* em que se alega, em suma, constrangimento ilegal imposto ao paciente em virtude de ausência/insuficiência de fundamentação de decreto prisional e de excesso de prazo para o encerramento da instrução criminal. Na espécie, o paciente e co-réus foram denunciados pela suposta prática dos crimes de receptação e formação de quadrilha armada em concurso material. O Min. Marco Aurélio, relator, na sessão de 9.3.2010, por reputar configurado o excesso de prazo, deferiu o *writ* para tornar definitivo o relaxamento da prisão implementado em caráter precário e efêmero. Estendeu a ordem, como o fizera relativamente à medida acauteladora, a co-réu, paciente do HC 98402/SE, em apenso. No tocante à mencionada ausência de fundamentação, consignou que se sinalizara com a necessidade, ante práticas delituosas reiteradas, de garantir-se a ordem pública, não procedendo, assim, essa causa de pedir. Nesta assentada, em voto-vista, o Min. Dias Toffoli julgou prejudicada a impetração, contudo, concedeu a ordem, de ofício, para tornar definitiva a liberdade do paciente e do co-réu beneficiado pela cautelar. Mencionou que realizara diligência e, em consulta ao sítio do Tribunal de Justiça estadual, verificara a superveniência de sentença condenatória, o que tornaria superada a questão quanto ao excesso de prazo, e o fato de estar a ação penal em fase de apelação. Consignou que o referido édito condenatório mantivera a segregação cautelar de vários co-réus, mas se silenciara a respeito da necessidade de prisão do paciente deste *writ* e do co-réu a quem fora estendida a liminar deferida pelo relator. Ressaltou a inexistência, no momento, de título prisional idôneo embasador da constrição cautelar, que não poderia subsistir. Após, pediu vista dos autos a Min. Cármen Lúcia. **HC 97013/SE, rel. Min. Marco Aurélio, 14.9.2010.**(HC-97013)

PRISÃO CAUTELAR E EXCESSO DE PRAZO - 2

Em conclusão, nos termos do voto médio proferido pelo Min. Dias Toffoli, a Turma julgou prejudicadas duas impetrações, mas concedeu as ordens, de ofício, para tornar definitiva a liberdade dos pacientes. Tratava-se de *habeas corpus* em que se alegava, em suma, constrangimento ilegal imposto aos pacientes em virtude da ausência/insuficiência de fundamento do decreto prisional e de excesso de prazo para o encerramento da instrução criminal — v. Informativo 600. O redator para o acórdão mencionou que realizara diligência e, em consulta ao sítio do tribunal de justiça estadual, verificara a superveniência de sentença condenatória, o que tornaria superada a questão quanto ao excesso de prazo, e o fato de estar a ação penal em fase de apelação. Consignou que o referido édito condenatório mantivera a segregação cautelar de vários co-réus, mas se silenciara a respeito da necessidade de prisão dos pacientes destes *writs*. Ressaltou a inexistência, no momento, de título prisional idôneo embasador das constrições cautelares, que não poderiam subsistir. Vencidos os Ministros Cármen Lúcia e Ricardo Lewandowski que denegavam a ordem, por considerarem idôneo o fundamento do decreto das prisões preventivas e inexistente o excesso de prazo, tendo em conta a complexidade do feito e a circunstância de o Estado não ter permanecido inerte. Ademais, ressaltavam o fato de não haver notícia no aludido sítio eletrônico de que o magistrado, ao condenar os pacientes, deixara de se manifestar acerca de suas prisões. Vencido, em parte, o Min. Marco Aurélio, relator, que, por reputar configurado o excesso de prazo, deferia o HC 97013/SE, para tornar definitivo o relaxamento da prisão implementado em medida acauteladora, e estendia a ordem ao paciente do outro *habeas*. **HC 97013/SE, rel. orig. Min. Marco Aurélio, red. p/o acórdão Min. Dias Toffoli, 28.9.2010**. (HC-97013) **HC 98402/SE, rel. orig. Min. Marco Aurélio, red. p/o acórdão Min. Dias Toffoli, 28.9.2010**. (HC-98402) (Inform. STF 602)

PRISÃO CAUTELAR E FUNDAMENTAÇÃO

A Turma, por maioria, desproveu recurso ordinário em *habeas corpus* para manter a prisão cautelar do paciente. Na espécie, preso em flagrante e condenado à pena de 5 anos e 4 meses de reclusão, em regime inicial fechado, pela prática do delito de roubo duplamente qualificado, o paciente permanecera custodiado com o advento da sentença condenatória. Reputou-se que o juízo sentenciante teria mantido a prisão em flagrante lastreado em motivação idônea, com o objetivo de resguardar a ordem pública e a aplicação da lei penal. Considerou-se o fato de o recorrente haver permanecido preso durante todo o processo como elemento a corroborar a mantença do decreto. Vencido o Min. Marco Aurélio, que provia o recurso por entender que o fundamento alusivo à necessidade de garantia da aplicação da lei penal não estaria satisfeito, pois baseado na presunção de culpa do recorrente, bem como que o simples fato de haver permanecido preso durante o processo não se prestaria como justificativa para a manutenção da cautelar. Em seguida, concedeu-se *habeas corpus* de ofício, ante o empate na votação, para determinar ao juízo das execuções que verifique a possibilidade de progressão de regime, tendo em vista que a prisão em flagrante teria ocorrido em 5.2.2009, portanto, passado mais de um sexto da pena não transitada em julgado. Vencidos, no ponto, os Ministros Ricardo Lewandowski, relator, e Cármen Lúcia. **RHC 103744/SP, rel. orig. Min. Ricardo Lewandowski, red. p/acórdão Min. Dias Toffoli, 31.8.2010.** (RHC-103744) (Inform. STF 598)

PRISÃO CAUTELAR: EXCESSO DE PRAZO E NOVA DECRETAÇÃO

O relaxamento de prisão preventiva, por excesso de prazo, não impede sua decretação por outros fundamentos explicitados na sentença. Com base nessa orientação, a Turma, por maioria, indeferiu *habeas corpus* em que se pleiteava o direito de recorrer em liberdade. No caso, o paciente, preso em flagrante delito por transportar e trazer consigo substâncias entorpecentes, tivera sua constrição relaxada em virtude do excesso de prazo. Após a prolação da sentença condenatória (Lei 11.343/2006, artigos 33 e 35), o juiz decretara nova segregação cautelar, invocando os fundamentos do art. 312 do CPP. A impetração sustentava a falta de motivação da custódia, bem como a ausência dos seus pressupostos autorizadores. Reputou-se que o réu, por ostentar a suposta condição de líder de grupo de tráfico, se solto, representaria fundado risco à ordem pública e que, por se tratar de crime hediondo, caberia ao magistrado, motivadamente, decidir sobre eventual direito de o sentenciado recorrer em liberdade. Vencido o Min. Marco Aurélio, que deferia a ordem por entender que essa nova prisão, com aparência de cautelar, configuraria execução precoce da pena imposta. Reputava não ser possível, num mesmo processo, considerado o mesmo quadro, ter-se novamente uma prisão, uma vez reconhecido o anterior excesso de prazo, o qual seria definitivo e não se interrompera com a liberdade do acusado. **HC 103881/MG, rel. Min. Dias Toffoli, 31.8.2010.** (HC-103881) (Inform. STF 598)

GRAVIDADE EM ABSTRATO DO DELITO E PRISÃO PREVENTIVA

Ante o empate na votação, a Turma deferiu *habeas corpus* para que a paciente aguarde em liberdade o encerramento da ação penal, ressalvada a possibilidade de nova decretação de prisão de natureza cautelar, se necessária. Na espécie, a paciente e o co-réu foram presos em flagrante pela suposta prática do delito previsto no art. 121, § 2º, I, III e IV, e no art. 211, ambos do CP. Asseverou-se que a prisão da paciente fora decretada tendo por único fundamento a gravidade em abstrato do delito. Consignou-se que tal justificativa somada à hipotética periculosidade do agente — não demonstradas nos autos — não autorizariam por si sós a custódia cautelar, consoante reiterado pela jurisprudência da Corte. Vencidos os Ministros Ellen Gracie e Ayres Britto que indeferiam a ordem, por considerarem que a decisão do magistrado estaria devidamente fundamentada. A Min. Ellen Gracie observava que o delito hediondo teria sido praticado com extrema crueldade e que o juiz circunstanciara, inclusive, as condições em que perpetrado. O Min. Ayres Britto entendia que fora consubstanciado um juízo de alta periculosidade da ré quanto ao modo de execução de crime, e que o magistrado fizera o vínculo entre a garantia da ordem pública e a necessidade de acautelamento do meio social no caso concreto. Ressaltava, ainda, o fato de o juízo de periculosidade — que teria relação com o acautelamento do meio social, portanto, com o pressuposto da ordem pública de que trata o art. 312 do CPP — ser exatamente aquele sobre a gravidade no modo de execução do delito. **HC 95460/SP, rel. Min. Joaquim Barbosa, 31.8.2010.** (HC-95460) (Inform. STF 598)

PRISÃO CAUTELAR: FUNDAMENTAÇÃO E COTA MINISTERIAL

A Turma, por maioria, indeferiu *habeas corpus* em que se questionava decreto de prisão preventiva expedido contra acusado pela suposta prática dos crimes de adulteração de combustíveis e falsidade ideológica. A impetração sustentava a inobservância dos requisitos previstos no art. 312 do CPP, bem como argumentava que o decreto prisional teria adotado como razão de decidir apenas o pedido ministerial. Entendeu-se, primeiramente, que, muito embora a sucinta ordem judicial tivesse adotado como fundamentação o requerimento do Ministério Público, sem, entretanto, transcrevê-lo, a constrição cautelar teria sido baseada em fatos concretos, portanto, em conformidade com o citado dispositivo legal. Consignou-se estar evidenciado que o paciente e seu sócio na empresa seriam contumazes na comercialização clandestina de combustíveis adulterados. Enfatizou-se, ademais, a fuga do paciente em momento anterior ao decreto prisional. Salientou-se, por fim, que as condições subjetivas favoráveis ao paciente não obstariam a segregação cautelar. Vencido o Min. Marco Aurélio, que, ao aduzir a excepcionalidade da custódia preventiva, deferia o *writ* por considerar que o decreto atacado baseara-se em meras presunções, tanto em relação à culpa do acusado quanto em relação à sua possibilidade de fuga. **HC 102864/SP, rel. Min. Ricardo Lewandowski, 3.8.2010.** (HC-102864) (Inform. STF 594)

EMENTA: PRISÃO PREVENTIVA PARA FINS EXTRADICIONAIS. EXTRADITANDO SUBMETIDO A INVESTIGAÇÃO PENAL PELA SUPOSTA PRÁTICA DO "*DELITO DE TERRORISMO*". CONTROVÉRSIA DOUTRINÁRIA EXISTENTE EM TORNO DA DEFINIÇÃO E DA TIPIFICAÇÃO PENAL DOS ATOS DE TERRORISMO NO ORDENAMENTO POSITIVO BRASILEIRO. O POSTULADO DA TIPICIDADE (OU DA DUPLA INCRIMINAÇÃO) COMO UM DOS REQUISITOS NECESSÁRIOS AO ATENDIMENTO DO PEDIDO DE EXTRADIÇÃO (E, TAMBÉM, À DECRETAÇÃO DA PRISÃO CAUTELAR PARA EFEITOS EXTRADICIONAIS). POSTULAÇÃO DEDUZIDA POR ESTADO ESTRANGEIRO, QUE NÃO OBSERVA REQUISITOS IMPOSTOS PELO TRATADO BILATERAL DE EXTRADIÇÃO CELEBRADO COM O BRASIL. INOBSERVÂNCIA, AINDA, DE EXIGÊNCIAS ESTABELECIDAS NO (...). "*PACTA SUNT SERVANDA*". PEDIDO DE PRISÃO CAUTELAR, PARA EFEITOS EXTRADICIONAIS, INSUSCETÍVEL DE ACOLHIMENTO, POR ESTAR INSUFICIENTEMENTE INSTRUÍDO. NECESSIDADE DE DILIGÊNCIAS COMPLEMENTARES. **(Desp. De 02/06/10, rel. Min. Celso de Mello)** (Inform. STF 593)

AUTORIZAÇÃO DO USO DE ALGEMAS E SÚMULA VINCULANTE 11

O Tribunal julgou improcedente reclamação ajuizada contra ato de autoridade judiciária que, em decreto de prisão preventiva do reclamante, teria autorizado o uso de algemas. Entendeu-se que o juiz de primeiro grau não teria determinado, mas apenas autorizado o uso de algemas para o caso da autoridade policial deparar-se com alguma das hipóteses previstas na Súmula Vinculante 11 ("*Só é lícito o uso de algemas em casos de resistência e de fundado receio de fuga ou de perigo à integridade física própria ou alheia, por parte do preso ou de terceiros, justificada a excepcionalidade por escrito, sob pena de responsabilidade disciplinar, civil e penal do agente ou da autoridade e de nulidade da prisão ou do ato processual a que se refere, sem prejuízo da responsabilidade civil do Estado.*"). Ademais, considerou-se o fato de o reclamante não ter demonstrado que, durante o cumprimento do mandado de prisão, a autoridade policial efetivamente fizera uso das algemas, não havendo, ainda, provas nos autos nesse sentido, o que descaracterizaria a violação ao citado verbete. **Rcl 7814/RJ, rel. Min. Cármen Lúcia, 27.5.2010.** (Rcl-7814) (Inform. STF 588)

ENUNCIADO 691 DA SÚMULA DO STF E PRISÃO PREVENTIVA

Por não reputar configurado flagrante constrangimento ilegal apto a ensejar a superação do Enunciado 691 da Súmula do STF, a Turma negou seguimento a *habeas corpus* em que se alegava falta de fundamentação do decreto que determinara a custódia preventiva do paciente. A impetração sustentava que a segregação estaria embasada somente em prova testemunhal inidônea, insuficiente para demonstrar a materialidade do fato. No caso, o juízo de origem, ao receber a denúncia, decretara a prisão do paciente para garantir a instrução processual, tendo em conta que ele estaria ameaçando a vítima para que esta desistisse da ação penal. Enfatizou-se que o *writ* manejado perante o STJ também impugnava indeferimento de liminar, de modo que a apreciação do pleito implicaria dupla supressão de instância. Ademais, asseverou-se que prisão preventiva estaria fundada em assertiva cuja gravidade não seria possível discutir-se na via eleita. **HC 103446/MT, rel. Min. Cezar Peluso, 13.4.2010.** (HC-103446) (Inform. STF 582)

PRISÃO DECORRENTE DE PRONÚNCIA E ART. 585 DO CPC

A Turma deferiu *habeas corpus* para expedir contramandado de prisão em favor de denunciado pela suposta prática do crime previsto no art. 121, § 2º, III e IV, do CP que, não obstante tivesse respondido à ação penal em liberdade — ante o excesso de prazo para o encerramento da instrução criminal —, tivera sua custódia decretada por ocasião da sentença de pronúncia. Asseverou-se que a segregação cautelar decorrente de pronúncia deve estar pautada em pelo menos um dos requisitos dispostos no art. 312 do CPP e que, no caso, o decreto prisional estaria lastreado apenas no fato de o paciente possuir maus antecedentes. Dessa forma, reputou-se inexistir qualquer elemento fático concreto apto a justificar a medida constritiva. Acrescentou-se que, com o advento da Lei 11.689/2008, tratando-se de réu solto, o juiz somente pode ordenar a sua prisão, quando inequivocamente presentes os já aludidos pressupostos do art. 312 do CPP, não mais subsistindo, para tanto, a análise isolada dos antecedentes do acusado (CPP, art. 413, § 3º). Determinou-se, como condição do contramandado, que o paciente se apresente em 10 dias à Vara do Júri da Comarca de Cataguases/MG, sob pena de revogação da medida. Por fim, concedeu-se a ordem, de ofício, para que seja recebido e processado o recurso em sentido estrito interposto pela defesa contra a pronúncia, cujo seguimento fora obstado, com base no art. 585 do CPP ("*O réu não poderá recorrer da pronúncia senão depois de preso, salvo se prestar fiança, nos casos em que a lei a admitir.*"), dado que o réu não teria se recolhido à prisão. Consignou-se que, com a reforma do CPP pela referida Lei 11.689/2008, o art. 585 do CPP encontrar-se-ia implicitamente revogado, uma vez que o réu somente deve se recolher ao cárcere se o magistrado assim entender necessário e desde que de modo motivado. **HC 101244/MG, rel. Min. Ricardo Lewandowski, 16.3.2010.** (HC-101244) (Inform. STF 579)

EMENTA: "*HABEAS CORPUS*". HOMICÍDIO QUALIFICADO. **PRISÃO PREVENTIVA**. **DECISÃO** DE PRONÚNCIA **QUE MANTÉM** A PRIVAÇÃO CAUTELAR DA LIBERDADE DO PACIENTE. **DURAÇÃO IRRAZOÁVEL** DA PRISÃO PROCESSUAL DO PACIENTE **QUE SE PROLONGA**, **SEM** QUE HAJA NOTÍCIA DA PROXIMIDADE DO JULGAMENTO PELO CONSELHO DE SENTENÇA, **HÁ MAIS DE QUATRO (04) ANOS**. **CONFIGURAÇÃO**, NA ESPÉCIE, **DE OFENSA EVIDENTE** AO "*STATUS LIBERTATIS*" DO PACIENTE. **INADMISSIBILIDADE**. **PRECEDENTES** DO SUPREMO TRIBUNAL FEDERAL. **MEDIDA LIMINAR DEFERIDA**.

- O excesso de prazo, mesmo tratando-se de delito hediondo (ou a este equiparado), não pode ser tolerado, impondo-se, ao Poder Judiciário, em obséquio aos princípios consagrados na Constituição da República, a imediata revogação da prisão cautelar do indiciado ou do réu.
- A duração prolongada, abusiva e irrazoável da prisão cautelar de alguém ofende, de modo frontal, o postulado da dignidade da pessoa humana, que representa - considerada a centralidade desse princípio essencial (CF, art. 1º, III) - significativo vetor interpretativo, verdadeiro valor-fonte que conforma e inspira todo o ordenamento constitucional vigente em nosso País e que traduz, de modo expressivo, um dos fundamentos em que se assenta, entre nós, a ordem republicana e democrática consagrada pelo sistema de direito constitucional positivo. Constituição Federal (Art. 5º, incisos LIV e LXXVIII). EC 45/2004. Convenção Americana sobre Direitos Humanos (Art. 7º, ns. 5 e 6). Doutrina. Jurisprudência. (HC 101357 MC/SP, rel. Min. Celso de Mello) (Inform. STF 579)

HC E PRISÃO PREVENTIVA DE GOVERNADOR - 1

O Tribunal, por maioria, denegou *habeas corpus* impetrado em favor do Governador do Distrito Federal contra ato do Superior Tribunal de Justiça - STJ que decretara a prisão preventiva do paciente, com base no disposto no art. 312 do CPP, haja vista que ele teria agido para alterar depoimento de testemunha, de modo a favorecê-lo em inquérito que apura a existência de organização criminosa voltada ao desvio e à apropriação de verbas públicas do DF, comprometendo, dessa forma, as investigações. Preliminarmente, a Corte, também por maioria, rejeitou questão de ordem suscitada pela defesa no sentido de que a sustentação oral fosse feita após a manifestação do Ministério Público. Alegava a defesa que, uma vez que a ação penal fora proposta pelo Procurador Geral da República, não haveria da parte do órgão de acusação a condição de fiscal da lei, e que, tratando o *habeas corpus* de um instrumento de liberdade, deveria haver inversão na ordem de manifestação. Aderiu-se ao posicionamento externado pela Vice-Procuradora Geral da República, que, ao invocar o princípio da unidade e indivisibilidade do Ministério Público, asseverou que, a prevalecer esse entendimento, por-se-ia fim à possibilidade de o *parquet*, em *habeas corpus*, falar por último. Além disso, considerou que, justamente em razão do impedimento do Procurador Geral da República, porque subscrevera a denúncia, ela estaria presente, frisando serem inconfundíveis as posições do autor e do órgão que funcionaria agora como *custos legis*. Também lembrou que o *habeas corpus* se apresentaria aqui com a conformação de um recurso e, portanto, seria necessário que o recorrido soubesse as razões que o recorrente iria deduzir da tribuna, não se tratando de uma questão de assegurar o exercício da ampla defesa, mas de permitir que a acusação e a defesa debatessem em igualdade de condições. No ponto, o Min. Cezar Peluso aduziu ser norma da casa que o Ministério Público fale por último em *habeas corpus*, não havendo nenhum motivo para que, nesse caso, que não seria singular, fosse adotada uma outra regra. Acrescentou que o *habeas corpus*, mais do que um recurso, seria uma ação, sendo preciso que aquele contra quem, de certo modo, a ação é proposta e deve responder aos fundamentos dessa ação soubesse o que o autor da ação teria a dizer. Vencidos, na questão de ordem, os Ministros Marco Aurélio, relator, e Dias Toffoli, que, atentando e viabilizando à exaustão o direito de defesa para as peculiaridades do caso, entendiam aconselhável a inversão. HC 102732/DF, rel. Min. Marco Aurélio, 4.3.2010. (HC-102732)

HC E PRISÃO PREVENTIVA DE GOVERNADOR - 2

Quanto ao mérito, entendeu-se válido o ato coator, salientando não se extrair dos argumentos apresentados no *habeas corpus* razão capaz de fulminar a decretação da prisão do paciente, a qual teria sido suficientemente fundamentada, no que apontada a necessidade da custódia, com o objetivo de preservar a ordem pública e campo propício à instrução criminal. Prevaleceu o voto do Min. Marco Aurélio, relator, que, de início, reportou-se aos fundamentos expostos na decisão liminar. Sob o ângulo do aditamento, afirmou ser preciso considerar a inexistência de vício no ato do Superior Tribunal de Justiça no que tomada de empréstimo a representação do Ministério Público visando à custódia, asseverando que isso se dera no campo da economia processual levando em conta a alusão, de forma minuciosa, a dados coligidos. Aduziu também não guardar sintonia com a espécie o disposto no art. 51, I, da CF, e que o que previsto no citado dispositivo não estaria em harmonia com a organização do Poder Legislativo nos Estados. Explicou que esse preceito versa a admissibilidade da instauração do processo no Senado da República contra o Presidente e o Vice-Presidente da República e os Ministros de Estado, devendo partir-se para a interpretação sistemática considerando-se o artigo que se segue, a revelar a competência privativa do Senado da República para processar e julgar o Presidente e o Vice-Presidente da República nos crimes de responsabilidade, bem como os Ministros de Estado e os Comandantes da Marinha, do Exército e da Aeronáutica nos crimes da mesma natureza conexos com aqueles. Assentou estar-se diante do envolvimento não de crime de responsabilidade propriamente dito, mas de crimes comuns. **HC 102732/DF, rel. Min. Marco Aurélio, 4.3.2010.** (HC-102732)

HC E PRISÃO PREVENTIVA DE GOVERNADOR - 3

Considerou, em seguida, o fato de o Supremo, na ADI 1020/DF (DJU de 24.11.95), ter declarado a inconstitucionalidade do art. 103, § 3º, da Lei Orgânica do Distrito Federal - LODF (*"Enquanto não sobrevier sentença condenatória nas infrações comuns, o Governador não estará sujeito a prisão"*), reiterando orientação firmada na ADI 978/PB (DJU de 24.1.95). Destacou que se cogitar da necessidade de licença para a custódia tendo em conta inquérito em curso seria levar às últimas conseqüências a extravagante previsão, no que direcionada à ação penal, da deliberação quanto ao recebimento, ou não, da denúncia. Ressaltou que norma a encerrar exceção somente poderia ser interpretada de forma estrita, não bastasse conflito com a Carta Federal, conforme exposto no ato que implicou o indeferimento da liminar. Acrescentou que, de outro modo, se teria como inócua e contraditória a decisão deste Plenário que resultou na declaração de inconstitucionalidade da prévia licença para chegar-se à custódia. Registrou que, a prevalecer a óptica da abrangência, ou seja, de a exigibilidade da licença para deliberar-se sobre o recebimento, ou não, da denúncia alcançar a prisão provisória — e quem sabe até a apuração dos fatos mediante inquérito —, teriam atuado no vazio a Câmara Distrital, ao elaborar a LODF, e o Supremo, ao fulminá-la no particular. Para o relator, o enfoque estaria em dissonância com o princípio do terceiro excluído segundo o qual uma coisa é ou não é. Reputou serem inconfundíveis as disciplinas — da instauração do inquérito, da instauração do processo criminal e da prisão quer na primeira fase do inquérito como ocorreu na espécie, quer na segunda quando já existente a ação penal ante o recebimento da denúncia. **HC 102732/DF, rel. Min. Marco Aurélio, 4.3.2010.** (HC-102732)

HC E PRISÃO PREVENTIVA DE GOVERNADOR - 4

No mais, o relator, a partir da análise dos fundamentos da decisão que implementara a custódia, asseverou não ser possível fugir das notícias retratadas nos depoimentos prestados no Departamento da Polícia Federal, a direcionar o envolvimento do próprio Governador — que seria o maior beneficiário do embaralhamento de dados colhidos no inquérito em curso para apreciar atos de corrupção — no sentido de infirmar o que contido no aludido inquérito. Entendeu presente de forma clara, precisa e concreta a prática de atos com o escopo de obstruir a justiça, a apuração dos fatos tal como realmente ocorridos, atraindo o fenômeno — verdadeiro fenômeno no que envolvido um Governador de Estado — a incidência do disposto no art. 312 do CPP, a revelar a possibilidade de prisão preventiva, admitida pela Carta da República no art. 5º, LXI, LXII, LXIII, LXIV, LXV e LXVI, em virtude da necessidade de preservar-se não só a regular instrução criminal, no caso retratada nos autos do inquérito, mas também a ordem pública ante a atuação profícua de instituições — a Polícia Federal, o Ministério Público e o Judiciário. Vencido o Min. Dias Toffoli que concedia a ordem. **HC 102732/DF, rel. Min. Marco Aurélio, 4.3.2010.** (HC-102732) (Inform. STF 577)

EXECUÇÃO PROVISÓRIA: PRISÃO POR FATOS ANÁLOGOS E ORDEM PÚBLICA

A Turma, por maioria, julgou prejudicado *habeas corpus* impetrado contra decisão de Ministro do STJ que indeferira liminar requerida em idêntica medida na qual se alegava ausência de fundamentação da sentença condenatória relativamente à decretação da custódia cautelar do paciente por risco à ordem pública. No caso, tendo em conta a concessão de medida acauteladora pelo Min. Marco Aurélio, relator, a defesa desistira do *writ* impetrado naquela Corte, sendo extinto o processo. Inicialmente, ressaltou-se que, na espécie, não estaria mais em curso, no STJ, o *habeas corpus*. Assim, considerou-se que a sua eventual apreciação implicaria supressão de instância, uma vez que não mais existiria o ato supostamente coator e que a matéria não teria sido objeto de jurisdição pelo STJ. Em passo seguinte, diante da peculiaridade da situação, concedeu-se a ordem de ofício. Aduziu-se que, ante o afastamento da prisão preventiva pelo TRF da 4ª Região, o paciente respondera em liberdade a ação penal contra ele instaurada para apurar a prática de crimes via internet. Com a condenação, assegurara-se aos co-réus o direito de recorrer em liberdade e determinara-se a segregação do paciente, com o fim de garantir a ordem pública, ao fundamento de que ele já estaria preso em razão de outro processo, nos quais apreciados fatos análogos, sem se especificar se de forma definitiva ou provisória. Enfatizou-se que a responsabilidade penal diz respeito a cada uma das ações em curso e, no presente feito, a prisão decretada ganhara contornos de verdadeira execução da pena. Reiterou-se que, em face da concessão da ordem, o paciente permanecera em liberdade, não se podendo, de repente, cogitar-se de ameaça à ordem pública, com menção que se teria mostrado genérica. Vencido o Min. Ayres Britto que não conhecia do *writ* e que não superava o óbice do Enunciado da Súmula 691 do STF por não vislumbrar ato ilegal ou abuso na decisão impugnada. **HC 98037/SC, rel. Min. Marco Aurélio, 2.3.2010.** (HC-98037) (Inform. STF 577)

ADVOGADO: INEXISTÊNCIA DE SALA DE ESTADO MAIOR E PRISÃO DOMICILIAR

O Tribunal iniciou julgamento de reclamação ajuizada pela Ordem dos Advogados do Brasil - Seccional de São Paulo contra decisão proferida pelo Juízo da 2ª Vara das Execuções Criminais da capital que indeferira pedido de prisão domiciliar formulado por advogada, que tivera sua prisão provisória decretada em sentença condenatória recorrível. No caso, a advogada se encontrava presa em penitenciária feminina em cela separada de outras detentas, tendo-lhe sido deferida liminar pela Presidência do Supremo para determinar sua prisão domiciliar. A Min. Cármen Lúcia, relatora, salientando que a advogada não se encontrava numa sala e sim numa cela, e que haveria apelação pendente de julgamento, confirmou a liminar concedida e julgou procedente o pedido formulado, para que se assegure o cumprimento da norma prevista no art. 7º, V, da Lei 8.906/94 — que confere aos advogados o direito de não serem recolhidos presos, antes de sentença transitada em julgado, senão em sala de Estado Maior, com instalações e comodidades condignas, e, na sua falta, em prisão domiciliar — devendo ser especificadas, pelo juízo reclamado, as condições para esse cumprimento, até ser possível, se for o caso, a transferência da advogada para uma sala de Estado Maior, nos termos do que definido na ADI 1127/DF (DJU de 25.6.2006) — na qual declarada a constitucionalidade parcial do referido dispositivo legal — e na Rcl 4535/ES (DJU de 15.6.2007), assim permanecendo ela até o trânsito em julgado da sentença penal condenatória ou enquanto estiver inscrita como advogada na OAB, o que ocorrer primeiro. Após o voto do Min. Dias Toffoli, que acompanhava a relatora, pediu vista dos autos o Min. Joaquim Barbosa. **Rcl 8668/SP, rel. Min. Cármen Lúcia, 18.2.2010.** (Rcl-8668) (Inform. STF 575)

EXCESSO DE PRAZO E RÉU PRESO - 1

A Turma iniciou julgamento de habeas corpus em que se pleiteia — ao argumento de excesso de prazo — o relaxamento de prisão preventiva exarada contra acusado pela prática dos crimes de extorsão mediante seqüestro (CP, art. 159, § 1º) e formação de quadrilha (CP, art. 288, parágrafo único). No caso, juíza de primeiro grau decretara a prisão preventiva do paciente em 26.1.2004, o qual não atendera a chamamento judicial. Alega a impetração que o paciente não se apresentara por estar preso — em decorrência de diversa conduta delituosa — e ter sido intimado por edital. A Min. Cármen Lúcia, relatora, indeferiu o writ. Asseverou que, não obstante a irregularidade na citação por edital, a delonga na instrução processual não poderia ser atribuída exclusivamente ao Estado, mas sim a um conjunto de fatores que revelariam a complexidade do feito, quais sejam: a) pluralidade de réus, todos inicialmente foragidos; b) necessidade de expedição de cartas precatórias para oitiva de testemunhas; c) demora na localização do réu para a realização de seu interrogatório e d) demora na apresentação da defesa prévia. Reputou, ademais, que o decreto de prisão preventiva estaria fundado em elementos concretos devidamente comprovados nos autos. Em divergência, o Min. Marco Aurélio, reconhecendo o excesso de prazo e salientando não caber em informações suplementar o ato atacado no habeas corpus, concedeu a ordem exclusivamente para desconstituir o decreto prisional que tivera por único fundamento a voluntariedade do paciente em não comparecer ao chamamento da Justiça, premissa que se mostrara equivocada. Após, pediu vista dos autos o Min. Ricardo Lewandowski. **HC 97399/CE, rel. Min. Cármen Lúcia, 18.8.2009.** (HC-97399)

EXCESSO DE PRAZO E RÉU PRESO - 2

Em conclusão de julgamento, a Turma, por maioria, deferiu *habeas corpus* para determinar a expedição de alvará de soltura em favor de acusado pela prática dos crimes de extorsão mediante seqüestro (CP, art. 159, § 1º) e formação de quadrilha (CP, art. 288, parágrafo único) — v. Informativo 556. No caso, juíza de primeiro grau decretara a prisão preventiva do paciente em 26.1.2004, o qual não atendera a chamamento judicial.

Alegava a impetração que o paciente não se apresentara por estar preso — em decorrência de diversa conduta delituosa — e ter sido intimado por edital. Reconhecendo o excesso de prazo e salientando não caber em informações suplementar o ato atacado no *habeas corpus*, concedeu-se a ordem exclusivamente para desconstituir o decreto prisional que tivera por único fundamento a voluntariedade do paciente em não comparecer ao chamamento da Justiça, premissa que se mostrara equivocada. Vencida a Min. Cármen Lúcia, relatora, que indeferia o *writ* ao fundamento de que, em que pese a irregularidade na citação por edital, a delonga na instrução processual não poderia ser atribuída somente ao Estado, mas sim a um conjunto de fatores que revelariam a complexidade do feito. **HC 97399/ CE, rel. orig. Min. Cármen Lúcia, red. p/ o acórdão Min. Marco Aurélio, 2.2.2010.** (HC-97399) (Inform. STF 573)

PRISÃO PREVENTIVA E FUNDAMENTAÇÃO

A Turma, por maioria, indeferiu *habeas corpus* em que pronunciado por 2 homicídios qualificados e lesão corporal de natureza grave alegava falta de motivação da prisão cautelar contra ele decretada. Pleiteava o direito de aguardar em liberdade até a conclusão do processo-crime e aduzia que a gravidade em abstrato do delito não justificaria a sua custódia. Reputou-se que a justificativa da garantia da ordem pública seria apta para sustentar o decreto de prisão preventiva do paciente, mantido pela sentença de pronúncia. Realçou-se a dificuldade de formulação conceitual para a expressão "ordem pública" e consignou-se que, quando a situação for de evidente necessidade de acautelamento do meio social, não haveria como rejeitar-se a aplicabilidade do conceito de ordem pública. Entendeu-se, no caso, que o juízo processante — ao fazer a identificação entre a necessidade de preservação da ordem pública e o resguardo do meio social — dera razões capazes de atestar a evidente necessidade de acautelamento do meio social, tendo em conta o contexto empírico da causa, o qual revelaria a gravidade concreta — periculosidade — da conduta protagonizada pelo paciente, de violência incomum. Nesse sentido, enfatizou-se que sempre que sobressair da forma de execução do crime a extrema periculosidade do fato increpado ao agente, confere-se, ao decreto de prisão, a possibilidade de estabelecer um vínculo funcional entre o *modus operandi* do suposto delito e a garantia da ordem pública. Por fim, assinalou-se que o decreto prisional, além de apontar o paciente como investigado em vários outros crimes, encontraria apoio, ainda, na fuga do acusado logo após o cometimento do delito, a demonstrar o intento de se frustrar a aplicação da lei penal. Vencido o Min. Marco Aurélio que deferia o *writ* para relaxar a prisão ao fundamento de que as premissas lançadas pelo juízo não seriam enquadráveis no art. 312 do CPP, porquanto apenas aludiriam à gravidade da imputação, à periculosidade do paciente (sem antecedentes criminais) e a sua fuga do distrito da culpa. Ademais, salientando que a custódia provisória já extravasara o período de 2 anos, considerava configurado o excesso de prazo. **HC 97688/MG, rel. Min. Carlos Britto, 27.10.2009.** (HC-97688) (Inform. STF 565)

EMENTA: AÇÃO PENAL. Prisão preventiva. Decretação para garantia da ordem pública. Tráfico de entorpecentes. Quadrilha especializada. Reiteração delitiva. Razões concretas. Causa legal caracterizada. Constrangimento ilegal inexistente. HC denegado. Aplicação do art. 312 do CPP. Precedentes. É legal, a título de garantia da ordem pública, o decreto de prisão preventiva fundado em indícios de que o acusado integra quadrilha especializada, desde que demonstrada concretamente a elevada probabilidade de reiteração delitiva. **HC N. 92.735-CE. RELATOR : MIN. CEZAR PELUSO.** (Inform. STF 562)

PRISÃO CAUTELAR - DURAÇÃO EXCESSIVA (06 ANOS) - CONSTRANGIMENTO ILEGAL

EMENTA: PRISÃO CAUTELAR. DURAÇÃO IRRAZOÁVEL QUE SE PROLONGA, SEM CAUSA LEGÍTIMA, POR QUASE SEIS (06) ANOS, NÃO OBSTANTE ANTERIOR DESCONSTITUIÇÃO DA CONDENAÇÃO PENAL IMPOSTA PELO JÚRI E INVALIDAÇÃO DO PROCEDIMENTO JUDICIAL DESDE A DECISÃO DE PRONÚNCIA, INCLUSIVE. SUBSISTÊNCIA, NO ENTANTO, DA PRISÃO CAUTELAR ANTERIORMENTE DECRETADA. CONFIGURAÇÃO, NA ESPÉCIE, DE OFENSA EVIDENTE AO "*STATUS LIBERTATIS*" DO PACIENTE. INADMISSIBILIDADE. PRECEDENTES DO SUPREMO TRIBUNAL FEDERAL. A UTILIZAÇÃO, PELO RÉU, DO SISTEMA RECURSAL, POR QUALIFICAR-SE COMO EXERCÍCIO REGULAR DE UM DIREITO, NÃO PODE SER INVOCADA, CONTRA O ACUSADO, PARA JUSTIFICAR O PROLONGAMENTO INDEVIDO DE SUA PRISÃO CAUTELAR. HIPÓTESE DE SUPERAÇÃO DA RESTRIÇÃO FUNDADA NA SÚMULA 691/STF. MEDIDA LIMINAR DEFERIDA. **HC 100574 MC/MG. RELATOR: MIN. CELSO DE MELLO.** (Inform. STF 562)

PRISÃO CAUTELAR E EXECUÇÃO ANTECIPADA DA PENA - 1

A Turma iniciou julgamento de *habeas corpus* no qual empresário — acusado da suposta prática do crime de tortura contra seu funcionário, suspeito de furto ocorrido na empresa — pleiteia a revogação da prisão preventiva contra ele ordenada. No caso, a segregação prisional fora decretada com o escopo de garantir a ordem pública e aplicação da lei penal, indicando que o paciente estaria coagindo vítima e testemunhas. Esgotada a instrução criminal, sobreviera sentença condenatória, contra a qual apelara o paciente, tendo sido indeferido o pleito de recorrer em liberdade, com a mesma motivação apresentada na custódia preventiva. Irresignada, a defesa impetrara *writ* no tribunal local, o qual fora denegado, ensejando idêntica medida perante o STJ, cuja liminar fora indeferida. Ocorre que, confirmada, na apelação, a sentença condenatória, a Ministra-relatora do processo no STJ reputara prejudicado o pedido de mérito do *habeas* — qual seja, assegurar ao paciente o direito de recorrer em liberdade —, assentando que a questão relativa à ilegalidade, ou não, da custódia cautelar se encontraria superada, pois a sua prisão se traduziria, agora, em mero efeito da condenação, uma vez que os recursos eventualmente interpostos — recurso extraordinário e o especial — não teriam efeito suspensivo. **HC 95848/RO, rel. Min. Menezes Direito, 12.5.2009.** (HC-95848)

PRISÃO CAUTELAR E EXECUÇÃO ANTECIPADA DA PENA - 2

O Min. Menezes Direito, relator, por entender que o *writ* perdera o objeto com a decisão proferida pelo STJ, dele não conheceu, mas concedeu a ordem de ofício. Assentou que a fundamentação do decreto prisional careceria de sustentação idônea, dado que alicerçada basicamente na instrução criminal. Destarte, se esta se encerrara, não haveria mais se falar em ameaça a testemunhas ou em outras circunstâncias que são próprias desta fase processual. Asseverou, ademais, que, quando o tribunal estadual, na apelação, mantivera a sentença condenatória, não dera fundamentação para que fosse mantida a cautelar, determinando, pura e simplesmente, a prisão de modo automático, a ensejar execução provisória da pena. Nesse diapasão, aduziu que, sendo execução provisória da pena, ela não se sustentaria diante de recente decisão do Pleno do STF (HC 84078/MS, j. em 5.2.2009). Após, pediu vista dos autos o Min. Ricardo Lewandowski. **HC 95848/RO, rel. Min. Menezes Direito, 12.5.2009.** (HC-95848)

PRISÃO CAUTELAR E EXECUÇÃO DA PENA - 3

Em conclusão de julgamento, a Turma, por maioria, indeferiu *habeas corpus* no qual empresário — acusado da suposta prática do crime de tortura contra seu funcionário, suspeito de furto ocorrido na empresa — pleiteava a revogação da prisão preventiva contra ele ordenada. No caso, a segregação prisional fora decretada com o escopo de garantir a ordem pública e a aplicação da lei penal, indicando que o paciente estaria coagindo vítima e testemunhas. Esgotada a instrução criminal, sobreviera sentença condenatória, contra a qual apelara o paciente, havendo sido indeferido o pleito de recorrer em liberdade, com a mesma motivação apresentada na custódia cautelar — v. Informativo 546. Entendeu-se razoável a decretação da prisão com base na garantia da ordem pública, tendo em conta não apenas a necessidade de recomposição da paz social na localidade onde o crime fora praticado, mas também a elevada periculosidade demonstrada pelo paciente, o qual buscara fazer justiça com suas próprias mãos, torturando pessoa que supostamente teria cometido furto em gráfica de sua propriedade. Ressaltou-se, ademais, que o paciente teria tentado interferir no bom andamento da instrução criminal. Vencido o Min. Menezes Direito, relator, que não conhecia do *writ*, mas concedia a ordem de ofício por considerar que a fundamentação do decreto prisional careceria de sustentação idônea. Vencido o Min. Marco Aurélio que também deferia o *habeas corpus* ao fundamento de que a tentativa de intimidação perdera o objeto a partir do instante em que a instrução fora encerrada e houvera a prolação de sentença condenatória. **HC 95848/RO, rel. orig. Min. Menezes Direito, red. p/ o acórdão Min. Ricardo Lewandowski, 29.9.2009.** (HC-95848) (Inform. STF 561)

RESTABELECIMENTO DE SENTENÇA ABSOLUTÓRIA E EXECUÇÃO PROVISÓRIA

A Turma deferiu *habeas corpus* para determinar que o paciente aguarde em liberdade o trânsito em julgado do novo acórdão proferido pelo tribunal de justiça local, ressalvada, neste período, a possibilidade de se decretar a prisão cautelar se presentes os requisitos previstos no art. 312 do CPP. Tratava-se, na espécie, de *writ* impetrado contra acórdão do STJ que, embora reconhecendo a nulidade de julgamento realizado pela Corte de origem por ofensa ao princípio do juiz natural, mantivera o paciente custodiado. Ocorre que este fora absolvido em 1ª instância, sendo condenado em virtude do provimento de apelação interposta pelo Ministério Público estadual, com a conseqüente expedição de mandado de prisão, já efetuado. Dando cumprimento ao acórdão do STJ, o tribunal de justiça estadual realizara novo julgamento do recurso ministerial e o provera para mais uma vez condenar o paciente, sem apresentar motivação cautelar para a manutenção da prisão. Inicialmente, ressaltou-se a orientação firmada pelo STF no sentido de haver óbice à prisão para execução de pena na pendência de recursos especial ou extraordinário, exceção assentada em caso de prisão cautelar por decreto justificado. Em seguida, aduziu-se que, na situação dos autos, o efeito da anulação do acórdão condenatório pelo STJ seria o restabelecimento da sentença absolutória e a concessão do alvará de soltura, até que, sendo prolatado novo julgamento e sobrevindo outra condenação, haja fundamentação cautelar a respaldar eventual ordem de prisão, ou até que, em se vislumbrando a presença de pressupostos cautelares antes do novo julgamento, seja determinada a segregação com base nesses elementos. Assim, entendeu-se que, desde a primeira condenação pela Corte local — quando não apresentada a motivação cautelar para a expedição do mandado de prisão —, o paciente vem sofrendo constrangimento ilegal. **HC 98463/SP, rel. Min. Cármem Lúcia, 15.9.2009.** (HC-98463) (Inform. STF 559)

PRISÃO CAUTELAR E FUNDAMENTAÇÃO

A mera sujeição de alguém a simples investigações policiais ou a persecuções criminais ainda em curso não basta, por si só, para justificar a decretação de prisão cautelar. Ao aplicar esta orientação, a Turma concedeu habeas corpus para invalidar decreto de prisão exarado contra a paciente fundamentado na existência de inquéritos e procedimentos penais que tramitam em seu desfavor. Assentou-se que a prisão processual, de ordem meramente cautelar, mesmo que mantida ou decretada em sentença condenatória recorrível, tem, como pressuposto legitimador, a existência de situação de real necessidade — não configurada na espécie —, apta a ensejar, ao Estado, quando efetivamente ocorrente, a adoção — sempre excepcional — dessa medida constritiva de caráter pessoal. Ressaltou-se que a submissão de uma pessoa a meros inquéritos policiais — ou, ainda, a persecuções criminais de que não haja derivado, em caráter definitivo, qualquer título penal condenatório — não se reveste de suficiente idoneidade jurídica para autorizar a formulação, contra o indiciado ou o réu, de juízo (negativo), em ordem a recusar, ao que sofre *persecutio criminis*, o acesso a determinados benefícios legais. Observou-se que tal entendimento — que se revela compatível com a presunção constitucional *juris tantum* de inocência (CF, art. 5º, LVII) — ressalta, com apoio na jurisprudência dos tribunais, que processos penais em curso, ou inquéritos policiais em andamento ou, até mesmo, condenações criminais ainda sujeitas a recurso não podem ser considerados, enquanto episódios processuais suscetíveis de pronunciamento judicial absolutório, como elementos evidenciadores ou justificadores da restrição ou supressão do direito de permanecer em liberdade. **HC 100091/RJ, rel. Min. Celso de Mello, 15.9.2009.** (HC-100091) (Inform. STF 559)

JUÍZO DE RETRATAÇÃO: PRISÃO PREVENTIVA E AMPLA DEFESA - 1

A Turma indeferiu *habeas corpus* no qual se alegava que a falta de prévia oitiva da defesa em relação à decisão de magistrado de 1º grau que, em juízo de retratação, decretara a prisão preventiva do paciente, violaria o direito ao contraditório e à ampla defesa, bem como o Enunciado 707 da Súmula do STF ("*Constitui nulidade a falta de intimação do denunciado para oferecer contra-razões ao recurso interposto da rejeição da denúncia, não a suprindo a nomeação de defensor dativo.*") e o art. 589 do CPP ("*Com a resposta do recorrido ou sem ela, será o recurso concluso ao juiz, que, dentro de dois dias, reformará ou sustentará o seu despacho, mandando instruir o recurso com os traslados que* lhe parecerem *necessários. Parágrafo único. Se o juiz reformar o despacho recorrido, a parte contrária, por simples petição, poderá recorrer da nova decisão, se couber recurso, não sendo mais lícito ao juiz modificá-la. Neste caso, independentemente de novos arrazoados, subirá o recurso nos próprios autos ou em traslado.*"). No caso, o Ministério Público Federal interpusera perante o TRF recurso em sentido estrito contra a decisão do juízo, que denegara o pleito de prisão preventiva do paciente. Ocorre que, ao receber tal recurso, o juiz federal se retratara e decretara a custódia cautelar do paciente. Em razão disso, seguiram-se naquela Corte um *habeas corpus* e outro recurso em sentido estrito, ambos apresentados pela defesa, sendo este julgado prejudicado e aquele indeferido, denegação mantida pelo STJ. **HC 96445/RJ, rel. Min. Joaquim Barbosa, 8.9.2009.** (HC-96445)

JUÍZO DE RETRATAÇÃO: PRISÃO PREVENTIVA E AMPLA DEFESA - 2

Ressaltou-se que o alvo da presente demanda seria, em última análise, a decretação da segregação cautelar do paciente e não o recurso em sentido estrito propriamente dito. Em seguida, aduziu-se que, nos termos do art. 311 do CPP, a custódia preventiva pode ser decretada em qualquer fase do inquérito policial ou da instrução criminal, inclusive, de ofício. Tendo isso em vista, considerou-se que não se sustentaria a tese de que a defesa deveria ter sido intimada para contra-arrazoar o recurso em sentido estrito interposto — o qual restara prejudicado com a retratação do juiz —, apenas porque a decretação da prisão, na espécie, operara-se em sede de juízo de retratação. Ademais, enfatizou-se que o acusado utilizara-se da faculdade prevista no parágrafo único do art. 589 do CPP, recorrendo da decisão que decretara a sua custódia, ocasião em que tivera a oportunidade de apresentar todas as razões de seu inconformismo, o que afastaria qualquer ofensa ao direito ao contraditório, à ampla defesa ou ao mencionado dispositivo legal. Rejeitou-se, também, a alegação de transgressão ao Verbete 707 da Súmula desta Corte seja porque o recurso em questão não fora interposto contra decisão de rejeição da denúncia, mas sim contra o indeferimento de prisão preventiva, seja porque este tipo de custódia pode ser decretado de ofício, sem manifestação prévia do réu. Por fim, salientando as peculiaridades da situação em apreço, considerou-se que, quando da prolação da decisão impugnada, o paciente, não obstante estar respondendo a processos criminais no Brasil, inclusive com sentença condenatória, mudara-se para a Itália, ciente de que, por ser nacional daquele país, sua extradição seria indeferida, sendo preso, contudo, no Principado de Mônaco. **HC 96445/RJ, rel. Min. Joaquim Barbosa, 8.9.2009.** (HC-96445) (Inform. STF 558)

PRISÃO PREVENTIVA E MORADOR DE RUA

O simples fato de o acusado não possuir residência fixa nem ocupação lícita não é motivo legal para a decretação da custódia cautelar. Com base nesse entendimento, a Turma deferiu *habeas corpus* para conceder liberdade provisória (CPP, art. 310, parágrafo único) o denunciado por suposta tentativa de homicídio qualificado, cuja prisão fora decretada para assegurar a aplicação da lei penal e preservar a ordem pública, porquanto morador de rua, sem endereço conhecido ou local onde pudesse ser encontrado com habitualidade. **HC 97177/DF, rel. Min. Cezar Peluso, 8.9.2009.** (HC-97177) (Inform. STF 558)

EMENTA: *HABEAS CORPUS*. PROCESSUAL PENAL. PRISÃO PREVENTIVA. EXCESSO DE PRAZO. COMPLEXIDADE DA CAUSA: DEMORA RAZOÁVEL: PRECEDENTES. CONSTRANGIMENTO ILEGAL NÃO-CARACTERIZADO. *HABEAS CORPUS* DENEGADO. 1. Não há constrangimento ilegal por excesso de prazo quando a complexidade da causa - notadamente verificada pela circunstância de a prisão do Paciente ter sido efetivada fora do distrito da culpa - e a necessidade da expedição de precatórias para a oitiva de testemunhas residentes em outras comarcas justificam a razoável demora para o encerramento da ação penal. Precedentes. 2. É firme a jurisprudência deste Supremo Tribunal no sentido de que não procede a alegação de excesso de prazo quando a defesa contribui para a demora na conclusão da instrução processual. 3. Ordem denegada. **HC N. 96.714-CE. RELATORA: MIN. CÁRMEN LÚCIA.** (Inform. STF 555)

EMENTA: *HABEAS CORPUS*. PROCESSUAL PENAL. PRISÃO PREVENTIVA. CONVENIÊNCIA DA INSTRUÇÃO CRIMINAL E GARANTIA DA ORDEM PÚBLICA. SUPERAÇÃO DAS RAZÕES FÁTICAS. EXCESSO DE PRAZO NÃO ATRIBUÍVEL À DEFESA. GRAVIDADE DO CRIME E CONDIÇÃO DE POLICIAL DO PACIENTE. INIDONEIDADE PARA DECRETAÇÃO DA PRISÃO CAUTELAR. PRIMARIEDADE, BONS ANTECEDENTES, OCUPAÇÃO LÍCITA E RESIDÊNCIA FIXA. 1. Encerrada a instrução criminal e decretada a perda do cargo do paciente, restam superadas as razões fáticas então justificadoras da prisão cautelar por conveniência da instrução criminal e para garantia da ordem pública. 2. Paciente preso preventivamente há aproximadamente três anos e meio. Excesso de prazo não atribuível à defesa, mas ao Poder Judiciário. Isso porque, anulada a sentença pelo STJ somente em relação ele, os atos processuais foram renovados em relação a todos os réus, o que demandou tempo maior para o término da ação penal. 3. A gravidade do crime e a condição de policial do paciente são inidôneas à decretação da prisão cautelar, servindo tão-somente ao cálculo da pena. 4. Afirmação, na sentença, de primariedade, bons antecedentes, ocupação lícita e residência fixa, indicando que, abstraída a ação penal a que responde, o paciente não é dado à atividades ilícitas. Ordem concedida. **HC N. 93.639-RJ. RELATOR: MIN. EROS GRAU.** (Inform. STF 555)

EMENTA: *HABEAS CORPUS*. PRISÃO EM FLAGRANTE POR TRÁFICO DE DROGAS. LIBERDADE PROVISÓRIA: INADMISSI-BILIDADE. ORDEM DENEGADA. 1. A proibição de liberdade provisória, nos casos de crimes hediondos e equiparados, decorre da própria inafiançabilidade imposta pela Constituição da República à legislação ordinária (Constituição da República, art. 5º, inc. XLIII): Precedentes. O art. 2º, inc. II, da Lei n. 8.072/90 atendeu o comando constitucional, ao considerar ina-fiançáveis os crimes de tortura, tráfico ilícito de entorpecentes e drogas afins, o terrorismo e os definidos como crimes hediondos. Incons-titucional seria a legislação ordinária que dispusesse diversamente, tendo como afiançáveis delitos que a Constituição da República determina sejam inafiançáveis. Desnecessidade de se reconhecer a inconstitucionalidade da Lei n. 11.464/07, que, ao retirar a expressão '*e liberdade provisória*' do art. 2º, inc. II, da Lei n. 8.072/90, limitou-se a uma alteração textual: a proibição da liberdade provisória decorre da vedação da fiança, não da expressão suprimida, a qual, segundo a jurisprudência deste Supremo Tribunal, constituía redundância. Mera alteração textual, sem modificação da norma proibitiva de concessão da liberdade provisória aos crimes hediondos e equiparados, que continua vedada aos presos em flagrante por quaisquer daqueles delitos. 2. A Lei n. 11.464/07 não poderia alcançar o delito de tráfico de drogas, cuja disciplina já constava de lei especial (Lei n. 11.343/06, art. 44, *caput*), aplicável ao caso vertente. 3. Irrelevância da existência, ou não, de fundamentação cautelar para a prisão em flagrante por crimes hediondos ou equiparados: Precedentes. 4. Ordem denegada. HC N. 96.350-SP. RELATORA: MIN. CÁRMEN LÚCIA (Inform. STF 550)

DEPOSITÁRIO INFIEL - PRISÃO CIVIL – INADMISSIBILIDADE

EMENTA: "*HABEAS CORPUS*". PRISÃO CIVIL. DEPOSITÁRIO JUDICIAL. A QUESTÃO DA INFIDELIDADE DEPOSITÁRIA. TRATADOS INTERNACIONAIS DE DIREITOS HUMANOS. A JURISPRUDÊNCIA CONSTITUCIONAL DO SUPREMO TRIBUNAL FEDERAL. ILEGITIMIDADE JURÍDICA DA DECRETAÇÃO DA PRISÃO CIVIL DO DEPOSITÁRIO INFIEL. MEDIDA CAUTELAR DEFERIDA.

- Não mais subsiste, no modelo normativo brasileiro, a prisão civil por infidelidade depositária, independentemente da modalidade de depósito, trate-se de depósito voluntário (convencional) ou cuide-se de depósito necessário, como o é o depósito judicial. Incabível, desse modo, no sistema constitucional vigente no Brasil, a decretação de prisão civil do depositário infiel Doutrina. Precedentes. **HC 98893 MC/SP. RELATOR: MIN. CELSO DE MELLO**. (Inform. STF 550)

Habeas corpus. Constitucional. Processual penal. A presença de condições subjetivas favoráveis ao paciente não obsta a segregação cautelar. Alegação de ausência de fundamentos concretos que justifiquem a decretação da prisão cautelar do paciente. Não ocorrência. Fundamentação idônea (art. 312 do CPP). Precedentes. 1. A presença de condições subjetivas favoráveis ao paciente não obsta a segregação cautelar, desde que presentes nos autos elementos concretos a recomendar sua manutenção, como se verifica no caso presente. 2. O decreto de prisão preventiva, no caso, está devidamente fundamentado, nos termos do art. 312 do Código de Processo Penal, sendo certo que não cabe, na via estreita do habeas corpus, adentrar no mérito da ação penal para analisar questões controvertidas sobre a possível inocência do paciente nos fatos a ele imputados. 3. Como bem destacado no voto do eminente Ministro Felix Fisher, Relator do habeas no Superior Tribunal de Justiça, a "*decretação de prisão preventiva demonstra que a liberdade do paciente acarreta risco à ordem pública. Isto porque, segundo o que consta dos autos, a periculosidade daquele resta evidenciada, não somente em razão da gravidade do crime, mas principalmente em virtude do modus operandi pelo qual a conduta, em tese delituosa, foi praticada, que extrapola o convencional. O paciente é acusado de integrar uma organização criminosa, de grande vulto, responsável pelo tráfico internacional de substâncias entorpecentes, notadamente tendo como destino principal a África do Sul*" (fl. 140). 4. Habeas corpus denegado. **HC N. 94.465-SP. RELATOR: MIN. MENEZES DIREITO**. (Inform. STF 546)

PRISÃO PREVENTIVA E FUNDAMENTAÇÃO IDÔNEA

A Turma, por maioria, indeferiu *habeas corpus* no qual pleiteada a revogação de prisão preventiva decretada contra o paciente, ante a afirmação de co-ré de que ele integraria organização criminosa responsável pelo tráfico internacional de substâncias entorpecentes. No caso, a co-ré, nacional sul-africana, fora presa em flagrante em aeroporto por tentar embarcar para seu país portando grande quantidade de cocaína. Durante seu interrogatório policial, apontara a existência dessa organização criminosa e esclarecera que o paciente, nacional nigeriano, havia lhe fornecido a droga apreendida. Indicara, ainda, as placas de veículos de propriedade do paciente e mencionara que já realizara o transporte de entorpecentes outras vezes. Confirmadas essas informações, decretara-se a prisão cautelar do paciente — mantida pelas demais instâncias judiciais —, a qual fundamentada, dentre outras razões, no fato de o paciente haver sido acusado pelo aliciamento de "mulas" para transporte de drogas. A impetração alegava, na espécie, falta de justificativa concreta que amparasse a segregação do paciente, especialmente porque fundada em delação de co-ré, a quem negado o benefício da delação premiada, pelo juízo sentenciante, por reconhecer a inexistência de prova efetiva e segura da participação do paciente (delatado) na empreitada criminosa. Ressaltou-se, de início, que a presença de condições subjetivas favoráveis ao paciente não obstaria a segregação preventiva, desde que existentes, nos autos, elementos concretos a recomendar sua manutenção, como verificado no caso. Com relação à eventual insubsistência do decreto prisional, considerou-se que o mesmo estaria devidamente fundamentado, nos termos do art. 312 do CPP, asseverando-se não ser viável, em sede de *habeas corpus*, adentrar o mérito da ação penal para analisar questões controvertidas sobre possível inocência do paciente nos fatos a ele imputados. Vencidos os Ministros Marco Aurélio e Carlos Britto, que deferiam o *writ*. O primeiro por entender que, da mesma forma que o depoimento em juízo da co-ré — que se mostrara contraditório — não serviria para se impor condenação, também não se prestariam a respaldar a preventiva a materialidade do crime, os indícios de autoria e o fato de se ter o envolvimento de estrangeiro, com visto permanente no Brasil e família constituída. E o último, ante a insubsistência de motivação do decreto prisional. **HC 94465/SP, rel. Min. Menezes Direito, 14.4.2009.** (HC-94465) (Inform. STF 542)

HABEAS CORPUS. ART. 3º DA LEI 9.613/98. INTERPRETAÇÃO CONFORME À CONSTITUIÇÃO. VERIFICAÇÃO DOS REQUISITOS DA PRISÃO CAUTELAR. PRISÃO DECRETADA PARA EVITAR A REPETIÇÃO DA AÇÃO CRIMINOSA. RÉU COM PERSONALIDADE VOLTADA PARA O CRIME. GARANTIA DA ORDEM PÚBLICA. ART. 312 DO CPP. PRIMARIEDADE E BONS ANTECEDENTES NÃO OBSTAM A DECRETAÇÃO DA PRISÃO PREVENTIVA. ORDEM DENEGADA. MEDIDA CAUTELAR REVOGADA. 1. Entendo não ser caso de inconstitucionalidade do art. 3º da Lei nº 9.613/98, mas, sim, de interpretação conforme à Constituição, para, se interpretar que o juiz decidirá, fundamentadamente, se o réu poderá, ou não, apelar em liberdade, verificando se estão presentes, ou não, os requisitos da prisão cautelar. 2. A prisão teve como outro fundamento – além do art. 3º, da Lei nº 9.613/98 – a necessidade de garantia da ordem pública, não só diante da gravidade dos delitos praticados, mas também em razão da personalidade do paciente voltada para o crime. 3. A Magistrada, no momento da prolação da sentença, fundamentou suficientemente a necessidade de decretação da prisão do paciente, não só diante da gravidade dos crimes praticados e da repercussão destes, mas, igualmente, para evitar a repetição da ação criminosa. 4. Tais fundamentos encontram amparo no art. 312 do Código de Processo Penal, que autoriza a prisão cautelar para garantia da ordem pública. 5. Há justa causa no decreto de prisão preventiva para garantia da ordem pública, quando o agente se revela propenso a prática delituosa, demonstrando menosprezo pelas normas penais. Nesse caso, a não decretação da prisão pode representar indesejável sensação de impunidade, que incentiva o cometimento de crimes e abala a credibilidade do Poder Judiciário. 6. A circunstância de o paciente ser primário e ter bons antecedentes, à evidência, não se mostra obstáculo ao decreto de prisão preventiva, desde que presentes os pressupostos e condições previstas no art. 312, do CPP. 7. Por isso, indefiro o habeas corpus e revogo a medida cautelar concedida. **HC N. 83.868-AM. RELATORA P/ O ACÓRDÃO: MIN. ELLEN GRACIE. * Noticiado no Informativo 537** (Inform. STF 542)

EMENTA: "*HABEAS CORPUS*" - PROCESSO PENAL - PRISÃO CAUTELAR - EXCESSO DE PRAZO - INADMISSI-BILIDADE - OFENSA AO POSTULADO CONSTI-TUCIONAL DA DIGNIDADE DA PESSOA HUMANA (CF, ART. 1º, III) - TRANSGRESSÃO À GARANTIA DO DEVIDO PROCESSO LEGAL (CF, ART. 5º, LIV) - CARÁTER EXTRAORDINÁRIO DA PRIVAÇÃO CAUTELAR DA LIBERDADE INDIVIDUAL - UTILIZAÇÃO, PELO MAGISTRADO, DE CRITÉRIOS INCOMPATÍVEIS COM A JURISPRUDÊNCIA DO SUPREMO TRIBUNAL FEDERAL - SITUAÇÃO DE INJUSTO CONS-TRAN-GIMENTO CONFIGURADA - PEDIDO DEFERIDO. O EXCESSO DE PRAZO NÃO PODE SER TOLERADO, IMPONDO-SE, AO PODER JUDICIÁRIO, EM OBSÉQUIO AOS PRINCÍPIOS CONSAGRADOS NA CONSTITUIÇÃO DA REPÚBLICA, O IMEDIATO RELAXAMENTO DA PRISÃO CAUTELAR DO INDICIADO OU DO RÉU.

- **Nada pode justificar** a permanência de uma pessoa na prisão, **sem** culpa formada, **quando configurado excesso irrazoável** no tempo de sua segregação cautelar (**RTJ** 137/287 - **RTJ** 157/633 - **RTJ** 180/262-264 - **RTJ** 187/933-934), **considerada a excepcio-nalidade** de que se reveste, **em nosso sistema jurídico**, a prisão **meramente** processual do indiciado **ou** do réu.

- O excesso de prazo, quando exclusivamente imputável ao aparelho judiciário - não derivando, portanto, de qualquer fato procrastinatório causalmente atribuível ao réu - traduz situação anômala que compromete a efetividade do processo, pois, além de tornar evidente o desprezo estatal pela liberdade do cidadão, frustra um direito básico que assiste a qualquer pessoa: o direito à resolução do litígio, sem dilações indevidas (CF, art. 5º, LXXVIII) e com todas as garantias reconhecidas pelo ordenamento constitucional, inclusive a de não sofrer o arbítrio da coerção estatal representado pela privação cautelar da liberdade por tempo irrazoável ou superior àquele estabelecido em lei.

- A duração prolongada, abusiva e irrazoável da prisão cautelar de alguém ofende, de modo frontal, o postulado da dignidade da pessoa humana, que representa - considerada a centralidade desse princípio essencial (CF, art. 1º, III) - significativo vetor interpretativo, verdadeiro valor-fonte que conforma e inspira todo o ordenamento constitucional vigente em nosso País e que traduz, de modo expressivo, um dos fundamentos em que se assenta, entre nós, a ordem republicana e democrática consagrada pelo sistema de direito constitucional positivo. Constituição Federal (Art. 5º, incisos LIV e LXXVIII). EC 45/2004. Convenção Americana sobre Direitos Humanos (Art. 7º, ns. 5 e 6). Doutrina. Jurisprudência.

- O indiciado e o réu, quando configurado excesso irrazoável na duração de sua prisão cautelar, não podem permanecer expostos a tal situação de evidente abusividade, sob pena de o instrumento processual da tutela cautelar penal transmudar-se, mediante subversão dos fins que o legitimam, em inaceitável (e inconstitucional) meio de antecipação executória da própria sanção penal. Precedentes.

A PRISÃO CAUTELAR CONSTITUI MEDIDA DE NATUREZA EXCEPCIONAL.

- A privação cautelar da liberdade individual reveste-se de caráter excepcional, somente devendo ser decretada em situações de absoluta necessidade. A prisão decorrente de decisão de pronúncia, para legitimar-se em face de nosso sistema jurídico, impõe - além da satisfação dos pressupostos a que se refere o art. 312 do CPP (prova da existência material do crime e presença de indícios suficientes de autoria) - que se evidenciem, com fundamento em base empírica idônea, razões justificadoras da imprescindibilidade dessa extraordinária medida cautelar de privação da liberdade do indiciado ou do réu.

- A questão da decretabilidade da prisão cautelar. Possibilidade excepcional, desde que satisfeitos os requisitos mencionados no art. 312 do CPP. Necessidade da verificação concreta, em cada caso, da imprescindibilidade da adoção dessa medida extraordinária. Precedentes.

A PRISÃO CAUTELAR NÃO PODE SER UTILIZADA COMO INSTRUMENTO DE PUNIÇÃO ANTECIPADA DO INDI-CIADO OU DO RÉU.

- A prisão cautelar não pode - e não deve - ser utilizada, pelo Poder Público, como instrumento de punição antecipada daquele a quem se imputou a prática do delito, pois, no sistema jurídico brasileiro, fundado em bases democráticas, prevalece o princípio da liberdade, incompatível com punições sem processo e inconciliável com condenações sem defesa prévia. A prisão decorrente de decisão de pronúncia - que não deve ser confundida com a prisão penal - não objetiva infligir punição àquele que sofre a sua decretação, mas destina-se, considerada a função cautelar que lhe é inerente, a atuar em benefício da atividade estatal desenvolvida no processo penal.

A GRAVIDADE EM ABSTRATO DO CRIME NÃO CONSTI-TUI FATOR DE LEGITIMAÇÃO DA PRIVAÇÃO CAUTELAR DA LIBERDADE.

- A natureza da infração penal não constitui, só por si, fundamento justificador da decretação da prisão cautelar daquele que sofre a persecução criminal instaurada pelo Estado. Precedentes.

AUSÊNCIA DE DEMONSTRAÇÃO, NO CASO, DA NECESSIDADE CONCRETA DE DECRETAR-SE A PRISÃO CAUTE-LAR DO PACIENTE.

- Sem que se caracterize situação de real necessidade, não se legitima a privação cautelar da liberdade individual do indiciado ou do réu. Ausentes razões de necessidade, revela-se incabível, ante a sua excepcionalidade, a decretação ou a subsistência da prisão meramente processual.

PRISÃO CAUTELAR E POSSIBILIDADE DE EVASÃO DO DISTRITO DA CULPA.

- A mera possibilidade de evasão do distrito da culpa - seja para evitar a configuração do estado de flagrância, seja, ainda, para questionar a legalidade e/ou a validade da própria decisão de custódia cautelar - não basta, só por si, para justificar a decretação ou a manutenção da medida excepcional de privação cautelar da liberdade individual do indiciado ou do réu.

- A prisão cautelar - qualquer que seja a modalidade que ostente no ordenamento positivo brasileiro (prisão em flagrante, prisão temporária, prisão preventiva, prisão decorrente de decisão de pronúncia ou prisão motivada por condenação penal recorrível) -somente se legitima, se se comprovar, com apoio em base empírica idônea, a real necessidade da adoção, pelo Estado, dessa extraordinária medida de constrição do "*status libertatis*" do indiciado ou do réu. Precedentes. HC N. 95.464-SP RELATOR: MIN. CELSO DE MELLO.

PRISÃO CAUTELAR E ART. 3º DA LEI 9.613/98 - 1

Em conclusão de julgamento, o Tribunal, por maioria, indeferiu *habeas corpus* em que pleiteada a revogação de prisão cautelar decretada em desfavor de servidor público condenado pela prática de crimes contra a Administração Pública e de lavagem de dinheiro, em decorrência de integrar quadrilha estruturada para fraudar normas regentes da Zona Franca de Manaus mediante o cometimento de vários delitos (artigos 288, 317, 318 e 299, c/c o art. 304, do CP e art. 1º, V, da Lei 9.613/98). Na espécie, a sentença determinara a imediata custódia do paciente com fundamento nas circunstâncias judiciais e no art. 3º da Lei 9.613/98 ("*Os crimes disciplinados nesta Lei são insuscetíveis de fiança e liberdade provisória e, em caso de sentença condenatória, o juiz decidirá fundamentadamente se o réu poderá apelar em liberdade.*"). A impetração sustentava que a segregação do paciente decorreria da aplicação imediata do art. 3º da Lei 9.613/98, dispositivo este que reputava inconstitucional. Requeria, ainda, a extensão dos efeitos de ordem concedida a co-réus pela Corte de origem. Na sessão de 14.4.2004, o Tribunal, vencidos os Ministros Marco Aurélio, relator, e Cezar Peluso, recusou o pleito de extensão previsto no art. 580 do CPP, tendo deferido, também por votação majoritária, cautelar, em virtude da pendência de outra causa de pedir, para que o paciente aguardasse em liberdade o julgamento final do *writ*. Na ocasião, ficaram vencidos, no ponto, os Ministros Carlos Velloso e Celso de Mello. Na mesma assentada, o Min. Marco Aurélio proferiu voto no sentido de conceder a ordem para afastar o recolhimento imediato do paciente e declarar a inconstitucionalidade do mencionado art. 3º da Lei 9.613/98. **HC 83868/AM, rel. orig. Min. Marco Aurélio, rel. p/ o acórdão Min. Ellen Gracie, 5.3.2009.** (HC-83868)

PRISÃO CAUTELAR E ART. 3º DA LEI 9.613/98 - 2

Diante das circunstâncias de o STF ter declarado a inconstitucionalidade de norma semelhante à impugnada, qual seja, a do art. 9º da Lei 9.034/95 ("*O réu não poderá apelar em liberdade, nos crimes previstos nesta lei.*") e de já haver dado interpretação conforme ao art. 3º da Lei 9.613/98, a fim de conjugá-lo com o art. 312 do CPP — no sentido de que o juiz decidirá, fundamentadamente, se o réu poderá, ou não, apelar em liberdade, verificando se estão presentes os requisitos da prisão cautelar —, ressaltou-se que o Tribunal deveria apreciar se, na presente situação, a decretação da prisão provisória estaria motivada ou derivaria de simples aplicação textual do art. 3º da Lei 9.613/98. Assim, ultrapassada a questão do exame da inconstitucionalidade do dispositivo questionado pela impetração, entendeu-se que a segregação tivera como base não só o referido art. 3º da Lei 9.613/98, mas também a necessidade de garantia da ordem pública, tanto em face da gravidade dos delitos perpetrados quanto em razão da personalidade do paciente, voltada para o crime. Enfatizou-se, ainda, que a Lei 11.719/2008, além de revogar o art. 594 do CPP, introduziu o parágrafo único ao art. 387, desse mesmo código, dispondo que, no momento da sentença, o juiz poderá decretar a prisão preventiva, se a medida se mostrar necessária, observada a devida justificação, como ocorrera na hipótese. Dessa forma, concluiu-se que, nos termos mencionados no art. 387, parágrafo único, do CPP, a magistrada, quando da prolação da sentença, motivara suficientemente a imprescindibilidade de decretação da custódia do paciente, registrando a gravidade dos delitos, sua repercussão e, de igual modo, a necessidade de evitar repetição de ações criminosas. Por conseguinte, asseverou-se que tais justificativas encontrariam amparo no art. 312 do CPP, havendo justa causa para o decreto prisional. **HC 83868/AM, rel. orig. Min. Marco Aurélio, rel. p/ o acórdão Min. Ellen Gracie, 5.3.2009.** (HC-83868)

PRISÃO CAUTELAR E ART. 3º DA LEI 9.613/98 - 3

Vencidos os Ministros Marco Aurélio, Ricardo Lewandowski, Eros Grau e Cezar Peluso que, por não vislumbrarem na sentença referência capaz de, por si só, encontrar apoio no art. 312 do CPP, deferiam o *habeas corpus*, porquanto a magistrada levara em conta tão-somente circunstâncias judiciais dispostas no art. 59 do CP para respaldar a custódia. O Min. Cezar Peluso acrescentou que ordem pública não se confunde com a ruptura da paz social e considerou não ser cabível aludir àquele pressuposto e à organização criminosa (não invocada), sobretudo quando os outros membros da suposta organização teriam sido colocados em liberdade pela instância local. Revogou-se, em conseqüência, a liminar concedida. Precedentes citados: Rcl 2391/ PR (DJE de 16.5.2008); HC 84658/PE (DJU de 3.6.2005); HC 90398/SP (DJU de 18.5.2007); HC 83148/SP (DJU de 2.9.2005). **HC 83868/AM, rel. orig. Min. Marco Aurélio, rel. p/ o acórdão Min. Ellen Gracie, 5.3.2009.** (HC-83868) (Inform. STF 537)

PRISÃO PREVENTIVA: PENDÊNCIA DE RECURSO SEM EFEITO SUSPENSIVO E EXECUÇÃO PROVISÓRIA - 1

O Tribunal iniciou julgamento de *habeas corpus*, afetado ao Pleno pela 1ª Turma, em que se discute a possibilidade, ou não, de se expedir mandado de prisão contra o acusado nas hipóteses em que a sentença condenatória estiver sendo impugnada por recursos de natureza excepcional, sem efeito suspensivo. Trata-se de *habeas corpus* impetrado contra acórdão do STJ que mantivera a prisão preventiva do paciente/impetrante, por entender que esta, confirmada em segundo grau, não ofende o princípio da não-culpabilidade, porquanto os recursos especial e extraordinário, em regra, não possuem efeito suspensivo — v. Informativos 367 e 371. O Min. Eros Grau, relator, concedeu a ordem para determinar que o paciente aguarde em liberdade o trânsito em julgado da sentença condenatória. **HC 84078/MG, rel. Min. Eros Grau, 9.4.2008.** (HC-84078)

PRISÃO PREVENTIVA: PENDÊNCIA DE RECURSO SEM EFEITO SUSPENSIVO E EXECUÇÃO PROVISÓRIA - 2

O relator salientou que a orientação até agora adotada pelo Supremo, segundo a qual não há óbice à execução da sentença quando pendente apenas recursos sem efeito suspensivo, deve ser revista. Esclareceu, inicialmente, que os preceitos veiculados pela Lei 7.210/84 (Lei de Execução Penal, artigos 105, 147 e 164), além de adequados à ordem constitucional vigente (art. 5º, LVII: *"ninguém será considerado culpado até o trânsito em julgado de sentença penal condenatória"*), sobrepõem-se, temporal e materialmente, ao disposto no art. 637 do CPP, que estabelece que o recurso extraordinário não tem efeito suspensivo e, uma vez arrazoados pelo recorrido os autos do traslado, os originais baixarão à primeira instância para a execução da sentença. Asseverou que, quanto à execução da pena privativa de liberdade, dever-se-ia aplicar o mesmo entendimento fixado, por ambas as Turmas, relativamente à pena restritiva de direitos, no sentido de não ser possível a execução da sentença sem que se dê o seu trânsito em julgado. Aduziu que, do contrário, além da violação ao disposto no art. 5º, LVII, da CF, estar-se-ia desrespeitando o princípio da isonomia. **HC 84078/MG, rel. Min. Eros Grau, 9.4.2008**. (HC-84078)

PRISÃO PREVENTIVA: PENDÊNCIA DE RECURSO SEM EFEITO SUSPENSIVO E EXECUÇÃO PROVISÓRIA - 3

Em seguida, o relator afirmou que a prisão antes do trânsito em julgado da condenação somente poderia ser decretada a título cautelar. Enfatizou que a ampla defesa englobaria todas as fases processuais, razão por que a execução da sentença após o julgamento da apelação implicaria, também, restrição do direito de defesa, com desequilíbrio entre a pretensão estatal de aplicar a pena e o direito, do acusado, de elidir essa pretensão. Ressaltou, ademais, que o modelo de execução penal consagrado na reforma penal de 1984 conferiria concreção ao denominado princípio da presunção de inocência, não sendo relevante indagar se a Constituição consagraria, ou não, a presunção de inocência, mas apenas considerar o enunciado normativo de garantia contra a possibilidade de a lei ou decisão judicial impor ao réu, antes do trânsito em julgado de sentença condenatória, sanção ou conseqüência jurídica gravosa que dependesse dessa condição constitucional. Frisou que esse quadro teria sido alterado com o advento da Lei 8.038/90, que instituiu normas procedimentais relativas aos processos que tramitam perante o STJ e o STF, ao dispor que os recursos extraordinário e especial seriam recebidos no efeito devolutivo. No ponto, disse que a supressão do efeito suspensivo desses recursos seria expressiva de uma política criminal vigorosamente repressiva, instalada na instituição da prisão temporária pela Lei 7.960/89 e, posteriormente, na edição da Lei 8.072/90. **HC 84078/MG, rel. Min. Eros Grau, 9.4.2008**. (HC-84078)

PRISÃO PREVENTIVA: PENDÊNCIA DE RECURSO SEM EFEITO SUSPENSIVO E EXECUÇÃO PROVISÓRIA - 4

Por fim, o Min. Eros Grau citou o que decidido no RE 482006/MG (DJU de 14.12.2007), no qual declarada a inconstitucionalidade de preceito de lei estadual mineira que impunha a redução de vencimentos de servidores públicos afastados de suas funções por responderem a processo penal em razão da suposta prática de crime funcional, ao fundamento de que tal preceito afrontaria o disposto no art. 5º, LVII, da CF. Concluiu o relator que, se a Corte, nesse caso, prestigiara o disposto no preceito constitucional em nome da garantia da propriedade, não o poderia negar quando se tratasse da garantia da liberdade. Após, o julgamento foi suspenso com o pedido de vista do Min. Menezes Direito. **HC 84078/MG, rel. Min. Eros Grau, 9.4.2008. (HC-84078)**

PRISÃO PREVENTIVA: PENDÊNCIA DE RECURSO SEM EFEITO SUSPENSIVO E EXECUÇÃO PROVISÓRIA - 5

Ofende o princípio da não-culpabilidade a execução da pena privativa de liberdade antes do trânsito em julgado da sentença condenatória, ressalvada a hipótese de prisão cautelar do réu, desde que presentes os requisitos autorizadores previstos no art. 312 do CPP. Com base nesse entendimento, o Tribunal, por maioria, concedeu *habeas corpus*, afetado ao Pleno pela 1ª Turma, para determinar que o paciente aguarde em liberdade o trânsito em julgado da sentença condenatória. Tratava-se de *habeas corpus* impetrado contra acórdão do STJ que mantivera a prisão preventiva do paciente/impetrante, ao fundamento de que os recursos especial e extraordinário, em regra, não possuem efeito suspensivo — v. Informativos 367, 371 e 501. Salientou-se, de início, que a orientação até agora adotada pelo Supremo, segundo a qual não há óbice à execução da sentença quando pendente apenas recursos sem efeito suspensivo, deveria ser revista. Esclareceu-se que os preceitos veiculados pela Lei 7.210/84 (Lei de Execução Penal, artigos 105, 147 e 164), além de adequados à ordem constitucional vigente (art. 5º, LVII: *"ninguém será considerado culpado até o trânsito em julgado de sentença penal condenatória"*), sobrepõem-se, temporal e materialmente, ao disposto no art. 637 do CPP, que estabelece que o recurso extraordinário não tem efeito suspensivo e, uma vez arrazoados pelo recorrido os autos do traslado, os originais baixarão à primeira instância para a execução da sentença. Asseverou-se que, quanto à execução da pena privativa de liberdade, dever-se-ia aplicar o mesmo entendimento fixado, por ambas as Turmas, relativamente à pena restritiva de direitos, no sentido de não ser possível a execução da sentença sem que se dê o seu trânsito em julgado. Aduziu-se que, do contrário, além da violação ao disposto no art. 5º, LVII, da CF, estar-se-ia desrespeitando o princípio da isonomia. **HC 84078/MG, rel. Min. Eros Grau, 5.2.2009**. (HC-84078)

PRISÃO PREVENTIVA: PENDÊNCIA DE RECURSO SEM EFEITO SUSPENSIVO E EXECUÇÃO PROVISÓRIA - 6

Em seguida, afirmou-se que a prisão antes do trânsito em julgado da condenação somente poderia ser decretada a título cautelar. Enfatizou-se que a ampla defesa englobaria todas as fases processuais, razão por que a execução da sentença após o julgamento da apelação implicaria, também, restrição do direito de defesa, com desequilíbrio entre a pretensão estatal de aplicar a pena e o direito, do acusado, de elidir essa pretensão. Ressaltou-se que o modelo de execução penal consagrado na reforma penal de 1984 conferiria concreção ao denominado princípio da presunção de inocência, não sendo relevante indagar se a Constituição consagraria, ou não, a presunção de inocência, mas apenas considerar o enunciado normativo de garantia contra a possibilidade de a lei ou decisão judicial impor ao réu, antes do trânsito em julgado de sentença condenatória, sanção ou conseqüência jurídica gravosa que dependesse dessa condição constitucional. Frisou-se que esse quadro teria sido alterado com o advento da Lei 8.038/90, que instituiu normas procedimentais relativas aos processos que tramitam perante o STJ e o STF, ao dispor que os recursos extraordinário e especial seriam recebidos no efeito devolutivo. No ponto, observou-se que a supressão do efeito suspensivo desses recursos seria expressiva de uma política criminal vigorosamente repressiva, instalada na instituição da prisão temporária pela Lei 7.960/89 e, posteriormente, na edição da Lei 8.072/90. Citou-se o que decidido no RE 482006/MG (DJU de 14.12.2007), no qual declarada a inconstitucionalidade de preceito de lei estadual mineira que impunha a redução de vencimentos de servidores públicos afastados de suas funções por responderem a processo penal em razão da suposta prática de crime funcional, ao fundamento de que tal preceito afrontaria o disposto no art. 5º, LVII, da CF. Concluiu-se que, se a Corte, nesse caso, prestigiara o disposto no preceito constitucional em nome da garantia da propriedade, não o poderia negar quando se tratasse da garantia da liberdade. Vencidos os Ministros Menezes Direito, Cármen Lúcia, Joaquim Barbosa e Ellen Gracie, que denegavam a ordem. **HC 84078/MG, rel. Min. Eros Grau, 5.2.2009.** (HC-84078) (Inform. STF 534)

PRISÃO PREVENTIVA: FALTA DE FUNDAMENTAÇÃO E AUTODEFESA

A Turma não conheceu de *habeas corpus* em que pleiteada a revogação do decreto de prisão cautelar expedido em desfavor de condenada pela prática do crime de latrocínio (CP, art. 157, § 3º). No caso, após a soltura da paciente pelo Tribunal de Justiça local para que aguardasse o julgamento de apelação em liberdade, o juízo processante, ao receber esse recurso, determinara seu recolhimento à prisão ao argumento de garantia da ordem pública, uma vez que a credibilidade da justiça estaria abalada por causa de entrevista concedida pela paciente em programa de televisão, narrando o fato delituoso. Contra essa decisão, fora impetrado *writ* perante a Corte de origem, não conhecido, o que ensejara igual medida no STJ, cujo pedido de liminar restara indeferido monocraticamente. Ante a concessão de medida liminar pelo Min. Carlos Britto, relator, o STJ declarara o prejuízo do *habeas corpus* lá impetrado. Superado o óbice da Súmula 691 do STF, concedeu-se a ordem, de ofício, por se considerar que o simples ato de a paciente participar de programa televisivo, discorrendo sobre o quadro empírico do delito a que condenada, não teria a força de justificar a respectiva segregação cautelar. Assim, reputou-se inidôneo o fato superveniente apontado pela juíza de 1º grau para a determinação da custódia provisória. Enfatizou-se, no ponto, que a paciente apenas manifestara a sua própria versão sobre os fatos delituosos, autodefendendo-se. Dessa forma, entendeu-se que a entrevista da paciente traduzira-se no exercício constitucional à "livre manifestação do pensamento" (CF, art. 5º, IV) e de autodefesa, a mais natural das dimensões das garantias constitucionais do contraditório e da ampla defesa (CF, art. 5º, LV). Por fim, acolheu-se proposta do Min. Menezes Direito no sentido de que deveria ficar consignado na ementa do acórdão que esse comportamento do STJ em declarar o prejuízo da impetração não é pertinente. **HC 95116/SC, rel. Min. Carlos Britto, 3.2.2009.** (HC-95116)

PRISÃO PREVENTIVA E PRISÃO PARA FINS DE EXTRADIÇÃO: IDÊNTICA FUNDAMENTAÇÃO - 1

Ante a peculiaridade do caso, a Turma deferiu *habeas corpus* para revogar a prisão preventiva decretada em desfavor de estrangeiro acusado pela suposta prática dos crimes de lavagem de dinheiro, tráfico internacional de drogas, formação de quadrilha, sonegação fiscal e outros delitos contra o sistema financeiro nacional. Na espécie, no julgamento de questão de ordem em extradição ajuizada em desfavor do ora paciente, o Plenário do STF determinara a expedição de alvará de soltura, por vislumbrar excesso de prazo na custódia, efetuada para fins de extradição, haja vista que ele se encontrava preso por aproximadamente 15 meses em virtude da insuficiência da documentação anexada ao pleito (Ext 1054 QO/Estados Unidos da América, j. em 29.8.2007, v. Informativo 477). No entanto, o paciente permanecera recolhido por nova decisão do TRF da 3ª Região que reiterara a fundamentação da custódia cautelar originária. Impetrada idêntica medida perante o STJ, cujo pedido de liminar fora indeferido pela relatora naquela Corte, esta Ministra, posteriormente, julgara prejudicado o *writ* lá impetrado, tendo em conta a concessão de medida liminar pelo Min. Ricardo Lewandowski, relator do presente feito. **HC 92474/SP, rel. Min. Ricardo Lewandowski, 2.12.2008.** (HC-92474)

PRISÃO PREVENTIVA E PRISÃO PARA FINS DE EXTRADIÇÃO: IDÊNTICA FUNDAMENTAÇÃO - 2

De início, reputou-se evidenciada excepcionalidade apta a afastar o óbice do Enunciado 691 da Súmula do STF. Ressaltou-se que o deferimento de medida liminar pelo STF não causa a perda de objeto do *habeas corpus* impetrado perante o STJ, o qual deve esgotar a prestação jurisdicional que lhe foi requerida. Asseverou-se que essa negativa de jurisdição deixaria o paciente em desamparo jurisdicional. Em seguida, após mencionar a similitude da hipótese com recentes episódios ocorridos nesta Corte, entendeu-se que o objeto desta impetração teria o mesmo lastro da prisão relativa à extradição. Assim, seria incongruente não conceder a ordem de soltura neste *writ*, uma vez que naquela ocasião o Tribunal, assentando a cautelaridade da custódia, concluíra pela inexistência de razões para a sua manutenção. Enfatizou-se que estaria em jogo a independência do Poder Judiciário, que depende da força da hierarquia do STF. O Min. Marco Aurélio enfatizou que o excesso de prazo é norteado pelo princípio unitário, considerando-se a condição do preso, pouco importando o número de processos. Ordem concedida para assegurar ao paciente a liberdade até o término da persecução criminal. Precedentes citados: HC 87736/SP (DJU de 10.2.2007) e HC 86213/ES (DJE de 18.4.2008). **HC 92474/SP, rel. Min. Ricardo Lewandowski, 2.12.2008.** (HC-92474) (Inform. STF 531)

PRISÕES CAUTELARES: FUNDAMENTAÇÃO INSUFICIENTE E DESRESPEITO À DECISÃO DO SUPREMO - 1

O Tribunal concedeu *habeas corpus* impetrado contra ato do STJ que, em decisão monocrática, indeferira idêntica medida lá impetrada, para confirmar liminares que revogaram as prisões temporárias e preventivas decretadas contra os pacientes, bem assim as extensões deferidas aos co-réus. Relatou-se que os impetrantes pleiteavam acesso a documentos atinentes a investigação que teria curso na Polícia Federal, e salvo-conduto ante a possibilidade de decretação de suas prisões provisórias, tendo em conta matéria publicada em jornal que informava a possível instauração de inquérito contra os pacientes. Em face disso, o relator do presente *writ*, determinara a expedição de ofício ao Juízo da causa, a fim de que prestasse informações pormenorizadas a respeito do que alegado na inicial. Essas informações teriam sido prestadas, entretanto, no período de férias forenses, quase um mês após requisitadas, de forma evasiva, expressando evidente recusa do Juiz federal em dá-las. O Min. Gilmar Mendes, Presidente, durante esse período, reconhecendo a existência de situação de flagrante constrangimento ilegal, a justificar exceção à Súmula 691, do STF, deferira a medida liminar, a fim de que o referido Juízo franqueasse o acesso aos autos e requisitara cópia do decreto de prisão temporária lá expedido, o que cumprido. Em seguida, o Presidente deferira nova liminar, cassando a prisão temporária dos pacientes, e estendendo a decisão aos co-réus, por reputá-la injustificável em face da realização da colheita de provas determinada nos mandados de busca e apreensão. Considerara, ainda, a inviabilidade de decreto de prisão temporária com base na mera necessidade de oitiva dos investigados para fins de instrução processual. Posteriormente, o Juízo, atendendo a representação da autoridade policial, reconsiderara decisão que decretara a prisão de apenas dois co-réus, e decretara, também, a prisão preventiva de um dos pacientes por conveniência da instrução criminal, a pretexto de assegurar a aplicação da lei penal e garantir a ordem pública e econômica. O Presidente também revogara essa prisão, nestes termos: a) os mesmos fundamentos que permitiram o conhecimento do pedido de afastamento da prisão temporária nestes autos também permitem conhecer do pleito de revogação da prisão preventiva; b) a fundamentação utilizada pelo Juiz Federal não é suficiente para justificar a restrição à liberdade do paciente; c) para que o decreto de custódia cautelar seja idôneo, é necessário que o ato judicial constritivo da liberdade especifique, de modo fundamentado (CF, art. 93, IX), elementos concretos que justifiquem a medida; d) não há fatos novos de relevância suficiente a permitir a nova ordem de prisão expedida; e) o encarceramento do paciente revela nítida via oblíqua de desrespeitar a decisão deste Supremo Tribunal Federal anteriormente expedida. **HC 95009/SP, rel. Min. Eros Grau, 6.11.2008.** (HC-95009)

PRISÕES CAUTELARES: FUNDAMENTAÇÃO INSUFICIENTE E DESRESPEITO À DECISÃO DO SUPREMO - 2

Preliminarmente, o Tribunal reconheceu sua competência para o julgamento do feito, superando o Enunciado 691 da sua Súmula, por vislumbrar patente ilegalidade no caso. Em seguida, afastou, por maioria, a alegação do Ministério Público de que teria ocorrido prejuízo do *habeas corpus*, que, formalizado sob o ângulo preventivo, não poderia tornar-se liberatório. Considerou-se que a conversão da natureza da impetração seria possível, sobretudo ante a pretensão inicialmente formulada neste *writ*, de se impedir, em sentido amplo, a expedição de ato constritivo em desfavor dos pacientes com base nas mesmas investigações. Vencido, no ponto, o Min. Marco Aurélio que assentava o prejuízo do *writ*, ao fundamento de que, tal como formalizado, já teria surtido todos os efeitos que poderia surtir, não sendo admissível redirecioná-lo. No mérito, o Tribunal, por maioria, endossou todos os fundamentos expendidos nas decisões liminares e, após tecer considerações sobre o Estado de Direito e a ética judicial — cujos cânones primordiais seriam a neutralidade, a independência e a imparcialidade do juiz —, censurou, veementemente, a conduta do Juízo de 1ª instância, reputando-a abusiva e ilegal. Vencido, em parte, o Min. Marco Aurélio, que concedia parcialmente a ordem por entender haver fundamentos diversos, considerados os dados coligidos em diligências procedidas depois do primeiro decreto prisional, e de não ter ocorrido desrespeito à decisão do Supremo, quanto à prisão preventiva determinada. **HC 95009/SP, rel. Min. Eros Grau, 6.11.2008.** (HC-95009) (Inform. STF 527)

EXCESSO DE PRAZO E COMPLEXIDADE DO FEITO

A Turma denegou *habeas corpus* em que se alegava excesso de prazo na manutenção da custódia do paciente, preso preventivamente desde 19.8.2005 por suposta infração ao art. 121, § 2º, III e IV, na forma do art. 29, ambos do CP. Alegava-se que a falta de previsão para seu julgamento pelo Tribunal do Júri, até a presente data, caracterizaria constrangimento ilegal, já que a defesa não teria contribuído para o atraso. Entendeu-se ser possível a prorrogação dos prazos processuais para o término da instrução criminal de caráter complexo, se devidamente fundamentada e com base no parâmetro da razoabilidade. Considerou-se, na espécie, justificado o excesso de prazo. Contudo, em virtude de elementos indicativos de que a instrução criminal fora finalizada com a prolação da sentença de pronúncia, recomendou-se ao juiz de direito da Vara do Júri da Comarca de São Bernardo do Campo - SP que providencie a realização da sessão do Júri dentro do prazo de 30 dias a contar da apresentação da contrariedade pela defesa. **HC 95314/SP, rel. Min. Ellen Gracie, 21.10.2008.** (HC-95314) (Inform. STF 525)

EMENTA: PRISÃO CAUTELAR. INCONSISTÊNCIA DOS FUNDAMENTOS EM QUE SE APÓIA A DECISÃO QUE A DECRETOU: GRAVIDADE OBJETIVA DO CRIME, NÃO-VINCULAÇÃO DO RÉU AO DISTRITO DA CULPA E RECUSA DO ACUSADO EM APRESENTAR A SUA VERSÃO PARA OS FATOS DELITUOSOS. INCOMPATIBILIDADE DESSES FUNDAMENTOS COM OS CRITÉRIOS FIRMADOS PELO SUPREMO TRIBUNAL FEDERAL EM TEMA DE PRIVAÇÃO CAUTELAR DA LIBERDADE INDIVIDUAL. DIREITO DO INDICIADO/RÉU DE NÃO SER CONSTRANGIDO A PRODUZIR PROVAS CONTRA SI PRÓPRIO. DECISÃO QUE, AO DESRESPEITAR ESSA PRERROGATIVA CONSTITUCIONAL, DECRETA A PRISÃO PREVENTIVA DO ACUSADO. INADMISSIBILIDADE. NATUREZA JURÍDICA E FUNÇÃO DA PRISÃO CAUTELAR. DOUTRINA. PRECEDENTES. MEDIDA CAUTELAR DEFERIDA.

- A privação cautelar da liberdade individual – qualquer que seja a modalidade autorizada pelo ordenamento positivo (prisão em flagrante, prisão temporária, prisão preventiva, prisão decorrente de decisão de pronúncia e prisão resultante de condenação penal recorrível) – não se destina a infligir punição antecipada à pessoa contra quem essa medida excepcional é decretada ou efetivada. É que a idéia de sanção é absolutamente estranha à prisão cautelar ("*carcer ad custodiam*"), que não se confunde com a prisão penal ("*carcer ad poenam*"). Doutrina. Precedentes.
- A utilização da prisão cautelar com fins punitivos traduz deformação desse instituto de direito processual, eis que o desvio arbitrário de sua finalidade importa em manifesta ofensa às garantias constitucionais da presunção de inocência e do devido processo legal. Precedentes.
- A gravidade em abstrato do crime não basta, por si só, para justificar a privação cautelar da liberdade individual do suposto autor do fato delituoso. O Supremo Tribunal Federal tem advertido que a natureza da infração penal não se revela circunstância apta a legitimar a prisão cautelar daquele que sofre a persecução criminal instaurada pelo Estado. Precedentes.

- A ausência de vinculação do indiciado ou do réu ao distrito da culpa não constitui, só por si, motivo autorizador da decretação da sua prisão cautelar. Precedentes.

- A recusa em responder ao interrogatório policial e/ou judicial e a falta de cooperação do indiciado ou do réu com as autoridades que o investigam ou que o processam traduzem comportamentos que são inteiramente legitimados pelo princípio constitucional que protege qualquer pessoa contra a auto-incriminação, especialmente aquela exposta a atos de persecução penal.

- O Estado - que não tem o direito de tratar suspeitos, indiciados ou réus como se culpados fossem (RTJ 176/805-806) - também não pode constrangê-los a produzir provas contra si próprios (RTJ 141/512).

Aquele que sofre persecução penal instaurada pelo Estado tem, dentre outras prerrogativas básicas, o direito (a) de permanecer em silêncio, (b) de não ser compelido a produzir elementos de incriminação contra si próprio nem constrangido a apresentar provas que lhe comprometam a defesa e (c) de se recusar a participar, ativa ou passivamen-te, de procedimentos probatórios que lhe possam afetar a esfera jurídica, tais como a reprodução simulada do evento delituoso e o fornecimento de padrões gráficos ou de padrões vocais, para efeito de perícia criminal. Precedentes.

- O exercício do direito contra a auto-incriminação, além de inteiramente oponível a qualquer autoridade ou agente do Estado, não legitima, por efeito de sua natureza constitucional, a adoção de medidas que afetem ou restrinjam a esfera jurídica daquele contra quem se instaurou a "*persecutio criminis*". Medida cautelar deferida. (HC 96219 MC/SP, rel. Min. CELSO DE MELLO, j. em 09/10/08) (Inform. STF 523)

EMENTA: "*HABEAS CORPUS*". ESTRANGEIRO NÃO DOMICILIADO NO BRASIL. CONDIÇÃO JURÍDICA QUE NÃO O DESQUALIFICA COMO SUJEITO DE DIREITOS E TITULAR DE GARANTIAS CONSTITUCIONAIS E LEGAIS. PLENITUDE DE ACESSO, EM CONSEQÜÊNCIA, AOS INSTRUMENTOS PROCESSUAIS DE TUTELA DA LIBERDADE. RESPEITO, PELO PODER PÚBLICO, ÀS PRERROGATIVAS JURÍDICAS QUE COMPÕEM O PRÓPRIO ESTATUTO CONSTITUCIONAL DO DIREITO DE DEFESA. VEDAÇÃO LEGAL ABSOLUTA, EM CARÁ-TER APRIORÍSTICO, DA CONCESSÃO DE LIBERDADE PROVISÓRIA. LEI DO CRIME ORGANIZADO (ART. 7º). INCONSTITUCIONALIDADE. OFENSA AOS POSTULADOS CONSTITUCIONAIS DA PRESUNÇÃO DE INOCÊNCIA, DO "*DUE PROCESS OF LAW*", DA DIGNIDADE DA PESSOA HUMANA E DA PROPORCIONALIDADE. O SIGNIFICADO DO PRINCÍPIO DA PROPORCIONALIDADE, VISTO SOB A PERSPECTIVA DA "*PROIBIÇÃO DO EXCESSO*": FATOR DE CONTENÇÃO E CONFORMAÇÃO DA PRÓPRIA ATIVIDADE NORMATIVA DO ESTADO. ENTENDIMENTO DE AUTORIZADO MAGISTÉRIO DOUTRINÁRIO (LUIZ FLÁVIO GOMES, ALBERTO SILVA FRANCO, ROBERTO DELMANTO JUNIOR, GERALDO PRADO E WILLIAM DOUGLAS, "*INTER ALIA*"). PRECEDENTE DO SUPREMO TRIBUNAL FEDERAL: ADI 3.112/DF (ESTATUTO DO DESARMAMENTO, ART. 21). CONVENÇÃO DE PALERMO (*CONVENÇÃO DAS NAÇÕES UNIDAS CONTRA O CRIME ORGANIZADO TRANSNACIONAL*). TRATADO MULTILATERAL, DE ÂMBITO GLOBAL, REVESTIDO DE ALTÍSSIMO SIGNIFICADO, DESTINADO A PROMOVER A COOPERAÇÃO PARA PREVENIR E REPRIMIR, DE MODO MAIS EFICAZ, A MACRODELINQÜÊNCIA E AS ORGANIZAÇÕES CRIMINOSAS DE CARÁTER TRANSNACIONAL. CONVENÇÃO INCORPORADA AO ORDENAMENTO POSITIVO INTERNO BRASILEIRO (DECRETO Nº 5.015/2004). INADMISSIBILIDADE DA INVOCAÇÃO DO ART. 11 DA CONVENÇÃO DE PALERMO COMO SUPORTE DE LEGITIMAÇÃO E REFORÇO DO ART. 7º DA LEI DO CRIME ORGANIZADO. A SUBORDINAÇÃO HIERÁRQUICO-NORMATIVA, À AUTORIDADE DA CONSTITUIÇÃO DA REPÚBLICA, DOS TRATADOS INTERNACIONAIS QUE NÃO VERSEM MATÉRIA DE DIREITOS HUMANOS. JURISPRUDÊNCIA (STF). DOUTRINA. CARÁTER EXTRAORDINÁRIO DA PRIVAÇÃO CAUTELAR DA LIBERDADE INDIVIDUAL. INVIABILIDADE DE SUA DECRETAÇÃO, QUANDO FUNDADA NA GRAVIDADE OBJETIVA DO DELITO, NA SUPOSTA OFENSA À CREDIBILIDADE DAS INSTITUIÇÕES, NO CLAMOR PÚBLICO E NA SUPOSIÇÃO DE QUE O RÉU POSSA INTERFERIR NAS PROVAS. NÃO SE DECRETA PRISÃO CAUTELAR, SEM QUE HAJA REAL NECESSIDADE DE SUA EFETIVAÇÃO, SOB PENA DE OFENSA AO "*STATUS LIBERTATIS*" DAQUELE QUE A SOFRE. PRECEDENTES. MEDIDA CAUTELAR DEFERIDA. (HC 94.404 MC/SP, rel. Min. Celso de Mello, j. em 19/08/08) (Inform. STF 516)

USO DE ALGEMAS E EXCEPCIONALIDADE -1

O uso de algemas tem caráter excepcional. Com base nesse entendimento, o Tribunal concedeu *habeas corpus* — impetrado em favor de condenado à pena de 13 anos e 6 meses de reclusão pela prática dos crimes previstos no art. 121, § 2º, II, III e IV, do CP, e no art. 10, da Lei 9.437/97 — para tornar insubsistente a decisão do Tribunal do Júri, e determinar que outro julgamento seja realizado, com a manutenção do acusado sem as algemas. Na espécie, o paciente permanecera algemado durante toda a sessão do Júri, tendo sido indeferido o pedido da defesa para que as algemas fossem retiradas, ao fundamento de inexistência de constrangimento ilegal, sobretudo porque tal circunstância se faria necessária ao bom andamento dos trabalhos, uma vez que a segurança, naquele momento, estaria sendo realizada por apenas 2 policiais civis, e, ainda, porque o réu permanecera algemado em todas as audiências ocorridas antes da pronúncia. **HC 91952/SP, rel. Min. Marco Aurélio, 7.8.2008.** (HC-91952)

USO DE ALGEMAS E EXCEPCIONALIDADE - 2

Entendeu-se que o uso das algemas, no caso, estaria em confronto com a ordem jurídico-constitucional, tendo em conta que não havia, no caso, uma justificativa socialmente aceitável para submeter o acusado à humilhação de permanecer durante horas algemado, quando do julgamento no Tribunal do Júri, não tendo sido, ademais, apontado um único dado concreto, relativo ao perfil do acusado, que estivesse a exigir, em prol da segurança, a permanência com algemas. Além disso, afirmou-se que a deficiência na estrutura do Estado não autorizava o desrespeito à dignidade do envolvido e que, inexistente o aparato de segurança necessário, impunha-se o adiamento da sessão. Salientou-se, inicialmente, que o julgamento perante o Tribunal do Júri não requer a custódia preventiva do acusado (CF, art. 5º, LVII), não sendo necessária sequer sua presença (CPP, art. 474, alterado pela Lei 11.689/2008). Considerou-se, também, o princípio da não-culpabilidade, asseverando-se que a pessoa acusada da prática de crime doloso contra a vida merece o tratamento devido aos humanos, aos que vivem em um Estado Democrático de Direito. Ressaltou-se que o art. 1º da CF tem como fundamento a dignidade da pessoa humana e que da leitura do rol das garantias constitucionais previstas no art. 5º (incisos XIX, LXI, XLIX, LXI, LXIII, LXIV, LXV, LXVI, XLVIII), depreende-se a preocupação em se resguardar a figura do preso, repousando tais preceitos no inafastável tratamento humanitário do cidadão, na imprescindibilidade de lhe ser preservada a dignidade. Aduziu-se que manter o acusado algemado em audiência, sem que demonstrada, ante práticas anteriores, a periculosidade, implicaria colocar a defesa, antecipadamente, em patamar inferior. Acrescentou-se que, em razão de o julgamento no Júri ser procedido por pessoas leigas que tiram ilações diversas do contexto observado, a permanência do réu algemado indicaria, à primeira vista, que se estaria a tratar de criminoso de alta periculosidade, o que acarretaria desequilíbrio no julgamento, por estarem os jurados influenciados. **HC 91952/SP, rel. Min. Marco Aurélio, 7.8.2008.** (HC-91952)

USO DE ALGEMAS E EXCEPCIONALIDADE - 3

Registrou-se que a proibição do uso de algemas e do uso da força já era previsto nos tempos do Império (Decreto de 23.5.1821 e Código de Processo Criminal do Império de 29.11.1832, art. 180) e que houve manutenção dessas normas no ordenamento jurídico brasileiro subseqüente (Lei 261/1841; Lei 2.033/1871, regulamentada pelo Decreto 4.824/1871; Código de Processo Penal de 1941, artigos 284 e 292; Lei de Execução Penal - LEP 7.210/84, art. 159; Código de Processo Penal Militar, artigos 234, § 1º e 242). Citou-se, ademais, o que disposto no item 3 das regras da Organização das Nações Unidas - ONU para tratamento de prisioneiros, no sentido de que o emprego de algemas jamais poderá se dar como medida de punição. Concluiu-se que isso estaria a revelar que o uso desse instrumento é excepcional e somente pode ocorrer nos casos em que realmente se mostre indispensável para impedir ou evitar a fuga do preso ou quando se cuidar comprovadamente de perigoso prisioneiro. Mencionou-se que a Lei 11.689/2008 tornou estreme de dúvidas a excepcionalidade do uso de algemas ("*Art. 474... § 3º Não se permitirá o uso de algemas no acusado durante o período em que permanecer no plenário do júri, salvo se absolutamente necessário à ordem dos trabalhos, à segurança das testemunhas ou à garantia da integridade física dos presentes.*"), e que caberia ao Supremo emitir entendimento sobre a matéria, a fim de inibir uma série de abusos notados na atual quadra, bem como tornar clara, inclusive, a concretude da Lei 4.898/65, reguladora do instituto do abuso de autoridade, considerado o processo de responsabilidade administrativa, civil e penal. Deliberou-se, por fim, no sentido de se editar uma súmula a respeito do tema. Precedentes citados: HC 71195/SP (DJU de 4.8.95); HC 89429/RO (DJU de 2.2.2007). **HC 91952/SP, rel. Min. Marco Aurélio, 7.8.2008.** (HC-91952) (Inform. STF 514)

PRISÃO PREVENTIVA E REFORÇO DE FUNDAMENTAÇÃO

O despacho que decreta a prisão preventiva, quando falho, não se considera sanado por fundamentação suplementar, depois de haver produzido efeitos. Com base nesse entendimento, a Turma deferiu *habeas corpus* para conceder liberdade provisória ao paciente, cuja situação fora agravada por despacho de juiz convocado do TRF da 2ª Região. Na espécie, o aludido magistrado, em igual medida, embora tivesse reconhecido a fragilidade do decreto de prisão preventiva, determinara ao juízo de origem que motivasse adequadamente sua decisão. Considerou-se que, no caso, o ato do juiz convocado configurara *reformatio in pejus*, viabilizada com a impetração do *writ* naquela Corte, uma vez que o correto seria a concessão da liminar. Asseverou-se, também, que a jurisprudência do STF orienta-se no sentido de que, se o paciente foge para não se sujeitar à prisão reputada injusta, não há razão nem necessidade da prisão cautelar para garantia da aplicação da lei penal. Precedentes citados: HC 44499/SP (DJU de 23.2.68); RHC 56900/RJ (DJU de 27.4.79); HC 91971/RJ (DJE 22.2.2008). **HC 93803/RJ, rel. Min. Eros Grau, 10.6.2008.** (HC-93803) (Inform. STF 510)

PRISÃO PREVENTIVA E FALTA DE FUNDAMENTAÇÃO

É da jurisprudência desta Corte que a fuga, por si só, não constitui motivação idônea para a decretação da prisão preventiva, sendo necessária a análise, caso a caso, para chegar-se à conclusão de que o paciente pretende subtrair-se ao cumprimento de eventual condenação ou se foge para não se submeter a uma custódia que considera injusta. Com base nesse entendimento, a Turma, por maioria, deferiu *habeas corpus* para revogar decreto de prisão preventiva expedido em desfavor de denunciado pela suposta prática de homicídio duplamente qualificado (CP, art. 121, § 2°, II e IV). Na espécie, quando do recebimento da inicial acusatória, o juízo de origem decretara a custódia cautelar do paciente com fundamento nos pressupostos da garantia da ordem pública, da conveniência da instrução criminal e da garantia da aplicação da lei penal. Ocorre que o paciente evadira-se do distrito da culpa depois de lhe ter sido negado o direito de comparecer para ser interrogado sem o risco de prisão. Ressaltou-se que se trataria de um pretenso autor ocasional de delito e que houvera manifestação espontânea do paciente no sentido de se apresentar às autoridades policial e judiciária. Por fim, aduziu-se que o ato que decretara a custódia cautelar, não poderia se valer das circunstâncias do crime ou de alegada periculosidade do autor para justificar medida tão excepcional de constrição do estado de liberdade das pessoas. Vencidos os Ministros Ellen Gracie, relatora, e Joaquim Barbosa que indeferiam o *writ* por reputarem legítimo o decreto de prisão preventiva. **HC 91741/PE, rel. orig. Min. Ellen Gracie, rel. p/ o acórdão Min. Eros Grau, 3.6.2008.** (HC-91741) (Inform. STF 509)

PRISÃO PREVENTIVA E IMPOSIÇÃO DE CONDIÇÕES

Por não vislumbrar qualquer tipo de constrangimento ilegal no ato que condicionara a revogação do decreto prisional ao cumprimento de certas condições estabelecidas pelo juízo de origem, ato esse mantido sequencialmente pelo TRF da 2ª Região e pelo STJ, a Turma indeferiu *habeas corpus* em que se alegava violação aos artigos 2°; 5°, II, XV e LVII e 22, I, todos da CF. Reputando observados os princípios e regras constitucionais aplicáveis à matéria, asseverou-se não haver direito absoluto à liberdade de ir e vir (CF, art. 5°, XV), de modo a existirem situações em que necessária a ponderação dos interesses em conflito na apreciação do caso concreto. No ponto, registrou-se que o ato impugnado levara em conta, para a imposição das condições, o fato de o paciente possuir dupla nacionalidade, além de residência em outro país, onde manteria o centro de seus negócios, conforme reconhecido pela defesa. Assim, considerou-se que a medida adotada teria natureza acautelatória, inserindo-se no poder geral de cautela (CPC, art. 798 e CPP, art. 3°) que autoriza ao magistrado impor providências tendentes a garantir a instrução criminal e também a aplicação da lei penal (CPP, art. 312). Enfatizou-se, ainda, que os argumentos relativos à eventual transgressão do direito à liberdade de locomoção e dos princípios da legalidade e da não culpabilidade se inter-relacionariam, não havendo como acolhê-los pelos mesmos fundamentos já expostos. De igual forma, rejeitaram-se as assertivas de ofensa ao princípio da independência dos Poderes e da regra de competência privativa da União para legislar sobre direito processual, haja vista que a decisão não inovaria no ordenamento jurídico e não usurparia atribuição do Poder Legislativo. Precedente citado: HC 86758/PR (DJU de 1°.9.2006). **HC 94147/RJ, rel. Min. Ellen Gracie, 27.5.2008.** (HC-94147) (Inform. STF 508)

PRISÃO PREVENTIVA DE VEREADOR - 1

A Turma, por maioria, indeferiu *habeas corpus* em que Vereador sustentava: a) ilegalidade da decisão do STJ, no ponto em que não reconhecera a nulidade dos atos investigatórios a ele concernentes, porquanto realizados à revelia do tribunal de justiça local; b) falta de fundamentação da prisão cautelar decretada em seu desfavor; e c) excesso de prazo, já que custodiado desde 26.12.2007. Tendo em conta a desistência da análise, perante esta Corte, do primeiro argumento da impetração, declarou-se o prejuízo do *writ* nessa parte. Relativamente às alegações subsistentes, salientou-se que a situação processual se alterara desde o momento da impetração, haja vista que o Órgão Especial do tribunal de origem, competente em razão da presença de co-réu com prerrogativa de foro, recebera a denúncia e, posteriormente, desprovera agravo regimental interposto pela defesa. Considerou-se, dessa forma, que a ação penal não se encontraria paralisada e nem tramitaria com lentidão incompatível com a lei processual apenas pelo fato de ainda não ter sido designado o interrogatório do paciente. **HC 94059/RJ, rel. Min. Ricardo Lewandowski, 6.5.2008.** (HC-94059)

PRISÃO PREVENTIVA DE VEREADOR - 2

Enfatizou-se a complexidade do processo-crime que, na espécie, envolveria 11 denunciados, de modo a constituir, conforme orientação firmada pelo STF, motivo legítimo para abrandar o rigor com que os prazos processuais devam ser interpretados, cuidando-se de réus presos. Rejeitou-se, assim, o pleiteado excesso de prazo na segregação cautelar, notadamente porque o paciente e os demais co-réus são acusados da prática de formação de quadrilha, denominada "Liga da Justiça", organizada para o suposto cometimento de crimes hediondos. Aduziu-se que a abordagem do tema referente ao excesso de prazo não implicaria impossibilidade de, com a passagem do tempo, vir a ser examinado por outros órgãos. De igual modo, afastou-se a alegação de ilegalidade da prisão preventiva, haja vista que determinada por autoridade competente e devidamente motivada em elementos concretos, com base na necessidade de assegurar-se o regular andamento da ação penal, bem como de resguardar-se a ordem pública e de garantir-se eventual aplicação da lei penal. Por fim, entendeu-se que a condição de Vereador ostentada pelo paciente não possuiria o condão de assegurar-lhe tratamento diferenciado em relação aos demais co-réus. Assentou-se, no ponto, que os vereadores, ao contrário do que ocorre com os parlamentares federais e estaduais, não gozam de "incoercibilidade pessoal relativa" (*freedom from arrest*), embora sejam detentores da chamada "imunidade material" em relação às palavras, opiniões e votos que proferirem no exercício do mandato e na circunscrição do Município (CF, art. 29, VIII) e possuam, em alguns Estados da federação, prerrogativa de foro assegurada na respectiva Constituição. Vencido o Min. Marco Aurélio que concedia a ordem por reputar que a excepcionalidade ínsita à custódia preventiva não estaria configurada e também por vislumbrar ocorrente o excesso de prazo. **HC 94059/RJ, rel. Min. Ricardo Lewandowski, 6.5.2008.** (HC-94059) (Inform. STF 505)

RECLAMAÇÃO E NOVA PRISÃO PREVENTIVA

A Turma, por maioria, indeferiu *habeas corpus* no qual se alegava que a expedição de novo decreto prisional pelo juízo de origem teria descumprido decisão proferida pelo STJ que, em idêntica medida, ordenara a soltura do paciente, preso preventivamente desde 20.6.2006. Tratava-se de *writ* impetrado contra acórdão do STJ que julgara improcedente pedido formulado em reclamação por reputar que a atual custódia do paciente decorrera de novo decreto prisional, agora motivado na aplicação da lei penal e na preservação da ordem pública. Inicialmente, tendo em conta que o argumento de excesso de prazo da custódia não fora submetido àquela Corte, não se conheceu, no ponto, da impetração. Em seguida, salientou-se que o *writ* deferido pelo STJ determinara a expedição de alvará de soltura em favor do paciente, sem prejuízo de eventual decretação da custódia preventiva, devidamente justificada. Considerou-se, na espécie, que a decisão proferida pelo tribunal de origem — que decretara pela 2ª vez a prisão preventiva do paciente — não descumprira aquela anterior manifestação do STJ. Enfatizou-se que, depois de concedida a ordem, não haveria prejuízo de que, presentes os requisitos autorizadores e demonstrados fundamentos concretos, fosse decretada nova prisão preventiva, acaso necessária. Aduziu-se que, nesses casos, é exigível que a nova decisão contenha argumentação pertinente e suficiente a tudo quanto posto em exame, o que, na espécie, fora plenamente atendido. Vencidos os Ministros Carlos Britto e Marco Aurélio por entender, respectivamente, que a custódia do paciente não poderia ter sido decretada novamente com base nos mesmos fatos, mas mediante a superveniência de novos ou de circunstâncias em concreto; e que a magistrada de 1° grau não dera cumprimento ao que decidido pelo STJ. O Min. Marco Aurélio, por vislumbrar excesso de prazo, também concedia a ordem de ofício. **HC 94062/RJ, rel. Min. Cármen Lúcia, 29.4.2008.** (HC-94062) (Inform. STF 504)

PRISÃO PREVENTIVA E PROGRESSÃO DE REGIME

A Turma iniciou julgamento de *habeas corpus* em que condenado pela prática dos crimes de quadrilha, falsidade ideológica, coação no curso do processo e favorecimento pessoal, preso preventivamente desde meados de 2004, reitera as alegações de excesso de prazo da custódia e ausência de fundamentação na sentença condenatória. A Min. Cármen Lúcia, relatora, indeferiu o *writ*, no que foi acompanhada pelos Ministros Ricardo Lewandowski e Menezes Direito. Inicialmente, aplicou a jurisprudência da Corte no sentido de que, com a superveniência da sentença condenatória, que constitui novo título da prisão, encontra-se superada a questão relativa ao antecedente excesso de prazo. Entendeu que, com o julgamento da apelação interposta pelo paciente, além de prejudicada a matéria concernente à excessiva demora na apreciação daquele recurso, também não haveria mais que se discutir eventual falta de motivação da sentença condenatória, a qual fora substituída pelo acórdão de apelação. A relatora informou, ainda, que na presente impetração não houvera a formulação de pedido específico quanto a possíveis benefícios referentes à execução da pena. Assentou que, não obstante o paciente tivesse sustentado seu direito à progressão de regime e ao livramento condicional, poder-se-ia concluir que o tema fora suscitado somente a título de evidência do alegado excesso de prazo da prisão. No ponto, considerou não caber a concessão da ordem, de ofício, uma vez que as instâncias antecedentes decidiram corretamente ao deixar de analisar o pleito de progressão, enfatizando que, já tendo sido extraída guia de execução provisória da sentença, caberia ao paciente requerer aquele benefício, originariamente, ao juízo das execuções criminais, sob pena de supressão de instância. Por outro lado, aduziu que o exame dos requisitos para a concessão dos benefícios da progressão de regime de cumprimento da pena, ou mesmo livramento condicional, ultrapassaria os limites da via eleita. Após o voto do Min. Marco Aurélio que concedia a ordem por vislumbrar excesso de prazo, pediu vista o Min. Carlos Britto. **HC 93443/RJ, rel. Min. Cármen Lúcia, 1º.4.2008.** (HC-93443) (Inform. STF 500)

DIREITO DE RECORRER EM LIBERDADE

A Turma deliberou afetar ao Plenário julgamento de recurso ordinário em *habeas corpus* no qual se questiona a constitucionalidade do art. 594 do CPP, que condiciona a admissibilidade do recurso de apelação ao recolhimento do réu à prisão. No caso, o recorrente fora condenado pela prática dos crimes de tráfico de drogas, de associação para o tráfico (Lei 6.368/76, artigos 12 e 14) e de porte ilegal de armas (Lei 9.437/97, art. 10, § 2º), sendo-lhe negado, ante a necessidade de preservação da ordem pública, o direito de apelar em liberdade, decisão essa mantida nas demais instâncias. **RHC 93123/RJ, rel. Min. Cármen Lúcia, 18.3.2008.** (RHC-93123) (Inform. STF 499)

PRISÃO PREVENTIVA E HC DE OFÍCIO

A Turma julgou prejudicado *habeas corpus* em que acusado pela suposta prática do delito de tentativa de lavagem de dinheiro sustentava a ausência de fundamentação do decreto prisional. No caso, o paciente fora preso preventivamente em decorrência de desmembramento da denominada "Operação Furacão", instaurada para apurar o cometimento de crimes provenientes de jogo ilegal. Contra esse decreto prisional, a defesa impetrara *habeas corpus* sucessivos, sendo objeto da presente impugnação decisão denegatória de liminar formulada em idêntica medida perante o STJ. Tendo em conta que a concessão, pelo Min. Marco Aurélio, de medida acauteladora no *writ*, ensejara posteriormente a extinção dos *habeas corpus* impetrados respectivamente no TRF da 2ª Região e no STJ, entendeu-se que não existiria mais a liminar questionada, nem caberia o exame da incidência ou não da Súmula 691 do STF, haja vista a perda de objeto, ganhando a presente impetração autonomia. Entretanto, ressaltando-se a excepcionalidade do quadro, concedeu-se a ordem, de ofício, para afastar do cenário jurídico o decreto de prisão preventiva. Considerou-se que, no caso, o juízo de origem repetira as mesmas premissas constantes de decretos expedidos contra os co-réus, fazendo referência a crimes diversos não versados no processo em que implementada a custódia preventiva do paciente. Dessa forma, asseverou-se a falta de compatibilidade entre o decreto prisional e a denúncia, que versa unicamente sobre o crime de tentativa de lavagem de dinheiro. Enfatizou-se que o magistrado supusera, ante o que apontado como sofisticada organização criminosa, que o paciente voltaria a cometer crimes, inclusive cooptando servidores e agentes públicos. Aplicou-se a jurisprudência reiterada do STF no sentido de não se poder calcar ato de constrição à liberdade de ir e vir em conjecturas, mostrando-se essencial a menção a elemento concreto a revelar a periculosidade, o que não ocorrera na espécie. Assim, reputou-se necessária a demonstração de ato concreto a viabilizar, nos moldes do art. 312 do CPP, a preventiva, não se podendo levar em consideração a capacidade intuitiva do órgão julgador. **HC 92487/RJ, rel. Min. Marco Aurélio, 25.3.2008.** (HC-92487) (Inform. STF 499)

PRISÃO PREVENTIVA: HC DE OFÍCIO E OPERAÇÃO NAVALHA

A Turma deferiu *habeas corpus* impetrado em favor de investigado, preso preventivamente na denominada "Operação Navalha", por suposto envolvimento em organização criminosa constituída com a finalidade de desviar recursos públicos federais e estaduais destinados à execução de obras públicas, mediante fraudes em contratos licitatórios. No caso, a custódia embasava-se na conveniência da instrução criminal e na garantia da ordem pública e econômica. Reiterando os fundamentos expedidos no julgamento do HC 91386/BA (j. em 19.2.2007, v. Informativo 495), considerou-se patente a situação de constrangimento ilegal. Reputou-se insubsistente o decreto de custódia preventiva do paciente, porquanto ausente a indicação de fatos concretos a subsidiá-la. Salientando que, no sistema constitucional pátrio, o âmbito de proteção de direitos e garantias fundamentais recebe contornos de especial relevância, entendeu-se decisivo o fato de a prisão preventiva dos demais investigados ter sido revogada após a inquirição dos envolvidos. Por isso, afirmou-se que não faria sentido a manutenção da segregação do paciente para a mera obtenção de depoimento, aduzindo-se que a prisão é medida excepcional e não pode ser utilizada como meio generalizado de limitação das liberdades dos cidadãos. De ofício, estendeu-se a ordem, para o mesmo efeito, em favor de todos os pacientes que figuram como indiciados no Inquérito 544, em trâmite no Superior Tribunal de Justiça. **HC 92599/BA, rel. Min. Gilmar Mendes, 18.3.2008.** (HC-92599) (Inform. STF 499)

PRISÃO PREVENTIVA E AUSÊNCIA DE MOTIVAÇÃO

A Turma deferiu parcialmente, para tornar definitiva a liminar, *habeas corpus* impetrado em favor de médico denunciado como incurso nas penas dos artigos 121, *caput*, do CP e 12 da Lei 6.368/76 em decorrência do falecimento da vítima em conseqüência da administração de medicamentos em desacordo com a regulamentação legal. Na espécie, o juízo do tribunal do júri recebera denúncia oferecida por membro do Ministério Público em exercício em vara criminal e decretara a prisão preventiva do paciente com base na garantia da ordem pública, uma vez que ele estaria sendo processado por outro crime de homicídio, e no clamor público, em face da comoção social. A defesa, então, impetrara *habeas corpus* perante o tribunal de justiça local, cuja liminar fora indeferida, o que implicara a impetração de idêntica medida perante o STJ, com o mesmo resultado. Preliminarmente, por maioria, conheceu-se da impetração, vencido o Min. Menezes Direito que não superava o óbice do Enunciado 691 da Súmula do STF. No mérito, ressaltando a singularidade do caso, asseverou-se que a custódia preventiva do paciente fora determinada passados cerca de 5 anos da data dos fatos reputados delituosos e que careceria de motivação idônea. Enfatizou-se que a circunstância de ter-se como abalada, pelo cometimento do crime, a ordem pública não respaldaria a prisão preventiva, sob o risco de esta ganhar contornos de pena ainda não imposta. A igual conclusão chegou-se no tocante à alusão a outro processo a que responde o paciente, não cabendo cogitar-se de continuidade de prática homicida, em suposição de que o médico teria assassinado pessoas. Também rejeitou-se a gravidade da imputação como motivo para segregação. Entendeu-se que não se poderia potencializar a classificação do delito, observada a Lei 6.368/76, ainda que se colocasse em plano secundário a discussão sobre o enquadramento dos fatos narrados na denúncia, se próprios ao tráfico de drogas ou ao tipo do art. 15 da referida lei. Vencido o Min. Marco Aurélio que concedia a ordem em maior extensão, deferindo, de ofício, o *writ* para fulminar a denúncia ofertada por promotor estranho ao tribunal do júri. **HC 88877/PR, rel. Min. Marco Aurélio, 4.3.2008.** (HC-88877) (Inform. STF 497)

PRISÃO CIVIL DE DEPOSITÁRIO JUDICIAL INFIEL

A Turma, por maioria, indeferiu *habeas corpus* em que se sustentava a ilegitimidade da prisão civil decretada contra o paciente que, na condição de depositário judicial, remanescera inerte depois de intimado a proceder à entrega de bens penhorados. Alegava-se, na espécie, que a possibilidade de prisão civil do depositário infiel está sendo discutida pelo Supremo, cuja votação sinaliza no sentido de que a aludida restrição da liberdade será expurgada do ordenamento jurídico brasileiro, e que, em razão da gravidade do estado de saúde do paciente, cabível a revogação da prisão, ou então, o seu recolhimento domiciliar. Advertiu-se, de início, que a questão não deveria ser tratada sob o enfoque conduzido pelo impetrante, relativamente ao julgamento do RE 466343/SP (v. Informativos 449 e 450), no qual se discute a constitucionalidade da prisão civil de devedor que descumpre contrato garantido por alienação fiduciária. Enfatizou-se que, no presente caso, a custódia decorreria da não entrega de bens deixados com o paciente a título de depósito judicial. Em conseqüência, considerou-se que a decisão do tribunal *a quo* estaria em consonância com a jurisprudência desta Corte que entende ser constitucional a prisão civil decorrente de depósito judicial, pois enquadrada na ressalva prevista no inciso LXVII do art. 5º, da CF, ante sua natureza não-contratual. No ponto, asseverou que a repressão se dirige, em essência, à fraude praticada pelo depositário que, assumindo obrigação de colaboração com o Poder Judiciário, viola também os princípios da lealdade e da boa-fé que devem nortear a conduta processual das partes. Por fim, aduziu-se a impossibilidade de análise de fatos e provas na via eleita, a fim de se verificar o estado clínico do paciente para se decidir sobre o exame de prisão domiciliar. Vencido o Min. Marco Aurélio que, salientando não ser auto-aplicável o referido dispositivo constitucional, bem como a subscrição, pelo Brasil, do Pacto de São

José da Costa Rica, concedia o *writ* ao fundamento de que a prisão civil estaria limitada ao inadimplemento inescusável de prestação alimentícia. Precedentes citados: HC 84484/SP (DJU de 7.10.2005) e HC 90759/MG (DJU de 22.6.2007). **HC 92541/PR, rel. Min. Menezes Direito, 19.2.2008.** (HC-92541) (Inform. STF 495)

PRISÃO PREVENTIVA E DIREITOS FUNDAMENTAIS - 1

Por vislumbrar patente situação de constrangimento ilegal, a Turma deferiu *habeas corpus* impetrado pela Ordem dos Advogados do Brasil - OAB em favor de ex-Procurador-Geral do Estado do Maranhão, preso preventivamente na denominada "Operação Navalha", em que investigado o suposto envolvimento de organização criminosa constituída com a finalidade de desviar recursos públicos federais e estaduais destinados à execução de obras públicas, mediante fraudes em contratos licitatórios. No caso, o paciente fora acusado de associar-se a tal grupo criminoso e, valendo-se do cargo que ocupava, emitir pareceres favoráveis a determinada construtora. A custódia estava embasada na conveniência da instrução criminal e na garantia da ordem pública e econômica. Considerou-se insubsistente, na espécie, o requisito da conveniência da instrução criminal, por se constatar inexistente indicação de fatos concretos que levantassem suspeitas ou ensejassem possibilidade de interferência da atuação do paciente para retardar, influenciar ou obstar a instrução criminal. Isso porque não demonstrada, de plano, a correlação entre os elementos apontados pela prisão preventiva relativamente ao risco de continuidade na prática de delitos em virtude da iminência de liberação de recursos do governo federal. Ademais, ressaltou-se que o paciente, quando da decretação da custódia, não ocupava mais a função de Procurador-Geral do Estado, o que afastaria o nexo fático-probatório apto a justificar a validade e a legitimidade das razões para o seu encarceramento. **HC 91386/BA, rel. Min. Gilmar Mendes, 19.2.2008.** (HC-91386)

PRISÃO PREVENTIVA E DIREITOS FUNDAMENTAIS - 2

No tocante ao tema da garantia da ordem pública, reiterou-se que esta envolve, em linhas gerais, as seguintes circunstâncias principais: a) necessidade de resguardar a integridade física ou psíquica do paciente ou de terceiros; b) objetivo de impedir a reiteração das práticas criminosas, desde que lastreado em elementos concretos expostos fundamentadamente no decreto de custódia cautelar; e c) necessidade de assegurar a credibilidade das instituições públicas, em especial o Poder Judiciário, no sentido da adoção tempestiva de medidas adequadas, eficazes e fundamentadas quanto à visibilidade e transparência da implementação de políticas públicas de persecução criminal. Desse modo, enfatizou-se que a liberdade de um indivíduo suspeito do cometimento de crime apenas pode sofrer restrições se houver decisão judicial devidamente fundamentada, amparada em fatos concretos e não apenas em hipóteses ou conjecturas, ou na gravidade do delito. Asseverou-se que, no que se refere aos direitos de caráter penal, processual e processual-penal, não haveria exagero na comprovação de que esses direitos cumprem papel indispensável na concretização do moderno Estado Democrático de Direito, em cuja idéia também se imputa ao Poder Judiciário o papel de garante dos direitos fundamentais. Assim, salientando que no sistema constitucional pátrio o âmbito de proteção de direitos e garantias fundamentais recebe contornos de especial relevância, entendeu-se decisivo o fato de a prisão preventiva dos demais investigados ter sido revogada após a inquirição dos envolvidos. Por isso, afirmou-se que não faria sentido a manutenção da segregação do paciente para a mera obtenção de depoimento, aduzindo-se que a prisão é medida excepcional e não pode ser utilizada como meio generalizado de limitação das liberdades dos cidadãos. **HC 91386/BA, rel. Min. Gilmar Mendes, 19.2.2008.** (HC-91386) (Inform. STF 495)

PRISÃO PREVENTIVA E FALTA DE FUNDAMENTAÇÃO - 1

A Turma, por maioria, deferiu *habeas corpus* impetrado contra acórdão do STJ que liminarmente indeferira idêntica medida em que pleiteada a revogação da custódia preventiva de nacional suíço, preso na denominada "Operação Kaspar II", em virtude do seu suposto envolvimento em organização criminosa voltada à prática de crimes contra o Sistema Financeiro Nacional, contra a Ordem Tributária e Econômica e contra as Relações de Consumo, cuja prisão fora decretada para garantir a aplicação da lei penal e a preservação da ordem pública. No caso, ao longo da tramitação de *habeas corpus* impetrados nas diversas instâncias jurisdicionais, alguns co-denunciados obtiveram a revogação de suas custódias, dentre eles outro cidadão suíço, detido na mesma operação policial e sobre o qual pesam suspeitas semelhantes às do paciente. Ocorre que, após a entrega do passaporte, do fornecimento de certidão negativa de antecedentes criminais e da comprovação de possuir residência fixa no Brasil, aquele investigado suíço obtivera a liberdade provisória, mediante assinatura de termo de compromisso. Então, a defesa do paciente, alegando identidade de situações entre os bancários suíços, depositara seu passaporte e requerera, sem sucesso, a sua liberação. **HC 93134/SP, rel. Min. Ricardo Lewandowski, 18.12.2007.** (HC-93134)

PRISÃO PREVENTIVA E FALTA DE FUNDAMENTAÇÃO - 2

Preliminarmente, por maioria, superado o óbice do Enunciado da Súmula 691 do STF, conheceu-se da impetração, ficando vencido o Min. Carlos Britto que dela não conhecia. No mérito, entendeu-se que o fundamento da garantia da aplicação da lei penal não mais subsistiria, haja vista a própria decisão do juízo de origem que indeferira o pedido de revogação da prisão preventiva, ao consignar que a entrega do passaporte do paciente indicaria a sua disposição de sujeição às leis brasileiras. Aduziu-se, também, que reforçaria tal situação o contrato de hospedagem firmado pelo banco em favor do paciente, com o fim de lhe fornecer residência no país, por período de tempo necessário ao cumprimento das exigências que lhe fossem impostas. Ademais, salientou-se que, encerrada a fase de coleta de provas em relação ao paciente, nada indicaria que sua soltura pudesse prejudicar a investigação. Relativamente ao segundo motivo da custódia, asseverou-se inexistir elemento que revelasse, de forma concreta, a possibilidade de ver-se abalada a ordem pública. Enfatizou-se que o paciente comprovara possuir bons antecedentes, residência fixa e profissão definida e, ainda, depositara espontaneamente seu passaporte em juízo, demonstrando, com isso, a sua disposição de submeter-se às autoridades brasileiras. Além disso, considerou-se que o paciente se encontraria em situação desigual em relação a seu concidadão, já libertado. Vencido o Min. Carlos Britto que, ultrapassada a preliminar, indeferia a ordem. HC deferido para determinar a soltura do paciente, mediante condições a serem estabelecidas pelo juízo de primeiro grau. Alguns precedentes citados: HC 90387/SP (DJU de 28.9.2007); HC 87343/SP (DJU de 22.6.2007); HC 87794/BA (DJU de 2.2.2007); HC 91181/SP (DJU de 3.8.2007). **HC 93134/SP, rel. Min. Ricardo Lewandowski, 18.12.2007.** (HC-93134) (Inform. STF 493)

LIBERDADE PROVISÓRIA: LEI 11.464/2007 E CRIME HEDIONDO - 1

Com o advento da Lei 11.464/2007, que alterou a redação do art. 2º, II, da Lei 8.072/90, tornou-se possível a concessão de liberdade provisória aos crimes hediondos ou equiparados, nas hipóteses em que ausentes os fundamentos previstos no art. 312 do CPP. Tendo em conta esse entendimento, bem como verificada a falta de motivação idônea para a prisão do paciente, a Turma conheceu, em parte, de *habeas corpus* e, na parte de que conheceu, deferiu-o para determinar que seja expedido alvará de soltura em favor do paciente, salvo se por outro motivo deva permanecer custodiado. Na espécie, o paciente, preso em flagrante pela suposta prática de homicídio qualificado (CP, art. 121, § 2º, IV), tivera a segregação mantida pela sentença de pronúncia que, reportando-se aos fundamentos do decreto de prisão preventiva, negara pedido de liberdade provisória com base no art. 2º, II, da Lei 8.072/90 e por reputar presentes os requisitos do art. 312 do CPP, a saber: garantia da ordem pública e da aplicação da lei penal. **HC 92824/SC, rel. Min. Joaquim Barbosa, 18.12.2007.** (HC-92824)

LIBERDADE PROVISÓRIA: LEI 11.464/2007 E CRIME HEDIONDO - 2

Inicialmente, asseverou-se que a Lei 11.464/2007 expressamente suprimiu a proibição à liberdade provisória que constava do art. 2º, II, da Lei 8.072/90, tendo permanecido apenas o termo "fiança" ("*Art. 2º. Os crimes hediondos ... são insuscetíveis de : ... II - fiança.*"). Em seguida, afastado o óbice à concessão do referido benefício de liberdade provisória, considerou-se que a gravidade em abstrato do crime não seria, por si só, justificativa hábil para a decretação da custódia preventiva embasada na ameaça à ordem pública. Ademais, ressaltou-se que a jurisprudência do STF é no sentido de que o perigo de reiteração criminosa e a periculosidade do agente devem ser analisados no caso concreto, podendo caracterizar-se como razões legitimadoras da prisão cautelar. No ponto, aduziu-se que o paciente é primário, possui bons antecedentes e exerce ocupação lícita e que não fora demonstrada a necessidade concreta de sua prisão. Alguns precedentes citados: HC 83865/SP (DJU de 7.12.2007); HC 89183/MS (DJU de 25.8.2006); HC 85268/SP (DJU de 15.4.2005); HC 85868/RJ (DJU de 15.12.2006). **HC 92824/SC, rel. Min. Joaquim Barbosa, 18.12.2007.** (HC-92824) (Inform. STF 493)

READEQUAÇÃO DA PENA E TRÂNSITO EM JULGADO

A Turma indeferiu *habeas corpus* em que condenado pela prática do delito de atentado violento ao pudor em continuidade delitiva pleiteava aguardar em liberdade o trânsito em julgado da condenação. No caso, o juízo de origem garantira ao paciente o direito de permanecer em liberdade, todavia, em sede de apelação, o tribunal local expedira mandado de prisão em seu desfavor. Contra essa decisão, fora impetrado *habeas corpus* no STJ, sendo o *writ* deferido. Ocorre que, paralelamente, a defesa interpusera recurso especial no qual discutia a questão do aumento da pena em razão do crime continuado. Provido o recurso, os autos foram remetidos ao magistrado para readequação da pena na fração imposta pelo STJ. O juízo de primeiro grau, além de reajustar a reprimenda, decretara a custódia do paciente. A impetração sustentava que a decisão que readequara a pena possuiria natureza jurídica de sentença e, sendo esta uma nova decisão, incabível a ordem de prisão por ausência de trânsito em julgado. Considerou-se legítima a ordem do juízo de origem que, ao reajustar a pena imposta ao paciente, nos moldes do que decidido pelo acórdão do STJ, determinara a expedição do mandado de prisão, diante do trânsito em julgado da sentença condenatória. Enfatizou-se que essa decisão de reajuste da pena não tem natureza de sentença, pois apenas corrigira o *quantum* da reprimenda. Ressaltou-se que, nesse ponto, o juízo de primeiro grau não possuiria discricionariedade e que a defesa do paciente não se insurgira contra o acórdão do STJ, proferido no REsp, fazendo com que a sentença condenatória transitasse em julgado. HC 90274/SP, rel. Min. Menezes Direito, 4.12.2007. (HC-90274) (Inform. STF 491)

Prisão Preventiva e Fundamentação

A Turma indeferiu *habeas corpus* em que se pretendia, sob a alegação de excesso de prazo na instrução criminal, a revogação da custódia preventiva decretada em desfavor de denunciado, juntamente com terceiros, pela suposta prática de 4 homicídios qualificados. Inicialmente, ressaltou-se que o STJ repelira o argumento de falta de fundamentação da prisão cautelar por considerá-la necessária à garantia da ordem pública e à conveniência da instrução criminal. Quanto ao afirmado excesso de prazo, asseverou-se que a orientação do Supremo é no sentido de que o prazo de 81 dias para o término da instrução criminal não é absoluto, podendo ser dilatado a mercê da complexidade dos autos e da quantidade de réus envolvidos no fato delituoso. Tendo em conta a caracterização dessa situação, bem como do reputado envolvimento do paciente como responsável pela chacina, entendeu-se que as circunstâncias do caso justificariam o encerramento da instrução em período que ultrapassasse o legalmente previsto. Ademais, enfatizou-se que as condições pessoais do acusado, primariedade e bons antecedentes, não impediriam a prisão preventiva quando presentes os requisitos autorizadores do art. 312 do CPP. Precedentes citados: HC 88443/BA (DJU de 1º.6.2007); HC 90907/CE (DJU de 1º.6.2007); HC 86605/SP (DJU de 10.3.2006); HC 86061/RS (DJU de 24.2.2006). HC 92483/PE, rel. Min. Eros Grau, 27.11.2007. (HC-92483) (Inform. STF 490)

PRISÃO PREVENTIVA E FALTA DE FUNDAMENTAÇÃO - 1

A Turma deferiu *habeas corpus* para relaxar a prisão do paciente, ordenando a expedição de alvará de soltura, a ser cumprido com as cautelas próprias, ou seja, caso ele não se encontre sob a custódia do Estado por motivo diverso da prisão em flagrante mantida pelo juízo de origem. Tratava-se, na espécie, de *writ* impetrado contra acórdão do STJ que liminarmente indeferira idêntica medida em que pleiteada a concessão de liberdade provisória a nacional espanhol preso em flagrante, há quase 7 meses, pela suposta prática do crime de atentado violento ao pudor perpetrado contra menor de 13 anos (CP, art. 214, c/c o art. 224, a), cuja custódia fora decretada para garantir a ordem pública, a instrução processual e a aplicação da lei penal. Preliminarmente, por maioria, superado o óbice do Enunciado da Súmula 691 do STF, conheceu-se da impetração, ficando vencido o Min. Menezes Direito que dela não conhecia, mas determinava que o STJ julgasse o mérito do *writ*. HC 91690/SP, rel. Min. Marco Aurélio, 6.11.2007. (HC-91690)

PRISÃO PREVENTIVA E FALTA DE FUNDAMENTAÇÃO - 2

Em seguida, enfatizou-se que o recolhimento de acusado em prisão, sem culpa formada, é medida de excepcionalidade maior e que pressupõe situação enquadrável no art. 312 do CPP. Quanto ao fundamento da ordem pública, entendeu-se que se deveria aguardar a tramitação do processo penal e a imposição de pena para, imutável a condenação na via da recorribilidade, proceder-se à execução. No tocante à instrução e à aplicação da lei penal, aduziu-se que somente fora levada em conta a condição de estrangeiro do paciente, apontando-se para a possibilidade de sua fuga. Ademais, asseverou-se que, mesmo que verificado o flagrante, mostrar-se-ia possível ter-se o relaxamento, com ou sem fiança, da prisão quer em face das circunstâncias envolvidas na espécie, quer considerado o excesso de prazo. Salientou-se, ainda, que, se conforme dispõe a Lei 8.072/90, mesmo diante de sentença condenatória, ao juiz é permitido decidir se o réu poderá apelar em liberdade, com maior razão cumpre viabilizá-la quando se cuida de prisão em flagrante já projetada no tempo sem que haja, no processo, sentença proferida. Desse modo, reputou-se inexistir justificativa para a manutenção da custódia, uma vez que, se o paciente transgredira norma penal, agira de forma episódica, ao que tudo indica, presente a prostituição e, além disso, a violência citada na hipótese não teria sido real, mas presumida ante a idade da vítima. Ademais, tendo em conta o fato de o paciente ser piloto comercial e a existência de tratado celebrado entre o Brasil e o Reino da Espanha, em que assentada a possibilidade de cumprimento de pena, formalizada tanto aqui quanto lá, no país do qual seja originário o condenado, julgou-se conveniente viabilizar a continuidade de sua vida profissional, porquanto a sua retenção no país implicaria verdadeira apenação, e eventual perda, inclusive, da própria fonte de sustento do paciente e de sua família. Assim, concluiu-se pela devolução do passaporte ao paciente, ante o disposto no Decreto 2.576/98, mediante o qual foi promulgado o aludido tratado sobre transferência de presos. HC 91690/SP, rel. Min. Marco Aurélio, 6.11.2007. (HC-91690) (Inform. STF 487)

CRIME CONTRA ÍNDIO: PRISÃO PROCESSUAL E EXCESSO DE PRAZO - 1

A Turma deferiu *habeas corpus* impetrado em favor de pronunciados pela suposta prática de diversos delitos cometidos contra indígenas, quais sejam: quadrilha ou bando armado (CP, art. 288, parágrafo único); tentativa de homicídio qualificado pelo cometimento mediante paga ou promessa de recompensa ou por outro motivo torpe (CP, art. 121, § 2º, I, c/c art. 14, II); constrangimento ilegal (CP, art. 146); lesão corporal (CP, art. 129); disparo de arma de fogo (Lei 9.437/97, art. 10, § 1º, III); queima de fogos de artifício (Decreto-Lei 3.668/41, art. 28); tortura (Lei 9.455/97, art. 1º). Imputa-se, ainda, a apenas um dos pronunciados, a suposta prática de homicídio qualificado (CP, art. 121, § 2º, I e III). Na espécie, os fatos descritos envolveriam disputa por terras, cuja propriedade era reclamada pelos indígenas, e a prisão dos pacientes fora decretada e posteriormente mantida pelo juízo pronunciante com base na conveniência da instrução criminal, na garantia da ordem pública e na aplicação da lei penal. Alegava a impetração: a) incompetência da justiça federal para processar e julgar a ação penal; b) cerceamento de defesa pelo fato de haver sido denegada a realização de perícia complementar na fase do art. 499 do CPP; c) ilegalidade da manutenção da prisão preventiva, por inobservância da regra do art. 408, § 2º, do CPP; e d) excesso de prazo na custódia cautelar dos pacientes. Requeria, ainda, a decretação da nulidade do processo-crime instaurado contra os pacientes e conseqüente cassação dos decretos de prisão, para que pudessem aguardar em liberdade o julgamento. HC 91121/MS, rel. Min. Gilmar Mendes, 6.11.2007. (HC-91121)

CRIME CONTRA ÍNDIO: PRISÃO PROCESSUAL E EXCESSO DE PRAZO - 2

Preliminarmente, não obstante as alegações de excesso de prazo e inobservância do disposto no art. 408, § 2º, do CPP não tivessem sido diretamente discutidas pelo STJ, asseverou-se que, em matéria penal, tal argumentação, típica da jurisprudência defensiva, apenas poderia ser aplicada nas hipóteses em que, do exame dos autos, não se verifique patente situação de constrangimento ilegal que possa, ao menos em tese, ser tutelada de ofício pelo STF. Em seguida, tendo em conta precedentes da Corte no sentido da competência da justiça federal para processar e julgar feitos que versarem sobre questões diretamente ligadas à cultura indígena, aos direitos sobre suas terras, ou, ainda, a interesses constitucionalmente atribuíveis à União (CF, artigos 22, XIV e 109, IV e XI), a Turma rejeitou o argumento de incompetência do juízo, haja vista a demonstração, nos autos, de que os supostos crimes estariam relacionados à "disputa sobre direitos indígenas". Aduziu-se, no ponto, que esse entendimento manter-se-ia independentemente da condição de indígena ou não de uma das vítimas, porquanto o complexo de imputações criminosas não se resumiria ao aludido homicídio e, ademais, o *writ* não seria a via processual adequada para a discussão de fatos e provas. De igual modo, indeferiu-se a ordem quanto à afirmação de cerceamento de defesa em virtude da denegação de perícia complementar, uma vez que a sua negativa estaria fundamentada (CF, art. 93, IX) em perícia anterior e em provas testemunhais produzidas. HC 91121/MS, rel. Min. Gilmar Mendes, 6.11.2007. (HC-91121)

CRIME CONTRA ÍNDIO: PRISÃO PROCESSUAL E EXCESSO DE PRAZO - 3

Por fim, salientando as peculiaridades do caso, reputou-se que as últimas alegações mereceriam análise conjunta. Considerou-se que a mera explicitação textual dos requisitos previstos no art. 312 do CPP não basta para a constrição da liberdade, sendo necessário que tais aspectos estejam lastreados em elementos concretos, o que não ocorrera, já que os decretos de prisão cautelar e a sentença de pronúncia não apresentaram razões específicas para a determinação ou para a manutenção da custódia preventiva. Além disso, enfatizando que os pacientes encontram-se presos há mais de 4 anos, sem que a prestação jurisdicional efetiva e definitiva tenha sido exercitada e sem que tenham dado causa à mora processual, aduziu-se que essa situação de indefinição jurídica quanto às possibilidades de tutela da liberdade de locomoção dos pacientes afetaria a própria garantia constitucional de uma proteção judicial digna, legítima, eficaz e célere. Concluiu-se, assim, pelo deferimento do *habeas corpus* por duplo motivo: falta de fundamentação da custódia cautelar (CF, art. 93, IX) e excesso de prazo desde a determinação da custódia preventiva, sem que o tema tivesse sido submetido ao tribunal do júri em tempo razoável (CF, art. 5º, LXXVIII). HC 91121/MS, rel. Min. Gilmar Mendes, 6.11.2007. (HC-91121) (Inform. STF 487)

HC: AFASTAMENTO DE CARGO E EXCESSO DE PRAZO - 1

Em face da excepcional situação de excesso de prazo para a conclusão da instrução criminal, a Turma, por maioria, deferiu *habeas corpus* tão-somente para suspender os efeitos da decisão da Corte Especial do STJ que, ao receber a denúncia apresentada contra desembargador, impusera o seu afastamento do cargo (LC 35/79, art. 29). Na espécie, a impetração alegava: a) a inépcia total da denúncia recebida pelo STJ, ou, caso superado o primeiro argumento, b) a inépcia da peça acusatória quanto ao delito de subtração de incapaz, especialmente em razão da aparente contradição que poderia advir da decisão tomada por esta Turma no julgamento do HC 82982/PE (DJU de 8.6.2007); e, ainda, c) o excesso de prazo na instrução criminal relativamente ao afastamento cautelar do paciente. Considerou-se que, ao menos em tese, a denúncia atendera ao disposto nos artigos 41 e 43 do CPP, permitindo ao paciente o exercício da ampla defesa. Em seguida, rejeitou-se a alegada vinculação entre o aludido HC 82982/PE e o presente *writ*, porquanto neste dever-se-ia apreciar a regularidade ou não da imputação do delito de subtração de incapaz, ao passo que naquela primeira medida, fora apurada a higidez da denúncia quanto a ilícitos relacionados a indícios de falso documental praticados pela suposta vítima dos crimes atribuídos ao ora paciente. Assim, reconhecida a distinção entre as matérias, enfatizou-se que, se ultrapassado tal argumento, a adequada compreensão da questão demandaria reexame fático e probatório, incabível na via eleita. HC 90617/PE, rel. Min. Gilmar Mendes, 30.10.2007. (HC-90617)

HC: AFASTAMENTO DE CARGO E EXCESSO DE PRAZO - 2

No tocante ao aludido excesso de prazo, asseverou-se que o STF somente em hipóteses excepcionais tem deferido a ordem, quando a mora processual: a) seja decorrência exclusiva de diligências suscitadas pela atuação da acusação; b) resulte da inércia do próprio aparato judicial em atendimento ao princípio da razoável duração do processo; e c) seja incompatível com o princípio da razoabilidade. Nesse sentido, tendo em conta que o afastamento cautelar do paciente de suas funções perdura por mais de 4 anos (desde o recebimento da denúncia), sem que a defesa tenha dado causa à demora na conclusão da instrução criminal, entendeu-se configurado "excesso de prazo gritante". Além disso, reafirmou-se a viabilidade do *writ*, uma vez que, na espécie, objetiva-se a proteção de uma situação de lesão ou ameaça a direito que persiste por prazo excessivo, a qual não poderia ser excluída da proteção judicial. Vencido, no ponto, o Min. Cezar Peluso por reputar que, independentemente do tempo de duração do processo-crime, o paciente deveria permanecer, no seu curso, afastado do cargo, haja vista que o seu afastamento cautelar seria medida preordenada à tutela do conceito público do próprio cargo por ele ocupado, o que não violaria a presunção constitucional de não-culpabilidade. Ordem concedida para determinar o retorno do paciente à função de magistrado perante o Tribunal de Justiça do Estado de Pernambuco. HC 90617/PE, rel. Min. Gilmar Mendes, 30.10.2007. (HC-90617) (Inform. STF 486)

RECURSO SEM EFEITO SUSPENSIVO E EXECUÇÃO PROVISÓRIA

Em virtude da divergência entre as Turmas sobre a matéria, a Turma decidiu deslocar ao Plenário julgamento de *habeas corpus* em que condenado à pena de reclusão, em regime integralmente fechado, pela prática do crime de estupro (CP, art. 213, c/c o art. 225, § 1º, I e § 2º) pleiteia o direito de permanecer em liberdade até o definitivo exame da ação penal, sob o argumento de que a custódia antes do trânsito em julgado da condenação, porquanto ainda pendente recurso especial, violaria o princípio da presunção de inocência, consistindo em antecipação da pena. Trata-se, na espécie, de *writ* impetrado contra acórdão do STJ que indeferira liminar em idêntica medida, ao fundamento de que se afigura legítima a execução da pena privativa de liberdade antes do trânsito em julgado da respectiva condenação, uma vez que os recursos de natureza extraordinária não possuem efeito suspensivo. HC 91676/RJ, rel. Min. Ricardo Lewandowski, 9.10.2007. (HC-91676) (Inform. STF 483)

PRISÃO ESPECIAL DE ADVOGADO E SALA DE ESTADO-MAIOR - 1

Constitui direito público subjetivo do advogado, decorrente de prerrogativa profissional, o seu recolhimento em sala de Estado-maior, com instalações e comodidades condignas, até o trânsito em julgado de decisão penal condenatória e, na sua falta, na comarca, em prisão domiciliar. Com base nesse entendimento, a Turma deferiu *habeas corpus* para assegurar ao paciente, advogado regularmente inscrito na Ordem dos Advogados do Brasil e que se encontrava recolhido em penitenciária, a sua custódia domiciliar ante a inexistência de sala de Estado-maior na unidade federativa. Decidiu-se, ainda, tendo em conta a ficha criminal do paciente, da qual constam diversas acusações, dentre as quais, cerca de 20 seqüestros, formação de quadrilha e motins, oficiar-se à OAB para que tome as providências que julgar cabíveis. Vencido, neste ponto, o Min. Marco Aurélio que, reputando incabível interpretação teleológica para flexibilizar a prerrogativa prevista no Estatuto da Advocacia quanto à prisão em sala de Estado-maior, considerada a vida pregressa do profissional da advocacia, asseverava que tal comunicação surgiria, no *writ*, como verdadeira pena acessória. HC 91150/SP, rel. Min. Menezes Direito, 25.9.2007. (HC-91150)

PRISÃO ESPECIAL DE ADVOGADO E SALA DE ESTADO-MAIOR - 2

A Turma iniciou julgamento de reclamação ajuizada contra decisão do Juízo da 1ª Vara do Foro Distrital de Arujá/SP, que revogara decreto de prisão domiciliar e estabelecera a custódia do reclamante, advogado, em "sala especial". No caso, esta Corte, ao apreciar *habeas corpus* impetrado em favor do ora reclamante, concedera, de ofício, a ordem para assegurar-lhe prisão domiciliar, salvo eventual transferência para sala de Estado-maior, como conceituada no precedente firmado na Rcl 4535/ES (DJU de 5.6.2007). Ocorre que, antes da execução desse acórdão, surgira vaga no Regimento de Polícia Montada "9 de julho" e a magistrada, por considerar que o Supremo dera preferência ao recolhimento do réu em sala de Estado-maior, revogara a sua anterior determinação. Requer-se, na espécie, o restabelecimento da autoridade da decisão aqui proferida, com o cumprimento da custódia domiciliar. O Min. Menezes Direito, relator, embora ressaltando a existência de grades em outras dependências do mencionado batalhão e não apenas no compartimento destinado ao reclamante, julgou improcedente o pedido. Considerou o que informado pelo juízo de origem no sentido de que as instalações apresentadas seriam de Estado-maior. Ademais, aduziu que o Comando Geral daquela corporação noticiara que o compartimento localizar-se-ia no edifício do Estado-maior, diferenciando-se de uma unidade prisional. Após, o julgamento foi suspenso em virtude do pedido de vista do Min. Carlos Britto. Rcl 5192/SP, rel. Min. Menezes Direito, 25.9.2007. (Rcl-5192) (Inform. STF 481)

RECURSO SEM EFEITO SUSPENSIVO E EXECUÇÃO PROVISÓRIA

A Turma, por maioria, indeferiu *habeas corpus* em que condenado à pena de 5 anos de reclusão em regime semi-aberto sustentava a impossibilidade da execução, antes do trânsito em julgado, do decreto condenatório expedido em seu desfavor, pois ainda pendente recurso especial. Considerou-se que, não possuindo os recursos especial e extraordinário efeito suspensivo do julgamento, inexistiria razão para se alegar ofensa ao princípio da inocência com o início da execução da pena. Vencido o Min. Marco Aurélio, relator, que deferia o *writ* para afastar a execução da pena enquanto pendente recurso quer de natureza ordinária, quer de extraordinária. HC 90645/PE, rel. orig. Min. Marco Aurélio, rel. p/ o acórdão Min. Menezes Direito, 11.9.2007. (HC-90645) (Inform. STF 479)

DEMORA NO JULGAMENTO DE HC E CONSTRANGIMENTO ILEGAL

A Turma, por maioria, deferiu *habeas corpus* para determinar a Ministra do STJ que apresente em mesa idêntica medida, da qual relatora, na primeira sessão da Turma em que oficia, subseqüente à comunicação da presente ordem, nos termos do art. 664 do CPP c/c o art. 202 do RISTJ. No caso, o paciente, preso em flagrante em 25.6.2006, pleiteia a revogação da custódia, posteriormente convertida em preventiva. Alega que impetrou, contra essa decisão, *writ* perante o tribunal de justiça, denegado, bem como perante o STJ, cuja liminar fora indeferida em 2.11.2006 e que, até o momento, aguarda julgamento definitivo, com parecer do Ministério Público Federal, desde 7.12.2006. Entendeu-se configurado o constrangimento ilegal decorrente da falta de julgamento de mérito do *habeas corpus* impetrado na Corte *a quo*, haja vista não ser curto o período de pendência na sua apreciação. Asseverou-se que a concessão da ordem, nesses casos, é medida excepcional e apenas se torna viável porque a demora comprovada no julgamento ofende a norma constitucional da razoável duração do processo (CF, art. 5º, LXXVIII). Por fim, aduziu-se haver, na espécie, risco iminente ao direito de liberdade de ir e vir do paciente, a justificar o deferimento da ordem. Vencidos os Ministros Menezes Direito e Ricardo Lewandowski que, salientando o fato de a autoridade impetrada haver remetido ao STF a explicitação das razões pelas quais não tivera condições de julgar imediatamente o feito, denegavam a ordem ao fundamento de que, assim, estar-se-ia admitindo a utilização do *habeas corpus* como substitutivo de pedido de preferência. HC 91986/RS, rel. Min. Cármen Lúcia, 11.9.2007. (HC-91986) (Inform. STF 479)

RÉU ADVOGADO: PRISÃO ESPECIAL E TRÂNSITO EM JULGADO

O réu que ostente *status* profissional de advogado tem direito público subjetivo à prisão especial até o trânsito em julgado da condenação. Com base nesse entendimento, a Turma desproveu agravo regimental em *habeas corpus* no qual se pleiteava o reconhecimento do direito da paciente, advogada, à prisão especial, conforme preconizado pelo Estatuto da Advocacia, não obstante sua custódia tivesse ocorrido anteriormente ao advento da Lei 10.258/2001, que alterou o art. 295 do CPP. No caso, o *writ* fora julgado prejudicado, porquanto, com a fuga da paciente, o recurso por ela interposto contra a sentença condenatória fora julgado deserto, operando-se o trânsito em julgado. Inicialmente, assentou-se a aplicabilidade, em tese, do art. 7º, V, da Lei 8.906/94, em detrimento da incidência do art. 295 do CPP, na redação conferida pela Lei 10.258/2001, ante o critério da especialidade. Em seguida, entendeu-se que a decisão agravada não merecia reparo, haja vista que se cingira ao fato de que o direito à custódia especial cessa com o trânsito em julgado da condenação penal. Por fim, salientou-se que o juízo de origem em nenhum momento criara dificuldades à efetivação do direito da paciente à prisão especial. Precedentes citados: HC 72465/SP (DJU de 5.9.95); HC 81632/SP (DJU de 21.3.2003); Rcl 4535/ES (DJU de 15.6.2007); HC 88702/SP (DJU de 24.11.2006). HC 82850 AgR/SP, rel. Min. Gilmar Mendes, 11.9.2007. (HC-82850) (Inform. STF 479)

SALA DE ESTADO-MAIOR E PRISÃO ESPECIAL: DISTINÇÕES

A Turma deferiu, em parte, *habeas corpus* impetrado contra decisão de Ministro do STJ que julgara prejudicada idêntica medida ao fundamento de que a transferência do paciente, advogado regularmente inscrito na Ordem dos Advogados do Brasil - OAB para prisão especial afastaria a argüição de ilegalidade ou de abuso de poder pelo seu não recolhimento em sala de Estado-Maior, até o trânsito em julgado de eventual sentença penal condenatória, e, na falta desse tipo de estabelecimento, em custódia domiciliar. Considerou-se que os conceitos de sala de Estado-Maior e de prisão especial não se confundem e que a prerrogativa de recolhimento naquela não se reduz à prisão especial de que trata o art. 295 do CPP. No ponto, reportou-se ao entendimento fixado no julgamento da Rcl 4535/ES (DJU de 5.6.2007), no sentido de que sala de Estado-Maior definir-se-ia pela sua qualidade mesma de sala e não de cela ou cadeia, instalada no Comando das Forças Armadas ou de outras instituições militares e que, em si mesma, constitui tipo heterodoxo de prisão, pois destituída de grades ou de portas fechadas pelo lado de fora. Ademais, aduziu-se que o significado coloquial das expressões "sala" e "cela" foi agasalhado pelo Estatuto da OAB, porquanto o trancafiamento em sala de Estado-Maior se distingue do processado em cela especial. Assim, concluiu-se que a prisão especial deferida ao paciente não atenderia a prerrogativa de que trata o art. 7º, V, da Lei 8.906/94. Rejeitou-se, ainda, o pedido de concessão da prisão domiciliar, pois o paciente, acusado da suposta prática do crime de homicídio qualificado (CP, art. 121, § 2º), apresentara nos autos diversos endereços, fato que estaria a contradizer a própria essência dessa constrição, além de demonstrar a improbabilidade do seu comparecimento perante o júri. Ordem parcialmente concedida para determinar a imediata transferência do paciente para sala de uma das unidades militares do Estado de São Paulo, a ser designada pelo Secretário de Segurança Pública. HC 91089/SP, rel. Min. Carlos Britto, 4.9.2007. (HC-91089) (Inform. STF 478)

PRISÃO PREVENTIVA E FALTA DE FUNDAMENTAÇÃO

Por falta de motivação idônea, a Turma deferiu *habeas corpus* para revogar a prisão preventiva decretada contra pronunciado pela suposta prática de homicídio simples, a fim de determinar a imediata expedição de alvará de soltura em seu favor, se por outro motivo não estiver preso. No caso, a custódia fundamentara-se na necessidade de resguardo da ordem pública, em razão do alegado envolvimento do paciente em homicídios anteriores, bem como na gravidade das penas cominadas aos crimes a ele imputados, a indicar a possibilidade de sua fuga do distrito da culpa. Inicialmente, salientou-se que ao mesmo tempo em que o tribunal estadual assentara inexistir embasamento para a prisão cautelar do paciente pelo seu suposto envolvimento em outros homicídios, utilizara-se de tais fatos para justificar a sua segregação em outra ação penal. Desta maneira, rejeitou-se o argumento de que o paciente representaria ameaça à ordem pública tão-somente por aqueles fatos que, anteriormente, foram reconhecidos na origem como insubsistentes para alicerçar a primeira custódia preventiva, destacando aquela Corte, inclusive, que a liberdade do paciente em nada havia prejudicado o curso da ação penal. Asseverou-se, no ponto, que a ameaça à ordem pública só pode ser aferida no contexto dos fatos. Ademais, considerou-se que o decreto impugnado não apontara circunstâncias concretas a justificar a adoção da excepcional prisão preventiva, valendo-se, da presunção de que, em liberdade, o paciente subtrair-se-ia à aplicação da lei penal, tendo em conta a pena prevista para o delito de homicídio. HC 90936/RS, rel. Min. Carlos Britto, 3.8.2007. (HC-90936) (Inform. STF 474)

DEMORA NO JULGAMENTO DE HC

A Turma, por considerar que a análise do caso implicaria supressão de instância, não conheceu de *habeas corpus*, mas recomendou a Ministro do STJ que dê absoluta preferência ao julgamento de idêntica medida, da qual relator, cuja liminar fora denegada em 3.5.2005 e que, até o momento, aguarda exame do mérito. Tratava-se, na espécie, de *writ* em que acusado pela suposta prática de duplo homicídio, preso cautelarmente há mais de 2 anos, atribuía o excesso de prazo na custódia exclusivamente a pedido de desaforamento requerido pelo Ministério Público. HC 90470/CE, rel. Min. Eros Grau, 26.6.2007. (HC-90470) (Inform. STF 473)

DEMORA NO JULGAMENTO DE HC E CONSTRANGIMENTO ILEGAL

A Turma, por maioria, deferiu, em parte, *habeas corpus* para que o STJ dê preferência à apreciação de duas idênticas medidas lá impetradas em favor de advogado, denunciado, com terceiros, pela suposta prática dos crimes tipificados nos artigos 171, *caput*, c/c o art. 14, II; 288; 298; 299, c/c os artigos 29 e 69; e 62, I, todos do CP. No caso, o paciente, preso cautelarmente desde janeiro de 2007, pleiteia a revogação dessa custódia, ao argumento de falta de fundamentação, bem como insurge-se contra a distribuição do processo no tribunal originário e contra a demora no julgamento pelo STJ, não obstante os *habeas corpus* tenham sido protocolizados, respectivamente, em 22 de janeiro e 9 de abril deste ano. Preliminarmente, considerou-se inexistir excepcionalidade maior a afastar o Enunciado da Súmula 691 do STF. No ponto, confirmaram-se os fundamentos da liminar. Apenas no tocante à questão relativa à demora no julgamento, entendeu-se que, em se tratando de processo no qual em risco a liberdade de ir e vir, já afastada, este haveria de merecer prioridade. Vencido, parcialmente, o Min. Carlos Britto que deferia o *writ* em maior extensão, para determinar que aquela Corte apresentasse em mesa os *habeas corpus* na primeira sessão subseqüente à comunicação da presente ordem, e vencida a Min. Cármen Lúcia que o indeferia em sua totalidade. HC 91200/PE, rel. Min. Marco Aurélio, 19.6.2007. (HC-91200) (Inform. STF 472)

EXCESSO DE PRAZO E PRISÃO PREVENTIVA - 1

A Turma, por maioria, deferiu *habeas corpus* para invalidar a decisão que decretara a prisão preventiva de pronunciado pela suposta prática dos crimes de homicídio duplamente qualificado (CP, art. 121, § 2º, I e V); destruição e ocultação de cadáver (CP, art. 211); vilipêndio a cadáver (CP, art. 212) e fraude processual (CP, art. 347, parágrafo único). No caso, preso em flagrante (27.1.2003), o paciente tivera sua custódia preventiva decretada (28.1.2003) com fundamento na garantia da ordem pública, na conveniência da instrução criminal e para assegurar a aplicação da lei penal. Contra esta decisão, o paciente pleiteara o relaxamento da prisão em flagrante e a revogação da preventiva, sendo tais pedidos indeferidos nas instâncias anteriores. Interpusera, ainda, recurso em sentido estrito, visando à reforma da sentença de pronúncia, o qual fora parcialmente provido, para afastar a imputação do delito descrito no art. 212 do CP. Em passo seguinte, também obtivera, mediante impetração perante o STF, a exclusão do crime do art. 347, do CP (HC 88733/SP, DJU de 15.12.2006). Neste *writ*, sustentava falta de fundamentação do decreto cautelar e excesso de prazo na custódia preventiva. HC 89238/SP, rel. Min. Gilmar Mendes, 29.5.2007. (HC-89238)

EXCESSO DE PRAZO E PRISÃO PREVENTIVA - 2

Quanto à alegação de excesso de prazo, inicialmente asseverou-se que a Corte tem deferido *habeas corpus* apenas em hipóteses excepcionais, nas quais a mora processual: a) seja decorrência exclusiva de diligências suscitadas pela atuação da acusação; b) resulte da inércia do próprio aparato judicial em atendimento ao princípio da razoável duração do processo (CF, art. 5º, LXXVIII) e c) seja incompatível com o princípio da razoabilidade. Na espécie, entendeu-se que a defesa contribuíra para a delonga processual por meio de atos processuais, tais como expedição de cartas precatórias para a inquirição de várias testemunhas, bem como de carta rogatória para oitiva de testemunha residente em outro país e incidente de insanidade mental do paciente. Ademais, reputaram-se presentes indícios de complexidade da causa. Os Ministros Cezar Peluso e Celso de Mello vislumbravam ocorrente o excesso, uma vez que o último ato, atribuível à defesa, capaz de dilatar o processo se dera em 22.2.2005. HC 89238/SP, rel. Min. Gilmar Mendes, 29.5.2007. (HC-89238)

EXCESSO DE PRAZO E PRISÃO PREVENTIVA - 3

Por outro lado, considerou-se patente situação de constrangimento ilegal apta a ensejar o deferimento da ordem por inexistirem razões concretas e suficientes para a manutenção da prisão preventiva, seja pela garantia da ordem pública, seja pela aplicação da lei penal e conveniência da instrução criminal, as quais se revelam, no caso, intimamente vinculadas. Afastou-se o requisito da garantia da instrução criminal, uma vez que o paciente já fora pronunciado. Ressaltou-se, no ponto, não haver indicação de fatos concretos que levantassem suspeita ou considerável possibilidade de interferência da atuação do paciente para retardar, influenciar ou obstar a instrução criminal. No tocante à aplicação da lei penal, aduziu-se que a sua fundamentação na hediondez do crime, de modo a não ser permitida a liberdade provisória, estaria em divergência com o entendimento do STF no julgamento do HC 82959/SP (DJU de 1º.9.2006), em que declarada a inconstitucionalidade do art. 2º, § 1º da Lei 8.078/90, que proibia a progressão de regime de cumprimento de pena nos crimes hediondos. De igual modo, rejeitou-se a motivação dada quanto à exigência da garantia da ordem pública, aduzindo-se que esta envolve, em linhas gerais, as seguintes circunstâncias principais: a) necessidade de resguardar a integridade física ou psíquica do paciente ou de terceiros; b) objetivo de impedir a reiteração das práticas criminosas, desde que lastreado em elementos concretos expostos fundamentadamente no decreto de custódia cautelar; e c) para assegurar a credibilidade das instituições públicas, em especial o Poder Judiciário, no sentido da adoção tempestiva de medidas adequadas, eficazes e fundamentadas quanto à visibilidade e transparência da implementação de políticas públicas de persecução criminal. Vencido o Min. Joaquim Barbosa que indeferia o *writ* ao fundamento de estar caracterizada a garantia da ordem pública consistente na gravidade imanente do delito, a qual decorreria da brutalidade e crueldade com que cometido. Precedentes citados: HC 85400/PE (DJU de 11.3.2005); HC 85237/DF (DJU de 29.4.2005); HC 84931/CE (DJU de 16.12.2005); HC 81905/PE (DJU de 16.5.2003); HC 84122/SP (DJU de 27.8.2004); HC 88537/BA (DJU de 16.6.2006); HC 84662/BA (DJU de 22.10.2004); HC 86175/SP (DJU de 10.11.2006). HC 89238/SP, rel. Min. Gilmar Mendes, 29.5.2007. (HC-89238) (Inform. STF 469)

SUSTENTAÇÃO ORAL EM HC E MAUS ANTECEDENTES - 1

A Turma deferiu *habeas corpus* para que seja concedida liberdade provisória a denunciado, preso em flagrante, pela suposta prática do crime de porte ilegal de arma de fogo de uso permitido (Lei 10.826/2003, art. 14), cujos pedidos anteriores foram negados ante a presença de maus antecedentes. Inicialmente, tendo em conta a existência de manifestação expressa e prévia da defesa de que pretendia realizar sustentação oral e a superveniência do julgamento, sem que os impetrantes fossem notificados da data em que o processo seria apresentado em mesa, acolheu-se a alegação de nulidade do julgamento de idêntica medida no STJ, a fim de que se proceda a outro, cientes os impetrantes, com antecedência, da data que vier a ser designado. No ponto, salientou-se a evolução jurisprudencial da Corte quanto ao cabimento de sustentação oral em sede de *habeas corpus*, mencionando-se, inclusive, a alteração no Regimento Interno promovida pela Emenda Regimental 17/2006 ("*Art. 92... Parágrafo único-A: Não ocorrendo a apresentação em mesa na sessão indicada no caput, o impetrante do Habeas Corpus poderá requerer seja cientificado pelo Gabinete, por qualquer via, da data do julgamento*"). HC 86186/GO, rel. Min. Gilmar Mendes, 15.5.2007. (HC-86186)

SUSTENTAÇÃO ORAL EM HC E MAUS ANTECEDENTES - 2

Não obstante essa orientação, procedeu-se ao exame da questão de fundo posta, em virtude do fato de os autos estarem devidamente instruídos. No caso, asseverou-se que eventuais argumentos de supressão de instância estariam superados, em razão de se estar a discutir a regularidade de fundamentação de decisão de juízo singular que indeferira pedido de liberdade provisória. Assim, o tema poderia ser legitimamente apreciado pela Turma, em homenagem aos princípios da proteção judicial efetiva e da duração razoável do processo. Entendeu-se que, na espécie, a mera existência de inquérito policial ou ações penais em curso não poderiam caracterizar maus antecedentes, de modo a justificar a manutenção da custódia preventiva, sob pena de ofensa ao princípio da não-culpabilidade. Aduziu-se, ademais, que a liberdade provisória consiste em direito fundamental do preso (CF, art. 5º, LXVI) e que a privação de liberdade deve constituir exceção. HC 86186/GO, rel. Min. Gilmar Mendes, 15.5.2007. (HC-86186) (Inform. STF 467)

RCL E SALA DE ESTADO-MAIOR

Por vislumbrar afronta à autoridade da decisão da Corte na ADI 1127/DF (j. em 17.5.2006), o Tribunal julgou procedente reclamação ajuizada por advogado preso preventivamente e recolhido em cela da Polícia Federal. Na espécie, o reclamante requerera, ao Juízo da 2ª Vara Federal Criminal de Vitória/ES, com fundamento no art. 7º, V, do Estatuto dos Advogados, a sua transferência para sala de Estado-Maior e, na falta desta, a concessão de prisão domiciliar. Considerou-se a orientação fixada pelo Supremo naquele precedente, que, por votação majoritária, julgara constitucional o referido dispositivo legal na parte em que determina o recolhimento dos advogados em sala de Estado-Maior e, na sua falta, em prisão domiciliar. Ademais, na linha do voto proferido pelo Min. Nelson Jobim no julgamento do HC 81632/SP (DJU em 21.3.2003), quanto ao que seja sala de Estado-Maior, afirmou-se que, se por Estado-Maior se entende o grupo de oficiais que assessoram o Comandante de uma organização militar (Exército, Marinha, Aeronáutica, Corpo de Bombeiros e Polícia Militar), sala de Estado-Maior é o compartimento de qualquer unidade militar que, ainda que potencialmente, possa por eles ser utilizado para exercer suas funções. Salientou-se, no ponto, que a distinção que deve ser feita é que, enquanto uma "cela" tem como finalidade típica o aprisionamento de alguém e, em razão disso, possui grades, em regra, uma "sala" apenas ocasionalmente é destinada para esse fim. Além disso, ressaltou-se que o local deve oferecer "instalações e comodidades condignas", isto é, condições adequadas de higiene e segurança. Rcl julgada procedente para que o reclamante seja recolhido em prisão domiciliar, cujo local deverá ser especificado pelo juízo reclamado, salvo eventual transferência para sala de Estado-Maior, como antes caracterizada. Rcl 4535/ES, rel. Min. Sepúlveda Pertence, 7.5.2007. (Rcl-4535) (Inform. STF 466)

DUPLO GRAU DE JURISDIÇÃO: PROCESSAMENTO DE RECURSO E PRISÃO - 1

A Turma deferiu *habeas corpus* impetrado em favor de condenado pela prática do crime de supressão ou redução de tributo ou contribuição social na forma continuada (Lei 8.137/90, art. 1º, I e IV, c/c o art. 71, CP), cuja sentença — confirmatória da decretação de prisão preventiva — condicionara o direito de apelar em liberdade ao seu prévio recolhimento à prisão. Inicialmente, salientou-se que o te-ma de fundo da impetração, referente ao direito de recorrer em liberdade, depois da prolação de sentença condenatória, encontra-se pendente de julgamento pelo Plenário (RHC 83810/RJ, v. Informativo 334). Não obstante, entendeu-se que, na espécie, verificar-se-iam dois direitos que, embora conexos, foram reputados como se unos: o direito ao duplo grau de jurisdição e o direito de apelar em liberdade. Aduziu-se que o presente *writ* não questiona a custódia cautelar do paciente, mas o não processamento do recurso interposto, antes do cumprimento do mandado de prisão expedido em seu desfavor. HC 88420/PR, rel. Min. Ricardo Lewandowski, 17.4.2007. (HC-88420)

DUPLO GRAU DE JURISDIÇÃO: PROCESSAMENTO DE RECURSO E PRISÃO - 2

Asseverou-se que, na hipótese, ter-se-ia o conflito entre a garantia ao duplo grau de jurisdição, expressamente prevista no art. 8º, 2, h, do Pacto de São José da Costa Rica, incorporado ao ordenamento por força do art. 5º, § 2º, da CF; e a exigência de o condenado recolher-se ao cárcere para que a apelação fosse processada, conforme previsto no art. 594, do CPP. Considerou-se que o direito ao devido processo legal (CF, art. 5º, LIV) abrange a possibilidade de revisão, por tribunal superior, de sentença proferida por juízo monocrático e que o direito ao duplo grau de jurisdição não poderia ser suprimido com a execução ou não da custódia. O Min. Ricardo Lewandowski, relator, salientando que o direito ao duplo grau de jurisdição integra o sistema pátrio de direitos e garantias fundamentais e que o citado pacto fora incorporado ao ordenamento posteriormente ao CPP, concluiu que, mesmo que lhe seja negada envergadura constitucional, essa garantia deve prevalecer sobre o art. 594 do CPP. Por fim, asseverou-se que o reconhecimento ao duplo grau de jurisdição não infirma a legalidade da custódia cautelar decretada, podendo esta subsistir independentemente de ser admitido o processamento do recurso. HC deferido para que seja recebida a apelação do paciente, interposta perante o Juízo da 2ª Vara Federal Criminal, sem prejuízo do cumprimento da prisão preventiva contra ele decretada, caso persistam os motivos que a determinaram. Precedente citado: HC 85880/MS (DJU de 10.3.2006). HC 88420/PR, rel. Min. Ricardo Lewandowski, 17.4.2007. (HC-88420) (Inform. STF 463)

ART. 366 DO CPP: REVELIA E PRISÃO PREVENTIVA

A revelia do acusado citado por edital não basta, por si só, para legitimar a decretação de sua prisão preventiva, conforme inteligência da nova redação do art. 366 do CPP, dada pela Lei 9.271/96 ("*Se o acusado, citado por edital, não comparecer, nem constituir advogado, ficarão suspensos o processo e o curso do prazo prescricional, podendo o juiz determinar a produção antecipada das provas consideradas urgentes e, se for o caso, decretar prisão preventiva, nos termos do disposto no art. 312.*"). Com base nesse entendimento, a Turma deferiu *habeas corpus* para invalidar a decisão que, em decorrência da revelia do paciente, decretara a sua prisão preventiva com fundamento na conveniência da instrução criminal e na aplicação da lei penal, haja vista que, por se tratar de crime doloso contra a vida, a sua presença, em caso de pronúncia, seria indispensável para a realização do júri. Considerou-se necessária a indicação de fatos concretos que justificassem a real necessidade da custódia cautelar, não devendo o magistrado se limitar à gravidade objetiva do fato delituoso. Ademais, asseverou-se que, na espécie, essa real necessidade fora atendida com a determinação de produção antecipada de prova de interesse do Ministério Público (CPP, art. 366, § 1º). Precedentes citados: HC 79392/ES (DJU de 22.10.99); RHC 68631/DF (DJU de 23.8.91). HC 84619/SP, rel. Min. Celso de Mello, 27.3.2007. (HC-84619) (Inform. STF 461)

RECURSO SEM EFEITO SUSPENSIVO E EXECUÇÃO PROVISÓRIA

A Turma, por maioria, indeferiu *habeas corpus* em que condenados por homicídio duplamente qualificado, em concurso de pessoas (CP, art. 121, § 2º, I e IV), pleiteavam o direito de permanecer em liberdade até o definitivo julgamento da ação penal, sob o argumento de que a prisão antes do trânsito em julgado, pois ainda pendente recurso especial, violaria o princípio da presunção de inocência, consistindo em antecipação da pena. Entendeu-se que a prisão estaria adequadamente fundamentada, encontrando apoio no art. 312 do CPP, que permite a custódia cautelar para a garantia da ordem pública, aplicável, ao caso, em face da elevada periculosidade dos pacientes, que cometeram o delito motivados por disputa de terras. Asseverou-se, ademais, que a ordem pública visaria acautelar, também, a credibilidade da justiça, bem como a confiabilidade de outros órgãos governamentais que atuam na localidade, como o IBAMA e a polícia, junto aos quais a vítima procurara proteção. Vencidos os Ministros Marco Aurélio e Sepúlveda Pertence que deferiam o *writ* por considerar, respectivamente, que, em razão de os pacientes terem respondido ao processo em liberdade, o cumprimento da pena dar-se-ia sem a existência de culpa formada, em ofensa ao princípio da não-culpabilidade; e que a gravidade do fato imputado e a intuição da periculosidade a partir dele inferida não se adequariam aos fundamentos estritos da prisão preventiva para a garantia da ordem pública. HC 89175/PA, rel. Min. Ricardo Lewandowski, 6.2.2007. (HC-89175) (Inform. STF 455)

PRISÃO PREVENTIVA E ART. 43 DA LEP

A Turma indeferiu *habeas corpus* em que denunciados, com outros co-réus, pela suposta prática dos delitos previstos nos artigos 288, 299 e 334, todos do CP, e nos artigos 21, *caput* e parágrafo único e 22, *caput*, ambos da Lei 7.492/86, alegavam ausência de fundamentação da decisão que decretara suas prisões cautelares e ofensa ao princípio da não-culpabilidade. Entendeu-se que, na espécie, o decreto de prisão preventiva indicara suficientemente situações concretas que evidenciariam a necessidade da medida excepcional para a garantia da ordem pública e da aplicação da lei penal. Entretanto, tendo em conta a excepcionalidade do caso, consistente no precário estado de saúde dos pacientes, atestado por junta médica contratada pela defesa e por declaração do diretor do complexo médico do departamento penitenciário em que se encontram, concedeu-se a ordem, de ofício, para reconhecer a eles a possibilidade de internação, as suas expensas, em hospital particular, de sua escolha, que disponha de recursos técnicos necessários ao tratamento de que precisam, observadas as cautelas consistentes em vigilância policial externa e controle permanente pelo juízo da causa penal, aplicando-se, na hipótese de divergência entre a equipe médica particular e o perito-médico oficial designado pelo magistrado competente, a regra inscrita no parágrafo único do art. 43 da LEP, no que couber, nos termos do voto do Min. Joaquim Barbosa. Vencido, no ponto, em parte, o Min. Eros Grau, relator, que assegurava o recolhimento à prisão domiciliar (Lei 7.210/84: "*Art. 43 - É garantida a liberdade de contratar médico de confiança pessoal do internado ou do submetido a tratamento ambulatorial, por seus familiares ou dependentes, a fim de orientar e acompanhar o tratamento. Parágrafo único. As divergências entre o médico oficial e o particular serão resolvidas pelo Juiz da execução.*"). HC 90216/PR, rel. Min. Eros Grau, 6.2.2007. (HC-90216) (Inform. STF 455)

EMENTA: DIREITO DE RECORRER EM LIBERDADE. CONDENAÇÃO PENAL RECORRÍVEL. **PRESUNÇÃO CONSTITUCIONAL** DE NÃO-CULPABILIDADE (**CF**, ART. 5º, LVII). **CONVENÇÃO AMERICANA** SOBRE DIREITOS HUMANOS (ARTIGO 7º, Nº 2). **A QUESTÃO DA DECRETABILIDADE** DA PRISÃO CAUTELAR. **POSSIBILIDADE EXCEPCIONAL, DESDE QUE SATISFEITOS** OS REQUISITOS MENCIONADOS NO ART. 312 DO CPP. **NECESSIDADE** DA VERIFICAÇÃO CONCRETA, EM CADA CASO, **DA IMPRESCINDIBILIDADE** DA ADOÇÃO **DESSA ME-DIDA EXTRAORDINÁRIA**. **PRECEDENTES** DO SUPREMO TRIBUNAL FEDERAL. ACÓRDÃO **QUE ORDENA** A PRISÃO DA PACIENTE, **POR REPUTAR LEGÍTIMA** "A EXECUÇÃO PROVISÓRIA DO JULGADO" **E**, TAMBÉM, **PELO FATO** DE OS RECURSOS EXCEPCIONAIS DEDUZIDOS PELA SENTENCIADA (RE **E** RESP) **NÃO POSSUÍREM** EFEITO SUSPENSIVO. **MEDIDA CAUTELAR DEFERIDA**.(HC 89754 MC/BA, rel. Min. Celso Mello, DJU de 13.12.2006) (Inform. STF 454)

9.1. SUPERIOR TRIBUNAL DE JUSTIÇA

DIREITO PROCESSUAL PENAL. PRISÃO PREVENTIVA. RÉU FORAGIDO.

A fuga do acusado do distrito da culpa é fundamentação suficiente para a manutenção da custódia preventiva ordenada para garantir a aplicação da lei penal. Precedentes citados: HC 242.546-DF, DJe 22/8/2012; HC 241.826-MS, DJe 13/8/2012, e HC 214.862-SP, DJe 22/8/2012. **HC 239.269-SP, Rel. Min. Jorge Mussi, julgado em 13/11/2012. (Inform. STJ 509)**

DIREITO PENAL. REGIME INICIAL SEMIABERTO. MANUTENÇÃO DA PRISÃO PREVENTIVA.

O acusado tem direito de aguardar o julgamento do recurso de apelação em liberdade na hipótese em que fixado o regime inicial semiaberto para o cumprimento da pena, ainda que a sentença condenatória tenha fundamentado a necessidade de manutenção da prisão preventiva. O acusado não pode aguardar o julgamento do recurso em regime mais gravoso do que aquele estabelecido na sentença condenatória. Precedentes citados: HC 89.018-RS, DJe 10/3/2008, e HC 71.049-DF, DJ 10/12/2007. **HC 227.960-MG, Rel. Min. Laurita Vaz, julgado em 18/10/2012.(Inform. STJ 507)**

DIREITO PROCESSUAL PENAL. CRIME PERMANENTE. ESTADO DE FLAGRÂNCIA. PRISÃO POR QUALQUER DO POVO.

Não é ilegal a prisão realizada por agentes públicos que não tenham competência para a realização do ato quando o preso foi encontrado em estado de flagrância. Os tipos penais previstos nos arts. 12 e 16 da Lei n. 10.826/2003 (Estatuto do Desarmamento) são crimes permanentes e, de acordo com o art. 303 do CPP, o estado de flagrância nesse tipo de crime persiste enquanto não cessada a permanência. Segundo o art. 301 do CPP, qualquer do povo pode prender quem quer que seja encontrado em situação de flagrante, razão pela qual a alegação de ilegalidade da prisão – pois realizada por agentes que não tinham competência para tanto – não se sustenta. **HC 244.016-ES, Rel. Min. Jorge Mussi, julgado em 16/10/2012.(Inform. STJ 506)**

DIREITO PENAL. USO DE ALGEMAS. NECESSIDADE DE FUNDAMENTAÇÃO IDÔNEA.

Não há nulidade processual na recusa do juiz em retirar as algemas do acusado durante a audiência de instrução e julgamento, desde que devidamente justificada a negativa. O STF editou a Súmula vinculante n. 11 no sentido de que o uso de algemas somente é lícito em casos excepcionais. Como o uso de algemas constitui exceção, sua adoção deve ser justificada concretamente, por escrito, em uma das seguintes hipóteses: resistência indevida da pessoa; fundado receio de fuga; perigo à integridade física própria ou alheia. Caso seja constatado que a utilização desse instrumento foi desarrazoada e desnecessária, poderá haver a responsabilização do agente ou autoridade, além da declaração de nulidade do ato processual realizado. Assim, havendo motivação adequada, concreta e suficiente para manter algemado o acusado, não há falar em nulidade do ato processual. Precedente citado: HC 160.230-PR, DJe 14/12/2011. **HC 140.718-RJ, Rel. Min. Og Fernandes, julgado em 16/10/2012.(Inform. STJ 506)**

PRISÃO PREVENTIVA. SUBSTITUIÇÃO. EXCEPCIONALIDADE. LEI N. 12.403/2011.

Trata-se de *habeas corpus* com pedido de liminar impetrado em favor do paciente contra acórdão que manteve a decisão que decretou sua prisão preventiva pelo crime de homicídio duplamente qualificado tentado. Sustentam os impetrantes a ocorrência de constrangimento ilegal sob o argumento de que o tribunal de origem não teria apresentado dados concretos que justificassem a necessidade da segregação cautelar do paciente e de que as instâncias ordinárias sequer se manifestaram acerca das medidas cautelares alternativas previstas no art. 319 do CPP, com redação dada pela Lei n. 12.403/2011. O Min. Relator destacou que a matéria referente à incidência de medidas alternativas à prisão foi examinada somente em parte pela autoridade impetrada, a qual se ateve a tecer considerações somente no que diz respeito à impossibilidade de arbitramento de fiança nos crimes hediondos, omitindo-se quanto às demais providências passíveis de aplicação, alternativas à prisão. Isso porque, com a inovação legislativa introduzida pela Lei n. 12.403/2011, o CPP passou a capitular diversas providências substitutivas à prisão, sendo essa imposta apenas quando aquelas não se mostrarem suficientes à repressão e à reprovabilidade do delito, o que, contudo, não foi tratado na espécie. Diante dessa e de outras considerações, a Turma concedeu parcialmente a ordem, determinando que a corte *a quo* proceda ao exame da possibilidade de aplicação de providência cautelar diversa da prisão. **HC 219.101-RJ, Rel. Min. Jorge Mussi, julgado em 10/4/2012. (Inform. STJ 495)**

MEDIDA DE SEGURANÇA. FUNDAMENTAÇÃO. EXECUÇÃO. TRÂNSITO EM JULGADO.

Em retificação à nota do HC 226.014-SP (Informativo n. 495, divulgado em 25/4/2012), leia-se: A medida de segurança é uma espécie de sanção penal, ao lado da pena, logo não é cabível, no ordenamento jurídico, sua execução provisória, à semelhança do que ocorre com a pena aplicada aos imputáveis. A custódia cautelar só pode ser decretada antes da sentença definitiva, se estiverem presentes os requisitos autorizadores previstos no art. 312 do CPP e for devidamente fundamentada. Esse entendimento foi fixado pelo STF em observância ao princípio constitucional da presunção de inocência. No caso, verificou-se a ilegalidade da medida cautelar; pois, como o paciente encontrava-se em liberdade durante a tramitação da apelação e não foi fundamentada a necessidade da imediata aplicação da medida de segurança de internação, tem ele o direito de aguardar em liberdade até o trânsito em julgado da sentença. Tal interpretação se extrai da LEP; pois, consoante o exposto nos arts. 171 e 172, a guia para a internação do apenado em hospital psiquiátrico ou para sua submissão a tratamento ambulatorial será expedida somente após o trânsito em julgado da decisão que aplicar a medida de segurança. Precedentes citados do STF: HC 84.078-MG, DJe 26/2/2010; HC 98.166-MG, DJe 18/6/2009; HC 90.226-SP, DJe 14/5/2009; do STJ: HC 103.429-SP, DJe 23/3/2009, e HC 148.976-PR, DJe 28/6/2010. **HC 226.014-SP, Rel. Min. Laurita Vaz, julgado em 19/4/2012.(Inform. STJ 496)**

MEDIDA DE SEGURANÇA. TRÂNSITO EM JULGADO.

A prisão preventiva é excepcional e só deve ser decretada a título cautelar e de forma fundamentada em observância ao princípio constitucional da presunção de inocência. O STF fixou o entendimento de que ofende o princípio da não culpabilidade a execução da pena privativa de liberdade antes do trânsito em julgado da sentença condenatória, ressalvada a hipótese de prisão cautelar do réu, desde que presentes os requisitos autorizadores previstos no art. 312 do CPP. Assim, verificou-se a ilegalidade da medida cautelar no caso; pois, como o paciente encontrava-se em liberdade durante a tramitação da apelação e não foi fundamentada a necessidade da imediata aplicação da medida de segurança de internação, ele tem o direito de aguardar o eventual trânsito em julgado da condenação em liberdade. Destaque-se que a medida de segurança é uma espécie de sanção penal ao lado da pena, logo não é cabível, no ordenamento jurídico, sua execução provisória, pois a LEP (arts. 171 e 172) determina a expedição de guia pela autoridade judiciária para a internação em hospital psiquiátrico ou submissão a tratamento ambulatorial, o que só se mostra possível depois do trânsito em julgado da decisão. Precedentes citados do STF: HC 90.226-SP, DJe 14/5/2009; HC 84.078-MG, DJe 26/2/2010; HC 98.166, DJe 18/6/2009, e do STJ: HC 103.429-SP, DJe 23/3/2009. **HC 226.014-SP, Rel. Min. Laurita Vaz, julgado em 19/4/2012.(Inform. STJ 495)**

EXCESSO DE PRAZO NA FORMAÇÃO DA CULPA. RÉU PRESO.

A Turma discutiu se há excesso de prazo na formação da culpa, quando o paciente encontra-se preso há mais de um ano, sem recebimento da denúncia. Entendeu-se, por maioria, que os prazos indicados para a conclusão da instrução criminal servem apenas como parâmetro geral, pois variam conforme as peculiaridades de cada hipótese, razão pela qual a jurisprudência os tem mitigado à luz do princípio da razoabilidade. Assim, somente se cogita da existência de constrangimento ilegal por eventual excesso de prazo para a formação da culpa, quando o atraso na instrução criminal for motivado por injustificada demora ou desídia do aparelho estatal. No caso, o processo é complexo, pois há vários corréus, integrantes da organização criminosa e, no curso da instrução criminal, o paciente foi transferido para estabelecimento penal federal de segurança máxima, ou seja, para estado distinto do distrito da culpa, o que demanda a expedição de cartas precatórias. Concluiu-se, portanto, que não há constrangimento ilegal por excesso de prazo. Porém, a Min. Relatora recomendou urgência na designação de audiência para exame da inicial acusatória ofertada. Precedentes citados: HC 142.692-RJ, DJe 15/3/2010; HC 114.935-MA, DJe 19/4/2010, e HC 145.042-MS, DJe 14/6/2010. **HC 220.218-RJ, Rel. Min. Laurita Vaz, julgado em 16/2/2012. (Inform. STJ 491)**

SUBSTITUIÇÃO. EXCEPCIONALIDADE.

O paciente foi submetido à cirurgia para a retirada de câncer da próstata e, em razão disso, necessita de tratamento radioterápico sob risco de morte, além de precisar ingerir medicamentos específicos. O acórdão *a quo* reconheceu que a administração penitenciária não possui a medicação para uso diário do paciente. Assim, a Turma, entre outras questões, entendeu que, excepcionalmente, pode-se conceder ao preso provisório o benefício da prisão domiciliar, quando demonstrado que o seu estado de saúde é grave e que o estabelecimento prisional em que se encontra não presta a devida assistência médica. Entendeu ainda que a própria constrição em seu domicílio juntamente com a debilidade de sua saúde e necessidade de tratamento médico intensivo fazem as vezes da cautela exigida pela decisão que decretou a prisão diante do caso concreto. Destacou, também, que a Lei n. 12.403/2011, a qual entrará em vigor dia 4/7/2011, já permite, na linha da jurisprudência adotada neste Superior Tribunal, a possibilidade, em caso de doença grave, de o magistrado substituir a prisão preventiva por domiciliar (art. 282, II, e 318, II, do CP). Daí, concedeu em parte a ordem para substituir a prisão preventiva pela domiciliar para tratamento. Caberá ao juiz do feito a sua implementação, inclusive para o deslocamento para tratar-se, bem como adotar providências em caso de descumprimento. **HC 202.200-RJ, Rel. Min. Og Fernandes, julgado 21/6/2011.** (Inform. STJ 478)

PRISÃO PREVENTIVA. RECAMBIAMENTO. PRAZO.

A Turma concedeu a ordem por entender desarrazoado o réu permanecer preso preventivamente há quase três anos em outra unidade da Federação que não o distrito da culpa, sem recambiamento, não havendo sequer pronúncia. Não pode o acusado ficar indefinidamente encarcerado em outra comarca que não aquela em que está sendo processado, devendo o Estado-juiz providenciar meios para a sua transferência, em até 30 dias, para acompanhar todos os atos do processo e a eles comparecer. A Lei n. 12.403/2011, ainda não vigente, ao promover alteração no art. 289 do CPP, sinaliza nesse sentido ao determinar que o juiz deverá promover a remoção do preso no máximo em 30 dias contados da efetivação da medida. Precedentes citados: RHC 25.575-PI, DJe 22/2/2010; AgRg no HC 140.556-PR, DJe 22/2/2010, e HC 165.334-PE, DJe 2/8/2010. **HC 171.356-SP, Rel. Min. Maria Thereza de Assis Moura, julgado em 21/6/2011.** (Inform. STJ 478)

MEDIDA ASSECURATÓRIA. RAZOABILIDADE.

É cediço que, no curso do inquérito policial, o juízo pode (de ofício, a requerimento do MP ou representação da autoridade policial) determinar o sequestro de bens, direitos ou valores do investigado (art. 4º da Lei n. 9.613/1998), contudo é consabido, também, que essas medidas assecuratórias devem ser levantadas caso a ação penal não se inicie em 120 dias (§ 1º do referido dispositivo). Sucede que, conforme entende o STJ, eventual atraso no encerramento das diligências deve ser analisado conforme as peculiaridades de cada procedimento. Na hipótese, o decreto do sequestro de bens e do bloqueio dos ativos financeiros em questão deu-se em 2006 e até hoje não há sinal de que o MP tenha oferecido a denúncia. Assim, defere-se o levantamento deles porque foram ultrapassados os limites da razoabilidade. Precedentes citados: RMS 27.230-RJ, DJe 24/5/2010; REsp 1.079.633-SC, DJe 30/11/2009; AgRg na APn 536-BA, DJe 30/10/2008, e RMS 21.453-DF, DJ 4/6/2007. **HC 144.407-RJ, Rel. Min. Laurita Vaz, julgado em 16/6/2011.** (Inform. STJ 477)

HC. EXCESSO. PRAZO. DESAFORAMENTO.

A Turma reafirmou que a concessão de *habeas corpus* por excesso de prazo na formação da culpa constitui medida excepcional e só é admitida nas hipóteses em que a dilação resulte exclusivamente das diligências aventadas pela acusação, decorra da inércia do próprio aparato judicial ou importe violação do princípio da razoabilidade. Ressaltou-se, ademais, não estar evidenciado, *in casu*, o constrangimento ilegal no fato de o magistrado não submeter o feito imediatamente ao tribunal do júri por ter promovido o pedido de desaforamento do processo para comarca diversa. Segundo o Min. Relator, o juiz procurou garantir a imparcialidade dos jurados e a observância dos princípios da presunção de inocência e da paridade de armas, tendo em vista a repercussão e a comoção social ocasionadas pela gravidade com que o crime foi cometido. Salientou, ainda, que a segregação cautelar imposta à paciente fundamentou-se na necessidade de garantir a ordem pública e assegurar a aplicação da lei penal, tendo em vista a notícia de que ela havia deixado o distrito da culpa sem informar a autoridade policial. Consignou, portanto, que feriria a boa técnica processual conceder a liberdade provisória no momento em que a instrução já se encerrou, a acusação foi admitida e o pedido de desaforamento foi deferido. Conforme explicitou, o processo cautelar busca assegurar a eficácia prática de uma providência cognitiva ou executiva, de forma que a concessão da liberdade quando essa finalidade está próxima de alcançar o resultado desejado tornaria sem efeito o que sempre foi o objetivo da segregação – garantir o cumprimento de eventual sanção penal. **HC 185.450-PR, Rel. Min. Gilson Dipp, julgado em 3/5/2011.** (Inform. STJ 471)

PRISÃO PREVENTIVA. ATUAÇÃO. ORGANIZAÇÃO CRIMINOSA.

A Turma entendeu que a necessidade de paralisar ou reduzir as atividades de organizações criminosas é fundamento válido à manutenção da prisão preventiva por se enquadrar no conceito de garantia da ordem pública, razão pela qual denegou a ordem de *habeas corpus*. Na espécie, ressaltou a Min. Relatora haver indícios de que o paciente faz parte de um grupo especializado na prática reiterada de estelionatos. Precedentes citados do STF: HC 95.024-SP, DJe 20/2/2009; HC 92.735-CE, DJe 9/10/2009; HC 98.968-SC, DJe 23/10/2009; do STJ: HC 113.470-MS, DJe 22/3/2010, e RHC 26.824-GO, DJe 8/3/2010. **HC 183.568-GO, Rel. Min. Laurita Vaz, julgado em 1º/3/2011.** (Inform. STJ 465)

ATENTADO VIOLENTO AO PUDOR. ADVOGADO. PRISÃO ESPECIAL.
Trata-se de recorrente denunciado pela suposta prática de atentado violento ao pudor (nove vezes, em continuidade delitiva). Na condição de professor, ele teria praticado atos libidinosos com suas alunas. Há notícia de que a sentença o condenou à pena de 15 anos, 5 meses e 12 dias de reclusão, a ser cumprida inicialmente no regime fechado, sendo mantida a segregação cautelar. Houve apelação, à qual se deu parcial provimento apenas para reduzir a reprimenda para 12 anos, 11 meses e 18 dias de reclusão. Neste recurso, sustenta que, por ser advogado legalmente habilitado, possui direito a ser recolhido em sala de Estado Maior ou, na ausência desta, em prisão domiciliar, conforme estabelecido no inciso I do art. 7º da Lei n. 8.906/1994. Para o Min. Relator, o acórdão impugnado não merece reparos, pois afastou a pretensão do recorrente ao argumento de que, à época dos fatos, não havia a comprovação de que o acusado efetivamente exercesse a advocacia, condição necessária para o deferimento do benefício, decisão que está de acordo com precedente deste Superior Tribunal. Ressalta, ainda, que, ao contrário, consta dos autos que, ao tempo do crime, o recorrente estava à frente de escola de sua propriedade, exercendo, ainda, a função de professor de informática. Com esse entendimento, a Turma negou provimento ao RHC. Precedente citado: HC 76.974-RJ, DJ 19/12/2007. **RHC 27.152-GO, Rel. Min. Og Fernandes, julgado em 18/11/2010.** (Inform. STJ 456)

PRISÃO PREVENTIVA. INFLUÊNCIA. TESTEMUNHAS.
Trata-se de paciente pronunciado pela suposta prática dos crimes previstos no art. 121, § 2º, I e IV, art. 211, ambos do CP, e art. 14 da Lei n. 10.826/2003. No momento da pronúncia, também foi decretada sua prisão preventiva por conveniência da instrução criminal, visto que o paciente estaria influenciando as testemunhas. Para o Min. Relator, em se tratando de processo de competência do Júri, essas testemunhas poderão vir a ser chamadas para depor em plenário. Ademais, explica que há provas nos autos que indicam a existência de influência do acusado no depoimento das testemunhas, o que é suficiente para motivar sua segregação provisória como garantia da regular instrução do feito. Quanto aos argumentos da impetração sobre as condições pessoais favoráveis ao paciente, o Min. Relator entende que elas não são garantidoras de eventual direito subjetivo à liberdade provisória, quando a necessidade da prisão é recomendada por outros elementos, como na hipótese dos autos. Diante do exposto, a Turma denegou a ordem. Precedentes citados: RHC 27.105-CE, DJe 23/8/2010; HC 141.125-MG, DJe 3/11/2009, e HC 97.799-SP, DJe 1º/9/2008. **HC 177.774-DF, Rel. Min. Gilson Dipp, julgado em 7/10/2010.** (Inform. STJ 450)

COMPLEXIDADE. CAUSA. RAZOABILIDADE.
A Turma denegou a ordem de *habeas corpus* a paciente denunciado pela suposta prática do delito de lavagem de dinheiro. Segundo o Min. Relator, não há falar em excesso de prazo na formação da culpa quando a duração do processo dá-se dentro dos limites da razoabilidade, dada a complexidade da causa e o comportamento das partes. *In casu*, cuidou-se de feito em que foram inquiridas dezesseis testemunhas da acusação e 113 da defesa, com expedição de dezessete cartas precatórias e pedido de oitiva de quatro residentes no exterior. Ressaltou, ainda, o envolvimento de dezesseis acusados e a apreensão de grande quantidade de entorpecentes, bem como a impetração de vários *habeas corpus* em favor do paciente e a necessidade de intimação de todos os advogados para a realização de novos interrogatórios. Precedentes citados: HC 134.591-SC, DJe 28/9/2009; RHC 21.528-DF, DJ 5/11/2007; HC 51.540-ES, DJ 24/9/2007, e HC 83.917-DF, DJ 8/10/2007. **HC 138.654-GO, Rel. Min. Celso Limongi (Desembargador convocado do TJ-SP), julgado em 14/9/2010.** (Inform. STJ 447)

PRISÃO CAUTELAR. PORTE ILEGAL. ARMA.
In casu, o paciente foi preso em flagrante e denunciado como incurso nas sanções do art. 14, *caput*, da Lei n. 10.826/2003. Formulado pedido de liberdade provisória em seu favor, o juízo processante houve por bem mantê-lo constrito até a prolação da sentença, oportunidade em que lhe impôs a pena de três anos de reclusão em regime inicial fechado, além do pagamento de 20 dias-multa, proibindo-lhe apelar em liberdade. O tribunal impetrado ratificou a necessidade da medida ao fundamento, entre outros, de que a prolação da sentença condenatória é um motivo a mais para justificar a constrição, que não padece de ilegalidade. Antes, esse mesmo tribunal havia indeferido a tutela de urgência ao argumento de que, tratando-se de condenado reincidente específico em crime de porte ilegal de arma, evidentemente não se qualifica como ilegal a denegação do apelo em liberdade, mormente em se tratando de réu que já vinha custodiado. Nesta superior instância, entendeu-se não haver, na hipótese, a presença de quaisquer dos fundamentos de cautela exigidos pela legislação processual para que a medida constritiva perdure. Observou-se que não há concreta notícia de que o paciente tenha procurado se evadir no intuito de frustrar a aplicação da lei penal, ou de que tenha obstruído a colheita de provas ou intimidado testemunhas, fatos que prejudicariam o bom andamento da instrução. Da mesma forma, as circunstâncias não apontam que sua liberdade venha a colocar em risco a ordem pública, tendo o órgão ministerial se manifestado favorável à soltura em duas oportunidades, sobretudo em razão de estar a arma devidamente registrada a ser utilizada, ao que indicam os elementos dos autos, para a prática de tiro em local apropriado, não se podendo daí inferir que o paciente, retornando ao *status libertatis*, dedicar-se-ia a atividades criminosas. Ademais, o STF, ao deferir liminarmente o pleito libertatório formulado em favor do paciente, destacou estar-se diante de caso concreto em que houve apresentação de autorização do Ministério do Exército para o deslocamento da arma, tratando-se de cidadão, conforme noticiado, que praticava tiro em estande próprio. Assim, o fato de, em data anterior, ter sido o paciente condenado pelo mesmo crime não se mostraria suficiente para chegar, como vem ocorrendo na espécie, à execução precoce da pena. Quanto à pleiteada fixação de regime menos gravoso para o início do resgate da pena, trata-se de matéria pendente de análise pelo tribunal *a quo* em sede de apelação criminal, motivo por que não se conheceu do *writ* neste ponto, evitando-se a ocorrência de indevida supressão de instância. Diante disso, a Turma concedeu parcialmente a ordem. Precedentes citados: HC 119.680-SP, DJe 19/10/2009; HC 132.231-SP, DJe 19/20/2009, e HC 139.392-SP, DJe 9/8/2010. **HC 150.837-SP, Rel. Min. Jorge Mussi, julgado em 2/9/2010.** (Inform. STJ 445)

PRISÃO PREVENTIVA. REQUISITOS AUTORIZADORES.
Trata-se de *habeas corpus* contra decisão proferida pelo tribunal *a quo* que proveu o recurso do MP, revogando o relaxamento da prisão cautelar por entender que a ausência de advogado na lavratura do auto de prisão em flagrante não enseja nulidade do ato. Alegam os impetrantes não haver justificativa para a mantença do paciente sob custódia, uma vez que, após efetuada a prisão, foi-lhe negado o direito de comunicar-se com seu advogado, o que geraria sim nulidade na lavratura do auto de prisão. Além disso, sustentam inexistirem os pressupostos autorizadores da prisão preventiva. A Turma, ao prosseguir o julgamento, concedeu parcialmente a ordem pelos fundamentos, entre outros, de que a jurisprudência do STF, bem como a do STJ, é reiterada no sentido de que, sem que se caracterize situação de real necessidade, não se legitima a privação cautelar da liberdade individual do indiciado ou do réu. Ausentes razões de necessidade, revela-se incabível, ante a sua excepcionalidade, a decretação ou a subsistência da prisão cautelar. Ressaltou-se que a privação cautelar da liberdade individual reveste-se de caráter excepcional, sendo, portanto, inadmissível que a finalidade da custódia provisória, independentemente de qual a sua modalidade, seja deturpada a ponto de configurar antecipação do cumprimento da pena. Com efeito, o princípio constitucional da presunção de inocência se, por um lado, não foi violado diante da previsão no nosso ordenamento jurídico das prisões cautelares, por outro não permite que o Estado trate como culpado aquele que não sofreu condenação penal transitada em julgado. Dessa forma, a privação cautelar do direito de locomoção deve-se basear em fundamento concreto que justifique sua real necessidade. Desse modo, não obstante o tribunal de origem ter agido com acerto ao declarar a legalidade da prisão em flagrante, assim não procedeu ao manter a custódia do paciente sem apresentar qualquer motivação sobre a presença dos requisitos ensejadores da prisão preventiva, mormente quando suas condições pessoais o favorecem, pois é primário e possui ocupação lícita. Precedentes citados do STF: HC 98.821-CE, DJe 16/4/2010; do STJ: HC 22.626-SP, DJ 3/2/2003. **HC 155.665-TO, Rel. Min. Laurita Vaz, julgado em 2/9/2010.** (Inform. STJ 445)

HC. CONDENAÇÃO SUPERVENIENTE.
Na hipótese dos autos, foi concedida liberdade provisória ao paciente, que fora preso em flagrante pela prática do crime previsto no art. 33, *caput*, da Lei n. 11.343/2006. Todavia, em juízo de retratação, o magistrado de primeiro grau revogou a liberdade provisória e determinando a prisão do paciente, decisão que foi mantida pelo tribunal *a quo*. No *habeas corpus*, pretende-se a desconstituição do acórdão recorrido com a expedição de alvará de soltura. Para tanto, sustenta-se ausência dos requisitos autorizadores da segregação cautelar, elencados no art. 312 do CPP. Nesta Superior Instância, ao se apreciar o *writ*, ressaltou o Min. Relator que, em 19/11/2009, foi proferida sentença que condenou o paciente à pena de um ano e nove meses de reclusão, em regime inicial fechado. Assim, entendeu-se que a superveniência de sentença penal condenatória torna prejudicado o pedido de liberdade provisória, por configurar, no caso, novo título da custódia cautelar (arts. 387, parágrafo único, e 659 do CPP). Diante disso, a Turma julgou prejudicado o *habeas corpus*. Precedentes citados: AgRg no HC 160.091-MG, DJe 2/8/2010, e HC 106.835-SP, DJe 13/10/2010. **HC 142.261-RS, Rel. Min. Og Fernandes, julgado em 17/8/2010.** (Inform. STJ 443)

PRISÃO PREVENTIVA. DESTEMPO. MOTIVAÇÃO IDÔNEA.

In casu, o TJ manteve prisão preventiva decretada em desfavor do recorrente, denunciado pela suposta prática de duas tentativas de homicídio qualificado e tráfico de drogas, em 12/2/2008. Sucede que a determinação da prisão preventiva somente ocorreu em 27/11/2009, por ocasião do recebimento de denúncia, tendo em vista que houve idas e vindas dos autos da ação penal, com as manifestações de juízes e um promotor sobre não se tratar de crime doloso contra vida. Para a Min. Relatora, é importante ter presente que os fundamentos para prisão preventiva necessitam de concretização e devem ser atuais ao tempo dos fatos, sob pena de degenerarem em arbítrio. Observa que, no caso dos autos, entre o suposto delito e o advento da segregação, não houve ocorrências a indicar riscos para o processo ou para a ordem pública. Ademais, segundo a Min. Relatora, a medida acautelatória prisional teve como foco a gravidade dos fatos e a circunstância de o recorrente não residir no distrito da culpa, portanto, careceu de motivação idônea. Destacou ainda, não ser possível o tribunal *a quo* acrescentar novos fundamentos àqueles já lançados pelo juiz por ocasião da decretação da prisão preventiva. Diante do exposto, a Turma concedeu a ordem. Precedentes citados: HC 162.981-MT, DJe 2/8/2010; HC 159.904-SP, DJe 28/6/2010; HC 142.772-MS, DJe 21/6/2010; HC 100.264-MA, DJe 22/9/2008; RHC 25.042-PI, DJe 6/4/2009; HC 43.715-MA, DJ 19/9/2005; HC 117.779-MG, DJe 3/8/2009, e HC 132.767-MA, DJe 28/9/2009. **HC 172.727-SP, Rel. Min. Maria Thereza de Assis Moura, julgado em 19/8/2010**. (Inform. STJ 443)

ATENTADO VIOLENTO AO PUDOR. FALSIDADE IDEOLÓGICA.

In casu, o ora recorrente foi preso em flagrante delito, pela suposta prática dos crimes tipificados nos arts. 214 e 299 do CP. Conforme os autos, ele e uma turma de amigos participavam de uma festa popular, na qual havia a presença de famílias, inclusive a da vítima, menor de 11 anos. Ali cometera contra ela o suposto crime de atentado violento ao pudor, fazendo-se, ainda, passar por membro de determinada corporação da qual fora exonerado por deficiência técnica. A Turma deu provimento ao recurso, por entender que, na decisão de primeiro grau, corroborada pelo tribunal *a quo*, que indeferiu a liberdade provisória do recorrente, não foram tecidos fundamentos idôneos e suficientes à manutenção da prisão cautelar, pois, apesar de afirmarem a presença de indícios suficientes de autoria e materialidade para a deflagração da ação penal, não apontaram elementos concretos extraídos dos autos que justificassem a necessidade da segregação provisória, amparando-se, tão somente, na gravidade abstrata do delito e na alusão genérica à necessidade de preservação da ordem social. Precedentes citados: HC 126.613-RO, DJe 3/8/2009; HC 110.269-PE, DJe 23/11/2009, e HC 92.515-BA, DJe 2/6/2008. **RHC 26.755-MG, Rel. Min. Laurita Vaz, julgado em 10/8/2010**. (Inform. STJ 442)

QUADRILHA. ESTELIONATO. INSS.

Noticiam os autos que os acusados de integrar quadrilha especializada em fraudar o INSS foram denunciados como incursos nos arts. 288, 171, § 3º, c/c os arts. 29, 299, c/c os arts. 29 (por 31 vezes), 317 e 319, todos do CP, sendo-lhes decretada a prisão preventiva. No *habeas corpus*, alegou-se, entre outras questões, constrangimento ilegal, tendo em vista a falta de fundamentação para a imposição do cárcere cautelar, em face da ausência dos requisitos do art. 312 do CPP. Sustentou-se que o tribunal de origem ilegalmente acoplou fundamento que já não mais figurava no ato coator (a preservação da instrução criminal) e acresceu outro que originalmente já lhe era inexistente (a gravidade abstrata do delito), já que não compete ao órgão julgador, em HC, incrementar as razões que determinaram inicialmente a prisão dos pacientes. A Turma, por maioria, conheceu parcialmente do HC, mas denegou a ordem ao entendimento de que, na hipótese, ao contrário do alegado pelos impetrantes, a manutenção da custódia preventiva encontra-se suficientemente fundamentada, em face das circunstâncias do caso que, pelas características delineadas, retratam, *in concreto*, a periculosidade dos agentes, a indicar a necessidade de sua segregação para a garantia da ordem pública. Ressaltou-se que, pelo que se infere dos autos, há fortes indicativos de que a atividade delituosa era reiterada, o que demonstra com clareza o caráter pernicioso da ação. Ressaltou-se, ainda, que, mesmo agregados novos fundamentos para embasar a custódia no acórdão impugnado, o que, de fato, não se admite, os motivos elencados pelo juízo processante no decreto prisional são suficientes, por si sós, para dar suporte à medida constritiva. Precedentes citados: AgRg no HC 108.872-SP, DJe 17/11/2008, e HC 114.414-SP, DJe 17/11/2008. **HC 166.530-ES, Rel. Min. Laurita Vaz, julgado em 15/6/2010**. (Inform. STJ 439)

PRISÃO PREVENTIVA. CONDIÇÕES FAVORÁVEIS.

Para o Min. Relator, as condições pessoais favoráveis não têm o condão de, por si sós, garantir a revogação da prisão preventiva, se há nos autos elementos hábeis a recomendar a manutenção da custódia. Além disso, ao contrário do que afirma a impetração, no caso dos autos, a prisão preventiva está satisfatoriamente fundamentada na garantia da ordem pública, tendo em vista a periculosidade do paciente, evidenciada não só na gravidade do crime, mas também em razão do *modus operandi* de sua conduta criminosa que, tal como praticada, extrapola o convencional. Ressalta que, segundo consta dos autos, o paciente vem cometendo crimes sexuais contra menores e, entre elas, sua própria filha. Daí ter sido denunciado como incurso nas sanções do art. 214 c/c o 224, a; 213 c/c 224, a, e 226, II, por várias vezes, na forma do art. 71, todos do CP (antiga redação). Ademais, consta também dos autos que o paciente vem promovendo diversas ameaças contra os familiares das vítimas, o que é fundamento suficiente para manutenção da segregação cautelar, uma vez que há concreta possibilidade de ameaça contra a vítima e testemunhas. Diante do exposto, a Turma denegou a ordem. Precedentes citados: RHC 18.170-MG, DJ 21/11/2005; RHC 17.809-CE, DJ 14/11/2005; HC 42.061-DF, DJ 26/9/2005, e HC 44.752-GO, DJ 26/9/2005. **HC 155.702-GO, Rel. Min. Felix Fischer, julgado em 20/4/2010**. (Inform. STJ 431)

PRISÃO PREVENTIVA. EX-GOVERNADOR. REVOGAÇÃO.

A Corte Especial, por maioria e em questão de ordem, deferiu o pedido de revogação de prisão de ex-governador por entender inexistentes os motivos para mantê-lo sob custódia, uma vez que não há mais elementos para que subsista a prisão preventiva. O argumento é que ele não tem mais condições de interferir na coleta de provas relacionadas ao Inquérito n. 650, que cuida do suposto esquema de corrupção no GDF. O Min. Ari Pargendler, em voto vencido, entendia que a prisão deveria ser mantida até que, encerrada a instrução, a denúncia fosse ou não oferecida. **QO na APn 622-DF, Rel. Min. Fernando Gonçalves, julgada em 12/4/2010**. (Inform. STJ 430)

EXCESSO. PRAZO. INSTRUÇÃO CRIMINAL. RÉU PRESO.

No caso, o ora paciente foi denunciado pela suposta prática dos crimes de homicídio e quadrilha ou bando armado. Foi preso temporariamente em 24/5/2005 e a prisão foi convertida em preventiva em 18/7/2005. Posteriormente, foi pronunciado como incurso nos crimes do art. 121, § 2º, I, IV e V, c/c 29 e 288, parágrafo único, do CP. Assim, permanece o paciente preso há mais de quatro anos e 10 meses sem que tenha sido submetido ao Tribunal do Júri, o que conduz à violação do devido processo legal. A demora injustificável para a prestação jurisdicional, quando encerrada a instrução criminal, permanecendo o réu preso preventivamente, constitui constrangimento ilegal. Logo, a Turma conheceu em parte da ordem de *habeas corpus* e, nessa extensão, concedeu-a para que seja desconstituído o decreto de prisão cautelar, determinando a expedição do alvará de soltura, caso o paciente não esteja preso por outro motivo, devendo ele assumir o compromisso de comparecer a todos os atos do processo, não se ausentar do distrito da culpa sem autorização judicial e manter o juízo informado de seu endereço residencial e do trabalho. Precedente citado do STF: HC 85.237-DF, DJ 29/4/2005. **HC 117.466-SP, Rel. Min. Arnaldo Esteves Lima, julgado em 23/3/2010**. (Inform. STJ 428)

COMPETÊNCIA. PRINCÍPIO. SIMETRIA.

Trata-se de *habeas corpus* que objetiva a liberação do paciente, alegando a incompetência do juiz prolator do decreto de prisão e a ausência de fundamentos de cautelaridade. No caso, trata-se de procurador geral de estado-membro, invocando-se, assim, a aplicação do princípio da simetria. A Turma, ao prosseguir o julgamento, denegou a ordem por entender, entre outras questões, que não há falar em incompetência do juiz de primeiro grau, invocando-se regra constitucional estadual declarada, incidentalmente, inconstitucional em razão da violação do princípio da simetria. Observou-se existirem fundamentos de cautelaridade no decreto de prisão preventiva, mantidos no seio da sentença condenatória, que apontam plano de fuga do paciente a envolver até aeronave do governo, além de haver referência à gravidade concreta das imputações: crimes contra a liberdade sexual, com vítimas adolescentes. **HC 116.459-RR, Rel. Min. Maria Thereza de Assis Moura, julgado em 16/3/2010**. (Inform. STJ 427)

HC. PRISÃO PREVENTIVA. GARANTIA. ORDEM PÚBLICA.

A Turma conheceu parcialmente da ordem de *habeas corpus* e, nessa parte, denegou-a ao entendimento de que o pedido de trancamento da ação penal fundado na irregularidade e ilicitude dos procedimentos realizados durante a investigação, além de ausência de justa causa para a instauração de *persecutio criminis*, não foi sequer suscitado no Tribunal de origem, ficando impedido este Superior Tribunal de examinar tal questão sob pena de supressão de instância. No que se refere à alegada falta de fundamentação da prisão preventiva, o Min. Relator destacou que, na hipótese, a prisão está satisfatoriamente fundamentada na garantia da ordem pública. A prisão preventiva justifica-se desde que demonstrada sua real necessidade com a satisfação dos pressupostos a que se refere o art. 312 do CPP, não bastando a mera explicitação textual de tais requisitos. Não se exige, contudo, fundamentação exaustiva, sendo suficiente que o decreto constritivo, ainda que de forma sucinta, analise a presença, no caso, dos requisitos legais da prisão preventiva. Assim, o STF tem reiteradamente reconhecido como ilegais as prisões preventivas decretadas, por exemplo, com base na gravidade abstrata do delito, na periculosidade presumida do agente, no clamor social decorrente da prática da conduta delituosa, ou, ainda, na afirmação genérica de que a prisão é necessária para acautelar o meio social. Mas, na hipótese, o paciente é acusado de pertencer à facção criminosa cuja atuação controla o tráfico de entorpecentes de dentro dos presídios e ordena a prática de outros crimes como roubos e homicídios, tudo de forma organizada. De fato, a periculosidade do agente para a coletividade, desde que comprovada concretamente, é apta a manutenção da restrição de sua liberdade. Precedentes citados do STF: HC 90.862-SP, DJ 27/4/2007; HC 92.069-RJ, DJ 9/11/2007; RHC 89.972-GO, DJ 29/6/2007; HC 90.858-SP, DJ 22/6/2007; HC 90.162-RJ, DJ 29/6/2007; HC 90.471-PA, DJ 14/9/2007; HC 84.311-SP, DJ 8/6/2007; HC 86.748-RJ, DJ 8/6/2007; HC 89.266-GO, DJ 29/6/2007; HC 88.608-RN, DJ 6/11/2006, e HC 88.196-MS, DJ 18/5/2007. **HC 134.340-SP, Rel. Min. Felix Fischer, julgado em 9/3/2010**. (Inform. STJ 426)

HC. AGRAVANTE. REINCIDÊNCIA. CONFISSÃO ESPONTÂNEA.
O paciente foi condenado à pena de 40 anos, cinco meses e 20 dias de reclusão a ser cumprida inicialmente em regime fechado, pela suposta prática dos delitos de extorsão mediante sequestro qualificada, posse e porte ilegal de arma de fogo de uso restrito, posse de artefato explosivo sem autorização e em desacordo com determinação legal e uso de documento falso, em concurso material de crimes. Inicialmente, o Min. Relator destacou que o TRF, ao julgar o apelo defensivo, afastou a continuidade delitiva, o que torna prejudicada a análise de tal pedido neste Superior Tribunal. Quanto à nulidade da prisão em flagrante, fica esvaziada tal alegação, uma vez que ela foi convertida em preventiva e a segregação agora decorre de novo título, qual seja, de condenação parcialmente reformada pelo TRF. Não há como reconhecer qualquer ilegalidade no flagrante, visto que não houve interrupção da perseguição do paciente, que também foi preso em flagrante na posse de documentos falsos. Quanto ao direito de aguardar em liberdade o julgamento da apelação, o Min. Relator entendeu que, embora o recurso de apelação já tenha sido julgado pelo TRF, o que tornaria prejudicada tal alegação, analisando a legalidade da custódia cautelar, pelas circunstâncias que rodearam o cometimento do crime (a apreensão de armamento de grosso calibre, a reiteração na prática delitiva, bem como o fato de o paciente ser acusado de pertencer a organização criminosa com ramificações em todo o território nacional) denotam sua alta periculosidade, autorizando a manutenção da segregação para a garantia da ordem pública. Concluiu que a segregação provisória do paciente encontra-se amplamente fundamentada em fatos concretos que evidenciam o risco à ordem pública e à aplicação da lei penal, hipóteses autorizadoras da prisão preventiva, conforme disciplina o art. 312 do CPP, ausente o alegado constrangimento ilegal. Quanto ao pleito de redução de pena, a Turma concedeu parcialmente a ordem tão somente para efetuar a compensação entre a agravante da reincidência e a atenuante da confissão espontânea, reduzindo as reprimendas recaídas sobre o paciente em relação aos crimes de extorsão mediante sequestro qualificada e posse ilegal de arma de fogo de uso restrito. De ofício, concedeu a ordem a fim de afastar a condenação decorrente do crime de uso de documento falso. Em consequência, diminuiu a pena para 22 anos e nove meses de reclusão e 30 dias-multa, mantido, no mais, o acórdão de apelação. **HC 124.172-RN, Rel. Min. Og Fernandes, julgado em 18/2/2010**. (Inform. STJ 423)

PRISÃO PREVENTIVA. GOVERNADOR. GARANTIA. ORDEM PÚBLICA.
Trata-se de inquérito requerido pelo procurador-geral da República e por subprocuradora-geral da República com base no art. 312 do CPP no qual o Min. Relator decretou a prisão preventiva do governador do Distrito Federal e de outras cinco pessoas, para garantia da ordem pública e por conveniência da instrução criminal. Investiga-se, entre outros, a suposta prática dos crimes de falsidade ideológica de documento privado (art. 299 do CP) e de corrupção de testemunha (art. 343 do mesmo código) em coautoria. Nessas situações, segundo o Min. Relator, a lei penal autoriza a decretação de prisão preventiva, para que a aplicação da lei penal não fique comprometida. O Min. Nilson Naves posicionou-se contrário à decretação da prisão preventiva e, em preliminar, sustentou que o STJ só poderia adotar a medida contra o governador se houvesse, antes, autorização da Câmara Legislativa do Distrito Federal (art. 60, XXIII, da Lei Orgânica do Distrito Federal). Diante disso, a Corte Especial, por maioria, rejeitou a preliminar levantada pelo Min. Nilson Naves de impossibilidade de apreciação pelo STJ em face da ausência de autorização legislativa. No mérito, por maioria, ficou referendada a decisão do Min. Relator de decretação da prisão preventiva. **Inq 650-DF, Rel. Min. Fernando Gonçalves, julgado em 11/2/2010**. (Inform. STJ 422)

PRISÃO PREVENTIVA. PERICULOSIDADE.
Cuida-se de *habeas corpus* impetrado em favor do paciente que estaria utilizando sua clínica para abusar da sua condição de renomado médico geneticista e constranger suas pacientes a degradantes atos de conotação sexual. Ele foi acusado de ser o autor de mais de 56 crimes de estupro. Inicialmente, advertiu o Min. Relator que se busca, no remédio heróico, unicamente, a revogação da prisão preventiva decretada. O único objetivo do *writ* é a verificação da presença dos requisitos autorizadores da segregação cautelar. Não está em discussão o mérito da ação penal movida pelo *Parquet*. Diante disso, a Turma, por maioria, denegou a ordem ao argumento de que a prisão preventiva pode ser decretada como forma de garantia da ordem pública, desde que a gravidade concreta dos fatos narrados na denúncia possa denotar a periculosidade acentuada do paciente. Exsurgindo da decisão combatida que o paciente, em tese, teria praticado graves crimes contra a liberdade sexual, sua segregação cautelar encontra-se justificada em razão da evidenciada gravidade dos fatos em apuração. O afastamento cautelar do paciente do exercício da medicina por órgão administrativo não afasta, *per si*, a periculosidade invocada no decreto atacado. É dizer, por tudo o que consta na decisão, que o paciente é uma pessoa perigosa e não somente um médico perigoso. Assim, persiste o risco de que, caso solto, volte a praticar novos delitos. Precedentes citados do STF: HC 98.376-SC, DJe 16/10/2009; HC 99.929-SP, DJe 9/10/2009; HC 90.726-MG, DJ 17/8/2007; HC 89.266-SC, DJ 29/6/2007; do STJ: RHC 6.802-PR, DJe 16/2/1998; HC 141.605-RJ, DJe 3/11/2009, e HC 124.531-MG, DJe 9/11/2009. **HC 148.988-SP, Rel. Min. Felix Fischer, julgado em 24/11/2009.** (Inform. STJ 417)

PRISÃO PREVENTIVA. FUGA. ESTRANGEIRO.
É cediço que as prisões de natureza cautelar são medidas de índole excepcional, só decretadas e mantidas diante de efetiva fundamentação que demonstre, principalmente, a necessidade da restrição à liberdade. No caso, os fundamentos de que houve a fuga do paciente estrangeiro e de que seria necessário, por isso, o resguardo da aplicação da lei penal não justificam a medida extrema, pois ele logrou comprovar que possui residência fixa no país de sua nacionalidade (Paraguai) e que o interrogatório foi perfeitamente viabilizado mediante o cumprimento de rogatória remetida ao endereço que informou ao juízo. A alusão à gravidade abstrata do delito, conforme precedentes, também não justifica a decretação. Precedentes citados do STF: HC 93.803-RJ, DJe 12/9/2008; do STJ: HC 87.843-MS, DJe 19/12/2008; HC 113.898-RJ, DJe 17/11/2008, e HC 66.304-SP, DJe 29/9/2008. **HC 87.752-PR, Rel. Min. Og Fernandes, julgado em 24/11/2009.** (Inform. STJ 417)

HC. SEGREGAÇÃO CAUTELAR. HOMICÍDIO.
Noticiam os autos que o paciente e outro corréu, ambos policiais no exercício profissional, abordaram quatro adolescentes na via pública, em seguida os espancaram, levaram para um local ermo onde os executaram e queimaram seus corpos. Por esses crimes, o paciente foi condenado a 56 anos de reclusão em regime fechado como incurso no art. 121, § 2º, IV (quatro vezes) e art. 211 (quatro vezes) c/c arts. 29 e 69, todos do CP. Agora, o *habeas corpus* busca que seja expedido alvará de soltura devido ao fato de o paciente se sentir constrangido com a prisão cautelar, uma vez que ainda não transitou em julgado a condenação. Para o Min. Relator, a prisão cautelar reveste-se de caráter excepcional, entretanto a irresignação do paciente não merece prosperar. Explica que, no caso dos autos, não se trata de execução provisória da pena, pois o Tribunal *a quo* decretou a prisão preventiva do acusado diante da gravidade e peculiaridades do caso e ao fundamento da garantia da ordem pública, após o julgamento da segunda apelação (a primeira foi anulada por decisão do Min. Relator e acolhida pela Turma em HC anterior). Observa, com base em precedentes do STF e do STJ, que a prisão cautelar só se justifica quando fica demonstrada sua real necessidade, o decreto prisional está devidamente fundamentado em dados concretos extraídos dos autos e a liberdade do paciente acarretaria insegurança jurídica e lesão à ordem pública. Diante do exposto, a Turma denegou a ordem de *habeas corpus*. Precedentes citados do STF: HC 90.858-SP, DJ 22/6/2007; HC 90.162-RJ, DJ 29/6/2007, e HC 90.726-MG, DJ 17/8/2007; do STJ: HC 92.125-SE, DJe 23/6/2008; HC 90.629-PR, DJ 17/12/2007, e HC 85.485-RS, DJ 17/12/2007. **HC 143.892-PE, Rel. Min. Felix Fischer, julgado em 29/10/2009.** (Inform. STJ 413)

PRISÃO PREVENTIVA. AGRESSÃO. TESTEMUNHA.
A prisão temporária foi convertida em preventiva pelo juízo ao considerar a gravidade dos delitos (homicídio qualificado e ocultação de cadáver), a crueldade com que foram praticados, a periculosidade dos supostos autores (reconhecidos traficantes de droga), o fato de que eles, após custodiados na cadeia pública, ordenaram a outros detentos que agredissem fisicamente uma testemunha, bem como de que, se soltos, poderiam intimar outras. A gravidade e a crueldade, por si sós, não são suficientes a embasar a preventiva, porém a agressão e a ameaça às testemunhas o são. Dá-se ênfase à agressão em si, pois a ameaça não está bem precisada na decisão impugnada. É certo, porém, que elas não deixam de aderir à extrema violência com a qual foram praticados os crimes, a justificar a manutenção da preventiva, mesmo diante da pronúncia, que pende de julgamento de recurso. **HC 110.584-MT, Rel. Min. Nilson Naves, julgado em 27/10/2009.** (Inform. STJ 413)

PRISÃO CAUTELAR. FUNDAMENTAÇÃO. PACIENTE. ADVOGADO. SALA. ESTADO-MAIOR.
Na espécie, o indeferimento do pedido de liberdade provisória está suficientemente fundamentado, uma vez que estão presentes os pressupostos da custódia cautelar diante da gravidade concreta da conduta imputada ao paciente, que matou a vítima à luz do dia, em local movimentado da cidade em que vive, por motivação torpe, em razão de disputa política. O juízo originário fundamentou, de forma adequada, sua decisão, denotando a presença dos pressupostos e de três das hipóteses autorizadoras da constrição cautelar: a garantia da ordem pública, a conveniência da instrução criminal e a aplicação da lei penal. Quanto ao alegado excesso de prazo, incide a Súm. n. 64-STJ. Por fim, o ora paciente, advogado comprovadamente inscrito nos quadros da OAB, tem direito a permanecer provisoriamente segregado em sala de Estado-maior, com instalação e comodidades dignas ou, em sua falta, em prisão domiciliar (art. 7º, V, da Lei n. 8.906/1994 – Estatuto da OAB). A Polícia Militar não é a única instituição responsável pela manutenção de salas de Estado-maior, podendo tê-las o Corpo de Bombeiros, bem como o Exército, Marinha e Aeronáutica. **HC 129.722-RS, Rel. Min. Og Fernandes, julgado em 20/10/2009.** (Inform. STJ 412)

PRISÃO CAUTELAR. RISCO. FUGA. PRESUNÇÃO.
A Turma concedeu o *writ*, considerando injustificável o pressuposto cautelar que se valeu de presunções para assegurar a aplicação da lei penal. Entendeu ainda que, mesmo que se trate de estrangeiro, sem bens, família nem qualquer atividade profissional no país, não há motivo suficiente para impor restrições à liberdade do réu, supondo que ele poderia deixar o distrito da culpa. Ora, o paciente, desde a denúncia, não criou obstáculos, tendo espontaneamente se apresentado à Polícia Federal, depositando, inclusive, seu passaporte à disposição do juízo. Ademais, ausentes os indispensáveis fundamentos ao decreto da prisão preventiva, pois o presumido risco de fuga, a reiteração de conduta criminosa e a gravidade abstrata do fato (transações imobiliárias com dinheiro de tráfico internacional de drogas) por si sós não justificam a cautelar como garantia da ordem pública. Precedentes citados: HC 33.340-RJ, DJ 6/6/2005, e HC 50.615-CE, DJe 7/4/2008. **HC 123.847-SP, Rel. Min. Nilson Naves, julgado em 13/10/2009.** (Inform. STJ 411)

PRISÃO PREVENTIVA. AMEAÇAS. TESTEMUNHAS.
Na hipótese dos autos, há necessidade real para a prisão preventiva da paciente, devidamente fundamentada no decreto prisional, diante das ameaças dirigidas às testemunhas para que não deponham, sendo, *per se*, suficiente para a manutenção da segregação cautelar. Observou, ainda que as condições favoráveis à paciente, tais como primariedade, residência, emprego fixo, não tem o condão de, por si só, garantir ao paciente a revogação da prisão cautelar, quando há elementos hábeis nos autos a recomendar sua manutenção. Ante o exposto, a Turma denegou a ordem. Precedentes citados: HC 97.799-SP, DJe 1º/9/2008; HC 89.188-SE, DJe 30/6/2008, e HC 73.345-BA, DJe 14/4/2008. **HC 132.260-AC, Rel. Min. Felix Fischer, julgado em 13/8/2009.** (Inform. STJ 402)

PRISÃO PREVENTIVA. COMPARECIMENTO. INTERROGATÓRIO.
A prisão preventiva, como consabido, é medida extrema, de decretação limitada pela efetiva necessidade de proteção ao processo penal. Na hipótese, o fato de o réu não comparecer a seu interrogatório, sem outros dados concretos, não é motivo suficiente a autorizar seu recolhimento cautelar. A resistência do réu em comparecer a juízo, mesmo para ser ouvido, conquanto denote ao longe certo propósito de evasão do distrito da culpa, não pode confundir-se com real ato de fuga a ponto de desencadear a medida extrema. Precedentes citados: HC 30.629-SP, DJ 7/3/2005; HC 80.156-BA, DJe 25/8/2008, e HC 42.263-GO, DJ 7/5/2007. **HC 115.881-RS, Rel. Min. Maria Thereza de Assis Moura, julgado em 13/8/2009.** (Inform. STJ 402)

HC. PRISÃO PREVENTIVA.
Trata-se de *habeas corpus* em que se alega não haver os requisitos autorizadores da prisão preventiva e o ora paciente apresentar condições pessoais favoráveis. Alega-se, ainda, haver equívoco por parte do juízo de primeiro grau ao considerá-lo foragido. Conforme os autos, verificou-se que dois foram os fundamentos para a decretação da prisão preventiva, isto é, a situação de foragido e os graves antecedentes do paciente. A Turma, ao prosseguir o julgamento, entendeu, por maioria, que a fundamentação relativa aos antecedentes é plenamente válida, pois não se trata de presumir a periculosidade do agente a partir de meras ilações, conjecturas desprovidas de base empírica concreta, pelo contrário, no caso, a periculosidade decorre do fato de constar, na folha de antecedentes do paciente, condenação pelos crimes de latrocínio e extorsão mediante sequestro e ainda um processo em curso pela prática do crime do art. 297 do CP (falsificação de documento público), além de acusação de homicídio. Tal condição demonstra a possibilidade de que o paciente, se solto, volte a delinquir. Assim, sua soltura pode ensejar grave ameaça ao seio social e, por consequência, à ordem pública. Ademais, condições favoráveis, tais como ocupação lícita e residência fixa no distrito da culpa, por si sós, não têm o condão de garantir ao paciente a revogação da prisão preventiva se há, nos autos, elementos hábeis a recomendar a manutenção de sua custódia cautelar. Diante disso, denegou-se a ordem. Precedentes citados: HC 57.315-RJ, DJ 1º/8/2006; RHC 16.851-BA, DJ 1º/2/2005; HC 56.205-SC, DJ 14/8/2006; RHC 18.170-MG, DJ 21/11/2005; RHC 18.133-MG, DJ 21/11/2005; RHC 17.809-CE, DJ 14/11/2005; HC 42.061-DF, DJ 26/9/2005, e HC 44.752-GO, DJ 26/9/2005. **HC 125.059-GO, Rel. originária Min. Laurita Vaz, Rel. para acórdão Min. Felix Fischer, julgado em 16/6/2009.** (Inform. STJ 399)

PRISÃO PREVENTIVA. ACIDENTE. TRÂNSITO.
Trata-se de *habeas corpus* impetrado em favor de motorista que foi preso em flagrante e denunciado pela prática da conduta descrita no art. 121, *caput*, por quatro vezes, e § 4º, parte final, e art. 70, ambos do CP, por ter provocado acidente de trânsito que ocasionou a morte de cinco pessoas de uma mesma família, quando dirigia um caminhão sob influência do álcool e sem habilitação. A Turma conheceu parcialmente do pedido e, nesta parte, denegou a ordem por entender que, quanto à tese de baixa concentração de álcool na corrente sanguínea do paciente e à falta de calibragem do bafômetro, seria necessário o exame do conjunto probatório, o que é incompatível com o rito célere e cognição sumária do presente *writ*. Ademais, a prisão preventiva não se ressente de fundamentação, mas está respaldada em justificativas idôneas e suficientes à manutenção da segregação provisória, pois presentes os requisitos autorizadores do art. 312 do CPP. A garantia da ordem pública não se restringe às medidas preventivas para evitar conflitos e tumultos, mas abrange também a promoção daquelas providências de resguardo à integridade das instituições, à sua credibilidade social e ao aumento da confiança da população nos mecanismos oficiais de repressão às diversas formas de delinquência. **HC 120.167-PR, Rel. Min. Napoleão Nunes Maia Filho, julgado em 4/6/2009.** (Inform. STJ 397)

PRISÃO PREVENTIVA. TEMOR. TESTEMUNHAS.
Quando do decreto da prisão preventiva, o juiz fez menção ao temor das testemunhas em esclarecer a verdade. Do acórdão denegatório da ordem de *habeas corpus* impetrada no Tribunal *a quo*, há a informação de que uma delas (um informante parente da vítima) temeria por sua vida por ter dado depoimento. Por sua vez, a pronúncia traz a informação de que o réu não tem causado qualquer impedimento à instrução criminal (já finda no que lhe é mais relevante), mas, mesmo assim, recomenda mantê-lo na prisão, ao também considerar sua folha de antecedentes e o fato de que as testemunhas, temerosas, manifestaram o desejo de não o ter presente na sala de audiência. Isso posto, diante da exteriorização das testemunhas de, tão somente, um medo genérico e de a referida folha não se prestar a justificar prisão cautelar, constata-se que não há fundamento suficiente para manter a prisão preventiva, sendo de justiça a concessão da ordem com o fito de conceder liberdade provisória ao paciente mediante termo de comparecimento a todos os atos do processo. Esse foi o entendimento acolhido pela maioria dos integrantes da Turma, enquanto os votos vencidos aceitavam o temor das testemunhas diante da presença do réu como fundamento suficiente à manutenção da prisão e consequente denegação da ordem. **HC 122.058-MT, Rel. Min. Nilson Naves, julgado em 21/5/2009.** (Inform. STJ 395)

PRISÃO PREVENTIVA. ALTA PERICULOSIDADE.
Recurso ordinário em *habeas corpus* desprovido, pois evidenciada a periculosidade concreta do paciente e de seus comparsas – denunciados como incursos nos arts. 121, § 2º, I, III e IV, e 129, *caput*, c/c os arts. 29 e 61, II, **a**, **c** e **d**, do Código Penal –, em face do *modus operandi* dos delitos, praticados de forma cruel e violenta, e que resultaram na morte de uma pessoa e em duas lesões corporais. A prisão preventiva, devidamente justificada, objetiva, sobretudo, resguardar a ordem pública, retirando do convívio social aquele que, diante dos meios de execução utilizados nas práticas delituosas, demonstra ser dotado de alta periculosidade. Precedentes citados: HC 118.578-SP, DJe 30/3/2009, RHC 23.426-SP, DJe 9/3/2009 e AgRg no HC 105.357-AL, DJe 20/10/2008. **RHC 24.453-SP, Rel. Min. Og Fernandes, julgado em 7/5/2009.** (Inform. STJ 393)

HC. EXECUÇÃO PROVISÓRIA. PRISÃO.
A Turma concedeu a ordem para assegurar ao paciente, salvo se estiver preso por outro motivo, que aguarde em liberdade o trânsito em julgado do processo crime. Para a Min. Relatora, há de prosperar a alegação de ilegalidade na expedição de mandado de prisão pelo Tribunal *a quo* em consequência do julgamento da apelação, uma vez que o STF, ao julgar o HC 91.676-RJ e o RHC 93.172-SP, decidiu pela inconstitucionalidade da execução provisória da sentença penal. **HC 103.811-SP, Rel. Min. Laurita Vaz, julgado em 27/4/2009.** (Inform. STJ 392)

PRISÃO PREVENTIVA. HOMICÍDIO. TENTATIVA. PENSÃO ALIMENTÍCIA.
Narra o decreto de prisão preventiva que o paciente, insatisfeito com a obrigação de pagar pensão alimentícia à sua filha (motivo fútil), utilizando-se de surpresa, em local ermo, efetuou diversos disparos de arma de fogo contra aquela criança e a mãe dela, que só não faleceram por motivos alheios à vontade do agente. Consta, também, que sua filha só não foi alvejada no rosto (parte vital do corpo) porque a própria mãe o cobriu com a mão, ao final atingida. Preso em flagrante, estando já pronunciado pelo crime de tentativa de homicídio qualificado, o paciente procura a liberdade provisória. Diante disso, a Turma, ao prosseguir o julgamento, por maioria, denegou a ordem. O Min. Og Fernandes, ao acompanhar a maioria, aduziu que a periculosidade do agente, revelada pelas circunstâncias em que o crime de tentativa de homicídio foi cometido, autoriza a prisão cautelar de modo a resguardar a ordem pública. Anotou, também, como relevante o fato de o Tribunal *a quo* ter firmado que o contexto em que o crime foi cometido traz a compreensão de que é necessária a medida para evitar que o paciente, solto, volte a atentar contra a vida das vítimas. Os votos vencidos entendiam que o decreto prisional não se sustenta ao mostrar-se um tanto genérico. **HC 114.481-MG, Rel. Min. Paulo Gallotti, julgado em 23/4/2009.** (Inform. STJ 391)

PRISÃO. TRÂNSITO EM JULGADO.
Os pacientes foram condenados à pena de sete anos e seis meses de reclusão em regime inicial semiaberto pela prática do crime de extorsão (art. 158, § 1º, do CP). O Tribunal *a quo*, ao negar provimento aos recursos, tanto da defesa quanto da acusação, logo determinou fosse expedido o mandado de prisão. Diante disso, a Turma, ao julgar o *habeas corpus*, entendeu não aplicar o enunciado da Súm. n. 267-STJ, diante do teor de recente julgado do STF no sentido de que a execução da pena privativa de liberdade antes do trânsito em julgado da condenação ofende o princípio da não culpabilidade (art. 5º, LVII, da CF/1988), excetuada a hipótese da privação da liberdade acompanhada da demonstração de sua natureza cautelar: dos pressupostos e requisitos do art. 312 do CPP. Precedente citado do STF: HC 84.078-MG, DJ 18/2/2009. **HC 122.191-RJ, Rel. Min. Arnaldo Esteves Lima, julgado em 14/4/2009.** (Inform. STJ 390)

PRISÃO. FLAGRANTE. LIBERDADE PROVISÓRIA.
Os impetrantes insurgem-se contra decisão do Tribunal *a quo* que afirma ser impossível a concessão de liberdade provisória para os acusados de crimes hediondos, independentemente da existência dos requisitos autorizadores da prisão preventiva. Isso posto, verificando-se empate na votação, a Turma concedeu a ordem, ao argumento de que a prisão em flagrante não impede, por si só, a concessão de liberdade provisória, se seus requisitos estiverem preenchidos. A simples referência à lei ou à gravidade do delito não basta para seu indeferimento, exigindo-se fundamentação idônea e adequada. Precedentes citados: HC 82.489-ES, DJ 25/2/2008; HC 98.090-PE, DJ 28/10/2008, e HC 109.188-CE, DJ 1º/12/2008. **HC 121.920-MG, Rel. Ministro Celso Limongi (Desembargador convocado do TJ-SP), julgado em 24/3/2009.** (Inform. STJ 388)

REGIME SEMIABERTO. APELAÇÃO. LIBERDADE.
O paciente, preso em flagrante, teve o pedido de liberdade provisória indeferido. Impetrado o *habeas corpus*, foi denegada a ordem pelo TJ, ao argumento de que o paciente reincidente não faz jus à concessão do pedido de liberdade provisória. Para o Min. Relator, faltou fundamentação à decisão que indeferiu a liberdade provisória quanto à sentença condenatória que a manteve. Outro ponto a ser considerado é o de que a sentença, por um lado, estabeleceu o regime semiaberto para o cumprimento inicial da pena privativa de liberdade; por outro, negou ao paciente o direito de apelar em liberdade. Para o Min. Relator, há, entre essas duas posições, certa contradição, uma vez que, numa, se reconhece alguma liberdade – por isso é que se diz regime semiaberto, admitindo-se o trabalho externo, bem como a frequência a cursos supletivos profissionalizantes –, noutra, não se admite liberdade alguma, isto é, o réu há de estar preso durante todo o procedimento. Diante disso a Turma concedeu a ordem. Precedente citado: HC 37.566-DF, DJ 9/5/2005. **HC 123.388-DF, Rel. Min. Nilson Naves, julgado em 24/3/2009.** (Inform. STJ 388)

HC. PRISÃO. FLAGRANTE. LIBERDADE PROVISÓRIA.
O paciente foi preso em flagrante com oito papelotes de cocaína. Tais circunstâncias levam à conclusão de que o entorpecente destinava-se ao tráfico de entorpecentes. Sustenta haver constrangimento ilegal pela falta de fundamentação da decisão que lhe indeferiu a liberdade provisória. Mas a Turma denegou a ordem ao entendimento de que a proibição da concessão do benefício de liberdade provisória para os autores do mencionado delito está prevista no art. 44 da Lei n. 11.343/2006, que é, por si só, fundamento suficiente, por se tratar de norma especial em relação ao parágrafo único do art. 310 do CPP. Precedente citado: HC 84.661-GO, DJ 7/2/2008. **HC 124.535-MG, Rel. Min. Laurita Vaz, julgado em 17/3/2009.** (Inform. STJ 387)

HC. PRISÃO CAUTELAR.
Trata-se de *habeas corpus* no qual se postula a soltura do paciente preso preventivamente desde 11/12/2007, tendo em vista seu suposto envolvimento na prática dos crimes de corrupção passiva, falsificação de documento público e formação de quadrilha. Noticiam os autos que o paciente participava de bando especializado em homologar, mediante o pagamento de propinas, kits de gás natural veicular obtidos e instalados em desacordo com a legislação. Alega-se, contudo, não haver motivo para a manutenção da custódia, mostrando-se carente de fundamentação o decreto prisional, além de apontar-se excesso de prazo na instrução criminal. De acordo com os autos e conforme análise da Suprema Corte (em HC contra a decisão do Min. Relator no STJ que negou a liminar), constata-se não haver a suficiente fundamentação no decreto prisional para que fosse imposta a medida constritiva, visto que a decisão repressora limitou-se a apontar, de maneira abstrata, a suposta ocorrência das hipóteses insculpidas no art. 312 do CPP, sem fazer menção a fatos que, concretamente, significassem risco à ordem pública ou econômica. Ressalte-se que a prisão processual é medida de exceção, somente podendo subsistir quando presentes os requisitos e fundamentos trazidos pelo mencionado dispositivo legal. O respectivo *decisum* deve indicar os elementos concretos sobre os quais se constatou a imperiosidade da medida de cautela, atendendo, assim, ao disposto no art. 93, IX, da CF/1988. Não basta, portanto, a mera enumeração das justificativas para a custódia cautelar, afirmando-se necessária a privação da liberdade do réu a fim de preservar a ordem pública, a ordem econômica, para se garantir a aplicação da lei penal ou por conveniência da instrução criminal. Deve vir tal assertiva calcada em fatos que, ligados à atividade criminosa em exame, ultrapassem o *status* de meras conjecturas. Com esses argumentos, a Turma concedeu a ordem com extensão de ofício aos demais corréus. Precedentes citados: HC 120.328-BA, DJ 2/2/2009, e HC 116.049-SP, DJ 2/2/2009. **HC 101.827-RJ, Rel. Min. Jorge Mussi, julgado em 10/3/2009.** (Inform. STJ 386)

HC. DEPOSITÁRIO INFIEL. PRISÃO.
A prisão civil do depositário judicial infiel não encontra guarida no ordenamento jurídico (art. 5º, LXVII, da CF/1988), em quaisquer de suas modalidades, quais sejam, a legal e a contratual. Ela configura constrangimento ilegal, máxime quando há manifestação da Corte Suprema em vedar a sua decretação. Após a ratificação pelo Brasil, sem qualquer reserva, do Pacto Internacional dos Direitos Civis e Políticos (art. 11) e da Convenção Americana sobre Direitos Humanos (Pacto de *San José da Costa Rica*), art. 7º, § 7º, ambos do ano de 1992, não há mais base legal para prisão civil do depositário infiel. Isso porque o caráter especial desses diplomas internacionais sobre direitos humanos reserva-lhes lugar específico no ordenamento jurídico, estando abaixo da Constituição, porém acima da

legislação infraconstitucional com ele conflitante, seja ela anterior ou posterior ao ato de ratificação. Assim, ocorreu com o art. 1.287 do CC/1916 e com o DL n. 911/1969, tal como em relação ao art. 652 do CC/2002. A CF/1988, de índole pós-positivista e fundamento de todo o ordenamento jurídico, expressa como vontade popular que a República Federativa do Brasil, formada pela união indissolúvel dos estados, municípios e do Distrito Federal, constitui-se em Estado democrático de direito e tem como um dos seus fundamentos a dignidade da pessoa humana como instrumento realizador de seu ideário de construção de uma sociedade justa e solidária. Por sua vez, o STF, realizando interpretação sistemática dos direitos humanos fundamentais, promoveu considerável mudança acerca do tema em foco, assegurando os valores supremos do texto magno. Ademais, o Pleno do STF retomou o julgamento do RE 466.343-SP, DJ 12/12/2008, concluindo, desse modo, pela inconstitucionalidade da prisão civil do depositário infiel. Diante disso, a Turma deu provimento ao recurso. **RHC 19.406-MG, Rel. originário Min. José Delgado, Rel. para acórdão Min. Luiz Fux (RISTJ, art. 52, IV, b), julgado em 5/2/2009.** (Inform. STJ 382)

PRESCRIÇÃO PENAL. PRISÃO CIVIL.

No trato de prisão civil pelo inadimplemento de obrigação alimentar, não há que se falar em aplicação dos prazos de prescrição previstos pela legislação penal. Precedentes citados: HC 63.786-RS, DJ 26/2/2007, e HC 73.414-RS, DJ 22/10/2007. **RHC 24.555-SP, Rel. Min. Aldir Passarinho Junior, julgado em 16/12/2008.** (Inform. STJ 381)

HC. EXTENSÃO. FUNDAMENTOS OBJETIVOS.

Na Turma, a ordem de *habeas corpus* foi concedida, por maioria, a um dos réus em razão de que a prisão, decretada quando da sentença condenatória, não encontra amparo em elementos concretos, carecendo de fundamentação, pois se apoiava, tão-somente, na conjectura de que, por residirem em região de fronteira, os réus poderiam evadir-se ao ter conhecimento de suas condenações, suposição desamparada de suporte fático (outro co-réu obteve a concessão da ordem mediante decisão unipessoal). Anotou-se que aquele réu, tal como os outros, respondeu em liberdade a todo o processo, fato que determina a aplicação da jurisprudência de que, se estava solto, deve assim permanecer até o trânsito em julgado da sentença condenatória. Agora, a Turma, ao continuar o julgamento, entendeu, por maioria, acolher o pedido de extensão daquela ordem a outros três co-réus, porque a conclusão antes tomada pelo colegiado deve aproveitar a todos (art. 580 do CPP), visto que a prisão cautelar dos acusados não apontou haver peculiaridades que diferenciassem a situação de cada um deles, pois decretada indistintamente a todos eles: a ordem foi concedida ao elencar apenas fundamentos eminentemente objetivos, evidenciando análogas situações. A Min. Jane Silva (Desembargadora convocada do TJ-MG) salientou que não pode o juiz complementar sua decisão em sede de informações sequer requeridas para enumerar, agora, as condições pessoais dos réus, pois essa individualização deveria dar-se no momento em que determinou a constrição cautelar. Anotou, também, que nada impede o juízo de decretar a prisão preventiva, desde que demonstre seus requisitos (art. 312 do CPP). **PExt no HC 50.112-MS, Rel. Min. Nilson Naves, julgado em 4/12/2008.** (Inform. STJ 379)

PRONÚNCIA. EXCESSO. PRAZO.

Anterior *habeas corpus* foi negado porque havia, na pronúncia, a fundamentação de que o paciente estava a influenciar a instrução criminal ao constranger testemunhas, motivo pelo qual não pode aguardar seu julgamento em liberdade. Sucede que a sentença de pronúncia foi anulada por ausência de fundamentação das qualificadoras e o paciente encontra-se preso há mais de dois anos sem que outra fosse prolatada. É caso, então, de prisão por mais tempo do que determina a lei (art. 648, II, do CPP), a lastrear a concessão da ordem para que se expeça alvará de soltura ao paciente se, por outro motivo, não estiver preso, sem antes lhe impor o compromisso de comparecer a todos os atos do processo. **HC 113.703-RJ, Rel. Min. Nilson Naves, julgado em 6/11/2008.** (Inform. STJ 375)

COMPETÊNCIA. STJ. HC. PRISÃO PREVENTIVA. DESISTÊNCIA.

A Seção, por maioria, rejeitou a preliminar, com o entendimento de ser competente para julgar o *writ* mesmo que homologada a desistência da impetração de *habeas corpus* quanto aos atos do Ministro da Justiça, pois não poderia cindir o julgamento. Ademais não há nenhum prejuízo no julgamento do presente *habeas corpus* pela Seção. Poder-se-ia, por exemplo, afastar o Ministro da Justiça do pólo passivo e remeter o HC para a Turma, que tendo em vista o assunto, poderia enviar os autos para o julgamento na Seção. No mérito, por maioria, denegou a ordem, pois é necessária a prisão preventiva em prol da garantia de aplicação da lei penal e resguardo da ordem pública. No caso, a fuga não ocorreu para questionar o mandado prisional, mas sim para que o paciente se mantivesse alheio à ação penal contra ele ajuizada perante a Justiça brasileira. **HC 111.111-DF, Rel. Min. Jane Silva (Desembargadora convocada do TJ-MG), julgado em 22/10/2008.** (Inform. STJ 373)

PRISÃO PREVENTIVA. EXCESSO. PRAZO.

In casu, o paciente foi preso em cumprimento de mandado de prisão preventiva, em localidade diversa da do juiz processante. Requereu seu encaminhamento àquele juízo, porém não obteve êxito, já durando vinte meses sua prisão, sem que ele tenha sido sequer interrogado. A Turma concedeu a ordem por entender que não se pode manter o paciente preso indefinidamente, enquanto aguarda que o Estado ultime as providências necessárias para que ele seja devidamente levado à comarca do juízo que ordenara sua prisão. Ressalte-se que, na ausência do recambiamento solicitado, caberia àquele juízo revogar a prisão, ante o manifesto constrangimento que o paciente está a sofrer, ainda que o despacho prisional possa conter dados concretos a justificarem a segregação. **HC 106.490-BA, Rel. Min. Jane Silva** (Desembargadora convocada do TJ-MG), **julgado em 14/10/2008.** (Inform. STJ 372)

HC. PRISÃO PREVENTIVA. MANUTENÇÃO. ORDEM PÚBLICA.

O paciente alega constrangimento ilegal, argumentando que sua prisão preventiva deve ser revogada, pois ausentes no caso concreto os requisitos do art. 312 do CPP, acrescentando que sua constrição já perdura por prazo excessivo. Inicialmente, esclareceu a Min. Relatora que o *writ* comporta apenas parcial conhecimento. Uma das insurgências deduzidas nesta via foi contra o excesso de prazo da prisão cautelar do paciente, porém esse tema não foi levado ao crivo do Tribunal *a quo*. Seu exame originário por parte deste Superior Tribunal configuraria manifesta e indevida supressão de instância, vedada pelo ordenamento jurídico pátrio. Para a Min. Relatora, o paciente é pessoa perigosa, circunstância revelada pelo *modus operandi* com que, em tese, agiu, motivo pelo qual a conclusão de que poderá vir a causar transtornos à sociedade caso venha a ser solto foi extraída de fatores concretos do processo. Logo, sua prisão preventiva mostra-se como medida imperiosa para a manutenção da ordem pública. Assim, demonstrada a presença dos requisitos do art. 312 do CPP e devidamente justificada a necessidade da cautela ora vergastada, imutável a decisão que a manteve. Diante disso, a Turma conheceu parcialmente do pedido e, nessa extensão, denegou a ordem. Precedentes citados: HC 101.532-PI, DJ 4/8/2008; HC 66.433-PR, DJ 30/6/2008, e HC 83.293-GO, DJ 19/11/2007. **HC 107.705-SP, Rel. Min. Jane Silva (Desembargadora convocada do TJ-MG), julgado em 16/10/2008.** (Inform. STJ 372)

ESTELIONATO. SOCIEDADE EMPRESARIAL. "FACHADA".

A Turma denegou a ordem por entender indevida a ocorrência do crime de estelionato e presentes indícios suficientes de autoria. Não há ilegalidade na decisão que determina a custódia cautelar do paciente, se presentes os requisitos do art. 312 do CPP. *In casu*, a decretação da constrição cautelar fundou-se, principalmente, na necessidade de preservar a ordem pública, em razão da periculosidade do paciente, evidenciada pelo *modus operandi* – abrir sociedade empresarial de "fachada" dedicada ao turismo e, por esse meio, ludibriar, com a promessa de legalização da situação de pessoas que estivessem irregularmente nos EUA, causando-lhes um prejuízo total de R$ 500.000,00. A preservação da ordem pública não se restringe às medidas preventivas da irrupção de conflitos e tumultos, mas abrange também a promoção daquelas providências de resguardo à integridade das instituições, à sua credibilidade social e ao aumento da confiança da população nos mecanismos oficiais de repressão às diversas formas de delinqüência. **HC 109.563-GO, Rel. Min. Napoleão Nunes Maia Filho, julgado em 7/10/2008.** (Inform. STJ 371)

PRONÚNCIA. MANUTENÇÃO. PRISÃO.

Um réu foi preso em flagrante, enquanto o outro teve sua prisão preventiva decretada. Porém, na sentença de pronúncia, o juízo nada disse a respeito da manutenção dos réus no cárcere. Diante disso, ao entender que não se trata de exigir nova fundamentação a respeito da prisão dos pacientes, mas sim de o juiz dizer, ao menos, se permanecerão ou não presos, a Turma, por maioria, deu parcial provimento ao recurso para que o juízo da pronúncia supra a referida omissão e decida, de modo fundamentado, se os mantém ou não na prisão (art. 408, § 1º, do CPP). O Min. Nilson Naves, ao acolher o pedido em sua total extensão, ficou vencido com o fundamento de que, ao ler-se as peças dos autos, já existente a pronúncia, verifica-se não mais subsistirem os motivos da prisão cautelar. Precedentes citados: HC 71.708-SE, DJ 5/11/2007, e RHC 13.605-PR, DJ 30/6/2003. **RHC 23.696-SC, Rel. Min. Og Fernandes, julgado em 7/10/2008.** (Inform. STJ 371)

HC. ENTORPECENTES. PORTE ILEGAL. ARMA.

Trata-se de *habeas corpus* substitutivo de recurso ordinário em que se pretende desconstituir acórdão que condenou o ora paciente, junto com outros co-réus, pela prática dos crimes tipificados nos arts. 12, *caput*, e 14, ambos da Lei n. 6.368/1976 (antiga Lei de Tóxicos) e art. 14 da Lei n. 10.826/2003 (porte ilegal de arma de fogo), à pena de dezesseis anos de reclusão, regime inicial fechado. Busca-se o direito de o paciente apelar em liberdade, visto que respondeu ao processo nessa condição, ausentes no decreto da prisão cautelar os pressupostos legais previstos no art. 312 do CPP. Foi concedido pelo Tribunal *a quo*, via *habeas corpus*, aos outros co-réus esse benefício, o qual lhe deve ser estendido, visto que se encontra na mesma situação fática. Nesse panorama, a Turma concedeu a ordem, reafirmando o entendimento de que, se o réu respondeu à maior parte do processo em liberdade, seu direito de apelar nessa condição somente lhe pode ser denegado se evidenciadas quaisquer hipóteses previstas no art. 312 do CPP. Quanto a maus antecedentes, segundo a jurisprudência deste Superior Tribunal, tal fato, por si só, não justifica a imposição da prisão para apelar. Por outro lado, havendo identidade de situação fático-processual entre os co-réus, cabe, a teor do art. 580 do CPP, deferir pedido de extensão do benefício obtido por um deles, qual seja, o direito de apelar em liberdade. Precedentes citados do STF: HC 88.420-PR, DJ 8/6/2007; do STJ: HC 57.878-SP, DJ 28/4/2008; RHC 20.225-MG, DJ 12/2/2007; HC 17.208-CE, DJ 18/2/2002; HC 55.255-SP, DJ 7/2/2008; HC 84.577-SP, DJ 12/11/2007; HC 58.156-SP, DJ 9/10/2006; RHC 22.040-MG, DJ 23/6/2008, e pedido de extensão no HC 69.075-PB, DJ 17/9/2007. **HC 104.472-BA, Rel. Min. Felix Fischer, julgado em 2/10/2008**. (Inform. STJ 370)

PRISÃO PREVENTIVA. FUNDAMENTAÇÃO.

Após o voto do Min. Relator denegando a ordem, verificou-se empate na votação, prevalecendo a decisão mais favorável ao réu. Dessa forma, a Turma concedeu a ordem nos termos do voto da Min. Maria Thereza de Assis Moura, que, nos casos de prisão preventiva, embora concorde que o juiz possa reportar-se à manifestação do Ministério Público, entende que essa não pode ser a única razão para decidir. O juiz pode aceitar a argumentação, trazê-la, mas deve incorporar a ela uma fundamentação que seja também sua. Tal raciocínio vale também para a pronúncia. É possível adotar-se, como razão de decidir, a pronúncia, mas há que se trazer a um contexto de não simplesmente repetir aquela decisão, mas enfrentar os argumentos postos no recurso para que, afastando-a ou não, de qualquer forma, possa trazer algo de seu. Nesses casos, há a necessidade de uma fundamentação que não seja, pura e simplesmente, reportar-se ao que disse o Ministério Público ou o juiz na pronúncia. **HC 90.684-RS, Rel. originário Min. Paulo Gallotti, Rel. para acórdão Min. Maria Thereza de Assis Moura, julgado em 16/9/2008**. (Inform. STJ 368)

ESTUPRO. PRISÃO PREVENTIVA.

Trata-se de *habeas corpus* para desconstituir a prisão do paciente sob a alegação de que o decreto prisional não está adequadamente fundamentado, conforme preceitua o art. 312 do CPP. Para o Min. Relator, acompanhado pela Min. Laurita Vaz, o decreto de prisão preventiva do paciente não se encontra adequadamente fundamentado, isso porque a simples reprodução das expressões ou dos termos legais expostos na norma de regência, divorciada dos fatos concretos ou baseada em meras suposições, não é suficiente para atrair a incidência do art. 312 do CPP, tendo em vista que esse dispositivo não admite conjecturas. É indispensável que, no decreto prisional, estejam consignadas as razões concretas pelas quais se mostra necessária a prisão preventiva, evidenciando-se, na decisão, a real ameaça à ordem pública, os riscos para a regular instrução criminal ou o perigo de ver-se frustrada a aplicação da lei penal. Os votos divergentes, contudo, entenderam estar correto o decreto prisional no qual consta, entre outros fundamentos, tratar-se de investigação por crime hediondo (estupro) cuja vítima é deficiente mental. Assim, verificando-se o empate e prevalecendo a decisão mais favorável ao paciente, a Turma concedeu a ordem de *habeas corpus*. **HC 101.605-SP, Rel. Min. Arnaldo Esteves Lima, julgado em 2/9/2008.** (Inform. STJ 366)

PRISÃO PREVENTIVA. VEREADOR. PARTICIPAÇÃO. SESSÕES.

O vereador, ora paciente, foi preso preventivamente, mas pretendia, mediante escolta, continuar a participar das sessões legislativas da Câmara Municipal. Quanto a isso, primeiro cabe anotar que, em seu favor, existe apenas imunidade material. É verdade que a imunidade formal prevista no art. 53, § 2º, da CF/1988 foi repetida no art. 102, § 1º, da Constituição estadual em comento (a fluminense) para abrigar os parlamentares estaduais e foi estendida aos vereadores pelo art. 349 dessa mesma Carta. Porém, o STF já suspendeu a eficácia desse dispositivo no julgamento de ADI. Dessarte, conclui-se que o paciente não tem a prerrogativa de só poder ser preso em flagrante de crime inafiançável, tal como os parlamentares federais. Soma-se a isso a constatação de não haver qualquer ilegalidade na manutenção de sua custódia (HC 99.773-RJ) ou mesmo previsão legal a justificar a admissão do pedido de freqüência às sessões. O impeço ao exercício de sua atividade laborativa é mero consectário de sua prisão, tal como aplicável a todo encarcerado. Precedentes citados do STF: ADI 558-RJ, DJ 26/3/1993; do STJ: HC 68.670-SC, DJ 9/4/2007. **HC 106.642-RJ, Rel. Min. Napoleão Nunes Maia Filho, julgado em 24/6/2008.** (Inform. STJ 361)

PRISÕES. FLAGRANTE. PREVENTIVA.

Caracteriza-se como constrangimento ilegal a manutenção da segregação cautelar do paciente unicamente ao fundamento de que remanescia como efeito de sua prisão em flagrante quando sua prisão preventiva (decretada após a captura) foi revogada pelo juízo. Não há indicação, no ato, de qualquer fundamento apto a justificar a constrição cautelar (art. 312 do CPP). Precedente citado: HC 72.882-PA, DJ 5/11/2007. **HC 105.540-BA, Rel. Min. Felix Fischer, julgado em 24/6/2008.** (Inform. STJ 361)

PRISÃO PREVENTIVA. DISTRIBUIÇÃO. BEBIDA ADULTERADA.

A prisão preventiva, no caso, mostra-se devidamente fundamentada na expressa menção à situação concreta que justifica a necessidade de garantir a ordem pública: o paciente seria integrante de organização criminosa ramificada em mais de um Estado-membro e voltada para a distribuição de bebidas alcoólicas adulteradas, as quais continham substâncias nocivas à saúde. A periculosidade do agente para a coletividade pode ser apta a justificar a manutenção da restrição à liberdade desde que comprovada concretamente. Anote-se que a prisão preventiva também tem o desiderato de impedir a reiteração da conduta delitiva do agente que, no caso, além de registrar outras anotações em sua folha de antecedentes, continuou a comercializar as bebidas contrafeitas mesmo após a interdição do estabelecimento comercial que gerenciava. Precedentes citados do STF: HC 89.266-GO, DJ 29/6/2007; HC 88.196-MS, DJ 18/5/2007; do STJ: HC 86.236-AM, DJ 17/12/2007, e HC 56.205-SC, DJ 14/8/2006. **HC 99.486-RJ, Rel. Min. Felix Fischer, julgado em 24/6/2008.** (Inform. STJ 361)

PRISÃO PREVENTIVA. ROUBO QUALIFICADO.

Noticiaram os autos que o paciente, foragido há três anos, apresentou-se à autoridade policial requerendo a revogação da prisão preventiva decretada quando do recebimento da denúncia sob a acusação de roubo de caminhão carregado com 29 toneladas de minério de ferro, crime praticado com outros co-réus, organizados em quadrilha. Ainda, adulterou sinal identificador do veículo. A negativa da revogação do decreto prisional na instância ordinária deu-se em razão da periculosidade do paciente, sua personalidade para a prática de crimes dessa natureza e, como se ressaltou nas informações no *writ* originário, para evitar que o paciente continue delinqüindo. Assim, para a Min. Relatora, a prisão preventiva está satisfatoriamente motivada na necessidade de garantir a aplicação da lei e de conveniência da instrução criminal. Ademais, o feito está concluso para sentença, o que torna temerário revogar a custódia cautelar do paciente. Precedentes citados: HC 56.966-PE, DJ 26/3/2007, e HC 63.650-RS, DJ 16/4/2007. **HC 85.664-MG, Rel. Min. Laurita Vaz, julgado em 17/6/2008.** (Inform. STJ 360)

APELAÇÃO. LIBERDADE. JÚRI. DADOS SUPERVENIENTES.

Há informações supervenientes e concretas, reveladas quando do julgamento perante o júri, de que o paciente, ora condenado por três tentativas de homicídio (simples e qualificado), reside justamente em frente da casa das vítimas, ainda guarda restrições quanto a uma delas e demonstra perturbação mental e sinais de intolerância ao convívio social a ponto de o conselho de sentença admitir-lhe a semi-imputabilidade. Diante disso, correto negar-lhe o apelo em liberdade e lhe impingir a segregação em razão da garantia da ordem pública, mesmo ao considerar-se que lhe foi concedida a liberdade provisória após a sentença de pronúncia e o conhecido entendimento jurisprudencial que garante o direito de apelar solto a quem vinha respondendo livre ao processo. O referido benefício não tem automática concessão, há que afastá-lo diante dos requisitos previstos no art. 312 do CPP. Precedentes citados: HC 98.717-PE, DJ 19/5/2008, e HC 36.259-PR, DJ 20/6/2005. **RHC 22.901-SP, Rel. Min. Jorge Mussi, julgado em 19/6/2008.** (Inform. STJ 360)

CONSTRANGIMENTO ILEGAL. PRISÃO PREVENTIVA. JUIZ INCOMPETENTE.

No caso, tanto a magistrada quanto o Tribunal *a quo* não se valeram de nenhum elemento concreto de convicção para a decretação da prisão preventiva. Além do mais, até o momento, não há definição do juízo competente para o recebimento da denúncia, uma vez que a juíza, após o decreto da mencionada prisão, acolheu manifestação do Ministério Público estadual e determinou a imediata remessa dos autos ao juízo competente, que, por sua vez suscitou conflito negativo de competência. Para o Min. Relator, em casos semelhantes, é nula aquela constrição decretada por juiz incompetente que, logo após o decreto constritivo remete o feito ao outro juízo que suscita conflito negativo ainda não julgado pelo Tribunal respectivo. Segundo o Relator, configura constrangimento ilegal a decretação de prisão preventiva por juiz incompetente. Isso posto, a Turma, ao prosseguir o julgamento, concedeu a ordem. Precedentes citados: HC 88.909-PE, DJ 18/2/2008; HC 59.410-MG, DJ 12/2/2007; HC 14.442-RO, DJ 5/3/3001, e HC 50.822-AC, DJ 28/8/2006. **HC 97.091-ES, Rel. Min. Nilson Naves, julgado em 17/6/2008**. (Inform. STJ 360)

LIBERDADE PROVISÓRIA. REVOGAÇÃO.

Trata-se de restabelecimento de prisão cautelar de denunciada (agora já pronunciada) pela suposta prática de homicídio qualificado tentado contra sua própria mãe (arts. 121, § 2º, II e III, 14, II, e 61, II, a, do CP). A prisão em flagrante foi restabelecida devido à extrema violência reiterada contra seus genitores, enfermos e idosos, sendo necessário reforço policial para contê-la no interior da DP. Ressalta a Min. Relatora ter posicionamento contrário ao entendimento que veda a liberdade provisória nos crimes hediondos, isso porque o legislador constitucional referiu-se apenas à fiança, espécie de liberdade provisória, mas não o fez em relação às demais espécies, ou seja, ao gênero. Entretanto, no caso, é evidente a imensa agressividade da paciente, inclusive há referências anteriores de reiterações da mesma conduta contra seus pais. Assim, a decisão que restabeleceu a prisão cautelar da paciente está calcada em fatos concretos e aptos a justificar a necessidade da medida extrema, só excluiu o fundamento de que a hediondez do delito não permite a liberdade provisória. Também atentou ainda para a circunstância posterior ao acórdão referente à determinação de exame de sanidade mental (já marcado), o que evidencia, no dizer da Min. Relatora, a cautela com a circunstância de a paciente permanecer em liberdade. Isso posto, a Turma denegou a ordem. **HC 102.048-SP, Rel. Min. Jane Silva (Desembargadora convocada do TJ-MG), julgado em 27/5/2008.** (Inform. STJ 357)

HC. PRISÃO PREVENTIVA. FUNDAMENTAÇÃO INIDÔNEA.

A Turma negou provimento ao agravo e reiterou o entendimento de que a gravidade abstrata do delito não é suficiente para manter a prisão de natureza cautelar, mormente se o decreto apóia-se, como no caso, em meras suposições, e não em elementos concretos de convicção. Precedentes citados: HC 80.870-PR, DJ 11/2/2008, e HC 91.401-MS, DJ 25/2/2008. **AgRg no HC 47.312-SP, Rel. Min. Nilson Naves, julgado em 29/4/2008.** (Inform. STJ 354)

HOMICÍDIOS. PERICULOSIDADE CONCRETA. CUSTÓDIA PROVISÓRIA.

No espécie, a custódia provisória mostra-se perfeitamente justificada na necessidade de garantia da ordem pública em razão da periculosidade concreta do paciente, denunciado como mandante dos cinco homicídios qualificados consumados e seis tentados, cometidos por ocasião da invasão da residência das vítimas durante a madrugada, utilizando-se de metralhadoras, bem como de armamento de grosso calibre, tudo isso motivado por sentimento de vingança e disputa por poder dentro da organização criminosa voltada ao tráfico ilícito de drogas, inexistindo o alegado constrangimento ilegal. Assim, as condições pessoais favoráveis do paciente não têm o condão de, por si sós, impedir a decretação da segregação antecipada, uma vez que existentes elementos capazes de autorizar a adoção da providência extrema. Precedentes citados: HC 79.641-RS, DJ 3/12/2007; RHC 17.519-AL, DJ 20/11/2006, e HC 88.101-SP, DJ 10/3/2008. **HC 85.922-SP, Rel. Min. Paulo Gallotti, julgado em 29/4/2008**. (Inform. STJ 354)

HC. PRISÃO PREVENTIVA. RÉU. PERSONALIDADE VIOLENTA.

Não se mostra desproporcional ou desarrazoada a decisão que decreta a constrição provisória de liberdade quando evidentes elementos concretos que demonstram o interesse do agente em intimidar vítimas e testemunhas. Para a Min. Relatora, a consideração em torno da personalidade violenta do agente, colhida por testemunhos nos autos, pode servir de supedâneo ao resguardo da tranqüilidade social, conforme indicado no decreto da medida extrema. Diante da comprovação dos requisitos do art. 312 do CPP, resta infrutífero o esforço em torno dos bons predicados do paciente. Isso posto, a Turma denegou a ordem. **HC 95.880-RJ, Rel. Min. Maria Thereza de Assis Moura, julgado em 15/4/2008**. (Inform. STJ 352)

HC. INDEFERIMENTO. LIBERDADE PROVISÓRIA. FUNDAMENTAÇÃO.

Trata-se de *habeas corpus* impetrado contra a decisão que indeferiu pedido de liminar de liberdade provisória em outro *writ*. Para o Min. Relator, embora haja embaraço quanto à admissibilidade do pedido, afigura-se o caso de ilegalidade flagrante. Faltou fundamentação à decisão que indeferiu liberdade provisória ao paciente e à decisão de pronúncia que se limitou a fazer referência à gravidade do delito e dizer que permaneciam íntegros os motivos da prisão em flagrante. Ressalta que este Superior Tribunal, por reiteradas decisões, exige que o despacho (ou a decisão) que decrete ou denegue a liberdade provisória seja fundamentado (arts. 315 e 310, parágrafo único, do CPP). Com esse entendimento, a Turma concedeu a ordem com obrigação de o paciente comparecer a todos os atos do processo sob pena de renovação da prisão. Precedentes citados: HC 42.914-RS, DJ 19/8/2005, e RHC 17.256-PR, DJ 29/5/2006. **HC 64.927-SP, Rel. Min. Nilson Naves, julgado em 1º/4/2008**. (Inform. STJ 350)

CRIMES HEDIONDOS. PROIBIÇÃO. LIBERDADE PROVISÓRIA.

A liberdade provisória de que cuida o art. 310, parágrafo único, do CPP, no caso de prisão em flagrante, está subordinada à certeza da inocorrência de qualquer das hipóteses que autorizam a prisão preventiva, decorrente dos elementos existentes nos autos ou de prova da parte onerada, bastante para afastar a presunção legal de necessidade da custódia. A Lei n. 8.072/1990, na sua redação original, ao dar cumprimento ao inciso XLIII do art. 5º da CF/1988, fez, de seu lado, insuscetíveis de fiança e liberdade provisória os crimes hediondos, a prática de tortura, o tráfico de entorpecentes e o terrorismo, estabelecendo caso de prisão cautelar de necessidade presumida *iuris et de iure*, na hipótese de prisão decorrente de flagrante delito. Observou o Min. Relator que a Terceira Seção deste Superior Tribunal (HC 76.779-MT) culminou por firmar a compreensão de que a proibição de liberdade provisória, com ou sem fiança, decorre, primariamente, da própria Constituição Federal, fazendo materialmente desinfluente a questão da revogação, ou não, do art. 44 da nova Lei de Tóxicos (Lei n. 11.343/2006) pela Lei n. 11.464/2007, que deu nova redação ao art. 2º da Lei nº 8.072/1990. A proibição da liberdade provisória a acusados pela prática de crimes hediondos deriva da inafiançabilidade dos delitos dessa natureza preconizada pela Constituição da República e da Lei n. 11.343/2006, que é, por si, fundamento suficiente por se tratar de norma especial especificamente em relação ao parágrafo único do art. 310 do CPP. Dessarte, é incompatível com a lei e com a Constituição Federal a interpretação que conclui pela admissibilidade, no caso de qualquer desses crimes, da conversão da prisão cautelar decorrente de flagrante delito em liberdade provisória. **HC 93.591-MS, Rel. Min. Hamilton Carvalhido, julgado em 27/3/2008**. (Inform. STJ 349)

***HABEAS CORPUS*. PRISÃO EM FLAGRANTE.**

Trata-se de *habeas corpus* contra o acórdão que manteve a prisão do ora paciente denunciado por roubo duplamente circunstanciado. O impetrante, em benefício próprio, sustenta sua inocência, bem como a existência de constrangimento ilegal por excesso de prazo, visto que se encontra preso desde 19/10/2004, sem que haja prolação de sentença. No caso, inexiste desídia do juiz, que, ao contrário, vem dando a celeridade possível ao processo, dadas as dificuldades inerentes ao fato de o paciente estar cumprindo pena em comarca diversa, acarretando a necessidade de expedição de cartas precatórias para a realização dos atos processuais, bem como a demora na prolação da sentença justifica-se pela não-apresentação das alegações finais pela defesa, ainda que regularmente intimada, pois que foi devidamente nomeado defensor dativo para a prática do referido ato. Assim, não há que se falar na existência de constrangimento ilegal nem em excesso de prazo, como alegado na impetração. Com isso, a Turma denegou a ordem, recomendando, contudo, ao juízo processante que imprima a celeridade possível no julgamento da ação penal em comento. **HC 86.388-BA, Rel. Min. Napoleão Nunes Maia Filho, julgado em 26/2/2008**. (Inform. STJ 346)

HC. LIBERDADE PROVISÓRIA. APELAÇÃO.

O paciente, preso em flagrante, foi beneficiado com a liberdade provisória, prestando fiança e assumindo o compromisso de não mudar de endereço sem prévia comunicação ao juízo. Esclareceu a Min. Relatora que, de acordo com o art. 324 do CPP, após a quebra da fiança, é vedada a concessão de nova fiança. Entretanto, na hipótese de condenação por crime sem violência ou grave ameaça a pena inferior a três anos de reclusão, em regime diferente do fechado, à luz do princípio da proporcionalidade, é plausível o restabelecimento da liberdade provisória, desde que haja apresentação, fornecimento de endereço e compromisso de colaboração com a Justiça, nos moldes dos arts. 327 e ss. do CPP. À luz do Estado democrático de direito, marcado pela consagração do *due process of law*, a exigência do recolhimento à prisão para que se conheça da apelação corporifica constrangimento ilegal, remediável por meio de *habeas corpus*. Isso posto, a Turma concedeu a ordem para restabelecer ao paciente a liberdade provisória, condicionada a sua efetivação ao comparecimento ao juízo de primeiro grau no prazo de cinco dias, para comunicar seu novo endereço e renovar o compromisso de cumprir as obrigações insculpidas nos arts. 327 e ss. do CPP, sob pena de revogação e para determinar que, uma vez atendida a condição acima enunciada, seja processada a apelação do paciente. Precedentes citados do STF: HC 86.527-SP, DJ 17/2/2006; do STJ: Pet 4.688-RJ, DJ 18/12/2006; HC 59.009-SP , DJ 3/9/2007; HC 38.158-PR, DJ 2/5/2006, e HC 35.997-SP, DJ 21/11/2005. **HC 88.681-PE, Rel. Min. Maria Thereza de Assis Moura, julgado em 25/2/2008.** (Inform. STJ 346)

HABEAS CORPUS. ROUBO CIRCUNSTANCIADO. PRISÃO PREVENTIVA. EXCESSO. PRAZO.

Trata-se de *habeas corpus* contra acórdão que manteve a prisão preventiva do ora paciente, acusado dos crimes previstos nos arts. 157, § 2º, I, III e V, e 288 do CP. Alega-se falta de fundamentação do decreto de prisão preventiva, bem como excesso de prazo para a formação de culpa, visto que o paciente estaria preso desde maio/2007. A Turma, por maioria, concedeu a ordem ao entendimento de que, mesmo se encontrando bem fundamentado o decreto de prisão preventiva, não é razoável que o processo fique tanto tempo sem qualquer andamento. Isso porque, após o interrogatório do paciente, ocorrido há quase sete meses, ou seja em 27/7/2007, não se verifica nos autos sequer a perspectiva de quando será realizada a oitiva de testemunhas. Ressaltou-se que, tendo em vista a gravidade dos delitos dos quais o paciente é acusado, devia ser dada a esse caso até uma certa prioridade. Ao contrário, porém, não há nenhuma definição de data para realização de qualquer ato pertinente ao andamento do processo. Assim, pelo que se pode ver dos autos, forçoso se faz reconhecer caracterizado o excesso de prazo. **HC 92.111-PI, Rel. Min. Napoleão Nunes Maia Filho, Rel. para o acórdão Min. Jorge Mussi, julgado em 12/2/2008.** (Inform. STJ 344)

PRISÃO PREVENTIVA. JÚRI.

O paciente (policial civil) encontra-se preso preventivamente na condição de mandante, juntamente com um dos três denunciados, que também já foram pronunciados por homicídio qualificado. Para o Min. Relator não se justificaria a prisão de caráter cautelar decretada pela conveniência da instrução criminal quando, no atual momento processual, até o recurso contra a sentença de pronúncia já foi julgado. Ademais, ressaltou que a jurisprudência deste Superior Tribunal exige que a prisão provisória venha sempre acompanhada de elementos que a justifiquem, o que não é o caso. Entretanto, houve empate na votação devido a entendimento contrário ao do Min. Relator, que também com base em vários precedentes, entendiam que a instrução nos processos da competência do júri só termina no julgamento em plenário, logo não se poderia afirmar que a instrução esteja finda. Dessa forma, devido ao empate na votação, prevaleceu a decisão mais favorável ao réu. **HC 77.409-MG, Rel. Min. Nilson Naves, julgado em 7/2/2008.** (Inform. STJ 343)

PRISÃO PREVENTIVA. CRIME. DIREÇÃO. VEÍCULO. BEBIDA.

Trata-se de paciente denunciado como incurso nas penas do art. 121 do CP, com prisão preventiva mantida em razão da forma como se deu o crime e ao argumento de que sua liberdade importaria em estímulo à volta da prática delituosa. Pois o paciente assumiu o risco de dolo eventual ao dirigir veículo após ingerir bebida alcoólica o que resultou no atropelamento de ciclista que, devido às lesões, veio a falecer. Ressaltou a Min. Relatora que a probabilidade de reiteração delitiva (pois o paciente é dependente alcoólico), baseada e avaliada em elementos concretos, assim como a forma como se deu o crime podem ser consideradas fundamentos idôneos a justificar a manutenção da prisão em flagrante para garantia da ordem pública. Outrossim, observou que não há supressão de instância quando, sobrevinda a decisão de pronúncia, essa não acrescentou qualquer fundamento à decisão que indeferiu a liberdade provisória. Precedentes citados: HC 74.699-RS, DJ 13/8/2007; HC 76.537-PR, DJ 4/6/2007; HC 50.498-GO, DJ 12/2/2007; RHC 17.749-BA, DJ 6/2/2006; HC 51.963-SP, DJ 21/5/2007, e HC 49.255-SP, DJ 14/5/2007. **HC 82.427-PR, Rel. Min. Maria Thereza de Assis Moura, julgado em 17/12/2007.** (Inform. STJ 343)

HABEAS CORPUS. RUFIANISMO. TRÁFICO. PESSOAS.

Os pacientes foram condenados às penas de cinco anos e dez meses de reclusão em regime semi-aberto, pela prática dos delitos de tráfico de pessoas e rufianismo. Assim, estipulado o regime inicial semi-aberto para cumprimento da pena, mostra-se incompatível com a condenação a manutenção da prisão preventiva – antes decretada e conservada na sentença condenatória para negar ao paciente o apelo em liberdade –, ainda que a acusação tenha recorrido. Diante disso, a Turma concedeu a ordem para garantir aos pacientes o direito de aguardar o julgamento do recurso de apelação interposto em liberdade. Precedentes citados: HC 51.420-MS, DJ 3/9/2007; HC 42.402-RJ, DJ 26/9/2005; HC 80.631-SP, DJ 22/10/2007, e HC 27.270-DF, DJ 12/8/2003. **HC 89.960-ES, Rel. Min. Arnaldo Esteves Lima, julgado em 11/12/2007.** (Inform. STJ 342)

HC. PRISÃO PREVENTIVA.

Os pacientes denunciados por furto qualificado e quebra de sigilo de conta-corrente de terceiro utilizavam-se de cartões bancários clonados – fraude eletrônica. Após presos em flagrante, foi declarada a prisão preventiva da qual se insurgem em *habeas corpus*. Para o Min. Relator, entre outras considerações, a custódia preventiva como garantia da ordem pública não se acha suficientemente justificada porquanto confundiu a habitualidade com a continuidade, também indicada, e tal circunstância é própria da sentença da fixação da pena. Explica ainda que é na sentença, à vista dos arts. 59 e 58 do CP, que será atendida pelo juiz. Isso posto, a Turma concedeu a ordem para revogar a prisão dos pacientes desde que eles assumam o compromisso de estar presentes a todos os atos do processo sob pena de nova prisão. Precedente citado: HC 40.617-MG, DJ 10/4/2006. **HC 88.909-PE, Rel. Min. Nilson Naves, julgado em 11/12/2007.** (Inform. STJ 342)

APELAÇÃO. DESERÇÃO. FUGA. RÉU.

Trata-se de *habeas corpus* impetrado contra a decisão que não conheceu de apelação ao entendimento de que o recolhimento prévio à prisão é condição de admissibilidade do recurso. O Min. Relator destacou que a prisão do réu, com efeito, em inexistindo coisa julgada penal, somente pode ter lugar, conforme a CF/1988, se for de natureza cautelar e, como tal, decretada fundamentadamente nos seus pressupostos e motivos legais, elencados no art. 312 do CPP. As normas dos arts. 594 e 595 do CPC não foram recepcionadas pela Carta Magna. Tal prisão nada tem a ver com os pressupostos de admissibilidade da apelação e seu julgamento, contrapondo-se, com força e denegação, à garantia constitucional do direito à ampla defesa, com todos os recursos a ela inerentes, cláusula cujo caráter absoluto não permite restrições preceituadas em normas meramente legais. Isso posto, a Turma concedeu a ordem para afastar o óbice da exigência da prisão e determinar o processamento do recurso de apelação. **HC 45.869-SP, Rel. Min. Hamilton Carvalhido, julgado em 29/11/2007.** (Inform. STJ 340)

RCL. HC. SOLTURA. NOVA PRISÃO.

A Sexta Turma desse Superior Tribunal concedeu ao então paciente e ora reclamante liberdade provisória mediante termo de comparecimento a todos os atos do processo. O juiz deu imediato cumprimento à mencionada decisão, expedindo alvará de soltura em favor dele, porém, como o reclamante apelou da sentença condenatória prolatada, determinou sua prisão de maneira que, posto em liberdade, em seguida foi preso. Mas o Min. Relator asseverou que, evidentemente, é caso de expedição de ordem a fim de dar garantia à autoridade da decisão deste Superior Tribunal. Assim se apresenta ilegal a renovação da prisão do reclamante e, diante disso, a Seção julgou procedente a reclamação para que imediatamente se cumpra o que foi decidido no *habeas corpus* – expedindo a ordem impetrada e concedendo ao paciente liberdade provisória mediante termo de comparecimento a todos os atos do processo, sob pena de revogação. Precedente citado: HC 44.611-SP, DJ 18/12/2006. **Rcl 2.583-GO, Rel. Min. Nilson Naves, julgada em 14/11/2007.** (Inform. STJ 339)

INSTRUÇÃO CRIMINAL. EXCESSO. PRAZO.

O paciente está preso preventivamente há mais de dois anos e o júri foi marcado para fevereiro de 2009. Logo, manifesta a coação ilegal, pois a todos os presos é garantido o direito de serem julgados dentro de prazo razoável (art. 5º, LXXVIII, da CF/1988). Tal hipótese enquadra-se no art. 648, II, do CPP. Assim, a Turma deu provimento ao recurso e expediu o alvará de soltura, desde que, por outro motivo, não esteja preso o paciente. Precedente citado: HC 44.676-MS, DJ 3/6/2006. **RHC 20.290-SP, Rel. Min. Nilson Naves, julgado em 31/10/2007.** (Inform. STJ 338)

REDUÇÃO. VENCIMENTO. DELEGADO. POLÍCIA. PRISÃO PREVENTIVA. LEI COMPLEMENTAR ESTADUAL N. 4/1990. CONSTITUCIONALIDADE.

Não ofende os princípios constitucionais da irredutibilidade de vencimentos e da não-culpabilidade o art. 64 da Lei Complementar estadual n. 4/1990, que dispõe sobre o estatuto dos servidores do Mato Grosso-MT. Segundo esse artigo, "o servidor perderá um terço do vencimento ou da remuneração durante o afastamento por prisão preventiva...", portanto se trata de redução temporária de vencimento decorrente de uma ausência ao serviço e, em caso de absolvição, pagar-se-á o valor do terço deduzido. **RMS 21.778-MT, Rel. Min. Maria Thereza de Assis Moura, julgado em 31/10/2007.** (Inform. STJ 338)

PRISÃO PREVENTIVA. FUNDAMENTAÇÃO.

O paciente, após subtrair um celular e uma carteira contendo R$ 47,00, acompanhado de mais quatro jovens, passou a agredir violentamente a vítima (uma empregada doméstica) mediante pontapés e socos, o que resultou lesões de natureza grave. Discute-se, neste *habeas corpus*, a decretação de sua prisão preventiva em razão do comprometimento da ordem pública e da conveniência da instrução criminal. Iniciado o julgamento, o Min. Nilson Naves, o relator, concedeu a ordem para revogar a prisão (ao discorrer sobre a independência do juízo, concluiu que o clamor público não deve influenciar os julgamentos). Porém o Min. Hamilton Carvalhido entendeu, em voto-vista, que o decreto está suficientemente fundamentado, muito pela demonstração da necessidade de garantia da ordem pública, no que foi acompanhado pelos demais integrantes da Turma. A Min. Maria Thereza de Assis Moura, em seu voto-vista, aduziu o fato de que o paciente encontra-se sob investigação por fatos análogos aos retratados na ação penal, daí o risco concreto de reiteração delitiva. **HC 89.141-RJ, Rel. originário Min. Nilson Naves, Rel. para acórdão Min. Hamilton Carvalhido, julgado em 6/11/2007.** (Inform. STJ 338)

HC. CONSTRANGIMENTO ILEGAL. APELAÇÃO DESERTA. FUGA. CONDENADO.

A princípio, a Turma não conheceu do pedido de *habeas corpus* que se limitou à existência ou não de fundamentação da sentença condenatória proferida em desfavor do paciente, uma vez que, em relação à diminuição da pena, deixou de ser apreciado sob pena de supressão de instância. Entretanto não passou despercebido da Min. Relatora, apesar de não constar do inconformismo do paciente, a inadmissão do recurso de apelação pelo Tribunal *a quo*, considerando-a deserta ante a fuga do paciente após recorrer da sentença condenatória. Ressaltou a Min. Relatora que a deserção do recurso motivada pela fuga é constrangimento ilegal efusivo e deve ser enfrentado de ofício. Aduz que tal posicionamento fere a democrática cláusula do devido processo legal nas suas vertentes da ampla defesa e do duplo grau de jurisdição. Trouxe ainda doutrina e julgados deste Superior Tribunal e do STF, para os quais as normas processuais que estabelecem a prisão do réu como condição de admissibilidade do recurso de apelação são incompatíveis como o direito à ampla defesa. Com esse entendimento, a Turma, de ofício, concedeu a ordem para anular a decisão a quo que aplicou a disposição do art. 595 do CPP, a fim de que se julgue a apelação do paciente. Precedentes citados do STJ: HC 38.158-PR, DJ 2/5/2006, e HC 35.997-SP, DJ 21/11/2005; do STF: HC 86.527-SP, DJ 17/2/2006. **HC 65.458-RJ, Rel. Min. Maria Thereza de Assis Moura, julgado em 4/9/2007.** (Inform. STJ 330)

PRISÃO PREVENTIVA. INOVAÇÃO. TRIBUNAL *A QUO*.

Destacou o Min. Relator que, na espécie, o decreto de prisão preventiva não restou fundamentado, e a hipótese de fuga não poderia ser levantada no Tribunal *a quo*, se não figurou no decreto de prisão preventiva. Sendo assim, o acórdão recorrido não pode inovar a respeito nem pode suprir ausência de fundamentação do decreto prisional monocrático. Com esse entendimento, a Turma concedeu a ordem e revogou a prisão preventiva. Precedentes citados no STF: HC 84.448-SP, DJ 19/8/2005; no STJ: RHC 12.208-SP, DJ 22/4/2002. **HC 49.016-SP, Rel. Min. Nilson Naves, julgado em 7/8/2007.** (Inform. STJ 326)

RHC. PRISÃO PREVENTIVA. SÚMULA N. 52-STJ.

A Turma deu provimento ao recurso em *habeas corpus* para que o recorrente, preso há mais de três anos, aguarde em liberdade o julgamento do processo mediante o compromisso de comparecer a todos os atos do processo para os quais for chamado. Isso no entendimento de que, ainda que encerrada a instrução, é possível reconhecer o excesso de prazo diante da garantia da razoável duração do processo, prevista no art. 5º, LXXVIII, da CF/1988, com a reinterpretação da Súmula n. 52-STJ à luz da EC n. 45/2004. **RHC 20.566-BA, Rel. Min. Maria Thereza de Assis Moura, julgado em 12/6/2007.** (Inform. STJ 323)

PRISÃO PREVENTIVA. ENDEREÇO. RÉU.

Quando ouvido pela autoridade policial em razão do cometimento de suposto homicídio mediante arma de fogo e surpresa da vítima, o paciente, analfabeto, declinou seu endereço. Sucede que, após quatro anos, mudou-se sem informar seu paradeiro, anotado que a denúncia só foi recebida após seis anos da ocorrência do fato, mesmo ano da decretação da prisão preventiva. Pronunciado, aguarda julgamento pelo júri, previsto para maio deste ano. Diante disso, a Turma concedeu a ordem para revogar a prisão preventiva, visto que o clamor público, por si só, não autoriza a prisão cautelar, quanto mais se lacônica sua referência no decreto. Entendeu que não está demonstrada a intenção do paciente de furtar-se à aplicação penal, pois reside no mesmo endereço há dezessete anos com a ciência de vários órgãos públicos, inclusive da própria delegacia a que compareceu pela primeira vez. Anotou que, se o juízo singular diligenciasse a busca de seu endereço na cidade, com facilidade o localizaria. Aduziu, também, que perdida a razão de ser do fundamento da conveniência da instrução criminal visto que finda. Precedente citado: HC 66.167-SP, DJ 5/2/2007. **HC 74.665-RJ, Rel. Min. Maria Thereza de Assis Moura, julgado em 19/4/2007.** (Inform. STJ 317)

PRISÃO PREVENTIVA. FUNDAMENTAÇÃO.

Foragido desde a prática do crime de homicídio, o réu compareceu a juízo após a revogação do decreto de sua prisão preventiva. Sucede que o Tribunal de Justiça restabeleceu a prisão diante da anterior fuga do réu, dos relatos de testemunhas que atestavam sua agressividade e do fato de ele já estar a responder, em juízo, por outros crimes de mesma espécie. Porém, em sede de HC, a Turma concedeu a ordem com a imposição da obrigação de o réu comparecer a todos os atos do processo, ao entender ausente a fundamentação daquela custódia de natureza cautelar. Precedentes citados: HC 38.882-PA, DJ 7/11/2005; HC 41.469-SP, DJ 7/3/2006; HC 36.096-PE, DJ 6/9/2004, e HC 38.652-PI, DJ 1º/8/2005. **HC 47.825-BA, Rel. Min. Nilson Naves, julgado em 20/3/2007.** (Inform. STJ 314)

HOMICÍDIO. TORCIDA ORGANIZADA. CLUBE DE FUTEBOL.

Antes da realização da partida de futebol, houve um desentendimento entre os torcedores dos dois times. Sucede que o fato chegou ao conhecimento do presidente de uma das torcidas organizadas, o qual convocou seus filiados a ir ao encalço dos integrantes da torcida rival. Armados de paus, enxadas, pás de pedreiro e pedras, o ora paciente, os outros réus e várias pessoas não identificadas encurralaram três torcedores e um não conseguiu fugir ao cerco, sofrendo violentas agressões que o levaram à morte, depois de internação hospitalar. Após, foram denunciados os três réus, ao se considerar o motivo torpe, a forma que dificultou a reação da vítima e a idealização do crime pelo presidente. A preventiva foi imposta pela necessidade da ordem e clamor públicos, anotado que os impetrantes foram reconhecidos por testemunhas como os agressores da vítima. A pronúncia vedou o recurso em liberdade e indeferiu o pedido de revogação da preventiva, não só pela gravidade do crime, mas também pela notícia de que, às vésperas das audiências, as testemunhas foram ameaçadas e uma delas necessitou de proteção do juízo. Diante disso, a Turma negou a ordem, por entender suficientemente motivada a custódia do paciente pela necessidade da preservação da ordem pública, afastando-lhe a pecha de ilegal. Firmou que as circunstâncias do crime estão a revelar a periculosidade do paciente e a necessidade de retirá-lo cautelarmente do convívio social. Outrossim, anotou que o ora paciente já está condenado pelo Tribunal do Júri a 14 anos e meses de reclusão. Precedentes citados: HC 45.250-PI, DJ 3/4/2006, e HC 42.643-SP, DJ 27/3/2006. **HC 52.745-SP, Rel. Min. Paulo Gallotti, julgado em 20/3/2007.** (Inform. STJ 314)

RECLAMAÇÃO. HABEAS CORPUS.

h

TRÁFICO. ENTORPECENTE. PRISÃO. FLAGRANTE. LIBERDADE PROVISÓRIA. PROIBIÇÃO. TEXTO LEGAL.

A Turma, por unanimidade, entendeu que a proibição de concessão do benefício de liberdade provisória para crimes hediondos e assemelhados, que está prevista no art. 2º, II, da Lei n. 8.072/1990, é, por si, fundamento suficiente, por se tratar de norma especial especificamente em relação ao parágrafo único do art. 310 do CPP. Além do mais, o art. 5º, XLIII, da CF/1988 proibiu a concessão de fiança para alguns crimes, evidenciando que a liberdade provisória pretendida não poderia ser concedida. Precedentes citados do STF: AgRg no HC 85.711-ES, DJ 17/5/2005, HC 86.814-SP, DJ 26/5/2006, HC 86.703-ES, DJ 8/11/2005, HC 89.183-MS, DJ 25/8/2006, HC 83.468-ES, DJ 27/2/2004, e HC 82.695-RJ, DJ 6/6/2003. **RHC 20.545-MG, Rel. Min. Felix Fischer, julgado em 13/2/2007.** (Inform. STJ 310)

SÚMULA VINCULANTE 25

É ilícita a prisão civil de depositário infiel, qualquer que seja a modalidade do depósito.

SÚMULA VINCULANTE 11

Só é lícito o uso de algemas em casos de resistência e de fundado receio de fuga ou de perigo à integridade física própria ou alheia, por parte do preso ou de terceiros, justificada a excepcionalidade por escrito, sob pena de responsabilidade disciplinar, civil e penal do agente ou da autoridade e de nulidade da prisão ou do ato processual a que se refere, sem prejuízo da responsabilidade civil do Estado.

SÚMULA STF Nº 697

A proibição de liberdade provisória nos processos por crimes hediondos não veda o relaxamento da prisão processual por excesso de prazo.

SÚMULA STJ Nº 81

Não se concede fiança quando, em concurso material, a soma das penas mínimas cominadas for superior a dois anos de reclusão.

SÚMULA STJ Nº 64

Não constitui constrangimento ilegal o excesso de prazo na instrução, provocado pela defesa.

SÚMULA STJ Nº 52

Encerrada a instrução criminal, fica superada a alegação de constrangimento por excesso de prazo.

SÚMULA STJ Nº 21

Pronunciado o réu, fica superada a alegação do constrangimento ilegal da prisão por excesso de prazo na instrução.

10. PROCESSOS E PROCEDIMENTOS

AGENTE POLÍTICO E DEFESA PRELIMINAR - 1

A 1ª Turma iniciou julgamento de *habeas corpus* em que pretendido o reconhecimento do direito ao exame da defesa preliminar apresentada antes do recebimento da peça acusatória. Na espécie, ex-secretário municipal fora denunciado por suposta fraude em licitações, nos termos do art. 90 da Lei 8.666/93 ["*Frustrar ou fraudar, mediante ajuste, combinação ou qualquer outro expediente, o caráter competitivo do procedimento licitatório, com o intuito de obter, para si ou para outrem, vantagem decorrente da adjudicação do objeto da licitação: Pena - detenção, de 2 (dois) a 4 (quatro) anos, e multa*"]. Reitera a tese submetida à apreciação das instâncias judiciais quanto à observância do disposto no art. 514 do CPP, que prevê a apresentação de defesa preliminar em se tratando de crimes funcionais. O Min. Marco Aurélio, relator, de início, externou a inadequação do *writ* quando possível interposição de recurso ordinário constitucional. No entanto, concedeu a ordem, de ofício, por reputar viável essa excepcionalidade ao verificar a prática de ato ilegal a alcançar, na via direta ou indireta, a liberdade de ir e vir do cidadão. HC 102573/PR, rel. Min. Marco Aurélio, 21.8.2012. **(HC-102573)**

AGENTE POLÍTICO E DEFESA PRELIMINAR - 2

Depreendeu que, embora o paciente fosse agente político, estaria compreendido na expressão, tomada de forma geral, que, na legislação pretérita, corresponderia a funcionário público. Destacou que viria da hermenêutica e da aplicação do direito: as normas, especialmente as instrumentais, no campo penal deveriam ser interpretadas de modo a beneficiar aquele a quem visariam proteger e, onde a lei não fizesse distinção, não caberia ao intérprete fazê-lo. Consignou que a referência contida no art. 513 do CPP ("*Os crimes de responsabilidade dos funcionários públicos, cujo processo e julgamento competirão aos juízes de direito, a queixa ou a denúncia será instruída com documentos ou justificação que façam presumir a existência do delito ou com declaração fundamentada da impossibilidade de apresentação de qualquer dessas provas*") abarcaria delitos de responsabilidade dos funcionários públicos, sem ter-se a exigência de ser crime próprio, de tipo a envolver apenas servidor. Frisou que a problemática da defesa em questão, no que integraria o devido processo legal, teria sido elastecida com a alteração do art. 396 CPP, advinda com a Lei 11.719/2008 ["*Nos procedimentos ordinário e sumário, oferecida a denúncia ou queixa, o juiz, se não a rejeitar liminarmente, recebê-la-á e ordenará a citação do acusado para responder à acusação, por escrito, no prazo de 10 (dez) dias*"]. Sobressaiu que, conquanto da norma constasse o recebimento da denúncia, na verdade, a defesa o antecederia, para que a ação penal tivesse curso; caso contrário, não haveria porque apresentar a defesa previamente. A Min. Rosa Weber acompanhou o relator apenas no tocante à inadequação da via, mas não concedeu a ordem. Após, pediu vista dos autos o Min. Luiz Fux. HC 102573/PR, rel. Min. Marco Aurélio, 21.8.2012. **(HC-102573) (Inform. STF 676)**

HC: VISTA AO "PARQUET" APÓS DEFESA PRÉVIA E NULIDADE

A 1ª Turma indeferiu *habeas corpus* em que alegada nulidade em virtude de abertura de vista ao Ministério Público após a juntada de defesa prévia. Na espécie, o paciente fora denunciado pela prática de calúnia (CP, art. 138), com a causa de aumento de pena prevista no art. 141, II, do CP ("*contra funcionário público, no exercício das funções*"). A defesa prévia fora apresentada com novos documentos com o fito de demonstrar a improcedência da persecução criminal. Após, o juízo instara a acusação a manifestar-se sobre essa peça apresentada e acerca dos documentos que a acompanharam. Cumprida a diligência, o magistrado recebera a denúncia, sem antes intimar o acusado para ciência da petição apresentada pelo órgão ministerial e, ato contínuo, designara audiência de instrução. De início, rememorou-se que a defesa prévia manejada nos termos do art. 396 do CPP ["*Nos procedimentos ordinário e sumário, oferecida a denúncia ou queixa, o juiz, se não a rejeitar liminarmente, recebê-la-á e ordenará a citação do acusado para responder à acusação, por escrito, no prazo de 10 (dez) dias*"] não se confundiria com defesa preliminar, anterior ao recebimento da acusação, estabelecida em procedimentos como os das Leis 8.038/90, 9.099/95 ou 11.343/2006. Em seguida, asseverou-se que, no caso, o juízo teria intimado o Ministério Público para pronunciar-se quanto à sequência da ação penal. Ademais, reputou-se descabido transportar para essa fase processual a ordem alusiva às alegações finais, momento em que seria impossível a inversão da ordem prevista em lei. Sublinhou-se que, apresentada defesa prévia em que articuladas, até mesmo, preliminares, seria cabível a audição do *parquet* para se definir sobre o prosseguimento da ação penal. HC 105739/RJ, rel. Min. Marco Aurélio, 7.2.2012. (HC-105739) (Inform. STF 654)

VIDEOCONFERÊNCIA E ENTREVISTA RESERVADA COM DEFENSOR - 1

A 1ª Turma iniciou julgamento de *habeas corpus* em que pretendida declaração de nulidade de ação penal decorrente da realização do interrogatório do paciente por videoconferência quando não havia previsão legal. A outra nulidade suscitada se referia à não-concessão do direito de entrevista reservada com seu defensor. O Min. Marco Aurélio, relator, denegou a ordem. Consignou, quanto à aplicação, no tempo, da lei disciplinadora do interrogatório mediante videoconferência, que essa matéria não teria sido analisada pelo STJ. Assentou ainda que, antes do interrogatório, o juiz, seus auxiliares e o representante do Ministério Público teriam se retirado da sala de audiência e nela teriam permanecido apenas os policiais, o que não impedira a entrevista do paciente com seu defensor. Na sequência, pediu vista dos autos o Min. Luiz Fux. HC 104603/SP, rel. Min. Marco Aurélio, 11.10.2011.(HC-104603)

VIDEOCONFERÊNCIA E ENTREVISTA RESERVADA COM DEFENSOR - 2

A 1ª Turma retomou julgamento de *habeas corpus* em que pretendida declaração de nulidade de ação penal decorrente da realização do interrogatório do paciente por videoconferência quando não havia previsão legal — v. Informativo 644. O Min. Luiz Fux acompanhou o Min. Marco Aurélio, relator, e denegou a ordem. Após, pediu vista o Min. Dias Toffoli. HC 104603/SP, rel. Min. Marco Aurélio, 6.12.2011. (HC-104603) (Inform. STF 651)

HC N. 100.246-RJ
RELATOR: MIN. JOAQUIM BARBOSA

EMENTA: *HABEAS CORPUS*. TRANCAMENTO DE AÇÃO PENAL. ALEGAÇÃO DE FALTA DE JUSTA CAUSA E INÉPCIA DA DENÚNCIA. INOCORRÊNCIA. DENÚNCIA QUE SATISFAZ OS REQUISITOS DO ART. 41 DO CÓDIGO DE PROCESSO PENAL E POSSIBILITA O EXERCÍCIO DO CONTRADITÓRIO E DA AMPLA DEFESA. ORDEM DENEGADA.

Não é inepta a denúncia que, como no caso, narra a ocorrência de crimes em tese, bem como descreve as suas circunstâncias e indica os respectivos tipos penais, viabilizando, assim, o exercício do contraditório e da ampla defesa, nos termos do art. 41 do Código de Processo Penal.

Além disso, o trancamento de ação penal, principalmente por meio de *habeas corpus*, é medida reservada a hipóteses excepcionais, como "a manifesta atipicidade da conduta, a presença de causa de extinção da punibilidade do paciente ou a ausência de indícios mínimos de autoria e materialidade delitivas" (HC 91.603, rel. Ellen Gracie, *DJe-182* de 25.09.2008), o que não é caso.

Daí por que a existência ou não de justa causa, no caso, deve ser discutida no âmbito da ação penal já iniciada.

Ordem denegada. (Inform. STF 624)

INTERROGATÓRIO: LEI 11.719/2008 E LEI 8.038/90

A Lei 11.719/2008, que alterou o momento em que efetuado o interrogatório, transferindo-o para o final da instrução criminal, incide nos feitos de competência originária do STF, cujo mencionado ato processual ainda não tenha sido realizado. Com base nessa orientação, o Plenário desproveu agravo regimental interposto pela Procuradoria Geral da República contra decisão do Min. Ricardo Lewandowski que, nos autos de ação penal da qual relator, determinara que os réus fossem interrogados ao final do procedimento. Considerou-se que o art. 400 do CPP, em sua nova redação, deveria suplantar o estatuído no art. 7º da Lei 8.038/90, haja vista possibilitar ao réu o exercício de sua defesa de modo mais eficaz. Aduziu-se que essa mudança concernente à designação do interrogatório conferiria ao acusado a oportunidade para esclarecer divergências e incongruências que eventualmente pudessem surgir durante a fase de consolidação do conjunto probatório. Registrou-se, tendo em conta a interpretação sistemática do Direito, que o fato de a Lei 8.038/90 ser norma especial em relação ao CPP não afetaria a orientação adotada, porquanto inexistiria, na hipótese, incompatibilidade manifesta e insuperável entre ambas as leis. Ademais, assinalou-se que a própria Lei 8.038/90 dispõe, em seu art. 9º, sobre a aplicação subsidiária do CPP. Por fim, salientou-se não haver impedimento para que o réu, caso queira, solicite a antecipação do seu interrogatório. O Min. Luiz Fux acrescentou que o entendimento poderia ser estendido à Lei 11.343/2006, que também prevê o interrogatório como o primeiro ato do processo. AP 528 AgR/DF, rel. Min. Ricardo Lewandowski, 24.3.2011. (AP-528) (Inform. STF 620)

Recebimento de Denúncia e Fundamentação

Não se exige que o ato de recebimento da denúncia seja fundamentado. Com base nesse entendimento, a Turma denegou *habeas corpus* em que se pretendia a anulação do processo desde o recebimento da denúncia, sob a única alegação de que, por se tratar de crime tipificado na Lei 11.343/2006, a decisão do recebimento deveria ser cabalmente fundamentada. Consignou-se que o ato judicial que formaliza o recebimento da denúncia oferecida pelo Ministério Público não se qualifica nem se equipara, para os fins a que se refere o inciso IX do art. 93 da CF, a ato de caráter decisório. Precedente citado: HC 93056/SP (DJE de 14.5.2009). **HC 95354/SC, rel. Min. Gilmar Mendes, 14.6.2010.** (HC-95354) (Inform. STF 591)

DEVIDO PROCESSO LEGAL E CERCEAMENTO DE DEFESA

Por reputar violado o devido processo legal, a Turma deferiu *habeas corpus* para tornar subsistente primeira decisão do juízo federal de origem que deferira realização de diligência requerida pela defesa na fase do art. 499 do CPP ["*Terminada a inquirição das testemunhas, as partes primeiramente o Ministério Público ou o querelante, dentro de 24 horas, e depois, sem interrupção, dentro de igual prazo, o réu ou réus poderão requerer as diligências, cuja necessidade ou conveniência se origine de circunstâncias ou de fatos apurados na instrução, subindo logo os autos conclusos, para o juiz tomar conhecimento do que tiver sido requerido pelas partes.*" (revogado pela Lei 11.719/2008)]. No caso, durante o trâmite de ação penal promovida em desfavor do paciente, sua defesa pleiteara diligência consistente na expedição de ofícios às companhias telefônicas, a fim de esclarecer as circunstâncias em que autorizadas escutas telefônicas em sede de medida cautelar. Acolhido tal pleito e antes da resposta aos ofícios — cujas expedições teriam sido reiteradas diante da inércia das concessionárias —, a magistrada de 1ª instância reconsiderara seu despacho, o que ensejara impetrações sucessivas de *habeas corpus*. O TRF da 2ª Região denegara o *writ* ao fundamento de que bastaria que a defesa, em seu interesse, obtivesse das operadoras os extratos das ligações do paciente, para comparar e verificar se no período não teria havido registro de comunicações com os telefones que constariam do resultado da medida de interceptação. Por sua vez, a Ministra relatora no STJ indeferira a liminar, em idêntica medida, por não vislumbrar nulidade na decisão do juízo processante que deixara de expedir outros ofícios às operadoras como requerido pela defesa. Inicialmente, superou-se o óbice do Enunciado 691 da Súmula do STF. Em seguida, asseverou-se que fora transferida à defesa atividade impossível junto às empresas de telefonia: lograr, por iniciativa própria, os elementos que cercaram a interceptação para constatá-la fiel, ou não, à determinação judicial. Enfatizou-se, ainda, que a situação dos autos revelaria risco de vir à balha sentença condenatória, sem viabilizar-se à exaustão o direito de defesa. **HC 99646/RJ, rel. Min. Marco Aurélio, 9.2.2010.** (HC-99646) (Inform. STF 574)

RECEBIMENTO DE DENÚNCIA E FUNDAMENTAÇÃO

Ante a ausência de motivação, a Turma deferiu *habeas corpus* para cassar decisão que recebera denúncia oferecida contra o paciente — em concurso com funcionários públicos — pela suposta prática do crime previsto no art. 89 da Lei 8.666/93. No caso, a magistrada recebera singelamente a inicial acusatória, mas, em seguida, tornara sem efeito essa decisão porque alguns denunciados seriam servidores públicos, razão pela qual determinara a notificação para apresentação de defesa escrita (CPP, art. 514). Juntadas essas defesas, o mencionado juízo, repetindo a redação e o conteúdo da decisão anterior, recebera a denúncia e dera início à ação penal. Em um primeiro passo, rejeitou-se a objeção suscitada no parecer da Procuradoria-Geral da República de que, por ser inafiançável, o delito imputado ao paciente afastaria a aplicação do rito especial estabelecido nos artigos 513 a 518 do CPP. Entendeu-se que, embora a pena mínima cominada ao tipo penal do art. 89 da Lei 8.666/93 seja de 3 anos, a sua qualidade é de detenção. Dessa forma, aduziu que, nos termos do art. 322 do CPP, cuidar-se-ia de crime afiançável, o que atenderia ao requisito do art. 514 do mesmo código para a incidência do rito especial. Em seguida, repeliu-se, de igual modo, a alegação de ofensa ao princípio da isonomia consistente na falta de oportunidade para que o paciente oferecesse defesa prévia nos mesmos moldes em que possibilitada aos co-réus servidores públicos. Asseverou-se que o citado procedimento especial visa proteger, primariamente, o funcionário público em virtude do interesse público a que serve, justificativa pela qual a faculdade da defesa prévia não se estenderia ao particular que seja co-réu. Entretanto, considerou-se que, oferecida a defesa prévia por alguns dos acusados, a decisão que recebera a exordial deveria ter sido minimamente motivada quanto aos argumentos expostos, contaminando-se, pois, de nulidade absoluta (CF, art. 93, IX). Consignou-se que, se a decisão que não admite a ação penal de conhecimento exige fundamentação (CPP, art. 516), também deve exigi-lo o juízo de admissibilidade o qual traz gravosas conseqüências para o acusado. Assim, um mínimo de fundamentação, diante do grau de certeza exigido nessa fase, deve ser cumprido pelo juiz. Ordem concedida para determinar que outra decisão seja proferida motivadamente, à vista das respostas escritas oferecidas. **HC 84919/SP, rel. Min. Cezar Peluso, 2.2.2010.** (HC-84919) (Inform. STF 573)

ART. 514 DO CPP: DEFESA PRELIMINAR E SUPERVENIÊNCIA DE CONDENAÇÃO

A Turma indeferiu *habeas corpus* em que condenados por concussão (CP, art. 316, *caput*) reiteravam a alegação de nulidade absoluta decorrente de não-intimação para defesa preliminar, nos termos do art. 514 do CPP, com a conseqüente anulação do processo, *ab initio*. Realçou-se que o STF já apreciara o tema, definindo que a defesa preliminar, no rito especial destinado ao julgamento dos funcionários públicos, se destina a evitar a ritualidade penosa da pendência do processo penal. Aduziu-se, contudo, que o argumento da inviabilidade da ação penal perderia relevância diante da superveniência de sentença condenatória, como ocorre na situação dos autos. Asseverou-se que, se a finalidade da defesa preliminar é permitir que o denunciado apresente razões capazes de induzir à conclusão da inviabilidade da ação penal, a ulterior edição de decisão condenatória — fundada no exame da prova produzida com todas as garantias do contraditório —, faz presumido o atendimento daquele requisito inicial. Concluiu-se que anular todo o processo, para que a defesa tivesse oportunidade de oferecer fundamentos que não foram capazes de evitar a sentença condenatória, não teria sentido, haja vista que esta denotaria não só a viabilidade da ação, mas, sobretudo, a própria procedência desta, e deve, assim, ser impugnada por seus fundamentos. Precedente citado: HC 85779/RJ (DJU de 29.6.2007). **HC 89517/RJ, rel. Min. Cezar Peluso, 15.12.2009.** (HC-89517) (Inform. STF 572)

EMENTA: *HABEAS CORPUS*. PROCESSUAL PENAL. NECESSI-DADE DE DEFESA PRÉVIA. ART. 514 DO CPP. DENÚNCIA QUE IMPUTA AO PACIENTE, ALÉM DE CRIMES FUNCIONAIS, CRIMES DE QUADRILHA E DE USURPAÇÃO DE FUNÇÃO PÚBLICA. PROCEDIMENTO RESTRITO AOS CRIMES FUNCI-ONAIS TÍPICOS. ORDEM DENEGADA. I – A partir do julgamento do HC 85.779/RJ, passou-se a entender, nesta Corte, que é indispensável a defesa preliminar nas hipóteses do art. 514 do Código de Processo Penal, mesmo quando a denúncia é lastreada em inquérito policial (Informativo 457/STF). II – O procedimento previsto no referido dispositivo da lei adjetiva penal cinge-se às hipóteses em que a denúncia veicula crimes funcionais típicos, o que não ocorre na espécie. Precedentes. III - *Habeas corpus* denegado. **HC N. 95.969-SP. RELATOR: MIN. RICARDO LEWANDOWSKI. Noticiado no Informativo 546** (Inform. STF 550)

DEFESA PRELIMINAR E CRIMES NÃO FUNCIONAIS

O procedimento previsto no art. 513 e seguintes do CPP reserva-se aos casos em que são imputados ao réu apenas crimes tipicamente funcionais. Com base nesse entendimento, a Turma, por maioria, indeferiu *habeas corpus* impetrado em favor de delegado de polícia — denunciado pela suposta prática dos delitos previstos nos artigos 288, *caput*, 312, § 1º, 316 e 328, parágrafo único, todos do CP —, no qual se sustentava violação ao devido processo legal e à plenitude de defesa, dado que não lhe fora oportunizada a possibilidade de intentar defesa preliminar (CPP, art. 514) antes do recebimento da denúncia, garantia esta conferida aos funcionários públicos. Entendeu-se que, em que pese a jurisprudência desta Corte no sentido de que a denúncia respaldada em elementos colhidos em inquérito policial não dispensa a obrigatoriedade da notificação prévia do acusado nos termos do citado art. 514 do CPP, tendo a inicial acusatória imputado ao paciente crimes funcionais e não funcionais, não se aplicaria o disposto em tal preceito. Vencido o Min. Marco Aurélio, que deferia a ordem por considerar que a cumulação objetiva, concentrando o *parquet*, em um mesmo processo, todas as denúncias, não seria capaz de afastar a incidência do mencionado artigo, sob pena de se permitir um drible ao próprio dispositivo, bastando que o Ministério Público denunciasse por outros crimes para se esquivar da formalidade legal. **HC 95969/SP, rel. Min. Ricardo Lewandowski, 12.5.2009.** (HC-95969) (Inform. STF 546)

ART. 514 DO CPP E DEFESA PRELIMINAR

A circunstância de a denúncia estar embasada em elementos de informação colhidos em inquérito policial não dispensa a obrigatoriedade, nos crimes afiançáveis, da defesa preliminar de que trata o art. 514 do CPP ("*Nos crimes afiançáveis, estando a denúncia ou queixa em devida forma, o juiz mandará autuá-la e ordenará a notificação do acusado, para responder por escrito, dentro do prazo de quinze dias.*"). A Turma, com base nesse entendimento, deferiu *habeas corpus* para anular, desde o início, ação penal instaurada para apurar suposta prática dos delitos de peculato e extorsão em concurso de agentes (CP, artigos 312 e 158, *caput* e § 1º, c/c os artigos 69 e 29) em desfavor de servidor público que não fora intimado a oferecer a referida defesa preliminar. Precedentes citados: HC 85779/RJ (DJU de 29.6.2007) e HC 89686/SP (DJU de 17.8.2007). **HC 96058/SP, rel. Min. Eros Grau. 17.3.2009.** (HC-96058) (Inform. STF 539)

TRANCAMENTO DE AÇÃO PENAL E INÉPCIA DA DENÚNCIA

Tratando-se de crime de quadrilha ou bando, a inicial acusatória que contém condição efetiva que autorize o denunciado a proferir adequadamente a defesa não configura indicação genérica capaz de ensejar sua inépcia. Com base nessa orientação, a Turma indeferiu *habeas corpus* em que denunciado, com outras 28 pessoas, pela suposta prática do crime de formação de quadrilha ou bando (CP, art. 288), buscava a anulação do processo criminal, desde o recebimento da denúncia, e a expedição do correspondente alvará de soltura. Preliminarmente, afastou-se a alegação de prejudicialidade do *writ* por se considerar que o objeto central da impetração, examinado pelo STJ, seria o pedido de trancamento da ação penal por inépcia da denúncia e não a análise da custódia preventiva. No mérito, entendeu-se que a denúncia demonstrara, no caso, o delito em sua totalidade e especificara a conduta ilícita do paciente. Enfatizou-se que o crime imputado seria a formação de quadrilha ou bando — delito formal que se consuma mediante a simples "associação" qualificada pelo *animus* de cometer delitos — e não os delitos que teriam sido supostamente perpetrados por essa associação criminosa. Ademais, afirmou-se que o trancamento de ação penal em *habeas corpus* impetrado com fundamento na falta de justa causa é medida excepcional que, em princípio, não tem cabimento quando a denúncia ofertada descreve suficientemente fatos que constituem o crime. Por fim, aduziu-se que a via eleita não comporta dilação probatória, exame aprofundado de matéria fática ou nova valoração dos elementos de prova. **HC 93291/RJ, rel. Min. Menezes Direito, 18.3.2008.** (HC-93291) (Inform. STF 502)

INQUÉRITO DO "MENSALÃO" - 1

Por entender presentes indícios de autoria e materialidade, o Tribunal recebeu, em parte, denúncia oferecida pelo Procurador-Geral da República contra 40 pessoas acusadas da suposta prática dos crimes de formação de quadrilha, falsidade ideológica, peculato, corrupção passiva e ativa (CP, artigos 288, 299, 312, 317 e 333, respectivamente), lavagem de dinheiro (Lei 9.613/98, art. 1º, V, VI e VII), gestão fraudulenta de instituição financeira e evasão de divisas (Lei 7.492/86, artigos 4º, 22 e parágrafo único), todos ligados ao esquema denominado "Mensalão". Inicialmente, o Tribunal resolveu questões de ordem apresentadas pela Presidente, Min. Ellen Gracie, a fim de garantir o bom andamento dos trabalhos, no sentido de: a) nomear um defensor substituto a um dos acusados, verificada a ausência de comparecimento de advogado constituído, para o só efeito de representação no ato de apreciação da denúncia, com base na regra inscrita no art. 261, segundo a qual nenhum acusado será processado ou julgado sem defensor, e na prerrogativa do art. 265, ambos do CPP; b) indeferir o pedido de adiamento da sessão formulado por um dos causídicos, ante a falta de razoabilidade; c) indeferir, da mesma forma, o requerimento formulado pelo Procurador-Geral da República de alargar o prazo para sustentação oral; d) conceder prazo em dobro, para sustentação oral, a defensor de dois acusados, estendendo idêntico tratamento aos demais denunciados; e) indeferir requerimento formulado por defensor de um acusado relativamente à ordem do julgamento, haja vista que o procedimento sugerido ocasionaria mais tumulto processual e delonga, não encontrando, ademais, amparo legal. No que se refere à penúltima questão de ordem, o Min. Marco Aurélio divergiu para votar no sentido da observância do prazo simples, considerando o fato de ter-se, na espécie, denúncia formalizada contra acusados com defensor único. O Tribunal, por maioria, ainda superou o reparo feito pelo Min. Marco Aurélio em questão de procedimento, o qual, tendo em conta a notícia de que um dos envolvidos não apresentara defesa prévia, entendia que, assim como se procedera quanto à sustentação oral, deveria ter havido, naquele caso, designação dativa, para não ficar o acusado indefeso no procedimento. Inq 2245/MG, rel. Min. Joaquim Barbosa, 28.8.2007. (Inq-2245)

INQUÉRITO DO "MENSALÃO" - 2

O Tribunal, da mesma forma, afastou todas preliminares levantadas pelos advogados dos denunciados referentes à: a) incompetência do Supremo para julgar acusados sem prerrogativa de foro perante esta Corte, por estar preclusa a matéria, uma vez que já decidida anteriormente em questão de ordem; b) precipitação no oferecimento da denúncia, em violação ao devido processo legal, porquanto a decisão sobre o momento de oferecê-la seria de alçada única do autor da ação penal; c) não apresentação do relatório policial, por se tratar de peça dispensável; d) nulidade das decisões proferidas na 1ª instância, pois, quando da atuação do magistrado de 1º grau, no sentido da quebra do sigilo bancário e fiscal, não havia indício da participação de nenhum agente político ou autoridade detentora da prerrogativa de foro nos fatos que foram objeto da investigação policial; e) ilicitude de provas existentes nos autos, já que todas legalmente colhidas. No que tange à preliminar autonomamente suscitada de ilicitude da prova do Banco Central do Brasil - BACEN de relatórios bancários por requisição exclusiva do Procurador-Geral da República, independentemente de ordem judicial, manifestaram-se pela ilicitude dessa prova os Ministros Ricardo Lewandowski, Eros Grau, Gilmar Mendes, Marco Aurélio, Celso de Mello e Ellen Gracie. Considerou-se, todavia, esta preliminar prejudicada, na medida em que os referidos documentos não foram obtidos exclusivamente por aquela fonte, mas por formas regulares de que-bra de sigilo, ou seja, através da CPMI dos Correios e por decisão judicial do Min. Nelson Jobim, então Presidente do STF e, posteriormente, do próprio relator. Inq 2245/MG, rel. Min. Joaquim Barbosa, 28.8.2007. (Inq-2245)

INQUÉRITO DO "MENSALÃO" - 3

No mérito, o Tribunal, na parte em que recebeu a denúncia feita contra dois dos acusados quanto à suposta prática do crime de evasão de divisas, esclareceu não ser possível a aplicação do princípio da consunção, suscitado pela defesa, que afirmava que o crime de manter depósitos no exterior fora perpetrado como meio para a consecução do delito de sonegação fiscal (Lei 8.137/90). Entendeu-se que não teriam sido atendidos os requisitos necessários à aplicação desse princípio — as normas incriminadoras devem tutelar o mesmo bem jurídico e o crime-meio deve ser menos gravoso do que o crime-fim —, tendo em vista que a Lei 7.492/86 protege a política cambial brasileira, enquanto a Lei 8.137/90 tutela a política fiscal, e o crime de evasão de divisas é mais grave que o delito de sonegação fiscal. Afastou-se, também, a alegação de que, ainda que os fatos pudessem constituir crime contra a ordem tributária, teria ocorrido a extinção da punibilidade prevista no art. 34 da Lei 9.249/95, em razão do recolhimento dos impostos pelo denunciado. Considerou-se que a denúncia não imputara aos denunciados o crime de sonegação fiscal e que a mencionada extinção de punibilidade não poderia ser estendida ao crime de evasão de divisas. Por fim, não se acolheu o argumento de que não haveria incidência do art. 22, parágrafo único, da Lei 7.492/86, porque a conta existente no exterior para movimentação das divisas não pertenceria a pessoa física ou jurídica residente ou domiciliada no Brasil. Asseverou-se que a conta, em princípio criada para o cometimento do delito, seria titularizada por pessoa jurídica de propriedade do denunciado, verdadeiro beneficiário dos valores depositados, residente e domiciliado no território nacional. O Tribunal, na parte em que rejeitou a denúncia, relativamente a um dos acusados, quanto ao crime de falsidade ideológica — que decorreria da circunstância de ter ele se utilizado, supostamente, de expediente fraudulento, fazendo constar sua exclusão do quadro de sócios de empresa, e nele incluir sua esposa, a qual seria, na verdade, sua "testa-de-ferro" —, concluiu que a denúncia não teria descrito em que consistiria o dolo específico da conduta do denunciado, ou seja, não demonstrara de que modo ele pretendia prejudicar direito, criar obrigação ou alterar a verdade sobre fato juridicamente relevante. Inq 2245/MG, rel. Min. Joaquim Barbosa, 28.8.2007. (Inq-2245) (Inform. STF 477)

ART. 514 DO CPP E NOTIFICAÇÃO PRÉVIA - 1

A Turma deferiu, em parte, *habeas corpus* para anular, a partir da decisão que recebera a denúncia, inclusive, processo instaurado contra funcionário público denunciado, com base em elementos de informação obtidos em inquérito policial, pela prática dos crimes previstos nos artigos 146, § 1º; 158, § 1º; e *caput*, todos do CP, e no art. 3º, a, da Lei 4.898/65. No caso, fora imputado ao co-réu a infração dos artigos 299, *caput*, e 349, ambos do CP, sendo descrito na denúncia que o paciente supostamente teria, com outras pessoas, todas na qualidade de policiais, exigido de comerciante a devolução de cheque que este recebera de cliente, além de haver exigido, desse mesmo comerciante, determinada quantia que, paga em cheque, fora apresentada pelo co-denunciado, gerente de estabelecimento comercial, para compensação, não efetuada porque sustada a cártula. Com o oferecimento da inicial, o Ministério Público requerera o indiciamento formal dos denunciados, cujo pedido fora atendido na decisão que recebera a peça. Contra esta decisão, impetrara-se *writ* no tribunal de justiça estadual, resultando na exclusão do delito previsto no art. 3º, a, da Lei 4.898/65. Em passo seguinte, o STJ, em idêntica medida, afastara somente o indiciamento formal. No presente *habeas*, pleiteava-se o trancamento da ação penal e, subsidiariamente, a nulidade do feito por inobservância de rito processual, pois os fatos narrados amoldar-se-iam aos delitos de corrupção passiva ou concussão, repisando-se, para tanto, as alegações de: a) falta de indícios suficientes de autoria e prova da materialidade; b) ausência da notificação prévia prevista no art. 514 do CPP e c) abuso na capitulação jurídica dos fatos narrados na denúncia. HC 89686/SP, rel. Min. Sepúlveda Pertence, 12.6.2007. (HC-89686)

ART. 514 DO CPP E NOTIFICAÇÃO PRÉVIA - 2

Inicialmente, considerou-se que a via eleita não seria adequada para o exame da insuficiência dos indícios de autoria e da prova da materialidade, por revolver a análise de fatos e provas que lastrearam a denúncia. Em seguida, aduziu-se que, na espécie, não haveria que se falar em preclusão quanto à alegada falta de notificação prévia, haja vista que, quando do ajuizamento da impetração, o processo principal não se encontrava sequer na fase de defesa prévia. Assim, reputou-se possível a apreciação da incidência ou não do art. 514 do CPP, cujo procedimento se reserva, conforme precedentes do STF, às hipóteses em que a denúncia veicula tão-somente crimes funcionais típicos. No ponto, embora salientando que a qualificação jurídica contida na inicial não permitiria a aplicação do procedimento especial, asseverou-se que o seu cabimento deveria ser avaliado a partir dos fatos descritos na denúncia, e não da classificação dada pelo *parquet*. Nesse sentido, ressaltou-se que o juízo local, ao receber a denúncia, deveria ter verificado se existiria, ou não, erro na qualificação jurídica do fato que pudesse alterar o procedimento a ser adotado. HC 89686/SP, rel. Min. Sepúlveda Pertence, 12.6.2007. (HC-89686)

ART. 514 DO CPP E NOTIFICAÇÃO PRÉVIA - 3

Dessa forma, tendo em conta os fatos narrados na peça acusatória oferecida contra o paciente e o co-réu, entendeu-se ser manifesto não se tratar do crime de extorsão, mas sim de concussão (CP, art. 316), porquanto praticado por funcionário público, em razão da função. Afastou-se, também, eventual configuração do delito de corrupção passiva (CP, art. 317), uma vez que, no caso, a exigência — e não a solicitação — concretizara-se por meio de amea-ça, a qual constituiria meio de execução da concussão, sendo por ela absorvida. Sendo assim, restaria, ao lado da concussão, apenas o delito de falsidade ideológica atribuído ao co-réu, cuja denúncia não especificara, com precisão, a sua conduta de modo a enquadrá-la no citado tipo. Por conseguinte, concluiu-se que o co-réu estaria respondendo somente pelo crime de favorecimento real (CP, art. 349) e o paciente, por concussão, que configura crime funcional típico. Assim, aplicou-se a nova orientação firmada pela Corte, em *obter dictum* (HC 85779/RJ, j. em 28.2.2007, v. Informativo 457), no sentido de que a notificação prévia não é dispensada quando a denúncia se apóie em inquérito policial. No ponto, afirmou-se que, havendo inquérito, apenas ficam dispensados os elementos de informação mencionados no art. 513 do CPP. HC deferido a fim de que se obedeça ao procedimento previsto nos artigos 514 e seguintes do CPP e, em caso de novo recebimento da denúncia, que o seja apenas pelo delito de concussão. Por fim, de ofício, concedeu-se a ordem ao co-réu. HC 89686/SP, rel. Min. Sepúlveda Pertence, 12.6.2007. (HC-89686) (Inform. STF 471)

ART. 514 DO CPP E DEFESA PRELIMINAR - 1

A Turma deliberou afetar ao Plenário o julgamento de habeas corpus impetrado contra acórdão do STJ que, denegando idêntica medida, entendera que a instauração de inquérito policial dispensa a resposta prévia do réu, prevista no art. 514 do CPP ("nos crimes afiançáveis, estando a denúncia ou queixa em devida forma, o juiz mandará autuá-la e ordenará a notificação do acusado, para responder por escrito, dentro do prazo de 15 dias"). No caso, servidores públicos condenados pela prática de concussão (CP, art. 316, por duas vezes, c/c os artigos 71 e 92, I, a) alegam constrangimento ilegal consistente na não-observância da fase do citado art. 514 do CPP e pleiteiam, em conseqüência, a declaração de nulidade do processo, desde o recebimento da denúncia. HC 85779/RJ, rel. Min. Gilmar Mendes, 28.11.2006. (**HC-85779**)

ART. 514 DO CPP E DEFESA PRELIMINAR - 2

Tendo em conta as peculiaridades do caso concreto, o Tribunal, por maioria, denegou *habeas corpus* impetrado contra acórdão do STJ que, denegando idêntica medida, entendera que a instauração de inquérito policial dispensa a defesa prévia do réu, prevista no art. 514 do CPP (*"nos crimes afiançáveis, estando a denúncia ou queixa em devida forma, o juiz mandará autuá-la e ordenará a notificação do acusado, para responder por escrito, dentro do prazo de 15 dias"*). No caso, servidores públicos condenados pela prática de concussão (CP, art. 316, por duas vezes, c/c os artigos 71 e 92, I, a) alegavam constrangimento ilegal consistente na não-observância da fase do citado art. 514 do CPP e pleiteavam, em conseqüência, a declaração de nulidade do processo, desde o recebimento da denúncia — v. Informativo 450. Asseverou-se, inicialmente, a relevância de se revisar a jurisprudência consolidada da Corte no sentido de que eventual nulidade decorrente da não-observância do art. 514 do CPP tem caráter relativo e de que a defesa prévia é dispensável quando a denúncia é lastreada em inquérito policial. Salientou-se, também, que o art. 514 do CPP tem por objetivo evitar o processo como pena, ou seja, impedir a instauração de processo temerário, com base em acusação que a defesa prévia ao recebimento da denúncia poderia, de logo, demonstrar de todo infundada. Considerou-se, entretanto, que, no caso, em razão de já ter havido sentença condenatória transitada em julgado, tendo sido devidamente prestada a jurisdição e exercido o direito à ampla defesa, não mais se poderia reabrir a discussão sobre a viabilidade da denúncia. Vencidos o Min. Gilmar Mendes, relator, que concedia a ordem por entender, tendo em conta a argüição de nulidade desde de a apresentação das alegações finais, que o afastamento da norma contida no art. 514 do CPP configuraria ofensa ao princípio da dignidade da pessoa humana, ao direito constitucional de defesa, ao devido processo legal e ao contraditório (CF, artigos 1º, II; 5º, LI e LV), e o Min. Marco Aurélio, que o acompanhava. Precedente citado: HC 72198/PR (DJU de 29.5.95). HC 85779/RJ, rel. orig. Min. Gilmar Mendes, rel. p/o acórdão Min. Cármen Lúcia, 28.2.2007. (HC-85779) (Inform. STF 457)

10.1. SUPERIOR TRIBUNAL DE JUSTIÇA

ABSOLVIÇÃO SUMÁRIA. CONTROVÉRSIA QUANTO AO DOLO.

A absolvição sumária só é possível se evidenciada uma das hipóteses previstas no art. 397 do CPP. No caso, o tribunal de origem manteve a absolvição sumária do réu acusado de crime de contrabando ao argumento de que ele não tinha consciência da origem das máquinas caça-níqueis apreendidas em seu estabelecimento. A Min. Relatora asseverou que, sendo ponto controvertido o conhecimento da procedência estrangeira das máquinas apreendidas e de seus componentes, mostra-se descabido o afastamento do dolo do agente sem a devida instrução probatória. Precedentes citados: REsp 1.206.024-ES, DJe de 13/8/2012, e REsp 1.206.103-ES, DJe de 14/2/2012. **REsp 1.206.320-ES, Rel. Min. Laurita Vaz, julgado em 4/9/2012. (Inform. STJ 503)**

DEFESA PRELIMINAR. FUNDAMENTAÇÃO. ART. 396-A DO CPP.

O juiz deverá fundamentar, ainda que sucintamente, a decisão que acolher ou não as teses defensivas declinadas na defesa preliminar estabelecida no art. 396-A do CPP (incluído pela Lei n. 11.719/2008), sob pena de configurar a negativa de prestação jurisdicional. **HC 183.355-MG, Rel. originário Min. Marco Aurélio Bellizze, Rel. para o acórdão Min. Adilson Vieira Macabu (desembargador convocado do TJ/RJ), julgado em 3/5/2012. (Inform. STJ 496)**

PRISÃO PREVENTIVA. FURTO QUALIFICADO. FRAUDES. *INTERNET*.

Trata-se de *habeas corpus* substitutivo de recurso ordinário com pedido liminar impetrado em favor dos pacientes os quais foram denunciados, juntamente com 15 acusados, pela suposta prática dos crimes previstos nos arts. 155, § 4º, II e IV, e 288, *caput*, ambos do CP, sendo que a um dos pacientes e a outro acusado foi também atribuída a prática do crime disposto no art. 1º, VII, da Lei n. 9.613/1998. Alegam os impetrantes que os pacientes estão presos cautelarmente desde 10/11/2010 e, por haver excesso de prazo na formação da culpa, pugnam pelo deferimento da liberdade provisória, sustentando não estarem presentes os requisitos que autorizam a custódia cautelar. Noticia a acusação que as fraudes consistiam em furtos a correntistas na modalidade *Internet banking* e aos pacientes foi imputada a liderança do suposto grupo criminoso, bem como eles seriam os responsáveis por causar prejuízo estimado em R$ 1 milhão. O TRF denegou a ordem lá impetrada, mantendo as prisões cautelares em razão do *modus operandi* imputado aos investigados (na suposta prática de crimes de forma reiterada e habitual na *internet*) e os fortes indícios de que, em liberdade, eles voltem à mesma prática delitiva. Para o Min. Relator, é cediço que, por força do princípio constitucional da presunção de inocência, as prisões de natureza cautelar, aquelas que antecedem o trânsito em julgado da decisão condenatória, são medidas de índole excepcional que somente podem ser decretadas ou mantidas caso venham acompanhadas de efetiva fundamentação que demonstre, principalmente, a necessidade de restrição do sagrado direito à liberdade. Mas, na hipótese, explica, com base na fundamentação do juízo de primeira instância, a qual demonstra existir a facilidade na prática do principal crime objeto da investigação (o furto ser efetuado por meio da *internet*) e por possuírem uma rede criminosa com grupos hierarquizados, sendo revogada a prisão dos pacientes – apontados como líderes da organização –, nada impediria que eles, soltos, pudessem dificultar ou até mesmo tolher a colheita de provas, especialmente os depoimentos dos demais integrantes do grupo. Dessa forma, afirma não haver constrangimento ilegal na manutenção das prisões decretadas, visto que tudo indica ser imperiosa a segregação provisória como forma de estorvar a reiteração delitiva, impedir a fuga dos pacientes e resguardar a instrução criminal. Ressalta o Min. Relator, ainda, constar dos autos que nenhum dos pacientes teria comprovado fonte de renda compatível com seus gastos, existindo indícios de que o sustento dos pacientes e de sua família viria da prática criminosa, sendo esse mais um elemento de que, uma vez em liberdade, eles poderiam voltar a praticar crimes. Destaca também não haver excesso de prazo na formação da culpa, visto que, segundo o entendimento doutrinário e jurisprudencial, a configuração de excesso de prazo na instrução não decorre de soma aritmética de prazos legais, a questão deve ser aferida segundo critérios de razoabilidade, tendo em vista as peculiaridades do caso. Assim, frisa que se trata de feito criminal de alta complexidade, evidenciado tanto pela quantidade de acusados quanto pela dificuldade de formação do conteúdo probatório nos crimes praticados em meio virtual, bem como, segundo as informações prestadas pelo tribunal *a quo*, houve necessidade de expedição de precatórias a alguns dos acusados, tudo a justificar a delonga processual. Ademais, esclarece que o sítio eletrônico do TRF informa que foram designadas audiências de oitiva de testemunhas e interrogatórios dos réus para maio e junho deste ano. Diante do exposto, a Turma denegou a ordem. Precedentes citados: HC 40.537-PA, DJ 26/9/2005; HC 112.808-PE, DJe 28/10/2008; HC 116.356-GO, DJe 6/4/2009; HC 83.475-RJ, DJe 17/3/2008, e HC 168.428-PE, DJe 27/9/2010. **HC 198.401-CE, Rel. Min. Og Fernandes, julgado em 16/6/2011.** (Inform. STJ 477)

MATERIALIDADE DELITIVA. AUSÊNCIA. JUSTA CAUSA.

Trata-se de HC impetrado contra acórdão do tribunal *a quo* em que se objetivava o trancamento da ação penal na qual a impetrante responde pela suposta prática dos delitos dispostos nos arts. 171 e 299, *caput*, ambos do CP, em razão do fato de que teria, supostamente, ingressado com duas ações idênticas perante os juízos especializados de defesa do consumidor, objetivando burlar a distribuição processual, falsificando a procuração acostada aos autos do segundo processo, alterando sutilmente o nome de seu cliente. Sustenta a impetração a ausência de justa causa para o prosseguimento da ação penal em curso, na medida em que não haveria provas da materialidade e da autoria delitiva, pois a via original da suposta procuração falsa não teria sido remetida pelo juízo singular para a confecção da perícia necessária e, mesmo diante desse fato, o representante do órgão ministerial ofereceu denúncia sem a presença dos elementos essenciais. Diante disso, a Turma concedeu a ordem para trancamento da ação penal em curso contra a impetrante, reconhecendo, inclusive, a existência de constrangimento ilegal por ausência de justa causa (art. 395, III, CPP) para sua deflagração e continuidade, porquanto, da análise dos documentos acostados aos autos, não se verifica qualquer outro elemento mínimo e razoável que comprove a materialidade do delito e legitime o recebimento da denúncia. Precedente citado: AgRg na APn 510-BA, DJe 23/11/2009. **HC 124.379-BA, Rel. Min. Jorge Mussi, julgado em 20/5/2010.** (Inform. STJ 435)

HC. TRÁFICO. DROGAS.

A Turma denegou a ordem e concedeu *habeas corpus* de ofício tão somente para excluir o art. 18, III, da Lei n. 6.368/1976 da acusação formulada em desfavor do paciente, tendo em vista que tal dispositivo foi revogado pela nova Lei de Tóxicos (Lei n. 11.343/2006). Na espécie, a denúncia imputa ao paciente a suposta prática dos crimes de formação de quadrilha, tráfico de entorpecentes, lesão corporal, cárcere privado, redução à condição análoga à de escravo, tortura, submissão de adolescentes a vexame e constrangimento, fornecimento de substâncias que causam dependência física ou psíquica a adolescentes, maus tratos, corrupção de menores, exercício ilegal da medicina, da odontologia e do ofício de farmacêutico, todos em concurso material. Os impetrantes sustentam, no entanto, que o paciente é alvo de constrangimento ilegal ante a ausência de justa causa para a ação penal, uma vez que a denúncia embasou-se unicamente nos depoimentos prestados pelas supostas vítimas, nos quais o nome do acusado sequer foi mencionado. Para o Min. Relator, não há que se falar em inépcia da denúncia, visto que ela foi formulada em obediência aos requisitos traçados no art. 41 do CPP, descrevendo perfeitamente os fatos típicos (crimes em tese), razão bastante para afastar a alegada inépcia da exordial. *In casu*, há provas da ocorrência do delito e indícios da autoria imputada ao paciente, não havendo razão para o trancamento da ação penal, e, de uma superficial análise dos elementos probatórios contidos no *mandamus*, não se evidencia a alegada falta de justa causa para o prosseguimento do feito, que depende de profunda análise das provas. **HC 147.371-PR, Rel. Min. Jorge Mussi, julgado em 9/3/2010.** (Inform. STJ 426)

RECEBIMENTO. DENÚNCIA. ART. 396 DO CPP.

A Lei n. 11.719/2008, como consabido, reformou o CPP, mas também instaurou, na doutrina, polêmica a respeito do momento em que se dá o recebimento da denúncia oferecida pelo MP, isso porque tanto o art. 396 quanto o art. 399 daquele *codex* fazem menção àquele ato processual. Contudo, melhor se mostra a corrente doutrinária majoritária no sentido de considerar como adequado ao recebimento da denúncia o momento previsto no citado art. 396: tão logo oferecida a acusação e antes mesmo da citação do acusado. Por sua vez, o art. 396-A daquele mesmo diploma legal prevê a apresentação de revigorada defesa prévia, na qual se podem arguir preliminares, realizar amplas alegações, oferecer documentos e justificações, especificar provas e arrolar testemunhas. Diante disso, se o julgador verificar não ser caso de absolvição sumária, dará prosseguimento ao feito ao designar data para audiência. Contudo, nessa fase, toda a fundamentação referente à rejeição das teses defensivas apresentadas dar-se-á de forma concisa, pois o juízo deve limitar-se à demonstração da admissibilidade da demanda instaurada sob pena de indevido prejulgamento, caso acolhido o prosseguimento do processo-crime. Daí que, no caso, a decisão ora combatida, de prosseguir no processo, apesar de sucinta, está suficientemente fundamentada. Precedente citado: HC 119.226-PR, DJe 28/9/2009. **HC 138.089-SC, Rel. Min. Felix Fischer, julgado em 2/3/2010.** (Inform. STJ 425)

PRECLUSÃO. AUSÊNCIA. RECURSO. PRISÃO. FLAGRANTE.

Mesmo que a decisão que relaxou a prisão em flagrante contenha fundamentação similar com a decisão que rejeitou a denúncia, não ocorrerá preclusão apenas porque o MP não ofereceu recurso contra o relaxamento do flagrante. A coisa julgada opera-se sobre o relaxamento da prisão em flagrante, porém não alcança seus motivos determinantes e, conseqüentemente, não impede o prosseguimento das investigações e o oferecimento da denúncia. Se a decisão responsável pelo relaxamento do flagrante fizesse coisa julgada, não poderia mais a acusação oferecer denúncia por aqueles fatos, ainda que sua *opinio delicti* apontasse essa conclusão. **REsp 1.059.368-SC, Rel. Min. Jane Silva (Desembargadora convocada do TJ-MG), julgado em 2/12/2008.** (Inform. STJ 379)

RITO ORDINÁRIO. ADOÇÃO. PROCEDIMENTO DIVERSO.

O paciente foi denunciado por suposta infração aos arts. 157, § 2º, I e II, c/c 14, II; 157, § 2º, I e II; 299 e 180, todos do CP; ao art. 16 da Lei n. 10.826/2003 e art. 33 da Lei n. 11.343/2006. O magistrado *a quo* recebeu a denúncia sem oportunizar a defesa do paciente, a apresentação de defesa preliminar, mesmo sendo um dos supostos crimes praticados o de tráfico de drogas, em que há procedimento especial. Daí o presente habeas corpus, sustentando a existência de vício insanável e excesso de prazo, bem como requerendo a nulidade procedimental. Para a Min. Relatora, não há irregularidade na escolha do procedimento ordinário, mais abrangente, que o especial da Lei de Drogas, igualmente apto a assegurar a ampla defesa. Em casos como o dos autos, em que o agente é processado por mais de um crime, cada um deles com procedimento diverso, deve ser seguido o procedimento que seja mais genérico possível. Observa que este Superior Tribunal já decidiu pela aplicação do procedimento ordinário em casos semelhantes. No mesmo sentido, cita a doutrina de Eugênio Pacelli (*in* Curso de Processo Penal, 9ª ed., RJ, Editora *Lumem Juris*, p. 634). Portanto, conclui que a adoção do rito ordinário beneficia o paciente e não reconhece o excesso de prazo neste caso, em que o denunciado e o co-réu são indiciados pela prática de seis crimes. Desse modo, a Turma denegou a ordem. Precedentes citados: HC 54.282-PE, DJ 5/3/2007, e HC 57.609-SP, DJ 25/9/2006. **HC 117.208-SE, Rel. Min. Jane Silva (Desembargadora convocada pelo TJ-MG), julgado em 28/10/2008.** (Inform. STJ 374)

INÉPCIA. DENÚNCIA. CRIME. PATRIMÔNIO CULTURAL.
A Turma deu provimento ao recurso para reconhecer a inépcia da denúncia, por ausência de individualização da conduta, e determinar o trancamento da ação penal instaurada em desfavor do recorrente, sem prejuízo de que outra possa ser ofertada nos termos do art. 41 do CPP. O simples fato de o réu figurar no quadro associativo de pessoa jurídica que, na condição de locatária, ter-se-ia omitido em sua obrigação legal de impedir a deterioração de imóvel tombado, não autoriza a instauração de processo por crime contra o patrimônio cultural, se não estiver comprovado o vínculo entre a conduta e o agente, sob pena de reconhecer impropriamente a responsabilidade penal objetiva. A inexistência absoluta de elementos individualizados que apontem a relação entre os fatos delituosos e a autoria ofende o princípio constitucional da ampla defesa, tornando, assim, inepta a denúncia. Precedentes citados: HC 79.376-RS, DJ 22/9/2008, e HC 73.747-SP, DJ 29/6/2007. **RHC 19.488-RS, Rel. Min. Laurita Vaz, julgado em 7/10/2008.** (Inform. STJ 371)

AÇÃO PENAL. DENÚNCIA GERAL.
Em crime de autoria coletiva, os pacientes foram acusados de praticar a mesma conduta – contratar terceiro para contactar procurador da Fazenda que reduziu ou suprimiu fraudulentamente débitos com o Fisco no sistema integrado da instituição, usando senha de acesso de outros servidores. Explica a Min. Relatora que não se pode falar em inépcia da denúncia, embora esta não individualize a conduta de cada um dos acusados. Em casos como o dos autos, que não é possível individualizar conduta quanto aos fatos narrados, em que foram supostamente praticados por todos os envolvidos, associados para a prática dos delitos, o acusador é obrigado a atribuir-lhes uma única conduta, ou seja, uma denúncia geral, o que não acarreta qualquer nulidade, pois não impede a ampla defesa. Logo, deve ser mantida a ação penal ajuizada contra todos os pacientes e os co-réus. Com esse entendimento, a Turma, ao prosseguir o julgamento, denegou a ordem que buscava trancar a ação penal. Precedentes citados: HC 49.731-SP, DJ 20/8/2007; HC 45.553-DF, DJ 3/9/2007; HC 31.294-PR, DJ 9/10/2006; RHC 18.993-MG, DJ 12/6/2006, e HC 43.002-SP, DJ 19/9/2005. **HC 102.250-ES, Rel. Min. Jane Silva (Desembargadora convocada do TJ-MG), julgado em 23/9/2008.** (Inform. STJ 369)

DENÚNCIA. REJEIÇÃO. CONDUTA ATÍPICA.
Trata-se de denúncia oferecida pelo Ministério Público Federal (MPF) em desfavor de desembargador porque ele, na qualidade de presidente do Tribunal, teria infringido o disposto no art. 100, § 6º, da CF/1988, ao determinar o seqüestro e repasse de valores devidos pelo município em desrespeito à estrita ordem seqüencial de pagamento dos precatórios. A Min. Relatora recebeu integralmente a denúncia após afastar todas as preliminares argüidas pelo denunciado. Porém, a Min. Nancy Andrighi entendeu que a denúncia liga a imputação a uma ocorrência específica, que é o desrespeito à ordem de precatórios e essa não está demonstrada. Considerou que as circunstâncias fáticas apontadas pelo MPF como configuradoras da responsabilidade do denunciado não têm alcance suficiente para justificar, mesmo nesse juízo perfunctório, a imputação que lhe foi feita relativamente à alegada tentativa de frustrar a liquidação regular de precatório, pois a conduta se lhe afigura atípica. Diante disso, a Corte Especial, por maioria, rejeitou a denúncia. **APn 451-PB, Rel. originária Min. Eliana Calmon, Rel. para acórdão Min. Nancy Andrighi, julgada em 21/5/2008.** (Inform. STJ 356)

EXCESSO. PRAZO. PRECATÓRIA. TESTEMUNHA. DEFESA.
O Min. Napoleão Nunes Maia Filho, Relator originário, entendeu que, no caso, de receptação simples, o retardo na conclusão da instrução criminal, que já perdura 11 meses, estaria plenamente justificado pelas circunstâncias do feito, especialmente pelas várias cartas precatórias expedidas para a oitiva de testemunhas de defesa, bem como pela interposição de diversos incidentes processuais. Sucede que esse entendimento não foi acompanhado pela Turma. A Min. Jane Silva, Relatora para o acórdão, ressaltou a ausência de hediondez e o pequeno quantitativo da pena abstratamente considerada (um ano). Concluiu que o excesso, no caso, é de responsabilidade do juízo, porque o CPP permite-lhe marcar prazo para o cumprimento da precatória e, se não cumprida, a julgar independentemente da sua devolução. **HC 87.883-RN, Rel. originário Min. Napoleão Nunes Maia Filho, Rel. para acórdão Min. Jane Silva (Desembargadora estadual convocada), julgado em 13/12/2007.** (Inform. STJ 342)

DENÚNCIA. SÓCIOS. MORTE. EMPREGADO. RESPONSABILIDADE OBJETIVA.
Os pacientes sócios de uma mesma empresa foram denunciados por homicídio culposo porque o ajudante de produção, ao executar a troca de uma calha, sofreu um acidente de trabalho com resultado morte, porque se desequilibrou da escada e caiu de uma altura de três metros, tendo a referida calha caído sobre sua cabeça. Pela conclusão do inquérito policial, não foi encontrado nenhum responsável pelo acidente, a não ser a própria vítima, que, imprudentemente, encostou a escada na lateral de um funil, causando sua queda. Para o Min. Relator, a denúncia também lhe pareceu paupérrima relativamente à exposição das diversas condutas, pois nada mesmo se fez ali constar, enquanto que, de tal peça, exigem-se informações precisas da pessoa que praticou o ato e sobre os meios empregados. O denunciante limitou-se a narrar o fato trazendo vagas passagens. Concluiu o Min. Relator que tal imputação não implicaria o reconhecimento da responsabilidade objetiva, em consonância com o princípio expresso no brocardo latino *nullun crimen, nulla poena sine culpa*, entendendo que a denúncia carece de aptidão a dar início à ação penal. Seu defeito é de ordem formal. Assim, a Turma concedeu a ordem. Precedente citado: HC 10.386-SP, DJ 20/3/2000. **HC 51.837-PA, Rel. Min. Nilson Naves, julgado em 29/11/2007.** (Inform. STJ 340)

DENÚNCIA. LICITAÇÃO. ART. 359-D, CP.
O Ministério Público apresentou denúncia visando à apuração de fatos relacionados à concorrência promovida por TRT para a contratação de serviços de confecção e instalação do mobiliário utilizado em fórum trabalhista. O Min. Relator recebia, em parte, a denúncia quanto à juíza e, *in totum,* quanto aos demais acusados. O Min. Luiz Fux, divergindo do voto do Min. Relator, afirmou que todas as ações que gravitam em torno da Lei de Licitações exigem dano e dolo específicos e esses elementos não restaram comprovados pela narrativa, nem na denúncia, nem no voto do Min. Relator. A prova oral produzida, mercê de fragilíssima, é de duvidosa credibilidade, porquanto foi produzida por funcionários demitidos de seus cargos e faz apenas inferências que podem eventualmente aludir a uma conduta inepta do administrador, mas jamais a uma conduta delituosa. Acrescentou que, nos delitos plurissubjetivos, é da tradição da jurisprudência do STF, em matéria de crime de autoria coletiva, a exigência da descrição individualizada da participação de cada um dos acusados no delito para que eles possam exercitar sua defesa. Lembrou que, como há rejeição da denúncia por vício formal, ela não impede que o Ministério Público possa coligir outros elementos para trazer uma acusação mais substancial. E, assim, rejeitou a denúncia, com base no art. 41 do CPP, por sua inépcia, em relação a todos os acusados. O Min. Nilson Naves acrescentou que o crime do art. 359-D do CP exige a verificação de artigos da LC n. 101/2000 que versam sobre despesas não-autorizadas e, como se trata de dinheiro privado, daí a dificuldade de enquadrar-se tal conduta no mencionado artigo, por isso a denúncia apresenta-se materialmente defeituosa. Isso posto, a Corte Especial, por maioria, rejeitou a denúncia. **APn 330-SP, Rel. originário Min. Francisco Falcão, Rel. para acórdão Min. Luiz Fux, julgada em 3/10/2007.** (Inform. STJ 334)

DENÚNCIA. JUSTA CAUSA. AÇÃO PENAL.
A Turma, prosseguindo o julgamento, por maioria, denegou a ordem, decidindo que não há que se falar em inépcia formal da acusatória inicial, nem falta de justa causa para a ação penal quando forem objetiva e subjetivamente típicos os fatos descritos na denúncia, ensejando o pleno exercício do direito de defesa com elementos de prova bastantes que viabilizem a ação penal. **HC 49.731-SP, Rel. Min. Hamilton Carvalhido, julgado em 2/8/2007.** (Inform. STJ 326)

CONTRIBUIÇÕES PREVIDENCIÁRIAS. APROPRIAÇÃO INDÉBITA. ANULAÇÃO. AÇÃO PENAL.
Cuida a questão de saber a possibilidade de se instaurar ação penal em desfavor de administradores de pessoas jurídicas inadimplentes perante o Fisco Previdenciário pelo simples fato de serem os denunciados detentores de poderes de gestão administrativa. A jurisprudência deste Superior Tribunal e do STF entende que, nos crimes praticados no âmbito das sociedades, a detenção de poderes de gestão e administração não é suficiente para a instauração da ação penal, devendo a denúncia descrever conduta da qual possa resultar a prática do delito. Esclareceu a Min. Relatora que, em nosso ordenamento jurídico, não é admitida a responsabilidade penal objetiva; para haver a procedência da inicial acusatória deve ficar demonstrado o nexo causal entre a conduta imputada ao denunciado e o tipo penal apresentado. Está-se exigindo apenas que se exponha, na inicial acusatória, qual a conduta perpetrada pelo denunciado que culminou efetivamente no delito, porque o simples fato de deter poderes de gestão não tem capacidade (nexo de causalidade) lógica de se concluir pela prática do delito em questão (art. 168-A do CP), que prescinde de uma ação específica a ser demonstrada na denúncia. Assim, a Turma, ao prosseguir o julgamento, concedeu a ordem para determinar a anulação da ação penal instaurada contra os pacientes sem prejuízo de eventual oferecimento de nova denúncia. **HC 53.305-SP, Rel. Min. Maria Thereza de Assis Moura, julgado em 24/5/2007.** (Inform. STJ 321)

SÚMULA STJ Nº 330

É desnecessária a resposta preliminar de que trata o artigo 514 do Código de Processo Penal, na ação penal instruída por inquérito policial.

11. PROCESSO DOS CRIMES DA COMPETÊNCIA DO JÚRI

PRONÚNCIA E FUNDAMENTAÇÃO

A 1ª Turma retomou julgamento de *habeas corpus* impetrado em favor de denunciado pela suposta prática de delitos de homicídio — na forma do art. 18, I, parte final, do CP (dolo eventual), c/c art. 29 do CP (concurso de pessoas) — e de participação em "racha". Na espécie, o juiz do tribunal do júri desclassificara o ilícito penal imputado ao paciente e declinara de sua competência. A Corte estadual, por sua vez, pronunciara o paciente em sede de recurso em sentido estrito, a fim de submetê-lo ao tribunal do júri. Requer-se a nulidade do julgamento por ausência de fundamentação da pronúncia e sua consequente anulação, bem como dos atos processuais que se seguiram. Em sessão de 27.3.2012, o Min. Marco Aurélio, relator, concedeu a ordem, no que foi acompanhado pelo Min. Luiz Fux. Entendeu acertada a sentença proferida pelo juízo do tribunal do júri, que determinara a remessa dos autos a uma das varas criminais da comarca. Frisou que a pronúncia formalizada pelo tribunal de justiça não conteria a especificação do dispositivo legal em que estaria incurso o acusado, mas apenas referências a parâmetros alusivos ao sinistro. Em divergência, as Ministras Rosa Weber e Cármen Lúcia denegaram o *writ*, por considerarem que a matéria exigiria reavaliação de provas, inviável na via estreita eleita. Nesta assentada, o Min. Dias Toffoli, em voto-vista, acompanhou a dissidência. Aduziu não vislumbrar a alegada falta de motivação do recurso que pronunciara o paciente e o submetera a julgamento pelo tribunal do júri. De outro lado, assinalou que, concluir pelo acerto da decisão proferida pelo juízo singular ou pelo tribunal de justiça implicaria reexame do cotejo fático-probatório, inviável em *habeas corpus*. Por sua vez, ante o novo enfoque da Turma, o Min. Marco Aurélio assentou a impropriedade da impetração, substitutiva de recurso ordinário. Porém, de ofício, concedeu a ordem, pelas razões já lançadas. Após os votos dos Ministros Luiz Fux e Rosa Weber, que reajustaram seus votos quanto ao conhecimento do *habeas*, o julgamento foi suspenso para aguardar a manifestação da Min. Cármen Lúcia. HC 109210/RJ, rel. Min. Marco Aurélio, 21.8.2012. (HC-109210) (Inform. STF 676)

MUDANÇA DE PROCLAMAÇÃO E INTIMAÇÃO DA DEFESA - 1

A 1ª Turma, por maioria, deferiu *habeas corpus* a fim de que outro julgamento de recurso especial se perfaça com a composição completa do órgão julgador, contendo o quinto juiz para desempate, consoante previsto na sessão realizada em 27.10.2009. Na origem, o paciente fora pronunciado pela alegada prática dos crimes de homicídio e de lesão corporal grave, ao supostamente dirigir embriagado e em velocidade muito superior à permitida. Dessa sentença, sob vários fundamentos, a defesa interpusera sucessivos recursos. No STJ, órgão fracionário proclamara a ocorrência de empate na apreciação do apelo especial, em 27.10.2009, e decidira convocar Ministro de Turma diversa para proferir voto de desempate. Na mencionada sessão, consignou-se que, após a relatora se manifestar pelo conhecimento parcial do recurso e, nessa parte, dar-lhe provimento, sendo acompanhada por outro Ministro, houvera 2 votos no sentido do não conhecimento do feito. Conforme notas taquigráficas, a relatora o provia parcialmente para cassar acórdão e sentença de pronúncia, determinando que outra fosse proferida, sanado o vício apontado. Quanto ao magistrado que a seguia, este concedia *habeas corpus* de ofício para que fosse suprimida da pronúncia a palavra "racha". Em 29.10.2009, o Colegiado daquela Corte retificara o resultado da assentada anterior, para fazer constar o não conhecimento do recurso por votação majoritária. Nesse sentido, computado o voto do juiz que concedia a ordem de ofício. Na sessão de 4.12.2009, realizara-se nova retificação, para que figurasse ter a Turma, por maioria, negado provimento à parte em que conhecido o especial. A defesa arguia a ocorrência de constrangimento ante modificação ilegal, em 29.10.2009, no resultado do recurso e falta de intimação para a sessão em que alterado. HC 108739/SC, rel. orig. Min. Rosa Weber, red. p/ o acórdão Min. Luiz Fux, 14.8.2012. (HC-108739)

MUDANÇA DE PROCLAMAÇÃO E INTIMAÇÃO DA DEFESA - 2

Prevaleceu voto do Min. Luiz Fux. Verificou que a "retificação" da assentada resultara em *reformatio in pejus*, porquanto a relatora, que provia o recurso na parte conhecida, e o Ministro que concedia *habeas corpus* de ofício, entendiam existir excesso de linguagem na pronúncia. Explicitou que, consoante apontado pela parte, a nulidade decorreria da readaptação do que julgado, 2 dias depois, em detrimento do paciente e sem intimação de seu advogado. Sublinhou que somente poder-se-ia chegar ao mérito da impugnação, genericamente, caso ultrapassada a fase de admissibilidade do recurso. Dessa feita, embora dele não tivesse conhecido, o Ministro que acompanhava a relatora favorecia o réu. O Min. Marco Aurélio, ao subscrever essa conclusão, reputou configurado vício de procedimento, a partir do que indicara como direito natural: o do cidadão de saber o dia de julgamento. Constatou que a defesa fora surpreendida, após sair da sala da sessão segura de que seria convocado integrante para o desempate. Complementou que isso não poderia ter acontecido sem a intimação dela. Dessumiu haver insubsistência do pronunciamento da Turma de 29.10.2009. Por fim, ressaltou ser possível que os Ministros do STJ — componentes da primeira apreciação do feito, em 27.10.2009 — ainda reajustassem seus votos, tendo em conta que o julgamento não teria sido finalizado. O Min. Dias Toffoli também considerou o fato de que, originariamente, fora convocado outro Ministro e, depois, a defesa fora surpreendida. Ponderou que a relatora do STJ provera o recurso em maior extensão, para anular decisão, e o outro Ministro, para retirar aquilo por ele entendido como excesso de linguagem, ou seja, em âmbito menor. Frisou que ambos os votos teriam sido benéficos ao ora paciente. Destacou, ainda, ser bastante o assentamento de que seria convocado quinto juiz. HC 108739/SC, rel. orig. Min. Rosa Weber, red. p/ o acórdão Min. Luiz Fux, 14.8.2012. (HC-108739)

MUDANÇA DE PROCLAMAÇÃO E INTIMAÇÃO DA DEFESA - 3

Vencida a Min. Rosa Weber, relatora, que não conhecia da impetração e, nisto superada, denegava a ordem. Em suma, aduzia que se buscava nulidade de pronúncia, muito anterior a 2009, por excesso de linguagem. Avaliava existir verdadeira supressão de instância. Interpretava não ter ocorrido mudança de voto, mas correção de atecnia, de erro material. Inferia que, ainda se não fosse assim, uma vez que provisória a proclamação de 27.10.2009, qualquer magistrado poderia alterar seu voto. Avaliava que a verdadeira modificação de resultado seria a decorrente da proclamação de 4.12.2009. No que concerne à intimação, explanava que o processo permanecera pautado para sessão de convocação de desempatador. Além disso, rematava não vislumbrar qualquer nulidade. HC 108739/SC, rel. orig. Min. Rosa Weber, red. p/ o acórdão Min. Luiz Fux, 14.8.2012. (HC-108739) (Inform. STF 675)

DESISTÊNCIA VOLUNTÁRIA E QUESITAÇÃO

A resposta afirmativa dos jurados à indagação sobre a ocorrência de tentativa afasta automaticamente a hipótese de desistência voluntária. Essa a conclusão da 2ª Turma ao denegar *habeas corpus* impetrado — em favor de condenado pela prática do crime previsto no art. 121, § 2º, I e IV, c/c o art. 14, II, do CP — com base em suposto cerceamento de defesa, em virtude da falta de quesitação específica requerida pela defesa. Esclareceu-se que o conselho de sentença, após responder positivamente ao primeiro quesito, inerente à autoria, também o fizera de forma assertiva quanto ao segundo, a fim de reconhecer a prática de homicídio tentado. Reputou-se que, assim, fora rejeitada a tese de desistência voluntária. Inferiu-se que, no caso, a ausência de quesito específico relativo à matéria não inquinaria de nulidade o julgamento do tribunal do júri. Precedente citado: HC 89921/PR (DJe de 27.4.2007). HC 112197/SP, rel. Min. Gilmar Mendes, 5.6.2012. (HC-112197) (Inform. STF 669)

JÚRI: OMISSÃO DE QUESITOS E NULIDADE

Ante empate na votação, a 2ª Turma concedeu, de ofício, habeas corpus para assentar nulidade absoluta em julgamento realizado pelo tribunal do júri, que resultara na condenação do paciente pela prática de homicídio. Considerou-se que, alegada a legítima defesa, seria obrigatória a formulação dos quesitos sobre a moderação e o elemento subjetivo do excesso punível, ainda que os jurados tivessem respondido negativamente ao quesito sobre o uso dos meios necessários. Concluiu-se pela gravidade dessa omissão porque, eventualmente reconhecido o excesso culposo, poder-se-ia descaracterizar o homicídio doloso, com substancial redução da pena. Vencidos os Ministros Ayres Britto, relator, e Ellen Gracie, que indeferiam a ordem por entenderem que: a) a tese da legítima defesa teria sido afastada pelos jurados, portanto, desnecessário indagar-se a natureza do excesso, se culposo ou se doloso; b) as partes teriam anuído com a quesitação sem protesto e, por isso, precluso o momento processual para se argüir qualquer nulidade. HC 98458/ES, rel. orig. Min. Ayres Britto, red. p/ o acórdão Min. Celso de Mello, 31.5.2011. (HC-98458) (Inform. STF 629)

HC N. 103.006-RS
RELATOR: MIN. GILMAR MENDES

Habeas Corpus. 2. Alegado vício na formulação dos quesitos. Preclusão da matéria. Precedentes. 3. Ordem denegada. (Inform. STF 627)

TRIBUNAL DO JÚRI E MOTIVO FÚTIL

A 1ª Turma iniciou julgamento de *habeas corpus* em que se pretende a exclusão do ciúme como qualificadora de motivo fútil. Na espécie, o paciente fora pronunciado pela suposta prática de homicídio triplamente qualificado por impossibilidade de defesa da vítima, meio cruel e motivo fútil, este último em razão de ciúme por parte do autor (CP, art. 121, § 2º, II, III e IV). O Min. Ricardo Lewandowski, relator, indeferiu a ordem. Reputou que somente caberia ao conselho de sentença decidir se o paciente praticara o ilícito motivado por ciúme, bem como analisar se tal sentimento, no caso concreto, constituiria motivo fútil apto a qualificar o crime em comento. Admitiu a pertinência da referida qualificadora com os fatos descritos na inicial acusatória. Asseverou que as qualificadoras dos crimes dolosos contra a vida só poderiam ser afastadas pela sentença de pronúncia quando totalmente divorciadas do conjunto fático-probatório dos autos, sob pena de se usurpar a competência do juiz natural para apreciação de tais delitos. Em divergência, o Min. Luiz Fux concedeu o *writ*. Afirmou que o agente não fora motivado por inspiração fútil no primeiro momento do *iter criminis* e que, portanto, o delito não poderia ser qualificado dessa forma. Após o voto do Min. Marco Aurélio, que acompanhava a divergência, pediu vista a Min. Cármen Lúcia. HC 107090/RJ, rel. Min. Ricardo Lewandowski, 13.4.2011. (HC-107090) (Inform. STF 623)

RHC N. 96.543-MG
RELATOR: MIN. GILMAR MENDES
Recurso ordinário em *habeas corpus*. 2. Violação ao princípio da soberania dos veredictos do tribunal do júri. Não ocorrência. Decisão manifestamente contrária à prova dos autos. 3. Recurso a que se nega provimento. (Inform. STF 622)

PRONÚNCIA: EXCESSO DE LINGUAGEM E LACRE - 1

A 1ª Turma concedeu *habeas corpus* para anular decisão de pronúncia e os consecutivos atos processuais que ocorreram no processo principal, havendo de ser prolatada outra, com reabertura de prazo para todos os atos, inclusive, recursais. No caso, o paciente fora pronunciado passados mais de 11 anos do provimento de recurso em que reformada decisão a qual rejeitara denúncia contra ele oferecida pela suposta prática de crime de homicídio simples. Contra a pronúncia, a defesa interpusera sucessivos recursos. No STJ, encerrado o julgamento de recurso especial, com participação de desembargador convocado para compor o quórum, prevaleceu, ante o empate, voto médio no sentido do seu parcial provimento. À ocasião, constatara-se o excesso de linguagem da pronúncia, sem que esta fosse anulada. Ordenara-se, ainda, o desentranhamento da sentença; o seu envelopamento junto aos autos — de forma a evitar o contato dos jurados com seus termos —; a certificação da condição de pronunciado do recorrente e o prosseguimento da marcha processual. HC 103037/PR, rel. Min. Cármen Lúcia, 22.3.2011. (HC-103037)

PRONÚNCIA: EXCESSO DE LINGUAGEM E LACRE - 2

Neste *writ*, observou-se que a questão principal referir-se-ia ao lacre da pronúncia e, portanto, sua retirada sem a realização de outra. Ponderou-se que a legislação determinaria que a pronúncia fosse possível de ser conhecida em sua inteireza. De igual modo, aduziu-se que, quando cabível, riscar-se-ia somente o excesso. Assentou-se que a retirada, com apenas a certificação da pronúncia, e o seu envelopamento lesaria a legislação. Observou-se que, embora parcialmente provido o recurso especial, 4 membros do STJ que integravam a turma julgadora assentaram o excesso de linguagem na pronúncia, bem assim a impossibilidade de apenas riscá-la, pois, no final, não restaria texto. Assinalou-se que o acórdão ora impugnado apontaria precedentes daquela Corte em que se apresentara a solução do desentranhamento e envelopamento da sentença de pronúncia. No entanto, verificou-se que, nas hipóteses em que isso ocorrera, o STJ mandava produzir outra para que, dessa forma, a primeira ficasse resguardada e a posterior fosse de conhecimento. Registrou-se que o Supremo possui entendimento firme no sentido de que o defeito da fundamentação gera nulidade absoluta e, ainda, de que, em casos como o presente, impõe-se a anulação da sentença de pronúncia por excesso de linguagem, sob pena de afronta ao princípio da soberania dos vereditos. Explicitou-se que, depois de formado o conselho de sentença e realizada a exortação própria da liturgia do Tribunal do Júri, os jurados devem receber cópia da pronúncia, nos termos do art. 472 do CPP — alterado pela Lei 11.689/2008. Esclareceu-se, inclusive, que se permitiria aos jurados manusear os autos do processo-crime, bem assim pedir ao orador que indicasse as folhas onde se encontrasse a peça por ele lida ou citada. Aludiu-se ao posicionamento segundo o qual, de um lado, os juízes e tribunais devem submeter-se, quando praticam o ato culminante do *judicium accusationis* (pronúncia), à dupla exigência de sobriedade e de comedimento no uso da linguagem, de modo a evitar ilegítima influência sobre o ânimo e a vontade dos membros integrantes do conselho de sentença. E de outro lado, que age *ultra vires*, e excede os limites de sua competência legal, o órgão judiciário que, descaracterizando a natureza da sentença de pronúncia, converte-a, de um mero juízo fundado de suspeita, em um inadmissível juízo de certeza. HC 103037/PR, rel. Min. Cármen Lúcia, 22.3.2011. (HC-103037)

PRONÚNCIA: EXCESSO DE LINGUAGEM E LACRE - 3

Constatou-se que a solução apresentada no voto médio representaria constrangimento ilegal imposto ao paciente, bem assim dupla afronta — ao CPP, como se extrai do art. 472, e, principalmente, ao art. 5º, XXXVIII, c, da CF — à soberania dos vereditos assegurada à instituição do júri. Asseverou-se que o acesso à sentença de pronúncia seria uma garantia de ordem pública e de natureza processual, assegurada legal e constitucionalmente, cuja disciplina seria de competência da União, que teria lei sobre o assunto. Reputou-se que isso seria razão suficiente para se admitir a existência, na espécie, de constrangimento ilegal decorrente da restrição imposta pelo STJ ao acesso dos jurados à sentença de pronúncia. Por fim, haja vista o lapso temporal transcorrido e a necessidade de se garantir a aplicação da lei penal, determinou-se que seja dada a prioridade ao julgamento no juízo competente. O Min. Ricardo Lewandowski destacou inexistir no ordenamento jurídico peça processual sigilosa para os julgadores, que, na hipótese dos autos, seriam os jurados. O Min. Marco Aurélio apontou a referida pronúncia como decisão oculta, não agasalhada pelo sistema. Além disso, ressaltou que o processo não tramitava em segredo de justiça e, se tal ocorresse, não o seria para aqueles que o julgam. Por derradeiro, enfatizou que decisão interlocutória não seria simples certidão. Alguns precedentes mencionados: HC 68606/SP (DJU de 21.2.92); HC 77044/PE (DJU de 7.8.98); HC 99834/SC (DJe de 16.3.2011). HC 103037/PR, rel. Min. Cármen Lúcia, 22.3.2011. (HC-103037) (Inform. STF 620)

LEI 11.689/2008: CONFISSÃO ESPONTÂNEA E AUTODEFESA - 1

A 1ª Turma concedeu *habeas corpus* para restabelecer a condenação dos pacientes nos moldes estipulados pelo Juiz Presidente do Tribunal do Júri. Na espécie, o magistrado reconhecera, de ofício, na autodefesa, a atenuante da confissão espontânea, embora a defesa técnica não a tivesse expressamente aventado nos debates orais. A decisão ensejara apelação do Ministério Público, a qual desprovida pelo Tribunal de Justiça estadual, com base no art. 65, III, d, do CP ("*Art. 65 - São circunstâncias que sempre atenuam a pena: ... III - ter o agente: ... d) confessado espontaneamente, perante a autoridade, a autoria do crime*"). O *parquet* interpusera recurso especial, provido, com alicerce no art. 492, I, b, do CPP ("*Art. 492. Em seguida, o presidente proferirá sentença que: ... I □ no caso de condenação: ... b) considerará as circunstâncias agravantes ou atenuantes alegadas nos debates*"). De início, observou-se que a antinomia poderia ser resolvida pelos critérios da cronologia e da especialidade, a conferir ao art. 492 do CPP primazia frente ao art. 65 do CP. Explicou-se que a norma processual do Tribunal do Júri seria mais recente (incluída pela Lei 11.689/2008). Além disso, ela dispensaria tratamento específico à atenuante, a impor condições ao seu reconhecimento apenas no julgamento pelo Tribunal do Júri. Considerou-se, no entanto, que essa linha de raciocínio não se harmonizaria com o princípio constitucional da individualização da pena. HC 106376/MG, rel. Min. Cármen Lúcia, 1º.3.2011. (HC-106376)

LEI 11.689/2008: CONFISSÃO ESPONTÂNEA E AUTODEFESA - 2

Em seguida, esclareceu-se que, ao impedir o reconhecimento da atenuante pelo Juiz Presidente, igualar-se-ia o agente que confessasse o crime àquele que negasse os fatos. Reputou-se que o legislador infraconstitucional, no art. 68 do CP, ao determinar que o juiz percorra, na segunda fase da dosimetria, as circunstâncias legais, consistentes nas agravantes e nas atenuantes, pretenderia enfatizar que o réu que confessasse o crime se distinguiria daquele que dificultasse a prestação jurisdicional e até não demonstrasse qualquer arrependimento. Entendeu-se que a decisão do STJ ignoraria o princípio da proporcionalidade, haja vista que estabeleceria resultado final incompatível com as circunstância que envolveriam o delito e o seu protagonista. Consignou-se que a própria natureza da atenuante em questão, a exemplo de outras, teria caráter objetivo de modo que a sua constatação independeria do subjetivismo do julgador. Ponderou-se ser impróprio determinar que se desconsiderasse aquilo que não fosse expressamente realizado pela defesa técnica, apesar de feito pelo próprio acusado. Salientou-se que, ao impor a cláusula dos debates, o legislador voltar-se-ia às agravantes de natureza subjetiva. No ponto, aduziu-se que o Juiz Presidente, então, deveria dar atenção aos dados que, a teor do art. 483 do CPP, não seriam submetidos à apreciação dos jurados, mas repercutiriam na pena. Concluiu-se que, no caso, o juiz e o Tribunal mineiro teriam acertado ao julgar que o magistrado poderia e deveria ter levado em conta a autodefesa, e que a Constituição Federal, em seu art. 5º, compreenderia toda a defesa. HC 106376/MG, rel. Min. Cármen Lúcia, 1º.3.2011. (HC-106376) (Inform. STF 618)

EXCESSO DE LINGUAGEM NA PRONÚNCIA E OITIVA DE TESTEMUNHAS

A 2ª Turma concedeu, em parte, *habeas corpus* para anular sentença de pronúncia, a ser desentranhada dos autos de origem, devendo outra ser proferida pelo juiz da causa. Tratava-se, na espécie, de *writ* impetrado em favor de pronunciado pelo crime de homicídio qualificado. Alegava-se que, ao pronunciar o paciente, o magistrado afirmara a autoria do acusado no crime, o que poderia influenciar negativamente os jurados. Sustentava-se, ainda, que o juiz encerrara a instrução antes do término do prazo fixado para o cumprimento das cartas precatórias expedidas para a oitiva das testemunhas arroladas pelo réu, as quais somente teriam sido juntadas após as alegações finais das partes. Quanto ao primeiro argumento, entendeu-se que o magistrado, na pronúncia, de fato fizera afirmações no sentido de ser o paciente o autor do delito a ele imputado, não se limitando, portanto, a indicar a existência de indícios suficientes quanto à autoria ou participação no crime. Considerou-se, ademais, que a mera exclusão das expressões tidas como excessivas poderia descontextualizar a redação da pronúncia, impondo-se a sua anulação por excesso de linguagem. Rejeitou-se, em seguida, a segunda assertiva da defesa. Asseverou-se que o prosseguimento do feito ocorrera antes da devolução das cartas precatórias, mas depois de escoado o prazo fixado para o seu cumprimento, o que estaria de acordo com o disposto no art. 222, §§ 1º e 2º, do CPP ("*Art. 222. A testemunha que morar fora da jurisdição do juiz será inquirida pelo juiz do lugar de sua residência, expedindo-se, para esse fim, carta precatória, com prazo razoável, intimadas as partes. § 1º A expedição da precatória não suspenderá a instrução criminal. § 2º Findo o prazo marcado, poderá realizar-se o julgamento, mas, a todo tempo, a precatória, uma vez devolvida, será junta aos autos*"). HC 99834/SC, rel. Min. Joaquim Barbosa, 15.2.2011. (HC-99834) (Inform. STF 616)

TRIBUNAL DO JÚRI E NULIDADES - 1

A 1ª Turma iniciou julgamento de *habeas corpus* em que a defesa sustenta a ocorrência de duas nulidades que teriam maculado o julgamento de condenado, pelo Tribunal do Júri, em razão da prática de homicídio em concurso de pessoas. A primeira nulidade residiria no fato de, no dia do julgamento, haver sido apresentada prova supostamente nova. Esta consistiria em fita cassete, com o interrogatório de co-réu, e sua degravação, as quais, trazidas por uma das testemunhas arroladas pela acusação — o delegado de polícia que teria conduzido as investigações —, demonstrariam a autoria intelectual do crime imputada ao paciente. Essa versão degravada seria, conforme alegado, destoante do interrogatório juntado aos autos do inquérito e a referida autoridade policial teria mantido o objeto em seu poder, secretamente, durante 3 anos, até expô-lo no julgamento. A outra nulidade apontada seria a suposta intromissão do Presidente do Tribunal do Júri no julgamento da causa, ao exprimir sua convicção pessoal acerca do interrogatório prestado pelo co-réu, no relatório apresentado aos jurados, no sentido de que o ato teria ocorrido sem coação ou tortura.
HC 101806/MS, rel. Min. Dias Toffoli, 16.11.2010. (HC-101806)

TRIBUNAL DO JÚRI E NULIDADES - 2

O Min. Dias Toffoli, relator, indeferiu a ordem, no que foi acompanhado pela Min. Cármen Lúcia. Reputou, inicialmente, não haver ilicitude na prova colhida a partir da fita cassete exibida no julgamento. Registrou que ela seria mero instrumento magnético de uma prova que já constaria dos autos, qual seja, o interrogatório. Aduziu, também, que o delegado utilizara esse dispositivo apenas para provar que o ato não teria sido realizado mediante tortura e que maior aprofundamento na questão implicaria reexame de fatos e provas, inadmissível na via eleita. Ressaltou, em relação a essa suposta nulidade, não haver sido demonstrado o prejuízo sofrido pelo paciente. Considerou, acerca do argüido vício de linguagem no relatório apresentado aos jurados, não haver parcialidade nas palavras proferidas pelo Juiz Presidente, que apenas teria fundamentado o deferimento da citada prova por reputá-la lídima, sem, entretanto, haver influenciado a íntima convicção dos jurados sobre o caso. Em divergência, o Min. Marco Aurélio deferiu o *writ*. Aduziu inexistir justificativa para que o delegado de polícia mantivesse a fita cassete em seu poder por mais de 3 anos, para apenas apresentá-la no dia do julgamento, e que o prejuízo suportado pelo paciente residiria na sua condenação. Ademais, asseverou que o magistrado teria abandonado a eqüidistância exigida ao Estado-Juiz, ao classificar o interrogatório como imaculado de ilicitude e afirmar tal juízo perante os jurados. Após, pediu vista dos autos o Min. Ricardo Lewandowski.
HC 101806/MS, rel. Min. Dias Toffoli, 16.11.2010. (HC-101806)

TRIBUNAL DO JÚRI E NULIDADES - 3

A 1ª Turma, em conclusão de julgamento, indeferiu, por maioria, *habeas corpus* em que impugnadas duas supostas nulidades ocorridas em julgamento de Tribunal do Júri: a utilização de prova alegadamente nova e o eventual excesso de linguagem por parte do Juiz Presidente, ao apresentar relatório aos jurados no qual deferia a juntada de tal prova — v. Informativo 609. Reputou-se, inicialmente, não haver ilicitude na prova colhida a partir da fita cassete exibida no julgamento. Registrou-se que ela seria mero instrumento magnético de uma prova que já constaria dos autos, qual seja, o interrogatório. Aduziu-se, também, que o delegado utilizara esse dispositivo apenas para provar que o ato não teria sido realizado mediante tortura e que maior aprofundamento na questão implicaria reexame de fatos e provas, inadmissível na via eleita. Ressaltou-se, em relação a essa suposta nulidade, não haver sido demonstrado o prejuízo sofrido pelo paciente. Considerou-se, acerca do argüido vício de linguagem no relatório apresentado aos jurados, não haver parcialidade nas palavras proferidas pelo Juiz Presidente, que apenas teria fundamentado o deferimento da citada prova por reputá-la lídima, sem, entretanto, haver influenciado a íntima convicção dos jurados sobre o caso. Vencido o Min. Marco Aurélio, que concedia a ordem. HC 101806/MS, rel. Min. Dias Toffoli, 14.12.2010. (HC-101806) (Inform. STF 613)

HC: USO DE ALGEMAS E DEMORA NO JULGAMENTO

A Turma não conheceu de *habeas corpus* em que o paciente, em sessão de julgamento realizado pelo Tribunal do Júri, permanecera algemado e fora condenado pela prática dos crimes de homicídio consumado e tentado. Alegava-se que o uso das algemas o teria exposto a situação vexatória e, portanto, acarretaria a nulidade do julgamento. Salientou-se que a questão não teria sido suscitada no STJ, razão pela qual analisá-la nesse momento implicaria supressão de instância. Entretanto, concedeu-se a ordem de ofício para determinar que o pedido de medida liminar impetrado perante o STJ seja apreciado, uma vez que o *writ* fora lá apresentado em 6.11.2009, o que configuraria demora excessiva na prestação jurisdicional. Vencido o Min. Marco Aurélio, que concedia a ordem em maior extensão, por entender que, no caso, o emprego das algemas não se justificaria, pois baseado tão-somente no fato de o réu ostentar maus antecedentes, motivo pelo qual teria sido presumida a sua periculosidade. Ademais, aduzia que o uso de tal equipamento poderia ter induzido os jurados à presunção de culpa do acusado. **HC 103175/SP, rel. Min. Dias Toffoli, 21.9.2010.** (HC-103175) (Inform. STF 601)

TRIBUNAL DO JÚRI: NULIDADES E DOSIMETRIA DA PENA

A Turma deu parcial provimento a recurso em *habeas corpus* para reformar, em parte, acórdão do STJ e, desde logo, proceder à nova dosimetria da pena. No caso, condenado por homicídio qualificado à pena de 13 anos e 6 meses de reclusão reiterava as alegações de: a) erros na dosimetria da pena; b) ausência de quesito obrigatório que contivesse a tese de autodefesa do acusado e de desclassificação para homicídio culposo; c) nulidade absoluta decorrente da dispensa de todas as testemunhas no plenário do júri; d) nulidade dos quesitos apresentados aos jurados e subtração de sua competência constitucional; e) ausência do exame de eventual excludente de motivação fútil pelo Tribunal de Justiça estadual e pelo Superior Tribunal de Justiça; f) inexistência de motivo fútil. Considerou-se, em relação ao item "b", que a tese relativa à autodefesa fora devidamente submetida aos jurados no respectivo quesito e que a defesa técnica, durante os debates orais, não sustentara eventual desclassificação. No que concerne ao item "d", reputou-se que qualquer impugnação referente à redação dos quesitos formulados deveria ter sido feita na ses-são de julgamento, sob pena de preclusão, que teria ocorrido na espécie. A respeito do item "c", aduziu-se que a desistência das testemunhas teria obedecido à disposição legal, com a anuência das partes por ocasião do julgamento e que não teria sido demonstrado prejuízo decorrente de tal fato. Por sua vez, quanto aos itens "e"e "f", entendeu-se que tais teses implicariam revolvimento profundo de fatos e provas, o que ultrapassaria o âmbito de cognição da via eleita. Ademais, não competiria à Corte anular a decisão dos jurados, sob pena de ofensa ao princípio constitucional da soberania dos veredictos, dado que a decisão dos jurados estaria em consonância com uma das versões possíveis. Finalmente, em relação ao item "a", aduziu-se que haveria erro alusivo à fixação da pena-base quanto às circunstâncias judiciais e ao motivo do crime. Asseverou-se que a análise da conduta social do réu não poderia ter sido utilizada para sua exasperação, uma vez que considerado, para esse fim, o fato de o acusado responder a outro processo criminal. Reputou-se, nesse sentido, que houvera violação ao princípio da presunção de inocência. Além disso, enfatizou-se que o motivo do crime, por ter sido considerado pelo júri como qualificadora, não poderia exasperar a pena e a sentença, incorrendo, assim, em *bis in idem*. Dessa forma, consignou-se que, retiradas essas 2 circunstâncias judiciais, a pena-base deveria ser reduzida em 1 ano — haja vista que o juízo de 1º grau aplicara o aumento de 6 meses para cada circunstância. Ademais, incidente a redução da pena-base ante o reconhecimento de atenuantes, a pena definitiva do paciente deveria ser fixada em 12 anos e 6 meses de reclusão. Por derradeiro, assinalou-se que o pleito de arbitramento de honorários advocatícios em favor de defensor dativo competiria ao juízo nomeante que, na espécie, seria o juízo de 1ª instância. **RHC 99293/PR, rel. Min. Cármen Lúcia, 31.8.2010.** (RHC-99293) (Inform. STF 598)

TRIBUNAL DO JÚRI: ALEGAÇÕES FINAIS E INTIMAÇÃO DO ADVOGADO

A Turma, por maioria, indeferiu *habeas corpus* em que se pleiteava a decretação de nulidade do processo, desde o oferecimento da denúncia, que culminara na condenação do paciente pelo delito de homicídio qualificado.

Rejeitaram-se as alegações formuladas na impetração. Quanto à inépcia da denúncia, asseverou-se que a inicial acusatória apresentara narrativa congruente dos fatos, suficiente para a apresentação de defesa em relação ao crime imputado. Relativamente ao excesso de linguagem empregado na pronúncia, avaliou-se que o magistrado não julgara procedente o fato, mas, simplesmente, dissera que haveria elementos a possibilitar a pronúncia. No tocante à ausência de fundamentação da decisão de pronúncia, entendeu-se que avaliar este argumento implicaria a reanálise de fatos e provas, o que não seria condizente com a via de *habeas corpus*. Repeliu-se à assertiva de deficiência de quesitação, pois a tese apresentada de legítima defesa fora objeto de quesito. Em relação à falta de embate da tese de deficiência/ausência de defesa — consubstanciada na desistência de oitiva das testemunhas arroladas na defesa prévia e, principalmente, na ausência de alegações finais antes da sentença de pronúncia —, assentou-se a preclusão dos temas, fundada no art. 571, I, do CPP (*"As nulidades deverão ser argüidas: ... I - as da instrução criminal dos processos da competência do júri, nos prazos a que se refere o art.406;"*). Esclareceu-se, ainda, ter ocorrido a regular intimação do advogado para apresentação de alegações finais. Ressaltou-se que o paciente constituíra novo profissional de advocacia após a pronúncia, mas não fora articulada suposta nulidade, alusiva às mencionadas alegações, na sessão do Tribunal do Júri. Registrou-se entendimento da Corte segundo o qual as alegações finais em processo da competência do Júri não são indispensáveis. Vencido o Min. Marco Aurélio que concedia a ordem para reconhecer a nulidade dos atos praticados após o prazo em que as alegações deveriam ter sido apresentadas. Concluía que a falta de apresentação delas, somada ao fato de o advogado não ter seguido na representação do paciente, equivaleria à ausência de defesa e refletiria uma nulidade absoluta, que, portanto, não seria afastada com a passagem do tempo e não se enquadraria no disposto no art. 571, I, do CPP. **HC 103569/CE, rel. Min. Dias Toffoli, 24.8.2010.** (HC-103569) (Inform. STF 597)

DESAFORAMENTO E POPULARIDADE DA VÍTIMA

A Turma, por maioria, indeferiu *habeas corpus* em que se pleiteava o desaforamento do julgamento de pronunciado, pelo juízo da comarca de Hidrolândia/GO, em razão da suposta prática de homicídio de Vereador. A impetração requeria que o júri fosse realizado na capital, porquanto a vítima fora a mais votada daquela municipalidade. Alegava que, por ser o voto secreto, não haveria como saber *"se o jurado sorteado para o conselho de sentença era ou não eleitor da suposta vítima, ou vinculado de alguma forma com a sua coligação"*. Inicialmente, assentou-se que o desaforamento constituiria medida excepcional de modificação da competência e que, para ser determinado, dever-se-ia comprovar, de forma inequívoca, um dos seguintes motivos: a) interesse da ordem pública; b) dúvida sobre a imparcialidade do júri e c) temor quanto à segurança pessoal do acusado. Em seguida, asseverou-se a ausência, na hipótese sob apreço, de qualquer das razões mencionadas. Ressaltou-se doutrina segundo a qual não seria motivo suficiente para o desaforamento a situação de a vítima, ou agressor, ou ambos, serem pessoas conhecidas no local da infração, o que, certamente, provocaria o debate prévio na comunidade a respeito do fato. Assim, a situação deveria ser considerada normal, pois seria impossível evitar que pessoas famosas, ou muito conhecidas, ao sofrer ou praticar crimes, deixassem de despertar a curiosidade geral em relação ao julgamento. Vencido o Min. Marco Aurélio que deferia o *writ* por julgar recomendável o deslocamento para a comarca mais próxima. Considerava que a vítima seria político local, mais votado por duas eleições, que a escolha do corpo de jurados poderia recair sobre seus eleitores, e que o Município, aparentemente, não seria de grande proporção. **HC 103646/GO, rel. Min. Ricardo Lewandowski, 24.8.2010.** (HC-103646) (Inform. STF 597)

JÚRI: EXCESSO DE LINGUAGEM E NULIDADE DA DECISÃO

A Turma indeferiu *habeas corpus* em que acusado pela suposta prática do crime de homicídio praticado contra a sua esposa (CP, art. 121, *caput*, c/c o art. 61, II, e) pleiteava fosse anulado acórdão proferido por tribunal de justiça, sob alegação de excesso de linguagem. No caso, o Conselho de Sentença desclassificara a conduta imputada ao paciente para homicídio culposo, sendo interposta, pelo parquet, apelação ao tribunal local, que cassara a sentença prolatada, por reputar que estaria em desacordo com a prova dos autos. Inconformada, a defesa impetrara *habeas corpus* ao STJ, o qual fora parcialmente concedido para reconhecer o excesso de linguagem e vedar a utilização do aresto proferido pelo tribunal *a quo* na sessão de julgamento pelo júri. Assentou-se que a decisão do STJ de determinar o desentranhamento da decisão atendera à pretensão do réu de impedir que os jurados sejam influenciados em sua decisão pelas conclusões tomadas pelo tribunal de justiça no julgamento da apelação. Apontou-se jurisprudência da Corte segundo a qual não se reconhece a nulidade por excesso de linguagem — dada a necessidade de comprovação de prejuízo concreto — se os jurados não tiveram acesso à pronúncia ou ao acórdão que a confirmou. Vencidos os Ministros Marco Aurélio e Carlos Britto, que deferiam a ordem para declarar subsistente o veredicto do júri. Enfatizavam que foram apresentadas aos jurados duas teses — existência de dolo e outra no sentido da forma culposa do delito —, que concluíram pela ocorrência de homicídio culposo. Assim, tendo em conta a limitação do recurso contra a decisão do júri, o tribunal de justiça só poderia declarar insubsistente o pronunciamento dos jurados se manifestamente contrário à prova dos autos. Consignavam, no ponto, que situações em que se assenta que a decisão é manifestamente contrária à prova dos autos seriam situações que revelariam exceções maiores. **HC 94731/MT, rel. Min. Dias Toffoli, 1º.12.2009.** (HC-94731) (Inform. STF 570)

JÚRI E CERCEAMENTO DE DEFESA - 1

A Turma deferiu *habeas corpus* para cassar decisão proferida por Tribunal do Júri e determinar que outra seja prolatada, assegurando-se ao réu o direito de ver inquirida em Plenário a testemunha que arrolara com a nota de imprescindibilidade e, também, de ser defendido por defensor técnico de sua própria escolha. No caso, acusado da suposta prática do crime de homicídio qualificado (CP, art. 121, § 2º, II, c/c o art. 14, II, na forma do art. 73, primeira parte) aduzia a ocorrência de cerceamento de defesa, eis que, em virtude de restrição imposta pela juíza-presidente do Tribunal do Júri — a qual concedera uma hora por dia para extração de cópias dos autos —, o seu advogado — que havia sido constituído apenas 6 dias antes do julgamento — não comparecera à sessão de julgamento, sob pena de exercer defesa falha, o que impossibilitara a livre escolha de defensor. Alegava, ainda, ofensa a seu direito de defesa, pois não foram inquiridas duas testemunhas por ele arroladas com cláusula de imprescindibilidade, uma das quais justificara a sua ausência com apresentação de atestado médico. **HC 96905/RJ, rel. Min. Celso de Mello, 25.8.2009.** (HC-96905)

JÚRI E CERCEAMENTO DE DEFESA - 2

Assentou-se ser direito daquele que sofre persecução penal escolher o seu próprio defensor. Observou-se, no ponto, que o paciente, quando de seu julgamento pelo Tribunal do Júri, manifestara expressamente a sua intenção de ser defendido por seu advogado, bem como a própria Defensoria Pública, então designada, postulara o adiamento da sessão, reconhecendo necessário respeitar-se o direito de escolha do réu. Asseverou-se, por outro lado, que o direito à prova, inclusive testemunhal, qualifica-se como causa de invalidação do procedimento estatal instaurado contra qualquer pessoa, seja em sede criminal, meramente disciplinar, ou, ainda, materialmente administrativa. Ressaltou-se que, por representar uma das projeções concretizadoras do direito à prova, configurando, por isso mesmo, expressão de uma inderrogável prerrogativa jurídica, não poderia ser negado, ao réu — que também não está obrigado a justificar ou a declinar, previamente, as razões da necessidade do depoimento testemunhal —, o direito de ver inquiridas as testemunhas que arrolara em tempo oportuno e dentro do limite numérico legalmente admissível, sob pena de inqualificável desrespeito ao postulado constitucional do *"due process of law"*. Assinalou-se que, no caso, a testemunha — arrolada com a cláusula de imprescindibilidade — fora regularmente intimada, mas deixara de comparecer à sessão de julgamento, providenciando, no entanto, mediante atestado médico, adequada justificação para sua ausência. Enfatizou-se que, não obstante o réu houvesse insistido no depoimento de referida testemunha, no que obteve aquiescência do próprio Ministério Público, a juíza-presidente do Tribunal do Júri indeferira esse pleito e determinara a realização do julgamento. **HC 96905/RJ, rel. Min. Celso de Mello, 25.8.2009.** (HC-96905) (Inform. STF 557)

TRIBUNAL DO JÚRI: IMPUGNAÇÃO DOS QUESITOS E PRECLUSÃO

Por considerar preclusa a matéria, a Turma indeferiu *habeas corpus* impetrado contra acórdão do STJ que rechaçara a tese de nulidade absoluta do processo que condenara paciente pelos delitos de homicídio simples e homicídio qualificado, ambos na forma tentada. A impetração reiterava a alegação de vício absoluto no julgamento ante o suposto equívoco na formulação de quesito relativo à tese defensiva do privilégio (CP, art. 121, § 1º), o que teria impedido os jurados de votar segundo o seu convencimento. Aduziu-se, de início, que os quesitos retrataram adequadamente as teses sustentadas tanto pela acusação quanto pela defesa em plenário, na medida em que sua redação não se mostrara contraditória, de difícil compreensão ou desconectada das alegações da acusação ou da defesa. Registrou-se, neste ponto, que as partes anuíram aos quesitos, conforme descrito na ata de julgamento, incidindo o disposto no art. 571, VIII, do CPP (*"Art. 571. As* nulidades deverão ser argüidas: ... VIII - as do julgamento em plenário, em audiência ou em sessão do tribunal, logo depois *de ocorrerem."*). Esclareceu-se, por outro lado, que o quesito impugnado pela defesa sequer fora objeto de votação pelo Conselho de Sentença, porquanto assentado o seu prejuízo, em função da resposta dada ao quesito imediatamente anterior. Nesse sentido, frisou-se que, ainda que se reconhecesse vício no quesito contestado, isso em nada alteraria o resultado do julgamento, uma vez que a resposta dada pelos jurados no quesito anterior prejudicaria o exame da tese inscrita no quesito superveniente. Ressaltou-se, por fim, traçadas tais premissas, a impossibilidade de ser declarada a nulidade do feito sem a demonstração de prejuízo, conforme previsto no art. 563 do CPP (*"Nenhum ato será declarado nulo, se da nulidade não resultar prejuízo para a acusação e para a defesa"*). **HC 96469/RJ, rel. Min. Carlos Britto, 9.6.2009.** (HC-96469) (Inform. STF 550)

EMENTA: PENAL. PROCESSUAL PENAL. *HABEAS CORPUS*. TRIBUNAL DO JÚRI. QUESITAÇÃO. INCOMPATIBILIDADE ENTRE AS RESPOSTAS. NÃO CONFIGURAÇÃO. DIVERGÊNCIA PROBATÓRIA. RESPEITO À SOBERANIA DOS VEREDICTOS. ORDEM DENEGADA. I – No caso em espécie, não ficou configurada a contradição entre as respostas aos quesitos. II – Apresentação de duas teses, sendo uma delas prestigiada pelos jurados. III – Inexistindo contradição frontal, há que se prestigiar o princípio constitucional da soberania dos veredictos. IV – Ordem denegada. **HC N. 96.242-SP. RELATOR: MIN. RICARDO LEWANDOWSKI.** (Inform. STF 550)

EMENTA: *HABEAS CORPUS*. PROCESSO PENAL. JÚRI. DESAFORAMENTO. PREFEITO MUNICIPAL. INFLUÊNCIA SOBRE OS JURADOS. 1. Pedido de desaforamento fundado na possibilidade de o paciente, ex-prefeito municipal, influenciar jurados admitidos em caráter efetivo na gestão de um dos acusados. Influência não restrita aos jurados, alcançando, também, toda a sociedade da Comarca de Serra/ES. 2. Não é necessária, ao desaforamento, a afirmação da certeza da imparcialidade dos jurados, bastando o fundado receio de que reste comprometida. Precedente. Ordem denegada. **HC N. 96.785-ES. RELATOR: MIN. EROS GRAU. Noticiado no Informativo 530** (Inform. STF 547)

EMENTA: PROCESSO PENAL. CRIME DOLOSO CONTRA A VIDA. COMPETÊNCIA DE ASSENTO CONSTITUCIONAL. TRIBUNAL DO JÚRI. ABORTO SEM O CONSENTIMENTO DA GESTANTE. ALEGADA DEMORA NA REALIZAÇÃO DO PARTO PELO MÉDICO. QUADRO EMPÍRICO REVELADOR DA AUSÊNCIA DE AÇÃO DOLOSA E DE OMISSÃO IGUALMENTE INTENCIONAL. CAPITULAÇÃO JURÍDICA DA CONDUTA. ORDEM PARCIALMENTE CONCEDIDA. 1. O Supremo Tribunal Federal distingue entre a capitulação jurídica dos fatos (ou seja, o enquadramento típico da conduta) e o revolvimento de matéria fático-probatória. Motivo pelo qual, fixado o quadro empírico pelas instâncias competentes, pronunciamento desta colenda Corte sobre o enquadramento jurídico da conduta não extrapola os limites da via processualmente contida do *habeas corpus*. 2. Na concreta situação dos autos, enquanto o Juízo da Vara do Júri de Sobral/CE rechaçou a tese da materialidade delitiva, embasado no mais detido exame das circunstâncias do caso, o voto condutor do acórdão do Tribunal de Justiça do Estado do Ceará (acórdão que pronunciou o paciente contra até mesmo a manifestação do Ministério Público Estadual) limitou-se a reproduzir, *ipsis literis*, os termos da denúncia. Reprodução, essa, que assentou, de modo totalmente alheio às contingências fáticas dos autos, a prevalência absoluta da máxima *in dubio pro societate*. Desconsiderando, com isso, as premissas que justificam a incidência da excepcional regra do § 2º do art. 13 do Código Penal. 3. Premissas que não se fazem presentes no caso para assentar a responsabilização do paciente por crime doloso, pois: a) o paciente não se omitiu; ao contrário, atendeu a gestante nas oportunidades em que ela esteve na Casa de Saúde; b) o paciente não esteve indiferente ao resultado lesivo da falta de pronto atendimento à gestante; c) o paciente agiu, dentro do possível, para minimizar os riscos que envolvem situações como a retratada no caso. 4. Ordem parcialmente concedida. **HC N. 95.068-CE. RELATOR: MIN. CARLOS BRITTO. Noticiado no Informativo 539** (Inform. STF 546)

PRONÚNCIA: EXCESSO DE LINGUAGEM E LEI 11.689/2008
Embora ressaltando a ofensa ao princípio da colegialidade, a Turma não conheceu de *habeas corpus* impetrado contra decisão monocrática de Ministro do STJ que, após apreciar o mérito da causa, negara seguimento a idêntica medida em que se alegava excesso de linguagem na decisão de pronúncia do paciente. Concluiu-se pela falta de interesse de agir da impetração ante a superveniência da Lei 11.689/2008 — que alterou dispositivos do Código de Processo Penal referentes ao tribunal do júri —, haja vista que, com a referida reforma, não existe mais a possibilidade de leitura da sentença de pronúncia no plenário do tribunal do júri (CPP: *"Art. 478. Durante os debates as partes não poderão, sob pena de nulidade, fazer referências: I* □ *à decisão de pronúncia, às decisões posteriores que julgaram admissível a acusação ou à determinação do uso de algemas como argumento de autoridade que beneficiem ou prejudiquem o acusado;"*). Acolheu-se, ainda, o voto adendo do Min. Menezes Direito, no sentido de assentar na própria ementa que há impropriedade do julgamento do mérito por decisão monocrática de Ministro do Tribunal *a quo*. **HC 96123/SP, rel. Min. Carlos Britto, 3.2.2009.** (HC-96123) (Inform. STF 534)

TRIBUNAL DO JÚRI E DESAFORAMENTO
A Turma indeferiu *habeas corpus* em que se sustentava a nulidade de acórdão que deferira o desaforamento do feito, nos moldes do art. 427 do CPP (antigo 424). No caso, o paciente fora pronunciado pela prática dos crimes tipificados nos artigos 121, § 2º, I, IV, e V, 211 e 288 c/c os artigos 29 e 69, todos do CP. No transcorrer da ação penal, o Ministério Público requerera fosse desaforado o julgamento para comarca diversa da qual praticado o delito, sob alegação de comprometimento da imparcialidade do Conselho de Sentença, uma vez que eminentemente formado por funcionários públicos municipais nomeados pelo paciente, na qualidade de prefeito. Enfatizou-se que a jurisprudência desta Corte está alinhada no sentido de afirmar a não imprescindibilidade da certeza da imparcialidade dos jurados para decretar-se o desaforamento, bastando o fundado receio de que ela reste comprometida. Aduziu-se que, no caso sob exame, o acórdão concessivo do desaforamento apontara circunstâncias aptas à justificação da modificação da competência territorial. Ademais, destacou-se a grande influência exercida pelo réu na comarca (onde fora prefeito durante vários anos), bem como a complexidade do feito, ressaltando-se, inclusive, que muitos magistrados, de primeiro e segundo graus, consideraram-se impedidos de participarem do julgamento. **HC 96785/ES, rel. Min. Eros Grau, 25.11.2008.** (HC-96785) (Inform. STF 530)

JÚRI: CERCEAMENTO DE DEFESA E JUNTADA DE DOCUMENTOS
A impossibilidade de realização ampla do contraditório e do direito de defesa do paciente, com todos os meios a ela inerentes, é causa inconteste de nulidade absoluta. Com base nesse entendimento, a Turma deferiu *habeas corpus* para que novo julgamento seja realizado pelo Tribunal do Júri da Comarca de Sumaré, com a possibilidade de leitura dos documentos cuja juntada, formulada pela defesa nos três dias anteriores à sessão de julgamento, restara denegada pelo magistrado. No caso, o pleito de juntada de novos documentos fora deduzido em 15.4.2002, sendo que a aludida sessão perante o tribunal do júri estava designada para 18.4.2002. Ocorre que o juízo de primeiro grau reputara não atendido o prazo do art. 475 do CPP (*"Durante o julgamento não será permitida a produção ou leitura de documento que não tiver sido comunicado à parte contrária, com antecedência, pelo menos, de três dias, compreendida nessa proibição a leitura de jornais ou qualquer escrito, cujo conteúdo versar sobre matéria de fato constante do processo."*). Considerou-se ilegal esse indeferimento. Asseverou-se que, conforme demonstrado nos autos, a defesa apresentara os documentos três dias antes da data designada para o julgamento e que, dessa forma, bastava dar ciência, naquele mesmo dia, à acusação e a sua assistência, de que a defesa realizaria sua leitura, ainda que tal ciência se desse por simples despacho nos autos ou que se determinasse que os advogados do réu providenciassem a mencionada comunicação. Aduziu-se que, na espécie, o ato questionado não fora praticado em *error in procedendo*, mas sim em *error in judicando*, uma vez que se impedira a juntada de documentos para a leitura em plenário, com base em intempestividade que não ocorrera. Assim, caracterizado o alegado cerceamento à defesa do paciente, principalmente no que tange a sua participação na formação da prova. Ademais, enfatizou-se que não importaria o efeito que a leitura desses documentos causaria nos jurados durante a sessão de julgamento. A defesa tinha, independentemente da relevância do seu conteúdo, o direito de ler aqueles documentos em plenário e, portanto, tentar influenciar na decisão final dos jurados. Concluiu-se que ofende o interesse público uma decisão proferida sem que todas as provas existentes sejam submetidas ao conhecimento do órgão julgador. **HC 92958/SP, rel. Min. Joaquim Barbosa, 1º.4.2008**. (HC-92958) (Inform. STF 500)

TRIBUNAL DO JÚRI: NÚMERO INSUFICIENTE E COMUNICABILIDADE DE JURADOS - 1
O Tribunal deu parcial provimento a apelação interposta por condenado pela prática de homicídio qualificado (CP, art. 121, § 2º, I e IV, c/c o art. 62, I, e 29), à pena de 15 anos de reclusão, em regime integralmente fechado, para afastar a aplicabilidade da Lei 8.930/94 e da Lei 8.072/90, ao caso, bem como para fixar a pena definitiva em 14 anos de reclusão, a serem cumpridos em regime inicial fechado. Alegava a impetração nulidade da sentença pelas seguintes razões: a) violação ao disposto no art. 427 do CPP, tendo em conta a presença de apenas 20 jurados (18 titulares e 2 suplentes) à sessão de julgamento; b) quebra da incomunicabilidade dos jurados, em virtude de terem se utilizado de celulares depois de serem sorteados (CPP, art. 564, III, j); c) existência de erro na aplicação da pena; d) manifesta contrariedade entre a decisão e a prova dos autos; e) suspeição do juiz que presidira o Tribunal do Júri; f) existência de negociação para

sua condenação, por motivos pessoais, no âmbito do Judiciário estadual e no STJ; e g) impossibilidade de aplicação da Lei 8.930/94 (Lei dos Crimes Hediondos) a fatos cometidos em 1993. AO 1047/RR, rel. Min. Joaquim Barbosa, 28.11.2007. (AO-1047)

TRIBUNAL DO JÚRI: NÚMERO INSUFICIENTE E COMUNICABILIDADE DE JURADOS - 2

De início, reconheceu-se a competência do Supremo para julgar a apelação (CF, art. 102, I, n). Em seguida, salientando a intempestividade das razões da apelação (CPP, art. 600), aplicou-se a jurisprudência da Corte, no sentido do não prejuízo do conhecimento do recurso por constituir tal atraso mera irregularidade. Quanto à primeira alegação de nulidade suscitada pelo apelante, asseverou-se não haver base legal, haja vista constar da ata da sessão de julgamento o comparecimento de 19 jurados e o sorteio de mais 2 suplentes. Ademais, aduziu-se que os novos suplentes são sorteados para a sessão seguinte, e não para compor imediatamente a sessão em que foram sorteados, e que o art. 445 do CPP visa permitir a instalação da sessão com número de jurados inferior a 21, desde que dentro de patamar mínimo, qual seja, 15 jurados. Assim, concluiu-se, no ponto, que, de acordo com a lei processual em vigor, o comparecimento de 18 jurados seria suficiente para a instalação do Tribunal do Júri. AO 1047/RR, rel. Min. Joaquim Barbosa, 28.11.2007. (AO-1047)

TRIBUNAL DO JÚRI: NÚMERO INSUFICIENTE E COMUNICABILIDADE DE JURADOS - 3

Relativamente à segunda alegação, considerou-se que, de acordo com a ata da sessão de julgamento, o juiz-presidente suspendera a sessão durante 5 minutos para que os jurados comunicassem a terceiros que iriam participar do julgamento, sendo que as ligações teriam sido realizadas diante de todos os presentes na sessão, sem nenhuma referência ao processo por julgar. Ressaltou-se, também, que a incomunicabilidade dos jurados, nos termos do § 1º do art. 458 do CPP, não se revestiria de caráter absoluto, porquanto diria respeito apenas a manifestações atinentes ao processo. AO 1047/RR, rel. Min. Joaquim Barbosa, 28.11.2007. (AO-1047)

TRIBUNAL DO JÚRI: NÚMERO INSUFICIENTE E COMUNICABILIDADE DE JURADOS - 4

Rejeitaram-se, também, os argumentos de que a decisão dos jurados seria manifestamente contrária à prova dos autos, de suspeição do juiz do feito e de existência de negociação no Judiciário estadual e no STJ para a condenação do apelante. Por outro lado, concluiu-se pela impossibilidade de aplicação, na espécie, da Lei 8.930/94, que ampliou o rol dos crimes hediondos, porque prejudicial ao apelante, visto que, na redação original da Lei 8.072/90, vigente à época dos fatos delituosos, o crime de homicídio qualificado não era considerado hediondo. Da mesma forma, entendeu-se haver erro parcial na aplicação da pena, pois, embora o magistrado tivesse reconhecido 3 circunstâncias judiciais desfavoráveis ao réu, fixara a pena-base no mínimo legal previsto (12 anos). Assim, como o recurso de apelação seria exclusivo da defesa, afirmou-se que a pena provisoriamente fixada nesse patamar teria de ser mantida, sob pena de *reformatio in pejus*. Por fim, afastou-se a assertiva de que a agravante reconhecida pelo Tribunal do Júri — promover e organizar a atividade criminosa (CP, art. 62, I) — teria implicado *bis in idem*. Esclareceu-se que, no momento da quesitação da circunstância agravante, o Júri admitira que o apelante não só fora o autor intelectual do crime, mas também promovera e organizara toda a atividade criminosa. Para manter simetria em relação à pena aplicada a co-réu, alterou-se, ainda, o parâmetro fixado pelo magistrado para somar, em face da agravante, apenas 2 anos à pena-base provisoriamente estabelecida. Vencido, em parte, o Min. Menezes Direito, que dava provimento ao recurso em menor extensão, apenas no que concerne à aplicação da Lei dos Crimes Hediondos. AO 1047/RR, rel. Min. Joaquim Barbosa, 28.11.2007. (AO-1047) (Inform. STF 490)

TRIBUNAL DO JÚRI: RÉU INDEFESO E DEVIDO PROCESSO LEGAL - 1

A Turma iniciou julgamento de *habeas corpus* em que condenado como incurso nos artigos 121, § 2º, I e IV; 213 e 214, todos do CP, pretende a decretação de nulidade de julgamento realizado pelo tribunal do júri, sob a alegação de falta de defesa técnica, ante os seguintes fatos: a) tempo exíguo utilizado pela defesa na sustentação oral em plenário, bem como para o estudo do processo, dado que a nomeação ocorrera 2 dias antes do júri; b) tempo gasto em matéria preliminar já indeferida pelo juiz-presidente da sessão; c) ausência de defesa no que se refere à tipicidade do crime de estupro, assim como no tocante à autoria dos delitos de estupro e homicídio e d) inexistência de sustentação quanto ao afastamento de qualificadoras. No caso, as penas aplicadas ao paciente, por cada crime, foram fixadas no seu máximo, totalizando 50 anos. Em razão disso, a defesa protestara por novo júri relativamente ao homicídio e interpusera apelação quanto aos delitos conexos, restando sobrestado o julgamento desta. Em face da renúncia do advogado constituído, fora designado defensor dativo para patrocinar os interesses do paciente, que requerera que o novo júri alcançasse toda a acusação e não somente a imputação de homicídio e que impetrara, também, *habeas corpus* junto ao tribunal de justiça local, pleiteando a anulação do primeiro julgamento por ausência de defesa técnica. Este pedido fora denegado ao fundamento de que, com a extensão do protesto por novo júri, restara desfeita a validade do julgamento. Em conseqüência, o Ministério Público impetrara mandado de segurança que fora concedido para determinar que apenas o crime doloso contra a vida fosse submetido a novo julgamento. Contra esta decisão, impetrara-se novo *habeas corpus* junto à Corte de origem, que decretara a sustação do júri até o exame da apelação, a qual, provida parcialmente, reduzira a pena aplicada pela suposta prática dos crimes conexos. Entrementes, o STJ denegara a ordem por entender que a qualidade da defesa não seria medida pelo tempo por ela utilizado e que a conexão probatória não determinaria a unicidade de julgamento, em protesto por novo júri, se fixada pena inferior a 20 anos. HC 85969/SP, rel. Min. Marco Aurélio, 20.3.2007. (HC-85969)

TRIBUNAL DO JÚRI: RÉU INDEFESO E DEVIDO PROCESSO LEGAL - 2

O Min. Marco Aurélio, relator, acompanhado pelos Ministros Ricardo Lewandowski e Cármen Lúcia, deferiu o *writ* para que o paciente seja submetido a novo júri, consideradas as imputações constantes da sentença de pronúncia. Inicialmente, ressaltou que, quando em jogo o devido processo legal, pouco importa a acusação envolvida no processo e que o Estado há de prestar assistência jurídica, integral e gratuita aos que comprovarem insuficiência de recurso (CF, art. 5º, LXXIV). Tendo em conta que a constituição de defensor dativo ocorrera em prazo escasso para a implementação dos atos processuais; que a diligência requerida pela defesa demonstrara o seu distanciamento do que exigido pela ordem jurídica em vigor; que se pedira simplesmente a absolvição do paciente por negativa de autoria, considerou que, em última análise, o réu estivera indefeso, haja vista a complexidade do julgamento. Entendeu que o diminuto espaço de tempo não viabilizara o domínio desejável do processo pelo defensor dativo, motivo pelo qual, não implementara, como deveria fazer, a defesa do acusado. Asseverou que, na espécie, a insubsistência do primeiro júri somente não fora declarada em virtude de se haver vislumbrado o efeito que seria próprio, qual seja, a realização do segundo júri, pressupondo-se que o julgamento do primeiro tenha transcorrido de modo regular, o que não ocorrera na hipótese. Assim, não se trataria de medir o tempo da defesa, mas de se constatar, em face dos parâmetros em que realizada, a eficácia minimamente aceitável. Quanto à afirmação do STJ de que o protesto por novo júri não alcança os crimes conexos, porquanto, em relação a cada qual, fixada pena inferior a 20 anos, reputou que o acórdão não mereceria censura. Entretanto, no tocante à abrangência do júri, concedeu, de ofício, a ordem para que englobe os citados temas, no que o desprovimento da apelação, considerado o vício relativo à defesa, implicara constrangimento ilegal. Após, pediu vista o Min. Carlos Britto. HC 85969/SP, rel. Min. Marco Aurélio, 20.3.2007. (HC-85969)

TRIBUNAL DO JÚRI: RÉU INDEFESO E DEVIDO PROCESSO LEGAL - 3

A Turma concluiu julgamento de *habeas corpus* impetrado em favor de condenado como incurso nos artigos 121, § 2º, I e IV; 213 e 214, todos do CP, e concedeu a ordem para determinar que ele seja submetido a novo júri, consideradas as imputações constantes da sentença de pronúncia. No caso, a impetração sustentava a falta de defesa técnica, ante os seguintes fatos: a) tempo exíguo utilizado pela defesa na sustentação oral em plenário, bem como para o estudo do processo, dado que a nomeação ocorrera 2 dias antes do júri; b) tempo gasto em matéria preliminar já indeferida pelo juiz-presidente da sessão; c) ausência de defesa no que se refere à tipicidade do crime de estupro, assim como no tocante à autoria dos delitos de estupro e homicídio e d) inexistência de sustentação quanto ao afastamento de qualificadoras — v. Informativo 460. Tendo em conta que a constituição de defensor dativo ocorrera em prazo escasso para a implementação dos atos processuais; que a diligência requerida pela defesa demonstrara o seu distanciamento do que exigido pela ordem jurídica em vigor; que se pedira simplesmente a absolvição do paciente por negativa de autoria, considerou-se que, em última análise, o réu estivera indefeso, haja vista a complexidade do julgamento. Entendeu-se que o diminuto espaço de tempo não viabilizara o domínio desejável do processo pelo defensor dativo, motivo pelo qual, não implementara, como deveria fazer, a defesa do acusado. Asseverou-se que, na espécie, não se trataria de medir o tempo da defesa, mas de se constatar, em face dos parâmetros em que realizada, a eficácia minimamente aceitável. HC 85969/SP, rel. Min. Marco Aurélio, 4.9.2007. (HC-85969) (Inform. STF 478)

FORMULAÇÃO DE QUESITOS E AGRAVANTES SIMPLES

A Turma, por maioria, indeferiu *habeas corpus* em que condenado por suposta infração ao art. 121, *caput*, c/c o art. 61, II, a e c, ambos do CP, alegava falta de fundamentação idônea da custódia contra ele decretada pela sentença condenatória, contra a qual interpusera apelação, ainda pendente de julgamento. Considerou-se, na espécie, devidamente motivada a prisão quanto à garantia da aplicação da lei penal, haja vista o longo período em que o paciente permanecera foragido (mais de 15 anos), ressaltando-se que a evasão ocorrera após a prática do delito, conforme afirmado pelo tribunal de origem. Ademais, reconheceu-se a presença de fatos concretos que, somada à superveniência da condenação, indicariam densa probabilidade de nova fuga. Entretanto, ante a existência de nulidade sequer ventilada pela impetração, concedeu-se *habeas corpus*, de ofício, para que a pena imposta pela sentença seja reduzida a 9 anos de reclusão, sem prejuízo do julgamento da apelação apresentada pela defesa. Aplicou-se, no ponto, a jurisprudência firmada pela Corte no sentido de não ser possível a formulação de quesitos sobre agravantes simples, quando estas sejam definidas na lei penal como qualificativas do delito e não foram reconhecidas na sentença de pronúncia. No caso, apesar de o paciente haver sido pronunciado por homicídio simples, não se constatando na pronúncia qualquer circunstância agravante, foram formulados quesitos relativos ao motivo torpe e ao uso de recurso que dificultara a defesa da vítima que, admitidos pelo Conselho de Sentença, implicaram a majoração da pena imposta. Vencido o Min. Marco Aurélio, que, além disso, deferia o *writ* requerido, por vislumbrar execução precoce da pena, uma vez que não existiria sintonia com as premissas da prisão cautelar, tendo em conta o fato de o paciente ter logrado, no tocante à preventiva originária, *habeas corpus* e, em conseqüência, haver respondido o processo em liberdade. Precedentes citados: HC 81148/MS (DJU de 19.10.2001); HC 82909/PR (DJU de 17.10.2003); HC 82832/DF (DJU de 5.9.2003); HC 71145/RO (DJU de 3.6.94); HC 79781/SP (DJU de 9.6.2000); HC 82903/SP (DJU de 13.8.2003); HC 64678/RJ (DJU de 23.3.87); HC 44023/Guanabara (DJU de 21.6.67). HC 90265/AL, rel. Min. Sepúlveda Pertence, 26.6.2007. (HC-90265) (Inform. STF 473)

TRIBUNAL DO JÚRI E COMUNICABILIDADE DOS JURADOS - 1

O Tribunal, por maioria, deu parcial provimento a apelação interposta contra sentença, proferida pelo Conselho de Sentença Popular do Tribunal do Júri do Estado de Roraima, que condenara o apelante à pena de 17 anos de reclusão, em regime integralmente fechado, pela prática dos crimes previstos no art. 121, § 2º, I e IV, c/c o art. 62, I, e o art. 29, todos do CP. De início, reconheceu-se a competência do Supremo para julgar a apelação (CF, art. 102, I, n). Em seguida, afastaram-se as preliminares suscitadas pelo apelante de nulidade: a) posterior à pronúncia, em virtude do número excessivo de jurados e suplentes (35 jurados e 21 suplentes); b) em razão da participação, no processo, em desconformidade com o art. 49 da Lei 8.906/94, de advogado delegado da OAB/RR na qualidade de assistente de acusação; c) do julgamento por quebra da incomunicabilidade dos jurados, tendo em conta a permissão a eles dada de se comunicarem, por 5 minutos, com terceiros, antes de prestarem compromisso.
AO 1046/RR, rel. Min. Joaquim Barbosa, 23.4.2007. (AO-1046)

TRIBUNAL DO JÚRI E COMUNICABILIDADE DOS JURADOS - 2

Quanto à primeira preliminar, asseverou-se que a convocação de jurados em número superior ao previsto no art. 427 do CPP configuraria nulidade relativa, a exigir oportuna impugnação pela parte interessada. Ressaltou-se que, no caso, somente teriam comparecido à sessão de julgamento 23 jurados, dos quais os 2 excedentes não formaram o Conselho de Sentença, não restando demonstrado prejuízo, tendo em conta, ainda, o fato de que a publicação acerca da convocação dos jurados ocorrera 30 dias antes da sessão de julgamento. Na mesma linha, rejeitou-se a segunda preliminar, reportando-se a orientação jurisprudencial no sentido de que a irregularidade na nomeação de assistente de acusação não anula o processo. No que se refere à terceira preliminar, entendeu-se não haver nulidade porque as ligações efetuadas teriam sido feitas perante todos os presentes na sessão e se limitado à comunicação sobre a participação de cada jurado, sem nenhuma referência ao processo por julgar, tendo sido, ademais, lavrada certidão de incomunicabilidade de jurados, assinada pelos oficiais de justiça. Vencidos, no ponto, os Ministros Marco Aurélio, Gilmar Mendes e Sepúlveda Pertence que acolhiam a preliminar, ao fundamento de que a permissão dada aos jurados sorteados para compor o Conselho de Sentença teria violado o art. 458, § 1º, do CPP, sendo evidente o prejuízo decorrente da condenação. AO 1046/RR, rel. Min. Joaquim Barbosa, 23.4.2007. (AO-1046)

ANTECEDENTES CRIMINAIS E AÇÕES PENAIS EM CURSO - 3

Quanto ao mérito, rejeitaram-se as alegações de que a decisão dos jurados seria manifestamente contrária à prova dos autos e de suspeição do juiz do feito e da existência de negociação no Judiciário estadual e no STJ para a condenação do apelante. Por outro lado, entendeu-se ocorrente, na espécie, erro parcial na aplicação da pena. Aduziu-se que o juiz avaliara desfavoravelmente os antecedentes do apelante, fundando-se em certidões que demonstrariam que ele figurava como réu em duas ações penais, ainda em andamento à época da sentença, bem como era indiciado em um inquérito policial. Afirmou-se que a consideração dos processos criminais em andamento como maus antecedentes deve se dar à luz do caso concreto, e que, no caso, a existência de inquérito e ações penais em curso não poderia caracterizá-los, em razão de não haver informações suficientes ao esclarecimento dos fatos que teriam ensejado esses feitos, não sendo possível saber nem os crimes pelos quais o apelante estaria respondendo. Dessa forma, tal circunstância judicial deveria ser neutra, e, por ter o magistrado *a quo* levado em conta negativamente 6 circunstâncias judiciais, elevando a pena-base em 3 anos, procedeu-se a sua redução em 6 meses, excluindo-se o aumento, portanto, relativo aos antecedentes criminais. AO 1046/RR, rel. Min. Joaquim Barbosa, 23.4.2007. (AO-1046)

HOMICÍDIO QUALIFICADO E REGIME DO CUMPRIMENTO DA PENA - 4

Repeliu-se, também, a alegação de que a agravante reconhecida pelo Tribunal do Júri — promover e organizar a atividade criminosa (CP, art. 62, I) — teria implicado *bis in idem*. Esclareceu-se que, no momento da quesitação da circunstância agravante, o Júri admitira que o apelante não só fora o autor intelectual do crime, mas também promovera e organizara toda a atividade criminosa. Daí, considerando a pena mínima do crime de homicídio e as qualificadoras reconhecidas pelo Júri, atribuiu-se, por força do art. 62, I, do CP, mais dois anos à pena provisoriamente fixada, tornando-a definitiva em 16 anos e 6 meses de reclusão. Por fim, tendo em vista que o crime de homicídio qualificado não era hediondo à época dos fatos, não incidindo a Lei 8.072/90 e os demais dispositivos penais referentes ao caráter hediondo do crime, determinou-se o cumprimento da pena no regime inicialmente fechado. Ordenou-se, ainda, a expedição do mandado de prisão depois do trânsito em julgado da condenação. AO 1046/RR, rel. Min. Joaquim Barbosa, 23.4.2007. (AO-1046) (Inform. STF 464)

ABSOLVIÇÃO SUMÁRIA E COMPETÊNCIA - 1

A Turma iniciou julgamento de habeas corpus impetrado em favor de pronunciado pela suposta prática dos crimes previstos nos artigos 121, § 2º, I e IV (duas vezes) e 121, § 2º, V, c/c os artigos 14, II e 29, todos do CP que, em razão de exame de sanidade mental indicando a sua inimputabilidade, fora absolvido sumariamente (CPP, art. 411), em recurso apresentado pela defesa, pelo tribunal de justiça local, o qual lhe impusera, em conseqüência, medida de segurança de internação em estabelecimento próprio. Sustenta-se, na espécie, a impropriedade da aplicação do disposto no mencionado art. 411 do CPP ("O juiz absolverá desde logo o réu, quando se convencer da existência de circunstância que exclua o crime ou isente de pena o réu (arts. 17, 18, 19, 22 e 24, § 1º, do Código Penal), recorrendo, de ofício, da sua decisão. Este recurso terá efeito suspensivo e será sempre para o Tribunal de Apelação"), porquanto o emprego desse dispositivo competiria ao tribunal do júri, órgão competente para julgá-lo, bem como porque demonstrado pelo perito que o problema de saúde do paciente seria superveniente à ocorrência dos fatos criminosos. Alega-se, também, existência de defesa temerária e ofensa ao princípio do devido processo legal, uma vez que o tribunal de origem substituíra-se ao juízo natural. Por fim, requer-se a cassação do acórdão do Tribunal de Justiça do Estado de São Paulo, para que tenha seqüência a ação penal com a submissão do paciente ao tribunal do júri, perante o qual, afirma-se, restará demonstrada a respectiva inocência. HC 87614/SP, rel. Min. Marco Aurélio, 21.3.2006. (**HC-87614**)

ABSOLVIÇÃO SUMÁRIA E COMPETÊNCIA - 2

O Min. Marco Aurélio, relator, acompanhado pelo Min. Ricardo Lewandowski, deferiu o writ, para afastar do mundo jurídico os acórdãos proferidos pelo Tribunal de Justiça do Estado de São Paulo e pelo STJ, quanto à absolvição do paciente e imposição da medida de segurança, a fim de que se prossiga com a submissão ao tribunal do júri. Inicialmente, afirmou que a isenção de pena (CP, art. 26) incide quando existente culpa formada. Nesse sentido, entendeu que a conjugação da absolvição com a medida de segurança conflita com a soberania do tribunal do júri, tendo em conta o direito de o cidadão somente ter a culpa presumida após o exercício do direito de defesa perante o juiz natural, no caso, o tribunal do júri. No tocante ao referido art. 411 do CPP, asseverou que este somente pode ser aplicado pelo juízo ou pelo órgão revisor quando implique a simples absolvição, não resultando na imposição de medida de segurança, haja vista que esta consubstancia sanção penal. Concluiu que o art. 411 do CPP apenas autoriza a atuação no sentido de se absolver o réu, referindo-se, estritamente, a crimes da competência do júri. Afastou, ao final, a existência de defesa temerária, dado que no recurso interposto pela defesa pleiteava-se a revogação da pronúncia, sem se pretender a imposição de medida de segurança. Após, o julgamento foi adiado em virtude do pedido de vista do Min. Carlos Britto. HC 87614/SP, rel. Min. Marco Aurélio, 21.3.2006. (**HC-87614**)

ABSOLVIÇÃO SUMÁRIA E COMPETÊNCIA - 3

A Turma retomou julgamento de habeas corpus impetrado em favor de pronunciado pela suposta prática dos crimes previstos nos artigos 121, § 2º, I e IV (duas vezes) e 121, § 2º, V, c/c os artigos 14, II, e 29, todos do CP que, em razão de exame de sanidade mental indicando a sua inimputabilidade, fora absolvido sumariamente (CPP, art. 411), em recurso apresentado pela defesa, pelo tribunal de justiça local, o qual lhe impusera, em conseqüência, medida de segurança de internação em estabelecimento próprio — v. Informativo 420. O Min. Carlos Britto, em voto-vista, indeferiu o writ por entender que a conjugação da absolvição sumária com a imposição de medida de segurança se impõe sempre que manifesta a inimputabilidade do agente e quando inexistir proposição defensiva que possibilite decisão mais favorável, pelo conselho de sentença, que a própria aplicação da medida de segurança. Nesse sentido, asseverou que a tese de somente competir ao júri absolver sumariamente o acusado inimputável e, em seguida, aplicar-lhe medida de segurança pode implicar prejuízo ao réu, se o júri vier a reconhecer a sua imputabilidade à época do cometimento do fato típico. Ademais, tendo em conta que, na espécie, o laudo de insanidade mental não fora questionado em nenhum momento, que o acusado, recolocado no convívio de sua família, fora repelido ante sua periculosidade e que sua defesa técnica recorrera da sentença de pronúncia pedindo absolvição sumária, considerou-se demonstrada a inimputabilidade, a ensejar a aplicação imediata da norma do art. 411 do CPP, a qual, em homenagem ao inciso III do art. 5º da CF ("ninguém será submetido a tortura nem a tratamento desumano ou degradante."), impede que um acusado, que já era inimputável quando do cometimento dos fatos descritos na denúncia, seja submetido ao desgastante procedimento do júri. Por fim, rejeitou a alegação de vício na defesa técnica do paciente. Após, o Min. Ricardo Lewandowski pediu vista dos autos. HC 87614/SP, rel. Min. Marco Aurélio, 21.11.2006. **(HC-87614)**

ABSOLVIÇÃO SUMÁRIA E COMPETÊNCIA - 4

A Turma concluiu julgamento de *habeas corpus* impetrado em favor de pronunciado pela suposta prática dos crimes previstos nos artigos 121, § 2º, I e IV (duas vezes) e 121, § 2º, V, c/c os artigos 14, II, e 29, todos do CP, que, em razão de exame de sanidade mental indicando a sua inimputabilidade, fora absolvido sumariamente (CPP, art. 411) em recurso apresentado pela defesa, pelo tribunal de justiça local, o qual lhe impusera, em conseqüência, medida de segurança de internação em estabelecimento próprio — v. Informativos 420 e 450. Em face do empate na votação, deferiu-se o *writ* para afastar do mundo jurídico os acórdãos proferidos pelo tribunal de origem e pelo STJ, quanto à absolvição do paciente e imposição da medida de segurança, a fim de que se prossiga com a submissão ao tribunal do júri. Entendeu-se que a conjugação da absolvição com a medida de segurança conflita com a soberania do tribunal do júri, tendo em conta o direito de o cidadão somente ter a culpa presumida após o exercício do direito de defesa perante o juiz natural, no caso, o tribunal do júri. No tocante ao art. 411 do CPP, asseverou-se que este dispositivo somente pode ser aplicado pelo juízo ou pelo órgão revisor quando implicar simples absolvição, não resultando na imposição de medida de segurança, haja vista que esta consubstancia sanção penal. Os Ministros Carlos Britto e Sepúlveda Pertence indeferiam a ordem, sendo que este o fazia em maior extensão, porquanto, embora mantendo a absolvição sumária, concedia *habeas corpus*, de ofício, a fim de excluir a medida de segurança, sem prejuízo da interdição civil promovida pelo Ministério Público. HC 87614/SP, rel. Min. Marco Aurélio, 3.4.2007. (HC-87614) (Inform. STF 462)

SOBERANIA DO JÚRI E ESCOLHA DE TESE

A Turma deferiu *habeas corpus* para cassar decisão do Tribunal de Justiça do Estado de São Paulo que determinara, ao fundamento de que a decisão do conselho de sentença fora manifestamente contrária à prova dos autos (CPP, art. 593, III, d), a realização de novo júri a condenado pela prática do delito tipificado no art. 121, § 1º, do CP. Considerou-se que, na espécie, se o tribunal do júri, com base no depoimento de testemunhas ouvidas em juízo, concluíra que o réu cometera homicídio privilegiado, não poderia o tribunal local substituir esse entendimento, por reputar existentes outras provas mais robustas no sentido contrário ao da tese acolhida. Afastou-se, ainda, a alegação de que o reconhecimento dessa nulidade implicaria revolvimento de provas, incabível na via eleita, uma vez que o próprio acórdão impugnado afirmara haver prova, naqueles autos, a respaldar o veredicto popular, não se podendo concluir, assim, que a tese eleita pelo júri seria inverossímil ou arbitrária. HC 85904/SP, rel. Min. Joaquim Barbosa, 13.2.2007. (HC-85904) (Inform. STF 456)

11.1. SUPERIOR TRIBUNAL DE JUSTIÇA

DIREITO PROCESSUAL PENAL. JÚRI. ANULAÇÃO DE SENTENÇA PELO TRIBUNAL AD QUEM. LIMITES DO NOVO JULGAMENTO.

Não é possível a anulação parcial de sentença proferida pelo júri a fim de determinar submissão do réu a novo julgamento somente em relação às qualificadoras, ainda que a decisão dos jurados seja manifestamente contrária à prova dos autos apenas nesse particular. A CF reconhece a instituição do júri, assegurando-lhe a soberania dos veredictos, que pode ser entendida como a impossibilidade de os juízes togados se substituírem aos jurados na decisão da causa. Em razão disso, o art. 593, III, d, do CPP deve ser interpretado de forma excepcionalíssima, cabível a sua aplicação tão somente na hipótese em que não houver, ao senso comum, material probatório suficiente para sustentar a decisão dos jurados. Além disso, caso o Tribunal se convença de que a decisão dos jurados foi manifestamente contrária à prova dos autos, deve sujeitar o réu a novo julgamento nos termos do § 3º do art. 593 do mesmo diploma legal. Assim, o Tribunal *ad quem* não pode reformar a decisão dos jurados, ainda que contrária à prova dos autos, podendo apenas anular o julgamento e mandar o réu a novo júri. E isso apenas uma vez, pois não pode haver segunda apelação pelo mérito, embora possam existir tantas quantas forem necessárias, desde que ocorra alguma nulidade. Com efeito, em casos de decisões destituídas de qualquer apoio na prova produzida em juízo, permite o legislador um segundo julgamento. Neste, o acusado será submetido a um novo corpo de jurados e a eles caberá a apreciação das teses apresentadas pela acusação e pela defesa. Assim, o que a doutrina e a jurisprudência recomendam é o respeito à competência do júri para decidir, *ex informata conscientia*, entre as versões plausíveis que o conjunto contraditório da prova admita, vedando que a anulação parcial da condenação relativamente à qualificadora possa sujeitar o réu a novo julgamento somente em relação a essa questão. Ora, se a qualificadora é elemento acessório que, agregado ao crime, tem a função de aumentar os patamares máximo e mínimo de pena cominada ao delito, sendo dele inseparável, o reconhecimento de que a decisão dos jurados foi manifestamente contrária à prova dos autos neste particular implica, necessariamente, revolvimento do fato em sua integralidade. É dizer, face à soberania dos veredictos, só se permite a anulação total do primeiro julgamento, devendo o novo corpo de jurados apreciar os fatos delituosos em sua totalidade. Precedentes citados: HC 96.414-SP, DJe 1º/2/2011, e REsp 504.844-RS, DJ de 29/9/2003. **HC 246.223-BA, Marco Aurélio Bellizze, julgado em 6/11/2012.(Inform. STJ 508)**

LIMITE COGNITIVO DA DECISÃO DE PRONÚNCIA.

Na primeira fase do procedimento do tribunal do júri prevalece o princípio *in dubio pro societate*, devendo o magistrado, na decisão de pronúncia, apenas verificar a materialidade e a existência de indícios suficientes de autoria ou participação (art. 413 do CPP). Assim, a verificação do dolo eventual ou da culpa consciente deve ser realizada apenas pelo Conselho de Sentença. Precedentes citados: EDcl no REsp 192.049-DF, DJ 29/3/1999; AgRg no REsp 1.008.903-RS, DJe 24/11/2008; HC 118.071-MT, DJe 1º/2/2011; REsp 912.060-DF, DJe 10/3/2008; HC 44.499-RJ, DJ 26/9/2005, e AgRg no REsp 1.192.061-MG, DJe 1º/8/2011. **REsp 1.279.458-MG, Rel. Min. Jorge Mussi, julgado em 4/9/2012.(Inform. STJ 503)**

JÚRI. DESAFORAMENTO. IMPARCIALIDADE DOS JURADOS.

A Turma decidiu que, em caso de desaforamento fundado na dúvida de imparcialidade do corpo de jurados (art. 427 do CPP), o foro competente para a realização do júri deve ser aquele em que esse risco não exista. Assim, o deslocamento da competência nesses casos não é geograficamente limitado às comarcas mais próximas, que são preferíveis às mais distantes. De fato, o desaforamento deve garantir a necessária imparcialidade do conselho de sentença. Na hipótese, o paciente tem grande influência política na região do distrito da culpa e é acusado de ser integrante de organização criminosa atuante em várias comarcas do estado. Nesse contexto, o Min. Relator não enxergou ilegalidade no desaforamento requerido pelo juiz de primeiro grau, que resultou no deslocamento do feito para a capital do estado. Asseverou, ainda, com base na doutrina e jurisprudência, que no desaforamento é de enorme relevância a opinião do magistrado que preside a causa por estar mais próximo da comunidade da qual será formado o corpo de jurados e, por conseguinte, tem maior aptidão para reconhecer as hipóteses elencadas no art. 427 do CPP. Precedentes citados: HC 43.888-PR, DJe 20/10/2008; HC 34.574-RJ, DJ 5/11/2007, e HC 134.314-PI, DJe 2/8/2010. **HC 219.739-RJ, Rel. Min. Jorge Mussi, julgado em 6/3/2012. (Inform. STJ 492)**

JÚRI. CONTRADIÇÃO. QUESITOS.

A Turma, por maioria, denegou o *habeas corpus* no qual se pretendia anular o julgamento proferido pelo Tribunal do Júri, ante a suposta contradição entre os quesitos votados pelo corpo de jurados. Na espécie, uma das testemunhas ouvidas em plenário afirmou que, na data dos fatos em questão, o paciente encontrava-se em município distante do local dos crimes. Julgada parcialmente procedente a ação penal, o paciente foi condenado pelo crime de homicídio consumado duplamente qualificado; foi absolvida a testemunha pelo crime de falso testemunho. Preliminarmente, asseverou-se que a análise de eventual contradição entre os quesitos apresentados, hipótese de nulidade processual absoluta, não estaria preclusa, pois arguida oportunamente em apelação criminal. No mérito, destacou o Ministro Relator que não se desconhece a existência de julgado do Supremo Tribunal Federal segundo o qual existe contradição nas respostas aos quesitos quando os jurados concluem pela autoria do fato tido por delituoso e, ao mesmo tempo, afastam a prática do crime de falso testemunho por quem apresentou o álibi em favor do acusado. Contudo, afastado o aludido posicionamento, entendeu-se não haver incoerência quando os jurados respondem negativamente ao quesito relativo ao falso testemunho e, positivamente, ao questionamento relativo à autoria do crime. Para tanto, ponderou-se que os juízes leigos podem ter considerado que a testemunha não teria praticado o crime de falso testemunho, porquanto amparada por alguma causa excludente de ilicitude ou culpabilidade. Consignou-se que não é incomum que pessoas inquiridas em julgamento no Tribunal do Júri sintam-se ameaçadas ou constrangidas a prestar depoimento em um ou outro sentido, o que em tese caracterizaria coação moral irresistível, apta a afastar a configuração do delito de falso testemunho. Assim, uma vez sendo possível aos jurados afastar a prática do crime de falso testemunho por motivos que não estão ligados à verdade ou mentira do depoimento prestado, não se pode atestar que a resposta negativa ao quesito correspondente ao falso testemunho implique a veracidade do que foi dito por certa testemunha ao falar em juízo, notadamente se apresentar álibi isolado, contestado em outras provas colhidas no processo. Concluiu-se, portanto, que acobertados os jurados pelo sigilo de suas votações e existindo provas aptas a fundamentar o édito condenatório, a modificação da conclusão do julgado violaria o princípio constitucional da soberania dos veredictos. **HC 119.132-SP, Rel. Min. Jorge Mussi, julgado em 3/11/2011.** (Inform. STJ 486)

DECISÃO. PROVA. AUTOS. JURADOS. SOBERANIA.

O STJ reiterou o entendimento de que não se pode falar em decisão manifestamente contrária à prova dos autos se os jurados, diante de duas teses que sobressaem do conjunto probatório, optam por uma delas, exercitando, assim, a sua soberania nos termos do art. 5º, XXXVIII, **c**, da CF. Nesses termos, a Turma concedeu a ordem para anular o acórdão proferido pelo Tribunal *a quo* e restabelecer a decisão absolutória do conselho de sentença. Precedentes citados: HC 70.962-SP, DJe 22/9/2008; HC 44.374-SP, DJ 10/12/2007; HC 70.108-SP, DJ 3/9/2007, e HC 19.354-RS, DJ 24/6/2002. **HC 134.742-SP, Rel. Min. Maria Thereza de Assis Moura, julgado em 20/9/2011.** (Inform. STJ 483)

JÚRI. IMPARCIALIDADE. DESAFORAMENTO.

Não se olvida que o réu, em crimes dolosos contra a vida, deve ser julgado por seus pares no distrito da culpa. Contudo, a lei processual possibilita o desaforamento do julgamento para outra comarca quando haja interesse de ordem pública, dúvida quanto à segurança do réu ou imparcialidade do júri (art. 427 do CPP). No caso, trata-se de réu (ex-integrante da polícia militar estadual) com forte influência política e social na região, onde atuou por longos anos como oficial militar, a demonstrar a efetiva existência de dúvidas acerca da isenção e imparcialidade dos membros do conselho de sentença. Além disso, há a existência de pedido de desaforamento pelo *Parquet* referente ao mesmo réu, nos autos de outra ação penal (muito semelhante ao caso), que foi acolhido por este Superior Tribunal, por estar devidamente configurada a necessidade de desaforamento. Assim, as peculiaridades do caso demonstram a efetiva existência de dúvidas acerca da imparcialidade do júri, motivo que justifica o deslocamento do julgamento para uma cidade na mesma circunscrição, porém mais afastada. Precedente citado: REsp 823.300-MT, DJ 9/10/2006. **REsp 1.195.265-MT, Rel. Min. Gilson Dipp, julgado em 6/9/2011.** (Inform. STJ 482)

HC. PRONÚNCIA. DESCLASSIFICAÇÃO. JÚRI.

O paciente foi pronunciado pela suposta prática de crime doloso contra a vida (art. 121, *caput*, do CP), uma vez que deu causa a acidente automobilístico quando dirigia em velocidade excessiva e embriagado, o que resultou a morte de uma pessoa. A Turma denegou a ordem ao entender que a decisão de pronúncia encerra simples juízo de admissibilidade da acusação, exigindo o ordenamento jurídico somente o exame da ocorrência do crime e de indícios de sua autoria, não se demandando aqueles requisitos de certeza necessária à prolação de uma sentença condenatória, sendo que as dúvidas, nessa fase processual, resolvem-se contra o réu e a favor da sociedade, a teor do art. 413 do CPP. Afirmar se o recorrente agiu com dolo eventual ou culpa consciente é tarefa que deve ser analisada de acordo com a narrativa dos fatos expostos na denúncia, com o auxílio do conjunto fático-probatório produzido, no âmbito do devido processo legal, pelo tribunal do júri, o que impede a análise do elemento subjetivo de sua conduta neste Superior Tribunal. Precedentes citados: HC 118.071-MT, DJe 1º/2/2011; HC 91.397-SP, DJe 15/12/2008; HC 60.942-GO, DJ 29/10/2007, e REsp 912.060-DF, DJe 10/3/2008. **HC 199.100-SP, Rel. Min. Jorge Mussi, julgado em 4/8/2011.** (Inform. STJ 480)

PRONÚNCIA. DESCLASSIFICAÇÃO. HABEAS CORPUS.

In casu, busca-se a desclassificação do delito de tentativa de homicídio para o crime de perigo para a vida de outrem, sob o fundamento de ausência de *animus necandi* na conduta. A Turma não conheceu do pedido de *habeas corpus* por entender que tal desclassificação demandaria minucioso exame do conjunto fático-probatório, inviável, como consabido, na via estreita do *writ*. Ademais, consignou-se que o tribunal *a quo*, ao manter a pronúncia do paciente em relação ao ofendido, realizou um meticuloso cotejo das provas contidas nos autos. Precedentes citados: HC 119.279-MG, DJe 8/6/2011; HC 176.924-DF, DJe 25/5/2011, e HC 80.660-SP, DJe 26/10/2009. **HC 202.855-SP, Rel. Min. Haroldo Rodrigues (Desembargador convocado do TJ-CE), julgado em 2/8/2011.** (Inform. STJ 480)

JÚRI. CONTRARIEDADE. LIBELO.

In casu, o paciente foi condenado pelo júri em razão da prática de homicídio duplamente qualificado por motivo fútil e surpresa na forma tentada (art. 121, § 2º, II e IV, c/c o art. 14, II, do CP). O tribunal *a quo* negou provimento à apelação interposta. Impetrou-se, então, *habeas corpus* neste Superior Tribunal, o qual foi parcialmente concedido apenas para reduzir a pena-base ao mínimo legal (12 anos), fixando a pena definitiva em oito anos em face da redução de um terço pela tentativa. No *writ* ora em questão, alega-se a nulidade do julgamento por falta de contrariedade ao libelo. Portanto, a tese da impetração é a de nulidade causada pela não devolução do prazo para repetição do ato de protocolização da contrariedade ao libelo. A Turma, ao prosseguir o julgamento, por maioria, denegou a ordem. Entre outros fundamentos, consignou-se que, a despeito da orientação do STJ de que é possível, na via do *habeas corpus*, conhecer de matéria não apreciada pelo acórdão proferido em apelação criminal dado o efeito devolutivo amplo desse recurso, o mesmo entendimento não se aplica à apelação interposta contra decisão proveniente do tribunal do júri. Além disso, na hipótese, o advogado posteriormente constituído foi regularmente intimado a apresentar a contrariedade ao libelo, porém deixou fluir o prazo e não praticou tal ato. Outrossim, a ausência de contrariedade ao libelo, quando há intimação para a prática do ato, não pode acarretar nulidade. Por fim, registrou-se que as nulidades referentes ao libelo crime-acusatório são relativas, desse modo, tornam-se preclusas quando não arguidas no momento posterior à sua suposta configuração. Precedentes citados: HC 121.365-RJ, DJe 17/12/2010; HC 132.870-RJ, DJe 2/8/2010; HC 93.128-RJ, DJe 15/3/2010; HC 97.795-SP, DJe 13/10/2009; HC 87.751-SP, DJe 22/9/2008, e HC 88.919-SP, DJe 6/9/2010. **HC 160.882-BA, Rel. Min. Laurita Vaz, julgado em 14/6/2011.** (Inform. STJ 477)

JÚRI. NOVO JULGAMENTO. SEGUNDO RECURSO.

Trata-se de *habeas corpus* contra acórdão que, com base no art. 593, § 3º, do CPP, não conheceu do segundo recurso de apelação interposto em favor do ora paciente e manteve sua condenação imposta pelo júri em novo julgamento à pena de 49 anos de reclusão em regime integralmente fechado como incurso no art. 121, § 2º, III, IV e V, do CP, por três vezes, na forma do art. 71 do mesmo *codex*. Sustenta o impetrante que a não apreciação do recurso em favor do paciente cerceou seu direito de defesa; pois, segundo entende, inexistem nos autos provas suficientes da materialidade das circunstâncias ensejadoras da qualificadora prevista no inciso III do § 2º do art. 121 do CP. Alega ainda que a pena-base foi indevidamente fixada acima do mínimo legal e que o art. 71 do CP não foi empregado da forma mais favorável ao paciente, o que violaria o art. 75 do mesmo diploma legal. Dessa forma, pretende a concessão da ordem a fim de que seja conhecido o mencionado recurso pelo tribunal *a quo*, além de requerer, de imediato, o afastamento da qualificadora prevista no inciso III do § 2º do art. 121 do CP, a fixação da pena-base no mínimo legal e a aplicação do art. 71 do CP da forma que mais beneficie o paciente, obedecendo-se ao art. 75 do mesmo código. A Turma conheceu parcialmente do *habeas corpus*, mas denegou a ordem, consignando que a norma do art. 593, § 3º, do CPP, ao impedir que a parte se utilize do recurso de apelação para exame do mesmo propósito de anterior apelo interposto, prima pela segurança jurídica, porquanto impede a utilização do expediente recursal como maneira de eternizar a lide criminal. Assim, não sendo a apelação da defesa admitida por corresponder ao segundo recurso pelo mesmo fundamento (contrariedade à prova dos autos), a hipótese não é a de cerceamento de defesa. Portanto, o entendimento expresso no acórdão vergastado atende à recomendação da norma processual, não havendo motivo para reconhecer eventual cerceamento de defesa ou mesmo dele se distanciar. Além disso, não tendo sido enfrentadas pela corte *a quo* as questões atinentes à qualificadora, à fixação da pena e à continuidade delitiva, não podem ser apreciadas nesta hipótese, sob pena de supressão de instância. Ademais, a impetração não trouxe aos autos quais os temas aventados nas razões do recurso de apelação, o que torna ainda mais distante o conhecimento na linha de raciocínio do *habeas corpus* de ofício. Precedentes citados: HC 116.913-RJ, DJe 7/2/2011; REsp 954.914-DF, DJ 18/2/2008, e HC 125.336-SP, DJe 1º/6/2011. **HC 114.328-SP, Rel. Min. Maria Thereza de Assis Moura, julgado em 14/6/2011.** (Inform. STJ 477)

INTIMAÇÃO. EDITAL. DECISÃO. PRONÚNCIA.

A Turma entendeu que o novo regramento trazido pela Lei n. 11.689/2008 aos arts. 420, parágrafo único, e 457 do CPP – intimação por edital da decisão de pronúncia e prescindibilidade da presença do réu no plenário do júri – deve ser temperado pelos princípios do devido processo legal, contraditório e ampla defesa a fim de evitar que o acusado venha a ser condenado pelo conselho de sentença sem nunca ter tido ciência da acusação que lhe é imposta. Explicou o Min. Relator que a antiga redação do art. 366 do CPP permitia que o processo prosseguisse à revelia do acusado que, citado por edital, não comparecesse em juízo para defender-se. Com a nova redação conferida pela Lei n. 9.271/1996, seu não comparecimento passou a conduzir à suspensão do processo e do curso do prazo prescricional. Nesse contexto, consignou que a novel disciplina trazida pelos arts. 420, parágrafo único, e 457 do CPP deve ser aplicada em consonância com o art. 366 do mesmo *codex*, de forma a vedar a intimação por edital da decisão de pronúncia nos casos em que o processo prosseguiu sem que o réu tenha sido localizado na fase inaugural da acusação. Concluiu, portanto, que o réu tem direito a ser intimado pessoalmente quando, nos processos submetidos ao rito escalonado do tribunal do júri, tiver sido citado por edital e não comparecer em juízo nem constituir advogado para defendê-lo, os fatos tiverem ocorrido antes do advento da Lei n. 9.271/1996 e o feito tiver sido paralisado em decorrência da redação anterior do art. 414 do CPP. Salientou que as disposições da Lei n. 11.689/2008 têm como pressuposto a citação real do réu ou seu comparecimento em cartório quando tiver sido citado da acusação por edital, não sendo possível aplicá-las retroativamente. **HC 172.382-RJ, Rel. Min. Gilson Dipp, julgado em 24/5/2011.** (Inform. STJ 474)

JÚRI. HOMICÍDIO QUALIFICADO. INIMPUTABILIDADE. PROVA TESTEMUNHAL.

Trata-se de *habeas corpus* no qual se busca, em síntese, o reconhecimento de justa causa para a persecução penal do paciente, bem como a existência de hipótese de inimputabilidade e, caso sejam superadas as argumentações expostas na exordial, a declaração de nulidade dos atos processuais praticados a partir da pronúncia, com a submissão do ora paciente a novo julgamento. *In casu,* o paciente foi submetido a júri e condenado por homicídio qualificado à pena de 15 anos de reclusão, afastadas as teses de legítima defesa e de sua inimputabilidade. Em apelação, a defesa sustentou contrariedade à prova dos autos, salientando que o laudo pericial realizado anotou que, à época dos fatos, o paciente possuía doença mental, sendo inteiramente incapaz de entender o caráter ilícito do fato ou de se determinar. Tal apelo foi negado pelo tribunal *a quo* sob o fundamento de que os jurados optaram por uma das teses existentes. Apontou-se que a prova testemunhal evidenciaria a imputabilidade do paciente. Diante disso, a Turma, ao prosseguir o julgamento, entendeu, entre outras questões, que, em face da existência de duas teses antagônicas, o corpo de jurados entendeu acolher uma delas, o que afasta a contrariedade à prova colhida durante a instrução. Isso significa que a determinação de submissão a novo júri não se justifica ante o previsto no art. 593, III, **d**, do CPP, pois a decisão dos jurados não se mostrou manifestamente contrária à prova dos autos. Contrariou-se, é certo, a prova produzida pelos *experts,* mas não todo o conjunto probatório, pois havia elementos para adotar a tese em sentido diverso. Assim, prevalecendo o voto médio, denegou-se a ordem, mas se concedeu *habeas corpus* de ofício para, afastando as circunstâncias judiciais indevidamente valoradas, reduzir a pena imputada ao paciente a 12 anos de reclusão e determinar ao juízo das execuções que proceda a novo exame de insanidade mental. Ressaltou-se que, no caso de ser constatada nessa perícia a inimputabilidade do paciente, a medida de segurança a ser aplicada não deve ultrapassar o lapso fixado para a pena privativa de liberdade. Precedentes citados: HC 130.160-SP, DJe 14/12/2009, e HC 88.849-SP, DJ 17/12/2007. **HC 141.598-GO, Rel. originário Min. Celso Limongi (Desembargador convocado do TJ-SP), Rel. para o acórdão Min. Og Fernandes, julgado em 17/5/2011.** (Inform. STJ 473)

COMPETÊNCIA. JÚRI. ACIDENTE. TRÂNSITO. HOMICÍDIO.

Trata-se de acidente de trânsito fatal com duas vítimas e quatro lesões corporais – segundo consta dos autos, o recorrente, no momento em que colidiu com outro veículo, trafegava em alta velocidade e sob a influência de álcool. Por esse motivo, foi denunciado pela suposta prática dos delitos previstos nos arts. 121, *caput*, por duas vezes e 129 por quatro vezes, ambos do CP, e pronunciado para ser submetido a julgamento no tribunal do júri. Ressalta o Min. Relator que o dolo eventual imputado ao recorrente com submissão ao júri deu-se pela soma de dois fatores: o suposto estado de embriaguez e o excesso de velocidade. Nesses casos, explica, o STJ entende que os referidos fatores caracterizariam, em tese, o elemento subjetivo do tipo inerente aos crimes de competência do júri popular. Ademais, a atribuição de indícios de autoria e da materialidade do delito foi fundamentada nas provas dos autos, não sendo possível o reexame em REsp (óbice da Súm. n. 7-STJ). Quanto à desclassificação do delito de homicídio doloso para o crime previsto no art. 302 do CTB – conforme a alegação da defesa, não está provada, nos autos, a ocorrência do elemento subjetivo do tipo (dolo) –, segundo o Min. Relator, faz-se necessário aprofundado exame probatório para ser reconhecida a culpa consciente ou o dolo eventual, pois deve ser feita de acordo com as provas colacionadas. Assim, explica que, além da vedação da citada súmula, conforme a jurisprudência, entende-se que, de acordo com o princípio do juiz natural, o julgamento sobre a ocorrência de dolo eventual ou culpa consciente deve ficar a cargo do tribunal do júri, constitucionalmente competente para julgar os crimes dolosos contra a vida. Dessa forma, a Turma negou provimento ao recurso, considerando que não houve ofensa aos arts. 408 e 74, § 1º, do CPP nem ao art. 302, parágrafo único, V, da Lei n. 9.503/1997, diante de indícios suficientes de autoria e da materialidade delitiva. Quanto à reavaliação desses elementos, isso não seria possível em REsp, pois incide a citada súmula, bem como não cabe o exame de dispositivo da CF. Precedentes citados: HC 118.071-MT, DJe 1º/2/2011; REsp 912.060-DF, DJe 10/3/2008; HC 26.902-SP, DJ 16/2/2004; REsp 658.512-GO, DJe 7/4/2008; HC 36.714-SP, DJ 1º/7/2005; HC 44.499-RJ, DJ 26/9/2005; HC 91.397-SP, DJe 15/12/2008, e HC 60.942-GO, DJ 29/10/2007. **REsp 1.224.263-RJ, Rel. Min. Jorge Mussi, julgado em 12/4/2011.** (Inform. STJ 469)

INDULTO. NOVO JÚRI.

O paciente foi condenado pelo júri, mas ambas as partes apelaram. Nesse ínterim, o juízo de execuções criminais deferiu indulto pleno em seu favor (Dec. n. 4.495/2002). Contudo, ao julgar aqueles recursos, o TJ, de ofício, anulou a decisão concessiva da benesse e determinou que o paciente fosse submetido a novo julgamento, pelo qual, ao final, foi condenado a 12 anos de reclusão. Vê-se, então, que está correta a decisão do TJ, pois o referido decreto presidencial não permite a concessão de indulto se houver recurso interposto pelo MP em busca da exasperação da pena. Na hipótese, o apelo ministerial almejava o reconhecimento de ser a decisão combatida contrária à prova dos autos e, em consequência, pleiteava a submissão do paciente a novo júri sob a imputação de homicídio qualificado, de pena mais severa do que a aplicada no primevo julgamento (homicídio privilegiado). Anote-se que a apelação é dotada dos efeitos devolutivo e suspensivo, o que impõe reconhecer que a sentença só produz efeitos após sua submissão ao colegiado. Assim, no caso, a decisão concessiva do indulto ficou condicionada à confirmação da sentença na apelação, o que, definitivamente, não ocorreu. **HC 69.385-SP, Rel. Min. Og Fernandes, julgado em 7/4/2011.** (Inform. STJ 468)

JÚRI. SOBERANIA. VEREDICTOS.

In casu, a impetração sustenta que o tribunal de origem teria se excedido na fundamentação, externando convicções acerca do mérito da acusação em detrimento do paciente, as quais poderiam influenciar o juízo a ser feito pelos integrantes do conselho de sentença por ocasião do novo julgamento do júri. A Turma, ao prosseguir o julgamento, por maioria, denegou a ordem, reafirmando que, nas hipóteses em que a negativa de autoria é reconhecida pelo conselho de sentença do tribunal do júri, mas o TJ entende ser o veredicto manifestamente contrário à prova dos autos por não encontrar guarida no conjunto probatório produzido, a decisão do júri deve ser cassada, indicando quais os elementos de prova que apontam a autoria do crime para o acusado, sem que isso signifique violação da soberania dos veredictos; caso contrário, incidiria no vício da falta de fundamentação das decisões judiciais (repudiada pela redação do art. 93, IX, da CF/1988). A Min. Relatora, vencida, concedia a ordem em parte por entender que as expressões de emprego excessivo deveriam ser retiradas. Precedentes citados: HC 46.920-PB, DJ 15/10/2007, e HC 59.151-PR, DJ 6/11/2006. **HC 172.097-PR, Rel. originária Min. Laurita Vaz, Rel. para acórdão Min. Napoleão Nunes Maia Filho, julgado em 22/2/2011.** (Inform. STJ 464)

HOMICÍDIO. CONDENAÇÃO. JÚRI.

Trata-se de paciente condenado pelo tribunal do júri como um dos mandantes de homicídio duplamente qualificado, em concurso de pessoas e praticado contra maior de 60 anos (art. 121, § 2º, I e IV, c/c arts. 29 e 61, II,

h, todos do CP), à pena de 30 anos de reclusão em regime inicial fechado. Agora, em *habeas corpus* (HC), a impetração alega nulidade do julgamento que culminou com a condenação do paciente por haver cerceamento do direito de defesa – devido à deficiência da defesa técnica diante de exíguo prazo da Defensoria Pública para estudar o processo – e desrespeito às prerrogativas do advogado. Noticiam os autos que o paciente foi julgado pela primeira vez em 2007, sendo condenado a 30 anos de reclusão, o que, na época, pela legislação vigente, garantiu-lhe automaticamente o direito de um novo júri. Esse novo júri ocorreu em 2009, sendo o paciente absolvido, mas depois foi anulado. Marcado novo júri para o dia 31/3/2010, o defensor antigo não compareceu sob a justificativa de estar aguardando apreciação de liminar em HC impetrado no STF na qual pleiteava a suspensão daquela sessão e solicitou adiamento da sessão. Por isso, foi remarcada a sessão do novo júri para 12/4/2010, respeitado o prazo de dez dias estabelecido no art. 456, § 2°, do CPP, e, por cautela, o presidente do júri também intimou a Defensoria Pública para participar do julgamento no caso de ausência dos defensores constituídos. No dia 12/4/2010, antes do início da sessão de julgamento do júri, o novo causídico protocolizou o substabelecimento sem reservas de poderes, pedindo o adiamento da sessão para estudar os autos, o que lhe foi negado com base no art. 456, § 1°, do CPP – o qual disciplina que, quando não há escusa legítima, o julgamento só pode ser adiado uma vez. Assim, foi mantida a sessão e, perguntado ao réu se aceitava a defesa dos defensores públicos, ele concordou. Isso posto, observou o Min. Relator que este Superior Tribunal entende que o processo penal não é um fim em si mesmo, pois objetiva, sobretudo, garantir o respeito aos princípios constitucionais considerados fundamentais; todavia, em vista de sua importância e dos postulados a serem resguardados, devem ser repelidas as tentativas de sua utilização como forma de prejudicar ou impedir a atuação jurisdicional. Logo, no momento em que o causídico renuncia ao mandato e outro é nomeado no dia do julgamento ou ele deixa de comparecer na sessão para a qual foi devidamente intimado sem qualquer justificativa, fica claro que se trata de estratégia montada pela defesa para procrastinar o feito e frustrar o julgamento do júri, o que o Poder Judiciário não pode tolerar. Dessa forma, não há a alegada deficiência da defesa técnica, pois, no caso, houve anuência do paciente em ser representado pela Defensoria e, em nenhum momento, o réu apresentou objeções nem exigiu que sua defesa fosse feita única e exclusivamente pelo impetrante. Quando o advogado estrategicamente não compareceu à sessão anterior do júri em 30/3/2010, o juiz intimou também a Defensoria Pública para atuar no caso de o causídico não comparecer, naquela oportunidade também foi concedido prazo superior ao estabelecido na legislação para o estudo dos autos pelos defensores. Destacou que, quando não há escusa legítima, o legislador estabeleceu um só adiamento para haver o novo julgamento, procurando impedir as eventuais manobras defensivas observadas antes da reforma do CPP. Por fim, ressaltou o Min. Relator que, na hipótese, era imprescindível a demonstração do prejuízo, uma vez que, no processo penal, a falta de defesa constitui nulidade absoluta, entretanto sua deficiência, segundo a Súm n. 523-STF, só o anulará se houver prova do prejuízo para o réu. Diante do exposto, entre outras argumentações, a Turma, ao prosseguir o julgamento, por maioria, denegou a ordem. Precedente citado: HC 38.317-BA, DJ 14/3/2005. **HC 178.797-PA, Rel. Min. Napoleão Nunes Maia Filho, julgado em 15/2/2011.** (Inform. STJ 463)

JÚRI. NULIDADE.

Trata-se de *habeas corpus* contra acórdão que confirmou condenação do paciente à pena de 24 anos de reclusão em regime inicial fechado mais 12 dias-multa pelo crime de latrocínio, desacolhendo a alegação de cerceamento de defesa, por ter sido dada, no Plenário do Júri, nova capitulação jurídica ao crime cometido. A Turma, ao prosseguir o julgamento, por maioria, concedeu a ordem por entender, entre outras questões, que ficou demonstrado ser inquestionável o fato de que o paciente foi denunciado por crime descrito como homicídio qualificado; em sendo assim, o julgamento popular teria de limitar-se aos termos da sentença de pronúncia. Consignou-se que, apesar da soberania do júri (art. 5°, XXXVIII, **c** e **d**, da CF), forçoso se faz reconhecer que há limites a serem observados, isto é, para julgamento dos crimes dolosos contra a vida. Assim, a sentença que condenou o paciente por crime de latrocínio no Tribunal do Júri incorreu em nulidade por incompetência manifesta, haja vista que o latrocínio não é crime contra a vida, mas contra o patrimônio. Além disso, registrou-se que, *in casu*, o réu foi condenado por crime de que não pôde se defender adequadamente, visto que a pronúncia não fez referência a roubo ou subtração de bens e, sobretudo, porque ofendeu claramente o princípio dos limites da acusação previsto no art. 476 do CPP (tanto na redação nova quanto na redação anterior do então art. 473 do mesmo código). Assentou-se, por fim, que nem mesmo a desclassificação imprópria invocada pelo presidente do Tribunal do Júri e admitida pelo TJ pode ser aceita como justificação para a sentença; pois, mesmo assim, decorreria a necessária alteração da competência com renovação do julgamento pelo juiz competente, mediante as garantias de ampla defesa e contraditório prévio. Desse modo, tendo em vista que, na descrição da pronúncia não está manifesta a conduta latrocida, desaparece a hipótese de possível prorrogação da competência do Tribunal do Júri (art. 492, § 1°, CPP) e, quando muito, para admitir a capitulação adotada pela sentença e acórdão impetrado, seria necessário observar o disposto no art. 384 e §§ do CPP, com sua nova redação. **HC 125.069-SP, Rel. originário Min. Napoleão Nunes Maia Filho, Rel. para o acórdão Min. Jorge Mussi, julgado em 8/2/2011.** (Inform. STJ 462)

JÚRI. HOMICÍDIO QUALIFICADO. VINGANÇA. MOTIVO TORPE.

In casu, o recorrido foi condenado como incurso no art. 121, § 2°, I e IV, do CP à pena de 13 anos, cinco meses e 11 dias de reclusão a ser cumprida inicialmente no regime fechado. Em sede de apelação, o tribunal *a quo* anulou o julgamento e submeteu o réu, ora recorrido, a novo júri. No REsp, o MP, ora recorrente, alegou violação do art. 593, III, d, do CPP, bem como do art. 121, § 2°, I, do CP, ao sustentar que a qualificadora do motivo torpe encontra-se devidamente comprovada nos autos. Nesta instância especial, inicialmente, observou o Min. Relator que as circunstâncias qualificadoras reconhecidas pelo plenário do júri somente podem ser excluídas em sede de apelação, com base no art. 593, III, d, do CPP, quando absolutamente improcedentes, sem amparo nos elementos dos autos, o que não se verificou na espécie. Ressaltou que "manifestamente contrária à prova dos autos é a decisão arbitrária, dissociada do conjunto fático-probatório produzido, e não aquela que apenas diverge do entendimento firmado pelo órgão julgador a respeito da matéria." Segundo o Min. Relator, no caso vertente, constata-se que o Conselho de Sentença, diante das versões apresentadas pela acusação e pela defesa, concluiu que o homicídio foi praticado por motivo torpe. Assim, reconhecida a qualificadora pelo tribunal do júri em conformidade com os fatos apresentados, não poderia o tribunal de origem, via recurso de apelação, desconstituir a escolha dos jurados, procedendo à interpretação que, sob sua ótica, coaduna-se melhor com a hipótese dos autos. Anotou-se, ainda, que, "a verificação se a vingança constitui ou não motivo torpe deve ser feita com base nas peculiaridades de cada caso concreto, de modo que não se pode estabelecer um juízo *a priori*, positivo ou negativo". Conforme assentou o STF, "a vingança, por si só, não consubstancia o motivo torpe; a sua afirmativa, contudo, não basta para elidir a imputação de torpeza do motivo do crime, que há de ser aferida à luz do contexto do fato." Diante desses fundamentos, a Turma, ao prosseguir o julgamento, deu provimento ao recurso para cassar o acórdão impugnado e restabelecer a decisão proferida pelo Tribunal do Júri. Precedentes citados do STF: HC 83.309-MS, DJ 6/2/2004; do STJ: REsp 21.261-PR, DJ 4/9/2000; REsp 256.163-SP, DJ 24/4/2006; REsp. 417.871-PE, DJ 17/12/2004, e HC 126.884-DF, DJe 16/11/2009. **REsp 785.122-SP, Rel. Min. Og Fernandes, julgado em 19/10/2010.** (Inform. STJ 452)

OITIVA. TESTEMUNHA. LIMITE MÁXIMO.

Trata-se de *habeas corpus* no qual se sustenta vulneração do disposto no revogado art. 398 do CPP, vigente à época, uma vez que o juiz de primeiro grau determinou que o rol de testemunhas fosse ajustado ao número máximo permitido no citado codex. Inicialmente, observou o Min. Relator que, conforme a jurisprudência tanto deste Superior Tribunal quanto do STF, o limite máximo de oito testemunhas a serem arroladas pelas partes, quer de acusação quer de defesa, leva em conta a quantidade de fatos imputados ao denunciado. Assim, no caso, sendo o ora paciente denunciado pelo cometimento de um único fato criminoso, qual seja, o homicídio de um juiz de Direito, não se demonstra a excepcional hipótese de ouvir mais testemunhas que o máximo determinado em lei. Ressaltou ser certo que a conduta descrita ensejou a imputação ao paciente da prática de mais que um ilícito penal, considerando-o incurso nas sanções de diversos crimes, todavia todos são remetidos ao mesmo fato delituoso. Ademais, as testemunhas foram ouvidas conforme pleito dos advogados do réu, sendo deferidas várias substituições em atendimento aos pedidos da defesa. Desse modo, não há falar em nenhum cerceamento na fase de instrução do feito para julgamento no Tribunal do Júri, porquanto se está diante de juízo precário de admissibilidade, que poderá sofrer reparo tanto por parte do juiz presidente quanto pela manifestação dos jurados, caso se julgue imprescindível a produção da prova como requerida. Por fim, assinalou não ser admissível que o processo se torne instrumento de perpetuação da condição de acusado do ora paciente, sob o pálio das garantias constitucionais do exercício da ampla defesa, porquanto a razoabilidade de sua duração também é ordem maior que se reveste de garantia da devida prestação jurisdicional nos mesmos termos da CF/1988. Com esses fundamentos, entre outros, a Turma denegou a ordem. Precedente citados do STF: HC 72.402-PA, DJ 29/9/1995; do STJ: HC 63.712-GO, DJ 15/10/2007; HC 26.834-CE,

DJ 20/11/2006; HC 80.856-SE, DJ 3/12/2007; HC 123.492-MG, DJe 13/10/2009, e HC 95.279-AP, DJe 30/6/2008. **HC 55.702-ES, Rel. Min. Honildo de Mello Castro** (Desembargador convocado do TJ-AP), **julgado em 5/10/2010**. (Inform. STJ 450)

QUALIFICADORA. COMPETÊNCIA. TRIBUNAL. JÚRI.

Trata-se de cinco denunciados por suposta prática do crime previsto no art. 121, § 2º, II, III e IV, do CP e um deles também denunciado pelo art. 129 do mesmo *codex*. Discute-se, no REsp, se o acórdão recorrido que deu provimento ao recurso em sentido estrito, retirando a qualificadora de ter sido o crime cometido por meio que impossibilitou a defesa da vítima, devidamente apresentada na exordial e reconhecida na pronúncia, invadiu a competência do Tribunal do Júri de analisar as provas em crimes dolosos contra a vida. Para o Min. Relator, com base em precedentes deste Superior Tribunal, não compete ao juiz, no momento da pronúncia, ainda de formação de culpa, decidir o mérito da pretensão punitiva sob pena de invasão da competência do Tribunal do Júri. Observa que, nessa fase processual (art. 413, § 1º, do CPP), são estreitos os limites de atuação do julgador, sendo absolutamente inviável, durante o juízo de formação de culpa, adentrar o conjunto probatório, o que poderia influenciar os jurados. Ademais, explica que o argumento utilizado pelo tribunal *a quo* para afastar a qualificadora de que a superioridade numérica dos acusados frente à vítima, por si só, não seria capaz de sustentar a qualificadora também poderia ensejar argumento *contrario sensu*. Conclui assim que, quando não há prova plena da procedência da qualificadora, prudente seria analisar sua manutenção pelo conselho de sentença na fase de julgamento em plenário diante das provas dos autos. Diante do exposto, a Turma deu provimento ao recurso para restabelecer os efeitos da sentença de pronúncia. Precedentes citados: REsp 214.245-GO, DJ 11/3/2002; REsp 973.603-MG, DJe 10/11/2008; REsp 707.303-DF, DJ 10/9/2007, e REsp 816.506-DF, DJ 19/6/2006. **REsp 1.102.422-DF, Rel. Min. Jorge Mussi, julgado em 14/9/2010**. (Inform. STJ 447)

DESAFORAMENTO. PRONÚNCIA. PRECLUSÃO.

Trata-se de *habeas corpus* em favor de paciente que recorreu da decisão de pronúncia e, na pendência da apreciação desse recurso, obteve, sem que houvesse requerido, extensão, de ofício, de decisão concessiva de desaforamento a outros corréus. No entanto, tanto a doutrina quanto a jurisprudência são pacíficas no sentido de que não é possível determinar a excepcional providência do desaforamento sem a preclusão da pronúncia, *ex vi* do art. 427, § 4º, do CPP. Com essas considerações, a Turma concedeu a ordem. **HC 145.312-SE, Rel. Min. Maria Thereza de Assis Moura, julgado em 18/5/2010. (Inform. STJ 435)**

RCL. DESAFORAMENTO. JÚRI.

O STJ, ao julgar anterior *habeas corpus*, em razão da influência política do reclamante no município, entendeu estar justificado o desaforamento de seu julgamento pelo júri, mas considerou ilegal o deslocamento diretamente para a capital do estado-membro, sem qualquer justificativa, visto que existem outras comarcas alheias a essa influência que podem abrigar o julgamento e estão mais próximas do local dos fatos. Contudo, o julgamento deu-se na comarca da capital, justamente o local refutado pelo STJ. Daí que procedente a reclamação para anular o julgamento do júri, o acórdão da apelação criminal e seus respectivos embargos. Determinou-se a renovação do julgamento do pedido de desaforamento feito ao tribunal *a quo* na parte cassada pelo STJ, dando efetivo cumprimento ao decidido no referido **HC. Rcl 2.855-PE, Rel. Min. Jorge Mussi, julgada em 28/4/2010**. (Inform. STJ 432)

JÚRI. LEGÍTIMA DEFESA PUTATIVA.

In casu, a irresignação recursal funda-se na ausência de quesito obrigatório em face da legítima defesa putativa acerca da atualidade da suposta agressão e também sobre a possibilidade de verificar o crime culposo. Inicialmente, ressaltou-se que, na hipótese, a tese da legítima defesa putativa apresentada pela defesa limitou-se a enquadrar o caso na injusta e iminente agressão, porquanto o réu, diante do erro de tipo, imaginou que seria alvejado pela vítima e, então, praticou o fato que resultou na morte. Diante disso, entendeu-se que não era exigível a construção de quesito acerca de possível agressão atual e injusta, se a própria verificação da tese defensiva afastava tal dinâmica fática. Observou-se que, pela previsão do art. 20, § 1º, segunda parte, do CP, a quesitação em torno das circunstâncias do erro de tipo, se invencível e se culposo, somente se afigura necessária quando reconhecida a descriminante, sendo que, no caso, isso não ocorreu, levando a considerar prescindível a submissão de quesitos nesse sentido para análise do Conselho de Sentença. Assim, tendo em vista a inocorrência de violação de lei federal e a não comprovação de dissídio jurisprudencial, a Turma, ao prosseguir o julgamento, por maioria, não conheceu do recurso. **REsp 892.366-MG, Rel. Min. Maria Thereza de Assis Moura, julgado em 16/3/2010.** (Inform. STJ 427)

JÚRI. DESAFORAMENTO.

É certo que o réu deve ser julgado no lugar em que supostamente cometeu o delito. Daí, mostra-se inconveniente o desaforamento de júri por simples alegação de dúvida quanto à imparcialidade dos jurados, gravidade dos crimes cometidos ou periculosidade dos réus. **HC 106.102-SP, Rel. Min. Nilson Naves, julgado em 9/3/2010.** (Inform. STJ 426)

HC. NOVO JÚRI. HOMICÍDIO SIMPLES.

O paciente foi denunciado por dois homicídios qualificados (motivo fútil) em continuidade delitiva e teve decretada a prisão preventiva. Na pronúncia, foi mantida sua prisão cautelar e, levado a júri, foi condenado à pena de 15 anos e dois meses de reclusão, sendo-lhe indeferido o direito de apelar em liberdade. No *writ*, reitera o pedido de liberdade por excesso de prazo e pede, ainda, o reconhecimento da prescrição virtual. O Min. Relator entendeu que, embora tenha fôlego o fato atinente à prescrição denominada virtual, a questão reveste-se de total novidade e se ateve à liberdade do paciente. No caso, o julgamento do júri ocorreu em 23/8/2008 e o feito tramitava normalmente até quando o Tribunal anulou o julgamento popular por inexistir a qualificadora do motivo fútil, submetendo o réu a novo julgamento. Com o afastamento da figura do motivo fútil que tornava o crime hediondo, agora o paciente responderá a novo júri somente pelas sanções do homicídio simples. Para o Min. Relator, está evidente a prisão por mais tempo do que determina a lei (art. 648, II, do CPP). Assim, a Turma conheceu em parte do pedido e, nessa parte, deferiu-o, impondo-lhe, no entanto, o compromisso de comparecer a todos os atos do processo. **HC 149.066-TO, Rel. Min. Nilson Naves, julgado em 18/2/2010.** (Inform. STJ 423)

JURADA. MENOR. 21 ANOS.

Cuida-se de REsp do MP estadual que se insurge contra acórdão do TJ que, em apelação, resolveu anular o julgamento do júri, que permitiu, na composição do conselho de sentença, a presença de jurada menor de 21 anos. Afirma o *Parquet* estadual que a presença de jurada menor não enseja nulidade do veredicto porque não influenciou o resultado. Consta dos autos que as partes tinham conhecimento do fato e aceitaram mantê-la sem que a defesa suscitasse sua recusa por motivo legal, tendo-se consignado essa informação em ata. Para a Min. Relatora, não há mácula no julgamento e, uma vez firmado o caráter relativo da nulidade, é possível imaginar a preclusão quanto à presença da jurada menor, desde a verificação do alistamento, consoante previsão do art. 434 do CPP. Lembra que, sobre o critério de alistamento de jurados, a doutrina consagra ser função de estrita competência do juiz presidente do Tribunal do Júri. Explica que, no caso, aplica-se o princípio da convalidação, decorrente da preclusão, e o princípio do prejuízo (*pas de nullité sans grief*), este último reconhecido pelo acórdão recorrido. O único prejuízo que poderia ter ocorrido seria quanto à votação do quesito sobre a confissão espontânea (art. 65, III, **d**, do CP), negada pelo conselho de sentença. Verificou-se, contudo, que, se aceita, a nulidade não traria benefício ao réu, porque a pena fora fixada no mínimo legal. Diante do exposto, a Turma deu provimento ao recurso para manter a condenação do recorrido. **REsp 688.199-DF, Rel. Min. Maria Thereza de Assis Moura, julgado em 17/11/2009.** (Inform. STJ 416)

RESTABELECIMENTO. SENTENÇA. PRONÚNCIA.

O denunciado conduzia seu veículo, levando sua esposa e seu filho, de um ano e quatro meses de idade, oportunidade em que, segundo sua versão, teria ocorrido o acidente que levou ao óbito sua esposa. Ele foi pronunciado como incurso no arts. 121, *caput*, e 125, ambos do CP. Recorreu em sentido estrito e o Tribunal de origem deu provimento ao apelo para impronunciar o réu. O MP recorrente alega que, havendo duas versões diferentes sobre os fatos, a questão deve ser remetida ao Tribunal do Júri em respeito ao princípio *in dubio pro societate*. Para o Min. Relator, se o voto vencido e o vencedor conseguem detectar versões antagônicas a respeito dos fatos, uma das quais incompatível com a tese de que a morte teria sido acidental, o Tribunal de origem não poderia simplesmente adotar a versão mais favorável ao réu, suprimindo a competência do Júri para julgar o feito, notadamente se, para tanto, não houve a necessidade de incursão aprofundada no acervo probatório, incabível na fase de pronúncia. Assim, havendo indícios de que o suposto acidente seja, na verdade, um crime de homicídio perpetrado pelo recorrido contra seu cônjuge, a questão deve ser remetida para o Júri, juízo natural para os julgamentos dos delitos dolosos contra a vida. É a pronúncia um mero juízo de admissibilidade da acusação, não exigindo prova incontroversa da existência do crime, sendo suficiente que o juiz convença-se de sua materialidade. Por outro lado, quanto à sua autoria, não é necessária a certeza exigida para a condenação, bastando existirem indícios suficientes de que o réu seja o autor. Na hipótese, a decisão de primeiro grau foi proferida com estrita observância da norma processual, fundamentando-se em elementos suficientes para pronunciar o réu, tais como o interrogatório, os depoimentos das testemunhas, além do laudo pericial oficial. Diante disso, a Turma deu provimento ao recurso para, cassando o acórdão recorrido, restabelecer a sentença de primeiro grau. **REsp 578.585-PA, Rel. Min. Og Fernandes, julgado em 6/10/2009.** (Inform. STJ 410)

JÚRI. EXIBIÇÃO. PROGRAMA. TV.

A acusação pretende exibir, no Tribunal do Júri, fita de vídeo que contém programa de televisão com a reconstituição do homicídio imputado ao paciente. Nesse contexto, não há ilegalidade da prova, porque não há surpresa. A prova foi submetida ao contraditório, mas a defesa não recorreu tempestivamente da decisão que autorizou a exibição. Os efeitos que, porventura, surjam com a exibição da fita poderão ser amplamente combatidos no decorrer do julgamento, principalmente quando dos debates orais. Assim, não procede a alegação de nulidade, pois resguardados a ampla defesa e o contraditório. Há precedentes deste Superior Tribunal no sentido de que a exibição não é suficiente a caracterizar a perda de parcialidade dos jurados. Como esse entendimento, a Turma, ao renovar o julgamento, por maioria, denegou a ordem. Precedentes citados: HC 31.181-RJ, DJ 6/9/2004, e HC 29.762-RJ, DJ 3/5/2004. **HC 65.144-BA, Rel. Min. Jorge Mussi, julgado em 15/9/2009.** (Inform. STJ 407)

ABSOLVIÇÃO. LEGÍTIMA DEFESA. EXTENSÃO.

O paciente e os corréus foram denunciados como incursos nas penas do art. 121, § 2º, IV, c/c o art. 29, ambos do CP, porque, em concurso e previamente ajustados, ceifaram a vida da vítima. O autor do homicídio foi absolvido pelo Conselho de Sentença em razão do reconhecimento de ter agido sob a excludente de ilicitude do art. 23, II, do CP (legítima defesa), decisão transitada em julgado. O impetrante alega a impossibilidade de condenação do partícipe ante a inexistência de crime. Diante disso, a Turma concedeu a ordem para anular o julgamento do paciente, estendendo-lhe os efeitos da decisão absolutória proferida em favor do autor material do ilícito, ao argumento de que, entendendo o Tribunal do Júri, ainda que erroneamente, que o autor material do crime não cometeu qualquer ato ilícito, o que ocorre quando reconhecida alguma excludente de ilicitude, no caso, a legítima defesa, não pode persistir a condenação contra o mero partícipe, pois a participação, tal como definida no art. 29 do CP, pressupõe a existência de conduta antijurídica. A participação penalmente reprovável há de pressupor a existência de um crime, sem o qual descabe cogitar punir a conduta acessória. Precedentes citados do STF: HC 69.741-DF, DJ 19/2/1993; do STJ: RHC 13.056-RJ, DJe 22/9/2008, e RHC 14.097-MG, DJ 1º/8/2005. **HC 129.078-SP, Rel. Min. Napoleão Nunes Maia Filho, julgado em 25/8/2009.** (Inform. STJ 404)

COMPETÊNCIA. PRONÚNCIA DECRETADA.

Trata-se de *habeas corpus* impetrado contra decisão do TJ que, provendo recurso em sentido estrito interposto pelo MP estadual, pronunciou o paciente como incurso nas penas do art. 121, *caput*, do CP, alterando a decisão de primeiro grau que desclassificara os fatos para delito de competência do juiz singular, ante a inexistência de prova de que o paciente, à direção de um veículo, agira com *animus necandi*. A denúncia imputara ao paciente ter atingido a bicicleta pilotada pela vítima, o que resultara na morte dela. E agira com dolo, porque, participando de um "racha", assumira o risco de produzir o resultado morte, caracterizando o dolo eventual. O paciente esclareceu que a estrada estava movimentada, com trânsito intenso, razão pela qual não se poderia disputar corrida de automóvel naquele local. O acidente ocorreu porque, sendo seu veículo ultrapassado por outro que derivou à direita, cortando a trajetória do automóvel conduzido pelo paciente, ele foi, por sua vez, obrigado a derivar ainda mais para a direita, adentrando o acostamento, por onde trafegavam as duas bicicletas, atingindo a vítima. Assim, alega que não teve a intenção de atingir o ciclista ou de aceitar esse resultado. Diante disso, a Turma, por maioria, concedeu a ordem para arredar a decisão de pronúncia proferida pelo Tribunal *a quo*, ao argumento de que é acertada a decisão do juízo de primeiro grau, desclassificando os fatos para delito de competência de juízo singular, sem prova razoável de que o paciente prestara anuência ao resultado morte. Na espécie, a invasão de acostamento para evitar a colisão com o automóvel que interceptara abruptamente a trajetória do veículo conduzido pelo paciente, provocando a colisão contra o ciclista que por ele trafegava, afasta o dolo eventual, pois o paciente não quis nem assumiu o risco de matar a vítima. Ausente tal elemento volitivo, não há dolo, nem na modalidade eventual. O *habeas corpus*, no caso, é hábil para os fins pretendidos pelo impetrante, desde que, como nos autos, demonstre o excesso de imputação. **HC 126.974-SP, Rel. Min. Celso Limongi (Desembargador convocado do TJ-SP), julgado em 4/8/2009.** (Inform. STJ 401)

HOMICÍDIO QUALIFICADO. JÚRI. PREJUÍZO. DEFESA.

Pleiteia-se, no recurso, que seja declarada a nulidade, por deficiência de defesa, do processo que apura a suposta prática de homicídio qualificado, visto que o defensor constituído nos autos, apesar de intimado, não ofereceu alegações finais, não recorreu da sentença de pronúncia e não apresentou contrariedade aos libelos. Requer-se a reabertura do prazo para alegações finais. Este Superior Tribunal consolidou o entendimento de que a apresentação de alegações finais é facultativa nos processos de competência do Tribunal do Júri, uma vez que não há julgamento do mérito com a sentença de pronúncia, mas mero juízo de admissibilidade da acusação formulada. Também possui entendimento pacífico de que, se a defesa fora intimada da sentença de pronúncia e não manifestou a pretensão de recorrer, é aplicável a regra processual da voluntariedade dos recursos, (art. 574, *caput*, do CPP). Outrossim, a não apresentação de contrariedade ao libelo, de acordo com a jurisprudência do STJ, não implica, por si só, nulidade, sendo mera faculdade processual da defesa. Todavia, embora a jurisprudência desta Corte indique que a não apresentação pelo advogado de uma das peças processuais citadas não acarreta, por si só, a declaração de nulidade do ato judicial, cabe ao magistrado verificar a eventual ocorrência de prejuízo ao réu diante de cada caso concreto, de modo que os automatismos devem ser evitados em se tratando de processo penal. No caso, o defensor constituído pelos réus deixou de apresentar três peças processuais, hipótese não contemplada em nenhum dos precedentes citados, nos quais, no máximo uma peça não foi oferecida. Para o Min. Relator, é evidente o prejuízo à defesa dos recorrentes, não sendo crível a tese esposada pelo acórdão recorrido de que a inércia do advogado, *in casu*, poderia ser mera estratégia defensiva. Ressaltou que, somente após a não apresentação de contrariedade ao libelo, ou seja, passados quase dez meses sem qualquer manifestação defensiva nos autos, os réus foram intimados para informar se o advogado à época constituído ainda continuava patrocinando seus interesses, quando o recomendado seria que os recorrentes, logo após o transcurso do prazo para a apresentação de alegações finais, fossem cientificados de que estavam sem defesa e, no caso de eventual inércia, fosse nomeado defensor dativo, dando-se, assim, efetividade ao princípio da plenitude de defesa. Conforme a CF/1988, é inadmissível que os réus fiquem tanto tempo indefesos em processo que apura a suposta prática de homicídio qualificado. Ante o exposto, a Turma deu provimento ao recurso. Precedente citado: HC 33.740-PE, DJ 28/6/2004. **RHC 22.919-RS, Rel. Min. Napoleão Nunes Maia Filho julgado, em 18/6/2009.** (Inform. STJ 399)

DESAFORAMENTO. DILIGÊNCIAS.

O paciente foi denunciado e pronunciado pela suposta prática de homicídio qualificado por motivo torpe (inadimplência de dívida), mas a sessão plenária acabou suspensa em razão do deferimento de liminar em pedido de desaforamento feito, não pelo MP, mas sim pela defesa. Nesse mesmo pedido, ela pugnou pela realização de diligências, requerimento que foi acolhido, em parte, pelo desembargador relator. A defesa alega, agora, que, a partir da liminar, não teria mais participado dos atos processuais subsequentes, que culminaram na improcedência do pedido de desaforamento: nem sequer lhe foi oportunizado manifestar-se sobre as provas produzidas, o que foi concedido à acusação, em franca disparidade de tratamento, além da ausência de intimação do defensor público para a sessão de julgamento, fato que causaria nulidade absoluta. Quanto a isso, correto se mostra o entendimento de que, a princípio, o pedido de desaforamento não comporta dilação probatória. Contudo, excepcionalmente, diante da realização das diligências requeridas, que levaram ao ingresso de novos elementos no feito, há a necessidade de ciência da defesa, quanto mais se isso foi conferido ao *Parquet*. Porém, a alegação de falta de intimação da defesa para sessão de julgamento não merece guarida, visto que o regimento interno do TJ em questão traz dispositivo quanto ao desaforamento prescindir de inclusão em pauta, ao fundamento de ser levado em mesa para julgamento. Anote-se que a jurisprudência deste Superior Tribunal entende pela imprescindibilidade de intimação quando se referir à sessão de julgamento de *habeas corpus*, em que ela foi previamente requerida, isso em prol da garantia da mais ampla defesa. Com esse entendimento, a Turma concedeu, em parte, a ordem, para determinar a anulação do julgamento do desaforamento, assegurar à defesa a oportunidade de se manifestar sobre a prova acrescida e, se quiser, requerer intimação da nova sessão de julgamento, restabelecida a liminar antes deferida que suspendeu o julgamento do paciente. Precedentes citados: HC 84.932-MG, DJ 12/11/2007; HC 42.004-MG, DJe 14/4/2008, e HC 47.525-SP, DJ 7/2/2008. **HC 55.802-RJ, Rel. Min. Maria Thereza de Assis Moura, julgado em 18/6/2009.** (Inform. STJ 399)

JÚRI. INOVAÇÃO. TRÉPLICA.

A Turma, ao prosseguir o julgamento, por maioria, entendeu que, no âmbito do Júri, é possível a inovação de tese defensiva (no caso, de inexigibilidade de conduta diversa) quando da tréplica, visto que essa instituição vem pautada, sobremaneira, pela plenitude de defesa (art. 5º, XXXVIII, **a**, e LV, da CF/1988). O voto vencido repudiava a inovação ao fundamento de violação do princípio do contraditório. Precedente citado: REsp 5.329-GO, DJ 26/10/2002; HC 42.914-RS, DJ 19/4/2005, e HC 44.165-RS, DJ 23/4/2007. **HC 61.615-MS, Rel. originário Min. Hamilton Carvalhido, Rel. para acórdão Min. Nilson Naves, julgado em 10/2/2009.** (Inform. STJ 383)

JÚRI. COMPETÊNCIA. INVASÃO.

A Turma, por maioria, entendeu que as decisões do Tribunal do Júri, por serem "subjetivamente complexas", não podem ser alteradas pelo Tribunal de Justiça estadual, em que pese o reconhecimento de possível agravante que não constou nos autos quando do julgamento pelos jurados. A competência do Tribunal do Júri é soberana para os crimes dolosos contra a vida (art. 5º, XXXVIII, da CF/1988) e o entendimento dos jurados, no caso, não reconheceu o alegado vínculo de parentesco a justificar a alteração de pena do réu condenado, tida pelo Tribunal de Justiça como agravante, desconsiderada pelo Conselho de Sentença, pelo fato de que o crime contra o próprio irmão é passível de agravamento de pena. Tal fato não ficou provado nos autos, como afirmado no acórdão, não podendo o TJ concluir que a decisão do jurados foi contrária à prova dos autos, enquanto não admitiram a agravante em questão e, com isso, em segundo grau, elevar a reprimenda, a despeito do arts. 74, § 1º, c/c 593, III, d, ambos do CPP. No caso, cabível a exclusão do art. 61, II, e, do CP, restabelecendo a sentença do Tribunal do Júri que condenou o apenado com base no art. 121, § 1º, do CP. Precedente citado: REsp 121.759-PR, DJ 16/2/2004. **HC 95.412-RS, Rel. Min. Jorge Mussi, julgado em 27/11/2008.** (Inform. STJ 378)

HC. JÚRI. COMPETÊNCIA.

Trata-se de paciente denunciado como incurso nas penas do art. 121, § 2º, V, c/c o art. 14, II (duas vezes); art. 157, § 2º, I e II, todos do CP e art. 16, parágrafo único, IV, da Lei n. 10.826/2003 (lei do desarmamento). Após a pronúncia, o juiz rejeitou a denúncia quanto ao delito do art 16, IV, da Lei n. 10.826/2003, por entender que o porte ilegal de arma estaria absorvido pelos demais crimes. Por essa razão, houve recurso em sentido estrito do Ministério Público e o TJ deu-lhe provimento pela imputação do delito da citada lei. Depois, o paciente foi pronunciado, submetido ao Tribunal do Júri e condenado em todas as imputações, mas, quanto ao porte de arma, o juiz presidente do Tribunal do Júri, aplicando o princípio da consunção, absolveu o réu (ora paciente) dessa imputação. Mais uma vez, o MP recorreu à Corte estadual, que proveu a apelação para, entre outras questões, condená-lo nas penas do crime de porte de arma. Daí o presente *habeas corpus*, sustentando que o Tribunal *a quo* teria contrariado o princípio do juiz natural. Isso posto, para o Min. Relator, ao juiz presidente do Tribunal do Júri cabia apenas aplicar a pena e não absolver o paciente pelo porte ilegal de arma, porque foi reconhecida a prática criminosa pelo Júri, soberano no julgamento dos crimes dolosos contra a vida e dos crimes com eles conexos. Em assim procedendo, usurpou indevidamente a competência do Tribunal do Júri para análise da questão. Pelo exposto, a Turma denegou a ordem. Precedente citado: HC 84.672-PA, DJ 12/11/2007. **HC 107.578-RJ, Rel. Min. Arnaldo Esteves Lima, julgado em 18/11/2008.** (Inform. STJ 377)

NULIDADE. JULGAMENTO. JÚRI.

Condenado pelo Tribunal do Júri alega, em *habeas corpus*, a existência de nulidades ocorridas durante a sessão de julgamento. A primeira seria constar equivocadamente do relatório lido em plenário folha de antecedentes criminais com quatro anotações gravosas que diziam respeito a outra pessoa, pois o paciente não possui tais antecedentes, o que induziu a erro o conselho de sentença, a justificar a anulação do julgamento. Quanto à segunda nulidade, alega que a tese sustentada pela defesa (caráter acidental do disparo de arma de fogo) não foi objeto de quesitação, o que influiria diretamente no elemento subjetivo do tipo (Súm. n. 156-STF). A Min. Relatora acolheu a segunda nulidade invocada, embora a defesa não tenha demonstrado qualquer insurgência contra os quesitos no momento oportuno, ficando prejudicada a primeira nulidade, via de conseqüência. Observa que, apesar de a nulidade ser invocada tardiamente, considerou que ela é absoluta, pois, no caso, diz respeito à falta de quesito obrigatório, sendo assim, despicienda sua argüição *oportuno tempore*, conforme o entendimento da Súm. n. 156 do STF, e que o art. 484, III, do CPP vigente à época (antes da edição da Lei n. 11.689/2008) exigia que todas as teses defensivas deveriam ser objeto de quesitação, independentemente de ser ou não invocadas pelo réu ou pela sua defesa. Por quesito obrigatório entende ser aquele que compromete a defesa do réu e o julgamento pelo Júri, impedindo os jurados de afirmar o exato alcance e compreensão dos fatos. Explicou que, no caso, o caráter acidental dos disparos, que não foi objeto da quesitação, se acolhido, até poderia absolver o paciente. Diante desses fundamentos, a Turma concedeu a ordem para anular o julgamento do paciente pelo Tribunal do Júri, devendo ser realizado outro com a estrita observância da necessidade de formulação dos quesitos obrigatórios. Precedentes citados do STF: HC 73.163-MG, DJ 8/10/1999; do STJ: HC 30.504-RJ, DJ 6/2/2006. **HC 109.283-RJ, Rel. Min. Jane Silva (Desembargadora convocada do TJ-MG), julgado em 28/10/2008.** (Inform. STJ 374)

JÚRI. QUESITOS. CISÃO. TJ.

O conselho de sentença, na votação, acatou a tese da legítima defesa própria. Porém, em outro quesito, entendeu que o réu excedera dolosamente os limites da legítima defesa. Sucede que, uma vez expressa a vontade daquele conselho enquanto colegiado, mediante a resposta aos quesitos, não se pode cindi-la, seja qual for o motivo, sob pena de invasão à soberania de seus veredictos assegurada na CF/1988. O TJ não pode secionar as respostas dos jurados, de modo a extrair a almejada absolvição do réu. Não há outra opção se não o levar a um novo júri. **HC 96.642-PA, Rel. Min. Maria Thereza de Assis Moura, julgado em 22/4/2008.** (Inform. STJ 353)

CRIME. ERRO ESSENCIAL INEVITÁVEL.

Os pacientes foram denunciados e pronunciados nos termos do art. 121, § 2º, II e IV, c/c o art. 14, todos do CP. Submetidos ao Tribunal do Júri, restaram absolvidos pelo Conselho de Sentença que reconheceu terem eles agido por erro de tipo invencível (art. 20 do CP) – imaginaram estar atirando em um animal em vez de nas pessoas que haviam adentrado a sua propriedade. O Ministério Público apelou, e o Tribunal *a quo* anulou o julgamento ao fundamento de que a decisão dos jurados era manifestamente contrária à prova dos autos. Daí a impetração deste *habeas corpus*, alegando que a decisão feria a soberania dos veredictos do júri e, subsidiariamente, requerendo a anulação do acórdão em razão da eloqüência acusatória, a qual pode influenciar na decisão dos jurados no novo julgamento. Para o Min. Relator, com base também no parecer da Subprocuradoria, no caso dos autos, o juiz da pronúncia já reconhecia haver teses conflitantes, assim, se os jurados optaram por uma das versões apresentadas, não há a hipótese de que essa decisão seja manifestamente contrária à prova dos autos. Outrossim, ao Conselho de Sentença, somente a ele, cabe dirimir o conflito quando da votação dos quesitos. Note-se que a tese absolutória, baseada no erro invencível dos pacientes, foi acolhida no momento do julgamento, consubstanciada nos interrogatórios, depoimentos e laudos acostados no processo. Com esse entendimento, a Turma, ao prosseguir o julgamento, por maioria, concedeu a ordem. **HC 70.962-SP, Rel. Min. Nilson Naves, julgado em 4/3/2008.** (Inform. STJ 347)

PRONÚNCIA. FUNDAMENTAÇÃO. QUALIFICADORAS.

A pronúncia trouxe qualificadoras ausentes da necessária fundamentação. Essa sentença foi confirmada em sede de recurso em sentido estrito sem que o Tribunal *a quo* sequer tratasse das qualificadoras, visto que se ateve aos indícios de autoria. Diante disso e da indagação de ser lícito agora se conhecer da matéria, certo é que, mesmo que na origem não se tenha tratado às claras do tema desse *habeas corpus*, qual seja, a falta de fundamentação das qualificadoras, teve aquele Tribunal toda a oportunidade de fazê-lo, visto que recebeu em suas mãos a pronúncia, examinou-a e sobre ela emitiu amplo juízo de valor. Assim, impõe-se, diante dos precedentes, reconhecer a alegada falta de fundamentação e conceder a ordem para que haja outra pronúncia, dando-se os motivos das qualificadoras. Precedentes citados: HC 16.374-SP, DJ 5/11/2001; HC 48.175-SP, DJ 8/5/2006; HC 16.275-PE, DJ 29/10/2001; HC 42.290-PB, DJ 27/3/2006, e HC 43.346-PE, DJ 5/3/2007. **HC 75.310-MA, Rel. Min. Nilson Naves, julgado em 11/9/2007.** (Inform. STJ 331)

DESAFORAMENTO. JÚRI. INTIMAÇÃO. DEFESA.

Na espécie, ao ser realizado novo julgamento pelo Tribunal do Júri na comarca em que o paciente foi condenado, foi dissolvido o Conselho de Sentença pelo juiz presidente por ter sido noticiada a quebra de incomunicabilidade por uma das juradas, encerrando-se a referida sessão. Diante desse fato, o MP representou pelo desaforamento do processo. Isso posto, ressalta o Min. Relator que, no presente *habeas corpus*, a defesa do paciente alega que não foi intimada para apresentar manifestação acerca do pedido de desaforamento, tampouco foi intimada da data do julgamento no TJ. Nesses casos, há precedentes do STF e do STJ, reclamando a audiência de defesa à luz dos princípios do contraditório e da ampla defesa, que se faz indispensável sob pena de nulidade do ato. Com esse entendimento, a Turma concedeu a ordem, anulando o julgamento para que se proceda a outro, ouvindo-se previamente a defesa, que também será intimada para a sessão de julgamento. Precedente citado: HC 34.043-SE, DJ 1º/7/2004. **HC 62.915-RS, Rel. Min. Nilson Naves, julgado em 12/6/2007.** (Inform. STJ 323)

HC. EXCLUSÃO. QUALIFICADORA. HOMICÍDIO. DOLO EVENTUAL.

O paciente, médico-cirurgião plástico, foi denunciado pelo exercício ilegal da medicina (CP, art. 282, parágrafo único) e dois homicídios qualificados (CP, art. 121, § 2º, I e IV), decorrentes de dolo eventual. Foi pronunciado sem as qualificadoras. Diante disso, o Min. Relator, invocando precedentes deste Superior Tribunal, esclareceu não haver, no crime de homicídio, incompatibilidade entre o dolo eventual e o motivo fútil. E acrescentou que há conceitos de ordem jurisprudencial e de caráter doutrinário segundo os quais não são antinômicos o dolo eventual e as qualificadoras do homicídio, assumindo a posição a favor da compatibilidade, pois, na denúncia, teve-se por evidente a qualificadora – pelo fato tão-só de ter o médico omitido no seu carimbo as iniciais do Estado. Mas, votou pela concessão, em parte, da ordem, com o intuito de excluir das peças processuais a qualificadora relativa ao inciso IV do § 2º do art. 121 do CP não existente no caso. Explicitou-se não implicar nulidade do processo. A ação penal há de ter seqüência, prosseguimento normal. Só que, onde se lê algo relativo à qualificadora do inciso IV, doravante nada se lerá, simplesmente ela não será exposta aos jurados e nem sobre ela perguntados. Isso posto, a Turma, ao prosseguir o julgamento, por unanimidade, concedeu em parte a ordem. Precedentes citados: REsp 365-PR, DJ 10/10/1989; REsp 57.586-PR, DJ 25/9/1995; REsp 192.049-DF, DJ 1º/3/1999, e HC 36.714-SP, DJ 1º/7/2005. **HC 58.423-DF, Rel. Min. Nilson Naves, julgado em 24/4/2007.** (Inform. STJ 318)

COMPETÊNCIA. JÚRI POPULAR.

A Turma conheceu em parte do REsp e, nessa parte, deu-lhe provimento, ao entender que o Tribunal de origem invadiu a competência do Tribunal do Júri, extrapolando sua atuação (art. 74, § 1º, do CPP) quando reformou a sentença absolutória do Júri, realizando ponderações de mérito. Note-se que os recorrentes primeiro foram condenados pela prática de homicídio duplamente qualificado (art. 121, § 2º, I e IV, do CP), esse julgamento restou anulado pelo Tribunal *a quo*, por manifesta contrariedade da decisão às provas dos autos. Levados os réus a novo Júri, foram absolvidos com base no art. 386, VI, do CPP. Houve nova apelação do MP e da assistente de acusação, e o Tribunal novamente reformou a sentença pelo mesmo argumento. Daí o REsp em que, segundo a Min. Relatora, busca-se a verificação das duas teses conflitantes da defesa e da acusação. Isso posto, ainda destacou a Min. Relatora que o Tribunal *a quo,* ao julgar a segunda apelação, desprezou a primeira, exorbitou da sua competência ao desconsiderar as duas teses existentes, inclusive usando o mesmo argumento da primeira apelação para determinar um terceiro Júri. Outrossim, houve valoração do material probatório com base nas provas colhidas durante a investigação policial, em depoimentos não confirmados em juízo. Ademais, a decisão do Júri não se mostrou divorciada do apurado a ponto de ser reavaliada, tanto que os réus foram absolvidos por 6 votos a 1, o que evidencia ter a tese da defesa alguma consistência. **REsp 690.927-CE, Rel. Min. Maria Thereza de Assis Moura, julgado em 13/3/2007.** (Inform. STJ 313)

SÚMULA STF Nº 712

É nula a decisão que determina o desaforamento de processo da competência do júri sem audiência da defesa.

SÚMULA STF Nº 206

É nulo o julgamento ulterior pelo júri com a participação de jurado que funcionou em julgamento anterior do mesmo processo.

SÚMULA STF Nº 162

É absoluta a nulidade do julgamento pelo júri, quando os quesitos da defesa não precedem aos das circunstâncias agravantes.

SÚMULA STF Nº 156

É absoluta a nulidade do julgamento, pelo júri, por falta de quesito obrigatório.

12. JUIZADOS ESPECIAIS

TRANSAÇÃO PENAL DESCUMPRIDA E SEGUIMENTO DA AÇÃO PENAL

O Tribunal, após reconhecer a existência de repercussão geral no tema objeto de recurso extraordinário interposto contra acórdão da Turma Recursal do Estado do Rio Grande do Sul, reafirmou a jurisprudência da Corte acerca da possibilidade de propositura de ação penal quando descumpridas as cláusulas estabelecidas em transação penal (Lei 9.099/95, art. 76) e negou provimento ao apelo extremo. Aduziu-se que a homologação da transação penal não faz coisa julgada material e, descumpridas suas cláusulas, retorna-se ao *status quo ante*, viabilizando-se ao Ministério Público a continuidade da persecução penal. Precedentes citados: HC 88785/SP (DJU de 4.8.2006); HC 84976/SP (DJU de 23.3.2007) HC 79572/GO (DJU de 22.2.2002); RE 581201/RS (DJE de 20.8.2008); RE 473041/RO (DJU de 16.5.2006); HC 86694 MC/SP (DJU de 11.10.2005); HC 86573/SP (DJU de 5.9.2005); RE 268319/PR (DJU de 27.10.2000). **RE 602072 QO/RS, rel. Min. Cezar Peluso, 19.11.2009.** (RE-602072) (Inform. STF 568)

SUSPENSÃO CONDICIONAL DO PROCESSO: PERÍODO DE PROVA E REVOGAÇÃO

O benefício da suspensão condicional do processo, previsto no art. 89 da Lei 9.099/95, pode ser revogado após o período de prova, desde que os fatos que ensejaram a revogação tenham ocorrido antes do término deste período. Com base nesse entendimento, a Turma indeferiu *habeas corpus* em que denunciado pela prática do crime de estelionato (CP, art. 171, *caput*) sustentava que a revogação da suspensão condicional do processo, depois de findo o período de prova, não poderia subsistir. Assentou-se que, na espécie, o paciente não cumprira duas das condições impostas por ocasião da suspensão do seu processo, quais sejam: a) a reparação do dano causado à vítima e b) o pagamento de cesta básica. **HC 97527/MG, rel. Min. Ellen Gracie, 16.6.2009.** (HC-97527) (Inform. STF 551)

EMENTA: PROCESSO PENAL. INFRAÇÕES COMETIDAS EM CONCURSO MATERIAL, CONCURSO FORMAL OU CONTINUIDADE DELITIVA. SUSPENSÃO CONDICIONAL DO PROCESSO. ART. 89 DA LEI Nº 9.099/95. NÃO APLICAÇÃO.

O benefício da suspensão condicional do processo, previsto no art. 89 da Lei nº 9.099/95, não é admitido nos delitos praticados em concurso material quando o somatório das penas mínimas cominadas for superior a 01 (um) ano, assim como não é aplicável às infrações penais cometidas em concurso formal ou continuidade delitiva, quando a pena mínima cominada ao delito mais grave aumentada da majorante de 1/6 (um sexto), ultrapassar o limite de um (01) ano. **HC N. 83.163-SP. RELATOR P/ O ACÓRDÃO: MIN. CARLOS BRITTO. Noticiado no Informativo 542** (Inform. STF 551)

***SURSIS* PROCESSUAL E CONCURSO DE CRIMES**

Iniciado o julgamento de habeas corpus em que se discute, ante a nova composição da Corte, o cabimento ou não da suspensão condicional do processo (Lei 9.099/95, art. 89) na hipótese de crimes cometidos em concurso formal, concurso material ou em continuidade delitiva. O Min. Sepúlveda Pertence, relator, na linha do voto por ele proferido no julgamento do HC 77.242-SP (DJU de 25.1.2001), votou no sentido de deferir parcialmente o writ, por entender que para a aplicação do sursis processual deve ser considerada a pena mínima atribuída a cada um dos delitos, isoladamente, e não a sua soma - ficando afastada, portanto, a possibilidade de concessão do sursis processual quando a um dos crimes for cominada pena mínima superior a um ano -, ressaltando, ainda, que o preenchimento do requisito objetivo não afasta a análise do requisito de mérito, para o qual se deve considerar o conjunto dos crimes praticados. O Min. Sepúlveda Pertence, portanto, deferiu em parte o writ, para que o Tribunal a quo, afastado o fundamento derivado da soma das penas mínimas correspondentes ao número de crimes imputados aos pacientes, decida da concorrência de outros requisitos para o fim de aplicação ou não da suspensão condicional do processo. Após, o julgamento foi adiado em face do pedido de vista do Min. Nelson Jobim. [Lei 9.099/95, art. 89: "Nos crimes em que a pena mínima cominada for igual ou inferior a 1 (um) ano, abrangidas ou não por esta Lei, o Ministério Público, ao oferecer a denúncia, poderá propor a suspensão do processo, por 2 (dois) a 4 (quatro) anos, desde que o acusado não esteja sendo processado ou não tenha sido condenado por outro crime, presentes os demais requisitos que autorizariam a suspensão condicional da pena]. **HC 83.163-SP, rel. Min. Sepúlveda Pertence, 21.8.2003.** (HC-83163)

***SURSIS* PROCESSUAL E CONCURSO DE CRIMES – 2**

O Tribunal retomou julgamento de habeas corpus em que se discute o cabimento ou não da suspensão condicional do processo (Lei 9.099/95, art. 89) na hipótese de crimes cometidos em concurso formal, concurso material ou em continuidade delitiva — v. Informativo 317. O Min. Nelson Jobim, presidente, em voto-vista, abriu divergência para indeferir a ordem, mantendo a orientação fixada pela Corte no julgamento do HC 77242/SP (DJU de 25.5.2001), de que, para concessão do benefício, há de haver a soma das penas mínimas dos delitos em concurso ou continuados, cujo valor deve ser inferior a um ano. Foi acompanhado pelos Ministros Joaquim Barbosa e Carlos Britto. Inicialmente, ressaltou que "a suspensão condicional do processo é instrumento que, diante da valoração do legislador, se presta a evitar os 'efeitos estigmatizantes' do processo", e tem por objetivo alcançar os crimes de menor gravidade. Com base nisso, e tendo em conta a forma como o direito penal trata e entende as figuras de concurso de crimes — quanto ao cumprimento de pena, tem-se a ficção de que no concurso material há um crime com pena que equivale à soma das penas cominadas aos demais crimes (CP, art. 69), e no concurso formal e na continuidade delitiva há o crime mais grave com pena aumentada de 1/6 (CP, artigos 70 e 71) —, concluiu que qualquer interpretação que altere essa configuração original conduz à subversão das opções feitas pelo legislador. Asseverou que a Lei 9.099/95, quando dispôs sobre a matéria, tomando por base o instituto da suspensão condicional da pena (CP, art. 77), indiretamente valorou esse quadro ao impor como critério objetivo de incidência da norma a pena mínima do crime em um ano e que, no caso de concurso de crimes, haver-se-ia de considerar tais parâmetros. O Min. Eros Grau acompanhou o voto do relator no sentido de conceder parcialmente a ordem. Após, o julgamento foi adiado em face do pedido de vista do Min. Cezar Peluso. **HC 83163/SP, rel. Min. Sepúlveda Pertence, 23.2.2006.** (HC-83163)

***SURSIS* PROCESSUAL E CONCURSO DE CRIMES - 3**

O Tribunal, por maioria, indeferiu *habeas corpus* em que se pretendia fosse reconhecido o direito ao *sursis* processual previsto no art. 89 da Lei 9.099/95 aos pacientes, ao fundamento de que acusados por crimes aos quais, isoladamente, não seria cominada pena máxima superior a um ano — v. Informativo 317 e 417. Manteve-se a orientação fixada pela Corte no julgamento do HC 77242/SP (DJU de 25.5.2001), no sentido de que, para concessão do benefício, há de haver a soma das penas mínimas dos delitos em concurso ou continuados, cujo valor deve ser inferior a um ano. Ressaltou-se que "a suspensão condicional do processo é instrumento que, diante da valoração do legislador, se presta a evitar os 'efeitos estigmatizantes' do processo", e tem por objetivo alcançar os crimes de menor gravidade. Com base nisso, e tendo em conta a forma como o direito penal trata e entende as figuras de concurso de crimes — quanto ao cumprimento de pena, tem-se a ficção de que no concurso material há um crime com pena que equivale à soma das penas cominadas aos demais crimes (CP, art. 69), e no concurso formal e na continuidade delitiva há o crime mais grave com pena aumentada de 1/6 (CP, artigos 70 e 71) —, concluiu-se que qualquer interpretação que alterasse essa configuração original conduziria à subversão das opções feitas pelo legislador. Asseverou-se que a Lei 9.099/95, quando dispôs sobre a matéria, tomando por base o instituto da suspensão condicional da pena (CP, art. 77), indiretamente valorou esse quadro ao impor como critério objetivo de incidência da norma a pena mínima do crime em um ano e que, no caso de concurso de crimes, haver-se-ia de considerar tais parâmetros. Vencidos os Ministros Sepúlveda Pertence, relator, Eros Grau e Marco Aurélio, que concediam a ordem. **HC 83163/SP, rel. orig. Min. Sepúlveda Pertence, rel. p/ o acórdão Min. Joaquim Barbosa, 16.4.2009.** (HC-83163) (Inform. STF 542)

SUSPENSÃO CONDICIONAL DO PROCESSO E CABIMENTO DE HC

A aceitação do benefício de suspensão condicional do processo (Lei 9.099/95, art. 89) não implica renúncia ao interesse de agir para impetração de *habeas corpus* com o fim de questionar a justa causa da ação penal. Com base nesse entendimento, a Turma, para evitar dupla supressão de instância, não conheceu de recurso ordinário em *habeas corpus*, mas concedeu a ordem, de ofício, em favor de denunciada pela suposta prática do crime de auto-acusação falsa (CP, art. 341). No caso, o STJ denegara o *writ* lá impetrado ao fundamento de que com a aceitação da proposta de suspensão condicional do processo formulada pelo Ministério Público não seria possível o exame da ausência de justa causa por atipicidade da conduta, a menos que retomada a ação penal. HC deferido, de ofício, para, remetendo-se os autos ao Tribunal de Justiça do Estado de São Paulo, cujo acórdão fica cassado, determinar que proceda ao exame do mérito da impetração. Precedentes citados: HC 85747/SP (DJU de 14.10.2005) e HC 89179/RS (DJU de 13.4.2007). **RHC 82365/SP, rel. Min. Cezar Peluso, 27.5.2008.** (RHC-82365) (Inform. STF 508)

SURSIS" PROCESSUAL: PENA MÍNIMA SUPERIOR A 1 ANO E MULTA ALTERNATIVA - 1

A Turma deferiu *habeas corpus* impetrado em favor de denunciado, com co-réu, pela suposta prática do crime previsto no art. 7º, IX, da Lei 8.137/90, em razão de ter, na qualidade de gerente de filial de empresa, exposto à venda mercadorias em condições impróprias ao consumo (Lei 8.137/90: "*Art. 7º. Constitui crime contra as relações de consumo:... IX – vender, ter em depósito para vender ou expor à venda ou, de qualquer forma, entregar matéria-prima ou mercadoria, em condições impróprias ao consumo. Pena – detenção, de 2 (dois) a 5 (cinco) anos, ou multa.*"). Na espécie, recebida a inicial acusatória, a defesa requerera a análise, pelo Ministério Público, da possibilidade de suspensão condicional do processo (Lei 9.099/95, art. 89), ao argumento de ser aplicável ao delito a pena de multa, alternativamente à privativa de liberdade. Ocorre que o membro do *parquet* afastara a incidência do referido dispositivo e o juiz, acatando o entendimento, designara data para o julgamento do paciente. Contra esta decisão, fora impetrado *habeas corpus* ao tribunal de justiça local, que determinara a remessa dos autos ao Procurador-Geral de Justiça (CPP, art. 28), o qual, por sua vez, insistira no não oferecimento da proposta de transação penal ou de *sursis* processual, o que ensejara a retomada do curso do processo. Por conseguinte, impetrara-se, no STJ, idêntica medida, sem sucesso, asseverando aquela Corte que o delito em questão não poderia ser classificado como de menor potencial ofensivo, porquanto a pena máxima cominada seria de 5 anos de detenção. HC 83926/RJ, rel. Min. Cezar Peluso, 7.8.2007. (HC-83926)

"SURSIS" PROCESSUAL: PENA MÍNIMA SUPERIOR A 1 ANO E MULTA ALTERNATIVA - 2

Considerou-se inserida, no âmbito de admissibilidade da suspensão condicional do processo, a imputação de crime que comine pena de multa de forma alternativa à privativa de liberdade, ainda que esta tenha limite mínimo superior a 1 ano. Aduziu-se, no ponto, que a pena mínima aplicada nesses casos seria a de multa, menos gravosa que qualquer pena privativa de liberdade ou restritiva de direitos, haja vista o disposto no art. 32 do CP, que elenca as penas em ordem decrescente de gravidade, sendo a de multa a última delas. Concluiu-se, assim, que se à pena privativa de liberdade de 1 ano permite-se a suspensão condicional do processo, à pena de multa, muito menos grave, também deveria ser concedido tal benefício. HC deferido para que o representante do MP estadual estime se o paciente preenche, ou não, os demais requisitos necessários à suspensão condicional do processo, formulando-lhe proposta, se for o caso. Ordem estendida, de ofício, ao co-réu. HC 83926/RJ, rel. Min. Cezar Peluso, 7.8.2007. (HC-83926) (Inform. STF 475)

12.1. SUPERIOR TRIBUNAL DE JUSTIÇA

SUSPENSÃO CONDICIONAL DO PROCESSO E PRESTAÇÃO PECUNIÁRIA.

A Turma entendeu que fere o princípio da legalidade a imposição de prestação pecuniária como condição para a suspensão condicional do processo. O § 2º do art. 89 da Lei n. 9.099/1995 traz a possibilidade de o juiz estabelecer outras condições, além das elencadas no § 1º, para a concessão do benefício, desde que adequadas ao fato e à situação pessoal do acusado. Porém, a prestação pecuniária – consistente em pena restritiva de direito, autônoma e substitutiva – depende de expressa previsão legal para sua imposição, o que a lei supramencionada não o fez. Assim, não sendo a prestação pecuniária requisito expresso para a suspensão condicional do processo, não pode o magistrado fazer tal imposição ao beneficiário. Precedente citado: REsp 799.021-PE, DJe 9/11/2009. **HC 222.026-BA, Rel. Min. Maria Thereza de Assis Moura, julgado em 20/3/2012. (Inform. STJ 493)**

TRANSAÇÃO PENAL. DESCUMPRIMENTO. PROPOSITURA. AÇÃO PENAL.

A Turma, prosseguindo o julgamento, por maioria, reconheceu ser possível a propositura de ação penal quando descumpridas as condições impostas em transação penal (art. 76 da Lei n. 9.099/1995). Destacou-se que o Supremo Tribunal Federal reconheceu a repercussão geral do tema, firmando o posicionamento de que não fere os preceitos constitucionais a propositura de ação penal em decorrência do não cumprimento das condições estabelecidas em transação penal, uma vez que a decisão homologatória do acordo não faz coisa julgada material. Dessa forma, diante do descumprimento das cláusulas estabelecidas na transação penal, retorna-se ao *status quo ante*, viabilizando-se, assim, ao *Parquet* a continuidade da persecução penal. Precedentes citados do STF: RE 602.072-RS, DJe 26/2/2010; do STJ: HC 188.959-DF. DJe 9/11/2011. **HC 217.659-MS, Rel. originária Min. Maria Thereza de Assis Moura, Rel. para acórdão Min. Og Fernandes, julgado em 1º/3/2012. (Inform. STJ 492)**

COMPETÊNCIA. JUIZADO ESPECIAL. SURSIS PROCESSUAL. MULTA.
Conforme a remansosa jurisprudência deste Superior Tribunal, o critério do legislador para definir a competência dos juizados especiais criminais é o *quantum* máximo da pena privativa de liberdade abstratamente cominada. No caso, a pena máxima abstrata prevista para o crime descrito no art. 7º, II, da Lei n. 8.137/1990 é de cinco anos, logo não há constrangimento ilegal na conduta do juiz da vara criminal de declarar-se competente para o feito. O referido artigo comina sanção mínima superior a um ano de pena privativa de liberdade ou, alternativamente, multa. Assim, se a Lei n. 9.099/1995 autoriza o *sursis* processual nos casos em que haja cominação de pena privativa de liberdade, mesmo que restrinja sua aplicação aos crimes cuja pena mínima seja igual ou inferior a um ano, é de rigor admitir tal benefício quando o legislador preveja ao delito pena alternativa de multa; pois, nesses casos, independente da pena privativa de liberdade abstratamente prevista, não se trata de delito de alta reprovabilidade, não sendo aqueles que, necessariamente, devam ser punidos com pena de prisão. Destarte, como salientado pelo impetrante, a pena de multa é menos gravosa do que qualquer pena privativa de liberdade. Logo, o oferecimento de proposta de suspensão condicional do processo do paciente, além de ser plenamente cabível, é providência consentânea com os institutos trazidos pela Lei n. 9.099/1995. Precedentes citados: HC 34.422-BA, DJ 10/12/2007; HC 109.980-SP, DJe 2/3/2009; RHC 27.068-SP, DJe 27/9/2010, e REsp 968.766-SC, DJe 28/9/2009. **HC 125.850-SP, Rel. Min. Maria Thereza de Assis Moura, julgado em 31/5/2011.** (Inform. STJ 475)

AUDIÊNCIA PRELIMINAR. NÃO COMPARECIMENTO. AUTOR. DELITO.
Trata-se de conflito negativo de competência travado entre o juízo da vara de inquéritos policiais (suscitante) e o juízo da vara do juizado especial criminal (suscitado), ambos da mesma comarca. Noticiam os autos que fora lavrado termo circunstanciado pela prática, em tese, do delito tipificado no art. 28 da Lei n. 11.343/2006 (usuário de droga/pequena quantia) e, sendo designada audiência preliminar para oferecimento de transação penal, ela não se realizou em razão do não comparecimento do acusado. Então, o juízo suscitado acolheu manifestação do MP estadual e determinou a remessa dos autos ao juízo da vara criminal, com fundamento no art. 66, parágrafo único, da Lei n. 9.099/1995 e, por sua vez, o juízo da vara de inquéritos policiais suscitou o conflito de competência, alegando que não foi cumprido o art. 77, *caput* e § 1º, da Lei n. 9.099/1995, pois o MP deveria ter oferecido denúncia oral ao juízo suscitado. Explica o Min. Relator que, não comparecendo o acusado à audiência preliminar designada para oferecimento de transação penal e não havendo a necessidade de diligências imprescindíveis, o MP deve oferecer de imediato a denúncia oral nos termos do art. 77 da Lei n. 9.099/1995 e, somente após a apresentação dessa exordial acusatória, é que poderiam ser remetidos os autos ao juízo comum para proceder à citação editalícia, conforme dispõe expressamente o art. 78, § 1º, da referida lei. Diante do exposto, a Seção conheceu do conflito e declarou a competência do juízo suscitado. Precedente citado: CC 102.240-PB, DJe 30/4/2009. **CC 104.225-PR, Rel. Min. Haroldo Rodrigues (Desembargador convocado do TJ-CE), julgado em 25/5/2011.** (Inform. STJ 474)

***SURSIS* PROCESSUAL. INDEFERIMENTO. JUIZ.**
O Ministério Público (MP) ao oferecer denúncia, propôs a suspensão condicional do processo (*sursis* processual) em relação aos recorrentes. Entretanto, após realizada audiência e aceita a proposta do *sursis* processual, o juiz negou-a por motivo de suposta prática de lesão corporal grave. Por sua vez, o tribunal *a quo* manteve o indeferimento, sem constatar irregularidade no ato. Para a Min. Relatora, o juiz não poderia negar a aplicação do *sursis* processual depois de o *parquet* ter reconhecido presentes os requisitos que autorizariam a suspensão (art. 89 da Lei n. 9.099/1995). Explicita ainda que, nessa fase, não se antecipa qualquer juízo de mérito sobre aquele que aceita as propostas alternativas do processo. Por isso, tampouco é possível, nessa fase, o juiz amparar-se nos elementos de cognição, ou seja, laudo pericial, depoimentos, exames médicos e declarações da vítima, para afastar a incidência do benefício da suspensão. Nessas hipóteses, a jurisprudência deste Superior Tribunal tem reconhecido o direito ao *sursis* processual. Diante do exposto, a Turma deu provimento ao recurso, para determinar a suspensão nos termos formulados pelo MP. Precedente citado: HC 48.556- RJ, DJ 1º/8/2006. **RHC 21.445-BA, Rel. Min. Maria Thereza de Assis Moura, julgado em 19/8/2010.** (Inform. STJ 443)

***SURSIS* PROCESSUAL. ABSOLVIÇÃO SUMÁRIA.**
Na hipótese dos autos, os pacientes foram denunciados como incursos no art. 171, § 3º, do CP, sendo-lhes concedida a suspensão condicional do processo (*sursis* processual). Sobrevindo a notícia de que respondiam a outra ação penal, o *sursis* foi revogado, designando-se data para a audiência de instrução. Sucede que, nessa segunda ação, os pacientes foram absolvidos sumariamente, motivo pelo qual a defesa requereu o restabelecimento da suspensão condicional do processo. O pleito, contudo, foi negado ao fundamento de que, contra a sentença absolutória, ainda pendia recurso de apelação interposto pelo MP. No HC, sustenta-se, em síntese, que, absolvidos os pacientes sumariamente, notadamente por não constituir crime o fato a eles imputado, não mais se justifica a manutenção da revogação do *sursis*. Assim, objetiva-se a concessão da ordem para o fim de restabelecer aos pacientes o benefício da suspensão condicional do processo. A Turma, ao prosseguir o julgamento, entendeu razoável a interpretação sustentada no *habeas corpus* segundo a qual a absolvição sumária tem por consequência a reconsideração da decisão revogadora do *sursis* processual. Observou-se que, na espécie, os pacientes e também os corréus foram absolvidos por serem penalmente atípicos os fatos a eles imputados. Especialmente no tocante aos pacientes, assentou-se, ainda, a inépcia da exordial acusatória. Desse modo, fulminada a ação penal, não há como concluir que os pacientes possam ser processados por outro crime nos termos do § 3º do art. 89 da Lei n. 9.099/1995. Interpretação em sentido contrário, isto é, a de que o simples oferecimento da denúncia autoriza, de modo irreversível, a revogação do *sursis* processual, não anda em sintonia com os princípios da ampla defesa, do devido processo legal e da boa-fé processual, destoando dos anseios da reforma do processo penal. Não se está, com isso, a falar em inconstitucionalidade do referido artigo, apenas não há como concluir que alguém esteja a responder a processo por crime, quando nele foi sumariamente absolvido, com espeque no art. 397 do CPP, por manifesta atipicidade dos fatos e inépcia da denúncia. Ressaltou-se que a circunstância de estar pendente apelação do MP contra a sentença de absolvição sumária em nada altera o quadro delineado, isso porque o recurso não tem efeito suspensivo e, ainda, se não é exigida condenação com trânsito em julgado para efeito de revogação do *sursis*, o raciocínio não deve ser diferente para o caso de absolvição sumária, vale dizer, a sentença tem efeito imediato. Nada impede, todavia, que o benefício seja revogado se a sentença de absolvição sumária for reformada pelo tribunal *a quo*. Com esses fundamentos, entre outros, concedeu-se a ordem. **HC 162.618-SP, Rel. Min. Og Fernandes, julgado em 22/6/2010.** (Inform. STJ 440)

TRANSAÇÃO PENAL. DESCUMPRIMENTO.
Faz coisa julgada formal e material a sentença que homologa a aplicação de pena restritiva de direitos decorrente de transação penal (art. 76 da Lei n. 9.099/1995). Assim, transcorrido *in albis* o prazo recursal e sobrevindo descumprimento do acordo, mostra-se inviável restabelecer a persecução penal. Precedentes citados: HC 91.054-RJ, DJe 19/4/2010; AgRg no Ag 1.131.076-MT, DJe 8/6/2009; HC 33.487-SP, DJ 1º/7/2004, e REsp 226.570-SP, DJ 22/11/2004. **HC 90.126-MS, Rel. Min. Maria Thereza de Assis Moura, julgado em 10/6/2010.** (Inform. STJ 438)

REVOGAÇÃO. SURSIS PROCESSUAL. PERÍODO. PROVA.
A Turma deu provimento ao recurso do Ministério Público, reafirmando que, se o acusado vier a ser processado por outro crime, a teor do art. 89, § 3º, da Lei n. 9.099/1995, impõe-se a revogação da suspensão condicional do processo (*sursis*) ainda que essa decisão venha a ser proferida após transcorrido o período de prova, mas desde que não tenha sido proferida sentença extintiva da punibilidade. Nesses casos, explica o Min. Relator, o réu deixa de ser merecedor do benefício proveniente de norma excepcional, para ser processado com todas as garantias pertinentes. Precedentes citados do STF: HC 80.747-PR, DJ 19/10/2001; do STJ: HC 105.333-MG, DJ 19/12/2008; HC 88.281-RJ, DJe 22/9/2008; HC 62.401-ES, DJe 23/6/2008, e RHC 21.868-SP, DJe 4/8/2008. **REsp 1.111.427-SP, Rel. Min. Felix Fischer, julgado em 2/6/2009.** (Inform. STJ 397)

COMPETÊNCIA. EXERCÍCIO ARBITRÁRIO.
O paciente foi denunciado pela prática de crime que consubstancia exercício arbitrário das próprias razões (art. 346 do CP), porque mandou os corréus retirarem da vítima um *laptop* que estava em poder dela e que fora cedido pela empresa em que prestava serviço. Resolveu reaver o aparelho cedido, justificando sua conduta com o fato de não existir contrato ajustado entre a vítima e a empresa, por não mais haver razão jurídica que fundasse a posse da máquina quando aquele levou ao conhecimento da direção da empresa que cessaria a prestação de seus serviços. Iniciou-se o procedimento no juizado especial criminal por ser infração penal de menor potencial ofen-

sivo. Mas a própria Lei n. 9.099/1995 prevê o encaminhamento dos autos ao juízo comum na hipótese de o acusado não ser encontrado para ser citado. A primeira alegação da impetração refere-se à atipicidade da conduta atribuída ao paciente. De acordo com os impetrantes, com a previsão do Pacto de São José da Costa Rica de que ninguém será preso por dívida, tornou-se inconstitucional a parte final do art. 346 do CP, pelo qual responde o paciente. Para a Min. Relatora, o bem jurídico tutelado não é mais o patrimônio, embora se esforcem os impetrantes em demonstrar o contrário. Trata-se do tipo penal que visa a evitar forma específica de exercício das próprias razões. Tanto é assim que dois são os crimes que se encontram sob a rubrica de exercício arbitrário das próprias razões, descritos consecutivamente no Código Penal (art. 345 e 346). Pretendeu o legislador, com a tipificação de tais condutas, evitar que o indivíduo busque a tutela de seus direitos de forma direta, ou à força, enquanto se faz necessária a intervenção do Poder Judiciário. Isto é, se a coisa encontra-se em poder de outra pessoa, a que título for – no caso do art. 345, por desdobramentos contratuais ou em razão de determinação judicial, no caso do art. 346 –, não pode o proprietário da coisa tirá-la à força. Na hipótese, o paciente furtou-se à citação. Assim, o desdobramento da competência do Juizado Especial para o juízo comum foi determinado por decisão fundamentada. Em se tratando de causa complexa que dependeu de inquérito policial com duração de vários meses, na qual há grande dificuldade para a localização do autor do fato, há que se impor o deslocamento da competência para o juízo comum, prosseguindo-se com o procedimento comum ordinário previsto no CPP (parágrafo único do art. 66 e § 2º do art. 77 da Lei n. 9.099/1995). **HC 128.937-SP, Rel. Min. Maria Thereza de Assis Moura, julgado em 2/6/2009.** (Inform. STJ 397)

COMPETÊNCIA. REVISÃO CRIMINAL. JUIZADOS ESPECIAIS.
Compete à Turma Recursal Criminal processar e julgar a revisão criminal em que o réu condenado por praticar o crime previsto no art. 147 do CP (crime de menor potencial ofensivo) pelo Juizado Especial criminal pugna pela reforma de decisão. Isso se deve ao fato de que as decisões proferidas pelos Juizados Especiais não ficam submetidas à revisão dos Tribunais de Justiça, pois a vinculação entre eles é apenas administrativa, e não jurisdicional. Assim, a Seção, ao prosseguir o julgamento, por maioria, determinou que compete à Turma Recursal julgar a revisão criminal, observado o *caput* do art. 625 do CPP. Caso a composição daquele colegiado impossibilite a observância do mencionado artigo, deve-se, em tese, convocar magistrados suplentes para fazer parte do julgamento. Precedentes citados: REsp 470.673-RS, DJ 4/8/2003, e CC 39.876-PR, DJ 19/12/2003. **CC 47.718-RS, Rel. Min. Jane Silva (Desembargadora convocada do TJ-MG), julgado em 13/8/2008.** (Inform. STJ 363)

SÚMULA STF Nº 723

Não se admite a suspensão condicional do processo por crime continuado, se a soma da pena mínima da infração mais grave com o aumento mínimo de um sexto for superior a um ano.

SÚMULA STF Nº 696

Reunidos os pressupostos legais permissivos da suspensão condicional do processo, mas se recusando o promotor de justiça a propô-la, o juiz, dissentindo, remeterá a questão ao procurador-geral, aplicando-se por analogia o art. 28 do Código de Processo Penal.

SÚMULA STJ Nº 337

É cabível a suspensão condicional do processo na desclassificação do crime e na procedência parcial da pretensão punitiva.

SÚMULA STJ Nº 243

O benefício da suspensão do processo não é aplicável em relação às infrações penais cometidas em concurso material, concurso formal ou continuidade delitiva, quando a pena mínima cominada, seja pelo somatório, seja pela incidência da majorante, ultrapassar o limite de um (01) ano.

13. SENTENÇA, PRECLUSÃO E COISA JULGADA

INÉRCIA DE ADVOGADO E INTIMAÇÃO PESSOAL DO RÉU
A 2ª Turma denegou *habeas corpus* no qual se requeria a desconstituição do trânsito em julgado de ação penal e a devolução de prazo recursal, com o retorno dos autos ao juízo de origem, para que o réu pudesse constituir novo advogado ou, na sua impossibilidade, fosse nomeado defensor público para interpor recursos especial e extraordinário. Na espécie, o paciente sustentara que, não obstante ter constituído causídico e ter sido este intimado do acórdão de apelação, quedara-se inerte. Asseverou-se que o art. 392 do CPP disporia quanto à necessidade de intimação pessoal do réu apenas da sentença condenatória e não do acórdão proferido em sede de apelação. Destacou-se, ainda, que o paciente estaria solto sem que houvesse notícia de renúncia por parte de seu advogado. HC 114107/DF, rel. Min. Ricardo Lewandowski, 27.11.2012. (HC-114107) (Inform. STF 690)

TRIBUNAL DE JUSTIÇA E EXAME DE INSANIDADE MENTAL "EX OFFICIO" - 1
A 2ª Turma, por maioria, deferiu *habeas corpus* a fim de cassar acórdão de tribunal de justiça que, em face das circunstâncias fáticas que cercaram o episódio delituoso atribuído ao réu, convertera, em diligência, o julgamento de apelação interposta por ele e determinara a instauração de incidente de insanidade mental (CPP, art. 149). Estipulou-se, ainda, que a Corte *a qua* julgasse, incontinente, a apelação. A impetração sustentava constrangimento ilegal porque, não tendo o órgão acusatório recorrido da sentença condenatória, seria defeso ao tribunal local determinar a realização de exame médico-legal, o que afrontaria o Enunciado 525 da Súmula do STF ("*A medida de segurança não será aplicada em segunda instância, quando só o réu tenha recorrido*"). Em preliminar, superou-se o óbice do Verbete 691 da Súmula desta Corte. No mérito, entendeu-se pela impossibilidade jurídica do que decidido pelo tribunal estadual, porque da sentença não recorrera o Ministério Público. Acentuou-se não ser lícito, em âmbito de recurso exclusivo da defesa, que não requerera a realização do mencionado exame, sua fixação *ex officio*. Salientou-se, ainda, que o paciente teria peticionado àquele tribunal para arguir a inexistência do crime e postular a redução da pena. Inferiu-se, portanto, não ser possível que o tribunal local substituísse a penalidade imposta por medida de segurança, porque formada a *res iudicata* material quanto à aplicação da pena. HC 111769/SP, rel. orig. Min. Gilmar Mendes, red. p/ o acórdão Min. Cezar Peluso, 26.6.2012. (HC-111769)

TRIBUNAL DE JUSTIÇA E EXAME DE INSANIDADE MENTAL "EX OFFICIO" - 2
Destacou-se que, se fosse permitida a substituição de pena, reabrir-se-iam as execuções criminais sob o pretexto de existirem causas anteriores à sentença a enquadrar muitos condenados na condição de inimputáveis. Asseverou-se que a reprimenda estaria parcialmente cumprida e não haveria como assegurar que a aplicação da medida de segurança consubstanciasse *reformatio in melius*. Ademais, essa medida, dada a ideia de periculosidade que envolveria, seria providência ordenada à defesa da coletividade, e não do condenado inimputável. Vencidos os Ministros Gilmar Mendes, relator, e Ricardo Lewandowski, que denegavam a ordem. Reconheciam a possibilidade de o tribunal determinar o exame de insanidade mental. Explicitavam que, nos termos do art. 777 do CPP ("*Em qualquer tempo, ainda durante o prazo mínimo de duração da medida de segurança, poderá o tribunal, câmara ou turma, a requerimento do Ministério Público ou do interessado, seu defensor ou curador, ordenar o exame, para a verificação da cessação da periculosidade*"), a lei não estabeleceria o momento processual para a realização do exame médico. Esta circunstância surgiria com a existência de dúvida razoável a respeito da integridade mental do acusado. Aduziam que essa hipótese entre a condenação e o eventual tratamento não configuraria *reformatio in pejus*. Ao final, sugeriu-se encaminhar a matéria à consideração da Comissão de Jurisprudência para eventual reformulação do Enunciado 525 da Súmula. HC 111769/SP, rel. orig. Min. Gilmar Mendes, red. p/ o acórdão Min. Cezar Peluso, 26.6.2012. (HC-111769) (Inform. STF 672)

"EMENDATIO LIBELLI" E NULIDADE DE JULGAMENTO
A 2ª Turma iniciou julgamento conjunto de habeas corpus em que se pleiteia, preliminarmente, a nulidade de acórdãos do STJ ante ausência de intimação, postulada pela defesa, para fins de sustentação oral. No mérito do HC 109098/RJ, requer-se a anulação do feito a partir do despacho que determinara a baixa dos autos para o aditamento da denúncia; alternativamente, desde o novo interrogatório dos pacientes, com abertura de prazo para novas alegações e manifestações a respeito da alteração na tipificação penal. No HC 109099/RJ, por sua vez, pede a cassação da decisão que negara aos pacientes o direito de recorrer em liberdade. Na espécie, eles foram denunciados pela suposta prática dos crimes de seqüestro e cárcere privado (CP, art. 148, c/c com o art. 70), roubo qualificado pelo concurso de pessoas (CP, art. 157, § 2º, II) e concussão (CP, art. 316), todos em concurso material. Ocorre que, após o término da instrução criminal, as partes apresentaram alegações finais e o magistrado remetera os autos ao Ministério Público para que procedesse ao aditamento da denúncia, o que resultara na desclassificação da imputação do delito de concussão para o de extorsão mediante seqüestro (CP, art. 159). Posteriormente, os pacientes foram condenados

com base no novo enquadramento legal. O Min. Ricardo Lewandowski, relator, rejeitou a preliminar formulada no HC 109098/RJ em razão da falta de provas quanto ao pedido de sustentação oral. No mérito, denegou a ordem, ao considerar que a emendatio libelli ocorrera nos termos do parágrafo único do art. 384 do CPP, sem imposição ao Ministério Público por parte do magistrado. No tocante ao HC 109099/RJ, concedeu, em parte, a ordem para anular o acórdão proferido no STJ e possibilitar novo julgamento do feito. Razão pela qual reputou prejudicado o pedido de liberdade provisória. Após, pediu vista o Min. Gilmar Mendes. HC 109098/ RJ, rel. Min. Ricardo Lewandowski, 20.9.2011. (HC-109098) HC 109099/ RJ, rel. Min. Ricardo Lewandowski, 20.9.2011. (HC-109099)

"MUTATIO LIBELLI" E NULIDADE DE JULGAMENTO - 2

Em conclusão de julgamento conjunto, a 2ª Turma, ao afastar preliminar de nulidade de acórdão do STJ, denegou a ordem no HC 109098/RJ em que se pleiteava a anulação do feito a partir do despacho que determinara a baixa dos autos para o aditamento da denúncia. Alternativamente, requeria-se desde o novo interrogatório dos pacientes, com abertura de prazo para novas alegações e manifestações a respeito da alteração na tipificação penal. Na sequência, concedeu, em parte, a ordem no HC 109099/RJ para anular o acórdão proferido no STJ e possibilitar o rejulgamento do feito, com renovação da oportunidade de produção de provas, considerado prejudicado o pedido de liberdade provisória. Na espécie, os pacientes foram denunciados pela suposta prática dos crimes de sequestro e cárcere privado (CP, art. 148, c/c com o art. 70), roubo qualificado pelo concurso de pessoas (CP, art. 157, § 2º, II) e concussão (CP, art. 316), todos em concurso material. Ocorre que, após o término da instrução criminal, as partes apresentaram alegações finais e a magistrada remetera os autos ao Ministério Público para que procedesse ao aditamento da denúncia, o que resultara na desclassificação da imputação do delito de concussão para o de extorsão mediante sequestro (CP, art. 159). Posteriormente, os pacientes foram condenados com base no novo enquadramento legal — v. Informativo 641. HC 109098/RJ, rel. Min. Ricardo Lewandowski, 20.3.2012. (HC-109098), HC 109099/RJ, rel. Min. Ricardo Lewandowski, 20.3.2012. (HC-109099)

"MUTATIO LIBELLI" E NULIDADE DE JULGAMENTO - 3

No tocante ao HC 109098/RJ, rejeitou-se a preliminar formulada em razão da falta de provas quanto ao pedido de sustentação oral e, no mérito, reputou-se que a mutatio libelli ocorrera nos termos do então vigente parágrafo único do art. 384 do CPP, sem imposição ao Ministério Público por parte da magistrada. Ressaltou-se não haver afronta ao princípio da imparcialidade do órgão jurisdicional pelo dispositivo em comento, porquanto este jamais fora contestado quanto à sua constitucionalidade, encontrando-se em plena vigência à época. O Min. Gilmar Mendes acrescentou que o desvelamento, objetivo, de um fato verificado durante a instrução processual, por si só, não seria hábil a comprometer a imparcialidade do juiz, derivada de busca da verdade real, de modo que conseguisse apreender os acontecimentos com todas as suas circunstâncias, inclusive colhendo aquilo que as partes — por limitação ou vontade — teriam deixado de narrar. Outrossim, realçou que, ao constatar a existência deste fato omitido ou desconhecido, fora instaurado o contraditório, consoante o parágrafo único do art. 384 do CPP, tendo em conta a necessidade de provocação do parquet para eventual aditamento. Ademais, destacou que a nova redação do dispositivo, embora tivesse suprimido a possibilidade de o próprio juiz "alterar a acusação", teria incluído novo mecanismo de "controle" sob a forma de remessa do feito ao Procurador-Geral nos termos do art. 28 do CPP (§1º do art. 384 do CPP). Entendeu que a mudança da denúncia, decorrida da mutatio libelli, não implicaria ampla modificação dos fatos imputados, sendo mera consequência de prova existente nos autos. Por fim, assinalou que, observada a cronologia dos fatos e a vacatio legis, ainda que se pudesse cogitar de medida de precaução da juíza, a magistrada não estaria obrigada a aplicar a norma projetada a viger no futuro. HC 109098/RJ, rel. Min. Ricardo Lewandowski, 20.3.2012. (HC-109098), HC 109099/RJ, rel. Min. Ricardo Lewandowski, 20.3.2012. (HC-109099) (Inform. STF 659)

DUPLO JULGAMENTO PELO MESMO FATO: "BIS IN IDEM" E COISA JULGADA

Em conclusão de julgamento, a 1ª Turma, por maioria, denegou *habeas corpus*, porém, concedeu a ordem, de ofício, a fim de fazer prevalecer decisão proferida no primeiro processo. No caso, o réu fora condenado, duplamente, pela prática de roubo circunstanciado (CP, art. 157, § 2º, I). A defesa alegava que esse fato configuraria *bis in idem* e que a última decisão deveria predominar em detrimento daqueloutra, por ser mais favorável — v. Informativo 622. Aduziu-se que a ação instaurada posteriormente jamais poderia ter existido, seria nula em razão da litispendência, e que apenas a primeira teria validade no mundo jurídico, independentemente da pena cominada em ambos os processos. Destarte, retirar-se-ia uma das condenações, em favor do agente, ou seja, a segunda. Vencido o Min. Luiz Fux, relator, que concedia a ordem, de ofício, para declarar revogada a condenação mais gravosa ao paciente e, por conseguinte, a prevalência da sentença mais recente. HC 101131/DF, rel. orig. Min. Luiz Fux, red. p/ o acórdão Min. Marco Aurélio, 25.10.2011. (HC- 101131) (Inform. STF 646)

SENTENÇA CONDENATÓRIA E FUNDAMENTAÇÃO

Não configura ilegalidade a remissão, na sentença, aos motivos do ato que implicara a prisão preventiva, dada a ausência de alteração do quadro fático-processual desde a data da decretação da referida medida. Com base nessa orientação, a 1ª Turma, por maioria, denegou *habeas corpus* impetrado em favor de condenado pela prática de furto a caixa forte de banco. Considerou-se que a custódia do paciente teria sido mantida mediante fundamentação idônea, com base em dados concretos extraídos dos autos, a informar que ele estaria a utilizar o dinheiro oriundo do furto em atividades de agiotagem, com mecanismos indicativos de lavagem de capitais e de seu envolvimento em crimes de homicídio. Vencido o Min. Marco Aurélio, que concedia a ordem por entender que sequer seria possível considerar fatos não envolvidos no processo-crime a que responde o paciente, para se implementar a prisão preventiva, como os aludidos delitos supostamente ligados ao furto. HC 101248/CE, rel. Min. Luiz Fux, 21.6.2011. (HC-101248) (Inform. STF 632)

PRINCÍPIO DA CORRELAÇÃO E "EMENDATIO LIBELLI" - 1

O Tribunal iniciou julgamento de terceiro agravo regimental interposto contra decisão do Min. Ricardo Lewandowski que, dentre outras pretensões formuladas em ação penal da qual relator, acolhera *emendatio libelli* (CPP, art. 383) proposta pela acusação, em suas alegações finais, e desclassificara a imputação de lavagem de capitais (Lei 9.613/98, art. 1º) para o delito previsto na parte final do parágrafo único do art. 22 da Lei 7.492/86, que trata da manutenção de contas bancárias no exterior, sem a devida comunicação às autoridades federais competentes. Os agravantes sustentam, em síntese, que: a) a decisão impugnada teria desrespeitado o art. 6º da Lei 8.038/90, uma vez que a manifestação do Plenário seria exigida também nas hipóteses de posterior aditamento; b) a defesa não pudera se manifestar a respeito da *emendatio libelli*, porquanto produzida na fase de alegações finais; c) a reabertura da instrução processual se imporia, em homenagem aos princípios constitucionais da ampla defesa e do contraditório; d) a prova produzida pela defesa direcionara-se no sentido de afastar a imputação do delito de lavagem de dinheiro; e) a denúncia descrevera a mesma conduta de ocultação de patrimônio mantido no exterior, inicialmente, como um ato comissivo e, agora, como um comportamento omissivo e f) o retorno dos autos à Procuradoria Geral da República, após a apresentação das alegações finais da defesa, revelaria inversão na ordem processual.

AP 461 Terceiro-AgR/SP, rel. Min. Ricardo Lewandowski, 26.8.2010. (AP-461)

PRINCÍPIO DA CORRELAÇÃO E "EMENDATIO LIBELLI" - 2

O relator desproveu os agravos. Consignou que, embora o aditamento carecesse de manifestação do Plenário (Lei 8.038/90, art. 6º), a *emendatio libelli* proposta não implicara aditamento da denúncia sob a perspectiva material, uma vez que os fatos imputados aos agravantes seriam os mesmos, quais sejam, a manutenção de depósitos em dinheiro no exterior, sem a devida comunicação à autoridade competente. Aduziu que o sistema jurídico pátrio exige a correlação entre os fatos descritos pela acusação e aqueles considerados pelo juiz na sentença para a prolação de um veredicto de condenação, sob pena de ofensa aos princípios constitucionais do contraditório e da ampla defesa. Desse modo, asseverou que o requisito essencial e intransponível para a aplicação do que contido no art. 383 do CPP seria que os fatos arrolados na inicial acusatória permanecessem inalterados, tal como ocorrera na espécie, não sendo necessária a reabertura da instrução penal nem a complementação das defesas. Enfatizou inexistir prejuízo aos réus, haja vista que eles se defendem dos fatos que lhe são irrogados, ainda que a capitulação jurídica se mostre eventualmente equivocada, o que não geraria inépcia da denúncia. Assinalou que defesa enfrentara a questão concernente ao crime contra o sistema financeiro nacional, visto que tal delito seria antecedente à lavagem de dinheiro. Salientou, ademais, que a desclassificação referir-se-ia a crime cuja pena cominada seria mais branda, o que, em princípio, mostrar-se-ia mais benéfico aos réus. Destacou que o crime objeto do art. 22, parágrafo único, da Lei 7.492/86 não decorreria exclusivamente de omissão decorrente da abstenção em prestar informações às autoridades, mas também de ação consubstanciada no depósito e na mantença ilegal de recursos financeiros no exterior. O relator afirmou que, diante da pluralidade de manifestações dos réus e em observância ao contraditório, abrira vista à Procuradoria Geral da República. Levando em conta que a instrução seria essencialmente documental, ressaltou que

sua reabertura ensejaria risco de prescrição, já que os réus contariam com mais de setenta anos, o que reduziria o lapso prescricional pela metade. Por derradeiro, concluiu não haver obstáculo para que se passasse à fase seguinte de realização do julgamento.
AP 461 Terceiro-AgR/SP, rel. Min. Ricardo Lewandowski, 26.8.2010. (AP-461)

PRINCÍPIO DA CORRELAÇÃO E "EMENDATIO LIBELLI" - 3

Em divergência, o Min. Marco Aurélio proveu os agravos por reputar que a situação presente caracterizaria verdadeira *mutatio libelli* e que a inobservância do art. 384 do CPP implicaria a não viabilização do direito de defesa. Explicitou que os elementos configuradores dos dois crimes seriam diversos: no tocante ao art. 22, parágrafo único, da Lei 7.492/86, exigir-se-ia que os valores depositados não tivessem sido declarados no imposto de renda, enquanto que, relativamente à lavagem, impor-se-ia a demonstração do crime antecedente, não apontado no caso. Após, pediu vista o Min. Dias Toffoli. AP 461 Terceiro-AgR/SP, rel. Min. Ricardo Lewandowski, 26.8.2010. (AP-461)

PRINCÍPIO DA CORRELAÇÃO E "EMENDATIO LIBELLI" - 4

Em conclusão, o Plenário, por maioria, desproveu terceiro agravo regimental interposto de decisão do Min. Ricardo Lewandowski que, dentre outras pretensões formuladas em ação penal da qual relator, acolhera *emendatio libelli* (CPP, art. 383) proposta pela acusação, em suas alegações finais, e desclassificara a imputação de lavagem de capitais (Lei 9.613/98, art. 1º) para o delito previsto na parte final do parágrafo único do art. 22 da Lei 7.492/86, que trata da manutenção de contas bancárias no exterior, sem a devida comunicação às autoridades federais competentes — v. Informativo 597. AP 461 Terceiro AgR/SP, rel. Min. Ricardo Lewandowski, 16.6.2011. (AP-461)

PRINCÍPIO DA CORRELAÇÃO E "EMENDATIO LIBELLI" - 5

Prevaleceu o voto do relator, que consignou que a *emendatio libelli* proposta não implicara aditamento da denúncia sob a perspectiva material, uma vez que os fatos imputados aos agravantes seriam os mesmos, independentemente de sua capitulação jurídica. Aduziu que o sistema jurídico pátrio exigiria a correlação entre os fatos descritos pela acusação e aqueles considerados pelo julgador na sentença. Desse modo, asseverou que o art. 383 do CPP exigiria que os fatos arrolados na denúncia permanecessem inalterados, como ocorrera na espécie, sem necessidade de reabertura da instrução ou complementação da defesa. Enfatizou que os réus defender-se-iam dos fatos que lhes são irrogados, qualquer que seja sua tipicidade penal, de modo que não haveria prejuízo a eles ou inépcia da inicial acusatória. Salientou que a nova capitulação proposta referir-se-ia a crime cuja pena cominada seria mais branda, o que, em princípio, mostrar-se-ia mais benéfico aos réus. Vencido o Min. Marco Aurélio, que provia os agravos por reputar que a hipótese configuraria *mutatio libelli* e, nesse sentido, a inobservância ao art. 384 do CPP inviabilizaria o direito de defesa. Frisava que os elementos configuradores dos crimes discutidos seriam diversos e que, no tocante à lavagem de capitais, impor-se-ia a demonstração de crime antecedente, o que não teria sido realizado. AP 461 Terceiro AgR/SP, rel. Min. Ricardo Lewandowski, 16.6.2011. (AP-461)

PRINCÍPIO DA CORRELAÇÃO E "EMENDATIO LIBELLI" - 6

Em seguida, o Plenário decidiu, por maioria, não acolher proposta do Min. Dias Toffoli, trazida em voto-vista, no sentido de conceder *habeas corpus* de ofício aos réus e trancar a ação penal — apenas parcialmente em relação à co-ré —, em razão da atipicidade da conduta imputada, relativa à manutenção de contas bancárias no exterior sem a devida comunicação às autoridades federais competentes. Entendia, no que foi acompanhado pelo Min. Marco Aurélio, que algumas contas às quais a acusação se refere não teriam sido objeto de qualquer movimentação financeira; outra teria sido aberta e encerrada no mesmo ano, e seu capital transferido a uma nova conta, devidamente declarada ao Fisco; e as demais também declaradas às autoridades fazendárias. Afirmava que a única conta passível de tipicidade teria como titular a co-ré, que não deteria foro na Corte, razão pela qual determinava a baixa dos autos à justiça comum, para que a ação prosseguisse apenas em relação a esse fato. Por fim, o Colegiado reputou que as questões que fundamentariam eventual concessão da ordem de ofício deveriam ser por ele deliberadas no momento próprio para a análise o mérito da ação, consideradas todas as provas colhidas e as declarações proferidas pelas partes ao longo do processo, que não se encerrara. AP 461 Terceiro AgR/SP, rel. Min. Ricardo Lewandowski, 16.6.2011. (AP-461) (Inform. STF 631)

Duplo julgamento pelo mesmo fato: "bis in idem" e coisa julgada

A 1ª Turma iniciou julgamento de *habeas corpus* em que se discute a instauração de duas ações penais em desfavor do paciente pelo mesmo fato. No caso, o réu fora condenado, duplamente, pela prática de roubo circunstanciado (CP, art. 157, § 2º, I). No primeiro processo, a pena fora cominada em 5 anos e 4 meses, ao passo que, no segundo, em 4 anos, 5 meses e 10 dias, ambas de reclusão. As ações transitaram em julgado, respectivamente, em 29.8.2008 e 19.5.2009. A defesa alegava que tal fato configuraria *bis in idem* e que a última decisão deveria prevalecer em detrimento daqueloutra, por ser mais favorável. O Min. Luiz Fux, relator, concedeu a ordem, de ofício, para declarar revogada a condenação mais gravosa ao paciente e, por conseguinte, a prevalência da sentença posterior. Assentou que, em face do caráter normativo concreto das duas coisas julgadas, dever-se-ia aplicar, no âmbito do Processo Penal, aquela mais benéfica ao réu, em obediência aos regimes da *lex mitior* e da vedação da revisão criminal *pro societate*. Em divergência, o Min. Marco Aurélio indeferiu o *writ*, mas o concedeu, de ofício, para assentar a insubsistência do último julgado. Aduziu que a ação instaurada posteriormente jamais poderia ter existido e que apenas a primeira teria validade no mundo jurídico, independentemente da pena cominada em ambos os processos. Afirmou, também, que tal decisão não implicaria *reformatio in pejus*, uma vez que retiraria uma das condenações, em favor do agente. Após, pediu vista o Min. Dias Toffoli. HC 101131/DF, rel. Min. Luiz Fux, 5.4.2011. (HC-101131) (Inform. STF 622)

EXTINÇÃO DA PUNIBILIDADE E CERTIDÃO DE ÓBITO FALSA - 1

A 1ª Turma iniciou julgamento de *habeas corpus* impetrado em favor de pronunciado, em sentença transitada em julgado, pela suposta prática de homicídio. A defesa sustenta que a desconstituição do despacho interlocutório que teria declarado extinta a punibilidade do paciente — em razão de ter se baseado em certidão de óbito falsa — seria nula, uma vez que violado o princípio da coisa julgada. Ademais, alega que não haveria indícios suficientes a apontar o acusado como autor do delito. O Min. Dias Toffoli, relator, indeferiu a ordem. Em relação ao primeiro fundamento, reputou que a decisão que declara extinta a punibilidade do agente seria despacho interlocutório misto, que decidiria incidentes da causa sem examinar-lhe o mérito. Afirmou, ademais, que a extinção da punibilidade em razão da morte do agente seria fato observado independentemente de qualquer decisão judicial e, nesse sentido, aduziu que o formalismo da coisa julgada haveria de ser superado, tendo em vista que uma decisão meramente declarativa não poderia existir se o seu pressuposto fosse falso. Em relação ao segundo fundamento, consignou não ser admissível examiná-lo na via eleita, por demandar reexame aprofundado de fatos e provas.
HC 104998/SP, rel. Min. Dias Toffoli, 30.11.2010. (HC-104998)

EXTINÇÃO DA PUNIBILIDADE E CERTIDÃO DE ÓBITO FALSA - 2

Em divergência, o Min. Marco Aurélio deferiu o *writ*. Reputou, inicialmente, que a morte não seria a única causa de extinção da punibilidade prevista em lei e que, ao se relativizar o princípio da coisa julgada quanto a essa causa extintiva de pena, dever-se-ia fazê-lo também no que se refere às demais, o que inadmissível. Aduziu inexistir revisão criminal *pro societate* e que, se o órgão acusador não impugnara o documento falso no momento próprio para tal, restar-lhe-ia apenas eventual propositura de ação criminal para apurar o suposto delito de falsidade ideológica. A respeito do segundo argumento da impetração, afirmou não haver elementos que apontassem para a existência de indícios suficientes de autoria em relação ao paciente e que, no caso, teria havido responsabilização penal objetiva. Após, pediu adiamento do feito o Min. Dias Toffoli.
HC 104998/SP, rel. Min. Dias Toffoli, 30.11.2010. (HC-104998)

EXTINÇÃO DA PUNIBILIDADE E CERTIDÃO DE ÓBITO FALSA - 3

A 1ª Turma, em conclusão de julgamento, indeferiu, por maioria, *habeas corpus* impetrado em favor de pronunciado, em sentença transitada em julgado, pela suposta prática de homicídio. A defesa sustentava que a desconstituição do despacho interlocutório que teria declarado extinta a punibilidade do paciente — pois baseado em certidão de óbito falsa — seria nula, uma vez que violado o princípio da coisa julgada. Ademais, alegava não haver indícios suficientes a apontar o acusado como autor do delito — v. Informativo 611. O Min. Dias Toffoli, relator, acompanhado pelos Ministros Cármen Lúcia e Ricardo Lewandowski, manteve a posição externada por ocasião do pedido de adiamento do feito, no sentido de indeferir a ordem. Afirmou que o suposto óbito do paciente seria fato inexistente e que, portanto, não poderia existir no mundo jurídico. Por essa razão, reputou não haver óbice à desconstituição da coisa julgada. Em relação à suposta ausência de justa causa para a pronúncia do paciente, aduziu que a análise da tese implicaria revolvimento fático-probatório, inviável na sede eleita. Vencido o Min. Marco Aurélio, que concedia a ordem. HC 104998/SP, rel. Min. Dias Toffoli, 14.12.2010. (HC-104998) (Inform. STF 613)

PRINCÍPIO DA CORRELAÇÃO E "EMENDATIO LIBELLI" - 1

O Tribunal iniciou julgamento de terceiro agravo regimental interposto contra decisão do Min. Ricardo Lewandowski que, dentre outras pretensões formuladas em ação penal da qual relator, acolhera *emendatio libelli* (CPP, art. 383) proposta pela acusação, em suas alegações finais, e desclassificara a imputação de lavagem de capitais (Lei 9.613/98, art. 1º) para o delito previsto na parte final do parágrafo único do art. 22 da Lei 7.492/86, que trata da manutenção de contas bancárias no exterior, sem a devida comunicação às autoridades federais competentes. Os agravantes sustentam, em síntese, que: a) a decisão impugnada teria desrespeitado o art. 6º da Lei 8.038/90, uma vez que a manifestação do Plenário seria exigida também nas hipóteses de posterior aditamento; b) a defesa não pudera se manifestar a respeito da *emendatio libelli*, porquanto produzida na fase de alegações finais; c) a reabertura da instrução processual se imporia, em homenagem aos princípios constitucionais da ampla defesa e do contraditório; d) a prova produzida pela defesa direcionara-se no sentido de afastar a imputação do delito de lavagem de dinheiro; e) a denúncia descrevera a mesma conduta de ocultação de patrimônio mantido no exterior, inicialmente, como um ato comissivo e, agora, como um comportamento omissivo e f) o retorno dos autos à Procuradoria Geral da República, após a apresentação das alegações finais da defesa, revelaria inversão na ordem processual. **AP 461 Terceiro-AgR/SP, rel. Min. Ricardo Lewandowski, 26.8.2010.** (AP-461)

PRINCÍPIO DA CORRELAÇÃO E "EMENDATIO LIBELLI" - 2

O relator desproveu os agravos. Consignou que, embora o aditamento carecesse de manifestação do Plenário (Lei 8.038/90, art. 6º), a *emendatio libelli* proposta não implicara aditamento da denúncia sob a perspectiva material, uma vez que os fatos imputados aos agravantes seriam os mesmos, quais sejam, a manutenção de depósitos em dinheiro no exterior, sem a devida comunicação à autoridade competente. Aduziu que o sistema jurídico pátrio exige a correlação entre os fatos descritos pela acusação e aqueles considerados pelo juiz na sentença para a prolação de um veredicto de condenação, sob pena de ofensa aos princípios constitucionais do contraditório e da ampla defesa. Desse modo, asseverou que o requisito essencial e intransponível para a aplicação do que contido no art. 383 do CPP seria que os fatos arrolados na inicial acusatória permanecessem inalterados, tal como ocorrera na espécie, não sendo necessária a reabertura da instrução penal nem a complementação das defesas. Enfatizou inexistir prejuízo aos réus, haja vista que eles se defendem dos fatos que lhe são irrogados, ainda que a capitulação jurídica se mostre eventualmente equivocada, o que não geraria inépcia da denúncia. Assinalou que defesa enfrentara a questão concernente ao crime contra o sistema financeiro nacional, visto que tal delito seria antecedente à lavagem de dinheiro. Salientou, ademais, que a desclassificação referir-se-ia a crime cuja pena cominada seria mais branda, o que, em princípio, mostrar-se-ia mais benéfico aos réus. Destacou que o crime objeto do art. 22, parágrafo único, da Lei 7.492/86 não decorreria exclusivamente de omissão decorrente da abstenção em prestar informações às autoridades, mas também de ação consubstanciada no depósito e na mantença ilegal de recursos financeiros no exterior. O relator afirmou que, diante da pluralidade de manifestações dos réus e em observância ao contraditório, abrira vista à Procuradoria Geral da República. Levando em conta que a instrução seria essencialmente documental, ressaltou que sua reabertura ensejaria risco de prescrição, já que os réus contariam com mais de setenta anos, o que reduziria o lapso prescricional pela metade. Por derradeiro, concluiu não haver obstáculo para que se passasse à fase seguinte de realização do julgamento. **AP 461 Terceiro-AgR/SP, rel. Min. Ricardo Lewandowski, 26.8.2010.** (AP-461)

PRINCÍPIO DA CORRELAÇÃO E "EMENDATIO LIBELLI" - 3

Em divergência, o Min. Marco Aurélio proveu os agravos por reputar que a situação presente caracterizaria verdadeira *mutatio libelli* e que a inobservância do art. 384 do CPP implicaria a não viabilização do direito de defesa. Explicitou que os elementos configuradores dos dois crimes seriam diversos: no tocante ao art. 22, parágrafo único, da Lei 7.492/86, exigir-se-ia que os valores depositados não tivessem sido declarados no imposto de renda, enquanto que, relativamente à lavagem, impor-se-ia a demonstração do crime antecedente, não apontado no caso. Após, pediu vista o Min. Dias Toffoli. **AP 461 Terceiro-AgR/SP, rel. Min. Ricardo Lewandowski, 26.8.2010.** (AP-461) (Inform. STF 597)

PRINCÍPIO DA CORRELAÇÃO E "EMENDATIO LIBELLI" - 1

A Turma indeferiu *habeas corpus* no qual se pretendia a nulidade da condenação do paciente pelo delito de seqüestro. Na espécie, a denúncia imputava ao paciente e a terceiros a suposta prática dos crimes de formação de quadrilha e de roubo majorado pelo emprego de arma de fogo e pelo concurso de pessoas em virtude da subtração — com o uso de arma de fogo e de grave ameaça — dos veículos das vítimas, as quais foram deixadas em local ermo onde ficaram amarradas e sob a guarda de alguns denunciados. Os automóveis seriam encaminhados para o Paraguai. Entretanto, outros co-réus foram surpreendidos por fiscalização de rotina da polícia civil durante o percurso para aquele país. O juízo processante condenara os acusados pelos tipos de roubo majorado e de seqüestro, absolvendo-os quanto à formação de quadrilha. O STJ, por sua vez, redimensionara a pena aplicada ao paciente, mantendo as demais cominações impostas pela sentença. Em conseqüência, a impetração reiterava as alegações de: a) cerceamento de defesa, dada a inobservância da regra da *mutatio libelli* (CPP, art. 384) e b) incidência do princípio da consunção, haja vista que o crime de seqüestro constituiria crime-meio para a consumação do delito de roubo. **HC 94443/MS, rel. Min. Ayres Britto, 29.6.2010.** (HC-94443)

PRINCÍPIO DA CORRELAÇÃO E "EMENDATIO LIBELLI" - 2

Entendeu-se que a sentença penal condenatória não teria extrapolado os limites fáticos da denúncia, porquanto tratara explicitamente de todos os fatos ensejadores da condenação do paciente. Enfatizou-se, no ponto, que a conduta descrita recebera do juízo processante classificação jurídica diversa daquela efetuada pelo *parquet*, sendo o caso de *emendatio libelli* (CPP: "*Art. 383. O juiz, sem modificar a descrição do fato contida na denúncia ou queixa, poderá atribuir-lhe definição jurídica diversa, ainda que, em conseqüência, tenha de aplicar pena mais grave.*"). Afastou-se o pleito de reconhecimento do princípio da consunção, uma vez que o quadro fático assentado pelas instâncias ordinárias revelaria a autonomia entre a restrição da liberdade das vítimas e a subtração patrimonial. Salientou-se que o acolhimento da tese defensiva implicaria revolvimento de matéria fática, inviável na sede eleita. Vencidos os Ministros Marco Aurélio e Dias Toffoli que deferiam o *writ* para podar a condenação quanto ao crime de seqüestro, já que não houvera tal pedido em relação a este. Consideravam que o órgão julgador teria atuado de ofício, sem acionar o art. 384 do CPP ("*mutatio libelli*"), ao fundamento de que a inicial acusatória estaria a consubstanciar apenas a condenação pelo crime de roubo ["*Art. 384. Encerrada a instrução probatória, se entender cabível nova definição jurídica do fato, em conseqüência de prova existente nos autos de elemento ou circunstância da infração penal não contida na acusação, o Ministério Público deverá aditar a denúncia ou queixa, no prazo de 5 (cinco) dias, se em virtude desta houver sido instaurado o processo em crime de ação pública, reduzindo-se a termo o aditamento, quando feito oralmente.*"]. **HC 94443/MS, rel. Min. Ayres Britto, 29.6.2010.** (HC-94443) (Inform. STF 593)

PIRATARIA: DUPLICIDADE DE PROCEDIMENTOS E COISA JULGADA - 1

A Turma iniciou julgamento de *habeas corpus* em que se pleiteia, sob a alegação de ofensa à coisa julgada, o trancamento de ação penal instaurada em desfavor do paciente pela suposta prática do delito previsto no art. 184, § 2º, do CP ("*Art. 184. Violar direitos de autor e os que lhe são conexos: § 2º Na mesma pena do § 1º incorre quem, com o intuito de lucro direto ou indireto, distribui, vende, expõe à venda, aluga, introduz no País, adquire, oculta, tem em depósito, original ou cópia de obra intelectual ou fonograma reproduzido com violação do direito de autor, do direito de artista intérprete ou executante ou do direito do produtor de fonograma, ou, ainda, aluga original ou cópia de obra intelectual ou fonograma, sem a expressa autorização dos titulares dos direitos ou de quem os represente.*"). No caso, o paciente fora surpreendido expondo à venda produtos com marca falsificada e, no curso do processo criminal, o Ministério Público requerera a instauração de inquérito policial para apurar possível crime contra registro de marcas (Lei 9.279/96, art. 189), sem prejuízo da continuidade da ação penal já em trâmite. Entretanto, esse inquérito fora arquivado, em virtude da extinção da punibilidade do fato, pois não ajuizada queixa-crime no prazo legal. Por esse motivo, a impetração aduz que o processo em curso possui como objeto os mesmos fatos examinados no inquérito arquivado e sustenta, em síntese, que: a) a referência a tipo penal diverso não elide a coisa julgada por idênticos fatos; b) a coisa julgada se sobrepõe à discussão relativa à litispendência e à prevenção; c) o juiz que extinguira a punibilidade tinha amplos poderes para apreciar a conduta do paciente; d) o próprio *parquet* pedira a declaração da extinção da punibilidade; e) a eventual nulidade da decisão extintiva da punibilidade não poderia afastar a coisa julgada, sob pena de se efetivar revisão criminal contrária ao agente, não admitida em nosso ordenamento. **HC 94982/SP, rel. Min. Cármen Lúcia, 25.11.2008.** (HC-94982)

PIRATARIA: DUPLICIDADE DE PROCEDIMENTOS E COISA JULGADA - 2

A Min. Cármen Lúcia, relatora, deferiu o *writ* para determinar o arquivamento da ação penal em relação ao paciente. De início, ressaltou que, conforme manifestação do órgão do Ministério Público pelo arquivamento do aludido inquérito, não existiria dúvida quanto à identidade dos fatos, mas sim divergência quanto a sua classificação jurídica e a natureza da ação penal. Assim, o promotor oficiante pronunciara-se sobre os mesmos fatos e reputara, no exercício de sua independência funcional, que a tipificação dos fatos e a natureza da ação penal seriam outras, requerendo, em conseqüência, o arquivamento do feito, pela extinção da punibilidade do fato, o que fora acolhido pelo magistrado. Citou, no ponto, jurisprudência do STF no sentido de que o pedido de arquivamento de inquérito policial, quando se baseie na extinção da punibilidade, não é de atendimento compulsório, mas deve ser resultado de decisão do órgão judicial competente, dada a possibilidade da formação de coisa julgada material. Desse modo, asseverou que se tem concluído pela ocorrência da coisa julgada material ainda que o arquivamento tenha ocorrido após manifestação de novo representante do *parquet*, a partir de reinterpretação e nova qualificação dos mesmos fatos, pouco importando se a decisão tenha sido proferida por órgão jurisdicional incompetente ou se entre membros de diversos Ministérios Públicos. Daí observação de que, na espécie, o pedido de arquivamento fora solicitado por membro do mesmo Ministério Público. Acrescentou, ainda, que o reconhecimento da coisa julgada inspira-se no princípio da segurança jurídica, o qual tem peculiar relevo no campo penal, e que a circunstância de a extinção da punibilidade ter sido feita por decisão que reconhecera a decadência (CP, art. 107) não alteraria a ocorrência da coisa julgada. Por fim, enfatizou que, em razão da superveniência da Lei 11.719/2008, passou-se a reconhecer a extinção da punibilidade, independentemente de sua causa, como hipótese de absolvição sumária (CPP, art. 397). Após, pediu vista dos autos o Min. Ricardo Lewandowski. **HC 94982/SP, rel. Min. Cármen Lúcia, 25.11.2008.** (HC-94982)

PIRATARIA: DUPLICIDADE DE PROCEDIMENTOS E COISA JULGADA - 3

Por reconhecer ofensa à coisa julgada, a Turma, em conclusão de julgamento, por maioria, deferiu *habeas corpus* para trancar ação penal instaurada em desfavor de acusado pela suposta prática do delito previsto no art. 184, § 2º, do CP. No caso, o paciente fora surpreendido expondo à venda produtos com marca falsificada e, no curso do processo criminal, o Ministério Público requerera a instauração de inquérito policial para apurar possível crime contra o registro de marcas (Lei 9.279/96, art. 189), sem prejuízo da continuidade da ação penal já em trâmite. Entretanto, esse inquérito fora arquivado, em virtude da extinção da punibilidade do fato, pois não ajuizada queixa-crime no prazo legal. Por esse motivo, a impetração aduzia que o processo em curso possuía como objeto os mesmos fatos examinados no inquérito arquivado — v. Informativo 530. **HC 94982/SP, rel. Min. Cármen Lúcia, 31.3.2009.** (HC-94982)

PIRATARIA: DUPLICIDADE DE PROCEDIMENTOS E COISA JULGADA - 4

De início, ressaltou-se que, conforme manifestação do órgão do Ministério Público pelo arquivamento do aludido inquérito, não existiria dúvida quanto à identidade dos fatos, mas sim divergência quanto a sua classificação jurídica e a natureza da ação penal. Assim, o promotor oficiante pronunciara-se sobre os mesmos fatos e reputara, no exercício de sua independência funcional, que a tipificação dos fatos e a natureza da ação penal seriam outras, requerendo, em conseqüência, o arquivamento do feito, pela extinção da punibilidade do fato, o que fora acolhido pelo magistrado. Citou-se, no ponto, jurisprudência do STF no sentido de que o pedido de arquivamento de inquérito policial, quando se baseie na extinção da punibilidade, não é de atendimento compulsório, mas deve ser resultado de decisão do órgão judicial competente, dada a possibilidade da formação de coisa julgada material. Desse modo, asseverou-se que se tem concluído pela ocorrência da coisa julgada material ainda que o arquivamento tenha se dado após manifestação de novo representante do Ministério Público, a partir de reinterpretação e nova qualificação dos mesmos fatos, pouco importando se a decisão tenha sido proferida por órgão jurisdicional incompetente ou se entre membros de diversos Ministérios Públicos. Daí a observação de que, na espécie, o pedido de arquivamento fora solicitado por membro do mesmo *parquet*. Acrescentou-se, ainda, que o reconhecimento da coisa julgada inspira-se no princípio da segurança jurídica, o qual tem peculiar relevo no campo penal, e que a circunstância de a extinção da punibilidade ter sido feita por decisão que reconhecera a decadência (CP, art. 107) não alteraria a ocorrência da coisa julgada. Por fim, enfatizou-se que, em razão do advento da Lei 11.719/2008, passou-se a admitira extinção da punibilidade, independentemente de sua causa, como hipótese de absolvição sumária (CPP, art. 397). Vencidos os Ministros Marco Aurélio e Menezes Direito, que indeferiam o *habeas* sob o fundamento de que, por ter sido o inquérito arquivado depois de já ajuizada a ação penal pública incondicionada (CP, art. 184, § 2º), isso não poderia afetá-la, ainda que lastreada nos mesmos fatos. Destarte, afastaram a possibilidade de retroação da eficácia da coisa julgada a ponto de apanhar a ação penal em curso. **HC 94982/SP, rel. Min. Cármen Lúcia, 31.3.2009.** (HC-94982) (Inform. STF 541)

COISA JULGADA: EXTENSÃO DA PERÍCIA E CRITÉRIO DA AUTORIDADE JUDICIAL - 1

A Turma deferiu, em parte, *habeas corpus* impetrado em favor de denunciados como incursos nos delitos previstos nos artigos 334, § 1º, c e d, e 288, parágrafo único, todos do CP — por suposta participação em contabilidade de quadrilha acusada de vários delitos, incluindo contrabando e comercialização de máquinas caça-níqueis —, sob o argumento de ofensa à coisa julgada e ao princípio da inércia do juízo. No caso, após o trânsito em julgado do aresto do TRF da 2ª Região que concedera *writ* lá impetrado para determinar a realização de perícia nos "noteiros" das máquinas apreendidas e, de ofício, a estendera para todos os seus componentes, e diante da informação prestada pelo Juízo de 1º grau no sentido da impossibilidade de perícia nos componentes de alguns aparelhos, fora acolhida questão de ordem para se determinar que o Juízo desse prosseguimento à prova pericial ordenada, sendo que, com relação às máquinas caça-níqueis, deveria fazê-la por amostragem. Contra essa decisão, impetrara-se *habeas corpus* ao STJ, que fora indeferido. **HC 95295/RJ, rel. Min. Cezar Peluso, 18.11.2008.** (HC-95295)

COISA JULGADA: EXTENSÃO DA PERÍCIA E CRITÉRIO DA AUTORIDADE JUDICIAL - 2

Assentou-se, no que tange à violação à coisa julgada, assistir razão aos impetrantes, uma vez que, publicado o acórdão e não sido impugnado pelas partes, transitara em julgado, estando, pois, encerrada e exaurida a função jurisdicional do tribunal de origem. Assim, o julgamento não poderia ser revisto, em questão de ordem, para que fosse substancialmente modificado o teor da decisão, sendo indiscutível o direito dos pacientes à realização da perícia em todos os componentes das máquinas apreendidas, cuja necessidade e relevância para solução do processo foram reconhecidas judicialmente, tendo se operado, a respeito, a preclusão. Asseverou-se, todavia, que, dada a impossibilidade de se efetuar a perícia em todas as máquinas, caberia ao STF dar sentido à decisão do TRF no primeiro acórdão. Reputou-se, no ponto, improcedente o pedido da defesa para que se fizesse perícia em todas as máquinas restantes. Aduziu-se que, sendo inquestionável a relevância da produção da prova nos termos requeridos, a extensão do seu alcance seria questão meramente prática, devendo ser resolvida a critério da autoridade judiciária de 1º grau. Após ressaltar que o objetivo do referido exame técnico seria a análise da origem dos equipamentos apreendidos, considerou-se que, para se alcançá-lo, a quantidade de máquinas a ser periciada, por não estar inserida no objeto da causa, deveria ficar a critério do órgão que executaria a ordem. Concluiu-se, assim, caber ao juízo de 1º grau providenciar a perícia em todos os componentes, e não apenas nos "noteiros", de tantas máquinas quantas julgue necessárias para apurar, com segurança, a procedência das peças. Ordem concedida, em parte, para cassar a decisão do TRF, na questão de ordem, e determinar que o Juízo do 1º grau realize o exame pericial em todos os componentes das máquinas apreendidas, na extensão que julgue suficiente para atingir os objetivos da prova. **HC 95295/RJ, rel. Min. Cezar Peluso, 18.11.2008.** (HC-95295) (Inform. STF 529)

***Mutatio Libelli* e Súmula 453 do STF - 1**

A Turma decidiu remeter ao Plenário julgamento de *habeas corpus* em que questionada a incidência do Enunciado da Súmula 453 do STF (*"Não se aplicam à segunda instância o art. 384 e parágrafo único do Código de Processo Penal, que possibilitam dar nova definição jurídica ao fato delituoso, em virtude de circunstância elementar não contida, explícita ou implicitamente, na denúncia ou queixa."*). Trata-se de *writ* impetrado pela Defensoria Pública da União contra acórdão do STJ que, em apreciação de idêntica medida, afastara a alegação de *reformatio in pejus* no acórdão do tribunal de justiça local que, acolhendo apelação interposta pelo paciente e por co-réus, determinara a baixa dos autos para que fosse observado o disposto no art. 384 e seu parágrafo único, do CPP, ao fundamento de que o evento morte não constava da denúncia e o paciente fora condenado, também, por roubo qualificado pelo resultado morte (CPP: *"Art. 384. Se o juiz reconhecer a possibilidade de nova definição jurídica do fato, em conseqüência de prova existente nos autos de circunstância elementar, não contida, explícita ou implicitamente, na denúncia ou na queixa, baixará o processo, a fim de que a defesa, no prazo de 8 (oito) dias, fale e, se quiser, produza prova, podendo ser ouvidas até três testemunhas. Parágrafo único. Se houver possibilidade de nova definição jurídica que importe aplicação de pena mais grave, o juiz baixará o processo, a fim de que o Ministério Público possa aditar a denúncia ou a queixa, se em virtude desta houver sido instaurado o processo em crime de ação pública, abrindo-se, em seguida, o prazo de 3 (três) dias à defesa, que poderá oferecer prova, arrolando até três testemunhas."*). Sustenta-se, na espécie, ofensa aos princípios da proibição da *reformatio in pejus* e da correlação entre acusação e sentença, uma vez que a *mutatio libelli* ocorrera em recurso exclusivo da defesa. HC 92464/RJ, rel. Min. Menezes Direito, 9.10.2007. (HC-92464)

***MUTATIO LIBELLI* E SÚMULA 453 DO STF - 2**

O Tribunal, considerado o empate na votação, conce-deu, em parte, *habeas corpus* em favor de condenado pela prática dos crimes previstos no art. 157, § 2º, I e II, e § 3º, do CP, para que, proferida nova sentença, se exclua a possibilidade de aplicação do disposto no art. 384 do CPP e o reconhecimento do crime previsto no art. 157, § 3º, do CP. Tratava-se, na espécie, de *writ* impetrado pela Defensoria Pública da União contra acórdão do STJ que, em apreciação de idêntica medida, afastara a alegação de *reformatio in pejus* no acórdão do Tribunal de Justiça do Estado do Rio de Janeiro que, acolhendo apelação interposta pelo paciente e por co-réus, determinara a baixa dos autos para que fosse observado o disposto no art. 384 e seu parágrafo único, do CPP, ao fundamento de que o evento morte não constara da denúncia e o paciente fora condenado, também, por roubo qualificado pelo resultado morte (CPP: "*Art. 384. Se o juiz reconhecer a possibilidade de nova definição jurídica do fato, em conseqüência de prova existente nos autos de circunstância elementar, não contida, explícita ou implicitamente, na denúncia ou na queixa, baixará o processo, a fim de que a defesa, no prazo de 8 (oito) dias, fale e, se quiser, produza prova, podendo ser ouvidas até três testemunhas. Parágrafo único. Se houver possibilidade de nova definição jurídica que importe aplicação de pena mais grave, o juiz baixará o processo, a fim de que o Ministério Público possa aditar a denúncia ou a queixa, se em virtude desta houver sido instaurado o processo em crime de ação pública, abrindo-se, em seguida, o prazo de 3 (três) dias à defesa, que poderá oferecer prova, arrolando até três testemunhas.*") — v. Informativo 483. Salientando o fato ter havido recurso exclusivo da defesa, entendeu-se que o acórdão teria contrariado o Verbete 453 da Súmula do STF ("*Não se aplicam à segunda instância o art. 384 e parágrafo único do Código de Processo Penal, que possibilitam dar nova definição jurídica ao fato delituoso, em virtude de circunstância elementar não contida, explícita ou implicitamente, na denúncia ou queixa.*"), já que estaria possibilitando a alteração dos parâmetros da acusação, e legitimando uma condenação mais gravosa ao paciente. Vencidos os Ministros Menezes Direito, relator, Cármen Lúcia, Ricardo Lewandowski, Eros Grau e Carlos Britto, que denegavam a ordem, ao fundamento de não haver falar-se em *reformatio in pejus* nem em prejuízo com relação à defesa no que concerne ao referido Enunciado, haja vista que tanto o TJ/RJ quanto o STJ assinalaram que houvera preliminar da defesa, apontando a irregularidade na sentença, e também porque tal Verbete teria vedado apenas que a 2ª instância fizesse a aplicação do art. 384 e parágrafo único do CPP, mas não que reconhecesse a nulidade da sentença de 1° grau que não observasse o dispositivo. HC 92464/RJ, rel. orig. Min. Menezes Direito, rel. p/ o acórdão Min. Marco Aurélio, 18.10.2007. (HC-92464) (Inform. STF 484)

13.1. SUPERIOR TRIBUNAL DE JUSTIÇA

DIREITO PROCESSUAL PENAL. PRINCÍPIO DA CORRELAÇÃO. CAUSA DE AUMENTO DE PENA.

A causa de aumento de pena não pode ser presumida pelo julgador, devendo o fato que a configurar estar descrito pormenorizadamente na denúncia ou queixa. O princípio da correlação entre acusação e sentença, também chamado de princípio da congruência, representa uma das mais relevantes garantias do direito de defesa, visto que assegura a não condenação do acusado por fatos não descritos na peça acusatória. É dizer, o réu sempre terá a oportunidade de refutar a acusação, exercendo plenamente o contraditório e a ampla defesa. É certo que, a teor do disposto no art. 383 do CPP, o acusado se defende dos fatos que lhe são atribuídos na denúncia ou queixa, e não da capitulação legal, razão pela qual o juiz poderá, sem modificar a descrição fática, atribuir-lhe definição jurídica diversa, ainda que tenha de aplicar pena mais grave. Contudo, o fato que determina a incidência do preceito secundário da norma penal deverá estar descrito na peça acusatória, com o objetivo de viabilizar o contraditório e a ampla defesa. Autorizar a presunção de causa de aumento de pena, sem qualquer menção na exordial, configura inversão do sistema de ônus da prova vigente no ordenamento processual, visto que seria imposto à defesa o dever de provar a inexistência dessa circunstância, e não à acusação o ônus de demonstrá-la. Precedentes citados: HC 149.139-DF, DJe 2/8/2010; HC 139.759-SP, DJe 1º/9/2011. **REsp 1.193.929-RJ, Rel. Min. Marco Aurélio Bellizze, julgado em 27/11/2012. (Inform. STJ 510)**

DIREITO PROCESSUAL PENAL. ALTERAÇÃO DA TIPIFICAÇÃO QUANDO DO RECEBIMENTO DA DENÚNCIA. FINALIDADE DE AFASTAR PRESCRIÇÃO.

Não é possível que o magistrado, ao receber a denúncia, altere a capitulação jurídica dos fatos a fim de justificar a inocorrência de prescrição da pretensão punitiva e, consequentemente, viabilizar o prosseguimento da ação penal. A verificação da existência de justa causa para a ação penal, vale dizer, da possibilidade jurídica do pedido, do interesse de agir e da legitimidade para agir, é feita a partir do que contido na peça inaugural, que não pode ser corrigida ou modificada pelo magistrado quando do seu recebimento. Com efeito, ainda que se trate de mera retificação da capitulação jurídica dos fatos descritos na vestibular, tal procedimento apenas é cabível quando da prolação da sentença, nos termos do art. 383 do CPP (*emendatio libelli*). Quanto ao ponto, é imperioso destacar que, ainda que o acusado se defenda dos fatos narrados na denúncia, e não da definição jurídica a eles dada pelo MP, não se pode admitir que, no ato em que é analisada a própria viabilidade da persecução criminal, o magistrado se manifeste sobre a adequação típica da conduta imputada ao réu, o que, evidentemente, configura indevida antecipação de juízo de valor acerca do mérito da ação penal. Dessa forma, havendo erro na correta tipificação dos fatos descritos pelo órgão ministerial, ou dúvida quanto ao exato enquadramento jurídico a eles dado, cumpre ao magistrado receber a denúncia tal como proposta, para que, no momento em que for prolatar a sentença, proceda às correções necessárias. Ressalte-se que a doutrina e a jurisprudência têm admitido em determinados casos a correção do enquadramento típico logo no ato de recebimento da exordial acusatória, mas somente para beneficiar o réu ou para permitir a correta fixação da competência ou do procedimento a ser adotado. Por outro lado, não se pode admitir que o magistrado, em prejuízo ao réu e sem que exista erro grosseiro por parte do membro do *Parquet*, atue de modo a alterar os parâmetros da denúncia formulada, o que configura violação ao princípio dispositivo, desrespeito à titularidade da ação penal e antecipação do julgamento do mérito do processo. Portanto, já transcorrido o lapso prescricional previsto para o crime imputado na denúncia quando do juízo de admissibilidade da acusação, é imperiosa a extinção da punibilidade do agente pela prescrição da pretensão punitiva estatal. Precedentes citados do STF: HC 89.686-SP, DJ 17/8/2007; do STJ: HC 103.763-MG, DJe 16/3/2009. **RHC 27.628-GO, Rel. Min. Jorge Mussi, julgado em 13/11/2012.(Inform. STJ 509)**

APLICAÇÃO. REPARAÇÃO. ART. 387, IV, DO CPP.

A alteração advinda da Lei n. 11.719/2008, que determinou ao juiz que, ao proferir a sentença condenatória, fixe o valor mínimo para reparação dos danos causados pela infração considerando os prejuízos sofridos pelo ofendido (art. 387, IV, do CPP), é norma processual. Tal norma modificou apenas o momento em que deve ser fixado o mencionado valor, aplicando-se imediatamente às sentenças proferidas após a sua entrada em vigor. Ocorre que, no caso, inexistem elementos suficientes para que o juiz fixe um valor, ainda que mínimo, para reparar os danos causados pela infração, considerando os prejuízos sofridos pelo ofendido (ou seus sucessores). Além disso, na hipótese, o delito é homicídio e eventuais danos não são de simples fixação, até porque provavelmente são de natureza material e moral. Assim, não houve contrariedade ao dispositivo legal supradito. **REsp 1.176.708-RS, Rel. Min. Sebastião Reis Júnior, julgado em 12/6/2012.(Inform. STJ 499)**

PECULATO. CONFIGURAÇÃO. RECEPTAÇÃO QUALIFICADA. *EMENDATIO LIBELLI*. DENÚNCIA.

Para o Min. Relator, os fatos narrados na denúncia, a saber, que o recebimento pelo denunciado de depósito em cheque diretamente na sua conta-corrente, valores que eram resultantes de crime de peculato para o financiamento de campanha eleitoral de seu irmão, são insuficientes para a configuração do tipo penal de lavagem de dinheiro, uma vez que a tipicidade nesse caso reclama também a existência de um contexto capaz de evidenciar que o agente realizou tais ações com a finalidade específica de ocultar ou dissimular a utilização desses bens, direitos ou valores. Na denúncia, embora conste a descrição da ocorrência de um crime antecedente incluído entre aqueles contra a Administração Pública (o peculato), bem como a afirmação de que o denunciado, ao receber os valores, sabia serem provenientes desse crime, ao explicitar que, em tese, o denunciado teria recebido o dinheiro para financiar a campanha de seu irmão à prefeitura e não em razão de seu cargo de conselheiro do Tribunal de Contas estadual, acabou-se por descrever a conduta típica do delito de receptação qualificada. Nesse contexto, explica impor-se a *emendatio libelli* já que dos fatos narrados resulta a conduta típica do delito de receptação qualificada, prevista no art. 180, § 6º, do CP. Assim, alude a precedente do STJ, registrando que, na hipótese de erro de capitulação na peça inicial, pode o magistrado proceder à correção e adequação da tipificação, atribuindo aos fatos definição jurídica diversa, ainda que tenha que aplicar pena mais grave; nessa situação, em que não há a superveniência de fato novo, não existe a necessidade de impor aditamento da denúncia – tal como ocorre com a *mutatio libelli*, regulada no art. 384 do CPP – e, consequentemente, de abrir prazo para a defesa se manifestar, indicando, inclusive, novas testemunhas. Diante do exposto, a Corte Especial julgou procedente a denúncia para condenar o acusado pela prática do crime de receptação qualificada à pena privativa de liberdade de dois anos e seis meses de reclusão a ser cumprida em regime inicial aberto, ficando substituída pelas restritivas de direitos de prestação de serviços à comunidade e prestação pecuniária e multa de

25 dias-multa, no valor cada dia-multa de um salário mínimo e sem custas (art. 7º da Lei n. 11.636/2007). Precedente citado: HC 91.474-RJ, DJe 2/8/2010. **APn 472-ES, Rel. Min. Teori Albino Zavascki, julgada em 1º/6/2011.** (Inform. STJ 475)

ERRO MATERIAL. LATROCÍNIO. REGIME INICIAL ABERTO.

In casu, o paciente foi condenado à pena de 18 anos de reclusão em regime inicial aberto pela prática do crime tipificado no art. 157, § 3º, do CP (latrocínio). Então, o juiz de execução determinou o início do cumprimento da pena em regime fechado ao argumento de que o regime aberto foi fixado de forma equivocada. Agora a impetração no *writ* sustenta, em síntese, que não há como modificar o regime fixado na sentença condenatória, pois ela transitou em julgado para a condenação. Para o Min. Relator Napoleão Nunes Maia Filho e o Min. Gilson Dipp, a fixação do regime aberto para o paciente condenado à pena de 18 anos de reclusão é mero erro material, possível de correção mesmo após o trânsito em julgado da condenação. No entanto, a maioria dos Ministros da Turma aderiu à divergência inaugurada pelo Min. Jorge Mussi, que, apesar de considerar tratar-se de erro material, pois o paciente condenado por latrocínio não poderia cumprir a pena em regime inicial aberto conforme o disposto no art. 33, § 2º, do CP, reconheceu agora não haver dúvida de que ocorreu a coisa julgada, pois o MP, como fiscal da lei, deveria ter interposto os embargos declaratórios, mas deixou de fazê-lo. Observou ainda serem nesse sentido as decisões do STF. Com esse entendimento, a Turma, ao prosseguir o julgamento, concedeu a ordem. **HC 176.320-AL, Rel. originário Min. Napoleão Nunes Maia Filho, Rel. para acórdão Min. Jorge Mussi, julgado em 17/5/2011.** (Inform. STJ 473)

TRÁFICO INTERNACIONAL. MULHERES.

A impetração em favor dos pacientes busca que aguardem em liberdade o eventual trânsito em julgado da condenação. Na ação criminal, os pacientes, por serem todos italianos, foram preventivamente presos, acusados – e condenados, com outros – de participar das condutas atinentes a tráfico internacional e interno de pessoas, favorecimento à prostituição com intuito lucrativo, lavagem de dinheiro, posse de arma de fogo, crime contra o sistema financeiro, casa de prostituição, quadrilha armada, falsidade ideológica. No *habeas corpus*, ainda afirmam que o acórdão proferido em apelação deixou de manifestar-se quanto à necessidade da manutenção da prisão preventiva, embora tenha sido alterada a imputação e, em consequência, a pena. Explica a Min. Relatora que, naquele julgamento, a alteração foi quanto à qualificadora de quadrilha, ou seja, vinculação com a máfia italiana, e tal alteração, como não houve mudança significativa na condução, não alterou a situação jurídica dos pacientes no que diz respeito ao *status libertatis*. Quanto à alegação de que o TJ não teria se pronunciado sobre a manutenção da prisão cautelar, observa que, com a reforma do CPP, passou-se a obrigar o juiz a posicionar-se acerca da manutenção do encarceramento processual na sentença (parágrafo único do art. 387 do CPP). Todavia, nada se consignou sobre o acórdão da apelação. Assim, na sistemática processual penal, não cabe ao tribunal *a quo* proceder a novo exame sobre prisão, se foi preservada a sentença e se não houve, em apelação, mudança significativa na pena imposta. Diante do exposto, a Turma, ao prosseguir o julgamento, conheceu em parte do pedido e, nessa parte, denegou a ordem. Precedente citado: HC 68.133-RN, DJ 10/12/2007. **HC 135.823-RN, Rel. Min. Maria Thereza de Assis Moura, julgado em 2/3/2010.** (Inform. STJ 425)

PECULATO. CONVÊNIO. VERBA PÚBLICA.

Os pacientes eram o presidente e o tesoureiro de uma sociedade civil sem fins lucrativos que, em razão de convênio, recebiam verbas públicas. Eles foram denunciados pela prática de peculato (art. 312 c/c art. 29 do CP), mas alegam que, ao tempo dos fatos tidos por criminosos (1986 a 1992), não se enquadravam no conceito de funcionário público (art. 327, § 1º, do CP), que só os abarcou na edição da Lei n. 9.983/2000. Nesse panorama, a Turma, por maioria, entendeu que, apesar de a denúncia não ter qualificado os fatos corretamente, não cabe anulá-la, visto que o erro de capitulação pode ser corrigido no momento da sentença (art. 383 do CPP) sem que haja prejuízo à defesa e ao contraditório, pois os acusados defendem-se dos fatos que lhes são imputados (que, no caso, nem sequer são atípicos) e não dos dispositivos legais em que qualificados. O voto vencido do Min. Nilson Naves trancava a ação penal, diante do vício material (descrição das condutas) e formal (desacerto quanto ao enquadramento delas) de que padece a denúncia, mas sem impedir que o MP oferecesse outra e desse nova capitulação aos fatos. Precedentes citados: HC 39.166-PE, DJ 28/2/2005; RHC 12.502-PR, DJ 20/5/2005, e RHC 3.243-MG, DJ 7/3/1994. **HC 42.828-RJ, Rel. originário Min. Nilson Naves, Rel. para acórdão Min. Hamilton Carvalhido, julgado em 7/10/2008.** (Inform. STJ 371)

LAVRA NÃO AUTORIZADA. USURPAÇÃO. MATÉRIA-PRIMA.

O paciente retirava ilegalmente carvão do subsolo mediante uso de dinamite e esteiras rolantes. Em razão disso, foi denunciado por lavra não autorizada (art. 55 da Lei n. 9.605/1998), crime contra o meio ambiente, além da desobediência (art. 330 do CP). Sucede que, ao fundamento de ser cabível o disposto no art. 383 do CPP (*emendatio libeli*), viu-se condenado também por usurpação de matéria-prima (art. 2º da Lei n. 8.176/1991), crime contra o patrimônio público, de pena mais grave. Nesse panorama, vê-se que não se fez, propriamente, a dação ao fato de uma definição jurídica diversa, mas, sim, acrescentou-se à acusação novo fato, o que leva a outra definição jurídica. Assim, aqui se está diante não de, simplesmente, *emendatio*, mas de um caso de *mutatio libeli* sem que se observasse o disposto no art. 384 do CPP (sem o aditamento da denúncia ou a prévia audiência da defesa), o que gera, sem dúvida, a nulidade do processo. Anote-se, por último, que as figuras típicas acima elencadas não se confundem, tal como apregoado pela jurisprudência do STJ. Precedentes citados: RHC 16.801-SP, DJ 14/11/2005; REsp 815.071-BA, DJ 19/6/2006 e HC 35.561-RO, DJ 21/2/2005. **HC 98.328-SC, Rel. Min. Nilson Naves, julgado em 10/6/2008.** (Inform. STJ 359)

CONDENAÇÕES. MESMO FATO. TRÂNSITO EM JULGADO.

Diante de duas condenações (ambas com trânsito em julgado) pelo mesmo fato delituoso e apuradas em processos distintos, deve prevalecer a que primeiro transitou em julgado. Assim, no caso, mesmo que não se tenha suscitado essa violação da coisa julgada no curso do segundo processo, sua nulidade é flagrante. Dessarte, declarou-se o trancamento definitivo daquele feito. Precedentes citados: HC 37.520-SP, DJ 9/5/2005; HC 27.794-SP, DJ 22/11/2004; HC 36.091-RJ, DJ 14/3/2005, e RHC 8.092-RJ, DJ 1º/2/1999. **HC 97.753-DF, Rel. Min. Maria Thereza de Assis Moura, julgado em 10/6/2008.** (Inform. STJ 359)

ESTELIONATO. PECULATO. *MUTATIO LIBELLI.*

Na livraria pertencente à paciente, houve a apreensão de grande quantidade de livros usados de propriedade do Ministério da Educação e Cultura – MEC e destinados ao Programa Nacional do Livro Didático – PNLD. Foi apreendida, também, uma sacola de propriedade da co-ré, professora da rede pública de ensino, repleta de outros tantos livros de mesma qualidade, todos destinados à venda. Assim, a denúncia tinha as rés como incursas, respectivamente, nas penas dos arts. 171, § 3º (estelionato), e 312 (peculato), ambos do CP. Contudo se deu o aditamento da denúncia, ao afirmar que a paciente tinha conhecimento da qualificação de funcionária pública da co-ré, daí poder responder também por peculato em vez de estelionato, delito de sanção mais branda. Anote-se que foi observado o art. 384, parágrafo único, do CPP, pela abertura de vista à defesa, que se quedou inerte. Sucede que, ao final, não restou caracterizado o peculato por falta de prova de que a co-ré apropriou-se de bem em razão de seu cargo, o que levou à desclassificação do crime para o estelionato. Diante disso, não há que se falar em *mutatio libelli*, visto que não houve, com o aditamento, a alteração da descrição dos fatos criminosos. Não houve qualquer prejuízo à paciente, que pôde defender-se amplamente do fato criminoso a ela imputado, quanto mais se é consabido que o réu defende-se dos fatos, não da capitulação que lhes é dada pela denúncia. Precedentes citados do STF: RHC 90.114-PR, DJ 17/8/2007; HC 89.268-AP, DJ 22/6/2007, do STJ: HC 43.781-RS, DJ 26/9/2005, e HC 16.177-RJ, DJ 14/3/2005. **RHC 18.100-ES, Rel. Min. Paulo Gallotti, julgado em 6/12/2007.** (Inform. STJ 341)

SÚMULA STF Nº 453

Não se aplicam à segunda instância o art. 384 e parágrafo único do Código de Processo Penal, que possibilitam dar nova definição jurídica ao fato delituoso, em virtude de circunstância elementar não contida, explícita ou implicitamente, na denúncia ou queixa.

14. NULIDADES

JUÍZO DEPRECADO E INTIMAÇÃO DE DEFENSOR PÚBLICO

Em razão da peculiaridade do caso, a 1ª Turma deu provimento a recurso ordinário em *habeas corpus* para reconhecer nulidade processual em face da não intimação da Defensoria Pública do local de cumprimento de carta precatória. Na espécie, o juízo deprecado nomeara defensora dativa para acompanhar audiência de inquirição da vítima. Destacou-se que, na origem, o acusado fora assistido por defensor público, o qual não poderia deslocar-se para outro estado e prestar assistência ao réu, tendo em conta a existência, no juízo deprecado, de Defensoria Pública estadual estruturada. Assentou-se que, embora a jurisprudência do STF estivesse consolidada no sentido da prescindibilidade da intimação da defesa para audiência a ocorrer no juízo deprecado — necessária apenas a ciência da expedição da carta precatória —, a questão posta nos autos mereceria ressalva em respeito àquela instituição. RHC 106394/MG, rel. Min. Rosa Weber, 30.10.2012. (RHC-106394) (Inform. STF 686)

AUSÊNCIA DE INTIMAÇÃO DE DEFENSOR PÚBLICO E NULIDADE

A 2ª Turma concedeu *habeas corpus* impetrado em favor de condenada pela prática do crime descrito no art. 171, § 3º, do CP, com o fim de afastar o trânsito em julgado da condenação e determinar ao juízo de 1º grau que proceda à intimação da Defensoria Pública da União para que apresente contrarrazões ao recurso de apelação interposto pelo *parquet*. Na espécie, a paciente, assistida por defensor dativo no curso do processo, procurara a Defensoria Pública, que protocolara petição na qual informava haver assumido o patrocínio da ré. O pedido fora indeferido, sob o fundamento de não haver prova de que a então acusada solicitara assistência àquele órgão. A Defensoria Pública não fora intimada desta decisão e a ré sofrera condenação decorrente de acórdão reformatório de sentença absolutória. Asseverou-se que a escolha do advogado seria direito do acusado. Ademais, registrou-se que a jurisprudência da Corte seria pacífica no sentido de a Defensoria Pública dever ser intimada, pessoalmente, dos atos processuais, o que não ocorrera. HC 111532/SP, rel. Min. Ricardo Lewandowski, 7.8.2012. (HC-111532) (Inform. STF 674)

LEI 10.792/2003: ENTREVISTA E AUDIÊNCIA DE INSTRUÇÃO

A 1ª Turma iniciou julgamento de *habeas corpus* em que se pretende seja declarada a nulidade de processo-crime a partir da audiência para oitiva de testemunha, sob o argumento de não concessão, naquela oportunidade, de entrevista reservada entre o acusado e o defensor público. O Min. Luiz Fux, relator, denegou a ordem. Observou que o direito de entrevista — a realizar-se em momento antecedente ao interrogatório (CPP, art. 185, § 2º, na redação conferida pela Lei 10.792/2003) — teria como escopo facilitar a defesa e a possibilidade de orientar o réu a respeito das consequências de declarações que viesse a proferir. A previsão legal, por conseguinte, não estaria direcionada à fase de realização de audiência de instrução e julgamento. Nesse tocante, aludiu ao HC 99684/SP (DJe de 11.12.2009). Asseverou que, apesar de silente a legislação processual penal, haveria registro, na ata da sessão adversada, do fato de o defensor ter conversado com o paciente antes do ato. Complementou que o sistema de nulidades vigoraria sob a máxima *pas de nullité sans grief*. A Min. Rosa Weber assinalou a ausência de demonstração de prejuízo. Em divergência, o Min. Marco Aurélio concedeu o *writ*. Vislumbrou a concentração quanto à audiência de instrução e mencionou que a defensoria pública articularia não ter havido possibilidade de contato prévio com o acusado. Após, pediu vista dos autos o Min. Dias Toffoli. HC 112225/DF, rel. Min. Luiz Fux, 26.6.2012. (HC-112225) (Inform. STF 672)

LIMITES DA COMPETÊNCIA DE JUÍZO DE PRIMEIRO GRAU - 1

O juízo de primeiro grau não pode rescindir acórdão de instância superior, mesmo na hipótese de existência de nulidade absoluta, sob pena de violação das normas processuais penais e constitucionais relativas à divisão de competência. Essa a conclusão da 2ª Turma ao conhecer, em parte, de *habeas corpus* e, nessa extensão, indeferir a ordem impetrada em favor de denunciado pela suposta prática dos delitos de moeda falsa, falsidade ideológica e identidade falsa. Na espécie, em virtude de o paciente não ter sido localizado, o juízo processante decretara a revelia e a sua prisão preventiva, ocasião em que nomeado defensor dativo para patrocinar a defesa. Baixados os autos à vara de origem, em virtude do trânsito em julgado da sentença condenatória, a juíza sentenciante declarara a nulidade de todos os atos processuais, a partir do recebimento das contrarrazões da apelação, sob o fundamento de que o paciente não teria sido intimado pessoalmente da sentença condenatória, mas somente o seu defensor. Os autos retornaram ao tribunal *ad quem* para que fosse julgada a apelação interposta pelo *parquet*, sendo anulada a decisão da magistrada de piso, por entender que o juízo de primeiro grau não teria competência para rescindir julgado de instância superior. HC 110358/SP, rel. Min. Ricardo Lewandowski, 12.6.2012. (HC-110358)

LIMITES DA COMPETÊNCIA DE JUÍZO DE PRIMEIRO GRAU - 2

Neste *habeas*, buscava-se a nulidade dos autos da ação penal, a partir da sentença de primeiro grau, sob o argumento de que o paciente não teria sido intimado pessoalmente, nem por meio de edital, da sentença condenatória, mas somente o seu defensor dativo. Enfatizou-se que apenas o tribunal prolator de uma decisão teria competência para, nas hipóteses legais e pela via própria, rescindir, originariamente, seus julgados. Asseverou-se que o órgão colegiado limitara-se a anular a decisão do juízo de primeira instância que rescindira indevidamente o seu julgado, sem manifestar-se, expressamente, sobre eventual nulidade decorrente da falta de intimação do paciente. Assim, não competiria ao STF analisar, *per saltum*, essa questão. Aduziu-se, ademais, que a impetrante não demonstrara o efetivo prejuízo causado pela ausência de intimação da sentença condenatória ao paciente mediante edital, visto que defendido em todas as fases do processo por defensor designado pelo juízo. HC 110358/SP, rel. Min. Ricardo Lewandowski, 12.6.2012. (HC-110358) (Inform. STF 670)

AUSÊNCIA DE INCLUSÃO DO FEITO NA PAUTA DE AUDIÊNCIA E NULIDADE - 1

A 1ª Turma iniciou julgamento de *habeas corpus* no qual se discute a obrigatoriedade, ou não, de se afixar cópia da pauta de julgamento no saguão do fórum. No caso, o advogado do paciente fora intimado pessoalmente da data de audiência de instrução e julgamento, porém, ante sua ausência no dia avençado, o magistrado nomeara defensor dativo. Argui o impetrante que comparecera à sede do juízo na data aprazada, porém, constatara que, na pauta da sessão de julgamento daquele dia, não fora inserido o processo a que vinculado e, por isso, concluíra pela sua não-ocorrência. Avisado da realização da audiência, conseguira fazer-se presente quando já ouvidas as testemunhas de acusação e uma de defesa. Sustenta prejuízo ao paciente, porquanto o defensor nomeado pelo magistrado deixara de formular perguntas que seriam relevantes para a defesa. Noticia ter impugnado o fato, mediante petição, com pedido de nova audiência, o que fora indeferido, a acarretar cerceamento de defesa. HC 107882 Seg. Julg./MG, rel. Min. Luiz Fux, 5.6.2012. (HC-107882)

AUSÊNCIA DE INCLUSÃO DO FEITO NA PAUTA DE AUDIÊNCIA E NULIDADE - 2

O Min. Luiz Fux, relator, denegou a ordem, no que foi acompanhado pela Min. Rosa Weber. Ante a lacuna da lei, asseverou o cabimento, no campo do direito punitivo, da analogia, da interpretação extensiva e dos princípios gerais do direito. Entretanto, consignou que o costume não seria fonte do direito penal nem do processo penal. Destacou que a comunicação de atos processuais envolveria questão de legalidade estrita. Apontou que a lei processual penal não exigiria a afixação de cópia da pauta de julgamento no saguão do fórum e, por isso, não vislumbraria constrangimento ilegal a ensejar a anulação da audiência. Concluiu que o impetrante não lograra demonstrar o prejuízo causado ao réu, assim como o alegado cerceamento de defesa. Em divergência, o Min. Marco Aurélio concedeu o *writ*. Frisou que, nos termos da Constituição, o advogado seria indispensável à administração da justiça. Pontuou que o Poder Judiciário não poderia ser uma caixa de surpresa para a parte e profissionais da advocacia. Acrescentou que, na espécie, a defesa técnica fora induzida a erro ao confiar em documento tradicionalmente afixado pelo cartório em lugar próprio e que, por lapso, equívoco ou esquecimento, não continha em seu rol o processo do seu cliente. Entendeu que teria ocorrido nulidade. Após, pediu vista dos autos o Min. Dias Toffoli. HC 107882 Seg. Julg./MG, rel. Min. Luiz Fux, 5.6.2012. (HC-107882) (Inform. STF 669)

AUDIÊNCIA DE INSTRUÇÃO: INVERSÃO NA FORMULAÇÃO DE PERGUNTAS E NULIDADE

A 2ª Turma negou provimento a recurso ordinário em *habeas corpus* no qual se pretendia fosse anulada audiência de instrução e julgamento em face de suposta inversão na ordem de perguntas formuladas às testemunhas, em contrariedade ao que alude o art. 212 do CPP ("*As perguntas serão formuladas pelas partes diretamente à testemunha, não admitindo o juiz aquelas que puderem induzir a resposta, não tiverem relação com a causa ou importarem na repetição de outra já respondida*"). O Ministério Público Federal, ora recorrente, sustentava que a magistrada de 1º grau, ao elaborar suas perguntas em primeiro lugar, teria afrontado os princípios do devido processo legal, do contraditório e da iniciativa daquele órgão para a ação penal pública, além de causar constrangimento ilegal na liberdade de locomoção dos recorridos. Asseverou-se que, conforme assentada jurisprudência deste Tribunal, para o reconhecimento de eventual nulidade, necessário demonstrar-se o prejuízo por essa pretensa inversão no rito inaugurado por alteração no CPP, o que não teria ocorrido. RHC 110623/DF, rel. Min. Ricardo Lewandowski, 13.3.2012. (RHC-110623) (Inform. STF 658)

INTERROGATÓRIO ÚNICO E NULIDADE DE JULGAMENTO

A 1ª Turma iniciou julgamento de *habeas corpus* em que pleiteada a declaração de nulidade de processo-crime, a partir do interrogatório, ao argumento de que este ato teria sido aproveitado nas demais ações penais em curso contra o paciente. O Min. Marco Aurélio, relator, concedeu a ordem. Reputou que, inexistente ou viciado o interrogatório, o prejuízo seria ínsito ao fato. Asseverou que descaberia adotar-se peça emprestada de procedimento distinto, uma vez que diversas foram as ações propostas, as quais culminaram em processos individualizados, com imputações próprias. Ressaltou ainda, tratar-se de formalidade essencial à valia dos atos a serem implementados que constituiria de modo basilar o devido processo legal. Ademais, apontou que a série de atos processuais compor-se-ia, não da juntada de interrogatório formalizado em processo diferente, com balizas objetivas próprias, mas da feitura de outro, em audiência previamente marcada. Aduziu que, nesse caso, a inobservância à aludida formalidade, implicaria nulidade absoluta, impondo-se o retorno à fase pertinente para ouvir-se o acusado, em audiência designada, especificamente quanto à imputação veiculada. Após, pediu vista o Min. Luiz Fux. HC 96503/SP, rel. Min. Marco Aurélio, 22.11.2011. (HC-96503) (Inform. STF 649)

INTERROGATÓRIO ÚNICO E NULIDADE DE JULGAMENTO - 2

Em conclusão, a 1ª Turma, por maioria, reputou prejudicado *habeas corpus* em face de julgamento de mérito do *writ* no STJ. Na espécie, pleiteava-se a declaração de nulidade de processo, a partir do interrogatório, ao argumento de que este ato teria sido aproveitado nas demais ações penais em curso contra o paciente — v. Informativo 649. Vencido o Min. Marco Aurélio, relator, por entender que, inexistente ou viciado o interrogatório, o prejuízo seria ínsito ao fato. Asseverava que descaberia adotar-se peça emprestada de procedimento distinto, uma vez que diversas teriam sido as ações propostas, as quais culminaram em processos individualizados, com imputações próprias. Ressaltou, ainda, tratar-se de formalidade essencial à valia dos atos a serem implementados que constituiria, de modo basilar, o devido processo legal. HC 96503/SP, rel. orig. Min. Marco Aurélio, red. p/ o acórdão Min. Luiz Fux, 10.4.2012. (HC-96503) (Inform. STF 661)

AUSÊNCIA DE CITAÇÃO DE RÉU PRESO E NULIDADE

A 2ª Turma iniciou julgamento de recurso ordinário em *habeas corpus* em que alegado constrangimento ilegal decorrente de falta de citação pessoal do ora paciente para audiência de interrogatório. Na espécie, a impetração sustenta nulidade absoluta da ação penal por suposta ofensa aos princípios constitucionais da legalidade, da ampla defesa e do contraditório. O Min. Gilmar Mendes, relator, desproveu o recurso. Ressaltou que, conquanto preso, o réu teria sido regularmente requisitado à autoridade carcerária a fim de comparecer ao interrogatório. Na oportunidade, teria sido entrevistado e assistido por defensor dativo. No ponto, destacou o art. 570 do CPP ("*A falta ou a nulidade da citação, da intimação ou notificação estará sanada, desde que o interessado compareça, antes de o ato consumar-se, embora declare que o faz para o único fim de argüi-la. O juiz ordenará, todavia, a suspensão ou o adiamento do ato, quando reconhecer que a irregularidade poderá prejudicar direito da parte*"). Frisou que a apresentação do denunciado ao juízo, a despeito de não cumprir a ortodoxia da novel redação do art. 360 do CPP, introduzida pela Lei 10.792/2003 ("*Se o réu estiver preso, será pessoalmente citado*"), supriria a eventual ocorrência de nulidade. Ademais, sublinhou que o mencionado vício não fora argüido oportunamente, em defesa preliminar ou nas alegações finais, mas só após o julgamento de apelação criminal, em sede de embargos de declaração, o que corroboraria a inexistência de prejuízo ao paciente. Após, pediu vista o Min. Ayres Britto. RHC 106461/DF, rel. Min. Gilmar Mendes, 11.10.2011. (RHC-106461) (Inform. STF 644)

"Emendatio libelli" e nulidade de julgamento

A 2ª Turma iniciou julgamento conjunto de *habeas corpus* em que se pleiteia, preliminarmente, a nulidade de acórdãos do STJ ante ausência de intimação, postulada pela defesa, para fins de sustentação oral. No mérito do HC 109098/RJ, requer-se a anulação do feito a partir do despacho que determinara a baixa dos autos para o aditamento da denúncia; alternativamente, desde o novo interrogatório dos pacientes, com abertura de prazo para novas alegações e manifestações a respeito da alteração na tipificação penal. No HC 109099/RJ, por sua vez, pede a cassação da decisão que negara aos pacientes o direito de recorrer em liberdade. Na espécie, eles foram denunciados pela suposta prática dos crimes de seqüestro e cárcere privado (CP, art. 148, c/c com o art. 70), roubo qualificado pelo concurso de pessoas (CP, art. 157, § 2º, II) e concussão (CP, art. 316), todos em concurso material. Ocorre que, após o término da instrução criminal, as partes apresentaram alegações finais e o magistrado remetera os autos ao Ministério Público para que procedesse ao aditamento da denúncia, o que resultara na desclassificação da imputação do delito de concussão para o de extorsão mediante seqüestro (CP, art. 159). Posteriormente, os pacientes foram condenados com base no novo enquadramento legal. O Min. Ricardo Lewandowski, relator, rejeitou a preliminar formulada no HC 109098/RJ em razão da falta de provas quanto ao pedido de sustentação oral. No mérito, denegou a ordem, ao considerar que a *emendatio libelli* ocorrera nos termos do parágrafo único do art. 384 do CPP, sem imposição ao Ministério Público por parte do magistrado. No tocante ao HC 109099/RJ, concedeu, em parte, a ordem para anular o acórdão proferido no STJ e possibilitar novo julgamento do feito. Razão pela qual reputou prejudicado o pedido de liberdade provisória. Após, pediu vista o Min. Gilmar Mendes. HC 109098/RJ, rel. Min. Ricardo Lewandowski, 20.9.2011. (HC-109098) HC 109099/RJ, rel. Min. Ricardo Lewandowski, 20.9.2011. (HC-109099) (Inform. STF 641)

CRIME ELEITORAL: PRESTAÇÃO DE CONTAS E FALSIDADE IDEOLÓGICA - 1

O Plenário iniciou julgamento de inquérito em que se imputa a Deputado Federal a suposta prática do crime descrito no art. 350 do Código Eleitoral ("*Omitir, em documento público ou particular, declaração que dele devia constar, ou nele inserir ou fazer inserir declaração falsa ou diversa da que devia ser escrita, para fins eleitorais: Pena - reclusão até cinco anos e pagamento de 5 a 15 dias-multa, se o documento é público, e reclusão até três anos e pagamento de 3 a 10 dias-multa se o documento é particular.*"), na forma do art. 29 do CP. Na espécie, o denunciado subscrevera documento — apresentado pelo então presidente do diretório regional de partido político ao qual filiado — referente à nova prestação de contas do ano de 2004, após a Coordenadoria de Controle Interno do Tribunal Regional Eleitoral não haver aprovado a anterior. Aduz o órgão acusador que tal fato ocorrera mediante a substituição de livros contábeis, o que não estaria previsto na legislação e configuraria o aludido crime. O Min. Dias Toffoli, relator, rejeitou a peça acusatória. Afirmou não ter sido suficientemente comprovado o dolo do agente, uma vez que seguida a orientação de advogados e contadores no sentido de realizar a substituição dos livros sem, entretanto, retirar os originais, que teriam continuado à disposição da justiça eleitoral. O Min. Gilmar Mendes acompanhou o relator e enfatizou que, haja vista o fato de os novos livros terem sido encaminhados, na aludida prestação de contas, juntamente com os originais, não se poderia inferir a intenção do denunciado de praticar o falso e que, no caso, estar-se-ia a criar modalidade culposa do crime. Em divergência, o Min. Marco Aurélio recebeu a denúncia. Entendeu que a confecção de livros novos, a conter informações diversas das existentes nos originais, configuraria o crime de falso. Reputou que tal procedimento teria ocorrido para dar contornos de legitimidade às irregularidades verificadas pela justiça eleitoral, inserindo-se elementos que não poderiam, àquela altura e daquela forma, constar dos registros fiscais. Após, pediu vista dos autos o Min. Ricardo Lewandowski. Inq 2559/MG, rel. Min. Dias Toffoli, 31.3.2011. (Inq-2559)

CRIME ELEITORAL: PRESTAÇÃO DE CONTAS E FALSIDADE IDEOLÓGICA - 2

Em conclusão, o Plenário, por maioria, rejeitou denúncia oferecida contra Deputado Federal, pela suposta prática do crime descrito no art. 350 do Código Eleitoral ("*Omitir, em documento público ou particular, declaração que dele devia constar, ou nele inserir ou fazer inserir declaração falsa ou diversa da que devia ser escrita, para fins eleitorais: Pena - reclusão até cinco anos e pagamento de 5 a 15 dias-multa, se o documento é público, e reclusão até três anos e pagamento de 3 a 10 dias-multa se o documento é particular*"), na forma do art. 29 do CP. Na espécie, o denunciado subscrevera documento — apresentado pelo então presidente do diretório regional de partido político ao qual filiado — referente à nova prestação de contas do ano de 2004, após a Coordenadoria de Controle Interno do Tribunal Regional Eleitoral não haver aprovado a anterior. Aduzia o órgão acusador que esse fato ocorrera mediante a substituição de livros contábeis, o que não estaria previsto na legislação e configuraria o aludido crime — v. Informativo 621. Afirmou-se não ter sido suficientemente comprovado o dolo do agente, uma vez que seguida a orientação de advogados e contadores no sentido de realizar a substituição dos livros sem, entretanto, retirar os originais, que teriam continuado à disposição da justiça eleitoral. O Min. Celso de Mello ressaltou que ocorrera, no caso, uma causa excludente de culpabilidade, visto que o agente teria incidido em erro de proibição. O Min. Cezar Peluso, Presidente, por seu turno, afirmou que o crime em questão careceria de elemento objetivo do tipo, pois a denúncia não descrevera em que medida as declarações, do primeiro ou do segundo livro, não corresponderiam à realidade. Reputou, assim, que não se poderia supor que o segundo possuiria informações falsas. Vencidos os Ministros Marco Aurélio, Ricardo Lewandowski e Ayres Britto, que recebiam a denúncia. Entendiam que a confecção de livros novos, a conter informações diversas das existentes nos originais, configuraria o crime de falso. Frisavam que esse procedimento teria ocorrido para dar contornos de legitimidade às irregularidades verificadas pela justiça eleitoral, inserindo-se elementos que não poderiam, àquela altura e daquela forma, constar dos registros fiscais. Inq 2559/MG, rel. Min. Dias Toffoli, 18.8.2011. (Inq-2559) (Inform. STF 636)

DEFENSORIA PÚBLICA: PROCESSO ELETRÔNICO E SEGREDO DE JUSTIÇA

Ante empate na votação, a 1ª Turma concedeu *habeas corpus* para declarar insubsistente acórdão proferido pelo STJ, em recurso especial, e determinar seja designada nova data para julgamento do feito, após o regular acesso da Defensoria Pública da União - DPU aos autos. Assentou-se a existência de vício diante da impossibilidade de aquela instituição ter acesso aos dados do processo eletrônico, que tramitava em segredo de justiça. Salientou-se que o referido acesso só era permitido à defensoria pública estadual, patrocinadora originária do paciente. Assinalou-se que o acesso aos autos pela DPU fora viabilizado somente após o julgamento do recurso, razão pela qual o *writ* fora aqui impetrado quando já transitada em julgado a condenação. Os Ministros Cármen Lúcia, relatora, e Ricardo Lewandowski indeferiam a ordem por entenderem que ocorrera o fenômeno da preclusão, pois a DPU não se insurgira ao se deparar com o empecilho relativo ao contato com o processo eletrônico. HC 106139/MG, rel. orig. Min. Cármen Lúcia, red. p/ o acórdão Min. Marco Aurélio, 21.6.2011. (HC-106139) (Inform. STF 632)

PUBLICAÇÃO EM NOME DE ADVOGADO FALECIDO - 1

A Turma iniciou julgamento de habeas corpus em que se pleiteia a nulidade dos atos subseqüentes à publicação de acórdão — em agravo regimental interposto perante o STJ —, em nome de advogado falecido, apesar de haver dois patronos habilitados no processo, tendo sido o recurso assinado apenas pelo ora impetrante. Sustenta-se, na espécie, cerceamento de defesa, uma vez que o impetrante não tivera conhecimento, em tempo hábil, da decisão prolatada, o que prejudicara a interposição das medidas cabíveis. A Min. Cármen Lúcia, relatora, indeferiu o writ por reputar ter decorrido tempo suficiente para a comunicação da morte do causídico, em 6.11.2008, e a publicação do acórdão, em 22.5.2009, realizada com o nome do advogado falecido "e outro". Consignou que a jurisprudência do STF é firme no sentido de não estar caracterizado o cerceamento de defesa no julgamento de apelação interposta em favor do réu se o seu advogado falece antes do julgamento, sem que o óbito tenha sido oportunamente comunicado à turma julgadora. Após, pediu vista dos autos o Min. Dias Toffoli. HC 101437/ES, rel. Min. Cármen Lúcia, 4.5.2010. (HC-101437)

PUBLICAÇÃO EM NOME DE ADVOGADO FALECIDO - 2

A 1ª Turma retomou julgamento de habeas corpus em que se pleiteia a nulidade dos atos subseqüentes à publicação de acórdão — em agravo regimental interposto perante o STJ —, em nome de advogado falecido, apesar de haver dois patronos habilitados no processo, tendo sido o recurso assinado apenas pelo ora impetrante — v. Informativo 585. Em voto-vista, o Min. Dias Toffoli dissentiu da Min. Cármen Lúcia, relatora, para conceder a ordem. Salientou que, conquanto o óbito do primeiro causídico tenha ocorrido anteriormente ao julgamento colegiado, o recurso não fora subscrito por ele, mas pelo atual advogado. Entendeu, por isso, que a comunicação do falecimento daqueloutro profissional seria dispensável, porquanto caberia à secretaria do tribunal, de ofício, proceder às devidas anotações, a fim de que as próximas intimações ocorressem em nome do patrono responsável pela efetiva interposição do recurso. Reputou que somente se admitiria a regularidade de intimação em nome de advogado falecido se inexistente qualquer prejuízo concreto à defesa. Asseverou que eventual incidência do art. 565 do CPP (*"Nenhuma das partes poderá argüir nulidade a que haja dado causa, ou para que tenha concorrido, ou referente a formalidade cuja observância só à parte contrária interesse"*) ao caso atribuiria à parte culpa objetiva pela desinformação sobre a morte de seu patrono. A Min. Cármen Lúcia indicou adiamento. HC 101437/ES, rel. Min. Cármen Lúcia, 31.5.2011. (HC-101437) (Inform. STF 629)

ACÓRDÃO CONDENATÓRIO E INTIMAÇÃO PESSOAL DO RÉU

A 2ª Turma concedeu habeas corpus em favor de condenado cuja sentença absolutória fora reformada em apelação sem que ele fosse intimado desta decisão. No caso, em razão de o réu não possuir advogado, fora-lhe atribuído defensor dativo, devidamente intimado do resultado do recurso. A defesa não se manifestara, motivo pelo qual a decisão transitara em julgado. Reputou-se que, dada a singularidade da espécie sob exame, teria havido afronta ao devido processo legal, especificamente ao contraditório e à ampla defesa. Consignou-se que seria razoável concluir que o paciente não tivera conhecimento, por meio da imprensa oficial acerca de sua condenação, o que teria prejudicado a interposição dos pertinentes recursos, caso considerasse conveniente. Superada a restrição do Enunciado 691 da Súmula do STF, deferiu-se a ordem a fim de anular o trânsito em julgado do acórdão, com conseqüente reabertura de prazo recursal. Precedente citado: RHC 86318/MG (DJU de 7.4.2006). HC 105298/PR, rel. Min. Gilmar Mendes, 31.5.2011. (HC-105298) (Inform. STF 629)

INTERVALO ENTRE CITAÇÃO E INTERROGATÓRIO E AMPLA DEFESA

Não há nulidade decorrente da inexistência de interregno entre a citação do réu e a realização de seu interrogatório, presente o advogado. Com base nessa orientação, a 1ª Turma, por maioria, denegou *habeas corpus* no qual sustentada afronta ao princípio da ampla defesa e necessidade de assistência do réu por profissional da advocacia (CF, art. 5º, LV e LXIII). Aduziu-se que a conduta imputada ao paciente — roubo — não seria complexa, além de ele ter sido acompanhado por defensora dativa, a qual poderia ter se insurgido quanto ao alegado vício e não o fizera oportunamente. Entendeu-se não demonstrado o efetivo prejuízo para a defesa, o que inviabilizaria a declaração de nulidade do feito, de acordo com o princípio *pas de nullité sans grief,* adotado pelo art. 563 do CPP. Vencidos os Ministros Marco Aurélio, relator, e Dias Toffoli, que concediam a ordem, ao fundamento da imprescindibilidade de antecedência mínima da citação em relação à audiência designada para interrogatório, a fim de se garantir a defesa do réu por advogado de sua livre escolha. HC 100319/RS, rel. orig. Min. Marco Aurélio, red. p/o acórdão Min. Luiz Fux, 24.5.2011. (HC-100319) (Inform. STF 628)

ART. 514 DO CPP E NULIDADE RELATIVA.

A 2ª Turma iniciou julgamento de *habeas corpus* em que servidor público almeja a anulação da ação penal contra ele instaurada ante a ausência de notificação prévia, nos termos do art. 514 do CPP (*"Nos crimes afiançáveis, estando a denúncia ou queixa em devida forma, o juiz mandará autuá-la e ordenará a notificação do acusado, para responder por escrito, dentro do prazo de quinze dias"*). O Min. Joaquim Barbosa, relator, indeferiu a ordem. Ressaltou que a falta de notificação para apresentar defesa preliminar acarretaria somente a nulidade relativa, a qual deveria ser oportunamente argüida, sob pena de preclusão. Consignou que o impetrante não demonstrara a tempestividade da alegação de nulidade, tampouco a ocorrência de prejuízo ao regular exercício do direito de defesa. Salientou que, com a superveniência da sentença condenatória, não se mostraria razoável a anulação de todo o feito a fim de oportunizar ao réu o oferecimento da defesa prévia. Após, pediu vista o Min. Ayres Britto. HC 104054/RJ, rel. Min. Joaquim Barbosa, 17.5.2011. (HC-104054) (Inform. STF 627)

APELAÇÃO CRIMINAL E NULIDADES - 1

A Turma iniciou julgamento de *habeas corpus* em que se reitera a alegação de nulidade de acórdão do TRF da 4ª Região, em virtude de: a) ausência de intimação de advogado do paciente, ora impetrante, da pauta de julgamento de apelação e de seu resultado e b) não-participação de revisor original na sessão de julgamento de recurso criminal. Na espécie, a Corte Federal, ao dar parcial provimento à apelação da defesa, diminuíra, pela metade, a sanção imposta ao paciente, substituindo a pena privativa de liberdade por restritiva de direito, mantida a multa arbitrada na sentença. Sustenta a impetração ofensa à ampla defesa, tendo em conta a intimação realizada com o vocábulo "e outro", em fase recursal. Nessa intimação, constaria expressamente o nome de advogado substabelecido, com reserva de iguais poderes, no Juízo processante, o qual, entretanto, não subscrevera a petição de interposição e de razões recursais da apelação. Diz, ainda, que fora violada a garantia do devido processo legal e o princípio do juiz natural, em razão de ter participado do colegiado juíza convocada em substituição de revisor que teria aposto visto e requerido dia para julgamento. HC 102433/PR, rel. Min. Ellen Gracie, 5.10.2010. (HC-102433)

APELAÇÃO CRIMINAL E NULIDADES - 2

A Min. Ellen Gracie, relatora, denegou o *writ*. Inicialmente, observou que o tema relativo à falta de intimação do causídico não fora examinada pelo STJ, por se tratar de pedido idêntico ao de outro *habeas corpus* lá impetrado. Realçou que o impetrante não seria o único defensor do paciente na ação penal instaurada; que os defensores teriam sido intimados da sessão de julgamento do recurso criminal; e que o endereço profissional indicado pelo impetrante e pelo advogado substabelecido no juízo processante seria o mesmo. Consignou a ausência de manifestação pela defesa, tanto na ação penal quanto na apelação, no sentido de que as publicações fossem realizadas em nome exclusivo do advogado subscritor deste *writ*. A relatora, no ponto, assinalou que tal advogado sequer peticionara para comunicar que o defensor substabelecido na ação penal não mais comporia a equipe de defesa. Asseverou não haver qualquer nulidade processual relacionada à intimação da pauta de julgamento de apelação efetuada em nome do mencionado substabelecido "e outro". Ressaltou o entendimento do Supremo segundo o qual, havendo mais de um advogado regularmente constituído, sem nenhuma ressalva ao recebimento de intimação, basta, para sua validade, que a publicação seja feita em nome de um deles. No tocante a não-participação de revisor original, não vislumbrou qualquer ilegalidade referente ao ato que, nos termos do regimento interno, determinara a substituição do revisor, que se encontrava em férias, pela juíza federal convocada. Salientou que a magistrada não só demonstrara haver efetivamente revisado o caso concreto, como, inclusive, proferira voto que se tornara o condutor do acórdão, reduzindo o *quantum* da pena do condenado, beneficiando-o. Entendeu que o fato de a juíza integrar a turma julgadora como revisora não seria capaz de acarretar, por si só, a nulidade do processo, sem a demonstração de efetivo prejuízo para a defesa, de acordo com o princípio *pas de nullité sans grief*, adotado pelo art. 563 do CPP. Relembrou jurisprudência desta Corte no sentido de que a demonstração de prejuízo, a teor desse dispositivo, é essencial à alegação de nulidade, seja ela relativa ou absoluta, além de precedente da 2ª Turma no qual se declarara que, não comprovada a configuração de prejuízo, não haveria que se falar em cerceamento de defesa (Enunciado 523 da Súmula do STF), quando juiz federal integrasse o órgão colegiado como revisor. Concluiu não estar demonstrado o efetivo prejuízo suportado pelo paciente em virtude da substituição de revisor pela juíza federal convocada. HC 102433/PR, rel. Min. Ellen Gracie, 5.10.2010. (HC-102433)

APELAÇÃO CRIMINAL E NULIDADES - 3

Em divergência, o Min. Celso de Mello deferiu o *habeas corpus* em ordem a invalidar o julgamento desde a apreciação do recurso de apelação, inclusive. Considerou que uma situação específica como a dos autos frustraria a plenitude do direito de defesa e, com isso, comprometeria a proteção judicial efetiva que se deveria dispensar notadamente nas hipóteses em que o Estado faz instaurar contra alguém um procedimento penal persecu tório. Ademais, ressaltou que o CPP, ao tratar do procedimento recursal de apelação, especialmente nos casos de delitos apenados com reclusão, imporia a dualidade de órgãos intervenientes no julgamento daquele recurso em particular, a figurar um relator e um revisor. Reputou ter havido, na situação dos autos, verdadeira confusão, no sentido técnico, ao concentrar-se em uma única pessoa a dupla e incompatível condição de revisor e de relator. Aduziu que a circunstância de não se saber qual seria o voto que o revisor originário iria proferir bastaria para afastar a necessária demonstração de prejuízo, que estaria *in re ipsa*. Entendeu que, se a petição de interposição e as correspondentes razões foram subscritas por determinados advogados sem que nela interviesse o anteriormente substabelecido, haveria falha administrativa da secretaria do Tribunal que não poderia, simplesmente, acrescentar um outro profissional que se limitara a atuar no primeiro grau de jurisdição. Salientou que o prejuízo causado por esse fato seria evidente, uma vez que a sustentação oral comporia a garantia constitucional do direito de defesa e não poderia ser, portanto, comprometida. Apontou que a inclusão na atuação dos autos na fase recursal de substabelecido, que não subscrevera quaisquer peças da apelação, teria sido realizada, aparentemente, de forma indevida, a comprometer de maneira plena a própria eficácia do direito de defesa, haja vista a ciência dos atos ter sido comunicada a quem, na verdade, já não mais intervinha no procedimento recursal. Após, pediu vista dos autos o Min. Joaquim Barbosa. **HC 102433/PR, rel. Min. Ellen Gracie, 5.10.2010. (HC-102433)**

APELAÇÃO CRIMINAL E NULIDADES - 4

A 2ª Turma retomou julgamento de *habeas corpus* em que se reitera a alegação de nulidade de acórdão do TRF da 4ª Região, em virtude de: a) ausência de intimação de advogado do paciente, ora impetrante, da pauta de julgamento de apelação e de seu resultado e b) não-participação de revisor original na sessão de julgamento de recurso criminal — v. Informativo 603. Em voto-vista, o Min. Joaquim Barbosa acompanhou a Min. Ellen Gracie, relatora, e denegou a ordem. Aduziu que, quanto à não-participação do revisor originário na sessão de julgamento, não haveria qualquer nulidade, tendo em vista que sua substituição por juíza convocada ocorrera com base em previsão legal e regimental. No que se refere ao outro argumento, consignou que o impetrante sabia que as intimações dos atos processuais foram feitas em seu nome e no de outro advogado que vinha sendo intimado desde o primeiro grau de jurisdição. Portanto, caber-lhe-ia requerer, nos autos, que as publicações não fossem mais realizadas no nome deste último, mas, tão-somente, em seu próprio nome. Deste modo, ressaltou que se aplicaria a regra do art. 565 do CPP ("*Nenhuma das partes poderá argüir nulidade a que haja dado causa, ou para que tenha concorrido, ou referente a formalidade cuja observância só à parte contrária interesse*"). Após, o Min. Gilmar Mendes pediu vista. HC 102433/PR, rel. Min. Ellen Gracie, 3.5.2011. (HC-102433) (Inform. STF 625)

APELAÇÃO CRIMINAL E NULIDADES - 5

Em conclusão de julgamento, a 2ª Turma, por maioria, indeferiu *habeas corpus* no qual se reiterava a alegação de nulidade de acórdão, em virtude de: a) ausência de intimação de advogado do paciente, ora impetrante, da pauta de julgamento de apelação e de seu resultado e b) não participação de revisor original na sessão de julgamento de recurso criminal — v. Informativo 625. Inicialmente, observou-se que o tema relativo à falta de intimação do causídico não fora examinado pelo STJ, por se tratar de pedido idêntico ao de outro *writ* lá impetrado. Realçou-se que o impetrante não seria o único defensor do paciente na ação penal instaurada; que os defensores teriam sido intimados da sessão de julgamento do recurso criminal; e que o endereço profissional indicado pelo impetrante e pelo advogado substabelecido no juízo processante seria o mesmo. Consignou-se a ausência de manifestação pela defesa, tanto na ação penal quanto na apelação, no sentido de que as publicações fossem realizadas em nome exclusivo do advogado subscritor deste *habeas*. No ponto, assinalou-se que o advogado sequer peticionara para comunicar que o defensor substabelecido na ação penal não mais comporia a equipe de defesa. Asseverou-se não haver qualquer nulidade processual relacionada à intimação da pauta de julgamento de apelação efetuada em nome do mencionado substabelecido "e outro". Ressaltou-se entendimento do Supremo segundo o qual, havendo mais de um advogado regularmente constituído, sem nenhuma ressalva ao recebimento de intimação, bastaria, para sua validade, que a publicação fosse feita em nome de um deles. HC 102433/PR, rel. orig. Min. Ellen Gracie, red. p/ o acórdão Min. Joaquim Barbosa, 28.2.2012. (HC-102433)

APELAÇÃO CRIMINAL E NULIDADES - 6

No tocante à não participação de revisor original, não se vislumbrou qualquer ilegalidade referente ao ato que, nos termos do regimento interno, determinara a substituição do revisor, que se encontrava em férias, pela juíza federal convocada. Salientou-se que a magistrada não só demonstrara haver efetivamente revisado o caso concreto, como, inclusive, proferira voto que se tornara o condutor do acórdão, reduzindo o *quantum* da pena do condenado. Entendeu-se que o fato de a juíza integrar a turma julgadora como revisora não seria capaz de acarretar, por si só, a nulidade do processo, sem a demonstração de efetivo prejuízo para a defesa, de acordo com o princípio *pas de nullité sans grief*, adotado pelo art. 563 do CPP. Relembrou-se jurisprudência desta Corte no sentido de que a prova do prejuízo, a teor desse dispositivo, seria essencial à alegação de nulidade, fosse ela relativa ou absoluta, além de precedente desta Turma no qual se declarara que, não comprovada a configuração de prejuízo, não haveria que se falar em cerceamento de defesa (Enunciado 523 da Súmula do STF), quando juiz federal integrasse o órgão colegiado como revisor. Concluiu-se não estar demonstrado o efetivo prejuízo suportado pelo paciente em virtude da substituição de revisor pela juíza federal convocada. Vencido o Min. Celso de Mello, que concedia a ordem por considerar que uma situação específica como a dos autos frustraria a plenitude do direito de defesa e, com isso, comprometeria a proteção judicial efetiva. HC 102433/PR, rel. orig. Min. Ellen Gracie, red. p/ o acórdão Min. Joaquim Barbosa, 28.2.2012. (HC-102433) (Inform. STF 656)

HC N. 106.927-GO
RELATOR: MIN. JOAQUIM BARBOSA

Ementa: Habeas Corpus. Súmula 691 do Supremo Tribunal Federal. Excepcionalidade do caso concreto. Ausência de intimação do advogado para a sessão de julgamento de habeas corpus impetrado ao Tribunal de Justiça do Estado de Goiás, não obstante a existência de oportuno requerimento para realização de sustentação oral. Cerceamento de defesa. Direito à prévia comunicação para dar eficácia à garantia constitucional da ampla defesa. Nulidade absoluta. Ordem parcialmente concedida, de ofício. 595

1. Havendo requerimento para prévia cientificação da data do julgamento do writ, objetivando a realização de sustentação oral, a ausência de notificação da sessão de julgamento consubstancia nulidade absoluta, ante o cerceamento do direito de defesa. Precedentes.

2. Habeas Corpus concedido de ofício. (Inform. STF 621)

INTERROGATÓRIO E ENTREVISTA RESERVADA COM DEFENSOR - 1

A Turma iniciou julgamento de *habeas corpus* em que se alega constrangimento ilegal decorrente da ausência de citação do paciente e da não concessão do direito de entrevista reservada com o seu defensor, o que acarretaria a nulidade absoluta da ação penal. Aduz a impetração que o oficial de justiça, não localizando o paciente, procedera à citação de 3ª pessoa, no caso, a ex-companheira daquele, bem como que, com o advento da Lei 10.792/2003, seria dever do magistrado assegurar ao acusado a citada entrevista reservada, na qual poderá receber orientação técnica de seu defensor, a fim de propiciar maior segurança e amplitude de defesa. O Min. Dias Toffoli, relator, indeferiu o *writ*. Tendo em conta o comparecimento espontâneo do paciente ao interrogatório, entendeu que a citação, embora irregular, operara seu sentido. Ademais, enfatizou que, durante tal ato, fora nomeado defensor público, o qual fizera perguntas e posteriormente apresentara defesa prévia e alegações finais. Consignou, ainda, não haver prova de que não tivesse sido garantido ao paciente o direito de entrevista reservada, impugnação esta não argüida nos momentos processuais oportunos. Em divergência, o Min. Marco Aurélio concedeu a ordem para declarar insubsistente o processo a partir do vício originado do fato de não se ter aberto oportunidade ao acusado para a entrevista. Assentou que o juiz, ao constatar a falta de defensor, deveria ter suspendido a audiência para que o paciente tivesse contato com o defensor público designado. Reputou tratar-se de nulidade absoluta, haja vista que o contato prévio com o defensor constitui formalidade essencial à valia do ato. Salientou que a não alegação desse vício à primeira hora apenas confirmaria que o paciente estivera indefeso, equivocando-se o defensor público e o juiz. Afastou, também, a possibilidade de se cogitar de nulidade da citação ante o disposto no art. 570 do CPP ("*A falta ou a nulidade da citação, da intimação ou notificação estará sanada, desde que o interessado compa-*

reça, antes de o ato consumar-se, embora declare que o faz para o único fim de argüi-la. O juiz ordenará, todavia, a suspensão ou o adiamento do ato, quando reconhecer que a irregularidade poderá prejudicar direito da parte."). Após o voto do Min. Ayres Britto, acompanhando a divergência, pediu vista dos autos a Min. Cármen Lúcia.
HC 96465/MG, rel. Min. Dias Toffoli, 24.3.2010. (HC-96465)

INTERROGATÓRIO E ENTREVISTA RESERVADA COM DEFENSOR - 2

Em conclusão de julgamento, a 1ª Turma, por maioria, indeferiu *habeas corpus* em que alegado constrangimento ilegal decorrente de ausência de citação do paciente e não concessão do direito de entrevista reservada com seu defensor — v. Informativo 580. Entendeu-se que a nulidade referente à ausência de citação seria relativa, visto que o paciente teria comparecido espontaneamente à audiência de interrogatório. Assim, aplicado o princípio da convalidação, a nulidade teria sido sanada. Em relação à não concessão do direito de entrevista reservada com seu defensor, reputou-se que o magistrado teria assegurado esse direito na audiência, muito embora a defesa não tivesse feito uso dele, razão pela qual não existiria nulidade. Vencidos os Ministros Marco Aurélio e Ayres Britto, que concediam a ordem. HC 96465/MG, rel. Min. Dias Toffoli, 14.12.2010. (HC-96465) (Inform. STF 613)

TRIBUNAL DO JÚRI E NULIDADES - 1

A 1ª Turma iniciou julgamento de *habeas corpus* em que a defesa sustenta a ocorrência de duas nulidades que teriam maculado o julgamento de condenado, pelo Tribunal do Júri, em razão da prática de homicídio em concurso de pessoas. A primeira nulidade residiria no fato de, no dia do julgamento, haver sido apresentada prova supostamente nova. Esta consistiria em fita cassete, com o interrogatório de co-réu, e sua degravação, as quais, trazidas por uma das testemunhas arroladas pela acusação — o delegado de polícia que teria conduzido as investigações —, demonstrariam a autoria intelectual do crime imputada ao paciente. Essa versão degravada seria, conforme alegado, destoante do interrogatório juntado aos autos do inquérito e a referida autoridade policial teria mantido o objeto em seu poder, secretamente, durante 3 anos, até expô-lo no julgamento. A outra nulidade apontada seria a suposta intromissão do Presidente do Tribunal do Júri no julgamento da causa, ao exprimir sua convicção pessoal acerca do interrogatório prestado pelo co-réu, no relatório apresentado aos jurados, no sentido de que o ato teria ocorrido sem coação ou tortura. **HC 101806/MS, rel. Min. Dias Toffoli, 16.11.2010.** (HC-101806)

TRIBUNAL DO JÚRI E NULIDADES - 2

O Min. Dias Toffoli, relator, indeferiu a ordem, no que foi acompanhado pela Min. Cármen Lúcia. Reputou, inicialmente, não haver ilicitude na prova colhida a partir da fita cassete exibida no julgamento. Registrou que ela seria mero instrumento magnético de uma prova que já constaria dos autos, qual seja, o interrogatório. Aduziu, também, que o delegado utilizara esse dispositivo apenas para provar que o ato não teria sido realizado mediante tortura e que maior aprofundamento na questão implicaria reexame de fatos e provas, inadmissível na via eleita. Ressaltou, em relação a essa suposta nulidade, não haver sido demonstrado o prejuízo sofrido pelo paciente. Considerou, acerca do argüido vício de linguagem no relatório apresentado aos jurados, não haver parcialidade nas palavras proferidas pelo Juiz Presidente, que apenas teria fundamentado o deferimento da citada prova por reputá-la lídima, sem, entretanto, haver influenciado a íntima convicção dos jurados sobre o caso. Em divergência, o Min. Marco Aurélio deferiu o *writ*. Aduziu inexistir justificativa para que o delegado de polícia mantivesse a fita cassete em seu poder por mais de 3 anos, para apenas apresentá-la no dia do julgamento, e que o prejuízo suportado pelo paciente residiria na sua condenação. Ademais, asseverou que o magistrado teria abandonado a eqüidistância exigida ao Estado-Juiz, ao classificar o interrogatório como imaculado de ilicitude e afirmar tal juízo perante os jurados. Após, pediu vista dos autos o Min. Ricardo Lewandowski. **HC 101806/MS, rel. Min. Dias Toffoli, 16.11.2010.** (HC-101806) (Inform. STF 609)

TRIBUNAL DO JÚRI E NULIDADE

A 1ª Turma indeferiu *habeas corpus* em que pretendido o restabelecimento de decisão absolutória proferida pelo Tribunal do Júri em favor de denunciado pela suposta prática do crime de homicídio qualificado. No caso, o *parquet*, ao alegar nulidade decorrente de violação, por parte da defesa, ao disposto na antiga redação do art. 475 do CPP ("*Durante o julgamento não será permitida a produção ou leitura de documento que não tiver sido comunicado à parte contrária, com antecedência, pelo menos, de três dias, compreendida nessa proibição a leitura de jornais ou qualquer escrito, cujo conteúdo versar sobre matéria de fato constante do processo*") interpôs recurso perante o tribunal de justiça local, ao qual dado provimento, para determinar a realização de novo julgamento pelo júri popular. A defesa alegava que essa decisão teria violado o princípio constitucional da soberania dos veredictos. Reputou-se que, no julgamento absolutório, teria havido a leitura, por parte do patrono do acusado, de folhas de antecedentes criminais dos policiais que teriam atuado na fase inquisitória, sem que observada a referida regra instrumental. Salientou-se, ademais, que a proibição contida nesse dispositivo seria bilateral, ou seja, atingiria tanto o Estado-acusador quanto a defesa. **HC 102442/MT, rel. Min. Cármen Lúcia, 26.10.2010.** (HC-102442) (Inform. STF 606)

TESTEMUNHA NÃO ARROLADA EM DENÚNCIA E OITIVA PELO JUIZ

A 1ª Turma, por maioria, indeferiu *habeas corpus* em que se pleiteava a anulação de ação penal desde a audiência de oitiva de testemunhas, ao argumento de que testemunha, não arrolada na denúncia, teria sido ouvida, em primeiro lugar, pelo juízo processante. De início, ao salientar a condenação definitiva do paciente a 2 anos de reclusão por furto qualificado, substituída por pena restritiva de direitos e multa, observou-se não estar prejudicado o *writ*. No ponto, apurou-se, em contato com o juízo da execução, que a pena ainda não teria sido totalmente solvida, a possibilitar, caso não cumprida, eventual conversão em pena privativa de liberdade. Registrou-se que a primeira testemunha inquirida — patrulhador que abordara o paciente — realmente não fora arrolada na denúncia, comparecera à audiência e o juízo a ouvira como sua testemunha. Enfatizou-se que o CPP e a teoria jurídica processual penal não determinariam uma ordem necessária para a oitiva de testemunha do juízo. Avaliou-se que sua inquirição em momento anterior teria favorecido a defesa. Realçou-se a ausência de indicação de eventual prejuízo. Constatou-se, ainda, a preclusão da matéria, haja vista a presença, naquele momento, de defensora do réu, a qual, de acordo com o termo de deliberação da audiência, não teria impugnado imediatamente a inquirição da testemunha ou oferecido resistência ou oposição a esse fato, nem interposto recurso. O Min. Ricardo Lewandowski ressaltou que a busca da verdade real pelo juízo criminal permitiria uma atuação com certa amplitude, sendo possível ao juiz ouvir, como se fossem suas, tanto as testemunhas arroladas a destempo pelas partes quanto quaisquer outras. Vencido o Min. Marco Aurélio que deferia o *writ* ao fundamento de que o devido processo legal, no que se refere ao direito de defesa, seria sagrado e que a nulidade seria absoluta. Entendia desnecessária, ao versar matéria sobre o exercício do direito de defesa, a demonstração do prejuízo, por reputá-lo presumido, não obstante reconhecer que o próprio título condenatório poderia consistir certidão judicial pública desse prejuízo. Considerava, ainda, a possibilidade de oitiva nos termos do art. 209 do CPP, mas não na forma realizada no caso presente, em que a acusação indicara extemporaneamente a testemunha, segundo a decisão do STJ, tendo o juiz afastado a inércia do Estado, ao ouvi-la sob a roupagem de testemunha do juízo. **HC 95319/SP, rel. Min. Dias Toffoli, 19.10.2010.** (HC-95319) (Inform. STF 605)

APELAÇÃO CRIMINAL E NULIDADES - 1

A Turma iniciou julgamento de *habeas corpus* em que se reitera a alegação de nulidade de acórdão do TRF da 4ª Região, em virtude de: a) ausência de intimação de advogado do paciente, ora impetrante, da pauta de julgamento de apelação e de seu resultado e b) não-participação de revisor original na sessão de julgamento de recurso criminal. Na espécie, a Corte Federal, ao dar parcial provimento à apelação da defesa, diminuíra, pela metade, a sanção imposta ao paciente, substituindo a pena privativa de liberdade por restritiva de direito, mantida a multa arbitrada na sentença. Sustenta a impetração ofensa à ampla defesa, tendo em conta a intimação realizada com o vocábulo "e outro", em fase recursal. Nessa intimação, constaria expressamente o nome de advogado substabelecido, com reserva de iguais poderes, no Juízo processante, o qual, entretanto, não subscrevera a petição de interposição e de razões recursais da apelação. Diz, ainda, que fora violada a garantia do devido processo legal e o princípio do juiz natural, em razão de ter participado do colegiado juíza convocada em substituição de revisor que teria aposto visto e requerido dia para julgamento. **HC 102433/PR, rel. Min. Ellen Gracie, 5.10.2010.** (HC-102433)

APELAÇÃO CRIMINAL E NULIDADES - 2

A Min. Ellen Gracie, relatora, denegou o *writ*. Inicialmente, observou que o tema relativo à falta de intimação do causídico não fora examinada pelo STJ, por se tratar de pedido idêntico ao de outro *habeas corpus* lá impetrado. Realçou que o impetrante não seria o único defensor do paciente na ação penal instaurada; que os defensores teriam sido intimados da sessão de julgamento do recurso criminal; e que o endereço profissional indicado pelo impetrante e pelo advogado substabelecido no juízo processante seria o mesmo. Consignou a ausência de manifestação pela defesa, tanto na ação penal quanto na apelação, no sentido de que as publicações fossem realizadas em nome exclusivo do advogado subscritor deste *writ*. A relatora, no ponto, assinalou que tal advogado sequer peticionara para comunicar que o defensor substabelecido na ação penal não mais comporia a equipe de defesa. Asseverou não haver qualquer nulidade processual relacionada à intimação da pauta de julgamento de apelação efetuada em nome do mencionado substabelecido "e outro". Ressaltou o entendimento do Supremo segundo o qual, havendo mais de um advogado regularmente constituído, sem nenhuma ressalva ao recebimento de intimação, basta, para sua validade, que a publicação seja feita em nome de um deles. No tocante a não-participação de revisor original, não vislumbrou qualquer ilegalidade referente ao ato que, nos termos do regimento interno, determinara a substituição do revisor, que se encontrava em férias, pela juíza federal convocada. Salientou que a magistrada não só demonstrara haver efetivamente revisado o caso concreto, como, inclusive, proferira voto que se tornara o condutor do acórdão, reduzindo o *quantum* da pena do condenado, beneficiando-o. Entendeu que o fato de a juíza integrar a turma julgadora como revisora não seria capaz de acarretar, por si só, a nulidade do processo, sem a demonstração de efetivo prejuízo para a defesa, de acordo com o princípio *pas de nullité sans grief*, adotado pelo art. 563 do CPP. Relembrou jurisprudência desta Corte no sentido de que a demonstração de prejuízo, a teor desse dispositivo, é essencial à alegação de nulidade, seja ela relativa ou absoluta, além de precedente da 2ª Turma no qual se declarara que, não comprovada a configuração de prejuízo, não haveria que se falar em cerceamento de defesa (Enunciado 523 da Súmula do STF), quando juiz federal integrasse o órgão colegiado como revisor. Concluiu não estar demonstrado o efetivo prejuízo suportado pelo paciente em virtude da substituição de revisor pela juíza federal convocada. **HC 102433/PR, rel. Min. Ellen Gracie, 5.10.2010.** (HC-102433)

APELAÇÃO CRIMINAL E NULIDADES - 3

Em divergência, o Min. Celso de Mello deferiu o *habeas corpus* em ordem a invalidar o julgamento desde a apreciação do recurso de apelação, inclusive. Considerou que uma situação específica como a dos autos frustraria a plenitude do direito de defesa e, com isso, comprometeria a proteção judicial efetiva que se deveria dispensar notadamente nas hipóteses em que o Estado faz instaurar contra alguém um procedimento penal persecutório. Ademais, ressaltou que o CPP, ao tratar do procedimento recursal de apelação, especialmente nos casos de delitos apenados com reclusão, imporia a dualidade de órgãos intervenientes no julgamento daquele recurso em particular, a figurar um relator e um revisor. Reputou ter havido, na situação dos autos, verdadeira confusão, no sentido técnico, ao concentrar-se em uma única pessoa a dupla e incompatível condição de revisor e de relator. Aduziu que a circunstância de não se saber qual seria o voto que o revisor originário iria proferir bastaria para afastar a necessária demonstração de prejuízo, que estaria *in re ipsa*. Entendeu que, se a petição de interposição e as correspondentes razões foram subscritas por determinados advogados sem que nela interviesse o anteriormente substabelecido, haveria falha administrativa da secretaria do Tribunal que não poderia, simplesmente, acrescentar um outro profissional que se limitara a atuar no primeiro grau de jurisdição. Salientou que o prejuízo causado por esse fato seria evidente, uma vez que a sustentação oral comporia a garantia constitucional do direito de defesa e não poderia ser, portanto, comprometida. Apontou que a inclusão na atuação dos autos na fase recursal de substabelecido, que não subscrevera quaisquer peças da apelação, teria sido realizada, aparentemente, de forma indevida, a comprometer de maneira plena a própria eficácia do direito de defesa, haja vista a ciência dos atos ter sido comunicada a quem, na verdade, já não mais intervinha no procedimento recursal. Após, pediu vista dos autos o Min. Joaquim Barbosa. **HC 102433/PR, rel. Min. Ellen Gracie, 5.10.2010.** (HC-102433) (Inform. STF 603)

AUDIÊNCIA DE INSTRUÇÃO: INVERSÃO NA FORMULAÇÃO DE PERGUNTAS E NULIDADE

A Turma indeferiu *habeas corpus* em que se objetivava a anulação da audiência de instrução e julgamento e, conseqüentemente, da sentença condenatória proferida contra o paciente. A impetração sustentava a existência de nulidade absoluta, consistente na inversão da ordem de inquirição das testemunhas, pois a magistrada de 1º grau teria feito suas perguntas em primeiro lugar para, somente depois, permitir que as partes o fizessem. Salientou-se, de início, tratar-se de vício sujeito à sanção de nulidade relativa, que deveria ser argüido oportunamente, o que não ocorrera, daí a superveniência da preclusão. Ademais, não teria sido demonstrado prejuízo concreto decorrente da alegada nulidade, pois a inversão da ordem do sistema de perguntas diretas, previsto no art. 212 do CPP ("*Art. 212. As perguntas serão formuladas pelas partes diretamente à testemunha, não admitindo o juiz aquelas que puderem induzir a resposta, não tiverem relação com a causa ou importarem na repetição de outra já respondida.*"), não alteraria o sistema acusatório. Nesse sentido, a decretação de nulidade a partir desse fato seria considerar o processo um fim em si mesmo, e não um meio para se conseguir a aplicação da lei penal. No ponto, divergiu o Min. Marco Aurélio, por entender que a forma prevista no citado artigo seria essencial e que o prejuízo estaria certificado na sentença condenatória. Contudo, tendo em conta a organicidade do Direito, asseverou que a inobservância de forma prevista em lei, como essa alusiva ao interrogatório, encerraria nulidade relativa. Por sua vez, não houvera o insurgimento da defesa no momento próprio, o que implicara preclusão. **HC 103525/PE, rel. Min. Cármen Lúcia, 3.8.2010.** (HC-103525) (Inform. STF 594)

AUDIÊNCIA DE OITIVA DE TESTEMUNHAS E PRESENÇA DE RÉU PRESO

A Turma, por maioria, indeferiu *habeas corpus* no qual se pretendia a nulidade de audiências de oitiva de testemunhas de acusação efetuadas por carta precatória sem a presença do paciente que, custodiado na Penitenciária de Presidente Venceslau/SP por condenação em outro processo, tivera denegado seu pedido de requisição para comparecimento aos juízos deprecados em Jacarezinho/PR e Siqueira Campos/SP. Inicialmente, salientou-se que o tema já fora objeto de análise pelo STF em diversas oportunidades, tendo a Corte firmado o entendimento no sentido de que a ausência de requisição de réu preso para oitiva de testemunhas efetuadas em comarca diversa constituiria nulidade relativa. Em seguida, consignou-se que para o reconhecimento de eventual nulidade, ainda que absoluta, seria necessária a demonstração do prejuízo. Aduziu-se que a defesa requerera a requisição do réu para audiência de oitiva de testemunhas de acusação logo após a intimação da expedição das cartas precatórias, sem insurgir-se, no momento oportuno, contra a decisão que a denegara. No tocante à demonstração do prejuízo, registrou-se que a sentença condenatória já fora anulada pela Turma, em virtude de o interrogatório do paciente ter sido realizado, com base em provimento do TRF da 4ª Região, por meio de videoconferência. Assim, tendo em conta que o feito estaria aguardando novo interrogatório, enfatizou-se que não se poderia afirmar acerca dos fundamentos de um decreto condenatório ainda inexistente. Salientou-se, ademais, que a defesa do paciente estivera presente e participara ativamente das audiências, exercendo de modo pleno o direito ao contraditório e à ampla defesa. Por fim, mencionou-se que o indeferimento questionado fora devidamente motivado pelo magistrado, que assentara, inclusive, a periculosidade e audácia do paciente, além do risco de fuga nesse deslocamento. Vencido o Min. Marco Aurélio que concedia a ordem por reputar que o direito de defesa deveria ter sido viabilizado até a exaustão, já que o paciente articulara a nulidade em tempo oportuno, qual seja, na fase a que aludia o revogado art. 500 do CPP e que o prejuízo seria ínsito no que indeferido requerimento formalizado pela defesa. **HC 100382/PR, rel. Min. Ricardo Lewandowski, 8.6.2010.** (HC-100382) (Inform. STF 590)

INTERROGATÓRIO E ENTREVISTA RESERVADA COM DEFENSOR

A Turma iniciou julgamento de *habeas corpus* em que se alega constrangimento ilegal decorrente da ausência de citação do paciente e da não concessão do direito de entrevista reservada com o seu defensor, o que acarretaria a nulidade absoluta da ação penal. Aduz a impetração que o oficial de justiça, não localizando o paciente, procedera à citação de 3ª pessoa, no caso, a ex-companheira daquele, bem como que, com o advento da Lei 10.792/2003, seria dever do magistrado assegurar ao acusado a citada entrevista reservada, na qual poderá receber orientação técnica de seu defensor, a fim de propiciar maior segurança e amplitude de defesa. O Min. Dias Toffoli, relator, indeferiu o *writ*. Tendo em conta o comparecimento espontâneo do paciente ao interrogatório, entendeu que a citação, embora irregular, operara seu sentido. Ademais, enfatizou que, durante tal ato, fora nomeado defensor público, o qual fizera perguntas e posteriormente apresentara defesa prévia e alegações finais. Consignou, ainda, não haver prova de que não tivesse sido garantido ao paciente o direito de entrevista reservada, impugnação esta não argüida nos momentos processuais oportunos. Em divergência, o Min. Marco Aurélio concedeu a ordem para declarar insubsistente o processo a partir do vício originado do fato de não se ter aberto oportunidade ao acusado para a entrevista. Assentou que o juiz, ao constatar a falta de defensor, deveria ter suspendido a audiência para que o paciente tivesse contato com o defensor público designado. Reputou tratar-se de nulidade absoluta, haja vista que o contato prévio com o defensor constitui formalidade essencial à valia do ato. Salientou que a não alegação desse vício à primeira hora apenas confirmaria que o paciente estivera indefeso, equivocando-se o defensor público e o juiz. Afastou, também, a possibilidade de se cogitar de nulidade da citação ante o disposto no art. 570 do CPP ("*A falta ou a nulidade da citação, da intimação ou notificação estará sanada, desde que o interessado compareça, antes de o ato consumar-se, embora declare que o faz para o único fim de argüi-la. O juiz ordenará, todavia, a suspensão ou o adiamento do ato, quando reconhecer que a irregularidade poderá prejudicar direito da parte.*"). Após o voto do Min. Ayres Britto, acompanhando a divergência, pediu vista dos autos a Min. Cármen Lúcia. **HC 96465/MG, rel. Min. Dias Toffoli, 24.3.2010.** (HC-96465) (Inform. STF 580)

PROCEDIMENTO ADMINISTRATIVO FISCAL E MANDADO DE SEGURANÇA - 1

A Turma negou provimento a recurso ordinário em *habeas corpus* no qual condenado pela prática do crime de sonegação fiscal (Lei 8.137/90, art. 1º, I), por cinco vezes, nos termos do art. 71 do CP, requeria fosse decretada a nulidade de denúncia oferecida antes do trânsito em julgado de procedimento administrativo fiscal contra ele movido ou que, alternativamente, fosse suspensa ação penal até o julgamento final de mandado de segurança, o qual questionava ato de intimação promovido na esfera administrativa. No caso, o recorrente impetrara o mencionado mandado de segurança contra acórdão proferido pelo Conselho de Contribuintes, sob alegação de que a comunicação da decisão colegiada que negara provimento ao recurso administrativo, interposto para impugnar os débitos que lhe estavam sendo imputados, fora, por duas vezes, encaminhada ao seu endereço, mas devolvida sem o respectivo cumprimento e sem referência ao motivo da devolução, o que ensejara a intimação por edital. Mencionado *writ* fora denegado em primeira e segunda instâncias. Na esfera penal, o recorrente fora condenado pela prática dos mencionados crimes, tendo esta decisão sido confirmada por TRF e pelo STJ. **RHC 95108/ES, rel. Min. Ellen Gracie, 24.11.2009.** (RHC-95108)

PROCEDIMENTO ADMINISTRATIVO FISCAL E MANDADO DE SEGURANÇA - 2

Aduziu-se, inicialmente, que não haveria nulidade na intimação do contribuinte por edital, quando infrutíferas as tentativas de intimação pessoal, no endereço constante de seu cadastro junto ao Fisco. Asseverou-se, por outro lado, que, encerrado o procedimento administrativo-fiscal, a eventual impetração de mandado de segurança para discutir a validade da intimação do contribuinte não impediria o andamento da ação penal. Considerou-se, ademais, que o referido *mandamus* fora denegado em primeira e segunda instâncias, sendo que o feito já fora baixado definitivamente para o juízo de origem. Assentou-se não assistir razão ao recorrente quanto à alegada nulidade da denúncia oferecida antes do encerramento do procedimento administrativo-fiscal. Ressaltou-se que, no caso em tela, não obstante a denúncia ter sido recebida antes do encerramento definitivo do procedimento fiscal, a ação penal ficara suspensa durante toda a tramitação do processo administrativo na Receita Federal e somente retomara seu curso após o julgamento definitivo do feito pelo Conselho de Contribuintes. Observou-se, ademais, que a nulidade da denúncia por falta de justa causa, em razão de ter sido oferecida antes do encerramento do procedimento administrativo-fiscal, somente fora alegada pelo recorrente após a sentença condenatória. No ponto, afirmou-se que a jurisprudência do STF é firme no sentido de que os vícios da denúncia devem ser argüidos antes da prolação da sentença. Evidenciou-se, destarte, que a justa causa para ação penal ficara devidamente demonstrada com a constituição definitiva do crédito tributário, após o encerramento do procedimento administrativo da Receita. Concluiu-se que não teria sentido anular todo o processo criminal desde o início, sob o fundamento de que a exordial acusatória fora oferecida antes do encerramento do procedimento administrativo do Fisco, quando já houvera constituição definitiva do crédito tributário, antes mesmo da prolação da sentença condenatória, conferindo a necessária justa causa para a ação penal. **RHC 95108/ES, rel. Min. Ellen Gracie, 24.11.2009.** (RHC-95108) (Inform. STF 569)

OITIVA DE TESTEMUNHAS POR CARTA PRECATÓRIA: AUSÊNCIA DO RÉU E INEXISTÊNCIA DE NULIDADE

O Tribunal, por maioria, reconheceu a existência de repercussão geral no tema objeto de recurso extraordinário interposto contra acórdão de Turma Recursal Criminal de Comarca do Estado do Rio Grande do Sul, reafirmou a jurisprudência da Corte acerca da inexistência de nulidade pela ausência, em oitiva de testemunha por meio de carta precatória, de réu preso que não manifestou expressamente intenção de participar da audiência, e negou provimento ao apelo extremo. Esclareceu-se que, no caso, o defensor fora intimado da data da expedição da precatória e da data da audiência realizada no juízo deprecado, não havendo sequer indício de que o réu desejasse comparecer. Vencidos os Ministros Marco Aurélio e Celso de Mello, que, ao se reportarem ao que decidido no HC 93503/SP (DJE de 7.8.2009) e no HC 86634/RJ (DJE de 23.2.2007), proviam o recurso por vislumbrar transgressão ao devido processo legal, asseverando que a presença do acusado na audiência constituiria prerrogativa irrevogável, indisponível, sendo irrelevante o fato de ter sido ele requisitado, ou não, ou, ainda, manifestado, ou não, a vontade de nela comparecer. Alguns precedentes citados: RHC 81322/SP (DJU de 12.3.2004); HC 75030/SP (DJU de 7.11.97); HC 70313/SP (DJU de 3.12.93); HC 69203/SP (DJU de 8.5.92); HC 68436/DF (DJU de 27.3.92); HC 68515/DF (DJU de 27.3.92). **RE 602543 QO/RS, rel. Min. Cezar Peluso, 19.11.2009.** (RE-602543) (Inform. STF 568)

ADVOGADO LICENCIADO DA OAB E DEMONSTRAÇÃO DE PREJUÍZO - 1

A Turma, por maioria, indeferiu *habeas corpus* em que se alegava a nulidade absoluta de processo criminal no qual a defesa da paciente fora realizada por advogado licenciado da Ordem dos Advogados do Brasil - OAB. No caso, em sede de revisão criminal, a paciente informara que os patronos dos réus estariam impossibilitados de exercer a advocacia e, por conseguinte, seriam nulos os atos por eles praticados. O tribunal de origem, contudo, concluíra que a regra da *pás de nulitté sans grief* — aplicável tanto às nulidade relativas quanto às absolutas — impediria a declaração de invalidade dos atos processuais que não ocasionaram prejuízos às partes. O STJ mantivera esse entendimento e destacara que a falta de capacidade postulatória só implicaria nulidade, se comprovada a deficiência técnica na defesa, o que não ocorrera nos autos. A impetração reiterava que a ausência do mencionado pressuposto processual à época da ação penal teria causado sim prejuízos à paciente, porquanto ela fora condenada e recolhida à prisão, sendo afastada do convívio de seus familiares, bem como perdera seus direitos políticos e emprego. **HC 99457/RS, rel. Min. Cármen Lúcia, 13.10.2009.** (HC-99457)

ADVOGADO LICENCIADO DA OAB E DEMONSTRAÇÃO DE PREJUÍZO - 2

Considerou-se, não obstante o rigor do art. 4º do Estatuto da OAB (*"São nulos os atos privativos de advogado praticados por pessoa não inscrita na OAB, sem prejuízo das sanções civis, penais e administrativas. Parágrafo único - São também nulos os atos praticados por advogado impedido – no âmbito do impedimento – suspenso, licenciado ou que passar a exercer atividade incompatível com a advocacia."*) e do Enunciado 523 da Súmula do STF (*"No processo penal, a falta da defesa constitui nulidade absoluta, mas a sua deficiência só o anulará se houver prova de prejuízo para o réu."*), que a defesa não conseguira comprovar, na espécie, a presença de constrangimento ilegal a ferir direito da paciente nem ilegalidade ou abuso de poder a ensejar a concessão da ordem, especialmente porque os poderes de representação judicial outorgados ao advogado, ainda que licenciado da OAB, foram ampla e livremente por ela conferidos por instrumento de procuração. Enfatizou-se não existir prova de que a paciente não conhecesse a condição do patrono constituído e assinalou-se a impossibilidade de produção dessa prova na via eleita. Ademais, mencionou-se que o princípio da falta de interesse, tal como estabelecido na 1ª parte do art. 565 do CPP, não admite argüição da nulidade por quem tenha dado causa ou concorrido para a existência do vício. Registrou-se que fora bem realçado pela Corte local que o causídico não conseguira inocentar a paciente, mas daí não se poderia afirmar não ter havido defesa técnica eficaz. Por fim, aduziu que a situação resolver-se-ia, caso a paciente não tivesse conhecimento da circunstância, noutra esfera jurídica, em ação de indenização. Vencido o Min. Carlos Britto que, ressaltando a indispensabilidade do advogado para a administração da justiça (CF, art. 133) e a necessidade de o mesmo atender as qualificações profissionais que a lei estabelecer (CF, art. 5º, XIII), deferia o *writ* por reputar que a lei não habilita o advogado licenciado ao exercício da profissão. **HC 99457/RS, rel. Min. Cármen Lúcia, 13.10.2009.** (HC-99457) (Inform. STF 563)

EMENTA: *"HABEAS CORPUS"* - DEFENSOR PÚBLICO QUE FOI INJUSTAMENTE IMPEDIDO DE FAZER SUSTENTAÇÃO ORAL, POR AUSÊNCIA DE INTIMAÇÃO PESSOAL QUANTO À DATA DA SESSÃO DE JULGAMENTO DO RECURSO DE APELAÇÃO INTERPOSTO PELOS PACIENTES - CONFIGURAÇÃO DE OFENSA À GARANTIA CONSTITUCIONAL DA AMPLA DEFESA - NULIDADE DO JULGAMENTO - PEDIDO DEFERIDO.

- A sustentação oral – que traduz prerrogativa jurídica de essencial importância - compõe *o estatuto constitucional do direito de defesa*. A injusta frustração desse direito, por falta de intimação pessoal do Defensor Público para a sessão de julgamento do recurso de apelação interposto pelos pacientes, afeta, em sua própria substância, o princípio constitucional da amplitude de defesa. O cerceamento do exercício dessa prerrogativa - que constitui uma das projeções concretizadoras do direito de defesa - enseja, quando configurado, a própria invalidação do julgamento realizado pelo Tribunal, em função da carga irrecusável de prejuízo que lhe é ínsita. Precedentes do STF. HC N. 96.958-SP. RELATOR: MIN. CELSO DE MELLO. Noticiado no Informativo 533 (Inform. STF 562)

PUBLICAÇÃO EM NOME DE ADVOGADO FALECIDO - 1

A Turma iniciou julgamento de recurso ordinário em habeas corpus em que condenados pelo crime de apropriação indébita (CP, art. 168, II) pleiteiam a anulação do processo a partir da publicação da pauta de julgamento de apelação criminal, sob a assertiva de cerceamento de defesa, haja vista que a pauta fora publicada em nome de advogado falecido dias antes. A Min. Cármen Lúcia, relatora, negou provimento ao recurso por considerar que não caracteriza cerceamento de defesa o julgamento de apelação interposta em favor do réu se o seu patrono vem a falecer antes do julgamento, sem que tenha havido a oportuna comunicação desse fato à turma julgadora. Aduziu que, a teor do disposto no art. 565 do CPP, nenhuma das partes poderá argüir nulidade a que tenha dado causa. Em divergência, o Min. Marco Aurélio, assentando que ninguém pode ser julgado sem defesa (CPP, art. 261), proveu o recurso ordinário ao fundamento de se tratar de nulidade absoluta, não preclusa pelo fato de não ter sido argüida. Após, o julgamento foi suspenso em virtude do pedido de vista do Min. Carlos Britto. **RHC 93849/SP, rel. Min. Cármen Lúcia, 29.4.2008**. (RHC-93849)

PUBLICAÇÃO EM NOME DE ADVOGADO FALECIDO - 2

A Turma retomou julgamento de recurso ordinário em *habeas corpus* em que condenados pelo crime de apropriação indébita (CP, art. 168, II) pleiteiam a anulação do processo a partir da publicação da pauta de julgamento da apelação criminal, sob a assertiva de cerceamento de defesa, haja vista que a pauta fora publicada em nome de advogado falecido dias antes — v. Informativo 504. Em voto-vista, o Min. Carlos Britto acompanhou a divergência iniciada pelo Min. Marco Aurélio e proveu o recurso ordinário para anular o julgamento da apelação. Salientou, inicialmente, os fundamentos de precedentes do STF quanto ao tema que rechaçariam a tese de ausência de cerceamento de defesa: 1) a falta de oportuna comunicação do óbito ao juízo ou tribunal e 2) a presença, nos autos, de mais de um defensor constituído. Nessa linha, se o acusado, ante eventual falecimento do patrono constituído, deixar de cientificar o órgão julgador, não é de se reconhecer a nulidade, porquanto incumbe a ele, acusado, a indicação de um novo causídico ou de defensor público para a continuidade do patrocínio da causa. Em que pese tal entendimento, considerou que o presente caso apresentaria peculiaridades que afastariam sua aplicação. Assinalou o fato de os recorrentes contarem com um único defensor regularmente constituído, o qual subscrevera a apelação e que falecera antes da inclusão do processo em mesa para julgamento. Dessa forma, quando o tribunal local dera publicidade à data provável do julgamento daquele recurso, o único defensor constituído já havia falecido, não podendo oferecer memoriais ou proceder à respectiva sustentação oral. Ademais, aduziu que as peças que instruíam os autos informavam que os recorrentes se encontravam em lugar incerto e não sabido, motivo pelo qual não tiveram conhecimento do óbito do patrono e, portanto, não puderam cientificar à Corte de origem para constituição de um novo advogado ou nomeação de defensor dativo. Mencionou que o relator da apelação reconhecera que os réus compareceram aos atos processuais na 1ª instância, todavia não foram encontrados pelo juízo para intimação pessoal nem posteriormente pela viúva do advogado, não sendo razoável imputar aos acusados o ônus pela falta de prévia ciência ao tribunal. Após, o julgamento foi adiado por indicação da Min. Cármen Lúcia. **RHC 93849/SP, rel. Min. Cármem Lúcia, 15.9.2009.** (RHC-93849) (Inform. STF 559)

EMENTA: AÇÃO PENAL. Processo. Interrogatório. Realização um dia após a citação do réu. Impossibilidade de contratar defensor e de manter contato com defensora nomeada para defesa prévia. Argüição oportuna da deficiência. Não produção conseqüente de prova da defesa. Cerceamento. Prejuízo manifesto. Nulidade processual caracterizada. Ofensa ao devido processo legal. HC concedido. Precedentes. Inteligência do art. 185, § 2º, do CPP. É nulo o processo penal em que se não assegurou contato do acusado com o defensor, antes do interrogatório realizado um dia após a citação. HC **N. 84.373-BA. RELATOR: MIN. CEZAR PELUSO.** (Inform. STF 552)

EMENTA: AÇÃO PENAL. Processo. Citação por editais. Alegação de não terem sido esgotadas as providências para localização do réu. Irrelevância. Comparecimento espontâneo deste ao processo, mediante defensor constituído no ato do interrogatório. Exercício pleno dos poderes processuais da defesa. Ausência de prejuízo. Nulidade processual inexistente. Inexistência, outrossim, de vícios de ordem diversa. HC denegado. Também no processo penal, o comparecimento espontâneo e oportuno do réu, mediante defensor constituído, supre a falta ou a nulidade de citação realizada por editais. **RHC N. 87.699-RJ. RELATOR: MIN. CEZAR PELUSO**. (Inform. STF 552)

PROCESSO-CRIME - AUDIÊNCIA - OITIVA DE TESTEMUNHAS - PRESENÇA DO ACUSADO - CUSTÓDIA DO ESTADO - REQUISIÇÃO. Estando preso o acusado, cumpre requisitá-lo para a audiência de oitiva de testemunhas, pouco importando encontrar-se em unidade da Federação diversa daquela na qual tramita o processo.

PROCESSO - NULIDADE - CUSTÓDIA PROVISÓRIA - PROJEÇÃO NO TEMPO. Uma vez anulado o processo e verificada a projeção no tempo de custódia do acusado, impõe-se o relaxamento da prisão. **HC N. 94.216-RJ. RELATOR: MIN. MARCO AURÉLIO. Noticiado no Informativo 546** (Inform. STF 551)

EMENTA: HABEAS CORPUS. *INTIMAÇÃO EDITALÍCIA DA SENTENÇA PENAL CONDENATÓRIA. ALEGAÇÃO DE IRREGU-LARIDADE NA INTIMAÇÃO DO PACIENTE: IMPROCE-DÊNCIA. PRECEDENTES. ORDEM DENEGADA.* 1. É firme a jurisprudência deste Supremo Tribunal no sentido de ser válida a citação editalícia, feita com observância das normas legais respectivas, se a citação pessoal não se torna possível, por não se encontrar o réu no endereço residencial indicado nos autos e não se faz prova idônea do contrário. Precedentes. 2. Ordem denegada. **HC N. 96.540-SP. RELATORA: MIN. CÁRMEN LÚCIA**. (Inform. STF 550)

EMENTA: *HABEAS CORPUS*. CONSTITUCIONAL. PENAL E PROCESSUAL PENAL. CONDENAÇÃO PELO CRIME DE CONCUSSÃO. AUSÊNCIA DE NOTIFICAÇÃO PRÉVIA (ART. 514 E SEGUINTES DO CÓDIGO DE PROCESSO PENAL). NULIDADE RELATIVA. AUSÊNCIA DE DEMONSTRAÇÃO DO PREJUÍZO. ALEGAÇÃO DE EXCESSO DE PRAZO NÃO APRECIADA PELAS INSTÂNCIAS ANTECEDENTES. *HABEAS CORPUS* DENEGADO. 1. A ausência da notificação prévia de que trata o art. 514 do Código de Processo Penal constitui vício que gera nulidade relativa e deve ser argüida oportunamente, sob pena de preclusão. Precedentes. 2. O princípio do *pas de nullité sans* grief exige a demonstração de prejuízo concreto à parte que suscita o vício, independentemente da sanção prevista para o ato, pois não se declara nulidade processual por mera presunção. Precedentes. 3. A jurisprudência deste Supremo Tribunal Federal assentou o entendimento de que o art. 514 do Código de Processo Penal tem por objetivo *"dar ao réu-funcionário a possibilidade de evitar a instauração de processo temerário, com base em acusação que já a defesa prévia ao recebimento da denúncia poderia, de logo, demonstrar de todo infundada. Obviamente, após a sentença condenatória, não se há de cogitar de conseqüência de perda dessa oportunidade de todo superada com a afirmação, no mérito, da procedência da denúncia*" (HC 72.198, DJ 26.5.1995). 4. Se a alegação de excesso de prazo não foi apreciada pelas instâncias antecedentes não cabe ao Supremo Tribunal dela conhecer, sob pena de supressão de instância. 5. *Habeas corpus* parcialmente conhecido e na parte conhecida denegado. **HC N. 97.033-SP. RELATORA: MIN. CÁRMEN LÚCIA. Noticiado no Informativo 546** (Inform. STF 550)

DEMORA NA PRESTAÇÃO JURISDICIONAL E INTERESSE NA DECISÃO

A Turma iniciou julgamento de *habeas corpus* em que se alega que acórdão do STJ — que anulara processo penal, desde o recebimento da denúncia, por inobservância do art. 38 da Lei 10.409/2002 — causaria prejuízo ao paciente, haja vista que prolatado após mais de 2 anos da impetração, quando este já teria cumprido mais de 2/3 da pena e obtido o livramento condicional. O Min. Ricardo Lewandowski, relator, deferiu o *writ* para cassar o acórdão impugnado e declarar convalidado o vício processual que dera origem à impetração naquela Corte. Considerou que, se o próprio paciente não teria mais interesse na decisão que lhe fora favorável, mostrar-se-ia extreme de dúvida que a nulidade outrora existente teria sido superada. Além disso, aduziu ser necessária a observância da utilidade das decisões proferidas no processo penal, bem como do princípio constitucional da razoável duração do processo. Após, pediu vista dos autos o Min. Carlos Britto. **HC 96079/SP, rel. Min. Ricardo Lewandowski, 19.5.2009.** (HC-96079) (Inform. STF 547)

ART. 514 DO CPP E DEFESA PRELIMINAR - 1

A Turma, por maioria, indeferiu *habeas corpus* em que delegado da polícia federal — preso preventivamente em 5.7.2007 e denunciado pela suposta prática do crime de concussão, de forma continuada (CP, art. 316, c/c oart. 71) —, alegava nulidade absoluta da ação penal contra ele intentada, ante ausência de sua notificação prévia (CPP, art. 514) para apresentar defesa preliminar. Pleiteava a invalidação do processo, desde o recebimento da denúncia, e, conseqüentemente, a concessão de liberdade provisória em virtude de excesso de prazo. Na espécie, tal nulidade fora suscitada desde o interrogatório do paciente, sendo o pleito indeferido pelo juízo monocrático, e pelas demais instâncias, ao fundamento de ser desnecessária a resposta preliminar, de que trata o art. 514 do CPP, na ação penal instruída por inquérito policial, como ocorrera no caso. **HC 97033/SP, rel. Min. Cármen Lúcia, 12.5.2009.** (HC-97033)

ART. 514 DO CPP E DEFESA PRELIMINAR - 2

Esclareceu-se, inicialmente, que, apesar de existir entendimento do Supremo no sentido de ser de "prova impossível" o prejuízo de determinadas nulidades, o princípio do *pas de nullité sans grief* exige, em regra, a demonstração de prejuízo concreto à parte que suscita o vício, independentemente da sanção prevista para o ato — nulidade absoluta ou relativa. Asseverou-se, entretanto, que, na situação apreciada, a defesa do paciente não comprovara em que se julgara prejudicada pela preterição da formalidade, limitando-se a ressaltar que a inobservância do procedimento previsto no art. 514 do CPP teria contrariado os princípios da ampla defesa, do contraditório, da legalidade, do devido processo legal e da dignidade da pessoa humana, sustentando, ademais, que, por se tratar de nulidade absoluta, a comprovação de dano seria dispensável. Enfatizou-se que, ainda que argüida em momento procedimentalmente adequado, essa nulidade, para ser reconhecida, exigiria demonstração de efetivo prejuízo à defesa do réu. Dessa forma, não existindo, na hipótese, essa necessária demonstração, a alegada nulidade — absoluta ou relativa — não poderia ser decretada. Ademais, salientou-se que, mesmo que se pudesse reconhecer tal nulidade, fulminando-se o processo principal desde a decisão de recebimento da denúncia, disso não resultaria a imediata expedição de alvará de soltura, haja vista que, na linha da jurisprudência desta Corte, a nulidade da condenação restabelece o título antecedente da prisão, seja ela decorrente de flagrante, de decreto de prisão preventiva ou da pronúncia e que, pelo que se tem dos autos, esta fora decretada antes mesmo do recebimento da denúncia. Por fim, não se conheceu de eventual excesso de prazo, o qual restaria caracterizado se anulado o processo. Ressaltou-se que se cuidaria de questão autônoma, não apreciada nas impetrações antecedentes, cujo conhecimento pelo STF implicaria supressão de instância. Vencido o Min. Marco Aurélio, que, por entender que a continuidade delitiva deveria ser interpretada de forma a beneficiar o paciente, deferia o *writ*, para afastar o óbice apontado pela Procuradoria-Geral da República quanto à inafiançabilidade do delito imputado em razão do crime continuado, e concluir que, por se tratar de direito de defesa e por haver articulação a tempo, o prejuízo estaria certificado pelo decreto condenatório. **HC 97033/SP, rel. Min. Cármen Lúcia, 12.5.2009.** (HC-97033) (Inform. STF 546)

AUDIÊNCIA DE OITIVA DE TESTEMUNHAS E PRESENÇA DO RÉU PRESO

A Turma, por maioria, deferiu *habeas corpus* para assentar a nulidade do processo a partir da audiência de oitiva de testemunhas realizada sem a presença do réu, ante a justificativa do juízo monocrático de que este se encontraria preso em outra localidade, não se afigurando viável o seu deslocamento. Diante de tal negativa, os advogados da defesa retiraram-se da sala de audiência, tendo sido nomeado, pelo juiz, defensor *ad hoc*. Alegava a impetração nulidade da sentença condenatória, porquanto não teriam sido observados o princípio constitucional da ampla defesa e o direito de o acusado estar presente a todos os atos do processo. Inicialmente, reportou-se à antiga redação do art. 217 do CPP ("*Se o juiz verificar que a presença do réu, pela sua atitude, poderá influir no ânimo da testemunha, de modo que prejudique a verdade do depoimento, fará retirá-lo, prosseguindo na inquirição, com a presença do seu defensor. Neste caso deverão constar do termo a ocorrência e os motivos que a determinaram.*"). Em seguida, frisou-se que essa regra — mesmo com a reforma do CPP, advinda da Lei 11.690/2008 — fora mantida, ou seja, fazendo-se necessária a presença do acusado na audiência de oitiva das testemunhas. Destarte, considerou-se que, encontrando-se o réu sob a custódia do Estado em outra localidade, deverá ser requisitado. Enfatizou-se que, na espécie, mesmo diante do protesto do defensor do acusado, a audiência tivera seqüência, vindo à balha a condenação. Aduziu-se, ademais, que a defesa insistira no atendimento da formalidade legal, afastando, com isso, a preclusão no que esta Corte já consignara revelar nulidade relativa a falha na requisição do acusado para a audiência. Vencida a Min. Cármen Lúcia, que indeferia a ordem, por julgar, não obstante a discussão de se tratar de nulidade relativa ou absoluta, não haver nenhuma demonstração específica, pela defesa, de que a ausência do paciente levaria o juiz a outra conclusão. Por fim, tornou-se definitiva a liminar implementada com o intuito de relaxar a prisão do paciente pelo excesso de prazo em sua custódia. Negou-se, também, pedido de extensão da ordem a co-réus, vencido, neste ponto, o Min. Marco Aurélio. **HC 94216/RJ, rel. Min. Marco Aurélio, 12.5.2009.** (HC-94216) (Inform. STF 546)

SESSÃO DE JULGAMENTO: INTIMAÇÃO PESSOAL DO DEFENSOR E NULIDADE RELATIVA

Tendo em conta as particularidades do caso, a Turma indeferiu *habeas corpus* em que se alegava nulidade processual consistente na ausência de intimação pessoal do defensor público para a audiência de julgamento do recurso de apelação do paciente. De início, salientou-se que seria incontroverso nos autos que o patrono do réu não fora intimado pessoalmente da data do aludido julgamento e que, interposta a apelação pela defesa, houvera publicação da pauta da sessão de julgamento na imprensa oficial. Em seguida, enfatizou-se que a nulidade por falta de intimação do patrono para o julgamento da apelação é de natureza relativa, devendo ser sanada no momento em que o defensor do réu dela tem conhecimento, sob pena de preclusão. Esclareceu-se, ainda, que os dois momentos essenciais à defesa, sem os quais haveria, sim, nulidade absoluta, foram cumpridos em favor do paciente, quais sejam, a intimação para a oferta das razões de apelação e a intimação do resultado do julgamento. Aduziu-se, também, que o ato de intimação para a data do julgamento, que permitiria à defesa não mais do que uma sustentação oral, nos termos do regimento interno do tribunal estadual, se ausente ou deficiente, caracterizaria apenas nulidade relativa. Contudo, na presente situação, inexistiria dado a evidenciar que a defensoria não tivesse sido cientificada do resultado do julgamento do recurso. Assim, se essa instituição e o paciente, apesar de intimados do resultado da apelação, quedaram-se inertes por mais de 8 anos quanto a contestação de eventuais vícios procedimentais, não haveria como deixar de assentar a preclusão. Ademais, reiterou-se que o *writ* não pode ser empregado como sucedâneo de revisão criminal. **HC 94277/SP, rel. Min. Ricardo Lewandowski, 3.2.2009.** (HC-94277) (Inform. STF 534)

CERCEAMENTO DE DEFESA E IRREGULARIDADES NA INSTRUÇÃO

A Turma iniciou julgamento de recurso ordinário em *habeas corpus* no qual se discute possível nulidade de processo criminal ante a ocorrência de suposto cerceamento de defesa decorrente de admissão de testemunhas arroladas a destempo pelo assistente de acusação e indeferimento do pedido de oitiva do médico-legista. A defesa requer, ainda, o desentranhamento de manifestações dos familiares da vítima e de determinado advogado, uma vez que não seriam assistentes das partes. A Min. Ellen Gracie, relatora, negou provimento ao recurso. Asseverou que não há, nos autos, cópia da decisão que deferira a devolução do prazo para apresentação de rol de testemunhas pelo assistente de acusação, tratando-se de providência apenas mencionada na decisão que indeferira o requerimento de desentranhamento de peças dos autos. Ademais, aduziu que foram apenas duas as testemunhas arroladas pelo assistente de acusação as quais foram ouvidas durante a instrução, enfatizando que nenhuma delas presenciara os fatos narrados na denúncia. Observou que, da mesma forma, existe indicação de que o juiz de direito admitira a presença de assistente de acusação, configurando-se mera irregularidade (erro material) a menção aos familiares da vítima em determinadas peças dos autos. No tocante à negativa do pleito de oitiva do médico-legista, afirmou que não consta indicação acerca de qual teria sido o prejuízo suportado pelo ora recorrente, dado que, cuidando-se de prova pericial, eventual apresentação de quesitos complementares ou realização de nova prova técnica seriam as providências adequadas. Por fim, considerou ser o *writ* meio impróprio para apreciar as alegações que demandem reexame do conjunto fático-probatório. Após, o Min. Eros Grau formulou pedido de vista. **RHC 86941/MG, rel. Min. Ellen Gracie, 26.8.2008.** (RHC-86941) (Inform. STF 517)

FALHA NA CITAÇÃO E NÃO OCORRÊNCIA DE PRECLUSÃO

A ausência de citação escorreita para os atos do processo caracteriza vício insanável. Com base nesse entendimento, a Turma deferiu *habeas corpus* impetrado em favor de condenado pela prática do crime previsto no art. 157, § 2º, I e II, do CP que, em virtude de erro no endereço constante do mandado de citação, fora citado por edital. Considerou-se que a defesa do paciente restara prejudicada por falha do aparelho judiciário, haja vista ser plausível a hipótese de que, se procurado no endereço correto, poderia ter sido encontrado para o ato de chamamento à lide penal. Asseverou-se que, embora tal alegação só tivesse sido suscitada em sede de *habeas corpus*, quando já transitada em julgado a decisão condenatória e até mesmo ajuizada ação de revisão criminal, cujo pedido fora julgado improcedente, não haveria de se cogitar da preclusão. No ponto, enfatizou-se que a falta de citação pessoal causara prejuízo insanável ao paciente, o qual ficara impossibilitado de exercer a autodefesa e de escolher livremente o seu defensor, garantias, aliás, acolhidas no art. 8º, 2, d, da Convenção Interamericana de Direitos Humanos, adotada pelo Brasil por meio do Decreto 678/92. Por fim, com o acolhimento dessa pretensão, reputou-se superado o argumento de ausência de intimação da defensora pública para a sessão de julgamento do recurso de apelação. Ordem concedida para decretar, em relação ao paciente, a nulidade do processo a partir do ato de citação, nos termos do art. 573 do CPP. **HC 92569/MS, rel. Min. Ricardo Lewandowski, 11.3.2008.** (HC-92569) (Inform. STF 498)

ALEGAÇÕES FINAIS E AMPLA DEFESA

A Turma deferiu parcialmente *habeas corpus* em que condenado pela prática dos crimes descritos nos artigos 12, *caput* e §§ 1º e 2º, II; 13 e 14, da Lei 6.368/76 questionava acórdão do STJ que denegara idêntica medida ao fundamento de que a falta de apresentação das alegações finais pelo defensor constituído, regularmente intimado, não constituiria nulidade. Entendeu-se que, à luz da Constituição (art. 5º, LIV e LV), a defesa técnica não seria mera exigência formal, mas sim garantia insuprimível, de caráter ne-cessário. Mencionou-se, ainda, o que estatuído no art. 261 do CPP ("*Nenhum acusado, ainda que ausente ou foragido, será processado ou julgado sem defensor.*"), esclarecendo que nas alegações finais se concentram e resumem as conclusões que representam a posição substantiva de cada parte perante a acusação, considerada agora do ponto de vista das provas, enquanto último ato que lhes pesa a título de ônus e colaboração na formação da sentença, como exigência da estrutura contraditória do justo processo da lei. E, sendo a defesa técnica essencial e indisponível e, no âmbito de atuação, fundamentais as alegações finais para o seu concreto exercício, concluiu-se pela inviabilidade de julgamento, legal e justo, sem a devida e apta apresentação dessa peça processual. Ademais, ressaltando que, na espécie, o advogado constituído deixara, aparentemente de modo propositado, por duas vezes, de apresentar as alegações finais, aduziu-se que essa circunstância não justificaria que o acusado suportasse as conseqüências danosas da inépcia do defensor. No ponto, enfatizou-se que a ordem jurídica não concede ao réu estratégia processual alternativa que implique renúncia ao direito de defesa. Assim, verificada a negligência ou a má-fé do patrono, cabia ao juiz da causa nomear defensor dativo para o ato ou, até mesmo, declarar o réu indefeso, nomeando-lhe defensor público para supri-las. De outro lado, rejeitou-se o pedido de revogação do decreto de prisão, porquanto o paciente evadira-se do estabelecimento prisional onde se encontrava por força de prisão preventiva, não havendo, nos autos, subsídios suficientes para o exame de eventual desacerto na determinação da custódia pelo juízo de origem. *Writ* concedido, em parte, para declarar nula a sentença condenatória e todos os atos processuais posteriores, reabrindo-se o prazo para apresentação de alegações finais da defesa, após intimação regular, com nomeação de defensor dativo, se necessária para o ato, em caso de nova omissão ou ato inepto. **HC 92680/SP, rel. Min. Cezar Peluso, 11.3.2008.** (HC-92680) (Inform. STF 498)

IMPEDIMENTO DE MINISTRO: PREJUÍZO E UTILIDADE NA ANULAÇÃO

A Turma, em votação majoritária, indeferiu *habeas corpus* em que condenado pela prática do crime de peculato (CP, art. 312) pleiteava a nulidade do julgamento de embargos declaratórios em recurso especial, sob a alegação de que 2 Ministros que compuseram a unanimidade dos votos da Turma pela rejeição dos declaratórios estariam legalmente impedidos. Considerou-se que, embora verificada a participação dos Ministros impedidos naquele julgamento, o pronunciamento da nulidade não teria qualquer efeito prático, devendo imperar, na espécie, o disposto no art. 563 do CPP, segundo o qual "*nenhum ato será declarado nulo, se da nulidade não resultar prejuízo para a acusação ou para a defesa.*". Ademais, tendo em conta a previsão no regimento interno do STJ no sentido de que as Turmas serão compostas por 5 Ministros cada uma e que funcionarão com a presença de, pelo menos, 3 deles (RISTJ, artigos 2º, § 4º e 179, respectivamente), entendeu-se não haver utilidade na anulação do julgamento que tivera como resultado votação unânime pela rejeição dos embargos. Assim, ainda que subtraídos os votos dos Ministros impedidos, permaneceriam válidos os votos dos demais, sem alteração do resultado verificado. Vencido o Min. Marco Aurélio que, por reputar viciado o pronunciamento, deferia o *writ* para determinar que outro julgamento fosse realizado, sem a participação desses integrantes. Precedente citado: HC 80281/SP (DJU de 29.9.2000). HC 92235/PE, rel. Min. Menezes Direito, 6.11.2007. (HC-92235) (Inform. STF 487)

SUBSTITUIÇÃO DA PENA E SUPRESSÃO DE INSTÂNCIA - 1

A Turma conheceu, em parte, de *habeas corpus* e, por maioria, o concedeu, também parcialmente, para, sem anular a condenação imposta ao paciente, determinar que o Tribunal Regional Federal da 1ª Região prossiga no julgamento da apelação por ele interposta e analise, como entender de direito, a presença dos requisitos subjetivos para a substituição da pena privativa de liberdade por restritiva de direitos. No caso, o juiz sentenciante, tendo em conta a qualidade de servidor público do paciente, alterara, em *emendatio libelli* (CPP, art. 383), a imputação de estelionato (CP, art. 171, *caput*) descrita na denúncia e condenara o paciente pelo crime de peculato (CP, art. 312, *caput*), declarando a perda do cargo público. Contra essa sentença, o paciente apresentara apelação, improvida pelo TRF da 1ª Região, que ordenara a sua prisão. Em conseqüência, a defesa impetrara *habeas corpus*, alegando a nulidade absoluta do procedimento criminal, já que não observado o rito especial do art. 514 do CPP, bem como aduzira a ocorrência de *bis in idem*, porquanto reconhecida, na condenação, agravante própria do tipo. Denegada a ordem, idêntica medida fora impetrada no STJ que a deferira, parcialmente, para afastar a incidência da agravante e, por conseguinte, reduzir a pena aplicada. Também negara, de ofício, a substituição da pena privativa de liberdade por restritiva de direitos, ao fundamento de não restar preenchido o requisito subjetivo do art. 44, III, do CP. Disso resultava o inconformismo do paciente, que reiterava: a) nulidade absoluta do processo, pois, em razão do equívoco na capitulação jurídica do fato descrito na denúncia, não corrigido no recebimento desta, deixara-se de observar o procedimento previsto nos artigos 514 e seguintes do CPP; b) excessiva majoração da pena-base; c) ausência de reconhecimento da atenuante da confissão espontânea; e d) indevida aplicação da pena de perda do cargo público. A impetração acrescentara que o STJ, ao corrigir a sentença, impusera novo constrangimento ao paciente, haja vista que lhe negara a substituição da reclusão por pena restritiva de direitos, em ma-nifesta supressão de instância. HC 91760/PI, rel. Min. Cármen Lúcia, 30.10.2007. (HC-91760)

SUBSTITUIÇÃO DA PENA E SUPRESSÃO DE INSTÂNCIA - 2

Inicialmente, enfatizou-se que a tese principal do *writ* referir-se-ia à nulidade do processo, sob o argumento de que não teria sido observado o procedimento previsto nos artigos 514 e seguintes do CPP. Esclareceu-se, no ponto, que a jurisprudência da Corte é no sentido de que a falta da notificação prévia de que trata aquele artigo constitui vício que gera nulidade relativa, o qual, portanto, deve ser argüido oportunamente, sob pena de preclusão, e que, na espécie, a aludida nulidade somente fora suscitada, em *habeas corpus*, depois do trânsito em julgado da condenação. Embora salientando que a inobservância do rito especial ocorrera em virtude da equivocada classificação jurídica do fato na denúncia, asseverou-se que o vício deveria ter sido afastado pelo juiz da causa no ato de recebimento da inicial e, não o sendo feito, restaria ao paciente protestar na defesa prévia. Tendo em conta a indicação de fatos concretos para a majoração da pena-base, rejeitou-se, ainda, a alegação de que esse aumento seria excessivo. Relativamente à ausência de reconhecimento da atenuante da confissão espontânea, reputou-se que o acórdão recorrido não merecia reparos, uma vez que o paciente, tanto na fase inquisitorial quanto em juízo, não confessara a prática ilícita. No que concerne à aplicação da pena de perda do cargo público, aduziu-se que a via eleita não seria adequada para se discutir a sua validade, dado que não representaria ameaça à liberdade de locomoção. De outro lado, considerando que a discussão sobre a possibilidade de substituição de pena privativa de liberdade por restritiva de direito surgira apenas com o afastamento da agravante, entendeu-se que o STJ não poderia ter analisado a questão, sequer requerida pela impetração. Ademais, concluiu-se que, mesmo havendo pedido com esse propósito, sua apreciação, na hipótese, seria impertinente. O Tribunal *a quo* deveria, isto sim, ter encaminhado os autos ao TRF da 1ª Região, instância de mérito, para que este examinasse o preenchimento ou não dos requisitos para tal benefício. Assim, reputou-se configurado prejuízo para o paciente com o indeferimento de *habeas corpus* ofício. Por fim, deferiu-se a ordem para se assegurar ao paciente — como o fizera a sentença condenatória sem que, no ponto, tivesse recorrido o Ministério Público —, o direito de ficar em liberdade até o trânsito em julgado final da causa, se por outro motivo não estiver ou vier a ser preso. Vencido, em parte, o Min. Marco Aurélio que determinava a remessa do processo criminal à primeira instância. Precedentes citados: HC 89686/SP (DJU de 17.8.2007); HC 71237/RS (DJU de 1º.7.94); HC 84653/SP (DJU de14.10.2005); HC 85779/RJ (DJU de 29.6.2007). HC 91760/PI, rel. Min. Cármen Lúcia, 30.10.2007. (HC-91760) (Inform. STF 486)

JULGAMENTO DE HC: CIENTIFICAÇÃO DA DEFESA E SUSTENTAÇÃO ORAL

A Turma, tendo em conta que se faz mister conceder a maior alcance possível ao princípio da ampla defesa, deferiu, em parte, *habeas corpus* impetrado contra decisão de Ministro do STJ que, ante a falta de amparo legal, indeferira requerimento para que a defesa fosse notificada, com antecedência de 48 horas, do julgamento de idêntica medida, a fim de que pudesse realizar sustentação oral. Considerou-se a recente mudança de entendimento da Corte no sentido de que, manifestada, pela defesa, a intenção de sustentar oralmente, tal possibilidade a ela deve ser assegurada. Além disso, asseverou-se que configura um direito do réu ser informado da data do julgamento como corolário do direito à ampla defesa e que o STF modificara seu regimento interno (RISTF, alterado pela Emenda Regimental 17/2006, art. 192, parágrafo único) para permitir que o impetrante, caso requeira, seja cientificado, por qualquer meio, da data do julgamento dos *writs*, o que não ocorrera com o regimento interno do STJ. HC parcialmente deferido para que as informações acerca do julgamento do *habeas corpus* impetrado no STJ sejam disponibilizadas, nos sistemas informatizados de acompanhamento processual, com a antecedência de, pelo menos, 48 horas, conforme requerido à autoridade impetrada. Precedentes citados: HC 76970/SP (DJU de 20.4.2001); RHC 90891/GO (DJU de 24.7.2007); RHC 89135/SP (DJU de 29.9.2006); HC 88504 MC/PR (DJU de 12.9.2007). HC 92290/SP, rel. Min. Ricardo Lewandowski, 30.10.2007. (HC-92290) (Inform. STF 486)

INTERROGATÓRIO DO ACUSADO E PRESENÇA DE DEFENSOR

A Turma deu provimento a recurso extraordinário para declarar a nulidade de processo, em que condenado o recorrente, a partir da realização do interrogatório sem a presença do respectivo defensor. No caso, a Defensoria Pública da União interpusera recurso extraordinário contra acórdão do Tribunal de Justiça do Estado do Rio Grande do Sul que assentara que o interrogatório não estaria sujeito ao princípio do contraditório, porquanto ato privativo do magistrado, sendo absolutamente dispensável o comparecimento do defensor. Considerou-se que se aquele que está simplesmente preso deve ser informado dos respectivos direitos, com assistência de advogado, com mais razão tal garantia há de ser conferida àquele que já possui contra si ação penal instaurada. Assim, tendo em conta o princípio de que ninguém pode ser processado sem assistência técnica, asseverou-se que o interrogatório é fase do próprio processo e que cumpre observar a imposição constitucional (CF, art. 5º, LV) e também a legal (CPP, art. 261). Ressaltou-se, ainda, que a edição da Lei 10.792/2003, que alterou a redação do art. 185 do CPP, apenas explicitara algo que já decorreria do próprio sistema legal, qual seja, a exigência da presença do advogado no interrogatório. Precedente citado: HC 83836/RS (DJU de 23.9.2005). RE 459518/RS, rel. Min. Marco Aurélio, 23.10.2007. (RE-459518) (Inform. STF 485)

DEFESA TÉCNICA EFETIVA E ADVOGADO SUSPENSO

Por considerar violada a cláusula do devido processo legal, a Turma deferiu *habeas corpus* impetrado em favor de condenado pela prática dos crimes de formação de quadrilha, seqüestro e roubo qualificado cujas alegações finais foram apresentadas por advogada comprovadamente suspensa por ato disciplinar da Ordem dos Advogados do Brasil - OAB. Enfatizando que o ato fora subscrito por quem não estava legalmente habilitado a tanto, entendeu-se, na espécie, que a peça oferecida, quanto ao seu conteúdo material, seria superficial, genérica e inconsistente, o que violaria o direito à defesa plena, efetiva e real que assiste a qualquer réu. Ademais, asseverou-se a desnecessidade de demonstração da ocorrência de prejuízo, porque *in re ipsa*, decorrente da própria ausência de patrono legalmente apto a exercer, de modo pleno, a defesa técnica. HC deferido para invalidar a condenação penal decretada contra o paciente, declarando a nulidade dos atos processuais, a partir das alegações finais, inclusive, e determinar, desde que ainda não consumada a prescrição penal, a renovação dos atos e termos processuais. HC 85717/SP, rel. Min. Celso de Mello, 9.10.2007. (HC-85717) (Inform. STF 483)

AMPLA DEFESA E PATROCÍNIO POR ESTAGIÁRIO - 1

A Turma iniciou julgamento de *habeas corpus* em que se pleiteia, ante a falta de defesa, a nulidade do processo, a partir do sumário, declarando-se, desde logo, extinta a punibilidade, uma vez que a denúncia fora recebida em abril de 1981. No caso, após a prolação da sentença de pronúncia, o paciente constituíra advogado que suscitara a nulidade absoluta do feito, em razão de o seu cliente haver sido assistido, durante a instrução, por estagiário desacompanhado de defensor, o qual não fizera nenhuma pergunta às testemunhas arroladas e assinara sozinho as alegações finais. O Min. Marco Aurélio, relator, por considerar que o paciente restara indefeso, deferiu o *writ* para declarar a nulidade do processo. Asseverou que o estagiário não supre a presença de profissional da advocacia e, assim, estar-se-ia diante de nulidade absoluta não suplantada pela passagem do tempo. Salientando a condenação do paciente a 18 anos de reclusão por homicídio qualificado e o fato de que, durante a sessão de julgamento, ocorrera apenas o seu interrogatório, sem inquirição de testemunhas, concluiu pela insubsistência do decreto condenatório. Em seguida, assentou a prescrição da pretensão punitiva, por entender que, declarada a nulidade do processo e, por conseqüência, da pronúncia, teria transcorrido lapso temporal superior a 20 anos (CP, art. 109, I). Após o voto do Min. Sepúlveda Pertence, acompanhando o relator, pediu vista dos autos o Min. Carlos Britto. HC 89222/RJ, rel. Min. Marco Aurélio, 24.4.2007. (HC-89222)

AMPLA DEFESA E PATROCÍNIO POR ESTAGIÁRIO - 2

Em conclusão de julgamento, a Turma deferiu *habeas corpus* impetrado em favor de paciente que, após a prolação da sentença de pronúncia, constituíra advogado que suscitara a nulidade absoluta do feito, em razão de o seu cliente haver sido assistido, durante a instrução, por estagiário desacompanhado de defensor, o qual não fizera nenhuma pergunta às testemunhas arroladas e assinara sozinho as alegações finais — v. Informativo 464. Considerou-se o paciente indefeso, uma vez que o estagiário não poderia suprir a presença de profissional da advocacia. Assim, estar-se-ia diante de nulidade absoluta não suplantada pela passagem do tempo. Salientando-se a condenação do paciente a 18 anos de reclusão por homicídio qualificado e o fato de que, durante a sessão de julgamento, ocorrera apenas o seu interrogatório, sem inquirição de testemunhas, concluiu-se pela insubsistência do decreto condenatório. Em seguida, tendo em conta que a denúncia fora recebida em abril de 1981, assentou-se a prescrição da pretensão punitiva, por se entender que, declarada a nulidade do processo e, por conseqüência, da pronúncia, teria transcorrido lapso temporal superior a 20 anos (CP, art. 109, I). HC concedido para declarar a nulidade do processo. HC 89222/RJ, rel. Min. Marco Aurélio, 4.9.2007. (HC-89222) (Inform. STF 478)

DIREITO DE PRESENÇA DO RÉU PRESO

A Turma deferiu, de ofício, *habeas corpus* para assegurar a paciente, que se encontra preso, o direito de presença em todos os atos de instrução a serem realizados no âmbito do processo-crime contra ele instaurado, sob pena de nulidade absoluta daqueles aos quais se negar o comparecimento pessoal. Tratava-se de *habeas corpus* impetrado contra acórdão do STJ que indeferira liminarmente o pedido de idêntica medida, cujo julgamento de mérito fora declarado prejudicado por aquela Corte ante a denegação do *writ* originário, quando o mérito da presente impetração ainda encontrava-se pendente de apreciação pelo STF. Preliminarmente, afastou-se a incidência do Enunciado da Súmula 691 do STF, em face da relevância constitucional da discussão a envolver o reconhecimento ou não do direito de o réu preso comparecer, mediante requisição do Poder Judiciário, às audiências de instrução processual em que serão inquiridas testemunhas arroladas pelo Ministério Público. Tendo em conta a natureza dialógica do processo penal acusatório, considerou-se que o acusado, embora preso, tem o direito de comparecer, de assistir e de presenciar, sob pena de nulidade absoluta, os atos processuais, notadamente aqueles que se produzem na fase de instrução processual e que as alegações do Poder Público concernentes à dificuldade ou inconveniência da remoção de acusados presos a locais diversos daqueles em que custodiados não têm precedência sobre as determinações constitucionais. No ponto, asseverou-se que o direito de audiência, de um lado, e o direito de presença do acusado, do outro, esteja ele preso ou não, traduzem prerrogativas jurídicas que derivam da garantia constitucional do devido processo legal, consubstanciando o estatuto constitucional do direito de autodefesa, que encontra suporte legitimador também em convenções internacionais. Por fim, invalidou-se, por absolutamente nula, qualquer audiência de instrução que tenha sido realizada sem a presença pessoal do paciente, o qual deverá ser requisitado para tal fim. HC 86634/RJ, rel. Min. Celso de Mello, 18.12.2006. (HC-86634) (Inform. STF 453)

14.1. SUPERIOR TRIBUNAL DE JUSTIÇA

DIREITO PROCESSUAL PENAL. NULIDADE. AUSÊNCIA DE INTIMAÇÃO PESSOAL DO ACÓRDÃO.

Não há nulidade na falta de intimação pessoal do acórdão, ainda que a condenação apenas tenha ocorrido em segundo grau. A intimação pessoal da sentença, prevista no art. 392 do CPP, só é aplicável ao primeiro grau de jurisdição, não se estendendo às decisões de tribunais. Precedentes citados do STF: HC 81.691-SP, DJ 23/11/2007; HC 84.442-SP, DJ 25/2/2005; HC 98.715-SC, DJe 11/09/2009; do STJ: HC 180.314-GO, DJe 16/05/2011; HC 111.698-MG, DJe 23/03/2009; HC 59.636-RR, DJ de 22/06/2009; HC 120.092-RJ, DJe 23/8/2010, e RHC 22.218-RN, DJe 13/10/2008. **HC 111.393-RS, Rel. Min. Alderita Ramos de Oliveira (Desembargadora convocada do TJ-PE), julgado em 2/10/2012.(Inform. STJ 505)**

DIREITO PROCESSUAL PENAL. NULIDADE. AUSÊNCIA DE RECURSO.

A ausência de interposição de recurso pelo defensor, por si só, não é suficiente para comprovar eventual prejuízo sofrido pelo réu com consequente nulidade processual. Segundo o art. 574 do CPP, os recursos são voluntários, ressalvadas as hipóteses ali elencadas. Precedentes citados do STF: HC 81.691-SP, DJ 23/11/2007; HC 84.442-SP, DJ 25/2/2005; HC 98.715-SC, DJe 11/09/2009; do STJ: HC 180.314-GO, DJe 16/05/2011; HC 111.698-MG, DJe 23/03/2009; HC 59.636-RR, DJ de 22/06/2009; HC 120.092-RJ, DJe 23/8/2010, e RHC 22.218-RN, DJe 13/10/2008. **HC 111.393-RS, Rel. Min. Alderita Ramos de Oliveira (Desembargadora convocada do TJ-PE), julgado em 2/10/2012. (Inform. STJ 505)**

DEFENSOR DATIVO. AUSÊNCIA DE INTIMAÇÃO PESSOAL. NULIDADE. PRECLUSÃO. TRANSCURSO DE LONGO PRAZO.

A Turma denegou a ordem na qual se buscava a nulidade absoluta do processo em decorrência da falta de intimação pessoal do defensor dativo da data designada para a sessão de julgamento do recurso de apelação, nos termos do disposto no art. 5º, § 5º, da Lei n. 1.060/1950 e art. 370, § 4º, do CPP. A Min. Relatora sustentou que, diante das peculiaridades do caso concreto, a alegada nulidade estaria superada pela inércia da defesa. Embora não intimado pessoalmente da sessão de julgamento da apelação, o defensor dativo teve ciência da íntegra do acórdão e, somente após seis anos, impetrou o presente *writ*. Segundo consta, a matéria sequer foi ventilada nos recursos especiais e extraordinários interpostos em favor do paciente. Assim, diante do transcurso de longo período de tempo sem que nada fosse alegado pela defesa, não se afigura plausível, à luz do princípio da segurança jurídica, o reconhecimento do suposto vício. Precedentes do STF: HC 99.226-SP, DJ 8/10/2010; HC 96.777-BA, DJ 22/10/2010: Precedentes do STJ: HC 130.191-SP, DJe 11/10/2010, e HC 68.167-SP, DJe 16/3/2009. **HC 241.060-SC, Rel. Min. Maria Thereza de Assis Moura, julgado em 18/9/2012 (Inform. STJ 504)**

NULIDADE. JÚRI. AUSÊNCIA DE DEFESA.

In casu, o paciente foi condenado à pena de 14 anos de reclusão, como incurso no art. 121, § 2º, I e IV, do CP. Sustenta-se a nulidade do processo por ausência de defesa técnica efetiva, pois o patrono do paciente, na sessão plenária do júri, teria utilizado apenas quatro minutos para proferir sua sustentação oral. Invoca a aplicação da Súm. n. 523/STF, asseverando que, após a sustentação proferida, deveria ter a magistrada declarado o réu indefeso, dissolvendo o conselho de sentença e preservando, assim, o princípio do devido processo legal. O Min. Relator observou que a matéria objeto da impetração não foi suscitada e debatida previamente pelo tribunal *a quo*, razão pela qual o *habeas corpus* não deve ser conhecido, sob pena de supressão de instância. Contudo, entendeu a existência de ilegalidade flagrante, visto que emerge dos autos que a atuação do defensor do paciente, na sessão de julgamento do tribunal do júri, não caracterizou a insuficiência de defesa, mas a sua ausência. Como se verificou, o defensor dativo utilizou apenas quatro minutos para fazer toda a defesa do paciente. É certo que a lei processual penal não estipula um tempo mínimo que deve ser utilizado pela defesa quando do julgamento do júri. Contudo, não se consegue ver razoabilidade no prazo utilizado no caso concreto, por mais sintética que tenha sido a linha de raciocínio utilizado. O art. 5º, XXXVIII, da CF assegura a plenitude de defesa nos julgamentos realizados pelo tribunal do júri. Na mesma linha, o art. 497, V, do CPP estatui ser atribuição do juiz presidente do tribunal do júri nomear defensor ao acusado, quando considerá-lo indefeso, podendo, neste caso dissolver o conselho e designar novo dia para o julgamento, com a nomeação ou a constituição de novo defensor. Cabia, portanto, a intervenção do juiz presidente, a fim de garantir o cumprimento da norma constitucional que garante aos acusados a plenitude de defesa, impondo-se que esta tenha caráter material, não apenas formal. Diante dessa e de outras considerações, a Turma concedeu a ordem de ofício, para anular o processo desde o julgamento pelo tribunal do júri e determinar outro seja realizado e ainda o direito de responder ao processo em liberdade, até decisão final transitada em julgado, salvo a superveniência de fatos novos e concretos que justifiquem a decretação de nova custódia. **HC 234.758-SP, Rel. Min. Sebastião Reis Júnior, julgado em 19/6/2012.(Inform. STJ 500)**

NULIDADES. NECESSIDADE DE DEMONSTRAÇÃO DO PREJUÍZO. TRADUÇÃO DE INTERCEPTAÇÃO TELEFÔNICA. CONVÊNIO INTERNACIONAL.

A nulidade alegada sem demonstração do efetivo prejuízo à defesa não tem o condão de invalidar o ato processual impugnado. A simples alegação de que a oitiva dos corréus ocorreu sem seus respectivos advogados não é suficiente para demonstrar o prejuízo sofrido pela defesa do paciente. Da mesma forma, alegações abstratas de que as normas internas de presídio de segurança máxima impediram o acesso às provas dos autos não é o bastante para o reconhecimento de nulidade por cerceamento de defesa. Ademais, foi proposta ao paciente a realização de audiência conjunta para a oitiva dos CDs de áudio, mas a proposta foi rejeitada pela defesa. Dessa forma, não pode a parte alegar nulidade para a qual concorreu (art. 565 do CPP). Noutro ponto, o Min. Relator consignou que a ausência do réu na inquirição de testemunhas gera nulidade relativa, mormente porque o advogado compareceu ao ato. Em seguida, assentou que o processamento da ação penal pelo rito ordinário só é possível quando não houver previsão de procedimento específico (art. 394, § 2º, CPP). No caso, apuraram-se crimes previstos na Lei n. 11.343/2006, cujos arts. 54 a 59 tratam do procedimento a ser adotado na ação penal. Quanto à tradução do conteúdo de interceptações telefônicas feita por agentes públicos (que não são tradutores compromissados), em cumprimento a acordo de cooperação internacional, tal circunstância não gera nulidade. No caso, policiais paraguaios que traduziram as conversas em língua guarani para o português fizeram o trabalho de acordo com convênio oficial celebrado entre o Brasil e o Paraguai, por intermédio da Secretaria Nacional de Política sobre Drogas – SENAD, do Ministério da Justiça. Precedentes citados: HC 123.432-SP, DJe 19/9/2011; HC 85.522-SP, DJe 22/10/2007; HC 209.706-SP, DJe 17/10/2011, e AgRg no RMS 28.642-PR, DJe 15/8/2011. **HC 218.200-PR, Rel. Min. Sebastião Reis Júnior, julgado em 21/6/2012.(Inform. STJ 500)**

DEFENSOR. INTIMAÇÃO PESSOAL. AUSÊNCIA.

Na espécie, a paciente foi condenada à pena de nove anos e quatro meses de reclusão em regime inicial fechado, além do pagamento de 120 dias-multa no valor mínimo legal, pela prática do delito descrito no art. 12, *caput*, c/c art. 18, IV, e art. 14 da Lei n. 6.368/1976. Em grau de apelação, essa condenação foi reduzida a oito anos e quitação de 120 dias-multa mínimos. Pretende-se, agora, no *habeas corpus*, entre outros temas, a nulidade do julgamento da apelação por falta de intimação pessoal do defensor da paciente, visto que isso ocasionou a falta de interposição de recurso contra o acórdão proferido. Neste Superior Tribunal, é pacífico o entendimento de que a ausência de intimação pessoal do defensor público ou dativo acerca da data aprazada para o julgamento do apelo é causa de nulidade absoluta, por cerceamento de defesa, a teor do disposto no art. 370 do CPP e na Lei n. 1.060/1950. Entretanto, a intimação pessoal a que se refere o art. 370 do CPP somente é exigível quando se tratar de defensor público ou dativo. *In casu*, cuidou-se de defensor constituído, pois a paciente nomeou advogados para promover a sua defesa. Além disso, segundo informações prestadas pelo tribunal *a quo*, os patronos foram devidamente intimados da inclusão do apelo em pauta de julgamento (em que constou, de forma correta, o número do processo, o nome da apelante e de seus advogados), por meio de publicação do respectivo decisório no órgão oficial de imprensa. Dessa forma, consignou-se que a falta de intimação pessoal do advogado nomeado pela própria paciente acerca da data do julgamento do recurso não consubstancia nulidade processual, não havendo, portanto, que falar em mitigação do exercício do direito de ampla defesa. Precedentes citados: HC 72.531-SP, DJ 285/2007; HC 213.818-SP, DJe 28/2/2012, e HC 98.562-SP, DJe 3/11/2009. **HC 187.757-SP, Rel. Min. Gilson Dipp, julgado em 22/5/2012.(Inform. STJ 498)**

PUBLICAÇÃO. ACÓRDÃO. ADVOGADA. FALECIMENTO.

A Turma decidiu que existe manifesto prejuízo para a defesa na hipótese de falecimento da única advogada do paciente após a interposição do recurso de apelação, haja vista a publicação do acórdão do Tribunal de Justiça ter sido realizado em nome daquela. Para o Min. Relator, o acórdão deverá ser republicado em nome do advogado regularmente constituído. **HC 226.673-SP, Rel. Min. Sebastião Reis Júnior, julgado em 4/9/2012. (Inform. STJ 503)**

INTIMAÇÃO. CARTA ROGATÓRIA. SESSÃO DE JULGAMENTO DO TRIBUNAL DO JÚRI.

A Turma decidiu que não há nulidade na falta de intimação pessoal do réu sobre a mudança do seu advogado constituído para um núcleo de prática jurídica de uma faculdade privada. A sistemática processual penal não prevê recurso contra a decisão do magistrado que nomeia patrono para o réu revel, o qual pode, a qualquer momento, constituir novo advogado. Quanto à segunda nulidade arguida pelo paciente, entendeu-se pela desnecessidade da intimação da advogada alienígena que atuou como sua defensora em interrogatório perante a polícia de outro país. Para a Turma, não há menção nos autos de que a defensora fora contratada para outros processos, além do de extradição. Portanto, descabe a pretensão de ter a advogada como sua patrona no processo criminal brasileiro. Destarte, o Estatuto da Ordem dos Advogados Brasileiros – EOAB (Lei n. 8.906/1994) exige, para o exercício profissional, aprovação em exame da ordem e a subsequente inscrição na OAB. Por fim, descabe o pleito de intimação pessoal do réu, para sessão de julgamento do Tribunal do Júri, mediante carta rogatória, por falta de determinação legal quanto a esse procedimento. Ademais, o réu possui advogado constituído em território pátrio, por meio deste é realizada a comunicação dos atos ordinários do processo, somente se justificando a expedição de cartas rogatórias para a intimação de situações excepcionais as quais a lei revista de formalidades comparáveis à citação. **HC 223.072-DF, Rel. Min. Gilson Dipp, julgado em 16/2/2012. (Inform. STJ 491)**

ADVOGADO. INTIMAÇÃO EXCLUSIVA. CERCEAMENTO. DEFESA.

Na hipótese dos autos, busca-se a anulação do processo sob o fundamento de que teria havido irregularidade na intimação da defesa. *In casu*, havia pedido expresso para que, nas publicações referentes ao feito, constasse exclusivamente o nome de um patrono, embora o corpo de advogados fosse mais extenso. Ocorre que as intimações (tanto para o julgamento da apelação quanto para a ciência do acórdão desse recurso) foram realizadas em nome de uma terceira advogada, que recebeu o substabelecimento para , apenas, extração de cópia da sentença. A Turma concedeu a ordem de *habeas corpus* ao reiterar que, havendo substabelecimento com reserva de poderes, é válida a intimação de qualquer dos causídicos – substabelecente ou substabelecido –, desde que não haja pedido expresso de intimação exclusiva. Consignou-se que o fato de ter sido apresentado substabelecimento com reserva de poderes não torna sem efeito o pedido de intimação exclusiva antes formulado pela defesa, já que o advogado ao qual deveriam ser dirigidas as intimações continuou a atuar nos autos. Desse modo, não se mostra razoável exigir que, a cada substabelecimento apresentado, seja renovado o pedido de intimação exclusiva, sob pena de tornar sem efeito aquele anteriormente formulado. Ademais, frisou-se que o erro na intimação da defesa torna o ato inexistente, constituindo nulidade absoluta, na qual o prejuízo é presumido. Com essas considerações, a Turma, prosseguindo o julgamento, concedeu a ordem para anular o acórdão proferido na apelação criminal, bem como o respectivo trânsito em julgado, devendo outro ser proferido com a correta intimação da defesa e observância da vedação a *reformatio in pejus* indireta, devendo ainda ser suspensos os atos de execução da pena. Precedentes citados: AgRg na APn 510-BA, DJe 2/8/2011; AgRg no Ag 578.962-RJ, DJ 24/3/2006; HC 44.181-PR, DJe 3/10/2005; HC 25.693-SP, DJ 16/5/2005, e REsp 166.863-AL, DJ 29/6/1998. **HC 129.748-SP, Rel. Min. Sebastião Reis Júnior, julgado em 14/2/2012. (Inform. STJ 491)**

NULIDADE DA SESSÃO DE JULGAMENTO: HIPÓTESES DE IMPEDIMENTO DO ART. 252 DO CPP E ROL TAXATIVO.

A Turma denegou *habeas corpus* no qual se postulava a anulação do recebimento da denúncia realizado pelo Órgão Especial do Tribunal de Justiça do Estado de São Paulo em ação penal originária na qual se imputa à magistrada, ora paciente, a suposta prática dos delitos previstos nos arts. 10 da Lei n. 9.296/1996, 299, parágrafo único, e 339, *caput*, (três vezes), na forma do art. 71, c/c art. 69 do CP. Sustentava a defesa a nulidade absoluta da sessão de julgamento sob o argumento de que oito desembargadores estariam impedidos de dela participar, pois já teriam atuado em processo administrativo instaurado pelos mesmos fatos, na Corregedoria-Geral da Justiça do Estado de São Paulo, em que foi aplicada à paciente a pena de remoção compulsória. Asseverou o Min. Relator que as hipóteses de impedimento de magistrados previstas no art. 252 do CPP constituem um rol taxativo, não admitindo interpretação ampliativa. Nesse diapasão, nos termos do inciso III do referido artigo, estaria vedada apenas a atuação do juiz sobre os mesmos fatos, em diferentes graus de jurisdição, e não sua atuação em esferas de naturezas distintas, a saber: a administrativa e a penal. Acrescentou, ademais, que as esferas administrativa e criminal possuem objetivos distintos e que, em cada uma delas, a matéria seria posta em análise sob diferentes enfoques. Logo, inexistiria qualquer constrangimento ilegal apto a fundamentar a concessão da ordem. **HC 131.792-SP, Rel. Min. Jorge Mussi, julgado em 22/11/2011.** (Inform. STJ 488)

NULIDADE. AÇÃO PENAL. ACUSAÇÃO ANÔNIMA. INTERCEPTAÇÃO TELEFÔNICA.

A Turma, por unanimidade, denegou a ordem na qual se postulava a nulidade da ação penal supostamente instaurada com base em acusação anônima e interceptações telefônicas ilegalmente autorizadas. Reafirmou-se o posicionamento do Superior Tribunal de Justiça de que as informações obtidas de forma anônima são aptas a ensejar ação penal apenas quando corroboradas por outros elementos de prova colhidos em diligências preliminares realizadas durante a investigação criminal. No caso, o representante do Ministério Público, após o recebimento de *e-mails* anônimos relativos a suposto conluio entre fiscais de renda e funcionários de determinada sociedade empresária com o fim de fraudar o Fisco, teve a cautela necessária de efetuar diligências imprescindíveis para a averiguação da veracidade dos fatos noticiados, oficiando, inclusive, os órgãos competentes. Asseverou-se, portanto, não haver qualquer impedimento ao prosseguimento da persecução penal, tampouco a ocorrência de qualquer ilicitude a contaminá-la, já que o membro do *Parquet* agiu em estrito cumprimento às funções que lhe são atribuídas pela Carta Federal e pela legislação infraconstitucional pertinente (art. 129, VI, VIII e IX, da CF e incisos I, II, IV e VII e § 2º do art. 8º da LC n. 75/1993). Por fim, conclui-se inexistir qualquer ofensa ao princípio da proporcionalidade, uma vez que as interceptações telefônicas foram pleiteadas e autorizadas judicialmente depois do devido aprofundamento das investigações iniciais, quando constatados indícios suficientes da prática dos ilícitos penais por parte dos envolvidos, tendo o magistrado responsável pelo feito vislumbrado a indispensabilidade da medida. **HC 104.005-RJ, Rel. Min. Jorge Mussi, julgado em 8/11/2011** (Inform. STJ 487)

APELAÇÃO. REFORMATIO IN PEJUS. INEXISTÊNCIA.

In casu, o ora paciente foi condenado em primeiro grau pela prática dos delitos tipificados nos arts. 213, 214 e 148 do CP e, em razão de concurso material, a reprimenda foi totalizada em 17 anos de reclusão em regime inicial fechado. O tribunal *a quo* proveu parcialmente a apelação interposta pela defesa para reconhecer que, com a entrada em vigor da Lei n. 12.015/2009, as figuras do estupro e do atentado violento ao pudor passaram a constituir crime único, previsto no art. 213 do CP. Em decorrência disso, fixou a reprimenda quanto a esse crime em 10 anos de reclusão. No *habeas corpus*, sustenta-se a ocorrência de *reformatio in pejus;* pois, em recurso exclusivamente da defesa, ter-se-ia majorado a fração de exasperação da pena, pela continuidade delitiva, de 1/3 para 2/3. Alega-se, ainda, ser indevida a aplicação das disposições da Lei n. 11.464/2007, pois a prática delitiva seria anterior a ela. Sendo assim, para progressão de regime, seria exigível o cumprimento de 1/6 da reprimenda. A Turma entendeu que, diante da situação, na qual a reprimenda fixada no acórdão pautou-se em base normativa diversa da que embasara a aplicação da pena na sentença, a existência de *reformatio in pejus* deve ser aferida tão somente pelo *quantum* final da reprimenda, sendo descabida a quantificação da pena em cada etapa da dosimetria. Assim, se, em relação a esses delitos, a pena imposta na sentença era de 17 anos de reclusão e, no acórdão, foi reduzida para 10 anos de reclusão, não houve agravamento da condição do paciente. Frisou-se que, diante da unificação dos tipos penais, constata-se não ter havido majoração da fração de aumento pela continuidade, mas apenas adequação do percentual à quantidade de vezes em que praticada a conduta, segundo a nova estrutura típica. Ademais, a Lei n. 11.464/2007 começou a vigorar em 29/3/2007, quando ainda estava em curso a prática continuada dos delitos, razão pela qual, mesmo tendo caráter mais gravoso, é aplicável a todos os integrantes da série delitiva. Consignou-se, por fim, ser pertinente ao caso a Súm. n. 711-STF. Diante disso, denegou-se a ordem. Precedentes citados: HC 87.195-SP, DJ 17/12/2007; HC 171.243-SP, DJe 25/8/2011; REsp 885.939-RS, DJe 8/3/2010; HC 127.609-PE, DJe 13/10/2011, e REsp 909.327-PR, DJe 3/11/2010. **HC 165.186-SP, Rel. Min. Sebastião Reis Júnior, julgado em 3/11/2011.** (Inform. STJ 486)

APELAÇÃO. JULGAMENTO. MODIFICAÇÃO. SESSÃO SUBSEQUENTE. QO.

In casu, o tribunal *a quo,* após realizar o julgamento da apelação e proclamar o seu resultado, na sessão subsequente e, em questão de ordem, ao alvedrio das partes, rejulgou o feito, sendo o resultado completamente diverso do anterior. A Turma entendeu que a atuação do tribunal de origem afastou-se do devido processo legal, ofendendo os princípios da legalidade, da segurança jurídica e do contraditório, porque, após a proclamação do resultado do julgamento e encerrada a prestação jurisdicional no tocante à apelação, reformou o acórdão modificando o resultado proclamado em sessão anterior. E o fez sem permitir às partes acesso à sessão em que tal questão foi apreciada, já que não houve nova intimação. Diante disso, deu-se provimento ao recurso para cassar o acórdão proferido na questão de ordem, restabelecendo o proclamado na apelação, devendo os autos retornar àquele tribunal para que o processo volte ao seu curso normal. **REsp 1.147.274-RS, Rel. Min. Sebastião Reis Júnior, julgado em 3/11/2011.** (Inform. STJ 486)

HC. EXAME. SANIDADE MENTAL.

Cuida-se de *habeas corpus* no qual os impetrantes se insurgem contra a decisão que indeferiu a realização de exame de sanidade mental do paciente. A Turma reiterou que o exame a que se refere o art. 149 do CPP é imprescindível apenas quando houver dúvida fundada a respeito da higidez mental do acusado tanto em razão da superveniência de enfermidade no curso do processo quanto pela presença de indícios plausíveis de que, ao tempo dos fatos, era incapaz de entender o caráter ilícito da conduta ou determinar-se de acordo com esse entendimento. *In casu*, o juiz que presidiu o feito não detectou qualquer anormalidade no interrogatório do acusado ou mesmo durante a instrução processual que justificasse a instauração do incidente de sanidade mental, sendo que, somente após a confirmação da pronúncia, a defesa alegou que o paciente era portador de suposta enfermidade. Dessa forma, manteve-se o entendimento do acórdão recorrido que, de maneira fundamentada, confirmou a decisão de primeiro grau e entendeu inexistir qualquer suspeita a respeito da perturbação mental do paciente. Assim, a Turma denegou a ordem. Precedentes citados: AgRg no RHC 18.763-DF, DJe 6/10/2008; HC 31.680-RJ, DJ 3/9/2007; HC 33.128-MG, DJ 24/5/2004, e HC 24.656-PB, DJ 2/8/2004. **HC 60.977-ES, Rel. Min. Og Fernandes, julgado em 25/10/2011.** (Inform. STJ 486)

AUDIÊNCIA DE INQUIRIÇÃO DE TESTEMUNHAS E MÉTODO LEGAL (*CROSS-EXAMINATION*).

A Turma, considerando as peculiariedades do caso, concedeu a ordem para determinar a anulação da ação penal desde a audiência de inquirição das testemunhas, realizada sem observância da norma contida no art. 212 do CPP, com a redação dada pela Lei n. 11.690/2008. Observou o Min. Relator que as alterações promovidas pela referida legislação trouxeram o método de exame direto e cruzado de colheita de prova oral, conhecido como *cross-examination*, consistente na formulação de perguntas diretas às testemunhas pelas partes, cabendo, tão somente, a complementação da inquirição sobre pontos não esclarecidos, ao final, pelo juiz. Aduziu que, após aprofundado estudo dos institutos de Direito Processual Penal aplicáveis à espécie, o Superior Tribunal de Justiça sedimentou entendimento no sentido de que a inobservância do modelo legal de inquirição das testemunhas constituiria nulidade relativa, sendo necessário para o reconhecimento do vício arguição em momento oportuno e comprovação de efetivo prejuízo. Na hipótese, a defesa requereu devidamente, no momento da oitiva das testemunhas, a aplicação da norma prevista no art. 212 do CPP, o que não foi atendido pelo juiz. No tocante à demonstração do prejuízo, não se tem notícia de eventual sentença condenatória. Contudo, destacou o Min. Relator que, anteriormente, em outro *writ* impetrado nesta Corte, com origem na mesma ação penal, já havia sido deferida a ordem para anular a colheita de prova oral, quando aplicado posicionamento já superado no sentido do reconhecimento da nulidade absoluta. Dessa forma, considerando a particularidade do caso em apreço, sustentou a necessidade de concessão da ordem para evitar soluções díspares dentro do mesmo processo, tendo como escopo último o postulado da segurança jurídica. **HC 210.703-SP, Rel. Min. Jorge Mussi, julgado em 20/10/2011.** (Inform. STJ 485)

INTIMAÇÃO. ADVOGADO. DEFENSOR DATIVO. OITIVA. TESTEMUNHA.

Trata-se de *habeas corpus* em favor de ex-prefeito condenado, por infração à norma do art. 89 da Lei n. 8.666/1993, à pena de quatro anos e seis meses de detenção em regime inicial semiaberto. Entre outras alegações, sustenta-se nulidade da instrução criminal por ausência de intimação da defesa de expedição da carta precatória para oitiva de testemunha. A Turma, por maioria, concedeu a ordem ao entendimento de que, no caso, era obrigatória a intimação do advogado constituído pelo paciente da expedição da precatória para a oitiva da testemunha de acusação, o que não ocorreu, sendo, desse modo, violado o art. 222 do CPP. Observou-se que, mesmo diante do fato de o depoimento da testemunha ter sido irrelevante para a condenação, a verdade é que até o ato solene da audiência não se poderia ter certeza do que ela iria dizer. Assim, consignou-se que a hipótese é de nulidade absoluta, visto que, diante do não comparecimento do advogado, sequer foi designado defensor dativo. **HC 172.901-RS, Rel. originário Min. Napoleão Nunes Maia Filho, Rel. para acórdão Min. Jorge Mussi, julgado em 28/6/2011.** (Inform. STJ 479)

ART. 212 DO CPP. NULIDADE RELATIVA. ORDEM.

A inobservância à ordem estabelecida com a nova redação que foi dada pela Lei n. 11.690/2008 ao art. 212 do CPP não conduz à nulidade do julgamento, salvo se a parte, no momento oportuno, demonstrar a ocorrência do efetivo prejuízo, sob pena de, não o fazendo, precluir sua pretensão. No caso, extrai-se do ato de audiência de instrução, interrogatório, debate e julgamento, não obstante tenha o juiz formulado perguntas às testemunhas e, somente após, tenha passado a palavra para o representante do órgão ministerial e para a defesa, não haver qualquer impugnação do patrono do paciente acerca da inobservância da alteração legal promovida pela Lei n. 11.690/2008, seja no momento de realização do ato, nas alegações finais ou sequer no recurso de apelação interposto, circunstâncias que evidenciam encontrar-se a matéria sanada pelo instituto da preclusão. Nos termos do art. 571, III, do CPP, as nulidades ocorridas em audiência deverão ser arguidas assim que ocorrerem. Dessa forma, não havendo arguição tempestiva da matéria pela defesa, tampouco demonstração de eventual prejuízo concreto suportado pelo paciente, não há falar em invalidação do ato. Ante o exposto, a Turma denegou a ordem. **HC 195.983-RS, Rel. Min. Jorge Mussi, julgado em 14/6/2011.** (Inform. STJ 477)

CITAÇÃO. INTERROGATÓRIO. MESMO DIA.

O paciente foi citado no mesmo dia em que foi realizado seu interrogatório. Entretanto, esse exíguo período entre a citação e a realização do interrogatório do acusado não dá ensejo à nulidade do processo se não demonstrado efetivo prejuízo à defesa (*pas de nullité sans grief*), tal como reconhecido pelo TJ na hipótese. Precedentes citados: HC 158.255-SP, DJe 28/6/2010; HC 126.931-MG, DJe 29/6/2009; HC 63.368-MG, DJ 4/12/2006, e AgRg no REsp 1.075.875-RS, DJe 22/6/2009. **HC 197.391-RJ, Rel. Min. Jorge Mussi, julgado em 16/6/2011.** (Inform. STJ 477)

INTERROGATÓRIO. INVERSÃO. ORDEM. PERGUNTAS.

O TJ afastou a arguição de nulidade formulada pelos réus, apesar de reconhecer que houve a inversão na ordem de formulação de perguntas às testemunhas, oitiva que, por isso, realizou-se em desacordo com a nova redação do art. 212 do CPP (trazida pela Lei n. 11.690/2008) àquele tempo já vigente, não obstante o juiz ter sido alertado disso pelo próprio MP. Daí haver inegável constrangimento ilegal por ofensa do devido processo legal, quanto mais se o TJ afastou essa preliminar defensiva arguida na apelação. A salutar abolição do sistema presidencial pela adoção do método acusatório (as partes iniciam a inquirição e o juiz a encerra) veio tornar mais eficaz a produção da prova oral, visto que permite o efetivo exame direto e cruzado do contexto das declarações tomadas, o que melhor delineia as atividades de acusar, defender e julgar. Assim, a não adoção da nova forma de perquirir causou evidente prejuízo a ponto de anular a audiência de instrução e julgamento e os atos que lhe sucederam para que outra seja realizada, agora acorde com o art. 212 do CPP. Precedentes citados: HC 155.020-RS, DJe 1º/2/2010; HC 153.140-MG, DJe 13/9/2010, e HC 137.089-DF, DJe 2/8/2010. **HC 180.705-MG, Rel. Min. Laurita Vaz, julgado em 16/6/2011.** (Inform. STJ 477)

ALEGAÇÕES FINAIS. DESENTRANHAMENTO. NULIDADE ABSOLUTA.

O juiz determinou o desentranhamento das alegações finais apresentadas intempestivamente pela defesa, sentenciou o paciente como incurso nas sanções do art. 316 do CP e o condenou à pena de dois anos de reclusão a ser cumprida em regime aberto, bem como ao pagamento de dez dias-multa. O tribunal reformou a sentença e o condenou com base no art. 158, § 1º, do CP. Daí houve recurso para este Superior Tribunal, que entendeu ser a falta de alegações finais causa de nulidade absoluta, uma vez que, em observância ao devido processo legal, é necessário o pronunciamento da defesa técnica sobre a prova produzida. Se o defensor de confiança do réu não apresentar a referida peça processual, incumbe ao juiz nomear um substituto, mesmo que provisoriamente ou só para o ato, tendo inteira aplicação o art. 265 do CPP. A extemporaneidade da apresentação das imprescindíveis alegações finais defensivas constitui mera irregularidade que não obsta, evidentemente, a cognição a bem do devido processo legal. Precedentes citados: RHC 9.596-PB, DJ 21/8/2000, e HC 9336-SP, DJ 16/8/1999. **HC 126.301-SP, Rel. Min. Maria Thereza de Assis Moura, julgado em 31/5/2011.** (Inform. STJ 475)

NULIDADE. ANTECIPAÇÃO. PROVA. PRECLUSÃO.

A paciente e outras três pessoas foram denunciadas pela prática de roubo circunstanciado e extorsão mediante sequestro seguida de morte. Na ocasião do recebimento da denúncia, foi decretada a prisão preventiva de todos os acusados. Após a frustração de todas as tentativas de sua citação pessoal e editalícia, o juízo determinou a produção antecipada da prova testemunhal com fundamento na gravidade do fato, na possibilidade de esquecimento do ocorrido pelas testemunhas, além de invocar, para tanto, o princípio da economia processual. Depois de ouvidas as testemunhas de acusação, o mandado de prisão da paciente acabou por ser cumprido, o que determinou a retomada do andamento processual mediante seu interrogatório, que contou com a presença de seu advogado constituído. Esse causídico arrolou testemunhas e requereu perícia e diligência, todas acolhidas pelo juízo, além de reiterar, por três vezes, a ultimação dessas providências. Já quando finda a instrução, a defesa, intimada para manifestar-se sobre a fase prevista no revogado art. 499 do CPP, afirmou não haver mais provas a produzir além das indicadas na fase das alegações finais. Por sua vez, a sentença condenou-a a 28 anos de reclusão, o que foi diminuído para nove anos e quatro meses com o julgamento da apelação. Agora, no *habeas corpus*, pretende, com lastro em precedentes do STJ, que seja decretada a nulidade do processo a partir da decisão que determinou a produção antecipada da prova. É certo que ainda se mantém hígida a Súm. n. 455-STJ, mas o caso dos autos é peculiar a ponto de exigir a aplicação do princípio da preclusão e o brocardo *pas de nulitté sans grief*: a defesa nada disse sobre a nulidade nas diversas vezes em que pôde interferir na produção da prova, mas insistiu sim na feitura de perícia e diligência, o que denota não haver desrespeito ao princípio da ampla defesa, visto que até pôde postular a repetição da prova produzida antecipadamente. Desse modo, se não agiu assim, é porque não tinha interesse, não se podendo falar em prejuízo, o que revela a preclusão. Gize-se que a paciente não desconhecia a instauração da ação penal, tanto que constituiu advogado tão logo decretada sua prisão, daí ser pertinente destacar que a ninguém é dado se beneficiar da própria torpeza. Por último, saliente-se que eram comuns a todos os réus as testemunhas de acusação e, assim, a imediata realização da audiência de instrução é condizente com o princípio da economia processual, quanto mais se aberta a possibilidade de reinquirição das testemunhas na presença da paciente. Precedentes citados: HC 113.733-SP, DJe 6/12/2010; RHC 3.503-SP, DJ 18/4/1994; HC 140.361-SP, DJe 16/11/2010; HC 154.945-RJ, DJe 18/10/2010; HC 132.254-SP, DJe 21/6/2010, e HC 141.695-MS, DJe 7/12/2009. **HC 172.970-SP, Rel. Min. Og Fernandes, julgado em 2/6/2011.** (Inform. STJ 475)

NULIDADE. REMISSÃO. FUNDAMENTOS. SENTENÇA.

A Turma concedeu a ordem de *habeas corpus* para reconhecer a nulidade do acórdão do tribunal *a quo* por ausência de motivação e determinar que a apelação do paciente seja novamente julgada. Para o Min. Relator, na espécie, a simples remissão do desembargador relator aos fundamentos da sentença atacada e ao parecer ministerial – sem sequer transcrever os trechos indicativos da motivação acolhida – não permitiu aferir as razões que teriam sido incorporadas à sua decisão. Ressaltou que, não obstante seja admissível, na fundamentação do *decisum*, reportar-se a outras peças constantes do processo, exige-se que o julgado exponha, de forma clara, as razões que o motivaram e ensejaram o desprovimento do apelo, garantindo-se às partes e à sociedade a possibilidade de acessá-las e compreendê-las. Considerou, portanto, não atendidos, *in casu*, os requisitos que as cortes superiores impõem para admitir a motivação *ad relationem*. Precedente citado: HC 90.684-RS, DJe 13/4/2009. **HC 176.238-SP, Rel. Min. Jorge Mussi, julgado em 24/5/2011.** (Inform. STJ 474)

COLIDÊNCIA. DEFESA. PREJUÍZO.

In casu, o paciente foi denunciado, juntamente com outro, pela suposta prática dos delitos de formação de quadrilha e estelionato. A sentença condenou-o à pena de um ano e três meses de reclusão, a ser cumprida inicialmente no regime semiaberto pelo delito previsto no art. 171 do CP. Sem a interposição de recurso, a condenação transitou em julgado. Sucede que, depois, impetrou-se *habeas corpus* em favor do paciente, alegando a existência de constrangimento ilegal porque o mesmo patrono teria defendido o paciente e o corréu, sustentando defesas antagônicas (colidência de defesa), mas a ordem foi denegada. Agora, o impetrante, por meio do *habeas corpus* substitutivo de recurso ordinário, repisa as mesmas alegações para que seja anulada a sentença. Explica o Min. Relator que a colidência de defesa apontada na impetração foi constatada pelo juízo singular, que a sanou com a nomeação de novo patrono, diverso daquele encarregado de atuar na defesa do corréu. Assim, assevera que, afastada a nulidade e não havendo prejuízo, incide na hipótese a Súm. n. 523-STF. Por outro lado, esclarece que, no caso, o paciente tinha conhecimento das imputações a ele dirigidas, visto que houve a citação pessoal, entretanto optou por permanecer revel, o que motivou a nomeação da Defensoria Pública. Ademais, aponta que, nas alegações finais, nada se arguiu a respeito da tese de colidência da defesa, o que levou à preclusão da matéria. Precedentes citados: HC 80.734-SP, DJ 17/12/2007; RHC 13.930-SC, DJ 26/5/2003, e HC 79.533-PE, DJe 13/10/2008. **HC 143.643-SP, Rel. Min. Og Fernandes, julgado em 19/5/2011.** (Inform. STJ 473)

RITO ESPECIAL. INOBSERVÂNCIA. PREJUÍZO.

A Turma, entre outras questões, entendeu que a eventual inversão de algum ato processual ou a adoção do procedimento ordinário em detrimento do rito especial apenas conduz à nulidade do processo se houver prejuízo à parte. *In casu*, o paciente foi condenado pela prática do crime de abuso de autoridade nos autos da ação penal processada e julgada pelo juízo comum, tendo em vista o fato de não haver juizado especial criminal instalado na respectiva comarca. Na impetração, sustentou-se, entre outras alegações, que o rito sumaríssimo previsto na Lei n. 9.099/1995 não foi integralmente obedecido, razão pela qual as decisões até então proferidas deveriam ser anuladas. Nesse contexto, consignou o Min. Relator que, na espécie, a não realização da audiência preliminar, nos termos dos arts. 71 e 72 dessa lei, não acarretou prejuízos, já que, em se tratando de crime de ação penal pública incondicionada, a eventual homologação da composição civil dos danos entre autor e vítima – finalidade da mencionada audiência – não obstaria o prosseguimento do processo criminal. Ressaltou, ainda, não ter ocorrido nulidade pelo não oferecimento de defesa preliminar antes de ter sido recebida a denúncia e pela realização do interrogatório antes da oitiva das testemunhas. Para o Min. Relator, a adoção do rito comum ordinário, no caso, trouxe benefícios ao paciente, porquanto permitiu a utilização de maior amplitude probatória. **HC 127.904-SC, Rel. Min. Jorge Mussi, julgado em 3/5/2011.** (Inform. STJ 471)

HC. INTIMAÇÃO. REQUERIMENTO.

A impetração busca reconhecer nulidade por conta de ausência de intimação do causídico para a sessão de julgamento de primevo *habeas corpus* pelo tribunal *a quo*, muito embora constasse da inicial expressa requisição para tal, a despeito de constar, no *site* que aquele tribunal mantém na *Internet*, o prévio andamento processual noticiando o dia de julgamento. Nesse contexto, a Turma, ao prosseguir o julgamento, entendeu haver a referida nulidade, quanto mais se considerada a reiterada jurisprudência do STF e do STJ sobre a questão, que dispõe ser direito da defesa a comunicação prévia da data de julgamento, com antecedência mínima de 48 horas, caso requerida expressamente. Precedente citado do STF: HC 92.290-SP, DJ 30/11/2007. **QO no HC 137.853-SP, Rel. Min. Napoleão Nunes Maia Filho, julgada em 26/4/2011.** (Inform. STJ 470)

APN. DESPESAS ANTECIPADAS. OFICIAL. JUSTIÇA.

No *habeas corpus*, o impetrante sustenta existir cerceamento de defesa quanto a um dos acusados, visto que, por falta de depósito da taxa referente às diligências para intimação de testemunhas, exigência fundada em lei estadual, não foi intimada a testemunha arrolada e foi indeferido pedido de sua substituição para que outra testemunha presente fosse ouvida em juízo. Quanto ao outro paciente (corréu), alegou prejuízo por ineficiência de defesa técnica do defensor dativo que, na defesa preliminar, não arrolou testemunhas. Os dois pacientes foram presos em fragrante, denunciados e condenados como incursos no art. 33 da Lei n. 11.343/2006 (tráfico de drogas). Para a Min. Relatora, quanto às alegações do último paciente, não há qualquer constrangimento ilegal na defesa prévia do art. 395 do CPP (redação anterior), visto que não houve prova do prejuízo; a defesa pode formular peça mais genérica, reservando-se a discutir o mérito nas fases posteriores da ação penal (APn) e não está obrigada a arrolar testemunhas. No entanto, observa ser a *quaestio juris* principal no *mandamus* saber se o magistrado, em razão do não recolhimento da taxa para as despesas do oficial de justiça, poderia ter deixado de ouvir a testemunha arrolada pela defesa. Lembra a Min. Relatora que este Superior Tribunal, ao interpretar o art. 804 do CPP, afirmou que, em se tratando de ação penal pública, somente se admite a exigência do pagamento das custas processuais após a condenação, incluindo as despesas com oficial de justiça. No mesmo sentido, há decisões do STF sobre custas processuais e preparo, bem como do Conselho Nacional de Justiça (CNJ) (PCA 200910000024970, DJe 21/12/2009) quanto à cobrança de despesas antecipadas. Explica que, mesmo na ação penal privada, na qual expressamente se exige o depósito antecipado do valor da diligência, há a faculdade de o juiz determinar de ofício inquirição de testemunhas ou outras diligências (arts. 806 e 807 do CPP), tudo em homenagem aos princípios da ampla defesa e da verdade real que regem o direito penal e o processo penal. Por outro lado, anota ter sido essa nulidade oportunamente arguida pela defesa em todas as fases do processo, desde as alegações finais, na sentença e no acórdão da apelação. Sendo assim, conclui haver constrangimento ilegal por cerceamento de defesa e ser de rigor a anulação do processo para que seja reaberta a instrução do processo quanto ao citado paciente, garantindo-se a oitiva da testemunha. A Turma considerou, com relação a um dos pacientes, que houve constrangimento ilegal por cerceamento de defesa, anulando a APn desde a instrução, para que seja ouvida a testemunha arrolada nas alegações preliminares, dando-se, após, o prosseguimento da ação, com relaxamento da prisão cautelar por excesso de prazo e, quanto ao segundo paciente, ficou preservada sua condenação. Precedentes citados do STF: HC 95.128-RJ, DJe 5/3/2010; HC 74.338-PB, DJ 23/6/2000; RE 102.968-MS, DJ 9/8/1985; do STJ: HC 144.269-SP, DJe 20/9/2010; HC 171.197-PE, DJe 11/10/2010; HC 95.089-SC, DJe 23/8/2010; HC 48.534-PB, DJe 28/6/2010, e HC 110.703-SP, DJe 2/2/2009. **HC 125.883-SP, Rel. Min. Maria Thereza de Assis Moura, julgado em 26/4/2011.** (Inform. STJ 470)

NULIDADE. AUSÊNCIA. INTIMAÇÃO PESSOAL. PRECLUSÃO.

No caso, o *writ* trata do exame de nulidade em razão de ausência de intimação pessoal de defensor público da data designada para a sessão de julgamento do recurso em sentido estrito no tribunal *a quo*. A defensora pública foi intimada apenas pela imprensa oficial da data da mencionada sessão e, cientificada pessoalmente da íntegra do acórdão, permaneceu silente. Após quase dois anos do trânsito em julgado e com o julgamento do júri marcado é que pretende ver reconhecida a nulidade. Assim, a Turma entendeu que, no caso, houve preclusão da arguição de nulidade. A defesa do paciente foi exercida de maneira regular, não havendo qualquer dúvida técnica ou ausência de defesa. O feito teve seu trânsito normal após o julgamento do recurso em sentido estrito e o suposto vício só foi arguido às vésperas do julgamento do júri, o que não se admite. Logo, a Turma denegou a ordem. Precedentes citados do STF: HC 99.226-SP, DJe 8/10/2010; HC 96.777-BA, DJe 22/10/2010; do STJ: HC 39.818-CE, DJ 6/2/2006; HC 59.154-MS, DJ 27/8/2007, e HC 68.167-SP, DJe 16/3/2009. **HC 188.637-SP, Rel. Min. Maria Thereza de Assis Moura, julgado em 1º/3/2011.** (Inform. STJ 465)

CITAÇÃO. INTERROGATÓRIO. MESMO DIA.

A Turma, na parte conhecida, denegou a ordem de *habeas corpus* por entender que não há nulidade quando a citação e o interrogatório do acusado ocorrem no mesmo dia, porquanto a lei não estabelece intervalo mínimo de tempo para a prática de tais atos e não foi demonstrado qualquer prejuízo à sua defesa. Precedentes citados: AgRg no REsp 1.094.850-RS, DJe 3/8/2009, e HC 119.512-MG, DJe 2/3/2009. **HC 144.067-RJ, Rel. Min. Celso Limongi (Desembargador convocado do TJ-SP), julgado em 15/2/2011.** (Inform. STJ 463)

NULIDADE. AUSÊNCIA. DEFENSOR. AUDIÊNCIA.

Foi realizada audiência para oitiva de testemunha de acusação, em 17/4/2000, sem a presença do advogado do paciente, não tendo o juiz de primeiro grau, na oportunidade, nomeado defensor e, na sentença, o juiz valeu-se desses depoimentos para amparar sua conclusão sobre a autoria e a materialidade. Assim, verifica-se o constrangimento ilegal sofrido pelo paciente que conduz à nulidade absoluta do processo a partir do vício reconhecido, por inequívoco cerceamento de defesa. Logo, a Turma anulou o processo desde a audiência da oitiva de testemunhas de aval da denúncia realizada sem a presença de defensor e, após o paciente responder em liberdade, assegurou o prosseguimento da referida ação penal, facultando a ele ser novamente interrogado. **HC 102.226-SC, Rel. Min. Og Fernandes, julgado em 3/2/2011.** (Inform. STJ 461)

ANULAÇÃO. JÚRI. PRONÚNCIA. QUALIFICADORAS.

Em *habeas corpus*, o impetrante busca a anulação do acórdão impugnado restabelecendo a absolvição da paciente ou, subsidiariamente, o reconhecimento da nulidade da sentença de pronúncia por falta de fundamentação das qualificadoras. Explica o Min. Relator que a anulação do julgamento pelo Tribunal do Júri sob o fundamento previsto no art. 593, III, d, do CPP exige que o veredicto atente contra as evidências dos autos, revelando-se incoerente e arbitrário, sem nenhum respaldo no conjunto probatório; nesse sentido, tem decidido o Supremo e este Superior Tribunal. Portanto, assevera que infirmar os fundamentos consignados no acórdão impugnado com o objetivo de reconhecer que o julgamento do júri não foi contrário à prova dos autos é medida que não cabe em *habeas corpus*, de cognição sumária e rito célere, demandando aprofundado exame do conjunto fático-probatório, peculiar ao processo de conhecimento. Quanto ao pedido subsidiário de nulidade da sentença de pronúncia decorrente da suposta falta de fundamentação das qualificadoras, não foi arguida a tempo por meio recursal adequado, o que, conforme a jurisprudência, ensejaria a preclusão da matéria. Contudo, no caso dos autos, houve a impetração de *habeas corpus* e a única referência às qualificadoras na sentença de pronúncia consiste no seguinte: "pela prova oral dos autos estão indicadas as qualificadoras". Sendo assim, a ausência de fundamentação sobre as qualificadoras na sentença de pronúncia na hipótese não é mera deficiência, mas causa de nulidade absoluta, sanável a qualquer tempo, portanto não sujeita ao instituto da preclusão. Daí a Turma ter concedido parcialmente a ordem, para declarar nula a sentença de pronúncia. Precedentes citados do STF: HC 80.892-RJ, DJ 23/11/2007; HC 75.072-SP, DJ 27/6/1997; do STJ: REsp 16.025-DF, DJ 27/4/1992; HC 133.667-RJ, DJe 8/3/2010; REsp 931.151-RJ, DJe 29/9/2008, e HC 127.210-GO, DJe 13/4/2009. **HC 136.446-RJ, Rel. Min. Arnaldo Esteves Lima, julgado em 25/5/2010.** (Inform. STJ 436)

PRONÚNCIA. JURISDIÇÃO. JUIZ SUBSTITUTO.

Trata-se de *habeas corpus* com pedido de liminar impetrado em favor de preso pronunciado pela prática, em tese, do delito de homicídio qualificado. Alega o impetrante que o juiz substituto, quando prolatou a sentença de pronúncia, não ostentava mais jurisdição, porque já estava lotado em outra vara judicial. Isso porque que a sentença de pronúncia foi prolatada no último dia de validade de sua nomeação como juiz substituto para atuar na vara do Tribunal do Júri, às 19h e 40min, horário em que já cessara a competência do magistrado, após o expediente forense, o qual tem início ao meio-dia e termina às 19h. Assim, busca, liminarmente e no mérito, a declaração de nulidade da sentença de pronúncia. Para a Min. Relatora é despropositada a tese da defesa de nulidade da pronúncia por incompetência do juiz, visto que a jurisdição não pode ser confundida com o horário de expediente forense, pois o expediente forense apenas vincula os atos do público externo e não do juiz. De outra parte, assevera que, quando houver portaria designando o juiz para atuar em substituição, sua jurisdição permanece até às 23h e 59min do dia anterior à designação noutra vara. Dessa forma, explica a Min. Relatora, o fato de a sentença de pronúncia ter sido prolatada após o término do expediente forense não afastou a competência do juiz substituto designado para atuar na vara do tribunal do júri até o término daquele dia. Nesse mesmo sentido foi o parecer da Subprocuradoria da República e a decisão do tribunal *a quo,* ao rejeitar a preliminar de nulidade sustentada no recurso em sentido estrito. Diante do exposto, a Turma denegou a ordem. HC **105.405-DF, Rel. Min. Laurita Vaz, julgado em 27/5/2010.** (Inform. STJ 436)

APELAÇÃO. CONTRARRAZÃO. NULIDADE.

A Turma reiterou seu entendimento de que, mesmo que o advogado constituído pelo paciente tenha sido intimado para apresentar contrarrazões, tendo ele permanecido inerte, era imperiosa a intimação do paciente para que constituísse novo causídico. Persistindo a situação, era necessária a nomeação de defensor público para o ato. Inadmissível proceder ao julgamento da apelação sem a cristalização da dialética em segundo grau. Precedentes citados: HC 84.153-RS, DJe 4/8/2008, e HC 29.816-PR, DJ 2/8/2004. **HC 118.904-RS, Rel. Min. Maria Thereza de Assis Moura, julgado em 6/5/2010. (Inform. STJ 433)**

INTIMAÇÃO. RÉU REVEL.

In casu, discute-se a nulidade do processo que culminou na condenação do réu, ora paciente, que, revel, com o falecimento de seu advogado, não fora intimado para que pudesse constituir um novo causídico de sua confiança, tendo o juiz nomeado um defensor dativo. A Turma entendeu que a escolha de defensor, de fato, é um direito inafastável do réu, porquanto deve haver uma relação de confiança entre ele e seu patrono. Assim, é de rigor que, uma vez verificada a ausência de defesa técnica a amparar o acusado, por qualquer motivo que se tenha dado, deve-se conceder prazo para que ele, ainda que revel, indique outro profissional de sua confiança, para, só então, caso permaneça inerte, nomear-lhe defensor dativo. Diante disso, concedeu-se a ordem para anular o feito a partir da nomeação de defensor dativo, determinando-se a intimação do réu para que, caso queira, nomeie advogado de sua confiança; mantida, porém, a custódia cautelar do paciente. Precedentes citados: RHC 6.949-SP, DJ 22/6/1998; HC 22.157-RS, DJ 11/11/2002, e HC 137.527-RS, DJe 3/11/2009. **HC 162.785-AC, Rel. Min. Napoleão Nunes Maia Filho, julgado em 13/4/2010.** (Inform. STJ 430)

PRESO. INTIMAÇÃO. ADVOGADO. CAUSA PRÓPRIA.

Trata-se de *habeas corpus* em que o paciente foi condenado como incurso no art. 16, *caput*, da Lei n. 10.826/2003 e art. 304 c/c o art. 297, na forma do art. 69, todos do CP (porte ilegal de arma de fogo e uso de carteira de identidade funcional falsa de policial civil carcereiro). Questiona, entre outros argumentos, a sentença e o acórdão condenatórios com relação aos tipos penais, pois afirma ser o crime impossível – por ser xerox colorida o documento considerado falso, cujo original estaria em poder da polícia; também alega a nulidade, porque advoga em causa própria e não foi intimado da data do julgamento da apelação na unidade prisional onde se encontra. Por fim, alega excesso na fixação da pena e busca a devolução de sua carteira de juiz arbitral apreendida no momento da prisão. O Min. Relator não conheceu em parte da impetração, porquanto as instâncias ordinárias solucionaram a questão com base em prova testemunhal e laudo pericial que comprovaram a falsidade do documento, bem como seu poder de convencimento, embora se trate de fotocópia. Também não conheceu do pedido de restituição de carteira de juiz arbitral por ausência de ameaça ou constrangimento à liberdade de locomoção. Os demais questionamentos ficaram prejudicados, uma vez que conhecido em parte o *habeas corpus* quanto à nulidade de acórdão da apelação, por falta de intimação pessoal do paciente que advoga em causa própria. Diante do exposto, a Turma acompanhou o Min. Relator concedendo a ordem e anulou o julgamento da apelação, a fim de que outro se realize após a intimação prévia do paciente, bem como relaxou sua prisão por excesso de prazo, permitindo que ele recorra em liberdade, se por outro motivo não estiver preso. **HC 143.076-RJ, Rel. Min. Celso Limongi (Desembargador convocado do TJ-SP), julgado em 6/4/2010.** (Inform. STJ 429)

NULIDADE. INTERROGATÓRIO. VIDEOCONFERÊNCIA.

Ao paciente é imputado o fato de ter-se associado a outras pessoas para o tráfico internacional e para dar continuidade, no Brasil, ao comércio da droga de forma a prepará-la (misturar a droga pura com outros produtos químicos para aumentar a quantidade e, consequentemente, a margem de lucro) para futura venda a distribuidores regionais. Além da associação, consta a descrição de fatos que configuram, em tese, crime de tráfico ilícito de entorpecentes, com expressa menção das condutas por ele praticadas, ao qual se atribui a responsabilidade ora pela aquisição ora pelo fornecimento de drogas apreendidas pela Polícia Federal, quando da efetivação da prisão em flagrante de determinadas pessoas. Entendeu o Min. Relator que, conforme a conclusão do tribunal de origem, a denúncia atende a todos os requisitos legais de forma suficiente à compreensão da acusação e ao exercício do direito de defesa, não havendo, no ponto, nenhum constrangimento ilegal a ser reparado. Contudo, entendeu que a ordem há de ser concedida para reconhecer a nulidade do interrogatório; pois, à época em que realizado (21/8/2007), não havia previsão legal permitindo a sua realização pelo sistema de videoconferência, o que somente passou a existir com a Lei n. 11.900/2009, ainda assim, em caráter excepcional e mediante decisão devidamente fundamentada. Não deve prevalecer o entendimento do MPF de que a superveniência da mencionada lei teria suprido o vício consistente na falta de previsão legal para a realização do ato de interrogatório pelo sistema de videoconferência. Para o Min. Relator, pretende-se a aplicação retroativa da lei, o que não é permitido; pois, no processo penal, aplica-se a lei vigente ao tempo da prática do ato (art. 2º do CPP). Também não deve prosperar o fundamento lançado pelo tribunal *a quo* de que a nulidade teria precluído, já que não alegada oportunamente, isto é, quando da realização do ato do interrogatório. Cuida-se de nulidade absoluta, insusceptível de convalescimento por falta de protesto oportuno e, mesmo que a nulidade fosse relativa, não seria possível falar em preclusão: o interrogatório constitui ato que integra a instrução do processo e o CPP é categórico ao prever o prazo das alegações finais como o momento específico para a alegação de eventuais vícios da instrução criminal (art. 571, II, do CPP). No caso, quando das alegações finais, o paciente requereu, expressamente, o reconhecimento da nulidade do interrogatório pelo sistema de videoconferência. **HC 128.600-SP, Rel. Min. Celso Limongi (Desembargador convocado do TJ-SP), julgado em 18/2/2010.** (Inform. STJ 423)

PROMOTOR. TESTEMUNHA. ACUSAÇÃO.

O recorrente foi denunciado como incurso no art. 121, § 2º, I e IV, do CP, tendo-se ouvido as testemunhas da acusação em juízo. A defesa impetrou *habeas corpus* perante o Tribunal *a quo*, sustentando existir nulidade, entre outras, nas oitivas de Promotores de Justiça que atuam na Promotoria e que foram testemunhas de acusação. Note-se que não houve atuação do MP estadual na fase de inquérito, apenas dois promotores assistiram às declarações prestadas, para garantir a legalidade do interrogatório do réu e, depois, foram testemunhas na ação penal perante o júri, a respeito do que ouviram do depoimento do réu. Na oportunidade, a defesa contraditou os testemunhos. Isso posto, preliminarmente, afastou a Min. Relatora a nulidade quanto à falta de intimação da defesa para a sessão de julgamento de *habeas corpus*, prescindindo de inclusão em pauta, pois é o defensor quem deve manifestar sua pretensão de sustentar oralmente (Súm. n. 431-STF). Quanto a haver nulidade na oitiva em juízo dos promotores como testemunhas de acusação, ainda que eles não se tenham incumbido de oferecimento da denúncia, ato delegado a outro promotor, no dizer da Min. Relatora, entre outros argumentos, é nítida a confusão feita entre os papéis de parte processual e testemunha (sujeito de provas). Dessa forma, conclui, após invocação de precedente deste Superior Tribunal, ser evidente a nulidade absoluta dos depoimentos prestados em juízo pelos promotores de Justiça, ainda que se tenham limitado na fase extrajudicial a acompanhar o interrogatório do recorrente. Anulados os depoimentos, impõe-se a anulação da sentença de pronúncia para que outra seja proferida, tendo em vista que o magistrado *a quo* utilizou as declarações nulas para se convencer, determinando seu desentranhamento dos autos. Diante do exposto, a Turma, prosseguindo no julgamento, por maioria, deu provimento ao recurso de *habeas corpus*. Precedentes citados do STF: HC 73.425-PR, DJ 18/6/2001; do STJ: RHC 14.714-ES, DJe 3/8/2009; RHC 21.971-BA, DJ 22/10/2007, e REsp 5.502-SP, DJ 28/9/1992. **RHC 20.079-SP, Rel. Min. Maria Thereza de Assis Moura, julgado em 17/11/2009.** (Inform. STJ 416)

NULIDADE. ADIAMENTO. JULGAMENTO.

A Turma entendeu que não ocorre nulidade por falta de intimação diante da nova data da sessão, quando o advogado é devidamente intimado pela imprensa oficial para a sessão de julgamento do recurso de apelação e ele é realizado após 22 dias da data prevista. **AgRg no Ag 998.900-DF, Rel. Min. Nilson Naves, julgado em 20/10/2009.** (Inform. STJ 412)

PROMOTOR. DEPOIMENTO. ACUSAÇÃO.

Trata-se de recorrente condenado a 66 anos de reclusão decorrente da conduta tipificada no art. 121, § 2º, I, do CP (cinco vezes) e no art. 121, § 2º, I, c/c o art 14, II, tudo na forma do art. 69 do CP; o TJ negou provimento à sua apelação, afastando a preliminar de nulidade absoluta, e afirmou a autoria. No REsp, com base em precedente deste Superior Tribunal que lhe é favorável, sustenta o recorrente a nulidade absoluta desde a pronúncia, devido ao testemunho em favor da acusação prestado por promotor de Justiça que atuou durante o inquérito. Note-se que o parecer da subprocuradoria é favorável ao reconhecimento da divergência. Isso posto, observa o Min. Relator já ter decidido a questão, em decisão monocrática, em *habeas corpus* do recorrente e dessa decisão não houve recurso. Ressalta ter dificuldade em acolher a alegada nulidade absoluta: primeiro porque, diferentemente do paradigma colacionado, no caso dos autos, há outros elementos de convicção que levaram o juiz a pronunciá-lo (outros testemunhos prestados). E segundo lugar, a eventual nulidade ocorrida na instrução criminal nos processos de competência do júri deveria ser arguida até a pronúncia, sob pena de preclusão e, na espécie, diferentemente do precedente confrontado, já houve o julgamento pelo júri, ou seja, trata-se de ataque à sentença de pronúncia na segunda fase do procedimento, após a condenação do réu pelo júri e a confirmação pelo TJ. Diante do exposto, a Turma não conheceu do recurso. Precedentes citados: HC 44.040-SP, DJ 22/5/2006, e RHC 19.297-RJ, DJ 4/9/2006. **REsp 996.644-SP, Rel. Min. Nilson Naves, julgado em 15/9/2009.** (Inform. STJ 407)

DEFENSOR DATIVO. INTIMAÇÃO PESSOAL. NULIDADE.

A Turma, por maioria, verificado empate na votação, concedeu o *writ*, prevalecendo a decisão mais favorável ao réu no sentido de que o exame de nulidade decorrente da falta de intimação pessoal de defensor dativo da data do julgamento da apelação do réu, não obstante passados quase sete anos sem qualquer recurso, não convalida arguição de nulidade de caráter absoluta, não havendo, pois, que se falar em preclusão. **HC 84.349-SP, Rel. originária Min. Maria Thereza de Assis Moura, Rel. para acórdão Min. Celso Limongi (Desembargador convocado do TJ-SP), julgado em 8/9/2009.** (Inform. STJ 406)

INTERROGATÓRIO. TESTEMUNHAS. VIDEOCONFERÊNCIA.

Trata-se de *habeas corpus* em que se busca a nulidade do feito a partir da audiência de inquirição das testemunhas realizada por meio de videoconferência. Explica o Min. Relator que o interrogatório judicial como meio de defesa exige a presença física do acusado (art. 5º, LV, da CF/1988). Logo, a realização do interrogatório judicial por meio de videoconferência constitui causa de nulidade absoluta, entendimento firmado no plenário do Supremo Tribunal (HC 90.900-SP, julgado em 30/10/2008), seguido também neste Superior Tribunal. Esclarece, contudo, que a hipótese é diferente, questiona-se a prescindibilidade da presença física do réu na audiência de inquirição de testemunhas. Quanto a essa questão, a jurisprudência deste Superior Tribunal sedimentou-se no sentido de que a ausência do réu na audiência de instrução não acarreta, por si só, a nulidade do processo, ou seja, caso o réu tenha a presença regular de um defensor e não se evidencie qualquer prejuízo, não há nulidade. No caso, ressalta constar dos autos que, durante a audiência, foi-lhe assegurado um defensor em tempo integral em sala do Centro de Detenção Provisória e outro defensor na sala de audiência própria para o evento, onde a defesa tem à sua disposição uma linha digital reservada conectada diretamente com o presídio, sendo possível o contato com o acusado e seus defensores para qualquer pergunta, esclarecimentos etc. Conclui, assim, o Min. Relator que não houve demonstração de qualquer prejuízo ao réu pela sua ausência física na audiência, conseqüentemente, não há causa de nulidade relativa por inobservância do devido processo legal. Com esse entendimento, a Turma denegou a ordem. Precedentes citados: HC 94.049-GO, DJe 7/4/2008, e HC 79.080-SP, DJe 26/5/2008. **HC 85.894-SP, Rel. Min. Felix Fischer, julgado em 18/11/2008.** (Inform. STJ 377)

DEFENSOR DATIVO. INTIMAÇÃO PESSOAL. PRECLUSÃO.

Paciente condenado como incurso nas sanções do art. 157, § 3º, do CP impetrou *habeas corpus* porque, embora o defensor dativo tenha sido intimado pessoalmente para o julgamento da apelação criminal, não o foi do acórdão de julgamento do apelo, não se observando o disposto no art. 370, § 4º, do CPP e no art. 5º, § 5º, da Lei n. 1.060/1950, o que acarreta a nulidade absoluta do feito a partir do acórdão. É certo que há precedentes neste Superior Tribunal que, a teor da legislação citada, asseguram a intimação pessoal do defensor dativo ou defensor público sob pena de nulidade absoluta por cerceamento de defesa. Entretanto, observa o Min. Relator que, no caso, embora o defensor dativo só tenha sido intimado do acórdão de julgamento da apelação criminal mediante publicação na imprensa oficial, não há nulidade do julgamento, porquanto essa nulidade é passível de preclusão. O defensor dativo deixou de argüí-la na primeira oportunidade em que se manifestou nos autos, permaneceu silente, só a argüindo agora, quase sete anos após o trânsito em julgado da condenação. Com essas considerações, a Turma denegou a ordem. Precedentes citados do STF: HC 88.193-SP, DJ 19/5/2006; RHC 85.847-SP, DJ 11/11/2005; do STJ: HC 104.631-SP, DJ 28/10/2008; HC 95.373-SP, DJ 19/5/2008, e HC 55.098-RJ, DJ 17/12/2007. **HC 103.410-PR, Rel. Min. Felix Fischer, julgado em 18/11/2008.** (Inform. STJ 377)

HC. DENEGAÇÃO. AÇÕES PENAIS. INTERROGATÓRIO ÚNICO.

No caso, foram instaurados três inquéritos policiais e oferecidas três denúncias contra o paciente. Em razão da conexão entre os processos, foi realizado um único interrogatório para instruir as três ações penais. Os impetrantes sustentam estar configurada nulidade processual por violação do princípio constitucional da ampla defesa. Mas a Turma denegou a ordem ao argumento de que não há falar em nulidade, uma vez que ao paciente foram feitas perguntas referentes às acusações constantes nas três denúncias contra ele oferecidas. Não restou comprovado efetivo prejuízo ao paciente. O Min. Relator ressaltou que, quando do interrogatório, o paciente se fez assistido por seus advogados, que nada alegaram. Não apontaram a referida nulidade durante toda a instrução processual nem mesmo nas razões de apelação. Tal irresignação só foi ventilada em sede de *habeas corpus* impetrado no tribunal local. Estão preclusas eventuais nulidades ocorridas durante a instrução e não levantadas até as alegações finais (art. 571 do CPP). Também não há falar em nulidade absoluta, uma vez que, segundo entendimento do STF, até mesmo a falta de interrogatório constitui nulidade relativa. Precedentes citados do STF: HC 73.826-SP,

DJ 16/11/2001; HC 73.344-SP, DJ 1º/7/1996; do STJ: REsp 494.309-PB, DJ 25/9/2006; HC 23.322-RS, DJ 22/4/2008; HC 70.279-SP, DJ 4/8/2008, e REsp 888.842-BA, DJ 4/6/2007. **HC 106.430-SP, Rel. Og Fernandes, julgado em 18/11/2008.** (Inform. STJ 377)

HC. JÚRI. HOMICÍDIO QUALIFICADO. QUESITAÇÃO.
Os impetrantes buscam a anulação do julgamento ao argumento de que a quesitação apresentada ao corpo de jurados sob os quesitos de n. 1 a 3 da primeira série padeceu de vício insanável, capaz de abertamente fazer alterar ou confundir a vontade do conselho de sentença, o que remonta ao caráter insanável desse ato processual. Sustentam que o quesito n. 1 apresenta-se de modo paradoxal ao de n. 3, uma vez que a afirmativa ou a negativa em face daquele vicia a resposta dada ao de n. 3. Logo, é quesito hábil a causar perplexidade, sendo capaz de viciar a vontade soberana do conselho de sentença. Segundo o Min. Relator, preliminarmente, deve-se destacar que qualquer impugnação referente à redação dos quesitos deve ser suscitada em plenário de julgamento, *ex vi* o art. 571, VIII, do CPP. Isso não ocorreu, embora tenha o juiz previamente alertado às partes acerca desse procedimento, conforme se infere da ata de julgamento. Esclareceu que a jurisprudência deste Superior Tribunal se tem posicionado no sentido de que, como regra, a ausência de protesto, no momento oportuno, quanto aos quesitos formulados acarreta preclusão, exceto quando causem perplexidade aos jurados, o que não ocorreu *in casu*. Isso porque as respostas dadas aos quesitos impugnados revelam-se coerentes entre si, permitindo verificar que o conselho de sentença compreendeu o real significado das indagações neles constantes. Isso posto, a Turma denegou a ordem. Precedentes citados: HC 63.369-RS, DJ 3/9/2007, e HC 32.959-MS, DJ 28/5/2007. **HC 102.468-RJ, Rel. Min. Felix Fischer, julgado em 4/9/2008.** (Inform. STJ 366)

OITIVA. TESTEMUNHA. SUSPEIÇÃO.
Há cerceamento de defesa na hipótese, pois o paciente, que age em causa própria, comprovou que não poderia comparecer à oitiva da vítima por motivo de doença e, mesmo assim, o juízo entendeu realizá-la sem sua participação, o que o impossibilitou de formular perguntas tidas por necessárias. Quanto à exceção de suspeição, é certo que o juiz de Direito não pode rejeitá-la liminarmente, pois é o Tribunal imediatamente superior quem julga a exceção (art. 100, § 2º, do CPP). Porém, esse último tema não pode ser apreciado sob pena de supressão de instância ou mesmo pela constatação de não ser a via do HC o meio próprio para tanto, visto se requerer dedução em expediente próprio. Com esse entendimento, a Turma anulou os atos processuais posteriores ao previsto no art. 499 do CPC, determinou que a vítima fosse novamente ouvida após a intimação do paciente da realização da audiência e recomendou ao Tribunal de Justiça que determine a regularização do processamento da suspeição junto ao juízo de primeiro grau. **HC 93.485-SP, Rel. Min. Jane Silva (Desembargadora convocada do TJ-MG), julgado em 7/8/2008.** (Inform. STJ 362)

NULIDADE. AUSÊNCIA. PROMOTOR.
Durante o julgamento pelo Conselho de Justiça, o promotor retirou-se do recinto, mas, mesmo assim, o paciente foi condenado. Diante disso, ao prosseguir o julgamento, a Turma, por maioria, denegou a ordem de *habeas corpus*, visto não haver nulidade pela falta de prejuízo ao réu. Ponderou-se que, se o promotor estivesse presente, a condenação poderia até ficar mais rigorosa. **HC 78.241-RO, Rel. originária Min. Laurita Vaz, Rel. para acórdão Min. Arnaldo Esteves Lima, julgado em 19/6/2008.** (Inform. STJ 360)

NULIDADE ABSOLUTA. DEFESA PRELIMINAR.
A Turma, ao prosseguir o julgamento mediante o voto de desempate do Min. Nilson Naves, entendeu que a inobservância do procedimento disposto no art. 38 da revogada Lei n. 10.409/2002 gera nulidade de caráter absoluto, que não preclui nem é sanável. Ela pode ser argüida a qualquer tempo, mesmo somente após o trânsito em julgado de sentença condenatória, sem necessidade de que se fale em prova do prejuízo. O Min. Hamilton Carvalhido (vencido juntamente com a Min. Maria Thereza de Assis Moura) entende que a tardia alegação de nulidade, só feita após o trânsito em julgado, apenas intensifica a necessidade da demonstração do prejuízo, pois, sem isso, a resposta preliminar, que essencialmente é forma de oposição ao recebimento da acusatória inicial, transforma-se em mero formalismo inócuo e sem sentido: não seria muito afirmar que a edição da sentença condenatória torna preclusa a questão, salvo quando sobejarem questões não apreciadas pela Justiça, idôneas à rejeição da denúncia. **HC 99.605-SP, Rel. originário Min. Hamilton Carvalhido, Rel. para acórdão Min. Paulo Gallotti, julgado em 13/5/2008.** (Inform. STJ 355)

INTIMAÇÃO. ADVOGADO FALECIDO.
A Turma concedeu o *habeas corpus* ao fundamento de que a intimação ao advogado do paciente para o julgamento da apelação efetivou-se quando o referido defensor já havia falecido. Assim, ocorreu evidente prejuízo à defesa do paciente, sobretudo, porque, com o desprovimento da apelação, manteve-se a condenação anterior e se determinou seu recolhimento à prisão. Vale ressaltar que a intimação de advogado já falecido é absolutamente ineficaz, produzindo as mesmas conseqüências processuais que ocorrem na falta de intimação. Precedente citado: HC 69.212-RJ, DJ 28/5/2007, e REsp 878.480-RJ, DJ 14/5/2007. **HC 84.181-CE, Rel. Min. Napoleão Nunes Maia Filho, julgado em 3/4/2008.** (Inform. STJ 350)

NULIDADE. PROCESSO. AUDIÊNCIA. AUSÊNCIA. MP.
Trata-se de recurso interposto pelo Ministério Público (MP) em razão do improvimento de apelação criminal que não reconheceu nulidade dos atos processuais (audiência de instrução e julgamento) realizados sem sua presença (art. 564, III, d, do CPP). Consta dos autos que a ausência do MP, embora intimado para audiência, deu-se por estar impedido como qualquer outro membro do MP, por determinação do Procurador-Geral de Justiça e do Corregedor-Geral do Ministério Público devido às ordens expedidas pela juíza da comarca que feriram as prerrogativas inerentes ao exercício das funções do *Parquet* nas audiências daquela comarca. Essas autoridades condicionaram o comparecimento do MP ao restabelecimento das prerrogativas. Isso posto, para a Min. Relatora, a ausência do MP deu-se por determinação superior e, nessas circunstâncias, o condutor do processo deveria designar outra data para a realização do ato processual ou, mesmo quando injustificada, deveria comunicar ao substituto legal que participasse da audiência. Observa, ainda, que, como a magistrada entendeu injustificada a ausência do MP, deu seguimento à audiência sem o substituto legal, o que resultou na prolação de sentença absolutória por insuficiência de provas. Dessa forma, há nulidade insanável no processo, que deve ser declarado nulo a partir da audiência realizada sem a presença do representante do MP, sobretudo por haver comprovação do prejuízo, ou seja, a absolvição do agente por insuficiência de provas com violação do interesse público na regularidade da prestação jurisdicional. Com esse entendimento, a Turma deu provimento ao recurso. Precedentes citados: HC 52.086-PR, DJ 4/9/2006, e HC 22.045-RS, DJ 6/2/2006. **REsp 647.223-MG, Rel. Min. Jane Silva** (Desembargadora convocada do TJ-MG), **julgado em 1º/4/2008.** (Inform. STJ 350)

INTIMAÇÃO. DEFENSOR. DEFESA PRÉVIA.
A intimação do defensor constituído pelo réu para apresentação de sua defesa prévia é imprescindível sob pena de nulidade absoluta, não obstante a apresentação dessa peça processual não ser obrigatória. Com esse fundamento, a Turma concedeu parcialmente a ordem de *habeas corpus* para declarar a nulidade do processo a partir do momento em que deveria ter sido intimado o defensor do réu para apresentação da defesa prévia. Precedentes citados: RHC 11.916-SP, DJ 4/2/2002; RHC 3.469-SP, DJ 30/5/1994; HC 32.873-SP, DJ 2/8/2004; HC 33.331-SP, DJ 8/11/2004, e REsp 520.121-DF, DJ 3/11/2003. **HC 84.919-CE, Rel. Min. Napoleão Nunes Maia Filho, julgado em 6/3/2008.** (Inform. STJ 347)

***HABEAS CORPUS*. SUSTENTAÇÃO ORAL. INTIMAÇÃO. NULIDADE.**
Trata-se de *habeas corpus* substitutivo de recurso ordinário em que se alega, entre outras coisas, a falta de intimação do impetrante para a sustentação oral, embora o pedido se encontrasse expresso nos autos. Assim, deveria ser nulo o acórdão que manteve a instauração de ação penal em desfavor dos ora pacientes. A Turma concedeu a ordem ao entendimento de que, havendo o pedido de sustentação oral, é imprescindível seja dada ciência ao impetrante da data em que será colocado o feito em mesa para julgamento, ressaltando que a referida ciência pode ser feita até por meio de informação disponibilizada no sistema informatizado de acompanhamento processual. Precedentes citados do STF: HC 92.290-SP, DJ 30/11/2007; HC 93.101-SP, DJ 22/2/2008; do STJ: HC 88.869-MG, DJ 3/12/2007. **HC 93.557-AM, Rel. Min. Arnaldo Esteves Lima, julgado em 19/2/2008.** (Inform. STJ 345)

SENTENÇA. NULIDADE. ADITAMENTO. DENÚNCIA.
O paciente foi denunciado pela prática do crime de furto tentado, porque "arrebatou" da lesada o cordão que trazia no pescoço, após lhe solicitar dinheiro, no que não foi atendido. Daí, a classificação jurídica atribuída aos fatos pela Acusação Pública como incurso no art. 155, *caput*, c/c o art. 14, II, ambos do Código Penal. Em suas alegações finais, contudo, afirmou a caracterização do crime de roubo, que, a seu ver, como também entendeu o juiz de primeiro grau, estava descrito na denúncia de modo a ensejar a incidência do princípio *iura novit curia*. Para o Min. Relator "arrebatar" não

significa necessariamente o emprego de força contra a vítima e, menos ainda, por isso, a violência-meio do crime de roubo. Por outro lado, a significação vária de termo, por certo, não permite afirmar, em casos tais como o dos autos, que a descrição objetiva dos fatos é diversa do fato criminoso apontado na classificação jurídica do fato-crime. Demais disso, tal significação múltipla do termo, referindo-se à dimensão fáctica do delito, exclui a certeza da imputação que se faz ao réu, inibindo o exercício do direito de defesa, assegurado na Constituição Federal. Em suma, não se pode afirmar descrito o crime de roubo pelo só fato de que o verbo arrebatar também pode significar a violência-meio desse ilícito complexo. Há, pois, evidente nulidade da sentença, devendo o juiz, se a instrução criminal revelou circunstância não contida explícita ou implicitamente na denúncia, que, além, importe aplicação de pena mais grave, baixar os autos ao Ministério Público para aditamento da inicial. Assim, a Turma concedeu a ordem para anular a sentença condenatória e determinar a observância do disposto no art. 384, parágrafo único, do CPP, deferindo ao paciente liberdade provisória mediante termo de compromisso, a ser firmado em juízo, de comparecimento nas datas designadas e de não mudar de residência sem antecedente comunicação, sob pena de revogação da medida. **HC 89.443-MG, Rel. Min. Hamilton Carvalhido, julgado em 29/11/2007.** (Inform. STJ 340)

DEFENSOR DATIVO. ADVOGADO CONSTITUÍDO. REITERADAS INTIMAÇÕES.
Não há que se falar em nulidade ocasionada pela nomeação de defensor dativo ao réu que constituíra advogado, visto que, apesar de reiteradas intimações para que oferecesse alegações finais, o advogado deixou de fazê-lo sem apresentar qualquer justificativa plausível. Note-se que, na nomeação do dativo, assegurou-se a atuação conjunta, daí não existir o prejuízo. Também não se deu nulidade quando da apresentação de razões de apelação, visto que há comprovação de que foi intimado o advogado do réu para tal e de que o defensor dativo ofertou-as devidamente. Precedentes citados: HC 57.849-SP, DJ 27/8/2007; HC 38.924-PR, DJ 16/4/2007; HC 51.560-SP, DJ 4/6/2007, e HC 45.251-SP, DJ 5/2/2007. **HC 66.599-SP, Rel. Min. Paulo Gallotti, julgado em 12/11/2007.** (Inform. STJ 339)

NULIDADE. DEFESA PRÉVIA. TÓXICO. TRÂNSITO EM JULGADO.
Diante das peculiaridades da hipótese, máxime o trânsito em julgado há vários anos, a Turma, por maioria, entendeu, dentre outros temas, não decretar a nulidade da ação penal pela inobservância do procedimento previsto no art. 38 da revogada Lei n. 10.409/2002. Os votos vencidos, do Min. Nilson Naves e do Min. Paulo Gallotti (com ressalvas), louvavam-se na jurisprudência do STJ de que aquela falta implica nulidade de caráter absoluto, não atingida pela coisa julgada, isso para conceder em maior extensão a ordem. **HC 64.499-SP, Rel. Min. Hamilton Carvalhido, julgado 12/11/2007.** (Inform. STJ 339)

NULIDADE. LEI N. 10.409/2002. DEFESA PRÉVIA.
Quanto ao crime de tráfico de entorpecentes, restou claro que não foi observado pelo juízo os ditames da Lei n. 10.409/2002, porém aqui se tem a particularidade de que há sentença condenatória transitada em julgado e de que a defesa sempre protestou pela nulidade do processo. Diante disso, ao prosseguir o julgamento, a Turma entendeu, conforme precedentes, tratar-se, no caso, de nulidade absoluta, que não preclui, é insanável e conhecível a qualquer tempo. Assim, concedeu a ordem para anular, a partir do recebimento da denúncia, a ação penal em questão, além de determinar que outra seja processada, agora sob a observância da Lei n. 11.343/2006. O Min. Hamilton Carvalhido, em seu voto-vista, inclinou-se a ponderar a análise da ocorrência ou não de prejuízo (*pas de nullité sans grief*) em hipótese em que haja sentença, com trânsito em julgado ou não, e a defesa só alegue posteriormente a nulidade. Precedentes citados: HC 61.633-SC, DJ 18/12/2006; HC 26.974-SP, DJ 26/3/2007; HC 55.771-PA, DJ 20/8/2007, e HC 45.222-MG, DJ 13/3/2006. **HC 54.023-SP, Rel. Min. Nilson Naves, julgado em 4/10/2007.** (Inform. STJ 334)

AUSÊNCIA. INTIMAÇÃO PESSOAL. DEFENSOR DATIVO. PRECLUSÃO.
O fato de o defensor dativo ter sido intimado pela imprensa oficial da data da sessão de julgamento da apelação e cientificado pessoalmente da íntegra do acórdão conduz à preclusão da nulidade (ausência de intimação pessoal quando da sessão de julgamento), uma vez que o defeito não foi argüido na primeira oportunidade que o órgão teve de se pronunciar nos autos. Logo, na espécie, passados nove meses e já transitada em julgado a condenação, encontra-se preclusa a questão. O Min. Nilson Naves afirmou tratar-se de nulidade absoluta, logo não haveria preclusão. Assim, a Turma, por maioria denegou a ordem. Precedentes citados do STF: RHC 83.770-SP, DJ 12/3/2004, e RHC 85.847-SP, DJ 11/11/2005; do STJ: HC 39.818-CE, DJ 6/2/2006, e HC 52.674-SP, DJ 1º/8/2006. **HC 46.599-SP, Rel. Min. Maria Thereza de Assis Moura, julgado em 14/8/2007.** (Inform. STJ 327)

ATO. JUIZ. FÉRIAS. VALIDADE.
A jurisprudência deste Superior Tribunal afirma que a sentença proferida por juiz em férias é válida, mesmo que haja substituto. Assim, na espécie, os atos em questão não são decisórios, pois praticados no transcorrer da instrução, quais sejam, uma audiência de inquirição de testemunhas e as informações prestadas ao Tribunal *a quo* em virtude de *habeas corpus* lá impetrado. Logo, se, ao proferir a sentença nas férias, não há nulidade, maior razão quando o ato não tem conteúdo decisório. A Turma denegou a ordem. Precedentes citados do STF: HC 76.874-1-DF, DJ 30/10/1998; do STJ: HC 9.209-PR, DJ 27/9/1999, e RHC 2.130-RJ, DJ 15/2/1993. **HC 79.476-PR, Rel. Min. Felix Fischer, julgado em 19/6/2007.** (Inform. STJ 324)

HC. NULIDADE. PRECLUSÃO.
Em favor do paciente, o *habeas corpus* foi impetrado sob os fundamentos de nulidade da citação por edital e falta de intimação do defensor público para o julgamento da apelação. Trata-se de processo por roubo qualificado e três foram os condenados por sentença em 2001. O acórdão da apelação é datado de 2002. Também o acórdão da revisão em que foi requerente o atual paciente é de 2002. O Min. Relator esclareceu que, após o julgamento, foram os autos encaminhados à Defensoria Pública, que tomou ciência do acórdão, não se interpondo qualquer recurso, vindo a transitar em julgado a condenação. Somente quatro anos após, investe-se contra a condenação, com o objetivo de anular o processo. Verificou-se o trânsito em julgado em 2002. Assim, não argüindo a parte interessada a irregularidade, a tempo, conformando-se com os efeitos da condenação transitada em julgado, não há falar-se, doze anos depois, em constrangimento ilegal, visto que ocorreu o instituto da preclusão. Com essas considerações, a Turma, ao prosseguir o julgamento, por maioria, denegou a ordem. Precedentes citados: HC 38.255-SP, DJ 1º/8/2005, e HC 36.977-SP, DJ 23/5/2005. **HC 59.154-MS, Rel. Min. Nilson Naves, julgado em 27/3/2007.** (Inform. STJ 315)

SÚMULA STF Nº 708

É nulo o julgamento da apelação se, após a manifestação nos autos da renúncia do único defensor, o réu não foi previamente intimado para constituir outro.

SÚMULA STF Nº 707

Constitui nulidade a falta de intimação do denunciado para oferecer contra-razões ao recurso interposto da rejeição da denúncia, não a suprindo a nomeação de defensor dativo.

SÚMULA STF Nº 706

É relativa a nulidade decorrente da inobservância da competência penal por prevenção.

SÚMULA STF Nº 523

No processo penal, a falta da defesa constitui nulidade absoluta, mas a sua deficiência só o anulará se houver prova de prejuízo para o réu.

SÚMULA STF Nº 431

É nulo o julgamento de recurso criminal, na segunda instância, sem prévia intimação, ou publicação da pauta, salvo em "habeas corpus".

SÚMULA STF Nº 352

Não é nulo o processo penal por falta de nomeação de curador ao réu menor que teve a assistência de defensor dativo.

SÚMULA STF Nº 155

É relativa a nulidade do processo criminal por falta de intimação da expedição de precatória para inquirição de testemunha.

15. RECURSOS

RHC E EFEITO DEVOLUTIVO PLENO DE APELAÇÃO - 1
Ante empate na votação, a 1ª Turma deu parcial provimento a recurso ordinário em *habeas corpus* a fim de determinar que o STJ retome o exame da suposta semi-imputabilidade do recorrente. Tratava-se de condenado, perante o juízo de 1º grau, à sanção de 15 anos e 2 meses de reclusão pela prática de tipos previstos nos arts. 214 c/c 71, *caput* (2 vezes) e 213 c/c art. 69, *caput*, todos do CP. O tribunal local provera, em parte, apelação do réu, para afastar o concurso material entre os crimes e fixara a reprimenda em 7 anos de reclusão, tendo em vista a revogação do citado art. 214, cuja conduta, após o advento da Lei 12.015/2009, teria sido englobada pelo art. 213 do diploma em

tela. Essa decisão fora impugnada por meio de recursos especial e extraordinário pela defesa, os quais não foram admitidos pelo tribunal *a quo*. Isso ensejara a interposição de agravos para subida de ambos os recursos, bem como, posteriormente, a impetração de *writ* perante o STJ. O recorrente sustentava que, após tomar ciência do parecer do Ministério Público Federal pelo conhecimento parcial da ordem impetrada naquela Corte Superior e, nessa parte, pela denegação, impetrara outro HC no tribunal de origem, com o fito de afastar a supressão de instância quanto ao reconhecimento da semi-imputabilidade postulado no STJ. Aduzia, em síntese, que essa causa geral de diminuição de pena teria sido atestada em laudo pericial, realizado em ação penal anteriormente promovida, contra ele, perante o mesmo juízo. Logo, arguia que esta circunstância deveria ter sido igualmente reconhecida na sentença condenatória em comento, com a devida mitigação da pena imposta. RHC 110624/SP, rel. orig. Min. Dias Toffoli, red. p/ o acórdão Min. Marco Aurélio, 16.10.2012. (RHC-110624)

RHC E EFEITO DEVOLUTIVO PLENO DE APELAÇÃO - 2

O tribunal estadual entendera ser incompetente para apreciar a medida lá impetrada, porquanto já teria julgado a apelação, bem assim porque seria autoridade coatora diante do *habeas* impetrado pelo recorrente no STJ. Por sua vez, o STJ reputara haver supressão de instância, de sorte que não conhecera do *writ*. Neste recurso ordinário, colimava-se o acolhimento da semi-imputabilidade e, alternativamente, a apreciação da matéria pelo Tribunal Superior ou pela Corte local. O Min. Marco Aurélio, redator para o acórdão, acompanhado pelo Min. Luiz Fux, salientou que a apelação teria eficácia devolutiva plena, e, portanto, o tribunal de justiça já poderia ter examinado a questão. Assim, considerada a impetração no STJ, não caberia cogitar de supressão de instância. De outro lado, os Ministros Dias Toffoli e Rosa Weber negavam provimento ao recurso. O primeiro ponderava que configuraria tripla supressão de instância analisar argumentos acerca do constrangimento ilegal imposto ao paciente, pois o tema não teria sido submetido ao juízo monocrático, nem ao TJ, tampouco ao STJ. RHC 110624/SP, rel. orig. Min. Dias Toffoli, red. p/ o acórdão Min. Marco Aurélio, 16.10.2012. (RHC-110624) (Inform. STF 684)

DEMORA NO JULGAMENTO DE RECLAMAÇÃO

A 2ª Turma concedeu *habeas corpus* a fim de que seja apresentada em mesa, para julgamento — até a 10ª sessão subsequente à comunicação deste *writ* —, reclamação proposta no STJ, pelo ora paciente. A defesa sustenta, em sede reclamatória, o não cumprimento integral de decisão daquela Corte em *habeas corpus*, no qual concedida ordem para determinar o refazimento da dosimetria da pena a ele imposta. Considerou-se o tempo decorrido desde a protocolização do referido feito. Enfatizou-se que a reclamação fora distribuída em 27.11.2009 e ainda não apreciada. HC 111587/SP, rel. Min. Ricardo Lewandowski, 7.8.2012. (HC-111587) (Inform. STF 674)

HC E TEMPESTIVIDADE RECURSAL

A 2ª Turma deferiu *habeas corpus* para que o STJ conheça de agravos de instrumento e se pronuncie sobre o seu mérito. Tratava-se, na espécie, de 2 *writs* impetrados de acórdãos daquele tribunal, que negara provimento a agravos regimentais, porquanto caberia aos recorrentes demonstrarem, no ato de interposição de agravo de instrumento — para a subida de recurso especial em matéria criminal —, não ter havido expediente forense na Corte de origem em razão de feriado local. Asseverou-se que as partes teriam comprovado a causa de prorrogação do prazo para recurso, não obstante o tivessem feito somente em sede de agravo regimental. HC 108638/SP, rel. Min. Joaquim Barbosa, 8.5.2012. (HC-108638), HC 112842/PE, rel. Min. Joaquim Barbosa, 8.5.2012. (HC-112842) (Inform. STF 665)

RHC E CAPACIDADE POSTULATÓRIA

A 2ª Turma iniciou julgamento de recurso ordinário em *habeas corpus* no qual se questiona a necessidade, ou não, de capacidade postulatória para a sua interposição. No caso, o recorrente, na qualidade de diretor de instituição social sem fins lucrativos de âmbito nacional, insurgira-se contra decisão monocrática de Ministra do STJ, que não conhecera de agravo regimental por ele manejado, ante sua intempestividade e ausência de capacidade postulatória da parte. A decisão adversada tivera origem em *writ* lá impetrado, pelo ora recorrente, com o objetivo de cancelar ordem de serviço — emanada da presidência de seção criminal de tribunal de justiça —, que determinara o encaminhamento, à Defensoria Pública, de petições subscritas por presos. O Min. Ricardo Lewandowski, relator, não conheceu do recurso, haja vista que interposto por pessoa que não deteria capacidade postulatória para a prática desse ato processual, embora tivesse sido o impetrante originário do *habeas*. Assentou tratar-se de ato privativo de advogado, consoante já afirmado pela jurisprudência do STF. Ademais, consignou que, ainda que superado esse óbice, o agravo regimental seria intempestivo e o *writ* não caracterizaria instrumento adequado para impugnar norma regulamentar. Após, pediu vista o Min. Gilmar Mendes. RHC 111438/DF, rel. Min. Ricardo Lewandowski, 5.8.2012. (RHC-111438) (Inform. STF 665)

RECURSO ESPECIAL E SUBSTITUIÇÃO POR HC

A falta de interposição de recurso especial não impede que o STJ processe e julgue *habeas corpus* lá impetrado. Com base nesse entendimento e em observância ao disposto no art. 105 da CF, a 2ª Turma concedeu a ordem tão-somente para determinar que a autoridade impetrada conheça e julgue o pedido formulado no *writ* como entender de direito. HC 110289/MS, rel. Min. Ayres Britto, 29.11.2011. (HC-110289) (Inform. STF 650)

AGRAVO EM MATÉRIA CRIMINAL E PRAZO PARA INTERPOSIÇÃO - 1

O Plenário, por maioria, rejeitou questão de ordem suscitada pelo Min. Dias Toffoli em agravo regimental interposto de decisão por ele proferida, que não conhecera de agravo em recurso extraordinário do qual relator, porque intempestivo. O suscitante propunha a superação do Enunciado 699 da Súmula do STF (*"O prazo para interposição de agravo, em processo penal, é de cinco dias, de acordo com a Lei 8.038/90, não se aplicando o disposto a respeito nas alterações da Lei 8.950/94 ao Código de Processo Civil"*). Na espécie, o período compreendido entre a publicação da decisão agravada e o protocolo do respectivo recurso ultrapassara o prazo previsto no art. 28 da Lei 8.038/90 (*"Denegado o recurso extraordinário ou o recurso especial, caberá agravo de instrumento, no prazo de cinco dias, para o Supremo Tribunal Federal ou para o Superior Tribunal de Justiça, conforme o caso"*). A decisão impugnada baseara-se no fato de que o referido dispositivo não fora revogado, em matéria penal, pela Lei 8.950/94, de âmbito normativo restrito ao CPC. Logo, incidiria no caso o Enunciado 699 da Súmula do STF. O agravante sustentava, entretanto, que as alterações introduzidas, no CPC, pela Lei 12.322/2010 [*"Art. 544. Não admitido o recurso extraordinário ou o recurso especial, caberá agravo nos próprios autos, no prazo de 10 (dez) dias"*] teriam sido expressamente alargadas para atingir também os recursos em matéria criminal, e que a Corte formalizara entendimento nesse sentido, ao editar a Resolução 451/2010 (*"Art. 1º A alteração promovida pela Lei nº 12.322, de 9 de setembro de 2010, também se aplica aos recursos extraordinários e agravos que versem sobre matéria penal e processual penal"*). ARE 639846 AgR-QO/SP, rel. orig. Min. Dias Toffoli, red. p/ o acórdão Min. Luiz Fux, 13.10.2011. (ARE-639846)

AGRAVO EM MATÉRIA CRIMINAL E PRAZO PARA INTERPOSIÇÃO - 2

Prevaleceu o voto do Min. Cezar Peluso, Presidente, que rejeitou a questão de ordem e não conheceu o recurso. Inicialmente, realizou retrospecto acerca da evolução legislativa concernente ao tema. Lembrou que o art. 544 do CPC, em sua redação original (*"Denegado o recurso, caberá agravo do instrumento para o Supremo Tribunal Federal, no prazo de cinco dias. Parágrafo único. O agravo de instrumento será instruído com as peças que forem indicadas pelo agravante, dele constando, obrigatoriamente, o despacho denegatório, a certidão de sua publicação, o acórdão recorrido e a petição de interposição do recurso extraordinário"*), dizia respeito a recursos extraordinários que veiculassem matéria cível ou criminal, e estabelecia o prazo de 5 dias em ambas as hipóteses. Após, publicara-se a Lei 8.038/90, que revogou expressamente os artigos 541 a 546 do CPC. Assim, os agravos de instrumento interpostos de decisão que inadmitia recurso extraordinário passaram a ser regulados por este diploma. Posteriormente, fora editada a Lei 8.950/94, que conferiu nova redação ao então revogado art. 544 do CPC (*"Não admitido o recurso extraordinário ou o recurso especial, caberá agravo de instrumento, no prazo de dez dias, para o Supremo Tribunal Federal ou para o Superior Tribunal de Justiça, conforme o caso"*), e alterou o prazo, no tocante à interposição de agravo de instrumento, para 10 dias. Reputou que, a partir da controvérsia sobre a possibilidade da revogação do art. 28, *caput* e § 1º, da Lei 8.038/90, no caso de o recurso extraordinário obstaculizado tratar de matéria criminal, a Corte pacificara entendimento no sentido de que o aludido dispositivo não fora revogado, visto que a Lei 8.950/94 teria âmbito normativo restrito à hipótese de inadmissibilidade de recurso extraordinário a tratar de matéria cível. Dessa forma, diante do panorama apresentado, ao agravo de instrumento para destrancar recurso extraordinário seria aplicado integralmente o art. 544 do CPC, se tratasse de matéria cível; e o art. 28, § 1º, da Lei 8.038/90, subsidiado expressamente do art. 523 do CPC, se tratasse de matéria criminal. Salientou que a formação do instrumento do agravo em exame passara a ser regulada exclusivamente pelo art. 544 do CPC, com fundamento na analogia, diante de ausência de legislação própria em matéria criminal para o regular, mas destacou que o prazo de 5 dias, previsto na Lei 8.038/90, teria permanecido inalterado. Assinalou que a inovação trazida com a Lei 12.322/2010 amparar-se-ia no princípio da economia processual e racionalizaria o procedimento do agravo. Frisou, entretanto, que as modificações trazidas pela novel lei teriam incidência parcial diante de recursos que tratassem de matéria criminal, uma vez que, apenas em relação a eles, subsistiria o prazo constante do art. 28, *caput*, da Lei 8.038/90. O Min. Marco Aurélio ressaltou que a problemática em relação ao prazo, no tocante a processos de matéria criminal, perderia relevância em face da existência do *habeas corpus*, que poderia ser utilizado a qualquer tempo. Ademais, destacou que alterar o período próprio para interposição de agravo implicaria incoerência, visto que a apelação, em matéria criminal, deveria ser manuseada em 5 dias. O Min. Ricardo Lewandowski, por sua vez, conhecia e provia o agravo, considerada a alegação do agravante a respeito da incerteza gerada a partir da leitura da Resolução 451/2010 da Corte, mas também rejeitava a questão de ordem, de modo a manter íntegro o Enunciado 699 da Súmula do STF. Deliberou-se, entretanto, que será editada nova resolução, de modo a esclarecer a dúvida aventada. ARE 639846 AgR-QO/SP, rel. orig. Min. Dias Toffoli, red. p/ o acórdão Min. Luiz Fux, 13.10.2011. (ARE-639846)

AGRAVO EM MATÉRIA CRIMINAL E PRAZO PARA INTERPOSIÇÃO - 3

Vencido o relator, acompanhado pelos Ministros Gilmar Mendes e Celso de Mello, que encaminhava a questão de ordem para assentar a aplicabilidade do art. 544 do CPC, em sua nova redação, ao agravo contra decisão denegatória de recurso extraordinário em matéria criminal, a ser observada a partir da data em que passara a vigorar a nova lei processual, de maneira a superar a orientação sintetizada no Enunciado 699 da Súmula do STF. Quanto ao mérito do agravo, dava-lhe provimento, de modo a afastar a intempestividade. Aduzia que, muito embora existam decisões da Corte que, sob a égide da *novatio legis*, aplicaram o Enunciado 699 da Súmula do STF, a interpretação da Lei 12.322/2010 deveria ser extensiva, de modo que o prazo nela fixado abrangesse recursos extraordinários e agravos a versar sobre matéria penal e processual penal, à luz da Resolução 451/2010 da Corte. A respeito, o Min. Celso de Mello consignava que a nova lei teria revogado, tacitamente, a Lei 8.038/90, no tocante às matérias comuns de que tratam. O relator discorria, também, que a nova concepção jurídica do agravo — interposto nos próprios autos — teria promovido sensível modificação no recurso cabível à espécie e, portanto, suprimido o instituto do agravo de instrumento na sua concepção natural. Dessa maneira, aplicar-se-ia o novo regramento do art. 544 do CPC em sentido lato, especialmente em razão da natureza — impregnada de contornos constitucionais — dos recursos especial e extraordinário, que não pertenceriam a nenhum ramo processual específico, mas a todos eles. Assim, concluía que a uniformidade de disciplinamento de ambos — bem como de recurso a ser interposto de decisão que negar seguimento a qualquer deles — seria desejável. ARE 639846 AgR-QO/SP, rel. orig. Min. Dias Toffoli, red. p/ o acórdão Min. Luiz Fux, 13.10.2011. (ARE-639846)

AGRAVO EM MATÉRIA CRIMINAL E PRAZO PARA INTERPOSIÇÃO - 4

Em seguida, o Plenário rejeitou, também por maioria, nova questão de ordem, formulada pelo relator, no sentido de que, entre o vencimento da *vacatio legis* atinente à Resolução 451 do STF, que ocorrera em 8.12.2010, e a data deste julgamento, a consignar o entendimento ora fixado pela Corte, deveria ser admitido o prazo de 10 dias para interposição de agravo em matéria criminal. Reputou-se que haveria inconveniente de ordem prática, pois, desde a citada data, muitos agravos não teriam sido conhecidos com fundamento em intempestividade e já teria ocorrido o trânsito em julgado das respectivas decisões. Assim, o acolhimento da questão de ordem implicaria desonomia e insegurança jurídica. O Presidente sublinhou, ainda, que, conforme o caso, o remédio do *habeas corpus* estaria disponível para que a parte se insurgisse contra o vício que originara a interposição do agravo. Vencidos o relator e os Ministros Ricardo Lewandowski, Gilmar Mendes e Celso de Mello, que entendiam que a solução proposta prestigiaria a segurança jurídica e a isonomia em detrimento da estrita legalidade. Ademais, consideravam que essa orientação consagraria, de igual modo, os princípios da boa-fé do jurisdicionado — que fizera determinada leitura da Resolução 451/2010 do STF que fora partilhada, inclusive, por alguns Ministros da Corte — e da confiança. ARE 639846 AgR-QO/SP, rel. orig. Min. Dias Toffoli, red. p/ o acórdão Min. Luiz Fux, 13.10.2011. (ARE-639846) (Inform. STF 644)

Recurso extraordinário e menção explícita a dispositivo

A menção expressa ao dispositivo constitucional que autoriza a interposição do recurso extraordinário revela-se essencial, sob pena de vício de forma. Com base nessa orientação, a 1ª Turma, por maioria, desproveu agravo regimental em agravo de instrumento interposto de decisão que, com base no art. 321 do Regimento Interno desta Corte, negara seguimento a recurso extraordinário em que o recorrente não apontara preceito e alínea que respaldassem seu apelo. Vencida a Min. Cármen Lúcia, que superava a aplicação da mencionada norma regimental se, das razões recursais, fosse possível identificar o dispositivo que teria fundamentado o RE, como ocorrera no caso. AI 838930 AgR/CE, rel. Min. Marco Aurélio, 21.6.2011. (AI-838930) (Inform. STF 632)

RHC N. 103.170-RJ
RELATOR: MIN. DIAS TOFFOLI
EMENTA: Recurso ordinário em *habeas corpus*. Paciente condenado a 26 anos de reclusão por duplo crime de homicídio simples. Continuidade delitiva não configurada. Necessidade de unidade de desígnios. Reexame de fatos e provas. Imprópria a via estreita do *habeas corpus*. Pena-base. Dosimetria. Nulidade. Inexistência. Recurso não provido. Circunstâncias judiciais desfavoráveis. Inclusão de qualificadora como circunstância agravante da pena. Recurso exclusivo da defesa. Exasperação da pena determinada pelo Juiz-Presidente. Inadmissibilidade. Ocorrência de *reformatio in pejus*. Ordem concedida de ofício.

1. A via estreita do **habeas corpus** é inadequada para a incursão em aspectos fáticos ou para promover dilação probatória tendente a comprovar a existência dos requisitos objetivos e subjetivos para o reconhecimento da continuidade delitiva. Precedentes.
2. Esta Corte tem adotado orientação pacífica segundo a qual não há nulidade na decisão que majora a pena-base considerando-se as circunstâncias judiciais desfavoráveis.
3. O Juiz-Presidente do Tribunal do Júri, quando de terceiro julgamento, realizado em função do provimento dado a recurso exclusivo do réu por ocasião do primeiro julgamento, não pode incluir e quesitar circunstância agravante que **per se** qualificaria o crime de homicídio pelo qual o réu foi denunciado sem que tivesse ela sido mencionada na denúncia, na pronúncia e no libelo-crime acusatório. Impossibilidade de aplicação de pena mais grave do que aquela que resultou de anterior decisão anulada, uma vez que presentes os mesmos fatos e as mesmas circunstâncias admitidos no julgamento anterior. Em tal situação, aplica-se ao Juiz-Presidente a vedação imposta pelo art. 617 do CPP. Precedentes.
4. Recurso ordinário a que se nega provimento. Ordem concedida de ofício.

(Inform. STF 627) *noticiado no Informativo 619

HC N. 104.763-MS
RELATOR: MIN. DIAS TOFFOLI
EMENTA: ***Habeas corpus*. Processual penal. Associação para o tráfico. Prisão preventiva. Súmula 691 do STF. Inadequação. Ilegalidade manifesta. Inocorrência. Extensão de ordem concedida em favor de corréus. Situação jurídica do impetrante que não é idêntica à dos demais (CPP, art. 580). Não conhecimento.**

1. O indeferimento de liminar em **habeas corpus** pelo Superior Tribunal de Justiça encontra amparo na Súmula 691 do Supremo Tribunal Federal, que somente admite mitigação na presença de flagrante ilegalidade, abuso de poder ou teratologia.
2. Incidência da mencionada Súmula, sob pena de supressão de instância.
3. As informações constantes dos autos, ademais, demonstram que o paciente não se encontra em situação idêntica à dos corréus beneficiados, conforme dispõe o art. 580 do Código de Processo Penal.
4. - **Habeas corpus** não conhecido. (Inform. STF 621)

TRIBUNAL DO JÚRI E NULIDADES - 1

A 1ª Turma iniciou julgamento de recurso ordinário em *habeas corpus* em que pretendida a mitigação da pena imposta ao paciente, condenado por 2 homicídios simples, em concurso material, à pena de 13 anos de reclusão, o que totalizara uma pena de 26 anos. Na espécie, contra a primeira decisão do Tribunal do Júri que condenara o paciente a uma pena total de 22 anos de reclusão, a defesa apelara e o *parquet* não se insurgira. No julgamento que se seguira, o paciente fora absolvido, o que ensejara apela-ção do Ministério Público, provida, com determinação de novo Júri, ao fundamento de que a absolvição seria contrária à prova dos autos. No 3º julgamento, o paciente recebera uma pena 4 anos superior àquela inicialmente proferida – acréscimo de 2 anos para cada homicídio –, em razão da sua propalada torpeza. O Min. Dias Toffoli, relator, negou provimento ao recurso, mas concedeu a ordem, de ofício, para decotar da pena o acréscimo decorrente da citada qualificadora, restabelecendo a condenação à pena de 11 anos de reclusão para cada um dos homicídios. Rejeitou as alegações de nulidade do processo por falta de fundamentação no tocante à fixação da pena-base (em piso superior ao mínimo legal) e da necessidade de reconhecimento da continuidade delitiva entre os crimes perpetrados. Salientou a jurisprudência do STF no sentido de ser suficiente a presença de uma das circunstâncias judiciais desfavoráveis para que a pena básica não fique no patamar mínimo, e, ainda, de ser incabível o reexame de matéria fático-probatória na via eleita. Por sua vez, o Min. Marco Aurélio, tendo em conta que, no 1º julgamento, o juízo fixara a pena de 11 anos para cada crime, com o silêncio do Ministério Público e, no 2º, absolvera o réu, entendeu que, no 3º julgamento o magistrado não poderia chegar a uma pena superior àquela do patamar inicial. Após, pediu vista a Min. Cármen Lúcia. RHC 103170/RJ, rel. Min. Dias Toffoli, 1º.3.2011. (RHC-103170)

TRIBUNAL DO JÚRI E NULIDADES - 2

Em conclusão, a 1ª Turma negou provimento a recurso ordinário em *habeas corpus*, mas, concedeu a ordem, de ofício, a fim de que a condenação imposta ao paciente pelos dois crimes de homicídio simples fosse limitada a 22 anos de reclusão. Na espécie, contra a primeira decisão do Tribunal do Júri que condenara o paciente a uma pena total de 22 anos de reclusão, a defesa apelara e o *parquet* não se insurgira. No julgamento que se seguira, o paciente fora absolvido, o que ensejara apelação do Ministério Público, provida, com determinação de novo Júri, ao fundamento de que a absolvição teria sido contrária à prova dos autos. No 3º julgamento, o paciente recebera uma pena 4 anos superior àquela inicialmente proferida — acréscimo de 2 anos para cada homicídio —, em razão da sua propalada torpeza — v. Informativo 618. RHC 103170/RJ, rel. Min. Dias Toffoli, 15.3.2011. (RHC-103170)

TRIBUNAL DO JÚRI E NULIDADES - 3

O Min. Dias Toffoli, relator, decotou da pena o acréscimo decorrente da citada qualificadora, restabelecendo a condenação à pena de 11 anos de reclusão para cada um dos homicídios. Rejeitou as alegações de nulidade do processo por falta de fundamentação no tocante à fixação da pena-base (em piso superior ao mínimo legal) e da necessidade de reconhecimento da continuidade delitiva entre os crimes perpetrados. Salientou a jurisprudência do STF no sentido de ser suficiente a presença de uma das circunstâncias judiciais desfavoráveis para que a pena básica não fique no patamar mínimo, e, ainda, de ser incabível o reexame de matéria fático-probatória na via eleita. Por sua vez, o Min. Marco Aurélio, tendo em conta que, no 1º julgamento, o juízo fixara a pena de 11 anos para cada crime, com o silêncio do Ministério Público e, no 2º, absolvera o réu, entendeu que, no 3º julgamento o magistrado não poderia chegar a uma pena superior àquela do patamar inicial. A Min. Cármen Lúcia, em voto-vista, destacou que seria vedada a *reformatio in pejus* no direito processual penal brasileiro, de modo que decisões posteriores, mesmo que oriundas do Tribunal do Júri, não poderiam impor valores superiores aos da primeira condenação que, conforme enfatizou, transitara em julgado para a acusação. RHC 103170/RJ, rel. Min. Dias Toffoli, 15.3.2011. (RHC-103170) (Inform. STF 619)

APELAÇÃO: EFEITO DEVOLUTIVO E "REFORMATIO IN PEJUS" - 1

A Turma iniciou julgamento de habeas corpus em que se discute eventual reformatio in pejus de sentença em virtude de julgamento de apelação, uma vez que tal recurso teria sido apresentado somente pela defesa. Na espécie, a paciente fora condenada, pelo crime de evasão de divisas, à pena de 3 anos e 6 meses de reclusão. No julgamento do recurso de apelação, embora reduzida a pena para 2 anos e 4 meses de reclusão, a defesa alega que teriam sido consideradas circunstâncias judiciais alheias às mencionadas na sentença condenatória, o que vulneraria a voluntariedade recursal. Sustenta que, se afastados esses fundamentos, a sentença fixar-se-ia no mínimo legal e operar-se-ia a prescrição. **HC 99972/PR, rel. Min. Cármen Lúcia, 17.8.2010. (HC-99972)**

APELAÇÃO: EFEITO DEVOLUTIVO E "REFORMATIO IN PEJUS" - 2

A Min. Cármen Lúcia, relatora, indeferiu o writ. Inicialmente, considerou que a sentença de 1º grau assentara a existência de três circunstâncias judiciais desfavoráveis à paciente: a culpabilidade, as circunstâncias e as conseqüências do crime. O acórdão de 2º grau, por sua vez, levara em conta apenas a culpabilidade e as circunstâncias do crime como desabonadoras, de modo a reduzir a pena. Em seguida, reputou que o grau de reprovabilidade da conduta, ínsito à culpabilidade, já fora ponderado pelo juízo monocrático, ainda que com outras palavras. Asseverou, ademais, que a decisão recursal considerara o efeito devolutivo da apelação, embora interposta unicamente pela defesa, e estaria autorizada a rever os critérios de individualização da pena, nos termos do art. 59 do CP, limitada, tão-somente, pela prova produzida e pelas alegações das partes. Após, pediu vista dos autos o Min. Dias Toffoli.HC 99972/PR, rel. Min. Cármen Lúcia, 17.8.2010. (HC-99972)

APELAÇÃO: EFEITO DEVOLUTIVO E "REFORMATIO IN PEJUS" - 3

A 1ª Turma retomou julgamento de *habeas corpus* em que se discute eventual *reformatio in pejus* de sentença em virtude de julgamento de apelação, uma vez que tal recurso teria sido apresentado somente pela defesa. Na espécie, a paciente fora condenada, pelo crime de evasão de divisas, à pena de 3 anos e 6 meses de reclusão. No julgamento do recurso de apelação, embora reduzida a pena para 2 anos e 4 meses de reclusão, a defesa alega que teriam sido consideradas circunstâncias judiciais alheias às mencionadas na sentença condenatória, o que vulneraria a voluntariedade recursal. Sustenta que, se afastados esses fundamentos, a sentença fixar-se-ia no mínimo legal e operar-se-ia a prescrição — v. Informativo 596. HC 99972/PR, rel. Min. Cármen Lúcia, 15.3.2011. (HC-99972)

APELAÇÃO: EFEITO DEVOLUTIVO E "REFORMATIO IN PEJUS" - 4

O Min. Dias Toffoli, em voto-vista, acompanhou a Min. Cármen Lúcia, relatora, e indeferiu o *writ*. Ressaltou que, não obstante o tribunal tivesse afastado as circunstâncias judiciais da sentença e considerado outras não fixadas pelo juiz, não teria havido violação à garantia da ampla defesa e nem ao princípio do *ne reformatio in pejus*, porquanto a apelação devolve a apreciação do conjunto probatório e não teria ocorrido, no caso, agravamento da pena, de acordo com o art. 617 do CPP. Em divergência, o Min. Marco Aurélio deferiu a ordem. Entendeu que, sendo a apelação interposta apenas pela defesa, o tribunal não poderia substituir as circunstâncias judiciais por outras não contempladas pelo juízo, sob pena de suprimir da defesa recurso ordinário, o que implicaria supressão de instância. Após, pediu vista o Min. Luiz Fux. HC 99972/PR, rel. Min. Cármen Lúcia, 15.3.2011 (HC-99972)

APELAÇÃO: EFEITO DEVOLUTIVO E "REFORMATIO IN PEJUS" - 5

Em conclusão de julgamento, a 1ª Turma indeferiu habeas corpus em que se discutia eventual reformatio in pejus de sentença em virtude de julgamento de apelação, uma vez que o recurso teria sido apresentado somente pela defesa. Na espécie, a paciente fora condenada, pelo crime de evasão de divisas, à pena de 3 anos e 6 meses de reclusão. No julgamento do recurso de apelação, embora reduzida a pena para 2 anos e 4 meses de reclusão, a defesa alegava que teriam sido consideradas circunstâncias judiciais alheias às mencionadas na sentença condenatória, o que vulneraria a voluntariedade recursal. Sustentava que, se afastados esses fundamentos, a sentença fixar-se-ia no mínimo legal e operar-se-ia a prescrição — v. Informativos 596 e 619. HC 99972/PR, rel. Min. Cármen Lúcia, 9.8.2011. (HC-99972)

APELAÇÃO: EFEITO DEVOLUTIVO E "REFORMATIO IN PEJUS" - 6

Considerou-se que a sentença de 1º grau assentara a existência de três circunstâncias judiciais desfavoráveis à paciente: a culpabilidade, as circunstâncias e as conseqüências do crime. O acórdão de 2º grau, por sua vez, levara em conta apenas a culpabilidade e as circunstâncias do crime como desabonadoras, de modo a reduzir a pena. Em seguida, reputou-se que o grau de reprovabilidade da conduta, ínsito à culpabilidade, já fora ponderado pelo juízo monocrático, ainda que com outras palavras. Asseverou-se, ademais, que a decisão recursal considerara o efeito devolutivo da apelação, ainda que interposta unicamente pela defesa, e estaria autorizada a rever os critérios de individualização da pena, nos termos do art. 59 do CP, limitada, tão-somente, pela prova produzida e pelas alegações das partes. Vencidos os Ministros Marco Aurélio e Luiz Fux, que deferiam a ordem por reputarem que, sendo a apelação interposta apenas pela defesa, o tribunal não poderia substituir as circunstâncias judiciais por outras não contempladas pelo juízo. HC 99972/PR, rel. Min. Cármen Lúcia, 9.8.2011. (HC-99972) (Inform. STF 635)

AGRAVO EM MATÉRIA PENAL E DEFICIÊNCIA DO TRASLADO - 1

A 1ª Turma retomou julgamento de *habeas corpus* em que se pretende seja conhecido agravo de instrumento que visa à subida de recurso especial em matéria penal. Discute-se, na situação dos autos, sobre o traslado de peça não legível quanto ao carimbo do protocolo do recurso especial, na Secretaria do Tribunal de Justiça, determinante para a verificação de sua tempestividade. O Min. Marco Aurélio, relator, na sessão de 31.8.2010, concedeu a ordem para que fosse: ou requisitado o agravo de instrumento que baixara à origem; ou determinado juntada de imediato, pela referida Secretaria, de peça em que estivesse legível o mencionado carimbo. De início, ressaltou não haver óbice para efeito de impetração decorrente do trânsito em julgado do aludido aresto. Assentou a necessidade de se distinguir a formação do instrumento considerado o processo civil e o processo criminal. Aduziu, no ponto, que, tendo em conta o civil, a própria parte agravante deveria produzir o traslado de documentos, ao passo que, quanto ao criminal, incumbiria a ela indicar as peças e à Secretaria providenciar o instrumento. Asseverou que, na espécie, a regência se faria pela Lei 8.038/90. Reputou, então, descaber na hipótese, pela deficiência na formação do instrumento, a cominação do processo civil relativa ao não-conhecimento do agravo. Observou, por fim, que a agravante indicara os documentos e não fora responsável pelo traslado de peça imperfeita. Nesta assentada, o Min. Dias Toffoli, em divergência, denegou o *writ*. Enfatizou que seria obrigação da parte fiscalizar a formação do instrumento. Após, pediu vista dos autos o Min. Ricardo Lewandowski.HC 96647/SP, rel. Min. Marco Aurélio, 1º.2.2011. (HC-96647)

AGRAVO EM MATÉRIA PENAL E DEFICIÊNCIA DO TRASLADO - 2

Em conclusão, a 1ª Turma, por maioria, indeferiu *habeas corpus* em que se pretendia fosse conhecido agravo de instrumento que visava à subida de recurso especial em matéria penal não admitido por deficiência do traslado. Na espécie, a decisão impugnada considerara não legível carimbo do protocolo do recurso especial, na Secretaria do Tribunal de Justiça, determinante para a verificação de sua tempestividade — v. Informativo 614. Aduziu-se que, conforme precedentes da Corte, seria dever do recorrente zelar pela correta formação do agravo de instrumento, inclusive em sede criminal, de modo que a deficiência contida na referida peça processual não poderia ser atribuída ao cartório. Vencido o Min. Marco Aurélio, que concedia o *writ* por entender que, em processo criminal, caberia à parte somente indicar as peças, ao passo que, à Secretaria, providenciar o instrumento. HC 96647/SP, rel. orig. Min. Marco Aurélio, red. p/ o acórdão Min. Dias Toffoli, 22.2.2011. (HC-96647) (Inform. STF 617)

HC E ESTRANGEIRO NÃO DOMICILIADO NO BRASIL - 1

Por reputar ausentes os requisitos de embargabilidade, a 2ª Turma rejeitou embargos de declaração em que pretendido o aclaramento sobre a admissibilidade de *habeas corpus*, bem como questão de ordem neles formulada. Tratava-se, na espécie, de embargos declaratórios opostos contra acórdão proferido em *habeas corpus* no qual se decidira que: a) o súdito estrangeiro, mesmo o não domiciliado no Brasil, teria plena legitimidade para impetrar *habeas corpus*, em ordem a tornar efetivo, nas hipóteses de persecução penal, o direito subjetivo, de que também seria titular, à observância e ao integral respeito, por parte do Estado, das prerrogativas que compõem e dão significado à cláusula do devido processo legal; b) seria inviável a execução do Acordo de Cooperação Brasil/Rússia, presente o contexto em exame, resultar em imediata aplicação, em território brasileiro, em detrimento do paciente — que sequer se encontraria no Brasil —, de qualquer medida privativa de sua liberdade de locomoção física; c) haveria impossibilidade jurídica de o STF expedir provimentos jurisdicionais consubstanciadores de ordens mandamentais dirigidas a qualquer missão diplomática sediada em território brasileiro. Na ocasião, buscava-se ordem mandamental a ser dirigida à Missão Diplomática da Federação da Rússia, para que a Federação da Rússia devolvesse o material informativo a ela encaminhado pela Procuradoria Geral da República do Brasil e que teria, como destinatária específica, a Procuradoria Geral da República da Federação da Rússia. HC 102041 ED/SP, rel. Min. Celso de Mello, 15.2.2011. (HC-102041)

HC E ESTRANGEIRO NÃO DOMICILIADO NO BRASIL - 2

Entendeu-se que os embargos opostos teriam nítido caráter infringente, circunstância que, por si só, bastaria para tornar incabível a espécie recursal ora em análise. Asseverou-se que o acórdão embargado não teria afastado a possibilidade de utilização do remédio do *habeas corpus*, mesmo nas hipóteses de cooperação jurídica internacional, em que o auxílio direto constituiria modalidade, desde que presentes, no entanto, quanto ao *writ*, os requisitos de sua admissibilidade. Aduziu-se, apenas, a inviabilidade, no caso específico, de utilização do *habeas*, uma vez que ausente do território brasileiro a pessoa do súdito estrangeiro em questão e, por isso, inexistente qualquer possibilidade de dano atual ou iminente à liberdade ou à locomoção física do paciente. HC 102041 ED/SP, rel. Min. Celso de Mello, 15.2.2011. (HC-102041) (Inform. STF 616)

APELAÇÃO: EFEITO DEVOLUTIVO E *"REFORMATIO IN PEJUS"*

A Turma, por maioria, indeferiu *habeas corpus* em que se pretendia fosse aplicada — a condenada pelo crime de tráfico internacional de entorpecentes, à pena de 4 anos, 10 meses e 10 dias de reclusão — a causa de diminuição prevista no § 4º do art. 33 da Lei 11.343/2006 em seu grau máximo, bem como substituída a pena privativa de liberdade por restritiva de direitos (Lei 11.343/2006, art. 33: "*§ 4º Nos delitos definidos no caput e no § 1º deste artigo, as penas poderão ser reduzidas de um sexto a dois terços, vedada a conversão em penas restritivas de direitos, desde que o agente seja primário, de bons antecedentes, não se dedique às atividades criminosas nem integre organização criminosa.*"). A defesa sustentava que teria havido *reformatio in pejus*, uma vez que a sentença de 1º grau considerara a consumação do delito para fins de incidência da causa de diminuição em seu patamar mínimo, ao passo que, no julgamento da apelação, a justificativa para o uso da fração mínima teria sido modificada ante a constatação da significativa quantidade de droga apreendida. Primeiramente, aduziu-se que teriam sido apontados elementos concretos a justificar a aplicabilidade da causa de diminuição em seu grau mínimo, tanto no 1º quanto no 2º grau e que, apesar de o órgão de 2ª instância ter mantido a referida causa de diminuição com fundamentos diversos dos utilizados pelo juízo de 1º grau, o efeito devolutivo do recurso de apelação — ainda que exclusivo da defesa — autorizaria a revisão dos critérios de individualização definidos na sentença penal condenatória, limitada tão-somente pelo teor da acusação e pela prova produzida. Ademais, reputou-se não haver falar em *reformatio in pejus*, uma vez que o *quantum* da causa de diminuição e da pena total teria sido mantido na apelação. Vencido o Min. Marco Aurélio, que concedia a ordem para implementar a causa de diminuição em seu grau máximo, por entender que seus requisitos estariam satisfeitos na espécie. **HC 101917/MS, rel. Min. Cármen Lúcia, 31.8.2010.** (HC-101917) (Inform. STF 598)

***"REFORMATIO IN PEJUS"*: CIRCUNSTÂNCIA AGRAVANTE E INOVAÇÃO**

Por reputar configurada a violação ao princípio do *ne reformatio in pejus*, a Turma deferiu *habeas corpus* para excluir da pena imposta à paciente o aumento decorrente da circunstância agravante prevista no art. 61, II, g, do CP ("*São circunstâncias que sempre agravam a pena, quando não constituem ou qualificam o crime: ... II □ ter o agente cometido o crime: ... g) com abuso de poder ou violação de dever inerente a cargo, ofício, ministério ou profissão.*"). Tratava-se de *writ* no qual se questionava acréscimo de pena pelo TRF da 1ª Região que, ao julgar apelação exclusiva da defesa, afirmara, na segunda fase da dosimetria, que o delito imputado à paciente teria sido cometido com violação de dever inerente ao cargo, haja vista sua condição de delegada de polícia. Ocorre que, no caso, a paciente fora condenada pela prática do delito previsto no art. 12 c/c o art. 18, III, ambos da Lei 6.368/76, tendo o juízo sentenciante assentado a inexistência de circunstâncias agravantes ou atenuantes a serem consideradas. Asseverou-se que a Corte de origem acrescentara novos fundamentos à dosimetria da pena, de modo a extrapolar os limites aos quais estava jungida, sopesando fato desconsiderado pelo juiz monocrático. Salientou-se ser amplo o efeito devolutivo da apelação, o qual permite a revisão inclusive da dosimetria da pena, sendo possível a readequação de circunstâncias judiciais e legais, desde que não haja piora na situação do sentenciado nas hipóteses de recurso exclusivo da defesa. Não obstante, consignou-se que, apesar de o TRF da 1ª Região haver reduzido o montante global da pena da paciente, ele inovara os fundamentos da decisão monocrática. Determinou-se, por conseqüência, o correspondente redimensionamento da sentença da paciente, sem prejuízo do quanto decidido pelo STJ. **HC 99925/RR, rel. Min. Ricardo Lewandowski, 2.3.2010.** (HC-99925) (Inform. STF 577)

EMENTA: RECURSO. Extraordinário. Transação penal. Homologação. Efeitos de decisão condenatória. Ofensa aos princípios constitucionais do devido processo legal, do contraditório e da presunção de inocência. Relevância. Repercussão geral reconhecida. Apresenta repercussão geral o recurso extraordinário que verse sobre a imposição de efeitos de sentença penal condenatória à transação penal prevista na Lei nº 9.099/95. **REPERCUSSÃO GERAL EM AI N. 762.146-PR. RELATOR: MIN. CEZAR PELUSO.** (Inform. STF 560)

EMENTA: RECURSO. Extraordinário. Ministério Público. Poderes de investigação. Questão da ofensa aos arts. 5º, incs. LIV e LV, 129 e 144, da Constituição Federal. Relevância. Repercussão geral reconhecida. Apresenta repercussão geral o recurso extraordinário que verse sobre a questão de constitucionalidade, ou não, da realização de procedimento investigatório criminal pelo Ministério Público. **REPERCUSSÃO GERAL EM RE N. 593.727-MG. RELATOR: MIN. CEZAR PELUSO.** (Inform. STF 560)

EMENTA: AÇÃO PENAL. Homicídio doloso. Tribunal do Júri. Três julgamentos da mesma causa. Reconhecimento da legítima defesa, com excesso, no segundo julgamento. Condenação do réu à pena de 6 (seis) anos de reclusão, em regime semi-aberto. Interposição de recurso exclusivo da defesa. Provimento para cassar a decisão anterior. Condenação do réu, por homicídio qualificado, à pena de 12 (doze) anos de reclusão, em regime integralmente fechado, no terceiro julgamento. Aplicação de pena mais grave. Inadmissibilidade. *Reformatio in peius* indireta. Caracterização. Reconhecimento de outros fatos ou circunstâncias não ventilados no julgamento anterior. Irrelevância. Violação conseqüente do justo processo da lei (*due process of law*), nas cláusulas do contraditório e da ampla defesa. Proibição compatível com a regra constitucional da soberania relativa dos veredictos. HC concedido para restabelecer a pena menor. Ofensa ao art. 5º, incs. LIV, LV e LVII, da CF. Inteligência dos arts. 617 e 626 do CPP. Anulados o julgamento pelo tribunal do júri e a correspondente sentença condenatória, transitada em julgado para a acusação, não pode o acusado, na renovação do julgamento, vir a ser condenado a pena maior do que a imposta na sentença anulada, ainda que com base em circunstância não ventilada no julgamento anterior. **HC N. 89.544-RN. RELATOR: MIN. CEZAR PELUSO. Noticiado no Informativo 542** (Inform. STF 546)

EMENTA: *HABEAS CORPUS*. PROCESSO PENAL. CONSTITUCIONAL. PENA DE DESERÇÃO. ART. 595 DO CÓDIGO DE PROCESSO PENAL. NÃO-RECEPÇÃO PELA CONSTITUIÇÃO DA REPÚBLICA. OBRIGATORIEDADE DO PROCESSAMENTO DA APELAÇÃO. 1. Contraria o direito à ampla defesa a declaração da deserção da apelação em razão do não-recolhimento do condenado à prisão, ou da sua fuga depois de ter apelado. 2. Entendimento consubstanciado pela jurisprudência do Supremo Tribunal no sentido de que é inconstitucional a exigência de depósito ou arrolamento prévio de bens e direitos como condição de admissibilidade de recurso administrativo (ADI n. 1.976, Rel. Min. Joaquim Barbosa, DJ

18.5.2007), e pelas alterações produzidas pela Lei n. 11.719/08, que alteraram a interpretação e a aplicação do art. 595 do Código de Processo Penal, pois, além de se revogar expressamente o art. 594 desse diploma legal, alterou-se o seu art. 387, que passou a estabelecer competir ao juiz decidir, *"fundamentadamente, sobre a manutenção ou, se for o caso, imposição de prisão preventiva ou de outra medida cautelar, sem prejuízo do conhecimento da apelação que vier a ser interposta"* (parágrafo único do art. 387). 3. Ordem concedida. **HC N. 85.369-SP. RELATORA: MIN. CÁRMEN LÚCIA. Noticiado no Informativo 540** (Inform. STF 544)

TEMPESTIVIDADE DE RECURSO: NECESSIDADE DE INGRESSO NO PROTOCOLO DA SECRETARIA DO SUPREMO

A data considerada para se aferir a tempestividade do recurso é aquela do efetivo ingresso da petição no protocolo da Secretaria do Supremo Tribunal Federal. Com base nesse entendimento, o Tribunal, por maioria, desproveu agravo regimental interposto contra decisão que não admitira embargos de divergência opostos de acórdão que negara provimento a agravo regimental em recurso extraordinário. Na espécie, os agravantes sustentavam que a decisão agravada deveria ser reformada, ao fundamento de que os embargos de divergência seriam tempestivos. Considerou-se o fato de que os embargos de divergência teriam sido opostos, por meio eletrônico, em 17.3.2008, e os originais apresentados no Gabinete do Min. Gilmar Mendes, Presidente, no dia 24.3.2008, sendo que, somente em 10.4.2008, teriam sido apresentados perante a seção de protocolo de petições, após, portanto, o decurso do prazo previsto no art. 2º, da Lei 9.800/99, c/c o art. 5º da Resolução 179/99 do STF. Vencido o Min. Marco Aurélio que, ante a peculiaridade do caso concreto, provia o agravo, reputando válida a chegada do postado com o original do recurso, embora o envelope não estivesse subscrito à Secretária da Judiciária, mas ao Presidente da Corte, no prazo de 5 dias, tendo como termo inicial a data em que recebido o fac-símile. Alguns precedentes citados: AI 419006 ED-ED/BA (DJU de 10.9.2004); AI 368200 AgR/SP DJU de 2.8.2002); AI 708869 ED/RJ (DJE de 30.5.2008); AI 656417 AgR-ED-AgR/RS (DJE de 14.11.2008). **RE 436029 AgR-EDv-AgR/RS, rel. Min. Ricardo Lewandowski,15.4.2009.** (RE-436029) (Inform. STF 542)

TRIBUNAL DO JÚRI E PRINCÍPIO DA "NE REFORMATIO IN PEJUS" INDIRETA - 1

A Turma deferiu *habeas corpus* para assentar que o princípio da *ne reformatio in pejus* indireta tem aplicação nos julgamentos realizados pelo tribunal do júri. No caso, acusado como incurso nos delitos capitulados no art. 121, § 2º, I e IV, c/c o art. 29, ambos do CP, fora absolvido pelo conselho de sentença, o qual acolhera a tese de legítima defesa. Interposta apelação pelo Ministério Público, o tribunal de justiça local dera-lhe provimento para submeter o paciente a novo julgamento, por reputar que a decisão dos jurados teria sido manifestamente contrária à prova dos autos. Em novo julgamento, conquanto reconhecida a legítima defesa, entendera o júri ter o paciente excedido os limites dessa causa de justificação, motivo pelo qual o condenara por homicídio simples à pena de 6 anos de reclusão, a ser cumprida em regime semi-aberto. Irresignada, a defesa interpusera recurso de apelação, provido, sob o argumento de que contradição na formulação dos quesitos teria maculado o decreto condenatório, eivando de nulidade absoluta o feito. O paciente, então, fora submetido a terceiro julgamento perante o tribunal do júri, sendo condenado por homicídio qualificado à pena de 12 anos de reclusão, em regime integralmente fechado. A defesa, desse modo, recorrera à corte local e ao STJ, concluindo este que, em crimes de competência do tribunal do júri poderia ser proferida, em novo julgamento, decisão que agravasse a situação do réu, tendo em vista a soberania dos veredictos. A impetração sustentava que, decretada a nulidade do julgamento anterior, não poderia o conselho de sentença, no novo julgamento, agravar a pena do réu, sob pena de violar o princípio constitucional da ampla defesa, bem como a vedação da *reformatio in pejus*. **HC 89544/RN, rel. Min. Cezar Peluso, 14.4.2009.** (HC-89544)

TRIBUNAL DO JÚRI E PRINCÍPIO DA "NE REFORMATIO IN PEJUS" INDIRETA - 2

Inicialmente, salientou-se que, se, de um lado, a Constituição da República reconhece a instituição do júri e a soberania de seus veredictos (art. 5º, XXXVIII, c), de outro, assegura aos acusados em geral o contraditório e a ampla defesa, com os meios e recursos a ela inerentes (art. 5º, LV). Observou-se que ambas as garantias, as quais constituem cláusulas elementares do princípio constitucional do devido processo, devem ser interpretadas sob a luz do critério da chamada concordância prática, que consiste numa recomendação para que o aplicador das normas constitucionais, em se deparando com situações de concorrência entre bens constitucionalmente protegidos, adote a solução que otimize a realização de todos eles, mas, ao mesmo tempo, não acarrete a negação de nenhum. Ressaltou-se que tal situação seria decorrência lógico-jurídica do princípio da unidade da Constituição, e cuja *ratio juris* estaria em garantir a coexistência harmônica dos bens nela tutelados, sem predomínio teórico de uns sobre outros, cuja igualdade de valores fundamenta o critério ou princípio da concordância. Considerou-se, ademais, que, como corolário do contraditório e da ampla defesa, o CPP contempla, dentre outros, o princípio da personalidade dos recursos (art. 617, parte final), que obsta a *reformatio in pejus*, tratando-se, aí, de proibição taxativa, segundo a qual o recorrente não pode ver agravada sua situação jurídica, material ou processual, quando não haja recurso da parte contrária. Acrescentou-se, nesse sentido, ser consolidada a jurisprudência da Corte, ao estabelecer que o juiz o qual venha a proferir nova decisão, em substituição à cassada no âmbito de recurso exclusivo da defesa, está limitado e adstrito ao máximo da pena imposta na sentença anterior, não podendo de modo algum piorar a situação jurídico-material do réu, sob pena de incorrer em *reformatio in pejus* indireta. **HC 89544/RN, rel. Min. Cezar Peluso, 14.4.2009.** (HC-89544)

TRIBUNAL DO JÚRI E PRINCÍPIO DA "NE REFORMATIO IN PEJUS" INDIRETA - 3

Esclareceu-se que, em que pese ser pacífica essa orientação na Corte, a proibição da *reformatio in pejus* indireta tem sido aplicada restritivamente ao tribunal do júri, sob a explícita condição de o conselho de sentença reconhecer a existência dos mesmos fatos e circunstâncias admitidos no julgamento anterior. Entendeu-se que tal restrição aniquilaria, na prática, a ampla defesa, na medida em que, intimidando o condenado, embaraçar-lhe-ia, senão que lhe inibiria o manejo dos recursos. Aduziu-se que o conselho de sentença deve decidir sempre como lhe convier, ao passo que o juiz presidente do tribunal do júri, ao fixar a pena, estaria obrigado a observar o máximo da reprimenda imposta ao réu no julgamento anterior. Registrou-se, no ponto, ser necessário distinguir, na sentença subjetivamente complexa do tribunal do júri, qual matéria seria de competência dos jurados — e, portanto, acobertada pela soberania — e qual a de competência do juiz-presidente — despida, pois, desse atributo. Enfatizou-se que, no âmbito de julgamento de recurso exclusivo da defesa, conferir ao tribunal do júri o poder jurídico de lhe agravar a pena resultaria em dano ao réu, em autêntica revisão da sentença *pro societate*, favorecendo à acusação, que não recorrera. Destarte, na espécie, concluiu-se não estar o terceiro Júri jungido à decisão anterior, que reconhecera excesso doloso à legítima defesa, de modo que lhe era lícito decidir como conviesse, adstrito às provas dos autos. O juiz-presidente é que, ao dosar a pena, deveria ter observado aquela fixada no julgamento anulado em razão do recurso exclusivo da defesa. Asseverou-se, ademais, não se encontrar nenhuma razão lógico-jurídica que, legitimando outra conclusão, preexcluísse estender a proibição da *reformatio in pejus* indireta, sempre admitida na província das decisões singulares, aos julgamentos da competência do tribunal do júri, ainda quando consideradas circunstâncias que o não tenham sido em julgamento anterior. Por fim, acrescentou-se que a regra que o sustenta é, em substância, de natureza processual e, no específico quadro teórico desta causa, apareceria, com caráter cogente, dirigida apenas ao juiz-presidente do júri, que a deveria reverenciar no momento do cálculo da pena, sem que isso importasse limitação de nenhuma ordem à competência do conselho de sentença ou à soberania dos veredictos. Nesse sentido, concedeu-se a ordem para fixar a pena do paciente nos exatos termos em que imposta no segundo julgamento, qual seja, 6 anos de reclusão, em regime inicial semi-aberto. **HC 89544/RN, rel. Min. Cezar Peluso, 14.4.2009.** (HC-89544) (Inform. STF 542)

RECURSO - PRESSUPOSTOS DE RECORRIBILIDADE. Os pressupostos de recorribilidade hão de estar ligados ao inconformismo revelado pela parte, ao próprio recurso interposto. APELAÇÃO CRIMINAL – DESERÇÃO. Surge extravagante ter-se como deserta a apelação ante o fato de o réu condenado haver empreendido fuga. APELAÇÃO CRIMINAL – DESERÇÃO - ARTIGO 595 DO CÓDIGO DE PROCESSO PENAL. O artigo 595 do Código de Processo Penal mostrou-se incompatível com a Constituição Federal de 1988, surgindo, na dicção da ilustrada maioria, a ausência de recebimento do preceito, concluindo o relator pela inconstitucionalidade. **HC N. 85.961-SP. RELATOR: MIN. MARCO AURÉLIO. Noticiado no Informativo 537** (Inform. STF 542)

ART. 595 DO CPP E NÃO-RECEPÇÃO

Tendo em conta o entendimento firmado no julgamento do HC 85961/SP (DJE de 23.3.2009), segundo o qual o art. 595 do CPP (*"Se o réu condenado fugir depois de haver apelado, será declarada deserta a apelação"*) não foi recebido pela ordem jurídico-constitucional vigente, o Tribunal concedeu *habeas corpus*, afetado ao Pleno pela 1ª Turma, para afastar óbice ao prosseguimento de recurso de apelação interposto pelo paciente, que empreendera fuga, após a sua condenação — v. Informativo 525. **HC 85369/SP, rel. Min. Cármen Lúcia, 26.3.2009.** (HC-85369) (Inform. STF 540)

ART. 595 DO CPP E NÃO-RECEPÇÃO
O art. 595 do CPP (*"Se o réu condenado fugir depois de haver apelado, será declarada deserta a apelação"*) não foi recebido pela ordem jurídico-constitucional vigente. Com base nesse entendimento, o Tribunal deferiu *habeas corpus*, remetido ao Pleno pela 1ª Turma, para afastar o óbice ao conhecimento de apelação interposta pelo paciente — que empreendera fuga após sua condenação —, assegurando-lhe o direito de aguardar em liberdade o trânsito em julgado de possível decreto condenatório. Entendeu-se que o aludido dispositivo revelaria pressuposto extravagante de recorribilidade, qual seja, a prisão do condenado, em conflito com o princípio da não-culpabilidade (CF, art. 5º, LVII). Ademais, assentou-se que o mencionado art. 595 do CPP encerraria, por via indireta, a execução antecipada da pena, caso inexistente base para se acionar o instituto da prisão preventiva, ao exigir a custódia para ser interposto e admitido recurso. O Min. Marco Aurélio, relator, declarava a inconstitucionalidade do art. 595 do CPP, bem como do art. 2º, § 3º, da Lei 8.072/90 (*"§ 3º Em caso de sentença condenatória, o juiz decidirá fundamentadamente se o réu poderá apelar em liberdade."*). **HC 85961/SP, rel. Min. Marco Aurélio, 5.3.2009.** (HC-85961) (Inform. STF 537)

ART. 595 DO CPP E CONSTITUCIONALIDADE
A Turma decidiu afetar ao Plenário julgamento de *habeas corpus* no qual se pleiteia, sob a alegação de inconstitucionalidade do art. 595 do CPP (*"Se o réu condenado fugir depois de haver apelado, será declarada deserta a apelação."*), afastar óbice ao prosseguimento de recurso de apelação interposto pelo paciente, que empreendera fuga, após a sua condenação. Argumenta a defesa que o referido dispositivo afronta o princípio da ampla defesa e que estaria em desacordo com o Pacto de São José da Costa Rica. A Turma preconizou, ainda, a preferência no pregão, haja vista que o presente feito encontrava-se sobrestado desde 18.3.2005, aguardando a decisão definitiva do RHC 83810/RJ (v. Informativo 334), em que se discute matéria diversa, qual seja, a constitucionalidade do art. 594 do mesmo diploma legal. **HC 85369/SP, rel. Min. Cármen Lúcia, 21.10.2008.** (HC-85369) (Inform. STF 525)

APELAÇÃO: JUNTADA DE DOCUMENTOS E PARECER OPINATIVO
A Turma negou provimento a recurso ordinário em *habeas corpus* interposto contra acórdão do STJ que mantivera decisão indeferitória de juntada de parecer elaborado por renomado jurista como aditamento às razões de apelação já apresentada. Sustentava-se, na espécie, a nulidade dessa decisão, por falta de motivação, bem como se alegava o desrespeito à garantia da parte em juntar documentos a qualquer tempo (CPP, art. 231), o que supostamente ocasionara cerceamento à defesa dos recorrentes. Inicialmente, salientou-se que o aludido parecer, por não ser um escrito destinado à prova, não poderia ser qualificado como documento nos termos da legislação processual penal vigente. Dessa forma, mencionou-se que a jurisprudência do STF é assente no sentido de que pareceres opinativos não se equiparam a documentos e que a sua eventual juntada aos autos sequer induz à abertura de vista à parte contrária. Ademais, asseverou-se que, ainda que se pudesse cogitar da possibilidade de se enquadrar o citado parecer nos termos pretendidos pelos recorrentes, a decisão impugnada deveria ser mantida, pois a apelação da defesa, salvo limitação explícita no ato de sua interposição, devolve ao tribunal todas as questões relevantes do processo, independentemente de terem sido argüidas nas razões do recurso ou, como no caso, no pedido de aditamento. Por fim, observou-se que, diversamente do que alegado, o pleito de aditamento fora formulado quase 1 ano depois da distribuição da apelação no tribunal de origem. Precedentes citados: RE 93243/BA (DJU de 5.12.80) e RE 357447 AgR-ED/SP (DJU de 6.8.2004). **RHC 94350/SC, rel. Min. Cármen Lúcia, 14.10.2008.** (RHC-94350) (Inform. STF 524)

EMBARGOS DECLARATÓRIOS E "MENSALÃO": OMISSÃO DA EMENTA
O Tribunal acolheu, parcialmente, embargos de declaração opostos pelo Procurador-Geral da República contra acórdão de recebimento de denúncia, movida pelo Ministério Público Federal contra 40 pessoas acusadas da suposta prática de crimes ligados ao esquema denominado "Mensalão", e rejeitou outros sete embargos de declaração opostos por denunciados. O Procurador-Geral da República alegava omissão relativamente ao recebimento da denúncia contra dois dos acusados, no que respeita ao crime de lavagem de dinheiro, na segunda modalidade narrada na peça acusatória. Salientou-se, de início, que os embargos em questão, tal como reconhecido pelo embargante em suas razões, não revelariam uma finalidade útil, haja vista que o réu se defende dos fatos, e não da classificação jurídica a eles dada. Dessa forma, asseverou-se que, se a mesma conduta, como no caso, caracteriza evasão de divisas e lavagem de dinheiro, e se a ação penal foi iniciada para apurar a prática dessa conduta, é dela e dos fatos que a envolvem que o réu irá se defender no decorrer da instrução penal. Afirmou-se que do voto constara o recebimento da denúncia quanto ao crime de lavagem de dinheiro, não havendo se falar em omissão do acórdão embargado. Aduziu-se, também, que a segunda etapa da lavagem de dinheiro fora praticada, em tese, em concurso com o crime de evasão de divisas, motivo pelo qual o relator aprofundara, em seu voto, a análise dos indícios apenas no capítulo que apreciara a imputação deste último delito. Concluiu-se que a Corte teria recebido expressa e integralmente a denúncia ofertada contra esses dois acusados e o acórdão seria suficientemente claro em relação ao recebimento integral da denúncia quanto à imputação de lavagem de dinheiro tanto na etapa nacional quanto na internacional. Não obstante, reconheceu-se que a ementa do acórdão não estaria a revelar com clareza a existência dessas duas etapas do crime de lavagem de dinheiro. ED do PGR acolhidos apenas para declarar a omissão da ementa no que tange à segunda etapa do crime de lavagem de dinheiro, que foi, em tese, praticada em concurso com o crime de evasão de divisas. **AP 470 ED/MG , rel. Min. Joaquim Barbosa, 19.6.2008.** (AP-470) (Inform. STF 511)

TRIBUNAL DO JÚRI E ALCANCE DA APELAÇÃO
A Turma deferiu *habeas corpus* impetrado em favor de pronunciado pela suposta prática dos crimes de tentativa de homicídio (CP, art. 121, § 2º, II) e de porte ilegal de arma de fogo (Lei 9.437/97, art. 10, *caput*) que, submetido a julgamento pelo tribunal do júri, fora absolvido. No caso, contra essa decisão, o Ministério Público interpusera apelação genérica, com base no art. 593, III, d, do CPP, cujas razões recursais, apresentadas posteriormente, limitaram-se a atacar a absolvição quanto ao delito de porte ilegal de arma. Ocorre que o tribunal estadual, ao prover o recurso, determinara a realização de novo julgamento, também em relação àquele homicídio tentado. Irresignada, a defesa impetrara *writ*, denegado pelo STJ ao fundamento de que a amplitude do recurso de apelação definir-se-ia de acordo com o disposto no seu termo, sendo vedada a restrição de seu alcance por ocasião do oferecimento ulterior das razões pelo parquet, sob pena de caracterização de desistência parcial do recurso. Entendeu-se que a apelação contra sentença do tribunal do júri pode ter seu alcance determinado pelas respectivas razões, quando tempestivas, em homenagem ao princípio do *tantum devolutum quantum apellatum*, notadamente em se tratando de interposição genérica. Nesse sentido, enfatizou-se que, na espécie, as razões apresentadas pelo órgão acusador foram especificadamente dirigidas contra a absolvição por porte ilegal de arma. Logo, não haveria que se falar em ofensa ao art. 576 do CPP, haja vista não se cuidar de desistência de recurso, mas de especificação de seu alcance. Ademais, salientou-se que o capítulo referente à tentativa de homicídio transitara em julgado. Ordem concedida para cassar o acórdão do tribunal de justiça, a fim de que outro julgamento seja realizado nos estritos termos da apelação contra a absolvição do paciente por porte ilegal de arma. **HC 93942/RS, rel. Min. Cezar Peluso, 6.5.2008.** (HC-93942) (Inform. STF 505)

APRECIAÇÃO DE RECURSO E DEVIDO PROCESSO LEGAL
Por vislumbrar ofensa ao devido processo legal, a Turma deferiu *habeas corpus* para determinar que o Tribunal de Justiça do Distrito Federal e Territórios - TJDFT aprecie as razões contidas na apelação interposta pelo paciente, a qual fora declarada prejudicada ante o provimento de recurso especial, apresentado pelo Ministério Público, em julgamento de recurso do co-réu. Na espécie, a defesa alegava a inconstitucionalidade do art. 595 do CPP e, conseqüentemente, pleiteava o conhecimento da apelação do paciente, reputada deserta, pelo TJDFT, devido a sua fuga do estabelecimento prisional. Ocorre que o Min. Joaquim Barbosa, relator, deferindo medida liminar, sobrestara o pre-sente feito, haja vista a pendência de exame dessa matéria pelo Plenário do STF. Inicialmente, aduziu-se que a decisão que assentara a deserção do recurso do paciente em face do seu não recolhimento ao cárcere feriria o Pacto de São José da Costa Rica, bem como os princípios da razoabilidade, da proporcionalidade e da ampla defesa. Ademais, entendeu-se inocorrente, no caso, o prejuízo da apelação do paciente, pelos seguintes fundamentos: a) a liminar fora concedida pelo Min. Joaquim Barbosa depois do julgamento do aludido recurso especial e b) o STJ manifestara-se sobre o recurso especial do Ministério Público contra acórdão que não havia analisado as razões contidas na apelação do paciente, ou seja, somente o recurso de co-réus fora examinado. Desse modo, considerou-se haver diferença entre estender os efeitos do recurso de co-réus ao paciente e analisar o por ele interposto, concluindo-se pela necessidade de ser devidamente apreciada a sua apelação. **HC 84469/DF, rel. Min. Joaquim Barbosa, 15.4.2008.** (HC-84469) (Inform. STF 502)

CORREIÇÃO PARCIAL E DESCABIMENTO DA VIA RECURSAL - 1

Por vislumbrar patente constrangimento ilegal, a Turma deu provimento a recurso ordinário em *habeas corpus* impetrado contra acórdão do STJ que, ante a inexistência de previsão legal para a interposição de recurso em sentido estrito (CPP, art. 581), reputara adequada a utilização, pelo Ministério Público estadual, de "reclamação" para impugnar decisão judicial concessiva de prisão domiciliar. Considerou-se que, abstraídas as questões de fundo debatidas no presente recurso, a saber, o teórico cabimento de custódia domiciliar em se tratando de réu ainda não apenado e, na seqüência, o exame da gravidade da doença que acometeria o ora recorrente, a indicar o aconselhamento da medida, o recurso deveria ser acolhido por motivo diverso, por se constatar o descabimento da via recursal eleita pelo *parquet* em face à decisão do juízo de primeiro grau, consistente no deferimento do direito de prisão domiciliar ao paciente. **RHC 91293/RJ, rel. Min. Gilmar Mendes, 1º.4.2008.** (RHC-91293)

CORREIÇÃO PARCIAL E DESCABIMENTO DA VIA RECURSAL - 2

Ressaltando que o Tribunal de Justiça do Estado do Rio de Janeiro cassara o aludido benefício mediante a incidência do art. 210 de seu regimento interno ["*São suscetíveis de correição, mediante reclamação da parte ou do Órgão do Ministério Público, as omissões dos Juízes e os despachos irrecorríveis por eles proferidos que importem em inversão da ordem legal do processo ou resultem de erro de ofício ou abuso de poder (CODJERJ, art. 219)*"], esclareceu-se que o referido dispositivo cuidaria do instituto da "correição parcial", conceitualmente abordada como meio de impugnação de despachos tumultuários emitidos pelo juiz, o que não se aplicaria à decisão que permitira ao réu o cumprimento da prisão preventiva em domicílio, uma vez que nada indicaria houvesse o magistrado promovido a inversão da ordem processual em desacordo com a lei. No ponto, asseverou-se que se trataria de decisão interlocutória não contemplada nos taxativos permissivos arrolados no art. 581 do CPP, o qual não comporta interpretação extensiva. Aduziu-se que entendimento diverso permitiria ao regimento interno do tribunal a criação de recurso que, além de não contemplado na lei processual penal, com ela se mostraria conflitante, abrindo nova via recursal em face de toda e qualquer manifestação do juízo, mesmo que seu provimento resultasse em prejuízo ao réu. RHC provido para restabelecer o decisório de primeira instância, possibilitando, com isso, a permanência do recorrente em prisão domiciliar, se e enquanto o juízo monocrático reputar cabível a medida. **RHC 91293/RJ, rel. Min. Gilmar Mendes, 1º.4.2008.** (RHC-91293) (Inform. STF 500)

RECURSO SEM EFEITO SUSPENSIVO E EXECUÇÃO PROVISÓRIA

A Turma deliberou afetar ao Plenário julgamento de recurso ordinário em *habeas corpus* em que envolvido o tema da execução provisória de sentença penal condenatória, quando ainda pendente recurso especial. Trata-se, na espécie, de recurso impetrado contra acórdão do STJ que reputara legítima a execução da pena privativa de liberdade antes do trânsito em julgado da respectiva condenação, uma vez que os recursos de natureza extraordinária não possuem efeito suspensivo. **RHC 93172/SP, rel. Min. Cármen Lúcia, 18.3.2008.** (RHC-93172) (Inform. STF 499)

ORDEM DO RITO E SUSTENTAÇÃO ORAL - 1

Em recurso exclusivo da acusação, o representante do Ministério Público, ainda que invoque a qualidade de *custos legis*, deve manifestar-se, na sessão de julgamento, antes da sustentação oral da defesa. Com base nesse entendimento, o Tribunal concedeu *habeas corpus*, afetado ao Pleno pela 2ª Turma, impetrado em favor de acusado pela suposta prática de delito previsto no art. 10 da Lei 7.492/86. No caso, o juízo de 1º grau rejeitara a denúncia apresentada contra o paciente. Contra esta decisão, o Ministério Público interpusera recurso em sentido estrito que, provido pelo TRF da 3ª Região, dera ensejo à instauração da ação penal. Ocorre que, durante a sessão de julgamento do citado recurso, a defesa proferira sustentação oral antes do Procurador-Geral, sendo tal fato alegado em questão de ordem, rejeitada ao fundamento de que o *parquet*, em segunda instância, atua apenas como fiscal da lei — v. Informativo 449. **HC 87926/SP, rel. Min. Cezar Peluso, 20.2.2008.** (HC-87926)

ORDEM DO RITO E SUSTENTAÇÃO ORAL - 2

Deferiu-se o *writ* para anular o julgamento do recurso em sentido estrito e determinar que outro se realize, observado o direito de a defesa do paciente, se pretender realizar sustentação oral, somente fazê-lo depois do representante do Ministério Público. Entendeu-se que, mesmo que invocada a qualidade de *custos legis*, o membro do Ministério Público deve manifestar-se, na sessão de julgamento, antes da sustentação oral da defesa, haja vista que as partes têm direito à observância do procedimento tipificado na lei, como concretização do princípio do devido processo legal, a cujo âmbito pertencem as garantias específicas do contraditório e da ampla defesa (CF, art. 5º, LIV e LV). Ressaltando a unidade e indivisibilidade do *parquet*, asseverou-se ser difícil cindir sua atuação na área recursal, no processo penal, de modo a comprometer o pleno exercício do contraditório. Aduziu-se, também, que o direito de a defesa falar por último é imperativo e decorre do próprio sistema, e que a inversão na ordem acarretaria prejuízo à plenitude de defesa. Ademais, afirmou-se não ser admissível interpretação literal do art. 610, parágrafo único, do CPP ("... *o presidente concederá ... a palavra aos advogados ou às partes que a solicitarem e ao procurador-geral, quando o requerer* ...") e que o art. 143, § 2º, do Regimento Interno do TRF da 3ª Região, que dispõe que o *parquet* fará uso da palavra após o recorrente e o recorrido, merece releitura constitucional. Precedentes citados: RHC 85443/SP (DJU de 13.5.2005); RE 91661/MG (DJU de 14.12.79). **HC 87926/SP, rel. Min. Cezar Peluso, 20.2.2008.** (HC-87926) (Inform. STF 495)

RECURSO SEM EFEITO SUSPENSIVO E EXECUÇÃO PROVISÓRIA

A Turma, por se tratar de réu preso, decidiu afetar ao Plenário julgamento de recurso ordinário em *habeas corpus* em que ex-policial civil condenado à pena de reclusão, em regime fechado, pela prática do crime de homicídio qualificado (CP, art. 121, § 2º, I e IV), pleiteia o direito de permanecer em liberdade até o trânsito em julgado da ação penal. A impetração sustenta: a) ser incabível a expedição de mandado de prisão antes do trânsito em julgado da sentença condenatória, porquanto ainda pendentes de apreciação recursos especial e extraordinário; b) ser o paciente primário, ter bons antecedentes e residir no distrito da culpa e c) ter o recorrente respondido ao processo em liberdade. Trata-se, na espécie, de recurso ordinário interposto contra acórdão do STJ que indeferira *habeas corpus*, ao fundamento de que a execução provisória da decisão condenatória constituiria efeito natural do exaurimento das vias recursais ordinárias, não importando em violação ao princípio constitucional da presunção de inocência, haja vista que os recursos de caráter excepcional não possuem efeito suspensivo. **RHC 93287/RJ, rel. Min. Cármen Lúcia, 19.2.2008.** (RHC-93287) (Inform. STF 495)

DIREITO DE RECORRER EM LIBERDADE

O Tribunal, resolvendo questão de ordem, concedeu medida cautelar em *habeas corpus* no qual se questiona a harmonia, ou não, com a ordem jurídica, da condição imposta pelo art. 594 do CPP, que determina o recolhimento do réu à prisão para a interposição do recurso de apelação. No caso, decretada a prisão preventiva do paciente, sobreviera sua condenação por latrocínio (CP, art. 157, § 3º), sendo-lhe negado o direito de recorrer em liberdade. Inconformada, a defesa apelara e o tribunal de origem não conhecera do recurso porque o paciente não se recolhera à prisão, o que ensejara impetração de *habeas corpus*, denegado pelo STJ, ante a circunstância de o paciente estar foragido. No presente *writ*, sustenta-se a ausência de fundamentação da custódia preventiva e pretende-se a revogação da sentença condenatória, em face da ilegalidade da condição de recorribilidade imposta. O Min. Marco Aurélio, relator, indeferira a liminar requerida, por não vislumbrar risco na manutenção da situação fática. A impetração reiterara o pedido de exame da medida acauteladora. Tendo em conta o sistema constitucional, a ordem natural das coisas, o fato de o tema sobre a constitucionalidade do aludido art. 594 do CPP encontrar-se submetido à apreciação desta Corte (HC 83868/AM), bem como a existência de precedentes favoráveis à pretensão do paciente (HC 84975/SP, DJU de 6.5.2005; HC 84087/RJ, DJU de 6.8.2004),concedeu-se a cautelar para afastar o óbice à apreciação da apelação interposta. **HC 90279/DF, rel. Min. Marco Aurélio, 11.2.2008.** (HC-90279) (Inform. STF 494)

DESISTÊNCIA DE RECURSO E DECLARAÇÃO DO RÉU - 1

A Turma deferiu, em parte, *habeas corpus* em que condenado à pena de 20 anos de reclusão em regime fechado pela prática de latrocínio pleiteava a nulidade do processo, a partir da defesa prévia, e a conseqüente expedição de alvará de soltura para que aguardasse novo julgamento em liberdade. No caso, após à interposição do termo de apelação contra a sentença condenatória, o paciente fora cientificado pelo tribunal de origem da desídia de sua defensora, que não apresentara as razões do mencionado recurso. Ocorre que esta atravessara petição, com declaração assinada pelo próprio paciente — cuja data era posterior àquela constante da petição —, informando que não as ofertara, haja vista que seu cliente não teria mais interesse no recurso. O tribunal, então, homologara o pedido, afirmando a irretratabilidade da desistência manifestada pelo réu em termo próprio e com a assistência de procuradora regularmente constituída e munida de poderes especiais. Irresignado, impetrara *habeas corpus*, denegado pelo STJ, em que alegara a invalidade do pedido de desistência, bem como a nulidade do processo em decorrência da colisão entre as defesas oferecidas em favor do paciente e de outro co-réu, ambos patrocinados pela mesma advogada. HC 92536/GO, rel. Min. Menezes Direito, 27.11.2007. (HC-92536)

DESISTÊNCIA DE RECURSO E DECLARAÇÃO DO RÉU - 2

Inicialmente, rejeitou-se a afirmação de que a desistência da apelação do paciente estaria viciada, porquanto não existiriam, nos autos, elementos suficientes a permitir essa conclusão. Considerou-se que os argumentos trazidos pelo paciente, assim como a presunção de que ele possuiria interesse em recorrer, porque condenado à pena elevada, não teriam envergadura para desconstituir a força probatória dos documentos apresentados. Aduziu-se que a circunstância de a declaração exarada pelo paciente haver sido firmada em data posterior à da petição elaborada pela advogada não provaria coisa alguma, já que sua vontade de não recorrer poderia ter sido manifestada apenas oralmente à sua advogada que, ainda em hipótese, poderia ter se preocupado em colher, por escrito, essa intenção, depois de baixados os autos em diligência. De outro lado, quanto à segunda pretensão, verificou-se que, embora a questão sobre a mencionada nulidade tivesse sido submetida ao exame do STJ, o acórdão impugnado não cuidara do tema, o que inviabilizaria a sua análise pelo Supremo, sob pena de supressão de instância. Ordem concedida, no ponto, para determinar que o STJ se manifeste sobre a omissão apontada. HC 92536/GO, rel. Min. Menezes Direito, 27.11.2007. (HC-92536) (Inform. STF 490)

CONDENAÇÃO PROFERIDA EM PLENÁRIO DO JÚRI E INÍCIO DE PRAZO - 1

A Turma indeferiu *habeas corpus* em que condenado por homicídio consumado e por tentativa de homicídio (CP, art. 121, *caput* e art. 121, *caput*, c/c o art. 14, II) sustentava a tempestividade da apelação interposta contra a sentença condenatória, ao argumento de suposta irregularidade na intimação do réu. No caso, a sentença fora publicada em plenário, na mesma data em que o réu fora submetido a julgamento, estando presentes o paciente e seu defensor constituído, conforme registrado na ata de julgamento. Ocorre que, após o trânsito em julgado dessa sentença, o paciente outorgara poderes a novos patronos que interpuseram apelação, decorrido período superior a um mês, não sendo esta recebida, por intempestividade. A impetração alegava constrangimento ilegal em virtude dos seguintes fatores: a) dúvida quanto à regularidade da intimação do réu para recorrer; b) inércia do procurador constituído; c) interesse do réu em recorrer da decisão condenatória; e d) direito de apelar em liberdade. HC 89999/SP, rel. Min. Gilmar Mendes, 16.10.2007. (HC-89999)

CONDENAÇÃO PROFERIDA EM PLENÁRIO DO JÚRI E INÍCIO DE PRAZO - 2

Rejeitou-se a primeira assertiva, porquanto não haveria dúvidas de que, na espécie, a sentença condenatória fora proferida em Plenário, na data do julgamento e de que réu e pa-trono estavam presentes, razão pela qual seria este o termo inicial do prazo recursal (CPP, art. 798, § 5º, b). Salientou-se que a falta de assinatura do advogado do réu na ata de julgamento não implicaria nulidade da intimação, haja vista não haver sido negada pela defesa a presença, em Plenário, tanto do réu quanto do causídico no momento da publicação da sentença, bem como enfatizou-se o fato de a ata constituir documento com fé publica, no qual registrada a presença de ambos no julgamento. De igual modo, rejeitou-se a alegação de inércia do procurador constituído, que deixara de apresentar o recurso pertinente, por se entender que, na hipótese, eventual falha no cumprimento integral do mandato outorgado não ensejaria o pretendido constrangimento ilegal, assim como este também seria refutado com o período de tempo transcorrido para a apresentação de recurso pela nova defesa do paciente. Quanto ao interesse do réu em recorrer da decisão condenatória, destacou-se, ainda, a existência de vias adequadas pelas quais o paciente pode requer a absolvição, mesmo depois do trânsito em julgado. Por fim, assentou-se que o pedido para apelar em liberdade perdera o objeto, tendo em conta a confirmação da intempestividade da apelação e o trânsito em julgado da sentença condenatória. HC 89999/SP, rel. Min. Gilmar Mendes, 16.10.2007. (HC-89999) (Inform. STF 484)

HC DE OFÍCIO E PROGRESSÃO DE REGIME

A Turma, por considerar que a análise do caso implicaria supressão de instância, porquanto o tema não fora analisado pelo STJ, não conheceu de *habeas corpus*, porém, de ofício, concedeu a ordem para determinar seja observado o ato do Tribunal de Justiça do Estado de Santa Catarina que confirmara decisão concessiva de progressão de regime. Na espécie, o paciente fora condenado à pena de reclusão, em regime integralmente fechado, pela prática do crime de homicídio (CP, art. 121, § 2º, II e III, c/c os artigos 61, II, d e 65, II, d) e, tendo cumprido mais de um sexto da pena, requerera progressão para o regime semi-aberto, pedido este deferido pelo Juízo das Execuções Criminais e mantido pelo tribunal local. Contra esta decisão, o Ministério Público interpusera recurso especial, ainda pendente de apreciação. Salientando que o recurso especial não possui efeito suspensivo, entendeu-se configurado o constrangimento ilegal, haja vista militar em favor do paciente pronunciamento judicial viabilizando a progressão. Ademais, aduziu-se não caber dirimir questões, na concessão de ofício, ligadas à lei aplicável à hipótese, cumprindo a esta Corte, tão-somente, tornar concreta a decisão até aqui prevalecente. HC 91663/SC, rel. Min. Marco Aurélio, 2.10.2007. (HC-91663) (Inform. STF 482)

LIBERDADE PROVISÓRIA: LEI 11.464/2007 E TEMPUS REGIT ACTUM

A Turma, por maioria, conheceu, em parte, de *habeas corpus* em que denunciado pela suposta prática dos crimes de tráfico ilícito de entorpecentes e associação para o tráfico (Lei 6.368/76, artigos 12 e14, respectivamente), alegava excesso de prazo na instrução criminal, já que preso em flagrante desde 25.10.2005, bem como pleiteava a concessão de liberdade provisória, aos argumentos de que a Lei 11.464/2007 revogou a parte final do inciso II, do art. 2º, da Lei 8.072/90, que vedava a concessão desse benefício aos crimes hediondos e equiparados, e que a Nova Lei de Drogas (Lei 11.343/2006, art. 59) possibilita o aguardo do trânsito em julgado da sentença em liberdade. Inicialmente, entendeu-se que o tema sobre a incidência da Lei 11.464/2007 não poderia ser examinado pelo STF, sob pena de supressão de instância, uma vez que o advento dessa lei seria posterior ao acórdão impugnado, constituindo questão jurídica nova. O Min. Menezes Direito, relator, salientou que, se ultrapassada essa preliminar de não conhecimento, a ordem deveria ser denegada. Asseverou que, não obstante a Nova Lei de Drogas seja norma especial face à lei dos crimes hediondos, não deveria ser observada quanto a delitos ocorridos antes de sua vigência, pois, embora se trate de inovação processual, seus efeitos são de direito material e prejudicam o réu (CF, art. 5º, XL). Assim, enfatizou que, tendo sido o crime praticado na vigência da Lei 6.368/76, aplicável, na espécie, a Lei 8.072/90, em razão do princípio *tempus regit actum*. Ocorre que a mencionada Lei 11.464/2007 removeu o óbice antes existente e permitiu a concessão de liberdade provisória, sendo, pois, a norma que incidiria, por ser mais benigna que a Lei 11.343/2006. Apesar disso, tendo em conta as peculiaridades do caso, concluiu pela manutenção da custódia do paciente, haja vista que a legislação vigente à época dos fatos, não exigia a fundamentação da prisão, já que esta decorria de imposição da Lei dos Crimes Hediondos, que proibia, por si só, a liberdade provisória. Ademais, frisou que o paciente portava 3 kg de cocaína, além de substâncias usadas para mistura da droga, o que evidenciaria sua periculosidade, assim como a potencial viabilidade de solto, tornar a delinqüir. No mérito, indeferiu-se o *writ* por não se reputar violado o princípio da duração razoável dos processos (CF, art. 5º, LXXVIII). Desse modo, afastou-se a alegação de excesso de prazo, assentando que a instrução criminal fora encerrada, que o processo aguarda conclusão de contraprova requerida pela defesa e que esta seria a culpada pela demora para o julgamento. Vencido, no ponto, o Min. Marco Aurélio, que entendia demasiado o período de custódia do paciente, sem culpa formada. HC 91118/SP, rel. Min. Menezes Direito, 2.10.2007. (HC-91118) (Inform. STF 482)

REPERCUSSÃO GERAL E RECURSO EXTRAORDINÁRIO EM MATÉRIA CRIMINAL - 1

O Tribunal resolveu questão de ordem suscitada em agravo de instrumento — interposto contra decisão que inadmitira recurso extraordinário, em matéria criminal — da seguinte forma: 1) que é de exigir-se a demonstração da repercussão geral das questões constitucionais discutidas em qualquer recurso extraordinário, incluído o criminal; 2) que a verificação da existência de demonstração formal e fundamentada da repercussão geral das questões discutidas no recurso extraordinário pode fazer-se tanto na origem quanto no Supremo Tribunal Federal, cabendo exclusivamente a este Tribunal, no entanto, a decisão sobre a efetiva existência da repercussão geral; 3) que a exigência da demonstração formal e fundamentada no recurso extraordinário da repercussão geral das questões constitucionais discutidas só incide quando a intimação do acórdão recorrido tenha ocorrido a partir de 3.5.2007, data da publicação da Emenda Regimental 21/2007, do RISTF. Na espécie, a decisão agravada considerara que não fora atendido o art. 543-A do CPC, já que o agravante não dissera a relevância da interposição do recurso extraordinário para a repercussão geral para ser apreciado pelo Supremo como preliminar de admissão do recurso, bem como que a suposta contrariedade ao texto constitucional, se existente, ocorreria de forma indireta. AI 664567 QO/RS, rel. Min. Sepúlveda Pertence, 18.6.2007. (AI-664567)

REPERCUSSÃO GERAL E RECURSO EXTRAORDINÁRIO EM MATÉRIA CRIMINAL - 2

Salientou-se, inicialmente, que os recursos criminais de um modo geral possuem um regime jurídico dotado de certas peculiaridades que não afetam substancialmente a disciplina constitucional comum reservada a todos os recursos extraordinários e que, com o advento da EC 45/2004, que introduziu o § 3º do art. 102 da CF, a exigência da repercussão geral da questão constitucional passou a integrar o núcleo comum da disciplina constitucional do recurso extraordinário, cuja regulamentação se deu com a Lei 11.418/2006, que alterou o texto do CPC, acrescentando-lhe os artigos 543-A e 543-B. Entendeu-se que, não obstante essa alteração tenha se dado somente no CPC, a regulação se aplicaria plenamente ao recurso extraordinário criminal, tanto em razão de a repercussão geral ter passado a integrar a disciplina constitucional de todos os recursos extraordinários, como por ser inequívoca a finalidade da Lei 11.418/2006 de regulamentar o instituto nessa mesma extensão. Além disso, aduziu-se que não haveria óbice à incidência desse diploma legal de forma subsidiária ou por analogia, e citaram-se diversos precedentes do Tribunal reconhecendo a aplicação por analogia do CPC ao processo penal. Afirmou-se, também, não haver se falar em imanente repercussão geral de todo recurso extraordinário em matéria criminal, tendo em conta estar em causa, normalmente, a liberdade de locomoção. Esclareceu-se que o recurso extraordinário visa à preservação da autoridade e da uniformidade da inteligência da CF, o que se reforçaria com a necessidade de repercussão geral das questões constitucionais nele debatidas, ou seja, as que ultrapassem os interesses subjetivos da causa (CPC, art. 543-A, § 1º), e destacou-se, ademais, sempre ser possível recorrer-se ao *habeas corpus* (CF, art. 5º, LXVIII) como remédio à ameaça ou lesão à liberdade de locomoção, com a amplitude que o Tribunal lhe tem emprestado. AI 664567 QO/RS, rel. Min. Sepúlveda Pertence, 18.6.2007. (AI-664567)

REPERCUSSÃO GERAL E RECURSO EXTRAORDINÁRIO EM MATÉRIA CRIMINAL - 3

Considerou-se que, no caso concreto, entretanto, a decisão gravada se equivocara ao exigir o requisito constitucional da repercussão geral, porquanto tal exigência se dera antes das normas regimentais terem sido implementadas pelo Supremo. No ponto, asseverou-se que a determinação expressa de aplicação da Lei 11.418/2006 (art. 4º) aos recursos interpostos a partir do primeiro dia de sua vigência teria como objetivo apenas evitar a aplicação retroativa do requisito da repercussão geral, mas não significaria a plena execução da lei, já que ficara a cargo do Supremo a tarefa de estabelecer, em seu Regimento Interno, as normas necessárias para isso (art. 3º). No mais, concluiu-se que a análise acerca do segundo fundamento invocado pela decisão agravada para inadmitir o RE, haveria de se dar por decisão singular ou, eventualmente, submetendo o caso à Turma. Precedentes citados: AI 140623 AgR/RS (DJU de 18.9.92); HC 89951/RS (DJU de 19.12.2006); Pet 3596/RJ (DJU de 28.8.2006); RHC 83181/RJ (DJU de 22.10.2004); HC 89849/MG (DJU de 16.2.2007); HC 82798/PR (DJU de 21.11.2003); RHC 62838/MG (DJU de 12.4.85); HC 50556/Guanabara (DJU de 21.12.72). AI 664567 QO/RS, rel. Min. Sepúlveda Pertence, 18.6.2007. (AI-664567) (Inform. STF 472)

Decisão Monocrática e Princípio da Colegialidade

Por vislumbrar ofensa ao princípio da colegialidade, a Turma deferiu, parcialmente, *habeas corpus* para cassar decisão monocrática proferida por Ministro do STJ que denegara idêntica medida impetrada em favor de condenado pela suposta prática dos crimes de estupro e de atentado violento ao pudor contra suas filhas, bem como de tortura contra seu filho. Considerou-se incabível o julgamento monocrático, porquanto o relator concluíra pela inexistência do alegado constrangimento ilegal a partir do exame do mérito da causa, quando analisara questões referentes à extinção da punibilidade pela decadência do direito de ação e à dosimetria da pena. Asseverou-se que o regimento interno daquela Corte (art. 34, XVIII) apenas autoriza esse julgamento quando o recurso for manifestamente intempestivo, incabível, improcedente, quando contrário à súmula do Tribunal, ou, ainda, quando for evidente a incompetência deste. Determinou-se, por fim, o retorno dos autos ao STJ para que o julgamento seja submetido ao colegiado. Precedente citado: HC 87163/MG (DJU de 13.10.2006). HC 90427/GO, rel. Min. Joaquim Barbosa, 19.6.2007. (HC-90427) (Inform. STF 472)

ATO DE TURMA RECURSAL DE JUIZADO ESPECIAL CRIMINAL: RMS E COMPETÊNCIA DO STF

Não cabe ao STF o conhecimento de recurso ordinário interposto contra decisão denegatória de mandado de segurança emanada de turma recursal de juizado especial criminal. Com base nesse entendimento, a Turma negou provimento a agravo regimental em recurso ordinário em mandado de segurança em que se alegava o cabimento do recurso. Entendeu-se que a Constituição é taxativa (art. 102, II, a) quanto à interposição de recurso em mandado de segurança, o qual só cabe contra acórdão de tribunal superior, e que, apesar de as turmas recursais funcionarem como segunda instância recursal, enquadram-se como órgãos colegiados de primeiro grau. Ademais, afastou-se a pretensão de interpretação, por analogia, com o recurso em *habeas corpus* interposto contra órgão colegiado de 1º grau, haja vista tratar-se de orientação superada em face do que decidido, pelo Plenário, no HC 86834/SP (j. em 23.8.2006), no sentido de que compete aos tribunais de justiça processar e julgar *habeas corpus* impetrado contra ato de turma recursal de juizado especial criminal. RMS 26058 AgR/DF, rel. Min. Sepúlveda Pertence, 2.3.2007. (RMS-26058) (Inform. STF 457)

15.1. SUPERIOR TRIBUNAL DE JUSTIÇA

DIREITO PROCESSUAL PENAL. PRAZO PARA APELAÇÃO DE ASSISTENTE DE ACUSAÇÃO HABILITADO NOS AUTOS.

Após intimado da sentença, o prazo para o assistente da acusação já habilitado nos autos apelar é de 5 dias, contado a partir do término do prazo conferido ao Ministério Público para recorrer. Dispõe a Súm. n. 448/STF que "o prazo para o assistente recorrer, supletivamente, começa a correr imediatamente após o transcurso do prazo do Ministério Público." Conforme a jurisprudência do STF e do STJ, se o ofendido já estiver habilitado no processo o prazo para apelar é de 5 dias, não se aplicando o prazo de 15 dias previsto no art. 598, parágrafo único, do CPP. Precedente citado do STF: HC 59.668-RJ, DJ 4/6/1982; do STJ: REsp 708.169-RJ, DJ 23/5/2005. **HC 237.574-SP, Rel. Min. Laurita Vaz, julgado em 13/11/2012. (Inform. STJ 509)**

DIREITO PROCESSUAL PENAL. OMISSÃO NA PETIÇÃO DE APELAÇÃO DAS ALÍNEAS QUE FUNDAMENTAM O APELO.

É possível, por ocasião das razões de apelação, se tempestivas, sanar o vício de não terem sido indicados, na petição de apelo, os fundamentos do pedido de reforma da decisão de tribunal do júri. A omissão do apelante em não indicar, no momento da interposição do recurso, as alíneas que fundamentam o apelo representa mera irregularidade, não podendo o direito de defesa do réu ficar cerceado por um formalismo exacerbado. Indicadas as alíneas por ocasião da apresentação das razões de apelação, a omissão está suprida e o recurso há de ser conhecido e examinado no seu mérito, desde que nas razões se encontrem os fundamentos que ensejaram o recurso e as pretensões do recorrente estejam perfeitamente delineadas. Precedentes citados do STF: RE 80.423-DF, DJ 19/9/1975; HC 71.456-1-SP, DJ 12/5/1995; do STJ: HC 39.852-RS, DJ 20/2/2006; REsp 114.539-DF, DJ 16/4/2001; HC 72.893-AL, DJ 17/12/2007; HC 66.194-RS, DJ 29/6/2007; REsp 8.960-PR, DJ 26/8/1991. **HC 149.966-RS, Rel. Min. Sebastião Reis Júnior, julgado em 18/10/2012.(Inform. STJ 507)**

DIREITO PROCESSUAL PENAL. APELAÇÃO DA DEFESA POR TERMO NOS AUTOS COM PEDIDO DE POSTERIOR JUNTADA DAS RAZÕES. OBRIGATORIEDADE DE JUNTADA DAS RAZÕES.

É nulo o julgamento de recurso de apelação da defesa manifestado por termo na hipótese em que as razões não foram apresentadas, a despeito do pedido formulado para juntada destas na instância superior, nos termos do art. 600, § 4º, do CPP. No modelo penal garantista hoje vigente, não se concebe a possibilidade de um recurso de apelação ser apreciado sem que se apresentem as razões (ou contrarrazões) da defesa. Caso não sejam expostas as razões de apelação, deve-se intimar o réu para que indique novo advogado. Se o réu permanecer inerte, deverá ser nomeado defensor público ou advogado dativo para apresentar as razões do recurso. Precedentes citados: HC 225.292-MG, DJe 15/2/2012; HC 71.054-SC, DJ 10/12/2007, e REsp 279.170-RO, DJ 19/12/2002. **HC 137.100-SE, Rel. Min. Og Fernandes, julgado em 2/10/2012.(Inform. STJ 506)**

PRAZO. INTERPOSIÇÃO DE RECURSO. FAX. APRESENTAÇÃO DO ORIGINAL.

Embora a interposição de recursos por meio de fax seja admitida, é imprescindível, sob pena de não conhecimento, a apresentação do original em até cinco dias, conforme determina o art. 2º da Lei n. 9.800/1999, cujo prazo é contínuo, iniciando no dia imediatamente subsequente ao termo final do prazo recursal, ainda que não haja expediente forense. Precedentes citados: AgRg nos EAg 528.063-MG, DJe 22/2/2010; EDcl nos EDcl no AgRg no AgRg no Ag 1.096.680-PB, DJe 15/12/2011, e AgRg no AREsp 47.172-RJ, DJe 28/11/2011. **HC 244.210-RS, Rel. Min. Jorge Mussi, julgado em 6/9/2012.(Inform. STJ 503)**

AGRAVO. TEMPESTIVIDADE. FERIADO LOCAL. COMPROVAÇÃO. POSTERIOR

A Turma, por maioria, ao rever posicionamento anterior, para acompanhar recente decisão do STF, assentou que é possível a comprovação posterior da tempestividade do recurso, no caso de feriado local. Na espécie, o agravo – interposto da decisão que inadmitiu o especial – não foi conhecido nesta Corte por ser intempestivo, uma vez que a parte não trouxe, quando da sua interposição, prova do feriado ocorrido no tribunal de origem. Segundo afirmou o Min. Sebastião Reis Júnior, trata-se, na verdade, de uma questão meramente formal que pode ser sanada por uma simples certidão emitida pela Secretaria do Tribunal de origem, atestando o fato que deu origem à suspensão do prazo recursal. Dessa forma, demonstrada no presente agravo regimental a suspensão do prazo recursal em razão do feriado local, nada impede a admissão do recurso especial para análise do mérito. Nesses termos, deu-se provimento ao regimental. Precedente do STF: HC 112.842-PE, DJe 23/5/2012. **AgRg no REsp 1.080.119-RJ, Rel. originário Min. Vasco Della Giustina (Desembargador convocado do TJ-RS), Rel. para acórdão Min. Sebastião Reis Júnior, julgado em 5/6/2012. (Inform. STJ 499)**

JÚRIS. *REFORMATIO IN PEJUS* INDIRETA.

In casu, o paciente foi condenado à pena de 42 anos de reclusão pelos crimes praticados e, ao apelar, teve sua pena reduzida para 33 anos, 7 meses e 6 dias de reclusão, momento em que foi afastado o concurso material, reconhecida a continuidade delitiva e deferido o protesto por novo júri. Neste, a condenação foi fixada em 39 anos de reclusão. Ao recorrer novamente, o paciente teve a pena redimensionada para 37 anos e 7 meses de reclusão, superior àquela da primeira apelação. Assim, alegou o paciente que ocorreu *reformatio in pejus* indireta e que, em recurso exclusivamente da defesa, não se pode piorar a situação do paciente, como ocorreu. Conforme ressaltou o Min. Relator, o STF decidiu que os jurados têm liberdade para decidir a causa conforme sua convicção, tanto no primeiro quanto no segundo júri. No entanto, no novo julgamento, o juiz, ao proceder à dosimetria, ficaria limitado à pena obtida no primeiro julgamento. Na hipótese, a diferença se deu por um detalhe incapaz de acarretar uma mudança na dosimetria da pena do paciente. Isso porque, enquanto, no primeiro julgamento, os jurados reconheceram a qualificação do delito pelo motivo torpe (art. 121, § 2º, I, do CP), no segundo, esses crimes foram qualificados pelo motivo fútil (art. 121, § 2º, II, do CP), de modo que os julgamentos não se deram de forma tão diferente a ponto de permitir mudanças drásticas na dosimetria. Além do mais, na primeira condenação, foi aplicada a regra do concurso material, que é mais gravosa do que aquela referente à continuidade delitiva que incidiu na segunda. Concluiu-se que, embora um dos princípios do Tribunal do Júri seja o da soberania dos veredictos, tal princípio deve ser conciliado com os demais listados na Constituição Federal, principalmente o da plenitude de defesa. Com essas considerações, a Turma concedeu a ordem para determinar ao juízo das execuções que proceda a novo cálculo da pena, considerando a sanção fixada na primeira apelação, devendo ser cumprida no regime fechado. Precedentes do STF: HC 89.544-RN, DJe 15/5/2009, e do STJ: HC 58.317-SP, DJe 30/3/2009, e HC 102.858-RJ, DJe 1º/2/2011. **HC 205.616-SP, Rel. Min. Og Fernandes, julgado em 12/6/2012. (Inform. STJ 499)**

FUNGIBILIDADE RECURSAL. APELAÇÃO. RESE.

Caracteriza erro grosseiro a interposição de recurso de apelação em vez de recurso em sentido estrito contra decisão que desclassificou o crime determinando a remessa dos autos ao Juizado Especial Criminal. A Turma, por maioria, entendeu que a declinação da competência para juízo diverso não caracteriza dúvida necessária para autorizar a aplicação do princípio da fungibilidade recursal, a teor do art. 579 do CPP. Precedente citado: REsp 1.098.670-SP, DJe 13/10/2009. **REsp 611.877-RR, Rel. originário Min. Og Fernandes, Rel. para acórdão Min. Sebastião Reis Júnior, julgado em 17/4/2012. (Inform. STJ 495)**

PROTESTO POR NOVO JÚRI. NORMA PROCESSUAL PENAL. TEMPUS REGIT ACTUM.

A Turma firmou o entendimento de que a exclusão do ordenamento jurídico do protesto por novo júri, nos termos da redação conferida pela Lei n. 11.689/2008, tem aplicação imediata aos processos pendentes em consonância com o princípio *tempus regit actum*, previsto no art. 2º do CPP. Segundo se afirmou, o interesse recursal do paciente surgiu tão somente no momento em que já não havia previsão legal do recurso de protesto por novo júri, pois a sentença condenatória foi proferida em 12/4/2011. Além disso, não obstante o fato criminoso ter sido praticado antes da edição da lei em questão, tal circunstância não teria o condão de manter a aplicação de dispositivo outrora revogado, visto que o tema circunscreve-se à matéria estritamente processual, de incidência imediata. Precedente citado: RHC 26.033-RO, DJe 1º/8/2011. **RHC 31.585-SP, Rel. Min. Vasco Della Giustina (Desembagador convocado do TJ-RS), julgado em 22/3/2012. (Inform. STJ 493)**

DOSIMETRIA DA PENA. USO DE ENTORPECENTE. MÁ-CONDUTA SOCIAL. REFORMATIO IN PEJUS.

Na hipótese, o juiz de primeiro grau fixou a pena-base acima do mínimo legal com o argumento de que o acusado seria usuário de drogas. Apresentado recurso da defesa, o Tribunal de origem manteve a decisão de primeiro grau e agregou novas fundamentações à decisão recorrida. Nesse contexto, a Turma reiterou o entendimento de que o uso de entorpecente pelo réu, por si só, não pode ser considerado como má-conduta social para o aumento da pena-base. Além disso, o colegiado confirmou o entendimento de que não pode haver agravamento da situação do réu em julgamento de recurso apresentado exclusivamente pela defesa, por caracterizar *reformatio in pejus*. Assim, a pena foi reduzida ao mínimo legal previsto e foi fixado o regime aberto para o cumprimento de pena. **HC 201.453-DF, Rel. Min. Sebastião Reis Júnior, julgado em 2/2/2012. (Inform. STJ 490)**

PROCESSO PENAL. AGRAVO. PRAZO.

A entrada em vigor da Lei n. 12.322/2010 não alterou o prazo para a interposição do agravo em matéria penal, permanecendo o prazo de cinco dias de acordo com o entendimento da Súm. n. 699 do STF. **AREsp 46.694-SP, Rel. Min. Maria Thereza de Assis Moura, julgado em 22/11/2011.** (Inform. STJ 488)

SÚM. N. 418-STJ. PROCESSO PENAL. EXCEÇÃO.

A Turma acolheu embargos de declaração para afastar, na espécie, a aplicabilidade da Súm. n. 418-STJ sob o argumento de que a parte ora embargante não pode ser prejudicada pela reiteração na interposição dos aclaratórios por um dos coacusados, principalmente se houver indícios de que eles foram interpostos com finalidade protelatória, visto que não se pode prejudicar aquele que, de forma diligente, visando à celeridade processual, após a publicação do acórdão que julgou anteriores embargos de declaração interpostos por ele e demais corréus, interpôs, diretamente e dentro do prazo legal, o recurso especial a fim de que suas teses defensivas fossem devidamente analisadas por este Superior Tribunal. Isso porque, na esfera do procedimento penal, o que está em discussão não são apenas relações jurídicas privadas, e sim a própria liberdade de locomoção do acusado, bem como o exercício pleno do contraditório e da ampla defesa. Ademais, exigir-se ratificação do recurso especial, após julgamento de embargos de declaração rejeitados pela Corte local, em que não houve modificação de nada na situação jurídica dos sentenciados, afigura-se um excesso de formalismo, à luz dos princípios da celeridade processual e instrumentalidade das formas, principalmente no âmbito do Direito Processual Penal, em que se busca a maior aproximação possível com a verdade dos fatos (verdade real) e o máximo de efetivação da Justiça social. O Min. Relator também ressaltou, em seu voto, que a intenção da Turma não é negar a aplicabilidade da mencionada súmula ao Direito Processual Penal, e sim aplicá-la com ressalvas, a fim de conciliá-la com os modernos princípios do Direito Penal. **EDcl no AgRg no Ag 1.203.775-SP, Rel. Min. Jorge Mussi, julgados em 23/8/2011.** (Inform. STJ 481)

AG. PRAZO. MATÉRIA CRIMINAL.

A Turma reiterou que o prazo para interposição do agravo de instrumento (Ag) contra decisão denegatória de recurso especial em matéria criminal é de cinco dias, segundo a dicção do art. 28, *caput*, da Lei n. 8.038/1990. Ressaltou-se que a alteração introduzida pela Lei n. 8.950/1994 – que fixou o prazo do agravo de instrumento em dez dias (art. 544 do CPC) – não revogou a regra prevista na Lei n. 8.038/1990, continuando, assim, em pleno vigor o referido prazo de cinco dias nos feitos criminais (*vide* Súm. n. 699-STF). Na espécie, a decisão agravada foi publicada em 5/11/2010 e o agravo de instrumento, interposto em 16/11/2010, ou seja, fora do prazo legal de cinco dias; confirmando-se, portanto, a intempestividade do recurso. Precedentes citados: AgRg no Ag 933.936-RO, DJe 13/10/2008, e AgRg no AgRg no Ag 1.048.632-SP, DJe 19/12/2008. **AgRg no Ag 1.374.585-PR, Rel. Min. Og Fernandes, julgado em 2/8/2011.** (Inform. STJ 480)

DEMORA. JULGAMENTO. APELAÇÃO.

Emerge dos autos que o paciente aguarda, há três anos, o julgamento da apelação criminal que interpôs, sem que a autoridade tida por coatora apresentasse qualquer justificativa para a demora quando prestou suas informações. Ressalte-se que já foi cumprida metade da pena que lhe foi imposta. Diante disso, após discussão acerca da determinação de prazo em sessões ou dias para a realização do julgamento, a Turma entendeu, calcada em recente julgado do STF, determinar a soltura do paciente para que aguarde o julgamento em liberdade. Precedentes citados: HC 122.212-SP, DJe 23/11/2009, e HC 124.091-SP, DJe 8/6/2009. **HC 205.304-SP, Rel. Min. Og Fernandes, julgado em 28/6/2011.** (Inform. STJ 479)

EFEITO. APELAÇÃO. JÚRI.

Na hipótese, a alegação de que o laudo pericial utilizado nos autos é nulo por ser assinado por um só perito não foi formulada nas razões de apelação interposta contra a condenação firmada pelo tribunal do júri. Sucede que, no processo penal, só a apelação interposta contra a sentença do juízo singular tem efeito devolutivo amplo. Assim, nos processos de competência do tribunal do júri, não há falar em aplicar a orientação do STJ de que é possível conhecer de matéria não ventilada nas razões de apelação criminal, pois isso redundaria na vedada supressão de instância, daí a razão de o STF editar sua Súm. n. 713. Precedentes citados: HC 121.365-RJ, DJe 17/12/2010; HC 132.870-RJ, DJe 2/8/2010, e HC 93.128-RJ, DJe 15/3/2010. **AgRg no HC 162.481-BA, Rel. Min. Laurita Vaz, julgado em 31/5/2011.** (Inform. STJ 475)

RCL. ADMISSIBILIDADE. RESP. EXTINÇÃO. PUNIBILIDADE.
A Seção julgou improcedente a reclamação em que o MPF buscava anular o *decisum* do tribunal *a quo* que, em juízo de admissibilidade do recurso especial e do extraordinário, declarou extinta a punibilidade dos réus ante a ocorrência da prescrição intercorrente. O *Parquet* sustentou ser descabida a análise da pretensão punitiva por aquele órgão julgador, pois sua jurisdição já estava exaurida, competindo-lhe examinar apenas a admissibilidade dos recursos. Entretanto, para a Min. Relatora, a prescrição é matéria prejudicial ao exame do mérito por constituir fato impeditivo do direito estatal de punir e extintivo da punibilidade do réu, podendo ser, inclusive, analisada de ofício em qualquer fase do processo. Por essa razão, consignou que sua declaração caracterizou-se como devida análise dos pressupostos gerais do recurso especial, e não incursão em seu conteúdo, o que permite seja realizada pelo tribunal de origem, ainda que ele não esteja revestido de jurisdição. **Rcl 4.515-SP, Rel. Min. Maria Thereza de Assis Moura, julgada em 27/4/2011.** (Inform. STJ 470)

RECURSO. SENTIDO ESTRITO. FUNGIBILIDADE RECURSAL. RHC.
In casu, o recorrente foi condenado pela prática de tráfico internacional de drogas, sendo-lhe negado o direito de recorrer em liberdade. Na origem, impetrou *habeas corpus*, que foi negado, sendo mantida a prisão cautelar. Então, interpôs recurso em sentido estrito, o qual, em análise de admissibilidade, o tribunal *a quo*, aplicando o princípio da fungibilidade, recebeu como recurso ordinário em *habeas corpus*. Busca o recorrente a sua absolvição, alegando para isso que não há provas suficientes da materialidade e autoria do delito; requer, ainda, o direito de responder ao processo em liberdade, sustentando faltar fundamentação para a custódia cautelar, além de afirmar tratar-se de réu primário, com bons antecedentes. A tese vencedora conheceu em parte do recurso e, nessa parte, julgou-o prejudicado, posicionando-se no sentido de ser possível o recebimento do recurso em sentido estrito como recurso ordinário em *habeas corpus* em atenção ao princípio da fungibilidade recursal, como fez o tribunal *a quo*, ao verificar não haver má-fé ou erro grosseiro dos defensores. Explicou, quanto às alegações formuladas de falta de tipicidade da conduta ou, ainda, não comprovação de autoria, quando já proferida sentença condenatória, como no caso dos autos, que elas se confundem com o pleito de absolvição do acusado, demandando, assim, análise fático-probatória dos autos, providência incabível na via estreita desse remédio constitucional (incidência da Súm. n. 7-STJ). Como, segundo informações, a apelação já foi julgada, reduzindo-lhe a pena para um ano, 11 meses e 10 dias de reclusão, e expedido alvará de soltura em seu favor desde 16/6/2010, o pedido de aguardar em liberdade o trânsito em julgado da condenação perdeu seu objeto. Note-se que, ao prosseguir o julgamento, houve empate na votação, prevalecendo a decisão mais favorável ao recorrente. Precedentes citados do STF: RHC 87.304-PR, DJ 1º/9/2006; do STJ: AgRg no AgRg no RHC 19.174-RJ, DJe 28/4/2008; RHC 21.095-PR, DJ 18/6/2007; HC 181.973-DF, DJe 14/2/2011, e AgRg no HC 79.910-RJ, DJe 17/12/2010. **RHC 26.283-PR, Rel. originário Min. Celso Limongi (Desembargador convocado do TJ-SP), Rel. para acórdão Min. Haroldo Rodrigues (Desembargador convocado do TJ-CE), julgado em 22/3/2011.** (Inform. STJ 467)

RECEPTAÇÃO. QUADRILHA. *REFORMATIO IN PEJUS.*
In casu, o ora paciente foi condenado à pena de quatro anos e seis meses de reclusão em regime semiaberto pela prática dos delitos tipificados no art. 180, § 1º, c/c art. 29 e art. 70, duas vezes, e no art. 288 na forma do art. 69, todos do CP. Em apelação, reconheceu-se o cometimento do delito de receptação apenas uma vez, em concurso com o crime de formação de quadrilha, reduzindo-se a pena imposta. No *habeas corpus*, sustenta-se, entre outras questões, que houve um equívoco não sanado na via dos embargos de declaração, a questão da redução da pena, o que possivelmente daria o direito ao paciente de cumpri-la no regime inicial aberto e substituir a pena privativa de liberdade por restritiva de direitos. Ao apreciar o *writ*, asseverou a Min. Relatora que o tribunal *a quo* promoveu reforma na sentença, afastando o concurso formal. Não obstante, o *quantum* da reprimenda quanto ao crime de receptação não sofreu alteração, porque o colegiado, apesar disso, fez incremento de um sexto em razão do significado econômico dos medicamentos receptados. Isso, contudo, afigura-se incongruente; pois, após fixar a pena-base no mínimo legal, ou seja, três anos, fez o mencionado aumento fora dos ditames dos arts. 59 e 68 do CP, pois o significado econômico da receptação não se enquadra nas duas etapas posteriores, ou seja, circunstâncias atenuantes e agravantes e as causas de diminuição e de aumento. Ressaltou que, nesse particular, o acórdão promoveu *reformatio in pejus*, pois se trata de consideração não aventada pela sentença que, como visto, depois de encontrar uma pena-base no mínimo legal, promoveu um único aumento relativo ao concurso formal. Assim, afastado esse pelo julgado combatido, não podia ser aplicado outro tipo de aumento, não contemplado na instância singular e tampouco objeto de recurso, ainda mais porque desprovido de previsão legal, nos moldes em que engendrado. Diante disso, a Turma concedeu a ordem para reduzir a pena pelo crime de receptação qualificada (art. 180, § 1º, do CP) a três anos de reclusão e fixar o regime aberto para o início do cumprimento (art. 33, § 2º, c, e § 3º, do mesmo código) do total da reprimenda, que é de quatro anos em face também da condenação de um ano pelo crime de quadrilha. Precedente citado: REsp 225.248-MG, DJ 6/3/2006. **HC 177.401-SP, Rel. Min. Maria Thereza de Assis Moura, julgado em 16/11/2010.** (Inform. STJ 456)

SENTENÇA. INCOMPETÊNCIA. *QUANTUM*. VINCULAÇÃO.
Se apenas há recurso da defesa, a sentença penal exarada por juiz incompetente tem o efeito de vincular o juízo competente em relação ao *quantum* da pena. Trata-se da garantia fundamental a *non reformatio in pejus*. Anote-se que o art. 617 do CPP não estabelece ressalva quanto aos casos de anulação do processo, ainda que por incompetência absoluta. Precedentes citados do STF: HC 80.263-SP, DJ 27/6/2003; HC 75.907-RJ, DJ 9/4/1999; do STJ: HC 99.274-SP, DJe 20/5/2010; HC 105.384-SP, DJe 3/11/2009; HC 90.472-RS, DJe 3/11/2009, e RHC 20.337-PB, DJe 4/5/2009. **HC 114.729-RJ, Rel. Min. Jorge Mussi, julgado em 21/10/2010.** (Inform. STJ 452)

RECURSO EXCLUSIVO. DEFESA. MAJORAÇÃO. PENA.
Trata-se de *habeas corpus* que se cingiu à verificação do acerto do acórdão recorrido que promoveu, em recurso exclusivo da defesa, correção de erro material, de cálculo, incrementando significativamente as penas dos pacientes. A Turma reconheceu procedente o reclamo da impetração, visto que o tribunal *a quo* corrigiu o erro de cálculo em que teria incorrido o magistrado de primeiro grau e, assim, em recurso exclusivo da defesa, majorou de modo significativo a sanção criminal imposta aos pacientes. Manifesta, pois, a *reformatio in pejus*, visto que, por mais que erro houvesse, não seria por meio de recurso defensivo que o tribunal de origem poderia modificar a sentença, acarretando gravame tão intenso em desfavor dos pacientes. Com esse entendimento, concedeu-se a ordem. Precedentes citados: HC 92.088-RS, DJe 16/3/2009; HC 121.382-RJ, DJe 9/3/2009; HC 93.251-SP, DJe 1/9/2008, e HC 56.953-DF, DJ 9/4/2007. **HC 80.133-SE, Rel. Min. Maria Thereza de Assis Moura, julgado em 20/4/2010.** (Inform. STJ 431)

ANULAÇÃO. SUSTENTAÇÕES ORAIS. CORRÉUS. APELAÇÃO.
Em *habeas corpus*, alega-se que o paciente estaria sofrendo constrangimento ilegal por cerceamento de defesa, pois havia 44 corréus na apelação, cada qual com seu defensor, e o TJ determinou que o prazo em dobro fosse dividido entre os defensores, o que fez caber a cada um menos de um minuto e meio. O Min. Relator ressaltou que, em recente precedente da Corte Especial, estabeleceu-se que, havendo vários corréus com diferentes advogados, cada um teria o prazo de 15 minutos para sustentação oral, somente se ressalvando os casos em que há mais de um patrono para o mesmo réu, situação em que o prazo deve ser dividido entre os advogados. Ademais, citou julgados deste Superior Tribunal e do Supremo Tribunal que consideram a frustração da sustentação oral violar as garantias constitucionais do devido processo legal, do contraditório e da ampla defesa. Com esse entendimento, a Turma concedeu a ordem para anular o julgamento da apelação criminal em relação a todos os réus para que outro julgamento seja realizado com a observância do prazo para sustentação oral de 15 minutos de cada advogado. Precedentes citados do STF: HC 69.142-SP, DJ 10/4/1992; HC 71.551-MA, DJ 6/12/1996; HC 70.727-RS, DJ 10/12/1983; do STJ: HC 41.698-PR, DJ 20/3/2006, e HC 32.862-RJ, DJ 16/8/2004. **HC 150.937-RJ, Rel. Min. Felix Fischer, julgado em 18/2/2010.** (Inform. STJ 423)

HC. RESTABELECIMENTO. JÚRI.
O paciente foi levado ao Tribunal do Júri e lá o conselho de sentença, por maioria de votos, desclassificou o homicídio de doloso para culposo e reconheceu o crime de porte ilegal de arma de fogo. Recorreram tanto a defesa quanto o MP: a defesa pleiteou o reconhecimento da consunção entre o porte de arma e o homicídio, com a redução das penas, e o MP afirmou que a decisão dos jurados fora manifestamente contrária às provas dos autos. O acórdão da apelação entendeu que a decisão dos jurados era manifestamente contrária às provas dos autos e julgou prejudicado o

recurso da defesa em face do novo julgamento a ser realizado pelo Tribunal do Júri. É assegurada a soberania dos veredictos à instituição do Júri, com a organização que a lei lhe dá, e de suas decisões cabe apelação, em caso de decisões manifestamente contrárias à prova dos autos. Quando do julgamento, o conselho de sentença, após os debates, acolheu uma das versões existentes nos autos e, assim, exercitou sua soberania nos termos do art. 5º, XXXVIII, **c**, da CF/1988; não se pode, pois, falar em decisão manifestamente contrária à prova dos autos. Diante disso, a Turma concedeu a ordem para restabelecer a decisão do Júri e determinar que o Tribunal de Justiça examine a apelação da defesa. **HC 120.967-MS, Rel. Min. Nilson Naves, julgado em 3/12/2009.** (Inform. STJ 418)

DESCAMINHO. DÉBITO TRIBUTÁRIO.

O recorrente foi denunciado pela prática do delito de descaminho, o TJ trancou a ação penal, mas o MPF interpôs recurso especial, ao qual a Turma deu provimento em 30/8/2007, determinando o recebimento da denúncia. Depois de recebida a denúncia, o recorrente foi condenado por infringência ao art. 334, *caput* (2ª parte), do CP, por ter sonegado R$ 1.681,00 de impostos de importação. E ele impetrou *mandamus* no TJ e novamente pediu o trancamento da ação penal diante de novo entendimento do STF. O TJ, por sua vez, não conheceu da ação devido a decisão anterior deste Superior Tribunal, daí o RHC. Explica o Min. Relator que, no REsp anteriormente interposto, discutiu-se, somente, a possibilidade do recebimento da denúncia, tanto que a ação penal foi processada e julgada. Por isso, entende ser cabível o presente recurso ordinário, pois não se trata de reiteração de pedido. Isso posto, com a ressalva do entendimento pessoal do Min. Relator, a Turma deu provimento ao recurso para trancar a ação penal, conforme a orientação do STF de aplicar o princípio da insignificância aos débitos tributários que não ultrapassem o limite de R$ 10 mil, a teor do disposto na Lei n. 10.522/2002. Precedente citado: REsp 1.112.748-TO, DJe 13/10/2009. **RHC 25.834-RS, Rel. Min. Felix Fischer, julgado em 26/11/2009.** (Inform. STJ 417)

TESES. RECURSO. APRECIAÇÃO.

In casu, o paciente foi pronunciado pela suposta prática do delito previsto no art. 121, § 2º, II e IV, do CP e a defesa interpôs recurso em sentido estrito, pedindo a impronúncia do acusado em razão de falta de suporte mínimo para a acusação ou, subsidiariamente, a exclusão das qualificadoras de motivo torpe e de impossibilidade de defesa da vítima. Porém, o voto condutor do acórdão no TJ, em nenhum momento, menciona as razões pelas quais se teria convencido do acerto da decisão impugnada ou apreciado qualquer das teses trazidas pela defesa no recurso, limitou-se, apenas, a transcrever parte dos fundamentos da decisão impugnada. Dessa forma, para a Min. Relatora, é nulo o acórdão que deixa de apreciar as teses arguidas pela defesa. Pelo exposto, a Turma, ao prosseguir o julgamento, concedeu a ordem para anular o acórdão recorrido e determinou que outro seja proferido apreciando as teses levantadas no recurso, como entender de direito. Precedentes citados: HC 90.684-RS, DJe 13/4/2009, e RHC 12.723-BA, DJ 1º/8/2005. **HC 90.292-RS, Rel. Min. Laurita Vaz, julgado em 26/11/2009.** (Inform. STJ 417)

REFORMATIO IN PEJUS INDIRETA. NULIDADE DE OFÍCIO.

O paciente foi condenado a seis anos de reclusão pela prática de homicídio. Dessa condenação, a acusação e a defesa recorreram, mas o TJ julgou prejudicados ambos os recursos, pois verificou, de ofício, haver nulidade quanto à apresentação de quesitos e determinou a submissão do paciente a novo júri. Sucede que, no novo julgamento, ele foi condenado a 12 anos de reclusão, visto que reconhecido o homicídio qualificado, o que foi mantido pelo TJ. Daí o *habeas corpus*, que se fundamenta em *reformatio in pejus*. Nesse contexto, a Turma, ao continuar o julgamento e verificado o empate, concedeu parcialmente a ordem por prevalecer, nesses casos, a decisão mais favorável ao réu. A Min. Relatora e o Min. Nilson Naves reconheciam a impossibilidade de agravar a situação do paciente em razão do reconhecimento de nulidade não arguida por qualquer das partes, mesmo que decorrente de nulidade absoluta, que poderia, em tese, ter beneficiado o réu. Já o Min. Og Fernandes e o Min. Celso Limongi afastavam a hipótese de ser caso de *reformatio in pejus*, pois o recurso da acusação, apesar de julgado prejudicado, foi justamente no sentido de reconhecer o homicídio qualificado, com pena mínima de 12 anos. **HC 72.923-SP, Rel. Min. Maria Thereza de Assis Moura, julgado em 24/11/2009.** (Inform. STJ 417)

APELAÇÃO. DESERÇÃO. RÉU. FUGA.

A matéria sobre a possibilidade de conhecimento de recurso interposto por réu que empreendeu fuga do estabelecimento prisional está pacificada na Súmula n. 347-STJ. A única questão que pode suscitar alguma celeuma é sobre o momento em que a apelação foi considerada deserta, pois o não conhecimento da apelação, no caso, deu-se em 30/4/2003 e o *habeas corpus* foi impetrado em 2/6/2009, após indeferida a revisão criminal. Nesse ponto, ressaltou o Min. Relator que a violação do princípio constitucional da ampla defesa, com os meios e recursos a ele inerentes (art. 5º, LV, da CF/1988), tem por consequência a nulidade absoluta. Na atualidade, a jurisprudência tem tornado cada vez mais tênue a diferenciação doutrinária clássica entre nulidade absoluta e nulidade relativa, principalmente quanto à exigência de comprovação de prejuízo e quanto ao momento oportuno para alegar o vício. Entendeu que, em se tratando de vício decorrente de infringência de direito fundamental consagrado na Constituição, a nulidade absoluta deve ser reconhecida a qualquer tempo e em qualquer grau de jurisdição, mesmo após o trânsito em julgado da sentença condenatória. Logo, o ato cerceador do exercício da ampla defesa que impede o processamento de recurso tempestivo causa inexorável prejuízo ao réu. Isso posto, a Turma concedeu a ordem para cassar o acórdão proferido pelo Tribunal *a quo* em revisão criminal, bem como a decisão de primeiro grau que não admitiu o recurso de apelação interposto pelo paciente, para o apelo ser processado e julgado pela autoridade impetrada. **HC 138.001-RJ, Rel. Min. Celso Limongi (Desembargador convocado do TJ-SP), julgado em 6/10/2009.** (Inform. STJ 410)

PRINCÍPIO *NE REFORMATIO IN PEJUS*.

O paciente foi condenado pela Justiça estadual, devido à prática de tráfico internacional de entorpecentes, à pena de quatro anos de reclusão. Por meio de recurso exclusivo da defesa (a acusação não recorreu), o TJ reconheceu, de ofício, nulidade absoluta consubstanciada na incompetência da Justiça estadual para o processo e julgamento do feito, determinando a remessa dos autos à Justiça Federal. Já na Vara Criminal Federal, o magistrado impôs ao paciente a pena de cinco anos e quatro meses de reclusão, residindo nesse fato, a alegação de *reformatio in pejus* indireta. Para o Min. Relator, nos julgamentos deste Superior Tribunal, há precedentes com entendimentos distintos. Uns afirmam que, por se tratar de nulidade absoluta, portanto passível de ser reconhecida a qualquer tempo, até mesmo de ofício, não haveria proibição quanto ao agravamento da situação do acusado em eventual condenação pelo juízo competente. Em outras palavras, não estaria a nova decisão limitada ao máximo da pena aplicada na sentença anulada. Esse entendimento baseia-se na premissa de que o juiz natural, cuja competência decorre da própria Constituição, não pode ficar subordinado aos limites da pena fixada em decisão absolutamente nula. Outros, contrariamente, dizem ser impossível que o juiz natural da causa imponha pena mais grave ao acusado, ainda que o decreto condenatório seja anulado por incompetência absoluta do juízo, sob pena de *reformatio in pejus* indireta. Diante disso, o Min. Relator posicionou-se no sentido de que a nova condenação deve limitar-se, como teto, à pena estabelecida pelo magistrado primevo. Deveras, não obstante irrepreensível o reconhecimento pela autoridade coatora da incompetência da Justiça estadual para o julgamento da ação penal, ainda que em sede de apelação exclusiva da defesa, visto que se trata de vício de natureza absoluta, impõe-se que a nova condenação pelo Juiz natural da causa não exceda quatro anos de reclusão, tal como estabelecido pelo Juízo da Vara Criminal, em observância ao princípio *ne reformatio in pejus*. Assim, a Turma concedeu parcialmente a ordem para determinar que o juiz da Vara Criminal Federal redimensione a pena do paciente na ação penal, tendo como parâmetro o teto estabelecido pela sentença anulada, devendo, ainda, reavaliar, se for o caso, a possibilidade de substituição da sanção corporal por medidas restritivas de direitos e ainda de eventual fixação de regime menos gravoso. Precedente citado: HC 76.686-PR, DJe 10/11/2008. **HC 105.384-SP, Rel. Min. Haroldo Rodrigues (Desembargador convocado do TJ-CE), julgado em 6/10/2009.** (Inform. STJ 410)

NOVO JÚRI. PROTESTO. LEI. SUPERVENIÊNCIA.

A Turma proveu o recurso, entendendo que o art. 4º da nova Lei n. 11.689/2008, que revogou o capítulo IV do Título II do Livro III do CPP, referente ao recurso de protesto por novo júri não afasta o direito à recorribilidade subsistente pela lei anterior, *ex vi* do art. 2º do CPP em que a norma que exclui recurso tem vigência imediata, sem prejuízo da validade dos atos realizados sob a vigência da lei anterior. No caso, o réu fez jus ao protesto pelo novo júri antes da vigência da lei citada, pois, por uma *fictio iuris*, restou caracterizado um crime só com pena superior a 20 anos. O acórdão hostilizado reconheceu a continuidade delitiva pelo então vigente art. 607 do CPP, que afastava tal direito quando a pena fosse imposta em grau de apelação. Tal norma, porém, foi revogada pela Lei n. 263/1948, possibilitando-se o protesto por novo júri a partir da nova pena fixada na apelação ou na revisão criminal, conforme o caso *sub judice*. Precedentes citados: HC 22.679-SP, DJ 18/11/2002, e HC 58.317-SP, DJe 30/3/2009. **REsp 1.094.482-RJ, Rel. Min. Laurita Vaz, julgado em 1º/9/2009.** (Inform. STJ 405)

RESP. PREQUESTIONAMENTO.
Não se desconhece o fato de que o STF, ao julgar RE, prestigiou o enunciado n. 356 de sua súmula, ao considerar prequestionada matéria constitucional pela simples interposição de EDcl (prequestionamento ficto). Sucede que, como consabido, o STJ possui entendimento diverso, pois tem como satisfeito o prequestionamento quando o tribunal *a quo* emite juízo de valor a respeito da tese defendida no especial. Assim, aqui é imprescindível a demonstração de que aquele tribunal apreciou a tese à luz da legislação federal enumerada no especial, quanto mais se opostos embargos de declaração. Daí que, se o tribunal *a quo* rejeita os embargos sem apreciar a tese, o respectivo especial deve necessariamente indicar como violado o art. 535 do CPC, com a especificação objetiva do que é omisso, contraditório ou obscuro sob pena de aplicação da Súm. n. 211-STJ. Com a reiteração desse entendimento, a Turma não conheceu do REsp, apesar de o advogado, da tribuna, trazer a alegação de que, no caso, há matéria de ordem pública (a inexistência de citação) não sujeita à preclusão, de acordo com recente precedente da Corte Especial. Anote-se que o Min. Mauro Campbell Marques acompanhou a Turma com a ressalva de seu entendimento. Precedentes citados do STF: RE 219.934-SP, DJ 16/2/2001; do STJ: EREsp 978.782-RS, DJe 15/6/2009; REsp 1.095.793-SP, DJe 9/2/2009, e REsp 866.482-RJ, DJ 2/9/2008. **REsp 866.299-SC, Rel. Min. Eliana Calmon, julgado em 23/6/2009 (ver Informativo n. 395).** (Inform. STJ 400)

JUÍZO. ADMISSIBILIDADE. TRIBUNAL *A QUO*. AUSÊNCIA. VINCULAÇÃO.
O impetrante insiste na ocorrência de impedimento para a realização do juízo prévio de admissibilidade de recurso especial, nos termos do art. 252, III, do CPP, do desembargador que participou em momento anterior, do julgamento de *habeas corpus* contra o qual o apelo extremo foi interposto proferiu voto vencido. Mas a Turma, por maioria, denegou a ordem ao argumento de que o juízo de admissibilidade efetuado na instância *a quo* não vincula ou restringe o exame dos pressupostos recursais a ser realizado pelo relator na instância *ad quem*, no caso, o Superior Tribunal de Justiça, a quem cabe processar e julgar o especial, portanto proferir o juízo definitivo de admissibilidade. Precedentes citados: **AgRg no Ag 1.074.611-BA, DJe 16/2/2009, e AgRg no REsp 832.989-DF, DJ 11/6/2007**. (Inform. STJ 400)

MP. ILEGITIMIDADE. APELAÇÃO.
No caso dos autos, o MP ofereceu denúncia contra dois acusados, ambos pela prática dos delitos tipificados nos arts. 12 e 14 da Lei n. 6.368/1976 e, quanto a um deles, também pela prática do delito tipificado no art. 10 da Lei n. 9.437/1997. No entanto, nas alegações finais, o *parquet* deduziu pedido desclassificatório do crime de tráfico para o de uso de entorpecentes, e o juízo da causa condenou os acusados, desclassificando o fato – o primeiro paciente foi incurso no art. 16 da citada Lei de Entorpecentes – e absolvendo ambos do crime de associação permanente. O segundo paciente do crime de tráfico, embora absolvido, foi condenando como incurso na sanção do art. 10 da Lei n. 9.437/1997. Então, o MP, em recurso de apelação, pugnou pela condenação dos pacientes no crime do art. 12 da referida Lei de Entorpecentes, sendo que a apelação foi provida para condená-los também por tráfico de entorpecentes. Por outro lado, anotou-se que nada foi encontrado em poder de um dos pacientes, assim a condenação não poderia subsistir. Isso posto, a tese vencedora entendeu haver falta de interesse ao MP para interpor recurso de apelação contra a decisão para qual a *parquet* contribuiu. Também, observou o Min. Hamilton Carvalhido, em voto vista, que, em última análise, opera-se a preclusão em razão de o ato ministerial em seu efeito já ser constitutivo da decisão judicial, sendo assim, esse ato seria irretratável. Diante do exposto, após o empate na votação, ao prosseguir o julgamento, prevaleceu a decisão mais favorável ao réu, concedendo-se a ordem. . (Inform. STJ 398)

RESP. REITERAÇÃO. EDCL.
Trata-se de denunciado incurso nas sanções do art. 171, *caput*, do CP (abertura de contas-correntes com documentos falsos) que, absolvido da acusação em primeiro grau, foi condenado pelo Tribunal *a quo*. O Min. Relator destaca que foram manejados dois recursos especiais pela defesa. O primeiro, antes da publicação do acórdão dos embargos declaratórios opostos pela defesa, sendo reiterados, e o segundo após publicação dos últimos declaratórios. Dessa forma, pelo princípio da unirrecorribilidade, o segundo recurso especial não pode ser conhecido. Observa que a jurisprudência deste Superior Tribunal admite o recurso especial antes da publicação da decisão dos embargos declaratórios desde que sejam reiterados no prazo legal. Ressalta que, como observado no parecer do Ministério Público, operou-se a preclusão no primeiro REsp para o recorrente quanto aos novos argumentos manejados no segundo REsp. Explica ainda que, no caso, os embargos declaratórios não alteram o acórdão atacado, portanto a situação em exame não se confunde com aquela em que a matéria surge de forma inédita, por ocasião do julgamento de segundo grau e se remanescer algum vício, o TJ deve pronunciar-se sob pena de violação do art. 619 do CPP. Considerou, entretanto, que não se justifica o aumento imposto à pena-base do recorrente, retornando-a ao mínimo legal, merecendo também reparo o aumento imposto em decorrência do reconhecimento de crime continuado, sendo na espécie de ¼ em razão do número de infrações cometidas. Assim, manteve a correlação entre a acusação e a sentença (no caso, o acórdão condenatório). Diante do exposto, a Turma conheceu parcialmente do recurso e, nessa parte, deu-lhe provimento para reduzir a pena. Precedente citado: **AgRg no Ag 994.666-RS, DJe 6/5/2009.** (Inform. STJ 397)

APELAÇÃO. JULGAMENTO NULO.
É cediço que este Superior Tribunal entende não constituir afronta ao princípio do juiz natural a convocação de juízes de primeiro grau para compor órgão julgador colegiado de Tribunal, em substituição a eventual afastamento de desembargador, desde que essa convocação seja amparada em lei federal ou estadual. Também, revendo orientação anterior, o STJ tem entendido que não fere o citado princípio a composição majoritária do órgão julgador por esses juízes legalmente convocados. Entretanto, no caso específico, o Tribunal *a quo*, sem observar as diretrizes da LC estadual n. 646/1990, que não permite convocar juízes de primeiro grau num sistema de voluntariado, para formar novas câmaras criminais mesmo diante de inúmeros recursos pendentes de julgamento. Nessas circunstâncias, o julgamento desses recursos tem sido considerado nulo. Ante o exposto, a Turma concedeu a ordem para anular o julgamento do recurso de apelação, determinando sua renovação por Turma julgadora composta com observância dos critérios legais e constitucionais, mantida a situação prisional do paciente. Precedentes citados do STF: **HC 86.889-SP, DJ 15/2/2008; HC 69.601-SP, DJ 18/12/1992; HC 68.905-SP, DJ 15/5/1992; do STJ: HC 109.456-DF.** (Inform. STJ 394)

ANULAÇÃO. JULGAMENTO. NOVO JÚRI.
O paciente, preso em flagrante, foi condenado à pena de vinte e dois anos e quatro meses de reclusão, pela prática de um homicídio consumado, outro tentado e também por lesões corporais graves. O Min. Relator entendeu que, na espécie, a exclusão dos quesitos formulados pela defesa pertinentes à hipótese de inexigibilidade de conduta diversa deu ensejo à nulidade absoluta, por evidente afronta ao disposto no art. 484, III, do CPP. Diante disso, a Turma conheceu do recurso e lhe deu provimento para anular o julgamento do réu e determinar a realização de novo júri. Em razão do excesso de prazo, concedeu *habeas corpus* de ofício a fim de que o réu aguarde em liberdade o novo julgamento, se não estiver preso por outro motivo, com o compromisso de comparecer a todos os atos do processo para os quais for convocado, sob pena de nova prisão. Precedentes citados: **HC 109.283-RJ, DJ 10/11/2008; HC 12.917-RJ, DJ 10/6/2002; HC 19.015-RJ, DJ 7/10/2002, e REsp 770.411-RS, DJ 5/2/2007.** (Inform. STJ 388)

MP. APELAÇÃO. TEMPESTIVIDADE.
Na espécie, o Tribunal *a quo* deu provimento ao recurso de apelação do MP estadual, e o impetrante alega que o apelo não poderia ter sido conhecido por ser intempestivo, porque a jurisprudência atual considera, como data de início para a contagem do prazo recursal, a entrada dos autos na Procuradoria. Diante disso, requer a manutenção da sentença que o absolveu. Para o Min. Relator, a contagem do prazo ocorreu de forma correta, de acordo com a orientação jurisprudencial à época deste Superior Tribunal – na qual a intimação das decisões judiciais para o MP ocorria a partir da aposição do ciente por seu representante. Somente após o julgamento do HC 83.255-5 pelo plenário do STF, firmou-se que o prazo começa a fluir para o MP da data da entrada dos autos na Procuradoria. Diante do exposto, a Turma, ao prosseguir o julgamento, resolveu que a mudança de entendimento jurisprudencial nas cortes superiores deve alcançar somente os casos futuros, não aqueles consolidados na constância da orientação anterior. Diante do exposto, a Turma, por maioria, denegou a ordem. Precedentes citados: **HC 28.598-MG, DJ 1º/8/2005, e REsp 478.751-SP, DJ 20/8/2008.** (Inform. STJ 385)

EDCL. MP. IMPOSIÇÃO. PENA RESTRITIVA. DIREITOS.
Não caracteriza *reformatio in pejus* o fato de o Tribunal *a quo*, em sede de embargos de declaração propostos pelo MP para aclarar o julgado que proveu sua apelação, cominar mais uma pena restritiva de direitos ao paciente. O que se fez foi o reconhecimento do lapso de não impor a segunda pena restritiva de direito ou multa, tal como prescreve o art. 44, § 2º, do CP. (Inform. STJ 383)

SENTENÇA. PRONÚNCIA. EXCESSO. LINGUAGEM.
O TJ, em sede de apelação interposta pela defesa, manteve a sentença que condenou o paciente a onze anos e oito meses de reclusão, a serem cumpridos integralmente em regime fechado, pela prática de dois homicídios qualificados, na forma tentada, em concurso material de infrações. Alega o impetrante a nulidade absoluta da decisão de pronúncia em razão do excesso de linguagem usado pelo juiz, visto que emitiu juízo de valor sobre o mérito da demanda, tecendo considerações pessoais e critérios subjetivos que teriam influenciado o conselho de sentença, invadindo, assim, a competência do juiz natural. O Min. Relator entendeu que as nulidades absolutas não se convalidam com o tempo, não se sujeitando à preclusão. O vício alegado, qual seja, o excesso de linguagem na pronúncia, é de natureza relativa, conforme entendimento jurisprudencial deste Superior Tribunal. Eventuais vícios decorrentes da decisão de pronúncia devem ser argüidos no momento oportuno, com a demonstração do prejuízo sofrido pela parte e por meio de recurso próprio. O art. 581 do CPP assevera ser cabível a interposição de recurso em sentido estrito contra tal provimento. Dessarte, tendo transitado em julgado a condenação do paciente sem que houvesse qualquer irresignação da defesa acerca da alegada nulidade até a impetração do presente HC, impõe-se o reconhecimento da preclusão. Ainda que assim não fosse, da leitura da decisão impugnada não se pode extrair excesso de linguagem capaz de desvirtuar a parcialidade no julgamento pelo júri, limitando-se o juiz a fundamentar sobre a existência do fato, indícios suficientes de autoria e das qualificadoras, fazendo referência aos elementos contidos nos autos apenas para demonstrar a viabilidade da acusação, sem emitir juízo de valor sobre as provas. Contudo, o Min. Relator verificou constrangimento ilegal a ser sanado de ofício no que diz com o regime prisional. O STF no julgamento do HC 82.959-SP, DJ 14/9/2006, deferiu o pedido de *habeas corpus* e declarou, *incidenter tantum*, a inconstitucionalidade do § 1º do art. 2º da Lei n. 8.072/1990, além de a Lei n. 11.464/2007 ter permitido a progressão de regime prisional para os delitos hediondos ou equiparados. (Inform. STJ 377)

CORREIÇÃO PARCIAL. PROCESSO. SUSPENSÃO.
Não é cabível, pelo seu caráter residual, a interposição de correição parcial contra decisão que concede, nega ou revoga suspensão condicional do processo, uma vez que o recurso em sentido estrito é a via adequada para tanto (art. 581, XI, do CPP). Outrossim, no caso, a interposição da correição parcial deu-se quando já ultrapassado o prazo para a impugnação da decisão do juízo de origem, portanto houve a preclusão processual, além de faltar a devida intimação da defesa para resposta. Precedentes citados: **REsp 601.924-PR, DJ 7/11/2005; REsp 296.343-MG, DJ 16/9/2002; REsp 263.544-CE, DJ 19/12/2002, e RMS 23.516-RJ, Dje 3/3/2008**. (Inform. STJ 372)

HC. RECURSO EM SENTIDO ESTRITO. NULIDADE.
O impetrante alega constrangimento ilegal em razão da não-adoção do procedimento correto para o processamento do recurso em sentido estrito. Sustenta que não seria aplicável, na espécie, o art. 557, § 1º-A, do CPC. Diante disso, a Turma concedeu a ordem por entender que a analogia é recurso de auto-integração (art. 4º da LICC), e não instrumento de derrogação de texto ou procedimento legal. Incabível a sua aplicação em situação legalmente regulamentada. Em segundo grau, não se pode aplicar, no julgamento do recurso em sentido estrito, o disposto no art. 557 do CPC já que a inovação limitaria a amplitude de atuação das partes tal como prevista no CPP. A regra geral do art. 38 da Lei n. 8.038/1990 refere-se aos tribunais superiores, cuja atuação tem, a rigor, conotação diversa daquela estabelecida para os tribunais de segundo grau. Além do mais, nem toda alteração do CPC implica modificação daquilo que está estabelecido no CPP. No caso concreto, o julgamento monocrático, analisando questões fáticas e peculiares, ultrapassou, inclusive, os próprios limites fixados no art. 557 do CPC. . (Inform. STJ 358)

PREVENTIVA. REVOGAÇÃO. APELO. LIBERDADE.
A paciente viu-se denunciada como incursa no art. 244-A da Lei n. 8.069/1990. O juízo, então, decretou sua prisão temporária e, após, a preventiva. Porém, logo depois, revogou-a ao fundamento de que não haveria indícios de que se furtaria a uma eventual e futura aplicação da lei penal ou que prejudicaria a regular instrução processual, até por se considerar o fato de que as vítimas já foram ouvidas. Condenada a dez anos de reclusão, não se lhe permitiu apelar em liberdade (art. 312 do CPP), pois sua avançada idade não a teria impedido de praticar, por diversas vezes, o crime, o que traria grande ameaça à ordem pública. Além disso, não se recebeu a apelação diante de seu não-recolhimento à prisão. Dessarte, ao sopesar a recente edição da Súm. n. 347-STJ, a prisão sem plausível justificativa e o fato de que a paciente vinha respondendo solta ao processo, a Turma concedeu a ordem para assegurar sua liberdade até o trânsito em julgado da sentença, além de determinar o normal processamento da apelação. Precedente citado: **RHC 19.127-SP, DJ 6/8/2007**. (Inform. STJ 358)

DESERÇÃO. APELAÇÃO. FUGA.
O apelo do réu foi tido por deserto ao fundamento de que se dera sua fuga. Porém tem-se que os arts. 594 e 595 do CPP, de velada inspiração autoritária, não foram recepcionados pela CF/1988. Assim, a prisão do réu, à falta de coisa julgada penal, somente se pode dar, para estar em conformidade com a Constituição, se de natureza cautelar, decretada fundamentadamente em seus pressupostos e motivos legais (art. 312 do CPP). Mesmo assim, não há que se falar em fuga, tal como a apregoada pelo art. 595 do CPP, pois apenas não se recolheu o réu ao cárcere para apelar, tal como imposto pela sentença. Precedentes citados: **HC 47.485-SP, DJ 11/9/2006; HC 65.458-RJ, DJ 24/9/2007, e HC 38.158-PR, DJ 2/5/2006**. (Inform. STJ 348)

RECURSO. SENTIDO ESTRITO. PRODUÇÃO ANTECIPADA. PROVA.
O recorrente pretende seja conhecido o recurso em sentido estrito interposto contra a decisão que não admitiu a produção antecipada de prova. O acórdão recorrido concluiu por não ser possível o seu manejo por a hipótese não se enquadrar dentre aquelas elencadas no art. 581 do CPP. O Min. Relator, enfatizando ser taxativo o rol de hipóteses de utilização do mencionado recurso, entende que esse rigor vem sendo abrandado e, diante das constantes mudanças na legislação processual, não se revela razoável sua estagnação, sendo prudente, em determinadas situações, permitir que a ele se recorra. Assim, trazendo lições de Júlio Fabrini Mirabete e precedentes deste Superior Tribunal, entendeu mostrar-se possível a interposição de recurso em sentido estrito contra a decisão que indefere o pedido de produção antecipada de prova, para que, em cada caso concreto, identifique-se ou não, a necessidade dessa providência processual. REsp 532.259-SC, DJ 9/12/2003, e REsp 245.708-SP, DJ 1º/10/2001. **REsp 504.789-GO, Rel. Min. Paulo Gallotti, julgado em 21/8/2007.** (Inform. STJ 328)

MP ESTADUAL. EDCL. HC. STJ.
O Ministério Público atua neste Superior Tribunal por intermédio da Procuradoria-Geral da República ou, por delegação, por intermédio dos subprocuradores-gerais da República. Assim, os embargos de declaração opostos em *habeas corpus* pelo Ministério Público estadual não podem ser apreciados por este Superior Tribunal. Apenas quando o Ministério Público estadual interpuser recurso, ou seja, quando for parte, é que terá, aí sim, legitimidade para atuar neste Superior Tribunal, cabendo ao Ministério Público Federal atuar como *custos legis*. Precedentes citados: EDcl no HC 47.965-MT, DJ 29/5/2006, e AgRg nos EDcl no REsp 668.900-RS, DJ 27/6/2005. **EDcl no HC 49.545-RS, Rel. Min. Maria Thereza de Assis Moura, julgados em 17/4/2007.** (Inform. STJ 317)

SÚMULA STF Nº 713

O efeito devolutivo da apelação contra decisões do júri é adstrito aos fundamentos da sua interposição.

SÚMULA STF Nº 709

Salvo quando nula a decisão de primeiro grau, o acórdão que provê o recurso contra a rejeição da denúncia vale, desde logo, pelo recebimento dela.

SÚMULA STF Nº 705

A renúncia do réu ao direito de apelação, manifestada sem a assistência do defensor, não impede o conhecimento da apelação por este interposta.

SÚMULA STF Nº 700

É de cinco dias o prazo para interposição de agravo contra decisão do juiz da execução penal.

SÚMULA STF Nº 699

O prazo para interposição de agravo, em processo penal, é de cinco dias, de acordo com a Lei 8038/1990, não se aplicando o disposto a respeito nas alterações da Lei 8950/1994 ao Código de Processo Civil.

SÚMULA STF Nº 602

Nas causas criminais, o prazo de interposição de recurso extraordinário é de 10 (dez) dias.

SÚMULA STF Nº 344

Sentença de primeira instância concessiva de "habeas corpus", em caso de crime praticado em detrimento de bens, serviços ou interesses da união, está sujeita a recurso "ex officio".

SÚMULA STF Nº 160

É nula a decisão do tribunal que acolhe, contra o réu, nulidade não argüida no recurso da acusação, ressalvados os casos de recurso de ofício.

SÚMULA STJ Nº 347

O conhecimento de recurso de apelação do réu independe de sua prisão.

SÚMULA STJ Nº 267

A interposição de recurso, sem efeito suspensivo, contra decisão condenatória não obsta a expedição de mandado de prisão.

SÚMULA STJ Nº 9

A exigência da prisão provisória, para apelar, não ofende a garantia constitucional da presunção de inocência.

16. *HABEAS CORPUS*, MANDADO DE SEGURANÇA E REVISÃO CRIMINAL

HC: NOVO TÍTULO E AUSÊNCIA DE PREJUDICIALIDADE

A superveniência de sentença condenatória que mantém preso o réu sob os mesmos fundamentos expostos no decreto de prisão preventiva não é causa de prejudicialidade de *habeas corpus*. Com base nessa orientação, a 2ª Turma concedeu a ordem apenas para determinar que fosse apreciado o mérito do *writ* apresentado no STJ, como entendesse de direito. Na espécie, o relator daquela Corte julgara prejudicada a impetração e cassara liminar nela deferida, tendo em conta a expedição de título condenatório pelo juízo de piso. HC 113457/SP, rel. Min. Cármen Lúcia, 4.12.2012. (HC-113457) (Inform. STF 691)

HC SUBSTITUTIVO DE RECURSO ORDINÁRIO E ADEQUAÇÃO

A 2ª Turma deu provimento a recurso ordinário em *habeas corpus* para determinar ao STJ que conheça de *writ* lá impetrado e, por conseguinte, se pronuncie quanto às alegações da defesa. No caso, o tribunal *a quo* não conhecera da ordem pleiteada por entender que consistiria em utilização inadequada da garantia constitucional, em substituição aos recursos ordinariamente previstos. Ressaltou-se que o acórdão ora impugnado contrariaria a jurisprudência desta 2ª Turma, porquanto deixara de conhecer do *habeas corpus* ajuizado naquela Corte, ao fundamento de tratar-se de substitutivo de recurso ordinário. RHC 114188/MG, rel. Min. Gilmar Mendes, 30.10.2012. (RHC-114188) (Inform. STF 686)

HC SUBSTITUTIVO DE RECURSO EXTRAORDINÁRIO E INADEQUAÇÃO

É inadmissível *habeas corpus* substitutivo de recurso extraordinário. Esse o entendimento da 1ª Turma ao extinguir, sem mérito, a impetração ante sua inadequação processual. Reputou-se contrassenso o Colegiado assentar a impropriedade da ação constitucional quando substitutiva de recurso ordinário e aceitá-la no lugar da interposição de extraordinário. Rejeitou-se, por maioria, proposta formulada pela Min. Rosa Weber no sentido da concessão, de ofício, da ordem. HC 110055/MG, rel. Min. Marco Aurélio, 16.10.2012. (HC-110055) (Inform. STF 684)

EXTENSÃO EM HC E ESCLARECIMENTO - 1

Ante empate na votação, a 1ª Turma deferiu pedido de extensão em *habeas corpus* com esclarecimento de que o pleito formalizado no *writ* havia sido concedido, de ofício, para declarar a insubsistência da sentença condenatória na totalidade, inclusive quanto aos corréus alvo da imposição de penas. Na espécie, cuidava-se de questionamento a respeito da legalidade de interceptações telefônicas. A ordem fora anteriormente acatada para se viabilizar, em 2 processos, a feitura de diligência voltada a explicitar parâmetros das referidas interceptações. Em 1 destes, assentara-se que o deferimento implicaria a declaração de sua nulidade, com retorno do feito ao estado anterior, sendo totalmente insubsistente o decreto condenatório. Inicialmente, o Min. Marco Aurélio, relator, anotou que o juízo monocrático tivera dúvidas quanto à abrangência da ordem implementada pela 1ª Turma do STF. Destarte, com objetivo de evitar-se incidentes, sublinhou que o processo consubstanciaria um todo, consideradas as interceptações telefônicas, de modo que o pronunciamento pretérito do Colegiado em sede de *habeas corpus* seria suficiente para revelar que a instrução abarcaria também os corréus. HC 106272 Extensão/RJ, rel. Min. Marco Aurélio, 18.9.2012. (HC-106272)

EXTENSÃO EM HC E ESCLARECIMENTO - 2

Explicou que, verificado o vício de procedimento quando da concessão da medida, ter-se-ia como consectário lógico a invalidade dos atos praticados após este fenômeno. Nesse sentido, explanou que não se estaria a julgar novamente o *writ*, mas apenas a reafirmar o que já decidido, pelo que acolheu o pedido formulado na extensão. O Min. Dias Toffoli acresceu que haveria pretensão resistida, pelas instâncias inferiores, à autoridade do STF. Aludiu que não se surpreenderia com a concessão de idêntica medida, inclusive contra trânsito em julgado de condenação, muito menos em deferi-la se outra ação constitucional de mesma índole fosse denegada, porquanto o *habeas corpus* não faria coisa julgada. Por outro lado, os Ministros Rosa Weber e Luiz Fux julgavam extinto o processo. A primeira reputava que o pedido em tela configuraria embargos de declaração, pois a 1ª Turma já havia concedido a pretensão, de maneira que a parte já teria atingido o que colimara no bojo do próprio *habeas*. O segundo corroborava essa compreensão, tendo em conta aspecto técnico. Frisava que a questão poderia ser resolvida por meio de ofício do Colegiado, a elucidar a conclusão do STF no *writ*. Versava que o feito careceria de interesse de agir, pois a forma de se fazer valer a autoridade da decisão do Supremo não seria por meio de outro *habeas corpus*. HC 106272 Extensão/RJ, rel. Min. Marco Aurélio, 18.9.2012. (HC-106272) (Inform. STF 680)

HC: CABIMENTO E ORGANIZAÇÃO CRIMINOSA - 1

A 1ª Turma iniciou julgamento de *habeas corpus* em que pretendido o trancamento de ação penal, ante a insubsistência da imputação de crimes de participação em organização criminosa e de lavagem de dinheiro por ausência, respectivamente, de tipificação legal e de delito antecedente. O Min. Marco Aurélio, relator, preliminarmente, externou a inadequação do *writ* quando possível interposição de recurso ordinário constitucional. Considerou que a Constituição encerraria como garantia maior essa ação nobre voltada a preservar a liberdade de ir e vir do cidadão. Aduziu que se passara admitir o denominado *habeas* substitutivo de recurso ordinário constitucional previsto contra decisão judicial em época na qual não haveria a sobrecarga de processos hoje notada. Atualmente, esse quadro estaria a inviabilizar a jurisdição em tempo hábil, levando o STF e o STJ a receber inúmeros *habeas corpus* que, com raras exceções, não poderiam ser enquadrados como originários, mas medidas intentadas a partir de construção jurisprudencial. Asseverou que o *habeas corpus* substitutivo de recurso ordinário careceria de previsão legal e não estaria abrangido pela garantia constante do art. 5º, LXVIII, da CF. Além disso, o seu uso enfraqueceria a Constituição, especialmente por tornar desnecessário recurso ordinário constitucional (CF, artigos 102, II, a, e 105, II, a), a ser manuseado, tempestivamente, para o Supremo, contra decisão proferida por tribunal superior que denegar a ordem, e para o STJ, contra ato de tribunal regional federal e de tribunal de justiça. Consignou que o Direito seria avesso a sobreposições e que a impetração de novo *habeas*, embora para julgamento por tribunal diverso, de modo a impugnar pronunciamento em idêntica medida, implicaria inviabilizar a jurisdição, em detrimento de outras situações em que requerida. HC 108715/RJ, rel. Min. Marco Aurélio 7.8.2012. (HC-108715)

HC: CABIMENTO E ORGANIZAÇÃO CRIMINOSA - 2

Salientou que teria sido proposta a edição de verbete de súmula que, no entanto, esbarrara na ausência de precedentes. Registrou ser cômodo não interpor o recurso ordinário quando se poderia, a qualquer momento e considerado o estágio do processo-crime, buscar-se infirmar decisão há muito proferida, mediante o denominado *habeas corpus* substitutivo, alcançando-se, com isso, a passagem do tempo, a desaguar, por vezes, na prescrição. Reputou que a situação não deveria continuar, pois mitigada a importância do *habeas corpus* e emperrada a máquina judiciária, sendo prejudicados os cidadãos em geral. Aludiu que seria imperioso o STF, como guardião da Constituição, acabar com esse círculo vicioso. Uma vez julgado o *habeas corpus*, acionar-se-ia a cláusula constitucional e interpor-se-ia, no prazo de 15 dias, o recurso ordinário constitucional, podendo ser manejado inclusive pelo cidadão comum, haja vista que não se exigiria sequer a capacidade postulatória. Entretanto, concedeu a ordem de ofício. Sublinhou que o STJ deferira a ordem para trancar a ação penal apenas quanto ao delito de descaminho, porque ainda pendente processo administrativo, mas teria mantido as imputações relativas à suposta prática dos crimes de lavagem de dinheiro e de participação em organização criminosa. Rememorou recente julgado da Turma que assentara inexistir na ordem jurídica pátria o tipo "crime organizado", dado que não haveria lei em sentido formal e material que o tivesse previsto e tampouco revelado a referida pena (HC 96007/

SP, acórdão pendente de publicação). Concluiu, diante da decisão do STJ e do aludido precedente, inexistir crime antecedente no que concerne à lavagem de dinheiro. O Min. Luiz Fux, após acompanhar o relator no que pertine à preliminar, pediu vista. HC 108715/RJ, rel. Min. Marco Aurélio 7.8.2012. (HC-108715) (Inform. STF 674)

HC SUBSTITUTIVO DE RECURSO ORDINÁRIO

É inadmissível impetração de *habeas corpus* quando cabível recurso ordinário constitucional. Com base nessa orientação e na linha do voto proferido pelo Min. Marco Aurélio no caso acima, a 1ª Turma, por maioria, reputou inadequada a via do *habeas corpus* como substitutivo de recurso. Vencido o Min. Dias Toffoli, que se alinhava à jurisprudência até então prevalecente na 1ª Turma e ainda dominante na 2ª Turma, no sentido da viabilidade do *writ*. HC 109956/PR, rel. Min. Marco Aurélio, 7.8.2012. (HC-109956) (Inform. STF 674)

HC E SUSPENSÃO DE PRAZO PRESCRICIONAL

A 2ª Turma concedeu *habeas corpus* a fim de que o STJ, na linha da jurisprudência do Supremo, aprecie o mérito de idêntica ação constitucional lá impetrada. Além disso, determinou que fosse suspensa a execução da pena do paciente até o julgamento do referido *writ*, com a suspensão do prazo prescricional da pretensão executória. Na espécie, condenado à pena de 2 anos de reclusão em regime aberto — pela prática do delito de furto praticado mediante rompimento de obstáculo (CP, art. 155, § 4º, I, do CP) — tivera sua reprimenda convertida em restritiva de direitos, consistente em prestação de serviços à comunidade. Contra a sentença, a defesa interpusera apelação, cujo provimento fora negado, o que resultara na impetração de *habeas* perante o STJ, que dele não conhecera por entendê-lo incabível, em virtude de não configurar substituto de recurso ordinário. HC 111210/DF, rel. Min. Gilmar Mendes, 7.8.2012. (HC-111210) (Inform. STF 674)

DEMORA NO JULGAMENTO DE HC E PACIENTE SOLTO

Ante empate na votação, a 1ª Turma concedeu *habeas corpus* para que seja apresentada em mesa, até a segunda sessão subsequente à comunicação desta ordem, medida de idêntica natureza aduzida no STJ em favor do paciente, na qual se pleiteia trancamento de ação penal. Na espécie, o acusado, em liberdade provisória, aguarda julgamento definitivo daquele *writ*, em que indeferida a liminar monocraticamente e ao qual juntado, em 29.11.2010, parecer do *parquet*. Destacou-se que o paciente teria direito à jurisdição na referida Corte em período razoável. Ponderou-se que, para tanto, não caberia distinguir se preso, ou não, o acusado. Na sequência, considerou-se acentuada a demora na apreciação do *habeas*. O Min. Marco Aurélio sublinhou entender que bastaria pedido de informações do STF para se agilitar a tramitação naqueloutro Tribunal. Os Ministros Rosa Weber, relatora, e Luiz Fux denegavam a ordem. Avaliavam não configurar situação excepcional para a determinação do imediato julgamento do *writ*, em virtude de o paciente estar solto. A Min. Rosa Weber acentuava, além disso, não haver qualquer registro de que ele se encontrasse ameaçado de prisão imediata ou, ainda, em curto ou médio prazo. HC 112659/RS, rel. orig. Min. Rosa Weber, red. p/ o acórdão Min. Marco Aurélio, 29.5.2012. (HC-112659) (Inform. STF 668)

HC E NECESSIDADE DE INTERPOSIÇÃO DE RESP

O eventual cabimento de recurso especial não constitui óbice à impetração de *habeas corpus*, desde que o direito-fim se identifique direta ou imediatamente com a liberdade de locomoção física do paciente. Com base nesse entendimento, a 2ª Turma deferiu *writ* para que o STJ conheça de *habeas* lá impetrado e se pronuncie sobre o seu mérito. No caso, a Corte *a qua* não conhecera dessa medida por considerar inadequada a utilização da garantia constitucional em substituição aos recursos ordinariamente previstos nas leis processuais, haja vista que seria hipótese de cabimento de recurso especial.HC 108994/MG, rel. Min. Joaquim Barbosa, 15.5.2012. (HC-108994) (Inform. STF 666)

HC E NECESSIDADE DE INTERPOSIÇÃO DE RESP

A 1ª Turma, por maioria, indeferiu *habeas corpus* em que se pretendia anulação de acórdão do STJ que não conhecera de *writ* lá impetrado em virtude de falta de interposição de recurso especial e ocorrência de trânsito em julgado de apelação. Não se vislumbrou constrangimento ilegal, porquanto a análise do objeto do *habeas* naquela Corte — redução da pena imposta por suposto erro na dosimetria — demandaria revolvimento do contexto fático probatório, vedado na sede eleita. O Min. Luiz Fux ressaltou que somente em casos excepcionais e, a depender da matéria veiculada, admitir-se-ia *habeas corpus* de decisão transitada em julgado. Vencidos os Ministros Marco Aurélio e Dias Toffoli, que concediam a ordem para que o STJ julgasse o tema de fundo. O primeiro enfatizava que o Supremo não exigira o esgotamento da jurisdição para esta ação nobre. Ponderava haver retrocesso em termos de garantias constitucionais. Afirmava que o *writ* se mostraria adequado por não sofrer qualquer peia, nem mesmo da coisa julgada, pois bastaria que se articulasse um ato praticado à margem da ordem jurídica para se alcançar, na via direta ou indireta, a liberdade de ir e vir do cidadão. HC 110152/MS, rel. Min. Cármen Lúcia, 8.5.2012. (HC-110152) (Inform. STF 665)

HC E CELERIDADE EM JULGAMENTO DE CONFLITO DE COMPETÊNCIA

Ante a peculiaridade do caso, a 2ª Turma concedeu *habeas corpus* tão-somente para determinar que, no prazo máximo de 2 sessões, o STJ julgue conflito de competência a ele submetido. Na espécie, magistrada de 1º grau encaminhara a esta Corte cartas de diversas pessoas acusadas pela suposta prática dos crimes de quadrilha, roubo, porte de arma e tráfico de drogas — presas na denominada "Operação Charada" —, cuja custódia preventiva perduraria há mais de 2 anos, agora à espera do julgamento de conflito de competência naquela Corte. Asseverou-se que o dever de decidir se marcaria por tônus de presteza máxima, incompatível com o quadro retratado nos autos, em que se noticiara, inclusive, conspiração para executar juízes e promotores, conforme petição encaminhada pela aludida juíza ao relator do presente feito. HC 110022/PR, rel. Min. Ayres Britto, 8.11.2011. (HC-110022) (Inform. STF 647)

"Habeas corpus" e inclusão de terceiro em ação penal

É incabível *habeas corpus* contra autoridade judiciária com o objetivo de incluir outrem no pólo passivo de ação penal. Essa a orientação da 1ª Turma ao denegar *habeas corpus* em que requerido o aditamento de denúncia a fim de que terceiro também fosse criminalmente processado. O paciente alegava que fora condenado no juízo cível, com outra pessoa, o que vincularia o juízo criminal. Reputou-se irreparável a decisão do STJ, que entendera inviável a impetração contra magistrado para obtenção de aditamento à inicial acusatória do Ministério Público, visto que o juiz não seria a parte legítima para propositura de ação penal. Ademais, consignou-se a independência das instâncias cível e penal, pelo que não se constataria ocorrência de constrangimento ilegal. HC 108175/SP, rel. Min. Cármen Lúcia, 20.9.2011. (HC-108175) (Inform. STF 641)

"HABEAS CORPUS" E DIREITO DE DETENTO A VISITAS - 1

É cabível *habeas corpus* para apreciar toda e qualquer medida que possa, em tese, acarretar constrangimento à liberdade de locomoção ou, ainda, agravar as restrições a esse direito. Esse o entendimento da 2ª Turma ao deferir *habeas corpus* para assegurar a detento em estabelecimento prisional o direito de receber visitas de seus filhos e enteados. Na espécie, o juízo das execuções criminais decidira que o condenado não teria jus à visitação, visto que a prisão seria local impróprio aos infantes, o que poderia trazer-lhes prejuízos na formação psíquica. A defesa, então, impetrara *habeas corpus* no STJ, que o indeferira liminarmente, ao fundamento de que a pretensão não se compatibilizava com a modalidade eleita, uma vez que não ofendido o direito de locomoção do ora paciente. De início, rememorou-se que a jurisprudência hodierna da Corte estabelece sérias ressalvas ao cabimento do *writ*, no sentido de que supõe violação, de forma mais direta, ao menos em exame superficial, à liberdade de ir e vir dos cidadãos. Afirmou-se que essa orientação, entretanto, não inviabilizaria, por completo, o processo de ampliação progressiva que essa garantia pudesse vir a desempenhar no sistema jurídico brasileiro, sobretudo para conferir força normativa mais robusta à Constituição. A respeito, ponderou-se que o Supremo tem alargado o campo de abrangência dessa ação constitucional, como no caso de impetrações contra instauração de inquérito criminal para tomada de depoimento, indiciamento de determinada pessoa, recebimento de denúncia, sentença de pronúncia no âmbito do processo do Júri e decisão condenatória, dentre outras. Enfatizou-se que a Constituição teria o princípio da humanidade como norte e asseguraria aos presidiários o respeito à integridade física e moral (CF, art. 5º: "*XLIX - é assegurado aos presos o respeito à integridade física e moral*" e Pacto de São José da Costa Rica: "*Art. 5º Direito à Integridade Social 1. Toda pessoa tem o direito de que se respeite sua integridade física, psíquica e moral. 2. Ninguém deve ser submetido a torturas, nem a penas ou tratos cruéis, desumanos ou degradantes. Toda pessoa privada da liberdade deve ser tratada com respeito devido à dignidade inerente ao ser humano*"). Preconizou-se, por conseguinte, que não se poderia tratar a pena com objetivo de retaliação, mas de ressocialização. HC 107701/RS, rel. Min. Gilmar Mendes, 13.9.2011. (HC-107701)

"HABEAS CORPUS" E DIREITO DE DETENTO A VISITAS - 2

Aludiu-se que a visitação seria desdobramento do direito de ir e vir, na medida em que seu empece agravaria a situação do apenado. Isso porque só haveria direito de visitas porque a liberdade do paciente estava tolhida.

Ponderou-se que, segundo a própria teleologia da segregação criminal, eventuais erros estatais ao promovê-la poderiam e deveriam ser sanados pela via do *habeas corpus*, sob pena de não se alcançar a harmônica reintegração à comunidade daqueles que sofrem a ação do magistério punitivo do Estado. Nesse contexto, salientaram-se como escopos para o tratamento dos condenados, enquanto perdurar a sanção: a) inspirar-lhes a vontade de viver conforme a lei; b) incutir-lhes o respeito por si mesmos; e c) desenvolver-lhes o senso de responsabilidade (Regras Mínimas para o Tratamento de Prisioneiros da Organização das Nações Unidas, nº 65). Igualmente, destacou-se que seria direito do custodiado receber visitas do cônjuge, da companheira, de parentes e de amigos (LEP: "*Art. 41 - Constituem direitos do preso: ... X - visita do cônjuge, da companheira, de parentes e amigos em dias determinados*" e Resolução nº 14 do Conselho Nacional de Política Criminal e Penitenciária: "*Art. 33. O preso estará autorizado a comunicar-se periodicamente, sob vigilância, com sua família, parentes, amigos ou instituições idôneas, por correspondência ou por meio de visitas*"). Logo, consignou-se que não caberia negativa desse direito nem mesmo aos enteados, porquanto, a despeito de não terem comprovado seu vínculo com o paciente, tampouco a estabilidade da relação com a genitora, inserir-se-iam naquela última categoria. Sublinhou-se que poderia haver denegação motivada de visita pelo diretor do estabelecimento, o que não ocorrera no caso (LEP, art. 41, parágrafo único: "*Os direitos previstos nos incisos V, X e XV poderão ser suspensos ou restringidos mediante ato motivado do diretor do estabelecimento*"). Ademais, explicitou-se que o notório desajuste do sistema carcerário nacional não poderia justificar o óbice à visita de menores. Esclareceu-se, pois, que caberia ao Poder Público o dever de propiciar meios para que o apenado pudesse receber, inclusive, seus filhos e enteados, em ambiente minimamente aceitável e preparado, de modo a não colocar em risco a integridade física e psíquica dos visitantes. Assim, concluiu-se que o *habeas corpus* seria o meio apto a tutelar todo o plexo de relações ligadas à execução penal, até porque outro instrumento não seria identicamente expedito. HC 107701/RS, rel. Min. Gilmar Mendes, 13.9.2011. (HC-107701) (Inform. STF 640)

HC N. 102.015-SP
RED. P/ O ACÓRDÃO: MIN. DIAS TOFFOLI

EMENTA:*Habeas corpus*. Processual penal. Prisão em flagrante mantida na sentença condenatória. Direito de apelar em liberdade. Impossibilidade. Precedentes. **Excesso de prazo configurado. Peculiaridades do caso concreto. Paciente presa há mais de três anos sem o trânsito em julgado da sua condenação. Questão não submetida ao crivo daquela Corte de Justiça. Supressão de instância. Concessão da ordem de ofício.**

1. O direito de apelar em liberdade para os delitos contidos na Lei nº 11.343/06 é excepcional, desafiando fundamentação própria (HC nº 92.612/PI, Primeira Turma, Relator o Ministro Ricardo Lewandowski, DJe de 11/4/08).
2. Embora a alegação de excesso de prazo da prisão da paciente não tenha sido submetida ao crivo do Superior Tribunal de Justiça, o que impede o conhecimento da matéria nesta Suprema Corte, tendo em vista a supressão de instância, o caso é de concessão da ordem de ofício, em virtude das peculiaridades do caso concreto.
3. A elastecida demora no julgamento dos embargos de infringência, que, opostos em 20/1/10, somente foram distribuídos ao Relator em 8/11/10, revelam patente constrangimento ilegal, mormente se considerarmos ser a paciente portadora de doença grave (câncer de útero) e maior de 60 anos, o que lhe assegura prioridade de tramitação em todas as instâncias (art. 11 da Lei nº 10.741/03 e art. 1.211-A do Código de Processo Civil).
3. **Habeas corpus** denegado; porém, concedido de ofício. (Inform. STF 624) *noticiado no Informativo 608

HC N. 104.030-RS
RELATORA: MIN. CÁRMEN LÚCIA

EMENTA: *HABEAS CORPUS*. CONSTITUCIONAL. PROCESSO PENAL. DOSIMETRIA DA PENA. ALEGAÇÃO DE OFENSA À GARANTIA CONSTITUCIONAL DE INDIVIDUALIZAÇÃO DA PENA NA APRECIAÇÃO DA CIRCUNSTÂNCIA JUDICIAL DA CULPABILIDADE: IMPROCEDÊNCIA. ORDEM DENEGADA.

1. Não se comprovam, nos autos, constrangimento ilegal a ferir direito do Paciente nem ilegalidade ou abuso de poder a ensejar a concessão da ordem.
2. Ao proceder à dosimetria da pena definitiva da Paciente, a instância *a quo* sequer considerou a culpabilidade como circunstância judicial desfavorável.
3. Não se presta o *habeas corpus* para realizar novo juízo de reprovabilidade, ponderando, em concreto, qual seria a pena adequada ao fato pelo qual condenada a Paciente: Precedentes.
4. Ordem denegada. (Inform. STF 621)

HC N. 105.331-SP
RELATOR: MIN. DIAS TOFFOLI

EMENTA:***Habeas corpus*. Decisão monocrática do relator do Superior Tribunal de Justiça negando seguimento ao *habeas corpus*. Análise de mérito. Ofensa ao princípio da colegialidade. Precedentes da Suprema Corte.**

1. O princípio da colegialidade assentado pela Suprema Corte não autoriza o relator a negar seguimento ao **habeas corpus** enfrentando diretamente o mérito da impetração.
2. **Habeas corpus** não conhecido.
3. Ordem concedida de ofício. (Inform. STF 619)

PRISÃO CAUTELAR E AUSÊNCIA DE APRECIAÇÃO DE HC NO STJ

A 1ª Turma deferiu *habeas corpus* para determinar o julgamento imediato do mérito da impetração pelo STJ. No caso, pleiteava-se a revogação da prisão cautelar por suposto constrangimento ilegal infligido ao paciente, tendo em vista a omissão do STJ em apreciar o *writ* lá impetrado. O feito fora distribuído em 11.5.2009 e, há mais de 21 meses, sequer fora apreciada a liminar requerida. Não se conheceu da impetração na parte em que se alegava falta dos pressupostos autorizadores da segregação cautelar, justamente pelo fato de o STJ não ter analisado a questão. Vencido o Min. Marco Aurélio que concedia a ordem, ante a ausência de sentença transitada em julgado. Reputava, ademais, que a gravidade do crime não levaria à prisão e assentava a prejudicialidade do *habeas corpus* que tramitaria no mencionado Tribunal Superior. HC 101970/PA, rel. Min. Dias Toffoli, 15.2.2011. (HC-101970) (Inform. STF 616)

HC E PROCESSO ADMINISTRATIVO

Habeas corpus não é a via adequada para trancamento de processo administrativo, uma vez não estar em jogo a liberdade de ir e vir (CF, art. 5º, LXVIII). Esse o entendimento da 1ª Turma ao extinguir, sem julgamento de mérito, *writ* impetrado com o fim de sustar o andamento de processo administrativo disciplinar instaurado contra o paciente. (HC-100664) (Inform. STF 611)

"HABEAS CORPUS" E CONEXÃO ENTRE CRIMES

A 1ª Turma, por maioria, denegou *habeas corpus* em que se alegava a incompetência da Justiça Federal — para processar e julgar ação instaurada contra o paciente por uso de documento falso — e ilegalidade da prisão preventiva decretada. Na espécie, o paciente, preso em flagrante, após apresentar documento de habilitação falsa, conduzia veículo no qual os demais passageiros foram surpreendidos na posse de moeda falsa. Reputou-se inviável, na via estreita do *writ*, o reexame aprofundado de fatos e provas necessário à verificação da conexão, ou não, entre o crime de uso de documento ideologicamente falso, imputado ao paciente, e o crime de posse de moeda falsa, atribuído aos co-réus, a fim de se verificar a competência, ou não, da Justiça Federal. Ademais, ressaltou-se não haver elementos no *writ* para se afirmar a inexistência de qualquer conexão entre os crimes. Reputou-se, ainda, prejudicada a alegação de nulidade da prisão cautelar, haja vista o trânsito em julgado da decisão condenatória e o subseqüente livramento condicional do paciente. O Min. Ricardo Lewandowski, ao denegar a ordem, aplicou alínea a do inciso II do art. 78 do CPP e o inciso IV do mesmo preceito legal. Vencido o Min. Marco Aurélio que concedia a ordem, por não vislumbrar conexão probatória entre os delitos. (HC-100183) (Inform. STF 610)

CRIMES CONTRA A DIGNIDADE SEXUAL: NULIDADE E ASSISTÊNCIA À ACUSAÇÃO

A Turma, em votação majoritária, indeferiu *habeas corpus* no qual o réu, absolvido em 1ª instância das acusações de estupro e atentado violento ao pudor, por ausência de prova da materialidade delitiva, fora condenado pelo tribunal local, em virtude do provimento de apelo interposto por assistente de acusação. A defesa alegava nulidade no acórdão que julgara improcedente revisão criminal, haja vista a participação, na qualidade de relator designado para redigir o acórdão, de desembargador que tomara parte no julgamento da apelação. Inicialmente, rejeitou-se a tese de ilegitimidade do assistente de acusação para recorrer de sentença absolutória quando o Ministério Público se queda inerte, nos termos do art. 598 do CPP ("Nos crimes de competência do Tribunal do Júri, ou do juiz singular, se da sentença não for interposta apelação pelo Ministério Público no prazo legal, o ofendido ou qualquer das pessoas enumeradas no art. *31, ainda que não se tenha habilitado como assistente, poderá interpor apelação, que não terá, porém, efeito suspensivo*"). Vencido, no ponto, o Min. Marco Aurélio, que entendia inconcebível a atuação da assistência se o Ministério Público não recorresse da absolvição do paciente. Repeliu-se, de igual modo, a alegada nulidade do julgamento da revisão criminal. Aduziu-se que a vedação constante do art. 625 do CPP ("*O requerimento será distribuído a um relator e a um revisor, devendo funcionar como relator um desembargador que não tenha pronunciado decisão em qualquer fase do processo*") não impediria que, vencidos o relator e o revisor, fosse designado, para lavrar o acórdão denegatório da revisão criminal, o desembargador que funcionara como revisor da apelação, por ter sido o autor do primeiro voto vencedor. Afirmou-se que foram designados como relator e revisor da ação revisional desembargadores distintos do redator do acórdão. **Precedente citado: HC 102085/RS** (DJe de 27.8.2010). (HC-100243) (Inform. STF 602)

DEMORA NO JULGAMENTO DE HC

A Turma indeferiu *habeas corpus* em que se alegava excesso de prazo para o julgamento no STJ de medida de idêntica natureza impetrada em favor do paciente. Reputou-se que, embora objetivamente constatado certo retardamento, houvera razão que poderia justificar a situação excepcional, qual seja, a aposentadoria do Ministro relator naquela Corte. Considerou-se que, em virtude de trâmites burocráticos, procrastinara-se um pouco a redistribuição dos autos. Salientou-se que o procedimento terá sua seqüência normal com a redistribuição do feito a um novo relator. **HC 102457/SP, rel. Min. Celso de Mello, 3.8.2010.** (HC-102457) (Inform. STF 594)

AÇÃO PENAL E TRANCAMENTO MEDIANTE "HABEAS CORPUS"

A Turma indeferiu *habeas corpus* no qual militar denunciado pela suposta prática do crime de desobediência (CPM, art. 301), por ter se recusado a receber diversas notificações e a comparecer à Organização Militar para prestar testemunho em sindicâncias e inquérito policial militar, pleiteava o trancamento de ação penal instaurada contra ele na origem. Sustentava falta de justa causa para a persecução criminal, dado que as notificações foram recepcionadas por sua esposa, que não as repassara, seguindo orientação de profissional da área de saúde, pois o paciente se encontrava afastado de suas funções por motivo de incapacidade física. Alegava, ademais, que o elemento subjetivo do delito de desobediência se encontraria pautado em dolo, consubstanciado na vontade livre e consciente de não obedecer à ordem legal da Administração Militar, o que não teria ocorrido no caso. Preliminarmente, recebeu-se o presente recurso ordinário — porque intempestivo — como *habeas corpus*. Observou-se que, quando o recurso ordinário carecer dos requisitos formais previstos no art. 310 do RISTF, pode, excepcionalmente, ser recebido como *habeas corpus*. Ressaltou-se, por outro lado, que as alegações formuladas pelo impetrante — falta de justa causa e ausência de dolo — exigiriam a realização de exame aprofundado de provas que, em sede de *habeas corpus*, não se mostraria possível, visto tratar-se de instrumento destinado à proteção de direito líquido e certo, que não admite dilação probatória. Assinalou-se que tal vedação teria especial aplicação na situação sob exame, porquanto os autos originários se encontrariam em momento processual no qual a dúvida milita *pro societate*. Considerou-se que esta Corte tem decidido, reiteradamente, que o trancamento de ação penal por falta de justa causa ou por inépcia da denúncia, na via estreita do habeas corpus, somente é viável desde que se comprove, de plano, a atipicidade da conduta, a incidência de causa de extinção da punibilidade ou ausência de indícios de autoria ou de prova sobre a materialidade do delito, o que não se verificara na espécie. **RHC 94821/RS, rel. Min. Joaquim Barbosa, 6.4.2010.** (RHC-94821) (Inform. STF 581)

"HABEAS CORPUS" E FALTA DE INTERESSE DE AGIR

O Tribunal não conheceu de *habeas corpus* em que se apontava como autoridade coatora o Procurador-Geral da República. Na espécie, o Procurador-Geral da República requisitara a instauração de procedimento investigatório para apurar a ocorrência de crimes contra a ordem tributária supostamente praticados pelo paciente, Deputado Federal. Acolhida a requisição ministerial, instaurara-se inquérito, tendo sido atribuída relatoria à Min. Cármen Lúcia, a qual exarara decisão na qual fizera expressa referência ao enquadramento dos fatos com caracterizadores, em tese, do crime previsto no art. 1º da Lei 8.137/90. Alegava o impetrante que não poderia ser investigado pela suposta prática desse delito por inexistir auto de infração anteriormente lançado. Requeria, liminarmente, a imediata suspensão do aludido procedimento investigatório e, no mérito, o arquivamento do inquérito. Registrou-se, inicialmente, que a autoridade apontada como coatora seria o Procurador-Geral da República, não obstante os pedidos formulados buscarem o trancamento de inquérito cuja instauração decorrera de decisão fundamentada proferida por Ministra do Tribunal. Tendo em conta informação prestada pela Min. Cármen Lúcia, no sentido de que a matéria objeto deste *writ* não teria sido suscitada nos autos daquele inquérito, entendeu-se que não poderia ser conhecida a impetração por falta de interesse de agir do impetrante, uma vez que os fundamentos fáticos e jurídicos motivadores do *habeas corpus* não teriam sido submetidos à apreciação da relatora do inquérito cuja regularidade estaria sendo manifestamente questionada neste feito. Citou-se a jurisprudência da Corte segundo a qual, para caracterizar-se o interesse de agir na via do *habeas corpus*, é necessário que a pretensão posta no *writ* seja previamente levada à avaliação do relator do feito questionado. Observou-se, inclusive, que tal entendimento foi objeto do Enunciado 692 da Súmula do STF ("*Não se conhece de 'habeas corpus' contra omissão de relator de extradição, se fundado em fato ou direito estrangeiro cuja prova não constava dos autos, nem foi ele provocado a respeito.*"), o qual, destinado aos processos de extradição, aplicar-se-ia, *mutatis mutandis*, ao presente caso. Assim, tratando o *habeas corpus* de suposta irregularidade ocorrida no curso de inquérito, imprescindível que a causa de pedir seja veiculada nos autos respectivos diretamente ao relator, dando-lhe oportunidade de conhecer, sanar ou, ao menos, se manifestar a respeito da pretensão deduzida. **HC 92702/DF, rel. Min. Joaquim Barbosa, 18.2.2010.** (HC-92702) (Inform. STF 575)

CRIMES CONTRA A ORDEM TRIBUTÁRIA E QUADRILHA - 1

A Turma iniciou julgamento conjunto de três *habeas corpus* em que se pleiteia o trancamento de ações penais que imputam aos pacientes a suposta prática de crimes contra a ordem tributária e de formação de quadrilha. No caso, a denúncia noticia a existência de esquema criminoso na administração de entidade filantrópica utilizado com o objetivo de iludir a fiscalização tributária e desrespeitar as normas que regem as entidades fundacionais. O Ministério Público afirma que os denunciados teriam transformado a referida entidade filantrópica — sem observância dos mandamentos legais — em uma empresa controladora e administradora de outras pessoas jurídicas de cunho econômico, na medida em que possuíam a maioria do controle acionário dessas, quando não a exclusividade. Sustenta a impetração a inépcia da inicial acusatória e a falta de justa causa para as ações penais. No tocante aos delitos contra a ordem tributária, alega ausência de individualização da conduta atribuída aos pacientes, bem como de indicação precisa do modo como eles supostamente teriam omitido operações em documentos e livros contábeis. Assinala a defesa que a denúncia fora oferecida antes do término dos procedimentos administrativo-fiscais. Quanto à formação de quadrilha, argumenta que as demais acusações são meras reiterações das imputações feitas nas outras ações penais, o que configuraria flagrante *bis in idem*. **HC 92497/SP, rel. Min. Carlos Britto, 17.11.2009.** (HC-92497). **HC 92499/SP, rel. Min. Carlos Britto, 17.11.2009.** (HC-92499). **HC 92959/SP, rel. Min. Carlos Britto, 17.11.2009.** (HC-92959)

CRIMES CONTRA A ORDEM TRIBUTÁRIA E QUADRILHA - 2

Inicialmente, procedeu-se à análise do *habeas corpus* que teria antecedido as demais imputações de formação de quadrilha. O Min. Carlos Britto, relator, indeferiu o *writ*. Ressaltou que para cada infração tributária fora atribuído aos pacientes o cometimento do aludido crime e que a denúncia, ao contrário do que afirmado pela impetração, não atribuiria responsabilidade penal aos pacientes pelo fato exclusivo da administração das pessoas jurídicas. Enfatizou que a exordial se basearia numa série de elementos concretos e indicativos da existência de uma associação criminosa para a prática de crimes tributários, o que viabilizaria o prosseguimento da ação penal. Assinalou que, em que pese entenda correta a tese de que o crime de formação de quadrilha não se configura como decorrência pura e simples do fato de sócios gerenciarem uma pessoa jurídica envolvida em crimes tributários, não seria o caso de aplicá-la ao processo penal objeto do presente *habeas corpus*, isso porque, na espécie, haveria elementos concretos, de natureza indiciária, viabilizando o prosseguimento da ação penal. Esclareceu que o fato em si de se reunirem pessoas numa sociedade comercial, com o objetivo de praticar atos empresariais lícitos, não configuraria a formação de quadrilha, na eventualidade de prática de crimes contra a ordem tributária. Destacou, porém, que não menos certo poderia haver a associação de pessoas para praticar atos empresariais lícitos e, paralelamente, cometer crimes contra a ordem tributária. Observou ser este o núcleo da denúncia, cumprindo examinar, ao longo da instrução criminal, se os indícios até agora existentes se confirmariam com mais nitidez. **HC 92497/SP, rel. Min. Carlos Britto, 17.11.2009.** (HC-92497). **HC 92499/SP, rel. Min. Carlos Britto, 17.11.2009.** (HC-92499). **HC 92959/SP, rel. Min. Carlos Britto, 17.11.2009.** (HC-92959)

CRIMES CONTRA A ORDEM TRIBUTÁRIA E QUADRILHA - 3

Em divergência, o Min. Marco Aurélio concedeu a ordem, no que foi acompanhado pelo Min. Dias Toffoli. Considerou que os indícios apontados para se chegar à pretensão punitiva quanto ao crime de quadrilha não seriam idôneos. Afirmou ver com reserva denúncias com esta junção — qual seja, a imputação de crime fiscal e de crime de quadrilha —, na medida em que não poderia imaginar que alguém constituiria uma sociedade simplesmente para sonegar, mormente pessoas que têm ficha ilibada. Mencionou que não se poderia partir do pressuposto de que se abriria uma empresa, se formalizaria uma pessoa jurídica, se criaria uma fundação, para a prática de crimes. Para ele, não se poderia aí presumir — por essa criação — o dolo específico do delito de formação de quadrilha. Destacou estar preocupado com o que vem se tornando regra ultimamente, ou seja, o *parquet* denunciar pelo crime de sonegação e a partir da reunião de pessoas num corpo societário lançar, também, a imputação por quadrilha. Ressaltou, no ponto, que a denúncia teria de reunir dados e indícios para se chegar a tal conclusão. Após, pediu vista, quanto a este *writ*, a Min. Cármen Lúcia. **HC 92497/SP, rel. Min. Carlos Britto, 17.11.2009.** (HC-92497). **HC 92499/SP, rel. Min. Carlos Britto, 17.11.2009.** (HC-92499). **HC 92959/SP, rel. Min. Carlos Britto, 17.11.2009.** (HC-92959)

CRIMES CONTRA A ORDEM TRIBUTÁRIA QUADRILHA - 4

Relativamente ao *habeas corpus* que cuidava apenas do crime de formação de quadrilha, a Turma o deferiu para determinar o trancamento da ação penal, ante a evidente ocorrência de *bis in idem*. Assinalou que esta denúncia seria simples transcrição literal daquela ação penal anteriormente ajuizada. Quanto ao *habeas corpus* restante, concedeu-se, em parte, a ordem para determinar o trancamento da ação penal exclusivamente em relação ao crime de quadrilha. Determinou-se, contudo, o prosseguimento em relação ao crime de sonegação fiscal. Observou-se que a jurisprudência do STF é firme em considerar excepcional o trancamento da ação penal pela via processualmente estreita do *habeas corpus*, que somente autorizaria o encerramento prematuro do processo-crime quando de logo avultasse ilegalidade ou abuso de poder. Acentuou-se que houvera, sim, a devida particularização das condutas ilícitas supostamente protagonizadas pelos pacientes, pelo que não seria possível reconhecer a inépcia da denúncia, sendo descabido o nível de detalhamento requerido pelos impetrantes. Enfatizou-se, por outro lado, que se colheria dos autos que a denúncia fora apresentada de modo a permitir o mais amplo exercício do direito de defesa dos pacientes, logo não sendo fruto de um arbitrário exercício do poder-dever de promover a ação penal pública. Rememorou-se orientação da Corte no sentido de que, nos crimes societários ou de gabinete, não se aceitaria uma denúncia de todo genérica, mas se admitiria uma denúncia um tanto ou quanto genérica, dada a evidente dificuldade de individualização de condutas que no mais das vezes são concebidas e perpetradas a portas fechadas. Averbou-se, ademais, que os pacientes não se desincumbiram do seu dever processual de comprovar, nos autos, a suposta pendência administrativa dos débitos tributários objeto da denúncia. **HC 92497/SP, rel. Min. Carlos Britto, 17.11.2009.** (HC-92497). **HC 92499/SP, rel. Min. Carlos Britto, 17.11.2009.** (HC-92499). **HC 92959/SP, rel. Min. Carlos Britto, 17.11.2009.** (HC-92959) (Inform. STF 568)

HC: MINISTÉRIO PÚBLICO E LEGITIMIDADE

O Ministério Público de primeira instância é parte legítima para impetrar, perante o STF, *habeas corpus* no interesse da acusação. Com base nesse entendimento, a Turma, preliminarmente, conheceu de *habeas corpus* em que o Ministério Público do Estado do Rio Grande Norte questionava a especialização, por meio de resolução, de vara do tribunal local. Quanto ao mérito, indeferiu-se o *writ*, reportando-se ao que decidido no HC 85060/PR (DJE de 13.2.2009) — no qual se assentara que a mencionada especialização não afronta o princípio do juiz natural, porquanto a distribuição de competência por natureza de feitos não é matéria alcançada pela reserva da lei em sentido estrito, mas apenas pelo princípio da legalidade afirmado no art. 5º, II, da CF. **HC 91509/RN, rel. Min. Eros Grau, 27.10.2009.** (HC-91509) (Inform. STF 565)

HC: ATO DE MINISTRO RELATOR E INCOGNOSCIBILIDADE

Na linha da orientação firmada no julgamento do HC 86548/SP (DJE de 19.12.2008), segundo a qual não cabe *habeas corpus* contra ato de Ministro relator da Corte, por aplicação analógica do Enunciado 606 de sua Súmula (*"Não cabe 'habeas corpus' originário para o Tribunal Pleno de decisão de Turma, ou do Plenário, proferida em 'habeas corpus' ou no respectivo recurso"*), o Tribunal, por maioria, não conheceu de *writ* impetrado contra ato do Min. Cezar Peluso, relator do Inq 2424/RJ, que deferira os pedidos de reabertura de prazos de defesa a todos os denunciados, a partir da entrega ao patrono de cada um de cópia magnética e integral de todas as gravações telefônicas e escutas ambientais realizadas. Pleiteava-se, na espécie, o sobrestamento da ação penal até que viessem aos autos os laudos referentes às escutas ambientais e os objetos e documentos apreendidos. Sustentava-se a necessidade seja da juntada da degravação das fitas, nos termos do art. 6º, §§ 1º e 2º, da Lei 9.296/96, sob pena de desrespeito ao devido processo legal, seja da juntada dos laudos dos documentos e objetos apreendidos, porque, mesmo que a eles não se referisse a denúncia, teriam servido como instrumento à investigação e poderiam não só trazer novos e importantes elementos sobre os fatos narrados pela acusação, como também ser fundamentais à defesa versada no art. 4º da Lei 8.038/90. Vencidos os Ministros Marco Aurélio, relator, Celso de Mello e Gilmar Mendes, Presidente, que, tendo em vista elementos de segurança jurídica, conheciam do *writ*. Consideravam — a despeito de se estar consolidando jurisprudência na Corte no sentido da incognoscibilidade da ação de *habeas corpus* nas hipóteses em que este remédio é impetrado contra decisões monocráticas do relator — o fato de já ter havido o início do julgamento e o exame do pedido de cautelar formulado nestes autos, em que o Tribunal, de forma colegiada, debatera essa mesma controvérsia, e, ainda, de o presente *writ* ter sido impetrado no instante em que a jurisprudência do Supremo claramente admitia a possibilidade processual de impetração do *habeas corpus* contra atos e decisões do relator. **HC 91207/RJ, rel. Min. Marco Aurélio, red. p/ o acórdão Min. Eros Grau, 22.10.2009.** (HC-91207) (Inform. STF 564)

HC E PONDERAÇÃO DE CIRCUNSTÂNCIAS JUDICIAIS - 1

O *habeas corpus* não se presta para ponderar, em concreto, a suficiência das circunstâncias judiciais invocadas pelas instâncias de mérito para a majoração da pena. Com base nesse entendimento, a Turma, por maioria, indeferiu *habeas corpus* em que se alegava a ausência de indicação de elementos concretos que justificassem a fixação, acima do mínimo legal, da pena imposta à paciente. Sustentava a impetração, também, equívoco no reconhecimento de circunstância elementar do tipo como agravante (CP, art. 61, II, g). No caso, a paciente fora condenada às penas do art. 171, *caput* (2 vezes), e § 3º, c/c os artigos 61, II, g e 71, *caput*, todos do CP, por haver, na condição de prestadora de serviços em estabelecimento bancário, subtraído vultosa importância em dinheiro. O juízo sentenciante reputara como motivo do crime a obtenção de lucro fácil em detrimento do patrimônio alheio e informara que as conseqüências do delito não seriam favoráveis à paciente, uma vez que os prejuízos não foram integralmente ressarcidos. Contra essa decisão, a defesa apelara, sendo seu recurso parcialmente provido para excluir a causa de aumento prevista no § 3º do art. 171 do CP, readequar a pena e fixar o regime prisional aberto. Na seqüência, interpusera recurso especial, inadmitido, o que ensejara agravo de instrumento acolhido para reduzir o acréscimo aplicado ao crime continuado e, dessa forma, substituir a pena privativa de liberdade por restritivas de direito. **HC 97677/PR, rel. Min. Cármen Lúcia, 29.9.2009.** (HC-97677)

HC E PONDERAÇÃO DE CIRCUNSTÂNCIAS JUDICIAIS - 2

Considerou-se, na espécie, que houvera a indicação de fatos concretos e, em tese, válidos para a majoração impugnada, especialmente pela culpabilidade da paciente em razão da reprovabilidade de sua conduta e das conseqüências do crime (CP, art. 59), não se mostrando juridicamente desproporcional a fixação da pena-base em 2 anos de reclusão. Ademais, ressaltou-se orientação da Turma no sentido de que as circunstâncias e conseqüências do crime permitem mensurar o grau de culpabilidade da conduta. Por fim, afirmou-se que, para a pena-base ser estabelecida no mínimo legal e ser afastada a circunstância agravante prevista no art. 61, II, g, do CP, nos termos dos pedidos formulados pela impetração, far-se-ia necessário profundo revolvimento de fatos e provas, incabível na sede eleita. Vencido o Min. Carlos Britto que deferia parcialmente a ordem para determinar que o juiz refizesse a pena-base, dela excluindo a motivação do ganho fácil. **HC 97677/PR, rel. Min. Cármen Lúcia, 29.9.2009.** (HC-97677) (Inform. STF 561)

HC - AÇÃO PENAL POPULAR - LEGITIMAÇÃO UNIVERSAL - ESTUDANTE DE DIREITO

EMENTA: "*HABEAS CORPUS*". REMÉDIO DE ÍNDOLE CONSTITUCIONAL. AÇÃO PENAL POPULAR (CPP, ART. 654, "*CAPUT*"). LEGITIMAÇÃO DE "*QUALQUER PESSOA*" PARA IMPETRAR, PERANTE QUALQUER ÓRGÃO DO PODER JUDICIÁRIO, PEDIDO DE "*HABEAS CORPUS*". IMPETRAÇÃO CONTRA ALEGADA DEMORA, POR PARTE DO SUPERIOR TRIBUNAL DE JUSTIÇA, NO JULGAMENTO DE PEDIDO DE "*HABEAS CORPUS*" LÁ FORMULADO. PARECER DO MINISTÉRIO PÚBLICO FEDERAL JÁ PRODUZIDO NOS AUTOS DO "*HABEAS CORPUS*" EM QUESTÃO. JULGAMENTO IMINENTE, PELO SUPERIOR TRIBUNAL DE JUSTIÇA, DE REFERIDO "*WRIT*" CONSTITUCIONAL. MEDIDA CAUTELAR INDEFERIDA.

- O remédio constitucional do "*habeas corpus*" qualifica-se como típica *ação penal popular* (RTJ 164/193 - RT 718/518), o que legitima o seu ajuizamento "*por qualquer pessoa*", inclusive por estudante de Direito (CPP, art. 654, "*caput*"), qualquer que seja a instância judiciária competente. Doutrina. Jurisprudência.
- **A iminência** do julgamento, pelo Superior Tribunal de Justiça, do pedido de "*habeas corpus*" lá impetrado **descaracteriza** a suposta demora que o impetrante **atribuiu** àquela Alta Corte judiciária, circunstância essa **que justifica o indeferimento**, pelo Supremo Tribunal Federal, do pedido de medida cautelar. **HC 100000-MC/SP.** (Inform. STF 557)

EXERCÍCIO DA ADVOCACIA E INVIOLABILIDADE

Por falta de justa causa para a persecução penal, a Turma, em votação majoritária, deferiu *habeas corpus* para trancar ação penal instaurada em desfavor de advogado acusado pelo crime de calúnia. No caso, o processo-crime se originara de exceção de suspeição apresentada pelo paciente, perante tribunal de justiça local, contra magistrado de determinada comarca, imputando-lhe a prática dos delitos de prevaricação e de advocacia pública, ao argumento de parcialidade deste no julgamento de mandado de segurança no qual aquele atuara como patrono. De início, salientou-se a excepcionalidade do trancamento de ação penal por meio *habeas corpus*, bem como a jurisprudência do STF no sentido de a inviolabilidade constitucionalmente assegurada ao advogado não se estender ao crime de calúnia. Entretanto, na hipótese dos autos, considerou-se que a denúncia apresentaria deficiência material, porquanto não descreveria os fatos integralizadores dos elementos objetivos e subjetivos do tipo penal em questão. Reputou-se que a peça processual oposta pelo paciente — embora contivesse certo exagero nas indagações formuladas — indicaria o objetivo de levar ao conhecimento da Corte estadual o que lhe parecera uma postura heterodoxa de um membro da magistratura. Desse modo, concluiu-se que a atuação profissional do paciente não teria transbordado a busca da prevalência dos interesses da parte que ele representava. Vencido o Min. Ricardo Lewandowski que, ao enfatizar que a calúnia não estaria inserida dentre as causas de exclusão de crime dispostas no art. 142, I, do CP, denegava o *writ* por entender configurado, em princípio, o fato delituoso (CP: "*Art. 142 - Não constituem injúria ou difamação punível: I - a ofensa irrogada em juízo, na discussão da causa, pela parte ou por seu procurador;*"). **HC 98631/BA, rel. Min. Carlos Britto, 2.6.2009.** (HC-98631) (Inform. STF 549)

CRIME AMBIENTAL E INTIMAÇÃO PARA JULGAMENTO DE HC - 1

A intimação para sustentação oral em *habeas corpus* pode ser feita por qualquer meio que possibilite à parte conhecer a data da sessão e dela participar. Com base nesse entendimento, a Turma indeferiu *habeas corpus* em que condenados por armazenar irregularmente substância tóxica (Lei 9.605/98, artigos 54 e 56) requeriam a nulidade de acórdão proferido pelo tribunal local ante a falta de intimação para a realização de sustentação oral requerida pela defesa. Aduziu-se que, no caso, seria possível constatar, pelo endereço eletrônico daquela Corte, que informações acerca da inclusão do *writ* para julgamento foram disponibilizadas com antecedência de 48 horas, de modo que se tal comunicação não bastasse, ter-se-ia prejudicada a celeridade inerente ao rito dessa medida. **HC 94842/RS, rel. Min. Eros Grau, 26.5.2009.** (HC-94842)

CRIME AMBIENTAL E INTIMAÇÃO PARA JULGAMENTO DE HC - 2

Em seguida, de igual forma, rejeitou-se o pretendido trancamento da ação penal por ausência de justa causa. Enfatizou-se que a denúncia, apesar de sucinta, descreveria fato em tese delituoso, imputando-o aos pacientes e outros co-réus. Ademais, mencionou-se que o art. 2º da Lei dos Crimes Ambientais responsabiliza expressamente os administradores de pessoas jurídicas cujas atividades tenham acarretado danos que configurem crime contra o meio ambiente. Asseverou-se, ainda, que o reconhecimento da alegação de falta de materialidade quanto ao crime previsto no art. 54 da lei demandaria exame aprofundado do acervo fático-probatório, incabível na via escolhida. Também se afastou o pleito dos pacientes no tocante ao argumento de que não teria sido indicada a norma de segurança supostamente violada quando do armazenamento dos produtos da empresa. Registrou-se, nesse ponto, que a inicial acusatória apontaria irregularidade na armazenagem, fato que, em tese, encontra-se tipificado no art. 56 da mesma lei. Alguns precedentes citados: HC 92797 AgR/SP (DJE de 19.12.2007); HC 90326 QO/RS (DJE de 29.2.20088); HC 85190/SC (DJU de 8.11.2005) e HC 86361/SP (DJE de 1º.2.2008). HC 94842/RS, rel. Min. Eros Grau, 26.5.2009. (HC-94842) (Inform. STF 548)

HC EM BENEFÍCIO PRÓPRIO E CAPACIDADE POSTULATÓRIA

A Turma não conheceu de *habeas corpus* impetrado, em benefício próprio, por condenado pela prática dos delitos previstos nos artigos 157, § 2º, I e II, e 157, § 3º, 2ª parte, ambos do CP, contra acórdão do STJ que denegara idêntica medida lá impetrada. O paciente/impetrante questionava, no presente *writ*, a dosimetria da pena que lhe fora aplicada, haja vista que, na época dos fatos, era primário e possuidor de bons antecedentes. Inicialmente, rejeitou-se o pedido formulado, na tribuna, pelo Defensor Público da União para que a ordem fosse concedida, de ofício, a fim de que os autos retornassem ao STJ e de que novo julgamento fosse proferido. A Defensoria sustentava que, não obstante previsão expressa contida no Regimento Interno do STJ, o ora paciente/impetrante permanecera sem assistência jurídica durante todo o trâmite do feito naquela Corte (RISTJ: "*Art. 201. O relator requisitará informações do apontado coator, no prazo que fixar, podendo, ainda: I - nomear advogado para acompanhar e defender oralmente o pedido, se o impetrante não for bacharel em Direito;*"). Entendeu-se que não haveria base para a concessão de ofício, porquanto a legislação de regência admite que qualquer pessoa possa impetrar *habeas corpus*, não se exigindo capacidade postulatória do impetrante. Ademais, ressaltou-se que o pleito da Defensoria relativamente à assistência judiciária fora apresentado no STF quando os autos já tinham sido encaminhados à mesa para julgamento e que não constaria que tivesse havido requerimento tempestivo no STJ. Levando isso em consideração, asseverou-se que, se esse pedido não tivesse sido observado apesar de deduzido, faltaria o cumprimento de um item constitucionalmente garantido, a configurar ato coator. Por fim, asseverou-se que o tema referente à dosimetria da pena não fora submetido ao STJ e nem ao tribunal estadual, o que impediria o seu exame pelo Supremo, sob pena de dupla supressão de instância. **HC 95947/PB, rel. Min. Ricardo Lewandowski, 19.5.2009.** (HC-95947) (Inform. STF 547)

RHC E EXTINÇÃO DA PENA PRIVATIVA DE LIBERDADE

Ante o cumprimento da pena imposta ao recorrente, a Turma não conheceu de recurso ordinário em *habeas corpus* por entender que o objetivo precípuo desta garantia constitucional é a salvaguarda da liberdade de locomoção, a qual não estaria presente no caso. Na espécie, condenado por crime de formação de quadrilha (CP, art. 288) pleiteava a declaração de nulidade das interceptações telefônicas autorizadas em ação penal, contra ele instaurada, que tramitara perante o TRF da 3ª Região. Esclareceu-se, inicialmente, que outro *writ* impetrado em favor do mesmo paciente não fora por esta Corte conhecido, por haver notícia de que o condenado já cumprira a pena a ele aplicada, tendo em vista o término do prazo do seu livramento condicional, sem revogação deste benefício. Ressaltou-se, ademais, que a pena do recorrente só não fora formalmente declarada extinta, porque ainda se encontrava pendente julgamento de recurso especial interposto, pela defesa, perante o STJ. Aduziu-se que, mesmo não tendo sido expressamente declarada extinta, a pena fora cumprida, pois a situação do recorrente não mais poderia ser agravada, em virtude de o Ministério Público Federal não ter recorrido do acórdão do TRF da 3ª Região. Afirmou-se, por fim, incidir, na hipótese, o Enunciado 695 da Súmula do STF ("*não cabe habeas corpus quando já extinta a pena privativa de liberdade.*"). **RHC 94444/SP, rel. Min. Joaquim Barbosa, 24.3.2009.** (RHC-94444) (Inform. STF 540)

HC E CONTROLE ABSTRATO DE CONSTITUCIONALIDADE

A garantia constitucional do *habeas corpus* não é a via adequada para se pleitear declaração de inconstitucionalidade de lei em tese. Com base nesse entendimento, a Turma recebeu embargos de declaração como agravo regimental, e, desprovendo-o, manteve decisão que negara seguimento a *habeas corpus* no qual se pleiteava a declaração de inconstitucionalidade dos artigos 276 e 277 do Código de Trânsito Brasileiro - CTB, bem como a interpretação conforme à Constituição aos artigos 165 e 309 do mesmo diploma legal. Assentou-se que, no fundo, a impetração insistia no conhecimento do feito com o intuito de ser concedida a ordem para que o paciente pudesse livremente beber e dirigir, colocando em risco a vida de terceiros sem ser tolhido pela autoridade policial. **HC 96425 ED/SP, rel. Min. Eros Grau, 3.3.2009.** (HC-96425) (Inform. STF 537)

HC: IMPETRAÇÃO EM FAVOR DE PESSOA JURÍDICA E NÃO CONHECIMENTO - 1

A pessoa jurídica não pode figurar como paciente de *habeas corpus*, pois jamais estará em jogo a sua liberdade de ir e vir, objeto que essa medida visa proteger. Com base nesse entendimento, a Turma, preliminarmente, em votação majoritária, deliberou quanto à exclusão da pessoa jurídica do presente *writ*, quer considerada a qualificação como impetrante, quer como paciente. Tratava-se, na espécie, de *habeas corpus* em que os impetrantes-pacientes, pessoas físicas e empresa, pleiteavam, por falta de justa causa, o trancamento de ação penal instaurada, em desfavor da empresa e dos sócios que a compõem, por suposta infração do art. 54, § 2º, V, da Lei 9.605/98. Sustentavam, para tanto, a ocorrência de *bis in idem*, ao argumento de que os pacientes teriam sido responsabilizados duplamente pelos mesmos fatos, uma vez que já integralmente cumprido termo de ajustamento de conduta com o Ministério Público Estadual. Alegavam, ainda, a inexistência de prova da ação reputada delituosa e a falta de individualização das condutas atribuídas aos diretores. **HC 92921/BA, rel. Min. Ricardo Lewandowski, 19.8.2008.** (HC-92921)

HC: IMPETRAÇÃO EM FAVOR DE PESSOA JURÍDICA E NÃO CONHECIMENTO - 2

Enfatizou-se possibilidade de apenação da pessoa jurídica relativamente a crimes contra o meio ambiente, quer sob o ângulo da interdição da atividade desenvolvida, quer sob o da multa ou da perda de bens, mas não quanto ao cerceio da liberdade de locomoção, a qual enseja o envolvimento de pessoa natural. Salientando a doutrina desta Corte quanto ao *habeas corpus*, entendeu-se que uma coisa seria o interesse jurídico da empresa em atacar, mediante recurso, decisão ou condenação imposta na ação penal, e outra, cogitar de sua liberdade de ir e vir.

Vencido, no ponto, o Min. Ricardo Lewandowski, relator, que, tendo em conta a dupla imputação como sistema legalmente imposto (Lei 9.605/98, art. 3º, parágrafo único) — em que pessoas jurídicas e naturais farão, conjuntamente, parte do pólo passivo da ação penal, de modo que o *habeas corpus*, que discute a viabilidade do prosseguimento da ação, refletiria diretamente na liberdade destas últimas —, conhecia do *writ* também em relação à pessoa jurídica, dado o seu caráter eminentemente liberatório. **HC 92921/BA, rel. Min. Ricardo Lewandowski, 19.8.2008.** (HC-92921) (Inform. STF 516)

PROGRESSÃO DE REGIME E HC DE OFÍCIO

Tendo em conta o Enunciado 606 da Súmula do STF ("*Não cabe 'habeas corpus' originário para o Tribunal Pleno de decisão de Turma, ou do Plenário, proferida em 'habeas corpus' ou no respectivo recurso.*"), o Tribunal, por maioria, não conheceu de *habeas corpus* impetrado, contra decisão da 2ª Turma, em favor de condenado pela prática de homicídio qualificado (CP, art. 121, § 2º, II e IV), à pena de 18 anos de reclusão, em regime integralmente fechado. Vencido, no ponto, o Min. Marco Aurélio, que afastava o óbice do verbete e conhecia do *writ*, ao fundamento de se estar diante de situação peculiar, qual seja, o fato de o Tribunal, somente após a impetração, ter assentado a inconstitucionalidade do art. 2º, § 1º, da Lei 8.072/90, no julgamento do HC 82959/SP (DJU de 1º.9.2006). Em seguida, o Tribunal, por unanimidade, concedeu a ordem, de ofício, considerando a orientação fixada no referido precedente. **HC 86928/DF, rel. Min. Marco Aurélio, 10.3.2008.** (HC-86928) (Inform. STF 498)

JULGAMENTO DE HC E CIENTIFICAÇÃO DA DEFESA - 1

Por entender caracterizado cerceamento de defesa do paciente, a Turma, resolvendo questão de ordem, tornou insubsistente julgamento de *habeas corpus* já realizado. No caso, não houvera comunicação com antecedência da data do julgamento do feito, para que o impetrante, embora a tivesse solicitado, pudesse realizar sustentação oral (RISTF, art. 192, parágrafo único-A). Ressaltou-se que essa cientificação pode ser feita por qualquer meio idôneo, sem necessidade de intimação do impetrante pelos meios oficiais e que, na espécie, somente não ocorrera porque a petição em que requerida encontrava-se grampeada na contracapa dos autos, embaixo de cópia do andamento processual. **HC 90326 QO/RS, rel. Min. Menezes Direito, 11.12.2007.** (HC-90326) (Inform. STF 493)

JULGAMENTO DE HC E CIENTIFICAÇÃO DA DEFESA - 2

No mérito, indeferiu-se o writ. A impetração pleiteava o trancamento de ação penal instaurada contra acusado, com terceiros, pela suposta prática dos crimes de falsidade ideológica, contrabando, formação de quadrilha (CP, artigos 299, 344 e 288, respectivamente) e de importação de produto nocivo ao meio ambiente (CP, art. 334 e Lei 9.605/98, art. 56). Alegava para tanto: a) inépcia da denúncia, por ausência de individualização da conduta; b) atipicidade da conduta, ante a inexistência de proibição legal, à época dos fatos, de importação de pneus recauchutados; e c) ocorrência de abolitio criminis, decorrente da superveniência de normas que teriam descriminalizado a importação de produto nocivo ao meio ambiente. Considerou-se que, na hipótese, a denúncia demonstrara o delito em sua totalidade e que especificara a conduta supostamente ilícita do paciente. No ponto, asseverou-se que, em se tratando de crimes societários, a denúncia que contém condição efetiva que autorize o denunciado a proferir adequadamente a defesa não configura indicação genérica capaz de ensejar a sua inépcia. Ademais, enfatizou-se que o trancamento de ação penal em habeas corpus impetrado com fundamento na falta de justa causa é medida excepcional que, em princípio, não tem cabimento quando a denúncia ofertada narra suficientemente fatos que constituem crime. Por fim, relativamente ao último argumento, aduziu-se que a via eleita não comporta dilação probatória, exame aprofundado de matéria fática ou nova valoração dos elementos de prova. Alguns precedentes citados: HC 90320/MG (DJU de 25.5.2007); HC 87324/SP (DJU de 18.5.2007); HC 85496/SC (DJU de 8.9.2006); HC 91334/PA (DJU de 17.8.2007); HC 84278/SP (DJU de 22.10.2004). HC 90326/RS, rel. Min. Menezes Direito, 11.12.2007. (**HC-90326**) (Inform. STF 493)

CONTRATAÇÃO DE MÉDICOS PLANTONISTAS E FALTA DE LICITAÇÃO

A Turma iniciou julgamento de recurso ordinário em *habeas corpus* no qual prefeito pleiteia a extinção do procedimento penal contra ele instaurado por infração ao art. 89 da Lei 8.666/93 ("*Art. 89. Dispensar ou inexigir licitação fora das hipóteses previstas em lei, ou deixar de observar as formalidades pertinentes à dispensa ou à inexigibilidade.*"), decorrente da ausência de licitação para a contratação de médicos plantonistas quando, pelo valor do contrato, seria obrigatório o certame. Sustenta o recorrente, na espécie, falta de justa causa para a ação penal, que resultara na sua condenação, ao argumento de que os médicos prestaram, de fato, serviço e, portanto, não haveria prejuízo ao patrimônio público. O Min. Celso de Mello, relator, negou provimento ao recurso por considerar que, no caso, o que se pretende é o revolvimento de todo o conjunto probatório, incabível na via eleita. Após, o julgamento foi suspenso em virtude do pedido de vista do Min. Gilmar Mendes. RHC 87186/PR, rel. Min. Celso de Mello, 13.11.2007. (RHC-87186) (Inform. STF 488)

RE CRIMINAL E CONCESSÃO DE HC DE OFÍCIO

Por falta de peças obrigatórias, a Turma não conheceu de agravo de instrumento em que se pretendia o processamento de recurso inadmitido na origem, mas, tendo em conta tratar-se de recurso extraordinário em matéria criminal, concedeu *habeas corpus*, de ofício, para anular o processo-crime instaurado contra o ora agravante, desde a intimação da defesa para apresentar as razões da apelação. Considerou-se configurada, na espécie, a patente existência de cerceamento de defesa, causada pelo equívoco na intimação, publicada em nome de advogada que não realizava a defesa do réu nos autos de origem. AI 525749/GO, rel. Min. Joaquim Barbosa, 13.11.2007. (AI-525749) (Inform. STF 488)

ENUNCIADO DA SÚMULA 691 DO STF E PRESO PROVISÓRIO

A Turma, por maioria, não conheceu de *habeas corpus* em que policial militar, condenado pela prática de roubo qualificado (CP, art. 157, § 2º, I e II, c/c o art. 70) e de tráfico de drogas (Lei 6.368/76, art. 12, c/c o art. 18, I e II), requeria a desconstituição da determinação de sua transferência para o Presídio Ary Franco ou para qualquer outra unidade prisional que albergue presos condenados e pertencentes a facções criminosas. Sustentava-se, na espécie, a necessidade de superação do teor do Enunciado da Súmula 691 do STF ("*Não compete ao Supremo Tribunal Federal conhecer de habeas corpus impetrado contra decisão do Relator que, em habeas corpus requerido a tribunal superior, indefere a liminar.*"), sob alegação de ser manifesta a ilegalidade na transferência do paciente, que não poderia ser custodiado com presos condenados com decisão transitada em julgado, dada a sua condição de preso provisório e de policial. Inicialmente, asseverou-se que a defesa não discutira a decisão monocrática a qual atribui suposto constrangimento ilegal, mas insurgira-se contra o julgado do Tribunal de Justiça do Estado do Rio de Janeiro. Considerou-se que, para a superação do citado ver-be-te, a impetração deveria impugnar, necessária e fundamentadamente, a decisão do relator no STJ, o que não fizera. Assim, concluiu-se que, na ausência de demonstração de qual seria a abusividade ou teratologia da decisão impugnada, não existiriam elementos aptos a afastar o óbice. Vencidos os Ministros Marco Aurélio e Carlos Britto que, superando o obstáculo do Enunciado da Súmula 691 do STF, concediam a ordem para que fosse mantida a situação atual do paciente, até julgamento do *writ* pelo STJ, com a preservação da integridade física e moral do paciente, conforme preconizado pela Constituição e pela Lei de Execução Penal LEP. HC 91989/RJ, rel. Min. Ricardo Lewandowski, 18.9.2007. (HC-91989) (Inform. STF 480)

HC E CABIMENTO - 1

A Turma iniciou julgamento de questão de ordem para a apreciação de medida liminar em *habeas corpus*, impetrado em favor de desembargador denunciado pela suposta prática de diversos crimes, no qual se pretende a sustação do andamento da ação penal movida contra o paciente, com a suspensão temporária dos efeitos do recebimento da denúncia pelo Superior Tribunal de Justiça - STJ, até que o Supremo julgue o mérito da impetração. O Min. Gilmar Mendes, relator, diante da excepcional situação de excesso de prazo para a conclusão da instrução criminal no caso concreto, deferiu a medida cautelar, para os fins de suspender os efeitos da decisão do STJ que determinara o afastamento do cargo do magistrado denunciado (Lei Complementar 35/79, art. 29). Afastou, de início, a alegação de inépcia da denúncia, por não vislumbrar, em princípio, situação de manifesta ilegalidade ou de desmedido abuso de poder aptos a ensejar o deferimento da medida liminar pleiteada quanto a esse ponto. Ressaltou, também, que, à primeira vista, a defesa não dera causa ao excesso de prazo, sendo, entretanto, possível verificar a ocorrência de indícios da contribuição para essa mora pela suposta vítima. HC 90617 QO/PE, rel. Min. Gilmar Mendes, 10.4.2007. (HC-90617)

HC E CABIMENTO - 2

Em seguida, considerou que o *habeas corpus* seria garantia cabível e apta para levar ao conhecimento do Tribunal a apreciação do tema do excesso de prazo para a instrução criminal. Asseverou, no ponto, que, não obstante a jurisprudência da Corte no sentido de que o *habeas corpus* é o meio adequado para proteger tão-somente o direito de ir e vir do paciente, no caso concreto, a decisão impugnada determinara o afastamento do paciente do cargo de desembargador, situação que já estaria a perdurar há mais de quatro anos, sem que a instrução criminal tivesse sido devidamente concluída. Portanto, os impetrantes estariam se insurgindo não exatamente contra o simples fato do afastamento do paciente de seu cargo, mas contra uma situação de lesão ou ameaça a direito que persistiria por prazo excessivo e que, por essa razão, não poderia ser excluída da proteção judicial efetiva (CF, art. 5º, XXXV). HC 90617 QO/PE, rel. Min. Gilmar Mendes, 10.4.2007. (HC-90617)

HC E CABIMENTO - 3

Dessa forma, o *writ* seria cabível por se estar discutindo, na espécie, uma garantia processual de natureza judicial e administrativa que tem repercussão direta no devido processo legal penal. Ressaltou, ademais, que o tema da razoável duração do processo (CF, art. 5º, LXXVIII) envolve o reconhecimento judicial de meios que garantam a celeridade de sua tramitação, ou seja, a interpretação desse dispositivo está relacionada à efetivação de legítimas garantias constitucionais como mecanismos de defesa e proteção em face de atrocidades e desrespeitos aos postulados do Estado Democrático de Direito (CF, art. 1º). Concluiu que, embora a decisão impugnada não repercuta diretamente no direito e ir e vir do paciente, observa-se situação de constrangimento ilegal decorrente de mora na prestação jurisdicional no âmbito processual penal. Após o voto do Min. Eros Grau, que acompanhava o relator, e do voto do Min. Joaquim Barbosa, que indeferia a liminar por não verificar, na espécie, o alegado excesso de prazo, pediu vista dos autos o Min. Cezar Peluso. HC 90617 QO/PE, rel. Min. Gilmar Mendes, 10.4.2007. (HC-90617)

HC e Cabimento - 4

Em conclusão de julgamento, a Turma, por maioria, resolvendo questão de ordem, indeferiu medida liminar em *habeas corpus*, impetrado em favor de desembargador denunciado pela suposta prática de diversos crimes, no qual se pretende a sustação do andamento da ação penal contra ele movida, com a suspensão temporária dos efeitos do recebimento da denúncia pelo STJ, até que o Supremo julgue o mérito da impetração — v. Informativo 462. Rejeitou-se, na espécie, o alegado excesso de prazo na conclusão da instrução criminal. Ademais, entendeu-se que, independentemente do tempo de duração do processo-crime, o paciente deve permanecer, no seu curso, afastado do cargo, conforme determina o art. 29 da LOMAN ("*Quando, pela natureza ou gravidade da infração penal, se torne aconselhável o recebimento de denúncia ou de queixa contra magistrado, o Tribunal, ou seu órgão especial, poderá, em decisão tomada pelo voto de dois terços de seus membros, determinar o afastamento do cargo do magistrado denunciado.*"). Aduziu-se, no ponto, que a duração do afastamento cautelar do paciente estaria intimamente ligada à duração do próprio processo e que, no caso, não se trataria de medida destinada a acautelar processo-crime nem a garantir-lhe resultado útil, mas sim, de medida preordenada à tutela do conceito público do próprio cargo por ele ocupado, o que não violaria a presunção constitucional de não-culpabilidade. Vencidos os Ministros Gilmar Mendes, relator, e Eros Grau que, diante da excepcionalidade da situação, deferiam a medida cautelar, para os fins de suspender os efeitos da decisão do STJ que determinara o afastamento do cargo do magistrado denunciado. HC 90617 QO/PE, rel. Min. Gilmar Mendes, 19.6.2007. (HC-90617) (Inform. STF 472)

DOSIMETRIA DA PENA E CABIMENTO DE HC

A Turma negou provimento a recurso ordinário em *habeas corpus* impetrado contra acórdão do STJ que, ao deferir parcialmente o *writ*, "redimensionara" a pena privativa de liberdade imposta ao paciente, reduzindo-a, mantidas as demais cominações da sentença condenatória. Alegava-se, na espécie, que aquela Corte efetivara indevida incursão em matéria não abrangida pela via estreita do *habeas*, ao argumento de que o exame por ela realizado deveria ter se limitado ao pedido de cassação da sentença no capítulo em que fixara a pena do paciente. Entendeu-se, no caso, pela manutenção do acórdão impugnado. Ressaltou-se que a majoração da pena-base fundamentara-se em concretas circunstâncias judiciais reputadas desfavoráveis, relativas à culpabilidade, à personalidade e aos antecedentes e que estariam presentes as causas de aumento referentes ao uso de arma e ao concurso de agentes. Assim, asseverou-se que não se trataria de hipótese de cassação da sentença na parte em realizada a dosimetria da pena, premissa da qual partira o STJ para, em seguida, através de juízo de ponderação das circunstâncias judiciais invocadas na sentença, "redimensionar" a pena aplicada, de modo a ultrapassar os limites do pedido. Concluiu-se, desse modo, que o STJ deveria ter se cingido à simples denegação da ordem. Por fim, tendo em conta que a diminuição da pena beneficiara o paciente, que se cuida de recurso ordinário, e que a sentença não deveria ser anulada, deixou-se de acolher o pleito de cassação do acórdão recorrido, sob o fundamento de que o *writ* não se presta para ponderar, *in concreto*, a pena fixada pelas instâncias de mérito, já que seu provimento restabeleceria a pena originalmente imposta. Precedentes citados: HC 87684/AM (DJU de 25.8.2006) e HC 88132/PR (DJU de 5.6.2006). RHC 90525/RJ, rel. Min. Sepúlveda Pertence, 8.5.2007. (RHC-90525) (Inform. STF 466)

SUSPENSÃO CONDICIONAL DO PROCESSO E CABIMENTO DE HC

É cabível pedido de *habeas corpus* em favor de beneficiado com a suspensão condicional do processo (Lei 9.099/95, art. 89), porquanto tal medida, por se dar depois do recebimento da denúncia, não afasta a ameaça, ainda que potencial, de sua liberdade de locomoção. Com base nessa orientação, a Turma conheceu de *writ* impetrado em favor de presidente de agremiação de futebol, denunciado pela suposta prática de homicídio, na modalidade de dolo eventual (CP, art. 121 § 2º, I), pela circunstância de, não obstante ciente da cardiopatia de atleta do clube, permitir que este jogasse, vindo a óbito durante a realização de uma partida. No caso, o STJ, de ofício, concedera *habeas* para assentar a incompetência do tribunal do júri para julgar o feito, ao fundamento de restar configurado não crime doloso contra a vida, mas, sim, descrita imputação culposa. Em decorrência disso, o *parquet* oferecera proposta de suspensão condicional do processo ao paciente, que a aceitara. Alegava-se, na espécie, falta de justa causa para o início da persecução penal. No mérito, indeferiu-se o *writ* ao entendimento de que o remédio constitucional do *habeas corpus* — via estreita de conhecimento que se presta a reparar hipóteses de manifesta ilegalidade ou de abuso de poder — não pode substituir o processo de conhecimento. Em conseqüência, afastou-se a pretendida exclusão do paciente da persecução penal por se considerar que, na hipótese, o exame das alegações ensejaria o revolvimento de fatos e provas. HC 88503/SP, rel. Min. Ricardo Lewandowski, 6.3.2007. (HC-88503) (Inform. STF 458)

ENUNCIADO DA SÚMULA 695 DO STF E REABILITAÇÃO

Aplicando o Enunciado da Súmula 695 do STF ("*Não cabe habeas corpus quando já extinta a pena privativa de liberdade*"), a Turma não conheceu de *habeas corpus* impetrado em favor de ex-integrante das Forças Armadas condenado pela prática do crime de peculato (CPM, art. 303, § 1º, c/c art. 53), em razão de haver subtraído munição para comercializá-la junto a traficantes. Tratava-se, na espécie, de *writ* impetrado contra acórdão do STM que, ao dar provimento a recurso de ofício, cassara a decisão que concedera reabilitação ao paciente, ao fundamento de ausência de comprovação do ressarcimento do dano causado pelo delito (CPPM, art. 652, d, 1ª parte). Alegava a impetração que o paciente não efetuara a reparação exigida por absoluta impossibilidade de fazê-lo, demonstrando-a nos autos. Considerou-se que a via do *habeas corpus* não seria adequada para o fim pretendido, porquanto o paciente fora beneficiado com a extinção da punibilidade, em 8.1.99, por término do prazo do livramento condicional sem revogação (CPM, art. 638). Salientou-se, também, que a reabilitação — concedida, no caso, em 4.7.2006 — somente pode ser requerida após o decurso do prazo de cinco anos da data em que foi extinta a punibilidade ou encerrada a sua execução (CPPM, art. 651). Dessa forma, afastou-se a alegação de constrangimento à liberdade de locomoção do paciente a ser protegida por meio de *habeas corpus*. HC 90554/RJ, rel. Min. Cármen Lúcia, 6.3.2007. (HC-90554) (Inform. STF 458)

CABIMENTO DE HC E RESTITUIÇÃO DE DOCUMENTOS

A Turma deferiu *habeas corpus* impetrado contra acórdão do STJ que não conhecera de idêntica medida ao fundamento de que o *habeas corpus* não seria via idônea para a restituição de bens apreendidos em cumprimento de decisão judicial. No caso, os documentos foram apreendidos em diligência de busca e apreensão realizada nas dependências da empresa dos pacientes, investigados pela suposta prática de crimes de formação de quadrilha e de fraude à licitação. Sustenta a impetração ofensa ao princípio do juiz natural, sob a alegação de que os documentos não poderiam ser retidos por juízo diverso daquele que determinara a diligência, inclusive porque parte da tal documentação excederia aos limites do objeto da medida cautelar de busca e apreensão realizada. Entendeu-se que, embora se tratasse de pedido de restituição de documentos apreendidos, a impetração estaria embasada na suposta ilegalidade dessa apreensão, que poderia contaminar, eventualmente, o inquérito policial. Considerou-se, assim, presente pressuposto para o conhecimento do *writ*, porquanto, no bojo da investigação, seria possível a decretação de prisão cautelar dos pacientes com base em provas ilicitamente obtidas. Concluiu-se, dessa forma, ser necessário um pronunciamento da autoridade apontada como coatora acerca da legalidade ou não da apreensão de documentos empreendida nos autos do inquérito policial de origem, bem como da legalidade da manutenção dessa apreensão. HC deferido para determinar que o STJ, afastada a preliminar, aprecie o fundo da controvérsia. HC 86600/SP, rel. Min. Joaquim Barbosa, 18.12.2006. (HC-86600) (Inform. STF 453)

16.1. SUPERIOR TRIBUNAL DE JUSTIÇA

DIREITO PROCESSUAL PENAL. CABIMENTO DE HABEAS CORPUS SUBSTITUTIVO DE AGRAVO EM EXECUÇÃO.

É possível a impetração de habeas corpus em substituição à utilização do agravo em execução, previsto no art. 197 da LEP, desde que não seja necessário revolvimento de provas para a sua apreciação e que a controvérsia se limite à matéria de direito. Precedentes citados: HC 238.021-SP, DJe 29/6/2012, e HC 232.497-SP, DJe 23/4/2012. **HC 255.405-SP, Rel. Min. Campos Marques (Desembargador convocado do TJ-PR), julgado em 13/11/2012.(Inform. STJ 509)**

HC SUBSTITUTIVO DE RECURSO ORDINÁRIO. NOVA ORIENTAÇÃO.

A Turma, acompanhando recente orientação do STF, decidiu não ser cabível a impetração de *habeas corpus* substitutivo de recurso ordinário, o que inviabiliza a concessão da ordem, de ofício, para os *writs* já impetrados antes da mudança do entendimento. A nova orientação deu-se em resposta ao alargamento da admissibilidade do remédio constitucional em detrimento das vias recursais próprias constitucionalmente previstas, como é o caso do recurso ordinário em *habeas corpus* (arts. 102, II, **a**, e 105, II, **a**, da CF). A possibilidade de impetração de *habeas corpus* como substitutivo de recurso no processo penal abarrotou as cortes superiores e passou a inviabilizar os demais pronunciamentos jurisdicionais. Dessa forma, fez-se necessária a mudança de orientação para retomar a ordem constitucional, observados os princípios do devido processo legal, da celeridade e economia processual e da razoável duração do processo. Assim, não se conheceu do *habeas corpus*, mas a ordem foi concedida de ofício para revogar a prisão preventiva por falta de fundamentação, sendo ainda possível a expedição de novo decreto prisional fundamentado ou a adoção de outras medidas cautelares previstas no art. 319 do CPP. Precedentes citados do STF: HC 109.956-PR, DJe 11/9/2012; HC 104.045-RJ, DJe 6/9/2012; do STJ: HC 235.735-MG, DJe 1º/8/2012, e HC 234.354-SP, DJe 6/8/2012. **HC 239.550-RJ, Rel. Min. Laurita Vaz, julgado em 18/9/2012.(Inform. STJ 504)**

REVISÃO CRIMINAL. EMPATE NA VOTAÇÃO. DECISÃO MAIS FAVORÁVEL.

A Turma, prosseguindo o julgamento, concedeu a ordem para reformar o acórdão recorrido, a fim de afastar a condenação do paciente pelo crime de tentativa de homicídio, diante do empate verificado, na revisão criminal de sentença proferida pelo tribunal do júri. A respeito do tema, ponderou a Min. Relatora que, no entendimento do STF, a condenação penal definitiva imposta pelo Júri é passível de desconstituição mediante revisão criminal, não lhe sendo oponível a cláusula constitucional da soberania do veredicto do Conselho de Sentença. Consignou-se, ademais, que, à falta de norma expressa sobre o empate (em julgamento de revisão criminal), deve-se aplicar a regra do art. 615, § 1º, do CPP, reproduzida para o *habeas corpus* no parágrafo único do art. 664 do mesmo *Codex*. Assim, mesmo que se considere tratar-se de normas específicas, atinentes a recursos determinados, caberá o apelo à analogia, expressamente permitido pelo art. 3º do aludido código. *In casu*, o tribunal *a quo* decidiu, por maioria, pela improcedência da revisão criminal. Contudo, da leitura das notas taquigráficas acostadas aos autos, verificou-se que, quanto ao pedido de afastamento da condenação por tentativa de homicídio, houve empate na votação, uma vez que, dos seis desembargadores presentes, três acolheram a súplica revisional, enquanto outros três a indeferiram. Dessarte, consoante o disposto no art. 615, § 1º, do CPP, consignou-se que o empate na votação importa reconhecimento de decisão favorável ao paciente. Precedentes citados do STF: HC 70.193-RS, DJ 6/11/2006; HC 59.863-SP, DJ 13/3/1982; HC 52.838-SP, DJ 26/9/1975, e HC 54.467-SP, DJ 18/3/1977. **HC 137.504-BA, Rel. Min. Laurita Vaz, julgado em 28/8/2012.(Inform. STJ 503)**

HC. TRANCAMENTO DA AÇÃO PENAL. FALTA DE JUSTA CAUSA.

O *habeas corpus*, por ser ação de rito célere, demandar prova pré-constituída e dotada de absoluta certeza, somente poderá ser o instrumento apto para trancar a ação penal, quando, excepcionalmente, manifestarem-se, de forma inequívoca e patente, a inocência do acusado, a atipicidade da conduta ou a extinção da punibilidade. *In casu*, a denúncia descreveu elementos indiciários suficientes da autoria e da materialidade do delito de lavagem de dinheiro. Os diálogos mencionados na denúncia, travados entre o recorrido, advogado do grupo, e alguns dos envolvidos no crime antecedente – furto a banco – dão o mínimo de indicação da prática do delito que lhe fora imputado, pois causam a impressão de haver interesses que ultrapassam os meramente profissionais, devendo-se oportunizar ao Estado investigar e provar o efetivo cometimento do delito de lavagem de dinheiro. Além disso, o acórdão impugnado, ao decidir pelo trancamento do feito, acabou por apreciar o próprio mérito da ação penal, devendo, por isso, ser cassado para que seja dado prosseguimento à *persecutio criminis*. **REsp 1.046.892-CE, Rel. Min. Laurita Vaz, julgado em 16/8/2012.(Inform. STJ 502)**

AÇÃO PENAL. TRANCAMENTO. JUSTA CAUSA. INDÍCIOS. AUTORIA.

In casu, o impetrante foi denunciado pela suposta prática dos delitos dispostos nos arts. 157, § 2º, I, II e V, e 288, ambos do CP, porque teria sido o responsável por pilotar a aeronave utilizada na fuga dos autores de roubo praticado contra agência bancária, além de ser o proprietário de oficina onde o avião era mantido para revisão. Assim, no *writ*, buscava-se o reconhecimento de falta de justa causa para a persecução penal, ao argumento de que o paciente não teria cometido os delitos que lhe foram imputados e de que faltariam indícios mínimos de autoria. Nesse panorama, a Turma reiterou que o trancamento da ação penal em *habeas corpus* é medida excepcional, somente se justificando se demonstrada, inequivocamente, a absoluta falta de provas, a atipicidade da conduta ou a existência de causa extintiva da punibilidade. Na espécie, o tribunal *a quo* apontou a existência de indícios da participação do paciente nos delitos, ressaltando, inclusive, que o avião utilizado estava na oficina de sua propriedade. Dessa forma, se o tribunal de origem entendeu haver indícios da participação na conduta criminosa, não se mostra possível, na via exígua do *habeas corpus*, analisar profundamente provas produzidas, para concluir pela sua inocência. Ressaltou-se, ademais, que tal exame será efetuado pelo magistrado de primeiro grau por ocasião da sentença, mostrando-se, portanto, prematuro o trancamento da ação penal. Diante disso, a Turma denegou a ordem. Precedentes citados: RHC 22.471-SC, DJe 8/6/2009; HC 108.645-PR, DJe 3/11/2008; HC 136.830-AL, DJe 14/9/2009, e HC 109.072-DF, DJe 3/8/2009. **HC 155.840-MG, Rel. Min. Maria Thereza de Assis Moura, julgado em 1º/3/2012. (Inform. STJ 492)**

HC. LIMINAR. JULGAMENTO. RECURSO.

É cediço não caber *habeas corpus* do indeferimento de liminar, a não ser em casos de evidente e flagrante ilegalidade, sob pena de propiciar indevida supressão de instância (*vide* Súm. n. 691-STF), mas o STJ conhecia desse *habeas corpus* como substitutivo de recurso ordinário quando sobrevinha o julgamento do *writ* originário. Contudo, em respeito à credibilidade e funcionalidade do *habeas corpus*, bem como ao sistema de recursos previsto e sistematizado pela lei, há que considerar que a superveniência desse julgamento determina estar prejudicado o *writ* aqui impetrado, tal como já entende a Sexta Turma, pois conhecer desse *writ* aqui impetrado como substitutivo do recurso ordinário pode acarretar prejuízo ao paciente, uma vez que, por ser dirigida a irresignação apenas contra a negativa da liminar, deixa de manifestar-se sobre as eventuais razões de decidir do mérito do *habeas corpus* original. Precedentes citados: HC 125.600-PA, DJe 25/5/2011, e HC 144.850-BA, DJe 11/4/2011. **HC 183.643-RS, Rel. Min. Gilson Dipp, julgado em 16/6/2011.** (Inform. STJ 477)

EMENDA REGIMENTAL N. 13.

O Plenário aprovou a emenda regimental n. 13, que acrescenta a alínea **k** ao inciso XIII do art. 21 do RISTJ. Com isso, o Presidente do STJ pode decidir, até eventual distribuição, os *habeas corpus* e as revisões criminais inadmissíveis por incompetência manifesta, impetrados ou ajuizados em causa própria ou por quem não seja advogado, defensor público ou procurador, encaminhando os autos ao órgão que repute competente. **ER n. 13, Rel. Min. Nancy Andrighi, em 9/5/2011.** (Inform. STJ 472)

SENTENÇA. ABSOLVIÇÃO. HC.

A paciente foi denunciada pela suposta prática do art. 121, §§ 3º e 4º, do CP, pois prescreveu o medicamento Flutamida para o combate da acne que acometia a vítima, o qual pode, ao final de uma série de desventuras, ter-lhe ocasionado a morte por problemas hepáticos. Sucede que a ação penal foi julgada improcedente, mas pende ainda o julgamento da apelação do MP. Quanto a isso, não se desconhece entendimento jurisprudencial de que estaria prejudicado o *habeas corpus* que persegue o trancamento da ação penal quando sobrevinda a sentença absolutória ou condenatória. Contudo, ele não se mostra como verdade indiscutível: quando a impetração, desde seu nascedouro, insurge-se contra a validez formal e substancial da denúncia, é possível o exame do tema mesmo que já haja sentença. Quanto ao trancamento, conforme o parecer do MPF, diante da singularidade da hipótese, conclui-se que só mediante o exame aprofundado de fatos e provas, inclusive perícias, seria possível infirmar a acusação, quanto mais se afastada a alegação de inépcia da denúncia, pois apta a iniciar a persecução penal mediante o atendimento de todos os requisitos do art. 41 do CPP e a permitir a defesa da paciente. Precedentes citados: HC 86.861-SP, DJe 3/11/2010, e HC 89.696-SP, DJe 23/8/2010. **HC 120.601-SP, Rel. Min. Celso Limongi (Desembargador convocado do TJ-SP), julgado em 5/5/2011.** (Inform. STJ 471)

HC. PRESTAÇÃO PECUNIÁRIA. AFASTAMENTO.
A Turma não conheceu da ordem de *habeas corpus* por entender que o pedido de afastamento ou diminuição da prestação pecuniária arbitrada na sentença condenatória demanda o revolvimento do conjunto fático-probatório dos autos. Na impetração, alegou-se que o paciente não teria condições financeiras de suportar os valores da referida pena. Precedentes citados: HC 45.397-MG, DJ 1º/10/2007; HC 115.256-MS, DJe 23/11/2009; HC 65.441-PR, DJe 16/11/2010, e HC 136.738-MS, DJe 8/11/2010. **HC 160.409-RJ, Rel. Min. Og Fernandes, julgado em 12/4/2011.** (Inform. STJ 469)

REVISÃO CRIMINAL. SENTENÇA HOMOLOGATÓRIA. TRANSAÇÃO PENAL.
Trata-se de REsp em que se pretende, com fundamento no art. 621, III, do CPP, desconstituir sentença homologatória de transação penal via revisão criminal. Inicialmente, salientou a Min. Relatora que a ação de revisão criminal fundada no referido dispositivo objetiva reexame da sentença condenatória transitada em julgado pela existência de novas provas ou pela possibilidade de reduzir a pena fixada, visto que os outros incisos do mencionado artigo referem-se aos processos findos. Contudo, nos termos do art. 625, § 1º, do mesmo *Codex*, o pedido revisional deve ser instruído com a certidão de trânsito em julgado da sentença condenatória e com as peças necessárias à comprovação dos fatos arguidos. Portanto, é imprescindível a existência de sentença condenatória transitada em julgado, isto é, uma decisão que tenha analisado a conduta do réu, encontrando presentes as provas de autoria e materialidade. Dessa forma, consignou ser incabível revisão criminal na hipótese, tendo em vista que não existiu condenação e nem sequer análise de prova. Na verdade, ao se aplicar o instituto da transação penal, não se discute fato típico, ilicitude, culpabilidade ou punibilidade, mas possibilita-se ao autor do fato aplicação imediata de pena restritiva de direitos ou multa para que não se prossiga a ação penal, sendo o acordo devidamente homologado pelo Poder Judiciário e impugnável por meio do recurso de apelação. Ressaltou, ainda, que a discussão doutrinária e jurisprudencial referente à natureza jurídica da sentença prevista no art. 76, § 4º, da Lei n. 9.099/1995 em nada influencia a solução desse caso, isso porque, independentemente de ser homologatória, declaratória, constitutiva ou condenatória imprópria, a sentença em questão não examina conteúdo fático ou probatório, mas apenas homologa uma proposta realizada pelo *Parquet* e aceita pelo autor do fato, não podendo ser desconstituída por revisão criminal em que se argumenta a existência de novas provas. Com esse entendimento, a Turma negou provimento ao recurso. **REsp 1.107.723-MS, Rel. Min. Laurita Vaz, julgado em 7/4/2011.** (Inform. STJ 468)

HC. EXTRAÇÃO. CÓPIA.
A Turma asseverou que o *habeas corpus* não é a via adequada para pleitear a extração gratuita de cópias do processo criminal em que o paciente é beneficiário da Justiça gratuita, por não se tratar de hipótese de ameaça ou ofensa ao seu direito de locomoção nos termos permitidos pelos arts. 5º, LXVIII, da CF/1988 e 647 do CPP. Com essas considerações, o *writ* não foi conhecido. Precedente citado: HC 82.997-PB, DJ 22/10/2007. **HC 111.561-SP, Rel. Min. Jorge Mussi, julgado em 1º/3/2011.** (Inform. STJ 465)

HC. SUBSTITUIÇÃO. AG.
Na hipótese, inadmitido o REsp, preferiu o impetrante utilizar o *habeas corpus* (HC) em substituição ao agravo de instrumento (Ag), recurso ordinariamente previsto no ordenamento jurídico para que este Superior Tribunal analise os fundamentos da inadmissão do recurso especial. A Turma, entre outras considerações, assentou que, conquanto o uso do HC em substituição aos recursos cabíveis ou, incidentalmente, como salvaguarda de possíveis liberdades em perigo, crescentemente fora de sua inspiração originária, tenha sido muito alargado pelos tribunais, há certos limites a respeitar em homenagem à própria Constituição, devendo a impetração ser compreendida dentro dos limites da racionalidade recursal preexistente e coexistente para que não se perca a razão lógica e sistemática dos recursos ordinários e mesmo dos excepcionais por uma irrefletida banalização e vulgarização do *habeas corpus*. Assim, consignou-se que o Ag não pode ser substituído pelo HC, exceção que se liga necessariamente à violência, à coação, à ilegalidade ou ao abuso, circunstâncias que obviamente não constituem a regra senão a exceção, em que seu uso reclama naturalmente as restrições da exceção. Diante disso, não se conheceu do *habeas corpus* por consistir em utilização inadequada da garantia constitucional em substituição aos recursos ordinariamente previstos nas leis processuais. **HC 165.156-MS, Rel. Min. Gilson Dipp, julgado em 3/3/2011.** (Inform. STJ 465)

HC SUBSTITUTIVO. RESP.
In casu, o paciente e o corréu foram condenados nas instâncias ordinárias por crime de lavagem de dinheiro e naturalização fraudulenta, sendo que a pena do corréu foi reduzida por ter sido reconhecida a continuidade nos crimes de lavagem. Ressaltou o Min. Relator que o uso do *habeas corpus* em substituição aos recursos cabíveis ou, incidentalmente, como salvaguarda de possíveis liberdades em perigo fora de sua inspiração originária tem sido alargado pelos tribunais. Dessa forma, entendeu que há certos limites a serem respeitados em homenagem à própria Constituição; devendo, portanto, a impetração ser compreendida dentro dos limites da racionalidade recursal preexistente e coexistente para que não se perca a razão lógica e sistemática dos recursos ordinários e mesmo dos excepcionais por uma irrefletida banalização e vulgarização do *habeas corpus*. Asseverou que cabe prestigiar a função constitucional excepcional do *habeas corpus*, mas sem desmerecer as funções das instâncias regulares de processo e julgamento, sob pena de desmoralizar o sistema ordinário de julgamento e forçosamente deslocar para os tribunais superiores o exame de matérias próprias das instâncias ordinárias, que normalmente não são afetas a eles. Segundo o Min. Relator, não procede a alegação de que houve falta de justa causa para a ação penal por ausência de demonstração do crime antecedente de suposto tráfico de entorpecente praticado em outro país, uma vez que há fortes elementos de convicção, reafirmados pela sentença e pelo acórdão na apelação e uniformemente reportados por depoimentos precisos de testemunhas ouvidas diretamente pelo juízo, entre elas, um agente especial da *Drug Enforcement Administration* (DEA) – entidade estatal americana de repressão ao tráfico de drogas – e a companheira de chefe de cartel no exterior, que comprovam a prática de tráfico internacional de drogas de organização criminosa da qual participava o paciente com destacada atuação. Por outro lado, também não procede a alegação de nulidade do processo por utilização de prova ilícita constituída sem a participação da defesa do paciente, visto que a cooperação internacional bilateral entre Brasil e Estados Unidos em matéria penal, disciplinada pelo acordo denominado *Mutual Legal Assistance Treatie* (MLAT), prevê a colaboração por via direta, observados a organização e os procedimentos de cada parte, sendo certo que o depoimento da testemunha que cumpre pena naquele país foi tomado por autoridade competente, com obediência às praxes locais e na presença de agentes brasileiros, só não teve a participação da defesa porque ela, previamente ciente, recusou-se. Diante disso, a Turma denegou a ordem, reconhecendo a inexistência de nulidade ou de falta de justa causa, a inviabilidade de reexame de provas e fatos e a utilização inadequada da garantia constitucional (HC). Determinou, ainda, a retificação da autuação devido à falsa identidade e o levantamento do segredo de justiça por falta de fundamento legal para sua manutenção. **HC 128.590-PR, Rel. Min. Gilson Dipp, julgado em 15/2/2011.** (Inform. STJ 463)

HC. LIBERDADE. JULGAMENTO. REVISÃO CRIMINAL.
O paciente foi condenado à pena de 24 anos de reclusão e 280 dias-multa pela prática do delito tipificado no art. 157, § 3º, última parte, do CP, sendo a sentença confirmada em sede de apelação, transitando em julgado. Afirma-se, no *habeas corpus* impetrado nesta Corte, que o acusado está sofrendo constrangimento ilegal decorrente da demora no julgamento da Revisão Criminal ajuizada no Tribunal Federal da 1ª Região, postulando, em razão disso, que ele seja posto em liberdade. Para o Min. Relator, mostra-se incabível o pedido do paciente, visto que sua prisão decorre de sentença condenatória transitada em julgado e a ação revisional não possui efeito suspensivo capaz de impedir a execução do julgado. Por outro lado, quanto ao paciente aguardar há aproximadamente um ano e oito meses o julgamento da revisão criminal, após consulta ao sítio daquele tribunal, na *internet*, constatou-se que os autos encontram-se atualmente relatados e conclusos ao revisor, revelando-se, diante das informações prestadas pela autoridade coatora, razoável a tramitação do feito. Diante do exposto, a Turma denegou a ordem, recomendando ao tribunal prioridade no julgamento da revisão criminal. **HC 169.605-GO, Rel. Min. Og Fernandes, julgado em 19/8/2010**. (Inform. STJ 443)

HC. TESTE. BAFÔMETRO.
Não se pode considerar como fundado receio apto a propiciar a ordem de *habeas corpus* (preventivo) o simples temor de alguém de, porventura, vir a submeter-se ao denominado teste do "bafômetro" quando trafegar pelas ruas em veículo automotor. Precedentes citados: AgRg no HC 84.246-RS, DJ 19/12/2007; AgRg no RHC 25.118-MG, DJe 17/8/2009, e RHC 11.472-PI, DJ 25/5/2002. **RHC 27.373-SP, Rel. Min. Og Fernandes, julgado em 10/6/2010 (ver Informativo n. 435)**. (Inform. STJ 438)

SALVO-CONDUTO. TESTE. BAFÔMETRO.
O recorrente, visando obter salvo-conduto para não ser obrigado a se submeter ao teste do "bafômetro", alega que a Lei n. 11.705/2008 encerra conteúdo inconstitucional, ameaçando seu direito de ir e vir e que ninguém pode ser obrigado a produzir prova contra si mesmo. Ressalte-se, porém, que o *habeas corpus* preventivo tem cabimento quando, de fato, houver ameaça à liberdade de locomoção, isto é, sempre que fundado for o receio de o paciente ser preso ilegalmente. E tal receio resultará de ameaça concreta de iminente prisão. A Turma, por unanimidade, negou provimento ao recurso sob o argumento de que, na espécie, não há efetiva ameaça, atual ou iminente, capaz de autorizar a expedição de salvo-conduto, por isso o que se pede é, por via reflexa, à custa de desrespeito a princípios constitucionais, eximir o impetrante do âmbito da vigência da lei supramencionada, especificamente quanto à realização do referido teste. Além do que, este Superior Tribunal já firmou o entendimento de o *habeas corpus*, remédio constitucional destinado a reparar ilegalidades que envolvam o direito de locomoção do cidadão, não ser via adequada para impugnar medidas administrativas, como ocorre na hipótese. Precedentes citados: HC 141.282-SP, DJe 6/8/2009; HC 124.468-RJ, DJe 5/8/2009, e HC 113.415-PE, DJe 12/5/2009. **RHC 27.590-SP, Rel. Min. Maria Thereza de Assis Moura, julgado em 18/5/2010.** (Inform. STJ 435)

TRANCAMENTO. FALTA. JUSTA CAUSA.
Sociedades empresárias uniram-se e, para isso, uma delas vendeu 50% de suas quotas, consequentemente foram alterados os contratos sociais. Agora, os sócios da empresa cedente afirmam que os contratos sociais alterados foram adulterados, passando a constar a venda total da empresa e falsificados datas e valores dos textos. Consta dos autos que, instaurado o inquérito policial, foram ouvidas testemunhas que se posicionaram favoráveis ao réu (paciente) e, realizadas três perícias oficiais, todas concluíram pela inexistência de fraude nos contratos sociais. Diante desses fatos, o Ministério Público (MP), por duas vezes, após diligências, deixou de oferecer a denúncia. Mas, segundo os impetrantes, dada a insistência das supostas vítimas, o juiz remeteu os autos ao procurador-geral de Justiça, o qual designou novo promotor para atuar nos autos. Esse novo promotor ofereceu denúncia embasada em nova perícia não oficial encomendada pelos autores que não foi conclusiva. Daí impetrado *habeas corpus* substitutivo de recurso ordinário em que se alega a falta de justa causa para extinguir a ação. Para o Min. Relator, admite-se *habeas corpus* nesses casos, basta que o paciente esteja sofrendo coação, ache-se ameaçado ou precise de proteção à sua liberdade de ir e vir. Observa que, no caso, há três perícias oficiais nos autos sem indícios suficientes da materialidade do crime, assim não poderia valer-se o MP de perícia extrajudicial para dar inicio à ação penal. Ademais, é ato de autoridade a nomeação dos peritos no processo criminal (arts. 276, III, e 156 do CPP). Diante do exposto, a Turma concedeu a ordem. Precedente citado: HC 38.717-SP, DJ 15/5/2006. **HC 119.354-GO, Rel. Min. Nilson Naves, julgado em 6/4/2010.** (Inform. STJ 429)

INGRESSO. REPASSE. IBAMA. TRANCAMENTO. INQUÉRITO.
Trata-se de *habeas corpus* impetrado no tribunal *a quo*, com o objetivo de trancar inquérito policial no qual são investigados o paciente e outros agentes, por terem deixado de repassar ao Ibama valores recolhidos com a venda de ingressos de acesso ao Corcovado, situado em parque nacional da Tijuca, no Rio de Janeiro. O *habeas corpus* foi negado devido à não demonstração da ausência de justa causa para instauração do inquérito policial, o que ensejou o recurso para este Superior Tribunal. Isso posto, ressalta o Min. Relator ser no mesmo sentido do acórdão recorrido a jurisprudência deste Superior Tribunal, que só tranca inquérito policial ou ação penal por falta de justa causa quando há indícios evidentes da inocência do indiciado, sem necessidade de avaliação aprofundada de fatos e provas, ou quando ocorre atipicidade da conduta ou a extinção da punibilidade, circunstâncias não demonstradas na hipótese dos autos. Diante do exposto, a Turma negou provimento ao recurso. Precedentes citados: HC 37.419-PR, DJ 16/11/2004, e HC 37.919-MG, DJ 7/3/2005. **RHC 20.757-RJ, Rel. Min. Arnaldo Esteves Lima, julgado em 18/3/2010.** (Inform. STJ 427)

HC PREVENTIVO. EMBRIAGUEZ. LEI N. 11.705/2008.
O *habeas corpus* preventivo é cabível quando haja fundado receio de que o paciente possa vir a sofrer coação ilegal a seu direito de ir, vir e permanecer. Não se pode considerar como fundado receio o simples temor de, porventura, ter o paciente de se submeter ao chamado teste do bafômetro ao trafegar pelas ruas em veículo automotor. Uma vez que não existe qualquer procedimento investigatório direcionado ao paciente, não está configurada a ameaça à sua liberdade de locomoção, mesmo que em potencial. Assim, a Turma negou provimento ao recurso. **RHC 25.311-MG, Rel. Min. Og Fernandes, julgado em 4/3/2010.** (Inform. STJ 425)

HC. OPTOMETRISTA. DELITO.
Trata-se de *habeas corpus* impetrado contra acórdão proferido pelo TJ que denegou a ordem em que se pretendia o trancamento de ação penal a que responde o paciente pela suposta prática do delito disposto no art. 282 do CP. Teria exercido, a título oneroso, a profissão de médico oftalmologista, receitando e prescrevendo o uso de lentes para óculos as quais, posteriormente, revelaram-se inadequadas para a vítima. Aduz que o livre exercício profissional é garantia constitucional e que o paciente é legalmente habilitado em optometria, cujo conteúdo programático inclui a verificação da acuidade visual, atividade que seria interpretada de forma equivocada como exercício ilegal da medicina. Para o Min. Relator, é inviável, ao menos em *habeas corpus*, acolher-se a pretensão de que o paciente é vítima de constrangimento ilegal em decorrência da instauração da referida ação penal. Conforme o art. 38 do DL n. 20.931/1932, os optometristas não podem ter consultório para atendimento de pacientes, e, de acordo com o art. 39 desse decreto, a venda de lentes de grau só pode ser feita mediante apresentação de receita do médico oftalmologista. *In casu*, ainda que o paciente possua o curso de nível médio de técnico em óptica, cujo diploma informa que faz parte do conteúdo programático a verificação da acuidade visual, não ficou devidamente comprovada, nos autos, sua habilitação para receitar ou prescrever grau de lentes de óculos. Dessa forma, a devida apuração de se o optometrista é ou não autorizado a praticar tal conduta deve ser feita no âmbito da ação penal, dotada de maior amplitude cognitiva que a via do *writ*. Verifica-se, assim, a existência de indícios que ensejam o prosseguimento da ação penal. Diante disso, a Turma denegou a ordem. Precedentes citados: RHC 22.921-PR, DJe 13/10/2008, e HC 38.247-SP, DJ 24/10/2005. **HC 90.033-RO, Rel. Min. Jorge Mussi, julgado em 4/2/2010.** (Inform. STJ 421)

HC. PETIÇÃO SEM ASSINATURA.
In casu, a petição do *habeas corpus* não tinha a assinatura do impetrante e, por essa razão, teve negado liminarmente seu processamento pelo Min. Relator com base no art. 210 do RISTJ, advindo, então, o agravo regimental com pedido de reconsideração. Para o Min. Relator, apesar de o *habeas corpus* ser destituído de qualquer rigor formal, a teor do disposto no art. 654, § 1º, c, do CPP, deve conter a assinatura do impetrante ou de alguém a seu rogo, quando não souber ou não puder escrever. Diante do exposto, a Turma negou provimento ao agravo regimental. Precedentes citados: HC 60.464-SP, DJ 9/10/2006, e HC 45.798-PR, DJ 20/2/2006. **AgRg no HC 143.448-SP, Rel. Min. Haroldo Rodrigues (Desembargador convocado do TJ-CE), julgado em 15/9/2009.** (Inform. STJ 407)

REVISÃO CRIMINAL. EFEITO SUSPENSIVO.
Trata-se de *habeas corpus* no qual se pretende que o paciente possa aguardar em liberdade o julgamento de revisão criminal, onde espera ver reconhecida sua semi-imputabilidade. A Turma denegou a ordem por entender que, no caso, não há constrangimento ilegal, haja vista que a custódia do paciente decorre de sentença penal transitada em julgado, sendo certo que a revisão criminal não é dotada de efeito suspensivo. Assim, mostra-se correta a execução da sanção imposta ao paciente, visto que não houve ocorrência de flagrante ilegalidade, o que poderia caracterizar a hipótese excepcionalíssima de suspensão da execução até o julgamento da ação revisional. Precedentes citados: HC 117.654-SP, DJe 27/4/2009; HC 80.165-MG, DJe 4/8/2008, e HC 83.459-RJ, DJ 1º/10/2007. **HC 88.586-SP, Rel. Min. Maria Thereza de Assis Moura, julgado em 1º/9/2009.** (Inform. STJ 405)

DEPOIMENTO. CONTRADITÓRIO.
O paciente foi condenado a quinze anos de reclusão como incurso no art. 121, § 2°, II, do CP pelo Tribunal do Júri. Ajuizou revisão criminal, que foi indeferida pelo TJ. Sob o fundamento de que a condenação teve respaldo de uma única testemunha, cujo depoimento foi tomado apenas na fase policial, sem contraditório, foi impetrado o presente *habeas corpus*. O Min. Relator concedia parcialmente a ordem para anular a condenação e determinar que o paciente fosse submetido a novo julgamento perante o Tribunal do Júri, assegurando o direito de aguardar em liberdade a nova decisão do mencionado Tribunal. Por sua vez, o Min. Celso Limongi entendeu que não seria caso de oferecimento da denúncia; se recebida, como foi, não caberia a decisão de pronúncia, porque a prova baseava-se em único depoimento, tomado na fase inquisitorial, sem o necessário e indispensável contraditório. Pronunciado o réu, foi levado a julgamento no Tribunal do Júri. Era evidente caso de absolvição, mas foi, porém, condenado. Na apelação, nenhuma dúvida havia de que era caso de provimento para anular o julgamento, enviando o réu a novo Júri. Mas a apelação não foi provida. Ajuizada revisão criminal, um único voto acolhia a pretensão deduzida pelo peticionário e o absolvia, para reparar manifesto erro judiciário. A revisão criminal foi indeferida, porque a condenação baseara-se em prova produzida em

juízo. Se o *error juris judicando* assume tais características de iniquidade manifesta, que de plano possa ser verificado, cabível ainda será o *habeas corpus* ante a evidente falta de justa causa para a condenação. Assim, a Turma desconstituiu a condenação pelo Júri e absolveu o paciente por falta de justa causa, com expedição de alvará de soltura. **HC 63.290-RJ, Rel. originário Min. Haroldo Rodrigues (Desembargador convocado do TJ-CE), Rel. para acórdão Min. Celso Limongi (Desembargador convocado do TJ-SP), julgado em 3/9/2009.** (Inform. STJ 405)

HC. RETENÇÃO. PASSAPORTE.

A Turma concedeu a ordem para determinar a devolução definitiva do passaporte ao paciente sob o argumento de que o *habeas corpus* é instrumento legítimo para reparar coação ilegal de que ele é vítima, pois, de modo transverso e oblíquo, há cerceamento ao direito de ir e vir e permanecer, sendo direito líquido e certo do réu portar seu documento internacional de viagem. Para o Min. Relator, em primeiro lugar, o STF revogou sua prisão preventiva, mas mediante condições a serem especificadas pelo juízo de primeiro grau. E, entre tais condições, não figurou a retenção do passaporte. Em segundo lugar, destacou que o paciente obtivera autorização para viagem ao exterior, tendo, obviamente, em mãos seu passaporte e se comprometera, no retorno, a apresentar-se à Justiça Federal no prazo de quarenta e oito horas; tal compromisso foi cumprido, quando então devolveu o documento de viagem. Afinal, não se pode cogitar temor de fuga, se ele foi ao exterior, retornou e devolveu seu passaporte no prazo estabelecido. Precedentes citados: HC 85.495-SP, DJ 12/11/2007, e HC 103.394-RN, DJ 17/11/2008. **HC 128.938-SP, Rel. Min. Celso Limongi (Desembargador convocado do TJ-SP), julgado em 4/8/2009.** (Inform. STJ 401)

HC PREVENTIVO. EXAMES. BAFÔMETRO. SANGUE.

Trata-se de advogado que, em causa própria, interpôs agravo regimental contra decisão que indeferiu liminarmente o recurso de *habeas corpus*, insistindo nos mesmos argumentos utilizados no *habeas corpus* preventivo interposto no Tribunal de Justiça, no qual requer a concessão de salvo-conduto para se negar a submeter-se ao exame de alcoolemia ou de sangue para fins do art. 306 do Código de Trânsito Brasileiro. Argumenta que ninguém pode ser obrigado a produzir prova contra si mesmo. A Turma negou provimento ao recurso diante do fato de não existir qualquer lesão ou ameaça concreta ao direito de ir, vir e ficar do recorrente. Observa o Ministro Relator que não se pode considerar como fundado receio o simples temor de um dia ser chamado a submeter-se ao exame de alcoolemia quando na direção de veículo automotor nas ruas. Ressaltou que a nova lei não obriga o cidadão a produzir prova contra si próprio, tendo em vista que, além do "bafômetro" e do exame de sangue, subsistem os demais meios de prova em direito admitidos para constatação de embriaguez, sendo certo que a recusa em submeter-se aos testes implica apenas sanções administrativas. Ademais, a norma do art. 165 do CTB está sendo apreciada na ADIn. 4.103-DF pelo STF. Precedentes citados: AgRg no HC 84.246-RS, DJ 19/12/2007, e RHC 11.472-PI, DJ 25/2/2002. **AgRg no RHC 25.118-MG, Rel. Min. Og Fernandes, julgado em 9/6/2009.** (Inform. STJ 398)

APN. HC. TRANCAMENTO PREMATURO.

A Turma, julgando o *writ* em que o réu, denunciado pelo crime previsto no art. 302 do CTB, pleiteia o trancamento da ação penal em *habeas corpus* (denegado pelo Tribunal de origem), considerou prematuro o pretendido trancamento, porque criaria obstáculo ao direito de o Estado produzir provas para buscar a Justiça. O trancamento da ação penal, na presente via, segundo a reiterada jurisprudência deste Superior Tribunal, é viável quando, de plano, provada a atipicidade da conduta, a incidência de extinção da punibilidade ou a ausência de indícios de autoria ou de prova sobre a materialidade do delito. No caso, embora o laudo pericial não tenha apontado com precisão a causa determinante do acidente de trânsito com vítima fatal, a denúncia apontou como causa o excesso de velocidade do réu na condução do veículo sinistrado, questão que, efetivamente, há de ser enfrentada amplamente no curso da ação penal, até porque é atribuição do *Parquet* a propositura da ação penal pública, mormente respaldado em provas obtidas na fase investigatória, indicando a existência da suposta prática de crime. **HC 109.072-DF, Rel. Min. Og Fernandes, julgado em 2/4/2009.** (Inform. STJ 389)

MS. ANTECIPAÇÃO. PROVA. CITAÇÃO. RÉU.

O juiz indeferiu a produção antecipada de provas. Então, o MP impetrou mandado de segurança que foi recebido e processado, culminando na concessão da ordem sem qualquer tentativa de citação do acusado, revel na ação penal. Porém, a Turma, por maioria, anulou o MS desde o início, ao entender que, nos termos da Súm. n. 701 do STF, é necessária a citação do réu como litisconsorte passivo. O fato de o réu ser revel na ação penal não pode influir em suas prerrogativas no *mandamus* impetrado em seu desfavor, pois o mandado de segurança mostra-se autônomo em relação àquela ação penal. Anote-se, contudo, que a simples alegação de que a passagem do tempo propiciaria um inevitável esquecimento dos fatos, tal como feita na espécie, não é suficiente, por si só, à produção antecipada da prova testemunhal. Se assim fosse, em todos os casos de suspensão do processo, a medida reputar-se-ia urgente, a retirar a possibilidade de o juízo avaliá-la em cada caso concreto. Precedente citado: HC 60.637-RJ, DJ 23/6/2008. **HC 116.785-SP, Rel. Min. Laurita Vaz, julgado em 3/2/2009.** (Inform. STJ 382)

APLICAÇÃO. PENA. EXCESSO. CORREÇÃO. HC.

O *habeas corpus* foi inicialmente distribuído ao Min. Paulo Medina. Foi levado a julgamento em 2005, quando se entendeu não ser possível julgar o feito em sede de *habeas corpus*. A defesa foi ao STF, que deu provimento ao recurso ordinário para determinar que o Superior Tribunal de Justiça proferisse decisão quanto ao mérito da impetração. Em 2007, os autos foram redistribuídos ao Min. Nilson Naves, que solicitou parecer ministerial, o qual opinou pela denegação da ordem. Na espécie, o paciente foi condenado, por furto simples, a quatro anos de reclusão e a 250 dias-multa. Para o Min. Relator, havendo excesso de pena-base na sentença, é admissível sua correção no julgamento de *habeas corpus*. Assim, em vez de propor que se anulem, no ponto indicado, a sentença e o acórdão, propôs ajustá-los. Diante disso, a Turma concedeu a ordem para fixar a reclusão em dois anos e seis meses, compensando a agravante da reincidência com a atenuante da confissão, e a multa, em sessenta dias-multa, mantendo, no mais, o acórdão impugnado. Precedente citado: HC 42.273-MG, DJ 13/3/2006. **HC 41.846-MS, Rel. Min. Nilson Naves, julgado em 16/9/2008.** (Inform. STJ 368)

RHC. CRIME. ORDEM TRIBUTÁRIA.

In casu, o que se postula é o trancamento de inquérito policial no qual se apuraria a prática de crime contra a ordem tributária. Contudo, quando a pretensão deduzida não diz respeito ao direito de locomoção e não se evidencia a existência de inquérito policial ou de ação penal, é incabível a via do *habeas corpus* para tal desiderato. Com esse entendimento, a Turma denegou a ordem. Precedente citado: RHC 13.129-SP, DJ 10/3/2003. **RHC 23.191-SP, Rel. Min. Felix Fischer, julgado em 8/4/2008.** (Inform. STJ 351)

HC. CONCESSÃO. ENVENENAMENTO. ÁGUA POTÁVEL. FORMAÇÃO. QUADRILHA. NÃO-OCORRÊNCIA.

O objeto jurídico tutelado pelo tipo penal inscrito no art. 270 do Código Penal é a incolumidade pública, não importando o fato de as águas serem de uso comum ou particular, bastando que sejam destinadas ao consumo de indeterminado número de pessoas. No caso dos autos, apesar de se tratar de poço situado em propriedade particular, verifica-se que o consumo da sua água era destinado a todos os que a ele tinham acesso, de modo que eventual envenenamento dessa água configuraria, em tese, o crime do art. 270 do Código Penal, cuja ação penal é pública incondicionada, nos termos do art. 100 do CP. O *habeas corpus* constitui-se em meio impróprio para a pretensão de condenação do Estado e do assistente da acusação a repararem os danos decorrentes da indevida instauração da ação penal, pois essa questão não diz respeito à liberdade de ir e vir. Diante disso, a Turma concedeu parcialmente a ordem para trancar a ação penal instaurada em desfavor do paciente, sem prejuízo do oferecimento de outra denúncia, desde que atendidos os requisitos legais. HC 55.504-PI, **Rel. Min. Laurita Vaz, julgado em 11/12/2007.** (Inform. STJ 342)

HC. DOCUMENTO. PROVA.

O paciente foi condenado pelo TJ pela suposta prática do crime previsto no art. 171, *caput*, § 3º, do CP, por, hipoteticamente, ter percebido a quantia de R$ 2.000,00 sem que tivesse, efetivamente, prestado serviços à municipalidade. Sustenta o impetrante que há contradição na peça acusatória inicial, carreando ao paciente impossibilidade de exercer seu direito de ampla defesa e do contraditório. Porém a Min. Relatora esclareceu que não se permite no *writ* a reapreciação do conjunto probatório, especialmente de documento que supostamente derrubaria o quadro fático delineado pelo Tribunal de Justiça, descrevendo a conduta criminosa, suas circunstâncias e a classificação do ilícito, não há que se declarar a nulidade da denúncia que permite o pleno exercício do direito de defesa e do contraditório. Assim, a Turma, ao prosseguir o julgamento, denegou a ordem. **HC 51.983-SP, Rel. Min. Maria Thereza de Assis Moura, julgado em 24/4/2007.** (Inform. STJ 318)

HC. SUSTENTAÇÃO ORAL. REQUERIMENTO. REDISTRIBUIÇÃO.

Em sede de *habeas corpus*, estando os autos prontos para julgamento, juntado o parecer do MP, os impetrantes requereram ao desembargador relator que fossem cientificados da data do julgamento, pois desejariam produzir sustentação oral. Sucede que, após a redistribuição a um novo relator, deu-se o indeferimento do pedido sob a alegação de que não seria obrigatória a inclusão em pauta do HC, e esse foi julgado em mesa sem que eles fossem intimados. Diante desse quadro fático, a Turma entendeu conceder a ordem e determinar a renovação do julgamento, sem antes anotar que o Tribunal *a quo* já concedeu a ordem a um dos pacientes. **HC 58.700-MG, Rel. Min. Hamilton Carvalhido, julgado em 27/2/2007.** (Inform. STJ 311)

SÚMULA STF Nº 701

No mandado de segurança impetrado pelo ministério público contra decisão proferida em processo penal, é obrigatória a citação do réu como litisconsorte passivo.

SÚMULA STF Nº 695

Não cabe "habeas corpus" quando já extinta a pena privativa de liberdade.

SÚMULA STF Nº 693

Não cabe "habeas corpus" contra decisão condenatória a pena de multa, ou relativo a processo em curso por infração penal a que a pena pecuniária seja a única cominada.

SÚMULA STF Nº 606

Não cabe "habeas corpus" originário para o tribunal pleno de decisão de turma, ou do plenário, proferida em "habeas corpus" ou no respectivo recurso.

SÚMULA STF Nº 395

Não se conhece de recurso de "habeas corpus" cujo objeto seja resolver sobre o ônus das custas, por não estar mais em causa a liberdade de locomoção.

SÚMULA STF Nº 393

Para requerer revisão criminal, o condenado não é obrigado a recolher-se à prisão.

17. EXECUÇÃO PENAL

ART. 118, I, DA LEP E PRINCÍPIO DA NÃO CULPABILIDADE

A 1ª Turma iniciou exame de *habeas corpus* em que se pleiteia o retorno do cumprimento de pena em regime semiaberto, suspendendo-se decisão que implicara a regressão a regime mais rigoroso, até o término da ação a que o paciente — condenado pelo delito de tráfico ilícito de entorpecente — responde perante a justiça federal pela suposta prática do crime de descaminho (CP, art. 334). Na espécie, após o juízo das execuções ter concedido a progressão, ele fora preso em flagrante porque teria cometido o crime de descaminho. O Min. Marco Aurélio, relator, julgou extinto o *habeas*, ao entender ser substitutivo de recurso ordinário constitucional, mas concedeu, de ofício, a ordem para restabelecer o regime semiaberto, ante o tráfico ilícito de entorpecentes. Sublinhou haver de se observar que a Constituição situar-se-ia no ápice da pirâmide das normas jurídicas e dela constaria, como princípio, o da não culpabilidade. Avaliou que a única interpretação cabível para assentar o cometimento pelo reeducando de falta grave consubstanciada na prática de ato definido como crime doloso — considerado o art. 118, I, da LEP ("*Art. 118. A execução da pena privativa de liberdade ficará sujeita à forma regressiva, com a transferência para qualquer dos regimes mais rigorosos, quando o condenado: I - praticar fato definido como crime doloso ou falta grave*") — seria ter-se, necessariamente, pronunciamento judicial precluso na via da recorribilidade. Após, pediu vista a Min. Rosa Weber. HC 110881/MT, rel. Min. Marco Aurélio, 20.11.2012. (HC-110881) (Inform. STF 689)

FALTA GRAVE: REGRESSÃO E BENEFÍCIOS DIVERSOS

A 1ª Turma extinguiu *habeas corpus* em que se pleiteava assegurar ao paciente, em face de cometimento de falta grave, direito a não ter interrompida a contagem do tempo para progressão de regime prisional. Para tanto, reputou-se inadequada a impetração de *writ* substitutivo de recurso ordinário. Contudo, concedeu-se, de ofício, a ordem para assentar que o termo inicial da contagem de prazo concerniria, estritamente, à progressão no regime de cumprimento da pena, descabendo observá-lo no tocante a outros direitos. A princípio, salientou-se ser incongruente interpretar os preceitos alusivos à matéria a ponto de concluir que, ocorrida a regressão, no dia seguinte, poderia o preso progredir no regime. Observou-se, então, que o princípio da legalidade estrita afastaria interpretação analógica prejudicial ao réu. A par disso, aduziu-se que a Lei de Execução Penal silenciaria quanto ao surgimento de novo termo inicial para reconhecer-se o direito do preso a benefícios diversos. HC 109389/RS, rel. Min. Marco Aurélio, 6.11.2012. (HC-109389) (Inform. STF 687)

EXAME CRIMINOLÓGICO E LIVRAMENTO CONDICIONAL

A 1ª Turma extinguiu *habeas corpus*, uma vez que substituto de recurso constitucional, mas concedeu, de ofício, a ordem para restabelecer decisão do juízo das execuções que implementara o livramento condicional do paciente. Na situação dos autos, após o citado deferimento, o *parquet* interpusera agravo em execução, provido pelo Tribunal local, ao entender que se imporia o exame criminológico. Qualificou-se que, com a edição da Lei 10.792/2003, o mencionado exame teria sido expungido da ordem jurídica. Além disso, repisou-se que o magistrado admitira o livramento condicional. Alfim, ponderou-se ter havido o desprezo às condições impostas pela lei para a benesse: decurso do tempo e certidão de bom comportamento carcerário. HC 109565/SP, rel. Min. Marco Aurélio, 6.11.2012. (HC-109565) (Inform. STF 687)

PRISÃO CAUTELAR E LIVRAMENTO CONDICIONAL

A 1ª Turma denegou *habeas corpus* em que se pretendia fosse revogada prisão ordenada por juízo da execução, bem assim determinada análise de pedido de livramento condicional somente com base em condenação definitiva. Na espécie, o paciente fora sentenciado em duas ações penais. A primeira decisão transitara em julgado anteriormente à segunda condenação, por delito distinto, ainda pendente de exame de recurso da defesa. Esclareceu-se que, na época desta última, o paciente estaria em liberdade e o juiz teria assentado a necessidade de prisão cautelar. Dessumiu-se não se tratar de revogação de livramento condicional, mas de mera consequência decorrente de condenação posterior com vedação a recurso em liberdade. Acrescentou-se que, diante deste novo título prisional, até que se decidisse definitivamente sobre ele, o balizamento a que estaria jungido o juízo da execução seria aquele resultante do somatório da condenação definitiva, ostentada pelo paciente, e daqueloutra pena provisoriamente estabelecida.HC 109618/RJ, rel. Min. Dias Toffoli, 12.6.2012. (HC-109618) (Inform. STF 670)

ART. 127 DA LEP E BENEFÍCIOS DA EXECUÇÃO

A 2ª Turma denegou *habeas corpus* em que se pleiteava fosse declarado que a prática de falta grave estaria limitada ao máximo de 1/3 do lapso temporal no desconto da pena para todos os benefícios da execução da reprimenda que exigissem a contagem de tempo. Na situação dos autos, o STJ concedera, parcialmente, a ordem postulada para afastar o reinício da contagem do prazo, decorrente do cometimento de falta grave, necessário à aferição do requisito objetivo quanto aos benefícios de livramento condicional e comutação de pena. Enfatizou-se que o art. 127 da LEP, com a redação conferida pela Lei 12.433/2011, imporia ao juízo da execução, ao decretar a perda dos dias remidos, que se ativesse ao limite de 1/3 do tempo remido e levasse em conta, na aplicação dessa sanção, a natureza, os motivos, as circunstâncias e as consequências do fato, bem como a pessoa do faltoso e seu tempo de prisão [LEP: "*Art. 127. Em caso de falta grave, o juiz poderá revogar até 1/3 (um terço) do tempo remido, observado o disposto no art. 57, recomeçando a contagem a partir da data da infração disciplinar*"]. Na sequência, observou-se que, embora a impetrante postulasse a incidência da referida norma à espécie, verificar-se-ia que o juízo da execução não decretara a perda do tempo remido, a impedir a concessão da ordem para esse fim. Assinalou-se que, da leitura do dispositivo legal, inferir-se-ia que o legislador pretendera restringir somente a revogação dos dias remidos ao patamar de 1/3, motivo pelo qual não mereceria acolhida pretensão de estender o referido limite aos demais benefícios da execução. HC 110921/RS, rel. Min. Ricardo Lewandowski, 22.5.2012. (HC-110921) (Inform. STF 667)

MICRO-EMPRESÁRIO E TRABALHO EXTERNO

A 2ª Turma concedeu *habeas corpus* para permitir a réu exercer trabalho externo nas condições a serem estabelecidas pelo juízo da execução. No caso, o paciente fora condenado à pena de 25 anos de reclusão pela prática dos crimes de estupro e atentado violento ao pudor. Posteriormente, progredira para o regime semi-aberto e, pelo seu trabalho, remira, até a data da impetração, 564 dias da sanção imposta. Então, pedira autorização para realizar trabalho externo. Apresentara registro como micro-empresário — com o número do CNPJ e endereço comercial — e documento a atestar que sua atividade seria de instalação e manutenção elétrica. O pleito fora indeferido por sucessivas decisões sob o fundamento de que o reeducando não teria empregador que pudesse elaborar relatórios mensais e controlar suas atividades. Asseverou-se que o paciente seria micro-empresário e dispor-se-ia a trabalhar. Consignou-se não haver impedimento para que ele mesmo apresentasse, periodicamente, ao juiz da execução notas fiscais dos serviços prestados. Ademais, seria preciosismo exigir a condição de empregado, especialmente em momento de crise econômica. HC 110605/RS, rel. Min. Ricardo Lewandowski, 6.12.2011. (HC-110605) (Inform. STF 651)

"LEX MITIOR" E DIAS REMIDOS

Ao aplicar a novel redação do art. 127 da Lei de Execução Penal - LEP ["*Art. 127. Em caso de falta grave, o juiz poderá revogar até 1/3 (um terço) do tempo remido, observado o disposto no art. 57, recomeçando a contagem a partir da data da infração disciplinar*"], a 1ª Turma denegou *habeas corpus*, mas concedeu a ordem, de ofício, para determinar ao juízo da execução que reanalise a situação dos pacientes. Consignou-se que o magistrado deverá atentar para os novos parâmetros promovidos pela Lei 12.433/2011, de modo a aplicar aos condenados a fração cabível para a perda dos dias remidos dentro do patamar máximo permitido de 1/3, conforme as circunstâncias do caso concreto. Reputou-se que, antes da superveniência da nova lei, o cometimento de falta grave tinha como consectário lógico a perda de todos os dias remidos, diferentemente da sistemática atual, que determina a revogação de até 1/3 desse tempo. HC 109163/RS, rel. Min. Dias Toffoli, 29.11.2011. (HC-109163) HC 110070/SP, rel. Min. Dias Toffoli, 29.11.2011. (HC-110070) HC 109034/SP, rel. Min. Dias Toffoli, 29.11.2011. (HC-109034) (Inform. STF 650)

INIMPUTÁVEL E MEDIDA DE DESINTERNAÇÃO PROGRESSIVA

A 1ª Turma denegou *habeas corpus*, porém, concedeu a ordem, de ofício, para determinar que o Instituto Psiquiátrico Forense apresente, em 60 dias, plano de desligamento de interno daquela instituição, ora paciente, e que dê cumprimento ao art. 5º da Lei 10.216/2001, a fim de que as autoridades competentes realizem "*política específica de alta planejada e reabilitação psicossocial assistida*" fora do âmbito daquele instituto. Na situação dos autos, o paciente fora condenado pelas condutas tipificadas como ameaça e ato obsceno e, no curso do processo, constatara-se sua inimputabilidade, aplicando-se-lhe medida de segurança pelo prazo mínimo de 3 anos. Destacou-se que o paciente cumpriria internação hospitalar há 17 anos e que a desinternação progressiva seria medida a se impor. HC 102489/RS, rel. Min. Luiz Fux, 22.11.2011. (HC-102489) (Inform. STF 649)

"LEX MITIOR" E DIAS REMIDOS

Ao aplicar a novel redação do art. 127 da Lei de Execução Penal - LEP ["*Art. 127. Em caso de falta grave, o juiz poderá revogar até 1/3 (um terço) do tempo remido, observado o disposto no art. 57, recomeçando a contagem a partir da data da infração disciplinar*"], a 2ª Turma concedeu *habeas corpus* para determinar ao juízo da execução que reanalise a situação do paciente, atentando-se para os novos parâmetros promovidos pela Lei 12.433/2011. Na espécie, ante o cometimento de falta grave pelo apenado, o magistrado declarara a perda total dos dias remidos. Destacou-se que, recentemente, esta Corte reconhecera a repercussão geral da matéria no RE 638239/DF. Reputou-se que, antes da superveniência da nova lei, o cometimento de falta grave tinha como consectário lógico a perda de todos os dias remidos, diferentemente da sistemática atual, que determina a revogação de até 1/3 desse tempo. Por fim, concluiu-se que a lei penal em comento, por ser mais benéfica, deveria ser aplicada em favor do réu. HC 110040/RS, rel. Min. Gilmar Mendes, 8.11.2011. (HC-110040) (Inform. STF 647)

"LEX MITIOR": TEMPO REMIDO E ALTERAÇÃO DE DATA-BASE

A 2ª Turma iniciou julgamento de *habeas corpus* em que discutida a alteração de data-base para concessão de benefícios executórios, em virtude de falta grave consistente na posse de telefone celular. Ante o fato ocorrido, o juízo singular determinara nova data-base para futuros benefícios e declarara a perda dos dias remidos anteriores à prática da infração disciplinar. O Min. Gilmar Mendes, relator, concedeu a ordem, ao aplicar a novel redação dos artigos 127 e 128 da Lei de Execução Penal - LEP, alterada pela Lei 12.433/2011 ["*Art. 127. Em caso de falta grave, o juiz poderá revogar até 1/3 (um terço) do tempo remido, observado o disposto no art. 57, recomeçando a contagem a partir da data da infração disciplinar. Art. 128. O tempo remido será computado como pena cumprida, para todos os efeitos*"] para determinar ao juízo da VEC que reanalise a situação do paciente, atentando-se para os novos parâmetros. Preliminarmente, destacou a reiterada jurisprudência desta Corte no sentido de que o cometimento de falta grave implicaria o recomeço da contagem do prazo para a obtenção de benefícios executórios. Esse entendimento resultara na Súmula Vinculante 9 ["*O disposto no artigo 127 da lei nº 7.210/1984 (lei de execução penal) foi recebido pela ordem constitucional vigente, e não se lhe aplica o limite temporal previsto no caput do artigo 58*"]. Porém, reputou que, com as modificações produzidas pela nova lei, o reconhecimento da falta grave não implicaria mais perda de todos os dias remidos, nos termos do art. 127 da LEP. Destacou que, recentemente, esta Corte reconhecera a repercussão geral da matéria e, na oportunidade, o Min. Luiz Fux registrara a necessidade de se deliberar "*a respeito da retroatividade da nova norma e, se for o caso, sobre a revisão ou cancelamento da referida Súmula Vinculante*". Concluiu, com fulcro no art. 5º, XL, da CF e no art. 2º do CP, tratar-se de *lex mitior*, devendo, portanto, ser aplicada para beneficiar o réu. Após, pediu vista dos autos o Min. Ricardo Lewandowski. HC 109851/RS, rel. Min. Gilmar Mendes, 18.10.2011. (HC-109851) (Inform. STF 645)

PROGRESSÃO DE REGIME E LAPSO TEMPORAL

A 1ª Turma denegou *habeas corpus* impetrado em favor de condenado a mais de 60 anos de reclusão que, no curso de execução da pena, evadira-se da ala de progressão de regime e fora recapturado após 1 ano. Na espécie, o juízo declarara a prescrição da falta disciplinar sob o argumento de que a recaptura teria ocorrido há mais de 2 anos, e procedera à recontagem do prazo para progressão de regime. Assinalou-se não vislumbrar ilegalidade, uma vez que, na análise dos requisitos objetivos, o juiz não levara em conta a interrupção, recontara o prazo e considerara que ainda não se teria cumprido 1/6 da reprimenda. Além disso, avaliara condições subjetivas. Vencido o Min. Marco Aurélio, que concedia a ordem por entender que, para fins de progressão de regime, dever-se-ia considerar a pena passível de ser cumprida, ou seja, o máximo de 30 anos (CP, art. 75). HC 108335/SP, rel. Min. Cármen Lúcia, 11.10.2011. (HC-108335) (Inform. STF 644)

RCL N. 7.358-SP
RELATORA: MIN. ELLEN GRACIE

RECLAMAÇÃO. ILEGITIMIDADE ATIVA DO MINISTÉRIO PÚBLICO ESTADUAL. INICIAL RATIFICADA PELO PROCURADOR-GERAL DA REPÚBLICA. AFASTAMENTO DA INCIDÊNCIA DO ART. 127 DA LEP POR ÓRGÃO FRACIONÁRIO DE TRIBUNAL ESTADUAL. VIOLAÇÃO DA SÚMULA VINCULANTE 9. PROCEDÊNCIA.

Inicialmente, entendo que o Ministério Público do Estado de São Paulo não possui legitimidade para propor originariamente Reclamação perante esta Corte, já que "incumbe ao Procurador-Geral da República exercer as funções do Ministério Público junto ao Supremo Tribunal Federal, nos termos do art. 46 da Lei Complementar 75/93" (Rcl 4453 MC-AgR-AgR / SE, de minha relatoria, DJe 059, 26.03.2009). 2. Entretanto, a ilegitimidade ativa foi corrigida pelo Procurador-Geral da República, que ratificou a petição inicial e assumiu a iniciativa da demanda. 3. Entendimento original da relatora foi superado, por maioria de votos, para reconhecer a legitimidade ativa autônoma do Ministério Púbico Estadual para propor reclamação. 4. No caso em tela, o Juiz de Direito da Vara das Execuções Criminais da Comarca de Presidente Prudente/SP, reconhecendo a ocorrência de falta grave na conduta do sentenciado, declarou perdidos os dias remidos, nos termos do art. 127 da LEP. 5. Ao julgar o agravo em execução interposto pela defesa do reeducando, a 12ª Câmara de Direito Criminal do Tribunal de Justiça do Estado de São Paulo, em 10 de setembro de 2008, deu provimento ao recurso, para restabelecer os dias remidos. 6. O julgamento do agravo ocorreu em data posterior à edição da Súmula Vinculante 09, como inclusive foi expressamente reconhecido pela Corte local. 7. O fundamento consoante o qual o enunciado da referida Súmula não seria vinculante em razão de a data da falta grave ter sido anterior à sua publicação não se mostra correto. 8. Com efeito, a tese de que o julgamento dos recursos interpostos contra decisões proferidas antes da edição da súmula não deve obrigatoriamente observar o enunciado sumular (após sua publicação na imprensa oficial), data venia, não se mostra em consonância com o disposto no art. 103-A, caput, da Constituição Federal, que impõe o efeito vinculante a todos os órgãos do Poder Judiciário, a partir da publicação da súmula na imprensa oficial. 9. Desse modo, o acórdão do Tribunal de Justiça do Estado de São Paulo, proferido em 10 de setembro de 2008, ao não considerar recepcionada a regra do art. 127 da LEP, afrontou a Súmula Vinculante 09. 10. No mérito, reclamação julgada procedente, para cassar o acórdão proferido pela 12ª Câmara Criminal do Tribunal de Justiça do Estado de São Paulo, que restabeleceu os dias remidos do reeducando. (Inform. STF 629) *noticiado no Informativo 617

HC N. 103.518-MA
RELATOR: MIN. GILMAR MENDES

Habeas Corpus. 2. Livramento condicional. Decisão do Juízo das Execuções que não concedeu ao paciente a fruição do benefício, ao fundamento de não preenchimento do requisito subjetivo. 3. Decisão devidamente motivada. 4. Ordem denegada. (Inform. STF 624)

HC N. 105.259-RJ
RELATORA: MIN. CÁRMEN LÚCIA
EMENTA: *HABEAS CORPUS*. CONSTITUCIONAL. EXECUÇÃO PENAL. SAÍDA TEMPORÁRIA. VISITA AO LAR. INDEFERIMENTO. ALEGAÇÃO DE PREENCHIMENTO DOS REQUISITOS LEGAIS. NÃO OCORRÊNCIA. IMPOSSIBILIDADE DO REVOLVIMENTO DO ACERVO FÁTICO-PROBATÓRIO EM *HABEAS CORPUS*. PRECEDENTES. ORDEM DENEGADA.
1. O juízo de primeiro grau, em contato direto como os fatos e conhecendo a situação concreta do Paciente, motivou adequadamente o indeferimento do pedido de saída temporária para visita ao lar, ao afirmar que a concessão do benefício poderia resultar em fuga.
2. Na espécie vertente, a análise das alegações da Impetrante somente seria possível com o revolvimento das questões fático-probatórias presentes nos autos, ao que não se presta o procedimento sumário e documental do *habeas corpus*. Precedentes.
3. Ordem denegada. (Inform. STF 624)

HC N. 104.761-SP
RELATOR: MIN. DIAS TOFFOLI
EMENTA: *Habeas* corpus. Súmula nº 691 da Suprema Corte. Ausência de flagrante ilegalidade, abuso de poder ou teratologia que justifique o abrandamento do enunciado. Precedentes. Progressão de regime. Possibilidade antes do trânsito em julgado. Súmula nº 716/STF. Observância dos requisitos objetivos. Cumprimento de mais de 1/6 da reprimenda. Artigo 112 da Lei nº 7.210/84 (Lei de Execução Penal). *Habeas corpus* não conhecido. Ordem concedida de ofício.
1. Ausência de flagrante ilegalidade, abuso de poder ou teratologia que justifique o abrandamento do enunciado da Súmula nº 691 desta Suprema Corte, que, assim, deve ser aplicada.
2. Paciente condenado à pena de cinco anos e quatro meses de reclusão em regime inicialmente fechado que se encontra preso preventivamente há pouco mais de um ano. Cumprimento de um sexto da reprimenda corporal.
3. Considerando o enunciado da Súmula nº 716/STF, segundo o qual *"admite-se a progressão de regime de cumprimento da pena ou a aplicação imediata de regime menos severo nela determinada, antes do trânsito em julgado da sentença condenatória"*; e que o delito praticado pelo paciente não se enquadra no rol dos crimes hediondos – Lei nº 8.072/90 – ou equiparados, a regra objetiva para a progressão no regime prisional é a do art. 112 da Lei de Execução Penal, ou seja, o cumprimento de um sexto da pena no regime em que se encontre.
4. **Habeas corpus** não conhecido, porém, concedido de ofício, para determinar ao juízo competente que analise os requisitos necessários à obtenção do benefício da progressão. (Inform. STF 624)

SUPERVENIÊNCIA DE CONDENAÇÃO E REGRESSÃO DE REGIME
A superveniência de sentença condenatória no curso de execução criminal determina o reinício da contagem do prazo para concessão do benefício da progressão de regime, tendo como base a soma das penas restantes a serem cumpridas. Esse o entendimento da 1ª Turma ao indeferir *habeas corpus* em que se sustentava a ilegalidade da alteração da data-base para fins dos direitos executórios. Entendeu-se que seriam aplicáveis, à espécie, os artigos 111, parágrafo único, e 118, II, da Lei de Execução Penal - LEP (*"Art. 111. Quando houver condenação por mais de um crime, no mesmo processo ou em processos distintos, a determinação do regime de cumprimento será feita pelo resultado da soma ou unificação das penas, observada, quando for o caso, a detração ou remição. Parágrafo único. Sobrevindo condenação no curso da execução, somar-se-á a pena ao restante da que está sendo cumprida, para determinação do regime ... Art. 118. A execução da pena privativa de liberdade ficará sujeita à forma regressiva, com a transferência para qualquer dos regimes mais rigorosos, quando o condenado: ... II - sofrer condenação, por crime anterior, cuja pena, somada ao restante da pena em execução, torne incabível o regime ...*"). Asseverou-se que, uma vez ocorrida a unificação da pena, pouco importaria a data da prática do delito referente à condenação subseqüente, pois o somatório apurado nortearia a fixação do seu regime de cumprimento. HC 96824/RS, rel. Min. Marco Aurélio, 12.4.2011. (HC-96824) (Inform. STF 623)

HC N. 99.141-SP
RELATOR: MIN. LUIZ FUX
EMENTA: PENAL E PROCESSUAL PENAL. *HABEAS CORPUS* SUBSTITUTIVO DE RECURSO ORDINÁRIO. ROUBO QUALIFICADO. PROGRESSÃO DE REGIME. REQUISITOS. ARTIGO 112 DA LEP. SITUAÇÃO PROCESSUAL INDEFINIDA. EXISTÊNCIA DE OUTRA AÇÃO PENAL EM CURSO CONTRA O PACIENTE. NEGATIVA DO BENEFÍCIO. IMPOSSIBILIDADE. ANTECIPAÇÃO DE JUÍZO CONDENATÓRIO. VEDAÇÃO. PRINCÍPIO DA PRESUNÇÃO DA INOCÊNCIA. ORDEM PARCIALMENTE CONCEDIDA.
1. A progressão do regime da pena imposta; *in casu*, fechado reclama o preenchimento dos requisitos elencados no artigo 112 da Lei de Execuções Penais (Lei n. 7.210/84); a saber: a) cumprimento de um sexto da pena (requisito objetivo); b) bom comportamento carcerário (requisito subjetivo).
2. Os requisitos da progressão de regime são cumulativos, razão pela qual atestado o preenchimento do requisito objetivo reconhecido pelo Juiz da Execução, não se revela lícito negar a progressão de regime com fundamento apenas na "situação processual indefinida" do réu porquanto a isso corresponde antecipar o juízo condenatório de ação penal em curso (Precedente: HC n. 79.497-RJ, Redator para o acórdão o Ministro MAURÍCIO CORRÊA, DJ de 29.9.2000).
3. O ordenamento jurídico pátrio veda a possibilidade de alguém ser considerado culpado com respaldo em simples presunções ou em meras suspeitas, consagrando o princípio da presunção da inocência, insculpido no artigo 5º, inciso, LVII, da CF, segundo o qual todo acusado é presumido inocente até que seja declarado culpado por sentença condenatória transitada em julgado.
4. É cediço em sede doutrinária que "A concessão ou a denegação da transferência para regime menos severo é medida jurisdicional, já que pode importar a modificação da forma de execução da pena. Por isso, determina a lei que a decisão deve ser motivada (art. 112, § 1º). Reconhecendo satisfeitos os requisitos temporal e subjetivos, com a compatibilidade do condenado ao novo regime, não pode o juiz negar a progressão sob a alegação de que o réu é reincidente ou porque um dia evadiu-se do presídio, porque há recomendação no laudo de acompanhamento psicológico, por estar o condenado respondendo a outro processo com indefinida situação processual, etc." (Mirabete, Julio Fabbrini. Execução penal: comentários à Lei nº 7.210, de 11-7-1984. 11ª ed – Revista e atualizada – 7ª reimpr. - São Paulo: Atlas, 2007, pág. 434 – Sem grifos no original).
5. Negar a progressão de regime com fundamento apenas na "situação processual indefinida" do réu implica antecipação de juízo condenatório. É certo, todavia, que o ordenamento jurídico pátrio veda a possibilidade de alguém ser considerado culpado com respaldo em simples presunção ou em meras suspeitas, consagrando o princípio da presunção da inocência, insculpido no artigo 5º, inciso LVII, da Constituição Federal, verbis: "ninguém será considerado culpado até o trânsito em julgado de sentença penal condenatória."

6. A origem desse princípio "remonta ao art. 9º da Declaração dos Direitos do Homem e do Cidadão proclamada em Paris em 26-8-1789 e que, por sua vez, deita raízes no movimento filosófico-humanitário chamado 'Iluminismo', ou Século das Luzes, que teve à frente, dentre outros, o Marquês de Beccaria, Voltaire, Montesquieu, Rousseau. Foi um movimento de ruptura com a mentalidade da época, em que, além das acusações secretas e das torturas, o acusado era tido como objeto do processo e não tinha nenhuma garantia. Dizia Beccaria que 'a perda da liberdade sendo já uma pena, esta só deve preceder a condenação na estrita medida que a necessidade o exige' (Dos delitos e das penas, São Paulo: Atena Ed., 1954, p. 106). Há mais de duzentos anos, ou, precisamente, no dia 26-8-1789, os franceses, inspirados naquele movimento, dispuseram na referida Declaração que: 'Tout homme étant présumé innocent jusqu'à ce qu'il ait été déclaré coupable; s'il est jugé indispensable de l'arrêter, toute rigueur qui ne serait nécessaire pour s'assurer de sa personne, doit être sévèrement reprimée par la loi' (Todo homem sendo presumidamente inocente até que seja declarado culpado, se for indispensável prendê-lo, todo rigor que não seja necessário para assegurar sua pessoa deve ser severamente reprimido pela lei)." (Tourinho Filho, Fernando da Costa. Manual de processo penal. 12ª ed. Atual – São Paulo: Saraiva, 2009, págs. 31/32).
7. Sob esse ângulo, a doutrina do tema assevera:
"A presunção de inocência é uma presunção *juris tantum*, que exige para ser afastada a existência de um mínimo necessário de provas produzidas por meio de um devido processo legal e com a garantia da ampla defesa. Essa garantia já era prevista no art. 9º da Declaração francesa dos Direitos do Homem e do Cidadão, promulgada em 26-8-1789 ('Todo acusado se presume inocente até ser declarado culpado). (...)
Dessa forma, a presunção de inocência condiciona toda condenação a uma atividade probatória produzida pela acusação e veda taxativamente a condenação, inexistindo as necessárias provas.
O princípio da presunção da inocência consubstancia-se, portanto, no direito de não ser declarado culpado senão mediante sentença judicial com trânsito em julgado, ao término do devido processo legal (*due process of law*), em que o acusado pôde utilizar-se de todos os meios de prova pertinentes para sua defesa (ampla defesa) e para a destruição da credibilidade das provas apresentadas pela acusação (contraditório)" (Moraes, Alexandre de. Constituição do Brasil interpretada e legislação constitucional – 5ª ed. - São Paulo: Atlas, 2005, pág. 390).

8. Ordem parcialmente concedida a fim de determinar ao Juiz da Execução que verifique se o paciente preenche os requisitos necessários à progressão para o regime semi-aberto, ficando afastado o óbice da existência de outra ação penal em curso. (Inform. STF 623) *noticiado no Informativo 621

HC N. 96.740-RS
RELATOR: MIN. GILMAR MENDES
Habeas Corpus. 2. Jornada normal de trabalho do apenado. Artigo 33 da LEP e exceção do parágrafo 3o. 3. Recurso Especial mal fundamentado e precedente inaplicável ao caso. 4. Incidência do Princípio da Dignidade da Pessoa Humana. Possibilidade. 5. Ordem concedida. (Inform. STF 622) *noticiado no Informativo 619

REPERCUSSÃO GERAL EM RE N. 628.658-RS
RELATOR: MIN. MARCO AURÉLIO
INDULTO – MEDIDA DE SEGURANÇA – ALCANCE CONSTITUCIONAL DO DECRETO Nº 6.706/98 – ADMISSÃO NA ORIGEM – REPERCUSSÃO CONFIGURADA. Possui repercussão geral a controvérsia acerca da legitimidade da extensão do indulto aos internados em cumprimento de medida de segurança, nos termos do artigo 1º, inciso VIII, do Decreto natalino nº 6.706/98. (Inform. STF 622)

PROGRESSÃO DE REGIME: AÇÃO PENAL EM CURSO E PRESUNÇÃO DE INOCÊNCIA
A existência de ação penal em curso não pode ser considerada para afastar a progressão de regime de cumprimento da pena. Esse o entendimento da 1ª Turma ao conceder, em parte, *habeas corpus* para determinar que o juízo de 1º grau analise se o paciente preenche os requisitos legais para progredir ao regime semi-aberto, nos termos do art. 112 da Lei de Execução Penal - LEP (*"A pena privativa de liberdade será executada em forma progressiva com a transferência para regime menos rigoroso, a ser determinada pelo juiz, quando o preso tiver cumprido ao menos um sexto da pena no regime anterior e ostentar bom comportamento carcerário, comprovado pelo diretor do estabelecimento, respeitadas as normas que vedam a progressão*"). Asseverou-se que tais requisitos seriam cumulativos, razão pela qual, atestado o seu preenchimento pelo juiz da execução, não se revelaria lícita a sua negativa com fundamento apenas na situação processual indefinida do réu, porquanto a isso corresponderia antecipar o juízo condenatório. Consignou-se que o ordenamento jurídico pátrio vedaria a possibilidade de alguém ser considerado culpado com respaldo em meras suspeitas, tendo em vista o princípio da presunção de inocência (CF, art. 5º, LXII). HC 99141/SP, rel. Min. Luiz Fux, 29.3.2011. (HC-99141) (Inform. STF 621)

HC E TRANSFERÊNCIA DE PRESÍDIO
A 2ª Turma deferiu *habeas corpus* para autorizar ao paciente — recolhido em estabelecimento localizado no Estado de São Paulo — transferência para presídio em Mato Grosso do Sul. Observou-se a boa conduta carcerária do apenado, a existência de vínculos familiares nesse Estado e a disponibilidade de vaga em presídio localizado nesta mesma unidade da Federação. O Min. Celso de Mello ressaltou que a execução penal, além de objetivar a efetivação da condenação penal imposta ao sentenciado, buscaria propiciar condições para a harmônica integração social daquele que sofre a ação do magistério punitivo do Estado. Por esta razão, aduziu que a Lei de Execução Penal autorizaria ao juiz da execução determinar o cumprimento da pena em outra comarca ou, até mesmo, permitir a remoção do condenado para Estado-membro diverso daquele em que cometida a infração penal, conforme disposto no *caput* do art. 86 da referida lei. Ressalvou-se o posicionamento da Corte no sentido de não haver direito subjetivo do sentenciado à transferência de presídio, mas asseverou-se que, no caso, estar-se-ia a permitir ao reeducando melhor ressocialização, na medida em que garantido seu direito à assistência familiar. Precedentes citados: HC 71179/PR (DJ de 3.6.94); HC 100087/SP (DJe de 9.4.2010). HC 105175/SP, rel. Min. Gilmar Mendes, 22.3.2010. (HC-105175) (Inform. STF 620)

JORNADA DE TRABALHO E REMIÇÃO DE PENA
A 2ª Turma concedeu *habeas corpus* para restabelecer sentença que fixara regime de 6 horas diárias para a jornada de trabalho do paciente, interno do sistema prisional. Na espécie, a decisão fora reformada no sentido de estabelecer, para fins de remição, a jornada de 8 horas diárias e, eventualmente, computado mais um dia, caso somadas a ela mais 6 horas. Considerou-se que, em razão de o paciente trabalhar como auxiliar de cozinha, ele estaria submetido a horário especial de labor, não restrito apenas aos dias da semana. Assim, tendo em conta o que disposto no parágrafo único do art. 33 da Lei de Execução Penal - LEP [*"Art. 33. A jornada normal de trabalho não será inferior a 6 (seis) nem superior a 8 (oito) horas, com descanso nos domingos e feriados. Parágrafo único. Poderá ser atribuído horário especial de trabalho aos presos designados para os serviços de conservação e manutenção do estabelecimento penal*"], concluiu que jornada superior a 6 horas diárias seria desproporcional. HC 96740/RS, rel. Min. Gilmar Mendes, 15.3.2011. (HC-96740) (Inform. STF 619)

LIVRAMENTO CONDICIONAL E CRIME SUPERVENIENTE
A 2ª Turma concedeu *habeas corpus* para determinar que o paciente retorne ao livramento condicional com a ressalva de que, cumprido o período de prova, a decisão de extinção da pena somente poderá ser proferida após o trânsito em julgado referente ao crime superveniente (CP: *"Art. 89 O juiz não poderá declarar extinta a pena, enquanto não passar em julgado a sentença em processo a que responde o liberado, por crime cometido na vigência do livramento*"). Na situação dos autos, a defesa sustentava falta de fundamentação da decisão que suspendera o benefício do livramento condicional e que, a despeito da prática de crime no curso do período de prova, a eventual prisão do liberado somente se justificaria se motivada, o que não teria ocorrido. Entendeu-se que, de fato, a prática de outro delito durante o período de prova do livramento condicional autorizaria a suspensão cautelar do benefício, nos termos do art. 145 da Lei de Execução Penal - LEP e do art. 732 do CPP. Entretanto, aduziu-se que o juízo das execuções não se desincumbira de demonstrar a real necessidade de se determinar a segregação do paciente, bem como que a ele caberia fundamentar a sua imprescindibilidade, sob pena de torná-la medida automática, consectário lógico da prática de novo crime durante o período de prova do benefício. Por fim, considerou-se que a espécie amoldar-se-ia à hipótese de prorrogação do livramento condicional. HC 105497/RJ, rel. Min. Gilmar Mendes, 15.2.2011. (HC-105497) (Inform. STF 616)

EXAME CRIMINOLÓGICO E TRATAMENTO DE USUÁRIO DE DROGAS
A 1ª Turma, por maioria, indeferiu *habeas corpus* em que se alegava a possibilidade da progressão de regime prisional a despeito de o tribunal de origem ter negado a referida benesse com base em exame criminológico. O laudo psicológico atestava a necessidade de tratamento do paciente — condenado por tráfico de drogas — que ainda se comportava como usuário. Entendeu-se plenamente justificada a realização do exame criminológico. Contudo, concedeu-se a ordem de ofício para assegurar ao paciente, usuário de droga, que o Estado lhe ofereça tratamento psicológico por profissional habilitado. Vencido, em parte, o Min. Marco Aurélio, que deferia o *writ* por reputar não ser exigível tal exame em face da supressão do dispositivo que o condicionava para progressão de regime prisional pela norma que alterou a Lei de Execução Penal. HC 106477/RS, rel. Min. Dias Toffoli, 1º.2.2011. (HC-106477) (Inform. STF 614)

ART. 50, VII, DA LEP: TIPICIDADE E FALTA GRAVE - 1
Caracteriza falta grave, nos termos do art. 50, VII, da Lei das Execuções Penais - LEP, o condenado introduzir, em presídio, componentes de aparelho telefônico que possam viabilizar a comunicação direta com outros presos ou com o ambiente exterior (LEP: *"Art. 50 ... VII - Comete falta grave o condenado à pena privativa de liberdade que: ... tiver em sua posse, utilizar ou fornecer aparelho telefônico, de rádio ou similar, que permita a comunicação com outros presos ou com o ambiente externo*"). Com base nesse entendimento, a 2ª Turma denegou *habeas corpus* — impetrado em favor de paciente que, no cumprimento de pena em regime semi-aberto, retornara à penitenciária, portando 2 "chips" para telefones celulares — e cassou a medida acauteladora, que suspendera os efeitos da homologação do procedimento administrativo disciplinar - PAD em que o mencionado fato fora reconhecido como falta disciplinar de natureza grave. Enfatizou-se que paciente não tivera o cuidado de se adiantar à revista e informar que portava os "chips". Assentou-se que o fracionamento de um instrumento de comunicação com o mundo exterior, como a utilização de "chips", subsumiria à noção de falta grave e observaria, de maneira absolutamente legítima, o postulado da estrita legalidade, a qualificar-se como falta grave. Lembrou-se que seriam conseqüências de prática de falta grave a regressão de regime prisional e a perda dos dias remidos. Ressaltou-se que, sem o "chip", o aparelho de telefone celular não teria qualquer funcionalidade convencional, mas com ele formaria um todo operacional. Esclareceu-se que a interpretação finalística do dispositivo legal levaria ao entendimento exposto. **HC 105973/RS, rel. Min. Ayres Britto, 30.11.2010**. (HC-105973)

ART. 50, VII, DA LEP: TIPICIDADE E FALTA GRAVE - 2
Nesta assentada, o Min. Joaquim Barbosa salientou se estar diante de uma tecnologia totalmente inovadora e que o aparelho celular seria o acessório, invólucro do "chip". A Min. Ellen Gracie, por sua vez, consignou que seria praxe nos crimes relacionados a equipamentos eletrônicos, como o descaminho, a técnica de fracionamento de peças. Já o Min. Celso de Mello realçou que a condição prisional de alguém

seria um fator de profunda restrição de direitos, e não só de privação de liberdade, com a ressalva de certos direitos básicos que teriam sido verificados no caso dos autos, como a garantia do devido processo, haja vista ter sido instaurado um procedimento administrativo. O Min. Gilmar Mendes, por fim, asseverou que, uma vez reconhecida a falta grave, dever-se-iam aplicar todas as conseqüências decorrentes da lei, inclusive a perda do direito ao tempo remido, porquanto a Súmula Vinculante 9 teria reforçado a idéia da plena compatibilidade entre a disposição legal e a Constituição [Súmula Vinculante 9: *"O disposto no artigo 127 da Lei nº 7.210/1984 (Lei de Execução Penal) foi recebido pela ordem constitucional vigente, e não se lhe aplica o limite temporal previsto no* caput *do artigo 58."*]. **HC 105973/RS, rel. Min. Ayres Britto, 30.11.2010**. (HC-105973) (Inform. STF 611)

ART. 50, VII, DA LEP: TIPICIDADE E FALTA GRAVE

Caracteriza falta grave, nos termos do art. 50, VII, da Lei das Execuções Penais - LEP, o condenado introduzir, em presídio, elementos que possam viabilizar a comunicação direta com outros presos ou com o ambiente exterior (LEP: *"Art. 50 ... VII - Comete falta grave o condenado à pena privativa de liberdade que: ... tiver em sua posse, utilizar ou fornecer aparelho telefônico, de rádio ou similar, que permita a comunicação com outros presos ou com o ambiente externo"*). Com base nesse entendimento, a 1ª Turma denegou *habeas corpus* impetrado em favor de paciente que, no cumprimento de pena em regime aberto, retornara à penitenciária, para o pernoite, portando 3 "chips" para telefones celulares. Asseverou-se que o mencionado preceito, inserido em 2007, aditara o rol das faltas graves com o fim de evitar a entrada de objetos que possibilitassem tais comunicações, por se ter percebido que custodiados em presídios estariam a conduzir a criminalidade no ambiente externo. Registrou-se que, conforme ressaltado pela Procuradoria-Geral da República, buscar-se-ia a segurança maior. Reputou-se, por fim, que a norma alcançaria o fato imputado ao paciente como configurador de falta grave. **HC 99896/RS, rel. Min. Marco Aurélio, 23.11.2010**. (HC-99896) (Inform. STF 610)

HC N. 103.733 - SP

RELATOR: MIN. RICARDO LEWANDOWSKI

Ementa: PROCESSUAL PENAL. EXECUÇÃO PENAL. *HABEAS CORPUS*. LIVRAMENTO CONDICIONAL. REQUISITOS SUBJETIVOS. FUGA DO CONDENADO. FALTA GRAVE. NECESSIDADE DO EXAME CRIMINOLÓGICO. POSSIBILIDADE. DECISÃO DEVIDAMENTE FUNDAMENTADA. IMPOSSIBILIDADE DE REEXAME DO CONJUNTO FÁTICO-PROBATÓRIO NESTA SEDE. JURISPRUDÊNCIA DO STF. ORDEM DENEGADA.

I – A alteração do art. 112 da Lei de Execuções Penais pela Lei 10.792/2003 não proibiu a realização do exame criminológico. Precedentes.

II – Não se exige do órgão judicante que a decisão seja exaustivamente fundamentada. O que se busca é que o julgador explicite de forma clara as razões de seu convencimento, como se deu na espécie.

III – A modificação legislativa não afastou a necessidade de comprovação do comportamento satisfatório durante a execução da pena previsto no art. 83, III, do Código Penal, inocorrente no caso em exame, pela falta grave cometida pelo paciente com a fuga do estabelecimento prisional.

IV – Ordem denegada. (Inform. STF 609)

UNIFICAÇÃO DE PENAS E ALTERAÇÃO DE DATA-BASE

A unificação de penas decorrente de condenação transitada em julgado, durante o cumprimento de reprimenda atinente a outro crime, altera a data-base para a obtenção de benefícios executórios e progressão de regime, a qual passa a ser contada a partir da soma da nova condenação e tem por parâmetro o restante de pena a ser cumprido. De acordo com esse entendimento, a 1ª Turma indeferiu *habeas corpus* em que a defesa pretendia fosse estabelecido como marco inicial para essa finalidade a data da última infração disciplinar de natureza grave praticada pelo apenado, que havia empreendido fuga, ou a data de sua recaptura. Reputou-se que a execução da pena subseqüente, considerado o número de anos e as circunstâncias judiciais, poderia provocar a observância de regime mais gravoso do que o relativo à anterior, motivo pelo qual, inalterada a data-base, impossibilitar-se-ia eventualmente o cumprimento da nova reprimenda. Aduziu-se, também, que o somatório de penas decorrente da unificação teria por conseqüências lógicas tanto a limitação do tempo total que o sujeito deverá permanecer preso (CP, art. 75) quanto a implementação de regime próprio relativo à totalidade de anos em que deva o condenado ficar recluso. **HC 100499/RJ, rel. Min. Marco Aurélio, 26.10.2010**. (HC-100499) (Inform. STF 606)

EXECUÇÃO DE PENA E FALTA GRAVE - 1

A 1ª Turma retomou julgamento de *habeas corpus* impetrado em favor de condenado que, no curso de execução da pena, empreendera fuga e fora preso em flagrante na suposta prática de nova infração penal. A impetração alega injusto constrangimento, visto que, somente após a sentença final condenatória, seria possível concluir pela ocorrência, ou não, do delito pelo qual o paciente fora recapturado, não servindo para tanto o simples recebimento da denúncia. Sustenta, ainda, que, quando do julgamento de recurso especial, o STJ teria extrapolado o pedido feito pelo Ministério Público estadual, haja vista que este, no agravo em execução, impugnara tão-somente a parte em que afastada a regressão no regime prisional. Na espécie, instaurou-se procedimento disciplinar para apurar o cometimento de falta grave no período em que foragido. O juízo da execução homologara o procedimento, entendera como suficiente à punição da infração disciplinar o isolamento do paciente por 30 dias, e mantivera o regime prisional aberto. Contra esta decisão, o *parquet* interpusera agravo que, desprovido, ensejara recurso especial, cuja decisão de provimento determinara a regressão no regime da pena e o estabelecimento de nova data-base para a concessão de futuros benefícios. **HC 96246/RS, rel. Min. Marco Aurélio, 19.10.2010.** (HC-96246)

EXECUÇÃO DE PENA E FALTA GRAVE - 2

O Min. Marco Aurélio, relator, na sessão de 9.3.2010, concedera a ordem para tornar definitiva medida acauteladora e, com isso, restabelecer o acórdão prolatado no agravo em execução. Avaliara que as decisões do juízo e da Corte estadual não estariam a merecer censura. Ao ressaltar a estreiteza da via do recurso especial, reputara que, ante o quadro fático, não caberia o seu conhecimento. Salientara que o STJ teria potencializado a acusação criminal ao colocar em segundo plano o princípio da não-culpabilidade. Registrara que se, de um lado, não se poderia vislumbrar extravasamento do recurso do órgão ministerial — no que ficara restrito à regressão no regime de cumprimento da pena, com fixação de novo termo para alcançarem-se benefícios —, de outro, ter-se-ia a desautorização do que consignado nas instâncias de origem, a contrariar o texto constitucional referente ao princípio da não-culpabilidade. Frisara que a alusão à perda de dias remidos fizera-se de forma genérica no que mencionado o artigo da Lei de Execução Penal - LEP, não compondo esse tema a parte dispositiva da decisão do STJ. **HC 96246/RS, rel. Min. Marco Aurélio, 19.10.2010**. (HC-96246)

EXECUÇÃO DE PENA E FALTA GRAVE - 3

Nesta assentada, o Min. Dias Toffoli, em divergência, julgou prejudicado o *writ*, em face da perda superveniente de seu objeto. Inicialmente, entendeu que o caso se subsumiria ao teor da Súmula Vinculante 9 [*"O disposto no artigo 127 da Lei nº 7.210/1984 (Lei de Execução Penal) foi recebido pela ordem constitucional vigente, e não se lhe aplica o limite temporal previsto no caput do artigo 58"*], a ensejar a denegação da ordem. Em seguida, repeliu a existência de *bis in idem* decorrente de simultânea decretação de perda dos dias remidos e imposição de regime de isolamento, haja vista que uma questão seria disciplinar e a outra penal. Nesse aspecto, assinalou que estaria correta a decisão emanada do STJ, que não poderia simplesmente desconsiderar as questões postas. Reputou que o conhecimento do recurso especial não implicaria revolvimento de matéria fática, porque o sentenciado: a) evadira-se durante o cumprimento de sua pena e b) fora recapturado por força de prisão em flagrante, ao praticar novo fato definido como crime doloso, pelo qual, conforme informação obtida, já teria sido condenado em primeira instância e estaria aguardando, em liberdade, a apreciação do recurso interposto contra a sentença condenatória. Mencionou que a fuga revelaria causa suficiente para o reconhecimento de cometimento de falta grave, a ensejar, por si só, a regressão de regime prisional. Frisou que a perda dos dias remidos seria conseqüência jurídica, prevista em lei, do cometimento de falta grave. Enfatizou que obtivera, por meio da consulta de juiz auxiliar de seu gabinete ao juiz da execução, a notícia de que o paciente encontrar-se-ia, desde 9.11.2009, em liberdade condicional, por força de decisão proferida em execução, com término de cumprimento de pena previsto para 21.12.2010. Assentou que, ante a superveniente concessão da liberdade — sem que eventual denegação da ordem e restabelecimento da decisão do STJ, nesta altura, tivesse algum efeito prático sobre o benefício —, o *writ* estaria prejudicado, por ausência de objeto, eis que buscaria, exclusivamente, o restabelecimento do regime prisional aberto. Concluiu que se tornaria despiciendo qualquer debate em torno do direito à concessão de regime prisional mais brando na execução criminal atualmente em curso, sem prejuízo de eventual revogação do livramento e readequação do regime prisional por força de condenação posterior a ele imposta, cuja execução, todavia, ainda não se iniciara. A Turma, então, determinou a juntada das certidões relativas à atual situação do paciente, já colhidas pelo juiz auxiliar do Min. Dias Toffoli. Após, diante do fato novo suscitado, pediu vista o Min. Marco Aurélio. **HC 96246/RS, rel. Min. Marco Aurélio, 19.10.2010.** (HC-96246) (Inform. STF 605)

HC e Transferência de Presídio

A 2ª Turma indeferiu *habeas corpus* em que pretendida a transferência de interno do sistema prisional a presídio distinto do que se encontra e mais perto da residência de seus familiares. Alegava a impetração que estabelecimento em que ora cumprida a pena seria destinado ao recolhimento de presos de alta periculosidade, o que não seria o caso do paciente. Aduziu-se que a via estreita do *writ* não seria adequada para analisar os fundamentos pelos quais o paciente fora encaminhado à unidade prisional tida como de maior rigor. Reputou-se, ademais, que a defesa não teria formulado nenhum pedido de transferência em favor do apenado perante o juízo das execuções, ao qual caberia analisar o pleito, pois mais próximo da realidade factual. Entretanto, observou-se que o simples fato de o paciente estar condenado a delitos tipificados como de gravidade elevada não obstaria, por si só, a possibilidade de ser transferido para um presídio não distante de sua família, considerada a base da sociedade e dotada de especial proteção por parte do Estado (CF, art. 226). **HC 101540/SP, rel. Min. Ayres Britto, 19.10.2010.** (HC-101540) (Inform. STF 605)

SUPERVENIÊNCIA DE CONDENAÇÃO E ALTERAÇÃO DA DATA-BASE

A superveniência de nova condenação definitiva no curso da execução criminal altera a data-base para a concessão de benefícios futuros, sendo indiferente que o crime tenha ocorrido antes ou após o início do cumprimento da pena. Com base nesse entendimento, a Turma indeferiu *habeas corpus* em que se sustentava a ilegalidade da alteração da data-base para a concessão de benefício, em virtude de nova condenação, decorrente de fato cometido antes do início da execução da pena. Entenderam-se aplicáveis, à espécie, os artigos 111, parágrafo único, e 118, II, da LEP ("*Art. 111. Quando houver condenação por mais de um crime, no mesmo processo ou em processos distintos, a determinação do regime de cumprimento será feita pelo resultado da soma ou unificação das penas, observada, quando for o caso, a detração ou remição. Parágrafo único. Sobrevindo condenação no curso da execução, somar-se-á a pena ao restante da que está sendo cumprida, para determinação do regime. ... Art. 118. A execução da pena privativa de liberdade ficará sujeita à forma regressiva, com a transferência para qualquer dos regimes mais rigorosos, quando o condenado: ... II - sofrer condenação, por crime anterior, cuja pena, somada ao restante da pena em execução, torne incabível o regime...*"). Ressaltou-se, ainda, que, caso sobrevenha condenação definitiva no curso da execução penal, deverão ser somadas a nova pena e o restante da que está sendo cumprida. **HC 102492/RS, rel. Min. Gilmar Mendes, 5.10.2010.** (HC-102492) (Inform. STF 603)

COMUTAÇÃO DE PENA E REVOGAÇÃO DE LIVRAMENTO CONDICIONAL

A Turma concedeu *habeas corpus* para que o Juízo de Execuções Criminais proceda a novo exame de pedido de comutação de pena do paciente, devendo verificar a existência de preenchimento dos requisitos objetivos constantes do Decreto 5.620/2005, inclusive, alterando, se for o caso, o *quantum* de pena comutado posteriormente com base nos Decretos 5.993/2006 e 6.294/2007. Na espécie, a defesa requeria a nulidade de decisão do Juízo de Execuções que denegara ao paciente o direito à comutação de pena, prevista no Decreto 5.620/2005 — que concede indulto condicional, comutação e dá outras providências —, tendo em conta o que disposto no art. 88 do CP ("*Revogado o livramento, não poderá ser novamente concedido, e, salvo quando a revogação resulta de condenação por outro crime anterior àquele benefício, não se desconta na pena o tempo em que esteve solto o condenado*"). Afirmou-se que o mencionado artigo veda a concessão de novo livramento condicional quando o primeiro tiver sido revogado em razão de cometimento de crime posterior, bem como proíbe que o tempo em que o agente permanece solto seja descontado da pena. Contudo, entendeu-se que os requisitos do instituto da comutação da pena não se confundiriam com os referentes ao instituto do livramento condicional. Ressaltou-se que o art. 88 do CP prescreveria matéria atinente à impossibilidade de concessão de novo livramento condicional e não de concessão de comutação. **HC 98422/RJ, rel. Min. Gilmar Mendes, 5.10.2010.** (HC-98422) (Inform. STF 603)

EMENTA: REMIÇÃO PENAL (LEP, ART. 127). RECLAMAÇÃO AJUIZADA PERANTE O SUPREMO TRIBUNAL FEDERAL. LEGITIMAÇÃO ATIVA "*AD CAUSAM*" DO MINISTÉRIO PÚBLICO ESTADUAL. COMETIMENTO DE FALTA GRAVE POR SENTENCIADO. PERDA DOS DIAS REMIDOS. SENTENÇA QUE CONCEDE A REMIÇÃO PENAL. ATO DECISÓRIO INSTÁVEL OU CONDICIONAL. RECEPÇÃO DO ART. 127 DA LEI DE EXECUÇÃO PENAL PELA VIGENTE ORDEM CONSTITUCIONAL. DESRESPEITO À SÚMULA VINCULANTE Nº 09/STF. RECLAMAÇÃO JULGADA PROCEDENTE.

- O Ministério Público dos Estados-membros **dispõe** de legitimidade ativa "*ad causam*" para ajuizar, *originariamente*, **perante** o Supremo Tribunal Federal, **reclamação destinada a fazer prevalecer** a autoridade de enunciado **constante** de súmula vinculante, cujo teor normativo tenha sido *concretamente* desrespeitado por ato **emanado** do Poder Executivo **ou proferido** por qualquer órgão do Poder Judiciário.

- **Inexiste** qualquer relação de dependência **ou** de subordinação **entre** o Ministério Público dos Estados-membros **e** o Procurador-Geral da República, **considerada** a prerrogativa de autonomia institucional de que **também** se acha investido, **por efeito** de explícita outorga constitucional (**CF**, art. 127, § 1º), o "*Parquet*" estadual.

- Inadmissível, desse modo, exigir-se que a atuação processual do Ministério Público local se faça *por intermédio* do Procurador-Geral da República, que não dispõe de poder de ingerência na esfera orgânica do "*Parquet*" estadual, pois lhe incumbe, *unicamente*, por expressa definição constitucional (CF, art. 128, § 1º), a Chefia do Ministério Público *da União*.

- **O estatuto de regência** da remição penal **não ofende** a coisa julgada, **não atinge** o direito adquirido **nem afeta** o ato jurídico perfeito, **pois** a exigência de satisfatório comportamento prisional do interno - **a revelar** a participação ativa **do próprio** condenado na obra de sua reeducação - **constitui** pressuposto essencial **e** ineliminável **da manutenção** desse benefício legal.

- **A perda** do tempo remido, **em decorrência** de punição por falta grave (**art. 127** da Lei de Execução Penal), **não vulnera** o postulado **inscrito** no art. 5º, XXXVI, da Constituição da República. **É que a punição** do condenado por faltas graves - **assim entendidas** as infrações disciplinares tipificadas **nos arts. 50, 51** e **52** da Lei de Execução Penal - **traz consigo** consideráveis impactos de natureza jurídico-penal, **pois afeta**, nos termos em que foi delineado pelo ordenamento positivo, **o próprio** instituto da remição penal, **que supõe**, para efeito de sua aplicabilidade **e** preservação, **a inexistência** de qualquer ato punitivo **por ilícitos disciplinares** revestidos da nota qualificadora da gravidade objetiva. **Doutrina**. **Precedentes**. (Rcl 7245/SP, Rel. Min. Celso de Mello) (Inform. STF 600)

FALTA GRAVE E BENEFÍCIOS EXECUTÓRIOS

A Turma indeferiu *habeas corpus* em que se questionava a alteração da data-base para o cálculo de benefícios executórios, decorrente da suposta prática de crime doloso no curso da execução penal, o que configuraria falta grave. A impetração sustentava que a) somente fato criminoso, cometido após o início da execução da pena, com sentença penal condenatória transitada em julgado, legitimaria a alteração da data-base para fins dos direitos executórios e b) seria impossível a alteração da data-base para concessão de benefícios, em virtude da prática de falta grave pelo apenado. Destacou-se, de início, que a LEP não exige, para fins de regressão de regime, o trânsito em julgado da condenação referente ao crime que se imputa ao apenado, mas apenas a prática de "fato definido como crime doloso". Ademais, ressaltou-se que a jurisprudência da Corte é assente no sentido de que o cometimento de falta grave implica o recomeço da contagem do prazo para a obtenção de benefícios executórios. **HC 102652/RS, rel. Min. Gilmar Mendes, 29.6.2010.** (HC-102652) (Inform. STF 593)

PROGRESSÃO DE REGIME E AUTORIZAÇÃO DE SAÍDA

O ingresso no regime prisional semi-aberto é apenas um pressuposto que pode, eventualmente, legitimar a concessão de autorizações de saídas em qualquer de suas modalidades — permissão de saída ou saída temporária —, mas não garante, necessariamente, o direito subjetivo de obtenção dessas benesses. Com base nessa orientação, a Turma indeferiu *habeas corpus* em que beneficiado com progressão para o regime semi-aberto insurgia-se contra decisão de juízo das execuções penais que lhe denegara autorização para visita familiar (LEP, art. 122, I). Alegava a impetração que, uma vez concedida a progressão prisional, a citada autorização também deveria ser deferida. Asseverou-se cumprir ao juízo das execuções criminais avaliar em cada caso a pertinência e a razoabilidade da pretensão, observando os requisitos objetivos e subjetivos do paciente. Ademais, consignou-se que a decisão impugnada estaria fundamentada e que, para revertê-la, seria necessário o reexame de fatos e provas, o que vedado em sede de *habeas corpus*. **HC 102773/RJ, rel. Min. Ellen Gracie, 22.6.2010.** (HC-102773) (Inform. STF 592)

LIVRAMENTO CONDICIONAL E DECRETO DE EXPULSÃO

A Turma indeferiu *habeas corpus* em que se discutia a possibilidade, ou não, de um estrangeiro — com decreto de expulsão em seu desfavor e que reingressa indevidamente no Brasil — obter livramento condicional enquanto cumpre pena por crime aqui praticado naquelas condições. Aplicou-se a jurisprudência do STF no sentido da incompatibilidade entre a concessão do livramento condicional e a expulsão de estrangeiro cujo decreto está subordinado ao cumprimento da pena a que foi condenado no Brasil. Rejeitou-se, ainda, a alegação de já ter sido cumprido o decreto de expulsão do paciente, tendo ele retornado ao Brasil, o que implicaria novo processo criminal. Enfatizou-se que o decreto expulsório subsiste enquanto não revogado, de modo que, se houver retorno indevido, o expulso não responderá por novo processo de expulsão, mas deverá ser encaminhado, mais uma vez, para fora do Brasil. Ademais, afirmou-se que o exame dos requisitos para concessão do referido benefício ultrapassaria os limites estreitos da via eleita. Precedentes citados: HC 83964/MG (DJU de 25.3.2004) e HC 83723/MG (DJU de 30.4.2004). **HC 99400/RJ, rel. Min. Cármen Lúcia, 27.4.2010.** (HC-99400) (Inform. STF 584)

PERDA DE DIAS REMIDOS E PROPORCIONALIDADE

A Turma deferiu *habeas corpus* impetrado em favor de condenado que, ante o cometimento de falta grave consistente na recusa ao trabalho (LEP, art. 50, VI), regredira para o regime fechado e perdera a integralidade dos dias remidos. No caso, o paciente alegara que não se recusara a trabalhar, mas que passara mal naquele dia. Considerou-se que a justificativa apresentada pelo detento não fora sequer examinada pelo juízo das execuções criminais, não sendo razoável imputar a um apenado que tenha trabalhado regularmente por 1.488 dias, conseguindo remir 496 dias de sua pena, a prática de falta grave consistente na recusa injustificada à obrigação laboral. Determinou-se que o paciente retorne ao regime semi-aberto. **HC 100545/SP, rel. Min. Ricardo Lewandowski, 27.4.2010.** (HC-100545) (Inform. STF 584)

CONCESSÃO DE HC DE OFÍCIO: ANÁLISE DA POSSIBILIDADE DA PROGRESSÃO DE REGIME - 1

O Tribunal, por maioria, indeferiu *habeas corpus* impetrado em favor de condenado à pena de reclusão, em regime inicialmente fechado, por infração aos artigos 4º, *caput*, da Lei 7.492/86 (gestão fraudulenta), e 312 do CP (peculato), mas concedeu a ordem de ofício para que o juiz competente examine a possibilidade da concessão de progressão de regime. Tratava-se, na espécie, de *writ* impetrado contra decisão do Superior Tribunal de Justiça - STJ que denegara, em outro *habeas corpus*, pedido de revogação de prisão cautelar imposta ao paciente, decretada por Juízo Federal do Rio de Janeiro e ratificada pelo Tribunal Regional Federal da 2ª Região. Alegava a impetração que a revogação da prisão preventiva do paciente em nada atrapalharia a futura aplicação de suposta pena e que não estariam presentes os requisitos do art. 312 do CPP. Salientava, ainda, não haver nenhuma condenação transitada em julgado contra o paciente, o qual reuniria todas as condições pessoais para responder em liberdade ao processo, além de ter ocupação lícita e endereço fixo. Requeria a concessão da ordem para o paciente permanecesse em liberdade "*até o trânsito em julgado da ação penal a qual responde*". O paciente tivera sua prisão preventiva decretada em 6.6.2000, tendo obtido, no Supremo, em 11.7.2000, deferimento de liminar em outro *habeas corpus*, para aguardar, em liberdade, o julgamento do *habeas corpus* impetrado no TRF da 2ª Região. Em 16.7.2000, viajara para a Itália, país de onde é natural e que, como o Brasil, não extradita nacionais, lá chegando em 17.7.2000. Em 19.7.2000, a liminar anteriormente concedida fora reconsiderada pela Presidência do Supremo, tendo o Juízo Federal do Rio de Janeiro determinado, na mesma data, expedição de novos mandados de prisão. Em 31.3.2005, o Juízo Federal do Rio de Janeiro condenara o paciente, concedendo o direito de apelar em liberdade aos demais co-réus, à exceção do paciente, reputado foragido, sob o fundamento de persistirem as razões para a custódia antes decretada. Em 15.9.2007, o paciente fora preso no Principado de Mônaco, tendo sido extraditado para o Brasil e aqui chegado em 17.7.2008, a partir de quando passara a ser custodiado em presídios do Estado do Rio de Janeiro. **HC 98145/RJ, rel. orig. Min. Cármen Lúcia, red. p/ o acórdão Min. Dias Toffoli, 15.4.2010.** (HC-98145)

CONCESSÃO DE HC DE OFÍCIO: ANÁLISE DA POSSIBILIDADE DA PROGRESSÃO DE REGIME - 2

Entendeu-se não se sustentarem juridicamente os argumentos apresentados pela impetração, impondo-se, assim, a manutenção da prisão do paciente, indicada como está na decisão a necessidade de se assegurar a garantia da ordem pública e a aplicação da lei penal. Vencido o Min. Marco Aurélio, que deferia a ordem. Por outro lado, observou-se que o paciente, tomando-se por base a data da prisão em razão de sua captura até a presente data, estaria preso preventivamente há mais 2 anos e 7 meses. Tendo em conta o que disposto no art. 42 do CP ("*Computam-se, na pena privativa de liberdade e na medida de segurança, o tempo de prisão provisória, no Brasil ou no estrangeiro, o de prisão administrativa e o de internação em qualquer dos estabelecimentos referidos no artigo anterior.*"), e no Enunciado da Súmula 716 do Supremo ("*Admite-se a progressão de regime de cumprimento da pena ou a aplicação imediata de regime menos severo nela determinada, antes do trânsito em julgado da sentença condenatória.*") e, ainda, que o delito praticado pelo paciente não se enquadraria no rol dos crimes hediondos e dos a ele equiparados, concluiu-se que se deveria considerar a possibilidade da progressão do regime no caso concreto. Salientou-se que, mediante a aplicação da regra para o cálculo do benefício, contida no art. 112 da Lei de Execução Penal, o paciente já teria cumprido 1/6 da pena a ele imposta no regime em que se encontra, o que ensejaria, do ponto de vista unicamente objetivo, o benefício, ressalvada a análise do juízo competente de eventual presença dos demais requisitos. Vencidos os Ministros Cármen Lúcia, relatora, Celso de Mello, Ayres Britto e Ellen Gracie, que, diante do contexto e da pendência de recursos extraordinário e especial interpostos pelo *parquet*, sem definição da quantidade da pena a ser aplicada ao paciente, reputavam prematura a concessão da ordem de ofício para fins de análise da possibilidade da progressão de regime. **HC 98145/RJ, rel. orig. Min. Cármen Lúcia, red. p/ o acórdão Min. Dias Toffoli, 15.4.2010.** (HC-98145) (Inform. STF 582)

SAÍDAS TEMPORÁRIAS AUTOMATIZADAS

A Turma deferiu *habeas corpus* para tornar subsistente entendimento do Tribunal de Justiça do Estado do Rio Grande do Sul que deferira o benefício de saída temporária ao paciente. No caso, ante o caótico quadro penitenciário, a Corte local assentara a possibilidade de, após o exame do perfil do reeducando, conceder automaticamente aos encarcerados saídas temporárias, sem a necessidade de, em relação a cada uma, acionar-se o Ministério Público e movimentar-se a máquina judiciária. Considerou-se que, uma vez observada a forma alusiva à saída temporária, gênero, manifestando-se os órgãos técnicos, o *parquet* e o Juízo da Vara de Execuções Criminais, as subseqüentes mostrar-se-iam consectários legais, descabendo a burocratização a ponto de a cada uma delas — no máximo de 3 saídas temporárias — ter-se que formalizar novo processo, potencializando-se a forma pela forma. No ponto, enfatizou-se que a primeira decisão, não vindo o preso a cometer falta grave, respaldaria as saídas posteriores. Aduziu-se que se cuidaria de conferir interpretação teleológica à ordem jurídica em vigor, consentânea com a organicidade do Direito e com o princípio básico da República, a direcionar a preservação da dignidade do homem. **HC 98067/RS, rel. Min. Marco Aurélio, 6.4.2010.** (HC-98067) (Inform. STF 581)

RECLAMAÇÃO E LEGITIMIDADE DE MINISTÉRIO PÚBLICO ESTADUAL - 1

O Tribunal iniciou julgamento de reclamação ajuizada pelo Ministério Público do Estado de São Paulo contra acórdão de Câmara de Direito Criminal do Tribunal de Justiça paulista que, no julgamento de agravo de execução interposto em favor de condenado preso, dera-lhe provimento para restabelecer o direito do executado à remição dos dias trabalhados, cuja perda fora decretada em razão do cometimento de falta grave. Sustenta o reclamante violação ao Enunciado da Súmula Vinculante 9 ["*O disposto no artigo 127 da Lei nº 7.210/1984 (Lei de Execução Penal) foi recebido pela ordem constitucional vigente, e não se lhe aplica o limite temporal previsto no caput do artigo 58.*"]. A Min. Ellen Gracie, relatora, inicialmente, afirmou que o Ministério Público do Estado de São Paulo não possuiria legitimidade para propor originariamente reclamação perante o Supremo, haja vista incumbir ao Procurador-Geral da República exercer as funções do Ministério Público junto a esta Corte, nos termos do art. 46 da Lei Complementar 75/93. Observou, entretanto, que essa ilegitimidade teria sido corrigida pelo Procurador-Geral da República, que ratificara a petição inicial e assumira a iniciativa da demanda. Assim, deferiu a admissão do Procurador-Geral da República como autor da demanda, no que foi acompanhada pelo Min. Dias Toffoli. **Rcl 7358/SP, rel. Min. Ellen Gracie, 25.3.2010.** (Rcl-7358)

RECLAMAÇÃO E LEGITIMIDADE DE MINISTÉRIO PÚBLICO ESTADUAL - 2

Em divergência, o Min. Marco Aurélio considerou que, como o Ministério Público Estadual atuara na 1ª e na 2ª instâncias, ao vislumbrar desrespeito ao citado verbete, seria ele parte legítima na reclamação perante o Supremo. No mesmo sentido votaram os Ministros Celso de Mello e Cezar Peluso. O Min. Celso de Mello também concluiu que o Ministério Público Estadual disporia de legitimação ativa para formular ele próprio, perante o Supremo, reclamação em situações como esta que os autos registram. Ao mencionar que o Ministério Público do Trabalho não disporia dessa legitimidade por uma singularidade, qual seja, a de integrar o Ministério Público da União, cujo chefe é o Procurador Geral da República, aduziu que, entretanto, não existiria qualquer relação de dependência entre o Ministério Público da União e o Ministério Público dos Estados-membros. Acrescentou que, muitas vezes, inclusive, os Ministérios Públicos Estaduais poderiam formular representação perante o Supremo, deduzindo pretensão com a qual não concordasse, eventualmente, a chefia do Ministério Público da União, o que obstaria o acesso do *parquet* local no controle do respeito e observância, por exemplo, de súmulas impregnadas de eficácia vinculante. O Min. Cezar Peluso, por sua vez, ressaltou que fazer com que o Ministério Público Estadual ficasse na dependência do que viesse a entender o Ministério Público Federal seria incompatível, dentre outros princípios, com o da paridade de armas. Disse, ademais, que se estaria retirando do Ministério Público Estadual uma legitimidade que seria essencial para o exercício das funções dele, as quais não seriam exercidas pelo Ministério Público Federal. Ponderou, ainda, que a orientação segundo a qual só o Procurador Geral da República poderia atuar perante o Supremo estaria disciplinada na Lei Complementar 75/93, em um capítulo que só cuidaria do Ministério Público da União, e que o art. 46 dessa lei, específico desse capítulo, estaria estabelecendo incumbir ao Procurador Geral da República as funções do Ministério Público Federal perante o Supremo, mas não as funções de qualquer Ministério Público. Após, pediu vista dos autos o Min. Ayres Britto. **Rcl 7358/SP, rel. Min. Ellen Gracie, 25.3.2010.** (Rcl-7358) (Inform. STF 580)

FALTA GRAVE: DESCUMPRIMENTO DE CONDIÇÕES E REGRESSÃO DE REGIME

Para evitar supressão de instância, a Turma, por maioria, não conheceu de *habeas corpus* na parte em que se sustentava a nulidade de processo administrativo disciplinar que culminara na regressão, de regime aberto para o semi-aberto, a condenado por roubo tentado ante o reconhecimento de falta grave consistente na sua apresentação em albergue estadual com sinais de embriaguez. Considerou-se que, na situação em apreço, não houvera discussão nas instâncias ordinárias sobre a legalidade na determinação de não ingestão de bebida alcoólica como condição especial de cumprimento da pena no regime aberto. Registrou-se, contudo, não ser o caso de concessão da ordem, de ofício, pela ausência de ilegalidade clara e patente na fixação da condição especial de cumprimento da pena imposta ao paciente. Salientou-se — apenas a título de reflexão e sem apreciação do cerne da questão — que a natureza violenta do delito de roubo exige comportamento social exemplar do condenado que cumpre pena em regime aberto. De outro lado, a Turma, embora conhecendo do *writ* quanto à alegação de ilegalidade da perda de dias remidos e de alteração da data-base para a concessão de futuros benefícios, por maioria, o indeferiu. Ressaltou-se o teor da Súmula Vinculante 9 ["*O disposto no artigo 127 da Lei nº 7.210/84 (Lei de Execução Penal) foi recebido pela ordem constitucional vigente, e não se lhe aplica o limite temporal previsto no caput do art. 58.*"] e concluiu-se que, perdido o tempo remido e se reiniciando o novo período para o seu cômputo a partir da data da infração disciplinar, seria certo que o reinício do prazo para benefícios mais leves — como o de progressão de regime — também seria perfeitamente constitucional e lógico. Vencido o Min. Marco Aurélio que concedia a ordem, de ofício, para afastar a regressão ao fundamento de que a falta teria sido cometida não na penitenciária, mas no comparecimento para pernoite em albergue estadual, em Uruguaiana, no mês de junho, no inverno. **HC 100729/RS, rel. Min. Ricardo Lewandowski, 16.3.2010.** (HC-100729) (Inform. STF 579)

CUMPRIMENTO DE PENA E REMOÇÃO PARA PRESÍDIO DE OUTRA UNIDADE DA FEDERAÇÃO

A Turma deferiu *habeas corpus* para autorizar a remoção de condenado para estabelecimento penal localizado em outra unidade da federação. No caso, sustentava a impetração que o paciente — encarcerado em presídio paulista — teria o direito de ver cumprida sua pena corporal em município localizado no Estado da Bahia, na medida em que nesse residiriam os seus familiares. Alegava, ainda, que o próprio Diretor do Conjunto Penal baiano informara haver disponibilidade de vaga e que a unidade prisional comportaria presos em regime fechado. Entendeu-se que, pelo que se poderia constatar dos autos, as penitenciárias seriam congêneres, haja vista que ambas seriam aptas a receber presos condenados no regime fechado, não havendo preponderância do estabelecimento atual em relação àquele para o qual se pretenderia a transferência, sobretudo no concernente ao quesito segurança máxima. Asseverou-se, ademais, que, ao adotar tal posicionamento, ter-se-ia que o direito à assistência familiar e seu respectivo exercício ficariam sobremaneira facilitados, assim como deflagrado o processo de ressocialização, mitigando a distância e a dificuldade do contato do preso com a família. **HC 100087/SP, rel. Min. Ellen Gracie, 16.3.2010.** (HC-100087) (Inform. STF 579)

REGIME ABERTO E IMPOSSIBILIDADE DE REMIÇÃO PELO TRABALHO

O apenado que cumpre pena em regime aberto não tem jus à remição pelo trabalho, nos termos do art. 126 da Lei de Execução Penal - LEP ("*O condenado que cumpre a pena em regime fechado ou semi-aberto poderá remir, pelo trabalho, parte do tempo de execução da pena.*"). Com base nesse entendimento, a Turma indeferiu *habeas corpus* no qual se alegava que o mencionado artigo da LEP não traria expressamente qualquer vedação ao cômputo de dias laborados para fins de remição aos apenados que se encontram em regime aberto. Entendeu-se que a norma seria clara no sentido de somente ser beneficiado pelo instituto da remição quem cumpra pena em regime fechado ou semi-aberto. Asseverou-se que a racionalidade disso estaria no art. 36, § 1º, do CP, que aduz ser necessário que o apenado que cumpre pena em regime aberto trabalhe, freqüente curso ou exerça outra atividade autorizada ("*O regime aberto baseia-se na autodisciplina e senso de responsabilidade do condenado. § 1º - O condenado deverá, fora do estabelecimento e sem vigilância, trabalhar, freqüentar curso ou exercer outra atividade autorizada, permanecendo recolhido durante o período noturno e nos dias de folga.*"). Evidenciou-se, destarte, que a realização de atividade laboral nesse regime de cumprimento de pena não seria, como nos demais, estímulo para que o condenado, trabalhando, tivesse direito à remição da pena, na medida em que, nesse regime, o labor não seria senão pressuposto da nova condição de cumprimento de pena. Precedente citado: HC 77496/RS (DJU de 19.2.99). **HC 98261/RS, rel. Min. Cezar Peluso, 2.3.2010.** (HC-98261) (Inform. STF 577)

FALTA GRAVE E FUGA DE CLÍNICA DE TRATAMENTO DE DEPENDÊNCIA QUÍMICA

A Turma, por maioria, indeferiu *habeas corpus* em que a Defensoria Pública da União pleiteava o restabelecimento de acórdão proferido pelo Tribunal de Justiça do Estado do Rio Grande do Sul no qual se afirmara que a evasão de apenado de clínica de tratamento de dependência química não equivaleria à prática de falta grave prevista no art. 50, II, da Lei de Execução Penal - LEP ("*Art. 50. Comete falta grave o condenado à pena privativa de liberdade que: ... II - fugir;*"). Tratava-se, na espécie, de *writ* impetrado contra decisão de Ministro do STJ que provera recurso especial ao fundamento de que o mencionado abandono do estabelecimento prisional caracterizaria falta grave, com as conseqüências próprias: perda dos dias remidos, regressão no regime de pena, reinício da contagem do prazo para futuros benefícios e cassação de saídas temporárias. Asseverou-se que, conquanto o paciente não estivesse enclausurado — uma vez que, condenado a cumprimento da pena em regime semi-aberto, fora-lhe concedida pelo juízo das execuções a permissão de saída para tratamento de dependência química —, encontrava-se sob a custódia do Estado, não perdendo a condição de preso, sujeito às demais condições estabelecidas na LEP, inclusive à pena de regressão. Assim, entendeu-se configurada a falta grave, porquanto o paciente aproveitara-se dessa situação para fugir várias vezes da clínica. Ressaltou-se, por fim, que o fato de o paciente retornar ao regime fechado não o impede de, caso reapresente os sintomas da doença que o acometera, ser novamente internado para tratamento. Vencido o Min. Marco Aurélio, relator, que concedia a ordem para assentar que o recurso especial não merecia o provimento dado pelo STJ. Aduzia que o usuário de droga deveria receber tratamento e não postura rígida do Estado que, ao término, apenas levaria ao agravamento da situação. Ademais, consignava a inviabilidade de interpretação analógica quanto à falta grave de fugir de estabelecimento prisional (LEP, art. 50, II) a reverter em prejuízo do réu, passando-se a considerar como enquadrável na previsão legal hipótese em que o viciado deixa a clínica de tratamento, vindo, espontaneamente, a procurar correção de rumos em clínica diversa. **HC 97980/RS, rel. orig. Min. Marco Aurélio, red. p/ o acórdão Min. Dias Toffoli, 23.2.2010.** (HC-97980) (Inform. STF 576)

PSV: PROGRESSÃO DE REGIME E EXAME CRIMINOLÓGICO

O Tribunal, por maioria, acolheu proposta de edição de Súmula Vinculante com o seguinte teor: "*Para efeito de progressão de regime de cumprimento de pena, por crime hediondo ou equiparado, praticado antes de 29 de março de 2007, o juiz da execução, ante a inconstitucionalidade do artigo 2º, § 1º, da Lei 8.072/90, aplicará o artigo 112 da Lei de Execução Penal, na redação original, sem prejuízo de avaliar se o condenado preenche, ou não, os requisitos objetivos e subjetivos do benefício, podendo determinar, para tal fim, de modo fundamentado, a realização de exame criminológico*". Vencido o Min. Marco Aurélio que não aprovava o verbete, asseverando que o direito à progressão de regime, pouco importando a exigência deste ou daquele outro espaço quanto ao cumprimento da pena, seria um direito pacificado hoje no território nacional, e, ainda, que se estaria a reintroduzir no cenário normativo, com a exigência do exame criminológico, prejudicial ao réu, o texto primitivo do art. 112 da LEP, derrogado pela Lei 10.792/2003. **PSV 30/DF, 16.12.2009.** (PSV-30) (Inform. STF 572)

FALTA GRAVE: REGRESSÃO E DEVIDO PROCESSO LEGAL

Por reputar violados os princípios do contraditório e da ampla defesa, a Turma deu provimento a recurso extraordinário para anular decisão do Juízo de Execuções Penais da Comarca de Erechim - RS, que decretara a regressão de regime de cumprimento de pena em desfavor do recorrente, o qual não fora assistido por defensor durante procedimento administrativo disciplinar instaurado para apurar falta grave. Asseverou-se que, não obstante a aprovação do texto da Súmula Vinculante 5 ("*A falta de defesa técnica por advogado no processo administrativo disciplinar não ofende a Constituição.*"), tal verbete seria aplicável apenas em procedimentos de natureza cível e não em procedimento administrativo disciplinar promovido para averiguar o cometimento de falta grave, tendo em vista estar em jogo a liberdade de ir e vir. Assim, neste caso, asseverou-se que o princípio do contraditório deve ser observado amplamente, com a presença de advogado constituído ou defensor público nomeado, impondo ser-lhe apresentada defesa, em obediência às regras específicas contidas na Lei de Execução Penal, no Código de Processo Penal e na Constituição. **RE 398269/RS, rel. Min. Gilmar Mendes, 15.12.2009.** (RE-398269) (Inform. STF 572)

EMENTAS: 1. COMPETÊNCIA CRIMINAL. Habeas corpus. Impetração contra decisão do relator que, em habeas corpus requerido ao STJ, indeferiu liminar. Não conhecimento. Aplicação da súmula 691. Em princípio, não compete ao Supremo Tribunal Federal conhecer de habeas corpus contra decisão do relator que, em habeas corpus requerido a Tribunal Superior, indefere liminar. 2. EXECUÇÃO PENAL. Crime hediondo. Progressão de regime. Fato cometido antes da vigência da Lei nº 11.464/07. Aplicação da lei penal mais benéfica. Concessão de ordem de ofício, para restabelecer a decisão de primeiro grau que promoveu o paciente ao regime semi-aberto. Aplicação do art. 112 da LEP. Aplica-se o art. 112 da LEP para a contagem do lapso temporal para a progressão de regime a condenado por crime hediondo por fato cometido antes da entrada em vigor da Lei nº 11.464/07. **HC N. 99.723-SP.** RELATOR : MIN. CEZAR PELUSO (Inform. STF 563)

LIVRAMENTO CONDICIONAL E PREENCHIMENTO DOS REQUISITOS OBJETIVOS E SUBJETIVOS

O deferimento de benefícios prisionais está vinculado ao preenchimento, pelo apenado, de requisitos objetivos e subjetivos para a sua concessão. Com base nessa orientação, a Turma indeferiu *habeas corpus* em que se pretendia o restabelecimento de decisão do juízo das execuções criminais que deferira ao paciente o direito ao livramento condicional, com base, exclusivamente, no atendimento do requisito temporal de 2/3 da reprimenda ante a demora na exibição, pela casa prisional, do atestado de conduta carcerária e a falta de informações prejudiciais quanto a seu comportamento. Concedeu-se, porém, a ordem, de ofício, para determinar a devida celeridade na elaboração do atestado de conduta carcerária do paciente, de modo a possibilitar às instituições de origem a apreciação do laudo. **HC 94208/RS, rel. Min. Carlos Britto, 10.11.2009.** (HC-94208) (Inform. STF 567)

EMENTA: RECURSO. Extraordinário. Inadmissibilidade. Progressão de regime. Requisitos. Interpretação do art. 112 da LEP. Lei nº 10.792/03. Exame criminológico. Matéria infraconstitucional. Ausência de repercussão geral. Agravo de instrumento não conhecido. Não apresenta repercussão geral o recurso extraordinário que, versando sobre a análise dos requisitos para concessão de progressão de regime à luz da nova redação do art. 112 da LEP, pela Lei nº 10.792/03, em especial com relação à realização de exame criminológico (exigência de avaliação social e psicológica do apenado), trata de matéria infraconstitucional. REPERCUSSÃO GERAL EM AI N. 754.008-RS. RELATOR: MIN. CEZAR PELUSO. (Inform. STF 563)

PENA - CUMPRIMENTO - REGIME SEMIABERTO.

Incumbe ao Estado aparelhar-se visando à observância irrestrita das decisões judiciais. Se não houver sistema capaz de implicar o cumprimento da pena em regime semiaberto, dá-se a transformação em aberto e, inexistente a casa do albergado, a prisão domiciliar. HC N. 96.169-SP. RELATOR: MIN. MARCO AURÉLIO. **N**oticiado no Informativo 557 (Inform. STF 562)

EMENTA: *HABEAS CORPUS*. EXECUÇÃO ANTECIPADA DA PENA PRIVATIVA DE LIBERDADE. PENDÊNCIA DE RECURSO DE NATUREZA EXTRAORDINÁRIA. SENTENÇA PENAL CONDENATÓRIA QUE ASSEGUROU AO PACIENTE O DIREITO DE AGUARDAR, EM LIBERDADE, O TRÂNSITO EM JULGADO DA CONDENAÇÃO. DECRETO DE PRISÃO CARENTE DE FUNDAMENTAÇÃO VÁLIDA. GARANTIA DA FUNDAMENTAÇÃO DAS DECISÕES JUDICIAIS E DIREITO À PRESUNÇÃO DE NÃO CULPABILIDADE. LIMINAR DEFERIDA. ORIENTAÇÃO DO PLENÁRIO DO SUPREMO TRIBUNAL FEDERAL. ORDEM CONCEDIDA. 1. No julgamento do HC 84.078, da relatoria do ministro Eros Grau, o Plenário do Supremo Tribunal Federal assentou, por maioria de votos, a inconstitucionalidade da execução provisória da pena. É que o exaurimento das instâncias ordinárias não afasta, automaticamente, o direito à presunção de não culpabilidade. Direito individual, aclare-se, que tem sua força quebrantada em uma única passagem da Constituição, a saber: "ninguém será preso senão em flagrante delito ou por ordem escrita e fundamentada de autoridade judiciária competente, salvo nos casos de transgressão militar ou crime propriamente militar, definidos em lei" (inciso LXI do art. 5º). 2. Em matéria de prisão provisória, a garantia da fundamentação das decisões judiciais consiste na demonstração da necessidade da custódia cautelar, a teor do inciso LXI do art. 5º da Carta Magna e do art. 312 do Código de Processo Penal. A falta de fundamentação do decreto de prisão inverte a lógica elementar da Constituição, que presume a não culpabilidade do indivíduo até o momento do trânsito em julgado de sentença penal condenatória (inciso LVII do art. 5º da CF). Não é de se confundir prisão provisória com execução provisória da pena, portanto. Aquela, admissível, nos termos do art. 312 do Código de Processo Penal. Esta, por nenhum modo admitida. 3. Ordem concedida. **HC N. 94.756-BA. RELATOR: MIN. CARLOS BRITTO**. (Inform. STF 560)

REGIME DE CUMPRIMENTO DE PENA E ESTABELECIMENTO ADEQUADO

A Turma deferiu *habeas corpus* para afastar a possibilidade de o paciente vir a ser submetido, no cumprimento da pena que lhe fora imposta, a regime mais gravoso do que o previsto no título condenatório. Enfatizou-se, de início, a necessidade de se emprestar concretude ao título executivo judicial. Em seguida, asseverou-se que a falta de vagas no regime semi-aberto não implicaria a transmudação a ponto de alcançar a forma fechada. Assim, implicitamente, a conseqüência natural seria a custódia em regime aberto e, inexistente a casa de albergado, a prisão domiciliar. **HC 96169/SP, rel. Min. Marco Aurélio, 25.8.2009.** (HC-96169) (Inform. STF 557)

EMENTA: *HABEAS CORPUS*. PROCESSUAL PENAL. FALTA GRAVE. REINÍCIO DA CONTAGEM DE PRAZO PARA A CONCESSÃO DE NOVOS BENEFÍCIOS E REGRESSÃO DO REGIME DE CUMPRIMENTO DA PENA IMPOSTA AO PACIENTE. POSSIBILIDADE. PRECEDENTES. 1. É firme a jurisprudência do Supremo Tribunal Federal no sentido de que, em caso de falta grave, impõem-se a regressão de regime e a alteração da data-base para concessão de novos benefícios executórios (cf., por exemplo, HC 86.990, Rel. Min. Ricardo Lewandowski, DJ 9.6.2006. Precedentes). 2. Ordem denegada. **HC N. 97.130-RS. RELATORA: MIN. CÁRMEN LÚCIA.** (Inform. STF 555)

MEDIDA DE SEGURANÇA E DESINTERNAÇÃO PROGRESSIVA

A Turma deferiu, em parte, *habeas corpus* para determinar seja o paciente — portador de esquizofrenia paranóide, a quem imposta medida de segurança — transferido para hospital psiquiátrico que disponha de estrutura adequada para o regime de desinternação progressiva, nos termos da Lei 10.216/2001, a qual dispõe sobre a proteção e os direitos das pessoas portadoras de transtornos mentais. Na espécie, por ter atentado, em diversas ocasiões, contra a integridade física de sua mãe e de seu irmão (CP, art. 132), o paciente fora submetido a medida de segurança em 1977, sendo posto em liberdade, em 1991. Porém, em razão de haver ameaçado a integridade física de seus pais, fora novamente internado no ano seguinte. Ocorre que o magistrado de primeiro grau, tendo em conta o transcurso de mais de 14 anos da última internação, decretara a prescrição da medida de segurança, aplicando, por analogia, o art. 109 do CP. Tal decisão, todavia, fora reformada pelo tribunal local, ao entendimento de que a medida de segurança só cessaria quando não mais existente a periculosidade do agente, orientação esta mantida pelo STJ. Buscava a impetração o reconhecimento da extinção da medida pela prescrição ou pelo seu cumprimento temporal. Observou-se que, na espécie, o último laudo psiquiátrico informara que, apesar de persistir a periculosidade do agente, esta se encontraria atenuada, de modo a indicar ser cabível a adoção da desinternação progressiva. **HC 98360/RS, rel. Min. Ricardo Lewandowski, 4.8.2009.** (HC-98360) (Inform. STF 554)

PROGRESSÃO DE REGIME: PACIENTE ESTRANGEIRO E EXPULSÃO EM TRÂMITE - 1

A Turma iniciou julgamento de habeas corpus em que se discute a possibilidade, ou não, de progressão de regime para condenado estrangeiro, que responde a processo de expulsão. No caso, em virtude da condenação da paciente, nacional boliviana, pela prática do crime de tráfico de entorpecentes (Lei 11.343/2007, art. 33 c/c o art. 40, I e III), fora instaurado, pelo Ministério da Justiça, inquérito para fins de expulsão (Lei 6.815/80, artigos 68, parágrafo único, e 71). A impetração reitera o pleito de progressão de regime ao argumento de que a manutenção da custódia da paciente em regime fechado ofende o princípio da razoabilidade e o art. 5º da CF. A Min. Ellen Gracie, relatora, indeferiu o writ, no que foi acompanhada pelos Ministros Eros Grau e Joaquim Barbosa. Considerou incompatível a concessão de regime semi-aberto a condenado estrangeiro submetido a processo de expulsão, sob pena de se frustrar a própria medida expulsória. No ponto, enfatizou que seria contraditório deferir-se a quem fora reputado nocivo ao país o benefício de tal regime, que permite saídas temporárias e trabalho externo. Ademais, a condição irregular do estrangeiro no país, como na situação dos autos, e a vedação do art. 98 da Lei 6.815/80 ("Ao estrangeiro que se encontra no Brasil ao amparo de visto de turista, de trânsito ou temporário de que trata o artigo 13, item IV, bem como aos dependentes de titulares de quaisquer vistos temporários é vedado o exercício de atividade remunerada. Ao titular de visto temporário de que trata o artigo 13, item VI, é vedado o exercício de atividade remunerada por fonte brasileira.") impediriam o exercício de atividade laborativa externa. Após, o Min. Cezar Peluso pediu vista dos autos. **HC 97147/MT, rel. Min. Ellen Gracie, 31.3.2009.** (HC-97147)

PROGRESSÃO DE REGIME: PACIENTE ESTRANGEIRO E EXPULSÃO EM TRÂMITE - 2

Em conclusão de julgamento, a Turma, por maioria, deferiu *habeas corpus* para afastar a vedação de progressão de regime de cumprimento de pena a condenada estrangeira que responde a processo de expulsão. No caso, em virtude da condenação da paciente — nacional boliviana — pela prática do crime de tráfico de entorpecentes (Lei 11.343/2007, art. 33 c/c o art. 40, I e III), fora instaurado, pelo Ministério da Justiça, inquérito para fins de expulsão (Lei 6.815/1980, artigos 68, parágrafo único, e 71). A impetração reiterava o pleito de progressão de regime ao argumento de que a manutenção da custódia da paciente em regime fechado ofenderia o princípio da razoabilidade e o art. 5º da CF — v. Informativo 541. Observou-se, inicialmente, que a questão estaria em saber se seria, ou não, admissível a progressão de regime para réus estrangeiros não residentes no país e que tal indagação remeteria logo ao disposto no art. 5º, *caput*, da CF ("*Todos são iguais perante a lei, sem distinção de qualquer natureza, garantindo-se aos brasileiros e aos estrangeiros residentes no País a inviolabilidade do direito à vida, à liberdade, à igualdade, à segurança e à propriedade, nos termos seguintes:*"). Ressaltou-se que, em princípio, pareceria que a norma excluiria de sua tutela os estrangeiros não residentes no país, porém, numa análise mais detida, esta não seria a leitura mais adequada, sobretudo porque a garantia de inviolabilidade dos direitos fundamentais da pessoa humana não comportaria exceção baseada em qualificação subjetiva puramente circunstancial. Tampouco se compreenderia que, sem razão perceptível, o Estado deixasse de resguardar direitos inerentes à dignidade humana das pessoas as quais, embora estrangeiras e sem domicílio no país, se encontrariam sobre o império de sua soberania. Registrou-se que, superada essa objeção, ficaria por perquirir se a hipótese apresentaria alguma outra causa legitimante da quebra de tratamento isonômico entre brasileiros e estrangeiros quanto ao estatuto normativo da execução da pena, designadamente se haveria motivos idôneos para a vedação geral de progressão de regime a estrangeiros. No ponto, considerou-se pertinente a discussão travada sobre a possibilidade de progressão de regime no caso de crimes hediondos, e em cujo julgamento se concluíra pela inconstitucionalidade do § 1º do art. 2º da Lei 8.072/90 (HC 82959/SP, DJU de 1º.9.2006). Concluiu-se não ser lícito cogitar de proibição genérica de progressão de regime a nenhuma pessoa pelo só fato de ser estrangeira, em particular à vista da cláusula constitucional que impõe a individualização da pena. **HC 97147/MT, rel. orig. Min. Ellen Gracie, red. p/ o acórdão Min. Cezar Peluso, 4.8.2009.** (HC-97147)

PROGRESSÃO DE REGIME: PACIENTE ESTRANGEIRO E EXPULSÃO EM TRÂMITE - 3

Em seguida, passou-se à análise destes fatores específicos que vedariam a progressão: a) impossibilidade de residência fixa; b) impossibilidade de obter ocupação lícita; c) pendência de procedimento de expulsão. No tocante à necessidade de residência fixa, aduziu-se que não haveria por onde inferir, necessariamente, dessa condição circunstancial, que a paciente não pudesse providenciar residência para se estabelecer até o fim do cumprimento da pena, durante cujo período seria contra os princípios não lhe garantir tal oportunidade. Ademais, a Lei de Execução Penal - LEP estatui no art. 95 que "*em cada região haverá, pelo menos, uma Casa do Albergado*". No que diz respeito à necessidade de ocupação lícita, sustentou-se ser mister estimar de maneira objetiva se estaria presente, ou não, eventual impedimento à progressão. Frisou-se que o art. 114, I, da LEP estabelece que somente ingressará no regime aberto o condenado que "*estiver trabalhando ou comprovar possibilidade de fazê-lo imediatamente*" e que — ainda que o texto possa sugerir que seria obrigatória a condição de trabalho — não se exauriria aí o alcance da norma. Com relação à sua primeira cláusula — a de que o condenado esteja trabalhando — consignou-se que não se aplicaria à situação, até porque a lei fora idealizada como um sistema, em que ao regime semi-aberto deve seguir-se o regime aberto. No caso, salientou-se que, tendo em vista as deficiências do próprio Estado, se estaria a cogitar de progressão direta do regime fechado ao aberto, donde seria impertinente toda a referência à condição de a condenada já estar trabalhando. Entendeu-se que a mesma conseqüência tirar-se-ia, *mutatis mutandis*, à segunda locução, concernente à exigência de se comprovar a possibilidade imediata de trabalhar, dado que, estando a condenada encarcerada, sobretudo quando estrangeira, não manteria contato com o mundo exterior que lhe permitisse obter propostas imediatas de emprego. Acrescentou-se que, nos termos do art. 115, *caput*, da LEP, pode o juiz estabelecer outras condições que reputar necessárias, sendo que o mais curial seria fixar o magistrado, conforme lhe faculta a lei, prazos e condições para que, já estando em regime aberto, o condenado demonstre o cumprimento do requisito exigido, sob pena de regressão. Salientou-se que, na espécie, a paciente provara ser apta para o trabalho, pois remira dias em virtude de atividade laborativa no presídio. **HC 97147/MT, rel. orig. Min. Ellen Gracie, red. p/ o acórdão Min. Cezar Peluso, 4.8.2009.** (HC-97147)

PROGRESSÃO DE REGIME: PACIENTE ESTRANGEIRO E EXPULSÃO EM TRÂMITE - 4

Refutou-se, também, a tese de que o estrangeiro estaria proibido de encontrar trabalho, à luz do art. 98 do Estatuto do Estrangeiro, invocado pelo juízo de primeiro grau para negar o pedido ("*Ao estrangeiro que se encontra no Brasil ao amparo de visto de turista, de trânsito ou temporário de que o art. 13, item IV, bem como os dependentes de titulares de quaisquer vistos* temporários é vedado o exercício de atividade remunerada. Ao titular de visto temporário de que trata o *art. 13, item VI, é vedado o exercício de atividade remunerada por fonte brasileira.*"). Entendeu-se que este dispositivo não traria proibição alguma de trabalho remunerado ao condenado estrangeiro, haja vista que sua situação não se subsumiria a nenhuma dessas hipóteses normativas, senão apenas pela força inexorável de sentença que é o título que lhe justifica e impõe a permanência no território nacional — e que seria desse mesmo título jurídico que lhe adviria a obrigação de trabalhar como uma das condições de cumprimento da pena. Enfatizou-se não se estar com isso professando que o estrangeiro não deva se submeter às limitações constantes do seu estatuto, senão apenas que a ele, de certo, não se lhe aplica a proibição de obter trabalho remunerado. **HC 97147/MT, rel. orig. Min. Ellen Gracie, red. p/ o acórdão Min. Cezar Peluso, 4.8.2009.** (HC-97147)

PROGRESSÃO DE REGIME: PACIENTE ESTRANGEIRO E EXPULSÃO EM TRÂMITE - 5

Repeliu-se, por fim, o óbice concernente à pendência de procedimento de expulsão. Em primeiro lugar, porque seria do Poder Executivo a prerrogativa de decidir o momento em que — por conveniência do interesse nacional — a expulsão deveria efetivar-se, independentemente da existência de processo ou condenação (Estatuto do Estrangeiro, art. 67), de modo que, se não o fizera até agora, seria porque reputara adequado que o cumprimento da pena ocorresse integralmente em território nacional — e, julgando assim, não poderia subtrair ao condenado estrangeiro nenhum de seus direitos constitucionais, que abrangem o da individualização da pena. Ademais, asseverou-se que, entre nós, qualquer pessoa tem direito à progressão de regime nos termos do art. 112 da LEP, e que, desta forma, a só condição de estrangeiro não lhe retiraria a possibilidade de reinserção na sociedade. Em segundo lugar, salientou-se que o próprio Poder Executivo previra a possibilidade de cumprimento de pena em regime mais benéfico, consoante disposto no Decreto 98.961/90 — que trata da expulsão de estrangeiro condenado por tráfico de entorpecentes ("*Art. 4º. Nos casos em que o juízo de execução conceder ao estrangeiro de que trata este decreto regime penal mais benigno do que aquele fixado na decisão condenatória, caberá ao Ministério da Justiça requerer ao Ministério Público providencias para que seja restabelecida a autoridade da sentença transitada em julgado.*"). Não obstante sua redação pouco técnica, assinalou-se que da norma resultaria clara a possibilidade de concessão de regime mais benéfico e — se o entender inadmissível ou impróprio — o Ministério da Justiça pode requerer ao *parquet* que lhe restabeleça a regressão, não havendo, pois, proibição teórica, ou *a priori*. Vencida a Min. Ellen Gracie, que indeferia o *writ*. Os Ministros Eros Grau e Joaquim Barbosa reajustaram seus votos. **HC 97147/MT, rel. orig. Min. Ellen Gracie, red. p/ o acórdão Min. Cezar Peluso, 4.8.2009.** (HC-97147) (Inform. STF 554)

EMENTA: EXECUÇÃO PENAL. PROGRESSÃO DE REGIME. CRIME DE NATUREZA HEDIONDA COMETIDO ANTES DA VIGÊNCIA DA LEI Nº 11.464/2007. ÓBICE DA SÚMULA 691/STF. EXCEPCIONALIDADE QUE AUTORIZA A SUPERAÇÃO DO ENUNCIADO SUMULAR. *HABEAS CORPUS* CONCEDIDO DE OFÍCIO. 1. É firme a jurisprudência do Supremo Tribunal Federal no sentido da inadmissibilidade de impetração sucessiva de *habeas corpus*, sem o julgamento de mérito do *writ* anteriormente impetrado (cf. HC 79.776, da relatoria do ministro Moreira Alves; HC 76.347-QO, da relatoria do ministro Moreira Alves; HC 79.238, da relatoria do ministro Moreira Alves; HC 79.748, da relatoria do ministro Celso de Mello; e HC 79.775, da relatoria do ministro Maurício Corrêa). Essa jurisprudência comporta relativização, quando de logo avulta que o cerceio à liberdade de locomoção do paciente decorre de ilegalidade ou de abuso de poder (inciso LXVIII do art. 5º da CF/88). O que é bem o caso dos autos. Caso em que o Juízo das Execuções Penais de Passo Fundo (RS) impôs ao condenado o cumprimento de 2/5 da pena para o preenchimento do requisito objetivo da progressão de regime prisional. Isto, em que pese o delito de natureza hedionda anteceder à vigência da Lei 11.464/2007. 2. Ordem concedida de ofício para que o Juízo das Execuções Criminais examine o pedido defensivo de progressão de regime penitenciário, com base nos requisitos do art. 112 da LEP. **HC N. 97.065-RS. RELATOR: MIN. CARLOS BRITTO**. (Inform. STF 552)

EMENTA: *HABEAS CORPUS*. EXECUÇÃO CRIMINAL. PRÁTICA DE FALTA GRAVE (FUGA). REINÍCIO DA CONTAGEM DO REQUISITO OBJETIVO PARA A PROGRESSÃO DE REGIME. PERDA DOS DIAS REMIDOS. SÚMULA VINCULANTE Nº 09. ORDEM DENEGADA. 1. O Supremo Tribunal Federal perfilha o entendimento do reinício da contagem do lapso temporal de 1/6 do cumprimento da pena para a concessão da progressão de regime, no caso de cometimento de falta grave. 2. "O disposto no artigo 127 da Lei nº 7.210/84 foi recebido pela ordem constitucional vigente e não se lhe aplica o limite temporal previsto no caput do art. 58" (Súmula Vinculante nº 09). 3. A leitura dos autos não permite enxergar nenhuma ilegalidade, ou abuso de poder, que evidencie uma desproporcionali-dade no próprio enquadramento do fato empírico (fuga) como falta grave (inciso II do art. 50 da LEP). 4. Ordem denegada. **HC N. 97.160-RS. RELATOR: MIN. CARLOS BRITTO** (Inform. STF 552)

EMENTA: EXECUÇÃO PENAL. PROGRESSÃO DE REGIME PENITENCIÁRIO. REQUISITO SUBJETIVO. EXAME CRIMINOLÓGICO. REDAÇÃO DO ART. 112 DA LEP. LEI Nº 10.792/2003. ORDEM INDEFERIDA. 1. É firme a jurisprudência do Supremo Tribunal Federal no sentido de que o deferimento da progressão de regime prisional está vinculado ao preenchimento, pelo condenado, de requisitos objetivos e subjetivos. Sendo certo que, na aferição dos pressupostos subjetivos, pode o Juiz da Execução fazer do exame criminológico um dos elementos de sua convicção pessoal. Isto, é claro, sempre que o magistrado entender necessário à verificação do processo de reinserção social do apenado. Precedentes. 2. Na concreta situação dos autos, a decisão que determinou a realização do exame criminológico está devidamente fundamentada. 3. Ordem denegada. **HC N. 98.355-SP. RELATOR: MIN. CARLOS BRITTO**. (Inform. STF 552)

GRAVE ESTADO DE SAÚDE E PRISÃO DOMICILIAR

Ante a excepcionalidade do caso, a Turma deferiu, em parte, *habeas corpus* no qual se discutia se paciente preso preventivamente pela prática do delito de homicídio qualificado, cujo grave estado de saúde se encontrava demonstrado por diversos documentos, teria direito, ou não, à prisão domiciliar, nos termos do art. 117 da Lei de Execução Penal - LEP ["*Somente se admitirá o recolhimento do beneficiário de regime aberto em residência particular quando se tratar de: I - condenado maior de 70 (setenta) anos; II - condenado acometido de doença grave; III - condenada com filho menor ou deficiente físico ou mental; IV - condenada gestante.*"]. Preliminarmente, afastou-se a incidência do Enunciado 691 da Súmula do STF. Em seguida, enfatizou-se que a situação do paciente não estaria entre aquelas listadas nas alíneas do art. 117 da LEP, mas a demonstração cabal de que o Estado não teria condições de prestar-lhe a assistência médica de que necessita, para não falecer no cárcere, justificaria a concessão de prisão domiciliar, tendo em conta o princípio da dignidade da pessoa humana. HC deferido, parcialmente, para que o paciente permaneça em prisão domiciliar, sem direito de ausentar-se de sua residência. Decisão estendida ao co-réu, também doente. **HC 98675/ES, rel. Min. Eros Grau, 9.6.2009**. (HC-98675) (Inform. STF 550)

FALTA GRAVE E PRESCRIÇÃO DE INFRAÇÃO DISCIPLINAR

nte a ausência de norma específica quanto à prescrição da infração disciplinar, aplica-se o disposto no art. 109, VI, do CP, considerando-se o menor lapso temporal previsto, que é de 2 anos. Tendo em conta esse entendimento, a Turma indeferiu *habeas corpus* no qual recapturado sustentava a prescrição para a incidência de medida disciplinar pela sua fuga do estabelecimento prisional, sob a alegação de que, no caso, existiria legislação específica — Regimento Penitenciário do Estado do Rio Grande do Sul — que fixaria, de modo expresso, o prazo prescricional de 1 ano para a conclusão dos processos administrativos disciplinares instaurados para a apuração de falta grave. Asseverou-se que o mencionado regimento não poderia regular a prescrição, por competir à União legislar, privativamente, sobre direito penal (CF, art. 22, I). Por último, repeliu-se a apontada ofensa ao princípio da presunção de inocência consistente no argumento de que este não permitiria a punição por crime doloso antes do trânsito em julgado de sentença penal condenatória. Salientou-se que, para fins de regressão, a prática de fato definido como crime doloso não depende do trânsito em julgado da ação penal respectiva. **HC 97611/RS, rel. Min. Eros Grau, 26.5.2009.** (HC-97611) (Inform. STF 548)

REGRESSÃO DE REGIME E TRÂNSITO EM JULGADO

A Turma indeferiu *habeas corpus* impetrado contra acórdão do STJ, que assentara a desnecessidade de nova sentença com trânsito em julgado para a regressão de regime, bastando a instauração de ação penal relativamente à prática de outro crime. Na espécie, durante a execução da pena por roubo qualificado, o paciente evadira-se do presídio, sendo posteriormente acusado pela prática de novos delitos de roubo qualificado e de quadrilha. O juiz da execução, contudo, não reconhecera a ocorrência de falta grave, o que ensejara recurso do Ministério Público estadual, denegado. Contra essa decisão, o *parquet* interpusera recurso especial, o qual fora provido para determinar a realização de audiência de justificação (LEP, art. 118, § 2º), para fins de regressão de regime. Pleiteava-se, sob o argumento de ofensa ao princípio constitucional da presunção de inocência, a cassação do referido acórdão do STJ. Asseverou-se que a tese adotada pelo Tribunal *a quo* estaria em consonância com a jurisprudência firmada pelo Supremo e que, ademais, a LEP não exige o trânsito em julgado de sentença condenatória para a regressão de regime, sendo suficiente, para tanto, que o condenado tenha praticado fato definido como crime doloso (art. 118, I). Precedentes citados: HC 93782/RS (DJE de 17.10.2008) e HC 96366/RS (DJE de 27.2.2009). **HC 97218/RS, rel. Min. Ellen Gracie, 12.5.2009**. (HC-97218) (Inform. STF 546)

ART. 181, § 1º, A, DA LEP: CONVERSÃO DA PENA PRIVATIVA DE LIBERDADE EM RESTRITIVA DE DIREITOS - 1

A Turma, por maioria, concedeu *habeas corpus* para garantir ao paciente a conversão da pena privativa de liberdade em restritiva de direitos. Na espécie, condenado pela prática dos delitos de estelionato e uso de documento falso — cuja pena deveria ser cumprida em regime aberto — fora beneficiado com a substituição da pena corporal pela restritiva de direitos. Ocorre que, intimado pessoalmente pelo juízo da execução para a audiência admonitória, o paciente não fora encontrado, sendo determinada a sua intimação por edital, o que implicara a conversão da pena alternativa em privativa de liberdade. Contra essa decisão, o paciente interpusera apelação, provida pelo tribunal estadual, que, embora reconhecendo a falha do paciente em não trazer aos autos, no momento adequado, seu novo endereço, restabelecera-lhe o benefício. A partir daí, o paciente passara a cumprir todas as condições que lhe foram impostas para a concessão da pena alternativa. Não obstante isso, o STJ dera provimento a recurso especial do Ministério Público para suspender a conversão em decorrência de expressa previsão da Lei de Execução Penal, voltando o paciente a cumprir pena de prisão em regime aberto (LEP: "*Art. 181. A pena restritiva de direitos será convertida em privativa de liberdade nas hipóteses e na forma do artigo 45 e seus incisos do Código Penal. § 1º A pena de prestação de serviços à comunidade será convertida quando o condenado: a) não for encontrado por estar em lugar incerto e não sabido, ou desatender a intimação por edital;*"). **HC 95370/RS, rel. Min. Ricardo Lewandowski, 31.3.2009.** (HC-95370)

ART. 181, § 1º, A, DA LEP: CONVERSÃO DA PENA PRIVATIVA DE LIBERDADE EM RESTRITIVA DE DIREITOS - 2

Entendeu-se não ser razoável impor que o paciente cumprisse, sem temperamento, a letra fria da lei, em clara ultrapassagem dos limites da proporcionalidade e da razoabilidade. Ressaltou-se, ademais, que o paciente vinha cumprindo regularmente a pena restritiva que lhe fora imposta. Considerou-se que o desatendimento a uma formalidade processual, prevista no art. 181 da LEP, qual seja, a informação de mudança de endereço, não poderia merecer relevo tal que frustrasse o cumprimento alternativo da pena, em boa hora introduzido pelo legislador em atenção ao desiderato de ressocialização do infrator. Enfatizou-se que, de fato, com o crescente movimento humanista em torno da pessoa do condenado e o paulatino descrédito da prisão como meio adequado para se conseguir a reforma do delinqüente, passou-se a buscar alternativas viáveis e eficazes para a pena privativa de liberdade, como no caso em apreço. Vencido o Min. Marco Aurélio, que indeferia a ordem por entender que houvera fenômeno a atrair a incidência da alínea a do § 1º do art. 181 da LEP: não ter o beneficiado pela substituição atendido ao chamamento judicial — na medida em que se encontrava em local incerto e não sabido —, o que teria como conseqüência jurídica, ante a disciplina legal, a volta à pena restritiva da liberdade. **HC 95370/RS, rel. Min. Ricardo Lewandowski, 31.3.2009.** (HC-95370) (Inform. STF 541)

CUMPRIMENTO DE PENA E PRISÃO DOMICILIAR

Ante o empate na votação, a Turma deferiu *habeas corpus* para conceder ao paciente prisão domiciliar. Na espécie, a impetração insurgia-se contra as precárias condições de higiene, bem como a superlotação na casa de albergado em que o paciente — condenado a cumprimento de pena em regime aberto — se encontrava, aduzindo que, no ponto, inexistiria separação entre condenados que cumprem pena em regime semi-aberto e aberto. O pleito da defesa fora indeferido nas demais instâncias ao argumento de que não se enquadraria no rol do art. 117 da Lei de Execução Penal - LEP ("*Somente se admitirá o recolhimento do beneficiário de regime aberto em residência particular quando se tratar de: I - condenado maior de 70 (setenta) anos; II - condenado acometido de doença grave; III - condenada com filho menor ou deficiente físico ou mental; IV - condenada gestante.*"). Enfatizou-se o fato de o paciente estar em estabelecimento cuja população superaria o viável, além de haver a junção de presos que cumprem a pena em regime aberto e aqueles que a cumprem no semi-aberto. Ademais, asseverou-se que o STF tem afastado o caráter taxativo da LEP relativamente ao direito, em si, da custódia domiciliar e que o faz quando não se tem casa do albergado. Nesse sentido, afirmou-se que a situação concreta seria em tudo semelhante à inexistência da casa do albergado. Vencidos os Ministros Ricardo Lewandowski, relator, e Menezes Direito que, assentando que o *writ* não se presta a revolver matéria fático-probatória, denegavam a ordem ao fundamento de que o paciente não se enquadraria em nenhuma das taxativas hipóteses de prisão domiciliar previstas pelo art. 117 da LEP. **HC 95334/RS, rel. orig. Min. Ricardo Lewandowski, rel. p/ o acórdão Min. Marco Aurélio, 3.3.2009.** (HC-95334) (Inform. STF 537)

PERDA DOS DIAS REMIDOS: PROCEDIMENTO ADMINISTRATIVO DISCIPLINAR E AUSÊNCIA DE INTERROGATÓRIO JUDICIAL

A Turma, por maioria, deferiu *habeas corpus* em que sustentada a nulidade de decisão homologatória de procedimento administrativo disciplinar que resultara na perda dos dias remidos pelo paciente sem que tivesse sido ouvido em juízo acerca da falta grave a ele imputada. Entendeu-se que o procedimento administrativo não seria suficiente para desencadear uma sanção penal e que o fato de o paciente ter sido ouvido na instância administrativa não dispensaria a manifestação da defesa no processo de execução. Assim, enfatizou-se que, em que pese ser prescindível a inquirição, em juízo, do próprio assistido, a manifestação de sua defesa no processo de execução, após o procedimento administrativo, é indispensável — o que não ocorrera na espécie —, tendo em conta o caráter penal e processual da perda dos dias remidos. Vencida a Min. Ellen Gracie, relatora, que, salientando a exigência de oitiva prévia do condenado somente para a hipótese de regressão de regime (LEP, art. 118, § 2º), indeferia o *writ* ao fundamento de não haver violação aos princípios do contraditório e da ampla defesa, visto que as formalidades do procedimento administrativo disciplinar foram devidamente cumpridas. **HC 95423/RS, rel. orig. Min. Ellen Gracie, rel. p/ o acórdão Min. Eros Grau, 3.3.2009.** (HC-95423) (Inform. STF 537)

RECAPTURA: CONDENAÇÃO POR CRIME POSTERIOR E DATA-BASE

A Turma deferiu *habeas corpus* para que seja mantida a data da recaptura do paciente como termo inicial para a concessão de benefícios prisionais. Discutia-se qual seria a data-base para o reinício da contagem dos prazos para os fins de progressão de regime e de deferimento de outras benesses: se a data da unificação das penas ou a da recaptura. Na espécie, o paciente cumpria pena em regime semi-aberto quando se evadira, sendo capturado posteriormente, o que implicara a regressão de regime e a interrupção do lapso temporal para a obtenção de novos benefícios. Ocorre que, durante o tempo em que estivera foragido, o paciente cometera outro crime, vindo o juízo das execuções criminais a unificar as penas impostas e a estabelecer essa data como marco inicial para obtenção da progressão de regime. Esse posicionamento fora mantido pelo STJ que, ao prover recurso especial do Ministério Público, reformara acórdão da Corte local, em que adotado o dia da recaptura do paciente como data-base. Daí a impetração do presente *writ* pela defesa. Inicialmente, enfatizou-se que a prática de falta grave acarreta as sanções de regressão de regime e de reinício do lapso temporal para o cálculo de benefício. Aduziu-se, em seguida, que o STF possui jurisprudência consolidada no sentido de que a data-base para a recontagem de prazo para a concessão de progressão de regime é a do cometimento da última infração disciplinar grave ou, em caso de fuga, da recaptura. Nesse sentido, asseverou-se que o advento de uma condenação superveniente à reunificação de penas não altera o entendimento de se considerar a recaptura como marco inicial para o gozo de benefícios, desde que a nova condenação não implique regime de cumprimento de pena mais gravoso. Determinou-se, por fim, que, mantida a data da recaptura do paciente como data-base, seja observada a detração do período de pena cumprido anteriormente, nos termos do que dispõe o art. 111 da Lei de Execução Penal - LEP.

HC 95367/RS, rel. Min. Ricardo Lewandowski, 16.12.2008. (HC-95367) (Inform. STF 533)

LIVRAMENTO CONDICIONAL: FALTA GRAVE E DATA-BASE - 1

A Turma deferiu *habeas corpus* para restabelecer decisão que concedera livramento condicional ao paciente. No caso, beneficiado com a progressão de regime prisional, o paciente fugira, apresentando-se espontaneamente meses depois. Por conseguinte, o juízo das execuções criminais decretara a regressão do paciente para o regime semi-aberto e, em momento posterior, a ele deferira pedido de liberdade condicional, ao reputar já cumpridos 1/3 do total da pena, bem como presente satisfatória conduta carcerária (CP, art. 83). O Ministério Público, então, interpusera agravo de execução, rejeitado, o que ensejara a apresentação de recurso especial, provido monocraticamente, para fixar a data de recaptura do paciente como termo inicial para o cálculo do lapso temporal do livramento condicional. **HC 94163/RS, rel. Min. Carlos Britto, 2.12.2008.** (HC-94163)

LIVRAMENTO CONDICIONAL: FALTA GRAVE E DATA-BASE - 2

Inicialmente, esclareceu-se que a questão debatida, na espécie, consistiria em saber se a falta grave poderia ser utilizada como data-base para novo cômputo do prazo para a concessão do referido benefício. Aduziu-se que o livramento condicional constitui, para maior respeito à finalidade reeducativa da pena, a última etapa de execução penal, o qual está marcado pela idéia de liberdade responsável do condenado, de modo a lhe permitir maior possibilidade de reinserção social (Lei 7.210/84, art. 1º). No ponto, salientou-se que o fim socialmente regenerador da sanção criminal, previsto nesse art. 1º da Lei de Execução Penal - LEP, alberga um critério de interpretação das demais disposições dessa mesma lei, aproximando-se da Constituição, que faz da cidadania e da dignidade da pessoa humana dois de seus fundamentos (art. 1º, II e III). Tendo em conta tais premissas, afirmou-se que a LEP institui amplo sistema de deveres, direitos e disciplina carcerárias (LEP, artigos 50 e 53), sendo que, para o restabelecimento desta última, a aplicação de sanção administrativa não é a única conseqüência da prática de falta grave. Possível também a determinação judicial de regressão de regime prisional, cuja nova progressão dependerá do cumprimento de 1/6 da pena, no regime em que se encontre o condenado (LEP, art. 112). HC 94163/RS, rel. Min. Carlos Britto, 2.12.2008. (HC-94163)

LIVRAMENTO CONDICIONAL: FALTA GRAVE E DATA-BASE - 3

Contudo, entendeu-se que a situação dos autos seria diversa, pois não se tratava de progressão, mas de concessão de livramento condicional (CP, art. 83). Relativamente a este benefício, destacou-se que o seu requisito temporal é aferido a partir da quantidade de pena efetivamente cumprida, a qual não sofre alteração com eventual cometimento de falta grave, uma vez que o tempo de pena já cumprido não pode ser desconsiderado. Assim, na hipótese de fuga, o período em que o paciente esteve foragido não será computado como tempo de pena cumprida. Concluiu-se, dessa forma, que a relatora do recurso especial, à revelia dos enunciados legais, criara novo lapso temporal para a liberdade condicional para condenado com bons antecedentes (cumprimento de mais um período de 1/3 da pena). Os Ministros Menezes Direito e Carmén Lúcia deferiram o *writ*, por considerar que, no presente caso, o juiz examinara, nos termos do art. 83 do CP, os requisitos subjetivos e objetivos para a concessão do livramento condicional. Por fim, cassou-se a decisão monocrática proferida no recurso especial. **HC 94163/RS, rel. Min. Carlos Britto, 2.12.2008.** (HC-94163) (Inform. STF 531)

LIVRAMENTO CONDICIONAL E EXAME CRIMINOLÓGICO - 1

A Turma iniciou julgamento de *habeas corpus* em que se discute se o exame criminológico constitui, ou não, requisito para a obtenção do benefício de livramento condicional. No caso, o tribunal de origem indeferira o aludido benefício ao fundamento de que o requisito objetivo não estaria preenchido e porque ausentes elementos para a aferição do mérito subjetivo do paciente. Em conseqüência, determinara a realização do exame criminológico. O impetrante alega, na espécie, constrangimento ilegal decorrente da falta de motivação idônea na determinação do exame criminológico para fins de livramento condicional, uma vez que, após o advento da Lei 10.792/2003, esse requisito não mais estaria previsto na Lei de Execução Penal - LEP. Aduz, também, que o paciente satisfaz a exigência de ordem objetiva, na medida em que já cumprira mais da metade da pena imposta. A Min. Carmem Lúcia, relatora, indeferiu o *writ*, no que foi acompanhada pelo Min. Menezes Direito. De início, salientou que o tribunal de justiça poderia, em sede de agravo em execução, proceder a nova análise dos requisitos da progressão, inclusive os de ordem subjetiva, uma vez que esse recurso devolve ao tribunal *ad quem* a apreciação da matéria examinada na origem. Asseverou que isso acontece, pois se aplicam ao agravo previsto no art. 197 da LEP as disposições referentes ao recurso em sentido estrito. No entanto, manteve a decisão impugnada, haja vista que a jurisprudência do STF assenta-se no sentido de não haver ilegalidade na imposição do exame criminológico, desde que fundamentada a decisão, como elemento de avaliação dos requisitos subjetivos necessários para o eventual deferimento ou não da progressão de regime. Enfatizou a possibilidade de sua adoção para a concessão de livramento condicional, indulto e comutação de penas (LEP, art. 112, § 2º). Ademais, observou que a interpretação do instituto do livramento condicional — cujos efeitos estão ligados ao comportamento carcerário e às avaliações sociais e psicológicas do condenado — não permitiria o acolhimento do pedido, notadamente se considerado o teor das decisões proferidas na 1ª instância, em que informado que o paciente não registra cumprimento satisfatório da reprimenda, com o cometimento de faltas graves. Após, pediu vista dos autos o Min. Ricardo Lewandowski. **HC 93108/SP, rel. Min. Cármen Lúcia, 21.10.2008.** (HC-93108)

LIVRAMENTO CONDICIONAL E EXAME CRIMINOLÓGICO - 2

A Turma concluiu julgamento de *habeas corpus* em que se discutia se o exame criminológico constituiria, ou não, requisito para a obtenção do benefício de livramento condicional. No caso, a impetração alegava constrangimento ilegal decorrente da ausência de motivação idônea na determinação desse exame, uma vez que essa exigência fora revogada com o advento da Lei 10.792/2003, bem como sustentava o atendimento do requisito de ordem objetiva, porquanto o paciente já teria cumprido mais da metade da pena imposta — v. Informativo 525. Ante o empate na votação, deferiu-se o *writ* para assegurar a liberdade condicional ao paciente, nos termos que vierem a ser estabelecidos pelo Juízo da Execução. Entendeu-se que, na espécie, a realização do exame criminológico revelar-se-ia extemporânea e inócua, haja vista que já cumprida mais de ¾ da pena a que condenado o paciente (tempo superior ao que estabelecido no art. 83, V, do CP) e que o laudo daquele resultante, tendo em conta a situação do sistema carcerário do Estado, não seria concluído antes do cumprimento integral da pena restritiva de liberdade, o que acontecerá dentro de poucos meses. Ademais, asseverou-se que, em princípio, o paciente preencheria as condições objetivas, reconhecidas pelo STJ, e as subjetivas, representadas por atestados de boa conduta carcerária. Enfatizou-se, ainda, que os sentenciados têm direito à razoável duração dos processos administrativos e judiciais (CF, art. 5º, LXXVIII). Vencidos os Ministros Cármen Lúcia, relatora, e Menezes Direito que denegavam a ordem ao fundamento de não haver ilegalidade na imposição do exame criminológico, desde que fundamentada a decisão, salientando a possibilidade de sua adoção para a concessão do livramento condicional. **HC 93108/SP, rel. orig. Min. Cármen Lúcia, rel. p/ o acórdão Min. Ricardo Lewandowski, 25.11.2008.** (HC-93108) (Inform. STF 530)

PROGRESSÃO DE REGIME: LEI 11.464/2007 E LEI PENAL MAIS GRAVOSA

A Turma, por maioria, deferiu *habeas corpus* para que o juízo da execução afira se atendidos os requisitos subjetivos para o deferimento do regime semi-aberto, considerados os requisitos do art. 112 da Lei de Execução Penal - LEP. Tratava-se, na espécie, de *writ* em que recapturado — e submetido à regressão para o regime fechado — tivera seu pedido de progressão indeferido, porquanto não cumprira o lapso temporal exigido pela Lei 11.464/2007, a saber: 2/5 da pena, se o condenado for primário, e de 3/5, se reincidente. O paciente requeria a sua transferência de regime ao argumento de que, mesmo depois de sua fuga, já teria cumprido mais de 1/6 da pena (LEP, art. 112). Adotou-se a orientação firmada no julgamento do HC 91631/SP (DJE de 9.11.2007) no sentido de que os critérios de progressão de regime estabelecidos pela Lei 11.464/2007 somente se aplicam — tendo em conta a garantia da irretroatividade da norma penal mais gravosa (CF, art. 5º, XL e CP, art. 2º) — aos fatos ocorridos a partir de sua entrada em vigor (29.3.2007). Enfatizou-se, desse modo, que o crime de homicídio qualificado praticado pelo paciente ocorrera em 1989, antes, inclusive, da publicação do texto original da Lei 8.072/90. Vencido o Min. Marco Aurélio que, ao salientar a supressão do exame criminológico e o atendimento do requisito temporal, concedia a ordem em maior extensão a fim de assegurar a progressão no regime de cumprimento da pena. **HC 94258/SP, rel. Min. Carlos Britto, 4.11.2008. (HC-94258)** (Inform. STF 527)

REGIME DE CUMPRIMENTO DE PENA E ESTABELECIMENTO ADEQUADO

A Turma deferiu *habeas corpus* para garantir ao paciente o cumprimento da pena em estabelecimento prisional adequado ao regime fixado na sentença condenatória. Tratava-se, na espécie, de *writ* em que condenado à pena em regime semi-aberto, por roubo qualificado, questionava a imposição de seu recolhimento à cadeia pública da comarca. Ocorre que o mesmo juízo que ordenara a custódia do paciente, em informações prestadas a esta Corte, noticiara a interdição do mencionado estabelecimento, aduzindo que a partir daquela data nenhum réu fora lá recolhido. Observou-se que, no caso, embora não houvesse expressa determinação judicial no sentido de que o paciente fosse posto em regime prisional mais gravoso do que o fixado na sentença e tampouco processo de execução formalmente instaurado, dever-se-ia levar em conta a expedição de mandado de prisão a uma cadeia pública cuja interdição fora informada pela mesma autoridade judicial que decretara a custódia. Assim, reputou-se configurado constrangimento ilegal para o paciente que, nos termos do mandado, seria preso se comparecesse e considerado foragido se não se apresentasse. **HC 94810/SP, rel. Min. Cármen Lúcia, 28.10.2008.** (HC-94810) (Inform. STF 526)

DECRETO DE EXPULSÃO E DIREITO À PROGRESSÃO DE REGIME - 1

A Turma negou provimento a recurso ordinário em *habeas corpus* no qual nacional norte-americano, condenado, com terceiros, pelo crime de tráfico de substâncias entorpecentes (Lei 6.368/76, art. 12, *caput*), a cumprimento da reprimenda em regime integralmente fechado, sustentava: a) inobservância do princípio constitucional da individualização da pena, por ausência de fundamentação para a fixação da pena-base acima do mínimo legal; b) indevida incidência da majoração decorrente do disposto no art. 18, III, da Lei 6.368/76, em face da sua absolvição relativamente ao delito de associação para o tráfico (Lei 6.368/76, art. 14); c) desnecessidade de prequestionamento em *habeas corpus* e d) possibilidade de progressão de regime prisional para o crime de tráfico de drogas. No caso, o STJ, para evitar supressão de instância, não conhecera da impetração porquanto a alegação referente à fixação da pena não fora apreciada pelo tribunal de origem. De início, ressaltou-se que a situação dos autos apresentaria peculiaridade, consistente no fato de que o recorrente tivera decretada a sua expulsão do Brasil em 1981, mas que retornara clandestinamente, vindo a ser preso novamente, em 1999, pela prática do delito que ensejara a condenação em análise. Salientou-se que a aludida decretação de expulsão estaria suspensa para se aguardar o cumprimento da pena ora questionada (Lei 6.368/76, art. 12), já que ele estaria em débito com a sociedade brasileira por causa desses crimes. Considerou-se que, não obstante a pendência de um decreto de expulsão — o qual não poderia ser executado —, dever-se-ia observar o direito constitucional do recorrente à progressão no regime de cumprimento da pena. **RHC 93469/RS, rel. Min. Carmén Lúcia, 28.10.2008.** (RHC-93469)

DECRETO DE EXPULSÃO E DIREITO À PROGRESSÃO DE REGIME - 2

Preliminarmente, entendeu-se que não houve ilegalidade no mencionado ato do STJ e, em conseqüência, desproveu-se o recurso. Contudo, de ofício, deferiu-se a ordem. Aplicou-se a orientação assente no Supremo de que o *habeas corpus* não se sujeita ao requisito do prequestionamento na decisão impugnada, uma vez que basta para o seu conhecimento que a coação seja imputável a órgão de gradação jurisdicional inferior, o que ocorre tanto quando esse haja examinado e repelido a ilegalidade aventada quanto se se omite de decidir sobre a alegação do impetrante ou sobre matéria em relação a qual, no âmbito de conhecimento da causa a ele devolvida, se devesse pronunciar de ofício. No mérito, enfatizou-se que o recorrente teria jus à pleiteada progressão de regime. *Writ* concedido, de ofício, para: a) excluir da condenação do recorrente a majorante do art. 18, III, da Lei 6.368/76, oriunda da associação eventual para a prática do crime de tráfico ilícito de entorpecentes, ante sua revogação pela Lei 11.343/2006 que, sendo *novatio legis,* aplica-se, quando mais benéfica, em favor do réu e b) na linha da jurisprudência aqui firmada desde o julgamento do HC 82959/SP (DJU de 1º.9.2006), afastar o óbice à progressão de regime quanto ao cumprimento da pena em regime integralmente fechado por força do art. 2º, § 2º, da Lei 8.072/90, cabendo ao Juízo das Execuções a análise relativa aos eventuais requisitos da progressão, de acordo com os critérios estabelecidos no CP e na Lei de Execução Penal - LEP. Determinou-se, por fim, a comunicação da presente decisão aos Ministérios da Justiça e das Relações Exteriores — em virtude do processo de expulsão pendente para aguardar o cumprimento desta condenação —, bem como ao Juízo da 1ª Vara Criminal da Comarca de São Leopoldo - RS e ao Juízo da Execução Criminal competente. **RHC 93469/RS, rel. Min. Carmén Lúcia, 28.10.2008.** (RHC-93469) (Inform. STF 526)

COMUTAÇÃO DE PENA A BENEFICIADO COM LIVRAMENTO CONDICIONAL

A Turma deferiu *habeas corpus* contra acórdão do STJ que cassara benefício de comutação da pena ao fundamento de que, na ausência de disposição expressa no Decreto 5.295/2004 — que concede indulto condicional, comutação e dá outras providências —, estaria vedada a sua outorga àqueles que estivessem em livramento condicional. Enfatizou-se que, na espécie, não há impedimento decorrente do mencionado decreto, pois as condenações impostas ao paciente se referem a fatos ocorridos antes da edição da Lei 8.072/90. Ademais, tendo em conta as peculiaridades do caso, considerou-se que o paciente preencheu todos os requisitos exigidos para a comutação da pena previstos no art. 2º do referido decreto e que a omissão contida em tal diploma, quanto ao tratamento a ser conferido aos condenados à pena privativa de liberdade que obtiveram livramento condicional até determinada data, reforçaria a tese de silêncio eloqüente, devendo essa falta ser interpretada no sentido de, relativamente a esses reeducandos, não haver impedimento para a comutação pretendida. Assim, concluiu-se que a interpretação a ser dada ao citado Decreto 5.295/2004 é a de que a comutação de pena não é vedada àqueles que estão em livramento condicional. Ordem concedida para restabelecer a decisão proferida pelo Tribunal de Justiça do Estado do Rio Grande do Sul, que deferira a comutação da pena. **HC 94654/RS, rel. Min. Cármen Lúcia, 19.8.2008.** (HC-94654) (Inform. STF 516)

PERDA DOS DIAS REMIDOS E PROPORCIONALIDADE - 1

Em face do empate na votação, a Turma deferiu *habeas corpus* impetrado em favor de condenado que perdera a integralidade dos dias remidos ante o cometimento de falta grave, consistente no fato de não haver respondido a conferência no estabelecimento prisional. Na espécie, o paciente alegara que estava dormindo e, por isso, não escutara a chamada. A comissão disciplinar, então, sugerira a aplicação da pena de 15 dias de isolamento em cela disciplinar ou local adequado. Contudo, o juízo de origem, ao homologar o procedimento administrativo disciplinar, determinara a perda dos dias remidos (LEP, art. 127). Contra essa decisão, fora interposto agravo em execução em que a Defensoria Pública estadual sustentara ofensa a princípios constitucionais, tais como o da proporcionalidade e o da individualização da pena. Provido o recurso pelo Tribunal local, o Ministério Público, por sua vez, interpusera recurso especial e o STJ restabelecera a decisão que ordenara a perda dos dias remidos, o que ensejara a presente impetração. A impetração argumentava que: a) os princípios do contraditório e da ampla defesa restariam malferidos, em virtude de o juízo de primeira instância ter apenado o paciente sem a designação de audiência prévia para ouvi-lo; b) a perda dos dias remidos afrontaria, entre outros princípios, o da dignidade da pessoa humana; e c) em razão do princípio da proporcionalidade, cabível a aplicação do limite de 30 dias previsto no art. 58 da LEP. **HC 94701/RS, rel. orig. Min. Menezes Direito, rel. p/ o acórdão Min. Marco Aurélio, 5.8.2008.** (HC-94701)

PERDA DOS DIAS REMIDOS E PROPORCIONALIDADE - 2

Inicialmente, conheceu-se do *habeas corpus*. Entendeu-se que a Turma poderia analisar a matéria de fundo, uma vez que a pretensão da defesa fora apreciada expressamente pelo tribunal de justiça. No ponto, reputou-se que o problema do debate e decisão prévios perante o STJ não surgira no caso, tendo em conta as peculiaridades da situação dos autos. Afirmou-se que não se trataria de tema que não tivesse sido julgado, mas sim de questão examinada explicitamente pela Corte estadual e que, interposto recurso especial — conhecido e provido —, contra essa decisão, fulminara-se a glosa do tribunal de justiça, formalizada sob o ângulo da falta de proporcionalidade. Deferiu-se a ordem ao fundamento de que a sanção aplicada ao paciente seria desproporcional. Vencidos os Ministros Menezes Direito, relator, e Ricardo Lewandowski que conheciam do *writ* apenas quanto à suposta violação do princípio do contraditório e da ampla defesa e o indeferiam por considerar que o amplo direito de defesa fora garantido ao paciente, não havendo que se falar em transgressão aos aludidos princípios constitucionais. Ressaltaram que fora dada oportunidade ao paciente para fazer sua defesa no procedimento administrativo disciplinar, inclusive, com a apresentação de manifestação escrita em seu favor pela Defensoria Pública. HC deferido para restabelecer o entendimento sufragado pelo Tribunal de Justiça do Estado do Rio Grande do Sul. **HC 94701/RS, rel. orig. Min. Menezes Direito, rel. p/ o acórdão Min. Marco Aurélio, 5.8.2008.** (HC-94701) (Inform. STF 514)

PROGRESSÃO DE REGIME E FALTA GRAVE - 1

A Turma iniciou julgamento de habeas corpus impetrado contra acórdão do STJ que reputara justificada a regressão de regime prisional imposto ao paciente por considerar falta grave a evasão de estabelecimento prisional. No caso, a mencionada sanção fora aplicada após a recaptura do paciente que, condenado a pena em regime inicial semi-aberto, obtivera o benefício de saída temporária e não regressara ao estabelecimento penitenciário. A impetração sustenta que: a) os problemas graves de saúde do paciente justificariam o fato de ele não haver retornado à prisão; b) o paciente não cometera crime durante o período em que permanecera solto; c) o juiz da execução, apesar de reconhecer a falta grave, não decretara a regressão de regime, restringindo-se a cominar sanção disciplinar de isolamento e de averbação no prontuário do apenado; d) a determinação de regressão para regime mais gravoso do que o fixado na sentença condenatória não seria cabível. O Min. Eros Grau, relator, deferiu o writ para cassar o acórdão do STJ e restabelecer o do Tribunal de Justiça do Estado do Rio Grande do Sul, que vedara a regressão do regime semi-aberto para o fechado. Enfatizou que, não obstante o entendimento de ambas as Turmas do STF no sentido de que a prática de falta grave resulta na regressão do regime de cumprimento da pena, na espécie, essa regressão não seria possível porque, quando do cometimento da falta grave, o paciente ainda cumpria pena no regime inicial fixado na sentença condenatória. Assim, não seria coerente admitir que a condenação do paciente se tornasse mais severa, na fase de execução penal, em razão da prática da falta grave. Essa, em tal hipótese, serviria para se determinar a recontagem do prazo necessário à progressão. Ademais, asseverou que seria ilógico que o réu pudesse regredir de regime sem ter progredido. Após o voto do Min. Joaquim Barbosa acompanhando o relator, pediu vista a Min. Ellen Gracie. HC 93761/RS, rel. Min. Eros Grau, 13.5.2007. (HC-93761)

REGRESSÃO DE REGIME E FALTA GRAVE - 2

A Turma retomou julgamento de *habeas corpus* impetrado contra acórdão do STJ que reputara justificada a regressão de regime prisional imposto ao paciente por considerar falta grave a evasão de estabelecimento prisional. No caso, a mencionada sanção fora aplicada após a recaptura do paciente que, condenado a pena em regime inicial semi-aberto, obtivera o benefício de saída temporária e não regressara ao estabelecimento penitenciário — v. Informativo 506. Em divergência, a Min. Ellen Gracie denegou o *writ*. Em seu voto-vista, enfatizou que a sentença condenatória, no âmbito penal, transita em julgado com a cláusula *rebus sic stantibus*. Logo, a mudança da situação de fato no curso da execução, comparativamente ao substrato fático existente no início, impõe ao juiz da execução a adoção de medidas necessárias de modo a adaptar a decisão à nova realidade. Entendeu que, nos termos do art. 33, *caput*, do CP ("*Art. 33 - A pena de reclusão deve ser cumprida em regime fechado, semi-aberto ou aberto. A de detenção, em regime semi-aberto, ou aberto, salvo necessidade de transferência a regime fechado.*"), se em matéria de condenação e execução da pena de detenção revela-se possível a regressão para o regime fechado, com mais razão nas hipóteses de condenação e execução de pena de reclusão. Dessa forma, a regra do art. 118, I, da LEP ("*Art. 118. A execução da pena privativa de liberdade ficará sujeita à forma regressiva, com a transferência para qualquer dos regimes mais rigorosos, quando o condenado: I - praticar fato definido como crime doloso ou falta grave;*"), não seria obstáculo à alteração do regime de cumprimento de pena privativa de liberdade para regime mais gravoso do que aquele fixado na sentença condenatória, desde que verificado algum dos pressupostos lá previstos. Ademais, considerou que não haveria como se acolher a argumentação consoante a qual o princípio da razoabilidade não aconselharia a regressão de regime e, por fim, ressaltou que essa matéria não teria sido ventilada no STJ. Após, o Min. Cezar Peluso pediu vista. **HC 93761/RS, rel. Min. Eros Grau, 10.6.2008.** (HC-93761)

PROGRESSÃO DE REGIME E FALTA GRAVE - 3

A Turma concluiu julgamento de *habeas corpus* impetrado contra acórdão do STJ que reputara justificada a regressão de regime prisional imposto ao paciente por considerar falta grave a evasão de estabelecimento prisional. No caso, a mencionada sanção fora aplicada após a recaptura do paciente que, condenado a pena em regime inicial semi-aberto, obtivera o benefício de saída temporária e não regressara ao estabelecimento penitenciário — v. Informativos 506 e 510. Em votação majoritária, concedeu-se a ordem para cassar o acórdão do STJ e restabelecer o do Tribunal de Justiça do Estado do Rio Grande do Sul, que vedara a regressão do regime semi-aberto para o fechado. Enfatizou-se que, na espécie, essa regressão não seria possível porque, quando do cometimento da falta grave, o paciente ainda cumpria pena no regime inicial fixado na sentença condenatória. Assim, não seria coerente admitir que a condenação do paciente se tornasse mais severa, na fase de execução penal, em razão da prática da falta grave. Essa, em tal hipótese, serviria para se determinar a recontagem do prazo necessário à progressão. Ademais, asseverou-se que seria ilógico que o réu pudesse regredir de regime sem ter progredido. O Min. Cezar Peluso, ressaltando a admissibilidade, em tese, de regressão a regime de cumprimento mais gravoso do que o fixado na sentença condenatória, desde que não seja automática e impositiva em hipóteses de prática de falta grave, também concedeu a ordem, mas por fundamento diverso, qual seja a inobservância, pela autoridade coatora, das particularidades do caso concreto. Vencida a Min. Ellen Gracie que indeferia o *writ* por considerar que, nos termos do art. 33, *caput*, do CP, se em matéria de condenação e execução da pena de detenção revela-se possível a regressão para o regime fechado, com mais razão nas hipóteses de condenação e execução de pena de reclusão. **HC 93761/RS, rel. Min. Eros Grau, 5.8.2008.** (HC-93761) (Inform. STF 514)

ART. 181, § 1º, A, DA LEP E PRINCÍPIO DA BOA-FÉ OBJETIVA

Por não vislumbrar constrangimento ilegal no acórdão do STJ que assentara, nos termos do art. 181, § 1º, **a**, da Lei de Execução Penal - LEP, a possibilidade de conversão da pena restritiva de direitos em privativa de liberdade se o condenado estiver em lugar incerto e não sabido, a Turma indeferiu *habeas corpus* em que pleiteada a citação editalícia do paciente para que tomasse conhecimento da decisão que convertera a pena a ele imposta. A impetração sustentava não ser possível adotar somente a interpretação literal do aludido dispositivo legal, devendo ser observados o devido processo legal e a ampla defesa. Reputou-se razoável a presença de elemento de discrímen no tratamento diferenciado disposto no art. 181, § 1º, da LEP (*"Art. 181. A pena restritiva de direitos será convertida em privativa de liberdade nas hipóteses e na forma do art. 45 e seus incisos do Código Penal. § 1º A pena de prestação de serviços à comunidade será convertida quando o condenado: a) não for encontrado por estar em lugar incerto e não sabido, ou desatender a intimação por edital;"*), haja vista que o réu que participou de todos os atos processuais e que, ciente da condenação, muda seu domicílio sem prévia comunicação ao juízo competente, viola o princípio da boa-fé objetiva que deve reger todas as relações jurídicas, inclusive entre o agente e o Estado. Salientou-se que, para alguns doutrinadores, a primeira parte da alínea **a**, do § 1º, do art.181, da LEP, refere-se àquele que, pessoalmente citado e intimado para todos os atos processuais, desaparece na fase da execução da sentença, deixando de comunicar ao juízo acerca de seu atual paradeiro, daí a certidão de se encontrar em lugar incerto e não sabido. Assim, registrou-se que a citada regra não ofenderia o devido processo legal e a ampla defesa, porquanto o acusado que acompanhara todo o processo de conhecimento teria plena ciência de possíveis conseqüências que lhe seriam prejudiciais caso deixasse de cumprir a pena restritiva de direitos que lhe fora aplicada. **HC 92012/SP, rel. Min. Ellen Gracie, 10.6.2008.** (HC-92012) (Inform. STF 510)

GRAVE ESTADO DE SAÚDE E PRISÃO DOMICILIAR

Tendo em conta a excepcionalidade da situação, a Turma deu provimento a recurso ordinário em *habeas corpus* em que se discutia se paciente idosa (62 anos), condenada por tráfico ilícito de entorpecentes, cujo grave estado de saúde se encontrava demonstrado por diversos laudos, teria direito, ou não, à prisão domiciliar, nos termos do art. 117, da Lei de Execução Penal - LEP (*"Somente se admitirá o recolhimento do beneficiário de regime aberto em residência particular quando se tratar de: I - condenado maior de 70 (setenta) anos; II - condenado acometido de doença grave; III - condenada com filho menor ou deficiente físico ou mental; IV - condenada gestante."*). Asseverou-se que a transferência de condenado não sujeito a regime aberto para cumprimento da pena em regime domiciliar é medida excepcional, que se apóia no postulado da dignidade da pessoa humana, o qual representa, considerada a centralidade desse princípio essencial, significativo vetor interpretativo, verdadeiro valor-fonte que conforma e inspira todo o ordenamento constitucional vigente no país e que traduz, de modo expressivo, um dos fundamentos em que se assenta a ordem republicana e democrática consagrada pelo sistema de direito constitucional positivo. Concluiu-se que, na espécie, impor-se-ia a concessão do benefício da prisão domiciliar para efeito de cumprimento da pena, independentemente da modalidade de regime de execução penal, pois demonstrada, mediante perícia idônea, a impossibilidade de assistência e tratamento médicos adequados no estabelecimento penitenciário em que recolhida a sentenciada, sob pena de, caso negada a transferência pretendida pelo Ministério Público Federal, ora recorrente, expor-se a condenada a risco de morte. RHC provido para assegurar a ora paciente o direito ao cumprimento do restante de sua pena em regime de prisão domiciliar, devendo o juiz de direito da vara de execuções criminais adotar as medidas necessárias e as cautelas pertinentes ao cumprimento da presente decisão. **RHC 94358/SC, rel. Min. Celso de Mello, 29.4.2008.** (RHC-94358) (Inform. STF 504)

TRANSFERÊNCIA DE PRESO PROVISÓRIO - 1

A Turma indeferiu *habeas corpus* em que acusado pela suposta prática dos crimes de contrabando e de formação de quadrilha pretendia a sua transferência para estabelecimento prisional no Rio de Janeiro. A impetração sustentava que: a) a transferência para a penitenciária federal de Campo Grande/MS não ocorrera em virtude das ações do paciente, mas das péssimas condições da penitenciária de Bangu I e da inexistência de estabelecimento apropriado, no Rio de Janeiro, para o Regime Disciplinar Diferenciado - RDD; b) essa decisão de transferência seria ilegal, porquanto não houvera a manifestação prévia do Ministério Público e da defesa; c) a revogação do RDD aplicado ao paciente fizera cessar o motivo de sua transferência e d) o paciente, como advogado, teria direito à prisão especial em sala de Estado-Maior ou, na sua falta, à concessão de prisão domiciliar. Reputou-se correta a decisão do STJ, a qual assentara que o cumprimento de pena de prisão em unidade da federação diversa daquela em que cometida a infração, ou mesmo a condenação, encontra-se previsto no art. 86 da Lei de Execução Penal - LEP, cujo § 3º preconiza que definição do estabelecimento prisional adequado para abrigar preso provisório ou condenado cabe ao juiz competente, ou seja, ao juiz da instrução (quando em curso o processo) ou ao juiz da condenação (se já proferida a sentença condenatória). **HC 93391/RJ, rel. Min. Cezar Peluso, 15.4.2008.** (HC-93391)

TRANSFERÊNCIA DE PRESO PROVISÓRIO - 2

Enfatizou-se que, no caso, a transferência do paciente para Campo Grande fora realizada diante da imposição do RDD, mas, não obstante, o juiz de 1º grau poderia definir tal estabelecimento como o mais adequado para a custódia preventiva. Além disso, o Rio de Janeiro não possuía, à época, instalações penitenciárias compatíveis para o cumprimento daquele regime. Assim, salientou-se que, não havendo ilegalidade no deslocamento do paciente para outra unidade da federação, dever-se-ia apreciar a decisão que a determinara. No ponto, afirmou-se a existência de elementos concretos que indicariam a necessidade de reforço da cautela, aptos a justificar a manutenção do paciente no estabelecimento federal. No tocante à alegada falta de prévia intimação da defesa e do *parquet*, ressaltou-se inicialmente que, na ausência de outro instrumento adequado, a Resolução 502, do Conselho da Justiça Federal, substituída pela Resolução 557, tem regulamentado os procedimentos de inclusão e transferência de presos no sistema penitenciário federal. Contudo, aduziu-se que essa resolução não poderia sobrepor-se à norma processual (LEP, art. 86, § 3º). Rejeitou-se, de igual modo, o pleito de prisão em sala do Estado-Maior. Considerou-se que, na situação dos autos, o juízo de origem concluíra que as circunstâncias exigiriam a permanência do paciente na penitenciária federal, que possuiria celas individuais, com condições regulares de higiene e instalações que impediriam o contato do paciente com presos comuns. Dessa forma, não seria razoável interpretar a prerrogativa conferida aos advogados como passível de inviabilizar a própria custódia. **HC 93391/RJ, rel. Min. Cezar Peluso, 15.4.2008.** (HC-93391) (Inform. STF 502)

SÚMULA 716 DO STF E TRÂNSITO EM JULGADO

Aplicando o Enunciado da Súmula 716 do STF (*"Admite-se a progressão de regime de cumprimento da pena ou a aplicação imediata de regime menos severo nela determinada, antes do trânsito em julgado da sentença condenatória."*), a Turma deferiu *habeas corpus* impetrado em favor de condenadas à pena de 6 anos de reclusão pela prática dos crimes tipificados nos artigos 12 e 14 da Lei 6.368/76 que, tendo cumprido praticamente a totalidade da reprimenda, aguardavam em regime fechado o julgamento de apelação interposta pelo Ministério Público há mais de 2 anos. Preliminarmente, superado o óbice do Enunciado da Súmula 691 do STF, conheceu-se da impetração por reputar-se manifesto o constrangimento a que submetidas as pacientes. Ressaltou-se que a Procuradoria-Geral da República, em parecer, manifestara-se no sentido da possibilidade da progressão de regime, tendo em conta o tempo de pena já cumprido, o fato de inexistirem elementos concretos capazes de exacerbar ao máximo a sanção imposta, bem como a generalidade da apelação. Todavia, entendeu-se que deveria ser conferido ao aludido verbete interpretação extensiva, de modo a permitir o implemento de outro benefício potencialmente adquirido: no caso, a liberdade condicional. Assim, deferiu-se o *writ* para conceder às pacientes a liberdade condicional, devendo o juiz sentenciante fixar as condições desse benefício após a soltura, que deverá ser imediata. HC 92417/RJ, rel. Min. Eros Grau, 11.12.2007. (HC-92417) (Inform. STF 492)

PROGRESSÃO DE REGIME E TRÂNSITO EM JULGADO

A progressão no regime de cumprimento de pena independe do trânsito em julgado da condenação. Com base nessa jurisprudência, a Turma proveu recurso ordinário em *habeas corpus* para que o Tribunal de Justiça do Estado de Minas Gerais providencie a expedição da Guia de Recolhimento Provisório e a remeta imediatamente ao Juízo da Execução Criminal competente, a fim de que este decida, como entender de direito, se o recorrente preenche os requisitos objetivos e subjetivos para a concessão do benefício. Ressaltou-se, de início, que o recorrente não se limitara a solicitar ao STJ a progressão de regime. Formulara, também, pedido subsidiário que, não examinado, resultara no presente recurso para que fossem providenciadas as medidas administrativas necessárias à execução provisória da pena. Invocara, no ponto, a Resolução 19/2006 do Conselho Nacional de Justiça - CNJ. Entendeu-se que, embora o STJ não tivesse se manifestado sobre a matéria, inexistiria empecilho para que o Supremo o fizesse, uma vez que a omissão sobre um fundamento posto seria, em si mesmo, uma coação, e o tribunal superior, reputando evidenciado o constrangimento ilegal, poderia cessá-lo de imediato e não devolver o tema ao tribunal omisso. Assim, considerou-se que o TJ-MG, ao afastar o óbice à progressão, deveria ter tomado, de ofício, as providências para que a execução fosse processada, permitindo ao recorrente a formulação das benesses eventualmente cabíveis. Aduziu-se que, admitida a execução provisória, não se poderia impedir, por questões administrativas, que o recorrente obtivesse benefícios a que teria direito, se fosse o caso de execução definitiva. Ademais, afirmou-se ser a Lei de Execução Penal - LEP aplicável ao preso provisório (art. 2º, parágrafo único). Alguns precedentes citados: HC 85237/DF (DJU de 29.4.2005); HC 90893/SP (DJU de 23.11.2007); HC 87801/SP (DJU de 12.5.2006). RHC 92872/MG, rel. Min. Cármen Lúcia, 27.11.2007. (RHC-92872) (Inform. STF 490)

FALTA GRAVE E PRESCRIÇÃO DE INFRAÇÃO DISCIPLINAR

A Turma indeferiu *habeas corpus* em que recapturado sustentava a prescrição para aplicação de medida disciplinar pela sua fuga do estabelecimento prisional, sob a alegação de que o termo inicial da prescrição seria a data da prática de falta grave. Considerou-se não ofender a Constituição o entendimento jurisprudencial adotado pelo Tribunal *a quo*, mais benéfico ao reeducando, no sentido de que, ante a inexistência de norma específica quanto ao prazo prescricional para a aplicação de sanção disciplinar de natureza grave, deve-se utilizar, por analogia, o disposto no art. 109, VI, do CP, levando-se em conta o menor lapso previsto, qual seja, 2 anos. Ademais, asseverou-se que, em se tratando de fuga de preso (infração permanente), seria razoável fixar, como termo inicial da contagem do prazo prescricional, a data da recaptura, tomando-se de empréstimo o art. 111, III, do CP ("*Art. 111. A prescrição, antes de transitar em julgado a sentença final, começa a correr: ... III - nos crimes permanentes, do dia em que cessou a permanência;*"). Assim, concluiu-se pela inocorrência da prescrição no caso concreto, haja vista que transcorrera período inferior a 2 anos entre o retorno do paciente à prisão (18.2.2005) e a condenação administrativa (11.11.2006), embora o paciente tivesse se evadido, da última vez, em 14.12.2000. HC 92000/SP, rel. Min. Ricardo Lewandowski, 13.11.2007. (HC-92000) (Inform. STF 488)

HC: CRIME HEDIONDO E INDULTO - 1

O Tribunal não conheceu de *writ*, impetrado em favor de condenado pela prática do crime de extorsão mediante seqüestro em concurso de agentes (CP, art. 159, § 1º, c/c art. 29), contra ato do Presidente da República, consubstanciado no art. 8º, II, do Decreto 5.993, publicado no DOU de 19.12.2006, que vedou a concessão de indulto e comutação aos condenados por crimes hediondos praticados após o advento da Lei 8.072/90. Sustentava o impetrante que o referido dispositivo, bem como o art. 2º, I, da Lei 8.072/90 seriam inconstitucionais, por considerar os chamados crimes hediondos insuscetíveis de indulto. Entendeu-se não ser cabível *habeas corpus* contra norma legal em tese. Asseverou-se, ademais, que o paciente não chegara a pleitear o indulto, conforme lhe facultava o art. 9º, I, do Decreto 5.993/2006, não obstante reputasse preenchidos os demais requisitos exigidos pela legislação para a concessão do benefício, por pressupor que este seria indeferido em virtude da natureza do delito que cometera. Afirmou-se que seria possível discutir-se a inconstitucionalidade de ato normativo pela via do *habeas corpus*, como decidira a Corte no RHC 76946/MS (DJU de 11.6.99). Ressaltou-se que, nesse julgamento, entretanto, pretendia-se cassar decisão do Superior Tribunal Militar que negara seguimento a impetração em que o paciente pleiteava o reconhecimento da inconstitucionalidade do art. 417, § 2º, do CPPM, tendo havido, diferentemente dos presentes autos, um pedido formulado, na 1ª instância, que fora indeferido, ou seja, havia um ato específico desafiando a liberdade de ir e vir do paciente, tido como inconstitucional. Em razão disso, concluiu-se que o Supremo não poderia, no presente caso, adentrar a análise do mérito da impetração, sob pena de conferir a um particular a possibilidade de atuar, de forma oblíqua, no controle abstrato de constitucionalidade, investindo contra um diploma normativo em tese. Enfatizou-se, também, que a norma legal, cuja constitucionalidade estaria sendo ora atacada, não representaria, por si só, uma coação, que deveria sempre consistir num ato concreto ou potencial ameaçador da liberdade de ir e vir de alguma pessoa. HC 90364/MG, rel. Min. Ricardo Lewandowski, 31.10.2007. (HC-90364)

HC: CRIME HEDIONDO E INDULTO - 2

Afastou-se, ademais, a alegação de que o Presidente da República, ao excluir da lista de indultados os autores de crimes hediondos, ter-lhes-ia imposto uma restrição que a Constituição não estabelece, estando nisso a coação ilegal sofrida pelo paciente. Considerou-se que o indulto seria instrumento de política criminal de que disporia o Chefe do Poder Executivo, configurando o seu emprego típica sanção premial, decisão esta sujeita a critérios de conveniência e oportunidade, a ser empreendida sob a ótica da prevenção criminal. Assim, o Presidente da República teria, no exercício de um juízo que informa tipicamente os atos de governo, excluído do rol dos indultados os apenados pela prática de crimes hediondos, sem cometer nenhuma ilegalidade ou ofensa à Constituição. Acrescentou-se que, ainda que se entendesse que a Constituição não teria proibido a concessão de indulto aos condenados pelos referidos delitos, haver-se-ia de convir que não obrigou o Chefe do Poder Executivo a outorgar o benefício. O Min. Marco Aurélio acompanhou o relator apenas quanto à preliminar de não conhecimento, ao fundamento de não caber ao Supremo, não conhecendo do *writ*, manifestar-se relativamente à matéria de fundo. HC 90364/MG, rel. Min. Ricardo Lewandowski, 31.10.2007. (HC-90364) (Inform. STF 486)

PROGRESSÃO DE REGIME: LEI 11.464/2007 E LEI PENAL MAIS GRAVOSA - 1

Considerada a garantia da irretroatividade da norma penal mais gravosa (CF, art. 5º, XL e CP, art. 2º), os critérios de progressão de regime estabelecidos pela Lei 11.464/2007 somente se aplicam aos fatos ocorridos a partir de 29.3.2007. Com base nesse entendimento, a Turma deferiu, de ofício, *habeas corpus* para que o juízo das execuções criminais aprecie novamente o pleito de progressão de regime formulado pelo paciente, como entender de direito, mas observando os critérios de progressão estabelecidos no Código Penal e na Lei de Execução Penal - LEP, vigentes à época da prática criminosa. Preliminarmente, tendo em conta a deficiência na instrução, a Turma não conheceu de *writ* impetrado contra acórdão do STJ que julgara prejudicada, ante a perda de objeto, idêntica medida ao fundamento de que o tribunal de origem afastara o óbice à progressão de regime prisional imposto ao paciente, condenado pela prática do crime de tráfico ilícito de entorpecentes (Lei 6.368/76, art. 12). HC 91631/SP, rel. Min. Cármen Lúcia, 16.10.2007. (HC-91631)

PROGRESSÃO DE REGIME: LEI 11.464/2007 E LEI PENAL MAIS GRAVOSA - 2

No mérito, enfatizou-se que a defesa objetivava, também, a não submissão do paciente às regras estabelecidas pela Lei 11.464/2007, que deu nova redação ao art. 2º da Lei de Crimes Hediondos, e não a mera superação do empecilho à progressão. Asseverou-se que o reconhecimento da inconstitucionalidade do óbice à progressão de regime contido na redação original do § 1º, do art. 2º, da Lei 8.072/90 impediria que esse dispositivo legal fosse utilizado como "parâmetro de comparação" para o exame da norma penal aplicável ao caso. Assim, afirmou-se que essa verificação deveria ocorrer a partir da apreciação das demais normas validamente existentes no ordenamento jurídico e que tiveram vigência desde a prática do fato pelo qual o paciente fora condenado, a saber: a LEP e a Lei 11.464/2007, que entrou em vigor posteriormente, em 29.3.2007. Aduziu-se, entretanto, que esta última, no ponto em que disciplinou a progressão de regime, estabeleceu lapsos temporais mais gravosos do que os anteriormente fixados na LEP, constituindo-se, pois, verdadeira *novatio legis in pejus*. Concluiu-se, nesse sentido, que se o fato ocorreu antes de 29.3.2007, como na espécie, incidem as regras previstas na LEP, exigindo-se para a progressão, o cumprimento de, ao menos, 1/6 da pena (LEP, art. 112). HC 91631/SP, rel. Min. Cármen Lúcia, 16.10.2007. (HC-91631) (Inform. STF 484)

PROGRESSÃO DE REGIME E PENDÊNCIA DE RECURSO DA ACUSAÇÃO

Não se admite, enquanto pendente de julgamento apelação interposta pelo Ministério Público com a finalidade de agravar a pena do réu, a progressão de regime prisional sem o cumprimento de, pelo menos, 1/6 da pena máxi-ma atribuída em abstrato ao crime. Com base nesse entendimento, a Turma, por maioria, deferiu, em parte, *habeas corpus* para que, mantido o regime inicial semi-aberto de cumprimento de pena, seja afastado o óbice à progressão para o regime aberto a paciente que, preso cautelarmente há 3 anos, fora condenado à pena de 4 anos pela prática do crime de corrupção ativa (CP, art. 333). No caso, os recursos interpostos por ambas as partes contra a sentença condenatória encontram-se pendentes de julgamento e a impetração impugnava acórdão do STJ que, ao fundamento de se tratar de prisão cautelar, denegara o pedido de progressão de regime prisional e de concessão de saída temporária. Considerou-se que, no caso, eventual provimento do recurso do *parquet* não seria empecilho para o reconhecimento do requisito objetivo temporal para a pretendida progressão, porquanto, levando-se em conta ser de 12 anos a pena máxima cominada em abstrato para o delito de corrupção ativa, o paciente deveria cumprir, pelo menos, 2 anos da pena para requerer, à autoridade competente, a progressão para o regime prisional aberto, o que já ocorrera. Aduziu-se, por fim, caber ao juízo da execução criminal competente avaliar se, na espécie, estão presentes os requisitos objetivos e subjetivos para o benefício, devendo, se possível, proceder ao acompanhamento disciplinar do paciente até o cumprimento final da pena. Vencido, parcialmente, o Min. Marco Aurélio que deferia o *writ* em maior extensão, concedendo-o, de ofício, pelo excesso de prazo. Precedente citado: HC 90864/MG (DJU de 17.4.2007). HC 90893/SP, rel. Min. Cármen Lúcia, 5.6.2007. (HC-90893) (Inform. STF 470)

LIBERDADE CONDICIONAL E TÉRMINO DO PRAZO DE PROVA

A Turma concedeu, de ofício, *habeas corpus* para declarar extinta a pena privativa de liberdade objeto do livramento condicional deferido ao paciente, cujo período de prova findara em data anterior a da sentença condenatória relativa a segundo delito. Preliminarmente, afastou-se o Enunciado da Súmula 691 do STF, ao fundamento de inexistir justificativa para o fato de o *writ* impetrado no STJ ainda não haver sido julgado, não obstante ofício, enviado por aquela Corte, informando que feito se encontra "pronto para julgamento" desde 11.10.2006. No ponto, asseverou-se que, embora a avaliação sobre a razoável duração do processo comporte certa dose de subjetividade, a constatação de eventuais excessos deve ser feita caso a caso, de forma objetiva. Quanto à questão de fundo, aplicou-se o entendimento firmado pela Corte no sentido de que se considera extinta a pena privativa de liberdade com o término do período de livramento condicional se não houve a sua revogação nem a suspensão cautelar do curso do benefício por decisão judicial. Precedentes citados: HC 81879/SP (DJU de 20.9.2002) e RHC 85287/RJ (DJU de 8.4.2005). HC 88610/RJ, rel. Min. Ricardo Lewandowski, 5.6.2007. (HC-88610) (Inform. STF 470)

PERDA DOS DIAS REMIDOS E ART. 58 DA LEP

A Turma iniciou julgamento de *habeas corpus* impetrado pela Defensoria Pública do Estado de São Paulo em favor de condenado que, ante a prática de falta grave, perdera a integralidade dos dias remidos. Pretende-se, na espécie, o estabelecimento de limitação à perda dos dias remidos em, no máximo, 30 dias, conforme o parâmetro do art. 58 da Lei de Execução Penal - LEP ("*o isolamento, a suspensão e a restrição de direitos não poderão exceder a 30 (trinta) dias.*"), sob a alegação de que a decretação automática da perda de todo o tempo remido viola os princípios da isonomia, da individualização da pena e da dignidade da pessoa humana. A Min. Cármen Lúcia, relatora, indeferiu o *writ*, no que foi acompanhada pelo Min. Ricardo Lewandowski. Inicialmente, asseverou que a jurisprudência da Corte é no sentido de que a falta grave cometida durante o cumprimento da pena implica a perda dos dias remidos (LEP, art. 127), sem que isso signifique ofensa ao direito adquirido. No tocante à remição, cujos efeitos estão ligados ao comportamento carcerário do condenado, enten-deu incabível a incidência do aludido art. 58 da LEP para restringir a perda a 30 dias, porquanto esse dispositivo refere-se exclusivamente ao isolamento, à suspensão e à restrição de direitos, incumbindo à autoridade disciplinar do estabelecimento prisional aplicá-lo, o que não ocorre com aquele Instituto, de competência do juízo da execução. Assim, concluiu não haver pertinência entre o referido artigo e o objeto deste *habeas corpus*. Por fim, reputou dispensável o pedido de limitação temporal referente aos dias remidos até a prática da falta grave, uma vez que o sentenciado tornará a adquirir eventual benefício a partir da data da infração disciplinar. Após, pediu vista dos autos o Min. Carlos Britto. HC 91085/SP, rel. Min. Cármen Lúcia, 22.5.2007. (HC-91085) (Inform. STF 468)

REGIME DE CUMPRIMENTO DE PENA E FALTA DE VAGAS

A Turma, por maioria, deferiu *habeas corpus* para determinar o imediato encaminhamento do paciente a estabelecimento penitenciário adequado à execução de regime semi-aberto, sob pena de, não sendo possível à administração penitenciária executar a presente ordem no prazo de 72 horas, ser-lhe assegurado o direito de permanecer em liberdade, se por al não estiver preso, até que o Poder Público providencie vaga em estabelecimento apropriado. Tratava-se, na espécie, de *writ* em que se discutia a possibilidade de o réu, condenado a cumprimento de pena em regime semi-aberto, aguardar em regime prisional mais gravoso (regime fechado) o surgimento de vaga em colônia penal agrícola e/ou colônia penal industrial ou em estabelecimento similar. Tendo em conta a circunstância relevante de o juiz haver reconhecido que o paciente preencheria os requisitos necessários para iniciar a execução da pena em regime semi-aberto, entendeu-se inaceitável que — ao argumento de deficiências estruturais do sistema penitenciário ou de incapacidade de o Estado prover recursos materiais que viabilizem a implementação de determinações impostas pela Lei Execução Penal - LEP, que constitui exclusiva obrigação do Poder Público — venha a ser frustrado o exercício, pelo sentenciante, de direitos subjetivos que lhe foram conferidos pelo ordenamento positivo, como o de começar, desde logo, quando assegurado por sentença penal já transitada em julgado, o cumprimento da pena em regime semi-aberto. Rejeitou-se, ainda, a pretendida concessão de prisão domiciliar, prevista no art. 117 da LEP, considerado o caráter excepcional e taxativo das hipóteses constantes desse dispositivo. Vencido, em parte, o Min. Joaquim Barbosa que deferia o *habeas corpus* de modo mais limitado, para que o paciente fosse colocado em prisão domiciliar ou cumprisse pena em outra comarca. Precedente citado: HC 76930/SP (DJU de 26.3.99). HC 87985/SP, rel. Min. Celso de Mello, 20.3.2007. (HC-87985) (Inform. STF 460)

17.1. SUPERIOR TRIBUNAL DE JUSTIÇA

DIREITO PROCESSUAL PENAL. EXECUÇÃO PENAL. CRIME HEDIONDO TENTADO. PROGRESSÃO DE REGIME.

A progressão de regime prisional para o cumprimento de pena pela prática de crime hediondo, ainda que na forma tentada, deve observar os parâmetros do art. 2º, § 2º, da Lei n. 8.072/1990, com a redação dada pela Lei n. 11.464/2007. O fato de não ter sido consumado o crime não afasta a hediondez do delito. Precedentes citados do STF: HC 82.867-SP, DJ 27/6/2003; HC 73.924-SP, DJ 20/9/1996; do STJ: HC 239.682-MG, DJe 29/6/2012, e HC 136.829-SP, DJe 3/5/2010. **HC 220.978-RJ, Rel. Min. Laurita Vaz, julgado em 16/10/2012.(Inform. STJ 506)**

PROGRESSÃO. REGIME ABERTO. COMPROVAÇÃO DE TRABALHO. RAZOABILIDADE.

A Turma concedeu a ordem por entender que deve ser interpretada com temperamento a regra descrita no art. 114, I, da LEP, que exige do condenado, para a progressão ao regime aberto, a comprovação de trabalho ou a possibilidade imediata de fazê-lo,. Isso porque a realidade mostra que, estando a pessoa presa, raramente tem condições de, desde logo, comprovar a existência de proposta efetiva de emprego ou de demonstrar estar trabalhando por meio de apresentação de carteira assinada. No caso, o paciente cumpriu os requisitos exigidos pelo art. 112 da LEP, deixando, apenas, de obter a pretendida progressão prisional ante a ausência de apresentação de carta de proposta de emprego, o que configura o alegado constrangimento ilegal. Ademais, somente a superveniente inércia do apenado em demonstrar o exercício de atividade laboral lícita poderá autorizar a cassação do benefício. **HC 229.494-RJ, Rel. Min. Marco Aurélio Bellizze, julgado em 11/9/2012. (Inform. STJ 504)**

MEDIDA DE SEGURANÇA SUBSTITUTIVA DA PENA PRIVATIVA DE LIBERDADE. TÉRMINO.

A medida de segurança aplicada em substituição à pena privativa de liberdade, prevista no art. 183 da LEP, se limita ao término da pena estabelecida na sentença, sob pena de ofensa à coisa julgada e ao princípio da proporcionalidade. *In casu*, no curso da execução criminal, em razão da constatação de superveniente doença mental, a pena privativa de liberdade imposta ao paciente foi convertida em medida de segurança. Portanto, extrapolado o prazo de cumprimento da pena privativa de liberdade, deve cessar a intervenção do Estado na esfera penal, ainda que não cessada a periculosidade do paciente. Hipótese na qual o MP poderá buscar a interdição do paciente perante o juízo cível, se necessário à sua proteção ou da sociedade. Precedentes citados: HC 44.972-SP, DJ 8/10/2007, e HC 130.160-SP, DJe 14/12/2009. **HC 130.162-SP, Rel. Min. Maria Thereza de Assis Moura, julgado em 2/8/2012. (Inform. STJ 501)**

EXECUÇÃO PENAL. FALTA GRAVE. SANÇÃO COLETIVA.

Por violação da determinação expressa no art. 45, § 3º, da LEP (que proíbe a aplicação de sanções coletivas) e ao art. 5º, XLV, da CF (princípio da responsabilidade pessoal), a Turma anulou a punição aplicada ao paciente pela prática de falta grave. No caso, vários detentos estavam dentro de uma viatura, cujo interior foi danificado durante o transporte, mais especificamente a tela de proteção de uma das lâmpadas do corredor direito. Questionados sobre o responsável pelo dano, todos os presos permaneceram silentes. Com esses fatos, a Justiça estadual entendeu que todos deveriam ser responsabilizados pelo fato ocorrido e aplicou a punição por falta grave aos detentos transportados naquela oportunidade. Nesse contexto, a Turma anulou a referida punição, reconhecendo que não houve a individualização da conduta a ponto de poder atribuir ao paciente a responsabilidade pelo dano provocado na viatura. **HC 177.293-SP, Rel. Min. Maria Thereza de Assis Moura, julgado em 24/4/2012. (Inform. STJ 496)**

EXECUÇÃO PENAL. REMIÇÃO. REGIME ABERTO.

A Turma reafirmou o entendimento de que o condenado que cumpre pena no regime aberto não tem direito à remição pelo trabalho nos termos do art. 126 da LEP. Precedentes citados do STF: HC 98.261-RS, DJe 23/4/2010; do STJ: REsp 1.088.611-RS, DJe 23/8/2010; REsp 984.460-RS, DJe 13/10/2009; HC 130.336-RS, DJe 24/8/2009, e HC 206.084-RS, DJe 17/8/2011. **HC 186.389-RS, Rel. Min. Sebastião Reis Júnior, em 28/2/2012. (Inform. STJ 492)**

EXECUÇÃO PENAL. SUPERVENIÊNCIA DE CONDENAÇÃO. UNIFICAÇÃO DAS PENAS. TERMO INICIAL. NOVOS BENEFÍCIOS.

A Turma reafirmou a orientação sedimentada nesta Corte de que, sobrevindo nova condenação ao apenado no curso da execução seja por fato anterior ou seja posterior ao início do cumprimento da reprimenda, a contagem do prazo para concessão de benefícios é interrompida, devendo ser feito novo cálculo com base no somatório das penas restantes a serem cumpridas. O marco inicial da contagem do novo prazo é o trânsito em julgado da sentença condenatória superveniente. **HC 210.637-MA, Rel. Min. Maria Thereza de Assis Moura, julgado em 6/3/2012. (Inform. STJ 492)**

PROGRESSÃO DE REGIME. AUSÊNCIA DE VAGA EM ESTABELECIMENTO ADEQUADO. PRISÃO DOMICILIAR.

A Turma concedeu a ordem para que o paciente cumpra a pena em prisão domiciliar até que surja vaga em estabelecimento prisional com as condições necessárias ao adequado cumprimento da pena em regime aberto. Isso porque, apesar de existir casa de albergado no estado-membro, faltam vagas para atender todos os presos que têm direito ao regime aberto. Além disso, ante a inexistência de vagas para o cumprimento de pena no regime semiaberto, os presos com o direito de cumprimento neste regime foram alojados nas casas de albergados, nas quais foram colocadas barreiras para evitar fugas, tais como portões, grades, cadeados, galerias e guardas. Assim, a administração penitenciária passou a tratar igualmente presos com direito a regimes de cumprimento de pena distintos, submetendo aqueles com direito ao regime aberto a tratamento mais gravoso. Nesse contexto, a Turma entendeu que o cumprimento de pena em regime aberto nas condições relatadas ofende princípios constitucionais, tais como o da dignidade da pessoa humana (art. 1º, III), o da humanidade da pena (art. 5º, XLVII) e o da individualização da pena (art. 5º, XLVI e XLVIII). Ademais, as condições em que se encontram as casas de albergado mostram inobservância dos princípios da autodisciplina e do senso de responsabilidade do preso, basilares do cumprimento de pena do regime aberto. **HC 216.828-RS, Rel. Min. Maria Thereza de Assis Moura, julgado em 2/2/2012. (Inform. STJ 490)**

NOVA LEI. PERDA. DIAS REMIDOS. PRINCÍPIO. RETROATIVIDADE.

A Turma concedeu *habeas corpus* de ofício para, reformando o acórdão e a decisão de primeiro grau, na parte referente à perda total dos dias remidos, determinar o retorno dos autos ao juízo de execuções, para que se complete o julgamento, aferindo o novo patamar da penalidade à luz da superveniente disciplina do art. 127 da LEP. Os ministros entenderam que, a partir da vigência da Lei n. 12.433/2011, que alterou a redação do art. 127 da LEP, a penalidade consistente na perda de dias remidos pelo cometimento de falta grave passa a ter nova disciplina, não mais incide sobre a totalidade do tempo remido, mas apenas até o limite de 1/3 desse montante, cabendo ao juízo das execuções, com certa margem de discricionariedade, aferir o *quantum* ao levar em conta a natureza, os motivos, as circunstâncias e as consequências do fato, bem como a pessoa do faltoso e seu tempo de prisão, consoante o disposto no art. 57 da LEP. Por se tratar de norma penal mais benéfica, deve a nova regra incidir retroativamente, em obediência ao art. 5º, XL, da CF/1988. **HC 200.046-RS, Rel. Min. Laurita Vaz, julgado em 18/8/2011.** (Inform. STJ 481)

FALTA GRAVE. PRAZO. PRESCRIÇÃO.

É consabido que a prescrição da falta grave deve ser regulada pelo menor prazo previsto no art. 109 do CP. Todavia, apesar de o prazo fixado nessa norma ser atualmente de três anos, esse prazo era de dois anos à época dos fatos. Sucede que, da própria impetração, vê-se que transcorrido pouco mais de um ano, o que afasta perquirir a prescrição. Precedentes citados: HC 85.947-SP, DJe 14/12/2009; HC 152.806-RS, DJe 12/4/2010; HC 138.954-SP, DJe 22/2/2010, e HC 153.860-SP, DJe 8/11/2010. **HC 111.650-RS, Rel. Min. Og Fernandes, julgado em 28/6/2011.** (Inform. STJ 479)

TRABALHO EXTRAMUROS. REGIÃO. CRIME ORGANIZADO.

Constatou-se que a sociedade empresária em que o paciente apenado pretendia realizar trabalho extramuros (art. 35, § 2º, do CP) situa-se em região tomada pelo crime organizado a ponto de impedir a fiscalização do cumprimento do benefício pelos fiscais da vara de execuções penais. Assim, mostra-se irrepreensível a cassação da decisão concessiva da benesse determinada pelo TJ; pois, apesar de o paciente apresentar mérito carcerário, o trabalho extramuros em tal localidade poderia servir de estímulo à delinquência e até de meio à burla da execução da pena, o que desvirtuaria sobremaneira a própria finalidade do instituto do trabalho extramuros, qual seja, de contribuir para a reinserção social do apenado. **HC 165.081-DF, Rel. Min. Gilson Dipp, julgado em 31/5/2011.** (Inform. STJ 475)

FALTA GRAVE. POSSE. COMPONENTE. CELULAR.

O paciente foi surpreendido, em 25/10/2008, na posse de componente de aparelho de telefonia celular que, segundo o impetrante, seria uma placa. A Turma negou a ordem ao entender que, com o advento da Lei n. 11.466/2007, que incluiu o inciso VII ao art. 50 da Lei de Execução Penal, a referida conduta passou a ser considerada típica após 28/3/2007, data de sua entrada em vigor. Após tal data, este Superior Tribunal firmou o entendimento de que não só a posse do aparelho de telefonia celular como também o de acessório essencial a seu funcionamento ensejam o reconhecimento de falta grave. Precedentes citados do STF: HC 99.896-RS, DJe 1º/2/2011; RHC 106.481-MS, DJe 3/3/2011; do STJ: HC 154.356-SP, DJe 18/10/2010; HC 139.789-SP, DJe 3/11/2009, e HC 133.986-RS, DJe 21/6/2010. **HC 188.072-SP, Rel. Min. Maria Thereza de Assis Moura, julgado em 31/5/2011.** (Inform. STJ 475)

PRESO. SAÍDA TEMPORÁRIA. VISITAÇÃO. RELIGIOSO.

Trata-se de *habeas corpus* impetrado pela Defensoria Pública estadual em favor de paciente condenado à pena de 30 anos pela prática do crime de estupro seguido de morte (arts. 214 c/c 223, parágrafo único, e 61, II, d, todos do CP) que, após sua transferência para o regime semiaberto, busca saída temporária para visitar agente religioso, o qual o aconselhou na prisão por cerca de cinco anos. O juiz de execução negou o pedido; houve agravo em execução, mas o tribunal *a quo* negou provimento por tratar-se de visita a amigo em vez de a familiar. Naquela instância, ainda houve os embargos infringentes que foram rejeitados. Na impetração, ressalta-se a existência de parecer da comissão técnica favorável à saída temporária relacionada à atividade religiosa. Para o Min. Relator, apesar da impossibilidade de enquadramento do pedido da impetração no inciso I do art. 122 da Lei de Execuções Penais (LEP) por não se tratar de visita à família, o pleito da Defensoria não se restringiu ao enquadramento do inciso I, mas abrangeu também o inciso III, ao afirmar, entre outros questionamentos, que a visitação ao conselheiro religioso concorrerá para o retorno do paciente ao convívio social. Também o Min. Relator considera ser relevante a informação dos autos de que o amigo missionário logrou converter o paciente à vida religiosa, visto que essa adesão e estima aos preceitos religiosos contribui para desenvolver a noção dos fundamentos morais essenciais a uma vida social apropriada. Ainda destaca o fato de a pessoa a ser visitada ter mantido auxílio espiritual ao paciente por período prolongado e habitualidade, a demonstrar a seriedade do trabalho do religioso. Assim, afirma que a convivência com o missionário oportunizará o fortalecimento dos ensinamentos morais, além de possibilitar a demonstração da recompensa advinda do interesse em acolher uma vida ética e digna. Tudo isso deve ser considerado como atividade que irá efetivamente contribuir para o retorno do paciente ao convívio social. **HC 175.674-RJ, Rel. Min. Gilson Dipp, julgado em 10/5/2011.** (Inform. STJ 472)

HC. PROGRESSÃO. FALTA GRAVE.

Trata-se de paciente que ajuizou pedido de progressão de regime intermediário (semiaberto) por entender preenchidos os requisitos necessários a sua concessão. Sucede que o juízo das execuções indeferiu o pedido ao fundamento de que o paciente não havia descontado 1/6 da pena em regime mais gravoso devido à interrupção pela prática de três faltas graves. Então, a defesa impetrou *habeas corpus* (HC) e o tribunal *a quo* denegou a ordem ao entendimento de que, na hipótese, seria cabível a interposição de agravo em execução. Daí a nova impetração neste Superior Tribunal com os mesmos argumentos da irresignação anterior do paciente. Assevera o Min. Relator que, na espécie, embora o TJ tenha negado a ordem, a matéria não foi analisada; assim, sua análise neste Superior Tribunal configuraria supressão de instância. No entanto, explica que, no caso, houve negativa da prestação jurisdicional, visto que o tribunal *a quo* deixou de conhecer do *writ,* consignando, naquela ocasião, ser inviável apreciar a matéria na via escolhida por não ser o HC sucedâneo de recurso. Nessas circunstâncias, para o Min. Relator, a existência de recurso próprio para análise do pedido não obsta a apreciação das questões em HC devido a sua celeridade e à possibilidade de reconhecer flagrante ilegalidade no ato recorrido sempre que se achar em jogo a liberdade do réu. Diante do exposto, a Turma não conheceu do *writ*, mas concedeu a ordem de ofício. Precedente citado: HC 151.250-SC, DJe 5/4/2010. **HC 167.337-SP, Rel. Min. Gilson Dipp, julgado em 22/2/2011.** (Inform. STJ 464)

APENADO. PENA. LOCAL. TRABALHO.
O apenado cumpre pena em regime semiaberto pela prática de roubo e conseguiu um emprego em cidade distante da comarca do juízo da execução. Logo, a Turma negou provimento ao recurso do MP e manteve o réu em prisão domiciliar, não se aplicando o art. 117 da LEP. Assim, em razão da peculiaridade do caso, visando à ressocialização do condenado e levando em consideração suas condições pessoais, entendeu ser possível enquadrá-lo como exceção às hipóteses discriminadas no referido artigo. O condenado tem direito garantido de trabalho, além de possuir obrigação de fazê-lo como meio de promover a cidadania e a sua ressocialização, objetivo principal da pena na moderna concepção de Estado democrático de direito. **REsp 962.078-RS, Rel. Min. Adilson Vieira Macabu (Desembargador convocado do TJ-RJ), julgado em 17/2/2011.** (Inform. STJ 463)

PROGRESSÃO. REGIME. MANIFESTAÇÃO. MP.
Trata-se de *habeas corpus* objetivando desconstituir acórdão que, diante da ausência do prévio pronunciamento do Ministério Público (MP), cassou a progressão de regime concedida ao paciente e, ainda, determinou que ele fosse submetido a exame criminológico, do qual havia sido dispensado pelo juiz com base na nova redação do art. 112 da Lei de Execuções Penais (LEP). A Turma concedeu parcialmente a ordem ao entendimento de que, a despeito do vício formal da decisão de primeiro grau, não se mostra razoável determinar o retorno do paciente ao regime fechado, uma vez que o apenado não pode ser prejudicado com nulidade à qual não deu causa. Consignou-se, ainda, que a gravidade em abstrato das condutas que ensejaram a condenação e a longa pena a ser cumprida pelo paciente são circunstâncias que não constituem fundamento suficiente para negar a progressão, sobretudo quando há atestado recente de bom comportamento carcerário. Precedentes citados: HC 109.925-SP, DJe 27/9/2010; HC 21.449-GO, DJ 18/11/2002, e HC 55.899-DF, DJ 16/10/2006. **HC 191.569-SP, Rel. Min. Og Fernandes, julgado em 17/2/2011.** (Inform. STJ 463)

PRESÍDIO. SEGURANÇA MÁXIMA. RENOVAÇÃO.
A Seção asseverou que a renovação do período de permanência do apenado em estabelecimento penal federal de segurança máxima, nos termos do art. 10, § 1º, da Lei n. 11.671/2008, dá-se de forma excepcional, não bastando, para tanto, o mero reaproveitamento dos fundamentos já utilizados em requerimentos prévios – *in casu*, o juízo suscitante (juízo de origem do preso) formulou o segundo pedido de prorrogação da transferência ao juízo suscitado (juízo da vara de execuções penais federais) sob a justificativa de interesse da segurança pública. Para a Min. Relatora, a situação do cárcere nos presídios federais deve ser avaliada pelo julgador com enfoque no princípio da prevalência dos direitos humanos, na legalidade e na dignidade da pessoa humana. Com essas considerações, declarou-se competente o juízo suscitante para apreciar a execução da pena do preso, que deverá retornar ao estado de origem. Precedentes citados: CC 110.945-AM; CC 106.137-CE, DJe 3/11/2010, e CC 110.576-AM. **CC 114.478-RJ, Rel. Min. Maria Thereza de Assis Moura, julgado em 9/2/2011 (ver Informativo n. 438).** (Inform. STJ 462)

EXECUÇÃO PENAL. SINDICÂNCIA. INSTRUÇÃO. AUSÊNCIA. ADVOGADO.
Foi instaurada contra o ora paciente sindicância para apurar falta disciplinar considerada de natureza grave (art. 53, III e IV, da LEP), consistente em desrespeitar as normas de disciplina da unidade prisional, por ter ameaçado funcionário no exercício de suas funções (art. 52 do mesmo diploma). As declarações do sindicado e os depoimentos das testemunhas não foram realizados na presença de defensor, constituído ou nomeado. A Turma concedeu a ordem e anulou a sindicância por entender que não se aplica à espécie a Súmula vinculante n. 5 do STF, porque os precedentes que a embasaram não dizem respeito à execução penal e desconsiderada a condição de vulnerabilidade a que submetido o encarcerado. **HC 135.082-SP, Rel. Min. Maria Thereza de Assis Moura, julgado em 3/2/2011.** (Inform. STJ 461)

PROGRESSÃO. ERRO. CERTIDÃO.
O paciente logrou progressão ao regime semiaberto, porém com lastro em certidão equivocada que desconsiderou uma das condenações no cálculo das penas impostas, reprimenda proferida antes da que fixou o regime inicial fechado (não se tratava de novo delito). Na sede recursal, ao considerar a soma das penas resultantes das diversas condenações (unificação de penas), determinou-se a sujeição do paciente a novo marco para a obtenção dos benefícios constantes da Lei de Execuções Penais (a data do julgamento no colegiado). Todavia, a contagem para efeito de progressão deve dar-se da prisão do paciente no regime fechado, visto que não houve, propriamente, regressão de regime, mas sim uma retificação, a manutenção jurídica do regime fechado, provimento que substituiu a decisão unipessoal de progressão. Dessa forma, há que conceder a ordem com o fito de que o juízo das execuções aprecie os incidentes da execução, tendo por marco inicial a data de início do cumprimento da reprimenda no regime fechado. **HC 97.958-MS, Rel. Min. Maria Thereza de Assis Moura, julgado em 5/8/2010.** (Inform. STJ 441)

PRESO. ESTADO DIVERSO. RECAMBIAMENTO. PROGRESSÃO.
Noticiam os autos que o ora paciente teria supostamente cometido, em março de 1998, o delito de tentativa de homicídio em uma determinada comarca do Estado de São Paulo, pelo que, após a prisão em flagrante, teve deferido a seu favor o pedido de liberdade provisória. No entanto, em dezembro de 2000, o Juízo daquela comarca houve por bem revogar tal benefício e, consequentemente, determinar a expedição de mandado de prisão, por tomar conhecimento de que o paciente havia praticado novo crime (homicídio qualificado) em comarca situada no Estado de Minas Gerais. Nesse segundo processo, no qual houve a condenação à pena de 12 anos de reclusão em regime inicial fechado, deferiu-se ao paciente a progressão para o regime semiaberto. Contudo, a transferência não ocorreu, pelo fato de o apenado encontrar-se aguardando o recambiamento para a comarca de SP, em virtude do mandado de prisão anteriormente expedido. Diante disso, a Turma concedeu a ordem para determinar a expedição de alvará de soltura em favor do paciente, tão somente quanto ao processo em trâmite na comarca situada em SP, mediante compromisso de comparecimento a todos os atos do processo, a fim de que possa ser transferido para o regime semiaberto, conforme progressão deferida pelo juízo das execuções da comarca situada em MG. Precedentes citados: RHC 21.064-PI, DJe 5/4/2010; HC 123.497-SP, DJe 22/3/2010 e HC 103.683-SP, DJe 5/10/2009. **HC 115.785-SP, Rel. Min. Laurita Vaz, julgado em 22/6/2010.** (Inform. STJ 440)

REGIME ABERTO. PRESTAÇÃO. SERVIÇOS. COMUNIDADE.
Apesar de poder ser cumulada com outra pena restritiva de direitos, a pena de prestação de serviços à comunidade, de caráter substitutivo e autônomo, não pode ser fixada como condição especial (arts. 115 e 119 da LEP) para o cumprimento da pena privativa de liberdade em regime aberto. Como cediço, as penas privativas de direitos aplicam-se alternativamente às privativas de liberdade, mas não podem ser cumuladas com elas, pois sequer há previsão legal nesse sentido. A intenção do legislador ao facultar a estipulação de condições especiais para o cumprimento do regime aberto foi englobar circunstâncias inerentes ao próprio regime que não constavam das condições obrigatórias previstas no art. 115 da LEP e não fixar outra pena, o que resultaria duplo apenamento para um mesmo ilícito penal sem autorização legal ou mesmo aval da sentença condenatória (*bis in idem*). Precedentes citados: HC 138.122-SP, DJe 1º/2/2010, e HC 118.010-SP, DJe 13/4/2009. **HC 164.056-SP, Rel. Min. Maria Thereza de Assis Moura, julgado em 10/6/2010.** (Inform. STJ 438)

EXAME CRIMINOLÓGICO. SÉRIE. CRIMES.
O paciente está a cumprir mais de 21 anos de pena em razão das condenações pelos crimes de furto, roubo, latrocínio e posse de entorpecentes. Formulou, então, ao juízo da execução pedido de progressão de regime, o que foi atendido. Contudo, mediante agravo de execução interposto pelo MP, o tribunal de origem achou por bem cassar a decisão concessiva da benesse ao fundamento de que haveria a necessidade de submissão ao exame criminológico. O impetrante, por sua vez, alegou a desnecessidade de realização do exame, visto que ele foi abolido pela Lei n. 10.792/2003. Quanto a isso, a jurisprudência do STJ já se firmou no sentido de que, embora a referida lei não o exija mais, o exame criminológico pode ser determinado pelo juízo mediante decisão fundamentada (Súm. n. 439-STJ), pois cabe ao magistrado verificar os requisitos subjetivos à luz do caso concreto. Ao juízo também é lícito negar o benefício quando recomendado pelas peculiaridades da causa, desde que também haja a necessária fundamentação, em observância do princípio da individualização da pena (art. 5º, XLVI, da CF/1988). Na hipótese, a cassação do benefício encontra-se devidamente fundamentada, pois amparada na aferição concreta de dados acerca do paciente, condenado, pela prática de uma série de crimes, a uma longa pena a cumprir, o que recomenda uma melhor avaliação do requisito subjetivo mediante a submissão ao exame criminológico. Precedentes citados: HC 114.747-SP, DJe 15/3/2010, e HC 122.531-SP, DJe 28/9/2009. **HC 159.644-SP, Rel. Min. Laurita Vaz, julgado em 18/5/2010. (Inform. STJ 435)**

PROGRESSÃO. PRISÃO PROVISÓRIA.
O paciente foi preso em flagrante e denunciado por formação de quadrilha e receptação. Foi condenado a nove anos de reclusão, mas apelou da sentença. Dois anos após a prisão, o STJ concedeu-lhe liberdade para que aguardasse solto o julgamento de sua apelação. O TJ, por sua vez, absolveu-o da prática do crime de quadrilha e lhe reduziu a condenação pelo crime de receptação a quatro anos e oito meses de reclusão no regime semiaberto. Agora, com o *habeas corpus*, buscava o cumprimento do restante da pena no regime aberto. Diante disso, a Turma entendeu, por maioria, determinar o recolhimento do mandado de prisão e submeter ao juiz da execução o pedido de progressão de regime formulado. Precedente citado: HC 142.513-ES. **HC 117.099-SP, Rel. Min. Nilson Naves, julgado em 15/4/2010.** (Inform. STJ 430)

LIVRAMENTO CONDICIONAL. REVOGAÇÃO POSTERIOR.
A Turma reiterou seu entendimento de, uma vez cumprido o prazo do livramento condicional e suas condições, não havendo suspensão ou revogação, a pena deve ser extinta automaticamente, conforme dispõe o art. 90 do CP. Não é permitido ao juízo das execuções retroagir ao tempo do período de prova para revogar o benefício, visto que definitiva a condenação em crime praticado naquele momento e mais tarde percebido. Precedente citado do STF: HC 81.879-SP, DJ 20/9/2002; do STJ: HC 21.832-RJ, DJ 22/4/2003. **HC 149.597-RJ, Rel. Min. Arnaldo Esteves Lima, em 23/3/2010.** (Inform. STJ 428)

LIVRAMENTO CONDICIONAL. SUSPENSÃO. FALTA GRAVE.
Noticiam os autos que o paciente obteve o benefício do livramento condicional, mas o juízo da execução suspendeu cautelarmente todos os benefícios executórios em razão da notícia de sua prisão pela prática de outro crime. Agora, no *writ*, o impetrante alega que a suspensão dos benefícios executórios devido ao cometimento de falta grave só poderia ocorrer quando a sentença condenatória tivesse transitado em julgado. Explica o Min. Relator não haver qualquer ilegalidade na decisão atacada, porquanto a prática de novo crime doloso pelo réu configura falta grave, o que autoriza a suspensão cautelar do benefício, independentemente do trânsito em julgado de eventual sentença condenatória (arts. 52 e 145 da LEP). Diante do exposto, a Turma denegou a ordem da *habeas corpus*. Precedentes citados: REsp 984.570-RS, DJe 15/12/2008; REsp 766.611-RS, DJ 24/10/2005; RHC 13.484-SP, DJ 17/2/2003; RHC 13.373-RJ, DJ 10/3/2003; HC 20.310-RJ, DJ 4/11/2002, e HC 85.217-SP, DJ 15/10/2007. **HC 15.379-RS, Rel. Min. Felix Fischer, julgado em 18/3/2010.** (Inform. STJ 427)

CONVERSÃO. PENA. PRESENÇA. DEFENSOR.
A conversão da pena restritiva de direitos em privativa de liberdade exige obediência aos princípios do contraditório e da ampla defesa. Dessarte, configura constrangimento ilegal a referida conversão dar-se sem a presença do defensor (não intimado) em audiência de justificação da qual resulte a expedição de mandado de prisão. Precedente citado: HC 35.110-RS, DJ 25/10/2004. **HC 149.575-RS, Rel. Min. Felix Fischer, julgado em 2/3/2010.** (Inform. STJ 425)

FALTA GRAVE. TRABALHO EXTERNO.
O paciente cumpre a pena em regime de semiliberdade, com a autorização para o trabalho externo na função de assessor jurídico de uma sociedade empresária. Consta dos autos que, em determinado dia, laborou pela manhã e solicitou dispensa com o fito de atender a um detento em comarca próxima, o que foi plenamente acolhido pelo empregador. Consta, também, seu retorno ao estabelecimento prisional na data e na hora determinadas. Nesse contexto, a Turma, ao prosseguir o julgamento, entendeu, por maioria, conceder a ordem ao fundamento de que esse fato não caracteriza falta disciplinar de natureza grave que esteja prevista no art. 50 da Lei n. 7.210/1984 (LEP). O art. 45 dessa mesma lei é claro ao determinar que o apenado só pode sofrer punição disciplinar se houver previsão legal. Precedente citado: AgRg no HC 75.799-SP, DJe 10/11/2008. **HC 141.127-SP, Rel. Min. Celso Limongi (Desembargador convocado do TJ-SP), julgado em 4/2/2010.** (Inform. STJ 421)

EXECUÇÃO PENAL. SAÍDA TEMPORÁRIA AUTOMÁTICA.
No julgamento do REsp, ao dar-lhe parcial provimento, a Turma entendeu, entre outras questões, não ser admissível a concessão automática de saídas temporárias ao condenado que cumpre pena em regime semiaberto sem a avaliação do juízo da execução e a manifestação do Ministério Público a respeito da conveniência da medida, sob pena de indevida delegação do exame do pleito à autoridade penitenciária. Precedentes citados: HC 94.187-RJ, DJe 4/8/2008; REsp 1.102.482-RJ, DJe 13/10/2009; HC 121.863-RJ, DJe 1º/6/2009; REsp 1.008.190-RS, DJe 20/10/2008; REsp 850.947-RS, DJ 26/2/2007, e REsp 712.964-RS, DJ 5/9/2005. **REsp 762.453-RS, Rel. Min. Maria Thereza de Assis Moura, julgado em 1º/12/2009.** (Inform. STJ 418)

EXECUÇÃO. PENA. PRESÍDIO FEDERAL.
A Turma reiterou o entendimento de que a Resolução n. 502/2006 do Conselho da Justiça Federal é constitucional, ao permitir o cumprimento de pena imposta por decisão da Justiça estadual em estabelecimento federal sob competência do juízo de Execução Criminal da Justiça Federal. A alegação de que o cumprimento da pena deve dar-se próximo à origem do condenado, de seus familiares e afins, para que seja facilitado o processo de ressocialização e de modo a contribuir para a saúde do preso não deve sobrepor-se ao interesse coletivo de segurança e ordem pública, além da própria ordem no estabelecimento de cumprimento da pena. Assim, demonstrada inquietude no presídio de origem, em razão da presença do ora paciente, de notória periculosidade, impõe-se sua transferência para local que possa recebê-lo e garantir não só a segurança pública mas também a segurança do condenado. A manutenção do apenado no sistema penitenciário federal é medida excepcional e provisória, devendo, cumprido o tempo determinado, voltar a execução da sanção para o juízo de origem. Contudo, na espécie, diante da periculosidade do paciente, que chefia uma das maiores organizações criminosas do país, justifica-se permanência naquele sistema prisional, desde que o ato seja devidamente fundamentado pelo juízo estadual. Quanto ao período de permanência no sistema, não há qualquer óbice em permanecer na prisão federal por mais de dois anos, desde que haja motivação. A lei não diz que a inclusão só pode ocorrer uma vez; sempre que a ordem pública reclamar, deverá haver reinclusão, desde que por motivos diversos dos anteriores. **HC 116.301-RJ, Rel. Min. Jorge Mussi, julgado em 10/11/2009.** (Inform. STJ 415)

LIVRAMENTO CONDICIONAL. EXAME. ASSISTENTE SOCIAL.
A Turma concedeu a ordem de *habeas corpus* para deferir ao paciente o livramento condicional. No caso dos autos, negou-se o livramento condicional com base na percepção subjetiva de assistente social que não tem razões suficientes para convalidar os motivos de indeferimento daquele benefício pelas instâncias ordinárias. Anotou-se que a assistente social não poderia falar do ponto de vista psicológico; no máximo poderia expor as condições de moradia, ambiente etc. Essa referência pouco positiva da assistente social também não é suficiente para tirar do paciente a perspectiva da liberdade condicional. **HC 138.498-RS, Rel. Min. Nilson Naves, julgado em 15/10/2009.** (Inform. STJ 411)

PEDIDO. REMOÇÃO. PRESÍDIO. CONDENADO.
Trata-se de *habeas corpus* em favor de paciente condenado a 25 anos e 10 meses por infração dos arts. 12, 13, 14 e 18, I e III, todos da Lei n. 6.368/1976; arts. 289, § 1º, e 334, ambos do CP; e art. 10 da Lei n. 9.437/1997, no qual pleiteia a transferência de presídio para ficar próximo à companheira e parentes, alegando o princípio da humanidade. Tal pretensão foi-lhe negada pelo TJ. Anotou o juiz que os sentenciados em geral não têm direito de escolher o local onde cumprirão a pena restritiva de liberdade, pois se respeita o local onde os crimes foram cometidos, além de subordinar-se aos interesses da segurança pública. Também constou do aresto combatido que nem em termos de ideal penitenciário poderia ser atendida a pretensão, pois parecer do MP estadual noticia que o paciente não conseguiu demonstrar a residência nem o vínculo com familiares. No mesmo sentido foi o parecer do MPF. Diante do exposto, a Turma, ao prosseguir o julgamento, denegou a ordem de *habeas corpus*. **HC 116.610-SP, Rel. Min. Napoleão Nunes Maia Filho, julgado em 6/10/2009.** (Inform. STJ 410)

REGIME DISCIPLINAR DIFERENCIADO. REQUISITOS.
Não há qualquer ilegalidade na submissão do paciente ao regime disciplinar diferenciado (art. 52, I, §§ 1º e 2º, da Lei n. 7.210/1984, na redação dada pela Lei n. 10.792/2003), pois todos os requisitos legais necessários à sua imposição estão presentes no caso: há requerimento circunstanciado do diretor do estabelecimento penal, prévia manifestação do MP e da defesa, além do despacho do juiz competente. Consta que o paciente pertence a conhecida facção criminosa, é mentor e líder de planos de fuga que só não se concretizaram devido à sua transferência para outro presídio. Outrossim, a sindicância instaurada que ao final concluiu pela participação do paciente na qualidade de líder do grupo insurgente foi devidamente acompanhada por advogado constituído. **HC 117.199-SP, Rel. Min. Napoleão Nunes Maia Filho, julgado em 15/9/2009.** (Inform. STJ 407)

ESTRANGEIRO. SITUAÇÃO IRREGULAR. PROGRESSÃO.
Admite-se a progressão ao regime semiaberto de estrangeiro em situação irregular no país, pois se cuida de regime intermediário em que a regra é o trabalho interno (colônia agrícola, industrial ou estabelecimento similar), independente de visto de permanência ou qualquer outro requisito de regularidade administrativa. Com esse entendimento, a Turma, ao prosseguir o julgamento, concedeu, por maioria, a ordem para que o juízo da vara de execuções penais examine os demais requisitos de concessão da progressão de regime prisional. O Min. Napoleão Nunes Maia Filho, vencido, alertava para a necessidade de, antes de proceder à progressão, comunicar à autoridade competente em matéria de estrangeiros para que adote as providências cabíveis. **HC 129.994-SP, Rel. Min. Arnaldo Esteves Lima, julgado em 15/9/2009.** (Inform. STJ 407)

TRÁFICO. PROGRESSÃO. REGIME. ESTRANGEIRO IRREGULAR.
É cediço que este Superior Tribunal tem admitido ao estrangeiro condenado em situação irregular a progressão ao regime semiaberto. Justificam-se tais decisões porque o art. 114 da Lei de Execução Penal somente exige que o condenado esteja trabalhando ou possa trabalhar para a inserção no regime aberto, além de que o princípio constitucional da igualdade estabelece que os estrangeiros gozam dos mesmos direitos individuais que os brasileiros, entre os quais, do direito de individualização da pena. Sucede que, nesse caso, a Turma concedeu a ordem de *habeas corpus,* mas, devido à condição de estrangeiro irregular, comunicou o Ministério da Justiça para que seja promovida a sua expulsão. Vencido em parte o Min. Napoleão Nunes Maia Filho, que concedia a ordem de *habeas corpus*, mas votava pela comunicação antes da progressão de regime. **HC 122.662-SP, Rel. Min. Arnaldo Esteves Lima, julgado em 3/9/2009.** (Inform. STJ 405)

PROGRESSÃO. REGIME PRISIONAL. FALTA GRAVE.
O STJ havia assegurado ao reclamante o direito à progressão de regime prisional mediante a utilização do requisito objetivo previsto no art. 112 da LEP. Entretanto, o juízo reclamado não descumpriu o que foi estatuído pelo STJ, pois deu andamento ao pedido de progressão ao buscar certificar-se do cumprimento daquele requisito (com amparo no lapso temporal de 1/6). Porém, sucede que foi reiniciada a contagem do prazo para a progressão em razão de o reclamado haver praticado falta grave, tal qual recomendam os julgados da Quinta Turma. Assim, há que se julgar improcedente a reclamação. Esse entendimento foi acolhido pela Seção, mas somente por sua maioria, pois votos divergentes, apesar de concordarem com a improcedência da reclamação, entendiam conceder *habeas corpus* de ofício ao reclamante, ao fundamento (predominante na Sexta Turma do STJ) de que o cometimento de falta grave não interrompe a contagem do prazo para a progressão de regime prisional. **Rcl 2.976-SP, Rel. Min. Laurita Vaz, julgada em 27/5/2009.** (Inform. STJ 396)

FALTA GRAVE. POSSE. ENTORPECENTE.
Na Turma, já se consolidou o entendimento de que o cometimento de falta grave pelo apenado implica reinício da contagem do prazo para a concessão de benefícios relativos à execução da pena, inclusive a progressão de regime prisional. Contudo, a contagem do novo período aquisitivo do requisito objetivo deverá iniciar-se na data do cometimento da última falta grave, a incidir sobre o remanescente da pena e não sobre a totalidade dela. A falta grave em questão é a posse de entorpecente pelo apenado no interior do estabelecimento prisional, na vigência do regime semiaberto, devidamente apurada em regular procedimento administrativo disciplinar (não há que se falar em corpo de delito). Precedentes citados: HC 66.009-PE, DJ 10/9/2007; REsp 842.162-RS, DJ 5/2/2007, e HC 72.080-SP, DJ 3/9/2007. **HC 122.860-RS, Rel. Min. Napoleão Nunes Maia Filho, julgado em 12/5/2009.** (Inform. STJ 394)

EXAME CRIMINOLÓGICO. PROGRESSÃO. REGIME PRISIONAL.
É nula a decisão do juízo de execução por falta de motivo expresso, ou seja, quando a decisão despreza a matéria que lhe é própria, além de que não se pode exigir o exame prisional do condenado sem a demonstração efetiva e concreta de sua necessidade à luz dos fatos constantes da execução. Com esse entendimento, a Turma, ao prosseguir o julgamento, após empate de votação, concedeu, em parte, a ordem de *habeas corpus*, por prevalecer a decisão mais favorável ao réu, de declarar nula a decisão do juízo de execução e determinar que o pedido de progressão do regime seja fundamentadamente decidido à luz da prova existente nos autos. No caso, o *habeas corpus* insurge-se contra decisão do TJ que, provendo agravo em execução do Ministério Público, reformou a decisão que concedeu a progressão do regime prisional ao paciente. Ressalta o Min. Relator que a nova redação do art. 112 da Lei n. 7.210/1984 (Lei de Execução Penal), dada pela Lei n. 10.792/2003, não excluiu o exame criminológico, a manifestação pericial e outros pareceres, em nada desconstituiu o sistema penal vigente que subordina a progressão de regime ao mérito do condenado, ou seja, a mudança de comportamento deve ocorrer no curso da execução e na sua readaptação social aferida segundo sua resposta ao processo de execução, conforme dispõe o § 2º do art. 33 do CP (que não foi revogado). O Min. Relator ainda aponta decisões do STF e deste Superior Tribunal admitindo a possibilidade do exame criminológico quando se faz necessário, mas desde que essa decisão seja adequadamente motivada, o que não aconteceu nos autos. Observa, ainda, que a motivação das decisões judiciais é mandamento constitucional e, no caso da progressão do regime prisional, existe específica e expressa exigência legal. Precedentes citados do STF: HC 86.631-PR, DJ 20/10/2006 e HC 88.052-DF, DJ 28/4/2006; do STJ: HC 69.560-GO, DJ 12/3/2007; HC 40.278-PR, DJ 20/6/2005; HC 93.366-SP, DJ 7/4/2008; HC 89.640-SP, DJ 10/3/2008, e HC 85.219-SP, DJ 24/9/2007. **HC 91.543-RS, Rel. Min. Hamilton Carvalhido, julgado em 12/5/2009.** (Inform. STJ 394)

EXECUÇÃO PENAL. FALTA GRAVE. PROGRESSÃO. REGIME.
A Turma denegou a ordem e reiterou o entendimento de que o cometimento de falta grave pelo condenado implica reinício da contagem dos prazos para obter os benefícios da progressão de regime. Precedentes citados: HC 98.880-SP, DJ 5/5/2008; HC 64.847-SP, DJ 29/10/2007, e HC 66.009-PE, DJ 10/9/2007. **HC 117.068-SP, Rel. Min. Laurita Vaz, julgado em 27/4/2009.** (Inform. STJ 392)

EXAME CRIMINOLÓGICO. PECULIARIDADES. CAUSA.
A impetrante alega que, a partir da vigência da Lei n. 10.792/2003, tornou-se desnecessário, para fins de concessão do benefício da progressão de regime, o exame criminológico, exigindo-se, em seu lugar, apenas o atestado de bom comportamento carcerário. Porém, a Turma denegou a ordem ao argumento de que o art. 112 da LEP, com a nova redação dada pela referida lei, dispõe ser necessário, para a concessão da progressão de regime, apenas o preenchimento cumulativo dos requisitos objetivo (ter cumprido ao menos um sexto da pena no regime anterior) e subjetivo (ostentar bom comportamento carcerário, comprovado pelo diretor do estabelecimento), sem tratar da necessidade do exame criminológico. Contudo, o referido exame pode ser solicitado, quando as peculiaridades da causa assim o recomendarem, atendendo-se ao princípio da individualização da pena previsto no art. 5º, XLVI, da CF/1988, como aconteceu na hipótese, em que se exigiu a realização da perícia sob o fundamento de que o paciente registra prática de falta disciplinar de natureza grave. **HC 122.706-SP, Rel. Min. Laurita Vaz, julgado em 27/4/2009.** (Inform. STJ 392)

PROGRESSÃO. REGIME PRISIONAL. LAUDO PSICOLÓGICO.
Ao considerar-se o pedido de progressão de regime, foi realizado parecer psicológico, o qual trouxe a informação negativa de que o paciente possuía baixa tolerância à frustração e não internalizava regras e limites, apesar de constar que o apenado manifestava interesse de buscar carta de emprego. Diante disso, o juiz entendeu que a avaliação não desaconselhava a progressão e, ao anotar que ela deixara de ser um requisito obrigatório à obtenção da benesse, deferiu o pedido. Porém, apegando-se à imprescindibilidade do exame psicológico (ou criminológico), mesmo ao reconhecer que a conduta do apenado era plenamente satisfatória e que ele ostentava bom comportamento carcerário, o Tribunal *a quo* proveu agravo de execução do MP. Diante disso, a Turma, por maioria, concedeu a ordem de *habeas corpus*, ao entender que o magistrado não está vinculado a laudos (art. 182 do CPP), não havendo razões suficientes para afastar os motivos que levaram o juiz a conceder motivadamente a progressão, lembrando que as decisões, principalmente na esfera penal, devem ser fundamentadas, ainda mais quando indeferem benefício previsto em lei, tal como o fez o Tribunal de Justiça. O voto vencido também entendia que o laudo não era imprescindível, sendo possível o juiz dele discordar, porém divergia quanto a estar motivada a decisão no caso. Precedente citado: REsp 108.944-DF, DJ 3/11/1988. **HC 126.640-RS, Rel. Min. Nilson Naves, julgado em 23/4/2009.** (Inform. STJ 391)

COMPETÊNCIA. EXECUÇÃO PENAL. TRANSFERÊNCIA.
Na espécie, os apenados foram transferidos para estabelecimento federal, por razões de segurança pública, devido à periculosidade de suas condutas. Nessas circunstâncias, a execução das penas é da competência do juízo federal em que se encontram os apenados transferidos, ou seja, o juízo do lugar onde a pena está sendo cumprida, de acordo com o disposto no art. 1º, § 1º, da Res. n. 557/2007 do Conselho da Justiça Federal, que tem redação similar ao art. 4º, § 1º, da Lei n. 11.671/2008, o que está de acordo com o art. 66 da LEP. O fato de a execução dos condenados ter origem na vara de execuções estadual de origem não altera a regra de competência legislada pela União nos arts. 22, I, e 24, I, da CF/1998. Diante do exposto,

a Seção declarou competente o juízo federal suscitante para apreciar as questões referentes à execução da pena no período de permanência dos presos custodiados no estabelecimento federal. Precedentes citados: CC 40.326-RJ, DJ 30/3/2005; CC 95.404-MG, DJe 8/9/2208, e CC 38.047-SP, DJ 23/6/2003. **CC 90.702-PR, Rel. Min. Og Fernandes, julgado em 22/4/2009.** (Inform. STJ 391)

PRISÃO DOMICILIAR. MATERNIDADE.
A Turma, prosseguindo o julgamento, por maioria, excepcionando, por analogia, a aplicação do art. 117 da Lei n. 7.210/1984, concedeu prisão domiciliar para exercício da maternidade, embora a paciente responda a vários processos em curso e já tenha sido superada a fase de amamentação. Malgrado não possa ser solucionada a questão social, dada a peculiariedade do caso, o *writ* foi concedido mormente devido à impossibilidade de transferência da ré para a comarca mais próxima de onde reside o filho de tenra idade, a exigir a proteção materna, por falta de parentes para cuidarem da criança: o avô faleceu e a avó estaria impossibilitada de ficar com a criança. Precedentes citados: HC 96.719-RS, DJ 28/4/2008, e HC 22.537-RJ, DJ 12/5/2008. **HC 115.941-PE, Rel. Min. Maria Thereza de Assis Moura, julgado em 2/4/2009.** (Inform. STJ 389)

ESTRANGEIRO. PROGRESSÃO. REGIME SEMIABERTO.
O estrangeiro em situação irregular no país que não possui decreto de expulsão contra si tem direito à progressão para o regime semiaberto, desde que cumpridos os pressupostos para sua concessão. O simples fato de não poder exercer atividade remunerada no mercado formal não é empecilho para a concessão do benefício. A lei penal não exige que ele tenha uma promessa efetiva de emprego com carteira assinada, mas que tenha condição de exercer trabalho honesto e lícito para prover sua subsistência e de sua família, mesmo que na informalidade, situação expressiva de parte da população brasileira. Precedentes citados: HC 106.175-SP, DJ 15/12/2008, e REsp 662.567-PA, DJ 26/9/2005. **HC 123.329-RN, Rel. Min. Laurita Vaz, julgado em 3/3/2009.** (Inform. STJ 385)

PRISÃO DOMICILIAR. MOLÉSTIA GRAVE.
A Turma, dada a excepcionalidade do caso, concedeu a ordem ao entendimento de que, demonstrado o delicado estado de saúde do paciente, acometido de doença grave (tuberculose), que exige tratamento contínuo e controlado, cabe cumprimento da pena em prisão domiciliar estabelecida mesmo em regime semi aberto, mormente pela falta de estrutura do sistema penitenciário. Precedentes citados: HC 66.702-MT, DJ 5/2/2007, e HC 40.748-MT, DJ 20/2/2006. **HC 106.291-RS, Rel. Min. Laurita Vaz, julgado em 17/2/2009.** (Inform. STJ 384)

PRAZO. INTERRUPÇÃO. FALTA GRAVE.
A Turma, por maioria, concedeu a ordem de *habeas corpus* ao entendimento de que o cometimento de falta grave, em tese, não interrompe o prazo para obtenção de futuros benefícios do apenado, pois isso foge totalmente ao espírito da execução penal. **HC 123.451-RS, Rel. Min. Nilson Naves, julgado em 17/2/2009.** (Inform. STJ 384)

REGIME ABERTO. PRESTAÇÃO. SERVIÇO. COMUNIDADE.
No âmbito do regime aberto, é possível estabelecer obrigatoriamente a prestação de serviços à comunidade, pois não se trata de comutação de pena, mas sim de condição especial (art. 115 da LEP). Precedente citado: REsp 982.847-PR, DJe 17/11/2008. **HC 81.098-SP, Rel. Min. Laurita Vaz, julgado em 3/2/2009.** (Inform. STJ 382)

INTERNAÇÃO. SUBSTITUIÇÃO. TRATAMENTO PSIQUIÁTRICO E PSICOLÓGICO.
O paciente foi processado pelo crime do art. 155 do CP. Foi absolvido por ser considerado inimputável, no entanto foi submetido à medida de segurança de internação (art. 286, III, parágrafo único, c/c art. 97, ambos do CP) pelo prazo mínimo de um ano e máximo indeterminado, em local a ser designado pelo juízo das execuções penais. Inconformado, o paciente interpôs apelação, à qual se negou provimento. Neste *habeas corpus,* pretende a aplicação do princípio da insignificância. Diante do exposto, a Turma conheceu parcialmente do pedido e, nessa parte, concedeu a ordem para substituir a internação por tratamento psiquiátrico e psicológico ambulatorial, pelo mesmo prazo determinado para a internação, ou seja, no mínimo por um ano, até que cesse sua periculosidade, devendo fazer-se essa averiguação ao final do prazo mínimo, repetida de ano em ano ou a qualquer tempo, se o determinar o juiz da execução penal. Deverá o magistrado indicar a clínica ou o profissional para fazer tratamento. Para a Min. Relatora, a questão do princípio da insignificância não foi deduzida perante o Tribunal de origem, logo não pode ser examinada por este Superior Tribunal. Também não se pode condenar o paciente e lhe impor pena pelo crime de furto privilegiado, pois se estaria fazendo *reformatio in pejus*, o que é inteiramente proibido. A melhor solução seria a pena de detenção – a mais adequada –, pois o furto foi de pequeno valor, notadamente, quando evidente que ele necessita de um tratamento que o ajude a elaborar de melhor modo as questões emocionais, habilitando-o para viver de um modo mais saudável em sociedade. Entende a Min. Relatora que não se trata de caso de internação, que poderia até piorar as condições psicológicas do paciente, devendo fazer um tratamento ambulatorial que lhe permita conviver com a família e amigos, sem oferecer risco ao patrimônio de outras pessoas, pois não se trata de pessoa violenta nem com um passado que faça presumir sua periculosidade. Ressalte-se que, hoje, os hospitais psiquiátricos estão fechando, restituindo à sociedade aquelas pessoas que ali se encontravam por problemas mentais, sendo entendimento geral que o tratamento deve ser feito dentro da própria sociedade e não à sua margem, em local isolado. Precedente citado: REsp 324.091-SP, DJ 9/2/2004. **HC 113.016-MS, Rel. Min. Jane Silva (Desembargadora convocada do TJ-MG), julgado em 18/11/2008.** (Inform. STJ 377)

OITIVA PRÉVIA. REGRESSÃO PROVISÓRIA.
A Turma entendeu inexistir qualquer irregularidade em determinar a regressão provisória do apenado foragido, independente da oitiva prévia, pois, estando em regime aberto, empreendeu fuga vinte vezes. No caso, a fuga caracteriza-se como falta grave, ademais, encontrando-se o réu ainda foragido, é dispensável a oitiva, exigível mormente no procedimento da regressão definitiva para regime mais rigoroso. Precedentes citados: Rcl 2.649-SP, DJe 17/10/2008; RHC 19.780-RJ, DJ 30/10/2006; HC 97.674-MS, DJe 18/8/2008; HC 29.353-RJ, DJ 25/10/2004, e HC 20.578-SP, DJ 28/10/2002. **HC 115.373-RJ, Rel. Min. Jane Silva (Desembargadora convocada do TJ-MG), julgado em 20/11/2008.** (Inform. STJ 377)

HC. MEDIDA. SEGURANÇA. ALTA PROGRESSIVA.
O paciente cumpre medida de segurança desde 1º/4/1990 no Instituto Psiquiátrico Forense (IPF). Em 23/10/2007, o juiz decidiu pela prescrição da medida de segurança e determinou um período de transição de seis meses para que providências fossem tomadas pelo IPF com a finalidade de efetivar o benefício concedido. O Ministério Público agravou dessa decisão e o TJ deu provimento ao recurso, entendendo que a prescrição com relação às medidas de segurança ocorrerão em 30 anos, simplesmente porque a CF/1988 veda a pena de caráter perpétuo. Daí o *habeas corpus*, sustentando que o crime de incêndio prescreve em dezoito anos. Note-se que os autos noticiam que o paciente provocou e tentou atear diversos incêndios até ser instaurado incidente de insanidade mental, em que peritos o diagnosticaram como portador de esquizofrenia paranóica, sendo incapaz, na época, de entender o caráter ilícito de suas ações. Para a Min. Relatora, invocando, no mesmo sentido, o parecer da Subprocuradoria-Geral da República, não se trata de prescrição da pretensão executória, nem da pretensão punitiva ou mesmo da análise do período máximo de cumprimento pelo paciente da medida de segurança imposta. Esclarece que, caso se tratasse de prescrição, o máximo da pena do crime de incêndio seria utilizado para o cálculo, todavia a internação do paciente interrompeu o lapso prescricional, não havendo essa hipótese nos autos. Também não pode dizer que o paciente já cumpriu a medida pelo prazo máximo permitido, isso porque este Superior Tribunal tem entendimento de que a medida de segurança deve durar enquanto perdurar a periculosidade do agente, não havendo delimitação temporal máxima definida em lei. Ainda que se quisesse aplicar o entendimento do STF quanto ao tempo de término da medida de internação diante da inexistência de prisão de caráter perpétuo, nesse caso, o prazo seria de 30 anos, por analogia ao art. 75 do CP. Ressalta ainda que não desconhece a doutrina moderna, segundo a qual o prazo máximo para o término da medida de segurança seria calculado pelo máximo da pena cominada ao crime pelo qual responde o agente, em razão de que lhe foi imposta a medida de segurança, ainda durante o processo de conhecimento. Entretanto, essas hipóteses não se prestam ao caso dos autos; concluiu, assim, que, embora o magistrado tenha-se equivocado quanto à prescrição da medida de segurança que não ocorreu, procedeu de maneira acertada ao determinar o sistema de transição. A decisão monocrática esclareceu que, atualmente, o paciente tem sua periculosidade controlada, foi recentemente beneficiado com alta progressiva e usufrui de pequenas e controladas saídas da instituição. Embora ainda necessite de tratamento psiquiátrico contínuo, ele já pode ter alta planejada e reabilitação psicossocial assistida fora do IPF. Explica que o magistrado é que se encontra mais próximo dos fatos, tendo, por isso, maiores condições de aquilatar as situações como a dos autos e por isso mantém a decisão monocrática de desinternação progressiva assistida por redução da periculosidade do paciente. Com

esse entendimento, a Turma concedeu parcialmente a ordem para cassar o acórdão e a parte da decisão monocrática apenas quanto à prescrição. Precedentes citados do STF: HC 84.219-SP, DJ 23/9/2005; do STJ: HC 41.269-SP, DJ 29/8/2005, e HC 89.212-SP, DJ 22/4/2008. **HC 113.459-RS, Rel. Min. Jane Silva (Desembargadora convocada pelo TJ-MG), julgado em 28/10/2008.** (Inform. STJ 374)

TELEFONE CELULAR. PRESÍDIO. POSSE.

A Turma reiterou o entendimento de que a posse por réu preso de aparelho celular ou seus componentes no interior de presídio não é considerada falta disciplinar grave, já que, à época dos fatos, não era tipificada como tal na LEP, não obstante a Resolução n. 113/2003 da Secretaria de Administração Penitenciária estadual. Precedentes citados: AgRg no HC 71.761-SP, DJ 22/4/2008, e HC 87.788-SP, DJ 3/12/2007. **AgRg no HC 75.799-SP, Rel. Min. Og Fernandes, julgado em 21/10/2008.** (Inform. STJ 373)

POSSE. TELEFONE CELULAR. PRESÍDIO.

A posse de aparelho celular dentro do presídio deu-se em 15/8/2005, antes da entrada em vigor da Lei n. 11.466/2007, que alterou a Lei n. 7.210/1984, passando a prever como falta disciplinar grave do preso a utilização de telefone celular nas dependências do presídio. Assim, a lei não poderia retroagir para prejudicar o réu. Com esse entendimento, a Turma concedeu a ordem para que seja retirada da folha de antecedentes e roteiro de penas da paciente a anotação de falta grave por posse de aparelho celular. Precedentes citados: HC 98.885-SP, DJ 23/6/2008, e HC 45.278-SP, DJ 15/5/2006. **HC 105.158-SP, Rel. Min. Laurita Vaz, julgado em 16/10/2008.** (Inform. STJ 372)

HC. PROGRESSÃO. REGIME. PERDA. DIAS REMIDOS.

Trata-se de HC impetrado em favor do paciente contra decisão de TJ que determinou a perda dos dias remidos e o reinício da contagem do lapso temporal para fins de concessão de benefícios em razão da prática de falta grave, por ausência de previsão legal. Diante disso, a Turma concedeu parcialmente a ordem para determinar o reinício da contagem do prazo de cumprimento da pena somente para fins de progressão de regime, mantendo a perda dos dias remidos, mas excluindo os efeitos da interrupção do prazo em relação ao livramento condicional e à comutação. O Min. Nilson Naves concedia a ordem em maior extensão, por entender imperdíveis os dias remidos, baseando-se em seu voto no HC 40.940-DF, DJ 26/32007. Precedentes citados: HC 87.856-SP, DJ 4/8/2008; AgRg no REsp 810.076-RS, DJ 14/4/2008, e HC 103.266-SP, DJe 18/8/2008. **HC 108.438-SP, Rel. Min. Jane Silva (Desembargadora convocada do TJ--MG) julgado em 16/10/2008.** (Inform. STJ 372)

EXECUÇÃO. PENA RESTRITIVA. DIREITOS. PRESCRIÇÃO.

O paciente compareceu à entidade assistencial designada pelo juízo da execução, local onde deveria cumprir a pena de prestação de serviços à comunidade a que fora condenado, porém foi dispensado por não se enquadrar no perfil exigido por ela. Após, viu essa pena ser convertida em privativa de liberdade, bem como ser expedido o mandado de prisão, sem que, ao menos, o juízo perquirisse os motivos pelos quais não mais compareceu ao local da prestação do serviço. Diante disso, a Turma, entre outros, entendeu que o mero comparecimento à entidade, tal como relatam os autos, é capaz de configurar a causa interruptiva da prescrição prevista no art. 117, V, do CP (início do cumprimento da pena), pois o art. 149, § 2º, da LEP é claro em determinar que a execução daquela pena terá início a partir da data do primeiro comparecimento. Assim, ainda que dispensada pela entidade assistencial, a presença do paciente na data marcada vale como dia cumprido de pena. Quanto ao mais, determinou, de ofício, que o juízo ouça o paciente sobre os motivos que o levaram a interromper a prestação do serviço, isso com o desiderato de apurar se seria possível a substituição da pena por outra antes de convertê-la em privativa de liberdade. **HC 108.007-SP, Rel. Min. Jane Silva (Desembargadora convocada do TJ-MG), julgado em 25/9/2008.** (Inform. STJ 369)

HC. EXAME CRIMINOLÓGICO. PROGRESSÃO. REGIME.

Para a concessão do benefício da progressão de regime, deve o acusado preencher os requisitos de natureza objetiva (lapso temporal) e subjetiva (bom comportamento carcerário) nos termos do art. 112 da LEP, com a redação dada pela Lei n. 10.792/2003. Pode o magistrado, excepcionalmente, determinar a realização de exame criminológico diante das peculiaridades da causa, desde que o faça em decisão concretamente fundamentada. Dessa forma, muito embora a nova redação do art. 112 da LEP não mais exija o exame criminológico, ele pode ser realizado se o juízo da execução, diante das peculiaridades da causa, assim o entender, servindo de base para o deferimento ou indeferimento do pedido. Evidenciado, *in casu*, que a decisão de primeiro grau dispensou a realização do exame criminológico, concedendo a progressão de regime ao paciente, não é permitido ao Tribunal *a quo* reformar essa decisão e, por conseguinte, determinar a realização do referido exame sem a devida fundamentação, ou condicionar a progressão a requisitos que não os constantes no texto legal. Precedentes citados do STF: HC 88.052-DF, DJ 28/4/2006; HC 86.631-PR, DJ 26/10/2006; HC 88.005-SP, DJ 9/6/2006; do STJ: HC 73.736-SP, DJ 11/6/2007; HC 65.021-SP, DJ 19/3/2007, e HC 38.719-SP, DJ 5/9/2005. **HC 108.240-RS, Rel. Min. Felix Fischer, julgado em 4/9/2008.** (Inform. STJ 366)

RECOLHIMENTO. CADEIA. LOCAL. RESIDÊNCIA. PREPONDERÂNCIA. INTERESSE SOCIAL.

A Turma denegou a ordem ao argumento de ser sempre preferível que a pessoa processada ou condenada seja custodiada em presídio no local em que reside, inclusive para facilitar o exercício de seu direito à assistência familiar, mas, se sua permanência em presídio local evidencia-se impraticável ou inconveniente, em razão da periculosidade do agente e de suas desavenças com os demais detentos, é mister pôr em ressalto a preponderância ao interesse social da segurança e da própria eficácia da segregação individual. A precariedade das condições da cadeia em que se acha recolhido o paciente e a distância de seu grupo familiar não justificam o retorno do paciente à prisão de origem, de sorte que seu deslocamento acha-se plenamente amparado no art. 86, § 3º, da Lei de Execução Penal. Precedente citado: HC 32.886-SP, DJ 28/6/2004. **HC 84.931-MG, Rel. Min. Napoleão Nunes Maia Filho, julgado em 4/9/2008.** (Inform. STJ 366)

PRESO. TRANSFERÊNCIA.

O paciente insurge-se contra sua remoção para o sistema penitenciário de outra unidade federativa ao argumento de que não foi precedida das necessárias manifestações da defesa e do Ministério Público, bem como da decisão fundamentada do juiz federal. Também aduziu que vários documentos imprescindíveis para o deslinde da transferência não a acompanharam, inviabilizando o exercício da garantia constitucional da ampla defesa por cinco meses, sendo certo que faz jus a manter-se custodiado em local próximo à sua família. Mas a Turma, ao prosseguir o julgamento, negou provimento ao recurso ao argumento de que a transferência ocorreu com base no art. 6º da Lei n. 10.792/2003, isto é, em caráter de urgência, tendo em vista a existência de motim. Portanto, é razoável que toda a documentação necessária à transferência não tenha acompanhado o recorrente, situação que, todavia, vem sendo regularizada pelo juiz. Contudo, essa irresignação encontra-se superada, porquanto o colegiado dos juízes da respectiva seção de execução penal já deliberou quanto à homologação da transferência do recorrente. Não bastasse isso, o período de sua permanência foi prorrogado por mais um ano, a contar de 28 de agosto de 2007. Dessa forma, inviável o acolhimento das razões defensivas, devendo o recorrente permanecer no presídio federal em questão, salvo se as razões que justificaram sua transferência não mais subsistirem. **RHC 21.855-PR, Rel. Min. Jane Silva (Desembargadora convocada do TJ-MG), julgado em 19/8/2008.** (Inform. STJ 364)

PROGRESSÃO. PENA. PRINCÍPIO *IN DUBIO PRO SOCIETATE*.

O ora paciente, em razão do cometimento do crime de roubo qualificado, foi condenado à pena de nove anos de reclusão em regime fechado. Tendo cumprido mais de um sexto da pena, pugnou pela progressão a regime mais brando. Sucede que o juízo negou-lhe a benesse, fundamentando-se na quantidade da pena ainda a ser cumprida (à época, sete anos), bem como na aplicação do princípio do *in dubio pro societate*, pois haveria risco à coletividade na concessão do benefício. Ressalte-se que, não obstante o fato de o cidadão encontrar-se preso, há que se lhe reconhecer a titularidade de direitos, que devem ser respeitados, sob pena de macular-se o Estado de Direito. A natureza do crime perpetrado, a anterior periculosidade do agente e a quantidade da pena imposta não podem constituir óbice à progressão de regime, pois esse direito mostra-se inarredável, salvo fundamentação idônea não presente na hipótese. É temeroso afirmar que a pouca fiscalização do regime intermediário causaria risco à sociedade se a culpa dessa circunstância recai não sobre o apenado, mas sobre os órgãos encarregados da execução das reprimendas, componentes do próprio Estado. Outrossim, a constatação de que foi a própria sociedade, mediante seus representantes legais, quem concedeu esse benefício aos apenados tornaria equivocado invocar o aludido princípio. Com esses fundamentos, a Turma, apesar de não conhecer do HC, determinou de ofício que o juízo promova a progressão, considerando o tempo cumprido indevidamente no regime fechado como já cumprido em regime semi-aberto. **HC 107.662-SP, Rel. Min. Jane Silva (Desembargadora convocada do TJ-MG), julgado em 7/8/2008.** (Inform. STJ 362)

EXECUÇÃO PROVISÓRIA. GUIA. RECOLHIMENTO.
A execução, mesmo a provisória, não prescinde da expedição da correspondente guia de recolhimento, documento hábil para instrumentalizar o processo executório penal. Inteligência dos arts. 105, 106 e 107 da Lei n. 7.210/1984 (Lei de Execução Penal). **HC 97.757-SP, Rel. Min. Laurita Vaz, julgado em 5/6/2008.** (Inform. STJ 358)

HC. PROGRESSÃO. REGIME. EXAME CRIMINOLÓGICO.
Para a concessão do benefício da progressão de regime, deve o acusado preencher os requisitos de natureza objetiva (lapso temporal) e subjetiva (bom comportamento carcerário) nos termos do art. 112 da Lei de Execução Penal, com redação dada pela Lei n. 10.792/2003. Pode o magistrado, excepcionalmente, determinar a realização do exame criminológico diante das peculiaridades da causa, desde que o faça em decisão concretamente fundamentada. Dessa forma, muito embora a nova redação do art. 112 da LEP não mais exija o exame criminológico, ele pode ser realizado se o juízo da execução, diante das peculiaridades da causa, assim o entender, servindo de base para o deferimento ou indeferimento do pedido. Evidenciado, *in casu*, que o juiz da vara de execuções criminais dispensou o exame criminológico e, assim, concedeu a progressão de regime ao paciente, não é permitido reformar esta decisão e, por conseguinte, condicionar a progressão a requisitos que não os constantes no texto legal. Contudo, consta do acórdão, além da exigência da realização de exame criminológico, que o paciente não preenche o requisito subjetivo uma vez que não possui boa conduta carcerária. Diante disso, a Turma denegou a ordem. Precedentes citados do STF: HC 88.052-DF, DJ 28/4/2006; do STJ: HC 65.021-SP, DJ 19/3/2007; HC 69.560-GO, DJ 12/3/2007, e HC 67.299-SP, DJ 18/12/2006. **HC 100.900-RS, Rel. Min. Felix Fischer, julgado em 28/5/2008.** (Inform. STJ 357)

HC. POSSE. CELULAR.
O juiz das execuções criminais reconheceu, em desfavor do paciente, a prática de falta disciplinar grave consistente na posse de aparelho celular no interior do estabelecimento prisional, declarando, por conseguinte, a perda dos dias remidos e a anotação da falta em seu prontuário de penas. A defesa impetrou *mandamus*, sustentando a ilegalidade da medida por ausência de previsão legal do fato como falta disciplinar grave. O Min. Relator observou que este Superior Tribunal tem se posicionado no sentido de que, não obstante a previsão de recurso específico para o caso em tela, qual seja, o agravo em execução (art. 197 da Lei de Execuções Penais), é admissível a utilização do *mandamus* na espécie, dada a possibilidade de lesão ao direito de locomoção do paciente. Assim, a Turma concedeu a ordem para determinar a remessa dos autos ao Tribunal *a quo*, para que examine a questão, como entender de direito. **HC 101.153-SP, Rel. Min. Felix Fischer, julgado em 28/5/2008.** (Inform. STJ 357)

HC. PENA. COMUTAÇÃO. FALTA GRAVE.
Na espécie, a Min. Relatora verificou que o juiz de Direito equivocou-se ao conceder a comutação da pena ao paciente, pois ele cometeu duas faltas graves no período compreendido entre os últimos doze meses anteriores à edição do Dec. n. 5.295/2004. Embora a relatora no conselho penitenciário estadual tenha ofertado parecer favorável à comutação da pena, tendo em vista o atestado de bom comportamento carcerário do paciente, ela mesma reconheceu o fato mencionado, o qual seria suficiente para obstar a pretensão do reeducando. Porém, este Superior Tribunal não pode invocar, neste *habeas corpus*, questão prejudicial ao paciente não reconhecida pelo Tribunal estadual e não alegada pelo Ministério Público em tempo hábil. Isso posto, a Turma concedeu a ordem para cassar o acórdão e restabelecer a decisão monocrática que concedeu ao réu a comutação de 1/5 do remanescente de sua pena. **HC 101.261-SP, Rel. Min. Jane Silva (Desembargadora convocada do TJ-MG), julgado em 26/5/2008.** (Inform. STJ 357)

EXECUÇÃO PENAL. REMOÇÃO. PRESO.
Em regra, a execução da pena deve ocorrer na mesma comarca em que se consumou o delito, entretanto o art. 86 da Lei de Execução Penal admite exceções a essa regra, ou seja, a transferência de condenado para sistema penitenciário de outra unidade federativa em estabelecimento local ou da União, desde que fundamentada a decisão pelo juiz por motivação idônea e válida para justificá-la. Na hipótese dos autos, o juízo estadual motivou sua decisão em razão de indícios, com base em interceptações telefônicas, de que o paciente comandava várias operações criminosas de dentro do presídio. Contudo, essa remoção deu-se sem a prévia decisão do Juízo Federal, além de não ter sido estabelecido prazo máximo para a custódia. Daí o impetrante questionar os aspectos formais dessa transferência sem as cautelas estabelecidas na Resolução n. 557/2007 do Conselho da Justiça Federal. Explica a Min. Relatora que a mencionada resolução publicada em 8/5/2007 teve sua vigência limitada a um ano (período da transferência do paciente) e, em 8/5/2008, foi editada a Lei n. 11.671/2008, a qual passou a reger a matéria. Ambas as legislações prevêem que a admissão do preso, condenado ou provisório, necessita de decisão prévia fundamentada do juízo federal. Observa, no entanto, que não há ilegalidade se, em caráter excepcional, deixar-se a conclusão do ato pendente do cumprimento das formalidades, desde que, como no caso, justificadamente, elas forem feitas mesmo a destempo. Inclusive, o juízo federal acolheu, nos autos, o pedido de remoção do paciente. Por fim, ressalta que, quanto à ausência de fixação de prazo da medida, também não houve irregularidade, porque a admissão do paciente no presídio federal deu-se em caráter cautelar, uma vez que pendente a decisão de transferência em outro *habeas corpus* só agora denegado. Ademais, o prazo máximo para a medida é de 360 dias, prorrogável por igual período em situações excepcionais, previsto tanto na citada resolução como no art. 10, § 1º, daquela lei. Diante desses fundamentos, a Turma denegou a ordem. Precedentes citados: HC 51.157-SP, DJ 25/9/2006, e HC 77.835-PR, DJ 8/10/2007. **HC 100.223-PR, Rel. Min. Jane Silva (Desembargadora convocada do TJ-MG), julgado em 27/5/2008.** (Inform. STJ 357)

REGIME. PROGRESSÃO. LEI MAIS BENÉFICA.
Ao paciente foi deferida a progressão de regime pelo juiz da vara de execução penal. Contra essa decisão, o Ministério Público interpôs agravo em execução e o Tribunal *a quo* cassou aquela decisão ao argumento de que a progressão deveria ser analisada sob os critérios da Lei n. 11.464/2007. Nesse contexto, o Min. Relator advertiu que este Superior Tribunal vem entendendo que a inovação trazida pela referida lei, por ser evidentemente mais gravosa, não deve retroagir para prejudicar o réu, considerando correta a decisão do juiz que aplicou ao caso o art. 112 da Lei de Execuções Penais (com a redação dada pela Lei n. 10.792/2003). Diante disso, a Turma negou provimento ao agravo. **AgRg no HC 96.226-SP, Rel. Min. Nilson Naves, julgado em 29/4/2008.** (Inform. STJ 354)

REGIME DISCIPLINAR DIFERENCIADO (RDD). HIPÓTESES LEGAIS.
Para que haja a inclusão do preso no regime disciplinar diferenciado (RDD), é necessário ocorrer ao menos uma das hipóteses previstas no art. 52 da LEP. Ademais, a decisão judicial sobre a inclusão do preso no regime disciplinar diferenciado terá que ser fundamentada pelo juiz das execuções criminais e determinada no processo de execução penal, bem como precedido de manifestação do Ministério Público e da defesa. Na espécie, não verificada a ocorrência de nenhum dos requisitos, a Turma concedeu a ordem para que se transfira o paciente do regime disciplinar diferenciado para o conjunto penal em que anteriormente se encontrava. **HC 89.935-BA, Rel. Min. Maria Thereza de Assis Moura, julgado em 6/5/2008.** (Inform. STJ 354)

HC. EXAME. CRIMONOLÓGICO. PROGRESSÃO. REGIME PRISIONAL.
No caso, trata-se de necessidade do exame criminológico para a concessão da progressão de regime prisional ao ora paciente, visto que o art. 112 da LEP, com a nova redação dada pela Lei n. 10.792/2003, afastou a obrigatoriedade do referido exame, cabendo ao juízo da execução avaliar a conveniência e a necessidade de tal medida. A Turma, prosseguindo o julgamento, denegou a ordem ao fundamento de que, apesar de ter sido suprimida do texto legal a exigência expressa de realização do exame criminológico para fins de verificação do mérito do apenado, o verdadeiro intuito da legislação de regência não foi o de dispensar a referida perícia. Ressaltou-se que essa providência era, e continua sendo, extremamente necessária para aferição do requisito subjetivo do apenado. Se não fosse assim, a competência para conceder o benefício ao encarcerado passaria a ser do diretor do estabelecimento prisional em que se encontrasse, e não mais do juiz da execução, uma vez que, diante de um atestado favorável, somente restaria ao julgador homologá-lo, sem proceder a uma análise mais criteriosa a respeito da capacidade provável de adaptação do condenado ao regime menos severo. **HC 90.875-SP, Rel. Min. Napoleão Nunes Maia Filho, julgado em 15/4/2008.** (Inform. STJ 352)

EXECUÇÃO PROVISÓRIA. APELAÇÃO. MP.
O ora impetrante, mediante o pedido de expedição de carta de guia, deseja dar início à execução provisória da pena imposta ao paciente acautelado, visto que seu *quantum* já o autorizaria a pleitear o regime aberto. Porém pende de julgamento a apelação do MP. Nesse panorama, presente o teor da Súm. n. 716-STF, nota-se que, em momento algum, há ressalvas à aplicação do enunciado em casos de eventual apelo da acusação em busca da majoração da condenação; pelo contrário, existem precedentes do STJ unissonos a permitir progressão mesmo frente ao interesse da acusação de recorrer. Anote-se que o Conselho

Nacional de Justiça (CNJ) editou o art. 1º da Res. n. 19/2006, com ênfase à necessidade de ser prontamente iniciada tal execução provisória. Com esse entendimento, a Turma, ao prosseguir o julgamento, concedeu a ordem de *habeas corpus*. Precedentes citados: HC 71.739-SC, DJ 4/6/2007; HC 68.254-SP, DJ 12/3/2007; HC 42.043-PA, DJ 12/12/2005, e HC 31.658-SP, DJ 17/5/2004. **HC 100.234-SP, Rel. Min. Jane Silva (Desembargadora convocada do TJ-MG), julgado em 8/4/2008.** (Inform. STJ 351)

FALTA GRAVE. REGIME FECHADO.

O paciente encontrava-se no regime mais gravoso (fechado) e cometeu falta grave. Diante disso, a Turma, ao prosseguir o julgamento, por maioria, denegou a ordem de *habeas corpus*. A Min. Jane Silva (Desembargadora convocada do TJ-MG), em seu voto-vista, ao acompanhar o Min. Relator, firmou que se deve reiniciar novo prazo para a contagem do benefício da progressão do regime prisional; o paciente só não está sujeito à regressão porque não há como fazê-la. Dessarte, deverá cumprir mais um sexto da pena, contado o novo prazo do cometimento da falta grave, a que interrompeu o prazo anterior. O Min. Nilson Naves, vencido, destacou que há precedentes deste Superior Tribunal em sentido diverso e que, anteriormente, já ficara vencido em igual hipótese, juntamente com a Min. Maria Thereza de Assis Moura (HC 63.519-SP, DJ 5/11/2007). Precedentes citados: HC 45.528-RJ, DJ 13/3/2006; HC 32.774-SP, DJ 30/5/2005, e HC 31.886-RJ, DJ 9/8/2004. **HC 92.175-SP, Rel. Min. Hamilton Carvalhido, julgado em 8/4/2008.** (Inform. STJ 351)

HC. PROGRESSÃO. REGIME. LEI MAIS GRAVOSA.

A exigência do cumprimento de 2/5 ou de 3/5 da pena imposta como requisito objetivo para a progressão de regime dos condenados por crimes hediondos, prevista na Lei n. 11.464/2007, por ser essa mais gravosa, não pode retroagir para prejudicar o réu. O requisito objetivo necessário para a progressão do regime prisional de tais crimes, quando praticados antes da vigência da referida lei, é o previsto no art. 112 da Lei de Execuções Penais. Ressalte-se que, nesse caso, o crime ocorreu em data anterior à vigência da mencionada Lei n. 11.464/2007. Assim, a Turma concedeu a ordem. Precedentes citados: HC 84.793-MS, DJ 17/9/2007, e HC 84.230-SP, DJ 24/9/2007. **HC 96.535-SP, Rel. Min. Laurita Vaz, julgado em 11/3/2008.** (Inform. STJ 348)

CRIME HEDIONDO. PROGRESSÃO.

Discute-se se ao paciente condenado por crime hediondo cometido antes da Lei n. 11.464/2007 deve ser aplicada a progressão de regime de acordo com o art. 112 da Lei de Execução Penal (1/6 do cumprimento da pena). Observou a Min. Relatora que, antes mesmo da edição da Lei n. 11.464/2007, o STF entendeu ser possível a progressão de regime nos crimes hediondos porque sua impossibilidade feriria o princípio da individualização das penas, o qual compreende os regimes de seu cumprimento. A decisão do STF não só alcançou o caso examinado, mas todas as penas ainda em execução. Explica, ainda, que a Lei n. 11.464/2007 adaptou a Lei dos Crimes Hediondos à decisão do STF, mas também criou novos parâmetros à progressão de regime. Entretanto esses novos limites não alcançam os crimes cometidos anteriormente à citada lei, que estão sob a regência dos limites determinados na lei antiga; de outra forma, seria ferir o preceito constitucional que determina a irretroatividade da norma mais gravosa aos delitos cometidos anteriormente à sua vigência. Com esses esclarecimentos, a Turma concedeu a ordem. Precedente citado: HC 90.378-MS, DJ 17/12/2007. **HC 93.718-MS, Rel. Min. Jane Silva (Desembargadora convocada do TJ-MG), julgado em 4/3/2008.** (Inform. STJ 347)

PROGRESSÃO. REGIME PRISIONAL. EXAME CRIMINOLÓGICO.

É certo que a novel redação do art. 112 da Lei de Execuções Penais (LEP), dada pela Lei n. 10.792/2003, não mais determina a submissão do apenado ao exame criminológico para fins de progressão prisional. Porém, isso não é empeço para que o juízo da execução, em decisão fundamentada, determine sua realização se entender necessário à formação de seu convencimento. No caso dos autos, houve a avaliação psicológica do ora paciente, que revelou ser frágil sua personalidade, com tendência à impulsividade, agressividade, hostilidade, o que demonstra ser ele vulnerável quanto ao retorno ao crime. Em sua avaliação social, vê-se ainda faltarem condições para que se beneficie da progressão de regime, pois há várias ocorrências no meio carcerário que desabonam sua conduta. Dessarte, constata-se que a cassação pelo Tribunal estadual do benefício concedido pelo juízo singular (que desprezou essas avaliações) não sofre a pecha de constrangimento ilegal, é decorrência da própria conduta inadequada do apenado, sopesado que a progressão não é dádiva decorrente do simples decurso do prazo legal, mas, sim, conquista feita diariamente em busca da liberdade definitiva. Precedente citado do STF: HC 88.052-DF, DJ 28/4/2006. **HC 94.426-RS, Rel. Min. Jane Silva (Desembargadora convocada do TJ/MG), julgado em 19/2/2008.** (Inform. STJ 345)

PROGRESSÃO. REGIME. EXAME CRIMINOLÓGICO. NECESSIDADE. MOTIVAÇÃO. LEI N. 10.792/2003.

Com o advento da Lei n. 10.792/2003, o exame criminológico tornou-se dispensável. Contudo sua realização, por não decorrer mais de exigência legal, deverá ter motivação satisfatória e idônea, conforme dispõe o art. 93, IX, da CF/1988. No caso, o juízo singular dispensou a realização do referido exame, por entender presentes os requisitos indispensáveis para a concessão da progressão de regime (art. 112 da LEP), quais sejam, o cumprimento de um sexto da pena e a apresentação de bom comportamento carcerário. Logo, não poderia o Tribunal *a quo* ter denegado o benefício considerando apenas o fato de não ter sido realizado o exame. Assim, a Turma concedeu a ordem. Precedentes citados do STF: HC 88.052-DF, DJ 28/4/2006; do STJ: HC 48.186-SP, DJ 2/5/2006. **HC 92.669-RS, Rel. Min. Jane Silva (Desembargadora convocada do TJ-MG), julgado 12/2/2008.** (Inform. STJ 344)

COMPETÊNCIA. EXECUÇÃO. PENA. PROGRESSÃO. REGIME SEMI-ABERTO. SÚM. N. 192-STJ.

Mesmo que haja progressão para o regime semi-aberto e a condenada não mais se encontre recolhida em nenhum estabelecimento sujeito à administração estadual, a competência para execução da pena permanece com o juízo estadual, pois o condenado continua cumprindo a pena. Precedentes citados: CC 85.589-RJ, DJ 17/9/2007; CC 38.175-SP, DJ 14/6/2004, e CC 88.905-MT, DJ 8/11/2007. **CC 88.916-MT, Rel. Min. Maria Thereza de Assis Moura, julgado em 13/2/2008.** (Inform. STJ 344)

***HABEAS CORPUS*. LATROCÍNIO. CRIME HEDIONDO. PROGRESSÃO.**

O paciente foi condenado à pena de 19 anos, 8 meses e 26 dias de reclusão em regime integralmente fechado, pela prática de latrocínio, postulada a progressão de regime ao Juízo das Execuções Criminais da comarca. O Min. Relator esclareceu que o STF, quando do julgamento do HC 82.959-SP, DJ 1º/9/2006, afirmou ser inconstitucional o § 1º do art. 2º da Lei n. 8.072/1990, o qual vedava a progressão de regime aos condenados por crimes hediondos. Sob a inspiração dessa decisão, foi editada a Lei n. 11.464/2007, que suprimiu a referida vedação, já declarada inconstitucional, mas determinou que a progressão dar-se-ia após o cumprimento de 2/5 da pena, se o apenado fosse primário, e de 3/5, se reincidente. A Lei n. 11.464/2007 teve por escopo permitir a progressão de regime prisional ao condenado por crime hediondo, mas sem lhe outorgar o direito de progredir em igualdade de condições com os apenados por crimes comuns. Revela-se inaceitável, do ponto de vista jurídico, que os condenados por crime hediondo possam progredir de regime carcerário nas mesmas condições de tempo (cumprimento de 1/6 da pena) exigidas dos condenados por crime não hediondo. Quando o STF proclamou a inconstitucionalidade do art. 2º, § 1º, da Lei n. 8.072/1990, acrescentou que não haveria conseqüências jurídicas para as penas já extintas. Quanto ao lapso temporal para a obtenção da progressão, afirmou que, embora a aplicação uniforme da exigência de 1/6 do cumprimento da pena representasse equiparação indevida com situações ontologicamente desiguais, garantia-se a eficácia e a aplicação do art. 112 da LEP, no ponto, para as penas ainda em curso, até que norma legal específica fosse editada, sem prejuízo do preenchimento dos requisitos subjetivos que a legislação estabelecesse. Para o Min. Relator, a não-aplicação da exigência de 2/5 de cumprimento da pena para a progressão de regime carcerário do condenado por crime hediondo, ao menos para aqueles que adquiriram tal direito depois da vigência da nova lei, significa mitigar a nota de hediondez do delito, tornando iguais, para esse efeito, situações de todo desequiparadas; entretanto, por ser esta a orientação deste Superior Tribunal, que merece o maior respeito e acatamento, merece ser seguida. Assim, ressalvando o seu ponto de vista, a Turma concedeu a ordem, tão-só e apenas para que o juiz da Vara de Execuções Penais aprecie o requerimento de progressão de regime do paciente, decidindo-o como entender de direito, atentando para a satisfação dos requisitos objetivos e subjetivos, mas como disciplinados pelo art. 112 da LEP. **HC 92.960-SP, Rel. Min. Napoleão Nunes Maia Filho, julgado em 11/12/2007.** (Inform. STJ 342)

CRIMES HEDIONDOS. PROGRESSÃO. REGIME. LAPSOS TEMPORAIS. LEI N. 11.464/2007.

Trata-se de *habeas corpus* substitutivo impetrado contra ato do Tribunal *a quo* por ocasião do julgamento do anterior *writ* em favor do paciente que afastou o óbice à progressão de regime imposto na sentença condenatória de 4 anos e 8 meses de reclusão por tráfico de entorpecentes, mas impondo a observância do lapso temporal previsto na Lei n. 11.464/2007. Explica a Min. Relatora que essa lei baniu expressamente a vedação à progressão de regime prisional em casos de condenados por crimes hediondos, contudo estabeleceu lapsos temporais mais gravosos para os condenados desses crimes, constituindo-se nesse ponto verdadeira *novatio legis in pejus*, cuja aplicação retroativa é vedada pelo art. 5º, XL, da CF/1988 e art. 2º, do CP. Assim a novel legislação deve incidir apenas nos crimes hediondos e assemelhados praticados após 29 de março de 2007. Ressalta que este Superior Tribunal adotou o mesmo posicionamento quando do advento da Lei n. 8.072/1990, ficando sua aplicação restrita aos crimes cometidos após sua vigência por também se tratar de norma mais prejudicial ao condenado. Com esse entendimento, a Turma concedeu a ordem para afastar a incidência dos lapsos temporais previstos na Lei n. 11.464/2007, para que o juízo das execuções criminais analise os requisitos objetivos e subjetivos do paciente para a obtenção da progressão de regime de acordo com o regramento do art. 112 da Lei de Execuções Penais. **HC 83.799-MS, Rel. Min. Maria Thereza de Assis Moura, julgado em 25/9/2007.** (Inform. STJ 333)

EXECUÇÃO PENAL. REMIÇÃO. REGIME ABERTO.

Trata-se de recurso interposto pelo Ministério Público, que agravou da decisão em execução que concedeu ao recorrido, cumprindo pena em regime aberto, o benefício da remição em decorrência dos dias de trabalho externo. A Turma, ao prosseguir o julgamento, por maioria, deu provimento ao recurso ao argumento de que a hipótese não está prevista no art. 126 da Lei de Execução Penal, o qual é taxativo a só permitir a remição ao condenado em regime fechado ou semi-aberto. Ressalta o Min. Relator que, com base em precedentes da Quinta Turma deste Superior Tribunal, no regime aberto, segundo o disposto no art. 36, § 1º, do CP (redação dada pela Lei n. 7.209/1984), o condenado deverá, fora do estabelecimento carcerário e sem vigilância, trabalhar, freqüentar curso ou exercer outra atividade autorizada, permanecendo preso durante o período noturno e nos dias de folga. Para o Min. Nilson Naves, em voto-vista vencido, o preceito citado da Lei de Execução visa à ressocialização, por isso seu alcance deve ser maior, não lhe sendo recomendada uma interpretação estreita. Destacou ainda que o trabalho externo também é uma das regras do regime semi--aberto, assim não justificaria essa restrição à concessão do benefício da remição no regime aberto. Além de concluir que, em se tratando de recurso fundado apenas na alínea a do permissivo constitucional, teria dificuldades de conhecer do recurso. Precedentes citados: REsp 748.498-RS, DJ 7/11/2005, e REsp 668.162-RS, DJ 7/3/2005. **REsp 894.305-RS, Rel. Min. Paulo Gallotti, julgado em 4/9/2007.** (Inform. STJ 330)

PROGRESSÃO. REGIME PRISIONAL. REQUISITOS OBJETIVO E SUBJETIVO.

Para a concessão de progressão de regime prisional, basta a satisfação dos requisitos objetivo (temporal) e subjetivo (atestado de bom comportamento carcerário firmado pelo diretor do estabelecimento prisional). A Lei n. 10.792/2003 afastou a exigência de o condenado se submeter a exame criminológico para progressão de regime. Assim, na espécie, atendendo ao requisito temporal e havendo atestado de bom comportamento carcerário, a Turma concedeu a ordem e assegurou a transferência do paciente para o regime semi-aberto. Precedente citado: HC 61.790-SP, e HC 45.268-SP, DJ 4/9/2006. **HC 76.298-SP, Rel. Min. Nilson Naves, julgado em 14/8/2007.** (Inform. STJ 327)

REMIÇÃO. FALTA GRAVE. PERDA. TEMPO REMIDO.

A Turma, por maioria, entendeu que o condenado que comete falta grave no curso da execução de sua pena, inequivocamente, perde os dias remidos já adquiridos, contando-se novo período a partir da data da infração disciplinar (art. 127 da LEP). Firmou-se, também, descaber alegação de afronta a direito adquirido ou coisa julgada, dada a própria natureza do instituto da remição. Precedentes citados do STF: HC 78.178-SP, DJ 9/4/1999; HC 78.037-SP, DJ 17/11/2000; HC 77.592-SP, DJ 12/3/1999; do STJ: REsp 819.376-RS, DJ 26/6/2006; REsp 769.395-RS, DJ 10/4/2006; HC 21.511-SP, DJ 7/11/2005; HC 42.499-SP, DJ 3/10/2005, e HC 20.568-SP, DJ 6/5/2002. **HC 72.706-SP, Rel. Min. Hamilton Carvalhido, julgado em 16/8/2007.** (Inform. STJ 327)

INIMPUTÁVEL. ABSOLVIÇÃO. MEDIDA. SEGURANÇA.

Trata-se de reeducando preso em centro de detenção provisória, aguardando, em lista cronológica, a remoção a hospital de custódia e tratamento psiquiátrico. Em 15/12/2005, o reeducando estava na posição 691ª da lista e as últimas informações, em 19/4/2007, dão conta de que o paciente ainda se encontra preso no mesmo centro de detenção, aguardando a remoção para o hospital, conquanto deveria encontrar-se internado de acordo com o art. 96, I, do CP. Sendo assim, no dizer do Min. Relator, com base em precedentes deste Superior Tribunal, nessa situação, padece o paciente de constrangimento ilegal em razão de sua manutenção em prisão comum. Dessa forma, a Turma concedeu a ordem a fim de que seja submetido o paciente a tratamento ambulatorial até que surja vaga em estabelecimento adequado. Precedentes citados: HC 18.803-SP, DJ 24/6/2002, e RHC 13.346-SP, DJ 3/2/2003. **HC 67.869-SP, Rel. Min. Nilson Naves, julgado em 12/6/2007.** (Inform. STJ 323)

PORTE. CELULAR. INCOMPETÊNCIA. ADMINISTRAÇÃO ESTADUAL. FALTA DISCIPLINAR GRAVE.

Destaca o Min. Relator que, no caso dos autos, a Administração estadual inovou indevidamente o poder conferido pela Lei de Execuções Penais (LEP) no art. 49, ao estabelecer como sendo falta grave o porte de aparelho celular ou seus componentes no interior de presídio, o que não tem competência para definir. Consoante o citado artigo, cabe ao legislador local, tão-somente, especificar as faltas leves e médias. Outrossim, embora já esteja em vigor o dispositivo legal que considera tal conduta como falta grave, nos termos do art. 50, VI, da LEP, com a redação dada pela Lei n. 11.466/2007, ele não se aplica à hipótese dos autos, uma vez que se trata de *lex gravior*, incidindo apenas nos casos ocorridos após a sua vigência. Com esse entendimento, a Turma concedeu a ordem para que seja retirada a anotação da falta. Precedentes citados: HC 64.584-SP, DJ 20/11/2006, e HC 59.436-SP, DJ 4/9/2006. **HC 75.914-SP, Rel. Min. Felix Fischer, julgado em 14/6/2007.** (Inform. STJ 323)

PROGRESSÃO. REGIME. BOM COMPORTAMENTO.

Somente o cumprimento de um sexto da pena (requisito temporal) e o atestado de bom comportamento carcerário firmado pelo diretor do estabelecimento prisional não são suficientes para gerar direito subjetivo à progressão prisional (art. 112 da LEP). Pode o juízo da execução criminal indeferir o benefício quando diante de peculiaridades do caso, pois o referido artigo não é limitador à análise do requisito subjetivo. No caso, o sentenciado evadiu-se da prisão enquanto cumpria anterior pena e, enquanto em liberdade, cometeu vários delitos, até enquanto posto em regime de prisão aberta. Dessarte, vê-se não preenchido o requisito subjetivo necessário ao benefício. Precedentes citados: HC 64.909-PR, DJ 5/2/2007; RHC 19.225-GO, DJ 5/2/2007; HC 56.946-MG, DJ 13/11/2006, e HC 44.014-RS, DJ 10/10/2005. **HC 76.296-SP, Rel. Min. Arnaldo Esteves Lima, julgado em 17/5/2007.** (Inform. STJ 320)

LIVRAMENTO CONDICIONAL. SOMA. PENA. TRÂNSITO EM JULGADO.

Não há como somar a pena aplicada em sentença penal ainda não transitada em julgado ao cálculo do total da pena a ser cumprida para efeito de concessão de livramento condicional. Porém o *habeas corpus* não é hábil para aferir os requisitos subjetivos daquela concessão, impondo novamente a manifestação do juízo da vara de execuções penais sobre o pedido de livramento, agora sem considerar a pena aplicada pela sentença recorrível que, inclusive, restou anulada. **HC 48.269-RS, Rel. Min. Maria Thereza de Assis Moura, julgado em 19/4/2007.** (Inform. STJ 317)

SÚMULA VINCULANTE 26

Para efeito de progressão de regime no cumprimento de pena por crime hediondo, ou equiparado, o juízo da execução observará a inconstitucionalidade do art. 2º da Lei n. 8.072, de 25 de julho de 1990, sem prejuízo de avaliar se o condenado preenche, ou não, os requisitos objetivos e subjetivos do benefício, podendo determinar, para tal fim, de modo fundamentado, a realização de exame criminológico.

SÚMULA VINCULANTE 9

O disposto no artigo 127 da Lei nº 7.210/1984 (Lei de Execução Penal) foi recebido pela ordem constitucional vigente, e não se lhe aplica o limite temporal previsto no *caput* do artigo 58.

SÚMULA VINCULANTE 5

A falta de defesa técnica por advogado no processo administrativo disciplinar não ofende a Constituição.

SÚMULA STF Nº 717

Não impede a progressão de regime de execução da pena, fixada em sentença não transitada em julgado, o fato de o réu se encontrar em prisão especial.

SÚMULA STF Nº 716

Admite-se a progressão de regime de cumprimento da pena ou a aplicação imediata de regime menos severo nela determinada, antes do trânsito em julgado da sentença condenatória.

SÚMULA STF Nº 715

A pena unificada para atender ao limite de trinta anos de cumprimento, determinado pelo art. 75 do código penal, não é considerada para a concessão de outros benefícios, como o livramento condicional ou regime mais favorável de execução.

SÚMULA STJ Nº 491

É inadmissível a chamada progressão *per saltum* de regime prisional.

SÚMULA STJ Nº 471

Os condenados por crimes hediondos ou assemelhados cometidos antes da vigência da Lei n. 11.464/2007 sujeitam-se ao disposto no art. 112 da Lei n. 7.210/1984 (Lei de Execução Penal) para a progressão de regime prisional.

SÚMULA STJ Nº 441

A falta grave não interrompe o prazo para obtenção de livramento condicional.

SÚMULA STJ Nº 439

Admite-se o exame criminológico pelas peculiaridades do caso, desde que em decisão motivada.

SÚMULA STJ Nº 341

A freqüência a curso de ensino formal é causa de remição de parte do tempo de execução de pena sob regime fechado ou semi-aberto.

SÚMULA STJ Nº 40

Para obtenção dos benefícios de saída temporária e trabalho externo, considera-se o tempo de cumprimento da pena no regime fechado.

18. LEI MARIA DA PENHA – ASPECTOS PROCESSUAIS

LEI "MARIA DA PENHA" E ART. 41 DA LEI 9.099/95 - 1

O Plenário denegou *habeas corpus* no qual pretendida a suspensão dos efeitos da condenação imposta ao paciente, nos termos do art. 89 da Lei 9.099/95, e, em conseqüência, declarou a constitucionalidade do art. 41 da Lei 11.340/2006 ("*Aos crimes praticados com violência doméstica e familiar contra a mulher, independentemente da pena prevista, não se aplica a Lei nº 9.099, de 26 de setembro de 1995.*"). Na espécie, o paciente fora condenado, pela prática de contravenção penal de vias de fato (Decreto-Lei 3.688/41, art. 21, *caput*), à pena de 15 dias de prisão simples, substituída por restritiva de direitos consistente em prestação de serviços à comunidade. HC 106212/MS, rel. Min. Marco Aurélio, 24.3.2011. (HC-106212)

LEI "MARIA DA PENHA" E ART. 41 DA LEI 9.099/95 - 2

Aduziu-se, inicialmente, que a Lei 11.340/2006 teria por escopo coibir a violência doméstica e familiar contra a mulher, em observância ao art. 226, § 8º, da CF ("*Art. 226. A família, base da sociedade, tem especial proteção do Estado. ... § 8º - O Estado assegurará a assistência à família na pessoa de cada um dos que a integram, criando mecanismos para coibir a violência no âmbito de suas relações.*"). A esse respeito, salientou-se que a mesma lei, em seu art. 7º, definiria como "*violência doméstica e familiar contra a mulher*" não apenas a violência física, mas também a psicológica, social, patrimonial e moral. Reputou-se, por sua vez, que o preceito contido no art. 41 da referida lei afastaria, de forma categórica, a Lei 9.099/95 de todo processo-crime cujo quadro revelasse violência doméstica ou familiar contra a mulher, o que abarcaria os casos de contravenção penal. No ponto, o Min. Luiz Fux ressaltou que as causas a envolver essa matéria seriam revestidas de complexidade incompatível com o rito sumaríssimo dos Juizados Especiais. O Min. Marco Aurélio, relator, acrescentou que a Lei "Maria da Penha" preveria a criação de juizados específicos para as situações de que trata e que seria incongruente, pois, a aplicação de regras da Lei 9.099/95. HC 106212/MS, rel. Min. Marco Aurélio, 24.3.2011. (HC-106212)

LEI "MARIA DA PENHA" E ART. 41 DA LEI 9.099/95 - 3

Assinalou-se, ademais, que o ato perpetrado pelo paciente teria atingido não só a integridade física da mulher, mas também sua dignidade, a qual o contexto normativo buscaria proteger. Nesse aspecto, o Min. Cezar Peluso, Presidente, observou que o art. 98, I, da CF não conteria a definição de "*infrações penais de menor potencial ofensivo*", de modo que a lei infraconstitucional poderia estabelecer critérios — não restritos somente à pena cominada — aptos a incluir, ou não, determinadas condutas nesse gênero. Entendeu-se, também, que a norma impugnada estaria de acordo com o princípio da igualdade, na medida em que a mulher careceria de especial proteção jurídica, dada sua vulnerabilidade, e que atenderia à ordem jurídico-constitucional, no sentido de combater o desprezo às famílias, considerada a mulher como sua célula básica. Destacou-se, por fim, que a pena imposta consubstanciaria mera advertência a inibir a reiteração de práticas mais condenáveis. HC 106212/MS, rel. Min. Marco Aurélio, 24.3.2011. (HC-106212) (Inform. STF 620)

18.1. SUPERIOR TRIBUNAL DE JUSTIÇA

LEI MARIA DA PENHA. AUDIÊNCIA. RETRATAÇÃO.

Trata-se de paciente condenado à pena de três meses de detenção pela prática do crime previsto no art. 129, § 9º, do CP (lesões corporais leves). No *habeas corpus*, a impetração da Defensoria Pública busca anular a ação penal desde o recebimento da denúncia porque não teria sido realizada a audiência prevista no art. 16 da Lei n. 11.340/2006 (Lei Maria da Penha) que, a seu ver, tem finalidade de permitir a retratação da vítima quanto à representação oferecida para o ajuizamento da ação penal contra o agente da violência doméstica. Explica o Min. Relator que a audiência prevista no citado dispositivo, ao contrário do alegado no *writ*, depende de prévia manifestação da parte ofendida antes do recebimento da denúncia, a demonstrar sua intenção de retratar-se, seja por meio da autoridade policial seja diretamente no *forum*. Somente após a manifestação dessa vontade da vítima, o juízo deverá designar a audiência para sanar as dúvidas sobre a continuidade da ação penal. Na hipótese dos autos, a denúncia foi recebida sem haver qualquer manifestação da vítima quanto a se retratar, daí não ter ocorrido a audiência prevista no art. 16 da Lei Maria da Penha. Nesse mesmo sentido é a jurisprudência firmada em ambas as Turmas de Direito Penal deste Superior Tribunal. Precedentes citados: HC 96.601-MS, DJe 22/11/2010, e REsp 1.199.147-MG, DJe 14/3/2011. **HC 178.744-MG, Rel. Min. Jorge Mussi, julgado em 10/5/2011.** (Inform. STJ 472)

VIOLÊNCIA DOMÉSTICA. REPRESENTAÇÃO.

A Turma reafirmou que a ação penal relativa ao delito disposto no art. 129, § 9º, do CP é de iniciativa pública condicionada à representação, razão pela qual a retratação da vítima em juízo impossibilita o prosseguimento da *persecutio criminis* por ausência de condição de procedibilidade da ação. Precedente citado: REsp 1.097.042-DF, DJe 21/5/2010. **HC 154.940-RJ, Rel. Min. Maria Thereza de Assis Moura, julgado em 22/2/2011.** (Inform. STJ 464)

LEI MARIA DA PENHA. AMEAÇA. LESÃO CORPORAL.

In casu, o ora paciente foi preso em flagrante, sendo denunciado por, supostamente, ter ameaçado de morte, por duas vezes, e agredido fisicamente sua ex-companheira (arts. 129, § 9º, e 147 c/c 71, todos do CP). O juiz singular deferiu-lhe a liberdade provisória, entendendo ausentes os requisitos que autorizam a custódia preventiva, ressaltando mostrar-se suficiente a aplicação de medidas protetivas. O tribunal *a quo*, ao julgar o recurso em sentido estrito do MP, restabeleceu a prisão provisória do paciente, entendendo-a necessária em razão de sua periculosidade. Destacou que ele havia ameaçado a vítima anteriormente e vinha comportando-se de maneira inadequada, levando o filho de ambos à força, além de não comprovar trabalho lícito. Ressaltou a existência de registro anterior pelo cometimento de violência contra outra vítima. Nesta superior instância, contudo, entendeu-se que não se justifica a custódia cautelar do paciente, pois não se logrou demonstrar, de forma concreta, que sua liberdade ofereça risco à ordem pública. Salientou-se que, embora haja informação de que o paciente já havia proferido ameaças contra a ex-companheira, o próprio magistrado sentenciante entendeu desnecessária a prisão provisória, fixando medidas protetivas que se revelam suficientes para garantir a segurança da vítima. Destacou-se que o paciente já se encontra em liberdade há mais de um ano e não há notícia de que tenha descumprido tais determinações. Destarte, inexistindo descumprimento de medidas protetivas, a hipótese em questão não se enquadra naquelas que admitem a decretação de prisão preventiva, notadamente porque os delitos imputados ao paciente são punidos com pena de detenção. Assim, tratando-se de crimes punidos com tal pena, não sendo o paciente vadio e inexistindo dúvida sobre sua identidade, condenação anterior ou descumprimento de medidas protetivas, torna-se injustificável sua custódia cautelar. Diante disso, a Turma concedeu a ordem. Precedentes citados: HC 100.512-MT, DJe 23/6/2008, e HC 89.493-MG, DJ 26/11/2007. **HC 151.174-MG, Rel. Min. Maria Thereza de Assis Moura, julgado em 20/4/2010. (Inform. STJ 431)**

REPETITIVO. LEI MARIA DA PENHA.
A Seção, ao julgar recurso sob o regime do art. 543-C do CPC c/c a Res. n. 8/2008-STJ, firmou, por maioria, o entendimento de que, para propositura da ação penal pelo Ministério Público, é necessária a representação da vítima de violência doméstica nos casos de lesões corporais leves (Lei n. 11.340/2006 – Lei Maria da Penha), pois se cuida de uma ação pública condicionada. Observou-se, que entender a ação como incondicionada resultaria subtrair da mulher ofendida o direito e o anseio de livremente se relacionar com quem quer que seja escolhido como parceiro, o que significaria negar-lhe o direito à liberdade de se relacionar, direito de que é titular, para tratá-la como se fosse submetida à vontade dos agentes do Estado. Argumentou-se, citando a doutrina, que não há como prosseguir uma ação penal depois de o juiz ter obtido a reconciliação do casal ou ter homologado a separação com a definição de alimentos, partilha de bens, guarda e visitas. Assim, a possibilidade de trancamento de inquérito policial em muito facilitaria a composição dos conflitos envolvendo as questões de Direito de Família, mais relevantes do que a imposição de pena criminal ao agressor. Para os votos vencidos, a Lei n. 11.340/2006 afastou expressamente, no art. 41, a incidência da Lei n. 9.099/1995 nos casos de crimes de violência doméstica e familiares praticados contra a mulher. Com respaldo no art. 100 do CP, entendiam ser de ação pública incondicionada o referido crime sujeito à Lei Maria da Penha. Entendiam, também, que a citada lei pretendeu punir com maior rigor a violência doméstica, criando uma qualificadora ao crime de lesão corporal (art. 129, § 9º, do CP). Nesse contexto, defendiam não se poder exigir representação como condição da ação penal e deixar ao encargo da vítima a deflagração da persecução penal. **REsp 1.097.042-DF, Rel. originário Min. Napoleão Nunes Maia Filho, Rel. para acórdão Min. Jorge Mussi, julgado em 24/2/2010.** (Inform. STJ 424)

LEI MARIA DA PENHA. REPRESENTAÇÃO.
A Turma, ao prosseguir o julgamento, por maioria, concedeu a ordem de *habeas corpus*, mudando o entendimento quanto à representação prevista no art. 16 da Lei n. 11.340/2006 (Lei Maria da Penha). Considerou que, se a vítima só pode retratar-se da representação perante o juiz, a ação penal é condicionada. Ademais, a dispensa de representação significa que a ação penal teria prosseguimento e impediria a reconciliação de muitos casais. **HC 113.608-MG, Rel. originário Min. Og Fernandes, Rel. para acórdão Min. Celso Limongi (Desembargador convocado do TJ-SP), julgado em 5/3/2009.** (Inform. STJ 385)

LEI MARIA DA PENHA. DISTÂNCIA. METROS.
Conforme o art. 22, III, da Lei n. 11.340/2006 (Lei Maria da Penha), é lícito ao juízo determinar, em metros, a distância que o agressor deve manter da vítima, mostrando-se desnecessário listar os lugares a serem evitados, pois, se assim fosse, seria possível ao agressor burlar a proibição e assediar a vítima em locais que não constam da lista. **RHC 23.654-AP, Rel. Min. Napoleão Nunes Maia Filho, julgado em 3/2/2009.** (Inform. STJ 382)

COMPETÊNCIA. LEI MARIA DA PENHA.
Incide a aplicação da Lei n. 11.340/2006 (Lei Maria da Penha) uma vez que a vítima grávida mantinha íntima relação com o agressor, que vinha praticando agressões físicas por não se conformar com o término do namoro, sendo ele o suposto pai. Assim, competente a Justiça comum para processar e julgar a questão. **CC 92.591-MG, Rel. Min. Felix Fischer, julgado em 5/12/2008.** (Inform. STJ 379)

REPRESENTAÇÃO. LEI MARIA DA PENHA.
Vítima de violência doméstica, em audiência especial designada (por ter o juiz entendido que nesses casos a ação penal é condicionada), manifestou interesse de não processar o acusado, renunciando à representação. Daí, o juiz julgou extinta a punibilidade do acusado por renúncia (retratação) da representação por parte da vítima. O Tribunal *a quo* revogou essa sentença, recebeu a denúncia e determinou o prosseguimento do feito. A Turma, por maioria, manteve o entendimento da Turma no sentido de que, aos crimes da Lei n. 11.340/2006 (Lei Maria da Penha), nos termos do art. 41, independentemente da pena prevista, não se aplica a Lei n. 9.099/1995. Outrossim, independe de representação da vítima a propositura da ação penal pelo Ministério Público em casos de lesão corporal leve ou culposa resultante de violência doméstica, familiar ou íntima. Ficaram vencidos o Min. Nilson Navės e a Min. Maria Thereza de Assis Moura, que admitiam a representação com base no art. 16 da citada lei. **HC 108.098-PE, Rel. originário Min. Nilson Naves, Rel. para acórdão Min. Paulo Gallotti, julgado em 23/9/2008.** (Inform. STJ 369)

LEI MARIA DA PENHA. VIOLÊNCIA DOMÉSTICA. AÇÃO PENAL PÚBLICA INCONDICIONADA.
Trata-se de *habeas corpus* impetrado contra acórdão que deu provimento ao recurso em sentido estrito interposto pelo MP, determinando que a denúncia, anteriormente rejeitada pelo juiz de 1º grau, fosse recebida contra o paciente pela conduta de lesões corporais leves contra sua companheira, mesmo tendo ela se negado a representá-lo em audiência especialmente designada para tal finalidade, na presença do juiz, do representante do *Parquet* e de seu advogado. Com isso, a discussão foi no sentido de definir qual é a espécie de ação penal (pública incondicionada ou pública condicionada à representação) deverá ser manejada no caso de crime de lesão corporal leve qualificada, relacionada à violência doméstica, após o advento da Lei n. 11.340/2006. A Turma, ao prosseguir o julgamento, por maioria, denegou a ordem, por entender que se trata de ação penal pública incondicionada, com apoio nos seguintes argumentos, dentre outros: 1) o art. 88 da Lei n. 9.099/1995 foi derrogado em relação à Lei Maria da Penha, em razão de o art. 41 deste diploma legal ter expressamente afastado a aplicação, por inteiro, daquela lei ao tipo descrito no art. 129, § 9º, CP; 2) isso se deve ao fato de que as referidas leis possuem escopos diametralmente opostos. Enquanto a Lei dos Juizados Especiais busca evitar o início do processo penal, que poderá culminar em imposição de sanção ao agente, a Lei Maria da Penha procura punir com maior rigor o agressor que age às escondidas nos lares, pondo em risco a saúde de sua família; 3) a Lei n. 11.340/2006 procurou criar mecanismos para coibir a violência doméstica e familiar contra as mulheres nos termos do § 8º do art. 226 e art. 227, ambos da CF/1988, daí não se poder falar em representação quando a lesão corporal culposa ou dolosa simples atingir a mulher, em casos de violência doméstica, familiar ou íntima; 4) ademais, até a nova redação do § 9º do art. 129 do CP, dada pelo art. 44 da Lei n. 11.340/2006, impondo pena máxima de três anos à lesão corporal leve qualificada praticada no âmbito familiar, corrobora a proibição da utilização do procedimento dos Juizados Especiais, afastando assim a exigência de representação da vítima. Ressalte-se que a divergência entendeu que a mesma Lei n. 11.340/2006, nos termos do art. 16, admite representação, bem como sua renúncia perante o juiz, em audiência especialmente designada para esse fim, antes do recebimento da denúncia, ouvido o Ministério Público. **HC 96.992-DF, Rel. Min. Jane Silva (Desembargadora convocada do TJ-MG), julgado em 12/8/2008.** (Inform. STJ 363)

19. LEGISLAÇÃO EXTRAVAGANTE

AG. REG. NA AÇÃO PENAL N. 528-DF
RELATOR: MIN. RICARDO LEWANDOWSKI
EMENTA: PROCESSUAL PENAL. INTERROGATÓRIO NAS AÇÕES PENAIS ORIGINÁRIAS DO STF. ATO QUE DEVE PASSAR A SER REALIZADO AO FINAL DO PROCESSO. NOVA REDAÇÃO DO ART. 400 DO CPP. AGRAVO REGIMENTAL A QUE SE NEGA PROVIMENTO. I – O art. 400 do Código de Processo Penal, com a redação dada pela Lei 11.719/2008, fixou o interrogatório do réu como ato derradeiro da instrução penal. II – Sendo tal prática benéfica à defesa, deve prevalecer nas ações penais originárias perante o Supremo Tribunal Federal, em detrimento do previsto no art. 7º da Lei 8.038/90 nesse aspecto. Exceção apenas quanto às ações nas quais o interrogatório já se ultimou. III – Interpretação sistemática e teleológica do direito. IV – Agravo regimental a que se nega provimento. (Inform. STF 630) * noticiado no Informativo 620

EXT N. 1.140-REPÚBLICA ITALIANA
RELATOR: MIN. GILMAR MENDES
Extradição executória requerida pelo Governo da Itália. 2. Tratado bilateral entre a República Federativa do Brasil e a República Italiana (Decreto 863/1993). 3. Processamento do pedido de acordo com a Lei 6.815/1980. Requisitos formais atendidos. 4. Pedido baseado em 4 condenações transitadas em julgado impostas ao extraditando. Crimes de sequestro de pessoa, detenção e porte ilegítimo de armas, receptação, assalto e formação de quadrilha armada. 5. Dupla tipicidade: correspondência do ato delituoso nas leis brasileira e italiana. 6. Sentença proferida pelo Tribunal de Menores de Roma. Pedido inviável. Inimputabilidade do acusado à época dos fatos. Precedentes do STF. 7. Prescrição da pretensão executória no tocante às sentenças do Tribunal Penal de Apelação de Roma (17 de junho de 1988 e 21 de janeiro de 1991) e do Tribunal Penal de Roma de 7 de outubro de 1991. 8. Extradição indeferida. Prisão preventiva revogada. (Inform. STF 612)

REMISSÃO E NECESSIDADE DE OITIVA DO MINISTÉRIO PÚBLICO

É imprescindível a manifestação do Ministério Público para a concessão, pelo magistrado, de remissão extintiva em procedimento judicial de apuração de ato infracional. Com base nessa orientação, a Turma indeferiu *habeas corpus* no qual se sustentava a possibilidade de outorga desse benefício ao paciente sem a prévia oitiva do *parquet*. Asseverou-se que tal ausência implicaria nulidade do ato, conforme preceituam os artigos 186, § 1º, e 204, do ECA (*"Art. 186. Comparecendo o adolescente, seus pais ou responsável, a autoridade judiciária procederá à oitiva dos mesmos, podendo solicitar opinião de profissional qualificado. § 1º Se a autoridade judiciária entender adequada a remissão, ouvirá o representante do Ministério Público, proferindo decisão. ... Art. 204. A falta de intervenção do Ministério Público acarreta a nulidade do feito, que será declarada de ofício pelo juiz ou a requerimento de qualquer interessado"*). **HC 96659/MG, rel. Min. Gilmar Mendes, 28.9.2010.** (HC-96659) (Inform. STF 602)

INTERNAÇÃO PROVISÓRIA: EXCESSO DE PRAZO E PROLAÇÃO DA SENTENÇA

O prazo de 45 dias previsto no art. 183 do ECA se refere ao período máximo para a apuração do ato infracional e para a conclusão do procedimento, devendo ser observado apenas até a prolação da sentença de mérito, mas, proferida esta, fica prejudicada a alegação de excesso de prazo da internação provisória. Com base nesse entendimento, a Turma denegou *habeas corpus* em que se pretendia a revogação da medida de internação decretada contra o paciente. Na espécie, o Ministério Público do Estado do Rio Grande do Sul oferecera representação em desfavor do paciente, menor à época dos fatos, pela prática de atos infracionais equivalentes ao disposto nos artigos 33, *caput*, da Lei 11.343/2006 (tráfico de drogas), e 16, parágrafo único, IV, da Lei 10.826/2003 (posse de arma de fogo de uso restrito). Registrou-se que a sentença determinara a medida socioeducativa de internação, tendo acórdão da apelação interposta pela defesa mantido essa decisão. Considerou-se, ademais, que a magistrada de 1ª instância bem fundamentara a necessidade de internação, salientando-se, no ponto, a ausência de crítica do adolescente, que não trabalha, nem estuda, frente à gravidade dos atos infracionais por ele praticados. **HC 102057/RS, rel. Min. Ricardo Lewandowski, 1º.6.2010.** (HC-102057) (Inform. STF 589)

MEDIDA SÓCIO-EDUCATIVA: ADVENTO DA MAIORIDADE E CONVÍVIO FAMILIAR

Por reputar indevida a imposição de bom comportamento como condição para as atividades externas e para as visitas à família, a Turma deferiu, em parte, *habeas corpus* para permitir a paciente inserido no regime de semiliberdade a realização daquelas benesses, sem a imposição de qualquer condicionamento pelo Juízo da Vara da Infância e Juventude. Salientou-se que o Estado deve assegurar à criança e ao adolescente o direito à convivência familiar (CF, art. 227, *caput*) e que o Estatuto da Criança e do Adolescente - ECA tem por objetivo a proteção integral do menor, garantindo sua participação na vida familiar e comunitária. Consignou-se, ainda, que o art. 120 do ECA permite a realização de atividades externas, independentemente de autorização judicial, bem como que as restrições a direitos de adolescentes só devem ser aplicadas em casos extremos em decisões fundamentadas. De outro lado, rejeitou-se o pedido de extinção da medida sócio-educativa aplicada ao paciente que, durante seu cumprimento, atingira a maioridade penal. Asseverou-se que a projeção da medida sócio-educativa de semiliberdade para além dos 18 anos decorreria da remissão às disposições legais atinentes à internação. Ademais, aduziu-se que o ECA não determina, em nenhum dos seus preceitos, o fim da referida medida quando o adolescente completar 18 anos de idade. **HC 98518/RJ, rel. Min. Eros Grau, 25.5.2010.** (HC-98518) (Inform. STF 588)

EXTRADIÇÃO E INIMPUTABILIDADE - 1

O Tribunal, por maioria, deu provimento a agravo regimental interposto contra decisão que, nos autos de extradição, requerida pelo Governo da Itália, de nacional italiano condenado naquele país pelos crimes de formação de quadrilha finalizada ao tráfico de substâncias entorpecentes, concurso em extorsão e concurso em lesões graves, indeferira pedido de instauração de incidente de insanidade mental do extraditando. Salientando-se o fato de que a insanidade fora reconhecida na sentença condenatória proferida pelo Tribunal de Roma, que lhe aplicara medida de segurança, entendeu-se necessária a suspensão do processo, a fim de se aferir a persistência da inimputabilidade do extraditando, na forma do previsto no art. 149 do CPP. Vencido o Min. Joaquim Barbosa que negava provimento ao recurso ao fundamento de que o incidente de insanidade mental não se aplica aos processos de extradição, visto que a imputabilidade do agente, por ser matéria afeta à culpabilidade, não influencia na tipicidade do delito, devendo, ademais, a questão da insanidade ser apreciada pelo Estado requerente. Agravo provido para que o processo baixe em diligência para a instauração do incidente de insanidade mental. Ext 932 AgR/Governo da Itália, rel. orig. Min. Joaquim Barbosa, rel. p/ acórdão Min. Marco Aurélio, 15.2.2006. (**Ext-932**)

EXTRADIÇÃO E INIMPUTABILIDADE – 2

O Tribunal retomou julgamento de pedido de extradição, formulado pelo Governo da Itália, de nacional italiano condenado naquele país pelos crimes de formação de quadrilha finalizada ao tráfico de substâncias entorpecentes, concurso em extorsão e concurso em lesões graves, e ao qual aplicada medida de segurança — v. Informativos 416 e 469. O Min. Carlos Britto, em voto-vista, inicialmente, não conheceu da preliminar suscitada pela defesa, por perda do objeto, haja vista a conclusão do exame de insanidade mental do paciente. Esclareceu que a preliminar limitara-se a suscitar a incidência do art. 149 do CPP, tendo o Tribunal, no entanto, na assentada anterior, avançado no exame da possibilidade de extradição de inimputável. No ponto, afirmou que o avanço na análise dessa questão, ao contrário do que entendera o relator, estaria imbricada com o exame do mérito da extradição. Em seguida, o Min. Carlos Britto indeferiu o pedido extradicional, tendo em conta que o tratado firmado entre os Governos do Brasil e da Itália não cuidou da possibilidade de extradição executória para cumprimento de medida de segurança, mas somente para o efetivo cumprimento de pena restritiva de liberdade pessoal, não cabendo ao Supremo interpretar lei extensivamente em desfavor do extraditando, por se tratar de matéria penal. O julgamento foi suspenso com o pedido de adiamento do relator. Ext 932/República Italiana, rel. Min. Joaquim Barbosa, 13.9.2007. (**Ext-932**)

EXTRADIÇÃO E INIMPUTABILIDADE - 3

O Tribunal, por maioria, deferiu parcialmente pedido de extradição, formulado pelo Governo da Itália, de nacional italiano, fundado em dois mandados de prisão, para submetê-lo a processo penal em que se lhe imputa o crime de formação de quadrilha finalizada ao tráfico de substân-cias entorpecentes, concurso em extorsão e concurso em lesões graves — v. Informativos 416, 469 e 479. Rejeitou-se, inicialmente, a preliminar de prejudicialidade quanto ao prosseguimento do processo, suscitada pela defesa, em face da inimputabilidade do extraditando (acometido de esquizofrenia paranóide) e reconheceu-se, quanto a um dos pedidos, fundado em sentença penal condenatória transitada em julgado, a prescrição. No que se refere ao pedido com fulcro nos dois mandados de prisão, salientando caber ao Supremo uma análise estritamente formal do pedido formulado, sob pena de se violar normas de Direito Internacional e a própria soberania do Estado requerente, entendeu-se atendidos os requisitos legais para a extradição. Considerou-se que o extraditando não estaria respondendo a processo no Brasil, razão pela qual o indeferimento do pedido extradicional implicaria sua liberdade, não obstante o estado atual de insanidade declarada e os crimes pelos quais deveria responder na Itália. Reportou-se a precedente do Pleno em que deferida extradição de nacional argentino que estava a cumprir medida de segurança no Brasil e afirmou-se que o fato de o extraditando ser, atualmente, inimputável, não significaria que, quando do julgamento dos fatos na Itália, ainda estaria a sofrer da doença. Enfatizou-se, também, estar configurada uma das hipóteses previstas no Tratado de Extradição entre a República Federativa do Brasil e a República da Itália para a concessão da extradição requerida, ou seja, a de submissão do extraditando a processo penal no Estado requerente. Ressaltou-se não caber ao Supremo proceder ao exame do resultado de eventual aplicação de pena ou de medida de segurança. Além disso, asseverou-se que o laudo pericial não atestara que, à época dos fatos, o extraditando já padecia de esquizofrenia (CP, art. 26), e que a questão acerca da inimputabilidade deveria ser suscitada na ação penal originária. Vencidos, em parte, os Ministros Carlos Britto, Gilmar Mendes e Celso de Mello que indeferiam o pedido extradicional. Precedentes citados: Ext 367/Estados Unidos da América (DJU de 31.10.79); Ext 553/República Federal da Alemanha (DJU de 18.8.95); Ext 1006/República Argentina (DJU de 23.3.2007). Ext 932/República Italiana, rel. Min. Joaquim Barbosa, 10.10.2007. (Ext-932) (Inform. STF 483)

EXTRADIÇÃO E AUSÊNCIA DE REQUISITOS

O Tribunal indeferiu pedido de extradição, formulado pelo Governo do Líbano, de nacional libanesa condenada, naquele país, pela prática dos crimes de roubo, fraude, improbidade administrativa, falsificação e uso de docu-mentos falsos, desfalque e cheques sem fundos. Entendeu-se não preenchidos os requisitos exigidos pela Lei 6.815/80, porquanto imprescindível, para análise da possibilidade jurídica do pedido extradicional com base em promessa de reciprocidade, o esclarecimento quanto ao alcance do teor do art. 30 do Código Penal libanês (*"Ninguém pode ser entregue a um Estado estrangeiro fora dos casos estabelecidos pelas disposições do presente código, se não é por aplicação de um tratado tendo força de lei.*"), o qual não prestado no prazo legal, apesar de diligência solicitada ao Estado requerente nesse sentido. Precedente citado: Ext 933/Reino da Espanha (DJU de 10.3.2007). Ext 1047/República do Líbano, rel. Min. Eros Grau, 10.10.2007. (Ext-1047) (Inform. STF 483)

HC E SUSTENTAÇÃO ORAL EM MEDIDA CAUTELAR - 1

O Tribunal, por maioria, indeferiu medida cautelar em *habeas corpus* impetrado contra ato do Min. Cezar Peluso — relator de inquérito em que se imputa, a magistrados e outros, a suposta prática de diversos crimes apurados na denominada "Operação Furacão"—, que deferira reabertura dos prazos de defesa a todos os denunciados, a partir da entrega ao patrono de cada um de cópia magnética e integral de todas as gravações telefônicas e escutas ambientais realizadas e que se encontram em poder da autoridade policial responsável pelas investigações. Requeriam os impetrantes a concessão de liminar para suspender o decurso do lapso temporal de apresentação da defesa prévia a que alude o art. 4º da Lei 8.038/90, pleiteando, no mérito, a confirmação do provimento cautelar e o sobrestamento do inquérito até a vinda aos autos dos laudos referentes às gravações telefônicas e escutas ambientais e dos objetos e documentos apreendidos. Sustentavam ser exíguo o prazo de 15 dias para ouvir as gravações e elaborar a defesa, considerando-se o fato de as escutas terem ocorrido durante 7 meses, e ressaltavam a necessidade da juntada da degravação das fitas aos autos, em face do que disposto nos artigos 6º, §§ 1º e 2º, da Lei 9.296/96, sob pena de desrespeito ao devido processo legal ("*Art. 6°. Deferido o pedido, a autoridade policial conduzirá os procedimentos de interceptação, dando ciência ao Ministério Público, que poderá acompanhar a sua realização. § 1° No caso de a diligência possibilitar a gravação da comunicação interceptada, será determinada a sua transcrição. § 2° Cumprida a diligência, a autoridade policial encaminhará o resultado da interceptação ao juiz, acompanhado de auto circunstanciado, que deverá conter o resumo das operações realizadas.*"). Inicialmente, o Tribunal deferiu o pedido de sustentação oral formulado pela impetração, ao fundamento de que, sendo da competência do Plenário o exame do pedido de concessão de liminar, implicando o indeferimento a análise do próprio fundo do HC, assistiria a ele o direito de sustentar. HC 91207 MC/RJ, rel. Min. Marco Aurélio, 6.6.2007. (HC-91207)

LEI 9.296/96: INTERCEPTAÇÃO TELEFÔNICA E TRANSCRIÇÃO - 2

Quanto ao mérito, salientando a peculiaridade do caso, entendeu-se que, de acordo com as informações prestadas pela autoridade coatora e pelo Procurador-Geral da República, não teria havido transgressão quer das normas constitucionais quer das legais. O Min. Ricardo Lewandowski considerou que as transcrições das gravações em que se apóia a denúncia já constariam dos autos e que, em observância à Lei 9.296/96, o relator do inquérito somente renovara autorização da quebra do sigilo, mediante apresentação, a cada 15 dias, de auto circunstanciado. Ressaltou, também, que os fatos, numa análise perfunctória da denúncia, estariam explicitados e que a questão da validade das provas poderia ser discutida ao longo da instrução criminal e nas alegações finais, no que foi seguido pelo Min. Carlos Britto. Os Ministros Carlos Britto e Eros Grau acrescentaram, ainda, que a defesa teria todas as condições suficientes para responder às imputações. Vencidos os Ministros Marco Aurélio, relator, que deferia integralmente a liminar, e os Ministros Celso de Mello, Gilmar Mendes e Sepúlveda Pertence que a deferiam até o julgamento definitivo do *habeas corpus*. O Min. Marco Aurélio reputou violados o § 1º do art. 6º da Lei 9.296/96, haja vista não terem sido objeto de transcrição as gravações interceptadas, bem como seus artigos 8º e 9º, já que não formalizados autos apartados, nem inutilizado, por ordem judicial, aquilo que não interessava ao objeto da interceptação. Além disso, asseverou que a existência, nos autos de inquérito, dos documentos e objetos apreendidos seria indispensável ao exercício da defesa prévia, possibilitando ao acusado a visão do conjunto de todos os elementos até então levantados (Lei 9.296/96: "*Art. 8°. A interceptação de comunicação telefônica, de qualquer natureza, ocorrerá em autos apartados, apensados aos autos do inquérito policial ou do processo criminal, preservando-se o sigilo das diligências, gravações e transcrições respectivas. Parágrafo único. A apensação somente poderá ser realizada imediatamente antes do relatório da autoridade, quando se tratar de inquérito policial (Código de Processo Penal, art. 10, § 1°) ou na conclusão do processo ao juiz para o despacho decorrente do disposto nos arts. 407, 502 ou 538 do Código de Processo Penal. Art. 9°. A gravação que não interessar à prova será inutilizada por decisão judicial, durante o inquérito, a instrução processual ou após esta, em virtude de requerimento do Ministério Público ou da parte interessada. Parágrafo único. O incidente de inutilização será assistido pelo Ministério Público, sendo facultada a presença do acusado ou de seu representante legal.*"). HC 91207 MC/RJ, rel. Min. Marco Aurélio, 6.6.2007. (HC-91207) (Inform. STF 470)

INTERCEPTAÇÃO TELEFÔNICA E TRANSFERÊNCIA DE DADOS - 1

O Tribunal, por maioria, resolveu questão de ordem suscitada em inquérito — em que se imputa, a magistrados e outros, a suposta prática de diversos crimes apurados na denominada "Operação Furacão" —, pela autorização, sob dever de resguardo do sigilo, de envio, ao Superior Tribunal de Justiça e ao Conselho Nacional de Justiça, de cópias do acervo probatório coligido nesse inquérito, bem como, se eventualmente requerido, ao Tribunal Regional Federal do Rio de Janeiro e ao Tribunal Regional do Trabalho de Campinas. Na espécie, o STJ e o CNJ pleiteavam cópia desse inquérito, recoberto pelo sigilo legal, sobre dados de interceptações telefônicas autorizadas, para o efeito de juízo sobre a instauração, ou não, de processo administrativo destinado a apurar infrações disciplinares imputáveis a magistrados sujeitos ao seu controle administrativo. Inq 2424 QO/RJ, rel. Min. Cezar Peluso, 25.4.2007. (INQ-2424)

INTERCEPTAÇÃO TELEFÔNICA E TRANSFERÊNCIA DE DADOS - 2

Inicialmente, afirmou-se que, na interpretação das normas contidas no art. 5°, XII, da CF e no art. 1º da Lei 9.296/96, devem ser discernidos, à luz dos valores nelas ponderados e tutelados, dois âmbitos semânticos: o da produção da prova, inerente aos resultados documentais da interceptação, e o do seu uso processual em sentido lato. Relativamente ao primeiro, ressaltou-se que a restrição constitucional tem por escopo a preservação da intimidade como bem jurídico privado, essencial à dignidade da pessoa, até o limite em que esse valor, surgindo como óbice à repressão criminal, cede à manifesta superioridade do interesse público na apuração e punição de crime grave enquanto o mais conspícuo dos atentados às condições fundamentais da subsistência da vida social. No que se refere ao segundo, asseverou-se caber ao intérprete questionar a existência, ou não, de algum interesse público transcendente que, ligando-se a conseqüências de outra qualificação jurídico-normativa do mesmo ato ilícito objeto da investigação criminal, deva prevalecer, mais uma vez, na esfera ou na instância não penal competente, sobre a garantia de uma intimidade já devassada, para o efeito de aplicar ao autor daquele ato, por conta de sua simultânea ilicitude de outra ordem, a sanção legal não penal que lhe convém ou corresponde, a título de resposta estratégica do ordenamento, à violação de norma jurídica diversa. Inq 2424 QO/RJ, rel. Min. Cezar Peluso, 25.4.2007. (INQ-2424)

INTERCEPTAÇÃO TELEFÔNICA E TRANSFERÊNCIA DE DADOS - 3

Tendo isso em conta, embora salientando não ser possível encontrar, como tese de alcance absoluto, esse interesse legitimante nos objetos dos processos meramente civis em que haja disputa sobre bens ou interesses jurídicos privados e disponíveis, considerou-se não afrontar à Constituição Federal ou à lei o entendimento de que a prova decorrente de interceptação lícita, autorizada e realizada em procedimento criminal, inquérito ou processo-crime, contra certa pessoa, na condição de suspeito, indiciado ou réu, possa ser-lhe oposta, na esfera própria, pelo mesmo Estado, encarnado por órgão administrativo ou judiciário a que esteja o agente submisso, como prova do mesmo ato visto sob a qualificação jurídica de ilícito administrativo ou disciplinar. Aduziu-se que outra interpretação do art. 5º, XII, da CF, e do art. 1º da Lei 9.296/96 equivaleria a impedir que o mesmo Estado, que já conhece o fato na sua expressão histórica correspondente à figura criminosa e, como tal, já licitamente apurado na esfera penal, invocasse sua prova oriunda da interceptação para, sob as garantias do devido processo legal, no procedimento próprio, aplicar ao agente a sanção cabível à gravidade do eventual ilícito administrativo, em tutela de relevante interesse público e restauração da integridade do ordenamento jurídico. Vencido o Min. Marco Aurélio, que, ao fundamento de que a extensão da quebra do sigilo ofende o art. 5º, XII, da CF, negava a autorização apenas com relação aos elementos submetidos a sigilo. Inq 2424 QO/RJ, rel. Min. Cezar Peluso, 25.4.2007. (INQ-2424) (Inform. STF 464)

HC CONTRA ATO DE TRIBUNAL DE JUSTIÇA E MEDIDA ADEQUADA - 1

A Turma não conheceu de *habeas corpus* impetrado contra ato do Tribunal de Justiça do Rio Grande do Sul, em favor de condenado a medida de internação, mas deferiu-o, de ofício, para declarar ilegal o constrangimento à liberdade do paciente e substituir a medida de internação a ele aplicada pela de liberdade assistida, que vem se revelando adequada para o fim de acompanhar, auxiliar e orientar o adolescente. Na espécie, o paciente respondera a inúmeros procedimentos infracionais, pelos quais lhe fora aplicada a medida de internação, por prazo indeterminado, sem possibilidade de atividades externas. Posteriormente, em razão de ter sido verificada uma evolução positiva no seu desenvolvimento, sobretudo quanto aos estudos, passara a realizar atividades externas. Depois de cumprir mais de 1 ano de internação e em face dos avanços comportamentais e da concreta perspectiva de vida que acabara construindo, viera a ter progressão para a liberdade assistida por um período inicial de 6 meses. Não obstante, em virtude de outro fato por ele praticado anteriormente, o TJRS, em recurso interposto pelo Ministério Público, determinara o retorno do paciente à medida de internação, substituindo a prestação de serviços à comunidade a ele imposta pela sentença condenatória. HC 90306/RS, rel. Min. Joaquim Barbosa, 20.3.2007. (HC-90306)

HC CONTRA ATO DE TRIBUNAL DE JUSTIÇA E MEDIDA ADEQUADA - 2

Conheceu-se, de ofício, do *writ* ao fundamento de que, embora dirigido contra autoridade a qual não compete o Supremo julgar, estariam em jogo garantias constitucionais de extrema relevância, quais sejam, o direito do adolescente à educação, à profissionalização, à convivência familiar e comunitária e à liberdade. Considerou-se estar configurado, no caso, um ato de cerceamento da liberdade de um jovem por fato que praticara há quase 4 anos, o qual já respondera, posteriormente, internado, por outros fatos até mais graves. Ressaltou-se que, diante do quadro apresentado, seria muito prejudicial à evolução pessoal do paciente, reconhecida nos relatórios de orientação, a determinação de cumprimento de nova medida de internação por ato infracional praticado há tanto tempo. Asseverou-se, no ponto, que as medidas previstas no Estatuto da Criança e do Adolescente - ECA visam assegurar à criança e ao adolescente proteção integral, e que as razões invocadas pelo TJRS para decretar a internação pareciam incoerentes com essa finalidade, haja vista que se levara em conta não o ato em si praticado (resistência), mas atos infracionais anteriores pelos quais o paciente já fora internado e obtivera progressão para medida menos gravosa. Em vista disso, entendeu-se que o acórdão impugnado, ao não atentar para a realidade do paciente, cujo comportamento se mostrara adequado a ensejar a progressão das medidas, violara a razoabilidade, os ditames constitucionais e o ECA, devendo incidir o art. 122, § 2º do ECA ("*Em nenhuma hipótese será aplicada a internação, havendo outra medida adequada*"). HC 90306/RS, rel. Min. Joaquim Barbosa, 20.3.2007. (HC-90306) (Inform. STF 460)

19.1. SUPERIOR TRIBUNAL DE JUSTIÇA

FALÊNCIA. CONTRADITÓRIO PRÉVIO.

No caso, houve o constrangimento ilegal enquanto recebida a denúncia pela prática de crime falimentar sem antes proporcionar ao falido a oportunidade de apresentar defesa, tal como prelecionava o art. 106 do DL n. 7.661/1945. Acolheu-se o parecer do MP quanto a afastar a prova do prejuízo, pois se utiliza a analogia com o entendimento deste Superior Tribunal quando declara a nulidade por falta da defesa prévia nos processos de tráfico de entorpecentes (Lei n. 10.409/2002). Assim, os atos processuais desde o recebimento da denúncia devem ser tidos por nulos, no entanto, reconheceu-se a extinção da punibilidade pela prescrição, visto que, declarada a nulidade do recebimento da denúncia, desaparece o marco interruptivo. Constatou-se, portanto que o prazo de prescrição de dois anos já ocorreu, anotado que o marco inicial é a data do provável encerramento da falência (Súm. n. 147-STF), ou seja, dois anos da decretação da quebra. Precedentes citados do STF: HC 82.222-SP, DJ 6/8/2004; do STJ: RHC 16.181-RJ, DJ 9/5/2005; HC 41.859-SP, DJ 2/10/2006; RHC 10.219-SP, DJ 6/5/2002, e RHC 15.723-RJ, DJ 11/9/2006. **RHC 20.880-RJ, Rel. Min. Nilson Naves, julgado em 7/10/2008.** (Inform. STJ 371)

PROTEÇÃO. TESTEMUNHA. PRONÚNCIA.

A proteção conferida às testemunhas pela Lei n. 9.807/1999 garante-lhes, sobretudo, a reserva de nome, pois que ele é a mais elementar característica identificadora da pessoa. Daí que sem razão pretender-se a nulidade do processo justamente pela falta de nomeação de testemunhas protegidas por aquela medida, quanto mais se a defesa, nos vários *habeas corpus* anteriormente impetrados, sequer se manifestou quanto a isso e anotado, nos autos, que o paciente efetivamente as conhece. É certo, também, que a pronúncia requer a demonstração de prova da existência do crime e indícios de autoria, mas, apesar da obrigatoriedade de o juízo fundamentá-la (art. 93, IX, da CF/1988), é-lhe vetado aprofundar na análise dos elementos coligidos de forma a deixar aos jurados somente a alternativa da condenação, o que, definitivamente, não ocorreu na hipótese. **HC 97.237-SC, Rel. Min. Jane Silva (Desembargadora convocada do TJ-MG), julgado em 22/4/2008.** (Inform. STJ 353)

SÚMULA STF Nº 564

A ausência de fundamentação do despacho de recebimento de denúncia por crime falimentar enseja nulidade processual, salvo se já houver sentença condenatória.

SÚMULA STJ Nº 342

No procedimento para aplicação de medida sócio-educativa, é nula a desistência de outras provas em face da confissão do adolescente.

SÚMULA STJ Nº 265

É necessária a oitiva do menor infrator antes de decretar-se a regressão da medida sócio-educativa.

SÚMULA STJ Nº 51

A punição do intermediador, no jogo do bicho, independe da identificação do "apostador" ou do "banqueiro".

5. DIREITO CONSTITUCIONAL

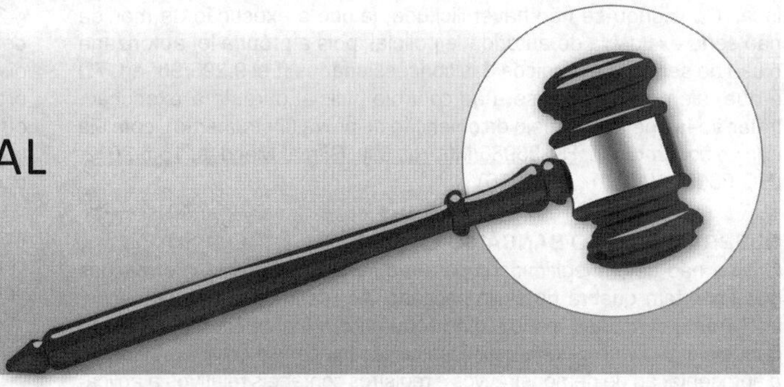

1. DIREITOS E DEVERES INDIVIDUAIS E COLETIVOS

BACEN E ENVIO DE INFORMAÇÕES INDIVIDUALIZADAS

A 1ª Turma iniciou exame de habeas corpus em que se pleiteia a declaração de nulidade de ação penal, embasada na ilegalidade das quebras de sigilos bancário e fiscal dos pacientes. Outrossim, busca seja assentada a nulidade das provas obtidas ilicitamente, determinando-se a prolação de nova sentença. O Min. Marco Aurélio, relator, julgou extinto o habeas, sem apreciação do pedido, por inadequação da via processual, porquanto substitutivo de recurso ordinário, mas concedeu, de ofício, a ordem para declarar insubsistente o processo adversado. Delineou estar em discussão a possibilidade de o Banco Central do Brasil - Bacen poder fornecer ao Ministério Público, sem autorização judicial, dados bancários. Explicitou que se, de um lado, a notícia da prática de crime seria dever de todo cidadão e, com base maior, de entidade como o Bacen, de outro, o afastamento do sigilo de dados, consoante disposto no inciso XII do art. 5º da CF ("é inviolável o sigilo da correspondência e das comunicações telegráficas, de dados e das comunicações telefônicas, salvo, no último caso, por ordem judicial, nas hipóteses e na forma que a lei estabelecer para fins de investigação criminal ou instrução processual penal"), somente se faria possível mediante ato de órgão judicial. Anotou que o primado do Judiciário presente a garantia constitucional revelada no aludido preceito também abarcaria dados bancários. Aduziu estar-se diante de tema de grande importância considerada a ordem jurídica no que as Leis 4.729/65, 6.385/76 e 7.492/86 conteriam preceitos abrangentes a versarem o envio de elementos ao Ministério Público sem a intermediação judicial. Acentuou que o Bacen, mediante expediente dirigido ao Procurador-Geral da República, não se limitara a noticiar possível prática de crime e procedera à remessa de diversos dados, inclusive de correntistas individualizados. Dessa maneira, o Bacen, ao implementar a mencionada quebra, teria colocado em segundo plano a reserva do Judiciário prevista na Constituição. Por fim, complementou que, a partir desse fenômeno, a ação penal ter-se-ia iniciado. Após, pediu vista a Min. Rosa Weber. **HC 99223/PR, rel. Min. Marco Aurélio, 6.11.2012**. ***(HC-99223) (Inform. STF 687)***

SERVENTIA EXTRAJUDICIAL: OITIVA DE TITULAR EFETIVADO E DECLARAÇÃO DE NULIDADE - 1

A 1ª Turma iniciou julgamento de recurso extraordinário em que se discute a declaração de nulidade de ato do Presidente do Tribunal de Justiça do Estado de Santa Catarina que efetivara, em 15.6.90, o recorrente na titularidade de cartório sem concurso público, consoante o art. 14 do ADCT da Constituição da mencionada unidade federativa. Na origem, trata-se de mandado de segurança impetrado contra o ato mediante o qual, em 12.2.98, Presidente daquela Corte afastara a aludida outorga da delegação, sem oitiva do interessado, tendo em conta inconstitucionalidade assentada, com eficácia retroativa, do citado artigo (ADI 363/SC, DJU de 3.5.96) e deferimento de medida cautelar, com efeitos *ex tunc*, na ADI 1573/SC (DJU de 5.9.97). Aduz o recorrente: a) a inobservância do devido processo legal; e b) a incompetência da autoridade para emanar a decisão hostilizada, que caberia ao Executivo. Além disso, aponta infringência à Constituição (art. 2º; incisos LIV e LV do art. 5º; cabeça e § 1º do art. 236). RE 336739/SC, rel. Min. Marco Aurélio, 29.5.2012. (RE-336739)

SERVENTIA EXTRAJUDICIAL: OITIVA DE TITULAR EFETIVADO E DECLARAÇÃO DE NULIDADE - 2

O Min. Marco Aurélio, relator, deu provimento ao recurso para conceder a segurança e declarar a nulidade do ato impugnado, com as consequências próprias. Ressaltou que o processo motivador da interposição deste feito mostrar-se-ia subjetivo, diversamente daqueloutro aludido nas contrarrazões e no parecer, que declarara a inconstitucionalidade do art. 14. Salientou que na ADI 363/SC, o pronunciamento do Supremo ganhara eficácia retroativa, irradiando-se, mas não a ponto de, por si mesmo, afastar do cenário jurídico situações em curso, situações constituídas. Aduziu que a titularidade fora suprimida sem que se tivesse aberto oportunidade, ao então detentor, de se manifestar, de exercer, procedente ou não, o direito de defesa. Reportou, então, ao que asseverado no RE 158543/RS (DJU de 6.10.95). Dessumiu inobservados o devido processo legal, com o desrespeito do contraditório, haja vista que possuiria situação jurídica aperfeiçoada por ato de Presidente da Corte estadual, fulminada sem a manifestação do interessado. RE 336739/SC, rel. Min. Marco Aurélio, 29.5.2012. (RE-336739)

SERVENTIA EXTRAJUDICIAL: OITIVA DE TITULAR EFETIVADO E DECLARAÇÃO DE NULIDADE - 3 669

Relativamente à alegação de incompetência para a prática do ato que implicara a declaração de vacância da serventia, asseverou que haveria de se levar em conta a autoria daquele que o antecedera. Ressaltou que a controvérsia teria solução considerada a origem do ato da outorga. Acresceu que o desfazimento deveria ser implementado pela mesma autoridade. Consignou, ainda, que não caberia potencializar a referência, no art. 236 da CF, à delegação do Poder Público, nem o veto ocorrido ao art. 2º da Lei 8.935/94, que dispunha competir ao Poder Judiciário operar a delegação. A Min. Rosa Weber acompanhou o relator apenas quanto ao fundamento de que, no mínimo, deveria ter sido ouvido o recorrente, a assegurar-lhe o contraditório e a ampla defesa. Após, pediu vista o Min. Luiz Fux. RE 336739/SC, rel. Min. Marco Aurélio, 29.5.2012. (RE-336739) (Inform. STF 668)

POLÍCIA MILITAR E EXECUÇÃO DE INTERCEPTAÇÃO TELEFÔNICA - 1

A 2ª Turma indeferiu *habeas corpus* em que se alegava nulidade de interceptação telefônica realizada pela polícia militar em suposta ofensa ao art. 6º da Lei 9.296/96 ("*Deferido o pedido, a autoridade policial conduzirá os procedimentos de interceptação, dando ciência ao Ministério Público, que poderá acompanhar a sua realização*"). Na espécie, diante de ofício da polícia militar, dando conta de suposta prática dos crimes de rufianismo, manutenção de casa de prostituição e submissão de menor à exploração sexual, a promotoria de justiça requerera autorização para interceptação telefônica e filmagens da área externa do estabelecimento da paciente, o que fora deferida pelo juízo. HC 96986/MG, rel. Min. Gilmar Mendes, 15.5.2012. (HC-96986)

POLÍCIA MILITAR E EXECUÇÃO DE INTERCEPTAÇÃO TELEFÔNICA - 2

Asseverou-se que o texto constitucional autorizaria interceptação telefônica para fins de investigação criminal ou de instrução processual penal, por ordem judicial, nas hipóteses e na forma da lei (CF, art. 5º, XII). Sublinhou-se que seria típica reserva legal qualificada, na qual a autorização para intervenção legal estaria submetida à condição de destinar-se à investigação criminal ou à instrução processual penal. Reconheceu-se a possibilidade excepcional de a polícia militar, mediante autorização judicial, sob supervisão do *parquet*, efetuar a mera execução das interceptações, na circunstância de haver singularidades que justificassem esse deslocamento, especialmente quando, como no caso, houvesse suspeita de envolvimento de autoridades policias da delegacia local. Consignou-se não haver ilicitude, já que a execução da medida não seria exclusiva de autoridade policial, pois a própria lei autorizaria o uso de serviços e técnicos das concessionárias (Lei 9.296/96, art. 7º) e que, além de sujeitar-se a ao controle judicial durante a execução, tratar-se-ia apenas de meio de obtenção da prova (instrumento), com ela não se confundindo. HC 96986/MG, rel. Min. Gilmar Mendes, 15.5.2012. (HC-96986) (Inform. STF 666)

QUEBRA DE SIGILO BANCÁRIO E TCU

O TCU não detém legitimidade para requisitar diretamente informações que importem quebra de sigilo bancário. Ao reafirmar essa orientação, a 2ª Turma concedeu mandado de segurança a fim de cassar a decisão daquele órgão, que determinara à instituição bancária e ao seu presidente a apresentação de demonstrativos e registros contábeis relativos a aplicações em depósitos interfinanceiros. Entendeu-se que, por mais relevantes que fossem suas funções institucionais, o TCU não estaria incluído no rol dos que poderiam ordenar a quebra de sigilo bancário (Lei 4.595/64, art. 38 e LC 105/2001, art. 13). Aludiu-se que ambas as normas implicariam restrição a direito fundamental (CF, art. 5º, X: "*são invioláveis a intimidade, a vida privada, a honra e a imagem das pessoas, assegurado o direito a indenização pelo dano material ou moral decorrente de sua violação*"), logo, deveriam ser interpretadas restritivamente. Precedente citado: MS 22801/DF (DJe de 14.3.2008).MS 22934/DF, rel. Min. Joaquim Barbosa, 17.4.2012. (MS-22934) (Inform. STF 662)

MANDADO DE SEGURANÇA. LEGITIMIDADE PASSIVA. DECISÃO DO CNJ.

A Turma, prosseguindo o julgamento, por maioria, entendeu que o presidente de Tribunal de Justiça estadual que executa decisão proferida pelo CNJ não pode ser considerado autoridade coatora para fins de impetração de mandado de segurança. No caso, o presidente do tribunal decretou o afastamento dos titulares de serventias extrajudiciais efetivados sem concurso público após a CF com base no Pedido de Providências n. 861 do CNJ. Sabe-se que, no mandado de segurança, a autoridade coatora é aquela que ordena a execução do ato impugnado e quem cumpre a ordem é o mero executor. Portanto, como o ato coator emanou do CNJ, o presidente do tribunal não tem legitimidade para figurar no polo passivo da ação mandamental. Assim, não cabe ao Judiciário substituir a autoridade erroneamente indicada na petição inicial como coatora, além do que, no caso, sendo o STF competente para o julgamento do *mandamus*, haveria indevida alteração da competência absoluta. Precedentes citados: RMS 29.896-GO, DJe 2/2/2010, e RMS 30.920-GO, DJe 22/2/2010. **RMS 30.561-GO, Rel. Teori Albino Zavascki, julgado em 14/8/2012.(Inform. STJ 502)**

BUSCA E APREENSÃO. DOCUMENTOS. ESCRITÓRIO DE ADVOCACIA. NOVA INVESTIGAÇÃO.

Cuida-se de *habeas corpus* no qual os impetrantes postulam o trancamento do inquérito policial devido à suposta nulidade no procedimento, pelo fato de o inquérito ter sido originado de documentos apreendidos no escritório do advogado do paciente em determinação judicial relativa a outra investigação. A Turma reafirmou que configura excesso a instauração de investigações ou ações penais com base apenas em elementos recolhidos durante a execução de medidas judiciais cautelares relativamente a investigados que não eram, inicialmente, objeto da ação policial. Nesse tocante, destacou-se que os escritórios de advocacia, como também os de outros profissionais, não são impenetráveis à investigação de crimes. Entretanto, consignou-se que os documentos, as mídias e os objetos pertencentes a clientes do advogado averiguado, bem como dos demais instrumentos de trabalho que contenham informações sobre clientes somente poderão ser utilizados caso ele esteja sendo formalmente investigado como partícipe ou coautor pela prática do mesmo crime que deu causa à quebra de inviolabilidade (§ 7º do art. 7º da Lei n. 8.906/1994). *In casu*, o paciente não estava sendo formalmente investigado e o crime ora apurado não guardava relação com o crime que originou a cautelar de busca e apreensão (estelionato judiciário). Assim, a Turma concedeu em parte a ordem para afastar do inquérito policial instaurado contra o paciente a utilização dos documentos obtidos por meio da busca e apreensão no escritório de seu advogado. Precedente citado: HC 149.008-PR, DJe 9/8/2010. **HC 227.799-RS, Rel. Min. Sebastião Reis Júnior, julgado em 10/4/2012.(Inform. STJ 495)**

ART. 33, § 2º, DA LEI 11.343/2006 E CRIMINALIZAÇÃO DA "MARCHA DA MACONHA" - 1

O Plenário julgou procedente pedido formulado em ação direta, ajuizada pela Procuradora-Geral da República em exercício, para dar interpretação conforme a Constituição ao § 2º do artigo 33 da Lei 11.343/2006 ["*Art. 33... § 2º Induzir, instigar ou auxiliar alguém ao uso indevido de droga. Pena - detenção de 1 (um) a 3 (três) anos, e multa de 100 (cem) a 300 (trezentos) dias-multa*"], com o fim de dele excluir qualquer significado que ensejasse a proibição de manifestações e debates públicos acerca da descriminalização ou da legalização do uso de drogas ou de qualquer substância que leve o ser humano ao entorpecimento episódico, ou então viciado, das suas faculdades psico-físicas. Rejeitou-se, de início, a preliminar de não-conhecimento da ação. Aduziu-se que o preceito impugna-do estaria servindo como fundamento para a proibição judicial de eventos públicos — popularmente chamados de "Marcha da Maconha" — de defesa da legalização ou da descriminalização do uso de entorpecentes. Assim, destacou-se que o dispositivo comportaria pluralidade de sentidos, sendo um deles contrário à Constituição, a possibilitar a aplicação da técnica de interpretação com ela conforme. No mérito, reiterou-se o que afirmado quando do julgamento da ADPF 187/DF (acórdão pendente de publicação, v. Informativo 631) em que assentado que essas manifestações representariam a prática legítima do direito à livre expressão do pensamento, propiciada pelo exercício do direito de reunião. ADI 4274/DF, rel. Min. Ayres Britto, 23.11.2011. (ADI-4274)

ART. 33, § 2º, DA LEI 11.343/2006 E CRIMINALIZAÇÃO DA "MARCHA DA MACONHA" - 2

O Min. Ayres Britto, relator, enfatizou que as liberdades de pensamento, de expressão, de informação e de comunicação fariam parte do rol de direitos individuais de matriz constitucional, tidos como emanação direta do princípio da dignidade da pessoa humana e da cidadania. Registrou que o direito de reunião seria insusceptível de censura prévia e poderia ser visto como especial veículo da busca de informação para uma consciente tomada de posição comunicacional. Salientou, por outro lado, que a única vedação constitucional, relativamente a esse direito, diria respeito a convocação cuja base de inspiração revelasse propósitos e métodos de violência física, armada ou beligerante. O Min. Luiz Fux relembrou que deveriam ser considerados os seguintes parâmetros: 1) que se tratasse de reunião pacífica, sem armas, previamente noticiada às autoridades públicas quanto à data, ao horário, ao local e ao objetivo, e sem incitação à violência; 2) que não existisse incitação, incentivo ou estímulo ao consumo de entorpecentes na sua realização; 3) que não ocorresse o consumo de entorpecentes na ocasião da manifestação ou evento público e 4) que não houvesse a participação ativa de crianças e adolescentes na sua realização. Por sua vez, o Min. Celso de Mello reafirmou que as liberdades de expressão e de reunião possuiriam interconexão e que deveriam ser exercidas com observância das restrições que emanariam do próprio texto constitucional. Realçou, ademais, que a Constituição objetivara subtrair da interferência do Poder Público o processo de comunicação e de livre expressão das idéias, mesmo que estas pudessem eventualmente ser rejeitadas por estamentos dominantes ou por grupos majoritários dentro da formação social. Asseverou que a defesa em espaços públicos da legalização das drogas não caracterizaria ilícito penal — quer sob a égide do Código Penal, quer sob o que estabelecido na regra em comento —, mas sim o exercício legítimo do direito à livre manifestação do pensamento, sendo irrelevante, para o efeito de proteção constitucional, a maior ou a menor receptividade social da proposta. De outro lado, o Min. Gilmar Mendes fez ressalva no sentido de não se poder depreender deste julgamento que o texto constitucional permitiria toda e qualquer reunião. No ponto, o Min. Cezar Peluso, Presidente, consignou que a análise sobre a liberdade de reunião para efeito de manifestação do pensamento deveria ser feita caso a caso, para se saber se a questão não implicaria outorga ou proposta de outorga de legitimidade a atos que repugnariam a consciência democrática, o próprio sistema jurídico constitucional de um país civilizado. ADI 4274/DF, rel. Min. Ayres Britto, 23.11.2011. (ADI-4274) (Inform. STF 649)

Associação de moradores e cobrança de mensalidade a não-associados

A 1ª Turma proveu recurso extraordinário para reformar acórdão que determinara ao recorrente satisfazer compulsoriamente mensalidade à associação de moradores a qual não vinculado. Ressaltou-se não se tratar de condomínio em edificações ou incorporações imobiliárias regido pela Lei 4.591/64. Consignou-se que, conforme dispõe a Constituição, ninguém estaria compelido a fazer ou a deixar de fazer alguma coisa senão em virtude de lei e, embora o preceito se referisse a obrigação de fazer, a concretude que lhe seria própria apanharia, também, obrigação de dar. Esta, ou bem se submeteria à manifestação de vontade, ou à previsão em lei. Asseverou-se que o aresto recorrido teria esvaziado a regra do inciso XX do art. 5º da CF, a qual revelaria que ninguém poderá ser compelido a associar-se ou a permanecer associado. Aduziu-se que essa garantia constitucional alcançaria não só a associação sob o ângulo formal, como também tudo que resultasse desse fenômeno e, iniludivelmente, a satisfação de mensalidades ou de outra parcela, seja qual for a periodicidade, à associação pressuporia a vontade livre e espontânea do cidadão em associar-se. RE 432106/RJ, rel. Min. Marco Aurélio, 20.9.2011. (RE-432106) (Inform. STF 641)

EMENTA: CONSELHO PROFISSIONAL. ORDEM DOS MÚSICOS DO BRASIL. EXIGÊNCIA DE INSCRIÇÃO **PARA EFEITO** DE EXERCÍCIO DA ATIVIDADE ARTÍSTICA. **INCOMPATIBILIDADE** COM O TEXTO DA CONSTITUIÇÃO DA REPÚBLICA. **LIBERDADES CONSTITUCIONAIS** DE EXPRESSÃO ARTÍSTICA (**CF**, ART. 5º, IX) **E** DE OFÍCIO OU PROFISSÃO (**CF**, ART. 5º, XIII). **SIGNIFICADO E ALCANCE** DESSAS LIBERDADES FUNDAMENTAIS. **ARTE E CULTURA**, QUE REPRESENTAM *EXPRESSÕES FUNDAMENTAIS* DA LIBERDADE HUMANA, **CONSTITUEM** DOMÍNIOS **INTERDITADOS** À INTERVENÇÃO, *SEMPRE PERIGOSA E NOCIVA*, DO ESTADO. **A QUESTÃO** DA LIBERDADE PROFISSIONAL **E** A REGULAÇÃO NORMATIVA DE SEU EXERCÍCIO. **PARÂMETROS** *QUE DEVEM CONFORMAR* A AÇÃO LEGISLATIVA DO ESTADO **NO PLANO** DA REGULAMENTAÇÃO PROFISSIONAL: (**a**) **NECESSIDADE** *DE GRAU ELEVADO* DE CONHECIMENTO TÉCNICO OU CIENTÍFICO PARA O DESEMPENHO DA PROFISSÃO E (**b**) **EXISTÊNCIA** DE RISCO POTENCIAL **OU** DE DANO EFETIVO *COMO OCORRÊNCIAS QUE PODEM RESULTAR* DO EXERCÍCIO PROFISSIONAL. **PRECEDENTES** DO SUPREMO TRIBUNAL FEDERAL **QUE SE CONSOLIDARAM** *DESDE A CONSTITUIÇÃO DE 1891*. **LIMITES** À AÇÃO LEGISLATIVA DO ESTADO, *NOTADAMENTE QUANDO IMPÕE* **RESTRIÇÕES** AO EXERCÍCIO DE DIREITOS **OU** LIBERDADES **OU**, *AINDA*, **NOS CASOS** EM QUE A LEGISLAÇÃO **SE MOSTRA DESTITUÍDA** *DO NECESSÁRIO COEFICIENTE DE RAZOABILIDADE*. **MAGISTÉRIO DA DOUTRINA**. **INCONSTITUCIONALIDADE** DA EXIGÊNCIA LEGAL **DE INSCRIÇÃO** NA ORDEM DOS MÚSICOS DO BRASIL **E DE PAGAMENTO** DE ANUIDADE, **PARA EFEITO** *DE ATUAÇÃO PROFISSIONAL DO MÚSICO*. **RECURSO EXTRAORDINÁRIO CONHECIDO E IMPROVIDO**. (RE 509.409/SP, rel. Min. Celso de Mello, DJ 8.9.2011) (Inform. STF 639)

Músico e Liberdade do Exercício de Profissão – 1

A Turma iniciou julgamento de recurso extraordinário interposto contra acórdão do TRF da 4ª Região que, com base no art. 5º, incisos IX e XIII, da CF, entendera que a atividade de músico não depende de registro ou licença e que a sua livre expressão não pode ser impedida por interesses do órgão de classe, haja vista que este dispõe de meios próprios para executar anuidades devidas, sem vincular sua cobrança à proibição do exercício da profissão. A recorrente, Ordem dos Músicos do Brasil/ OMB - Conselho Regional de Santa Catarina, sustenta, na espécie, a inadequação do mandamus contra lei em tese e a afronta aos arts. 5º, IX, XIII, e 170, parágrafo único, ambos da CF, sob a alegação de que o livre exercício de qualquer profissão ou trabalho está condicionado pelas referidas normas constitucionais às qualificações específicas de cada profissão e que, no caso dos músicos, a Lei 3.857/60 estabelece essas restrições. Aduz, ainda, que possui poder de polícia. A Min. Ellen Gracie, relatora, negou provimento ao recurso, no que foi acompanhada pelo Min. Joaquim Barbosa. Inicialmente, considerou adequada a via do mandado de segurança, porquanto os recorridos insurgem-se contra ato concreto de fiscalização emanado da OMB, e que afronta ao art. 170 da CF não fora prequestionada (Súmulas 282 e 356 do STF). No tocante à alegada ofensa aos incisos IX e XIII do art. 5º da CF, asseverando que a liberdade do exercício de profissão neles assegurada pode sofrer limitações com vistas ao interesse público, entendera que as exigências de inscrição na OMB e de o afiliado estar em dia com o pagamento de anuidade ferem o livre exercício da profissão. Afirmou que, na hipótese da música, a livre expressão artística é de sua essência e, por conseguinte, a obrigatoriedade de inscrição na OMB para que os profissionais da música se apresentem profissionalmente equivale à exigência de licença expressamente proibida pelo art. 5º, IX, da CF. Ademais, salientou que a exigência de comprovação de pagamento de anuidade é despropositada, visto que, conforme acentuara o acórdão impugnado, a recorrente possui outros meios legais para efetuar a cobrança. Após, o julgamento foi adiado em virtude do pedido de vista do Min. Gilmar Mendes. RE 414426/SC, rel. Min. Ellen Gracie, 18.10.2005. (RE-414426)

Músico e Liberdade do Exercício de Profissão – 2

A Turma, acolhendo proposta formulada pelo Min. Gilmar Mendes, deliberou afetar ao Plenário julgamento de recurso extraordinário interposto contra acórdão do TRF da 4ª Região que, com base no art. 5º, IX e XIII, da CF, entendera que a atividade de músico não depende de registro ou licença e que a sua livre expressão não pode ser impedida por interesses do órgão de classe, haja vista que este dispõe de meios próprios para executar anuidades devidas, sem vincular sua cobrança à proibição do exercício da profissão — v. Informativo 406. A recorrente, Ordem dos Músicos do Brasil/OMB - Conselho Regional de Santa Catarina, sustenta, na espécie, a inadequação do mandamus contra lei em tese e a afronta aos artigos 5º, IX, XIII, e 170, parágrafo único, ambos da CF, sob a alegação de que o livre exercício de qualquer profissão ou trabalho está condicionado pelas referidas normas constitucionais às qualificações específicas de cada profissão e que, no caso dos músicos, a Lei 3.857/60 estabelece essas restrições. Aduz, ainda, que possui poder de polícia. RE 414426/SC, rel. Min. Ellen Gracie, 17.11.2009. (RE-414426)

Registro profissional de músico em entidade de classe

A atividade de músico não depende de registro ou licença de entidade de classe para o seu exercício. Essa a conclusão do Plenário ao negar provimento a recurso extraordinário, afetado pela 2ª Turma, em que a Ordem dos Músicos do Brasil – Conselho Regional de Santa Catarina alegava que o livre exercício de qualquer profissão ou trabalho estaria constitucionalmente condicionado às qualificações específicas de cada profissão e que, no caso dos músicos, a Lei 3.857/60 estabeleceria essas restrições — v. Informativos 406 e 568. Aduziu-se que as restrições feitas ao exercício de qualquer profissão ou atividade profissional deveriam obedecer ao princípio da mínima intervenção – a qual se pautaria pela razoabilidade e pela proporcionalidade. Ressaltou-se que a liberdade de exercício profissional, contida no art. 5º, XIII, da CF, seria quase absoluta e que qualquer restrição a ela só se justificaria se houvesse necessidade de proteção a um interesse público, a exemplo de atividades para as quais fosse requerido conhecimento específico, técnico, ou ainda, habilidade já demonstrada. RE 414426/SC, rel. Min. Ellen Gracie, 1º.8.2011. (RE-414426) (Inform. STF 634)

LIBERDADES FUNDAMENTAIS E "MARCHA DA MACONHA" - 1

Por entender que o exercício dos direitos fundamentais de reunião e de livre manifestação do pensamento devem ser garantidos a todas as pessoas, o Plenário julgou procedente pedido formulado em ação de descumprimento de preceito fundamental para dar, ao art. 287 do CP, com efeito vinculante, interpretação conforme a Constituição, de forma a excluir qualquer exegese que possa ensejar a criminalização da defesa da legalização das drogas, ou de qualquer substância entorpecente específica, inclusive através de manifestações e eventos públicos. Preliminarmente, rejeitou-se pleito suscitado pela Presidência da República e pela Advocacia-Geral da União no sentido do não-conhecimento da ação, visto que, conforme sustentado, a via eleita não seria adequada para se deliberar sobre a interpretação conforme. Alegava-se, no ponto, que a linha tênue entre o tipo penal e a liberdade de expressão só seria verificável no caso concreto. Aduziu-se que se trataria de argüição autônoma, cujos pressupostos de admissibilidade estariam presentes. Salientou-se a observância, na espécie, do princípio da subsidiariedade. Ocorre que a regra penal em comento teria caráter pré-constitucional e, portanto, não poderia constituir objeto de controle abstrato mediante ações diretas, de acordo com a jurisprudência da Corte. Assim, não haveria outro modo eficaz de se sanar a lesividade argüida, senão pelo meio adotado. Enfatizou-se a multiplicidade de interpretações às quais a norma penal em questão estaria submetida, consubstanciadas em decisões a permitir e a não pemitir a denominada "Marcha da Maconha" por todo o país. Ressaltou-se existirem graves conseqüências resultantes da censura à liberdade de expressão e de reunião, realizada por agentes estatais em cumprimento de ordens emanadas do Judiciário. Frisou-se que, diante do quadro de incertezas hermenêuticas em torno da aludida norma, a revelar efetiva e relevante controvérsia constitucional, os cidadãos estariam preocupados em externar, de modo livre e responsável, as convicções que desejariam transmitir à coletividade por meio da pacífica utilização dos espaços públicos. ADPF 187/DF, rel. Min. Celso de Mello, 15.6.2011. (ADPF-187)

LIBERDADES FUNDAMENTAIS E "MARCHA DA MACONHA" - 2

Decidiu-se, ainda, manter o objeto da demanda conforme a delimitação estabelecida pela Procuradoria-Geral da República, a despeito de um dos *amici curiae* — a ABESUP - Associação Brasileira de Estudos Sociais do Uso de Psicoativos — haver postulado o reconhecimento da legitimidade jurídica de determinadas condutas. A aludida associação pretendia a declaração da atipicidade penal de atos como o cultivo doméstico, o porte de pequena quantidade e o uso em âmbito privado da maconha; a utilização de referida substância para fins medicinais, inclusive para efeito de realização de pesquisas médicas; o uso ritual da maconha em celebrações litúrgicas; a utilização da substância canábica para fins econômicos; ou, então, a submissão dos mencionados pleitos a processo prévio de regulamentação, com a participação democrática dos órgãos e entidades que manifestassem interesse no assunto. O *amicus curiae* citado também requerera a concessão, de ofício, em caráter abstrato, de ordem de *habeas corpus* em favor de quaisquer pessoas que incidissem naqueles comportamentos anteriormente referidos. Aduziu-se que, não obstante o relevo da participação do *amicus curiae*, como terceiro interveniente, no processo de fiscalização normativa abstrata, ele não disporia de poderes processuais que, inerentes às partes, viabilizassem o exercício de determinadas prerrogativas que se mostrassem unicamente acessíveis a elas, como o poder que assiste, ao argüente, de delimitar o objeto da demanda por ele instaurada. Afirmou-se que a intervenção do *amicus curiae* seria voltada a proporcionar meios que viabilizassem uma adequada resolução do litígio constitucional, sob a perspectiva de pluralização do debate, de modo a permitir que o STF venha a dispor de todos os elementos informativos necessários à resolução da controvérsia, além de conferir legitimidade às decisões proferidas pela Suprema Corte. Para tanto, o *amicus curiae* teria a possibilidade de exercer o direito de fazer sustentações orais, além de dispor da faculdade de submeter, ao relator da causa, propostas de requisição de informações adicionais, de designação de peritos, de convocação de audiências públicas e de recorrer da decisão que haja denegado seu pedido de admissão no processo. Reputou-se, portanto, que as questões ora suscitadas não estariam em causa neste processo, muito embora reconhecida sua importância. Apontou-se, ademais, a inadequação do *writ* para o fim pretendido, visto que impetrado em caráter abstrato, sem vinculação concreta a um caso específico. Evidenciou-se a absoluta indeterminação subjetiva dos pacientes, de maneira a não se revelar pertinente esse remédio constitucional. Salientou-se que não se demonstrara configuração de ofensa imediata, atual ou iminente a direito de ir e vir de pessoas efetivamente submetidas a atos de injusto constrangimento. ADPF 187/DF, rel. Min. Celso de Mello, 15.6.2011. (ADPF-187)

LIBERDADES FUNDAMENTAIS E "MARCHA DA MACONHA" - 3

No mérito, ressaltou-se, de início, que o presente feito não teria por objetivo discutir eventuais propriedades terapêuticas ou supostas virtudes medicinais ou possíveis efeitos benéficos resultantes da utilização de drogas ou de qualquer outra substância entorpecente. Destacou-se estar em jogo a proteção às liberdades individuais de reunião e de manifestação do pensamento. Em passo seguinte, assinalou-se que a liberdade de reunião, enquanto direito-meio, seria instrumento viabilizador da liberdade de expressão e qualificar-se-ia como elemento apto a propiciar a ativa participação da sociedade civil na vida política do Estado. A praça pública, desse modo, desde que respeitado o direto de reunião, passaria a ser o espaço, por excelência, para o debate. E, nesse sentido, salientou-se que esta Corte, há muito, firmara compromisso com a preservação da integridade das liberdades fundamentais contra o arbítrio do Estado. Realçou-se que a reunião, para merecer a proteção constitucional, deveria ser pacífica, ou seja, sem armas, violência ou incitação ao ódio ou à discriminação. Ademais, essa liberdade seria constituída por 5 elementos: pessoal, temporal, intencional, espacial e formal. Ponderou-se que, embora esse direito possa ser restringido em períodos de crise institucional, ao Estado não seria permitido, em período de normalidade, inibir essa garantia, frustrar-lhe os objetivos ou inviabilizá-la com medidas restritivas. ADPF 187/DF, rel. Min. Celso de Mello, 15.6.2011. (ADPF-187)

LIBERDADES FUNDAMENTAIS E "MARCHA DA MACONHA" - 4

Apontou-se, ademais, que as minorias também titularizariam o direito de reunião. Observou-se que isso evidenciaria a função contra-majoritária do STF no Estado Democrático de Direito. Frisou-se, nessa contextura, que os grupos majoritários não poderiam submeter, à hegemonia de sua vontade, a eficácia de direitos fundamentais, especialmente tendo em conta uma concepção material de democracia constitucional. Mencionou-se que a controvérsia em questão seria motivada pelo conteúdo polissêmico do art. 287 do CP, cuja interpretação deveria ser realizada em harmonia com as liberdades fundamentais de reunião, de expressão e de petição. Relativamente a esta última, asseverou-se que o seu exercício estaria sendo inviabilizado, pelo Poder Público, sob o equivocado entendimento de que manifestações públicas, como a "Marcha da Maconha", configurariam a prática do ilícito penal aludido — o qual prevê a apologia de fato criminoso —, não obstante essas estivessem destinadas a veicular idéias, transmitir opiniões, formular protestos e expor reivindicações — direito de petição —, com a finalidade de sensibilizar a comunidade e as autoridades governamentais, notadamente o Legislativo, para o tema referente à descriminalização do uso de drogas ou de qualquer substância entorpecente específica. Evidenciou-se que o sistema constitucional brasileiro conferiria legitimidade ativa aos cidadãos para apresentar, por iniciativa popular, projeto de lei com o escopo de descriminalizar qualquer conduta hoje penalmente punida. Daí a relação de instrumentalidade entre a liberdade de reunião e o direito de petição. ADPF 187/DF, rel. Min. Celso de Mello, 15.6.2011. (ADPF-187)

LIBERDADES FUNDAMENTAIS E "MARCHA DA MACONHA" - 5

Além disso, verificou-se que a marcha impugnada mostraria a interconexão entre as liberdades constitucionais de reunião — direito-meio — e de manifestação do pensamento — direito-fim — e o direito de petição, todos eles dignos de amparo do Estado, cujas autoridades deveriam protegê-los e revelar tolerância por aqueles que, no exercício do direito à livre expressão de suas idéias e opiniões, transmitirem mensagem de abolicionismo penal quanto à vigente incriminação do uso de drogas ilícitas. Dessa forma, esclareceu-se que seria nociva e perigosa a pretensão estatal de reprimir a liberdade de expressão, fundamento da ordem democrática, haja vista que não poderia dispor de poder algum sobre a palavra, as idéias e os modos de sua manifestação. Afirmou-se que, conquanto a livre expressão do pensamento não se revista de caráter absoluto, destinar-se-ia a proteger qualquer pessoa cujas opiniões pudessem conflitar com as concepções prevalecentes, em determinado momento histórico, no meio social. Reputou-se que a mera proposta de descriminalização de determinado ilícito penal não se confundiria com ato de incitação à prática do crime, nem com o de apologia de fato criminoso. Concluiu-se que a defesa, em espaços públicos, da legalização das drogas ou de proposta abolicionista a outro tipo penal, não significaria ilícito penal, mas, ao contrário, representaria o exercício legítimo do direito à livre manifestação do pensamento, propiciada pelo exercício do direito de reunião. O Min. Luiz Fux ressalvou que deveriam ser considerados os seguintes parâmetros: 1) que se trate de reunião pacífica, sem armas, previamente noticiada às autoridades públicas quanto à data, ao horário, ao local e ao objetivo, e sem incitação à violência; 2) que não exista incitação, incentivo ou estímulo ao consumo de entorpecentes na sua realização; 3) que não ocorra o consumo de entorpecentes na ocasião da manifestação ou evento público e 4) que não haja a participação ativa de crianças e adolescentes na sua realização. ADPF 187/DF, rel. Min. Celso de Mello, 15.6.2011. (ADPF-187) (Inform. STF 631)

EXECUÇÃO EXTRAJUDICIAL DE CRÉDITO HIPOTECÁRIO E DEVIDO PROCESSO LEGAL

O Plenário iniciou julgamento de recurso extraordinário em que se discute, nos termos dos artigos 30, parte final, e 31 a 38 do Decreto-lei 70/66, a constitucionalidade, ou não, de execução extrajudicial de crédito hipotecário. O Min. Marco Aurélio, relator, desproveu o recurso, para declarar a inconstitucionalidade dos referidos dispositivos. Aduziu que nem mesmo a relapsia do devedor seria suficiente a chegar-se à execução privada, contemplada no aludido decreto-lei, considerada a regra contida no art. 5º, LIV, da CF. Nesse sentido, afirmou que a noção inerente ao devido processo remeteria, necessariamente, ao Judiciário, de modo a inviabilizar-se a execução privada. Destacou que o citado diploma infraconstitucional teria sido editado durante a "ditadura militar empresarial", quando havia, em primeiro lugar, a arrematação do imóvel, para que, somente após, tendo em conta a imissão de posse, interviesse o Judiciário. Reputou que esse procedimento seria resquício do autoritarismo da época; do esvaziamento do Judiciário como uma garantia do cidadão; do tratamento diferenciado, a beneficiar a parte mais forte na relação jurídica, ou seja, a parte credora. Após o voto do Min. Luiz Fux, que acompanhara o relator, pediu vista dos autos o Min. Dias Toffoli. RE 556520/SP, rel. Min. Marco Aurélio, 25.5.2011. (RE-556520) (Inform. STF 628)

AG. REG. NO AI N. 675.276-RJ
RELATOR: MIN. CELSO DE MELLO

E M E N T A: **LIBERDADE DE EXPRESSÃO - DIREITO DE CRÍTICA - PRERROGATIVA** POLÍTICO-JURÍDICA **DE ÍNDOLE CONSTITUCIONAL – ENTREVISTA JORNALÍSTICA NA QUAL SE VEICULA** OPINIÃO **EM TOM** DE CRÍTICA – **DENÚNCIA** DE IRREGULARIDADES NO MUNDO ESPORTIVO - **CIRCUNSTÂNCIA QUE EXCLUI** O INTUITO DE OFENDER - **AS** *EXCLUDENTES ANÍMICAS* **COMO FATOR DE DESCARACTERIZAÇÃO** DO "*ANIMUS INJURIANDI VEL DIFFAMANDI*" - **AUSÊNCIA DE ILICITUDE** NO COMPORTAMENTO DO PROFISSIONAL DE IMPRENSA - **INOCORRÊNCIA DE ABUSO** DA LIBERDADE DE MANIFESTAÇÃO DO PENSAMENTO - **CARACTERIZAÇÃO,** *NA ESPÉCIE*, **DO REGULAR EXERCÍCIO** DA LIBERDADE CONSTITUCIONAL DE EXPRESSÃO - **A QUESTÃO** DA LIBERDADE DE MANIFESTAÇÃO DO PENSAMENTO **(E DO DIREITO DE CRÍTICA** NELA FUNDADO) **EM FACE** DE *FIGURAS PÚBLICAS* **OU** *NOTÓRIAS* – **JURISPRUDÊNCIA – DOUTRINA – SUBSISTÊNCIA**, *NO CASO*, DA DECLARAÇÃO DE IMPROCEDÊNCIA DA AÇÃO INDENIZATÓRIA – "*AGRAVO REGIMENTAL*" **IMPROVIDO**.

- **A liberdade** de expressão – que **não** traduz concessão do Estado, **mas**, *ao contrário*, **representa** *direito fundamental* dos cidadãos – **é condição** *inerente* **e** *indispensável* à caracterização **e** à preservação de sociedades livres, **organizadas** sob a égide dos princípios estruturadores do regime democrático. **O Poder Judiciário**, *por isso mesmo*, **não pode** ser utilizado como instrumento *de injusta* restrição a essa *importantíssima* franquia individual cuja legitimidade **resulta** da própria declaração *constitucional* de direitos.

- **A liberdade de manifestação do pensamento traduz** prerrogativa político-jurídica **que representa**, *em seu próprio e essencial significado*, **um dos fundamentos** em que repousa a ordem democrática. **Nenhuma** autoridade, *por tal razão*, **inclusive** a autoridade judiciária, **pode** prescrever (*ou impor*), **segundo** suas próprias convicções, **o que será ortodoxo** em política, **ou** em outras questões **que envolvam** temas de natureza filosófica, ideológica **ou** confessional, **nem estabelecer** padrões de conduta cuja observância **implique** restrição aos meios de divulgação do pensamento.

- *O exercício regular* do direito de crítica, **que configura** *direta emanação* da liberdade *constitucional* de manifestação do pensamento, *ainda que exteriorizado* em entrevista jornalística, *não importando* o conteúdo ácido das opiniões nela externadas, **não se reduz** à dimensão *do abuso* da liberdade de expressão, **qualificando-se**, *ao contrário*, como verdadeira *excludente anímica*, **que atua**, *em tal contexto*, **como fator de descaracterização** *do intuito doloso* de ofender. **Precedentes** do Supremo Tribunal Federal. **Jurisprudência comparada** (Corte Européia de Direitos Humanos **e** Tribunal Constitucional Espanhol). (Inform. STF 623)

CNJ: DISPENSA DE SINDICÂNCIA E INTERCEPTAÇÃO TELEFÔNICA - 1

O Plenário iniciou julgamento de mandado de segurança impetrado por juíza de direito contra decisão do Conselho Nacional de Justiça – CNJ que, nos autos de reclamação disciplinar, determinara a instauração de processo administrativo em seu desfavor, bem como em relação a outros juízes, desembargadores e servidores do tribunal de justiça local. A impetrante requer a declaração de nulidade da decisão impugnada, com o conseqüente arquivamento do processo. Sustenta, em síntese, que: a) o julgamento teria sido presidido por conselheiro do CNJ; b) o processo administrativo estaria fundado em escutas telefônicas autorizadas por juízo incompetente, as quais seriam oriundas de inquérito instaurado para apurar fatos distintos a supostas irregularidades a ela atribuídas e c) o CNJ obstara o processamento de sindicância no âmbito da Corte estadual. MS 28003/DF, rel. Min. Ellen Gracie, 16.3.2011. (MS-28003)

CNJ: DISPENSA DE SINDICÂNCIA E INTERCEPTAÇÃO TELEFÔNICA – 2

A Min. Ellen Gracie, relatora, denegou o *writ*. Preliminarmente, reconheceu a competência do STF para o exame da matéria e a possibilidade de o Presidente do CNJ delegar a sua atribuição de presidir as sessões plenárias e de se licenciar (RICNJ, artigos 3º, 4º, III, IV, XXVI, 5º, 6º, IV e 23, I). Acrescentou, inclusive, recente alteração regimental para permitir ao Vice-Presidente do Supremo substituir o Presidente do CNJ. Ressaltou, todavia, que na época do julgamento da reclamação disciplinar a regra ainda não estaria em vigor. No mérito, aduziu competir ao CNJ o controle do cumprimento dos deveres funcionais dos magistrados brasileiros, cabendo-lhe receber e conhecer de reclamações contra membros do Poder Judiciário (CF, art. 103-B, § 4 º, III e V). Consignou que, tendo em conta o princípio da hermenêutica constitucional dos "poderes implícitos", se a tal órgão administrativo fora concedida a faculdade de avocar processos disciplinares em curso, de igual modo, poderia obstar o processamento de sindicância em tramitação no tribunal de origem, mero procedimento preparatório. Ademais, realçou que, no caso, o CNJ concluíra pela existência de elementos suficientes para a instauração de processo administrativo disciplinar, com dispensa da sindicância. MS 28003/DF, rel. Min. Ellen Gracie, 16.3.2011. (MS-28003)

CNJ: DISPENSA DE SINDICÂNCIA E INTERCEPTAÇÃO TELEFÔNICA – 3

A relatora rechaçou, ainda, a alegação de invalidade da primeira interceptação telefônica. Registrou que, na situação em apreço, a autoridade judiciária competente teria autorizado o aludido monitoramento dos telefones de outros envolvidos em supostas irregularidades em execuções de convênios firmados entre determinada prefeitura e órgãos do governo federal. Ocorre que a impetrante teria mantido contatos, principalmente, com o secretário municipal de governo, cujo número também era objeto da interceptação. Assim, quando das degravações das conversas, constataram-se condutas da impetrante consideradas, em princípio, eticamente duvidosas — recebimento de vantagens provenientes da prefeitura —, o que ensejara a instauração do processo administrativo disciplinar. Dessa forma, reputou não ser razoável que o CNJ deixe de apurar tais fatos apenas porque o objeto da citada investigação criminal seria diferente das supostas irregularidades imputadas à impetrante. Por fim, ponderou — apesar da tese defendida por alguns Ministros desta Corte no sentido da competência subsidiária do CNJ relativamente a processos disciplinares instaurados para apurar condutas funcionais de magistrados em seus tribunais de origem — que tal órgão já teria apreciado o processo de outros magistrados também envolvidos. Após, pediu vista o Min. Luiz Fux. MS 28003/DF, rel. Min. Ellen Gracie, 16.3.2011. (MS-28003) (Inform. STF 619)

ADI: INCONSTITUCIONALIDADE MATERIAL E FORMAL

O Plenário julgou procedente pedido formulado em ação direta ajuizada pelo Procurador-Geral da República para declarar a inconstitucionalidade da Lei 2.050/92, que alterou a Lei 1.748/90, ambas do Estado do Rio de Janeiro, referente a medidas de segurança nos estacionamentos destinados a veículos automotores. O dispositivo impugnado proíbe a cobrança de qualquer quantia pela utilização de estacionamento em locais particulares. Aduziu-se a inconstitucionalidade material da norma, considerada a afronta ao exercício normal do direito de propriedade (CF, art. 5º, XXII), e a inconstitucionalidade formal, uma vez que teria sido invadida a competência privativa da União para legislar sobre direito civil (CF, art. 22, I). ADI 1623/RJ, rel. Min. Joaquim Barbosa, 17.3.2011. (ADI-1623) (Inform. STF 619)

EMENTA: LEI DE IMPRENSA (LEI Nº 5.250/67). **FORMULAÇÃO**, PELO SUPREMO TRIBUNAL FEDERAL, DE JUÍZO **NEGATIVO** DE RECEPÇÃO DESSE DIPLOMA LEGISLATIVO **PELA VIGENTE** CONSTITUIÇÃO DA REPÚBLICA (**ADPF** 130/DF). **AUTONOMIA CONSTITUCIONAL** DO DIREITO DE RESPOSTA (**CF**, ART. 5º, V). **CONSEQÜENTE POSSIBILIDADE** DE SEU EXERCÍCIO, *INDEPENDENTEMENTE* DE REGULAÇÃO LEGISLATIVA. **ESSENCIALIDADE** DESSA PRERROGATIVA FUNDAMENTAL, **ESPECIALMENTE** SE ANALISADA **NA PERSPECTIVA** DE UMA SOCIEDADE **QUE VALORIZA** O CONCEITO DE "*LIVRE MERCADO DE IDÉIAS*". **O SENTIDO** DA EXISTÊNCIA DO "*MERCADO DE IDÉIAS*": **UMA METÁFORA** DA LIBERDADE? **O DEBATE** EM TORNO **DA QUESTÃO** DO *OLIGOPÓLIO* DOS MEIOS DE COMUNICAÇÃO SOCIAL **E A PROPOSTA** DE REVISÃO CONCEITUAL **DA ANTIGA** NOÇÃO DO "*FREE MARKETPLACE OF IDEAS*": **DE** OLIVER WENDELL HOLMES, JR. **A** JEROME A. BARRON. **UMA NOVA VISÃO** DO DIREITO DE RESPOSTA (**SUA IDENTIFICAÇÃO** COMO DIREITO **IMPREGNADO** *DE TRANSINDIVIDUALIDADE*): **MEIO DE REALIZAÇÃO**, *EM CASOS DE INDETERMINAÇÃO SUBJETIVA DOS INTERESSADOS* (**MESMO** DAS PESSOAS **NÃO DIRETAMENTE AFETADAS** PELA PUBLICAÇÃO), **DO DIREITO À INFORMAÇÃO** CORRETA, PRECISA **E** EXATA. **PRERROGATIVA FUNDAMENTAL** QUE TRADUZ, *EM CONTEXTO METAINDIVIDUAL*, **VERDADEIRA** *GARANTIA INSTITUCIONAL DO CONTRADITÓRIO PÚBLICO*. **A QUESTÃO DO DIREITO DIFUSO** À INFORMAÇÃO HONESTA, LEAL **E** VERDADEIRA: **A POSIÇÃO** DE L. G. GRANDINETTI CASTANHO DE CARVALHO, DE GUSTAVO BINENBOJM **E** DE FÁBIO KONDER COMPARATO. "*A PLURIFUNCIONALIDADE DO DIREITO DE RESPOSTA*" (VITAL MOREIRA, "**O DIREITO DE RESPOSTA NA COMUNICAÇÃO SOCIAL**") **OU AS DIVERSAS** ABORDAGENS **POSSÍVEIS** QUANTO À **DEFINIÇAO** DA NATUREZA JURÍDICA DESSA PRERROGATIVA FUNDAMENTAL: (**a**) ***garantia*** *de defesa dos direitos de personalidade*, (**b**) ***direito individual*** *de expressão e de opinião*, (**c**) ***instrumento*** *de pluralismo informativo e de acesso de seu titular aos órgãos de comunicação social*, **inconfundível**, *no entanto*, com o direito de antena, (**d**) ***garantia*** *do "dever de verdade"* **e** (**e**) ***forma*** *de sanção ou de indenização em espécie*. **A FUNÇÃO INSTRUMENTAL** DO DIREITO DE RESPOSTA (*DIREITO-GARANTIA?*): (**1**) **NEUTRALIZAÇÃO DE EXCESSOS** DECORRENTES DA PRÁTICA *ABUSIVA* DA LIBERDADE DE COMUNICAÇÃO JORNALÍSTICA, (**2**) **PROTEÇÃO DA AUTODETERMINAÇÃO** DAS PESSOAS EM GERAL **E** (**3**) **PRESERVAÇÃO/RESTAURAÇÃO DA VERDADE PERTINENTE** AOS FATOS REPORTADOS PELOS MEIOS DE COMUNICAÇÃO SOCIAL. **O DIREITO** DE RESPOSTA/RETIFICAÇÃO **COMO TÓPICO SENSÍVEL E DELICADO** DA AGENDA DO SISTEMA INTERAMERICANO: **A CONVENÇÃO AMERICANA** DE DIREITOS HUMANOS (**ARTIGO** 14) **E A OPINIÃO CONSULTIVA Nº 7/86** DA CORTE INTERAMERICANA DE DIREITOS HUMANOS. **A OPONIBILIDADE** DO DIREITO DE RESPOSTA A PARTICULARES: **A QUESTÃO** *DA EFICÁCIA HORIZONTAL* DOS DIREITOS FUNDAMENTAIS. **NECESSÁRIA SUBMISSÃO** DAS RELAÇÕES PRIVADAS **AO ESTATUTO JURÍDICO** DOS DIREITOS **E** GARANTIAS CONSTITUCIONAIS. **DOUTRINA. PRECEDENTES** DO STF. **LIBERDADE DE INFORMAÇÃO E DIREITOS DA PERSONALIDADE:** ESPAÇO *DE POTENCIAL* CONFLITUOSIDADE. **TENSÃO DIALÉTICA** ENTRE PÓLOS CONSTITUCIONAIS CONTRASTANTES. **SUPERAÇÃO** DESSE ANTAGONISMO **MEDIANTE** PONDERAÇÃO CONCRETA DOS VALORES EM COLISÃO. **RESPONSABILIZAÇÃO** (*SEMPRE*) "***A POSTERIORI***" **PELOS ABUSOS** COMETIDOS **NO EXERCÍCIO** DA LIBERDADE DE INFORMAÇÃO. **LIBERDADE DE EXPRESSÃO E DIREITO À INTEGRIDADE MORAL** (HONRA, INTIMIDADE, PRIVACIDADE **E** IMAGEM). **INCIDÊNCIA** DO ART. 220, **§ 1º**, DA CONSTITUIÇÃO DA REPÚBLICA. **CLÁUSULA QUE CONSAGRA** HIPÓTESE DE "*RESERVA LEGAL QUALIFICADA*". **O PAPEL DO DIREITO DE RESPOSTA** EM UM CONTEXTO DE LIBERDADES EM CONFLITO. **PRETENDIDA SUSPENSÃO CAUTELAR** DA EFICÁCIA DO ACÓRDÃO **QUE CONDENOU** O REQUERENTE **A EXECUTAR** OBRIGAÇÃO DE FAZER **CONSISTENTE** NA *PUBLICAÇÃO DE SENTENÇA*, **SOB PENA** DE MULTA DIÁRIA ("*ASTREINTE*"). **A FUNÇÃO DA MULTA COMINATÓRIA** COMO INSTRUMENTO DE COERÇÃO PROCESSUAL **NO CUMPRIMENTO** DE OBRIGAÇÃO DE FAZER (**CPC**, ART. 461, § 4º). **AUSÊNCIA** DE PLAUSIBILIDADE JURÍDICA DA POSTULAÇÃO CAUTELAR EM EXAME. "*AÇÃO CAUTELAR INCIDENTAL*" **A QUE SE NEGA** SEGUIMENTO. AC 2695-MC/RS. RELATOR: Min. Celso de Mello. (Inform. STF 614)

QUEBRA DE SIGILO BANCÁRIO PELA RECEITA FEDERAL - 1

O Plenário, por maioria, proveu recurso extraordinário para afastar a possibilidade de a Receita Federal ter acesso direto a dados bancários da empresa recorrente. Na espécie, questionavam-se disposições legais que autorizariam a requisição e a utilização de informações bancárias pela referida entidade, diretamente às instituições financeiras, para instauração e instrução de processo administrativo fiscal (LC 105/2001, regulamentada pelo Decreto 3.724/2001). Inicialmente, salientou-se que a República Federativa do Brasil teria como fundamento a dignidade da pessoa humana (CF, art. 1º, III) e que a vida gregária pressuporia a segurança e a estabilidade, mas não a surpresa. Enfatizou-se, também, figurar no rol das garantias constitucionais a inviolabilidade do sigilo da correspondência e das comunicações telegráficas, de dados e das comunicações telefônicas (art. 5º, XII), bem como o acesso ao Poder Judiciário visando a afastar lesão ou ameaça de lesão a direito (art. 5º, XXXV). Aduziu-se, em seguida, que a regra seria assegurar a privacidade das correspondências, das comunicações telegráficas, de dados e telefônicas, sendo possível a mitigação por ordem judicial, para fins de investigação criminal ou de instrução processual penal. Observou-se que o motivo seria o de resguardar o cidadão de atos extravagantes que pudessem, de alguma forma, alcançá-lo na dignidade, de modo que o afastamento do sigilo apenas seria permitido mediante ato de órgão eqüidistante (Estado-juiz). Assinalou-se que idêntica premissa poderia ser assentada relativamente às comissões parlamentares de inquérito, consoante já afirmado pela jurisprudência do STF. RE 389808/PR, rel. Min. Marco Aurélio, 15.12.2010. (RE-389808)

QUEBRA DE SIGILO BANCÁRIO PELA RECEITA FEDERAL - 2

Asseverou-se que, na situação em apreço, estariam envolvidas questões referentes: 1) à supremacia da Constituição, tendo em conta que ato normativo abstrato autônomo haveria de respeitar o que nela se contém; 2) ao primado do Judiciário, porquanto não se poderia transferir a sua atuação, reservada com exclusividade por cláusula constitucional, a outros órgãos, sejam da Administração federal, estadual ou municipal e 3) à prerrogativa de foro, haja vista que seu detentor somente poderia ter o sigilo afastado ante a atuação fundamentada do órgão judiciário competente. Destacou-se, ademais, que a decretação da quebra do sigilo bancário não poderia converter-se em instrumento de indiscriminada e ordinária devassa da vida financeira das pessoas em geral e que inexistiria embaraço resultante do controle judicial prévio de tais pedidos. Reputou-se, assim, que os dispositivos legais atinentes ao sigilo de dados bancários mereceriam sempre interpretação harmônica com a Constituição. O Min. Marco Aurélio, relator, conferiu à legislação de regência interpretação conforme à Constituição, tendo como conflitante com esta a que implique afastamento do sigilo bancário do cidadão, pessoa natural ou jurídica, sem ordem emanada do Judiciário. RE 389808/PR, rel. Min. Marco Aurélio, 15.12.2010. (RE-389808)

QUEBRA DE SIGILO BANCÁRIO PELA RECEITA FEDERAL - 3

Vencidos os Ministros Dias Toffoli, Cármen Lúcia, Ayres Britto e Ellen Gracie que, ao reiterar os votos proferidos no julgamento da AC 33 MC/PR (v. Informativo 610), desproviam o recurso extraordinário. Consignavam que, no caso, não se trataria de quebra de sigilo ou da privacidade, mas sim de transferência de dados sigilosos de um órgão, que tem o dever de sigilo, para outro, o qual deverá manter essa mesma obrigação, sob pena de responsabilização na hipótese de eventual divulgação desses dados. Indagavam que, se a Receita Federal teria acesso à declaração do patrimônio total de bens dos contribuintes, conjunto maior, qual seria a razão de negá-lo quanto à atividade econômica, à movimentação bancária, que seria um conjunto menor. Concluíam, tendo em conta o que previsto no art. 145, § 1º, da CF (*"Art. 145. ... § 1º ..., facultado à administração tributária, especialmente para conferir efetividade a esses objetivos, identificar, respeitados os direitos individuais e nos termos da lei, o patrimônio, os rendimentos e as atividades econômicas do contribuinte."*), que a lei que normatizara a aludida transferência respeitaria os direitos e garantias fundamentais. RE 389808/PR, rel. Min. Marco Aurélio, 15.12.2010. (RE-389808) (Inform. STF 613)

COMPOSIÇÃO DE ÓRGÃO COLEGIADO: JUÍZES CONVOCADOS E PRINCÍPIO DO JUIZ NATURAL

São válidos os julgamentos realizados pelos tribunais com juízes convocados, ainda que estes sejam maioria na sua composição. Ao reafirmar esse entendimento, o Plenário desproveu, em votação majoritária, recurso extraordinário no qual alegada a ofensa aos princípios do juiz natural e do duplo grau de jurisdição na convocação de juízes federais para integrarem colegiado do Tribunal Regional Federal respectivo. Inicialmente, enfatizou-se que a Constituição passou a prever, como um dos direitos e garantias fundamentais inscritos no seu art. 5º, a duração razoável do processo (LXXVIII). Em seqüência, consignou-se que, no caso especifico dos Tribunais Regionais Federais, haveria norma a permitir essa convocação de juízes federais ou de juízes federais substitutos, em caráter excepcional, quando o acúmulo de serviço o exigisse (Lei 9.788/99, art. 4º). Afastou-se, desse modo, o argumento de transgressão ao princípio do juiz natural, por não se tratar de um juízo *ad hoc*. Verificou-se, por fim, a obediência aos princípios do contraditório, da ampla defesa, do duplo grau de jurisdição e do devido processo legal. Vencido o Min. Marco Aurélio que provia o recurso por reputar ter havido verdadeira clonagem, haja vista que a convocação somente seria cabível na hipótese de substituição. RE 597133/RS, rel. Min. Ricardo Lewandowski, 17.11.2010. (RE-597133) (Inform. STF 609)

EXTRADIÇÃO E PRESCRIÇÃO - 1

O Plenário indeferiu pedido de extradição executória formulado pela República Italiana em que se postulava a en-trega de nacional para cumprimento de execuções decorrentes de 4 acórdãos condenatórios proferidos por diversos tribunais de Roma. No caso, o extraditando fora condenado a uma pena total de 12 anos e 11 meses de reclusão pela prática dos crimes de desvio ou subtração de armas; armas clandestinas; transporte ilícito, para local público ou aberto, de armas, substâncias químicas, explosivos e engenhos; seqüestro de pessoas; assalto; receptação; atentado para o fim de terrorismo ou de eversão; favorecimento pessoal; quadrilha; associação subversiva e associação para fins de terrorismo ou de eversão da ordem democrática. Sua prisão preventiva para fins de extradição ocorrera em 3.7.2008, sendo revogada em 1º.10.2010, por força de liminar concedida pelo Min. Gilmar Mendes, relator. De início, verificou-se que o pleito extradicional preencheria as formalidades exigidas pelo art. 80 da Lei 6.815/80 e pelo art. 11 do tratado bilateral específico. Em passo seguinte, procedeu-se à análise do primeiro acórdão condenatório, no qual o Governo requerente afirmava que o extraditando seria membro de uma associação subversiva — denominada *Nuclei Armati Rivoluzionari - R.A.R.* — e que teria, entre os meses de dezembro de 1979 a março de 1982, atuado com finalidade terrorista e subvertido a ordem democrática. Consignou-se que o ponto mais complexo na apreciação desse aresto diria respeito à possível classificação dos fatos como crimes políticos puros, matéria prejudicial ao exame dos requisitos da dupla punibilidade e tipicidade. Constaria da nota verbal que o extraditando fora condenado por homicídio, tentativa de homicídio e lesões corporais — infligidas a 2 policiais e a 3 transeuntes — durante assalto a banco, bem como por roubo qualificado perpetrado contra outra instituição bancária e por extorsão mediante seqüestro. Considerou-se que, embora houvesse certa motivação política, os fatos narrados caracterizar-se-iam como crimes comuns, sendo, pois, passíveis de extradição. Ext 1140/República Italiana, rel. Min. Gilmar Mendes, 21.10.2010. (Ext-1140)

EXTRADIÇÃO E PRESCRIÇÃO - 2

Assim, passou-se à apreciação da dupla punibilida-de, requisito este reputado presente, com exceção aos delitos de detenção e porte ilegítimo de armas. Aduziu-se não ser possível o deferimento relativamente a eles, já que, no tocante aos crimes previstos nos artigos 10 e 12 da Lei italiana 497/74 — que estabeleceu disposições para o controle de armas —, no direito pátrio, tais delitos eram punidos a título de contravenção penal, consoante a legislação então em vigor. Quanto aos crimes constantes dos artigos 21 e 23 da Lei italiana 110/75 — que dispôs sobre o controle de armas, munições e substâncias explosivas —, salientou-se que as condutas delituosas seriam absorvidas pelos crimes de roubo qualificado, extorsão mediante seqüestro, homicídio e tentativa de homicídio qualificados. A posse de armas clandestinas, por sua vez, constituiria ante-fato não punível, haja vista caracterizar-se como meio necessário para atingir o *desideratum* maior. Procedeu-se, em seguida, à análise da prescrição nos termos das leis brasileira e italiana, e observou-se a sua ocorrência, a impedir a extradição. Assinalou-se, a respeito da primeira condenação, que, considerado o seu trânsito em julgado em 5.6.89, a pena de 3 anos e 4 meses de reclusão imposta pelo crime de atentado teria prescrito em junho de 1997. Já as demais condenações de 10 meses de reclusão cominadas ao extraditando a título de continuação teriam prescrito em junho de 1991. No tocante ao segundo acórdão condenatório, enfatizou-se que as condutas atribuídas ao extraditando teriam sido cometidas quando ele era menor de 18 anos, o que tornaria inviável o pedido de extradição, ante a inimputabilidade do acusado à época dos fatos. Com referência aos dois últimos objetos do pleito extradicional, afirmou-se a ocorrência da prescrição segundo a legislação brasileira, tendo em conta que, impostas penas de 6 meses e 10 dias de reclusão por ofensa aos artigos 12 e 14 da referida Lei 497/74 e de 1 ano de reclusão por participação em associação eversiva, as sentenças teriam transitado em julgado, respectivamente, em 11.12.91 e 20.7.93. Por fim, confirmou-se a liminar concedida para revogar a prisão preventiva decretada em desfavor do extraditando. Ext 1140/República Italiana, rel. Min. Gilmar Mendes, 21.10.2010. (Ext-1140) (Inform. STF 605)

PROPAGANDA ELEITORAL NO RÁDIO E NA TELEVISÃO: HUMOR E LIBERDADE DE IMPRENSA - 1

O Tribunal, por maioria, referendou liminar concedida pelo Min. Ayres Britto em ação direta de inconstitucionalidade, da qual relator, para suspender as normas do inciso II e da segunda parte do inciso III, ambos do art. 45, bem como, por arrastamento, dos §§ 4º e 5º do mesmo artigo, todos da Lei 9.504/97 (*"Art. 45. A partir de 1º de julho do ano da eleição, é vedado às emissoras de rádio e televisão, em sua programação normal e noticiário: ... II - usar trucagem, montagem ou outro recurso de áudio ou vídeo que, de qualquer forma, degradem ou ridicularizem candidato, partido ou coligação, ou produzir ou veicular programa com esse efeito;*

III - veicular propaganda política ou difundir opinião favorável ou contrária a candidato, partido, coligação, a seus órgãos ou representantes; ... § 4º Entende-se por trucagem todo e qualquer efeito realizado em áudio ou vídeo que degradar ou ridicularizar candidato, partido político ou coligação, ou que desvirtuar a realidade e beneficiar ou prejudicar qualquer candidato, partido político ou coligação. § 5º Entende-se por montagem toda e qualquer junção de registros de áudio ou vídeo que degradar ou ridicularizar candidato, partido político ou coligação, ou que desvirtuar a realidade e beneficiar ou prejudicar qualquer candidato, partido político ou coligação."). No caso, a Associação Brasileira de Emissoras de Rádio e Televisão - ABERT alegava que os dispositivos questionados não estariam em harmonia com o sistema constitucional das liberdades de expressão e de imprensa e do direito à informação, em ofensa aos artigos 5º, IV, IX e XIV, e 220, todos da CF. De início, enfatizou-se o legítimo exercício do poder cautelar do relator que, ante o fato de se estar em pleno período eleitoral, a um mês das votações, deferira a providência em sede de decisão monocrática. Assinalou-se que a urgência se fazia presente e que se renovaria a cada momento eleitoral. Acrescentou-se que, embora os incisos questionados estivessem em vigor há alguns anos, a dinâmica da vida não imporia aí a existência de um tipo de "usucapião da legalidade", no sentido de que, se a lei ficasse em vigor por muito tempo, tornar-se-ia constitucional. Destacou-se, no ponto, posicionamento sumulado do STF segundo o qual é insuscetível de prescrição a pretensão de inconstitucionalidade. ADI 4451 Referendo-MC/DF, rel. Min. Ayres Britto, 1º e 2.9.2010. (ADI-4451)

PROPAGANDA ELEITORAL NO RÁDIO E NA TELEVISÃO: HUMOR E LIBERDADE DE IMPRENSA - 2

Em seguida, consignou-se que o humor poderia ser considerado imprensa, sendo aplicáveis, à espécie, as diretrizes firmadas no julgamento da ADPF 130/DF (republicada no DJE de 26.2.2010), relativamente à liberdade de imprensa. Aduziu-se que tal liberdade, também denominada liberdade de informação jornalística, não seria uma bolha normativa, uma fórmula prescritiva oca, porquanto possuiria conteúdo, sendo este formado pelo rol de liberdades contidas no art. 5º da CF: livre manifestação do pensamento, livre expressão da atividade intelectual, artística, científica e de comunicação e livre acesso à informação. Mencionou-se o que disposto no art. 220 da CF, o qual seria uma extensão dos direitos fundamentais do seu referido art. 5º, de modo a reforçar esses sobredireitos. Assim, a comunicação social — que era livre no país — teria se tornado plena (CF, art. 220, § 1º). Salientou-se que, além de se ter em conta as coordenadas da aludida ADPF, dever-se-ia, ainda, atentar-se para a superveniência da Lei 12.034/2009 que — ao introduzir os §§ 4º e 5º ao art. 45 da Lei 9.504/97, para conceituar trucagem e montagem — ampliara o âmbito material de incidência do inciso II desse mesmo artigo, o que permitira uma reforma no conteúdo da lei eleitoral. Reputou-se que os dispositivos adversados não apenas restringiriam, censurariam a liberdade de imprensa consubstanciada no humor em si mesmo — enquanto expressão de arte e de opinião crítica —, mas, também, em programas de humor, bem como o humor em qualquer programa, ainda que não especificamente de humor. Concluiu-se ser possível, no curso do processo eleitoral, o exercício do direito de crítica, de opinião, mesmo que contundente, pelos meios de comunicação social por radiodifusão, estando vedado o patrocínio de candidatura. Acentuou-se, ademais, que a dignidade da pessoa humana já estaria tutelada pelo Código Penal, que criminaliza as ofensas à honra caracterizadoras de calúnia, de injúria e de difamação, e pelo Código Eleitoral. Por fim, aduziu-se que, durante o período eleitoral, a liberdade de imprensa deveria ser maior, haja vista ser o momento em que o cidadão mais precisa de plenitude de informação e desta com qualidade. ADI 4451 Referendo-MC/DF, rel. Min. Ayres Britto, 1º e 2.9.2010. (ADI-4451)

PROPAGANDA ELEITORAL NO RÁDIO E NA TELEVISÃO: HUMOR E LIBERDADE DE IMPRENSA - 3

Vencidos os Ministros Dias Toffoli, Ricardo Lewandowski e Marco Aurélio, que, nos termos do pedido sucessivo da inicial, deferiam a liminar, declarando a inconstitucionalidade parcial das normas impugnadas mediante interpretação conforme para afastar do ordenamento jurídico: a) "*interpretação do inciso II do art. 45 da Lei 9.504/97 que conduza à conclusão de que as emissoras de rádio e televisão estariam impedidas de produzir e veicular charges, sátiras e programas humorísticos que envolvam candidatos, partidos ou coligações*" e b) "*interpretação do inciso III do art. 45 da Lei 9.504/97 que conduza à conclusão de que as empresas de rádio e televisão estariam proibidas de realizar a crítica jornalística, favorável ou contrária, a candidatos, partidos, coligações, seus órgãos ou representantes, inclusive em seus editoriais*". ADI 4451 Referendo-MC/DF, rel. Min. Ayres Britto, 1º e 2.9.2010. (ADI-4451) (Inform. STF 598)

ISENÇÃO DE ÔNUS DA SUCUMBÊNCIA E MEDIDA CAUTELAR PREPARATÓRIA

O procedimento cautelar está intrinsecamente ligado ao processo principal, por isso a disciplina constitucional que se aplica às ações cautelares deve ser a mesma para eventuais medidas cautelares preparatórias que se façam necessárias, tendo em conta a natureza instrumental e acessória de tais medidas em face da ação principal. Com base nesse entendimento, a Turma proveu recurso extraordinário para isentar o recorrente do pagamento das custas processuais e dos honorários advocatícios impostos em razão de ter restado vencido em medida cautelar por ele intentada, preparatória de futura ação popular. Na espécie, tratava-se de recurso interposto contra acórdão do Tribunal de Justiça do Estado de São Paulo que confirmara sentença a qual concluíra que a isenção constitucional do ônus da sucumbência apenas abarca a ação popular e não as medidas cautelares, ainda que preparatórias. Consignou-se que a demanda principal, entretanto, não chegara a ser ajuizada, o que seria irrelevante para fins de isenção do autor do ônus da sucumbência. Ademais, assentou-se o não cabimento de interpretação restritiva do comando do art. 5º, LXXIII, da CF ("*LXXIII - qualquer cidadão é parte legítima para propor ação popular que vise a anular ato lesivo ao patrimônio público ou de entidade de que o Estado participe, à moralidade administrativa, ao meio ambiente e ao patrimônio histórico e cultural, ficando o autor, salvo comprovada má-fé, isento de custas judiciais e do ônus da sucumbência;*"). RE 335428/SP, rel. Min. Dias Toffoli, 18.5.2010. (RE-335428) (Inform. STF 587)

TDAS: MANDADO DE SEGURANÇA E PÓLO PASSIVO

A autoridade administrativa legítima para figurar no pólo passivo da impetração é a competente para a prática do ato no momento do ajuizamento do mandado de segurança. Com base nessa orientação, a Turma desproveu recurso ordinário em mandado de segurança no qual se pleiteava o reconhecimento da legitimidade passiva do Ministro de Fazenda em writ cujo objeto refere-se ao pagamento de expurgos inflacionários e de juros compensatórios e moratórios em Títulos de Dívida Agrária – TDAs. Tratava-se de recurso interposto contra acórdão do STJ que, ante a ilegitimidade processual da autoridade apontada como coatora, extinguira o feito sem resolução de mérito (CPC, art. 267, VI). Asseverou-se que a competência para o exame da pretensão seria da Secretaria do Tesouro Nacional, nos termos do disposto na Portaria 141/2008 do Ministério da Fazenda (art. 23, III), vigente à época em que impetrado o writ. **RMS 28193/DF, rel. Min. Eros Grau, 11.5.2010. (RMS-28193).** (Inform. STF 586)

PUBLICAÇÃO EM NOME DE ADVOGADO FALECIDO

A Turma iniciou julgamento de *habeas corpus* em que se pleiteia a nulidade dos atos subseqüentes à publicação de acórdão — em agravo regimental interposto perante o STJ —, em nome de advogado falecido, apesar de haver dois patronos habilitados no processo, tendo sido o recurso assinado apenas pelo ora impetrante. Sustenta-se, na espécie, cerceamento de defesa, uma vez que o impetrante não tivera conhecimento, em tempo hábil, da decisão prolatada, o que prejudicara a interposição das medidas cabíveis. A Min. Cármen Lúcia, relatora, indeferiu o writ por reputar ter decorrido tempo suficiente para a comunicação da morte do causídico, em 6.11.2008, e a publicação do acórdão, em 22.5.2009, realizada com o nome do advogado falecido "e outro". Consignou que a jurisprudência do STF é firme no sentido de não estar caracterizado o cerceamento de defesa no julgamento de apelação interposta em favor do réu se o seu advogado falece antes do julgamento, sem que o óbito tenha sido oportunamente comunicado à turma julgadora. Após, pediu vista dos autos o Min. Dias Toffoli. **HC 101437/ES, rel. Min. Cármen Lúcia, 4.5.2010.** (HC-101437). (Inform. STF 585)

BUSCA E APREENSÃO EM ESCRITÓRIO DE ADVOCACIA

A Turma indeferiu *habeas corpus* em que pleiteado o desentranhamento, dos autos de ação penal, de provas coligidas e apreendidas no escritório de advocacia do paciente. A impetração sustentava ofensa ao direito à intimidade do paciente, haja vista que o mandado judicial deveria ter sido cumprido "nas sedes das empresas" das quais o paciente seria sócio e não no seu escritório de advocacia, cujo endereço não constava do citado mandado. Reputou-se demonstrado que, no caso, o escritório de advocacia também era utilizado pelo paciente para o gerenciamento de seus negócios comerciais, sendo uma extensão da empresa. Salientou-se, ademais, que o sucesso da medida comprovaria que, de fato, aquele local seria usado como sede de negócios outros, além das atividades advocatícias. **HC 96407/RS, rel. Min. Dias Toffoli, 6.4.2010.** (HC-96407). (Inform. STF 581)

DENÚNCIA ANÔNIMA: INVESTIGAÇÃO CRIMINAL E QUEBRA DE SIGILO TELEFÔNICO – 1

A Turma, por maioria, indeferiu *habeas corpus* no qual se pleiteava o trancamento de investigação ou qualquer persecução criminal iniciada com base exclusivamente em denúncias anônimas. Tratava-se, na espécie, de procedimento investigatório — que culminara com a quebra de sigilo telefônico dos pacientes — instaurado com base em delação apócrifa para apurar os crimes de associação para o tráfico de entorpecentes (Lei 6.368/76, art. 14) e de corrupção passiva majorada (CP, art. 317, § 1º), supostamente praticados por oficiais de justiça que estariam repassando informações sobre os locais de cumprimento de mandados de busca e apreensão e de prisão. Destacou-se, de início, entendimento da Corte no sentido de que a denúncia anônima, por si só, não serviria para fundamentar a instauração de inquérito policial, mas que, a partir dela, poderia a polícia realizar diligências preliminares para apurar a veracidade das informações obtidas anonimamente e, então, instaurar o procedimento investigatório propriamente dito. **HC 95244/PE, rel. Min. Dias Toffoli, 23.3.2010**. (HC-95244).

DENÚNCIA ANÔNIMA: INVESTIGAÇÃO CRIMINAL E QUEBRA DE SIGILO TELEFÔNICO – 2

Salientou-se que, no caso, a partir de informações obtidas por colaboradores, e, posteriormente, somadas às mencionadas ligações anônimas, policiais — ainda sem instaurar o pertinente inquérito policial — diligenciaram no sentido de apurar as identidades dos investigados e a veracidade das respectivas ocupações funcionais, tendo eles confirmado tratar-se de oficiais de justiça, cujos nomes eram os mesmos fornecidos pelos "denunciantes". Asseverou-se que, somente após essas explicitações, o delegado representara ao Judiciário local pela necessidade de quebra do sigilo telefônico dos investigados, considerando-se, no ponto, que os procedimentos tomados pela autoridade policial estariam em perfeita consonância com a jurisprudência do STF. Registrou-se, ademais, que o juízo monocrático, em informações prestadas, comunicara o devido recebimento da denúncia, porquanto demonstrada a existência da materialidade dos crimes imputados e indícios suficientes de autoria, não sendo o caso de rejeição sumária. **HC 95244/PE, rel. Min. Dias Toffoli, 23.3.2010. (HC-95244).**

DENÚNCIA ANÔNIMA: INVESTIGAÇÃO CRIMINAL E QUEBRA DE SIGILO TELEFÔNICO – 3

Vencido o Min. Marco Aurélio, que deferia o writ para trancar a ação penal em curso contra os pacientes. Afirmava estar-se diante de um ato de constrição maior, a afastar a privacidade quanto às comunicações telefônicas, que é inviolável (CF, art. 5º, XII), não se podendo ter a persecução criminal simplesmente considerada denúncia anônima. Frisava que, no caso, simplesmente se buscara saber se aqueles indicados como a beneficiarem, quanto a cumprimento de mandados, delinqüentes seriam, ou não, oficiais de justiça. Aduzia ser muito pouco para se chegar a este ato extremo, saindo-se da estaca zero para o ponto de maior constrição, que é o da interceptação telefônica, na medida em que não se investigara coisa alguma. Considerava que, se assim o fosse, bastaria um ofício ao tribunal local para que este informasse sobre a identidade dos oficiais de justiça. Precedente citado: HC 84827/TO (DJE de 23.11.2007). **HC 95244/PE, rel. Min. Dias Toffoli, 23.3.2010. (HC-95244)**. (Inform. STF 580)

DEMORA NA PRESTAÇÃO JURISDICIONAL E INTERESSE NA DECISÃO - 1

A Turma iniciou julgamento de habeas corpus em que se alega que acórdão do STJ — que anulara processo penal, desde o recebimento da denúncia, por inobservância do art. 38 da Lei 10.409/2002 — causaria prejuízo ao paciente, haja vista que prolatado após mais de 2 anos da impetração, quando este já teria cumprido mais de 2/3 da pena e obtido o livramento condicional. O Min. Ricardo Lewandowski, relator, deferiu o writ para cassar o acórdão impugnado e declarar convalidado o vício processual que dera origem à impetração naquela Corte. Considerou que, se o próprio paciente não teria mais interesse na decisão que lhe fora favorável, mostrar-se-ia extreme de dúvida que a nulidade outrora existente teria sido superada. Além disso, aduziu ser necessária a observância da utilidade das decisões proferidas no processo penal, bem como do princípio constitucional da razoável duração do processo. Após, pediu vista dos autos o Min. Carlos Britto. **HC 96079/SP, rel. Min. Ricardo Lewandowski, 19.5.2009. (HC-96079)**

DEMORA NA PRESTAÇÃO JURISDICIONAL E INTERESSE NA DECISÃO – 2

Em conclusão de julgamento, a Turma deferiu *habeas corpus* para cassar acórdão proferido pelo STJ e convalidar vício processual que dera origem a writ impetrado naquela Corte. No caso, a impetração alegava que acórdão do STJ — que anulara processo penal, desde o recebimento da denúncia, por inobservância do art. 38 da Lei 10.409/2002 — causaria prejuízo ao paciente, haja vista que prolatado após mais de 2 anos da impetração, quando este já teria cumprido mais de 2/3 da pena e obtido o livramento condicional — v. Informativo 547. Considerou-se que, se o próprio paciente não teria mais interesse na decisão que lhe fora favorável, não haveria dúvida de que a nulidade outrora existente teria sido superada. Além disso, aduziu-se ser necessária a observância da utilidade das decisões proferidas no processo penal, bem como do princípio constitucional da razoável duração do processo. **HC 96079/SP, rel. Min. Ricardo Lewandowski, 23.3.2010. (HC-96079).** (Inform. STF 580)

EXTRADIÇÃO: REFUGIADO E INEXISTÊNCIA DE RAZÕES PARA A CONCESSÃO DO REFÚGIO

O Tribunal declarou extinto, sem resolução de mérito, processo de extradição formulado pelo Governo da Argentina em desfavor de nacional argentino, acusado, naquele país, da prática dos delitos de privação ilegítima da liberdade agravada e ameaças. Determinou-se, ainda, a imediata expedição de alvará de soltura em seu favor, se por outro motivo não estiver preso. Entendeu-se que o extraditando estaria acobertado pela sua condição de refugiado, devidamente comprovado pelo órgão competente — o Comitê Nacional para os Refugiados – CONARE —, não se enquadrando seu caso no rol das exceções autorizadoras da extradição de agente refugiado. Observou-se que, em razão de inexistirem nos autos os motivos determinantes do refúgio ao nacional argentino, e tendo em conta, conforme explicitado pelo Presidente do CONARE, que os refúgios concedidos anteriormente à entrada em vigor da Lei 9.474/97 — que define mecanismos para a implementação do Estatuto dos Refugiados de 1951, e determina outras providências — eram frutos das recomendações expedidas pelo Alto Comissariado das Nações Unidas para os Refugiados – ACNUR, depreendeu-se que a concessão do status de refugiado, no caso, ter-se-ia dado de forma legal e isenta de qualquer mácula que a invalidasse. Asseverou-se, no ponto, que o fundamento jurídico para a concessão, ou não, do refúgio, anteriormente à Lei 9.474/97, eram as recomendações do ACNUR e, portanto, o cotejo era formulado com base no amoldamento da situação concreta às referidas recomendações, resultando daí o deferimento, ou não, do pedido de refúgio. Não obstante, registrou-se que, mesmo detendo a condição de refugiado, existiriam hipóteses que autorizariam a extradição (Convenção sobre o Estatuto dos Refugiados de 1951, art. 33, § 2º), as quais, na espécie, entretanto, não se fariam presentes. **Ext 1170/República da Argentina, rel. Min. Ellen Gracie, 18.3.2010. (Ext-1170).** (Inform. STF 579)

HC E PRISÃO PREVENTIVA DE GOVERNADOR – 1

O Tribunal, por maioria, denegou *habeas corpus* impetrado em favor do Governador do Distrito Federal contra ato do Superior Tribunal de Justiça – STJ que decretara a prisão preventiva do paciente, com base no disposto no art. 312 do CPP, haja vista que ele teria agido para alterar depoimento de testemunha, de modo a favorecê-lo em inquérito que apura a existência de organização criminosa voltada ao desvio e à apropriação de verbas públicas do DF, comprometendo, dessa forma, as investigações. Preliminarmente, a Corte, também por maioria, rejeitou questão de ordem suscitada pela defesa no sentido de que a sustentação oral fosse feita após a manifestação do Ministério Público. Alegava a defesa que, uma vez que a ação penal fora proposta pelo Procurador Geral da República, não haveria da parte do órgão de acusação a condição de fiscal da lei, e que, tratando o *habeas corpus* de um instrumento de liberdade, deveria haver inversão na ordem de manifestação. Aderiu-se ao posicionamento externado pela Vice-Procuradora Geral da República, que, ao invocar o princípio da unidade e indivisibilidade do Ministério Público, asseverou que, a prevalecer esse entendimento, por-se-ia fim à possibilidade de o parquet, em *habeas corpus*, falar por último. Além disso, considerou que, justamente em razão do impedimento do Procurador Geral da República, porque subscrevera a denúncia, ela estaria presente, frisando serem inconfundíveis as posições do autor e do órgão que funcionaria agora como custos legis. Também lembrou que o *habeas corpus* se apresentaria aqui com a conformação de um recurso e, portanto, seria necessário que o recorrido soubesse as razões que o recorrente iria deduzir da tribuna, não se tratando de uma questão de assegurar o exercício da ampla defesa, mas de permitir que a acusação e a defesa debatessem em igualdade de condições. No ponto, o Min. Cezar Peluso aduziu ser norma da casa que o Ministério Público fale por último em *habeas corpus*, não havendo nenhum motivo para que, nesse caso, que não seria singular, fosse adotada uma outra regra. Acrescentou que o *habeas corpus*, mais do que um recurso, seria uma ação, sendo preciso que aquele contra quem, de certo modo, a ação é proposta e deve responder aos fundamentos dessa ação soubesse o que o autor da ação teria a dizer. Vencidos, na questão de ordem, os Ministros Marco Aurélio, relator, e Dias Toffoli, que, atentando e viabilizando à exaustão o direito de defesa para as peculiaridades do caso, entendiam aconselhável a inversão. **HC 102732/DF, rel. Min. Marco Aurélio, 4.3.2010**. (HC-102732).

HC E PRISÃO PREVENTIVA DE GOVERNADOR – 2

Quanto ao mérito, entendeu-se válido o ato coator, salientando não se extrair dos argumentos apresentados no *habeas corpus* razão capaz de fulminar a decretação da prisão do paciente, a qual teria sido suficientemente fundamentada, no que apontada a necessidade da custódia, com o objetivo de preservar a ordem pública e campo propício à instrução criminal. Prevaleceu o voto do Min. Marco Aurélio, relator, que, de início, reportou-se aos fundamentos expostos na decisão liminar. Sob o ângulo do aditamento, afirmou ser preciso considerar a inexistência de vício no ato do Superior Tribunal de Justiça no que tomada de empréstimo a representação do Ministério Público visando à custódia, asseverando que isso se dera no campo da economia processual levando em conta a alusão, de forma minuciosa, a dados coligidos. Aduziu também não guardar sintonia com a espécie o disposto no art. 51, I, da CF, e que o que previsto no citado dispositivo não estaria em harmonia com a organização do Poder Legislativo nos Estados. Explicou que esse preceito versa a admissibilidade da instauração do processo no Senado da República contra o Presidente e o Vice-Presidente da República e os Ministros de Estado, devendo partir-se para a interpretação sistemática considerando-se o artigo que se segue, a revelar a competência privativa do Senado da República para processar e julgar o Presidente e o Vice-Presidente da República nos crimes de responsabilidade, bem como os Ministros de Estado e os Comandantes da Marinha, do Exército e da Aeronáutica nos crimes da mesma natureza conexos com aqueles. Assentou estar-se diante do envolvimento não de crime de responsabilidade propriamente dito, mas de crimes comuns. **HC 102732/DF, rel. Min. Marco Aurélio, 4.3.2010**. (HC-102732).

HC E PRISÃO PREVENTIVA DE GOVERNADOR – 3

Considerou, em seguida, o fato de o Supremo, na ADI 1020/DF (DJU de 24.11.95), ter declarado a inconstitucionalidade do art. 103, § 3º, da Lei Orgânica do Distrito Federal – LODF ("Enquanto não sobrevier sentença condenatória nas infrações comuns, o Governador não estará sujeito a prisão"), reiterando orientação firmada na ADI 978/PB (DJU de 24.1.95). Destacou que se cogitar da necessidade de licença para a custódia tendo em conta inquérito em curso seria levar às últimas conseqüências a extravagante previsão, no que direcionada à ação penal, da deliberação quanto ao recebimento, ou não, da denúncia. Ressaltou que norma a encerrar exceção somente poderia ser interpretada de forma estrita, não bastasse conflito com a Carta Federal, conforme exposto no ato que implicou o indeferimento da liminar. Acrescentou que, de outro modo, se teria como inócua e contraditória a decisão deste Plenário que resultou na declaração de inconstitucionalidade da prévia licença para chegar-se à custódia. Registrou que, a prevalecer a óptica da abrangência, ou seja, de a exigibilidade da licença para deliberar-se sobre o recebimento, ou não, da denúncia alcançar a prisão provisória — e quem sabe até a apuração dos fatos mediante inquérito —, teriam atuado no vazio a Câmara Distrital, ao elaborar a LODF, e o Supremo, ao fulminá-la no particular. Para o relator, o enfoque estaria em dissonância com o princípio do terceiro excluído segundo o qual uma coisa é ou não é. Reputou serem inconfundíveis as disciplinas — da instauração do inquérito, da instauração do processo criminal e da prisão quer na primeira fase do inquérito como ocorreu na espécie, quer na segunda quando já existente a ação penal ante o recebimento da denúncia. **HC 102732/DF, rel. Min. Marco Aurélio, 4.3.2010**. (HC-102732).

HC E PRISÃO PREVENTIVA DE GOVERNADOR – 4

No mais, o relator, a partir da análise dos fundamentos da decisão que implementara a custódia, asseverou não ser possível fugir das notícias retratadas nos depoimentos prestados no Departamento da Polícia Federal, a direcionar o envolvimento do próprio Governador — que seria o maior beneficiário do embaralhamento de dados colhidos no inquérito em curso para apreciar atos de corrupção — no sentido de infirmar o que contido no aludido inquérito. Entendeu presente de forma clara, precisa e concreta a prática de atos com o escopo de obstruir a justiça, a apuração dos fatos tal como realmente ocorridos, atraindo o fenômeno — verdadeiro fenômeno no que envolvido um Governador de Estado — a incidência do disposto no art. 312 do CPP, a revelar a possibilidade de prisão preventiva, admitida pela Carta da República no art. 5º, LXI, LXII, LXIII, LXIV, LXV e LXVI, em virtude da necessidade de preservar-se não só a regular instrução criminal, no caso retratada nos autos do inquérito, mas também a ordem pública ante a atuação profícua de instituições — a Polícia Federal, o Ministério Público e o Judiciário. Vencido o Min. Dias Toffoli que concedia a ordem. **HC 102732/DF, rel. Min. Marco Aurélio, 4.3.2010. (HC-102732)**. (Inform. STF 577)

QUESTÃO DE ORDEM EM EXTRADIÇÃO E RETIFICAÇÃO DE ATA DE JULGAMENTO

O Tribunal, por maioria, acolheu questão de ordem, suscitada nos autos de extradição executória formulada pelo Governo da Itália contra nacional italiano condenado à pena de prisão perpétua pela prática de quatro homicídios naquele país, a fim de retificar a ata do julgamento do aludido feito, para que conste que o Tribunal, por maioria, reconheceu que a decisão de deferimento da extradição não vincula o Presidente da República, nos termos dos votos proferidos pelos Ministros Cármen Lúcia, Joaquim Barbosa, Carlos Britto, Marco Aurélio e Eros Grau. Na sessão de 18.11.2009, o Tribunal, por maioria, deferira o pedido extradicional, tendo prevalecido o voto do Min. Cezar Peluso, relator, que, após reconhecer a ilegalidade do ato de concessão de refúgio ao extraditando, entendera que os crimes a ele atribuídos teriam natureza comum, e não política, os quais não estariam prescritos, considerando atendidos os demais requisitos previstos na Lei 6.815/80 e no tratado de extradição firmado entre o Brasil e a Itália. Na ocasião, ficaram vencidos os Ministros Cármen Lúcia, Joaquim Barbosa, Eros Grau e Marco Aurélio, que indeferiam o pleito. Ocorre que, naquela oportunidade, constara da ata que o Tribunal, também por maioria, teria ainda assentado o caráter discricionário do ato do Presidente da República de execução da extradição, restando vencidos, nessa parte, os Ministros Cezar Peluso, relator, Ricardo Lewandowski, Ellen Gracie e Gilmar Mendes — v. Informativos 558, 567 e 568. Na presente assentada, tendo em conta, sobretudo, os esclarecimentos prestados pelo Min. Eros Grau quanto aos fundamentos de seu voto, concluiu-se que o que decidido pela maioria do Tribunal teria sido no sentido de que a decisão do Supremo que defere a extradição não vincula o Presidente da República, o qual, entretanto, não pode agir com discricionariedade, ante a existência do tratado bilateral firmado entre o Brasil e a Itália. Os Ministros Marco Aurélio e Carlos Britto não acolhiam a questão de ordem, por considerar que as partes deveriam aguardar a publicação do acórdão para, se o caso, oporem embargos declaratórios. **Ext 1085 QO/Governo da Itália, rel. Min. Cezar Peluso, 16.12.2009.** (Ext-1085) (Inform. STF 572)

PRINCÍPIO DA NEUTRALIDADE DO ESTADO: PROVAS DO ENEM E DIA COMPATÍVEL COM O EXERCÍCIO DA FÉ – 1

O Tribunal desproveu agravo regimental interposto contra decisão que suspendera decisão de Desembargador do TRF da 3ª Região que, nos autos de agravo de instrumento, deferira pedido de antecipação de tutela recursal, com a conseqüente determinação de que fosse oportunizada a autores de ação ordinária — alunos secundaristas que professam a fé judaica — a participação no Exame Nacional do Ensino Médio - ENEM em dia compatível com exercício da fé por eles professada, a ser fixado pelas autoridades responsáveis pela realização das provas, observando-se o mesmo grau de dificuldade das provas realizadas por todos os demais estudantes. Manteve-se o fundamento da decisão impugnada no sentido de que a designação de dia alternativo para a realização das provas colocaria em risco a ordem pública, compreendida em termos de ordem jurídico-administrativa. Asseverou-se não haver dúvida de que o direito fundamental à liberdade religiosa impõe ao Estado o dever de neutralidade em face do fenômeno religioso, e que é proibida toda e qualquer atividade do ente público que privilegie certa confissão religiosa em prejuízo das demais. Aduziu-se que, não obstante, o dever de neutralidade por parte do Estado não pode ser confundido com a idéia de indiferença estatal, sendo necessário que o Estado, em determinadas situações, adote comportamentos positivos, a fim de evitar barreiras ou sobrecargas que venham a inviabilizar ou dificultar algumas opções em matéria de fé. Ressaltou-se não ser inconstitucional, dessa forma, que o Estado venha a se relacionar com as confissões religiosas, tendo em vista, inclusive, os benefícios sociais que elas são capazes de gerar, não se admitindo, entretanto, que assuma certa concepção religiosa como a oficial ou a correta, que beneficie um grupo religioso ou lhe conceda privilégios em detrimento de outros. Portanto, dever-se-ia promover a livre competição no "mercado de idéias religiosas". Ressaltou-se que tais ações positivas apenas são legítimas se preordenadas à manutenção do livre fluxo de idéias religiosas e se comprovadamente não houver outro meio menos gravoso de se alcançar esse desiderato, devendo-se ter o cuidado de que a medida adotada estimule a igualdade de oportunidades entre as confissões religiosas e não, ao contrário, seja fonte de privilégios e favorecimentos. **STA 389 AgR/DF, rel. Min. Gilmar Mendes, 3.12.2009.** (STA-389)

PRINCÍPIO DA NEUTRALIDADE DO ESTADO: PROVAS DO ENEM E DIA COMPATÍVEL COM O EXERCÍCIO DA FÉ – 2

Afirmou-se que a designação de dia alternativo para a realização das provas do ENEM pelo grupo religioso em questão, apesar de poder ser, em princípio, considerada uma medida de "acomodação", apta a afastar as mencionadas sobrecargas indesejáveis, não estaria em consonância com o princípio da isonomia, convolando-se em privilégio para esse grupo. Observou-se, no ponto, que o Ministério da Educação oferta aos candidatos que, em virtude de opções religiosas não podem fazer as provas durante o dia de sábado, a possibilidade de fazê-las após o pôr-do-sol, medida que já vem sendo aplicada, há algum tempo, em relação aos adventistas do sétimo dia, grupo religioso que também possui como "dia de guarda" o sábado. Não obstante, salientando não se estar insensível ao argumento de que medida adotada pelo MEC poderia prejudicar os candidatos praticantes da citada profissão religiosa — os quais teriam de ser confinados, para apenas ao fim do dia iniciar as suas provas —, considerou-se que tal medida revelar-se-ia, diante dos problemas decorrentes da designação de dia alternativo, mais condizente com o dever do Estado de neutralidade em face do fenômeno religioso e com a necessidade de se tratar todas as denominações religiosas de forma isonômica. Registrou-se, por fim, não se cuidar de posicionamento definitivo desta Corte sobre a matéria, haja vista a existência de duas ações diretas de inconstitucionalidade pendentes de julgamento, nas quais será possível se aprofundar sobre o tema, de modo a definir, com maior acuidade, o âmbito de proteção e o alcance do direito fundamental à liberdade religiosa (CF, art. 5º, VIII). Vencido o Min. Marco Aurélio, que dava provimento ao recurso, restabelecendo a decisão do TRF da 3ª Região que determinara fosse observada a cláusula final do inciso VIII do art. 5º da CF, a revelar que se deveria sempre sinalizar com uma prestação alternativa, no caso, a designação do exame para um dia útil. **STA 389 AgR/DF, rel. Min. Gilmar Mendes, 3.12.2009.** (STA-389) (Inform. STF 570)

EXTRADIÇÃO: LEGALIDADE DO ATO DE CONCESSÃO DE REFÚGIO E NATUREZA DOS CRIMES IMPUTADOS AO EXTRADITANDO - 1

O Tribunal iniciou julgamento de pedido de extradição executória formulado pelo Governo da Itália contra nacional italiano condenado à pena de prisão perpétua pela prática de quatro homicídios naquele país. O Min. Cezar Peluso, relator, deferiu a extradição, sob a condição formal de comutação da pena perpétua por privativa de liberdade por tempo não superior a trinta anos, e, em conseqüência, julgou prejudicado o mandado de segurança julgado em conjunto. Examinou, de início, questão preliminar ao pedido de extradição diante da concessão do status de refugiado ao extraditando pelo Ministro da Justiça, concluindo pela ilegalidade e pela ineficácia desse ato. Asseverou que, não obstante a Corte, em princípio e incidentalmente, houvesse declarado, no julgamento da Ext 1008/Governo da Colômbia (DJE de 17.8.2007), a constitucionalidade do art. 33 da Lei 9.474/97 ("o reconhecimento da condição de refugiado obstará o seguimento de qualquer pedido de extradição baseado nos fatos que fundamentaram a concessão de refúgio."), e independentemente da estima do acerto, ou não, dessa decisão, destacou que ficariam por esclarecer as condições em que a outorga de refúgio extinguiria o processo de extradição. No ponto, ressaltou que, apesar de reconhecido, naquele julgado, o caráter político-administrativo da decisão concessiva de refúgio, revendo os termos e o alcance da lei, à luz sistêmica da ordem jurídica, aduziu que tal afirmação não poderia ser entendida em acepção demasiado estrita, nem que o fato de o poder ou dever de outorga ser atribuição reservada à competência própria da União, por representar o país nas relações internacionais, lhe subtrairia, de forma absoluta, os respectivos atos jurídico-administrativos ao ordinário controle jurisdicional de legalidade (judicial review). **Ext 1085/Governo da Itália, rel. Min. Cezar Peluso, 9.9.2009. (Ext-1085)**

EXTRADIÇÃO: LEGALIDADE DO ATO DE CONCESSÃO DE REFÚGIO E NATUREZA DOS CRIMES IMPUTADOS AO EXTRADITANDO - 2

Assim, não haveria como, na interpretação unitária e constitucional do regime normativo do instituto do refúgio, estabelecer, de forma dogmática, que, independentemente de reverência à ordem jurídica, toda decisão emanada do Poder Executivo produzisse, em qualquer caso, o efeito ou efeitos típicos a que tendesse. Explicou que não o haveria, porque, nos limites do caso, como nítida questão prévia suscitada, teria a legalidade do ato administrativo de ser conhecida e decidida pela Corte como tema preliminar, suposto profundamente vinculado ao mérito mesmo do pedido de extradição, que não poderia deixar de ser julgado, se se concluísse pela invalidez e ineficácia da concessão do refúgio. Ademais, disse que o reconhecimento da condição de refugiado constituiria ato vinculado aos requisitos expressos e taxativos que a lei lhe imporia como condição necessária de validade. Dessa forma, a decisão do Ministro da Justiça não fugiria ao controle jurisdicional sobre eventual observância dos requisitos de legalidade, em especial da verificação de correspondência entre sua motivação necessária declarada e as fattispecie normativas pertinentes, campo em que ganharia superior importância a indagação de juridicidade dos motivos, até para se aferir se não teria sido usurpada, na matéria de extradição, competência constitucional exclusiva do Supremo. Observou que, à luz da competência estatuída na Constituição Federal, o confronto entre os artigos 1º e 33 da Lei 9.474/97, que, respectivamente, tipifica as hipóteses de reconhecimento da condição de refugiado e lhe prevê a declaração formal como causa externa impeditiva de extradição, revelaria e imporia ao intérprete uma distinção decisiva para solução da espécie. Expôs que, em nosso sistema normativo-constitucional, haveria, por um lado, a regulamentação de toda a matéria de refúgio, com suas hipóteses fechadas, as quais, em caso de reconhecimento da condição de refugiado, atuariam como autênticas causas extrínsecas obstativas de extradição, na medida em que adviriam de juízo autorizado e vinculado da autoridade administrativa e, como tais, seriam externas ao âmbito do processo de extradição. Por outro lado, o ordenamento discerniria a previsão e a disciplina de causas intrínsecas de não extradição, as quais constituiriam tema ou objeto necessário da cognição compreendida na competência jurisdicional do Supremo no processo de extradição. **Ext 1085/Governo da Itália, rel. Min. Cezar Peluso, 9.9.2009. (Ext-1085)**

EXTRADIÇÃO: LEGALIDADE DO ATO DE CONCESSÃO DE REFÚGIO E NATUREZA DOS CRIMES IMPUTADOS AO EXTRADITANDO - 3

De acordo com o relator, as causas intrínsecas, enquanto causas excludentes interiores ao regime legal do instituto e do processo de extradição, substanciariam temática própria do mérito de processo cometido à competência constitucional exclusiva do Supremo, no sentido de que deveria este, no julgamento daquele, examiná-las todas, inclusive de ofício, a fim de verificar a sua ocorrência, ou não, em cada caso, haja vista que o reconhecimento de qualquer delas levaria ao indeferimento do pedido. Portanto, as causas intrínsecas operariam ab intra, do ponto de vista do processo judicial, sendo insuscetíveis de consideração por parte da autoridade administrativa, que sobre elas não deteria nenhuma competência. Por sua vez, as causas extrínsecas, entregues ao juízo vinculado da autoridade administrativa, quando declaradas como fundamento legal típico da outorga do refúgio, embora inibidoras indiretas do deferimento da extradição como razão jurídica ab extra, poderiam representar, dentro do processo de extradição, questão preliminar ao pedido, na precisa acepção de questão prévia que, antecedendo à questão de mérito, haveria de ser decidida antes, visto que sua solução seria capaz de opor ou de remover óbice à continuidade do processo e, pois, ao conhecimento do mérito. Salientou, assim, que, pressuposta a distinção entre as causas externas e internas, a Corte deveria apreciar, previamente ao mérito do pedido, a questão preliminar levantada, ou não, porque cognoscível de ofício, sobre a legalidade do ato administrativo vinculado que outorgara o benefício do refúgio, sob o fundamento de tê-lo feito contra legem, uma vez que não fundado em nenhuma de suas hipóteses legais (fattispecie abstratas), a que se não ajustariam os fatos considerados pela decisão administrativa. Acrescentou que a Corte deveria fazê-lo por ser dever jurídico que lhe adviria, no exercício do controle jurisdicional, da relação ou do nexo jurídico das questões, e porque os fundamentos empíricos da concessão de refúgio, que seriam causas excludentes extrínsecas, não se confundiriam, no plano da lei, com os fundamentos históricos ou factuais as quais tipificariam causas intrínsecas impeditivas da extradição. **Ext 1085/Governo da Itália, rel. Min. Cezar Peluso, 9.9.2009. (Ext-1085)**

EXTRADIÇÃO: LEGALIDADE DO ATO DE CONCESSÃO DE REFÚGIO E NATUREZA DOS CRIMES IMPUTADOS AO EXTRADITANDO - 4

Em seguida, o relator analisou os quatro motivos declarados como fundamentos do ato de concessão de refúgio, perante o disposto no art. 1º, I, da Lei 9.474/97 ("Art. 1º Será reconhecido como refugiado todo indivíduo que: I - devido a fundados temores de perseguição por motivos de raça, religião, nacionalidade, grupo social ou opiniões políticas encontra-se fora de seu país de nacionalidade e não possa ou não queira acolher-se à proteção de tal país;"), para, no estrito controle da legalidade, ajuizar se, sendo acaso verdadeiros como fatos, corresponderiam, ou não, ao suporte fático (fattispecie abstrata) dessa norma vinculante, invocada pela autoridade como fonte da legitimidade de seu comportamento. Assinalou que o primeiro, referente à situação política do Estado italiano, em dada quadra histórica, a toda evidência não poderia ser considerada causa atual de algum fundado temor de perseguição futura por motivos políticos, pela razão de, supondo-se então verdadeira, não viger agora. Assim, reputando-se ali vigente ordem jurídico-constitucional democrática, nada justificaria sequer remoto receio de que, com o deferimento da extradição, o extraditando não teria seus direitos constitucionais respeitados. Quanto ao segundo motivo da decisão administrativa, de que, na época dos fatos, o governo do Estado requerente estaria infiltrado de "forças políticas eversivas", cujo "poder oculto" superaria e excederia, por meio de atuações ilegítimas, "a própria exceção legal", influindo, direta ou indiretamente, nas condenações do extraditando, registrou o relator que tal fundamento, sobre implicar gratuita e pesada afronta à independência e isenção da magistratura italiana, não transporia, na causa, as fronteiras amplas da fantasia, não se fundando em nenhum dado de realidade. **Ext 1085/Governo da Itália, rel. Min. Cezar Peluso, 9.9.2009. (Ext-1085)**

EXTRADIÇÃO: LEGALIDADE DO ATO DE CONCESSÃO DE REFÚGIO E NATUREZA DOS CRIMES IMPUTADOS AO EXTRADITANDO - 5

No que tange ao terceiro fundamento, no sentido de que os crimes imputados ao extraditando teriam natureza política, o relator enfatizou sua ilegalidade, haja vista a incompetência da autoridade administrativa na matéria. No ponto, acentuou que, da atribuição prevista no art. 102, I, g, da CF, defluiria, que, enquanto objeto necessário da cognição imanente à competência constitucional reservada à jurisdição desta Corte, lhe tocaria apreciar, com exclusividade, todas as questões relativas à existência de fatos configuradores de causas intrínsecas de não extradição, assim consideradas as que, não correspondendo a nenhuma das taxativas hipóteses legais de concessão de refúgio, submissas todas a juízo administrativo privativo, mas vinculado, impediriam deferimento da extradição solicitada por Estado estrangeiro. Afirmou que, nos termos do art. 77, § 2º, da Lei 6.815/80, c/c o aludido art. 102, I, g, da CF, caberia, exclusivamente, ao Supremo a apreciação do caráter da infração, o que implicaria outorga de competência exclusiva para definir se o fato constitui crime comum ou político, sendo essa a razão pela qual, dentre as hipóteses específicas de reconhecimento da condição de refugiado, previstas no art. 1º da Lei 9.474/97, não constaria a de que a pessoa tivesse sido condenada por delito político. Relativamente ao quarto e último fundamento, concernente às vicissitudes da estada do extraditando na França, de onde teria sido expulso, de fato, por decisão de cunho político, reputou-o impertinente. Asseverou que, no tocante aos eventos lá ocorridos, escusaria opor objeções de ordem factual ou jurídica, por serem de todo irrelevantes as respectivas considerações da decisão administrativa para o desate da causa, porquanto a Lei 9.474/97 exigiria, em seu art. 1º, I, em cuja hipótese (fattispecie abstrata) se fundara o reconhecimento da condição de refugiado, como requisito típico essencial, que a pessoa se encontrasse fora do país de nacionalidade, sob cuja proteção não quisesse ou não pudesse se acolher. Observou que, no caso deste outro fundamento decisório, toda a particular motivação do asserto de perseguição política diria respeito a acontecimentos sucedidos em terceiro país, que não reclama extradição. Para o relator, da análise de todos esses fundamentos do ato de concessão de refúgio, depreender-se-ia que, se houvesse algum fundado temor atual do extraditando, tal receio teria por único objeto os desdobramentos legais da persecução penal executória, e não agravos imaginários de perseguição política, de cujo risco não constaria nenhum indício. **Ext 1085/Governo da Itália, rel. Min. Cezar Peluso, 9.9.2009. (Ext-1085)**

EXTRADIÇÃO: LEGALIDADE DO ATO DE CONCESSÃO DE REFÚGIO E NATUREZA DOS CRIMES IMPUTADOS AO EXTRADITANDO - 6

Registrou, também, ser pertinente a distinção constante do manual de procedimentos e critérios para determinar a condição de refugiado político, publicado, em 2004, pelo Alto Comissariado das Nações Unidas - ACNUR, a qual deveria ser observada, com rigor, neste tema, a fim de não se confundirem coisas tão diversas entre si ["(d) Punição 56. Deve-se distinguir perseguição de punição prevista por uma infração de direito comum. As pessoas que fogem de procedimentos judiciais ou à punição por infrações desta natureza não são normalmente refugiados. Convém relembrar que um refugiado é uma vítima - ou uma vítima potencial - da injustiça e não alguém que foge da justiça."]. Dessa forma, não aparecendo o extraditando como vítima da injustiça, mas como alguém que fugiria da punição legal por crimes de natureza comum, não lhe seria possível aspirar à condição de refugiado. Ademais, no campo dos chamados requisitos negativos, afirmou que não seria menor a incompatibilidade entre a decisão administrativa e a lei, salientando que o manual do ACNUR distinguiria ainda, neste ponto, três grupos de condições ou cláusulas que haveriam de ser seguidas para fins de reconhecimento da situação de refugiado político, quais sejam, as de inclusão, de cessação e de exclusão. Citando o art. 1-F do Estatuto dos Refugiados ("F. As disposições desta Convenção não serão aplicáveis às pessoas a respeito das quais houver razões sérias para se pensar que: a) cometeram um crime contra a paz, um crime de guerra ou um crime contra a humanidade, no sentido dado pelos instrumentos internacionais elaborados para prever tais crimes; b) cometeram um crime grave de direito comum fora do país de refúgio antes de serem nele admitidas como refugiados; c) tornaram-se culpadas de atos aos fins e princípios das Nações Unidas."), revelou que o conjunto das normas expressas nesse texto teria sido complementado pela Lei 9.474/97 ("Art. 3º Não se beneficiarão da condição de refugiado os indivíduos que: ... III - tenham cometido crime contra a paz, crime de guerra, crime contra a humanidade, crime hediondo, participado de atos terroristas ou tráfico de drogas; IV - sejam considerados culpados de atos contrários aos fins e princípios das Nações Unidas."), reputando inequívoco o sentido da regra que veda, expressamente, a atribuição da condição de refugiado a pessoas que tenham cometido crimes comuns graves, sobretudo se qualificados como hediondos. **Ext 1085/Governo da Itália, rel. Min. Cezar Peluso, 9.9.2009. (Ext-1085)**

EXTRADIÇÃO: LEGALIDADE DO ATO DE CONCESSÃO DE REFÚGIO E NATUREZA DOS CRIMES IMPUTADOS AO EXTRADITANDO - 7

Prosseguindo, o relator destacou que a decisão administrativa, ao se reportar ao fato de que em nenhum momento o Estado requerente noticiara a condenação do extraditando por crimes impeditivos da condição de refugiado, desconsideraria todo o teor das sentenças condenatórias italianas, recobertas pela res iudicata. Aduziu que os crimes cometidos pelo extraditando, sobre não apresentar nenhum traço de conotação política, entrariam com folga na classe dos crimes comuns graves, qualificados de hediondos, nos termos do art. 1º da Lei 8.072/90, e que a incidência dessa lei, no caso, não importaria agravamento da situação jurídico-penal do extraditando enquanto réu, senão mera qualificação jurídica da sua distinta situação de pretendente de reconhecimento da condição de refugiado. Além disso, sendo essa a lei regente, incidiria de imediato, sem retroagir, sobre a pretensão de refúgio formulada sob sua vigência, apanhando todos os fatos — o passado histórico — que constituiriam fundamentos do pedido, não para algum efeito penal, mas apenas para estima da coexistência, ou não, dos requisitos legais imprescindíveis à concessão do benefício político. Explicou que isto significaria apenas que, se os fatos principais, embora velhos ou anteriores ao requerimento, recebessem, por sua concreta e objetiva gravidade, valoração negativa e conseqüente eficácia obstativa de outra lei em vigor (Lei 8.072/90), o benefício político não poderia ser deferido, e não que a situação penal do extraditando fosse exacerbada. Concluiu que daí viria, desde logo, a existência de condição legal excludente da concessão de refúgio, como só remate e reforço do quadro da indiscutível ilegalidade de que se revestira a decisão administrativa que o deferira ao extraditando, tratando-se, portanto, de ato administrativo, que, por sua manifesta, absoluta e irremediável nulidade e ineficácia, não poderia se opor à cognição nem a eventual procedência do pedido de extradição. Afastou, ainda em sede preliminar, os argumentos da defesa acerca do defeito de forma do pedido de extradição, especialmente no que tange ao teor das decisões em que se fundaria e às respectivas traduções, tendo em conta, notadamente, a inteira inteligibilidade do conteúdo essencial que emergiria desses atos traduzidos. **Ext 1085/Governo da Itália, rel. Min. Cezar Peluso, 9.9.2009. (Ext-1085)**

EXTRADIÇÃO: LEGALIDADE DO ATO DE CONCESSÃO DE REFÚGIO E NATUREZA DOS CRIMES IMPUTADOS AO EXTRADITANDO - 8

Quanto ao mérito, o relator repeliu todas as alegações apresentadas pela defesa do extraditando. Ressaltou que o fato de o extraditando não ter sido apresentado diante de qualquer tribunal, sendo julgado à revelia, não teria relevo nenhum, porque tal circunstância não constituiria, por si só, motivo de recusa para a extradição, conforme pactuado na segunda parte da alínea a do art. 5 do Tratado de Extradição Brasil-Itália. Ademais, observou que, mesmo que o julgamento tivesse tramitado à revelia do extraditando, que à época se encontrava foragido, não haveria dúvidas de lhe terem sido garantidos todos os direitos de defesa correspondentes a essa condição processual, conforme o citado dispositivo do Tratado, em estrita observância ao princípio do devido processo legal. Afirmou, também, diante de nosso sistema da contenciosidade limitada, ou de cognição restrita (Lei 6.815/80, art. 85, § 1º), caber à Corte apenas apreciar a defesa que verse sobre a identidade da pessoa reclamada, defeito de forma dos documentos apresentados ou ilegalidade da extradição, não sendo possível conhecer da alegação de fragilidade das provas produzidas na instrução criminal. Reconheceu, em seguida, estar atendido o requisito da dupla tipicidade, visto que o fato motivador do pedido seria considerado crime tanto no Estado requerente quanto no Brasil. **Ext 1085/Governo da Itália, rel. Min. Cezar Peluso, 9.9.2009. (Ext-1085)**

EXTRADIÇÃO: LEGALIDADE DO ATO DE CONCESSÃO DE REFÚGIO E NATUREZA DOS CRIMES IMPUTADOS AO EXTRADITANDO - 9

O relator asseverou não estarem prescritos os homicídios imputados ao extraditando, consumados em 6.6.77, 16.2.79, 16.2.79 e 19.4.79 e aos quais cominados a pena de prisão perpétua, com decisões condenatórias transitadas em julgado em 8.4.91 e 10.4.93. Enfatizou que, perante nossa legislação penal, seria mister decidir a questão da prescrição da pretensão executória à luz do máximo da pena abstratamente cominada para o correspondente tipo penal (homicídio qualificado), que seria de trinta anos de reclusão. Assim, segundo o inciso I do art. 109, c/c o art. 110, do nosso CP, a prescrição se operaria em vinte anos. Repeliu o argumento da defesa, segundo o qual, não tendo havido recurso do Ministério Público, inferir-se-ia que a condenação se tornara definitiva para a acusação na data em que a sentença fora proferida em audiência e depositada na Chancelaria (13.12.88). Esclareceu, no ponto, que a defesa desconsiderara que sobre a hipótese incidiria, depois do trânsito em julgado da sentença, a causa suspensiva da prescrição, constante do art. 116 do CP ("Depois de passada em julgado a sentença condenatória, a prescrição não corre durante o tempo em que o condenado está preso por outro motivo"). Isto é, decretada a prisão preventiva do extraditando em 1º.3.2007, para fins de extradição, e devidamente cumprida em 18.3.2008, dessa data atuaria automaticamente a suspensão do prazo da prescrição executória segundo a legislação brasileira. Acrescentou que, caso a Corte entendesse que a prisão provisória para fins de extradição não seria decorrente de outro motivo, incidiria a causa interruptiva do prazo prescricional prevista no art. 117, V, do CP ("Art. 117 O curso da prescrição interrompe-se: ... V - pelo início ou continuação do cumprimento da pena;"). Haveria, para o relator, ainda, de se considerar suspenso o prazo prescricional, desde a data da suspensão do processo de extradição, em razão do pedido de refúgio formulado perante o CONARE, até a decisão final proferida, no recurso, pelo Ministro de Estado da Justiça. Aduziu que, de toda sorte, não obstante incidirem várias causas aptas a inibir a prescrição, o cálculo da prescrição da pretensão executória, para a acusação (1ª parte do inciso I do art. 112 do CP pátrio), não se contaria a partir do trânsito em julgado da sentença condenatória de 1ª instância, datada de 13.12.88 e que impusera ao extraditando a pena de prisão perpétua pela prática dos quatro homicídios. Esclareceu que, com a anulação parcial, pela Corte de Cassação (3ª instância), em 8.4.91, do acórdão do 1º Tribunal de Apelação de Milão (2ª instância), relativamente à condenação por um dos homicídios, deixara de subsistir trânsito em julgado para a acusação, que poderia ter recorrido, se a decisão do 2º Tribunal do Júri de Milão, julgando em sede de reenvio pela Corte de Cassação, não houvesse confirmado a pena de prisão perpétua para o homicídio outrora excluído. Salientando que tais condenações transitaram em julgado em 8.4.91 e 10.4.93, não teria se operado prescrição da pretensão executória, seja em face da legislação italiana, seja da brasileira, a qual se consumaria no prazo de vinte anos, a contar da data do trânsito em julgado das sentenças condenatórias, nos termos da norma vigente à época. Reputou, assim, satisfeita a exigência relativa ao duplo grau de punibilidade. **Ext 1085/Governo da Itália, rel. Min. Cezar Peluso, 9.9.2009. (Ext-1085)**

EXTRADIÇÃO: LEGALIDADE DO ATO DE CONCESSÃO DE REFÚGIO E NATUREZA DOS CRIMES IMPUTADOS AO EXTRADITANDO - 10

O relator atestou a não ocorrência da causa impeditiva prevista no inciso VII do art. 77 da Lei 6.815/80, objeto da garantia consagrada no inciso LII do art. 5º da CF ("não será concedida extradição de estrangeiro por crime político ou de opinião".). Reafirmando a competência da Corte para aquilatar, com exclusividade, o caráter das infrações que informam o pedido extradicional,
680 julgou comuns os crimes cometidos pelo extraditando, sobretudo quando confrontados com o princípio da preponderância (Lei 6.815/90, art. 77, § 1º). Frisou, no ponto, consubstanciarem homicídios dolosos, perpetrados com premeditação, os quais não guardariam relação com fins altruístas que caracterizariam movimentos políticos voltados à implantação de nova ordem econômica e social, mas revelariam, pelo contrário, puro intuito de vingança pessoal. Por fim, examinou a questão relativa à obrigatoriedade, ou não, de o Presidente da República, uma vez acolhido o pedido de extradição, efetivar a entrega do extraditando ao Estado requerente. Tendo em conta o que constante do art. 1 do Tratado de Extradição e do art. 26 da Convenção de Viena (princípio do pacta sunt servanda), e, ainda, reputando satisfeitas todas as exigências para concessão sem se caracterizar nenhuma das hipóteses de recusa previstas no art. 6 do Tratado e, por conseguinte, deferido o pedido do Estado requerente, considerou que não se reconheceria discricionariedade legítima ao Presidente da República para deixar de efetivar a entrega do extraditando. Observou, no entanto, que tramitaria contra o extraditando, perante a Justiça Federal no Estado do Rio de Janeiro, ação penal, cujo objeto seria a imputação da prática do delito de falsificação e/ou uso de passaporte falso. Em razão disso, entendeu que, deferido o pedido e, portanto, constituído o título jurídico sem o qual o Presidente da República não poderia determinar a extradição, a efetiva entrega do súdito ao Estado requerente poderia ser diferida, nos termos do art. 89 do Estatuto do Estrangeiro, bem como do 'item 1' do art. 15 do Tratado Bilateral Brasil-Itália ("Artigo 15 Entrega Diferida ou Temporária 1. Se a pessoa reclamada for submetida a processo penal, ou deva cumprir pena em território da Parte requerida por um crime que não aquele que motiva o pedido de extradição, a Parte requerida deverá igualmente decidir sem demora sobre o pedido de extradição e dar a conhecer sua decisão à outra Parte. Caso o pedido de extradição vier a ser acolhido, a entrega da pessoa extraditada poderá ser adiada até a conclusão do processo penal ou até o cumprimento da pena"). Após os votos dos Ministros Ricardo Lewandowski, Carlos Britto e Ellen Gracie, que acompanhavam o voto do relator, e dos votos dos Ministros Joaquim Barbosa, Cármen Lúcia e Eros Grau, que, em suma, julgavam extinto o processo de extradição em face da decisão hígida do Ministro de Estado da Justiça de conceder o refúgio ao extraditando (Lei 9.474/97, art. 33), pronunciou-se o Min. Marco Aurélio acerca da legalidade do ato de concessão de refúgio, não vislumbrando desvio de finalidade no mesmo, e solicitou vista dos autos quanto às demais causas de pedir. **Ext 1085/Governo da Itália, rel. Min. Cezar Peluso, 9.9.2009. (Ext-1085)**

EXTRADIÇÃO: LEGALIDADE DO ATO DE CONCESSÃO DE REFÚGIO E NATUREZA DOS CRIMES IMPUTADOS AO EXTRADITANDO - 11

O Tribunal retomou julgamento de extradição executória formulado pelo Governo da Itália contra nacional italiano condenado à pena de prisão perpétua pela prática de quatro homicídios naquele país — v. Informativo 558. Inicialmente, o Tribunal rejeitou questão de ordem suscitada pelo Min. Marco Aurélio que asseverava a necessidade de se contar no Plenário com, no mínimo, oito integrantes, para julgar processo que envolve matéria constitucional, conforme estabelecido pelo Regimento Interno do Supremo Tribunal Federal - RISTF (art. 143, parágrafo único). Resolveu-se, no ponto, prosseguir com o julgamento, considerando a competência do Tribunal tal como formado, ao fundamento de que o quórum fixado no RISTF cingir-se-ia à declaração, ou não, de inconstitucionalidade de uma determinada norma. Vencido o suscitante. Na seqüência, o Min. Marco Aurélio, em voto-vista, proclamando não ter ocorrido desvio de finalidade do ato de concessão de refúgio, assentou, uma vez admitida a revisão ampla, para ele inadequada, do seu merecimento, a plena harmonia do refúgio com a ordem jurídico-constitucional, óbice à continuidade do exame do pedido de extradição. Rejeitou-se, por maioria, questão de ordem também suscitada pelo Min. Marco Aurélio acerca da conclusão do julgamento sobre a prejudicialidade do mandado de segurança. **Ext 1085/Governo da Itália, rel. Min. Cezar Peluso, 12.11.2009. (Ext-1085)**

EXTRADIÇÃO: LEGALIDADE DO ATO DE CONCESSÃO DE REFÚGIO E NATUREZA DOS CRIMES IMPUTADOS AO EXTRADITANDO - 12

Em seguida, o Min. Marco Aurélio indeferiu o pleito extradicional. Entendeu que os crimes pelos quais condenado o extraditando teriam natureza política, considerado, especialmente, o que contido na sentença condenatória que ensejara o pedido de extradição, a qual, em trinta e quatro passagens, assentara que as práticas criminosas em análise teriam por motivação a subversão da ordem estatal, e, ainda, a própria postura de dirigentes e políticos italianos da atualidade ao se referirem ao deferimento do refúgio, sendo aplicável o disposto no inciso LII do art. 5º da CF ("não será concedida extradição de estrangeiro por crime político ou de opinião".) e no art. 3º, item 1, alínea e, do Tratado de Extradição entre a República Federativa do Brasil e a República Italiana. Asseverou, também, no que tange à prescrição, que seria imprópria inclusive a evocação do parágrafo único do art. 116 do CP ("Depois de passada em julgado a sentença condenatória, a prescrição não corre durante o tempo em que o condenado está preso por outro motivo"), ao fundamento de que a prisão preventiva não se incluiria no rol das causas impeditivas da prescrição, incidindo tal dispositivo apenas no caso de encontrar-se o cidadão preso, ante culpa formada. Acrescentou que, cuidando-se de causa impeditiva do curso de prescrição, situação prejudicial ao réu, aplicar-se-ia a interpretação estrita. Frisou não caber assentar o pedido de extradição ou o de reconhecimento da condição de refugiado como impeditivos da continuidade do prazo prescricional, asseverando ser a prescrição penal vista a partir das regras disciplinadoras, de cunho instrumental e material. Reconheceu, tendo em conta que a condenação que interrompera o prazo prescricional dataria de 13.12.88, que teria ocorrido a prescrição da pretensão executória da pena em 2008. Em continuidade, rejeitou as demais causas de pedir. Aduziu, por fim, que o pronunciamento no processo de extradição é declaratório, considerada a legitimidade ou não do pedido formalizado, e, salientando competir privativamente ao Presidente da República solucionar questões de política internacional, com o referendo, em certos casos, do Congresso Nacional, entendeu que, declarada a legitimidade do pleito extradicional, abrir-se-ia oportunidade ao Chefe do Poder Executivo de, à frente da política brasileira no campo internacional, entregar, ou não, o estrangeiro, que poderia merecer o status de asilado. Registrou, no ponto, que isso estaria em harmonia com a regra do art. 89 da Lei 6.815/80, a revelar, mesmo ante a execução de sentença penal condenatória imposta pelo Judiciário brasileiro ao extraditando, mitigando o título judicial, a possibilidade de o Executivo — em ato próprio ao exercício da soberania nacional — expulsar de imediato o estrangeiro, entregando-o ao Governo requerente e interessado. O Tribunal ainda rejeitou questão de ordem suscitada pelo advogado do extraditando, ressaltando a necessidade de, em matéria constitucional, o Presidente da Corte votar, conforme disposto no art. 146, I, do RISTF. Após, o julgamento foi suspenso por falta de quórum de, no mínimo, seis integrantes da Corte, para funcionamento do Pleno (RISTF, art. 143, caput). Os Ministros Celso de Mello e Dias Toffoli, que se declararam suspeitos, não estiveram presentes à sessão. **Ext 1085/Governo da Itália, rel. Min. Cezar Peluso, 12.11.2009. (Ext-1085)**

EXTRADIÇÃO: LEGALIDADE DO ATO DE CONCESSÃO DE REFÚGIO E NATUREZA DOS CRIMES IMPUTADOS AO EXTRADITANDO – 13

Em conclusão de julgamento, o Tribunal, por maioria, deferiu pedido de extradição executória formulado pelo Governo da Itália contra nacional italiano condenado à pena de prisão perpétua pela prática de quatro homicídios naquele país — v. Informativos 558 e 567. Prevaleceu o voto do Min. Cezar Peluso, relator, que, após reconhecer a ilegalidade do ato de concessão de refúgio ao extraditando, entendeu que os crimes a ele atribuídos teriam natureza comum, e não política, os quais não estariam prescritos, considerando atendidos os demais requisitos previstos na Lei 6.815/80 e no tratado de extradição firmado entre o Brasil e a Itália. Vencidos os Ministros Cármen Lúcia, Joaquim Barbosa, Eros Grau e Marco Aurélio, que indeferiam o pleito. O Min. Marco Aurélio retificou seu voto apenas relativamente à questão da prescrição da pretensão punitiva, reconhecendo que os crimes não estariam prescritos. O Tribunal, ainda, também por maioria, considerou que o Presidente da República não estaria compelido pela decisão do Supremo a proceder à extradição. Asseverou-se que, autorizado o pleito extradicional pelo Supremo, caberia ao Chefe do Poder Executivo, tendo em conta a competência prevista no art. 84, VII, da CF, decidir, de forma discricionária, sobre a entrega, ou não, do extraditando ao governo requerente. Nesse sentido, manifestaram-se os Ministros Cármen Lúcia, Joaquim Barbosa, Marco Aurélio, Eros Grau e Carlos Britto. Vencidos, nesse ponto, os Ministros Cezar Peluso, relator, Ricardo Lewandowski, Ellen Gracie e Gilmar Mendes, que afirmavam que o Presidente da República estaria obrigado a cumprir a decisão do Supremo com a entrega do extraditando ao Governo italiano, à luz do citado tratado bilateral e da legislação aplicável. **Ext 1085/Governo da Itália, rel. Min. Cezar Peluso, 18.11.2009.** (Ext-1085) (Inform. STF 568)

MÚSICO E LIBERDADE DO EXERCÍCIO DE PROFISSÃO - 1

A Turma iniciou julgamento de recurso extraordinário interposto contra acórdão do TRF da 4ª Região que, com base no art. 5º, incisos IX e XIII, da CF, entendera que a atividade de músico não depende de registro ou licença e que a sua livre expressão não pode ser impedida por interesses do órgão de classe, haja vista que este dispõe de meios próprios para executar anuidades devidas, sem vincular sua cobrança à proibição do exercício da profissão. A recorrente, Ordem dos Músicos do Brasil/OMB - Conselho Regional de Santa Catarina, sustenta, na espécie, a inadequação do mandamus contra lei em tese e a afronta aos arts. 5º, IX, XIII, e 170, parágrafo único, ambos da CF, sob a alegação de que o livre exercício de qualquer profissão ou trabalho está condicionado pelas referidas normas constitucionais às qualificações específicas de cada profissão e que, no caso dos músicos, a Lei 3.857/60 estabelece essas restrições. Aduz, ainda, que possui poder de polícia. A Min. Ellen Gracie, relatora, negou provimento ao recurso, no que foi acompanhada pelo Min. Joaquim Barbosa. Inicialmente, considerou adequada a via do mandado de segurança, porquanto os recorridos insurgem-se contra ato concreto de fiscalização emanado da OMB, e que afronta ao art. 170 da CF não fora prequestionada (Súmulas 282 e 356 do STF). No tocante à alegada ofensa aos incisos IX e XIII do art. 5º da CF, asseverando que a liberdade do exercício de profissão neles assegurada pode sofrer limitações com vistas ao interesse público, entendera que as exigências de inscrição na OMB e de o afiliado estar em dia com o pagamento de anuidade ferem o livre exercício da profissão. Afirmou que, na hipótese da música, a livre expressão artística é de sua essência e, por conseguinte, a obrigatoriedade de inscrição na OMB para que os profissionais da música se apresentem profissionalmente equivale à exigência de licença expressamente proibida pelo art. 5º, IX, da CF. Ademais, salientou que a exigência de comprovação de pagamento de anuidade é despropositada, visto que, conforme acentuara o acórdão impugnado, a recorrente possui outros meios legais para efetuar a cobrança. Após, o julgamento foi adiado em virtude do pedido de vista do Min. Gilmar Mendes. **RE 414426/SC, rel. Min. Ellen Gracie, 18.10.2005. (RE-414426)**

MÚSICO E LIBERDADE DO EXERCÍCIO DE PROFISSÃO – 2

A Turma, acolhendo proposta formulada pelo Min. Gilmar Mendes, deliberou afetar ao Plenário julgamento de recurso extraordinário interposto contra acórdão do TRF da 4ª Região que, com base no art. 5º, IX e XIII, da CF, entendera que a atividade de músico não depende de registro ou licença e que a sua livre expressão não pode ser impedida por interesses do órgão de classe, haja vista que este dispõe de meios próprios para executar anuidades devidas, sem vincular sua cobrança à proibição do exercício da profissão — v. Informativo 406. A recorrente, Ordem dos Músicos do Brasil/OMB – Conselho Regional de Santa Catarina, sustenta, na espécie, a inadequação do *mandamus* contra lei em tese e a afronta aos artigos 5º, IX, XIII, e 170, parágrafo único, ambos da CF, sob a alegação de que o livre exercício de qualquer profissão ou trabalho está condicionado pelas referidas normas constitucionais às qualificações específicas de cada profissão e que, no caso dos músicos, a Lei 3.857/60 estabelece essas restrições. Aduz, ainda, que possui poder de polícia. **RE 414426/SC, rel. Min. Ellen Gracie, 17.11.2009.** (RE-414426) (Inform. STF 568)

LIBERDADE DE IMPRENSA – CRÍTICA JORNALÍSTICA – FIGURAS PÚBLICAS OU NOTÓRIAS – EXCLUDENTES ANÍMICAS – INEXISTÊNCIA DE ABUSO

EMENTA: LIBERDADE DE INFORMAÇÃO. DIREITO DE CRÍTICA. PRERROGATIVA POLÍTICO-JURÍDICA DE ÍNDOLE CONSTITUCIONAL. MATÉRIA JORNALÍSTICA QUE EXPÕE FATOS E VEICULA OPINIÃO EM TOM DE CRÍTICA. CIRCUNSTÂNCIA QUE EXCLUI O INTUITO DE OFENDER. AS *EXCLUDENTES ANÍMICAS* COMO FATOR DE DESCARACTERIZAÇÃO DO "*ANIMUS INJURIANDI VEL DIFFAMANDI*". AUSÊNCIA DE ILICITUDE NO COMPORTAMENTO DO PROFISSIONAL DE IMPRENSA. INOCORRÊNCIA DE ABUSO DA LIBERDADE DE MANIFESTAÇÃO DO PENSAMENTO. CARACTERIZAÇÃO, NA ESPÉCIE, DO REGULAR EXERCÍCIO DO DIREITO DE INFORMAÇÃO. O DIREITO DE CRÍTICA, QUANDO MOTIVADO POR RAZÕES DE INTERESSE COLETIVO, NÃO SE REDUZ, EM SUA EXPRESSÃO CONCRETA, À DIMENSÃO DO ABUSO DA LIBERDADE DE IMPRENSA. A QUESTÃO DA LIBERDADE DE INFORMAÇÃO (E DO DIREITO DE CRÍTICA NELA FUNDADO) EM FACE DAS FIGURAS PÚBLICAS OU NOTÓRIAS. JURISPRUDÊNCIA. DOUTRINA. JORNALISTA QUE FOI CONDENADO AO PAGAMENTO DE INDENIZAÇÃO CIVIL POR DANOS MORAIS. INSUBSISTÊNCIA, NO CASO, DESSA CONDENAÇÃO CIVIL. IMPROCEDÊNCIA DA "*AÇÃO INDENIZATÓRIA*". CONVERSÃO DO AGRAVO DE INSTRUMENTO EM RECURSO EXTRAORDINÁRIO, QUE, PARCIALMENTE CONHECIDO, É, NESSA PARTE, PROVIDO. AI 505595/RJ. RELATOR: MIN. CELSO DE MELLO. (Inform. STF 568)

EMENTA: ARGUIÇÃO DE DESCUMPRIMENTO DE PRECEITO FUNDAMENTAL (ADPF). LEI DE IMPRENSA. ADEQUAÇÃO DA AÇÃO. REGIME CONSTITUCIONAL DA "LIBERDADE DE INFORMAÇÃO JORNALÍSTICA", EXPRESSÃO SINÔNIMA DE LIBERDADE DE IMPRENSA. A "PLENA" LIBERDADE DE IMPRENSA COMO CATEGORIA JURÍDICA PROIBITIVA DE QUALQUER TIPO DE CENSURA PRÉVIA. A PLENITUDE DA LIBERDADE DE IMPRENSA COMO REFORÇO OU SOBRETUTELA DAS LIBERDADES DE MANIFESTAÇÃO DO PENSAMENTO, DE INFORMAÇÃO E DE EXPRESSÃO ARTÍSTICA, CIENTÍFICA, INTELECTUAL E COMUNICACIONAL. LIBERDADES QUE DÃO CONTEÚDO ÀS RELAÇÕES DE IMPRENSA E QUE SE PÕEM COMO SUPERIORES BENS DE PERSONALIDADE E MAIS DIRETA EMANAÇÃO DO PRINCÍPIO DA DIGNIDADE DA PESSOA HUMANA. O CAPÍTULO CONSTITUCIONAL DA COMUNICAÇÃO SOCIAL COMO SEGMENTO PROLONGADOR DAS LIBERDADES DE MANIFESTAÇÃO DO PENSAMENTO, DE INFORMAÇÃO E DE EXPRESSÃO ARTÍSTICA, CIENTÍFICA, INTELECTUAL E COMUNICACIONAL. TRANSPASSE DA FUNDAMENTALIDADE DOS DIREITOS PROLONGADOS AO CAPÍTULO PROLONGADOR. PONDERAÇÃO DIRETAMENTE CONSTITUCIONAL ENTRE BLOCOS DE BENS DE PERSONALIDADE: O BLOCO DOS DIREITOS QUE DÃO CONTEÚDO À LIBERDADE DE IMPRENSA E O BLOCO DOS DIREITOS À IMAGEM, HONRA, INTIMIDADE E VIDA PRIVADA. PRECEDÊNCIA DO PRIMEIRO BLOCO. INCIDÊNCIA *A POSTERIORI* DO SEGUNDO BLOCO DE DIREITOS, PARA O EFEITO DE ASSEGURAR O DIREITO DE RESPOSTA E ASSENTAR RESPONSABILIDADES PENAL, CIVIL E ADMINISTRATIVA, ENTRE OUTRAS CONSEQUÊNCIAS DO PLENO GOZO DA LIBERDADE DE IMPRENSA. PECULIAR FÓRMULA CONSTITUCIONAL DE PROTEÇÃO A INTERESSES PRIVADOS QUE, MESMO INCIDINDO *A POSTERIORI*, ATUA SOBRE AS CAUSAS PARA INIBIR ABUSOS POR PARTE DA IMPRENSA. PROPORCIONALIDADE ENTRE LIBERDADE DE IMPRENSA E RESPONSABILIDADE CIVIL POR DANOS MORAIS E MATERIAIS A TERCEIROS. RELAÇÃO DE MÚTUA CAUSALIDADE ENTRE LIBERDADE DE IMPRENSA E DEMOCRACIA. RELAÇÃO DE INERÊNCIA ENTRE PENSAMENTO CRÍTICO E IMPRENSA LIVRE. A IMPRENSA COMO INSTÂNCIA NATURAL DE FORMAÇÃO DA OPINIÃO PÚBLICA E COMO ALTERNATIVA À VERSÃO OFICIAL DOS FATOS. PROIBIÇÃO DE MONOPOLIZAR OU OLIGOPOLIZAR ÓRGÃOS DE IMPRENSA COMO NOVO E AUTÔNOMO FATOR DE INIBIÇÃO DE ABUSOS. NÚCLEO DA LIBERDADE DE IMPRENSA E MATÉRIAS APENAS PERIFERICAMENTE DE IMPRENSA. AUTORREGULAÇÃO E REGULAÇÃO SOCIAL DA ATIVIDADE DE IMPRENSA. NÃO RECEPÇÃO EM BLOCO DA LEI Nº 5.250/1967 PELA NOVA ORDEM CONSTITUCIONAL. EFEITOS JURÍDICOS DA DECISÃO. PROCEDÊNCIA DA AÇÃO.

1. ARGUIÇÃO DE DESCUMPRIMENTO DE PRECEITO FUNDAMENTAL (ADPF). LEI DE IMPRENSA. ADEQUAÇÃO DA AÇÃO. A ADPF, fórmula processual subsidiária do controle concentrado de constitucionalidade, é via adequada à impugnação de norma pré-constitucional. Situação de concreta ambiência jurisdicional timbrada por decisões conflitantes. Atendimento das condições da ação.

2. REGIME CONSTITUCIONAL DA LIBERDADE DE IMPRENSA COMO REFORÇO DAS LIBERDADES DE MANIFESTAÇÃO DO PENSAMENTO, DE INFORMAÇÃO E DE EXPRESSÃO EM SENTIDO GENÉRICO, DE MODO A ABARCAR OS DIREITOS À PRODUÇÃO INTELECTUAL, ARTÍSTICA, CIENTÍFICA E COMUNICACIONAL. A Constituição reservou à imprensa todo um bloco normativo, com o apropriado nome "Da Comunicação Social" (capítulo V do título VIII). A imprensa como plexo ou conjunto de "atividades" ganha a dimensão de instituição-ideia, de modo a poder influenciar cada pessoa de *per se* e até mesmo formar o que se convencionou chamar de opinião pública. Pelo que ela, Constituição, destinou à imprensa o direito de controlar e revelar as coisas respeitantes à vida do Estado e da própria sociedade. A imprensa como alternativa à explicação ou versão estatal de tudo que possa repercutir no seio da sociedade e como garantido espaço de irrupção do pensamento crítico em qualquer situação ou contingência. Entendendo-se por pensamento crítico o que, plenamente comprometido com a verdade ou essência das coisas, se dota de potencial emancipatório de mentes e espíritos. O corpo normativo da Constituição brasileira sinonimiza liberdade de informação jornalística e liberdade de imprensa, rechaçante de qualquer censura prévia a um direito que é signo e penhor da mais encarecida dignidade da pessoa humana, assim como do mais evoluído estado de civilização.

3. O CAPÍTULO CONSTITUCIONAL DA COMUNICAÇÃO SOCIAL COMO SEGMENTO PROLONGADOR DE SUPERIORES BENS DE PERSONALIDADE QUE SÃO A MAIS DIRETA EMANAÇÃO DA DIGNIDADE DA PESSOA HUMANA: A LIVRE MANIFESTAÇÃO DO PENSAMENTO E O DIREITO À INFORMAÇÃO E À EXPRESSÃO ARTÍSTICA, CIENTÍFICA, INTELECTUAL E COMUNICACIONAL. TRANSPASSE DA NATUREZA JURÍDICA DOS DIREITOS PROLONGADOS AO CAPÍTULO CONSTITUCIONAL SOBRE A COMUNICAÇÃO SOCIAL. O art. 220 da Constituição radicaliza e alarga o regime de plena liberdade de atuação da imprensa, porquanto fala: a) que os mencionados direitos de personalidade (liberdade de pensamento, criação, expressão e informação) estão a salvo de qualquer restrição em seu exercício, seja qual for o suporte físico ou tecnológico de sua veiculação; b) que tal exercício não se sujeita a outras disposições que não sejam as figurantes dela própria, Constituição. A liberdade de informação jornalística é versada pela Constituição Federal como expressão sinônima de liberdade de imprensa. Os direitos que dão conteúdo à liberdade de imprensa são bens de personalidade que se qualificam como sobredireitos. Daí que, no limite, as relações de imprensa e as relações de intimidade, vida privada, imagem e honra são de mútua excludência, no sentido de que as primeiras se antecipam, no tempo, às segundas; ou seja, antes de tudo prevalecem as relações de imprensa como superiores bens jurídicos e natural forma de controle social sobre o poder do Estado, sobrevindo as demais relações como eventual responsabilização ou consequência do pleno gozo das primeiras. A expressão constitucional "*observado o disposto nesta Constituição*" (parte final do art. 220) traduz a incidência dos dispositivos tutelares de outros bens de personalidade, é certo, mas como consequência ou responsabilização pelo desfrute da "*plena liberdade de informação jornalística*" (§ 1º do mesmo art. 220 da Constituição Federal). Não há liberdade de imprensa pela metade ou sob as tenazes da censura prévia, inclusive a procedente do Poder Judiciário, pena de se resvalar para o espaço inconstitucional da prestidigitação jurídica. Silenciando a Constituição quanto ao regime da *internet* (rede mundial de computadores), não há como se lhe recusar a qualificação de território virtual livremente veiculador de ideias e opiniões, debates, notícias e tudo o mais que signifique plenitude de comunicação.

4. MECANISMO CONSTITUCIONAL DE CALIBRAÇÃO DE PRINCÍPIOS. O art. 220 é de instantânea observância quanto ao desfrute das liberdades de pensamento, criação, expressão e informação que, de alguma forma, se veiculem pelos órgãos de comunicação social. Isto sem prejuízo da aplicabilidade dos seguintes incisos do art. 5º da mesma Constituição Federal: vedação do anonimato (parte final do inciso IV); do direito de resposta (inciso V); direito a indenização por dano material ou moral à intimidade, à vida privada, à honra e à imagem das pessoas (inciso X); livre exercício de qualquer trabalho, ofício ou profissão, atendidas as qualificações profissionais que a lei estabelecer (inciso XIII); direito ao resguardo do sigilo da fonte de informação, quando necessário ao exercício profissional (inciso XIV). Lógica diretamente constitucional de calibração temporal ou cronológica na empírica incidência desses dois blocos de dispositivos constitucionais (o art. 220 e os mencionados incisos do art. 5º). Noutros termos, primeiramente, assegura-se o gozo dos *sobredireitos* de personalidade em que se traduz a "livre" e "plena" manifestação do pensamento, da criação e da informação. Somente depois é que se passa a cobrar do titular de tais situações jurídicas ativas um eventual desrespeito a direitos constitucionais alheios, ainda que também densificadores da personalidade humana. Determinação constitucional de momentânea paralisia à inviolabilidade de certas categorias de direitos subjetivos fundamentais, porquanto a cabeça do art. 220 da Constituição veda qualquer cerceio ou restrição à concreta manifestação do pensamento (vedado o anonimato), bem assim todo cerceio ou restrição que tenha por objeto a criação, a expressão e a informação, seja qual for a forma, o processo, ou o veículo de comunicação social. Com o que a Lei Fundamental do Brasil veicula o mais democrático e civilizado regime da livre e plena circulação das ideias e opiniões, assim como das notícias e informações, mas sem deixar de prescrever o direito de resposta e todo um regime de responsabilidades civis, penais e administrativas. Direito de resposta e responsabilidades que, mesmo atuando *a posteriori*, infletem sobre as causas para inibir abusos no desfrute da plenitude de liberdade de imprensa.

5. PROPORCIONALIDADE ENTRE LIBERDADE DE IMPRENSA E RESPONSABILIDADE CIVIL POR DANOS MORAIS E MATERIAIS. Sem embargo, a excessividade indenizatória é, em si mesma, poderoso fator de inibição da liberdade de imprensa, em violação ao princípio constitucional da proporcionalidade. A relação de proporcionalidade entre o dano moral ou material sofrido por alguém e a indenização que lhe caiba receber (quanto maior o dano maior a indenização) opera é no âmbito interno da potencialidade da ofensa e da concreta situação do ofendido. Nada tendo a ver com essa equação a circunstância em si da veiculação do agravo por órgão de imprensa, porque, senão, a liberdade de informação jornalística deixaria de ser um elemento de expansão e de robustez da liberdade de pensamento e de expressão *lato sensu* para se tornar um fator de contração e de esqualidez dessa liberdade. Em se tratando de agente público, ainda que injustamente ofendido em sua honra e imagem, subjaz à indenização uma imperiosa cláusula de modicidade. Isto porque todo agente público está sob permanente vigília da cidadania. E quando o agente estatal não prima por todas as aparências de legalidade e legitimidade no seu atuar oficial, atrai contra si mais fortes suspeitas de um comportamento antijurídico francamente sindicável pelos cidadãos.

6. RELAÇÃO DE MÚTUA CAUSALIDADE ENTRE LIBERDADE DE IMPRENSA E DEMOCRACIA. A plena liberdade de imprensa é um patrimônio imaterial que corresponde ao mais eloquente atestado de evolução político-cultural de todo um povo. Pelo seu reconhecido condão de vitalizar por muitos modos a Constituição, *tirando-a mais vezes do papel*, a Imprensa passa a manter com a democracia a mais entranhada relação de mútua dependência ou retroalimentação. Assim visualizada como verdadeira *irmã siamesa* da democracia, a imprensa passa a desfrutar de uma liberdade de atuação ainda maior que a liberdade de pensamento, de informação e de expressão dos indivíduos em si mesmos considerados. O § 5º do art. 220 apresenta-se como norma constitucional de concretização de um pluralismo finalmente compreendido como fundamento das sociedades autenticamente democráticas; isto é, o pluralismo como a virtude democrática da respeitosa convivência dos contrários. A imprensa livre é, ela mesma, plural, devido a que são constitucionalmente proibidas a oligopolização e a monopolização do setor (§ 5º do art. 220 da CF). A proibição do monopólio e do oligopólio como novo e autônomo fator de contenção de abusos do chamado "poder social da imprensa".

7. RELAÇÃO DE INERÊNCIA ENTRE PENSAMENTO CRÍTICO E IMPRENSA LIVRE. A IMPRENSA COMO INSTÂNCIA NATURAL DE FORMAÇÃO DA OPINIÃO PÚBLICA E COMO ALTERNATIVA À VERSÃO OFICIAL DOS FATOS. O pensamento crítico é parte integrante da informação plena e fidedigna. O possível conteúdo socialmente útil da obra compensa eventuais excessos de estilo e da própria verve do autor. O exercício concreto da liberdade de imprensa assegura ao jornalista o direito de expender críticas a qualquer pessoa, ainda que em tom áspero ou contundente, especialmente contra as autoridades e os agentes do Estado. A crítica jornalística, pela sua relação de inerência com o interesse público, não é aprioristicamente suscetível de censura, mesmo que legislativa ou judicialmente intentada. O próprio das atividades de imprensa é operar como formadora de opinião pública, espaço natural do pensamento crítico e "real alternativa à versão oficial dos fatos" (Deputado Federal Miro Teixeira).

8. NÚCLEO DURO DA LIBERDADE DE IMPRENSA E A INTERDIÇÃO PARCIAL DE LEGISLAR. A uma atividade que já era "livre" (incisos IV e IX do art. 5º), a Constituição Federal acrescentou o qualificativo de "plena" (§ 1º do art. 220). Liberdade plena que, repelente de qualquer censura prévia, diz respeito à essência mesma do jornalismo (o chamado "núcleo duro" da atividade). Assim entendidas as coordenadas de tempo e de conteúdo da manifestação do pensamento, da informação e da criação *lato sensu*, sem o que não se tem o desembaraçado trânsito das ideias e opiniões, tanto quanto da informação e da criação. Interdição à lei quanto às matérias nuclearmente de imprensa, retratadas no tempo de início e de duração do concreto exercício da liberdade, assim como de sua extensão ou tamanho do seu conteúdo. Tirante, unicamente, as restrições que a Lei Fundamental de 1988 prevê para o "estado de sítio" (art. 139), o Poder Público somente

pode dispor sobre matérias lateral ou reflexamente de imprensa, respeitada sempre a ideia-força de que quem quer que seja tem o direito de dizer o que quer que seja. Logo, não cabe ao Estado, por qualquer dos seus órgãos, definir previamente o que pode ou o que não pode ser dito por indivíduos e jornalistas. As matérias reflexamente de imprensa, suscetíveis, portanto, de conformação legislativa, são as indicadas pela própria Constituição, tais como: direitos de resposta e de indenização, proporcionais ao agravo; proteção do sigilo da fonte ("quando necessário ao exercício profissional"); responsabilidade penal por calúnia, injúria e difamação; diversões e espetáculos públicos; estabelecimento dos "meios legais que garantam à pessoa e à família a possibilidade de se defenderem de programas ou programações de rádio e televisão que contrariem o disposto no art. 221, bem como da propaganda de produtos, práticas e serviços que possam ser nocivos à saúde e ao meio ambiente" (inciso II do § 3º do art. 220 da CF); independência e proteção remuneratória dos profissionais de imprensa como elementos de sua própria qualificação técnica (inciso XIII do art. 5º); participação do capital estrangeiro nas empresas de comunicação social (§ 4º do art. 222 da CF); composição e funcionamento do Conselho de Comunicação Social (art. 224 da Constituição). Regulações estatais que, sobretudo incidindo no plano das consequências ou responsabilizações, repercutem sobre as causas de ofensas pessoais para inibir o cometimento dos abusos de imprensa. Peculiar fórmula constitucional de proteção de interesses privados em face de eventuais descomedimentos da imprensa (justa preocupação do Ministro Gilmar Mendes), mas sem prejuízo da ordem de precedência a esta conferida, segundo a lógica elementar de que não é pelo temor do abuso que se vai coibir o uso. Ou, nas palavras do Ministro Celso de Mello, "a censura governamental, emanada de qualquer um dos três Poderes, é a expressão odiosa da face autoritária do poder público".

9. AUTORREGULAÇÃO E REGULAÇÃO SOCIAL DA ATIVIDADE DE IMPRENSA. É da lógica encampada pela nossa Constituição de 1988 a autorregulação da imprensa como mecanismo de permanente ajuste de limites da sua liberdade ao sentir-pensar da sociedade civil. Os padrões de seletividade do próprio corpo social operam como antídoto que o tempo não cessa de aprimorar contra os abusos e desvios jornalísticos. Do dever de irrestrito apego à completude e fidedignidade das informações comunicadas ao público decorre a permanente conciliação entre liberdade e responsabilidade da imprensa. Repita-se: não é jamais pelo temor do abuso que se vai proibir o uso de uma liberdade de informação a que o próprio Texto Magno do País apôs o rótulo de "plena" (§ 1 do art. 220).

10. NÃO RECEPÇÃO EM BLOCO DA LEI 5.250 PELA NOVA ORDEM CONSTITUCIONAL.

10.1. Óbice lógico à confecção de uma lei de imprensa que se orne de compleição estatutária ou orgânica. A própria Constituição, quando o quis, convocou o legislador de segundo escalão para o aporte regratório da parte restante de seus dispositivos (art. 29, art. 93 e § 5º do art. 128). São irregulamentáveis os bens de personalidade que se põem como o próprio conteúdo ou substrato da liberdade de informação jornalística, por se tratar de bens jurídicos que têm na própria interdição da prévia interferência do Estado o seu modo natural, cabal e ininterrupto de incidir. Vontade normativa que, em tema elementarmente de imprensa, surge e se exaure no próprio texto da Lei Suprema.

10.2. Incompatibilidade material insuperável entre a Lei nº 5.250/67 e a Constituição de 1988. Impossibilidade de conciliação que, sobre ser do tipo material ou de substância (vertical), contamina toda a Lei de Imprensa: a) quanto ao seu entrelace de comandos, a serviço da prestidigitadora lógica de que para cada regra geral afirmativa da liberdade é aberto um leque de exceções que praticamente tudo desfaz; b) quanto ao seu inescondível efeito prático de ir além de um simples projeto de governo para alcançar a realização de um projeto de poder, este a se eternizar no tempo e a sufocar todo pensamento crítico no País.

10.3 São de todo imprestáveis as tentativas de conciliação hermenêutica da Lei 5.250/67 com a Constituição, seja mediante expurgo puro e simples de destacados dispositivos da lei, seja mediante o emprego dessa refinada técnica de controle de constitucionalidade que atende pelo nome de "interpretação conforme a Constituição". A técnica da *interpretação conforme* não pode artificializar ou *forçar a descontaminação* da parte restante do diploma legal interpretado, pena de descabido incursionamento do intérprete em legiferação por conta própria. Inapartabilidade de conteúdo, de fins e de viés semântico (linhas e entrelinhas) do texto interpretado. Caso-limite de interpretação necessariamente conglobante ou por arrastamento teleológico, a pré-excluir do intérprete/aplicador do Direito qualquer possibilidade da declaração de inconstitucionalidade apenas de determinados dispositivos da lei sindicada, mas permanecendo incólume uma parte sobejante que já não tem significado autônomo. Não se muda, a golpes de interpretação, nem a inextrincabilidade de comandos nem as finalidades da norma interpretada. Impossibilidade de se preservar, após artificiosa hermenêutica de depuração, a coerência ou o equilíbrio interno de uma lei (a Lei federal nº 5.250/67) que foi ideologicamente concebida e normativamente apetrechada para operar em bloco ou como um todo *pro indiviso*.

11. EFEITOS JURÍDICOS DA DECISÃO. Aplicam-se as normas da legislação comum, notadamente o Código Civil, o Código Penal, o Código de Processo Civil e o Código de Processo Penal às causas decorrentes das relações de imprensa. O direito de resposta, que se manifesta como ação de replicar ou de retificar matéria publicada é exercitável por parte daquele que se vê ofendido em sua honra objetiva, ou então subjetiva, conforme estampado no inciso V do art. 5º da Constituição Federal. Norma, essa, "de eficácia plena e de aplicabilidade imediata", conforme classificação de José Afonso da Silva. "Norma de pronta aplicação", na linguagem de Celso Ribeiro Bastos e Carlos Ayres Britto, em obra doutrinária conjunta.

12. PROCEDÊNCIA DA AÇÃO. Total procedência da ADPF, para o efeito de declarar como não recepcionado pela Constituição de 1988 todo o conjunto de dispositivos da Lei federal nº 5.250, de 9 de fevereiro de 1967. **ADPF N. 130-DF. RELATOR: MIN. CARLOS BRITTO. Noticiado no Informativo 544.** (Inform. STF 566)

EMENTA: PROCESSUAL PENAL. PENAL. *HABEAS CORPUS*. PORTE DE MUNIÇÃO DE USO RESTRITO. ART. 16 DA LEI 10.826/2003. PERÍCIA PARA A COMPROVAÇÃO DO POTENCIAL LESIVO DA MUNIÇÃO. DESNECESSIDADE. SIGILO TELEFÔNICO JUNTADO AOS AUTOS APÓS AUDIÊNCIA DE INSTRUÇÃO E JULGAMENTO. ALEGAÇÃO DE NULIDADE QUE NÃO PODE SER EXAMINADA SOB PENA DE SUPRESSÃO DE INSTÂNCIA. DOSIMETRIA DA PENA. PENA-BASE ACIMA DO MÍNIMO LEGAL. POSSIBILIDADE. DECISÃO ADEQUADAMENTE FUNDAMENTADA. IMPETRAÇÃO CONHECIDA EM PARTE E DENEGADA A ORDEM NESSA EXTENSÃO.

I – A objetividade jurídica dos delitos previstos na Lei 10.826/03 transcende a mera proteção da incolumidade pessoal, para alcançar também a tutela da liberdade individual e de todo o corpo social, asseguradas ambas pelo incremento dos níveis de segurança coletiva que a lei propicia.

II – Despicienda a ausência ou nulidade do laudo pericial da arma ou da munição para a aferição da materialidade do delito.

III – A questão da nulidade decorrente do fato de o procedimento de quebra de sigilo telefônico ter sido juntado aos autos após a audiência de instrução e julgamento não pode ser conhecida, sob pena de indevida supressão de instância com o desbordamento dos limites de competência do STF descritos no art. 102 da Constituição Federal.

IV – No caso, o magistrado, ao fixar a pena-base dos pacientes, observou fundamentadamente todas as circunstâncias judiciais constantes do art. 59 do Código Penal, especialmente a grande quantidade de substância entorpecente e a qualidade de mentores intelectuais ostentada pelos pacientes, o que justifica a fixação do *quantum* da pena acima do mínimo legal.

V – *Writ* conhecido em parte, denegando-se a ordem na parte conhecida. **HC N. 93.876-RJ. RELATOR: MIN. RICARDO LEWANDOWSKI. Noticiado no Informativo 544.** (Inform. STF 566)

EMENTA: *HABEAS CORPUS*. TIPICIDADE. PORTE ILEGAL DE ARMA DESMUNICIADA E COM NUMERAÇÃO RASPADA. INCIDÊNCIA DO INCISO IV DO PARÁGRAFO ÚNICO DO ART. 16 DO ESTATUTO DO DESARMAMENTO. ORDEM PARCIALMENTE CONHECIDA E, NESSA EXTENSÃO, DENEGADA. 1. A tese da atipicidade do porte ilegal de arma desmuniciada não foi arguida perante a autoridade apontada como coatora. Impossibilidade de conhecimento pelo Supremo Tribunal Federal, pena de indevida supressão de instância. 2. No julgamento do RHC 89.889, da relatoria da ministra Cármem Lúcia, o Plenário desta colenda Corte entendeu que o delito de que trata o inciso IV do parágrafo único do art. 16 do Estatuto do Desarmamento é Política Criminal de valorização do poder-dever do Estado de controlar as armas de fogo que circulam em nosso País. Isso porque a supressão do número, marca, ou qualquer outro sinal identificador do artefato lesivo impede o seu cadastramento e controle. 3. A função social do combate ao delito em foco alcança qualquer tipo de arma de fogo; e não apenas armamento de uso restrito ou proibido. Tanto é assim que o porte de arma de fogo com numeração raspada constitui crime autônomo. Figura penal que, no caso, tem como circunstância elementar o fato de a arma (seja ela de uso restrito ou não) estar com a numeração ou qualquer outro sinal identificador adulterado, raspado ou suprimido. 4. Ordem parcialmente conhecida e, nessa extensão, denegada. **HC N. 99.582-RS. RELATOR: MIN. CARLOS BRITTO. Noticiado no Informativo 558.** (Inform. STF 566)

EMENTA: RECURSO EXTRAORDINÁRIO. MILITAR. PROMOÇÃO AO POSTO IMEDIATAMENTE SUPERIOR. INEXISTÊNCIA DE DIREITO ADQUIRIDO. PRECEDENTES. 1. Não há direito adquirido à promoção ao posto imediatamente superior quando o preenchimento das condições para a aposentadoria ocorre quando já vigente norma legal e constitucional não mais a admite.
2. Recurso extraordinário ao qual se dá provimento. RE N. 114.282-SP. RELATORA P/ O ACÓRDÃO: **MIN. CÁRMEN LÚCIA. Noticiado no Informativo 545.** (Inform. STF 566)

EXTRADIÇÃO E ART. 36 DA CONVENÇÃO DE VIENA
Por reputar devidamente preenchidos os requisitos estabelecidos na Lei 6.815/80, o Tribunal deferiu pedido de extradição formulado pelo Governo da República Federal da Alemanha, com base em promessa de reciprocidade, de nacional alemão acusado da suposta prática do crime de tráfico ilícito de drogas. Afastou-se, ademais, a alegação da defesa de que o pedido extradicional deveria ser indeferido porque fundado em depoimento do extraditando colhido ilegalmente por agentes da polícia federal alemã, os quais se teriam feito passar por agentes diplomáticos. No ponto, ressaltou-se que a Convenção de Viena sobre Relações Consulares, em seu art. 36, 1 (b), determina que a autoridade competente do Estado receptor — na hipótese, o Brasil — deverá, sem tardar, informar a repartição consular competente quando, em sua jurisdição, um estrangeiro for preso ou detido e também deverá comunicar imediatamente o interessado preso ou detido sobre esse direito. Asseverou-se que o escopo dessa norma é a de garantir que os estrangeiros detidos recebam o apoio consular, a fim de compreender seus direitos legais e tenham à disposição todos os meios para preparar uma defesa adequada, tendo em vista as eventuais dificuldades decorrentes da falta de conhecimento do idioma local e da natureza do procedimento criminal do Estado receptor. Verificou-se que, na espécie, as autoridades policiais brasileiras teriam preservado o direito do extraditando de se comunicar com os agentes consulares por ocasião de sua prisão em flagrante e de constituir à sua escolha um advogado para representá-lo, restando observada, assim, a mencionada norma. O Min. Celso de Mello salientou, quanto ao art. 36 da Convenção de Viena sobre Relações Consulares, que tal questão certamente deverá ser considerada por esta Corte em casos futuros se e quando ocorrer transgressão a essa norma de vital importância, a qual consubstancia uma prerrogativa que compõe hoje o universo conceitual dos direitos básicos da pessoa humana. Afirmou ter a impressão de que, em diversos procedimentos penais instaurados no Brasil contra súditos estrangeiros, as autoridades brasileiras não têm tido a percepção de que há uma obrigação imposta em tratado internacional multilateral, subscrito pelo Brasil e incorporado ao plano do direito positivo interno. Concluiu tratar-se, portanto, de uma matéria da qual o Tribunal deve se ocupar, especialmente no contexto da garantia do devido processo e da observância de direitos básicos que assistem a qualquer pessoa e, em particular, aos estrangeiros quando efetivada a sua prisão por autoridades brasileiras. **Ext 1126/República Federal da Alemanha, rel. Min. Joaquim Barbosa, 22.10.2009.** (Ext-1126) (Inform. STF 564)

VEÍCULO DE COMUNICAÇÃO: DIREITO DE ACESSO A DOCUMENTOS COMPROBATÓRIOS DO USO DE VERBAS INDENIZATÓRIAS
O Tribunal, por maioria, deu provimento a agravo regimental interposto contra decisão do Min. Marco Aurélio que concedera liminar em mandado de segurança, do qual relator, para viabilizar a empresa jornalística o acesso aos documentos comprobatórios do uso da verba indenizatória apresentados pelos Deputados Federais, relativamente ao período de setembro a dezembro de 2008. Preliminarmente, conheceu-se do recurso interposto, ao fundamento de estar suplantada a jurisprudência do Tribunal revelada no Verbete 622 de sua Súmula (*"Não cabe agravo regimental contra decisão do relator que concede ou indefere liminar em mandado de segurança"*), asseverando-se a superveniência da Lei 12.016/2009 (art. 7º, § 1º). No mérito, entendeu-se que não estaria presente o *periculum in mora*, já que a medida pleiteada no mandado de segurança, se concedida finalmente, não seria ineficaz (Lei 12.016/2009, art. 7º, III), tendo em conta os propósitos dos impetrantes, isto é, a divulgação dos dados que a impetrante estaria pretendendo realizar poderia aguardar o julgamento definitivo do mandado de segurança. Registrou-se, no ponto, não ter a impetrante demonstrado, ademais, a urgência na publicação das informações buscadas. Asseverou-se, também, que a medida objeto do presente agravo, concedida de forma linear, se mostraria satisfativa, ou seja, esvaziaria o próprio objeto do *mandamus*, podendo colocar em risco eventual direito subjetivo dos parlamentares enquanto representantes da soberania popular. Concluiu-se que o sopesamento mais aprofundado dos valores constitucionais em jogo deveria ser realizado no momento processual apropriado, qual seja, o julgamento do *writ*, sem que com isso houvesse qualquer limitação ao direito de informação ou à liberdade de imprensa. Vencidos os Ministros Marco Aurélio, relator, Cármen Lúcia, Carlos Britto e Celso de Mello que, salientando a natureza pública das verbas indenizatórias e tendo em conta as garantias do acesso à informação, da liberdade de informação jornalística e de expressão, e o princípio da publicidade (CF, artigos 5º, XIV, XXXIII; 37, *caput*; 220, *caput* e § 1º), negavam provimento ao recurso, considerando devidamente preenchidos os requisitos necessários à concessão da liminar. **MS 28177 AgR-MC/DF, rel. Min. Marco Aurélio, 30.9.2009.** (MS-28177) (Inform. STF 561)

TCU – TRÂNSITO EM JULGADO – OPONIBILIDADE – PRINCÍPIO DA SEGURANÇA JURÍDICA
EMENTA: DECISÃO JUDICIAL TRANSITADA EM JULGADO. INTEGRAL OPONIBILIDADE DESSE ATO ESTATAL AO TRIBUNAL DE CONTAS DA UNIÃO. CONSEQÜENTE IMPOSSIBILIDADE DE DESCONSTITUIÇÃO, NA VIA ADMINISTRATIVA, DA AUTORIDADE DA COISA JULGADA. EXISTÊNCIA, AINDA, NO CASO, DE OUTRO FUNDAMENTO CONSTITUCIONALMENTE RELEVANTE: O PRINCÍPIO DA SEGURANÇA JURÍDICA. A BOA-FÉ E A PROTEÇÃO DA CONFIANÇA COMO PROJEÇÕES ESPECÍFICAS DO POSTULADO DA SEGURANÇA JURÍDICA. MAGISTÉRIO DA DOUTRINA. SITUAÇÃO DE FATO – JÁ CONSOLIDADA NO PASSADO – QUE DEVE SER MANTIDA EM RESPEITO À BOA-FÉ E À CONFIANÇA DO ADMINISTRADO, INCLUSIVE DO SERVIDOR PÚBLICO. NECESSIDADE DE PRESERVAÇÃO, EM TAL CON-TEXTO, DAS SITUAÇÕES CONSTITUÍDAS NO ÂMBITO DA ADMINISTRAÇÃO PÚBLICA. PRECEDENTES. DELIBERAÇÃO DO TRIBUNAL DE CONTAS DA UNIÃO QUE IMPLICA SUPRESSÃO DE PARCELA DOS PROVENTOS DO SERVIDOR PÚBLICO. CARÁTER ESSENCIALMENTE ALIMENTAR DO ESTIPÊNDIO FUNCIONAL. PRECE-DEN-TES. MEDIDA CAUTELAR DEFERIDA.
– O Tribunal de Contas da União não dispõe, constitucionalmente, de poder para rever decisão judicial transitada em julgado (RTJ 193/556-557) nem para determinar a suspensão de benefícios garantidos por sentença revestida da autoridade da coisa julgada (RTJ 194/594), ainda que o direito reconhecido pelo Poder Judiciário não tenha o beneplácito da jurisprudência prevalecente no âmbito do Supremo Tribunal Federal, pois a *"res judicata"* em matéria civil só pode ser legitimamente desconstituída mediante ação rescisória. Precedentes.
– Os postulados da segurança jurídica, da boa-fé objetiva e da proteção da confiança, enquanto expressões do Estado Democrático de Direito, mostram-se impregnados de elevado conteúdo ético, social e jurídico, projetando-se sobre as relações jurídicas, mesmo as de direito público (RTJ 191/922, Rel. p/ o acórdão Min. GILMAR MENDES), em ordem a viabilizar a incidência desses mesmos princípios sobre comportamentos de qualquer dos Poderes ou órgãos do Estado (os Tribunais de Contas, inclusive), para que se preservem, desse modo, situações administrativas já consolidadas no passado.
– A fluência de longo período de tempo culmina por consolidar justas expectativas no espírito do administrado e, também, por incutir, nele, a confiança da plena regularidade dos atos estatais praticados, não se justificando – ante a aparência de direito que legitimamente resulta de tais circunstâncias – a ruptura abrupta da situação de estabilidade em que se mantinham, até então, as relações de direito público entre o agente estatal, de um lado, e o Poder Público, de outro. Doutrina. **Precedentes. MS 28150 – MC/DF. RELATOR: MIN. CELSO DE MELLO.** (Inform. STF 561)

DEFERIMENTO DE PEDIDO DE EXTRADIÇÃO E COMUNICAÇÃO IMEDIATA AO PRESIDENTE DA REPÚBLICA
O Tribunal, por maioria, rejeitou embargos de declaração opostos contra acórdão que deferira, em parte, pedido extradicional, e, reputando-os manifestamente procrastinatórios, autorizou a comunicação imediata dessa decisão da Corte ao Presidente da República. Na espécie, tratava-se de pedido de extradição instrutória, formulado pelo Governo de Israel, de seu nacional, relativamente aos crimes de abuso de menor ou pessoa incapaz, violência contra menor ou pessoa incapaz, e conspiração para cometer crime — v. Informativos 533 e 547. Ressaltou-se que a determinação de imediato cumprimento do acórdão embargado referir-se-ia tão-somente à comunicação ao Presidente da República de que o pedido de extradição fora julgado regular, e não à entrega do súdito estrangeiro ao Estado requerente. A Min. Ellen Gracie deixou consignado em seu voto que, em face da circunstância da inexistência de tratado de extradição entre o Brasil e o Estado de Israel, a questão de imediato cumprimento ficaria nos termos em que proposta. Vencido o Min. Marco Aurélio, que acolhia os embargos de declaração, sem eficácia modificativa — para prestar os esclarecimentos constantes do voto do relator —, não os considerando protelatórios. Entendia necessário, ainda, aguardar-se a publicação do acórdão proferido por força desses declaratórios para se comunicar, depois, ao Presidente da República a legalidade do pedido extradicional. Julgou-se,

por unanimidade, prejudicado o pedido de transferência formulado pela Superintendência Regional do Departamento de Polícia Federal em São Paulo para a cidade de Brasília. **Ext 1122 ED/Estado de Israel, rel. Min. Carlos Britto, 23.9.2009.** (Ext-1122) (Inform. STF 560)

EMENTA: EXTRADIÇÃO. GOVERNO DE ISRAEL. CRIMES DE "VIOLÊNCIA A MENOR OU PESSOA INCAPAZ", "ABUSO A MENOR OU PESSOA INCAPAZ", "INCITAMENTO A VIOLÊNCIA A MENOR OU PESSOA INCAPAZ", "INCITAMENTO A ABUSO A MENOR OU PESSOA INCAPAZ" E "CONSPIRAÇÃO PARA COMETER UM CRIME". PROMESSA DE RECIPROCIDADE. DUPLA TIPICIDADE. INOCORRÊNCIA DA PRESCRIÇÃO DA PRETENSÃO PUNITIVA. COMPETÊNCIA DO ESTADO ISRAE-LENSE PARA O AJUIZAMENTO DA EXTRADIÇÃO. CRIME OCOR-RIDO EM TERRITÓRIO REIVINDICADO PELA AUTO-RIDADE NACIONAL PALESTINA ("BEITAR ILLIT"), PORÉM OCUPADO POR ISRAEL. PRINCÍPIO DA EXTRA-TERRI-TORIA-LIDADE DA LEI PENAL. PRESENÇA PARCIAL DOS REQUISITOS LEGAIS PARA O DEFERIMENTO DO PEDIDO. AUSÊNCIA DE PREJUÍZO AO EXTRADITANDO. PEDIDO DE LIBERDADE PROVISÓRIA PREJUDICADO.

1. A figura típico-autônoma do crime de "Incitamento" (Seção 30 da Lei Penal israelense) equivale, no Brasil, à agravante do inciso I do artigo 62 do Código Penal brasileiro. Falta de atendimento ao requisito da dupla tipicidade penal, nos termos do inciso II do artigo 77 da Lei nº 6.815/80.

2. No tocante aos crimes de "Violência a menor ou pessoa incapaz" e "Abuso a menor ou pessoa incapaz", o pedido de extradição preenche o requisito da dupla tipicidade criminal (inciso II do art. 77 da Lei nº 6.815/80). Isto porque os referidos delitos são passíveis de enquadramento no crime de tortura, descrito no inciso II do artigo 1º da Lei nº 9.455/97 ("tortura-castigo"). Já o delito de "Conspiração" corresponde, em tese, ao crime de quadrilha (artigo 288 do CP), dado que ao extraditando é imputada a associação com mais de três pessoas, com a finalidade de cometer crimes.

3. Inocorrência da prescrição da pretensão punitiva, tanto pelos textos legais apresentados pelo Estado requerente quanto pela legislação penal brasileira (art. 109 do CP). Crimes supostamente ocorridos nos meses de fevereiro e março de 2008.

4. Competência do Estado requerente para o ajuizamento do pleito extradicional, seja porque o extraditando cometeu, em solo exclusivamente israelense, os mesmos crimes descritos no pedido inicial, seja porque o extraditando é de nacionalidade israelense. Além do que são de nacionalidade israelense as vítimas arroladas no pedido inicial. Incidência da regra estabelecida no artigo 5º, combinado com o artigo 8º, ambos da "Convenção Contra a Tortura e Outros Tratamentos ou Penas Cruéis, Desumanos ou Degradantes". Documento ratificado assim pela República Federativa do Brasil (Decreto nº 40, de 15 de fevereiro de 1991) como pelo Estado de Israel, sem nenhuma ressalva que impeça o deferimento deste pedido de Extradição.

5. A própria natureza do crime de tortura autoriza a adoção do princípio da extraterritorialidade da lei incriminadora. Extraterritorialidade que também é autorizada tanto pelo artigo 14 do Direito Penal israelense quanto pelo artigo 7º do Código Penal brasileiro. Tudo combinado com a parte final do inciso I do artigo 78 do Estatuto do Estrangeiro, ao estabelecer, como condição para o deferimento da extradição, "*serem aplicáveis ao extraditando as leis penais*" do Estado requerente.

6. As informações prestadas pelo Ministério das Relações Exteriores e pelo Ministério Público Federal, assim como pelo Estado de Israel, apenas reforçaram a conclusão do voto inicialmente proferido. Diligências que foram deferidas pelo Plenário do Supremo Tribunal Federal (Sessão de 18/12/2008) e cujo conteúdo converge para a conclusão de que "*o Poder Judiciário de Israel possui competência para julgar fatos ocorridos na área "C" do Acordo Provisório, que inclui a área onde Beitar Illit está localizada, haja vista se tratar de uma área na qual Israel possui jurisdição exclusiva em questões legais, administrativas e relativas à segurança".*

7. Pedido deferido quanto aos crimes de "Violência a menor ou pessoa incapaz", "Abuso a menor ou pessoa incapaz" e "Conspiração para cometer um crime". Indeferido, portanto, o pedido no tocante aos delitos de "Incitamento a violência a menor ou pessoa incapaz" e de "Incitamento a abuso a menor ou pessoa incapaz", por ausência de tipicidade. **Ext N. 1.122-ESTADO DE ISRAEL. RELATOR: MIN. CARLOS BRITTO. Noticiado no Informativo 473.** (Inform. STF 557)

EXTRADIÇÃO: DESQUALIFICAÇÃO DO CRIME DE SEQÜESTRO E MORTE PRESUMIDA – 1

O Tribunal iniciou julgamento de extradição formulada, com base em tratado bilateral, pelo Governo da Argentina contra nacional uruguaio, a fim de submetê-lo a processo judicial no qual lhe é imputada a prática dos crimes de privação de liberdade e de associação ilícita, previstos, respectivamente, nos artigos 144, alínea 1ª, e 210, ambos do Código Penal argentino. Alega o Estado requerente que, durante a denominada "Operação Condor", "identificada como uma organização terrorista, secreta e multinacional para caçar adversários políticos" dos regimes militares do Brasil, Argentina, Chile, Uruguai, Paraguai e Bolívia nas décadas de 1970 e 1980, o extraditando, à época, Major do Exército uruguaio, teria participado de ações militares que resultaram no seqüestro de pessoas, dentre as quais um cidadão argentino, levadas a uma fábrica abandonada e lá submetidas a interrogatórios e torturas. Preliminarmente, tendo em conta a regra prevista no art. 25, II, do Tratado do MERCOSUL, que estabelece que, quando mais de um Estado requer a extradição da mesma pessoa, pelo mesmo fato, tem preferência aquele em cujo território a infração foi cometida, julgou-se prejudicado outro pedido de extradição, formulado pelo Governo da República Oriental do Uruguai (Ext 1079), porquanto o desaparecimento do cidadão argentino, em 1976, imputado ao extraditando, ocorrera na Argentina. **Ext 974/República Argentina, rel. Min. Marco Aurélio, 11.9.2008. (Ext-974)**

EXTRADIÇÃO: DESQUALIFICAÇÃO DO CRIME DE SEQÜESTRO E MORTE PRESUMIDA – 2

Quanto ao mérito, o Min. Marco Aurélio, relator, indeferiu o pleito, no que foi acompanhado pelos Ministros Menezes Direito, Cármen Lúcia e Eros Grau. De início, reputou prescrito o crime de associação ilícita (quadrilha) tanto pela legislação brasileira quanto pela argentina. No que se refere ao desaparecimento do cidadão argentino, em 1976, negou - ante a impossibilidade de ter-se, por ausência de ratificação, a Convenção Interamericana sobre o Desaparecimento Forçado de Pessoas como a compor o ordenamento jurídico brasileiro - a aplicação do disposto no art. 7º dela constante, que prevê que o crime de desaparecimento não está sujeito à prescrição. Rejeitou, de igual modo, a alegação do Procurador-Geral da República, em seu parecer, de que a imputação feita ao extraditando, por ser enquadrável como seqüestro, não estaria prescrita, haja vista se tratar de crime permanente no Brasil e na Argentina. No ponto, asseverou que tal imputação adquiriu contornos peculiares, ficando afastada a tipologia seqüestro. Considerou que, no contexto, o vocábulo desaparecimento não corresponderia ao seqüestro previsto no art. 148 do CP ("privar alguém de sua liberdade, mediante seqüestro ou cárcere privado"), porque o desaparecimento forçado do cidadão argentino atribuído ao extraditando alcançaria a própria morte, ante o fim visado, qual seja, alijar pessoas que pudessem colocar em risco o regime existente. Ressaltou o relator ser sintomático que, ocorrido o aludido desaparecimento, em 1976, passados 32 anos, com mudanças substanciais de regime nos países que integrariam a "Operação Condor", não haja notícia do local em que se encontre o referido cidadão. Dessa forma, presente o sentido vernacular do vocábulo desaparecimento, entendeu não preenchido o requisito da dupla tipicidade relativamente ao disposto na legislação penal brasileira sobre o seqüestro. **Ext 974/República Argentina, rel. Min. Marco Aurélio, 11.9.2008. (Ext-974)**

EXTRADIÇÃO: DESQUALIFICAÇÃO DO CRIME DE SEQÜESTRO E MORTE PRESUMIDA – 3

Em seguida, o Min. Marco Aurélio, reportando-se aos princípios da razão suficiente, da causalidade e do determinismo, afirmou ter-se, considerada quer a legislação brasileira, quer a argentina, a morte presumida. Quanto à legislação brasileira, citou o que disposto na Lei 9.140/95, que reconheceu como mortas as pessoas desaparecidas em virtude de participação ou acusação de participação em atividades políticas no período de 2.9.61 a 5.10.88 (art. 1º), e ainda, a previsão geral decorrente do Código Civil de 2002 no que, além do instituto da simples ausência, inseriu, no contexto, a morte presumida, quando "for extremamente provável a morte de quem estava em perigo de vida" (art. 7º). No que tange à argentina, mencionou o art. 22 da Lei 14.394/54. Daí, para o relator, assentada a morte presumida ante os dois ordenamentos jurídicos, estar-se-ia diante da figura do homicídio, crime instantâneo, já prescrito tanto pelo direito pátrio quanto pelo argentino. Por fim, o relator, ao salientar que a extradição, presente a simetria, pressupõe, se cometido o crime no Brasil, a possibilidade de o extraditando vir a responder pelo ato em território brasileiro, entendeu que isso não ocorre, no caso, em razão da anistia verificada. Afirmou que, em última análise, o Supremo está a enfrentar, na espécie, na via indireta, a problemática relativa ao alcance da anistia, e que, na hipótese de ser deferida a extradição, assentar-se-á a viabilidade de persecução criminal, de responsabilidade administrativa e civil, no tocante a fatos por ela cobertos, o que implicará o esvaziamento de sua essência e um conflito sem limites. Quanto à tese da anistia, a Min. Cármen Lúcia fez ressalva. O Min. Ricardo Lewandowski abriu divergência e deferiu, em parte, o pedido, por considerar que o crime de seqüestro pode, em tese, ainda subsistir. Asseverou o fato de, nesses crimes de desaparecimento, muitos bebês terem sido tirados de suas mães nos cárceres e, até hoje, estarem em poder de outras famílias. Após, pediu vista dos autos o Min. Cezar Peluso. **Ext 974/República Argentina, rel. Min. Marco Aurélio, 11.9.2008. (Ext-974)**

EXTRADIÇÃO: DESQUALIFICAÇÃO DO CRIME DE SEQUESTRO E MORTE PRESUMIDA - 4

O Tribunal retomou julgamento de extradição formulada, com base em tratado bilateral, pelo Governo da Argentina contra nacional uruguaio, a fim de submetê-lo a processo judicial no qual lhe é imputada a prática dos crimes de privação de liberdade e de associação ilícita, previstos, respectivamente, nos artigos 144, alínea 1ª, e 210, ambos do Código Penal argentino. Alega o Estado requerente que, durante a denominada "Operação Condor", "identificada como uma organização terrorista, secreta e multinacional para caçar adversários políticos" dos regimes militares do Brasil, Argentina, Chile, Uruguai, Paraguai e Bolívia nas décadas de 1970 e 1980, o extraditando, à época, Major do Exército uruguaio, teria participado de ações militares que resultaram no seqüestro de pessoas, dentre as quais um cidadão argentino, levadas a uma fábrica abandonada e lá submetidas a interrogatórios e torturas - v. Informativo 519. Inicialmente, o Min. Marco Aurélio, relator, esclareceu ter havido aditamento ao pedido de extradição, por ele acolhido, em que imputado ao extraditando também o crime de subtração de menor de 10 anos, previsto no art. 146 do Código Penal argentino. Esse aditamento sustenta que o extraditando teria subtraído menor de 20 dias de idade, em 13.7.76, e que o crime, permanente - cujos efeitos teriam cessado em 18.3.2002, quando o subtraído, então com 26 anos de idade, conhecera sua verdadeira identidade -, não teria prescrito. O relator - embora reconhecendo, considerada a simetria, que, se o crime tivesse sido cometido no Brasil, estaria coberto pela anistia -, asseverou que, em razão de haver uma ordem de prisão expedida contra o extraditando, mas não ter sido ele indiciado por esse crime, isso seria suficiente para se consignar a impropriedade do pleito. Além disso, realçou que o referido menor fora encontrado, em 14.7.76, próximo a um hospital, sendo, posteriormente, adotado. Tendo isso em conta, e após salientar que o delito corresponderia ao tipo previsto no art. 249 do nosso Código Penal, e que a legislação brasileira não contempla a figura da suspensão do prazo prescricional pelo fato versado na decisão de origem - ignorar o menor a verdadeira identidade -, concluiu, colocando em plano secundário a anistia, que, por se estar diante de crime instantâneo, muito embora com conseqüências que se projetam no tempo, teria incidido, segundo a lei brasileira, a prescrição da pretensão punitiva em 14.7.80. Assim, também sob esse ângulo, portanto, seria improcedente o pedido. **Ext 974/República Argentina, rel. Min. Marco Aurélio, 30.10.2008. (Ext-974)**

EXTRADIÇÃO: DESQUALIFICAÇÃO DO CRIME DE SEQUESTRO E MORTE PRESUMIDA - 5

Prosseguindo, o Min. Cezar Peluso, em voto-vista, acompanhou a divergência, para deferir parcialmente o pedido de extradição, a fim de que o extraditando seja processado e julgado pelos delitos previstos nos artigos 144, bis, alínea 1ª, e 146, do Código Penal argentino. Entendeu não ser possível, sem encontrar correspondência no ordenamento jurídico argentino, dar pela existência de presunção de morte das inúmeras vítimas, para, desclassificando os crimes de sequestro para os de homicídio, tirar-lhes a todos, sem discriminação alguma, a consequência de prescrição da pretensão punitiva. Reputou, ademais, inadmissível que a Corte subordine o deferimento da extradição a eventual concordância do Estado requerente em, afastada a prescrição, julgar o extraditando por concurso material de delito de homicídio. Ressaltou que a Lei 6.815/80 proíbe apenas que se autorize a extradição por fato que não constitua crime ou no Brasil ou no Estado requerente (art. 80), e que não é este o caso presente, haja vista que os fatos corporificam, em ambos os Estados, crimes de sequestro. Aduziu que a reclassificação jurídica dos fatos para a categoria normativa de homicídios inovaria a própria base empírica do pedido de extradição, porque implicaria transpor, por simples exercício de conjectura, os limites da operação mental de subsunção para mudar, em consequência pressuposta, a situação concreta que, como objeto dos processos, motivou o pleito. Observou que diversa seria a hipótese, se a dificuldade se originasse da falta de coincidência absoluta quanto aos elementos que compõem o delito, em ambas as legislações, porquanto, nesse caso, a solução de eventuais dúvidas resultaria do confronto entre os elementos históricos e as figuras típicas. Asseverou, no entanto, que, a supor e considerar situação concreta distinta da que subjaz no pedido, a Corte estaria a violar o poder de controle limitado previsto no ordenamento e reconhecido pela jurisprudência (Ext 669/EUA, DJU de 29.3.96). **Ext 974/República Argentina, rel. Min. Marco Aurélio, 30.10.2008. (Ext-974)**

EXTRADIÇÃO: DESQUALIFICAÇÃO DO CRIME DE SEQUESTRO E MORTE PRESUMIDA - 6

Afirmou que, de todo modo, mesmo para nós, não se estaria diante de múltiplos homicídios, cuja materialidade resultaria de presunção jurídica das mortes das vítimas. Depois de salientar a indispensabilidade do exame de corpo de delito, direto ou indireto, nas hipóteses em que a infração deixa vestígios (CPP, art. 158 c/c a alínea b do inciso III do art. 564), reputou que tal prova, que no caso não existe, não poderia ser suprida por presunção legal de morte, em face das disposições do Código Civil vigente. No ponto, registrou que, nos termos do art. 7º do atual Código Civil, não basta, para que exsurja considerável presunção legal de morte, o mero juízo de extrema probabilidade da morte de quem estava em perigo de vida (inciso I), sendo necessária a existência de sentença que, após esgotadas as buscas e averiguações, produzidas em procedimento de justificação judicial, fixe a data provável do falecimento (parágrafo único). Considerou que, na espécie, não incidiria o disposto no referido artigo, haja vista a inexistência de sentença, seja de declaração de ausência, seja de declaração de morte presumida, e que, à falta da sentença, a qual deve fixar a data provável do falecimento, bem como na carência absoluta de qualquer outro dado ou prova a respeito, não se saberia quando começaram a correr os prazos de prescrição da pretensão punitiva de cada uma das mortes imaginadas ou de todas, que poderiam dar-se em datas diversas, salvo hipótese de execução coletiva. Além disso, haver-se-ia de levar em conta o óbice intransponível de, como o impõe a lei, não estar descrito o comportamento circunstanciado do extraditando em cada ação de matar. Concluiu, assim, não haver suporte para a ideia de configuração de homicídios. **Ext 974/ República Argentina, rel. Min. Marco Aurélio, 30.10.2008. (Ext-974)**

EXTRADIÇÃO: DESQUALIFICAÇÃO DO CRIME DE SEQÜESTRO E MORTE PRESUMIDA - 7

No que concerne ao aditamento formalizado no sentido de requerer que a extradição seja concedida com base na imputação do crime de seqüestro de menor de 10 anos de idade, que corresponderia ao tipo do art. 148, § 1º, IV, do Código Penal brasileiro, o Min. Cezar Peluso afastou a prescrição dessa pretensão punitiva. Citou a decisão do juiz federal argentino no sentido de que o prazo prescricional teria começado a correr a partir da data em que se comunicara oficialmente ao menor sua verdadeira identidade biológica, isto é, março de 2002, e entendeu correta a conclusão do Procurador-Geral da República quanto a não haver se falar em prescrição relativamente ao crime de seqüestro enquanto a vítima estiver privada de sua liberdade, e de não se poder afirmar, no caso, que, a despeito do tempo decorrido, todas as vítimas estivessem mortas, porque seus corpos nunca foram encontrados, de modo a ainda subsistir a ação perpetrada pelo extraditando. Por fim, quanto à alegação de que o extraditando teria sido beneficiado por indulto concedido pelo Governo Argentino mediante o Decreto 1.003/89, demonstrou que esse ato normativo teria sido declarado inconstitucional, em 25.7.2006, pela Corte Suprema de Justicia de La Nación, em relação ao benefício a ele proporcionado. Após o voto da Min. Cármen Lúcia, que reajustou o anteriormente proferido, e dos votos dos Ministros Joaquim Barbosa e Carlos Britto, todos acompanhando a divergência, pediu vista dos autos o Min. Eros Grau. **Ext 974/República Argentina, rel. Min. Marco Aurélio, 30.10.2008. (Ext-974)**

EXTRADIÇÃO: DESQUALIFICAÇÃO DO CRIME DE SEQUESTRO E MORTE PRESUMIDA – 8

Em conclusão de julgamento, o Tribunal deferiu parcialmente extradição formulada, com base em tratado bilateral, pelo Governo da Argentina contra nacional uruguaio, a fim de que o extraditando seja processado e julgado pelos delitos tipificados nos artigos 144, *bis*, alínea 1ª, e 146, do Código Penal argentino. No caso, imputava-se-lhe a prática dos crimes de privação de liberdade e de associação ilícita, previstos, respectivamente, nos artigos 144, alínea 1ª, e 210, ambos do Código Penal argentino. Sustentava o Estado requerente que, durante a denominada "Operação Condor", "identificada como uma organização terrorista, secreta e multinacional para caçar adversários políticos" dos regimes militares do Brasil, Argentina, Chile, Uruguai, Paraguai e Bolívia nas décadas de 1970 e 1980, o extraditando, à época, Major do Exército uruguaio, teria participado de ações militares que resultaram no sequestro de pessoas, dentre as quais um cidadão argentino, levadas a uma fábrica abandonada e lá submetidas a interrogatórios e torturas — v. Informativos 519 e 526. Concluiu-se, em síntese, pela ausência de suporte para a ideia de configuração de homicídios. No que concerne ao aditamento formalizado no sentido de requerer que a extradição fosse concedida com base na imputação do crime de sequestro de menor de 10 anos de idade, que corresponderia ao tipo do art. 148, § 1º, IV, do Código Penal brasileiro, afastou-se a prescrição dessa pretensão punitiva. Por fim, quanto à alegação de que o extraditando teria sido beneficiado por indulto concedido pelo Governo Argentino mediante o Decreto 1.003/89, aduziu-se que esse ato normativo teria sido declarado inconstitucional, em 25.7.2006, pela Corte Suprema de *Justicia de La Nación*, em relação ao benefício a ele proporcionado. Vencidos os Ministros Marco Aurélio, relator, e Menezes Direito que indeferiam o pedido. **Ext 974/República Argentina, rel. orig. Min. Marco Aurélio, red. p/ o acórdão Min. Ricardo Lewandowski, 6.8.2009**. (Ext-974) (Inform. STF 554)

EXPULSÃO E IMPOSSIBILIDADE DE PEDIDO DE RECONSIDERAÇÃO – 1

O Tribunal, por maioria, indeferiu *habeas corpus* preventivo em que estrangeiro expulso do Brasil após haver cumprido pena pela prática dos delitos tipificados nos artigos 12 e 18, I e II, ambos da Lei 6.368/76, pleiteava o direito de reingressar no território nacional, sem incorrer no crime previsto no art. 338 do CP ("*Reingressar no território nacional o estrangeiro que dele foi expulso:*"). Alegava que não poderia ser proibido de retornar ao país, uma vez que possuiria filha brasileira dele dependente, bem como companheira aqui radicada. Sustentava, ainda, ser irrelevante o fato de sua filha ter nascido posteriormente à publicação do decreto presidencial que determinara a expulsão. Entendeu-se que a expulsão constituiria medida político-administrativa discricionária exclusiva do Presidente da República (Lei 6.815/80, art. 66) e que o Poder Judiciário seria competente apenas para examinar a legalidade e a constitucionalidade do ato, não podendo imiscuir-se no juízo de conveniência e oportunidade da medida, sob pena de violação do princípio da interdependência entre os poderes. **HC 85203/SP, rel. Min. Eros Grau, 6.8.2009.** (HC-85203)

EXPULSÃO E IMPOSSIBILIDADE DE PEDIDO DE RECONSIDERAÇÃO – 2

Salientou-se não constarem dos autos documentos comprobatórios de relação matrimonial do paciente com a mãe de sua filha, nem da dependência econômica desta em relação ao paciente, e que o STF possuiria orientação consolidada no sentido de que o nascimento de filho brasileiro após a prática da infração penal não caracteriza óbice à expulsão. Asseverou-se, também, que, não obstante o caráter sumário do inquérito para expulsão por crime de tráfico de entorpecentes (Lei 6.815/80, art. 71), teria sido garantido ao paciente o contraditório e a ampla defesa para contestar as razões do Presidente da República. Ademais, tendo em conta o direito de petição, enfatizou-se que nada impediria que o paciente formulasse, à Presidência da República, pedido de revogação do ato expulsório, não sendo o *writ* a via adequada para o acolhimento da pretensão formulada. Consignou-se, por fim, que o art. 72 da Lei 6.815/80 apenas proíbe o pedido de reconsideração nas hipóteses especificadas no art. 71 ["*Art. 71. Nos casos de infração contra a segurança nacional, a ordem política ou social e a economia popular, assim como nos casos de comércio, posse ou facilitação de uso indevido de substância entorpecente ou que determine dependência física ou psíquica, ou de desrespeito à proibição especialmente prevista em lei para estrangeiro, o inquérito será sumário e não excederá o prazo de quinze dias, dentro do qual fica assegurado ao expulsando o direito de defesa. Art. 72. Salvo as hipóteses previstas no artigo anterior, caberá pedido de reconsideração no prazo de 10 (dez) dias, a contar da publicação do decreto de expulsão, no Diário Oficial da União.*"]. No tocante aos princípios constitucionais relativos à dignidade da pessoa humana e à proteção da família, o Min. Cezar Peluso acrescentou que o legislador já fizera a opção político-legislativa pelo resguardo da coletividade nacional — segundo um juízo discricionário do Presidente da República — e não pelo de eventual interesse de uma pequena família. Vencidos os Ministros Carlos Britto e Gilmar Mendes que, questionando a constitucionalidade do citado art. 72 da Lei 6.815/80, deferiam a ordem, de ofício, para assegurar ao paciente o manejo, na via administrativa, do pedido de reconsideração. **HC 85203/SP, rel. Min. Eros Grau, 6.8.2009. (HC-85203) (Inform. STF 554)**

EXTRADIÇÃO: APROPRIAÇÃO INDÉBITA E CORRESPONDÊNCIA COM DEFRAUDAÇÃO DE PENHOR – 1

O Tribunal, por maioria, julgou parcialmente procedente pedido de extradição instrutória formulado pelo Governo da República da Coréia, para entrega de nacional coreano, acusado da suposta prática dos crimes de fraude, falsificação de títulos, uso indevido de títulos falsificados, furto, apropriação indébita e violação à legislação trabalhista. Deferiu-se o pleito relativamente às imputações dos delitos de falsificação de títulos, uso indevido de títulos falsificados, fraude e apropriação indébita, indeferindo-o no que tange ao crime de furto, ante a prescrição da pretensão punitiva, e ao de violação das leis trabalhistas, por ausência do requisito da dupla tipicidade. Considerou-se que os primeiros três seriam equivalentes ao crime de estelionato e o quarto, ao de defraudação de penhor (art. 171, *caput*, e § 2º, III, do Código Penal brasileiro). Quanto àqueles, asseverou-se extrair-se da descrição das condutas típicas praticadas pelo extraditando que o seu objetivo único seria o de obter vantagem indevida em prejuízo alheio, e ressaltou-se orientação firmada pela Corte no sentido de que, quando os crimes de falso e de utilização de documento falso constituem meramente um meio, um artifício para a obtenção da vantagem indevida, se exaurindo no estelionato, por este são absorvidos. **Ext 1143/Governo da República da Coréia, rel. Min. Joaquim Barbosa, 1º.7.2009**. (Ext-1143)

EXTRADIÇÃO: APROPRIAÇÃO INDÉBITA E CORRESPONDÊNCIA COM DEFRAUDAÇÃO DE PENHOR – 2

No tocante ao crime de apropriação indébita, consubstanciado no fato de o extraditando ter alienado máquinas de sua propriedade, instaladas em sua empresa, não obstante elas consistirem objeto de "hipoteca", entendeu-se que tal fato não corresponderia ao crime de apropriação indébita previsto no art. 168 do CP brasileiro. Explicou-se que a conduta típica prevista no nosso ordenamento jurídico seria a de apropriar-se o agente de coisa alheia, dispondo dela como se proprietário fosse. Observou-se, também, que esse delito não corresponderia ao delito de alienação ou oneração fraudulenta de coisa própria, constante do art. 171, § 2º, II, do CP brasileiro, haja vista que a autoridade policial sul-coreana sequer conseguira identificar os compradores das máquinas hipotecadas, sendo elementar do citado tipo o fato de o sujeito ativo silenciar a respeito da garantia real como meio de ludibriar os demais, auferindo vantagem indevida. Assentou-se que a dita "hipoteca" referir-se-ia, em nosso ordenamento jurídico, ao instituto do penhor industrial, disposto nos artigos 1.447 a 1.450 do Código Civil brasileiro, porquanto em tal forma especial de penhor, as máquinas, aparelhos, materiais e instrumentos instalados e em funcionamento nas indústrias, quando empenhados, continuam em poder do devedor, conforme preceitua o art. 1.431 do aludido diploma legal. Em razão disso, concluiu-se que a imputação feita, nesse ponto, encontraria equivalente no tipo penal denominado defraudação de penhor, previsto no art. 171, § 2º, III, do CP brasileiro, que configura um tipo especial de estelionato e consiste na defraudação, mediante alienação não consentida pelo credor, da garantia pignoratícia, quando se tem a posse do objeto empenhado. Vencido o Min. Marco Aurélio que deferia o pleito em menor extensão, divergindo do voto do relator quanto ao crime de apropriação indébita, ao fundamento de não ser possível confundir os institutos da fraude ao penhor com o que seria a fraude à hipoteca, segundo a legislação coreana, a qual não teria similar na legislação brasileira. **Ext 1143/Governo da República da Coréia, rel. Min. Joaquim Barbosa, 1º.7.2009**. (Ext-1143) (Inform. STF 553)

EMENTA: DEPOSITÁRIO INFIEL – PRISÃO. A subscrição pelo Brasil do Pacto de São José da Costa Rica, limitando a prisão civil por dívida ao descumprimento inescusável de prestação alimentícia, implicou a derrogação das normas estritamente legais referentes à prisão do depositário infiel. **HC N. 87.585-TO. RELATOR: MIN. MARCO AURÉLIO**. (Inform. STF 552)

ART. 4º, V, DO DECRETO-LEI 972/69: EXIGÊNCIA DE CURSO DE JORNALISMO E NÃO-RECEPÇÃO – 1

A Constituição Federal de 1988 não recepcionou o art. 4º, V, do Decreto-lei 972/69, o qual exige o diploma de curso superior de jornalismo, registrado pelo Ministério da Educação, para o exercício da profissão de jornalista. Com base nesse entendimento, o Tribunal, por maioria, deu provimento a recursos extraordinários interpostos pelo Ministério Público Federal e pelo Sindicato das Empresas de Rádio e Televisão no Estado de São Paulo – SERTESP contra acórdão do Tribunal Regional Federal da 3ª Região que concluíra em sentido contrário. Entendeu-se que a norma impugnada seria incompatível com as liberdades de profissão, de expressão e de informação previstas nos artigos 5º, IX e XIII, e 220, da CF, bem como violaria o disposto no art. 13 da Convenção Americana de Direitos Humanos, denominado Pacto de San José da Costa Rica, ao qual o Brasil aderiu em 1992. **RE 511961/SP, rel. Min. Gilmar Mendes, 17.6.2009.** (RE-511961)

ART. 4º, V, DO DECRETO-LEI 972/69: EXIGÊNCIA DE CURSO DE JORNALISMO E NÃO-RECEPÇÃO – 2

Asseverou-se que o tema envolveria a delimitação do âmbito de proteção da liberdade de exercício profissional assegurada pelo art. 5º, XIII, da CF ("*é livre o exercício de qualquer trabalho, ofício ou profissão, atendidas as qualificações profissionais que a lei estabelecer*"), assim como a identificação das restrições e conformações legais constitucionalmente permitidas. Afirmou-se que se teria no citado preceito uma inequívoca reserva legal qualificada, ou seja, a Constituição remeteria à lei o estabelecimento das qualificações profissionais como restrições ao livre exercício profissional. Esse modelo de reserva legal qualificada estaria presente nas Constituições anteriores que prescreviam à lei a definição das "condições de capacidade" como condicionantes para o exercício profissional. Considerou-se que, no âmbito desse modelo de reserva legal qualificada, pairaria uma imanente questão constitucional quanto à razoabilidade e proporcionalidade das leis restritivas, especificamente das leis que disciplinam as qualificações profissionais como condicionantes do livre exercício das profissões e salientou-se que a reserva legal fixada pelo art. 5º, XIII, da CF não conferiria ao legislador o poder de restringir o exercício da liberdade a ponto de atingir o seu próprio núcleo essencial. Assim, ressaltou-se que seria preciso verificar se a lei restritiva da liberdade de exercício profissional, ao definir as qualificações profissionais, como autorizado pelo texto constitucional, transbordaria os limites da proporcionalidade, atingindo o próprio núcleo essencial dessa liberdade. Citou-se, a esse respeito, precedentes da Corte (RE 70563/SP, DJU de 22.4.71 e Rp 930/DF, DJU de 2.9.77), e registrou-se que, desde a Rp 930/DF, o Supremo teria firmado orientação no sentido de que as restrições legais à liberdade de exercício profissional somente poderiam ser levadas a efeito no que respeita às qualificações profissionais, devendo ser reputada inconstitucional a restrição legal desproporcional e que violasse o conteúdo essencial daquela liberdade. **RE 511961/SP, rel. Min. Gilmar Mendes, 17.6.2009.** (RE-511961)

ART. 4º, V, DO DECRETO-LEI 972/69: EXIGÊNCIA DE CURSO DE JORNALISMO E NÃO-RECEPÇÃO – 3

Tendo em conta essas ponderações, aduziu-se, relativamente ao inciso V do art. 4º do Decreto-lei 972/69, ser preciso aferir se o exercício da profissão de jornalista exigiria qualificações profissionais e capacidades técnicas específicas e especiais e se, dessa forma, estaria o Estado legitimado constitucionalmente a regulamentar a matéria em defesa do interesse da coletividade. Frisou-se que a doutrina constitucional consideraria que as qualificações profissionais a que se refere o art. 5º, XIII, da CF somente poderiam ser exigidas, pela lei, daquelas profissões que, de alguma forma, poderiam trazer perigo de dano à coletividade ou prejuízos diretos a direitos de terceiros, sem culpa das vítimas, como a medicina e as demais profissões ligadas à área da saúde, a engenharia, a advocacia e a magistratura, dentre outras. Dessa forma, a profissão de jornalista, por não implicar tais riscos, não poderia ser objeto de exigências quanto às condições de capacidade técnica para o seu exercício, sendo que eventuais riscos ou danos efetivos provocados por profissional do jornalismo a terceiros não seriam inerentes à atividade e, dessa forma, não seriam evitáveis pela exigência de um diploma de graduação. Tais entendimentos, que apreenderiam o sentido normativo do art. 5º, XIII, da CF, demonstrariam, portanto, a desproporcionalidade das medidas estatais que visam restringir o livre exercício do jornalismo mediante a exigência de registro em órgão público condicionado à comprovação de formação em curso superior de jornalismo. **RE 511961/SP, rel. Min. Gilmar Mendes, 17.6.2009.** (RE-511961)

ART. 4º, V, DO DECRETO-LEI 972/69: EXIGÊNCIA DE CURSO DE JORNALISMO E NÃO-RECEPÇÃO – 4

Afirmou-se que as violações à honra, à intimidade, à imagem ou a outros direitos da personalidade não constituiriam riscos inerentes ao exercício do jornalismo, mas sim o resultado do exercício abusivo e antiético dessa profissão. Depois de distinguir o jornalismo despreparado do abusivo, destacou-se que o último não estaria limitado aos profissionais despreparados ou que não freqüentaram um curso superior, e que as notícias falaciosas e inverídicas, a calúnia, a injúria e a difamação configurariam um grave desvio de conduta, passível de responsabilidade civil e penal, mas não solucionado na formação técnica do jornalista. No ponto, afastou-se qualquer suposição no sentido de que os cursos de graduação em jornalismo seriam desnecessários após a declaração de não-recepção do art. 4º, V, do Decreto-lei 972/69, bem como se demonstrou a importância desses cursos para o preparo técnico e ético dos profissionais. Apontou-se que o jornalismo seria uma profissão diferenciada por sua estreita vinculação ao pleno exercício das liberdades de expressão e informação, constituindo a própria manifestação e difusão do pensamento e da informação de forma contínua, profissional e remunerada, razão por que jornalismo e liberdade de expressão não poderiam ser pensadas e tratadas de forma separada. Por isso, a interpretação do art. 5º, XIII, da CF, na hipótese da profissão de jornalista, teria de ser feita, impreterivelmente, em conjunto com os preceitos do art. 5º, IV, IX, XIV, e do art. 220, da CF, os quais asseguram as liberdades de expressão, de informação e de comunicação em geral. **RE 511961/SP, rel. Min. Gilmar Mendes, 17.6.2009.** (RE-511961)

ART. 4º, V, DO DECRETO-LEI 972/69: EXIGÊNCIA DE CURSO DE JORNALISMO E NÃO-RECEPÇÃO – 5

Mencionou-se, também, o que decidido pela Corte no julgamento da ADPF 130/DF (DJE de 12.5.2009), no sentido de que as liberdades de expressão e de informação e, especificamente, a liberdade de imprensa, somente poderiam ser restringidas pela lei em casos excepcionalíssimos, sempre em razão da proteção de outros valores e interesses constitucionais igualmente relevantes, como os direitos à honra, à imagem, à privacidade e à personalidade em geral. Nesse sentido, aduziu-se que o constituinte de 1988 não concebeu a liberdade de expressão como direito absoluto, insuscetível de restrição pelo Judiciário ou pelo Legislativo, mas apenas estabeleceu ser inadmissível que a disciplina legal criasse embaraços à liberdade de informação. Assim, no caso da profissão de jornalista, a interpretação do art. 5º, XIII, em conjunto com os seus incisos IV, IX, XIV e o art. 220, da CF, levaria à conclusão de que a ordem constitucional somente admitiria a definição legal das qualificações profissionais na hipótese em que fossem elas fixadas para proteger, efetivar e reforçar o exercício profissional das liberdades de expressão e de informação por parte dos jornalistas. Disso se perceberia que a exigência de curso superior para a prática do jornalismo não estaria autorizada pela ordem constitucional, por consubstanciar uma restrição, um impedimento, uma verdadeira supressão do pleno, incondicionado e efetivo exercício da liberdade jornalística, expressamente proibido pelo art. 220, § 1º, da CF. Portanto, em se tratando de jornalismo, atividade intimamente ligada às liberdades de expressão e informação, o Estado não estaria legitimado a estabelecer condicionamentos e restrições quanto ao acesso à profissão e ao respectivo exercício profissional. **RE 511961/SP, rel. Min. Gilmar Mendes, 17.6.2009.** (RE-511961)

ART. 4º, V, DO DECRETO-LEI 972/69: EXIGÊNCIA DE CURSO DE JORNALISMO E NÃO-RECEPÇÃO – 6

Ressaltou-se, ademais, que a impossibilidade do estabelecimento de controles estatais sobre a profissão jornalística também levaria à conclusão de que não poderia o Estado criar uma ordem ou um conselho profissional (autarquia) para a fiscalização desse tipo de profissão e que o exercício do poder de polícia do Estado seria vedado nesse campo em que imperam as liberdades de expressão e de informação. Por outro lado, observou-se que a vedação constitucional a qualquer tipo de controle estatal prévio não desprezaria o elevado potencial da atividade jornalística para gerar riscos de danos ou danos efetivos à ordem, segurança, bem-estar da coletividade e a direitos de terceiros. Asseverou-se que, no Estado Democrático de Direito, a proteção da liberdade de imprensa também levaria em conta a proteção contra a própria imprensa, sendo que a Constituição garantiria as liberdades de expressão e de informação sem permitir, entretanto, violações à honra, à intimidade e à dignidade humana. Entendeu-se ser certo que o exercício abusivo do jornalismo ensejaria graves danos individuais e coletivos, mas que seria mais certo ainda que os danos causados pela atividade jornalística não poderiam ser evitados ou controlados por qualquer tipo de medida estatal de índole preventiva. Dessa forma, o abuso da liberdade de expressão não poderia ser objeto de controle prévio, mas de responsabilização civil e penal sempre *a posteriori*. Em decorrência disso, não haveria razão para se acreditar que a exigência de diploma de curso superior de jornalismo seria medida adequada e eficaz para impedir o exercício abusivo da profissão. Portanto, caracterizada essa exigência como típica forma de controle prévio das liberdades de expressão e de informação, e verificado o embaraço à plena liberdade jornalística, concluir-se-ia que ela não estaria autorizada constitucionalmente. **RE 511961/SP, rel. Min. Gilmar Mendes, 17.6.2009.** (RE-511961)

ART. 4º, V, DO DECRETO-LEI 972/69: EXIGÊNCIA DE CURSO DE JORNALISMO E NÃO-RECEPÇÃO – 7

Diante dessas considerações, julgou-se demonstrada a necessidade de proteção dos jornalistas não apenas em face do Estado, mas dos próprios meios de comunicação, ante seu poder quase incomensurável. Os direitos dos jornalistas, especificamente as garantias quanto ao seu estatuto profissional, deveriam ser assegurados em face do Estado, da imprensa e dos próprios jornalistas, sendo que a exigência de diploma comprovante da formatura em um curso de jornalismo não teria qualquer efeito nesse sentido. Reputou-se que, nesse campo de proteção dos direitos e prerrogativas profissionais dos jornalistas, a autoregulação seria a solução mais consentânea com a ordem constitucional e com as liberdades de expressão e de informação, solução esta aventada pela Corte para o campo da imprensa em geral no julgamento da citada ADPF 130/DF. Dessa forma, seriam os próprios meios de comunicação que deveriam estabelecer os mecanismos de controle quanto à contratação, avaliação, desempenho, conduta ética dos profissionais do jornalismo, podendo as empresas de comunicação estipular critérios de contratação, como a especialidade de determinado campo do conhecimento, e, ainda, a própria exigência de curso superior em jornalismo. Esse tipo de orientação regulatória, ao permitir a *autopoiesis* do sistema de comunicação social, ofereceria uma maior proteção das liberdades de expressão. Considerou-se que essa seria, portanto, a melhor interpretação dos artigos 5º, IX, XIII, e 220 da CF e a solução mais consentânea com a proteção das liberdades de profissão, de expressão e de informação na ordem constitucional brasileira. Destacou-se que tal interpretação também teria sido acolhida pela Corte Interamericana de Direitos Humanos que, em 13.11.85, declarou que a obrigatoriedade do diploma universitário e da inscrição em ordem profissional para o exercício da profissão de jornalista violaria o art. 13 da Convenção Americana de Direitos Humanos, que protege a liberdade de expressão em sentido amplo. Acrescentou-se que, nessa mesma linha, tem se manifestado a Organização dos Estados Americanos – OEA, por meio da Comissão Interamericana de Direitos Humanos. Por fim, constatou-se que o Decreto-lei 972/69 teria sido editado sob a égide do regime ditatorial instituído pelo Ato Institucional 5/68, restando patente que a exigência de diploma de curso superior em jornalismo para o exercício da profissão tinha por finalidade afastar dos meios de comunicação intelectuais, políticos e artistas que se opunham ao regime militar, atendendo a outros valores que não estariam mais vigentes em nosso Estado Democrático de Direito. Vencido o Min. Marco Aurélio que desprovia os recursos. **RE 511961/SP, rel. Min. Gilmar Mendes, 17.6.2009.** (RE-511961) (Inform. STF 551)

ART. 222-A DO CPP: IMPRESCINDIBILIDADE DE CARTAS ROGATÓRIAS E RESPONSABILIDADE PELOS CUSTOS – 1

O Tribunal resolveu questão de ordem suscitada em ação penal — movida pelo Ministério Público Federal contra 40 pessoas acusadas da suposta prática de crimes ligados ao esquema denominado "Mensalão" —, para, por maioria, deferir a expedição de carta rogatória para a oitiva de parte das testemunhas, residentes no exterior, arroladas por réus da citada ação penal, fixando, para o seu cumprimento, prazo de 6 meses a partir da data da expedição. Entendeu-se que somente em relação a alguns réus teria sido demonstrada a imprescindibilidade da prova oral requerida, conforme exigido pelo art. 222-A do CPP ("*As cartas rogatórias só serão expedidas se demonstrada previamente a sua imprescindibilidade, arcando a parte requerente com os custos de envio.*"). Rejeitou-se, ainda, a alegação de inconstitucionalidade do referido preceito, examinando-a sob dois aspectos. Quanto à exigência da demonstração prévia da imprescindibilidade das cartas rogatórias, aduziu-se tratar-se de norma que, em última análise, teria explicitado diretriz já imposta ao juiz, consistente no dever que lhe incumbe de velar pela rápida solução do litígio, indeferindo as provas inúteis, impertinentes ou protelatórias, nos termos do que prescreve o art. 125, II, do CPC, c/c o art. 3º do CPP, e o art. 400 deste mesmo diploma legal. Asseverou-se que a aludida norma seria consentânea com o inciso LXXVIII do art. 5º da CF, que assegura a todos, no âmbito judicial e administrativo, a razoável duração do processo e os meios que garantam a celeridade de sua tramitação. **AP 470 QO/MG, rel. Min. Joaquim Barbosa, 10.6.2009.** (AP-470)

ART. 222-A DO CPP: IMPRESCINDIBILIDADE DE CARTAS ROGATÓRIAS E RESPONSABILIDADE PELOS CUSTOS – 2

No que se refere à parte final do art. 222-A do CPP, que impõe à parte requerente o pagamento dos custos de envio das rogatórias que pretende ver expedidas, observou-se que a regra deveria ser lida em harmonia com o disposto no art. 5º, LXXIV, da CF o qual prevê que o Estado prestará assistência jurídica integral e gratuita aos que comprovarem insuficiência de recursos. Dessa forma, tratando-se de pessoa dotada de recursos financeiros, dever-se-ia cobrar os serviços de natureza extraordinária, que a seu pedido lhe seriam prestados, como no caso dos custos de expedição de carta rogatória. Caso contrário, tendo em conta o disposto no art. 2º, parágrafo único, da Lei 1.060/50, conceder-se-ia o benefício da assistência judiciária, inclusive com o custeio, pelo Estado, das despesas relativas à expedição de cartas rogatórias. Considerou-se que esta seria a solução que melhor conciliaria os princípios constitucionais da inatastabilidade da prestação jurisdicional, da razoável duração do processo e da obrigatoriedade de isenção do pagamento de encargos processuais por aqueles que não disponham de recursos para tanto. Por fim, destacou-se que o art. 3º, I, da Resolução 389/2009 do Supremo o qual estabelece a isenção de custas e do porte de remessa e retorno dos autos nos processos criminais, salvo os de natureza privada, também não constituiria óbice à aplicação do art. 222-A do CPP, haja vista que este dispositivo, além de estar previsto no próprio CPP, cuidaria especificamente da expedição de cartas rogatórias, devendo ser ele interpretado, portanto, em conformidade com o princípio da especialidade. Vencidos os Ministros Eros Grau, Celso de Mello e Cezar Peluso, que deferiam a expedição de carta rogatória a todas as testemunhas, fixando o mesmo prazo. **AP 470 QO/MG, rel. Min. Joaquim Barbosa, 10.6.2009.** (AP-470) (Inform. STF 550)

DEPOSITÁRIO INFIEL – PRISÃO CIVIL – INADMISSIBILIDADE

EMENTA: "*HABEAS CORPUS*". PRISÃO CIVIL. DEPOSITÁRIO JUDICIAL. A QUESTÃO DA INFIDELIDADE DEPOSITÁRIA. TRATADOS INTERNACIONAIS DE DIREITOS HUMANOS. A JURISPRUDÊNCIA CONSTITUCIONAL DO SUPREMO TRIBUNAL FEDERAL. ILEGITIMIDADE JURÍDICA DA DECRETAÇÃO DA PRISÃO CIVIL DO DEPOSITÁRIO INFIEL. MEDIDA CAUTELAR DEFERIDA.

– Não mais subsiste, no modelo normativo brasileiro, a prisão civil por infidelidade depositária, independentemente da modalidade de depósito, trate-se de depósito voluntário (convencional) ou cuide-se de depósito necessário, como o é o depósito judicial. Incabível, desse modo, no sistema constitucional vigente no Brasil, a decretação de prisão civil do depositário infiel Doutrina. Precedentes. **HC 98893 MC/SP. RELATOR: MIN. CELSO DE MELLO.** (Inform. STF 550)

EMENTA: Prisão civil do depositário infiel em face dos tratados internacionais de direitos humanos. Interpretação da parte final do inciso LXVII do art. 5o da Constituição brasileira de 1988. Posição hierárquico-normativa dos tratados internacionais de direitos humanos no ordenamento jurídico brasileirO. Desde a adesão do Brasil, sem qualquer reserva, ao Pacto Internacional dos Direitos Civis e Políticos (art. 11) e à Convenção Americana sobre Direitos Humanos – Pacto de San José da Costa Rica (art. 7º, 7), ambos no ano de 1992, não há mais base legal para prisão civil do depositário infiel, pois o caráter especial desses diplomas internacionais sobre direitos humanos lhes reserva lugar específico no ordenamento jurídico, estando abaixo da Constituição, porém acima da legislação interna. O *status* normativo *supralegal* dos tratados internacionais de direitos humanos subscritos pelo Brasil torna inaplicável a legislação infraconstitucional com ele conflitante, seja ela anterior ou posterior ao ato de adesão. Assim ocorreu com o art. 1.287 do Código Civil de 1916 e com o Decreto-Lei n° 911/69, assim como em relação ao art. 652 do Novo Código Civil (Lei n° 10.406/2002). alienação fiduciária em garantia. DECRETO-LEI N° 911/69. EQUIPAÇÃO DO DEVEDOR-FIDUCIANTE AO DEPOSITÁRIO. Prisão civil do devedor-fiduciante em face do princípio da proporcionalidade. A prisão civil do devedor-fiduciante no âmbito do contrato de alienação fiduciária em garantia viola o princípio da proporcionalidade, visto que: a) o ordenamento jurídico prevê outros meios processuais-executórios postos à disposição do credor-fiduciário para a garantia do crédito, de forma que a prisão civil, como medida extrema de coerção do devedor inadimplente, não passa no exame da proporcionalidade como proibição de excesso, em sua tríplice configuração: adequação, necessidade e proporcionalidade em sentido estrito; e b) o Decreto-Lei n° 911/69, ao instituir uma ficção jurídica, equiparando o devedor-fiduciante ao depositário, para todos os efeitos previstos nas leis civis e penais, criou uma figura atípica de depósito, transbordando os limites do conteúdo semântico da expressão "depositário infiel" insculpida no art. 5º, inciso LXVII, da Constituição e, dessa forma, desfigurando o instituto do depósito em sua conformação constitucional, o que perfaz a violação ao princípio da reserva legal proporcional. Recurso extraordinário conhecido e não provido. **RE N. 349.703-RS. RELATOR P/ O ACÓRDÃO: MIN. GILMAR MENDES. Noticiado no Informativo 498**. (Inform. STF 549)

EXTRADIÇÃO E CONSPIRAÇÃO PARA O TRÁFICO DE ENTORPECENTES

O Tribunal deferiu, em parte, pedido de extradição formulado pelo Governo dos Estados Unidos da América, de nacional colombiano, quanto ao crime de conspiração para o tráfico de entorpecentes. Asseverou-se, inicialmente, que o crime constante da legislação americana sob a nomenclatura "conspiração" corresponderia à reunião de pessoas com o intuito do cometimento de delitos. Tendo em conta a jurisprudência do Tribunal, glosando pedido de extradição com base em tal crime, por ausência, sob o ângulo da dupla tipicidade, da reunião de mais de três pessoas (CP, art. 288), reputou-se insubsistente o pedido formulado relativamente ao crime de conspiração para efetuar lavagem de recursos. Esclareceu-se, no ponto, estarem envolvidas apenas duas pessoas no cometimento desse delito. Por outro lado, considerou-se que o delito de conspiração para o tráfico internacional de entorpecentes encontraria correspondência com o crime descrito no art. 14 da Lei 6.368/76 e no art. 35 da Lei 11.343/2006, os quais prevêem a associação para tal fim com um mínimo de duas pessoas, ressaltando-se ser dos Estados Unidos a competência para o julgamento do extraditando, em razão de a citada associação ter se voltado a introduzir o entorpecente no território americano. Afastou-se, também, a prescrição tanto em relação à legislação americana quanto à brasileira, bem como entendeu-se que o fato de o extraditando responder processo no Brasil não implicaria óbice ao deferimento do pedido, haja vista o art. XIV do tratado bilateral de extradição entre o Brasil e os EUA, e o disposto no art. 89 da Lei 6.815/80. Julgou-se prejudicado, ainda, o pedido de extradição também formulado contra o extraditando pelo Governo do Panamá, ao fundamento de que, na espécie, ante o nivelamento das penas previstas para as práticas delituosas, preferiria o pedido feito em primeiro lugar. Por fim, fez-se ressalva no sentido de que, em função de haver prisão perpétua nos Estados Unidos, a entrega do extraditando deveria ocorrer com o compromisso de o Governo requerente respeitar o tempo máximo de prisão de 30 anos (CP, art. 75). **Ext 1051/Estados Unidos da América, rel. Min. Marco Aurélio, 21.5.2009.** (Ext-1051) (Inform. STF 547)

ADPF E LEI DE IMPRENSA - 1

O Tribunal, por maioria, referendou liminar deferida em argüição de descumprimento de preceito fundamental ajuizada pelo Partido Democrático Trabalhista - PDT para o efeito de suspender a vigência da expressão "a espetáculos de diversões públicas, que ficarão sujeitos à censura, na forma da lei, nem", contida na parte inicial do § 2º do art. 1º; do § 2º do art. 2º; da íntegra dos artigos 3º, 4º, 5º, 6º e 65; da expressão "e sob pena de decadência deverá ser proposta dentro de 3 meses da data da publicação ou transmissão que lhe der causa", constante da parte final do art. 56; dos §§ 3º e 6º do art. 57; dos §§ 1º e 2º do art. 60; da íntegra dos artigos 61, 62, 63 e 64; dos artigos 20, 21, 22 e 23; e dos artigos 51 e 52, todos da Lei 5.250/67 (Lei de Imprensa). Preliminarmente, tendo em conta o princípio da subsidiariedade, o Tribunal, também por maioria, conheceu da ação. Vencido, no ponto, o Min. Marco Aurélio, que não a conhecia por reputar inadequada a argüição. No mérito, entendeu-se configurada a plausibilidade jurídica do pedido, haja vista que o diploma normativo impugnado não pareceria serviente do padrão de democracia e de imprensa vigente na Constituição de 1988 (CF, artigos 1º; 5º, IV, V, IX e XXXIII e 220, caput e § 1º). Considerou-se, ademais, presente o perigo na demora da prestação jurisdicional, afirmando-se não ser possível perder oportunidade de evitar que eventual incidência da referida lei, de nítido viés autoritário, colidisse com aqueles valores constitucionais da democracia e da liberdade de imprensa. Vencidos, em parte, os Ministros Menezes Direito, Eros Grau e Celso de Mello, que, desde logo, suspendiam a vigência de toda a Lei 5.250/67, autorizando a aplicação da legislação ordinária de direito civil e de direito penal, e o Min. Marco Aurélio, que negava referendo à liminar. O Tribunal, empregando por analogia o art. 21 da Lei 9.868/99, estabeleceu o prazo de 180 dias, a contar da data da sessão, para retorno do feito para o julgamento de mérito. **ADPF 130 MC/DF, rel. Min. Carlos Britto, 27.2.2008. (ADPF-130)**

ADPF E LEI DE IMPRENSA - 2

O Tribunal, por maioria, resolveu questão de ordem, suscitada pelo Min. Carlos Britto, em argüição de descumprimento de preceito fundamental, da qual relator, a fim de prorrogar, por mais 180 dias, o prazo conferido para retorno do feito para o julgamento de mérito. Trata-se, na espécie, de argüição de descumprimento de preceito fundamental ajuizada pelo Partido Democrático Trabalhista - PDT contra a Lei 5.250/67 - Lei de Imprensa. Na sessão de 27.2.2008, o Tribunal, por maioria, referendara a liminar deferida para o efeito de suspender a vigência da expressão "a espetáculos de diversões públicas, que ficarão sujeitos à censura, na forma da lei, nem", contida na parte inicial do § 2º do art. 1º; do § 2º do art. 2º; da íntegra dos artigos 3º, 4º, 5º, 6º e 65; da expressão "e sob pena de decadência deverá ser proposta dentro de 3 meses da data da publicação ou transmissão que lhe der causa", constante da parte final do art. 56; dos §§ 3º e 6º do art. 57; dos §§ 1º e 2º do art. 60; da íntegra dos artigos 61, 62, 63 e 64; dos artigos 20, 21, 22 e 23; e dos artigos 51 e 52, todos do referido diploma legal - v. Informativo 496. Vencido o Min. Marco Aurélio que, tendo negado referendo à liminar, não suspendendo a eficácia dos aludidos dispositivos, rejeitava a questão de ordem, porque, do contrário, implementaria algo a implicar a visão positiva quanto a essa suspensividade. **ADPF 130 QO/DF, rel. Min. Carlos Britto, 4.9.2008. (ADPF-130)**

ADPF E LEI DE IMPRENSA - 3

O Tribunal iniciou julgamento de mérito de arguição de descumprimento de preceito fundamental proposta pelo Partido Democrático Trabalhista - PDT contra a Lei 5.250/67 - Lei de Imprensa — v. Informativos 496 e 518. O Min. Carlos Britto, relator, julgou procedente o pedido formulado, para o efeito de declarar como não-recepcionado pela Constituição Federal todo o conjunto de dispositivos da lei impugnada, no que foi acompanhado pelo Min. Eros Grau, que se reportou aos fundamentos que expendera no julgamento da medida cautelar. Inicialmente, tendo em conta o disposto nos artigos 220, §§ 1º, 2º e 3º, e 222, todos da CF, o relator afirmou que, do ângulo objetivo, a imprensa seria uma atividade, enquanto, do ângulo subjetivo ou orgânico, constituir-se-ia num conjunto de órgãos, veículos, empresas e meios, juridicamente personalizados, sendo a comunicação social seu traço diferenciador ou signo distintivo. Disse que a modalidade de comunicação que a imprensa encerraria seria dirigida ao público em geral, ou seja, ao maior número possível de pessoas, com o que a imprensa passaria a se revestir da característica central de instância de comunicação de massa, de modo a poder influenciar cada pessoa de per se e inclusive formar a opinião pública. Por isso, incumbiria à imprensa o direito e também o dever de sempre se postar como o olhar mais atento sobre o dia-a-dia do Estado e da sociedade civil. Sendo, portanto, matriz por excelência da opinião pública, rivalizaria com o próprio Estado nesse tipo de interação de máxima abrangência pessoal. Explicou que foi em razão desse abrangente círculo de interação humana que a Constituição Federal teria reservado para a imprensa todo um bloco normativo (capítulo V do título VIII) e que o estádio multifuncional da imprensa seria, em si mesmo, um patrimônio imaterial que corresponderia a um atestado de evolução político-cultural de todo um povo. **ADPF 130/DF, rel. Min. Carlos Britto, 1º.4.2009. (ADPF-130)**

ADPF E LEI DE IMPRENSA - 4

Após fazer distinção entre mídia impressa e mídia radiodifusora e televisiva, ressaltou que, assim binariamente concebida e executada, a imprensa possibilitaria, por modo crítico incomparável, a revelação e o controle de praticamente todas as coisas respeitantes à vida do Estado e da sociedade, ou seja, seria ela alternativa à explicação ou versão estatal de tudo que possa repercutir no seio da sociedade, o que significaria visualizá-la como garantido espaço de irrupção do pensamento crítico em qualquer situação ou contingência. Aduziu que, a título de reforço à mantença dessa verdadeira relação de inerência entre o pensamento crítico e a imprensa livre, a Constituição estabeleceu, em seu art. 220, § 5º, que os "meios de comunicação social não podem, diretamente ou indiretamente, ser objeto de monopólio ou oligopólio", norma de concretização de um pluralismo compreendido como fundamento das sociedades autenticamente democráticas. Em seguida, o relator, salientando que a decisiva questão seria comprovar que a Constituição levou o tema da liberdade de imprensa na devida conta, afirmou que, em matéria de imprensa, não haveria espaço para o meio-termo ou a contemporização, isto é, ou ela seria inteiramente livre, ou dela já não se poderia cogitar senão como jogo de aparência jurídica. Destarte, o que se teria como expressão da realidade seria, de um lado, um corpo social progressivamente esclarecido por uma imprensa livre — e, ela mesma, plural, haja vista serem vedadas a oligopolização e a monopolização do setor —, e também progressivamente fortalecido nos seus padrões de exigência enquanto destinatário e conseqüentemente parte das reações de imprensa, e, de outro lado, a imprensa que faz de sua liberdade de atuação um necessário compromisso com a responsabilidade quanto à completude e fidedignidade das informações comunicadas ao público, do que decorreria a permanente conciliação entre a liberdade e responsabilidade. O Min. Carlos Britto frisou que a imprensa livre contribuiria para a realização dos mais elevados princípios constitucionais, como o da soberania e da cidadania, e que, pelo seu reconhecido condão de vitalizar por muitos modos a Constituição, manteria com a democracia a mais arraigada relação de mútua dependência ou retroalimentação. Por ser visualizada como verdadeira "irmã siamesa" da democracia, a imprensa passaria a desfrutar de uma liberdade de atuação ainda maior que a liberdade de pensamento e de expressão dos indivíduos em si mesmos considerados, até porque essas duas categorias de liberdade individual também seriam tanto mais intensamente usufruídas quanto veiculadas pela própria imprensa. **ADPF 130/DF, rel. Min. Carlos Britto, 1º.4.2009. (ADPF-130)**

ADPF E LEI DE IMPRENSA - 5

O relator expôs que o art. 220 da CF radicalizaria e alargaria o regime de plena liberdade de atuação da imprensa ao estabelecer que os direitos de personalidade (liberdade de pensamento, criação, expressão e informação) estariam a salvo de qualquer restrição em seu exercício e que este não se sujeitaria a outras disposições que não fossem nela mesma fixadas. No ponto, considerou que as disposições constitucionais a que se refere o citado art. 220, como de obrigatória observância no desfrute das liberdades de pensamento, criação, expressão e informação, seriam aquelas do art. 5º, IV, V, X, XIII e XIV (vedação ao anonimato, direito de resposta, direito à indenização por danos material ou moral à intimidade, à vida privada, à honra e imagem das pessoas, livre exercício de qualquer trabalho, ofício ou profissão, e direito ao resguardo do sigilo da fonte de informação). Asseverou, entretanto, que esses dois blocos de dispositivos constitucionais só poderiam incidir mediante calibração temporal ou cronológica, sendo que, primeiro, garantir-se-ia o gozo dos "sobredireitos" de personalidade — manifestação do pensamento, criação, expressão e informação —, a que se acrescentaria aquele de preservar o sigilo da fonte, quando necessário ao exercício da profissão do informante, mais a liberdade de trabalho, ofício ou profissão. Somente depois é que se passaria a cobrar do titular de tais sobre-situações jurídicas ativas um eventual desrespeito a direitos constitucionais alheios, ainda que também densificadores da personalidade humana. Dessa forma, a fim de se garantir o exercício na totalidade do direito à manifestação do pensamento e de expressão em sentido geral ("sobredireitos" de personalidade), o termo "observado", referido no § 1º do art. 220 da CF ("Nenhuma lei conterá dispositivo que possa constituir embaraço à plena liberdade de informação jornalística em qualquer veículo de comunicação social, observado o disposto no art. 5º, IV, V, X, XIII e XIV."), deveria ser interpretado como proibição de se reduzir a coisa nenhuma dispositivos igualmente constitucionais, porém sem que o receio do abuso fosse impeditivo do pleno uso das liberdades de manifestação do pensamento e expressão em sentido lato. **ADPF 130/DF, rel. Min. Carlos Britto, 1º.4.2009. (ADPF-130)**

ADPF E LEI DE IMPRENSA - 6

Prosseguindo, o relator enfatizou que esse § 1º do art. 220 da CF iria mais longe ainda no seu decidido objetivo de prestigiar a cronologia posta como de compulsória observância, pois interditaria a própria opção estatal por dispositivo de lei que viesse a constituir embaraço à plena liberdade de informação jornalística em qualquer veículo de comunicação social. Daí, a uma atividade que já era "livre" teria sido acrescido o qualificativo de "plena", liberdade plena no que diz respeito à essência mesma do jornalismo, ao seu "núcleo duro", que são as coordenadas de tempo e de conteúdo da manifestação do pensamento e da criação lato sensu, quando veiculada por órgão de comunicação social. Portanto, a liberdade de informação jornalística, para se revestir do pleno desembaraço que lhe assegura a Constituição, haveria de implicar interdição à lei quanto a duas nucleares dimensões: o tempo de início e de duração do seu exercício e sua extensão ou tamanho do seu conteúdo. Essa interdição ao poder legislativo do Estado significaria que nem mesmo o Direito-lei teria a força de interferir na oportunidade/duração de exercício, tanto quanto no cerne material da liberdade de informação jornalística (conteúdo/extensão). Desprender-se-ia, ademais, um segundo desdobramento hermenêutico dessa interdição legislativa quanto à medula mesma da liberdade de informação jornalística, qual seja, a de que, no tema, haveria uma necessária "linha direta" entre a imprensa e a sociedade civil, vigorando em nosso ordenamento constitucional uma forma de interação que não poderia passar pela mediação do Estado. Essa interação pré-excluiria, portanto, a figura do Estado-ponte em matéria nuclear de imprensa, tudo sob a idéia-força de que à imprensa incumbe controlar o Estado, e não o contrário. **ADPF 130/DF, rel. Min. Carlos Britto, 1º.4.2009. (ADPF-130)**

ADPF E LEI DE IMPRENSA - 7

Concluiu o relator, em síntese, que a Constituição Federal se posicionou diante de bens jurídicos de personalidade para, de imediato, fixar a precedência das liberdades de pensamento e de expressão lato sensu as quais não poderiam sofrer antecipado controle nem mesmo por força do Direito-lei, inclusive de emendas constitucionais, sendo reforçadamente protegidas se exercitadas como atividade profissional ou habitualmente jornalística e como atuação de qualquer dos órgãos de comunicação social ou de imprensa. Isso estaria conciliado, de forma contemporânea, com a proibição do anonimato, o sigilo da fonte e o livre exercício de qualquer trabalho, ofício, ou profissão; a posteriori, com o direito de resposta e a reparação pecuniária por eventuais danos à honra e à imagem de terceiros, sem prejuízo, ainda, do uso de ação penal também ocasionalmente cabível, nunca, entretanto, em situação de maior rigor do que a aplicável em relação aos indivíduos em geral. Além disso, para o relator, não haveria espaço constitucional para a movimentação interferente do Estado em qualquer das matérias essencialmente de imprensa, salientando ele que a lei em questão, sobre disciplinar tais matérias, misturada ou englobadamente com matérias circundantes ou periféricas e até sancionatórias, o teria feito sob estruturação formal estatutária, o que seria absolutamente desarmônico com a Constituição de 1988, a resultar no juízo da não-recepção pela nova ordem constitucional. Observou, por fim, que a Lei de Imprensa foi concebida e promulgada num longo período autoritário, o qual compreendido entre 31.3.64 e o início do ano de 1985 e conhecido como "anos de chumbo" ou "regime de exceção", regime esse patentemente inconciliável com os ares da democracia resgatada e proclamada na atual Carta Magna. Essa impossibilidade de conciliação, sobre ser do tipo material ou de substância, contaminaria grande parte, senão a totalidade, da Lei de Imprensa, quanto ao seu ardiloso ou subliminar entrelace de comandos, a serviço da lógica matreira de que para cada regra geral afirmativa da liberdade é aberto um leque de exceções que praticamente tudo desfaz; e quanto ao seu spiritus rectus ou fio condutor do propósito último de ir além de um simples projeto de governo para alcançar a realização de um projeto de poder. Após, o julgamento foi suspenso, para continuação na sessão do dia 15.4.2009. **ADPF 130/DF, rel. Min. Carlos Britto, 1º.4.2009. (ADPF-130)**

ADPF E LEI DE IMPRENSA – 8

O Tribunal, por maioria, julgou procedente pedido formulado em argüição de descumprimento de preceito fundamental proposta pelo Partido Democrático Trabalhista – PDT para o efeito de declarar como não-recepcionado pela Constituição Federal todo o conjunto de dispositivos da Lei 5.250/67 – Lei de Imprensa — v. Informativos 496, 518 e 541. Prevaleceu o voto do Min. Carlos Britto, relator, que entendeu, em síntese, que a Constituição Federal se posicionou diante de bens jurídicos de personalidade para, de imediato, fixar a precedência das liberdades de pensamento e de expressão *lato sensu* as quais não poderiam sofrer antecipado controle nem mesmo por força do Direito-lei, inclusive de emendas constitucionais, sendo reforçadamente protegidas se exercitadas como atividade profissional ou habitualmente jornalística e como atuação de qualquer dos órgãos de comunicação social ou de imprensa. Afirmou que isso estaria conciliado, de forma contemporânea, com a proibição do anonimato, o sigilo da fonte e o livre exercício de qualquer trabalho, ofício, ou profissão; *a posteriori*, com o direito de resposta e a reparação pecuniária por eventuais danos à honra e à imagem de terceiros, sem prejuízo, ainda, do uso de ação penal também ocasionalmente cabível, nunca, entretanto, em situação de maior rigor do que a aplicável em relação aos indivíduos em geral. **ADPF 130/ DF, rel. Min. Carlos Britto, 30.4.2009.** (ADPF-130)

ADPF E LEI DE IMPRENSA – 9

Além disso, para o relator, não haveria espaço constitucional para a movimentação interferente do Estado em qualquer das matérias essencialmente de imprensa, salientando ele que a lei em questão, sobre disciplinar tais matérias, misturada ou englobadamente com matérias circundantes ou periféricas e até sancionatórias, o teria feito sob estruturação formal estatutária, o que seria absolutamente desarmônico com a Constituição de 1988, a resultar no juízo da não-recepção pela nova ordem constitucional. Observou, por fim, que a Lei de Imprensa foi concebida e promulgada num longo período autoritário, o qual compreendido entre 31.3.64 e o início do ano de 1985 e conhecido como "anos de chumbo" ou "regime de exceção", regime esse patentemente inconciliável com os ares da democracia resgatada e proclamada na atual Carta Magna. Essa impossibilidade de conciliação, sobre ser do tipo material ou de substância, contaminaria grande parte, senão a totalidade, da Lei de Imprensa, quanto ao seu ardiloso ou subliminar entrelace de comandos, a serviço da lógica matreira de que para cada regra geral afirmativa da liberdade é aberto um leque de exceções que praticamente tudo desfaz; e quanto ao seu *spiritus rectus* ou fio condutor do propósito último de ir além de um simples projeto de governo para alcançar a realização de um projeto de poder. Vencidos, em parte, os Ministros Joaquim Barbosa e Ellen Gracie, que julgavam o pedido improcedente quanto aos artigos 1º, § 1º; 2º, *caput*; 14; 16, I, 20, 21 e 22, todos da lei impugnada, e o Min. Gilmar Mendes, Presidente, que o julgava improcedente quanto aos artigos 29 a 36 da referida lei. Vencido, integralmente, o Min. Marco Aurélio, que julgava o pleito improcedente. **ADPF 130/DF, rel. Min. Carlos Britto, 30.4.2009.** (ADPF-130) (Inform. STF 544)

EMENTA: DIREITO PENAL E PROCESSUAL PENAL. RECURSO ORDINÁRIO EM . PROGRESSÃO DE REGIME PRISIONAL. FATO ANTERIOR À LEI 11.464/07. PRECEDENTES DESTA CORTE. PROVIMENTO PARCIAL. 1. A questão de direito versada nestes autos diz respeito à possibilidade (ou não) de progressão do regime de cumprimento da pena corporal imposta no período de vigência da redação originária do art. 2º, § 1º, da Lei nº 8.072/90. 2. O julgamento do Supremo Tribunal Federal em processos subjetivos, relacionados ao caso concreto, não alterou a vigência da regra contida no art. 2º, § 1º, da Lei nº 8.072/90 (na sua redação original). 3. Houve necessidade da edição da Lei nº 11.646/07 para que houvesse a alteração da redação do dispositivo legal. Contudo, levando em conta que – considerada a orientação que passou a existir nesta Corte à luz do precedente no HC 82.959/SP – o sistema jurídico anterior à edição da lei de 2007 era mais benéfico ao condenado em matéria de requisito temporal (1/6 da pena), comparativamente ao sistema implantado pela Lei n° 11.646/07 (2/5 ou 3/5, dependendo do caso), deve ser concedida em parte a ordem para que haja o exame do pedido de progressão do regime prisional do paciente, levando em conta o requisito temporal de 1/6 da pena fixada. 4. No mesmo sentido: HC 94.025/SP, rel. Min. Menezes Direito, 1ª Turma, DJ 03.06.2008. Neste último julgado, ficou expressamente consignado que *"relativamente aos crimes hediondos cometidos antes da vigência da Lei nº 11.464/07, a progressão de regime carcerário deve observar o requisito temporal previsto nos artigos 33 do Código Penal e 112 da Lei de Execuções Penais, aplicando-se, portanto, a lei mais benéfica"*. O art. 2°, § 1°, da Lei n° 8.072/90 (na sua redação original) não pode ser utilizado como parâmetro de comparação com a Lei n° 11.464/07, diante da sua declaração de inconstitucionalidade, ainda que no exercício do controle concreto, no julgamento do HC n° 82.959/SP (rel. Min. Marco Aurélio). 5. Recurso ordinário em *habeas corpus* parcialmente provido e, assim, concedeu-se a ordem para considerar possível a progressão do regime prisional desde que atendido o requisito temporal de cumprimento de 1/6 da pena, cabendo ao juiz da execução da pena apreciar o pedido de progressão, inclusive quanto à presença dos demais requisitos, considerado o fator temporal acima indicado. RHC N. 91.300-DF. **RELATORA: MIN. ELLEN GRACIE. Noticiado no Informativo 537** (Inform. STF 541)

EMENTA: RECURSO ORDINÁRIO EM *HABEAS CORPUS*. CRIME DOLOSO CONTRA A VIDA. TRIBUNAL DO JÚRI. JUÍZO NATURAL. DESAFORAMENTO MOTIVADO PELA IMPARCIALIDADE DOS JURADOS. COMARCA MAIS PRÓXIMA. IMPRECISÃO. RECURSO PARCIALMENTE PROVIDO. 1. O art. 424 do CPP, por traduzir hipótese de mitigação das regras processuais de definição de competência, é de ser interpretado de modo restritivo. Logo, impõe-se ao Tribunal de Apelação o ônus de indicar os motivos pelos quais se faz imperioso o desaforamento da causa, especialmente se a comarca eleita não for aquela mais próxima da localidade dos fatos. 2. No caso, a Corte estadual, em que pese fixar a competência da Comarca do Rio de Janeiro, não se desincumbiu do ônus de apontar os motivos da exclusão das Comarcas mais próximas ao local dos fatos. 3. Recurso parcialmente provido para determinar que o Tribunal de Justiça do Rio de Janeiro justifique a viabilidade, ou não, do desaforamento para uma das Comarcas próximas àquela do local dos fatos. **RHC N. 94.008-RJ. RELATOR: MIN. CARLOS BRITTO**. (Inform. STF 541)

EMENTA: AGRAVO REGIMENTAL. *HABEAS CORPUS*. SUPRESSÃO DE INSTÂNCIA. RECURSO. NÃO CABIMENTO. AUSÊNCIA DE PREVISÃO LEGAL. EXTEMPORANEIDADE. PRINCÍPIO DA FUNGIBILIDADE. NÃO APLICAÇÃO. 1. Este Supremo Tribunal Federal não pode conhecer e julgar pedido de *habeas corpus* cuja causa de pedir ainda não tenha sido objeto de apreciação pelas Cortes ordinárias e pelo STJ, sob pena de supressão de instância, em afronta às normas constitucionais de competência. 2. O denominado "Recurso ao Pleno", interposto contra acórdão proferido pela 2ª Turma desta Corte, não foi admitido em razão da manifesta falta de previsão legal, da extemporaneidade e da ausência de substrato jurídico. 3. A aplicação do princípio da fungibilidade se restringe aos casos de dúvida fundada acerca do recurso cabível. Assim, não há, no presente caso, como prestigiá-lo quando se deduz *espécie recursal imprópria e impertinente em substituição* àquela expressamente indicada (AI-AgR n° 134.518-SP, rel. Min. Ilmar Galvão, 1ª Turma, DJ 28.05.1993). 4. É uníssono o entendimento desta Corte no sentido de que a interposição de recursos somente é cabível após a publicação, no Diário da Justiça, da decisão contra a qual se recorre. E, na hipótese de o protocolo das razões recursais realizar-se antes da veiculação do ato judicial a ser impugnado, a parte deve, após a divulgação no órgão oficial, ratificá-las. Precedentes. 5. Agravo regimental improvido. **AG. REG. NO HC N. 92.173-RJ. RELATORA: MIN. ELLEN GRACIE**. (Inform. STF 541)

EMENTA: "*HABEAS CORPUS*" – CONDENAÇÃO PENAL RECORRÍVEL – SUBSISTÊNCIA, MESMO ASSIM, DA PRESUNÇÃO CONSTITUCIONAL DE NÃO-CULPABILIDADE (CF, ART. 5º, LVII) – RÉUS QUE PERMANECERAM SOLTOS DURANTE O PROCESSO – RECONHECIMENTO DO DIREITO DE RECORRER EM LIBERDADE – CONVENÇÃO AMERICANA SOBRE DIREITOS HUMANOS (ARTIGO 7º, Nº 2) – ACÓRDÃO QUE ORDENA A PRISÃO DOS CONDENADOS, SEM QUALQUER MOTIVAÇÃO JUSTIFICADORA DA CONCRETA NECESSIDADE DE DECRETAÇÃO DA PRISÃO CAUTELAR DOS ORA PACIENTES – AUSÊNCIA DE EFICÁCIA SUSPENSIVA DOS RECURSOS EXCEPCIONAIS (RE E RESP) NÃO OBSTA O EXERCÍCIO DO DIREITO DE RECORRER EM LIBERDADE – DECRETABILIDADE DA PRISÃO CAUTELAR – POSSIBILIDADE, DESDE QUE SATISFEITOS OS REQUISITOS MENCIONADOS NO ART. 312 DO CPP – NECESSI-DADE DA VERIFICAÇÃO CONCRETA, EM CADA CASO, DA IMPRESCINDIBILIDADE DA ADOÇÃO DESSA MEDIDA EXTRAORDINÁRIA – SITUAÇÃO EXCEPCIONAL NÃO VERIFICADA NA ESPÉCIE – CONSTRANGIMENTO ILEGAL CARACTERIZADO – PEDIDO DEFERIDO. A PRISÃO CAUTELAR CONSTITUI MEDIDA DE NATUREZA EXCEPCIONAL.

– A privação cautelar da liberdade individual reveste-se de caráter excepcional, somente devendo ser decretada em situações de absoluta necessidade.

A prisão preventiva, para legitimar-se em face de nosso sistema jurídico, impõe – além da satisfação dos pressupostos a que se refere o art. 312 do CPP (prova da existência do crime e presença de indícios suficientes de autoria) – que se evidenciem, com fundamento em base empírica idônea, razões justificadoras da imprescindibilidade dessa extraordinária medida cautelar de privação da liberdade do indiciado ou do réu.

– A questão da decretabilidade da prisão cautelar. Possibilidade excepcional, desde que satisfeitos os requisitos mencionados no art. 312 do CPP. Necessidade da verificação concreta, em cada caso, da imprescindibilidade da adoção dessa medida extraordinária. Precedentes.

A PRISÃO PREVENTIVA – ENQUANTO MEDIDA DE NATUREZA CAUTELAR – NÃO PODE SER UTILIZADA COMO INSTRUMENTO DE PUNIÇÃO ANTECIPADA DO INDICIADO OU DO RÉU.

– A prisão preventiva não pode – e não deve – ser utilizada, pelo Poder Público, como instrumento de punição antecipada daquele a quem se imputou a prática do delito, pois, no sistema jurídico brasileiro, fundado em bases democráticas, prevalece o princípio da liberdade, incompatível com punições sem processo e inconciliável com condenações sem defesa prévia.

A prisão preventiva – que não deve ser confundida com a prisão penal – não objetiva infligir punição àquele que sofre a sua decretação, mas destina-se, considerada a função cautelar que lhe é inerente, a atuar em benefício da atividade estatal desenvolvida no processo penal.

RECURSOS EXCEPCIONAIS (RE E RESP) – AUSÊNCIA DE EFICÁCIA SUSPENSIVA – CIRCUNSTÂNCIA QUE, SÓ POR SI, NÃO OBSTA O EXERCÍCIO DO DIREITO DE RECORRER EM LIBERDADE.

– A denegação, ao sentenciado, do direito de recorrer em liberdade depende, para legitimar-se, da ocorrência concreta de qualquer das hipóteses referidas no art. 312 do CPP, a significar, portanto, que, inexistindo fundamento autorizador da privação meramente processual da liberdade do réu, esse ato de constrição reputar-se-á ilegal, porque destituído, em referido contexto, da necessária cautelaridade. Precedentes.

– A prisão processual, de ordem meramente cautelar, ainda que fundada em decisão condenatória recorrível (cuja prolação não descaracteriza a presunção constitucional de não-culpabilidade), tem, como pressuposto legitimador, a existência de situação de real necessidade, apta a ensejar, ao Estado, quando efetivamente ocorrente, a adoção – sempre excepcional – dessa medida constritiva de caráter pessoal. Precedentes.

– Se o réu responder ao processo em liberdade, a prisão contra ele decretada – embora fundada em condenação penal recorrível (o que lhe atribui índole eminentemente cautelar) – somente se justificará, se, motivada por fato posterior, este se ajustar, concretamente, a qualquer das hipóteses referidas no art. 312 do CPP. Situação inocorrente no caso em exame. **HC N. 96.059-RJ. RELATOR: MIN. CELSO DE MELLO**. (Inform. STF 541)

EMENTA: EXTRADIÇÃO PASSIVA – CARÁTER INSTRUTÓRIO – EXISTÊNCIA DE TRATADO BILATERAL DE EXTRADIÇÃO – POSTULADO DA DUPLA TIPICIDADE NÃO ATENDIDO NO QUE CONCERNE À CONDUTA CONSISTENTE EM PORTAR *CHAVE DE FENDA* E *CANO DE PLÁSTICO* – INSTRUMENTOS QUE NÃO SE AJUSTAM AO CONCEITO DE ARMA DE FOGO (*ESTATUTO DO DESARMAMENTO*) – FATO QUE OBSTA, QUANTO A TAL CONDUTA, O ACOLHIMENTO DO PEDIDO EXTRADICIONAL – OBSERVÂNCIA, NO ENTANTO, DO PRINCÍPIO DA DUPLA INCRIMINAÇÃO QUANTO AOS DELITOS DE LESÕES CORPORAIS LEVES E DE AMEAÇA – IMPOSSIBILIDADE, CONTUDO, DE DEFERIMENTO DA EXTRADIÇÃO QUANTO A REFERIDOS CRIMES, POR SE TRATAR DE DELITOS IMPREGNADOS DE MÍNIMA OFENSIVIDADE – EXTRADIÇÃO INDEFERIDA.

PROCESSO EXTRADICIONAL E SISTEMA DE CONTENCIO-SIDADE LIMITADA: INADMISSIBILIDADE DE DISCUSSÃO SOBRE A PROVA PENAL PRODUZIDA PERANTE O ESTADO REQUERENTE.

– A ação de extradição passiva não confere, ao Supremo Tribunal Federal, qualquer poder de indagação sobre o mérito da pretensão deduzida pelo Estado requerente ou sobre o contexto probatório em que a postulação extradicional se apóia.

– O sistema de contenciosidade limitada, que caracteriza o regime jurídico da extradição passiva no direito positivo brasileiro, não permite qualquer indagação probatória pertinente ao ilícito criminal cuja persecução, no exterior, justificou o ajuizamento da demanda extradicional perante o Supremo Tribunal Federal.

– Revelar-se-á excepcionalmente possível, no entanto, a análise, pelo Supremo Tribunal Federal, de aspectos materiais concernentes à própria substância da imputação penal, sempre que tal exame se mostrar indispensável à solução de controvérsia pertinente (a) à ocorrência de prescrição penal, (b) à observância do princípio da dupla tipicidade ou (c) à configuração eventualmente política tanto do delito atribuído ao extraditando quanto das razões que levaram o Estado estrangeiro a requerer a extradição de determinada pessoa ao Governo brasileiro.

EXTRADIÇÃO – DUPLA TIPICIDADE E DUPLA PUNIBILIDADE.

– O postulado da dupla tipicidade – por constituir requisito essencial ao atendimento do pedido de extradição – impõe que o ilícito penal atribuído ao extraditando seja juridicamente qualificado como crime tanto no Brasil quanto no Estado requerente.

– Na aferição do postulado da dupla tipicidade, mostra-se relevante a constatação da presença dos elementos estruturantes do tipo penal ("*essentialia delicti*"), tais como definidos nos preceitos primários de incriminação constantes da legislação brasileira e vigentes no ordenamento positivo do Estado requerente, independentemente da designação formal atribuída aos fatos delituosos. Precedentes.

– Não constitui crime, no sistema jurídico brasileiro, consideradas as tipificações penais descritas no *Estatuto do Desarmamento*, o ato de portar *chave de fenda* ou *cano de plástico*, embora tal conduta se qualifique, no direito britânico, como crime de "*porte de arma ofensiva*". Inobservância, no caso, do princípio da dupla tipicidade.

EXTRADIÇÃO E DELITOS REVESTIDOS DE MÍNIMA LESIVIDADE – CLÁUSULA VEDATÓRIA PREVISTA TANTO NA LEGISLAÇÃO BRASILEIRA (ESTATUTO DO ESTRANGEIRO) QUANTO NO TRATADO DE EXTRADIÇÃO BRASIL/REINO UNIDO – INVIABILIDADE, EM TAL CASO, DO PLEITO EXTRADICIONAL.

– Não se concederá a extradição, quando o delito que a motivar constituir infração penal impregnada de mínima ofensividade, assim considerado o ilícito criminal passível de pena privativa de liberdade igual ou inferior a 01 (um) ano. Conseqüente impossibilidade jurídica de deferimento do pedido extradicional relativamente aos crimes de lesões corporais leves e de ameaça, ambos puníveis, *in abstracto*, com penas iguais ou inferiores a 01 (um) ano. Ext. N. 1.145-REINO UNIDO DA GRÃ-BRETANHA E DA IRLANDA DO NORTE. RELATOR: MIN. CELSO DE MELLO. Noticiado no Informativo 533 (Inform. STF 536)

HC N. 91.361-SP

RELATOR: MIN. CELSO DE MELLO

EMENTA: "*HABEAS CORPUS*" – PRISÃO CIVIL – DEPOSITÁRIO LEGAL (LEILOEIRO OFICIAL) – A QUESTÃO DA INFIDELIDADE DEPOSITÁRIA – CONVENÇÃO AMERICANA DE DIREITOS HUMANOS (ARTIGO 7º, n. 7) – HIERARQUIA CONSTITUCIONAL DOS TRATADOS INTERNACIONAIS DE DIREITOS HUMANOS – PEDIDO DEFERIDO.

ILEGITIMIDADE JURÍDICA DA DECRETAÇÃO DA PRISÃO CIVIL DO DEPOSITÁRIO INFIEL.

– Não mais subsiste, no sistema normativo brasileiro, a prisão civil por infidelidade depositária, independentemente da modalidade de depósito, trate-se de depósito voluntário (convencional) ou cuide-se de depósito necessário. Precedentes.

TRATADOS INTERNACIONAIS DE DIREITOS HUMANOS: AS SUAS RELAÇÕES COM O DIREITO INTERNO BRASILEIRO E A QUESTÃO DE SUA POSIÇÃO HIERÁRQUICA.

– A Convenção Americana sobre Direitos Humanos (Art. 7º, n. 7). Caráter subordinante dos tratados internacionais em matéria de direitos humanos e o sistema de proteção dos direitos básicos da pessoa humana.

– Relações entre o direito interno brasileiro e as convenções internacionais de direitos humanos (CF, art. 5º e §§ 2º e 3º). Precedentes.

– Posição hierárquica dos tratados internacionais de direitos humanos no ordenamento positivo interno do Brasil: natureza constitucional ou caráter de supralegalidade? – Entendimento do Relator, Min. CELSO DE MELLO, que atribui hierarquia constitucional às convenções internacionais em matéria de direitos humanos.

A INTERPRETAÇÃO JUDICIAL COMO INSTRUMENTO DE MUTAÇÃO INFORMAL DA CONSTITUIÇÃO.

– A questão dos processos informais de mutação constitucional e o papel do Poder Judiciário: a interpretação judicial como instrumento juridicamente idôneo de mudança informal da Constituição.

A legitimidade da adequação, mediante interpretação do Poder Judiciário, da própria Constituição da República, se e quando imperioso compatibilizá-la, mediante exegese atualizadora, com as novas exigências, necessidades e transformações resultantes dos processos sociais, econômicos e políticos que caracterizam, em seus múltiplos e complexos aspectos, a sociedade contemporânea.

HERMENÊUTICA E DIREITOS HUMANOS: A *NORMA MAIS FAVORÁVEL* COMO CRITÉRIO QUE DEVE REGER A INTERPRETAÇÃO DO PODER JUDICIÁRIO.

– Os magistrados e Tribunais, no exercício de sua atividade interpretativa, especialmente no âmbito dos tratados internacionais de direitos humanos, devem observar um princípio hermenêutico básico (tal como aquele proclamado no Artigo 29 da Convenção Americana de Direitos Humanos), consistente em atribuir primazia à norma que se revele mais favorável à pessoa humana, em ordem a dispensar-lhe a mais ampla proteção jurídica.

– O Poder Judiciário, nesse processo hermenêutico que prestigia o critério da *norma mais favorável* (que tanto pode ser aquela prevista no tratado internacional como a que se acha positivada no próprio direito interno do Estado), deverá extrair a máxima eficácia das declarações internacionais e das proclamações constitucionais de direitos, como forma de viabilizar o acesso dos indivíduos e dos grupos sociais, notadamente os mais vulneráveis, a sistemas institucionalizados de proteção aos direitos fundamentais da pessoa humana, sob pena de a liberdade, a tolerância e o respeito à alteridade humana tornarem-se palavras vãs.

– Aplicação, ao caso, do Artigo 7º, n. 7, c/c o Artigo 29, ambos da Convenção Americana de Direitos Humanos (Pacto de São José da Costa Rica): um caso típico de primazia da *regra mais favorável* à proteção efetiva do ser humano. **AG. REG. NO RE N. 477.814-SC. RELATOR: MIN. CELSO DE MELLO. (Inform. STF 534)**

ART. 299, PARÁGRAFO ÚNICO, DO CP E NOTIFICAÇÃO PRÉVIA – 1

Para evitar indevida supressão de instância, a Turma, por maioria, não conheceu de *habeas corpus* em que se pleiteava a anulação de decisão que recebera denúncia na qual se imputa ao paciente a prática do crime de falsidade ideológica qualificada pela sua condição de funcionário público (CP, art. 299, parágrafo único: "*Se o agente é funcionário público, e comete o crime prevalecendo-se do cargo, ou se a falsificação ou alteração é de assentamento de registro civil, aumenta-se a pena de sexta parte.*"). A defesa alegava violação ao art. 514 do CPP ("Nos crimes afiançáveis, estando a denúncia ou queixa em devida forma, o juiz mandará autuá-la e ordenará a notificação do acusado, para responder por escrito, dentro do prazo de quinze dias."), uma vez que a inicial acusatória fora acolhida sem que o paciente tivesse sido previamente ouvido e, em seqüência, designado o interrogatório, ainda não realizado, em virtude da concessão de liminar pelo Ministro-Presidente do STF, que suspendera essa audiência até o julgamento do mérito do presente *writ*. No caso, tratava-se de *habeas corpus* impetrado contra decisão da Presidência do STJ que indeferira liminar em igual medida ao fundamento de que esse pedido confundir-se-ia com o mérito da impetração, acrescentando a incidência do Enunciado 330 da Súmula daquela Corte ("*É desnecessária a resposta preliminar de que trata o artigo 514 do Código de Processo Penal, na ação penal instruída por inquérito policial.*"), bem como a aplicação do mencionado art. 514 do CPP apenas às hipóteses de delito funcional próprio. **HC 95542/SP, rel. Min. Ricardo Lewandowski, 9.12.2008.** (HC-95542)

ART. 299, PARÁGRAFO ÚNICO, DO CP E NOTIFICAÇÃO PRÉVIA – 2

No entanto, nos termos do voto médio proferido pelo Min. Ricardo Lewandowski, relator, concedeu-se a ordem de ofício, a fim de que seja suspenso o interrogatório do paciente nos autos da ação penal até a apreciação definitiva do *habeas corpus* impetrado no STJ. O relator levou em conta que o parágrafo único do art. 299 do CP institui causa de aumento de pena quando o crime é praticado por funcionário público, prevalecendo-se do cargo, matéria a ser ainda examinada pelo Tribunal *a quo*, e considerou também as razões da liminar concedida pelo Ministro-Presidente desta Corte. Vencidos os Ministros Menezes Direito e Cármen Lúcia que se limitavam ao não conhecimento do *writ*, por entender que a autoridade reputada coatora decidira de acordo com o Verbete lá existente. Vencido, em parte, o Min. Marco Aurélio que o deferia em maior extensão para ensejar, desde logo, o direito de defesa nos moldes do art. 514 do CPP. **HC 95542/SP, rel. Min. Ricardo Lewandowski, 9.12.2008.** (HC-95542) (Inform. STF 532)

EXAME DE DNA E DIREITO DE LOCOMOÇÃO

A Turma deu provimento a recurso ordinário em *habeas corpus* para que a recorrente não seja obrigada a se deslocar a outra unidade da federação, às suas próprias expensas, com o propósito de realizar exame de DNA. Na espécie, nos autos de ação de investigação de paternidade promovida em face da recorrente e de seus irmãos, fora expedida ordem judicial a fim de determinar que a recorrente se submetesse à coleta de material para o citado exame na comarca em que domiciliado o autor daquela ação. Inicialmente, aduziu-se que a ora recorrente não se opusera à realização do exame de DNA, mas se insurgira quanto ao fato de ter que viajar para outro Estado-membro a fim de efetivar providência que poderia ser feita na comarca onde mora. Ressaltando tratar-se de situação fronteiriça, considerou-se que o caso seria de impetração de *habeas corpus*, porquanto se objetivava garantir a liberdade de ir, vir e ficar (não se locomover). **RHC 95183/BA, rel. Min. Cármen Lúcia, 9.12.2008.** (RHC-95183) (Inform. STF 532)

PRISÃO DE DEPOSITÁRIO JUDICIAL INFIEL E REVOGAÇÃO DA SÚMULA 619 DO STF

Na linha do entendimento acima sufragado, o Tribunal, por maioria, concedeu *habeas corpus*, impetrado em favor de depositário judicial, e averbou expressamente a revogação da Súmula 619 do STF ("*A prisão do depositário judicial pode ser decretada no próprio processo em que se constituiu o encargo, independentemente da propositura de ação de depósito*"). Vencido o Min. Menezes Direito que denegava a ordem por considerar que o depositário judicial teria outra natureza jurídica, apartada da prisão civil própria do regime dos contratos de depósitos, e que sua prisão não seria decretada com fundamento no descumprimento de uma obrigação civil, mas no desrespeito ao múnus público. **HC 92566/SP, rel. Min. Marco Aurélio, 3.12.2008.** (HC-92566) (Inform. STF 531)

RECEBIMENTO DE BENEFÍCIO E FILIAÇÃO A COLÔNIA DE PESCADORES

Por entender caracterizada a ofensa aos princípios constitucionais da liberdade de associação e da liberdade sindical (CF, artigos 5º, XX e 8º, V, respectivamente), o Tribunal julgou procedente pedido formulado em ação direta proposta pelo Procurador-Geral da República para declarar a inconstitucionalidade do art. 2º, IV, e alíneas, da Lei 10.779/2003, que exige que os pescadores profissionais que exerçam a atividade de forma artesanal apresentem atestado da colônia de pescadores a que estejam filiados para que possam se habilitar ao benefício do seguro-desemprego durante o período de defeso. Considerou-se que o dispositivo impugnado acaba por compelir os pescadores a se filiarem a uma colônia de pescadores. Precedente citado: ADI 1655/AP (DJU de 2.4.2004). **ADI 3464/DF, rel. Min. Menezes Direito, 29.10.2008.** (ADI-3464) (Inform. STF 526)

EXTRADIÇÃO SUPLETIVA E PRINCÍPIO DA ESPECIALIDADE

O princípio da especialidade (Lei 6.815/80, art. 91, I) não impede que o Estado requerente de extradição já concedida solicite sua extensão para abranger delito diverso, anteriormente cometido, mas só apurado em data ulterior pela justiça estrangeira. Com base nessa orientação, o Tribunal deferiu pedido de extensão em extradição de nacional holandês, requerida pelo Governo do Reino dos Países Baixos, para que ele possa ser processado pela prática de crimes sexuais, perpetrados em período anterior ao deferimento do pleito extradicional. Considerou-se estar o pedido adicional formalizado com os documentos relacionados no art. 80 da Lei 6.815/80, bem como se assentou a não ocorrência, na espécie, da prescrição dos delitos imputados ao requerido, os quais encontrariam correspondência com os crimes de estupro e de atentado violento ao pudor, previstos no Código Penal pátrio (Lei 6.815/80: "*Art. 91. Não será efetivada a entrega sem que o Estado requerente assuma o compromisso: I – de não ser o extraditando preso nem processado por fatos anteriores ao pedido;*"). **Ext 1052 Extensão/Reino dos Países Baixos, rel. Min. Eros Grau, 9.10.2008.** (Ext-1052) (Inform. STF 523)

EXTRADIÇÃO: DESQUALIFICAÇÃO DO CRIME DE SEQÜESTRO E MORTE PRESUMIDA – 1

O Tribunal iniciou julgamento de extradição formulada, com base em tratado bilateral, pelo Governo da Argentina contra nacional uruguaio, a fim de submetê-lo a processo judicial no qual lhe é imputada a prática dos crimes de privação de liberdade e de associação ilícita, previstos, respectivamente, nos artigos 144, alínea 1ª, e 210, ambos do Código Penal argentino. Alega o Estado requerente que, durante a denominada "Operação Condor", "identificada como uma organização terrorista, secreta e multinacional para caçar adversários políticos" dos regimes militares do Brasil, Argentina, Chile, Uruguai, Paraguai e Bolívia nas décadas de 1970 e 1980, o extraditando, à época, Major do Exército uruguaio, teria participado de ações militares que resultaram no seqüestro de pessoas, dentre as quais um cidadão argentino, levadas a uma fábrica abandonada e lá submetidas a interrogatórios e torturas. Preliminarmente, tendo em conta a regra prevista no art. 25, II, do Tratado do MERCOSUL, que estabelece que, quando mais de um Estado requer a extradição da mesma pessoa, pelo mesmo fato, tem preferência aquele em cujo território a infração foi cometida, julgou-se prejudicado outro pedido de extradição, formulado pelo Governo da República Oriental do Uruguai (Ext 1079), porquanto o desaparecimento do cidadão argentino, em 1976, imputado ao extraditando, ocorrera na Argentina. **Ext 974/República Argentina, rel. Min. Marco Aurélio, 11.9.2008.** (Ext-974)

EXTRADIÇÃO: DESQUALIFICAÇÃO DO CRIME DE SEQÜESTRO E MORTE PRESUMIDA – 2

Quanto ao mérito, o Min. Marco Aurélio, relator, indeferiu o pleito, no que foi acompanhado pelos Ministros Menezes Direito, Cármen Lúcia e Eros Grau. De início, reputou prescrito o crime de associação ilícita (quadrilha) tanto pela legislação brasileira quanto pela argentina. No que se refere ao desaparecimento do cidadão argentino, em 1976, negou — ante a impossibilidade de ter-se, por ausência de ratificação, a Convenção Interamericana sobre o Desaparecimento Forçado de Pessoas como a compor o ordenamento jurídico brasileiro — a aplicação do disposto no art. 7º dela constante, que prevê que o crime de desaparecimento não está sujeito à prescrição. Rejeitou, de igual modo, a alegação do Procurador-Geral da República, em seu parecer, de que a imputação feita ao extraditando, por ser enquadrável como seqüestro, não estaria prescrita, haja vista se tratar de crime permanente no Brasil e na Argentina. No ponto, asseverou que tal imputação adquiriu contornos peculiares, ficando afastada a tipologia seqüestro. Considerou que, no contexto, o vocábulo desaparecimento não corresponderia ao seqüestro previsto no art. 148 do CP ("*privar alguém de sua liberdade, mediante seqüestro ou cárcere privado*"), porque o desaparecimento forçado do cidadão argentino atribuído ao extraditando alcançaria a própria morte, ante o fim visado, qual seja, alijar pessoas que pudessem colocar em risco o regime existente. Ressaltou o relator ser sintomático que, ocorrido o aludido desaparecimento, em 1976, passados 32 anos, com mudanças substanciais de regime nos países que integrariam a "Operação Condor", não haja notícia do local em que se encontre o referido cidadão. Dessa forma, presente o sentido vernacular do vocábulo desaparecimento, entendeu não preenchido o requisito da dupla tipicidade relativamente ao disposto na legislação penal brasileira sobre o seqüestro. **Ext 974/República Argentina, rel. Min. Marco Aurélio, 11.9.2008.** (Ext-974)

EXTRADIÇÃO: DESQUALIFICAÇÃO DO CRIME DE SEQÜESTRO E MORTE PRESUMIDA – 3

Em seguida, o Min. Marco Aurélio, reportando-se aos princípios da razão suficiente, da causalidade e do determinismo, afirmou ter-se, considerada quer a legislação brasileira, quer a argentina, a morte presumida. Quanto à legislação brasileira, citou o que disposto na Lei 9.140/95, que reconheceu como mortas as pessoas desaparecidas em virtude de participação ou acusação de participação em atividades políticas no período de 2.9.61 a 5.10.88 (art. 1º), e ainda, a previsão geral decorrente do Código Civil de 2002 no que, além do instituto da simples ausência, inseriu, no contexto, a morte presumida, quando "*for extremamente provável a morte de quem estava em perigo de vida*" (art. 7º). No que tange à argentina, mencionou o art. 22 da Lei 14.394/54. Daí, para o relator, assentada a morte presumida ante os dois ordenamentos jurídicos, estar-se-ia diante da figura do homicídio, crime instantâneo, já prescrito tanto pelo direito pátrio quanto pelo argentino. Por fim, o relator, ao salientar que a extradição, presente a simetria, pressupõe, se cometido o crime no Brasil, a possibilidade de o extraditando vir a responder pelo ato em território brasileiro, entendeu que isso não ocorre, no caso, em razão da anistia verificada. Afirmou que, em última análise, o Supremo está a enfrentar, na espécie, na via indireta, a problemática relativa ao alcance da anistia, e que, na hipótese de ser deferida a extradição, assentar-se-á a viabilidade de persecução criminal, de responsabilidade administrativa e civil, no tocante a fatos por ela cobertos, o que implicará o esvaziamento de sua essência e um conflito sem limites. Quanto à tese da anistia, a Min. Cármen Lúcia fez ressalva. O Min. Ricardo Lewandowski abriu divergência e deferiu, em parte, o pedido, por considerar que o crime de seqüestro pode, em tese, ainda subsistir. Asseverou o fato de, nesses crimes de desaparecimento, muitos bebês terem sido tirados de suas mães nos cárceres e, até hoje, estarem em poder de outras famílias. Após, pediu vista dos autos o Min. Cezar Peluso. **Ext 974/República Argentina, rel. Min. Marco Aurélio, 11.9.2008.** (Ext-974) (Inform. STF 519)

HABEAS CORPUS CONTRA ATO DE TURMA E PRISÃO CIVIL DE DEPOSITÁRIO INFIEL

O Tribunal, em razão de estar discutindo, no RE 466343/SP (v. Informativos 449, 450 e 498) e em outros dois recursos extraordinários, a questão acerca da constitucionalidade, ou não, da prisão civil do depositário infiel nos casos de alienação fiduciária em garantia, com vários votos favoráveis à tese da inconstitucionalidade, resolveu questão de ordem no sentido de conhecer de *habeas corpus* impetrado contra ato da 1ª Turma, e deferiu a cautelar nele pleiteada, até o término do julgamento dos referidos recursos. **HC 94307 QO/RS, rel. Min. Cezar Peluso, 14.4.2008.** (HC-94307) (Inform. STF 502)

QUEBRA DE SIGILO BANCÁRIO - 1

Iniciado o julgamento de agravo regimental interposto pela União contra decisão proferida pelo Min. Carlos Velloso, relator, que, conhecendo e dando provimento a recurso extraordinário interposto contra acórdão do TRF da 4ª Região, assentara a necessidade de autorização judicial na hipótese de quebra de sigilo bancário com base em procedimento administrativo fiscal, sob pena de ofensa ao direito à privacidade (art. 5º, X, da CF/88). Alega-se, na espécie, que: a) é facultado à administração tributária identificar o patrimônio, rendimentos e atividades econômicas do contribuinte (CF, 145, § 1º); b) o afastamento, pela decisão agravada, da aplicação do art. 8º da Lei 8.021/90 c/c o art. 197, II, do CTN, teria implicado a declaração de inconstitucionalidade dos citados dispositivos, ofendendo o disposto no art. 97 da CF; c)o recurso extraordinário não poderia ter sido conhecido, pela incidência do Enunciado 279 da Súmula, e por tratar de ofensa reflexa à CF e, ainda, d) a administração tributária, por ser investida de função fiscalizatória, ao requisitar dados, atua no exercício do poder de polícia. O Min. Carlos Velloso, relator, salientando que o inciso II do art. 197 do CTN deve ser interpretado em consonância com o seu parágrafo único, e afastando, ainda, a aplicação do art. 8º da Lei 8.021/90, na espécie - já que a matéria relativa ao sistema financeiro deve ser regulada por meio de lei complementar (CF, art. 192), e que a Lei 4.595/64, recebida como tal pela CF/88, não admite a quebra de sigilo sem a autorização judicial -, proferiu voto no sentido de negar provimento ao recurso, mantendo os fundamentos da decisão agravada. Após, o julgamento foi adiado, em face do pedido de vista do Min. Gilmar Mendes. **RE 261278 AgR/PR, rel. Min. Carlos Velloso, 4.11.2003. (RE-261278)**

QUEBRA DE SIGILO BANCÁRIO – 2

A Turma, por maioria, proveu agravo regimental interposto pela União contra decisão proferida pelo Min. Carlos Velloso que, dando provimento a recurso extraordinário do qual relator, assentara a necessidade de autorização judicial na hipótese de quebra de sigilo bancário com base em procedimento administrativo fiscal, sob pena de ofensa ao direito à privacidade (CF, art. 5º, X) — v. Informativo 329. Inicialmente, salientou-se que a controvérsia seria anterior à edição da Lei Complementar 105/2001, que permite às "*autoridades e os agentes* fiscais tributários da União, dos Estados, do Distrito Federal e dos Municípios ... examinar documentos, livros e registros de instituições *financeiras, quando houver processo administrativo instaurado ou procedimento fiscal em curso e tais exames sejam conside-*

rados indispensáveis pela autoridade administrativa competente" (art. 6º). Asseverou-se que, na espécie, a questão limitar-se-ia à aplicação do art. 8º da Lei 8.021/90, que possibilita a obtenção de dados bancários da agravada, independentemente de autorização judicial ("*Iniciado o procedimento fiscal, a autoridade fiscal poderá solicitar informações sobre operações realizadas pelo contribuinte em instituições financeiras, inclusive extratos de contas bancárias, não se aplicando, nesta hipótese, o disposto no art. 38 da Lei 4.595, de 31 de dezembro de 1964.*"), cuja constitucionalidade ainda não fora apreciada pelo STF, o que tornaria inadequada a aplicação do art. 557, § 1º-A, do CPC. Entendeu-se que, dada a importância do tema, o recurso extraordinário deveria ser analisado pelo Pleno de forma ampla e irrestrita, inclusive possibilitando a sustentação oral das partes. Vencido o Min. Carlos Velloso que mantinha os fundamentos da decisão agravada. Regimental provido para anular a decisão monocrática e remeter o recurso extraordinário para julgamento do Plenário desta Corte. **RE 261278 AgR/PR, rel. orig. Min. Carlos Velloso, rel. p/ o acórdão Min. Gilmar Mendes, 1º.4.2008.** (RE-261278) (Inform. STF 500)

PRISÃO CIVIL E DEPOSITÁRIO INFIEL – 2

O Tribunal retomou julgamento de *habeas corpus*, afetado ao Plenário pela 1ª Turma, em que se questiona a legitimidade da ordem de prisão, por 60 dias, decretada em desfavor do paciente que, intimado a entregar o bem do qual depositário, não adimplira a obrigação contratual — v. Informativos 471 e 477. O Min. Celso de Mello, em voto-vista, acompanhou o voto do relator para conceder a ordem. Adotando os fundamentos expendidos nos casos acima relatados, asseverou que o Decreto 1.102/1903, que institui regras para o estabelecimento de empresas de armazéns gerais, determinando os direitos e obrigações dessas empresas, não foi recebido, especificamente no que concerne à expressão "*sob pena de serem presos os empresários, gerentes, superintendentes ou administradores sempre que não efetuarem aquela entrega dentro de 24 horas depois que judicialmente forem requeridos*", constante do seu art. 11, nº 1, e, também, no que se refere à locução "*sem prejuízo da pena de prisão de que trata o art. 11, nº 1*", inscrita na parte final do art. 35, 4º. Em seguida, pediu vista dos autos o Min. Menezes Direito. **HC 87585/TO, rel. Min. Marco Aurélio, 13.3.2008.** (HC-87585)

PRISÃO CIVIL E DEPOSITÁRIO INFIEL – 3

Em conclusão de julgamento, o Tribunal concedeu *habeas corpus* em que se questionava a legitimidade da ordem de prisão, por 60 dias, decretada em desfavor do paciente que, intimado a entregar o bem do qual depositário, não adimplira a obrigação contratual — v. Informativos 471, 477 e 498. Entendeu-se que a circunstância de o Brasil haver subscrito o Pacto de São José da Costa Rica, que restringe a prisão civil por dívida ao descumprimento inescusável de prestação alimentícia (art. 7º, 7), conduz à inexistência de balizas visando à eficácia do que previsto no art. 5º, LXVII, da CF ("*não haverá prisão civil por dívida, salvo a do responsável pelo inadimplemento voluntário e inescusável de obrigação alimentícia e a do depositário infiel;*"). Concluiu-se, assim, que, com a introdução do aludido Pacto no ordenamento jurídico nacional, restaram derrogadas as normas estritamente legais definidoras da custódia do depositário infiel. Prevaleceu, no julgamento, por fim, a tese do *status* de supralegalidade da referida Convenção, inicialmente defendida pelo Min. Gilmar Mendes no julgamento do RE 466343/SP, abaixo relatado. Vencidos, no ponto, os Ministros Celso de Mello, Cezar Peluso, Ellen Gracie e Eros Grau, que a ela davam a qualificação constitucional, perfilhando o entendimento expendido pelo primeiro no voto que proferira nesse recurso. O Min. Marco Aurélio, relativamente a essa questão, se absteve de pronunciamento. **HC 87585/TO, rel. Min. Marco Aurélio, 3.12.2008.** (HC-87585) (Inform. STF 531)

ALIENAÇÃO FIDUCIÁRIA E DEPOSITÁRIO INFIEL – 4

O Tribunal retomou julgamento de recurso extraordinário no qual se discute a constitucionalidade da prisão civil do depositário infiel nos casos de alienação fiduciária em garantia (DL 911/69: "*Art. 4º Se o bem alienado fiduciariamente não for encontrado ou não se achar na posse do devedor, o credor poderá requerer a conversão do pedido de busca e apreensão, nos mesmos autos, em ação de depósito, na forma prevista no Capítulo II, do Título I, do Livro IV, do Código de Processo Civil.*") — v. Informativos 449 e 450. O Min. Celso de Mello, em voto-vista, acompanhou o voto do relator, no sentido de negar provimento ao recurso, ao fundamento de que a norma impugnada não foi recebida pelo vigente ordenamento constitucional. Salientou, inicialmente, que, em face da relevância do assunto debatido, seria mister a análise do processo de crescente internacionalização dos direitos humanos e das relações entre o direito nacional e o direito internacional dos direitos humanos, sobretudo diante do disposto no § 3º do art. 5º da CF, introduzido pela EC 45/2004. Asseverou que a vedação da prisão civil por dívida possui extração constitucional e que, nos termos do art. 5º, LXVII, da CF, abriu-se, ao legislador comum, a possibilidade, em duas hipóteses, de restringir o alcance dessa vedação, quais sejam: inadimplemento de obrigação alimentar e infidelidade depositária. **RE 466343/SP, rel. Min. Cezar Peluso, 12.3.2008.** (RE-466343)

ALIENAÇÃO FIDUCIÁRIA E DEPOSITÁRIO INFIEL – 5

O Min. Celso de Mello, entretanto, também considerou, na linha do que exposto no voto do Min. Gilmar Mendes, que, desde a ratificação, pelo Brasil, do Pacto Internacional dos Direitos Civis e Políticos (art. 11) e da Convenção Americana sobre Direitos Humanos – Pacto de San José da Costa Rica (art. 7º, 7), não haveria mais base legal para a prisão civil do depositário infiel. Contrapondo-se, por outro lado, ao Min. Gilmar Mendes no que respeita à atribuição de *status* supralegal aos tratados internacionais de direitos humanos subscritos pelo Brasil, afirmou terem estes hierarquia constitucional. No ponto, destacou a existência de três distintas situações relativas a esses tratados: 1) os tratados celebrados pelo Brasil (ou aos quais ele aderiu), e regularmente incorporados à ordem interna, em momento anterior ao da promulgação da CF/88, revestir-se-iam de índole constitucional, haja vista que formalmente recebidos nessa condição pelo § 2º do art. 5º da CF; 2) os que vierem a ser celebrados por nosso País (ou aos quais ele venha a aderir) em data posterior à da promulgação da EC 45/2004, para terem natureza constitucional, deverão observar o *iter* procedimental do § 3º do art. 5º da CF; 3) aqueles celebrados pelo Brasil (ou aos quais nosso País aderiu) entre a promulgação da CF/88 e a superveniência da EC 45/2004, assumiriam caráter materialmente constitucional, porque essa hierarquia jurídica teria sido transmitida por efeito de sua inclusão no bloco de constitucionalidade. **RE 466343/SP, rel. Min. Cezar Peluso, 12.3.2008.** (RE-466343)

ALIENAÇÃO FIDUCIÁRIA E DEPOSITÁRIO INFIEL – 6

O Min. Celso de Mello observou, ainda, que o alcance das exceções constitucionais à cláusula geral que veda a prisão civil por dívida poderia sofrer mutações, decorrentes da atividade desenvolvida pelo próprio legislador comum, de formulações adotadas em sede de convenções ou tratados internacionais, ou ditadas por juízes e Tribunais, no processo de interpretação da Constituição e de todo o complexo normativo nela fundado, salientando, nessa parte, o papel de fundamental importância que a interpretação judicial desempenha, notadamente na adequação da própria Constituição às novas exigências, necessidades e transformações resultantes dos processos sociais, econômicos e políticos da sociedade contemporânea. Reconheceu, por fim, a supremacia da Constituição sobre todos os tratados internacionais celebrados pelo Estado brasileiro, inclusive os que versam o tema dos direitos humanos, desde que, neste último caso, as convenções internacionais que o Brasil tenha celebrado (ou a que tenha aderido) impliquem supressão, modificação gravosa ou restrição a prerrogativas essenciais ou a liberdades fundamentais reconhecidas e asseguradas pela própria Constituição. Em seguida, após as manifestações dos Ministros Gilmar Mendes e Cezar Peluso, mantendo os respectivos votos, pediu vista dos autos o Min. Menezes Direito. **RE 466343/SP, rel. Min. Cezar Peluso, 12.3.2008.** (RE-466343)

ALIENAÇÃO FIDUCIÁRIA E DEPOSITÁRIO INFIEL – 7

O Tribunal retomou julgamento de recuso extraordinário no qual se discute a constitucionalidade da prisão civil do depositário infiel nos casos de alienação fiduciária em garantia — v. Informativos 304 e 449. O Min. Celso de Mello, em voto-vista, acompanhou o voto do relator para negar provimento ao recurso, adotando os fundamentos expendidos no caso acima relatado. Em seguida, o julgamento foi suspenso em virtude do pedido de vista o Min. Menezes Direito. **RE 349703/RS, rel. Min. Ilmar Galvão, 12.3.2008.** (RE-349703)

ALIENAÇÃO FIDUCIÁRIA E DEPOSITÁRIO INFIEL – 8

Na linha do entendimento acima fixado, o Tribunal, por maioria, desproveu recurso extraordinário no qual se discutia a constitucionalidade da prisão civil do depositário infiel nos casos de alienação fiduciária em garantia (DL 911/69: "Art. 4º Se o bem alienado fiduciariamente não for encontrado ou não se achar na posse do devedor, o credor poderá *requerer a conversão do pedido de busca e apreensão, nos mesmos autos, em ação de depósito, na forma prevista no Capítulo II, do Título I, do Livro IV, do Código de Processo Civil.*") — v. Informativos 304, 449 e 498. Vencidos os Ministros Moreira Alves e Sydney Sanches, que davam provimento ao recurso. **RE 349703/RS, rel. orig. Min. Ilmar Galvão, rel. p/ o acórdão Min. Gilmar Mendes, 3.12.2008.** (RE-349703) (Inform. STF 531)

ALIENAÇÃO FIDUCIÁRIA E DEPOSITÁRIO INFIEL – 9

Seguindo a mesma orientação firmada nos casos supra relatados, o Tribunal negou provimento a recurso extraordinário no qual se discutia também a constitucionalidade da prisão civil do depositário infiel nos casos de alienação fiduciária em garantia — v. Informativos 449, 450 e 498. **RE 466343/SP, rel. Min. Cezar Peluso, 3.12.2008.** (RE-466343) (Inform. STF 531)

PREVENÇÃO E IDENTIDADE DE DOCUMENTOS

Em conclusão de julgamento, o Tribunal, por maioria, desproveu agravo regimental interposto contra decisão da Presidência que determinara a redistribuição de inquérito ao Min. Joaquim Barbosa, em razão do vínculo apontado entre o referido procedimento inquisitório e *habeas corpus*, de relatoria desse ministro, em que se discute a licitude ou não das provas documentais obtidas em busca e apreensão ordenada nos autos de certo inquérito policial. Na espécie, a decisão agravada, asseverando que o procedimento interno de distribuição da Corte autoriza o reconhecimento da prevenção quando os feitos guardem estreita relação entre si, considerara o fato de que o presente inquérito se fundamentaria, em parte, nos referidos documentos apreendidos. Vencidos os Ministros Joaquim Barbosa, Marco Aurélio e Celso de Mello, que davam provimento ao recurso, julgando correta a livre distribuição do processo, tendo em conta que o aludido *habeas corpus* e o presente feito teriam por origem diversos inquéritos policiais, não reputados conexos na origem, restando ausente, portanto, a hipótese prevista no art. 69 do RISTF ("*O conhecimento do mandado de segurança, do habeas corpus e do recurso civil ou criminal torna preventa a competência do Relator, para todos os recursos posteriores, tanto na ação quanto na execução, referentes ao mesmo processo.*"). **Inq 2443 AgR/SP, rel. Min. Ellen Gracie, 28.2.2008.** (Inq-2443) (Inform. STF 496)

AUSÊNCIA DE NEGATIVA DE PRESTAÇÃO JURISDICIONAL E ENUNCIADO DA SÚMULA 606 DO STF

O *habeas corpus* não tem passagem quando impugna ato emanado por órgão fracionário do STF (Enunciado da Súmula 606). Com base nesse entendimento, o Tribunal, por maioria, não conheceu de *habeas corpus* em que se pretendia a agilização no julgamento de outro *habeas*, distribuído ao Min. Joaquim Barbosa, bem como da medida cautelar incidental apresentada nesse último feito. Alega-se, no *habeas corpus* distribuído ao Min. Joaquim Barbosa, desrespeito às garantias do devido processo legal porque fundada a denúncia contra os pacientes em delação anônima e em investigações levadas a efeito pelo próprio Ministério Público. Quanto à medida cautelar, asseverou-se que ela teria sido julgada pelo Min. Joaquim Barbosa no mesmo dia em que protocolizadas as razões do presente *writ*, esvaziando, dessa forma, a pretensão deduzida. Em relação à alegada demora no julgamento do próprio *habeas corpus*, considerou-se que o julgamento do feito, inicialmente, teria sido sobrestado pela 1ª Turma, e não pelo Min. Joaquim Barbosa, até que o Pleno decidisse sobre o Inquérito 1968/DF — em que discutida a possibilidade de o Ministério Público realizar investigações próprias de autoridade policial —, e, depois, afetado, pela 2ª Turma, ao exame do Pleno. Vencidos os Ministros Celso de Mello e Gilmar Mendes que, reconhecendo situação excepcional apta a afastar a restrição sumular, deferiam o *writ*, de ofício, para o efeito de suspender o julgamento, pelo Tribunal *a quo*, da apelação criminal lá interposta pelos pacientes até que o STF procedesse ao julgamento do *habeas corpus* distribuído ao Min. Joaquim Barbosa. **HC 91352/SP, rel. Min. Menezes Direito, 28.2.2008.** (HC-91352) (Inform. STF 496)

DEVIDO PROCESSO LEGAL E NEGATIVA DE PRESTAÇÃO JURISDICIONAL – 1

A Turma iniciou julgamento de recurso extraordinário em que se alega negativa de prestação jurisdicional e ofensa aos princípios do devido processo legal e da ampla defesa. Na espécie, a Presidência do STJ desprovera agravo de instrumento em que se pretendia a subida de recurso especial inadmitido na origem, consignando que a empresa agravante não infirmara os fundamentos decisórios nem demonstrara, no recurso especial, ofensa a determinados dispositivos do CPC, bem como que o tribunal de origem não extrapolara, em juízo primeiro de admissibilidade, seu limite de cognição. Seguiram-se embargos de declaração, rejeitados, ao fundamento de ausência de seus pressupostos. Contra esse acórdão, a empresa apresentou o presente recurso extraordinário no qual indica violação aos artigos 5º, LIV e LV, e 105, III, ambos da CF. Sustenta que o STJ não examinou fundamento autônomo do recurso especial, relativamente à recusa do tribunal de justiça em analisar a matéria da confissão de dívida extrajudicial e que o mencionado recurso atenderia ao que disposto no Enunciado da Súmula 211 daquela Corte ("*Inadmissível recurso especial quanto à questão que, a despeito da oposição de embargos declaratórios, não foi apreciada pelo Tribunal.*"), uma vez que opusera embargos declaratórios para prequestionar transgressão aos artigos 348 e 353 do CPC e, alternativamente, ao art. 535 do mesmo diploma legal. Aduz, por fim, que o tema constitucional pode surgir no julgamento do recurso especial. **RE 417819/DF, rel. Min. Marco Aurélio, 12.2.2008.** (RE-417819)

DEVIDO PROCESSO LEGAL E NEGATIVA DE PRESTAÇÃO JURISDICIONAL – 2

O Min. Marco Aurélio, relator, deu provimento ao recurso extraordinário para que o STJ, afastado o óbice à seqüência do especial, examine-o como entender de direito, no que foi acompanhado pela Min. Cármen Lúcia, que o provia com fundamento no art. 5º, XXXV, da CF (" *a lei não excluirá da apreciação do Poder Judiciário lesão ou ameaça a direito;*"). Ressaltando que o Supremo encontra-se no ápice da organização judiciária brasileira e que o devido processo legal é uma garantia constitucional, considerou não ter cabimento proclamar-se a irrecorribilidade das decisões do STJ que resultem na inadmissibilidade do recurso especial, cujos pressupostos de para recorrer estão previstos na CF. Asseverou que a definição sobre até que ponto o acórdão proferido pela aludida Corte implica violência à CF deve ser analisado caso a caso. Assim, não haveria como afirmar que o exame dos requisitos de admissibilidade do recurso especial seria providência privativa do STJ, como ocorrera na hipótese. Entendeu que a assertiva segundo a qual não teria a empresa veiculado a afronta aos artigos 348 e 353 do CPC mostrar-se-ia discrepante das balizas constitucionais, não apenas do devido processo legal, como também das definidoras do cabimento do especial, haja vista que a questão da confissão fora posta tanto no tribunal de justiça quanto no próprio STJ. Em divergência, os Ministros Ricardo Lewandowski e Carlos Britto desproveram o recurso por reputar que a discussão envolveria matéria infraconstitucional. Após, verificado o empate, adiou-se a conclusão do julgamento para colher o voto de Ministro da 2ª Turma, que substituirá e preencherá o lugar vago em razão do impedimento do Min. Menezes Direito. **RE 417819/DF, rel. Min. Marco Aurélio, 12.2.2008.** (RE-417819) (Inform. STF 494)

EMENTA: A **GARANTIA CONSTITUCIONAL** DA PLENITUDE DE DEFESA: **UMA DAS PROJEÇÕES CONCRETIZADORAS** DA CLÁUSULA DO "*DUE PROCESS OF LAW*". **CARÁTER GLOBAL E ABRANGENTE** DA FUNÇÃO DEFENSIVA: **DEFESA TÉCNICA E AUTODEFESA** (DIREITO DE AUDIÊNCIA **E** DIREITO DE PRESENÇA). **PACTO INTERNACIONAL** SOBRE DIREITOS CIVIS E POLÍTICOS/ONU (ART. 14, N. 3, "D") E CONVENÇÃO AMERICANA DE DIREITOS HUMANOS/OEA (ART. 8º, § 2º, "D" E "F"). **DEVER DO ESTADO** DE ASSEGURAR, **AO RÉU PRESO**, O EXERCÍCIO DESSA PRERROGATIVA ESSENCIAL, **ESPECIALMENTE A DE COMPARECER** À AUDIÊNCIA DE INQUIRIÇÃO DAS TESTEMUNHAS, **AINDA** MAIS QUANDO ARROLADAS PELO MINISTÉRIO PÚBLICO. **RAZÕES** DE CONVENIÊNCIA ADMINISTRATIVA **OU** GOVERNAMENTAL **NÃO PODEM LEGITIMAR** O DESRESPEITO **NEM COMPROMETER** A EFICÁCIA **E** A OBSERVÂNCIA DESSA FRANQUIA CONSTITUCIONAL. **DOUTRINA**. **PRECEDENTES**. MEDIDA CAUTELAR **DEFERIDA**. (HC 93.053 MC/SP, rel. Min. Celso de Mello, j. em 08/02/08) (Inform. STF 494)

MANDADO DE INJUNÇÃO E DIREITO DE GREVE - 1

O Tribunal iniciou julgamento de mandado de injunção impetrado pelo Sindicato dos Trabalhadores em Educação do Município de João Pessoa - SINTEM em face do Congresso Nacional, com o objetivo de dar efetividade à norma inscrita no art. 37, VII, da CF ("*Art. 37. ... VII - o direito de greve será exercido nos termos e nos limites definidos em lei específica;*"). O Min. Gilmar Mendes, relator, conheceu do mandado de injunção e acolheu a pretensão nele deduzida para que, enquanto não suprida a lacuna legislativa, seja aplicada a Lei 7.783/89, e, ainda, em razão dos imperativos da continuidade dos serviços públicos, de acordo com as peculiaridades de cada caso concreto, e mediante solicitação de órgão competente, seja facultado ao juízo competente impor a observância a regime de greve mais severo, haja vista se tratar de serviços ou atividades essenciais, nos termos dos artigos 9 a 11 da Lei 7.783/89. Inicialmente, teceu considerações a respeito da questão da conformação constitucional do mandado de injunção no Direito Brasileiro e da evolução da interpretação que o Supremo lhe tem conferido. Ressaltou que a Corte, afastando-se da orientação inicialmente perfilhada no sentido de estar limitada à declaração da existência da mora legislativa para a edição de norma regulamentadora específica, passou, sem assumir compromisso com o exercício de uma típica função legislativa, a aceitar a possibilidade de uma regulação provisória pelo próprio Judiciário. Registrou, ademais, o quadro de omissão que se desenhou, não obstante as sucessivas decisões proferidas nos mandados de injunção. MI 708/DF, rel. Min. Gilmar Mendes, 24.5.2007. (MI-708)

MANDADO DE INJUNÇÃO E DIREITO DE GREVE - 2

O Min. Gilmar Mendes entendeu que, diante disso, talvez se devesse refletir sobre a adoção, como alternativa provisória, para esse impasse, de uma moderada sentença de perfil aditivo. Aduziu, no ponto, no que concerne à aceitação das sentenças aditivas ou modificativas, que elas são em geral aceitas quando integram ou completam um regime previamente adotado pelo legislador ou, ainda, quando a solução adotada pelo Tribunal incorpora "solução constitucionalmente obrigatória". Salientou que a disciplina do direito de greve para os trabalhadores em geral, no que tange às denominadas atividades essenciais, é especificamente delineada nos artigos 9 a 11 da Lei 7.783/89 e que, no caso de aplicação dessa legislação à hipótese do direito de greve dos servidores públicos, afigurar-se-ia inegável o conflito existente entre as necessidades mínimas de legislação para o exercício do direito de greve dos servidores públicos, de um lado, com o direito a serviços públicos adequados e prestados de forma contínua, de outro. Assim, tendo em conta que ao legislador não seria dado escolher se concede ou não o direito de greve, podendo tão-somente dispor sobre a adequada configuração da sua disciplina, reconheceu a necessidade de uma solução obrigatória da perspectiva constitucional. MI 708/DF, rel. Min. Gilmar Mendes, 24.5.2007. (MI-708)

MANDADO DE INJUNÇÃO E DIREITO DE GREVE - 3

Por fim, depois de esclarecer a necessidade da complementação na parte dispositiva de seu voto, porquanto não se poderia deixar de cogitar dos riscos decorrentes das possibilidades de que a regulação dos serviços públicos que tenham características afins aos serviços ou atividades essenciais seja menos severa que a disciplina dispensada aos serviços privados ditos essenciais, concluiu que, sob pena de injustificada e inadmissível negativa de prestação jurisdicional nos âmbitos federal, estadual e municipal, seria mister que, na decisão do *writ*, fossem fixados, também, os parâmetros institucionais e constitucionais de definição de competência, provisória e ampliativa, para apreciação de dissídios de greve instaurados entre o Poder Público e os servidores com vínculo estatutário. Dessa forma, no plano procedimental, vislumbrou a possibilidade de aplicação da Lei 7.701/88, que cuida da especialização das turmas dos Tribunais do Trabalho em processos coletivos. Após, o julgamento foi suspenso em virtude do pedido de vista do Min. Ricardo Lewandowski. MI 708/DF, rel. Min. Gilmar Mendes, 24.5.2007. (MI-708)

MANDADO DE INJUNÇÃO E DIREITO DE GREVE - 4

O Tribunal retomou julgamento de mandado de injunção impetrado pelo Sindicato dos Trabalhadores em Educação do Município de João Pessoa - SINTEM em face do Congresso Nacional, com o objetivo de dar efetividade à norma inscrita no art. 37, VII, da CF ("Art. 37. ... VII - o direito de greve será exercido nos termos e nos limites definidos em lei específica;") - v. Informativo 468. O Min. Ricardo Lewandowski, em voto-vista, acompanhou a conclusão do voto do relator. Salientando, entretanto, que a incidência pura e simples da Lei 7.783/89 à hipótese, ainda que com algumas alterações tópicas, não se mostraria de todo devida, por serem alguns de seus dispositivos inadequados ou insuficientes para regular a greve no serviço público, concedeu o mandado de injunção, desde que atendidas determinadas exigências. Aplicou, ainda, apenas à categoria representada pelo Sindicato requerente, a solução que preconizou para assegurar-lhe o exercício do direito de greve. No ponto, considerou o fato de tratar-se de mandado de injunção e não de ADI por omissão. MI 708/DF, rel. Min. Gilmar Mendes, 19.9.2007. (MI-708)

MANDADO DE INJUNÇÃO E DIREITO DE GREVE - 5

Nesse sentido, o Min. Ricardo Lewandowski determinou que: 1) a suspensão da prestação de serviços deve ser temporária, pacífica, podendo ser total ou parcial; 2) a paralisação dos serviços deve ser precedida de negociação ou de tentativa de negociação; 3) a Administração deve ser notificada da paralisação com antecedência mínima de 48 horas; 4) a entidade representativa dos servidores deve convocar, na forma de seu estatuto, assembléia geral para deliberar sobre as reivindicações da categoria e sobre a paralisação, antes de sua ocorrência; 5) o estatuto da entidade deve prever as formalidades de convocação e o quorum para a deliberação, tanto para a deflagração como para a cessação da greve; 6) a entidade dos servidores representará os seus interesses nas negociações, perante a Administração e o Poder Judiciário; 7) são assegurados aos grevistas, dentre outros direitos, o emprego de meios pacíficos tendentes a persuadir ou aliciar os servidores a aderirem à greve e a arrecadação de fundos e livre divulgação do movimento; 8) em nenhuma hipótese, os meios adotados pelos servidores e pela Administração poderão violar ou constranger os direitos e garantias fundamentais de outrem; 9) é vedado à Administração adotar meios para constranger os servidores ao comparecimento ao trabalho ou para frustrar a divulgação do movimento; 10) as manifestações e os atos de persuasão utilizados pelos grevistas não poderão impedir o acesso ao trabalho nem causar ameaça ou dano à propriedade ou pessoa; 11) durante o período de greve é vedada a demissão de servidor, exceto se fundada em fatos não relacionados com a paralisação, e, salvo em se tratando de ocupante de cargo em comissão de livre provimento e exoneração ou, no caso de cargo efetivo, a pedido do próprio interessado; 12) será lícita a demissão ou a exoneração de servidor na ocorrência de abuso do direito de greve, assim consideradas: a) a inobservância das presentes exigências; e b) a manutenção da paralisação após a celebração de acordo ou decisão judicial sobre o litígio; 13) durante a greve, a entidade representativa dos servidores ou a comissão de negociação, mediante acordo com a Administração, deverá manter em atividade equipes de servidores com o propósito de assegurar a prestação de serviços essenciais e indispensáveis ao atendimento das necessidades inadiáveis da coletividade; 14) em não havendo o referido acordo, ou na hipótese de não ser assegurada a continuidade da prestação dos referidos serviços, fica assegurado à Administração, enquanto perdurar a greve, o direito de contratação de pessoal por tempo determinado, prevista no art. 37, IX, da Constituição Federal ou a contratação de serviços de terceiros; 15) na hipótese de greve em serviços ou atividades essenciais, a paralisação deve ser comunicada com antecedência mínima de 72 horas à Administração e aos usuários; 16) a responsabilidade pelos atos praticados durante a greve será apurada, conforme o caso, nas esferas administrativa, civil e penal. MI 708/DF, rel. Min. Gilmar Mendes, 19.9.2007. (MI-708)

MANDADO DE INJUNÇÃO E DIREITO DE GREVE - 6

Quanto à remuneração dos dias parados, o Min. Ricardo Lewandowski inspirou-se na redação proposta ao art. 9º do Projeto de Lei 4.497/2001, para determinar que os dias de greve serão contados como de efetivo exercício para todos os efeitos, inclusive remuneratórios, desde que atendidas as exigências acima formuladas, e desde que, após o encerramento da greve, sejam repostas as horas não trabalhadas, de acordo com cronograma estabelecido pela Administração, com a participação da entidade representativa dos servidores. No que concerne especificamente à questão da fixação de parâmetros de definição de competência para a apreciação de dissídios de greve instaurados entre o Poder Público e seus servidores, adotou a regra fixada pelo relator de competência da Justiça Estadual comum para dirimir os conflitos. O Min. Gilmar Mendes, relator, aditou seu voto para determinar que o Congresso Nacional, no prazo de 60 dias, supra a omissão legislativa. Após os votos dos Ministros Menezes Direito, Cármen Lúcia, Celso de Mello e Carlos Britto, acompanhando o voto do relator, pediu vista dos autos o Min. Joaquim Barbosa. MI 708/DF, rel. Min. Gilmar Mendes, 19.9.2007. (MI-708)

MANDADO DE INJUNÇÃO E DIREITO DE GREVE - 7

O Tribunal concluiu julgamento de três mandados de injunção impetrados, respectivamente, pelo Sindicato dos Servidores Policiais Civis do Espírito Santo - SINDIPOL, pelo Sindicato dos Trabalhadores em Educação do Município de João Pessoa - SINTEM, e pelo Sindicato dos Trabalhadores do Poder Judiciário do Estado do Pará - SINJEP, em que se pretendia fosse garantido aos seus associados o exercício do direito de greve previsto no art. 37, VII, da CF (*"Art. 37. ... VII - o direito de greve será exercido nos termos e nos limites definidos em lei específica;"*) — v. Informativos 308, 430, 462, 468, 480 e 484. O Tribunal, por maioria, conheceu dos mandados de injunção e propôs a solução para a omissão legislativa com a aplicação, no que couber, da Lei 7.783/89, que dispõe sobre o exercício do direito de greve na iniciativa privada. MI 670/ES, rel. orig. Min. Maurício Corrêa, rel. p/ o acórdão Min. Gilmar Mendes, 25.10.2007. (MI-670) MI 708/DF, rel. Min. Gilmar Mendes, 25.10.2007. (MI-708) MI 712/PA, rel. Min. Eros Grau, 25.10.2007. (MI-712)

MANDADO DE INJUNÇÃO E DIREITO DE GREVE - 8

No MI 670/ES e no MI 708/DF prevaleceu o voto do Min. Gilmar Mendes. Nele, inicialmente, teceram-se considerações a respeito da questão da conformação constitucional do mandado de injunção no Direito Brasileiro e da evolução da interpretação que o Supremo lhe tem conferido. Ressaltou-se que a Corte, afastando-se da orientação inicialmente perfilhada no sentido de estar limitada à declaração da existência da mora legislativa para a edição de norma regulamentadora específica, passou, sem assumir compromisso com o exercício de uma típica função legislativa, a aceitar a possibilidade de uma regulação provisória pelo próprio Judiciário. Registrou-se, ademais, o quadro de omissão que se desenhou, não obstante as sucessivas decisões proferidas nos mandados de injunção. Entendeu-se que, diante disso, talvez se devesse refletir sobre a adoção, como alternativa provisória, para esse impasse, de uma moderada sentença de perfil aditivo. Aduziu-se, no ponto, no que concerne à aceitação das sentenças aditivas ou modificativas, que elas são em geral aceitas quando integram ou completam um regime previamente adotado pelo legislador ou, ainda, quando a solução adotada pelo Tribunal incorpora "solução constitucionalmente obrigatória". Salientou-se que a disciplina do direito de greve para os trabalhadores em geral, no que tange às denominadas atividades essenciais, é especificamente delineada nos artigos 9 a 11 da Lei 7.783/89 e que, no caso de aplicação dessa legislação à hipótese do direito de greve dos servidores públicos, afigurar-se-ia inegável o conflito existente entre as necessidades mínimas de legislação para o exercício do direito de greve dos servidores públicos, de um lado, com o direito a serviços públicos adequados e prestados de forma contínua, de outro. Assim, tendo em conta que ao legislador não seria dado escolher se concede ou não o direito de greve, podendo tão-somente dispor sobre a adequada configuração da sua disciplina, reconheceu-se a necessidade de uma solução obrigatória da perspectiva constitucional. MI 670/ES, rel. orig. Min. Maurício Corrêa, rel. p/ o acórdão Min. Gilmar Mendes, 25.10.2007. (MI-670) MI 708/DF, rel. Min. Gilmar Mendes, 25.10.2007. (MI-708) MI 712/PA, rel. Min. Eros Grau, 25.10.2007. (MI-712)

MANDADO DE INJUNÇÃO E DIREITO DE GREVE - 9

Por fim, concluiu-se que, sob pena de injustificada e inadmissível negativa de prestação jurisdicional nos âmbitos federal, estadual e municipal, seria mister que, na decisão do *writ*, fossem fixados, também, os parâmetros institucionais e constitucionais de definição de competência, provisória e ampliativa, para apreciação de dissídios de greve instaurados entre o Poder Público e os servidores com vínculo estatutário. Dessa forma, no plano procedimental, vislumbrou-se a possibilidade de aplicação da Lei 7.701/88, que cuida da especialização das turmas dos Tribunais do Trabalho em processos coletivos. No MI 712/PA, prevaleceu o voto do Min. Eros Grau, relator, nessa mesma linha. Ficaram vencidos, em parte, nos três mandados de injunção, os Ministros Ricardo Lewandowski, Joaquim Barbosa e Marco Aurélio, que limitavam a decisão à categoria representada pelos respectivos sindicatos e estabeleciam condições específicas para o exercício das paralisações. Também ficou vencido, parcialmente, no MI 670/ES, o Min. Maurício Corrêa, relator, que conhecia do *writ* apenas para certificar a mora do Congresso Nacional. MI 670/ES, rel. orig. Min. Maurício Corrêa, rel. p/ o acórdão Min. Gilmar Mendes, 25.10.2007. (MI-670) MI 708/DF, rel. Min. Gilmar Mendes, 25.10.2007. (MI-708) MI 712/PA, rel. Min. Eros Grau, 25.10.2007. (MI-712) (Inform. STF 485)

MANDADO DE INJUNÇÃO E DESISTÊNCIA

O Tribunal resolveu questão de ordem em mandado de injunção no sentido de não admitir a desistência formulada pelo impetrante, Sindicato dos Trabalhadores do Poder Judiciário do Estado do Pará - SINJEP. Pretende-se, na impetração, seja garantido aos associados do referido sindicato o exercício do direito de greve previsto no art. 37, VII, da CF ("*o direito de greve será exercido nos termos e nos limites definidos em lei específica;*") — v. Informativos 308, 430 e 462. Entendeu-se que, após o voto de oito dos Ministros da Corte a respeito do mérito, além da apreciação de questão de ordem relativa à possibilidade de deferimento de tutela antecipada, seria injustificável a desistência. Asseverou-se que o pedido poderia configurar uma tentativa de fraudar a própria decisão do Tribunal. O Min. Cezar Peluso, em seu voto, reputou o pedido juridicamente impossível, porque, iniciado o julgamento, embora factualmente dividido pelo número de pessoas que devessem compor o Colegiado, ele, juridicamente, seria um ato uno e contínuo, ou seja, não se interromperia mais. MI 712/PA, rel. Min. Eros Grau, 15.10.2007. (MI-712) (Inform. STF 484)

PRISÃO CIVIL E DEPOSITÁRIO INFIEL - 1

A Turma decidiu afetar ao Plenário o julgamento de *habeas corpus* em que se questiona a legitimidade da ordem de prisão, por 60 dias, decretada em desfavor do paciente que, intimado a entregar o bem do qual depositário, não adimplira a obrigação contratual. Sustenta-se, na espécie, a insubsistência da custódia, sob a alegação de que esta contrariaria a EC 45/2004, no que endossados tratados e convenções internacionais sobre direitos humanos, haja vista que a subscrição, pelo Brasil, da Convenção Americana sobre Direitos Humanos – Pacto de São José da Costa Rica impossibilitaria a prisão do depositário infiel. HC 87585/TO, rel. Min. Marco Aurélio, 12.6.2007. (HC-87585) (Inform. STF 471)

PRISÃO CIVIL E DEPOSITÁRIO INFIEL - 2

O Tribunal iniciou julgamento de *habeas corpus*, afetado ao Plenário pela 1ª Turma, em que se questiona a legitimidade da ordem de prisão, por 60 dias, decretada em desfavor do paciente que, intimado a entregar o bem do qual depositário, não adimplira a obrigação contratual. Sustenta-se, na espécie, a insubsistência da custódia, sob a alegação de que esta contrariaria a EC 45/2004, no que endossados tratados e convenções internacionais sobre direitos humanos, haja vista que a subscrição, pelo Brasil, da Convenção Americana sobre Direitos Humanos - Pacto de São José da Costa Rica impossibilitaria a prisão do depositário infiel — v. Informativo 471. O Min. Marco Aurélio, relator, deferiu o *writ* para afastar do cenário jurídico a ordem de prisão decretada contra o paciente. Entendeu que a circunstância de o Brasil haver subscrito o Pacto de São José da Costa Rica, que restringe a prisão civil por dívida ao descumprimento inescusável de prestação alimentícia, conduziria à inexistência de balizas visando à eficácia do que previsto no art. 5º, LXVII, da CF, dispositivo este não auto-aplicável, porquanto dependente de regulamentação, por texto legal, acerca dessa prisão, inclusive quanto ao seu período. Concluiu, assim, que, com a introdução do aludido Pacto no ordenamento jurídico nacional, restaram derrogadas as normas estritamente legais definidoras da custódia do depositário infiel. Ademais, ressaltou que, no caso, o paciente não tentara furtar-se ao pagamento de seu débito, formulando, até mesmo, propostas de acordo com a credora, todas rejeitadas. Após, pediu vista dos autos o Min. Celso de Mello. HC 87585/TO, rel. Min. Marco Aurélio, 29.8.2007. (HC-87585) (Inform. STF 477)

Prisão Civil e Depositário Infiel - 3

Em conclusão de julgamento, o Tribunal concedeu habeas corpus em que se questionava a legitimidade da ordem de prisão, por 60 dias, decretada em desfavor do paciente que, intimado a entregar o bem do qual depositário, não adimplira a obrigação contratual — v. Informativos 471, 477 e 498. Entendeu-se que a circunstância de o Brasil haver subscrito o Pacto de São José da Costa Rica, que restringe a prisão civil por dívida ao descumprimento inescusável de prestação alimentícia (art. 7º, 7), conduz à inexistência de balizas visando à eficácia do que previsto no art. 5º, LXVII, da CF ("não haverá prisão civil por dívida, salvo a do responsável pelo inadimplemento voluntário e inescusável de obrigação alimentícia e a do depositário infiel;"). Concluiu-se, assim, que, com a introdução do aludido Pacto no ordenamento jurídico nacional, restaram derrogadas as normas estritamente legais definidoras da custódia do depositário infiel. Prevaleceu, no julgamento, por fim, a tese do status de supralegalidade da referida Convenção, inicialmente defendida pelo Min. Gilmar Mendes no julgamento do RE 466343/SP, abaixo relatado. Vencidos, no ponto, os Ministros Celso de Mello, Cezar Peluso, Ellen Gracie e Eros Grau, que a ela davam a qualificação constitucional, perfilhando o entendimento expendido pelo primeiro no voto que proferira nesse recurso. O Min. Marco Aurélio, relativamente a essa questão, se absteve de pronunciamento. HC 87585/TO, rel. Min. Marco Aurélio, 3.12.2008. (HC-87585) (Inform. STF 477)

PRISÃO CIVIL DE DEPOSITÁRIO JUDICIAL INFIEL - 1

A Turma, por maioria, negou provimento a recurso ordinário em *habeas corpus* em que se sustentava a ilegitimidade da prisão civil decretada contra o recorrente que, na condição de depositário judicial, oferecera propriedade rural, recusada pelo exeqüente, como substituição a bens dados em penhora, os quais teriam sido supostamente furtados. Alegava-se, na espécie, que: a) o art. 7º, § 7º, da Convenção Americana sobre Direitos Humanos – Pacto de São José da Costa Rica, não previu a prisão por dívida civil; b) a ocorrência de furto, comprovada por meio de comunicação à autoridade policial, descaracterizaria a infidelidade do depositário, bem como que caberia ao exeqüente o ônus de prova em contrário; c) fora apresentada substituição do bem por outro de valor maior, rejeitado pelo exeqüente. Inicialmente, asseverou-se que a questão examinada teria contornos distintos daquela apreciada pelo Plenário no RE 466343/SP, pendente de conclusão, no qual se discute a constitucionalidade da prisão civil do depositário infiel nos casos de alienação fiduciária em garantia (v. Informativos 449 e 450). RHC 90759/MG, rel. Min. Ricardo Lewandowski, 15.5.2007. (RHC-90759)

PRISÃO CIVIL DE DEPOSITÁRIO JUDICIAL INFIEL - 2

Considerou-se que o depósito judicial, enquanto obrigação legal que estabelece relação típica de direito público e de caráter processual entre o juízo da execução e o depositário judicial dos bens penhorados, permite a prisão civil. Nesse sentido, a instrumentalidade do depósito judicial não se faz em função de obrigação jurídica decorrente de contrato ou de interpretação extensiva, mas como depósito necessário no qual a guarda dos bens penhorados objetiva garantir a opção futura do exeqüente quanto à adjudicação ou hasta pública, o que afastaria a aplicação do citado Pacto de São José da Costa Rica. Por fim, aduziu-se que o argumento acerca do furto careceria de prova e, ademais, que a substituição de bens penhorados dependeria da comprovação da impossibilidade de prejuízo para o exeqüente. Vencido o Min. Marco Aurélio que, ressaltando que o Pacto de São José da Costa Rica não implicaria a derrogação da CF, mas resultaria no afastamento do arcabouço normativo das regras comuns alusivas ao depósito, dava provimento ao recurso por entender que só subsistiria regulamentada na Constituição a prisão decorrente da obrigação referente à prestação alimentícia inescusável. Precedentes citados: RHC 55271/PE (DJU de 26.8.77); RHC 80035/SP (DJU de 17.8.2001); HC 84484/SP (DJU de 7.10.2004). RHC 90759/MG, rel. Min. Ricardo Lewandowski, 15.5.2007. (RHC-90759) (Inform. STF 467)

ADI E GRATUIDADE DE CERTIDÃO - 1

O Tribunal, por maioria, julgou improcedente pedido formulado em ação direta ajuizada pela Associação dos Notários e Registradores do Brasil - ANOREG-BR, contra os artigos 1º, 3º e 5º da Lei 9.534/97, que prevêem a gratuidade do registro civil de nascimento, do assento de óbito, bem como da primeira certidão respectiva. Entendeu-se inexistir conflito da lei impugnada com a Constituição, a qual, em seu inciso LXXVI do art. 5º ("*são gratuitos para os reconhecidamente pobres, na forma da lei: a) o registro civil de nascimento; b) a certidão de óbito*"), apenas estabelece o mínimo a ser observado pela lei, não impedindo que esta gratuidade seja estendida a outros cidadãos. Considerou-se, também, que os atos relativos ao nascimento e ao óbito são a base para o exercício da cidadania, sendo assegurada a gratuidade de todos os atos necessários ao seu exercício (CF, art. 5º, LXXVII). Aduziu-se, ainda, que os oficiais exercem um serviço público, prestado mediante delegação, não havendo direito constitucional à percepção de emolumentos por todos os atos praticados, mas apenas o recebimento, de forma integral, da totalidade dos emolumentos que tenham sido fixados. ADI 1800/DF, rel. orig. Min. Nelson Jobim, rel. p/ o acórdão Min. Ricardo Lewandowski, 11.6.2007. (ADI-1800)

ADI E GRATUIDADE DE CERTIDÃO - 2

Em acréscimo a esses fundamentos do relator originário, o Min. Ricardo Lewandowski, em seu voto-vista, ressaltou que, não obstante o entendimento de se tratar de serviço público prestado por delegação, a intervenção estatal não poderia anular, por completo, o caráter privado (CF, art. 236) — cuja continuidade depende da manutenção de seu equilíbrio econômico-financeiro —, o que não vislumbrou no diploma legal em tela, quando examinado à luz de uma ponderação de valores constitucionais, especialmente sob o prisma da proporcionalidade. No ponto, salientando que o princípio da proporcionalidade apresenta duas facetas: a proibição de excesso e a proibição de proteção deficiente, concluiu que os dispositivos impugnados não incidem em nenhum deles. Afirmou que os notários e registradores exercem muitas outras atividades lucrativas e que a isenção de emolumentos neles prevista não romperia o equilíbrio econômico-financeiro das serventias extrajudiciais, de maneira a inviabilizar sua continuidade, e que tais dispositivos legais buscam igualar ricos e pobres em dois momentos cruciais da vida, de maneira a permitir que todos, independentemente de sua condição ou sua situação patrimonial, nesse particular, possam exercer os direitos de cidadania exatamente nos termos do que dispõe o art. 5º, LXXVII, da CF. O Min. Eros Grau fez ressalva quanto à questão do princípio da proporcionalidade. O Min. Sepúlveda Pertence reportou-se aos fundamentos que expendera no julgamento da cautelar. Vencido o Min. Marco Aurélio que, também mantendo o voto proferido quando do julgamento da cautelar, julgava parcialmente procedente o pleito, afastando a gratuidade linear. ADI 1800/DF, rel. orig. Min. Nelson Jobim, rel. p/ o acórdão Min. Ricardo Lewandowski, 11.6.2007. (ADI-1800)

ADC E GRATUIDADE DE CERTIDÃO - 3

Com base na orientação acima fixada, o Tribunal, por maioria, julgou procedente pedido formulado em ação declaratória, proposta pelo Procurador-Geral da República, para declarar a constitucionalidade os artigos 1º, 3º e 5º da Lei 9.534/97 — v. Informativo 421. Vencido, o Min. Marco Aurélio que, reportando-se aos fundamentos do caso anterior, julgava o pedido parcialmente improcedente. ADC 5/DF, rel. orig. Min. Nelson Jobim, rel. p/ o acórdão Min. Ricardo Lewandowski, 11.6.2007. (ADC-5) (Inform. STF 471)

PRISÃO CIVIL DE DEPOSITÁRIO JUDICIAL INFIEL

A Turma deferiu *habeas corpus* preventivo para assegurar ao paciente o direito de permanecer em liberdade até o julgamento do mérito, pelo STJ, de idêntica medida. No caso, ajuizada ação de execução, o paciente aceitara o encargo de depositário judicial de bens que, posteriormente, foram arrematados pela credora. Ocorre que, expedido mandado de remoção, os bens não foram localizados e o paciente propusera, ante a sua fungibilidade, o pagamento parcelado do débito ou a substituição por imóvel de sua propriedade, ambos recusados pela exeqüente. Diante do descumprimento do múnus, decretara-se a prisão do paciente. Inicialmente, superou-se a aplicação do Enunciado da Súmula 691 do STF. Em seguida, asseverou-se que o tema da legitimidade da prisão civil do depositário infiel, ressalvada a hipótese excepcional do devedor de alimentos, encontra-se em discussão no Plenário (RE 466343/SP, v. Informativos 449 e 450) e conta com 7 votos favoráveis ao reconhecimento da inconstitucionalidade da prisão civil do alienante fiduciário e do depositário infiel. Tendo isso em conta, entendeu-se presente a plausibilidade da tese da impetração. Reiterou-se, ainda, o que afirmado no mencionado RE 466343/SP no sentido de que os tratados internacionais de direitos humanos subscritos pelo Brasil possuem *status* normativo supralegal, o que torna inaplicável a legislação infraconstitucional com eles conflitantes, seja ela anterior ou posterior ao ato de ratificação e que, desde a ratificação, pelo Brasil, sem qualquer reserva, do Pacto Internacional dos Direitos Civis e Políticos (art. 11) e da Convenção Americana sobre Direitos Humanos - Pacto de San José da Costa Rica (art. 7º, 7), não há mais base legal para a prisão civil do depositário infiel. HC 90172/SP, rel. Min. Gilmar Mendes, 5.6.2007. (HC-90172) (Inform. STF 470)

ADI E ESTATUTO DO DESARMAMENTO - 1

O Tribunal, por maioria, julgou procedente, em parte, pedido formulado em várias ações diretas ajuizadas pelo Partido Trabalhista Brasileiro - PTB e outros para declarar a inconstitucionalidade dos parágrafos únicos dos artigos 14 e 15 e do art. 21 da Lei 10.826/2003 - Estatuto do Desarmamento, que dispõe sobre registro, posse e comercialização de armas de fogo e munição, sobre o Sistema Nacional de Armas - Sinarm, define crimes e dá outras providências. Inicialmente, o Tribunal rejeitou as alegações de inconstitucionalidade formal, ao fundamento de que os dispositivos do texto legal impugnado não violam o art. 61, § 1º, II, a e e, da CF. Salientando-se que a Lei 10.826/2003 foi aprovada depois da entrada em vigor da EC 32/2001, que suprimiu da iniciativa exclusiva do Presidente da República a estruturação e o estabelecimento de atribuições dos Ministérios e órgãos da Administração Pública, considerou-se que os seus dispositivos não versam sobre a criação de órgãos, cargos, funções ou empregos públicos, nem sobre sua extinção, como também não desbordam do poder de apresentar ou emendar projetos de lei, que o texto constitucional atribui aos congressistas. Asseverou-se que a maior parte desses dispositivos constitui mera reprodução de normas contidas na Lei 9.437/97, de iniciativa do Poder Executivo, revogada pela lei em comento, ou são consentâneos com o que nela se dispunha. Ressaltou-se que os demais consubstanciam preceitos que mantêm relação de pertinência com a Lei 9.437/97 ou com o projeto de Lei 1.073/99, encaminhados ao Congresso Nacional pela Presidência da República, geralmente explicitando prazos e procedimentos administrativos, ou foram introduzidos no texto por diplomas legais originados fora do âmbito congressual (Leis 10.867/2004, 10.884/2004, 11.118/2005 e 11.191/2005), ou, ainda, são prescrições normativas que em nada interferem com a iniciativa do Presidente da República. Salientou-se, por fim, a natureza concorrente da iniciativa em matéria criminal e processual, e a possibilidade, em razão disso, da criação, modificação ou extensão de tipos penais e respectivas sanções, bem como o estabelecimento de taxas ou a instituição de isenções pela lei impugnada, ainda que resultantes de emendas ou projetos de lei parlamentares.

ADI E ESTATUTO DO DESARMAMENTO - 2

Em seguida, relativamente aos parágrafos únicos dos artigos 14 e 15 da Lei 10.868/2003, que proíbem o estabelecimento de fiança, respectivamente, para os crimes de porte ilegal de arma de fogo de uso permitido e de disparo de arma de fogo, considerou-se desarrazoada a vedação, ao fundamento de que tais delitos não poderiam ser equiparados a terrorismo, prática de tortura, tráfico ilícito de entorpecentes ou crimes hediondos (CF, art. 5º, XLIII). Asseverou-se, ademais, cuidar-se, na verdade, de crimes de mera conduta que, embora impliquem redução no nível de segurança coletiva, não podem ser igualados aos crimes que acarretam lesão ou ameaça de lesão à vida ou à propriedade. Quanto ao art. 21 da lei impugnada, que prevê serem insuscetíveis de liberdade provisória os delitos capitulados nos artigos 16 (posse ou porte ilegal de arma de fogo de uso restrito), 17 (comércio ilegal de arma de fogo) e 18 (tráfico internacional de arma de fogo), entendeu-se haver afronta aos princípios constitucionais da presunção de inocência e do devido processo legal (CF, art. 5º, LVII e LXI). Ressaltou-se, no ponto, que, não obstante a interdição à liberdade provisória tenha sido estabelecida para crimes de suma gravidade, liberando-se a franquia para os demais delitos, a Constituição não permite a prisão *ex lege*, sem motivação, a qual viola, ainda, os princípios da ampla defesa e do contraditório (CF, art. 5º, LV). Vencidos, parcialmente, os Ministros Carlos Britto, Gilmar Mendes e Sepúlveda Pertence, que julgavam improcedente o pedido formulado quanto aos parágrafos únicos dos artigos 14 e 15, e o Min. Marco Aurélio, que o julgava improcedente quanto ao parágrafo único do art. 15 e, em relação ao art. 21, apenas quanto à referência ao art. 16. O Tribunal, por unanimidade, julgou, ainda, improcedente o pedido quanto aos artigos 2º, X; 5º, §§ 1º, 2º e 3º; 10; 11, II; 12; 23, §§ 1º, 2º e 3º; 25, parágrafo único; 28; 29 e ao parágrafo único do art. 32, e declarou o prejuízo da ação em relação ao art. 35, todos da Lei 10.826/2003. ADI 3112/DF, rel. Min. Ricardo Lewandowski, 2.5.2007. (ADI-3112) ADI 3137/DF, rel. Min. Ricardo Lewandowski, 2.5.2007. (ADI-3137) ADI 3198/DF, rel. Min. Ricardo Lewandowski, 2.5.2007. (ADI-3198) ADI 3263/DF, rel. Min. Ricardo Lewandowski, 2.5.2007. (ADI-3263) ADI 3518/DF, rel. Min. Ricardo Lewandowski, 2.5.2007. (ADI-3518) ADI 3535/DF, rel. Min. Ricardo Lewandowski, 2.5.2007. (ADI-3535) ADI 3586/DF, rel. Min. Ricardo Lewandowski, 2.5.2007. (ADI-3586) ADI 3600/DF, rel. Min. Ricardo Lewandowski, 2.5.2007. (ADI-3600) ADI 3788/DF, rel. Min. Ricardo Lewandowski, 2.5.2007. (ADI-3788) ADI 3814/DF, rel. Min. Ricardo Lewandowski, 2.5.2007. (ADI-3814) (Inform. STF 465)

ANULAÇÃO DE CONCURSO PÚBLICO PELO CNJ - 1

O Tribunal iniciou julgamento de mandado de segurança impetrado por candidatos aprovados em concurso público para Juiz de Direito Substituto do Tribunal de Justiça do Estado do Amapá contra decisão do Conselho Nacional de Justiça - CNJ que, em Procedimento de Controle Administrativo - PCA, anulara, de ofício, referido certame. A Min. Cármen Lúcia, relatora, denegou o *writ*, por não vislumbrar direito líquido e certo dos impetrantes que tivesse sido violado, nem ilegalidade ou abuso de poder praticado pelo CNJ, no que foi acompanhada pelos Ministros Ricardo Lewandowski, Joaquim Barbosa e Carlos Britto. Primeiro, afastou a alegação de cerceamento de defesa por não se ter possibilitado ao Presidente do TJ-AP sua sustentação oral no julgamento do referido PCA, ao fundamento de que esta não ocorrera porque o Presidente do TJ-AP não estava presente à sessão no momento em que julgado aquele procedimento. Rejeitou, de igual modo, a assertiva de que não teria sido dado prazo para manifestação final dos impetrantes, porquanto, no deferimento da medida liminar pleiteada no PCA, o Conselheiro relator determinara expressamente a intimação do requerente e a expedição do edital de que trata o art. 98 do Regimento Interno do CNJ - RICNJ, tendo sido, inclusive, reconhecido, por um dos impetrantes, o recebimento de comunicado eletrônico, encaminhado pelo Presidente do TJ-AP, informando a instauração do PCA. Além disso, os impetrantes não teriam juntado, aos autos, cópia do PCA, de modo a permitir a análise dos atos interlocutórios praticados pelo CNJ, sendo inviável a dilação probatória na via eleita. MS 26163/DF, rel. Min. Cármen Lúcia, 3.5.2007. (MS-26163)

ANULAÇÃO DE CONCURSO PÚBLICO PELO CNJ - 2

Prosseguindo, a relatora repeliu, também, o argumento de que o art. 97 do RICNJ teria sido violado em razão de se ter reconhecido a ilegitimidade do representante que dera origem ao procedimento, mas, em seguida, ter-se instaurado, de ofício, o PCA. Asseverou, no ponto, que o Conselheiro relator do PCA, ao propor, em seu voto, que se procedesse à instauração, de ofício, ao controle administrativo da seleção questionada, aproveitando-se do mesmo procedimento já instaurado, dera cumprimento ao que disposto no art. 97 do RICNJ, com o objetivo de resguardar os princípios previstos no art. 37 da CF (RICNJ, art. 95). Da mesma forma, não acolheu a alegação de negativa de prestação jurisdicional (CF, art. 93, IX e X) por não ter havido pronunciamento específico sobre cada uma das teses dos impetrantes, tendo em conta a jurisprudência do Supremo no sentido de que, quando a decisão é motivada, desnecessária a análise de todos os argumentos apresentados. Aduziu, ademais, que, diferentemente do que alegado pelos impetrantes, a divulgação das provas e dos respectivos resultados do concurso, assim como afirmado pela Presidente do CNJ, somente ocorrera após a publicação da concessão da liminar para suspensão do certame, e quando já findas as três fases iniciais do concurso. Quanto aos argumentos de ser irrelevante o fato de haver, no concurso anulado, questões idênticas às de certame anteriormente realizado em outro Estado-membro e de inexistir regionalismo nas provas objetiva e discursiva e apadrinhamento dos concursados aprovados, que teriam vínculos no TJ-AP, concluiu que a análise desses itens demandaria o reexame de matéria de fato e de provas que constaram do PCA, inadmissível em mandado de segurança. Após, o julgamento foi suspenso em virtude do pedido de vista do Min. Marco Aurélio. MS 26163/DF, rel. Min. Cármen Lúcia, 3.5.2007. (MS-26163) (Inform. STF 465)

Reclamação: Cabimento e Senado Federal no Controle da Constitucionalidade - 1

O Tribunal iniciou julgamento de reclamação ajuizada contra decisões do Juiz de Direito da Vara de Execuções Penais da Comarca de Rio Branco-AC, pelas quais indeferira pedido de progressão de regime em favor de condenados a penas de reclusão em regime integralmente fechado em decorrência da prática de crimes hediondos. Alega-se, na espécie, ofensa à autoridade da decisão da Corte no HC 82959/SP (DJU de 1º.9.2006), em que declarada a inconstitucionalidade do § 1º do art. 2º da Lei 8.072/90, que vedava a progressão de regime a condenados pela prática de crimes hediondos. O Min. Gilmar Mendes, relator, julgou procedente a reclamação, para cassar as decisões impugnadas, assentando que caberá ao juízo reclamado proferir nova decisão para avaliar se, no caso concreto, os interessados atendem ou não os requisitos para gozar do referido benefício, podendo determinar, para esse fim, e desde que de modo fundamentado, a realização de exame criminológico. Rcl 4335/AC, rel. Min. Gilmar Mendes, 1º.2.2007. (Rcl-4335)

Reclamação: Cabimento e Senado Federal no Controle da Constitucionalidade – 2

Preliminarmente, quanto ao cabimento da reclamação, o relator afastou a alegação de inexistência de decisão do STF cuja autoridade deva ser preservada. No ponto, afirmou, inicialmente, que a jurisprudência do STF evoluiu relativamente à utilização da reclamação em sede de controle concentrado de normas, tendo concluído pelo cabimento da reclamação para todos os que comprovarem prejuízo resultante de decisões contrárias às suas teses, em reconhecimento à eficácia vinculante erga omnes das decisões de mérito proferidas em sede de controle concentrado. Em seguida, entendeu ser necessário, para análise do tema, verificar se o instrumento da reclamação fora usado de acordo com sua destinação constitucional: garantir a autoridade das decisões do STF; e, depois, superada essa questão, examinar o argumento do juízo reclamado no sentido de que a eficácia *erga omnes* da decisão no HC 82959/SP dependeria da expedição da resolução do Senado suspendendo a execução da lei (CF, art. 52, X). Para apreciar a dimensão constitucional do tema, discorreu sobre o papel do Senado Federal no controle de constitucionalidade. Rcl 4335/AC, rel. Min. Gilmar Mendes, 1º.2.2007. (Rcl-4335)

Reclamação: Cabimento e Senado Federal no Controle da Constitucionalidade - 3

Aduziu que, de acordo com a doutrina tradicional, a suspensão da execução pelo Senado do ato declarado inconstitucional pelo STF seria ato político que empresta eficácia *erga omnes* às decisões definitivas sobre inconstitucionalidade proferidas em caso concreto. Asseverou, no entanto, que a amplitude conferida ao controle abstrato de normas e a possibilidade de se suspender, liminarmente, a eficácia de leis ou atos normativos, com eficácia geral, no contexto da CF/88, concorreram para infirmar a crença na própria justificativa do instituto da suspensão da execução do ato pelo Senado, inspirado numa concepção de separação de poderes que hoje estaria ultrapassada. Ressaltou, ademais, que ao alargar, de forma significativa, o rol de entes e órgãos legitimados a provocar o STF, no processo de controle abstrato de normas, o constituinte restringiu a amplitude do controle difuso de constitucionalidade. Rcl 4335/AC, rel. Min. Gilmar Mendes, 1º.2.2007. (Rcl-4335)

Reclamação: Cabimento e Senado Federal no Controle da Constitucionalidade - 4

Considerou o relator que, em razão disso, bem como da multiplicação de decisões dotadas de eficácia geral e do advento da Lei 9.882/99, alterou-se de forma radical a concepção que dominava sobre a divisão de poderes, tornando comum no sistema a decisão com eficácia geral, que era excepcional sob a EC 16/65 e a CF 67/69. Salientou serem inevitáveis, portanto, as reinterpretações dos institutos vinculados ao controle incidental de inconstitucionalidade, notadamente o da exigência da maioria absoluta para declaração de inconstitucionalidade e o da suspensão de execução da lei pelo Senado Federal. Reputou ser legítimo entender que, atualmente, a fórmula relativa à suspensão de execução da lei pelo Senado há de ter simples efeito de publicidade, ou seja, se o STF, em sede de controle incidental, declarar, definitivamente, que a lei é inconstitucional, essa decisão terá efeitos gerais, fazendo-se a comunicação àquela Casa legislativa para que publique a decisão no Diário do Congresso. Concluiu, assim, que as decisões proferidas pelo juízo reclamado desrespeitaram a eficácia erga omnes que deve ser atribuída à decisão do STF no HC 82959/SP. Após, pediu vista o Min. Eros Grau. Rcl 4335/AC, rel. Min. Gilmar Mendes, 1º.2.2007. (Rcl-4335)

RECLAMAÇÃO: CABIMENTO E SENADO FEDERAL NO CONTROLE DA CONSTITUCIONALIDADE - 5

O Tribunal retomou julgamento de reclamação ajuizada contra decisões do Juiz de Direito da Vara de Execuções Penais da Comarca de Rio Branco-AC, pelas quais indeferira pedido de progressão de regime em favor de condenados a penas de reclusão em regime integralmente fechado em decorrência da prática de crimes hediondos. Alega-se, na espécie, ofensa à autoridade da decisão da Corte no HC 82959/SP (DJU de 1º.9.2006), em que declarada a inconstitucionalidade do § 1º do art. 2º da Lei 8.072/90, que veda a progressão de regime a condenados pela prática de crimes hediondos — v. Informativo 454. O Min. Eros Grau, em voto-vista, julgou procedente a reclamação, acompanhando o voto do relator, no sentido de que, pelo art. 52, X, da CF, ao Senado Federal, no quadro de uma verdadeira mutação constitucional, está atribuída competência apenas para dar publicidade à suspensão da execução de lei declarada inconstitucional, no todo ou em parte, por decisão definitiva do Supremo Tribunal Federal, haja vista que essa decisão contém força normativa bastante para suspender a execução da lei. Rcl 4335/AC, rel. Min. Gilmar Mendes, 19.4.2007. (Rcl-4335)

RECLAMAÇÃO: CABIMENTO E SENADO FEDERAL NO CONTROLE DA CONSTITUCIONALIDADE - 6

Em divergência, o Min. Sepúlveda Pertence julgou improcedente a reclamação, mas concedeu *habeas corpus* de ofício para que o juiz examine os demais requisitos para deferimento da progressão. Reportando-se aos fundamentos de seu voto no RE 191896/PR (DJU de 29.8.97), em que se declarou dispensável a reserva de plenário nos outros tribunais quando já houvesse declaração de inconstitucionalidade de determinada norma legal pelo Supremo, ainda que na via do controle incidente, asseverou que não se poderia, a partir daí, reduzir-se o papel do Senado, que quase todos os textos constitucionais subseqüentes a 1934 mantiveram. Ressaltou ser evidente que a convivência paralela, desde a EC 16/65, dos dois sistemas de controle tem levado a uma prevalência do controle concentrado, e que o mecanismo, no controle difuso, de outorga ao Senado da competência para a suspensão da execução da lei tem se tornado cada vez mais obsoleto, mas afirmou que combatê-lo, por meio do que chamou de "projeto de decreto de mutação constitucional", já não seria mais necessário. Aduziu, no ponto, que a EC 45/2004 dotou o Supremo de um poder que, praticamente, sem reduzir o Senado a um órgão de publicidade de suas decisões, dispensaria essa intervenção, qual seja, o instituto da súmula vinculante (CF, art. 103-A). Rcl 4335/AC, rel. Min. Gilmar Mendes, 19.4.2007. (Rcl-4335)

RECLAMAÇÃO: CABIMENTO E SENADO FEDERAL NO CONTROLE DA CONSTITUCIONALIDADE - 7

Por sua vez, o Min. Joaquim Barbosa não conheceu da reclamação, mas conheceu do pedido como *habeas corpus* e também o concedeu de ofício. Considerou que, apesar das razões expostas pelo relator, a suspensão da execução da lei pelo Senado não representaria obstáculo à ampla efetividade das decisões do Supremo, mas complemento. Aduziu, de início, que as próprias circunstâncias do caso seriam esclarecedoras, pois o que suscitaria o interesse da reclamante não seria a omissão do Senado em dar ampla eficácia à decisão do STF, mas a insistência de um juiz em divergir da orientação da Corte enquanto não suspenso o ato pelo Senado. Em razão disso, afirmou que resolveria a questão o *habeas corpus* concedido liminarmente pelo relator. Afirmou, também, na linha do que exposto pelo Min. Sepúlveda Pertence, a possibilidade de edição de súmula vinculante. Dessa forma, haveria de ser mantida a leitura tradicional do art. 52, X, da CF, que trata de uma autorização ao Senado de determinar a suspensão de execução do dispositivo tido por inconstitucional e não de uma faculdade de cercear a autoridade do STF. Afastou, ainda, a ocorrência da alegada mutação constitucional. Asseverou que, com a proposta do relator, ocorreria, pela via interpretativa, tão-somente a mudança no sentido da norma constitucional em questão, e, que, ainda que se aceitasse a tese da mutação, seriam necessários dois fatores adicionais não presentes: o decurso de um espaço de tempo maior para verificação da mutação e o conseqüente e definitivo desuso do dispositivo. Por fim, enfatizou que essa proposta, além de estar impedida pela literalidade do art. 52, X, da CF, iria na contramão das conhecidas regras de auto-restrição. Após, pediu vista dos autos o Min. Ricardo Lewandowski. Rcl 4335/AC, rel. Min. Gilmar Mendes, 19.4.2007. (Rcl-4335) (Inform. STF 463)

ADI E EXAME GRATUITO DE DNA - 1

O Tribunal, por maioria, julgou procedente, em parte, pedido formulado em ação direta proposta pelo Governador do Estado do Amazonas, para declarar a inconstitucionalidade dos incisos I, III e IV do art. 2º, bem como da expressão *"no prazo de sessenta dias a contar da sua publicação"*, contida na parte final do *caput* do art. 3º, todos da Lei 50/2004, do Estado do Amazonas, que dispõe sobre a realização gratuita do exame de DNA. Inicialmente, afastaram-se as alegações de inconstitucionalidade formal por vício de iniciativa, haja vista que a lei atacada não cria ou estrutura órgão da Administração Pública local; e de que qualquer projeto de lei que crie despesa só pode ser proposto pelo Chefe do Poder Executivo estadual, tendo em conta que as hipóteses de limitação da iniciativa parlamentar estão previstas, exaustivamente, no art. 61 da CF, e referem-se às matérias relativas ao funcionamento da Administração Pública, notadamente quanto a servidores e órgãos do Poder Executivo. Em seguida, considerou-se a jurisprudência da Corte no sentido de que é dever do Estado-membro o custeio do exame pericial de DNA quando a parte for beneficiária da justiça gratuita (Lei 1.060/50, art. 3º), o que viabiliza o efetivo exercício do direito à assistência judiciária, consagrado no art. 5º, LXXIV, da CF. Asseverou-se, ainda, que os artigos 1º e 2º, II, da lei em questão refletem determinações constantes da Lei 1.060/50. ADI 3394/AM, rel. Min. Eros Grau, 2.4.2007. (ADI-3394)

ADI E EXAME GRATUITO DE DNA - 2

De outra parte, entendeu-se que os demais incisos desse art. 2º seriam incompatíveis com o texto constitucional. Ressaltou-se que o inciso I usurparia a competência privativa da União para legislar sobre direito processual (CF, art. 22, I), ao estabelecer que o juiz decidirá sobre a gratuidade em definitivo, bem como afrontaria o disposto no art. 5º, LXXIV, da CF, tendo em vista que a parte que não fizer jus à gratuidade em determinado momento ficará impedida de pleitear o benefício posteriormente. O inciso III daquele mesmo artigo, por sua vez, também violaria o art. 5º, LXXIV, da CF, por retirar o direito à assistência judiciária gratuita do sucumbente na ação investigatória que tenha sido proposta pelo Ministério Público e que tenha como suporte o resultado positivo do exame de DNA. Já o inciso IV do referido art. 2º seria inconstitucional por tratar, da mesma forma, de matéria processual, na medida em que impõe, no prazo estabelecido, o cumprimento da decisão judicial que determinar o ressarcimento das despesas realizadas pelo Estado-membro, o que afasta a incidência de normas sobre o efeito suspensivo dos recursos e sobre a execução das decisões judiciais previstas no CPC. ADI 3394/AM, rel. Min. Eros Grau, 2.4.2007. (ADI-3394)

ADI E EXAME GRATUITO DE DNA - 3

No que se refere ao art. 3º da citada lei, que autoriza o Chefe do Poder Executivo a proceder à regulamentação da lei no prazo de sessenta dias a contar de sua publicação, aduziu-se que a autorização para o exercício do poder regulamentar seria despicienda, uma vez que se cuidaria de simples regulamento de execução. Não obstante, reputou-se inconstitucional a determinação de prazo para que o Chefe do Poder Executivo exerça a função regulamentar de sua atribuição, por afronta ao princípio da interdependência e harmonia entre os poderes. Quanto ao parágrafo único desse art. 3º, que credencia um órgão público para o efetivo cumprimento do objeto da lei, por meio de dotação orçamentária governamental, afirmou-se que esse credenciamento de um órgão público indeterminado, apesar de tecnicamente incorreto, não seria inconstitucional. Esclareceu-se, no ponto, que o texto do parágrafo único do art. 3º conforma a regulamentação da lei pelo Executivo, que a desenvolverá de acordo com a conveniência da Administração, no quadro do interesse público. Vencidos os Ministros Ricardo Lewandowski e Joaquim Barbosa, que também declaravam a inconstitucionalidade do art. 1º, *caput*, da lei impugnada, ao fundamento de que se estaria criando uma despesa para a administração pública, sem previsão orçamentária prévia. Precedentes citados: ADI 2072 MC/RS (DJU de 19.9.2003); RE 207732/MS (DJU de 2.8.2002); RE 224775/MS (DJU de 24.5.2002); ADI 2393/AL (DJU de 28.3.2003); ADI 546/RS (DJU de 14.4.2000). ADI 3394/AM, rel. Min. Eros Grau, 2.4.2007. (ADI-3394) (Inform. STF 462)

MANDADO DE INJUNÇÃO E DIREITO DE GREVE – 1

Iniciado o julgamento de mandado de injunção coletivo impetrado pelo Sindicato dos Servidores Policiais Civis do Espírito Santo - SINDIPOL, com o objetivo de ser autorizado o exercício do direito de greve ao impetrante e aos seus associados, bem como de compelir o Congresso Nacional a regulamentar, dentro do prazo de trinta dias, o inciso VII do art. 37 da CF, que exige lei específica para definição dos termos e limites do exercício do direito de greve do servidor público. Requer-se, ainda, que se suspendam os efeitos de sentença que proibira o movimento grevista dos impetrantes. O Min. Maurício Corrêa, relator, proferiu voto no sentido de conhecer em parte do mandado de injunção apenas para declarar a mora do Congresso Nacional quanto à edição da norma regulamentadora, por entender que o Poder Judiciário não pode, nos limites da especificidade do mandado de injunção, garantir ao impetrante o direito de greve, substituindo-se ao legislador ordinário e extrapolando o âmbito da competência que a CF lhe confere. O Min. Maurício Corrêa salientou ainda que não é facultado ao Poder Judiciário fixar prazo para que o Congresso Nacional aprove a respectiva lei, e, muito menos, anular sentença judicial, convertendo o mandado de injunção em tipo de recurso não previsto na legislação. Após, o julgamento foi adiado em virtude do pedido de vista do Min. Gilmar Mendes. MI 670-DF, rel. Min. Maurício Corrêa, 15.5.2003. (MI-670)

MANDADO DE INJUNÇÃO E DIREITO DE GREVE - 2

Retomado julgamento de mandado de injunção coletivo impetrado pelo Sindicato dos Servidores Policiais Civis do Espírito Santo - SINDIPOL, com o objetivo de ser autorizado o exercício do direito de greve ao impetrante e aos seus associados, bem como de compelir o Congresso Nacional a regulamentar, dentro do prazo de trinta dias, o inciso VII do art. 37 da CF. Requer-se, também, que se suspendam os efeitos de sentença que proibira o movimento grevista - v. Informativo 308. O Min. Gilmar Mendes, em voto-vista, abriu divergência para conhecer do mandado de injunção para, enquanto não suprida a lacuna legislativa, aplicar a Lei 7.783/89, observado o princípio da continuidade do serviço público, ressaltando, no ponto, que, de acordo com as peculiaridades de cada caso concreto, e mediante solicitação de órgão competente, seja facultado ao juízo competente impor a observância a regime de greve mais severo em razão de se tratar de serviços ou atividades essenciais, nos termos dos artigos 10 e 11 da Lei 7.783/89. Asseverou que a inércia do Poder Legislativo em regular o direito de greve dos servidores públicos acabou por gerar uma preocupante realidade em que se observam inúmeras greves ilegais com sérias conseqüências para o Estado de Direito. Concluiu que, diante desse contexto, considerado ainda o enorme lapso temporal dessa inércia, não resta alternativa para o Poder Legislativo quanto a decidir pela regulação ou não do tema, e que cabe, por sua vez, ao Poder Judiciário, intervir de forma mais decisiva, de modo a afastar a inoperância de suas decisões em mandado de injunção, e atuar também nos casos de omissão do Poder Legislativo, tendo em vista as balizas constitucionais que demandam a concretização do direito de greve a todos os trabalhadores. Após, pediu vista dos autos o Min. Ricardo Lewandowski. MI 670/ES, rel. Min. Maurício Corrêa, 7.6.2006. (MI-670)

MANDADO DE INJUNÇÃO E DIREITO DE GREVE - 3

O Tribunal retomou julgamento de dois mandados de injunção impetrados, respectivamente, pelo Sindicato dos Trabalhadores do Poder Judiciário do Estado do Pará - SINJEP e pelo Sindicato dos Servidores Policiais Civis do Espírito Santo - SINDIPOL, em que se pretende seja garantido aos seus associados o exercício do direito de greve previsto no art. 37, VII, da CF (*"Art. 37. ... VII - o direito de greve será exercido nos termos e nos limites definidos em lei específica;"*) — v. Informativos 308 e 430.

Em voto-vista, o Min. Ricardo Lewandowski conheceu dos mandados de injunção, concedendo-os, em parte, para garantir o exercício do direito de greve aos servidores do Poder Judiciário do Estado do Pará e aos Policiais Civis do Estado do Espírito Santo, assegurada por esses a prestação de serviços inadiáveis, devendo o Tribunal de Justiça e o Governo do Estado, respectivos, abster-se de adotar medidas que inviabilizem ou limitem esse direito, tais como suspensão e desconto dos dias parados ou a imposição de multa pecuniária diária. Entendeu inviável o emprego da Lei 7.783/89 para autorizar-se o exercício do direito de greve por parte dos aludidos servidores, por não vislumbrar, no caso, semelhança relevante entre a greve na esfera pública e a no âmbito privado, que autorize o emprego de analogia. Não obstante salientar a necessidade de o STF conferir maior efetividade ao mandado de injunção, dando-lhe concreção, reputou que a solução ideal, para a espécie, deveria passar pela autolimitação do Poder Judiciário no que concerne às esferas de atuação dos demais poderes. Asseverou, ainda, a impossibilidade de o Judiciário, a pretexto de tornar exeqüível o exercício de direito fundamental, expedir, no âmbito do mandado de injunção, regulamentos para disciplinar, em tese, tal ou qual situação, ou adotar diploma normativo vigente aplicável a situação diversa. Após, pediu vista o Min. Joaquim Barbosa. MI 712/PA, rel. Min. Eros Grau, 12.4.2007. (MI-712) MI 670/ES, rel. Min. Maurício Corrêa, 12.4.2007. (MI-670)

MANDADO DE INJUNÇÃO E DIREITO DE GREVE - 4

Em antecipação de voto, os Ministros Celso de Mello, Sepúlveda Pertence, Carlos Britto, Cármen Lúcia e Cezar Peluso conheceram e julgaram procedentes os mandados de injunção para determinar a aplicação da Lei 7.783/89, com as alterações necessárias ao atendimento das peculiaridades da greve nos serviços públicos. Em seguida, o Min. Eros Grau suscitou questão de ordem no MI 712/PA, de sua relatoria, no sentido da concessão de medida cautelar, tendo em conta a situação fática, mora tanto do Poder Legislativo quanto do próprio Judiciário, e a existência de pedido nos autos. Por ausência dos pressupostos legais para tanto, o Tribunal, em votação majoritária, rejeitou a proposta formulada. Vencidos, no ponto, os Ministros Eros Grau, Cezar Peluso, Celso de Mello e Gilmar Mendes que acolhiam a questão de ordem suscitada, a fim de abreviar o quadro de omissão, assegurando o exercício do direito pleiteado. O Min. Marco Aurélio consignou em seu voto não entender cabível medida acauteladora em mandado de injunção. MI 712/PA, rel. Min. Eros Grau, 12.4.2007. (MI-712) MI 670/ES, rel. Min. Maurício Corrêa, 12.4.2007. (MI-670) (Inform. STF 462)

FORNECIMENTO DE CERTIDÕES E COBRANÇA DE TAXA

Por vislumbrar violação ao art. 5º, XXXIV, b, da CF, que assegura a todos, independentemente do pagamento de taxas, a obtenção de certidões em repartições públicas, para defesa de direitos e esclarecimento de situações de interesse pessoal, o Tribunal julgou procedente pedido formulado em ação direta ajuizada pelo Procurador-Geral da República para declarar a inconstitucionalidade do art. 178 da Lei Complementar 19/97, do Estado do Amazonas, que prevê a cobrança da taxa de segurança pública para fornecimento de certidões. Asseverou-se que o dispositivo impugnado, apesar do *nomen iuris*, não estaria a tratar de serviços de segurança pública, os quais só poderiam ser custeados por meio de impostos. ADI 2969/AM, rel. Min. Carlos Britto, 29.3.2007. (ADI-2969) (Inform. STF 461)

CRECHE. RESERVA DO POSSÍVEL. TESE ABSTRATA.

A tese da reserva do possível (*Der Vorbehalt des Möglichen)* assenta-se na idéia romana de que a obrigação impossível não pode ser exigida *(impossibilium nulla obligatio est*). Por tal motivo, não se considera a insuficiência de recursos orçamentários como mera falácia. Todavia, observa-se que a reserva do possível está vinculada à escassez, que pode ser compreendida como desigualdade. Bens escassos não podem ser usufruídos por todos e, justamente por isso, sua distribuição faz-se mediante regras que pressupõem o direito igual ao bem e a impossibilidade do uso igual e simultâneo. Essa escassez, muitas vezes, é resultado de escolha, de decisão: quando não há recursos suficientes, a decisão do administrador de investir em determinada área implica escassez de outra que não foi contemplada. Por esse motivo, em um primeiro momento, a reserva do possível não pode ser oposta à efetivação dos direitos fundamentais, já que não cabe ao administrador público preteri-la, visto que não é opção do governante, não é resultado de juízo discricionário, nem pode ser encarada como tema que depende unicamente da vontade política. Nem mesmo a vontade da maioria pode tratar tais direitos como secundários. Isso porque a democracia é, além dessa vontade, a realização dos direitos fundamentais. Portanto, aqueles direitos que estão intimamente ligados à dignidade humana não podem ser limitados em razão da escassez, quando ela é fruto das escolhas do administrador. Não é por outra razão que se afirma não ser a reserva do possível oponível à realização do mínimo existencial. Seu conteúdo, que não se resume ao mínimo vital, abrange também as condições socioculturais que assegurem ao indivíduo um mínimo de inserção na vida social. Sendo assim, não fica difícil perceber que, entre os direitos considerados prioritários, encontra-se o direito à educação. No espaço público (no qual todos são, *in abstrato*, iguais e cuja diferenciação dá-se mais em razão da capacidade para a ação e discurso do que em virtude de atributos biológicos), local em que são travadas as relações comerciais, profissionais e trabalhistas, além de exercida a cidadania, a ausência de educação, de conhecimento, em regra, relega o indivíduo a posições subalternas, torna-o dependente das forças físicas para continuar a sobreviver, ainda assim, em condições precárias. Eis a razão pela qual os arts. 227 da CF/1988 e 4º da Lei n. 8.069/1990 dispõem que a educação deve ser tratada pelo Estado com absoluta prioridade. No mesmo sentido, o art. 54, IV, do ECA prescreve que é dever do Estado assegurar às crianças de zero a seis anos de idade o atendimento em creche e pré-escola. Portanto, na hipótese, o pleito do MP encontra respaldo legal e jurisprudencial. Porém é preciso ressalvar a hipótese de que, mesmo com a alocação dos recursos no atendimento do mínimo existencial, persista a carência orçamentária para atender a todas as demandas. Nesse caso, a escassez não seria fruto da escolha de atividades não prioritárias, mas sim da real insuficiência orçamentária. Em situações limítrofes como essa, não há como o Poder Judiciário imiscuir-se nos planos governamentais, pois eles, dentro do que é possível, estão de acordo com a CF/1988, não havendo omissão injustificável. Todavia, a real insuficiência de recursos deve ser demonstrada pelo Poder Público, não sendo admitido que a tese seja utilizada como uma desculpa genérica para a omissão estatal no campo da efetivação dos direitos fundamentais, principalmente os de cunho social. Dessarte, no caso dos autos, em que não há essa demonstração, impõe-se negar provimento ao especial do município. Precedentes citados do STF: AgRg no RE 410.715-SP, DJ 3/2/2006; do STJ: REsp 1.041.197-MS, DJe 16/9/2009; REsp 764.085-PR, DJe 10/12/2009, e REsp 511.645-SP, DJe 27/8/2009. **REsp 1.185.474-SC, Rel. Min. Humberto Martins, julgado em 20/4/2010**. (Inform. STJ 431)

AÇÃO POPULAR. ACORDO. MUNICÍPIO.

O município ajuizou ação ordinária contra o estado-membro e outros, por rebelar-se contra o critério de distribuição da parcela de ICMS referente a uma usina hidroelétrica. Conforme a legislação estadual, o município só fazia jus a 3% dessas receitas, mas ele buscava receber 100%. Sucede que, quanto a isso, houve acordo, homologado judicialmente, em que o município era contemplado com 50% da referida parcela. Então, cidadãos do município ajuizaram a ação popular ao fundamento de que houve renúncia de receita e consequente lesão ao patrimônio público, na qual foi concedida liminar, ao final mantida pelo acórdão recorrido. Nesse contexto, vê-se que o acordo realizado entre os municípios (tal qual termo de ajustamento de conduta) pode, em tese, ser rescindido (art. 486 do CPC), desde que ocorra ofensa ao patrimônio público *lato sensu,* tangível ou intangível. Assim, a rigor, o objeto da anulação é o ato jurídico subjacente (ajuste entre as partes) e não exatamente a sentença, que é meramente declaratória. Dessarte, no caso, em que o pleito é de anulação de ato lesivo, a ação popular é adequada (art. 5º, LXXIII, da CF/1988), pois essa adequação é aferida pelo pedido formulado, não pelo resultado da demanda. Anote-se que não se cuidou do mérito, visto que, ao cabo, a decisão atacada é apenas liminar. **REsp 884.742-PR, Rel. Min. Herman Benjamin, julgado em 20/4/2010.** (Inform. STJ 431)

RESOLUÇÃO. EXORBITÂNCIA. LEI.

A Resolução n. 4/2002 do Conselho Nacional de Residência Médica (CNRM), que veio complementar e explicitar o Dec. n. 80.281/1977 e a Lei n. 6.932/1981, em seu art. 38, estabelece a transferência dos médicos que estiverem cursando residência médica em instituição que venha a ser descredenciada do programa de residência médica, determinando a obrigação de continuidade do pagamento da bolsa até a conclusão do curso. Todavia, tanto o decreto como a lei não criaram para a instituição o encargo de remunerar quem não mais lhe presta serviços. Assim, a resolução extrapolou os limites de sua competência ao fazê-lo e, consequentemente, a decisão judicial lastreada naquela resolução é passível de ataque via mandado de segurança. **RMS 26.889-DF, Rel. Min. João Otávio de Noronha, julgado em 20/4/2010.** (Inform. STJ 431)

EDUCAÇÃO FÍSICA. DANÇA. ARTES MARCIAIS.

A Turma não conheceu do recurso, ressaltando o entendimento de que viola o livre exercício profissional (art. 5o, XIII, da CF/1988) a pretensão de incluir, na definição legal de profissional de Educação Física, atividades desvinculadas da educação do corpo especificamente, para fins de abranger aquelas com objetivo distinto, como as artes marciais e a dança. Com efeito, a exigência de inscrição e curso de nivelamento dos profissionais que ministram aulas de artes marciais para competição, por força da Resolução

n. 46/2002 do Conselho Federal de Educação Física (Confef), extrapola a definição legal dos arts. 2º, III, e 3º da Lei n. 9.696/1998, ao incluir as artes marciais e a dança como atividades próprias dos profissionais de Educação Física. **REsp 1.170.165-RJ, Rel. Min. Eliana Calmon, julgado em 2/3/2010**. (Inform. STJ 425)

ANISTIA. OMISSÃO. AUTORIDADE. DECADÊNCIA.

Trata-se de mandado de segurança impetrado por anistiado político contra ato de omissão do ministro da Defesa, que descumpriu o pagamento de parcelas de valores em atraso, embora reconhecidos em portaria. Anota o Min. Relator que o impetrante não se insurge contra um ato concreto, suscita a omissão da autoridade impetrada quanto ao descumprimento parcial da portaria que o reconheceu como anistiado político, que, no caso, renova-se continuamente. Logo, não há decadência para a impetração do MS e a omissão do ministro da Defesa ficou comprovada nos autos. Observou ainda que o Supremo Tribunal já assentou que não consubstancia ação de cobrança o MS impetrado com o objetivo de sanar omissão da autoridade coatora, inclusive quanto à parcela relativa a valores pretéritos previstos em portaria. Quanto à disponibilidade orçamentária, a Seção tem entendido que a superveniência da Lei n. 11.354/2006, que assegura o pagamento dos valores atrasados ao anistiado que optar por seu parcelamento na via administrativa, evidencia a existência de recursos orçamentários e de créditos orçamentários específicos para os valores retroativos. Diante do exposto, a Seção concedeu a segurança. Precedentes citados do STF: RMS 24.953-DF, DJ 1º/10/2004; do STJ: MS 13.373-DF, DJE 1º/7/2008, e MS 13.543-DF, DJe 18/11/2008. **MS 14.365-DF, Rel. Min. Arnaldo Esteves Lima, julgado em 24/2/2010**. (Inform. STJ 424)

BUSCA E APREENSÃO. HD. EXTENSÃO.

Trata-se de *habeas corpus* com pedido de liminar em que o impetrante busca a declaração de ilegalidade de extensão de mandado de busca e apreensão o qual resultou na apreensão de disco rígido (HD) do banco (supostamente de propriedade do paciente). Também pretende a impetração a análise de nulidade e suspensão de diferentes ações em razão da prova supostamente ilícita. Note-se que o paciente foi investigado em duas operações deflagradas pela Polícia Federal em momentos diferentes. A primeira ensejou a apreensão dos HDs na residência, no escritório e no banco, esse ato é atacado no *writ*. A segunda operação, investigação ainda em curso, refere-se a crimes contra o Sistema Financeiro Nacional. O Min. Relator descartou a análise dos pedidos de suspensão de ações penais, inquéritos, bem como procedimentos incidentais, ainda não apreciados pelo tribunal *a quo*, para não incorrer em indevida supressão de instância. Dessa forma, a impetração foi parcialmente conhecida: só quanto à extensão da busca e apreensão do HD do banco. Ressalta o Min. Relator que a cópia acostada nos autos revela que o mandado de busca e apreensão está destinado ao endereço domiciliar e profissional do paciente e tinha como alvo documentos, bens, computadores, arquivos em meio magnético ou óptico ou outros elementos de convicção da prática de eventuais crimes em poder de quem os detiver os quais tenham relacionamento direto com os fatos. Assim, reconhece o Min. Relator que o mandado autorizava a diligência, ao determinar que a apreensão dos objetos fosse realizada por fundadas suspeitas de se relacionarem com o crime em apuração. Ademais, depois do cumprimento do mandado na residência, no escritório, no mesmo prédio do banco, por informação da secretária do paciente, chegou-se à conclusão de que também os dados estariam no HD do banco. Daí o delegado ter solicitado por telefone ao juiz de plantão autorização judicial para efetuar a cópia por espelhamento do HD do banco, o que foi concedido por fac-símile. Nesse contexto para o Min. Relator, há indícios da existência de provas relativas à investigação no servidor do banco, a justificar a apreensão, embora não tenha sido expresso o endereço do banco situado em andar no mesmo prédio em que sito o escritório. Sendo assim, conclui que o ato de busca e apreensão do HD do banco não apresenta nenhuma ilegalidade, uma vez que realizado conforme o disposto nos arts. 240 e 243 do CPP. Observa que, quanto ao acesso a dados sigilosos dos correntistas e investidores do banco, o mandado só buscou elementos que indicassem os delitos investigados contra o paciente. Asseverou, ainda, que, com o atual desenvolvimento da informática, é possível separar dados de um HD por meio digital, evitando-se quebra de sigilo de dados de terceiros acobertados por garantia constitucional e que o tribunal *a quo* enumerou todas as cautelas a serem observadas no caso. Por outro lado, destacou que, segundo a jurisprudência, o direito ao sigilo bancário bem como ao sigilo de dados, a despeito de ser direito constitucional, não é absoluto quando presente, em dimensão maior, o interesse público. Por fim, quanto à perda de objeto da apelação alegada pelo impetrante, considerou que o juízo de primeiro grau não revogou a decisão que determinou a busca e apreensão do HD do banco, apesar de ter discorrido sobre eventual ilegalidade, tanto que utilizou-se de medidas acautelatórias para preservar o objeto apreendido e aguardou o pronunciamento do TJ na apelação, assim, cabia ao tribunal *a quo* pronunciar-se. Diante do exposto, a Turma, ao prosseguir o julgamento, por maioria, conheceu parcialmente da ordem e, nessa extensão, denegou-a. Os votos vencidos declaravam nula a extensão da busca e apreensão. Precedente citado: HC 15.026-SC, DJ 4/11/2002. **HC 124.253-SP, Rel. Min. Arnaldo Esteves Lima, julgado em 18/2/2010**. (Inform. STJ 423)

PRISÃO PREVENTIVA. GOVERNADOR. GARANTIA. ORDEM PÚBLICA.

Trata-se de inquérito requerido pelo procurador-geral da República e por subprocuradora-geral da República com base no art. 312 do CPP no qual o Min. Relator decretou a prisão preventiva do governador do Distrito Federal e de outras cinco pessoas, para garantia da ordem pública e por conveniência da instrução criminal. Investiga-se, entre outros, a suposta prática dos crimes de falsidade ideológica de documento privado (art. 299 do CP) e de corrupção de testemunha (art. 343 do mesmo código) em coautoria. Nessas situações, segundo o Min. Relator, a lei penal autoriza a decretação de prisão preventiva, para que a aplicação da lei penal não fique comprometida. O Min. Nilson Naves posicionou-se contrário à decretação da prisão preventiva e, em preliminar, sustentou que o STJ só poderia adotar a medida contra o governador se houvesse, antes, autorização da Câmara Legislativa do Distrito Federal (art. 60, XXIII, da Lei Orgânica do Distrito Federal). Diante disso, a Corte Especial, por maioria, rejeitou a preliminar levantada pelo Min. Nilson Naves de impossibilidade de apreciação pelo STJ em face da ausência de autorização legislativa. No mérito, por maioria, ficou referendada a decisão do Min. Relator de decretação da prisão preventiva. **Inq 650-DF, Rel. Min. Fernando Gonçalves, julgado em 11/2/2010**. (Inform. STJ 422)

PERDIMENTO. AUTOMÓVEL. ESTRANGEIRO.

O acórdão recorrido solucionou integralmente a lide ao reputar descabida a pena de perdimento do veículo estrangeiro (registro, seguro e pagamento de tributos feitos na Argentina) que é utilizado pelo proprietário, domiciliado em cidades do Brasil e da Argentina, para sua locomoção entre esses dois países, nos quais também exerce sua atividade profissional. Decidiu, também, que, diante do leilão, a arrematação e a entrega do bem, há que se indenizar o antigo proprietário com base no preço da venda (art. 30, § 2º, do DL n. 1.455/1976). Quanto à última determinação, é descabida a alegação de julgamento *extra petita*, visto que a indenização decorre da impossibilidade de devolução do automóvel, tal qual requerido. De outro lado, é consabido que o MS não é substituto de ação de cobrança (Súmula n. 269-STF), de modo que qualquer diferença havida entre o valor da arrematação e o preço de mercado do veículo há que ser buscada em ação própria. É questionável, até, o uso do mandado de segurança para a devolução do valor de arrematação, mas se mantém o entendimento do Tribunal de origem em razão da vedação à *reformatio in pejus*. Assim, o entendimento de que o perdimento não pode ser aplicado a veículo cujo proprietário reside em país vizinho e ingressa no território brasileiro para trânsito temporário, já acolhido por este Superior Tribunal, pode ser também aplicado à espécie. Precedentes citados: REsp 614.581-PR, DJ 24/5/2007, e REsp 507.364-SC, DJ 7/2/2007. **REsp 981.992-RS, Rel. Min. Denise Arruda, julgado em 10/11/2009.** (Inform. STJ 415) 703

MANDADO. INJUNÇÃO. NORMA. PROFISSIONAL. FUTEBOL.

Trata-se de mandado de injunção com pedido de liminar no qual a impetrante sustenta que a ausência de norma regulamentadora que disponha sobre a realização de partidas de futebol em horários em que os atletas ficam expostos a calor intenso, principalmente no período do horário de verão brasileiro, traz perigoso risco à saúde e a vida dos atletas. A Corte Especial entendeu existir norma vigente que impõe às entidades responsáveis pela administração do esporte profissional a observância de cuidados médicos e clínicos, bem como o oferecimento de condições necessárias à participação dos atletas nas competições (art. 1º, § 1º, c/c o art. 34, II e III, da Lei n. 9.675/1998 – Lei Pelé). O anexo 3 da Norma Regulamentadora n. 15 – limites de tolerância para exposição ao calor, apurada pela Portaria Mtb n. 3.214/1978 – disciplina o tema para os trabalhadores em geral. Logo, não há que se falar em ausência de norma, o que inviabiliza a abertura da via eleita. Assim, a Corte Especial julgou extinto o mandado de injunção sem julgamento do mérito. **MI 206-DF, Rel. Min. Laurita Vaz, julgado em 6/5/2009.** (Inform. STJ 393)

EXTRADIÇÃO. LIMITES.

Prosseguindo o julgamento, a Seção conheceu em parte o pedido e, nessa parte, denegou a ordem referentemente à tese do pretendido reconhecimento do perdão judicial com a extinção da punibilidade para várias ações penais, em que pese acordo de extradição firmado com o Principado de Mônaco. Na hipótese *sub judice*, cabível ao Tribunal de 2º grau o reexame originário de tais teses (art. 108, I, d, da CF/1988) sob pena de supressão de instância. Ademais, a extradição foi deferida com base apenas em uma das ações penais ajuizadas perante Juízos diferentes, cabendo o pedido de extensão desta ser examinado pelos seus respectivos juízos, os quais foram devidamente informados sobre os limites da extradição, inexistindo, tampouco, qualquer reprovação quanto à atuação das autoridades brasileiras (Ministros da Justiça e das Relações Exteriores), ora apontados como coatores. **Precedentes citados: HC 84.947-SP, DJe 31/3/2008; HC 30.256-SC, DJ 21/6/2004, e HC 26.073-SP, DJ 28/4/2003. HC 114.228-DF, Rel. Min. Jane Silva (Desembargadora convocada do TJ-MG), julgado em 10/12/2008.** (Inform. STJ 380)

SÚMULA VINCULANTE STF 28

É inconstitucional a exigência de depósito prévio como requisito de admissibilidade de ação judicial na qual se pretenda discutir a exigibilidade de crédito tributário.

SÚMULA VINCULANTE STF 26

Para efeito de progressão de regime no cumprimento de pena por crime hediondo, ou equiparado, o juízo da execução observará a inconstitucionalidade do art. 2º da Lei n. 8.072, de 25 de julho de 1990, sem prejuízo de avaliar se o condenado preenche, ou não, os requisitos objetivos e subjetivos do benefício, podendo determinar, para tal fim, de modo fundamentado, a realização de exame criminológico.

SÚMULA VINCULANTE STF 25

É ilícita a prisão civil de depositário infiel, qualquer que seja a modalidade do depósito.

SÚMULA VINCULANTE STF Nº 21

É inconstitucional a exigência de depósito ou arrolamento prévios de dinheiro ou bens para admissibilidade de recurso administrativo.

SÚMULA VINCULANTE STF Nº 14

É direito do defensor, no interesse do representado, ter acesso amplo aos elementos de prova que, já documentados em procedimento investigatório realizado por órgão com competência de polícia judiciária, digam respeito ao exercício do direito de defesa.

SÚMULA VINCULANTE STF Nº 11

Só é lícito o uso de algemas em casos de resistência e de fundado receio de fuga ou de perigo à integridade física própria ou alheia, por parte do preso ou de terceiros, justificada a excepcionalidade por escrito, sob pena de responsabilidade disciplinar, civil e penal do agente ou da autoridade e de nulidade da prisão ou do ato processual a que se refere, sem prejuízo da responsabilidade civil do Estado.

SÚMULA VINCULANTE STF Nº 9

O disposto no artigo 127 da lei nº 7.210/1984 (lei de execução penal) foi recebido pela ordem constitucional vigente, e não se lhe aplica o limite temporal previsto no caput do artigo 58.

SÚMULA VINCULANTE STF Nº 5

A falta de defesa técnica por advogado no processo administrativo disciplinar não ofende a Constituição.

SÚMULA VINCULANTE STF Nº 1

Ofende a garantia constitucional do ato jurídico perfeito a decisão que, sem ponderar as circunstâncias do caso concreto, desconsidera a validez e a eficácia de acordo constante de termo de adesão instituído pela lei complementar 110/2001.

SÚMULA STF Nº 721

A competência constitucional do Tribunal do Júri prevalece sobre o foro por prerrogativa de função estabelecido exclusivamente pela Constituição Estadual.

SÚMULA STF Nº 704

Não viola as garantias do juiz natural, da ampla defesa e do devido processo legal a atração por continência ou conexão do processo do co-réu ao foro por prerrogativa de função de um dos denunciados.

SÚMULA STF Nº 695

Não cabe *habeas corpus* quando já extinta a pena privativa de liberdade.

SÚMULA STF Nº 694

Não cabe *habeas corpus* contra a imposição da pena de exclusão de militar ou de perda de patente ou de função pública.

SÚMULA STF Nº 693

Não cabe *habeas corpus* contra decisão condenatória a pena de multa, ou relativo a processo em curso por infração penal a que a pena pecuniária seja a única cominada.

SÚMULA STF Nº 654

A garantia da irretroatividade da lei, prevista no art. 5º, XXXVI, da Constituição da República, não é invocável pela entidade estatal que a tenha editado.

SÚMULA STF Nº 632

É constitucional lei que fixa o prazo de decadência para a impetração de mandado de segurança.

SÚMULA STF Nº 630

A entidade de classe tem legitimação para o mandado de segurança ainda quando a pretensão veiculada interesse apenas a uma parte da respectiva categoria.

SÚMULA STF Nº 629

A impetração de mandado de segurança coletivo por entidade de classe em favor dos associados independe da autorização destes.

SÚMULA STF Nº 625

Controvérsia sobre matéria de direito não impede concessão de mandado de segurança.

SÚMULA STF Nº 429

A existência de recurso administrativo com efeito suspensivo não impede o uso do mandado de segurança contra omissão da autoridade.

SÚMULA STF Nº 365

Pessoa jurídica não tem legitimidade para propor ação popular.

SÚMULA STF Nº 268

Não cabe mandado de segurança contra decisão judicial com trânsito em julgado.

SÚMULA STF Nº 267

Não cabe mandado de segurança contra ato judicial passível de recurso ou correição.

SÚMULA STF Nº 266

Não cabe mandado de segurança contra lei em tese.

SÚMULA STF Nº 70

É inadmissível a interdição de estabelecimento como meio coercitivo para cobrança de tributo.

SÚMULA STJ Nº 469

Aplica-se o Código de Defesa do Consumidor aos contratos de plano de saúde.

SÚMULA STJ Nº 460

É incabível o mandado de segurança para convalidar a compensação tributária realizada pelo contribuinte.

SÚMULA STJ Nº 434

O pagamento da multa por infração de trânsito não inibe a discussão judicial do débito.

SÚMULA STJ Nº 419

Descabe a prisão civil do depositário judicial infiel.

SÚMULA STJ Nº 333

Cabe mandado de segurança contra ato praticado em licitação promovida por sociedade de economia mista ou empresa pública.

SÚMULA STJ Nº 227

A pessoa jurídica pode sofrer dano moral.

SÚMULA STJ Nº 105

Na ação de mandado de segurança não se admite condenação em honorários advocatícios.

SÚMULA STJ Nº 37

São cumuláveis as indenizações por dano material e dano moral oriundos do mesmo fato.

SÚMULA STJ Nº 2

Não cabe o habeas data (CF, art. 5º, LXXII, letra a) se não houve recusa de informações por parte da autoridade administrativa.

2. DIREITOS SOCIAIS

DESMEMBRAMENTO SINDICAL: CONTADORES E TÉCNICOS EM CONTABILIDADE - 1

Ante as peculiaridades do caso e as premissas fáticas do acórdão impugnado, a 1ª Turma desproveu recurso extraordinário interposto, pela Federação dos Contabilistas do Estado do Rio Grande do Sul e outros, de acórdão que reconhecera ser o Sindicato dos Contadores do Estado do Rio Grande do Sul - Sindiconta/RS, ora recorrido, o representante sindical da categoria dos contadores dentro de sua base territorial. Sustentavam os recorrentes a ocorrência de: a) cerceamento de defesa, devido à falta de intimação para se manifestarem sobre documento apresentado pelos recorridos e de publicação de pauta para a continuidade do julgamento interrompido em virtude de pedido de vista; e b) inconstitucionalidade da criação do sindicato adversado, em face de o sindicato dos contabilistas abranger bacharéis e técnicos em contabilidade, bem assim de a Constituição estabelecer o princípio do sindicato por categoria e não por função. Afirmavam, ainda, descaber a possibilidade de os próprios substituídos virem a escolher a qual categoria pertenceriam. Além disso, argüiam não ser o princípio da liberdade sindical ilimitado e salientavam ter o STF firmado orientação no sentido de que o Ministério de Estado do Trabalho seria o órgão estatal competente para o registro que conferiria o caráter sindical, resultando inválido o mero registro civil. RE 291822/RS, rel. Min. Marco Aurélio, 29.11.2011. (RE-291822)

DESMEMBRAMENTO SINDICAL: CONTADORES E TÉCNICOS EM CONTABILIDADE - 2

Inicialmente, afastou-se a assertiva de que vulneraria o devido processo legal o fato de a seqüência do julgamento ter sido retomada sem nova publicação da pauta, após o interregno de aproximadamente 60 dias. No ponto, acentuou-se que o próprio regimento interno do tribunal local preveria a permanência em pauta de processo cujo exame fosse interrompido em razão de pedido de vista. No tocante à questionada juntada de documentos, assinalou-se que eles vieram aos autos após o voto do relator do recurso de apelação, não tendo influenciado a maioria formada na Corte estadual. Quanto à matéria de fundo, propriamente dita, ao observar a liberdade de associação (CF, art. 5º, XVII), anotou-se a mitigação do princípio da unicidade sindical (art. 8º, II). Frisou-se, ainda, que o art. 8º da Constituição revelaria a livre associação profissional ou sindical e encerraria a desnecessidade de autorização do Estado para criação de sindicato, remetendo ao registro no órgão competente, vedada a interferência e a intervenção do Poder Público. Reputou-se, dessa maneira, que a alusão a "*registro no órgão competente*" direcionaria àquele das pessoas jurídicas. Mencionou-se, então, que ficara consignada essa ocorrência no acórdão proferido. RE 291822/RS, rel. Min. Marco Aurélio, 29.11.2011. (RE-291822)

DESMEMBRAMENTO SINDICAL: CONTADORES E TÉCNICOS EM CONTABILIDADE - 3

Ato contínuo ressaltou-se que, no inciso II do art. 8º, haveria apenas obstáculo ao surgimento de mesmo sindicato em área geográfica representada por município. Apontou-se que, consoante o tribunal de justiça local — cuja premissa fática mostrar-se-ia inafastável —, na espécie, ocorrera o desdobramento de categorias profissionais afins. Antes, o Sindicato dos Contabilistas de Porto Alegre, o Sindicato dos Contabilistas de Canoas e o Sindicato dos Contabilistas de Pelotas, congregados sob a Federação dos Contabilistas do Rio Grande do Sul, representariam também os contadores. Esclareceu-se que, conforme a Corte *a qua*, viável seria o desdobramento com a criação de sindicato próprio aos contadores. Reportou-se a entendimento doutrinário segundo o qual presente a reunião de categorias em um sindicato, dar-se-ia a possibilidade de virem a implementar a dissociação. Explicitou-se que a origem da junção, prevista na Consolidação das Leis do Trabalho - CLT seria única: o somatório de forças considerados segmentos afins que não teriam, nos primórdios, como formarem isoladamente entidade sindical. Entendeu-se descaber evocar o que decidido quando do julgamento do RMS 21305/DF (DJU de 29.11.91), em que se cuidava de categoria diferenciada. Asseverou-se que a presente situação seria diversa, pois, inexistiria lei a disciplinar de forma una as categorias profissionais em debate, valendo perceber distinção substancial entre elas, haja vista que a dos contadores pressuporia integrantes com nível superior e a dos técnicos em contabilidade não. O Min. Luiz Fux destacou a inadmissibilidade de se exigir obediência às prescrições estatutárias de Federação mais antiga, tendo em vista a garantia da liberdade de instituição de nova entidade. Outro precedente citado: RE 217328/RS (DJU de 9.6.2000). RE 291822/RS, rel. Min. Marco Aurélio, 29.11.2011. (RE-291822) (Inform. STF 650)

SALÁRIO MÍNIMO E DECRETO PRESIDENCIAL - 1

Por reputar observado o princípio da reserva de lei para a fixação do salário mínimo (CF: "*Art. 7º São direitos dos trabalhadores urbanos e rurais, além de outros que visem à melhoria de sua condição social: ... IV – salário mínimo, fixado em lei, nacionalmente unificado, capaz de atender a suas necessidades vitais básicas e às de sua família com moradia, alimentação, educação, saúde, lazer, vestuário, higiene, transporte e previdência social, com reajustes periódicos que lhe preservem o poder aquisitivo, sendo vedada sua vinculação para qualquer fim*"), o Plenário, em votação majoritária, julgou improcedente pedido formulado em ação direta de inconstitucionalidade, proposta pelo Partido Popular Socialista - PPS, pelo Partido da Social Democracia Brasileira - PSDB e pelo Democratas - DEM, contra o art. 3º da Lei 12.382/2011 ("*Art. 3º Os reajustes e aumentos fixados na forma do art. 2º serão estabelecidos pelo Poder Executivo, por meio de decreto, nos termos desta Lei. Parágrafo único. O decreto do Poder Executivo a que se refere o caput divulgará a cada ano os valores mensal, diário e horário do salário mínimo decorrentes do disposto neste artigo, correspondendo o valor diário a um trinta avos e o valor horário a um duzentos e vinte avos do valor mensal*"). ADI 4568/DF, rel. Min. Cármen Lúcia, 3.11.2011. (ADI-4568)

SALÁRIO MÍNIMO E DECRETO PRESIDENCIAL - 2

Ressaltou-se que a lei em questão conteria a definição legal e formal do salário mínimo, a fixação do seu montante em 2011 (art. 1º) e a forma de sua valorização, no sentido de sua quantificação para períodos subseqüentes (até 2015). Aduziu-se que esse diploma não esgotara a sua preceituação e adotara critérios objetivos para valer no intervalo de 2012 a 2015, segundo índices estipulados pelo Congresso Nacional (variação do Índice Nacional de Preços ao Consumidor - INPC, calculado e divulgado pela Fundação Instituto Brasileiro de Geografia e Estatística - IBGE, acumulada nos 12 meses anteriores ao mês do reajuste). Registrou-se, também, que o legislador determinara que, na ausência de divulgação do INPC referente a um ou mais meses compreendidos no período do cálculo até o último dia útil imediatamente anterior à vigência do reajuste, os índices seriam estimados pelo Poder Executivo quanto aos meses não disponíveis (art. 2º, § 2º).
No ponto, destacou-se que essa avaliação não seria arbitrária, mas, ao revés, conforme os parâmetros definidos. Assinalou-se que, se sobrevier a situação prevista no § 2º do art. 2º da Lei 12.382/2011, os "*índices estimados permanecerão válidos para os fins desta Lei, sem qualquer revisão, sendo os eventuais resíduos compensados no reajuste subseqüente, sem retroatividade*" (art. 2º, § 3º). Considerou-se que, ao assim estatuir, o legislador retirara do Presidente da República qualquer discricionariedade relativa à fórmula para apuração do *quantum* a ser adotado, bem como no que concerne à possibilidade de revisão ou de compensação de supostos resíduos. ADI 4568/DF, rel. Min. Cármen Lúcia, 3.11.2011. (ADI-4568)

SALÁRIO MÍNIMO E DECRETO PRESIDENCIAL - 3

Salientou-se, ainda, que o legislador estatuíra que o valor a prevalecer no lapso de 2012 a 2015 seria aquele determinado no art. 1º da lei em apreço mais o reajustamento conforme índice firmado nos §§ 1º e 2º do art. 2º, prevendo aumento real a ser conferido nos moldes dos índices definidos nos §§ 4º e 5º do mesmo preceito. Diante desse contexto, rejeitou-se o argumento de que a lei conteria delegação para que o Presidente da República fixasse o valor do salário mínimo. Reiterou-se que haveria mera aplicação aritmética, nos termos legalmente previstos, dos índices, fórmulas e periodicidade fixados pelo Congresso Nacional, a serem expostos por decreto presidencial, que não inovaria a ordem jurídica, sob pena de abuso do poder regulamentar, passível de fiscalização e controle pela via legislativa ou judicial. Dessa forma, frisou-se que a lei impusera ao Chefe do Poder Executivo apenas a divulgação do montante do salário mínimo, obtido pelo valor reajustado e aumentado consoante os índices fixados pelo Congresso Nacional na própria lei adversada. ADI 4568/DF, rel. Min. Cármen Lúcia, 3.11.2011. (ADI-4568)

SALÁRIO MÍNIMO E DECRETO PRESIDENCIAL - 4

Advertiu-se que, ainda que se retirasse do mundo jurídico a referência ao modo de se decretar a divulgação do quanto a vigorar como salário mínimo no interregno estipulado — mediante incidência dos índices dispostos no art. 2º da Lei 12.382/2011 —, isso não implicaria mudança na fixação de seu valor, que continuaria a ser o mesmo. Ademais, mencionou-se que o Congresso Nacional poderia revogar a lei quando entendesse conveniente e oportuno, sem interferência do Poder Executivo. O Min. Luiz Fux acrescentou que a espécie caracterizaria o fenômeno da deslegalização. Por sua vez, o Min. Gilmar Mendes, tendo em conta os postulados da reserva legal e do Parlamento, manifestou ressalvas acerca da possibilidade de se projetar para a legislatura seguinte (2015) esse modelo adotado pela lei em foco, haja vista o receio de essa decisão servir de estímulo para deixar o Congresso inativo. O Min. Celso de Mello aludiu que uma legislatura não pautaria a superveniente e realçou que a vinculação entre o que denominou "princípio da unidade de legislatura" e o tema pertinente à modificação do padrão de reajuste previsto no art. 3º da lei impugnada mereceria mais debate. Ademais, robusteceu a assertiva de que o decreto presidencial não constituiria situações novas, encontrando-se estritamente vinculado aos padrões estabelecidos pelo próprio legislador. ADI 4568/DF, rel. Min. Cármen Lúcia, 3.11.2011. (ADI-4568)

SALÁRIO MÍNIMO E DECRETO PRESIDENCIAL - 5

Vencidos os Ministros Ayres Britto e Marco Aurélio, que julgavam o pleito procedente ao fundamento de que a fixação do salário mínimo deveria ser feita por lei em sentido formal e material. Este enfatizava que os parâmetros determinados na lei e projetados no tempo — não se podendo cogitar de outros aspectos que estariam a direcionar a modificação desse quantitativo vital à sobrevivência do trabalhador e ao bem-estar mínimo da própria família — ocasionariam automaticidade, engessamento incompatível com a mobilidade encerrada no art. 7º, IV, da CF, bem como transferência a outro Poder do que a Constituição outorgara ao Congresso Nacional. Aquele afirmava que, ao se agregar ao salário mínimo vigente aumento ou reajuste, estabelecer-se-ia um novo salário e o precedente morreria, de maneira que passaria a vigorar um outro salário mínimo, o qual não poderia ser estatuído pelo Presidente da República, em sub-rogação da competência exclusiva do Congresso de quantificar, de monetarizar o salário mínimo, atualizando-o anualmente. ADI 4568/DF, rel. Min. Cármen Lúcia, 3.11.2011. (ADI-4568)

SALÁRIO MÍNIMO E DECRETO PRESIDENCIAL - 6

Por fim, não se conheceu, majoritariamente, de proposta suscitada pelo Min. Cezar Peluso, Presidente, no sentido do exame, independentemente de impugnação dos requerentes, da constitucionalidade do art. 2º, §§ 2º e 3º, da Lei 12.382/2011. Asseverou-se, à luz do princípio da demanda, que o objeto central da presente ação cingir-se-ia tão-somente ao art. 3º da lei. Esclareceu-se que tanto a Advocacia-Geral da União quanto a Procuradoria-Geral da República não teriam se pronunciado sobre os preceitos referidos. Os Ministros Dias Toffoli, Ricardo Lewandowski e Celso de Mello assentaram a constitucionalidade da norma, caso superado o

requisito de cognoscibilidade. Vencidos o suscitante e os Ministros Ayres Britto e Marco Aurélio por entenderem que o Supremo não estaria adstrito aos limites expostos na petição inicial, notadamente quando o pedido maior — declaração de inconstitucionalidade da atuação do Executivo na hipótese de omissão da publicação dos dados (art. 2º, § 2º) — englobaria o menor — fixação por estimativa (art. 3º). ADI 4568/DF, rel. Min. Cármen Lúcia, 3.11.2011. (ADI-4568) (Inform. STF 646)

MANDADO DE INJUNÇÃO E AVISO PRÉVIO

O Plenário iniciou julgamento conjunto de mandados de injunção em que se alega omissão legislativa dos Presidentes da República e do Congresso Nacional, ante a ausência de regulamentação do art. 7º, XXI, da CF, relativamente ao aviso prévio proporcional ao tempo de serviço ("*Art. 7º São direitos dos trabalhadores urbanos e rurais, além de outros que visem à melhoria de sua condição social: ... XXI - aviso prévio proporcional ao tempo de serviço, sendo no mínimo de trinta dias, nos termos da lei;*"). Na espécie, os impetrantes, trabalhadores demitidos sem justa causa após mais de uma década de serviço, receberam de seu empregador apenas um salário mínimo a título de aviso prévio. O Min. Gilmar Mendes, relator, ao reconhecer a mora legislativa, julgou procedente o pedido. Inicialmente, fez um retrospecto sobre a evolução do Supremo quanto às decisões proferidas em sede de mandado de injunção: da simples comunicação da mora à solução normativa e concretizadora. Destacou que, no tocante ao aviso prévio proporcional ao tempo de serviço, o Min. Carlos Velloso, em voto vencido, construíra solução provisória fixando-o em "*10 dias por ano de serviço ou fração superior a 6 meses, observado o mínimo de 30 dias*". Aduziu, entretanto, que essa equação também poderia ser objeto de questionamento, porquanto careceria de amparo fático ou técnico, uma vez que a Constituição conferira ao Poder Legislativo a legitimidade democrática para resolver a lacuna. O Min. Luiz Fux acrescentou que o art. 8º da CLT admitiria como método de hetero-integração o direito comparado e citou como exemplos legislações da Alemanha, Dinamarca, Itália, Suíça, Bélgica, Argentina e outras. Apontou, ainda, uma recomendação da Organização Internacional do Trabalho – OIT sobre a extinção da relação trabalhista. Por sua vez, o Min. Marco Aurélio enfatizou que o critério a ser adotado deveria observar a proporcionalidade exigida pelo texto constitucional e propôs que também se cogitasse de um aviso prévio de 10 dias — respeitado o piso de 30 dias — por ano de serviço transcorrido. O Min. Cezar Peluso sugeriu como regra para a situação em comento que o benefício fosse estipulado em um salário mínimo a cada 5 anos de serviço. O Min. Ricardo Lewandowski, por seu turno, mencionou alguns projetos de lei em trâmite no Congresso Nacional. Diante desse panorama, o relator acentuou a existência de consenso da Corte quanto ao provimento do *writ* e à necessidade de uma decisão para o caso concreto, cujos efeitos, inevitavelmente, se projetariam para além da hipótese sob apreciação. Após salientar que a mudança jurisprudencial referente ao mandado de injunção não poderia retroceder e, tendo em conta a diversidade de parâmetros que poderiam ser adotados para o deslinde da controvérsia, indicou a suspensão do julgamento, o qual deverá prosseguir para a explicitação do dispositivo final. MI 943/DF, rel. Min. Gilmar Mendes, 22.6.2011. (MI-943) MI 1010/DF, rel. Min. Gilmar Mendes, 22.6.2011. (MI-1010) MI 1074/DF, rel. Min. Gilmar Mendes, 22.6.2011. (MI-1074) MI 1090/DF, rel. Min. Gilmar Mendes, 22.6.2011. (MI-1090) (Inform. STF 632)

ADI N. 4.364-SC

RELATOR: MIN. DIAS TOFFOLI

EMENTA: Ação direta de inconstitucionalidade. Lei complementar estadual que fixa piso salarial para certas categorias. Pertinência temática. Conhecimento integral da ação. Direito do trabalho. Competência legislativa privativa da União delegada aos Estados e ao Distrito Federal. Lei Complementar federal nº 103/2000. Alegada violação ao art. 5º, *caput* (princípio da isonomia), art. 7º, V, e art. 114, § 2º, da Constituição. Inexistência. Atualização do piso salarial mediante negociação coletiva com a participação do "Governo do Estado de Santa Catarina". Violação ao princípio da autonomia sindical. Inconstitucionalidade formal. Procedência parcial.

1. A exigência de pertinência temática não impede, quando o vício de inconstitucionalidade for idêntico para todos os seus destinatários, o amplo conhecimento da ação nem a declaração de inconstitucionalidade da norma para além do âmbito dos indivíduos representados pela entidade requerente. Conhecimento integral da ação direta ajuizada pela Confederação Nacional do Comércio de Bens, Serviços e Turismo (CNC).

2. A competência legislativa do Estado de Santa Catarina para fixar piso salarial decorre da Lei Complementar federal nº 103, de 2000, mediante a qual a União, valendo-se do disposto no art. 22, inciso I e parágrafo único, da Carta Maior, delegou aos Estados e ao Distrito Federal a competência para instituir piso salarial para os empregados que não tenham esse mínimo definido em lei federal, convenção ou acordo coletivo de trabalho. Trata-se de lei estadual que consubstancia um exemplo típico de exercício, pelo legislador federado, da figura da competência privativa delegada.

3. A lei questionada não viola o princípio do pleno emprego. Ao contrário, a instituição do piso salarial regional visa, exatamente, reduzir as desigualdades sociais, conferindo proteção aos trabalhadores e assegurando a eles melhores condições salariais.

4. Não viola o poder normativo da Justiça do Trabalho (art. 114, § 2º, da Lei Maior) o fato de a lei estadual não ter excluído dos seus efeitos a hipótese de piso salarial determinado em dissídio coletivo. A lei atuou nos exatos contornos da autorização conferida pela delegação legislativa.

5. A lei impugnada realiza materialmente o princípio constitucional da isonomia, uma vez que o tratamento diferenciado aos trabalhadores agraciados com a instituição do piso salarial regional visa reduzir as desigualdades sociais. A Lei Complementar federal nº 103/2000 teve por objetivo maior assegurar àquelas classes de trabalhadores menos mobilizadas e, portanto, com menor capacidade de organização sindical, um patamar mínimo de salário.

6. A fim de manter-se o incentivo à negociação coletiva (art. 7º, XXVI, CF/88), os pisos salariais regionais somente serão estabelecidos por lei naqueles casos em que não haja convenção ou acordo coletivo de trabalho. As entidades sindicais continuarão podendo atuar nas negociações coletivas, desde que respeitado o patamar mínimo legalmente assegurado.

7. A parte final do parágrafo único do art. 2º da Lei Complementar nº 459/2009, ao determinar a participação do "*Governo do Estado de Santa Catarina*" nas negociações entre as entidades sindicais de trabalhadores e empregadores para atualização dos pisos salariais fixados na referida lei complementar, ofende o princípio da autonomia sindical (art. 8º, I, CF/88) e extrapola os contornos da competência legislativa delegada pela União. As negociações coletivas devem ocorrer com a participação dos representantes dos empregadores e dos trabalhadores, sem intromissão do governo (princípio da negociação livre). Ao criar mecanismo de participação estatal compulsória nas negociações coletivas, o Estado de Santa Catarina legisla sobre "*direito coletivo do trabalho*", não se restringindo a instituir o piso salarial previsto no inciso V do art. 7º da Constituição Federal.

8. Ação direta de inconstitucionalidade julgada parcialmente procedente. (Inform. STF 627)

**noticiado no Informativo 618*

PISO SALARIAL ESTADUAL E LIBERDADE SINDICAL

Por considerar violado o princípio constitucional da liberdade sindical (art. 8º, I), o Plenário, por maioria, julgou parcialmente procedente pedido formulado em ação direta proposta pela Confederação Nacional do Comércio de Bens, Serviços e Turismo – CNC para declarar a inconstitucionalidade da expressão "*com a participação do Governo do Estado de Santa Catarina*", contida no parágrafo único do art. 2º da Lei Complementar 459/2009, dessa mesma unidade federativa. O preceito impugnado estabelece que a atualização dos pisos salariais fixados naquele diploma legislativo serão objeto de negociação coletiva entre as entidades sindicais dos trabalhadores e empregadores, com a participação do governo estadual. Entendeu-se que a exigência da participação do governo nessas negociações coletivas, ainda que os valores dos pisos salariais tivessem sido fixados por via legislativa, implicaria restrição à autonomia sindical, uma vez que competiria aos interlocutores sociais, e não ao Estado-membro, a iniciativa autônoma de inaugurar, desenvolver e concluir as negociações coletivas. No mais, aplicou-se a orientação firmada no caso acima relatado. ADI 4364/SC, rel. Min. Dias Toffoli, 2.3.2011. (ADI-4364) (Inform. STF 618)

ADPF e vinculação ao salário mínimo - 1

O Plenário iniciou julgamento de pedido de liminar formulado em argüição de descumprimento de preceito fundamental ajuizada pela Confederação Nacional de Saúde, Hospitais e Estabelecimentos e Serviços – CNS em que se sustenta, tendo em conta a vedação da vinculação do salário mínimo para qualquer fim (CF, art. 7º, IV), a não recepção do art. 16 da Lei 7.394/85. O dispositivo impugnado estabelece que o salário mínimo dos profissionais que executam as técnicas definidas no art. 1º dessa lei será equivalente a 2 salários mínimos profissionais da região, incidindo sobre esses vencimentos 40% de risco de vida e insalubridade. O Min. Joaquim Barbosa, relator, indeferiu o pedido de liminar. Preliminarmente, considerou a CNS legitimada para a propositura da ação, haja vista se tratar de entidade sindical de grau superior que reuniria pessoas jurídicas que atuariam na área de prestação de serviços à saúde, e se discutir, nos autos, direito social conferido à categoria profissional cujas atividades seriam exercidas no âmbito de tais pessoas jurídicas. ADPF 151 MC/DF, rel. Min. Joaquim Barbosa, 1º.12.2010. (ADPF-151)

ADPF e vinculação ao salário mínimo - 2

Reputou, entretanto, ausentes os requisitos autorizadores da concessão da liminar. Observou, de início, que o texto questionado seria de 1985 e que qualquer esboço de risco à consolidação de situações ou à inviabilização do exercício de atividades na área da saúde acaso existente na data da promulgação da CF/88 teria perdido toda a força e coesão que porventura possuísse depois de 2 décadas de vigência da norma. Registrou não ter sido apresentado nos autos nenhum documento que confirmasse a alegação da requerente sobre a completa inviabilidade econômica das atividades em que inseridos os profissionais da área de radiologia, nem ter havido indicação de que eventual vinculação da remuneração de tais profissionais ao salário mínimo fosse a causa preponderante da apontada situação de penúria vivida pelas pessoas jurídicas filiadas à requerente. Entendeu que a adoção da Súmula Vinculante 4, por si só, não seria suficiente para modificar o quadro, sobretudo em face da problemática levantada pela Presidência da República acerca da exata conformação do regime jurídico aplicável aos técnicos em radiologia. Aduziu, ainda, não estar configurado o atendimento ao que disposto no art. 3º, V, da Lei 9.882/99, por não ter a requerente demonstrado como o debate sobre a aplicação do texto impugnado teria se desenvolvido no âmbito do Judiciário. Citou, em seguida, o julgamento do RE 565714/SP (DJe de 8.8.2008), no qual a Corte expressamente teria consignado a possibilidade extraordinária de manutenção do salário mínimo como base de cálculo do adicional de insalubridade com o objetivo de preservar a irredutibilidade de salários. Concluiu que, na espécie, a tutela pretendida pela requerente não poderia ser construída de modo a impedir que os órgãos jurisdicionais preservassem excepcionalmente quadros de expectativa mantidos pela aplicação da norma que alegadamente viria garantindo o adicional de insalubridade nos últimos 25 anos, observados os parâmetros fixados no precedente indicado e na própria Súmula Vinculante 4. ADPF 151 MC/DF, rel. Min. Joaquim Barbosa, 1º.12.2010. (ADPF-151)

ADPF e vinculação ao salário mínimo - 3

Em divergência, o Min. Marco Aurélio concedeu a liminar, por vislumbrar relevância na articulação contida na inicial e risco de manter-se com plena eficácia o dispositivo adversado. Salientou o fato de o Supremo ter editado um verbete que passou a integrar a Súmula Vinculante e a revelar que o salário mínimo, conforme previsto na CF, não poderia ser tomado como fator de fixação de valores. Asseverou não ser admissível partir para a abertura de exceção não contida no art. 7º, IV, da CF. Enfatizou, ademais, que o Congresso Nacional teria tido tempo suficiente para atuar na substituição do preceito, o que, entretanto, não ocorrera. Após, pediu vista dos autos o Min. Gilmar Mendes. ADPF 151 MC/DF, rel. Min. Joaquim Barbosa, 1º.12.2010. (ADPF-151)

ADPF E VINCULAÇÃO AO SALÁRIO MÍNIMO - 4

Em conclusão, o Plenário, por maioria, deferiu pedido de medida cautelar formulado em argüição de descumprimento de preceito fundamental ajuizada pela Confederação Nacional de Saúde, Hospitais e Estabelecimentos e Serviços – CNS contra o art. 16 da Lei 7.394/85, que estabelece que o salário mínimo dos profissionais (técnicos em radiologia) que executam as técnicas definidas em seu art. 1º será equivalente a 2 salários mínimos profissionais da região, incidindo sobre esses vencimentos 40% de risco de vida e insalubridade — v. Informativo 611. Ao se reportar à orientação fixada no julgamento do RE 565714/SP (DJe de 7.11.2008), reputou-se, em princípio, que o art. 16 da Lei 7.394/85 seria incompatível com art. 7º, IV, da CF, mas, a fim de evitar uma anomia, resolveu-se continuar aplicando os critérios estabelecidos pela lei em questão, até que sobrevenha norma que fixe nova base de cálculo, seja lei federal, editada pelo Congresso Nacional, sejam convenções ou acordos coletivos de trabalho, ou, ainda, lei estadual, editada conforme delegação prevista na Lei Complementar 103/2000. Determinou-se, ainda, o congelamento da base de cálculo em questão, para que seja calculada de acordo com o valor de 2 salários mínimos vigente na data do trânsito em julgado desta decisão, de modo a desindexar o salário mínimo, valor este que deverá ser corrigido com base nos índices de reajustes de salários. ADPF 151 MC/DF, rel. orig. Min. Joaquim Barbosa, red. p/ o acórdão Min. Gilmar Mendes, 2.2.2011. (ADPF-151)

ADPF E VINCULAÇÃO AO SALÁRIO MÍNIMO - 5

Prevaleceu o voto do Min. Gilmar Mendes que, inicialmente, relembrou precedente do Tribunal no qual apresentada distinção entre salário mínimo regional e piso salarial. Segundo o aresto, o salário mínimo, nos termos do art. 7º, IV, da CF, haveria de ter valor único, já que as necessidades vitais básicas do trabalhador e de sua família não variariam de acordo com a região do país, não sendo possível, assim, que cada Estado-membro o fixasse por lei própria. Por outro lado, em relação ao piso salarial, o inciso V desse mesmo dispositivo constitucional, ao se referir à respectiva extensão e complexidade, agasalharia a consideração do próprio trabalho desenvolvido. Asseverou que a União, partindo dessa premissa, teria editado a Lei Complementar 103/2000, que autorizou os Estados e o Distrito Federal a instituir, por meio de lei de iniciativa do Poder Executivo, piso salarial para os empregados que não o tivessem definido em lei federal, convenção ou acordo coletivo de trabalho. Verificou, entretanto, que os técnicos em radiologia já possuíam piso salarial definido pelo preceito impugnado, razão por que a edição da citada Lei Complementar não causaria impacto no piso salarial dessa categoria. ADPF 151 MC/DF, rel. orig. Min. Joaquim Barbosa, red. p/ o acórdão Min. Gilmar Mendes, 2.2.2011. (ADPF-151)

ADPF E VINCULAÇÃO AO SALÁRIO MÍNIMO - 6

O Min. Gilmar Mendes registrou que a disciplina do piso salarial fixado pela Lei 7.394/85 teria sido posteriormente alterada pelo art. 2º, § 1º, do Decreto-lei 2.351/87, que substituiu a vinculação ao salário mínimo regional pela vinculação ao salário mínimo de referência, e pelo art. 5º da Lei 7.789/89, por meio da qual teriam deixado de existir o salário mínimo de referência e o piso nacional de salários, passando a vigorar apenas o salário mínimo. Afirmou que, a partir daí, o piso salarial dos radiologistas previsto na Lei 7.394/85 teria passado a ser interpretado como de 2 salários mínimos. Destacou, a seguir, que a Súmula Vinculante 4, por si só, não seria capaz de resolver a controvérsia, haja vista que, não obstante a vedação do uso do salário mínimo como indexador, a discussão que dera origem ao verbete não se referiria ao piso salarial, mas à base de cálculo do adicional de insalubridade, o qual, conforme disposto no art. 192 da CLT e nas Súmulas 17 e 228 do TST, era o salário mínimo. Aduziu que isso seria relevante, visto que uma interpretação sistemática do art. 7º, IV e V, da CF poderia levar à conclusão de que este último inciso, ao viabilizar a fixação de piso salarial proporcional à extensão e à complexidade do trabalho, seria uma exceção constitucional à norma que proíbe a vinculação ao salário mínimo para qualquer fim. Citou, no entanto, a existência de diversos precedentes do STF no sentido da impossibilidade de fixação de piso salarial com base em múltiplos do salário mínimo. ADPF 151 MC/DF, rel. orig. Min. Joaquim Barbosa, red. p/ o acórdão Min. Gilmar Mendes, 2.2.2011. (ADPF-151)

ADPF E VINCULAÇÃO AO SALÁRIO MÍNIMO - 7

No que se tange ao adicional de insalubridade de 40%, constante da parte final do art. 16 da Lei 7.394/85, citou a Súmula Vinculante 4, já mencionada, editada diante da consolidada jurisprudência da Corte segundo a qual o salário mínimo não pode ser utilizado como indexador de base de cálculo de vantagem de servidor público ou de empregado. Por fim, entendeu aplicável, à espécie, a solução dada no aludido julgamento do RE 565714/SP (DJe de 7.11.2008), no qual se julgara não recepcionado dispositivo legal por violação ao 7º, IV, da CF, mas se reconhecera não ser da competência do Poder Judiciário o estabelecimento de nova base de cálculo, sob pena de atuar como legislador positivo. Vencidos o Min. Marco Aurélio, que deferia a cautelar em maior extensão, e os Ministros Joaquim Barbosa, relator, e Ellen Gracie que a indeferiam. Alguns precedentes citados: ADI 2358 MC/

RJ (DJU de 27.2.2004); RE 170203/GO (DJU de 15.4.94); AI 357477 AgR/PR (DJU de 14.10.2005); AI 277835 AgR/PR (DJe de 26.2.2010). ADPF 151 MC/DF, rel. orig. Min. Joaquim Barbosa, red. p/ o acórdão Min. Gilmar Mendes, 2.2.2011. (ADPF-151) (Inform. STF 614)

ADPF e vinculação ao salário mínimo - 1

O Plenário iniciou julgamento de pedido de liminar formulado em argüição de descumprimento de preceito fundamental ajuizada pela Confederação Nacional de Saúde, Hospitais e Estabelecimentos e Serviços – CNS em que se sustenta, tendo em conta a vedação da vinculação do salário mínimo para qualquer fim (CF, art. 7º, IV), a não recepção do art. 16 da Lei 7.394/85. O dispositivo impugnado estabelece que o salário mínimo dos profissionais que executam as técnicas definidas no art. 1º dessa lei será equivalente a 2 salários mínimos profissionais da região, incidindo sobre esses vencimentos 40% de risco de vida e insalubridade. O Min. Joaquim Barbosa, relator, indeferiu o pedido de liminar. Preliminarmente, considerou a CNS legitimada para a propositura da ação, haja vista se tratar de entidade sindical de grau superior que reuniria pessoas jurídicas que atuariam na área de prestação de serviços à saúde, e se discutir, nos autos, direito social conferido à categoria profissional cujas atividades seriam exercidas no âmbito de tais pessoas jurídicas. ADPF 151 MC/DF, rel. Min. Joaquim Barbosa, 1º.12.2010. (ADPF-151)

ADPF e vinculação ao salário mínimo - 2

Reputou, entretanto, ausentes os requisitos autorizadores da concessão da liminar. Observou, de início, que o texto questionado seria de 1985 e que qualquer esboço de risco à consolidação de situações ou à inviabilização do exercício de atividades na área da saúde acaso existente na data da promulgação da CF/88 teria perdido toda a força e coesão que porventura possuísse depois de 2 décadas de vigência da norma. Registrou não ter sido apresentado nos autos nenhum documento que confirmasse a alegação da requerente sobre a completa inviabilidade econômica das atividades em que inseridos os profissionais da área de radiologia, nem ter havido indicação de que eventual vinculação da remuneração de tais profissionais ao salário mínimo fosse a causa preponderante da apontada situação de penúria vivida pelas pessoas jurídicas filiadas à requerente. Entendeu que a adoção da Súmula Vinculante 4, por si só, não seria suficiente para modificar o quadro, sobretudo em face da problemática levantada pela Presidência da República acerca da exata conformação do regime jurídico aplicável aos técnicos em radiologia. Aduziu, ainda, não estar configurado o atendimento ao que disposto no art. 3º, V, da Lei 9.882/99, por não ter a requerente demonstrado como o debate sobre a aplicação do texto impugnado teria se desenvolvido no âmbito do Judiciário. Citou, em seguida, o julgamento do RE 565714/SP (DJe de 8.8.2008), no qual a Corte expressamente teria consignado a possibilidade extraordinária de manutenção do salário mínimo como base de cálculo do adicional de insalubridade com o objetivo de preservar a irredutibilidade de salários. Concluiu que, na espécie, a tutela pretendida pela requerente não poderia ser construída de modo a impedir que os órgãos jurisdicionais preservassem excepcionalmente quadros de expectativa mantidos pela aplicação da norma que alegadamente viria garantindo o adicional de insalubridade nos últimos 25 anos, observados os parâmetros fixados no precedente indicado e na própria Súmula Vinculante 4. ADPF 151 MC/DF, rel. Min. Joaquim Barbosa, 1º.12.2010. (ADPF-151)

ADPF e vinculação ao salário mínimo - 3

Em divergência, o Min. Marco Aurélio concedeu a liminar, por vislumbrar relevância na articulação contida na inicial e risco de manter-se com plena eficácia o dispositivo adversado. Salientou o fato de o Supremo ter editado um verbete que passou a integrar a Súmula Vinculante e a revelar que o salário mínimo, conforme previsto na CF, não poderia ser tomado como fator de fixação de valores. Asseverou não ser admissível partir para a abertura de exceção não contida no art. 7º, IV, da CF. Enfatizou, ademais, que o Congresso Nacional teria tido tempo suficiente para atuar na substituição do preceito, o que, entretanto, não ocorrera. Após, pediu vista dos autos o Min. Gilmar Mendes. ADPF 151 MC/DF, rel. Min. Joaquim Barbosa, 1º.12.2010. (ADPF-151) (Inform. STF 611)

ADPF E VINCULAÇÃO AO SALÁRIO MÍNIMO - 4

Em conclusão, o Plenário, por maioria, deferiu pedido de medida cautelar formulado em argüição de descumprimento de preceito fundamental ajuizada pela Confederação Nacional de Saúde, Hospitais e Estabelecimentos e Serviços – CNS contra o art. 16 da Lei 7.394/85, que estabelece que o salário mínimo dos profissionais (técnicos em radiologia) que executam as técnicas definidas em seu art. 1º será equivalente a 2 salários mínimos profissionais da região, incidindo sobre esses vencimentos 40% de risco de vida e insalubridade — v. Informativo 611. Ao se reportar à orientação fixada no julgamento do RE 565714/SP (DJe de 7.11.2008), reputou-se, em princípio, que o art. 16 da Lei 7.394/85 seria incompatível com art. 7º, IV, da CF, mas, a fim de evitar uma anomia, resolveu-se continuar aplicando os critérios estabelecidos pela lei em questão, até que sobrevenha norma que fixe nova base de cálculo, seja lei federal, editada pelo Congresso Nacional, sejam convenções ou acordos coletivos de trabalho, ou, ainda, lei estadual, editada conforme delegação prevista na Lei Complementar 103/2000. Determinou-se, ainda, o congelamento da base de cálculo em questão, para que seja calculada de acordo com o valor de 2 salários mínimos vigente na data do trânsito em julgado desta decisão, de modo a desindexar o salário mínimo, valor este que deverá ser corrigido com base nos índices de reajustes de salários. ADPF 151 MC/DF, rel. orig. Min. Joaquim Barbosa, red. p/ o acórdão Min. Gilmar Mendes, 2.2.2011. (ADPF-151)

ADPF E VINCULAÇÃO AO SALÁRIO MÍNIMO - 5

Prevaleceu o voto do Min. Gilmar Mendes que, inicialmente, relembrou precedente do Tribunal no qual apresentada distinção entre salário mínimo regional e piso salarial. Segundo o aresto, o salário mínimo, nos termos do art. 7º, IV, da CF, haveria de ter valor único, já que as necessidades vitais básicas do trabalhador e de sua família não variariam de acordo com a região do país, não sendo possível, assim, que cada Estado-membro o fixasse por lei própria. Por outro lado, em relação ao piso salarial, o inciso V desse mesmo dispositivo constitucional, ao se referir à respectiva extensão e complexidade, agasalharia a consideração do próprio trabalho desenvolvido. Asseverou que a União, partindo dessa premissa, teria editado a Lei Complementar 103/2000, que autorizou os Estados e o Distrito Federal a instituir, por meio de lei de iniciativa do Poder Executivo, piso salarial para os empregados que não o tivessem definido em lei federal, convenção ou acordo coletivo de trabalho. Verificou, entretanto, que os técnicos em radiologia já possuíam piso salarial definido pelo preceito impugnado, razão por que a edição da citada Lei Complementar não causaria impacto no piso salarial dessa categoria. ADPF 151 MC/DF, rel. orig. Min. Joaquim Barbosa, red. p/ o acórdão Min. Gilmar Mendes, 2.2.2011. (ADPF-151)

ADPF E VINCULAÇÃO AO SALÁRIO MÍNIMO - 6

O Min. Gilmar Mendes registrou que a disciplina do piso salarial fixado pela Lei 7.394/85 teria sido posteriormente alterada pelo art. 2º, § 1º, do Decreto-lei 2.351/87, que substituiu a vinculação ao salário mínimo regional pela vinculação ao salário mínimo de referência, e pelo art. 5º da Lei 7.789/89, por meio da qual teriam deixado de existir o salário mínimo de referência e o piso nacional de salários, passando a vigorar apenas o salário mínimo. Afirmou que, a partir daí, o piso salarial dos radiologistas previsto na Lei 7.394/85 teria passado a ser interpretado como de 2 salários mínimos. Destacou, a seguir, que a Súmula Vinculante 4, por si só, não seria capaz de resolver a controvérsia, haja vista que, não obstante a vedação do uso do salário mínimo como indexador, a discussão que dera origem ao verbete não se referiria ao piso salarial, mas à base de cálculo do adicional de insalubridade, o qual, conforme disposto no art. 192 da CLT e nas Súmulas 17 e 228 do TST, era o salário mínimo. Aduziu que isso seria relevante, visto que uma interpretação sistemática do art. 7º, IV e V, da CF poderia levar à conclusão de que este último inciso, ao viabilizar a fixação de piso salarial proporcional à extensão e à complexidade do trabalho, seria uma exceção constitucional à norma que proíbe a vinculação ao salário mínimo para qualquer fim. Citou, no entanto, a existência de diversos precedentes do STF no sentido da impossibilidade de fixação de piso salarial com base em múltiplos do salário mínimo. ADPF 151 MC/DF, rel. orig. Min. Joaquim Barbosa, red. p/ o acórdão Min. Gilmar Mendes, 2.2.2011. (ADPF-151)

ADPF E VINCULAÇÃO AO SALÁRIO MÍNIMO - 7

No que se tange ao adicional de insalubridade de 40%, constante da parte final do art. 16 da Lei 7.394/85, citou a Súmula Vinculante 4, já mencionada, editada diante da consolidada jurisprudência da Corte segundo a qual o salário mínimo não pode ser utilizado como indexador de base de cálculo de vantagem de servidor público ou de empregado. Por fim, entendeu aplicável, à espécie, a solução dada no aludido julgamento do RE 565714/SP (DJe de 7.11.2008), no qual se julgara não recepcionado dispositivo legal por violação ao 7º, IV, da CF, mas se reconhecera não ser da competência do Poder Judiciário o estabelecimento de nova base de cálculo, sob pena de atuar como legislador positivo. Vencidos o Min. Marco Aurélio, que deferia a cautelar em maior extensão, e os Ministros Joaquim Barbosa, relator, e Ellen Gracie que a indeferiam. Alguns precedentes citados: ADI 2358 MC/RJ (DJU de 27.2.2004); RE 170203/GO (DJU de 15.4.94); AI 357477 AgR/PR (DJU de 14.10.2005); AI 277835 AgR/PR (DJe de 26.2.2010). ADPF 151 MC/DF, rel. orig. Min. Joaquim Barbosa, red. p/ o acórdão Min. Gilmar Mendes, 2.2.2011. (ADPF-151) (Inform. STF 614)

CENTRAIS SINDICAIS E CONTRIBUIÇÃO SINDICAL - 1

O Tribunal iniciou julgamento de ação direta de inconstitucionalidade proposta pelo Partido Democratas – DEM contra os artigos 1º, II, e 3º, da Lei 11.648/2008, bem como dos artigos 589, II, b e seus §§ 1º e 2º e 593 da CLT, na redação dada pela referida lei, a qual dispõe sobre o reconhecimento formal das centrais sindicais para os fins que especifica, e dá outras providências. O Min. Joaquim Barbosa, relator, julgou o pedido parcialmente procedente, no que foi acompanhado pelos Ministros Ricardo Lewandowski e Cezar Peluso. Analisou, de início, a apontada ofensa à estrutura constitucional de representação das relações de trabalho (CF, art. 8º, III) pelos artigos 1º, caput, II, e 3º, §§ 1º e 2º, da lei impugnada, asseverando que a definição do papel que a Constituição reserva às entidades de representação dos trabalhadores seria imprescindível à exata compreensão da capacidade das centrais sindicais para serem sujeitos ativos de tributos. No ponto, ressaltou que o direito à associação civil seria instrumento essencial à garantia da plena eficácia dos princípios democráticos e humanísticos que inspiram a Constituição Federal, e que o direito à livre manifestação do pensamento estaria a ele ligado intimamente, haja vista que a efetividade da defesa institucional de ambos os pontos de vista públicos e privados, principalmente os mais controversos, seria, sem dúvida, melhorada pela associação em grupos. Observou que a representação de interesses coletivos no âmbito das relações do trabalho, por sua vez, atenderia a vicissitudes específicas e que o interesse público subjacente justificaria rigor e proteção adaptados, a fim de garantir a efetividade da manifestação de vontade dos trabalhadores, sendo imanente ao modelo de representação adotado pela CF/88, por exemplo, a presença dos sindicatos na defesa de interesses coletivos ou individuais de categoria de trabalhadores (CF, art. 8º, III). **ADI 4067/DF, rel. Min. Joaquim Barbosa, 24.6.2009. (ADI-4067)**

CENTRAIS SINDICAIS E CONTRIBUIÇÃO SINDICAL - 2

Em seguida, afirmou que a Constituição, apesar de assegurar a autonomia sindical, teria fixado forma peculiar de unicidade e de monopólio de representação de categoria (CF, art. 8º, I e II), e que, sendo o monismo sindical incompatível com organização que abrangesse diversos órgãos de cúpula, as centrais sindicais não teriam sido contempladas no sistema de representação sindical dos trabalhadores pelo texto constitucional. Aduziu que a formação espontânea das centrais sindicais na sociedade haveria de ser interpretada à luz da aparente rigidez da estrutura sindical ponderada pela liberdade de associação e que, se preservada a autonomia e a competência da entidade sindical, a presença da central sindical em negociações de interesse das categorias profissionais não transgrediria o disposto no art. 8º da CF. Explicou que, apesar de essa central não poder substituir quaisquer entidades de base ou de grau superior na representação sindical dos interesses dos trabalhadores, a Constituição não vedaria que, como entidades civis, participassem, de forma auxiliar, nos processos de composição das expectativas de trabalhadores e empregadores. Assim, o relator interpretou o caput do art. 1º e o respectivo inciso II, bem como o art. 3º da Lei 11.648/2008, de modo a fixar que a representação geral dos trabalhadores e a participação nas negociações em fóruns, colegiados de órgãos públicos e demais espaços de diálogo social que possuam composição tripartite, nos quais estejam em discussão assuntos de interesse geral dos trabalhadores, não prejudicam a competência outorgada pela Constituição às entidades sindicais de base ou de grau superior, ou seja, os sindicatos, as federações e as confederações. Assim, as entidades sindicais não poderiam ser substituídas pelas centrais sindicais. **ADI 4067/DF, rel. Min. Joaquim Barbosa, 24.6.2009. (ADI-4067)**

CENTRAIS SINDICAIS E CONTRIBUIÇÃO SINDICAL - 3

No que se refere aos artigos 589, caput e II, b, §§ 1º e 2º e 593 da CLT, o relator registrou, primeiro, que o chamado "imposto sindical" seria um tributo da espécie contribuição social de interesse de categoria profissional ou econômica (CF, art. 149), tratando-se, com mais rigor, da contribuição anual compulsória que, juntamente com a contribuição estatutária (CLT, art. 548, b) e da contribuição confederativa (CF, art. 8º, IV), representaria uma das fontes de custeio das entidades que compõem o sistema sindical. Ao salientar que a submissão da contribuição à legalidade e ao monopólio estatal funcionaria como garantia fundamental do contribuinte, haja vista que nela se manifestaria a reserva de representação popular para autorização de receitas e dispêndios, não havendo, por isso, como dissociar a tributação da soberania estatal, concluiu que, em nosso sistema, as entidades particulares não poderiam instituir tributos nem seriam titulares de qualquer espécie de direito adquirido ao domínio de recursos públicos. Dessa forma, somente os entes federados seriam dotados de competência tributária. Assinalou que as entidades privadas e paraestatais, entretanto, poderiam ser sujeitos ativos das relações jurídicas tributárias, ou seja, titulares do crédito tributário, e que, sempre que o sujeito ativo não fosse ente tributante competente para instituir o tributo, dar-se-ia o fenômeno da parafiscalidade, a qual pressuporia estreita ligação entre a forma de organização da entidade privada ou paraestatal e a finalidade pública perseguida (atividade desempenhada), fundamentando a destinação de recursos públicos. Constatou que a contribuição anual compulsória ("imposto sindical") teria sido instituída para auxiliar o custeio das entidades que compõem o sistema de representação sindical, em razão de ter por amparo o interesse das categorias profissionais e econômicas na manutenção da estrutura que permite sua representação eficiente no campo das relações do trabalho. Frisou que essa representação seria qualificada, não se referindo à defesa ampla dos interesses do trabalhador, mas sim à representação normativa obrigatória (CF, art. 8º, III e VI). **ADI 4067/DF, rel. Min. Joaquim Barbosa, 24.6.2009. (ADI-4067)**

CENTRAIS SINDICAIS E CONTRIBUIÇÃO SINDICAL - 4

Tendo em conta que as centrais sindicais não fazem parte da estrutura sindical, não podendo substituir as entidades sindicais nas hipóteses em que a Constituição ou a lei obrigam ou permitem o envolvimento de tais entes na proteção dos interesses dos trabalhadores, considerou não existir forte nexo de pertinência entre as atividades desenvolvidas pelas centrais e o papel que apenas poderia ser desempenhado pelos sindicatos, federações ou confederações nas negociações trabalhistas, assentando pela impossibilidade de as centrais sindicais serem sujeitos ativos ou destinatários da receita arrecadada com tributo destinado a custear atividades nas quais as entidades sindicais não poderiam ser substituídas. Registrou, ainda, não se estar a debater a possibilidade de as centrais sindicais poderem, ou não, ser sujeitos ativos ou destinatárias de produto arrecadado com tributos, mas de poderem ser sujeitos ativos ou destinatárias de arrecadação de tributo destinado especificamente a custear entidades pertencentes ao sistema sindical. Com base nisso, o relator declarou a inconstitucionalidade das modificações efetuadas pela Lei 11.648/2008 nos artigos 589 e 591 da CLT, da expressão "ou central sindical", contida no § 3º e do § 4º do art. 590, bem como da expressão "e às centrais sindicais", constante do caput do art. 593 e de seu parágrafo único. **ADI 4067/DF, rel. Min. Joaquim Barbosa, 24.6.2009. (ADI-4067)**

CENTRAIS SINDICAIS E CONTRIBUIÇÃO SINDICAL - 5

Em divergência, o Min. Marco Aurélio julgou improcedente o pleito. Salientou, inicialmente, que a Constituição não teria consagrado o princípio da unicidade sindical, tendo em conta o disposto no inciso II do seu art. 8º, no qual estaria o princípio norteador da pirâmide sindical que abrangeria os sindicatos, as federações e as confederações. Asseverou, também, não haver dúvida quanto a não estarem incluídas nessa pirâmide as centrais sindicais. Ponderou, por outro lado, que o art. 8º versaria não só o sistema sindical, mas também o associativo, dado que, no caput desse artigo, far-se-ia referência tanto à associação sindical quanto profissional. Observou, contudo, não se estar, na presente ação, discutindo sobre a inserção, pelo legislador ordinário, de entidade no sistema sindical. Reportou-se à questão da representação, em si, das centrais sindicais, e julgou que ela seria efetiva. Após registrar ser garantia do rol principal da Constituição a liberdade de associação, disse que, procedendo-se à interpretação sistemática de preceitos da Carta, verificar-se-ia não ter o constituinte vinculado a participação de trabalhadores e empregadores em colegiados de órgãos públicos, a integração, em si, quer como sindicalizados, quer como associados de sindicatos, a sindicatos. Considerou que o art. 10 da CF deveria ser visto com generosidade para alcançar-se o objetivo visado, qual seja, o de se ter, nesses órgãos públicos, a participação de trabalhadores e empregadores, não necessariamente por intermédio de entidade sindical, mas de diversas formas, desde que essa participação fosse efetiva. Quanto ao denominado imposto sindical, reputou não se impressionar com a nomenclatura do tributo, a qual não direcionaria a que o arrecadado ficasse no âmbito das entidades sindicais, e que, verificada a lei, ver-se-ia que ela repetiria uma destinação dos valores arrecadados, considerada a conta especial: emprego e salário. Assim, ter-se-ia uma opção normativa política, que não conflitaria com a Constituição Federal, destinando parte da arrecadação. Reafirmou, por fim, não se estar a discutir a inserção, no sistema sindical, por lei ordinária, das centrais sindicais, mas ter-se-ia em conta a cláusula abrangente do art. 10 da CF quanto à representação de trabalhadores e empregadores nos órgãos públicos e uma opção política, legislativa, dos nossos representantes quanto à distribuição do valor arrecadado, o qual não estaria jungido, em si, ao sistema sindical. Após o voto da Min. Cármen Lúcia, que acompanhava a divergência, pediu vista dos autos o Min. Eros Grau. **ADI 4067/DF, rel. Min. Joaquim Barbosa, 24.6.2009. (ADI-4067)**

CENTRAIS SINDICAIS E CONTRIBUIÇÃO SINDICAL – 6

O Tribunal retomou julgamento de ação direta de inconstitucionalidade proposta pelo Partido Democratas – DEM contra os artigos 1º, II, e 3º, da Lei 11.648/2008, bem como os artigos 589, II, b e seus §§ 1º e 2º e 593 da CLT, na redação dada pela referida lei, a qual dispõe sobre o reconhecimento formal das centrais sindicais para os fins que especifica, e dá outras providências — v. Informativo 552. O Min. Eros Grau, em voto-vista, acompanhou o relator tão-somente quanto à interpretação que conferiu ao art. 1º, caput, e inciso II, da Lei 11.648/2008, seguindo, quanto ao mais, a divergência instalada pela Min. Marco Aurélio. Asseverou, inicialmente, serem duas as questões debatidas: 1) a possibilidade de as centrais sindicais tomarem parte em debates e negociações travados nos espaços de diálogo social de composição tripartite, em defesa do interesse geral dos trabalhadores; 2) a inclusão das centrais sindicais no elenco das entidades que figuram como sujeitos ativos da contribuição social. Quanto à primeira questão, em face do que disposto no art. 10 da CF e da afirmação da liberdade de associação (CF, art. 5º, XVII, e 8º, caput), reputou não ser possível negar às centrais sindicais legitimidade para participar dos referidos espaços de diálogo e deliberação. Registrou, no ponto, que as centrais sindicais excederiam o sistema sindical precisamente para instrumentar tentativa de superação de situações nas quais eventualmente se opõem interesses particulares de uma e outra categoria profissional, de modo a dividi-las, enfraquecendo a representação de classe. Acrescentou que elas cumprem importante função ideológica e política, estando voltadas para a defesa de interesses do trabalho em um plano mais elevado, para além de particularismos. Dessa forma, as centrais sindicais estariam voltadas não à defesa dos direitos e interesses coletivos ou individuais de categorias, e sim à defesa de interesses de classe, interesses do trabalho. No que se refere à segunda questão, asseverou que o "imposto sindical", instituído pelo Decreto-lei 5.452/43 – CLT, passou a ser chamado de "contribuição sindical", por força do disposto no Decreto-lei 27/66, tendo sido a exação recebida pela CF/88. Aduziu que do nome "contribuição sindical" não se poderia tirar significado incompatível com o regime de liberdade de associação profissional e sindical contemplado no art. 8º, caput, da CF/88. Frisou que sujeito passivo da "contribuição sindical" não seria o sindicalizado, mas qualquer empregado, trabalhador autônomo, profissional liberal ou empregador (CLT, art. 580). Após, o julgamento foi suspenso. **ADI 4067/DF, rel. Min. Joaquim Barbosa, 3.3.2010. (ADI-4067).**

CENTRAIS SINDICAIS E CONTRIBUIÇÃO SINDICAL – 7

O Tribunal retomou julgamento de ação direta de inconstitucionalidade proposta pelo Partido Democratas – DEM contra os artigos 1º, II, e 3º, da Lei 11.648/2008, bem como os artigos 589, II, b e seus §§ 1º e 2º e 593 da CLT, na redação dada pela referida lei, a qual dispõe sobre o reconhecimento formal das centrais sindicais para os fins que especifica, e dá outras providências — v. Informativos 552 e 577. O Min. Joaquim Barbosa, relator, de início, negou provimento a agravo regimental interposto por sindicato — que ingressara como amicus curiae quando os autos já se encontravam no gabinete do Min. Eros Grau com pedido de vista —, no que foi acompanhado pelos demais Ministros da Corte. Em seguida, o relator reiterou o voto que proferira anteriormente, rememorando os fundamentos expendidos no ponto relativo à possibilidade de as centrais sindicais serem sujeitos ativos da contribuição social. O Min. Marco Aurélio, por sua vez, tendo em conta que a interpretação conforme dada ao art. 1º, caput, e inciso II, e ao art. 3º, da Lei 11.648/2008, seria apenas no sentido de a representação pelas centrais não excluírem a representação pelas entidades que estão na pirâmide sindical, reajustou seu voto, para aderir à posição externada pelos Ministros Cármen Lúcia e Eros Grau. Explicou o Min. Marco Aurélio que, no voto que proferira, já estava embutida essa visão, ou seja, o fato de não se afastar do campo da representação nos diversos órgãos aquelas entidades que integram a pirâmide sindical. Acrescentou que, no tocante à contribuição, não se teria na Carta da República preceito algum que, interpretado e aplicado, levasse à exclusão das centrais quanto ao rateio dessa mesma contribuição. Após, pediu vista dos autos o Min. Ayres Britto. **ADI 4067/DF, rel. Min. Joaquim Barbosa, 10.3.2010. (ADI-4067).** (Inform. STF 578)

RECLAMAÇÃO: DISSÍDIO COLETIVO DE GREVE E COMPETÊNCIA DA JUSTIÇA COMUM

Por vislumbrar ofensa à autoridade da sua decisão proferida na ADI 3395 MC/DF (DJU de 10.11.2006), o Tribunal julgou procedente pedido formulado em reclamação proposta pelo Estado de São Paulo contra ato da Vice-Presidente Judicial Regimental do Tribunal Regional do Trabalho da 2ª Região, nos autos de dissídio coletivo de greve, e do relator de medida cautelar em curso perante o Tribunal de Justiça do Estado de São Paulo, para determinar a remessa dos referidos autos ao Tribunal de Justiça do Estado de São Paulo. Na espécie, a primeira autoridade reclamada, ao examinar o dissídio coletivo, deferira parcialmente o pedido de medida liminar para determinar a manutenção de 80% do efetivo dos profissionais da Polícia Civil do Estado-membro em atividade durante a greve, além de aplicar multa diária no caso de descumprimento dessa determinação. Por sua vez, a segunda autoridade reclamada remetera os autos da medida cautelar ao TRT da 2ª Região, em razão de lá tramitar o dissídio coletivo, bem como por ter essa Corte reconhecido sua competência para julgá-lo. O Min. Eros Grau, relator, acompanhado pelos Ministros Cezar Peluso, Celso de Mello e Gilmar Mendes, Presidente, deixou ainda consignado, em *obiter dictum*, que não assistiria o exercício do direito de greve pelos policiais civis do Estado de São Paulo. A partir do que decidido pelo Supremo no MI 712/PA (DJE de 31.10.2008), o Min. Eros Grau manifestou-se não só sobre a proibição do exercício do direito de greve pelos policiais civis, mas também por outros servidores públicos que exerçam funções públicas essenciais, relacionadas à manutenção da ordem pública e à segurança pública, à administração da justiça, e à saúde pública. A maior parte dos Ministros da Corte, entretanto, limitou-se a estabelecer que competiria à Justiça Comum estadual decidir quanto à legalidade, ou não, da greve sob exame. **Rcl 6568/SP, rel. Min. Eros Grau, 21.5.2009.** (Rcl-6568) (Inform. STF 547)

EMENTA: Ação direta de inconstitucionalidade. Art. 2º, IV, "a", "b" e "c", da Lei nº 10.779/03. Filiação à colônia de pescadores para habilitação ao seguro-desemprego. Princípios da liberdade de associação e da liberdade sindical (arts. 5º, XX, e 8º, V, da Constituição Federal). 1. Viola os princípios constitucionais da liberdade de associação (art. 5º, inciso XX) e da liberdade sindical (art. 8º, inciso V), ambos em sua dimensão negativa, a norma legal que condiciona, ainda que indiretamente, o recebimento do benefício do seguro-desemprego à filiação do interessado a colônia de pescadores de sua região. 2. Ação direta julgada procedente. ADI N. 3.464-DF. RELATOR: MIN. MENEZES DIREITO. Noticiado no Informativo 526 (Inform. STF 537)

ART. 7º, XI, DA CF: PARTICIPAÇÃO NOS LUCROS E NECESSIDADE DE LEI – 1

A Turma, por maioria, deu provimento a recurso extraordinário interposto pelo Instituto Nacional do Seguro Social – INSS contra acórdão do TRF da 2ª Região, que mantivera sentença concessiva de segurança para que empresa não recolhesse contribuições previdenciárias sobre a rubrica denominada "participação nos resultados", sob pena de ofensa ao art. 7º, XI, da CF (*"Art. 7º São direitos dos trabalhadores urbanos e rurais, além de outros que visem à melhoria de sua condição social: ... XI – participação nos lucros, ou resultados,* desvinculada da *remuneração, e, excepcionalmente, participação na gestão da empresa, conforme definido em lei;"*). A Corte de origem reputara que lei posterior não poderia restringir o conteúdo do aludido dispositivo, cuja parte final desvincularia, desde logo, da remuneração dos empregados a participação nos lucros ou resultados da empresa, fazendo-o para todos os fins. **RE 398284/RJ, rel. Min. Menezes Direito, 23.9.2008.** (RE-398284)

ART. 7º, XI, DA CF: PARTICIPAÇÃO NOS LUCROS E NECESSIDADE DE LEI – 2

De início, esclareceu-se que a questão discutida nos autos diria respeito à possibilidade ou não da cobrança de contribuição previdenciária entre a vigência da CF/88 e a Medida Provisória 794/94 — que dispõe sobre a participação dos trabalhadores nos lucros ou resultados das empresas e dá outras providências —, considerando lançamento fiscal anterior a esta, embora posterior àquela. Asseverou-se que a empresa pretendia que fosse levado em conta que, em qualquer circunstância, a participação estaria desvinculada da remuneração, o que inviabilizaria, por esse motivo, a cobrança da contribuição previdenciária incidente sobre essa participação desde a vigência da CF. Entendeu-se que, não obstante o dispositivo constitucional haver garantido a participação nos lucros desvinculada da remuneração, impôs o exercício do direito, como um todo, à disciplina legal. Assim, tratando-se de regra constitucional que necessitaria de integração para o gozo desse exercício, concluiu-se que, se lei veio a disciplinar esse mesmo exercício, somente a partir dessa é que se tornaria possível reconhecer o direito pleiteado pela impetrante. Com isso, reputou-se admissível a cobrança das contribuições previdenciárias até a data em que entrou em vigor a regulamentação do dispositivo. O Min. Marco Aurélio, tendo em conta a regra específica do art. 201, § 11, da CF (*"§ 11. Os ganhos habituais do empregado, a qualquer título, serão incorporados ao salário para efeito de contribuição previdenciária e conseqüente repercussão em benefícios, nos casos e na forma da lei."*), salientou, ainda, não vislumbrar nessa desvinculação cláusula a abolir a incidência de tributos. Vencidos os Ministros Ricardo Lewandowski e Carlos Britto que, enfatizando os princípios da máxima efetividade da Constituição e o da proibição do retrocesso, desproviam o recurso ao fundamento de que a lei posterior não poderia ter alterado a dicção desse núcleo semântico para surpreender a recorrida com a exigência retroativa da contribuição. RE provido para julgar improcedente o pedido inicial formulado no mandado de segurança. **Precedentes citados: RE 380636/SC (DJU de 24.10.2005); RE 477595/RS (DJU de 30.6.2006); MI 102/PE (DJU de 25.10.2002); MI 426/PR (DJU de 16.2.2006). RE 398284/RJ, rel. Min. Menezes Direito, 23.9.2008.** (RE-398284) (Inform. STF 521)

ERRATA

Comunicamos que a correta conclusão da matéria referente ao RE 565714/SP, divulgada no Informativo 504, é esta:

ADICIONAL DE INSALUBRIDADE E VINCULAÇÃO AO SALÁRIO MÍNIMO – 1

O Tribunal aprovou o Enunciado da Súmula Vinculante 4 nestes termos: *"Salvo os casos previstos na Constituição Federal, o salário mínimo não pode ser usado como indexador de base de cálculo de vantagem de ser-*

vidor público ou de empregado, nem ser substituído por decisão judicial". A edição da súmula ocorreu após o julgamento de recurso extraordinário interposto contra acórdão do Tribunal de Justiça do Estado de São Paulo que assentara a legitimidade da adoção do salário mínimo como base de cálculo e indexador do adicional de insalubridade. Na sessão, declarou-se a não-recepção da expressão "salários mínimos" contida no caput do art. 3º da Lei Complementar 432/85 do Estado de São Paulo, e no § 1º do mesmo dispositivo legal ("*Art. 3º – O adicional de insalubridade será pago ao funcionário ou servidor de acordo com a classificação nos graus máximo, médio e mínimo, em percentuais de, respectivamente, 40% (quarenta por cento), 20% (vinte por cento) e 10% (dez por cento), que incidirão sobre o valor correspondente a 2 (dois) salários mínimos. § 1º – O valor do adicional de que trata este artigo será reajustado sempre que ocorrer a alteração no valor do salário mínimo.*"). Entendeu-se que os dispositivos impugnados estão em confronto com a vedação prevista na parte final do inciso IV do art. 7º da CF, que, segundo vários precedentes da Corte, existe com o objetivo de evitar o uso do salário mínimo como fator de indexação, para que, com essa utilização não se crie empecilho ao aumento dele em face da cadeia de aumentos que daí decorreriam se admitida a vinculação (CF: "*Art. 7º São direitos dos trabalhadores urbanos e rurais ... IV – salário mínimo, fixado em lei, nacionalmente unificado, ..., sendo vedada sua vinculação para qualquer fim;*"). **RE 565714/SP, rel. Min. Cármen Lúcia, 30.4.2008.** (RE-565714)

ADICIONAL DE INSALUBRIDADE E VINCULAÇÃO AO SALÁRIO MÍNIMO – 2

Em que pese o reconhecimento da não-recepção dos dispositivos legais, o Tribunal negou provimento ao recurso extraordinário, mantendo o acórdão que autorizava a utilização do salário mínimo no caso concreto, asseverando que a alteração da base de cálculo do adicional de insalubridade e do correspondente critério de reajuste dependerá de lei de iniciativa do Poder Executivo, e que não cabe ao Poder Judiciário atuar como legislador positivo, para substituir os critérios legais de cálculo. A relatora, Min. Cármen Lúcia, durante a sessão e após os debates, reajustou seu voto, que inicialmente previa a conversão em reais do valor do salário mínimo e a sua atualização por índices oficiais, para assentar a impossibilidade da substituição do parâmetro até que o legislador o faça. **Alguns precedentes citados: RE 217700/GO (DJU de 17.12.99); RE 236396/MG (DJU de 20.11.98); RE 351611/RS (DJU de 7.2.2003); RE 284627/SP (DJU de 24.5.2002); RE 221234/PR (DJU de 5.5.2000); AI 432622 ED/BA (DJU de 15.9.2006); RE 439035/ES (DJE de 28.3.2008) RE 565714/SP, rel. Min. Cármen Lúcia, 30.4.2008.** (RE-565714) (Inform. STF 510)

SOLDO DE PRAÇA E SALÁRIO-MÍNIMO - 1

Não se estende às praças que prestam serviço militar inicial obrigatório a garantia do salário mínimo contida na Constituição Federal ("*Art. 7º São direitos dos trabalhadores urbanos e rurais, além de outros que visem à melhoria de sua condição social:... IV – salário mínimo, fixado em lei, nacionalmente unificado, capaz de atender a suas necessidades vitais básicas e às de sua família com moradia, alimentação, educação, saúde, lazer, vestuário, higiene, transporte e previdência social, com reajustes periódicos que lhe preservem o poder aquisitivo, sendo vedada sua vinculação para qualquer fim;... VII – garantia de salário, nunca inferior ao mínimo, para os que percebem remuneração variável;*"). Essa foi a conclusão do Tribunal ao negar provimento a recurso extraordinário interposto contra acórdão de Turma Recursal de Juizado Especial Federal que, com base em enunciado de súmula do próprio Juizado, reputara constitucional o art. 18, § 2º, da Medida Provisória 2.215-10/2001, que possibilita o pagamento de soldo inferior a um salário mínimo a praça que presta serviço militar inicial obrigatório. Salientando que a Constituição Federal, ao tratar dos militares, tanto na sua redação original quanto na dada pela EC 18/98, não fez remissão aos incisos IV e VII do art. 7º da CF, entendeu-se inexistente a alegada violação ao princípio da isonomia. Asseverou-se que, diversamente do que ocorre com os trabalhadores urbanos e rurais, bem como os servidores civis, aos quais os artigos 7º, IV, e 39, § 2º (atual § 3º, na redação da EC 19/98), da CF, asseguram remuneração nunca inferior ao salário mínimo, aos militares não teria sido conferida essa garantia constitucional. Afirmou-se que a aprovação da EC 18/98, que suprimiu dos militares a qualificação de servidores públicos, não teria tido caráter exclusivamente terminológico, e que as regras pertinentes ao regime jurídico dos servidores públicos apenas se aplicariam aos militares quando o texto constitucional expressamente assim o previsse (CF, art. 142, § 3º). Afastando, de igual forma, ofensa ao princípio da dignidade da pessoa humana ou a outro postulado constitucional, destacou-se que os recrutados para o serviço militar obrigatório exerceriam um verdadeiro múnus público, um dever do cidadão no tocante a sua pátria, e se submeteriam a treinamento militar, por tempo determinado, percebendo do Estado todas as condições necessárias para bem cumprir essa obrigação constitucional. **Precedente citado: RE 198982/RS (DJU de 19.4.2002). RE 570177/MG, rel. Min. Ricardo Lewandowski, 30.4.2008.** (RE-570177) (Inform. STF 504)

SOLDO DE PRAÇA E SALÁRIO MÍNIMO – 2

O Tribunal aprovou o Enunciado da Súmula Vinculante 6 nestes termos: "*Não viola a Constituição o estabelecimento de remuneração inferior ao salário mínimo para as praças prestadoras de serviço militar inicial*". Tal orientação foi firmada pela Corte tendo em conta o julgamento do RE 570177/MG (v. Informativo 504). O Min. Marco Aurélio ficou vencido quanto à redação. **RE 570177/MG, rel. Min. Ricardo Lewandowski, 7.5.2008.** (RE-570177) (Inform. STF 505)

SINDICATO E ASSISTENTE SIMPLES – 1

O Tribunal, resolvendo questão de ordem em recurso extraordinário interposto por indústria de cigarros no qual se discute a validade de norma que prevê interdição de estabelecimento como forma de coação ao pagamento de tributo (Decreto-lei 1.593/77), admitiu como assistente simples o Sindicato da Indústria do Fumo do Estado de São Paulo – SINDIFUMO. Inicialmente, indeferiu-se o pedido de decretação de segredo de justiça, tendo em conta haver interesse público subjacente ao livre acesso às circunstâncias pertinentes ao quadro fático-jurídico e às razões oferecidas por todas as partes envolvidas, contexto em que se inseriria a postura concorrencial das empresas que atuam no setor, inexistindo direitos personalíssimos a serem resguardados imediatamente. Reconheceu-se, no entanto, que os documentos constantes dos autos, protegidos pelo sigilo fiscal, deveriam ficar restritos às partes e aos seus procuradores. Indeferiu-se, ainda, o pedido de produção de provas formulado pelo SINDIFUMO, por ser inadmissível em sede de recurso extraordinário. **RE 550769 QO/RJ, rel. Min. Joaquim Barbosa, 28.2.2008.** (RE-550769)

SINDICATO E ASSISTENTE SIMPLES – 2

Quanto ao pedido de intervenção como assistente simples, também formulado pelo referido sindicato, entendeu-se presente o interesse jurídico do demandante. Asseverou-se que o mero interesse na resolução, como forma de firmar orientação jurisprudencial que eventualmente seria útil, ou não, a determinado sujeito de direito seria insuficiente para que se reputasse presente o interesse jurídico de intervenção em processo judicial. Considerando, contudo, o fato de já ser assistente simples nos autos instituto que vem tentando demonstrar o grave desequilíbrio concorrencial que poderia haver se a inconstitucionalidade do Decreto-lei fosse reconhecida, concluiu-se que o interesse jurídico do SINDIFUMO encontraria amparo na manifesta necessidade de pluralização do debate, concorrendo com os elementos que julgasse úteis à melhor compreensão do quadro em exame e fossem processualmente admissíveis neste estágio do processo. Aduziu-se, ademais, que a decisão que viesse a ser tomada pela Corte durante o julgamento do recurso poderia influir na ponderação e calibração de uma linha histórica de precedentes que tratam sobre sanções políticas, sendo inequívoco que a norma impugnada se aplica especificamente às empresas produtoras de cigarro, cujo mercado parece limitado a poucos produtores. Além disso, as empresas que compõem o sindicato postulante se encontrariam em situação similar à da empresa recorrente. Daí, o interesse da postulante extrapolaria a mera conveniência e o interesse econômico de participação em processo que definirá orientação jurisprudencial aplicável a um número indefinido de jurisdicionados. **RE 550769 QO/RJ, rel. Min. Joaquim Barbosa, 28.2.2008.** (RE-550769) (Inform. STF 496)

ADPF e Vinculação ao Salário-Mínimo – 1

O Tribunal julgou procedente pedido formulado em argüição de descumprimento de preceito fundamental proposta pelo Governador do Estado do Pará para declarar, a partir da Constituição de 1988, sem se pronunciar sobre o período anterior, a ilegitimidade do Regulamento de Pessoal do Instituto de Desenvolvimento Econômico-Social do Pará - IDESP, adotado pela Resolução 8/86 do Conselho de Administração e aprovado pelo Decreto estadual 4.307/86, que, tratando da remuneração do pessoal da referida autarquia, extinta e sucedida pelo respectivo Estado-membro, vinculou o quadro de salários ao salário mínimo. Inicialmente, por maioria, o Tribunal conheceu da argüição, ficando vencido, em parte, o Min. Marco Aurélio, que dela não conhecia por falta de capacidade postulatória do argüente, facultando-lhe a regularização da representação processual. No mérito, tendo em conta a vedação constitucional de vinculação do salário mínimo para qualquer fim (CF/88, art. 7º, IV), entendeu-se que a norma de direito estadual é incompatível com a CF/88, uma vez que utiliza o salário mínimo como fator de reajuste automático de remuneração dos servidores. Além disso, afronta o princípio federativo (CF/88, arts. 1º e 18), porque retira do aludido Estado-membro a autonomia para decidir sobre esse reajuste, o qual fica vinculado ao índice fixado pelo Governo Federal. Precedentes citados: RE 140499/GO (DJU de 9.9.94); RE 229631/GO (DJU de 1º.7.99); RE 242740/GO (DJU de 18.5.2001). ADPF 33/PA, rel. Min. Gilmar Mendes, 7.12.2005. (ADPF-33)

ADPF e Vinculação ao Salário-Mínimo - 2

Por vislumbrar aparente ofensa aos artigos 1º; 7º, IV; e 18, todos da CF/88, o Tribunal deferiu medida cautelar em argüição de descumprimento de preceito fundamental proposta pelo Governador do Pará para suspender o trâmite de todos os feitos em curso e dos efeitos de decisões judiciais ainda não transitadas em julgado, que versem sobre a aplicação do art. 2º do Decreto estadual 4.726/87, que cria Tabela Especial de Vencimentos e Salários destinada a remunerar os ocupantes de cargos e funções-de-emprego privativos de titulares de cursos superiores ou habilitação legal equivalente do extinto Departamento de Estradas e Rodagem do referido Estado-membro, estabelecendo que a mesma deve ser constituída por três níveis salariais correspondentes a múltiplos de salário-mínimo. ADPF 47/PA, rel. Min. Eros Grau, 7.12.2005. (ADPF-47)

ADPF E VINCULAÇÃO AO SALÁRIO-MÍNIMO - 3

Por vislumbrar ofensa ao princípio federativo e à proibição de vinculação do salário mínimo para qualquer fim (CF, art. 7º, IV), o Tribunal julgou procedente pedido formulado em argüição de descumprimento de preceito fundamental proposta pelo Governador do Pará para declarar o não recebimento, pela Constituição Federal de 1988, do art. 2º do Decreto estadual 4.726/87, que cria Tabela Especial de Vencimentos e Salários destinada a remunerar os ocupantes de cargos e funções-de-emprego privativos de titulares de cursos superiores ou habilitação legal equivalente do extinto Departamento de Estradas e Rodagem do referido Estado-membro, estabelecendo que a mesma será constituída por três níveis salariais correspondentes a múltiplos de salário mínimo. ADPF 47/PA, rel. Min. Eros Grau, 12.12.2007. (ADPF-47) (Inform. STF 492)

ADICIONAL DE INSALUBRIDADE E VINCULAÇÃO AO SALÁRIO MÍNIMO

A aplicação do salário mínimo como base de cálculo do adicional de insalubridade viola o disposto no art. 7º, IV, da CF, que veda sua vinculação para qualquer fim. Com base nesse entendimento, a Turma conheceu e deu provimento a recurso extraordinário interposto contra acórdão do TST que reformara decisão do TRT de origem que determinara que, após a edição da CF/88, a remuneração do empregado seria a base de cálculo do adicional de insalubridade. Asseverou-se que o alcance do preceito constitucional é evitar que o atrelamento do salário mínimo a situações diversas iniba o legislador na necessária reposição do poder aquisitivo, isto objetivando o atendimento ao que nele previsto. Enfatizou-se que, no caso, o salário mínimo de referência fora desprezado, adotando-se, no período em discussão, fator vedado pela Constituição. RE provido para desvincular a base de cálculo do adicional e restabelecer o critério legal utilizado pelo TRT de origem para fixação da base de cálculo do adicional de insalubridade. RE 439035/ES, rel. Min. Gilmar Mendes, 11.12.2007. (RE-439035) (Inform. STF 492)

TRANSPORTE GRATUITO PARA IDOSOS E GARANTIA CONSTITUCIONAL

O Tribunal, por maioria, julgou improcedente pedido formulado em ação direta de inconstitucionalidade ajuizada pela Associação Nacional das Empresas de Transportes Urbanos - NTU contra o art. 39, *caput*, da Lei 10.741/2003 (Estatuto do Idoso), que garante a gratuidade dos transportes coletivos públicos urbanos e semi-urbanos aos maiores de 65 anos. Salientando que a norma do § 2º do art. 230 da CF é de eficácia plena e aplicabilidade imediata, entendeu-se que o legislador ordinário nada mais fez que dotar de efetividade um dos direitos sociais do idoso (CF: "*Art. 230. A família, a sociedade e o Estado têm o dever de amparar as pessoas idosas, assegurando sua participação na comunidade, defendendo sua dignidade e bem-estar e garantindo-lhes o direito à vida. ... § 2º - Aos maiores de sessenta e cinco anos é garantida a gratuidade dos transportes coletivos urbanos.*"). Asseverou-se que o direito dos idosos ao transporte gratuito não é um fim em si mesmo, e que a facilidade de seu deslocamento físico pelo uso de transporte coletivo deve ser assegurada como garantia da qualidade digna de vida para os que não podem pagar ou já colaboraram com a sociedade em períodos pretéritos, de modo a lhes caber, nesta fase da vida, tal benefício, a ser custeado pela sociedade. Aduziu-se, também, que mesmo nos contratos de concessão ou permissão assinados antes da promulgação da Constituição, em respeito à garantia do equilíbrio econômico-financeiro dos contratos, os delegados dos serviços de transporte municipal e intermunicipal apenas poderiam requerer a alteração dos contratos para cobrir-se, financeiramente, com os ônus comprovados em planilha sobre o uso dos transportes delegados pelos idosos. Acrescentou-se que, após a promulgação da Constituição da República, todos os concessionários e permissionários estão submetidos às suas normas, não podendo, desde então, alegar que não sabiam do direito dos idosos ao transporte coletivo gratuito. Dessa forma, a compensação pela gratuidade de transporte coletivo urbano aos idosos, pleiteada pela requerente, além de não prevista na Constituição Federal, só seria admitida se fosse comprovado prejuízo real para as empresas em regime de concessão ou permissão, ante um desequilíbrio extraordinário e inesperado, o que não ocorrera, haja vista ser habitual, entre concessionários e permissionários, a previsão dos custos e dos lucros. Por fim, esclareceu-se que o direito dos idosos à gratuidade de transporte coletivo urbano não estaria incluído no rol de benefícios da seguridade social, razão por que as normas constitucionais a ela atinentes (CF, artigos 194 a 204) não se aplicariam à específica disciplina do direito dos idosos. Vencido, em parte, o Min. Marco Aurélio que emprestava interpretação conforme a Constituição à primeira parte do art. 39, da Lei 10.741/2003, excluindo toda interpretação que afastasse o ônus do próprio Estado e, no tocante ao seu § 2º, concluía pela inconstitucionalidade, por afronta ao art. 30, V, da CF. ADI 3768/DF, rel. Min. Cármen Lúcia, 19.9.2007. (ADI-3768) (Inform. STF 480)

MANDADO DE INJUNÇÃO E AVISO PRÉVIO PROPORCIONAL

O Tribunal julgou procedente pedido formulado em mandado de injunção para declarar a mora legislativa do Congresso Nacional na regulamentação do direito ao aviso prévio proporcional previsto no art. 7º, XXI, da CF, e para determinar a comunicação da decisão a esse órgão (CF: "*Art. 7º São direitos dos trabalhadores urbanos e rurais... XXI - aviso prévio proporcional ao tempo de serviço, sendo no mínimo de trinta dias, nos termos da lei;*"). Na espécie, tratava-se de mandado de injunção impetrado contra o Banco do Brasil por empregado que trabalhara por mais de 20 anos na empresa e que, dispensado sem justa causa, recebera apenas o pagamento de trinta dias. Ressaltou-se que a simples existência de projetos de lei referentes à matéria debatida não seria causa suficiente para afastar a mora. Reconheceu-se, ademais, que, não fosse o pedido da inicial, limitado a requer a comunicação ao órgão competente para a imediata regulamentação da norma, seria talvez a oportunidade de reexaminar a posição do Supremo em relação à natureza e à eficácia do mandado de injunção, nos termos do que vem sendo decidido no MI 670/ES (v. Informativo 430). MI 695/MA, rel. Min. Sepúlveda Pertence, 1º.3.2007. (MI-695) (Inform. STF 457)

SÚMULA VINCULANTE STF Nº 6

Não viola a Constituição o estabelecimento de remuneração inferior ao salário mínimo para as praças prestadoras de serviço militar inicial.

SÚMULA VINCULANTE STF Nº 4

Salvo nos casos previstos na Constituição, o salário mínimo não pode ser usado como indexador de base de cálculo de vantagem de servidor público ou de empregado, nem ser substituído por decisão judicial.

SÚMULA STF Nº 675

Os intervalos fixados para descanso e alimentação durante a jornada de seis horas não descaracterizam o sistema de turnos ininterruptos de revezamento para o efeito do art. 7º, XIV, da Constituição.

SÚMULA STF Nº 666

A contribuição confederativa de que trata o art. 8º, IV, da Constituição, só é exigível dos filiados ao sindicato respectivo.

SÚMULA STJ Nº 466

O titular da conta vinculada ao FGTS tem o direito de sacar o saldo respectivo quando declarado nulo seu contrato de trabalho por ausência de prévia aprovação em concurso público.

SÚMULA STJ Nº 252

Os saldos das contas do FGTS, pela legislação infraconstitucional, são corrigidos em 42,72% (IPC) quanto às perdas de janeiro de 1989 e 44,80% (IPC) quanto às de abril de 1990, acolhidos pelo STJ os índices de 18,02% (LBC) quanto as perdas de junho de 1987, de 5,38% (BTN) para maio de 1990 e 7,00%(TR) para fevereiro de 1991, de acordo com o entendimento do STF (RE 226.855-7-RS).

SÚMULA STJ Nº 201

Os honorários advocatícios não podem ser fixados em salários mínimos.

3. DIREITOS POLÍTICOS E NACIONALIDADE

Militar: cargo eletivo e afastamento - 1

Iniciado o julgamento de recurso extraordinário afetado ao Plenário pela Segunda Turma, em que se discute se o art. 14, § 8º, I, da CF, determina a exclusão do militar que conte menos de dez anos de serviço quando da candidatura a cargo eletivo ou apenas permite o seu afastamento provisório - "*O militar alistável é elegível, atendidas as seguintes condições: I - se contar menos de dez anos de serviço, deverá afastar-se da atividade;*". Trata-se, na espécie, de recurso extraordinário interposto contra acórdão do Tribunal de Justiça do Estado do Rio Grande do Sul que reconhecera a ex-servidor militar - demitido *ex officio*, com base no citado artigo, por ter pedido afastamento para candidatar-se ao cargo de vereador quando contava com menos de dez anos de serviço - o direito à reintegração no serviço ativo, com o ressarcimento das vantagens devidas. O Min. Maurício Corrêa, relator, confrontando o mencionado artigo com a disciplina da mesma matéria na EC 1/69 - que previa, expressamente, a exclusão do serviço ativo do militar que contasse com menos de cinco anos, na hipótese de candidatura a cargo eletivo -, proferiu voto no sentido de conhecer, mas negar provimento ao recurso, por entender que a perda definitiva do cargo, na espécie, ofenderia o princípio da proporcionalidade, além de violar a garantia assegurada pela CF, inclusive a militares, de amplo exercício dos direitos políticos inerentes à cidadania. O Min. Carlos Velloso, por sua vez, considerando que a interpretação dada pelo acórdão recorrido teria equiparado as situações definidas nos incisos I e II, apesar de diversas, e tendo em conta, ainda, a orientação do TSE na Consulta 571 (Resolução 20.598, de 13.4.2000), votou pelo conhecimento e provimento do recurso, por entender caracterizada a ofensa ao art. 14, § 8º, I, da CF/88. Após os votos dos Ministros Joaquim Barbosa e Carlos Britto, acompanhando o Min. Maurício Corrêa, pediu vista o Min. Cezar Peluso.

MILITAR: CARGO ELETIVO E AFASTAMENTO - 2

O militar, com menos de 10 anos de serviço, deve afastar-se definitivamente da atividade quando concorrer a cargo eletivo, à luz do que dispõe o art. 14, § 8º, I, da CF ("*§ 8º - O militar alistável é elegível, atendidas as seguintes condições: I - se contar menos de dez anos de serviço, deverá afastar-se da atividade*"). Essa a conclusão do Plenário ao prover, por maioria, recurso extraordinário, a ele afetado pela 2ª Turma, interposto contra acórdão em que determinada a reintegração no serviço ativo, com o ressarcimento das vantagens devidas, de ex-servidor militar que fora demitido *ex officio*, por ter pleiteado afastamento para candidatar-se ao cargo de vereador quando possuía menos de 10 anos de serviço — v. Informativo 343. Considerou-se que o entendimento do acórdão recorrido caracterizaria ofensa ao mencionado preceito constitucional, ao equiparar as situações definidas em seus incisos I e II, apesar de diversas. Realçou-se, no ponto, que a Constituição, claramente, separaria a hipótese do militar com menos de 10 anos de serviço ativo (inciso I), que concorre a cargo eletivo, daquela do militar com mais de 10 anos (inciso II). RE 279469/RS, rel. orig. Min. Maurício Corrêa, red. p/o acórdão Min. Cezar Peluso, 16.3.2011. (RE-279469)

MILITAR: CARGO ELETIVO E AFASTAMENTO - 3

Em seguida, consignou-se que a mera interpretação no plano literal, baseada apenas na mudança da redação da norma — na Constituição anterior constava a expressão "*excluído do serviço*" e, na atual, passou a ser "*afastar-se da atividade*" —, não seria suficiente, pois, assim como "excluir" poderia significar um afastamento, o "afastar-se" também poderia ser uma exclusão. Assentou-se, ainda, que a regra não trataria propriamente da desincompatibilização em si mesma, oponível a qualquer servidor público, e que seria necessário situar o caso na distinção que a própria Constituição fizera. Verificou-se que o texto constitucional não determinara, expressamente, o desligamento definitivo do militar com menos de 10 anos, mas, tampouco, deixara claro que seria provisório o afastamento. No entanto, apontou-se que a matéria teria sido melhor disciplinada, em termos literais, para a hipótese do servidor militar com mais de 10 anos, sendo inequívoco que, conforme o inciso II, o afastamento seria sempre provisório por agregação e só se tornaria definitivo se ele fosse eleito. Mencionou-se o princípio segundo o qual a lei não teria palavras inúteis e, muito menos, poderia haver um parágrafo assim no plano constitucional. Reputou-se insustentável o teor do acórdão vergastado que, ao preceituar a reintegração do militar com menos de 10 anos, acabara por equiparar sua condição à do militar com mais de 10 anos de serviço, reduzindo duas situações normativas heterogêneas a uma só. A despeito do caráter secundário da interpretação da vontade do legislador, observou-se que o elemento histórico poderia corroborar uma interpretação mais racional da norma. Destacou-se que não teriam prosperado quaisquer tentativas por parte do legislador constituinte — originário ou derivado — de permitir que os militares participassem dos pleitos a cargos eletivos sem condição ou restrição. Frisou-se que isso, no mínimo, reforçaria a interpretação de que o militar, com menos de 10 anos de serviço, deveria afastar-se definitivamente quando concorresse a cargo eletivo e que tal desligamento em nada agrediria o Estado Democrático de Direito. RE 279469/RS, rel. orig. Min. Maurício Corrêa, red. p/o acórdão Min. Cezar Peluso, 16.3.2011. (RE-279469)

MILITAR: CARGO ELETIVO E AFASTAMENTO - 4

Assinalou-se que as Forças Armadas seriam instituições permanentes organizadas com base na hierarquia e disciplina e que, haja vista a sua destinação constitucional, seus membros comporiam uma classe singular de servidores. Classe que, ostentando as armas da República, estaria incumbida da missão de defender a Pátria, além de garantir as instituições (CF, art. 142). Ressaltou-se que as polícias e os corpos de bombeiros militares seriam instituições organizadas nos mesmos princípios e, por texto expresso, forças auxiliares e reserva do exército (CF, art. 144, *caput*, § 8º). Nesse sentido, consignou-se que os destinatários das normas constantes dos incisos do § 8º do art. 14 da Carta Maior seriam os membros das Forças Armadas, bem assim os das polícias e dos corpos de bombeiros militares que estivessem em atividade e quisessem exercer sua capacidade eleitoral passiva. Na seqüência, assentou-se que a natureza definitiva ou temporária do afastamento também dependeria da vistosa distinção constitucional quanto à antiguidade dos militares, que, aliás, seria fator genérico relevante nas relações castrenses. Anotou-se que, após um decênio de serviço ativo, o militar não só adquiriria direitos, prerrogativas e benefícios ligados ao tempo — dentre os quais o poder de se afastar temporariamente para concorrer a cargo eletivo — bem como revelaria considerável vivência, experiência, compromisso e confiabilidade institucionais que autorizariam e legitimariam aplicar-lhe os institutos da agregação e da reversão. RE 279469/RS, rel. orig. Min. Maurício Corrêa, red. p/o acórdão Min. Cezar Peluso, 16.3.2011. (RE-279469)

MILITAR: CARGO ELETIVO E AFASTAMENTO - 5

Registrou-se que essa inteligência não invalidaria o princípio da natural incompatibilidade da atividade político-partidária com o serviço militar ativo e preservaria a eficácia máxima que o Supremo e o Tribunal Superior Eleitoral já emprestaram às disposições do art. 14, § 3º, V, e §I 8º, II, da CF. Decidiu-se que a interpretação a resguardar a eficácia das distintas normas constitucionais, respeitando o princípio da incompatibilidade entre o direito de ser eleito e o de servir às instituições militares, seria aquela que diferenciasse as duas situações constitucionalmente tratadas para concluir que o afastamento contido no inciso I seria definitivo. Salientou-se que o tema de elegibilidade seria, inclusive, regulado em razão da pessoa e do exercício do cargo. Asseverou-se que as proibições expressamente estabelecidas pelo constituinte aos servidores militares — tais como de sindicalização, de fazer greve e de filiação a partido político — robusteceriam o argumento de que a natureza definitiva do afastamento atenderia, de igual forma, aos anseios democráticos da Constituição, bem como resguardaria direito subjetivo adquirido por tempo de serviço. Aduziu-se que, ao alistar-se voluntariamente, o militar não poderia alegar ignorância das restrições a que se sujeita. Vencido o Min. Maurício Corrêa, relator, que desprovia o recurso, por entender que a perda definitiva do cargo, na espécie, ofenderia o princípio da proporcionalidade e violaria a garantia assegurada pela Constituição, inclusive a militares, de amplo exercício dos direitos políticos inerentes à cidadania. RE 279469/RS, rel. orig. Min. Maurício Corrêa, red. p/o acórdão Min. Cezar Peluso, 16.3.2011. (RE-279469) (Inform. STF 619)

RENÚNCIA A MANDATO PARLAMENTAR E COLIGAÇÃO - 1

O Plenário, por maioria, deferiu medida liminar em mandado de segurança impetrado pela Comissão Executiva Nacional do Diretório Nacional do Partido do Movimento Democrático Brasileiro - PMDB, para que a Mesa Diretora da Câmara dos Deputados, por seu Presidente, proceda à imediata posse, no cargo de Deputado Federal deixado vago pela renúncia de ex-parlamentar, do 1º suplente ou sucessor do PMDB, na ordem obtida nas eleições gerais do ano de 2006. Na espécie, ex-Deputado Federal pelo PMDB renunciara ao cargo, para o qual eleito, em 2006, por coligação composta por diversos partidos, dentre os quais o Partido Progressista - PP. Em razão da renúncia, a referida Mesa Diretora convocara para posse no cargo o 1º suplente da coligação, pertencente ao PP, ato contestado pelo PMDB, sob o argumento de a vaga decorrente da renúncia a ele pertencer e não à coligação. O Presidente da Câmara dos Deputados indeferira a pretensão do PMDB e definitivamente convocara e dera posse ao 1º suplente da coligação em 29.10.2010. A impetrante impugnava esse ato e ainda sustentava que o citado 1º suplente praticara infidelidade partidária, por não mais estar filiado ao PP, mas sim ao PSC — partido que não compunha aquela coligação —, pelo qual concorrera ao cargo de Senador nas eleições de 2010. MS 29988 MC/DF, rel. Min. Gilmar Mendes, 9.12.2010. (MS-29988)

RENÚNCIA A MANDATO PARLAMENTAR E COLIGAÇÃO - 2

Citou-se a jurisprudência tanto do TSE quanto do STF no sentido de o mandato parlamentar conquistado no sistema eleitoral proporcional pertencer ao partido político. Aludiu-se à Resolução TSE 22.580/2007, segundo a qual o mandato pertence ao partido e estará sujeito a sua perda o parlamentar que mudar de agremiação partidária, ainda que para legenda integrante da mesma coligação pela qual eleito. Asseverou-se que esse posicionamento teria levado em conta o fato de as coligações partidárias constituírem pessoas jurídicas *pro tempore*, cuja formação e existência ocorreriam apenas em virtude de determinada eleição, desfazendo-se logo que encerrado o pleito. Assim sendo, a pessoa jurídica da coligação partidária não se confundiria com as pessoas jurídicas dos partidos que a comporiam. Afirmou-se que essa orientação constituiria aplicação da tese jurisprudencial firmada pelo STF no julgamento conjunto dos mandados de segurança 26602/DF, 26603/DF e 26604/DF (DJe de 17.10.2008). Reportou-se, também, ao que consignado pela Corte no julgamento do MS 27938/DF (DJe de 30.4.2010), no sentido de que o reconhecimento da justa causa para a desfiliação partidária teria o condão apenas de afastar a pecha de infidelidade partidária e permitir a continuidade do exercício do mandato, mas não de transferir ao novo partido o direito à manutenção da vaga. MS 29988 MC/DF, rel. Min. Gilmar Mendes, 9.12.2010. (MS-29988)

RENÚNCIA A MANDATO PARLAMENTAR E COLIGAÇÃO - 3

Concluiu-se que o posicionamento mais consentâneo com essa jurisprudência seria o de dar posse ao suplente do próprio partido político detentor do mandato eletivo antes exercido pelo parlamentar que renunciara. Considerou-se, ademais, que, em razão de o suplente em questão não ser mais filiado ao PP, não pertencendo a qualquer dos partidos que se uniram na coligação para o pleito de 2006, ele não teria jus à suplência da coligação. Asseverou-se não se tratar de averiguar ou atestar a hipótese de infidelidade partidária, de competência da Justiça Eleitoral, mas de constatar o simples fato de o parlamentar não mais pertencer ao PP. Reputou-se ser necessário estabelecer uma nítida diferença entre a hipótese de preenchimento de vaga decorrente de renúncia ao mandato, caso dos autos, e a do cumprimento de ordem da Justiça Eleitoral para o preenchimento de vaga originada de conduta parlamentar trânsfuga. Frisou-se que, nesta última, caberia ao Presidente da Câmara dar cumprimento à ordem judicial, de acordo com o ofício enviado, devendo seguir a lista de suplência ali verificada, e que eventual impugnação ao ato de posse de suplentes deveria ser realizada por meio de contestação da própria lista perante aquela Justiça, em caso de infidelidade partidária. Já na primeira, aduziu-se que seria dever da autoridade máxima da Câmara dos Deputados averiguar a forma correta de preenchimento da vaga, podendo, para tanto, até fazer consultas formais ou informais, à Justiça Eleitoral. Vencidos os Ministros Dias Toffoli, Ricardo Lewandowski e Ayres Britto que indeferiam a liminar. MS 29988 MC/DF, rel. Min. Gilmar Mendes, 9.12.2010. (MS-29988) (Inform. STF 612)

LEI DA "FICHA LIMPA": INELEGIBILIDADE E RENÚNCIA - 1

O Plenário, ante o empate na votação, manteve acórdão do Tribunal Superior Eleitoral - TSE que, ao enfatizar a aplicabilidade imediata das alterações introduzidas pela LC 135/2010, concluíra pela inelegibilidade de candidato a cargo de Senador da República. O acórdão impugnado assentara a inelegibilidade do candidato para as eleições que se realizassem durante o período remanescente do mandato para o qual ele fora eleito e para os 8 anos subseqüentes ao término da legislatura, nos termos da alínea k do inciso I do art. 1º da LC 64/90, acrescentado pela aludida LC 135/2010 [*"Art. 1º São inelegíveis: I – para qualquer cargo: ... k) o Presidente da República, o Governador de Estado e do Distrito Federal, o Prefeito, os membros do Congresso Nacional, das Assembléias Legislativas, da Câmara Legislativa, das Câmaras Municipais, que renunciarem a seus mandatos desde o oferecimento de representação ou petição capaz de autorizar a abertura de processo por infringência a dispositivo da Constituição Federal, da Constituição Estadual, da Lei Orgânica do Distrito Federal ou da Lei Orgânica do Município, para as eleições que se realizarem durante o período remanescente do mandato para o qual foram eleitos e nos 8 (oito) anos subsequentes ao término da legislatura."*]. Considerara o fato de o candidato ter renunciado a mandato de igual natureza, em 2001, após o oferecimento de representação capaz de autorizar a abertura de processo por infração a dispositivo da Constituição. Na espécie, passados 9 anos da data da renúncia e tendo sido o candidato eleito, nesse ínterim, Deputado Federal, por duas vezes, a ele fora negado o registro de sua candidatura às eleições de 3.10.2010. No presente recurso extraordinário, alegava-se ofensa: a) ao princípio da anualidade eleitoral (CF, art. 16); b) aos princípios da segurança jurídica e da irretroatividade das leis (CF, art. 5º, XXXVI); c) ao art. 14, § 9º, da CF, pois a cláusula de inelegibilidade em questão não se amoldaria aos pressupostos constitucionais autorizadores de novas hipóteses de inelegibilidade e d) ao princípio da presunção de inocência ou de não-culpabilidade (CF, art. 5º, LVII). RE 631102/PA, rel. Min. Joaquim Barbosa, 27.10.2010. (RE-631102)

LEI DA "FICHA LIMPA": INELEGIBILIDADE E RENÚNCIA - 2

O Min. Joaquim Barbosa, relator, na linha do voto proferido no julgamento do RE 630147/DF — em que reconhecida a repercussão geral da matéria —, desproveu o recurso. Inicialmente, salientou que apreciaria o caso a partir da perspectiva de valorização da moralidade e da probidade no trato da coisa pública, sob uma ótica de proteção dos interesses públicos e não dos puramente individuais. Em passo seguinte, rejeitou a assertiva de ofensa ao art. 16 da CF. Afirmou que a norma adversada não se inseriria no campo temático de processo eleitoral e que a "Lei de Inelegibilidade" não se qualificaria como lei de processo eleitoral. Consignou que as condições de elegibilidade seriam examinadas na data do registro da candidatura, sendo que a lei em comento fora publicada antes do período fixado para a realização das convenções partidárias, de modo a inexistir surpresa ou quebra ao princípio da isonomia para os partidos políticos. Repeliu, de igual maneira, o argumento de ofensa ao art. 5º, XXXVI, da CF, ao fundamento de que a referida lei complementar não teria aplicação retroativa, mas concedera efeitos futuros a fatos desabonadores praticados no passado. Enfatizou que retroação ocorreria se os cargos exercidos posteriormente à renúncia do recorrente tivessem sido declarados nulos. No que concerne ao art. 14, § 9º, da CF, assinalou haver expectativa do corpo eleitoral de que os parlamentares não venham a renunciar, configurando a renúncia um ato desabonador do candidato, o qual demonstraria não se preocupar com seu eleitorado. Ademais, registrou que a norma em comento teria dado concretude à opção constitucional pela avaliação da vida pregressa do candidato. Por fim, relativamente ao art. 5º, LVII, da CF, asseverou que inelegibilidade não seria pena ou punição e não caracterizaria repercussão prática da culpa ou do dolo do agente político, mas uma reprovação prévia, anterior e prejudicial às eleições, por comportamento objetivamente descrito como contrário às normas de organização política. Acompanharam o relator os Ministros Cármen Lúcia, Ricardo Lewandowski, Ayres Britto e Ellen Gracie. RE 631102/PA, rel. Min. Joaquim Barbosa, 27.10.2010. (RE-631102)

LEI DA "FICHA LIMPA": INELEGIBILIDADE E RENÚNCIA - 3

Em divergência, os Ministros Dias Toffoli, Gilmar Mendes, Marco Aurélio, Celso de Mello e Cezar Peluso, Presidente, ao também reiterar posição firmada no julgamento do aludido RE 630147/DF, proveram o recurso. Reputaram que a lei complementar repercutira em inúmeros julgamentos no processo eleitoral. Acrescentaram que a alínea k da citada LC 135/2010 não seria fruto de iniciativa popular, mas resultado de emenda a projeto de lei. Registraram que, quando da renúncia do recorrente em 2001, dentre as conseqüências previstas para tal ato, não havia a inelegibilidade e que uma lei posterior não poderia buscar um fato pretérito para dele extrair conseqüências no presente. Realçaram que a concessão de eficácia retroativa à lei implicaria aplicação casuística e personalizada. Observaram que, na situação dos autos, após a renúncia, o recorrente obtivera da Justiça Eleitoral o deferimento dos registros e respectivas diplomações nas 2 eleições seguintes, sendo o candidato a Deputado Federal mais votado no Brasil. Indagaram como, à época, ele seria elegível e atenderia às formalidades legais e, nos dias atuais, considerado inelegível para exercer mandato, por essa mesma Justiça Eleitoral, tendo em conta aquela mesma renúncia que não o impedira de exercer os cargos de parlamentar federal. Assim, entendiam que a norma impugnada teria atribuído a um ato lícito um caráter de ilicitude para efeito de privação da elegibilidade passiva, haja vista que a inelegibilidade, dessa forma, configuraria sanção de direito eleitoral restritiva do exercício ao direito fundamental de participação política. Concluíram que a interpretação conferida pelo TSE afrontaria não só o postulado fundamental inscrito no art. 16 da CF, bem como aquele que busca prestigiar a incolumidade de situações já consolidadas no passado. RE 631102/PA, rel. Min. Joaquim Barbosa, 27.10.2010. (RE-631102)

LEI DA "FICHA LIMPA": INELEGIBILIDADE E RENÚNCIA - 4

Em seguida, o Plenário rejeitou questão de ordem suscitada da tribuna pelo patrono do recorrente no sentido de suspender o julgamento até a nomeação de novo Ministro para compor o Tribunal. A defesa informava a peculiaridade das eleições no Estado-membro pelo qual concorrera o recorrente, porquanto lá haveria outro candidato ao Senado Federal com idêntica causa de inelegibilidade, cujo processo estaria aguardando apreciação pelo TSE. Considerou-se que o exame do processo deveria prosseguir para que o impasse fosse solucionado e efetivada a prestação jurisdicional. Vencidos os Ministros Dias Toffoli, Gilmar Mendes e Marco Aurélio que acolhiam o pleito de suspensão para evitar decisões díspares. O Min. Cezar Peluso fez ressalva de sua posição pessoal. Dessa forma, deliberou-se sobre a existência de critérios impessoais, objetivos e apriorísticos para a resolução do empate. Por maioria, acatou-se proposta formulada pelo Min. Celso de Mello para que fosse aplicado, por analogia, o inciso II do parágrafo único do art. 205 do Regimento Interno do Supremo e, com isso, mantida a decisão recorrida (*"Art. 205. ... Parágrafo único. O julgamento de mandado de segurança contra ato do Presidente do Supremo Tribunal Federal ou do Conselho Nacional da Magistratura será presidido pelo Vice-Presidente ou, no caso de ausência ou impedimento, pelo Ministro mais antigo dentre os presentes à sessão. Se lhe couber votar, nos termos do art. 146, I a III, e seu voto produzir empate, observar-se-á o seguinte: ... II – havendo votado todos os Ministros, salvo os impedidos ou licenciados por período remanescente superior a três meses, prevalecerá o ato impugnado.*"). Considerou-se a presunção de legitimidade dos atos estatais e o fato de que esse critério já teria sido adotado no julgamento da ADPF 46/DF (DJe de 26.2.2010). O Min. Celso de Mello salientou que a sugestão poderia ser adotada sem prejuízo da convicção de cada membro da Corte, haja vista que em discussão a superação do impasse. Foram rejeitados outros critérios, tais como o voto de qualidade do Presidente (RISTF, art. 13, IX), a convocação de Ministros do STJ e o art. 146, *caput*, do RISTF. Vencidos os Ministros Dias Toffoli, Gilmar Mendes e Marco Aurélio, que determinavam a aplicação do voto de qualidade do Presidente. RE 631102/PA, rel. Min. Joaquim Barbosa, 27.10.2010. (RE-631102) (Inform. STF 606)

Cancelamento de Naturalização e Via Jurisdicional - 1

O Plenário iniciou julgamento de recurso ordinário em mandado de segurança no qual se discute a possibilidade, ou não, de o Ministro de Estado da Justiça, por meio de ato administrativo, cancelar a concessão de naturalização quando embasada em premissas falsas (erro de fato). Trata-se, na espécie, de recurso ordinário interposto contra acórdão do STJ que denegara pedido de anulação da Portaria 361/2008, daquela autoridade, que cancelara a naturalização do recorrente. Essa Corte, com fundamento no Enunciado 473 da Súmula do STF, afirmara que a Administração poderia rever o ato administrativo a qualquer tempo, pois eivado de vício insanável. No caso, o Ministério de Estado da Justiça, em virtude de pleito extradicional formulado pelo país de origem do recorrente, instaurara processo administrativo em que constatado que ele emitira declaração falsa, consistente na omissão da existência de condenação em momento anterior a sua naturalização, razão pela qual anulara esta. RMS 27840/DF, rel. Min. Ricardo Lewandowski, 13.10.2010. (RMS-27840)

Cancelamento de Naturalização e Via Jurisdicional - 2

O Min. Ricardo Lewandowski, relator, desproveu o recurso por reputar possível o aludido cancelamento pela via administrativa, quando descobertos vícios no seu processo. Inicialmente, enfatizou que a naturalização, em sua forma ordinária (CF, art. 12, II, a), caracterizar-se-ia por ser ato discricionário da Administração relativamente àqueles que atendam aos requisitos estabelecidos na Lei 6.815/80 (Estatuto do Estrangeiro). Em seguida, aduziu que, à época do advento do mencionado estatuto, havia a previsão de que o Presidente da República decretasse a perda da nacionalidade brasileira obtida em fraude contra a lei (CF/69, art. 146, parágrafo único), não sendo a norma repetida pela CF/88. Nada obstante, isso não significaria a sua extirpação do ordenamento jurídico e tampouco a não recepção do art. 112, §§ 2º e 3º, da Lei 6.815/80 ("*Art. 112. São condições para a concessão da naturalização: ... § 2º Verificada, a qualquer tempo, a falsidade ideológica ou material de qualquer dos requisitos exigidos neste artigo ou nos arts. 113 e 114 desta Lei, será declarado nulo o ato de naturalização sem prejuízo da ação penal cabível pela infração cometida. § 3º A declaração de nulidade a que se refere o parágrafo anterior processar-se-á administrativamente, no Ministério da Justiça, de ofício ou mediante representação fundamentada, concedido ao naturalizado, para defesa, o prazo de quinze dias, contados da notificação.*"). Observou que a nova ordem constitucional estabelecera que a naturalização válida somente poderia ser perdida, mediante sentença judicial, em razão de atividade nociva aos interesses nacionais ("*Art. 12. ... § 4º - Será declarada a perda da nacionalidade do brasileiro que: I - tiver cancelada sua naturalização, por sentença judicial, em virtude de atividade nociva ao interesse nacional;*"). RMS 27840/DF, rel. Min. Ricardo Lewandowski, 13.10.2010. (RMS-27840)

Cancelamento de Naturalização e Via Jurisdicional - 3

Em divergência, o Min. Marco Aurélio proveu o recurso para assentar que, uma vez formalizado o deferimento da naturalização, seu desfazimento apenas poderia ocorrer mediante processo judicial. Asseverou que a cláusula do inciso I do § 4º do art. 12 da CF seria abrangente — no que revelaria que o cancelamento da naturalização deveria ocorrer por sentença judicial — e que a referência feita em sua parte final, ao apontar uma causa, seria simplesmente exemplificativa, haja vista a infinidade de situações que podem surgir, a desaguarem no cancelamento da naturalização. O Min. Dias Toffoli seguiu a divergência. Consignou expressamente a não-recepção, pela CF/88, do art. 112, §§ 2º e 3º da Lei 6.815/80 e proveu o recurso para o fim de declarar nula a Portaria 361/2008, do Ministro da Justiça, restabelecendo, assim, a situação do recorrente como brasileiro naturalizado em todos os órgãos públicos, sem prejuízo de que sua condição de naturalizado seja analisada judicialmente, nos termos do art. 12, § 4º, I, da CF. Após, pediu vista a Min. Cármen Lúcia. RMS 27840/DF, rel. Min. Ricardo Lewandowski, 13.10.2010. (RMS-27840) (Inform. STF 604)

LEI DA "FICHA LIMPA": INELEGIBILIDADE E RENÚNCIA - 1

O Tribunal iniciou julgamento de recursos extraordinários em que questionado o indeferimento do registro de candidatura do primeiro recorrente ao cargo político de Governador do Distrito Federal. Trata-se de recursos interpostos, com base no art. 102, III, a, da CF, contra acórdão do Tribunal Superior Eleitoral - TSE que, ao enfatizar a aplicabilidade imediata das alterações introduzidas pela LC 135/2010, concluíra pela inelegibilidade do candidato a cargo de Governador. O acórdão impugnado assentara a inelegibilidade do candidato para as eleições que se realizassem durante o período remanescente do mandato para o qual ele fora eleito e para os 8 anos subseqüentes ao término da legislatura, nos termos da alínea k do inciso I do art. 1º da LC 64/90, acrescentado pela aludida LC 135/2010 ["*Art. 1º São inelegíveis: I – para qualquer cargo: ... k) o Presidente da República, o Governador de Estado e do Distrito Federal, o Prefeito, os membros do Congresso Nacional, das Assembléias Legislativas, da Câmara Legislativa, das Câmaras Municipais, que renunciarem a seus mandatos desde o oferecimento de representação ou petição capaz de autorizar a abertura de processo por infringência a dispositivo da Constituição Federal, da Constituição Estadual, da Lei Orgânica do Distrito Federal ou da Lei Orgânica do Município, para as eleições que se realizarem durante o período remanescente do mandato para o qual foram eleitos e nos 8 (oito) anos subsequentes ao término da legislatura.*"]. Considerara o fato de o candidato ter renunciado o mandato de Senador da República, em 2007, após o oferecimento de representação capaz de autorizar a abertura de processo por falta de decoro parlamentar. Sustenta-se, em caráter incidental, a inconstitucionalidade do referido dispositivo legal. Além disso, alegam-se, em síntese: a) ofensa ao princípio da anterioridade da lei eleitoral (CF, art. 16); b) transgressão aos princípios da irretroatividade da lei e do ato jurídico perfeito (CF, art. 5º, XXXVI); c) desrespeito ao princípio da presunção de não culpabilidade (CF, art. 5º, LVII); d) abuso do poder de legislar e e) falta de proporcionalidade e razoabilidade do preceito. RE 630147/DF, rel. Min. Ayres Britto, 22 e 23.9.2010. (RE-630147)

LEI DA "FICHA LIMPA": INELEGIBILIDADE E RENÚNCIA - 2

Preliminarmente, reconheceu-se a repercussão geral dos recursos, haja vista se cuidar de questão relevante nos aspectos político, jurídico e social. De outro lado, rejeitou-se, por maioria, questão de ordem suscitada pelo Min. Cezar Peluso, Presidente, no sentido da inconstitucionalidade formal da LC 135/2010. A referida prejudicial fora formulada tendo em conta a suposta afronta ao postulado da bicameralidade (CF, art. 65, parágrafo único), porquanto o Senado Federal emendara o projeto de lei complementar, enviado pela Câmara dos Deputados, para alterar tempos verbais de alíneas do inciso I do art. 1º da LC 64/90 sem que, contudo, tal emenda tivesse retornado à Casa iniciadora. O Min. Cezar Peluso aduziu que o acatamento da questão de ordem excluiria a apreciação das inconstitucionalidades materiais argüidas. Primeiramente, entendeu-se incabível o exame, de ofício, da inconstitucionalidade formal. Asseverou-se que se estaria em sede de recurso extraordinário, em que a causa de pedir não seria aberta. Ademais, ressaltou-se que a matéria não fora prequestionada e que somente em hipóteses pontuais a Corte superara essa orientação, quando verificada a possível quebra do princípio da isonomia ou violação à segurança jurídica com reflexos na força normativa da Constituição. Mencionou-se, também, que a admissão da análise da inconstitucionalidade formal da lei como um todo, inclusive quanto a dispositivos não impugnados, implicaria ampliação da causa de pedir e do pedido, sem provocação das partes. Registrou-se, ainda, que seria preciso conceder-se à parte contrária a possibilidade de apresentar contra-razões à argüição de inconstitucionalidade, bem como de o Ministério Público se manifestar. RE 630147/DF, rel. Min. Ayres Britto, 22 e 23.9.2010. (RE-630147)

LEI DA "FICHA LIMPA": INELEGIBILIDADE E RENÚNCIA - 3

Quanto a essas preliminares, os Ministros Dias Toffoli, Cezar Peluso, Gilmar Mendes e Marco Aurélio, com apoio em precedentes do STF, reputaram cabível o julgamento, em recurso extraordinário (CF, art. 102, III, a), sobre a constitucionalidade de lei, não obstante por fundamento diverso do acolhido pelo acórdão recorrido e não invocado pelas partes. Consignaram que o Supremo, guardião maior da Constituição, não poderia ficar manietado, visto que seria um contra-senso admitir que qualquer juiz ou tribunal pudesse se manifestar de ofício quanto ao conflito de norma legal com a Constituição, ao passo que o STF, ultrapassada a barreira do conhecimento do recurso extraordinário e na apreciação da causa, não o pudesse. Ponderaram que a Corte poderia apreciar a inconstitucionalidade de lei tendo a integralidade da Constituição como parâmetro. Além disso, assinalaram que o recurso extraordinário caminharia para um modelo de objetivação. O Min. Celso de Mello, embora reconhecesse, em tese, a possibilidade de se efetuar a resolução incidental de questão prejudicial de constitucionalidade, entendeu que, na espécie, não deveria admiti-la, porque os sujeitos da relação processual, inclusive o Procurador-Geral da República, não teriam se pronunciado a respeito. RE 630147/DF, rel. Min. Ayres Britto, 22 e 23.9.2010. (RE-630147)

LEI DA "FICHA LIMPA": INELEGIBILIDADE E RENÚNCIA - 4

Em seguida, os Ministros Ayres Britto, relator, Dias Toffoli, Cármen Lúcia, Ricardo Lewandowski e Ellen Gracie enfatizaram que, se superada a prejudicial, a LC 135/2010 não padeceria do vício de inconstitucionalidade formal. Registraram que as mudanças ocorreram — segundo afirmado pela Presidência da Comissão de Constituição, Justiça e Cidadania do Senado Federal — para uniformizar os tempos verbais, em obediência ao que determinado pelo art. 11, I, d, da LC 95/98, a qual dispõe sobre a elaboração, a redação, a alteração e a consolidação das leis, conforme determina o parágrafo único do art. 59 da CF. Assim, explicitaram que as emendas não teriam trazido modificações materiais no conteúdo original da redação. Acrescentaram que a alínea adversada na situação dos autos não sofrera qualquer alteração. Vencidos os Ministros Cezar Peluso e Marco Aurélio que assentavam a inconstitucionalidade formal da norma por transgressão ao devido processo legislativo, dado que as alterações promovidas não teriam sido meramente redacionais. RE 630147/DF, rel. Min. Ayres Britto, 22 e 23.9.2010. (RE-630147)

LEI DA "FICHA LIMPA": INELEGIBILIDADE E RENÚNCIA - 5

No mérito, o Min. Ayres Britto desproveu os recursos extraordinários, no que foi acompanhado pelos Ministros Cármen Lúcia, Ricardo Lewandowski, Joaquim Barbosa e Ellen Gracie. Inicialmente, salientou que apenas a declaração incidental de inconstitucionalidade da alínea k do inciso I do art. 1º da LC 64/90, introduzida pela LC 135/2010, referir-se-ia à causa de pedir dos recursos extraordinários sob exame. E o pedido consistiria no deferimento do registro da candidatura do primeiro recorrente ao cargo de Governador do Distrito Federal. Desse modo, destacou que, atento aos limites materiais do recurso, as demais hipóteses de inelegibilidade veiculadas pela versão atualizada da LC 64/90 não seriam analisadas. Em passo seguinte, afirmou que alínea impugnada faria parte de um conjunto de regras explicitamente comprometidas com a concretização do comando constitucional previsto no § 9º do art. 14 da CF (*"Lei complementar estabelecerá outros casos de inelegibilidade e os prazos de sua cessação, a fim de proteger a probidade administrativa, a moralidade para o exercício do mandato, considerada a vida pregressa do candidato, e a normalidade e legitimidade das eleições contra a influência do poder econômico ou o abuso do exercício de função, cargo ou emprego na administração direta ou indireta."*). Enfatizou que a LC 64/90, de par com o art. 1º da LC 135/2010, objetivara atender à referida convocação constitucional, a dispor sobre o instituto da inelegibilidade enquanto mecanismo de proteção. RE 630147/DF, rel. Min. Ayres Britto, 22 e 23.9.2010. (RE-630147)

LEI DA "FICHA LIMPA": INELEGIBILIDADE E RENÚNCIA - 6

Nesse sentido, reputou que a LC 135/2010, por sua nova alínea, poderia considerar, como causa de inelegibilidade para os fins que erigira, a renúncia, a qual teria como único propósito impedir a abertura de processo político-administrativo por falta de decoro parlamentar. Observou que a alínea questionada poderia produzir imediatamente os efeitos a que se preordenara, de forma a alcançar fatos e condutas anteriores à data de sua publicação, uma vez que a própria Constituição, ao mencionar a inelegibilidade num contexto de proteção da probidade administrativa e da moralidade para o exercício do mandato popular, determinara que a lei considerasse a vida pregressa do candidato. Esclareceu, no ponto, que a Constituição objetivara resgatar o significado original do termo "candidato", que adviria de cândido, puro, limpo no sentido ético. Daí a necessidade da criação de institutos como o da inelegibilidade, os quais tornariam os políticos dignos da política ou que salvariam a política dos políticos avessos aos princípios da moralidade e da probidade administrativa, e da não incidência do abuso do poder político ou econômico. Por conseguinte, realçou que valores como o da probidade administrativa e o da moralidade para o exercício do mandato — concretizados por norma de expressa requisição constitucional — não comportariam procrastinação ou "quarentena". RE 630147/DF, rel. Min. Ayres Britto, 22 e 23.9.2010. (RE-630147)

LEI DA "FICHA LIMPA": INELEGIBILIDADE E RENÚNCIA - 7

O relator registrou, ainda, que a LC 135/2010 decorrera de iniciativa popular e com a marca registrada da "urgência urgentíssima" de sua aplicabilidade. Consignou que ela fora publicada em data anterior a das convenções partidárias deste ano, a ensejar a preservação do art. 16 da CF, pois os partidos políticos e seus filiados teriam tido tempo suficiente para deliberar, em igualdade de condições, relativamente à escolha dos candidatos. Aduziu que a razão de ser do art. 16 da CF consistiria em evitar casuísmos em data próxima à da eleição e que a referida alínea k, em particular, e a LC 135/2010, como um todo, não introduziram surpresa, sequer oportunística, arbitrária ou maliciosa na competição eleitoral de 2010. Reiterou a inexistência de ofensa ao aludido preceito constitucional, quer em razão de a alínea k ser norma de direito material, quer por não possuir aptidão para alterar o processo eleitoral. Afastou a assertiva de afronta ao ato jurídico perfeito ao fundamento de que a renúncia ao mandato de Senador da República não teria por efeito imunizar o renunciante contra a incidência de causas de inelegibilidade, haja vista a inexistência de direito adquirido a regime jurídico (de inelegibilidades). Realçou, ainda, que a renúncia do primeiro recorrente fora protocolada anteriormente à instauração de processo administrativo, a impedir qualquer juízo de valor pelo Senado Federal. RE 630147/DF, rel. Min. Ayres Britto, 22 e 23.9.2010. (RE-630147)

LEI DA "FICHA LIMPA": INELEGIBILIDADE E RENÚNCIA - 8

Ao ressaltar que a renúncia não constituiria pena, mencionou que não haveria efeitos futuros supostamente violados pela LC 135/2010 e que, para fins de inelegibilidade, a licitude, ou não, do ato ou situação jurídica seria irrelevante, de modo que a renúncia lícita do primeiro recorrente não impediria a sua previsão como causa de inelegibilidade. No tocante ao princípio constitucional da presunção de inocência, asseverou que essa regra geral conviveria com normas específicas, como a do § 9º do art. 14 da CF. Concluiu, destarte, que para a perda ou suspensão de direito político seria preciso o trânsito em julgado de sentença penal condenatória, sendo este, entretanto, desnecessário para a configuração de inelegibilidade. Por fim, registrou que o legislador estaria submetido ao exame de seus atos sobre os parâmetros da razoabilidade e da proporcionalidade — devido processo legal substantivo — e que a alínea k não ofenderia esses critérios. RE 630147/DF, rel. Min. Ayres Britto, 22 e 23.9.2010. (RE-630147)

LEI DA "FICHA LIMPA": INELEGIBILIDADE E RENÚNCIA - 9

Em divergência, o Min. Dias Toffoli proveu os recursos, exclusivamente no que se refere à afronta ao art. 16 da CF. De início, assinalou que embaraços ao direito à elegibilidade deveriam ser compreendidos sob perspectiva histórica, especialmente quando razões de natureza moral poderiam ser invocadas para fins de exclusão política de segmentos incômodos ao regime. Em seguida, afirmou que o princípio da anterioridade das leis eleitorais não distinguiria as espécies de leis nem o conteúdo dos seus dispositivos, sendo, pois, genérico, direto e explícito. Asseverou que a jurisprudência da Corte inclui o art. 16 da CF no rol de garantias individuais da segurança jurídica e do devido processo legal, e que tal postulado seria dirigido ao cidadão-eleitor. Consignou, ademais, que o dispositivo constitucional visaria evitar a quebra da previsibilidade das condições subjetivo-políticas dos candidatos e que, relativamente ao desrespeito aos limites temporais desse preceito, o que importaria seria a quebra da anterioridade e não o período no ano em que ela ocorrera, dado que a diferença estaria apenas no grau de intensidade do prejuízo. RE 630147/DF, rel. Min. Ayres Britto, 22 e 23.9.2010. (RE-630147)

LEI DA "FICHA LIMPA": INELEGIBILIDADE E RENÚNCIA - 10

Mencionou que a anualidade eleitoral também teria por fundamento a igualdade e defesa das minorias, cuja participação no processo político não deveria ficar submetida ao alvedrio das forças majoritárias. Tendo tudo isso em conta, entendeu que não se poderia distinguir o conteúdo da norma eleitoral selecionadora de novas hipóteses de inelegibilidade, porquanto seria ele alcançável pelo art. 16 da CF por afetar, alterar, interferir, modificar e perturbar o processo eleitoral em curso. Assinalou que a alínea k restringira o universo de cidadãos aptos a participar do pleito de 2010. Indagou, então, quais seriam as conseqüências práticas dessa inovação legislativa se, ao inverso, ela ampliasse o elenco de concorrentes, por meio da subtração de hipóteses de inelegibilidade, com eficácia para as eleições atuais. Concluiu que, em nome de princípios moralizantes, os quais limitam a participação de indivíduos no processo eleitoral, não se poderia ignorar, por outro lado, o postulado, abstrato e impessoal, veiculado no art. 16 da CF, que protege a própria democracia contra o casuísmo, a surpresa, a imprevisibilidade e a transgressão da simetria constitucional dos candidatos a cargos eletivos. Assim, reputou que, se admitida a eficácia imediata da LC 135/2010, no que concerne exclusivamente à situação dos autos, abrir-se-iam as portas para mudanças outras, de efeitos imprevisíveis e resultados desastrosos para o concerto político nacional. Registrou, por derradeiro, que cumpriria reconhecer a aplicação do art. 16 da CF ao plano de eficácia da LC 135/2010. RE 630147/DF, rel. Min. Ayres Britto, 22 e 23.9.2010. (RE-630147)

LEI DA "FICHA LIMPA": INELEGIBILIDADE E RENÚNCIA - 11

Os Ministros Gilmar Mendes, Marco Aurélio, Celso de Mello e Cezar Peluso seguiram a divergência, mas proveram os recursos extraordinários em maior extensão por também considerarem que a situação advinda com a renúncia do primeiro recorrente ao cargo de parlamentar — devidamente constituída segundo a legislação da época — não poderia ser alcançada pela LC 135/2010. Em seguida, ante o empate na votação, deliberou-se sobre a solução a ser dada para a proclamação do resultado do julgamento. Afastou-se proposta segundo a qual se deveria aguardar a indicação de novo Ministro para compor a Corte, bem como a de se convocar Ministro do STJ. Citaram-se, também, dispositivos do Regimento Interno do Supremo, o art. 97 da CF e a Súmula Vinculante 10. Tendo em conta não se ter chegado, no caso, a um consenso quanto ao dispositivo que se aplicaria em face da vacância, o julgamento foi suspenso [RISTF: *"Art. 13. São atribuições do Presidente: ... IX – proferir voto de qualidade nas decisões do Plenário, para as quais o Regimento Interno não preveja solução diversa, quando o empate na votação decorra de ausência de Ministro em virtude de: a) impedimento ou suspeição; b) vaga ou licença médica superior a 30 (trinta) dias, quando seja urgente a matéria e não se possa convocar o Ministro licenciado. ... Art. 146. Havendo, por ausência ou falta de um Ministro, nos termos do art. 13, IX, empate na votação de matéria cuja solução dependa de maioria absoluta, considerar-se-á julgada a questão proclamando-se a solução contrária à pretendida ou à proposta. Parágrafo único. No julgamento de 'habeas corpus' e de recursos de 'habeas corpus' proclamar-se-á, na hipótese de empate, a decisão mais favorável ao paciente. ... Art. 173. Efetuado o julgamento, com o quorum do art. 143, parágrafo único, proclamar-se-á a inconstitucionalidade ou a constitucionalidade do preceito ou do ato impugnados, se num ou noutro sentido se tiverem manifestado seis Ministros. Parágrafo único. Se não for alcançada a maioria necessária à declaração de inconstitucionalidade, estando licenciados ou ausentes Ministros em número que possa influir no julgamento, este será suspenso a fim de aguardar-se o comparecimento dos Ministros ausentes, até que se atinja o quorum."*]. RE 630147/DF, rel. Min. Ayres Britto, 22 e 23.9.2010. (RE-630147) (Inform. STF 601)

LEI DA "FICHA LIMPA": INELEGIBILIDADE E RENÚNCIA - 12

Em conclusão, o Tribunal declarou extinto, sem julgamento do mérito, processo no qual pleiteado o deferimento do registro de candidatura do primeiro recorrente ao cargo político de Governador do Distrito Federal. Tratava-se, na espécie, de recursos extraordinários interpostos, com base no art. 102, III, a, da CF, contra acórdão do Tribunal Superior Eleitoral - TSE que, ao enfatizar a aplicabilidade imediata das alterações introduzidas pela LC 135/2010, concluíra pela inelegibilidade do candidato a cargo de Governador, nos termos da alínea k do inciso I do art. 1º da LC 64/90, acrescentado pela aludida LC 135/2010 [*"Art. 1º São inelegíveis: I – para qualquer cargo: ... k) o Presidente da República, o Governador de Estado e do Distrito Federal, o Prefeito, os membros do Congresso Nacional, das Assembléias Legislativas, da Câmara Legislativa, das Câmaras Municipais, que renunciarem a seus mandatos desde o oferecimento de representação ou petição capaz de autorizar a abertura de processo por infringência a dispositivo da Constituição Federal, da Constituição Estadual, da Lei Orgânica do Distrito Federal ou da Lei Orgânica do Município, para as eleições que se realizarem durante o período remanescente do mandato para o qual foram eleitos e nos 8 (oito) anos subseqüentes ao término da legislatura."*] — v. Informativo 601. RE 630147 QO/DF, rel. orig. Min. Ayres Britto, red. p/ o acórdão Min. Marco Aurélio, 29.9.2010. (RE-630147)

LEI DA "FICHA LIMPA": INELEGIBILIDADE E RENÚNCIA - 13

O Min. Ayres Britto, relator, tendo em conta a renúncia do candidato à pretensão de obter o registro de sua candidatura, submeteu ao Colegiado, em questão de ordem, o exame de petição formulada pelos recorrentes, em que requeriam a desistência dos recursos ou, alternativamente, a declaração da perda de seu objeto. Inicialmente, manteve-se o reconhecimento da repercussão geral da questão constitucional concernente ao art. 1º, I, k, da LC 64/90, com a redação dada pela LC 135/2010. Em passo seguinte, rejeitou-se o pedido de desistência dos recursos, haja vista que já iniciado o julgamento, e, embora não declarado o seu resultado, proferidos os votos de todos os Ministros da Corte. Entretanto, ao enfatizar que o escopo dos recorrentes seria o registro da candidatura, aduziu-se que, ante a mencionada desistência, inexistiria objeto a ser analisado pela Justiça Eleitoral e, conseqüentemente, não haveria lugar para a prolação de sentença de mérito. Dessa forma, asseverou-se que, na situação em apreço, ter-se-ia uma hipótese de extinção anômala do processo principal por perda superveniente de objeto e de interesse, sem que resolvida a própria controvérsia suscitada no recurso em questão. Vencidos, no ponto, os Ministros Ayres Britto, Cármen Lúcia, Ricardo Lewandowski e Joaquim Barbosa que assentavam a perda de objeto dos recursos extraordinários. O relator assinalava, ainda, o conseqüente trânsito em julgado do acórdão recorrido. RE 630147 QO/DF, rel. orig. Min. Ayres Britto, red. p/ o acórdão Min. Marco Aurélio, 29.9.2010. (RE-630147) (Inform. STF 602)

DUPLA IDENTIFICAÇÃO DO ELEITOR E PRINCÍPIOS DA PROPORCIONALIDADE E DA RAZOABILIDADE - 1

Por vislumbrar aparente ofensa aos postulados da proporcionalidade e da razoabilidade, e ressaltando a iminência das eleições marcadas para o dia 3.10.2010, o Tribunal, por maioria, concedeu medida cautelar em ação direta de inconstitucionalidade, ajuizada pelo Diretório Nacional do Partido dos Trabalhadores, para, mediante interpretação conforme conferida ao art. 91-A da Lei 9.504/97, na redação dada pela Lei 12.034/2009 — e ao art. 47, § 1º, da Resolução TSE 23.218/2010 —, reconhecer que somente a ausência de documento oficial de identidade com fotografia trará obstáculo ao exercício do direito de voto. Os dispositivos impugnados determinam que, no momento da votação, sejam apresentados o título de eleitor e um documento de identificação com foto. Após breve retrospecto da legislação brasileira sobre essa dupla exigência, consignou-se que ela já teria sido inserida no ordenamento pátrio (Lei 9.100/95, art. 75), sendo posteriormente revogada, ante a dificuldade excessiva ao eleitorado. Registrou-se a problemática no sistema eleitoral relativamente à identificação dos eleitores. Salientou-se, nesse sentido, a inexistência de unificação entre as identidades civil e eleitoral ou de um título eleitoral com foto. Citou-se, inclusive, manifestação do TSE — em processo administrativo que ensejara a expedição da aludida Resolução 23.218/2010 — quanto à possibilidade de se admitir o exercício do voto pelo eleitor que apenas apresentasse o documento comprobatório de identidade, em razão do extravio, perda ou inutilização de seu título após o término do prazo para a solicitação de 2ª via. Aquela Corte assentara a necessidade do incremento dos esforços de ampla divulgação da novidade legal, bem como o seu imediato aparelhamento para que os títulos eleitorais extraviados ou inutilizados fossem reimpressos. ADI 4467 MC/DF, rel. Min. Ellen Gracie, 29 e 30.9.2010. (ADI-4467)

DUPLA IDENTIFICAÇÃO DO ELEITOR E PRINCÍPIOS DA PROPORCIONALIDADE E DA RAZOABILIDADE - 2

Afirmou-se, ainda, que a apresentação do título de eleitor, nos moldes estabelecidos hoje, não ofereceria garantia de lisura nesse momento crucial de revelação da vontade do eleitorado e que as experiências das últimas eleições demonstrariam maior confiabilidade na identificação aferida com base em documentos oficiais de identidade com foto. Aduziu-se que os preceitos adversados, embora objetivassem maior segurança no reconhecimento dos eleitores, estabeleceriam uma exigência desmedida, a qual afastaria a finalidade que a norma pretendera alcançar. Asseverou-se não ser cabível tomar-se o art. 91-A da lei em apreço como impedimento ao voto do eleitor que, ainda que se encontrasse apto a prestar identificação mediante apresentação de um documento oficial com fotografia, não estivesse portando, naquele momento, seu título de eleitor. Concluiu-se que se deveria apresentar, no momento da votação, tanto o título de eleitor como documento oficial de identificação com fotografia. Contudo, enfatizou-se que apenas a frustração na exibição deste último é que teria o condão de impedir o exercício do voto. O Min. Dias Toffoli, ao ressaltar que não concedia a cautelar com fundamento nos princípios referidos, porquanto eles seriam técnicas de solução, reputou que o dispositivo restringiria o exercício da cidadania, em afronta ao art. 1º, II, c/c o art. 14, *caput*, ambos da CF. Vencidos os Ministros Gilmar Mendes e Cezar Peluso, Presidente, que indeferiam a concessão da medida cautelar por considerar que o porte obrigatório do título de eleitor não esvaziaria ou restringiria o direito fundamental ao voto de forma desarrazoada ou desproporcional, tendo o legislador atuado dentro de sua margem de ação, sem ofensa ao texto constitucional. ADI 4467 MC/DF, rel. Min. Ellen Gracie, 29 e 30.9.2010. (ADI-4467) (Inform. STF 602)

VACÂNCIA DE MANDATO E JUSTA CAUSA PARA DESFILIAÇÃO PARTIDÁRIA – 1

O reconhecimento de justa causa para a desfiliação partidária permite que o parlamentar desfiliado continue no exercício do mandato, mas não transfere ao novo partido o direito de sucessão à vaga na hipótese de vacância. Com base nesse entendimento, o Tribunal denegou mandado de segurança impetrado por partido político contra ato do Presidente da Câmara dos Deputados que indeferira pedido do impetrante no sentido de ser dada a posse ao primeiro suplente de Deputado Federal, a ele filiado, que falecera no curso do mandato. Na espécie, o parlamentar falecido fora eleito por outra agremiação partidária, tendo obtido do Tribunal Superior Eleitoral – TSE o reconhecimento da existência de justa causa para sua transferência para o partido impetrante. Alegava o partido impetrante que possuiria direito líquido e certo de manter a vaga, tendo em conta esse reconhecimento, salientando que a vaga decorrera do falecimento do titular e não em função de infidelidade partidária. **MS 27938/DF, rel. Min. Joaquim Barbosa, 11.3.2010**. (MS-27938).

VACÂNCIA DE MANDATO E JUSTA CAUSA PARA DESFILIAÇÃO PARTIDÁRIA – 2

Reportou-se à orientação firmada pela Corte no julgamento dos mandados de segurança 26602/DF, 26603/DF e 26604/DF (DJE de 17.10.2008), no sentido de que a observância do dever de fidelidade partidária é condição para o exercício de mandato eleitoral. Relembrou-se que, conforme essa orientação, no sistema de eleições proporcionais, o exercício de mandato eletivo não é direito pessoal do candidato, mas está vinculado à lealdade a agremiação. Afirmou-se que, como a Corte decidira que a fidelidade partidária é requisito para a manutenção do exercício do mandato eletivo, pois o resultado favorável em eleição proporcional depende da sigla, todo e qualquer candidato deveria permanecer fiel ao partido. Ponderou-se que a justa causa para a desfiliação permitiria que o mandato continuasse a ser exercido, mas não garantiria ao candidato, por mais famoso que fosse, como no caso, carregar ao novo partido relação que fora aferida no momento da eleição. Observou-se que, se fosse feita a distinção em razão do potencial para angariar votos, candidatos de grande fama transfeririam a sua vaga para o novo partido, enquanto candidatos menos expressivos não teriam a mesma sorte. Asseverou-se que o exame da fidelidade partidária para fins de sucessão no caso de vacância no cargo deveria ser aferido no momento em que ocorresse a eleição. Registrou-se, ademais, que o sistema brasileiro seria desprovido de mecanismos que permitissem ao eleitor confirmar a sua aderência ao candidato ou à linha adotada pelo partido no curso do mandato, não havendo votos de confiança ou de reafirmação intercorrentes no curso do mandato parlamentar. Aduziu-se que, do ponto de vista eleitoral, o parâmetro utilizado pelo cidadão somente poderia ser colhido nas urnas, no momento em que o candidato fosse eleito ou buscasse a sua reeleição. Afirmou-se que, de fato, ao ser eleito, a relação de fidelidade partidária escaparia ao domínio completo do candidato, pois passaria a ser comungada em maior ou menor extensão por seus eleitores. Concluiu-se que presumir que a justa causa permitiria a manutenção do mandato não implicaria dizer, entretanto, que a Constituição autorizaria a transferência da vaga ao novo partido, pois, como a troca de partidos não é submetida ao crivo do eleitor, o novo vínculo de fidelidade partidária não receberia legitimidade democrática inequívoca para sua perpetuação e, assim, não haveria a transferência da vaga à nova sigla. Outro **precedente citado: ADI 3999/DF (DJE de 17.4.2009). MS 27938/DF, rel. Min. Joaquim Barbosa, 11.3.2010. (MS-27938). (Inform. STF 578)**

ART. 3º, I, DA EC 58/2009: RECOMPOSIÇÃO DAS CÂMARAS MUNICIPAIS E DEVIDO PROCESSO ELEITORAL – 1

O Tribunal, por maioria, referendou liminar concedida, em ação direta de inconstitucionalidade ajuizada pelo Procurador-Geral da República, pela Min. Cármen Lúcia, relatora, que suspendera os efeitos do inciso I do art. 3º da EC 58/2009 o qual alterou o inciso IV do *caput* do art. 29 e do art. 29-A da CF, disposições relativas à recomposição das Câmaras Municipais, determinando a retroação dos efeitos das alterações procedidas e fixando a sua aplicação ao processo eleitoral, já aperfeiçoado, de 2008. Considerou-se configurada a plausibilidade da tese de inconstitucionalidade da retroação de efeitos das novas regras de composição das Câmaras Municipais, por afronta, sobretudo, ao devido processo eleitoral (CF, artigos 5º, LIV, 14 e 16) e à segurança jurídica, bem como presentes riscos inegáveis à legitimidade das composições dessas Câmaras. Asseverou-se que a eleição é processo político aperfeiçoado, de acordo com as normas jurídicas vigentes em sua preparação e realização, e que as eleições de 2008 constituiriam processo político juridicamente perfeito, guardando inteira coerência com a garantia de segurança jurídica que resguarda o ato jurídico perfeito, de modo expresso e imodificável até mesmo pela atuação do constituinte reformador (CF, artigos 5º, XXXVI, 60, § 4º, IV). Salientou-se que os eleitos, diplomados e empossados vereadores, no número definido pela legislação eleitoral vigente segundo a previsão do art. 16 da CF ("*A lei que alterar o processo eleitoral entrará em vigor na data de sua publicação, não se aplicando à eleição que ocorra até um ano da data de sua vigência.*"), compõem os órgãos legislativos municipais e estão em pleno exercício de suas atribuições. Aduziu-se que a modificação do número de cargos em disputa para vereadores teria notória repercussão no sistema de representação proporcional (Código Eleitoral, artigos 106, 107 e 109), atingindo candidatos naquele pleito de 2008, os eleitos, partidos políticos e, principalmente, causando instabilidade nos eleitores, que foram às urnas, acreditaram no Estado que, pela Justiça Eleitoral, proclamou os eleitos, promoveu a sua diplomação e validou a posse, ficando eles sem saber ao certo o destino do seu voto e sem ter ciência de quem se elegeu e de quem não se elegeu. **ADI 4307 Referendo-MC/DF, rel. Min. Cármen Lúcia, 11.11.2009.** (ADI-4307)

ART. 3º, I, DA EC 58/2009: RECOMPOSIÇÃO DAS CÂMARAS MUNICIPAIS E DEVIDO PROCESSO ELEITORAL – 2

Ressaltou-se, ademais, que, se se permitisse que alguém pudesse ser empossado vereador, ainda que não eleito conforme as regras vigentes no processo eleitoral, por cargo surgido posteriormente à eleição, poder-se-ia chegar a duas incongruências da nova regra jurídica com os princípios básicos da Constituição: a) não eleitos passariam a prover cargos de representantes do povo, em transgressão ao que dispõe o parágrafo único do art. 1º da CF; b) o constituinte reformador teria alterado, tacitamente, o modelo de composição e duração dos mandatos, pois a regra do inciso I do art. 29 da CF estabelece que a eleição do Prefeito, do Vice-Prefeito e dos Vereadores, é para mandato de quatro anos, mediante pleito direto. Vencido o Min. Eros que não referendava a liminar, por não vislumbrar as alegadas violações aos citados dispositivos constitucionais. **Precedentes citados: ADI 4232 MC/DF (DJE de 22.5.2009); ADI 2849 MC/RN (DJU de 3.4.2003); ADI 1899 MC/DF (DJU de 1º.6.2001): ADI 4190 MC/DF (DJU de 6.1.2001); ADPF 172 Referendo-MC/RJ (DJE de 21.8.2009); ADI 830/DF (DJU de 16.9.94); ADI 939/DF (DJU de 18.3.94); ADI 1805 MC/DF (DJU de 14.11.2003); ADI 2024 MC/DF (DJU de 1º.12.2000); ADI 3105/DF (DJU de 18.2.2005); ADI 2395/DF (DJE de 23.5.2008); MI 233/ DF (DJU de 8.2.2001). ADI 4307 Referendo-MC/DF, rel. Min. Cármen Lúcia, 11.11.2009.** (ADI-4307) (Inform. STF 567)

PROPOSTA DE SÚMULA VINCULANTE: DISSOLUÇÃO DA SOCIEDADE OU DO VÍNCULO CONJUGAL E INELEGIBILIDADE

O Tribunal, por maioria, acolheu a proposta de edição da Súmula Vinculante 36 com o seguinte teor: "*A dissolução da sociedade ou do vínculo conjugal, no curso do mandato, não afasta a inelegibilidade prevista no § 7º do artigo 14 da Constituição Federal.*". Vencido o Min. Marco Aurélio que não a acolhia. **PSV 36/DF, 29.10.2009.** (PSV-36) (Inform. STF 565)

GOVERNADOR E VICE-GOVERNADOR: DUPLA VACÂNCIA E ELEIÇÃO INDIRETA PELA ASSEMBLÉIA LEGISLATIVA – 1

Por não encontrar razoabilidade jurídica à pretensão, o Tribunal, por maioria, indeferiu pedido de medida cautelar formulado em duas ações diretas ajuizadas pelo Partido da Social Democracia Brasileira – PSDB em que pleiteada, respectivamente, a declaração de inconstitucionalidade da Lei 2.143/2009, do Estado do Tocantins, que "*dispõe sobre a eleição, pela Assembléia Legislativa, para Governador e Vice-Governador do Estado do Tocantins, na forma* prevista no *§ 5º do art. 39 da Constituição Estadual*", e contra a Lei 2.154/2009, também do referido Estado-membro, com idêntica ementa. Argúi o autor, em síntese, a inconstitucionalidade formal e material das normas por ofensa aos artigos 1º, 2º, 16, 17, § 1º, 37, *caput*, 61, *caput*, e 81, § 1º, da CF. Preliminarmente, o Tribunal, tendo em conta a urgência manifesta no caso e a revogação da Lei 2.143/2009 pela 2.154/2009, e diante do fato de que, antes da manifestação de qualquer dos interessados jurídicos na causa, o autor apresentou emenda à inicial, passando agora a atacar a nova lei, admitiu a petição de emenda à inicial, a fim de apreciar como tal a ação perante a nova lei. **ADI 4298 MC/TO, rel. Min. Cezar Peluso, 7.10.2009. (ADI-4298). ADI 4309 MC/TO, rel. Min. Cezar Peluso, 7.10.2009.** (ADI-4309)

GOVERNADOR E VICE-GOVERNADOR: DUPLA VACÂNCIA E ELEIÇÃO INDIRETA PELA ASSEMBLÉIA LEGISLATIVA – 2

Prevaleceu o voto do Min. Cezar Peluso, relator, que registrou, inicialmente, que, apesar de haver precedente da Corte em hipótese análoga (ADI 1057 MC/BA DJU de 6.4.2001), os fundamentos ali expostos deveriam ser relembrados, se não revistos, diante da nova composição da Corte e da exigência de motivação controlável e legítima. Relativamente à questão da necessidade de observância, por parte dos Estados-membros, ante o princípio da simetria, da norma prevista no art. 81, § 1º, da CF, concluiu pelo caráter de não-compulsoriedade do modelo federal. Asseverou não ser lícito, senão contrário à concepção federativa, jungir os Estados-membros, sob o título vinculante da regra da simetria, a normas ou princípios da Constituição Federal cuja inaplicabilidade ou inobservância local não implique contradições teóricas incompatíveis com a coerência sistemática do ordenamento jurídico, com graves dificuldades práticas de qualquer ordem, nem com outra capaz de perturbar o equilíbrio dos poderes ou a unidade nacional. Assim, a regra da simetria não poderia ser produto de uma decisão arbitrária ou imotivada do intérprete. Aduziu que, diante do princípio democrático do exercício do sufrágio universal pelo voto direto e secreto, com igual valor para todos, nos termos do art. 14, *caput*, da CF, a absoluta excepcionalidade da regra constitucional, estatuída no art. 81, § 1º, demandaria, por sua natureza singular, interpretação estritíssima. Afirmou que o art. 39, § 5º, da Constituição do Estado do Tocantins ("*Art. 39... § 5º. Ocorrendo a vacância nos dois últimos anos do período governamental, a eleição para ambos os cargos será feita trinta dias depois da última vaga, pela Assembléia Legislativa, na forma da Lei.*") reproduziu a provisão da Constituição Federal não por suposta necessidade de reprodução obrigatória, e sim por força de livre decisão jurídico-política do constituinte estadual no exercício da autonomia que lhe é assegurada pela Constituição da República. **ADI 4298 MC/TO, rel. Min. Cezar Peluso, 7.10.2009. (ADI-4298). ADI 4309 MC/TO, rel. Min. Cezar Peluso, 7.10.2009.** (ADI-4309)

GOVERNADOR E VICE-GOVERNADOR: DUPLA VACÂNCIA E ELEIÇÃO INDIRETA PELA ASSEMBLÉIA LEGISLATIVA – 3

No que se refere, do ponto de vista da sua gênese, à natureza da lei que predica a Constituição Federal no art. 81, § 1º, bem como a de lei estadual que regulamente previsão idêntica da Constituição estadual, o relator salientou ser indiscutível a competência *ratione materiae* privativa da União para legislar sobre direito eleitoral (CF, art. 22, I), mas considerou que, quando o constituinte estadual reproduz a regra de eleição indireta pelos representantes do Poder Legislativo, na forma da lei, a lei exigida seria de competência do Estado, por não possuir caráter jurídico-eleitoral. Explicou não se ter, nesse caso, uma lei materialmente eleitoral, haja vista que ela simplesmente regula a sucessão do Chefe do Poder Executivo, sucessão esta extravagante. Reportou-se à orientação firmada na ADI 2709/SE (DJE de 16.5.2008), no sentido da constitucionalidade de norma constitucional estadual que disciplina o processo de escolha de governantes em caso de dupla vacância. Aduziu que, embora não deixem de revelar certa conotação eleitoral, porque dispõem sobre o procedimento de aquisição eletiva do poder político, não haveria como reconhecer ou atribuir características de direito eleitoral *stricto sensu* às normas que regem a eleição indireta no caso de dupla vacância no último biênio do mandato. Em última instância, essas leis teriam por objeto matéria político-administrativa que demandaria típica decisão do poder geral de autogoverno, inerente à autonomia política dos entes federados. Em suma, a reserva de lei constante do art. 81, § 1º, da CF, nítida e especialíssima exceção ao cânone do exercício direto do sufrágio, diria respeito somente ao regime de dupla vacância dos cargos de Presidente e Vice-Presidente da República, e, como tal, da óbvia competência da União. Por sua vez, considerados o desenho federativo e a inaplicabilidade do princípio da simetria ao caso, competiria aos Estados-membros a definição e a regulamentação das normas de substituição de Governador e Vice-Governador. De modo que, quando, como na espécie, tivesse o constituinte estadual reproduzido o preceito constitucional federal, a reserva de lei não poderia deixar de se referir à competência do próprio ente federado. No mais, predefinido seu caráter não-eleitoral, não haveria se falar em ofensa ao princípio da anterioridade da lei eleitoral (CF, art. 16). **ADI 4298 MC/TO, rel. Min. Cezar Peluso, 7.10.2009. (ADI-4298). ADI 4309 MC/TO, rel. Min. Cezar Peluso, 7.10.2009.** (ADI-4309)

GOVERNADOR E VICE-GOVERNADOR: DUPLA VACÂNCIA E ELEIÇÃO INDIRETA PELA ASSEMBLÉIA LEGISLATIVA – 4

O Min. Cezar Peluso acrescentou que tais conclusões, entretanto, não esgotariam o campo das limitações constitucionais por observar na hipótese, visto que a Constituição Federal hospedaria normas textuais que, relativas aos direitos políticos ativos e passivos, seriam de incidência imediata e inexorável, como as condições de elegibilidade e as causas de inelegibilidade, prescritas no art. 14. Tratar-se-ia de normas eleitorais *stricto sensu*, de observância compulsória. Tendo isso conta, entendeu, em seguida, que a Lei estadual 2.154/2009, em princípio, não apresentaria vício de inconstitucionalidade. Não o apresentaria do ponto de vista de iniciativa, por não haver, a respeito, reserva constitucional nem legal conferida ao Poder Legislativo. Observou, ademais, não constar alegação ou prova de alguma irregularidade formal no curso do devido processo legislativo, sendo irrelevantes, no quadro da ação de inconstitucionalidade, as demais considerações factuais e puramente político-partidárias, desenvolvidas na petição inicial. Ressaltou, também, que, a despeito de ter, a rigor, sua pertinência adstrita aos termos da lei revogada, a qual atribuía aos deputados o poder de inscrição de chapas de candidatos, coisa que já não prevê a lei atual, nem colheria o argumento da indispensável participação partidária, porque no caso em que não estivesse prevista — como está na resolução regulamentar — a inscrição pelos partidos, incidiria diretamente a regra constitucional à falta de norma regulamentar. Reputou, ainda, prejudicada a alegação de inconstitucionalidade, pela impugnação original, quanto à inserção das palavras "secreta" e "até" nos artigos 1º e 3º da Lei 2.143/2009 (*"Art. 1º Vagos os cargos de Governador e Vice-Governador do Estado do Tocantins, nos dois últimos anos de mandato, a eleição para preenchimento dos cargos é feita pelo sufrágio dos Deputados integrantes da Assembléia Legislativa em sessão pública e por meio de votação nominal e secreta... Art. 3º A eleição deve ocorrer até 30 dias depois da última vaga, em sessão extraordinária, marcada para tal fim."*), já que a lei superveniente não as teria mantido no texto. **ADI 4298 MC/TO, rel. Min. Cezar Peluso, 7.10.2009. (ADI-4298). ADI 4309 MC/TO, rel. Min. Cezar Peluso, 7.10.2009.** (ADI-4309)

GOVERNADOR E VICE-GOVERNADOR: DUPLA VACÂNCIA E ELEIÇÃO INDIRETA PELA ASSEMBLÉIA LEGISLATIVA – 5

No que respeita à questão de saber se a votação, na eleição indireta, deveria ser aberta ou fechada, mencionando que a lei vigente teria adotado a aberta, apontou o relator orientação jurisprudencial que declarara a constitucionalidade do preceito de votação aberta. Frisou, entretanto, que a questão não se resolveria de todo no plano dos aspectos práticos da opção legislativa aqui adotada, qual seja, o voto aberto, por haver, sob tal perspectiva, bons argumentos em favor de ambas as soluções teóricas. Esclareceu que, se a votação secreta subtrai ao eleitor, na condição de representado, a possibilidade de controlar as escolhas dos representantes, facilita-o a votação aberta, sobretudo quando haja suspeita ou risco de acordos obscuros de bastidores. Assinalou que o princípio da publicidade, que é a regra das deliberações parlamentares, também concorre para a idéia de superioridade da votação aberta, sobretudo quando associada ao fato de que o cunho secreto do voto é expediente primacial de tutela do cidadão como eleitor, não de seu representante, cujo dever básico está em dar-lhe conta pública das suas posições no exercício da atividade parlamentar. No entanto, considerou cumprir não subestimar que o voto secreto compõe também o legado de nosso histórico constitucional. Entendeu, porém, que, por guardar a coerência imprescindível à segurança jurídica e à autoridade mesma das decisões da Corte, a solução curial seria a conseqüência retilínea do juízo de inaplicabilidade da regra da simetria e da reafirmação da autonomia política dos Estados-membros na matéria, tocando, ao legislador ordinário estadual, a definição da modalidade da votação. Vencido o Min. Joaquim Barbosa, que deferia a cautelar em parte, por vislumbrar plausibilidade na argüição de inconstitucionalidade dos artigos 1º e 3º da Lei 2.154/2009. Julgou-se extinta, sem julgamento de mérito, em face da litispendência, a segunda ação direta ajuizada (CPC, art. 267, V). **Outros precedentes citados: ADI 3549/GO (DJE de 31.10.2007); ADI 687/PA (DJU de 10.2.2006); MS 26900 MC/DF (DJE de 4.4.2008). ADI 4298 MC/TO, rel. Min. Cezar Peluso, 7.10.2009. (ADI-4298). ADI 4309 MC/TO, rel. Min. Cezar Peluso, 7.10.2009.** (ADI-4309) (Inform. STF 562)

PROMOTOR: EXERCÍCIO DE ATIVIDADE POLÍTICO-PARTIDÁRIA E REELEIÇÃO APÓS A EC 45/2004 – 1

O Tribunal, por maioria, deu provimento a recurso extraordinário interposto contra acórdão do Tribunal Superior Eleitoral – TSE que, dando provimento a recursos especiais eleitorais, indeferira o registro da candidatura da ora recorrente ao cargo de Prefeita, ao fundamento de ser ela inelegível, em razão de pertencer a Ministério Público estadual, estando dele licenciada, mas não afastada definitivamente. Alegava a recorrente ofensa aos artigos 5º, XXXVI, 14, § 5º, e 128, § 5º, II, **e**, da CF. Sustentava, em síntese, que os membros do Ministério Público que ingressaram na carreira após 1988 e que já estavam no exercício de mandato eletivo quando do advento da EC 45/2004 possuiriam direito adquirido à reeleição, e que referida emenda, ao estabelecer limitações à atividade político-partidária de membros do Ministério Público, não poderia comprometer esse direito adquirido. Na espécie, a ora recorrente ingressara na carreira do Ministério Público em 14.8.90. Tendo se licenciado do cargo para concorrer às eleições de 2004, exercera o mandato de Prefeita no período de 2005 a 2008. Em 2008, concorrera à reeleição ao cargo, ainda vinculada ao Ministério Público, saindo-se vencedora. O registro da candidatura fora deferido perante o juízo eleitoral e mantido pelo Tribunal Regional Eleitoral – TRE, tendo o TSE cassado essas decisões. **RE 597994/PA, rel. orig. Min. Ellen Gracie, rel. p/ o acórdão Min. Eros Grau, 4.6.2009.** (RE-597994)

PROMOTOR: EXERCÍCIO DE ATIVIDADE POLÍTICO-PARTIDÁRIA E REELEIÇÃO APÓS A EC 45/2004 – 2

Preliminarmente, por votação majoritária, reconheceu-se a repercussão geral da matéria debatida. Asseverou-se haver uma questão constitucional evidente, já que tudo teria sido decidido com base em normas constitucionais, que repercutiria para além dos direitos subjetivos questionados. Considerou-se que não só poderia haver repetição em outros casos, como que, na situação dos autos, cuidar-se-ia, também, do direito de eleitores que exerceram seu direito/dever de votar, acreditando no sistema então vigente. Vencidos, no ponto, a Min. Ellen Gracie, relatora, e os Ministros Ricardo Lewandowski, Joaquim Barbosa e Cezar Peluso, que não vislumbravam a existência dessa repercussão geral e, salientando tratar-se de hipótese excepcionalíssima e irreproduzível, reputavam que a análise do direito adquirido questionado estaria limitada pelo aspecto temporal, não sendo aplicável a eleições posteriores à citada emenda constitucional. Quanto ao mérito, entendeu-se estar-se diante de uma situação especial, ante a ausência de regras de transição para disciplinar a situação fática em questão, não abrangida pelo novo regime jurídico instituído pela EC 45/2004. Tendo em conta que a recorrente estava licenciada, filiada a partido político, já tendo sido eleita para exercer o cargo de Prefeita na data da publicação dessa emenda, concluiu-se que ela teria direito, não adquirido, mas atual à recandidatura, nos termos do § 5º do art. 14 da CF (*"O Presidente da República, os Governadores de Estado e do Distrito Federal, os Prefeitos e quem os houver sucedido, ou substituído no curso dos mandatos poderão ser reeleitos para um único período subseqüente."*). Vencidos, no mérito, a Min. Ellen Gracie, relatora, e os Ministros Joaquim Barbosa, Cezar Peluso e Celso de Mello, que negavam provimento ao recurso. Ressaltaram que, antes da EC 45/2004, admitia-se que, licenciado, o membro do *parquet* podia se filiar e concorrer, mas que, após tal emenda, em face da absoluta proibição da atividade político-partidária por membros do Ministério Público, prevista no art. 128, § 5º, II, **e**, da CF, de aplicação imediata e linear, se desejasse exercer atividade político-partidária, deveria exonerar-se ou aposentar-se, não havendo se falar em direito adquirido ao regime anterior à emenda, para beneficiar a recorrente, nem em direito dela ou do eleitorado assegurado pela norma viabilizadora da reeleição. Aduziram que, a cada eleição, para requerer o registro de sua candidatura, o postulante a cargo eletivo deveria demonstrar a satisfação das condições de elegibilidade, o que não se dera no caso. **RE 597994/PA, rel. orig. Min. Ellen Gracie, rel. p/ o acórdão Min. Eros Grau, 4.6.2009.** (RE-597994) (Inform. STF 549)

EMENTA: AÇÃO DIRETA DE INCONSTITUCIONALIDADE. RESOLUÇÕES DO TRIBUNAL SUPERIOR ELEITORAL 22.610/2007 e 22.733/2008. DISCIPLINA DOS PROCEDIMENTOS DE JUSTIFICAÇÃO DA DESFILIAÇÃO PARTIDÁRIA E DA PERDA DO CARGO ELETIVO. FIDELIDADE PARTIDÁRIA. 1. Ação direta de inconstitucionalidade ajuizada contra as Resoluções 22.610/2007 e 22.733/2008, que disciplinam a perda do cargo eletivo e o processo de justificação da desfiliação partidária. 2. Síntese das violações constitucionais argüidas. Alegada contrariedade do art. 2º da Resolução ao art. 121 da Constituição, que ao atribuir a competência para examinar os pedidos de perda de cargo eletivo por infidelidade partidária ao TSE e aos Tribunais Regionais Eleitorais, teria contrariado a reserva de lei complementar para definição das competências de Tribunais, Juízes e Juntas Eleitorais (art. 121 da Constituição). Suposta usurpação de competência do Legislativo e do Executivo para dispor sobre matéria eleitoral (arts. 22, I, 48 e 84, IV da Constituição), em virtude de o art. 1º da Resolução disciplinar de maneira inovadora a perda do cargo eletivo. Por estabelecer normas de caráter processual, como a forma da petição inicial e das provas (art. 3º), o prazo para a resposta e as conseqüências da revelia (art. 3º, caput e par. ún.), os requisitos e direitos da defesa (art. 5º), o julgamento antecipado da lide (art. 6º), a disciplina e o ônus da prova (art. 7º, caput e par. ún., art. 8º), a Resolução também teria violado a reserva prevista nos arts. 22, I, 48 e 84, IV da Constituição. Ainda segundo os requerentes, o texto impugnado discrepa da orientação firmada pelo Supremo Tribunal Federal nos precedentes que inspiraram a Resolução, no que se refere à atribuição ao Ministério Público eleitoral e ao terceiro interessado para, ante a omissão do Partido Político, postular a perda do cargo eletivo (art. 1º, § 2º). Para eles, a criação de nova atribuição ao MP por resolução dissocia-se da necessária reserva de lei em sentido estrito (arts. 128, § 5º e 129, IX da Constituição). Por outro lado, o suplente não estaria autorizado a postular, em nome próprio, a aplicação da sanção que assegura a fidelidade partidária, uma vez que o mandato "pertenceria" ao Partido.) Por fim, dizem os requerentes que o ato impugnado invadiu competência legislativa, violando o princípio da separação dos poderes (arts. 2º, 60, §4º, III da Constituição). 3. O Supremo Tribunal Federal, por ocasião do julgamento dos Mandados de Segurança 26.602, 26.603 e 26.604 reconheceu a existência do dever constitucional de observância do princípio da fidelidade partidária. Ressalva do entendimento então manifestado pelo ministro-relator. 4. Não faria sentido a Corte reconhecer a existência de um direito constitucional sem prever um instrumento para assegurá-lo. 5. As resoluções impugnadas surgem em contexto excepcional e transitório, tão-somente como mecanismos para salvaguardar a observância da fidelidade partidária enquanto o Poder Legislativo, órgão legitimado para resolver as tensões típicas da matéria, não se pronunciar. 6. São constitucionais as Resoluções 22.610/2007 e 22.733/2008 do Tribunal Superior Eleitoral. Ação direta de inconstitucionalidade conhecida, mas julgada improcedente. **ADI N . 3.999-DF. RELATOR: MIN. JOAQUIM BARBOSA.** (Inform. STF 542)

RESOLUÇÕES DO TSE: INFIDELIDADE PARTIDÁRIA E PERDA DO CARGO ELETIVO

O Tribunal, por maioria, julgou improcedente pedido formulado em duas ações diretas de inconstitucionalidade, a primeira ajuizada contra a Resolução 22.610/2007, pelo Partido Social Cristão – PSC, e a segunda, também contra a Resolução 22.733/2008, pelo Procurador-Geral da República, ambas do Tribunal Superior Eleitoral – TSE, as quais disciplinam o processo de perda de cargo eletivo em decorrência de desfiliação partidária sem justa causa, bem como de justificação de desfiliação partidária. Preliminarmente, o Tribunal, por maioria, conheceu das ações. Vencido, no ponto, o Min. Marco Aurélio que delas não conhecia por reputar não se estar diante de atos normativos abstratos e autônomos. No mérito, julgaram-se válidas as resoluções impugnadas até que o Congresso Nacional disponha sobre a matéria. Considerou-se a orientação fixada pelo Supremo no julgamento dos mandados de segurança 26602/DF (DJE de 17.10.2008), 26603/DF (j. em 4.10.2007) e 26604/DF (DJE de 3.10.2008), no sentido de reconhecer aos partidos políticos o direito de postular o respeito ao princípio da fidelidade partidária perante o Judiciário, e de, a fim de conferir-lhes um meio processual para assegurar concretamente as conseqüências decorrentes de eventual desrespeito ao referido princípio, declarar a competência do TSE para dispor sobre a matéria durante o silêncio do Legislativo. Asseverou-se que de pouco adiantaria a Corte admitir a existência de um dever, qual seja, a fidelidade partidária, mas não colocar à disposição um mecanismo ou um instrumental legal para garantir sua observância. Salientando que a ausência do mecanismo leva a quadro de exceção, interpretou-se a adequação das resoluções atacadas ao art. 23, IX, do Código Eleitoral, este interpretado conforme a CF. Concluiu-se que a atividade normativa do TSE recebeu seu amparo da extraordinária circunstância de o Supremo ter reconhecido a fidelidade partidária como requisito para permanência em cargo eletivo e a ausência expressa de mecanismo destinado a assegurá-lo. Vencidos os Ministros Marco Aurélio e Eros Grau, que julgavam procedente o pleito, ao fundamento de que as citadas resoluções seriam inconstitucionais, haja vista não caber ao TSE dispor normas senão tendo em vista a execução do Código Eleitoral e da legislação eleitoral, que não trataram da perda de cargo eletivo em razão de infidelidade partidária, e, ainda, porque avançam sobre áreas normativas expressamente atribuídas, pela Constituição, à lei. **ADI 3999/DF, rel. Min. Joaquim Barbosa, 12.11.2008. (ADI-3999) ADI 4086/DF, rel. Min. Joaquim Barbosa, 12.11.2008.** (ADI-4086) (Inform. STF 528)

DISSOLUÇÃO DO CASAMENTO NO CURSO DE MANDATO E INELEGIBILIDADE DE EX-CÔNJUGE

A dissolução da sociedade conjugal, durante o exercício do mandato, não afasta a regra da inelegibilidade, prevista no art. 14, § 7º, da CF ("*São inelegíveis, no território de jurisdição do titular, o cônjuge e os parentes consangüíneos ou afins, até o segundo grau ou por adoção, do Presidente da República, de Governador de Estado ou Território, do Distrito Federal, de Prefeito ou de quem os haja substituído dentro dos seis meses anteriores ao pleito, salvo se já titular de mandato eletivo e candidato à reeleição.*"). Com base nesse entendimento, o Tribunal, por maioria, desproveu recurso extraordinário interposto contra acórdão do TSE e cassou liminar, que suspendera os efeitos do recurso extraordinário, deferida em favor de ex-cônjuge de prefeito (eleito no período de 1997 a 2000, e reeleito no período de 2001 a 2004), que fora eleita vereadora, em 2004, para o período de 2005 a 2008. Na espécie, a separação de fato da vereadora, ora recorrida, ocorrera em 2000, a judicial em 2001, tendo o divórcio se dado em 2003, antes do registro de sua candidatura. Asseverou-se, na linha de precedentes da Corte, que o vínculo de parentesco persiste para fins de inelegibilidade até o fim do mandato, inviabilizando a candidatura do ex-cônjuge ao pleito subseqüente, na mesma circunscrição, a não ser que o titular se afaste do cargo seis meses antes da eleição. Aduziu-se que, apesar de o aludido dispositivo constitucional se referir à inelegibilidade de cônjuges, a restrição nele contida se estende aos ex-cônjuges, haja vista a própria teleologia do preceito, qual seja, a de impedir a eternização de determinada família ou clã no poder, e a habitualidade da prática de separações fraudulentas com o objetivo de contornar essa vedação. Citou-se, ainda, a resposta à consulta formulada ao TSE, da qual resultou a Resolução 21.775/2004, nesse sentido. Vencido o Min. Marco Aurélio, que, salientando que o parentesco civil é afastado com a dissolução do casamento, provia o recurso, por considerar que o vício na manifestação da vontade não se presume, devendo ser provado caso a caso, e que as normas que implicam cerceio à cidadania têm de receber interpretação estrita. Por fim, o Tribunal determinou o imediato cumprimento da presente decisão, ficando vencido, neste ponto, o Min. Marco Aurélio, que averbava a necessidade da tramitação natural do processo, aguardando-se a confecção do acórdão e a possível interposição de embargos declaratórios. **Precedentes citados: RE 433460/PR (DJU de 19.10.2006); RE 446999/PE (DJU de 9.9.2005). RE 568596/MG, rel. Min. Ricardo Lewandowski, 1º.10.2008.** (RE-568596) (Inform. STF 522)

VEREADOR. CASSAÇÃO. MANDATO. SUPLENTE. CONVOCAÇÃO.

A Turma reiterou o entendimento de que vulnera o art. 5º, VI, do DL n. 201/1967 a cassação de vereador sem os votos de, pelo menos, 2/3 dos componentes da Câmara Municipal, não dos membros remanescentes após a exclusão dos edis impedidos de participar da votação, pois descabe o cálculo da fração mínima tal como delineado no acórdão recorrido. Outrossim, impedido o vereador, convoca-se seu suplente para integrar a comissão processante para preencher o *quorum* dos dois terços, sem o que configura ilegalidade o afastamento definitivo. **Precedente citado: REsp 406.907-MG, DJ 1º/7/2002. REsp 784.945-MG, Rel. Min. Castro Meira, julgado em 23/9/2008.** (Inform. STJ 369)

SÚMULA VINCULANTE STF Nº 18

A dissolução da sociedade ou do vínculo conjugal, no curso do mandato, não afasta a inelegibilidade prevista no § 7º do artigo 14 da Constituição Federal.

SÚMULA VINCULANTE STF Nº 13

A nomeação de cônjuge, companheiro ou parente em linha reta, colateral ou por afinidade, até o terceiro grau, inclusive, da autoridade nomeante ou de servidor da mesma pessoa jurídica investido em cargo de direção, chefia ou assessoramento, para o exercício de cargo em comissão ou de confiança ou, ainda, de função gratificada na administração pública direta e indireta em qualquer dos Poderes da União, dos Estados, do Distrito Federal e dos Municípios, compreendido o ajuste mediante designações recíprocas, viola a Constituição Federal.

4. ORGANIZAÇÃO POLÍTICO-ADMINISTRATIVA

DESMEMBRAMENTO DE ESTADO E POPULAÇÃO DIRETAMENTE INTERESSADA - 1

A expressão "população diretamente interessada" constante do § 3º do art. 18 da CF ("Os Estados podem incorporar-se entre si, subdividir-se ou desmembrar-se para se anexarem a outros, ou formarem novos Estados ou Territórios Federais, mediante aprovação da população diretamente interessada, através de plebiscito, e do Congresso Nacional, por lei complementar") deve ser entendida como a população tanto da área desmembranda do Estado-membro como a da área remanescente. Essa a conclusão do Plenário ao julgar improcedente pedido formulado em ação direta de inconstitucionalidade, ajuizada pela Mesa da Assembléia Legislativa do Estado de Goiás, contra a primeira parte do art. 7º da Lei 9.709/98 (*"Nas consultas plebiscitárias previstas nos artigos 4º e 5º, entende-se por população diretamente interessada tanto a do território que se pretende desmembrar, quanto a do que sofrerá desmembramento; em caso de fusão ou anexação, tanto a população da área que se quer anexar quanto a da que receberá o acréscimo; e a vontade popular se aferirá pelo percentual que se manifestar em relação ao total da população consultada"*). Em preliminar, considerou-se configurado o requisito da pertinência temática, uma vez que o preceito impugnado vincula os procedimentos que devem ser adotados pelos Estados-membros nos casos de consultas plebiscitárias para criação, fusão ou desmembramento de suas áreas. Assinalou-se, também, que a requerente, ao juntar nova procuração aos autos, teria sanado o vício relativo à irregularidade de sua representação. Ademais, ressaltou-se que, embora a postulante tivesse se limitado a questionar o desmembramento de Estados, o pleito da presente ação direta deveria ser conhecido em sua integralidade, porquanto os fundamentos adotados para esta hipótese abarcariam o desmembramento de Municípios. ADI 2650/DF, rel. Min. Dias Toffoli, 24.8.2011. (ADI-2650)

DESMEMBRAMENTO DE ESTADO E POPULAÇÃO DIRETAMENTE INTERESSADA - 2

No mérito, afastou-se, de início, a alegada inconstitucionalidade formal consistente no fato de que somente emenda constitucional poderia tratar do § 3º do art. 18 da CF. Aduziu-se que a Lei 9.709/98 regulamenta o art. 14 da CF, o qual faz menção expressa à lei ordinária para o exercício da soberania popular direta. Assim, apontou-se que esse diploma legal restringira-se a explicitar o significado já contido no próprio texto constitucional. Rejeitou-se, de igual modo, a pretendida declaração de inconstitucionalidade material da norma adversada. Destacou-se nova orientação da Corte, segundo a qual ações diretas de inconstitucionalidade versantes sobre a não-edição da lei complementar federal referida no art. 18, § 4º, da CF têm sido julgadas prejudicadas quando as normas impugnadas atenderem aos requisitos da EC 57/2008. Em seguida, consignou-se que o significado do termo *"população diretamente interessada"* fora examinado, pelo STF, na vigência da CF/88, sob a óptica do art. 18, § 3º, que cuida da criação e do desmembramento de Municípios, mas não de Estados. No ponto, mencionou-se que a jurisprudência do Supremo afirmara a necessidade de consulta plebiscitária apenas aos eleitores domiciliados na área emancipanda do Município. ADI 2650/DF, rel. Min. Dias Toffoli, 24.8.2011. (ADI-2650)

DESMEMBRAMENTO DE ESTADO E POPULAÇÃO DIRETAMENTE INTERESSADA - 3

Salientou-se que, após mudança promovida pela EC 15/96, a Constituição explicitara o alcance da consulta para as situações de reformulação territorial de Municípios e da acepção da frase "populações diretamente interessadas", prevista na redação originária do § 4º do art. 18 da CF, no sentido de ser imprescindível a consulta de toda a população afetada pela modificação territorial, o que, no caso de desmembramento, deveria envolver tanto a população do território a ser desmembrado, quanto a do remanescente. Reputou-se que esse teria sido o real propósito da exigência constitucional, de forma que a nova redação conferida pela emenda, assim como o art. 7º da Lei 9.709/98, apenas teriam tornado claro conteúdo já presente na norma originária. Nesse panorama, apontou-se que o uso de termos distintos para as hipóteses de desmembramento de Estados e de Municípios não poderia implicar posicionamentos diversos, sob pena de se admitir maior facilidade para o desmembramento de um Estado do que para o de um Município. Dever-se-ia adotar interpretação sistemática da Constituição, para se extrair do termo "população diretamente interessada" o significado de que, na hipótese de desmembramento, caberia a consulta, mediante plebiscito, a toda população do Estado ou do Município, e não somente a da área a ser destacada, porquanto isso fortaleceria os princípios da soberania popular e da cidadania. Frisou-se que uma separação, com o desfalque de território e de parte da população, poderia acarretar, ainda, a cisão da unidade sócio-cultural, econômica e financeira do Estado, razão pela qual essa população seria diretamente interessada, ao contrário daquela dos demais Estados da Federação, uma vez que a redefinição territorial de um deles interessa a todo o Estado Federal. Inferiu-se que o preceito sob análise auxiliaria na concretização, com plenitude, do princípio da soberania popular, da cidadania e da autonomia dos Estados-membros e contribuiria para que o povo exercesse suas prerrogativas de cidadania e de autogoverno de maneira mais enfática. O Min. Marco Aurélio também julgou o pleito improcedente, mas deu interpretação conforme ao preceito para assentar que a consulta deveria levar em conta a população de todo o território brasileiro. ADI 2650/DF, rel. Min. Dias Toffoli, 24.8.2011. (ADI-2650) (Inform. STF 637)

INTERVENÇÃO FEDERAL NO DISTRITO FEDERAL E CRISE INSTITUCIONAL - 1

O Tribunal, por maioria, julgou improcedente pedido de intervenção federal no Distrito Federal, formulado pelo Procurador-Geral da República, por alegada violação aos princípios republicano e democrático, bem como ao sistema representativo (CF, art. 34, II, a). Na espécie, o pedido de intervenção federal teria como *causa petendi*, em suma, a alegação da existência de esquema de corrupção que envolveria o ex-Governador do DF, alguns Deputados Distritais e suplentes, investigados pelo STJ, e cujo concerto estaria promovendo a desmoralização das instituições públicas e comprometendo a higidez do Estado Federal. Tais fatos revelariam conspícua crise institucional hábil a colocar em risco as atribuições político-constitucionais dos Poderes Executivo e Legislativo e provocar instabilidade da ordem constitucional brasileira. Preliminarmente, a Corte, por maioria, rejeitou requerimento do Procurador-Geral da República no sentido de adiar o julgamento da causa para a primeira data do mês de agosto em que a Corte estivesse com sua composição plena. Ao salientar a ansiedade da população por uma resposta pronta da Corte quanto ao pedido de intervenção e a proximidade do início formal do período eleitoral, reputou-se estar-se diante de questão importante que demandaria decisão o mais célere possível. Vencidos, no ponto, os Ministros Marco Aurélio e Celso de Mello que deferiam o adiamento, por considerarem que a análise da matéria recomendaria a presença do quórum completo dos integrantes do Tribunal. IF 5179/DF, rel. Min. Cezar Peluso, 30.6.2010. (IF-5179)

INTERVENÇÃO FEDERAL NO DISTRITO FEDERAL E CRISE INSTITUCIONAL - 2

No mérito, entendeu-se que o perfil do momento político-administrativo do Distrito Federal já não autorizaria a decretação de intervenção federal, a qual se revelaria, agora, inadmissível perante a dissolução do quadro que se preordenaria a remediar. Asseverou-se que, desde a revelação dos fatos, os diversos Poderes e instituições públicas competentes teriam desencadeado, no desempenho de suas atribuições constitucionais, ações adequadas para por fim à crise decorrente de um esquema sorrateiro de corrupção no Distrito Federal. Observou-se, assim, que os fatos recentes não deixariam dúvida de que a metástase da corrupção anunciada na representação interventiva teria sido controlada por outros mecanismos institucionais, menos agressivos ao organismo distrital, revelando a desnecessidade de se recorrer, neste momento, ao antídoto extremo da intervenção, debaixo do pretexto de salvar o ente público. Vencido o Min. Ayres Britto que julgava o pedido procedente.IF 5179/DF, rel. Min. Cezar Peluso, 30.6.2010. (IF-5179) (Inform. STF 593)

ADI e Participação Popular na Escolha de Administradores das Regiões Administrativas do DF

O Tribunal, por maioria, julgou improcedente pedido formulado em ação direta de inconstitucionalidade ajuizada pelo Governador do Distrito Federal contra o § 1º do art. 10 da Lei Orgânica do Distrito Federal - LODF o qual determina que lei ordinária disporá sobre a participação popular no processo de escolha do administrador regional. Inicialmente, julgou-se prejudicado o pedido relativamente à Lei distrital 1.799/97, que regulamentava o § 1º do art. 10 da LODF, também impugnada, em virtude de sua ab-rogação pela Lei 2.861/2001. Quanto ao pedido residual, entendeu-se que o § 1º do art. 10 da LODF conteria mera previsão genérica de participação popular na escolha dos administradores regionais, de acordo com o que dispuser a lei. Aduziu-se não haver ofensa ao art. 32 da CF, haja vista que nenhuma das regiões administrativas do DF constituiria entidade estatal integrante da Federação, como entidade político-administrativa, dotada de autonomia política, administrativa e financeira, não passando a constituí-la pelo simples fato da previsão de participação popular na escolha dos administradores. Vencido o Min. Marco Aurélio, que declarava a inconstitucionalidade do § 1º do art. 10 da LODF. ADI 2588/DF, rel. Min. Cezar Peluso, 26.5.2010. (ADI-2588) (Inform. STF 588)

CRIAÇÃO DE ÍNDICE DE CORREÇÃO MONETÁRIA DE CRÉDITOS FISCAIS E COMPETÊNCIA LEGISLATIVA

O Tribunal, por maioria, julgou parcialmente procedente pedido formulado em ação direta ajuizada pelo Procurador-Geral da República para conferir interpretação conforme ao art. 113 da Lei 6.374/89, do Estado de São Paulo — que cria a Unidade Fiscal do Estado de São Paulo – UFESP como fator de atualização dos créditos tributários daquela unidade federativa —, de modo que o valor da UFESP não exceda o valor do índice de correção dos tributos federais. Considerou-se a jurisprudência da Corte no sentido de que, apesar de as unidades federadas não serem competentes para fixar índices de correção monetária de créditos fiscais em percentuais superiores aos fixados pela União para o mesmo fim, podem fixá-los em patamares inferiores (CF, art. 24, I). Vencido o Min. Marco Aurélio que julgava o pleito improcedente. **Precedentes citados: RE 183907/SP (DJU de 16.4.2004); RE 140189/SP (DJU de 27.9.86). ADI 442/SP, rel. Min. Eros Grau, 14.4.2010. (ADI-442).** (Inform. STF 582)

FORNECIMENTO DE MEDICAMENTOS E RESPONSABILIDADE SOLIDÁRIA DOS ENTES EM MATÉRIA DE SAÚDE – 1

O Tribunal negou provimento a agravo regimental interposto pela União contra a decisão da Presidência do STF que, por não vislumbrar grave lesão à ordem, à economia e à saúde públicas, indeferira pedido de suspensão de tutela antecipada formulado pela agravante contra acórdão proferido pela 1ª Turma do Tribunal Regional Federal da 5ª Região. Na espécie, o TRF da 5ª Região determinara à União, ao Estado do Ceará e ao Município de Fortaleza que fornecessem a jovem portadora da patologia denominada Niemann-Pick tipo C certo medicamento que possibilitaria aumento de sobrevida e melhora da qualidade de vida, mas o qual a família da jovem não possuiria condições para custear. Alegava a agravante que a decisão objeto do pedido de suspensão violaria o princípio da separação de poderes e as normas e os regulamentos do Sistema Único de Saúde – SUS, bem como desconsideraria a função exclusiva da Administração em definir políticas públicas, caracterizando-se, nestes casos, a indevida interferência do Poder Judiciário nas diretrizes de políticas públicas. Sustentava, ainda, sua ilegitimidade passiva e ofensa ao sistema de repartição de competências, como a inexistência de responsabilidade solidária entre os integrantes do SUS, ante a ausência de previsão normativa. Argumentava que só deveria figurar no pólo passivo da ação o ente responsável pela dispensação do medicamento pleiteado e que a determinação de desembolso de considerável quantia para aquisição de medicamento de alto custo pela União implicaria grave lesão às finanças e à saúde públicas. **STA 175 AgR/CE, rel. Min. Gilmar Mendes, 17.3.2010.** (STA-175).

FORNECIMENTO DE MEDICAMENTOS E RESPONSABILIDADE SOLIDÁRIA DOS ENTES EM MATÉRIA DE SAÚDE – 2

Entendeu-se que a agravante não teria trazido novos elementos capazes de determinar a reforma da decisão agravada. Asseverou-se que a agravante teria repisado a alegação genérica de violação ao princípio da separação dos poderes, o que já afastado pela decisão impugnada ao fundamento de ser possível, em casos como o presente, o Poder Judiciário vir a garantir o direito à saúde, por meio do fornecimento de medicamento ou de tratamento imprescindível para o aumento de sobrevida e a melhoria da qualidade de vida da paciente. No ponto, registrou-se que a decisão impugnada teria informado a existência de provas suficientes quanto ao estado de saúde da paciente e a necessidade do medicamento indicado. Relativamente à possibilidade de intervenção do Poder Judiciário, reportou-se à decisão proferida na ADPF 45 MC/DF (DJU de 29.4.2004), acerca da legitimidade constitucional do controle e da intervenção do Poder Judiciário em tema de implementação de políticas públicas, quando configurada hipótese de injustificável inércia estatal ou de abusividade governamental. No que se refere à assertiva de que a decisão objeto desta suspensão invadiria competência administrativa da União e provocaria desordem em sua esfera, ao impor-lhe deveres que seriam do Estado e do Município, considerou-se que a decisão agravada teria deixado claro existirem casos na jurisprudência da Corte que afirmariam a responsabilidade solidária dos entes federados em matéria de saúde (RE 195192/RS, DJU de 31.3.2000 e RE 255627/RS, DJU de 23.2.2000). Salientou-se, ainda, que, quanto ao desenvolvimento prático desse tipo de responsabilidade solidária, deveria ser construído um modelo de cooperação e de coordenação de ações conjuntas por parte dos entes federativos. No ponto, observou-se que também será possível apreciar o tema da responsabilidade solidária no RE 566471/RN (DJE de 7.12.2007), que teve reconhecida a repercussão geral e no qual se discute a obrigatoriedade de o Poder Público fornecer medicamento de alto custo. Ademais, registrou-se estar em trâmite na Corte a Proposta de Súmula Vinculante 4, que propõe tornar vinculante o entendimento jurisprudencial a respeito da responsabilidade solidária dos entes da Federação no atendimento das ações de saúde. Ressaltou-se que, apesar da responsabilidade dos entes da Federação em matéria de direito à saúde suscitar questões delicadas, a decisão impugnada pelo pedido de suspensão, ao determinar a responsabilidade da União no fornecimento do tratamento pretendido, estaria seguindo as normas constitucionais que fixaram a competência comum (CF, art. 23, II), a Lei federal 8.080/90 (art. 7º, XI) e a jurisprudência do Supremo. Concluiu-se, assim, que a determinação para que a União pagasse as despesas do tratamento não configuraria grave lesão à ordem pública. Asseverou-se que a correção, ou não, desse posicionamento, não seria passível de ampla cognição nos estritos limites do juízo de contracautela. **STA 175 AgR/CE, rel. Min. Gilmar Mendes, 17.3.2010.** (STA-175).

FORNECIMENTO DE MEDICAMENTOS E RESPONSABILIDADE SOLIDÁRIA DOS ENTES EM MATÉRIA DE SAÚDE – 3

De igual modo, reputou-se que as alegações concernentes à ilegitimidade passiva da União, à violação de repartição de competências, à necessidade de figurar como réu na ação principal somente o ente responsável pela dispensação do medicamento pleiteado e à desconsideração da lei do SUS não seriam passíveis de ampla delibação no juízo do pedido de suspensão, por constituírem o mérito da ação, a ser debatido de forma exaustiva no exame do recurso cabível contra o provimento jurisdicional que ensejara a tutela antecipada. Aduziu, ademais, que, ante a natureza excepcional do pedido de contracautela, a sua eventual concessão no presente momento teria caráter nitidamente satisfativo, com efeitos deletérios à subsistência e ao regular desenvolvimento da saúde da paciente, a ensejar a ocorrência de possível dano inverso, tendo o pedido formulado, neste ponto, nítida natureza de recurso, o que contrário ao entendimento fixado pela Corte no sentido de ser inviável o pedido de suspensão como sucedâneo recursal. Afastaram-se, da mesma forma, os argumentos de grave lesão à economia e à saúde públicas, haja vista que a decisão agravada teria consignado, de forma expressa, que o alto custo de um tratamento ou de um medicamento que tem registro na ANVISA não seria suficiente para impedir o seu fornecimento pelo poder público. Por fim, julgou-se improcedente a alegação de temor de que esta decisão constituiria precedente negativo ao poder público, com a possibilidade de resultar no denominado efeito multiplicador, em razão de a análise de decisões dessa natureza dever ser feita caso a caso, tendo em conta todos os elementos normativos e fáticos da questão jurídica debatida. **STA 175 AgR/CE, rel. Min. Gilmar Mendes, 17.3.2010.** (STA-175). (Inform. STF 579)

EMENTA: AÇÃO DIRETA DE INCONSTITUCIONALIDADE. LEI 6.255/1999 DO ESTADO DO PARÁ. CRIAÇÃO DO MUNICÍPIO DE MARITUBA. CORREÇÃO MATERIAL DA NORMA. LIMITES DEFINIDOS EM LEI ANTERIOR, ELABORADA SEGUNDO AS NORMAS ENTÃO VIGENTES. AUSÊNCIA DE INCONSTITUCIONALIDADE. AÇÃO JULGADA IMPROCEDENTE.

A Lei estadual paraense 6.255/1999 deu nova redação à lei estadual 5.857/1994. Esta última efetivamente criou o município de Marituba, após consulta às populações interessadas. A lei estadual 6.255/1999 apenas corrigiu um erro material da lei anterior, acrescentando a expressão "e Ananindeua" aos seus artigos 1º e 9º. Os artigos que fixam os limites territoriais de Marituba não sofreram qualquer alteração, de modo que não houve criação, desmembramento ou fusão de municípios implementada pela lei 6.255/1999. Ação direta julgada improcedente. **ADI N. 3.107-PA. RELATOR: MIN. JOAQUIM BARBOSA.** (Inform. STF 546)

CRIAÇÃO DE MUNICÍPIO: LEI POSTERIOR E CORREÇÃO DE ERRO MATERIAL

O Tribunal julgou improcedente pedido formulado em ação direta ajuizada pelo Procurador-Geral da República em que objetivava a declaração de inconstitucionalidade da Lei 6.255/99, do Estado do Pará, ao argumento de que esse diploma legal teria criado, com áreas desmembradas dos Municípios de Benevides e Ananindeua, o Município de Marituba, sem observância do disposto no § 4º do art. 18 da CF, que condiciona a criação, a incorporação, a fusão e o desmembramento de Municípios à consulta prévia, mediante plebiscito, às populações diretamente interessadas. Entendeu-se que a lei atacada reproduzira integralmente a Lei paraense 5.857/94, que efetivamente criara o Município de Marituba, e viera apenas a corrigir um erro material constante desta última, no sentido de acrescentar as expressões "Ananindeua" e "e Ananindeua", nos artigos 1º e 9º, haja vista que, na criação do referido Município, houvera desmembramento não apenas do Município de Benevides, mas também do de Ananindeua. Considerou-se, ainda, que os artigos que fixam os limites territoriais do Município de Marituba não sofreram nenhuma alteração, ou seja, a Lei 6.255/99 não inovou quanto ao seu espaço territorial, de modo a não ter havido criação, desmembramento ou fusão decorrente dessa lei. Asseverou-se, por fim, que a Lei 5.857/94 fora elaborada segundo as disposições legais vigentes à época, especialmente pela Lei Complementar estadual 1/90, tendo sido, nos termos desta, realizada a consulta às populações interessadas. **ADI 3107/PA, rel. Min. Joaquim Barbosa, 22.10.2008.** (ADI-3107) (Inform. STF 525)

ESTADO-MEMBRO: CRIAÇÃO DE REGIÃO METROPOLITANA – 4

O Tribunal retomou julgamento de ação direta de inconstitucionalidade ajuizada pelo Partido Democrático Trabalhista – PDT contra dispositivos da LC 87/97, do Estado do Rio de Janeiro — que "*dispõe sobre a Região Metropolitana do Rio de Janeiro, sua composição, organização e gestão, e sobre a Microrregião dos Lagos, define as funções públicas e serviços de interesse comum e dá outras providências*" —, e os artigos 8º a 21 da Lei 2.869/1997, do mesmo Estado, a qual trata do regime de prestação do serviço público de transporte ferroviário e metroviário de passageiros, e do serviço público de saneamento básico no mencionado Estado, e dá outras providências — v. Informativos 343 e 418. O Min. Gilmar Mendes, em voto-vista, julgou parcialmente procedente o pedido formulado para declarar a inconstitucionalidade da expressão "*a ser submetido à Assembléia Legislativa*", do inciso I do art. 5º, além do § 2º do art. 4º; do parágrafo único do art. 5º; dos incisos I, II, IV e V do art. 6º; do art. 7º; do art. 10, e do § 2º do art. 11, todos da LC 87/97, bem como dos artigos 11 a 21 da Lei 2.869/97, modulando os efeitos da declaração para que só tenha eficácia a partir de 24 meses após a conclusão do presente julgamento, lapso temporal que reputou razoável dentro do qual poderá o legislador estadual reapreciar o tema, constituindo modelo de prestação de saneamento básico, nas áreas de integração metropolitana, dirigido por órgão colegiado, com participação dos municípios pertinentes e do próprio Estado do Rio de Janeiro. **ADI 1842/RJ, rel. orig. Min. Maurício Corrêa, 3.4.2008.** (ADI-1842)

ESTADO-MEMBRO: CRIAÇÃO DE REGIÃO METROPOLITANA – 5

O Min. Gilmar Mendes, inicialmente, na linha dos votos precedentes, afastou a preliminar de inépcia da inicial, e julgou prejudicada a ação quanto ao Decreto 24.631/98, acompanhando a divergência inaugurada pelo Min. Joaquim Barbosa no que se refere ao prejuízo da ação apenas quanto aos artigos 1º, *caput* e § 1º; 2º, *caput*; 4º, *caput* e incisos I a VII; e 11, *caput* e incisos I a VI; e 12, todos da LC 87/97. Quanto ao mérito, o Min. Gilmar Mendes concluiu que todos os dispositivos que condicionam a execução da integração metropolitana ao exclusivo crivo de autoridade estadual são inconstitucionais. Afirmou que a expressão "*a ser submetido à Assembléia Legislativa*" do inciso I do art. 5º, além do parágrafo único do art. 5º; dos incisos I, II, IV e V do art. 6º; do art. 7º; do art. 10, todos da LC 87/97 são inconstitucionais por não pressuporem o poder decisório da integração metropolitana no âmbito do colegiado de municípios integrantes e do estado federado, como os Conselhos Deliberativos criados nos artigos 4º e 11 da LC 87/97. Quanto aos artigos 11 a 21 da Lei 2.869/97, aduziu que a estrutura de saneamento básico para o atendimento de região metropolitana retira dos municípios qualquer poder de decidir, concentrando no Estado do Rio de Janeiro todos os elementos executivos, inclusive a condução da específica Agência Reguladora e a fixação das tarifas dos serviços das concessionárias. Ressaltou, no ponto, que a titularidade do serviço de saneamento básico, relativamente à distribuição de água e coleta de esgoto, é qualificada por interesse comum e deve ser concentrada na Região Metropolitana e na Microrregião, nos moldes do art. 25, § 3º, da CF, observando a condução de seu planejamento e execução por decisões colegiadas dos municípios envolvidos e do Estado do Rio de Janeiro. Acrescentou, ainda, a inconstitucionalidade dos parágrafos 2º do art. 4º, e do art. 11 da LC 87/97, que condicionam a execução dos respectivos Conselhos Deliberativos "*à ratificação pelo Governador do Estado*". **ADI 1842/RJ, rel. orig. Min. Maurício Corrêa, 3.4.2008.** (ADI-1842)

ESTADO-MEMBRO: CRIAÇÃO DE REGIÃO METROPOLITANA – 6

Em suma, o Min. Gilmar Mendes entendeu que o serviço de saneamento básico, no âmbito de regiões metropolitanas, microrregiões e aglomerados urbanos, constitui interesse coletivo que não pode estar subordinado à direção de único ente, mas deve ser planejado e executado de acordo com decisões colegiadas em que participem tanto os municípios compreendidos como o estado federado. Frisou que, nesses casos, o poder concedente do serviço de saneamento básico nem permanece fracionado entre os municípios, nem é transferido para o estado federado, mas deve ser dirigido por estrutura colegiada, instituída por meio da lei complementar estadual que cria o agrupamento de comunidades locais, em que a vontade de um único ente não seja imposta a todos os demais entes políticos participantes. Assim, esta estrutura deve regular o serviço de saneamento básico de forma a dar viabilidade técnica e econômica ao adequado atendimento do interesse coletivo. Ressaltou, por fim, que a mencionada estrutura colegiada pode ser implementada tanto por acordo, mediante convênios, quanto de forma vinculada, na instituição dos agrupamentos de municípios, e a instituição de agências reguladoras pode se provar como forma bastante eficiente de estabelecer padrão técnico na prestação e concessão coletivas do serviço e saneamento básico. Após, pediu vista dos autos o Min. Ricardo Lewandowski. **ADI 1842/RJ, rel. orig. Min. Maurício Corrêa, 3.4.2008.** (ADI-1842) (Inform. STF 500)

ART. 29, V, DA CF E VERBA DE REPRESENTAÇÃO – 1

A Turma, aplicando a orientação firmada no RE 122521/MA (DJU de 6.12.91) no sentido de que a norma do art. 29, V, da CF é de eficácia plena e auto-aplicável, negou provimento, por maioria, a recurso extraordinário em que o Prefeito do Município de Sorocaba sustentava a legitimidade da verba de representação recebida em 1990. No caso, o recorrente ajuizara ação declaratória com o objetivo de que fosse afirmado que a aludida verba não estaria inserida na remuneração a que alude o art. 29, V, da CF e que a alteração do valor correspondente a essa verba, promovida por decreto legislativo municipal (Decreto Legislativo 174/89), observara a Lei Orgânica dos Municípios do Estado de São Paulo (Decreto-Lei Complementar Estadual 9/69), ordenamento jurídico vigente até o advento da Lei Orgânica do Município de Sorocaba, nos termos do parágrafo único do art. 11 do ADCT ("*Art. 11. Cada Assembléia Legislativa, com poderes constituintes, elaborará a Constituição do Estado, no prazo de um ano, contado da promulgação da Constituição Federal, obedecidos os princípios desta. Parágrafo único. Promulgada a Constituição do Estado, caberá à Câmara Municipal, no prazo de seis meses, votar a Lei Orgânica respectiva, em dois turnos de discussão e votação, respeitado o disposto na Constituição Federal e na Constituição Estadual.*"). A sentença julgara improcedentes os pedidos formulados, sendo a decisão mantida pelo tribunal de justiça estadual. Foram opostos, então, embargos infringentes, rejeitados, ao fundamento de que a Lei Orgânica dos Municípios do Estado de São Paulo não poderia ser recepcionada pela CF/88 na parte em que permitia à Câmara Municipal fixar, na mesma legislatura, a verba de representação de prefeito. Assim, o juízo de origem concluíra pela impossibilidade de declaração de constitucionalidade do Decreto Legislativo 174/89, porquanto modificara, na mesma legislatura, o valor da verba de representação quando já em vigor a nova ordem constitucional. Em conseqüência, o recorrente interpusera 2 recursos extraordinários. O primeiro, contra o acórdão do tribunal local, aduzindo violação dos artigos 29, V, da CF e 11 do ADCT, uma vez que o Decreto-Lei Complementar Estadual 9/69, que autorizava a fixação anual da verba de representação, tivera sua vigência prorrogada até a edição das leis orgânicas pelos municípios paulistas. O segundo insurgia-se contra o acórdão proferido em embargos infringentes, com alegação de contrariedade aos artigos 29, V; 150, II e 153, III, e § 2º, I, da CF e art. 11 do ADCT. **RE 204889/SP, rel. Min. Menezes Direito, 26.2.2008.** (RE-204889)

ART. 29, V, DA CF E VERBA DE REPRESENTAÇÃO – 2

Inicialmente, ressaltou-se que o art. 29, da CF, objeto de modificação por diversas emendas constitucionais, a começar pela EC 1/92, determina que os subsídios do Prefeito, do Vice-Prefeito e dos Secretários Municipais observarão o disposto nos artigos 37, XI; 39, § 4º; 150, II; 153, III, e § 2º, I, da CF. No ponto, asseverou-se que o referido art. 37, XI, da CF, estabelece que a remuneração e o subsídio das autoridades indicadas no dispositivo, incluídas as vantagens pessoais ou de qualquer outra natureza, estão subordinados ao teto constitucional e que a remuneração será composta exclusivamente pelo subsídio, vedado o acréscimo de verba de representação. Ademais, enfatizou-se que a verba de representação não perdurou com a promulgação da CF/88 e que o subsídio do prefeito é fixado pela Câmara Municipal até o final da legislatura para vigorar na subseqüente, de acordo com o previsto no art. 29, VI, da CF. Vencido o Min. Marco Aurélio que, por considerar que a espécie envolveria conflito de leis no tempo e que o mencionado art. 29, V, da CF não seria auto-aplicável, provia o recurso extraordinário por entender que, até a vinda da lei orgânica específica, estivera em vigor a lei orgânica anterior que permitia tal fixação. **RE 204889/SP, rel. Min. Menezes Direito, 26.2.2008.** (RE-204889) (Inform. STF 496)

ALTERAÇÃO DE LIMITES DE MUNICÍPIOS E PLEBISCITO

O Tribunal iniciou julgamento de ação direta proposta pelo Procurador-Geral da República em que se objetiva a declaração de inconstitucionalidade das Leis fluminenses 2.497/95 e 3.196/99, que estabelecem os novos limites territoriais dos Municípios de Cantagalo e Macuco. O Min. Carlos Britto, relator, não conheceu da ação relativamente à Lei fluminense 2.497/95, porquanto elaborada antes da EC 15/96, e julgou parcialmente procedente o pedido formulado quanto à Lei 3.196/99, por entender ter havido violação ao § 4º do art. 18 da CF, em face da ausência de consulta prévia, mediante plebiscito, às populações dos municípios envolvidos (CF, art. 18, § 4º: "*A criação, a incorporação, a fusão e o desmembramento de Municípios, far-se-ão por lei estadual, dentro do período determinado por Lei Complementar Federal, e dependerão de consulta prévia, mediante plebiscito, às populações dos Municípios envolvidos, após divulgação dos Estudos de Viabilidade Municipal, apresentados e publicados na forma da lei.*"). Após, pediu vista dos autos o Min. Menezes Direito. **ADI 2921/RJ, rel. Min. Carlos Britto, 21.2.2008.** (ADI-2921) (Inform. STF 495)

DIREITO DE CONSTRUIR E LEI MUNICIPAL - 1

O Tribunal iniciou julgamento de recurso extraordinário, afetado ao Pleno pela 2ª Turma, interposto contra acórdão proferido pelo Tribunal de Justiça do Estado de Santa Catarina, que denegara mandado de segurança impetrado por empresa prestadora de serviços, contra ato do Prefeito e do seu Secretário de Finanças, consubstanciado na exigência do pagamento da remuneração alusiva à "parcela do solo criado", instituída pela Lei 3.338/89, do Município de Florianópolis, como condição à construção do imóvel de sua propriedade — v. Informativo 439. **RE 387047/SC, rel. Min. Eros Grau, 21.2.2008.** (RE-387047)

DIREITO DE CONSTRUIR E LEI MUNICIPAL - 2

O Min. Eros Grau, relator, negou provimento ao recurso. Asseverou que, no caso, estar-se-ia diante de um autêntico ônus, e não obrigação tributária, haja vista que a prestação de dar a que corresponde à chamada "parcela do solo criado" consubstanciaria um vínculo imposto à vontade de proprietário de imóvel, em razão do seu próprio interesse em construir além do coeficiente único não oneroso de aproveitamento. Ressaltou que o não cumprimento desse ônus não implicaria sanção jurídica, mas apenas a desvantagem de o proprietário do imóvel nele não construir além daquele coeficiente. Aduziu, por fim, que o instituto a que corresponde a chamada "parcela do solo criado" seria instrumento próprio à política de desenvolvimento urbano, cuja execução incumbiria ao Poder Público municipal (CF, art. 182), instrumento vocacionado à correção de distorções que o crescimento urbano desordenado ocasiona, adequado à promoção do pleno desenvolvimento das funções da cidade e a dar concreção ao princípio da função social da propriedade (CF, art. 170, III). Após, pediu vista dos autos o Min. Menezes Direito. **RE 387047/SC, rel. Min. Eros Grau, 21.2.2008.** (RE-387047) (Inform. STF 495)

DIREITO DE CONSTRUIR E LEI MUNICIPAL - 3

Em conclusão, o Tribunal negou provimento a recurso extraordinário, afetado ao Pleno pela 2ª Turma, interposto contra acórdão proferido pelo Tribunal de Justiça do Estado de Santa Catarina, que denegara mandado de segurança impetrado por empresa prestadora de serviços, contra ato do Prefeito e do seu Secretário de Finanças, consubstanciado na exigência do pagamento da remuneração alusiva à "parcela do solo criado", instituída pela Lei 3.338/89, do Município de Florianópolis, como condição à construção do imóvel de sua propriedade — v. Informativos 439 e 495. Asseverou-se que, no caso, estar-se-ia diante de um autêntico ônus, e não de obrigação tributária, haja vista que a prestação de dar a que corresponde a chamada "parcela do solo criado" consubstanciaria um vínculo imposto à vontade de proprietário de imóvel, em razão do seu próprio interesse em construir além do coeficiente único não oneroso de aproveitamento. Ressaltou-se que o não cumprimento desse ônus não implicaria sanção jurídica, mas apenas a desvantagem de o proprietário do imóvel nele não construir além daquele coeficiente. Aduziu-se, por fim, que o instituto a que corresponde a chamada "parcela do solo criado" seria instrumento próprio à política de desenvolvimento urbano, cuja execução incumbiria ao Poder Público municipal (CF, art. 182), instrumento vocacionado à correção de distorções que o crescimento urbano desordenado ocasiona, adequado à promoção do pleno desenvolvimento das funções da cidade e a dar concreção ao princípio da função social da propriedade (CF, art. 170, III). **RE 387047/SC, rel. Min. Eros Grau, 6.3. 2008.** (RE-387047) (Inform. STF 497)

AQUISIÇÃO DE VEÍCULOS E CRITÉRIO DISCRIMINATÓRIO

O Tribunal julgou parcialmente procedente pedido formulado em ação direta ajuizada pelo Procurador-Geral da República para declarar a inconstitucionalidade da expressão *"produzidos no Estado do Paraná"* constante do art. 1º e seu parágrafo único da Lei paranaense 12.204/98 [*"Art. 1º – Qualquer aquisição ou substituição de unidades automotivas para uso oficial poderá ser realizada por veículos movidos a combustíveis renováveis, ou por veículos movidos a combustíveis derivados de petróleo, produzidos no Estado do Paraná. Parágrafo único – O prazo* para substituição *integral da frota oficial de veículos leves por veículos movidos a combustíveis renováveis e derivados de petróleo produzidos no Estado do Paraná é de 05 (cinco) anos."*]. Considerou-se que a expressão impugnada estabelece critério arbitrário e discriminatório de acesso à licitação pública em ofensa ao disposto no art. 19, II, da CF, que veda à União, aos Estados, ao Distrito Federal e aos Municípios criar distinções entre brasileiros ou preferências entre si. **Precedentes citados: Rp 1103/RJ (DJU de 8.10.62); Rp 1147/RJ (DJU de 22.4.83); Rp 1258/RN (DJU de 6.9.85); Rp 1185/PE (DJU de 14.9.84); Rp 1177/RS (DJU de 22.8.86). ADI 3583/PR, rel. Min. Cezar Peluso, 21.2.2008.** (ADI-3583) (Inform. STF 495)

TRANSPORTE INTERMUNICIPAL E COMPETÊNCIA RESIDUAL

O Tribunal, por maioria, julgou parcialmente procedente pedido formulado em ação direta proposta pelo Governador do Estado do Amapá para declarar a inconstitucionalidade da expressão *"municipais e"*, constante do art. 224 da Constituição estadual, que estabelece a gratuidade de metade da passagem nos transportes coletivos urbanos, rodoviários e aquaviários, municipais e intermunicipais, ao estudante de qualquer grau. Entendeu-se que a norma impugnada invadiu a competência municipal para legislar sobre transporte coletivo local (CF, art. 30, V). Considerou-se, não obstante, que os Estados-membros possuem competência residual para legislar sobre transporte intermunicipal de passageiros (CF, art. 25, § 1º). Vencido, em parte, o Min. Marco Aurélio que julgava o pleito improcedente. Precedentes citados: ADI 1191 MC/PI (DJU de 26.5.95); ADI 2349/ES (DJU de 14.10.2005). ADI 845/AP, rel. Min. Eros Grau, 22.11.2007. (ADI-845) (Inform. STF 489)

VACÂNCIA DO CARGO DE PREFEITO E AUTONOMIA MUNICIPAL

Por entender usurpada a competência do Município para legislar sobre assuntos de interesse local (CF, art. 30, I), o Tribunal julgou procedente pedido formulado em ação direta proposta pelo Procurador-Geral da República para declarar a inconstitucionalidade do § 2º do art. 75 da Constituição do Estado de Goiás que estabelece que, no caso de vacância no último ano de período de governo, serão, sucessivamente, chamados, para exercer o cargo de Prefeito, o Presidente e o Vice-Presidente da Câmara. Considerou-se, na linha da jurisprudência da Corte, que não cabe, ao Estado-membro, sob pena de frontal transgressão à autonomia constitucional do Município, disciplinar, ainda que no âmbito da própria Carta Política estadual, a ordem de vocação das autoridades municipais, quando configuradas situações de vacância ou de impedimento cuja ocorrência justifique a sucessão ou a substituição nos cargos de Prefeito e/ou de Vice-Prefeito do Município. Asseverou-se que a matéria pertinente à sucessão e à substituição do Prefeito e do Vice-Prefeito inclui-se, por efeito de sua natureza mesma, no domínio normativo da Lei Orgânica promulgada pelo próprio Município. O Min. Carlos Britto fez ressalvas quanto aos fundamentos do voto da relatora. Precedentes citados: ADI 687/PA (DJU de 10.2.2006) e ADI 1057 MC/BA (DJU de 6.4.2001). ADI 3549/GO, rel. Min. Cármen Lúcia, 17.9.2007. (ADI-3549) (Inform. STF 480)

COMPETÊNCIA MUNICIPAL E ESTABELECIMENTOS COMERCIAIS - 1

Por vislumbrar aparente ofensa ao art. 30, I, da CF (*"Compete aos municípios: I - legislar sobre assuntos de interesse local;"*), o Tribunal, em votação majoritária, deferiu medida liminar em ação direta proposta pela Confederação Nacional do Comércio - CNC para suspender, com efeito *ex nunc*, até o julgamento final da ação, a eficácia da Resolução 12.000-001 GS/2005, do Secretário de Segurança Pública do Estado do Piauí, que regulamenta o horário de fechamento do comércio no âmbito daquela unidade da federação. Inicialmente, asseverou-se que a resolução questionada reveste-se de características que autorizam a sua impugnação por meio de ação direta de inconstitucionalidade, uma vez que não retira seu fundamento de validade de nenhuma lei; consubstancia ato administrativo com pretensões de autonomia e guarda caráter normativo de eficácia geral e abstrata. Reputou-se que o pedido, à primeira vista, revelaria razoabilidade jurídica, porquanto o diploma contestado aparenta haver desrespeitado, a um só tempo, o princípio da legalidade e invadido mais de uma esfera de competência não reconhecida aos Estados-membros. Considerou-se presente, também, o *periculum in mora* consistente no risco de prejuízos irreparáveis aos estabelecimentos comerciais. Vencido o Min. Carlos Britto que indeferia a liminar. ADI 3731 MC/PI, rel. Min. Cezar Peluso, 29.8.2007. (ADI-3731)

COMPETÊNCIA MUNICIPAL E ESTABELECIMENTOS COMERCIAIS - 2

Com base no entendimento supracitado, o Tribunal, por maioria, julgou procedente pedido formulado em ação direta ajuizada pela Confederação Nacional do Comércio – CNC para declarar a inconstitucionalidade formal da Portaria 17/2005, da Secretaria de Segurança Pública do Estado do Maranhão, que altera e fixa os horários de funcionamento dos estabelecimentos que comercializam bebidas alcoólicas no referido Estado-membro. Preliminarmente, salientou-se que a portaria impugnada reveste-se de generalidade e abstração, sendo apta a figurar como objeto do controle concentrado de constitucionalidade. Entendeu-se que a competência para disciplinar o horário de funcionamento de estabelecimentos comerciais é municipal. Ademais, asseverou-se que a Corte já possui orientação nesse sentido, consolidada no Enunciado da sua Súmula 645 (*"É competente o município para fixar o horário de funcionamento de estabelecimento comercial."*). Vencido o Min. Carlos Britto que o julgava improcedente. ADI 3691/MA, rel. Min. Gilmar Mendes, 29.8.2007. (ADI-3691) (Inform. STF 477)

REDE OFICIAL DE ENSINO E LÍNGUA ESPANHOLA

O Tribunal julgou improcedente pedido formulado em ação direta de inconstitucionalidade ajuizada pelo Governador do Distrito Federal contra a Lei distrital 3.694/2005, que estabelece a oferta de ensino de língua espanhola aos alunos da rede pública daquela unidade federativa. Rejeitou-se a alegação de vício formal, por se considerar que o legislador distrital atuara nos limites da competência concorrente dos Estados-membros e do DF para legislar sobre educação, cultura, ensino e desporto (CF, art. 24, IX). Ademais, asseverou-se que a Constituição, ao prever a competência privativa da União para tratar de diretrizes e bases da educação nacional (art. 22, XXIV) — cujo tratamento em âmbito nacional se dá pela Lei 9.394/96 —, permitira que os entes estaduais e o DF atuassem no campo de suas especificidades. Ressaltou-se, ainda, a existência da Lei 11.161/2005 que trata do ensino da língua espanhola nos currículos plenos do ensino médio. ADI 3669/DF, rel. Min Cármen Lúcia, 18.6.2007. (ADI-3669) (Inform. STF 472)

COMPETÊNCIA CONCORRENTE E BENEFICIAMENTO DE LEITE

O Tribunal julgou improcedente pedido formulado em ação direta de inconstitucionalidade ajuizada pelo Governador do Estado de Santa Catarina contra a Lei estadual 1.179/94, que dispõe sobre o beneficiamento do leite de cabra e dá outras providências. Inicialmente, afastou-se a preliminar suscitada pelo Advogado-Geral da União, no sentido de que a análise da constitucionalidade da lei questionada exigiria o seu cotejo com diversos atos normativos federais. Considerou-se que, em se tratando de ação direta fundamentada em eventual usurpação da competência da União para legislar de forma geral sobre determinada matéria, deveriam ser examinados os limites da competência concorrente suplementar que possuem os Estados-membros. No mérito, entendeu-se que a norma impugnada, ao estabelecer, quanto ao piso térmico para o processo de pasteurização, gradação superior em um grau centígrado àquela prevista em lei federal, silenciando no tocante à manutenção do leite em grande volume sob a agitação mecânica lenta em aparelhagem própria, não viola a competência da União para legislar sobre a proteção e defesa da saúde. Asseverou-se, no ponto, ser concorrente a competência legislativa sobre o tema e que, nesse âmbito, a União deve limitar-se a editar normas gerais, conforme prevê o art. 24, XII, §§ 1º e 2º, da CF. Por fim, ressaltou-se que a lei estadual fora editada para atender a manifesta necessidade local e de relevante interesse social de se estimular a produção e beneficiamento do leite de cabra. Precedentes citados: ADI 3645/PR (DJU de 1º.9.2006); ADI 2396/MS (DJU de 1º.8.2003), ADI 2656/SP (DJU de 1º.8.2003). ADI 1278/SC, rel. Min. Ricardo Lewandowski, 16.5.2007. (ADI-1278) (Inform. STF 467)

ADI E EC 15/96

O Tribunal, por maioria, julgou improcedente pedido formulado em ação direta de inconstitucionalidade ajuizada pela Mesa da Assembléia Legislativa do Estado do Rio Grande do Sul contra a Emenda Constitucional 15/96, que deu nova redação ao art. 18, § 4º, da CF/88 ("*A criação, a incorporação, a fusão e o desmembramento de Municípios, far-se-ão por lei estadual, dentro do período determinado por lei complementar federal, e dependerão de consulta prévia, mediante plebiscito, às populações dos Municípios envolvidos, após divulgação dos Estudos de Viabilidade Municipal, apresentados e publicados na forma da lei.*"). Adotou-se a orientação fixada pela Corte no julgamento da ADI 2381/RS (DJU de 14.12.2001), em que se declarou a constitucionalidade da EC 15/96, afastando-se a alegada ofensa ao princípio federativo (CF, art. 60, § 4º, I). Asseverou-se que a EC 15/96 foi elaborada com o escopo de acabar com a crescente proliferação de municípios verificada no período pós-88, com base na redação originária do art. 18, § 4º, da CF, que criava condições propícias para que os Estados desencadeassem o processo de criação, fusão, incorporação e desmembramento de municípios por leis próprias, respeitados parâmetros mínimos definidos em lei complementar, também estadual. Vencido o Min. Marco Aurélio que, por vislumbrar ofensa ao art. 60, § 4º, I, da CF, julgava procedente o pedido. ADI 2395/DF, rel. Min. Gilmar Mendes, 9.5.2007. (ADI-2395) (Inform. STF 466)

ADI POR OMISSÃO: CRIAÇÃO DE MUNICÍPIO E LEI COMPLEMENTAR FEDERAL - 1

O Tribunal, por unanimidade, julgou procedente pedido formulado em ação direta de inconstitucionalidade por omissão ajuizada pela Assembléia Legislativa do Estado de Mato Grosso, para reconhecer a mora do Congresso Nacional em elaborar a lei complementar federal a que se refere o § 4º do art. 18 da CF, na redação dada pela EC 15/96, e, por maioria, estabeleceu o prazo de 18 meses para que este adote todas as providências legislativas ao cumprimento da referida norma constitucional. Inicialmente, o Tribunal, por maioria, rejeitou a preliminar de ilegitimidade ativa do Presidente da Assembléia Legislativa do Estado de Mato Grosso. Salientando-se a indefinição existente na Constituição quanto aos legitimados para propor a ação direta de inconstitucionalidade por omissão, considerou-se ser inevitável, com base no princípio de hermenêutica, que recomenda a adoção da interpretação que assegure maior eficácia possível à norma constitucional, que os entes e órgãos legitimados a propor a ação direta contra ato normativo possam instaurar o controle abstrato da omissão. Acrescentou-se que as alegações de irregularidade formal da representação da Assembléia, decorrente de não haver nos autos deliberação da Mesa, dando-lhe poder para ajuizar a ação, entrariam em choque com a presunção de legitimidade que acompanha a iniciativa, devendo, entre forma e substância, preferir-se esta sempre que, na dúvida entre ambas, seja o meio adequado para atingir a finalidade do instituto jurídico. Vencidos, no ponto, os Ministros Marco Aurélio e Sepúlveda Pertence que acolhiam a preliminar, ao fundamento de que apenas a Mesa da Assembléia Legislativa estaria legitimada a propor a ação, tendo em conta o disposto no art. 103, IV, da CF, e a inexistência de comprovação nos autos de deliberação prévia da Mesa no sentido do ajuizamento da ação. ADI 3682/MT, rel. Min. Gilmar Mendes, 9.5.2007. (ADI-3682)

ADI POR OMISSÃO: CRIAÇÃO DE MUNICÍPIO E LEI COMPLEMENTAR FEDERAL - 2

Em seguida, quanto ao mérito, salientou-se que, considerado o lapso temporal de mais de 10 anos, desde a data da publicação da EC 15/96, à primeira vista, seria evidente a inatividade do legislador em relação ao cumprimento do dever constitucional de legislar (CF, art. 18, § 4º — norma de eficácia limitada). Asseverou-se, entretanto, que não se poderia afirmar uma total inércia legislativa, haja vista os vários projetos de lei complementar apresentados e discutidos no âmbito das Casas Legislativas. Não obstante, entendeu-se que a *inertia deliberandi* (discussão e votação) também poderia configurar omissão passível de vir a ser reputada morosa, no caso de os órgãos legislativos não deliberarem dentro de um prazo razoável sobre o projeto de lei em tramitação. Aduziu-se que, na espécie, apesar dos diversos projetos de lei apresentados restaria configurada a omissão inconstitucional quanto à efetiva deliberação da lei complementar em questão, sobretudo, tendo em conta a pletora de Municípios criados mesmo depois do advento da EC 15/96, com base em requisitos definidos em antigas legislações estaduais, alguns declarados inconstitucionais pelo Supremo, ou seja, uma realidade quase que imposta por um modelo que, adotado pela aludida emenda constitucional, ainda não teria sido implementado em toda sua plenitude em razão da falta da lei complementar a que alude o mencionado dispositivo constitucional. ADI 3682/MT, rel. Min. Gilmar Mendes, 9.5.2007. (ADI-3682)

ADI POR OMISSÃO: CRIAÇÃO DE MUNICÍPIO E LEI COMPLEMENTAR FEDERAL - 3

Afirmou-se, ademais, que a decisão que constata a existência de omissão constitucional e determina ao legislador que empreenda as medidas necessárias à colmatação da lacuna inconstitucional constitui sentença de caráter nitidamente mandamental, que impõe, ao legislador em mora, o dever, dentro de um prazo razoável, de proceder à eliminação do estado de inconstitucionalidade, e que, em razão de esse estado decorrente da omissão poder ter produzido efeitos no passado, faz-se mister, muitas vezes, que o ato destinado a corrigir a omissão inconstitucional tenha caráter retroativo. Considerou-se que, no caso, a omissão legislativa inconstitucional produzira evidentes efeitos durante o longo tempo transcorrido desde o advento da EC 15/96, no qual vários Estados-membros legislaram sobre o tema e diversos Municípios foram efetivamente criados, com eleições realizadas, poderes municipais estruturados, tributos recolhidos, ou seja, toda uma realidade fática e jurídica gerada sem fundamento legal ou constitucional, mas que não poderia ser ignorada pelo legislador na elaboração da lei complementar federal. Em razão disso, concluiu-se pela fixação de um parâmetro temporal razoável — 18 meses — para que o Congresso Nacional edite a lei complementar federal reclamada, a qual deverá conter normas específicas destinadas a solver o problema dos Municípios já criados. Vencidos os Ministros Marco Aurélio e Sepúlveda Pertence que, na linha da jurisprudência da Corte, limitavam-se a declarar a mora legislativa, não fixando prazo. ADI 3682/MT, rel. Min. Gilmar Mendes, 9.5.2007. (ADI-3682) (Inform. STF 466)

Criação de Municípios e Situação Excepcional Consolidada - 1

Iniciado julgamento de ação direta de inconstitucionalidade ajuizada pelo Partido dos Trabalhadores - PT contra a Lei 7.619/2000, do Estado da Bahia, que cria o Município de Luís Eduardo Magalhães, decorrente do desmembramento de área do Município de Barreiras. Alega-se, na espécie, ofensa ao art. 18, § 4º, da CF, porquanto o referido ente fora criado em ano de eleições municipais, sem que existisse a lei complementar federal prevista no referido texto constitucional, a qual compete definir o período em que os municípios poderiam ser instituídos. Sustenta-se, ainda, que o preceito da Constituição baiana que atribuíra à lei complementar estadual os requisitos para a criação de municípios teria sido revogado com o advento da EC 15/96 e que a lei impugnada viola o regime democrático, uma vez que a consulta prévia constitucionalmente exigida, por meio de plebiscito, não fora realizada com a totalidade da população envolvida no processo de emancipação, tendo apenas determinado distrito se manifestado. Ademais, os estudos de viabilidade municipal foram publicados em data posterior ao citado plebiscito. ADI 2240/BA, rel. Min. Eros Grau, 18.5.2006. (ADI-2240)

Criação de Municípios e Situação Excepcional Consolidada - 2

O Min. Eros Grau, relator, tendo em conta a excepcionalidade do caso, julgou improcedente o pedido. Asseverou que o aludido Município fora efetivamente criado a partir de uma decisão política, assumindo existência de fato como ente federativo dotado de autonomia há mais de 6 anos e que esta realidade não poderia ser ignorada. Afirmou, no ponto, que esse ente assumira existência e, desta, resultaram efeitos jurídicos. Ressaltou, ainda, que a situação existente no momento da criação do citado Município era anormal, haja vista a não edição de lei complementar dentro de prazo razoável. Ponderando aparente conflito de inconstitucionalidades, quais sejam, ofensas ao § 4º do art. 18 da CF ou ao princípio federativo, entendeu que a existência válida do Município deveria ser reconhecida, para que afastar a ofensa à federação. Nesse sentido, considerou os princípios da segurança jurídica e da continuidade do Estado. Salientando que, não obstante a criação desse ente tenha implicado situação excepcional não prevista pelo direito positivo, aduziu que a declaração de improcedência do pedido não servirá de estímulo à criação de novos municípios indiscriminadamente, mas, ao contrário, servirá de apelo ao Poder Legislativo, no sentido de suprir a omissão constitucional reiteradamente consumada. Após, o Min. Gilmar Mendes pediu vista. ADI 2240/BA, rel. Min. Eros Grau, 18.5.2006. (ADI-2240)

Criação de Municípios e Situação Excepcional Consolidada - 2A

A mesma proclamação acima vale para outras duas ações diretas de inconstitucionalidade ajuizadas pelo Procurador-Geral da República contra, respectivamente, a Lei 6.983/98, do Estado do Mato Grosso, que oria o Município de Santo Antônio do Leste, a partir de área desmembrada do Município de Novo São Joaquim, e contra a Lei 12.294/2002, do Estado de Santa Catarina, que anexa ao Município de Monte Carlo a localidade Vila Arlete, desmembrada do Município de Campos Novos. Em ambas as ações, também se sustenta ofensa ao art. 18, § 4º, da CF, sob a alegação de que o desmembramento ocorrera quando ainda pendente a lei complementar federal mencionada no texto constitucional e, quanto à última, aduz-se, ainda, que apenas a população do Distrito de Vila Arlete manifestara-se sobre o referido desmembramento. ADI 3316/MT e ADI 3489/SC, rel. Min. Eros Grau, 18.5.2006. (ADI-3316) (ADI-3489)

CRIAÇÃO DE MUNICÍPIOS E SITUAÇÃO EXCEPCIONAL CONSOLIDADA - 3

O Tribunal, à unanimidade, julgou procedente pedido formulado em ação direta ajuizada pelo Partido dos Trabalhadores - PT para declarar a inconstitucionalidade da Lei 7.619/2000, do Estado da Bahia — que criou o Município de Luís Eduardo Magalhães, decorrente do desmembramento de área do Município de Barreiras — e, por maioria, sem pronunciar a nulidade do ato impugnado, manteve sua vigência pelo prazo de 24 meses até que o legislador estadual estabeleça novo regramento — v. Informativo 427. Considerou-se que, não obstante a inexistência da lei complementar federal a que se refere o § 4º do art. 18 da CF, o aludido Município fora efetivamente criado a partir de uma decisão política, assumindo existência de fato como ente federativo dotado de autonomia há mais de 6 anos, o que produzira uma série de efeitos jurídicos, não sendo possível ignorar essa realidade fática, em respeito ao princípio da segurança jurídica. Ressaltou-se, entretanto, que a solução do problema não poderia advir da simples decisão da improcedência do pedido formulado, haja vista o princípio da nulidade das leis inconstitucionais, mas que seria possível primar pela otimização de ambos os princípios por meio de técnica de ponderação. ADI 2240/BA, rel. Min. Eros Grau, 9.5.2007. (ADI-2240)

CRIAÇÃO DE MUNICÍPIOS E SITUAÇÃO EXCEPCIONAL CONSOLIDADA - 4

Asseverou-se que a necessidade de ponderação entre esses princípios constitui o motivo condutor do desenvolvimento de novas técnicas de decisão no controle de constitucionalidade e demonstrou-se ser cada vez mais comum observar-se o emprego delas no direito comparado. Aduziu-se que, no Brasil, também tem sido reconhecida a insuficiência ou a inadequação da mera pronúncia da nulidade ou cassação da lei para resolver todos os problemas relacionados à inconstitucionalidade da lei ou do ato normativo e que, nesse contexto, a jurisprudência do Supremo tem evoluído de forma significativa, especialmente depois do advento da Lei 9.868/99, cujo art. 27 veio colmatar a lacuna existente no âmbito das técnicas de decisão no processo de controle de constitucionalidade, possibilitando que o Tribunal lançasse mão de novas técnicas de decisão para mitigação de efeitos da decisão de inconstitucionalidade. ADI 2240/BA, rel. Min. Eros Grau, 9.5.2007. (ADI-2240)

CRIAÇÃO DE MUNICÍPIOS E SITUAÇÃO EXCEPCIONAL CONSOLIDADA - 5

Em seguida, afirmou-se que a norma contida no art. 27 da Lei 9.868/99 tem caráter fundamentalmente interpretativo, desde que se entenda que os conceitos jurídicos indeterminados utilizados — segurança jurídica e excepcional interesse social — se revestem de base constitucional, e que, consoante a interpretação preconizada, o princípio da nulidade somente há de ser afastado se se puder demonstrar, com base numa ponderação concreta, que a declaração de inconstitucionalidade ortodoxa envolve o sacrifício da segurança jurídica ou de outro valor constitucional materializável sob a forma de interesse social. ADI 2240/BA, rel. Min. Eros Grau, 9.5.2007. (ADI-2240)

CRIAÇÃO DE MUNICÍPIOS E SITUAÇÃO EXCEPCIONAL CONSOLIDADA - 6

Assim, concluiu-se que, no caso, o Tribunal teria a oportunidade de aplicar o art. 27 da Lei 9.868/99 em sua versão mais ampla, porquanto a declaração de inconstitucionalidade e, portanto, da nulidade da lei instituidora de nova entidade federativa, o Município, constituiria situação em que as conseqüências da decisão tomada pela Corte poderiam gerar um verdadeiro caos jurídico, sendo necessária a adoção de uma fórmula que, reconhecendo a inconstitucionalidade da lei impugnada, em face da remansosa jurisprudência sobre o tema, resguardasse, na maior medida possível, os efeitos por ela produzidos. O Min. Sepúlveda Pertence fez ressalva para, no caso concreto de criação de Município, achar plausível a fórmula proposta, em razão de não antever situações individuais que pudessem ser atingidas por essa decisão. Vencido, em parte, o Min. Marco Aurélio, que declarava a nulidade do ato questionado. O Min. Eros Grau, relator, reajustou seu voto. ADI 2240/BA, rel. Min. Eros Grau, 9.5.2007. (ADI-2240)

CRIAÇÃO DE MUNICÍPIOS E SITUAÇÃO EXCEPCIONAL CONSOLIDADA - 7

Na linha da orientação fixada no julgamento da ADI 2240/BA, o Tribunal, à unanimidade, julgou procedente o pedido formulado pelo Procurador-Geral da República em outras duas ações diretas para declarar a inconstitucionalidade da Lei 6.983/98, do Estado do Mato Grosso — que criou o Município de Santo Antônio do Leste, a partir de área desmembrada do Município de Novó São Joaquim — e da Lei 12.294/2002, do Estado de Santa Catarina — que anexa ao Município de Monte Carlo a localidade Vila Arlete, desmembrada do Município de Campos Novos — e, por maioria, ao não pronunciar a nulidade dos atos impugnados, manteve sua vigência pelo prazo de 24 meses até que o legislador estadual estabeleça novo regramento. Vencido, quanto ao último ponto, o Min. Marco Aurélio, que declarava a nulidade dos atos questionados. O Min. Eros Grau, relator, reajustou seu voto. ADI 3316/MT e ADI 3489/SC, rel. Min. Eros Grau, 9.5.2007. (ADI-3316) (ADI-3489) (Inform. STF 466)

ALTERAÇÃO DE LIMITES DE MUNICÍPIO E SITUAÇÃO EXCEPCIONAL CONSOLIDADA - 1

O Tribunal iniciou julgamento de ação direta de inconstitucionalidade ajuizada pelo Partido do Movimento Democrático Brasileiro - PMDB contra a Lei 6.066/97, do Estado do Pará, que, alterando divisas, desmembrou faixa de terra do Município de Água Azul do Norte e integrou-o ao de Ourilândia do Norte. Sustenta-se, na espécie, ofensa ao § 4º do art. 18 da CF, haja vista que pendente a lei complementar federal que definirá o período em que os municípios poderiam ser criados, incorporados ou desmembrados, e porque a consulta plebiscitária não alcançara as populações dos municípios diretamente envolvidos, mas apenas a da gleba compreendida entre um e outro município. ADI 3689/PA, rel. Min. Eros Grau, 15.3.2007. (ADI-3689)

ALTERAÇÃO DE LIMITES DE MUNICÍPIO E SITUAÇÃO EXCEPCIONAL CONSOLIDADA - 2

O Min. Eros Grau, relator, julgou improcedente o pedido formulado, reportando-se aos votos que proferira no julgamento da ADI 3685/DF (DJU de 10.8.2006) e da ADI 2240/BA (julgamento pendente). Asseverou que, no caso, haver-se-ia de considerar situação excepcional consolidada, tendo em conta o histórico da região em que localizados os municípios, e as conseqüências perniciosas que adviriam da declaração de inconstitucionalidade da lei. Salientou, no ponto, que os moradores do território em litígio, em 1994, deram início ao movimento de alteração da divisa territorial, com base em uma série de fatores, tais como a proximidade desse território com o Município de Ourilândia e o fato de neste sempre terem suprido as necessidades básicas da população. Aduziu, assim, que a fração do Município de Água Azul do Norte, embora integrada ao de Ourilândia do Norte formalmente pela Lei estadual 6.066/97, já havia sido efetivamente agregada há mais de nove anos, assumindo existência de fato como parte daquele ente federativo. Ou seja, o território estaria contido, de fato, no Município de Ourilândia do Norte, a partir de uma decisão política consolidada, realidade que não poderia ser ignorada, sob pena de afronta ao princípio da segurança jurídica e ao princípio federativo. Ressaltou, ademais, que a situação excepcional, não prevista pelo direito positivo, decorreria de violação, ao menos indireta, pelo Congresso Nacional, da ordem constitucional, e que a improcedência da ação haveria de se expressar como que um apelo ao Poder Legislativo, no sentido de se suprir essa omissão reiteradamente consumada. Após, pediu vista dos autos o Min. Gilmar Mendes. ADI 3689/PA, rel. Min. Eros Grau, 15.3.2007. (ADI-3689) (Inform. STF 459)

ALTERAÇÃO DE LIMITES DE MUNICÍPIO E SITUAÇÃO EXCEPCIONAL CONSOLIDADA - 3

Na linha da orientação fixada no julgamento da ADI 2240/BA, anteriormente relatado, o Tribunal, à unanimidade, julgou procedente pedido formulado em ação direta ajuizada pelo Partido do Movimento Democrático Brasileiro - PMDB para declarar a inconstitucionalidade da Lei 6.066/97, do Estado do Pará — que, alterando divisas, desmembrou faixa de terra do Município de Água Azul do Norte e integrou-o ao de Ourilândia do Norte — e, por maioria, ao não pronunciar a nulidade do ato impugnado, manteve sua vigência pelo prazo de 24 meses até que o legislador estadual estabeleça novo regramento — v. Informativo 459. Vencido, quanto ao último ponto, o Min. Marco Aurélio, que declarava a nulidade do ato questionado. O Min. Eros Grau, relator, reajustou seu voto. ADI 3689/PA, rel. Min. Eros Grau, 10.5.2007. (ADI-3689)

CRIAÇÃO DE MUNICÍPIO E REVOGAÇÃO

O Tribunal julgou procedente pedido formulado em ação direta ajuizada pelo Partido Popular Socialista - PPS, para declarar a inconstitucionalidade da Lei 5.848/96, do Estado de Alagoas, que revogou a Lei 5.675/95, do mesmo Estado, a qual, submetida a plebiscito, efetivou a criação do Município de Jequiá da Praia. Entendeu-se que, uma vez cumprido o processo de desmembramento da área do Município, criando-se nova unidade, descaberia, mediante lei, a revogação do ato normativo que o formalizou. Asseverou-se que a fusão haveria de observar novo processo e, portanto, a consulta plebiscitária, em atendimento ao que disposto no art. 18, § 4º, da CF. Precedente citado: ADI 1262/TO (DJU de 12.12.97). ADI 1881/AL, rel. Min. Ricardo Lewandowski, 10.5.2007. (ADI-1881) (Inform. STF 466)

MANDADO DE INJUNÇÃO: MUNICÍPIO E ILEGITIMIDADE

O Tribunal, por maioria, não conheceu de mandado de injunção impetrado pelo Município de Nova Brasilândia do Oeste/RO, em que se alegava omissão legislativa referente à lei complementar federal prevista no § 4º do art. 18 da CF. Entendeu-se não haver direito ou prerrogativa constitucional do Município impetrante cujo exercício estivesse sendo obstaculizado pela ausência da referida lei complementar federal. Asseverou-se que o mandado de injunção há de ter por objeto o não-cumprimento de dever constitucional de legislar que, de alguma forma, afete direitos constitucionalmente assegurados. Portanto, possuem legitimação ativa para a impetração do *writ* os titulares de direitos subjetivos constitucionais relacionados às liberdades fundamentais, à nacionalidade, à soberania ou à cidadania. Ressaltou-se, ademais, que o § 4º do art. 18 da CF é norma de eficácia limitada que fixa reservas de lei e estabelece os requisitos mínimos para criação, fusão, desmembramento e incorporação de Município, mas não confere nenhum direito ou prerrogativa aos Municípios da Federação, e que esses requisitos perfazem um complexo procedimento que depende da intervenção direta de todos os entes da Federação e, assim, não se submete à autonomia municipal. Vencido o Min. Carlos Britto que conhecia do mandado de injunção para indeferi-lo. Precedentes citados: MI 537/SC (DJU de 11.9.2001); ADI 2381 MC/RS (DJU de 14.12.2001); ADI 3149/SC (DJU de 1º.4.2005); ADI 2702/PR (DJU de 6.2.2004); ADI 2967/BA (DJU de 19.3.2004); ADI 2632/BA (DJU de 12.3.2004). MI 725/RO, rel. Min. Gilmar Mendes, 10.5.2007. (MI-725) (Inform. STF 466)

Obrigatoriedade de Equipamentos Veiculares e Competência Legislativa - 1

O Tribunal iniciou julgamento de medida cautelar em ação direta de inconstitucionalidade ajuizada pelo Governador do Distrito Federal contra o art. 1º, caput e §§ 1º e 2º, e o art. 2º, caput e incisos I e II da Lei distrital 3.680/2005, que estabelece a obrigatoriedade de equipar os ônibus utilizados no serviço público de transporte coletivo local com dispositivos redutores de estresse para motoristas e cobradores. O Min. Cezar Peluso, relator, por vislumbrar aparente ofensa à competência privativa da União para legislar sobre direito do trabalho e trânsito (CF, art. 22, I e XI, respectivamente), e considerando a inexistência de lei complementar autorizando o DF a dispor sobre essas matérias, as quais foram objeto de tratamento específico do Código de Trânsito Brasileiro e da Consolidação das Leis do Trabalho, deferiu a cautelar, para suspender, com efeitos ex tunc, até julgamento final da ação, a vigência dos dispositivos impugnados. Após, o julgamento foi suspenso com o pedido de vista do Min. Carlos Britto. ADI 3671 MC/DF, rel. Min. Cezar Peluso, 1º.8.2006. (ADI-3671)

OBRIGATORIEDADE DE EQUIPAMENTOS VEICULARES E COMPETÊNCIA LEGISLATIVA - 2

O Tribunal retomou julgamento de medida cautelar em ação direta de inconstitucionalidade ajuizada pelo Governador do Distrito Federal contra o art. 1º, *caput* e §§ 1º e 2º, e o art. 2º, *caput* e incisos I e II da Lei distrital 3.680/2005, que estabelece a obrigatoriedade de equipar os ônibus utilizados no serviço público de transporte coletivo local com dispositivos redutores de estresse para motoristas e cobradores — v. Informativo 434. O Min. Carlos Britto, em voto-vista, divergiu do relator, e suscitou preliminar de não conhecimento da ação. Entendeu que a lei impugnada foi editada pela Câmara Legislativa no exercício de competência municipal (CF, art. 32, § 1º), haja vista que incide sobre a organização e o modo de prestação do serviço público de transporte coletivo no Distrito Federal, atividade que faz parte das competências materiais explícitas dos municípios (CF, art. 30, V). Após, o julgamento foi suspenso com o pedido de vista do Min. Joaquim Barbosa. ADI 3671 MC/DF, rel. Min. Cezar Peluso, 29.3.2007. (ADI-3671) (Inform. STF 461)

Matrícula Escolar Antecipada - 1

O Tribunal retomou julgamento de ação direta de inconstitucionalidade ajuizada pelo Governador do Estado do Paraná contra a Lei estadual 9.346/90, que faculta a matrícula escolar antecipada, em classe de 1ª série regular de 1º grau, de crianças que vierem a completar seis anos de idade até o final do ano letivo da matrícula. Em voto-vista, o Min. Nelson Jobim, presidente, acompanhou o voto do relator, para julgar improcedente o pedido formulado, por entender que a norma impugnada foi editada pelo Estado do Paraná no âmbito de sua competência legislativa suplementar (CF, art. 24, § 2º), asseverando que a própria Lei Federal 5.692/71, que disciplina as diretrizes e bases da educação nacional, facultou aos Estados-membros o exercício dessa competência legislativa (Lei 5.692/71: "Art. 19. Para o ingresso no ensino de 1º grau, deverá o aluno ter a idade mínima de sete anos. § 1º. As normas de cada sistema disporão sobre a possibilidade de ingresso no ensino de primeiro grau de alunos com menos de sete anos de idade"). ADI 682/PR, rel. Min. Maurício Corrêa, 29.3.2006. (ADI-682)

Matrícula Escolar Antecipada - 2

Em conclusão de julgamento, o Tribunal julgou improcedente pedido formulado ação direta de inconstitucionalidade ajuizada pelo Governador do Estado do Paraná contra a Lei estadual 9.346/90, que faculta a matrícula escolar antecipada, em classe de 1ª série regular de 1º grau, de crianças que vierem a completar seis anos de idade até o final do ano letivo da matrícula — v. Informativo 421. Entendeu-se que o Estado do Paraná atuou no exercício da competência concorrente dos Estados para legislar sobre educação (CF, art. 24, IX, § 2º). O Min. Joaquim Barbosa, em voto-vista, observou, ainda, que a Lei federal 5.692/71 foi revogada pela Lei 9.394/96, esta posteriormente alterada pela Lei 11.274/2006 que estabelece que o ensino fundamental obrigatório, com duração de nove anos, tem início aos seis anos de idade. ADI 682/PR, rel. orig. Min. Maurício Corrêa, rel. p/ o acórdão Min. Joaquim Barbosa, 8.3.2007. (ADI-682) (Inform. STF 458)

COMPETÊNCIA CONCORRENTE. LEI ESTADUAL. UNIÃO. ATENDIMENTO BANCÁRIO.

A Turma, ao prosseguir o julgamento, por maioria, negou provimento ao recurso do banco para reconhecer a Lei estadual n. 7.872/2002, que dispõe sobre o atendimento ao consumidor nos caixas das agências bancárias, não conflita com a Constituição Federal e a legislação infraconstitucional, inexistindo invasão de competência da União sobre o tema. Igualmente não regula o funcionamento de atividades bancárias, mas tão-somente questões relacionadas à relação de consumo estabelecida entre cliente (consumidor) e instituição bancária. Restou vencido o Min. Teori Albino Zavascki, que suscitou o incidente de inconstitucionalidade da citada lei, por reconhecer que a competência para edição da citada lei seria municipal por haver interesse local. Precedentes citados: AgRg no REsp 619.045-RS, DJ 9/8/2004, e REsp 467.451-SC, DJ 16/8/2004. **RMS 20.277-MT, Rel. Min. Denise Arruda, julgado em 18/9/2007.** (Inform. STJ 332)

SÚMULA STF Nº 646

Ofende o princípio da livre concorrência lei municipal que impede a instalação de estabelecimentos comerciais do mesmo ramo em determinada área.

SÚMULA STF Nº 419

Os municípios tem competência para regular o horário do comércio local, desde que não infrinjam leis estaduais ou federais válidas.

5. UNIÃO

TRANSPORTE DE CARGA PERIGOSA E COMPETÊNCIA LEGISLATIVA - 1

O Plenário, por maioria, deferiu, parcialmente, pedido de medida liminar formulado, em argüição de descumprimento de preceito fundamental, pela Associação Nacional do Transporte de Cargas, para determinar a suspensão da eficácia das interdições ao transporte praticado pelas empresas associadas à argüente, quando fundamentadas em descumprimento da norma contida no art. 1° da Lei 12.684/2007, do Estado de São Paulo ("Art. 1° Fica proi-bido, a partir de 1° de janeiro de 2008, o uso, no Estado de São Paulo, de produtos, materiais ou artefatos que con-tenham quaisquer tipos de amianto ou asbesto"), reconhecendo-lhes o direito de efetuar o transporte interestadual e internacional de cargas, inclusive as de amianto da variedade crisotila, observadas as disposições legais e regulamentares editadas pela União. A autora requeria a concessão de medida cautelar para suspender os processos em andamento no Tribunal Superior do Trabalho e nas demais instâncias ordinárias da Justiça do Trabalho daquele ente federativo, assim como a eficácia das interdições ao transporte de amianto efetuado pelas empresas que lhe são associadas nas rodovias estaduais. Prevaleceu o voto do Min. Marco Aurélio, relator. Preliminarmente, assentou a legitimidade da argüente para dar início ao processo, revelada a condição de associação nacional representativa de certa categoria. Sob o ângulo do cabimento da ação, verificou que a Corte tem entendido que a subsidiariedade da argüição há de ser compreendida de modo a não inviabilizar o acesso à jurisdição constitucional, principalmente quando em jogo valores maiores e a possibilidade de proliferação de demandas. Assim, embora possível impugnar, judicialmente, os atos administrativos formalizados e as decisões judiciais, mediante os respectivos recursos, haveria o interesse público de ser dirimida a controvérsia em caráter definitivo. Reputou que os preceitos evocados comporiam conteúdo essencial do texto constitucional vigente, protegido do poder constituinte derivado reformador. ADPF 234 MC/DF, rel. Min. Marco Aurélio, 28.9.2011. (ADPF-234)

TRANSPORTE DE CARGA PERIGOSA E COMPETÊNCIA LEGISLATIVA - 2

No mérito, destacou a perplexidade decorrente da convivência, no ordenamento jurídico, da proibição local para a comercialização de amianto com a permissão, abrangente (Lei 9.055/95), para o exercício da atividade. Observou caber à União legislar, privativamente, sobre transporte — inclusive de cargas perigosas — e sobre comércio interestadual e internacional. Assinalou, ademais, inexistir lei complementar que delegue aos Estados-membros a disciplina do tema. Afirmou que, se cada Estado-membro impusesse restrições ao comércio, ora vedando o acesso aos próprios mercados, ora impedindo a exportação por meio das regiões de fronteiras internacionais, seria o fim da Federação. Salientou, nesse sentido, que incumbiria à União explorar os portos organizados, bem como regular o transporte rodoviário de cargas. A respeito, rememorou o art. 10 da Lei 9.055/95 ("*O transporte do asbesto/amianto e das fibras naturais e artificiais referidas no art. 2° desta Lei é considerado de alto risco e, no caso de acidente, a área deverá ser isolada, com todo o material sendo reembalado dentro de normas de segurança, sob a responsabilidade da empresa transportadora*"). Sublinhou, ainda, que o transporte desse material está disciplinado no Decreto 96.044/88 e na Resolução 420/2004, da Agência Nacional de Transportes Terrestres - ANTT. Frisou que, a corroborar essa orientação, a Corte tem declarado a inconstitucionalidade de normas estaduais que interferem na liberdade de comércio interestadual e internacional. Reputou que, sob o enfoque da liberdade de locomoção, não se poderia restringir o acesso dos particulares ao serviço público, que deve ser regular e eficiente, por expresso mandamento constitucional. Dessa forma, o ente federativo que não é titular da prestação — no caso, o Estado-membro — não poderia obstaculizá-la. Concluiu que a liberdade de locomoção, na espécie, seria qualificada, ou seja, instrumento para a comercialização de certo produto, inserido nas atividades licitamente exercidas por determinada pessoa jurídica (liberdade de iniciativa), e realizada por meio de serviços públicos (portos e rodovias federais). O relator consignou, por fim, que a lei adversada proibiria o "uso" e não o "transporte" da referida mercadoria. Explicou que quem usa o faria em termos finais, seria titular de uma das faculdades inerentes ao domínio. Aquele que transporta, por sua vez, prestaria um serviço, mas não deteria, necessariamente, a titularidade da coisa para si. Desse modo, se proibido o uso do amianto no Estado de São Paulo, não o seria o transporte quando o material estivesse destinado a outros Estados da Federação ou ao exterior, no que não configuraria "uso" na acepção técnica da palavra. No ponto, o Min. Ricardo Lewandowski salientou que o Estado de São Paulo, argüido, não teria competência para proibir o transporte destinado à exportação e ao comércio interestadual, mas poderia proibir o transporte de amianto destinado para uso exclusivamente dentro do Estado-membro. ADPF 234 MC/DF, rel. Min. Marco Aurélio, 28.9.2011. (ADPF-234)

TRANSPORTE DE CARGA PERIGOSA E COMPETÊNCIA LEGISLATIVA - 3

Vencidos os Ministros Ayres Britto, Celso de Mello e Cezar Peluso, Presidente, que indeferiam a cautelar. O primeiro afirmava que seria lógico a lei estadual vedar o transporte do amianto, se proíbe a produção e a comercialização do produto. Nesse aspecto, o Presidente sublinhava que a lei trataria de proibir a circulação do produto. O meio utilizado para esse ato — uso, transporte, entre outros — seria secundário, portanto. O Min. Ayres Britto lembrava, ademais, que a lei federal que cuida do transporte do citado produto faria remissão à Convenção da OIT, de que o Brasil é signatário ("*Art. 3° ... 1 - A legislação nacional deve prescrever as medidas a serem tomadas para prevenir e controlar os riscos, para a saúde, oriundos da exposição profissional ao amianto, bem como para proteger os trabalhadores contra tais riscos; 2 - A legislação nacional, adotada em virtude da aplicação do parágrafo 1° do presente Artigo, deverá ser submetida a revisão periódica, à luz do desenvolvimento técnico e do aumento do conhecimento científico*"). Assim, a convenção categorizaria a legislação sobre o assunto como norma de eficácia progressivamente atenuada, a ponto de, eventualmente, proibir a permanência do material no mercado. Salientava que a lei federal conteria paradoxo, uma vez que permite o transporte e comércio de uma das variedades de amianto em território nacional e veda a comercialização de outras variantes do material, em virtude de reconhecida nocividade. Ponderava que a lei questionada estaria muito mais próxima, portanto, das convenções internacionais e da Constituição do que a própria lei federal. Dessarte, o tema do transporte perderia densidade significativa se confrontada com a proteção à saúde e ao meio ambiente, princípios regentes de toda a ordem econômica. O Min. Celso de Mello, por sua vez, ressurtia que, muito embora o espaço para legislar sobre o transporte de cargas perigosas tivesse sido ocupado pela União, a lei federal seria, *incidenter tantum*, inconstitucional, logo, inexistente. Haveria, então, espaço para a legítima atuação normativa do Estado-membro. ADPF 234 MC/DF, rel. Min. Marco Aurélio, 28.9.2011. (ADPF-234) (Inform. STF 642)

TELECOMUNICAÇÕES E COMPETÊNCIA LEGISLATIVA

Por vislumbrar aparente usurpação da competência privativa da União para legislar sobre telecomunicações (CF, art. 22, IV), o Plenário deferiu pedido de medida cautelar em ação direta de inconstitucionalidade, proposta pela Associação Brasileira das Prestadoras de Serviços de Telecomunicações Competitivas - Telecomp, a fim de suspender a eficácia do art. 1°, *caput* e § 1°, da Lei 5.934/2011 do Estado do Rio de Janeiro ("*Art. 1° Dispõe sobre a possibilidade de acúmulo das franquias de minutos mensais ofertados pelas operadoras de telefonia. §1° Os minutos de franquia não utilizados no mês de sua aquisição serão transferidos, enquanto não forem utilizados, para os meses subseqüentes*"). De início, reconheceu-se a legitimidade *ad causam* da requerente, bem assim a pertinência temática entre a atividade por ela desenvolvida e o objeto desta ação. Em seguida, reportou-se ao que decidido na ADI 4533 MC/MG (v. Informativo 637), no sentido de que norma estadual não poderia impor obrigações e sanções, não previstas em contratos previamente firmados, para empresas prestadoras de serviços de telecomunicações, ainda que ao argumento de defesa do consumidor, considerada a competência legislativa da União. Desse modo, reputou-se configurada a plausibilidade jurídica do pedido. Por fim, consignou-se a urgência deste, porquanto o artigo criaria obrigações formalmente inconstitucionais às prestadoras de telefonia fluminenses, interferindo no regular desempenho de suas atividades. O Min. Ayres Britto acedeu ao Colegiado, ressalvando entendimento pessoal diverso. Alguns precedentes citados: ADI 4478 MC/AP e ADI 3343 MC/DF (v. Informativo 638). ADI 4649 MC/RJ, rel. Min. Dias Toffoli, 28.9.2011. (ADI-4649) (Inform. STF 642)

CONCESSIONÁRIAS DE SERVIÇOS PÚBLICOS: ASSINATURA BÁSICA E COMPETÊNCIA LEGISLATIVA - 1

O Plenário, por maioria, julgou procedentes pedidos formulados em ações diretas, ajuizadas, respectivamente, pelo Governador do Distrito Federal e pela Associação Brasileira de Concessionárias de Serviço Telefônico Fixo Comutado - Abrafix, para declarar a inconstitucionalidade da Lei distrital 3.449/2004 e da Lei amapaense 1.336/2009. As normas impugnadas vedam a cobrança de tarifas e taxas de consumo mínimas ou de assinatura básica, impostas por concessionárias prestadoras de serviços de água, luz, gás, tv a cabo e telefonia — no caso da lei distrital — e por prestadoras de serviço de telefonia fixa e móvel — no caso da lei estadual. Prevaleceu o voto do Min. Luiz Fux, que afirmou a competência exclusiva da União para legislar sobre a matéria, nos termos dos artigos 21, XI; 22, IV; e 175, parágrafo único, III, todos da CF. Reputou que, na espécie, muito embora se tratasse de relação de consumo, as regras deveriam ser ditadas pelo poder concedente, ou seja, incumbiria à União estabelecer quais seriam os preços compatíveis com a manutenção de serviços e com o equilíbrio econômico-financeiro do contrato previamente firmado. O Min. Dias Toffoli acrescentou que o art. 175, parágrafo único, II, da CF corroboraria esse entendimento. A Min. Cármen Lúcia destacou que, caso esses serviços recebessem regulação diferenciada em determinado Estado-membro, isso poderia significar onerosidade para o próprio usuário. O Min. Marco Aurélio assentou que a assinatura básica não seria voltada apenas ao enriquecimento das concessionárias, mas comporia o serviço prestado e atenderia ao tratamento igualitário das partes. O Min. Cezar Peluso, Presidente, frisou que a Constituição, em seu art. 24, § 3º, conferiria competência para os Estados-membros ditarem normas específicas para atender as suas particularidades. Assim, se o pagamento da assinatura básica não configura questão singular de algum deles — mas se refere à totalidade dos Estados que compõem a Federação, pois submetidos à mesma prestação de serviço público —, a competência legislativa seria da União. ADI 3343/DF, rel. orig. Min. Ayres Britto, red. p/ o acórdão Min. Luiz Fux, 1º.9.2011. (ADI-3343) ADI 4478/AP, rel. orig. Min. Ayres Britto, red. p/ o acórdão Min. Luiz Fux, 1º.9.2011. (ADI-4478)

CONCESSIONÁRIAS DE SERVIÇOS PÚBLICOS: ASSINATURA BÁSICA E COMPETÊNCIA LEGISLATIVA - 2

Vencido o Min. Ayres Britto, relator, que julgava os pleitos improcedentes. Considerava que os dispositivos impugnados limitar-se-iam a defender direitos de consumidores-usuários, de modo a não haver usurpação de competência legislativa da União (CF, art. 22, IV). Destacava, ainda, a inexistência de lei federal que autorizasse a cobrança de assinatura básica na prestação desses serviços. Asseverava, ademais, que a competência legislativa estadual para tratar do tema teria respaldo no art. 24, §§ 2º e 3º, da CF. Aduzia que essa obrigação seria desvinculada da quantidade do serviço efetivamente desfrutado pelo usuário, trazida sob a justificativa da mantença da disponibilidade de sua utilização, e que essa prática seria análoga à de uma empresa privada faturar mercadoria ou serviço sem a correspondente entrega ou prestação em prol do consumidor. Afirmava que, quando celebrado o contrato com a União, as concessionárias dos serviços assumiriam não só a obrigação de prestá-los como também o próprio risco do empreendimento. Assim, essas empresas haveriam de ser remuneradas mediante o pagamento de tarifa, instituto incompatível com a mera utilização potencial dos serviços públicos. Concluiu, então, pela incompatibilidade da assinatura básica com a Constituição, visto que ela estabeleceria, em seu art. 175, que a Lei Geral de Concessões e Permissões disporá sobre política tarifária, somente. Assinalava, ainda, que o instituto seria inconciliável com os princípios da universalidade dos serviços públicos e da modicidade das tarifas, bem como que caracterizaria abuso do poder econômico. Frisava que o Código de Defesa do Consumidor, em seu seus artigos 4º, VII; 6º, X; e 51, IV, reafirmaria o caráter legítimo das leis adversadas. Consignava que posicionamento no sentido da competência legislativa concorrente no tocante à matéria prestigiaria a descentralização política, o que favoreceria a autonomia e os poderes regionais. ADI 3343/DF, rel. orig. Min. Ayres Britto, red. p/ o acórdão Min. Luiz Fux, 1º.9.2011. (ADI-3343) ADI 4478/AP, rel. orig. Min. Ayres Britto, red. p/ o acórdão Min. Luiz Fux, 1º.9.2011. (ADI-4478)

CONCESSIONÁRIAS DE SERVIÇOS PÚBLICOS: ASSINATURA BÁSICA E COMPETÊNCIA LEGISLATIVA - 3

Com o mesmo fundamento acima aludido, o Plenário, por maioria, julgou procedente pedido formulado em ação direta, proposta pelo Governador do Estado de Santa Catarina, para declarar a inconstitucionalidade da Lei catarinense 13.921/2007, que dispõe sobre a vedação de cobrança de tarifa de assinatura básica pelas concessionárias prestadoras de serviço de telefonia fixa e móvel. Vencido o Min. Ayres Britto, que julgava o pleito improcedente. ADI 3847/SC, rel. Min. Gilmar Mendes, 1º.9.2011. (ADI-3847) (Inform. STF 638)

COMPETÊNCIA LEGISLATIVA: TELECOMUNICAÇÕES E DEFESA AO CONSUMIDOR

O Plenário, por maioria, deferiu medida liminar em ação direta de inconstitucionalidade, proposta pela Associação Brasileira das Prestadoras de Serviços de Telecomunicações Competitivas - TELCOMP, para suspender a aplicação dos artigos 1º e 2º da Lei 18.403/2009, do Estado de Minas Gerais, tão-somente em relação às empresas prestadoras de serviços de telecomunicação delegados pela União. Os preceitos questionados tratam da obrigação de o fornecedor informar, no instrumento de cobrança enviado ao consumidor, a quitação de débitos anteriores. Reputou-se que norma estadual não poderia impor obrigações e sanções — não previstas em contratos previamente firmados — para empresas prestadoras de serviço de telecomunicações, ainda que ao argumento de defesa do consumidor, considerada a competência privativa da União para legislar a respeito (CF, art. 22, IV). Vencidos os Ministros Marco Aurélio e Ayres Britto, que indeferiam a medida. Afirmavam que a defesa ao consumidor — matéria a que se referiria a norma impugnada — poderia ser implementada por norma estadual, ante a competência legislativa concorrente, nos termos do art. 24, V, da CF (*"Compete à União, aos Estados e ao Distrito Federal legislar concorrentemente sobre: ... V – consumo"*). ADI 4533 MC/MG, rel. Min. Ricardo Lewandowski, 25.8.2011. (ADI-4533) (Inform. STF 637)

Norma de trânsito e competência legislativa

Por entender usurpada a competência da União para legislar sobre trânsito e transportes (CF, art. 22, XI), o Plenário julgou procedente pedido formulado em ação direta, proposta pelo Governador do Distrito Federal, para declarar a inconstitucionalidade da Lei distrital 2.903/2002, que estabelece penalidades aos condutores flagrados, em estado de embriaguez, na direção de veículos automotores. ADI 3269/DF, rel. Min. Cezar Peluso, 1º.8.2011. (ADI-3269) (Inform. STF 634)

Sistema financeiro e competência legislativa

O Plenário julgou procedente pedido formulado em ação direta, ajuizada pelo Governador do Estado de Santa Catarina, para declarar a inconstitucionalidade da Lei 12.775/2003, daquela unidade federativa, que dispõe sobre o uso obrigatório de equipamento que ateste a autenticidade de cédulas de dinheiro por estabelecimentos bancários e dá outras providências. Reputou-se que a norma adversada teria invadido a competência privativa da União para legislar sobre o sistema financeiro nacional (CF, artigos 21, VIII; 22, VII; e 192, caput). ADI 3515/SC, rel. Min. Cezar Peluso, 1º.8.2011. (ADI-3515) (Inform. STF 634)

ADI e relações de trabalho

Por considerar usurpada a competência da União para legislar sobre direito do trabalho e condições para o exercício de profissões (CF, art. 22, I e XVI), o Plenário julgou procedente pedido formulado em ação direta, proposta pelo Procurador-Geral da República, para declarar a inconstitucionalidade da Lei 2.769/2001, do Distrito Federal, que cria e regulamenta a profissão de motoboy. ADI 3610/DF, rel. Min. Cezar Peluso, 1º.8.2011. (ADI-3610) (Inform. STF 634)

ADI N. 4.375-RJ
RELATOR: MIN. DIAS TOFFOLI

Ação Direta de Inconstitucionalidade. Lei estadual que fixa piso salarial para certas categorias. CNC. Preliminar de ausência parcial de pertinência temática. Rejeitada. Alegada violação ao art. 5º, *caput* (princípio da isonomia), art. 7º, inciso V; 8º, inciso I; e art. 114, § 2º, da Constituição. Inexistência. Expressão "que o fixe a maior" contida no *caput* artigo 1º da Lei estadual nº 5.627/09. Direito do trabalho. Competência legislativa privativa da União delegada aos Estados e ao Distrito Federal. Expressão que extravasa os limites da delegação de competência legislativa conferida pela União aos Estados por meio da Lei Complementar nº 103/00. Ofensa ao artigo 22, inciso I e parágrafo único, da Lei Maior.

1. A exigência de pertinência temática não impede o amplo conhecimento da açao, com a declaração de inconstitucionalidade da norma para além do âmbito dos indivíduos representados pela entidade requerente, quando o vício de inconstitucionalidade for idêntico para todos os seus destinatários. Preliminar rejeitada.

2. A Lei nº 5.627/09 dá continuidade a uma sequência de normas que já vêm fixando, desde o ano de 2000, pisos salariais no âmbito do Estado do Rio de Janeiro. Conquanto acrescente algumas categorias não citadas nas leis anteriores, há na nova legislação somente uma inovação efetivamente relevante, qual seja, a expressão "que o fixe a maior", contida no **caput** do artigo 1º. Considerando que, em relação à Lei nº 3.512/2000, impugnada nas ADIs nº 2.401 e nº 2.403, esta Corte, em sede de liminar, entendeu restarem atendidos os requisitos da extensão e da complexidade do trabalho, e que, no presente caso, houve uma ampliação do número de patamares, de três (Lei nº 3.512/2000) para nove, com mais razão devem ser tidos por suficientes os pressupostos previstos no inciso V do artigo 7º da Constituição Federal. Não há, no caso, aleatoriedade na fixação das faixas de piso salarial definidos no diploma questionado, não havendo violação dos artigos 5º, **caput** (princípio da isonomia); 7º, inciso V; 8º, inciso I; e 114, § 2º, todos da Constituição Federal.

3. A competência legislativa do Estado do Rio de Janeiro para fixar piso salarial decorre da Lei Complementar federal nº 103, de 2000, mediante a qual a União, valendo-se do disposto no artigo 22, inciso I e parágrafo único, da Carta Maior, delegou aos Estados e ao Distrito Federal a competência para instituir piso salarial para os empregados que não tenham esse mínimo definido em lei federal, convenção ou acordo coletivo de trabalho. Trata-se de lei estadual que consubstancia um exemplo típico de exercício, pelo legislador federado, da figura da competência privativa delegada.

4. A expressão "que o fixe a maior" contida no **caput** do artigo 1º da Lei estadual nº 5.627/09 tornou os valores fixados na lei estadual aplicáveis, inclusive, aos trabalhadores com pisos salariais estabelecidos em lei federal, convenção ou acordo coletivo de trabalho inferiores a esse. A inclusão da expressão extrapola os limites da delegação legislativa advinda da Lei Complementar nº 103/2000, violando, assim, o art. 22, inciso I e parágrafo único, da Constituição Federal, por invadir a competência da União para legislar sobre direito do trabalho.

5. Não há no caso mera violação indireta ou reflexa da Constituição. A lei estadual que ultrapassa os limites da lei delegadora de competência privativa da União é inconstitucional, por ofensa direta às regras constitucionais de repartição da competência legislativa. Existindo lei complementar federal autorizando os Estados-membros a legislar sobre determinada questão específica, não pode a lei estadual ultrapassar os limites da competência delegada, pois, se tal ocorrer, o diploma legislativo estadual incidirá diretamente no vício da inconstitucionalidade. Atuar fora dos limites da delegação é legislar sem competência, e a usurpação da competência legislativa qualifica-se como ato de transgressão constitucional.

6. Ação direta de inconstitucionalidade julgada parcialmente procedente para declarar, com efeitos **ex tunc**, a inconstitucionalidade da expressão "*que o fixe a maior*" contida no **caput** do artigo 1º da Lei nº 5.627, de 28 de dezembro de 2009, do Estado do Rio de Janeiro. (Inform. STF 632) *noticiado no Informativo 618

TELECOMUNICAÇÕES E COMPETÊNCIA LEGISLATIVA

O Plenário, por maioria, deferiu pedido de medida cautelar em ação direta de inconstitucionalidade ajuizada pela Associação Brasileira de Concessionárias de Serviço Telefônico Fixo Comutado - Abrafix para suspender os efeitos da Lei 9.640/2011, do Estado do Rio Grande do Norte. A norma impugnada dispõe sobre vedação de cobrança, naquela unidade federativa, das tarifas de assinatura básica e dá outras providências. Consoante reiterada jurisprudência desta Corte, reputou-se caracterizada, à primeira vista, ofensa aos artigos 21, XI, e 22, IV, da CF. Vencidos os Ministros Ayres Britto e Joaquim Barbosa, que indeferiam o pleito acautelatório. ADI 4603 MC/RN, rel. Min. Dias Toffoli, 26.5.2011. (ADI-4603) (Inform. STF 628)

ADI N. 3.661-AC

RELATORA: MIN. CÁRMEN LÚCIA

EMENTA: AÇÃO DIRETA DE INCONSTITUCIONALIDADE. LEI ACREANA N. 1.618/2004. REGRAS QUE PROÍBEM O CORTE RESIDENCIAL DO FORNECIMENTO DE ÀGUA E ENERGIA ELÉTRICA PELAS CONCESSIONÁRIAS POR FALTA DE PAGAMENTO. COMPETÊNCIA DA UNIÃO PARA LEGISLAR SOBRE SERVIÇO DE ENERGIA ELÉTRICA. COMPETÊNCIA DO MUNICÍPIO PARA LEGISLAR SOBRE SERVIÇO DE FORNECIMENTO DE ÀGUA. AFRONTA AOS ARTS. 22, INC. XII, ALÍNEA B, 30, INC. I E V E 175 DA CONSTITUIÇÃO DA REPÚBLICA. AÇÃO JULGADA PROCEDENTE. (Inform. STF 626) *noticiado no Informativo 619

ADI N 3.905-RJ
RELATORA: MIN. CÁRMEN LÚCIA

EMENTA: AÇÃO DIRETA DE INCONSTITUCIONALIDADE. EXPRESSÃO 'ELETRICIDADE' DO ART. 1º DA LEI FLUMINENSE N. 4.901/2006. FIXA A OBRIGAÇÃO DAS CONCESSIONÁRIAS DE ENERGIA ELÉTRICA DO ESTADO DO RIO DE JANEIRO DE INSTALAR MEDIDORES DE CONSUMO DE ENERGIA NA PARTE INTERNA DA PROPRIEDADE ONDE SE REALIZA O CONSUMO. COMPETÊNCIA DA UNIÃO PARA LEGISLAR SOBRE SERVIÇOS DE ENERGIA ELÉTRICA. AFRONTA AOS ARTS. 1º, CAPUT, 5º, INC. XXXVI, 21, INC. XII, ALÍNEA B, 22, INC. IV, 37, INC. XXI E 175 DA CONSTITUIÇÃO DA REPÚBLICA. AÇÃO JULGADA PROCEDENTE. (Inform. STF 626) *noticiado no Informativo 619

PISO SALARIAL ESTADUAL E COMPETÊNCIA LEGISLATIVA

O Plenário, por maioria, julgou improcedente ação direta de inconstitucionalidade ajuizada, pela Confederação Nacional do Comércio de Bens, Serviços e Turismo – CNC, contra a Lei 16.470/2010, do Estado do Paraná, que fixa valores relativos a 4 categorias de piso salarial estadual. De início, superou-se preliminar quanto ao não-conhecimento da ação relativamente a eventual repristinação indesejada de leis anteriores, da mesma unidade federativa, referentes a idêntico tema, ante a falta de impugnação na exordial. No mérito, aplicou-se o entendimento fixado em precedentes da Corte no sentido de se assentar a constitucionalidade de leis estaduais que tratem de piso salarial. Vencido o Min. Marco Aurélio, que julgava procedente o pedido. Considerava que, no caso, o Estado-membro, ao legislar sobre relações entre pessoas naturais e pessoas jurídicas de direito privado, especificamente a respeito de salário-mínimo dos trabalhadores, teria invadido campo reservado, com exclusividade, à União. Precedentes citados: ADI 4375/RJ (DJe de 22.3.2011); ADI 4391/RJ (DJe de 22.3.2011); ADI 4364/SC (DJe de 22.3.2011). ADI 4432/PR, rel. Min. Dias Toffoli, 28.4.2011. (ADI-4432) (Inform. STF 624)

ADI N. 3.062-GO
RELATOR: MIN. GILMAR MENDES

Ação Direta de Inconstitucionalidade. **2.** Nomeação de Chefe de Polícia. Exigência de que o indicado seja não só delegado de carreira – como determinado pela Constituição Federal – como também que esteja na classe mais elevada. **3.** Inexistência de vício de iniciativa. **4.** Revisão jurisprudencial, em prol do princípio federativo, conforme ao art. 24, XVI, da Constituição Federal. **5.** Possibilidade de os Estados disciplinarem os critérios de acesso ao cargo de confiança, desde que respeitado o mínimo constitucional. **6.** Critério que não só se coaduna com a exigência constitucional como também a reforça, por subsidiar o adequado exercício da função e valorizar os quadros da carreira. **7.** Ação julgada improcedente. (Inform. STF 623) *noticiado no Informativo 599

ADI N. 1.623-RJ
RELATOR: MIN. JOAQUIM BARBOSA

EMENTA: AÇÃO DIRETA DE INCONSTITUCIONALIDADE. LEI ESTADUAL. ESTACIONAMENTO EM LOCAIS PRIVADOS. COBRANÇA. IMPOSSIBILIDADE. OFENSA AO ART. 22, I DA CONSTITUIÇÃO.

Esta Corte, em diversas ocasiões, firmou entendimento no sentido de que invade a competência da União para legislar sobre direito civil (art. 22, I da CF/88) a norma estadual que veda a cobrança de qualquer quantia ao usuário pela utilização de estabelecimento em local privado (ADI 1.918, rel. min. Maurício Corrêa; ADI 2.448, rel. Min. Sydney Sanches; ADI 1.472, rel. min. Ilmar Galvão).

Ação direta de inconstitucionalidade julgada procedente. (Inform. STF 623) *noticiado no Informativo 619

ADI N. 3.121-SP
RELATOR: MIN. JOAQUIM BARBOSA

EMENTA: AÇÃO DIRETA DE INCONSTITUCIONALIDADE. LEI ESTADUAL. RESERVA DE ESPAÇO PARA O TRÁFEGO DE MOTOCICLETAS EM VIAS PÚBLICAS DE GRANDE CIRCULAÇÃO. INCONSTITUCIONALIDADE FORMAL. ART. 22, XI DA CONSTITUIÇÃO FEDERAL. AÇÃO JULGADA PROCEDENTE.

A lei impugnada trata da reserva de espaço para motocicletas em vias públicas de grande circulação, tema evidentemente concernente a trânsito. É firme a jurisprudência desta Corte no sentido de reconhecer a inconstitucionalidade formal de normas estaduais que tratam sobre trânsito e transporte. Confira-se, por exemplo: ADI 2.328, rel. min. Maurício Corrêa, DJ 17.03.2004; ADI 3.049, rel. min. Cezar Peluso, DJ 05.02.2004; ADI 1.592, rel. min. Moreira Alves, DJ 03.02.2003; ADI 2.606, rel. min. Maurício Corrêa, DJ 07.02.2003; ADI 2.802, rel. Min. Ellen Gracie, DJ 31.10.2003; ADI 2.432, rel. Min. Eros Grau, DJ 23.09.2005, *v.g.* .

Configurada, portanto, a invasão de competência da União para legislar sobre trânsito e transporte, estabelecida no art. 22, XI, da Constituição federal.

Ação julgada procedente para declarar a inconstitucionalidade da Lei estadual paulista 10.884/2001. (Inform. STF 623) *noticiado no Informativo 619

NORMA DE TRÂNSITO E COMPETÊNCIA LEGISLATIVA

Por entender usurpada a competência da União para legislar sobre trânsito e transportes (CF, art. 22, XI), o Plenário julgou procedente pedido formulado em ação direta ajuizada pelo Governador do Estado de São Paulo para declarar a inconstitucionalidade da Lei paulista 10.884/2001, que dispõe sobre a obrigatoriedade de reserva de espaço para o tráfego de motocicletas nas vias públicas de grande circulação da Região Metropolitana daquela capital, assim consideradas pela autoridade de trânsito. Citou-se jurisprudência da Corte no sentido do reconhecimento da inconstitucionalidade formal de normas estaduais que tratam sobre a matéria. ADI 3121/SP, rel. Min. Joaquim Barbosa, 17.3.2011. (ADI-3121) (Inform. STF 619)

LEI PROCESSUAL CIVIL E COMPETÊNCIA LEGISLATIVA

O Plenário iniciou julgamento de ação direta de inconstitucionalidade proposta pelo Procurador-Geral da República contra a Lei 1.504/89, do Estado do Rio de Janeiro, que regula a homologação judicial de acordo sobre a prestação de alimentos firmada com a intervenção da Defensoria Pública. O Min. Gilmar Mendes, relator, julgou improcedente o pedido. Afastou a alegação de que a norma impugnada estaria eivada de inconstitucionalidade formal, por invasão da competência privativa da União para legislar sobre direito civil e processual civil (CF, art. 22, I). Afirmou, no ponto, que seu conteúdo versaria sobre critérios procedimentais em matéria processual e estaria subsumido à competência concorrente, nos termos do art. 24, XI e XII, da CF. Aduziu que os entes federativos teriam a prerrogativa de definir a maneira com que a matéria processual deveria ser executada, de acordo com as particularidades deles, nos termos do art. 24, § 3º, da CF. Ressaltou que a competência legislativa concorrente, nesse aspecto, teria o condão de transformar os Estados-membros em verdadeiros laboratórios legislativos, a permitir que novas e exitosas experiências fossem formuladas e eventualmente adotadas pelos demais. Assinalou que, no caso, estar-se-ia a permitir que o defensor público atuasse junto ao juiz no sentido de promover a homologação do acordo judicial, o que estaria no âmbito de atuação profissional daquele, ao encontro da desjudicialização e desburocratização da justiça. Após, pediu vista dos autos o Min. Luiz Fux. ADI 2922/RJ, rel. Min. Gilmar Mendes, 17.3.2011. (ADI-2922) (Inform. STF 619)

ADI N. 3.846-PE
RELATOR: MIN. GILMAR MENDES

Ação Direta de Inconstitucionalidade. 2. Lei estadual n. 12.983/2005 de Pernambuco *versus* CF 5º., X; 21, XI; e, 22, I e IV. 3. Afronta por instituir controle de comercialização e de habilitação de aparelhos usados de telefonia móvel. 4. Precedentes. 5. Ação direta parcialmente procedente para declarar a inconstitucionalidade dos seguintes dispositivos da lei pernambucana: artigos 1º, § 1º, I,"b"; 2º; 3º; 4º e 5º. (Inform. STF 619)
*noticiado no Informativo 610

ADI E PISO SALARIAL ESTADUAL - 1

Por reputar usurpada a competência privativa da União para legislar sobre Direito do Trabalho (CF, art. 22, I, e parágrafo único), o Plenário, em apreciação conjunta de duas ações diretas, julgou, por maioria, procedente em parte o pedido formulado na ADI 4375/RJ e integralmente procedente o na ADI 4391/RJ, propostas, respectivamente, pela Confederação Nacional do Comércio de Bens, Serviços e Turismo - CNC e pela Confederação Nacional da Indústria - CNI. Em conseqüência, declarou a inconstitucionalidade da expressão "*que o fixe a maior*", contida no *caput* do art. 1º da Lei 5.627/2009, do Estado do Rio de Janeiro, a qual institui pisos salariais, no âmbito estadual, para as categorias profissionais que menciona, não definidos em lei federal, convenção ou acordo coletivo de trabalho que os fixem a maior. Inicialmente, rejeitaram-se as preliminares de ilegitimidade ativa das requerentes e de falta de pertinência temática, esta no sentido de que as autoras apenas poderiam impugnar a norma relativamente às profissões por elas representadas. Aduziu-se que os vícios de inconstitucionalidade apontados independeriam da categoria contemplada, sendo idênticos para todos os destinatários. ADI 4375/RJ, rel. Min. Dias Toffoli, 2.3.2011. (ADI-4375) ADI 4391/RJ, rel. Min. Dias Toffoli, 2.3.2011. (ADI-4391)

ADI E PISO SALARIAL ESTADUAL - 2

No mérito, enfatizou-se que a discussão não seria nova no STF. Registrou-se que a norma em apreço daria continuidade a uma série de leis que fixariam, desde 2000, pisos salariais naquela unidade federativa e que inovaria somente quanto à expressão "*que o fixe a maior*". Entendeu-se que a mencionada inclusão extrapolaria os limites da delegação legislativa conferida pela Lei Complementar federal 103/2000, a qual autoriza os Estados-membros e o Distrito Federal a instituir o piso salarial a que se refere o art. 7º, V, da CF, por aplicação do disposto no parágrafo único do seu art. 22. Consignou-se que a referida lei complementar permitiria aos Estados fixar piso salarial para os trabalhadores não abrangidos por lei federal ou por alguma forma de negociação coletiva. Assim, salientou-se inexistir norma autorizadora da instituição de piso salarial estadual para categorias que já possuíssem piso definido em lei federal, convenção ou acordo coletivo de trabalho. Asseverou-se que lei estadual que ultrapasse as balizas da lei delegadora de competência privativa da União seria inconstitucional por ofensa direta às regras constitucionais de repartição de competência legislativa. Assinalou-se, ainda, não ser o caso de aplicação do postulado da norma mais favorável ao trabalhador (CF, art. 7º, *caput*), pois não se estaria diante de conflito de normas trabalhistas. Repeliu-se, ademais, a pretendida modulação de efeitos, uma vez que a expressão questionada estaria com a sua eficácia suspensa desde 9.2.2010, por decisão proferida pela Corte local, em sede de representação de inconstitucionalidade. ADI 4375/RJ, rel. Min. Dias Toffoli, 2.3.2011. (ADI-4375) ADI 4391/RJ, rel. Min. Dias Toffoli, 2.3.2011. (ADI-4391)

ADI E PISO SALARIAL ESTADUAL - 3

No que concerne à ADI 4375/RJ, que impugnava a lei carioca em sua integralidade, afastou-se a assertiva de que tal norma não poderia instituir o mesmo piso salarial para atividades profissionais de diferentes planos econômicos sem observância da extensão e da complexidade do trabalho (CF, art. 7º, V). Realçou-se que a lei não teria atualizado os valores dos níveis de piso salarial anteriormente fixados e nem aumentado o número de patamares (de 3 para 9) de forma aleatória. Afirmou-se, também, a inexistência de violação ao art. 8º, I, da CF, dado que o diploma normativo em tela não comprometeria a atuação das entidades sindicais, que poderão continuar atuando nas negociações coletivas para estabelecer o salário das categorias profissionais que representam. Rechaçou-se, ain-da, o argumento de que a lei fluminense ofenderia o art. 114, § 2º, da CF, porquanto não teria previsto o dissídio coletivo co-mo exceção ao piso salarial. Reiterou-se que a lei questionada não incidiria sobre os empregados que possuiriam piso salarial definido em lei federal, convenção ou acordo coletivo, reproduzindo a limitação imposta pela Lei Complementar 103/2000. Por fim, considerou-se não se ter malferido o princípio da isonomia (CF, art. 5º, *caput*), haja vista que a norma estadual estaria em consonância com os objetivos que se visaria atender mediante a adoção de pisos salariais por via legislativa, qual seja, a proteção de certas categorias específicas de trabalhadores. Vencidos os Ministros Ayres Britto que assentava a improcedência de ambos os pleitos e Marco Aurélio que, no tocante à aludida ADI 4375/RJ, declarava o pedido integralmente procedente ao fundamento de que a norma contestada teria fixado verdadeiro salário mínimo. ADI 4375/RJ, rel. Min. Dias Toffoli, 2.3.2011. (ADI-4375) ADI 4391/RJ, rel. Min. Dias Toffoli, 2.3.2011. (ADI-4391) (Inform. STF 618)

NORMA DE TRÂNSITO E COMPETÊNCIA LEGISLATIVA

O Plenário, por maioria, julgou procedente pedido formulado em ação direta ajuizada pela Confederação Nacional do Transporte - CNT para declarar a inconstitucionalidade da Lei 6.457/93, do Estado da Bahia, que determina a instalação de cinto de segurança em veículos de transporte coletivo de passageiros. Reputou-se, conforme precedentes da Corte, violado o disposto no art. 22, XI, da CF ("*Art. 22. Compete privativamente à União legislar sobre: ... XI - trânsito e transporte*"). Vencido o Min. Marco Aurélio que, por considerar a particularidade da norma discutida — voltada à segurança do cidadão — entendia ser concorrente, entre Estado-membro e União, a competência legislativa atinente à matéria e julgava improcedente o pleito. ADI 874/BA, rel. Min. Gilmar Mendes, 3.2.2011. (ADI-874) (Inform. STF 614)

ADI E USURPAÇÃO DE COMPETÊNCIA - 1

Por reputar caracterizada a usurpação da competência privativa da União para legislar sobre direito processual (CF, art. 22, I), o Plenário, em votação majoritária, julgou parcialmente procedente pedido formulado em ação direta ajuizada pelo Conselho Federal da Ordem dos Advogados do Brasil para declarar a inconstitucionalidade do art. 114 da Lei Complementar paulista 734/93 (Lei Orgânica do Ministério Público estadual). O dispositivo adversado determina que mais de um órgão do Ministério Público não oficiará simultaneamente no mesmo processo ou procedimento. De início, rejeitou-se, por maioria, a preliminar de perda parcial do objeto da ação em virtude da derrogação tácita do preceito originalmente contestado pelo citado art. 114. Na situação dos autos, o requerente impugnava os artigos 6º, I; 16; 17, parágrafo único, e 18, *caput*, da Lei Complementar 667/91, daquela mesma unidade federativa. Ocorre que, posteriormente, fora instituída a referida LC 734/93, a qual reproduzira, na literalidade, o conteúdo normativo deste último preceito, sem que houvesse interrupção de vigência. Entendeu-se que, embora o requerente não tivesse aditado a inicial da forma mais adequada, sua manifestação no sentido de que o art. 18 da LC 667/91 estaria em vigor por força do art. 114 da LC 734/93 poderia ser aceita como tal. Vencidos os Ministros Joaquim Barbosa e Marco Aurélio que assentavam a prejudicialidade da ação. ADI 932/SP, rel. Min. Ricardo Lewandowski, 17.12.2010. (ADI-932)

ADI E USURPAÇÃO DE COMPETÊNCIA - 2

No mérito, por maioria, asseverou-se que o tema concernente a eventuais incompatibilidades à atuação simultânea de um mesmo órgão do Ministério Público no feito envolveria matéria processual e não de organização local da instituição. Vencidos os Ministros Marco Aurélio e Cezar Peluso, Presidente, ao fundamento de que não se teria uma disciplina processual propriamente dita, mas norma que versaria sobre organização, competência daquele ente. Quanto aos demais dispositivos questionados, o Plenário rejeitou o pleito de inconstitucionalidade. No tocante ao art. 6º, I, da LC 667/91, aduziu-se ter ocorrido mera mudança de nomenclatura, ao ser alterada a denominação do cargo de "Promotor de Justiça Curador Judicial de Ausentes e Incapazes" para "Promotor de Justiça Cível". No mesmo sentido concluiu-se em relação ao art. 16, pois apenas revogara atribuição indevidamente conferida ao *parquet* como a curadoria, no processo civil, de réu revel ou preso, função da Defensoria Pública. Por fim, relativamente ao art. 17 — que conferiu prazo de 30 dias, a contar da vigência da lei, para apresentação de proposta de distribuição dos serviços, facultada a preservação de funções exercidas antes desse diploma legal, sem prejuízo das novas atribuições cometidas —, considerou-se que a norma cuidaria da reorganização interna da carreira, sem mácula à Constituição. ADI 932/SP, rel. Min. Ricardo Lewandowski, 17.12.2010. (ADI-932) (Inform. STF 613)

ADI: prestadoras de serviço de telefonia fixa e individualização de informações nas faturas

Por reputar usurpada a competência legislativa privativa da União (CF, artigos 21, XI; 22, IV e 175), o Plenário, por maioria, julgou procedente pedido formulado em ação direta proposta pelo Governador do Distrito Federal para declarar a inconstitucionalidade da Lei distrital 3.426/2004, que dispõe sobre a obrigatoriedade de as empresas concessionárias, prestadoras de serviços de telefonia fixa, individualizarem, nas faturas, as informações que especificam, sob pena de multa, e dá outras providências — v. Informativos 368 e 434. Reiteraram-se os fundamentos expendidos quando do julgamento da medida cautelar. Vencido o Min. Ayres Britto que julgava o pedido improcedente. Alguns precedentes citados: ADI 3533/DF (DJe de 9.8.2006); ADI 2615 MC/SC (DJe de 29.5.2002); ADI 3847 MC/SC (DJU de 5.2.2007); ADI 4369 MC/SP (DJe de 3.2.2010). ADI 3322/DF, rel. Min. Gilmar Mendes, 2.12.2010. (ADI-3322) (Inform. STF 611)

TELECOMUNICAÇÕES: COMPETÊNCIA LEGISLATIVA - 2

O Plenário retomou julgamento de ação direta de inconstitucionalidade ajuizada pelo Governador do Estado de Santa Catarina contra a Lei estadual 11.908/2001, de iniciativa parlamentar, que fixa as condições de cobrança dos valores da assinatura básica residencial dos serviços de telefonia fixa — v. Informativo 378. O Min. Ayres Britto abriu divergência para julgar improcedente o pedido. Reputou que a lei estadual impugnada, ao condicionar a cobrança de serviços mensais de assinatura básica residencial à concessão de descontos pelo efetivo uso dos serviços telefônicos, não teria cuidado de telecomunicações no sentido técnico, matéria elementarmente de comunicação, mas sim de direito dos usuários e das correlatas obrigações das empresas concessionárias de serviços públicos. Afirmou que a defesa do consumidor fora elevada a princípio constitucional da ordem econômica e financeira e incidiria sobre as relações tipicamente de consumo, independentemente do objeto contratual a ela subjacente, como o de prestação de serviço de telefonia fixa. ADI 2615/SC, rel. Min. Eros Grau, 25.11.2010. (ADI-2615)

TELECOMUNICAÇÕES: COMPETÊNCIA LEGISLATIVA - 3

Entendeu que a lei catarinense tutelaria legítimos direitos subjetivos dos consumidores usuários ao estabelecer a possibilidade de compensação entre o valor cobrado a título de assinatura básica e os preços dos serviços telefônicos efetivamente utilizados e que a cobrança por um serviço público não efetivamente prestado colidiria com o modelo de exploração econômica de tais serviços. Por tal razão, consignou que as empresas concessionárias deveriam ser remuneradas mediante o pagamento de tarifa — instituto incompatível com a mera utilização potencial de serviços públicos, como é o caso da assinatura básica — e não por taxa. Ademais, ressaltou que o art. 24, V e VIII, da CF autorizaria atuação normativa estadual para prevenção de danos aos consumidores usuários. Após os votos dos Ministros Dias Toffoli e Cármen Lúcia que acompanhavam o voto do relator, pediu vista dos autos a Min. Ellen Gracie. ADI 2615/SC, rel. Min. Eros Grau, 25.11.2010. (ADI-2615) (Inform. STF 610)

TELEFONIA MÓVEL E COMPETÊNCIA LEGISLATIVA - 1

O Plenário julgou parcialmente procedente pedido formulado em ação direta proposta pela Associação Nacional das Operadoras Celulares – ACEL para declarar a inconstitucionalidade dos artigos 1º, § 1º, I, b, 2º, 3º, 4º e 5º, todos da Lei 12.983/2005, do Estado de Pernambuco, a qual institui o controle sobre a comercialização e a reabilitação de aparelho usado de telefonia móvel celular e dá outras providências. Os dispositivos impugnados criam diversas obrigações para as empresas prestadoras de serviço de telefonia móvel, bem como determinam o pagamento de multa em caso de descumprimento [*"Art. 1º Fica criado, no âmbito da Secretaria de Defesa Social - SDS, o cadastro de aparelhos celulares roubados, furtados ou perdidos, com o propósito de controlar, prevenir e monitorar a receptação e reaproveitamento econômico de tais objetos. §1º O cadastro de que trata este artigo será alimentado pelas informações prestadas: I – compulsoriamente: ... b) pelas operadoras do sistema de telefonia móvel, que repassarão os dados obtidos dos usuários que reportarem a perda, furto ou roubo do aparelho; ... Art. 2º A posse, uso, reabilitação ou reaproveitamento econômico de aparelho de telefonia móvel celular, serão reputados como indícios ou prova, conforme o caso, da prática do crime de receptação, capitulado pelo art. 180 do Código Penal, a ser apurado pelos órgãos operativos competentes da SDS. Art. 3º Ficam as empresas operadoras do serviço móvel celular proibidas de realizar a habilitação ou reabilitação de aparelhos usados, desacompanhados de prova de sua lícita procedência. Parágrafo único. A prova da licitude da procedência ou origem do aparelho celular usado, para fins de reabilitação ou habilitação no sistema, será realizada por instrumento particular firmado pelo antigo proprietário do bem, atestando a sua tradição para o novo pretenso usuário do sistema. Art. 4º As empresas concessionárias e operadoras do serviço móvel celular, no âmbito do Estado de Pernambuco, para prevenir ou auxiliar a repressão de delitos, ficam obrigadas a: I - Realizar verificação em sua respectiva rede, da utilização dos aparelhos celulares constantes do cadastro de que trata o art.1º, promovendo o seu respectivo bloqueio; II - Disponibilizar à Autoridade Policial, os dados cadastrais/ERB´s dos aparelhos celulares, em casos envolvidos na investigação de seqüestros, assaltos em andamento e quaisquer outros crimes que estejam sendo apurados em situação de flagrância; III - Exigir e cadastrar em seus respectivos sistemas, o registro do IMEI para habilitação do "chip" celular (GSM); IV - Disponibilizar acesso on-line para os Órgãos Operativos Policiais, dos dados constantes do Cadastro Nacional de Equipamentos Móveis Impedidos – CEMI ou outros com a mesma finalidade; V - Disponibilizar os dados cadastrais dos atuais usuários de linhas telefônicas móveis constantes do cadastro de que trata o art. 1º desta Lei para o CIODS-Centro Integrado de Operações de Defesa Social; VI – Identificar as chamadas, realizadas através de aparelhos celulares programados para realização de chamadas sem identificação, para os números de emergência – 190, 193 e 197 -, fornecendo para os órgãos operativos competentes da SDS os dados cadastrais dos usuários, no prazo de 48 horas, contado da notificação da chamada. Art. 5º O descumprimento das obrigações instituídas pela presente Lei sujeitará o infrator ao pagamento de multa de R$ 5.000,00 (cinco mil reais) para cada infração cometida."*]. ADI 3846/PE, rel. Min. Gilmar Mendes, 25.11.2010. (ADI-3846)

TELEFONIA MÓVEL E COMPETÊNCIA LEGISLATIVA - 2

Preliminarmente, por maioria, reconheceu-se a legitimidade da requerente para a propositura da ação. Verificou-se, consoante estabelecido no estatuto social da empresa, tratar-se de associação de abrangência nacional que representaria as empresas privadas prestadoras de serviço móvel celular (SMC), incluindo entidades que fornecem tal atividade em todo o território nacional. Salientou-se, ademais, que essa segmentação seria inevitável nos dias atuais. Vencido o Min. Ayres Britto que acolhia a preliminar por acatar os fundamentos da Procuradoria-Geral da República de não ser possível apurar-se, pelos atos estatutários constantes dos autos, a classificação da entidade como de âmbito nacional e de constituir a requerente mero segmento do ramo das empresas prestadoras de serviço de telefonia móvel. No mérito, registrou-se que a Corte possuiria orientação consolidada no sentido de ser formalmente inconstitucional lei estadual que discipline aspectos relativos a telecomunicações. Aduziu-se que a Constituição atribuiria à União a competência para explorar os serviços de telecomunicações e determinaria, para tanto, a edição de lei regulamentadora (CF, art. 21, XI). Acrescentou-se que a União também possuiria, privativamente, competência para legislar sobre telecomunicações (CF, art. 22, IV); que não haveria lei complementar autorizando os Estados a legislar, especificamente, sobre essa matéria e que a prestação de serviços públicos incumbiria ao Poder Público, diretamente ou mediante autorização, concessão ou permissão (CF, art. 175). Tendo tudo isso em conta, reputou-se que os dispositivos adversados, ao determinarem às empresas prestadoras de serviço de telefonia móvel a adoção de diversas condutas não previstas no contrato por elas firmado com o poder concedente federal, adentraram tema referente ao direito das telecomunicações, em ofensa ao disposto nos artigos 21, XI; 22, IV e 175 da CF. Consignou-se, ainda, que o art. 2º da lei em comento, ao definir certos atos como prova ou indício de crime, teria violado a competência privativa da União para legislar sobre direito processual (CF, art. 22, I). Alguns precedentes citados: ADI 3322 MC/DF (DJe de 19.12.2006); ADI 3533/DF (DJU de 6.10.2006); ADI 2615 MC/SC (DJU de 6.12.2002); ADI 3847 MC/SC (DJU de 5.2.2007); ADI 4369 MC/SP (DJe de 2.2.2010). ADI 3846/PE, rel. Min. Gilmar Mendes, 25.11.2010. (ADI-3846) (Inform. STF 610)

INTERNET: CARACTERIZAÇÃO DO SERVIÇO E COMPETÊNCIA LEGISLATIVA

Por reputar usurpada a competência privativa da União para legislar sobre telecomunicações (CF, art. 22, IV), o Plenário julgou procedente pedido formulado em ação direta de inconstitucionalidade proposta contra Lei distrital 4.116/2008 que estabelece a proibição de cobrança de taxas para a instalação e uso da internet a partir do segundo ponto de acesso, em residências, escritórios de profissionais liberais ou micro e pequenas empresas. Inicialmente, considerou-se que a lei impugnada, apesar de se referir a empresas "provedoras" de internet, indicaria que suas determinações seriam direcionadas às entidades exploradoras de serviços públicos de telecomunicações que dão suporte a tais empresas. Nesse sentido, salientou-se que o serviço prestado pelos provedores, apenas de conexão à internet, não se confundiria com o de telecomunicações propriamente dito. Explicitou-se que, se por um lado as provedoras forneceriam um serviço de valor adicionado, relativo ao acesso, armazenamento, apresentação, movimentação ou recuperação de informações, as entidades exploradoras de serviços públicos de telecomunicações, de outro, possibilitariam os meios para que se operasse a transmissão, emissão ou recepção, por processo eletromagnético, de informações de qualquer natureza. Estas possuiriam, ademais, concessão, permissão ou autorização expedida pela Agência Nacional de Telecomunicações. Aduziu-se, assim, que a cobrança de taxas adicionais para instalação e uso da rede, a partir do segundo ponto de acesso, poderia ser feito apenas pela fornecedora do serviço público, responsável por viabilizar a transmissão de informações. ADI 4083/DF, rel. Min. Cármen Lúcia, 25.11.2010. (ADI-4083) (Inform. STF 610)

TELEFONIA FIXA E PROIBIÇÃO DE "ASSINATURA MENSAL"

Por reputar usurpada, em princípio, a competência privativa da União para legislar sobre telecomunicações (CF, art. 22, IV), o Tribunal referendou decisão da Presidência que deferira medida cautelar em ação direta de inconstitucionalidade para suspender a vigência da Lei 13.854/2009, do Estado de São Paulo, que proíbe a cobrança de "assinatura mensal" pelas concessionárias de serviços de telecomunicações. Salientou-se haver envolvimento de dois temas de grande repercussão: a competência normativa estadual para disciplinar serviço telefônico e, portanto, a cobrança de valores, e a denominada "assinatura básica", no caso rotulada de "assinatura mensal". Citou-se, ainda, decisão proferida pela Presidência em idêntico sentido (ADI 3847/SC, DJU de 5.2.2007). O Min. Ayres Britto ressalvou seu ponto de vista acerca da matéria, mas se curvou à orientação majoritária da Corte. ADI 4369 Referendo-MC/SP, rel. Min. Ricardo Lewandowski, 23.6.2010. (ADI-4369) (Inform. STF 592)

CONCESSIONÁRIA DE TELEFONIA FIXA E INFORMAÇÕES

Por considerar invadida a competência privativa da União para legislar sobre telecomunicações (CF, art. 22, IV), o Tribunal deferiu medida cautelar em ação direta de inconstitucionalidade para suspender a vigência dos artigos 1º a 4º da Lei 18.721/2010, do Estado de Minas Gerais, que dispõe sobre o fornecimento de informações por concessionária de telefonia fixa e móvel para fins de segurança pública. O Min. Ayres Britto ressalvou seu ponto de vista acerca da matéria, mas se curvou à orientação majoritária da Corte. ADI 4401 MC/MG, rel. Min. Gilmar Mendes, 23.6.2010. (ADI-4401) (Inform. STF 592)

Taxa de Ocupação do Solo e Espaço Aéreo por Poste de Transmissão de Energia Elétrica - 1

O Tribunal negou provimento a recurso extraordinário interposto contra acórdão do Tribunal de Justiça do Estado de Rondônia, e, por vislumbrar usurpação da competência exclusiva da União para explorar os serviços e instalações de energia elétrica e da sua competência privativa para legislar sobre o assunto (CF, artigos 21, XII, b e 22, IV), declarou incidentalmente a inconstitucionalidade da Lei municipal 1.199/2002, de Ji-Paraná/RO, que instituiu taxa de uso e ocupação do solo e espaço aéreo em relação à atividade de extensão de rede de transmissão e de distribuição de energia elétrica. Prevaleceu o voto do Min. Eros Grau, relator, que salientou que às empresas prestadoras de serviços de geração, transmissão, distribuição e comercialização de energia elétrica incumbe o dever-poder de prestar o serviço público de que se trata e que, para tal mister, é-lhes atribuído, pelo poder concedente, o também dever-poder de usar o domínio público necessário à execução desse serviço, assim como promover desapropriações e constituir servidões de áreas por ele, poder concedente, declaradas de utilidade pública. Portanto, à entidade administrativa incumbiria o dever-poder de gerir a *res publica*. No desempenho da função administrativa, a autoridade pública estaria abrangida por um vínculo imposto a sua vontade. O dever jurídico consubstanciaria uma vinculação imposta à vontade de quem estivesse por ela alcançado, e, no caso da função administrativa, vinculação imposta à vontade da autoridade pública em razão de interesse alheio, ou seja, do todo social. RE 581947/RO, rel. Min. Eros Grau, 27.5.2010. (RE-597362)

Taxa de Ocupação de Solo e Espaço Aéreo por Poste de Transmissão de Energia Elétrica - 2

Ressaltou que a concessionária da prestação de serviço público recorrida faria uso fundamentalmente, a fim de prestar o serviço, do espaço sobre o solo de faixas de domínio público de vias públicas, no qual instalaria equipamentos necessários à prestação de serviços de transmissão e distribuição de energia elétrica. Explicou que essas faixas de domínio público de vias públicas constituiriam bem público, inserido na categoria dos bens de uso comum do povo. Asseverou que os bens públicos, de uso comum do povo, de uso especial e dominicais integrariam, todos eles, o patrimônio público, mas os bens de uso comum do povo seriam modernamente entendidos como propriedade pública. Observou que, no entanto, tamanha seria a intensidade da participação do bem de uso comum do povo na atividade administrativa que ele constituiria, em si, o próprio serviço público prestado pela Administração. Aduziu que, ainda que os bens do domínio público e do patrimônio administrativo não tolerem o gravame das servidões, sujeitar-se-iam, na situação a que respeitam os autos, aos efeitos da restrição decorrente da instalação, no solo, de equipamentos necessários à prestação de serviço público. Não conduzindo, a imposição dessa restrição, à extinção de direitos, não acarretaria o dever de indenizar, salvo disposição legal expressa em contrário, no caso inexistente. RE 581947/RO, rel. Min. Eros Grau, 27.5.2010. (RE-597362)

Taxa de Ocupação de Solo e Espaço Aéreo por Poste de Transmissão de Energia Elétrica - 3

Por fim, registrou que, além de a instalação dos equipamentos de que se trata não comprometerem o uso comum dos bens públicos em questão, também não haveria prejuízo que justificasse o recebimento, pelo Município, de qualquer indenização pelo uso do bem público de uso comum. Concluiu que haveria, na ocupação do solo e do espaço aéreo dos bens de uso comum de que se cuida, um direito restritivo em benefício do prestador de serviço público, que lhe viabilizaria, instrumentando sua atuação, o pleno cumprimento do dever-poder, que o vincula, de prestar o serviço. O Min. Ricardo Lewandowski acompanhou as conclusões do relator no sentido de negar provimento ao recurso, mas por diverso fundamento, isto é, o de que a cobrança teria como pretexto o exercício do poder de polícia, mas a Lei municipal evidenciaria que o fato gerador seria o uso e ocupação do solo e do espaço aéreo por postes, o qual incompatível com a natureza das taxas. RE 581947/RO, rel. Min. Eros Grau, 27.5.2010 (RE-597362) (Inform. STF 588)

ESCOAMENTO DE SAL MARINHO E COMPETÊNCIA LEGISLATIVA DA UNIÃO

O Tribunal julgou parcialmente procedente pedido formulado em duas ações diretas ajuizadas pela ABERSAL – Associação Brasileira dos Extratores e Refinadores de Sal e pela Governadora do Estado do Rio Grande do Norte, para declarar a inconstitucionalidade dos artigos 6º e 7º da Lei 8.299/2003, do Estado do Rio Grande do Norte — que criam restrições ao escoamento de sal marinho não-beneficiado do mencionado Estado para outras unidades da Federação e estabelecem cotas máximas para a exportação, e para declarar a nulidade, sem redução do texto do art. 9º do mesmo diploma legal, da norma que possibilita que a concessão de benefício fiscal alcance o ICMS — v. Informativo 322. Entendeu-se que os artigos 6º e 7º usurpam a competência privativa da União para legislar sobre comércio interestadual e exterior (CF, art. 22, VIII), e que o art. 9º — que impõe ao Poder Público estadual a definição sobre a política de incentivo nas áreas de extração e beneficiamento do sal marinho, mediante concessão temporária de imunidade tributária —, ao permitir a concessão unilateral de incentivos pelo Estado do Rio Grande do Norte, ofende o art. 155, § 2º, XII, g, da CF. **Precedentes citados: ADI 280/MT (DJU de 17.6.94); ADI 349 MC/DF (DJU de 26.10.90); ADI 2656/SP (DJU de 1º.8.2003). ADI 2866/RN, rel. Min. Gilmar Mendes, 12.5.2010. (ADI-2866) ADI 3001/RN, rel. Min. Gilmar Mendes, 12.5.2010. (ADI-3001).** (Inform. STF 586)

ADI E REVISTA ÍNTIMA EM FUNCIONÁRIOS

Por entender usurpada a competência privativa da União para legislar sobre matéria atinente a relações de trabalho (CF, artigos 21, XXIV e 22, I), o Tribunal julgou procedente pedido formulado em ação direta proposta pelo Procurador-Geral da República para declarar a inconstitucionalidade da Lei 2.749/97, do Estado do Rio de Janeiro, e do seu Decreto regulamentar 23.591/97, que dispõem sobre a proibição de revistas íntimas em funcionários pelas empresas. **ADI 2947/RJ, rel. Min. Cezar Peluso, 5.5.2010. (ADI-2947). (Inform. STF 585)**

ATIVIDADES NUCLEARES E COMPETÊNCIA DA UNIÃO

O Tribunal, por maioria, julgou procedente pedido formulado em ação direta ajuizada pelo Governador do Estado de São Paulo para declarar a inconstitucionalidade da Lei paulista 6.263/88, que prevê medidas de polícia sanitária para o setor de energia nuclear no território da referida unidade federada. Entendeu-se que a norma estadual invade a competência da União para legislar sobre atividades nucleares (CF, art. 22, XXVI), na qual se inclui a competência para fiscalizar a execução dessas atividades e legislar sobre essa fiscalização. Aduziu-se competir, também, à União, explorar os serviços e instalações nucleares de qualquer natureza e exercer monopólio estatal sobre a pesquisa, a lavra, o enriquecimento e reprocessamento, a industrialização e o comércio de minérios nucleares e seus derivados, atendidos os princípios e condições que estabelece (CF, art. 21, XXIII). Observou-se que toda a atividade nuclear desenvolvida no país, portanto, está exclusivamente centralizada na União, com exceção dos radioisótopos, cuja produção, comercialização e utilização poderão ser autorizadas sob o regime de permissão, conforme as alíneas b e c do inciso XXIII do caput do art. 21 da CF (art. 177, V, com a redação dada pela EC 49/2006). Vencidos os Ministros Marco Aurélio, Celso de Mello e Ayres Britto que julgavam o pleito improcedente, por considerar que a lei impugnada não incidiria na esfera da competência federal, limitando-se a viabilizar, no âmbito do Estado de São Paulo, medidas que tornassem efetiva a proteção do meio ambiente e a defesa da saúde, matérias em relação às quais haveria situação de condomínio legislativo entre a União e os Estados-membros. **ADI 1575/SP, rel. Min. Joaquim Barbosa, 7.4.2010. (ADI-1575). (Inform. STF 581)**

EMENTA: COMPETÊNCIA NORMATIVA – POLÍCIA MILITAR E CORPO DE BOMBEIROS MILITAR DO DISTRITO FEDERAL. Cumpre à União organizar e manter a Polícia Militar e o Corpo de Bombeiros Militar do Distrito Federal, surgindo a inconstitucionalidade de diploma local versando a matéria. **ADI N. 1.045-DF. RELATOR: MIN. MARCO AURÉLIO. Noticiado no Informativo 542. (Inform. STF 550)**

ORGANIZAÇÃO DA CARREIRA DA POLÍCIA MILITAR DO DF E VÍCIO FORMAL

O Tribunal julgou procedente pedido formulado em ação direta ajuizada pelo Governador do Distrito Federal para declarar a inconstitucionalidade da Lei distrital 1.481/97, que trata dos Quadros de Oficiais Policiais Militares de Administração, Oficiais Policiais Militares Especialistas, Oficiais Policiais Militares Músicos, e dispõe sobre o recrutamento, a seleção para o estágio de adaptação e o curso de adaptação dos oficiais, além de dar outras providências. Entendeu-se que a norma impugnada afronta o disposto no art. 21, XIV, da CF, haja vista que cuida da própria organização da carreira da Polícia Militar do Distrito Federal, matéria de competência exclusiva da União. Asseverou-se, ademais, que, mesmo que a matéria tratada na lei em questão estivesse compreendida no âmbito legislativo do Distrito Federal, a iniciativa seria do Governador, e não da Câmara Legislativa, ante o disposto no art. 61, II, **a**, **c** e **f**, da CF. **Precedentes citados: ADI 1136/DF (DJU de 13.10.2006); ADI 858/RJ (DJE de 28.3.2008); ADI 3267/MT (DJU de 24.6.2005); ADI 1124/RN (DJU de 8.4.2005); ADI 2988/DF (DJU de 26.3.2004). ADI 2102/DF, rel. Min. Menezes Direito, 15.4.2009.** (ADI-2102) (Inform. STF 542)

COMISSÃO PERMANENTE DE DISCIPLINA DA POLÍCIA CIVIL DO DF E VÍCIO FORMAL

Na linha do entendimento acima fixado, o Tribunal julgou procedente pedido formulado em ação direta proposta pelo Procurador-Geral da República para declarar a inconstitucionalidade da Lei distrital 3.642/2005, que dispõe sobre a Comissão Permanente de Disciplina da Polícia Civil do Distrito Federal. **ADI 3601/DF, rel. Min. Menezes Direito, 15.4.2009.** (ADI-3601) (Inform. STF 542)

POLÍCIAS CIVIL E MILITAR DO DF – 3

Por entender usurpada a competência privativa da União para organizar e manter a Polícia Civil, a Polícia Militar e o Corpo de Bombeiros Militar do Distrito Federal (CF, art. 21, XIV), e para legislar sobre normas gerais de organização, efetivos, material bélico, garantias, convocação e mobilização das polícias militares e corpos de bombeiros militares (CF, art. 22, XXI), o Tribunal, por maioria, julgou procedente pedido formulado em ação direta proposta pelo Procurador-Geral da República para declarar a inconstitucionalidade do art. 45 e respectivos parágrafos; do art. 117, §§ 1º, 2º e 3º; do art. 118 e respectivos parágrafos; do art. 119, §§ 1º, quanto à expressão "autonomia *funcional*", 2º e 3º; do art. 120 e do art. 121, e respectivos incisos e parágrafo único, todos da Lei Orgânica do Distrito Federal – LODF, e do art. 51 do Ato das Disposições Constitucionais Transitórias do Distrito Federal, os quais tratam das Polícias Civil e Militar e do Corpo de Bombeiros Militar do DF — v. Informativo 112. Vencido, parcialmente, o Min. Marco Aurélio, relator, que declarava a constitucionalidade do art. 117 e §§ 1º e 2º e do art. 118 e respectivos parágrafos, ambos da LODF, ao fundamento de que eles estariam amparados no art. 144, § 7º, da CF (*"A lei disciplinará a organização e o funcionamento dos órgãos responsáveis pela segurança pública, de maneira a garantir a eficiência de suas atividades."*). **ADI 1045/DF, rel. Min. Marco Aurélio, 15.4.2009.** (ADI-1045) (Inform. STF 542)

COMÉRCIO DE COMBUSTÍVEIS E COMPETÊNCIA

O Tribunal julgou improcedente pedido formulado em ação direta de inconstitucionalidade ajuizada pela Confederação Nacional do Comércio – CNC, contra a Lei 12.420/99, do Estado do Paraná, que assegura ao consumidor o direito de obter informações sobre natureza, procedência e qualidade dos produtos combustíveis comercializados nos postos revendedores situados no mencionado Estado-membro. Entendeu-se que a lei impugnada apenas pretendeu evitar a indução do consumidor a erro na aquisição dos referidos produtos, protegendo-o (CF, art. 170, V), e que o Estado teria competência para promover tal proteção, já que os preceitos que editou retirariam do próprio texto constitucional o fundamento de validade (CF, art. 24, V e VIII, § 2º). Por conseguinte, afastou-se a alegação de afronta ao art. 22, I, IV e XII, da CF, uma vez que tais dispositivos contêm normas genéricas que atendem a matérias alheias àquela versada na lei impugnada, ou muito mais amplas. Da mesma forma, não se vislumbrou ofensa aos princípios da liberdade de iniciativa e da livre concorrência, já que a lei não interferiu diretamente nas relações comerciais entre as distribuidoras e os postos revendedores, prevendo, tão-somente, obrigações estritamente relacionadas à proteção e defesa do consumidor, ou seja, ao resguardo do interesse público. Além disso, observou-se que a lei não restringiu nem perturbou a possibilidade de escolha de distribuidora, salientando que, só no caso de os postos exercerem faculdade de filiação a determinada distribuidora, é que emergirá obrigação de exclusividade. Rejeitou-se, de igual modo, a assertiva de violação ao art. 177, §§ 1º e 2º, da CF, haja vista que esses dispositivos versam sobre o monopólio da União com respeito aos derivados de petróleo sob perspectiva totalmente diversa da tratada pela norma em questão. No ponto, ressaltou-se que, nada dispondo acerca dos direitos do consumidor, tais normas cuidam do regime da atividade de exploração e produção de petróleo, sob a forma de monopólio, em razão do interesse público nacional envolvido. Afirmou-se que a mesma coisa verificar-se-ia em relação ao art. 238, da CF, que, tratando da ordenação, por lei, da venda e revenda de combustíveis, prevê, ao final, a observância aos princípios da Constituição Federal. **ADI 1980/PR, rel. Min. Cezar Peluso, 16.4.2009.** (ADI-1980) (Inform. STF 542)

EMENTA: Ação direta de inconstitucionalidade. Art. 7º da Lei Estadual (AL) nº 6.816/07. Exigência de depósito recursal prévio no âmbito dos Juizados Especiais Cíveis do Estado de Alagoas. Matéria própria de Direito Processual Civil. Inconstitucionalidade formal (art. 22, inciso I, CF). Medida cautelar deferida. 1. A exigência de depósito recursal prévio aos recursos do Juizado Especial Cível, criada pelo art. 7º da Lei Estadual (AL) nº 6.816/07, constitui requisito de admissibilidade do recurso, tema próprio de Direito Processual Civil e não de "procedimentos em matéria processual" (art. 24, inciso XI, CF). 2. Medida cautelar deferida para suspender a eficácia do art. 7º, caput e respectivos parágrafos, da Lei nº 6.816/07, do Estado de Alagoas. **MED. CAUT. EM ADI N. 4.161-AL. RELATOR: MIN. MENEZES DIREITO. Noticiado no Informativo 526** (Inform. STF 542)

EMENTA: Ação direta de inconstitucionalidade. 2. Lei 10.248/93, do Estado do Paraná, que obriga os estabelecimentos que comercializem Gás Liquefeito de Petróleo – GLP a pesarem, à vista do consumidor, os botijões ou cilindros entregues ou recebidos para substituição, com abatimento proporcional do preço do produto ante a eventual verificação de diferença a menor entre o conteúdo e a quantidade líquida especificada no recipiente. 3. Inconstitucionalidade formal, por ofensa à competência privativa da União para legislar sobre o tema (CF/88, arts. 22, IV, 238). 4. Violação ao princípio da proporcionalidade e razoabilidade das leis restritivas de direitos. 5. Ação julgada procedente. **ADI N. 855-PR. REL. P/ O ACÓRDÃO: MIN. GILMAR MENDES. Noticiado no Informativo 497** (Inform. STF 540)

TRÂNSITO E VÍCIO FORMAL – 1

Por vislumbrar afronta ao art. 22, XI, da CF, que atribui à União a competência privativa para legislar sobre trânsito, o Tribunal, por maioria, julgou procedente pedido formulado em ação direta proposta pelo Governador do Distrito Federal para declarar a inconstitucionalidade da Lei distrital 1.925/98, que dispõe sobre a obrigatoriedade da iluminação interna dos veículos automotores fechados, no período das dezoito às seis horas, quando se aproximarem de blitz ou barreira policial. Salientou-se que inexiste lei complementar que autorize o DF a legislar sobre a fiscalização e o policiamento de trânsito e que tal matéria, que envolve tipificação de ilícitos e cominação de penas, foi objeto de tratamento específico do Código de Trânsito Brasileiro – CTB, editado no exercício daquela competência privativa. Vencido o Min. Marco Aurélio que julgava o pleito improcedente por considerar cuidar-se, no caso, de matéria concernente à segurança pública. **Precedentes citados: ADI 1704/MT (DJU de 20.9.2002); ADI 1592/DF (DJU de 9.5.2003); ADI 1972 MC/RS (j. em 16.6.99); ADI 1973 MC/RJ (j. em 16.6.99); ADI 3049 MC/AL (DJU de 12.3.2004); ADI 3323/DF (DJU de 23.9.2005). ADI 3625/DF, rel. Min. Cezar Peluso, 4.3.2009.** (ADI-3625)

TRÂNSITO E VÍCIO FORMAL – 2

Também por entender caracterizada a ofensa ao art. 22, XI, da CF, o Tribunal julgou procedente pedido formulado em ação direta proposta pelo Governador do Distrito Federal para declarar a inconstitucionalidade da Lei distrital 3.918/2006, que dispõe sobre a instalação de aparelho, equipamento ou qualquer outro meio tecnológico de controle de velocidade de veículos automotores nas vias do DF. Assentou-se, ainda, que o tema objeto da lei impugnada já está devidamente condensado em legislação federal específica (Resolução 146/2003, do Conselho Nacional de Trânsito – CONTRAN, editada com base na Lei 9.507/97 – CTB e Decreto 4.711/2003). **ADI 3897/DF, rel. Min. Gilmar Mendes, 4.3.2009.** (ADI-3897) (Inform. STF 537)

RECOLHIMENTO DE CUSTAS E DEPÓSITO RECURSAL: INTERPOSIÇÃO DE RECURSO EM JUIZADO ESPECIAL

O Tribunal concedeu medida liminar em ação direta de inconstitucionalidade ajuizada pelo Conselho Federal da Ordem dos Advogados do Brasil – OAB para suspender a eficácia, *ex nunc*, do art. 7º da Lei 6.816/2007, do Estado de Alagoas, que condiciona a interposição de recurso inominado cível nos Juizados Especiais do referido Estado-membro ao recolhimento das custas judiciais e do depósito recursal. Entendeu-se que a norma impugnada, em princípio, usurpa a competência privativa da União para legislar sobre direito processual (CF, art. 22, I), bem como ofende as garantias do amplo acesso à jurisdição, do devido processo legal, da ampla defesa e do contraditório (CF, art. 5º, LIV e LV). **ADI 4161 MC/AL, rel. Min. Menezes Direito, 29.10.2008.** (ADI-4161) (Inform. STF 526)

ADI E PRERROGATIVA DE DELEGADO

Por entender caracterizada a usurpação da competência privativa da União para legislar sobre direito processual (CF, art. 22, I), o Tribunal julgou procedente pedido formulado em ação direta ajuizada pela Associação dos Magistrados Brasileiros – AMB para declarar a inconstitucionalidade do art. 32, IV, da Lei sergipana 4.122/99, que confere, ao delegado de polícia de carreira, a prerrogativa de ser ouvido, como testemunha ou ofendido, em qualquer processo ou inquérito, em dia, hora e local previamente ajustados com o juiz ou autoridade competente. **ADI 3896/SE, rel. Min. Cármen Lúcia, 4.6.2008.** (ADI-3896) (Inform. STF 509)

ADI E SISTEMA DE SORTEIOS

Aplicando o entendimento fixado pela Corte em diversos precedentes no sentido de que compete privativamente à União legislar sobre sistema de sorteios (CF, art. 22, XX), o Tribunal, por maioria, julgou procedente pedido de ação direta ajuizada pelo Governador do Estado de São Paulo para declarar a inconstitucionalidade da Lei estadual 12.519/2007, que "*proíbe a instalação, utilização, manutenção, locação, guarda ou depósito de máquinas caça-níqueis, de vídeo-bingo, vídeo-pôquer e assemelhadas, em bares, restaurantes e similares*". Vencido o Min. Marco Aurélio que julgava o pedido improcedente, reportando-se aos fundamentos do voto que proferira no julgamento da ADI 2847/DF (DJU de 26.11.2004). **ADI 3895/SP, rel. Min. Menezes Direito, 4.6.2008.** (ADI-3895) (Inform. STF 509)

ADI E RESPONSABILIDADE CIVIL DE PROFISSIONAL

Por considerar usurpada a competência privativa da União para legislar sobre direito civil (CF, art. 22, I), o Tribunal julgou parcialmente procedente pedido formulado em ação direta proposta pelo Governador do Distrito Federal para declarar a inconstitucionalidade do art. 2º da Lei distrital 3.139/2003, que, ao dispor sobre a obrigatoriedade de notificação dos casos de câncer de pele, prevê que a omissão médica no cumprimento da lei acarretará responsabilidade civil do profissional e da respectiva entidade de saúde. **ADI 2875/DF, rel. Min. Ricardo Lewandowski, 4.6.2008.** (ADI-2875) (Inform. STF 509)

VENDA DE GLP E PESAGEM OBRIGATÓRIA - 1

Iniciado o julgamento do mérito da ação direta de inconstitucionalidade ajuizada pela Confederação Nacional do Comércio - CNC contra a Lei 10.248/93, do Estado do Paraná, que obriga os estabelecimentos que comercializem Gás Liquefeito de Petróleo - GLP a pesarem, à vista do consumidor, cada botijão ou cilindro vendido. O Min. Octavio Gallotti, relator, votou no sentido de julgar procedente a ação para declarar a inconstitucionalidade da Lei estadual 10.248/93, por entender caracterizada a ofensa à competência privativa da União para legislar sobre energia (CF, art. 22, IV), no que foi acompanhado pelo Min. Maurício Corrêa - que, em seu voto, acrescentou mais um fundamento, qual seja, o de ofensa ao princípio da razoabilidade - e pelo Min. Ilmar Galvão. O Min. Nelson Jobim, por sua vez, também julgava procedente a ação, por ofensa ao princípio da razoabilidade. Após os votos dos Ministros Marco Aurélio e Celso de Mello, que julgavam improcedente a ação, por entenderem que a norma impugnada não dispõe sobre energia, mas sim sobre proteção e defesa do consumidor, e que a mesma não ofende o princípio da razoabilidade, pediu vista o Min. Sepúlveda Pertence. **ADIn 855-PR, rel. Min. Octavio Gallotti, 18.10.2000.(ADI-855)enda de GLP e Pesagem Obrigatória**

VENDA DE GLP E PESAGEM OBRIGATÓRIA – 2

Em conclusão, o Tribunal, por maioria, julgou procedente pedido formulado em ação direta de inconstitucionalidade ajuizada pela Confederação Nacional do Comércio – CNC contra a Lei 10.248/93, do Estado do Paraná, que obriga os estabelecimentos que comercializem Gás Liquefeito de Petróleo – GLP a pesarem, à vista do consumidor, cada botijão ou cilindro vendido — v. Informativo 207. Entendeu-se caracterizada a ofensa à competência privativa da União para legislar sobre energia (CF, art. 22, IV), bem como violação ao princípio da proporcionalidade. Vencidos os Ministros Marco Aurélio, Celso de Mello e Menezes Direito, que julgavam improcedente o pedido, por considerarem que a norma impugnada não disporia sobre energia, mas sim sobre proteção e defesa do consumidor (CF, art. 24, VIII), nem ofenderia o princípio da proporcionalidade. **ADI 855/PR, rel. orig. Min. Octavio Gallotti, rel. p/ o acórdão Min. Gilmar Mendes, 6.3.2008.** (ADI-855) (Inform. STF 497)

ADI E DIREITO DO TRABALHO

Por entender usurpada a competência privativa da União para legislar sobre direito do trabalho e condições para o exercício de profissões (CF, art. 22, I e XVI, respectivamente), o Tribunal julgou procedente pedido formulado em ação direta ajuizada pelo Governador do Distrito Federal para declarar a inconstitucionalidade da Lei distrital 3.136/2003, que disciplina a atividade de transporte de bagagens nos terminais rodoviários do Distrito Federal. ADI 3587/DF, rel. Min. Gilmar Mendes, 12.12.2007. (ADI-3587) (Inform. STF 492)

ADI E GRATIFICAÇÃO A POLICIAIS E BOMBEIROS MILITARES

O Tribunal iniciou julgamento de ação direta proposta pela Governadora do Distrito Federal contra a Lei distrital 35/95, de iniciativa parlamentar, que autoriza o Governo do DF a conceder aos policiais militares e aos bombeiros militares a "gratificação por risco de vida". O Min. Carlos Britto, relator, julgou procedente o pedido por entender usurpada a competência material da União para organizar e manter a polícia militar e o corpo de bombeiros militar do DF (CF, art. 21, XIV), bem como sua competência legislativa para dispor sobre vencimentos desses servidores (Enunciado 647 da Súmula do STF). Considerou, também, violado o disposto no art. 61, § 1º, II, a, da CF, que confere ao Chefe do Poder Executivo a iniciativa privativa para instauração do processo legislativo em tema concernente a aumento da remuneração de servidores públicos. Tendo em conta a natureza alimentar da gratificação instituída e a presunção de boa-fé daqueles que a perceberam, o relator atribuiu efeitos *ex nunc* à declaração de inconstitucionalidade. Após o voto do relator, que foi acompanhado, integralmente, pelos Ministros Menezes Direito e Cármen Lúcia; dos votos dos Ministros Eros Grau, Celso de Mello e da Presidente, Min. Ellen Gracie, que julgavam procedente o pedido, mas não se manifestavam quanto à modulação; e do voto do Min. Marco Aurélio, que acompanhava o relator quanto à procedência do pleito, mas dele divergia quanto aos efeitos, o julgamento foi adiado em virtude do pedido de vista do Min. Ricardo Lewandowski, quanto à modulação dos efeitos, que também deu pela procedência do pedido. ADI 3791/DF, rel. Min. Carlos Britto, 29.11.2007. (ADI-3791) (Inform. STF 490)

CORTE DE ENERGIA ELÉTRICA E PRÉVIA COMUNICAÇÃO

Por entender caracterizada a afronta à competência da União prevista nos artigos 21, XII, b; 22, IV, e 175, *caput* e parágrafo único, I, II e III, todos da CF, o Tribunal, por maioria, julgou procedente pedido formulado em ação direta proposta pelo Governador do Estado de São Paulo para declarar a inconstitucionalidade da expressão "*energia elétrica*", contida no *caput* do art. 1º da Lei estadual 11.260/2002, que proíbe o corte de energia elétrica, água e gás canalizado por falta de pagamento sem prévia comunicação ao usuário e dá outras providências. Adotou-se a orientação fixada pela Corte, no sentido da impossibilidade de interferência dos Estados-membros nas relações jurídico-contratuais estabelecidas entre o poder concedente federal e as empresas concessionárias, especificamente no que tange a alterações das condições estipuladas em contrato de concessão de serviços públicos sob regime federal, mediante a edição de leis estaduais. Ressaltou-se, ademais, que a Lei federal 8.987/95 já dispõe, em seu art. 7º, a respeito dos direitos e obrigações dos usuários dos serviços públicos. Asseverou-se, ainda, que a norma estadual impugnada possui previsão expressa no art. 91, *caput*, I, e § 1º, da Resolução 456/2000, alterada pela Resolução 614/2002, da Agência Nacional de Energia Elétrica - ANEEL. Vencido o Min. Marco Aurélio que julgava o pleito improcedente. Precedente citado: ADI 2337 MC/SC (DJU de 21.6.2002). ADI 3729/SP, rel. Min. Gilmar Mendes, 17.9.2007. (ADI-3729) (Inform. STF 480)

MATERIAIS DE AMIANTO: PROIBIÇÃO E COMPETÊNCIA LEGISLATIVA

O Tribunal iniciou julgamento de ação direta de inconstitucionalidade ajuizada pela Confederação Nacional dos Trabalhadores na Indústria - CNTI contra a Lei 12.684/2007, do Estado de São Paulo, que "*proíbe o uso, no*

Estado de São Paulo, de produtos, materiais ou artefatos que contenham quaisquer tipos de amianto ou asbesto ou outros minerais que, acidentalmente, tenham fibras de amianto na sua composição". O Min. Marco Aurélio, relator, na linha do entendimento firmado no julgamento da ADI 2656/SP (DJU de 1º.8.2003), no sentido de que a competência para tratar da matéria seria da União (CF: "*Art. 22. Compete privativamente à União legislar sobre:... VIII - comércio exterior e interestadual*"), e de que teria havido extrapolação da competência concorrente prevista no inciso V do art. 24 da CF ("*Art. 24. Compete à União, aos Estados e ao Distrito Federal legislar concorrentemente sobre:... V - produção e consumo;*"), por existir norma federal regulando o tema (Lei 9.055/95), deferiu a liminar, no que foi acompanhado pelos Ministros Cármen Lúcia e Ricardo Lewandowski. Em divergência, o Min. Eros Grau, salientando sua tendência em evoluir quando retornar o debate da ADI 3356/PE (julgamento pendente de conclusão — v. Informativo 407) e de que matéria não pode ser examinada única e exclusivamente pelo ângulo formal, indeferiu a liminar, ao fundamento de que a Lei federal 9.055/95 é inconstitucional, na medida em que agride o preceito disposto no art. 196 da CF ("*A saúde é direito de todos e dever do Estado, garantido mediante políticas sociais e econômicas que visem à redução do risco de doença e de outros agravos e ao acesso universal e igualitário às ações e serviços para sua promoção, proteção e recuperação.*"). Após, pediu vista dos autos o Min. Joaquim Barbosa. ADI 3937 MC/SP, rel. Min. Marco Aurélio, 29.8.2007. (ADI-3937) (Inform. STF 477)

DISCRIMINAÇÃO CONTRA A MULHER NAS RELAÇÕES DE TRABALHO E VÍCIO FORMAL

Por entender usurpada a competência privativa da União para legislar sobre direito do trabalho (CF, art. 22, I), o Tribunal julgou procedente pedido formulado em ação direta ajuizada pelo Governador do Estado de Santa Catarina para declarar a inconstitucionalidade da Lei 11.562/2000, do referido Estado-membro, que veda qualquer ato discriminatório ou atentatório contra a mulher no decorrer de processo seletivo para sua admissão ao trabalho, durante a jornada de trabalho ou no momento de sua demissão, elenca tais atos, e sujeita as empresas e seus dirigentes, no caso de descumprimento, a sanções administrativas que prevê. Ressaltou-se, ademais, que a Lei federal 9.799/99, que alterou a Consolidação das Leis do Trabalho - CLT, expressamente estabeleceu normas de proteção especial ao trabalho da mulher, aplicáveis em todo o território nacional, de modo que a declaração de inconstitucionalidade da norma atacada não deixaria lacuna legal que inviabilizasse a concretização dos direitos das mulheres no âmbito do trabalho. ADI 2487/SC, rel. Min. Joaquim Barbosa, 30.8.2007. (ADI-2487) (Inform. STF 477)

ADI E TITULARIDADE DE PATRIMÔNIO CIENTÍFICO-CULTURAL

O Tribunal julgou procedente pedido formulado em ação direta ajuizada pelo Procurador-Geral da República para declarar a inconstitucionalidade do art. 251 da Constituição do Estado do Mato Grosso — que confere ao referido Estado-membro a titularidade do patrimônio científico-cultural referente às formas de expressão, às criações artísticas, culturais e tecnológicas, aos conjuntos urbanos e sítios de valor histórico, paisagístico, artístico, espeleológico, paleontológico, arqueológico, ecológico e científico —, e da Lei estadual 7.782/2002, que declara integrante do patrimônio científico-cultural do Estado, os sítios paleontológicos e arqueológicos localizados nos seus Municípios, e condiciona a coleta de fósseis e materiais arqueológicos, bem como sua exploração socioeconômica e transporte, nas áreas por ela tratadas, ao controle exercido por instituto estadual. Entendeu-se que as leis impugnadas ofendem os artigos 20, IX e X; 22, I; 23, III; e 216, V, todos da CF, pois usurpam a competência privativa da União para legislar sobre direito de propriedade, atribuem ao Estado de Mato Grosso a titularidade de bens pertencentes à União e que constituem o patrimônio cultural brasileiro, assim como excluem, dos demais entes da federação, a responsabilidade comum de proteger os documentos, as obras e outros bens de valor histórico, artístico e cultural, os monumentos, as paisagens naturais notáveis e os sítios arqueológicos. Precedente citado: ADI 2544/RS (DJU de 17.11.2006). ADI 3525/MT, rel. Min. Gilmar Mendes, 30.8.2007. (ADI-3525) (Inform. STF 477)

OFERTA DE LANCHE A TRABALHADORES E VÍCIO FORMAL

O Tribunal julgou procedente pedido formulado em ação direta ajuizada pelo Governador do Estado de Rondônia para declarar a inconstitucionalidade da Lei estadual 1.314/2004, que impôs às empresas de construção civil, com obras no referido Estado-membro, a obrigação de fornecer leite, café e pão com manteiga aos trabalhadores que comparecerem, com antecedência de 15 minutos, ao seu primeiro turno de trabalho. Entendeu-se que a lei impugnada afronta o art. 22, I, da CF, que atribui à União a competência privativa para legislar sobre direito do trabalho. ADI 3251/RO, rel. Min. Carlos Britto, 18.6.2007. (ADI-3251) (Inform. STF 472)

SISTEMA DE "MOTO-SERVICE" E VÍCIO FORMAL

Por considerar usurpada a competência privativa da União para legislar sobre trânsito e transporte (CF, art. 22, XI), o Tribunal julgou procedente pedido formulado em ação direta ajuizada pelo Procurador-Geral da República para declarar a inconstitucionalidade da Lei distrital 3.787/2006, que cria, no âmbito do Distrito Federal, o sistema de *moto-service* e dá outras providências. Asseverou-se que a lei impugnada não trata de estabelecimento e implantação de política e educação para a segurança do trânsito (CF, art. 23, XII), e, sim, visa oficializar e dar aspecto de legalidade à modalidade de transporte remunerado de passageiros com uso de motocicletas, o que não está previsto em lei federal. Precedente citado: ADI 2606/SC (DJU de 7.2.2003). ADI 3679/DF, rel. Min. Sepúlveda Pertence, 18.6.2007. (ADI-3679) (Inform. STF 472)

ANISTIA: INFRAÇÕES DISCIPLINARES E COMPETÊNCIA - 1

O Tribunal julgou improcedente pedido formulado em ação direta ajuizada pelo Governador do Estado de Rondônia contra o art. 3º do ADCT da Constituição local, que concede anistia a todos os servidores públicos da administração direta, indireta, autárquica e fundacional, demitidos ou que sofreram outras punições no período de 21.2.81 até a promulgação dessa Constituição, por motivo político ou classista, inclusive movimentos grevistas. Considerou-se que conferir somente à União o poder de anistiar infrações administrativas de servidores locais constituiria exceção radical e inexplicável ao dogma fundamental do princípio federativo, ou seja, a autonomia administrativa de Estados e Municípios, o que reclamaria norma inequívoca da Constituição Federal. Asseverou-se, por outro lado, que, no caso de se cuidar da anistia de crimes, o que se caracterizaria como *abolitio criminis* de efeito temporário e só retroativo, a competência exclusiva da União estaria em harmonia com a competência federal privativa para legislar sobre direito penal. Ressaltou-se, ademais, não se tratar, na espécie, de lei ordinária de iniciativa do Poder Legislativo, mas de norma que teve origem na autonomia constitucional dos Estados-membros, investida nas Assembléias Constituintes Estaduais, conforme o art. 11 do ADCT da CF/88 ("*Cada Assembléia Legislativa, com poderes constituintes, elaborará a Constituição do Estado, no prazo de um ano, contado da promulgação da Constituição Federal, obedecidos os princípios desta.*"). Aduziu-se que a Constituição Federal de 1988 dispôs que as Assembléias Constituintes Estaduais não simplesmente adaptariam o seu direito preexistente a coisa alguma, mas elaborariam a Constituição dos Estados, observados os princípios previstos na Constituição Federal, e isso porque uma Constituinte Estadual, apesar de limitada, derivada, decorrente, restrita, é, em relação aos poderes instituídos do Estado, um poder superior a todos eles. Por outro lado, destacou-se ser possível reputar abusivo o exercício do poder constituinte estadual quando visa fraudar poderes ordinários que, por força da Constituição Federal, hão de tocar aos poderes instituídos. ADI 104/RO, rel. Min. Sepúlveda Pertence, 4.6.2007. (ADI-104)

ANISTIA: INFRAÇÕES DISCIPLINARES E COMPETÊNCIA - 2

Entretanto, salientando a peculiaridade do caso concreto, afirmou-se não se conseguir divisar como a anistia de penalidades disciplinares, concedida pela Constituinte local, resultaria em fraude a poder ordinário atribuído ao Chefe do Executivo. Na espécie, tratar-se-ia de correção de uma situação administrativa reputada injusta pelo Poder Constituinte estadual, fato que prevaleceria sobre o aumento de despesa decorrente desse reconhecimento. Assim, impedir o perdão implicaria atribuir ao Chefe do Executivo o poder de decidir sobre a manutenção dos efeitos, no plano administrativo, do ordenamento constitucional decaído, em contraposição à vontade do poder constituinte estadual e ao modelo federal seguido pela norma impugnada (ADCT, art. 8º). Concluiu-se que a intenção do constituinte estadual foi de anistiar as faltas funcionais passadas com nítido conteúdo político e que, apenas restaria ultrapassado o campo de ação atribuído ao Estado-membro pelo art. 21, XVII, da CF, se a anistia questionada tivesse abrangido o perdão relativo às infrações de natureza eminentemente penal. Precedentes citados: Rp 696/SP (DJU de 15.6.67); ADI 546/DF (DJU de 14.4.2000); ADI 864/RS (DJU de 13.9.96); ADI 1440 MC/SC (DJU de 1º.6.2001); ADI 1594 MC/RN (DJU de 29.8.97). ADI 104/RO, rel. Min. Sepúlveda Pertence, 4.6.2007. (ADI-104) (Inform. STF 470)

TRÂNSITO E VÍCIO FORMAL

O Tribunal julgou procedente pedido formulado em ação direta proposta pelo Governador do Estado de Alagoas para declarar a inconstitucionalidade da Lei estadual 6.347/2002, que autoriza a concessão e implantação do Serviço de Inspeção Técnica de Veículo para vistoria de condições de segurança e para controle da emissão de gases poluentes e de ruídos dos veículos automotores registrados no mencionado Estado. Entendeu-se que a lei impugnada afronta o art. 22, XI, da CF, que atribui à União a competência privativa para legislar sobre trânsito e transporte. Salientou-se que, inexistindo lei complementar que autorize os Estados a legislar sobre questões específicas desses temas (CF, art. 22, parágrafo único), carece o Estado de Alagoas de competência para legislar sobre a matéria de inspeção técnica de veículos. Precedentes citados: ADI 3625 MC/DF (DJU de 29.9.2006); ADI 3323/DF (DJU de 23.9.2005); ADI 2064/MS (DJU de 17.8.2001); ADI 2137 MC/RJ (DJU de 12.5.2000); ADI 1704/MT (DJU de 20.9.2002); ADI 1592/DF (DJU de 9.5.2003); ADI 1972 MC/RS (DJU de 22.6.99). ADI 3049/AL, rel. Min. Cezar Peluso, 4.6.2007. (ADI-3049) (Inform. STF 470)

BLOQUEIO DE LICENCIAMENTO E COMPETÊNCIA

Por entender usurpada a competência privativa da União para legislar sobre trânsito e transporte (CF, art. 22, XI), o Tribunal julgou parcialmente procedente pedido formulado em ação direta ajuizada pelo Governador do Estado de Santa Catarina, para declarar a inconstitucionalidade do art. 3º da Lei estadual 11.223/99, que sujeita a ter bloqueado o licenciamento do seu veículo aquele que descumprir a obrigatoriedade de identificação telefônica na carroceria de veículos de transporte de carga e de passageiros que essa lei estabelece. ADI 2407/SC, rel. Min. Cármen Lúcia, 31.5.2007. (ADI-2407) (Inform. STF 469)

ADI E LOTERIA ESTADUAL

Aplicando o entendimento fixado pela Corte no sentido de que compete privativamente à União legislar sobre sistema de sorteios (CF, art. 22, XX), o Tribunal, por maioria, julgou procedente pedido de ação direta ajuizada pelo Procurador-Geral da República para declarar a inconstitucionalidade da Lei 13.639/2000, com a redação dada pela Lei 13.672/2000, do Estado de Goiás, que dispõe sobre a exploração do serviço de loteria e congênere, de qualquer modalidade, no âmbito da referida unidade federativa. Vencido o Min. Marco Aurélio que julgava improcedente o pleito, reportando-se ao voto que proferira no julgamento da ADI 2847/DF (DJU de 26.11.2004). Precedentes citados: ADI 2996/SC (DJU de 16.3.2007); ADI 2847/DF (DJU de 26.11.2004); ADI 2948/MT (DJU de 13.5.2005); ADI 3259/PA (DJU 24.2.2006). ADI 3060/GO, rel. Min. Sepúlveda Pertence, 3.5.2007. (ADI-3060) (Inform. STF 465)

ADI E LOTERIA ESTADUAL

Na linha do entendimento fixado pela Corte no sentido de que incumbe privativamente à União legislar sobre sistema de sorteios, o Tribunal, por maioria, julgou procedente pedido formulado em ação direta ajuizada pelo Procurador-Geral da República para declarar a inconstitucionalidade da Lei 7.416/2003, do Estado da Paraíba, que dispõe sobre o serviço de loterias no âmbito daquela unidade federativa e dá outras providências. Asseverou-se, também, que, embora o diploma questionado discipline a exploração da atividade lotérica instituída pela Lei estadual 1.192/55 — de época em que facultada, pela legislação federal (DL 6.259/44, art. 1º), a realização de tais sorteios pelos Estados-membros —, esta lei não estaria sob análise no caso. Ademais, ressaltou-se que a inclusão, pela Lei 7.416/2003, do jogo do bingo e de outras modalidades de sorteio impensáveis em 1955, demonstrariam a ausência de fonte normativa federal na espécie (DL 204/67). Vencido o Min. Marco Aurélio que julgava improcedente o pleito, reportando-se ao voto que proferira no julgamento da ADI 2847/DF (DJU de 26.11.2004). Outros precedentes citados: ADI 2948/MT (DJU de 13.5.2005); ADI 2995/PE (j. em 13.12.2006); ADI 2996/SC (DJU de 29.9.2006); ADI 3063/MA (DJU de 2.3.2007); ADI 3147/PI (DJU de 22.9.2006); ADI 3148/TO (j. em 13.12.2006); ADI 3189/AL (j. em 13.12.2006); ADI 3259/PA (DJU de 24.2.2006); ADI 3293/MS (j. em 13.12.2006). ADI 3277/PB, rel. Min. Sepúlveda Pertence, 2.4.2007. (ADI-3277) (Inform. STF 462)

DISPENSA DE PAGAMENTO DE ESTACIONAMENTO E VÍCIO FORMAL

O Tribunal julgou procedente pedido formulado em ação direta ajuizada pela Confederação Nacional dos Estabelecimentos de Ensino - CONFENEN, para declarar a inconstitucionalidade da Lei 15.223/2005, do Estado de Goiás, que dispensa do pagamento pelo uso de estacionamento em *shopping centers*, hipermercados, instituições de ensino, rodoviárias e aeroportos, instalados no Estado, os clientes, alunos e usuários que comprovarem despesas correspondentes a pelo menos dez vezes o valor cobrado por esse uso. Preliminarmente, o Tribunal, por maioria, conheceu da ação. Vencidos, no ponto, os Ministros Cármen Lúcia, Marco Aurélio, Celso de Mello e Sepúlveda Pertence, que dela não conheciam, ao fundamento de ser a requerente carecedora da ação, ante a ausência de pertinência temática. No mérito, entendeu-se caracterizada a ofensa à competência privativa da União para legislar sobre direito civil (CF, art. 22, I), já que, pela norma impugnada, faz-se uma limitação genérica ao exercício do direito de propriedade. O Min. Marco Aurélio ressaltou que, em se tratando de atividade econômica, a atuação do Estado, a teor do disposto no art. 174, da CF, quanto à iniciativa privada, é simplesmente de fiscalização, incentivo e planejamento, e não pode ser vinculante. O Min. Carlos Britto considerou não haver afronta ao direito de propriedade, nem à competência privativa da União para legislar sobre direito civil, mas sim à liberdade econômica dos estabelecimentos de ensino. O Min. Sepúlveda Pertence, embora acompanhando o relator, ressalvou continuar com a convicção expressa na ADI 1472/DF (DJU de 25.10.2002) e na ADI 1918/ES (DJU de 1º.8.2003). ADI 3710/GO, rel. Min. Joaquim Barbosa, 9.2.2007. (ADI-3710) (Inform. STF 455)

SÚMULA VINCULANTE STF Nº 2

É inconstitucional a lei ou ato normativo estadual ou distrital que disponha sobre sistemas de consórcios e sorteios, inclusive bingos e loterias.

SÚMULA STF Nº 722

São da competência legislativa da união a definição dos crimes de responsabilidade e o estabelecimento das respectivas normas de processo e julgamento.

SÚMULA STF Nº 647

Compete privativamente à União legislar sobre vencimentos dos membros das polícias civil e militar do Distrito Federal.

SÚMULA STJ Nº 19

A fixação do horário bancário, para atendimento ao público, é da competência da União.

6. ADMINISTRAÇÃO PÚBLICA

AC: EFEITO SUSPENSIVO A AI E REPERCUSSÃO GERAL

A 1ª Turma negou provimento a agravo regimental, do Estado do Paraná, para manter decisão do Min. Dias Toffoli, em que negado seguimento a ação cautelar, da qual relator, autuada em 23.5.2011, tendo como objetivo conferir eficácia suspensiva ao AI 802111/PR e ao AI 802511/PR, consequentemente, ao recurso extraordinário deduzido, bem assim sustar os efeitos de decisão proferida em apelação cível no Tribunal de Justiça estadual, até julgamento final da causa no STF. Na espécie, o relator provera os aludidos agravos de instrumento com o fito de admitir o apelo extremo e, nos termos do art. 328 do RISTF, determinar a devolução daqueles feitos à origem para apensamento aos autos originais, preceituando a aplicação, quanto ao extraordinário, do disposto no art. 543-B do CPC. Trata-se, no processo principal, de discussão acerca da existência de direito adquirido dos servidores inativos permanecerem na classe em que aposentados, não obstante o advento de lei estadual que, ao promover a reclassificação de cargos, reenquadra-os em classe inferior. Assinalou-se que o STF reconhecera a repercussão geral da matéria constitucional versada (RE 606199/PR, DJe de 12.8.2011), razão porque determinada a baixa dos autos. Asseverou-se que, na presente situação, o STF não mais deteria competência para o conhecimento da medida. AC 2883 AgR/PR, rel. Min. Dias Toffoli, em 6.11.2012. (AC-2883) (Inform. STF 687)

SERVIDOR PÚBLICO. FUNÇÃO GRATIFICADA. TETO CONSTITUCIONAL.

O recorrente, servidor de TC estadual, impetrou, na origem, mandado de segurança irresignado com a redução de seus proventos após a edição da Lei estadual n. 13.268/2009, que instituiu o novo plano de carreira para o quadro efetivo dos servidores daquele órgão. Para tanto, invocou o princípio da irredutibilidade dos vencimentos, pois o ato impugnado acarretou redução do valor da função gratificada que ocupa. Nesse contexto, a Turma reiterou que, a partir da entrada em vigor da EC n. 41/2003 (que deu nova redação ao art. 37, XI, da CF), não há falar em direito adquirido ao recebimento de remuneração, proventos ou pensão acima do teto remuneratório estabelecido pela aludida emenda, nem em ato jurídico perfeito que se sobreponha ao teto constitucional, não preponderando a garantia da irredutibilidade de vencimentos diante da nova ordem constitucional. Dessa forma, consignou-se que a garantia da irredutibilidade dos vencimentos (art. 37, XV, da CF) deve ser observada, desde que os valores percebidos se limitem ao teto do funcionalismo público. *In casu*, a redução no valor das funções gratificadas foi efetivada com o específico intuito de adequar a remuneração do recorrente ao teto remuneratório do serviço público (art. 37, XI, da CF). Assim, a adequação dos vencimentos ao limite fixado no texto constitucional não representa violação do princípio que assegura a irredutibilidade de vencimentos, pois essa proteção somente abrange aqueles pagos em conformidade com a Constituição. Precedentes citados do STF: RE 477.447-MG, DJ 24/11/2006; do STJ: RMS 32.258-RJ, DJe

12/11/2010; AgRg no RMS 29.318-PE, DJe 18/10/2010; RMS 24.855-RS, DJ 7/2/2008; RMS 28.226-MA, DJe 30/6/2010, e AgRg no RMS 26.951-CE, DJe 3/11/2008. **RMS 32.796-RS, Rel. Min. Mauro Campbell Marques, julgado em 26/6/2012.(Inform. STJ 500)**

LEI FEDERAL 10.887/2004: PREVIDÊNCIA ESTADUAL E REAJUSTE - 1

O Plenário deferiu pedido de medida cautelar em ação direta de inconstitucionalidade, ajuizada pelo Governador do Estado do Rio Grande do Sul, para restringir a aplicabilidade do que contido no art. 15 da Lei federal 10.887/2004, na redação conferida pelo art. 171 da Lei 11.784/2008, aos servidores ativos e inativos, bem como aos pensionistas da União ("*Os proventos de aposentadoria e as pensões de que tratam os arts. 1º e 2º desta Lei serão reajustados, a partir de janeiro de 2008, na mesma data e índice em que se der o reajuste dos benefícios do regime geral de previdência social, ressalvados os beneficiados pela garantia de paridade de revisão de proventos de aposentadoria e pensões de acordo com a legislação vigente*"). Após retrospecto acerca das alterações normativas da matéria, a par da controvérsia de índole material, observou-se haver problemática alusiva à competência para dispor sobre revisão de proventos. No ponto, ressaltou-se que a Constituição, ao se referir a "lei", remeteria, de regra, à federal. Por sua vez, consoante o art. 24, XII, da CF, surgiria competência concorrente da União, dos Estados-membros e do Distrito Federal para legislar sobre previdência social, proteção e defesa da saúde. Reputou-se forçoso concluir que a regência federal deveria ficar restrita, como previsto no § 1º do indicado art. 24, ao estabelecimento de normas gerais. Ademais, realçou-se não ser possível inferir que, no campo destas últimas, definir-se-ia o modo de revisão dos proventos dos servidores estaduais. Sob esse ângulo, entendeu-se, à primeira vista, relevante a alegação do mencionado ente federativo no que apontara o vício formal quanto à observância do preceito questionado aos respectivos servidores. Enfatizou-se que os citados artigos 1º e 2º do diploma legal versam o cálculo dos proventos no âmbito não só da União como também dos Estados-membros, do Distrito Federal e dos Municípios. Além disso, frisou-se que, na Constituição gaúcha, haveria dispositivo a homenagear o princípio igualitário, considerados os servidores da ativa, os inativos e os pensionistas. Ponderou-se que, da mesma maneira que a normatização de revisão geral do pessoal da ativa caberia ao próprio ente federativo, competiria ainda a este legislar sobre o reajuste do que percebido pelos inativos e pelos pensionistas, sob pena de o sistema ficar capenga. Explicitou-se que, na espécie, ter-se-ia a regência da revisão do pessoal da ativa mediante lei estadual e dos inativos e pensionistas via lei federal. Ato contínuo, assinalou-se que nada justificaria esse duplo enfoque, cujo tratamento deveria ser uniformizado. ADI 4582 MC/DF, rel. Min. Marco Aurélio, 28.9.2011. (ADI-4582)

LEI FEDERAL 10.887/2004: PREVIDÊNCIA ESTADUAL E REAJUSTE - 2

No tocante ao vício material, não se vislumbrou relevância suficiente a deferir-se a liminar. Registrou-se que o exame se dera em virtude do princípio da eventualidade. Destacou-se que se deveria considerar, para tanto, a redação contemporânea do art. 15 em comento, pois o teor primitivo fora suplantado. Sublinhou-se que a menção dele constante ao termo inicial — janeiro de 2008 — far-se-ia ligada ao fato de o diploma em tela ter sido editado no mesmo ano, procedendo-se à retroação, haja vista que a referência seria a janeiro, enquanto a lei, de setembro. Ao perquirir sobre o texto constitucional então vigente, entreviu-se que o dispositivo atacado acarretaria, justamente, a conveniente proteção das situações constituídas. Dessa forma, ao discorrer sobre a revisão de benefícios segundo o regime geral de previdência social, ressalvara os beneficiados pela garantia da paridade de revisão de proventos de aposentadorias e pensões de acordo com a legislação em vigor à época. A Min. Cármen Lúcia ratificou que índices e datas nada teriam de norma geral. O Min. Celso de Mello salientou a aparente ofensa ao princípio da Federação, tendo em vista a aludida sujeição dos servidores a critério heterônomo imposto de fora ao Estado-membro. ADI 4582 MC/DF, rel. Min. Marco Aurélio, 28.9.2011. (ADI-4582) (Inform. STF 642)

EMENTA: MANDADO DE INJUNÇÃO. SERVIDOR PÚBLICO *PORTADOR DE DEFICIÊNCIA*. **DIREITO** PÚBLICO SUBJETIVO À APOSENTADORIA ESPECIAL (**CF**, ART. 40, § 4º, I). *INJUSTA FRUSTRAÇÃO* DESSE DIREITO **EM DECORRÊNCIA** *DE INCONSTITUCIONAL, PROLONGADA* **E** *LESIVA* OMISSÃO **IMPUTÁVEL** A ÓRGÃOS ESTATAIS DA UNIÃO FEDERAL. **CORRELAÇÃO ENTRE** *A IMPOSIÇÃO CONSTITUCIONAL DE LEGISLAR* **E** *O RECONHECIMENTO DO DIREITO SUBJETIVO À LEGISLAÇÃO*. **DESCUMPRIMENTO** *DE IMPOSIÇÃO CONSTITUCIONAL LEGIFERANTE* **E** *DESVALORIZAÇÃO FUNCIONAL* DA CONSTITUIÇÃO ESCRITA. **A INÉRCIA** DO PODER PÚBLICO **COMO ELEMENTO REVELADOR** DO DESRESPEITO ESTATAL AO DEVER DE LEGISLAR **IMPOSTO** PELA CONSTITUIÇÃO. *OMISSÕES NORMATIVAS INCONSTITUCIONAIS*: UMA PRÁTICA GOVERNAMENTAL *QUE SÓ FAZ REVELAR* **O DESPREZO** DAS INSTITUIÇÕES OFICIAIS *PELA AUTORIDADE SUPREMA* DA LEI FUNDAMENTAL DO ESTADO. **A COLMATAÇÃO JURISDICIONAL** DE OMISSÕES INCONSTITUCIONAIS: **UM GESTO DE FIDELIDADE** *À SUPREMACIA HIERÁRQUICO-NORMATIVA* DA CONSTITUIÇÃO DA REPÚBLICA. *A VOCAÇÃO PROTETIVA* DO MANDADO DE INJUNÇÃO. **LEGITIMIDADE** *DOS PROCESSOS DE INTEGRAÇÃO NORMATIVA* (*DENTRE ELES*, O RECURSO À ANALOGIA) **COMO FORMA DE SUPLEMENTAÇÃO** DA "*INERTIA AGENDI VEL DELIBERANDI*". **PRECEDENTES** DO SUPREMO TRIBUNAL FEDERAL. MANDADO DE INJUNÇÃO **CONHECIDO E DEFERIDO**. MI 1967/DF. RELATOR: Min. Celso de Mello DJ 27.05.11. (Inform. STF 630)

Piso salarial nacional dos profissionais da educação básica - 1

O Plenário iniciou julgamento de ação direta de inconstitucionalidade proposta pelos Governadores dos Estados do Mato Grosso do Sul, do Paraná, de Santa Catarina, do Rio Grande do Sul e do Ceará contra os artigos 2º, §§ 1º e 4º; 3º, *caput*, II e III; e 8º, todos da Lei 11.738/2008, que dispõe sobre o piso salarial nacional para os profissionais do magistério público da educação básica ["*Art. 2º O piso salarial profissional nacional para os profissionais do magistério público da educação básica será de R$ 950,00 (novecentos e cinqüenta reais) mensais, para a formação em nível médio, na modalidade Normal, prevista no art. 62 da Lei nº 9.394, de 20 de dezembro de 1996, que estabelece as diretrizes e bases da educação nacional. § 1º O piso salarial profissional nacional é o valor abaixo do qual a União, os Estados, o Distrito Federal e os Municípios não poderão fixar o vencimento inicial das Carreiras do magistério público da educação básica, para a jornada de, no máximo, 40 (quarenta) horas semanais. ... § 4º Na composição da jornada de trabalho, observar-se-á o limite máximo de 2/3 (dois terços) da carga horária para o desempenho das atividades de interação com os educandos. ... Art. 3º O valor de que trata o art. 2º desta Lei passará a vigorar a partir de 1º de janeiro de 2008, e sua integralização, como vencimento inicial das Carreiras dos profissionais da educação básica pública, pela União, Estados, Distrito Federal e Municípios será feita de forma progressiva e proporcional, observado o seguinte: ... II – a partir de 1º de janeiro de 2009, acréscimo de 2/3 (dois terços) da diferença entre o valor referido no art. 2º desta Lei, atualizado na forma do art. 5º desta Lei, e o vencimento inicial da Carreira vigente; III – a integralização do valor de que trata o art. 2º desta Lei, atualizado na forma do art. 5º desta Lei, dar-se-á a partir de 1º de janeiro de 2010, com o acréscimo da diferença remanescente. ... Art. 8º Esta Lei entra em vigor na data de sua publicação*"]. ADI 4167/DF, rel. Min. Joaquim Barbosa, 6 e 7.4.2011. (ADI-4167)

Piso salarial nacional dos profissionais da educação básica - 2

O Plenário, por maioria, julgou o pedido improcedente quan-to ao § 1º do art. 2º, aos incisos II e III do art. 3º e ao art. 8º, todos da lei impugnada. Relativamente à fixação da jornada de trabalho de 40 horas semanais, reafirmou-se o que externado quando da apreciação da medida cautelar (v. Informativo 533). Esclareceu-se que essa jornada teria por função compor o cálculo do valor devido a título de piso, juntamente com o padrão monetário de R$ 950,00, e que a inexistência de parâmetro de carga horária para condicionar a obrigatoriedade da adoção do valor do piso poderia levar a distorções regionais e potencializar o conflito judicial, na medida em que permitiria a escolha de cargas horárias desproporcionais ou inexeqüíveis. Afastou-se, também, o argumento de que a União não poderia estabelecer tal piso, sob pena de ofensa ao pacto federativo. Asseverou-se a competência do aludido ente para dispor sobre diretrizes e bases da educação e fixar o piso salarial para os professores do magistério público da educação básica. Apontou-se que esse mister compreenderia a definição se o vocábulo "piso" referir-se-ia à remuneração global — escolha por uma proteção mínima — ou a vencimento básico — política de incentivo. Registrou-se, entretanto, que a norma questionada não faria menção sobre o que se deveria entender por "piso" e que existiria um regime de transição a implicar o reconhecimento de que ela diria respeito ao vencimento. No ponto, o Min. Gilmar Mendes dava interpretação conforme no sentido de que a referência a "piso salarial" seria a remuneração. Por sua vez, as Ministras Cármen Lúcia e Ellen Gracie assentavam a perda de objeto da ação no que concerne aos artigos 3º e 8º da lei em comento. Vencido o Min. Marco Aurélio que reputava o pleito procedente. ADI 4167/DF, rel. Min. Joaquim Barbosa, 6 e 7.4.2011. (ADI-4167)

Piso salarial nacional dos profissionais da educação básica - 3

De outro lado, com relação ao § 4º do art. 2º da lei adversada, os Ministros Joaquim Barbosa, relator, Luiz Fux, Ricardo Lewandowski, Celso de Mello e Ayres Britto declaravam a sua constitucionalidade. Consignaram que a diretriz atinente ao cumprimento de, no máximo, 2/3 da carga horária do magistério em atividades de sala de aula estaria intrinsecamente atrelada ao tema do piso salarial, dado que não se poderia dele cogitar sem a jornada de trabalho. Dessa forma, consideraram que o mencionado dispositivo, à luz do art. 206 da CF, não representaria invasão de competência dos demais entes federados, com a conseqüente ruptura do pacto federativo.

Em divergência, os Ministros Cármen Lúcia, Gilmar Mendes, Ellen Gracie e Marco Aurélio julgaram o pleito procedente ao fundamento de que teria havido usurpação da competência legislativa dos Estados-membros e dos Municípios. Após, o julgamento foi suspenso para aguardar o voto do Min. Cezar Peluso, Presidente, nos termos do parágrafo único do art. 23 da Lei 9.868/99. O Plenário, ainda, rejeitou questão de ordem suscitada pelo Min. Marco Aurélio no tocante à falta de quórum para prosseguimento da votação sobre matéria constitucional. Salientou-se que, não obstante a possibilidade de reconsideração por parte dos Ministros, deveriam ser computados, para fins do quórum, os votos que já teriam sido proferidos. ADI 4167/DF, rel. Min. Joaquim Barbosa, 6 e 7.4.2011. (ADI-4167)

PISO SALARIAL NACIONAL DOS PROFISSIONAIS DA EDUCAÇÃO BÁSICA - 4

Em conclusão, o Plenário, por maioria, julgou improcedente pedido formulado em ação direta de inconstitucionalidade proposta pelos Governadores dos Estados do Mato Grosso do Sul, do Paraná, de Santa Catarina, do Rio Grande do Sul e do Ceará contra os artigos 2º, §§ 1º e 4º; 3º, *caput*, II e III; e 8º, todos da Lei 11.738/2008, que dispõe sobre o piso salarial nacional para os profissionais do magistério público da educação básica — v. Informativo 622. Nesta assentada, o Min. Cezar Peluso, Presidente, acompanhou a divergência relativa ao § 4º do art. 2º da lei impugnada para declarar sua inconstitucionalidade, por considerar usurpada a competência dos Estados-membros e dos Municípios para legislar sobre jornada de trabalho, a qual, na espécie, deveria observar o limite máximo de 2/3 da carga horária no desempenho de atividades em sala de aula. Diante do empate no que se refere a tal dispositivo, deliberou-se, também por maioria, que a decisão da Corte — exclusivamente em relação ao § 4º do art. 2º da mencionada lei — não se reveste de eficácia vinculante e efeito *erga omnes*, por não haver sido obtida a maioria absoluta, necessária para tanto. Vencidos, no ponto, os Ministros Joaquim Barbosa, relator, e Ricardo Lewandowski, que consideravam o pleito integralmente rejeitado, motivo pelo qual todos os preceitos impugnados permaneceriam válidos. Acrescentavam que entendimento contrário significaria um convite ao descumprimento da aludida norma. ADI 4167/DF, rel. Min. Joaquim Barbosa, 27.4.2011. (ADI-4167) (Inform. STF 624)

MANDADO DE INJUNÇÃO: APOSENTADORIA ESPECIAL DE OFICIAIS DE JUSTIÇA - 1

O Tribunal iniciou julgamento de mandado de injunção coletivo impetrado pelo Sindicato dos Servidores das Justiças Federais no Estado do Rio de Janeiro - SISEJUFE/RJ em que se alega omissão legislativa dos Presidentes da República e do Congresso Nacional, ante a ausência de regulamentação do art. 40, § 4º, da CF, para a aposentadoria especial dos ocupantes do cargo de Oficial de Justiça Avaliador Federal. Pede o impetrante a aplicação analógica da disciplina prevista na Lei Complementar 51/85, no que regulamenta a aposentadoria especial para funcionário policial. Preliminarmente, o Tribunal, por maioria, reputou admissível o mandado de injunção coletivo. Vencido, no ponto, o Min. Marco Aurélio, que não o admitia ao fundamento de que o mandado de injunção estaria previsto na Constituição Federal para viabilizar o exercício de direito individual. Rejeitou-se, também, o alegado prejuízo da impetração pelo envio, ao Congresso Nacional, de projeto de lei acerca da matéria, porquanto, nos termos da jurisprudência da Corte, seu acolhimento poderia esvaziar o acesso à justiça por meio desse importante instrumento constitucional. MI 833/DF, rel. Min. Cármen Lúcia, 2.8.2010. (MI-833)

MANDADO DE INJUNÇÃO: APOSENTADORIA ESPECIAL DE OFICIAIS DE JUSTIÇA - 2

No mérito, a Min. Cármen Lúcia, relatora, reconheceu a mora legislativa e a necessidade de se dar eficácia às normas constitucionais e efetividade ao direito alegado. Concedeu em parte a ordem para integrar a norma constitucional e garantir a viabilidade do direito assegurado aos substituídos do impetrante, que estejam no desempenho efetivo da função de Oficial Avaliador, o que disposto no art. 40, § 4º, II, da CF. Assegurou-lhes a aplicação do inciso I do art. 1º da LC 51/85, no que couber, a partir da comprovação dos dados, em cada caso concreto, perante a autoridade administrativa competente. De início, ressaltou a peculiaridade da situação em apreço, de modo a afastar a possibilidade de julgamento monocrático a partir do que decidido no MI 721/DF (DJE de 30.11.2007). Considerou a necessidade do exame do cabimento, ou não, de aplicação analógica do disposto na aludida LC 51/85 à aposentação especial fundada no inciso II do § 4º do art. 40 da CF ("*§ 4º É vedada a adoção de requisitos e critérios diferenciados para a concessão de aposentadoria aos abrangidos pelo regime de que trata este artigo, ressalvados, nos termos definidos em leis complementares, os casos de servidores: ... II - que exerçam atividades de risco;*"). Consignou, ainda, que o STF, no julgamento da ADI 3817/DF (DJE de 3.4.2009), assentara a recepção do inciso I do art. 1º da LC 51/85 — que cuida da aposentadoria voluntária de funcionário policial —, não tendo apreciado, ante a desnecessidade, o inciso II daquele mesmo artigo — que determina a aposentadoria compulsória do policial, com proventos proporcionais ao tempo de serviço, aos 65 anos de idade, qualquer que seja a natureza dos serviços prestados. MI 833/DF, rel. Min. Cármen Lúcia, 2.8.2010. (MI-833)

MANDADO DE INJUNÇÃO: APOSENTADORIA ESPECIAL DE OFICIAIS DE JUSTIÇA - 3

A relatora enfatizou não reputar superada a mora legislativa com a declaração de recepção da LC 51/85, porque esta se encontra dirigida ao policial, cargo este com atribuições e responsabilidades nas quais não se enquadrariam os Oficiais de Justiça. Aduziu que a mera comunicação dessa omissão não seria suficiente para os fins pretendidos pelo impetrante, devendo-se perquirir sobre o enquadramento dos Oficiais de Justiça Avaliadores Federais no desempenho de função de risco para se cogitar da aplicação analógica da LC 51/85. No ponto, destacou a existência de reconhecimento legal da presença do risco no exercício da atividade por eles desenvolvida, o que seria bastante para a sua adequação na hipótese do inciso II do § 4º do art. 40 da CF. Observou, de outro lado, que dificuldades poderiam surgir quando da análise, pelas autoridades administrativas competentes, dos requerimentos de aposentadorias dos servidores enquadrados no mencionado art. 40, § 4º, II, da CF, porquanto aqui não haveria que se falar em sujeição dos trabalhadores a agentes nocivos ou a associação de agentes prejudiciais a sua saúde ou a sua integridade física para a aquisição do direito à aposentadoria especial, a ensejar o afastamento do art. 57 da Lei 8.213/91. Ademais, acentuou que a mera desconsideração das exigências previstas nesse artigo poderia conduzir a uma situação de flagrante ofensa ao princípio da isonomia, dado que permitiria a aposentação de servidores públicos, que exerceram a mesma atividade, com a observância de diferentes prazos de carência. Assim, entendeu que a utilização do inciso I do art. 1º da LC 51/85 possibilitaria uma integração maior da solução adotada pelo STF em relação à omissão legislativa verificada, superando as dificuldades advindas da aplicação do art. 57 da Lei 8.213/91. MI 833/DF, rel. Min. Cármen Lúcia, 2.8.2010. (MI-833)

Mandado de Injunção: Aposentadoria Especial de Oficiais de Justiça - 4

Em seguida, a relatora rejeitou o pedido para que o STF procedesse à diferenciação entre o tempo necessário para a aposentadoria voluntária dos substituídos sob o critério de gênero — homens ou mulheres —, uma vez que, por se tratar de aposentadoria especial, dispensável se falar em obrigatoriedade na adoção de requisitos e critérios referentes à aposentadoria comum, sendo tal questão, portanto, afeta à discricionariedade do legislador quando vier a regulamentar a matéria nos termos do art. 40, § 4º, da CF. De igual modo, repeliu a alegação de que o § 5º do art. 40 da CF ("*§ 5º - Os requisitos de idade e de tempo de contribuição serão reduzidos em cinco anos, em relação ao disposto no § 1º, III, 'a', para o professor que comprove exclusivamente tempo de efetivo exercício das funções de magistério na educação infantil e no ensino fundamental e médio.*") evidenciaria a necessidade de observância dessa distinção, já que o dispositivo se refere à aposentadoria especial de professor. Concluiu que o Oficial de Justiça Avaliador Federal poderá se aposentar voluntariamente, com proventos integrais, após 30 anos de serviço, desde que conte com, pelo menos, 20 anos de exercício neste ou em outro cargo de natureza de risco, até que suprida a lacuna legislativa referente ao art. 40, § 4º, II, da CF. Relativamente à aposentadoria compulsória, asseverou que esta deverá ocorrer nos termos do art. 40, § 1º, II, da CF, tomando-se como referência da proporcionalidade o tempo previsto no inciso I do art. 1º da LC 51/85. Após o voto do Min. Ricardo Lewandowski que acompanhava a relatora, pediu vista dos autos o Min. Ayres Britto. MI 833/DF, rel. Min. Cármen Lúcia, 2.8.2010. (MI-833) (Inform. STF 594)

MI: APOSENTADORIA ESPECIAL E SERVIDORES DO PODER JUDICIÁRIO E DO MINISTÉRIO PÚBLICO

O Tribunal iniciou julgamento de mandado de injunção coletivo impetrado pelo Sindicato dos Trabalhadores do Poder Judiciário e Ministério Público da União no Distrito Federal - SINDJUS/DF em que se alega omissão legislativa do Presidente da República, ante a ausência de regulamentação do art. 40, § 4º, da CF, para a aposentadoria especial aos substituídos que exercem atividades de risco. Pleiteia o impetrante a aplicação analógica da disciplina prevista na Lei Complementar 51/85, no que regulamenta a aposentadoria especial para a atividade policial. Na mesma linha do voto acima relatado, o Min. Ricardo Lewandowski, relator, concedeu a ordem em parte para reconhecer o direito dos substituídos pelo impetrante de terem os seus pleitos à aposentadoria especial analisados de *per si* pela autoridade administrativa, para que esta verifique se há, ou não, risco na atividade. Após, o julgamento foi suspenso em virtude do pedido de vista do Min. Ayres Britto. MI 844/DF, rel. Min. Ricardo Lewandowski, 2.8.2010. (MI-844) (Inform. STF 594)

ADI E PRINCÍPIO DA IMPESSOALIDADE

Por vislumbrar aparente ofensa ao princípio da impessoalidade, o Tribunal concedeu medida liminar em ação direta de inconstitucionalidade ajuizada pelo Governador do Estado da Paraíba para suspender, com efeitos *ex nunc*, a Lei estadual 8.736/2009, que institui o Programa Acelera Paraíba, para incentivo aos pilotos de automobilismo nascidos e vinculados àquele Estado-membro. Entendeu-se que a lei impugnada singularizaria de tal modo os favorecidos que apenas uma só pessoa se beneficiaria com mais de 75% dos valores destinados ao programa. ADI 4259/PB, rel. Min. Ricardo Lewandowski, 23.6.2010. (ADI-4259) (Inform. STF 592)

ADI E VENDA DE TERRAS PÚBLICAS RURAIS - 1

O Tribunal iniciou julgamento de ação direta proposta pelo Partido dos Trabalhadores - PT na qual se objetiva a declaração de inconstitucionalidade de preceitos da Lei distrital 2.689/2001, que dispõe sobre a alienação, legitimação de ocupação e concessão de direito real de uso das terras públicas rurais pertencentes ao Distrito Federal e à Companhia Imobiliária de Brasília - TERRACAP. O Min. Eros Grau, relator, na linha da orientação fixada no julgamento da ADI 2990/DF (j. em 18.4.2007), julgou improcedente o pedido formulado, no que foi acompanhado pelos Ministros Cármen Lúcia e Sepúlveda Pertence. Inicialmente, rejeitou as preliminares de não cabimento da ação. No mérito, entendeu que, embora a lei impugnada cogite de dispensa, haveria, no caso, autêntica inexigibilidade de licitação decorrente de inviabilidade de competição, haja vista que a pessoa que pode adquirir o domínio sem licitação é a que estiver produzindo na terra a ser alienada, razão por que as expressões "venda direta" e "dispensada a licitação", contidas em certos artigos da lei impugnada, não violariam o princípio da licitação (CF, art. 37, XXI) e a regra de competência do art. 22, XXVII, da CF. No que se refere ao artigo 14, que prevê a criação e as atribuições do Conselho de Administração e Fiscalização de Áreas Públicas Rurais Regularizadas, e ao artigo 15, § 1º, da lei em questão, que confere, à TERRACAP e às Secretarias de Estado de Assuntos Fundiários e de Estado de Agricultura e Abastecimento, a competência para fixar tabela de preços da terra pública rural nua, a ser elaborada por comissão nomeada pelos Secretários de Estado de Agricultura e Abastecimento e de Estado e Assuntos Fundiários e que poderá ser composta por pessoas especializadas não-integrantes dos quadros da Administração Pública, o relator asseverou que, ao contrário do que alegado, o conselho e a comissão referidos não deteriam amplos poderes para ditar os rumos da política fundiária do DF que, em última análise, pertenceriam ao Governador. Considerou, ademais, que a possibilidade de esses colegiados serem integrados por pessoas estranhas aos quadros do Poder Público seria expressiva tão-somente da participação de segmentos da sociedade civil na Administração, o que não poderia ser reputado inconstitucional. Em divergência, o Min. Ricardo Lewandowski, reportando-se ao que decidido na ADI 651/TO (DJU de 20.9.2002), julgou o pedido procedente por vislumbrar ofensa ao art. 37, XXI, da CF. Após, pediu vista dos autos o Min. Carlos Britto. **ADI 2416/DF, rel. Min. Eros Grau, 20.6.2007. (ADI-2416)**

ADI e Venda de Terras Públicas Rurais - 2

O Tribunal retomou julgamento de ação direta proposta pelo Partido dos Trabalhadores - PT na qual se objetiva a declaração de inconstitucionalidade de preceitos da Lei distrital 2.689/2001, que dispõe sobre a alienação, legitimação de ocupação e concessão de direito real de uso das terras públicas rurais pertencentes ao Distrito Federal e à Companhia Imobiliária de Brasília - TERRACAP — v. Informativo 472. O Min. Ayres Britto, em voto-vista, julgou o pedido parcialmente procedente para declarar a inconstitucionalidade apenas do art. 14 e, por arrastamento, da expressão *"a qual deverá ser aprovada pelo Conselho de Administração e Fiscalização de Áreas Públicas Rurais Regularizadas"*, contida no § 1º do art. 15, ambos da Lei 2.689/2001. Entendeu que a lei impugnada, ao prever a venda direta ou a legitimação de posse de terras rurais, não teria invadido a competência da União para legislar sobre normas gerais de licitação (art. 22, XXVII), nem vulnerado o art. 37, XXI, da CF, mas tratado, no âmbito do Distrito Federal, do processo de legitimação de posse de terras rurais, o qual, em nível federal, estaria regido pelo art. 29 da Lei 6.383/76, dispositivo legal extensível aos demais entes da Federação como norma geral. Não obstante, considerou que se teria conferido ao conselho criado pelo art. 14 da lei distrital — formado, majoritariamente, por pessoas alheias ao Poder Público, e ao qual submetida a tabela de preços das terras, para aprovação (art. 15, § 1º) — poderes para ditar os rumos da política fundiária do Distrito Federal. Destarte, estar-se-ia negando aos agentes estatais o próprio juízo de conveniência e oportunidade da alienação dos bens públicos para entregá-lo, justamente, aos particulares com maior interesse no assunto (CF, art. 37, § 3º). Vislumbrou situação diversa relativamente à comissão de que trata o § 1º do art. 15 da lei sob análise, tanto porque a nomeação de pessoas não-integrantes dos quadros da Administração Pública seria, nesse caso, uma faculdade quanto porque a tabela de preços, embora elaborada por essa comissão, seria fixada pela Companhia Imobiliária de Brasília - TERRACAP, por meio de resolução. Verificado o empate em relação ao art. 14 da Lei 2.689/2001, ante os votos dos Ministros Eros Grau, Cármen Lúcia, Sepúlveda Pertence, Gilmar Mendes e Cezar Peluso pela improcedência, os votos dos Ministros Ayres Britto e Ellen Gracie, pela parcial procedência, e os votos dos Ministros Ricardo Lewandowski, Marco Aurélio e Celso de Mello pela total procedência do pedido, suspendeu-se o julgamento para aguardar-se o voto do Min. Joaquim Barbosa. ADI 2416/DF, rel. Min. Eros Grau, 16.6.2010. (ADI-2416) (Inform. STF 591)

MAGISTÉRIO E PROMOÇÃO FUNCIONAL - 1

O Tribunal iniciou julgamento de ação direta de inconstitucionalidade ajuizada pelo Procurador-Geral da República contra os artigos 40, 41, 42 e 54 da Lei 6.110/94, o art. 2º da Lei 7.885/2003, e o art. 3º da Lei 8.186/2004, que dispõem sobre o Estatuto do Magistério de 1º e 2º Graus do Estado do Maranhão. O Min. Ricardo Lewandowski, relator, conheceu em parte da ação e, na parte conhecida, julgou improcedente o pedido formulado. Inicialmente, considerou prejudicado o pedido quanto ao art. 54 da Lei 6.110/94, que vinculou o vencimento-base do Professor ao salário mínimo, bem como ao art. 3º da Lei 8.186/2004, que determina a manutenção do texto original da Lei 6.110/94 e suspende a eficácia dos artigos 54, 55, 56 e 57 da mesma Lei, tendo em conta sua revogação pela Lei 8.559/2006, que dispõe sobre a reorganização administrativa do Estado do Maranhão. Em seguida, afastou a alegação de que os demais dispositivos impugnados estariam em confronto com o art. 37, II, da CF, ao permitirem promoção de servidores para cargos diversos daqueles para os quais foram originalmente nomeados. Reportando-se a precedentes da Corte, entendeu que esses dispositivos, em consonância com o que disposto no art. 206, V, da CF, apenas permitem a promoção do servidor de cargo específico de Professor, Administrador Escolar, Inspetor Escolar, Orientador Educacional e de Supervisor Escolar de uma classe para outra, dentro de uma mesma carreira, e não para cargo distinto ou isolado. Acompanharam o relator os Ministros Eros Grau e Joaquim Barbosa, tendo o último julgado a lei constitucional sob reserva da seguinte interpretação: que a promoção se faça de uma classe para outra da mesma carreira e que não haja promoção que implique transposição de uma carreira para outra. Além disso, não vislumbrou óbice à organização de concursos públicos para acesso diretamente a determinadas classes de uma carreira, desde que respeitadas as exigências específicas para aquele nível. Após, pediu vista dos autos a Min. Cármen Lúcia. **ADI 3567/MA, rel. Min. Ricardo Lewandowski, 7.5.2007. (ADI-3567)**

MAGISTÉRIO E PROMOÇÃO FUNCIONAL – 2

O Tribunal retomou julgamento de ação direta de inconstitucionalidade ajuizada pelo Procurador-Geral da República contra os artigos 40, 41, 42 e 54 da Lei 6.110/94, o art. 2º da Lei 7.885/2003, e o art. 3º da Lei 8.186/2004, que dispõem sobre o Estatuto do Magistério de 1º e 2º Graus do Estado do Maranhão — v. Informativo 466. A Min. Cármen Lúcia, em voto-vista, julgou parcialmente procedente o pedido formulado para declarar a inconstitucionalidade dos artigos 40, 41 e 42, da Lei 6.110/94 por vislumbrar ofensa ao art. 37, II, da CF. Salientou que as classes I, II, III e IV constituiriam verdadeiras carreiras isoladas com cargos específicos e considerou que os citados dispositivos permitiriam que o servidor público ingressasse em cargo público de uma determinada classe, mas ocupasse, pela promoção, cargo diverso, de outra classe, o qual poderia ser disputado também por concurso público. Após, pediu vista os autos o Min. Ayres Britto. **ADI 3567/MA, rel. Min. Ricardo Lewandowski, 12.5.2010**. (ADI-3567). (Inform. STF 586)

ANISTIA A SERVIDORES PÚBLICOS: INTERRUPÇÃO DE ATIVIDADES PROFISSIONAIS E COMPETÊNCIA LEGISLATIVA - 1

O Tribunal iniciou julgamento de ação direta de inconstitucionalidade proposta pelo Governador do Estado do Paraná contra a Lei estadual 9.293/90, que torna sem efeito, a partir de 1º.1.90, até a data de sua publicação — 20.6.90 —, todos os atos, processos ou iniciativas que tenham gerado qualquer punição aos integrantes do magistério e demais servidores públicos estaduais, em virtude de interrupção das atividades profissionais, decorrente de decisão dos próprios servidores. O Min. Eros Grau, relator, julgou procedente o pedido formulado. Inicialmente, afastou a alegação de que a lei estadual seria aplicável aos servidores regidos pela CLT, uma vez que beneficiaria os integrantes do magistério e demais servidores públicos do Estado, não fazendo qualquer alusão aos empregados públicos, assim definidos como servidores regidos pela legislação trabalhista. De igual modo, deixou de acolher o argumento de que o legislador estadual teria pretendido regulamentar o exercício do direito de greve, haja vista que o ato normativo simplesmente concederia anistia a servidores públicos. No mais, entendeu que, além de a lei em questão dispor sobre a relação entre servidores e o Estado-membro, ou seja, sobre regime jurídico, sua execução implicaria aumento de despesa, o que estaria a violar o disposto nos artigos 61, § 1º, II, c e 63, I, da CF, de observância obrigatória pelos Estados-membros, tendo em conta o princípio da simetria. Em divergência, o Min. Marco Aurélio julgou improcedente o pleito. Rejeitou, primeiro, a alegação da inicial de que teria havido usurpação da competência da União para legislar sobre a matéria, ao fundamento de não se ter diploma a versar, em si, Direito do Trabalho. Também não vislumbrou, no caso, usurpação da iniciativa privativa do Chefe do Poder Executivo. Explicou estar-se diante de um âmbito maior que extravasaria, tendo em conta os aspectos sociais envolvidos no diploma, o campo de atuação exclusiva do Executivo, salientando, no ponto, que teria sido o próprio Executivo que viera a fazer cessar as relações jurídicas ante a paralisação dos prestadores de serviço. Após os votos dos Ministros Dias Toffoli, que também julgava procedente o pedido, mas por reputar inobservado o princípio da razoabilidade, e dos votos dos Ministros Cármen Lúcia, Ricardo Lewandowski e Joaquim Barbosa, que acompanhavam as razões expostas pelo relator, pediu vista dos autos o Min. Carlos Britto. **ADI 341/PR, rel. Min. Eros Grau, 1º.2.2010. (ADI-341)**

ANISTIA A SERVIDORES PÚBLICOS: INTERRUPÇÃO DE ATIVIDADES PROFISSIONAIS E COMPETÊNCIA LEGISLATIVA – 2

Em conclusão, o Tribunal, por maioria, julgou procedente pedido formulado em ação direta proposta pelo Governador do Estado do Paraná para declarar a inconstitucionalidade da Lei estadual 9.293/90, que torna sem efeito, a partir de 1º.1.90, até a data de sua publicação — 20.6.90 —, todos os atos, processos ou iniciativas que tenham gerado qualquer punição aos integrantes do magistério e demais servidores públicos estaduais, em virtude de interrupção das atividades profissionais, decorrente de decisão dos próprios servidores — v. Informativo 573. Afastou-se a alegação de que a lei estadual seria aplicável aos servidores regidos pela CLT, uma vez que beneficiaria os integrantes do magistério e demais servidores públicos do Estado, não fazendo qualquer alusão aos empregados públicos, assim definidos como servidores regidos pela legislação trabalhista. De igual modo, deixou-se de acolher o argumento de que o legislador estadual teria pretendido regulamentar o exercício do direito de greve, haja vista que o ato normativo simplesmente concederia "anistia" a servidores públicos. No mais, entendeu-se que, além de a lei em questão dispor sobre a relação entre servidores e o Estado-membro, ou seja, sobre regime jurídico, sua execução implicaria aumento de despesa, o que estaria a violar o disposto nos artigos 61, § 1º, II, c e 63, I, da CF, de observância obrigatória pelos Estados-membros, tendo em conta o princípio da simetria. Vencidos os Ministros Dias Toffoli, Ayres Britto e Marco Aurélio, que julgavam parcialmente procedente o pleito. Os Ministros Dias Toffoli e Marco Aurélio reajustaram o voto proferido na sessão anterior. **ADI 341/PR, rel. Min. Eros Grau, 14.4.2010.** (ADI-341). (Inform. STF 582)

EFEITOS DE DECISÃO TRANSITADA EM JULGADO: INSTITUIÇÃO DO RJU E COMPETÊNCIA – 1

O Tribunal iniciou julgamento de recurso extraordinário interposto pela União contra acórdão do Tribunal Superior do Trabalho – TST em que se discute a justiça competente para, após a instituição do Regime Jurídico Único dos servidores públicos federais – RJU (Lei 8.112/90), julgar os efeitos de decisão anteriormente proferida pela Justiça do Trabalho acobertada pelo trânsito em julgado. Alega a recorrente ofensa aos artigos 105, I, d, e 114, da CF, em razão da incompetência da Justiça do Trabalho em relação aos efeitos da execução depois da instituição da Lei 8.112/90, bem como aos artigos 2º, 5º, II, XXIV, XXXVI, LIV e LV, e 22, I, todos da CF, tendo em vista que a Justiça trabalhista deixara de reconhecer a invalidade de coisa julgada inconstitucional, relativa à sentença que considerara devido, aos servidores da Justiça Eleitoral do Ceará, o reajuste de 84,32% referente ao Plano Collor (março/90). Sustenta, ainda, que o título judicial seria inexigível, na forma prevista no § 5º do art. 884 da CLT ("Considera-se inexigível o título judicial fundado em lei ou ato normativo declarados inconstitucionais pelo Supremo Tribunal Federal ou em aplicação ou interpretação tidas por incompatíveis com a Constituição Federal."), porque o Supremo, no julgamento do MS 21216/DF (DJU de 28.6.91), teria concluído pela inexistência de direito adquirido ao citado reajuste. **RE 590880/CE, rel. Min. Ellen Gracie, 24.3.2010. (RE-590880).**

Efeitos de Decisão Transitada em Julgado: Instituição do RJU e Competência – 2

A Min. Ellen Gracie, relatora, deu provimento ao recurso para declarar a incompetência da Justiça do Trabalho em relação ao período posterior à instituição do RJU e reconhecer, em relação ao período anterior, a inexigibilidade do título executivo judicial, tal como previsto no art. 884, § 5º, da CLT. Examinou, primeiro, a apontada afronta aos artigos 105, I, d, e 114, ambos da CF. Asseverou que, para regulamentar o art. 39 da CF ("A União, os Estados, o Distrito Federal e os Municípios instituirão, no âmbito de sua competência, regime jurídico único e planos de carreira para os servidores da administração pública direta, das autarquias e das fundações públicas."), teria sido editada a Lei 8.112/90, que instituiu o RJU dos servidores públicos federais, e que, até a criação deste, em 1º.1.91, o vínculo dos servidores, ora requeridos, era regido pela Consolidação das Leis Trabalhistas – CLT. Reportou-se, em seguida, à orientação firmada no julgamento do AI 313149 AgR/DF (DJU de 3.5.2002), no sentido de que a mudança do regime celetista para o estatutário implica a efetiva extinção do contrato de trabalho anteriormente firmado entre o servidor e a União, e de diversos precedentes posteriores no mesmo sentido. Com base nisso, afirmou a impossibilidade da conjugação dos direitos originados do regime celetista com os direitos decorrentes da relação estatutária, em decorrência da inexistência de direito adquirido a regime jurídico, conforme jurisprudência pacífica da Corte. **RE 590880/CE, rel. Min. Ellen Gracie, 24.3.2010.** (RE-590880).

EFEITOS DE DECISÃO TRANSITADA EM JULGADO: INSTITUIÇÃO DO RJU E COMPETÊNCIA – 3

A relatora frisou que, tendo havido a extinção do contrato do trabalho e não sendo possível aplicar um regime híbrido, seria necessário analisar a competência dos órgãos jurisdicionais no presente caso em dois momentos distintos, quais sejam, antes e depois da instituição do RJU. No que tange às parcelas anteriores ao RJU, reputou ser da Justiça do Trabalho a competência, na linha de vários precedentes do Supremo. No que se refere ao direito a vantagens eventualmente surgidas já na vigência do regime estatutário, entendeu que a competência seria da Justiça Comum, e citou o que decidido, por exemplo, no AI 367056 AgR/RS (DJU de 18.5.2007). Constatou que, ao contrário do que decidira a Corte de origem, não estaria incluída na competência da Justiça do Trabalho, estabelecida no art. 114 da CF, apreciar os efeitos de sentença trabalhista em relação ao período posterior à edição da Lei 8.112/90. Dessa forma, acolheu, neste ponto, a alegação de violação ao art. 114 da CF. **RE 590880/CE, rel. Min. Ellen Gracie, 24.3.2010. (RE-590880).**

EFEITOS DE DECISÃO TRANSITADA EM JULGADO: INSTITUIÇÃO DO RJU E COMPETÊNCIA – 4

Em seqüência, a relatora, diante da existência de parcelas anteriores à entrada em vigor da Lei 8.112/90, passou a analisar a citada violação ao art. 5º, XXXVI, da CF. Observou que o exercício absoluto de um direito fundamental quase sempre não encontraria lugar na complexidade que emergiria da realidade, e que se reconheceria que, num Estado de Direito, mesmo os direitos mais caros e indispensáveis a uma determinada coletividade não poderiam ter seu pleno exercício garantido incondicionalmente, sob pena de nulificação de outros direitos igualmente fundamentais. Aduziu que tal reconhecimento seria fruto de amadurecimento, da evolução social e política de um povo, a demonstrar valores como o equilíbrio, a ponderação e a eqüidade. Daí, para a relatora, a utilidade do juízo de proporcionalidade ou de razoabilidade no exame das normas conformadoras de direitos fundamentais, que deveria passar pelo crivo dos critérios da adequação, da necessidade e da proporcionalidade em sentido estrito. Ao se referir ao § 5º do art. 884 da CLT, disse que, no caso sob exame, ter-se-ia, claramente, norma que viabilizaria a rediscussão de questão que, encerrada em sentença judicial transitada em julgado, já se encontraria submetida aos efeitos da coisa julgada. Seria, então, preciso verificar, para fins de reconhecimento da sua compatibilização com a ordem constitucional vigente, se a restrição nela contida estaria ou não autorizada pelo art. 5º, XXXVI, da CF. Registrou ser necessário considerar, nessa análise, que a restrição a direito fundamental constitucionalmente autorizada seria a estritamente indispensável para evitar o esvaziamento de outro direito fundamental. No caso, a lei criaria hipóteses nas quais a coisa julgada seria relativizada, assim como se daria com a ação rescisória, criada por lei cuja constitucionalidade teria sido reconhecida pelo Supremo. **RE 590880/CE, rel. Min. Ellen Gracie, 24.3.2010. (RE-590880).**

Efeitos de Decisão Transitada em Julgado: Instituição do RJU e Competência – 5

A Min. Ellen Gracie destacou que a harmonização dos dispositivos constitucionais seria de fundamental importância, haja vista preservar características formais próprias do Estado de Direito, assegurando a correta atuação do Poder Público, mediante prévia subordinação a certos parâmetros ou valores antecipadamente estabelecidos em lei específica e, sobretudo, a princípios inscritos na própria Constituição. Com isso, o Poder Público deveria se submeter à ordem normativa do Estado de Direito, seja possibilitando a sua atuação, garantindo o interesse coletivo, seja quando atua protegendo os direitos individuais, criando um verdadeiro obstáculo a sua atuação ilegítima. Considerou que a criação de determinadas hipóteses em que o indivíduo não pudesse invocar a existência de coisa julgada teria por fundamento o respeito a outros dispositivos igualmente constitucionais. Salientou que a nociva manutenção de decisões divergentes do entendimento firmado por esta Corte também provocaria grave insegurança jurídica, o que violaria o art. 5º, XXXVI, da CF. Ademais, a continuidade no pagamento de parcelas que foram depois consideradas inconstitucionais pelo Supremo também estaria em confronto com o princípio da isonomia e a própria competência constitucional desta Corte. A respeito da utilização de instrumentos que possibilitariam a solução da divergência de decisões que tratassem de matéria constitucional, reportou-se ao RE 328812 ED/AM (DJE de 2.5.2008), e, ainda, ao RE 198604 EDv-ED/PR (DJE de 22.5.2009), no sentido de que o Supremo deve evitar a adoção de soluções divergentes, principalmente em relação a matérias exaustivamente discutidas por seu Plenário, já que a manutenção de decisões contraditórias comprometeria a segurança jurídica, por provocar nos jurisdicionados inaceitável dúvida quanto à adequada interpretação da matéria submetida a esta Corte. **RE 590880/CE, rel. Min. Ellen Gracie, 24.3.2010. (RE-590880).**

Efeitos de Decisão Transitada em Julgado: Instituição do RJU e Competência – 6

A relatora ressaltou, além disso, que o Supremo já decidira que a instituição do regime estatutário tentara por fim às disparidades existentes entre os servidores e que, além da isonomia, a decisão recorrida desrespeitaria a própria determinação de criação de um regime jurídico único para os servidores públicos. Verificou que, por qualquer dos fundamentos apresentados, a manutenção de parcelas, incorporadas pelo servidor enquanto celetista, após a sua migração ao regime estatutário, provocaria um enfraquecimento da força normativa da própria Constituição. Enfatizou estar-se diante de execução de sentença que condenara a União a pagar a diferença de correção decorrente da edição do Plano Collor (84,32%), a partir de abril de 1990, aos servidores públicos do TRE do Estado do Ceará, reajuste este já declarado inconstitucional pelo Supremo. Mencionou que o acórdão recorrido afastara a aplicação do § 5º do art. 884 da CLT ao fundamento de que o objeto da presente ação não seria a aplicação do IPC de março de 1990, de 84,32%, para a correção dos salários, mas de extensão dos efeitos da decisão da Justiça Federal com base no princípio da isonomia, não estando em discussão a norma em relação a qual o Supremo teria declarado a inconstitucionalidade. Avaliou que, ainda que por fundamento transverso, estaria sendo efetivamente aplicada interpretação tida por inconstitucional por este Tribunal em decorrência da violação ao art. 5º, XXXVI, da CF. **RE 590880/CE, rel. Min. Ellen Gracie, 24.3.2010. (RE-590880).**

Efeitos de Decisão Transitada em Julgado: Instituição do RJU e Competência – 7

Acrescentou que a própria aplicação do princípio da isonomia para extensão de vantagens concedidas a outros servidores também seria vedada pela jurisprudência deste Supremo, nos termos da Súmula 339 ("Não cabe ao Poder Judiciário, que não tem função legislativa, aumentar vencimentos de servidores públicos sob fundamento de isonomia."). Para a Ministra, o TST, desconsiderando a proporcionalidade existente na norma legal agora em estudo, teria conferido à coisa julgada um caráter quase que absoluto, deixando de aplicar o previsto no art. 884, § 5º, da CLT, o que não se coadunaria com o art. 5º, XXXVI, da CF. Além disso, com a instituição de um novo regime jurídico, a remuneração do servidor deveria ser calculada de acordo com a nova previsão legal. Tal entendimento estaria de acordo com a jurisprudência desta Corte, segundo a qual não é possível a conjugação de direitos do anterior e do novo sistema remuneratório, em razão da inexistência de direito adquirido a regime jurídico, devendo ser aplicada a mesma orientação aos efeitos de uma decisão judicial que reconhecesse o direito do servidor de receber determinada parcela remuneratória. Afirmou que, ainda que transitada em julgado, a sentença não poderia produzir efeitos após a instituição de um novo regime jurídico, sob pena de se reconhecer a existência de um regime híbrido, no qual o servidor receberia as vantagens previstas nos dois sistemas. Assim, concluiu que a decisão judicial somente poderia produzir efeitos antes da modificação de regime e que, no presente caso, estar-se-ia permitindo que uma decisão judicial que reconhecera o direito ao reajuste de março de 1990, de 84,32%, tivesse aplicação sobre todos os reajustes posteriores, indefinidamente, o que inadmissível. Após o voto da relatora, que foi acompanhada pelos Ministros Cármen Lúcia e Ricardo Lewandowski, dos votos dos Ministros Eros Grau, Ayres Britto e Cezar Peluso, que negavam provimento ao recurso, e do voto do Min. Marco Aurélio, que também lhe negava provimento e declarava a inconstitucionalidade do art. 884, § 5º, da CLT, pediu vista dos autos o Min. Gilmar Mendes, Presidente. **RE 590880/CE, rel. Min. Ellen Gracie, 24.3.2010. (RE-590880). (Inform. STF 580)**

ART. 37, § 6º, DA CF: CONCESSIONÁRIA E RESPONSABILIDADE OBJETIVA – 1

A Turma desproveu agravo regimental interposto contra decisão da Min. Ellen Gracie que negara seguimento a recurso extraordinário, do qual relatora, por reputar que o acórdão impugnado estaria em consonância com a orientação firmada pelo STF no sentido de que, nos termos do art. 37, § 6º, da CF, uma vez estabelecido o nexo de causalidade entre a conduta ou omissão do poder público e os prejuízos sofridos pelo autor, as pessoas jurídicas de direito público ou de direito privado prestadoras de serviço público responderiam objetivamente pelos seus atos. Alegava a empresa agravante que houvera erro na análise do recurso, dado que a condenação da concessionária fundara-se na responsabilidade objetiva, enquanto a jurisprudência da Corte apontaria em sentido diverso. Sustentava, também, que a constatação de ato omissivo da agravante seria suficiente para afastar a incidência da Súmula 279 do STF, ensejando, portanto, a anulação do acórdão recorrido a fim de que a matéria fosse revista à luz da responsabilidade subjetiva. **RE 543469 AgR/RJ, rel. Min. Ellen Gracie, 16.3.2010. (RE-543469).**

Art. 37, § 6º, da CF: Concessionária e Responsabilidade Objetiva – 2

Ressaltou-se, inicialmente, estar correta a decisão agravada ao negar seguimento ao recurso extraordinário ante a incidência do Enunciado da Súmula 279 do STF. Verificou-se, no ponto, que o Tribunal a quo, a partir da análise dos fatos e das provas dos autos, concluíra pela responsabilidade objetiva da concessionária, porquanto comprovada a falha na segurança da pista, na qual ocorrera o acidente que trouxera prejuízos à parte autora, evidenciando o nexo de causalidade a ensejar o direito à reparação. Aduziu-se, ainda, ser a Corte de origem soberana na qualificação fático-jurídica da causa e que, para que se pudesse chegar à conclusão pretendida pela concessionária, seria imprescindível o revolvimento do conjunto fático-probatório da causa, providência vedada em sede de recurso extraordinário. Asseverou-se, por outro lado, que o argumento da empresa recorrente de a jurisprudência desta Corte e parte da doutrina consignarem que os atos omissivos geram a responsabilidade subjetiva, na espécie, não mereceria prosperar, porquanto o Tribunal de origem concluíra pela responsabilidade objetiva. Assinalou-se, também, ser incabível, porque não formulado no extraordinário, o pleito deduzido no sentido de determinar-se a realização de novo julgamento à luz da teoria da responsabilidade subjetiva. Frisou-se que o pedido recursal contido no agravo regimental não poderia, por si só, alterar aquele originariamente deduzido no recurso extraordinário, no qual se postulara a improcedência do pedido inicial. **RE 543469 AgR/RJ, rel. Min. Ellen Gracie, 16.3.2010. (RE-543469). (Inform. STF 579)**

ART. 37, XI, DA CF: PROCURADORES AUTÁRQUICOS E PROCURADORES DE ESTADO – 1

A Turma iniciou julgamento de recurso extraordinário interposto contra acórdão do Tribunal de Justiça do Estado de São Paulo que assentara ser ilegal a distinção preconizada pelo Decreto 48.407/2004, da mencionada unidade da federação, o qual estabelecera o teto dos vencimentos dos Procuradores Autárquicos conforme subsídio mensal do Governador do Estado, enquanto que, para os Procuradores do Estado, limitara os vencimentos a noventa inteiros e vinte e cinco centésimos por cento dos subsídios mensais dos Ministros do Supremo Tribunal Federal. Entendera a Corte de origem que o art. 37, XI, da CF, ao disciplinar a matéria, nada dispusera acerca de tal separação, sendo que ao intérprete não caberia distinguir onde a própria lei não o fizera. Sustenta o recorrente transgressão aos artigos 37, XI, 131, caput e § 3º, e 132, todos da CF, ao argumento de que o referido decreto compatibilizar-se-ia com a nova ordem constitucional, na medida em que somente aos Procuradores da União, dos Estados e do Distrito Federal se estipulara, como teto remuneratório, aquele fixado para o Poder Judiciário. **RE 558258/SP, rel. Min. Ricardo Lewandowski, 9.3.2010. (RE-558258).**

Art. 37, XI, da CF: Procuradores Autárquicos e Procuradores de Estado – 2

O Min. Ricardo Lewandowski, relator, por não vislumbrar motivos para, na aplicação do subteto constitucional, fazer-se distinção entre Procuradores do Estado e Procuradores Autárquicos, negou provimento ao recurso, no que foi acompanhado pelo Min. Dias Toffoli. Observou, inicialmente, que a matéria em debate não diria respeito à equiparação, em termos de vencimentos e vantagens, entre Procuradores do Estado e Procuradores Autárquicos, dado que se cingiria em saber se a referência ao termo "Procuradores" no art. 37, XI, da CF, na redação dada pela EC 41/2003, alcançaria, ou não, os Procuradores Autárquicos. Registrou, no ponto, que a referida emenda constitucional, ao modificar o inciso XI do art. 37 da CF, fixara um teto absoluto, equivalente ao subsídio dos Ministros do STF, além de estabelecer outros parâmetros para os Estados, Distrito Federal e Municípios. Ressaltou, ainda, que tal dispositivo somente excepcionara os membros do Ministério Público, os Procuradores e Defensores Públicos do subteto correspondente ao subsídio do Governador depois da promulgação da EC 41/2003. Assinalou que, a partir da EC 47/2005, que alterara o § 12 do art. 37 da CF, facultara-se aos Estados e ao Distrito Federal, mediante emenda às respectivas Constituições ou à Lei Orgânica, fixar um subteto remuneratório único para todos os servidores, excetuados os parlamentares, o qual também deverá corresponder a 90,25% do subsídio mensal dos Ministros do Supremo Tribunal Federal. **RE 558258/SP, rel. Min. Ricardo Lewandowski, 9.3.2010. (RE-558258).**

Art. 37, XI, da CF: Procuradores Autárquicos e Procuradores de Estado – 3

Salientou, por outro lado, que a razão pela qual o inciso XI do art. 37 da CF — na redação dada pela EC 41/2003 — estabelecera uma exceção tão-somente em prol dos membros do Ministério Público, dos Procuradores e dos Defensores Públicos residiria no fato de que, embora os integrantes de tais carreiras não façam parte do Poder Judiciário, exerceriam, segundo assenta o próprio texto constitucional, "funções essenciais à Justiça". Evidenciou, destarte, que os Procuradores Autárquicos também exerceriam função essencial à Justiça, haja vista que o vocábulo "Procuradores", em nosso ordenamento jurídico, mostrar-se-ia polissêmico, servindo para designar tanto os membros do Ministério Público quanto os Advogados Públicos que atuam na defesa do Estado. Enfatizou que esse entendimento seria reforçado pelo disposto no art. 131 da Constituição Federal ("A Advocacia-Geral da União é a instituição que, diretamente ou através de órgão vinculado, representa a União, judicial e extrajudicialmente, cabendo-lhe, nos termos da lei complementar que dispuser sobre sua organização e funcionamento, as atividades de consultoria e assessoramento jurídico do Poder Executivo."). Afirmou que, para regulamentar esse dispositivo, fora promulgada a Lei Complementar 73/93 que, em seu capítulo IX, trata dos órgãos vinculados à AGU ("Art. 17 – Aos órgãos jurídicos das autarquias e das fundações públicas compete: I – a sua representação judicial e extrajudicial; II – as respectivas atividades de consultoria e assessoramento jurídicos; III – a apuração da liquidez e certeza dos créditos, de qualquer natureza, inerentes às suas atividades, inscrevendo-os em dívida ativa, para fins de cobrança amigável ou judicial."). **RE 558258/SP, rel. Min. Ricardo Lewandowski, 9.3.2010. (RE-558258).**

Art. 37, XI, da CF: Procuradores Autárquicos e Procuradores de Estado – 4

Considerou, assim, que os Procuradores das Autarquias e Fundações também representariam a União, judicial e extrajudicialmente, apesar de fazerem-no de forma mediata, visto que estariam vinculados à AGU, nos termos da LC 73/93. Nesse sentido, destacou que a redação dada pela EC 19/2004 ao art. 101 da Constituição do Estado de São Paulo determina que compete à Procuradoria Geral do Estado representar o Estado e suas autarquias. Frisou, entretanto, que esta fora uma opção política, porquanto tal representação poderia continuar a cargo de órgãos vinculados, como o permite a CF. Compreendeu que isso não impediria que se reconhecesse que os órgãos jurídicos das autarquias e fundações públicas nos Estados e no Distrito Federal, assim como ocorre na União, integrariam a Advocacia Pública, tal como preconizado na Seção II, Capítulo IV, Título IV, da Lei Maior e, por conseguinte, exerceriam função essencial à Justiça. Aduziu que a Constituição quando utilizou o termo "Procuradores" o fez de forma genérica, sem distinguir entre os membros das distintas carreiras da Advocacia Pública. Nesse diapasão, reputou ser desarrazoada uma interpretação que, desconsiderando o texto constitucional, excluísse da categoria "Procuradores" os defensores das autarquias, mesmo porque se aplicaria, à espécie, o brocardo latino "ubi lex non distinguit, nec interpres distinguere debet". Acrescentou que a jurisprudência do STF seria firme no sentido de que somente por meio de lei formal seria possível a estipulação de teto remuneratório. Por derradeiro, não se conheceu do recurso quanto aos artigos 131 e 132 da CF, uma vez que o recorrente não demonstrara de que forma a decisão recorrida teria contrariado os aludidos dispositivos constitucionais, incidindo, nesse aspecto, o Enunciado da Súmula 284 do STF ("É inadmissível o recurso extraordinário, quando a deficiência na sua fundamentação não permitir a exata compreensão da controvérsia."). Após, pediu vista a Min. Cármen Lúcia. **RE 558258/SP, rel. Min. Ricardo Lewandowski, 9.3.2010. (RE-558258). (Inform. STF 578)**

EMENTA: AÇÃO DIRETA DE INCONSTITUCIONALIDADE. JULGAMENTO CONJUNTO DAS ADI'S 4.009 E 4.001. LEGITIMIDADE *AD CAUSAM* DA REQUERENTE - ADEPOL. LEI COMPLEMENTAR N. 254, DE 15 DE DEZEMBRO DE 2003, COM A REDAÇÃO QUE LHE FOI CONFERIDA PELA LEI COMPLEMENTAR N. 374, DE 30 DE JANEIRO DE 2007, AMBAS DO ESTADO DE SANTA CATARINA. ESTRUTURA ADMINISTRATIVA E REMUNERAÇÃO DOS PROFISSIONAIS DO SISTEMA DE SEGURANÇA PÚBLICA ESTADUAL. ARTIGO 106, § 3º, DA CONSTITUIÇÃO CATARINENSE. LEIS COMPLEMENTARES NS. 55 E 99, DE 29 DE MAIO DE 1.992 E 29 DE NOVEMBRO DE 1.993, RESPECTIVAMENTE. VINCULAÇÃO OU EQUIPARAÇÃO DE ESPÉCIES REMUNERATÓRIAS DOS POLICIAIS CIVIS E MILITARES À REMUNERAÇÃO DOS DELEGADOS. ISONOMIA, PARIDADE E EQUIPARAÇÃO DE VENCIMENTOS. JURISPRUDÊNCIA DO STF: VIOLAÇÃO DO DISPOSTO NOS ARTIGOS 37, INCISO XIII; 61, § 1º, inciso II, alínea "A", E 63, INCISO I, DA CONSTITUIÇÃO DO BRASIL. PROIBIÇÃO DE VINCULAÇÃO E EQUIPARAÇÃO ENTRE REMUNERAÇÕES DE SERVIDORES PÚBLICOS. PEDIDO JULGADO PARCIALMENTE PROCEDENTE. Modulação dos efeitos da decisão de inconstitucionalidade. 1. A legitimidade *ad causam* da requerente foi reconhecida por esta Corte em oportunidade anterior — entidade de classe de âmbito nacional, com homogeneidade em sua representação, que congrega Delegados de Carreira das Polícias Federal, Estaduais e do Distrito Federal. 2. O objeto desta ação direta diz com a possibilidade de equiparação ou vinculação de remunerações de servidores públicos estaduais integrados em carreiras distintas. 3. A jurisprudência desta Corte é pacífica no que tange ao não-cabimento de qualquer espécie de vinculação entre remunerações de servidores públicos [artigo 37, XIII, da CB/88]. Precedentes. 4. Violação do disposto no artigo 61, § 1º, inciso II, alínea *a*, da Constituição do Brasil — "são de iniciativa privativa do presidente da República as leis que: [...]; II – disponham sobre: a) criação de cargos, funções ou empregos públicos na administração direta e autárquica ou aumento de sua remuneração". 5. Afronta ao disposto no artigo 63, inciso I, da Constituição do Brasil — "não será admitido aumento de despesa prevista: I – nos projetos de iniciativa exclusiva do Presidente da República, ressalvados o disposto no art. 166, §§ 3º e 4º". 6. É expressamente vedado pela Constituição do Brasil o atrelamento da remuneração de uns servidores públicos à de outros, de forma que a majoração dos vencimentos do grupo paradigma consubstancie aumento direto dos valores da remuneração do grupo vinculado. 7. Afrontam o texto da Constituição do Brasil os preceitos da legislação estadual que instituem a equiparação e vinculação de remuneração. 8. Ação direta julgada parcialmente procedente para declarar a inconstitucionalidade: [i] do trecho final do § 3º do artigo 106 da Constituição do Estado de Santa Catarina: "de forma a assegurar adequada proporcionalidade de remuneração das diversas carreiras com a de delegado de polícia"; [ii] do seguinte trecho do artigo 4º da LC n. 55/92 "[...], assegurada a adequada proporcionalidade das diversas carreiras com a do Delegado Especial"; [iii] do seguinte trecho do artigo 1º da LC 99: "mantida a proporcionalidade estabelecida em lei que as demais classes da carreira e para os cargos integrantes do Grupo Segurança Pública – Polícia Civil"; e, [iv] por arrastamento, do § 1º do artigo 10 e os artigos 11 e 12 da LC 254/03, com a redação que lhe foi conferida pela LC 374, todas do Estado de Santa Catarina. 9. Modulação dos efeitos da decisão de inconstitucionalidade. Efeitos prospectivos, a partir da publicação do acórdão. 10. Aplicam-se à ADI n. 4.001 as razões de decidir referentes à ADI n. 4.009. **ADI N. 4.009-SCRELATOR: MIN. EROS GRAU**. (Inform. STF 548)

EMENTA: AÇÃO RESCISÓRIA. ISONOMIA ENTRE CARREIRAS JURÍDICAS. DELEGADOS DE POLÍCIA E DEFENSORES PÚBLICOS DO ESTADO DO PIAUÍ. NECESSIDADE DE LEI ESPECÍFICA. AÇÃO JULGADA PROCEDENTE. Esta Corte firmou entendimento de que a Constituição federal não concedeu isonomia direta entre as denominadas carreiras jurídicas, pois, apesar de tê-la prescrito no art. 241 (em sua redação originária), sua implementação, em decorrência do disposto no art. 39, § 1º, também da Carta Magna, depende de lei específica para ser concretizada. No caso, verifica-se a inexistência, no estado do Piauí, à época, de lei ordinária que regulamentasse a equiparação de vencimentos entre delegados de polícia e defensores públicos. Assim, aplicável a Súmula 339 desta Corte, que preceitua: *"não cabe ao Poder Judiciário, que não tem função legislativa, aumentar vencimentos de servidores públicos sob fundamento de isonomia"*. Ação julgada procedente. AR N. 1.598-PI. RELATOR: MIN. JOAQUIM BARBOSA. Noticiado no Informativo 542. (Inform. STF 546)

EMENTA: Recurso em mandado de segurança. Anistia política. Pensão militar. Imposto retido na fonte. Lei nº 10.559/02. Autoridade coatora. Legitimidade. 1. A folha de pagamento dos militares corre à conta do Ministério do Exército. O Ministro de Estado da Defesa e o Comandante do Exército, portanto, detêm o poder de determinar a interrupção dos descontos relativos ao imposto de renda feitos nos proventos da recorrente, exatamente o objeto da impetração. Legitimidade, assim, das citadas autoridades para figurar no pólo passivo do mandado de segurança. 2. Recurso ordinário provido para reconhecer a legitimidade passiva das autoridades apontadas como coatoras e determinar a devolução dos autos ao Superior Tribunal de Justiça para a apreciação do mérito do mandado de segurança, inaplicável o art. 515, § 3º, do Código de Processo Civil. RMS N. 26.959-DF. RELATOR P/ O ACÓRDÃO: MIN. MENEZES DIREITO. Noticiado no Informativo 540. (Inform. STF 546)

EMENTA: AÇÃO DIRETA DE INCONSTITUCIONALIDADE. MEDIDA CAUTELAR (ART. 10 E § 1º DA LEI 9.868/1999). CONSTITUCIONAL. ADMINISTRATIVO. PISO SALARIAL NACIONAL DOS PROFESSORES PÚBLICOS DE ENSINO FUNDAMENTAL. LEI FEDERAL 11.738/2008. DISCUSSÃO ACERCA DO ALCANCE DA EXPRESSÃO "PISO" (ART. 2º, *caput* e §1º). LIMITAÇÃO AO VALOR PAGO COMO VENCIMENTO

BÁSICO INICIAL DA CARREIRA OU EXTENSÃO AO VENCIMENTO GLOBAL. FIXAÇÃO DA CARGA HORÁRIA DE TRABALHO. ALEGADA VIOLAÇÃO DA RESERVA DE LEI DE INICIATIVA DO CHEFE DO EXECUTIVO PARA DISPOR SOBRE O REGIME JURÍDICO DO SERVIDOR PÚBLICO (ART. 61, § 1º, II, *C* DA CONSTITUIÇÃO). CONTRARIEDADE AO PACTO FEDERATIVO (ART. 60, § 4º E I, DA CONSTITUIÇÃO). INOBSERVÂNCIA DA REGRA DA PROPORCIONALIDADE.

1. Ação Direta de Inconstitucionalidade, com pedido de medida cautelar, ajuizada contra o art. 2º, *caput* e § 1º da Lei 11.738/2008, que estabelecem que o piso salarial nacional para os profissionais de magistério público da educação básica se refere à jornada de, no máximo, quarenta horas semanais, e corresponde à quantia abaixo da qual os entes federados não poderão fixar o vencimento inicial das carreiras do magistério público da educação básica. 2. Alegada violação da reserva de lei de iniciativa do Chefe do Executivo local para dispor sobre o regime jurídico do servidor público, que se estende a todos os entes federados e aos municípios em razão da regra de simetria (aplicação obrigatória do art. 61, § 1º, II, *c* da Constituição). Suposta contrariedade ao pacto federativo, na medida em que a organização dos sistemas de ensino pertinentes a cada ente federado deve seguir regime de colaboração, sem imposições postas pela União aos entes federados que não se revelem simples diretrizes (arts. 60, § 4º, I e 211, § 4º da Constituição. Inobservância da regra de proporcionalidade, pois a fixação da carga horária implicaria aumento imprevisto e exagerado de gastos públicos. Ausência de plausibilidade da argumentação quanto à expressão "*para a jornada de, no máximo, 40 (quarenta horas)*", prevista no art. 2º, § 1º. A expressão "*de quarenta horas semanais*" tem por função compor o cálculo do valor devido a título de piso, juntamente com o parâmetro monetário de R$ 950,00. A ausência de parâmetro de carga horária para condicionar a obrigatoriedade da adoção do valor do piso poderia levar a distorções regionais e potencializar o conflito judicial, na medida em que permitiria a escolha de cargas horárias desproporcionais ou inexeqüíveis. Medida cautelar deferida, por maioria, para, até o julgamento final da ação, dar interpretação conforme ao art. 2º da Lei 11.738/2008, no sentido de que a referência ao piso salarial é a remuneração e não, tão-somente, o vencimento básico inicial da carreira. Ressalva pessoal do ministro-relator acerca do *periculum in mora*, em razão da existência de mecanismo de calibração, que postergava a vinculação do piso ao vencimento inicial (art. 2º, § 2º). Proposta não acolhida pela maioria do Colegiado.

744 CONSTITUCIONAL. ADMINISTRATIVO. FIXAÇÃO DA CARGA HORÁRIA DE TRABALHO. COMPOSIÇÃO. LIMITAÇÃO DE DOIS TERÇOS DA CARGA HORÁRIA À INTERAÇÃO COM EDUCANDOS (ART. 2º, § 4º DA LEI 11.738/2008). ALEGADA VIOLAÇÃO DO PACTO FEDERATIVO. INVASÃO DO CAMPO ATRIBUÍDO AOS ENTES FEDERADOS E AOS MUNICÍPIOS PARA ESTABELECER A CARGA HORÁRIA DOS ALUNOS E DOS DOCENTES. SUPOSTA CONTRARIEDADE ÀS REGRAS ORÇAMENTÁRIAS (ART. 169 DA CONSTITUIÇÃO). AUMENTO DESPROPORCIONAL E IMPREVISÍVEL DOS GASTOS PÚBLICOS COM FOLHA DE SALÁRIOS. IMPOSSIBILIDADE DE ACOMODAÇÃO DAS DESPESAS NO CICLO ORÇAMENTÁRIO CORRENTE.

3. Plausibilidade da alegada violação das regras orçamentárias e da proporcionalidade, na medida em que a redução do tempo de interação dos professores com os alunos, de forma planificada, implicaria a necessidade de contratação de novos docentes, de modo a aumentar as despesas de pessoal. Plausibilidade, ainda, da pretensa invasão da competência do ente federado para estabelecer o regime didático local, observadas as diretrizes educacionais estabelecidas pela União.

Ressalva pessoal do ministro-relator, no sentido de que o próprio texto legal já conteria mecanismo de calibração, que obrigaria a adoção da nova composição da carga horária somente ao final da aplicação escalonada do piso salarial. Proposta não acolhida pela maioria do Colegiado.

Medida cautelar deferida, por maioria, para suspender a aplicabilidade do art. 2º, § 4º da Lei 11.738/2008.

CONSTITUCIONAL. ADMINISTRATIVO. PISO SALARIAL. DATA DE INÍCIO DA APLICAÇÃO. APARENTE CONTRARIEDADE ENTRE O DISPOSTO NA CLÁUSULA DE VIGÊNCIA EXISTENTE NO *CAPUT* DO ART. 3º DA LEI 11.738/2008 E O VETO APOSTO AO ART. 3º, I DO MESMO TEXTO LEGAL.

4. Em razão do veto parcial aposto ao art. 3º, I da Lei 11.738/2008, que previa a aplicação escalonada do piso salarial já em 1º de janeiro de 2008, à razão de um terço, aliado à manutenção da norma de vigência geral inscrita no art. 8º (vigência na data de publicação, isto é, 17.07.2008), a expressão "*o valor de que trata o art. 2º desta Lei passará a vigorar a partir de 1º de janeiro de 2008*", mantida, poderia ser interpretada de forma a obrigar o cálculo do valor do piso com base já em 2008, para ser pago somente a partir de 2009. Para manter a unicidade de sentido do texto legal e do veto, interpreta-se o art. 3º para estabelecer que o cálculo das obrigações relativas ao piso salarial se dará a partir de 1º de janeiro de 2009. Medida cautelar em ação direta de inconstitucionalidade concedida em parte. MED. CAUT. EM ADI N. 4.167-DF. RELATOR: MIN. JOAQUIM BARBOSA. Noticiado no Informativo 533. (Inform. STF 544)

EMENTA: RECURSO EXTRAORDINÁRIO. GRATIFICAÇÃO DE DESEMPENHO DE ATIVIDADE DE SEGURIDADE SOCIAL E DO TRABALHO – GDASST, INSTITUÍDA PELA LEI 10.483/2002. EXTENSÃO. SERVIDORES INATIVOS. POSSIBILIDADE. RECURSO DESPROVIDO. I – Gratificação de desempenho que deve ser estendida aos inativos no valor de 60 (sessenta) pontos, a partir do advento da Medida Provisória 198/2004, convertida na Lei 10.971/2004, que alterou a sua base de cálculo. II – Embora de natureza pro labore faciendo, a falta de regulamentação das avaliações de desempenho, transmuda a GDASST em uma gratificação de natureza genérica, extensível aos servidores inativos. III – Inocorrência, na espécie, de violação ao princípio da isonomia. IV – Recurso extraordinário desprovido. RE N. 572.052-RN. RELATOR: MIN. RICARDO LEWANDOWSKI. Noticiado no Informativo 535. (Inform. STF 542)

EMENTA: AÇÃO DIRETA DE INCONSTITUCIONALIDADE. ART. 3º DA LEI DISTRITAL N. 3.556/2005. SERVIDORES DAS CARREIRAS POLICIAIS CIVIS CEDIDOS À ADMINISTRAÇÃO PÚBLICA DIRETA E INDIRETA DA UNIÃO E DO DISTRITO FEDERAL: TEMPO DE SERVIÇO CONSIDERADO PELA NORMA QUESTIONADA COMO DE EFETIVO EXERCÍCIO DE ATIVIDADE POLICIAL. AMPLIAÇÃO DO BENEFÍCIO DE APOSENTADORIA ESPECIAL DOS POLICIAIS CIVIS ESTABELECIDO NO ARTIGO 1º DA LEI COMPLEMENTAR FEDERAL Nº 51, DE 20.12.1985. AÇÃO JULGADA PROCEDENTE. 1. Inexistência de afronta ao art. art. 40, § 4º, da Constituição da República, por restringir-se a exigência constitucional de lei complementar à matéria relativa à aposentadoria especial do ser-vidor público, o que não foi tratado no dispositivo impugnado. 2. Inconstitucionalidade formal por desobediência ao art. 21, inc. XIV, da Constituição da República que outorga competência privativa à União legislar sobre regime jurídico de policiais civis do Distrito Federal. 3. O art. 1º da Lei Complementar Federal n. 51/1985 que dispõe que o policial será aposentado voluntariamente, com proventos integrais, após 30 (trinta) anos de serviço, desde que conte pelo menos 20 anos de exercício em cargo de natureza estritamente policial foi recepcionado pela Constituição da República de 1988. A combinação desse dispositivo com o art. 3º da Lei Distrital n. 3.556/2005 autoriza a contagem do período de vinte anos previsto na Lei Complementar n. 51/1985 sem que o servidor público tenha, necessariamente, exercido atividades de natureza estritamente policial, expondo sua integridade física a risco, pressuposto para o reconhecimento da aposentadoria especial do art. 40, § 4º, da Constituição da República: inconstitucionalidade configurada. 4. Ação direta de inconstitucionalidade julgada procedente. ADI N. 3.817-DF. RELATORA: MIN. CÁRMEN LÚCIA. Noticiado no Informativo 528. (Inform. STF 541)

EMENTA: AÇÃO DIRETA DE INCONSTITUCIONALIDADE MANEJADA CONTRA O ART. 1º DA LEI FEDERAL 11.301/2006, QUE ACRESCENTOU O § 2º AO ART. 67 DA LEI 9.394/1996. CARREIRA DE MAGISTÉRIO. APOSENTADORIA ESPECIAL PARA OS EXERCENTES DE FUNÇÕES DE DIREÇÃO, COORDENAÇÃO E ASSESSORAMENTO PEDAGÓGICO. ALEGADA OFENSA AOS ARTS. 40, §4º, E 201, § 1º, DA CONSTITUIÇÃO FEDERAL. INOCORRÊNCIA. AÇÃO JULGADA PARCIAL-MENTE PROCEDENTE, COM INTERPRETAÇÃO CONFORME. I – A função de magistério não se circunscreve apenas ao trabalho em sala de aula, abrangendo também a preparação de aulas, a correção de provas, o atendimento aos pais e alunos, a coordenação e o assessoramento pedagógico e, ainda, a direção de unidade escolar. II – As funções de direção, coordenação e assessoramento pedagógico integram a carreira do magistério, desde que exercidos, em estabelecimentos de ensino básico, por professores de carreira, excluídos os especialistas em educação, fazendo jus aqueles que as desempenham ao regime especial de aposentadoria estabelecido nos arts. 40, § 4º, e 201, § 1º, da Constituição Federal. III – Ação direta julgada parcialmente procedente, com interpretação conforme, nos termos supra. ADI N. 3.772-DF. REL. P/ O ACÓRDÃO: MIN. RICARDO LEWAN-DOWS--KI. Noticiado no Informativo 526. (Inform. STF 540)

EMENTA: DIREITOS CONSTITUCIONAL E ADMINISTRATIVO. *ESTABILIDADE FINANCEIRA*. MODIFICAÇÃO DE FORMA DE CÁLCULO DA REMUNERAÇÃO. OFENSA À GARANTIA CONSTITUCIONAL DA IRREDUTIBILIDADE DA REMUNERAÇÃO: AUSÊNCIA. JURISPRUDÊNCIA. LEI COMPLEMENTAR N. 203/2001 DO ESTADO DO RIO GRANDE DO NORTE: CONSTITUCIONALIDADE. 1. O Supremo Tribunal Federal pacificou a sua jurisprudência sobre a constitucionalidade do instituto da *estabilidade financeira* e sobre a ausência de direito adquirido a regime jurídico. 2. Nesta linha, a Lei Complementar n. 203/2001, do Estado do Rio

Grande do Norte, no ponto que alterou a forma de cálculo de gratificações e, conseqüentemente, a composição da remuneração de servidores públicos, não ofende a Constituição da República de 1988, por dar cumprimento ao princípio da irredutibilidade da remuneração. 3. Recurso extraordinário ao qual se nega provimento. RE N. 563.965-RN. RELATORA: MIN. CÁRMEN LÚCIA. Noticiado no Informativo 535. (Inform. STF 539)

DESESTATIZAÇÃO DE LINHAS DE SERVIÇO DE TRANSPORTE RODOVIÁRIO E LEILÃO – 1

O Tribunal, por maioria, denegou mandado de segurança impetrado pela Associação Brasileira das Empresas de Transporte Terrestre de Passageiros – ABRATI contra ato do Presidente da República consubstanciado no Decreto de 16.7.2008, que incluiu no Programa Nacional de Desestatização – PND as linhas de serviço de transporte rodoviário interestadual e internacional de passageiros constantes de seu anexo, e estabeleceu a responsabilidade da Agência Nacional de Transportes Terrestres – ANTT pela execução e pelo acompanhamento desse processo de desestatização, sob a supervisão do Ministério dos Transportes. A impetrante, salientando que seriam licitadas mais de 98% das linhas do Sistema de Transporte Interestadual e Internacional de Passageiros – STRIIP que já são exploradas por delegatários particulares, sustentava que seria indevida a inclusão de serviços já delegados, bem como inadequada a forma de leilão, devendo-se, para esse efeito, adotar-se a concorrência. Preliminarmente, afastou-se a alegação de ilegitimidade passiva do Presidente da República, visto que o Decreto impugnado seria de sua lavra, sendo objeto do mandado de segurança a inclusão das linhas de transporte rodoviário interestadual e internacional de passageiros no PND. Afirmou-se que, sem essa providência, não seria possível a utilização da modalidade de leilão prevista no art. 4º, § 3º, da Lei 9.491/97, também contestada no *writ*. Esclareceu-se que a impetrante alegava tanto a impropriedade da inclusão das linhas de transporte rodoviário interestadual e internacional de passageiros no PND quanto a impossibilidade de utilização de leilão no caso concreto, sob a alegação de que essa modalidade somente poderia ser empregada quando houvesse a licitação para outorga de serviços prestados pelo Estado, diretamente ou por empresas por ele controladas, e não de serviços já prestados por particulares. Aduziu-se que a inclusão das linhas de transporte rodoviário de passageiros no PND se deu via edição do aludido Decreto presidencial e que a operacionalização dessa desestatização se pode fazer por diversas modalidades, dentre as quais o leilão, opção adotada pela autoridade delegada, a ANTT. **MS 27516/DF, rel. Min. Ellen Gracie, 22.10.2008.** (MS-27516)

DESESTATIZAÇÃO DE LINHAS DE SERVIÇO DE TRANSPORTE RODOVIÁRIO E LEILÃO – 2

No mérito, concluiu-se pela higidez do ato de inclusão no PND das linhas de transporte rodoviário de passageiros, por não se vislumbrar agressão a direito líquido e certo das empresas representadas pela impetrante. Considerou-se que o PND, no âmbito do qual editado o Decreto impugnado, é disciplinado pela Lei 9.491/97, que prevê, na parte final da redação dada à alínea **b** do § 1º do seu art. 2º, que podem também ser desestatizados serviços públicos objeto de concessão ou permissão, ou seja, serviços públicos já explorados por particulares, de responsabilidade da União, nos termos do art. 21, XII, **e**, da CF, caso dos presentes autos ("*Art. 2º Poderão ser objeto de desestatização, nos termos desta Lei: ... III – serviços públicos objeto de concessão, permissão ou autorização; ... § 1º Considera-se desestatização: ... b) a transferência, para a iniciativa privada, da execução de serviços públicos explorados pela União, diretamente ou através de entidades controladas, bem como daqueles de sua responsabilidade.*"). Asseverou-se, portanto, tratar-se de mais uma hipótese passível de inclusão no PND, conforme se deduz da expressão "*bem como daqueles de sua responsabilidade*", porquanto as concessões e permissões são temporárias, sendo sempre a União titular de tais serviços, em permanência. Em seguida, registrou-se que o vigente contexto do transporte interestadual e internacional de passageiros se mostra em desacordo com o que preconizado pela Constituição, tendo em vista que milhares de ligações rodoviárias são mantidas em regime de virtual monopólio, o que acarreta, ante a ausência de concorrência no setor, uma prestação de serviços deficitária aos usuários, e o aumento do poder de barganha dessas empresas para definição dos preços de passagens. Ressaltou-se ser este o alvo das preocupações consolidadas nas normas constitucionais e que determinaram a inclusão desses serviços no PND, por meio do Decreto impugnado. **MS 27516/DF, rel. Min. Ellen Gracie, 22.10.2008.** (MS-27516)

DESESTATIZAÇÃO DE LINHAS DE SERVIÇO DE TRANSPORTE RODOVIÁRIO E LEILÃO – 3

Prosseguindo, reputou-se ilógico o argumento inaugural da impetração de que os serviços não poderiam ser desestatizados por já estarem nas mãos de particulares, haja vista se estar diante de situações precárias à margem da lei, toleradas no interesse da continuidade do serviço, ou seja, por não estarem esses serviços em mãos de particulares, como um direito adquirido à permanência de sua exploração. Explicou-se que em tal situação se encontram apenas 2% de concessões outorgadas mediante licitação com contratos celebrados sob a égide do Decreto 2.521/98 e que, para tais contratos válidos, será respeitado o prazo de vigência. Em relação às demais 1.824 linhas do serviço rodoviário de passageiros não existe relação jurídica contratual que desautorize seu oferecimento à melhor proposta, não sendo as empresas representadas pela impetrante delegatárias de serviço público, pois algumas delas nunca o foram, e outras deixaram de sê-lo, por haver expirado o prazo contratual. Assim, nada impediria que tais concessões fossem incluídas no PND, especialmente por força do disposto na alínea **b** do § 1º do art. 2º da Lei 9.491/97, não cabendo ao Supremo escolher o serviço a ser desestatizado pelo Governo Federal, mas sim verificar o atendimento aos pressupostos legais da opção feita pelo Estado. Observou-se que, por um lado, existem tentativas do Governo Federal de incentivar a livre concorrência no setor de transportes de passageiros, mediante procedimento licitatório em que todos concorrerão em igualdade de condições e, por outro, das empresas, que usufruem dessas linhas, de permanecer nessa situação privilegiada. **MS 27516/DF, rel. Min. Ellen Gracie, 22.10.2008.** (MS-27516)

DESESTATIZAÇÃO DE LINHAS DE SERVIÇO DE TRANSPORTE RODOVIÁRIO E LEILÃO – 4

No que se refere à modalidade eleita para desestatização desses serviços, qual seja, o leilão, concluiu-se estar legitimamente prevista a possibilidade da sua adoção no art. 4º, § 3º, da Lei 9.491/97, hipótese em que se enquadra a transferência, para a iniciativa privada, da execução de serviços de responsabilidade da União, caso dos autos. Expôs-se que a justificativa apresentada pela ANTT para optar pela modalidade leilão, na operacionalização da desestatização, foi no sentido de agilizar o processo licitatório, tendo em vista o grande volume de ligações a serem realizadas e de tornar mais transparente o procedimento de outorgas. Salientou-se, ademais, ser muito frágil o argumento de que a modalidade leilão traria acrescidos custos à efetivação das outorgas, ou que a utilização dessa sistemática para a licitação traria riscos à efetiva verificação da aptidão das empresas concorrentes, e reputou-se necessária a pronta solução da hipótese, sobretudo tendo em conta ser serviço interestadual de ônibus responsável por 95% dos deslocamentos da população brasileira. Por fim, realçou-se que o que interessa é que se obedeça ao devido processo licitatório, a fim de se viabilizar a abertura desse setor da economia no objetivo maior de assegurar a melhor prestação desses serviços, propósito último visado pela Constituição. Vencidos os Ministros Marco Aurélio e Carlos Britto que denegavam a ordem. Precedentes citados: ADI 3521/PR (DJU de 16.3.2007) e ADI 1582/DF (DJU de 6.9.2002). **MS 27516/DF, rel. Min. Ellen Gracie, 22.10.2008.** (MS-27516) (Inform. STF 525)

VANTAGENS TRABALHISTAS POSTERIORES AO RJU E COMPETÊNCIA DA JUSTIÇA COMUM

Compete à Justiça do Trabalho processar e julgar reclamação trabalhista de servidor público relativamente a vantagens trabalhistas anteriores à implantação do Regime Jurídico Único – RJU. Com base nesse entendimento, o Tribunal conheceu de conflito de competência (CF, art. 102, I, **o**), suscitado pelo Juiz de Direito da Vara Cível de Presidente Olegário – MG em face do TST, e, por maioria, declarou a competência do primeiro para julgar reclamação trabalhista ajuizada contra o Município de Presidente Olegário – MG em que se pleiteiam verbas decorrentes da rescisão, sem justa causa, de contrato de trabalho regido pela CLT, que dizem respeito a período posterior à instituição do RJU. Na espécie, a Junta de Conciliação e Julgamento julgara procedente a reclamação. Esta decisão fora confirmada pelo TRT da 3ª Região e transitara em julgado. Posteriormente, o referido município ajuizara ação rescisória, e, ante o julgamento de sua improcedência, interpusera recurso ordinário. O TST, declarando a incompetência da Justiça do Trabalho, dera provimento ao recurso para anular todas as decisões proferidas e determinar a remessa dos autos à Justiça Estadual. Os autos foram enviados ao Juízo de Direito da Vara de Presidente Olegário, mas o magistrado, tendo em conta que o vínculo contratual entre o reclamante e o município assumia caráter empregatício, e que o reclamante não tinha jus à estabilidade excepcional, prevista no art. 19 do ADCT/88, determinara o retorno dos autos ao TST. Este, entendendo suscitado conflito negativo de competência, enviara os autos ao STJ, que os remetera ao Supremo. Considerou-se que a transferência do regime jurídico de celetista para estatutário implica a extinção do contrato de trabalho, e que, no caso, inexiste relação de emprego sujeita à apreciação da Justiça trabalhista. Vencido o Min. Marco Aurélio que, tendo em conta que se questiona uma conseqüência do contrato de trabalho que vigorou até então, entendia ser competente a Justiça do Trabalho. Aduziu que não se estaria questionando um direito oriundo em si da nova relação jurídica, mas da pretérita, a trabalhista. Precedentes citados: CC 7027/PE (DJU de 1º.9.95); CC 7089/

DF (DJU de 15.6.2004); CC 7058/MG (DJU de 20.3.2006); CC 7136/MG (DJU de 11.6.2003); AI 405416 AgR/RS (DJU de 27.2.2004); AI 198471 AgR/DF (DJU de 20.10.97). **CC 7242/MG, rel. Min. Eros Grau, 18.9.2008.** (CC-7242) (Inform. STF 520)

TUTELA ANTECIPADA E RESPONSABILIDADE CIVIL OBJETIVA DO ESTADO – 1

O Tribunal, por maioria, deu provimento a agravo regimental interposto em suspensão de tutela antecipada para manter decisão interlocutória proferida por desembargador do Tribunal de Justiça do Estado de Pernambuco, que concedera parcialmente pedido formulado em ação de indenização por perdas e danos morais e materiais para determinar que o mencionado Estado-membro pagasse todas as despesas necessárias à realização de cirurgia de implante de Marcapasso Diafragmático Muscular – MDM no agravante, com o profissional por este requerido. Na espécie, o agravante, que teria ficado tetraplégico em decorrência de assalto ocorrido em via pública, ajuizara a ação indenizatória, em que objetiva a responsabilização do Estado de Pernambuco pelo custo decorrente da referida cirurgia, "*que devolverá ao autor a condição de respirar sem a dependência do respirador mecânico*". **STA 223 AgR/PE, rel. orig. Min. Ellen Gracie, rel. p/ o acórdão Min. Celso de Mello, 14.4.2008.** (STA-223)

TUTELA ANTECIPADA E RESPONSABILIDADE CIVIL OBJETIVA DO ESTADO – 2

Entendeu-se que restaria configurada uma grave omissão, permanente e reiterada, por parte do Estado de Pernambuco, por intermédio de suas corporações militares, notadamente por parte da polícia militar, em prestar o adequado serviço de policiamento ostensivo, nos locais notoriamente passíveis de práticas criminosas violentas, o que também ocorreria em diversos outros Estados da Federação. Em razão disso, o cidadão teria o direito de exigir do Estado, o qual não poderia se demitir das conseqüências que resultariam do cumprimento do seu dever constitucional de prover segurança pública, a contraprestação da falta desse serviço. Ressaltou-se que situações configuradoras de falta de serviço podem acarretar a responsabilidade civil objetiva do Poder Público, considerado o dever de prestação pelo Estado, a necessária existência de causa e efeito, ou seja, a omissão administrativa e o dano sofrido pela vítima, e que, no caso, estariam presentes todos os elementos que compõem a estrutura dessa responsabilidade. Além disso, aduziu-se que entre reconhecer o interesse secundário do Estado, em matéria de finanças públicas, e o interesse fundamental da pessoa, que é o direito à vida, não haveria opção possível para o Judiciário, senão de dar primazia ao último. Concluiu-se que a realidade da vida tão pulsante na espécie imporia o provimento do recurso, a fim de reconhecer ao agravante, que inclusive poderia correr risco de morte, o direito de buscar autonomia existencial, desvinculando-se de um respirador artificial que o mantém ligado a um leito hospitalar depois de meses em estado de coma, implementando-se, com isso, o direito à busca da felicidade, que é um consectário do princípio da dignidade da pessoa humana. **STA 223 AgR/PE, rel. orig. Min. Ellen Gracie, rel. p/ o acórdão Min. Celso de Mello, 14.4.2008.** (STA – 223)

TUTELA ANTECIPADA E RESPONSABILIDADE CIVIL OBJETIVA DO ESTADO – 3

Vencida a Min. Ellen Gracie, Presidente, que mantinha os fundamentos da decisão agravada, por reputar devidamente demonstrada, no caso, a ocorrência de grave lesão à ordem pública, considerada em termos de ordens jurídico-constitucional e jurídico-processual. A Ministra asseverava que a decisão em tela, ao determinar, monocrática e incidentalmente, o imediato pagamento da importância teria violado o que dispõe o art. 100 da CF, bem como estaria em confronto com o estabelecido pelo art. 2º-B da Lei 9.494/97, que proíbe a execução provisória de julgados contra o Poder Público. Aduzia, também, que a aludida decisão representaria grave lesão à ordem pública, considerada em termos de ordem administrativa, já que permitiria a realização de cirurgia de alto custo não contemplada no Sistema Único de Saúde, sem que tivesse ocorrido instauração de um procedimento administrativo ou avaliação médica credenciada para tanto. **STA 223 AgR/PE, rel. orig. Min. Ellen Gracie, rel. p/ o acórdão Min. Celso de Mello, 14.4.2008.** (STA-223) (Inform. STF 502)

APOSENTADORIA ESPECIAL E FUNÇÕES DE MAGISTÉRIO

O Tribunal iniciou julgamento de ação direta ajuizada pelo Procurador-Geral da República em que se objetiva a declaração de inconstitucionalidade da Lei 11.301/2006, que acrescentou ao art. 67 da Lei 9.393/95 (Lei de Diretrizes e Bases da Educação) o § 2º ("*Para os efeitos do disposto no § 5º do art. 40 e no § 8º do art. 201 da Constituição Federal, são consideradas funções de magistério as exercidas por professores e especialistas em educação no desempenho de atividades educativas, quando exercidas em estabelecimento de educação básica em seus diversos níveis e modalidades, incluídas, além do exercício da docência, as de direção de unidade escolar e as de coordenação e assessoramento pedagógico*".). O Min. Carlos Britto, relator, acompanhado pela Min. Cármen Lúcia, julgou procedente o pedido formulado por entender que a lei impugnada ofende o § 5º do art. 40 e o § 8º do art. 201, ambos da CF, haja vista que a Constituição Federal teria conferido aposentadoria especial não a todos os profissionais da educação, mas tão-somente ao professor que desempenha a atividade de docência, entendida como tal a que se passa em sala de aula, no desempenho do específico mister de ensino regular ou habitual (CF: "*Art. 40. ... § 5º Os requisitos de idade e de tempo de contribuição serão reduzidos em cinco anos, em relação ao disposto no § 1º, III, 'a', para o professor que comprove exclusivamente tempo de efetivo exercício das funções de magistério na educação infantil e no ensino fundamental e médio. ... Art. 201. ... § 7º É assegurada aposentadoria no regime geral de previdência social, nos termos da lei, obedecidas as seguintes condições: I – trinta e cinco anos de contribuição, se homem, e trinta anos de contribuição, se mulher; ... § 8º Os requisitos a que se refere o inciso I do parágrafo anterior serão reduzidos em cinco anos, para o professor que comprove exclusivamente tempo de efetivo exercício das funções de magistério na educação infantil e no ensino fundamental e médio.*"). Em divergência, o Min. Ricardo Lewandowski, salientando que a atividade docente não se limita à sala de aula, e que a carreira de magistério compreende a ascensão aos cargos de direção da escola, julgou parcialmente procedente o pedido para conferir interpretação conforme, no sentido de assentar que as atividades mencionadas de exercício de direção de unidade escolar e as de coordenação e assessoramento pedagógico também gozariam do benefício, desde que exercidas por professores. Após, pediu vista dos autos o Min. Eros Grau. **ADI 3772/DF, rel. Min. Carlos Britto, 17.4.2008.** (ADI-3772) (Inform. STF 502)

ADI E PROVIMENTO DE DIRETORIA DE EMPRESAS ESTATAIS

O Tribunal julgou parcialmente procedente pedido formulado em ação direta proposta pelo Governador do Estado de Minas Gerais para dar interpretação conforme a Constituição Federal à alínea **d** do inciso XXIII do art. 62 da Constituição estadual, com a redação dada pela EC 26/97 ("*Art. 62 – Compete privativamente à Assembléia Legislativa: ... XXIII – aprovar, previamente, por voto secreto, após argüição pública, a escolha: ... d) dos Presidentes das entidades da administração pública indireta, dos Presidentes e Diretores do Sistema Financeiro Estadual;*"), para restringir sua aplicação às autarquias e fundações públicas, excluídas as empresas estatais. Considerou-se que, embora as sociedades de economia mista e as empresas públicas prestadoras de serviço público não estejam alcançadas pelo disposto no art. 173 e seus parágrafos, da CF, a intromissão do Poder Legislativo no processo de provimento de suas diretorias afronta o princípio da harmonia e interdependência entre os poderes. O Min. Marco Aurélio julgou parcialmente procedente o pedido, em maior extensão, para declarar a inconstitucionalidade da expressão "*dos Presidentes das entidades de administração pública indireta*", contida na referida alínea, ao fundamento de que, por não estarem os presidentes das autarquias e fundações públicas submetidos à aprovação do Senado Federal (CF, art. 52, III), não se poderia placitar, tendo em conta o princípio da simetria, essa mesma submissão à Assembléia do Estado, consideradas a autarquia ou a fundação pública estaduais. **ADI 1642/MG, rel. Min. Eros Grau, 3.4.2008.** (ADI-1642) (Inform. STF 500)

RCL: AÇÃO CIVIL PÚBLICA E NORMAS TRABALHISTAS

O Tribunal julgou improcedente reclamação ajuizada pelo Estado do Piauí contra decisão proferida em ação civil pública promovida pelo Ministério Público do Trabalho, em que se alegava ofensa à autoridade da decisão tomada pelo Supremo na ADI 3395 MC/DF (DJU de 19.4.2006), na qual se fixara orientação no sentido de que o disposto no art. 114, I, da CF, não abrange as causas instauradas entre o Poder Público e servidor que lhe seja vinculado por relação jurídico-estatutária. Entendeu-se não contrariado o que decidido na referida ADI, haja vista que a ação civil pública em questão teria por objeto exigir o cumprimento, pelo Poder Público piauiense, das normas trabalhistas relativas à higiene, segurança e saúde dos trabalhadores, no âmbito do Instituto de Medicina Legal do Estado - IML (CF, art. 129, II c/c o art. 7º, XXII; Enunciado da Súmula 736 do STF: "*Compete à Justiça do Trabalho julgar as ações que tenham como causa de pedir o descumprimento de normas trabalhistas relativas à segurança, higiene e saúde dos trabalhadores.*"). Rcl 3303/PI, rel. Min. Carlos Britto, 19.11.2007. (Rcl-3303) (Inform. STF 489)

AUMENTO DE REMUNERAÇÃO E VÍCIO DE INICIATIVA

O Tribunal julgou procedente pedido formulado em ação direta ajuizada pelo Governador do Estado de Rondônia para declarar a inconstitucionalidade dos artigos 4º e 5º da Lei estadual 227/89, resultantes de emenda parlamentar, que, respectivamente, fixa o mês de maio como a data-base para o funcionalismo público daquela unidade federativa, e estabelece que a "*política salarial dos funcionários públicos do Estado de Rondônia, acompanhará em acordo à política dos funcionários públicos proposta pela União*". Entendeu-se que os artigos impugnados ofendem o art. 61, § 1º, II, a, da CF, que confere iniciativa privativa ao Chefe do Poder Executivo para instauração do processo legislativo em tema concernente ao aumento de remuneração de servidores públicos, bem como o art. 63, I, a, CF, que proíbe o aumento da despesa prevista nos projetos de iniciativa exclusiva do Presidente da República, ressalvado o disposto no art. 166, §§ 3º e 4º. Considerou-se que os referidos preceitos afrontam, ainda, o disposto no inciso X do art. 37 da CF, que estabelece que a remuneração dos servidores públicos somente poderá ser fixada ou alterada por lei específica, e no inciso XIII desse mesmo artigo, que veda a vinculação ou equiparação de quaisquer espécies remuneratórias para o efeito de remuneração de pessoal do serviço público. Alguns precedentes citados: ADI 507/DF (DJU de 8.8.2003); ADI 3114/SP (DJU de 7.4.2006); ADI 2170/SP (DJU de 9.9.2005); ADI 2569/CE (DJU de 2.5.2003); ADI 237/RJ (DJU de 1º.7.93); ADI 1064/MS (DJU de 26.9.97). ADI 64/RO, rel. Min. Cármen Lúcia, 21.11.2007. (ADI-64) (Inform. STF 489)

MANDADO DE INJUNÇÃO E ART. 40, § 4º, DA CF - 1

O Tribunal iniciou julgamento de mandado de injunção impetrado, contra o Presidente da República, por servidora do Ministério da Saúde, auxiliar de enfermagem, no qual pleiteia seja suprida a falta da norma regulamentadora a que se refere o art. 40, § 4º, a fim de viabilizar o exercício do seu direito à aposentadoria especial, haja vista ter laborado por mais de vinte e cinco anos em atividade considerada insalubre. O Min. Marco Aurélio, relator, julgou parcialmente procedente o pedido formulado para, de forma mandamental, adotando o sistema do regime geral de previdência social (Lei 8.213/91, art. 57), assentar o direito da impetrante à aposentadoria especial de que trata o § 4º do art. 40 da CF. Inicialmente, julgou adequada a medida, asseverando que, com o advento da EC 20/98, não há mais dúvida quanto à existência do direito constitucional à adoção de requisitos e critérios diferenciados para alcançar a aposentadoria daqueles que tenham trabalhado sob condições especiais que prejudiquem a saúde ou a integridade física, ficando suplantada, portanto, a jurisprudência do Tribunal no sentido de ser mera faculdade do legislador estabelecer, por meio de lei complementar, as exceções relativas a essa aposentadoria. Em seguida, salientando o caráter mandamental e não simplesmente declaratório do mandado de injunção, asseverou que cabe ao Judiciário, por força do disposto no art. 5º, LXXI e seu § 1º, da CF, não apenas emitir certidão de omissão do Poder incumbido de regulamentar o direito a liberdades constitucionais, a prerrogativas inerentes à nacionalidade, à soberania e à cidadania, mas viabilizar, no caso concreto, o exercício desse direito, afastando as conseqüências da inércia do legislador. Após, pediu vista dos autos o Min. Eros Grau. **MI 721/DF, rel. Min. Marco Aurélio, 27.9.2006. (MI-721)**

MANDADO DE INJUNÇÃO E ART. 40, § 4º, DA CF - 2

O Tribunal julgou parcialmente procedente pedido formulado em mandado de injunção impetrado, contra o Presidente da República, por servidora do Ministério da Saúde, para, de forma mandamental, adotando o sistema do regime geral de previdência social (Lei 8.213/91, art. 57), assentar o direito da impetrante à aposentadoria especial de que trata o § 4º do art. 40 da CF. Na espécie, a impetrante, auxiliar de enfermagem, pleiteava fosse suprida a falta da norma regulamentadora a que se refere o art. 40, § 4º, a fim de possibilitar o exercício do seu direito à aposentadoria especial, haja vista ter trabalhado por mais de 25 anos em atividade considerada insalubre — v. Informativos 442 e 450. Salientando o caráter mandamental e não simplesmente declaratório do mandado de injunção, asseverou-se caber ao Judiciário, por força do disposto no art. 5º, LXXI e seu § 1º, da CF, não apenas emitir certidão de omissão do Poder incumbido de regulamentar o direito a liberdades constitucionais, a prerrogativas inerentes à nacionalidade, à soberania e à cidadania, mas viabilizar, no caso concreto, o exercício desse direito, afastando as conseqüências da inércia do legislador. MI 721/DF, rel. Min. Marco Aurélio, 30.8.2007. (MI-721) (Inform. STF 477)

ADICIONAL POR TEMPO DE SERVIÇO E VÍCIO FORMAL

Por entender usurpada a competência privativa do Chefe do Poder Executivo para iniciar projeto de lei que disponha sobre regime jurídico de servidores públicos (CF, art. 61, § 1º, II, c), de observância obrigatória pelos Estados-membros, o Tribunal julgou procedente pedido formulado em ação direta ajuizada pelo Governador do Estado de São Paulo, para declarar a inconstitucionalidade da Lei Complementar 792/95, que, modificando o Estatuto dos Servidores Estaduais, fixa prazo máximo para a concessão de adicional por tempo de serviço. Precedentes citados: ADI 2420/ES (DJU de 8.4.2005); ADI 1440 MC/SC (DJU de 1º.6.2001); ADI 2856 MC/ES (DJU de 30.4.2004). ADI 3167/SP, rel. Min. Eros Grau, 18.6.2007. (ADI-3167) (Inform. STF 472)

EXAME DE SANGUE E VÍCIO FORMAL

Por entender usurpada a competência privativa do Chefe do Poder Executivo para iniciar projeto de lei que disponha sobre regime jurídico de servidores públicos (CF, art. 61, § 1º, II, c), de observância obrigatória pelos Estados-membros, o Tribunal julgou procedente pedido formulado em ação direta ajuizada pelo Governador do Estado de São Paulo, para declarar a inconstitucionalidade da Lei estadual 10.864/2001, de iniciativa parlamentar, que obriga as empresas públicas a realizar exame de sangue em todos os funcionários, às suas expensas, para constatação de taxa de gordura (colesterol-frações e triglicérides). Considerou-se, ademais, que, caso se entendesse que a lei poderia ter sido editada em exercício da competência concorrente do Estado-membro para legislar sobre a defesa da saúde (CF, art. 24, XII), estaria caracterizado vício de proporcionalidade, tendo em conta o programa por ela instituído destinar-se apenas aos servidores das empresas públicas, não havendo indicativos da existência de programa similar para os servidores da Administração Direta estadual ou das demais entidades da Administração Indireta. ADI 3403/SP, rel. Min. Joaquim Barbosa, 18.6.2007. (ADI-3403) (Inform. STF 472)

ORGANIZAÇÃO DE QUADRO DE PESSOAL E VÍCIO FORMAL

Por entender usurpada a competência privativa do Chefe do Poder Executivo para iniciar projeto de lei que disponha sobre servidores públicos, seu regime jurídico e aumento de sua remuneração (CF, art. 61, § 1º, II, a e c), de observância obrigatória pelos Estados-membros, em face do princípio da simetria, o Tribunal julgou procedente pedido formulado em ação direta ajuizada pelo Governador do Estado de Santa Catarina para declarar a inconstitucionalidade da Lei Complementar estadual 178/99, de iniciativa parlamentar, que modificou a estrutura organizacional do quadro de pessoal da Secretaria de Segurança Pública estadual. Precedentes citados: ADI 3051/MG (DJU de 28.10.2005); ADI 2705/DF (DJU de 30.10.2003); ADI 2742/ES (DJU de 25.3.2003); ADI 2619/RS (DJU de 5.5.2006); ADI 1124/RN (DJU de 8.4.2005); ADI 2988/DF (DJU de 26.3.2004); ADI 2050/RO (DJU de 2.4.2004); ADI 1353/RN (DJU de 16.5.2003). ADI 2029/SC, rel. Min. Ricardo Lewandowski, 4.6.2007. (ADI-2029) (Inform. STF 470)

PROGRAMA DE QUALIDADE NO SERVIÇO PÚBLICO E VÍCIO FORMAL

O Tribunal julgou procedente pedido formulado em ação direta ajuizada pelo Governador do Estado do Amapá para declarar a inconstitucionalidade dos artigos 4º, 5º e 6º da Lei estadual 781/2003, de iniciativa parlamentar, que autoriza o Poder Executivo a instituir o Programa de Qualidade no Serviço Público Estadual, estabelecendo sistema de avaliação de satisfação dos usuários de serviços públicos, que ficará sob a coordenação de duas secretarias estaduais, bem como obrigação para que os órgãos e entidades públicas estaduais divulguem resultados da avaliação de seu desempenho e implementem os padrões de qualidade do atendimento, conforme as diretrizes fixadas na lei, no prazo de seis meses. Entendeu-se que os artigos impugnados ofendem o art. 61, § 1º, II, e, da CF, de observância obrigatória pelos Estados-membros, que atribui ao Chefe do Poder Executivo a competência privativa para iniciar projeto de lei que disponha sobre criação, estruturação e atribuições de órgãos da Administração Pública. Precedentes citados: ADI 2840 QO/ES (DJU de 11.6.2004); ADI 2799 MC/RS (DJU de 21.5.2004); ADI 2417/SP (DJU de 5.12.2003); ADI 2721/ES (DJU de 5.12.2003). ADI 3180/AP, rel. Min. Joaquim Barbosa, 17.5.2007. (ADI-3180) (Inform. STF 467)

JORNADA DE TRABALHO DE SERVIDORES PÚBLICOS E VÍCIO FORMAL - 1

Por entender usurpada a competência privativa do Chefe do Poder Executivo para iniciar projeto de lei que disponha sobre regime jurídico dos servidores públicos (CF, art. 61, § 1º, II, c), de observância obrigatória pelos Estados-membros, o Tribunal julgou procedente pedido formulado em ação direta ajuizada pelo Governador do Estado do Amapá para declarar a inconstitucionalidade da Lei estadual 739/2003, de iniciativa parlamentar, que dispõe que a jornada de trabalho dos enfermeiros, técnicos e auxiliares de enfermagem, dentre servidores estaduais, federais à disposição do Estado ou celetistas, não excederá seis horas diárias e trinta horas semanais. Precedentes citados: ADI 407/MS (DJU de 19.11.99); ADI 766/RS (DJU de 11.12.98); ADI 2754/ES (DJU de 16.5.2003); ADI 2400 MC/SC (DJU de 29.6.2001). ADI 3175/AP, rel. Min. Gilmar Mendes, 17.5.2007. (ADI-3175)

JORNADA DE TRABALHO DE SERVIDORES PÚBLICOS E VÍCIO FORMAL - 2

Na linha da orientação fixada no julgamento acima relatado, o Tribunal julgou procedente pedido formulado em ação direta ajuizada pelo Governador do Estado do Paraná para declarar a inconstitucionalidade da Lei estadual 15.000/2006, de iniciativa parlamentar, que assegura, à servidora pública que seja mãe, esposa ou companheira, tutora, curadora ou que detenha a guarda e responsabilidade de pessoas portadora de deficiência, a dispensa de parte do trabalho, respeitada a execução de metade da carga horária semanal, sem prejuízo de remuneração. ADI 3739/PR, rel. Min. Gilmar Mendes, 17.5.2007. (ADI-3739) (Inform. STF 467)

EFEITOS DE LEI REVOGADORA E PRESERVAÇÃO DE PATRIMÔNIO HISTÓRICO E CULTURAL

O Tribunal referendou decisão do Min. Marco Aurélio que, em ação direta de inconstitucionalidade ajuizada pela Mesa do Senado Federal, da qual relator, deferira medida acauteladora para afastar do cenário jurídico a eficácia da Lei 8.313/2005, que revoga as Leis 5.007/90 e 5.765/93, todas do Estado do Maranhão, e determina a reintegração do Convento das Mercês ao patrimônio do referido Estado-membro. A primeira lei revogada autorizava a participação do Poder Executivo, mediante a incorporação desse convento, na Fundação da Memória Republicana, entidade cujo fim é a perpetuação da história da República; e a segunda ratificava os atos decorrentes da execução da primeira. Preliminarmente, na linha da jurisprudência do STF no sentido da impropriedade do agravo regimental contra ato do relator sujeito a referendo do Colegiado, o Tribunal, por maioria, considerou prejudicado o agravo regimental interposto pelo Governador do Estado. Vencidos, no ponto, os Ministros Cezar Peluso e Gilmar Mendes que dele conheciam, por vislumbrar a possibilidade de convivência entre o referendo da liminar e o julgamento do recurso, com as devidas adaptações regimentais. Em seguida, ressaltando-se a peculiaridade do caso, aduziu-se que, não obstante a lei impugnada possa transparecer, ao primeiro exame, ser de efeito concreto, como toda e qualquer lei revogadora, para se chegar ao alcance fidedigno do que nela se contém, deveriam ser observadas as conseqüências próprias, a retirada do mundo jurídico de diploma de natureza abstrata, tendo em conta a existência e administração da instituição envolvida, presente a participação, no Conselho Diretivo, do próprio ente federativo. Assim, em exame preliminar, concluiu-se pelo afastamento de atos que possam prejudicar a apreciação do tema pelo STF, uma vez que a lei revogadora fixa prazo para a reintegração de prédio incorporado à citada fundação que, em última análise, viabiliza a preservação de patrimônio histórico de envergadura maior, da memória da República. ADI 3626 MC/MA, rel. Min. Marco Aurélio, 3.5.2007. (ADI-3626) (Inform. STF 465)

SÚMULA VINCULANTE STF Nº 20

A Gratificação de Desempenho de Atividade Técnico-Administrativa – GDATA, instituída pela Lei nº 10.404/2002, deve ser deferida aos inativos nos valores correspondentes a 37,5 (trinta e sete vírgula cinco) pontos no período de fevereiro a maio de 2002 e, nos termos do artigo 5º, parágrafo único, da Lei nº 10.404/2002, no período de junho de 2002 até a conclusão dos efeitos do último ciclo de avaliação a que se refere o artigo 1º da Medida Provisória no 198/2004, a partir da qual passa a ser de 60 (sessenta) pontos.

SÚMULA VINCULANTE STF Nº 16

Os artigos 7º, IV, e 39, § 3º (redação da EC 19/98), da Constituição, referem-se ao total da remuneração percebida pelo servidor público.

SÚMULA VINCULANTE STF Nº 15

O cálculo de gratificações e outras vantagens do servidor público não incide sobre o abono utilizado para se atingir o salário mínimo.

SÚMULA STF Nº 726

Para efeito de aposentadoria especial de professores, não se computa o tempo de serviço prestado fora da sala de aula.

No julgamento da ADI 3772 (DJe nº 59/2009), o Supremo Tribunal Federal, em Sessão Plenária, por maioria, decidiu que as funções de direção, coordenação e assessoramento pedagógico integram a carreira do magistério, desde que exercidos, em estabelecimentos de ensino básico, por professores de carreira, excluídos os especialistas em educação, fazendo jus aqueles que as desempenham ao regime especial de aposentadoria estabelecido nos arts. 40, § 4º, e 201, § 1º, da Constituição Federal.

SÚMULA STF Nº 686

Só por lei se pode sujeitar a exame psicotécnico a habilitação de candidato a cargo público.

SÚMULA STF Nº 685

É inconstitucional toda modalidade de provimento que propicie ao servidor investir-se, sem prévia aprovação em concurso público destinado ao seu provimento, em cargo que não integra a carreira na qual anteriormente investido.

SÚMULA STF Nº 684

É inconstitucional o veto não motivado à participação de candidato a concurso público.

SÚMULA STF Nº 683

O limite de idade para a inscrição em concurso público só se legitima em face do art. 7º, XXX, da Constituição, quando possa ser justificado pela natureza das atribuições do cargo a ser preenchido.

SÚMULA STF Nº 681

É inconstitucional a vinculação do reajuste de vencimentos de servidores estaduais ou municipais a índices federais de correção monetária.

SÚMULA STJ Nº 467

Prescreve em cinco anos, contados do término do processo administrativo, a pretensão da Administração Pública de promover a execução da multa por infração ambiental.

SÚMULA STJ Nº 378

Reconhecido o desvio de função, o servidor faz jus às diferenças salariais decorrentes.

SÚMULA STJ Nº 377

O portador de visão monocular tem direito de concorrer, em concurso público, às vagas reservadas aos deficientes.

7. PODER LEGISLATIVO

EMENTA: COMISSÃO PARLAMENTAR DE INQUÉRITO. SUBMISSÃO INCONDICIONAL DA CPI *À AUTORIDADE DA CONSTITUIÇÃO* **E** *DAS LEIS DA REPÚBLICA*. **EXIGÊNCIA INERENTE** AO ESTADO DE DIREITO **FUNDADO** EM BASES DEMOCRÁTICAS. **DIREITOS** DAS PESSOAS (*FÍSICAS* **E** *JURÍDICAS*) **E PRERROGATIVAS PROFISSIONAIS** DO ADVOGADO. **DIREITO** DO ADVOGADO *AO USO DA PALAVRA*, **MESMO** NO ÂMBITO DE COMISSÃO PARLAMENTAR DE INQUÉRITO. **PRERROGATIVA** DE PROTOCOLIZAR **E** DE VER APRECIADAS, *PELA CPI*, **PETIÇÕES FORMULADAS** EM NOME DA PESSOA **OU** DA ENTIDADE SOB INVESTIGAÇÃO. **DIREITO DE ACESSO** A DOCUMENTOS *SOB CLÁUSULA DE SIGILO*, **DESDE** *QUE JÁ INCORPORADOS* AOS AUTOS DO INQUÉRITO PARLAMENTAR. **POSTULADO** *DA COMUNHÃO DA PROVA*. **DOUTRINA** CONSAGRADA *NA SÚMULA VINCULANTE* Nº 14/STF. **PRECEDENTES**. **MEDIDA CAUTELAR DEFERIDA**. (MS 30.906 MC/DF, rel. Min. Celso de Mello, DJe de 10.10.2011) (Inform. STF 644)

PEDIDO DE "IMPEACHMENT" DE MINISTRO DO STF - 1

O Plenário desproveu agravo regimental interposto de decisão do Min. Ricardo Lewandowski que, por julgar ausente a indispensável demonstração da certeza e liquidez do direito pleiteado, negara seguimento a mandado de segurança, do qual relator. O *writ* fora impetrado contra ato do Presidente do Senado Federal que, ao acatar manifestação da respectiva assessoria jurídica, determinara o arquivamento de pedido de *impeachment* de Ministro desta Corte, por inépcia e improcedência da petição inicial, o que fora ratificado pela Mesa da mencionada Casa Legislativa. Na decisão agravada, o relator assentara que a assessoria jurídica emite um mero parecer técnico, sem qualquer caráter vinculante, com o objetivo de fornecer opinião jurídica sobre a questão a ela submetida. Reafirmou jurisprudência do STF segundo a qual a competência para recebimento, ou não, de denúncia no processo de *impeachment* não se restringe a uma admissão meramente burocrática, cabendo, inclusive, a faculdade de rejeitá-la imediatamente acaso entenda patentemente inepta ou despida de justa causa. Verificou que o arquivamento da denúncia pela Mesa do Senado, mediante aprovação de despacho proferido por seu Presidente, fora efetuado por autoridade competente para tanto, em consonância com as disposições previstas tanto no Regimento Interno do Senado Federal - RISF quanto na Lei dos Crimes de Responsabilidade - Lei 1.079/50. Consignou que o impetrante confundira a fase de recebimento da denúncia, a qual competiria àquela Mesa, nos termos do art. 44 da Lei 1.079/50 e do art. 380, I, do RISF, com a de deliberação acerca do mérito. Além disso, relembrou que o Supremo reconhecera a validade constitucional da norma que incluíra, na esfera de atribuições do relator, a competência para negar seguimento, por meio de decisão monocrática, a recursos, pedidos ou ações, quando inadmissíveis, intempestivos, sem objeto ou veiculassem pretensão incompatível com o posicionamento predominante do STF. MS 30672 AgR/DF, rel. Min. Ricardo Lewandowski, 15.9.2011. (MS-30672)

PEDIDO DE "IMPEACHMENT" DE MINISTRO DO STF - 2
O Colegiado corroborou, em linhas gerais, os fundamentos constantes da decisão do relator. Asseverou-se não caber mandado de segurança contra ato de natureza eminentemente política. Na seqüência, enfatizou-se que seria, eventualmente, admissível o *writ* se houvesse ofensa a devido processo legal parlamentar. Observou-se que, contudo, o correspondente rito regimental fora escrupulosamente seguido naquela Casa Legislativa. Por fim, ressaltou-se que a Mesa representaria o próprio Plenário, porquanto composta proporcionalmente pelo número de partidos que nele teria assento. O Min. Marco Aurélio realçou descaber pressupor que todas as atividades desenvolvidas seriam exercidas pelo Plenário, sob pena de se consagrar o princípio da ineficiência e de se inviabilizar o funcionamento do Senado da República. Alguns precedentes citados: MS 23885/DF (DJU de 20.9.2002); MS 20941/DF (DJU de 31.8.92). MS 30672 AgR/DF, rel. Min. Ricardo Lewandowski, 15.9.2011. (MS-30672) (Inform. STF 640)

EMENTA: VEREADOR. IMUNIDADE PARLAMENTAR EM SENTIDO MATERIAL: **INVIOLABILIDADE** (**CF**, art. 29, VIII). **DISCURSO** PROFERIDO POR VEREADOR **NA TRIBUNA** DA CÂMARA MUNICIPAL À QUAL SE ACHA VINCULADO. **IMPOSSIBILIDADE DE RESPONSABILIZAÇÃO PENAL** (*E CIVIL*) DO MEMBRO DO PODER LEGISLATIVO DO MUNICÍPIO. **PRESSUPOSTOS DE INCIDÊNCIA** *DA GARANTIA CONSTITUCIONAL* DA IMUNIDADE PARLAMENTAR. **PRÁTICA** "*IN OFFICIO*" **E PRÁTICA** "*PROPTER OFFICIUM*". **RECURSO IMPROVIDO.**
- **A garantia constitucional da imunidade parlamentar** em sentido material (**CF**, art. 29, VIII, **c/c** o art. 53, "*caput*") **exclui a responsabilidade penal** (*e também civil*) do membro do Poder Legislativo (**Vereadores**, Deputados e Senadores), **por manifestações**, *orais* **ou** *escritas*, **desde** que motivadas **pelo desempenho** do mandato (**prática** "*in officio*") **ou externadas** em razão deste (**prática** "*propter officium*").
- **Tratando-se de Vereador**, a inviolabilidade constitucional **que o ampara** no exercício da atividade legislativa **estende-se** às opiniões, palavras **e** votos por ele proferidos, *mesmo fora* do recinto da própria Câmara Municipal, **desde** *que nos estritos limites territoriais* do Município **a que se acha** funcionalmente vinculado. **Precedentes. AI 631.276/SP**, Rel. Min. CELSO DE MELLO, *v.g.*).
- **Essa prerrogativa** político-jurídica - *que protege* o parlamentar (**como** os Vereadores, *p. ex.*) **em tema** de responsabilidade penal - **incide**, *de maneira ampla*, **nos casos** em que as declarações contumeliosas tenham sido proferidas **no recinto** da Casa legislativa, **notadamente** da tribuna parlamentar, **hipótese** em que será **absoluta** a inviolabilidade constitucional. **Doutrina. Precedentes.** (AI 818.693/MT, rel. Min. Celso de Mello, DJ 4.8.2011) (Inform. STF 640)

PARCELA INDENIZATÓRIA POR CONVOCAÇÃO EXTRAORDINÁRIA
Por vislumbrar aparente ofensa ao art. 57, § 7º, da CF — que veda o pagamento de parcela indenizatória aos parlamentares em virtude de convocação extraordinária —, norma de reprodução obrigatória pelos Estados-membros (CF, art. 27, § 2º), o Plenário deferiu pedido de medida cautelar em ação direta de inconstitucionalidade, proposta pelo Conselho Federal da Ordem dos Advogados do Brasil, para suspender a eficácia do § 5º do art. 147 do Regimento Interno da Assembléia Legislativa do Estado de Goiás, aprovado pela Resolução 1.218/2007. O dispositivo impugnado prevê o pagamento de valores a deputados estaduais pela presença em sessões extraordinárias. De início, assentou-se o cabimento da ação direta, porquanto o ato contestado possuiria caráter normativo e autônomo. Registrou-se, também, a ocorrência do perigo da demora, haja vista que, não suspenso o preceito, a Casa Legislativa continuaria a pagar a verba aos parlamentares, em prejuízo ao erário. Precedentes citados: ADI 4108 Referendo-MC/MG (DJe de 26.11.2009) e ADI 4509 MC/PA (DJe de 25.5.2011). ADI 4587 MC/GO, rel. Min. Ricardo Lewandowski, 25.8.2011. (ADI-4587) (Inform. STF 637)

MED. CAUT. EM ADI 4.421-TO
RELATOR: MIN. DIAS TOFFOLI
EMENTA: Ação direta de inconstitucionalidade. Conselho Federal da Ordem dos Advogados do Brasil (CFOAB). Lei estadual (TO) nº 2.351, de 11 de maio de 2010. Inconstitucionalidade formal. Vício de iniciativa. Violação às prerrogativas da autonomia e do autogoverno dos Tribunais de Contas. 1. Inconstitucionalidade formal da Lei estadual, de origem parlamentar, que altera e revoga diversos dispositivos da Lei Orgânica do Tribunal de Contas do Estado do Tocantins. A Lei estadual nº 2.351/ 2010 dispôs sobre forma de atuação, competências, garantias, deveres e organização do Tribunal de Contas estadual. 2. Conforme reconhecido pela Constituição de 1988 e por esta Suprema Corte, gozam as Cortes de Contas do país das prerrogativas da autonomia e do autogoverno, o que inclui, essencialmente, a iniciativa reservada para instaurar processo legislativo que pretenda alterar sua organização e seu funcionamento, como resulta da interpretação sistemática dos artigos 73, 75 e 96, II, "d", da Constituição Federal (cf. ADI 1.994/ES, Relator o Ministro **Eros Grau**, DJ de 8/9/06; ADI nº 789/DF, Relator o Ministro **Celso de Mello**, DJ de 19/12/94). 3. Deferido o pedido de medida cautelar, para suspender a eficácia da Lei nº 2.351, de 11 de maio de 2010, do Estado do Tocantins, com efeitos **ex tunc**. (Inform. STF 630) *noticiado no Informativo 603

Parcela indenizatória por convocação extraordinária
O Plenário deferiu pedido de medida cautelar em ação direta de inconstitucionalidade proposta pelo Conselho Federal da Ordem dos Advogados do Brasil para suspender a eficácia da Emenda Constitucional paraense 47/2010, que — ao conferir nova redação ao parágrafo 9º do art. 99 da Constituição daquela unidade federativa — prevê o pagamento de parcela indenizatória a deputados estaduais por convocação extraordinária da assembléia legislativa. Asseverou-se que, atualmente, vigoraria no Brasil norma constitucional proibitiva do pagamento de parcela indenizatória aos membros do Congresso Nacional pela convocação extraordinária (CF, art. 57, § 7º) e que, por remissão expressa do art. 27, § 2º, da CF ("*O subsídio dos Deputados Estaduais será fixado por lei de iniciativa da Assembléia Legislativa, na razão de, no máximo, setenta e cinco por cento daquele estabelecido, em espécie, para os deputados federais, observado o que dispõem os arts. 39, § 4º, 57, § 7º, 150, II, 153, III, e 153, § 2º, I*"), essa regra, à primeira vista, também se aplicaria aos deputados estaduais. ADI 4509 MC/PA, rel. Min. Cármen Lúcia, 7.4.2011. (ADI-4509) (Inform. STF 622)

EMENTA: VEREADOR. IMUNIDADE PARLAMENTAR EM SENTIDO MATERIAL: **INVIOLABILIDADE** (**CF**, art. 29, VIII). **DISCURSO** PROFERIDO POR VEREADOR **NA TRIBUNA** DA CÂMARA MUNICIPAL À QUAL SE ACHA VINCULADO. **IMPOSSIBILIDADE DE RESPONSABILIZAÇÃO PENAL E CIVIL** DO MEMBRO DO PODER LEGISLATIVO DO MUNICÍPIO. **PRESSUPOSTOS DE INCIDÊNCIA** DA GARANTIA CONSTITUCIONAL DA IMUNIDADE PARLAMENTAR. **PRÁTICA** "*IN OFFICIO*" **E PRÁTICA** "*PROPTER OFFICIUM*". **RECURSO IMPROVIDO.**
- **A garantia constitucional da imunidade parlamentar** em sentido material (**CF**, art. 29, VIII, **c/c** o art. 53, "*caput*") **exclui a responsabilidade civil** (e **também** penal) do membro do Poder Legislativo (**Vereadores**, Deputados e Senadores), **por danos** eventualmente resultantes de manifestações, orais **ou** escritas, **desde** que motivadas **pelo desempenho** do mandato (**prática** "*in officio*") **ou externadas** em razão deste (**prática** "*propter officium*").
- **Tratando-se de Vereador**, a inviolabilidade constitucional **que o ampara** no exercício da atividade legislativa **estende-se** às opiniões, palavras **e** votos por ele proferidos, **mesmo fora** do recinto da própria Câmara Municipal, **desde que nos estritos limites territoriais** do Município **a que se acha** funcionalmente vinculado. **Precedentes.**
- **A EC nº 35/2001**, ao dar *nova* fórmula redacional ao art. 53, "*caput*", da Constituição da República, **consagrou** diretriz, que, **firmada** anteriormente pelo Supremo Tribunal Federal (**RTJ 177/1375-1376**, Rel. Min. SEPÚLVEDA PERTENCE), **já reconhecia**, *em favor* do membro do Poder Legislativo, **a exclusão de sua responsabilidade civil**, **como decorrência** da garantia **fundada** na imunidade parlamentar material, **desde que satisfeitos** determinados pressupostos legitimadores da incidência dessa excepcional prerrogativa jurídica.
- **Essa prerrogativa** político-jurídica - **que protege** o parlamentar (**como** os Vereadores, *p. ex.*) **em tema de responsabilidade civil** - **supõe**, para que possa ser invocada, **que exista** o necessário nexo de implicação recíproca **entre** as declarações moralmente ofensivas, *de um lado*, **e** a prática inerente ao ofício legislativo, *de outro*, **salvo** se as declarações contumeliosas houverem sido proferidas **no recinto** da Casa legislativa, **notadamente** da tribuna parlamentar, **hipótese** em que será **absoluta** a inviolabilidade constitucional. **Doutrina. Precedentes.**
- **Se** o membro do Poder Legislativo, **não obstante** amparado pela imunidade parlamentar material, **incidir em abuso** dessa prerrogativa constitucional, **expor-se-á** à jurisdição censória **da própria Casa legislativa** a que pertence (**CF**, art. 55, § 1º). **Precedentes: RE 140.867/MS**, Rel. p/ o acórdão Min. MAURÍCIO CORRÊA (**Pleno**) – **Inq 1.958/AC**, Rel. p/ o acórdão Min. AYRES BRITTO (**Pleno**). AI 631276/SP RELATOR: Min. Celso de Mello, j. 1º/02/11. (Inform. STF 615)

HC N. 100.341-AM
RELATOR : MIN. JOAQUIM BARBOSA
Ementa: *Habeas corpus*. Comissão Parlamentar de Inquérito. Atividades investigatórias específicas simultaneamente realizadas por órgão jurisdicional e comissão parlamentar de inquérito. Viabilidade. Utilização, por CPI, de documentos oriundos de inquérito sigiloso. Possibilidade. Investigação, por CPI, da suposta participação de magistrado em fatos ilícitos

não relacionados com o exercício de atividades estritamente jurisdicionais. Aposentadoria superveniente. Pedido prejudicado. Extensão dos trabalhos da CPI a fatos conexos ao objeto inicialmente estabelecido. Viabilidade. Direito ao silêncio, garantia contra a auto-incriminação e comunicação com advogado. Aplicabilidade plena.

A existência de procedimento penal investigatório, em tramitação no órgão judiciário competente, não impede a realização de atividade apuratória por uma Comissão Parlamentar de Inquérito, ainda que seus objetos sejam correlatos, pois cada qual possui amplitude distinta, delimitada constitucional e legalmente, além de finalidades diversas. Precedentes.

As comissões parlamentares de inquérito possuem poderes de investigação próprios das autoridades judiciais, entre os quais a competência para ter acesso a dados sigilosos (art. 58, § 3º, da Constituição Federal, e art. 2º da Lei nº 1.579/52). Precedentes.

A superveniente aposentadoria prejudica a apreciação da possibilidade de uma CPI investigar atos de caráter não jurisdicionais praticados por aquele que era magistrado à época dos fatos.

A Comissão Parlamentar de Inquérito poderá estender o âmbito de sua apuração a fatos ilícitos ou irregulares que, no curso do procedimento investigatório, se revelarem conexos à causa determinante da criação da comissão. Precedentes.

É jurisprudência pacífica desta Corte assegurar-se ao convocado para depor perante CPI o privilégio contra a auto-incriminação, o direito ao silêncio e a comunicar-se com o seu advogado. Precedentes.

Ordem parcialmente concedida. (Inform. STF 612)

**noticiado no Informativo 607*

CPI e convocação de magistrado

O Plenário deferiu, em parte, *habeas corpus* no qual questionada a convocação de magistrado para prestar esclarecimentos perante Comissão Parlamentar de Inquérito - CPI destinada a investigar a prática de delitos de pedofilia e a relação desses com o crime organizado. A impetração aduzia que o requerimento não teria indicado expressamente se o paciente seria ouvido na condição de testemunha ou de investigado. Alegava, dentre outros, não caber à CPI convocar magistrado para ser objeto de investigação quando em trâmite, pelos mesmos fatos, inquérito perante o Poder Judiciário. Entendeu-se que esse argumento perdera o objeto, porque o tribunal competente já teria afastado o paciente do cargo de magistrado da Justiça do Trabalho. Entretanto, verificou-se que, no caso, estaria demonstrado o fundado receio do paciente relativamente à possível ofensa de garantias constitucionais. Assim, concedeu-se a ordem tão-somente para que lhe seja assegurado: a) o direito de ser assistido por seu advogado e de se comunicar com este durante a sua inquirição; b) a dispensa da assinatura do termo de compromisso legal de testemunha; c) o exercício do seu direito ao silêncio, incluído o privilégio contra a auto- incriminação, excluída a possibilidade de ser submetido a qualquer medida privativa de liberdade ou restritiva de direitos em razão do exercício de tais prerrogativas processuais. Asseverou-se, ainda, que o paciente não estaria dispensado da obrigação de comparecer perante a denominada "CPI da Pedofilia" na audiência pública a ser designada oportunamente. Determinou-se, por fim, a expedição de salvo-conduto, nesses termos, e a comunicação, com urgência, à autoridade coatora. HC 100341/AM, rel. Min. Joaquim Barbosa, 4.11.2010. (HC-100341) (Inform. STF 607)

ACUMULAÇÃO REMUNERADA DE CARGOS E LEI ORGÂNICA – 1

A Turma proveu recurso extraordinário em que o Estado do Paraná questionava a possibilidade, ou não, de acumulação remunerada do cargo de secretário municipal com o de vereador, autorizada, à época, por Lei Orgânica. Tratava-se, na espécie, de recurso extraordinário interposto contra acórdão do tribunal de justiça daquela unidade federativa que, em mandado de segurança, reputara legal essa cumulação ao fundamento de que a Magna Carta não a proíbe, e aplicara, por similaridade, o disposto no art. 56, I, da CF ("Art. 56. Não perderá o mandato o Deputado ou Senador: I – investido no cargo de Ministro de Estado, Governador de Território, Secretário de Estado, do Distrito Federal, de Território, de Prefeitura de Capital ou chefe de missão diplomática temporária"). Concluíra a Corte de origem que a nomeação do ora recorrido para o aludido cargo, permitida pela Lei Orgânica do Município de Bituruna/PR, não configuraria ato nulo ou proibido, não podendo persistir a determinação de restituição dos valores recebidos como remuneração. **RE 497554/PR, rel. Min. Ricardo Lewandowski, 27.4.2010. (RE-497554).**

Acumulação Remunerada de Cargos e Lei Orgânica – 2

Asseverou-se que, em virtude do art. 29, IX, da CF ("Art. 29... IX– proibições e incompatibilidades, no exercício da vereança, similares, no que couber, ao disposto nesta Constituição para os membros do Congresso Nacional e, na Constituição do respectivo Estado, para os membros da Assembléia Legislativa;"), a lei orgânica municipal deve guardar, no que couber, correspondência com o modelo federal acerca das proibições e

incompatibilidades de vereadores. Assim, afirmou-se a impossibilidade de acumulação dos cargos e remuneração de vereador e secretário municipal, tendo em conta interpretação sistemática dos artigos 36, 54 e 56 da CF. Considerou-se, ademais, aplicável o princípio da separação dos Poderes. **RE 497554/PR, rel. Min. Ricardo Lewandowski, 27.4.2010. (RE-497554). (Inform. STF 584)**

CPI ESTADUAL E QUEBRA DE SIGILO FISCAL – 1

O Tribunal iniciou julgamento de ação cível originária, processada segundo o rito do mandado de segurança, ajuizada pela Assembléia Legislativa do Estado do Rio de Janeiro – LAERJ contra ato do Chefe da Superintendência Regional da Receita Federal na 7ª Região Fiscal que, com base no dever do sigilo fiscal, negara pedido de transferência de dados fiscais relativos aos principais investigados em Comissão Parlamentar de Inquérito – CPI, criada pela autora, destinada a apurar a ação de milícias no referido Estado-membro. Preliminarmente, o Min. Joaquim Barbosa, relator, firmou a competência do Supremo para conhecer do pedido, haja vista que a divergência acerca dos limites da competência de entes federados, perante órgãos de outros entes federados, poderia caracterizar o conflito federativo. Asseverou, no ponto, que a matéria discutida nos autos — poderes de CPI estadual e dever de prestação de informações custodiadas por órgão ou entidade da União — tomaria por parâmetro elementos essenciais ao modelo de pacto federativo adotado pela Constituição. **ACO 1271/RJ, rel. Min. Joaquim Barbosa, 11.3.2010. (ACO-1271).**

CPI Estadual e Quebra de Sigilo Fiscal – 2

Quanto ao mérito, o Min. Joaquim Barbosa, relator, ao conhecer da ação como mandado de segurança, concedeu a ordem, reportando-se à orientação fixada pelo Supremo no julgamento da ACO 730/RJ (DJU de 1º.10.2004). Frisou determinados pontos a fim de reafirmar e reforçar o papel conferido aos Poderes Legislativos dos entes federados no modelo adotado pela Constituição. Observou serem dois os argumentos levantados para conformar a competência das CPIs não-federais: 1) a ausência de previsão expressa da aptidão para requerer informações protegidas pelo sigilo fiscal e 2) o temor de que a dita extensão da competência poderia trazer risco à garantia individual do sigilo, alçada como direito fundamental. Asseverou que, em sua essência, a postulação do Estado-membro diz respeito ao modelo de pacto federativo adotado na CF/88 e à garantia de instrumentos ao Poder Legislativo para exercer sua função precípua e histórica consolidada no curso da evolução da democracia, qual seja, a fiscalização do exercício do Poder. Explicou, no ponto, que o Poder Legislativo não está limitado, pela Constituição, à função de criar normas gerais e abstratas, a ele competindo, também, autorizar despesas e receitas do Estado, fiscalizar a atividade de outras entidades do Poder Público em campos previamente estabelecidos, como as contas prestadas pelo Presidente da República, e apreciar os relatórios sobre a execução dos planos de governo e os atos do Poder Executivo, incluídos os da Administração Indireta (CF, art. 48, II, IX e X). Acrescentou que mais do que a superada distinção entre as funções do Estado de acordo com a abrangência normativa da respectiva atividade (gerais e abstratas ou individuais e concretas), se evidenciaria a diferenciação funcional em termos de mecanismos de controle recíproco da atividade estatal. **ACO 1271/RJ, rel. Min. Joaquim Barbosa, 11.3.2010. (ACO-1271).**

CPI Estadual e Quebra de Sigilo Fiscal – 3

O relator assinalou que, numa federação, a outorga de competência no campo da fiscalização aos entes federados que não compõem a União seria ínsita ao tipo de equilíbrio do pacto federativo que se tem por emanado da Constituição. Registrou que, mesmo em uma federação tendente à concentração, como é o caso da brasileira, seria imprescindível assegurar acervo mínimo de instrumentos para que cada um dos Poderes, no âmbito do respectivo ente federado e nos limites legais, pudesse exercer com plenitude seu dever de restringir a atividade inadequada, ilegal, inconstitucional que porventura fosse praticada por representante de outro Poder. Considerou que o fato de o art. 58, § 3º, da CF se referir literalmente à Câmara dos Deputados e ao Senado Federal não restringiria, por si só, o alcance do dispositivo às entidades federais. Afirmou que, por uma questão de simetria, as aptidões essenciais ao exercício da função de controle pelo Legislativo da União deveriam ser adaptadas à realidade dos Estados-membros e do Distrito Federal, respeitados sempre os âmbitos de atuação de cada um, salientando que, salvo momentos pontuais de instabilidade institucional, a União não poderia substituir o Estado-membro na representação da vontade de seus cidadãos e no exercício da competência que a Constituição lhes assegura. Enfatizou que os Estados-membros e o Distrito Federal estariam representados politicamente na formação da vontade nacional, de modo que não se poderia cogitar de qualquer hierarquia entre os entes federados. Citou, ainda, disposição da Constituição do Estado do Rio de Janeiro acerca dos poderes de investigação de comissão parlamentar de inquérito ("Art. 109 – A Assembléia Legislativa terá comissões permanentes e temporárias, constituídas na forma e com as atribuições previstas nos respectivos Regimento ou ato legislativo de sua criação. ... § 3º – As comissões parlamentares de inquérito, que terão poderes de investigação próprios das autoridades judiciais, além de outros previstos no Regimento Interno da Casa, serão criadas a requerimento de um terço dos membros da Assembléia Legislativa, para apuração de fato determinado e por prazo certo, sendo suas conclusões, se for o caso, encaminhadas ao Ministério Público, para que promova a responsabilidade civil ou criminal dos infratores."). **ACO 1271/RJ, rel. Min. Joaquim Barbosa, 11.3.2010. (ACO-1271).**

CPI Estadual e Quebra de Sigilo Fiscal – 4

Quanto à questão sobre a pertinência entre o objeto da investigação de interesse do Estado federado e a requisição de informações coligidas por órgão federal, bem como do temor de que a divulgação de tais informações, sem a intermediação judicial, violasse garantia individual, o Min. Joaquim Barbosa assentou que as informações protegidas pelo sigilo fiscal seriam colhidas com as chamadas obrigações acessórias (deveres instrumentais), que registrariam dados da atividade dos sujeitos passivos relevantes à apuração de tributos devidos, constituindo, também, resultado da atividade de fiscalização do próprio Estado, que, com meios próprios, levantaria direta e indiretamente fatos sobre a vida dos contribuintes. Expôs que a proteção destas informações atenderia a duas finalidades: uma voltada à esfera privada, e outra, à esfera pública. Na esfera privada, as informações seriam reservadas para impedir que outras pessoas tivessem acesso a dados que permitissem, direta ou indiretamente, revelar detalhes sobre o patrimônio e as atividades desempenhadas pelo sujeito passivo. Dentre as razões para isso apontou a proteção à privacidade e à intimidade. Consignou que, já no campo público, não haveria cláusula geral e absoluta de proteção da intimidade oponível ao Estado-arrecadador, de modo a legitimar a ocultação de bens e operações como instrumento para a evasão fiscal. A restrição se justificaria em termos funcionais, ou seja, se servissem as informações para auxiliar o Fisco a constituir e cobrar créditos tributários, somente os agentes públicos destacados para tal atividade específica é que deveriam ter acesso aos dados. Nesse sentido, a restrição ajudaria a Administração a lidar melhor com os riscos de vazamento indevido de informações, bem como reduziria o risco de utilização geral indevida dos dados. **ACO 1271/ RJ, rel. Min. Joaquim Barbosa, 11.3.2010. (ACO-1271).**

CPI Estadual e Quebra de Sigilo Fiscal – 5

O relator lembrou que o Código Tributário Nacional permite a troca de informações fiscais entre entes federados, nos termos de leis ou convênios (Lei 5.172/66, art. 199), asseverando que, mantida a pertinência entre os dados e a finalidade (fiscalizar, constituir e cobrar créditos tributários), não haveria que se falar propriamente em sigilo intransponível. Após anotar que os dados fiscais também podem ser importantes à elucidação de práticas delituosas que constituam crimes ou ilícitos administrativos, por se referirem ao estado financeiro e econômico das pessoas, concluiu não haver óbice incontornável à utilização das informações inicialmente destinadas à apuração do tributo também para as finalidades de fiscalização do Estado em outras áreas, como a fiscal e a administrativa. Para o relator, assim como haveria dever de colaboração na área tributária, também o haveria nas esferas penal e administrativa, sendo que a informação colhida pelo Fisco federal poderia, legitimamente, ser de interesse do Fisco ou dos Estados federados para elucidar desvios penais ou administrativos que dissessem respeito especificamente ao interesse local. Comentou que, de outro modo, haveria monopólio investigativo do Legislativo federal incompatível com a convivência harmônica juntamente com outros entes federados. Em divergência, o Min. Eros Grau denegou a ordem, afirmando os direitos e garantias individuais como regra, e não como exceção. Ao confirmar posicionamento externado no julgamento da mencionada ACO 730/RJ, realçou ser função do Supremo defender os direitos e garantias individuais, e que não seria necessário que cada um fosse ao Poder Judiciário para exigir afirmação deles. Ressaltou que, se houvesse a necessidade da quebra de sigilo, a CPI local deveria recorrer ao Judiciário, o qual só excepcionalmente haveria de admiti-la. Após, pediu vista dos autos o Min. Dias Toffoli. **ACO 1271/RJ, rel. Min. Joaquim Barbosa, 11.3.2010. (ACO-1271). (Inform. STF 578)**

IMUNIDADE PARLAMENTAR – EXCLUSÃO DA RESPONSABILIDADE CIVIL

EMENTA: IMUNIDADE PARLAMENTAR EM SENTIDO MATERIAL (INVIOLABILIDADE). DECLARAÇÕES DIVULGADAS PELO BOLETIM DIÁRIO DA SESSÃO PLENÁRIA DA CÂMARA LEGISLATIVA E ENTREVISTAS JORNALÍSTICAS PUBLICADAS PELA IMPRENSA LOCAL. IMPOSSIBILIDADE DE RESPONSABILIZAÇÃO CIVIL DE MEMBRO DO PODER LEGISLATIVO. PRESSUPOSTOS DE INCIDÊNCIA DA GARANTIA CONSTITUCIONAL DA IMUNIDADE PARLAMENTAR. PRÁTICA "*IN OFFICIO*" E PRÁTICA "*PROPTER OFFICIUM*". RECURSO IMPROVIDO.

– A garantia constitucional da imunidade parlamentar em sentido material (CF, art. 53, "*caput*") exclui a possibilidade jurídica de responsabilização civil do membro do Poder Legislativo, por danos eventualmente resultantes de suas manifestações, orais ou escritas, desde que motivadas pelo desempenho do mandato (prática "*in officio*") ou externadas em razão deste (prática "*propter officium*"), qualquer que seja o âmbito espacial ("*locus*") em que se haja exercido a liberdade de opinião, ainda que fora do recinto da própria Casa legislativa, independentemente dos meios de divulgação utilizados, nestes incluídas as entrevistas jornalísticas. Doutrina. Precedentes.

– A EC 35/2001, ao dar nova fórmula redacional ao art. 53, "*caput*", da Constituição da República, explicitou diretriz, que, firmada anteriormente pelo Supremo Tribunal Federal (RTJ 177/1375-1376, Rel. Min. SEPÚLVEDA PERTENCE), já reconhecia, em favor do membro do Poder Legislativo, a exclusão de sua responsabilidade civil, como decorrência da garantia fundada na imunidade parlamentar material, desde que satisfeitos determinados pressupostos legitimadores da incidência dessa excepcional prerrogativa jurídica.

– Essa prerrogativa político-jurídica – que protege o parlamentar em tema de responsabilidade civil – supõe, para que possa ser invocada, que exista o necessário nexo de implicação recíproca entre as declarações moralmente ofensivas, de um lado, e a prática inerente ao ofício legislativo, de outro. Doutrina. Precedentes.

– Se o membro do Poder Legislativo, não obstante amparado pela imunidade parlamentar material, incidir em abuso dessa prerrogativa constitucional, expor-se-á à *jurisdição censória* da própria Casa legislativa a que pertence (CF, art. 55, § 1º).. **AI 401600/DF. RELATOR: MIN. CELSO DE MELLO.** (Inform. STF 569)

AMPLIAÇÃO DE MANDATOS E VÍCIO MATERIAL

O Tribunal julgou procedente pedido formulado em ação direta proposta pelo Partido da Frente Liberal – PFL (atual Democratas) para declarar a inconstitucionalidade da expressão "*e em 15 (quinze) de fevereiro para a posse*", contida no § 4º do art. 30 da Constituição do Estado de Roraima, na redação dada pela EC 16/2005, que altera a data da posse dos deputados estaduais eleitos em 1º.10.2006 — v. Informativo 452. Entendeu-se que o dispositivo impugnado ofende o § 1º do art. 27 da CF, que estabelece ser de 4 anos o mandato dos deputados estaduais, haja vista que amplia, por mais 46 dias, o tempo de duração dos mandatos dos parlamentares estaduais da legislatura de 2003 a 2006. Precedente citado: ADI 1162/ SP (DJU de 15.9.95). **ADI 3825/RO, rel. Min. Cármen Lúcia, 8.10.2008.** (ADI-3825) (Inform. STF 523)

OBRIGATORIEDADE DE EQUIPAMENTOS VEICULARES E COMPETÊNCIA LEGISLATIVA - 1

O Tribunal iniciou julgamento de medida cautelar em ação direta de inconstitucionalidade ajuizada pelo Governador do Distrito Federal contra o art. 1º, caput e §§ 1º e 2º, e o art. 2º, caput e incisos I e II da Lei distrital 3.680/2005, que estabelece a obrigatoriedade de equipar os ônibus utilizados no serviço público de transporte coletivo local com dispositivos redutores de estresse para motoristas e cobradores. O Min. Cezar Peluso, relator, por vislumbrar aparente ofensa à competência privativa da União para legislar sobre direito do trabalho e trânsito (CF, art. 22, I e XI, respectivamente), e considerando a inexistência de lei complementar autorizando o DF a dispor sobre essas matérias, as quais foram objeto de tratamento específico do Código de Trânsito Brasileiro e da Consolidação das Leis do Trabalho, deferiu a cautelar, para suspender, com efeitos ex tunc, até julgamento final da ação, a vigência dos dispositivos impugnados. Após, o julgamento foi suspenso com o pedido de vista do Min. Carlos Britto. **ADI 3671 MC/DF, rel. Min. Cezar Peluso, 1º.8.2006. (ADI-3671)**

OBRIGATORIEDADE DE EQUIPAMENTOS VEICULARES E COMPETÊNCIA LEGISLATIVA - 2

O Tribunal retomou julgamento de medida cautelar em ação direta de inconstitucionalidade ajuizada pelo Governador do Distrito Federal contra o art. 1º, caput e §§ 1º e 2º, e o art. 2º, caput e incisos I e II da Lei distrital 3.680/2005, que estabelece a obrigatoriedade de equipar os ônibus utilizados no serviço público de transporte coletivo local com dispositivos redutores de estresse para motoristas e cobradores - v. Informativo 434. O Min. Carlos Britto, em voto-vista, divergiu do relator, e suscitou preliminar de não conhecimento da ação. Entendeu que a lei impugnada foi editada pela Câmara Legislativa no exercício de competência municipal (CF, art. 32, § 1º), haja vista que incide sobre a organização e o modo de prestação do serviço público de transporte coletivo no Distrito Federal, atividade que faz parte das competências materiais explícitas dos municípios (CF, art. 30, V). Após, o julgamento foi suspenso com o pedido de vista do Min. Joaquim Barbosa. **ADI 3671 MC/DF, rel. Min. Cezar Peluso, 29.3.2007. (ADI-3671)**

OBRIGATORIEDADE DE EQUIPAMENTOS VEICULARES E COMPETÊNCIA LEGISLATIVA – 3

Em conclusão, o Tribunal, por maioria, deferiu medida cautelar em ação direta de inconstitucionalidade ajuizada pelo Governador do Distrito Federal para suspender, com efeitos *ex tunc*, até julgamento final da ação, a vigência do art. 1º, *caput* e §§ 1º e 2º, e o art. 2º, *caput* e incisos I e II da Lei distrital 3.680/2005, que estabelece a obrigatoriedade de equipar os ônibus utilizados no serviço público de transporte coletivo local com dispositivos redutores de estresse para motoristas e cobradores — v. Informativos 434 e 461. Entendeu-se que a norma impugnada, em princípio, usurpa a competência privativa da União para legislar sobre direito do trabalho e trânsito (CF, art. 22, I e XI, respectivamente). Considerou-se, ainda, a inexistência de lei complementar autorizando o DF a dispor sobre essas matérias, as quais foram objeto de tratamento específico do Código de Trânsito Brasileiro e da Consolidação das Leis do Trabalho. Vencido o Min. Carlos Britto que indeferia a liminar por considerar que a lei impugnada foi editada pela Câmara Legislativa no exercício de competência municipal (CF, art. 32, § 1º), haja vista incidir sobre a organização e o modo de prestação do serviço público de transporte coletivo no Distrito Federal, atividade que faz parte das competências materiais explícitas dos Municípios (CF, art. 30, V). **ADI 3671 MC/DF, rel. Min. Cezar Peluso, 28.8.2008.** (ADI-3671) (Inform. STF 517)

PARCELAMENTO DE MULTAS DE TRÂNSITO E VÍCIO FORMAL

Por entender usurpada a competência privativa da União para legislar sobre trânsito (CF, art. 22, XI), o Tribunal, por maioria, julgou procedente pedido formulado em ação direta ajuizada pelo Governador do Estado do Espírito Santo para declarar a inconstitucionalidade da Lei estadual 7.738/2004, que cria a possibilidade de parcelamento, em até 5 vezes, de débitos decorrentes de multas por infrações ao Código de Trânsito Brasileiro – CTB. Vencidos os Ministros Marco Aurélio e Ricardo Lewandowski que salientaram a necessidade de se adotar ótica que fortalecesse a Federação e levaram em conta o argumento de que a verbas provenientes do parcelamento ingressaram nos próprios cofres estaduais para julgar improcedente o pleito. Precedentes citados: ADI 2064 MC/MS (DJU de 5.11.99); ADI 2101/MS (DJU de 5.10.2001); ADI 2582/RS (DJU de 6.6.2003); ADI 2644/PR (DJU de 29.8.2003); ADI 2814/SC (DJU de 5.12.2003); ADI 2432 MC/RN (DJU de 21.9.2001); ADI 3444/RS (DJU de 3.2.2006); ADI 2432/RN (DJU de 26.8.2005). **ADI 3196/ES, rel. Min. Gilmar Mendes, 21.8.2008.** (ADI-3196) (Inform. STF 516)

CPI E QUEBRA DE SIGILO JUDICIAL – 1

Em regra, o segredo de justiça é oponível à Comissão Parlamentar de Inquérito e representa uma expressiva limitação aos seus poderes de investigação. Com base nesse entendimento, o Tribunal, por maioria, referendou decisão concessiva de pedido de liminar, formulado em mandado de segurança, impetrado por Tim Celular S/A e outras operadoras de telefonia fixa e móvel, contra ato do Presidente da Comissão Parlamentar de Inquérito (CPI) para investigar Escutas Telefônicas Clandestinas, que lhes determinara a remessa de informações cobertas por sigilo judicial. Em 4.8.2008, o Min. Cezar Peluso, deferira a cautelar, autorizando, até decisão contrária nesta causa, as impetrantes a não encaminharem à CPI o conteúdo dos mandados judiciais de interceptação telefônica cumpridos no ano de 2007 e protegidos por segredo de justiça, exceto se os correspondentes sigilos fossem quebrados prévia e legalmente. Reputou que aparentava razoabilidade jurídica (*fumus boni iuris*) a pretensão das impetrantes de se guardarem da pecha de ato ilícito criminoso, por força do disposto no art. 325 do CP e no art. 10, c/c o art. 1º, da Lei federal 9.296/96, que tipifica como crime a quebra de segredo de justiça, sem autorização judicial, ou, ainda, por deixarem de atender ao que se caracterizaria como requisição da CPI, bem como que estaria presente o risco de dano grave, porque na referida data se esgotava o prazo outorgado, sob cominação implícita, no ato impugnado, a cujo descumprimento poderia corresponder medida imediata e suscetível de lhes acarretar constrangimento à liberdade. Naquela sessão, considerou o relator a jurisprudência pacífica da Corte no sentido de que, nos termos do art. 58, § 3º da CF, as CPIs têm todos os "*poderes de investigação próprios das autoridades judiciais*", mas apenas esses, restando elas sujeitas aos mesmos limites constitucionais e legais, de caráter formal e substancial, oponíveis aos juízes de qualquer grau, no desempenho de idênticas funções. **MS 27483 MC/DF, rel. Min. Cezar Peluso, 14.8.2008.** (MS-27483)

CPI E QUEBRA DE SIGILO JUDICIAL – 2

O relator asseverou que, sob esse ponto de vista, o qual é o da qualidade e extensão dos *poderes instrutórios* das CPIs, estas se situam no mesmo plano teórico dos juízes, sobre os quais, no exercício da jurisdição, que lhes não é compartilhada às Comissões, nesse aspecto, pela Constituição, não têm elas poder algum, até por força do princípio da separação dos poderes, nem têm poder sobre as decisões jurisdicionais proferidas nos processos, entre as quais relevam, para o caso, as que decretam o chamado *segredo de justiça*, previsto como exceção à regra de publicidade, *a contrario sensu*, no art. 5º, LX, da CF. Esclareceu, no ponto, que as CPIs carecem, *ex autoritate propria*, de poder jurídico para revogar, cassar, compartilhar, ou de qualquer outro modo quebrar sigilo legal e constitucionalmente imposto a processo judiciário, haja vista tratar-se de competência privativa do Poder Judiciário, ou seja, matéria da chamada reserva jurisdicional, onde o Judiciário tem a primeira e a última palavra. Aduziu, ainda, ser intuitiva a razão última de nem a Constituição nem a lei haverem conferido às CPIs, no exercício de suas funções, poder de interferir na questão do sigilo dos processos jurisdicionais, porque se cuida de medida excepcional, tendente a resguardar a intimidade das pessoas que lhe são submissas, enquanto garantia constitucional explícita (art. 5º, X), cuja observância é deixada à estima exclusiva do Poder Judiciário, a qual é exercitável apenas pelos órgãos jurisdicionais competentes para as respectivas causas — o que implica que nem outros órgãos jurisdicionais podem quebrar esse sigilo, não o podendo, *a fortiori*, as CPIs. Concluiu que é essa também a razão pela qual não pode violar tal sigilo nenhuma das pessoas que, *ex vi legis*, lhe tenham acesso ao objeto, assim porque intervieram nos processos, como porque de outro modo estejam, a título de destinatários de ordem judicial, sujeitas ao mesmo dever jurídico de reserva. **MS 27483 MC/DF, rel. Min. Cezar Peluso, 14.8.2008.** (MS-27483)

CPI E QUEBRA DE SIGILO JUDICIAL – 3

Nesta sessão, o Tribunal, preliminarmente, tendo em conta a relevância da matéria, por votação majoritária, entendeu possível ao relator trazer à apreciação do Plenário a decisão liminar. Vencido o Min. Marco Aurélio que considerava caber apenas ao relator, nos termos do art. 203 do RISTF, o exame da decisão liminar em mandado de segurança. No mérito, o Tribunal referendou a decisão, com as ressalvas, na presente sessão, aduzidas pelo relator. Em acréscimo à decisão liminar deferida em 4.8.2008, asseverou-se, não obstante reconhecendo os altos propósitos da Comissão Parlamentar de Inquérito, que estes não poderiam ser feitos à margem ou à revelia da lei. Em razão disso, entendeu-se que a maneira que seria de o Judiciário contribuir com o trabalho da Comissão não poderia estar na quebra dos sigilos judiciais, a qual, frisou-se, nem o Supremo teria o poder para fazê-lo no âmbito dos processos judiciais de competência de outro juízo. Dessa forma, concluiu-se que, eventualmente, a CPI, se tivesse interesse, poderia receber algumas informações que poderiam constituir subsídios para suas atividades. A liminar foi concedida nestes termos: se a Comissão tiver interesse, as operadoras deverão encaminhar as seguintes informações: 1) relação dos juízos que expediram os mandados, bem como da quantidade destes e dos terminais objeto das ordens — quantos mandados e quantos terminais; 2) relação dos órgãos policiais específicos destinatários das ordens judiciais; 3) havendo elementos, relação dos órgãos que requereram as interceptações; 4) relação da cidade ou das cidades em que se situam os terminais objeto das ordens de interceptações; e 5) duração total de cada interceptação. Ficando claro que não podem constar das informações, de modo algum: 1) o número de cada processo; 2) o nome de qualquer das partes ou dos titulares dos terminais interceptados; 3) os números dos terminais; e 4) cópias dos mandados e das decisões que os acompanharam ou que os determinaram. Vencido o Min. Marco Aurélio que negava referendo à liminar deferida, e, salientando que a regra prevista no art. 5º, XII, da CF teria sido temperada pelo próprio constituinte quando previu, no art. 58, § 3º, da CF, que as CPI teriam poderes de investigação próprios das autoridades judiciais, afirmava que, ao negar o acesso da CPI aos dados pretendidos, estar-se-ia esvaziando por completo o objeto da CPI, e conferindo interpretação restritiva ao § 3º do art. 58 da CF, o que geraria um conflito institucional. **MS 27483 MC/DF, rel. Min. Cezar Peluso, 14.8.2008.** (MS-27483) (Inform. STF 515)

EMENTA: COMISSÃO PARLAMENTAR DE INQUÉRITO (CPI) INSTAURADA PELA ASSEMBLÉIA LEGISLATIVA DO ESTADO DO RIO GRANDE DO SUL. "*CPI DO DETRAN/RS*". PRIVILÉGIO CONSTITUCIONAL CONTRA A AUTO-INCRIMINAÇÃO: GARANTIA BÁSICA QUE ASSISTE À GENERALIDADE DAS PESSOAS. **A PESSOA SOB INVESTIGAÇÃO** (PARLAMENTAR, POLICIAL OU JUDICIAL) **NÃO SE DESPOJA** DOS DIREITOS E GARANTIAS **ASSEGURADOS** PELA CONSTITUIÇÃO E PELAS LEIS DA REPÚBLICA. **DIREITO À ASSISTÊNCIA EFETIVA E PERMANENTE POR ADVOGADO**: UMA PROJEÇÃO CONCRETIZADORA DA GARANTIA CONSTITUCIONAL DO "*DUE PROCESS OF LAW*". A PRIMAZIA DA "*RULE OF LAW*". **A PARTICIPAÇÃO DOS ADVOGADOS** PERANTE AS COMISSÕES PARLAMENTARES DE INQUÉRITO **E O NECESSÁRIO RESPEITO** ÀS PRERROGATIVAS PROFISSIONAIS DESSES OPERADORES DO DIREITO (**MS 25.617/DF**, REL. MIN. CELSO DE MELLO, DJU 03/11/2005, V.G.). O POSTULADO DA SEPARAÇÃO DE PODERES E A LEGITIMIDADE CONSTITUCIONAL DO CONTROLE,

PELO JUDICIÁRIO, DAS FUNÇÕES INVESTIGATÓRIAS DAS CPIs, SE E QUANDO EXERCIDAS DE MODO ABUSIVO. **DOUTRINA. PRECEDENTES** DO SUPREMO TRIBUNAL FEDERAL. **MEDIDA CAUTELAR DEFERIDA**. (HC 94.082 MC/RS, rel. Min. Celso de Mello, j. em 14/03/08) (Inform. STF 498)

EMENTA: INTERPELAÇÃO JUDICIAL. PEDIDO DE EXPLICAÇÕES FEITO A SENADOR DA REPÚBLICA. **LEI DE IMPRENSA** (ART. 25) **E CÓDIGO PENAL** (ART. 144 **OFENSAS PROFERIDAS NO ÂMBITO DE COMISSÃO PARLAMENTAR DE INQUÉRITO. AUSÊNCIA** DE DUBIEDADE, EQUIVOCIDADE **OU** AMBIGÜIDADE. **INEXISTÊNCIA** DE DÚVIDA OBJETIVA **EM TORNO** DO CONTEÚDO MORALMENTE OFENSIVO DAS AFIRMAÇÕES. **INVIABILIDADE JURÍDICA** DO AJUIZAMENTO DA INTERPELAÇÃO JUDICIAL **POR FALTA** DE INTERESSE PROCESSUAL. **IMUNIDADE PARLAMENTAR EM SENTIDO MATERIAL. A PROTEÇÃO CONSTITUCIONAL DO PARLAMENTAR. AMPLITUDE** DA GARANTIA INSTITUCIONAL DA IMUNIDADE PARLAMENTAR MATERIAL. **IMPOSSIBILIDADE DE RESPONSABILIZAÇÃO - PENAL E CIVIL - DE MEMBRO DO CONGRESSO NACIONAL**, *"POR QUAISQUER DE SUAS OPINIÕES, PALAVRAS E VOTOS"* (**CF**, ART. 53, *"CAPUT"*), **NOTADAMENTE** QUANDO PROFERIDOS **NO ÂMBITO DE COMISSÃO PARLAMENTAR DE INQUÉRITO. CONSEQÜENTE INADMISSIBILIDADE**, EM TAL CONTEXTO, **DE INTERPELAÇÃO JUDICIAL** DE SENADOR DA REPÚBLICA **OU** DE DEPUTADO FEDERAL. **DOUTRINA. PRECEDENTES**. PEDIDO DE EXPLICAÇÕES **A QUE SE NEGA** SEGUIMENTO. (Pet 4199/DF, rel. Min. Celso de Mello, j. 13.12.2007) (Inform. STF 492)

EMENTA: **SUPLENTE** DE DEPUTADO FEDERAL. **DIREITOS INERENTES À SUPLÊNCIA. INEXTENSIBILIDADE**, AO MERO **SUPLENTE** DE MEMBRO DO CONGRESSO NACIONAL, **DAS PRERROGATIVAS CONSTITUCIONAIS** PERTINENTES **AO TITULAR** DO MANDATO PARLAMENTAR. **PRERROGATIVA DE FORO**, PERANTE O SUPREMO TRIBUNAL FEDERAL, NAS INFRAÇÕES PENAIS. **INAPLICABILIDADE AO SUPLENTE** DE DEPUTADO FEDERAL/SENADOR DA REPÚBLICA. **RECONHECIMENTO**, NO CASO, **DA FALTA** DE COMPETÊNCIA PENAL ORIGINÁRIA DO SUPREMO TRIBUNAL FEDERAL, **POR SE TRATAR** DE MERO **SUPLENTE** DE CONGRESSISTA. **REMESSA** DOS AUTOS AO MINISTÉRIO PÚBLICO **DE PRIMEIRA** INSTÂNCIA. (Inq 2639/SP, rel. Min. Celso de Mello, j. 21.11.2007) (Inform. STF 489)

DEPUTADOS FEDERAIS E DIREITO SUBJETIVO DE ACESSO A SESSÃO SECRETA DO SENADO - 1

O Tribunal, por maioria, referendou decisão do Min. Ricardo Lewandowski que deferira, em parte, pedido de liminar em mandado de segurança preventivo, impetrado por Deputados Federais contra ato da Mesa Diretora do Senado Federal, para garantir aos impetrantes o livre acesso e a presença ao Plenário do Senado por ocasião da Sessão Deliberativa Extraordinária destinada à apreciação do Projeto de Resolução 53/2007, apresentado como conclusão do Parecer 739/2007 do Conselho de Ética e Decoro Parlamentar sobre a Representação 1/2007, no qual recomendada a perda do mandato do Presidente do Congresso Nacional. Inicialmente, o Tribunal, por maioria, rejeitou preliminar, suscitada pelo Min. Marco Aurélio, de inadequação do referendo da liminar, tendo em conta precedentes da Corte admitindo, excepcionalmente, tal procedimento, bem como a relevância da matéria tratada. MS 26900 MC/DF, rel. Min. Eros Grau, 12.9.2007. (MS-26900)

DEPUTADOS FEDERAIS E DIREITO SUBJETIVO DE ACESSO A SESSÃO SECRETA DO SENADO - 2

Quanto ao mérito, salientando a singularidade do caso e que a questão debatida não se cingiria ao mero exame de matéria *interna corporis* do Senado Federal, entendeu-se que os impetrantes teriam direito subjetivo de estarem presentes à referida sessão, porquanto ela estaria a decidir, não apenas sobre a perda de mandado de um dos integrantes daquela Casa legislativa, mas de um parlamentar que seria, a um só tempo, Senador da República e Presidente do Congresso Nacional. Assim, essa dúplice condição ostentada pelo Presidente do Congresso Nacional faria com que todos os parlamentares, membros da Câmara ou do Senado Federal, tivessem legítimo interesse no desfecho daquela sessão, em razão de, juntos, comporem o Poder Legislativo, que é exercido pelo Congresso Nacional (CF, art. 44). Ressaltou-se, ademais, que a questão da presença de parlamentares nas sessões secretas teria tanta relevância institucional que o art. 94 do Regimento Interno da Câmara dos Deputados teria autorizado, expressamente, a presença de Senadores no Plenário daquela Casa, nessas hipóteses. Aduziu-se que, mesmo que se pudesse admitir, em tese, a licitude dessa desigualdade de tratamento a situações idênticas, por parte dos Regimentos Internos de ambas as Casas Legislativas, dada a autonomia que a Constituição lhes assegura na matéria (CF, artigos 51, III; 52, XII), tal vedação, que não seria razoável nem do ponto de vista político, nem do jurídico, caracterizaria afronta ao sistema bicameral adotado pela Constituição. O Min. Marco Aurélio deferiu a liminar em maior extensão, no que foi acompanhado pelo Min. Carlos Brito, para determinar que a sesão do Senado fosse inteiramente aberta. Vencidos os Ministros Menezes Direito, Joaquim Barbosa, Cezar Peluso e Gilmar Mendes que não referendavam a decisão por não vislumbrarem direito público subjetivo dos impetrantes. Ante a ausência do Min. Eros Grau, relator, porque licenciado, relatou a medida cautelar o Min. Ricardo Lewandowski (RISTF, art. 38, I). MS 26900 MC/DF, rel. Min. Eros Grau, 12.9.2007. (MS-26900) (Inform. STF 479)

COMPOSIÇÃO DE TRIBUNAL DE CONTAS E TRANSIÇÃO DE MODELOS CONSTITUCIONAIS - 1

O Tribunal julgou parcialmente procedente pedido formulado em ação direta ajuizada pela Mesa Diretora da Assembléia Legislativa do Estado de Pernambuco contra a Lei estadual 11.192/94, que trata do processo de escolha de Conselheiros do Tribunal de Contas pernambucano, para emprestar interpretação conforme ao inciso II do seu art. 1º, para entender que a expressão "as três últimas vagas", nele contida, somente se refere às vagas pertencentes à cota do Governador, ou seja, às vagas que originalmente foram preenchidas por sua indicação, e para declarar a inconstitucionalidade do seu art. 2º ("*Art. 1º As seis primeiras vagas de Conselheiro do Tribunal de Contas que venham a ocorrer, a partir da vigência desta Lei, serão providas obedecendo-se a seguinte ordem de escolha... II - as três últimas vagas, pelo Governador do Estado, com a aprovação da Assembléia Legislativa, sendo dois, alternadamente, dentre Auditores e membros do Ministério Público, junto ao Tribunal, obedecido o disposto no inciso I, do § 2º, do artigo 32, da Constituição do Estado, e de um dentre pessoas que atendam os requisitos do seu § 1º. Art. 2º Preenchidas as seis vagas de que tratam o artigo anterior, as demais que vierem a ocorrer serão de escolha, respectiva e alternadamente, da Assembléia Legislativa e do Governador do Estado.*"). Na espécie, o Tribunal de Contas pernambucano, antes da aposentadoria de um dos membros indicados pela Assembléia Legislativa após a CF/88, contava com 7 conselheiros: 4 indicados pela Assembléia Legislativa, e 3, pelo Governador, sendo que, dentre as indicações do Chefe do Poder Executivo, 2 haviam ocorrido antes da CF/88. ADI 3688/PE, rel. Min. Joaquim Barbosa, 11.6.2007. (ADI-3688)

COMPOSIÇÃO DE TRIBUNAL DE CONTAS E TRANSIÇÃO DE MODELOS CONSTITUCIONAIS - 2

Tendo em conta precedentes da Corte, no sentido de que, na solução de problemas oriundos de transição de modelos constitucionais, deve prevalecer a interpretação que viabilize, mais rapidamente, a implementação do novo modelo, e de que a possibilidade da escolha de uma determinada clientela pressupõe, sempre, a competência de um dos poderes para indicar membros do tribunal de contas estadual, considerou-se que, ainda nos casos de tribunais de contas que estejam em situação de transição, cadeiras inicialmente preenchidas, após a CF/88, por indicação da Assembléia Legislativa, tornam-se cativas, ou seja, somente poderão ser preenchidas, depois de estarem vagas, por nova indicação também da Assembléia Legislativa. Asseverou-se que, não obstante a orientação fixada pelo Supremo de que o Estado-membro possui liberdade para estabelecer a ordem de escolha de membros de tribunais de contas estaduais, uma norma estadual não pode retardar a transição de um regime constitucional a outro, o que ocorreria no caso se se permitisse que o membro inicialmente indicado pelo Legislativo pudesse ser substituído por outro de indicação do Executivo, haja vista que a composição do tribunal se faria por 3/7 de escolha da Assembléia e 4/7 de escolha do Governador, podendo a situação se agravar, quando do surgimento de nova vaga. Assim, concluiu-se que, com a interpretação conforme dada ao inciso II do art. 1º da lei em questão, seria afastada a aplicação do critério meramente cronológico na indicação das vagas e se estabeleceria a exigência de se perquirir, em cada caso concreto, se a vaga desocupada foi originalmente preenchida por indicação do Governador ou da Assembléia Legislativa. No que se refere ao art. 2º da referida lei, sua inconstitucionalidade seria chapada porque, ao desvincular as cadeiras dos Poderes que as escolheriam ou das clientelas específicas, permitir-se-ia um eterno regime de transição, pois, caso a caso, seria possível desrespeitar os parâmetros da CF/88 (art. 73, § 2º). Precedentes citados: ADI 1957 MC/AP (DJU de 11.6.99); ADI 2209 MC/PI (DJU de 1º.9.2000); ADI 2117/DF (DJU de 7.11.2003). ADI 3688/PE, rel. Min. Joaquim Barbosa, 11.6.2007. (ADI-3688) (Inform. STF 471)

SUPLENTE DE SENADOR E PRERROGATIVA DE FORO

O Tribunal negou provimento a agravo regimental interposto, nos autos de inquérito, contra decisão que determinara a baixa dos autos ao Juízo da 3ª Vara Criminal da Comarca de Campo Grande, em razão de o querelado, suplente de Senador, acusado da suposta prática dos delitos previstos nos artigos 20, 21 e 22, todos da Lei 5.250/67, deixar de exercer mandato parlamentar, em face do retorno do titular ao cargo. Na linha da jurisprudência da Corte, considerou-se que, embora juntamente com cada Senador sejam eleitos dois suplentes, a posse no cargo, que constitui ato formal indispensável para o gozo das prerrogativas ligadas à função legislativa, dá-se apenas com relação àquele que efetivamente o exerce, em caráter interino ou permanente. Asseverou-se que os suplentes não têm jus às prerrogativas inerentes ao cargo enquanto o titular estiver em exercício, possuindo, apenas, mera expectativa do direito de substituir, eventualmente, o Senador com o qual foram eleitos. Ressaltou-se, ainda, que a diplomação dos suplentes constitui formalidade anterior e necessária à eventual investidura no cargo, nos termos dos artigos 4º e 5º, do Regimento Interno do Senado Federal, não se podendo, entretanto, depreender disso que a eles seja aplicado, automaticamente, o Estatuto dos Congressistas, ou seja, o conjunto de normas constitucionais que estatui o regime jurídico dos membros do Congresso Nacional, prevendo suas prerrogativas e direitos, seus deveres e incompatibilidades, salvo se assumirem o cargo interina ou definitivamente. Dessa forma, entendeu-se que a atração da competência do Supremo, de natureza *intuitu funcionae*, ocorre, desde a diplomação, unicamente em relação ao titular eleito para exercer o cargo, havendo, por isso, de se fazer uma interpretação restritiva do art. 53, § 1º, da CF, porquanto dirigido apenas a Senadores e Deputados Federais, aos quais o texto confere, excepcionalmente, certas prerrogativas, em prol do exercício livre e desembaraçado do mandato. Por fim, aduziu-se que, se o legislador quisesse estender a referida proteção aos suplentes, teria providenciado a sua inclusão na Constituição Federal ou remetido a sua disciplina a legislação ordinária. Precedente citado: ADI 2797/DF (DJU de 19.12.2006). Inq 2453 AgR/MS, rel. Min. Ricardo Lewandowski, 17.5.2007. (Inq-2453) (Inform. STF 467)

ANISTIA: DEPUTADO ESTADUAL E CONFISCO DE BENS - 1

A regra do art. 8º do ADCT é de interpretação restritiva e deve contemplar tão-somente as situações lá descritas, não alcançando hipótese de cassação de mandato de deputado estadual, para efeito de devolução dos bens confiscados (*"Art. 8º. É concedida anistia aos que... foram atingidos, em decorrência de motivação exclusivamente política, por atos de exceção, institucionais ou complementares,... asseguradas as promoções, na inatividade, ao cargo, emprego, posto ou graduação a que teriam direito se estivessem em serviço ativo..., respeitadas as características e peculiaridades das carreiras dos servidores públicos civis e militares e observados os respectivos regimes jurídicos."*). Com base nesse entendimento, a Turma negou provimento a recurso extraordinário em que viúva de deputado estadual pretendia o reconhecimento de anistia constitucional em favor de seu falecido marido e a conseqüente devolução dos bens supostamente confiscados por motivação política. Entendeu-se que, na espécie, mesmo que se admitisse que a cassação e o confisco dos bens do deputado se dessem por razões exclusivamente políticas, não haveria como se estender à hipótese as previsões de promoção, na inatividade, ao cargo, emprego, posto ou graduação a que teria direito se ainda no serviço ativo. Concluiu-se, ademais, pela incompatibilidade operacional entre a pretensão da recorrente e a autorização constitucional. RE 368090/PR, rel. Min. Gilmar Mendes, 6.2.2007. (RE-368090)

ANISTIA: DEPUTADO ESTADUAL E CONFISCO DE BENS - 2

A Turma, resolvendo questão de ordem suscitada pelo Min. Gilmar Mendes, invalidou o julgamento de recurso extraordinário, do qual relator, realizado na sessão de 6.2.2007 (v. Informativo 455), ante o fato de não ter sido atendido o pedido de sustentação oral previamente formulado pelos advogados dos recorrentes. Trata-se, na espécie, de recurso em que viúva de deputado estadual pretende o reconhecimento de anistia constitucional em favor de seu falecido marido e a conseqüente devolução dos bens supostamente confiscados por motivação política. O Min. Gilmar Mendes negou provimento ao extraordinário, no que foi acompanhado pelo Min. Joaquim Barbosa, por entender que a regra do art. 8º do ADCT deve ser interpretada restritivamente, de modo a contemplar tão-somente as situações lá descritas, não alcançando hipótese de cassação de mandato de deputado estadual, para efeito de devolução de bens confiscados (*"Art. 8º. É concedida anistia aos que... foram atingidos, em decorrência de motivação exclusivamente política, por atos de exceção, institucionais ou complementares,... asseguradas as promoções, na inatividade, ao cargo, emprego, posto ou graduação a que teriam direito se estivessem em serviço ativo..., respeitadas as características e peculiaridades das carreiras dos servidores públicos civis e militares e observados os respectivos regimes jurídicos."*). Asseverou que, mesmo que se admitisse que a cassação e o confisco dos bens do deputado se dessem por razões exclusivamente políticas, não haveria como se estender ao caso as previsões de promoção, na inatividade, ao cargo, emprego, posto ou graduação a que teria direito se ainda no serviço ativo. Concluiu, ademais, pela incompatibilidade operacional entre a pretensão da recorrente e a autorização constitucional. Após, pediu vista dos autos o Min. Cezar Peluso. RE 368090/PR, rel. Min. Gilmar Mendes, 15.5.2007. (RE-368090) (Inform. STF 467)

INSTALAÇÃO DE CPI E DIREITO PÚBLICO SUBJETIVO DAS MINORIAS - 1

O Tribunal concedeu mandado de segurança impetrado contra a Presidência da Câmara dos Deputados, pelo fato de esta haver admitido o processamento de recurso interposto pelo Líder do Partido dos Trabalhadores - PT — posteriormente provido — contra decisão denegatória de questão de ordem, por ele suscitada, em face do deferimento, pela Mesa, do requerimento de instalação de CPI destinada a investigar as causas, conseqüências e responsáveis pela crise do sistema de tráfego aéreo brasileiro, desencadeada após acidente aéreo com mais de uma centena de vítimas. Inicialmente, afastaram-se as preliminares formuladas pelo líder do PT, litisconsorte passivo necessário, de: a) perda do objeto da ação, tendo em conta que, no julgamento do recurso pelo Plenário da Câmara dos Deputados, a minoria parlamentar não ratificara o número mínimo de subscritores exigido pelo texto constitucional (1/3 de parlamentares da Câmara dos Deputados); b) inexistência de liquidez dos pressupostos fáticos em que se fundava a pretensão mandamental; e c) impossibilidade constitucional de o Supremo apreciar a controvérsia veiculada, haja vista a natureza *interna corporis* das questões debatidas. MS 26441/DF, rel. Min. Celso de Mello, 25.4.2007. (MS-26441)

INSTALAÇÃO DE CPI E DIREITO PÚBLICO SUBJETIVO DAS MINORIAS - 2

Relativamente à primeira preliminar, asseverou-se que o julgamento do recurso pelo Plenário da Câmara, ao invés de configurar prejuízo da impetração, conferiria, na verdade, mais ênfase à tese sustentada pelos impetrantes de que a utilização desse recurso regimental poderia frustrar a investigação parlamentar, ocasionando a prevalência da vontade da maioria em detrimento da minoria. Aduziu-se que o requisito constitucional de 1/3, no mínimo, para a criação de determinada CPI diz respeito à subscrição do requerimento de instauração da investigação parlamentar, exigência que deve ser examinada no momento do protocolo do pedido perante a Mesa da Casa legislativa e que não necessita de posterior ratificação. Quanto à segunda preliminar, considerou-se que a situação versada nos autos revestia-se de liquidez evidente, porquanto a pretensão deduzida apresentava suporte documental em provas juridicamente idôneas, aptas a possibilitar a compreensão, a delimitação e o exame da controvérsia constitucional veiculada. No que tange à terceira preliminar, afirmou-se não se estar diante de um debate de caráter meramente regimental, uma vez que o fundamento em que se apoiara a impetração seria concernente à alegação de ofensa a direitos impregnados de estatura constitucional (CF, art. 58, § 3º), o que legitimaria o exercício, pelo Supremo, da juris-dição que lhe é inerente. MS 26441/DF, rel. Min. Celso de Mello, 25.4.2007. (MS-26441)

INSTALAÇÃO DE CPI E DIREITO PÚBLICO SUBJETIVO DAS MINORIAS - 3

No mérito, entendeu-se que a maioria não poderia, sustentando a inobservância do art. 58, § 3º, da CF, e valendo-se de meios regimentais, deslocar, para o Plenário da Câmara dos Deputados, a decisão final sobre a efetiva criação da CPI, sob pena de se frustrar o direito da minoria à investigação parlamentar. Considerou-se que, na espécie, o direito da minoria à investigação parlamentar teria sido trans-gredido e desrespeitado pela decisão da Presidência da Câmara que admitira o processamento do recurso interposto pelo líder do PT e que, com o acolhimento desse recurso, o Plenário dessa Casa legislativa acabara por invalidar, de modo inconstitucional, o Ato da sua Presidência que declarara, formalmente, a criação da CPI em referência, por corretamente considerar atendidos os requisitos constitucionais previstos no art. 58, § 3º, da CF. A-firmou-se que, reconhecido o atendimento desses requisitos pelo Presidente da Câmara, fica concluído o procedimento de criação da CPI, sendo incabível o questionamento interno de sua legitimidade. Nesse sentido, asseverou-se que o próprio Regimento Interno da Câmara dos Deputados, em norma compatível com a referida cláusula constitucional, estabelece, em seu art. 35, § 2º, que, *"Recebido o requerimento, o Presidente o mandará à publicação, desde que satisfeitos os requisitos regimentais; caso contrário, devolvê-lo-á ao Autor, cabendo, desta decisão, recurso para o Plenário..."*. MS 26441/DF, rel. Min. Celso de Mello, 25.4.2007. (MS-26441)

INSTALAÇÃO DE CPI E DIREITO PÚBLICO SUBJETIVO DAS MINORIAS - 4

Assim, tendo em conta que o Presidente da Câmara dos Deputados, depois de declarar formalmente criada a CPI, reafirmara estarem preenchidos todos os requisitos necessários à instauração do inquérito parlamentar em causa, considerou-se que o exame dos documentos produzidos com o mandado de segurança evidenciariam que o Ato da Presidência da Câmara dos Deputados invalidado, em sede recursal, deveria ser preservado, em caráter definitivo, pelo Supremo, em ordem a permitir a imediata instalação da CPI em questão. No ponto, reconheceu-se que o Presidente daquela Casa legislativa, ao praticar o Ato posteriormente desconstituído, agira de modo irrepreensível, eis que efetivamente preenchidas as exigências a que se refere o art. 58, § 3º, da CF: o requerimento fora subscrito pela minoria legislativa que indicara, de forma clara e precisa, um evento concreto que se ajustaria ao conceito de fato determinado e a omissão quanto à indicação do prazo de funcionamento da CPI teria sido suprida pela incidência automática do que prescrito no art. 35, § 3º, do Regimento Interno da Câmara dos Deputados ("*A Comissão... terá prazo de cento e vinte dias, prorrogável por até metade... para conclusão de seus trabalhos*"). *Writ* concedido para invalidar a deliberação emanada do Plenário da Câmara dos Deputados, que, ao acolher o recurso deduzido pelo Líder do PT, desconstituíra o Ato da Presidência dessa Casa legislativa, e determinar a restauração definitiva da eficácia do mencionado Ato da Presidência da Câmara dos Deputados que reconhecera criada a CPI do sistema de controle do tráfego aéreo, devendo o Presidente dessa mencionada Casa providenciar a publicação do Ato em questão, nos termos e para os fins a que se refere o art. 35, § 2º, do Regimento Interno da Câmara dos Deputados, com a adoção das demais medidas complementares destinadas a viabilizar a efetiva instalação da CPI em causa. MS 26441/DF, rel. Min. Celso de Mello, 25.4.2007. (MS-26441) (Inform. STF 464)

DETENTOR DE FORO POR PRERROGATIVA DE FUNÇÃO E INDICIAMENTO - 1

O Tribunal iniciou julgamento de inquérito em que se imputa, respectivamente, a Senador e outros, a suposta prática dos crimes previstos no art. 350 do Código Eleitoral (falsidade ideológica para fins eleitorais) e no art. 1º, VI, c/c o § 1º, II, da Lei 9.613/98 (lavagem ou ocultação de bens, direitos e valores), e se apura a venda de documentos e informações que revelariam o envolvimento de políticos numa determinada fraude. Inicialmente, determinou-se a retificação da autuação para que constasse ser o caso de inquérito, nos termos do art. 231 do Regimento Interno do STF. Em seguida, o Tribunal, por considerar inexistentes elementos informativos que pudessem alicerçar a denúncia, deferiu o pedido de arquivamento do inquérito com relação ao parlamentar e também deferiu *habeas corpus*, de ofício, relativamente a um dos outros indiciados, para o fim de estender-lhe os efeitos desse arquivamento, tendo em conta que seu indiciamento se pretendera fundar em indícios da prática por ambos, em co-autoria, do crime de falsidade ideológica para fins eleitorais, dada a combinação do art. 350 do Código Eleitoral com os artigos 20 e 21 da Lei 11.300/2006. Pet 3825 QO/MT, rel. Min. Sepúlveda Pertence, 11.4.2007. (Pet-3825)

DETENTOR DE FORO POR PRERROGATIVA DE FUNÇÃO E INDICIAMENTO - 2

Prosseguindo, o Min. Sepúlveda Pertence, relator, indeferiu o pedido de anulação formal do indiciamento do Senador por alegada carência de poder da autoridade policial para determiná-lo. Afirmou o relator que nem a instauração de inquérito policial depende da iniciativa do Procurador-Geral da República para a apuração de fato em que se verifique a possibilidade de envolvimento de titular de prerrogativa de foro do Supremo, nem o mero indiciamento formal de dignitário necessita da prévia decisão de um Ministro da Casa. Asseverou que tanto a abertura das investigações de qualquer fato aparentemente delituoso quanto, no curso delas, o indiciamento formal, por si só, de quem quer que se desvele possível autor da conduta incriminada são atos da autoridade que preside o inquérito, de ofício, se for o caso, e que a prerrogativa de foro do indigitado autor do fato criminoso é critério que diz respeito, exclusivamente, à determinação da competência jurisdicional originária do Tribunal respectivo quando do oferecimento da denúncia ou, eventualmente, antes dela, se se fizer necessária diligência sujeita à prévia autorização judicial. Pet 3825 QO/MT, rel. Min. Sepúlveda Pertence, 11.4.2007. (Pet-3825)

DETENTOR DE FORO POR PRERROGATIVA DE FUNÇÃO E INDICIAMENTO - 3

O relator salientou, ademais, que o indiciamento possui caráter ambíguo, constituindo-se, ao mesmo tempo, fonte de direitos, prerrogativas e garantias processuais (CF, art. 5º, LVII e LXIII), e fonte de ônus e deveres que representam alguma forma de constrangimento, além dos decorrentes da estigmatização social que a publicidade lhe imprime, traduzindo-se, ainda, como o marco temporal a partir de quando a supervisão judicial sobre o inquérito há de ser entregue ao tribunal competente para o processo penal que vier a ser eventualmente instaurado. Afirmou que, instaurado de ofício, licitamente, o inquérito, incumbiria, à autoridade policial, o indiciamento, que, apesar de não previsto pela lei brasileira, deveria ser objeto de um ato formal, ante as implicações jurídicas que ocasiona para o *status* de indiciado. Assim, o indiciamento seria um poder-dever da autoridade policial, uma vez convencida da concorrência dos seus pressupostos. Tendo isso em conta, o relator, ressaltando, ademais, que o indiciamento em inquérito policial é um fato, cuja anotação nos registros policiais costuma ser utilizado no futuro em prejuízo do indiciado, não obstante o arquivamento solicitado pelo Ministério Público, atendido ou deferido pelo órgão judiciário competente, concluiu que a solução não estaria na anulação do fato do indiciamento ou da denúncia, mas na desconsideração de seu registro. Dessa forma, ressalvou que, no caso, o arquivamento do inquérito haveria de apagar os efeitos deletérios do *status* provisório de indiciado. Nesse ponto, rejeitou-se, por maioria, questão de ordem suscitada pelo Min. Marco Aurélio no sentido do prejuízo da deliberação a respeito da anulação do indiciamento, em face do arquivamento do inquérito. O julgamento foi suspenso em virtude do pedido de vista do Min. Gilmar Mendes. Pet 3825 QO/MT, rel. Min. Sepúlveda Pertence, 11.4.2007. (Pet-3825) (Inform. STF 462)

PRESCRIÇÃO E EC 35/2001

A Turma deu provimento a recurso extraordinário interposto contra acórdão do Tribunal de Justiça do Distrito Federal e Territórios que, por maioria, decretara a extinção da punibilidade de deputado distrital em decorrência da prescrição, ao fundamento de que a Emenda Constitucional 35/2001, ao abolir a licença do Congresso Nacional como condição de procedibilidade para a abertura de processo contra parlamentar, teria criado regra mais benéfica em relação à suspensão do prazo prescricional, a qual, por ser de caráter material, deveria retroagir em benefício do réu. Com base em precedentes da Corte, considerou-se que, no caso, o prazo prescricional, suspenso com a solicitação da licença para prosseguimento da ação à Câmara Legislativa do DF (CF, art. 53, § 2º, na sua redação original), deveria voltar a correr quando da publicação da EC 35/2001. RE provido para reformar o acórdão impugnado, no sentido de que se reconheça que, até o presente momento não é possível declarar a prescrição da pretensão punitiva *in abstrato* em relação ao réu. Precedentes citados: Inq 457 QO/DF (DJU de 6.8.93); Inq 1344/DF (DJU de 1º.8.2003); Inq 1566 QO/AC (DJU de 22.3.2002). RE 477837/DF, rel. Min. Gilmar Mendes, 13.3.2007. (RE-477837) (Inform. STF 459)

SUBSÍDIOS DE PARLAMENTARES: DECRETO LEGISLATIVO E PERDA DE EFICÁCIA - 1

O Tribunal, por maioria, não conheceu de ação direta ajuizada pelo Partido Popular Socialista - PPS, em que se pretendia a declaração de inconstitucionalidade do Decreto Legislativo 444/2002, averbando, todavia, o exaurimento da norma contida no referido decreto legislativo, ou seja, o entendimento da Corte que a fixação dos subsídios para os Congressistas, Senadores e Deputados, deverá se fazer mediante decreto legislativo específico a ser aprovado por ambas as Casas do Congresso. O Decreto Legislativo 444/2002 dispôs sobre a remuneração dos membros do Congresso Nacional durante a 52ª Legislatura, estabelecendo que, "*até que seja aprovada a lei de iniciativa conjunta de que trata o art. 48, XV, da CF, a remuneração dos Membros do Congresso Nacional corresponderá à maior remuneração percebida, a qualquer título, por Ministro do STF... e se constituirá de subsídio fixo, variável e adicional*", bem como que as "*Mesas do Senado Federal e da Câmara dos Deputados regularão, em ato conjunto, a aplicação deste Decreto Legislativo.*". Entendeu-se que o ato normativo impugnado teria perdido a eficácia desde a promulgação da EC 41/2003, que alterou o art. 48, XV, da CF, na redação que lhe foi dada pela EC 19/98, mencionado no art. 1º do decreto legislativo, que previa lei de iniciativa conjunta, a qual não sobreveio (EC 41/2003: "*Art. 48. Cabe ao Congresso Nacional, com a sanção do Presidente da República, não exigida esta para o especificado nos arts. 49, 51 e 52, dispor... sobre:... XV - fixação do subsídio dos Ministros do Supremo Tribunal Federal, observado o que dispõem os arts. 39, § 4º; 150, II; 153, III; e 153, § 2º, I.*"). Asseverou-se também que, nos termos do art. 49, VII, da CF, a fixação dos subsídios há de ser objeto de decreto legislativo específico a exigir deliberação do plenário das Casas do Congresso Nacional (CF: "*Art. 49. É da competência exclusiva do Congresso Nacional:... VII - fixar idêntico subsídio para os Deputados Federais e os Senadores, observado o que dispõem os arts. 37, XI, 39, § 4º, 150, II, 153, III, e 153, § 2º, I;*"). Vencidos os Ministros Carlos Britto, relator, Cármen Lúcia, Eros Grau e Ricardo Lewandowski, que conheciam da ação e deferiam a cautelar para suspender os efeitos do decreto legislativo questionado. ADI 3833 MC/DF, rel. orig. Min. Carlos Britto, rel. p/ o acórdão Min. Marco Aurélio, 19.12.2006. (ADI-3833) 755

SUBSÍDIOS DE PARLAMENTARES: DECRETO LEGISLATIVO E PERDA DE EFICÁCIA - 2

Tendo em conta o entendimento firmado no julgamento da ADI 3833 MC/DF, acima relatado, o Tribunal deferiu pedido de liminar formulado em mandado de segurança preventivo impetrado por Deputados Federais contra os Presidentes do Senado Federal e da Câmara dos Deputados, e os Secretários e Mesas dessas Casas Legislativas, para que as Mesas da Câmara e do Senado se abstenham de editar qualquer ato que fixe subsídios de Deputados e Senadores com base no Decreto Legislativo 444/2002. Inicialmente, o Tribunal, por maioria, admitiu questão de ordem, no sentido de ser possível ao relator submeter ao Plenário o exame da liminar. Vencido, no ponto, o Min. Marco Aurélio, que considerava caber isoladamente ao relator essa apreciação. Em seguida, o Tribunal reconheceu a legitimidade dos impetrantes, haja vista estarem os parlamentares atuando na defesa da prerrogativa de participar de votação de matéria que, conforme o art. 49, VII, da CF, cabe ao plenário das Casas do Congresso Nacional. No mérito, entendeu-se estarem presentes os requisitos do *fumus boni iuris*, consubstanciado na aparente violação ao art. 49, VII, da CF/88, e do *periculum in mora*, representado pela iminência da efetivação do reajuste impugnado. MS 26307 MC/DF, rel. Min. Ricardo Lewandowski, 19.12.2006. (MS-26307) (Inform. STF 453)

MS. COMISSÃO PARLAMENTAR. INQUÉRITO.

Trata-se de recurso ordinário contra o acórdão que denegou a ordem no mandado de segurança impetrado pelos recorrentes com a finalidade de que seja determinada a instauração de comissão parlamentar de inquérito, visando à investigação e apuração da aplicação de recursos financeiros existentes no balanço geral de prefeitura. A Turma deu provimento ao recurso, por entender que a instauração do inquérito parlamentar, para viabilizar-se as casas legislativas, está vinculada, unicamente, à satisfação de três exigências definidas, de modo taxativo, no texto da Carta Política: subscrição do requerimento de constituição da CPI por, no mínimo, 1/3 dos membros da casa legislativa, indicação de fato determinado a ser objeto de apuração e temporariedade da comissão parlamentar de inquérito. Preenchidos os requisitos constitucionais (CF, art. 58, § 3º), impõe-se a criação da comissão parlamentar de inquérito, que não depende, por isso mesmo, da vontade aquiescente da maioria legislativa. Para o Min. Relator, submeter a instalação da CPI à prévia aprovação do Plenário significaria subtrair da minoria parlamentar de 1/3 a própria prerrogativa institucional de utilizar esse instrumento de investigação e fiscalização. Precedente citado do STF: MS 24.831-DF, DJ 4/8/2006. **RMS 23.618-AM, Rel. Min. Teori Albino Zavascki, julgado em 2/12/2008.** (Inform. STJ 379)

SÚMULA STF Nº 245

A imunidade parlamentar não se estende ao co-réu sem essa prerrogativa.

7.1. Processo Legislativo

EMENTA: **CONTROLE JURISDICIONAL** DO PROCESSO LEGISLATIVO. **UTILIZAÇÃO**, *PARA TANTO*, DO MANDADO DE SEGURANÇA. **POSSIBILIDADE**. **RECONHECIMENTO**, *PARA ESSE EFEITO*, DE LEGITIMAÇÃO PARA AGIR **ATRIBUÍDA**, *COM EXCLUSIVIDADE*, **A MEMBRO** DO CONGRESSO NACIONAL. **PRECEDENTES** DO SUPREMO TRIBUNAL FEDERAL. **PERDA SUPERVENIENTE**, *PELO IMPETRANTE*, DE SUA CONDIÇÃO POLÍTICO-JURÍDICA DE PARLAMENTAR. **IMPOSSIBILIDADE DE PROSSEGUIMENTO** DA AÇÃO MANDAMENTAL. **LEGITIMAÇÃO ATIVA** "*AD CAUSAM*" **QUE DEVE ESTAR PRESENTE**, *JUNTAMENTE COM AS DEMAIS* CONDIÇÕES DA AÇÃO, **NO MOMENTO** DA RESOLUÇÃO DO LITÍGIO (**CPC**, ART. 462). **RELAÇÃO DE CONTEMPORANEIDADE** *NÃO MAIS EXISTENTE*. **EXTINÇÃO ANÔMALA** DO PROCESSO MANDAMENTAL. **DOUTRINA**. **PRECEDENTE ESPECÍFICO** DO SUPREMO TRIBUNAL FEDERAL. **IMPOSSIBILIDADE**, *ADEMAIS*, DE O MANDADO DE SEGURANÇA, **QUE NÃO PODE** IMPUGNAR *NORMAS EM TESE*, **CONVERTER-SE** *EM INADMISSÍVEL SUCEDÂNEO* DA AÇÃO DIRETA DE INCONSTITUCIONALIDADE. **JURISPRUDÊNCIA**. **PROCESSO JULGADO EXTINTO**. (MS 27.971/DF, rel. Min. Celso de Mello, 1º.8.2011). (Inform. STF 647)

Emenda parlamentar: pertinência temática e não-aumento de despesa

O Plenário julgou improcedentes pedidos formulados em ações diretas de inconstitucionalidade, ajuizadas pelo Governador do Estado do Rio Grande do Sul, contra o art. 2º da Lei gaúcha 11.639/2001 e os artigos 6º, parágrafo único, 10, caput, e §§ 1º, 3º e 4º, e 21, parágrafo único, da Lei gaúcha 11.770/2002, todos resultantes de emenda parlamentar. As normas questionadas dispõem sobre cadastro de contratações temporárias, bem como sobre alterações nos quadros de cargos de provimento efetivo, de cargos em comissão e de funções gratificadas do instituto-geral de perícias daquela unidade federativa, respectivamente. Assinalou-se que os projetos de lei seriam de iniciativa do Chefe do Poder Executivo estadual. Ademais, consignou-se que as emendas possuiriam pertinência temática com o projeto de lei originário e que delas não decorreria aumento da despesa global prevista. ADI 2583/RS, rel. Min. Cármen Lúcia, 1º.8.2011. (ADI-2583) ADI 2813/RS, rel. Min. Cármen Lúcia, 1º.8.2011. (ADI-2813) (Inform. STF 634)

Princípio da Simetria e Processo Legislativo - 1

O Tribunal iniciou julgamento de ação direta ajuizada pelo Governador do Estado do Piauí contra os incisos III, VII, VIII, IX e X do parágrafo único do art. 77 da Constituição estadual, que impõe a edição de lei complementar para disciplinar o Estatuto dos Servidores Públicos Civis e dos Servidores Militares, a Lei Orgânica do Magistério Público do Estado; a Lei Orgânica da Administração Pública, o Estatuto da Polícia Civil e o Estatuto Administrativo do Fisco Estadual. O Min. Eros Grau, relator, julgou o pedido procedente por entender que os dispositivos impugnados ferem o princípio da simetria, pois exigem lei complementar para regulação de matérias para as quais a Constituição do Brasil prevê o processo legislativo ordinário. O julgamento foi suspenso com o pedido de vista do Min. Sepúlveda Pertence. ADI 2872/PI, rel. Min. Eros Grau, 2.3.2005.(ADI-2872)

Princípio da Simetria e Processo Legislativo - 2

O Tribunal retomou julgamento de ação direta ajuizada pelo Governador do Estado do Piauí contra os incisos III, VII, VIII, IX e X do parágrafo único do art. 77 da Constituição estadual, que impõe a edição de lei complementar para disciplinar o Estatuto dos Servidores Públicos Civis e dos Servidores Militares, a Lei Orgânica do Magistério Público do Estado, a Lei Orgânica da Administração Pública, o Estatuto da Polícia Civil e o Estatuto Administrativo do Fisco Estadual - v. Informativo 378. Salientando que o princípio da simetria deve comportar modulação, o Min. Menezes Direito, em voto-vista, julgou improcedente o pedido formulado, no que foi acompanhado pela Min. Cármen Lúcia. Considerou que a legislação ordinária do âmbito federal, que dispensa o quorum mais rigoroso da lei complementar, não impede, pelo referido postulado, que, na competência dos Estados-membros, seja possível exigir lei complementar. Frisou que a força da federação brasileira deve estar exatamente na compreensão de que os Estados-membros podem fazer opções constitucionais locais com os padrões normativos disponíveis na Constituição Federal sem que isso malfira, em nenhum aspecto, qualquer princípio sensível ou qualquer limitação expressa ou implícita, e concluiu não vislumbrar razão alguma para a aplicação alargada do aludido postulado. Após, o Min. Eros Grau, relator, indicou adiamento. ADI 2872/PI, rel. Min. Eros Grau, 29.10.2008. (ADI-2872)

Princípio da simetria e processo legislativo - 3

Em conclusão, o Plenário, por maioria, julgou procedente pedido formulado em ação direta, ajuizada pelo Governador do Estado do Piauí, para declarar a inconstitucionalidade dos incisos III, VII, VIII, IX e X do parágrafo único do art. 77 da Constituição estadual, que impõe a edição de lei complementar para disciplinar o Estatuto dos Servidores Públicos Civis e dos Servidores Militares, a Lei Orgânica do Magistério Público do Estado, a Lei Orgânica da Administração Pública, o Estatuto da Polícia Civil e o Estatuto Administrativo do Fisco Estadual — v. Informativos 378 e 526. Asseverou-se que os dispositivos impugnados ofenderiam o princípio da simetria, pois exigiriam lei complementar para regulação de matérias para as quais a Constituição prevê o processo legislativo ordinário. Vencidos os Ministros Menezes Direito e Cármen Lúcia, que julgavam o pleito improcedente. ADI 2872/PI, rel. orig. Min. Eros Grau, red. p/ o acórdão, Min. Ricardo Lewandowski, 1º.8.2011. (ADI-2872) (Inform. STF 634).

ADI N. 2.800-RS

RED. P/ O ACÓRDÃO: MIN. CÁRMEN LÚCIA

EMENTA: AÇÃO DIRETA DE INCONSTITUCIONALIDADE. SISTEMA DE CARGA E DESCARGA FECHADO PARA COMBUSTÍVEIS AUTOMOTIVOS. INCONSTITUCIONALIDADE DO ART. 4º DA LEI GAÚCHA N. 11.591/2001. NORMA QUE ESTABELECEU NOVA ATRIBUIÇÃO A ÓRGÃO DO PODER EXECUTIVO ESTADUAL E DEFINIU PRAZO PARA O CUMPRIMENTO DA DETERMINAÇÃO LEGAL. AFRONTA AOS ARTS. 2º E 61, § 1º, INC. II, ALÍNEA E, DA CONSTITUIÇÃO DA REPÚBLICA. AÇÃO JULGADA PARCIALMENTE PROCEDENTE. (Inform. STF 627) *noticiado no Informativo 619

JUIZ DE PAZ: REMUNERAÇÃO E CUSTAS PARA HABILITAÇÃO DE CASAMENTO

A remuneração dos Juízes de Paz somente pode ser fixada em lei de iniciativa exclusiva do Tribunal de Justiça Estadual. Com base nesse entendimento, o Plenário julgou procedente pedido formulado em ação direta ajuizada pelo Procurador Geral da República para declarar a inconstitucionalidade da expressão "*recolhidas à disposição do Juiz de Paz*", contida no parágrafo único do art. 2º da Lei mineira 10.180/90, de iniciativa do Governador do Estado de Minas Gerais. O preceito impugnado, ao alterar a redação de dispositivos da Lei mineira 7.399/78 (Regimento de Custas do Estado de Minas Gerais), determina que as custas cobradas para o processo de habilitação de casamento sejam recolhidas à disposição do Juiz de Paz. Entendeu-se que a lei impugnada estaria em confronto com a alínea b do inciso II do art. 96 da CF que prevê competência privativa ao

STF, aos Tribunais Superiores e aos Tribunais de Justiça propor ao Poder Legislativo respectivo, observado o disposto no art. 169, a remuneração dos seus serviços auxiliares e dos juízos que lhes forem vinculados, bem como a fixação do subsídio de seus membros e dos juízes, inclusive dos tribunais inferiores, onde houver. Considerou-se, ainda, que a norma questionada também incorreria em vício material, haja vista que os Juízes de Paz, por serem agentes públicos, que exercem atividade eminentemente estatal, deveriam ser pagos pelos cofres públicos. Prece-dente citado: ADI 1051/SC (DJU de 13.10.95). ADI 954/MG, rel. Min. Gilmar Mendes, 24.2.2011. (ADI-954) (Inform. STF 617)

Remuneração de Servidor Público e Vício Formal

O Tribunal deferiu pedido de medida cautelar em ação direta de inconstitucionalidade, proposta pelo Governador do Estado de Santa Catarina, para suspender, com efeitos *ex nunc*, o art. 3º da Lei 15.215/2010, daquela unidade federativa. O dispositivo impugnado, resultante de emenda parlamentar, fixa o subsídio mensal como forma de remuneração dos membros da carreira de procurador do Estado e cria gratificações em favor dos servidores públicos da Procuradoria-Geral do Estado, da Secretaria de Estado da Administração e do Instituto de Previdência do Estado de Santa Catarina. Vislumbrou-se aparente usurpação da iniciativa privativa do Chefe do Poder Executivo para a propositura de leis que disponham sobre aumento de remuneração dos cargos, funções e empregos públicos existentes na estrutura da Administração direta ou autárquica (CF, art. 61, § 1º, II, a), bem como ofensa à vedação de emenda a projeto de lei de iniciativa da citada autoridade que acarrete aumento de despesa (CF, art. 63, I). Precedente citado: ADI 1070 MC/MS (DJU de 15.5.95). ADI 4433 MC/SC, rel. Min. Ellen Gracie, 6.10.2010. (ADI-4433) (Inform. STF 603)

Tribunal de Contas: Lei Orgânica e Vício Formal

Por considerar usurpado, em princípio, o poder de iniciativa reservado constitucionalmente aos Tribunais de Contas para instaurar processo legislativo que visa alterar sua organização e seu funcionamento, o Tribunal deferiu, com efeitos *ex tunc*, pedido de medida cautelar em duas ações diretas de inconstitucionalidade propostas, respectivamente, pela Associação dos Membros dos Tribunais de Contas do Brasil - ATRICON e pelo Conselho Federal da Ordem dos Advogados do Brasil, para suspender a eficácia da Lei 2.351/2010, do Estado de Tocantins. A norma impugnada, de origem parlamentar, alterou e revogou diversos dispositivos da Lei Orgânica do Tribunal de Contas daquele ente federativo. Preliminarmente, na linha de precedentes firmados pela Corte, assentou-se a legitimidade ativa *ad causam* da ATRICON, bem como se entendeu configurada a pertinência temática. Em seguida, sem adentrar o exame de cada artigo do diploma adversado, reputou-se configurado o aparente vício de iniciativa, porquanto não caberia ao Poder Legislativo estadual, mediante projeto de lei de iniciativa parlamentar, propor modificações em dispositivos da Lei Orgânica do Tribunal de Contas estadual. Enfatizou-se que apenas a própria Corte de Contas teria a prerrogativa de fazer instaurar processo legislativo concernente à alteração desse diploma normativo, sob pena de se neutralizar sua atuação independente. Consignou-se, por fim, que a lei em questão, além de acarretar conflitos institucionais entre o Tribunal de Contas e a Assembléia Legislativa, subtrairia daquele competências fiscalizatórias e interferiria em sua autonomia administrativa e financeira. Vencido o Min. Marco Aurélio que deferia a medida cautelar com eficácia *ex nunc* por considerar que a natureza do pronunciamento do Supremo seria acautelador e não reparador. ADI 4418 MC/TO,rel. Min. Dias Toffoli, 6.10.2010. (ADI-4418) ADI 4421 MC/TO, rel. Min. Dias Toffoli, 6.10.2010. (ADI-4421) (Inform. STF 603)

Medida Provisória: Pressupostos Constitucionais e Matéria Processual - 1

O Tribunal julgou procedente pedido formulado em ação direta proposta pelo Conselho Federal da Ordem dos Advogados do Brasil para declarar, com efeito *ex tunc*, a inconstitucionalidade do art. 9º da Medida Provisória 2.164-41/2001, que acrescentou o art. 29-C à Lei 8.036/90, o qual suprime a condenação em honorários advocatícios nas ações entre o Fundo de Garantia por Tempo de Serviço - FGTS e os titulares de contas vinculadas, bem como naquelas em que figurem os respectivos representantes ou substitutos processuais ("*Art. 9º A Lei nº 8.036, de 11 de maio de 1990, passa a vigorar com as seguintes alterações: ... Art. 29-C. Nas ações entre o FGTS e os titulares de contas vinculadas, bem como naquelas em que figurem os respectivos representantes ou substitutos processuais, não haverá condenação em honorários advocatícios.*"). Preliminarmente, rejeitou-se a alegação de inépcia da petição inicial suscitada pela Advocacia-Geral da União - AGU. Ressaltou-se que, embora sintética, a peça permitiria que a mencionada instituição, em suas extensas informações, rechaçasse os argumentos do requerente. Ademais, consignou-se que o preceito adversado possuiria autonomia, a dispensar a impugnação do total do diploma normativo. ADI 2736/DF, rel. Min. Cezar Peluso, 8.9.2010. (ADI-2736)

Medida Provisória: Pressupostos Constitucionais e Matéria Processual - 2

No mérito, enfatizou-se orientação da Corte segundo a qual os requisitos constitucionais legitimadores da edição de medidas provisórias — relevância e urgência — podem ser apreciados, em caráter excepcional, pelo Poder Judiciário. Aduziu-se, ademais, que o tema referente à condenação em honorários advocatícios de sucumbência seria tipicamente processual. Asseverou-se a incompatibilidade da utilização de medida provisória em matéria relativa a direito processual, haja vista a definitividade dos atos praticados no processo, destacando-se que esse entendimento fora positivado pela EC 32/2001 (CF, art. 62, § 1º, I, b). Por fim, registrou-se que, não obstante o disposto no art. 2º da aludida emenda ("*As medidas provisórias editadas em data anterior à da publicação desta emenda continuam em vigor até que medida provisória ulterior as revogue explicitamente ou até deliberação definitiva do Congresso Nacional.*"), não se poderia ter um dispositivo de medida provisória em situação de incompatibilidade com a norma constitucional. Precedente citado: ADI 1910 MC/DF (DJU de 27.2.2004). ADI 2736/DF, rel. Min. Cezar Peluso, 8.9.2010. (ADI-2736) (Inform. STF 599)

ADI e Relações de Trabalho

O Tribunal julgou procedente pedido formulado em ação direta proposta pelo Governador do Estado de São Paulo para declarar a inconstitucionalidade da Lei paulista 10.872/2001, que, a pretexto de assegurar a igualdade entre homens e mulheres, previu a ilicitude de um conjunto de atos discriminatórios praticados em virtude do sexo (e outros fatos, como raça ou credo) e lhes cominou penas administrativas ("*Art. 1º - Não será tolerada, no Estado de São Paulo, qualquer violação ao princípio da igualdade de direitos e obrigações entre homens e mulheres, assegurados pelos artigos 5º, inciso I, e 7º, inciso XXX, da Constituição Federal. Art. 2º - Constituem infrações as seguintes condutas restritivas a direitos, cometidas por agentes públicos...*"). Entendeu-se que a lei impugnada usurpa a competência da União para legislar sobre relações de trabalho e sua inspeção (CF, artigos 21, XXIV e 22, I), e que a referência a "agentes públicos", objeto do art. 2º, viola o art. 61, § 1º, II, c, da CF, que atribui ao Chefe do Poder Executivo a competência privativa para a iniciativa de leis que disponham sobre servidor público. ADI 3166/SP, rel. Min. Cezar Peluso, 27.5.2010. (ADI-3166) (Inform. STF 588)

ADI e Criação de Órgão

Por vislumbrar afronta ao art. 61, § 1º, II, e, da CF, que reserva ao Chefe do Poder Executivo a iniciativa de projeto de lei que crie órgão da Administração Pública, o Tribunal julgou procedente pedido formulado em ação direta ajuizada pelo Governador do Estado do Amapá para declarar a inconstitucionalidade da Lei estadual 803/2004, que cria a Escola Técnica Agropecuária no Município do Amapá e determina que o Poder Executivo a regulamente, incluindo no Plano Plurianual e na previsão orçamentária os recursos necessários à implantação dessa Escola. ADI 3179/AP, rel. Min. Cezar Peluso, 27.5.2010. (ADI-3179) (Inform. STF 588)

MP: REQUISITOS DE IMPREVISIBILIDADE E URGÊNCIA E ANÁLISE PELO SUPREMO – 1

O Tribunal, por maioria, deferiu medida cautelar pleiteada em ação direta de inconstitucionalidade proposta pelo Partido da Social Democracia – PSDB, para suspender a eficácia da Lei 11.656/2008, resultante da conversão da Medida Provisória 402/2007, impugnada na ação, que abriu crédito extraordinário em favor de diversos órgãos do Poder Executivo. Preliminarmente, o Tribunal, por maioria, conheceu da ação. Reportando-se aos fundamentos expendidos por ocasião do julgamento da ADI 4048 MC/DF (DJE de 22.8.2008), afastou-se, de início, a alegação de que a medida provisória em exame se esgotaria com a aprovação do crédito extraordinário e exaurir-se-ia com sua conversão em lei pelo Congresso Nacional. No ponto, asseverou-se, após afirmar que a medida provisória não é lei, mas tem força de lei, que a aprovação de um crédito extraordinário se compara à própria edição de uma lei orçamentária, e que o ato em si da aprovação orçamentária é seguido por numerosos atos no período de um ano. Aduziu-se que, por isso, não consubstancia ato de efeito concreto senão na aparência, já que a lei orçamentária, para ser executada, precisa da edição de muitos outros atos, estes, sim, de efeitos concretos. Acrescentou-se que, dessa forma, enquanto esses atos não atingem o seu ponto de exaustão, a lei orçamentária sobrevive no aguardo de novos atos de sua concreta aplicabilidade, não se estando, assim, diante de medida provisória que exaure sua eficácia no ato de sua primeira aplicação, que só ocorre, em rigor, no final do exercício financeiro para o qual foi aberto o crédito extraordinário, quando já expedidos todos os atos de empenho, liquidação e pagamento das despesas por esse tipo de crédito fixadas. Registrou-se que os créditos da medida provisória impugnada foram abertos para o exercício financeiro de 2007, e que, publicada essa medida provisória em 23.11.2007, a vigência dos créditos extraordinários se incorporaria ao exercício de 2008, razão pela qual não estaria prejudicado o exame da ação direta. **ADI 4049 MC/DF, rel. Min. Carlos Britto, 5.11.2008.** (ADI-4049)

MP: REQUISITOS DE IMPREVISIBILIDADE E URGÊNCIA E ANÁLISE PELO SUPREMO – 2

Em seguida, rejeitou-se, de igual modo, o eventual prejuízo da ação direta em face da conversão da Medida Provisória 402/2007 na Lei 11.656/2008. Após esclarecer que inexistiu alteração substancial por efeito dessa conversão e de que houve pedido de aditamento à inicial, aplicou-se a orientação fixada pelo Supremo no sentido da ausência de óbice processual ao julgamento da ação direta de inconstitucionalidade, porque a lei de conversão não convalida os vícios existentes na medida provisória. No mérito, entendeu-se, também na linha do aludido precedente (ADI 4048 MC/DF), que nenhuma das despesas a que faz referência a norma impugnada se ajusta aos conceitos de imprevisibilidade e urgência exigidos pelo § 3º do art. 167 da CF, destinando-se ela, ao contrário, "*à execução de investimentos e de despesas de custeio imprescindíveis ao desenvolvimento de ações do Governo Federal.*" Concluiu-se que estaria caracterizada, na hipótese, uma tentativa de contornar a vedação imposta pelo inciso V do art. 167 da CF, visto que a Medida Provisória 402/2007 categoriza como de natureza extraordinária crédito que, em verdade, não passa de especial, ou, então, suplementar, tipos que dependem de prévia autorização legislativa. Vencidos os Ministros Menezes Direito e Cezar Peluso, que denegavam a cautelar ao fundamento de não ser possível ao Supremo substituir-se no exame da urgência ou da imprevisibilidade das providências tomadas no campo do Poder Executivo em termos de crédito extraordinário. Vencido, também, o Min. Ricardo Lewandowski, que admitia a aferição desses pressupostos pelo Judiciário apenas em casos de abuso de poder ou desvio de finalidade, o que não teria ocorrido na espécie, e salientava, ainda, que o § 3º do art. 167 da CF apresenta um rol exemplicativo e não taxativo, e o Min. Eros Grau, que, reputando possível essa aferição, considerava, entretanto, tendo em conta os argumentos do Min. Ricardo Lewandowski, presentes, no caso, os referidos pressupostos. **ADI 4049 MC/DF, rel. Min. Carlos Britto, 5.11.2008.** (ADI-4049) (Inform. STF 527)

SISTEMA BICAMERAL E VÍCIO FORMAL - 1

O Tribunal iniciou julgamento de ação direta de inconstitucionalidade ajuizada pelo Partido Trabalhista Nacional - PTN contra a Lei 8.429/92, que dispõe sobre as sanções aplicáveis aos agentes públicos nos casos de enriquecimento ilícito no exercício de mandato, cargo, emprego ou função na administração pública direta, indireta ou fundacional e dá outras providências. O Min. Marco Aurélio, relator, julgou procedente o pedido formulado para declarar a inconstitucionalidade formal da lei impugnada por entender que o diploma legal foi aprovado sem a devida observância do sistema bicameral. Afirmou que o projeto que dera origem à Lei 8.429/92, aprovado pela Câmara dos Deputados e enviado ao Senado Federal para revisão, fora objeto de substitutivo nesta Casa Legislativa, que adotara, portanto, postura própria à Casa iniciadora. Assim, a Câmara dos Deputados, ao receber o substitutivo e rejeitá-lo quase que integralmente, emendando-o, deveria tê-lo remetido ao Senado Federal, por força do disposto no art. 65, parágrafo único, da CF, e não à sanção presidencial ("*Art. 65. O projeto de lei aprovado por uma Casa será revisto pela outra, em um só turno de discussão e votação, e enviado à sanção ou promulgação, se a Casa revisora o aprovar, ou arquivado, se o rejeitar. Parágrafo único. Sendo o projeto emendado, voltará à Casa iniciadora.*"). ADI 2182/DF, rel. Min. Marco Aurélio, 23.5.2007. (ADI-2182)

SISTEMA BICAMERAL E VÍCIO FORMAL - 2

Em divergência, a Min. Cármen Lúcia, considerando que, na espécie, a modificação do projeto iniciado na Câmara dos Deputados se dera, no Senado Federal, basicamente pela pormenorização, adoção de uma técnica legislativa, em que o conteúdo se alterara muito mais no sentido formal do que material, e, ainda, ressaltando a prevalência da Casa iniciadora do projeto, julgou improcedente o pleito, no que foi acompanhada pelo Min. Ricardo Lewandowski. Após, pediu vista dos autos o Min. Eros Grau. Em seguida, o Min. Marco Aurélio, relator, suscitando questão de ordem, rejeitou a possibilidade de o Tribunal, superada a questão pertinente à inconstitucionalidade formal da lei, apreciar os aspectos conducentes ou não da inconstitucionalidade material, tendo em conta a petição inicial abordar somente o vício formal, não atendendo à exigência, feita pela Corte, de análise mínima quanto a vício material. Acompanharam o relator os Ministros Cármen Lúcia, Ricardo Lewandowski, Joaquim Barbosa e Carlos Britto. Após os votos dos Ministros Eros Grau, Cezar Peluso e Celso de Mello, que divergiam do relator, ao fundamento de que a função da Corte é examinar a inconstitucionalidade da norma impugnada em face de toda a Constituição, pediu vista dos autos, quanto a esse ponto, o Min. Gilmar Mendes. ADI 2182/DF, rel. Min. Marco Aurélio, 23.5.2007. (ADI-2182) (Inform. STF 468)

SISTEMA BICAMERAL E VÍCIO FORMAL - 3

O Tribunal retomou julgamento de ação direta de inconstitucionalidade ajuizada pelo Partido Trabalhista Nacional - PTN contra a Lei 8.429/92, que dispõe sobre as sanções aplicáveis aos agentes públicos nos casos de enriquecimento ilícito no exercício de mandato, cargo, emprego ou função na administração pública direta, indireta ou fundacional e dá outras providências — v. Informativo 468. Quanto à questão de ordem suscitada pelo Min. Marco Aurélio, relator, na assentada anterior, a Corte, por maioria, entendeu que, no caso, não seria passível de exame a inconstitucionalidade material. Considerou-se o fato de a petição inicial abordar somente o vício formal, não atendendo à exigência, feita pela Corte, de análise mínima quanto a vício material e, ressaltando a singularidade do caso concreto, haja vista que a lei em questão constitui um verdadeiro subsistema, afirmou-se que a causa de pedir aberta do processo objetivo de constitucionalidade não poderia ser levada às últimas conseqüências, sob pena de comprometer-se o Tribunal a um exame que seria impossível em relação a determinadas leis. Vencidos, no ponto, os Ministros Eros Grau, Cezar Peluso, Celso de Mello, Gilmar Mendes e Ellen Gracie, presidente, que afirmavam que a norma impugnada deveria ser examinada em face de toda a Constituição. Em seguida, os autos foram encaminhados ao Min. Eros Grau, que pedira vista na assentada anterior. ADI 2182/DF, rel. Min. Marco Aurélio, 14.6.2007. (ADI-2182) (Inform. STF 471)

SISTEMA BICAMERAL E VÍCIO FORMAL – 4

Em conclusão, o Tribunal, por maioria, ao examinar apenas sob o aspecto da inconstitucionalidade formal, julgou improcedente pedido formulado em ação direta de inconstitucionalidade ajuizada pelo Partido Trabalhista Nacional – PTN contra a Lei 8.429/92, que dispõe sobre as sanções aplicáveis aos agentes públicos nos casos de enriquecimento ilícito no exercício de mandato, cargo, emprego ou função na administração pública direta, indireta ou fundacional e dá outras providências — v. Informativos 468 e 471. Considerou-se que, na espécie, a modificação do projeto iniciado na Câmara dos Deputados se dera, no Senado Federal, basicamente pela pormenorização, adoção de uma técnica legislativa, em que o conteúdo se alterara muito mais no sentido formal do que material. Ressaltou-se, ainda, a prevalência da Casa iniciadora do projeto. Vencido o Min. Marco Aurélio, relator, que julgava o pleito procedente para declarar a inconstitucionalidade formal da lei impugnada por entender que o diploma legal fora aprovado sem a devida observância do sistema bicameral. **ADI 2182/DF, rel. orig. Min. Marco Aurélio, red. p/ o acórdão Min. Cármen Lúcia, 12.5.2010. (ADI-2182). (Inform. STF 586)**

INTERPRETAÇÃO DO ART. 62, § 6º, DA CF E LIMITAÇÃO DO SOBRESTAMENTO

O Tribunal iniciou julgamento de mandado de segurança impetrado por membros do Congresso Nacional contra decisão do Presidente da Câmara dos Deputados que, em questão de ordem, formalizara, perante o Plenário dessa Casa Legislativa, seu entendimento no sentido de que o sobrestamento das deliberações legislativas, previsto no § 6º do art. 62 da CF ("*Se a medida provisória não for apreciada em até quarenta e cinco dias contados de sua publicação, entrará em regime de urgência, subseqüentemente, em cada uma das Casas do Congresso Nacional, ficando sobrestadas, até que se ultime a votação, todas as demais deliberações legislativas da Casa em que estiver tramitando.*"), só se aplicaria, supostamente, aos projetos de lei ordinária. O Min. Celso de Mello, relator, denegou a ordem. Entendeu que a interpretação emanada do Presidente da Câmara dos Deputados reflete, com fidelidade, solução jurídica plenamente compatível com o alto significado que assume, em nosso sistema institucional, o modelo teórico da separação de poderes, haja vista que revela fórmula hermenêutica capaz de assegurar, por meio da preservação de adequada relação de equilíbrio entre instâncias governamentais (o Poder Executivo e o Poder Legislativo), a própria integridade da cláusula pertinente à divisão do poder. Deu, ainda, interpretação conforme ao § 6º do art. 62 da CF, na redação resultante da EC 32/2001, para, sem redução de texto, restringir-lhe a exegese, em ordem a que, afastada qualquer outra possibilidade interpretativa, seja fixado entendimento de que o regime de urgência previsto em tal dispositivo constitucional — que impõe o sobrestamento das deliberações legislativas das Casas do Congresso Nacional — refere-se, tão-somente, àquelas matérias que se mostrem passíveis de regramento por medida provisória, excluídos, em conseqüência, do bloqueio imposto pelo aludido dispositivo, as propostas de emenda à Constituição e os projetos de lei complementar, de decreto legislativo, de resolução e, até mesmo, tratando-se de projetos de lei ordinária, aqueles que veiculem temas pré-excluídos do âmbito de incidência das medidas provisórias (CF, art. 62, § 1º, I, II e IV). Após, pediu vista dos autos a Min. Cármen Lúcia. **MS 27931/DF, rel. Min. Celso de Mello, 16.12.2009.** (MS-27931) (Inform. STF 572)

EMENTA: CONSTITUCIONAL. FINANCEIRO. NORMA CONSTITUCIONAL ESTADUAL QUE DESTINA PARTE DAS RECEITAS ORÇAMENTÁRIAS A ENTIDADES DE ENSINO. ALEGADO VÍCIO DE INICIATIVA. CONSTITUIÇÃO DO ESTADO DE MINAS GERAIS, ARTS. 161, IV, *F*, E 199, §§ 1º E 2º. PROCESSUAL CIVIL. RECURSO EXTRAORDINÁRIO. PEDIDO DE INTERVENÇÃO COMO ASSISTENTE SIMPLES. Ação Direita de Inconstitucionalidade em que se discute a validade dos arts. 161, IV, *f* e 199, §§ 1º e 2º da Constituição do Estado de Minas Gerais, com a redação dada pela Emenda Constitucional Estadual 47/2000. Alegada violação dos arts. 61, § 1º, II, *b*, 165, III, 167, IV e 212 da Constituição. Viola a reserva de iniciativa do Chefe do Executivo para propor lei orçamentária a norma que disponha, diretamente, sobre a vinculação ou a destinação específica de receitas orçamentárias (art. 165, III, da Constituição). A reserva de lei de iniciativa do Chefe do Executivo, prevista no art. 61, § 1º, II, *b*, da Constituição somente se aplica aos Territórios federais. Inexistência de violação material, em relação aos arts. 167, IV e 212 da Constituição, na medida em que não há indicação de que o valor destinado (2% sobre a receita orçamentária corrente ordinária) excede o limite da receita resultante de impostos do Estado (25% no mínimo). Ação Direta de Inconstitucionalidade julgada procedente. **ADI N. 2.447-MG. RELATOR: MIN. JOAQUIM BARBOSA. Noticiado no Informativo 537**. (Inform. STF 570)

PROCESSO LEGISLATIVO – MATÉRIA TRIBUTÁRIA – INICIATIVA PARLAMENTAR – POSSIBILIDADE

EMENTA: PROCESSO LEGISLATIVO. MATÉRIA TRIBUTÁRIA. INEXISTÊNCIA DE RESERVA DE INICIATIVA. PREVALÊNCIA DA REGRA GERAL DA INICIATIVA CONCORRENTE QUANTO À INSTAURAÇÃO DO PROCESSO DE FORMAÇÃO DAS LEIS. LEGITIMIDADE CONSTITUCIONAL DA INICIATIVA PARLAMENTAR. RE CONHECIDO E PROVIDO.

– Sob a égide da Constituição republicana de 1988, também o membro do Poder Legislativo dispõe de legitimidade ativa para iniciar o processo de formação das leis, quando se tratar de matéria de índole tributária, não mais subsistindo, em conseqüência, a restrição que prevaleceu ao longo da Carta Federal de 1969. Precedentes. **RE 328896/SP. RELATOR: MIN. CELSO DE MELLO**. (Inform. STF 570)

PROCESSO LEGISLATIVO MUNICIPAL – PODER DE INICIATIVA DAS LEIS – USURPAÇÃO – SANÇÃO – IRRELEVÂNCIA – INCONSTITUCIONALIDADE FORMAL (TRANSCRIÇÕES)

EMENTA: PROCESSO LEGISLATIVO. PRINCÍPIOS CONSTITUCIONAIS QUE REGEM O PROCESSO DE FORMAÇÃO DAS LEIS. APLICABILIDADE AOS ESTADOS-MEMBROS E AOS MUNICÍPIOS. REGIME JURÍDICO DOS SERVIDORES PÚBLICOS (RTJ 187/97, REL. MIN. CELSO DE MELLO). MATÉRIA SUJEITA À RESERVA DE INICIATIVA DO CHEFE DO PODER EXECUTIVO. PROCESSO LEGISLATIVO. INSTAURAÇÃO DEPENDENTE DE INICIATIVA CONSTITUCIONALMENTE RESERVADA AO CHEFE DO PODER EXECUTIVO. DIPLOMA LEGISLATIVO MUNICIPAL QUE RESULTOU DE INICIATIVA PARLAMENTAR. USURPAÇÃO DO PODER DE INICIATIVA. SANÇÃO DO PROJETO DE LEI. IRRELEVÂNCIA. INSUBSISTÊNCIA DA SÚMULA Nº 5/STF. INCONSTITUCIONALIDADE FORMAL. DOUTRINA. PRECEDENTES. RECURSO IMPROVIDO. **AI 348800/SP. RELATOR: MIN. CELSO DE MELLO**. (Inform. STF 566)

PROCESSO LEGISLATIVO – INICIATIVA RESERVADA – EMENDAS PARLAMENTARES

EMENTA: PROCESSO LEGISLATIVO. PRINCÍPIOS CONSTITUCIONAIS QUE REGEM O PROCESSO DE FORMAÇÃO DAS LEIS. APLICABILIDADE AOS ESTADOS-MEMBROS E AOS MUNICÍPIOS. REGIME JURÍDICO DOS SERVIDORES PÚBLICOS (RTJ 187/97, REL. MIN. CELSO DE MELLO). REMUNERAÇÃO FUNCIONAL. MATÉRIA SUJEITA À RESERVA DE INICIATIVA DO CHEFE DO PODER EXECUTIVO. A QUESTÃO PERTINENTE AO PODER DE EMENDA DOS PARLAMENTARES. PRERROGATIVA DE ÍNDOLE POLÍTICO-JURÍDICA CUJO EXERCÍCIO, PELOS MEMBROS DO PODER LEGISLATIVO, EMBORA VIÁVEL NOS PROCEDIMENTOS DE INICIATIVA RESERVADA, SUBMETE-SE A LIMITAÇÕES DE ORDEM CONSTITUCIONAL. DOUTRINA. PRECEDENTES. RECURSO IMPROVIDO. **AI 258067/RJ. RELATOR: MIN. CELSO DE MELLO**. (Inform. STF 564)

ELEIÇÃO DE DIRIGENTES DE ESCOLA PÚBLICA

O Tribunal, por maioria, julgou procedente ação direta ajuizada pelo Partido Social Cristão – PSC para declarar a inconstitucionalidade do art. 308, XII, da Constituição do Estado do Rio de Janeiro — que prevê a participação da comunidade escolar nas eleições diretas para a direção das instituições de ensino mantidas pelo Poder Público —, bem como da Lei 2.518/96, que regulamenta o citado dispositivo, e do art. 5º, I e II, da Lei 3.067/98, do mesmo Estado-membro, que assegura a participação de professores, demais profissionais de ensino, alunos e responsáveis no processo de escolha dos dirigentes, e a participação dos responsáveis legais pelos alunos e dos discentes no processo de avaliação do ensino-aprendizagem. Considerou-se violado o disposto nos artigos 2º; 37, II; 61, § 1º, II, **c** e 84, II e XXV, todos da CF, os quais submetem à discrição do Poder Executivo a iniciativa de leis tendentes a mudar o regime jurídico de provimento dos cargos de diretor de escolas públicas, que são em comissão e, como tais, de confiança do Chefe daquele Poder, a quem o ordenamento confere as prerrogativas de livre nomeação e demissão *ad nutum*, incompatíveis com o sistema de eleições. Vencido o Min. Marco Aurélio que, reportando-se ao voto proferido quando do exame de concessão da medida acauteladora, julgava improcedente o pedido. **ADI 2997/RJ, rel. Min. Cezar Peluso, 12.8.2009.** (ADI-2997) (Inform. STF 555)

EMENTA: Ação Direta de Inconstitucionalidade. 2. Emenda Constitucional nº 35/2005, do Estado do Rio de Janeiro, que cria instituição responsável pelas perícias criminalística e médico-legal. 3. Inconstitucionalidade formal: matéria de iniciativa privativa do Chefe do Poder Executivo. 4. Violação, pelo poder constituinte decorrente, do princípio da separação de poderes, tendo em vista que, em se tratando de Emenda à Constituição estadual, o processo legislativo ocorreu sem a participação do Poder Executivo. 5. Precedentes. 6. Ação julgada procedente. **ADI N. 3.644-RJ. RELATOR: MIN. GILMAR MENDES. Noticiado no Informativo 537.** (Inform. STF 550)

EMENTA: Ação Direta de Inconstitucionalidade. 2. Lei estadual de fixação de política salarial da administração pública. 3. Vício de Iniciativa. 4. Competência legislativa privativa do Chefe do Poder Executivo. 5. Precedentes. 6. Ação julgada procedente. **ADI N. 2.801-RS. RELATOR: MIN. GILMAR MENDES. Noticiado no Informativo 537.** (Inform. STF 549)

EMENTA: RECLAMAÇÃO – REGÊNCIA – REGIMENTO INTERNO – IMPROPRIEDADE. A criação de instrumento processual mediante regimento interno discrepa da Constituição Federal. Considerações sobre a matéria e do atropelo da dinâmica e organicidade próprias ao Direito. **RE N. 405.031-AL RELATOR: MIN. MARCO AURÉLIO. Noticiado no Informativo 524.** (Inform. STF 542)

LEI ORGÂNICA DA POLÍCIA CIVIL E MODELO FEDERAL - 1

O Tribunal iniciou julgamento de ação direta ajuizada pelo Governador do Estado do Rio de Janeiro contra o inciso X do parágrafo único do art. 118 da Constituição fluminense, que confere status de lei complementar à Lei Orgânica da Polícia Civil daquele Estado. O Min. Joaquim Barbosa, relator, julgou procedente o pedido ante a ausência de simetria entre a norma impugnada e a regra prevista no § 7º do art. 144 da CF, que reserva à lei ordinária a disposição sobre matéria concernente à organização e ao funcionamento dos órgãos responsáveis pela segurança pública. Considerou, ademais, que a exigência de lei complementar para disciplinar o assunto deixa de observar o modelo de separação de Poderes tal como estruturado na Constituição Federal, uma vez que cerceia indevidamente o poder de iniciativa do Executivo. O voto do relator foi acompanhado pelos Ministros Eros Grau, Gilmar Mendes, Ellen Gracie e Carlos Velloso. Em divergência, o Min. Carlos Britto votou pela improcedência do pedido, ao fundamento de que, na espécie, trata-se de matéria para qual a Constituição Federal prevê a competência legislativa concorrente dos Estados (CF: "Art. 24. ... XVI - organização, garantias, direitos e deveres das polícias civis."), salientando ser demasia recusar à Constituição estadual a faculdade para eleger determinadas matérias como exigentes de uma aprovação legislativa mais qualificada. Acompanharam o voto dissidente os Ministros Cezar Peluso, Marco Aurélio e Celso de Mello. Após, pediu vista dos autos o Min. Sepúlveda Pertence. **ADI 2314/RJ, rel. Min. Joaquim Barbosa, 16.2.2005. (ADI-2314)**

LEI ORGÂNICA DA POLÍCIA CIVIL E MODELO FEDERAL – 2

O Tribunal retomou julgamento de ação direta ajuizada pelo Governador do Estado do Rio de Janeiro contra o inciso X do parágrafo único do art. 118 da Constituição fluminense, que confere *status* de lei complementar à Lei Orgânica da Polícia Civil daquele Estado — v. Informativo 376. Na linha do voto-vista acima relatado, o Min. Menezes Direito julgou improcedente o pleito. Após, o Min. Eros Grau pediu vista. **ADI 2314/RJ, rel. Min. Joaquim Barbosa, 29.10.2008.** (ADI-2314) (Inform. STF 526)

PRINCÍPIO DA SIMETRIA E PROCESSO LEGISLATIVO - 1

O Tribunal iniciou julgamento de ação direta ajuizada pelo Governador do Estado do Piauí contra os incisos III, VII, VIII, IX e X do parágrafo único do art. 77 da Constituição estadual, que impõe a edição de lei complementar para disciplinar o Estatuto dos Servidores Públicos Civis e dos Servidores Militares, a Lei Orgânica do Magistério Público do Estado; a Lei Orgânica da Administração Pública, o Estatuto da Polícia Civil e o Estatuto Administrativo do Fisco Estadual. O Min. Eros Grau, relator, julgou o pedido procedente por entender que os dispositivos impugnados ferem o princípio da simetria, pois exigem lei complementar para regulação de matérias para as quais a Constituição do Brasil prevê o processo legislativo ordinário. O julgamento foi suspenso com o pedido de vista do Min. Sepúlveda Pertence. **ADI 2872/PI, rel. Min. Eros Grau, 2.3.2005.(ADI-2872)**

PRINCÍPIO DA SIMETRIA E PROCESSO LEGISLATIVO – 2

O Tribunal retomou julgamento de ação direta ajuizada pelo Governador do Estado do Piauí contra os incisos III, VII, VIII, IX e X do parágrafo único do art. 77 da Constituição estadual, que impõe a edição de lei complementar para disciplinar o Estatuto dos Servidores Públicos Civis e dos Servidores Militares, a Lei Orgânica do Magistério Público do Estado, a Lei Orgânica da Administração Pública, o Estatuto da Polícia Civil e o Estatuto Administrativo do Fisco Estadual — v. Informativo 378. Salientando que o princípio da simetria deve comportar modulação, o Min. Menezes Direito, em voto-vista, julgou improcedente o pedido formulado, no que foi acompanhado pela Min. Cármen Lúcia. Considerou que a legislação ordinária do âmbito federal, que dispensa o *quorum* mais rigoroso da lei complementar, não impede, pelo referido postulado, que, na competência dos Estados-membros, seja possível exigir lei complementar. Frisou que a força da federação brasileira deve estar exatamente na compreensão de que os Estados-membros podem fazer opções constitucionais locais com os padrões normativos disponíveis na Constituição Federal sem que isso malfira, em nenhum aspecto, qualquer princípio sensível ou qualquer limitação expressa ou implícita, e concluiu não vislumbrar razão alguma para a aplicação alargada do aludido postulado. Após, o Min. Eros Grau, relator, indicou adiamento. **ADI 2872/PI, rel. Min. Eros Grau, 29.10.2008.** (ADI-2872) (Inform. STF 526)

EMENDA PARLAMENTAR E AUMENTO DE DESPESA

O Tribunal deferiu pedido de medida liminar formulado em duas ações diretas ajuizadas pelo Procurador-Geral da República para suspender a eficácia das expressões "*e Tubarão*" e "*Tubarão*", contidas, respectivamente, no inciso I e no *caput* do art. 1º, da Lei Complementar 398/2007, e "*e Tubarão*", contida no inciso I do art. 1º da Lei Complementar 399/2007, ambas do Estado de Santa Catarina, resultantes de emenda parlamentar. A primeira norma impugnada transforma, cria e extingue cargos do Quadro da Magistratura e dos Serviços Auxiliares do Poder Judiciário Estadual, e eleva para entrância especial a Comarca de Tubarão. A segunda trata sobre a elevação de Promotorias de Justiça e a reclassificação, criação e extinção de cargos na carreira do Ministério Público do Estado de Santa Catarina, e também eleva a Comarca de Tubarão para entrância especial. Considerou-se que os preceitos impugnados, em princípio, afrontam a jurisprudência pacífica da Corte no sentido de serem cabíveis emendas parlamentares aos projetos de lei de iniciativa do Chefe do Poder Executivo, dos Tribunais, do Ministério Público, dentre outros, apenas quando não importarem aumento de despesa e quando tratarem de matéria que encontra pertinência com o objeto do projeto de lei. **ADI 4062 MC/SC, rel. Min. Joaquim Barbosa, 4.6.2008.** (ADI-4062) **ADI 4075 MC/SC, rel. Min. Joaquim Barbosa, 4.6.2008.** (ADI-4075) (Inform. STF 509)

ADI E REEDIÇÃO DE MEDIDA PROVISÓRIA REVOGADA - 1

O Tribunal, por maioria, deferiu medida cautelar em ação direta de inconstitucionalidade proposta pelo Partido da Social Democracia Brasileira - PSDB e pelo Democratas - DEM para suspender a eficácia da Medida Provisória 394/2007, que dá nova redação ao § 3º do art. 5º da Lei 10.826/2003, que dispõe sobre registro, posse e comercialização de armas de fogo e munição, sobre o Sistema Nacional de Armas - SINARM ("*§ 3º Os registros de propriedade expedidos pelos órgãos estaduais, realizados até a data da publicação desta Lei, deverão ser renovados mediante o pertinente registro federal até o dia 2 julho de 2008.*"). Considerando plausível a alegação de que a MP 394/2007 seria mera reedição de parte da MP 379/2007, adotou-se a orientação fixada na ADI 2984 MC/DF (DJU de 4.5.2004), segundo a qual o sistema instituído pela EC 32/2001 impossibilita, sob pena de fraude à Constituição, a reedição, na mesma sessão legislativa, de medida provisória revogada. ADI 3964 MC/DF, rel. Min. Carlos Britto, 12.12.2007. (ADI-3964)

ADI E REEDIÇÃO DE MEDIDA PROVISÓRIA REVOGADA - 2

Asseverou-se que adoção de tese contrária implicaria ofensa ao princípio da separação de poderes (CF, art. 2º), porquanto o Presidente da República passaria, por meio desses expedientes revocatório-reedicionais de medidas provisórias, a organizar e a operacionalizar a pauta mesma dos trabalhos legislativos (CF, artigos 51, IV e 52, XIII). Ressaltou-se que a autonomia das duas Casas do Congresso Nacional para organizar e operar suas pautas de trabalho seria a própria razão de ser da proibição contida no § 10 do art. 62 da CF ("*É vedada a reedição, na mesma sessão legislativa, de medida provisória que tenha sido rejeitada ou que tenha perdido sua eficácia por decurso de prazo.*"). Essa razão de ser também transpareceria na proibição da reedição, na mesma sessão legislativa, de medida provisória revogada, haja vista que o ato de revogação de uma medida provisória consistiria numa auto-rejeição, e reeditá-la significaria artificializar os requisitos constitucionais de urgência e relevância, já descaracterizados com a revogação. Por fim, enfatizou-se que, com tal proibição, o Presidente da República não estaria impedido de acudir a supervenientes situações de urgência, uma vez que poderia utilizar-se do processo legislativo sumário (CF, art. 64, §§ 1º, 2º e 3º). Vencidos os Ministros Ricardo Lewandowski e Eros Grau, que indeferiam a cautelar. ADI 3964 MC/DF, rel. Min. Carlos Britto, 12.12.2007. (ADI-3964) (Inform. STF 492)

EMENTA: **MEDIDA PROVISÓRIA**. ALEGAÇÃO DE NULIDADE EM SEU PROCESSO DE CONVERSÃO LEGISLATIVA. DIREITO PÚBLICO SUBJETIVO DO PARLAMENTAR **À CORRETA** ELABORAÇÃO, PELO PODER LEGISLATIVO, DAS LEIS **E** DEMAIS ESPÉCIES NORMATIVAS. **MANDADO DE SEGURANÇA**. **LEGITIMIDADE ATIVA** DO CONGRESSISTA. **ULTERIOR CONVERSÃO** DA MEDIDA PROVISÓRIA EM LEI. **PERDA SUPERVENIENTE** DE OBJETO DO MANDADO DE SEGURANÇA. **CESSAÇÃO**, POR IGUAL, **DA LEGITIMAÇÃO ATIVA** "*AD CAUSAM*" DO PARLAMENTAR. **PREJUDICIALIDADE** DO MANDADO DE SEGURANÇA. **PROCESSO EXTINTO**.

- **O parlamentar** dispõe de legitimação ativa **para suscitar** o controle **incidental** de constitucionalidade **pertinente** à observância, **pelas Casas** do Congresso Nacional, **dos requisitos** – formais **e/ou** materiais – **que condicionam** a válida elaboração das proposições normativas, **enquanto** estas se acharem em curso na Casa legislativa **a que pertence** o congressista interessado.
- **Com a aprovação** da proposição legislativa **ou**, então, **com a sua transformação** em lei, **registra-se**, **não só** a perda superveniente do objeto do mandado de segurança, **mas a cessação** da própria legitimidade ativa do parlamentar, para nele prosseguir, **eis** que a ação mandamental – **além** de incabível contra atos estatais em tese (**Súmula** 266/STF) - **não pode** ser utilizada **como sucedâneo** da ação direta de inconstitucionalidade. **Precedentes**.
- **Se se admitisse**, em tal situação, **a subsistência** da legitimidade ativa do parlamentar, **estar-se-ia**, na realidade, **a permitir**, anomalamente, que o membro do Congresso Nacional – **que não se acha incluído no rol taxativo** consubstanciado no art. 103 da Carta Política – **pudesse discutir**, "*in abstracto*", **a validade constitucional** de determinada espécie normativa. **Precedentes**. (MS 26712 ED-MC/DF, rel. min. Celso de Mello, j. 11.9.2007) ((Inform. STF 479)

13º SALÁRIO E VÍCIO DE INICIATIVA

Por entender usurpada a iniciativa reservada ao Chefe do Poder Executivo para instauração do processo legislativo em tema concernente à definição do regime jurídico dos servidores públicos, de observância obrigatória pelos Estados-membros, bem como para exercer a direção superior da administração estadual (CF, artigos 61, § 1º, II, c e 84, II e IV), o Tribunal, por maioria, julgou procedente pedido formulado em ação direta ajuizada pelo Governador do Estado do Rio de Janeiro para declarar a inconstitucionalidade do art. 71 do ADCT da Constituição do mesmo Estado, que estabelece que "*o décimo terceiro-salário devido aos servidores do Estado será pago em duas parcelas, simultaneamente, com o pagamento dos meses de julho e dezembro*" — v. Informativo 338. Vencidos os Ministros Marco Aurélio e Carlos Britto, que julgavam improcedente o pedido, por considerarem descabido o alegado vício formal nas hipóteses em que a norma surge no momento da elaboração da Constituição estadual. ADI 1448/RJ, rel. orig. Min. Maurício Corrêa, rel. p/ o acórdão Min. Joaquim Barbosa, 16.8.2007. (ADI-1448) (Inform. STF 476)

CRIAÇÃO DE ÓRGÃO E VÍCIO FORMAL

Por entender usurpada a competência privativa do Chefe do Poder Executivo para iniciar projeto de lei que disponha sobre criação, estruturação e atribuições das Secretarias e de órgãos da Administração Pública (CF, art. 61, § 1º, II, e), de observância obrigatória pelos Estados-membros, em face do princípio da simetria, o Tribunal julgou procedente pedido formulado em ação direta ajuizada pelo Governador do Estado de São

Paulo para declarar a inconstitucionalidade da Lei estadual 9.162/95, de iniciativa parlamentar, que cria e organiza o Conselho das Instituições de Pesquisa do Estado de São Paulo - CONSIP. Precedentes citados: ADI 2808/RS (DJU de 17.11.2006); ADI 2302/RS (DJU de 24.3.2006); ADI 2750/ES (DJU de 26.8.2005); ADI 2569/CE (DJU de 2.5.2003); ADI 2646 MC/SP (DJU de 4.10.2002); ADI 1391/SP (DJU de 7.6.2002); ADI 2239 MC/SP (DJU de 15.12.2000); ADI 2147 MC/DF (DJU de 18.5.2001). ADI 3751/SP, rel. Min. Gilmar Mendes, 4.6.2007. (ADI-3751) (Inform. STF 470)

CRIAÇÃO DE ÓRGÃO E VÍCIO FORMAL

Por entender usurpada a competência privativa do Chefe do Poder Executivo para iniciar projeto de lei que disponha sobre criação, estruturação e atribuições de órgãos da Administração Pública (CF, art. 61, § 1°, II, e), de observância obrigatória pelos Estados-membros, tendo em conta o princípio da simetria, o Tribunal julgou procedente pedido formulado em ação direta ajuizada pelo Governador do Estado de São Paulo para declarar a inconstitucionalidade da Lei paulista 9.080/95, de iniciativa parlamentar, que institui, no âmbito da Secretaria de Saúde, órgão encarregado de controlar e fiscalizar a coleta, armazenamento, transporte, guarda, processamento e transfusão do sangue e seus derivados. Precedentes citados: ADI 1144/RS (DJU de 8.9.2006); ADI 2750/ES (DJU de 26.8.2005); ADI 2719/ES (DJU de 25.4.2003); ADI 2720/ES (DJU de 25.4.2003); ADI 352 MC/SC (DJU de 8.3.91). ADI 1275/SP, rel. Min. Ricardo Lewandowski, 16.5.2007. (ADI-1275) (Inform. STF 467)

ADI: AUMENTO DE REMUNERAÇÃO E PRERROGATIVA DE FORO

O Tribunal julgou parcialmente procedente pedido formulado em ação direta ajuizada pelo Governador do Estado da Paraíba para declarar a inconstitucionalidade dos artigos 41 a 45 do ADCT da Constituição do mesmo Estado, que estabelecem reajuste automático, vinculado ao IPC, dos salários, vencimentos, soldos e proventos dos servidores públicos estaduais — v. Informativo 342. Entendeu-se caracterizada a violação ao art. 61, § 1°, II, a, da CF, que confere ao Chefe do Poder Executivo a competência privativa para iniciar projeto de lei que disponha sobre aumento de remuneração de servidores públicos, bem como ao art. 169, também da CF. Quanto ao art. 136, XII, da Constituição estadual, também impugnado, que assegura, aos Procuradores do Estado, a prerrogativa de serem julgados, nos crimes comuns ou de responsabilidade, pelo Tribunal de Justiça estadual, votou-se pela improcedência do pedido, ao fundamento de que a competência dos tribunais de justiça, a teor do disposto no art. 125, § 1°, da CF, deve ser definida nas próprias Constituições estaduais. Vencido, em parte, o Min. Joaquim Barbosa que julgava totalmente procedente o pedido. ADI 541/PB, rel. Min. Carlos Velloso, 10.5.2007. (ADI-541) (Inform. STF 466)

SÚMULA STF Nº 651

A medida provisória não apreciada pelo congresso nacional podia, até a Emenda Constitucional nº 32/01, ser reeditada dentro do seu prazo de eficácia de trinta dias, mantidos os efeitos de lei desde a primeira edição.

7.2. Fiscalização Contábil, Financeira e Orçamentária

REJEIÇÃO DE CONTAS DE PREFEITO PELO TRIBUNAL DE CONTAS E AUSÊNCIA DE DECISÃO DA CÂMARA LEGISLATIVA - 1

O Tribunal iniciou julgamento de recurso extraordinário em que se discute se o parecer prévio do Tribunal de Contas Municipal opinando pela rejeição das contas do Prefeito, ante o silêncio da Câmara Municipal, enseja, ou não, a inelegibilidade prevista no art. 1°, I, g, da Lei Complementar 64/90. O Min. Eros Grau, relator, negou provimento ao recurso, ao fundamento de que, até a manifestação expressa da Câmara Municipal, o parecer prévio do Tribunal de Contas não surtirá nenhum efeito em relação às contas fiscalizadas, haja vista não haver, em face do silêncio daquela, ainda que prolongado, manifestação tácita de vontade em qualquer sentido. Salientou que a Câmara Municipal está vinculada pelo poder-dever de fiscalizar, com o auxílio dos Tribunais de Contas dos Estados, as contas do Prefeito e que a Constituição estabelece que o parecer prévio do Tribunal de Contas só deixará de prevalecer por decisão de dois terços dos membros da Câmara Municipal, não definindo nenhum prazo para que esta se manifeste. Assim, não se poderia extrair da Constituição norma que determinasse à Câmara Municipal que se manifestasse em certo prazo sobre a matéria, em qualquer hipótese. Após, pediu vista dos autos o Min. Dias Toffoli. RE 597362/BA, rel. Min. Eros Grau, 26.5.2010. (RE-597362)

REJEIÇÃO DE CONTAS DE PREFEITO PELO TRIBUNAL DE CONTAS E AUSÊNCIA DE DECISÃO DA CÂMARA LEGISLATIVA - 2

O Plenário retomou julgamento de recurso extraordinário em que se discute se o parecer prévio de tribunal de contas municipal pela rejeição das contas de prefeito, ante o silêncio da câmara municipal, enseja a inelegibilidade prevista no art. 1°, I, g, da LC 64/90 — v. Informativo 588. Preliminarmente, indeferiu-se pedido de ingresso de *amici curiae*, formulado pela União dos Vereadores do Brasil, pelo Tribunal de Contas do Estado de Minas Gerais e pela Associação dos Membros de Tribunais de Contas do Brasil. Realçou-se que o pleito teria sido solicitado após o início do julgamento do recurso, o que a Corte inadmitiria. Além disso, rejeitou-se questão de ordem suscitada da tribuna no sentido de que o feito fosse encaminhado ao Min. Luiz Fux — sucessor do Min. Eros Grau, relator originário — a fim de que se manifestasse, ante a ausência de pronunciamento do relator, sobre a possibilidade de tribunais de contas julgarem atos de gestão de prefeitos. O Min. Dias Toffoli anotou ser desnecessário abordar todas as questões argüidas. O Min. Cezar Peluso, Presidente, sublinhou que eventual omissão sobre algum fundamento recursal poderia ser suprida pelos votos dos demais Ministros. A Min. Cármen Lúcia, por sua vez, observou a viabilidade de manejo de embargos declaratórios, se necessário. RE 597362/BA, rel. Min. Eros Grau, 7.12.2011. (RE-597362)

REJEIÇÃO DE CONTAS DE PREFEITO PELO TRIBUNAL DE CONTAS E AUSÊNCIA DE DECISÃO DA CÂMARA LEGISLATIVA - 3

No mérito, em voto-vista, o Min. Dias Toffoli divergiu do relator, para prover o recurso e afirmar a inelegibilidade do recorrido para o pleito municipal de 2008. Aduziu que a norma contida no art. 31, § 2°, da CF (*"Art. 31. A fiscalização do Município será exercida pelo Poder Legislativo Municipal, mediante controle externo, e pelos sistemas de controle interno do Poder Executivo Municipal, na forma da lei ... § 2º - O parecer prévio, emitido pelo órgão competente sobre as contas que o Prefeito deve anualmente prestar, só deixará de prevalecer por decisão de dois terços dos membros da Câmara Municipal"*) deveria ser interpretada de modo a entender-se que competiria à câmara municipal a fiscalização das contas do município, mediante controle externo, o qual se daria com o auxílio do tribunal de contas municipal. O parecer prévio emitido por este órgão, a seu turno, apenas deixaria de prevalecer por decisão de dois terços dos membros do Poder Legislativo local. Esse documento, então, passaria a produzir efeitos integralmente a partir de sua edição. A sua eficácia cessaria, porém, se e quando apreciado e rejeitado por deliberação dos vereadores. Ressurtiu que entendimento contrário teria a conseqüência prática de tornar o parecer emitido pelo órgão competente um nada jurídico, dado o efeito paralisante de uma omissão do Poder Legislativo. RE 597362/BA, rel. Min. Eros Grau, 7.12.2011. (RE-597362)

REJEIÇÃO DE CONTAS DE PREFEITO PELO TRIBUNAL DE CONTAS E AUSÊNCIA DE DECISÃO DA CÂMARA LEGISLATIVA - 4

Consignou que embora houvesse outros atos jurídicos dependentes, por sua natureza composta ou complexa, de fatores eficaciais, dois elementos deveriam ser levados em consideração no caso. Em primeiro lugar, se o parecer fosse compreendido nos termos do voto do relator, abrir-se-ia margem para que toda sorte de ingerências políticas impedissem, indefinidamente, a análise de pareceres potencialmente contrários a interesses que influenciassem composições parlamentares em dadas circunstâncias. Assim, se o parecer não fosse apreciado, por tempo indefinido, dado que a omissão seria menos custosa politicamente do que a rejeição, o art. 31, § 2°, da CF tornaria-se-ia letra morta ou, ao menos, norma passível de contorno político. Frisou não se poder permitir que os vereadores fossem desviados de sua obrigação constitucional. Lembrou haver negligência por parte das câmaras municipais na avaliação desses pareceres, o que apenas colaboraria para o descrédito da população no Poder Legislativo e no regime democrático. Ressaiu que o STF não estaria a interferir na autonomia do Legislativo, mas apenas daria meios para que os parlamentares cumprissem seu dever, sob pena de que a vontade de seus órgãos auxiliares tivesse preeminência sobre a daqueles. RE 597362/BA, rel. Min. Eros Grau, 7.12.2011. (RE-597362)

REJEIÇÃO DE CONTAS DE PREFEITO PELO TRIBUNAL DE CONTAS E AUSÊNCIA DE DECISÃO DA CÂMARA LEGISLATIVA - 5

Por outro lado, asseverou que a construção frasal levada a efeito no art. 31, § 2°, da CF, seria explícita. Nesse sentido, o legislador poderia ter afirmado que o parecer dependeria de homologação ou de aprovação, mas não o fizera. Reputou que a eficácia jurídica do silêncio aplicar-se-ia, também, ao direito administrativo e que, no plano da eficácia, a aludida norma constitucional teria atribuído à deliberação da câmara de vereadores a natureza de fator de ineficácia superveniente, na hipótese de rejeição, por maioria de dois terços, do parecer. Operar-se-ia, portanto, a desconstituição da realidade jurídica advinda do documento, a qual não se daria instantaneamente e careceria de outros fatores para sua implementação e seu aperfeiçoamento. Por isso, dever-se-ia conferir tempo necessário, mas não indefinido, para que o legislativo decidisse pela ineficácia ou pela expansão eficacial absoluta do parecer prévio. Dessumiu que essa interpretação, igualmente, imporia que as maiorias fossem formadas nas câmaras para deliberar a respeito. Após, pediu vista a Min. Cármen Lúcia. RE 597362/BA, rel. Min. Eros Grau, 7.12.2011. (RE-597362) (Inform. STF 651)

TRIBUNAL DE CONTAS: COMPOSIÇÃO E MODELO FEDERAL

O Tribunal deferiu pedido de medida cautelar em ação direta de inconstitucionalidade, ajuizada pelo Partido da Social Democracia Brasileira - PSDB, para suspender, com eficácia *ex tunc*, a vigência do § 3º do art. 307 da Constituição do Estado do Pará, acrescido pela EC 40/2007. O preceito impugnado dispõe ser de livre escolha do Governador o provimento das vagas de Conselheiro do Tribunal de Contas do Estado e do Tribunal de Contas dos Municípios, na falta de auditor ou de membros do Ministério Público Especial junto ao Tribunal de Contas que preencham os requisitos para a nomeação. Considerou-se, à primeira vista, desrespeitada a Constituição, cuja sistemática, no que se refere ao Tribunal de Contas, se aplica às unidades da federação. Observou-se, ademais, que o mencionado Estado-membro já teria sido advertido pelo Supremo relativamente à discrepância do modelo de organização do Tribunal de Contas local com o modelo constitucional vigente. Registrou-se, consoante salientado pela Procuradoria-Geral da República, inexistir espaço para soluções normativas que se prestassem a um atraso ainda maior na implementação do modelo constitucional. Afirmou-se, ainda, que a Corte de Contas estadual teria comunicado oficialmente à Governadora do Estado a existência de vaga a ser preenchida por ocupante do cargo de Auditor e que o único integrante da classe não atenderia a todos os requisitos necessários à nomeação. Vencido o Min. Marco Aurélio que deferia a medida cautelar com eficácia *ex nunc* pelos fundamentos expostos no caso acima relatado. ADI 4416 MC/PA, rel. Min. Ricardo Lewandowski, 6.10.2010. (ADI-4416) (Inform. STF 603)

COMPOSIÇÃO DE TRIBUNAL DE CONTAS E TRANSIÇÃO DE MODELOS CONSTITUCIONAIS

O Tribunal julgou improcedente pedido formulado em ação direta de inconstitucionalidade ajuizada pelo Conselho Federal da Ordem dos Advogados do Brasil contra o § 2º do art. 54 do Ato das Disposições Constitucionais Transitórias da Constituição do Estado do Amapá, acrescido pela Emenda Constitucional 5/96, que trata da escolha de conselheiros para o Tribunal de Contas daquela unidade federativa (*"Art. 54 - Nos dez primeiros anos da existência do Estado do Amapá, o Tribunal de contas do Estado terá três conselheiros, dentre brasileiros de comprovada idoneidade e notório saber. § 1º - Na hipótese de vacância nos cargos referidos neste artigo, o provimento dos mesmos será feito: I - o primeiro pela Assembléia Legislativa; II - o segundo pela Assembléia Legislativa; III - o terceiro pelo Governador. § 2º - Após passar o tribunal de contas a ter sete Conselheiros, desde que fique garantida a distribuição proporcional prevista no § 2º, I e II do artigo 113, as quatro vagas serão preenchidas pela Assembléia Legislativa, observados os requisitos do § 1º do mencionado artigo."*). O requerente sustentava que o dispositivo impugnado não garantiria a participação de conselheiros oriundos do Ministério Público e do quadro de auditores. Inicialmente, consignou-se orientação da Corte no sentido de que os Tribunais de Contas Estaduais deverão ser compostos por 3 conselheiros nomeados pelo Chefe do Poder Executivo e 4 nomeados pela Assembléia Legislativa, consoante o modelo definido no art. 73 da CF (Enunciado 653 da Súmula do STF). Em seguida, aduziu-se que, na situação em apreço, o Governador já teria nomeado 3 membros do Tribunal de Contas quando da sua instalação, de forma que os 4 cargos restantes deveriam ser preenchidos por indicação da Assembléia Legislativa, sob pena de transgressão à proporcionalidade constitucionalmente imposta (artigos 73, § 2º, I e II, 75, *caput* e parágrafo único, e 235, *caput*). Concluiu-se que somente com a vacância dos cargos que teriam sido providos por indicação do Governador, seria possível fixar a observância da regra constitucional que determina ao Chefe do Poder Executivo a escolha alternada entre auditores, membros do Ministério Público perante o Tri-bunal de Contas estadual e a livre nomeação para o provimento dos cargos de conselheiro. ADI 1957/AP, rel. Min. Gilmar Mendes, 1º.9.2010. (ADI-1957) (Inform. STF 598)

Rejeição de Contas de Prefeito pelo Tribunal de Contas e Ausência de Decisão da Câmara Legislativa

O Tribunal iniciou julgamento de recurso extraordinário em que se discute se o parecer prévio do Tribunal de Contas Municipal opinando pela rejeição das contas do Prefeito, ante o silêncio da Câmara Municipal, enseja, ou não, a inelegibilidade prevista no art. 1º, I, g, da Lei Complementar 64/90. O Min. Eros Grau, relator, negou provimento ao recurso, ao fundamento de que, até a manifestação expressa da Câmara Municipal, o parecer prévio do Tribunal de Contas não surtirá nenhum efeito em relação às contas fiscalizadas, haja vista não haver, em face do silêncio daquela, ainda que prolongado, manifestação tácita de vontade em qualquer sentido. Salientou que a Câmara Municipal está vinculada pelo poder-dever de fiscalizar, com o auxílio dos Tribunais de Contas dos Estados, as contas do Prefeito e que a Constituição estabelece que o parecer prévio do Tribunal de Contas só deixará de prevalecer por decisão de dois terços dos membros da Câmara Municipal, não definindo nenhum prazo para que esta se manifeste. Assim, não se poderia extrair da Constituição norma que determinasse à Câmara Municipal que se manifestasse em certo prazo sobre a matéria, em qualquer hipótese. Após, pediu vista dos autos o Min. Dias Toffoli. RE 597362/BA, rel. Min. Eros Grau, 26.5.2010. (RE-597362) (Inform. STF 588)

TRIBUNAL DE CONTAS ESTADUAL – CONSELHEIRO – CRIME DE RESPONSABILIDADE

EMENTA: CONSELHEIROS DO TRIBUNAL DE CONTAS ESTADUAL. A QUESTÃO DAS INFRAÇÕES POLÍTICO-ADMINISTRATIVAS E DOS CRIMES DE RESPONSABILIDADE. COMPETÊNCIA LEGISLATIVA PARA TIPIFICÁ-LOS E PARA ESTABELECER O RESPECTIVO PROCEDIMENTO RITUAL (SÚMULA 722/STF). DOUTRINA. JURISPRUDÊNCIA. PRERROGATIVA DE FORO DOS CONSELHEIROS DO TRIBUNAL DE CONTAS ESTADUAL, PERANTE O SUPERIOR TRIBUNAL DE JUSTIÇA, NAS INFRAÇÕES PENAIS COMUNS E NOS CRIMES DE RESPONSABILIDADE (CF, ART. 105, I, "a"). EQUIPARAÇÃO CONSTITUCIONAL DOS MEMBROS DOS TRIBUNAIS DE CONTAS À MAGISTRATURA. GARANTIA DA VITALICIEDADE: IMPOSSIBILIDADE DE PERDA DO CARGO DE CONSELHEIRO DO TRIBUNAL DE CONTAS LOCAL, EXCETO MEDIANTE DECISÃO EMANADA DO PODER JUDICIÁRIO. A POSIÇÃO CONSTITUCIONAL DOS TRIBUNAIS DE CONTAS. ÓRGÃOS INVESTIDOS DE AUTONOMIA. INEXISTÊNCIA DE QUALQUER VÍNCULO DE SUBORDINAÇÃO INSTITUCIONAL AO PODER LEGISLATIVO. ATRIBUIÇÕES DO TRIBUNAL DE CONTAS QUE TRADUZEM DIRETA EMANAÇÃO DA PRÓPRIA CONSTITUIÇÃO DA REPÚBLICA. PROMULGAÇÃO, PELA ASSEMBLÉIA LEGISLATIVA DO ESTADO DO RIO DE JANEIRO, DA EC Nº 40/2009. ALEGADA TRANSGRESSÃO, POR ESSA EMENDA CONSTITUCIONAL, AO ESTATUTO JURÍDICO-INSTITUCIONAL DO TRIBUNAL DE CONTAS ESTADUAL E ÀS PRERROGATIVAS CONSTITUCIONAIS DOS CONSELHEIROS QUE O INTEGRAM. SUSPENSÃO CAUTELAR DA EFICÁCIA DA EC Nº 40/2009. DECISÃO DO RELATOR QUE, PROFERIDA "*AD REFERENDUM*" DO PLENÁRIO DO SUPREMO TRIBUNAL FEDERAL, TEM PLENA EFICÁCIA E APLICABILIDADE IMEDIATA. LIMINAR DEFERIDA. **ADI 4190 MC/RJ. RELATOR: MIN. CELSO DE MELLO**. (Inform. STF 553)

REGRAS DE APOSENTADORIA E VÍCIO FORMAL

Por entender usurpada a iniciativa reservada ao Chefe do Poder Executivo para instauração do processo legislativo em tema concernente a servidores públicos, seu regime jurídico e sua aposentadoria (CF, art. 61, § 1º, II, **c**), de observância obrigatória pelos Estados-membros, ante o princípio da simetria, o Tribunal julgou procedente pedido formulado em ação direta ajuizada pelo Governador do Estado do Paraná para declarar a inconstitucionalidade do art. 1º da Lei Complementar paranaense 93/2002, de iniciativa parlamentar, que deu nova redação aos incisos I, alíneas **a** e **b**, II e III do art. 176 da Lei Complementar paranaense 14/82, e trouxe regras específicas para a aposentadoria dos policiais civis naquela unidade federativa. Tendo em conta que passados mais de 6 anos entre a data de promulgação da lei impugnada e a do julgamento desta ação direta, e que a maior parte dos servidores aposentados com base na norma em questão, se tivessem permanecido em atividade, já teriam preenchido hoje todos os requisitos constitucionais para a aposentadoria integral, atribuiu-se, por maioria, nos termos do art. 27 da Lei 9.868/99, eficácia *ex nunc* à decisão, a fim de evitar um transtorno indevido. Vencido, no ponto, o Min. Marco Aurélio, que considerava não caber a modulação dos efeitos. Precedente citado: ADI 1434/SP (DJU de 25.2.2000). **ADI 2904/PR, rel. Min. Menezes Direito, 15.4.2009.** (ADI-2904) (Inform. STF 542)

EMENTA: AÇÃO DIRETA DE INCONSTITUCIONALIDADE – A QUESTÃO PERTINENTE AO MINISTÉRIO PÚBLICO ESPECIAL JUNTO AOS TRIBUNAIS DE CONTAS ESTADUAIS: UMA REALIDADE INSTITUCIONAL QUE NÃO PODE SER DESCONHECIDA – CONSEQÜENTE IMPOSSIBILIDADE CONSTITUCIONAL DE O MINISTÉRIO PÚBLICO ESPECIAL SER SUBSTITUÍDO, NESSA CONDIÇÃO, PELO MINISTÉRIO PÚBLICO COMUM DO ESTADO-MEMBRO – AÇÃO DIRETA JULGADA PROCEDENTE. OS ESTADOS-MEMBROS, NA ORGANIZAÇÃO E COMPOSIÇÃO DOS RESPECTIVOS TRIBUNAIS DE CONTAS, DEVEM OBSERVAR O MODELO NORMATIVO INSCRITO NO ART. 75 DA CONSTITUIÇÃO DA REPÚBLICA.

– Os Tribunais de Contas estaduais deverão ter quatro Conselheiros eleitos pela Assembléia Legislativa e três outros nomeados pelo Chefe do Poder Executivo do Estado-membro. Dentre os três Conselheiros nomeados pelo Chefe do Poder Executivo estadual, apenas um será de livre nomeação do Governador do Estado. Os outros dois deverão ser nomeados pelo Chefe do Poder Executivo local, necessariamente, dentre ocupantes de cargos de Auditor do Tribunal de Contas (um) e de membro do Ministério Público junto à Corte de Contas local (um). Súmula 653/STF.

– Uma das nomeações para os Tribunais de Contas estaduais, de competência privativa do Governador do Estado, acha-se constitucionalmente vinculada a membro do Ministério Público especial, com atuação perante as próprias Cortes de Contas.

O MINISTÉRIO PÚBLICO ESPECIAL JUNTO AOS TRIBUNAIS DE CONTAS NÃO SE CONFUNDE COM OS DEMAIS RAMOS DO MINISTÉRIO PÚBLICO COMUM DA UNIÃO E DOS ESTADOS-MEMBROS.

– O Ministério Público especial junto aos Tribunais de Contas – que configura uma indiscutível realidade constitucional – qualifica-se como órgão estatal dotado de identidade e de fisionomia próprias que o tornam inconfundível e inassimilável à instituição do Ministério Público comum da União e dos Estados-membros.

– Não se reveste de legitimidade constitucional a participação do Ministério Público comum perante os Tribunais de Contas dos Estados, pois essa participação e atuação acham-se constitucionalmente reservadas aos membros integrantes do Ministério Público especial, a que se refere a própria Lei Fundamental da República (art. 130).

– O preceito consubstanciado no art. 130 da Constituição reflete uma solução de compromisso adotada pelo legislador constituinte brasileiro, que preferiu não outorgar, ao Ministério Público comum, as funções de atuação perante os Tribunais de Contas, optando, ao contrário, por atribuir esse relevante encargo a agentes estatais qualificados, deferindo-lhes um "status" jurídico especial e ensejando-lhes, com o reconhecimen-to das já mencionadas garantias de ordem subjetiva, a possibilidade de atuação funcional exclusiva e independente perante as Cortes de Contas. ADI **N. 3.160-CE. RELATOR: MIN. CELSO DE MELLO. Noticiado no Informativo 485**. (Inform. STF 541)

EMENTA: CONSTITUCIONAL. ADMINISTRATIVO E FINANCEIRO. TRIBUNAL DE CONTAS. NORMA LOCAL QUE OBRIGA O TRIBUNAL DE CONTAS ESTADUAL A EXAMINAR PREVIAMENTE A VALIDADE DE CONTRATOS FIRMADOS PELA ADMINISTRAÇÃO. REGRA DA SIMETRIA. INEXISTÊNCIA DE OBRIGAÇÃO SEMELHANTE IMPOSTA AO TRIBUNAL DE CONTAS DA UNIÃO. 1. Nos termos do art. 75 da Constituição, as normas relativas à organização e fiscalização do Tribunal de Contas da União se aplicam aos demais tribunais de contas. 2. O art. 71 da Constituição não insere na competência do TCU a aptidão para examinar, previamente, a validade de contratos administrativos celebrados pelo Poder Público. Atividade que se insere no acervo de competência da Função Executiva. 3. É inconstitucional norma local que estabeleça a competência do tribunal de contas para realizar exame prévio de validade de contratos firmados com o Poder Público. Ação Direta de Inconstitucionalidade conhecida e julgada procedente. Medida liminar confirmada. **ADI N. 916-MT. RELATOR: MIN. JOAQUIM BARBOSA. Noticiado no Informativo 534**. (Inform. STF 539)

EMENTA: AÇÃO DIRETA DE INCONSTITUCIONALIDADE – A QUESTÃO PERTINENTE AO MINISTÉRIO PÚBLICO ESPECIAL JUNTO AOS TRIBUNAIS DE CONTAS ESTADUAIS: UMA REALIDADE INSTITUCIONAL QUE NÃO PODE SER DESCONHECIDA – CONSEQÜENTE IMPOSSIBILIDADE CONSTITUCIONAL DE O MINISTÉRIO PÚBLICO ESPECIAL SER SUBSTITUÍDO, NESSA CONDIÇÃO, PELO MINISTÉRIO PÚBLICO COMUM DO ESTADO-MEMBRO – AÇÃO DIRETA JULGADA PROCEDENTE.
OS ESTADOS-MEMBROS, NA ORGANIZAÇÃO E COMPOSIÇÃO DOS RESPECTIVOS TRIBUNAIS DE CONTAS, DEVEM OBSERVAR O MODELO NORMATIVO INSCRITO NO ART. 75 DA CONSTITUIÇÃO DA REPÚBLICA.
– Os Tribunais de Contas estaduais deverão ter quatro Conselheiros eleitos pela Assembléia Legislativa e três outros nomeados pelo Chefe do Poder Executivo do Estado-membro. Dentre os três Conselheiros nomeados pelo Chefe do Poder Executivo estadual, apenas um será de livre nomeação do Governador do Estado. Os outros dois deverão ser nomeados pelo Chefe do Poder Executivo local, necessariamente, dentre ocupantes de cargos de Auditor do Tribunal de Contas (um) e de membro do Ministério Público junto à Corte de Contas local (um). Súmula 653/STF.

– Uma das nomeações para os Tribunais de Contas estaduais, de competência privativa do Governador do Estado, acha-se constitucionalmente vinculada a membro do Ministério Público especial, com atuação perante as próprias Cortes de Contas.

O MINISTÉRIO PÚBLICO ESPECIAL JUNTO AOS TRIBUNAIS DE CONTAS NÃO SE CONFUNDE COM OS DEMAIS RAMOS DO MINISTÉRIO PÚBLICO COMUM DA UNIÃO E DOS ESTADOS-MEMBROS.

– O Ministério Público especial junto aos Tribunais de Contas – que configura uma indiscutível realidade constitucional – qualifica-se como órgão estatal dotado de identidade e de fisionomia próprias que o tornam inconfundível e inassimilável à instituição do Ministério Público comum da União e dos Estados-membros.

– Não se reveste de legitimidade constitucional a participação do Ministério Público comum perante os Tribunais de Contas dos Estados, pois essa participação e atuação acham-se constitucionalmente reservadas aos membros integrantes do Ministério Público especial, a que se refere a própria Lei Fundamental da República (art. 130).

– O preceito consubstanciado no art. 130 da Constituição reflete uma solução de compromisso adotada pelo legislador constituinte brasileiro, que preferiu não outorgar, ao Ministério Público comum, as funções de atuação perante os Tribunais de Contas, optando, ao contrário, por atribuir esse relevante encargo a agentes estatais qualificados, deferindo-lhes um "status" jurídico especial e ensejando-lhes, com o reconhecimento das já mencionadas garantias de ordem subjetiva, a possibilidade de atuação funcional exclusiva e independente perante as Cortes de Contas. **ADI N. 3.160-CE. RELATOR: MIN. CELSO DE MELLO. Noticiado no Informativo 485**. (Inform. STF 539)

EMENTA: AÇÃO DIRETA DE INCONSTITUCIONALIDADE. CONSTITUIÇÃO DO ESTADO DE SANTA CATARINA. DISPOSITIVO SEGUNDO O QUAL OS PROCURADORES DA FAZENDA JUNTO AO TRIBUNAL DE CONTAS EXERCERÃO AS FUNÇÕES DO MINISTÉRIO PÚBLICO. INADMISSIBILIDADE. PARQUET ESPECIAL CUJOS MEMBROS INTEGRAM CARREIRA AUTÔNOMA. INCONSTITUCIONALIDADE RECONHECIDA. I. O art. 73, § 2º, I, da Constituição Federal, prevê a existência de um Ministério Público junto ao Tribunal de Contas da União, estendendo, no art. 130 da mesma Carta, aos membros daquele órgão os direitos, vedações e a forma de investidura atinentes ao *Parquet* comum. II. Dispositivo impugnado que contraria o disposto nos arts. 37, II, e 129, § 3º, e 130 da Constituição Federal, que configuram "*clausula de garantia*" para a atuação independente do *Parquet* especial junto aos Tribunais de Contas. III. Trata-se de modelo jurídico heterônomo estabelecido pela própria Carta Federal que possui estrutura própria de maneira a assegurar a mais ampla autonomia a seus integrantes. IV – Inadmissibilidade de transmigração para o Ministério Público especial de membros de outras carreiras. V. Ação julgada procedente. **ADI N. 328-SC. RELATOR: MIN. RICARDO LEWANDOWSKI. Noticiado no Informativo 534**. (Inform. STF 537)

EMENTA: CONSTITUCIONAL. ADMINISTRATIVO E FINANCEIRO. TRIBUNAL DE CONTAS. NORMA LOCAL QUE OBRIGA O TRIBUNAL DE CONTAS ESTADUAL A EXAMINAR PREVIAMENTE A VALIDADE DE CONTRATOS FIRMADOS PELA ADMINISTRAÇÃO. REGRA DA SIMETRIA. INEXISTÊNCIA DE OBRIGAÇÃO SEMELHANTE IMPOSTA AO TRIBUNAL DE CONTAS DA UNIÃO. 1. Nos termos do art. 75 da Constituição, as normas relativas à organização e fiscalização do Tribunal de Contas da União se aplicam aos demais tribunais de contas. 2. O art. 71 da Constituição não insere na competência do TCU a aptidão para examinar, previamente, a validade de contratos administrativos celebrados pelo Poder Público. Atividade que se insere no acervo de competência da Função Executiva. 3. É inconstitucional norma local que estabeleça a competência do tribunal de contas para realizar exame prévio de validade de contratos firmados com o Poder Público. Ação Direta de Inconstitucionalidade conhecida e julgada procedente. Medida liminar confirmada. **ADI N. 916-MT. RELATOR: MIN. JOAQUIM BARBOSA. Noticiado no Informativo 534**. (Inform. STF 537)

ADI E COMPETÊNCIA DE TRIBUNAL DE CONTAS
O Tribunal julgou procedente pedido formulado em ação direta proposta pelo Governador do Estado de Mato Grosso para declarar a inconstitucionalidade da Lei 6.209/93, do referido Estado-membro, que determina que todos os contratos celebrados entre o Governo do Estado e empresas particulares dependerão de registro prévio junto ao Tribunal de Contas estadual. Entendeu-se que a lei em questão ofende o art. 71 da CF, aplicável aos tribunais de contas estaduais, ante a regra da simetria (CF, art. 75), que não prevê como atribuição do Tribunal de Contas da União o controle prévio e amplo dos contratos celebrados pela Administração

Pública. Asseverou-se que, nos termos do art. 71, I, da CF, os tribunais de contas devem emitir parecer prévio relativo às contas prestadas anualmente pelo Chefe do Poder Executivo, prestação essa que tem amparo na responsabilidade geral pela execução orçamentária e não se restringe à obrigação do Presidente da República, do Governador de Estado ou do Prefeito municipal como chefes de Poderes. Precedente citado: ADI 849/MT (DJU de 23.4.99). **ADI 916/MT, rel. Min. Joaquim Barbosa, 2.2.2009.** (ADI-916) (Inform. STF 534)

ADI E MINISTÉRIO PÚBLICO ESPECIAL JUNTO AO TRIBUNAL DE CONTAS – 1

O Tribunal julgou procedente pedido formulado em ação direta ajuizada pelo Procurador-Geral da República para declarar a inconstitucionalidade do parágrafo único do art. 102 da Constituição do Estado de Santa Catarina, que estabelece que o Ministério Público junto ao Tribunal de Contas é exercido pelos Procuradores da Fazenda junto ao Tribunal de Contas. Aplicou-se a orientação fixada pela Corte em diversos precedentes no sentido de que os ministérios públicos que atuam junto aos tribunais de contas constituem órgãos autônomos, organizados em carreiras próprias, aplicando-se, aos seus integrantes, as disposições pertinentes a direitos, vedações e forma de investidura do *parquet* comum (CF, artigos 73, § 2º, I; 75 e 130). Precedentes citados: ADI 263/RO (DJU de 22.6.90); ADI 789/DF (DJU de 19.12.94); ADI 1545/SE (DJU de 24.10.97); ADI 2068/MG (DJU de 16.5.2003); ADI 2378/GO (DJU de 6.9.2007); ADI 2884/RJ (DJU de 20.5.2005) e ADI 3192/ES (DJU de 18.6.2006). **ADI 328/SC, rel. Min. Ricardo Lewandowski, 2.2.2009.** (ADI-328)

ADI E MINISTÉRIO PÚBLICO ESPECIAL JUNTO AO TRIBUNAL DE CONTAS – 2

Por vislumbrar afronta aos artigos 75 e 130 da CF, o Tribunal julgou parcialmente procedente pedido formulado em ação direta ajuizada pelo Procurador-Geral da República para declarar a inconstitucionalidade do inciso VIII do art. 106 da Constituição do Estado do Mato Grosso, que estabelece que lei complementar, cuja iniciativa é facultada ao Procurador-Geral de Justiça, disporá sobre o exercício privativo das funções do Ministério Público junto ao Tribunal de Contas, e do inciso III do § 1º do art. 16 da Lei Complementar estadual 27/93, que cria uma Procuradoria de Justiça junto ao Tribunal de Contas. Preliminarmente, julgou-se a ação prejudicada quanto à Lei Complementar estadual 11/91, também impugnada, por perda superveniente de objeto, ante sua revogação pela Lei Complementar estadual 269/2007, que dispôs sobre a organização do Tribunal de Contas daquela unidade federativa. Alguns precedentes citados: ADI 709/PR (DJU de 24.6.94); ADI 520/MT (DJU de 6.6.97); ADI 3831/DF (DJU de 24.8.2007); ADI 1445QO/DF (DJU de 29.4.2005); ADI 387/RO (DJU de 9.9.2005); ADI 2884/RJ (DJU de 20.5.2005); ADI 3192/ES (DJU de 18.6.2006); ADI 2068/MG (DJU de 16.5.2003); ADI 789/DF (DJU de 19.12.94); ADI 3715 MC/TO (DJU de 25.8.2006). **ADI 3307/MT, rel. Min. Cármen Lúcia, 2.2.2009.** (ADI-3307) (Inform. STF 534)

TRIBUNAL DE CONTAS ESTADUAL E CONTROLE PRÉVIO DE LICITAÇÕES

A Turma proveu recurso extraordinário para conceder a segurança impetrada em favor de servidor público condenado, por Tribunal de Contas estadual, ao pagamento de multa pelo não envio automático de cópia de edital de concorrência para controle prévio perante aquela Corte. Asseverou-se que, no caso, discutia-se o avanço de Resolução editada pelo recorrido sobre disciplina federal relativa ao tema, que autoriza o controle prévio quando houver solicitação do Tribunal de Contas para a remessa de cópia do edital de licitação já publicado (Lei 8.666/93, art. 113, § 2º). Enfatizou-se a competência privativa da União para legislar sobre normas gerais de licitação e contratação (CF, art. 22, XXVII) e o fato de a Lei de Licitações não impor o mencionado controle prévio sem que exista solicitação para a remessa do edital antes de realizada a licitação. Considerou-se incabível, tanto do ponto de vista lógico quanto do ponto de vista formal, que os Poderes Executivo e Judiciário, em cada processo de licitação, sejam obrigados a encaminhar, previamente, ao Tribunal de Contas estadual os editais de licitação, bem como ficar aguardando a aprovação, ou não, da legalidade do certame. Dessa forma, concluiu-se que a exigência feita por atos normativos do recorrido sobre a remessa prévia do edital, sem qualquer solicitação, invadiria a competência legislativa distribuída pela Constituição, já exercida pela Lei 8.666/93, que não contém essa determinação. Em conseqüência, reputou-se que a penalidade imposta ao recorrente carecería de fundamento legal. A Min. Cármen Lúcia, embora ressaltando não ver inconstitucionalidade em leis estaduais que estabeleçam, por lei específica, essa obrigatoriedade, acompanhou o relator na conclusão, ao entendimento de que, na espécie, ante a falta de norma estadual dispondo sobre tal imposição, não haveria como se criar, por Resolução, cominações no sentido de se multar alguém por ter descumprido o que não era compelido a fazer. **RE 547063/RJ, rel. Min. Menezes Direito, 7.10.2008.** (RE-547063) (Inform. STF 523)

TOMADA DE CONTAS ESPECIAL E TERRACAP - 1

O Tribunal iniciou julgamento de mandado de segurança impetrado pela Procuradoria do Distrito Federal contra ato praticado pelo TCU, que determinara a instauração de tomada de contas especial no âmbito da Companhia Imobiliária de Brasília - TERRACAP, e decretara a indisponibilidade de bens de vários ex-dirigentes da empresa. Preliminarmente, rejeitou-se a alegação de decadência. No mérito, o Min. Gilmar Mendes, relator, deferiu a segurança. Entendeu que, embora a referida empresa pública seja constituída com capital pertencente à União (49%) e ao Distrito Federal (51%), a sua administração, nos termos da Lei 5.861/72 (artigos 2º e 3º), cabe ao Governo do Distrito Federal. Assim, asseverou tratar-se de ente da administração local. Em conseqüência desta titularidade do controle societário e da autonomia político-gerencial, considerou impertinente a aplicação, na espécie, do art. 70, caput, da CF. Também entendeu inaplicável o parágrafo único deste artigo, porquanto a TERRACAP, legal ou ordinariamente, não utiliza, arrecada, guarda, gerencia ou administra dinheiros, bens ou valores públicos da União, nem esta responde ou assume as obrigações de natureza pecuniária daquela. **MS 24423/DF, rel. Min. Gilmar Mendes, 24.5.2006. (MS-24423)**

TOMADA DE CONTAS ESPECIAL E TERRACAP - 2

O relator repeliu, de igual modo, a maioria das disposições do art. 71, da CF, por não versar sobre aprovação das contas do Presidente da República (inciso I), fiscalização em unidade administrativa direta ou indireta da União, em qualquer de seus Poderes (inciso IV), ou repasse de recursos pela União, mediante convênio, acordo, ajuste ou outros instrumentos congêneres. Ressaltou, ainda, que a interpretação da parte final do inciso II do citado art. 71 ("...contas daqueles que derem causa a perda, extravio ou outra irregularidade de que resulte prejuízo ao erário publico;") deve ser realizada em consonância com o disposto no art. 70 e seu parágrafo único, da CF, no sentido de se atribuir competência ao TCU quando houver, especificamente, responsabilidade de administradores e responsáveis dos órgãos da administração pública, direta e indireta, no âmbito da utilização de recursos públicos federais. Desse modo, não obstante o patrimônio da TERRACAP esteja destinado ao cumprimento de finalidades de interesse público, isto não afasta o fato de que ela é uma sociedade de economia mista sob o controle acionário de ente da federação distinto da União. Por fim, afirmou que a hipótese não se refere à delimitação sobre a abrangência, objetiva e subjetiva, da competência fiscalizatória do TCU, relativamente aos órgãos, entidades, sociedades ou recursos da União, mas sim à matéria estritamente federativa, porque não se pode anuir com a adoção de medidas invasivas da União sobre órgãos, entidades ou sociedades sob o controle de Poder Público estadual ou municipal. Após, pediu vista o Min. Ricardo Lewandowski. **MS 24423/DF, rel. Min. Gilmar Mendes, 24.5.2006. (MS-24423)**

TOMADA DE CONTAS ESPECIAL E TERRACAP – 3

Em conclusão de julgamento, o Tribunal deferiu mandado de segurança impetrado pela Procuradoria do Distrito Federal contra ato praticado pelo TCU, que determinara a instauração de tomada de contas especial no âmbito da Companhia Imobiliária de Brasília – TERRACAP, e decretara a indisponibilidade de bens de vários ex-dirigentes da empresa — v. Informativo 428. Entendeu-se que, embora a referida empresa pública seja constituída com capital pertencente à União (49%) e ao Distrito Federal (51%), a sua administração, nos termos da Lei 5.861/72 (artigos 2º e 3º), cabe ao Governo do Distrito Federal. Assim, asseverou-se tratar-se de ente da administração local. Em conseqüência dessa titularidade do controle societário e da autonomia político-gerencial, considerou-se impertinente a incidência, na espécie, do art. 70, caput, da CF. Também reputou-se inaplicável o parágrafo único deste artigo, porquanto a TERRACAP, legal ou ordinariamente, não utiliza, arrecada, guarda, gerencia ou administra dinheiros, bens ou valores públicos da União, nem esta responde ou assume as obrigações de natureza pecuniária daquela. Repeliu-se, ainda, a maioria das disposições do art. 71, da CF, por não versar sobre aprovação das contas do Presidente da República (inciso I), fiscalização em unidade administrativa direta ou indireta da União, em qualquer de seus Poderes (inciso IV), ou repasse de recursos pela União, mediante convênio, acordo, ajuste ou outros instrumentos congêneres. Ressaltou-se que a interpretação da parte final do inciso II do citado art. 71 ("*... contas daqueles que derem causa a perda, extravio ou outra irregularidade de que resulte prejuízo ao erário público;*") deve ser realizada em consonância com o disposto no art. 70 e seu parágrafo único, da CF, no sentido de se atribuir competência ao TCU quando houver, especificamente, responsabilidade de administradores e responsáveis dos órgãos da administração pública, direta e indireta, no âmbito da utilização de recursos públicos federais. Desse modo, não obstante o patrimônio da TERRACAP esteja destinado ao cumprimento de finalidades de interesse público, isto não afasta o fato de que ela é uma sociedade de economia mista sob o controle acionário de ente da federação distinto da União. Por fim, afirmou-se que a hipótese não se refere à delimitação sobre a abrangência, objetiva e subjetiva, da competência fiscalizatória do TCU, relativamente aos órgãos, entidades, sociedades ou recursos da União, mas sim à matéria estritamente federativa, porque não se pode anuir com a adoção de medidas invasivas da União sobre órgãos, entidades ou sociedades sob o controle de Poder Público estadual ou municipal. **MS 24423/DF, rel. Min. Gilmar Mendes, 10.9.2008.** (MS-24423) (Inform. STF 519)

AUDITOR DO TCU: CARGO DE MINISTRO E LIMITE DE IDADE

Tendo em conta o fato de auditor do Tribunal de Contas da União – TCU já ter completado 70 anos de idade, o Tribunal julgou prejudicado mandado de segurança por ele impetrado contra ato dessa mesma Corte de Contas. No caso concreto, o TCU elaborara lista singular para provimento de vaga de Ministro reservada a auditores, em virtude de outros dois membros da auditoria, dentre os quais o impetrante, terem ultrapassado o limite de 65 anos de idade previsto no § 1º do art. 73 da CF ("*§ 1º – Os Ministros do Tribunal de Contas da União serão nomeados dentre brasileiros que satisfaçam os seguintes requisitos: I – mais de trinta e cinco e menos de sessenta e cinco anos de idade; II – idoneidade moral e reputação ilibada; III – notórios conhecimentos jurídicos, contábeis, econômicos e financeiros ou de administração pública; IV – mais de dez anos de exercício de função ou de efetiva atividade profissional que exija os conhecimentos mencionados no inciso anterior.*"). Em *obiter dictum*, asseverou-se que se aplicariam também aos auditores os requisitos previstos naquele dispositivo constitucional, a serem atendidos de forma cumulativa. **MS 23968/DF, rel. Min. Gilmar Mendes, 14.4.2008.** (MS-23968) (Inform. STF 502)

ADI: QUESTÃO TRIBUTÁRIA E COMPETÊNCIA DO TRIBUNAL DE CONTAS

Por vislumbrar afronta ao art. 70 da CF, que prevê caber ao Congresso Nacional, mediante controle externo, e ao sistema de controle interno de cada Poder, a fiscalização contábil, financeira, orçamentária, operacional e patrimonial da União e das entidades da administração direta e indireta, quanto à legalidade, legitimidade, economicidade, aplicação das subvenções e renúncia de receitas, o Tribunal julgou procedente pedido formulado em ação direta proposta pelo Governador do Estado do Paraná para declarar a inconstitucionalidade do § 3º do art. 78 da Constituição estadual que estabelece que as decisões fazendárias de última instância contrárias ao erário serão apreciadas, em grau de recurso, pelo Tribunal de Contas estadual. Entendeu-se não competir ao Legislativo apreciar recursos interpostos contra decisões tomadas em processos administrativos em que se discute questão tributária, nada justificando a atuação, neste campo, do Tribunal de Contas (CF, art. 71). Precedente citado: ADI 461/BA (DJU de 6.9.2002). **ADI 523/PR, rel. Min. Eros Grau, 3.4.2008.** (ADI-523) (Inform. STF 500)

COMPOSIÇÃO DE TRIBUNAL DE CONTAS E CRIAÇÃO DE ESTADO

O Tribunal julgou improcedente pedido formulado em ação direta proposta pelo Partido da Frente Liberal – PFL em que se objetivava a declaração de inconstitucionalidade do Decreto Legislativo 9/98, da Assembléia Legislativa do Estado de Roraima, que dispõe sobre a indicação às vagas de Conselheiro do Tribunal de Contas do Estado de Roraima e dá outras providências. Na linha do que decidido pela Corte no julgamento da ADI 1921/TO (DJU de 20.8.2004), e salientando que a criação do Estado de Roraima se dera com a promulgação da Constituição Federal em 5.10.98, e que apenas a sua instalação se projetara no tempo, entendeu-se não haver afronta ao art. 235, III, da CF, haja vista que a norma impugnada fora editada quando já decorridos os dez anos de criação desse Estado-membro (CF: "*Art. 235. Nos dez primeiros anos da criação de Estado, serão observadas as seguintes normas básicas:... III – o Tribunal de Contas terá três membros, nomeados, pelo Governador eleito, dentre brasileiros de comprovada idoneidade e notório saber;*"). **ADI 1903/RR, rel. Min. Ricardo Lewandowski, 6.3.2008.** (ADI-1903) (Inform. STF 497)

QUEBRA DE SIGILO BANCÁRIO E TCU

O Tribunal concedeu mandado de segurança impetrado pelo Banco Central do Brasil – BACEN contra ato do Tribunal de Contas da União – TCU que, ao proceder à auditoria na prestação de contas do impetrante, relativa ao exercício de 1995, determinara-lhe que fosse disponibilizado o acesso às transações do Sistema de Informações do Banco Central – SISBACEN de potencial interesse ao controle externo, sob pena de multa. Entendeu-se que a Lei Complementar 105/2001, que dispôs específica e exaustivamente sobre o sigilo das operações de instituições financeiras, não conferiu ao TCU poderes para determinar a quebra do sigilo bancário de dados constantes do Banco Central do Brasil. Asseverou-se que o art. 38 da Lei 4.595/64, que regulava o sigilo das operações ativas e passivas e serviços prestados pelas instituições financeiras, foi revogado pela referida lei complementar, que previu a possibilidade de quebra do sigilo bancário por determinação do Poder Judiciário, do Poder Legislativo federal, bem como das Comissões Parlamentares de Inquérito, após prévia aprovação do pedido pelo Plenário da Câmara dos Deputados, do Senado Federal ou do plenário de suas respectivas comissões parlamentares de inquérito (LC 105/2001, artigos 3º e 4º, §§ 1º e 2º). **MS 22801/DF, rel. Min. Menezes Direito, 17.12.2007.** (MS-22801) (Inform. STF 493)

BACEN: PODER DE FISCALIZAÇÃO E QUEBRA DE SIGILO - 1

A Turma, por maioria, negou provimento a recurso extraordinário interposto pelo Banco Central do Brasil - BACEN em que sustentada a ofensa ao art. 5º, X, da CF, sob a alegação de que o sigilo bancário não estaria inserido na "cláusula de reserva de jurisdição", não se revestindo, pois, de caráter absoluto. Aduziu a referida autarquia que obstar suas atividades fiscalizadoras em nome do sigilo bancário implicaria sobrepor o interesse privado ao público e acobertar práticas ilícitas. Entendeu-se que o BACEN, ao articular a transgressão ao citado dispositivo constitucional, pretendia ver proclamada não a preservação da intimidade, da vida privada, da honra e da imagem das pessoas, mas a possibilidade de ter-se a colocação, em segundo plano, sob tal ângulo, do sigilo de dados. Assim, o preceito regedor da espécie, tendo em conta o sistema da Constituição, seria o do art. 5º, XII. Asseverou-se que a regra é o sigilo de dados, somente podendo ocorrer o seu afastamento por ordem judicial e, mesmo assim, objetivando a investigação criminal com instrução processual penal. Considerou-se, por fim, que o BACEN confundira o poder de fiscalização com o de afastar sigilo de dados. A Min. Cármen Lúcia, com ressalvas quanto à fundamentação, desproveu o recurso por reputar que, no caso, não estaria vedada à aludida autarquia a autorização judicial. RE 461366/DF, rel. Min. Marco Aurélio, 3.8.2007. (RE-461366)

BACEN: PODER DE FISCALIZAÇÃO E QUEBRA DE SIGILO - 2

Vencidos os Ministros Carlos Britto e Sepúlveda Pertence que davam provimento ao recurso. Este asseverou que a espécie envolveria a incidência da Lei 4.595/64, recebida pela CF/88 como lei complementar do sistema financeiro nacional, em que prevista uma série de proibições específicas aos diretores de instituições financeiras, e que não encontrava no citado art. 5º, XII, da CF, relação com o sigilo bancário, incluindo-o, com reserva, na proteção à privacidade, sem levá-lo, contudo, ao ponto da chamada "reserva da primeira palavra ao Judiciário". O primeiro, por sua vez, reputando equivocada a premissa do acórdão impugnado no sentido de que não se confundiria o cidadão com o dirigente de banco, aduziu que subtrair do BACEN esse poder de polícia para saber de movimentação bancária de contas de dirigentes de instituições financeiras seria empobrecer a funcionalidade da Constituição e fragilizar o sistema por ela concebido, inclusive no plano da moralidade. RE 461366/DF, rel. Min. Marco Aurélio, 3.8.2007. (RE-461366) (Inform. STF 474)

AUMENTO DE REMUNERAÇÃO: INICIATIVA DAS CASAS LEGISLATIVAS E DOTAÇÃO ORÇAMENTÁRIA - 1

O Tribunal conheceu em parte de ação direta ajuizada pelo Presidente da República e, na parte conhecida, julgou improcedente o pedido nela formulado de declaração de inconstitucionalidade das Leis 11.169/2005 e 11.170/2005, de iniciativa, respectivamente, da Câmara dos Deputados e do Senado Federal, que alteraram a remuneração dos servidores dessas Casas Legislativas, majorando-a em 15%. Afastou-se a alegação de ofensa ao art. 61, § 1º, II, a, da CF, haja vista não se tratar de normas que pretenderam revisão geral anual de remuneração dos servidores públicos, mas de normas específicas (CF, art. 37, X), daquelas Casas Legislativas, que concederam majoração de remuneração a seus servidores, com base no art. 51, IV e no art. 52, XIII, ambos da CF, não havendo, assim, que se falar, também, em violação ao princípio da separação de poderes. Da mesma forma, não se acolheu o argumento de afronta ao art. 5º, *caput*, da CF, asseverando-se que, do confronto estabelecido entre a possibilidade de concessão de aumentos diferenciados e o princípio da isonomia, há de se privilegiar o entendimento que, harmonizando o conceito de majorações remuneratórias específicas para determinados segmentos e carreiras — respeitados os limites das respectivas autonomias administrativo-financeiras —, com a revisão geral anual do funcionalismo público, é constitucional a norma que concede aumentos para determinados grupos, desde que tais reajustes sejam devidamente compensados, em caso de eventual revisão geral anual. ADI 3599/DF, rel. Min. Gilmar Mendes, 21.5.2007. (ADI-3599)

AUMENTO DE REMUNERAÇÃO: INICIATIVA DAS CASAS LEGISLATIVAS E DOTAÇÃO ORÇAMENTÁRIA - 2

No que se refere à apontada violação ao art. 169, § 1º, da CF, não se conheceu do pedido, com base na orientação fixada no julgamento da ADI 1292/MT (DJU de 15.9.95), no sentido de que não se viabiliza controle abstrato de constitucionalidade quan-do se pretende confrontar norma que impõe despesa alusiva a vantagem funcional e o art. 169, da CF, visto que a ausência de dotação orçamentária prévia em legislação específica não autoriza a declaração de inconstitucionalidade da lei, mas apenas impede a sua aplicação naquele exercício financeiro. Ademais, reconheceu-se que, no caso, teria havido dotação orçamentária. O Min. Cezar Peluso fez ressalva quanto à interpretação ao art. 37, X, da CF, no que foi acompanhado pelo Min. Carlos Britto, no sentido de que essa norma introduz um requisito particular, que é a necessidade de uma lei específica para toda e qualquer alteração de remuneração, independentemente de se tratar de aumento ou de simples revisão geral, e, ainda, que a parte final desse dispositivo confere a garantia, aos servidores públicos dos três Poderes, dessa revisão geral anualmente. ADI 3599/DF, rel. Min. Gilmar Mendes, 21.5.2007. (ADI-3599) (Inform. STF 468)

SÚMULA VINCULANTE STF Nº 3

Nos processos perante o Tribunal de Contas da União asseguram-se o contraditório e a ampla defesa quando da decisão puder resultar anulação ou revogação de ato administrativo que beneficie o interessado, excetuada a apreciação da legalidade do ato de concessão inicial de aposentadoria, reforma e pensão.

SÚMULA STF Nº 347

O Tribunal de Contas, no exercício de suas atribuições, pode apreciar a constitucionalidade das leis e dos atos do poder público.

8. PODER EXECUTIVO

SUBSÍDIO DE PREFEITO E VICE-PREFEITO E CRITÉRIO DE FIXAÇÃO

A 1ª Turma negou provimento a recurso extraordinário do Município de Belo Horizonte, em que se discutia critério de estabelecimento de remuneração de prefeito e de vice-prefeito mediante a Resolução 2021/96 da Câmara daquela municipalidade. Na origem, o *parquet* ajuizara ação civil pública sob argumento de que o subsídio deveria ser equivalente ao valor fixado para os deputados, e não ao que realmente percebido, pois estaria sujeito à variação mês a mês, sob pena de se conceder reajuste salarial mensal, em afronta aos princípios da legalidade e da moralidade. O pedido fora julgado procedente, tendo sido confirmada a declaração de inconstitucionalidade pelo tribunal de justiça. A municipalidade alegava contrariedade aos artigos 29, V, e 37 da CF. Consignou-se que o acórdão do tribunal estadual não conteria abordagem da problemática alusiva à possível confusão entre ação civil pública e ação direta de inconstitucionalidade. Nesse tocante, enfatizou-se que o recurso padeceria da ausência do indispensável prequestionamento. No mais, considerou-se que o extraordinário não mereceria provimento. Esclareceu-se que a Constituição mostrar-se-ia expressa ao revelar que subsídio de prefeito e vice-prefeito, bem como de secretários municipais, seriam determinados por lei de iniciativa da respectiva câmara (CF, art. 29, V, na redação existente à época), com disciplina idêntica no texto em vigor. Observou-se que, no caso, ela adotaria critério flexível, remetendo à remuneração dos integrantes de assembleia legislativa. Salientou-se que fora implementada vinculação conflitante com a Carta de 1988, haja vista que se abriria possibilidade de haver variação mês a mês, consoante o que percebido no todo — e a isso remeteria o vocábulo remuneração — por este ou aquele deputado estadual. RE 434278/MG, rel. Min. Marco Aurélio, 12.6.2012. (RE-434278) (Inform. STF 670)

CRIMES DE RESPONSABILIDADE E COMPETÊNCIA LEGISLATIVA - 1

Por reputar caracterizada ofensa à competência legislativa da União para definir os crimes de responsabilidade (CF, art. 22, I), o Plenário julgou procedente pedido formulado em ação direta, ajuizada pelo Procurador-Geral da República, para declarar a inconstitucionalidade, com efeitos *ex tunc*, das seguintes expressões constantes do art. 41 da Constituição catarinense (todas com a redação dada pelas Emendas Constitucionais 53/2010 e 42/2005, da respectiva unidade da federativa): a) *"e titulares de Fundações, Autarquias, Empresas Públicas e Sociedades de Economia Mista"*, contida no *caput*; e b) *"ao Governador"*, bem como *"e aos titulares de Fundações, Autarquias, Empresas Públicas e Sociedades de Economia Mista"*, ambas integrantes do § 2º da aludida norma. Em síntese, esses preceitos imputavam como criminosa a conduta de recusa ou de não-atendimento — por parte das autoridades acima mencionadas — à convocação, pela mesa da assembléia legislativa, a fim de prestar informações. De início, entendeu-se que as alterações legislativas supervenientes à propositura da ação, conferidas por emendas constitucionais estaduais, não teriam alterado, na essência, a substância da norma. Assim, reputou-se que não se dera a perda ulterior do objeto da demanda. Ademais, rememorou-se que o modelo federal só submeteria a crime de responsabilidade Ministro de Estado e titulares de órgãos diretamente subordinados à Presidência da República, o que não seria o caso dos titulares de autarquias, fundações e empresas públicas. Em seguida, ressaltou-se que o § 2º do artigo em comento interferiria na própria caracterização do crime de responsabilidade, ao incluir figuras de sujeito ativo que não poderiam dele constar. Por fim, assentou-se, também, a inconstitucionalidade, por arrastamento, do excerto *"bem como os titulares de Fundações, Autarquias e Empresas Públicas, nos crimes de responsabilidade"*, do art. 83, XI, do citado diploma. ADI 3279/SC, rel. Min. Cezar Peluso, 16.11.2011. (ADI-3279)

CRIMES DE RESPONSABILIDADE E COMPETÊNCIA LEGISLATIVA - 2

Com base no mesmo fundamento acima referido e ao confirmar o que manifestado na apreciação da medida cautelar, o Plenário julgou procedente pedido formulado em ação direta, proposta pelo Procurador-Geral da República, para declarar a inconstitucionalidade do art. 48 e do seu parágrafo único; da expressão *"ou, nos crimes de responsabilidade, perante Tribunal Especial"*, contida no *caput* do art. 49; dos §§ 1º e 2º; do item 2, constante do § 3º, todos do art. 49; e do art. 50 da Constituição do Estado de São Paulo. As normas impugnadas versam sobre processo e crimes de responsabilidade de Governador. Assentou-se, também, o prejuízo do pleito no tocante ao item I do § 2º do art. 10 da aludida Constituição estadual, uma vez que esse dispositivo fora revogado. ADI 2220/SP, rel. Min. Cármen Lúcia, 16.11.2011. (ADI-2220) (Inform. STF 648)

ADI E VÍCIO DE INICIATIVA - 1

Por reputar usurpada a competência privativa do Chefe do Poder Executivo para iniciar projeto de lei que verse sobre aumento de remuneração de cargos, funções e empregos públicos na Administração direta e autárquica (CF, art. 61, § 1º, II, a e c), o Plenário julgou procedente pedido formulado em ação direta, ajuizada pelo Governador do Estado do Amapá, para declarar a inconstitucionalidade da Lei 740/2003, daquele ente federativo. O mencionado diploma legal, de iniciativa parlamentar, autoriza o Chefe do Poder Executivo local a conceder Adicional de Desempenho - SUS aos servidores em gozo de férias e/ou licença prêmio por assiduidade e/ ou licença maternidade e/ou licença por motivo de doença e dá outras providências. ADI 3176/AP, rel. Min. Cezar Peluso, 30.6.2011. (ADI-3176)

ADI E VÍCIO DE INICIATIVA - 2

O Plenário julgou procedente pedido formulado em ação direta, proposta pelo Governador do Estado do Paraná, para declarar a inconstitucionalidade dos artigos 9º e 10 da Lei paranaense 13.667/2002, que determina a não aplicação do limitador salarial à remuneração de servidores de determinado instituto daquela unidade federativa. Aduziu-se que os dispositivos questionados — acrescentados por emenda da assembléia legislativa — não constariam do projeto de lei oriundo do Poder Executivo, o que usurparia a sua competência. ADI 2944/PR, rel. Min. Cármen Lúcia, 30.6.2011. (ADI-2944) (Inform. STF 633)

VÍCIO DE INICIATIVA E ACRÉSCIMO A PROVENTOS

O Plenário julgou procedente pedido formulado em ação direta, ajuizada pelo Governador do Estado do Amazonas, para declarar a inconstitucionalidade do art. 288 da Constituição estadual amazonense, acrescido pela Emenda Constitucional 40/2002, que concede, a servidores públicos que tenham exercido mandato eletivo, um determinado acréscimo percentual em suas aposentadorias ou pensões. Entendeu-se que o preceito impugnado, de iniciativa parlamentar, afrontaria a competência privativa do Chefe do Poder Executivo para dispor sobre a matéria (CF, art. 61, § 1º, II, a e c), bem como possibilitaria que proventos de aposentadoria e pensões, por ocasião de sua concessão, pudessem exceder a remuneração do respectivo servidor no cargo em que ocorrera a aposentação (CF, art. 40, § 2º). ADI 3295/AM, rel. Min. Cezar Peluso, 30.6.2011. (ADI-3295) (Inform. STF 633)

ADI E AUMENTO DE DESPESA

O Plenário julgou procedente pedido formulado em ação direta, ajuizada pelo Governador do Estado do Espírito Santo, para declarar a inconstitucionalidade dos artigos 22 e 25 da Lei Complementar capixaba 176/2000, resultantes de emenda parlamentar. A norma refutada, ao reorganizar a estrutura da Secretaria de Estado da Educação, criou 2 cargos de procurador para atuarem junto ao referido órgão, bem como mais outros 2 cargos em comissão de assessor técnico. Asseverou-se que a mencionada emenda, além de não ter pertinência com o projeto do Executivo, implicaria, ainda, aumento de despesa (CF, art. 63, I). ADI 2305/ES, rel. Min. Cezar Peluso, 30.6.2011. (ADI-2305)

ADI E VÍCIO DE INICIATIVA - 1

Iniciado o julgamento de ação direta ajuizada pelo Governador do Estado do Rio Grande do Sul contra a Lei 11.591/2001, do mesmo Estado, de iniciativa parlamentar, que dispõe sobre a obrigatoriedade de adequação ao sistema de carga e descarga fechado para combustíveis automotivos e dá outras providências - "art. 1º - É obrigatório o Sistema de Carga e Descarga Fechado no equipamento das unidades de serviço daqueles que operam com combustíveis automotivos, visando a minimizar as emissões de compostos orgânicos voláteis (VOC) para a atmosfera. Parágrafo único (...) Art. 2º - os postos de serviços e similares estão obrigados a se adequarem ao Sistema de Carga e Descarga Fechado de combustíveis automotivos nas cidades da Região Metropolitana de Porto Alegre com mais de 80 (oitenta) mil habitantes e nas cidades do interior do Estado com mais de 200 (duzentos) mil habitantes. Art. 3º - Os operadores de combustíveis automotivos terão prazo, após a publicação desta lei (...) para se adequarem ao Sistema de Carga e Descarga Fechado. (...) Art. 4º - O Poder Executivo, através da Secretaria do Meio Ambiente, definirá, no prazo de 90 (noventa) dias, as tecnologias que poderão ser utilizadas no Sistema de Carga e Descarga Fechado de combustíveis e regulamentará as penalidades pelo não cumprimento da presente lei, bem como o destino das multas aplicadas". O Min. Maurício Corrêa, relator, por entender caracterizada a violação à competência privativa do chefe do Poder Executivo para a iniciativa de leis que disponham sobre organização e funcionamento da administração pública (CF, artigos 61, § 1º, II, e, e 84, II e VI), proferiu voto no sentido de julgar procedente, em parte, o pedido, para declarar inconstitucional apenas o art. 4º da norma impugnada, por criar regra de conduta impositiva a órgão vinculado à administração direta. Quanto aos demais dispositivos, o Min. Maurício Corrêa julgou improcedente o pedido, sob o entendimento de que se tratam de normas autônomas, cujas matérias encontram-se inseridas na competência concorrente dos Estados para legislar sobre proteção ao meio ambiente e controle da poluição (CF, art. 24, VI e VIII). Após, o julgamento foi adiado em virtude do pedido de vista do Min. Nelson Jobim. **ADI 2800/RS, rel. Min. Maurício Corrêa, 3.3.2004. (ADI-2800)**

ADI E VÍCIO DE INICIATIVA - 2

Por considerar usurpada a competência privativa do Chefe do Poder Executivo para iniciar projeto de leis que disponham sobre organização e funcionamento da Administração Pública (CF, artigos 61, § 1º, II, e, e 84, II e VI), o Plenário, em conclusão, julgou parcialmente procedente pedido formulado em ação direta ajuizada pelo Governador do Estado do Rio Grande do Sul para declarar a inconstitucionalidade do art. 4º da Lei gaúcha 11.591/2001 — v. Informativo 338. O preceito adversado dispõe que o Poder Executivo, por intermédio da Secretaria do Meio Ambiente, definirá as tecnologias que poderão ser utilizadas no Sistema de Carga e Descarga Fechado de combustíveis e regulamentará as penalidades pelo não cumprimento da presente lei, bem como o destino das multas aplicadas. Entendeu-se que a norma, de iniciativa da assembléia legislativa, teria fixado novas atribuições para órgão vinculado à Administração Direta. ADI 2800/RS, rel. orig. Min. Maurício Corrêa, red. p/ o acórdão, Min. Cármen Lúcia, 17.3.2011. (ADI-2800) (Inform. STF 619)

VÍCIO DE INICIATIVA

Por reputar usurpada a competência privativa do Chefe do Poder Executivo para iniciar projeto de lei que verse sobre regime jurídico e provimento de cargos de servidores públicos (CF, art. 61, § 1º, II, a e c), o Plenário julgou procedente pedido formulado em ação direta ajuizada pelo Governador do Estado do Espírito Santo para declarar a inconstitucionalidade da Lei 7.341/2002, daquele ente federado. O mencionado diploma legal, de iniciativa parlamentar, estabelecia a graduação em nível superior de ensino como requisito essencial para a inscrição em concurso público para o cargo de Agente de Polícia Civil Estadual. ADI 2856/ES, rel. Min. Gilmar Mendes, 10.2.2011. (ADI-2856) (Inform. STF 615)

Prefeito e autorização para viagem

Ante a falta de simetria com o modelo federal (CF: "*Art. 49. É da competência exclusiva do Congresso Nacional: ... III - autorizar o Presidente e o Vice-Presidente da República a se ausentarem do País, quando a ausência exceder a quinze dias; ... Art. 83. O Presidente e o Vice-Presidente da República não poderão, sem licença do Congresso Nacional, ausentar-se do País por período superior a quinze dias, sob pena de perda do cargo.*"), o Plenário, ao prover recurso extraordinário, declarou, com efeito *ex tunc*, a inconstitucionalidade do parágrafo único do art. 99 da Lei Orgânica do Município de Betim/MG. O preceito impugnado determina que para que o prefeito e o vice se ausentem do país, por qualquer período, é necessária a prévia autorização legislativa, sob pena de perda do cargo. Asseverou-se que essa imposição somente seria devida para ausência superior a 15 dias e não por prazo indeterminado. RE 317574/MG, rel. Min. Cezar Peluso, 1º.12.2010. (RE-317574) (Inform. STF 611)

ADI E INSTITUIÇÃO DE PROGRAMA DE ASSISTÊNCIA

Por entender usurpada a competência privativa do Chefe do Poder Executivo para iniciar projeto de lei que disponha sobre criação, estruturação e atribuições de órgãos e entidades da Administração Pública (CF, art. 61, § 1º, II, e c/c art. 84, VI, a), o Tribunal julgou parcialmente procedente pedido formulado em ação direta ajuizada pelo Governador do Estado de Santa Catarina para declarar a inconstitucionalidade dos artigos 2º, 3º e seus parágrafos, 7º, 8º, 9º, parágrafo único e seus incisos, da Lei 12.385/2002, da referida unidade federativa, que institui o Programa de Assistência às Pessoas Portadoras da Doença Celíaca e adota outras providências. Alguns precedentes citados: ADI 2654 MC/AL (DJU de 23.8.2002); ADI 2239 MC/SP (DJU de 15.12.2000); ADI 2296 MC/RS (DJU de 23.2.2001). **ADI 2730/SC, rel. Min. Cármen Lúcia, 5.5.2010. (ADI-2730). (Inform. STF 585)**

CRIAÇÃO DE PROGRAMA ESCOLAR E VÍCIO FORMAL

O Tribunal julgou procedente pedido formulado em ação direta ajuizada pelo Governador do Estado de Alagoas para declarar a inconstitucionalidade da Lei estadual 6.153/2000, de origem parlamentar, que cria, no âmbito da rede escolar e particular de ensino de 1º e 2º graus do referido Estado-membro, o programa de "Leitura de Jornais e/ou periódicos em sala de aula", e estabelece atribuições à Secretaria de Educação do Estado, no sentido de adotar as providências necessárias para a implementação desse programa. Entendeu-se que a lei impugnada afronta a reserva de iniciativa do Chefe do Poder Executivo para iniciar projeto de lei que disponha sobre criação, estruturação e atribuições das Secretarias e de órgãos da Administração Pública (CF, art. 61, § 1º, II, e) e, ainda, viola os artigos 167, I, da CF, que veda o início de programas ou projetos não incluídos na lei orçamentária anual, e 165, III, da CF, que determina que os orçamentos anuais sejam estabelecidos por lei de iniciativa do Poder Executivo. Alguns precedentes citados: ADI 2808/RS (DJU de 4.9.2006); ADI 1759 MC/SC (DJU de 6.4.2001). **ADI 2329/AL, rel. Min. Cármen Lúcia, 14.4.2010. (ADI-2329). (Inform. STF 582)**

REPASSE AUTOMÁTICO DE DOTAÇÕES ORÇAMENTÁRIAS E VÍCIO FORMAL

Por reputar usurpada a competência privativa do Chefe do Poder Executivo para exercer direção superior da Administração Pública (CF, art. 84, II), o Tribunal julgou procedente pedido formulado em ação direta ajuizada pelo Governador do Estado de Rondônia para declarar a de inconstitucionalidade do § 2º do art. 137 da Constituição estadual, na redação dada pela EC 8/98, que determina o repasse financeiro dos duodécimos — correspondentes às dotações orçamentárias destinadas aos Poderes Legislativo e Judiciário, ao Ministério Público e ao Tribunal de Contas — mediante crédito automático em conta própria de cada órgão pela instituição financeira centralizadora do Estado. Precedente citado: ADI 1901/MG (DJU de 9.5.2003). **ADI 1914/RO, rel. Min. Cezar Peluso, 15.4.2009.** (ADI-1914) (Inform. STF 542)

CRIAÇÃO DE CARGOS PÚBLICOS E DECRETOS DISTRITAIS

O Tribunal negou provimento a recurso extraordinário interposto pelo Governador do Distrito Federal contra acórdão proferido pelo Conselho Especial do Tribunal de Justiça local, que julgara procedente pedido formulado em ação direta de inconstitucionalidade contra os Decretos distritais 26.118/2005 e 25.975/2005, ao fundamento de que, nos termos da Lei Orgânica do Distrito Federal – LODF, somente por meio de lei ordinária, regularmente aprovada pela Câmara Legislativa, poderia o Chefe do Poder Executivo tratar de matéria referente à criação de cargos públicos e reestruturação de entidade autárquica. Reputou-se, inicialmente, cabível a propositura da citada ação direta, haja vista que, embora o constituinte não tenha incluído o DF no art. 125, § 2º, da CF, que atribui competência aos Tribunais de Justiça dos Estados para instituir a representação de inconstitucionalidade em face das constituições estaduais, a LODF apresenta a natureza de verdadeira constituição local, ante a autonomia política, administrativa e financeira que a Constituição Federal confere a esse ente federado. No mérito, entendeu-se que o acórdão impugnado estaria em consonância com a Constituição Federal, que não admite a criação de cargos públicos por decreto. **RE 577025/DF, rel. Min. Ricardo Lewandowski, 11.12.2008.** (RE-577025) (Inform. STF 532)

CRIAÇÃO DE CARGOS PÚBLICOS E RESERVA DE LEI FORMAL

O Tribunal julgou procedentes pedidos formulados em três ações diretas de inconstitucionalidade conexas, ajuizadas pelo Procurador-Geral da República e pelo Partido da Social Democracia Brasileira – PSDB, para declarar, com efeitos *ex tunc*, a inconstitucionalidade dos artigos 5º, I, II, e III, e 7º, I e III, todos da Lei 1.124/2000, do Estado do Tocantins, bem assim, por derivação, de todos os decretos do Governador do referido Estado-membro que, com o propósito de regulamentar aquela norma, criaram milhares de cargos públicos, fixando-lhes atribuições e remunerações. Preliminarmente, o Tribunal acolheu a questão de ordem, suscitada pelo relator, no sentido de afastar a prejudicialidade da ação, ao fundamento de que a revogação da lei impugnada pela Lei estadual 1.950/2008, quando já em pauta as ações diretas, não subtrairia à Corte a competência para examinar a constitucionalidade da norma até então vigente e as suas conseqüências. No mérito, entendeu-se que a autorização conferida pelo art. 5º da lei em questão ao Chefe do Poder Executivo de criar, mediante decreto, os cargos, afronta a norma constitucional emergente da conjugação dos artigos 61, § 1º, II, **a**, e 84, VI, **a**, da CF. Asseverou-se que, nos termos do art. 61, § 1º, II, **a**, da CF, a criação de cargos, funções ou empregos públicos na administração direta e autárquica ou aumento de sua remuneração constituem objeto próprio de lei de iniciativa reservada do Chefe do Poder Executivo. Ressaltou-se, também, que a regra constitucional superveniente inscrita no art. 84, VI, **a**, da CF, acrescida pela EC 32/2001, a qual autoriza o Chefe do Poder Executivo a dispor, mediante decreto, sobre organização e funcionamento da administração federal, não retroagiria para convalidar inconstitucionalidade, estando, ademais, sua incidência subordinada, de forma expressa, à condição de não implicar aumento de despesa nem criação ou extinção de órgãos públicos. Por fim, aduziu-se que, sendo inconstitucional a norma de lei que lhes daria fundamento de validez, inconstitucionais também seriam todos os decretos. Alguns precedentes citados: RE 446076 AgR/MG (DJU de 24.3.2006); ADI 1590 MC/SP (DJU de 15.8.97); ADI 2155 MC/PR (DJU de 1º.6.2001); ADI 2950 AgR/RJ (DJU de 9.2.2007); ADI 3614/PR (DJE de 23.11.2007). **ADI 3232/TO, rel. Min. Cezar Peluso, 14.8.2008. (ADI-3232) ADI 3983/TO, rel. Min. Cezar Peluso, 14.8.2008.** (ADI-3983) **ADI 3990/TO, rel. Min. Cezar Peluso, 14.8.2008.** (ADI-3990) (Inform. STF 515)

ADI E AUMENTO DE REMUNERAÇÃO

Por entender usurpada a iniciativa reservada ao Chefe do Poder Executivo para instauração do processo legislativo em tema concernente ao aumento de remuneração e regime jurídico dos servidores públicos (CF, art. 61, § 1º, II, **a** e **c**), de observância obrigatória pelos Estados-membros, o Tribunal julgou procedente pedido formulado em ação direta ajuizada pelo Procurador-Geral da República, para declarar a inconstitucionalidade do art. 4º, e sua referida Tabela X, da Lei capixaba 6.065/99, resultante de emenda parlamentar, que fixa os valores dos vencimentos do quadro permanente do pessoal da polícia civil estadual. Alguns precedentes citados: ADI 3051/MG (DJU de 28.10.2005); ADI 2705/DF (DJU de 31.10.2003); ADI 2742/ES (DJU de 25.3.2003). **ADI 2192/ES, rel. Min. Ricardo Lewandowski, 4.6.2008.** (ADI-2192) (Inform. STF 509)

ADI E REGIME JURÍDICO

Por entender usurpada a iniciativa reservada ao Chefe do Poder Executivo para instauração do processo legislativo em tema concernente ao regime jurídico dos servidores públicos (CF, art. 61, § 1º, II, **c**), de observância obrigatória pelos Estados-membros, o Tribunal julgou procedente pedido formulado em ação direta ajuizada pelo Governador do Estado do Rio Grande do Norte para declarar a inconstitucionalidade da Lei estadual 7.000/97, de iniciativa parlamentar, que concede anistia a faltas administrativas cometidas por servidores públicos estaduais e estabelece condições para a readmissão e a contagem de tempo de serviço relativo ao período de afastamento. Precedentes citados: ADI 2420/ES (DJU de 8.4.2005); ADI 1440 MC/SC (DJU de 1º.6.2001); ADI 2856 MC/ES (DJU de 30.4.2004). **ADI 1594/RN, rel. Min. Eros Grau, 4.6.2008.** (ADI-1594) (Inform. STF 509)

VÍCIO DE INICIATIVA E PRINCÍPIO DO CONCURSO PÚBLICO

O Tribunal julgou procedente pedido formulado em ação direta ajuizada pelo Procurador-Geral da República para declarar a inconstitucionalidade do art. 46, e seu § 1º, do Ato das Disposições Transitórias da Lei Orgânica do Distrito Federal que permitem que os empregados do complexo administrativo do Distrito Federal (Administração Indireta), regidos pela Consolidação das Leis do Trabalho – CLT, optem por integrar o regime jurídico único da Administração Direta, e do art. 53, e seu parágrafo único, desse mesmo ADT, que admitem, também por opção, o aproveitamento, na Fundação Educacional do Distrito Federal, de professores de outras unidades da Federação. Entendeu-se usurpada a iniciativa privativa do Chefe do Poder Executivo para o processo de formação de leis que disponham sobre criação de funções, cargos ou empregos públicos ou sobre regime jurídico de servidores públicos na Administração Direta e Autárquica (CF, art. 61, § 1º, II, **a** e **c**), bem como violado o princípio do concurso público (CF, art. 37, II). **ADI 980/DF, rel. Min. Menezes Direito, 6.3.2008.** (ADI-980) (Inform. STF 497)

IMPEDIMENTO DE GOVERNADOR E PRINCÍPIO DA SIMETRIA

O Tribunal julgou procedente pedido formulado em ação direta ajuizada pelo Partido do Movimento Democrático Brasileiro - PMDB para declarar a inconstitucionalidade do § 5º do art. 59 e do parágrafo único do art. 62, ambos da Constituição do Estado do Maranhão, com redação dada pela Emenda Constitucional estadual 48/2005, dação dada pela Emenda Constitucional estadual 48/2005, que estabelece que não constituirá impedimento, para efeito de substituição do Governador pelo Vice-Governador, o afastamento do primeiro do país ou do Estado por até quinze dias, e veda que qualquer um deles se ausente, por período superior a quinze dias, sem licença da Assembléia Legislativa. Tendo em conta o princípio da simetria, entendeu-se haver afronta ao art. 79 ("*Substituirá o Presidente, no caso de impedimento, e suceder-lhe-á, no de vaga, o Vice-Presidente.*") e ao art. 83 ("*O Presidente e o Vice-Presidente da República não poderão, sem licença do Congresso Nacional, ausentar-se do País por período superior a quinze dias, sob pena de perda do cargo.*"), ambos da CF, haja vista que o legislador estadual não poderia nem excluir das causas de impedimento, para fins de substituição, o afastamento do Governador por até quinze dias do país ou do Estado, sob pena de acefalia da chefia do Poder Executivo, nem excluir a sanção de perda do cargo prevista na Constituição Federal. Vencido, em parte, o Min. Marco Aurélio que dava interpretação conforme ao § 5º do art. 59 da Constituição estadual, no sentido de vislumbrar o impedimento quando a viagem não se fizesse oficial, e, quanto ao parágrafo único do seu art. 62, declarava a inconstitucionalidade tão-só da expressão "do Estado", por ser mais abrangente que a previsão do art. 83 da CF. ADI 3647/MA, rel. Min. Joaquim Barbosa, 17.9.2007. (ADI-3647) (Inform. STF 480)

9. PODER JUDICIÁRIO

REPERCUSSÃO GERAL RECONHECIDA APÓS JULGAMENTO DO RE

A 1ª Turma sobrestou julgamento de segundo agravo regimental e de embargos de declaração em recurso extraordinário para se aguardar a apreciação do RE 587371/DF (DJe de 2.5.2012), no qual reconhecida a repercussão geral da matéria — possibilidade de incorporação de "quintos" por magistrados em decorrência do exercício de função comissionada anteriormente ao ingresso na magistratura. Destacou-se que, no interregno entre o julgamento dos presentes recursos e as decisões recorridas, o STF reconhecera a repercussão geral da questão suscitada. Ressaltou-se haver precedentes da Corte, em decisões monocráticas, nas quais determinada a devolução de autos ao tribunal de origem. Pontuou-se, porém, a dificuldade em se aplicar retroativamente o instituto da repercussão geral, disciplinado posteriormente à interposição do recurso, à situação jurídica em espécie. Frisou-se que, se o Plenário vier a concluir pelo direito à integração dos quintos, não poderia o tribunal de origem cassar a decisão da Min. Ellen Gracie, relatora originária, que julgara o mérito do recurso. RE 556149 ED/DF e RE 556149 Segundo AgR/DF, rel. Min. Rosa Weber, 5.6.2012. (RE-556149) (Inform. STF 669)

FUNDAMENTAÇÃO REMISSIVA. NULIDADE.

O órgão judicante, ao decidir um recurso, deve agregar suas próprias fundamentações nas razões de decidir. A mera repetição da decisão ou a referência remissiva à sentença violam o art. 93, IX, da CF e prejudicam a garantia do duplo grau de jurisdição. No caso, o órgão julgador do tribunal de origem apenas ratificou as razões da sentença e incorporou o parecer da Procuradoria-Geral de Justiça, sem acrescentar argumentos próprios ao acórdão. A Min. Relatora, com base na doutrina, alertou que tal procedimento resulta em omissão do julgador, que deixa de expor suas próprias razões para justificar a manutenção da decisão recorrida. Em outras palavras, nessas situações, o magistrado se omite quanto à valoração crítica dos argumentos por ele adotados. Por outro lado, ficou registrada a possibilidade de o órgão julgador adotar razões de decidir da sentença, desde que traga ao contexto os argumentos contrapostos nas razões e contrarrazões recursais, de tal forma a viabilizar o salutar caráter dialético, expressão da garantia do contraditório. Com esses fundamentos, a Turma anulou o acórdão atacado, determinando novo julgamento que enfrente os argumentos contrapostos no recurso. Precedentes citados: HC 90.684-RS, DJe 13/4/2009; HC 63.664-SP, DJ 26/2/2007, e HC 23.893-PA, DJ 17/11/2003. **HC 232.653-SP, Rel. Min. Maria Thereza de Assis Moura, julgado em 24/4/2012. (Inform. STJ 496)**

CNJ: Sistema BACEN JUD e independência funcional dos magistrados - 1

O Plenário iniciou julgamento de mandado de segurança impetrado contra decisão do Conselho Nacional de Justiça – CNJ, que determinara, a todos os magistrados do país com função executiva, que se cadastrassem, obrigatoriamente, no denominado Sistema BACEN JUD, para fins de realização de penhora *online*. O impetrante sustenta, em síntese, que o ato apontado como coator implicaria afronta à independência funcional; significaria desvio da principal função dos juízes, a julgadora, de modo a reduzi-los a simples meirinhos; e que o disposto no art. 655-A do CPC não poderia ser alterado por meio de decisão administrativa. A Min. Cármen Lúcia, relatora, concedeu a segurança. Ponderou que o CNJ não disporia de competência constitucional ou legal para impor, obrigatoriamente e mediante deliberação administrativa, a adoção de determinada conduta pelo magistrado. Frisou que o CPC, em seu art. 655-A, estabeleceria que o juiz teria a possibilidade, ou não, de realizar a penhora on line, considerada a solução mais adequada para o caso concreto. Nesse sentido, poder-se-ia determinar que a penhora recaísse sobre bem diverso do dinheiro, se as circunstâncias assim o exigissem. Aduziu, desse modo, que o ato coator mitigaria a independência funcional dos juízes, de maneira a pressionar pela utilização do aludido sistema, sem que essa obrigatoriedade decorresse de previsão legal. Salientou que a iniciativa do CNJ seria auspiciosa, tendo em vista os princípios da celeridade, da eficiência e da duração razoável do processo, mas considerou que a atividade do Conselho não poderia transmudar-se em legiferante e inovar a legislação em vigor, a ponto de fomentar imposição aos magistrados. Após, pediu vista o Min. Ricardo Lewandowski. MS 27621/DF, rel. Min. Cármen Lúcia, 22.6.2011. (MS-27621)

CNJ: sistema BACEN JUD e independência funcional dos magistrados - 2

Em conclusão, o Plenário, por maioria, denegou mandado de segurança e considerou válida a determinação do CNJ que estabelecera ser necessário o registro no BACEN JUD por parte dos magistrados, para que efetuassem a penhora *online*. No caso, o impetrante, juiz federal, sustentava, em síntese, que o ato apontado como coator implicaria afronta à independência funcional; significaria desvio da principal função dos juízes, a julgadora, de modo a reduzi-los a simples meirinhos; e que o disposto no art. 655-A do CPC não poderia ser alterado por meio de decisão administrativa — v. Informativo 632. Aduziu-se que o CNJ seria órgão com atribuições exclusivamente administrativas e correicionais — ainda que, estruturalmente, integrasse o Poder Judiciário —, dentre as quais se encontraria o poder de *"expedir regulamentos"*. Ressaltou-se que o CNJ poderia instituir condutas e impor a toda magistratura nacional o cumprimento de obrigações de essência puramente administrativa, como a que determinaria aos magistrados a inscrição em cadastros ou sítios eletrônicos com finalidades estatística e fiscalizatória ou, para materializar ato processual. Destacou-se que a inscrição no BACEN JUD, sem qualquer cunho jurisdicional, preservaria a liberdade de convicção para praticar atos processuais essenciais ao processamento dos feitos de sua competência, bem como julgá-los segundo o princípio da persuasão racional, adotado pelo direito processual pátrio. Esse cadastro permitiria ao magistrado optar pela utilização dessa ferramenta quando praticasse certo ato processual e, logicamente, se esse fosse o seu entendimento jurídico. MS 27621/DF, rel. Min. Cármen Lúcia, red. p/ o acórdão Min. Ricardo Lewandowski, 7.12.2011. (MS-27621)

CNJ: SISTEMA BACEN JUD E INDEPENDÊNCIA FUNCIONAL DOS MAGISTRADOS - 3

Vencidos os Ministros Cármen Lúcia, relatora, Marco Aurélio e Luiz Fux, que concediam a segurança por reputarem que o CNJ não disporia de competência constitucional ou legal para obrigar, mediante deliberação administrativa, a adoção de determinada conduta pelo magistrado. Este último acrescentava haver intromissão de ato administrativo em reserva de legislação federal, o CPC, o que feriria o princípio da legalidade, além de criar atribuições indevidas aos magistrados. MS 27621/DF, rel. Min. Cármen Lúcia, red. p/ o acórdão Min. Ricardo Lewandowski, 7.12.2011. (MS-27621) (Inform. STF 651)

PRECATÓRIO: REGIME ESPECIAL E EC 62/2009

O Plenário iniciou julgamento conjunto de ações diretas propostas pelo Conselho Federal da Ordem dos Advogados do Brasil, pela Associação dos Magistrados Estaduais - ANAMAGES, pela Associação Nacional dos Magistrados da Justiça do Trabalho - ANAMATRA e pela Confederação Nacional das Indústrias - CNI em que se questiona a constitucionalidade da Emenda Constitucional 62/2009, que alterou o art. 100 da CF e acrescentou o art. 97 ao ADCT, *"instituindo regime especial de pagamento de precatórios pelos Estados, Distrito Federal e Municípios"*. Inicialmente, o Min. Ayres Britto, relator, afastou as preliminares suscitadas pelo Advogado-Geral da União e pelo Senado Federal quanto à ilegitimidade ativa e à ausência de pertinência temática referentes às ações ajuizadas pelas associações. Entretanto, não conheceu do pedido de declaração de inconstitucionalidade do § 2º do art. 100 da CF, com a redação dada pela citada emenda, relativamente à ação proposta pela ANAMAGES, porquanto não fundamentara sua pretensão. Após, o julgamento foi suspenso. ADI 4357/DF, rel. Min. Ayres Britto, 16.6.2011. (ADI-4357) ADI 4372/DF, rel. Min. Ayres Britto, 16.6.2011. (ADI-4372) ADI 4400/DF, rel. Min. Ayres Britto, 16.6.2011. (ADI-4400) ADI 4425/DF, rel. Min. Ayres Britto, 16.6.2011. (ADI-4425) (Inform. STF 631)

MED. CAUT. EM ADI N. 2.356-DF
RED. P/ O ACÓRDÃO: MIN. AYRES BRITTO

EMENTA: MEDIDA CAUTELAR EM AÇÃO DIRETA DE INCONSTITUCIONALIDADE. ART. 2º DA EMENDA CONSTITU-CIONAL Nº 30, DE 13 DE SETEMBRO DE 2000, QUE ACRESCENTOU O ART. 78 AO ATO DAS DISPOSIÇÕES CONSTITUCIONAIS TRANSITÓRIAS. PARCELAMENTO DA LIQUIDAÇÃO DE PRECATÓRIOS PELA FAZENDA PÚBLICA.

1. O precatório de que trata o artigo 100 da Constituição consiste em prerrogativa processual do Poder Público. Possibilidade de pagar os seus débitos não à vista, mas num prazo que se estende até dezoito meses. Prerrogativa compensada, no entanto, pelo rigor dispensado aos responsáveis pelo cumprimento das ordens judiciais, cujo desrespeito constitui, primeiro, pressuposto de intervenção federal (inciso VI do art. 34 e inciso V do art. 35, da CF) e, segundo, crime de responsabilidade (inciso VII do art. 85 da CF).

2. O sistema de precatórios é garantia constitucional do cumprimento de decisão judicial contra a Fazenda Pública, que se define em regras de natureza processual conducentes à efetividade da sentença condenatória trânsita em julgado por quantia certa contra entidades de direito público. Além de homenagear o direito de propriedade (inciso XXII do art. 5º da CF), prestigia o acesso à jurisdição e a coisa julgada (incisos XXXV e XXXVI do art. 5º da CF).

3. A eficácia das regras jurídicas produzidas pelo poder constituinte (redundantemente chamado de "originário") não está sujeita a nenhuma limitação normativa, seja de ordem material, seja formal, porque provém do exercício de um poder de fato ou suprapositivo. Já as normas produzidas pelo poder reformador, essas têm sua validez e eficácia condicionadas à legitimação que recebam da ordem constitucional. Daí a necessária obediência das emendas constitucionais às chamadas cláusulas pétreas.

4. O art. 78 do Ato das Disposições Constitucionais Transitórias, acrescentado pelo art. 2º da Emenda Constitucional nº 30/2000, ao admitir a liquidação *"em prestações anuais, iguais e sucessivas, no prazo máximo de dez anos"* dos *"precatórios pendentes na data de promulgação"* da emenda, violou o direito adquirido do beneficiário do precatório, o ato jurídico perfeito e a coisa julgada. Atentou ainda contra a independência do Poder Judiciário, cuja autoridade é insuscetível de ser negada, máxime no concernente ao exercício do poder de julgar os litígios que lhe são submetidos e fazer cumpridas as suas decisões, inclusive contra a Fazenda Pública, na forma prevista na Constituição e na lei. Pelo que a alteração constitucional pretendida encontra óbice nos incisos III e IV do § 4º do art. 60 da Constituição, pois afronta "a separação dos Poderes" e "os direitos e garantias individuais".

5. Quanto aos precatórios *"que decorram de ações iniciais ajuizadas até 31 de dezembro de 1999"*, sua liquidação parcelada não se compatibiliza com o *caput* do art. 5º da Constituição Federal. Não respeita o princípio da igualdade a admissão de que um certo número de precatórios, oriundos de ações ajuizadas até 31.12.1999, fique sujeito ao regime especial do art. 78 do ADCT, com o pagamento a ser efetuado em prestações anuais, iguais e sucessivas, no prazo máximo de dez anos, enquanto os demais créditos sejam beneficiados com o tratamento mais favorável do § 1º do art. 100 da Constituição.

6. Medida cautelar deferida para suspender a eficácia do art. 2º da Emenda Constitucional nº 30/2000, que introduziu o art. 78 no ADCT da Constituição de 1988. (Inform. STF 627) *noticiado no Informativo 610

Competência: Art. 98, I, da CF e Pedido de Indenização - 1

O Tribunal iniciou julgamento de recurso extraordinário, afetado ao Pleno pela 1ª Turma, em que empresa produtora de cigarros sustenta a incompetência absoluta dos Juizados Especiais para julgar ação, promovida por tabagista, destinada a obter indenização para tratamento de dependência causada pelo cigarro. No caso, Turma Recursal dos Juizados Especiais Cíveis, assentando sua competência para julgar o feito, negara acolhida ao pleito formulado pela empresa, ao fundamento de que a causa não guardaria grau elevado de complexidade, sendo que a eventual necessidade de perícia não excluiria a competência do sistema. A recorrente aponta ofensa aos artigos 5º, LIV e LV; 37, § 6º e 98, I, todos da CF. Aduz que a causa em exame não seria de menor complexidade, apesar do baixo valor atribuído pela parte, a exigir a produção de prova pericial quanto à efetiva dependência da nicotina; que fora privada das oportunidades de provar suas alegações; que houvera inversão do ônus da prova e inadequada aplicação da regra constitucional da responsabilidade civil objetiva do Estado em relação de consumo. Menciona a ausência de propaganda enganosa, mesmo por omissão, uma vez que os riscos associados ao cigarro têm sido largamente divulgados, não estando preenchidos os requisitos dos artigos 12, II e § 1º; 37 e 38, todos do CDC, o que afastaria a responsabilidade civil da empresa, diante da inexistência de nexo causal — v. Informativo 542. O Min. Marco Aurélio, relator, por reputar violado o art. 98, I, da CF, conheceu do recurso e assentou a incompetência dos Juizados para o julgamento da causa. RE 537427/SP, rel. Min. Marco Aurélio, 15.9.2010. (RE-537427)

Competência: Art. 98, I, da CF e Pedido de Indenização - 2

Inicialmente, salientou a necessidade de haver campo propício ao reexame das decisões proferidas por turmas recursais, bem como a inviabilidade da submissão da controvérsia ao STJ (CF, art. 105, III). Em seguida, aduziu que a definição da complexidade, ou não, de conflito de interesses não pressuporia a reanálise dos elementos probatórios, mas a moldura fática retratada soberanamente no "acórdão" impugnado mediante recurso extraordinário. Dessa forma, consignou que, para fixar a responsabilidade da recorrente pelo dano material, estariam em jogo valores a gerar complexidade. Considerou que a afirmação sobre se o consumo de certo produto geraria, ante a repercussão no organismo humano, direito à indenização pressuporia definição que extravasaria a simplicidade dos processos dos Juizados Especiais. Asseverou, em conseqüência, que o tema estaria a exigir dilação probatória maior e abordagem de aspectos que ultrapassariam a previsão do disposto no art. 98, I, da CF, no que se refere a "causas cíveis de menor complexidade". Assinalou que, nos autos, caberia a ponderação dos valores envolvidos: legitimidade da comercialização do cigarro, a participação do Estado ao autorizá-la e ao cobrar tributos, a manifestação de vontade do cidadão ao usar o produto e a possível responsabilidade de quem o comercializa quanto a danos à saúde dos consumidores. Realçou, ainda, a extensão dos pronunciamentos judiciais, uma vez que a sentença conteria 6 folhas e o acórdão, 24, o que sinalizaria a complexidade da matéria. Ademais, tendo em conta que a Lei 9.099/95 deve ser interpretada à luz da Constituição, entendeu que não se poderia potencializar o art. 3º, I, do aludido diploma legal, em que prevista a competência dos Juizados para a apreciação de causas cujo valor não exceda a quarenta vezes o salário mínimo. Após os votos dos Ministros Dias Toffoli, Cármen Lúcia e Joaquim Barbosa que, ao enfatizar a peculiaridade da situação em apreço, acompanhavam o relator, pediu vista o Min. Ayres Britto. RE 537427/SP, rel. Min. Marco Aurélio, 15.9.2010. (RE-537427)

COMPETÊNCIA: ART. 98, I, DA CF E PEDIDO DE INDENIZAÇÃO - 3

Os Juizados Especiais não possuem competência para o julgamento de ação, promovida por tabagista, destinada a obter indenização para tratamento de dependência causada pelo cigarro. Com base nesse entendimento, o Plenário proveu recurso extraordinário, a ele afetado pela 1ª Turma, em que empresa produtora de cigarros sustentava a incompetência absoluta daquele juízo para processar e julgar a causa — v. Informativo 600. Inicialmente, salientou-se a necessidade de haver campo propício ao reexame das decisões proferidas por turmas recursais, bem como a inviabilidade da submissão da controvérsia ao STJ (CF, art. 105, III). Em seguida, aduziu-se que a definição da complexidade, ou não, de conflito de interesses não pressuporia a reanálise dos elementos probatórios, mas a moldura fática retratada soberanamente no "acórdão" impugnado mediante recurso extraordinário. Dessa forma, consignou-se que, para fixar a responsabilidade da recorrente pelo dano material, estariam em jogo valores a gerar complexidade. Considerou-se que a afirmação sobre se o consumo de certo produto geraria direito à indenização, ante a repercussão no organismo humano, pressuporia definição que extravasaria a simplicidade dos processos dos Juizados Especiais. Asseverou-se, em conseqüência, que o tema estaria a exigir dilação probatória maior e abordagem de aspectos que ultrapassariam a previsão do disposto no art. 98, I, da CF, no que se refere a "*causas cíveis de menor complexidade*". Assinalou-se que, nos autos, caberia a ponderação dos valores envolvidos: legitimidade da comercialização do cigarro, a participação do Estado ao autorizá-la e ao cobrar tributos, a manifestação de vontade do cidadão ao usar o produto e a possível responsabilidade de quem o comercializa quanto a danos à saúde dos consumidores. Realçou-se, ainda, a extensão dos pronunciamentos judiciais, uma vez que a sentença conteria 6 folhas e o "acórdão", 24, o que sinalizaria a complexidade da matéria. Ademais, tendo em conta que a Lei 9.099/95 deve ser interpretada à luz da Constituição, reputou-se que não se poderia potencializar o art. 3º, I, do aludido diploma legal, em que prevista a competência dos Juizados para a apreciação de causas cujo valor não exceda a quarenta vezes o salário mínimo. RE 537427/SP, rel. Min. Marco Aurélio, 14.4.2011. (RE-537427) (Inform. STF 623)

LEI ESTADUAL: EMOLUMENTOS E CUSTAS JUDICIAIS

O Plenário julgou improcedente pedido formulado em ação direta de inconstitucionalidade ajuizada pelo Conselho Federal da Ordem dos Advogados do Brasil contra dispositivos de leis paraibanas que versam sobre o regimento de custas, estabelecem as receitas constitutivas do Fundo Especial do Poder Judiciário do Estado da Paraíba, dispõem sobre a taxa judiciária e dão outras providências. Entendeu-se não haver efeito confiscatório nos valores fixados, nem ofensa aos princípios do livre acesso ao Poder Judiciário, da vedação ao confisco, da proibição do *bis in idem*, da proporcionalidade e da razoabilidade. Assinalou-se que as leis estaduais estipulariam margens mínima e máxima das custas dos emolumentos e da taxa judiciária e realizariam uma disciplina progressiva das alíquotas. Nesse sentido, considerou-se devido o pagamento de valores elevados para causas que envolvessem um expressivo vulto. Ademais, reputou-se que as leis teriam sido editadas de acordo com a decisão proferida por esta Corte no julgamento da ADI 1651 MC/PB (DJU de 11.9.98), que estipulara os valores máximos para a taxa judiciária. ADI 2078/PB, rel. Min. Gilmar Mendes, 17.3.2011. (ADI-2078) (Inform. STF 619)

RESOLUÇÃO DO CNJ E GESTÃO DE PRECATÓRIOS

O Plenário iniciou julgamento de referendo de medida cautelar em ação direta de inconstitucionalidade, ajuizada pela Governadora do Estado do Pará, contra o § 1º do art. 22 da Resolução 115/2010, do Conselho Nacional de Justiça - CNJ, que dispõe sobre a Gestão de Precatórios no âmbito do Poder Judiciário ("*Art. 22. A entidade devedora que optar pelo regime especial anual, promoverá o depósito até dezembro de 2010, correspondente ao total da mora atualizada, dividido pelo número de anos necessários à liquidação, que poderá ser de até 15 anos. § 1º O montante de cada parcela não poderá ser inferior ao valor provisionado na lei orçamentária promulgada em 2008, em atenção ao sistema do art. 100 da Constituição Federal.*"). No caso, o Min. Marco Aurélio, relator, deferira a medida cautelar, *ad referedum* do Pleno, para suspender, até o julgamento final da ação direta, a eficácia do § 1º do art. 22 da norma questionada. Na presente assentada, o relator manifestou-se pelo referendo da medida acauteladora. Consignou que o CNJ não possuiria poder normativo e que teria extrapolado sua atuação administrativa ao regulamentar texto constitucional relativamente à EC 62/2009, além de adentrar o campo da execução de débito da Fazenda Pública retratada em título judicial. Reputou que o CNJ atropelara mecanismo que já estaria sendo observado nos Estados-membros, ao dispor sobre a obrigatoriedade de depósito, até dezembro de 2010, correspondente ao total da mora atualizada, dividida pelo número de anos necessários à liquidação, revelando passível de ocorrer em 15 anos. Concluiu que implicações referentes à observância da EC 62/2009 não poderiam ser definidas, em tese, pelo mencionado órgão administrativo. Após, pediu vista o Min. Ayres Britto. ADI 4465 Referendo-MC/DF, rel. Min. Marco Aurélio. 9.2.2011. (ADI-4465) (Inform. STF 615)

DECISÃO DO CNJ E DESTINAÇÃO DE TAXA JUDICIÁRIA A ENTIDADES DE CLASSE

O Plenário indeferiu mandado de segurança impetrado pela Associação Matogrossense dos Defensores Públicos – AMDEP contra decisão do Conselho Nacional de Justiça – CNJ e declarou, incidentalmente, a inconstitucionalidade da Lei matogrossense 8.943/2003 que — ao alterar a Lei 7.603/2001, que fixou o valor das custas, despesas e emolumentos relativos aos atos praticados no Foro Judicial — instituiu contribuição para a associação impetrante. Na espécie, o CNJ julgara procedente pedido de providências para determinar ao Tribunal de Justiça do Estado de Mato Grosso a revisão de seus atos normativos sobre regime de custas, no sentido de expurgar qualquer cobrança de emolumento judicial com destinação a qualquer entidade de classe e/ou com finalidade privada. Alegava a impetrante que a cobrança de custas e emolumentos e o direito à participação da impetrante em parte delas encontraria previsão legal e que o CNJ teria usurpado competência jurisdicional do STF ao retirar a eficácia do art. 1º da Lei 8.943/2008. Entendeu-se que o CNJ, sem declarar a inconstitucionalidade dos diplomas legislativos locais, zelara pela supremacia da Constituição Federal, tendo citado vasta jurisprudência do STF no sentido da inconstitucionalidade da destinação da arrecadação de custas, taxas judiciárias e emolumentos a instituições privadas ou entidades de classe. Ressaltou-se, ainda, que o CNJ determinara o encaminhamento da sua decisão à Procuradoria Geral da República para análise das leis matogrossenses, a fim de que esta adotasse as medidas que reputasse cabíveis para sanar eventual frustração dos comandos constitucionais relativos à isonomia tributária.MS 28141/MT, rel. Min.. Ricardo Lewandowski, 10.2.2011. (MS-28141) (Inform. STF 615)

PRECATÓRIOS: PARCELAMENTO E INCIDÊNCIA DE JUROS - 1

Não incidem juros moratórios e compensatórios sobre as frações resultantes do parcela-mento de precatório, previsto no art. 78 do ADCT ("*Ressalvados os créditos definidos em lei como de pequeno valor, os de natureza alimentícia, os de que trata o Art. 33 deste Ato das Disposições Constitu--cionais Transitórias e suas complementações e os que já tiverem os seus respectivos recursos liberados ou depositados em juízo, os precatórios pendentes na data de promulgação desta Emenda e os que decorram de ações iniciais ajuizadas até 31 de dezembro de 1999 serão liquidados pelo seu valor real, em moeda corrente, acrescido de juros legais, em prestações anuais, iguais e sucessivas, no prazo máximo de dez anos, permitida a cessão dos créditos*"). Esse o entendimento do Plenário ao conhecer em parte de recurso extraordinário interposto por Município e, na parte conhecida, provê-lo, por maioria. A decisão recorrida, prolatada por Tribunal de Justiça local, determinara a incidência dos referidos juros sobre o valor de precatório decorrente de desapropriação, cujo pagamento fora realizado nos termos do art. 33 do ADCT ("*Ressalvados os créditos de natureza alimentar, o valor dos precatórios judiciais pendentes de pagamento na data da promulgação da Constituição, incluído o remanescente de juros e correção monetária, poderá ser pago em moeda corrente, com atualização, em prestações anuais, iguais e sucessivas, no prazo máximo de oito anos, a partir de 1º de julho de 1989, por decisão editada pelo Poder Executivo até cento e oitenta dias da promulgação da Constituição*"). RE 590751/SP, rel. Min. Ricardo Lewandowski, 9.12.2010. (RE-590751)

PRECATÓRIOS: PARCELAMENTO E INCIDÊNCIA DE JUROS - 2

Reputou-se, inicialmente, que a Corte teria firmado entendimento no sentido de serem incabíveis tais juros no que diz respeito à hipótese do art. 33 do ADCT, e que ter-se-ia estendido essa interpretação ao parcelamento estabelecido no art. 78 do ADCT, introduzido pela EC 30/2000. Salientou-se que o Congresso Nacional teria aprovado a citada emenda com o fim de restaurar o equilíbrio econômico-financeiro das unidades federadas, notadamente Estados e Municípios, cujos orçamentos estariam, em grande parte, compulsoriamente destinados a outros fins. Aduziu-se, ademais, que o art. 33 teria previsto a atualização das parcelas, ou seja, a correção monetária, com o escopo de manter o valor real de cada uma delas. Nesse sentido, o parcelamento de precatório apurado segundo o valor real do débito, acrescido de juros legais, apenas protrairia o seu pagamento no tempo, sem que o patrimônio do credor fazendário fosse afetado, desde que saldadas no prazo avençado e corrigidas monetariamente as prestações. Por fim, não se conheceu do pedido no tocante a eventual ofensa ao princípio da justa indenização (CF, art. 5º, XXIV), ante a incidência do Enunciado 279 da Súmula do STF. RE 590751/SP, rel. Min. Ricardo Lewandowski, 9.12.2010. (RE-590751)

PRECATÓRIOS: PARCELAMENTO E INCIDÊNCIA DE JUROS - 3

Vencido o Min. Marco Aurélio, que desprovia o recurso. Considerava que os juros compensatórios estariam compreendidos na cláusula constitucional da justa e prévia indenização. Assim, não sendo ela prévia, como na espécie, os juros deveriam incidir, uma vez sofrido o prejuízo pelo desapossamento do imóvel. Em relação aos juros de mora, entendia que a interpretação sistemática de ambos os dispositivos transitórios permitiria concluir que, no caso do art. 78, eles incidiriam, pois os dois artigos tratariam de situações distintas: enquanto o art. 33 estabeleceria o pagamento em 8 anos e a incidência de juros remanescentes, dada a inflação da época, o art. 78 teria passado a determinar o adimplemento em 10 anos, sem afastar a mora do devedor. Vencidos também os Ministros Ayres Britto e Cezar Peluso, que proviam parcialmente o recurso, por reputarem que os juros legais referidos no art. 78 do ADCT compreenderiam apenas os juros devidos por conta do parcelamento, ou seja, decorrentes da mora do Estado. RE 590751/SP, rel. Min. Ricardo Lewandowski, 9.12.2010. (RE-590751) (Inform. STF 612)

Decisão Judicial e Suspensão de Efeitos pelo CNJ

O Conselho Nacional de Justiça - CNJ, sob pena de atuação *ultra vires*, não pode interferir em atos de conteúdo jurisdicional, emanados de quaisquer magistrados ou de Tribunais da República. Com base nesse entendimento, o Plenário desproveu agravos regimentais em que se pretendia a desconstituição de decisões liminares, proferidas pelo Min. Celso de Mello, em mandados de segurança dos quais relator. As decisões impugnadas suspenderam a eficácia de deliberações administrativas emanadas do Corregedor Nacional de Justiça, cujo dispositivo declarara ineficazes julgamentos de tribunal de justiça concessivos de mandados de segurança impetrados perante a referida Corte. Preliminarmente, rejeitou-se a alegação de prejudicialidade de um dos *writs*, porquanto a desistência homologada nos autos referir-se-ia a outra impetração e não à presente, favorável a uma das ora agravadas. No mérito, reputou-se que, embora o CNJ esteja incluído na estrutura constitucional do Poder Judiciário, sua natureza seria meramente administrativa e sua competência teria sido definida, de modo rígido, pela EC 45/2004, que introduzira o art. 103 - B na CF. Salientou-se que esse artigo, em seu § 4º, II, estabelece que o referido órgão tem o poder de "*apreciar, de ofício ou mediante provocação, a legalidade dos atos administrativos praticados por membros ou órgãos do Poder Judiciário*". Aduziu-se que as deliberações administrativas, objetos dos casos em apreço, seriam impregnadas de conteúdo jurisdicional e que o Supremo já assentara posicionamento no sentido de não caber àquele órgão nenhuma competência cujo exercício fosse capaz de interferir no desempenho da função típica do Poder Judiciário (ADI 3367/DF, DJU de 25.4.2005). Competir-lhe-ia, porém, dentre outras atribuições, fiscalizar o exercício dos deveres funcionais por parte do magistrado, e não a atividade jurisdicional dele. Outros precedentes citados: MS 27148/DF (DJe de 25.5.2010) e MS 28537 MC/DF (DJe de 21.5.2010). MS 28598 AgR-MC/DF, rel. Min. Celso de Mello, 14.10.2010. (MS-28598) MS 28611 AgR-MC/MA, rel. Min. Celso de Mello, 14.10.2010. (MS-28611) (Inform. STF 604)

EMENTA: CONSELHO NACIONAL DE JUSTIÇA. JURISDIÇÃO CENSÓRIA. APURAÇÃO DA RESPONSABILIDADE **DISCIPLINAR** DE MAGISTRADOS. **LEGITIMIDADE** DA IMPOSIÇÃO, **A ELES**, DE SANÇÕES DE ÍNDOLE ADMINISTRATIVA. **A RESPONSABILIDADE DOS JUÍZES: UMA EXPRESSÃO** DO POSTULADO REPUBLICANO. **CARÁTER NACIONAL** DO PODER JUDICIÁRIO. **AUTOGOVERNO** DA MAGISTRATURA: **GARANTIA CONSTITUCIONAL** DE CARÁTER OBJETIVO. **EXERCÍCIO PRIORITÁRIO**, PELOS TRIBUNAIS EM GERAL, **DO PODER DISCIPLINAR** QUANTO AOS SEUS MEMBROS **E** AOS JUÍZES A ELES VINCULADOS. **A QUESTÃO** *DAS DELICADAS RELAÇÕES* **ENTRE** A AUTONOMIA CONSTITUCIONAL DOS TRIBUNAIS **E** A JURISDIÇÃO CENSÓRIA OUTORGADA AO CONSELHO NACIONAL DE JUSTIÇA. **EXISTÊNCIA DE SITUAÇÃO** *DE TENSÃO DIALÉTICA* **ENTRE** A PRETENSÃO DE AUTONOMIA DOS TRIBUNAIS **E** O PODER DO CONSELHO NACIONAL DE JUSTIÇA **NA ESTRUTURA CENTRAL** DO APARELHO JUDICIÁRIO. **INCIDÊNCIA DO PRINCÍPIO DA SUBSIDIARIEDADE** COMO REQUISITO LEGITIMADOR DO EXERCÍCIO, PELO CONSELHO NACIONAL DE JUSTIÇA, DE UMA *COMPETÊNCIA COMPLEMENTAR* **EM MATÉRIA** CORRECIONAL, DISCIPLINAR **E** ADMINISTRATIVA. **PAPEL RELEVANTE**, NESSE CONTEXTO, **PORQUE HARMONIZADOR** DE PRERROGATIVAS ANTAGÔNICAS, **DESEMPENHADO** *PELA CLÁUSULA DE SUBSIDIARIEDADE*. **COMPETÊNCIA DISCIPLINAR E PODER DE FISCALIZAÇÃO E CONTROLE** DO CONSE-LHO NACIONAL DE JUSTIÇA: **EXERCÍCIO**, PELO CNJ, **QUE PRESSUPÕE**, PARA LEGITIMAR-SE, **A OCORRÊNCIA** DE SITUAÇÕES ANÔMALAS **E** EXCEPCIONAIS REGISTRADAS **NO ÂMBITO** DOS TRIBUNAIS EM GERAL (**HIPÓTESES** *DE INÉRCIA, DE SIMULAÇÃO INVESTIGATÓRIA, DE PROCRASTINAÇÃO INDEVIDA* ***E/ OU*** *DE INCAPACIDADE DE ATUAÇÃO*). **PRESENÇA CUMULATIVA**, NA ESPÉCIE, **DOS REQUISITOS** CONFIGURADORES DA PLAUSIBILIDADE JURÍDICA **E** DO "*PERICULUM IN MORA*". **SUSPENSÃO CAUTELAR** DA EFICÁCIA DA PUNIÇÃO **IMPOSTA** PELO CONSELHO NACIONAL DE JUSTIÇA, **CONSISTENTE** EM APOSENTADORIA COMPULSÓRIA DO MAGISTRADO, *POR INTERESSE PÚBLICO* (**CF**, ART. 93, VIII, **c/c** O ART. 103-B, § 4º, III). **MEDIDA LIMINAR DEFERIDA**. (MS 28801, Rel. Min. Celso de Mello) (Inform. STF 599)

EMENTA: CONSELHO NACIONAL DE JUSTIÇA (**CNJ**). **CORREGEDOR NACIONAL DE JUSTIÇA. ATO QUE SUSPENDE** A EFICÁCIA **DE DECISÃO CONCESSIVA** DE MANDADO DE SEGURANÇA **EMANADA** DE TRIBUNAL DE JUSTIÇA. **INADMISSIBILIDADE**. ATUAÇÃO "*ULTRA VIRES*" DO CORREGEDOR NACIONAL DE JUSTIÇA, **PORQUE EXCEDENTE** DOS ESTRITOS LIMITES DAS ATRIBUIÇÕES MERAMENTE ADMINISTRATIVAS **OUTORGADAS** PELA CONSTITUIÇÃO DA REPÚBLICA. **INCOMPETÊNCIA ABSOLUTA** DO CONSELHO NACIONAL DE JUSTIÇA, **NÃO OBSTANTE** ÓRGÃO DE CONTROLE INTERNO DO PODER JUDICIÁRIO, **PARA INTERVIR** EM PROCESSOS DE NATUREZA JURISDICIONAL. **IMPOSSIBILIDADE CONSTITUCIONAL** DE O CONSELHO NACIONAL DE JUSTIÇA (**QUE SE QUALIFICA** COMO ÓRGÃO DE CARÁTER **EMINENTEMENTE** ADMINISTRATIVO) FISCALIZAR, REEXAMINAR **E** SUSPENDER OS EFEITOS DECORRENTES **DE ATO DE CONTEÚDO JURISDICIONAL**, **COMO AQUELE QUE CONCEDE** MANDADO DE SEGURANÇA. **PRECEDENTES** DO SUPREMO TRIBUNAL FEDERAL. **MAGISTÉRIO** DA DOUTRINA. **MEDIDA LIMINAR DEFERIDA**. (MS 28611 MC-MA – Rel. Min. Celso de Mello)

ART. 93, IX, DA CF E RAZÕES SUFICIENTES

O Tribunal, por maioria, resolveu questão de ordem suscitada em agravo de instrumento no sentido de: a) reconhecer a repercussão geral da matéria versada em recurso extraordinário no qual se pretendia anular acórdão prolatado pela Justiça do Trabalho sob alegação de negativa de prestação jurisdicional, haja vista que, no julgamento de agravo de instrumento, se endossaram os fundamentos do despacho de inadmissibilidade do recurso de revista; b) reafirmar a jurisprudência da Corte segundo a qual o art. 93, IX, da CF exige que o acórdão ou a decisão sejam fundamentados, ainda que sucintamente, sem estabelecer, todavia, o exame pormenorizado de cada uma das alegações ou provas, nem que sejam corretos os fundamentos da decisão; c) desprover o recurso, tendo em vista que o acórdão impugnado estaria de acordo com a jurisprudência pacificada na Corte; d) autorizar o Supremo e os demais tribunais a adotar procedimentos relacionados à repercussão geral, principalmente a retratação das decisões ou a declaração de prejuízo dos recursos extraordinários, sempre que as decisões contrariarem ou confirmarem a jurisprudência ora reafirmada (CPC, art. 543-B, § 3º). Vencido o Min. Marco Aurélio que entendia não caber o conhecimento do agravo de instrumento, por reputar que ele deveria ser julgado pelo relator, com os desdobramentos possíveis. AI 791292 QO/PE, rel. Min. Gilmar Mendes, 23.6.2010. (AI 791292) (Inform. STF 592)

EMENTA: CONSELHO NACIONAL DE JUSTIÇA (CNJ). DELIBERAÇÃO NEGATIVA QUE, **EMANADA** DO CNJ, **RECONHECEU** A INCOMPETÊNCIA DESSE ÓRGÃO DE CONTROLE INTERNO DO PODER JUDICIÁRIO PARA INTERVIR EM PROCESSOS **DE NATUREZA JURISDICIONAL. INEXISTÊNCIA**, NA ESPÉCIE, DE **QUALQUER** RESOLUÇÃO DO CONSELHO NACIONAL DE JUSTIÇA **QUE HAJA DETERMINADO, ORDENADO, INVALIDADO, SUBSTITUÍDO OU SUPRIDO** ATOS **OU** OMISSÕES EVENTUALMENTE IMPUTÁVEIS A MAGISTRADO DE JURISDIÇÃO INFERIOR. **NÃO CONFIGURAÇÃO**, EM REFERIDO CONTEXTO, **DA COMPETÊNCIA ORIGINÁRIA** DO SUPREMO TRIBUNAL FEDERAL. **HIPÓTESE DE INCOGNOSCIBILIDADE** DA AÇÃO DE MANDADO DE SEGURANÇA. **INVIABILIDADE**, DE QUALQUER MODO, **DE ACOLHIMENTO** DA PRETENSÃO MANDAMENTAL, **CONSIDERADA A IMPOSSIBILIDADE CONSTITUCIONAL** DE O CONSELHO NACIONAL DE JUSTIÇA (**QUE SE QUALIFICA** COMO ÓRGÃO DE CARÁTER **EMINENTEMENTE** ADMINISTRATIVO) FISCALIZAR **E** REEXAMINAR **ATOS DE CONTEÚDO JURISDICIONAL. PRECEDENTES** DO STF. **MAGISTÉRIO** DA DOUTRINA. **MANDADO DE SEGURANÇA NÃO CONHECIDO**. (MS 27148/DF, Rel. Min. Celso Mello) (Inform. STF 589)

EMENTA: CONSELHO NACIONAL DE JUSTIÇA. ÓRGÃO ADMINISTRATIVO POSICIONADO NA ESTRUTURA INSTITUCIONAL DO PODER JUDICIÁRIO. **OUTORGA**, AO CNJ, **EM SEDE CONSTITUCIONAL, DE JURISDIÇÃO CENSÓRIA** SOBRE JUÍZES E ÓRGÃOS DO PODER JUDICIÁRIO "***SITUADOS, HIERARQUICAMENTE, ABAIXO DO SUPREMO TRIBUNAL FEDERAL***" (**ADI** 3.367/DF). **POSSIBILIDADE**, EM TESE, DE IMPOSIÇÃO, **A ELES**, DE SANÇÕES DISCIPLINARES, **NOTADAMENTE** DAQUELAS **PREVISTAS** NO ART. 103-B, § 4º, III, DA CONSTITUIÇÃO, **COMO** A APOSENTADORIA COMPULSÓRIA, COM SUBSÍDIO **PROPORCIONAL** AO TEMPO DE SERVIÇO. **O DEVER-PODER**, CONSTITUCIONALMENTE ATRIBUÍDO AO CNJ, **DE EFETUAR** O CONTROLE DO CUMPRIMENTO, **PELOS MAGISTRADOS**, DE SEUS DEVERES FUNCIONAIS. **ALEGAÇÃO DE OFENSA** AOS POSTULADOS DO "*DUE PROCESS*", DA MOTIVAÇÃO DAS DELIBERAÇÕES ADMINISTRATIVAS **E** DO *JUIZ NATURAL*. **PRETENDIDA CARACTERIZAÇÃO** DO CNJ COMO *TRIBUNAL DE EXCEÇÃO*, **POR HAVER SIDO** INSTITUÍDO "*EX POST FACTO*". **APARENTE INOCORRÊNCIA**, NO CASO EM EXAME, **DE REFERIDAS** TRANSGRESSÕES CONSTITUCIONAIS. **A QUESTÃO DA APLICABILIDADE** DO PRINCÍPIO DO *JUIZ NATURAL* AOS PROCEDIMENTOS ADMINISTRATIVOS DE CARÁTER DISCIPLINAR. **MAGISTÉRIO DA DOUTRINA. INTERVENÇÃO** DE LITISCONSORTES PASSIVOS NECESSÁRIOS **NA PRESENTE** RELAÇÃO PROCESSUAL. **MEDIDA IMPRESCINDÍVEL** À PLENA EFICÁCIA DA DECISÃO, **SE** EVENTUALMENTE CONCESSIVA DO MANDADO DE SEGURANÇA. **PRECEDENTES. PRESSUPOSTOS NECESSÁRIOS** À OUTORGA DE PROVIMENTO CAUTELAR. **AUSÊNCIA**, NO CASO, DE UM DESSES REQUISITOS (PLAUSIBILIDADE JURÍDICA). **MEDIDA CAUTELAR INDEFERIDA**. (MS 28712 MC-DF, Rel. Min. Celso de Mello)

JUIZ APOSENTADO: VITALICIEDADE E PRERROGATIVA DE FORO – 1

O Tribunal iniciou julgamento de recurso extraordinário, afetado ao Pleno pela 1ª Turma, em que se discute se o foro especial por prerrogativa de função se estende ou não àqueles que se aposentam em cargos cujos ocupantes ostentam tal prerrogativa. Trata-se, na espécie, de agravo de instrumento convertido em recurso extraordinário criminal interposto, por desembargador aposentado, contra decisão da Corte Especial do STJ que declinara de sua competência, em ação penal contra ele instaurada, ao fundamento de que, em decorrência de sua aposentadoria, não teria direito à prerrogativa de foro pelo encerramento definitivo da função. O ora recorrente sustenta a incidência do art. 95, I, da CF, assegurador da vitaliciedade aos magistrados, sob a alegação de que esta somente poderia ser afastada por sentença judicial transitada em julgado, na qual consignada a perda do cargo. Alega, ainda, que a correta leitura do art. 105, I, a, da CF, incluiria também os desembargadores aposentados, uma vez que interpretação diversa desse dispositivo o colocaria em situação inusitada, pois, o submeteria, na qualidade de ex-presidente e ex-corregedor-geral, a juiz que eventualmente tenha recebido alguma sanção disciplinar. Por fim, pleiteia o reconhecimento da negativa de vigência aos artigos 5º, XXXV, LIV, LV, e § 2º e 93, IX, ambos da CF e, alternativamente, requer sejam tidos como transgredidos os artigos 94, I e 105, I, a, da CF - v. Informativo 485. **RE 549560/CE, rel. Min. Ricardo Lewandowski, 20.2.2008. (RE-549560)**

JUIZ APOSENTADO: VITALICIEDADE E PRERROGATIVA DE FORO - 2

O Min. Ricardo Lewandowski, relator, negou provimento ao recurso por entender que a pretensão do recorrente esbarra na orientação jurisprudencial fixada pelo Supremo. Reportou-se ao que decidido no HC 80717/SP (DJU de 5.3.2001), no qual se consignara que, com o cancelamento do Enunciado da Súmula 394 do STF, estaria afastada a competência originária do STJ para proceder ao julgamento de juiz do TRT aposentado, entendimento baseado no julgamento do Inq 687 QO/SP (DJU de 9.11.2001). Citou, também, o que estabelecido pela Corte no RE 291485/RJ (DJU de 23.4.2003), no sentido de que o foro especial por prerrogativa de função tem por objetivo o resguardo da função pública; que o magistrado, no exercício do ofício judicial, goza da prerrogativa de foro especial, garantia que está voltada não à pessoa do juiz, mas aos jurisdicionados; e que, não havendo mais o exercício da função judicante, não há de perdurar o foro especial, haja vista que o resguardo dos jurisdicionados, nesse caso, não é mais necessário. Ressaltou, ainda, que o provimento vitalício é o ato que garante a permanência do servidor no cargo, aplicando-se apenas aos que integram as fileiras ativas da carreira pública. Por fim, aduziu não haver se falar em parcialidade do magistrado de 1ª instância para o julgamento do feito, porquanto a lei processual prevê o uso de exceções capazes de afastar essa situação. Em seguida, o Min. Marco Aurélio levantou questão acerca da impossibilidade de se discutir a matéria, que já se encontraria julgada por esta Corte, em processo objetivo (ADI 2797/DF, DJU de 19.12.2006), sob pena de se atuar como legislador positivo, restabelecendo, embora de forma mitigada, o § 1º do art. 84 do CPP. No ponto, o relator acompanhou essa manifestação, mantendo seu voto. **RE 549560/CE, rel. Min. Ricardo Lewandowski, 20.2.2008. (RE-549560)**

JUIZ APOSENTADO: VITALICIEDADE E PRERROGATIVA DE FORO – 3

Em divergência, o Min. Menezes Direito deu provimento ao recurso para assegurar ao magistrado aposentado plena prerrogativa das garantias que são inerentes à magistratura, ao fundamento de que o ato que é objeto do processo foi praticado no exercício das funções judicantes. Salientou, inicialmente, estar-se diante de situação exemplar não contemplada em nenhum dos precedentes citados, que deveria ser analisada pela Corte, qual seja, o fato de que um ex-desembargador, aposentado hoje, ter praticado um delito no exercício da função judicante. Disse que, se o magistrado é vitalício no exercício da função judicante, e se ele, eventualmente, em razão dessa atividade, comete certo ato que pode ser objeto de determinada ação, essa ação não se referiria a nenhuma atividade posterior ao exercício da atividade judicante, mas concretamente ao exercício da atividade judicante. Assim, quando um magistrado, sob qualquer circunstância, em qualquer instância, exercesse atividade judicante, ele teria de ter, até por princípio de responsabilidade do sistema constitucional, a proteção que a CF lhe assegura (CF, art. 95, I). Mencionou, ademais, dispositivo constante do Estatuto de Roma, que aprovou o Estatuto do Tribunal Penal Internacional, integrado pela adesão brasileira e relativo à garantia dos juízes que dele fazem parte ("Artigo 48º... 2 - Os juízes, o procurador, os procuradores-adjuntos e o secretário gozarão, no exercício das suas funções ou em relação a estas, dos mesmos privilégios e imunidades reconhecidos aos chefes das missões diplomáticas, continuando a usufruir de absoluta imunidade judicial relativamente às suas declarações, orais ou escritas, e aos atos que pratiquem no desempenho de funções oficiais após o termo do respectivo mandato.»). Após, o julgamento foi suspenso com o pedido de vista do Min. Eros Grau. **RE 549560/CE, rel. Min. Ricardo Lewandowski, 20.2.2008. (RE-549560)**

JUIZ APOSENTADO: VITALICIEDADE E PRERROGATIVA DE FORO – 4

O Tribunal retomou julgamento de recurso extraordinário, afetado ao Pleno pela 1ª Turma, em que se discute se o foro especial por prerrogativa de função se estende, ou não, àqueles que se aposentam em cargos cujos ocupantes ostentam tal prerrogativa. Trata-se, na espécie, de agravo de instrumento convertido em recurso extraordinário criminal interposto, por desembargador aposentado, contra decisão da Corte Especial do STJ que declinara de sua competência, em ação penal contra ele instaurada, ao fundamento de que, em decorrência de sua aposentadoria, não teria direito à prerrogativa de foro pelo encerramento definitivo da função — v. Informativos 485 e 495. O Min. Eros Grau, em voto-vista, deu provimento ao recurso, na linha da divergência inaugurada pelo Min. Menezes Direito. Entendeu que, quando se trata de cargo de exercício temporário, a exemplo dos decorrentes de mandato eletivo, a prerrogativa seria da função, razão pela qual a prerrogativa do foro especial persistiria apenas enquanto durasse a função. Reconheceu, que, no entanto, relativamente ao magistrado, a prerrogativa seria do cargo e não da função. Explicou tratar-se, neste caso, de cargo vitalício, que perdura pela vida inteira, podendo perecer unicamente em virtude de sentença judicial transitada em julgado. Por isso, projetar-se-ia à aposentadoria. Após o voto do Min. Ayres Britto, que acompanhava o voto do relator no sentido de negar provimento ao recurso, o julgamento foi suspenso para aguardar a composição completa. **RE 549560/CE, rel. Min. Ricardo Lewandowski, 6.5.2010. (RE-549560). (Inform. STF 585)**

COMPOSIÇÃO DE ÓRGÃO COLEGIADO: JUÍZES CONVOCADOS E PRINCÍPIO DO JUIZ NATURAL – 1

O Tribunal, por maioria, denegou *habeas corpus*, afetado ao Pleno pela 1ª Turma, em que se sustentava a nulidade do julgamento da apelação do paciente pela 11ª Câmara Criminal "B" do Tribunal de Justiça do Estado de São Paulo, ao fundamento de ofensa ao princípio do juiz natural, já que, à exceção do desembargador que presidira a sessão, todos os demais membros do órgão eram juízes de primeiro grau convocados. Apontava-se, ainda, violação aos artigos 93, III, 94 e 98, I, da CF — v. Informativo 549. De início, o Tribunal, por maioria, rejeitou preliminar suscitada pelo Min. Marco Aurélio no sentido de que o julgamento fosse realizado com a composição integral, tendo em conta a importância da matéria de fundo. Considerou-se o fato de somente estarem ausentes da sessão dois Ministros, havendo quórum suficiente para a deliberação da matéria, e salientou-se a urgência em resolver a questão, haja vista recentes julgamentos do Superior Tribunal de Justiça no sentido de anular decisões do Tribunal de Justiça do Estado de São Paulo em matéria criminal. Vencido o suscitante. **HC 96821/SP, rel. Min. Ricardo Lewandowski, 8.4.2010. (HC-96821).**

Composição de Órgão Colegiado: Juízes Convocados e Princípio do Juiz Natural – 2

No mérito, entendeu-se não ocorrer, na hipótese, qualquer ofensa a regra ou princípio constitucional. Registrou-se que a convocação de juízes para atuar nos julgamentos levados a efeito na Corte paulista fora, originalmente, regulamentada pela Lei Complementar 646/90, que criou os cargos de magistrados substitutos e de segundo grau, diploma este reputado constitucional pelo Supremo. Fez-se menção, em seguida, à EC 45/2004 que, dentre outras inovações, teria assegurado a todos os jurisdicionados a duração razoável do processo, determinando a distribuição imediata dos feitos ajuizados em todos os foros e tribunais do país. Observou-se que, em relação especificamente a São Paulo, a EC 45/2004 teria determinado à Justiça bandeirante a unificação dos Tribunais de Alçada com o Tribunal de Justiça, impondo-lhe a tarefa de reorganizar administrativamente uma Corte enorme, de forma a manter, minimamente, a rapidez e eficiência da prestação jurisdicional. Considerou-se que tal determinação, além das dificuldades de reorganização, teria ocasionado outra conseqüência de relevante repercussão, qual seja, a imediata transferência de um imenso estoque de feitos criminais, antes dividido entre as duas Cortes. Mencionou-se que o Tribunal paulista teria cumprido essa determinação prontamente, ordenando, com base na Resolução 204/2005, a imediata distribuição de todos os feitos aos desembargadores e juízes substitutos de segundo grau. Além disso, para dar conta desse acervo de processos acumulados, teria criado câmaras extraordinárias, integradas, inicialmente, por juízes titulares da capital e, depois, por juízes titulares do interior, da mesma entrância, presididas por um desembargador, que também atuaria como vogal ou terceiro juiz, a partir de edital de convocação, publicado no diário oficial, após deliberação do Conselho Superior da Magistratura, com fundamento no art. 73, parágrafo único, da Constituição do Estado de São Paulo. Asseverou-se, ainda, que os juízes de primeiro grau, apesar da denominação de convocados, participariam desses colegiados por meio de inscrição voluntária. Reconheceu-se que essa providência, por um lado, teria proporcionado uma significativa redução no número de feitos pendentes de decisão, evitando, por conseguinte, a ocorrência da prescrição da pretensão punitiva do Estado, bem como teria acelerado o julgamento de grande número de presos detidos em caráter provisório. Por outro lado, no entanto, acarretara uma enxurrada de recursos e de *habeas corpus* perante o STJ e o STF, com o intuito de anular os arestos proferidos pelas câmaras extraordinárias. **HC 96821/SP, rel. Min. Ricardo Lewandowski, 8.4.2010. (HC-96821). (Inform. STF 581)**

COMPOSIÇÃO DE ÓRGÃO COLEGIADO: JUÍZES CONVOCADOS E PRINCÍPIO DO JUIZ NATURAL – 3

Em seqüência, aduziu-se que o âmago do princípio do juiz natural (CF, art. 5º, XXVII e LIII) consistiria na estrita prevalência de um julgamento imparcial e isonômico para as partes, por meio de juízes togados, independentes e regularmente investidos em seus cargos. Afirmou-se que a hipótese dos autos não se afastaria dessas premissas, visto que o sistema de convocação de magistrados de primeiro grau na Justiça paulista seria uma resposta aos comandos emanados da EC 45/2004, tendo sido implantado nos termos da Lei Complementar estadual 646/90, dela se distinguindo apenas no aspecto de que a convocação dos magistrados de primeiro grau se daria mediante publicação de edital na imprensa oficial. Acrescentou-se que o Tribunal de Justiça de São Paulo em nada teria inovado quanto a essa prática, tendo em vista que a Justiça Federal também dela faria uso, com base no art. 4º da Lei 9.788/99 ("Os Tribunais Regionais Federais poderão, em caráter excepcional e quando o acúmulo de serviço o exigir, convocar Juízes Federais ou Juízes Federais Substitutos, em número equivalente aos de Juízes de cada Tribunal, para auxiliar em Segundo Grau, nos termos de resolução a ser editada pelo Conselho da Justiça Federal."), sem que nenhum de seus julgamentos tivesse sido anulado. Observou-se que a integração dos juízes de primeiro grau nas câmaras extraordinárias paulistas se daria de forma aleatória, sendo os recursos distribuídos livremente entre eles, e que as convocações seriam feitas por ato oficial, prévio e público, não havendo se falar em nomeação ad hoc. Assim, tais magistrados não constituiriam juízes de exceção. Sua convocação para atuar perante a segunda instância, ao contrário, seria resposta dada pelo Tribunal de Justiça paulista, diante da difícil conjuntura de sobrecarga de trabalho, para dar efetividade a um novo direito fundamental introduzido na Constituição a partir da EC 45/2004, ou seja, a razoável duração do processo e os meios que garantam a celeridade de sua tramitação (CF, art. 5º, LXXVIII). Enfatizou-se não se poder esquecer, ainda, que os direitos e garantias fundamentais, a teor do que disposto no § 1º do art. 5º da CF, teriam aplicação imediata, não podendo ser outra a reação da Corte estadual que a de atender prontamente a esse comando constitucional. Além disso, esse novo direito fundamental teria íntima relação com outros princípios constitucionais, como o da dignidade humana e da eficiência da Administração Pública, cujo cumprimento não poderia ser postergado. **HC 96821/SP, rel. Min. Ricardo Lewandowski, 8.4.2010. (HC-96821).**

Composição de Órgão Colegiado: Juízes Convocados e Princípio do Juiz Natural – 4

Portanto, as medidas levadas a efeito pelo Tribunal de Justiça de São Paulo não só teriam dado concreção às exigências postas pelos constituintes derivados, como também se amoldariam, perfeitamente, aos princípios e regras da Carta Magna, sobretudo porque respeitariam a imparcialidade e a independência dos magistrados que integrariam as câmaras extraordinárias, os quais, de resto, jamais teriam desbordado os lindes da competência jurisdicional da Corte. Ressaltou-se, inclusive, que o art. 96, I, a, da CF permite que os tribunais disponham sobre a competência e o funcionamento dos respectivos órgãos jurisdicionais e administrativos, e que a própria Lei Orgânica da Magistratura Nacional – LOMAN (LC 35/79) admite, em seu art. 118, a convocação de juízes de primeiro grau para integrarem colegiados de segundo grau, em caráter excepcional e transitório, nas situações que explicita, sem que jamais se tivesse invocado, contra essa prática, o argumento de ofensa ao princípio do juiz natural. Por fim, consignou-se que se se pudesse entender, apenas ad argumentandum tantum, que o princípio do juiz natural tivesse sido de alguma forma malferido, haver-se-ia de se proceder a uma necessária ponderação de valores, contrastando o referido postulado com o da segurança jurídica. No ponto, explicou-se que se estaria a cogitar, ainda que indiretamente, de dezenas de milhares de decisões criminais, a maioria das quais já transitadas em julgado, que poderiam ser sumariamente anuladas, inclusive aquelas que concluíram pela absolvição dos réus, sendo que, nesse sopesamento de normas com densidade axiológica equivalente, haveria de prevalecer, no caso, o postulado da segurança jurídica. Vencido o Min. Marco Aurélio que concedia a ordem, assentando que o paciente se encontraria condenado sem observância da norma maior segundo a qual ninguém será processado ou sentenciado senão pela autoridade competente, tendo em conta o julgamento de sua apelação por uma câmara que legalmente se mostrara inexistente. Reputava ter havido clonagem imprópria, visto que criadas, dentro do Tribunal paulista, câmaras suplementares, tendo sido convocados, para compô-las — em sobreposição, e não em substituição de ausentes ou para preenchimento de cadeira vaga, nos termos do art. 118 da LOMAN —, juízes que teriam passado a atuar não só na 1ª como também na 2ª instância. **HC 96821/SP, rel. Min. Ricardo Lewandowski, 8.4.2010. (HC-96821). (Inform. STF 581)**

EMENTA: AÇÃO DIRETA DE INCONSTITUCIONALIDADE. LEI N. 5.913/1997, DO ESTADO DE ALAGOAS. CRIAÇÃO DA CENTRAL DE PAGAMENTOS DE SALÁRIOS DO ESTADO. ÓRGÃO EXTERNO. PRINCÍPIO DA SEPARAÇÃO DE PODERES. AUTONOMIA FINANCEIRA E ADMINISTRATIVA DO PODER JUDICIÁRIO. AÇÃO JULGADA PROCEDENTE. 1. A Associação dos Magistrados Brasileiros – AMB tem legitimidade para o ajuizamento de ação direta de inconstitucionalidade em que se discute afronta ao princípio constitucional da autonomia do Poder Judiciário. 2. A ingerência de órgão externo nos processos decisórios relativos à organização e ao funcionamento do Poder Judiciário afronta sua autonomia financeira e administrativa. 3. A presença de representante do Poder Judiciário na Central de Pagamentos de Salários do Estado de Alagoas – CPSAL não afasta a inconstitucionalidade da norma, apenas permite que o Poder Judiciário interfira, também indevidamente, nos demais Poderes. 4. Ação direta de inconstitucionalidade julgada procedente. **ADI N. 1.578-AL. RELATORA: MIN. CÁRMEN LÚCIA. Noticiado no Informativo 537.** (Inform. STF 541)

EMENTA: JUDICIÁRIO – QUINTO CONSTITUCIONAL – ASSEMBLÉIA LEGISLATIVA. Surge relevante pedido de suspensão de norma local a prever a submissão de candidato a vaga do quinto em Tribunal à Assembléia Legislativa. MED. CAUT. EM ADI N. 4.150-SP. RELATOR: MIN. MARCO AURÉLIO. Noticiado no Informativo 523. (Inform. STF 538)

EMENTA: AÇÃO DIRETA DE INCONSTITUCIONALIDADE. MEDIDA CAUTELAR CONCEDIDA NO CURSO DAS FÉRIAS FORENSES (ART. 13, VIII, DO RISTF, E ART. 10 DA LEI 9.868/99). REFERENDO. PARÁGRAFOS 2º E 3º DO ART. 100 DO REGIMENTO INTERNO DO TRIBUNAL DE JUSTIÇA DO ESTADO DE MINAS GERAIS. ELEIÇÃO DOS MEMBROS ASPIRANTES AOS CARGOS DE DIREÇÃO DA CORTE ESTADUAL DE JUSTIÇA. DISPOSIÇÃO DISTINTA CONTIDA NO ART. 102 DA LEI ORGÂNICA DA MAGISTRATURA NACIONAL (LC 35/79). PLAUSIBILIDADE JURÍDICA DA ALEGAÇÃO DE OFENSA AO ART. 93 DA CONSTITUIÇÃO FEDERAL. PERIGO NA DEMORA IGUALMENTE DEMONSTRADO. 1. Esta Suprema Corte tem admitido o controle concentrado de constitucionalidade de preceitos oriundos da atividade adminis-trativa dos tribunais, desde que presente, de forma inequívoca, o caráter normativo e autônomo do ato impugnado. Precedentes. 2. O Tribunal de Justiça do Estado de Minas Gerais, ao adotar, em seu regimento interno, um critério próprio de especificação do número de membros aptos a concorrerem aos seus cargos de direção, destoou do modelo previsto no art. 102 da legislação nacional vigente, a Lei Complementar 35/79 (LOMAN).3. O Plenário do Supremo Tribunal Federal já fixou entendimento no sentido de que o regramento relativo à escolha dos ocupantes dos cargos diretivos dos tribunais brasileiros, por tratar de tema eminentemente institucional, situa-se como matéria própria de Estatuto da Magistratura, dependendo, portanto, para uma nova regulamentação, da edição de lei complementar federal, nos termos do que dispõe o art. 93 da Constituição Federal. Plausibilidade jurídica e perigo na demora existentes. 4. Deferimento de medida cautelar integralmente referendado pelo Plenário. **REFERENDO EM MED.CAUT. EM ADI N. 4.108-MG. RELATORA: MIN. ELLEN GRACIE. Noticiado no Informativo 534.** (Inform. STF 537)

ADI E CARGOS DE DIREÇÃO DE TRIBUNAL DE JUSTIÇA

O Tribunal referendou decisão concessiva de liminar, proferida pelo Min. Gilmar Mendes, Presidente, em ação direta de inconstitucionalidade ajuizada pelo Procurador-Geral da República, para suspender os §§ 2º e 3º do art. 100 do Regimento Interno do Tribunal de Justiça do Estado de Minas Gerais. Referidos dispositivos estabelecem, respectivamente, que a eleição para Presidente e Vice-Presidente do Tribunal, Corregedor-Geral de Justiça e Vice-Corregedor, "*será feita entre os membros integrantes da metade mais antiga da Corte Superior que ainda não tenham exercido o cargo, sendo considerado eleito o desembargador que obtiver a maioria de votos da totalidade dos membros do Tribunal Pleno*" e que "*a metade referida no parágrafo anterior será apurada depois de excluídos os desembargadores inelegíveis, os impedidos e os que, antecipadamente, declararem que não são candidatos*". Entendeu-se que os preceitos impugnados, ao ampliar o rol de magistrados aptos a serem eleitos para os cargos de direção daquela Corte, afrontam, em princípio, o disposto no art. 93 da CF, por tratar de matéria reservada à lei complementar de iniciativa do STF, bem como não observam o art. 102 da Lei Orgânica Nacional da Magistratura – LOMAN (LC 35/79), que prevê a eleição de magistrados para os cargos de direção dos tribunais de forma diversa. Precedentes citados: ADI 3566/DF (DJU de 15.6.2007); ADI 3976 MC/SP (DJE de 15.2.2008). **ADI 4108 Referendo-MC/MG, rel. Min. Ellen Gracie, 2.2.2009.** (ADI-4108) (Inform. STF 534)

ANULAÇÃO DE CONCURSO PÚBLICO: ART. 98 DO RICNJ E INCONSTITUCIONALIDADE – 1

O Tribunal concedeu mandado de segurança impetrado contra ato do Conselho Nacional de Justiça – CNJ que anulara o III Concurso das Serventias Extrajudiciais do Estado de Rondônia, para, sem pronúncia da nulidade do procedimento administrativo, declarar incidentalmente a inconstitucionalidade do art. 98 do Regimento Interno do Conselho Nacional de Justiça – RICNJ ("*Art. 98. O Relator determinará a oitiva da autoridade que praticou o ato impugnado e, por edital, dos eventuais beneficiários de seus efeitos, no prazo de quinze dias.*"). Na espécie, o CNJ determinara a anulação do referido certame, a partir da constituição da Comissão Examinadora, por vislumbrar ofensa ao princípio da legalidade, em razão de não ter sido observado requisito legal da presença de um notário e um registrador, nos termos do art. 15 da Lei 8.935/94. Entendeu-se que o art. 98 do RICNJ, ao estabelecer que a intimação de partes interessadas em processos administrativos seja feita por edital, fixado em mural no átrio do Supremo, ofende o disposto no art. 5º, LV, da CF, que assegura aos litigantes, em processo judicial ou administrativo, e aos acusados em geral, o direito ao contraditório e à ampla defesa. Ressaltou-se que, veiculada a classificação dos candidatos mediante edital, os impetrantes passaram a ter situação jurídica constituída que somente poderia ser afastada, presente o regular processo administrativo, se cientificados do pleito de irresignação de certos candidatos, para, querendo, oferecerem impugnação. Aduziu-se que, conhecidos os beneficiários do ato, deveria ocorrer a ciência respectiva, não podendo esta se verificar de forma ficta, ou seja, por edital. Esclareceu-se que os beneficiários do ato não teriam sequer conhecimento da existência do processo no CNJ, não lhes competindo acompanhar a vida administrativa deste último, inclusive o que lançado em edital cuja veiculação se mostrou estritamente interna. Assentou-se que se deveria conferir a eficácia própria ao art. 100 do RICNJ a preceituar a aplicabilidade, no que couber, da Lei 9.784/99 que prevê a necessária intimação dos interessados (artigos 3º, II; 26, §§ 3º e 4º, e 28). **MS 25962/DF, rel. Min. Marco Aurélio, 23.10.2008.** (MS-25962)

ANULAÇÃO DE CONCURSO PÚBLICO: ART. 98 DO RICNJ E INCONSTITUCIONALIDADE – 2

Por outro lado, julgou-se improcedente o inconformismo quanto ao fato de o CNJ ter passado a existir com a EC 45/2004 e o edital do concurso ter sido veiculado em data anterior. Asseverou-se que, na EC 45/2004, apenas se estabeleceu o prazo de instalação do CNJ, mas não o termo inicial da sua ação fiscalizadora no campo administrativo, considerados os atos dos tribunais em geral, exceto os do Supremo no que a este cabe o crivo quanto a essa atuação. Ou seja, não teria surgido no mundo jurídico cláusula a limitar a atuação considerada a data do ato a ser apreciado. Por fim, reputou-se necessário apreciar a alegada regularidade da constituição da comissão do concurso, já que, acolhida essa causa de pedir, o CNJ não poderia reabrir o processo administrativo para cientificar os interessados e, depois, repetir a decisão impugnada, o que ocasionaria, certamente, nova impetração. Sob o ângulo glosado pelo CNJ, concluiu-se que o concurso público teria se mostrado regular, não cabendo ressalvar a reabertura do processo administrativo junto ao Conselho considerado o defeito na constituição da comissão do certame. Afirmou-se que o CNJ teria dado ao citado art. 15 da Lei 8.935/94 interpretação literal, olvidando os parâmetros do caso. Explicou-se que o concurso destinou-se ao preenchimento indistinto de serventias, tanto as de registro como as de notas, e que houve a integração ao concurso, formando a necessária equipe, da presidente local da ANOREG – Associação dos Notários e Registradores, que ingressara na área por meio de concurso semelhante. Tal integração teria ocorrido, em virtude de, após expedição de ofício para a indicação de um notário e um registrador, não ter sido demonstrado interesse por parte dos que atuavam na capital em participar da organização e feitura do certame. Dessa forma, tendo em conta que o fim visado pelo art. 15 da Lei 8.935/94, no que menciona a OAB, o Ministério Público, um notário e um registrador para integrarem o concurso, é a representação dos dois segmentos aludidos, concluiu-se que ninguém melhor que a presidente da ANOREG para atuar, personificando as duas classes, não sendo proporcional entender-se no sentido da restrição ante a titularidade de cartório de registros públicos. Vencido, parcialmente, o Min. Joaquim Barbosa, que, também declarando a inconstitucionalidade do dispositivo regimental, reconhecia a nulidade do ato impugnado por vício na intimação. **MS 25962/DF, rel. Min. Marco Aurélio, 23.10.2008.** (MS-25962) (Inform. STF 525)

ADI E QUINTO CONSTITUCIONAL

O Tribunal deferiu medida cautelar em ação direta de inconstitucionalidade, proposta pelo Governador do Estado de São Paulo, para suspender, até decisão final, a eficácia da expressão "*depois de aprovada a escolha pela maioria absoluta da Assembléia Legislativa*", incluída no parágrafo único do art. 63 da Constituição do Estado de São Paulo, mediante a EC 25/2008, o qual submete o nome escolhido pelo Governador, para preenchimento de vaga destinada ao quinto, à referida Casa Legislativa. Entendeu-se que o dispositivo impugnado ofende, em princípio, o que disposto no art. 94, parágrafo único, da CF, que estabelece que, recebidas as indicações feitas, quer pela Ordem dos Advogados do Brasil, quer pelo Ministério Público, o tribunal formará lista tríplice, enviando-a ao Poder Executivo, que, nos vinte dias subseqüentes, escolherá um de seus integrantes para nomeação. Considerou-se que o trato da matéria pela Carta da República não abre margem à estipulação de formalidade além das estabelecidas, e que, ante a previsão exaustiva do aludido art. 94, não há como se cogitar de adoção do princípio versado no art. 52 do mesmo diploma quanto à aprovação de nomes para preenchimento de cargos, muito menos presente a iniciativa da própria Assembléia Legislativa. Precedente citado: ADI 202/BA (DJU de 7.3.97). **ADI 4150/SP, rel. Min. Marco Aurélio, 8.10.2008.** (ADI-4150) (Inform. STF 523)

ART. 4º DA LC 118/2005 E RESERVA DE PLENÁRIO

Por vislumbrar ofensa ao princípio da reserva de Plenário (CF, art. 97), o Tribunal deu provimento a recurso extraordinário, afetado ao Pleno pela 2ª Turma, interposto pela União contra acórdão do STJ que, em sede de recurso especial no qual se discutia o termo inicial da contagem do prazo prescricional para as ações de restituição de indébito tributário, afastara a aplicação da 2ª parte do art. 4º da Lei Complementar 118/2005 ("*...observado, quanto ao art. 3º, o disposto no art. 106, inciso I, da Lei nº 5.172, de 25 de outubro de 1966 – Código Tributário Nacional.*") com base em precedente de sua Primeira Seção — v. Informativo 473. RE provido para que a matéria seja devolvida ao órgão fracionário do STJ, a fim de que seja observado o art. 97 da CF. Precedentes citados: RE 240096/RJ (DJU de 21.5.99); RE 544246/SE (DJU de 8.6.2007). **RE 482090/SP, rel. Min. Joaquim Barbosa, 18.6.2008.** (RE-482090) (Inform. STF 511)

REPERCUSSÃO GERAL: CLÁUSULA CONSTITUCIONAL DA RESERVA DO PLENÁRIO - 1

O Tribunal iniciou julgamento de questão de ordem para exame da pertinência da distribuição de recurso extraordinário interposto contra acórdão da 2ª Turma, do Superior Tribunal de Justiça, que reconhecera incidente o prazo de 5 anos para fins de repetição do indébito tributário, contado do termo final previsto no art. 105, § 4º, do CTN (5 + 5), afastando a tese de que o prazo fluiria do recolhimento indevido. A Min. Ellen Gracie, Presidente, na linha do voto que proferira no julgamento do RE 579431 QO/RS (v. Informativo 499), propôs solução à questão de ordem no sentido de que o presente recurso extraordinário, por envolver questão em que constatada a repercussão geral, tenha a distribuição denegada, bem como todos os demais recursos versando a mesma matéria, devolvendo-se os autos à origem, para adoção do novo regime da repercussão geral. Após, pediu vista dos autos a Min. Cármen Lúcia. **RE 582108 QO/SP, rel. Min. Ellen Gracie, 16.4.2008. (RE-582108)**

REPERCUSSÃO GERAL: CLÁUSULA CONSTITUCIONAL DA RESERVA DO PLENÁRIO - 2

Em conclusão, o Tribunal acolheu questão de ordem, suscitada pela Min. Ellen Gracie, para assentar procedimento próprio para análise da repercussão geral e implantação dos correspondentes efeitos, relativamente às matérias com jurisprudência dominante na Corte, e para negar a distribuição de recurso extraordinário interposto contra acórdão da 2ª Turma, do Superior Tribunal de Justiça, que, sem observância da cláusula de reserva de Plenário, afastou, em decisão de Turma, a incidência da Lei Complementar 118/2005, segundo a qual o prazo para repetição do indébito tributário fluiria do recolhimento indevido do tributo, para reconhecer incidente o prazo de 5 anos para fins de repetição do indébito tributário, contado do termo final previsto no art. 105, § 4º, do CTN (tese dos 5 + 5) - v. Informativo 502. QO resolvida no sentido de negar a distribuição do RE, por envolver questão em que constatada a repercussão geral, bem como de todos os demais recursos que versem essa mesma matéria, com devolução dos autos à origem, para adoção do novo regime de julgamento, previsto no art. 543-B, do CPC. Vencido o Min. Marco Aurélio que rejeitava a questão de ordem, para assentar o não cabimento da devolução, salientando que a jurisprudência da Corte, quanto à matéria, sequer estaria pacificada mediante verbete de súmula. **RE 582108 QO/SP, rel. Min. Ellen Gracie, 11.6.2008. (RE-582108)**

REPERCUSSÃO GERAL: CLÁUSULA CONSTITUCIONAL DA RESERVA DO PLENÁRIO – 3

O Tribunal aprovou o Enunciado da Súmula Vinculante 10 nestes termos: "*Viola a cláusula de reserva de Plenário (CF, artigo 97) a decisão de órgão fracionário de tribunal que, embora não declare expressamente a inconstitucionalidade de lei ou ato normativo do poder público, afasta sua incidência no todo ou em parte*". A edição do verbete ocorreu após o julgamento de recurso extraordinário interposto contra acórdão do Superior Tribunal de Justiça, que, sem observância da cláusula de reserva de Plenário, afastara, em decisão de Turma, a incidência da Lei Complementar 118/2005, segundo a qual o prazo para repetição do indébito tributário fluiria do recolhimento indevido do tributo, para reconhecer incidente o prazo de 5 anos para fins de repetição do indébito tributário, contado do termo final previsto no art. 105, § 4º, do CTN (tese dos 5 + 5) — v. Informativos 502 e 510. **RE 580108 QO/SP, rel. Min. Ellen Gracie, 18.6.2008.** (RE-580108) (Inform. STF 511)

HORÁRIO DE EXPEDIENTE FORENSE E PRINCÍPIO DA COLEGIALIDADE

O Tribunal, por maioria, julgou procedente pedido formulado em ação direta ajuizada pelo Conselho Federal da Ordem dos Advogados do Brasil – OAB para declarar a inconstitucionalidade da Portaria 954/2001, do Tribunal de Justiça do Estado do Amazonas, que dispõe sobre o horário de expediente forense nas comarcas da capital e do interior do Estado do Amazonas, assim como dos órgãos de apoio do tribunal de justiça local. Entendeu-se que o diploma legal estaria em confronto com o art. 96, I, a, da CF ("*Art. 96. Compete privativamente: I – aos tribunais: a) eleger seus órgãos diretivos e elaborar seus regimentos internos, com observância das normas de processo e das garantias processuais das partes, dispondo sobre a competência e o funcionamento dos respectivos órgãos jurisdicionais e administrativos; b) organizar suas secretarias e serviços auxiliares e os dos juízos que lhes forem vinculados, velando pelo exercício da atividade correicional respectiva;*"). Salientou-se que, embora a norma impugnada alterasse o horário de trabalho dos servidores do judiciário local, não teria mudado sua jornada de trabalho, não interferindo, assim, com o respectivo regime jurídico. Considerou-se, entretanto, que o tema não poderia ter sido tratado por meio de portaria, de forma monocrática, mas por resolução, isto é, por decisão colegiada. Vencidos os Ministros Marco Aurélio, Menezes Direito, Cármen Lúcia e Eros Grau, julgavam improcedente o pleito. O Tribunal, ainda, deliberou emprestar eficácia *ex nunc* à declaração de inconstitucionalidade. Vencido, no ponto, o Min. Marco Aurélio, que atribuía efeitos *ex tunc* à decisão. **ADI 2907/AM, rel. Min. Ricardo Lewandowski, 4.6.2008.** (ADI-2907) (Inform. STF 509)

CNJ E ANULAÇÃO DE CONCURSO PARA MAGISTRATURA

O Tribunal deferiu mandado de segurança impetrado contra decisão do Conselho Nacional de Justiça – CNJ proferida nos Procedimentos de Controle Administrativo 371, 382 e 397 que determinara a anulação do XVIII Concurso para ingresso no cargo inicial de juiz de direito substituto da carreira da magistratura do Estado de Rondônia, ao fundamento de que a simples participação dos desembargadores na comissão de concurso no qual suas assessoras eram candidatas se apresentaria como uma afronta ao princípio da impessoalidade e sua exigência de imparcialidade, consubstanciando, ainda, um fator de constrangimento para os demais examinadores. Entendeu-se que a decisão impugnada estaria fundada em mera presunção de má-fé e que, da análise dos documentos acostados nos autos, não constariam indícios de irregularidades que levassem à conclusão da existência do apontado favorecimento de candidatos por parte da comissão do concurso, sendo indevidas, assim, as razões utilizadas pelo CNJ para determinar a anulação de todo o certame. Salientou-se que o referido concurso fora realizado com a previsão de três fases, e que, somente após a correção das provas da segunda fase, haveria identificação dos candidatos. Asseverou-se que, na terceira fase, os desembargadores que tinham qualquer relação com candidatos se ausentaram do recinto. Além disso, considerou-se que a lisura do concurso fora certificada pelo Tribunal de Justiça do Estado de Rondônia e pela seção local da OAB, instituições que mereceriam toda a credibilidade. Por fim, ressaltou-se que a Constituição assegura a participação de todos nos concursos públicos, desde que atendidos os requisitos legais, não importando eventual parentesco com integrantes do órgão ou entidade que os realizam. Ordem concedida para desconstituir o ato do CNJ, garantindo-se ao TJ-RO o direito de proceder, conforme os seus próprios critérios de oportunidade e conveniência, às nomeações dos candidatos aprovados para o cargo em questão. Vencidos os Ministros Marco Aurélio e Joaquim Barbosa que dene-gavam o *writ*. **MS 26700/RO, rel. Min. Ricardo Lewandowski, 21.5.2008.** (MS-26700) (Inform. STF 507)

CONSELHO NACIONAL DE JUSTIÇA: CONCURSO PÚBLICO E ATO ADMINISTRATIVO – 1

Por não vislumbrar direito líquido e certo, o Tribunal, por maioria, denegou mandado de segurança impetrado contra decisão do Conselho Nacional de Justiça – CNJ que julgara procedente pedido formulado pela Associação dos Magistrados do Estado de Pernambuco – AMEPE, em procedimento de controle administrativo, e determinara a anulação do ato que estendera, aos impetrantes — candidatos de concurso destinado ao preenchimento de vagas do cargo de juiz substituto daquela unidade federada —, o arredondamento de notas concedido a duas candidatas. Esclareceu-se, inicialmente, que o TJPE, em *writ* lá impetrado, concedera a ordem para excluir do edital do concurso item que vedava a revisão das provas dos candidatos. Em decorrência disso, fora constituída Comissão Revisora do Concurso, a qual concluíra pela revisão das notas das provas de apenas duas candidatas, majorando-as para a nota mínima exigida no edital. Ocorre que, posteriormente, o Pleno do TJPE resolvera, com base no princípio da isonomia, estender o arredondamento de notas a todos os candidatos que impetraram esse *writ*, mas que não haviam tido sucesso na revisão. **MS 26284/DF, rel. Min. Menezes Direito, 31.3.2008.** (MS-26284)

CONSELHO NACIONAL DE JUSTIÇA: CONCURSO PÚBLICO E ATO ADMINISTRATIVO – 2

Considerou-se que o fato de a decisão impugnada ter sido proferida após a determinação judicial que garantira o direito dos candidatos à revisão das provas não afastaria sua natureza administrativa, razão pela qual o CNJ teria agido no âmbito de sua competência definida no art. 103-B, II, § 4º, da CF. Asseverou-se, no ponto, que o TJPE não examinara, no mandado de segurança lá impetrado, a questão relativa ao arredondamento de notas, limitando-se a excluir a vedação à revisão de provas. Repeliu-se, ademais, a alegação de ofensa aos princípios da ampla defesa e do contraditório, ao fundamento de que os impetrantes teriam tido oportunidade de se manifestar sobre o ato administrativo examinado, apresentando suas informações, e que caberia ao CNJ, diante da imprescindibilidade dos documentos novos juntados para a solução da causa, decidir pela necessidade ou não de manifestação ulterior dos interessados. Vencido o Min. Marco Aurélio que deferia a ordem para anular o processo administrativo, por considerar não ter sido observado o devido processo legal, pois os impetrantes não teriam tido vista para se manifestar sobre os documentos novos juntados aos autos, os quais serviram ao convencimento dos conselheiros. **MS 26284/DF, rel. Min. Menezes Direito, 31.3.2008.** (MS-26284) (Inform. STF 500)

CONTRATO TEMPORÁRIO E COMPETÊNCIA DA JUSTIÇA COMUM

O Tribunal, por maioria, julgou procedente pedido formulado em reclamação proposta pelo Estado do Amazonas em face de decisão proferida pelo Juízo da 14ª Vara do Trabalho de Manaus, que antecipara os efeitos da tutela requerida nos autos de ação civil pública, bem como do processamento desta, na qual o Ministério Público do Trabalho e o Ministério Público do Estado do Amazonas pedem a nulidade de todos os contratos temporários celebrados pelo requerente na área de saúde. Entendeu-se que a decisão impugnada violou a autoridade da decisão proferida pelo Supremo na ADI 3395 MC/DF (DJU de 10.11.2006), que suspendeu toda e qualquer interpretação dada ao inciso I do art. 114 da CF, na redação da EC 45/2004, que inclua na competência da Justiça do Trabalho a apreciação de causas instauradas entre o Poder Público e seus servidores, tendo por base vínculo de ordem estatutária ou jurídico-administrativa. O Min. Carlos Britto, relator, asseverou ser suficiente, no caso, o fato de haver lei estadual (Lei 2.607/2000), remetendo ao Estatuto dos Funcionários Públicos. Vencido o Min. Marco Aurélio que julgava improcedente o pedido por considerar que, se a ação civil pública ajuizada o foi a partir da existência do vínculo empregatício, somente a Justiça do Trabalho poderia assentar configurado ou não esse mesmo vínculo empregatício. **Rcl 5381/AM, rel. Min. Carlos Britto, 17.3.2008.** (Rcl-5381) (Inform. STF 499)

PREENCHIMENTO DE CARGO DE DESEMBARGADOR E CRITÉRIO DE MERECIMENTO – 1

O Tribunal, por maioria, negou provimento a agravo regimental interposto, por juízes de direito, contra decisão que deferira pedido de suspensão da execução de liminar, concedida em mandado de segurança em trâmite no Tribunal de Justiça do Estado do Mato Grosso – TJMT, que suspendera o preenchimento de cargo aberto pela aposentadoria de desembargador, pelo critério de merecimento. Sustentavam os agravantes que impetraram o referido *writ* para assegurar o direito de serem votados para compor a lista tríplice de acesso, por merecimento, ao cargo de desembargador, independentemente de integrarem a primeira quinta parte da lista de antiguidade da entrância especial, afastando, dessa forma, a incidência da Resolução 4/2006/OE daquela Corte, fundada no art. 6º da Resolução 6/2005 do Conselho Nacional de Justiça – CNJ. Tendo em conta a publicação do edital do concurso de acesso, a liminar no mandado de segurança fora concedida para suspender o preenchimento desse cargo até o julgamento do mérito da impetração. **SS 3457 AgR/MT, rel. Min. Ellen Gracie, 14.2.2008.** (SS-3457)

PREENCHIMENTO DE CARGO DE DESEMBARGADOR E CRITÉRIO DE MERECIMENTO – 2

Entendeu-se que a decisão agravada deveria ser mantida em razão de não terem sido infirmados ou ilididos os fundamentos por ela adotados. Asseverou-se que o Estado requerente demonstrara a situação configuradora da grave lesão à ordem pública, qual seja, a de que a decisão impugnada impediria a aplicação da Resolução do CNJ, inibindo o exercício de suas atribuições institucionais. Além disso, a grave lesão à ordem pública restaria também comprovada, considerada em termos de ordem jurídico-constitucional, porque, se se adotasse o entendimento de que a EC 45/2004 teria estabelecido o retorno ao regime de merecimento puro na promoção de magistrados para os Tribunais de Justiça, permitir-se-ia que magistrados não integrantes da primeira quinta parte da lista de antiguidade da última entrância pudessem alcançar o cargo máximo da magistratura estadual, o que levaria ao desvirtuamento do sistema previsto na Constituição para a promoção por merecimento dos juízes estaduais. **SS 3457 AgR/MT, rel. Min. Ellen Gracie, 14.2.2008.** (SS-3457)

PREENCHIMENTO DE CARGO DE DESEMBARGADOR E CRITÉRIO DE MERECIMENTO – 3

Aduziu-se, ainda, que a Constituição haveria de ser interpretada com razoabilidade e que os agravantes estariam a interpretar o inciso III do art. 93 da CF, na redação que lhe foi dada pela EC 45/2004, de forma literal e estanque, o que produziria distorções. Salientou-se, ademais, que os agravantes estariam tentando contornar a orientação firmada pelo CNJ que, ao editar a Resolução 6/2005, teria agido dentro do âmbito de sua competência (CF, art. 103-B, § 4º, I e II), a fim de zelar pela observância da impessoalidade e da máxima objetividade na escolha dos juízes a compor a lista de promoção por merecimento. Ressaltou-se, por fim, a possibilidade de ocorrência do denominado "efeito multiplicador", em face da existência de magistrados em outras unidades da federação em situação idêntica à dos agravantes. Vencidos os Ministros Marco Aurélio e Carlos Britto, que davam provimento ao recurso, por considerar que o ato atacado mediante o agravo não teria uma concretude maior, haja vista que, suspensa a liminar no mandado de segurança, o TJMT, como autor dela própria, não implementaria, de qualquer forma, o preenchimento, aguardando o julgamento final do feito, bem como em razão de a EC 45/2004 ter suprimido do art. 93, II, da CF a expressão "*de acordo com o inciso II*", o qual dispunha sobre a exigência de integrar o juiz a primeira quinta parte da lista de antiguidade para fins de promoção por merecimento de entrância para entrância, implicando, portanto, o alargamento da clientela. **SS 3457 AgR/MT, rel. Min. Ellen Gracie, 14.2.2008.** (SS-3457) (Inform. STF 494)

JUIZ APOSENTADO: VITALICIEDADE E PRERROGATIVA DE FORO

A Turma, em questão de ordem, decidiu, por maioria, afetar ao Plenário julgamento de recurso extraordinário em que se discute se o foro especial por prerrogativa de função estende-se ou não àqueles que se aposentam em cargos cujos ocupantes ostentam tal prerrogativa. Trata-se, na espécie, de agravo de instrumento convertido em recurso extraordinário criminal interposto, por desembargador aposentado, contra decisão da Corte Especial do STJ que declinara de sua competência, em ação penal contra ele instaurada, ao fundamento de que, em decorrência de sua aposentadoria, não teria direito à prerrogativa de foro pelo encerramento definitivo da função. O ora recorrente sustenta a incidência do art. 95, I, da CF, assegurador da vitaliciedade aos magistrados, sob a alegação de que esta somente poderia ser afastada por sentença judicial transitada em julgado, na qual consignada a perda do cargo. Alega, ainda, que a correta leitura do art. 105, I, a, da CF, incluiria também os desembargadores aposentados, uma vez que interpretação diversa desse dispositivo o colocaria em situação inusitada, pois, o submeteria, na qualidade de ex-presidente e ex-corregedor-geral, a juiz que eventualmente tenha recebido alguma sanção disciplinar. Por fim, pleiteia o reconhecimento da negativa de vigência aos artigos 5º, XXXV, LIV, LV, e § 2º e 93, IX, ambos da CF e, alternativamente, requer sejam tidos como transgredidos os artigos 94, I e 105, I, da CF. Vencidos, quanto ao deslocamento, os Ministros Carlos Britto e Cármen Lúcia que, tendo em conta a existência de precedentes da Corte, consideravam que a matéria poderia ser decidida pela própria Turma. RE 549560/CE, rel. Min. Ricardo Lewandowski, 23.10.2007. (RE-549560) (Inform. STF 485)

REPERCUSSÃO GERAL E ARTIGOS 45 E 46 DA LEI 8.212/91 - 1

O Tribunal resolveu questão de ordem suscitada pelo Min. Gilmar Mendes em recursos extraordinários, dos quais relator, interpostos contra decisões proferidas pelo TRF da 4ª Região, no sentido de comunicar aos tribunais e turmas de juizados especiais respectivos a determinação de sobrestamento dos recursos extraordinários e agravos de instrumento que versem sobre a constitucionalidade dos artigos 45 e 46 da Lei 8.212/91 em face do art. 146, III, b, da CF/88, e do art. 5º, parágrafo único, do Decreto-Lei 1.569/77 em face do art. 18, § 1º, da CF/67, com redação dada pela EC 1/69, como também no sentido de devolver aos respectivos tribunais de origem os recursos extraordinários e agravos de instrumento, ainda não distribuídos nesta Corte, que versem sobre o tema, sem prejuízo da eventual devolução, se assim entenderem os relatores, daqueles feitos que já estão a eles distribuídos. Diante disso, deliberou o Tribunal que se comunique, com urgência, aos Presidentes do STJ, dos Tribunais Regionais Federais e aos coordenadores das Turmas Recursais, bem como ao Presidente da Turma Nacional de Uniformização da Jurisprudência dos Juizados Especiais Federais, para que suspendam o envio ao Supremo dos recursos extraordinários e agravos de instrumento que tratem da referida matéria, até que este Tribunal aprecie a questão. Na espécie, o TRF da 4ª Região desprovera apelações da União, por entender que, diante da inconstitucionalidade dos artigos 45 e 46, da Lei 8.212/91, visto que a matéria relativa à decadência e prescrição de contribuições previdenciárias somente poderia ser tratada por meio de lei complementar, deveria ser reconhecida a prescrição da execução fiscal. RE 556664/RS, rel. Min. Gilmar Mendes, 12.9.2007. (RE-556664) RE 559882/RS, rel. Min. Gilmar Mendes, 12.9.2007. (RE-559882) RE 560626/RS, rel. Min. Gilmar Mendes, 12.9.2007. (RE-560626)

REPERCUSSÃO GERAL E ARTIGOS 45 E 46 DA LEI 8.212/91 - 2

Salientando que os recursos extraordinários sob análise se submetem ao regime inaugurado pela Lei 11.418/2006, que incluiu o art. 543-B no CPC, e pela Emenda Regimental 21/2007, do STF, atendendo ao marco temporal estabelecido no julgamento do AI 664567 QO/RS (DJU de 26.6.2007), qual seja, a publicação do acórdão recorrido depois de 3.5.2007, entendeu-se que a questão discutida nesses autos — constitucionalidade da regulação de prazos decadencial e prescricional para cobrança das contribuições previdenciárias, bem como de suspensão de prazo prescricional em execuções fiscais de pequeno valor por lei ordinária — estaria entre as suscetíveis de reproduzirem-se em múltiplos feitos, sendo, portanto, pertinente a invocação da disciplina do art. 328 do RISTF (“*Art. 328. Protocolado ou distribuído recurso cuja questão for suscetível de reproduzir-se em múltiplos feitos, a Presidência do Tribunal ou o(a) Relator(a), de ofício ou a requerimento da parte interessada, comunicará o fato aos tribunais ou turmas de juizado especial, a fim de que observem o disposto no art. 543-B do Código de Processo Civil, podendo pedir-lhes informações, que deverão ser prestadas em 5 (cinco) dias, e sobrestar todas as demais causas com questão idêntica. Parágrafo único. Quando se verificar subida ou distribuição de múltiplos recursos com fundamento em idêntica controvérsia, a Presidência do Tribunal ou o(a) Relator(a) selecionará um ou mais representativos da questão e determinará a devolução dos demais aos tribunais ou turmas de juizado especial de origem, para aplicação dos parágrafos do art. 543-B do Código de Processo Civil.*”). Outros precedentes citados: AC 272/RJ (DJU de 25.2.2004); RE 519394 MC/PB (DJU de 8.3.2007). RE 556664/RS, rel. Min. Gilmar Mendes, 12.9.2007. (RE-556664) RE 559882/RS, rel. Min. Gilmar Mendes, 12.9.2007. (RE-559882) RE 560626/RS, rel. Min. Gilmar Mendes, 12.9.2007. (RE-560626) (Inform. STF 479)

CONSELHO NACIONAL DE JUSTIÇA E ATRIBUIÇÕES - 1

O Tribunal iniciou julgamento de questão de ordem suscitada pelo Min. Sepúlveda Pertence em dois mandados de segurança, dos quais relator, impetrados contra o Conselho Nacional de Justiça - CNJ, que julgara improcedente Procedimento de Controle Administrativo - PCA, formulado com o objetivo de trancar procedimento disciplinar instaurado, contra o impetrante, juiz federal, no TRF da 3ª Região, para apurar supostas ilegalidades no processamento e julgamento de *habeas corpus*. O Min. Sepúlveda Pertence, relator, resolveu a questão de ordem no sentido de referendar a decisão de indeferimento da liminar e não conhecer da segurança. Salientou, inicialmente, a necessidade de se proceder a uma redução teleológica da alínea r do inciso I do art. 102 da CF, aditada pela EC 45/2004, que conferiu ao Supremo a competência originária para processar e julgar as ações contra o CNJ, de modo a não converter a Corte, por meio do mandado de segurança, em verdadeira instância ordinária de revisão de toda e qualquer decisão do Conselho. Asseverou, no ponto, ser preciso distinguir as deliberações do CNJ que implicam intervenção na órbita da competência ordinária confiada, em princípio, aos juízos ou tribunais submetidos ao seu controle das que traduzem a recusa de intervir. Esclareceu, quanto às primeiras, as positivas, não haver dúvida de que o CNJ se torna responsável pela eventual lesão ou ameaça de lesão a direito conseqüentes, submetidas ao controle jurisdicional do Supremo, como, por exemplo, as que avoquem processos disciplinares em curso nos tribunais, apliquem sanções administrativas, desconstituam ou revejam decisões deles ou lhes ordene providências, mas que, diversamente, quanto às segundas, as negativas, o Conselho não substitui por ato seu o ato ou a omissão dos tribunais, objeto da reclamação, que, por conseguinte, remanescem na esfera de competência ordinária destes. MS 26710 QO/DF, rel. Min. Sepúlveda Pertence, 2.8.2007. (MS-26710) MS 26749 QO/DF, rel. Min. Sepúlveda Pertence, 2.8.2007. (MS-26749)

CONSELHO NACIONAL DE JUSTIÇA E ATRIBUIÇÕES - 2

O relator considerou que, no caso, o CNJ, ao recusar o pedido do interessado de ordenar ao TRF que não instaurasse o processo disciplinar cogitado, nada decidira a respeito de sua instauração ou não, deixando à deliberação do órgão judicial reclamado. Ressaltou que nem mesmo a motivação da decisão negativa do CNJ vincularia o tribunal federal, que estaria livre para acolher qualquer das alegações do interessado, seja mediante decisão administrativa de não instaurar o processo disciplinar, seja, *a fortiori*, no exercício do controle jurisdicional de deliberação administrativa em sentido contrário, o qual, mediante mandado de segurança, é de sua competência originária (LOMAN, art. 21, VI). Desse modo, afirmou que a ameaça de abertura do processo disciplinar, contra a qual se insurge o impetrante, continuaria imputável exclusivamente ao tribunal a que está subordinado, e que careceria o Supremo de competência originária para conhecer do pedido de mandado de segurança. Após, pediu vista dos autos o Min. Cezar Peluso. MS 26710 QO/DF, rel. Min. Sepúlveda Pertence, 2.8.2007. (MS-26710) MS 26749 QO/DF, rel. Min. Sepúlveda Pertence, 2.8.2007. (MS-26749) (Inform. STF 474)

MAGISTRADO E HORÁRIO PARA MAGISTÉRIO

O Tribunal julgou parcialmente procedente pedido formulado em ação direta proposta pela Associação dos Magistrados Brasileiros - AMB para declarar a inconstitucionalidade do art. 2º do Provimento 4/2005, da Corregedoria Geral de Justiça do Tribunal de Justiça do Estado do Mato Grosso do Sul, que veda ao magistrado o exercício do magistério em horário coincidente com o expediente do foro, excepcionando-se o exercício em cursos especializados pela Escola Superior da Magistratura. Entendeu-se que o dispositivo impugnado ofende a competência reservada à lei complementar, nos termos do art. 93 da CF, haja vista se tratar de matéria estatutária, já prevista no art. 26, § 1º, da LOMAN (“*O exercício de cargo de magistério superior, público ou particular, somente será permitido se houver correlação de matérias e compatibilidade de horários, vedado, em qualquer hipótese, o desempenho de função de direção administrativa ou técnica de estabelecimento de ensino*”). Vencido o Min. Marco Aurélio, que julgava o pleito totalmente improcedente, por considerar que o referido dispositivo é harmônico com a CF que permite que o magistrado ocupe um cargo de magistério, desde que não prejudique a atividade judicante. Vencidos, também, os Ministros Cezar Peluso e Joaquim Barbosa, que superavam a inconstitucionalidade formal para dar interpretação conforme ao referido art. 2º, para que se entenda que o horário seja coincidente com o expediente a que está obrigado o magistrado, e não necessariamente com o expediente do foro de caráter geral. ADI 3508/MS, rel. Min. Sepúlveda Pertence, 27.6.2007. (ADI-3508) (Inform. STF 473)

ART. 93, XI, DA CF: TRIBUNAL PLENO E ÓRGÃO ESPECIAL - 1

O Tribunal iniciou julgamento de liminar em mandado de segurança impetrado por desembargadores do Tribunal de Justiça do Estado de São Paulo - TJSP contra decisão do Conselho Nacional de Justiça - CNJ que deferira, em parte, medida liminar em procedimento de controle administrativo - PCA para anular a expressão “*a ser submetida à apreciação do Tribunal Pleno*”, contida no art. 1º e todo o art. 5º da Portaria 7.348/2006 do Presidente do TJSP, bem como para cassar todas as deliberações administrativas ou normativas do Tribunal Pleno que usurparam atribuições do Órgão Especial, em violação do Enunciado Administrativo 2 do CNJ e das Constituições Estadual e Federal. Entendera o voto condutor da decisão do CNJ que, criado o Órgão Especial, passariam automaticamente para a sua competência todas as atribuições administrativas e jurisdicionais que eram do Pleno, exceto a eletiva. Na espécie, diante da extinção dos Tribunais de Alçada paulistas (EC 45/2004, art. 4º), o Presidente do TJSP convocara o Plenário para deliberar sobre as competências a delegar ao seu Órgão Especial, haja vista o disposto no novo inciso XI do art. 93 da CF, o que resultara no requerimento de instauração do aludido PCA, ao CNJ, por integrantes do Órgão Especial, visando manter a supremacia jurisdicional e administrativa deste (CF, art. 93: “*XI - nos tribunais com número superior a vinte e cinco julgadores, poderá ser constituído órgão especial, com o mínimo de onze e o máximo de vinte e cinco membros, para o exercício das atribuições administrativas e jurisdicionais delegadas da competência do tribunal pleno, provendo-se metade das vagas por antigüidade e a outra metade por eleição pelo tribunal pleno;*”). MS 26411/DF , rel. Min. Sepúlveda Pertence, 22.3.2007. (MS-26411)

ART. 93, XI, DA CF: TRIBUNAL PLENO E ÓRGÃO ESPECIAL - 2

Inicialmente, o Tribunal, por maioria, em questão de ordem, admitiu que o pedido liminar fosse submetido ao Pleno pelo relator. Vencido, no ponto, o Min. Marco Aurélio que considerava caber ao próprio relator definir a procedência ou não do pedido de concessão de liminar, tendo em conta o disposto na Lei 1.533/51 e no Regimento Interno do STF, bem como o Enunciado da Súmula 622 do STF (“*Não cabe agravo regimental contra decisão do relator que concede ou indefere liminar em mandado de segurança*”). Em seguida, afirmou-se a legitimidade ativa dos impetrantes. Salientou-se estar diante de mandado de segurança utilizado como substitutivo do conflito de competências ou atribuições entre órgãos não personalizados de estatura constitucional, e citou-se jurisprudência da Corte no sentido de ser reconhecida a legitimação do titular de uma função pública para requerer segurança contra ato do detentor de outra tendente a obstar ou usurpar o exercício da integralidade de seus poderes ou competências (MS 21239/DF, DJU de 23.4.93; MS 20499/DF, DJU de 6.11.87). Asseverou-se ser improcedente, ademais, objeção acerca da legitimidade em virtude de a ordem ter sido impetrada por uma parcela de integrantes do Plenário do TJSP, e não por titular individual do direito-função vindicado. Considerou-se bastar a legitimá-los para impetração que, como desembargadores, participem do Plenário, cuja competência sustentam, e, nessa condição, se pretendam titulares do direito de voto nas suas deliberações respectivas, incidindo, no caso, o § 2º do art. 1º da Lei 1.533/51 ("*Quando o direito ameaçado ou violado couber a várias pessoas, qualquer delas poderá requerer o mandado de segurança*"). MS 26411/DF , rel. Min. Sepúlveda Pertence, 22.3.2007. (MS-26411)

ART. 93, XI, DA CF: TRIBUNAL PLENO E ÓRGÃO ESPECIAL - 3

Quanto à questão de mérito, o Min. Sepúlveda Pertence, relator, deferiu a liminar para suspender, até a decisão do mandado de segurança, a eficácia da decisão impugnada. Reputou densa a plausibilidade dos fundamentos do pedido de segurança, haja vista que a decisão do CNJ minimiza a inovação substancial do texto ditado pela EC 45/2004 para o inciso XI do art. 93 da CF. Ressaltou, de início, ser de importância decisiva a menção, nele contida, ao exercício de atribuições delegadas da competência do Tribunal Pleno, inexistente nos textos anteriores concernentes à instituição do Órgão Especial — compulsória na EC 7/77 à Carta decaída, e facultada no texto original da Constituição. Afirmou que a Constituição não delega competências, mas as confere aos órgãos que ela própria constitui, e que, por isso, a delegação introduzida pela EC 45/2004 tem dois pressupostos sucessivos: primeiro, que o seu objeto seja da competência original do órgão delegante e, segundo, o ato deste que delega a outro o seu exercício. Assim, a Constituição nem institui, ela própria, o Órgão Especial nos grandes tribunais — diferentemente do que determinava a EC 7/77 —, nem lhe concede todas as atribuições jurisdicionais e administrativas do Tribunal Pleno, mas apenas faculta a este que, por meio de delegação, transfira o exercício dessas atribuições ao Órgão Especial que resolva instituir. Diante disso, concluiu caber ao Tribunal Pleno constituir ou manter o Órgão Especial e delegar-lhe parcial ou total-mente suas atribuições com, pelo menos, uma única exceção, qual seja, o poder normativo de elaborar o regimento interno do tribunal e nele dispor sobre a competência e o funcionamento dos respectivos órgãos jurisdicionais e administrativos. Considerou, por fim, que, patente a relevância constitucional dos fundamentos da impetração, o risco de manter a eficácia do ato impugnado, até a decisão definitiva do *mandamus*, seria manifesto na eventualidade de ter-se um regimento votado pelo Órgão Especial, cuja invalidade seria de declaração provável, com todas as conseqüências que poderiam advir para o funcionamento o TJSP. Após, pediu vista o Min. Cezar Peluso. MS 26411/DF , rel. Min. Sepúlveda Pertence, 22.3.2007. (MS-26411) (Inform. STF 460)

ELEIÇÃO PARA CARGOS DIRETIVOS EM TRF E VÍCIO FORMAL - 1

O Tribunal, por maioria, julgou parcialmente procedente pedido formulado em ação direta de inconstitucionalidade ajuizada pelo Procurador-Geral da República contra dispositivos da Lei 7.727/89 e do Regimento Interno do TRF da 3ª Região, que dispõem sobre eleição para cargos diretivos. Preliminarmente, o Tribunal, por maioria, afastou a alegação de se estar diante de ofensa meramente reflexa à Constituição Federal, com base na orientação fixada pela Corte no sentido de ser imprescindível, para verificar se houve violação à reserva de iniciativa de que trata o art. 93 da CF, saber como o estatuto da magistratura em vigor disciplina a questão. Vencido, no ponto, o Min. Marco Aurélio que, tendo em conta que os princípios enumerados pelo art. 93 da CF, e que devem ser observados, não aludem a eleição, entendia ausente o vício formal. Por unanimidade, o Tribunal julgou prejudicada a ação quanto ao § 1º do art. 4º da Lei 7.727/89, haja vista sua revogação pelo art. 5º da Lei 8.418/92. ADI 3566/DF, rel. orig. Min. Joaquim Barbosa, rel. p/ o acórdão Min. Cezar Peluso, 15.2.2007. (ADI-3566)

ELEIÇÃO PARA CARGOS DIRETIVOS EM TRF E VÍCIO FORMAL - 2

Quanto ao mérito, o Tribunal, por unanimidade, julgou improcedente o pedido no que se refere à expressão "*eleitos na conformidade do que dispuserem os respectivos Regimentos Internos*", constante do art. 4º, *caput*, da Lei 7.727/89. Entendeu-se que o aludido dispositivo deve ser interpretado no sentido de que não trata de condições de elegibilidade, mas apenas de mero procedimento de eleição. O Tribunal, por maioria, julgou procedente o pedido relativamente aos artigos 3º e 11, I, a, ambos do Regimento Interno do TRF da 3ª Região, que estabelecem a elegibilidade para os cargos de direção daquela Corte de todos os integrantes do órgão especial, sem distinção entre os mais antigos e os mais modernos. Salientando-se que a previsão de órgãos diretivos, a competência desses órgãos, o prazo dos mandatos, o universo dos elegíveis e as condições de elegibilidade são matérias tipicamente institucionais, objeto do estatuto da magistratura (LOMAN - LC 35/79), considerou-se que as normas regimentais impugnadas padecem de vício formal, porquanto ampliam, teoricamente, o universo dos elegíveis previsto naquele estatuto. Ressaltou-se que esses aspectos institucionais têm de ter tratamento uniforme para atender ao princípio da unidade nacional da magistratura, de modo a evitar discrepância que suscite procedimentos e interpretações contraditórios. Vencido, quanto a essa questão, o Min. Joaquim Barbosa, relator, que julgava improcedente o pedido também no que concerne às normas regimentais, ao fundamento de que o preceito contido no art. 102 da LOMAN ("*dentre os seus juízes mais antigos*") teria se tornado incompatível com a nova redação dada, pela EC 45/2004, ao art. 93, XI, da CF, que prevê a existência de órgãos especiais e tribunais compostos tanto por juízes mais antigos como por juízes eleitos, que podem não ser os mais antigos. ADI 3566/DF, rel. orig. Min. Joaquim Barbosa, rel. p/ o acórdão Min. Cezar Peluso, 15.2.2007. (ADI-3566) (Inform. STF 456)

QUINTO CONSTITUCIONAL. CÁLCULO.

A controvérsia diz respeito à forma de cálculo do quinto constitucional (art. 94 da CF/1988) destinado à advocacia e ao MP, quando o número da composição do tribunal não for múltiplo de cinco, como é o caso do tribunal em análise, composto por 27 membros, resultando daí um número fracionado de 5,4. O TRF entende que a fração deve ser arredondada para o número inteiro anterior, posição contrária à da impetrante (OAB), que defende que o mandamento constitucional somente será respeitado se o resultado for elastecido ao número inteiro posterior. O STJ e o STF já se posicionaram no sentido de que, quando o número de integrantes do tribunal não for divisível por cinco, o resultado fracionado deve ser arredondado para o número inteiro subsequente, seja a fração inferior seja superior à metade. De outra forma, a norma constitucional não estaria sendo observada porque o tribunal não teria, na sua composição, um quinto de juízes oriundos da advocacia e do MP. Com essas ponderações, a Turma deu provimento ao recurso para determinar ao tribunal que preencha a vaga destinada ao quinto constitucional com um membro oriundo da carreira da advocacia. Precedentes citados do STF: MS 22.323-SP, DJ 19/4/1996; do STJ: RMS 15.583-PR, DJ 30/6/2003; RMS 12.602-AL, DJ 19/11/2001, e RMS 10.594-AC, DJ 2/5/2000. **RMS 31.448-RJ, Rel. Min. Haroldo Rodrigues (Desembargador convocado do TJ-CE), julgado em 22/2/2011.** (Inform. STJ 464)

ILEGITIMIDADE PASSIVA. PRESIDENTE. TJ.

Trata-se de recurso em mandado de segurança (RMS) em que o cerne da questão é saber se o presidente do Tribunal de Justiça (TJ) da unidade federada ora recorrida ostenta legitimidade para figurar no polo passivo do mandado de segurança (MS) impetrado na origem por serventuário titular de cartório extrajudicial contra ato daquele tribunal. O TJ, em observância à decisão do Conselho Nacional de Justiça (CNJ), desconstituiu a nomeação do impetrante, ora recorrente, em função da ausência de concurso público. A Turma reafirmou o entendimento de que o ato normativo de TJ que se destina a cumprir determinação advinda de decisão do CNJ representa simples execução administrativa, o que acarreta a ilegitimidade do presidente do Tribunal para figurar no polo passivo de MS; pois, em última análise, esse *writ* externa inconformismo contra o próprio CNJ. Assim, negou-se provimento ao recurso. Precedentes citados: RMS 29.171-GO, DJe 10/9/2009; RMS 29.310-GO, DJe 19/6/2009, e RMS 29.700-GO, DJe 16/9/2009. **RMS 29.719-GO, Rel. Min. Castro Meira, julgado em 18/2/2010**. (Inform. STJ 423)

SÚMULA VINCULANTE STF 27

Compete à Justiça estadual julgar causas entre consumidor e concessionária de serviço público de telefonia, quando a ANATEL não seja litisconsorte passiva necessária, assistente, nem opoente.

SÚMULA VINCULANTE STF Nº 17

Durante o período previsto no parágrafo 1º do artigo 100 da Constituição, não incidem juros de mora sobre os precatórios que nele sejam pagos

SÚMULA VINCULANTE STF Nº 10

Viola a cláusula de reserva de plenário (CF, artigo 97) a decisão de órgão fracionário de tribunal que, embora não declare expressamente a inconstitucionalidade de lei ou ato normativo do poder público, afasta sua incidência, no todo ou em parte.

SÚMULA STF Nº 727

Não pode o magistrado deixar de encaminhar ao Supremo Tribunal Federal o Agravo de Instrumento interposto da decisão que não admite recurso extraordinário, ainda que referente a causa instaurada no âmbito dos Juizados Especiais.

SÚMULA STF Nº 702

A competência do Tribunal de Justiça para julgar prefeitos restringe-se aos crimes de competência da justiça comum estadual; nos demais casos, a competência originária caberá ao respectivo tribunal de segundo grau.

SÚMULA STF Nº 451

A competência especial por prerrogativa de função não se estende ao crime cometido após a cessação definitiva do exercício funcional.

SÚMULA STJ Nº 434

O pagamento da multa por infração de trânsito não inibe a discussão judicial do débito.

SÚMULA STJ Nº 367

A competência estabelecida pela EC n. 45/2004 não alcança os processos já sentenciados.

SÚMULA STJ Nº 311

Os atos do presidente do tribunal que disponham sobre processamento e pagamento de precatório não têm caráter jurisdicional.

SÚMULA STJ Nº 201

Os honorários advocatícios não podem ser fixados em salários mínimos.

SÚMULA STJ Nº 140

Compete à Justiça Comum estadual processar e julgar crime em que o indígena figure como autor ou vítima.

SÚMULA STJ Nº 59

Não há conflito de competência se já existe sentença com trânsito em julgado, proferida por um dos juízos conflitantes.

SÚMULA STJ Nº 42

Compete à Justiça Comum estadual processar e julgar as causas cíveis em que é parte sociedade de economia mista e os crimes praticados em seu detrimento.

SÚMULA STJ Nº 15

Compete à justiça estadual processar e julgar os litígios decorrentes de acidente do trabalho.

9.1. Supremo Tribunal Federal

RECLAMAÇÃO E TRANSCENDÊNCIA DOS MOTIVOS DETERMINANTES

A 1ª Turma desproveu agravo regimental interposto de decisão do Min. Marco Aurélio, que negara seguimento à reclamação, da qual relator, por considerar descaber emprestar-lhe contornos próprios ao incidente de uniformização, o que ocorreria caso admitida a teoria da transcendência dos motivos determinantes. Na espécie, o reclamante noticiava ter, na qualidade de prefeito, prestado contas à câmara municipal, que as aprovara. No entanto, estas foram rejeitadas, pelo tribunal de contas, com aplicação de multa. Na reclamação, alegava-se inobservância aos acórdãos proferidos nas Ações Diretas de Inconstitucionalidade 3715 MC/TO (DJU de 25.8.2006), 1779/PE (DJU de 14.9.2001) e 849/MT (DJU de 23.4.99). Arguia ter o STF proclamado, nas aludidas decisões, que, no tocante aos chefes do Poder Executivo, os tribunais de contas sempre emitiriam pareceres prévios, nunca podendo apreciar as contas. O Colegiado salientou que a reclamação seria medida excepcional e pressuporia a usurpação da competência do Supremo ou o desrespeito a decisão por ele proferida. Consignou-se que se estaria a articular com a teoria da transcendência dos motivos. O relator assinalou que a Corte não teria admitido a adequação da reclamação pela teoria em comento. O Min. Luiz Fux observou que o reclamante faria analogia com decisão proferida em relação a estado-membro distinto daquele em questão. A Min. Cármen Lúcia lembrou que, várias vezes, os componentes do Supremo, no Plenário, chegariam à idêntica conclusão com fundamentos distintos e apenas contar-se-iam os votos da parte dispositiva. Precedente citado: Rcl 3014/SP (DJe de 21.5.2010). Rcl 11477 AgR/CE, rel. Min. Marco Aurélio, 29.5.2012. (Rcl-11477) (Inform. STF 668)

TERRAS INDÍGENAS E CONFLITO DE COMPETÊNCIA - 1

A 2ª Turma iniciou julgamento de recurso extraordinário em que discutida a competência da justiça federal para julgar crime de furto qualificado supostamente praticado por indígena em área reservada. Na espécie, o furto de madeira imputado ao ora recorrido teria sido cometido em ambiente de disputa de terras tidas como tradicionalmente ocupadas por índios. Em conseqüência, o juízo estadual declinara da competência para processar e julgar o feito e o encaminhara à justiça federal, que, por sua vez, suscitara conflito negativo de competência no STJ, dirimido no sentido de competir à justiça estadual apreciar a questão. O Min. Joaquim Barbosa, relator, proveu o recurso. Destacou que o fato de o delito ter sido perpetrado por indígena e no interior de área a ser integrada a reserva, por si só, não atrairia a competência da justiça federal, porém, as peculiaridades do caso indicariam o contrário. Reputou que o crime em comento estaria intimamente ligado a disputa sobre direitos indígenas, a incidir a regra do inciso IX do art. 109 da CF. Após, pediu vista o Min. Gilmar Mendes. **RE 541737/SC, rel. Min. Joaquim Barbosa, 29.11.2011. (RE-541737) (Infor. STF 650)**

TERRAS INDÍGENAS E CONFLITO DE COMPETÊNCIA - 2

A 2ª Turma retomou julgamento de recurso extraordinário em que discutida a competência da justiça federal para julgar crime de furto qualificado supostamente praticado por indígena em área reservada. Na espécie, o furto de madeira imputado ao ora recorrido teria sido cometido em ambiente de disputa de terras tidas como tradicionalmente ocupadas por índios — v. Informativo 650. Em voto-vista, o Min. Gilmar Mendes dissentiu do relator para desprover o recurso. Entendeu que o fato denunciado não guardaria relação com a competência constitucional da justiça federal, que se restringiria aos crimes vinculados a disputas sobre direitos indígenas. Asseverou que não se poderia, à míngua de outros elementos fáticos, atribuir o furto à suposta discussão sobre posse e propriedade de terra. Relembrou jurisprudência da Corte segundo a qual a competência seria da justiça comum quando se tratar de crime comum, cometido no interior de reserva indígena e sem qualquer correlação com disputa de terras, ainda que os acusados fossem índios. Concluiu que o vocábulo empregado no art. 109, XI, da CF teria o sentido de questão de litígio, lide, conflito, de forma a compreender somente as causas que envolvessem os direitos dos silvícolas. Após, pediu vista o Min. Ayres Britto. RE 541737/SC, rel. Min. Joaquim Barbosa, 14.2.2012. (RE-541737) (Inform. STF 655)

PAD. LEI LOCAL EM FACE DE LEI FEDERAL.

O recurso extraordinário é o cabível contra acórdão que julga válida lei local contestada em face de lei federal (art. 102, III, **d**, da CF). No caso, o autor da ação interpôs recurso especial alegando nulidade na pena de demissão aplicada pelo comandante-geral da Polícia Militar do Estado de São Paulo, ao argumento de que não foi realizado prévio parecer jurídico sobre a questão, o que violaria o disposto no art. 1º, II, da Lei federal n. 8.906/1994. O acórdão recorrido fundamentou-se na lei complementar estadual n. 893/2001, que não exige o prévio parecer jurídico para aplicação da sanção. Nesse contexto, a Turma decidiu que a verificação de violação da legislação federal nos termos propostos, em confronto com a legislação local, é questão a ser debatida em recurso extraordinário. **AgRg no REsp 1.239.159-SP, Rel. Min. Arnaldo Esteves Lima, julgado em 3/5/2012. (Inform. STJ 496)**

ART. 102, I, F, DA CF E MUNICÍPIOS - 2

Tendo em conta que o texto constitucional não menciona os Municípios entre as entidades cujos litígios com outros entes políticos de direito público interno evocam a competência originária do Supremo (CF: "*Art. 102. Compete ao Supremo Tribunal Federal, precipuamente, a guarda da Constituição, cabendo-lhe: I - processar e julgar, originariamente: ... f) as causas e os conflitos entre a União e os Estados, a União e o Distrito Federal, ou entre uns e outros, inclusive as respectivas entidades da administração indireta;*"), o Tribunal reconheceu sua incompetência para julgar agravo regimental interposto contra decisão que indeferira pedido de tutela antecipada formulado em ação cível originária na qual a Casa da Moeda do Brasil pretende ver afastada a exigibilidade, pelo Município do Rio de Janeiro, do Imposto sobre Serviço de Qualquer Natureza - ISSQN e das sanções decorrentes do não-pagamento do tributo. Determinou-se a remessa dos autos à Justiça Federal do Rio de Janeiro — v. Informativo 556. ACO 1342 AgR/RJ, rel. Min. Marco Aurélio, 16.6.2010. (ACO-1342) (Inform. STF 591)

MANDADO DE SEGURANÇA E COMPETÊNCIA DO STF – 1

O Tribunal iniciou julgamento de mandado de segurança impetrado contra suposto ato omissivo da Mesa da Câmara dos Deputados, substanciado na não nomeação dos impetrantes para o cargo de Analista Legislativo - Taquígrafo Legislativo da Câmara dos Deputados. O Min. Cezar Peluso, relator, não conheceu do writ, por ilegitimidade da autoridade coatora, e determinou a remessa dos autos à Justiça Federal, nos termos do art. 109, VIII, da CF, no que foi acompanhado pelo Min. Ricardo Lewandowski. Entendeu que o ato omissivo impugnado não seria da Mesa, mas do Presidente da Câmara dos Deputados, o qual não estaria incluso no rol taxativo de autoridades sujeitas à competência originária da Corte (CF, art. 102, I, d). Após, pediu vista dos autos o Min. Eros Grau. **MS 23977/DF, rel. Min. Cezar Peluso, 16.4.2008. (MS-23977)**

MANDADO DE SEGURANÇA E COMPETÊNCIA DO STF – 2

Por ilegitimidade da autoridade coatora, o Tribunal não conheceu de mandado de segurança impetrado contra suposto ato omissivo da Mesa da Câmara dos Deputados, substanciado na não nomeação dos impetrantes para o cargo de Analista Legislativo – Taquígrafo Legislativo da Câmara dos Deputados, e determinou a remessa dos autos à Justiça Federal, nos termos do art. 109, VIII, da CF — v. Informativo 502. Entendeu-se que o ato omissivo impugnado não seria da Mesa, mas do Presidente da Câmara dos Deputados, o qual não estaria incluso no rol taxativo de autoridades sujeitas à competência originária da Corte (CF, art. 102, I, d). **MS 23977/DF, rel. Min. Cezar Peluso, 12.5.2010. (MS-23977). (Inform. STF 586)**

COMPOSIÇÃO DE TRT: ELABORAÇÃO DE LISTA E COMPETÊNCIA DO SUPREMO - 1

Aplicando o Enunciado da sua Súmula 627 ("No mandado de segurança contra a nomeação de magistrado da competência do Presidente da República, este é considerado autoridade coatora, ainda que o fundamento da impetração seja nulidade ocorrida em fase anterior do procedimento"), o Tribunal, por maioria, resolveu questão de ordem no sentido de reconhecer sua competência para julgamento de mandado de segurança impetrado contra ato do TRT da 1ª Região e da Ordem dos Advogados do Brasil - Seccional do Estado do Rio de Janeiro, e, preventivamente, contra ato do Presidente da República. Na espécie, o presidente do TRT da 1ª Região devolvera a primeira lista sêxtupla remetida pela OAB-RJ para preenchimento de vaga do cargo de juiz daquela Corte destinada à representação dos advogados. Contra tal ato, impetrara-se, perante o Supremo, um mandado de segurança, no qual se informara que o Conselho Plenário da OAB-RJ anulara todo o procedimento interno de elaboração da referida lista sêxtupla. Impetrara-se, ainda, um segundo mandado de segurança contra aquele ato e o da OAB-RJ por meio do qual se anulara a lista. Requereram, nesses writs, o deferimento da medida liminar para sustar todos os atos relativos ao processo eletivo em curso na OAB-RJ e para que se determinasse ao Presidente da República que não efetuasse qualquer nomeação de juízes para o TRT da 1ª Região relativamente à vaga em questão. O Supremo, resolvendo questão de ordem, entendera ser da competência do TRT da 1ª Região o julgamento desses mandados de segurança. Após esses fatos, impetrara-se, aqui, o presente mandado de segurança, questionando-se a continuidade da elaboração de nova lista sêxtupla pela OAB-RJ, independentemente do aguardo da decisão final naqueles writs, bem como a votação da lista tríplice pelo TRT da 1ª Região e seu envio ao TST, para posterior remessa ao Presidente da República. Pleiteiam no presente writ que se determine ao Presidente da República que se abstenha de examinar ou nomear a lista tríplice a ser enviada pelo TRT da 1ª Região e que se decrete tanto a nulidade dos atos da OAB-RJ referentes à elaboração da lista sêxtupla quanto os do próprio TRT. Considerou-se que, no presente caso, não obstante evidente que a legalidade da atuação primeira do então presidente do TRT ainda não tivesse sido apreciada pelo Judiciário, já existiria uma lista tríplice, enviada ao TST, a qual poderia ser remetida, a qualquer momento, ao Presidente da República. Assim, a iminente participação deste na composição do TRT da 1ª Região atrairia a competência do Supremo para o julgamento do feito. Vencido o Min. Marco Aurélio, que não conhecia da questão de ordem. Precedentes citados: MS 24414/DF (DJU de 21.11.2003); MS 23972/DF (DJU de 21.9.2001). **MS 27244 QO/DF, rel. Min. Joaquim Barbosa, 13.5.2009. (MS-27244)**

COMPOSIÇÃO DE TRT: ELABORAÇÃO DE LISTA E COMPETÊNCIA DO SUPREMO – 2

Em conclusão de julgamento, o Tribunal concedeu, em parte, mandado de segurança, impetrado contra ato do Tribunal Regional do Trabalho da 1ª Região e da Ordem dos Advogados do Brasil – Seccional do Estado do Rio de Janeiro, e, preventivamente, contra ato do Presidente da República, para determinar a este último que se abstenha de deliberar sobre a lista tríplice que está em seu poder, para o preenchimento de vaga no TRT da 1ª Região decorrente do falecimento de desembargador, até o julgamento definitivo dos mandados de segurança 26438/DF e 26787/DF. Na espécie, o presidente do TRT da 1ª Região devolvera a primeira lista sêxtupla remetida pela OAB-RJ para preenchimento de vaga do cargo de juiz daquela Corte destinada à representação dos advogados. Contra tal ato, impetrara-se, perante o Supremo, um mandado de segurança, no qual se informara que o Conselho Plenário da OAB-RJ anulara todo o procedimento interno de elaboração da referida lista sêxtupla. Impetrara-se, ainda, um segundo mandado de segurança contra aquele ato e o da OAB-RJ por meio do qual se anulara a lista. Requereram, nesses writs, o deferimento da medida liminar para sustar todos os atos relativos ao processo eletivo em curso na OAB-RJ e para que se determinasse ao Presidente da República que não efetuasse qualquer nomeação de juízes para o TRT da 1ª Região relativamente à vaga em questão. Em 29.10.2007, o Supremo, resolvendo questão de ordem, entendera ser da competência do TRT da 1ª Região o julgamento desses mandados de segurança. Após esses fatos, impetrara-se o presente mandado de segurança, questionando-se a continuidade da elaboração de nova lista sêxtupla pela OAB-RJ, independentemente do aguardo da decisão final naqueles writs e da liminar concedida no MS 26787/DF, bem como a votação e formação da lista tríplice pelo TRT da 1ª Região e seu envio ao TST, para posterior remessa ao Presidente da República — v. Informativo 546. Tendo em conta o fato de, em questão de ordem, ter sido declinada a competência para o TRT da 1ª Região para julgamento dos dois mandados de segurança impetrados anteriormente, a fim de que lá seja apreciada a questão de mérito, entendeu-se que o pronunciamento do Supremo, nos presentes autos, estaria restrito a determinar ao Presidente da República que não nomeasse ninguém até o julgamento daqueles writs, com o objetivo de assegurar a eficácia prática das decisões que vierem a ser prolatadas pelo TRT. **MS 27244/DF, rel. Min. Joaquim Barbosa, 7.4.2010. (MS-27244). (Inform. STF 581)**

RECLAMAÇÃO: LIBERDADE DE IMPRENSA E SEGREDO DE JUSTIÇA IMPOSTO EM DECISÃO JUDICIAL – 1

O Tribunal, por maioria, não conheceu de reclamação — julgando-a extinta sem julgamento de mérito — proposta por empresa jornalística contra decisão de Turma Cível do TJDFT, que, nos autos de agravo de instrumento, se declarara absolutamente incompetente para apreciar o recurso, reconhecendo conexão com decisão que decretara a quebra de sigilo telefônico proferida por juiz federal no Estado do Maranhão, mantendo, porém, com base no poder geral de cautela, decisão liminar do relator original da causa, qual seja, ação inibitória de publicação de dados sigilosos sobre o autor e contidos em pendente investigação policial. Alegava a reclamante, em suma, desrespeito à autoridade da decisão proferida pelo Supremo na ADPF 130/DF (DJE de 6.11.2009), que declarara a revogação integral ou não recepção, pela ordem jurídica vigente, da Lei 5.250/67 – Lei de Imprensa. Pleiteava fosse cassado o acórdão impugnado, fazendo cessar as restrições informativas (censura) que teriam sido a ela impostas. Entendeu-se não haver identidade entre a questão jurídica discutida nos autos da reclamação e a decidida na ADPF 130/DF. **Rcl 9428/DF, rel. Min. Cezar Peluso, 10.12.2009.** (Rcl-9428)

RECLAMAÇÃO: LIBERDADE DE IMPRENSA E SEGREDO DE JUSTIÇA IMPOSTO EM DECISÃO JUDICIAL – 2

Prevaleceu o voto do relator que salientou, de início, que o objeto da reclamação reduzir-se-ia a que — na visão da reclamante, impedida de publicar reprodução de dados relativos ao autor da ação inibitória, apurados em inquérito policial coberto por segredo de justiça — teria a decisão impugnada, que confirmara a ordem liminar de impedimento, desrespeitado a autoridade do acórdão do Supremo na aludida ADPF. Destacou que, no entanto, a especificidade da reclamação estaria em que — fundando-se a decisão liminar, editada no agravo de instrumento, na expressa invocação da inviolabilidade constitucional dos direitos da personalidade, especialmente o da privacidade, mediante necessária proteção do sigilo legal de dados obtidos por interceptação judicial de comunicações telefônicas, velados por segredo de justiça, perante pretensão, não do Estado, mas de particular representado por empresa jornalística, de os divulgar em nome da liberdade da imprensa — o caso não se cingiria à configuração de contraste teórico e linear entre os direitos fundamentais garantidos nos artigos 5º, X, e 220, *caput*, da CF, mas envolveria também a garantia da inviolabilidade do sigilo das comunicações telefônicas, previsto no art. 5º, XII, da CF, e assegurado por segredo de justiça imposto em decisão judicial. **Rcl 9428/DF, rel. Min. Cezar Peluso, 10.12.2009.** (Rcl-9428)

RECLAMAÇÃO: LIBERDADE DE IMPRENSA E SEGREDO DE JUSTIÇA IMPOSTO EM DECISÃO JUDICIAL – 3

Após salientar as hipóteses de cabimento da reclamação, afirmando que a mera alegação de eventual transgressão à CF não se inclui entre elas e, tendo em conta que o objeto da reclamação sob análise restringir-se-ia à alegação de ofensa à autoridade do acórdão prolatado na ADPF 130/DF, que dera por inteiramente revogada ou não recebida a Lei de Imprensa, não sendo lícito ampliar-lhe os precisos limites decisórios e instaurar extensa discussão constitucional a respeito do alcance da liberdade de imprensa na relação com o poder jurisdicional, o relator não vislumbrou, no teor da decisão impugnada, nenhum desacato à autoridade daquele acórdão, seja contra seu comando decisório, seja contra seus fundamentos (motivos determinantes). Registrou que a petição inicial da ação inibitória movida contra a reclamante estaria baseada na invocação de direitos da personalidade previstos no art. 5°, X e XII, da CF, da disposição do art. 12 do CC, assim como da tipificação penal da violação e divulgação de dados sigilosos oriundos de interceptação telefônica autorizada judicialmente, consoante preceituam os artigos 8° e 10 da Lei federal 9.296/96, e o art. 153, § 1°-A, do CP, sem nenhuma menção, próxima nem remota, a norma ou normas da lei ab-rogada. O mesmo ocorreria em relação à decisão impugnada, que, atendo-se aos fundamentos constitucionais e legais invocados pelo autor, não teria feito menção a nenhum dispositivo da Lei 5.250/67. Nesse contexto, concluiu não se poder cogitar de desrespeito à autoridade do comando decisório do acórdão da ADPF 130/DF, o que apenas seria concebível se a decisão impugnada houvesse aplicado qualquer das normas constantes da lei que a Corte declarara estar fora do ordenamento jurídico vigente. Também afastou a argüição de ofensa aos fundamentos ou aos motivos ditos determinantes do acórdão paradigma. **Rcl 9428/DF, rel. Min. Cezar Peluso, 10.12.2009.** (Rcl-9428)

RECLAMAÇÃO: LIBERDADE DE IMPRENSA E SEGREDO DE JUSTIÇA IMPOSTO EM DECISÃO JUDICIAL – 4

Em síntese, o relator frisou não ser possível extrair do acórdão da ADPF 130/DF, sequer a título de motivo determinante, uma posição vigorosa e unívoca da Corte que implicasse, em algum sentido, juízo decisório de impossibilidade absoluta de proteção de direitos da personalidade, como a intimidade, a honra e a imagem, por parte do Poder Judiciário, em caso de contraste teórico com a liberdade de imprensa. Acrescentou que essa afirmação não significaria que toda e qualquer interdição ou inibição judicial a exercício de liberdade de expressão fosse constitucionalmente admissível, mas apenas sublinharia não se encontrar, na leitura de todos os votos que compuseram o acórdão paradigma, quer no dispositivo, quer nos fundamentos, pronúncia coletiva de vedação absoluta à tutela jurisdicional de direitos da personalidade segundo as circunstâncias de casos concretos, e que, como tal, seria a única hipótese idônea para autorizar o conhecimento do mérito da reclamação. Vencidos os Ministros Carlos Britto, Cármen Lúcia e Celso de Mello, que conheciam da reclamação por perceber clara relação de identidade entre o conteúdo do ato que se questionava na reclamação e os fundamentos constantes do acórdão invocado como paradigma. **Rcl 9428/DF, rel. Min. Cezar Peluso, 10.12.2009.** (Rcl-9428) (Inform. STF 571)

AGRAVO DE INSTRUMENTO: CABIMENTO E ART. 543-B, § 3º, DO CPC - 1

O Tribunal iniciou julgamento de questão de ordem em agravo de instrumento interposto pela União contra decisão proferida pela Presidência da Turma Recursal do Juizado Especial Federal do Estado de Sergipe que declarara prejudicado o recurso extraordinário interposto, tendo em vista o julgamento da matéria pelo Supremo no RE 597154 QO/PB (DJE de 29.5.2009), conforme autorizado pelo regime da repercussão geral (CPC, art. 543-B, § 3º). No citado julgamento, o Supremo afirmara sua jurisprudência consolidada no sentido de ser devida a extensão de gratificação de caráter genérico aos inativos e de que os critérios de pontuação da GDATA e da GDASST, em relação àqueles, seriam os mesmos aplicáveis aos servidores em atividade, estabelecidos nas sucessivas leis de regência. No presente recurso, a União sustenta que a matéria debatida nos autos se refere à gratificação de Desempenho Técnico-Administrativa - GDPGTAS, a qual não poderia ser equiparada à GDATA, porque criada em quadro jurídico-constitucional diverso, após a promulgação da EC 41/2003. Sustenta, assim, que a decisão do Supremo apenas se aplicaria aos casos de GDATA e GDASST, não se estendendo aos casos de GDPGTAS. O Min. Gilmar Mendes, Presidente, suscitou questão de ordem para que se fixe o entendimento de que agravo de instrumento dirigido ao Supremo não é o meio adequado para que a parte questione decisão de tribunal a quo que julga prejudicado recurso nos termos do art. 543-B, § 3º, do CPC. **AI 760358 QO/SE, rel. Min. Gilmar Mendes, 26.8.2009. (AI-760358)**

AGRAVO DE INSTRUMENTO: CABIMENTO E ART. 543-B, § 3º, DO CPC - 2

Inicialmente, salientou que a matéria em exame sinalizaria o início da segunda fase da aplicação da reforma constitucional que instituíra a repercussão geral, dando origem a um novo modelo de controle difuso de constitucionalidade no âmbito do Supremo. Tal fase seria decorrente da incidência aos processos múltiplos, sobrestados ou não, das decisões de mérito pacificadas por esta Corte, com a utilização dos leading cases para a solução de processos que versariam sobre idênticas questões constitucionais e que não mais deveriam ser remetidos ao Supremo, mas sim, nos termos do § 3º do art. 543-B, do CPC, resolvidos pelos tribunais e turmas recursais de origem, mediante juízo de retratação ou declaração de prejuízo. Mencionou que, posteriormente, quanto à discussão travada especificamente em torno da extensão da GDPGTAS aos servidores inativos, o Supremo, em decisões monocráticas de Ministros de ambas as Turmas e em decisão da 2ª Turma, fixara o entendimento de serem aplicáveis, mutatis mutandis, os mesmos fundamentos, ante a manifesta semelhança do disposto no § 7º do art. 7º da Lei 11.357/2006, que trata dessa gratificação, com o disposto no art. 6º da Lei 10.404/2002 e no art. 1º da Lei 10.971/2004, que tratam da GDATA. Em seguida, consignou que a questão jurídica aqui debatida deveria ser interpretada à luz da Constituição e desse novo sistema que pretende racionalizar o uso do recurso extraordinário. Tendo isso em conta, aduziu que o STF, já no início da utilização desse procedimento, sinalizara a necessidade de regra específica para os agravos de instrumento, que adviera com as Emendas Regimentais 23 e 27, ambas de 2008, as quais autorizaram os tribunais de origem a sobrestar os recursos extraordinários múltiplos antes de realizar qualquer juízo de admissibilidade. Frisou que essas emendas aplicaram o regime da repercussão geral aos agravos de instrumento e, assim, pela primeira vez, os tribunais de origem tiveram a atribuição de sobrestar e de pôr termo aos aludidos recursos. Asseverou que o cabimento de agravo de instrumento dirigido ao Supremo se cinge aos casos elencados no art. 313 do seu Regimento Interno e no art. 544 do CPC, não se contemplando a presente hipótese em nenhum desses dispositivos. Considerou, ademais, não ter ocorrido juízo de admissibilidade do recurso extraordinário pelo tribunal a quo, mas registro da prejudicialidade, com base nas regras previstas pelo regime da repercussão geral. **AI 760358 QO/SE, rel. Min. Gilmar Mendes, 26.8.2009. (AI-760358)**

AGRAVO DE INSTRUMENTO: CABIMENTO E ART. 543-B, § 3º, DO CPC - 3

Aduziu que se admitir o agravo de instrumento nessas situações e retomar-se a remessa individual de processos ao STF significaria confrontar a lógica do sistema e restabelecer o modelo de análise casuística, quando toda a reforma processual fora concebida de modo a permitir que o Supremo se debruçasse uma única vez sobre cada questão constitucional. Registrou que esse mesmo raciocínio aplicar-se-ia à tentativa de interpor recurso extraordinário da decisão proferida pelo tribunal ou turma recursal de origem no exercício do juízo de retratação. Enfatizou não haver interesse recursal em submeter ao STF questão constitucional que já fora decidida no mesmo sentido da jurisprudência da Corte em matéria de repercussão geral, assinalando que o eventual recurso será alcançado pela mesma norma de prejudicialidade. Afirmou que a única hipótese admitida pela lei para remessa de recurso múltiplo ao Supremo refere-se à recusa da retratação pelo tribunal de origem. Lembrou, no ponto, que todas as decisões contrárias ao entendimento deste Tribunal devem ser submetidas ao juízo de retratação, ainda que posteriores a essa orientação. Ressaltando ter havido uma opção política na reforma constitucional, considerou ser imperativo que o STF assuma a função de Corte de perfil constitucional e abandone a de Corte de revisão. Desse modo, concluiu que os tribunais e turmas recursais de origem teriam competência para dar encaminhamento definitivo aos processos múltiplos nos temas levados à apreciação da repercussão geral, não havendo se falar, nessa hipótese, em delegação de competência. Destacou que, nos julgamentos de repercussão geral, a relevância social, política, jurídica ou econômica não seria do recurso, mas da questão constitucional que nele contida. Assentando ser consentânea com o novo modelo a possibilidade de se aplicar o decidido quanto a uma questão constitucional a todos os múltiplos casos em que a mesma questão se apresente como determinante do destino da demanda, ainda que revestida de circunstâncias acidentais diversas, rejeitou o agravo de instrumento por reputar patente a sua inadmissibilidade. Após, a Min. Ellen Gracie pediu vista dos autos. AI 760358 QO/SE, rel. Min. Gilmar Mendes, 26.8.2009. (AI-760358)

AGRAVO DE INSTRUMENTO: CABIMENTO E ART. 543-B, § 3º, DO CPC – 4

O Tribunal resolveu questão de ordem no sentido de não conhecer de agravo de instrumento e de devolvê-lo ao tribunal de origem para que o julgue como agravo regimental. Tratava-se de recurso interposto pela União contra decisão proferida pela Presidência da Turma Recursal do Juizado Especial Federal do Estado de Sergipe que declarara prejudicado o recurso extraordinário interposto, tendo em vista o julgamento da matéria pelo Supremo no RE 597154 QO/PB (DJE de 29.5.2009), conforme autorizado pelo regime da repercussão geral (CPC, art. 543-B, § 3º). No aludido julgamento, o Supremo afirmara sua jurisprudência consolidada no sentido de ser devida a extensão de gratificação de caráter genérico aos inativos e de que os critérios de pontuação da GDATA e da GDASST, em relação àqueles, seriam os mesmos aplicáveis aos servidores em atividade, estabelecidos nas sucessivas leis de regência. No presente recurso, a União sustenta que a matéria debatida nos autos se refere à gratificação de Desempenho Técnico-Administrativa – GDPGTAS, a qual não poderia ser equiparada à GDATA, porque criada em quadro jurídico-constitucional diverso, após a promulgação da EC 41/2003. Sustenta, assim, que a decisão do Supremo apenas se aplicaria aos casos de GDATA e GDASST, não se estendendo aos casos de GDPGTAS — v. Informativo 557. Entendeu-se que o agravo de instrumento dirigido ao Supremo não seria o meio adequado para que a parte questionasse decisão de tribunal *a quo* que julga prejudicado recurso nos termos do art. 543-B, § 3º, do CPC. Não obstante, tendo em conta a ausência de outro meio eficaz, e salientando a importância de uma rápida solução para a questão, considerou-se que, no caso, tratando-se de decisão monocrática, o agravo regimental poderia ser utilizado, a fim de que o próprio tribunal de origem viesse a corrigir equívoco de aplicação da jurisprudência do Supremo. **AI 760358 QO/SE, rel. Min. Gilmar Mendes, 19.11.2009.** (AI-760358) (Inform. STF 568)

EC 45/2004 E ART. 102, III, D, DA CF

O Tribunal, por maioria, resolveu questão de ordem no sentido de reconhecer sua competência para processar e julgar agravo de instrumento interposto contra decisão que negara seguimento a recurso extraordinário. Discutia-se, na espécie, o tribunal competente, se o Supremo Tribunal Federal ou se o Superior Tribunal de Justiça, para julgar as causas decididas em única ou última instância, quando a decisão recorrida julgar válida lei local contestada em face de lei federal. Explicou-se que, quando da interposição do recurso extraordinário, inadmitido na origem, o que desafiara a interposição do agravo de instrumento, no Supremo, ainda estava em vigor a EC 1/69, cujo art. 119, III, previa competir a esta Corte julgar, mediante recurso extraordinário, as causas decididas em única ou última instância por outros tribunais, quando a decisão recorrida julgasse válida lei ou ato do governo local contestado em face da Constituição ou de lei federal. Asseverou-se que, com o advento da CF/88, passou a ser da competência do STJ julgar, em recurso especial, as causas decididas, em única ou última instância, pelos Tribunais Regionais Federais ou pelos Tribunais dos Estados, do DF e Territórios, quando a decisão recorrida julgasse válida lei ou ato do governo local contestado em face da lei federal (art. 105, III, **b**). Ressaltou-se que, posteriormente, a EC 45/2004 dividiu esse dispositivo em relação às competências enquanto lei e ato de governo. Assim, manteve no STJ a competência para julgar, mediante recurso especial, as causas decididas, em única ou última instância, pelos Tribunais Regionais Federais ou pelos Tribunais dos Estados, do DF e Territórios, quando a decisão recorrida julgar válido ato de governo local contestado em face de lei federal (art. 105, III, **b**); e devolveu ao Supremo a competência para julgar, mediante recurso extraordinário, as causas decididas em única ou última instância, quando a decisão recorrida julgar válida lei local contestada em face de lei federal (art. 102, III, **d**). Observou-se, por fim, que, tanto na época da interposição do recurso extraordinário como hoje, a competência estaria posta ao Supremo. O Min. Celso de Mello, tendo em vista a superveniência da EC 45/2004, retificou o voto proferido em 1990. Vencido o Min. Moreira Alves, relator, que não conhecia do agravo por incompetência do Supremo e determinava a remessa dos autos ao STJ. **AI 132755 QO/SP, rel. orig. Min. Moreira Alves, red. p/ o acórdão Min. Dias Toffoli, 19.11.2009.** (AI-132755) (Inform. STF 568)

EMENTA: *HABEAS CORPUS*. CRIME MILITAR. ABSOLVIÇÃO EM PRIMEIRA INSTÂNCIA. SUPERIOR TRIBUNAL MILITAR. ACÓRDÃO. CONDENAÇÃO. NULIDADE POR FALTA DE FUNDAMENTAÇÃO. VIOLAÇÃO AO ART. 93, IX, DA CF. OCORRÊNCIA. ORDEM CONCEDIDA. I – O acórdão recorrido, ao reformar a sentença absolutória, deixou de explicitar em quais elementos de prova fundou-se a condenação, o que viola a exigência constitucional de motivação das decisões. II – Ofensa ao art. 93, IX, da CF. III – Ordem concedida. **HC N. 95.706-RJ. RELATOR: MIN. RICARDO LEWANDOWSKI. Noticiado no Informativo 559.** (Inform. STF 566)

ASSÉDIO PROCEDIMENTAL E COMUNICAÇÃO A CONSELHO SECCIONAL DA OAB

Por reputá-lo infundado e protelatório, o Tribunal negou provimento a recurso de agravo regimental interposto por Subseção da OAB do Rio de Janeiro contra decisão que negara seguimento a reclamação por ela ajuizada, e, por maioria, determinou a comunicação ao Conselho Seccional da Ordem dos Advogados do Brasil naquele Estado-membro, a fim de que tome conhecimento sobre eventual excesso ou falha do advogado. Na espécie, tratava-se de reclamação ajuizada contra ato do Vice-Presidente do Supremo Tribunal Federal que, em mandado de segurança, negara seguimento ao pedido formulado contra ato da Presidência da Corte. O Min. Joaquim Barbosa, relator, considerara o pedido formulado na reclamação manifestamente incabível, tendo em vista não ser ela a via processual adequada, no Supremo Tribunal Federal, à impugnação de suas decisões, observando, ainda, que a impugnação haveria de ser feita nos termos da legislação processual por meio de recursos próprios, faculdade essa já exercida, inclusive, pela ora reclamante, tendo em vista que interposto agravo regimental contra a decisão atacada na reclamação. O relator, ao julgar o regimental, afirmou haver verdadeiro assédio procedimental sem o menor fundamento. Vencidos, em parte, os Ministros Cármen Lúcia, Marco Aurélio e Celso de Mello, que afastavam a comunicação à seccional. **Rcl 4591 AgR/DF, rel. Min. Joaquim Barbosa, 8.10.2009.** (Rcl-4591) (Inform. STF 562)

EMENTA: RECLAMAÇÃO CONSTITUCIONAL. ALEGADO DESCUMPRIMENTO DE DECISÃO DO SUPREMO TRIBUNAL FEDERAL EM RECURSO EXTRAORDINÁRIO. 1. O Supremo Tribunal Federal determinou o retorno dos autos ao Tribunal Superior do Trabalho para que este prosseguisse no exame do processo, afastando, então, a premissa de que a aposentadoria espontânea extingue o contrato de trabalho. Acórdão do TST que afastou essa premissa. 2. Reclamação que se julga improcedente. **Rcl N. 5.515-PB. RELATOR: MIN. CARLOS BRITTO. Noticiado no Informativo 544.** (Inform. STF 551)

EMENTA: QUESTÃO DE ORDEM. RECLAMAÇÃO. PEDIDO DE DESISTÊNCIA. PROCESSO DE JULGAMENTO COLEGIADO INICIADO. COMPETÊNCIA DO PLENÁRIO. HOMOLOGAÇÃO INDEFERIDA. I – Não é admissível o pedido de desistência de feitos cujo julgamento já tenha sido iniciado. II – Preservação da unicidade do julgamento. III – Homologação indeferida. **QUEST. ORD. EM Rcl N. 1.503-DF. RELATOR: MIN. RICARDO LEWANDOWSKI. Noticiado no Informativo 540** (Inform. STF 549)

SENTENÇA ARBITRAL ESTRANGEIRA – HOMOLOGAÇÃO – CABIMENTO DE RE (TRANSCRIÇÕES)

EMENTA: SENTENÇA ARBITRAL ESTRANGEIRA. HOMOLOGAÇÃO DEFERIDA. LEI Nº 9.307/96 (LEI DE ARBITRAGEM). COMPETÊNCIA ORIGINÁRIA DO STJ, QUE É O TRIBUNAL DO FORO (EC Nº 45/2004). PROCESSO DE HOMOLOGAÇÃO. SISTEMA DE CONTENCIOSIDADE LIMITADA. LIMITES DO CONTROLE JUDICIAL, MEDIANTE JUÍZO MERAMENTE DELIBATÓRIO, DA SENTENÇA ARBITRAL ESTRANGEIRA (LEI Nº 9.307/96, ARTS. 38 E 39). PRESSUPOSTOS DE HOMOLOGABILIDADE. IMPOSSIBILIDADE DE DISCUSSÃO, NO TRIBUNAL DO FORO (STJ), DO MÉRITO DA CONTROVÉRSIA SUBJACENTE À SENTENÇA ESTRANGEIRA. NECESSÁRIA DISTINÇÃO ENTRE O OBJETO DA DELIBAÇÃO E O OBJETO DO PROCESSO DE QUE RESULTOU A SENTENÇA ESTRANGEIRA. DOUTRINA. PRECEDENTES DO SUPREMO TRIBUNAL FEDERAL. POSSIBILIDADE DE INTERPOSIÇÃO DE RECURSO EXTRAORDINÁRIO CONTRA ACÓRDÃO DO STJ QUE HOMOLOGA SENTENÇA ESTRANGEIRA, DESDE QUE PRESENTES OS REQUISITOS LEGITIMADORES DO APELO EXTREMO. CONFIGURAÇÃO, NA ESPÉCIE, DE OFENSA MERAMENTE REFLEXA AO TEXTO CONSTITUCIONAL. PRÉ-EXCLUSÃO DO EXAME DE FATOS E DE PROVAS NA VIA EXCEPCIONAL DO RECURSO EXTRAORDINÁRIO. PRECEDENTES (STF). INVIABILIDADE, NO CASO, DO RECURSO EXTRAORDINÁRIO. AGRAVO DE INSTRUMENTO IMPROVIDO. **AI 650743/DF. RELATOR: MIN. CELSO DE MELLO.** (Inform. STF 548)

AG. REG. NA AO N. 1.498-SP

RELATOR: MIN. EROS GRAU

EMENTA: AGRAVO REGIMENTAL. AÇÃO ORIGINÁRIA. COMPETÊNCIA. SUPREMO TRIBUNAL FEDERAL. AÇÃO DE INTERESSE DE TODA A MAGISTRATURA. ART. 102, I, "N", DA CONSTITUIÇÃO. INOCORRÊNCIA. HIPÓTESE EM QUE SE DISCUTEM INTERESSES INDIVIDUAIS, NÃO PERMITINDO O DESLOCAMENTO DA COMPETÊNCIA. IMPEDIMENTO E SUSPEIÇÃO. NECESSIDADE DE MANIFESTAÇÃO EXPRESSA DO TRIBUNAL DE ORIGEM. INSTAURAÇÃO, PELO ÓRGÃO ESPECIAL, DE PROCEDIMENTO ADMINISTRATIVO DISCIPLINAR CONTRA MAGISTRADO. COMPETÊNCIA DO TRIBUNAL LOCAL PARA A REVISÃO DO ATO. ART. 21, VI, DA LC N. 35/79 [LOMAN]. AGRAVO IMPROVIDO.

1. O impedimento e a suspeição que autorizam o julgamento de ação originária pelo Supremo Tribunal Federal, nos termos do disposto no art. 102, I, "n", *in fine*, da CB/88, pressupõem a manifestação expressa dos membros do Tribunal competente, em princípio, para o julgamento da causa. Precedentes [Rcl n. 2.942 – MC, Relator o Ministro CELSO DE MELLO, DJ 16.12.2004; AgR-MS n. 25.509, Relator o Ministro SEPÚLVEDA PERTENCE, DJ 24.03.2006; AgR-AO n. 1.153, Relator o Ministro CARLOS VELLOSO, DJ 30.09.2005; AgR-AO n. 1.160, Relator o Ministro CEZAR PELUSO, DJ 11.11.2005 e AgR-AO n. 973, Relatora a Ministra ELLEN GRACIE, DJ 16.05.2003].

2. A competência para rever decisão de órgão colegiado atinente à instauração de processo disciplinar contra magistrado é do Tribunal cujos membros o compõem, pena de supressão de instância e violação do disposto no art. 21, VI, da Lei Orgânica da Magistratura Nacional – LOMAN [LC n. 35/79].

3. A mera alegação de interesse da magistratura na questão, do que decorreria a atribuição de "generalidade" à causa, não permite, por si só, o deslocamento da competência do Tribunal local. Precedente [AO n. 587, Relatora a Ministra ELLEN GRACIE, DJ de 30.6.06].

4. Agravo regimental a que se nega provimento. (Inform. STF 534)

COMPETÊNCIA ORIGINÁRIA DO STF: APELAÇÃO CRIMINAL E ABSOLVIÇÃO

O Tribunal deu provimento a apelação criminal, protocolizada como ação penal, interposta contra sentença, proferida pelo Juízo da 28ª Zona Eleitoral de Miranorte-TO, que condenara o apelante a pena de detenção, pela prática do crime de calúnia, previsto no art. 324 do

Código Eleitoral, reconhecendo, em relação aos demais crimes a ele imputados (difamação e injúria), a prescrição da pretensão punitiva. Os autos subiram a esta Corte em virtude de o recorrente, após a condenação, ter sido diplomado Senador da República. Inicialmente, o Tribunal, ante a prerrogativa de foro do parlamentar, assentou sua competência para o julgamento do feito. No ponto, o Min. Cezar Peluso fez ressalva no sentido de se estar, no caso, exercendo competência recursal não prevista na Constituição. Em seguida, o Tribunal, por maioria, em face da atipicidade do fato, deu provimento ao recurso, para absolver o apelante do crime de calúnia. Vencido, em parte, o Min. Marco Aurélio, relator, que dava provimento ao recurso para desclassificar o crime de calúnia para o de injúria e pronunciar, quanto a este, a prescrição da pretensão punitiva. **AP 428/TO, rel. Min. Marco Aurélio, 12.6.2008.** (AP-428) (Inform. STF 510)

MANDADO DE SEGURANÇA E COMPETÊNCIA DO STF

O Tribunal iniciou julgamento de mandado de segurança impetrado contra suposto ato omissivo da Mesa da Câmara dos Deputados, substanciado na não nomeação dos impetrantes para o cargo de Analista Legislativo – Taquígrafo Legislativo da Câmara dos Deputados. O Min. Cezar Peluso, relator, não conheceu do *writ*, por ilegitimidade da autoridade coatora, e determinou a remessa dos autos à Justiça Federal, nos termos do art. 109, VIII, da CF, no que foi acompanhado pelo Min. Ricardo Lewandowski. Entendeu que o ato omissivo impugnado não seria da Mesa, mas do Presidente da Câmara dos Deputados, o qual não estaria incluso no rol taxativo de autoridades sujeitas à competência originária da Corte (CF, art. 102, I, **d**). Após, pediu vista dos autos o Min. Eros Grau. **MS 23977/DF, rel. Min. Cezar Peluso, 16.4.2008.** (MS-23977) (Inform. STF 502)

REPERCUSSÃO GERAL E PRELIMINAR EXPRESSA

O Tribunal negou provimento a agravo regimental interposto contra decisão da Presidência da Corte que, ante a inobservância do que disposto no art. 543-A, § 2º, do CPC, que exige a apresentação de preliminar sobre a repercussão geral da matéria constitucional suscitada, não conhecera de recurso extraordinário (RISTF, artigos 13, V, **c**, e 327). Considerou-se que, na linha da orientação firmada no julgamento do AI 664567 QO/RS (DJU de 6.9.2007), todo recurso extraordinário, interposto de decisão cuja intimação ocorreu após a publicação da Emenda Regimental 21 (DJU de 3.5.2007), deve apresentar preliminar formal e fundamentada da repercussão geral das questoes constitucionais nele discutidas. Asseverou-se, ademais, que nem o fato de o tema discutido no recurso extraordinário ser objeto de ação direta de inconstitucionalidade pendente de julgamento no Plenário, nem o de terem sido sobrestados outros recursos extraordinários até o julgamento desse processo de controle concentrado, afastariam essa exigência legal, não havendo se falar em demonstração implícita de repercussão geral. **RE 569476 AgR/SC, rel. Min. Ellen Gracie, 2.4.2008.** (RE-569476) (Inform. STF 500)

RECLAMAÇÃO E SEQÜESTRO DE RENDAS PÚBLICAS

O Tribunal iniciou julgamento de reclamação ajuizada pelo Município de Santo André contra decisão proferida pelo Presidente do Tribunal de Justiça do Estado de São Paulo que deferira pedido de seqüestro de rendas públicas, tendo em conta o fato de ter sido ultrapassado o vencimento para pagamento total do décimo do débito, de acordo com o disposto no art. 78, § 4º, do Ato das Disposições Constitucionais Transitórias – ADCT. O Min. Ricardo Lewandowski, relator, conheceu em parte da reclamação, no que se refere à alegada violação ao que decidido pelo Supremo no julgamento da ADI 1662/SP (DJU de 19.9.2003), e, nessa parte, julgou improcedente a ação. Considerou o que decidido pelo Plenário na Rcl 3293 AgR/SP (DJU de 13.4.2007), e em outros precedentes, no sentido de não ter havido, no julgamento da aludida ação direta, emissão de entendimento quanto à legitimidade do § 4º do art. 78 do ADCT, ficando, dessa forma, afastada a adequação de medida reclamatória formalizada a pretexto de se ter respeitada a autoridade do acórdão prolatado. Ademais, salientou-se, no ponto, que a inserção do art. 78 do ADCT (14.9.2000) seria posterior ao ajuizamento da ADI 1662/SP (28.8.97). Quanto à assertiva de usurpação de competência do Supremo, em razão de o Presidente do Tribunal de Justiça ter deferido pedido de seqüestro enquanto em trâmite, aqui, agravo de instrumento interposto de decisão que negara seguimento a recurso extraordinário, asseverou que, em que pese a discussão travada naqueles autos tratar do valor devido a título de complementação de décimos, tal recurso seria destituído de efeito suspensivo, o que viabilizaria, desde já, a execução da decisão impugnada. Após, pediu vista dos autos o Min. Eros Grau. **Rcl 3084/SP, rel. Min. Ricardo Lewandowski, 27.3.2008.** (Rcl-3084) (Inform. STF 499)

AÇÃO ORIGINÁRIA: INTERESSE DA MAGISTRATURA E INCOMPETÊNCIA DO STF

O Tribunal, por maioria, não conheceu de ação originária e declinou da competência, ao Tribunal de Justiça do Estado de Goiás, para julgar mandado de segurança impetrado por magistrado contra ato do Presidente daquela Corte que, ao aplicar sobre os vencimentos dos magistrados do referido Estado-membro a sistemática introduzida pela Lei estadual 10.732/89, determinara a redução dos seus proventos nas parcelas correspondentes à gratificação adicional por tempo de serviço, conhecida por "repicão" (sete qüinqüênios), e ao auxílio-moradia. Entendeu-se que o caso concreto não se enquadraria na hipótese prevista no art. 102, I, **n**, da CF (*"Art. 102. Compete ao Supremo Tribunal Federal... n) a ação em que todos os membros da magistratura sejam direta ou indiretamente interessados, e aquela em que mais da metade dos membros do tribunal de origem estejam impedidos ou sejam direta ou indiretamente interessados;"*). Considerou-se que o impetrante teria se aposentado ante circunstâncias próprias, ou seja, à época da aposentadoria, seria beneficiário na percentagem máxima do denominado "repicão", o cálculo do adicional por tempo de serviço, de forma geométrica. Assim, não haveria interesse no desfecho do *writ* dos atuais integrantes do aludido tribunal de justiça, nem dos magistrados que continuam em atividade, mas somente dos aposentados, naquela situação, quando ainda em vigor a observância do mencionado cálculo. Vencidos os Ministros Ellen Gracie, presidente, Carlos Britto e Gilmar Mendes que conheciam da ação, ao fundamento de que a discussão teria repercussões além do presente caso e, por estar inserida no âmbito do mencionado tribunal de justiça, abrangeria, direta ou indiretamente, interesses da magistratura local. **AO 81/GO, rel. orig. Min. Ellen Gracie, rel. p/ o acórdão Min. Marco Aurélio, 10.3.2008.** (AO-81) (Inform. STF 498)

RECLAMAÇÃO: AÇÃO CIVIL PÚBLICA E ART. 114, I, DA CF

O Tribunal negou provimento a agravo regimental interposto contra decisão que deferira medida liminar em reclamação — ajuizada pelo Município de Aracaju/SE em face de sentença proferida em ação civil pública que reconhecera a competência da Justiça do Trabalho para processar e julgar a referida ação, na qual se discute a exoneração de todos os ocupantes de cargo em comissão no âmbito da Guarda Municipal — para suspender a tramitação daquela ação civil pública perante a 3ª Vara do Trabalho de Aracaju/SE até o final do julgamento da reclamação. Entendeu-se que a mencionada sentença, em princípio, ofenderia a autoridade da decisão proferida pelo Supremo na ADI 3395 MC/DF (DJU de 4.2.2005), que suspendeu toda e qualquer interpretação conferida ao art. 114, I, da CF, na redação da EC 45/2004, que inclua, na competência da Justiça do Trabalho, a apreciação de causas que sejam instauradas entre o Poder Público e seus servidores, a ele vinculados por típica relação de ordem estatutária ou de caráter jurídico-administrativo. Asseverou-se, ademais, não se estar discutindo as pretensões de índole trabalhista, ou não, formuladas perante a Justiça do Trabalho, mas se o significado da expressão "relação jurídico-estatutária", presente na decisão da aludida ação direta de inconstitucionalidade, estaria restrita às relações originadas de investiduras regulares em cargos efetivos e em comissão. Concluiu-se que a resposta a essa questão seria negativa, e que o Tribunal não poderia, em sede de reclamação, adentrar a análise do próprio mérito do tema relativo à regularidade dos contratos firmados pelo Poder Público. **Rcl 4785 MC-AgR/SE, Min. Gilmar Mendes, 17.12.2007.** (Rcl-4785) (Inform. STF 493)

Competência Originária: Conflito Federativo - 1

Iniciado o julgamento de questão de ordem em ação cível originária em que se discute se o STF é competente originariamente para julgar ação popular em que se pretende a nulidade da Resolução 507/2001, da Assembléia Legislativa do Estado do Rio de Janeiro - que instituiu a Comissão Parlamentar de Inquérito (CPI) para apurar as causas do acidente da plataforma P-36 da PETROBRÁS, localizada na Bacia de Campos -, em que o Estado do Rio de Janeiro figura como um dos réus e a União foi admitida no feito pelo juízo de origem como parte autora. Após o voto do Min. Ilmar Galvão, relator, admitindo a competência do STF pela permanência da União na relação processual, o julgamento foi adiado em virtude do pedido de vista do Min. Sepúlveda Pertence (CF, art. 102, I, f: "Compete ao Supremo Tribunal Federal, precipuamente, a guarda da Constituição, cabendo-lhe: I - processar e julgar, originariamente: ... f) as causas e os conflitos entre a União e os Estados , a União e o Distrito Federal, ou entre uns e outros, inclusive as respectivas entidades da administração indireta;"). ACO (QO) 622-RJ, rel. Min. Ilmar Galvão, 31.10.2001.(ACO-622)

Competência Originária: Conflito Federativo - 2

Retomado julgamento de questão de ordem em ação cível originária em que se discute se o STF é competente originariamente para julgar ação popular em que se pretende a nulidade da Resolução 507/2001, da Assembléia Legislativa do Estado do Rio de Janeiro - que instituiu Comissão Parlamentar de Inquérito - CPI para apurar as causas do acidente da plataforma P-36 da PETROBRÁS, localizada na Bacia de Campos -, em que o Estado do Rio de Janeiro figura como um dos réus e a União foi admitida no feito pelo juízo de origem como parte autora - v. Informativo 248. Em voto-vista, o Min. Sepúlveda Pertence acompanhou o voto proferido pelo relator que reconhecera a competência do STF (CF, art. 102, I, f) para julgar a ação popular. Asseverou, ainda, que, no caso das ações populares típicas, tem-se hipótese de substituição processual da pessoa jurídica de direito público pelo autor popular. Dessa forma, o aludido dispositivo constitucional abarcaria também os conflitos entre União e Estado-membro nos casos de contraposição de interesses substanciais entre os dois entes federativos, no qual, embora ambos sejam sujeitos da lide, um deles não o é do processo, em virtude da citada substituição processual. Após, pediu vista a Min. Cármen Lúcia. ACO 622 QO/RJ, rel. Min. Ilmar Galvão, 14.9.2006. (ACO-622)

COMPETÊNCIA ORIGINÁRIA: CONFLITO FEDERATIVO – 3

O Tribunal retomou julgamento de questão de ordem em ação cível originária na qual se discute se o STF é competente originariamente para julgar ação popular em que se pretende a nulidade da Resolução 507/2001, da Assembléia Legislativa do Estado do Rio de Janeiro — que instituiu a Comissão Parlamentar de Inquérito (CPI) para apurar as causas do acidente da plataforma P-36 da PETROBRÁS, localizada na Bacia de Campos —, e em que o Estado do Rio de Janeiro figura como um dos réus, e a União foi admitida no feito pelo juízo de origem como parte autora — v. Informativos 248 e 440. ACO 622 QO/RJ, rel. Min. Ilmar Galvão, 8.3.2007. (ACO-622)

COMPETÊNCIA ORIGINÁRIA: CONFLITO FEDERATIVO - 4

A Min. Cármen Lúcia, em voto-vista, abriu divergência para negar a competência originária do Supremo para processar e julgar a ação popular. Entendeu que o autor popular não é substituto processual, haja vista que não defende direito do Estado, mas direito que, fundado em sua condição de cidadão, lhe é próprio e também da sociedade. Afirmou que a ação popular é uma garantia colocada à disposição do cidadão para atuar, diretamente, na fiscalização e correção dos atos da Administração Pública (CF, art. 5º, LXVIII), constituindo, portanto, um dos instrumentos do exercício direto da soberania do povo (CF, art. 14). Aduziu que, em razão dessa natureza de garantia fundamental, a regra de competência constitucionalmente válida para processar e julgar a ação popular haveria de ser aquela que conferisse ao cidadão maior facilidade em sua utilização. Considerou, por isso, que atribuir ao Supremo a competência para o processamento e julgamento da ação popular — ainda que no caso específico da matéria a que se refere a alínea f do inciso I do art. 102 da CF — implicaria inibir a mencionada garantia constitucional, tendo em conta as dificuldades, enfrentadas pelo cidadão brasileiro comum, de acesso ao Supremo, para o exercício desse direito. Depois de salientar o disposto no art. 5º da Lei 4.717/65 — que regula a ação popular —, ressaltou, ainda, que a alínea f do citado dispositivo constitucional não é norma permissiva da transferência, para o Supremo, da competência originária conferida legalmente ao órgão judicial encarregado de receber e ouvir o cidadão. Concluiu, por fim, ter sido posta em questão, no caso, a validade jurídica, ou não, da criação de CPI e dos atos por ela praticados, não se tendo travado, necessariamente, pela propositura da ação popular, um conflito entre a União e o Estado-membro, nos moldes previstos no art. 102, I, f, da CF. Em seguida, o julgamento foi suspenso em virtude do pedido de vista do Min. Ricardo Lewandowski. ACO 622 QO/RJ, rel. Min. Ilmar Galvão, 8.3.2007. (ACO-622)

COMPETÊNCIA ORIGINÁRIA: CONFLITO FEDERATIVO - 5

O Tribunal, por maioria, resolvendo questão de ordem, admitiu a competência do Supremo para julgamento de ação popular, em que se pretende a nulidade da Resolução 507/2001, da Assembléia Legislativa do Estado do Rio de Janeiro — que instituiu Comissão Parlamentar de Inquérito - CPI para apurar as causas do acidente da plataforma P-36 da PETROBRÁS, localizada na Bacia de Campos —, e em que o Estado do Rio de Janeiro figura como um dos réus e a União foi admitida no feito pelo juízo de origem como parte autora. Alega o autor popular que a Assembléia Legislativa estaria invadindo competência federal, porquanto a plataforma P-36 estaria localizada no mar territorial, bem que integra o patrimônio da União — v. Informativos 248 e 458. Entendeu-se que a competência do STF se daria por força do disposto no art. 102, I, f, da CF (*"Art. 102. Compete ao Supremo Tribunal Federal, precipuamente, a guarda da Constituição, cabendo-lhe: I - processar e julgar, originariamente: ... f) as causas e os conflitos entre a União e os Estados, a União e o Distrito Federal, ou entre uns e outros, inclusive as respectivas entidades da administração indireta;*). Vislumbrou-se, na espécie, situação de potencial conflito federativo entre a União e o Estado do Rio de Janeiro, tendo em conta a existência de importante questão federativa a ser resolvida, qual seja, a competência investigatória de um órgão legislativo estadual numa demanda em que os referidos entes federados figuram em pólos opostos. Enfatizou-se, ainda, o fato de a União ter intervindo formalmente nos autos, assumindo o pólo ativo da ação. Vencidos os Ministros Cármen Lúcia e Marco Aurélio, que negavam a competência do Supremo para julgar a ação. Precedente citado: Rcl 424/RJ (DJU de 6.9.96). ACO 622 QO/RJ, rel. orig. Min. Ilmar Galvão, rel. p/ o acórdão Min. Ricardo Lewandowski, 7.11.2007. (ACO-622) (Inform. STF 487)

NOVA COMPOSIÇÃO DA CORTE: RENOVAÇÃO DE JULGAMENTO E ÓBICE REGIMENTAL

O Tribunal, por maioria, julgou improcedente pedido formulado em ação cível originária proposta pelo Estado do Paraná contra a União, em que objetivava o ressarcimento das despesas decorrentes de construção de estrada de ferro, em razão de convênios celebrados entre as partes — v. Informativos 116, 254 e 323. Preliminarmente, o Tribunal, por maioria, rejeitou o requerimento formalizado pelo Estado do Paraná, e apresentado pelo Min. Marco Aurélio, no sentido da renovação do julgamento, haja vista a nova composição da Corte e o grande valor da causa. Considerou-se que o pedido encontraria óbice no art. 134, § 1º, do RISTF (*"Art. 134. Se algum dos Ministros pedir vista dos autos, deverá apresentá-los, para prosseguimento da votação, até a segunda sessão ordinária subseqüente. § 1º Ao reencetar-se o julgamento, serão computados os votos já proferidos pelos Ministros, ainda que não compareçam ou hajam deixado o exercício do cargo."*). Vencido, no ponto, o Min. Marco Aurélio, que acolhia o requerimento, para que houvesse o reinício do julgamento com a participação dos Ministros que hoje integram o Tribunal. O Min. Marco Aurélio afirmou que o julgamento no plenário seria um grande todo e que, antes da proclamação final deste, diante das questões trazidas por quem pediu vista, poderia haver retratação por qualquer dos integrantes do Tribunal, e, aí, compondo essa mesma retratação o julgamento, se impossível, tendo em conta os Ministros que já se afastaram, não se teria a observância, portanto, desse julgamento como um grande todo. No mérito, entendeu-se que o acordo firmado entre as partes fora integralmente adimplido. Vencidos, em parte, o Min. Nelson Jobim, que julgava o pedido parcialmente procedente, e o Min. Marco Aurélio, que o julgava integralmente procedente. ACO 453/PR, rel. orig. Min. Ilmar Galvão, rel. p/ o acórdão Min. Ellen Gracie, 24.5.2007. (ACO-453) (Inform. STF 468)

RECLAMAÇÃO E ART. 102, I, N, DA CF - 1

O Tribunal julgou procedente pedido formulado em reclamação para avocar mandado de segurança impetrado, pelo reclamante, no Tribunal de Justiça do Estado de Mato Grosso do Sul, visando ao trancamento de processo administrativo instaurado para apurar a prática de infração disciplinar, suscetível de ensejar a aplicação da pena de demissão. Sustentava o reclamante a suspeição e/ou impedimento de todos os desembargadores do referido tribunal, decorrente de denúncias que formulara perante a Procuradoria-Geral de Justiça estadual, em que pedira providências no sentido de que fossem apuradas irregularidades supostamente cometidas naquela Corte. Inicialmente, salientou-se que as exceções de suspeição opostas no tribunal de justiça foram recusadas e que seu relator determinara a remessa dos autos ao Supremo, em razão das argüições terem sido apresentadas contra praticamente todos os desembargadores. Tendo isso em conta, e reportando-se ao que decidido no MS 21193 AgR/DF (DJU de 2.4.93) e na AO 214/RR (DJU de 16.6.95), entendeu-se que a reclamação deveria ser julgada no Supremo, haja vista a manifestação formal do tribunal *a quo*. Asseverou-se, no ponto, que, na verdade, a reclamação se confundiria com o julgamento das próprias ações originárias — as exceções de suspeição, no total de 15 — a ela apensadas, sendo preferível, por economia processual, julgar a reclamação. Rcl 1725/MS, rel. Min. Sepúlveda Pertence, 21.3.2007. (Rcl-1725)

RECLAMAÇÃO E ART. 102, I, N, DA CF - 2

No mais, ressaltou-se que, no caso, a fumaça do bom direito ao inverso, vedada pelo Código de Processo Civil (artigos 134 e 135) e pela Constituição, é que daria a solução: art. 102, I, n, 2ª parte, da CF (*"Art. 102. Compete ao Supremo Tribunal Federal...: I - processar e julgar, originariamente:... n) a ação em que todos os membros da magistratura sejam direta ou indiretamente interessados, e aquela em que mais da metade dos membros do tribunal de origem estejam impedidos ou sejam direta ou indiretamente interessados;"*). Considerou-se o fato de que 5 atos administrativos foram abertos contra o reclamante, 3 dos quais judicializados como ações originárias no Supremo, quais sejam, um impedimento de remoção, um inquérito por acumulação de cargos, um por abandono de cargo, um criminal por falsidade ideológica e este de demissão por ofensa à honra de desembargadores. Enfatizando-se não se estar discutindo o mérito dos atos administrativos, nem dos mandados de segurança que resultaram em reclamações e ações originárias no Supremo, mas de estar o debate restrito em saber da incidência ou não do comando *"mais da metade dos membros do tribunal de origem estejam... indiretamente interessados"*, concluiu-se que o conjunto desses atos propostos contra o reclamante estaria a demonstrar a competência originária deste Tribunal. Rcl 1725/MS, rel. Min. Sepúlveda Pertence, 21.3.2007. (Rcl-1725) (Inform. STF 460)

9.2. Súmula vinculante

EMENTA: JUIZ. INVESTIDURA EM TRIBUNAL REGIONAL DO TRABALHO (**CF**, ART. 115). **ATO SUBJETIVAMENTE COMPLEXO. CICLO DE FORMAÇÃO. POSSIBILIDADE** DE CONTROLE JURISDICIONAL **EM CADA MOMENTO** DE SEU *"ITER"* FORMATIVO. **DOUTRINA. PRECEDENTES**

A QUESTÃO DA COMPETÊNCIA JURISDICIONAL. **ALEGAÇÃO DE USURPAÇÃO,** PELO SUPERIOR TRIBUNAL DE JUSTIÇA, DA COMPETÊNCIA ORIGINÁRIA DO SUPREMO TRIBUNAL FEDERAL. **INOCORRÊNCIA, SEJA** EM FACE DO CONTEXTO EXPOSTO, **SEJA** EM FACE DO EXERCÍCIO DE COMPETÊNCIA **MERAMENTE** DELEGADA. **DOUTRINA. PRECEDENTES.**

A SÚMULA DA JURISPRUDÊNCIA PREDOMINANTE DO SUPREMO TRIBUNAL FEDERAL. **INEXISTÊNCIA** DE *"DISTINÇÃO ONTOLÓGICA"* **ENTRE** A SÚMULA VINCULANTE **E** A SÚMULA COMUM (LUIZ GUILHERME MARINONI, "Precedentes obrigatórios", 2010, RT), **NÃO OBSTANTE** O USO DA *RECLAMAÇÃO* SOMENTE SE LEGITIME, *CONSTITUCIONALMENTE,* EM FACE DO MODELO JURÍDICO DA SÚMULA VINCULANTE. **AS MÚLTIPLAS FUNÇÕES,** DO ENUNCIADO SUMULAR. **O PERFIL ORDINÁRIO** DA SÚMULA DO STF **COMO** *MÉTODO DE TRABALHO,* **COMO** INSTRUMENTO DE TUTELA DA SEGURANÇA JURÍDICA **E** DA CONFIANÇA, **COMO** FATOR DE PROTEÇÃO DA IGUALDADE PERANTE A JURISDIÇÃO DO ESTADO **E COMO** ELEMENTO DE COERÊNCIA DO ORDENAMENTO JURÍDICO. **EXCEPCIONALIDADE** DA SÚMULA DO STF **COMO** *"PAUTA VINCULANTE DE JULGAMENTO".* **ÚNICA MODALIDADE SUMULAR** CUJO DESRESPEITO **LEGITIMA** O ACESSO À VIA RECLAMATÓRIA (**CF**, art. 103-A, § 3º). **INVOCAÇÃO,** NO CASO, *COMO PARADIGMA DE CONFRONTO,* **DE SÚMULA** DO STF **DESVESTIDA** DE EFICÁCIA VINCULANTE (**SÚMULA** 627). **INVIABILIDADE** DE TAL ALEGAÇÃO EM SEDE RECLAMATÓRIA. **DESTINAÇÃO CONSTITUCIONAL** DA **RECLAMAÇÃO. RECLAMAÇÃO A QUE SE NEGA** SEGUIMENTO. (Inform. STF 612)

NOTIFICAÇÃO JUDICIAL DO PRESIDENTE DA REPÚBLICA E COMPETÊNCIA DO STF - 1

O Tribunal iniciou julgamento de agravo regimental interposto contra decisão do Min. Cezar Peluso, que não conhecera de pedido formulado em petição, da qual relator, em que se pretende a expedição, pelo STF, de mandado de notificação ao Presidente da República, para os fins almejados pela requerente. Após o voto do relator que desprovia o recurso ao fundamento de que a notificação daquela autoridade não estaria prevista na Constituição como competência originária da Corte, pediu vista dos autos o Min. Gilmar Mendes. **Pet 4223 AgR/DF, rel. Min. Cezar Peluso, 18.8.2010. (Pet-4223)**

NOTIFICAÇÃO JUDICIAL DO PRESIDENTE DA REPÚBLICA E COMPETÊNCIA DO STF - 2

Em conclusão, o Plenário negou provimento a agravo regimental em que se questionava decisão do Min. Cezar Peluso que não conhecera de pedido formulado em petição, da qual relator, na qual pretendida a expedição, pelo STF, de mandado de notificação ao Presidente da República, para os fins almejados pela agravante — v. Informativo 596. Entendeu-se que a notificação daquela autoridade não estaria prevista na Constituição como competência originária da Corte. O Min. Gilmar Mendes destacou que, na espécie, não se trataria de notificação penal, mas sim genérica. Pet 4223 AgR/DF, rel. Min. Cezar Peluso, 25.11.2010. (Pet-4223) (Inform. STF 610)

AUXÍLIO-MORADIA DE MAGISTRADOS ESTADUAIS - 1

O Tribunal iniciou julgamento de mandado de segurança impetrado pela Associação dos Magistrados de Mato Grosso do Sul - AMAMSUL contra decisão do Conselho Nacional de Justiça - CNJ, formalizada no Procedimento de Controle Administrativo 484/2007, na qual se determinara a suspensão do pagamento de auxílio-moradia aos magistrados ativos daquela unidade federativa que não preenchessem os requisitos para o benefício, medida aplicável também aos inativos e aos pensionistas. Para o mencionado órgão impetrado, seria condição para o recebimento desse auxílio a inexistência de residência oficial ou imóvel próprio do magistrado na comarca. A impetrante sustenta a legitimidade da vantagem, a teor do disposto nos artigos 65, II, da LOMAN e 254 da Lei estadual 1.511/94 (Código de Organização Judiciária do Estado de Mato Grosso do Sul), e afirma que sua supressão implicaria redução dos vencimentos, considerada sua possível incorporação, já que paga habitualmente desde 1994. Preliminarmente, o Min. Marco Aurélio, relator, salientou a higidez da distribuição do feito e rejeitou a alegação de prevenção quanto a mandados de segurança de relatoria do Min. Ricardo Lewandowski (MS 26550/DF e MS 26663/DF), porquanto, embora os temas de fundo fossem referentes ao auxílio-moradia, haveria diversidade de objetos. Assentou, também, a ilegitimidade da impetrante para atuar como substituta processual dos aposentados e dos pensionistas, dado que eles não estariam incluídos no rol de associados da entidade. Refutou, ainda, o apontado desrespeito ao devido processo legal no que o CNJ teria deferido liminar sem a audição dos interessados. Consignou a possibilidade de relator em procedimento em curso no CNJ poder atuar no campo precário e efêmero da medida acautelatória (RICNJ, art. 25, XI), bem como o fato de o relator haver determinado, no hoje PCA 200830000000723, a intimação de todos os interessados para, querendo, manifestarem-se. Em seguida, salientando que o feito versa relação jurídica continuada, renovando-se mês a mês, aduziu que a circunstância de o pagamento do auxílio-moradia anteceder o período de 5 anos do surgimento do processo administrativo no CNJ não geraria preclusão. **MS 26794/MS, rel. Min. Marco Aurélio, 10.9.2009. (MS-26794)**

AUXÍLIO-MORADIA DE MAGISTRADOS ESTADUAIS - 2

No mérito, o Min. Marco Aurélio concedeu, em parte, a segurança para afastar a exclusão do direito a magistrado que tiver residência própria e aos inativos e pensionistas cuja situação jurídica esteja sacramentada pela Corte de Contas estadual. Relativamente ao auxílio-moradia, registrou cuidar-se de parcela que possui natureza indenizatória, não integrando o que percebido pelo magistrado, isso para efeito de aposentadoria, nem incidindo sobre ela tributos como o Imposto de Renda. Esclareceu que interpretações teleológica e vernacular do art. 65, II, da LOMAN revelariam o caráter linear da parcela, não mais havendo a restrição às comarcas do interior, estranhas à capital ("Art. 65. Além dos vencimentos, poderão ser outorgadas aos magistrados, nos termos da lei, as seguintes vantagens: ... II - ajuda de custo, para moradia, nas localidades em que não houver residência oficial à disposição do magistrado."). Aludiu que se constataria não estar o valor pago ligado ao fato de o magistrado possuir, ou não, residência própria, cabendo a satisfação, conforme disciplinado em lei, desde que não se colocasse à disposição do magistrado residência oficial. Fora isso, enfatizou que seria distinguir situações onde o texto não o fez. Tendo isso em conta, passou ao exame da Lei estadual 1.511/94, assinalando que esta poderia vir a ter a eficácia afastada, no campo administrativo, se conflitante com a LOMAN, no que ela se apresentaria harmônica com a Constituição. **MS 26794/MS, rel. Min. Marco Aurélio, 10.9.2009. (MS-26794)**

AUXÍLIO-MORADIA DE MAGISTRADOS ESTADUAIS - 3

Citando o art. 254 do Código de Organização Judiciária do Estado de Mato Grosso Sul, considerou que, sob o ângulo da definição do valor, o critério adotado seria razoável ["Art. 254. Os magistrados perceberão, mensalmente e a título de auxílio-moradia, vinte por cento (20%) sobre os vencimentos. § 1º O magistrado que residir em próprio do Estado, ou mantido por ele, não fará jus à ajuda de custo prevista neste artigo. § 2º É defeso a magistrado receber ajuda de custo para moradia, ou sua complementação, de qualquer outra fonte."]. Expôs que o previsto na LOMAN teria sido parcialmente observado por aquele ente federal, porquanto a exclusão do direito à ajuda, tal como versado na lei em comento, apenas ocorreria caso o magistrado residisse em imóvel do Estado. Desse modo, excluiu-se o benefício quando existente, na localidade, residência oficial e esta é colocada à disposição do magistrado (LOMAN, art. 65, II). Frisou, ademais, não caber aplicação analógica da Lei 8.112/90, uma vez que a LOMAN, quando remete a disciplina do tema auxílio-moradia à lei, refere-se à legislação local, surgindo, na situação dos autos, conflito parcial do § 1º do art. 254 da Lei estadual 1.511/94 com a citada lei complementar. No tocante aos aposentados, apontou a necessidade de se diferenciar a situação daqueles cujos cálculos dos proventos penderia de homologação pelo Tribunal de Contas estadual daqueles que já tiveram seus cálculos homologados. Quanto a estes, afirmou que a atuação do CNJ a eles não se estenderia e que se entender de forma diversa seria atribuir ao CNJ a possibilidade de afastar do cenário jurídico não apenas decisão administrativa de órgão do Poder Judiciário, mas também dos tribunais de contas, os quais atuam como órgãos auxiliares do Legislativo. Após, pediu vista a Min. Cármen Lúcia. **MS 26794/MS, rel. Min. Marco Aurélio, 10.9.2009. (MS-26794)**

Auxílio-Moradia de Magistrados Estaduais - 4

O Tribunal retomou julgamento de mandado de segurança impetrado pela Associação dos Magistrados de Mato Grosso do Sul - AMAMSUL contra decisão do Con-selho Nacional de Justiça - CNJ, formalizada no Procedimento de Controle Administrativo -PCA 484/2007, na qual se determinara a suspensão do pagamento de auxílio-moradia aos magistrados ativos daquela unidade federativa que não preenchessem os requisitos para o benefício, medida aplicável também aos inativos e aos pensionistas — v. Informativo 558. Preliminarmente, o Tribunal retificou a proclamação da assentada anterior para fazer constar que o voto do relator dava pela ilegitimidade da impetrante somente quanto aos pensionistas. Em voto-vista, a Min. Cármen Lúcia acompanhou o voto do Min. Marco Aurélio, relator, para conceder em parte a segurança, a fim de anular o ato do CNJ consubstanciado na determinação de corte imediato das parcelas de auxílio-moradia aos magistrados inativos cuja aposentadoria já havia sido homologada pelo Tribunal de Contas estadual na data da decisão no aludido PCA e para garantir aos magistrados em atividade o pagamento do auxílio-moradia apenas nas localidades em que não houver residência oficial à disposição, nos termos do art. 65, II, da Lei Complementar 35/79. Após o Tribunal, por maioria, indeferir liminar no sentido de se dar continuidade ao pagamento do benefício, restando vencidos, no ponto, os Ministros Marco Aurélio, relator, Ricardo Lewandowski e Cezar Peluso, que a deferiam, pediu vista dos autos o Min. Dias Toffoli. MS 26794/MS, rel. Min. Marco Aurélio, 2.8.2010. (MS-26794) (Inform. STF 594)

RECLAMAÇÃO: REMIÇÃO DOS DIAS TRABALHADOS E FALTA GRAVE

Por reputar violados os Enunciados das Súmulas Vinculantes 9 ["*O disposto no artigo 127 da Lei 7.210/1984 (Lei de Execução Penal) foi recebido pela ordem constitucional vigente, e não se lhe aplica o limite temporal previsto no caput do artigo 58.*"] e 10 ["*Viola a cláusula de reserva de Plenário (CF, artigo 97) a decisão de órgão fracionário de tribunal que, embora não declare expressamente a inconstitucionalidade de lei ou ato normativo do Poder Público, afasta sua incidência, no todo ou em parte.*"], o Tribunal julgou procedente duas reclamações ajuizadas pelo Ministério Público do Estado de São Paulo contra acórdãos do Tribunal de Justiça local que restabeleceram o direito dos executados à remição dos dias trabalhados cuja perda havia sido decretada em razão de falta grave. Preliminarmente, asseverou-se que o referido Ministério Público estadual não possuiria legitimidade para propor originariamente reclamação perante o Supremo, por incumbir ao Procurador-Geral da República exercer as funções do Ministério Público junto a esta Corte, nos termos do art. 46 da Lei Complementar 75/93. Não obstante, considerou-se que tal ilegitimidade teria sido corrigida pelo Procurador-Geral da República, ao ratificar a petição inicial e assumir a iniciativa da demanda. Quanto ao mérito, repeliu-se o fundamento de que o Enunciado da Súmula Vinculante 9 não incidiria na espécie, porque o julgamento da decisão de 1ª instância que decretara a perda dos dias remidos, reformada pelos acórdãos impugnados, teria se dado antes da publicação desse verbete. Aduziu-se que o julgamento dos recursos interpostos contra aquela decisão teriam ocorrido em data posterior à edição da citada súmula e que a tese ora defendida não se mostraria em consonância com o disposto no art. 103-A, *caput*, da CF, o qual impõe o efeito vinculante a todos os órgãos do Poder Judiciário, a partir da publicação da súmula na imprensa oficial. Por fim, entendeu-se que os acórdãos combatidos teriam afastado a incidência do art. 127 da LEP, sob o fundamento de que tal dispositivo violaria princípios constitucionais. Os Ministros Marco Aurélio e Celso de Mello mantiveram reservas quanto a não reconhecer a legitimidade do *parquet* estadual para formular originariamente, perante o Supremo, reclamação, especialmente se se tratar de decisão ou de ato administrativo que tenham ocorrido na esfera de atuação do Ministério Público local. Precedente citado: Rcl 4453 MC-AgR-AgR/SE (DJE de 26.3.2009). **Rcl 6541/SP, rel. Min. Ellen Gracie, 25.6.2009.** (Rcl-6541). **Rcl 6856/SP, rel. Min. Ellen Gracie, 25.6.2009.** (Rcl-6856) (Inform. STF 552)

SÚMULA VINCULANTE Nº 2 DO STF E LOTERIA ESTADUAL

Aplicando o Enunciado da Súmula Vinculante nº 2 do STF ("*É inconstitucional a lei ou ato normativo estadual ou distrital que disponha sobre sistemas de consórcios e sorteios, inclusive bingos e loterias.*"), o Tribunal julgou procedente pedido formulado em ação direta ajuizada pelo Procurador-Geral da República para declarar a inconstitucionalidade do Decreto fluminense 25.723/99, que dispõe sobre a exploração do serviço de loterias de bingo pela Loteria do Estado do Rio de Janeiro - LOTERJ e dá outras providências. O Min. Marco Aurélio, relator, fez ressalva quanto ao seu entendimento sobre a matéria, reportando-se ao voto que proferira no julgamento da ADI 2847/DF (DJU de 25.8.2004). ADI 2950/RJ, rel. Min. Marco Aurélio, 29.8.2007. (ADI-2950) (Inform. STF 477)

SÚMULA STF Nº 735

Não cabe recurso extraordinário contra acórdão que defere medida liminar.

SÚMULA STF Nº 734

Não cabe reclamação quando já houver transitado em julgado o ato judicial que se alega tenha desrespeitado decisão do Supremo Tribunal Federal.

SÚMULA STF Nº 733

Não cabe recurso extraordinário contra decisão proferida no processamento de precatórios.

SÚMULA STF Nº 731

Para fim da competência originária do Supremo Tribunal Federal, é de interesse geral da magistratura a questão de saber se, em face da Lei Orgânica da Magistratura Nacional, os juízes têm direito à licença prêmio.

SÚMULA STF Nº 691

Não compete ao Supremo Tribunal Federal conhecer de *habeas corpus* impetrado contra decisão do relator que, em *habeas corpus* requerido a Tribunal Superior, indefere a liminar.

SÚMULA STF Nº 640

É cabível recurso extraordinário contra decisão proferida por juiz de primeiro grau nas causas de alçada, ou por Turma Recursal de Juizado Especial Cível e Criminal.

SÚMULA STF Nº 624

Não compete ao Supremo Tribunal Federal conhecer originariamente de mandado de segurança contra atos de outros tribunais.

SÚMULA STF Nº 72

No julgamento de questão constitucional, vinculada à decisão do Tribunal Superior Eleitoral, não estão impedidos os Ministros do Supremo Tribunal Federal que ali tenham funcionado no mesmo processo, ou no processo originário.

9.3. Superior Tribunal de Justiça

COMPOSIÇÃO DO STJ E QUINTO CONSTITUCIONAL - 1

O Plenário, por maioria, julgou improcedente pedido formulado em ação direta de inconstitucionalidade, proposta pela Associação dos Magistrados do Brasil, contra o inciso I do art. 1º da Lei 7.746/89, que dispõe sobre a composição do STJ ["*Art. 1º O Superior Tribunal de Justiça, com sede na Capital Federal e jurisdição em todo o território nacional, compõe-se de 33 (trinta e três) ministros vitalícios, nomeados pelo Presidente da República, dentre brasileiros com mais de 35 (trinta e cinco) anos e menos de 65 (sessenta e cinco) anos, de notável saber jurídico e reputação ilibada, depois de aprovada a escolha pelo Senado Federal, sendo: I - 1/3 (um terço) dentre juízes dos Tribunais Regionais Federais e 1/3 e (um terço) dentre desembargadores dos Tribunais de justiça, indicados em lista tríplice elaborada pelo próprio Tribunal*"]. Observou-se que a regra do quinto constitucional objetivaria valorizar a composição dos tribunais judiciários com a experiência profissional colhida no exercício das funções de representante do *parquet* e no desempenho da atividade de advogado. Nessa contextura, asseverou-se que o preceito impugnado seria repetição (norma de repetição), não literal, do art. 104 da CF, motivo por que não poderia conter inconstitucionalidade e tampouco comportaria interpretação plúrima. Repeliu-se, ainda, a alegada falta de proporcionalidade da norma, uma vez que a escolha da lista seria feita pelo próprio STJ. Ademais, a distinção entre egressos da magistratura e advogados/membros do Ministério Público oriundos do quinto constitucional implicaria "desonomia", ao se permitir a criação de desembargadores e juízes de 2 categorias. No ponto, enfatizou-se que, quando alçados à magistratura pelo quinto constitucional, tornar-se-iam magistrados, com todos os direitos, deveres e incompatibilidades. Assim, inviável estabelecer restrição, por meio de interpretação constitucional, entre magistrados, tendo em conta a sua origem. Incabível, pois, ao intérprete distinguir onde o legislador não o fizera. ADI 4078/DF, rel. orig. Min. Luiz Fux, red. p/ o acórdão Min. Cármen Lúcia, 10.11.2011. (ADI-4078)

COMPOSIÇÃO DO STJ E QUINTO CONSTITUCIONAL - 2

Destacou-se, outrossim, que os membros do *parquet* e os advogados que integram os tribunais perderiam, a partir do instante em que investidos no cargo judiciário, sua anterior condição funcional, com a cessação dos vínculos corporativos-institucionais que os uniriam juridicamente à categoria que ensejara seu ingresso no Poder Judiciário. Aduziu-se que os tribunais de justiça e os tribunais regionais federais, considerada a regra inscrita no art. 104, parágrafo único, da CF, compor-se-iam de juízes — magistrados togados *tout court* — e não de magistrados de carreira, de advogados ou de membros do Ministério Público, não havendo diferença ontológica ou qualitativa entre eles. Concluiu-se que a Constituição não exigira que 2/3 das vagas de Ministro do STJ, destinadas aos magistrados, fossem preenchidas exclusivamente por membros originários da carreira, excluídos os que nela ingressaram pelo quinto constitucional. Ademais, entendeu-se que a Constituição não estabelecera que, além dos 10 anos originariamente previstos no exercício da carreira para nomeação a desembargador, os advogados/membros do órgão ministerial tivessem que cumprir mais 10 anos no ofício judicante. Por fim, ante a impertinência com a espécie, rejeitou-se a invocação à ADI 813/SP (DJU de 19.9.2003). Vencido o Min. Luiz Fux, relator, que reputava o pleito parcialmente procedente para conferir ao art. 1º, parágrafo único, I, da Lei 7.746/89, interpretação conforme a Constituição, a fim de que a nomeação para 1/3 dos cargos vagos do STJ dentre juízes dos tribunais regionais federais e desembargadores dos tribunais de justiça só pudesse recair sobre magistrados de carreira e magistrados oriundos do quinto constitucional, estes últimos com mais de 10 anos de exercício na magistratura. ADI 4078/DF, rel. orig. Min. Luiz Fux, red. p/ o acórdão Min. Cármen Lúcia, 10.11.2011. (ADI-4078) (Inform. STF 647)

ESCOLHA DE CANDIDATOS A MINISTRO DO STJ E LISTA DE ADVOGADOS - 1

A Turma iniciou julgamento de recurso ordinário em mandado de segurança no qual o Conselho Federal da Ordem dos Advogados do Brasil - OAB insurge-se contra decisões administrativas do STJ no processo de escolha de candidatos a Ministro daquela Corte em vaga destinada a advogado. No caso, o Tribunal a quo concluíra que a circunstância de haver comunicado ao recorrente que nenhum dos nomes indicados em lista sêxtupla obtivera o quórum mínimo para figurar na lista tríplice, como exigido pelo seu Regimento Interno (RISTJ, art. 26, § 5º), não ofenderia direito líquido e certo do recorrente. Declarara, ainda, prejudicado o writ relativamente ao pedido para que o STJ não compusesse as listas relativas às vagas surgidas após a abertura daquela destinada aos advogados, uma vez que este já elaborara as listas para o preenchimento das vagas reservadas a desembargadores estaduais e a membros do Ministério Público. O recorrente alega violação ao disposto nos artigos 94, parágrafo único, e 104, parágrafo único, II, ambos da CF, ao argumento de que o STJ não se desincumbira do poder-dever de elaborar lista tríplice a ser encaminhada ao Presidente da República para o preenchimento de vaga destinada à advocacia no quadro de Ministros daquele Tribunal. Sustenta que o RISTJ prevê a realização de tantos escrutínios quantos forem necessários à composição da lista tríplice. Aponta, também, outras implicações decorrentes da falta de representante da advocacia atinentes à ordem de antiguidade no STJ. Requer, alternativamente, a elaboração: a) da lista tríplice para o preenchimento da vaga destinada à classe dos advogados a partir da lista sêxtupla encaminhada pelo recorrente e b) da lista tríplice a partir dos registros em ata dos escrutínios realizados, com a indicação do nome dos 3 candidatos mais votados. **RMS 27920/DF, rel. Min. Eros Grau, 23.6.2009. (RMS-27920)**

ESCOLHA DE CANDIDATOS A MINISTRO DO STJ E LISTA DE ADVOGADOS - 2

O Min. Eros Grau, relator, negou provimento ao recurso. Enfatizou que a elaboração da lista tríplice compreende a ponderação dos seguintes requisitos: notório saber jurídico e reputação ilibada e a verificação de um fato — mais de 10 anos de efetiva atividade profissional. Concomitantemente, a escolha de 3 nomes retirados da lista sêxtupla indicada pela OAB. Asseverou que o STJ está vinculado pelo dever-poder de escolher 3 advogados que atendam aos requisitos constitucionais, cujos nomes comporão a lista tríplice a ser enviada ao Poder Executivo. Nesse ponto, consignou que essa escolha não consubstanciaria mera decisão administrativa, daquelas a que respeita o inciso IX do art. 93 da Constituição, devendo ser apurada de forma a prestigiar-se o juízo dos membros do Tribunal. Por fim, tendo em conta que nenhum dos indicados obtivera a maioria absoluta de votos, reputou que isso significaria recusa, pelo STJ, da lista a ele remetida pelo recorrente. O Min. Cezar Peluso, ao ressaltar ser fato incontroverso que o STJ rejeitara toda lista, acompanhou o relator. Aduziu que a Constituição prevê 3 requisitos para a composição da lista, sendo 1 deles objetivo — ter mais de 35 e menos de 65 anos de idade — e 2 subjetivos de limites indeterminados. No tocante ao critério objetivo, assentou que a decisão do tribunal tem que ser motivada, pois se trata de fato cuja afirmação pode ser contestada, isto é, submetida a controle segundo as vias e os remédios processuais previstos. Contudo, o mesmo não ocorreria se a situação se referisse ao atendimento, ou não, de requisitos de índole puramente subjetiva de conteúdo indeterminado, em que as afirmações não são suscetíveis de controle objetivo. Considerou que, na espécie, o STJ deixara de dar as suas razões, provavelmente — e ao que se presume — porque reconhecera a existência do fato, mas não os outros requisitos. **RMS 27920/DF, rel. Min. Eros Grau, 23.6.2009. (RMS-27920)**

ESCOLHA DE CANDIDATOS A MINISTRO DO STJ E LISTA DE ADVOGADOS - 3

Em divergência, os Ministros Joaquim Barbosa e Celso de Mello proveram parcialmente o recurso. O primeiro salientou, de início, que os tribunais podem rejeitar parcial ou totalmente as listas remetidas pelo parquet ou pela OAB para a formação do chamado quinto constitucional, sendo imprescindível, entretanto, que, para isso, a decisão de recusa esteja suficientemente justificada. Assinalou que, na hipótese, o STJ se limitara a comunicar ao recorrente que nenhum dos nomes constantes da lista por ele encaminhada obtivera o quórum mínimo previsto no RISTJ. Assim, entendeu que o ato impugnado pecaria por déficit de motivação e, por essa razão, seria nulo, pois, não obstante tivesse reconhecido que todos os indicados atenderiam aos requisitos constitucionais, não procedera à redução da lista sêxtupla em tríplice. Mencionou, no ponto, que o STJ recusara em bloco os nomes constantes da lista, mas utilizara o subterfúgio do não atingimento de uma votação mínima por qualquer dos candidatos. Arrematara que o Tribunal a quo teria o dever de formular a lista tríplice, uma vez que constatara o preenchimento dos requisitos constitucionais por parte de todos os integrantes da lista sêxtupla. O Min. Celso de Mello acrescentou que a exigência de motivação das decisões proferidas pelos tribunais, tanto em sede estritamente judicial quanto no âmbito de sua atuação administrativa, representa postulado constitucional inafastável (art. 93, X), que consubstancia poderoso e necessário fator de limitação do próprio poder estatal. Por fim, registrou que, ainda que se pudesse reconhecer alguma carga de relativa discricionariedade no exercício do poder-dever de escolha dos membros a partir de uma lista sêxtupla elaborada por órgão de representação, como nos autos, essa circunstância não teria o condão de exonerar o tribunal de fundamentar a sua deliberação, até mesmo para o efeito de viabilizar o controle jurisdicional do ato. Após, pediu vista dos autos a Min. Ellen Gracie. **RMS 27920/DF, rel. Min. Eros Grau, 23.6.2009. (RMS-27920)**

ESCOLHA DE CANDIDATOS A MINISTRO DO STJ E LISTA DE ADVOGADOS – 4

Em conclusão de julgamento, a Turma, por maioria, negou provimento a recurso ordinário em mandado de segurança no qual o Conselho Federal da Ordem dos Advogados do Brasil – OAB insurgia-se contra decisões administrativas do STJ no processo de escolha de candidatos a Ministro daquela Corte em vaga destinada a advogado — v. Informativo 552. Preliminarmente, a Turma, resolvendo questão de ordem apresentada pela Min. Ellen Gracie, rejeitou o pedido formulado pela recorrente no sentido de que o feito fosse submetido à apreciação do Plenário e decidiu pela conclusão do julgamento no próprio âmbito, vencido o Min. Joaquim Barbosa. Considerou-se inquestionável a competência recursal ordinária de qualquer das Turmas do STF para o exame de recursos interpostos contra decisões denegatórias em mandado de segurança. Ademais, embora reconhecida a importância da matéria, asseverou-se que esse pleito deveria ter sido formulado antes do início do julgamento e nao quando já colhidos 4 votos. **RMS 27920/DF, rel. Min. Eros Grau, 6.10.2009.** (RMS-27920)

ESCOLHA DE CANDIDATOS A MINISTRO DO STJ E LISTA DE ADVOGADOS – 5

Em seguida, salientou-se o acerto da decisão do STJ ao declarar prejudicado o *writ* relativamente ao pedido para que este não compusesse as listas relativas às vagas surgidas após a abertura daquela destinada aos advogados, uma vez que já empossados os Ministros indicados para o preenchimento das vagas reservadas a desembargadores estaduais e a membros do Ministério Público. Afastou-se o pleiteado reconhecimento da precedência (antiguidade) do ingresso naquela Corte do candidato que deveria ter sido nomeado pelo Presidente da República — caso a lista sêxtupla tivesse sido convertida em tríplice —, uma vez que essa futura posse não teria como retroagir no tempo. Não se conheceu, ainda, do pedido alternativo para que o STJ formalizasse a lista tríplice a partir dos registros em ata dos escrutínios já realizados, dela constando os 3 nomes mais votados. Tendo em conta que este fora articulado somente quando da interposição do presente recurso, consignou-se que não se admite, em mandado de segurança, a modificação ou o aditamento do pedido inicial em fase subseqüente às informações. **RMS 27920/DF, rel. Min. Eros Grau, 6.10.2009.** (RMS-27920)

ESCOLHA DE CANDIDATOS A MINISTRO DO STJ E LISTA DE ADVOGADOS – 6

Quanto ao tema relativo à determinação ao STJ para que promovesse a redução da lista sêxtupla encaminhada pela recorrente, aduziu-se que a seleção de futuro integrante do STJ é um ato complexo e que tal escolha não consubstancia mera decisão administrativa, daquelas a que respeita o inciso IX do art. 93 da Constituição, devendo ser apurada de forma a prestigiar-se o juízo dos membros do Tribunal. Enfatizando que nenhum dos indicados obtivera a maioria absoluta de votos, reputou-se que isso significaria recusa, pelo STJ, da lista a ele remetida. Registrou-se a excepcionalidade da situação, em que a Corte re-corrida constatara a ocorrência de impasse insolúvel diante da legitimidade da norma de seu regimento interno que prevê a necessidade de obtenção de maioria absoluta dos votos pelo candidato à vaga de Ministro. No ponto, entendeu-se que a divulgação, por cada um dos Ministros votantes, dos motivos pelos quais nenhum integrante da lista sêxtupla alcançara a maioria absoluta de votos, além de não trazer solução para o impasse, provocaria desarrazoada exposição dos advogados que dela constam, além de eliminar a natureza secreta da votação. Concluiu-se pela ausência de direito líquido e certo da OAB a que determinados advogados fossem incluídos em lista tríplice a ser formada pelo STJ, sob pena de se impor àquela Corte a obrigação de ratificar a escolha de indivíduos que lá não obtiveram o voto da maioria absoluta de seus atuais integrantes. Vencidos os Ministros Joaquim Barbosa e Celso de Mello que proviam parcialmente o recurso por julgar que o ato impugnado careceria de motivação. **RMS 27920/DF, rel. Min. Eros Grau, 6.10.2009.** (RMS-27920) (Inform. STF 562)

JUIZADOS ESPECIAIS ESTADUAIS: RECLAMAÇÃO E STJ -1

Não obstante salientando a inexistência de omissão a suprir, o Tribunal acolheu embargos de declaração opostos de acórdão do Plenário para prestar esclarecimentos e determinar a comunicação à Presidência do STJ. Na espécie, o acórdão embargado confirmara a jurisprudência fixada sobre a discriminação nas contas telefônicas dos pulsos além da franquia, no sentido de se tratar de questão infraconstitucional, e assentara a competência do Juizado Especial para processar e julgar ação movida por usuário do serviço de telefonia móvel, dada a ausência tanto de manifestação expressa de interesse jurídico ou econômico pela agência reguladora (ANATEL) quanto de complexidade probatória. Asseverou-se, inicialmente, que, após o julgamento do presente recurso extraordinário, e em decorrência de nova regulamentação realizada pela ANATEL, na qual fora determinado o detalhamento gratuito de todas as ligações, o STJ revogara o Enunciado 357 de sua Súmula ("*a pedido do assinante, que responderá pelos custos, é obrigatória, a partir de 1º de janeiro de 2006, a discriminação de pulsos excedentes e ligações de telefone fixo para celular.*"). Explicou-se que, embora tivesse revogado a Súmula, ante a previsão do ônus ao assinante, o STJ mantivera o entendimento em relação à obrigatoriedade da discriminação de pulsos excedentes. Afirmou-se, no que tange à extensão da aplicação da Súmula 357 do STJ, que o Supremo já se manifestou sobre o importante papel exercido pelo STJ no exame da legislação infraconstitucional, qual seja, a de uniformizar a interpretação das normas federais infraconstitucionais. Registrou-se, em seguida, que, embora seja responsável pelo exame da legislação infraconstitucional, o STJ não aprecia recurso especial contra decisão prolatada no âmbito dos Juizados Especiais, sendo as querelas de pequeno valor submetidas às Turmas Recursais, instância revisora. **RE 571572 QO-ED/BA, rel. Min. Ellen Gracie, 26.8.2009.** (RE-571572)

JUIZADOS ESPECIAIS ESTADUAIS: RECLAMAÇÃO E STJ -2

Ressaltou-se que, já no âmbito da Justiça Federal, a uniformização da interpretação da legislação infraconstitucional foi preservada com a criação da Turma de Uniformização pela Lei 10.259/2001, a qual pode ser provocada quando a decisão proferida pela Turma Recursal contrarie a jurisprudência dominante no STJ. Caso a decisão da Turma de Uniformização afronte essa jurisprudência, caberá, ainda, a provocação daquela Corte (Lei 10.259/2001, art. 14, § 1º). Observou-se, entretanto, não existir previsão legal de órgão uniformizador da interpretação da legislação federal para os Juizados Especiais Estaduais, fato que poderia ocasionar a perpetuação de decisões divergentes da jurisprudência do STJ. Aduziu-se que tal lacuna poderá ser suprida com a criação da Turma Nacional de Uniformização da Jurisprudência, prevista no Projeto de Lei 16/2007, de iniciativa da Câmara dos Deputados, o qual se encontra em trâmite no Senado Federal, mas que, enquanto isso não ocorrer, a manutenção de decisões divergentes a respeito da interpretação da legislação infraconstitucional federal, além de provocar insegurança jurídica, promoverá uma prestação jurisdicional incompleta, por não haver outro meio eficaz de sanar a situação. Tendo isso em conta, decidiu-se que, até que seja criado o órgão que possa estender e fazer prevalecer a aplicação da jurisprudência do STJ, em razão de sua função constitucional, da segurança jurídica e da devida prestação jurisdicional, a lógica da organização do sistema judiciário nacional recomendaria fosse dada à reclamação prevista no art. 105, I, **f**, da CF amplitude suficiente à solução desse impasse. Dessa forma, ante a ausência de outro órgão que possa fazê-lo, o próprio STJ afastará a divergência com a sua jurisprudência, quando a decisão vier a ser proferida no âmbito dos Juizados Especiais Estaduais. Vencidos os Ministros Marco Aurélio e Carlos Britto que desproviam os embargos declaratórios. Precedentes citado: AI 155684 AgR/SP (DJU de 29.4.94). **RE 571572 QO-ED/BA, rel. Min. Ellen Gracie, 26.8.2009.** (RE-571572) (Inform. STF 557)

EMENTA: *HABEAS CORPUS*. DECISÃO MONOCRÁTICA PROFERIDA POR MINISTRO DO SUPERIOR TRIBUNAL DE JUSTIÇA. INDEFERIMENTO LIMINAR DO *HABEAS CORPUS* ALI AJUIZADO. MÉRITO DA IMPETRAÇAO. OFENSA AO PRINCÍPIO DA COLEGIALIDADE. PRECEDENTES. ORDEM CONCEDIDA DE OFÍCIO. 1. A decisão singular do Ministro-Relator no STJ, ao não conhecer do *habeas corpus*, julgou, todavia, o mérito da impetração. O que viola o princípio da colegialidade, nos termos da Lei nº 8.038/90 e do Regimento Interno do Superior Tribunal de Justiça (art. 202). Precedentes específicos: HC 90.367, da relatoria do ministro Ricardo Lewandowski (Primeira Turma); e HC 90.427, da relatoria do ministro Joaquim Barbosa (Segunda Turma). 2. *Habeas corpus* não conhecido, porém concedida a ordem, de ofício, tão-somente para determinar que o órgão colegiado respectivo aprecie o mérito da impetração. **HC N. 92.877-RS. RELATOR: MIN. CARLOS BRITTO.** (Inform. STF 541)

DECISÃO MONOCRÁTICA E PRINCÍPIO DA COLEGIALIDADE

A Turma indeferiu *habeas corpus* impetrado contra decisão de Ministro do STJ que denegara pedido de liminar formulado em idêntica medida, no qual argüida ilegalidade da manutenção de adolescente em medida sócio-educativa de internação, por prazo indeterminado, pela prática de ato infracional equiparado ao delito previsto no art.157, § 2º, I e II, do CP. A impetração requeria, na espécie, a substituição da medida de internação pela de liberdade assistida, por reputá-la mais adequada. Contudo, por se vislumbrar ofensa ao princípio da colegialidade, concedeu-se a ordem de ofício para haver o julgamento do mérito pelo colegiado do STJ. Entendeu-se que, não obstante seja possível ao relator, em decisão monocrática, negar seguimento a *habeas corpus* manifestamente incabível, improcedente ou que contrariar, nas questões predominantemente de direito, Súmula do respectivo tribunal (Lei 8.038/90, art. 38), no caso, não caberia ao relator naquela Corte apreciar o mérito do tema posto para negar seguimento ao *writ*. **HC 96073/MT, rel. Min. Cármen Lúcia, 9.12.2008.** (HC-96073) (Inform. STF 532)

JUDICIALIZAÇÃO DE CONFLITO E COMPETÊNCIA DO STJ

Por entender caracterizada a hipótese prevista no art. 105, I, **d**, da CF ("*Art. 105. Compete ao Superior Tribunal de Justiça: I – processar e julgar, originariamente: d) os conflitos de competência entre quaisquer tribunais, ressalvado o disposto no art. 102, I, "o", bem como entre tribunal e juízes a ele não vinculados e entre juízes vinculados a tribunais diversos;*"), ante a judicialização do conflito, o Tribunal não conheceu de conflito negativo de atribuições suscitado pelo Ministério Público Federal em face do Ministério Público do Estado da Paraíba, no âmbito do procedimento investigatório criminal instaurado para apurar possível prática de crime de desacato contra juiz titular de Vara do Trabalho de Campina Grande/PB, e determinou a remessa dos autos ao STJ, para que dirima a controvérsia. Na espécie, no âmbito do Juizado Especial Criminal da Comarca de Campina Grande/PB, o Promotor de Justiça oficiante considerara que os fatos tratados nos autos, em tese, se amoldariam na figura típica de possível crime de desacato praticado contra juiz do trabalho no exercício de sua função e, por isso, a competência seria da Justiça Federal, tendo o juiz de direito declinado da competência. Por sua vez, o Procurador da República que oficia perante o juízo de Vara da Seção Judiciária da Paraíba, entendera que não ocorrera infração contra bem, serviço ou interesse da União a atrair a competência da Justiça Federal. Assim, requerera que o juiz federal reconhecesse sua incompetência, suscitando conflito de competência. O juiz federal, ao divergir do entendimento do *parquet* federal, por considerar que a Justiça Federal seria competente para a causa, determinara a remessa dos autos ao STF, vislumbrando a existência de conflito negativo de atribuições entre órgãos do Ministério Público do Estado da Paraíba e do Ministério Público Federal. **ACO 1179/PB, rel. Min. Ellen Gracie, 11.9.2008.** (ACO-1179) (Inform. STF 519)

ADI E SUPERVISÃO PEDAGÓGICA ESTADUAL - 1

Em seguida, o Tribunal conheceu da ação quanto aos §§ 1º e 2º do art. 81 e ao art. 82, com exceção do § 3º - que determinam prazo para a instalação da Universidade do Estado de Minas Gerais e facultam às fundações educacionais de ensino superior instituídas pelo Estado a optarem ou pela absorção como unidades daquela Universidade, ou pela extinção dos vínculos com o poder público estadual, permanecendo sob a supervisão pedagógica do Conselho Estadual de Educação -, mas indeferiu o pedido de medida liminar por entender ausente a relevância jurídica da alegada invasão da competência privativa da União para legislar sobre diretrizes e bases da educação (CF, art. 22, XXIV) e, ainda, inexistir periculum in mora, já que os dispositivos atacados já contavam com quase treze anos de vigência quando proposta a ação e que a suspensão cautelar acarretaria a perturbação da continuidade da supervisão pedagógica. ADInMC 2.501-MG, rel. Min. Moreira Alves, 15.5.2002.(ADI-2501)

ADI E SUPERVISÃO PEDAGÓGICA ESTADUAL – 2

Em conclusão, o Tribunal conheceu em parte de ação direta ajuizada pelo Procurador-Geral da República e, na parte conhecida, julgou procedente o pedido formulado para declarar a inconstitucionalidade do inciso II do § 1º do art. 82, do ADCT da Constituição do Estado de Minas Gerais, bem como, por arrastamento, dos §§ 4º, 5º e 6º do mesmo art. 82, os quais foram acrescentados pela Emenda Constitucional estadual 70/2005. Os dispositivos impugnados criaram a Universidade do Estado de Minas Gerais e estabeleceram outras providências (ADCT da Constituição do Estado de Minas Gerais: "Art. 81 – Fica criada a Universidade do Estado de Minas Gerais, sob a forma de autarquia, que terá sua reitoria na Capital e suas unidades localizadas nas diversas regiões do Estado. § 1º – Serão instaladas no prazo de dois anos contados da promulgação da Constituição do Estado e absorvidas como unidades da Universidade do Estado de Minas Gerais as entidades de ensino superior criadas ou autorizadas por lei ainda não instaladas. § 2º – O Estado instalará a Universidade de que trata este artigo no prazo de setecentos e vinte dias contados da promulgação de sua Constituição. Art. 82 – Ficam mantidas as atuais instituições de ensino superior integrantes da Administração Pública Estadual. § 1º – As fundações educacionais de ensino superior instituídas pelo Estado ou com sua participação poderão manifestar-se no prazo de cento e oitenta dias contados da promulgação da Constituição por uma das seguintes opções: I – absorção, como unidades, pela Universidade do Estado de Minas Gerais, na forma prevista no § 1º do artigo anterior; II – submissão à política educacional do Estado, mesmo que venham, me-diante alteração dos seus estatutos, a extinguir seus vínculos com o poder público estadual, permanecendo sob a supervisão pedagógica do Conselho Estadual de Educação e obrigando-se, na forma da lei, a fornecer bolsas de estudos para os alunos carentes. § 2º – O Estado, decorrido o prazo fixado no parágrafo anterior, transformará em fundações públicas as fundações educacionais que não exercitarem, no prazo de trezentos e sessenta dias, a faculdade ali outorgada. § 3º – Fica transformada em autarquia, com a denominação de Universidade Estadual de Montes Claros, a atual Fundação Norte-Mineira de Ensino Superior. § 4° – Integram o Sistema Estadual de Educação, sob a supervisão pedagógica do Conselho Estadual de Educação, as instituições de educação superior: I – mantidas pelo poder público estadual ou municipal; II – cujas fundações mantenedoras se tenham manifestado por uma das opções previstas nos incisos I e II do § 1° deste artigo; III – criadas ou autorizadas por lei estadual ou municipal, existentes na data de promulgação da Constituição do Estado e que venham a enquadrar-se, de acordo com seus estatutos, nos incisos I ou II do § 1° deste artigo. § 5° – A criação de cursos superiores de Medicina, Odontologia e Psicologia por universidades e demais instituições de ensino superior integrantes do Sistema Estadual de Educação que não sejam mantidas pelo poder público estadual e municipal será submetida aos procedimentos de autorização e reconhecimento estabelecidos pela legislação federal para as instituições integrantes do Sistema Federal de Educação Superior. § 6° – Fica cancelada a tramitação dos processos de criação dos cursos mencionados no § 5°, que não tenham sido aprovados pelo Conselho Estadual de Educação até a data de publicação de emenda à Constituição que acrescentou este dispositivo ao Ato das Disposições Constitucionais Transitórias da Constituição do Estado.") — v. Informativo 268. **ADI 2501/MG, rel. Min. Joaquim Barbosa, 4.9.2008.** (ADI-2501)

ADI E SUPERVISÃO PEDAGÓGICA ESTADUAL – 3

Preliminarmente, o Tribunal não conheceu da ação quanto aos §§ 1º e 2º do art. 81, e o § 2º do art. 82, todos do aludido ADCT, tendo em conta tratar-se de normas de eficácia temporária, cujos efeitos já teriam se exaurido. Em seguida, em questão de ordem, o Tribunal entendeu não prejudicada a ação em face da alteração da norma impugnada pela EC estadual 70/2005, haja vista que a nova redação do inciso II do § 1º do art. 82, bem como o acréscimo dos §§ 4º, 5º e 6º, não provocaram alteração substancial no dispositivo atacado, mas, mantendo a supervisão pedagógica do Conselho Estadual de Educação sobre as instituições privadas de ensino superior do Estado de Minas Gerais, apenas explicitaram seu conteúdo, demonstrando com clareza qual o real alcance dessa supervisão. Quanto ao mérito, entendeu-se que a norma em questão invade a competência da União para legislar sobre diretrizes e bases da educação e também para estabelecer normas gerais sobre educação (CF, artigos 22, XXIV, e 24). Asseverou-se que a supervisão pedagógica do Conselho Estadual de Educação, da forma como prevista no art. 82 do ADCT estadual, não poderia alcançar a autorização, o reconhecimento e o credenciamento de cursos superiores nas instituições de ensino superior, tarefa que compete ao Ministério da Educação, de acordo com o Decreto 5.773/2006 (artigos 10, 13, 14, 15 e 34), que regulamenta a Lei de Diretrizes e Bases da Educação (Lei 9.394/96). O Min. Menezes Direto manifestou seu interesse no sentido de se ampliar a autonomia dos Estados, salientando que a CF/88 restabeleceu esse conceito mais forte da Federação, e, no caso da educação nacional, também reputou necessário robustecer o papel dos conselhos estaduais de educação, mas não no que concerne à autorização, à criação, e ao reconhecimento de cursos superiores, porque isto estaria dentro das diretrizes e bases da educação nacional, matéria reservada à competência federal. O Min. Cezar Peluso, por sua vez, após aderir ao entendimento de que a criação, a autorização e o reconhecimento de instituições privadas de ensino superior são sujeitas à legislação federal, ressaltou, entretanto, que, quanto à submissão à política educacional e supervisão pedagógica do Conselho Estadual de Educação, naquilo em que não haja incompatibilidade entre as supervisões federal e estadual, ambas permanecem, ou seja, somente quando alguma diretriz da supervisão pedagógica estadual estiver incompatível com a federal, esta terá prevalência. Vencido, parcialmente, o Min. Marco Aurélio que, tendo em conta as balizas objetivas do pedido inicial formulado, declarava a inconstitucionalidade apenas do inciso II do § 1º do art. 82 do ADCT. Em seguida, o Tribunal, por maioria, em respeito à segurança jurídica, fixou a modulação de efeitos, a fim de que sejam considerados válidos os diplomas expedidos pelas instituições superiores atingidas por esta decisão em relação aos cursos iniciados até a presente data, sem prejuízo do exercício pelo Ministério da Educação, ulteriormente, das suas atribuições legais. Vencido, no ponto, o Min. Marco Aurélio, que não adentrava a questão por se cingir, no caso, ao inciso II do § 1º do art. 82 na declaração de inconstitucionalidade. **ADI 2501/MG, rel. Min. Joaquim Barbosa, 4.9.2008.** (ADI-2501) (Inform. STF 518)

CONFLITO DE COMPETÊNCIA E CONTRIBUIÇÕES SINDICAIS

O Tribunal, por unanimidade, conheceu de conflito de competência, e, por maioria, firmou a competência do STJ para processar e julgar recurso interposto nos autos de ação de consignação em pagamento, em que se discute sobre o sindicato legitimado a receber contribuições sindicais. Tratava-se, na espécie, de conflito negativo de competência estabelecido entre o STJ e o TST. Entendeu-se que a discussão relativa à legitimidade do sindicato para receber a contribuição sindical representaria matéria funcional à atuação sindical, enquadrando-se, ante a nova redação dada pela Emenda Constitucional 45/2004 ao art. 114, III, da CF, na competência da Justiça do Trabalho. Não obstante, considerou-se a orientação firmada no CC 7204/MG (DJU de 9.12.2005), que definira, por uma questão de política judiciária, a existência de sentença de mérito na Justiça Comum Estadual, proferida antes da vigência da referida EC, como fator determinante para fixar a competência da Justiça Comum, o que ocorrera no caso concreto. Vencido o Min. Marco Aurélio, que firmava a competência da Justiça do Trabalho. **CC 7456/RS, rel. Min. Menezes Direito, 7.4.2008.** (CC-7456) (Inform. STF 501)

CARTA ROGATÓRIA E AUTORIDADE REQUERENTE

A indicação do juízo de origem é requisito essencial da carta rogatória. Com base nesse entendimento, a Turma deferiu *habeas corpus* impetrado contra ato da Corte Especial do STJ que mantivera decisão concessiva de *exequatur* — proferida monocraticamente por Ministro daquele tribunal — a pedido de cooperação requerido pelo Ministério Público italiano para a inquirição de nacional do aludido país, como testemunha, em procedimento criminal lá instaurado. Tendo em conta que a carta rogatória não fora expedida por autoridade judiciária, assentou-se que a regra prevista no art. 202, I, do CPC ("*Art. 202. São requisitos essenciais da carta de ordem, da carta precatória e da carta rogatória: I – a indicação dos juízes de origem e de cumprimento do ato;*") não teria sido observada e que o tratado de cooperação judiciária em matéria penal celebrado pela República Federativa do Brasil e a República Italiana, promulgado pelo Decreto 862/93, não suplantaria essa formalidade. Desse modo, enfatizou-se inexistir no cenário nacional cooperação, mediante carta rogatória, a ser provocada por *parquet* estrangeiro. Além disso, considerou-se contaminado o ato praticado, haja vista seu vício inicial decorrente da atuação individual do relator na Corte de origem. Acrescentou-se, ainda, que o paciente figurara como extraditando em processo indeferido pelo STF e que agora, mediante a referida carta rogatória, pretendia-se ouvi-lo, relativamente à mesma imputação que servira de base ao pleito extradicional, na qualidade de testemunha. Entendeu-se, no ponto, que o co-réu não poderia atuar como testemunha no processo em que é acusado conjuntamente. Ordem concedida para afastar o *exequatur* conferido pelo STJ, ficando com esta decisão alcançado o procedimento que visou superar o óbice ao cumprimento da carta. **HC 87759/DF, rel. Min. Marco Aurélio, 26.2.2008.** (HC-87759) (Inform. STF 496)

MS. ADMISSIBILIDADE. RE.

A Corte Especial reiterou seu entendimento de que as decisões proferidas pelo vice-presidente do Superior Tribunal de Justiça no exercício da competência inserida no domínio amplo do juízo de admissibilidade do recurso extraordinário não estão sujeitas ao controle jurisdicional deste Tribunal por meio de mandado de segurança. Assim, por maioria, extinguiu o feito sem resolução do mérito. **MS 14.819-DF, Rel. Min. Eliana Calmon, julgado em 3/3/2010.** (Inform. STJ 425)

SÚMULA STJ Nº 41

O superior Tribunal de Justiça não tem competência para processar e julgar, originariamente, mandado de segurança contra ato de outros tribunais ou dos respectivos órgãos.

9.4. Tribunais Regionais Federais e Juízes Federais

EMENTA: *HABEAS CORPUS*. PENAL E PROCESSUAL PENAL. CRIME CONTRA O SISTEMA FINANCEIRO. COMPETÊNCIA DA JUSTIÇA FEDERAL. INCISO VI DO ART. 109 DA CF. ORDEM DENEGADA. 1. A competência da Justiça Federal para julgar crimes contra o sistema financeiro nacional tem assento constitucional. A alegação de que o prejuízo decorrente do delito foi suportado exclusivamente por instituição financeira privada não afasta tal regra constitucional. Interesse da União na segurança e na confiabilidade do sistema financeiro nacional. 2. Na concreta situação dos autos, a imputação do delito do art. 5º da Lei nº 7.492/86 está embasada em procedimentos investigatórios e na sinalização de que um dos pacientes detinha poderes de gestão e gerência de operações. 3. A pretensão deduzida neste *habeas corpus* visa ao trancamento da ação penal, quanto ao delito do art. 5º da Lei 7.492/68. Trancamento que é medida excepcional, restrita a situações que se reportem a conduta não-constitutiva de crime em tese, ou quando já estiver extinta a punibilidade, ou, ainda, se inocorrentes indícios mínimos da autoria (HC 87.293, da relatoria do ministro Eros Grau; HC 85.740, da relatoria do ministro Ricardo Lewandowski; HC 85.134, da relatoria do ministro Marco Aurélio; e HC 87.310, HC 91.005 e RHC 88.139, de minha relatoria). 4. Ordem denegada. **HC N. 93.733-RJ. RELATOR: MIN. CARLOS BRITTO. Noticiado no Informativo 511**. (Inform. STF 541)

ART. 109, § 2º, DA CF E LITISCONSÓRCIO ATIVO FACULTATIVO

A Turma deu provimento a recurso extraordinário em que se discutia a possibilidade de formação de litisconsórcio facultativo de autores não domiciliados no Estado-membro em que ajuizada a causa. No caso, o TRF da 5ª Região indeferira a formação do litisconsórcio dos autores ao fundamento de se tratar de competência absoluta do juízo federal, nos termos do art. 109, § 2º, da CF ("*§ 2º - As causas intentadas contra a União poderão ser aforadas na seção judiciária em que for domiciliado o autor,*
790
naquela onde houver ocorrido o ato ou fato que deu origem à demanda ou onde esteja situada a coisa, ou, ainda, no Distrito Federal."). Considerou-se que os litisconsortes podem optar pela propositura da ação em qualquer das hipóteses previstas no aludido dispositivo constitucional. Frisou-se, no ponto, a ausência de qualquer tipo de restrição no que concerne à opção conferida ao autor, que, por isso, é o juiz de sua conveniência para exercer a escolha, limitadas, apenas, as alternativas. **RE 234059/AL, rel. Min. Menezes Direito, 2.9.2008**. (RE-234059) (Inform. STF 518)

COMPETÊNCIA DA JUSTIÇA FEDERAL E AUXÍLIO-SUPLEMENTAR

A Turma manteve decisão de Turma Recursal do Juizado Especial Federal Previdenciário da 3ª Região que decidira pela competência da justiça federal para julgamento de causa em que requerido o restabelecimento de auxílio-suplementar, assim como a acumulação desse benefício com os proventos de aposentadoria. O Instituto Nacional do Seguro Social - INSS, ao argumento de que a questão envolveria benefício acidentário, alegava ofensa ao art. 109, I, da CF ("*Art. 109. Aos juízes federais compete processar e julgar: I - as causas em que a União, entidade autárquica ou empresa pública federal forem interessadas na condição de autoras, rés, assistentes ou opoentes, exceto as de falência, as de acidentes de trabalho e as sujeitas à Justiça Eleitoral e à Justiça do Trabalho.*"). Inicialmente, afirmou-se que, no caso, o ora recorrido retornara ao serviço após sua aposentadoria — por tempo de serviço — e que, em decorrência de acidente de trabalho, passara a receber cumulativamente os proventos de aposentadoria e o auxílio-suplementar, o qual fora posteriormente suspenso. Entendeu-se que a matéria tratada nos autos não estaria contemplada na exceção do referido dispositivo constitucional, uma vez que a ação não teria como causa acidente ocorrido no exercício da atividade laboral, para cujo exame seria competente a justiça comum. Desse modo, evidenciado o interesse da autarquia no deslinde do feito, afigurar-se-ia inequívoca a competência da justiça federal para julgá-lo, porquanto envolvida matéria que refugiria à jurisdição da justiça comum. **RE 461005/SP, rel. Min. Ricardo Lewandowski, 8.4.2008.** (RE-461005) (Inform. STF 501)

TURMAS SUPLEMENTARES E PRINCÍPIO DO JUIZ NATURAL

A Turma, acolhendo proposta do Min. Gilmar Mendes, deliberou afetar ao Plenário apreciação de *habeas corpus* no qual se discute a validade de julgamento de apelação realizado por turma suplementar do TRF da 1ª Região. Sustenta a impetração, na espécie, que a criação de turmas suplementares seria nula, porquanto tratar-se-ia de órgão jurisdicional anômalo — composto majoritariamente por juízes federais de 1º grau —, instituído mediante simples resolução daquela Corte (Resolução 5/2001). Afirma que a atuação simultânea dessas turmas com os demais órgãos fracionários do TRF da 1ª Região violaria o art. 4º da Lei 9.788/99 e a Resolução 210/99, do Conselho da Justiça Federal, já que extrapolaria os limites impostos para a convocação de juízes federais de 1º grau para auxiliar os magistrados integrantes dos tribunais. Por fim, alega ofensa ao postulado do juiz natural e da reserva legal e ao art. 118, § 4º, da LOMAN. HC 83686/MG, rel. Min. Gilmar Mendes, 11.12.2007. (HC-83686) (Inform. STF 492)

MS: DEVOLUÇÃO DE LISTA SÊXTUPLA E COMPETÊNCIA

O Tribunal, resolvendo questão de ordem, suscitada em dois mandados de segurança impetrados contra ato da Ordem dos Advogados do Brasil - OAB, do Presidente do Tribunal Regional do Trabalho da 1ª Região e do Presidente da República, declinou da competência para o TRF da 1ª Região. Na espécie, os impetrantes, advogados inscritos na OAB, Seccional do Estado do Rio de Janeiro, foram indicados para compor lista sêxtupla a ser submetida ao TRT da 1ª Região, para preenchimento da vaga destinada à representação dos advogados. Em resposta à lista sêxtupla encaminhada pela OAB-RJ, o Presidente do TRT da 1ª Região, com base no disposto no art. 4º do Regimento Interno daquele tribunal, informara que a OAB deveria aguardar expressa solicitação para o envio da referida lista e determinara a devolução do expediente à OAB, solicitando a remessa de nova lista. Sustentam os impetrantes ser abusivo o ato do Presidente do TRT da 1ª Região, haja vista que não teria competência para recusar, em decisão monocrática, a lista enviada, incumbindo-lhe submetê-la ao escrutínio dos juízes-membros do órgão especial, e, ainda, a ilegalidade do ato da OAB-RJ, que revogara a lista enviada. Entendeu-se não se ter hipótese a configurar conflito federativo com atração da competência do STF pela alínea f do inciso I do art. 102 da CF, tendo em conta o acatamento da devolução da lista pela própria OAB-RJ, que a revogara, nem situação em que se pudesse cogitar de um ato complexo a envolver uma prática pelo Presidente da Re-pública (CF, art. 102, I, d). Asseverou-se, ademais, que bastaria que a ordem fosse concedida contra o TRT para evitar-se o risco de qualquer ato viciado ou ilegal do Pre-sidente da República quanto à nomeação de eventual indicado. MS 26438/DF e MS 26787/DF, rel. Min. Joaquim Barbosa, 29.10.2007. (MS-26438) (Inform. STF 486)

SÚMULA STJ Nº 428

Compete ao Tribunal Regional Federal decidir os conflitos de competência entre juizado especial federal e juízo federal da mesma seção judiciária.

SÚMULA STJ Nº 150

Compete à Justiça Federal decidir sobre a existência de interesse jurídico que justifique a presença, no processo, da União, suas autarquias ou empresas públicas.

SÚMULA STJ Nº 55

Tribunal Regional Federal não é competente para julgar recurso de decisão proferida por juiz estadual não investido de jurisdição federal.

9.5. Tribunais e Juízes do Trabalho

INDENIZAÇÃO POR ACIDENTE DE TRABALHO E COMPETÊNCIA

Compete à justiça do trabalho processar e julgar, nos termos do art. 114, VI, da CF, as causas referentes à indenização por dano moral e material oriundas de acidente de trabalho. Com esse entendimento, o Plenário desproveu recurso extraordinário no qual pretendida a fixação da competência da justiça comum para julgar ação trabalhista proposta por sucessores de trabalhador falecido. Asseverou-se que a alteração da legitimidade ativa, no caso em tela, não deslocaria a competência daquela justiça especializada. RE 600091/MG, rel. Min. Dias Toffoli, 25.5.2011. (RE-600091) (Inform. STF 628)

RECLAMAÇÃO TRABALHISTA CONTRA A ONU/PNUD: IMUNIDADE DE JURISDIÇÃO E EXECUÇÃO - 1

O Tribunal iniciou julgamento conjunto de recursos extraordinários interpostos pela Organização das Nações Unidas - ONU, por seu Programa para o Desenvolvimento - PNUD, e pela União nos quais se analisa a existência, ou não, de imunidade de jurisdição e de execução para as organizações internacionais. Na espécie, o juízo da 1ª Vara Federal do Trabalho de Cuiabá-MT, afastando a imunidade de jurisdição expressamente invocada pela ONU/PNUD, com base, dentre outros, na Seção 2 da Convenção sobre Privilégios e Imunidades das Nações Unidas, promulgada pelo Decreto 27.784/50, julgara procedente reclamação trabalhista contra ela ajuizada pelo ora recorrido — que para ela trabalhara em projeto desenvolvido no Estado do Mato Grosso - PRODEAGRO, na função de monitor técnico de licitações —, condenando-a ao pagamento de diversas verbas trabalhistas. A sentença, entretanto, reconhecera a imunidade de execução da reclamada e a necessidade da renúncia expressa para o seu afastamento. Interposto recurso ordinário pelo reclamante, o TRT da 23ª Região ratificara o entendimento pela inexistência de imunidade de jurisdição em causas trabalhistas e ainda afastara a imunidade à execução do julgado. Após o trânsito em julgado dessa decisão e o início da fase executória, a ONU/PNUD ajuizara ação rescisória perante aquela Corte regional, com fundamento no art. 485, V, do CPC, sustentando violação literal ao disposto na aludida Convenção. O pedido rescisório fora julgado improcedente, o que ensejara a interposição de recurso ordinário. Os apelos extremos impugnam o acórdão do TST que negara provimento a esse recurso ordinário, ao fundamento de que a Justiça do Trabalho, nos termos do que previsto no art. 114 da CF, seria competente para processar e julgar demandas envolvendo organismos internacionais, decorrentes de qualquer relação de trabalho. Alega a ONU/PNUD que a decisão recorrida ofende os artigos 5º, II, XXXV, LII e § 2º, e 114, *caput*, da CF, e declara a inconstitucionalidade da citada Convenção. Por sua vez, a União aponta afronta aos artigos 5º, LIV, § 2º, 49, I, 84, VIII, e 114, da CF. RE 578543/MT, rel. Min. Ellen Gracie, 7.5.2009. (RE-578543). **RE 597368/MT, rel. Min. Ellen Gracie, 7.5.2009.** (RE-597368)

RECLAMAÇÃO TRABALHISTA CONTRA A ONU/PNUD: IMUNIDADE DE JURISDIÇÃO E EXECUÇÃO – 2

A Min. Ellen Gracie, relatora, conheceu em parte dos recursos, e, na parte conhecida, a eles deu provimento para, reconhecendo a afronta à literal disposição contida na Seção 2 da Convenção sobre Privilégios e Imunidades das Nações Unidas, julgar procedente o pleito formulado na ação rescisória, a fim de desconstituir o acórdão do TRT da 23ª Região e reconhecer a imunidade de jurisdição e de execução da ONU/PNUD. Entendeu, em síntese, que o acórdão recorrido ofende tanto o art. 114 quanto o art. 5º, § 2º, ambos da CF, já que confere interpretação extravagante ao primeiro, no sentido de que ele tem o condão de afastar toda e qualquer norma de imunidade de jurisdição acaso existente em matéria trabalhista, bem como despreza o teor de tratados internacionais celebrados pelo Brasil que asseguram a imunidade de jurisdição e de execução da recorrente. Após, o julgamento foi suspenso com o pedido de vista da Min. Cármen Lúcia. Leia o inteiro teor do voto da relatora no RE 578543/MT na seção "Transcrições" deste Informativo. RE 578543/MT, rel. Min. Ellen Gracie, 7.5.2009. (RE-578543). **RE 597368/MT, rel. Min. Ellen Gracie, 7.5.2009.** (RE-597368) (Inform. STF 545)

JUSTIÇA DO TRABALHO: AÇÃO DE INTERDITO PROIBITÓRIO E GREVE

É da competência da Justiça do Trabalho o julgamento de interdito proibitório em que se busca garantir o livre acesso de funcionários e de clientes a agências bancárias sob o risco de serem interditadas em decorrência de movimento grevista. Com base nesse entendimento, o Tribunal, por maioria, proveu recurso extraordinário interposto pelo Sindicato dos Empregados em Estabelecimentos Bancários de Belo Horizonte contra acórdão do Tribunal de Justiça do Estado de Minas Gerais que entendera ser da competência da Justiça Comum o julgamento de ação de interdito proibitório ajuizado pela agência bancária recorrida. Considerou-se estar-se diante de ação que envolve o exercício do direito de greve, matéria afeta à competência da Justiça Trabalhista, a teor do disposto no art. 114, II, da CF. Asseverou-se tratar-se de um piquete, em que a obstrução, a ocupação, ocorrem como um ato relativo à greve. Vencido o Min. Menezes Direito, relator, que desprovia o recurso, por reputar ser da Justiça Comum a competência para julgar o feito, ao fundamento de que o pedido e a causa de pedir do interdito proibitório não envolveriam matéria que pudesse vincular o exercício do direito de greve à proteção do patrimônio. Alguns precedentes citados: CJ 6959/DF (DJU de 22.2.91); AI 611670/PR (DJU de 7.2.2007); AI 598457/SP (DJU de 10.11.2006); RE 238737/SP (DJU de 5.2.99). **RE 579648/MG, rel. orig. Min. Menezes Direito, rel. p/ o acórdão Min. Cármen Lúcia,10.9.2008.** (RE-579648) (Inform. STF 519)

RCL: CONFLITO TRABALHISTA E COMPETÊNCIA

O Tribunal desproveu agravo regimental interposto contra decisão que negara seguimento a reclamação ajuizada pela Agência Nacional de Telecomunicações - ANATEL, em que pretendia suspender reclamação trabalhista, formalizada com o objetivo de serem reconhecidos direitos trabalhistas (indenização pela dispensa no período de gestação, férias proporcionais, 13º salário proporcional, depósitos de FGTS, entre outros) de ex-empregados públicos. Alegava-se, na espécie, desrespeito à autoridade da decisão da Corte no julgamento da ADI 3395 MC/DF (DJU de 10.11.2006). Considerando o fato de ter-se, no caso, envolvimento de conflitos trabalhistas, tendo em conta a causa de pedir e os pedidos específicos, ligados à existência de contrato de trabalho, reputou-se improcedente o pedido formulado, haja vista que, na ADI 3395 MC/DF, apenas se afastara interpretação do inciso I do art. 114 da CF, na redação imprimida pela EC 45/2004, que pudesse implicar reconhecimento da competência da Justiça do Trabalho para examinar conflitos concernentes a regime especial de caráter jurídico-administrativo. Rcl 5366 AgR/DF, rel. Min. Marco Aurélio, 29.10.2007. (RCL-5366) (Inform. STF 486)

AÇÃO TRABALHISTA: CONTRATAÇÃO DE SERVIDORES TEMPORÁRIOS E COMPETÊNCIA

O Tribunal iniciou julgamento de agravo regimental interposto contra decisão monocrática do Min. Marco Aurélio que negara seguimento a reclamação, da qual relator, ajuizada pelo Município de São Miguel do Guamá - PA, em que se pretende a suspensão de ações em trâmite na justiça trabalhista, formalizadas com o objetivo de anular contratações celebradas sem prévia aprovação em concurso público. Nesses processos trabalhistas são veiculados pedidos de anulação de contratos temporários administrativos com o reconhecimento de direitos trabalhistas, condenando o referido Município ao recolhimento de FGTS e de contribuições previdenciárias ao INSS, ao argumento de envolver trabalhadores comuns. O Min. Marco Aurélio, relator, naquela decisão, não vislumbrara pertinência entre o que pleiteado e a decisão proferida na ADI 3395/DF (DJU de 10.11.2006), cuja liminar ficara restrita ao afastamento da interpretação do inciso I do art. 114 da CF, na redação dada pela EC 45/2004, que implicasse reconhecimento da competência da justiça do trabalho para apreciar conflitos atinentes a regime especial, de caráter jurídico-administrativo. Asseverara que, no caso, os referidos conflitos trabalhistas apresentavam, como causa de pedir, a existência de vínculo celetista. No presente agravo, o Município sustenta que a declaração de nulidade da relação jurídica estatutária não atrai a competência da justiça do trabalho e que o regime estatutário, a que estavam submetidos os ex-servidores, seria de natureza administrativa, existindo lei municipal (Lei 170/90) autorizadora da contratação de servidores temporários para suprir a necessidade do ente federado. O agravante reiterou que os atos impugnados implicaram ofensa à autoridade do pronunciamento da Corte na mencionada ADI. O relator, considerando que a caracterização, ou não, da citada relação jurídica tem definição a cargo da jurisdição cível especializada, manteve a decisão agravada. Em divergência, o Min. Joaquim Barbosa deu provimento ao regimental por entender estar-se diante de relação jurídica de natureza administrativa, a envolver contratação realizada com base no art. 37, IX, da CF. Após, pediu vista a Min. Cármen Lúcia. Rcl 4489 AgR/PA, rel. Min. Marco Aurélio, 11.6.2007. (Rcl-4489) (Inform. STF 471)

Incompetência do STF e Arquivamento dos Autos - 1

O Tribunal iniciou julgamento do agravo regimental interposto contra decisão que, com base no art. 21, § 1º, do Regimento Interno do STF, negara seguimento a mandado de segurança impetrado contra acórdão de Turma do TST, em face da incompetência originária da Corte, e determinara o arquivamento dos autos. Insurge-se o agravante contra a não remessa dos autos ao juiz competente, nos termos do que disposto no art. 113, § 2º, do CPC ("§ 2o Declarada a incompetência absoluta, somente os atos decisórios serão nulos, remetendo-se os autos ao juiz competente."). O Min. Celso de Mello, relator, negou provimento ao recurso, invocando a jurisprudência do STF no sentido de que a referida norma regimental tem caráter especial e, por essa razão, prevalece no âmbito da Corte sobre a regra inscrita no art. 113, § 2º, do CPC, no que foi acompanhado pelos Ministros Cármen Lúcia e Ricardo Lewandowski. Em divergência, o Min. Marco Aurélio deu provimento ao recurso para determinar o encaminhamento dos autos ao TST, por considerar haver necessidade de declinação da competência. Após, o julgamento foi adiado em face do pedido de vista do Min. Eros Grau. MS 26006 AgR/DF, rel. Min. Celso de Mello, 23.8.2006. (MS-26006)

INCOMPETÊNCIA DO STF E ARQUIVAMENTO DOS AUTOS - 2

Em conclusão de julgamento, o Tribunal proveu agravo regimental em mandado de segurança para determinar o encaminhamento dos autos ao Tribunal Superior do Trabalho - TST. Na espécie, impugnava-se a decisão que, com base no art. 21, § 1º, do Regimento Interno do STF, negara seguimento ao mandado de segurança, impetrado contra ato de Turma do TST, em face da incompetência originária da Corte, e determinara o arquivamento dos autos. Insurgia-se o agravante contra a não remessa dos autos ao juiz competente, nos termos do que disposto no art. 113, § 2º, do CPC ("*§ 2º Declarada a incompetência absoluta, somente os atos decisórios serão nulos, remetendo-se os autos ao juiz competente.*") — v. Informativo 437. Considerou-se a recente orientação fixada pela Corte no MS 25087 ED/SP (j. em 21.9.2006) e reafirmada no MS 26244 AgR/DF (DJU de 23.2.2007) no sentido de que, reconhecida a incompetência do Tribunal, deve-se indicar o órgão jurisdicional competente para a apreciação do mandado de segurança originalmente impetrado ao Supremo. O Min. Celso de Mello, relator, reajustou seu voto, ressalvando seu entendimento de não caber ao Supremo a indicação do magistrado ou do Tribunal a quem possa incumbir o exercício da respectiva competência jurisdicional, tendo em conta os limites fixados naquele dispositivo regimental. O Min. Eros Grau fez ressalva nessa mesma linha. Os Ministros Cármen Lúcia e Ricardo Lewandowski também reajustaram seus votos. MS 26006 AgR/DF, rel. Min. Celso de Mello, 2.4.2007. (MS-26006) (Inform. STF 462)

COMPETÊNCIA DA JUSTIÇA DO TRABALHO E MATÉRIA PENAL

O Tribunal deferiu pedido de liminar formulado em ação direta de inconstitucionalidade ajuizada pelo Procurador-Geral da República para, com efeito *ex tunc*, dar interpretação conforme à Constituição Federal aos incisos I, IV e IX do seu art. 114 no sentido de que neles a Constituição não atribuiu, por si sós, competência criminal genérica à Justiça do Trabalho (CF: *"Art. 114. Compete à Justiça do Trabalho processar e julgar:... I - as ações oriundas da relação de trabalho, abrangidos os entes de direito público externo e da administração pública direta e indireta da União, dos Estados, do Distrito Federal e dos Municípios;... IV - os mandados de segurança, habeas corpus e habeas data, quando o ato questionado envolver matéria sujeita à sua jurisdição;... IX - outras controvérsias decorrentes da relação de trabalho, na forma da lei.*"). Entendeu-se que seria incompatível com as garantias constitucionais da legalidade e do juiz natural inferir-se, por meio de interpretação arbitrária e expansiva, competência criminal genérica da Justiça do Trabalho, aos termos do art. 114, I, IV e IX da CF. Quanto ao alegado vício formal do art. 114, I, da CF, reportou-se à decisão proferida pelo Plenário na ADI 3395/DF (DJU de 19.4.2006), na qual se concluiu que a supressão do texto acrescido pelo Senado em nada alterou o âmbito semântico do texto definitivo, tendo em conta a interpretação conforme que lhe deu. ADI 3684 MC/DF, rel. Min. Cezar Peluso, 1º.2.2007. (ADI-3684) (Inform. STF 454)

SÚMULA VINCULANTE STF Nº 23

A Justiça do Trabalho é competente para processar e julgar ação possessória ajuizada em decorrência do exercício do direito de greve pelos trabalhadores da iniciativa privada.

SÚMULA VINCULANTE STF Nº 22

A Justiça do Trabalho é competente para processar e julgar as ações de indenização por danos morais e patrimoniais decorrentes de acidente de trabalho propostas por empregado contra empregador, inclusive aquelas que ainda não possuíam sentença de mérito em primeiro grau quando da promulgação da Emenda Constitucional no 45/04.

SÚMULA STF Nº 736

Compete à Justiça do Trabalho julgar as ações que tenham como causa de pedir o descumprimento de normas trabalhistas relativas à segurança, higiene e saúde dos trabalhadores.

SÚMULA STF Nº 433

É competente o Tribunal Regional do Trabalho para julgar mandado de segurança contra ato de seu presidente em execução de sentença trabalhista.

SÚMULA STJ Nº 15

Compete à justiça estadual processar e julgar os litígios decorrentes de acidente do trabalho.

9.6. Tribunais e Juízes Militares

EMENTA: *HABEAS CORPUS*. CRIME DE USO DE DOCUMENTO FALSO DE NATUREZA CIVIL PRATICADO POR CIVIL. INCOMPETÊNCIA DA JUSTIÇA MILITAR. PRECEDENTE STF. ORDEM CONCEDIDA. 1. Sendo o paciente civil e tendo, em tese, utilizado documentação de natureza civil – supostamente falsa – perante uma empresa privada, descaracterizada está a prática de crime militar, devendo o fato ser apurado pela Justiça Federal, nos termos do art. 109, IV da Constituição da República. Precedentes. 2. *Habeas corpus* concedido, para declarar a incompetência da Justiça Militar para processar e julgar o delito imputado ao paciente na denúncia, devendo o feito ser encaminhado à Justiça Federal. **HC N. 96.083-RJ. RELATORA: MIN. ELLEN GRACIE. Noticiado no Informativo 538** (Inform. STF 541)

ADI: COMPOSIÇÃO E COMPETÊNCIA DA JUSTIÇA MILITAR

O Tribunal julgou procedente pedido formulado em ação direta ajuizada pelo Procurador-Geral da República para declarar a inconstitucionalidade dos §§ 1º e 3º do art. 57, bem como do art. 58, da Constituição do Estado de Goiás, que dispõem sobre a composição e a competência da Justiça Militar daquela unidade federativa. Entendeu-se que os dispositivos impugnados ofendem o art. 125, § 3º, da CF, que atribui à lei ordinária, cuja iniciativa é reservada ao Tribunal de Justiça local, a criação da Justiça Militar estadual. Precedente citado: ADI 725/RS (DJU de 4.9.98). **ADI 471/GO, rel. Min. Eros Grau, 3.4.2008.** (ADI-471) (Inform. STF 500)

SUSPENSÃO DE SEGURANÇA E DECISÃO DO SUPERIOR TRIBUNAL MILITAR – 1

A Presidência do Supremo pode suspender liminares concedidas contra o Poder Público em ações propostas perante tribunais superiores, com base no art. 4º da Lei 4.348/64, se a causa tiver fundamento constitucional. Com base nesse entendimento, o Tribunal, por maioria, desproveu agravo regimental interposto pela Associação dos Servidores da Justiça Militar – ASSEJUMI contra decisão que determinara a suspensão dos efeitos do despacho do Ministro-Presidente do Superior Tribunal Militar – STM, que ordenara a aplicação do limite estipulado como teto salarial a vencimentos, proventos e pensões dos associados da agravante. **SS 2504 AgR/DF, rel. Min. Ellen Gracie, 17.3.2008.** (SS-2504)

SUSPENSÃO DE SEGURANÇA E DECISÃO DO SUPERIOR TRIBUNAL MILITAR – 2

Inicialmente, ressaltou-se a competência do Supremo para examinar o pedido de suspensão, haja vista que a controvérsia instaurada na ação principal evidenciaria a existência de matéria constitucional, qual seja, a alegação de inconstitucionalidade da EC 41/2003. Afastou-se, em seguida, a apontada incompetência do Supremo para analisar pedidos de suspensão de decisões proferidas pelos tribunais superiores. No ponto, aduziu-se que, apesar de a Lei 8.038/90 não ter tratado das liminares de decisões concessivas de mandado de segurança perante esses tribunais, a Lei 4.348/64, com as alterações introduzidas pela Medida Provisória 2.180-35/2001, autorizou a pessoa jurídica de direito público a requerer a suspensão da execução de liminares e decisões em mandado de segurança contra o Poder Público. Frisou-se que o art. 4º da Lei 4.348/64 outorgou competência para suspender a execução de liminar ou decisão concessiva de segurança ao presidente do tribunal ao qual couber o conhecimento do respectivo recurso, norma esta que supriu a omissão da Lei 8.038/90 em relação aos tribunais superiores. **SS 2504 AgR/DF, rel. Min. Ellen Gracie, 17.3.2008.** (SS-2504)

SUSPENSÃO DE SEGURANÇA E DECISÃO DO SUPERIOR TRIBUNAL MILITAR – 3

Reportando-se ao que decidido no julgamento da Rcl 543/RJ (DJU de 29.9.95), na qual o relator esclarecera que a determinação da competência do Supremo se dá em razão da existência, ou não, de temas de índole constitucional na causa principal, a ensejar a futura interposição de recurso extraordinário, concluiu-se que, se na causa principal tiver sido suscitada questão constitucional, em tese, haverá possibilidade de futura interposição de recurso extraordinário a esta Corte. No ponto, salientou-se que, no caso concreto, da decisão a ser proferida no mandado de segurança caberá, em tese, recurso extraordinário para Supremo. Afirmou-se, ainda, que a Presidência desta Corte pode suspender a eficácia de liminares concedidas no âmbito dos tribunais, independentemente de interposição de agravo contra tais liminares. **SS 2504 AgR/DF, rel. Min. Ellen Gracie, 17.3.2008.** (SS-2504)

SUSPENSÃO DE SEGURANÇA E DECISÃO DO SUPERIOR TRIBUNAL MILITAR – 4

No que se refere ao mérito, entendeu-se que a decisão agravada deveria ser mantida por seus próprios fundamentos, já que a agravante não infirmara, nem elidira os fundamentos adotados, porquanto a União, ora agravada, demonstrara, de forma inequívoca, a situação configuradora da grave lesão à ordem pública, considerada em termos de ordem jurídico-constitucional, na medida em que a imediata execução da decisão impugnada, em princípio, obstaria a aplicação do disposto no art. 37, XI, da CF. Por fim, destacou-se que, no julgamento do MS 24.875/DF (DJU de 6.10.2006), a ordem fora deferida pelo Plenário apenas quanto ao acréscimo de 20% sobre os proventos da aposentadoria, previsto no art. 184, III, da Lei 1.711/52, combinado com o art. 250 da Lei 8.112/90, até que o seu montante fosse absorvido pelo subsídio fixado em lei para o cargo de Ministro deste Tribunal, o que não seria a hipótese do presente caso. Vencido o Min. Marco Aurélio que provia o recurso, no que se articulava que a decisão do relator seria atacável por agravo regimental, e de que não teria sido observado o contraditório. E, quanto à matéria de fundo, entendia que se haveria de aguardar a possível interposição de recurso extraordinário contra a decisão definitiva do STM. **SS 2504 AgR/DF, rel. Min. Ellen Gracie, 17.3.2008.** (SS-2504) (Inform. STF 499)

10. CONTROLE DE CONSTITUCIONALIDADE

REPRESENTAÇÃO DE INCONSTITUCIONALIDADE E VÍCIO DE INICIATIVA

É inconstitucional a Lei 4.525/2005 do Estado do Rio de Janeiro, a qual torna obrigatória a gratuidade do serviço de teleatendimento realizado por entidades públicas e privadas ao consumidor no âmbito da respectiva unidade federativa e dá outras providências. Com base nesse entendimento, a 1ª Turma, por maioria, após converter embargos de declaração em agravo regimental e desprovê-lo, manteve decisão monocrática do Min. Dias Toffoli, que negara seguimento a agravo de instrumento, do qual relator, ao assentar vício de iniciativa do diploma normativo adversado. Na espécie, a decisão singular entendera que, nos termos de jurisprudência da Corte, padeceria de inconstitucionalidade formal a lei resultante de iniciativa parlamentar que dispusesse sobre atribuições de órgãos públicos, matéria afeta ao Chefe do Poder Executivo. Vencido o Min. Marco Aurélio, que apontava a necessidade de submissão da questão ao Plenário, tendo em vista que somente este órgão poderia examinar processos que tratassem de conflito de lei com a Constituição. AI 643926 ED/RJ, rel. Min. Dias Toffoli, 13.3.2012. (AI-643926) (Inform. STF 658)

LEI DE IMPRESA. CONHECIMENTO. RESP.

Não se conhece do REsp em que o recorrente pleiteia a aplicação da Lei de Imprensa contra acórdão do tribunal *a quo* que não a aplicou, salvo alguma excepcionalidade a ser examinada em cada processo. O STF, ao julgar a ADPF n. 130/DF, declarou a não recepção pela CF da Lei de Imprensa em sua totalidade. Não sendo possível a modulação de efeitos das decisões que declaram a não recepção, tem-se que a Lei de Imprensa é inválida desde a promulgação da CF. Precedentes citados: REsp 990.079/DF, DJe 1/7/2011; REsp 942.587/ES, DJe 22/8/2011, e REsp 945.461/MT, DJe 26/5/2011. **REsp 997.647-SP, Rel. Min. Luis Felipe Salomão, julgado em 20/3/2012. (Inform. STJ 493)**

AÇÃO CIVIL PÚBLICA E CONTROLE DIFUSO - 1

Iniciado o julgamento de reclamação na qual se alega ter havido a usurpação da competência originária do STF para o julgamento de ação direta de inconstitucionalidade (CF, art. 102, I, a), por juiz federal de primeira instância, em razão de ter deferido liminar em ação civil pública promovida pelo Ministério Público, na qual se pleiteia a nulidade do enquadramento dos ex-ocupantes do extinto cargo de censor federal nos cargos de perito criminal e delegado federal de que trata a Lei 9.688/98, levado a efeito mediante Portarias do Ministro da Justiça, com a declaração incidenter tantum da inconstitucionalidade da Lei 9.688/98. O Min. Carlos Velloso, relator, proferiu voto no sentido de julgar improcedente a reclamação por entender que o controle difuso de constitucionalidade de lei pode ser exercido em sede de ação civil pública, no juízo de primeiro grau, quando for necessário para a decisão da hipótese concreta, e que, na espécie, a declaração de inconstitucionalidade pleiteada pelo Ministério Público não consubstancia o pedido da ação civil pública, mas sim a causa de pedir. Após, o julgamento foi adiado em virtude do pedido de vista do Min. Sepúlveda Pertence. RCL 1.503-DF, rel. Min. Carlos Velloso, 21.3.2002.(RCL-1503). RCL 1.519-CE, rel. Min. Carlos Velloso, 21.3.2002.(RCL-1519)

AÇÃO CIVIL PÚBLICA E CONTROLE DIFUSO - 2

Em conclusão, o Plenário, por maioria, julgou procedentes pedidos formulados em reclamações em que alegada usurpação, por juiz federal de 1º instância, de competência originária do STF para o julgamento de ação direta de inconstitucionalidade (CF, art. 102, I, a). No caso, o magistrado deferira liminar em ação civil pública na qual o Ministério Público Federal pleiteava: a) nulidade do enquadramento dos outrora ocupantes do extinto cargo de censor federal nos cargos de perito criminal e de delegado federal de que trata a Lei 9.688/98, levado a efeito mediante portarias do Ministro de Estado da Justiça; e b) declaração *incidenter tantum* de inconstitucionalidade da Lei 9.688/98 — v. Informativo 261. Destacou-se que a declaração de inconstitucionalidade postulada nos autos da ação civil pública não se traduziria em mero efeito incidental, porém, constituir-se-ia no pedido principal deduzido pelo autor da demanda, cujo objeto final seria a pura e simples declaração de inconstitucionalidade da lei. Asseverou-se, com isso, estar demonstrada a usurpação da competência desta Corte. O Min. Luiz Fux salientou haver utilização da ação civil pública para fazer as vezes de ação direta de inconstitucionalidade. Vencido o Min. Carlos Velloso, relator, que reputava improcedentes os pleitos ao fundamento de que a pretendida declaração de inconstitucionalidade seria mera questão incidental. Rcl 1503/DF, rel. orig. Min. Carlos Velloso, red. p/ o acórdão Min. Dias Toffoli, 17.11.2011. (Rcl-1503) Rcl 1519/CE, rel. orig. Min. Carlos Velloso, red. p/ o acórdão Min. Dias Toffoli, 17.11.2011. (Rcl-1519) (Inform. STF 648)

Precatório: regime especial e EC 62/2009 - 1

O Plenário iniciou julgamento conjunto de ações diretas propostas pelo Conselho Federal da Ordem dos Advogados do Brasil, pela Associação dos Magistrados Estaduais - ANAMAGES, pela Associação Nacional dos Magistrados da Justiça do Trabalho - ANAMATRA e pela Confederação Nacional das Indústrias – CNI em que se questiona a constitucionalidade da Emenda Constitucional 62/2009, que alterou o art. 100 da CF e acrescentou o art. 97 ao ADCT, *"instituindo regime especial de pagamento de precatórios pelos Estados, Distrito Federal e Municípios"*. Inicialmente, o Min. Ayres Britto, relator, afastou as preliminares suscitadas pelo Advogado-Geral da União e pelo Senado Federal quanto à ilegitimidade ativa e à ausência de pertinência temática referentes às ações ajuizadas pelas associações. Entretanto, não conheceu do pedido de declaração de inconstitucionalidade do § 2º do art. 100 da CF, com a redação dada pela citada emenda, relativamente à ação proposta pela ANAMAGES, porquanto não fundamentara sua pretensão. Após, o julgamento foi suspenso. ADI 4357/DF, rel. Min. Ayres Britto, 16.6.2011. (ADI-4357) ADI 4372/DF, rel. Min. Ayres Britto, 16.6.2011. (ADI-4372) ADI 4400/DF, rel. Min. Ayres Britto, 16.6.2011. (ADI-4400) ADI 4425/DF, rel. Min. Ayres Britto, 16.6.2011. (ADI-4425)

PRECATÓRIO: REGIME ESPECIAL E EC 62/2009 - 2

O Plenário retomou julgamento conjunto de ações diretas, propostas pelo Conselho Federal da Ordem dos Advogados do Brasil, pela Associação dos Magistrados Estaduais - Anamages, pela Associação Nacional dos Magistrados da Justiça do Trabalho - Anamatra e pela Confederação Nacional das Indústrias - CNI, em que se questiona a constitucionalidade da Emenda Constitucional 62/2009, que alterou o art. 100 da CF e acrescentou o art. 97 ao ADCT, *"instituindo regime especial de pagamento de precatórios pelos Estados, Distrito Federal e Municípios"* — v. Informativo 631. O Min. Ayres Britto, relator, julgou parcialmente procedente a ação para o fim de declarar a inconstitucionalidade: a) da expressão *"na data de expedição do precatório"*, contida no § 2º do art. 100 da CF; b) dos §§ 9º e 10 do art. 100 da CF; c) da expressão *"índice oficial de remuneração básica da caderneta de poupança"*, constante do § 12 do art. 100 da CF, do inciso II do § 1º e do § 16, ambos do art. 97 do ADCT; d) do fraseado *"independentemente de sua natureza"*, inserido no § 12 do art. 100 da CF, para que aos precatórios de natureza tributária se apliquem os mesmos juros de mora incidentes sobre o crédito tributário; e) por arrastamento (itens "c" e "d" acima), do art. 5º da Lei 11.960/2009; f) do § 15 do art. 100 da CF e de todo o art. 97 do ADCT (especificamente o *caput* e os §§ 1º, 2º, 4º, 6º, 8º, 9º, 14 e 15, sendo os demais por arrastamento ou reverberação normativa).

PRECATÓRIO: REGIME ESPECIAL E EC 62/2009 - 3

Inicialmente, em face da inobservância do devido processo legislativo (CF, art. 60, § 2º), o relator acolheu a alegação de inconstitucionalidade formal da referida emenda. Asseverou que a exigência de 2 turnos para a apreciação do projeto de emenda constitucional não teria sido cumprida, dado que a proposta fora aprovada no mesmo dia, com discussão, votação, rediscussão e nova votação do projeto em menos de 1 hora. Advertiu que o artifício de abrir e encerrar, numa mesma noite, sucessivas sessões deliberativas não atenderia ao requisito da realização de segunda rodada de discussão e votação, precedida de razoável intervalo, em fraude à vontade objetiva da Constituição. Em seguida, procedeu ao exame dos pretensos vícios de inconstitucionalidade material.

PRECATÓRIO: REGIME ESPECIAL E EC 62/2009 - 4

No tocante ao art. 100, § 2º, da CF [*"Os débitos de natureza alimentícia cujos titulares tenham 60 (sessenta) anos de idade ou mais na data de expedição do precatório, ou sejam portadores de doença grave, definidos na forma da lei, serão pagos com preferência sobre todos os demais débitos, até o valor equivalente ao triplo do fixado em lei para fins do disposto no § 3º deste artigo, admitido o fracionamento para essa finalidade, sendo que o restante será pago na ordem cronológica de apresentação do precatório"*], assinalou que a emenda, em primeira análise, criara benefício anteriormente inexistente para os idosos e para os portadores de deficiência, em reverência aos princípios da dignidade da pessoa humana, da razoabilidade e da proporcionalidade. Destacou, outrossim, que a quantia sobejante respeitaria a prioridade do § 1º do mesmo preceito constitucional. Concluiu, ainda, que o montante correspondente ao triplo do fixado em lei como obrigação de pequeno valor sairia de uma lista preferencial de precatórios — a dos débitos de natureza alimentícia — para integrar outra mais favorecida, sem que com isso se cogitasse de ofensa à autoridade das decisões judiciais. Entretanto, relativamente à expressão *"na data da expedição do precatório"*, entendeu haver transgressão ao princípio da igualdade, porquanto a preferência deveria ser estendida a todos credores que completassem 60 anos de idade na pendência de pagamento de precatório de natureza alimentícia.

PRECATÓRIO: REGIME ESPECIAL E EC 62/2009 - 5

Quanto aos §§ 9º e 10 do art. 100 da CF [*"§ 9º. No momento da expedição dos precatórios, independentemente de regulamentação, deles deverá se abatido, a título de compensação, valor correspondente aos débitos líquidos e certos, inscritos ou não em dívida ativa e constituídos contra o credor original pela Fazenda Pública devedora, incluída parcelas vincendas de parcelamentos, ressalvados aqueles cuja execução esteja suspensa em virtude de contestação administrativa ou judicial. § 10. Antes da expedição dos precatórios, o Tribunal solicitará à Fazenda Pública devedora, para resposta em até 30 (trinta) dias, sob pena de perda do direito de abatimento, informação sobre os débitos que preencham as condições estabelecidas no § 9º, para os fins nele previstos*"], apontou tratar-se de compensação obrigatória de crédito a ser inscrito em precatório com débitos perante a Fazenda Pública. Aduziu que os dispositivos consagrariam superioridade processual da parte pública — no que concerne aos créditos privados reconhecidos em decisão judicial com trânsito em julgado — sem que considerada a garantia do devido processo legal e de seus principais desdobramentos, quais sejam, o contraditório e a ampla defesa. Reiterou que esse tipo unilateral e automático de compensação de valores embaraçaria a efetividade da jurisdição, desrespeitaria a coisa julgada e afetaria o princípio da separação dos Poderes. Enfatizou que a Fazenda Pública disporia de outros meios igualmente eficazes para a cobrança de seus créditos tributários e não-tributários. Assim, também reputou afrontado o princípio constitucional da isonomia, uma vez que aquele ente, ao cobrar crédito de que titular, não estaria obrigado a compensá-lo com eventual débito seu em face do credor contribuinte. Pelos mesmos motivos, assentou a inconstitucionalidade da frase "*permitida por iniciativa do Poder Executivo a compensação com débitos líquidos e certos, inscritos ou não em dívida ativa e constituídos contra o devedor originário pela Fazenda Pública devedora até a data da expedição do precatório, ressalvados aqueles cuja exigibilidade esteja suspensa nos termos do § 9º do art. 100 da Constituição Federal*", contida no inciso II do § 9º do art. 97 do ADCT.

PRECATÓRIO: REGIME ESPECIAL E EC 62/2009 - 6

O relator declarou, ainda, a inconstitucionalidade parcial do § 12 do art. 100 da CF ("*A partir da promulgação desta Emenda Constitucional, a atualização de valores requisitórios, após sua expedição, até o efetivo pagamento, independentemente de sua natureza, será feita pelo índice oficial de remuneração básica da caderneta de poupança, e para fins de compensação da mora, incidirão juros simples no mesmo percentual de juros incidentes sobre a caderneta de poupança, ficando excluída a incidência de juros compensatórios*"), no que diz respeito à expressão "*índice oficial de remuneração básica da caderneta de poupança*", bem como do inciso II do § 1º e do § 16, ambos do art. 97 do ADCT. Realçou que essa atualização monetária dos débitos inscritos em precatório deveria corresponder ao índice de desvalorização da moeda, no fim de certo período, e que esta Corte já consagrara não estar refletida, no índice estabelecido na emenda questionada, a perda de poder aquisitivo da moeda. Dessa maneira, afirmou a afronta à garantia da coisa julgada e, reflexamente, ao postulado da separação dos Poderes. Na seqüência, considerou inconstitucional, de igual modo, o fraseado "*independentemente de sua natureza*", previsto no mesmo § 12 em apreço. Aludiu que, para os precatórios de natureza tributária, deveriam ser aplicados os mesmos juros de mora incidentes sobre todo e qualquer crédito tributário.

PRECATÓRIO: REGIME ESPECIAL E EC 62/2009 - 7

Em passo seguinte, apreciou o § 15 do art. 100 da CF ("*Sem prejuízo do disposto neste artigo, lei complementar a esta Constituição Federal poderá estabelecer regime especial para pagamento de crédito de precatórios de Estados, Distrito Federal e Municípios, dispondo sobre vinculações à receita corrente líquida e forma e prazo de liquidação*") e o art. 97 do ADCT ("*Até que seja editada a lei complementar de que trata o § 15 do art. 100 da Constituição Federal, os Estados, o Distrito Federal e os Municípios que, na data de publicação desta Emenda Constitucional, estejam em mora na quitação de precatórios vencidos, relativos às suas administrações direta e indireta, inclusive os emitidos durante o período de vigência do regime especial instituído por este artigo, farão esses pagamentos de acordo com as normas a seguir estabelecidas, sendo inaplicável o disposto no art. 100 desta Constituição Federal, exceto em seus §§ 2º, 3º, 9º, 10, 11, 12, 13 e 14, e sem prejuízo dos acordos de juízos conciliatórios já formalizados na data de promulgação desta Emenda Constitucional*"). Salientou que a Constituição possibilitara à lei complementar estabelecer regime especial para pagamento de precatórios pelas unidades federativas e que, ante a falta daquela espécie legislativa, o tema fora instituído pelo art. 97 do ADCT. Após breve explicação sobre os 2 modelos de regime especial de pagamento de precatório, registrou que os preceitos impugnados subverteriam os valores do Estado de Direito, do devido processo legal, do livre e eficaz acesso ao Poder Judiciário e da razoável duração do processo. Frisou que esses artigos ampliariam, por mais 15 anos, o cumprimento de sentenças judiciais com trânsito em julgado e desfavoráveis ao Poder Público, cujo prazo já teria sido, outrora, prorrogado por 10 anos pela Emenda Constitucional 30/2000.

PRECATÓRIO: REGIME ESPECIAL E EC 62/2009 - 8

O relator entendeu adequada a referência à EC 62/2009 como a "emenda do calote". Mencionou que esse calote feriria o princípio da moralidade administrativa, haja vista o não-adimplemento, por parte do Estado, de suas próprias dívidas. Além disso, sublinhou que o Estado: a) reconheceria o não-cumprimento, durante anos, de ordens judiciais de pagamento em desfavor do erário; b) propor-se-ia a adimpli-las, mas limitado a percentual pequeno de sua receita; c) forçaria, com esse comportamento, que os titulares de crédito assim inscritos os levassem a leilão. Desse modo, verificou a inconstitucionalidade do inciso I do § 8º e de todo o § 9º, ambos do art. 97 do ADCT ("*§ 8º A aplicação dos recursos restantes dependerá de opção a ser exercida por Estados, Distrito Federal e Municípios devedores, por ato do Poder Executivo, obedecendo à seguinte forma, que poderá ser aplicada isoladamente ou simultaneamente: I - destinados ao pagamento dos precatórios por meio do leilão; ... § 9º Os leilões de que trata o inciso I do § 8º deste artigo: I - serão realizados por meio de sistema eletrônico administrado por entidade autorizada pela Comissão de Valores Mobiliários ou pelo Banco Central do Brasil; II - admitirão a habilitação de precatórios, ou parcela de cada precatório indicada pelo seu detentor, em relação aos quais não esteja pendente, no âmbito do Poder Judiciário, recurso ou impugnação de qualquer natureza, permitida por iniciativa do Poder Executivo a compensação com débitos líquidos e certos, inscritos ou não em dívida ativa e constituídos contra devedor originário pela Fazenda Pública devedora até a data da expedição do precatório, ressalvados aqueles cuja exigibilidade esteja suspensa nos termos da legislação, ou que já tenham sido objeto de abatimento nos termos do § 9º do art. 100 da Constituição Federal; III - ocorrerão por meio de oferta pública a todos os credores habilitados pelo respectivo ente federativo devedor; IV - considerarão automaticamente habilitado o credor que satisfaça o que consta no inciso II; V - serão realizados tantas vezes quanto necessário em função do valor disponível; VI - a competição por parcela do valor total ocorrerá a critério do credor, com deságio sobre o valor desta; VII - ocorrerão na modalidade deságio, associado ao maior volume ofertado cumulado ou não com o maior percentual de deságio, pelo maior percentual de deságio, podendo ser fixado valor máximo por credor, ou por outro critério a ser definido em edital; VIII - o mecanismo de formação de preço constará nos editais publicados para cada leilão; IX - a quitação parcial dos precatórios será homologada pelo respectivo Tribunal que o expediu*"). Consignou que idêntica solução alcançaria os incisos II e III do § 8º do art. 97 do ADCT ("*§ 8º ... II - destinados a pagamento a vista de precatórios não quitados na forma do § 6° e do inciso I, em ordem única e crescente de valor por precatório; III - destinados a pagamento por acordo direto com os credores, na forma estabelecida por lei própria da entidade devedora, que poderá prever criação e forma de funcionamento de câmara de conciliação*"), por malferir os princípios da moralidade, da impessoalidade e da igualdade.

PRECATÓRIO: REGIME ESPECIAL E EC 62/2009 - 9

Acrescentou que na ADI 4400/DF haveria, também, remissão ao § 4º do art. 97 do ADCT ("*§ 4º As contas especiais de que tratam os §§ 1º e 2º serão administradas pelo Tribunal de Justiça local, para pagamento de precatórios expedidos pelos tribunais*"). Evidenciou que essa norma prejudicaria a autonomia dos tribunais do trabalho, pois esse ramo especializado da justiça federal decairia do poder de, na vigência do regime especial de pagamento de precatórios, ordenar que suas decisões condenatórias contra a Fazenda Pública fossem cumpridas de forma integral. Por fim, a partir de informações adicionais, constatou que, na maioria dos entes federados, não faltaria dinheiro para o adimplemento dos precatórios, mas sim compromisso dos governantes quanto ao cumprimento de decisões judiciais. Nesse contexto, observou que o pagamento de precatórios não se contraporia, de forma inconciliável, à prestação de serviços públicos. Além disso, arrematou que configuraria atentado à razoabilidade e à proporcionalidade impor aos credores a sobrecarga de novo alongamento temporal do perfil das dívidas estatais em causa, inclusive mediante leilões, deságios e outros embaraços. Após, pediu vista o Min. Luiz Fux. ADI 4357/DF, rel. Min. Ayres Britto, 6.10.2011. (ADI-4357) ADI 4372/DF, rel. Min. Ayres Britto, 6.10.2011. (ADI-4372) ADI 4400/DF, rel. Min. Ayres Britto, 6.10.2011. (ADI-4400) ADI 4425/DF, rel. Min. Ayres Britto, 6.10.2011. (ADI-4425) (Inform. STF 643)

ADI N. 2.906-RJ
RELATOR: MIN. MARCO AURÉLIO

AÇÃO DIRETA DE INCONSTITUCIONALIDADE – LEGITIMIDADE E CAPACIDADE POSTULATÓRIA. Descabe confundir a legitimidade para a propositura da ação direta de inconstitucionalidade com a capacidade postulatória. Quanto ao Governador do Estado, cuja assinatura é dispensável na inicial, tem-na o Procurador-Geral do Estado. AÇÃO DIRETA DE INCONSTITUCIONALIDADE NATUREZA DA NORMA E ALCANCE. O fato de a norma disciplinar matéria balizada não a torna de efeito concreto. Este pressupõe a individualização. AÇÃO DIRETA DE INCONSTITUCIONALI-

DADE – ATUAÇÃO DO ADVOGADO-GERAL DA UNIÃO. Consoante dispõe o § 3º do artigo 103 da Constituição Federal, cumpre ao Advogado-Geral da União o papel de curador da lei atacada, não lhe sendo dado, sob pena de inobservância do múnus público, adotar posição diametralmente oposta, como se atuasse como fiscal da lei, qualidade reservada, no controle concentrado de constitucionalidade perante o Supremo, ao Procurador-Geral da República. "GUERRA FISCAL" – PRONUNCIAMENTO DO SUPREMO – DRIBLE. Surge inconstitucional lei do Estado que, para mitigar pronunciamento do Supremo, implica, quanto a recolhimento de tributo, dispensa de acessórios – multa e juros da mora – e parcelamento. Inconstitucionalidade da Lei nº 3.394, de 4 de maio de 2000, regulamentada pelo Decreto nº 26.273, da mesma data, do Estado do Rio de Janeiro. (Inform. STF 633)
*noticiado no Informativo 629

ADI N. 3.674-RJ
RELATOR: MIN. MARCO AURÉLIO
AÇÃO DIRETA DE INCONSTITUCIONALIDADE – TRATAMENTO TRIBUTÁRIO PREFERENCIAL – AUSÊNCIA DE CONSENSO DAS UNIDADES DA FEDERAÇÃO – ADEQUAÇÃO. Mostra-se adequada a ação direta de inconstitucionalidade quando há tratamento tributário diferenciado em lei da unidade da Federação, sem remissão a consenso entre os demais Estados.
TRIBUTO – PRINCÍPIO DA LEGALIDADE – DELEGAÇÃO AO PODER EXECUTIVO – ALÍQUOTA – IMPROPRIEDADE. Surge discrepante da Constituição Federal lei por meio da qual se delega ao Poder Executivo fixação de alíquota de Imposto sobre Circulação de Mercadorias e Serviços – ICMS, pouco importando a previsão, na norma, de teto relativo à redução.
PROCESSO OBJETIVO – AÇÃO DIRETA DE INCONSTITUCIONALIDADE – ATUAÇÃO DO ADVOGADO-GERAL DA UNIÃO. Consoante dispõe a norma imperativa do § 3º do artigo 103 da Constituição Federal, incumbe ao Advogado-Geral da União a defesa do ato ou texto impugnado na ação direta de inconstitucionalidade, não lhe cabendo emissão de simples parecer, a ponto de vir a concluir pela pecha de inconstitucionalidade.
TRIBUTO – "GUERRA FISCAL". Consubstancia "guerra fiscal" o fato de a unidade da Federação reduzir a alíquota do ICMS sem a existência de consenso, mediante convênio, entre os demais Estados. (Inform. STF 633)
*noticiado no Informativo 629

ADI N. 3.265-MG
RELATORA: MIN. CÁRMEN LÚCIA
EMENTA: AÇÃO DIRETA DE INCONSTITUCIONALIDADE. PROVIMENTOS 1/2004 E 2/2004 DO CORREGEDOR GERAL DO TRIBUNAL DE JUSTIÇA DO MATO GROSSO. CUSTAS JUDICIAIS. ATUALIZAÇÃO MONETÁRIA. ÍNDICE NACIONAL DE PREÇOS AO CONSUMIDOR - INPC. EDIÇÃO SUPERVENIENTE DOS PROVIMENTOS 12 E 13 DE 2006 E 33 E 34 DE 2008, PELA CORREGEDORIA GERAL DO TRIBUNAL DE JUSTIÇA DO MATO GROSSO. PERDA DE OBJETO DA PRESENTE AÇÃO DIRETA POR REVOGAÇÃO DOS ATOS NORMATIVOS QUESTIONADOS. AÇÃO DIRETA DE INCONSTITUCIONALIDADE JULGADA PREJUDICADA. (Inform. STF 623)

EMENTA: CONTROLE NORMATIVO ABSTRATO PERANTE TRIBUNAL DE JUSTIÇA LOCAL. **COMPETÊNCIA ORIGINÁRIA** DESSA CORTE JUDICIÁRIA PARA PROCESSAR E JULGAR *"REPRESENTAÇÃO DE INCONSTITUCIONALIDADE"* (**CF**, ART. 125, **§ 2º**). **POSSIBILIDADE** DE INTERPOSIÇÃO, PARA O SUPREMO TRIBUNAL FEDERAL, *EM TAL HIPÓTESE*, DE RECURSO EXTRAORDINÁRIO, **ATENDIDOS** OS RESPECTIVOS PRESSUPOSTOS (**Rcl** 425-AgR/RJ, REL. MIN. NÉRI DA SILVEIRA – **RE** 190.985/SC, REL. MIN. NÉRI DA SILVEIRA, *v.g.*). **LEGITIMIDADE** DA INTERVENÇÃO DO *"AMICUS CURIAE"* NO PROCESSO DE FISCALIZAÇÃO **ABSTRATA** DE CONSTITUCIONALIDADE **INSTAURADO** PERANTE O TRIBUNAL DE JUSTIÇA LOCAL (**RE** 595.964/GO, REL. MIN. CÁRMEN LÚCIA). A FIGURA DO *"AMICUS CURIAE"*: FINALIDADE **E** PODERES PROCESSUAIS. **A INTERVENÇÃO** DO *"AMICUS CURIAE"* **COMO FATOR** DE PLURALIZAÇÃO **E** DE LEGITIMAÇÃO DO DEBATE CONSTITUCIONAL. **ABERTURA PROCEDIMENTAL**, *QUE SE TEM POR NECESSÁRIA*, **DESTINADA** A SUPERAR **A GRAVE** QUESTÃO **PERTINENTE** À *LEGITIMIDADE DEMOCRÁTICA* DAS DECISÕES **EMANADAS** DO SUPREMO TRIBUNAL FEDERAL (**E** DOS TRIBUNAIS DE JUSTIÇA LOCAIS) **PROFERIDAS** EM SEDE DE CONTROLE NORMATIVO ABSTRATO. **DOUTRINA**. **PRECEDENTES** (**ADI 2.321-MC/DF**, REL. MIN. CELSO DE MELLO, **DJU** 10/06/2005, *v.g.*). O *"AMICUS CURIAE"* **E** A QUESTÃO DA *"REPRESENTATIVIDADE ADEQUADA"*. **MAGISTÉRIO DA DOUTRINA**. **INVIABILIDADE** DA DISCUSSÃO, **EM SEDE** DE FISCALIZAÇÃO **ABSTRATA** DE CONSTITUCIONALIDADE, DE SITUAÇÕES INDIVIDUAIS **E** CONCRETAS. **ADMISSÃO**, *APENAS*, **DE ALGUMAS** ENTIDADES **E** INSTITUIÇÕES **QUE PREENCHEM** A EXIGÊNCIA **PERTINENTE** À *"ADEQUACY OF REPRESENTATION"*. RE 597165/DF. RELATOR: Min. Celso de Mello. P. 12.04.11. (Inform. STF 623)

AG. REG. NA ADPF N. 147-DF
RELATORA: MIN. CÁRMEN LÚCIA
EMENTA: AGRAVO REGIMENTAL NA ARGUIÇÃO DE DESCUMPRIMENTO DE PRECEITO FUNDAMENTAL. SÚMULA VINCULANTE N. 2 DO SUPREMO TRIBUNAL FEDERAL: INCONSTITUCIONALIDADE DE LEI OU ATO NORMATIVO ESTADUAL OU DISTRITAL QUE DISPONHA SOBRE SISTEMAS DE CONSÓRCIOS E SORTEIOS, INCLUSIVE BINGOS E LOTERIAS. INTERPRETAÇÃO. ALEGADO DESCUMPRIMENTO DO PRECEITO FUNDAMENTAL DA SEPARAÇÃO DE PODERES.
1. A exploração de loterias não se enquadra nas atividades inerentes ao Poder Público.
2. A arguição de descumprimento de preceito fundamental não é a via adequada para se obter a interpretação, a revisão ou o cancelamento de súmula vinculante.
3. Agravo regimental ao qual se nega provimento. (Inform. STF 622)

ADI: PREJUDICIALIDADE E FRAUDE PROCESSUAL
O Plenário, por maioria, julgou procedente pedido formulado em ação direta ajuizada pelo Procurador-Geral da República para declarar a inconstitucionalidade de diversas resoluções editadas pela Câmara Legislativa do Distrito Federal, que tratam da remuneração dos servidores do referido órgão. Aduziu-se que, após a prolação de medida cautelar que suspendera, com efeitos *ex tunc*, os dispositivos impugnados, em razão de vício formal, a Câmara Legislativa teria realizado várias alterações nas referidas normas, o que ensejaria a prejudicialidade da ação. Concluiu-se, não obstante, que o fenômeno não teria ocorrido, visto que, além de as sucessivas resoluções serem também inconstitucionais, as citadas mudanças sugeririam tentativa de fraude à jurisdição da Corte, com o suposto intuito de se prejudicar a demanda. Vencido o Min. Marco Aurélio que considerava prejudicada a ação em virtude de as resoluções atacadas não estarem mais no mundo jurídico e por não vislumbrar a tentativa de esvaziamento do conteúdo da inicial por parte da casa legislativa. ADI 3306/DF, rel. Min. Gilmar Mendes, 17.3.2011. (ADI-3306) (Inform. STF 619)

REPERCUSSÃO GERAL EM RE N. 601.146-MS
RELATOR: MIN. MARCO AURÉLIO
AÇÃO DECLARATÓRIA DE PERDA DE POSTO E PATENTE DOS OFICIAIS E GRADUAÇÕES DAS PRAÇAS – CONDENAÇÃO TRANSITADA EM JULGADO – POSSIBILIDADE DE TRANSFERÊNCIA PARA A RESERVA – ARTIGO 125, § 4º, DA CONSTITUIÇÃO FEDERAL. Possui repercussão geral a controvérsia sobre a possibilidade de, ajuizada ação declaratória de perda de posto e patente dos oficiais e graduações das praças, haver um meio-termo para, ante condenação criminal transitada em julgado e conclusão de não ter o servidor militar condições de continuar a integrar o quadro da corporação, adotar-se a transferência para a reserva, consoante o disposto no artigo 125, § 4º, da Constituição da República. (Inform. STF 617)

ADI: ilegitimidade ativa e composição heterogênea
Por ausência de legitimidade ativa, o Plenário, em votação majoritária, julgou extinta, sem resolução de mérito, ação direta de inconstitucionalidade proposta pela Associação Brasileira de TV por Assinatura – ABTA contra a Lei 3.074/2006, do Estado do Amazonas. A lei impugnada veda a cobrança pela instalação e utilização de pontos adicionais de TV a cabo nas residências amazonenses. Entendeu-se que a requerente não se enquadraria no conceito de entidade de classe em razão da heterogeneidade de sua composição. Aduziu-se que, de acordo com o art. 4º de seu estatuto, ela seria constituída por associações de várias espécies, dentre elas, empresas que oferecem o serviço de TV por assinatura, afiliados, associados honorários e institucionais. Asseverou-se, ainda, que seus membros seriam pessoas físicas ou jurídicas cujas atividades se relacionariam, direta ou indiretamente, com o objeto da associação. O Min. Ricardo Lewandowski enfatizou que a heterogeneidade permitiria que essa espécie de associação fosse criada para atacar qualquer tipo de lei que não interessasse a determinado setor, de modo a baratear o acesso ao STF. Vencidos os Ministros Cármen Lúcia, relatora, Gilmar Mendes, Marco Aurélio e Cezar Peluso, Presidente, que superavam a preliminar, haja vista que o tema de fundo já teria sido resolvido por esta Corte em casos análogos. ADI 3900/AM, rel. orig. Min. Cármen Lúcia, red. p/ o acórdão Min. Joaquim Barbosa, 2.12.2010. (ADI-3900) (Inform. STF 611)

EMENTA: **RECLAMAÇÃO**. **A QUESTÃO DA PARAMETRICIDADE** DAS CLÁUSULAS CONSTITUCIONAIS **ESTADUAIS**, **DE CARÁTER REMISSIVO**, **PARA FINS** DE CONTROLE CONCENTRADO, **NO ÂMBITO** DO TRIBUNAL DE JUSTIÇA LOCAL, DE LEIS E ATOS NORMATIVOS ESTADUAIS **E/OU** MUNICIPAIS **CONTESTADOS** EM FACE DA CONSTITUIÇÃO ESTADUAL. RECLAMAÇÃO **A QUE SE NEGA SEGUIMENTO**.
- Revela-se legítimo invocar, **como referência paradigmática**, **para efeito**

de controle abstrato de constitucionalidade de leis **ou** atos normativos estaduais **e/ou** municipais, **cláusula de caráter remissivo**, que, **inscrita** na Constituição Estadual, **remete**, diretamente, às regras normativas **constantes da própria** Constituição Federal, **assim incorporando-as**, formalmente, **mediante** referida técnica de remissão, **ao plano** do ordenamento constitucional do Estado-membro.

Com a técnica de remissão normativa, o Estado-membro **confere parametricidade** às normas, que, **embora constantes** da Constituição Federal, **passam a compor**, formalmente, **em razão** da expressa referência a elas feita, o "*corpus*" constitucional **dessa** unidade política da Federação, **o que torna possível erigir-se**, como parâmetro de confronto, **para os fins** a que se refere o art. 125, **§ 2º** da Constituição da República, **a própria** norma constitucional estadual **de conteúdo remissivo**. **Doutrina**. **Precedentes**. (Rcl 10500 MC/SP. Rel. Min. Celso de Mello) (Inform. STF 606)

Embargos de Declaração e Modulação de Efeitos - 1

O Tribunal iniciou julgamento de embargos de declaração opostos de acórdão proferido em ação direta que concluíra pela procedência do pedido formulado pelo Procurador-Geral da República para declarar a inconstitucionalidade da Lei distrital 3.642/2005, que dispõe sobre a Comissão Permanente de Disciplina da Polícia Civil do Distrito Federal — v. Informativo 542. O Min. Dias Toffoli, relator, deu provimento aos embargos de declaração para esclarecer que o acórdão embargado tem eficácia a partir da data de sua publicação, ocorrida em 21.8.2009, no que foi acompanhado pelos Ministros Cármen Lúcia, Ricardo Lewandowski, Ayres Britto, Gilmar Mendes, Ellen Gracie e Cezar Peluso. Reconheceu, de início, a jurisprudência da Corte, no sentido de inadmitir embargos de declaração para fins de modulação de efeitos, sem que tenha havido pedido nesse sentido antes do julgamento da ação. Entendeu que, no caso, entretanto, a declaração não deveria ser retroativa, por estarem configurados os requisitos exigidos pela Lei 9.868/99 para a modulação temporal dos efeitos da declaração de inconstitucionalidade, tendo em conta a necessidade de preservação de situações jurídicas formadas com base na lei distrital. Mencionou, no ponto, que a declaração de inconstitucionalidade com efeitos *ex tunc* acarretaria, dentre outros, a nulidade de todos os atos praticados pela Comissão Permanente de Disciplina da Polícia Civil do Distrito Federal, durante os quatro anos de aplicação da lei declarada inconstitucional, possibilitando que policiais civis que cometeram infrações gravíssimas, puníveis inclusive com a demissão, fossem reintegrados. Em divergência, o Min. Marco Aurélio, por não vislumbrar nenhum dos pressupostos de embargabilidade, desproveu os embargos declaratórios, no que acompanhado pelo Min. Celso de Mello. Após, o Tribunal, apreciando questão de ordem suscitada pelo Min. Marco Aurélio, no sentido de ser proclamada a rejeição da modulação dos efeitos por não se ter alcançado, nesta assentada, o quórum a que alude o art. 27 da Lei 9.868/99, deliberou suspender o julgamento para colher os votos dos Ministros Joaquim Barbosa e Eros Grau. ADI 3601 ED/DF, rel. Min. Dias Toffoli, 17.6.2010. (ADI-3601) (Inform. STF 591)

Embargos de Declaração e Modulação de Efeitos - 2

Em conclusão de julgamento, o Tribunal, por maioria, acolheu embargos de declaração para modular os efeitos de decisão proferida em ação direta de inconstitucionalidade. Esclareceu-se que o acórdão embargado tem eficácia a partir da data de sua publicação (21.8.2009). Na espécie, o Supremo declarara a inconstitucionalidade da Lei distrital 3.642/2005, que dispõe sobre a Comissão Permanente de Disciplina da Polícia Civil do Distrito Federal — v. Informativos 542 e 591. Reconheceu-se, de início, a jurisprudência da Corte, no sentido de inadmitir embargos de declaração para fins de modulação de efeitos, sem que tenha havido pedido nesse sentido antes do julgamento da ação. Entendeu-se que, no caso, entretanto, a declaração não deveria ser retroativa, por estarem configurados os requisitos exigidos pela Lei 9.868/99 para a modulação temporal dos efeitos da declaração de inconstitucionalidade, tendo em conta a necessidade de preservação de situações jurídicas formadas com base na lei distrital. Mencionou-se, no ponto, que a declaração de inconstitucionalidade com efeitos *ex tunc* acarretaria, dentre outros, a nulidade de todos os atos praticados pela Comissão Permanente de Disciplina da Polícia Civil do Distrito Federal, durante os quatro anos de aplicação da lei declarada inconstitucional, possibilitando que policiais civis que cometeram infrações gravíssimas, puníveis inclusive com a demissão, fossem reintegrados. Vencidos os Ministros Marco Aurélio e Celso de Mello que não acolhiam os declaratórios, por não vislumbrar os pressupostos de embargabilidade, e rejeitavam a modulação dos efeitos. ADI 3601 ED/DF, rel. Min. Dias Toffoli, 9.9.2010. (ADI-3601) (Inform. STF 599)

EMENTA: CONTROLE NORMATIVO ABSTRATO. **AUTORA QUE SE QUALIFICA** COMO "*ENTIDADE SINDICAL DE GRAU MÁXIMO*". **INEXISTÊNCIA**, CONTUDO, QUANTO A ELA, **DE REGISTRO SINDICAL** EM ÓRGÃO ESTATAL COMPETENTE. **A QUESTÃO** *DO DUPLO REGISTRO*: O REGISTRO CIVIL **E** O REGISTRO SINDICAL. **DOUTRINA**. **PRECEDENTES** DO SUPREMO TRIBUNAL FEDERAL (**RTJ** 159/413-414, **v.g.**). *CADASTRO NACIONAL DE ENTIDADES SINDICAIS* **MANTIDO** PELO MINISTÉRIO DO TRABALHO E EMPREGO: **COMPATIBILIDADE** DESSE REGISTRO ESTATAL COM O POSTULADO DA LIBERDADE SINDICAL (**SÚMULA** 677/STF). **AUSÊNCIA** DO NECESSÁRIO REGISTRO SINDICAL **COMO FATOR DE DESCARACTERIZAÇÃO** DA QUALIDADE **PARA AGIR** EM SEDE DE FISCALIZAÇÃO ABSTRATA. **CONTROLE PRÉVIO** DAS CONDIÇÕES DA AÇÃO DIRETA DE INCONSTITUCIONALIDADE **PELO RELATOR** DA CAUSA. **LEGITIMIDADE** DO EXERCÍCIO DESSE PODER MONOCRÁTICO (**RTJ** 139/67, **v.g.**). AÇÃO DIRETA **NÃO** CONHECIDA. (ADI 4442-MC/DF, Rel. Min. Celso de Mello)

EMENTA: COISA JULGADA EM SENTIDO MATERIAL. **INDISCUTIBILIDADE, IMUTABILIDADE E COERCIBILIDADE:** ATRIBUTOS ESPECIAIS **QUE QUALIFICAM** OS EFEITOS **RESULTANTES** DO COMANDO SENTENCIAL. **PROTEÇÃO CONSTITUCIONAL QUE AMPARA E PRESERVA** A AUTORIDADE DA COISA JULGADA. **EXIGÊNCIA** DE CERTEZA **E** DE SEGURANÇA JURÍDICAS. **VALORES FUNDAMENTAIS INERENTES** AO ESTADO DEMOCRÁTICO DE DIREITO. EFICÁCIA PRECLUSIVA DA "*RES JUDICATA*". "***TANTUM JUDICATUM QUANTUM DISPUTATUM VEL DISPUTARI DEBEBAT***". **CONSEQÜENTE IMPOSSIBILIDADE DE REDISCUSSÃO** DE CONTROVÉRSIA **JÁ APRECIADA** EM DECISÃO **TRANSITADA** EM JULGADO, **AINDA** QUE PROFERIDA **EM CONFRONTO** COM A JURISPRUDÊNCIA PREDOMINANTE NO SUPREMO TRIBUNAL FEDERAL. **A QUESTÃO** DO ALCANCE **DO PARÁGRAFO ÚNICO** DO ART. 741 DO CPC. **MAGISTÉRIO DA DOUTRINA**. **RE** CONHECIDO, **PORÉM IMPROVIDO**.

- A sentença de mérito **transitada** em julgado **só pode** ser desconstituída **mediante** ajuizamento **de específica** ação autônoma de impugnação (**ação rescisória**) **que haja sido proposta** na fluência do prazo decadencial **previsto** em lei, **pois**, com o exaurimento de referido lapso temporal, **estar-se-á** diante da coisa *soberanamente* julgada, **insuscetível** de ulterior modificação, **ainda** que o ato sentencial **encontre fundamento** em legislação que, **em momento posterior**, tenha sido declarada inconstitucional pelo Supremo Tribunal Federal, **quer** em sede de controle abstrato, **quer** no âmbito de fiscalização incidental de constitucionalidade.

- **A decisão** do Supremo Tribunal Federal **que haja declarado inconstitucional** determinado diploma legislativo **em que se apóie** o título judicial, **ainda** que impregnada de eficácia "*ex tunc*", **como sucede** com os julgamentos proferidos **em sede** de fiscalização concentrada (**RTJ** 87/758 – **RTJ** 164/506-509 – **RTJ** 201/765), **detém-se** ante a autoridade da coisa julgada, **que traduz**, nesse contexto, **limite insuperável** à força retroativa **resultante** dos pronunciamentos que emanam, "*in abstracto*", da Suprema Corte. **Doutrina**. **Precedentes**. (RE 594350/RS, Rel. Min. Celso de Mello) (Inform. STF 591)

ADI: REGIMENTO DE CUSTAS E EMOLUMENTOS

O Tribunal, por maioria, julgou improcedente pedido formulado em ação direta proposta pelo Conselho Federal da Ordem dos Advogados do Brasil para declarar a inconstitucionalidade do art. 2º, caput e parágrafo único, e das Tabelas I, III, V, VIII, IX, X, XI, XII, XIII, XIV, XVI, XVII e XIX, da Lei 14.376/2002, do Estado de Goiás, que dispõe sobre o regimento de custas e emolumentos da Justiça do Estado de Goiás e dá outras providências. Sustentava-se ofensa aos artigos 5º, XXXV; 145, II e § 2º; 154, I; e 236, § 2º, da CF, ao fundamento de que as normas impugnadas teriam utilizado, como critério para a cobrança das custas ou emolumentos, o valor da causa ou o valor do bem ou negócio subjacente, ou sua avaliação, em face do qual se realizaria algum ato de serventia judicial ou extrajudicial. Afastou-se, de início, a apontada violação ao art. 236, § 2º, da CF, visto que a Lei 10.169/2000 ("Art. 3o É vedado: ... II – fixar emolumentos em percentual incidente sobre o valor do negócio jurídico objeto dos serviços notariais e de registro;") veda a cobrança dos emolumentos em percentual incidente sobre o valor do negócio jurídico, o que não se daria na espécie. Quanto ao mais, reportou-se à orientação fixada pelo Supremo no julgamento da ADI 2655/MT (DJU de 26.3.2004) no sentido de que é admissível o cálculo das custas judiciais com base no valor da causa, desde que mantida correlação com o custo da atividade prestada, e de que a definição de valores mínimo e máximo quanto às custas judiciais afasta as alegações de óbice à prestação jurisdicional e ao acesso à Justiça. Destacou-se o aspecto de haver limite máximo e acrescentou-se ser possível àqueles que demonstrarem não ter condições de arcar com as custas requerer o benefício da assistência judiciária gratuita, nos termos da legislação, cuja concessão fica a critério do juiz da causa. Vencido o Min. Marco Aurélio que julgava o pleito procedente. **ADI 3826/GO, rel. Min. Eros Grau, 12.5.2010**. (ADI-3826). (Inform. STF 586)

ADI E CONTA ÚNICA DE DEPÓSITOS JUDICIAIS - 1

O Tribunal iniciou julgamento de ação direta proposta pelo Conselho Federal da Ordem dos Advogados do Brasil, na qual se objetiva a declaração de inconstitucionalidade da Lei 7.604/2001, do Estado do Mato Grosso, resultante de projeto de iniciativa do Tribunal de Justiça local, que institui o "Sistema Financeiro de Conta Única de Depósitos sob Aviso à Disposição da Justiça no Poder Judiciário do Estado de Mato Grosso". A lei impugnada estabelece, dentre outras providências, que a conta única será movimentada pelo Presidente e pelo Diretor-geral da Secretaria do TJ e que o Poder Judiciário poderá aplicar os rendimentos financeiros a maior resultantes da diferença verificada entre os índices fixados em lei para a remuneração de cada subconta e os estabelecidos para a remuneração da conta única, e com eles efetuar o pagamento de despesas. Sustenta-se, na espécie, ofensa aos artigos 22, I; 96, II; 163, I; 165, § 9º e II; 167, VII; 168; 192, IV, todos da CF. O Min. Marco Aurélio, relator, julgou procedente o pedido formulado, no que foi acompanhado pelo Min. Ricardo Lewandowski. Entendeu o relator que a lei impugnada é inconstitucional tanto do ponto de vista formal quanto material. Asseverou que o Poder Judiciário, usurpando competência legislativa do Poder Executivo, criou, para si, nova receita pública, que não está na lei de execução orçamentária, e previu a assunção de despesas sem indicar receitas legalmente constituídas (CF, artigos 165, III, § 5º, I e § 9º; 167, II; 168). Além disso, ao se apropriar da diferença obtida com o investimento dos depósitos no mercado financeiro, afrontou o direito de propriedade do depositante (CF, art. 5º, LIV). Após, o julgamento foi suspenso com o pedido de vista do Min. Eros Grau. **ADI 2855/MT, rel. Min. Marco Aurélio, 26.10.2006. (ADI-2855)**

ADI E CONTA ÚNICA DE DEPÓSITOS JUDICIAIS – 2

O Tribunal, por maioria, julgou procedente pedido formulado em ação direta proposta pelo Conselho Federal da Ordem dos Advogados do Brasil, para declarar a inconstitucionalidade da Lei 7.604/2001, do Estado do Mato Grosso, resultante de projeto de iniciativa do Tribunal de Justiça local, que institui o "Sistema Financeiro de Conta Única de Depósitos sob Aviso à Disposição da Justiça no Poder Judiciário do Estado de Mato Grosso". A lei impugnada estabelece, dentre outras providências, que a conta única será movimentada pelo Presidente e pelo Diretor-geral da Secretaria do TJ e que o Poder Judiciário poderá aplicar os rendimentos financeiros a maior resultantes da diferença verificada entre os índices fixados em lei para a remuneração de cada subconta e os estabelecidos para a remuneração da conta única, e com eles efetuar o pagamento de despesas — v. Informativo 446. Entendeu-se que o Poder Judiciário, usurpando competência legislativa do Poder Executivo, teria criado, para si, nova receita pública, que não estaria na lei de execução orçamentária, e previsto a assunção de despesas sem indicar receitas legalmente constituídas (CF, artigos 165, III, § 5º, I e § 9º; 167, II; 168). Além disso, ao se apropriar da diferença obtida com o investimento dos depósitos no mercado financeiro, teria afrontado o direito de propriedade do depositante (CF, art. 5º, LIV). Vencidos os Ministros Eros Grau, Dias Toffoli e Gilmar Mendes, que julgavam o pleito parcialmente procedente. **ADI 2855/MT, rel. Min. Marco Aurélio, 12.5.2010.** (ADI-2855). (Inform. STF 586)

ADI E CONTA ÚNICA DE DEPÓSITOS JUDICIAIS – 3

Na linha do entendimento acima fixado, o Tribunal, por maioria, julgou procedente pedido formulado em duas ações diretas propostas pelo Conselho Federal da Ordem dos Advogados do Brasil para declarar a inconstitucionalidade da Lei 11.667/2001, do Estado do Rio Grande do Sul, que institui o Sistema de Gerenciamento Financeiro dos Depósitos Judiciais pelo Poder Judiciário do Estado do Rio Grande do Sul, e da Lei 2.759/2002, do Estado do Amazonas, que institui o Sistema Financeiro de Conta Única de Depósitos sob Aviso à Disposição da Justiça, no Poder Judiciário do Estado do Amazonas. Vencidos os Ministros Eros Grau, Dias Toffoli e Gilmar Mendes, que também julgavam o pleito parcialmente procedente. **ADI 2909/RS, rel. Min. Ayres Britto, 12.5.2010. (ADI-2909) ADI 3125/AM, rel. Min. Ayres Britto, 12.5.2010. (ADI-3125). (Inform. STF 586)**

ADPF E LEI DA ANISTIA – 1

A Lei 6.683/79 (Lei da Anistia) é compatível com a Constituição Federal de 1988 e a anistia por ela concedida foi ampla e geral, alcançando os crimes de qualquer natureza praticados pelos agentes da repressão no período compreendido entre 2.9.61 e 15.8.79. Com base nesse entendimento, o Tribunal, por maioria, julgou improcedente argüição de descumprimento de preceito fundamental ajuizada pelo Conselho Federal da Ordem dos Advogados do Brasil em que se pretendia fosse declarada a não recepção pela Constituição Federal de 1988 da Lei 6.683/79 ou conferido ao § 1º do seu art. 1º interpretação conforme a Constituição, "de modo a declarar, à luz dos seus preceitos fundamentais, que a anistia concedida pela citada lei aos crimes políticos ou conexos não se estende aos crimes comuns praticados pelos agentes da repressão contra opositores políticos, durante o regime militar (1964/1985)". Inicialmente, o Tribunal, por maioria, conheceu da ação, rejeitando todas as preliminares suscitadas. Vencido, no ponto, o Min. Marco Aurélio que assentava a inadequação da ação. **ADPF 153/DF, rel. Min. Eros Grau, 28.4.2010. (ADPF-153)**

ADPF e Lei da Anistia – 2

No mérito, afastou-se, primeiro, a alegação de que a Lei 6.683/79 não teria sido recebida pela CF/88 porque a conexão criminal que aproveitaria aos agentes políticos que praticaram crimes comuns contra opositores políticos, presos ou não, durante o regime militar ofenderia diversos preceitos fundamentais. Quanto à apontada afronta ao art. 5º, caput, da CF (isonomia em matéria de segurança) — em razão de ter sido estendida a anistia a classes absolutamente indefinidas de crimes —, afirmou-se, salientando a desigualdade entre a prática de crimes políticos e crimes conexos com eles, que a lei poderia, sem violar a isonomia, que consiste também em tratar desigualmente os desiguais, anistiá-los, ou não, desigualmente. No que se refere à ofensa ao art. 5º, XXXIII, da CF — em virtude de ter sido concedida anistia a pessoas indeterminadas, o que não permitira o conhecimento da identidade dos responsáveis pelos crimes perpetrados contra as vítimas de torturas —, asseverou-se que a anistia teria como característica a objetividade, porque ligada a fatos, devendo ser mesmo concedida a pessoas indeterminadas. Ressaltou-se, no ponto, que a Lei da Anistia não impediria o acesso a informações relativas à atuação dos agentes da repressão no período compreendido entre 2.9.61 e 15.8.79, e que romper com a boa-fé dos atores sociais e os anseios das diversas classes e instituições políticas do final dos anos 70 que pugnaram por uma Lei de Anistia ampla, geral e irrestrita implicaria prejudicar o acesso à verdade histórica. Acrescentou-se estar pendente de julgamento na Corte a ADI 4077/DF, que questiona a constitucionalidade das Leis 8.159/91 e 11.111/2005, sensível para resolver a controvérsia político-jurídica sobre o acesso a documentos do regime anterior. No que respeita à citada agressão aos princípios democrático e republicano — ao fundamento de que para produzir o efeito de anistia de agentes públicos que cometeram crimes contra o povo, o diploma legal deveria ser legitimado, depois da entrada em vigor da CF/88, pelo órgão legislativo oriundo de eleições livres ou diretamente pelo povo soberano, mediante referendo —, enfatizou-se que o argumento adotado levaria não só ao afastamento do fenômeno da recepção do direito anterior à Constituição, mas ao reconhecimento de que toda a legislação anterior à ela seria, exclusivamente por força dela, formalmente inconstitucional. No que tange à assertiva de desrespeito à dignidade da pessoa humana e do povo brasileiro que não poderia ser negociada, e que, no suposto acordo político, a anistia aos responsáveis por delitos de opinião servira para encobrir a concessão de impunidade aos criminosos oficiais, tendo sido usada a dignidade das pessoas e do povo como moeda de troca para permitir a transição do regime militar ao Estado de Direito, reputou-se que se estaria a ignorar o momento talvez mais importante da luta pela redemocratização do país, o da batalha da anistia. Frisou-se que toda gente que conhece a história do Brasil saberia da existência desse acordo político que resultara no texto da Lei 6.683/79. Concluiu-se que, não obstante a dignidade não tenha preço, a indignidade que o cometimento de qualquer crime expressa não poderia ser retribuída com a proclamação de que o instituto da anistia violaria a dignidade humana. **ADPF 153/DF, rel. Min. Eros Grau, 28.4.2010. (ADPF-153) ADPF 153/DF, rel. Min. Eros Grau, 29.4.2010.** (ADPF-153).

ADPF E LEI DA ANISTIA – 3

Em seguida, repeliu-se a pretensa interpretação conforme a Constituição. Salientou-se, de início, que o § 1º do art. 1º da Lei da Anistia definiria os crimes conexos aos crimes políticos como os crimes de qualquer natureza relacionados com os crimes políticos ou praticados por motivação política, ou seja, seriam crimes comuns, porém com essa relação. Após citar a alusão a crimes conexos a crimes políticos existente na concessão de anistia por vários decretos, observou-se que a expressão crimes conexos a crimes políticos conotaria sentido a ser sindicado no momento histórico da sanção da lei. No ponto, aduziu-se que o legislador realmente teria procurado estender a conexão aos crimes praticados pelos agentes do Estado contra os que lutavam contra o Estado de exceção. Daí o caráter bilateral da anistia, ampla e geral, que só não fora irrestrita porque não abrangera os já condenados, com sentença transitada em julgado, pela prática de crimes de terrorismo, assalto, seqüestro e atentado pessoal. Salientou-se que se estaria diante de lei-medida, que disciplina diretamente determinados interesses, mostrando-se imediata e concreta, e que configura ato administrativo completável por agente da Administração, mas trazendo em si mesma o resultado específico pretendido, ao qual se dirige. Afirmou-se haver, portanto, necessidade de, no caso de lei-medida, interpretar-se, em conjunto com o seu texto, a realidade no e do momento histórico no qual editada, e não a realidade atual. Assim, seria a realidade histórico-social da migração da ditadura para a democracia política, da transição conciliada de 1979 que haveria de ser ponderada para poder se discernir o significado da expressão crimes conexos na Lei 6.683/79. Frisou-se que, nesse contexto, a Lei 6.683/79 teria veiculado uma decisão política assumida nesse momento de transição, sendo certo que o § 1º do seu art. 1º, ao definir o que se considerariam crimes conexos aos crimes políticos, teria o sentido indisfarçável de fazer compreender, no alcance da anistia, os delitos de qualquer natureza cometidos pelos agentes civis e militares da repressão. Mencionou-se a circunstância de a Lei da Anistia preceder a Convenção das Nações Unidas contra a Tortura e outros Tratamentos ou Penas Cruéis, Desumanos ou Degradantes e a Lei 9.455/97, que define o crime de tortura. Registrou-se, também, o fato de o preceito veiculado pelo art. 5º, XLIII, da CF, que declara insuscetíveis de graça e anistia a prática da tortura, entre outros crimes, não alcançar, por impossibilidade lógica, anistias consumadas anteriormente a sua vigência. Consignou-se que a Constituição não recebe leis em sentido material, abstratas e gerais, mas não afeta, por outro lado, leis-medida que a tenham precedido. **ADPF 153/DF, rel. Min. Eros Grau, 28.4.2010.** (ADPF-153) **ADPF 153/DF, rel. Min. Eros Grau, 29.4.2010.** (ADPF-153).

ADPF E LEI DA ANISTIA – 4

Destacou-se que, no Estado Democrático de Direito, o Poder Judiciário não estaria autorizado a alterar, a dar outra redação, diversa da nele contemplada, a texto normativo. Não incumbiria ao Supremo modificar, portanto, textos normativos concessivos de anistias, mas tão-somente apurar a sua compatibilidade com a Constituição. A revisão de lei de anistia, se mudanças do tempo e da sociedade a impuserem, haveria, ou não, de ser feita pelo Poder Legislativo. Atentou-se, ainda, para o que disposto no art. 4º da EC 26/85 ("Art. 4º É concedida anistia a todos os servidores públicos civis da administração direta e indireta e militares, punidos por atos de exceção, institucionais ou complementares. § 1º É concedida, igualmente, anistia aos autores de crimes políticos ou conexos, e aos dirigentes e representantes de organizações sindicais e estudantis, bem como aos servidores civis ou empregados que hajam sido demitidos ou dispensados por motivação exclusivamente política, com base em outros diplomas legais. § 2º A anistia abrange os que foram punidos ou processados pelos atos imputáveis previstos no 'caput' deste artigo, praticados no período compreendido entre 2 de setembro de 1961 e 15 de agosto de 1979."). Explicou-se que a EC 26/85, cujo art. 1º conferiu aos membros da Câmara dos Deputados e ao Senado Federal o poder de se reunirem unicameralmente em Assembléia Nacional Constituinte, livre e soberana, em 1º.2.87, na sede do Congresso Nacional, seria dotada de caráter constitutivo, instalando um novo sistema normativo. Destarte, a anistia da Lei 6.683/79 teria sido reafirmada, no texto da EC 26/85, pelo Poder Constituinte da Constituição de 1988. A emenda constitucional produzida pelo Poder Constituinte originário teria constitucionalizado a anistia. Assim, afirmada a integração da anistia de 1979 na nova ordem constitucional, ter-se-ia que sua adequação à Constituição de 1988 resultaria inquestionável. Assentou-se que se imporia o desembaraço dos mecanismos que ainda dificultam o conhecimento do quanto ocorrera durante o período em questão, o que deverá ocorrer quando do julgamento da citada ADI 4077/DF. Por fim, realçou-se ser necessário dizer, vigorosa e reiteradamente, que a decisão de improcedência não excluiria o repúdio a todas as modalidades de tortura, de ontem e de hoje, civis e militares, policiais ou delinqüentes. Vencidos os Ministros Ricardo Lewandowski e Ayres Britto, que julgavam parcialmente procedente o pedido. O primeiro dava interpretação conforme ao § 1º do art. 1º da Lei 6.683/79, de modo a que se entendesse que os agentes do Estado não estariam automaticamente abrangidos pela anistia contemplada no referido dispositivo legal, devendo o juiz ou tribunal, antes de admitir o desencadeamento da persecução penal contra estes, realizar uma abordagem caso a caso, mediante a adoção dos critérios da preponderância e da atrocidade dos meios, nos moldes da jurisprudência do Supremo, para o fim de caracterizar o eventual cometimento de crimes comuns com a conseqüente exclusão da prática de delitos políticos ou ilícitos considerados conexos. O segundo excluía da anistia os crimes previstos no art. 5º, XLIII, da CF. **ADPF 153/DF, rel. Min. Eros Grau, 28.4.2010.** (ADPF-153) (Inform. STF 584)

JUNTADA DO INCIDENTE DE INCONSTITUCIONALIDADE - 1

Iniciado o julgamento de agravo regimental em recurso extraordinário afetado ao Plenário pela Primeira Turma, em que se discute sobre a possibilidade de conhecimento de recurso extraordinário interposto com base na alínea b do inciso III do art. 102 da CF contra decisão fundamentada em precedente do órgão especial ou do plenário que declarou incidentalmente a inconstitucionalidade de norma federal, ainda que o recorrente não tenha procedido à juntada do inteiro teor deste acórdão - v. Informativo 310. Cuida-se, na espécie, de agravo regimental interposto contra decisão do Min. Sepúlveda Pertence, relator, que, ante a ausência da juntada da argüição de inconstitucionalidade aos autos, negara seguimento a recurso extraordinário interposto pela União contra acórdão do TRF da 1ª Região que, fundado em precedente do Plenário daquela Corte, não integrado aos autos, reconhecera a inconstitucionalidade do art. 3º, I, da Lei 8.200/91 - declarado constitucional pelo STF nos autos do RE 201465/MG (DJU de 17.10.2003). O Ministro Sepúlveda Pertence, relator, afastando a incidência, na espécie, do parágrafo único do art. 481 do CPC, proferiu voto no sentido de manter a decisão agravada, por entender que a dispensa da juntada da argüição de inconstitucionalidade, diversamente do que ocorrera no caso concreto, pressupõe que o órgão parcial haja aplicado o precedente do STF. O Ministro Sepúlveda Pertence salientou, ademais, o fato de que o acórdão recorrido, embora contrário à decisão desta Corte, vinculara-se à precedente do plenário do próprio TRF da 1ª Região. Após, o julgamento foi adiado em face do pedido de vista do Min. Gilmar Mendes (CPC, art. 481, parágrafo único: "Os órgãos fracionários dos tribunais não submeterão ao plenário ou ao órgão especial, a argüição de inconstitucionalidade, quando já houver pronunciamento destes ou do plenário do Supremo Tribunal Federal sobre a questão"). **RE 196752 AgR/MG, rel. Min. Sepúlveda Pertence, 6.5.2004.(RE-196752)**

JUNTADA DO INCIDENTE DE INCONSTITUCIONALIDADE – 2

O Tribunal retomou julgamento de agravo regimental em recurso extraordinário, afetado ao Plenário pela 1ª Turma, em que se discute a possibilidade de conhecimento de recurso extraordinário interposto, com base na alínea b do inciso III do art. 102 da CF, contra decisão fundamentada em precedente do órgão especial ou do plenário que declara incidentalmente a inconstitucionalidade de norma federal, ainda que o recorrente não tenha procedido à juntada do inteiro teor deste acórdão. Cuida-se, na espécie, de agravo regimental interposto contra decisão do Min. Sepúlveda Pertence que — ante a ausência da juntada do precedente do julgamento da argüição de inconstitucionalidade aos autos — negara seguimento a recurso extraordinário, do qual relator, o qual interposto pela União contra acórdão do TRF da 1ª Região que, fundado em precedente do plenário daquela Corte, não integrado aos autos, reconhecera a inconstitucionalidade do art. 3º, I, da Lei 8.200/91 — declarado constitucional pelo Supremo nos autos do RE 201465/MG (DJU de 17.10.2003) — v. Informativos 310 e 346. O Min. Gilmar Mendes, em voto-vista, abriu divergência e deu provimento ao regimental para conhecer do recurso extraordinário. Afirmou que a necessidade da juntada do inteiro teor do julgado mencionado não seria absoluta. Após citar precedentes da Corte (RE 147702 AgR/MG, DJU de 23.4.93, e RE 191963 AgR/MG, DJU de 21.3.2003), concluiu ser prescindível para o conhecimento de recurso extraordinário fundado na alínea b do permissivo constitucional a juntada da decisão no incidente de inconstitucionalidade apreciado pela Corte de origem quando o Supremo já houver enfrentado e pacificado a controvérsia constitucional levantada. Asseverou que, se é permitido que o órgão fracionário não submeta ao plenário do tribunal a questão de constitucionalidade quando já houver pronunciamento do Supremo sobre a questão no sentido de inconstitucionalidade (CPC, art. 481, parágrafo único), em clara demonstração da força do entendimento por ele emanado no exercício da sua competência constitucional, manter a exigência da juntada, quando a Corte já tiver se pronunciado pela constitucionalidade da lei, configuraria desmedido formalismo. **RE 196752 AgR/MG, rel. Min. Sepúlveda Pertence, 22.4.2010.** (RE-196752).

JUNTADA DO INCIDENTE DE INCONSTITUCIONALIDADE – 3

O Min. Gilmar Mendes observou, também, que, depois da análise da constitucionalidade da norma pelo Pleno, não mais se esperaria qualquer modificação desse entendimento. Ressaltou que, tratando-se de juízo de constitucionalidade ou de inconstitucionalidade, dar-se-ia início à aplicação do disposto no art. 557 do CPC, que seria uma forma brasileira de atribuição de efeito vinculante às decisões do Supremo. Salientou que, se compete ao Supremo, precipuamente, a guarda da Constituição Federal, a interpretação do texto constitucional por ele fixada deveria ser seguida pelos demais tribunais, em decorrência do efeito definitivo outorgado à sua decisão. Argumentou que, tendo sido firmada tese no Supremo sobre a constitucionalidade de certa norma, dificilmente seria possível alegar que os fundamentos da declaração incidental de inconstitucionalidade utilizados pelo órgão especial do tribunal a quo seriam desconhecidos, haja vista que o Supremo teria considerado, certamente, os diversos fundamentos do julgamento do incidente de inconstitucionalidade pela Corte de origem. A manifestação do Pleno deste Tribunal, portanto, seria a definitiva a respeito da questão. Assim, caso não dispensada a juntada, estar-se-ia mantendo uma decisão do tribunal de origem contrária à orientação fixada pelo Supremo, a ensejar, por conseguinte, sobrecarga de trabalho no Poder Judiciário, visto que não haveria outra opção à parte prejudicada senão a de ajuizar uma ação rescisória. Destacou, ademais, que a dispensa de juntada do incidente de inconstitucionalidade dever-se-ia limitar aos casos em que o Tribunal tivesse apreciado e fixado tese a respeito da constitucionalidade ou não da norma declarada inconstitucional pela Corte de origem. Em seguida, a Min. Cármen Lúcia acompanhou o Min. Sepúlveda Pertence, relator, no sentido de negar provimento ao agravo regimental. Ao salientar o fato de que o recurso analisado fora interposto em 1995 e a declaração de constitucionalidade fora proferida pelo Supremo somente em 2003, entendeu que, no caso, a recorrente teria mesmo de ter juntado a argüição, a fim de que o Supremo tivesse os fundamentos. No mesmo sentido se pronunciaram os Ministros Eros Grau e Marco Aurélio. Após os votos dos Ministros Joaquim Barbosa e Ellen Gracie, que acompanhavam a divergência iniciada pelo Min. Gilmar Mendes, o julgamento foi suspenso em virtude do pedido de vista do Min. Cezar Peluso. **RE 196752 AgR/MG, rel. Min. Sepúlveda Pertence, 22.4.2010**. (RE-196752). (Inform. STF 583)

ADI E DEPÓSITOS JUDICIAIS – 1

O Tribunal iniciou julgamento de mérito de ação direta proposta pelo Conselho Federal da Ordem dos Advogados do Brasil na qual se objetiva a declaração de inconstitucionalidade da Lei federal 9.703/98, que, dispondo sobre os depósitos judiciais e extrajudiciais de tributos e contribuições federais, determina sejam os mesmos efetuados na Caixa Econômica Federal e repassados para a Conta Única do Tesouro Nacional, independentemente de qualquer formalidade, e, em caso de devolução, assegura o acréscimo de juros equivalentes à taxa referencial do Sistema Especial de Liquidação e de Custódia - SELIC. Com base no que decidido na cautelar, orientação reafirmada pela Corte no julgamento da ADI 2214 MC/MS (DJU de 19.4.2002), o Min. Eros Grau, relator, julgou improcedente o pedido formulado, no que foi acompanhado pelos Ministros Ricardo Lewandowski e Joaquim Barbosa. O relator entendeu não haver ofensa ao princípio da harmonia entre os Poderes, porquanto não suprimida ou afetada competência ou prerrogativa ínsita ao magistrado como integrante do Poder Judiciário, haja vista não consubstanciarem o recebimento e a administração dos depósitos judiciais atos da atividade jurisdicional. Afastou, de igual modo, as alegações de violação ao princípio da isonomia, tendo em conta que a lei corrigiu uma discriminação, já que instituiu a taxa SELIC como índice de correção dos depósitos, bem como de irregular instituição de empréstimo compulsório, por não estar o contribuinte obrigado a depositar em juízo o valor do débito em discussão. Rejeitou, por fim, o argumento de ofensa ao devido processo legal, já que a previsão de que o levantamento dos depósitos judiciais dar-se-á depois do trânsito em julgado da decisão que definir o cabimento da exação não inova no ordenamento. Após, pediu vista dos autos o Min. Carlos Britto. **ADI 1933/DF, rel. Min. Eros Grau, 5.10.2006**. (ADI-1933)

ADI E DEPÓSITOS JUDICIAIS – 2

Em conclusão, o Tribunal julgou improcedente pedido formulado em ação direta de inconstitucionalidade proposta pelo Conselho Federal da Ordem dos Advogados do Brasil contra a Lei federal 9.703/98, que, dispondo sobre os depósitos judiciais e extrajudiciais de tributos e contribuições federais, determina sejam os mesmos efetuados na Caixa Econômica Federal e repassados para a Conta Única do Tesouro Nacional, independentemente de qualquer formalidade, e, em caso de devolução, assegura o acréscimo de juros equivalentes à taxa referencial do Sistema Especial de Liquidação e de Custódia – SELIC — v. Informativo 443. Reportou-se à orientação firmada pela Corte no julgamento da ADI 2214 MC/MS (DJU de 19.4.2002). Entendeu-se não haver ofensa ao princípio da harmonia entre os Poderes, porquanto não suprimida ou afetada competência ou prerrogativa ínsita ao magistrado como integrante do Poder Judiciário, haja vista não consubstanciarem o recebimento e a administração dos depósitos judiciais atos da atividade jurisdicional. Afastaram-se, de igual modo, as alegações de violação ao princípio da isonomia, tendo em conta que a lei corrigiu uma discriminação, já que instituiu a taxa SELIC como índice de correção dos depósitos, bem como de irregular instituição de empréstimo compulsório, por não estar o contribuinte obrigado a depositar em juízo o valor do débito em discussão. Rejeitou-se, por fim, o argumento de ofensa ao devido processo legal, já que a previsão de que o levantamento dos depósitos judiciais dar-se-á depois do trânsito em julgado da decisão que definir o cabimento da exação não inova no ordenamento. **ADI 1933/DF, rel. Min. Eros Grau, 14.4.2010**. (ADI-1933). (Inform. STF 582)

ADI E PROCURADORIA GERAL DO ESTADO DE MATO GROSSO – 1

O Tribunal, por maioria, julgou parcialmente procedente pedido formulado em ação direta proposta pelo Procurador-Geral da República para declarar a inconstitucionalidade das seguintes expressões e dispositivos da Constituição do Estado de Mato Grosso: da expressão "do Procurador-Geral do Estado", contida no inciso XXII do art. 26; da expressão "e o Procurador-Geral do Estado"; constante do inciso XXIII do mesmo art. 26; da expressão "à Procuradoria-Geral do Estado", do art. 39; da íntegra do art. 67; da íntegra do parágrafo único do art. 110; da expressão "cuja iniciativa é facultada ao Procurador-Geral do Estado", do caput do art. 111; da expressão "e escolhido dentre os integrantes da carreira de procurador, através da lista tríplice elaborada pelo Colégio de Procuradores, para mandato de dois anos, permitida uma recondução", do § 2º do art. 111; da íntegra dos incisos II e VI do art. 112; da expressão "assegurando-se-lhes independência no exercício das respectivas atribuições", do parágrafo único do art. 112; e da íntegra do inciso II do art. 113. Entendeu-se que a norma do art. 26, XXII e XXIII, ao condicionar a exoneração do Procurador-Geral do Estado à aprovação do Poder Legislativo, estaria em confronto com os artigos 84, XXV, e 131, § 1º, da CF, por restringir as prerrogativas do Chefe do Poder Executivo. Considerou-se, ademais, que o art. 39, ao conferir à Procuradoria– Geral do Estado iniciativa em matéria de processo legislativo, violaria o art. 61, caput, § 1º e II, da CF, por usurpar competência do Chefe do Poder Executivo para dispor sobre matérias exclusivas de sua iniciativa. Reputou-se que o art. 67, que tipifica crimes de responsabilidade, usurparia competência privativa da União para dispor sobre a matéria (CF, artigos 22, I, 85, parágrafo único), segundo orientação fixada pela Corte (Inq 1915/RS, DJU de 28.10.2004). **ADI 291/MT, rel. Min. Joaquim Barbosa, 7.4.2010**. (ADI-291).

ADI E PROCURADORIA GERAL DO ESTADO DE MATO GROSSO – 2

No que se refere ao art. 110, parágrafo único, que estabelece como princípios institucionais da Procuradoria-Geral do Estado a unidade, a indivisibilidade, a autonomia funcional e a administrativa, apontou-se afronta ao disposto no art. 127, §§ 1º e 2º, da CF, já que a norma estadual estaria a repetir normas federais aplicáveis ao Ministério Público e à Defensoria Pública, não obstante as atribuições dos Procuradores do Estado não guardarem pertinência com as dos membros daquelas instituições, que têm deveres e atribuições próprios, inconfundíveis com as de agentes sujeitos ao princípio hierárquico. Quanto ao art. 111, que confere faculdade de iniciativa legislativa ao Procurador-Geral do Estado no que tange à organização e ao funcionamento da Procuradoria Geral do Estado, vislumbrou-se afronta aos artigos 131 e 132 da CF. Em relação ao § 2º do art. 111, que prevê que o Governador do Estado nomeará o Procurador-Geral do Estado, e que este será escolhido dentre os integrantes da carreira de Procurador, por meio de lista tríplice elaborada pelo Colégio de Procuradores, também reconheceu-se desrespeito aos artigos 131 e 132 da CF, por caber ao Governador do Estado, na linha de recente precedente do Tribunal (ADI 2682/AP, DJE de 19.6.2009), escolher e nomear para o cargo em comissão de Procurador-Geral do Estado aquele que, no seu entender, melhor desempenhará essa função. No que tange aos incisos II e IV e ao parágrafo único do art. 112, que, respectivamente, elencam funções institucionais da Procuradoria Geral do Estado e conferem independência aos seus integrantes no exercício de suas atribuições, verificou-se ofensa ao art. 132, da CF, haja vista terem sido estabelecidas outras funções além das contidas no texto federal, extrapolando-se, ademais, as prerrogativas taxativamente nele estipuladas. Por fim, quanto ao inciso II do art. 113, que assegura aos Procuradores do Estado a inamovibilidade, salvo por motivo de interesse público, mediante decisão do Colégio de Procuradores, concluiu-se que a garantia em questão extrapolaria os limites constitucionais, já que somente conferida aos magistrados e aos membros do Ministério Público e da Defensoria Pública (CF, artigos 93, VIII; 95, II; 128, § 5º, b; 134, parágrafo único). Vencido, em parte, o Min. Dias Toffoli, que divergia apenas quanto ao parágrafo único do art. 110, e a Min. Cármen Lúcia, que divergia quanto ao parágrafo único do art. 110 e quanto à parte final da expressão contida no § 2º do art. 111, todos dispositivos da Constituição estadual. **ADI 291/MT, rel. Min. Joaquim Barbosa, 7.4.2010.** (ADI-291). (Inform. STF 581)

ADI E EXIGÊNCIA EM LICITAÇÃO

O Tribunal deferiu medida cautelar em ação direta de inconstitucionalidade para suspender a eficácia do § 3º do art. 5º da Portaria 2.814/98, do Ministério da Saúde, que exige que, nas compras e licitações públicas de medicamentos, realizadas pelos serviços próprios, e conveniados pelo SUS, as empresas distribuidoras apresentem declaração do seu credenciamento como distribuidora junto à empresa detentora do registro dos produtos, bem como termo de responsabilidade emitido pela distribuidora, garantindo a entrega dos mesmos em prazo e quantidade estabelecidos na licitação. Preliminarmente, consignou-se que, em resposta à diligência determinada pela Corte, fora informado que o preceito impugnado continuaria em vigor. Em seguida, entendeu-se que as exigências constantes do dispositivo analisado, em princípio, limitariam a concorrência no certame, configurando verdadeiro aditamento da Lei de Licitações (Lei 8.666/93), em dissonância com o previsto no art. **37, XXI, da CF. ADI 4105 MC/DF, rel. Min. Marco Aurélio, 17.3.2010. (ADI-4105)**. (Inform. STF 579)

ADI E DESTINAÇÃO DE RECURSOS

Por vislumbrar aparente violação ao disposto nos artigos 61, § 1º, II, b, e 165, III, da CF, o Tribunal referendou medida liminar em ação direta de inconstitucionalidade, ajuizada como argüição de descumprimento de preceito fundamental, proposta pelo Governador do Distrito Federal contra a Lei distrital 3.189/2003 que inclui no calendário de eventos oficiais do Distrito Federal o "Brasília Music Festival". Suspendeu-se, com eficácia ex tunc, até o julgamento final da ação, a vigência do art. 2º e seu parágrafo único desse diploma legal, que estabelecem, respectivamente, que, de forma anual, o Poder Executivo destinará à Secretaria de Cultura, os recursos necessários à montagem e à realização do evento, bem como que o aparato de segurança e controle do trânsito necessário ficarão a cargo da Secretaria de Segurança Pública. Em preliminar, com base no princípio da fungibilidade, conheceu-se da argüição proposta como ação direta de inconstitucionalidade (Lei 9.882/99, art. 4º, § 1º), ante a perfeita satisfação dos requisitos exigidos à sua propositura (legitimidade ativa, objeto, fundamentação e pedido), reportando-se à orientação firmada no julgamento da ADPF 72 QO/PA (DJU de 2.12.2005). Entendeu-se que a norma em questão, de iniciativa formulada por Deputado Distrital, ao prever destinação de recursos, pelo Poder Executivo, para a Secretaria de Cultura, com vista à realização do evento musical, e encargo da Secretaria de Segurança Pública para o respectivo aparato de segurança e controle de trânsito, teria usurpado a competência exclusiva do Chefe do Poder Executivo para projetos de lei orçamentária e de organização administrativa. **ADI 4180 Referendo-MC/DF, rel. Min. Cezar Peluso, 10.3.2010.** (ADI-4180). (Inform. STF 578)

ADI E INFRAÇÕES ADMINISTRATIVAS DE CONSELHEIRO DE TRIBUNAL DE CONTAS

O Tribunal referendou medida liminar em ação direta de inconstitucionalidade proposta pela Associação dos Membros dos Tribunais de Contas do Brasil – ATRICON para, até final julgamento do feito, suspender a eficácia da Emenda Constitucional 40/2009, que acrescentou os §§ 5º e 6º ao art. 128 da Constituição do Estado do Rio de Janeiro, os quais definem infrações administrativas de Conselheiro do Tribunal de Contas, sujeitas a julgamento pela Assembléia Legislativa, com afastamento do cargo, e estabelecem rito a ser obedecido no processo administrativo por fato descrito no parágrafo anterior. Entendeu-se que os dispositivos em questão estariam em aparente afronta com os artigos 22, I, e 85, parágrafo único, da CF, e aplicou-se a orientação jurisprudencial da Corte consolidada na Súmula 722 ("São da competência legislativa da União a definição dos crimes de responsabilidade e o estabelecimento das respectivas normas de processo e julgamento"). Observou-se, ademais, que, mesmo que se reconhecesse a competência estadual para tipificar crimes de responsabilidade, para efeito de decretação da perda de cargo de Conselheiro de Tribunal de Contas do Estado, por deliberação da Assembléia Legislativa local, a Emenda Constitucional estadual 40/2009 em exame pareceria incidir em outra inconstitucionalidade, haja vista que provocaria usurpação da competência originária do Superior Tribunal de Justiça – STJ para processar e julgar os membros dos Tribunais de Contas estaduais nos crimes comuns e, também, nos crimes de responsabilidade, abrangentes, segundo entendimento jurisprudencial desta Corte, das infrações político-administrativas (CF, art. 105, I, a). Registrou-se, por fim, que, ainda que não incidisse, na espécie, a competência originária do STJ, pareceria haver, em referida emenda à Constituição estadual, outra eiva de inconstitucionalidade, porquanto o Conselheiro do Tribunal de Contas disporia, como garantia de ordem subjetiva destinada a proteger-lhe a independência funcional, da prerrogativa jurídico-constitucional da vitaliciedade (CF, art. 73, § 3º, c/c o art. 75), a qual confere significativa proteção contra a demissão funcional, somente permitindo a decretação de perda do cargo mediante decisão judicial, e não decisão proferida pelas Casas legislativas. **ADI 4190 MC-Referendo/RJ, rel. Min. Celso de Mello, 10.3.2010.** (ADI-4190). (Inform. STF 578)

RECLAMAÇÃO E CONTROLE DE CONSTITUCIONALIDADE - 1

O Tribunal retomou julgamento de reclamação ajuizada pelo Município de Indaiatuba contra acórdão do Tribunal Regional do Trabalho da 15ª Região que mantivera a expedição de requisição de pequeno valor em patamar superior ao fixado pela Lei municipal 4.233/2002, por considerá-la inconstitucional ante a ausência de fixação da quantia em número de salários mínimos. Alega-se, na espécie, desrespeito à autoridade da decisão do Supremo na ADI 2868/PI (DJU de 11.12.2004), na qual se teria reconhecido a possibilidade de fixação, pelos estados-membros, de valor referencial inferior ao do art. 87 do ADCT. Na sessão de 13.12.2006, o Min. Carlos Britto, relator, julgou improcedente a reclamação. Asseverou, inicialmente, que, no julgamento da ADI 2868/PI, o Tribunal examinara a constitucionalidade da Lei piauiense 5.250/2002, que fixou, no âmbito da Fazenda Estadual, o quantum da obrigação de pequeno valor. Salientou que o acolhimento da pretensão ora deduzida passaria pelo exame da possibilidade de se atribuir efeitos transcendentes aos motivos determinantes da decisão tomada no controle abstrato de normas. Considerando o fato de que, no julgamento da Rcl 4219 QO/SP (v. Informativos 441 e 458) - em que retomada a discussão do tema da aplicabilidade da chamada "transcendência dos fundamentos determinantes" -, quatro ministros já teriam votado em sentido contrário à respectiva adoção, votou, preliminarmente, pelo não-conhecimento da reclamação. **Rcl 3014/SP, rel. Min. Carlos Britto, 8.8.2007. (Rcl-3014)**

RECLAMAÇÃO E CONTROLE DE CONSTITUCIONALIDADE - 2

O relator entendeu que, superado esse óbice, haveria falta de identidade entre o caso dos autos e o objeto da ADI 2868/PI. Esclareceu que, naquele julgado, a Corte limitara-se a proclamar a possibilidade de que o valor estabelecido na norma estadual fosse inferior ao parâmetro constitucional, sem discutir, entretanto, a tese da necessidade de fixação das obrigações de pequeno valor em números de salários-mínimos. Na presente assentada, o Min. Gilmar Mendes, em voto-vista, divergiu e deu pela procedência da reclamação, para, afirmando a constitucionalidade da Lei municipal 4.233/2002, cassar a decisão reclamada. Ressaltou que a controvérsia consistiria não na concessão de efeito vinculante aos motivos determinantes das decisões em controle abstrato de constitucionalidade, mas na possibilidade de se analisar, em reclamação, a constitucionalidade de lei de teor idêntico ou semelhante à lei que já foi objeto de fiscalização abstrata de constitucionalidade perante o Supremo, o que, após demonstrar a tendência da evolução da reclamação como ação constitucional voltada à proteção da ordem constitucional como um todo, concluiu ser possível. Asseverando que a questão constitucional, no caso, seria a compatibilidade ou não da Lei municipal 4.233/2002 com o art. 87 do ADCT, matéria que seria idêntica a que fora objeto da ADI 2868/PI, entendeu que o Tribunal teria de analisá-la. **Rcl 3014/SP, rel. Min. Carlos Britto, 8.8.2007. (Rcl-3014)**

RECLAMAÇÃO E CONTROLE DE CONSTITUCIONALIDADE - 3

O Min. Gilmar Mendes aduziu que o Tribunal firmara orientação no sentido de ser constitucional a lei de entidade federativa que fixa valores diferenciados àquele estipulado, em caráter transitório, pelo art. 87, II, do ADCT, e que, dessa forma, o art. 100, § 5º, da CF, permitiria que a lei fixasse valores distintos como referencial de pequeno valor apto a afastar a incidência do sistema de pagamento, por meio de precatórios, dos débitos da Fazenda Pública. As normas constitucionais teriam, portanto, a finalidade de assegurar a autonomia das entidades federativas, de forma a permitir que Estados e Municípios pudessem adequar o sistema de pagamento de seus débitos às peculiaridades financeiras locais, respeitado o princípio da proporcionalidade. Tendo isso em conta, reputou razoável o valor fixado pela Lei 4.233/2002. Por fim, explicou que, embora o Tribunal não tivesse se manifestado expressamente sobre o assunto, a autonomia conferida aos entes federativos pelo art. 100, § 5º, da CF e pelo art. 87 do ADCT, abrangeria, inclusive, a possibilidade de que o referencial de pequeno valor não fosse necessariamente fixado em quantidade de salários mínimos. Após os votos da Min. Cármen Lúcia e do Min. Sepúlveda Pertence, que acompanhavam o voto do relator, tendo a primeira feito reservas quanto aos fundamentos apresentados, pediu vista dos autos o Min. Ricardo Lewandowski. Rcl 3014/SP, rel. Min. Carlos Britto, 8.8.2007. (Rcl-3014)

RECLAMAÇÃO E CONTROLE DE CONSTITUCIONALIDADE – 4

Em conclusão de julgamento, o Tribunal, por maioria, julgou improcedente pedido formulado em reclamação ajuizada pelo Município de Indaiatuba contra acórdão do Tribunal Regional do Trabalho da 15ª Região que mantivera a expedição de requisição de pequeno valor em patamar superior ao fixado pela Lei municipal 4.233/2002, por considerá-la inconstitucional ante a ausência de fixação da quantia em número de salários mínimos. Alegava-se, na espécie, desrespeito à autoridade da decisão do Supremo na ADI 2868/PI (DJU de 11.12.2004), na qual se teria reconhecido a possibilidade de fixação, pelos Estados-membros, de valor referencial inferior ao do art. 87 do ADCT — v. Informativo 475. Entendeu-se que haveria falta de identidade entre o caso dos autos e o objeto da ADI 2868/PI. Esclareceu-se que, naquele julgado, a Corte limitara-se a proclamar a possibilidade de que o valor estabelecido na norma estadual fosse inferior ao parâmetro constitucional, sem discutir, entretanto, a tese da necessidade de fixação das obrigações de pequeno valor em números de salários mínimos. Vencidos os Ministros Gilmar Mendes, Presidente, Ricardo Lewandowski, Eros Grau, Cezar Peluso e Celso de Mello que julgavam procedente a pretensão e consideravam possível a análise, em reclamação, da constitucionalidade de lei de teor idêntico ou semelhante à lei que já teria sido objeto de fiscalização abstrata de constitucionalidade perante o Supremo. **Rcl 3014/SP, rel. Min. Ayres Britto, 10.3.2010.** (Rcl-3014). (Inform. STF 578)

ADI E RESERVA DE LEI FEDERAL

O Tribunal, por maioria, julgou parcialmente procedente pedido formulado em ação direta ajuizada pelo Governador do Estado do Rio de Janeiro para declarar a inconstitucionalidade do art. 42 e das expressões "*empresas públicas, das sociedades de economia mista e*" contidas no art. 218, ambos dispositivos da Constituição do referido Estado-membro ["*Art. 42 – Os empregados serão representados na proporção de 1/3 (um terço), nos conselhos de administração e fiscal das empresas públicas e sociedades de economia mista. ... Art. 218 – Na direção executiva das empresas públicas, das sociedades de economia mista e fundações instituídas pelo poder público participarão, com 1/3 (um terço) de sua composição, representantes de seus servidores, eleitos por estes mediante voto direto e secreto, atendidas as exigências legais para o preenchimento dos referidos cargos."*]. Salientou-se, inicialmente, que, nos termos do art. 173, § 1º, IV, da CF, compete à lei estabelecer o estatuto jurídico da empresa pública, da sociedade de economia mista e de suas subsidiárias que explorem atividade econômica de produção ou comercialização de bens ou de prestação de serviços, compreendida a forma de constituição e o funcionamento dos conselhos de administração e fiscal, com a participação de acionistas minoritários. Tendo isso em conta, entendeu-se haver parcial conflito entre os dispositivos impugnados e a norma federal de direito comercial destinada a estabelecer a estrutura das sociedades por ações (Lei 6.404/76). Explicou-se que, ao passo que a lei federal permite a participação dos empregados na administração da empresa, a Constituição estadual obrigaria as empresas públicas e as sociedades de economia mista à reserva de 1/3 das vagas dos Conselhos de Administração e Fiscal e da Diretoria para a mesma finalidade. Considerou-se, também, que o mencionado art. 218 implicaria, ainda, invasão à reserva de lei federal para dispor sobre a matéria, na medida em que estabeleceria forma de escolha de membros da diretoria inconciliável com aquela prevista na Lei 6.404/74. Relativamente às fundações, observou-se que elas, por serem instituídas pelo poder público, reger-se-iam por normas de direito administrativo e não comercial, razão pela qual, tratando-se de constituinte estadual, não haveria, quanto a sua previsão, inconstitucionalidade formal nem material. Vencidos os Ministros Ayres Britto e Marco Aurélio, que julgavam o pleito improcedente, ao fundamento de que o Estado do Rio de Janeiro teria avançado no campo social, no campo da eficácia maior da Constituição Federal, dando concretude ao que contido no seu art. 7º, XI, que prevê, como direito dos trabalhadores, a participação na gestão da empresa. **ADI 238/RJ, rel. Min. Joaquim Barbosa, 24.2.2010.** (ADI-238) (Inform. STF 576)

FUNDO DE PARTICIPAÇÃO DOS ESTADOS: FIXAÇÃO DE COEFICIENTES E CRITÉRIOS DE RATEIO – 1

O Tribunal julgou procedentes pedidos formulados em ações diretas para, aplicando o art. 27 da Lei 9.868/99, declarar a inconstitucionalidade, sem a pronúncia da nulidade, do art. 2o, I e II, §§ 1º, 2º e 3º, e do Anexo Único, da Lei Complementar 62/89 — a qual estabelece normas sobre o cálculo, a entrega e o controle das liberações dos recursos dos Fundos de Participação e dá outras providências —, mantendo sua vigência até 31.12.2012. Registrou-se, de início, estar-se diante de caso interessante, haja vista tratar-se de quatro ações diretas de inconstitucionalidade imbricadas por evidente relação de conexão, fonômeno que determinaria seu julgamento conjunto. Observou-se que, por outro lado, haveria intenção dos requerentes de estabelecer nítida distinção de pedidos, sendo uns pela declaração da inconstitucionalidade por omissão, e outros pela declaração de inconstitucionalidade (por ação) da aludida lei complementar. Considerou-se, no ponto, que tal diferenciação entre pedidos e causas de pedir, no caso, seria praticamente impossível em face de suas próprias características. Asseverou-se ter-se uma relativa, mas inequívoca fungibilidade entre a ação direta de inconstitucionalidade (da lei ou do ato normativo) e o processo de controle abstrato da omissão, haja vista que os dois processos — o de controle de normas e o de controle da omissão — acabariam por possuir o mesmo objeto, formal e substancialmente, ou seja, a inconstitucionalidade da norma em razão de sua incompletude. **ADI 875/DF, rel. Min. Gilmar Mendes, 24.2.2010.** (ADI-875)

FUNDOS DE PARTICIPAÇÃO DOS ESTADOS: FIXAÇÃO DE COEFICIENTES E CRITÉRIOS DE RATEIO – 2

Em seguida, diante da reunião das ações para julgamento em conjunto, fez-se a delimitação de seu objeto. Assinalou-se que, com exceção da ADI 1987/DF, a qual teria objeto distinto, uma vez que proposta em face da suposta omissão do Congresso Nacional em regulamentar o art. 161, II, da CF, as demais ações diretas estariam dirigidas, no seu conjunto, contra o art. 2º, I e II, e §§ 1º, 2º e 3º, e Anexo Único da Lei Complementar 62/89. Apontou-se que, na ADI 2727/DF, impugnar-se-ia, ainda, parte da Decisão Normativa 44/2001, editada pelo Tribunal de Contas da União. Frisou-se, no ponto, que a referida decisão normativa, no entanto, apenas "aprova, para o exercício de 2002", os coeficientes para o cálculo das quotas de distribuição dos recursos do Fundo de Participação dos Estados – FPE e do Fundo de Participação dos Municípios – FPM, e que sua eficácia temporária, já exaurida naquele ano de 2002 – estaria vigente, atualmente, a Decisão Normativa 92/2008 –, retirar-lhe-ia requisito essencial para figurar como objeto de ação direta de inconstitucionalidade. No tocante aos critérios de rateio do FPM, constantes do art. 3º da lei, sua fixação seria hoje regulada pela Lei Complementar 91/97, que revogou expressamente as Leis 71 e 74, as quais promoveram mudanças substanciais no art. 3º da Lei Complementar 62/89. Considerando que a Lei Complementar 91/97 disciplinou, de forma diversa, toda a matéria tratada pelo art. 3º, concluiu-se que a mencionada Lei Complementar teria revogado, ainda que tacitamente, o referido art. 3º. Afirmou-se, ademais, que toda a argumentação desenvolvida pelo autor dirigir-se-ia contra a suposta omissão (parcial) na regulamentação dos critérios de rateio do Fundo de Participação dos Estados, não o dos Municípios. Quanto aos demais dispositivos da Lei Complementar 62/89 — os artigos 4º, 5º, 6º e 7º —, verificou-se que eles possuiriam natureza eminentemente instrumental — definição de prazos e formas para a entrega dos recursos — tanto em relação ao FPE quanto em relação ao FPM, de modo a formarem um sistema normativo também com a Lei Complementar 91/97. Destarte, eventual declaração de inconstitucionalidade da totalidade do art. 2º, e tendo em vista a mencionada revogação do art. 3º, não teria o condão de retirar a importância normativa dos referidos dispositivos (artigos 4º, 5º, 6º e 7º). Assim, entendeu-se que o objeto posto a julgamento seria constituído apenas pelo art. 2º, I e II, §§ 1º, 2º e 3º, e pelo Anexo Único, da Lei Complementar 62/89. **ADI 875/DF, rel. Min. Gilmar Mendes, 24.2.2010.** (ADI-875)

FUNDOS DE PARTICIPAÇÃO DOS ESTADOS: FIXAÇÃO DE COEFICIENTES E CRITÉRIOS DE RATEIO – 3

No que se refere à questão constitucional, concluiu-se que o art. 2º, I e II, §§1º, 2º e 3º e o Anexo Único da Lei Complementar 62/89, passados vinte anos de sua edição, não atenderiam satisfatoriamente à exigência constante do art. 161, II, da CF, segundo o qual lei complementar deve estabelecer os critérios de rateio do FPE, com a finalidade de promover o equilíbrio socioeconômico entre os entes federativos. Asseverou-se que ela continuaria a reger a distribuição dos recursos do FPE, ou seja, até hoje estariam sendo aplicados os índices previstos, inicialmente, apenas para os exercícios de 1990 e 1991. Mencionados índices teriam sido definidos não mediante a análise de dados e informações que efetivamente retratavam a realidade socioeconômica dos Estados brasileiros à época, mas por acordo entre os entes federativos formalizado no âmbito do CONFAZ, com base na média histórica dos coeficientes aplicados anteriormente à CF/88, quando a apuração se dava tendo como parâmetro os artigos 88 e seguintes do Código Tributário Nacional. Ressaltou-se que violaria o bom senso imaginar que lei editada em 1989, com base apenas em médias históricas apuradas à época, pudesse ainda retratar a realidade socioeconômica dos entes estaduais. Reputou-se, por conseguinte, que a manutenção de coeficientes de distribuição que não mais encontrariam amparo na realidade socioeconômica dos entes federativos produziriam severas distorções no modelo inicialmente delineado pela CF/88, com repercussões gravosas à economia dos Estados. Percebeu-se, ainda, que apesar de dispor que 85% dos recursos seriam destinados às regiões Norte, Nordeste e Centro-Oeste, a Lei Complementar 62/89 não estabeleceria os critérios de rateio exigidos constitucionalmente, apenas definindo, diretamente, os coeficientes de participação dos Estados e do Distrito Federal, o que não pareceria ser o comando do art. 161, II, da CF. **ADI 875/DF, rel. Min. Gilmar Mendes, 24.2.2010.** (ADI-875)

FUNDOS DE PARTICIPAÇÃO DOS ESTADOS: FIXAÇÃO DE COEFICIENTES E CRITÉRIOS DE RATEIO – 4

Por fim, não obstante a Lei Complementar 62/89 não satisfazer integralmente à exigência contida na parte final do art. 161, II, da CF, julgou-se que a sua imediata supressão da ordem jurídica implicaria incomensurável prejuízo ao interesse público e à economia dos Estados, haja vista que o vácuo legislativo poderia inviabilizar, por completo, as transferências de recursos. Em razão disso, fez-se incidir o art. 27 da Lei 9.868/99, e declarou-se a inconstitucionalidade, sem pronúncia da nulidade, do art. 2º, I e II, §§ 1º, 2º e 3º, e do Anexo Único, da Lei Complementar 62/89, autorizando-se a aplicação da norma até 31.12.2012, lapso temporal que se entendeu razoável para o legislador reapreciar o tema, em cumprimento àquele comando constitucional. Vencido parcialmente o Min. Marco Aurélio, que julgava procedente apenas o pleito formulado na ADI por omissão 1987/DF e, no caso, não aplicava o art. 27 da Lei 9.868/99. **ADI 875/DF, rel. Min. Gilmar Mendes, 24.2.2010.** (ADI-875) (Inform. STF 576)

ADI POR OMISSÃO E ERRADICAÇÃO DO ANALFABETISMO – 1

O Tribunal, por maioria, julgou improcedente pedido formulado em ação direta de inconstitucionalidade por omissão proposta pelo Partido dos Trabalhadores – PT, pelo Partido Comunista do Brasil – PC do B e pelo Partido Democrático Trabalhista – PDT em que se apontava inércia do Presidente da República em envidar esforços no sentido de erradicar o analfabetismo no Brasil, em afronta ao disposto nos artigos 6º, 23, V, 208, I, e 214, I, todos da CF ["*Art. 6º São direitos sociais a educação, a saúde, o trabalho, a moradia, o lazer, a segurança, a previdência social, a proteção à maternidade e à infância, a assistência aos desamparados, na forma desta Constituição. ... Art. 23. É competência comum da União, dos Estados, do Distrito Federal e dos Municípios: ... V – proporcionar os meios de acesso à cultura, à educação e à ciência; ... Art. 208. O dever do Estado com a educação será efetivado mediante a garantia de: ... I – educação básica obrigatória e gratuita dos 4 (quatro) aos 17 (dezessete) anos de idade, as-*

segurada inclusive sua oferta gratuita para todos os que a ela não tiveram acesso na idade própria; ... Art. 214. A lei estabelecerá o plano nacional de educação, de duração decenal, com o objetivo de articular o sistema nacional de educação em regime de colaboração e definir diretrizes, objetivos, metas e estratégias de implementação para assegurar a manutenção e desenvolvimento do ensino em seus diversos níveis, etapas e modalidades por meio de ações integradas dos poderes públicos das diferentes esferas federativas que conduzam a: I – erradicação do analfabetismo;"]. **ADI 1698/DF, rel. Min. Cármen Lúcia, 25.2.2010.** (ADI-1698)

ADI POR OMISSÃO E ERRADICAÇÃO DO ANALFABETISMO – 2

Entendeu-se que não haveria como se afirmar ter havido inércia do Presidente da República de modo a se lhe imputar providência administrativa que ainda não tivesse sido por ele adotada e que poderia ser suprida pela procedência desta ação. Salientou-se que o Brasil tem ainda, de fato, muito a fazer em termos de compromisso constitucionalmente imposto de erradicar o analfabetismo, até mesmo para que os direitos fundamentais, a dignidade da pessoa humana, a sua liberdade, a igualdade de oportunidades possam ser efetivados. Por outro lado, com base na análise dos dados referentes ao número de analfabetos formais no Brasil em 1995, apresentados pelo IBGE, e do que se tem hoje, principalmente a partir da Lei 9.394/96, que estabeleceu as diretrizes e bases da Educação Nacional, e, ainda, da Lei 10.172/2001, que aprovou o plano nacional de educação, observou-se a adoção de várias políticas sociais voltadas para a implementação do que legalmente determinado. Asseverou-se a existência de uma gama de ações e programas do Ministério da Educação priorizando a erradicação do analfabetismo e o acesso de todos à educação, que teriam contribuído, significativamente, com o decréscimo do número desses analfabetos formais no Brasil. Dentre os quais, citou-se o "Programa Brasil Alfabetizado", que previu a ampliação do período de alfabetização de seis para até oito meses; o aumento de 50% nos recursos para a formação dos alfabetizadores; o estabelecimento de um piso para o valor da bolsa paga ao alfabetizador; o aumento da quantidade de turmas em regiões com baixa densidade populacional e em comunidades populares de periferias urbanas; a implantação de um sistema integrado de monitoramento e avaliação do programa; e maior oportunidade de continuidade da escolarização de jovens e adultos, a partir do aumento de 42% para 68% do percentual dos recursos alocados para Estados e Municípios. Lembrou-se, também, do "Bolsa Família", um dos principais programas de cidadania e inclusão do Governo Federal, cujo objetivo é a inclusão social das famílias em situação de pobreza por meio da transferência de renda e da promoção do acesso aos direitos sociais básicos de saúde e educação. Vencido o Min. Marco Aurélio que julgava o pleito procedente, ao fundamento de que, apesar de haver esforços, eles estariam muito aquém do desejável para se erradicar o analfabetismo, não bastando dizer, ademais, que se estaria atendendo ao piso, em termos de receita que deve ser destinada à educação, previsto na Carta da República. Ressaltou haver de se fazer um pouco mais e que o Supremo deveria sinalizar nesse sentido. **ADI 1698/DF, rel. Min. Cármen Lúcia, 25.2.2010.** (ADI-1698) (Inform. STF 576)

ADI E NORMAS PARA A VENDA DE TÍTULOS DE CAPITALIZAÇÃO – 1

O Tribunal iniciou julgamento de ação direta ajuizada pela Confederação Nacional do Sistema Financeiro – CONSIF em que se objetiva a declaração da inconstitucionalidade dos artigos 1º, 2º, 3º, 4º e 5º da Lei 14.507/2002, do Estado de Minas Gerais, que estabelece normas para a venda de títulos de capitalização e similares na referida unidade federada (*"Art. 1º – É vedada a vinculação a outro produto de título de capitalização ou similar, por meio de procedimento, técnica ou método utilizado, ainda que indiretamente, para fomentar ou garantir sua circulação ou venda. Art. 2º – A informação ou publicidade referente a título de capitalização conterá dados comparativos entre a correção monetária e os juros incidentes sobre o valor capitalizado e a valorização obtida na caderneta de poupança por investimento de igual valor, no mesmo período. Art. 3º – A inobservância do disposto nesta lei sujeitará o infrator às seguintes penalidades: I – multa; II – suspensão do fornecimento do produto ou serviço; III – imposição de contrapropaganda; IV – suspensão temporária da atividade. Parágrafo único – As penalidades previstas neste artigo poderão ser aplicadas isolada ou cumulativamente, sem prejuízo das de natureza cível, penal e de outras cabíveis. Art. 4º – Esta lei entra em vigor na data de sua publicação. Art. 5º – Revogam-se as disposições em contrário."*). **ADI 2905/MG, rel. Min. Eros Grau, 25.2.2010.** (ADI-2905)

ADI E NORMAS PARA A VENDA DE TÍTULOS DE CAPITALIZAÇÃO – 2

O Min. Eros Grau, relator, julgou procedente o pedido formulado, no que foi acompanhado pelos Ministros Marco Aurélio e Cezar Peluso. Após asseverar que a restrição contida no § 3º do art. 24 da CF (*"Inexistindo lei federal sobre normas gerais, os Estados exercerão a competência legislativa plena, para atender a suas peculiaridades."*) abrangeria também a competência do *caput* desse artigo (*"Compete à União, aos Estados e ao Distrito Federal legislar concorrentemente sobre: ... V – produção e consumo;"*), entendeu que a competência para emitir normas gerais seria da União sempre e que, se a União não legislasse, o Estado teria a possibilidade de legislar, mas apenas em relação a suas peculiaridades. Observou que, no caso, além de haver lei federal tratando da matéria (Código de Defesa do Consumidor), não se vislumbraria particularidade alguma que, no que concerne a consumo, existisse no Estado de Minas Gerais. Em seguida, pediu vista dos autos a Min. Cármen Lúcia. **ADI 2905/MG, rel. Min. Eros Grau, 25.2.2010.** (ADI-2905) (Inform. STF 576)

ADI E CONSTITUIÇÃO DO ESTADO DE SERGIPE – 1

O Tribunal julgou parcialmente procedente pedido formulado em ação direta de inconstitucionalidade ajuizada pelo Governador do Estado de Sergipe contra diversos dispositivos da Constituição estadual. Declarou-se a inconstitucionalidade da expressão "*realizado antes da sua eleição*" constante do inciso V do art. 14, que estabelece a perda do mandato do Prefeito ou do Vice-Prefeito que assumir outro cargo na Administração Pública, ressalvada a hipótese de posse em virtude de aprovação em concurso público realizado antes de sua eleição. Entendeu-se que a expressão impugnada não constaria do disposto no parágrafo único do art. 28 da CF (*"Perderá o mandato o Governador que assumir outro cargo ou função na administração pública direta ou indireta, ressalvada a posse em virtude de concurso público e observado o disposto no art. 38, I, IV e V."*), de observância obrigatória pelos Estados-membros (CF, art. 29, XIV), restringindo o acesso dos Prefeitos e Vice-Prefeitos aos cargos públicos, e vedando a sua participação em concursos públicos ao longo do exercício do mandato. Vencido parcialmente, no ponto, o Min. Marco Aurélio que, além de fulminar essa expressão, dava interpretação conforme ao dispositivo para explicitar que o que previsto não implica o exercício simultâneo de cargos. Também se declarou a inconstitucionalidade dos incisos V e VI do art. 23, que prevêem a possibilidade de intervenção no Município em caso de corrupção na administração municipal ou de não se recolherem à Previdência Social, por seis meses consecutivos ou alternados, valores descontados em folha de pagamento de seus servidores e parcelas devidas pela Prefeitura. Considerou-se que referidos incisos estariam a ampliar o rol taxativo dos casos de intervenção do Estado em seus Municípios apresentado pelo art. 35 da CF, também de observância obrigatória pelos Estados-membros. Reputou-se inconstitucional a expressão "*nunca inferior a três por cento e*", contida tanto na redação originária do *caput* do art. 37 (*"A Assembléia Legislativa elaborará sua proposta orçamentária dentro dos limites estipulados conjuntamente com os demais Poderes, na forma da Lei de Diretrizes Orçamentárias, nunca inferior a três por cento da receita estadual."*) quanto na alterada por emenda constitucional (*"A Assembléia Legislativa elaborará sua proposta orçamentária dentro dos limites estipulados conjuntamente com os demais Poderes, na forma da Lei de Diretrizes Orçamentárias, nunca inferior a três por cento e até cinco por cento da receita estadual..."*). Asseverou-se que a previsão, ausente do modelo federal, não viabilizaria a possibilidade de se cogitar de um piso em termos de despesas, salientando-se que o Poder Legislativo deve atuar com independência, estipulando e confeccionando a proposta orçamentária. Na mesma linha, assentou-se a inconstitucionalidade da expressão "*nunca inferior a três por cento da receita estadual*" constante do § 1º do art. 95 (*"O Poder Judiciário elaborará sua proposta orçamentária dentro dos limites estipulados conjuntamente com os demais Poderes, na forma da Lei de Diretrizes Orçamentárias, nunca inferior a três por cento da receita estadual"*). **ADI 336/SE, rel. Min. Eros Grau, 10.2.2010.** (ADI-336)

ADI E CONSTITUIÇÃO DO ESTADO DE SERGIPE – 2

No que diz respeito ao art. 100, que vincula o reajuste da remuneração dos servidores do Poder Judiciário ao dos magistrados, entendeu-se afrontado o que disposto no inciso X do art. 37 da CF, que assegura revisão geral e anual da remuneração dos servidores públicos, sempre na mesma data e sem distinção de índices. Acrescentou-se, ainda, que o inciso XIII do art. 37 da CF veda a vinculação de quaisquer espécies remuneratórias para o efeito de remuneração de pessoal do serviço público, aí incluída a proibição de vinculação para fins de reajuste automático. Quanto ao art. 274, que define que, após a promulgação da Constituição, serão enquadrados no nível IV-S os professores estatutários que possuam nível superior, concluiu-se que o preceito estaria em confronto com a regra do concurso público, prevista no art. 37, II, da CF. Vencidos, no ponto, os Ministros Marco Aurélio e Carlos Britto que julgavam o pleito improcedente, tendo em conta não versar o preceito que a passagem seria do nível médio para o superior. Declarou-se a inconstitucionalidade do art. 42 do Ato das Disposições Constitucionais Transitórias, que estabelece que os proventos dos escrivães não poderão ser inferiores a 25% do vencimento básico e representação do magistrado da entrância a que estiverem servindo, por ofensa ao art. 37, XIII, da CF. Assentou-se, por fim, a inconstitucionalidade do art. 46, também do ADCT, que assegura aos delegados de polícia, bacharéis em Direito, investidos no cargo até a data da promulgação da Constituição Federal, o direito de ingressar no cargo efetivo da respectiva carreira, mediante concurso interno de provas e títulos, desde que possuidores de vínculo funcional anterior com o Estado de Sergipe, já o preceito não observaria a regra do concurso público, privilegiando servidores não beneficiados pelo art. 19 do ADCT (*"Os servidores públicos civis da União, dos Estados, do Distrito Federal e dos Municípios, da administração direta, autárquica e das fundações públicas, em exercício na data da promulgação da Constituição, há pelo menos cinco anos continuados, e que não tenham sido admitidos na forma regulada no art. 37, da Constituição, são considerados estáveis no serviço público."*). Julgou-se prejudicado o pedido relativamente ao parágrafo único do art. 28, aos artigos 46, XIII, 100, ambos da Constituição estadual. Precedentes citados: SS 1361/PE (DJE de 10.6.99); ADI 2145 MC/MS (DJU de 31.10.2003); ADI 2895/AL (DJU de 20.5.2005). **ADI 336/SE, rel. Min. Eros Grau, 10.2.2010.** (ADI-336) (Inform. STF 574)

ADI E MEIA-ENTRADA PARA JOVENS - 1

O Tribunal iniciou julgamento de ação direta de inconstitucionalidade ajuizada pela Confederação Nacional do Comércio - CNC contra o art. 1º da Lei 3.364/2000, do Estado do Rio de Janeiro, que assegura o pagamento de 50% do valor efetivamente cobrado para o ingresso em casas de diversões, praças desportivas e similares aos jovens de até 21 anos de idade. O Min. Eros Grau, relator, julgou improcedente o pedido, no que foi acompanhado pelos Ministros Ricardo Lewandowski e Carlos Britto. O relator afastou a alegação de vício formal da lei impugnada, ao fundamento de que não apenas a União pode atuar sobre o domínio econômico, mas também os Estados-membros e o DF que, por força do que dispõe o art. 24, I, da CF, possuem competência concorrente para legislar sobre direito econômico, e que, no caso, em face da inexistência de lei federal regulando a matéria, o Estado-membro editou a lei impugnada, apoiado no art. 24, § 3º, da CF. Da mesma forma, rejeitou a alegação de vício material. Asseverou que, para que sejam realizados os fundamentos do art. 1º e os fins do art. 3º, da CF, é necessário que o Estado atue sobre o domínio econômico, sendo essa intervenção não só adequada, mas indispensável à consolidação e preservação do sistema capitalista de mercado. Considerou que, se de um lado a Constituição assegura a livre iniciativa, de outro determina ao Estado a adoção de providências tendentes a garantir o efetivo exercício do direito à educação, à cultura e ao desporto (CF, artigos 23, V; 205; 208; 215 e 217, § 3º), ressaltando que, na composição entre esses princípios e regras, há de ser preservado o interesse da coletividade. Após o voto do Min. Marco Aurélio, que julgava procedente o pedido por entender que o fator eleito - jovens de até 21 anos - não constitui justificativa socialmente aceitável, pediu vista dos autos o Min. Gilmar Mendes. **ADI 2163/RJ, rel. Min. Eros Grau, 25.5.2006. (ADI-2163)**

ADI E MEIA-ENTRADA PARA JOVENS – 2

O Tribunal retomou julgamento de ação direta de inconstitucionalidade ajuizada pela Confederação Nacional do Comércio – CNC contra o art. 1º da Lei 3.364/2000, do Estado do Rio de Janeiro, que assegura o pagamento de 50% do valor efetivamente cobrado para o ingresso em casas de diversões, praças desportivas e similares aos jovens de até 21 anos de idade — v. Informativo 420. O Min. Eros Grau, relator, reajustou o voto proferido na assentada anterior, para julgar procedente o pedido formulado, por entender que a lei estadual afronta a isonomia, uma vez que a discriminação pela idade não seria suficiente para justificar tratamento desigual em benefício dos menores de 21 anos, na linha do voto proferido pelo Min. Marco Aurélio. Salientando não estar se afastando das razões coerentes expendidas no julgamento da ADI 1950/SP (DJU de 14.11.2005), em que a Corte considerara a constitucionalidade de uma distinção feita tendo em conta outros critérios, asseverou ser justificável o tratamento desigual apenas quando o fator de discriminação for efetivamente relevante, o que teria ocorrido naquele caso, no qual a lei estadual assegurara a estudantes o pagamento de meia-entrada do valor cobrado para o ingresso em eventos esportivos, culturais e de lazer. Após os votos dos Ministros Gilmar Mendes, Presidente, Dias Toffoli e Cezar Peluso, que acompanhavam o voto do relator, agora reajustado, e dos votos dos Ministros Carlos Britto, Ricardo Lewandowski, que mantinham os votos proferidos na sessão anterior, Cármen Lúcia, Joaquim Barbosa e Ellen Gracie, todos no sentido da improcedência do pedido, o julgamento foi suspenso para se colher o voto de desempate do Min. Celso de Mello. **ADI 2163/RJ, rel. Min. Eros Grau, 1º.2.2010.** (ADI-2163) (Inform. STF 573)

AGRAVO REGIMENTAL. AÇÃO DIRETA DE INCONSTITUCIONALIDADE MANIFESTAMENTE IMPROCEDENTE. INDEFERIMENTO DA PETIÇÃO INICIAL PELO RELATOR. ART. 4º DA LEI Nº 9.868/99.

1. É manifestamente improcedente a ação direta de inconstitucionalidade que verse sobre norma (art. 56 da Lei nº 9.430/96) cuja constitucionalidade foi expressamente declarada pelo Plenário do Supremo Tribunal Federal, mesmo que em recurso extraordinário. 2. Aplicação do art. 4º da Lei nº 9.868/99, segundo o qual *"a petição inicial inepta, não fundamentada e a manifestamente improcedente serão liminarmente indeferidas pelo relator"*. 3. A alteração da jurisprudência pressupõe a ocorrência de significativas modificações de ordem jurídica, social ou econômica, ou, quando muito, a superveniência de argumentos nitidamente mais relevantes do que aqueles antes prevalecentes, o que não se verifica no caso. 4. O amicus curiae somente pode demandar a sua intervenção até a data em que o Relator liberar o processo para pauta. 5. Agravo regimental a que se nega provimento. AG. REG. NA ADI N. 4.071-DF. RELATOR: MIN. MENEZES DIREITO. Noticiado no Informativo 543. (Inform. STF 563)

EMENTA: Ação direta de inconstitucionalidade. Art. 176 da Lei Complementar/PR nº 14/82, com a redação dada pelo art. 1º da Lei Complementar/PR nº 93/02. Regras especiais de aposentadoria do policial civil. Vício de iniciativa (CF, art. 61, §1º, II, "c"). Aplicação do art. 27 da Lei nº 9.868/99 considerando as peculiaridades do caso. Não há prejudicialidade em relação às Emendas Constitucionais n° 91/03 e n° 97/07, considerando o vício formal coberto pelo art. 61, § 1°, II, "c", da Constituição Federal. 1. A jurisprudência do Supremo Tribunal Federal é firme no sentido de que as normas que regem a aposentadoria dos servidores civis estaduais são de iniciativa privativa do Governador do Estado, por força do art. 61, §1º, II, "c" e "f", da Constituição Federal. Precedentes: ADI nº 872/RS, Relatora a Ministra Ellen Gracie, DJ de 20/9/02; ADI nº 2.115/RS, Relator o Ministro Ilmar Galvão, DJ de 6/9/01; ADI nº 700/RJ, Relator a Ministro Maurício Corrêa, DJ de 24/8/01. 2. É inconstitucional, por afronta ao art. 61, §1º, II, "c", da Constituição, o art. 176 da Lei Complementar/PR nº 14/82, com a redação dada pelo art. 1º da Lei Complementar/PR nº 93/02, de iniciativa parlamentar, que dispôs sobre regras especiais de aposentadoria do policial civil. 3. Aplicação ao caso do art. 27 da Lei nº 9.868/99 para dar eficácia ex nunc à declaração de inconstitucionalidade do art. 1º da Lei Complementar/PR nº 93/02, de modo a preservar a situação jurídica de todos os servidores aposentados até a data da sessão deste julgamento. 4. Ação direta julgada procedente. **ADI N. 2.904-PR. RELATOR: MIN. MENEZES DIREITO. Noticiado no Informativo 542.** (Inform. STF 560)

EMENTA: Ação Direta de Inconstitucionalidade. Lei Estadual (SP) nº 12.227/06. Inconstitucionalidade formal. Vício de iniciativa. Art. 96, II, "b" e "d", da Constituição Federal. 1. A declaração de inconstitucionalidade proferida por Tribunal estadual não acarreta perda de objeto da ação ajuizada na Suprema Corte, pendente ainda recurso extraordinário. 2. Vencido o Ministro Relator, que extinguia o processo sem julgamento do mérito, a maioria dos Julgadores rejeitou a preliminar de falta de interesse de agir por ausência de impugnação do art. 24, § 2º, item 6, da Constituição do Estado de São Paulo, com entendimento de que este dispositivo não serve de fundamento de validade à lei estadual impugnada. 3. É pacífica a jurisprudência do Supremo Tribunal Federal no sentido de que as leis que disponham sobre serventias judiciais e extrajudiciais são de iniciativa privativa dos Tribunais de Justiça, a teor do que dispõem as alíneas "b" e "d" do inciso II do art. 96 da Constituição da República. Precedentes: ADI nº 1.935/RO, Relator o Ministro Carlos Velloso, DJ de 4/10/02; ADI nº 865/MA-MC, Relator o Ministro Celso de Mello, DJ de 8/4/94. 4. Inconstitucionalidade formal da Lei Estadual (SP) nº 12.227/06, porque resultante de processo legislativo deflagrado pelo Governador do Estado. 5. Ação direta que se julga procedente, com efeitos ex tunc. **ADI N. 3.773-SP. RELATOR: MIN. MENEZES DIREITO. Noticiado no Informativo 537.** (Inform. STF 558)

EMENTA: ESTATUTO DA ORDEM DOS ADVOGADOS DO BRASIL – OAB. ARTIGOS 1º, § 2º; 21, PARÁGRAFO ÚNICO; 22; 23; 24, § 3º; E 78 DA LEI N. 8.906/1994. INTERVENÇÃO COMO LITISCONSÓRCIO PASSIVO DE SUBSECÇÕES DA OAB: INADMISSIBILIDADE. PERTINÊNCIA TEMÁTICA. ARTIGOS 22, 23 E 78: NÃO-CONHECIMENTO DA AÇÃO. ART. 1º, § 2º: AUSÊNCIA DE OFENSA À CONSTITUIÇÃO DA REPÚBLICA. ART. 21 E SEU PARÁGRAFO ÚNICO: INTERPRETAÇÃO CONFORME À CONSTITUIÇÃO. ART. 24, § 3º: OFENSA À LIBERDADE CONTRATUAL. AÇÃO DIRETA DE INCONSTITUCIONALIDADE PARCIAL-MENTE PROCEDENTE. 1. A intervenção de terceiros em ação direta de inconstitucionalidade tem características distintas deste instituto nos processos subjetivos. Inadmissibilidade da intervenção de subsecções paulistas da Ordem dos Advogados do Brasil. Precedentes. 2. Ilegitimidade ativa da Confederação Nacional da Indústria – CNI, por ausência de pertinência temática, relativamente aos artigos 22, 23 e 78 da Lei n. 8.906/1994. Ausência de relação entre os objetivos institucionais da Autora e do conteúdo normativo dos dispositivos legais questionados. 3. A obrigatoriedade do *visto* de advogado para o registro de atos e contratos constitutivos de pessoas jurídicas (artigo 1º, § 2º, da Lei n. 8.906/1994) não ofende os princípios constitucionais da isonomia e da liberdade associativa. 4. O art. 21 e seu parágrafo único da Lei n. 8.906/1994 deve ser interpretado no sentido da preservação da liberdade contratual quanto à destinação dos honorários de sucumbência fixados judicialmente. 5. Pela interpretação conforme conferida ao art. 21 e seu parágrafo único, declara-se inconstitucional o § 3º do art. 24 da Lei n. 8.906/1994, segundo o qual *"é nula qualquer disposição, cláusula, regulamento ou convenção individual ou coletiva que retire do advogado o direito ao recebimento dos honorários de sucumbência"*. 6. Ação direta de inconstitucionalidade conhecida em parte e, nessa parte, julgada parcialmente procedente para dar interpretação conforme ao art. 21 e seu parágrafo único e declarar a inconstitucionalidade do § 3º do art. 24, todos da Lei n. 8.906/1994. ADI N. 1.194-DF. **RELATORA P/ O ACÓRDÃO: MIN. CÁRMEN LÚCIA. Noticiado no Informativo 547.** (Inform. STF 558)

COBRANÇA DE ANUIDADES ESCOLARES E VÍCIO FORMAL

Por vislumbrar afronta ao art. 22, I, da CF, que atribui competência privativa à União para legislar sobre direito civil, o Tribunal julgou procedente pedido formulado em ação direta proposta pelo Procurador-Geral da República para declarar a inconstitucionalidade da Lei Distrital 670/94, que dispõe sobre a cobrança de anuidades escolares. Precedente citado: ADI 1007/PE (DJU de 24.2.2006). **ADI 1042/DF, rel. Min. Cezar Peluso, 12.8.2009.** (ADI-1042). (Inform. STF 555)

ADPF E IMPORTAÇÃO DE PNEUS USADOS – 1

O Tribunal iniciou julgamento de argüição de descumprimento de preceito fundamental, ajuizada pelo Presidente da República, em que se discute se decisões judiciais que autorizam a importação de pneus usados ofendem os preceitos inscritos nos artigos 196 e 225 da CF ("Art. 196. A saúde é direito de todos e dever do Estado, garantido mediante políticas sociais e econômicas que visem à redução do risco de doença e de outros agravos e ao acesso universal e igualitário às ações e serviços para sua promoção, proteção e recuperação. ... Art. 225. Todos têm direito ao meio ambiente ecologicamente equilibrado, bem de uso comum do povo e essencial à sadia qualidade de vida, impondo-se ao Poder Público e à coletividade o dever de defendê-lo e preservá-lo para as presentes e futuras gerações."). Sustenta o argüente que numerosas decisões judiciais têm sido proferidas em contrariedade a Portarias do Departamento de Operações de Comércio Exterior - DECEX e da Secretaria de Comércio Exterior - SECEX, Resoluções do Conselho Nacional do Meio Ambiente - CONAMA e Decretos federais que, expressamente, vedam a importação de bens de consumo usados, com especial referência aos pneus usados. Inicialmente, por maioria, rejeitou-se a preliminar de não cabimento da ação. Reputou-se atendido o princípio da subsidiariedade, tendo em conta a pendência de múltiplas ações judiciais, nos diversos graus de jurisdição, inclusive no Supremo, nas quais há interpretações e decisões divergentes sobre a matéria, o que tem gerado situação de insegurança jurídica, não havendo outro meio hábil a solucionar a polêmica sob exame. Vencido, no ponto, o Min. Marco Aurélio, que, salientando não estar incluída a jurisdição na alusão, contida na parte final do art. 1º da Lei 9.882/99, a ato do poder público e, ressaltando não ser a ADPF sucedâneo recursal contra decisões judiciais, reputava inadequada a medida formalizada. **ADPF 101/DF, rel. Min. Cármen Lúcia, 11.3.2009. (ADPF-101)**

ADPF E IMPORTAÇÃO DE PNEUS USADOS - 2

No mérito, a Min. Cármen Lúcia, relatora, julgou parcialmente procedente o pedido formulado para: 1) declarar válidas constitucionalmente as normas do art. 27 da Portaria DECEX 8/91; do Decreto 875/93, que ratificou a Convenção da Basiléia; do art. 4º da Resolução 23/96; do art. 1º da Resolução CONAMA 235/98; do art. 1º da Portaria SECEX 8/2000; do art. 1º da Portaria SECEX 2/2002; do art. 47-A do Decreto 3.179/99 e seu § 2º, incluído pelo Decreto 4.592/2003; do art. 39 da Portaria SECEX 17/2003; e do art. 40 da Portaria SECEX 14/2004, com efeitos ex tunc; 2) declarar inconstitucionais, também com efeitos ex tunc, as interpretações, incluídas as judicialmente acolhidas, que, afastando a aplicação daquelas normas, permitiram ou permitem a importação de pneus usados de qualquer espécie, aí incluídos os remoldados, ressalvados, quanto a estes, os provenientes dos Países integrantes do MERCOSUL, na forma das normas acima citadas e que tenham incidido sobre os casos; 3) excluir da incidência daqueles efeitos pretéritos determinados as decisões judiciais com trânsito em julgado, que não estejam sendo objeto de nenhum questionamento, uma vez que somente podem ser objeto da ADPF atos ou decisões normativas, administrativas ou judiciais impugnáveis judicialmente. **ADPF 101/DF, rel. Min. Cármen Lúcia, 11.3.2009. (ADPF-101)**

ADPF E IMPORTAÇÃO DE PNEUS USADOS - 3

A relatora, ao iniciar o exame de mérito, salientou que, na espécie em causa, se poria, de um lado, a proteção aos preceitos fundamentais relativos ao direito à saúde e ao meio ambiente ecologicamente equilibrado, cujo descumprimento estaria a ocorrer por decisões judiciais conflitantes; e, de outro, o desenvolvimento econômico sustentável, no qual se abrigaria, na compreensão de alguns, a importação de pneus usados para o seu aproveitamento como matéria-prima, utilizada por várias empresas que gerariam empregos diretos e indiretos. Em seguida, apresentou um breve histórico da legislação sobre o assunto, necessária para o deslinde da causa. No ponto, enfatizou a inclusão da saúde como direito social fundamental no art. 6º da CF/88, bem como as previsões dos seus artigos 196 e 225. No plano internacional, citou a Convenção da Basiléia sobre o Controle de Movimentos Transfronteiriços de Resíduos Perigosos e seu Depósito, de 22.3.89 — ratificada pelo Decreto 875/93 —, adotada e reconhecida como documento de referência mundial na Conferência de Plenipotenciários, a qual, com reflexos diretos na legislação interna dos Estados signatários, dentre os quais o Brasil, ensejou a edição, pelo Departamento de Operações de Comércio Exterior — órgão subordinado à Secretaria de Comércio Exterior - SECEX —, da Portaria DECEX 8/91, que vedou a importação de bens de consumo usados. Mencionou, ademais, outras Portarias do DECEX, e do SECEX, Decretos e Resoluções do Conselho Nacional do Meio Ambiente - CONAMA em sentido semelhante. Registrou que, com a edição da Portaria SECEX 8/2000, que proibiu a importação de pneumáticos recauchutados e usados, seja como bem de consumo, seja como matéria-prima, classificados na posição 4012 da Nomenclatura Comum do MERCOSUL, o Uruguai se considerou prejudicado e solicitou ao Brasil negociações diretas sobre a proibição de importações de pneus usados procedentes daquele país, nos termos dos artigos 2º e 3º do Protocolo de Brasília. Explicou que isso deu causa ao questionamento do Uruguai perante o Tribunal Arbitral ad hoc do MERCOSUL, que, em 2002, concluiu pela ilegalidade da proibição de importação de pneus remoldados de países integrantes do bloco econômico da América do Sul, o que obrigou o Brasil a adequar sua legislação àquela decisão, irrecorrível. Em decorrência, foi editada a Portaria SECEX 2/2002, que manteve a vedação de importação de pneus usados, à exceção dos pneus remoldados provenientes dos países-partes do MERCOSUL. **ADPF 101/DF, rel. Min. Cármen Lúcia, 11.3.2009. (ADPF-101)**

ADPF E IMPORTAÇÃO DE PNEUS USADOS - 4

Prosseguindo, a relatora afirmou que a questão posta na presente ADPF seria saber, portanto, se as decisões judiciais nacionais, que vêm permitindo a importação de pneus usados de Estados que não compõem o MERCOSUL, implicariam descumprimento dos preceitos fundamentais invocados. Realçou a imprescindibilidade de se solucionar o trato judicial sobre a matéria, que decorreu, sobretudo, da circunstância de ela ter sido objeto de contencioso perante a Organização Mundial do Comércio - OMC, a partir de 20.6.2005, quando houve Solicitação de Consulta da União Européia ao Brasil. Disse que a União Européia formulou referida consulta acerca da proibição de importação de pneus usados e reformados dela procedentes e alegou afronta aos princípios do livre comércio e da isonomia entre os países membros da OMC, em razão da mantença da importação de pneus remoldados provenientes dos Estados integrantes do MERCOSUL. Informou que as considerações apresentadas no Relatório do Painel, que circulou entre os Membros da OMC, levaram a União Européia a apelar, tendo o Órgão de Apelação da OMC mantido a decisão no sentido de que seria justificável a medida adotada pelo Brasil quanto à proibição de pneus usados e reformados, para fins de proteger a vida e a saúde humanas, bem como a sua flora e fauna, mas concluído que a isenção de proibição de importação de pneus usados dada ao MERCOSUL e as importações destes por meio de liminares configurariam uma injustificada e arbitrária discriminação (GATT, art. XX, caput). Em face disso, a relatora reafirmou a razão fundamental de se dar uma solução definitiva sobre uma pendência que, no plano internacional, justificaria a derrocada das normas proibitivas sobre a importação de pneus usados, haja vista que, para o Órgão de Apelação da OMC, se uma parte do Poder Judiciário brasileiro libera empresas para importá-los, a despeito da vigência das normas postas, é porque os objetivos alegados pelo Brasil, perante o órgão internacional do comércio, não teriam o fundamento constitucional que as validariam e fundamentariam. Acrescentou, no ponto, que, em 17.12.2007, o Órgão de Solução de Controvérsias - DSB adotou os aludidos relatórios do Painel e do Órgão de Apelação, e que, em 15.12.2008, o Brasil se comprometeu a implementar as recomendações e as regras do Órgão de Solução de Controvérsias, de maneira consistente com as obrigações da OMC. **ADPF 101/DF, rel. Min. Cármen Lúcia, 11.3.2009. (ADPF-101)**

ADPF E IMPORTAÇÃO DE PNEUS USADOS - 5

Na seqüência, a Min. Cármen Lúcia deixou consignado histórico sobre a utilização do pneu e estudos sobre os procedimentos de sua reciclagem, que demonstraram as graves conseqüências geradas por estes na saúde das populações e nas condições ambientais, em absoluto desatendimento às diretrizes constitucionais que se voltam exatamente ao contrário, ou seja, ao direito à saúde e ao meio ambiente ecologicamente equilibrado. Asseverou que, se há mais benefícios financeiros no aproveitamento de resíduos na produção do asfalto borracha ou na indústria cimenteira, haveria de se ter em conta que o preço industrial a menor não poderia se converter em preço social a maior, a ser pago com a saúde das pessoas e com a contaminação do meio ambiente. Fez ampla consideração sobre o direito ao meio ambiente — salientando a observância do princípio da precaução pelas medidas impostas nas normas brasileiras apontadas como descumpridas pelas decisões ora impugnadas —, e o direito à saúde. Afastou, também, o argumento de que as restrições que o Brasil quer aplicar aos atos de comércio não poderiam ser veiculadas por ato regulamentar, mas apenas por lei em sentido formal. No ponto, reputou plenamente atendido o princípio da legalidade, haja vista que o Ministério do Desenvolvimento, Indústria e Comércio Exterior tem como área de competência o desenvolvimento de políticas de comércio exterior e a regulamentação e execução das atividades relativas a este, sendo que as normas editadas pelo seu Departamento de Comércio Exterior - DECEX, responsável pelo monitoramento e pela fiscalização do comércio exterior, seriam imediatamente aplicáveis, em especial as proibitivas de trânsito de bens, ainda não desembaraçados, no território nacional. Citou diversas normas editadas pelo DECEX e SECEX que, segundo jurisprudência da Corte, teriam fundamento direto na Constituição (art. 237). Após relembrar não ter havido tratamento discriminatório nas relações comerciais adotado pelo Brasil, no que respeita à exceção da importação de pneus remoldados dos países do MERCOSUL, que se deu ante à determinação do Tribunal ad hoc a que teve de se submeter, a relatora anotou que os países da União Européia estariam se aproveitando de brechas na legislação brasileira ou em autorizações judiciais para descartar pneus inservíveis tanto no Brasil quanto em outros países em desenvolvimento. Ressaltou que, se a OMC tivesse acolhido a pretensão da União Européia, o Brasil poderia ser obrigado a receber, por importação, pneus usados de toda a Europa, que detém um passivo da ordem de 2 a 3 bilhões de unidades. **ADPF 101/DF, rel. Min. Cármen Lúcia, 11.3.2009. (ADPF-101)**

ADPF E IMPORTAÇÃO DE PNEUS USADOS – 6

A relatora, tendo em conta o que exposto e, dentre outros, a dificuldade na decomposição dos elementos que compõem o pneu e de seu armazenamento, os problemas que advém com sua incineração, o alto índice de propagação de doenças, como a dengue, decorrente do acúmulo de pneus descartados ou armazenados a céu aberto, o aumento do passivo ambiental — principalmente em face do fato de que os pneus usados importados têm taxa de aproveitamento para fins de recauchutagem de apenas 40%, constituindo o resto matéria inservível, ou seja, lixo ambiental —, considerou demonstrado o risco da segurança interna, compreendida não somente nas agressões ao meio ambiente que podem ocorrer, mas também à saúde pública, e inviável, por conseguinte, a importação de pneus usados. Rejeitou, ainda, o argumento dos interessados de que haveria ofensa ao princípio da livre concorrência e da livre iniciativa, ao fundamento de que, se fosse possível atribuir peso ou valor jurídico a tais princípios relativamente ao da saúde e do meio ambiente ecologicamente equilibrado, preponderaria a proteção destes, cuja cobertura abrange a atual e as futuras gerações. Concluiu que, apesar da complexidade dos interesses e dos direitos envolvidos, a ponderação dos princípios constitucionais revelaria que as decisões que autorizaram a importação de pneus usados ou remoldados teriam afrontado os preceitos constitucionais da saúde e do meio ambiente ecologicamente equilibrado e, especificamente, os princípios que se expressam nos artigos 170, I e VI, e seu parágrafo único, 196 e 225, todos da CF. Após, o julgamento foi suspenso em virtude do pedido de vista do Min. Eros Grau. **ADPF 101/DF, rel. Min. Cármen Lúcia, 11.3.2009. (ADPF-101)**

ADPF E IMPORTAÇÃO DE PNEUS USADOS – 7

O Tribunal, por maioria, julgou parcialmente procedente pedido formulado em argüição de descumprimento de preceito fundamental, ajuizada pelo Presidente da República, e declarou inconstitucionais, com efeitos *ex tunc*, as interpretações, incluídas as judicialmente acolhidas, que permitiram ou permitem a importação de pneus usados de qualquer espécie, aí insertos os remoldados. Ficaram ressalvados os provimentos judiciais transitados em julgado, com teor já executado e objeto completamente exaurido — v. Informativo 538. Entendeu-se, em síntese, que, apesar da complexidade dos interesses e dos direitos envolvidos, a ponderação dos princípios constitucionais revelaria que as decisões que autorizaram a importação de pneus usados ou remoldados teriam afrontado os preceitos constitucionais da saúde e do meio ambiente ecologicamente equilibrado e, especificamente, os princípios que se expressam nos artigos 170, I e VI, e seu parágrafo único, 196 e 225, todos da CF ("*Art. 196. A saúde é direito de todos e dever do Estado, garantido mediante políticas sociais e econômicas que visem à redução do risco de doença e de outros agravos e ao acesso universal e igualitário às ações e serviços para sua promoção, proteção e recuperação. ... Art. 225. Todos têm direito ao meio ambiente ecologicamente equilibrado, bem de uso comum do povo e essencial à sadia qualidade de vida, impondo-se ao Poder Público e à coletividade o dever de defendê-lo e preservá-lo para as presentes e futuras gerações.*"). Vencido o Min. Marco Aurélio que julgava o pleito improcedente. **ADPF 101/DF, rel. Min. Cármen Lúcia, 24.6.2009.** (ADPF-101) (Inform. STF 552)

EMENTA: RECLAMAÇÃO CONSTITUCIONAL. DEFERIMENTO DE ANTECIPAÇÃO DE TUTELA PARA PARTICIPAÇÃO EM CURSO DE FORMAÇÃO DA POLÍCIA MILITAR DO ESTADO DO PIAUÍ. PAGAMENTO DE BOLSA. AUSÊNCIA DE DESRESPEITO AO ACÓRDÃO DO SUPREMO TRIBUNAL FEDERAL NA ADC 4-MC. 1. Ao conceder a medida cautelar na Ação Declaratória de Constitucionalidade nº 4, o Supremo Tribunal Federal vedou apenas a concessão de tutela antecipada que contrarie o disposto no art. 1º da Lei nº 9.494/97. 2. A reclassificação ou equiparação de servidores públicos e a concessão de aumento ou extensão de vantagens (art. 5º da Lei nº 4.348/64) cuidam da específica situação em que um servidor público postula tais direitos em Juízo. O mesmo vale para o pagamento de vencimentos e vantagens pecuniárias de que trata o § 4º do art. 1º da Lei nº 5.021/66. 3. A simples determinação para que candidatos participem das demais etapas de concurso público (curso de formação) não ofende a decisão do STF na ADC 4-MC, mesmo que daí decorra o pagamento de bolsa. 4. Ação julgada improcedente. **Rcl N. 4.751-PI. RELATOR: MIN. CARLOS BRITTO**. (Inform. STF 551)

ADPF E PRINCÍPIO DA SUBSIDIARIEDADE – 1

Por reputar incidente o princípio da subsidiariedade (Lei 9.882/99, art. 4º, § 1º), o Tribunal não conheceu de argüição de descumprimento de preceito fundamental e não referendou liminar nela concedida. A ADPF fora ajuizada pelo Partido Progressista – PP contra sentença proferida pelo Juízo da 16ª Vara Federal da Seção Judiciária do Rio de Janeiro que determinara a busca e apreensão de menor, de 9 anos de idade, e fixara hora e dia para sua apresentação ao Consulado dos Estados Unidos, na cidade do Rio de Janeiro, para fins de seu retorno a esse país. Na espécie, o menor, então com 4 anos de idade, fora trazido dos Estados Unidos, onde residia com a família, para o Brasil pela mãe, aqui permanecendo contra a vontade do pai, americano. O argüente alegava que a decisão hostilizada teria interpretado a Convenção da Haia, de 25.10.80, promulgada pelo Decreto Presidencial 3.413/2000, em detrimento de direitos e preceitos fundamentais da criança, bem como em dissonância com o que fora decidido em outros casos concretos. Quanto ao cabimento da presente ADPF, sustentava tratar-se de ato lesivo do Poder Público, temática que atingiria a gênese da Constituição, e não haver outro meio mais eficaz para sanar a lesividade. No que tange ao mérito, argumentava que houvera aplicação inconstitucional da Convenção da Haia, mitigação de um dos fundamentos da República (CF, art. 1º, III), desconsideração dos objetivos da República (CF, art. 3º, *caput* e IV); princípios que regem as relações internacionais violados (CF, art. 4º, *caput* e I e II); direitos fundamentais (CF, art. 5º, *caput* e X, XI, XV, XLI, XLVII, **a**, LI, LIV e LV e § 1º); direitos sociais previstos no art. 6º, *caput*, da CF; e, também, do dever de proteção à família, à criança e ao adolescente (CF, art. 227). Defendia, por fim, a necessidade de interpretação da Convenção da Haia conforme a Constituição. Asseverou-se existirem outros remédios jurídicos, dotados de eficácia, para sanar a lesividade apontada. Registrou-se, ainda, que, no caso, os interessados na ADPF já teriam impetrado *habeas corpus* e mandado de segurança, bem como ajuizado ação cautelar, visando reverter a decisão ora impugnada, tendo sido, inclusive, concedida liminar no citado mandado de segurança para que o período de transição — adaptação do menor à nova convivência — ocorra no Brasil e não nos Estados Unidos. **ADPF 172 Referendo em MC/RJ, rel. Min. Marco Aurélio, 10.6.2009.** (ADPF-172)

ADPF E PRINCÍPIO DA SUBSIDIARIEDADE – 2

A Min. Ellen Gracie, em seu voto, teceu considerações a respeito da Convenção da Haia e sua aplicação pelo Poder Judiciário brasileiro. Salientou estar-se diante de documento produzido no contexto de negociações multilaterais a que o Brasil, formalmente, teria aderido e ratificado. Disse que esses documentos, em que se incluem os tratados, as convenções e os acordos, pressupõem o cumprimento de boa-fé pelos Estados signatários ("*pacta sunt servanda*") e que a observância dessa prescrição é o que permite a coexistência e a cooperação entre nações soberanas cujos interesses nem sempre coincidem. Observou, também, que os tratados e outros acordos internacionais prevêem, em seu próprio texto, a possibilidade de denúncia, isto é, a retirada de uma das partes contratantes se e quando não mais que lhe convenha permanecer integrada no sistema de reciprocidade ali estabelecido. Em seguida, asseverou que, atualmente, a Convenção é compromisso internacional do Estado brasileiro em plena vigência e sua observância se impõe. Ressaltou, entretanto, que, apesar dos esforços havidos em esclarecer conteúdo e alcance deste texto, ainda não se faria claro, para a maioria dos aplicadores do Direito, o quê seria o cerne da Convenção. Aduziu que o compromisso assumido pelos Estados-membros nesse tratado multilateral foi o de estabelecer um regime internacional de cooperação, tanto administrativa, por meio de autoridades centrais, como judicial e que a Convenção estabelece uma regra processual de fixação de competência internacional que em nada colide com as normas brasileiras a respeito, previstas na Lei de Introdução ao Código Civil. Destacou que, verificando-se, como no caso, que um menor foi retirado de sua residência habitual, sem consentimento de um dos genitores, os Estados-partes definiram que as questões relativas à guarda serão resolvidas pela jurisdição de residência habitual do menor antes da subtração, ou seja, a sua jurisdição natural. Assim, o juiz do país de residência habitual da criança foi o escolhido pelos Estados-membros como o juiz natural para decidir as questões relativas a sua guarda. Acrescentou que a Convenção também recomenda que a tramitação judicial de tais pedidos se dê com extrema rapidez e em caráter de urgência a fim de causar o menor prejuízo possível ao bem-estar da criança. No ponto, frisou que tais recomendações não têm sido observadas e que o atraso ou a demora no cumprimento da Convenção por parte das autoridades administrativas e judiciais brasileiras tem gerado uma repercussão negativa no âmbito dos compromissos assumidos pelo Estado brasileiro, em razão do princípio da reciprocidade que informa o cumprimento dos tratados internacionais. Considerou que, em virtude do desconhecimento do texto da Convenção, a justiça estadual do Rio de Janeiro acabou por dispor sobre caso que lhe fugiria inteiramente à jurisdição e, que, com isso, e a seqüência de recursos e medidas defensivas, o caso estaria se alongando para além de todo o razoável. Concluiu que, para o Estado brasileiro, nos termos do compromisso internacional representado pela Convenção, a única decisão válida, porque proferida por juízo competente, será a da jurisdição original do menor, isto é, onde ambos os pais residiam anteriormente ao afastamento com ânimo definitivo e sem autorização paterna. **ADPF 172 Referendo em MC/RJ, rel. Min. Marco Aurélio, 10.6.2009.** (ADPF-172) (Inform. STF 550)

EMENTA: AÇÃO DIRETA DE INCONSTITUCIONALIDADE. ARTS. 20, INC. I E II, §§ 1º, 2º, 3º E 6º, E 21, § 1º, DA LEI N. 8.880/1994. PROGRAMA DE ESTABILIZAÇÃO ECONÔMICA. SISTEMA MONETÁRIO NACIONAL. CONVERSÃO DE BENEFÍCIO PREVIDENCIÁRIO EM UNIDADE REAL DE VALOR – URV. MANUTENÇÃO DE SEU VALOR REAL. 1. Impossibilidade de argüição genérica da inconstitucionalidade de dispositivos legais. Ação não conhecida quantos aos 20, inc. II, §§ 1º, 2º, 3º e 6º e 21, § 1º, da Lei n. 8.880/1994, porque a Autora não explicitou as razões pelas quais as normas apontadas estariam a contrariar a Constituição da República. 2. Inviabilidade do exame da constitucionalidade do art. 21, § 1º, da Lei n. 8.880/94 porque análise demanda o cotejo entre o seu conteúdo e a interpretação conferida às Leis ns. 8.212/1991 e 8.213/1991. 3. Constitucionalidade da conversão de benefícios previdenciários em Unidade de Valor Real – URV. Inocorrência de afronta aos princípios do direito adquirido (art. 5º, inc. XXXVI), da preservação do valor real dos benefícios (art. 201, § 4º) e da sua irredutibilidade (art. 194, inc. IV). Precedentes. 4. Ação Direta de Inconstitucionalidade parcialmente conhecida e, nessa parte, julgada improcedente. **ADI N. 2.536-DF. RELATORA: MIN. CÁRMEN LÚCIA. Noticiado no Informativo 542.** (Inform. STF 548)

RECLAMAÇÃO: ADC 4 E CAUSAS DE NATUREZA PREVIDENCIÁRIA

Adotando o Enunciado da sua Súmula 729 ("*A decisão na ação declaratória de constitucionalidade 4 não se aplica à antecipação de tutela em causa de natureza previdenciária*"), o Tribunal, por maioria, julgou parcialmente procedente pedido formulado em reclamação ajuizada contra o Juízo de Direito da 1ª Vara dos Feitos da Fazenda Pública Estadual de Vitória, que deferira liminares no sentido de determinar ao Estado do Espírito Santo a imediata reinclusão, no cálculo dos vencimentos de 54 Delegados da Polícia Civil Estadual, alguns já aposentados, da gratificação de função de chefia. Entendeu-se que o acórdão reclamado, ao concluir pela inconstitucionalidade do art. 1º da Lei 9.494/97, teria ferido a autoridade da decisão proferida pelo Supremo na ADC 4 MC/DF (DJU de 21.5.99), que suspendera liminarmente, com eficácia *ex nunc* e com efeito vinculante, até final julgamento da ação, a prolação de qualquer decisão sobre pedido de tutela antecipada contra a Fazenda Pública, que tivesse por pressuposto a constitucionalidade ou inconstitucionalidade do art. 1º da Lei 9.494/97. Salientou-se, também, já ter ocorrido o julgamento final da ADC 4/DF (DJE de 15.10.2008), no qual confirmada a constitucionalidade do citado dispositivo legal. Determinou-se, por conseguinte, fossem cassadas as decisões prolatadas nos processos em que os interessados não estivessem protegidos pelo referido Verbete. Vencido o Min. Marco Aurélio, relator, que julgava o pleito improcedente. **Rcl 4361/ES, rel. orig. Min. Marco Aurélio, red. p/ o acórdão Min. Cármen Lúcia, 20.5.2009.** (Rcl-4361) (Inform. STF 547)

ESTATUTO DA ADVOCACIA - 1

Iniciado o julgamento de mérito de ação direta ajuizada pela Confederação Nacional da Indústria - CNI contra dispositivos, a seguir transcritos, da Lei 8.906/94, que dispõe sobre o Estatuto da Advocacia e a Ordem dos Advogados do Brasil - art. 1º, § 2º: "Os atos e contratos constitutivos de pessoas jurídicas, sob pena de nulidade, só podem ser admitidos a registro, nos órgãos competentes, quando visados por advogados."; art. 21: "Nas causas em que for parte o empregador, ou pessoa por este representada, os honorários de sucumbência são devidos aos advogados dos empregados. Parágrafo único. Os honorários de sucumbência, percebidos por advogado empregado de sociedade de advogados são partilhados entre ele e a empregadora, na forma estabelecida em acordo."; art. 22: "A prestação de serviço profissional assegura aos inscritos na OAB o direito aos honorários convencionados, aos fixados por arbitramento judicial e aos de sucumbência."; art. 23: "Os honorários incluídos na condenação, por arbitramento ou sucumbência, pertencem ao advogado, tendo este o direito autônomo para executar a sentença nesta parte, podendo requerer que o precatório, quando necessário, seja expedido em seu favor."; art. 24, § 3º: "É nula qualquer disposição, cláusula, regulamento ou convenção individual ou coletiva que retire do advogado o direito ao recebimento dos honorários de sucumbência."; art. 78: "Cabe ao Conselho Federal da OAB, por deliberação de dois terços, pelo menos, das delegações, editar o Regulamento Geral deste Estatuto, no prazo de seis meses, contados da publicação desta Lei.". **ADI 1194/DF, rel. Min. Maurício Corrêa, 4.3.2004. (ADI-1194)**

ESTATUTO DA ADVOCACIA - 2

Preliminarmente, o Tribunal, negando provimento a agravo regimental interposto pelas 36ª e 46ª Subsecções da Ordem dos Advogados do Brasil no Estado de São Paulo, manteve decisão do Min. Maurício Corrêa, relator, que indeferira o ingresso na ação das entidades agravantes como litisconsortes passivas necessárias, por aplicação do entendimento firmado na Corte, no sentido de somente se admitir o litisconsórcio passivo necessário dos entes ou autoridades públicas que concorreram para edição do ato normativo impugnado. Precedentes citados: ADI 1286 AgR/SP (DJU de 6.9.95) e ADI 1434 MC/SP (DJU de 20.8.96). **ADI 1194/DF, rel. Min. Maurício Corrêa, 4.3.2004. (ADI-1194)**

ESTATUTO DA ADVOCACIA - 3

Prosseguindo no mesmo julgamento, o Min. Maurício Corrêa, relator, ainda em preliminar, não conheceu da ação direta quanto aos artigos 22, 23 e 78, por ausência de correlação entre a matéria neles disciplinada e os objetivos institucionais específicos da confederação autora - ausência de pertinência temática. Em seguida, o Min. Maurício Corrêa julgou improcedente o pedido no ponto relativo ao § 2º do art. 1º, por considerar que a referida norma visa à proteção e segurança dos atos constitutivos das pessoas jurídicas, salvaguardando-os de eventuais prejuízos decorrentes de irregularidades cometidas por profissionais estranhos ao exercício da advocacia, além de minimizar a possibilidade de enganos ou fraudes. Quanto ao art. 21, caput, e parágrafo único, o Min. Maurício Corrêa votou no sentido deferir em parte o pedido, para dar à expressão 'os honorários de sucumbência são devidos aos advogados dos empregados', contida no citado art. 21, interpretação conforme à CF/88, para condicioná-la e limitá-la à estipulação em contrário entre a parte e o seu patrono. Salientou-se, no ponto, que, por se tratar de direito disponível dos advogados, é possível haver disposição contratual em contrário. Por fim, o Min. Maurício Corrêa, tendo em conta a contrariedade do § 3º do art. 24 com a interpretação conforme dada ao art. 21, ambos da Lei 8.906/94, deferiu o pedido para declarar a inconstitucionalidade do mencionado § 3º. Em síntese, o Min. Maurício Corrêa conheceu em parte da ação e, na parte conhecida, julgou-a improcedente quanto ao § 2º do art. 1º; procedente quanto ao § 3º do art. 24; e procedente em parte relativamente ao art. 21 e seu parágrafo único. **ADI 1194/DF, rel. Min. Maurício Corrêa, 4.3.2004. (ADI-1194)**

ESTATUTO DA ADVOCACIA - 4

O Min. Marco Aurélio, por sua vez, em antecipação, considerando desarrazoada a imposição da formalidade na constituição de pessoas jurídicas, proferiu voto no sentido de julgar procedente o pedido quanto ao § 2º do art. 1º, por entender caracterizada a ofensa aos princípios da isonomia e da liberdade de associação. Quanto ao art. 21, caput, e parágrafo único, o Min. Marco Aurélio também julgou procedente o pedido, sob o fundamento de que os honorários de sucumbência, a teor do disposto no art. 20 do CPC, são devidos à parte vencedora, e não ao profissional da advocacia. Em seguida, o Min. Marco Aurélio, acompanhando, no ponto, o Min. Maurício Corrêa, votou pela procedência do pedido quanto ao § 3º do art. 24 da norma impugnada, para declarar a sua inconstitucionalidade. Após o voto do Min. Sepúlveda Pertence, acompanhando o Min. Maurício Corrêa, relator, o julgamento foi suspenso, em face do pedido de vista do Min. Gilmar Mendes. **ADI 1194/DF, rel. Min. Maurício Corrêa, 4.3.2004. (ADI-1194)**

ESTATUTO DA ADVOCACIA – 5

O Tribunal retomou julgamento de ação direta de inconstitucionalidade ajuizada pela Confederação Nacional da Indústria - CNI contra dispositivos, a seguir transcritos, da Lei 8.906/94 - Estatuto da Advocacia e a Ordem dos Advogados do Brasil: art. 1º, § 2º: "Os atos e contratos constitutivos de pessoas jurídicas, sob pena de nulidade, só podem ser admitidos a registro, nos órgãos competentes, quando visados por advogados."; art. 21: "Nas causas em que for parte o empregador, ou pessoa por este representada, os honorários de sucumbência são devidos aos advogados dos empregados. Parágrafo único. Os honorários de sucumbência, percebidos por advogado empregado de sociedade de advogados são partilhados entre ele e a empregadora, na forma estabelecida em acordo."; art. 22: "A prestação de serviço profissional assegura aos inscritos na OAB o direito aos honorários convencionados, aos fixados por arbitramento judicial e aos de sucumbência."; art. 23: "Os honorários incluídos na condenação, por arbitramento ou sucumbência, pertencem ao advogado, tendo este o direito autônomo para executar a sentença nesta parte, podendo requerer que o precatório, quando necessário, seja expedido em seu favor."; art. 24, § 3º: "É nula qualquer disposição, cláusula, regulamento ou convenção individual ou coletiva que retire do advogado o direito ao recebimento dos honorários de sucumbência."; art. 78: "Cabe ao Conselho Federal da OAB, por deliberação de dois terços, pelo menos, das delegações, editar o Regulamento Geral deste Estatuto, no prazo de seis meses, contados da publicação desta Lei." - v. Informativo 338. **ADI 1194/DF, rel. Min. Maurício Corrêa, 22.6.2005. (ADI-1194)**

ESTATUTO DA ADVOCACIA - 6

Em relação ao § 2º do art. 1º da lei em questão, o Min. Gilmar Mendes, em voto-vista, acompanhando a divergência, no ponto, iniciada pelo Min. Marco Aurélio, julgou procedente o pedido. Entendeu que o dispositivo impugnado tem caráter eminentemente corporativista e viola o princípio da proporcionalidade, porquanto a medida interventiva nele prevista mostra-se inadequada, haja vista a ausência de qualquer relação plausível entre o meio utilizado e objetivos pretendidos pelo legislador, bem como desnecessária, em razão da existência de inúmeras outras alternativas menos gravosas para os interessados, no que diz respeito à boa elaboração dos atos constitutivos das pessoas jurídicas. Em seguida, após os votos dos Ministros Joaquim Barbosa, Carlos Britto e Cezar Peluso, que acompanhavam a dissidência, e os votos dos Ministros Carlos Velloso, Celso de Mello e Nelson Jobim, que acompanhavam o relator, o julgamento foi suspenso, quanto ao § 2º do art. 1º, para aguardar o voto da Min. Ellen Gracie. **ADI 1194/DF, rel. Min. Maurício Corrêa, 22.6.2005. (ADI-1194)**

ESTATUTO DA ADVOCACIA - 7

Prosseguindo no julgamento, o Min. Gilmar Mendes, no tocante ao art. 21, caput, e seu parágrafo único, julgou procedente o pedido, declarando a inconstitucionalidade do dispositivo com eficácia ex nunc, adotando os fundamentos expostos nos votos dos Ministros Marco Aurélio e Cezar Peluso, no sentido de que os honorários de sucumbência, a teor do disposto no art. 20 do CPC, são devidos à parte vencedora, e de que o direcionamento, ao advogado, da verba honorária destinada, por natureza, a compensar o dano causado àquele que teve o ônus próprio de ir ao Judiciário para ter sua razão reconhecida, implica indevido desfalque do patrimônio deste, violando o art. 5º, XXXV, da CF. Quanto ao art. 24, o Min. Gilmar Mendes acompanhou o voto do relator, dando pela procedência do pedido, para declarar a inconstitucionalidade do artigo, propondo, no entanto, efeitos ex nunc. Após, pediu vista dos autos o Min. Joaquim Barbosa. **ADI 1194/DF, rel. Min. Maurício Corrêa, 22.6.2005. (ADI-1194)**

ESTATUTO DA ADVOCACIA - 8

O Tribunal retomou julgamento de ação direta de inconstitucionalidade ajuizada pela Confederação Nacional da Indústria - CNI contra diversos dispositivos da Lei 8.906/94 - Estatuto da Advocacia e a Ordem dos Advogados do Brasil - v. Informativos 338 e 393. Inicialmente, o Tribunal, por maioria, resolveu questão de ordem suscitada pelo Min. Joaquim Barbosa, no sentido de rejeitar a possibilidade de ser retomada, no julgamento de mérito da ação, a análise da matéria relativa à pertinência temática da requerente quanto aos artigos 22, 23 e 78 da lei impugnada, decidida em cautelar, por entender estar a matéria preclusa. Vencidos, no ponto, os Ministros Joaquim Barbosa e Ricardo Lewandowski que, salientando que a máxima efetividade das normas constitucionais também deve significar máxima efetividade da atuação do STF de fiscalização da conformação das normas à CF, admitiam a reapreciação do tema, asseverando que a decisão cautelar acerca da pertinência temática se dá de forma provisória e, em regra, superficial. **ADI 1194/DF, rel. Min. Maurício Corrêa, 18.10.2006. (ADI-1194)**

ESTATUTO DA ADVOCACIA - 9

Prosseguindo o julgamento, o Tribunal, por maioria, julgou improcedente o pedido em relação ao § 2º do art. 1º da Lei 8.906/94 ("Os atos e contratos constitutivos de pessoas jurídicas, sob pena de nulidade, só podem ser admitidos a registro, nos órgãos competentes, quando visados por advogados."), por considerar que a referida norma visa à proteção e segurança dos atos constitutivos das pessoas jurídicas, salvaguardando-os de eventuais prejuízos decorrentes de irregularidades cometidas por profissionais estranhos ao exercício da advocacia, além de minimizar a possibilidade de enganos ou fraudes. Vencidos, no ponto, os Ministros Marco Aurélio, Gilmar Mendes, Joaquim Barbosa, Carlos Britto e Cezar Peluso, que o julgavam procedente por considerar que o dispositivo impugnado tem caráter eminentemente corporativista e viola o princípio da proporcionalidade, porquanto a medida interventiva nele prevista mostra-se inadequada, haja vista a ausência de qualquer relação plausível entre o meio utilizado e objetivos pretendidos pelo legislador, bem como desnecessária, em razão da existência de inúmeras outras alternativas menos gravosas para os interessados, no que diz respeito à boa elaboração dos atos constitutivos das pessoas jurídicas. **ADI 1194/DF, rel. Min. Maurício Corrêa, 18.10.2006. (ADI-1194)**

ESTATUTO DA ADVOCACIA - 10

Em seguida, os Ministros Cármen Lúcia, Carlos Britto e Ellen Gracie, acompanhando os votos dos Ministros Maurício Corrêa, relator, e Sepúlveda Pertence, deram interpretação conforme ao art. 21, caput e parágrafo único, da Lei 8.906/94 ("Art. 21 Nas causas em que for parte o empregador, ou pessoa por este representada, os honorários de sucumbência são devidos aos advogados dos empregados. Parágrafo único. Os honorários de sucumbência, percebidos por advogado empregado de sociedade de advogados são partilhados entre ele e a empregadora, na forma estabelecida em acordo"), no sentido de ser possível haver estipulação em contrário entre a parte e o seu patrono quanto aos honorários de sucumbência, haja vista tratar-se de direito disponível. Em divergência, os Ministros Joaquim Barbosa, Marco Aurélio, Cezar Peluso e Gilmar Mendes julgaram procedente o pedido em relação a ambos os dispositivos, ao fundamento de que os honorários de sucumbência, a teor do disposto no art. 20 do CPC, são devidos à parte vencedora, e de que o direcionamento da verba honorária ao advogado implica indevido desfalque do patrimônio daquele que teve o ônus próprio de ir ao Judiciário para ter sua razão reconhecida, violando o art. 5º, XXXV, da CF. O Min. Ricardo Lewandowski acompanhou a divergência quanto ao caput do art. 21 e o relator quanto ao parágrafo único desse artigo. Em relação ao § 3º do artigo 24 da Lei 8.906/94 ("É nula qualquer disposição, cláusula, regulamento ou convenção individual ou coletiva que retire do advogado o direito ao recebimento dos honorários de sucumbência."), o Tribunal julgou procedente o pedido formulado, tendo em conta a impossibilidade de sua preservação desse dispositivo tanto com a interpretação conforme dada ao art. 21 da Lei 8.906/94 quanto com a declaração de inconstitucionalidade deste. Após, o julgamento foi suspenso para aguardar-se o voto de desempate do Min. Celso de Mello relativamente ao caput do art. 21 da Lei 8.906/94. ADI 1194/DF, rel. Min. Maurício Corrêa, 18.10.2006. (ADI-1194)

ESTATUTO DA ADVOCACIA – 11

O Tribunal concluiu julgamento de ação direta de inconstitucionalidade ajuizada pela Confederação Nacional da Indústria – CNI contra diversos dispositivos da Lei 8.906/94 – Estatuto da Advocacia e a Ordem dos Advogados do Brasil — v. Informativos 338, 393 e 445. Com o voto de desempate do Min. Celso de Mello, o Tribunal, por maioria, julgou parcialmente procedente o pedido formulado para dar interpretação conforme ao art. 21 e seu parágrafo único da Lei 8.906/94 ("*Art. 21 Nas causas em que for parte o empregador, ou pessoa por este representada, os honorários de sucumbência são devidos aos advogados dos empregados. Parágrafo único. Os honorários de sucumbência, percebidos por advogado empregado de sociedade de advogados são partilhados entre ele e a empregadora, na forma estabelecida em acordo*"), no sentido de ser possível haver estipulação em contrário entre a parte e o seu patrono quanto aos honorários de sucumbência, haja vista tratar-se de direito disponível. Vencidos os Ministros Joaquim Barbosa, Marco Aurélio, Cezar Peluso, Ricardo Lewandowski e Gilmar Mendes, Presidente, que julgavam o pleito totalmente procedente. **ADI 1194/DF, rel. orig. Min. Maurício Corrêa, red. p/ o acórdão Min. Cármen Lúcia, 20.5.2009.** (ADI-1194) (Inform. STF 547)

SESCOOP E SISTEMA SINDICAL - 1

Iniciado o julgamento de medida cautelar em ação direta de inconstitucionalidade proposta pela Confederação Nacional da Indústria - CNI contra dispositivos da MP 1.715/98, que dispõe sobre o Programa de Revitalização de Cooperativas de Produção Agropecuária - RECOOP e autoriza a criação do Serviço Nacional de Aprendizagem do Cooperativismo - SESCOOP. O Min. Néri da Silveira, relator, proferiu voto no sentido do indeferimento do pedido de medida cautelar, pela ausência de plausibilidade jurídica na tese de ofensa aos artigos 146, 149 e 240, todos da CF. De outro lado, os Ministros Sepúlveda Pertence e Maurício Corrêa votaram no sentido do deferimento da liminar apenas quanto ao inciso I do art. 9º da MP 1.715/98 - que institui contribuição mensal compulsória a ser recolhida pela Previdência Social, como fonte de receita do SESCOOP, em substituição àquela devida por entidades parafiscais (SENAI, SESI, SENAC, SESC, SENAT, SEST e SENAR) -, por entenderem que a inexistência de vinculação expressa da nova entidade ao sistema sindical ofenderia aparentemente o art. 240 da CF ("Ficam ressalvadas do disposto no art. 195 as atuais contribuições compulsórias dos empregadores sobre a folha de salários, destinadas às entidades privadas de serviço social e de formação profissional vinculadas ao sistema sindical»). Por sua vez, o Min. Marco Aurélio acolheu integralmente o pedido de medida cautelar. Após, o julgamento foi suspenso em virtude do pedido de vista do Min. Nelson Jobim. **ADInMC 1.924-DF, rel. Min. Néri da Silveira, 11.2.99.**

SESCOOP E SISTEMA SINDICAL - 2

Retomado julgamento de medida cautelar em ação direta de inconstitucionalidade proposta pela Confederação Nacional da Indústria - CNI contra dispositivos da Medida Provisória 1.715/98, que dispõe sobre o Programa de Revitalização de Cooperativas de Produção Agropecuária - RECOOP e autoriza a criação do Serviço Nacional de Aprendizagem do Cooperativismo - SESCOOP - v. Informativo 138. Em voto-vista, o Min. Nelson Jobim, presidente, acompanhou o voto do relator, no sentido do indeferimento do pedido, por ausência de plausibilidade jurídica. Entendeu que a referida medida provisória constitui instrumento legislativo idôneo para instituir a contribuição para o SESCOOP, uma vez que as contribuições sociais (CF, art. 195) não exigem lei complementar para serem instituídas, afastando, por conseguinte, a alegação de inconstitucionalidade formal. De igual modo, rejeitou o argumento de que a mencionada medida provisória destinaria recursos à entidade privada, porquanto o SESCOOP é entidade de regime híbrido. No tocante à suposta violação ao art. 240 da CF, asseverou que não houve criação de nova contribuição ou mudança tributária, mas apenas alteração do sujeito responsável pela arrecadação e administração dos recursos, conservando-se as mesmas destinações e funções da contribuição do aludido dispositivo. Por fim, aduziu inexistir relação de pertinência entre o art. 213 da CF e a hipótese dos autos, haja vista que esse artigo não serve como limitação à destinação de recursos para os casos de contribuições que, por conceito, têm destinação especial previamente definida. Após, o julgamento foi adiado em virtude do pedido de vista do Min. Joaquim Barbosa. **ADI 1924 MC/DF, rel. Min. Néri da Silveira, 29.3.2006. (ADI-1924)**

SESCOOP E SISTEMA SINDICAL - 3

Retomado julgamento de medida cautelar em ação direta de inconstitucionalidade proposta pela Confederação Nacional da Indústria - CNI contra os artigos 7º, 8º, 9º e 11 da Medida Provisória 1.715/98, que dispõe sobre o Programa de Revitalização de Cooperativas de Produção Agropecuária - RECOOP e autoriza a criação do Serviço Nacional de Aprendizagem do Cooperativismo - SESCOOP - v. Informativos 138 e 421. Os Ministros Joaquim Barbosa, Ricardo Lewandowski e Ellen Gracie acompanharam o voto do relator, no sentido do indeferimento da cautelar. Os Ministros Carlos Britto e Cezar Peluso deferiram a cautelar com relação ao art. 9º e parágrafos do ato normativo impugnado - que instituem, como fonte de receita do SESCOOP, contribuição mensal compulsória a ser recolhida pela Previdência Social, em substituição àquelas recolhidas pelas cooperativas e destinadas a entidades de assistência social e formação profissional (SENAI, SESI, SENAC, SESC, SENAT, SEST e SENAR), bem como desobrigam as cooperativas do recolhimento das contribuições às citadas entidades. Após, o julgamento foi suspenso para aguardar o voto de desempate do Min. Celso de Mello. ADI 1924 MC/DF, rel. Min. Néri da Silveira, 18.10.2006. (ADI-1924)

SESCOOP E SISTEMA SINDICAL – 4

O Tribunal concluiu julgamento de medida cautelar em ação direta de inconstitucionalidade proposta pela Confederação Nacional da Indústria – CNI contra os artigos 7º, 8º, 9º e 11 da Medida Provisória 1.715/98, que dispõe sobre o Programa de Revitalização de Cooperativas de Produção Agropecuária – RECOOP e autoriza a criação do Serviço Nacional de Aprendizagem do Cooperativismo – SESCOOP — v. Informativos 138, 421 e 445. Com o voto de desempate do Min. Celso de Mello, o Tribunal, por maioria, indeferiu o pedido, por ausência de plausibilidade jurídica na tese de ofensa aos artigos 146, 149, 213 e 240, todos da CF. Vencidos, parcialmente, os Ministros Maurício Corrêa, Sepúlveda Pertence, Carlos Britto e Cezar Peluso, que deferiam a cautelar apenas em relação ao art. 9º da referida MP 1.715/98, e o Min. Marco Aurélio, que a deferia integralmente. **ADI 1924 MC/DF, rel. orig. Min. Néri da Silveira, red. p/ o acórdão Min. Joaquim Barbosa, 20.5.2009.** (ADI-1924) (Inform. STF 547)

EMENTA: INCONSTITUCIONALIDADE. Ação direta. Lei nº 1.925/98, do Distrito Federal. Trânsito. Iluminação interna dos veículos fechados. Obrigatoriedade em certo período, quando se aproximem de blitz ou barreira policial. Previsão de penalidades pecuniárias que defina o Poder Executivo. Inconstitucionalidade reconhecida. Competência legislativa privativa da União. Ação julgada procedente. Ofensa ao art. 22, XI, da CF. Voto vencido. É inconstitucional a lei distrital que torna obrigatória, sob pena pecuniária a ser definida pelo Poder Executivo, a iluminação interna dos veículos fechados, no período das dezoito às seis horas, quando se aproximem de blitz ou barreira policial. **ADI N. 3.625-DF. RELATOR: MIN. CEZAR PELUSO. Noticiado no Informativo 537** (Inform. STF 546)

ADI: REDUÇÃO DO ALCANCE DA LEI IMPUGNADA E PREJUDICIALIDADE

O Tribunal iniciou julgamento de ação direta de inconstitucionalidade ajuizada pelo Procurador-Geral da República contra o § 11 do art. 27 da Constituição do Estado do Paraná, inserido pela Emenda Constitucional 2/93, que estabelece que "*Nos concursos públicos para preenchimento de cargos dos três Poderes inclusive da Magistratura e do Ministério Público, não haverá prova oral de caráter eliminatório ou classificatório, ressalvada a prova didática para cargos do Magistério*". Preliminarmente, o Min. Menezes Direito, relator, conheceu da ação. Não obstante reconhecendo que, no curso do processo, sobreviera a Emenda Constitucional 7/2000, da mesma Constituição estadual, que reduziu o alcance da vedação contida na Emenda Constitucional 2/93, mantendo-a apenas em relação ao Poder Executivo ("*Nos concursos públicos promovidos pela Administração Pública, não haverá prova oral de caráter eliminatório, ressalvada a prova didática para os cargos do Magistério.*"), e que o pedido inicial não fora aditado, entendeu que a ação direta não estaria prejudicada. Asseverou que a ação deve ser conhecida quando a substância da lei impugnada não foi alterada, mas houve apenas uma redução do seu alcance e essa redução não agride o pedido inicial, porque dele também consta impugnação quanto a esse ponto. No mérito, o relator julgou procedente o pedido formulado. Após, pediu vista dos autos a Min. Ellen Gracie. **ADI 1080/PR, rel. Min. Menezes Direito, 29.4.2009.** (ADI-1080) (Inform. STF 544)

SUSPENSÃO DE LIMINAR E CONTROLE ABSTRATO DE CONSTITUCIONALIDADE - 1

O Tribunal iniciou julgamento de agravo regimental interposto contra decisão que negara seguimento a pedido de suspensão de liminar deferida, pelo Tribunal de Justiça do Estado de Minas Gerais, em ação direta de inconstitucionalidade ajuizada contra a Emenda 17/2004, que alterou dispositivos da Lei Orgânica do Município de Jacutinga-MG, passando a exigir a participação do Poder Legislativo municipal em matérias administrativas. A Min. Ellen Gracie, presidente, manteve os fundamentos da decisão agravada no sentido de ser incabível medida de contracautela em processo objetivo e de que o pedido formulado tem natureza de recurso. Asseverou a orientação fixada pelo Tribunal de que o disposto no art. 4º da Lei 8.437/92 se dirige a direitos subjetivos, não sendo aplicável em controle abstrato de constitucionalidade, já que este se desenvolve num processo objetivo, destinado à defesa da ordem jurídico-constitucional. Acrescentou que, quando a aludida lei quis cuidar de liminar concedida em processo objetivo, expressamente o fez na hipótese específica da ação popular e, em certos casos, nas ações civis públicas (Lei 8.437/92, artigos 1º, § 2º; 2º e 4º, § 1º). Após, o julgamento foi suspenso com o pedido de vista do Min. Gilmar Mendes. **SL 73 AgR/MG, rel. Min. Ellen Gracie, 3.8.2006. (SL-73)**

SUSPENSÃO DE LIMINAR E CONTROLE ABSTRATO DE CONSTITUCIONALIDADE - 2

O Tribunal retomou julgamento de agravo regimental interposto contra decisão que negara seguimento a pedido de suspensão de liminar deferida, pelo Tribunal de Justiça do Estado de Minas Gerais, em ação direta de inconstitucionalidade ajuizada contra a Emenda 17/2004, que alterou dispositivos da Lei Orgânica do Município de Jacutinga-MG, passando a exigir a participação do Poder Legislativo municipal em matérias administrativas - v. Informativo 434. O Min. Gilmar Mendes, em voto-vista, manifestou-se pela prejudicialidade do agravo regimental, ante a perda do objeto, tendo em conta a apreciação do mérito da mencionada ADI pela Corte Superior do TJMG, não mais subsistindo, assim, a medida cautelar atacada. Antes, entretanto, teceu considerações acerca da admissibilidade do pedido de suspensão de liminar concedida em ação direta de inconstitucionalidade estadual, nos termos do art. 4º da Lei 8.437/92. Asseverou, no ponto, que não se justificaria o óbice ao uso da suspensão de liminar instituída por essa lei, seja pela possibilidade de repercussão da decisão estadual no âmbito federal, seja pelo cabimento de recurso extraordinário contra acórdão proferido no processo objetivo. Ressaltou que, em precedentes aplicáveis à espécie, o Tribunal teria concedido efeito suspensivo ao recurso extraordinário interposto contra acórdão que julgou ação direta de inconstitucionalidade no âmbito estadual, como também acolhido pedido de suspensão de liminar deferida por Tribunal de Justiça dos Estados em ADI proposta perante as Cortes Estaduais. Após, o julgamento foi adiado. **SL 73 AgR/MG, rel. Min. Ellen Gracie, 14.2.2008. (SL-73)**

SUSPENSÃO DE LIMINAR E CONTROLE ABSTRATO DE CONSTITUCIONALIDADE – 3

O Tribunal retomou julgamento de agravo regimental interposto contra decisão que negara seguimento a pedido de suspensão de liminar deferida, pelo Tribunal de Justiça do Estado de Minas Gerais, em ação direta de inconstitucionalidade ajuizada contra a Emenda 17/2004, que alterou dispositivos da Lei Orgânica do Município de Jacutinga-MG, passando a exigir a participação do Poder Legislativo municipal em matérias administrativas - v. Informativos 434 e 494. A Min. Ellen Gracie, relatora, confirmou o voto proferido anteriormente no sentido de desprovimento do recurso. Refutou, inicialmente, a alegação de prejudicialidade suscitada pelo Min. Gilmar Mendes. Asseverou que, na linha de precedentes da Corte, o julgamento de mérito da mencionada ação direta pelo TJMG não seria motivo para prejuízo, ante a ultratividade das próprias decisões proferidas em suspensão de liminar, isto é, uma vez julgado o mérito, julgada definitivamente a ação, aquela suspensão, desde que confirmada a liminar, também a ela se aplicaria. Além disso, quanto à questão relativa à possibilidade de suspensão de liminar no controle concentrado, manteve sua posição anterior, tradicional da jurisprudência, afirmando que essas decisões em controle concentrado não se subsumem na hipótese prevista em lei, por não constituírem decisões propriamente executáveis. Aduziu, no ponto, que elas constam de uma simples declaração de constitucionalidade ou inconstitucionalidade, portanto produzem seus efeitos a partir desta declaração. Assim, não haveria propriamente o que suspender, atos a suspender e, também, porque não se trataria de ações contra o Poder Público. Ressaltou que, na suspensão de liminar, a discussão seria metajurídica, porquanto o que se cogitaria ali seriam os interesses superiores de saúde, segurança, ordem pública, de modo que não haveria propriamente o que se pudesse avaliar em sede de suspensão. Após, pediu vista dos autos o Min. Menezes Direito. SL 73 AgR/MG, rel. Min. Ellen Gracie, 16.4.2008. (SL-73)

SUSPENSÃO DE LIMINAR E CONTROLE ABSTRATO DE CONSTITUCIONALIDADE – 4

Em decorrência de fato superveniente, o Tribunal julgou prejudicado agravo regimental interposto contra decisão que negara seguimento a pedido de suspensão de liminar deferida, pelo Tribunal de Justiça do Estado de Minas Gerais, em ação direta de inconstitucionalidade ajuizada contra a Emenda 17/2004, que alterou dispositivos da Lei Orgânica do Município de Jacutinga-MG, passando a exigir a participação do Poder Legislativo municipal em matérias administrativas — v. Informativos 434, 494 e 502. Considerou-se que, em razão de ter sido negado seguimento ao agravo de instrumento por meio do qual se pretendia destrancar o recurso extraordinário — cujo seguimento fora negado — interposto contra a decisão que julgara o mérito da ação direta de inconstitucionalidade, esta teria se tornado definitiva. **SL 73 AgR/MG, rel. Min. Ellen Gracie, 29.4.2009.** (SL-73) (Inform. STF 544)

EMENTA: Medida cautelar em ação direta de inconstitucionalidade. 2. Art. 92, III, alínea "e", da Constituição do Estado de Mato Grosso, com a redação determinada pela Emenda Constitucional nº 46, de 22 de novembro de 2006. 3. Consideração do tempo de exercício da advocacia privada para fins de classificação pelo critério de antiguidade na carreira da magistratura, da mesma forma em que se considera o tempo de serviço público. 4. Alegada violação ao art. 93 da Constituição Federal. 5. Até a edição da lei complementar prevista no art. 93, *caput*, da Constituição Federal, compete exclusivamente à Lei Orgânica da Magistratura dispor sobre a promoção, a remoção e o acesso de magistrados aos cargos. 6. Precedentes. 7. Medida cautelar deferida para suspender, com eficácia *ex tunc*, a vigência do art. 92, III, alínea "e", da Constituição do Estado de Mato Grosso, com a redação determinada pela EC nº 46/2006. MED. CAUT. EM ADI N. 4.042-MT. RELATOR: MIN. GILMAR MENDES. Noticiado no Informativo 512 (Inform. STF 544)

INTERVENÇÃO DE "AMICUS CURIAE": LIMITAÇÃO E DATA DA REMESSA DOS AUTOS À MESA PARA JULGAMENTO

A possibilidade de intervenção do *amicus curiae* está limitada à data da remessa dos autos à mesa para julgamento. Ao firmar essa orientação, o Tribunal, por maioria, desproveu agravo regimental interposto contra decisão que negara seguimento a ação direta de inconstitucionalidade ajuizada pelo Partido da Social Democracia Brasileira – PSDB contra o art. 56 da Lei 9.430/96, o qual determina que as sociedades civis de prestação de serviços de profissão legalmente regulamentada passam a contribuir para a seguridade social com base na receita bruta da prestação de serviços, observadas as normas da Lei Complementar 70/91. Preliminarmente, o Tribunal, também por maioria, rejeitou o pedido de intervenção dos amici curiae, porque apresentado após a liberação do processo para a pauta de julgamento. Considerou-se que o relator, ao encaminhar o processo para a pauta, já teria firmado sua convicção, razão pela qual os fundamentos trazidos pelos amici curiae pouco seriam aproveitados, e dificilmente mudariam sua conclusão. Além disso, entendeu-se que permitir a intervenção de terceiros, que já é excepcional, às vésperas do julgamento poderia causar problemas relativamente à quantidade de intervenções, bem como à capacidade de absorver argumentos apresentados e desconhecidos pelo relator. Por fim, ressaltou-se que a regra processual teria de ter uma limitação, sob pena de se transformar o *amicus curiae* em regente do processo. Vencidos, na preliminar, os Ministros Cármen Lúcia, Carlos Britto, Celso de Mello e Gilmar Mendes, Presidente, que admitiam a intervenção, no estado em que se encontra o processo, inclusive para o efeito de sustentação oral. Ao registrar que, a partir do julgamento da ADI 2777 QO/SP (j. em 27.11.2003), o Tribunal passou a admitir a sustentação oral do *amicus curiae* — editando norma regimental para regulamentar a matéria —, salientavam que essa intervenção, sob uma perspectiva pluralística, conferiria legitimidade às decisões do STF no exercício da jurisdição constitucional. Observavam, entretanto, que seria necessário racionalizar o procedimento, haja vista que o concurso de muitos *amici curiae* implicaria a fragmentação do tempo disponível, com a brevidade das sustentações orais. Ressaltavam, ainda, que, tendo em vista o caráter aberto da *causa petendi*, a intervenção do *amicus curiae*, muitas vezes, mesmo já incluído o feito em pauta, poderia invocar novos fundamentos, mas isso não impediria que o relator, julgando necessário, retirasse o feito da pauta para apreciá-los. No mais, manteve-se a decisão agravada no sentido do indeferimento da petição inicial, com base no disposto no art. 4º da Lei 9.868/99, ante a manifesta improcedência da demanda, haja vista que a norma impugnada tivera sua constitucionalidade expressamente declarada pelo Plenário da Corte no julgamento do RE 377457/PR (DJE de 19.12.2008) e do RE 381964/MG (DJE de 26.9.2008). Vencidos, no mérito, os Ministros Marco Aurélio, Carlos Britto e Eros Grau, que proviam o recurso, ao fundamento de que precedentes versados a partir de julgamentos de recursos extraordinários não obstaculizariam uma ação cuja causa de pedir é aberta, em que o pronunciamento do Tribunal poderia levar em conta outros artigos da Constituição Federal, os quais não examinados nos processos subjetivos em que prolatadas as decisões a consubstanciarem os precedentes. **ADI 4071 AgR/DF, rel. Min. Menezes Direito, 22.4.2009.** (ADI-4071) (Inform. STF 543)

EMBARGOS DE DECLARAÇÃO E MODULAÇÃO DOS EFEITOS EM ADI – 5

É cabível a oposição de embargos de declaração para fins de modulação dos efeitos de decisão proferida em ação direta de inconstitucionalidade, ficando seu acolhimento condicionado, entretanto, à existência de pedido formulado nesse sentido na petição inicial. Com base nesse entendimento, o Tribunal conheceu de embargos de declaração opostos de decisão proferida em ação direta em que se discutia o cabimento desse recurso para a modulação dos efeitos da declaração de inconstitucionalidade e, por maioria, os rejeitou. Na espécie, o Tribunal declarara a inconstitucionalidade da expressão "bem como os não-remunerados", contida na parte final do § 1º do art. 34 da Lei 12.398/98, introduzida, por emenda parlamentar, pela Lei 12.607/99, ambas do Estado do Paraná, que incluiu os serventuários de justiça não-remunerados pelo erário no regime próprio de previdência dos servidores públicos estaduais de cargo efetivo. O embargante alegava omissão quanto à explicitação dos efeitos da declaração da inconstitucionalidade, e, salientando o prazo de vigência da referida norma, pugnava pelos efeitos *ex nunc* da decisão — v. Informativos 436 e 499. Não se vislumbrou omissão a ser sanada na decisão embargada, visto que não se indicara, de forma expressa, na inicial da ação, a existência de pedido para a modulação de efeitos. Ressaltou-se, ademais, a jurisprudência do Tribunal, no sentido de que, se ele não modula os efeitos, isso significa que prevalece a conseqüência que resulta da declaração de inconstitucionalidade, qual seja, a de aplicação retroativa da decisão com eficácia *ex tunc*. Vencidos os Ministros Gilmar Mendes, relator, Ellen Gracie, Eros Grau e Cezar Peluso, que davam provimento ao recurso para esclarecer que a declaração de inconstitucionalidade não afetaria os casos de benefícios previdenciários, aposentadorias e pensões já assegurados, assim como nas hipóteses em que o serventuário já tivesse preenchido todos os requisitos legais para a obtenção desses benefícios até a data da publicação da decisão de declaração de inconstitucionalidade, ocorrida em 23.8.2006. O Min. Gilmar Mendes, Presidente, observou, por fim, que apostar apenas no pedido já prévio de modulação de efeitos seria problemático, haja vista que o requerente teria por pretensão a declaração de inconstitucionalidade da lei, sendo provável que a questão relativa à modulação dos efeitos eventualmente só fosse suscitada se houvesse participação do *amicus curiae*, isto é, interessados que são atingidos pela decisão. Reajustou o voto proferido anteriormente o Min. Carlos Britto. **ADI 2791 ED/PR, rel. orig. Min. Gilmar Mendes, rel. p/ o acórdão Min. Menezes Direito, 22.4.2009.** (ADI-2791) (Inform. STF 543)

EMBARGOS DE DECLARAÇÃO: MODULAÇÃO DOS EFEITOS EM ADI E §§ 1º E 2º DO ART. 84 DO CPP

O Tribunal iniciou julgamento de embargos de declaração, opostos de decisão proferida em ação direta, em que se pretende, sob alegação de omissão, a modulação dos efeitos da declaração de inconstitucionalidade dos §§ 1º e 2º do art. 84 do CPP, inseridos pelo art. 1º da Lei 10.628/2002 — v. Informativos 362 e 401. O Min. Menezes Direito, relator, na linha da orientação firmada no julgamento acima relatado, conheceu dos embargos de declaração, mas os rejeitou. Após, o julgamento foi suspenso em virtude do pedido de vista formulado pelo Min. Carlos Britto. **ADI 2797 ED/DF, rel. Min. Menezes Direito, 22.4.2009.** (ADI-2797) (Inform. STF 543)

AÇÃO DIRETA DE INCONSTITUCIONALIDADE. MEDIDA CAUTELAR. RESOLUÇÕES 2 E 3, DE 02.06.2008, DO CONSELHO SUPERIOR DA MAGISTRATURA DO ESTADO DE GOIÁS. REORGANIZAÇÃO DOS SERVIÇOS DE NOTAS E DE REGISTROS MEDIANTE SIMPLES DESACUMULAÇÃO. REGULAMENTAÇÃO PARA A REALIZAÇÃO DE CONCURSOS UNIFICADOS DE PROVIMENTO E DE REMOÇÃO NA ATIVIDADE NOTARIAL E DE REGISTRO. ALEGAÇÃO DE OFENSA AO ART. 236, CAPUT E §1º, DA CONSTITUIÇÃO FEDERAL, E AOS PRINCÍPIOS DA CONFORMIDADE FUNCIONAL, DA RESERVA LEGAL, DA LEGALIDADE E DA SEGURANÇA JURÍDICA. PLAUSIBILIDADE JURÍDICA NÃO VISLUMBRADA. 1. Aperfeiçoada, sem alterações substanciais, a Resolução 3/2008 atacada por meio da edição, em 17.09.2008, da Resolução 4/2008, também do Conselho Superior da Magistratura do Estado de Goiás, nada impede o aditamento da ação direta para que seus objetos passem a ser as Resoluções 2/2008 e 4/2008, procedentes do Poder Judiciário do Estado de Goiás. 2. O exame perfunctório dos autos demonstra que as resoluções impugnadas tiveram como propósito a reorganização, mediante simples desacumulação, de serviços que estavam irregularmente acumulados e a definição de regras claras e gerais, até então inexistentes, para a realização, no Estado de Goiás, dos concursos públicos unificados para o ingresso e a remoção nos serviços de notas e de registro. 3. Não se vislumbra qualquer inconstitucionalidade formal ou material na atividade normativa de um Tribunal de Justiça que venha estipular regras gerais e bem definidas para a promoção de concurso unificado de provimento ou de remoção de serventias vagas no respectivo Estado-membro. Também parece isenta de qualquer vício a decisão mesma pela realização de concurso quando reconhecida a vacância de mais de trezentas serventias extrajudiciais, muitas delas ocupadas, já há muitos anos, por respondentes interinos, em direta e inaceitável afronta ao que disposto no art. 236, § 3º, da Constituição Federal. 4. Nesse primeiro exame, tudo indica que a autoridade requerida agiu no estrito cumprimento do que disposto nos arts. 5º e 26 da Lei Federal 8.935/1994, que veda a acumulação dos serviços que especifica. Ressalva para o fato de que o concurso público em andamento não poderá abranger cargos ou serventias que não tenham sido prévia e regularmente criadas por lei estadual. 5. Medida cautelar indeferida. **MED. CAUT. EM ADI N. 4.140-GO. RELATORA: MIN. ELLEN GRACIE. Noticiado no Informativo 530** (Inform. STF 542)

EMENTA: AÇÃO DIRETA DE INCONSTITUCIONALIDADE – PROCESSO DE INSTITUCIONALIZAÇÃO DOS MUNICÍPIOS (CRIAÇÃO, INCORPORAÇÃO, FUSÃO E DESMEMBRAMENTO) – NECESSIDADE DE OBSERVÂNCIA DAS DIVERSAS FASES RITUAIS QUE COMPÕEM ESSE PROCEDIMENTO POLÍTICO-ADMINISTRATIVO – IMPOSSIBILIDADE DE INVERSÃO DESSE *"ITER"* PROCEDIMENTAL – O MUNICÍPIO COMO CRIATURA DO ESTADO-MEMBRO – O EXAME DESSA QUESTÃO PELA JURISPRUDÊNCIA DO SUPREMO TRIBUNAL FEDERAL – RESOLUÇÃO Nº 75/95 DA ASSEMBLÉIA LEGISLATIVA DO ESTADO DO RIO DE JANEIRO – ATO DE NATUREZA CONCRETA – INSUFICIÊNCIA DE DENSIDADE NORMATIVA – JUÍZO DE CONSTITUCIONALIDADE DEPENDENTE DA PRÉVIA ANÁLISE DE ATOS ESTATAIS INFRACONSTITUCIONAIS – INVIABILIDADE DA INSTAURAÇÃO DO PROCESSO DE FISCALIZAÇÃO ABSTRATA DE CONSTITUCIONALIDADE – AÇÃO DIRETA NÃO CONHECIDA.

– O controle concentrado de constitucionalidade somente pode incidir sobre atos do Poder Público revestidos de suficiente densidade normativa. A noção de ato normativo, para efeito de fiscalização abstrata, pressupõe, além da autonomia jurídica da deliberação estatal, a constatação de seu coeficiente de generalidade abstrata, bem assim de sua impessoalidade. Esses elementos – abstração, generalidade, autonomia e impessoalidade – qualificam-se como requisitos essenciais que conferem, ao ato estatal, a necessária aptidão para atuar, no plano do direito positivo, como norma revestida de eficácia subordinante de comportamentos estatais ou determinante de condutas individuais.

– A jurisprudência do Supremo Tribunal Federal tem ressaltado que atos estatais de efeitos concretos não se expõem, em sede de ação direta, à fiscalização concentrada de constitucionalidade. A ausência do necessário coeficiente de generalidade abstrata impede, desse modo, a instauração do processo objetivo de controle normativo abstrato. Precedentes.

– Não se legitimará a instauração do processo de fiscalização normativa abstrata quando o juízo de constitucionalidade/inconstitucionalidade depender, para efeito de sua formulação, de prévio confronto entre o ato estatal questionado e o conteúdo de outras normas jurídicas infraconstitucionais editadas pelo Poder Público.

– A ação direta não pode ser degradada em sua condição jurídica de instrumento básico de defesa objetiva da ordem normativa inscrita na Constituição. A válida e adequada utilização desse meio processual exige que o exame *"in abstracto"* do ato estatal impugnado seja realizado direta, imediata e exclusivamente à luz da própria Constituição.

A inconstitucionalidade deve transparecer, diretamente, do texto do ato estatal impugnado. A prolação desse juízo de desvalor supõe, sempre, para efeito de controle normativo abstrato, a necessária ocorrência de colisão frontal, direta e imediata do ato revestido de menor positividade jurídica com o texto da própria Constituição da República. Precedentes. **MED. CAUT. EM ADI 1.372-RJ. RELATOR: MIN. CELSO DE MELLO.** (Inform. STF 541)

EMENTA: RECLAMAÇÃO – ALEGAÇÃO DE DESRES-PEITO A ACÓRDÃO DO SUPREMO TRIBUNAL FEDERAL RESULTANTE DE JULGAMENTO PROFERIDO EM SEDE DE CONTROLE NORMATIVO ABSTRATO – DECISÃO RECLAMADA QUE NÃO DESRESPEITOU A AUTORIDADE DO JULGAMENTO DESTA SUPREMA CORTE INVOCADO COMO REFERÊNCIA PARADIGMÁTICA – ELEITORAL – RESSALVA CONSTANTE DA ALÍNEA "G" DO INCISO I DO ART. 1º DA LEI COMPLEMENTAR 64/90 – CONSTITUCIONALIDADE – INDEFERIMENTO DE REGISTRO DE CANDIDATURA FUNDADO NA INOBSERVÂNCIA DA JURISPRUDÊNCIA FIRMADA PELO TRIBUNAL SUPERIOR ELEITORAL – PRETENDIDO RECONHECIMENTO DA INCORREÇÃO DE DIRETRIZ JURISPRUDENCIAL PREDOMINANTE NO ÂMBITO DO TRIBUNAL SUPERIOR ELEITORAL – MATÉRIA TOTALMENTE ESTRANHA AO QUE SE DECIDIU NO JULGAMENTO DA ADPF 144/DF – RECURSO IMPROVIDO.

– O Plenário do Supremo Tribunal Federal, ao julgar a ADPF 144/DF, declarou-a improcedente, em decisão impregnada de efeito vinculante e que estabeleceu conclusões assim proclamadas por esta Corte: (1) a regra inscrita no § 9º do art. 14 da Constituição, na redação dada pela Emenda Constitucional de Revisão nº 4/94, não é auto-aplicável, pois a definição de novos casos de inelegibilidade e a estipulação dos prazos de sua cessação, a fim de proteger a probidade administrativa e a moralidade para o exercício do mandato, considerada a vida pregressa do candidato, dependem, exclusivamente, da edição de lei complementar, cuja ausência não pode ser suprida mediante interpretação judicial; (2) a mera existência de inquéritos policiais em curso ou de processos judiciais em andamento ou de sentença penal condenatória ainda não transitada em julgado, além de não configurar, só por si, hipótese de inelegibilidade, também não impede o registro de candidatura de qualquer cidadão; (3) a exigência de coisa julgada a que se referem as alíneas "d", "e" e "h" do inciso I do art. 1º e o art. 15, todos da Lei Complementar nº 64/90, não transgride nem descumpre os preceitos fundamentais concernentes à probidade administrativa e à moralidade para o exercício de mandato eletivo; (4) a ressalva a que alude a alínea "g" do inciso I do art. 1º da Lei Complementar nº 64/90 mostra-se compatível com o § 9º do art. 14 da Constituição, na redação dada pela Emenda Constitucional de Revisão nº 4/94.

– Tratando-se da causa de inelegibilidade fundada no art. 1º, I, "g", da LC nº 64/90, somente haverá desrespeito ao pronunciamento vinculante desta Suprema Corte, se e quando a Justiça Eleitoral denegar o registro de candidatura, por entender incompatível, com os preceitos fundamentais da moralidade e da probidade administrativas, a utilização, pelo pré-candidato, da ressalva autorizadora de acesso ao Poder Judiciário.

A ressalva legal de acesso ao Poder Judiciário, prevista no art. 1º, I, "g", da Lei Complementar nº 64/90, dá concreção ao princípio da inafastabilidade da jurisdição, que se qualifica como preceito fundamental consagrado pela Constituição da República. A regra inscrita no art. 5º, inciso XXXV, da Lei Fundamental, garantidora do direito ao processo e à tutela jurisdicional, constitui o parágrafo régio do Estado Democrático de Direito, pois, onde inexista a possibilidade do amparo judicial, haverá, sempre, a realidade opressiva e intolerável do arbítrio do Estado ou dos excessos de particulares, quando transgridam, injustamente, os direitos de qualquer pessoa.

– O indeferimento do pedido de registro de candidatura (LC nº 64/90, art. 1º, I, "g"), quando fundado em razões outras, como a inobservância da jurisprudência firmada pelo E. Tribunal Superior Eleitoral – que exige, para efeito de superação (ainda que transitória) da inelegibilidade em questão, não só o ajuizamento da pertinente ação, mas, também, a obtenção de liminar, de medida cautelar ou de provimento antecipatório, em momento anterior ao da formulação do pedido de registro de candidatura -, não implica manifestação de desrespeito à autoridade da decisão proferida pelo

Supremo Tribunal Federal, por se tratar de matéria totalmente estranha ao que se decidiu no julgamento da ADPF 144/DF.

– Os atos questionados em qualquer reclamação – nos casos em que se sustenta desrespeito à autoridade de decisão do Supremo Tribunal Federal – hão de se ajustar, com exatidão e pertinência, aos julgamentos desta Suprema Corte invocados como paradigmas de confronto, em ordem a permitir, pela análise comparativa, a verificação da conformidade, ou não, da deliberação estatal impugnada em relação ao parâmetro de controle emanado deste Tribunal. Precedentes.

Inocorrência, no caso, dessa situação de antagonismo, pois o ato objeto da reclamação não teve como fundamento nem a inconstitucionalidade da ressalva a que alude a alínea "g" do inciso I do art. 1º da Lei Complementar nº 64/90, nem a existência de processo penal ainda em tramitação, nem, finalmente, a incompatibilidade daquela ressalva legal com os preceitos fundamentais da probidade e da moralidade administrativas.

– O remédio constitucional da reclamação não pode ser utilizado como um (inadmissível) atalho processual destinado a permitir, por razões de caráter meramente pragmático, a submissão imediata do litígio ao exame direto do Supremo Tribunal Federal. Precedentes.

– A reclamação, constitucionalmente vocacionada a cumprir a dupla função a que alude o art. 102, I, "l", da Carta Política (RTJ 134/1033) – embora cabível, em tese, quando se tratar de decisão revestida de efeito vinculante (como sucede com os julgamentos proferidos em sede de argüição de descumprimento de preceito fundamental, de ação direta de inconstitucionalidade ou de ação declaratória de constitucionalidade) -, não se qualifica como sucedâneo recursal nem configura instrumento viabilizador do reexame do conteúdo do ato reclamado, além de não constituir meio de revisão da jurisprudência eleitoral, eis que tal finalidade revela-se estranha à destinação constitucional subjacente à instituição dessa medida processual. Precedentes. **AG. REG. NA Rcl. N. 6.446-RJ. RELATOR: MIN. CELSO DE MELLO.** (Inform. STF 540)

AG. REG. NA ADPF N. 148-SP

RELATOR: MIN. CEZAR PELUSO

EMENTA: LEGITIMIDADE. Ativa. Inexistência. Ação por descumprimento de preceito fundamental (ADPF). Prefeito municipal. Autor não legitimado para ação direta de inconstitucionalidade. Ilegitimidade reconhecida. Negativa de seguimento ao pedido. Recurso, ademais, impertinente. Agravo improvido. Aplicação do art. 2º, I, da Lei federal nº 9.882/99. Precedentes. Quem não tem legitimidade para propor ação direta de inconstitucionalidade, não a tem para ação de descumprimento de preceito fundamental. (Inform. STF 534)

EMENTA: ARGÜIÇÃO DE DESCUMPRIMENTO DE PRECEITO FUNDAMENTAL. INCIDÊNCIA, NA ESPÉCIE, **DO PRINCÍPIO** DA SUBSIDIARIEDADE, **PORQUE INSTAURÁVEL**, PERANTE O TRIBUNAL DE JUSTIÇA LOCAL, **PROCESSO OBJETIVO** DE CONTROLE NORMATIVO ABSTRATO DE LEIS MUNICIPAIS (**CF**, ART. 125, **§ 2º**). **POSSIBILIDADE DE CONCESSÃO**, EM REFERIDO PROCESSO DE ÍNDOLE OBJETIVA, DE MEDIDA CAUTELAR **APTA A SANAR**, DE IMEDIATO, A LESIVIDADE DO ATO NORMATIVO IMPUGNADO. ADPF **NÃO** CONHECIDA.

– **A possibilidade** de instauração, **no âmbito** do Estado-membro, **de processo objetivo** de fiscalização normativa abstrata de leis municipais **contestadas** em face da Constituição Estadual (**CF**, art. 125, § 2º) **torna inadmissível**, por efeito **da incidência** do princípio da subsidiariedade (**Lei nº 9.882/99**, art. 4º, **§ 1º**), **o acesso imediato** à argüição de descumprimento de preceito fundamental.

É que, nesse processo de controle abstrato de normas locais, **permite-se**, ao Tribunal de Justiça estadual, **a concessão**, **até mesmo** "*in limine*", de provimento cautelar **neutralizador** da suposta lesividade do diploma legislativo impugnado, **a evidenciar** a existência, **no plano local**, de instrumento processual **de caráter objetivo** apto a sanar, de modo pronto **e** eficaz, a situação de lesividade, atual **ou** potencial, alegadamente provocada por leis **ou** atos normativos **editados** pelo Município. **Doutrina**. **Precedentes**.

– **A questão da parametricidade** das cláusulas constitucionais **estaduais**, **de caráter remissivo**, para fins de controle concentrado, **no âmbito** do Tribunal de Justiça local, de leis e atos normativos estaduais **e/ou** municipais **contestados** em face da Constituição Estadual.

Revela-se legítimo invocar, **como referência paradigmática**, para efeito de controle abstrato de constitucionalidade de leis ou atos normativos estaduais **e/ou** municipais, **cláusula de caráter remissivo**, que, **inscrita** na Constituição Estadual, **remete**, diretamente, às regras normativas constantes **da própria** Constituição Federal, **assim incorporando-as**, formalmente, **mediante** referida técnica de remissão, **ao plano** do ordenamento constitucional do Estado-membro.

Com a técnica de remissão normativa, o Estado-membro **confere parametricidade** às normas, que, **embora constantes** da Constituição Federal, **passam a compor**, formalmente, **em razão** da expressa referência a elas feita, o "*corpus*" constitucional **dessa** unidade política da Federação, **o que torna possível erigir-se**, como parâmetro de confronto, para os fins a que se refere o art. 125, **§ 2º** da Constituição da República, **a própria** norma constitucional estadual **de conteúdo remissivo**.

– ADPF **não** conhecida. (ADPF 100 MC/TO, rel. Min. Celso de Mello, j. 14/12/08) (Inform. STF 532)

EMENTA: FISCALIZAÇÃO NORMATIVA ABSTRATA. AÇÃO DIRETA DE INCONSTITUCIONALIDADE. **TRIBUNAL DE JUSTIÇA**. COMPETÊNCIA ORIGINÁRIA. **POSSIBILIDADE** (CF, ART. 125, § 2º). **PARÂMETRO ÚNICO DE CONTROLE**: A CONSTITUIÇÃO **DO PRÓPRIO** ESTADO-MEMBRO OU, QUANDO FOR O CASO, A LEI ORGÂNICA DO DISTRITO FEDERAL. **IMPOSSIBILIDADE**, CONTUDO, **TRATANDO-SE** DE JURISDIÇÃO CONSTITUCIONAL "*IN ABSTRACTO*" DO ESTADO-MEMBRO (OU DO DISTRITO FEDERAL), **DE ERIGIR-SE** A PRÓPRIA CONSTITUIÇÃO DA REPÚBLICA À CONDIÇÃO DE PARADIGMA DE CONFRONTO. **A QUESTÃO DA INCORPORAÇÃO FORMAL**, AO TEXTO **DA CARTA LOCAL**, DE NORMAS CONSTITUCIONAIS FEDERAIS **DE OBSERVÂNCIA OBRIGATÓRIA**. "***ESTADUALIZAÇÃO***", NESSA HIPÓTESE, DE TAIS NORMAS CONSTITUCIONAIS, **NÃO OBSTANTE** O SEU MÁXIMO **COEFICIENTE DE FEDERALIDADE**. LEGITIMIDADE DESSE PROCEDIMENTO. HIPÓTESE EM QUE AS NORMAS "***ESTADUALIZADAS***" PODERÃO SER CONSIDERADAS COMO PARÂMETRO DE CONFRONTO, **PARA OS FINS** DO ART. 125, § 2º DA CONSTITUIÇÃO DA REPÚBLICA. **PRECEDENTES**. **AÇÃO DIRETA** QUE IMPUGNA, PERANTE TRIBUNAL DE JUSTIÇA, DIPLOMA NORMATIVO LOCAL, **CONTESTANDO-O**, EM TESE, **EM FACE** DE NORMAS DA CONSTITUIÇÃO **DO PRÓPRIO** ESTADO DO RIO DE JANEIRO. **DECISÃO** DO TRIBUNAL DE JUSTIÇA QUE, **AO DEFERIR** A LIMINAR NA AÇÃO DIRETA, **SUSPENDE** A EFICÁCIA DA LEI ESTADUAL (LEI Nº 4.946/2006). **ADMISSIBILIDADE**. **INEXISTÊNCIA DE USURPAÇÃO** DA COMPETÊNCIA DO SUPREMO TRIBUNAL FEDERAL. **RECLAMAÇÃO JULGADA IMPROCEDENTE**. (Rcl 5.049/RJ, Rel. Min. Celso de Mello, j. em 17/10.08) (Inform. STF 525)

ADPF: INELEGIBILIDADE E VIDA PREGRESSA DOS CANDIDATOS – 1

O Tribunal, por maioria, julgou improcedente argüição de descumprimento de preceito fundamental, ajuizada pela Associação dos Magistrados Brasileiros – AMB, em que questionava a validade constitucional das interpretações emanadas do Tribunal Superior Eleitoral – TSE em tema de inelegibilidade fundada na vida pregressa dos candidatos, bem como sustentava, por incompatibilidade com o § 9º do art. 14 da CF, na redação que lhe deu a ECR 4/94 ("*Art. 14... § 9º Lei complementar estabelecerá outros casos de inelegibilidade e os prazos de sua cessação, a fim de proteger a probidade administrativa, a moralidade para exercício de mandato considerada vida pregressa do candidato, e a normalidade e legitimidade das eleições contra a influência do poder econômico ou o abuso do exercício de função, cargo ou emprego na administração direta ou indireta.*"), a não-recepção de certos textos normativos inscritos na Lei Complementar 64/90, nos pontos em que exige o trânsito em julgado para efeito de reconhecimento de inelegibilidade e em que acolhe ressalva descaracterizadora de hipótese de inelegibilidade ("*Art. 1º São inelegíveis: I – para qualquer cargo:...* d) os que tenham contra sua pessoa representação julgada procedente pela Justiça Eleitoral, transitada em julgado, em processo de apuração de abuso do poder econômico ou político, para a eleição na qual concorrem ou tenham sido diplomados, bem como para as que se realizarem 3 (três) anos seguintes; e) os que forem condenados criminalmente, com sentença transitada em julgado, pela prática de crime contra a economia popular, a fé pública, a administração pública, o patrimônio público, o mercado financeiro, pelo tráfico de entorpecentes e por crimes eleitorais, pelo prazo de 3 (três) anos, após o cumprimento da pena;... g) os que tiverem suas contas relativas ao exercício de cargos ou funções públicas rejeitadas por irregularidade insanável e por decisão irrecorrível do órgão competente, salvo se a questão houver sido ou estiver sendo submetida à apreciação do Poder Judiciário, para as eleições que se realizarem nos 5 (cinco) anos seguintes, contados a partir da data da decisão; h) os detentores de cargo na administração pública direta, indireta ou fundacional, que beneficiarem a si ou a terceiros, pelo abuso do poder econômico ou político apurado em processo, com sentença transitada em julgado, para as eleições que se realizarem nos 3 (três) anos seguintes ao término do seu mandato ou do período de sua permanência no cargo;... *Art. 15. Transitada em julgado a decisão que declarar a inelegibilidade do candidato, ser-lhe-á negado registro, ou cancelado, se já tiver sido feito, ou declarado nulo o diploma, se já expedido.*"). **ADPF 144/DF, rel. Min. Celso de Mello, 6.8.2008**. (ADPF-144)

ADPF: INELEGIBILIDADE E VIDA PREGRESSA DOS CANDIDATOS – 2

Preliminarmente, o Tribunal acolheu questão de ordem suscitada pelo Min.

Celso de Mello, relator, no sentido de julgar, desde logo, o mérito da ação. Em seguida, reconheceu, por votação majoritária, a legitimidade ativa *ad causam* da AMB. Os Ministros Cezar Peluso, Ricardo Lewandowski e Carlos Britto assentaram a legitimidade ativa, tendo em conta as particularidades do caso, sobretudo a existência de uma perplexidade na magistratura nacional com relação à interpretação dos dispositivos impugnados, mas fizeram ressalva no sentido de não se comprometerem com a tese da legitimação universal da AMB. Vencidos, nessa parte, os Ministros Marco Aurélio, Menezes Direito e Eros Grau que entendiam ausente o requisito da pertinência temática para propositura da ação. As demais preliminares suscitadas foram rejeitadas. No mérito, entendeu-se que a pretensão deduzida pela AMB não poderia ser acolhida, haja vista que desautorizada tanto pelo postulado da reserva constitucional de lei complementar quanto por cláusulas instituídas pela própria Constituição da República e que consagram, em favor da pessoa, o direito fundamental à presunção de inocência (CF, art. 5º, LVII), e que lhe asseguram, nas hipóteses de imposição de medidas restritivas de quaisquer direitos, a garantia essencial do devido processo. **ADPF 144/DF, rel. Min. Celso de Mello, 6.8.2008.** (ADPF-144)

ADPF: INELEGIBILIDADE E VIDA PREGRESSA DOS CANDIDATOS – 3

Rejeitou-se a pretensão deduzida pela argüente no que respeita às alíneas **d**, **e**, e **h** do inciso I do art. 1º, e ao art. 15, todos da LC 64/90, ao fundamento de que o postulado consagrador da garantia de inocência irradia os seus efeitos para além dos limites dos processos penais de natureza condenatória, impedindo, desse modo, que situações processuais ainda não definidas por sentenças transitadas em julgado provoquem, em decorrência das exigências de probidade administrativa e de moralidade a que se refere o § 9º do art. 14 da CF, na redação dada pela ECR 4/94, a inelegibilidade dos cidadãos ou obstem candidaturas para mandatos eletivos. Afastou-se, também, a alegação de que a ressalva contida na alínea **g** do aludido inciso I do art. 1º da LC 64/90 estaria em confronto com o que disposto na ECR 4/94 porque descaracterizaria a hipótese de inelegibilidade referida no preceito legal em questão. No ponto, registrou-se que o TSE, em decorrência de várias decisões por ele proferidas, estabelecera diretriz jurisprudencial consolidada no Enunciado 1 da sua Súmula ["*Proposta a ação para desconstituir a decisão que rejeitou as contas, anteriormente à impugnação, fica suspensa a inelegibilidade (Lei Complementar 64/90, art. 1º, I, g)*"], mas, posteriormente, reformulara essa orientação, com o declarado propósito de conferir maior intensidade à proteção e defesa da probidade administrativa e da moralidade para o exercício do mandato eletivo. Além disso, reputou-se insustentável a suposta transgressão a preceitos fundamentais pelo fato de determinada regra legal ressalvar, para efeito de superação da cláusula de inelegibilidade, o acesso ao Poder Judiciário, em ordem a neutralizar eventual deliberação arbitrária que haja rejeitado, de modo abusivo, as contas do administrador. **ADPF 144/DF, rel. Min. Celso de Mello, 6.8.2008.** (ADPF-144)

ADPF: INELEGIBILIDADE E VIDA PREGRESSA DOS CANDIDATOS – 4

Asseverou-se que estaria correto o entendimento do TSE no sentido de que a norma contida no § 9º do art. 14 da CF, na redação que lhe deu a ECR 4/94, não é auto-aplicável (Enunciado 13 da Súmula do TSE), e que o Judiciário não pode, sem ofensa ao princípio da divisão funcional do poder, substituir-se ao legislador para, na ausência da lei complementar exigida por esse preceito constitucional, definir, por critérios próprios, os casos em que a vida pregressa do candidato implicará inelegibilidade. Concluiu-se, em suma, que o STF e os órgãos integrantes da justiça eleitoral não podem agir abusivamente, nem fora dos limites previamente delineados nas leis e na CF, e que, em conseqüência dessas limitações, o Judiciário não dispõe de qualquer poder para aferir com a inelegibilidade quem inelegível não é. Reconheceu-se que, no Estado Democrático de Direito, os poderes do Estado encontram-se juridicamente limitados em face dos direitos e garantias reconhecidos ao cidadão e que, em tal contexto, o Estado não pode, por meio de resposta jurisdicional que usurpe poderes constitucionalmente reconhecidos ao Legislativo, agir de maneira abusiva para, em transgressão inaceitável aos postulados da não culpabilidade, do devido processo, da divisão funcional do poder, e da proporcionalidade, fixar normas ou impor critérios que culminem por estabelecer restrições absolutamente incompatíveis com essas diretrizes fundamentais. Afirmou-se ser indiscutível a alta importância da vida pregressa dos candidatos, tendo em conta que a probidade pessoal e a moralidade representam valores que consagram a própria dimensão ética em que necessariamente se deve projetar a atividade pública, bem como traduzem pautas interpretativas que devem reger o processo de formação e composição dos órgãos do Estado, observando-se, no entanto, as cláusulas constitucionais, cuja eficácia subordinante conforma e condiciona o exercício dos poderes estatais. Aduziu-se que a defesa desses valores constitucionais da probidade administrativa e da moralidade para o exercício do mandato eletivo consubstancia medida da mais elevada importância e significação para a vida política do país, e que o respeito a tais valores, cuja integridade há de ser preservada, encontra-se presente na própria LC 64/90, haja vista que esse diploma legislativo, em prescrições harmônicas com a CF, e com tais preceitos fundamentais, afasta do processo eleitoral pessoas desprovidas de idoneidade moral, condicionando, entretanto, o reconhecimento da inelegibilidade ao trânsito em julgado das decisões, não podendo o valor constitucional da coisa julgada ser desprezado por esta Corte. Vencidos os Ministros Carlos Britto e Joaquim Barbosa que julgavam a argüição procedente. **ADPF 144/DF, rel. Min. Celso de Mello, 6.8.2008.** (ADPF-144) (Inform. STF 514)

ADPF E MONOPÓLIO DAS ATIVIDADES POSTAIS - 1

O Tribunal iniciou julgamento de argüição de descumprimento de preceito fundamental proposta pela Associação Brasileira das Empresas de Distribuição - ABRAED, em que se pretende a declaração da não-recepção, pela CF/88, da Lei 6.538/78, que instituiu monopólio das atividades postais pela Empresa Brasileira de Correios e Telégrafos - ECT. O Min. Marco Aurélio, relator, após afastar a preliminar de ilegitimidade ativa e reputar atendidos os pressupostos de que trata o art. 3º da Lei 9.882/99, acolheu o pedido formulado para declarar a não-recepção pela CF/88 dos artigos da Lei 6.538/78 que disciplinaram o regime da prestação de serviço postal como monopólio exclusivo da União, ao fundamento de que eles violam os princípios da livre iniciativa, da liberdade no exercício de qualquer trabalho, da livre concorrência e do livre exercício de qualquer atividade econômica (CF, arts. 1º, IV; 5º, XIII; 170, caput, IV e parágrafo único, respectivamente). Ressaltando, inicialmente, a necessidade de se interpretar a Constituição de modo a lhe dar a maior eficácia possível, diante da realidade vigente, considerou que a expressão "manter o serviço postal", contida no inciso X do art. 21 da CF, inserida na primeira Constituição e repetida nas seguintes, teria adquirido alcance diverso com o passar do tempo, evoluindo no sentido de significar, no contexto social presente, não mais monopólio, mas um conjunto de serviços que a União deve garantir e, eventualmente, prestar de forma direta, se inexistente interesse econômico para o desenvolvimento da atividade em certos locais do território brasileiro. Considerou, para tanto, as mutações ocorridas no Direito Administrativo brasileiro, decorrentes da gradativa redução da participação direta do Estado na atividade econômica, em razão do reconhecimento da sua ineficiência na prestação de serviços públicos e na realização dos investimentos tecnológicos necessários à melhoria dos mesmos, salientando, no ponto, em relação à ECT, as diversas falhas observadas em sua administração, o atraso tecnológico, e os elevados custos e preços dos serviços prestados. Diante disso, concluiu não ter sido recepcionado, pela CF/88, o monopólio do serviço postal, inclusive, por inexistir previsão a ele relativa no texto constitucional, o qual seria exaustivo quanto à instituição do monopólio na atividade econômica (CF, arts. 21, XXIII, e 177). Asseverou que, em prol da preservação do interesse público, a atuação do Estado deveria ser subsidiária, afastando-se sua intervenção desnecessária em área sustentada, de forma satisfatória, pelo setor privado - titular da atividade econômica, permitindo, dessa forma, a liberdade de iniciativa e de concorrência, passando o Estado a posicionar-se como agente normativo e regulador das atividades econômicas, nos termos do disposto no art. 174 da CF. Isso por melhor atender ao interesse da coletividade a garantia de que o serviço postal seja prestado em regime de concorrência entre as várias empresas do mercado consumidor, eis que esse modelo promove o aperfeiçoamento tecnológico, a redução dos custos operacionais e dos preços dos serviços. Entendeu ainda que, ao se reconhecer que a atividade econômica não é própria do Estado, seria dispensável definir-se serviço postal ou como serviço público ou como atividade econômica em sentido estrito, sendo, ademais, possível a existência de duplo regime (público e privado) na realização da referida atividade. **ADPF 46/DF, rel. Min. Marco Aurélio, 15.6.2005. (ADPF-46)**

ADPF E MONOPÓLIO DAS ATIVIDADES POSTAIS - 2

Prosseguindo no julgamento, o Min. Eros Grau divergiu e julgou improcedente o pedido. Tendo em conta a orientação fixada pelo Supremo na ACO 765 QO/RJ (pendente de publicação), no sentido de que o serviço postal constitui serviço público, portanto, não atividade econômica em sentido estrito, considerou inócua a argumentação em torno da ofensa aos princípios da livre iniciativa e da livre concorrência. Distinguindo o regime de privilégio de que se reveste a prestação dos serviços públicos do regime de monopólio, afirmou que os regimes jurídicos sob os quais são prestados os serviços públicos implicam que sua prestação seja desenvolvida sob privilégios, inclusive, em regra, o da exclusividade na exploração da atividade econômica em sentido amplo a que corresponde essa prestação, haja vista que exatamente a potencialidade desse privilégio incentiva a prestação do serviço público pelo setor privado quando este atua na condição de concessionário ou permissionário. Asseverou, que a prestação do serviço postal por empresa privada só seria possível se a CF afirmasse que o serviço postal é livre à iniciativa privada, tal como o fez em relação à saúde e à educação, que são serviços públicos, os quais podem ser prestados independentemente de concessão ou permissão por estarem excluídos da regra do art. 175, em razão do disposto nos artigos 199 e 209 (CF: «Art. 175. Incumbe ao poder público, na forma da lei, diretamente ou sob o regime de concessão ou permissão, sempre através de licitação, a prestação de serviços públicos. ... Art. 199. A assistência à saúde é livre à iniciativa privada. ... Art. 209. O ensino é livre à iniciativa privada."). Ressaltou que o serviço postal é prestado pela ECT, empresa pública criada pelo Decreto-Lei 509/69, que foi recebido pela CF/88, a qual deve atuar em regime de exclusividade (em linguagem técnica, em situação de privilégio, e, em linguagem corrente, em regime de monopólio), estando o âmbito do serviço postal bem delineado nos artigos 70 e seguintes da Lei 6.538/78, também recebida pela CF/88. Por fim, julgando insuficiente a atuação subsidiária do Estado para solução dos conflitos da realidade nacional, considerou que, vigentes os artigos 1º e 3º da CF, haver-se-ia de exigir um Estado forte e apto a garantir a todos uma existência digna, sendo incompatível com a Constituição a proposta de substituição do Estado pela sociedade civil. O julgamento foi suspenso com o pedido de vista do Min. Joaquim Barbosa. **ADPF 46/DF, rel. Min. Marco Aurélio, 15.6.2005. (ADPF-46)**

ADPF E MONOPÓLIO DAS ATIVIDADES POSTAIS - 3

Retomado julgamento de argüição de descumprimento de preceito fundamental proposta pela Associação Brasileira das Empresas de Distribuição - ABRAED, em que se pretende a declaração da não-recepção, pela CF/88, da Lei 6.538/78, que instituiu monopólio das atividades postais pela Empresa Brasileira de Correios e Telégrafos - ECT - v. Informativo 392. Os Ministros Joaquim Barbosa e Cezar Peluso acompanharam o voto do Min. Eros Grau, que, abrindo divergência, julgou improcedente o pedido formulado, ao fundamento de que o serviço postal constitui serviço público, e não atividade econômica em sentido estrito, que é prestado pela ECT em regime de privilégio, tendo sido recepcionada pela CF/88 a Lei 6.538/78. Votaram pela procedência parcial do pedido o Min. Carlos Britto, que, também considerando que o serviço postal é serviço público, de prestação exclusiva por parte da União, ressalvou, entretanto, que a recepção da Lei 6.538/78 estaria restrita às atividades que impliquem comunicação privada e comunicação telegráfica, não alcançando, portanto, as de caráter eminentemente mercantil, e o Min. Gilmar Mendes, que declarava a não-recepção somente dos artigos 42, 43, 44 e 45 da lei impugnada, que tratam da criminalização da violação ao monopólio postal da União, dado o caráter aberto da disposição, em afronta ao princípio da reserva legal estrita. Após, o julgamento foi suspenso em virtude do pedido de vista da Min. Ellen Gracie. **ADPF 46/DF, rel. Min. Marco Aurélio, 17.11.2005. (ADPF-46)**

ADPF E MONOPÓLIO DAS ATIVIDADES POSTAIS – 4

O Tribunal retomou julgamento de argüição de descumprimento de preceito fundamental proposta pela Associação Brasileira das Empresas de Distribuição – ABRAED, em que se pretende a declaração da não-recepção, pela CF/88, da Lei 6.538/78, que instituiu monopólio das atividades postais pela Empresa Brasileira de Correios e Telégrafos – ECT — v. Informativos 392 e 409. A Min. Ellen Gracie, em voto-vista, reportando-se ao que decidido no julgamento da ADI 3080/SC (DJU de 27.8.2004), acompanhou a divergência, para julgar improcedente o pedido formulado, ao fundamento de que o serviço postal constitui serviço público, e não atividade econômica em sentido estrito, que é prestado pela ECT em regime de privilégio, não se aplicando a ele os princípios da livre concorrência e da livre iniciativa. Antes, porém, asseverou que o conhecimento do pedido formulado implicaria uma vulgarização do instituto da ADPF, a qual a Corte deveria evitar, sob pena de desvirtuamento das finalidades para as quais foi concebido o instituto. Esclareceu que o objeto da ação, a propósito de questionar a constitucionalidade da Lei 6.538/78, seria a obtenção de interpretação ao art. 47 desse diploma legal, a fim de dar à palavra "carta" significado que excluísse de seu conceito os itens que constituem objeto de interesse das associadas da argüente, tais como revistas, jornais, periódicos, encomendas, contas de água, e outros. Ou seja, sob disfarce de violação aos princípios constitucionais da livre concorrência e da liberdade de iniciativa, a argüente estaria pretendendo que se lhe atribuísse a parcela menos penosa e mais rentável do mercado de entregas de correspondência, por meio de leitura reducionista do texto constitucional, quando refere a serviço postal, para dele excluir tudo que não fosse correspondência privada e confidencial. Após, o julgamento foi suspenso em virtude do pedido de vista do Min. Menezes Direito. **ADPF 46/DF, rel. Min. Marco Aurélio, 12.6.2008.** (ADPF-46) (Inform. STF 510)

ADI E LEI DA BIOSSEGURANÇA – 1

O Tribunal iniciou julgamento de ação direta de inconstitucionalidade proposta pelo Procurador-Geral da República contra o art. 5º da Lei federal 11.105/2005 (Lei da Biossegurança), que permite, para fins de pesquisa e terapia, a utilização de células-tronco embrionárias obtidas de embriões humanos produzidos por fertilização *in vitro* e não usados no respectivo procedimento, e estabelece condições para essa utilização. O Min. Carlos Britto, relator, julgou improcedente o pedido formulado, no que foi acompanhado pela Min. Ellen Gracie. **ADI 3510/DF, rel. Min. Carlos Britto, 5.3.2008.** (ADI-3510)

ADI E LEI DA BIOSSEGURANÇA – 2

Salientou, inicialmente, que o artigo impugnado seria um bem concatenado bloco normativo que, sob condições de incidência explícitas, cumulativas e razoáveis, contribuiria para o desenvolvimento de linhas de pesquisa científica das supostas propriedades terapêuticas de células extraídas de embrião humano *in vitro*. Esclareceu que as células-tronco embrionárias, pluripotentes, ou seja, capazes de originar todos os tecidos de um indivíduo adulto, constituiriam, por isso, tipologia celular que ofereceria melhores possibilidades de recuperação da saúde de pessoas físicas ou naturais em situações de anomalias ou graves incômodos genéticos. Asseverou que as pessoas físicas ou naturais seriam apenas as que sobrevivem ao parto, dotadas do atributo a que o art. 2º do Código Civil denomina personalidade civil, assentando que a Constituição Federal, quando se refere à "*dignidade da pessoa humana*" (art. 1º, III), "*direitos da pessoa humana*" (art. 34, VII, **b**), "*livre exercício dos direitos... individuais*" (art. 85, III) e "*direitos e garantias individuais*" (art. 60, § 4º, IV), estaria falando de direitos e garantias do indivíduo-pessoa. Assim, numa primeira síntese, a Carta Magna não faria de todo e qualquer estádio da vida humana um autonomizado bem jurídico, mas da vida que já é própria de uma concreta pessoa, porque nativiva, e que a inviolabilidade de que trata seu art. 5º diria respeito exclusivamente a um indivíduo já personalizado. **ADI 3510/DF, rel. Min. Carlos Britto, 5.3.2008.** (ADI-3510)

ADI E LEI DA BIOSSEGURANÇA – 3

Reconheceu, por outro lado, que o princípio da dignidade da pessoa humana admitiria transbordamento e que, no plano da legislação infraconstitucional, essa transcendência alcançaria a proteção de tudo que se revelasse como o próprio início e continuidade de um processo que desaguasse no indivíduo-pessoa, citando, no ponto, dispositivos da Lei 10.406/2002 (Código Civil), da Lei 9.434/97, e do Decreto-lei 2.848/40 (Código Penal), que tratam, respectivamente, dos direitos do nascituro, da vedação à gestante de dispor de tecidos, órgãos ou partes de seu corpo vivo e do ato de não oferecer risco à saúde do feto, e da criminalização do aborto, ressaltando, que o bem jurídico a tutelar contra o aborto seria um organismo ou entidade pré-natal sempre no interior do corpo feminino. Aduziu que a lei em questão se referiria, por sua vez, a embriões derivados de uma fertilização artificial, obtida fora da relação sexual, e que o emprego das células-tronco embrionárias para os fins a que ela se destina não implicaria aborto. **ADI 3510/DF, rel. Min. Carlos Britto, 5.3.2008.** (ADI-3510)

ADI E LEI DA BIOSSEGURANÇA – 4

Afirmou que haveria base constitucional para um casal de adultos recorrer a técnicas de reprodução assistida que incluísse a fertilização *in vitro*, que os artigos 226 e seguintes da Constituição Federal disporiam que o homem e a mulher são as células formadoras da família e que, nesse conjunto normativo, estabelecer-se-ia a figura do planejamento familiar, fruto da livre decisão do casal e fundado nos princípios da dignidade da pessoa humana e da paternidade responsável (art. 226, § 7º), inexistindo, entretanto, o dever jurídico desse casal de aproveitar todos os embriões eventualmente formados e que se revelassem geneticamente viáveis, porque não imposto por lei (CF, art. 5º, II) e incompatível com o próprio planejamento familiar. **ADI 3510/DF, rel. Min. Carlos Britto, 5.3.2008.** (ADI-3510)

ADI E LEI DA BIOSSEGURANÇA – 5

Considerou, também, que, se à lei ordinária seria permitido fazer coincidir a morte encefálica com a cessação da vida de uma certa pessoa humana, a justificar a remoção de órgãos, tecidos e partes do corpo ainda fisicamente pulsante para fins de transplante, pesquisa e tratamento (Lei 9.434/97), e se o embrião humano de que trata o art. 5º da Lei da Biossegurança é um ente absolutamente incapaz de qualquer resquício de vida encefálica, a afirmação de incompatibilidade do último diploma legal com a Constituição haveria de ser afastada. Por fim, acrescentou a esses fundamentos, a rechaçar a inconstitucionalidade do dispositivo em questão, o direito à saúde e à livre expressão da atividade científica. Frisou, no ponto, que o § 4º do art. 199 da CF ("*A lei disporá sobre as condições e os requisitos que facilitem a remoção de órgãos, tecidos e substâncias humanas para fins de transplante, pesquisa e tratamento, bem como a coleta, processamento e transfusão de sangue e seus derivados, sendo vedado todo tipo de comercialização.*") faria parte, não por acaso, da seção normativa dedicada à saúde, direito de todos e dever do Estado (CF, art. 196), que seria garantida por meio de ações e serviços qualificados como de relevância pública, com o que se teria o mais venturoso dos encontros entre esse direito à saúde e a própria Ciência (CF, art. 5º, IX). Após, pediu vista dos autos o Min. Menezes Direito. **ADI 3510/DF, rel. Min. Carlos Britto, 5.3.2008.** (ADI-3510)

ADI E LEI DA BIOSSEGURANÇA – 6

Em conclusão, o Tribunal, por maioria, julgou improcedente pedido formulado em ação direta de inconstitucionalidade proposta pelo Procurador-Geral da República contra o art. 5º da Lei federal 11.105/2005 (Lei da Biossegurança), que permite, para fins de pesquisa e terapia, a utilização de células-tronco embrionárias obtidas de embriões humanos produzidos por fertilização *in vitro* e não usados no respectivo procedimento, e estabelece condições para essa utilização — v. Informativo 497. Prevaleceu o voto do Min. Carlos Britto, relator. Nos termos do seu voto, salientou, inicialmente, que o artigo impugnado seria um bem concatenado bloco normativo que, sob condições de incidência explícitas, cumulativas e razoáveis, contribuiria para o desenvolvimento de linhas de pesquisa científica das supostas propriedades terapêuticas de células extraídas de embrião humano *in vitro*. Esclareceu que as células-tronco embrionárias, pluripotentes, ou seja, capazes de originar todos os tecidos de um indivíduo adulto, constituiriam, por isso, tipologia celular que ofereceria melhores possibilidades de recuperação da saúde de pessoas físicas ou naturais em situações de anomalias ou graves incômodos genéticos. Asseverou que as pessoas físicas ou naturais seriam apenas as que sobrevivem ao parto, dotadas do atributo a que o art. 2º do Código Civil denomina personalidade civil, assentando que a Constituição Federal, quando se refere à "*dignidade da pessoa humana*" (art. 1º, III), aos "*direitos da pessoa humana*" (art. 34, VII, b), ao "*livre exercício dos direitos... individuais*" (art. 85, III) e aos "*direitos e garantias individuais*" (art. 60, § 4º, IV), estaria falando de direitos e garantias do indivíduo-pessoa. Assim, numa primeira síntese, a Carta Magna não faria de todo e qualquer estádio da vida humana um autonomizado bem jurídico, mas da vida que já é própria de uma concreta pessoa, porque nativiva, e que a inviolabilidade de que trata seu art. 5º diria respeito exclusivamente a um indivíduo já personalizado. **ADI 3510/DF, rel. Min. Carlos Britto, 28 e 29.5.2008.** (ADI-3510)

ADI E LEI DA BIOSSEGURANÇA – 7

O relator reconheceu, por outro lado, que o princípio da dignidade da pessoa humana admitiria transbordamento e que, no plano da legislação infraconstitucional, essa transcendência alcançaria a proteção de tudo que se revelasse como o próprio início e continuidade de um processo que desaguasse no indivíduo-pessoa, citando, no ponto, dispositivos da Lei 10.406/2002 (Código Civil), da Lei 9.434/97, e do Decreto-lei 2.848/40 (Código Penal), que tratam, respectivamente, dos direitos do nascituro, da vedação à gestante de dispor de tecidos, órgãos ou partes de seu corpo vivo e do ato de não oferecer risco à saúde do feto, e da criminalização do aborto, ressaltando, que o bem jurídico a tutelar contra o aborto seria um organismo ou entidade pré-natal sempre no interior do corpo feminino. Aduziu que a lei em questão se referiria, por sua vez, a embriões derivados de uma fertilização artificial, obtida fora da relação sexual, e que o emprego das células-tronco embrionárias para os fins a que ela se destina não implicaria aborto. Afirmou que haveria base constitucional para um casal de adultos recorrer a técnicas de reprodução assistida que incluísse a fertilização *in vitro*, que os artigos 226 e seguintes da Constituição Federal disporiam que o homem e a mulher são as células formadoras da família e que, nesse conjunto normativo, estabelecer-se-ia a figura do planejamento familiar, fruto da livre decisão do casal e fundado nos princípios da dignidade da pessoa humana e da paternidade responsável (art. 226, § 7º), inexistindo, entretanto, o dever jurídico desse casal de aproveitar todos os embriões eventualmente formados e que se revelassem geneticamente viáveis, porque não imposto por lei (CF, art. 5º, II) e incompatível com o próprio planejamento familiar. **ADI 3510/DF, rel. Min. Carlos Britto, 28 e 29.5.2008.** (ADI-3510)

ADI E LEI DA BIOSSEGURANÇA – 8

Considerou, também, que, se à lei ordinária seria permitido fazer coincidir a morte encefálica com a cessação da vida de uma certa pessoa humana, a justificar a remoção de órgãos, tecidos e partes do corpo ainda fisicamente pulsante para fins de transplante, pesquisa e tratamento (Lei 9.434/97), e se o embrião humano de que trata o art. 5º da Lei da Biossegurança é um ente absolutamente incapaz de qualquer resquício de vida encefálica, a afirmação de incompatibilidade do último diploma legal com a Constituição haveria de ser afastada. Por fim, acrescentou a esses fundamentos, a rechaçar a inconstitucionalidade do dispositivo em questão, o direito à saúde e à livre expressão da atividade científica. Frisou, no ponto, que o § 4º do art. 199 da CF ("*A lei disporá sobre as condições e os requisitos que facilitem a remoção de órgãos, matecidos e substâncias humanas para fins de transplante, pesquisa e tratamento, bem como a coleta, processamento e transfusão de sangue e seus derivados, sendo vedado todo tipo de comercialização.*") faria parte, não por acaso, da seção normativa dedicada à saúde, direito de todos e dever do Estado (CF, art. 196), que seria garantida por meio de ações e serviços qualificados como de relevância pública, com o que se teria o mais venturoso dos encontros entre esse direito à saúde e a própria Ciência (CF, art. 5º, IX). Vencidos, parcialmente, em diferentes extensões, os Ministros Menezes Direito, Ricardo Lewandowski, Eros Grau, Cezar Peluso e Gilmar Mendes, Presidente. **ADI 3510/DF, rel. Min. Carlos Britto, 28 e 29.5.2008.** (ADI-3510)

ADI E LEI DA BIOSSEGURANÇA – 9

O Min. Eros Grau estabeleceu, em termos aditivos, os seguintes requisitos a serem atendidos na aplicação dos preceitos: 1) a pesquisa e a terapia mencionadas no *caput* do art. 5º serão empreendidas unicamente se previamente autorizadas por comitê de ética e pesquisa do Ministério da Saúde (não apenas das próprias instituições de pesquisa e serviços de saúde, como disposto no § 2º do art. 5º); 2) a fertilização *in vitro* referida no *caput* do art. 5º corresponde a terapia da infertilidade humana adotada exclusivamente para fim de reprodução humana, em qualquer caso proibida a seleção genética, admitindo-se a fertilização de um número máximo de 4 óvulos por ciclo e a transferência, para o útero da paciente, de um número máximo de 4 óvulos fecundados por ciclo; a redução e o descarte de óvulos fecundados são vedados; 3) a obtenção de células-tronco a partir de óvulos fecundados — ou embriões humanos produzidos por fertilização, na dicção do art. 5º, *caput* — será admitida somente quando dela não decorrer a sua destruição, salvo quando se trate de óvulos fecundados inviáveis, assim considerados exclusivamente aqueles cujo desenvolvimento tenha cessado por ausência não induzida de divisão após período superior a 24 horas; nessa hipótese poderá ser praticado qualquer método de extração de células-tronco. **ADI 3510/DF, rel. Min. Carlos Britto, 28 e 29.5.2008.** (ADI-3510)

ADI E LEI DA BIOSSEGURANÇA - 10

O Min. Cezar Peluso julgou improcedente o pedido, ressaltando, porém, que dava interpretação conforme à Constituição aos artigos relativos aos embriões na legislação impugnada, para os fins que declarou. No que se refere à inteligência das expressões "*para fins de pesquisa e terapia*" e "*pesquisa ou terapia*" contidas no art. 5º, *caput*, e § 2º, afirmou que a autorização exclusiva de uso de células-tronco embrionárias em pesquisas deveria ser para fins exclusivamente terapêuticos. Quanto à necessidade de acentuar a responsabilização penal dos membros dos Comitês de Ética em Pesquisa (CEPs) e dos da própria Comissão Nacional de Ética em Pesquisa (CONEP/MS), asseverou que os mesmos haveriam de se submeter ao tipo penal do art. 319, do CP, sem prejuízo de incorrerem nas penas dos delitos previstos nos artigos 24, 25 e 26 da Lei 11.105/2005 por omissão imprópria quando dolosamente deixassem de agir de acordo com tais deveres regulamentares. Ainda, a título de advertência ou recomendação, considerou imprescindível que o Parlamento logo transformasse o descumprimento desses graves deveres em tipos penais autônomos com cominação de penas severas. Por fim, reputou indispensável submeter as atividades de pesquisas ao crivo reforçado de outros órgãos de controle e fiscalização estatal. **ADI 3510/DF, rel. Min. Carlos Britto, 28 e 29.5.2008.** (ADI-3510)

ADI E LEI DA BIOSSEGURANÇA – 11

O Min. Menezes Direito propôs o que se segue: 1) no *caput* do art. 5º, declarar parcialmente a inconstitucionalidade, sem redução de texto, dando interpretação conforme a Constituição, para que seja entendido que as células-tronco embrionárias sejam obtidas sem a destruição do embrião e as pesquisas, devidamente aprovadas e fiscalizadas pelo órgão federal, com a participação de especialistas de diversas áreas do conhecimento, entendendo-se as expressões "*pesquisa*" e "*terapia*" como pesquisa básica voltada para o estudo dos processos de diferenciação celular e pesquisas com fins terapêuticos; 2) também no *caput* do art. 5º, declarar parcialmente a inconstitucionalidade, sem redução do texto, para que a fertilização *in vitro* seja entendida como modalidade terapêutica para cura da infertilidade do casal, devendo ser empregada para fins reprodutivos, na ausência de outras técnicas, proibida a seleção de sexo ou características genéticas; realizada a fertilização de um máximo de 4 óvulos por ciclo e igual limite na transferência, com proibição de redução embrionária, vedado o descarte de embriões, independentemente de sua viabilidade, morfologia ou qualquer outro critério de classificação, tudo devidamente submetido ao controle e fiscalização do órgão federal; 3) no inciso I, declarar parcialmente a inconstitucionalidade, sem redução de texto, para que a expressão "*embriões inviáveis*" seja considerada como referente àqueles insubsistentes por si mesmos, assim os que comprovadamente, de acordo com as normas técnicas estabelecidas pelo órgão federal, com a participação de especialistas em diversas áreas do conhecimento, tiveram seu desenvolvimento interrompido, por ausência espontânea de clivagem, após período, no mínimo, superior a 24 horas, não havendo, com relação a estes, restrição quanto ao método de obtenção das células-tronco; 4) no inciso II, declarar a inconstitucionalidade, sem redução de texto, para que sejam considerados embriões congelados há 3 anos ou mais, na data da publicação da Lei 11.105/2005, ou que, já congelados na data da publicação dessa lei, depois de completarem 3 anos de congelamento, dos quais, com o consentimento informado, prévio e expresso dos genitores, por escrito, somente poderão ser retiradas células-tronco por meio que não cause sua destruição; 5) no § 1º, declarar parcialmente a inconstitucionalidade, sem redução de texto, para que seja entendido que o consentimento é um consentimento informado, prévio e expresso por escrito pelos genitores; 6) no § 2º, declarar a inconstitucionalidade, sem redução de texto, para que seja entendido que as instituições de pesquisa e serviços de saúde que realizem pesquisa com terapia com células-tronco embrionárias humanas deverão submeter, previamente, seus projetos também à aprovação do órgão federal, sendo considerado crime a autorização da utilização de embriões em desacordo com o que estabelece esta decisão, incluídos como autores os responsáveis pela autorização e fiscalização. Por fim, conferiu à decisão efeitos a partir da data do julgamento final da ação, a fim de preservar resultados e pesquisas com células-tronco embrionárias já obtidas por pesquisadores brasileiros. **ADI 3510/DF, rel. Min. Carlos Britto, 28 e 29.5.2008.** (ADI-3510)

ADI E LEI DA BIOSSEGURANÇA – 12

O Min. Ricardo Lewandowski julgou procedente, em parte, o pleito para, sem redução de texto, conferir a seguinte interpretação aos dispositivos discriminados, com exclusão de qualquer outra: 1) art. 5º, *caput*: as pesquisas com células-tronco embrionárias somente poderão recair sobre embriões humanos inviáveis ou congelados logo após o início do processo de clivagem celular, sobejantes de fertilizações *in vitro* realizadas com o fim único de produzir o número de zigotos estritamente necessário para a reprodução assistida de mulheres inférteis; 2) inciso I do art. 5º: o conceito de "*inviável*" compreende apenas os embriões que tiverem o seu desenvolvimento interrompido por ausência espontânea de clivagem após período superior a 24 horas contados da fertilização dos oócitos; 3) inciso II do art. 5º: as pesquisas com embriões humanos congelados são admitidas desde que não sejam destruídos nem tenham o seu potencial de desenvolvimento comprometido; 4) § 1º do art. 5º: a realização de pesquisas com as células-tronco embrionárias exige o consentimento "livre e informado" dos genitores, formalmente exteriorizado; 5) § 2º do art. 5º: os projetos de experimentação com embriões humanos, além de aprovados pelos comitês de ética das instituições de pesquisa e serviços de saúde por eles responsáveis, devem ser submetidos à prévia autorização e permanente fiscalização dos órgãos públicos mencionados na lei impugnada. **ADI 3510/DF, rel. Min. Carlos Britto, 28 e 29.5.2008.** (ADI-3510)

ADI E LEI DA BIOSSEGURANÇA – 13

O Min. Gilmar Mendes, Presidente, julgou improcedente a ação, para declarar a constitucionalidade do art. 5º, seus incisos e parágrafos, da Lei 11.105/2005, desde que seja interpretado no sentido de que a permissão da pesquisa e terapia com células-tronco embrionárias, obtidas de embriões humanos produzidos por fertilização *in vitro*, deve ser condicionada à prévia autorização e aprovação por Comitê (Órgão) Central de Ética e Pesquisa, vinculado ao Ministério da Saúde. **ADI 3510/DF, rel. Min. Carlos Britto, 28 e 29.5.2008.** (ADI-3510) (Inform. STF 508)

ADI E PROUNI – 1

O Tribunal iniciou julgamento de ação direta ajuizada pela Confederação Nacional dos Estabelecimentos de Ensino – CONFENEN, pelo Partido Democratas e pela Federação Nacional dos Auditores-Fiscais da Previdência Social – FENAFISP, em que se objetiva a declaração de inconstitucionalidade da Medida Provisória 213/2004, convertida na Lei 11.096/2005, que institui o Programa Universidade para Todos – PROUNI, regula a atuação de entidades de assistência social no ensino superior, e dá outras providências. Preliminarmente, o Tribunal não conheceu da ação proposta pela FENAFISP, por falta de legitimidade ativa (CF, art. 103, IX). Em seguida, o Min. Carlos Britto, relator, afastou a preliminar relativa à ausência dos pressupostos de urgência e relevância para edição da medida provisória. No ponto, o relator considerou o decidido na ADI 3289/DF (DJU de 3.2.2006) no sentido de que a conversão de medida provisória em lei prejudica o debate jurisdicional sobre o atendimento desses pressupostos. **ADI 3330/DF, rel. Min. Carlos Britto, 2.4.2008.** (ADI-3330)

ADI E PROUNI – 2

Quanto ao mérito, o Min. Carlos Britto, julgou improcedente o pedido formulado. Afastou, inicialmente, a alegação de que os artigos 10 e 11 da Lei 11.096/2005 ofenderiam o inciso II do art. 146 e o § 7º do art. 195 da CF. Asseverou que o termo "isenção", contido no § 7º do art. 195 da CF, traduziria imunidade tributária, desoneração fiscal que teria como destinatárias as entidades beneficentes de assistência social que satisfizessem os requisitos estabelecidos em lei. Assim, ter-se-ia conferido à lei a força de aportar consigo as regras de configuração de determinadas entidades privadas como de beneficência no campo da assistência social, para fazerem jus a uma desoneração antecipadamente criada. Repeliu, de igual modo, a assertiva de que os dispositivos legais em causa não se limitariam a estabelecer requisitos para o gozo dessa imunidade, mas desvirtuariam o próprio conceito constitucional de "entidade beneficente de assistência social". Aduziu que a elaboração do conceito dogmático haveria de se lastrear na própria normatividade constitucional, normatividade esta que teria as entidades beneficentes de assistência social como instituições privadas que se somariam ao Estado para o desempenho de atividades tanto de inclusão e promoção social quanto de integração comunitária (CF, art. 203, III). Esclareceu que esta seria a principal razão pela qual a Constituição Federal, ao se referir às entidades de beneficência social que atuam especificamente na área de educação, tê-las-ia designado por "escolas comunitárias confessionais ou filantrópicas" (art. 213), e destacou precedentes da Corte que concluíram que a entidade do tipo beneficente de assistência social a que alude o § 7º do seu art. 195 abarcaria a de assistência educacional. Concluiu, no ponto, que a lei impugnada não teria laborado no campo material reservado à lei complementar, mas tratado apenas de erigir um critério objetivo de contabilidade compensatória da aplicação financeira em gratuidade por parte das instituições educacionais, critério que, atendido, possibilitaria o gozo integral da isenção quanto aos impostos e contribuições mencionados nessa lei. **ADI 3330/DF, rel. Min. Carlos Britto, 2.4.2008.** (ADI-3330)

ADI E PROUNI – 3

O relator, da mesma forma, reputou descabida a afirmação de que o art. 2º da Lei 11.096/2005 afrontaria o art. 5º, I e LIV, da CF. Salientando que a igualdade é valor que tem no combate aos fatores de desigualdade o seu modo próprio de realização, entendeu que a desigualação em favor dos estudantes que cursaram o ensino médio em escolas públicas e os egressos de escolas privadas que tivessem sido contemplados com bolsa integral constituiria discrímen que acompanharia *a toada* da compensação de uma anterior e factual inferioridade. Também não acolheu a tese de que o art. 7º da norma em questão violaria o princípio da autonomia universitária (CF, art. 207), visto que o PROUNI seria um programa concebido para operar por ato de adesão ou participação absolutamente voluntária. Esgrimiu, ademais, o argumento de ofensa ao princípio da livre iniciativa (CF, art. 170), ao fundamento de que este postulado já nasceria relativizado pela própria Constituição, pois a liberdade de iniciativa estaria sujeita aos limites impostos pela atividade normativa e reguladora do Estado, que se justificasse pelo objetivo maior de proteção de valores também garantidos pela ordem constitucional e reconhecidos pela sociedade como relevantes para uma existência digna, conforme os ditames da justiça social. Por fim, rechaçou o apontado desrespeito pelo art. 9º da lei em causa ao art. 5º, XXXIX, da CF, porquanto a matéria nele versada não seria de natureza penal. Frisou que o referido dispositivo elencaria as únicas sanções aplicáveis aos casos de descumprimento das obrigações, assumidas pelo estabelecimento de ensino superior, depois da assinatura do termo de adesão ao programa, sancionamento este que estaria a cargo do Ministério da Educação, ao qual incumbiria, ainda, o controle e gerenciamento do programa, por se tratar de matéria essencialmente administrativa. Após, pediu vista dos autos o Min. Joaquim Barbosa. **ADI 3330/DF, rel. Min. Carlos Britto, 2.4.2008.** (ADI-3330) (Inform. STF 500)

EMBARGOS DE DECLARAÇÃO E MODULAÇÃO DOS EFEITOS EM ADI – 1

O Tribunal iniciou julgamento de embargos de declaração opostos de decisão proferida em ação direta em que se discute o cabimento desse recurso para a modulação dos efeitos da declaração de inconstitucionalidade. Na espécie, o Tribunal declarara a inconstitucionalidade da expressão "*bem como os não-remunerados*", contida na parte final do § 1º do art. 34 da Lei 12.398/98, introduzida, por emenda parlamentar, pela Lei 12.607/99, ambas do Estado do Paraná, que incluiu os serventuários de justiça não-remunerados pelo erário no regime próprio de previdência dos servidores públicos estaduais de cargo efetivo — v. Informativo 436. O embargante alega omissão quanto à explicitação dos efeitos da declaração da inconstitucionalidade, e, salientando o prazo de vigência da referida norma, pugna pelos efeitos *ex nunc* da decisão. **ADI 2791 ED/PR, rel. Min. Gilmar Mendes, 17.3.2008.** (ADI-2791)

EMBARGOS DE DECLARAÇÃO E MODULAÇÃO DOS EFEITOS EM ADI – 2

O Min. Gilmar Mendes, relator, conheceu dos embargos e a eles deu provimento para esclarecer que a declaração de inconstitucionalidade não afeta os casos de benefícios previdenciários, aposentadorias e pensões já assegurados, assim como nas hipóteses em que o serventuário já preencheu todos os requisitos legais para a obtenção desses benefícios até a data da publicação da decisão de declaração de inconstitucionalidade, ocorrida em 23.8.2006. Entendeu que, nas hipóteses em que se reconhecesse que a declaração de inconstitucionalidade com efeitos limitados ou restritos seria uma imposição da própria Constituição, não se atribuiria valor definitivo a uma eventual omissão por parte do Tribunal. Assim, seria possível, em tese, identificar a omissão no âmbito dos embargos de declaração para os fins de explicitar a necessária limitação de efeitos da decisão de inconstitucionalidade. Afirmou que uma limitação de efeitos decorreria de algum princípio constitucional imanente, sobretudo da idéia de segurança jurídica. **ADI 2791 ED/PR, rel. Min. Gilmar Mendes, 17.3.2008.** (ADI-2791)

EMBARGOS DE DECLARAÇÃO E MODULAÇÃO DOS EFEITOS EM ADI – 3

O relator aduziu que, como regra geral, as decisões proferidas em sede de ação direta possuem efeitos *ex tunc*, sendo nulo o ato impugnado desde a sua origem, mas, excepcionalmente, poderão ter eficácia *ex nunc* quando, por razões de segurança jurídica ou de relevante interesse social, mostrar-se oportuno que seja fixado outro momento de eficácia, nos termos do art. 27 da Lei 9.868/99. Considerando que, no caso, o sistema de seguridade funcional do Estado do Paraná foi instituído pela Lei estadual 12.398/98, que estava em vigor há mais de 8 anos, e que, nesse interim, situações jurídicas foram consolidadas, reputou evidente que o princípio da segurança jurídica teria um peso incontestável, capaz de afetar o próprio princípio da nulidade absoluta da lei inconstitucional. Frisou, no ponto, que restara demonstrado nos autos que mais de 90 serventuários da justiça não remunerados pelos cofres públicos que, durante a vigência da mencionada lei, se aposentaram ou geraram pensões, terão ou já teriam tido, com a decisão da Corte, suas aposentadorias simplesmente canceladas, devendo retornar à atividade ou procurar outro tipo de recurso. **ADI 2791 ED/PR, rel. Min. Gilmar Mendes, 17.3.2008.** (ADI-2791)

EMBARGOS DE DECLARAÇÃO E MODULAÇÃO DOS EFEITOS EM ADI – 4

Em divergência, o Min. Menezes Direito conheceu dos embargos de declaração, porque tempestivos, mas os rejeitou, com base em precedentes da Corte, por não identificar omissão, visto que não se indicara, de forma expressa, na inicial da ação, a existência de pedido para a modulação de efeitos. Após os votos dos Ministros Ministros Carlos Britto, Cezar Peluso e Ellen Gracie, Presidente, que acompanhavam o voto do relator, para conhecer do recurso e provê-lo, e dos votos dos Ministros Cármen Lúcia, Ricardo Lewandowski e Marco Aurélio, que acompanhavam a divergência, conhecendo do recurso, mas rejeitando-o, por não vislumbrar omissão, o julgamento foi suspenso para colher os votos dos Ministros Joaquim Barbosa, licenciado, e Celso de Mello e Eros Grau, ausentes justificadamente. **ADI 2791 ED/PR, rel. Min. Gilmar Mendes, 17.3.2008.** (ADI-2791) (Inform. STF 499)

"AMICUS CURIAE": PROCESSO OBJETIVO DE CONTROLE DE CONSTITUCIONALIDADE E INTERESSE RECURSAL

Não são cabíveis os recursos interpostos por terceiros estranhos à relação processual nos processos objetivos de controle de constitucionalidade, nesses incluídos os que ingressam no feito na qualidade de *amicus curiae*. Com base nesse entendimento, o Tribunal, por maioria, não conheceu de embargos de declaração opostos contra acórdão proferido em ação direta de inconstitucionalidade, em que se apontava contradição entre parte dos fundamentos e a atribuição, sem ressalva, do efeito *ex nunc* à declaração de inconstitucionalidade da norma impugnada. Vencidos os Ministros Carlos Britto e Gilmar Mendes que conheciam dos embargos de declaração, reputando presente o interesse recursal, ante o fato de ter havido sustentação oral do embargante. **ADI 3615 ED/ PB, rel. Min. Cármen Lúcia, 17.3.2008.** (ADI-3615) (Inform. STF 499)

ADI E ATOS SECUNDÁRIOS

O Tribunal não conheceu de ação direta de inconstitucionalidade proposta pelo Partido Liberal contra o Provimento 758/2001, do Conselho Superior da Magistratura do Tribunal de Justiça de São Paulo, que autoriza o juiz de direito, responsável pelas atividades do Juizado a tomar conhecimento dos termos circunstanciados elaborados pelos policiais militares, desde que assinados concomitantemente por oficial da Polícia Militar, e da Resolução SSP 403/2001, prorrogada pela Resolução 517/2002, ambas do Secretário de Segurança Pública do Estado de São Paulo, que estabelece que, nas áreas que elenca, o termo circunstanciado de que trata o art. 69, da Lei 9.099/95, será elaborado pelo policial civil ou militar que primeiro tomar conhecimento da ocorrência, e exige que os termos circunstanciados feitos pela Polícia Militar sejam assinados também por oficial da Corporação. Entendeu-se que os atos normativos impugnados seriam atos secundários que se prestariam a interpretar norma contida no art. 69 da Lei 9.099/95. **ADI 2862/SP, rel. Min. Cármen Lúcia, 26.3.2008.** (ADI-2862) (Inform. STF 499)

EMENTA: FISCALIZAÇÃO NORMATIVA ABSTRATA. REVOGAÇÃO TÁCITA DE UMA DAS NORMAS LEGAIS IMPUGNADAS E MODIFICAÇÃO SUBSTANCIAL DO PARÂMETRO DE CONTROLE INVOCADO EM RELAÇÃO AOS DEMAIS DIPLOMAS LEGISLATIVOS QUESTIONADOS. HIPÓTESES DE PREJUDICIALIDADE DA AÇÃO DIRETA, QUANDO SUPERVENIENTES AO SEU AJUIZAMENTO. A NOÇÃO DE CONSTITUCIONALIDADE/INCONSTITUCIONALIDADE COMO CONCEITO DE RELAÇÃO. A QUESTÃO PERTINENTE AO BLOCO DE CONSTITUCIONALIDADE. POSIÇÕES DOUTRINÁRIAS DIVERGENTES EM TORNO DO SEU CONTEÚDO. O SIGNIFICADO DO BLOCO DE CONSTITUCIONALIDADE COMO FATOR DETERMINANTE DO CARÁTER CONSTITUCIONAL, OU NÃO, DOS ATOS ESTATAIS. IMPUGNAÇÃO GENÉRICA DEDUZIDA EM SEDE DE CONTROLE ABSTRATO. INADMISSIBILIDADE. DEVER PROCESSUAL, QUE INCUMBE AO AUTOR DA AÇÃO DIRETA, DE FUNDAMENTAR, ADEQUADAMENTE, A PRETENSÃO DE INCONSTITUCIONALIDADE. SITUAÇÃO QUE LEGITIMA O NÃO-CONHECIMENTO DA AÇÃO DIRETA. PRECEDENTES.

– **A revogação superveniente** do ato estatal impugnado, **ainda** que tácita, **faz instaurar** situação de prejudicialidade, **que provoca a extinção anômala** do processo de fiscalização abstrata de constitucionalidade. **Precedentes**.

– **Não se conhece** da ação direta, **sempre** que a impugnação nela veiculada **revelar-se destituída** de fundamentação jurídica **ou desprovida** de motivação idônea e adequada. **Em sede** de fiscalização normativa abstrata, **não se admite** impugnação **meramente genérica** de inconstitucionalidade, **tanto quanto não se permite** que a alegação de contrariedade ao texto constitucional **se apóie** em argumentos superficiais ou em fundamentação insuficiente. **Lei nº 9.868/99**, art. 4º, "*caput*". **Precedentes**.

– **A definição** do significado **de bloco de constitucionalidade** – **independentemente** da abrangência material que se lhe reconheça (a Constituição escrita **ou** a ordem constitucional global) – **reveste-se** de fundamental importância no processo de fiscalização normativa abstrata, **pois a exata qualificação conceitual** dessa categoria jurídica **projeta-se como fator determinante** do caráter constitucional, ou não, dos atos estatais contestados em face da Carta Política.

– **A superveniente alteração/supressão** das normas, valores e princípios **que se subsumem** à noção conceitual **de bloco de constitucionalidade**, por importar **em descaracterização** do parâmetro constitucional de confronto, **faz instaurar**, em sede de controle abstrato, situação configuradora **de prejudicialidade** da ação direta, **legitimando**, desse modo – **ainda** que mediante **decisão monocrática** do Relator da causa (**RTJ** 139/67) -, **a extinção anômala** do processo de fiscalização concentrada de constitucionalidade. **Doutrina**. **Precedentes**. (ADI 514/PI, rel. Min. Celso de Mello, j. em 24/03/08) (Inform. STF 499)

DESTINAÇÃO DE CUSTAS JUDICIAIS E EFEITO REPRISTINATÓRIO DAS DECISÕES NO CONTROLE ABSTRATO – 3

Em conclusão de julgamento, o Tribunal, por maioria, atribuiu, à declaração de inconstitucionalidade da "Tabela J" do anexo da Lei 1.936/98, na sua redação vigente, dada pela Lei 3.002/2005, e na sua redação original, e do art. 53 e da Tabela V da Lei 1.135/91, todas do Estado de Mato Grosso do Sul, efeitos a partir da EC 45/2004 — v. Informativo 472. Vencidos, no ponto, os Ministros Marco Aurélio e Joaquim Barbosa, que aplicavam efeitos *ex tunc*. **ADI 3660/MS, rel. Min. Gilmar Mendes, 13.3.2008.** (ADI-3660) (Inform. STF 498)

AÇÃO RESCISÓRIA E ENUNCIADO 343 DA SÚMULA DO STF – 1

Por não vislumbrar obscuridade, contradição ou omissão (CPC, art. 535), o Tribunal rejeitou embargos de declaração opostos contra acórdão da 2ª Turma que, afastando a aplicação ao caso do Enunciado 343 da Súmula do STF ("*Não cabe ação rescisória por ofensa a literal disposição de lei, quando a decisão rescindenda se tiver baseado em texto legal de interpretação controvertida nos tribunais.*"), por se tratar de matéria constitucional, dera provimento a recurso extraordinário para que o Tribunal *a quo* apreciasse ação rescisória fundamentada no art. 5º, XXXVI, da CF, na qual invocada a não violação do direito adquirido ao reajuste salarial referente à URP de fevereiro de 1989 (26,05%) e ao IPC de junho de 1987 (26,06%). Preliminarmente, o Tribunal, por maioria, conheceu dos embargos declaratórios, ficando vencido, no ponto, o Min. Marco Aurélio que deles não conhecia por considerar que o órgão competente para julgá-los seria a 2ª Turma e não o Plenário. Em seguida, o Tribunal reportou-se ao que decidido no julgamento do RE 298694/SP (DJU de 23.4.2004), no sentido de que o Supremo não estaria restrito ao exame dos dispositivos alegados pelo recorrente, ao apreciar o apelo extremo. **RE 328812 ED/AM, rel. Min. Gilmar Mendes, 6.3.2008.** (RE-328812)

AÇÃO RESCISÓRIA E ENUNCIADO 343 DA SÚMULA DO STF – 2

No que tange à apontada inaplicabilidade do citado verbete, asseverou-se ser preciso que o mesmo fosse revisto pela Corte, e referiu-se, especificamente, aos processos que identificam matéria contraditória à época da discussão originária, questão constitucional, e, ainda, jurisprudência supervenientemente fixada em favor da tese do interessado. Aduziu-se não ser possível deixar de afastar o referido enunciado, nessas hipóteses, como medida de instrumentalização da força normativa da Constituição. Enfatizando a necessidade de se ponderar acerca do papel da ação rescisória em nosso sistema jurídico, afirmou-se que esse instituto seria uma última via de correção para o sistema judicial, sendo que, no âmbito específico do inciso V do art. 485 do CPC, o objetivo imediato seria o de garantir a máxima eficácia da ordem legislativa em sentido amplo. Considerou-se que, nas hipóteses em que o Supremo fixa a correta interpretação de uma norma infraconstitucional, com o escopo de ajustá-la à ordem constitucional, a violação a essa interpretação, isto é, a contrariedade à lei definitivamente interpretada pela Corte em face da Constituição enseja o uso da ação rescisória. Esclareceu-se, no ponto, que, quando uma decisão do Tribunal estabelece uma interpretação constitucional, entre outros aspectos está o Judiciário explicitando os conteúdos possíveis da ordem normativa infraconstitucional em face daquele parâmetro maior que é a Constituição, o que não se confunde com a solução de divergência relativa à interpretação de normas no plano infraconstitucional. **RE 328812 ED/AM, rel. Min. Gilmar Mendes, 6.3.2008.** (RE-328812)

AÇÃO RESCISÓRIA E ENUNCIADO 343 DA SÚMULA DO STF – 3

Ressaltou-se que negar a via da ação rescisória para fins de fazer valer a interpretação constitucional do Supremo implicaria admitir uma violação muito mais grave à ordem normativa, pois a afronta se dirigiria a uma interpretação que poderia ser tomada como a própria interpretação constitucional feita. Assim, nesse ponto, a rescisória adquiriria uma feição que melhor realizaria o princípio da isonomia, haja vista que, se por um lado a rescisão de uma sentença representaria fator de instabilidade, por outro não se poderia negar que uma aplicação assimétrica de uma decisão do Supremo em matéria constitucional produzisse instabilidade maior, já que representaria uma violação a um referencial normativo que daria sustentação a todo o sistema, o que não seria equiparável a uma aplicação divergente da legislação infraconstitucional. Dessa forma, a melhor linha de interpretação do instituto da rescisória seria a que privilegiasse a decisão desta Corte em matéria constitucional e, tendo em conta o objetivo da ação rescisória, especialmente o descrito no inciso V do art. 485 do CPC, não haveria dificuldades em se admitir a rescisória em casos como o em exame, isto é, casos em que o pedido de revisão da coisa julgada se fundasse em violação às decisões definitivas desta Corte em matéria constitucional. **RE 328812 ED/AM, rel. Min. Gilmar Mendes, 6.3.2008.** (RE-328812)

AÇÃO RESCISÓRIA E ENUNCIADO 343 DA SÚMULA DO STF – 4

Frisou-se que a aplicação do Enunciado 343 da Súmula do STF em matéria constitucional seria afrontosa não só à força normativa da Constituição, mas também ao princípio da máxima efetividade da norma constitucional, além do que significaria fortalecer as decisões das instâncias ordinárias em detrimento das decisões do Supremo. Sustentando, por fim, não ser possível desconsiderar o atual contexto da demora na tramitação das questões que chegam ao Supremo em recurso extraordinário, concluiu-se que a interpretação restritiva criaria uma inversão no exercício da interpretação constitucional, pois a interpretação dos demais tribunais e dos juízes de 1ª instância assumiria um significado mais relevante do que o pronunciamento desta Corte. O Min. Menezes Direito fez observação no sentido da necessidade de se consagrar essa orientação em súmula para sua eficácia em relação às instâncias ordinárias e aos tribunais superiores, no que foi seguido pelos Ministros Cármen Lúcia e Ricardo Lewandowski. Outros precedentes citados: AI 460439 AgR/DF (DJU de 9.3.2007); RE 89108/GO (DJU de 19.12.80); RE 101114/SP (DJU de 10.2.84); RE 103880/SP (DJU de 22.2.85); AR 1572/RJ (DJU de 21.9.2007). **RE 328812 ED/AM, rel. Min. Gilmar Mendes, 6.3.2008.** (RE-328812) (Inform. STF 497)

ADPF E LEI DE IMPRENSA

O Tribunal, por maioria, referendou liminar deferida em argüição de descumprimento de preceito fundamental ajuizada pelo Partido Democrático Trabalhista – PDT para o efeito de suspender a vigência da expressão "*a espetáculos de diversões públicas, que ficarão sujeitos à censura, na forma da lei, nem*", contida na parte inicial do § 2º do art. 1º; do § 2º do art. 2º; da íntegra dos artigos 3º, 4º, 5º, 6º e 65; da expressão "*e sob pena de* decadência deverá ser proposta dentro de 3 meses da data da publicação ou transmissão que lhe der causa", constante da parte final do art. 56; dos §§ 3º e 6º do art. 57; dos §§ 1º e 2º do art. 60; da íntegra dos artigos 61, 62, 63 e 64; dos artigos 20, 21, 22 e 23; e dos artigos 51 e 52, todos da Lei 5.250/67 (Lei de Imprensa). Preliminarmente, tendo em conta o princípio da subsidiariedade, o Tribunal, também por maioria, conheceu da ação. Vencido, no ponto, o Min. Marco Aurélio, que não a conhecia por reputar inadequada a argüição. No mérito, entendeu-se configurada a plausibilidade jurídica do pedido, haja vista que o diploma normativo impugnado não pareceria serviente do padrão de democracia e de imprensa vigente na Constituição de 1988 (CF, artigos 1º; 5º, IV, V, IX e XXXIII e 220, *caput* e § 1º). Considerou-se, ademais, presente o perigo na demora da prestação jurisdicional, afirmando-se não ser possível perder oportunidade de evitar que eventual incidência da referida lei, de nítido viés autoritário, colidisse com aqueles valores constitucionais da democracia e da liberdade de imprensa. Vencidos, em parte, os Ministros Menezes Direito, Eros Grau e Celso de Mello, que, desde logo, suspendiam a vigência de toda a Lei 5.250/67, autorizando a aplicação da legislação ordinária de direito civil e de direito penal, e o Min. Marco Aurélio, que negava referendo à liminar. O Tribunal, empregando por analogia o art. 21 da Lei 9.868/99, estabeleceu o prazo de 180 dias, a contar da data da sessão, para retorno do feito para o julgamento de mérito. **ADPF 130 MC/DF, rel. Min. Carlos Britto, 27.2.2008.** (ADPF-130) (Inform. STF 496)

ADI E SISTEMA DE CONTA ÚNICA DE DEPÓSITOS JUDICIAIS E EXTRAJUDICIAIS

O Tribunal julgou procedente pedido formulado em ação direta ajuizada pelo Conselho Federal da Ordem dos Advogados do Brasil – OAB para declarar a inconstitucionalidade da Lei 15.010/2004, do Estado de Goiás, que dispõe sobre o Sistema de Conta Única e Depósitos Judiciais e Extrajudiciais no âmbito estadual, estabelecendo que serão efetuados em conta única administrada pelo Tesouro Estadual os depósitos judiciais e extrajudiciais, feitos em dinheiro, decorrentes de processos judiciais ou administrativos, bem como os rendimentos de aplicações dos saldos de depósito no mercado financeiro. En-tendeu-se haver vício de iniciativa, já que o projeto de lei teria sido deflagrado pelo Governador, não estando a matéria tratada na lei entre as previstas no art. 61, § 1º, da CF. Além disso, vislumbrou-se vício material, porquanto, assim como a iniciativa legislativa, no que tange à criação de conta única de depósitos judiciais e extrajudiciais, caberia ao Poder Judiciário, a ele caberia também a administração e os rendimentos referentes a essa conta. Os Ministros Carlos Britto, Cezar Peluso, Gilmar Mendes e Marco Aurélio julgaram procedente o pedido por fundamentação diversa. Tendo em conta a vigência da lei desde 2002, aplicou-se, por maioria, modulação para dar efetividade à decisão apenas 60 dias após a publicação do acórdão, tempo hábil à organização do Estado de Goiás no que se refere ao recolhimento das custas judiciais e extrajudiciais.Vencido, no ponto, o Min. Marco Aurélio, que não modulava os efeitos. **ADI 3458/GO, rel. Min. Eros Grau, 21.2.2008.** (ADI-3458) (Inform. STF 495)

ADI E VENDA DE AÇÕES DO BANERJ

Convalidando a medida cautelar deferida, o Tribunal julgou procedente pedido formulado em ação direta ajuizada pelo Governador do Estado do Rio de Janeiro, para declarar a inconstitucionalidade do art. 364, *caput* e parágrafo único, da Constituição estadual, com a renumeração determinada pelos artigos 1º e 2º da EC estadual 4/91, que vedou a alienação das ações ordinárias nominativas, representativas do controle acionário do Banco do Estado do Rio de Janeiro – BANERJ e atribuiu, em caráter exclusivo, a essa instituição financeira a arrecadação de impostos, taxas, contribuições e demais receitas do Estado e dos órgãos vinculados à administração direta e indireta, bem como os respectivos pagamentos a terceiros. Salientou-se que, com base no deferimento da medida cautelar pelo Supremo, suspendendo a eficácia dos dispositivos, em 1995, teria sido editada a lei que autorizou a venda dessas ações e realizado o leilão das mesmas em 1997, não existindo mais, portanto, sequer o objeto da ação. **ADI 1348/RJ, rel. Min. Cármen Lúcia, 21.2.2008.** (ADI-1348) (Inform. STF 495)

ADI E SUFRÁGIO UNIVERSAL

O Tribunal concedeu medida cautelar em ação direta de inconstitucionalidade ajuizada pelo Partido Humanista da Solidariedade – PHS para suspender a eficácia do art. 13 da Resolução 124/2008 que, dispondo sobre a regulamentação de eleição extemporânea no Município de Caldas Novas/GO, determina que "*participarão da eleição de que trata esta resolução os eleitores do Município de Caldas Novas que se encontravam aptos a votar no pleito de 3 de outubro de 2004, desde que estes também estejam aptos no cadastro de eleitores deste município na data de 21 de janeiro de 2008*". Entendeu-se que, em princípio, a resolução questionada teria limitado o grupo de eleitores, em ofensa ao art. 14 da CF, que estabelece que a soberania popular será exercida pelo sufrágio universal e pelo voto direto e secreto, com valor igual para todos, e, nos termos da lei, mediante: I – plebiscito; II – referendo e III – iniciativa popular. **ADI 4018 MC/GO, rel. Min. Eros Grau, 13.2.2008.** (ADI-4018) (Inform. STF 494)

RECLAMAÇÃO: DEFERIMENTO DE LIMINAR EM ADI E EFEITO VINCULANTE - 1

O Tribunal iniciou julgamento de agravo regimental interposto contra decisão proferida em outro agravo regimental que negara seguimento a reclamação ajuizada pela Fundação Universidade de Brasília - FUB, na qual se alega ofensa à autoridade da decisão do Supremo de indeferimento da liminar na ADI 1104 MC/DF (DJU de 12.5.95). Discute-se, na ação direta, a constitucionalidade da Lei distrital 464/93, que isentou as entidades assistenciais e beneficentes, declaradas de utilidade pública, das taxas e tarifas referentes ao fornecimento de água e energia elétrica. Na espécie, a reclamante impugna decisões proferidas por juiz da 9ª Vara Federal da Seção Judiciária do DF que julgara improcedentes ação declaratória de isenção tributária e ação cautelar inominada por ela propostas contra a CEB, e procedente ação de cobrança movida em seu desfavor, tendo em conta o pronunciamento do TJDF, nos autos de mandado de segurança, no qual declarada a inconstitucionalidade da referida lei, bem como em razão de o Supremo ainda não ter apreciado o mérito da aludida ADI. **Rcl 2121 AgR-AgR/DF, rel. Min. Eros Grau, 2.2.2005. (Rcl-2121)**

RECLAMAÇÃO: DEFERIMENTO DE LIMINAR EM ADI E EFEITO VINCULANTE - 2

O Min. Eros Grau, relator, não conheceu do regimental em face da ausência de impugnação ao fundamento central da decisão agravada, qual seja, a de que o efeito vinculante é conferido pela Lei 9.868/99 somente às decisões concessivas de medida liminar. Ressaltou, ainda, que o pedido da reclamação volta-se contra a sentença proferida pelo juízo federal e não contra o acórdão do TJDF, que transitara em julgado em data anterior ao ajuizamento da reclamatória, havendo de incidir, no caso, o Enunciado da Súmula 734 da Corte ("Não cabe reclamação quando já houver transitado em julgado o ato judicial que se alega tenha desrespeitado decisão do Supremo Tribunal Federal."). Em divergência, o Min. Nelson Jobim, deu provimento ao agravo para restaurar a decisão pela qual deferira a liminar na reclamação para suspender a eficácia das decisões proferidas pelo juízo federal, ao fundamento de que, com o indeferimento da liminar na ADI, há a presunção da constitucionalidade da lei impugnada, considerado o reconhecimento da implausibilidade do pedido formulado. O julgamento foi suspenso com o pedido de vista do Min. Gilmar Mendes. **Rcl 2121 AgR-AgR/DF, rel. Min. Eros Grau, 2.2.2005. (Rcl-2121)**

RECLAMAÇÃO: DEFERIMENTO DE LIMINAR EM ADI E EFEITO VINCULANTE – 3

O Tribunal, por maioria, julgou prejudicada reclamação ajuizada pela Fundação Universidade de Brasília – FUB, na qual se alegava ofensa à autoridade da decisão do Supremo de indeferimento da liminar na ADI 1104 MC/DF (DJU de 12.5.95), na qual se discutia a constitucionalidade da Lei distrital 464/93, que isentou as entidades assistenciais e beneficentes, declaradas de utilidade pública, das taxas e tarifas referentes ao fornecimento de água e energia elétrica. Na espécie, impugnavam-se decisões de 1ª instância que declararam a inconstitucionalidade da referida lei. Considerou-se ter havido perda do objeto da referida ADI, em face da revogação da lei impugnada pela Lei distrital 3.588/2005, restando insubsistente a medida cautelar cuja autoridade se pretendia garantir. Vencido o Min. Nelson Jobim, que dava provimento ao agravo. **Rcl 2121 AgR-AgR/DF, rel. Min. Eros Grau, 13.2.2008.** (RCL-2121)

RECLAMAÇÃO: DEFERIMENTO DE LIMINAR EM ADI E EFEITO VINCULANTE – 4

O Min. Gilmar Mendes, em voto-vista, apresentou reservas quanto à decisão agravada, consignadas como *obiter dictum*. Aduziu, na linha do voto do Min. Nelson Jobim, haver casos em que, o Tribunal, ao indeferir a cautelar, enfatizaria, ou quase, a não-plausibilidade da impugnação; e outros em que exporia apenas razões formais. Asseverou que, na primeira hipótese, seria possível justificar a reclamação, enquanto que, na segunda, o argumento seria mais tênue, ante a ausência de manifestação substancial do Tribunal sobre o conteúdo da norma. Afirmou, não obstante, que em ambas as situações poderiam ocorrer conflitos negativos para a segurança jurídica, com pronunciamentos contraditórios por parte de instâncias judiciais diversas. Concluiu, assim, que, em casos similares de indeferimento de liminar em ADI com possibilidade de repercussão nas instâncias ordinárias, seria pertinente adotar fórmula semelhante à prevista no art. 21 da Lei 9.868/99 ("*O Supremo Tribunal Federal... poderá deferir pedido de medida cautelar na ação declaratória de constitucionalidade, consistente na determinação de que os juízes e os Tribunais suspendam o julgamento dos processos que envolvam a aplicação da lei ou do ato normativo objeto da ação até seu julgamento definitivo.*"), para a ação declaratória de constitucionalidade. Asseverou, por fim, que a vantagem técnica dessa fórmula seria a de que ela alcançaria resultado equivalente, quanto à segurança jurídica, sem afirmar, em princípio, o efeito vinculante da decisão provisória proferida pelo Tribunal em sede de cautelar. **Rcl 2121 AgR-AgR/DF, rel. Min. Eros Grau, 13.2.2008.** (RCL-2121) (Inform. STF 494)

ADI E REGIME JURÍDICO DE SERVIDORES PÚBLICOS MILITARES

Por entender usurpada a iniciativa reservada ao Chefe do Poder Executivo para instauração do processo legislativo em tema concernente à definição do regime jurídico dos servidores públicos militares (CF, art. 61, § 1º, II, f), de observância obrigatória pelos Estados-membros, o Tribunal julgou procedente pedido formulado em ação direta ajuizada pelo Governador do Estado do Rio de Janeiro para declarar a inconstitucionalidade da Emenda Constitucional 2/91, à Constituição estadual, de origem parlamentar, que, incluindo um parágrafo único no art. 92 desta, assegurou direitos aos servidores militares e estabeleceu que a sua regulamentação seria feita por lei de iniciativa do Executivo. **ADI 858/RJ, rel. Min. Ricardo Lewandowski, 13.2.2008.** (ADI-858) (Inform. STF 494)

ADI E VÍCIO MATERIAL – 1

O Tribunal julgou parcialmente procedente pedido formulado em ação direta ajuizada pelo Procurador-Geral da República contra diversos artigos inseridos na Constituição do Estado do Ceará. Inicialmente, não se conheceu da ação quanto ao art. 25 do Ato das Disposições Constitucionais Transitórias, em razão de sua declaração de inconstitucionalidade no julgamento da ADI 289/CE (DJU de 16.3.2007). Em seguida, julgou-se prejudicado o pedido em relação aos artigos 33, §§ 1º e 2º, e 42, *caput* e § 1º, submetidos a alteração substancial pelas Emendas Constitucionais 6/91 e 47/2001. Relativamente aos §§ 6º a 8º do art. 37, considerou-se, por maioria, não prejudicado o pedido, tendo em conta a inexistência de alteração substancial da norma de parâmetro (CF, art. 29, V), ficando vencidos, no ponto, os Ministros Menezes Direito, Cármen Lúcia, Cezar Peluso e Gilmar Mendes. **ADI 307/CE, rel. Min. Eros Grau, 13.2.2008.** (ADI-307)

ADI E VÍCIO MATERIAL – 2

Por vislumbrar afronta ao princípio da autonomia municipal, declarou-se a inconstitucionalidade do art. 30, que impõe aos Municípios o encargo de transportar da zona rural para a sede do Município, ou Distrito mais próximo, alunos carentes matriculados a partir da 5ª série do ensino fundamental, bem como do § 3º do art. 35, que dispõe que as Câmaras Municipais funcionarão em prédio próprio ou público, independentemente da sede do Poder Executivo. Reputaram-se inconstitucionais, da mesma forma, os §§ 6º a 8º do art. 37 — que tratam da remuneração, composta por subsídio e representação, do Prefeito —, também por ofensa ao princípio da autonomia municipal, e o § 9º desse mesmo dispositivo, que proíbe que o Prefeito se ausente por mais de 10 dias, sem prévia licença da Câmara Municipal, em face do desrespeito ao art. 49, III, da CF, de observância obrigatória pelos Estados-membros, que impõe a autorização legislativa somente nos casos em que o Chefe do Executivo se ausente por prazo superior a 15 dias. Reconheceu-se, ainda, a inconstitucionalidade do § 2º do art. 38, que prevê que o Vice-Prefeito, ocupante de cargo ou emprego no Estado ou Município, ficará, automaticamente, à disposição da respectiva municipalidade, enquanto perdurar a condição de Vice-Prefeito, sem prejuízo dos salários e demais vantagens, ao fundamento de colisão com o art. 38, III, da CF, que estabelece uma única hipótese de acumulação, no que se refere aos Vereadores. Por fim, declarou-se a inconstitucionalidade do § 3º desse mesmo art. 38, por violação ao princípio da autonomia municipal. Quanto ao art. 20, V, que veda ao Estado e aos Municípios atribuir nome de pessoa viva a avenida, praça, rua, logradouro, ponte, reservatório de água, viaduto, praça de esporte, biblioteca, hospital, maternidade, edifício público, auditórios, cidades e salas de aula, o Tribunal, julgou o pedido improcedente, por reputá-lo compatível com o princípio da impessoalidade (CF, art. 37, *caput* e § 1º). **ADI 307/CE, rel. Min. Eros Grau, 13.2.2008.** (ADI-307) (Inform. STF 494)

SUSPENSÃO DE LIMINAR E CONTROLE ABSTRATO DE CONSTITUCIONALIDADE - 1

O Tribunal iniciou julgamento de agravo regimental interposto contra decisão que negara seguimento a pedido de suspensão de liminar deferida, pelo Tribunal de Justiça do Estado de Minas Gerais, em ação direta de inconstitucionalidade ajuizada contra a Emenda 17/2004, que alterou dispositivos da Lei Orgânica do Município de Jacutinga-MG, passando a exigir a participação do Poder Legislativo municipal em matérias administrativas. A Min. Ellen Gracie, presidente, manteve os fundamentos da decisão agravada no sentido de ser incabível medida de contracautela em processo objetivo e de que o pedido formulado tem natureza de recurso. Asseverou a orientação fixada pelo Tribunal de que o disposto no art. 4º da Lei 8.437/92 se dirige a direitos subjetivos, não sendo aplicável em controle abstrato de constitucionalidade, já que este se desenvolve num processo objetivo, destinado à defesa da ordem jurídico-constitucional. Acrescentou que, quando a aludida lei quis cuidar de liminar concedida em processo objetivo, expressamente o fez na hipótese específica da ação popular e, em certos casos, nas ações civis públicas (Lei 8.437/92, artigos 1º, § 2º; 2º e 4º, § 1º). Após, o julgamento foi suspenso com o pedido de vista do Min. Gilmar Mendes. **SL 73 AgR/MG, rel. Min. Ellen Gracie, 3.8.2006. (SL-73)**

SUSPENSÃO DE LIMINAR E CONTROLE ABSTRATO DE CONSTITUCIONALIDADE – 2

O Tribunal retomou julgamento de agravo regimental interposto contra decisão que negara seguimento a pedido de suspensão de liminar deferida, pelo Tribunal de Justiça do Estado de Minas Gerais, em ação direta de inconstitucionalidade ajuizada contra a Emenda 17/2004, que alterou dispositivos da Lei Orgânica do Município de Jacutinga-MG, passando a exigir a participação do Poder Legislativo municipal em matérias administrativas — v. Informativo 434. O Min. Gilmar Mendes, em voto-vista, manifestou-se pela prejudicialidade do agravo regimental, ante a perda do objeto, tendo em conta a apreciação do mérito da mencionada ADI pela Corte Superior do TJMG, não mais subsistindo, assim, a medida cautelar atacada. Antes, entretanto, teceu considerações acerca da admissibilidade do pedido de suspensão de liminar concedida em ação direta de inconstitucionalidade estadual, nos termos do art. 4º da Lei 8.437/92. Asseverou, no ponto, que não se justificaria o óbice ao uso da suspensão de liminar instituída por essa lei, seja pela possibilidade de repercussão da decisão estadual no âmbito federal, seja pelo cabimento de recurso extraordinário contra acórdão proferido no processo objetivo. Ressaltou que, em precedentes aplicáveis à espécie, o Tribunal teria concedido efeito suspensivo ao recurso extraordinário interposto contra acórdão que julgou ação direta de inconstitucionalidade no âmbito estadual, como também acolhido pedido de suspensão de liminar deferida por Tribunal de Justiça dos Estados em ADI proposta perante as Cortes Estaduais. Após, o julgamento foi adiado. **SL 73 AgR/MG, rel. Min. Ellen Gracie, 14.2.2008.** (SL-73) (Inform. STF 494)

EMENTA: AÇÃO DIRETA DE INCONSTITUCIONALIDADE. ART. 39 DA LEI N. 10.741, DE 1º DE OUTUBRO DE 2003 (ESTATUTO DO IDOSO), QUE ASSEGURA GRATUIDADE DOS TRANSPORTES PÚBLICOS URBANOS E SEMI-URBANOS AOS QUE TÊM MAIS DE 65 (SESSENTA E CINCO) ANOS. DIREITO CONSTITUCIONAL. NORMA CONSTITUCIONAL DE EFICÁCIA PLENA E APLICABILIDADE IMEDIATO. NORMA LEGAL QUE REPETE A NORMA CONSTITUCIONAL GARANTIDORA DO DIREITO. IMPROCEDÊNCIA DA AÇÃO.

1. O art. 39 da Lei n. 10.741/2003 (Estatuto do Idoso) apenas repete o que dispõe o § 2º do art. 230 da Constituição do Brasil. A norma constitucional é de eficácia plena e aplicabilidade imediata, pelo que não há eiva de invalidade jurídica na norma legal que repete os seus termos e determina que se concretize o quanto constitucionalmente disposto.

2. Ação direta de inconstitucionalidade julgada improcedente. (ADI 3768/DF, rel. Min. Carmen Lúcia, DJU 26.10.2007) (Inform. STF 487)

ADPF E PLANO REAL - 1

O Tribunal iniciou julgamento de medida cautelar em argüição de descumprimento de preceito fundamental ajuizada pela Confederação Nacional do Sistema Financeiro - CONSIF, deferida pelo Min. Sepúlveda Pertence, *ad referendum* do Plenário, para determinar a suspensão dos processos em curso nos quais se questione a constitucionalidade ou não do art. 38, da Lei 8.880/94, que instituiu o Plano Real ("*Art. 38. O cálculo dos índices de correção monetária, no mês em que se verificar a emissão do Real de que trata o art. 3º desta lei, bem como no mês subseqüente, tomará por base preços em Real, o equivalente em URV dos preços em cruzeiros reais, e os preços nominados ou convertidos em URV dos meses imediatamente anteriores, segundo critérios estabelecidos em lei.*"). O Min. Menezes Direito, relator, referendou a medida cautelar, por entender plausível a demanda tal como posta. Considerou que a tradição inflacionária do Brasil tem motivado múltiplas discussões judiciais a respeito da correção monetária, e que o Supremo já teve de enfrentar a constitucionalidade de diversos planos econômicos, examinando a perspectiva do direito adquirido e do ato jurídico perfeito. Registrou que a Corte, em inúmeros precedentes, no que concerne à apreciação dessas circunstâncias, sempre tem assentado que a correção do valor da moeda no trânsito de um estado para outro não afronta nem o direito adquirido nem o ato jurídico perfeito, e afirmou que seria até mesmo, no plano do direito natural, uma contradita à natureza das coisas se não se pudesse admitir, no padrão monetário, uma regra de trânsito que atingisse exatamente o ato jurídico que foi antes constituído, no que diz respeito especificamente à natureza da moeda de curso forçado no país. Reputou, ainda, ser necessária a medida cautelar, por não se poderem aferir as conseqüências de um plano econômico com decurso de longo tempo e que vinha se mostrando com razoável aplicação. Por fim, referiu-se a embargos de declaração opostos à decisão, em que questionado o alcance da ação rescisória dentro da cautela deferida em ADPF. No ponto, afirmou que as ações rescisórias em curso seriam alcançadas pela cautela deferida na ADPF, e que, somente depois de decorrido o prazo para o ajuizamento da ação rescisória, é que se poderia mencionar a definitividade de uma determinada decisão judicial, já que antes seria possível a reforma da decisão rescindenda. ADPF 77 MC/DF, rel. Min. Menezes Direito, 24.10.2007. (ADPF-77)

ADPF E PLANO REAL - 2

Em seguida, o Min. Marco Aurélio suscitou preliminar quanto ao cabimento da ADPF, e, adiantando voto, não conheceu da argüição, mas recebeu a ação como declaratória de constitucionalidade, por não vislumbrar a premissa indispensável a cogitar-se da ADPF tal como definida no art. 1º da Lei 9.882/99, haja vista que o poder público não teria praticado ato a alcançar, de imediato, uma lesão a preceito fundamental. Asseverou, ademais, estar-se diante de preceito cujos efeitos não estariam exauridos. O Min. Carlos Britto o acompanhou, em parte, apenas para não conhecer da argüição. O Min. Menezes Direito, relator, conheceu da argüição, no que foi acompanhado pelos Ministros Gilmar Mendes, Cármen Lúcia, Ricardo Lewandowski, Eros Grau e Joaquim Barbosa, e reafirmou os fundamentos expendidos pelo Min. Sepúlveda Pertence acerca do tema, no sentido de que o alcance da controvérsia a respeito se cingiria ao fato de datar o ajuizamento da petição inicial de 24.7.2005, quando, vigente a Emenda Constitucional 41/2004, já se ampliara a todos os legitimados para a ação direta de inconstitucionalidade o poder para a propositura seja da ADPF, seja da ADC, e de, na mesma petição, ter-se requerido o eventual recebimento como ADC da ADPF proposta. Acrescentou que, no caso, em razão de o referido art. 38 da lei em discussão ter sua eficácia exaurida no final de agosto de 1994, não caberia nem ADI nem ADC. O Min. Gilmar Mendes, além desses aspectos, ressaltou que a formulação do art. 1º da Lei 9.882/99 seria ampla ao dizer que a argüição prevista no § 1º do art. 102 da CF será proposta perante o STF e terá por objeto evitar ou reparar lesão a preceito fundamental resultante de ato do poder público, ou seja, poderia caber ADPF em relação a ato do poder Judiciário, Executivo ou Legislativo. Quanto à subsidiariedade, fez menção a precedentes da Corte em que se assentou que a subsidiariedade fundamentalmente se dá entre processos de índole objetiva. Após, pediu vista dos autos o Min. Cezar Peluso. ADPF 77 MC/DF, rel. Min. Menezes Direito, 24.10.2007. (ADPF-77) (Inform. STF 485)

ART. 27 DA LEI 9.868/99 E SUSPENSÃO DE JULGAMENTO

Na sessão de 27.9.2007, o Min. Gilmar Mendes suscitou questão de ordem na ação direta de inconstitucionalidade acima relatada, no sentido de se aguardar a presença do Min. Eros Grau para colher seu voto relativamente à modulação de efeitos na decisão da referida ação, ao fundamento de ser tal procedimento uma imposição lógica do art. 27 da Lei 9.868/99. Após os votos Min. Menezes Direito, que acompanhava o voto do Min. Gilmar Mendes, e dos votos dos Ministros Joaquim Barbosa, relator, e Marco Aurélio, que rejeitavam a proposição, por entenderem já concluído o julgamento, pediu vista dos autos o Min. Ricardo Lewandowski. ADI 2949/MG, rel. Min. Joaquim Barbosa, 27.9.2007. (ADI-2949) (Inform. STF 481)

AÇÃO CIVIL PÚBLICA E CONTROLE INCIDENTAL DE INCONSTITUCIONALIDADE

É legítima a utilização da ação civil pública como instrumento de fiscalização incidental de constitucionalidade, pela via difusa, de quaisquer leis ou atos do Poder Público, desde que a controvérsia constitucional não se identifique como objeto único da demanda, mas simples questão prejudicial, indispensável à resolução do litígio principal. Com base nesse entendimento, o Tribunal desproveu recurso extraordinário interposto pelo Distrito Federal, contra acórdão do STJ, em que se pretendia fosse julgado improcedente o pedido formulado em ação civil pública ajuizada pelo Ministério Público do Distrito Federal, fundada na inconstitucionalidade da Lei distrital 754/94, que regulamenta a ocupação de espaços em logradouros públicos no DF, ou fosse restabelecido o acórdão do Tribunal de Justiça do Distrito Federal e Territórios que, acolhendo a preliminar de ilegitimidade ativa do Ministério Público para a ação, extinguira o processo sem julgamento de mérito. Alegava-se, na espécie, que a ação civil pública teria sido utilizada como sucedâneo de ação direta de inconstitucionalidade. Inicialmente, o Tribunal resolveu questão de ordem suscitada pelo Min. Joaquim Barbosa, relator, no sentido de dar prosseguimento ao julgamento do recurso extraordinário, não obstante já ter sido declarada a inconstitucionalidade da Lei distrital 754/94 pelo TJDFT em ação direta lá ajuizada. Tendo em conta serem distintos o objeto da ação originária ajuizada pelo *parquet* — a prevenção e repressão de uma suposta ocupação ilícita de logradouros públicos, apresentada na forma de vários pedidos e, junto a isso, a declaração de inconstitucionalidade da referida lei — e o objeto propriamente dito do recurso extraordinário, concluiu-se não ter havido perda de objeto deste. No mérito, considerou-se que a declaração de inconstitucionalidade da lei seria apenas um dentre outros 6 pedidos formulados na ação civil, configurando-se, ademais, como uma nítida causa de pedir. RE desprovido, com determinação da baixa dos autos ao TJDFT para julgamento de mérito da ação. RE 424993/DF, rel. Min. Joaquim Barbosa, 12.9.2007. (RE-424993) (Inform. STF 479)

ADI E RESOLUÇÃO DO SENADO FEDERAL

O Tribunal resolveu questão de ordem — suscitada em ação direta ajuizada pelo Governador do Estado de São Paulo contra a Resolução 7/2007, do

Senado Federal, que suspendeu a eficária dos artigos 3º, 4º, 5º, 6º, 7º, 8º e 9º, da Leis 6.556/89, e das Leis 7.003/90, 7.646/91 e 8.207/92, todas do Estado de São Paulo —, no sentido de autorizar a Presidência do STF a prosseguir com o relatório do referendo da cautelar. Entendeu-se haver peculiaridades a recomendar que a própria Presidência do STF levasse ao crivo do Plenário os fundamentos por ela utilizados para a concessão da medida cautelar, quais sejam: de o processo que antecedera a resolução impugnada, norteado pelo art. 52, X, da CF, ter sido deflagrado por comunicações falhas, elaboradas e expedidas pela Presidência do STF, as quais contribuíram de forma decisiva para a problemática surgida com a suspensão *erga omnes*, levada a efeito pelo ato normativo contestado, da eficácia de importantes dispositivos legais referentes à cobrança de ICMS no Estado de São de Paulo, e de não ser de todo incomum o exercício pela Presidência da circunstancial relatoria de ação direta de inconstitucionalidade pelo menos para apreciação de referendo da cautelar por ela concedida. Em seguida, o Tribunal referendou a medida cautelar deferida, para suspender os efeitos da Resolução 7/2007, do Senado Federal, tão-somente com relação aos artigos 6º e 7º, da Lei 7.003/90 e aos artigos 4º, 8º, 9º, 10, 11, 12, e 13, da Lei 7.646/91, ambas do Estado de São Paulo. Considerou-se o fato de a Resolução ter suspenso a eficácia integral desses diplomas, quando o Tribunal declarara, *incidenter tantum*, apenas sua inconstitucionalidade parcial, na parte que tratou da prorrogação da majoração da alíquota fulminada. ADI 3929 QO-MC/DF, rel. Min. Ellen Gracie, 29.8.2007. (ADI-3929) (Inform. STF 477)

EMENTA: RECLAMAÇÃO. PRETENDIDA SUBMISSÃO DO PODER LEGISLATIVO AO EFEITO VINCULANTE QUE RESULTA **DO JULGAMENTO**, PELO SUPREMO TRIBUNAL FEDERAL, **DOS PROCESSOS** DE FISCALIZAÇÃO **ABSTRATA** DE CONSTITUCIONALIDADE. **INADMISSIBILIDADE**. CONSEQÜENTE **POSSIBILIDADE** DE O LEGISLADOR **EDITAR** LEI **DE CONTEÚDO IDÊNTICO** AO **DE OUTRO** DIPLOMA LEGISLATIVO **DECLARADO** INCONSTITUCIONAL, **EM SEDE** DE CONTROLE ABSTRATO, PELA SUPREMA CORTE. **INVIABILIDADE DE UTILIZAÇÃO**, NESSE CONTEXTO, DO INSTRUMENTO PROCESSUAL DA RECLAMAÇÃO **COMO SUCEDÂNEO** DE RECURSOS **E** AÇÕES JUDICIAIS EM GERAL. **RECLAMAÇÃO NÃO CONHECIDA**.

- **O efeito vinculante e a eficácia contra todos** ("*erga omnes*"), **que qualificam** os julgamentos que o Supremo Tribunal Federal **profere** em sede de controle normativo abstrato, **incidem**, **unicamente**, sobre **os demais** órgãos do Poder Judiciário **e** os do Poder Executivo, **não se estendendo**, porém, **em tema** de produção normativa, **ao legislador**, **que pode**, em conseqüência, **dispor**, em **novo** ato legislativo, sobre **a mesma** matéria versada em legislação **anteriormente** declarada inconstitucional pelo Supremo, **ainda** que no âmbito de processo de fiscalização concentrada de constitucionalidade, **sem** que tal conduta importe em desrespeito à autoridade das decisões **do STF**. **Doutrina**. **Precedentes**. **Inadequação**, em tal contexto, **da utilização** do instrumento processual da reclamação. (Rcl 5442 MC/PE, rel. Min. Celso de Mello, 31.8.2007) (Inform. STF 477)

ADI E LEI 9.868/99 - 1

O Tribunal iniciou julgamento de duas ações diretas de inconstitucionalidade parcial omissiva e positiva ajuizadas pela Confederação Nacional das Profissões Liberais - CNPL e pelo Conselho Federal da Ordem dos Advogados do Brasil - OAB contra dispositivos da Lei 9.868/99, que dispõe sobre o processo e julgamento da ação direta de inconstitucionalidade - ADI e da ação declaratória de constitucionalidade - ADC perante o Supremo Tribunal Federal. Preliminarmente, o Tribunal rejeitou a alegação de ilegitimidade ativa da CNPL, por entender que a legitimação em tese para a ação direta conferida às confederações sindicais e entidades nacionais de classe, na medida em que as inclui no rol dos sujeitos do processo de controle abstrato de constitucionalidade, constitui prerrogativa, cujo exercício e cuja defesa se inserem, por si mesmos, no âmbito dos fins institucionais da corporação, não havendo, assim, como negar a relação de pertinência entre estes fins e o questionamento da higidez constitucional da lei que dispõe sobre o processo de ação direta e, por conseguinte, o exercício da prerrogativa constitucional de sua instauração. ADI 2154/DF e ADI 2258/DF, rel. Min. Sepúlveda Pertence, 14.2.2007. (ADI-2154) (ADI-2258)

ADI E LEI 9.868/99 - 2

Em seguida, o Min. Sepúlveda Pertence, relator, afastou a argüição de inconstitucionalidade parcial por omissão que seria resultante do veto do Presidente da República aos artigos 17 e 18, §§ 1º e 2º, da Lei 9.868/99, os quais previam a ciência, por publicação de edital no Diário da Justiça e no Diário Oficial, da propositura da ADC, e possibilitavam que os legitimados para a ADI nela interviessem. O relator afirmou que a alegação de que o veto opusera embargos à conversão em lei da possibilidade de intervenção, implicando afronta à garantia constitucional do contraditório e da ampla defesa, fora superada pela decisão do Tribunal no julgamento da ADC 1 QO/DF (DJU de 16.6.95), na qual se concluíra pela constitucionalidade da instituição da ADC pela EC 3/93, mesmo sem facultar a referida intervenção, ao fundamento de ser esta desnecessária, tendo em conta a possibilidade de propositura da ADI contra a mesma norma pelos seus legitimados, com a reunião dos processos para julgamento conjunto. Assim, o veto não inovara na ordem jurídica, mas mantivera o *status quo ante*, que o STF legitimara. Quanto a esse tópico, a Min. Cármen Lúcia pediu vista dos autos. ADI 2154/DF e ADI 2258/DF, rel. Min. Sepúlveda Pertence, 14.2.2007. (ADI-2154) (ADI-2258)

ADI E LEI 9.868/99 - 3

Prosseguindo o julgamento, o Tribunal rejeitou a argüição de inconstitucionalidade da parte final do art. 26 da Lei 9.868/99, que veda que as decisões tomadas em ADI ou ADC sejam objeto de ação rescisória. Salientando-se a inconsistência da alegação de ofensa ao art. 5º, XXXV, da CF, aduziu-se que, adstritos os preceitos constitucionais pertinentes à competência para julgar a ação rescisória (CF, artigos 102, I, j; 105, I, e; e 108, I, b), a extensão e os pressupostos de sua admissibilidade constituem matéria da legislação processual ordinária, razão por que, não existindo imposição constitucional a admiti-la, a vedação por lei especial à ação rescisória da decisão de determinados processos não poderia ser reputada inconstitucional, a não ser que, por ser arbitrária ou desarrazoada, pudesse a exclusão ser considerada ofensiva a garantias constitucionais que lhe impusessem a admissão. Asseverou-se, ademais, que as decisões de mérito da ADI ou da ADC — ações dúplices —, por sua própria natureza, repelem a desconstituição por ação rescisória, delas podendo resultar tanto a declaração de inconstitucionalidade quanto de constitucionalidade. Esclareceu-se que, no caso de se declarar a inconstitucionalidade, a desconstituição dessa decisão restabeleceria a força da lei antes eliminada, o que geraria insegurança jurídica. Por sua vez, na hipótese de declaração de constitucionalidade, a segurança jurídica também estaria comprometida se essa decisão, vinculante de todos os demais órgãos da jurisdição e da administração pública, pudesse ser desconstituída por força de simples variações na composição do STF, sem mudança relevante do contexto histórico e das concepções jurídicas subjacentes ao julgado rescindido. ADI 2154/DF e ADI 2258/DF, rel. Min. Sepúlveda Pertence, 14.2.2007. (ADI-2154) (ADI-2258)

ADI E LEI 9.868/99 - 4

No que se refere à norma final do § 2º do art. 11 da Lei 9.868/99 que prevê que a "*concessão da medida cautelar torna aplicável a legislação anterior, salvo expressa manifestação em sentido contrário*", o Tribunal, por maioria, julgou improcedente o pedido formulado. Salientou-se, inicialmente, que a ação direta foi instituída como instrumento de salvaguarda da higidez da ordem jurídica e não para a tutela de pretensões de direito dos sujeitos legitimados para propô-la e que, em razão disso, a recepção do princípio do pedido no processo objetivo da jurisdição constitucional há de ser dimensionada a partir dessa perspectiva institucional do sistema de controle abstrato de normas. Tendo isso em conta, entendeu-se, na linha adotada pela doutrina portuguesa e pequena parte da brasileira, que o Tribunal pode sobrepor apreciar incidentemente a constitucionalidade da lei precedente à impugnada para, julgando-a igualmente inválida, impedir sua revivescência decorrente da declaração de inconstitucionalidade da que a tenha revogado. Ressaltou-se que a recusa da repristinação se baseará em juízo similar ao da declaração incidente de inconstitucionalidade de norma cuja validade seja prejudicial da decisão principal a tomar, a qual sempre se pode dar de ofício e que nada exclui possa ocorrer no julgamento de uma ADI, onde um mesmo tribunal, como o STF, cumule as funções de órgão exclusivo do controle abstrato com o de órgão de cúpula do sistema difuso. Vencido, nessa parte, o Min. Marco Aurélio que declarava a inconstitucionalidade da expressão impugnada por considerar que a possibilidade de o Tribunal extravasar os limites objetivos da própria ADI, declarando restabelecida ou não a legislação anterior, contrariaria os princípios da segurança jurídica e o de que o Judiciário atua apenas mediante provocação. ADI 2154/DF e ADI 2258/DF, rel. Min. Sepúlveda Pertence, 14.2.2007. (ADI-2154) (ADI-2258)

ADI E LEI 9.868/99 - 5

No que concerne ao art. 21 da Lei 9.868/99, que permite que o STF defira o pedido de medida cautelar na ADC, determinando aos juízes e tribunais que suspendam o julgamento dos processos que envolvam a aplicação da lei ou ato normativo objeto da ação até seu julgamento definitivo, o Tribunal, também por maioria, julgou improcedente o pedido formulado. Reportando-se aos fundamentos da solução adotada no julgamento da ADC 4 MC/DF (DJU de 21.5.99) para deferimento parcial do pedido de medida cautelar nela formulado, por ser essa solução similar ao dispositivo questionado, afastou-se a alegação de ofensa ao princípio do juiz natural, ao entendimento de que esse preceito, ao contrário, tem por objetivo assegurar a eficácia da futura decisão do STF, que — em se tratando da análise de constitucionalidade ou não de lei ou ato normativo — é o juízo natural da questão. Além disso, aduziu-se que a norma não remete o julgamento da causa do juiz para o STF, mas apenas a questão da constitucionalidade que a este cabe decidir com eficácia *erga omnes* e efeito vinculante. Enfatizou-se, ainda, que apesar de o mecanismo cautelar questionado implicar a paralisação do curso do processo e, nele, do poder de controle difuso da constitucionalidade, de que disporia de regra o juiz da causa, tratar-se-ia de uma resultante do sistema brasileiro de controle de normas. Vencido, quanto a esse tópico, o Min. Marco Aurélio que julgava procedente o pleito por vislumbrar ofensa à garantia do livre acesso ao Judiciário (CF, art. 5º, XXXV). Após, relativamente ao art. 27 da Lei 9.868/99, o julgamento foi suspenso por falta de quórum. ADI 2154/DF e ADI 2258/DF, rel. Min. Sepúlveda Pertence, 14.2.2007. (ADI-2154) (ADI-2258)

ADI E LEI 9.868/99 - 6

O Tribunal retomou julgamento de duas ações diretas de inconstitucionalidade parcial omissiva e positiva ajuizadas pela Confederação Nacional das Profissões Liberais - CNPL e pelo Conselho Federal da Ordem dos Advogados do Brasil - OAB contra dispositivos da Lei 9.868/99, que dispõe sobre o processo e julgamento da ação direta de inconstitucionalidade - ADI e da ação declaratória de constitucionalidade - ADC perante o Supremo Tribunal Federal — v. Informativo 456. O Min. Sepúlveda Pertence, relator, julgou procedente o pedido relativamente ao art. 27 da Lei 9.868/99 (*"Ao declarar a inconstitucionalidade de lei ou ato normativo, e tendo em vista razões de segurança jurídica ou de excepcional interesse social, poderá o Supremo Tribunal Federal, por maioria de dois terços de seus membros, restringir os efeitos daquela declaração ou decidir que ela só tenha eficácia a partir de seu trânsito em julgado ou de outro momento que venha a ser fixado."*). Salientando que a nulidade da lei inconstitucional decorre, no sistema da Constituição, da adoção, paralela ao controle direto e abstrato, do controle difuso de inconstitucionalidade, entendeu que uma alteração dessa magnitude só poderia ser feita por emenda constitucional. Ademais, considerou que, ainda que ultrapassada a inconstitucionalidade formal, seria necessário dar interpretação conforme ao referido dispositivo, a fim de evitar que sua aplicação pudesse atingir o ato jurídico perfeito, a coisa julgada e o direito adquirido, eventualmente surgidos da inconstitucionalidade da lei. Após, pediu vista dos autos a Min. Cármen Lúcia. ADI 2154/DF, rel. Min. Sepúlveda Pertence, 16.8.2007. (ADI-2154) ADI 2258/DF, rel. Min. Sepúlveda Pertence, 16.8.2007. (ADI-2258) (Inform. STF 476)

RECLAMAÇÃO E CONTROLE DE CONSTITUCIONALIDADE - 1

O Tribunal retomou julgamento de reclamação ajuizada pelo Município de Indaiatuba contra acórdão do Tribunal Regional do Trabalho da 15ª Região que mantivera a expedição de requisição de pequeno valor em patamar superior ao fixado pela Lei municipal 4.233/2002, por considerá-la inconstitucional ante a ausência de fixação da quantia em número de salários mínimos. Alega-se, na espécie, desrespeito à autoridade da decisão do Supremo na ADI 2868/PI (DJU de 11.12.2004), na qual se teria reconhecido a possibilidade de fixação, pelos estados-membros, de valor referencial inferior ao do art. 87 do ADCT. Na sessão de 13.12.2006, o Min. Carlos Britto, relator, julgou improcedente a reclamação. Asseverou, inicialmente, que, no julgamento da ADI 2868/PI, o Tribunal examinara a constitucionalidade da Lei piauiense 5.250/2002, que fixou, no âmbito da Fazenda Estadual, o *quantum* da obrigação de pequeno valor. Salientou que o acolhimento da pretensão ora deduzida passaria pelo exame da possibilidade de se atribuir efeitos transcendentes aos motivos determinantes da decisão tomada no controle abstrato de normas. Considerando o fato de que, no julgamento da Rcl 4219 QO/SP (v. Informativos 441 e 458) — em que retomada a discussão do tema da aplicabilidade da chamada "transcendência dos fundamentos determinantes" —, quatro ministros já teriam votado em sentido contrário à respectiva adoção, votou, preliminarmente, pelo não-conhecimento da reclamação. Rcl 3014/SP, rel. Min. Carlos Britto, 8.8.2007. (Rcl-3014)

RECLAMAÇÃO E CONTROLE DE CONSTITUCIONALIDADE - 2

O relator entendeu que, superado esse óbice, haveria falta de identidade entre o caso dos autos e o objeto da ADI 2868/PI. Esclareceu que, naquele julgado, a Corte limitara-se a proclamar a possibilidade de que o valor estabelecido na norma estadual fosse inferior ao parâmetro constitucional, sem discutir, entretanto, a tese da necessidade de fixação das obrigações de pequeno valor em números de salários-mínimos. Na presente assentada, o Min. Gilmar Mendes, em voto-vista, divergiu e deu pela procedência da reclamação, para, afirmando a constitucionalidade da Lei municipal 4.233/2002, cassar a decisão reclamada. Ressaltou que a controvérsia consistiria não na concessão de efeito vinculante aos motivos determinantes das decisões em controle abstrato de constitucionalidade, mas na possibilidade de se analisar, em reclamação, a constitucionalidade de lei de teor idêntico ou semelhante à lei que já foi objeto de fiscalização abstrata de constitucionalidade perante o Supremo, o que, após demonstrar a tendência da evolução da reclamação como ação constitucional voltada à proteção da ordem constitucional como um todo, concluiu ser possível. Asseverando que a questão constitucional, no caso, seria a compatibilidade ou não da Lei municipal 4.233/2002 com o art. 87 do ADCT, matéria que seria idêntica a que fora objeto da ADI 2868/PI, entendeu que o Tribunal teria de analisá-la. Rcl 3014/SP, rel. Min. Carlos Britto, 8.8.2007. (Rcl-3014)

RECLAMAÇÃO E CONTROLE DE CONSTITUCIONALIDADE - 3

O Min. Gilmar Mendes aduziu que o Tribunal firmara orientação no sentido de ser constitucional a lei de en-tidade federativa que fixa valores diferenciados àquele estipulado, em caráter transitório, pelo art. 87, II, do ADCT, e que, dessa forma, o art. 100, § 5º, da CF, permitiria que a lei fixasse valores distintos como referencial de pequeno valor apto a afastar a incidência do sistema de pagamento, por meio de precatórios, dos débitos da Fazenda Pública. As normas constitucionais teriam, portanto, a finalidade de assegurar a autonomia das entidades federativas, de forma a permitir que Estados e Municípios pudessem adequar o sistema de pagamento de seus débitos às peculiaridades financeiras locais, respeitado o princípio da proporcionalidade. Tendo isso em conta, reputou razoável o valor fixado pela Lei 4.233/2002. Por fim, explicou que, embora o Tribunal não tivesse se manifestado expressamente sobre o assunto, a autonomia conferida aos entes federativos pelo art. 100, § 5º, da CF e pelo art. 87 do ADCT, abrangeria, inclusive, a possibilidade de que o referencial de pequeno valor não fosse necessariamente fixado em quantidade de salários mínimos. Após os votos da Min. Cármen Lúcia e do Min. Sepúlveda Pertence, que acompanhavam o voto do relator, tendo a primeira feito reservas quanto aos fundamentos apresentados, pediu vista dos autos o Min. Ricardo Lewandowski. Rcl 3014/SP, rel. Min. Carlos Britto, 8.8.2007. (Rcl-3014) (Inform. STF 475)

Efeito Vinculante e Obiter Dictum - 1

Iniciado o julgamento de agravo regimental interposto contra decisão do Min. Carlos Velloso, relator, que indeferiu pedido de medida liminar em reclamação ajuizada pela União, na qual se sustenta que julgado do STJ - em que se entendera que a isenção concedida pela LC 70/91 às sociedades prestadoras de serviço não pode ser revogada por lei ordinária - teria ofendido a autoridade da decisão proferida por esta Corte nos autos da ADC 1/DF (DJU de 6.6.95). Alega-se, na espécie, que a decisão proferida pelo STF na citada ADC, cujo efeito é vinculante, teria considerado a LC 70/91 como materialmente ordinária, e apenas formalmente complementar, estando legitimada, portanto, a sua revogação por meio da Lei 9.430/96. O Min. Carlos Velloso, relator, reportando-se à ementa do acórdão proferido na referida ação declaratória, proferiu voto no sentido de negar provimento ao agravo regimental, por entender que o Tribunal, no julgamento da ADC 1/DF, não decidira no sentido de que a LC 70/91 seria materialmente lei ordinária ou apenas formalmente complementar. O Min. Carlos Velloso, em seu voto, salientou, ainda, que a afirmação no sentido de que a mencionada Lei Complementar seria materialmente ordinária, constante de seu voto, e daquele proferido pelo relator, caracterizara-se como fundamento obiter dictum, que não integra o dispositivo da decisão, nem se sujeita ao efeito vinculante. Após os votos dos Ministros Marco Aurélio e Sepúlveda Pertence, acompanhando o Min. Carlos Velloso, pediu vista o Min. Gilmar Mendes. Rcl 2475 AgR/MG, rel. Min. Carlos Velloso, 5.2.2004. (RCL-2475)

EFEITO VINCULANTE E OBITER DICTUM - 2

O Tribunal, por maioria, negou provimento a agravo regimental interposto contra decisão que indeferira pedido de medida liminar em reclamação ajuizada pela União, na qual se sustentava que julgado do STJ — em que se entendera que a isenção concedida pela LC 70/91 às sociedades prestadoras de serviço não pode ser revogada por lei ordinária — teria ofendido a autoridade da decisão proferida por esta Corte nos autos da ADC 1/DF (DJU de 6.6.95). Alegava-se, na espécie, que a decisão proferida pelo STF na citada ADC, cujo efeito é vinculante, teria considerado a LC 70/91 como materialmente ordinária, e apenas formalmente complementar, estando legitimada, portanto, a sua revogação por meio da Lei 9.430/96 — v. Informativo 335. Reportando-se à parte dispositiva e à ementa do acórdão proferido na referida ação declaratória, entendeu-se que o Tribunal, no julgamento da ADC 1/DF, não decidira no sentido de que a LC 70/91 seria materialmente lei ordinária ou apenas formalmente complementar, e que a afirmação de que a mencionada lei complementar seria materialmente ordinária, constante dos votos do relator e do Min. Carlos Velloso, proferidos naquele julgado, caracterizara-se como *obiter dictum*, que não integra o dispositivo da decisão, nem se sujeita ao efeito vinculante. Vencidos os Ministros Gilmar Mendes, Cármen Lúcia, Joaquim Barbosa e Celso de Mello que, salientando que a referida afirmação constituíra premissa essencial que conduzira à conclusão pela constitucionalidade dos dispositivos em discussão naquele julgamento, proviam o recurso, por entender que o alcance do efeito vinculante da decisão não está limitado a sua parte dispositiva, devendo abranger, também, os chamados "fundamentos determinantes". Rcl 2475 AgR/MG, rel. orig. Min. Carlos Velloso, rel. p/ o acórdão Min. Marco Aurélio, 2.8.2007. (Rcl-2475) (Inform. STF 474)

ADI e Portaria - 1

O Tribunal iniciou julgamento de agravo regimental em ação direta de inconstitucionalidade ajuizada pelo Conselho Federal da Ordem dos Advogados do Brasil - OAB, em face da Portaria 796/2000, do Ministro da Justiça, que dispõe sobre a classificação, para efeito indicativo, de diversões e espetáculos públicos e de programas de rádio e televisão. O Min. Cezar Peluso, relator, negou provimento ao recurso, no que foi acompanhado pelos Ministros Carlos Britto, Celso de Mello, Sepúlveda Pertence e Gilmar Mendes, mantendo os fundamentos da decisão agravada, pela qual extinguira o processo, sem julgamento de mérito, nos termos do art. 267, VI, do CPC, c/c o art. 21, § 1º do RISTF, por entender que o ato impugnado reveste-se de caráter meramente regulamentar, extraindo seu fundamento de validade do art. 74 do Estatuto da Criança e do Adolescente - ECA (Lei 8.069/90). Em divergência, o Min. Marco Aurélio, acompanhado pelos Ministros Eros Grau, Cármen Lúcia, Ricardo Lewandowski e Joaquim Barbosa, deu provimento ao recurso para admitir a ação direta. Tendo em conta a alegação do requerente no sentido de que o Ministro da Justiça, a pretexto de regulamentar, teria extravasado os limites próprios à regulamentação e adentrado o campo do cerceio à liberdade de expressão, considerou que a matéria deve vir a julgamento depois de instruída a ação direta já com pronunciamento, inclusive, do Procurador-Geral da República. Após, o julgamento foi suspenso para aguardar o voto de desempate da Min. Ellen Gracie, presidente. ADI 2398 AgR/DF, Rel. Min. Cezar Peluso, 2.2.2007. (ADI-2398)

ADI E PORTARIA - 2

Em conclusão de julgamento, o Tribunal, por maioria, desproveu agravo regimental interposto em ação direta de inconstitucionalidade ajuizada pelo Conselho Federal da Ordem dos Advogados do Brasil - OAB, em face da Portaria 796/2000, do Ministro da Justiça, que dispõe sobre a classificação, para efeito indicativo, de diversões e espetáculos públicos e de programas de rádio e televisão — v. Informativo 454. Entendeu-se que o ato impugnado reveste-se de caráter meramente regulamentar e encontra seu fundamento de validade no art. 74 do Estatuto da Criança e do Adolescente - ECA (Lei 8.069/90). A Min. Ellen Gracie, Presidente, em voto de desempate, ressaltou ter sido editada, após recebimento dos autos, a Portaria 264/2007, que revogou expressamente a Portaria impugnada, à exceção de seu art. 2º ("*Os programas para a emissão de televisão... têm a seguinte classificação, sendo-lhes terminantemente vedada a exibição em horário diverso do permitido:...*", mas ressaltou remanescer, quanto a esse dispositivo, o interesse da autora em ter a ação eventualmente conhecida, haja vista a proibição nele contida ser uma das causas determinantes para o ajuizamento da ação direta. Registrou, também, ter sido ajuizada ação direta contra a Portaria 264/2007, a qual não reproduziu, no corpo de seu texto, o comando normativo contido no art. 2º da Portaria 796/2000, e que não haveria se falar em identidade de objeto. Vencidos os Ministros Cármen Lúcia, Ricardo Lewandowski, Eros Grau, Joaquim Barbosa e Marco Aurélio, que davam provimento ao recurso para admitir a ação direta. ADI 2398 AgR/DF, Rel. Min. Cezar Peluso, 25.6.2007. (ADI-2398) (Inform. STF 473)

DESTINAÇÃO DE CUSTAS JUDICIAIS E EFEITO REPRISTINATÓRIO DAS DECISÕES NO CONTROLE ABSTRATO - 1

Com base na jurisprudência pacífica do Supremo no sentido de ser vedada a destinação de custas judiciais a pessoas jurídicas de direito privado, o Tribunal julgou procedente pedido formulado em ação direta ajuizada pelo Procurador-Geral da República para declarar a inconstitucionalidade da "Tabela J" do anexo da Lei 1.936/98, na sua redação vigente, dada pela Lei 3.002/2005, e na sua redação original, e do art. 53 e da Tabela V da Lei 1.135/91, todas do Estado de Mato Grosso do Sul, as quais destinam percentual do produto da arrecadação das custas judiciais a entidades de classe de natureza privada. Inicialmente, rejeitou-se a preliminar de não conhecimento da ação, que suscitavam as entidades que ingressaram no feito na qualidade de *amicus curiae*, por não terem sido impugnadas as Leis 340/82 e 1.135/91, que tratam da mesma matéria. Conjugando os entendimentos fixados pelo Tribunal de que, no âmbito do controle em abstrato da constitucionalidade das leis e dos atos normativos, o requerente deve impugnar todo o complexo normativo supostamente inconstitucional, inclusive as normas revogadas que poderão ser eventualmente repristinadas pela declaração de inconstitucionalidade das normas revogadoras, e de que o processo de controle abstrato destina-se, fundamentalmente, à aferição da constitucionalidade de normas pós-constitucionais, concluiu-se que a impugnação deveria abranger apenas a cadeia de normas revogadoras e revogadas até o advento da Constituição de 1988. Asseverou-se, ademais, que a exigência de impugnação de toda a cadeia normativa supostamente inconstitucional poderia até mesmo ser relativizada, haja vista a possibilidade de o Tribunal deliberar a respeito da modulação do próprio efeito repristinatório da declaração de inconstitucionalidade (Lei 9.868/99, art. 11, § 2º c/c o art. 27). ADI 3660/MS, rel. Min. Gilmar Mendes, 18.6.2007. (ADI-3660)

DESTINAÇÃO DE CUSTAS JUDICIAIS E EFEITO REPRISTINATÓRIO DAS DECISÕES NO CONTROLE ABSTRATO - 2

Assim, quanto à Lei 340/82, considerou-se que não se poderia exigir sua impugnação por ser norma anterior à CF/88 e, em relação à Lei 1.135/91, observou-se que o Procurador-Geral da República, aditara o pedido inicial, em seu parecer, para incluí-la no objeto da ação. Após os votos do relator e dos Ministros Cármen Lúcia, Carlos Britto, Ricardo Lewandowski, Cezar Peluso e Sepúlveda Pertence, que atribuíam efeitos da declaração de inconstitucionalida-de a partir da EC 45/2004, e dos votos dos Ministros Marco Aurélio e Joaquim Barbosa, que aplicavam efeitos *ex tunc*, o julgamento foi suspenso para colher os votos dos Ministros Eros Grau, Celso de Mello e Ellen Gracie (Lei 9.868/99, art. 27). Precedentes citados: ADI 2574/AP (DJU de 29.8.2003); ADI 2224/DF (DJU de 13.6.2003); ADI 2621 MC/DF (j. em 3.5.2002); ADI 2/DF (DJU de 21.11.97); ADI 3111 AgR/RJ (j.em 12.5.2005); ADI 2995/PE (j. em 13.12.2006); ADI 3148/TO (j. em 13.12.2006); ADI 3189/AL (j. em 13.12.2006); ADI 3293/MS (j. em 13.12.2006); ADI 3063/MA (j. em 13.12.2006); ADI 3833 MC/DF (j. em 19.12.2006); ADI 2982/CE (DJU de 12.11.2004); ADI 1378 MC/ES (DJU de 30.5.97); ADI 1145/PB (DJU de 8.11.2002). ADI 3660/MS, rel. Min. Gilmar Mendes, 18.6.2007. (ADI-3660) (Inform. STF 472)

ADPF: CONCESSÃO DE LIMINAR E COISA JULGADA - 1

O Tribunal, por maioria, dando provimento a agravo regimental, referendou, parcialmente, liminar concedida pelo Min. Nelson Jobim em argüição de descumprimento de preceito fundamental — ajuizada pelo Governador do Estado de Pernambuco contra decisões do TJ/PE e do TRT da 6ª Região —, para determinar sejam excluídos da eficácia suspensiva dessa liminar os provimentos judiciais já revestidos por coisa julgada. Na espécie, o Min. Nelson Jobim, *ad referendum* do Plenário, concedera a liminar para determinar a suspensão de todos os processos em curso, inclusive as eventuais execuções, e dos efeitos de decisões judiciais que tratassem da elevação dos vencimentos de professores do Estado de Pernambuco com base no princípio da isonomia no contexto do debate jurídico exposto nessa decisão. A agravante, parte num dos processos suspensos pela liminar, sustentava que: a) o benefício salarial concedido aos professores estaria previsto em lei complementar estadual, o que afastaria a incidência do Enunciado da Súmula 339, do STF; b) a liminar não poderia atingir processos cujas sentenças transitaram em julgado. O Tribunal, por maioria, conheceu do recurso. Salientou-se, inicialmente, a necessidade de se revisar a jurisprudência da Corte segundo a qual não se admite agravo contra decisões monocráticas sujeitas a referendo do órgão colegiado (RISTF, art. 21, V). Afirmou-se que tal posicionamento partiria de premissa equivocada, qual seja, a de que o juízo cognitivo do reexame necessário e do recurso incidiriam sobre campos lógico-jurídicos idênticos, resultando decisões de idêntico conteúdo. Ressaltou-se haver diferenças consideráveis entre ambos, porquanto, no reexame necessário, o juízo decisório recairia apenas sobre as questões decididas na liminar, enquanto que o campo cognitivo do juízo que exercesse a Turma ou o Plenário, no julgamento simultâneo de agravo, poderia ser mais amplo. ADPF 79 AgR/PE, rel. Min. Cezar Peluso, 18.6.2007. (ADPF-79)

ADPF: CONCESSÃO DE LIMINAR E COISA JULGADA - 2

Esclareceu-se que o agravo, como via impugnativa, possuiria pretensão específica que, deduzida pelo recorrente, tenderia à cassação ou à reforma da decisão impugnada, sendo que tal pretensão traria à base, ou costumaria trazer, fundamentos de fato e de direito que, compondo a causa de pedir recursal, poderiam exprimir ou representar razões particulares, isto é, próprias da parte, que, de outro modo, eventualmente não seriam levados em conta pelo órgão julgador. Dessa forma, a admissibilidade do agravo permitiria ao órgão colegiado analisar questões e argumentos que, reputados relevantes pelo recorrente e compreendidos nos limites da cognição do caso submetido a julgamento, poderiam ditar juízo decisório de teor diverso daquele que, sem essa contribuição da parte, adviria apenas do reexame das questões suscitadas ou aventadas pelos próprios julgadores. Asseverou-se que essa possibilidade seria de todo o interesse da função jurisdicional, haja vista que o órgão julgador não poderia deixar de apreciar ponto ou questão cuja solução fosse apta a modificar a conclusão que teria sem considerá-los, a fim de atender ao corolário da garantia da fundamentação necessária das decisões (CF, art. 93, IX). Os Ministros Ricardo Lewandowski e Eros Grau fizeram ressalva de não se comprometerem com a tese, mas aduziram que a matéria em questão seria relevante e mereceria o exame do Plenário. Vencidos, no ponto, os Ministros Marco Aurélio, Cármen Lúcia, Joaquim Barbosa e Sepúlveda Pertence que não conheciam do recurso, mantendo a jurisprudência da Corte. No mérito, entendeu-se que a decisão agravada não poderia ter atingido as decisões que já tivessem transitado em julgado (Lei 9.882/99, art. 5º, § 3º: "*A liminar poderá consistir na determinação de que juízes e tribunais suspendam o andamento de processo ou os efeitos de decisões judiciais, ou de qualquer outra medida que apresente relação com a matéria objeto da argüição de descumprimento de preceito fundamental, salvo se decorrentes da coisa julgada.*"). Vencido, quanto ao mérito, o Min. Marco Aurélio, que não referendava a liminar e declarava o prejuízo do agravo por não vislumbrar, no caso con-creto, um questionamento suficiente a respaldar a ADPF. ADPF 79 AgR/PE, rel. Min. Cezar Peluso, 18.6.2007. (ADPF-79) (Inform. STF 472)

ADIn: Ato Normativo de Efeito Concreto - 1

Iniciado o julgamento de medida cautelar em ação direta de inconstitucionalidade proposta pelo Governador do Estado do Piauí contra dispositivos do Decreto Legislativo estadual nº 121/98 (art. 1º, §§ 1º, 2º e 3º) que sustam os deferimentos de adesões e atos de demissões relativos ao programa de desligamento voluntário, instituído pela Lei nº 4.865/96, com relação a alguns servidores públicos do mesmo Estado - cujos nomes são citados em lista anexa ao referido Decreto Legislativo -, e determinam a imediata reintegração destes com os mesmos direitos e obrigações inerentes ao cargo que ocupavam quando da data do desligamento, em decorrência de irregularidades detectadas no programa. O Min. Sepúlveda Pertence, relator, votou no sentido do não conhecimento da ação e do prejuízo da medida cautelar, por não reconhecer o caráter normativo do preceito legal impugnado, em face da ausência de abstração e generalidade. Após, em virtude do acolhimento de proposta formulada pelo Min. Octavio Gallotti, o julgamento foi convertido em diligência para solicitar informações complementares à Assembléia Legislativa do Estado do Piauí, acerca do critério que norteou a elaboração da lista acima referida. ADInMC 1.937-PI, rel. Min. Sepúlveda Pertence, 11.3.99.

ADI E ATO NORMATIVO DE EFEITO CONCRETO - 2

Em conclusão de julgamento, o Tribunal não conheceu de ação direta de inconstitucionalidade proposta pelo Governador do Estado do Piauí contra dispositivos do Decreto Legislativo estadual 121/98 (art. 1º, §§ 1º, 2º e 3º) que sustam os deferimentos de adesões e atos de demissões relativos ao programa de desligamento voluntário, instituído pela Lei 4.865/96, com relação a alguns servidores públicos do mesmo Estado — cujos nomes são citados em lista anexa ao referido Decreto Legislativo —, e determinam a imediata reintegração destes com os mesmos direitos e obrigações inerentes ao cargo que ocupavam quando da data do desligamento, em decorrência de irregularidades detectadas no programa — v. Informativo 141. Entendeu-se que o ato impugnado não possui caráter normativo, em face da ausência de abstração e generalidade. O Min. Cezar Peluso, com ressalva do ponto de vista de que a Corte vem conhecendo de ação direta de atos concretos, acompanhou o relator, considerando o resultado prático do julgamento. ADI 1937 QO/PI, rel. Min. Sepúlveda Pertence, 20.6.2007. (ADI-1937) (Inform. STF 472)

ADI E COMPETÊNCIA ORIGINÁRIA DE TRIBUNAL

O Tribunal julgou procedente pedido formulado em ação direta ajuizada pelo Procurador-Geral da República para declarar a inconstitucionalidade da expressão "*e de quaisquer outras autoridades a estas equiparadas, na forma da lei.*" contida no art. 108, VII, b, da Constituição do Estado do Ceará, que dispõe competir ao tribunal de justiça processar e julgar, originariamente, mandado de segurança e *habeas data* contra atos das autoridades que especifica e, ainda, de quaisquer outras a serem definidas em lei. Considerou-se que a expressão impugnada estatuiu competência aberta ao legislador infraconstitucional, em ofensa ao § 1º do art. 125 da CF, que estabelece que a competência dos tribunais será definida na Constituição do Estado-membro. Entendeu-se, assim, que o constituinte estadual: a) deixara de definir a competência daquele órgão como era seu dever; b) transferira ao legislador ordinário competência que era de sua exclusiva atribuição, nos termos constitucionalmente previstos; c) possibilitara que a competência do tribunal de justiça ficasse, no ponto, sem definição. ADI 3140/CE, rel. Min. Cármen Lúcia, 10.5.2007. (ADI-3140) (Inform. STF 466)

ADI E CRIAÇÃO DO INSTITUTO DA RECLAMAÇÃO

O Tribunal, por maioria, julgou improcedente pedido formulado em ação direta ajuizada pelo Governador do Estado da Bahia, na qual se requeria fosse dada interpretação conforme a Constituição Federal ao art. 357 do Regimento Interno do Tribunal de Justiça local, que determina, nos casos omissos, a aplicação subsidiária dos Regimentos Internos do STF e do STJ. Alegava-se, na espécie, que se teria criado, por analogia, o instituto da reclamação, para preservar a competência do Tribunal ou garantir a autoridade das suas decisões, conforme o art. 156 e seguintes do Regimento Interno do Supremo. Considerou-se o texto da Constituição do Estado da Paraíba que prevê cláusulas de poderes implícitos, atribuídos ao Tribunal de Justiça estadual, para fazer valer os poderes explicitamente conferidos pela ordem legal, ainda que por instrumento com nomenclatura diversa ("*Art. 105. Compete ainda ao Tribunal de Justiça: I - processar e julgar:... e) a representação para assegurar a observância de princípios indicados nesta Constituição; f) a representação para prover a execução de lei, no caso de desobediência a ordem ou decisão judiciária emanada do próprio Tribunal, de juiz de direito ou de auditor militar estadual;*"). Entendeu-se, em razão disso, não haver afronta ao art. 125, § 1º da CF ("*Art. 125. Os Estados organizarão sua Justiça, observados os princípios estabelecidos nesta Constituição. § 1º - A competência dos tribunais será definida na Constituição do Estado, sendo a lei de organização judiciária de iniciativa do Tribunal de Justiça.*"), haja vista que a reclamação paraibana não fora criada com a norma regimental impugnada, a qual, na interpretação dada pelo Tribunal de Justiça estadual no exercício dos seus poderes implícitos, possibilita a observância das normas de processo e das garantias processuais das partes (CF, art. 96, I, a). Vencido o Min. Marco Aurélio que julgava procedente o pedido, ao fundamento de que a mesclagem de regimentos de Cortes diversas estaria a violar o que disposto no art. 125, § 1º, da CF. ADI 2480/PB, rel. Min. Sepúlveda Pertence, 2.4.2007. (ADI-2480) (Inform. STF 462)

Reclamação e Efeito Vinculante de Decisão do STF - 1

O Tribunal iniciou julgamento de reclamação ajuizada contra decisão do juízo da 11ª Vara da Fazenda Pública do Estado de São Paulo que julgara improcedente pedido formulado em ação declaratória de nulidade, na qual se pretendia fosse cassado ato da Secretaria de Justiça e Defesa da Cidade daquela unidade federativa, por meio do qual o reclamante fora aposentado compulsoriamente aos setenta anos de idade da função de Tabelião de Notas da Comarca de Franca. Alega-se, na espécie, ofensa à autoridade de decisão proferida pelo STF na ADI 2602/MG (DJU de 31.3.2006), na qual fixado entendimento de que a aposentadoria compulsória prevista no art. 40, § 1º, da CF, não se aplica aos notários e registradores. O Min. Joaquim Barbosa, relator, tendo em vista as novas disposições trazidas pela EC 45/2004, suscitou, inicialmente, duas questões de ordem, que resolveu no sentido do não conhecimento da reclamação, no que foi acompanhado pelo Min. Ricardo Lewandowski. Rcl 4219/SP, rel. Min Joaquim Barbosa, 21.9.2006.(Rcl-4219)

RECLAMAÇÃO E EFEITO VINCULANTE DE DECISÃO DO STF - 2

Quanto à primeira questão de ordem, o relator entendeu que a reclamação teria sido mal dirigida, porquanto, com a cassação do ato judicial impugnado, não adviria qualquer benefício imediato ao reclamante, tendo em conta a subsistência do ato administrativo do Governo do Estado de São Paulo, que tem presunção de legitimidade. Além disso, aduziu que, tratando-se de ato administrativo alegadamente ofensivo à autoridade da decisão do STF, e anterior à sua manifestação definitiva, em ação direta de inconstitucionalidade, sobre a interpretação de determinada disposição constitucional, seria necessário exigir-se da parte interessada, na reclamação, a provocação da Administração acerca dessa ofensa, com base nos artigos 48 e 49 da Lei 9.784/99, a fim de garantir o regular funcionamento do Tribunal, consideradas as preocupações práticas para tornar o mais preciso possível o âmbito de discussão cabível na reclamação. Em relação à segunda questão de ordem, o relator considerou que o efeito vinculante da decisão proferida na ADI 2602/MG não alcançaria o ato impugnado, haja vista não ser viável aplicar fundamentos determinantes de decisão em controle concentrado a processos referentes a questões oriundas de outras unidades da federação. Em seguida, o Min. Sepúlveda Pertence, adiantou seu voto e, salientando que o que se faz vinculante, nos termos do § 1º do art. 103-A da CF, é a decisão do STF sobre norma determinada, ou seja, a norma impugnada, acompanhou a conclusão do relator relativamente à segunda questão de ordem, no que foi seguido pelo Min. Carlos Britto. Após, o julgamento foi suspenso em virtude do pedido de vista do Min. Eros Grau. Rcl 4219/SP, rel. Min Joaquim Barbosa, 21.9.2006. (Rcl-4219)

RECLAMAÇÃO E EFEITO VINCULANTE DE DECISÃO DO STF - 3

O Tribunal retomou julgamento de reclamação ajuizada contra decisão do juízo da 11ª Vara da Fazenda Pública do Estado de São Paulo que julgara improcedente pedido formulado em ação declaratória de nulidade, na qual se pretendia fosse cassado ato da Secretaria de Justiça e Defesa da Cidade daquela unidade federativa, por meio do qual o reclamante fora aposentado compulsoriamente aos setenta anos de idade da função de Tabelião de Notas da Comarca de Franca. Alega-se, na espécie, ofensa à autoridade de decisão proferida pelo STF na ADI 2602/MG (DJU de 31.3.2006), na qual fixado entendimento de que a aposentadoria compulsória prevista no art. 40, § 1º, da CF, não se aplica aos notários e registradores — v. Informativo 441. O Min. Eros Grau, em voto-vista, abriu divergência para, relativamente às duas questões de ordem suscitadas pelo relator, conhecer da reclamação. Quanto à primeira, considerou que a cassação do ato judicial impugnado resultará em benefício imediato para o reclamante, tendo em conta que o pedido é no sentido de que esse ato judicial seja retificado ou repetido, com observância dos fundamentos determinantes positivados na decisão tomada na ADI 2602/MG, e de que a autoridade judicial reclamada, nos autos da ação em que proferida a sentença impugnada, observe a tese da inaplicabilidade de inativação compulsória aos notários e registradores. Rcl 4219/SP, rel. Min Joaquim Barbosa, 7.3.2007. (Rcl-4219)

RECLAMAÇÃO E EFEITO VINCULANTE DE DECISÃO DO STF - 4

No que se refere à segunda questão de ordem, o Min. Eros Grau entendeu que o que produz eficácia contra todos e efeito vinculante, nos termos do disposto no § 2º do art. 102 da CF, é a interpretação conferida pelo Supremo à Constituição, além do seu juízo de constitucionalidade sobre determinado texto normativo infraconstitucional, estando, portanto, todos, sem distinção, compulsoriamente afetados pelas conseqüências normativas das decisões definitivas de mérito proferidas pelo STF nas ações diretas de inconstitucionalidade e nas ações declaratórias de constitucionalidade. Ressaltou que a decisão dotada de eficácia contra todos e efeito vinculante não se confunde com a súmula vinculante, haja vista operarem em situações diferentes: esta, que é texto normativo, no controle difuso; aquela, que constitui norma de decisão, no concentrado. Dessa forma, concluiu que a decisão de mérito na ADI ou na ADC não pode ser concebida como mero precedente vinculante da interpretação de texto infraconstitucional, asseverando que as decisões do Supremo afirmam o que efetivamente diz a própria Constituição e que essa afirmação, em cada ADI ou ADC, é que produz eficácia contra todos e efeito vinculante. Após o voto da Min. Cármen Lúcia, que acompanhava o voto do relator, e dos votos dos Ministros Cezar Peluso, Gilmar Mendes e Celso de Mello, que acompanhavam a divergência, pediu vista dos autos a Min. Ellen Gracie, presidente. Rcl 4219/SP, rel. Min Joaquim Barbosa, 7.3.2007. (Rcl-4219) (Inform. STF 458)

RECLAMAÇÃO: CABIMENTO E SENADO FEDERAL NO CONTROLE DE CONSTITUCIONALIDADE - 1

O Tribunal iniciou julgamento de reclamação ajuizada contra decisões do Juiz de Direito da Vara de Execuções Penais da Comarca de Rio Branco-AC, pelas quais indeferira pedido de progressão de regime em favor de condenados a penas de reclusão em regime integralmente fechado em decorrência da prática de crimes hediondos. Alega-se, na espécie, ofensa à autoridade da decisão da Corte no HC 82959/SP (DJU de 1º.9.2006), em que declarada a inconstitucionalidade do § 1º do art. 2º da Lei 8.072/90, que vedava a progressão de regime a condenados pela prática de crimes hediondos. O Min. Gilmar Mendes, relator, julgou procedente a reclamação, para cassar as decisões impugnadas, assentando que caberá ao juízo reclamado proferir nova decisão para avaliar se, no caso concreto, os interessados atendem ou não os requisitos para gozar do referido benefício, podendo determinar, para esse fim, e desde que de modo fundamentado, a realização de exame criminológico. Rcl 4335/AC, rel. Min. Gilmar Mendes, 1º.2.2007. (Rcl-4335)

RECLAMAÇÃO: CABIMENTO E SENADO FEDERAL NO CONTROLE DE CONSTITUCIONALIDADE - 2

Preliminarmente, quanto ao cabimento da reclamação, o relator afastou a alegação de inexistência de decisão do STF cuja autoridade deva ser preservada. No ponto, afirmou, inicialmente, que a jurisprudência do STF evoluiu relativamente à utilização da reclamação em sede de controle concentrado de normas, tendo concluído pelo cabimento da reclamação para todos os que comprovarem prejuízo resultante de decisões contrárias às suas teses, em reconhecimento à eficácia vinculante *erga omnes* das decisões de mérito proferidas em sede de controle concentrado. Em seguida, entendeu ser necessário, para análise do tema, verificar se o instrumento da reclamação fora usado de acordo com sua destinação constitucional: garantir a autoridade das decisões do STF; e, depois, superada essa questão, examinar o argumento do juízo reclamado no sentido de que a eficácia *erga omnes* da decisão no HC 82959/SP dependeria da expedição da resolução do Senado suspendendo a execução da lei (CF, art. 52, X). Para apreciar a dimensão constitucional do tema, discorreu sobre o papel do Senado Federal no controle de constitucionalidade. Rcl 4335/AC, rel. Min. Gilmar Mendes, 1º.2.2007. (Rcl-4335)

RECLAMAÇÃO: CABIMENTO E SENADO FEDERAL NO CONTROLE DE CONSTITUCIONALIDADE - 3

Aduziu que, de acordo com a doutrina tradicional, a suspensão da execução pelo Senado do ato declarado inconstitucional pelo STF seria ato político que empresta eficácia *erga omnes* às decisões definitivas sobre inconstitucionalidade proferidas em caso concreto. Asseverou, no entanto, que a amplitude conferida ao controle abstrato de normas e a possibilidade de se suspender, liminarmente, a eficácia de leis ou atos normativos, com eficácia geral, no contexto da CF/88, concorreram para infirmar a crença na própria justificativa do instituto da suspensão da execução do ato pelo Senado, inspirado numa concepção de separação de poderes que hoje estaria ultrapassada. Ressaltou, ademais, que ao alargar, de forma significativa, o rol de entes e órgãos legitimados a provocar o STF, no processo de controle abstrato de normas, o constituinte restringiu a amplitude do controle difuso de constitucionalidade. Rcl 4335/AC, rel. Min. Gilmar Mendes, 1º.2.2007. (Rcl-4335)

RECLAMAÇÃO: CABIMENTO E SENADO FEDERAL NO CONTROLE DE CONSTITUCIONALIDADE - 4

Considerou o relator que, em razão disso, bem como da multiplicação de decisões dotadas de eficácia geral e do advento da Lei 9.882/99, alterou-se de forma radical a concepção que dominava sobre a divisão de poderes, tornando comum no sistema a decisão com eficácia geral, que era excepcional sob a EC 16/65 e a CF 67/69. Salientou serem inevitáveis, portanto, as reinterpretações dos institutos vinculados ao controle incidental de inconstitucionalidade, notadamente o da exigência da maioria absoluta para declaração de inconstitucionalidade e o da suspensão de execução da lei pelo Senado Federal. Reputou ser legítimo entender que, atualmente, a fórmula relativa à suspensão de execução da lei pelo Senado há de ter simples efeito de publicidade, ou seja, se o STF, em sede de controle incidental, declarar, definitivamente, que a lei é inconstitucional, essa decisão terá efeitos gerais, fazendo-se a comunicação àquela Casa legislativa para que publique a decisão no Diário do Congresso. Concluiu, assim, que as decisões proferidas pelo juízo reclamado desrespeitaram a eficácia *erga omnes* que deve ser atribuída à decisão do STF no HC 82959/SP. Após, pediu vista o Min. Eros Grau. Rcl 4335/AC, rel. Min. Gilmar Mendes, 1º.2.2007. (Rcl-4335) (Inform. STF 454)

LEI. IMPRENSA. NÃO RECEPÇÃO. RESP.

Com o julgamento da ADPF 130-DF no STF, que culminou com a declaração de que a Lei de Imprensa (Lei n. 5.250/1967) não foi recepcionada pela CF/1988, levando-se em conta que a jurisprudência daquele mesmo tribunal vem firmando-se no sentido de que a não recepção não está sujeita à regra de modulação de efeitos, faz-se necessário estabelecer como proceder nos julgamentos de recursos especiais em que houve a discussão dessa matéria antes da referida declaração. Anote-se, porém, que, em todas as hipóteses, deve-se buscar ao máximo o aproveitamento do recurso e o julgamento do processo. Assim, no caso em que a Lei de Imprensa foi utilizada como fundamento do acórdão recorrido e o REsp discute, justamente, a interpretação e a aplicação daquela lei, há de se procurar decidir a causa aplicando o direito à espécie (art. 257 do RISTJ). Na excepcional hipótese em que isso não seja possível, anula-se o acórdão, mesmo que não haja esse pedido, devolvendo-se o processo à origem para que seja proferido outro, sem a aplicação da citada lei. No caso em que a referida lei foi aplicada pelo Tribunal *a quo* e o especial pleiteia seu afastamento, não há necessidade de anulação, salvo excepcionais hipóteses. Assim, deve dar-se provimento ao REsp com o fito de privilegiar a norma constitucional em detrimento da norma não recepcionada. Já na hipótese em que o acórdão recorrido não aplicou a Lei de Imprensa e o especial busca sua incidência, também não há motivo para anulação, pois o REsp não deve ser conhecido, visto que invoca aplicação de lei inválida, salvo, também, excepcionalidade a ser apurada em cada processo. Na hipótese em que o acórdão adotou tanto a Lei de Imprensa quanto outra lei válida como fundamento (tal como dispositivos da Lei Civil), se o duplo fundamento refere-se ao mesmo tema e apenas a Lei de Imprensa foi abordada no recurso, mantém-se o acórdão recorrido por força da Súm. n. 283-STF, privilegiando-se a aplicação pelo Tribunal *a quo* da lei válida em detrimento da discussão da lei inválida; se o duplo fundamento refere-se ao mesmo tema e só a parcela da legislação civil foi impugnada, deve-se conhecer do especial para discutir essa parcela, descartando-se, no acórdão, o fundamento inconstitucional não impugnado; mas, se o duplo fundamento refere-se a temas diversos, cumpre apreciar a questão caso a caso e só anular o acórdão se a aplicação da Lei de Imprensa, devidamente impugnada pela parte, comprometer de maneira definitiva o julgamento. No caso dos autos, o recurso tenta reformar o acórdão ao buscar a aplicação da limitação disciplinada no art. 53, III, da Lei de Imprensa a fim de reduzir a indenização, o que levou a Turma a negar provimento ao recurso, mantendo o acórdão recorrido que não aplicou aquela lei. O Min. Sidnei Beneti acompanhou esse entendimento com reservas. Precedentes citados do STF: ADPF 130-DF, DJe 6/11/2009; AgRg no Ag 438.366-RJ, DJ 30/3/2007; e AgRg no Ag 582.280-RJ, DJ 6/11/2006. **REsp 945.461-MT, Rel. Min. Nancy Andrighi, julgado em 15/12/2009**. (Inform. STJ 420)

LEI. IMPRENSA. PUBLICAÇÃO. SENTENÇA.

Como consabido, o STF, ao julgar a ADPF 130-DF, declarou que a Lei de Imprensa (Lei n. 5.250/1967) não foi recepcionada pela CF/1988 e, diante da impossibilidade de modulação de efeitos nas decisões de não recepção tal qual apregoa a jurisprudência do STF, considera-se inválida a referida lei desde a promulgação da atual Carta Magna. Contudo, permanece passível de proteção jurídica o direito constitucional de resposta, mas não mais nos termos em que previsto nos arts. 29 a 36 da Lei de Imprensa. Para dar amparo a tal direito, o Judiciário deverá valer-se da analogia (como discutido pelo STF quando do julgamento da citada ADPF), ao invocar o art. 14 do Pacto de San Jose da Costa Rica e o art. 58 da Lei n. 9.504/1997. Por sua vez, a Lei de Imprensa, em seus arts. 68 e 75, previa a possibilidade de publicação da respectiva sentença cível ou criminal no mesmo veículo de comunicação em que perpetradas as ofensas que deram causa à ação. Porém, essa publicação, de natureza inerente à reparação civil, apesar de semelhante, não se confunde com o direito à resposta, sanção penal por natureza (como reconhecia reiteradamente o STJ), que é conferido ao ofendido para que esclareça, de mão própria, no mesmo veículo, os fatos antes divulgados a seu respeito. Por isso, vê-se que esse direito à publicação da sentença, que visa dar ao público conhecimento da existência e do teor da decisão judicial, não tem amparo direto na CF/1988. Logo, sua sobrevida deve ser apreciada à luz da legislação civil. Isso posto, constata-se, ao final, que o princípio da reparação integral do dano (art. 159 do CC/1916 e arts. 186, 187 e 927 a 943 do CC/2002) não tem alcance suficiente para abranger o aludido direito à publicação de sentença, providência de fundamento único na Lei de Imprensa não recepcionada, pois não se pode impor, a partir da regra geral de indenização por ato ilícito, uma obrigação de fazer ao devedor, salvo se tal obrigação constar previamente de contrato. Assim, até que aprovada uma nova Lei de Imprensa (em discussão no Congresso Nacional), está assegurado aos cidadãos apenas o exercício do direito de resposta, mas não a faculdade de requerer publicação da sentença no veículo de comunicação ofensor. Precedentes citados do STF: ADPF 130-DF, DJe 6/11/2009; AgRg no AI 438.366-RJ, DJ 30/3/2007; AgRg no AI 582.280-RJ, DJ 12/9/2006; do STJ: AgRg no REsp 658.337-RJ, DJe 22/4/2008; REsp 654.719-SP, DJ 12/3/2007, e REsp 829.366-RS, DJ 2/10/2006. **REsp 885.248-MG, Rel. Min. Nancy Andrighi, julgado em 15/12/2009**. (Inform. STJ 420)

AR. MATÉRIA CONSTITUCIONAL. SÚM. N. 343-STF.

O nosso sistema jurídico, a partir da Constituição, tem como pressuposto que o direito material revela-se no processo. Pela relação jurídica processual, o direito das partes fica vinculado à sentença judicial. Por isso, somente os vícios do processo autorizam a rescisão da sentença: o processo ordinariamente tutela o direito material, mas pode também o comprometer, pois, depois da sentença, o direito das partes é o reconhecido no julgado, mesmo que materialmente fosse outro. Assim, o sistema convive com a eventualidade de que a parte pode perder seu direito no processo. Todavia, o direito não se esgota na lógica, é também e fundamentalmente experiência (Oliver Wendel Homes); por essa razão, o juiz deve estar atento aos resultados práticos de suas decisões, que podem orientá-lo para melhor compreender o direito positivo. O ordenamento só cumpre sua função se o modo como regula as relações sociais é bem-sucedido. A compreensão de que o nosso direito positivo assegura tutela qualificada (abrangente e rigorosa) ao texto constitucional exige que o juiz atribua a ele o máximo de efetividade. Dessa forma, a lei pode ter mais de uma interpretação, bastando que seja razoável (art. 485, V, do CPC, que só autoriza a AR se literal a violação da lei). Mas o RE não é tolhido pelo óbice da interpretação razoável se estiver em causa norma constitucional, conforme apregoam julgados do STF. Há razão para isso: um juízo acerca da conformidade da lei com a Constituição é um juízo sobre a validade da lei; já uma decisão que seja contra a lei ou lhe negue vigência supõe lei válida. Como dito, a lei pode ter mais de uma interpretação, mas ela não pode ser válida ou inválida a depender de quem a aplica. Por isso, se a lei é conforme a Constituição e o acórdão deixa de aplicá-la por inconstitucionalidade, o julgado sujeita-se à AR ainda que na época os tribunais divergissem a respeito. No caso, a hipótese (crédito– prêmio de IPI) é de ofensa à Constituição e não de violação da lei. Ao declarar inconstitucional a lei conformada ao texto constitucional, o julgado aplica a Constituição erroneamente. Frise-se que a sentença que aplica a lei inconstitucional tem a mesma natureza daquela que deixa de aplicar lei constitucional: ambas lesam a Constituição. Dessarte, exigir, como condição da AR em matéria constitucional, a declaração do STF quanto à inconstitucionalidade da lei aplicada na instância ordinária implicaria desconhecer a realidade de que o pronunciamento do STF é, quase sempre, demorado: o pronunciamento pode ocorrer quando já esgotado o prazo para rescisória. Essa exigência também acarretaria flagrante desigualdade entre as partes, contrariando o art. 125, I, do CPC, porque tolheria a Fazenda de ajuizar ação rescisória em matéria constitucional. Por tudo isso, há que se admitir AR em matéria constitucional mesmo que não haja precedente do STF, sem os empecilhos da Súmula n. 343 daquele Tribunal. Esse foi o entendimento acolhido, por maioria, pela Corte Especial ao continuar o julgamento dos embargos de divergência. Precedentes citados do STF: RE 81.429-SP; RE 89.108-GO, DJ 27/5/1981; do STJ : REsp 93.965-DF, DJ 20/10/1997. **EREsp 687.903-RS, Rel. Min. Ari Pargendler, julgados em 4/11/2009**. (Inform. STJ 414)

INCONSTITUCIONALIDADE. TRÁFICO. SUBSTITUIÇÃO. PENA.

A Sexta Turma do STJ suscitou a inconstitucionalidade da vedação à conversão das penas privativas de liberdade em restritivas de direito prevista nos arts. 33, § 4º, e 44 da Lei n. 11.343/2006, referente aos crimes descritos nos arts. 33, *caput* e § 1º, e 34 a 37 dessa mesma lei, Para tanto, alegava-se maltrato à dignidade humana (art. 1º, III, da CF/1988) e ao princípio da individualização da pena (art. 5º, XLVI, do mesmo diploma), sem esquecer que o ponto central da pena é corrigir, reabilitar. Porém, a Corte Especial, por maioria, rejeitou a declaração de inconstitucionalidade. Quanto à dignidade humana, vê-se que os princípios constitucionais podem ser ponderados, e o da defesa social, representado pela pena, justifica plenamente a privação temporária da liberdade, porque é o instrumento de que se vale o Estado para garantir a própria convivência social. É certo que o modo pelo qual a pena é cumprida (presídios precários) pode afetar a dignidade humana, mas aí não se está mais no âmbito legislativo, o único a interessar à arguição. Quanto ao princípio da individualização, o referido art. 44 veda a conversão das penas, mas também explicita que aqueles crimes são inafiançáveis e insusceptíveis de *sursis*, graça, indulto, anistia e liberdade provisória, tudo a revelar os valores que a lei visa preservar. Anote-se que o art. 5º, XLIII, da CF/1988 guarda estreita relação com aquela norma e a lógica nisso está na relação entre a inafiançabilidade do tráfico e a vedação à conversibilidade da pena, pois não há como justificar a necessidade de prisão antes da condenação judicial, para, depois dela, substituí-la pela pena restritiva de direitos. Peca pelo excesso o argumento de que, sem a substituição, haveria uma padronização da pena. Se a lei permitisse ao juiz o arbítrio para substituir a pena nos casos de tráfico de entorpecentes, o próprio art. 44 do CP seria inconstitucional ao excluir do regime os crimes praticados com violência ou grave ameaça à pessoa. Aquele artigo, ao elencar as hipóteses excludentes do regime de substituição, tem suporte unicamente no critério do legislador ordinário, porém a não conversibilidade das penas lastreia-se na vontade do constituinte, que destacou a importância da repressão a esse crime no art. 5º, XLIII e LI (esse último autoriza a extradição de brasileiro naturalizado comprovadamente envolvido no tráfico de drogas). Assim, conclui-se que a adoção da pena privativa de liberdade para a punição do crime de tráfico de entorpecente não implica, *ipso facto*, o descumprimento da individualização da pena, pois só tolhe uma de suas manifestações, visto que o juízo considerará outros fatores para individualizá-la (conduta social, personalidade do agente, motivos, consequências do crime etc.). Precedente citado do STF: HC 97.820-MG, DJe 1º/7/2009. **Arguição de Inconstitucionalidade no HC 120.353-SP, Rel. originário Min. Og Fernandes, Rel. para acórdão Min. Ari Pargendler, julgada em 4/11/2009**. (Inform. STJ 414)

INCONSTITUCIONALIDADE. ÓRGÃO FRACIONÁRIO.

A Corte Especial conheceu do agravo regimental para dar provimento ao recurso do Ministério Público, anular o acórdão recorrido e determinar seja observado o procedimento previsto nos arts. 480 e 482 do CPC. Na espécie, a declaração de inconstitucionalidade exercida por meio difuso pelos tribunais deve seguir o procedimento disposto nos mencionados artigos, em respeito ao princípio da reserva de plenário, sendo autorizada somente ao órgão especial ou plenário a emissão do juízo de incompatibilidade do preceito normativo com a Constituição Federal, ficando os órgãos fracionários dispensados dessa obrigação apenas se a respeito da questão constitucional já houver pronunciamento do órgão competente do Tribunal ou do Supremo Tribunal Federal. O princípio da reserva de plenário, que atua como verdadeira condição de eficácia jurídica da própria declaração de inconstitucionalidade dos atos do Poder Público, deve ser observado não apenas quando o órgão fracionário reconhece expressamente a inconstitucionalidade da norma. Segundo reiterado entendimento do STF, reputa-se declaratório de inconstitucionalidade o acórdão que, embora sem o explicitar, afasta a incidência da norma ordinária pertencente à lide para decidi-la sob critérios diversos extraídos da Constituição. A apreciação da inconstitucionalidade sem a adoção do incidente nos tribunais não conjura a competência do STJ, que deve apreciar o caso à luz da violação dos arts. 480 e 482 do CPC. Raciocínio inverso conspiraria contra o princípio da efetividade, porquanto o recurso seria enviado ao STF, que o devolveria para o STJ, decidindo à luz da Súmula Vinculante n. 10-STF, divagando, desnecessariamente, a prestação jurisdicional. A *ratio essendi* do disposto no parágrafo único do art. 481 do CPC conspira em prol da apreciação imediata do referido *error in procedendo*. **AgRg no REsp 899.302-SP, Rel. Min. Luiz Fux, julgado em 16/9/2009**. (Inform. STJ 407)

ARGUIÇÃO. INCONSTITUCIONALIDADE. PRESCRIÇÃO. LEF.

Conforme observa o Min. Relator, no caso, o STF anulou acórdão da Primeira Turma e determinou, em consequência, que se suscitasse incidente de inconstitucionalidade da Lei de Execução Fiscal, ou seja, enfrentar a questão da constitucionalidade do § 2º do art. 8º da Lei n. 6.830/1980, bem como, dada sua estreita relação com o tema, do § 3º do art. 2º da citada lei na parte que dispõe sobre matéria prescricional. Explica que, fundamentalmente, o que cabe definir é a constitucionalidade formal desses dispositivos, definição que tem como pressuposto investigar se, na data em que foram editados os citados artigos (1980), a Constituição mantinha ou não a matéria neles tratada (prescrição tributária sob reserva de lei complementar). Destaca o Min. Relator que o STF, ao aprovar a Súmula Vinculante n. 8, a qual trata da inconstitucionalidade do prazo de dez anos da prescrição referente às contribuições previdenciárias, fez constar o DL n. 1.569/1977, sujeito ao regime anterior da CF/1967 e da EC n. 1 da CF/1969, ao pressuposto de que a prescrição e a decadência são matérias de lei complementar. Por essa razão, o Min. Relator retificou seu voto anterior para suscitar o incidente perante a Corte Especial, reafirmando a jurisprudência pacificada deste Superior Tribunal de que, desde o regime anterior, a prescrição tributária era reservada à lei complementar. Isso posto, a Seção, considerando a determinação do STF de observância de reserva do plenário (art. 97 da CF/1988) resolveu submeter o incidente perante a Corte Especial para a declaração de inconstitucionalidade na forma do art. 200 do RISTJ. **AgRg no Ag 1.037.765-SP, Rel. Min. Teori Albino Zavascki, julgado em 9/9/2009.** (Inform. STJ 406)

RESP. INCIDENTE. INCONSTITUCIONALIDADE.

O aresto recorrido refere-se ao fato de o órgão fracionário do Tribunal de Justiça prover recurso de apelação do Ministério Público, determinando a remessa dos autos ao Pleno para apreciar incidente de inconstitucionalidade de lei municipal. Destacou o Min. Relator que o fato de o tribunal local, com fulcro no arts. 515, § 3º, e 481 do CPC, ter reformado a sentença monocrática e enviado os autos ao Tribunal Pleno, para que ali apreciasse a arguição incidental de inconstitucionalidade na ação civil pública, não havendo que se falar em decisão passível de interposição dos presentes recursos especiais. O art. 515 do CPC foi modificado pela Lei n. 10.352/2001, que lhe inseriu o § 3º, segundo o qual, nos casos de extinção do processo sem julgamento do mérito (art. 267), o tribunal pode julgar desde logo a lide, se a causa versar exclusivamente questão de Direito e estiver em condições de imediato julgamento (teoria da causa madura). Esse princípio introduzido no CPC, ao permitir que o Tribunal, no exercício do duplo grau de jurisdição, pronuncie-se sobre matéria não examinada na primeira instância, nos casos de extinção do processo sem julgamento do mérito, ampliou a devolutividade do recurso de apelação. *In casu,* o acórdão recorrido apenas determinou a remessa dos autos ao Pleno para que fosse apreciado o incidente de inconstitucionalidade de lei municipal. A matéria controversa acerca da declaração de inconstitucionalidade é a decisão que a absorve como causa *decidendi*, vale dizer, o aresto do órgão que completa o julgamento acolhendo a declaração do Tribunal Pleno quanto à matéria de inconstitucionalidade incidentalmente arguida. Isso posto, a Turma não conheceu dos recursos. **REsp 866.997-PB, Rel. Min. Luiz Fux, julgado em 16/6/2009.** (Inform. STJ 399)

QO. ARGÜIÇÃO DE INCONSTITUCIONALIDADE. LEI ESTADUAL.

A Turma, ao prosseguir o julgamento, por maioria, em questão de ordem, acolheu a argüição de inconstitucionalidade em relação à Lei estadual n. 11.699/2001, com a devida remessa dos autos à Corte Especial, conforme previsão do art. 97 da CF/1988, arts. 480 e 481 do CPC e art. 200 do RISTJ. Observa a Min. Relatora que a referida lei estadual, em seu art. 1º, impõe à concessionária de serviço público de telefonia fixa a obrigação de individualizar, na fatura telefônica, cada ligação local realizada pelo consumidor, constando a data, o horário e a duração de cada ligação do telefone chamado, bem como o valor devido. Também determina, em seu § 2º, que seja especificada a quantidade de pulsos efetuados no mês atual de cobrança e a quantidade dos últimos doze meses. Destaca que, à primeira vista, constata-se a inconstitucionalidade formal da Lei estadual n. 11.699/2001 por vício de iniciativa, uma vez que a CF/1988 atribui competência privativa à União para legislar a respeito de serviços de telefonia. Além disso, em questões similares, por esse mesmo motivo, o Supremo Tribunal Federal tem, em medidas cautelares em ações diretas de inconstitucionalidade (ADIs), suspendido a eficácia de leis estaduais sobre o tema nos termos dos arts. 21, XI, e 22, IV, da Constituição Federal. Afirma ainda que, na hipótese dos autos, não se aplica a Súm. n. 266 do STF, embora a impetrante esteja requerendo a declaração *incidenter tantum* da inconstitucionalidade da referida lei estadual. O mandado de segurança, nesse caso, não se limita a atacar lei em tese, já que a citada lei possui efeitos concretos e é auto-aplicável, exigindo a discriminação na fatura telefônica e ainda prevê aplicação de multa diária, caso não sejam cumpridas suas determinações e nesse sentido é a jurisprudência deste Superior Tribunal. Precedentes citados no STF: MC na ADI 3.322-DF, DJ 19/12/2006; MC na ADI 2.615-SC, DJ 6/12/2002, e ADI 3.533-DF. DJ 6/10/2006; no STJ: EDcl no REsp 40.055-SP, DJ 9/6/1997; RMS 15.509-RJ, DJ 10/10/2005; RMS 15.693-RJ, DJ 13/9/2004; RMS 15.750-RJ, DJ 1º/12/2003; RMS 4.780-SE, DJ 24/4/1995, e REsp 770.490-SC, DJ 14/11/2005. **QO em RMS 17.112-SC, Rel. Min. Denise Arruda, julgada em 9/9/2008.** (Inform. STJ 367)

SÚMULA STF Nº 729

A decisão na ADC-4 não se aplica à antecipação de tutela em causa de Natureza previdenciária.

SÚMULA STF Nº 649

É inconstitucional a criação, por constituição estadual, de órgão de controle administrativo do Poder Judiciário do qual participem representantes de outros poderes ou entidades.

SÚMULA STF Nº 642

Não cabe ação direta de inconstitucionalidade de lei do distrito federal derivada da sua competência legislativa municipal.

11. MINISTÉRIO PÚBLICO

CNMP E REVISÃO DE ATO HOMOLOGATÓRIO DE TAC

A 2ª Turma concedeu mandado de segurança impetrado por Ministério Público estadual contra ato do Conselho Nacional do Ministério Público - CNMP, para invalidar decisão deste órgão. Na espécie, o Conselho Superior do Ministério Público estadual negara homologação a termo de ajustamento de conduta - TAC proposto por promotor de justiça. O CNMP, após reclamação de membro do *parquet*, apesar do entendimento de que não seria de sua competência adentrar na atividade-fim daquele Colegiado estadual, anulara a decisão e mantivera o TAC. Consignou-se tratar-se de interferência indevida na autonomia administrativa e funcional do órgão estadual, não passível de apreciação pelo CNMP. Ademais, ressaltou-se a existência de sistema de controle interno na legislação local de cada Ministério Público, a cargo Conselho de Procuradores Regionais, sem prejuízo da fiscalização jurisdicional. MS 28028/ES, rel. Min. Cármen Lúcia, 30.10.2012. (MS-28028) (Inform. STF 686)

HC. ADVOGADO. ACESSO. DENÚNCIA.

In casu, requerem os impetrantes o reconhecimento do direito de ter acesso à denúncia de uma ação penal na qual não possuem procuração, visando instruir a defesa de seu cliente na ação penal a que responde. Noticiam os autos que o paciente foi denunciado e pronunciado por homicídio qualificado com dolo eventual, acusado de ter causado a morte de nove pessoas ao dirigir embriagado. Com base em notícias vinculadas na imprensa nacional, a defesa do paciente solicitou ao juízo processante cópia da exordial acusatória de uma ação penal em trâmite no órgão especial do Tribunal de Justiça estadual, envolvendo um promotor público que teria, também, atropelado e matado três pessoas, vindo a ser denunciado por homicídio culposo. Alegam os impetrantes que o paciente e o aludido promotor de justiça, embora tenham praticado a mesma conduta, receberam tratamentos legais e processuais diversos, razão pela qual o elemento de prova pretendido seria essencial à tese da defesa, visando à desclassificação do tipo denunciado. Com o indeferimento do pedido, a defesa impetrou *habeas corpus* na corte local, também denegado. Inicialmente, observou o Min. Relator que, por determinação constitucional, é assegurado aos membros do *Parquet* foro especial por prerrogativa de função, criado para proteger determinados cargos ou funções públicas diante de sua relevância, já que as decisões referentes aos delitos praticados por seus ocupantes poderiam ocasionar uma série de implicações. Por outro vértice, ainda que a regra seja a da publicidade nos termos do art. 93, IX, da CF, excepcionalmente, a fim de que se preserve a intimidade do réu e desde que não prejudique o interesse público à informação, a autoridade competente poderá decretar o sigilo processual. É o que aparenta ser o caso da ação penal movida em desfavor do promotor. Também, é certo que a ampla defesa deve abranger tanto o direito de o acusado ser assistido por profissional habilitado, como o direito de defender-se com a maior amplitude possível, e é certo que a imputação de responsabilidade penal a qualquer acusado deve observar o devido processo legal e permitir o pleno exercício da ampla defesa e do contraditório. Nesse viés, cabe ao magistrado a faculdade do indeferimento, de forma motivada, das providências que julgar protelatórias, irrelevantes ou impertinentes. Ressaltou, ainda, o Min. Relator que, no caso, restou equivocadamente fundamentada a negativa de acesso à cópia da denúncia, limitando-se o magistrado processante a afirmar que a eventual simetria entre os fatos não justifica a juntada ou a quebra de sigilo decretado por outro juízo. É exatamente a aparente simetria entre os fatos que justifica o pedido do paciente para ter acesso à cópia da exordial de outra ação penal, visando ao cotejo entre aquela e a sua acusação. Diante dessa e de outras considerações, a Turma concedeu a ordem. **HC 137.422-SP, Rel. Min. Jorge Mussi, julgado em 10/4/2012.(Inform. STJ 495)**

CNMP E COMPETÊNCIA REVISIONAL - 1

A 1ª Turma, por maioria, concedeu mandado de segurança impetrado por Ministério Público estadual contra ato do Conselho Nacional do Ministério Público - CNMP, para invalidar decisão deste órgão. No caso, o *parquet* aplicara pena de demissão a servidor público de seu quadro, em virtude de conduta irregular de natureza grave e de insubordinação caracterizada por violação de dever funcional, tendo em vista o uso de equipamento do serviço para fins estranhos e alheios ao interesse público e o exercício da advocacia concomitante ao da função pública. O CNMP, após reclamação do servidor, anulara a sanção demissionária por considerá-la desproporcional e carente de razoabilidade, motivo pelo qual determinara que outra pena fosse aplicada. Preliminarmente, afastou-se pleito de extinção do processo, formulado por litisconsorte passivo, ante suposto vício de citação. Ocorre que a Min. Cármen Lúcia, relatora, determinara sua intimação para que ele se manifestasse, o que se dera com apresentação de contestação. Em seguida, reconheceu-se a legitimidade ativa dos Ministérios Públicos estaduais para atuar originariamente no STF. Além disso, em votação majoritária, rejeitou-se proposta, formulada pelo Min. Marco Aurélio, de afetação dos autos ao Plenário, vencidos o suscitante e o Min. Dias Toffoli. MS 28827/SP, rel. Min. Cármen Lúcia, 28.8.2012. (MS-28827)

CNMP E COMPETÊNCIA REVISIONAL - 2

No mérito, esclareceu-se que a questão em julgamento restringir-se-ia ao exame da possibilidade de revisão, pelo órgão de controle externo, de penalidade administrativa imposta por Ministério Público estadual a seus servidores. Consignou-se que a Constituição trataria da matéria no art. 130-A, § 2º ("§ 2º Compete ao Conselho Nacional do Ministério Público o controle da atuação administrativa e financeira do Ministério Público e do cumprimento dos deveres funcionais de seus membros, cabendo-lhe: ... II - zelar pela observância do art. 37 e apreciar, de ofício ou mediante provocação, a legalidade dos atos administrativos praticados por membros ou órgãos do Ministério Público da União e dos Estados, podendo desconstituí-los, revê-los ou fixar prazo para que se adotem as providências necessárias ao exato cumprimento da lei, sem prejuízo da competência dos Tribunais de Contas; III - receber e conhecer das reclamações contra membros ou órgãos do Ministério Público da União ou dos Estados, inclusive contra seus serviços auxiliares, sem prejuízo da competência disciplinar e correicional da instituição, podendo avocar processos disciplinares em curso, determinar a remoção, a disponibilidade ou a aposentadoria com subsídios ou proventos proporcionais ao tempo de serviço e aplicar outras sanções administrativas, assegurada ampla defesa; IV - rever, de ofício ou mediante provocação, os processos disciplinares de membros do Ministério Público da União ou dos Estados julgados há menos de um ano"). MS 28827/SP, rel. Min. Cármen Lúcia, 28.8.2012. (MS-28827)

CNMP E COMPETÊNCIA REVISIONAL - 3

Aduziu-se que o inciso III do referido dispositivo cuidaria de competência disciplinar e correicional originária contra membros e serviços auxiliares do *parquet*, classificação em que inseridos os servidores que dariam suporte administrativo necessário ao funcionamento e ao desempenho das funções dos membros do órgão ministerial. Assinalou-se que a possibilidade de tramitação originária de procedimento disciplinar dirigido, ao CNMP, contra servidor do Ministério Público seria realçada no inciso I do § 3º do mesmo art. 130-A ("*§ 3º ... I - receber reclamações e denúncias, de qualquer interessado, relativas aos membros do Ministério Público e dos seus serviços auxiliares*"). No entanto, a competência revisional do CNMP estaria prevista no inciso IV do § 2º do preceito em comento ("*rever, de ofício ou mediante provocação, os processos disciplinares de membros do Ministério Público da União ou dos Estados julgados há menos de um ano*"). Inferiu-se que para a solução da controvérsia, dever-se-ia levar em consideração o princípio elementar de que a lei, e mais ainda a Constituição, não conteria disposições inúteis. O alcance conferido pela autoridade coatora ao inciso II do § 2º do art. 130-A da CF, no sentido de submeter quaisquer atos administrativos ao controle do CNMP, tornaria despiciendas as regras de competência subsequentes. Aludiu-se que a Constituição teria resguardado o Conselho da eventualidade de se tornar mera instância revisora de processos administrativos disciplinares instaurados em órgãos correicionais competentes contra servidores auxiliares do *parquet*. Somente as ilegalidades perpetradas por membro do Ministério Público dariam ensejo à competência revisora do Conselho, exatamente por envolver a atuação de agentes estatais com vínculo político-institucional. MS 28827/SP, rel. Min. Cármen Lúcia, 28.8.2012. (MS-28827)

CNMP E COMPETÊNCIA REVISIONAL - 4

Reputou-se que entender de modo diverso resultaria em diminuir a importante missão constitucionalmente atribuída ao CNMP, sobrecarregando-o com a revisão de processos disciplinares de menor importância institucional e resolvidos pelos órgãos correicionais competentes. Concluiu-se que eventuais abusos e arbitrariedades dos órgãos correicionais estaduais poderiam ser aventados nos Judiciários locais, garantida a inafastabilidade de jurisdição, a preservar o Supremo de se tornar espécie de tribunal administrativo de última instância para discussão de matérias de índole pessoal. Vencidos os Ministros Marco Aurélio e Dias Toffoli, que denegavam a segurança. Este, ao fundamento de que a competência do CNMP não seria apenas para condenar, mas também para rever aquilo que o órgão disciplinar de origem fizera administrativamente. Aquele, por avaliar que o inciso IV do §2º do art. 130-A da CF refletiria prazo decadencial, de modo que o Conselho pudesse atuar em processo contra servidor se não houvesse preclusão maior da decisão administrativa. MS 28827/SP, rel. Min. Cármen Lúcia, 28.8.2012. (MS-28827) (Inform. STF 677)

CONCURSO PÚBLICO: CNMP E EXAME PSICOTÉCNICO - 1

A 2ª Turma denegou mandado de segurança impetrado, pelo Estado de Rondônia e pelo respectivo Ministério Público, contra decisões do Conselho Nacional do Ministério Público - CNMP, proferidas em procedimentos de controle administrativo, que afastaram reprovação de candidatos em exame psicotécnico aplicado em concurso de ingresso para o cargo de promotor público substituto daquela unidade federativa, a fim de garantir-lhes nomeação e posse. Nas situações, primeiramente, em sede cautelar, o CNMP assegurara a eles participação na fase subsequente do certame (prova oral), na qual, posteriormente, aprovados. Depois disso, o Conselho emanara os ora atos impugnados. Inicialmente, salientou-se a competência desta Turma para o julgamento do feito, consoante Emenda Regimental 45/2011 do RISTF. Na sequência, afastaram-se as preliminares suscitadas. No tocante à aduzida decadência, registrou-se que os atos combatidos seriam os de 18.5.2011, logo, tempestivo o presente *mandamus* impetrado em 8.8.2011, não havendo falar que os prazos iniciar-se-iam das liminares prolatadas nos procedimentos, pois substituídas pelas decisões de mérito. No que concerne à assertiva de ausência de condição de procedibilidade (Lei 12.016/2009, art. 5º, I), afirmou-se que o preceito em questão configuraria tão somente causa impeditiva de que se utilizassem simultaneamente dos embargos de declaração de natureza administrativa e da ação mandamental. A respeito da suposta nulidade dos julgados do CNMP por falta de interesse geral, asseverou-se que a necessidade de observância de critérios objetivos na aplicação do exame psicotécnico em concursos públicos revestir-se-ia de relevância jurídica e ultrapassaria de fato os interesses subjetivos da causa. No ponto, reportou-se a decisão do STF que reconhecera a repercussão geral do tema no julgamento do AI 758533/MG (DJe de 13.8.2010). MS 30822/DF, rel. Min. Ricardo Lewandowski, 5.6.2012. (MS-30822)

CONCURSO PÚBLICO: CNMP E EXAME PSICOTÉCNICO - 2

Ato contínuo, analisou-se pleito de nulidade dos procedimentos por inobservância dos princípios do contraditório e da ampla defesa, tendo em conta que se deixara de intimar os demais concorrentes aprovados no certame, que seriam afetados pela alteração na ordem classificatória com o prosseguimentos dos não recomendados no psicotécnico. Acerca do assunto, entendeu-se que, nos termos de competência constitucional, o Conselho limitara-se a afastar o exame considerado ilegal em relação a três participantes reprovados naquela etapa, garantindo a manutenção deles, sem interferir na situação jurídica dos outros. Sublinhou-se que os candidatos recomendados não sofreram qualquer tipo de prejuízo. Dessa maneira, assinalou-se que não seria obrigatória a intimação destes para participar do controle de legalidade. Por fim, consignou-se que, embora desnecessário, o CNMP expedira edital de notificação com o intuito de que eventuais interessados pudessem apresentar, se quisessem, razões nos citados procedimentos. MS 30822/DF, rel. Min. Ricardo Lewandowski, 5.6.2012. (MS-30822)

CONCURSO PÚBLICO: CNMP E EXAME PSICOTÉCNICO - 3

No mérito, enfatizou-se que, como salientado na apreciação do AI 758533/MG, a jurisprudência desta Corte consolidara-se no sentido de que a exigência do teste psicotécnico em concurso dependeria de previsão legal e no edital, além de obedecer a critérios objetivos. Observou-se que a previsão do exame em comento estaria no art. 65 da Lei Complementar rondoniense 93/93. Passou-se, então, à análise do segundo aspecto: a necessidade de grau mínimo de objetividade e de publicidade dos critérios de avaliação psicológica. Assim, ressurtiu-se que nada constaria de mais substantivo na Resolução 8/2010 do Conselho Superior do Ministério Público de Rondônia, no edital de abertura do concurso e naquele de convocação para o processo seletivo, que pudesse conferir mínimo de objetividade ao teste ou pudesse servir de informação prévia aos concorrentes. Além disso, rejeitou-se que o pedido alternativo dos impetrantes de realização de outra avaliação psicológica. Ponderou-se que a definição ulterior de requisitos a serem utilizados violaria ainda mais o princípio da impessoalidade a que se submeteria a Administração Pública, uma vez que seriam estipuladas novas regras para candidatos conhecidos. Dessumiu-se inexistir direito líquido e certo dos impetrantes a ser tutelado. Ao fim, cassou-se medida liminar deferida e julgou-se prejudicado agravo regimental interposto pela União.

O Min. Gilmar Mendes registrou que o Tribunal tem admitido mandado de segurança manejado por órgão, geralmente, em situação típica de conflito entre eles. MS 30822/DF, rel. Min. Ricardo Lewandowski, 5.6.2012. (MS-30822) (Inform. STF 669)

ED E LEGITIMIDADE PARA EXPEDIR CARTA ROGATÓRIA - 1

A Turma iniciou julgamento de embargos de declaração opostos, com efeitos modificativos, contra acórdão por ela prolatado, por meio do qual deferira habeas corpus sob os seguintes fundamentos: a) não ser possível ao Ministério Público italiano requerer à autoridade judiciária brasileira o cumprimento de carta rogatória por ele expedida; b) competir ao colegiado do STJ a concessão de exequatur a cartas rogatórias (reserva de colegiado) e c) não poder o co-réu atuar como testemunha no processo em que é acusado conjuntamente — v. Informativo 496. O embargante alega que o Ministério Público italiano é autoridade judiciária competente para requisitar medida de cooperação internacional, uma vez que aquele país adota o sistema acusatório, no qual o órgão ministerial se encontra investido da condição de magistrado de instrução, podendo expedir ordem de prisão e decretar a quebra do sigilo bancário ou o bloqueio de bens. Sustenta, ainda, a possibilidade de o Presidente do STJ conceder medida urgente ou cautelar, com base no dever geral de cautela, pois própria da cooperação a urgência no cumprimento da medida, aduzindo que, no caso, o colegiado ratificara a decisão singular. Por fim, reitera o cabimento da oitiva do paciente como testemunha. **HC 87759 ED/DF, rel. Min. Marco Aurélio, 17.3.2009. (HC-87759)** (Inform. STF 539)

ED E LEGITIMIDADE PARA EXPEDIR CARTA ROGATÓRIA - 2

O Min. Marco Aurélio, relator, deu provimento aos embargos declaratórios tão-somente para afastar o primeiro fundamento do acórdão impugnado e assentar que o Ministério Público italiano tem legitimidade para expedir carta rogatória. Entendeu procedente a articulação de não se haver levado em conta o fato de o art. 784 do CPP aludir a cartas rogatórias emanadas não de autoridades judiciárias, mas de autoridades estrangeiras competentes. Ademais, enfatizou que a alusão a "autoridades judiciárias da parte requerente" — contida no item 1 do art. 1 do Tratado sobre Cooperação Judiciária em Matéria Penal firmado pelo Brasil e pela República Italiana — sugeriria, de início, tratar-se de órgãos investidos do ofício judicante. Contudo, asseverou que, na Itália, o parquet integra o sistema judiciário e que a magistratura, nesse país, está organizada em carreira institucional única, dentro do mesmo Poder, exercendo atribuições judicantes ou aquelas tradicionalmente inseridas na área reservada ao Ministério Público, verificando-se, assim, a mesclagem de atuação. Relativamente às demais alegações, reputou que as matérias foram suficientemente abordadas no voto condutor do julgamento. Após, a Min. Cármen Lúcia pediu vista dos autos. **HC 87759 ED/DF, rel. Min. Marco Aurélio, 17.3.2009. (HC-87759)** (Inform. STF 539)

ED E LEGITIMIDADE PARA EXPEDIR CARTA PRECATÓRIA - 3

O Ministério Público italiano detém legitimidade para expedir carta rogatória. Essa a conclusão da 1ª Turma ao acolher embargos declaratórios opostos de julgado por ela prolatado tão somente para afastar o primeiro fundamento do acórdão, por meio do qual fora deferido habeas corpus sob os seguintes motivos: a) não ser possível ao Ministério Público italiano requerer à autoridade judiciária brasileira o cumprimento de carta rogatória por ele expedida; b) competir ao colegiado do STJ a concessão de exequatur a cartas rogatórias (reserva de colegiado); e c) não poder o corréu atuar como testemunha no processo em que acusado conjuntamente — v. Informativo 539. Entendeu-se procedente a articulação de não se haver considerado o fato de o art. 784 do CPP (*"As cartas rogatórias emanadas de autoridades estrangeiras competentes não dependem de homologação e serão atendidas se encaminhadas por via diplomática e desde que o crime, segundo a lei brasileira, não exclua a extradição"*) aludir a cartas rogatórias emanadas não de autoridades judiciárias, mas de autoridades estrangeiras competentes. Ademais, realçou-se que a remissão a "autoridades judiciárias da parte requerente" — contida no item 1 do art. 1 do Tratado sobre Cooperação Judiciária em Matéria Penal firmado pelo Brasil e pela República Italiana — sugeriria, de início, tratar-se de órgãos investidos do ofício judicante. Contudo, asseverou-se que, na Itália, o parquet integraria o sistema judiciário e que a magistratura, nesse país, estaria organizada em carreira institucional única, dentro do mesmo Poder, de modo a exercer atribuições judicantes ou aquelas tradicionalmente inseridas na área reservada ao Ministério Público, verificando-se, assim, a mesclagem de atuação. Relativamente às demais alegações, reputou-se que as matérias teriam sido suficientemente abordadas no voto condutor do julgamento. **HC 87759 ED/DF, rel. Min. Marco Aurélio, 13.12.2011. (HC-87759) (Inform. STF 652)**

DIREITO PROCESSUAL PENAL. INVESTIGAÇÃO PENAL. MP. ACESSO DOS SERVIDORES ÀS PROVAS.

O MP pode promover, por autoridade própria, atos de investigação penal, sendo permitido o acesso dos servidores da referida instituição à colheita da prova. Com fundamento na CF e na Lei Complementar n. 75/1993, o MP possui a prerrogativa de instaurar processo administrativo de investigação e de conduzir diligências investigatórias. Isso porque a atuação do MP representa o exercício concreto de uma atividade típica de cooperação que, mediante a requisição de elementos informativos e acompanhamento de diligências investigatórias, promove a convergência de dois importantes órgãos estatais incumbidos da persecução penal e da concernente apuração da verdade real. Tratando-se de escutas telefônicas, não se pode concluir do art. 6º da Lei n. 9.296/1996 que apenas a autoridade policial é autorizada a proceder às interceptações. No entanto, esses atos de investigação não comprometem ou reduzem as atribuições de índole funcional das autoridades policiais, a quem sempre caberá a presidência do inquérito policial. Ademais, a eventual escuta e posterior transcrição das interceptações pelos servidores do MP não anulam as provas, pois se trata de mera divisão de tarefas dentro do próprio órgão, o que não retira dos promotores de justiça a responsabilidade pela condução das diligências, conforme o art. 4º, V, da Res. n. 76/2009 do CNMP. Precedentes citados do STF: RE 468.523-SC, DJ 19/2/2010; do STJ: HC 131.836-RJ, DJe 6/4/2011, e REsp 998.249-RS, DJe 30/5/2012. **HC 244.554-SP, Rel. Min. Marco Aurélio Bellizze, julgado em 9/10/2012. (Inform. STJ 506)**

PARTICIPAÇÃO EM CONSELHO: PODER JUDICIÁRIO E MINISTÉRIO PÚBLICO - 1

O Plenário, por maioria, julgou parcialmente procedente pedido formulado em ação direta, proposta pelo Procurador-Geral da República, para declarar a inconstitucionalidade da expressão *"Poder Judiciário"* disposta no parágrafo único do art. 51 do Ato das Disposições Constitucionais Transitórias -ADCT da Constituição do Estado do Rio de Janeiro. Ademais, conferiu interpretação conforme a Constituição ao referido parágrafo para assentar que a participação do Ministério Público no Conselho Estadual de Defesa da Criança e do Adolescente deve ocorrer na condição de membro-convidado e sem direito a voto (*"Art. 51 - Fica criado o Conselho Estadual de Defesa da Criança e do Adolescente, como órgãos normativo, con-sultivo, deliberativo e controlador da política integrada de assistência à infância e à juventude. Parágrafo único - A lei disporá sobre a organização, composição e funcionamento do Conselho, garantindo a participação de representantes do Poder Judiciário, Ministério Público, Defensoria Pública, Ordem dos Advogados do Brasil, órgãos públicos encarregados da execução da política de atendimento à infância e à juventude, assim como, em igual número, de representantes de organizações populares de defesa dos direitos da criança e do adolescente, legalmente constituídas e em funcionamento há pelo menos um ano"*). ADI 3463/RJ, rel. Min. Ayres Britto, 27.10.2011. (ADI-3463)

PARTICIPAÇÃO EM CONSELHO: PODER JUDICIÁRIO E MINISTÉRIO PÚBLICO - 2

Prevaleceu o voto do Min. Ayres Britto, relator. De início, explicitou que o art. 129, IX, da CF autorizaria o Ministério Público a exercer outras funções não antecipadamente listadas em seus incisos I a VIII, desde que: a) compatíveis com suas finalidades institucionais — a defesa da ordem jurídica, do regime democrático e dos interesses sociais e individuais indisponíveis (CF, art. 127, *caput*); e b) vedada a representação judicial e a consultoria jurídica de entidades públicas. Ato contínuo, dessumiu que o rol de competências do *parquet* não seria taxativo. Aduziu que, dentre os direitos constitucionais sob a vigilância tutelar do Ministério Público, sobrelevaria a defesa da criança e do adolescente (CF, artigos 129, II, e 227). Portanto, a participação conjunta do *parquet* e de outros órgãos *"encarregados da execução da política de atendimento à infância e à juventude"*, em Conselho instituído para prestar essa assistência, não significaria desempenhar função estranha aos seus misteres. No ponto, inferiu que o dispositivo adversado não outorgara competência ao Ministério Público. Nesse contexto, a possibilidade de participação do *parquet* fluminense não seria inconstitucional caso se entendesse que ele compusesse o Conselho como membro convidado e sem direito a voto, da mesma maneira que ocorre no Conselho Nacional do Meio Ambiente – Conama. Compreendeu que o ponderado equacionamento do feito passaria pelo manejo da técnica de controle de constitucionalidade chamada "interpretação conforme", modo especial de sindicar a constitucionalidade dos atos do Poder Público, o que realizou para solver a questão de mérito. ADI 3463/RJ, rel. Min. Ayres Britto, 27.10.2011. (ADI-3463)

PARTICIPAÇÃO EM CONSELHO: PODER JUDICIÁRIO E MINISTÉRIO PÚBLICO - 3
Esclareceu que, embora a fundamentação do texto da exordial versasse apenas acerca da expressão *"Ministério Público"*, o pedido abrangeria todo o parágrafo único do dispositivo apontado. Dessa forma, asseverou ser inconstitucional a inclusão de membro do Poder Judiciário no indicado Conselho, dada a potencialidade de quebrantar o princípio da imparcialidade dos julgadores. Ao acompanhar o relator, o Min. Ricardo Lewandowski vislumbrou que as iniciativas legislativas que prevêem a participação, em determinados órgãos, de membros de outros Poderes, feririam, em princípio, a separação dos Poderes, prevista na Constituição. O Min. Luiz Fux destacou que afastar o *parquet* de um órgão que cuidasse de políticas públicas concernentes à criança e ao adolescente tornar-se-ia até uma *contraditio in terminis*. Vencidos os Ministros Marco Aurélio e Cezar Peluso, Presidente, que julgavam procedente a pretensão formulada na inicial. Aquele assentava que o pedido estaria restrito à participação do Ministério Público. Alguns precedentes citados: ADI 3046/SP (DJU de 28.5.2004); ADI 2794/DF (DJU de 30.3.2007). ADI 3463/RJ, rel. Min. Ayres Britto, 27.10.2011. (ADI-3463) (Inform. STF 646)

MANDADO DE SEGURANÇA E DIREITO INDIVIDUAL DE MEMBRO DO MINISTÉRIO PÚBLICO
O Ministério Público não tem legitimidade para defender direito subjetivo, disponível e individual de seus membros. Com base nesse entendimento, a 2ª Turma desproveu agravo regimental interposto de decisão do Min. Ricardo Lewandowski que, em decisão monocrática da qual relator, extinguira o *mandamus* sem julgamento de mérito. No caso, o Ministério Público do Estado do Rio Grande do Sul impetrara mandado de segurança contra ato do Conselho Nacional do Ministério Público - CNMP, que restringira a percepção de gratificação por membros que compusessem órgãos colegiados. Reputou-se que a legitimidade do *parquet* para impetração de *writ* restringir-se-ia à defesa de sua atuação funcional e a de suas atribuições institucionais. MS 30717 AgR/DF, rel. Min. Ricardo Lewandowski, 27.9.2011. (MS-30717) (Inform. STF 642)

CONFLITO DE ATRIBUIÇÕES E FUNDEF - 1
O Plenário iniciou julgamento de duas petições em que o Ministério Público Federal suscita conflito negativo de atribuição quanto, respectivamente, aos Ministérios Públicos dos Estados de São Paulo e Rio Grande do Norte para a investigação de supostas irregularidades concernentes à gestão de recursos oriundos do Fundo de Manutenção e Desenvolvimento do Ensino e Valorização do Magistério — Fundef. O Min. Marco Aurélio, relator, reconheceu a atribuição do Ministério Público estadual, no que foi acompanhado pelos Ministros Luiz Fux e Ayres Britto. Asseverou que o Fundef, nas municipalidades em questão, não recebera recursos públicos federais. Salientou, também, que a prestação de contas alusiva à aplicação das verbas do Fundef seria realizada pelo tribunal de contas dos Estados-membros e que não haveria o envolvimento de serviço público federal, e sim municipal. Tendo isso em conta, reputou inexistir interesse gerador da competência, na esfera federal, quer do Ministério Público, quer do Judiciário, haja vista a ausência das premissas que lhes permitiria atuar. No ponto, assinalou que o sistema de colaboração para a organização do ensino nas diversas áreas não seria, por si só, fator atrativo. Destacou, por outro lado, que a circunstância de esse fundo receber valores decorrentes da participação em receitas federais não significaria dizer que, constatado o desvio, existiria crime a alcançar bem da União. Mencionou, ainda, que não caberia potencializar a previsão das Leis 9.424/96 e 11.494/2007, que tratam do Fundef e de seu sucessor, Fundo de Manutenção e Desenvolvimento da Educação Básica e de Valorização dos Profissionais da Educação — Fundeb. Por fim, enfatizou que seria hora de se homenagear a descentralização. Pet 4706/DF, rel. Min. Marco Aurélio, 11.5.2011. (Pet-4706) Pet 4863/RN, rel. Min. Marco Aurélio, 11.5.2011. (Pet-4863)

CONFLITO DE ATRIBUIÇÕES E FUNDEF - 2
Em divergência, o Min. Dias Toffoli assentou a atribuição do Ministério Público Federal. Inicialmente ressaltou que o Fundef seria composto por verbas do Fundo de Participação dos Estados e dos Municípios, a partir de receitas geradas com arrecadação do IPI proporcional às exportações dos Estados-membros e por verbas federais destinadas a compensar a perda desses entes federativos com a desoneração do ICMS sobre as exportações determinadas pela LC 87/96. Em seguida, aduziu que, embora a União não contribuísse a título de complementação, destinaria recursos ao aludido fundo. Concluiu, outrossim, que o desvio de verbas do Fundef, não obstante atingir interesses econômicos locais, atrairia a competência da justiça federal (CF, art.109, IV) e a conseqüente atuação do *parquet* federal. Registrou, ademais, que seria dever comum da União, dos Estados-membros e dos municípios fiscalizar as verbas do fundo (Lei 9.424/96, art. 5º e Lei 11.494/2007, art. 26). Acrescentou que seria relevante o papel da União na manutenção, fiscalização e desenvolvimento de ensino e dessa política pública de âmbito nacional, em todos os seus níveis. Daí o seu interesse em assegurar a adequada destinação dos recursos investidos nessa área. Após o voto da Min. Cármen Lúcia, que seguia a divergência, pediu vista dos autos o Min. Joaquim Barbosa. Pet 4706/DF, rel. Min. Marco Aurélio, 11.5.2011. (Pet-4706) Pet 4863/RN, rel. Min. Marco Aurélio, 11.5.2011. (Pet-4863) (Inform. STF 626)

ADI N. 932-SP
RELATOR: MIN. RICARDO LEWANDOWSKI
EMENTA: AÇÃO DIRETA DE INCONSTITUCIONALIDADE. ARTS. 6º, I, 16 E 17 DA LEI COMPLEMENTAR 667/1991 DO ESTADO DE SÃO PAULO. CRIAÇÃO E EXTINÇÃO DE CARGOS NO QUADRO DO MINISTÉRIO PÚBLICO E OUTRAS PROVIDÊNCIAS CORRELATAS. PREJUDICIALIDADE QUANTO AO ART. 18 REJEITADA. AÇÃO JULGADA PARCIALMENTE PROCEDENTE.
I – Dispositivo de lei estadual que apenas altera denominação de cargo ou estabelece prazo para reorganização interna da carreira do Ministério Público não afronta o art. 22 da Constituição Federal.
II – Não há qualquer inconstitucionalidade em dispositivo que revoga uma atribuição inconstitucional conferida ao *Parquet*, como a curadoria no processo civil de réu revel ou preso.
III – Embora o art. 18 da Lei Complementar 667/1991 tenha sido derrogado pelo art. 114 da Lei Complementar 734/1993, o Tribunal recebeu a manifestação do Conselho Federal da OAB como aditamento à inicial, superando a preliminar de prejudicialidade, para conhecer da ação direta quanto a ambos os artigos.
IV – A legislação estadual, ao disciplinar matéria processual, invadiu competência privativa conferida à União.
V – Ação julgada parcialmente procedente para declarar inconstitucional o art. 18 da Lei Complementar 667/1991, bem como o art. 114 da Lei Complementar 734/1993. (Inform. STF 626) *noticiado no Informativo 613

ADI N. 4.356-CE
RELATOR: MIN. DIAS TOFFOLI
Ação Direta de Inconstitucionalidade. CONAMP. Artigo 6º da Lei nº 14.506, de 16 de novembro de 2009, do Estado do Ceará. Fixação de limites de despesa com a folha de pagamento dos servidores estaduais do Poder Executivo, do Poder Legislativo, do Poder Judiciário e do Ministério Público estadual. Conhecimento parcial. Inconstitucionalidade.
1. Singularidades do caso afastam, excepcionalmente, a aplicação da jurisprudência do Supremo Tribunal Federal sobre a prejudicialidade da ação, visto que houve impugnação em tempo adequado e a sua inclusão em pauta antes do exaurimento da eficácia da lei temporária impugnada, existindo a possibilidade de haver efeitos em curso (art. 7º da Lei 14.506/2009).
2. Conquanto a CONAMP tenha impugnado todo o artigo 6º da Lei estadual nº 14.506/09, o referido dispositivo limita a execução orçamentária não apenas em relação aos órgãos do Ministério Público, mas também em relação aos Poderes estatais (Executivo, Legislativo e Judiciário), os quais são alheios à sua atividade de representação. Todos os fundamentos apresentados pela requerente para demonstrar a suposta inconstitucionalidade restringem-se ao Ministério Público, não alcançando os demais destinatários. Conhecimento parcial da ação.
3. O diploma normativo versa sobre execução orçamentária, impondo limites especialmente às despesas não previstas na folha normal de pessoal. Tais limites, conquanto não estejam disciplinados na lei de diretrizes orçamentárias e na lei orçamentária anual, buscam controlar a forma de gestão dos recursos orçamentários já aprovados.
4. Se ao Ministério Público é garantida a elaboração de sua proposta orçamentária dentro dos limites estabelecidos na lei de diretrizes orçamentárias, como preceitua o § 3º do artigo 127 da Constituição Federal, conclui-se que esse é o meio normativo próprio (idôneo) para a imposição de eventual contensão de gastos. A autonomia financeira não se exaure na simples elaboração da proposta orçamentária, sendo consagrada, inclusive, na execução concreta do orçamento e na utilização das dotações postas em favor do Ministério Público. Nesse ponto, o artigo 6º da Lei estadual nº 14.506/09 faz ingerência indevida na atuação do Ministério Público, uma vez que o limitador ali presente incide invariavelmente sobre despesas com pessoal devidamente amparadas por previsões na lei de diretrizes orçamentárias e na lei orçamentária anual, que não estampam qualquer ressalva a respeito.
5. Quanto à alegação da CONAMP de ofensa à garantia do direito adquirido (artigos 5º, XXXVI, CF/88), entende-se que o exame pressupõe a realização de análise casuística, incompatível com a natureza do processo objetivo de fiscalização concentrada de constitucionalidade. Fundamento que não merece ser apreciado em sede de controle concentrado, o qual não se presta a discutir fatos e casos concretos, reservados que são ao controle incidental.

6. Ação direta de inconstitucionalidade julgada parcialmente procedente para declarar, com efeitos **ex tunc**, a inconstitucionalidade da expressão "*e do Ministério Público Estadual*" contida no art. 6º da Lei nº 14.506, de 16 de novembro de 2009, do Estado do Ceará. (Inform. STF 626) *noticiado no Informativo 615

ESCOLHA DE PROCURADOR-GERAL DE JUSTIÇA E PODER LEGISLATIVO

Por vislumbrar ofensa ao art. 128, § 3º, da CF, que dispõe que os Ministérios Públicos dos Estados e do Distrito Federal e Territórios formarão lista tríplice dentre integrantes da carreira, na forma da lei respectiva, para escolha de seu Procurador-Geral, que será nomeado pelo Chefe do Poder Executivo, o Tribunal julgou procedente pedido formulado em duas ações diretas ajuizadas pelo Procurador Geral da República e pelo Governador do Estado de Rondônia, para declarar a inconstitucionalidade da expressão "após a aprovação de seu nome pela maioria absoluta dos membros da Assembléia Legislativa" e da expressão "do Procurador-Geral e", contidas, respectivamente, no art. 83 da Constituição do Estado do Rio Grande do Norte (e repetida no art. 10 da Lei Complementar potiguar 141/96 – Lei Orgânica do Ministério Público do Estado do Rio Grande do Norte) e na alínea e do inciso XXIV do art. 29 da Constituição do Estado de Rondônia. Asseverou-se que a Constituição Federal não previu a participação do Poder Legislativo estadual no processo de escolha do Chefe do Ministério Público local, não podendo a Constituição estadual exigir tal participação parlamentar, a menos que se trate do tema de destituição do Procurador-Geral de Justiça (CF, art. 128, § 4º). Precedente citado: ADI 1506/SE (DJU de 12.11.99). **ADI 3727/RN, rel. Min. Ayres Britto, 12.5.2010**. (ADI-3727) **ADI 3888/RO, rel. Min. Ayres Britto, 12.5.2010**. (ADI-3888). (Inform. STF 586)

MINISTÉRIO PÚBLICO DO TRABALHO E LEGITIMIDADE PARA ATUAR PERANTE O SUPREMO

O Tribunal iniciou julgamento de agravo regimental em agravo regimental em reclamação, no qual se discute se o Ministério Público do Trabalho tem, ou não, legitimidade para atuar perante esta Corte. Na espécie, o Min. Eros Grau, reportando-se ao que decidido na Rcl 4801 AgR/MT (DJE de 27.3.2009), negara seguimento ao primeiro agravo regimental interposto pelo parquet contra decisão do relator que julgara procedente reclamação ao fundamento de que o processamento de litígio entre servidores temporários e a Administração Pública perante a Justiça do Trabalho afrontaria a decisão prolatada pelo Supremo no julgamento da ADI 3395MC/DF (DJU de 10.11.2006). Alega o agravante que a interpretação literal do art. 159 do RISTF ("Qualquer interessado poderá impugnar o pedido do reclamante.") permitiria concluir que a legitimidade do Procurador-Geral da República não excluiria a de qualquer outro interessado, por não apresentar qualquer exceção à regra. O Min. Eros Grau não conheceu do recurso. Considerou que, a despeito da disposição do art. 159 do RISTF, já teria havido fixação pelo Plenário do entendimento segundo o qual o MPT não estaria legitimado a atuar perante esta Corte. Após, pediu vista dos autos o Min. Ayres Britto. **Rcl 6239 AgR-AgR/RO, rel. Min. Eros Grau, 6.5.2010**. (RCL-6239). (Inform. STF 585)

ADI E COMPETÊNCIA DE PROCURADOR-GERAL DE JUSTIÇA - 1

O Tribunal iniciou julgamento de ação direta de inconstitucionalidade proposta pelo Procurador-Geral da República contra a expressão "e a ação civil pública", contida no inciso X do art. 30 da Lei Complementar 72/94, do Estado do Mato Grosso do Sul, que estabelece ser da competência do Procurador-Geral de Justiça a propositura da referida ação. O Min. Eros Grau, relator, acompanhado pelos Ministros Joaquim Barbosa, Carlos Britto e Carlos Velloso, julgou procedente o pedido, por entender que o dispositivo atacado viola o art. 22, I, da CF ("Compete privativamente à União legislar sobre: I - direito ... processual"), uma vez que veicula norma caráter processual, restringindo a legitimidade ativa para ação civil pública. Em divergência, o Min. Cezar Peluso julgou improcedente o pedido, por considerar tratar-se de mera atribuição interna do órgão e não de direito processual. Após, pediu vista dos autos o Min. Gilmar Mendes. **ADI 1916/MS, rel. Min. Eros Grau, 16.11.2005. (ADI-1916)**

ADI E COMPETÊNCIA DE PROCURADOR-GERAL DE JUSTIÇA – 2

O Tribunal retomou julgamento de ação direta proposta pelo Procurador-Geral da República na qual se objetiva a declaração de inconstitucionalidade da expressão "*e a ação civil pública*", contida no inciso X do art. 30 da Lei Complementar 72/94, do Estado do Mato Grosso do Sul, que estabelece ser da competência do Procurador-Geral de Justiça a propositura da referida ação — v. Informativo 409. O Min. Gilmar Mendes, em voto-vista, acompanhou a divergência iniciada pelo Min. Cezar Peluso para julgar improcedente o pedido, por considerar não se estar diante de matéria atinente a processo civil, que seria da competência legislativa privativa da União, mas de legislação sobre organização, divisão e distribuição de atribuições internas no âmbito do Ministério Público, matéria reservada à lei complementar estadual de organização dessa instituição, como previsto no art. 128, § 5º, da CF ("*Leis complementares da União e dos Estados, cuja iniciativa é facultada aos respectivos Procuradores-Gerais, estabelecerão a organização, as atribuições e o estatuto de cada Ministério Público, observadas, relativamente a seus membros:...*"). Após, o Min. Eros Grau indicou adiamento. **ADI 1916/MS, rel. Min. Eros Grau, 6.3.2008.** (ADI-1916) (Inform. STF 497)

ADI E COMPETÊNCIA DE PROCURADOR-GERAL DE JUSTIÇA – 3

Em conclusão, o Tribunal, por maioria, julgou improcedente pedido formulado em ação direta proposta pelo Procurador-Geral da República e declarou a constitucionalidade da expressão "e a ação civil pública", contida no inciso X do art. 30 da Lei Complementar 72/94, do Estado de Mato Grosso do Sul, que estabelece ser da competência do Procurador-Geral de Justiça a propositura da referida ação em face das autoridades estaduais que especifica — v. Informativos 409 e 497. Reputou-se não se estar diante de matéria processual — que seria da competência legislativa privativa da União —, uma vez que a lei estadual não disciplinaria questão atinente à legitimidade ativa ad causam do Ministério Público. Asseverou-se, no caso, que se cuidaria de legislação sobre organização, divisão e distribuição de atribuições internas no âmbito do parquet, matéria reservada à lei complementar estadual de organização dessa instituição, como previsto no art. 128, § 5º, da CF ("Leis complementares da União e dos Estados, cuja iniciativa é facultada aos respectivos Procuradores-Gerais, estabelecerão a organização, as atribuições e o estatuto de cada Ministério Público, observadas, relativamente a seus membros:..."). Vencidos os Ministros Joaquim Barbosa, Carlos Velloso e Marco Aurélio que julgavam o pedido procedente ao fundamento de que o dispositivo violaria o art. 22, I, da CF. Os Ministros Eros Grau, relator, e Ayres Britto reajustaram os votos proferidos anteriormente. **ADI 1916/MS, rel. Min. Eros Grau, 14.4.2010. (ADI-1916)**. (Inform. STF 582)

MANDADO DE SEGURANÇA: RESOLUÇÃO DO CNMP E VEDAÇÃO DO EXERCÍCIO DE OUTRA FUNÇÃO PÚBLICA – 1

Os membros do Ministério Público, especialmente aqueles que ingressaram na instituição após a promulgação da vigente Constituição, não podem exercer cargos ou funções em órgãos estranhos à organização do Ministério Público, somente podendo titularizá-los, se e quando se tratar de cargos em comissão ou de funções de confiança em órgãos situados na própria estrutura administrativa do Ministério Público. Com base nesse entendimento, o Tribunal indeferiu mandado de segurança impetrado por promotor de justiça contra ato do Presidente do Conselho Nacional do Ministério Público – CNMP, consubstanciado na Resolução 5/2006, que disciplina o exercício de atividade político-partidária e de cargos públicos por membros do Ministério Público. Na espécie, o impetrante, promotor de justiça desde 1994, teria sido convidado, em 30.4.2007, pela então Ministra de Estado do Meio Ambiente, a assumir o cargo de Diretor de Planejamento, Administração e Logística do IBAMA. Preliminarmente, a Corte, por maioria, conheceu do writ, na linha do que decidido no MS 26325/DF (DJU de 1º.2.2007) por entender que, em razão de a resolução dirigir expressa proibição aos membros do parquet, teria efeitos concretos, alcançando, de maneira direta e imediata, a posição jurídica do impetrante. Possuiria, portanto, por si só, força suficiente para impor as vedações nela contidas, tanto que a aceitação do convite feito ao impetrante sofrera a inibição imediata decorrente da incidência das cláusulas proibitivas dela constantes. Vencidos, no ponto, os Ministros Cezar Peluso, Ricardo Lewandowski e Marco Aurélio, que não o conheciam por reputar estar-se tratando de impetração contra lei em tese. **MS 26595/DF, rel. Min. Cármen Lúcia, 7.4.2010**. (MS-26595).

MANDADO DE SEGURANÇA: RESOLUÇÃO DO CNMP E VEDAÇÃO DO EXERCÍCIO DE OUTRA FUNÇÃO PÚBLICA – 2

Quanto ao mérito, asseverou-se que a Resolução 5/2006 teria sido editada dentro das prerrogativas constitucionalmente atribuídas ao CNMP e que a proibição do exercício de outras funções por membros do Ministério Público estaria expressamente prevista no art. 128, § 5º, II, d, da CF ("Art. 128. ... § 5º – Leis complementares da União e dos Estados, cuja iniciativa é facultada aos respectivos Procuradores-Gerais, estabelecerão a organização, as atribuições e o estatuto de cada Ministério Público, observadas, relativamente a seus membros: ... II – as seguintes vedações: ... d) exercer, ainda que em disponibilidade, qualquer outra função pública, salvo uma de magistério; e) exercer atividade político-partidária;"). Observou-se que haveria, então, apenas duas exceções constitucionais: o exercício de uma função de magistério, prevista no já citado dispositivo constitucional, e a hipótese do art. 29, § 3º, do ADCT, quando o membro do Ministério Público, admitido antes da promulgação da CF/88, tiver feito a opção pelo regime jurídico anterior ("Art. 29. Enquanto não aprovadas as leis complementares relativas ao Ministério Público e à Advocacia-Geral da União, o Ministério Público Federal, a Procuradoria-Geral da Fazenda Nacional, as Consultorias Jurídicas dos Ministérios, as Procuradorias e Departamentos Jurídicos de autarquias federais com representação própria e os membros das Procuradorias das Universidades fundacionais públicas continuarão a exercer suas atividades na área das respectivas atribuições. ... 3º – Poderá optar pelo regime anterior, no que respeita às garantias e vantagens, o membro do Ministério Público admitido antes da promulgação da Constituição, observando-se, quanto às vedações, a situação jurídica na data desta."). Acrescentou-se que a inserção da referida vedação nas leis complementares, reguladoras dos Ministérios Públicos dos Estados e da União, não seria facultativa e teria sido repetida pelo art. 44, IV, da Lei Orgânica do Ministério Público Nacional. Concluiu-se que o impetrante, desde 1994, não teria direito de assumir qualquer outro cargo público fora da administração do próprio Ministério Público. Outros precedentes citados: RMS 25500/SP (DJU de 18.11.2005); MS 26584/DF (DJU de 1º.8.2007). **MS 26595/DF, rel. Min. Cármen Lúcia, 7.4.2010. (MS-26595).** (Inform. STF 581)

RECLAMAÇÃO E LEGITIMIDADE DE MINISTÉRIO PÚBLICO ESTADUAL – 1

O Tribunal iniciou julgamento de reclamação ajuizada pelo Ministério Público do Estado de São Paulo contra acórdão de Câmara de Direito Criminal do Tribunal de Justiça paulista que, no julgamento de agravo de execução interposto em favor de condenado preso, dera-lhe provimento para restabelecer o direito do executado à remição dos dias trabalhados, cuja perda fora decretada em razão do cometimento de falta grave. Sustenta o reclamante violação ao Enunciado da Súmula Vinculante 9 ["O disposto no artigo 127 da Lei nº 7.210/1984 (Lei de Execução Penal) foi recebido pela ordem constitucional vigente, e não se lhe aplica o limite temporal previsto no caput do artigo 58."]. A Min. Ellen Gracie, relatora, inicialmente, afirmou que o Ministério Público do Estado de São Paulo não possuiria legitimidade para propor originariamente reclamação perante o Supremo, haja vista incumbir ao Procurador-Geral da República exercer as funções do Ministério Público junto a esta Corte, nos termos do art. 46 da Lei Complementar 75/93. Observou, entretanto, que essa ilegitimidade teria sido corrigida pelo Procurador-Geral da República, que ratificara a petição inicial e assumira a iniciativa da demanda. Assim, deferiu a admissão do Procurador-Geral da República como autor da demanda, no que foi acompanhada pelo Min. Dias Toffoli. **Rcl 7358/SP, rel. Min. Ellen Gracie, 25.3.2010**. (Rcl-7358).

RECLAMAÇÃO E LEGITIMIDADE DE MINISTÉRIO PÚBLICO ESTADUAL – 2

Em divergência, o Min. Marco Aurélio considerou que, como o Ministério Público Estadual atuara na 1ª e na 2ª instâncias, ao vislumbrar desrespeito ao citado verbete, seria ele parte legítima na reclamação perante o Supremo. No mesmo sentido votaram os Ministros Celso de Mello e Cezar Peluso. O Min. Celso de Mello também concluiu que o Ministério Público Estadual disporia de legitimação ativa para formular ele próprio, perante o Supremo, reclamação em situações como esta que os autos registram. Ao mencionar que o Ministério Público do Trabalho não disporia dessa legitimidade por uma singularidade, qual seja, a de integrar o Ministério Público da União, cujo chefe é o Procurador Geral da República, aduziu que, entretanto, não existiria qualquer relação de dependência entre o Ministério Público da União e o Ministério Público dos Estados-membros. Acrescentou que, muitas vezes, inclusive, os Ministérios Públicos Estaduais poderiam formular representação perante o Supremo, deduzindo pretensão com a qual não concordasse, eventualmente, a chefia do Ministério Público da União, o que obstaria o acesso do parquet local no controle do respeito e observância, por exemplo, de súmulas impregnadas de eficácia vinculante. O Min. Cezar Peluso, por sua vez, ressaltou que fazer com que o Ministério Público Estadual ficasse na dependência do que viesse a entender o Ministério Público Federal seria incompatível, dentre outros princípios, com o da paridade de armas. Disse, ademais, que se estaria retirando do Ministério Público Estadual uma legitimidade que seria essencial para o exercício das funções dele, as quais não seriam exercidas pelo Ministério Público Federal. Ponderou, ainda, que a orientação segundo a qual só o Procurador Geral da República poderia atuar perante o Supremo estaria disciplinada na Lei Complementar 75/93, em um capítulo que só cuidaria do Ministério Público da União, e que o art. 46 dessa lei, específico desse capítulo, estaria estabelecendo incumbir ao Procurador Geral da República as funções do Ministério Público Federal perante o Supremo, mas não as funções de qualquer Ministério Público. Após, pediu vista dos autos o Min. Ayres Britto. **Rcl 7358/SP, rel. Min. Ellen Gracie, 25.3.2010. (Rcl-7358).** (Inform. STF 580)

MEMBRO DO MP: NOMEAÇÃO PARA A MAGISTRATURA E INEXISTÊNCIA DE DIREITO ADQUIRIDO A QUINTOS – 1

O Tribunal, por maioria, deu provimento a agravo regimental interposto pela União para, conhecendo de agravo de instrumento, dar provimento parcial a esse apelo extremo. Na espécie, o agravo regimental fora interposto contra decisão que desprovera agravo de instrumento que visava à subida de recurso extraordinário, interposto contra acórdão do Superior Tribunal de Justiça – STJ, no qual se sustentava a inexistência de direito adquirido do agravado de continuar recebendo os quintos incorporados aos seus vencimentos quando era membro do Ministério Público Federal, suprimidos por ocasião do exercício na magistratura no STJ. Inicialmente, o Tribunal, por votação majoritária, rejeitou questão de ordem suscitada pelo Min. Marco Aurélio, no sentido de se dar provimento ao agravo regimental apenas para se processar o recurso extraordinário. Entendeu-se ser possível o julgamento direto do recurso extraordinário na linha de diversos julgamentos da Corte, salientando-se, ademais, estarem presentes todos os elementos que constariam do apelo extremo. Vencido o suscitante. **AI 410946 AgR/DF, rel. Min. Ellen Gracie, 17.3.2010**. (AI-410946).

MEMBRO DO MP: NOMEAÇÃO PARA A MAGISTRATURA E INEXISTÊNCIA DE DIREITO ADQUIRIDO A QUINTOS – 2

No mérito, considerou-se que o agravado não teria direito adquirido em continuar recebendo os quintos incorporados após a mudança de regime jurídico, tendo em conta a pacífica jurisprudência da Corte no sentido da inexistência de direito adquirido a regime jurídico. Asseverou-se que o agravado, ao ingressar no STJ, passara a ser regido por novo regime jurídico, diverso do da carreira do Ministério Público. Observou-se, ainda, não haver previsão dessa vantagem na Lei Orgânica da Magistratura – LOMAN (LC 35/79), não existindo, assim, direito adquirido do recorrido de manter vantagem concedida antes do seu ingresso na magistratura. Não obstante, reconheceu-se que deveriam ser preservados os valores da incorporação por ele já percebidos, em respeito ao princípio da boa-fé. Vencido, em parte, também o Min. Marco Aurélio, que simplesmente reformava a decisão do STJ para restabelecer o acórdão proferido pelo Tribunal Regional Federal. Alguns precedentes citados: RE 177072/SP (DJU de 5.4.2002); RE 244610/PR (DJU de 29.6.2001); RE 293606/RS (DJ 14.11.2003); RE 526878 AgR/RN (DJE de 2.10.2009); RE 408291 AgR/CE (DJE de 20.2.2009); RE 122202/MG (DJU de 8.4.94); RE 341732 AgR/AM (DJU de 1º.7.2005); MS 26085/DF (DJE de 13.6.2008). **AI 410946 AgR/DF, rel. Min. Ellen Gracie, 17.3.2010.** (AI 410946). (Inform. STF 579)

IPM: REQUISIÇÃO DO MINISTÉRIO PÚBLICO MILITAR E COMPETÊNCIA – 1

A Turma deu provimento a recurso ordinário em mandado de segurança para assentar a incompetência do STM para determinar o trancamento de inquérito policial militar instaurado por requisição do Ministério Público Militar. No caso, fora impetrado *habeas corpus* no STM contra ato de Comandante de Distrito Naval, que, em virtude de requisição do Ministério Público Militar, determinara a abertura de IPM, a fim de apurar condutas em tese delituosas. Sustentava o recorrente que, uma vez que o IPM fora inaugurado a partir de requisição do Ministério Público Militar, a parte passiva legítima da ação de *habeas corpus* seria o representante do parquet que requisitara a abertura do procedimento e não a autoridade militar. Destarte, alegava que a competência para julgar o writ seria do TRF (CF, art. 108, I, a). **RMS 27872/DF, rel. Min. Ellen Gracie, 2.3.2010.** (RMS-27818).

IPM: REQUISIÇÃO DO MINISTÉRIO PÚBLICO MILITAR E COMPETÊNCIA – 2

Destacou-se, inicialmente, que o Ministério Público Militar integra o Ministério Público da União, nos termos do disposto no art. 128, I, c, da CF, sendo que compete ao TRF processar e julgar os membros deste órgão (CF, art. 108, I, a). Considerou-se que, em matéria de competência para o *habeas corpus*, o sistema da Constituição — com a única exceção daquele em que o coator seja Ministro de Estado (CF, art. 105, I, c e 102, I, e) — seria o de conferi-lo originariamente ao tribunal a que caiba julgar os crimes da autoridade que a impetração situe como coator ou paciente. Desse modo, aduziu-se que, se o IPM fora instaurado por requisição de membro do Ministério Público Militar, este deveria figurar como autoridade coatora, cabendo ao TRF o julgamento de eventual *habeas corpus* impetrado contra a instauração do inquérito. Dessa forma, reputou-se nula a decisão proferida pelo STM no julgamento do writ lá aforado — em razão de sua incompetência para processar e julgar o feito — para determinar o encaminhamento dos autos ao TRF. **RMS 27872/DF, rel. Min. Ellen Gracie, 2.3.2010. (RMS-27818).** (Inform. STF 577)

RECLAMAÇÃO: MINISTÉRIO PÚBLICO DO TRABALHO E LEGITIMIDADE PARA ATUAR PERANTE O SUPREMO

O Ministério Público do Trabalho – MPT não dispõe de legitimidade para atuar perante o Supremo Tribunal Federal, porque a representação institucional do Ministério Público da União – MPU, nas causas instauradas nesta Corte, inclusive em tema de reclamação, está inserida na esfera de atribuições do Procurador-Geral da República, chefe do MPU (CF, art. 128, § 1º) e em cujo âmbito está estruturado o MPT. Com base nesse entendimento, o Tribunal, por maioria, não conheceu de agravo regimental interposto pelo MPT contra decisão que deferira pedido de medida liminar em reclamação proposta pelo Instituto Estadual de Meio Ambiente e Recursos Hídricos – Iema do Espírito Santo. A reclamante sustenta que o Juízo da 10ª Vara do Trabalho de Vitória/ES — ao reconhecer, em sede de ação civil pública ajuizada pelo MPT, a competência da Justiça do Trabalho para apreciar e julgar referida ação, que veio a ser declarada procedente, em tema de contratações, sem concurso público, de pessoal temporário e de investidura, alegadamente inconstitucional, de servidores públicos em cargos comissionados — teria desrespeitado a eficácia vinculante que é inerente aos pronunciamentos do Supremo em sede de fiscalização normativa abstrata (ADI 3395/DF). Vencido o Min. Marco Aurélio que conhecia do recurso, admitindo o interesse de agir do MPT. **Rcl 5873 AgR/ES, rel. Min. Celso de Mello, 9.12.2009.** (Rcl-5873) (Inform. STF 571)

EMENTA: "*HABEAS CORPUS*" - CRIME DE TORTURA ATRIBUÍDO A POLICIAL CIVIL - POSSIBILIDADE DE O MINISTÉRIO PÚBLICO, FUNDADO EM INVESTIGAÇÃO POR ELE PRÓPRIO PROMOVIDA, FORMULAR DENÚNCIA CONTRA REFERIDO AGENTE POLICIAL - VALIDADE JURÍDICA DESSA ATIVIDADE INVESTIGATÓRIA - CONDENAÇÃO PENAL IMPOSTA AO *POLICIAL TORTURADOR* - LEGITIMIDADE JURÍDICA DO PODER INVESTIGATÓRIO DO MINISTÉRIO PÚBLICO - MONOPÓLIO CONSTITUCIONAL DA TITULARIDADE DA AÇÃO PENAL PÚBLICA PELO "*PARQUET*" - TEORIA DOS PODERES IMPLÍCITOS - CASO "*McCULLOCH v. MARYLAND*" (1819) - MAGISTÉRIO DA DOUTRINA (*RUI BARBOSA, JOHN MARSHALL, JOÃO BARBALHO, MARCELLO CAETANO, CASTRO NUNES, OSWALDO TRIGUEIRO*, v.g.) - OUTORGA, AO MINISTÉRIO PÚBLICO, PELA PRÓPRIA CONSTITUIÇÃO DA REPÚBLICA, DO PODER DE CONTROLE EXTERNO SOBRE A ATIVIDADE POLICIAL - LIMITAÇÕES DE ORDEM JURÍDICA AO PODER INVESTIGATÓRIO DO MINISTÉRIO PÚBLICO - "*HABEAS CORPUS*" INDEFERIDO.

NAS HIPÓTESES DE AÇÃO PENAL PÚBLICA, O INQUÉRITO POLICIAL, QUE CONSTITUI *UM* DOS DIVERSOS INSTRUMENTOS ESTATAIS DE INVESTIGAÇÃO PENAL, TEM POR DESTINATÁRIO PRECÍPUO O MINISTÉRIO PÚBLICO.

– O inquérito policial qualifica-se como procedimento administrativo, de caráter pré-processual, ordinariamente vocacionado a subsidiar, nos casos de infrações perseguíveis mediante ação penal de iniciativa pública, a atuação persecutória do Ministério Público, que é o verdadeiro destinatário dos elementos que compõem a "*informatio delicti*". Precedentes.

– A investigação penal, quando realizada por organismos policiais, será sempre dirigida por autoridade policial, a quem igualmente competirá exercer, com exclusividade, a presidência do respectivo inquérito.

– A outorga constitucional de funções de polícia judiciária à instituição policial não impede nem exclui a possibilidade de o Ministério Público, que é o "*dominus litis*", determinar a abertura de inquéritos policiais, requisitar esclarecimentos e diligências investigatórias, estar presente e acompanhar, junto a órgãos e agentes policiais, quaisquer atos de investigação penal, mesmo aqueles sob regime de sigilo, sem prejuízo de outras medidas que lhe pareçam indispensáveis à formação da sua "*opinio delicti*", sendo-lhe vedado, no entanto, assumir a presidência do inquérito policial, que traduz atribuição privativa da autoridade policial. Precedentes.

A ACUSAÇÃO PENAL, PARA SER FORMULADA, NÃO DEPENDE, NECESSARIAMENTE, DE PRÉVIA INSTAURAÇÃO DE INQUÉRITO POLICIAL.

– Ainda que inexista qualquer investigação penal promovida pela Polícia Judiciária, o Ministério Público, mesmo assim, pode fazer instaurar, validamente, a pertinente "*persecutio criminis in judicio*", desde que disponha, para tanto, de elementos mínimos de informação, fundados em base empírica idônea, que o habilitem a deduzir, perante juízes e Tribunais, a acusação penal. Doutrina. Precedentes.

A QUESTÃO DA CLÁUSULA CONSTITUCIONAL DE EXCLUSIVIDADE E A ATIVIDADE INVESTIGATÓRIA.

– A cláusula de *exclusividade* inscrita no art. 144, § 1º, inciso IV, da Constituição da República – que não inibe a atividade de investigação criminal do Ministério Público – tem por única finalidade conferir à Polícia Federal, dentre os diversos organismos policiais que compõem o aparato repressivo da União Federal (*polícia federal, polícia rodoviária federal* e *polícia ferroviária federal*), primazia investigatória na apuração dos crimes previstos no próprio texto da Lei Fundamental ou, ainda, em tratados ou convenções internacionais.

– Incumbe, à Polícia Civil dos Estados-membros e do Distrito Federal, ressalvada a competência da União Federal e excetuada a apuração dos crimes militares, a função de proceder à investigação dos ilícitos penais (crimes e contravenções), sem prejuízo do poder investigatório de que dispõe, como atividade subsidiária, o Ministério Público.

– Função de polícia judiciária e função de investigação penal: uma distinção conceitual relevante, que também justifica o reconhecimento, ao Ministério Público, do poder investigatório em matéria penal. Doutrina.

É PLENA A LEGITIMIDADE CONSTITUCIONAL DO PODER DE INVESTIGAR DO MINISTÉRIO PÚBLICO, POIS OS ORGANISMOS POLICIAIS (EMBORA DETENTORES DA FUNÇÃO DE POLÍCIA JUDICIÁRIA) NÃO TÊM, NO SISTEMA JURÍDICO BRASILEIRO, O MONOPÓLIO DA COMPETÊNCIA PENAL INVESTIGATÓRIA.

– O poder de investigar compõe, em sede penal, o complexo de funções institucionais do Ministério Público, que dispõe, na condição de "*dominus litis*" e, também, como expressão de sua competência para exercer o controle externo da atividade policial, da atribuição de fazer instaurar, ainda que em caráter subsidiário, mas por autoridade própria e sob sua direção, procedimentos de investigação penal destinados a viabilizar a obtenção de dados informativos, de subsídios probatórios e de elementos de convicção que lhe permitam formar a "*opinio delicti*", em ordem a propiciar eventual ajuizamento da ação penal de iniciativa pública. Doutrina. Precedentes.

CONTROLE JURISDICIONAL DA ATIVIDADE INVESTIGATÓRIA DOS MEMBROS DO MINISTÉRIO PÚBLICO: OPONIBILIDADE, A ESTES, DO SISTEMA DE DIREITOS E GARANTIAS INDIVIDUAIS, QUANDO EXERCIDO, PELO "*PARQUET*", O PODER DE INVESTIGAÇÃO PENAL.

– O Ministério Público, sem prejuízo da fiscalização intra-orgânica e daquela desempenhada pelo Conselho Nacional do Ministério Público, está permanentemente sujeito ao controle jurisdicional dos atos que pratique no âmbito das investigações penais que promova "*ex propria auctoritate*", não podendo, dentre outras limitações de ordem jurídica, desrespeitar o direito do investigado ao silêncio ("*nemo tenetur se detegere*"), nem lhe ordenar a condução coercitiva, nem constrangê-lo a produzir prova contra si próprio, nem lhe recusar o conhecimento das razões motivadoras do procedimento investigatório, nem submetê-lo a medidas sujeitas à reserva constitucional de jurisdição, nem impedi-lo de fazer-se acompanhar de Advogado, nem impor, a este, indevidas restrições ao regular desempenho de suas prerrogativas profissionais (Lei nº 8.906/94, art. 7º, v.g.).

– O procedimento investigatório instaurado pelo Ministério Público deverá conter todas as peças, termos de declarações ou depoimentos, laudos periciais e demais subsídios probatórios coligidos no curso da investigação, não podendo, o "*Parquet*", sonegar, selecionar ou deixar de juntar, aos autos, quaisquer desses elementos de informação, cujo conteúdo, por referir-se ao objeto da apuração penal, deve ser tornado acessível tanto à pessoa sob investigação quanto ao seu Advogado.

– O regime de sigilo, sempre excepcional, eventualmente prevalecente no contexto de investigação penal promovida pelo Ministério Público, não se revelará oponível ao investigado e ao Advogado por este constituído, que terão direito de acesso – considerado o princípio da comunhão das provas – a todos os elementos de informação que já tenham sido formalmente incorporados aos autos do respectivo procedimento investigatório. **HC N. 89.837-DF. RELATOR: MIN. CELSO DE MELLO. Noticiado no Informativo 564.** (Inform. STF 568)

EMENTA: RECLAMAÇÃO. ILEGITIMIDADE ATIVA DO MINISTÉRIO PÚBLICO ESTADUAL. INICIAL RATIFICADA PELO PROCURADOR-GERAL DA REPÚBLICA. AFASTAMENTO DA INCIDÊNCIA DO ART. 127 DA LEP POR ÓRGÃO FRACIONÁRIO DE TRIBUNAL ESTADUAL. VIOLAÇÃO DAS SÚMULAS VINCULANTES 9 E 10 DO STF. PROCEDÊNCIA. 1. Inicialmente, entendo que o Ministério Público do Estado de São Paulo não possui legitimidade para propor originariamente Reclamação perante esta Corte, eis que "*incumbe ao Procurador-Geral da República exercer as funções do Ministério Público junto ao Supremo Tribunal Federal, nos termos do art. 46 da Lei Complementar 75/93*" (Rcl 4453 MC-AgR-AgR / SE, de minha relatoria, DJe 059, 26.03.2009). 2. Entretanto, a ilegitimidade ativa foi corrigida pelo Procurador-Geral da República que ratificou a petição inicial e assumiu a iniciativa da demanda. 3. No caso em tela, o Juiz de Direito da Vara das Execuções Criminais de São Paulo/SP, reconhecendo a ocorrência de falta grave na conduta do sentenciado, declarou perdidos os dias remidos, nos termos do art. 127 da LEP. 4. Ao julgar o agravo em execução interposto pela defesa do reeducando, a 7ª Câmara de Direito Criminal do Tribunal de Justiça do Estado de São Paulo, em 31 de julho de 2008, deu provimento parcial ao recurso, para restabelecer os dias remidos. 5. O julgamento do agravo ocorreu em data posterior à edição da Súmula Vinculante n° 09, como inclusive foi expressamente reconhecido pela Corte local. 6. O fundamento consoante o qual o enunciado da referida Súmula não seria vinculante em razão da data da decisão do juiz das execuções penais ter sido anterior à sua publicação, não se mostra correto. 7. Com efeito, a tese de que o julgamento dos recursos interpostos contra decisões proferidas antes da edição da súmula, não deve obrigatoriamente observar o enunciado sumular (após sua publicação na imprensa oficial), *data vênia,* não se mostra em consonância com o disposto no art. 103-A, *caput,* da Constituição Federal, que impõe o efeito vinculante a todos os órgãos do Poder Judiciário, **a partir da publicação da súmula na imprensa oficial**. 8. Deste modo, o acórdão do Tribunal de Justiça do Estado de São Paulo, proferido em 31 de julho de 2008, ao não considerar recepcionada a regra do art. 127, da LEP, afrontou a Súmula Vinculante n° 09. 9. Além disso, o referido acórdão também violou o enunciado da Súmula Vinculante nº 10, eis que a 7ª Câmara Criminal – órgão fracionário do TJSP – afastou a incidência do art. 127 da LEP, sob o fundamento de que tal dispositivo afronta princípios constitucionais. 10. Ante o exposto, defiro a admissão do Sr. Procurador-Geral da República como autor da demanda e julgo procedente a presente reclamação para cassar o acórdão da 7ª Câmara Criminal do Tribunal de Justiça do Estado de São Paulo que restabeleceu os dias remidos do reeducando. **Rcl N. 6.541-SP. RELATORA: MIN. ELLEN GRACIE. Noticiado no Informativo 552**. (Inform. STF 558)

EMENTA: AÇÃO DIRETA DE INCONSTITUCIONALIDADE. MINISTÉRIO PÚBLICO JUNTO AO TRIBUNAL DE CONTAS ESTADUAL. INCONSTITUCIONALIDADE DO EXERCÍCIO DE SUAS FUNÇÕES POR MEMBROS DO MINISTÉRIO PÚBLICO ESTADUAL. SIMETRIA OBRIGATÓRIA COM O MODELO NACIONAL. 1. A Lei Complementar mato-grossense n. 11/1991 foi revogada pela Lei Complementar n. 269, que estabeleceu a organização do Tribunal de Contas daquele Estado. Prejuízo, neste ponto, da Ação. 2. O Ministério Público Especial, cujas atividades funcionais sejam restritas ao âmbito dos Tribunais de Contas, não se confunde nem integra o Ministério Público comum. 3. É obrigatória a adoção, pelos Estados, do modelo federal de organização do Tribunal de Contas da União e do Ministério Público que perante ele atua. Aplicação do princípio da simetria. 4. Ação Direta de Inconstitucionalidade julgada parcialmente procedente para declarar a inconstitucionalidade da expressão *"exercício privativo das funções do Ministério Público junto ao Tribunal de Contas",* constante do art. 106, inc. VIII, da Constituição do Mato Grosso e do art. 16, § 1º, inc. III, da Lei Complementar n. 27/1993 daquele mesmo Estado. **ADI N. 3.307-MT. RELATORA: MIN. CÁRMEN LÚCIA. Noticiado no Informativo 534.** (Inform. STF 548)

ADI E COMPETÊNCIA DO PROCURADOR-GERAL DA REPÚBLICA - 1

Iniciado julgamento de ação direta na qual se pretende a declaração de inconstitucionalidade do art. 48, II e parágrafo único, da Lei Complementar 75/93 - Lei Orgânica do MPU, que estabelece incumbir ao Procurador-Geral da República a propositura, perante o STJ, da ação penal, nas hipóteses que elenca o art. 105, I, a, da CF, e autoriza a delegação dessa competência ao Subprocurador-Geral da República. O Min. Carlos Velloso, relator, acompanhado pelo Min. Sepúlveda Pertence, julgou improcedente o pedido formulado, por entender que a norma impugnada decorre do art. 128, § 5º, da CF ("Art. 128. O Ministério Público abrange:... § 5º - Leis complementares da União e dos Estados, cuja iniciativa é facultada aos respectivos Procuradores-Gerais, estabelecerão a organização, as atribuições e o estatuto de cada Ministério Público, observadas, relativamente a seus membros:"). Ressaltou que, do que disposto no art. 36, III, da CF - que trata da intervenção federal no Estado-membro, a qual dependerá de provimento, pelo STF, de representação do PGR, na hipótese do art. 34, VII, e no caso de recusa à execução de lei federal -, não se poderia concluir a falta de atribuição do PGR para propor, perante o STJ, ação penal originária, bem como, do que previsto no art. 102, I, b, da CF - que estabelece a competência originária do STF para processar e julgar o PGR nas infrações penais comuns -, também não implicaria que as atribuições do PGR somente são exercidas junto ao STF. Após, o julgamento foi adiado com o pedido de vista do Min. Marco Aurélio. **ADI 2913/DF, rel. Min. Carlos Velloso, 17.11.2005. (ADI-2913)**

ADI E COMPETÊNCIA DO PROCURADOR-GERAL DA REPÚBLICA – 2

O Tribunal retomou julgamento de ação direta na qual se pretende a declaração de inconstitucionalidade do art. 48, II e parágrafo único, da Lei Complementar 75/93 – Lei Orgânica do MPU, que estabelece incumbir ao Procurador-Geral da República a propositura, perante o STJ, da ação penal, nas hipóteses que elenca o art. 105, I, **a**, da CF, e autoriza a delegação dessa competência ao Subprocurador-Geral da República — v. Informativo 409. O Min. Marco Aurélio, em voto-vista, abriu divergência para julgar procedente o pedido formulado, por considerar, após salientar que o Judiciário e o Ministério Público estão organizados em patamares, existindo elos reveladores da atuação nos diversos órgãos, que os dispositivos impugnados divergem do sistema consagrado na Constituição Federal, do princípio da razoabilidade com o qual guarda pertinência a proporcionalidade. Asseverou que a Constituição prevê a atuação direta do Procurador-Geral da República no Supremo (artigos 36, III; 103, VI, e § 1º). Quanto à ação penal, afirmou que ele atua no Plenário desta Corte, podendo haver, nos processos em geral, tratando-se de jurisdição das Turmas, o credenciamento de Subprocurador. Aduziu que a íntima ligação do Procurador-Geral da República com o Supremo resta demonstrada na competência deste para processar e julgar aquele, originariamente, nas infrações penais comuns e nos *habeas corpus* quando seja coator ou paciente (CF, art. 102, I, **b** e **i**), sendo do STJ a competência para processar e julgar, originariamente, os membros do Ministério Público da União que oficiem perante tribunais, e os *habeas* quando qualquer deles seja coator ou paciente (art. 105, I, **a** e **c**). Ressaltou que a participação direta do Procurador-Geral da República em instância diversa ao Supremo foi prevista expressamente no art. 109, § 5º, da CF (*"Art. 109. ... § 5º Nas hipóteses de grave violação de direitos humanos, o Procurador-Geral da República, com a finalidade de assegurar o cumprimento de obrigações decorrentes de tratados internacionais de direitos humanos dos quais o Brasil seja parte, poderá suscitar, perante o Superior Tribunal de Justiça, em qualquer fase do inquérito ou processo, incidente de deslocamento de competência para a Justiça Federal."*), sendo ela a única hipótese contemplada. Após os votos do Min. Carlos Britto, que acompanhava a divergência, e dos Ministros Cármen Lúcia e Eros Grau, acompanhando o relator, no sentido da improcedência do pleito, pediu vista dos autos o Min. Cezar Peluso. **ADI 2913/DF, rel. Min. Carlos Velloso, 14.8.2008.** (ADI-2913) (Inform. STF 515)

ADI E COMPETÊNCIA DO PROCURADOR-GERAL DA REPÚBLICA – 3

O fato de a Constituição Federal cometer determinadas atribuições ao Procurador-geral da República não implica que outras não possam ser-lhe conferidas por lei. Essa foi a orientação fixada pela maioria do Tribunal, ao julgar improcedente pedido formulado em ação direta na qual se pretendia a declaração de inconstitucionalidade do art. 48, II e parágrafo único, da Lei Complementar 75/93 – Lei Orgânica do MPU, que estabelece incumbir ao Procurador-Geral da República a propositura, perante o STJ, da ação penal, nas hipóteses que elenca o art. 105, I, **a**, da CF, e autoriza a delegação dessa competência ao Subprocurador-Geral da República — v. Informativos 409 e 515. Entendeu-se que a norma impugnada decorreria do art. 128, § 5º, da CF (*"Art. 128. O Ministério Público abrange:... § 5º – Leis complementares da União e dos Estados, cuja iniciativa é facultada aos respectivos Procuradores-Gerais, estabelecerão a organização, as atribuições e o estatuto de cada Ministério Público, observadas, relativamente a seus membros:"*). Ressaltou-se que, do que disposto no art. 36, III, da CF — que trata da intervenção federal no Estado-membro, a qual dependerá de provimento, pelo STF, de representação do PGR, na hipótese do art. 34, VII, e no caso de recusa à execução de lei federal —, não se poderia concluir a falta de atribuição do PGR para propor, perante o STJ, ação penal originária. Também do que previsto no art. 102, I, **b**, da CF — que estabelece a competência originária do STF para processar e julgar o PGR nas infrações penais comuns —, também não implicaria que as atribuições do PGR somente seriam exercidas junto ao STF. Vencidos os Ministros Marco Aurélio e Carlos Britto que julgavam o pleito procedente. **ADI 2913/DF, rel. orig. Min. Carlos Velloso, red. p/ o acórdão Min. Cármen Lúcia, 20.5.2009.** (ADI-2913) (Inform. STF 547)

EMENTA: *HABEAS CORPUS.* TRANCAMENTO DE AÇÃO PENAL. FALTA DE JUSTA CAUSA. EXISTÊNCIA DE SUPORTE PROBATÓRIO MÍNIMO. REEXAME DE FATOS E PROVAS. INADMISSIBILIDADE. POSSIBLIDADE DE INVESTIGAÇÃO PELO MINISTÉRIO PÚBLICO. DELITOS PRATICADOS POR POLICIAIS. ORDEM DENEGADA. 1. A presente impetração visa o trancamento de ação penal movida em face dos pacientes, sob a alegação de falta de justa causa e de ilicitude da denúncia por estar amparada em depoimentos colhidos pelo ministério público. 2. A denúncia foi lastreada em documentos (termos circunstanciados) e depoimentos de diversas testemunhas, que garantiram suporte probatório mínimo para a deflagração da ação penal em face dos pacientes. 3. A alegação de que os pacientes apenas cumpriram ordem de superior hierárquico ultrapassa os estreitos limites do *habeas corpus*, eis que envolve, necessariamente, reexame do conjunto fático-probatório. 4. Esta Corte tem orientação pacífica no sentido da incompatibilidade do *habeas corpus* quando houver necessidade de apurado reexame de fatos e provas (HC nº 89.877/ES, rel. Min. Eros Grau, DJ 15.12.2006), não podendo o remédio constitucional do *habeas corpus* servir como espécie de recurso que devolva completamente toda a matéria decidida pelas instâncias ordinárias ao Supremo Tribunal Federal. 5. É perfeitamente possível que o órgão do Ministério Público promova a colheita de determinados elementos de prova que demonstrem a existência da autoria e da materialidade de determinado delito. Tal conclusão não significa retirar da Polícia Judiciária as atribuições previstas constitucionalmente, mas apenas harmonizar as normas constitucionais (arts. 129 e 144) de modo a compatibilizá-las para permitir não apenas a correta e regular apuração dos fatos supostamente delituosos, mas também a formação da *opinio delicti*. 6. O art. 129, inciso I, da Constituição Federal, atribui ao *parquet* a privatividade na promoção da ação penal pública. Do seu turno, o Código de Processo Penal estabelece que o inquérito policial é dispensável, já que o Ministério Público pode embasar seu pedido em peças de informação que concretizem justa causa para a denúncia. 7. Ora, é princípio basilar da hermenêutica constitucional o dos "poderes implícitos", segundo o qual, quando a Constituição Federal concede os fins, dá os meios. Se a atividade fim – promoção da ação penal pública – foi outorgada ao *parquet* em foro de privatividade, não se concebe como não lhe oportunizar a colheita de prova para tanto, já que o CPP autoriza que "peças de informação" embasem a denúncia. 8. Cabe ressaltar, que, no presente caso, os delitos descritos na denúncia teriam sido praticados por policiais, o que, também, justifica a colheita dos depoimentos das vítimas pelo Ministério Público. 9. Ante o exposto, denego a ordem de *habeas corpus*. **HC N. 91.661-PE. RELATORA: MIN. ELLEN GRACIE. Noticiado no Informativo 538.** (Inform. STF 541)

CONFLITO DE ATRIBUIÇÕES ENTRE MINISTÉRIOS PÚBLICOS ESTADUAIS E COMPETÊNCIA DO SUPREMO

Ressaltando a recente alteração jurisprudencial acerca da matéria, o Tribunal, por maioria, reconheceu, com fundamento no art. 102, I, **f**, da CF, sua competência para dirimir conflito negativo de atribuições entre o Ministério Público do Estado de São Paulo e o Ministério Público do Estado do Rio de Janeiro a respeito de fatos constantes de inquérito policial instaurado na delegacia de Santos – SP (CF: "*Art. 102. Compete ao Supremo Tribunal Federal, precipuamente, a guarda da Constituição, cabendo-lhe: I – processar e julgar, originariamente: ... f) as causas e os conflitos entre a União e os Estados, a União e o Distrito Federal, ou entre uns e outros, inclusive as respectivas entidades da administração indireta;*"). Vencido, nesse ponto, o Min. Marco Aurélio que não vislumbrava conflito federativo, e declinava da competência ao STJ, ao fundamento de que, cuidando-se de conflito de atribuições entre Ministérios Públicos estaduais, a solução quanto a quem deve atuar deveria ser a mesma que se leva em conta para o conflito de competências em se tratando de juízes vinculados a tribunais diversos (CF, art. 105, I, **d**). Na espécie, a vítima, residente no Município de Santos, recebera telefonemas de linha telefônica celular do Município do Rio de Janeiro, em que se afirmava que sua filha fora seqüestrada e se exigiam, por meio de ameaças, depósitos em dinheiro em contas de agências localizadas no Município do Rio de Janeiro, os quais foram efetuados. Posteriormente, verificara-se que a filha da vítima não estivera em poder da pessoa com quem mantivera contato telefônico. O Tribunal declarou a atribuição do órgão de atuação do Ministério Público do Estado de São Paulo, por considerar que os fatos indicados nos autos apontam para possível configuração do crime de extorsão (CP, art. 158), e que essa infração teria sido supostamente consumada no Município de Santos. Esclareceu-se que o crime de extorsão se caracteriza pelo constrangimento causado à vítima, mediante violência ou grave ameaça, para fazer, tolerar que se faça ou deixar de fazer alguma coisa, com o intuito de agente obter, para si ou para outrem, indevida vantagem. Por ser crime formal (não exige resultado naturalístico), basta, para sua consumação, que haja o constrangimento causado pelo agente e a atuação da vítima, mas não a obtenção da vantagem pelo sujeito ativo. Tendo isso em conta, asseverou-se que, nas duas ocasiões que tivera contato telefônico com o interlocutor, a vítima dele recebera grave ameaça — morte de sua filha e sua própria morte. Submetendo-se ao constrangimento, no contexto das circunstâncias em que se encontrava, a vítima atuara no mundo exterior, providenciando os depósitos exigidos. Assim, concluiu-se que o meio utilizado pelo agente, em tese, fora idôneo a atemorizar e constranger a vítima, que fora forçada a fazer alguma coisa. Alguns precedentes citados: Pet 3631/SP (DJE de 6.3.2008); Pet 3258/BA (DJU de 28.9.2005); ACO 853/RJ (DJE de 27.4.2007). **ACO 889/RJ, rel. Min. Ellen Gracie, 11.9.2008.** (ACO-889) (Inform. STF 519)

INTERNAÇÃO DE ALCOÓLATRA E LEGITIMIDADE DO MINISTÉRIO PÚBLICO

O Ministério Público não possui legitimidade para propor ação civil pública com o fim de obter internação compulsória, para tratamento de saúde, de portador de alcoolismo. Tendo em conta as peculiaridades do caso, entendeu-se que, nos termos do art. 127, *caput*, da CF, a situação dos autos não estaria incluída na competência do *parquet*, haja vista não se tratar de interesse social indisponível, de defesa da ordem pública ou do regime democrático. Enfatizou-se, ainda, a existência de defensoria pública na localidade, a qual competiria a tutela desse interesse. Vencido o Min. Marco Aurélio, relator, que, por reputar presente a proteção de direito individual indisponível, assentava a legitimação do órgão do Ministério Público para a ação intentada. **RE 496718/RS, rel. orig. Min. Marco Aurélio, rel. p/ o acórdão Min. Menezes Direito,12.8.2008.** (RE-496718) (Inform. STF 515)

ADI E MINISTÉRIO PÚBLICO ESPECIAL JUNTO AO TRIBUNAL DE CONTAS

O Tribunal julgou procedente pedido formulado em ação direta ajuizada pelo Procurador-Geral da República para declarar a inconstitucionalidade do art. 16 do Ato das Disposições Constitucionais Transitórias da Constituição do Estado do Ceará, que prevê a integração dos membros do Ministério Público especial ao quadro do Ministério Público comum, convertendo o cargo de Procurador junto ao Tribunal de Contas dos Municípios em cargo de Procurador de Justiça. Na linha de diversos precedentes da Corte no sentido de que o Ministério Público junto ao Tribunal de Contas é instituição distinta do Ministério Público comum, entendeu-se que o dispositivo impugnado viola o disposto nos artigos 73, § 2º, I e 130 da CF ("*Art. 73. O Tribunal de Contas da União, integrado por nove Ministros, tem sede no Distrito Federal, quadro próprio de pessoal e jurisdição em todo o território nacional, exercendo, no que couber, as atribuições previstas no art. 96. ... § 2º – Os Ministros do Tribunal de Contas da União serão escolhidos: I – um terço pelo Presidente da República, com aprovação do Senado Federal, sendo dois alternadamente dentre auditores e membros do Ministério Público junto ao Tribunal, indicados em lista tríplice pelo Tribunal, segundo os critérios de antigüidade e merecimento; 130. Aos membros do Ministério Público junto aos Tribunais de Contas aplicam-se as disposições desta seção pertinentes a direitos, vedações e forma de investidura.*"). Considerou-se também que a conversão automática dos cargos de Procurador dos Tribunais de Contas dos Municípios para os de Procurador de Justiça, cuja investidura depende de prévia aprovação em concurso público de provas e títulos, agride o previsto no art. 37, II, da CF. Precedentes citados: ADI 789/DF (DJU de 19.12.94); ADI 2068/MG (DJU de 16.5.2003); ADI 1545MC/SE (DJU de 24.10.97). **ADI 3315/CE, rel. Min. Ricardo Lewandowski, 6.3.2008.** (ADI-3315) (Inform. STF 497)

PROCURADOR DA REPÚBLICA: EXERCÍCIO DE FUNÇÃO DE PROCURADOR REGIONAL ELEITORAL

O Tribunal iniciou julgamento de mandado de segurança impetrado por Procurador Regional da República contra ato do Procurador-Geral da República, consubstanciado na Portaria PGR 245/2007, que designara Procuradora da República para exercer as funções de Procuradora Regional Eleitoral junto ao Tribunal Regional Eleitoral de Alagoas – TRE/AL. Sustenta-se, na espécie, que o ato impugnado teria dado uma interpretação equivocada à expressão "*onde não houver*", constante do art. 76 da LC 75/93 ("*O Procurador Regional Eleitoral, juntamente com o seu substituto, será designado pelo Procurador-Geral Eleitoral, dentre os Procuradores Regionais da República no Estado e no Distrito Federal, ou, onde não houver, dentre os Procuradores da República vitalícios, para um mandato de dois anos*"). O Tribunal resolveu baixar os autos em diligência para efeito de citação, como litisconsorte passiva necessária, da Procuradora da República designada, haja vista que a eficácia da decisão proferida no processo poderá desconstituir o ato impugnado, afetando-lhe diretamente a esfera jurídica. Revogou, ademais, a liminar deferida. **MS 26698/DF, rel. Min. Joaquim Barbosa, 28.2.2008.** (MS-26698) (Inform. STF 496)

ADI E MINISTÉRIO PÚBLICO ESPECIAL JUNTO AOS TRIBUNAIS DE CONTAS

O Tribunal julgou procedente pedido formulado em ação direta proposta pelo Procurador-Geral da República para declarar a inconstitucionalidade do art. 137 da Constituição do Estado do Ceará que estabelece que a atividade do Ministério Público perante o Tribunal de Contas do Estado é exercida por Procurador de Justiça, designado pelo Procurador-Geral da Justiça. Preliminarmente, afastou-se a alegação de prejudicialidade deduzida pela Assembléia Legislativa do referido Estado-membro, em razão da perda superveniente do objeto da ação, em face da promulgação da Emenda Constitucional 54/2003, que deu nova redação ao art. 71 da Constituição estadual, uma vez que referida EC 41/2003 não teria derrogado a norma inscrita no dispositivo impugnado, único ato normativo questionado na presente ação. No mérito, na linha de diversos precedentes da Corte no sentido de que compete ao Ministério Público especial, e não ao Ministério Público comum, o exercício exclusivo das atribuições institucionais do *parquet* perante os Tribunais de Contas em geral, entendeu-se que o dispositivo em questão viola o art. 130 da CF ("*Art. 130. Aos membros do*

Ministério Público junto aos Tribunais de Contas aplicam-se as disposições desta seção pertinentes a direitos, vedações e forma de investidura."). Precedentes citados: RTJ 176/540-541; RTJ 176/610-611; RTJ 184/924; ADI 263/RO (DJU de 22.6.90); ADI 1545/SE (DJU de 24.10.97); ADI 3192/ES (DJU de 18.8.2006); RTJ 194/504-505; ADI 2378/GO (DJU de 6.9.2007); ADI 1791/PE (DJU de 23.2.2001). ADI 3160/CE, rel. Min. Celso de Mello, 25.10.2007. (ADI-3160) (Inform. STF 485)

ORGANIZAÇÃO DO MINISTÉRIO PÚBLICO E VÍCIO FORMAL

Por vislumbrar aparente ofensa ao § 5º do art. 128 da CF ("*Leis complementares da União e dos Estados, cuja iniciativa é facultada aos respectivos Procuradores-Gerais, estabelecerão a organização, as atribuições e o estatuto de cada Ministério Público, observadas, relativamente a seus membros:...*"), o Tribunal deferiu medida cautelar em ação direta de inconstitucionalidade ajuizada pelo Procurador-Geral da República para suspender, até a decisão final da ação, a eficácia da Lei Complementar 99/2007, do Estado de Minas Gerais, que altera a Lei Complementar 34/94, que dispõe sobre a organização do Ministério Público estadual e dá ou-tras providências. Entendeu-se que a Assembléia Legislativa, em projeto de iniciativa do Procurador-Geral de Justiça do Estado de Minas Gerais, aprovou substitutivo que alterou, na substância, a proposição inicial, tratando, de forma autônoma, sobre temas diversificados. ADI 3946 MC/MG, rel. Min. Marco Aurélio, 12.9.2007. (ADI-3946) (Inform. STF 479)

CONSELHO SUPERIOR DO MINISTÉRIO PÚBLICO: PODER NORMATIVO E CRITÉRIOS PARA A PROMOÇÃO - 1

O Tribunal, por maioria, concedeu mandado de segurança impetrado por Subprocuradores-Gerais da República e integrantes do Conselho Superior do Ministério Público Federal para tornar insubsistente a decisão do Conselho Nacional do Ministério Público - CNMP, no Procedimento de Controle Administrativo 435/2006, que, alterando a Resolução 86/2006 daquele Conselho que fixara critérios para a promoção por merecimento, impusera avaliação negativa dos currículos dos candidatos à promoção por merecimento, quanto à eficiência, produtividade, presteza e dedicação no desempenho das funções, bem como o voto de desempate do Procurador--Geral da República, em substituição ao fator antigüidade. Preliminarmente, reconheceu-se a legitimidade ativa dos impetrantes, já que membros titulares do Conselho Superior que visavam preservar a atuação sem interferência externa. Reportou-se ao que decidido no MS 21239/DF (DJU de 23.4.93) e AO 232/PE (DJU de 20.4.2001), nos quais o Tribunal proclamou estarem incluídos entre os direitos públicos subjetivos os direitos-função, que têm por objeto a posse e o exercício, em toda a extensão, das competências e prerrogativas da função pública pelo titular que a detenha. No mérito, entendeu-se que o CNMP não deparou com ato concreto de promoção, mas com norma editada, com base no disposto nos artigos 57, I, e, VII, e 200, §§ 1º a 3º da Lei Complementar 75/93, pelo Conselho Superior, e que, ao alterá-la, adentrou campo normativo, ultrapassando os limites previstos na Constituição Federal ("*Art. 130-A.... § 2º Compete ao Conselho Nacional do Ministério Público o controle da atuação administrativa e financeira do Ministério Público e do cumprimento dos deveres funcionais de seus membros, cabendo-lhe: I - zelar pela autonomia funcional e administrativa do Ministério Público, podendo expedir atos regulamentares, no âmbito de sua competência, ou recomendar providências; II - zelar pela observância do art. 37 e apreciar, de ofício ou mediante provocação, a legalidade dos atos administrativos praticados por membros ou órgãos do Ministério Público da União e dos Estados, podendo desconstituí-los, revê-los ou fixar prazo para que se adotem as providências necessárias ao exato cumprimento da lei, sem prejuízo da competência dos Tribunais de Contas;...*"), em afronta à autonomia funcional e administrativa do Ministério Público, que a ele caberia zelar. MS 26264/DF, rel. Min. Marco Aurélio, 21.5.2007. (MS-26264)

CONSELHO SUPERIOR DO MINISTÉRIO PÚBLICO: PODER NORMATIVO E CRITÉRIOS PARA PROMOÇÃO - 2

Asseverou-se, ademais, que, sob o ângulo do de-sempate, não se deveria concluir ter-se formalizado correção de rumo, considerado o art. 56, § 1º, LC 75/93, que dispõe que, em matéria administrativa, verificado o empate na esfera do Conselho Superior, prevalece a corrente a qual integra o Procurador-Geral da República, que o preside. Esclareceu-se, no ponto, que, além de se estar diante de ato normativo abstrato do Conselho Superior, haver-se-ia de conferir, ao referido preceito, interpretação teleológica, no sentido de que ele se refere a processos administrativos em geral, não sendo possível emprestar-lhe alcance de molde a abranger a confecção de lista por merecimento, sob pena de o Procurador-Geral da República, afastando a natureza complexa do ato, vir a atuar de forma tríplice, estabelecendo, por si mesmo, o teor da própria lista. Afirmou-se, também, que o critério de desempate previsto na Resolução do Conselho Superior — a antigüidade — ante impasse, tendo em conta o número par dos integrantes do Conselho Superior, é dotado de razoabilidade e homenageia o sistema de promoção. Por fim, aduziu-se que, quanto ao critério introduzido para a avaliação, ter-se-ia a potencialização do excepcional, porquanto, ao invés de se apreciarem as qualidades do candidato, conferindo-se a devida gradação, ter-se-ia, à margem do objeto do instituto da promoção por merecimento — a escolha do melhor — o exame sob o ângulo negativo. Os Ministros Carlos Britto e Gilmar Mendes, acompanharam o relator, com a ressalva de que o CNMP possui poder normativo. Vencidos os Ministros Joaquim Barbosa, Cezar Peluso, Celso de Mello e Ellen Gracie, que denegavam a ordem, ao fundamento de que o CNMP, dentro do âmbito da competência que lhe foi conferida pela Constituição para editar atos regulamentares e examinar a legalidade dos atos administrativos praticados por membros ou órgãos do Ministério Público da União e dos Estados, afastou norma que estaria em confronto com a LC 75/93 (art. 56, § 1º) e com a jurisprudência da Corte (ADI 189/DF, DJU de 22.5.92; AO 70/DF, DJU 18.6.93), que assentou que a introdução do critério de antiguidade entre os critérios das promoções por merecimento ofende a dualidade constitucional da promoção. MS 26264/DF, rel. Min. Marco Aurélio, 21.5.2007. (MS-26264) (Inform. STF 468)

MINISTÉRIO PÚBLICO E EXERCÍCIO DE FUNÇÕES PÚBLICAS

O Tribunal julgou procedente pedido formulado em ação direta proposta pelo Procurador-Geral da República para declarar a inconstitucionalidade dos itens 2 e 3 do § 2º do art. 45 da Lei Complementar 2/90, do Estado de Sergipe, que dispõe sobre a organização do Ministério Público na-quela unidade federativa, possibilitando, ao membro da instituição, exercer cargo de Ministro, Secretário de Estado e/ou do Distrito Federal, Secretário de Município da Capital ou chefia de missão diplomática. Entendeu-se caracterizada a ofensa ao art. 128, II, d, da CF, que veda, aos membros do *parquet*, o exercício de qualquer outra função pública, ainda que em disponibilidade, salvo uma de magistério. Precedentes citados: ADI 2534 MC/MG (DJU de 23.8.2002) e ADI 2084/SP (DJU de 16.8.2001). ADI 3574/SE, rel. Min. Ricardo Lewandowski, 16.5.2007. (ADI-3574) (Inform. STF 467)

MINISTÉRIO PÚBLICO ESTADUAL E CARGO EM COMISSÃO

O Tribunal julgou procedente pedido formulado em ação direta proposta pelo Procurador-Geral da República para declarar a inconstitucionalidade do art. 105, VII, da Lei Complementar 95/97, do Estado do Espírito Santo, que possibilita ao membro do Ministério Público daquela unidade federativa afastar-se do cargo para exercer cargo comissionado estadual ou federal fora da instituição, pelo prazo máximo de 4 anos, desde que autorizado pelo Conselho Superior do Ministério Público. Entendeu-se caracterizada a ofensa ao art. 128, II, d, da CF, que veda, aos membros do *parquet*, o exercício de qualquer outra função pública, ainda que em disponibilidade, salvo uma de magistério. Precedentes citados: ADI 2534 MC/MG (DJU de 23.8.2002) e ADI 2084/SP (DJU de 16.8.2001). ADI 3298/ES, rel. Min. Gilmar Mendes, 10.5.2007. (ADI-3298) (Inform. STF 466)

CONFLITO NEGATIVO DE ATRIBUIÇÃO E COMPETÊNCIA ORIGINÁRIA DO SUPREMO

O Tribunal conheceu de conflito negativo de atribuição suscitado pelo Ministério Público do Estado do Rio de Janeiro, em face do Ministério Público Federal, para declarar a atribuição do suscitante para analisar os autos de investigação e emitir *opinio delicti* sobre procedimento investigatório instaurado para apurar eventual crime de prevaricação e/ou desobediência, supostamente praticado por ex-Governador. No caso, o então Governador daquela unidade federativa, no exercício do cargo, teria deixado de cumprir, no prazo legal, decisão proferida pelo Órgão Especial do tribunal de justiça local, que lhe determinara a intervenção do Estado em Município, em razão do não pagamento de precatório judicial. Considerou-se a orientação fixada no julgamento da Pet 3528/BA (DJU de 3.3.2006), em que se reconheceu a competência do Supremo para dirimir conflito de atribuições entre Ministérios Público Federal e Estadual, com base no art. 102, I, f, da CF, e no julgamento das ADI 2797/DF e 2860/DF (DJU de 19.12.2006), nas quais declarada, por maioria, a inconstitucionalidade dos §§ 1º e 2º do art. 84 do CPP, introduzidos pela Lei 10.628/2002. ACO 853/RJ, rel. Min. Cezar Peluso, 8.3.2007. (ACO-853) (Inform. STF 458)

SÚMULA STJ Nº 470

O Ministério Público não tem legitimidade para pleitear, em ação civil pública, a indenização decorrente do DPVAT em benefício do segurado.

SÚMULA STJ Nº 226

O Ministério Público tem legitimidade para recorrer na ação de acidente do trabalho, ainda que o segurado esteja assistido por advogado.

SÚMULA STJ Nº 99

O Ministério Público tem legitimidade para recorrer no processo em que oficiou como fiscal da lei, ainda que não haja recurso da parte.

12. ADVOCACIA E DEFENSORIA PÚBLICA

SUSTENTAÇÃO ORAL EM CORREIÇÃO PARCIAL E PRERROGATIVA DA DPU

A 2ª Turma concedeu parcialmente *habeas corpus* a fim de garantir à defesa o direito de apresentar razões escritas e de realizar sustentação oral na ocasião do julgamento de correição parcial proposta, no STM, em desfavor do paciente. No caso, o feito fora promovido naquele tribunal com o objetivo de desconstituir sentença proferida por Conselho Permanente de Justiça, o qual julgara extinta, sem resolução de mérito, ação penal em que o réu seria processado pela suposta prática do crime de deserção. O pleito da Defensoria Pública da União — de que fosse intimada da data da apreciação da correição parcial com a finalidade de proferir sustentação oral — fora indeferido pelo tribunal *a quo*, mediante a justificativa de que o procedimento não teria sido suscitado por nenhuma das partes do processo, mas sim pelo juiz-auditor corregedor. A impetração sustentava ofensa ao contraditório e à ampla defesa e requeria que fosse: a) concedida vista dos autos à instituição para apresentação de razões escritas, porquanto o feito teria o intuito de desconstituir sentença favorável ao paciente; b) deferida a oportunidade de defender oralmente suas razões quando do julgamento da correição em tela; e c) assegurado a membro da DPU o exercício de sua prerrogativa legal de sentar-se no mesmo plano do Ministério Público (Lei Complementar 80/94, art. 4º,§ 7º). Verificou-se que o direito de sustentar oralmente nas correições parciais adviria do próprio regimento interno do órgão em questão, pelo que deveria ter sido franqueado à defesa. Citou-se jurisprudência do STF segundo a qual deveria ser atendido o pedido explícito da instituição de defender oralmente suas razões. Com relação ao requerimento de sentar-se no mesmo plano do *parquet*, denegou-se a ordem. Explicou-se que a matéria não poderia ser apreciada, porque não relativa ao risco aparente à liberdade de locomoção, de modo a justificar sua arguição pela via estreita do *writ*. Precedente citado: HC 112839/RJ (DJe de 17.9.2012). HC 112516/RJ, rel. Min. Ricardo Lewandowski, 11.9.2012. (HC-112516) (Inform. STF 679)

EXAME DA OAB E CONSTITUCIONALIDADE - 1

O Plenário desproveu recurso extraordinário em que discutida a constitucionalidade dos artigos 8º, IV e § 1º; e 44, II, ambos da Lei 8.906/94, que versam sobre o exame da Ordem dos Advogados do Brasil - OAB ["*Art. 8º Para inscrição como advogado é necessário: ... IV - aprovação em Exame de Ordem; ... § 1º O Exame da Ordem é regulamentado em provimento do Conselho Federal da OAB. ... Art. 44. A Ordem dos Advogados do Brasil (OAB), serviço público, dotada de personalidade jurídica e forma federativa, tem por finalidade: ... II - promover, com exclusividade, a representação, a defesa, a seleção e a disciplina dos advogados em toda a República Federativa do Brasil*"]. Na espécie, o recorrente alegava que o bacharel em Direito deveria ser considerado apto a exercer a advocacia até prova em contrário, bem como que a referida entidade teria condições de avaliar a capacidade do profissional, considerada a citada lei, que versa as sanções disciplinares para o advogado. Sustentava também violação ao princípio da igualdade, visto que a exigência de exame para o ingresso no órgão de classe ocorreria somente para esta profissão e que nem mesmo médicos seriam submetidos a seleção equivalente, embora lidassem com bem valioso. Alegava que a avaliação não poderia se sobrepor às das próprias universidades e que o bacharel, examinado e avaliado por instituição credenciada pelo Poder Público — o qual a OAB não integraria — teria direito ao livre exercício profissional. Aludia à necessidade de lei para a criação do exame, previsto apenas em regulamento, e que a entidade de classe, interessada em restringir a concorrência, não seria isenta, impessoal e imparcial ao avaliar os candidatos. Argumentava, ainda, que o exame teria sido derrogado, tacitamente, pela Lei 8.906/94 e que não seria compatível com a Lei 8.884/94. RE 603583/RS, rel. Min. Marco Aurélio, 26.10.2011. (RE-603583)

EXAME DA OAB E CONSTITUCIONALIDADE - 2

Inicialmente, lembrou-se que a exigência da prova de suficiência técnica para inscrição nos quadros da Ordem teria surgido com a Lei 4.215/63 e que, a partir da regência do atual diploma, o bacharel em Direito podia optar entre o estágio profissional ou a submissão à prova de conhecimentos jurídicos, situação que perdurou até 1996. Com o término de vigência do dispositivo que conferia essa escolha, o exame tornara-se obrigatório para todos os egressos do curso superior. Assim, a imprescindibilidade do teste seria relativamente nova no ordenamento jurídico pátrio, muito embora a prova de conhecimentos fosse mais antiga. Constatou-se o elevado número de formados em Direito e de cursos jurídicos no país, criados sem a observância do critério qualitativo, imprescindível à formação do bom profissional. Ressaltou-se que esse fato não seria determinante para o julgamento, porque extrajurídico, mas se evidenciou a necessidade de refletir a respeito. RE 603583/RS, rel. Min. Marco Aurélio, 26.10.2011. (RE-603583)

EXAME DA OAB E CONSTITUCIONALIDADE - 3

No tocante à proporcionalidade e compatibilidade entre o exame de conhecimentos jurídicos e a garantia do livre exercício profissional, inicialmente reputou-se que, a fim de assegurar a liberdade de ofício, impor-se-ia ao Estado o dever de colocar à disposição dos indivíduos, em condições eqüitativas de acesso, os meios para que aquela fosse alcançada. Destacou-se que esse dever entrelaçar-se-ia sistematicamente com a previsão do art. 205, *caput*, da CF ("*A educação, direito de todos e dever do Estado e da família, será promovida e incentivada com a colaboração da sociedade, visando ao pleno desenvolvimento da pessoa, seu preparo para o exercício da cidadania e sua qualificação para o trabalho*"). Frisou-se que a obrigação estatal seria a de não opor embaraços irrazoáveis ou desproporcionais ao exercício de determinada profissão, e que existiria o direito de se obterem as habilitações previstas em lei para a prática do ofício, observadas condições eqüitativas e qualificações técnicas previstas também na legislação. Sublinhou-se que essa garantia constitucional não se esgotaria na perspectiva do indivíduo, mas teria relevância social (CF, art. 1º, IV). Assim, nas hipóteses em que o exercício da profissão resultasse em risco predominantemente individual, como, por exemplo, mergulhadores e técnicos de rede elétrica, o sistema jurídico buscaria compensar danos à saúde com vantagens pecuniárias (adicional de insalubridade, de periculosidade) ou adiantar-lhes-ia a inativação. Essas vantagens, entretanto, não feririam o princípio da isonomia. Quando, por outro lado, o risco suportado pela atividade profissional fosse coletivo, hipótese em que incluída a advocacia, caberia ao Estado limitar o acesso à profissão e o respectivo exercício (CF, art. 5º, XIII). Nesse sentido, o exame de suficiência discutido seria compatível com o juízo de proporcionalidade e não alcançaria o núcleo essencial da liberdade de ofício. RE 603583/RS, rel. Min. Marco Aurélio, 26.10.2011. (RE-603583)

EXAME DA OAB E CONSTITUCIONALIDADE - 4

No concernente à adequação do exame à finalidade prevista na Constituição — assegurar que as atividades de risco sejam desempenhadas por pessoas com conhecimento técnico suficiente, de modo a evitar danos à coletividade — aduziu-se que a aprovação do candidato seria elemento a qualificá-lo para o exercício profissional. Dessa forma, o argumento no sentido de que o exame não se prestaria para esse fim seria improcedente, pois o mesmo raciocínio seria aplicável às provas instituídas pelas próprias universidades, essenciais para a obtenção do bacharelado. Consignou-se que o exame da OAB atestaria conhecimentos jurídicos, o que seria congruente com o fim pretendido e com a realidade brasileira. Sob esse aspecto, a fiscalização posterior dos atos dos profissionais da advocacia, como meio de se controlar a qualidade do exercício de seu mister, seria inequivocamente menos efetiva do que o escrutínio prévio. Ademais, o poder de polícia poderia ser exercitado em momento concomitante, prévio ou posterior ao ato ou à conduta, com o objetivo de impedir lesões ao patrimônio econômico e moral dos indivíduos. Rememorou-se haver decisões anteriores da Corte a respeito da restrição ao exercício profissional e constatou-se que o vetor preponderante do posicionamento do STF fora o risco trazido à coletividade. Quanto mais arriscada a atividade, maior o espaço de conformação deferido ao Poder Público. Portanto, se inexistente o risco, inadmissível qualquer restrição. No tocante à advocacia, asseverou-se que quem a exerce sem a capacidade técnica necessária afetaria outrem, tanto o cliente, indivíduo, como a coletividade, pois lhe denegaria Justiça, pressuposto da paz social. RE 603583/RS, rel. Min. Marco Aurélio, 26.10.2011. (RE-603583)

EXAME DA OAB E CONSTITUCIONALIDADE - 5

Sob esse prisma, destacou-se o papel central e fundamental do advogado na manutenção do Estado Democrático de Direito e na aplicação e defesa da ordem jurídica, razão pela qual o constituinte o proclamara indispensável à administração da Justiça (CF, art. 133). Frisou-se o interesse social no sentido de existirem mecanismos de controle, objetivos e impessoais, concernentes à prática da advocacia, visto que o Direito envolveria questões materiais e existenciais, como o patrimônio, a liberdade ou a honra. Acrescentou-se que a garantia do acesso à justiça (CF, art. 5º, XXXV), imporia que fosse posto à disposição da coletividade corpo de advogados capazes de exercer livre e plenamente a profissão. Lembrou-se que os advogados comporiam todos os tribunais do país (CF, artigos 94; 111-A, I; 119; 103, II), exceto no STF. Integrariam, também, o Conselho Nacional de Justiça e o Conselho Nacional do Ministério Público (CF, artigos 103-B, XIII; 130-A, V), o que reforçaria sua relevância social. RE 603583/RS, rel. Min. Marco Aurélio, 26.10.2011. (RE-603583)

EXAME DA OAB E CONSTITUCIONALIDADE - 6

No tocante à suposta violação ao princípio da isonomia, decorrente da inexistência de exame imposto a médicos, por exemplo, antes de ingressarem na carreira, reputou-se descabida a pretensão de aplicar idêntico regime jurídico a atividades distintas, marcadas por conhecimentos e técnicas próprios. Além disso, o equívoco não estaria nas rígidas exigências para o exercício da advocacia. Ao contrário, caberia ao legislador determinar a obrigatoriedade de exame para o exercício da Medicina, o que estaria em consonância com a Constituição. Em relação à assertiva do recorrente no sentido de que os baixos índices de aprovação no atual exame seriam reflexo da reserva de mercado empreendida pelos atuais membros da OAB, aduziu-se que a redução do percentual de aprovados seria resultado do acúmulo de bacharéis que, sem êxito, repetiriam o exame sucessivamente. Consignou-se que, de acordo com os parâmetros impostos pelo exame, mostrar-se-iam grandes as chances de aprovação. Assinalou-se que o teste seria impessoal e objetivo, e sua aplicação observaria os princípios constitucionais relativos aos concursos públicos, conquanto não fosse espécie desse gênero. Destacou-se, ainda, que as questões estariam circunscritas aos conhecimentos adquiridos ao longo do curso superior. O quadro, portanto, afastaria qualquer subjetivismo ou inidoneidade por parte dos organizadores e aplicadores do exame. Embora fosse saudável haver membros de outras instituições públicas na comissão examinadora, a ausência destes não tornaria a exigência do teste inconstitucional. Ressaltou-se, ainda, a possibilidade de controle judicial para avaliar as eventuais ilegalidades cometidas pelas bancas, bem como a adequação entre o edital e a prova. RE 603583/RS, rel. Min. Marco Aurélio, 26.10.2011. (RE-603583)

EXAME DA OAB E CONSTITUCIONALIDADE - 7

Afirmou-se que os papéis das universidades e das organizações seriam distintos, uma vez que, às primeiras, caberia ministrar o conteúdo educacional necessário à profissionalização do indivíduo e atribuir o grau respectivo, correspondente ao curso terminado. Descaberia pensar que a formação universitária constituiria presunção absoluta de capacidade para o exercício profissional, visto que a atividade censória das autarquias profissionais demonstraria que, não raro, a obtenção de grau acadêmico seria insuficiente para a realização correta de determinado trabalho. Ademais, o bacharel em direito poderia exercer diversas atividades além da advocacia, como a magistratura, por exemplo. Considerou-se caber às autarquias implementar o poder de polícia das profissões respectivas. Anotou-se que, especificamente, caberia à OAB promover, com exclusividade, a representação, a defesa, a seleção e a disciplina dos advogados no país e, embora não submetida a vinculação quanto à Administração direta, exerceria função pública, valendo-se, para tanto, de poderes próprios do Estado, como os de tributar e de punir. Não seria, portanto, instituição privada e deslegitimada para assumir esse encargo. No ponto, o Min. Ricardo Lewandowski salientou que quando o legislador conferira a esse órgão — estatal ou de colaboração com o Estado — determinadas atribuições, implicitamente também lhe outorgara os meios para realizá-las, como as provas de seleção. O Colegiado anotou, ainda, haver instituições de ensino a configurar pessoas jurídicas de direito público e de direito privado e, ao se aplicar entendimento contrário ao exposto, de modo a excluir os estudantes daquelas da necessidade do exame da OAB, implementar-se-ia regime incompatível com a isonomia. RE 603583/RS, rel. Min. Marco Aurélio, 26.10.2011. (RE-603583)

EXAME DA OAB E CONSTITUCIONALIDADE - 8

No que se refere à suposta ofensa ao princípio da legalidade, porquanto a regulamentação do exame, a teor do disposto no art. 8º, § 1º, da Lei 8.906/94, deveria ocorrer por meio de provimento — competência do Presidente da República —, reputou-se que a interpretação do dispositivo deveria ser realizada considerando-se a sistematicidade do ordenamento. Nesse sentido, as matérias constantes do exame não poderiam discrepar das enquadradas nas diretrizes curriculares do curso de graduação em Direito, assim definido pelo Ministério da Educação. O teste poderia exigir, também, regras pertinentes ao exercício da advocacia, como o Código de Ética e os ditames do Estatuto da OAB. Asseverou-se, portanto, não haver, no aludido dispositivo, genuína delegação de poderes legislativos à autarquia corporativa. Assim, o provimento da entidade não seria capaz de criar obrigação nova, mas daria concretude àquela prevista em caráter abstrato. Nesse sentido, considerar-se que o princípio da legalidade implicaria impor ao legislador o exaurimento de toda a matéria alusiva ao exercício do poder de polícia significaria alargá-lo. Discorreu-se que o princípio da legalidade estrita deveria ser tomado em termos, considerada a velocidade atual das transformações ocorridas em diversas áreas. No caso em exame, a previsão do art. 8º, § 1º, da Lei 8.906/94 reclamaria a edição de regulamento executivo, destinado a tornar efetivo o mandamento legal. A Constituição não teria, ademais, imposto reserva absoluta de lei para restrição à liberdade de ofício. RE 603583/RS, rel. Min. Marco Aurélio, 26.10.2011. (RE-603583)

EXAME DA OAB E CONSTITUCIONALIDADE - 9

Quanto à alegada violação ao art. 84, IV, da CF, consignou-se não haver impedimento para que a lei conferisse a entidades da Administração, públicas ou privadas, a prerrogativa de concretizar, por meio de atos gerais e abstratos, alguns aspectos práticos que lhe concernissem. Explicitou-se a nova feição da Administração Pública moderna, na qual a estrutura absolutamente hierárquica e piramidal não corresponderia perfeitamente à organização do Estado. Como exemplo, citaram-se as agências reguladoras, autarquias dotadas de autonomia reforçada, que exerceriam atividade administrativa, mas não se submeteriam aos mecanismos clássicos de hierarquia ou tutela. Editariam regulamentos e tomariam decisões, sem possibilidade de revisão pelo Chefe do Executivo. Sob esse prisma, a OAB não poderia ficar subordinada à regulamentação presidencial ou a qualquer órgão público, pois deveria prevalecer a vontade dos representantes da própria categoria, somente. RE 603583/RS, rel. Min. Marco Aurélio, 26.10.2011. (RE-603583) (Inform. STF 646)

ATIVIDADES DE CONSULTORIA E ASSESSORAMENTO E EXCLUSIVIDADE

Por vislumbrar ofensa ao art. 132 da CF, o Tribunal julgou procedente pedido formulado em ação direta ajuizada pela Associação Nacional dos Procuradores de Estado - ANAPE para declarar a inconstitucionalidade do Anexo II da Lei Complementar 500/2009, do Estado de Rondônia, no ponto em que criou os cargos de provimento em comissão de Assessor Jurídico I e Assessor Jurídico II na estrutura da Superintendência Estadual de Compras e Licitações - SUPEL. Considerou-se que a Constituição conferiu as atividades de consultoria e assessoramento exclusivamente aos procuradores de Estado, constituindo a organização em carreira e o ingresso por concurso público de provas e títulos, com participação da OAB em todas as suas fases, elementos fundamentais para a configuração da necessária independência desses especiais agentes públicos. Precedentes citados: ADI 1557/DF (DJU de 18.6.2004); ADI 881 MC/ES (DJU de 25.4.97); ADI 1679/GO (DJU de 21.11.2003). ADI 4261/RO, rel. Min. Ayres Britto, 2.8.2010. (ADI-4261) (Inform. STF 594)

EMENTA: CONSTITUCIONAL. AÇÃO DIRETA DE INCONSTITUCIONALIDADE. LEI Nº 8.742, DE 30 DE NOVEMBRO DE 2005, DO ESTADO DO RIO GRANDE NORTE, QUE *"DISPÕE SOBRE A CONTRATAÇÃO TEMPORÁRIA DE ADVOGADOS PARA O EXERCÍCIO DA FUNÇÃO DE DEFENSOR PÚBLICO, NO ÂMBITO DA DEFENSORIA PÚBLICA DO ESTADO"*. 1. A Defensoria Pública se revela como instrumento de democratização do acesso às instâncias judiciárias, de modo a efetivar o valor constitucional da universalização da justiça (inciso XXXV do art. 5º da CF/88). 2. Por desempenhar, com exclusividade, um mister estatal genuíno e essencial à jurisdição, a Defensoria Pública não convive com a possibilidade de que seus agentes sejam recrutados em caráter precário. Urge estruturá-la em cargos de provimento efetivo e, mais que isso, cargos de carreira. 3. A estruturação da Defensoria Pública em cargos de carreira, providos mediante concurso público de provas e títulos, opera como garantia da independência técnica da instituição, a se refletir na boa qualidade da assistência a que fazem *jus* os estratos mais economicamente débeis da coletividade. 4. Ação direta julgada procedente. **ADI N. 3.700-RN. RELATOR: MIN. CARLOS BRITTO. Noticiado no Informativo 524.** (Inform. STF 537)

PROPOSTA DE SÚMULA VINCULANTE E ACESSO DO ADVOGADO A ELEMENTOS DE PROVA JÁ DOCUMENTADOS

O Tribunal, por maioria, acolheu proposta de súmula vinculante formulada pelo Conselho Federal da Ordem dos Advogados do Brasil, e, em seguida, aprovou o Enunciado da Súmula Vinculante 14 nos seguintes termos: "*É direito do defensor, no interesse do representado, ter acesso amplo aos elementos de prova que, já documentados em procedimento investigatório realizado por órgão com competência de polícia judiciária, digam respeito ao exercício do direito de defesa.*". Na espécie, o Conselho Federal da Ordem dos Advogados do Brasil, com fundamento no art. 103-A, § 2º, da CF, e no art. 3º, V, da Lei 11.417/2006, propunha a edição de enunciado de súmula vinculante que tratasse do acesso, pelo advogado do investigado, aos autos do inquérito policial sigiloso, e sugeria a aprovação do seguinte texto: "*O advogado constituído pelo investigado, ressalvadas as diligências em andamento, tem o direito de examinar os autos de inquérito policial, ainda que estes tramitem sob sigilo*". Preliminarmente, o Tribunal, por maioria, rejeitou ques-tão suscitada pela Min. Ellen Gracie, e seguida pelo Min. Joaquim Barbosa, no sentido de se reconhecer não ser conveniente e oportuna a edição de súmula vinculante, ao fundamento de o tema tratado não ter tanta abrangência, no momento, a exigir da Corte um absoluto posicionamento sobre ele. Considerou-se estarem preenchidos os requisitos do art. 103-A da CF, e de ser oportuna e conveniente a edição da súmula vinculante haja vista estar-se diante de tema relativo a direitos fundamentais. Ressaltou-se, ademais, já haver diversos precedentes da Corte sobre o assunto. No mérito, entendeu-se que a jurisprudência do Supremo tem garantido a amplitude do direito de defesa, o exercício do contraditório e o devido processo legal (CF, art. 5º, LIV e LV) mesmo que em sede de inquéritos policiais e/ou processos originários, cujos conteúdos devam ser mantidos sob sigilo. Asseverou-se, por outro lado, que a redação sugerida pelo requerente já excluiria da determinação contida na súmula as diligências em andamento, a evitar qualquer óbice à efetividade da atividade investigatória. Precedentes citados: HC 88520/AP (DJU de 19.12.2007) HC 90232/AM (DJU de 2.3.2007); HC 88190/RJ (DJU de 6.10.2006); HC 92331/PB (DJU de 2.8.2008); HC 87827/RJ (DJU de 23.6.2006); HC 82354/PR (DJU de 24.9.2004). **PSV 1/DF, rel. Min. Menezes Direito, 2.2.2009.** (PSV-1) (Inform. STF 534)

ADVOGADO: INEXISTÊNCIA DE SALA DE ESTADO MAIOR E PRISÃO DOMICILIAR

O Tribunal iniciou julgamento de reclamação ajuizada pela Ordem dos Advogados do Brasil – Seccional de São Paulo contra decisão proferida pelo Juízo da 2ª Vara das Execuções Criminais da capital que indeferira pedido de prisão domiciliar formulado por advogada, que tivera sua prisão provisória decretada em sentença condenatória recorrível. No caso, a advogada se encontrava presa em penitenciária feminina em cela separada de outras detentas, tendo-lhe sido deferida liminar pela Presidência do Supremo para determinar sua prisão domiciliar. A Min. Cármen Lúcia, relatora, salientando que a advogada não se encontrava numa sala e sim numa cela, e que haveria apelação pendente de julgamento, confirmou a liminar concedida e julgou procedente o pedido formulado, para que se assegure o cumprimento da norma prevista no art. 7º, V, da Lei 8.906/94 — que confere aos advogados o direito de não serem recolhidos presos, antes de sentença transitada em julgado, senão em sala de Estado Maior, com instalações e comodidades condignas, e, na sua falta, em prisão domiciliar — devendo ser especificadas, pelo juízo reclamado, as condições para esse cumprimento, até ser possível, se for o caso, a transferência da advogada para uma sala de Estado Maior, nos termos do que definido na ADI 1127/DF (DJU de 25.6.2006) — na qual declarada a constitucionalidade parcial do referido dispositivo legal — e na Rcl 4535/ES (DJU de 15.6.2007), assim permanecendo ela até o trânsito em julgado da sentença penal condenatória ou enquanto estiver inscrita como advogada na OAB, o que ocorrer primeiro. Após o voto do Min. Dias Toffoli, que acompanhava a relatora, pediu vista dos autos o Min. Joaquim Barbosa. **Rcl 8668/SP, rel. Min. Cármen Lúcia, 18.2.2010.** (Rcl-8668) (Inform. STF 575)

ART. 103, § 3º, DA CF E DEFESA DO ATO IMPUGNADO – 1

O Tribunal iniciou julgamento de ação direta de inconstitucionalidade proposta pelo Procurador-Geral da República contra os artigos 7º, I e III, e 13, e seu parágrafo único, da Lei distrital 3.669/2005, que cria a carreira de atividades penitenciárias e respectivos cargos no quadro de pessoal do Distrito Federal e dá outras providências. Alega-se que os dispositivos impugnados violam os preceitos contidos nos artigos 21, XIV e 32, § 4º, da CF. Sustenta-se, em síntese, que as normas distritais impugnadas reformulam a organização da Polícia Civil do Distrito Federal, ao estabelecer regime jurídico diferente do previsto em lei federal para os seus agentes penitenciários, bem como ao estender aos novos cargos de técnicos penitenciários as atribuições já realizadas pelos agentes penitenciários da carreira policial civil. Preliminarmente, o Tribunal, por maioria, rejeitou questão de ordem suscitada pelo Min. Marco Aurélio que, diante do parecer da Advocacia Geral da União que se manifestava pela declaração de inconstitucionalidade da lei impugnada, reputava o processo não devidamente aparelhado e propunha a suspensão do julgamento para determinar que o Advogado-Geral da União apresentasse defesa da lei atacada, nos termos do § 3º do art. 103 da CF ("*Quando o Supremo Tribunal Federal apreciar a inconstitucionalidade, em tese, de norma legal ou ato normativo, citará, previamente, o Advogado-Geral da União, que defenderá o ato ou texto impugnado.*"). Entendeu-se ser necessário fazer uma interpretação sistemática, no sentido de que o § 3º do art. 103 da CF concede à AGU o direito de manifestação, haja vista que exigir dela defesa em favor do ato impugnado em casos como o presente, em que o interesse da União coincide com o interesse do autor, implicaria retirar-lhe sua função primordial que é a defender os interesses da União (CF, art. 131). Além disso, a despeito de reconhecer que nos outros casos a AGU devesse exercer esse papel de contraditora no processo objetivo, constatou-se um problema de ordem prática, qual seja, a falta de competência da Corte para impor-lhe qualquer sanção quando assim não procedesse, em razão da inexistência de previsão constitucional para tanto. Vencidos, no ponto, os Ministros Marco Aurélio, suscitante, e Joaquim Barbosa que o acompanhava. **ADI 3916/DF, rel. Min. Eros Grau, 7.10.2009.** (ADI-3916) (Inform. STF 562)

RECLAMAÇÃO: ART. 14 DO CPC E MULTA PESSOAL A PROCURADOR

Por considerar violada a autoridade da decisão proferida pelo Supremo na ADI 2652/DF (DJU de 14.11.2003), o Tribunal, por maioria, julgou procedente pedido formulado em reclamação ajuizada pelo Instituto Nacional do Seguro Social – INSS e procurador federal lotado naquela Autarquia contra a decisão proferida pela Juíza da 32ª Vara do Juizado Especial Federal Cível de Belo Horizonte/MG que, nos autos de ação para concessão de benefício de amparo social, teria imposto multa pessoal ao procurador ora reclamante por litigância de má-fé. Asseverou-se que, na referida ação direta, o Tribunal julgara procedente o pedido nela formulado para conferir interpretação conforme a Constituição Federal, sem redução de texto, ao parágrafo único do art. 14 do CPC, para ficar claro que a ressalva contida na parte inicial do dispositivo alcança todos os advogados, com esse título atuando em juízo, independentemente de estarem sujeitos também a outros regimes jurídicos (CPC: "*Art. 14. São deveres das partes e de todos aqueles que de qualquer forma participam do processo:... V – cumprir com exatidão os provimentos mandamentais e não criar embaraços à efetivação de provimentos judiciais, de natureza antecipatória ou final. Parágrafo único. Ressalvados os advogados que se sujeitam exclusivamente aos estatutos da OAB, a violação do disposto no inciso V deste artigo constitui ato atentatório ao exercício da jurisdição, podendo o juiz, sem prejuízo das sanções criminais, civis e processuais cabíveis, aplicar ao responsável multa em montante a ser fixado de acordo com a gravidade da conduta e não superior a vinte por cento do valor da causa; não sendo paga no prazo estabelecido, contado do trânsito em julgado da decisão final da causa, a multa será inscrita sempre como dívida ativa da União ou do Estado.*"). Vencido o Min. Marco Aurélio, que julgava o pleito improcedente. **Rcl 5133/MG, rel. Min. Cármen Lúcia, 20.5.2009.** (Rcl-5133) (Inform. STF 547)

PRISÃO ESPECIAL DE ADVOGADO E SALA DE ESTADO-MAIOR - 1

Constitui direito público subjetivo do advogado, decorrente de prerrogativa profissional, o seu recolhimento em sala de Estado-maior, com instalações e comodidades condignas, até o trânsito em julgado de decisão penal condenatória e, na sua falta, na comarca, em prisão domiciliar. Com base nesse entendimento, a Turma deferiu habeas corpus para assegurar ao paciente, advogado regularmente inscrito na Ordem dos Advogados do Brasil e que se encontrava recolhido em penitenciária, a sua custódia domiciliar ante a inexistência de sala de Estado-maior na unidade federativa. Decidiu-se, ainda, tendo em conta a ficha criminal do paciente, da qual constam diversas acusações, dentre as quais, cerca de 20 seqüestros, formação de quadrilha e motins, oficiar-se à OAB para que tome as providências que julgar cabíveis. Vencido, neste ponto, o Min. Marco Aurélio que, reputando incabível interpretação teleológica para flexibilizar a prerrogativa prevista no Estatuto da Advocacia quanto à prisão em sala de Estado-maior, considerada a vida pregressa do profissional da advocacia, asseverava que tal comunicação surgiria, no writ, como verdadeira pena acessória. **HC 91150/SP, rel. Min. Menezes Direito, 25.9.2007. (HC-91150)**

PRISÃO ESPECIAL DE ADVOGADO E SALA DE ESTADO-MAIOR – 2

A Turma iniciou julgamento de reclamação ajuizada contra decisão do Juízo da 1ª Vara do Foro Distrital de Arujá/SP, que revogara decreto de prisão domiciliar e estabelecera a custódia do reclamante, advogado, em "sala especial". No caso, esta Corte, ao apreciar habeas corpus impetrado em favor do ora reclamante, concedera, de ofício, a ordem para assegurar-lhe prisão domiciliar, salvo eventual transferência para sala de Estado-maior, como conceituada no precedente firmado na Rcl 4535/ES (DJU de 5.6.2007). Ocorre que, antes da execução desse acórdão, surgira vaga no Regimento de Polícia Montada "9 de julho" e a magistrada, por considerar que o Supremo dera preferência ao recolhimento do réu em sala de Estado-maior, revogara a sua anterior determinação. Requer-se, na espécie, o restabelecimento da autoridade da decisão aqui proferida, com o cumprimento da custódia domiciliar. O Min. Menezes Direito, relator, embora ressaltando a existência de grades em outras dependências do mencionado batalhão e não apenas no compartimento destinado ao reclamante, julgou improcedente o pedido. Considerou o que informado pelo juízo de origem no sentido de que as instalações apresentadas seriam de Estado-maior. Ademais, aduziu que o Comando Geral daquela corporação noticiara que o compartimento localizar-se-ia no edifício do Estado-maior, diferenciando-se de uma unidade prisional. Após, o julgamento foi suspenso em virtude do pedido de vista do Min. Carlos Britto. **Rcl 5192/SP, rel. Min. Menezes Direito, 25.9.2007. (Rcl-5192)**

PRISÃO ESPECIAL DE ADVOGADO E SALA DE ESTADO-MAIOR – 3

Em conclusão de julgamento, a Turma julgou improcedente pedido formulado em reclamação ajuizada contra decisão do Juízo da 1ª Vara do Foro Distrital de Arujá/SP, que revogara decreto de prisão domiciliar e estabelecera a custódia do reclamante, advogado, em "sala especial" — v. Informativo 481. No caso, esta Corte, ao apreciar *habeas corpus* impetrado em favor do ora reclamante, concedera, de ofício, a ordem para lhe assegurar prisão domiciliar, salvo eventual transferência para a sala de Estado-maior, como conceituada no precedente firmado na Rcl 4535/

ES (DJU de 5.6.2007). Ocorre que, antes da execução desse acórdão, surgira vaga no Regimento de Polícia Montada "9 de julho" e a magistrada, por considerar que o Supremo dera preferência ao recolhimento do réu em sala de Estado-maior, revogara a sua anterior determinação. Requeria-se, na espécie, o restabelecimento da autoridade da decisão aqui proferida, com o cumprimento da custódia domiciliar. Inicialmente, ressaltou-se a existência de grades em outras dependências do mencionado batalhão e não apenas no compartimento destinado ao reclamante. Considerou-se o que informado pelo juízo de origem no sentido de que as instalações apresentadas seriam de Estado-maior. Ademais, aduziu-se que o Comando Geral daquela corporação noticiara que o compartimento localizar-se-ia no edifício do Estado-maior, diferenciando-se de uma unidade prisional. **Rcl 5192/SP, rel. Min. Menezes Direito, 26.2.2008.** (Rcl-5192) (Inform. STF 496)

EMENTA: PERSECUÇÃO PENAL INSTAURADA EM JUÍZO OU FORA DELE. REGIME DE SIGILO. INOPONIBILIDADE AO ADVOGADO CONSTITUÍDO PELO INDICIADO OU PELO RÉU. DIREITO DE DEFESA. COMPREENSÃO GLOBAL DA FUNÇÃO DEFENSIVA. GARANTIA CONSTITUCIONAL. PRERROGATIVA PROFISSIONAL DO ADVOGADO (LEI Nº 8.906/94, ART. 7º, INCISOS XIII E XIV). OS ESTATUTOS DO PODER NÃO PODEM PRIVILEGIAR O MISTÉRIO NEM COMPROMETER, PELA UTILIZAÇÃO DO REGIME DE SIGILO, O EXERCÍCIO DE DIREITOS E GARANTIAS FUNDAMENTAIS POR PARTE DAQUELE QUE SOFRE INVESTIGAÇÃO PENAL OU ACUSAÇÃO CRIMINAL EM JUÍZO. CONSEQÜENTE ACESSO AOS ELEMENTOS PROBATÓRIOS JÁ DOCUMENTADOS, PRODUZIDOS E FORMALMENTE INCORPORADOS AOS AUTOS DA PERSECUÇÃO PENAL (INQUÉRITO POLICIAL OU PROCESSO JUDICIAL). POSTULADO DA COMUNHÃO OU DA AQUISIÇÃO DA PROVA. PRECEDENTES (STF). **DOUTRINA**. **MEDIDA CAUTELAR DEFERIDA**.

– A pessoa que sofre persecução penal, em juízo **ou** fora dele, **é sujeito** de direitos **e dispõe** de garantias **plenamente** oponíveis ao poder do Estado (**RTJ** 168/896-897). A unilateralidade da investigação penal **não autoriza que se desrespeitem** as garantias básicas de que se acha investido, mesmo na fase pré-processual, aquele que sofre, por parte do Estado, atos de persecução criminal.

– O sistema normativo brasileiro **assegura**, ao Advogado regularmente constituído pelo indiciado (ou por aquele submetido a atos de persecução estatal), **o direito de pleno acesso** aos autos de persecução penal, **mesmo** que sujeita, em juízo ou fora dele, a regime de sigilo (**necessariamente** excepcional), **limitando-se**, no entanto, tal prerrogativa jurídica, às provas **já produzidas e formalmente incorpora-das** ao procedimento investigatório, **excluídas**, conseqüente-mente, as informações **e** providências investigatórias **ainda** em curso de execução e, por isso mesmo, **não documentadas** no próprio inquérito ou processo judicial. **Precedentes**. **Doutrina**. (HC 93.767 MC/SP, rel. Min. Celso de Mello, j. em 08/02/08) (Inform. STF 494)

ADVOGADO E SALA DE ESTADO MAIOR

O Tribunal julgou improcedente reclamação ajuizada contra decisão que determinara a prisão de advogado sem estabelecer que esta se desse em "sala de Estado Maior". Alegava-se, na espécie, ofensa à autoridade da decisão proferida pelo Supremo na ADI 1127/DF (DJU de 26.5.2006), em que reconhecida a constitucionalidade da prerrogativa de o bacharel regularmente inscrito na Ordem dos Advogados do Brasil – OAB ser recolhido em "sala de Estado Maior", com instalações e comodidades condignas, e, na sua falta, em prisão domiciliar, até o trânsito em julgado da decisão condenatória (Lei 8.906/94, art. 7º, V). Salientou-se, inicialmente, que, em face da inexistência de "sala de Estado Maior", o magistrado de 1º grau determinara que a custódia do reclamante se desse em dependência da Polícia Militar catarinense. Reportando-se a precedentes a respeito do tema (Rcl 4535/ES, DJU de 15.6.2007 e HC 81632/SP, DJU de 21.3.2003), afirmou-se que a "sala de Estado Maior" seria estabelecimento desprovido de grades e submetido à autoridade castrense que, em razão de sua especial responsabilidade, pudesse assegurar, aos que a ela confiados, sua máxima proteção, não obstante a restrição à liberdade de locomoção. Asseverou-se que o causídico em questão estaria recolhido em dependência, sem grades, da Polícia Militar do Estado de Santa Catarina, sendo o local compatível com o conceito legal "sala de Estado Maior", dadas as possibilidades materiais disponíveis. Ressaltou-se, ademais, que a prerrogativa conferida aos advogados não teria o condão de desnaturar o caráter da medida, que representa uma restrição à liberdade de locomoção, ainda que em condições diferenciadas dos demais presos. **Rcl 4713/SC, rel. Min. Ricardo Lewandowski, 17.12.2007.** (Rcl-4713) (Inform. STF 493)

Procurador-Geral do Estado: Escolha - 1

Iniciado o julgamento de ação direta ajuizada pelo Governador do Estado de São Paulo contra a expressão "entre os Procuradores que integram a carreira" contida no parágrafo único do art. 100 da Constituição do mesmo Estado ("O Procurador-Geral do Estado será nomeado pelo Governador, em comissão, entre os Procuradores que integram a carreira, e deverá apresentar declaração pública de bens, no ato da posse e de sua exoneração."). O Min. Maurício Corrêa, relator, entendendo que a norma impugnada, ao impor limitação ao exercício do poder discricionário de escolha conferido ao governador, ofenderia o art. 61, § 1º, I, c, da CF, bem como o princípio da separação entre os Poderes, proferiu voto no sentido de julgar procedente o pedido, para declarar a inconstitucionalidade da expressão impugnada, no que foi acompanhado pelos Ministros Joaquim Barbosa, Gilmar Mendes, Ellen Gracie e Nelson Jobim. De outra parte, os Ministros Marco Aurélio, Celso de Mello, Cezar Peluso, Carlos Velloso e Carlos Britto votaram no sentido de julgar improcedente o pedido, por considerarem que a Constituição estadual, subordinada aos princípios contidos na Constituição Federal, no exercício da auto-organização conferida pelo art. 25, teria competência para a definição dos critérios para a escolha do Procurador-Geral, na forma prevista no inciso VIII do art. 235, e em consonância com o art. 132, que estabelece a representatividade do Estado por integrantes da carreira, ambos da CF/88. Após, em face do empate na votação, o julgamento foi suspenso para se aguardar o voto do Min. Sepúlveda Pertence (CF, art. 235, VIII: "até a promulgação da Constituição Estadual, responderão pela Procudoria-Geral, pela Advocacia-Geral e pela Defensoria-Geral do Estado advogados com notório saber, com trinta e cinco anos de idade, no mínimo, nomeados pelo Governador eleito e demissíveis ad nutum;"). ADI 2581/SP, rel. Min. Maurício Corrêa, 11.2.2004. (ADI-2581)

PROCURADOR-GERAL DO ESTADO: ESCOLHA - 2

O Tribunal, por maioria, julgou improcedente pedido formulado em ação direta ajuizada pelo Governador do Estado de São Paulo contra a expressão "*entre os Procuradores que integram a carreira*", contida no parágrafo único do art. 100 da Constituição do referido Estado-membro ("*O Procurador--Geral do Estado será nomeado pelo Governador, em comissão, entre os Procuradores que integram a carreira, e deverá apresentar declaração pública de bens, no ato da posse e de sua exoneração.*") — v. Informativo 336. Entendeu-se que a Constituição estadual, subordinada aos princípios contidos na Constituição Federal, no exercício da auto-organização conferida pelo art. 25, teria competência para a definição dos critérios para a escolha do Procurador-Geral, na forma prevista no inciso VIII do art. 235, e em consonância com o art. 132, que estabelece a representatividade do Estado por integrantes da carreira ("*Art. 235... VIII - até a promulgação da Constituição Estadual, responderão pela Procuradoria-Geral, pela Advocacia-Geral e pela Defensoria-Geral do Estado advogados com notório saber, com trinta e cinco anos de idade, no mínimo, nomeados pelo Governador eleito e demissíveis ad nutum;*"). Nesta assentada, o Min. Sepúlveda Pertence, em voto de desempate, na linha de outros votos já proferidos, acompanhou o relator, ao fundamento de não ser essencial do cargo em comissão, segundo a Constituição Federal, a inexistência de quaisquer limites à clientela passível desta nomeação. Vencidos os Ministros Maurício Corrêa, Joaquim Barbosa, Gilmar Mendes, Ellen Gracie e Nelson Jobim que julgavam o pedido procedente por considerar que a norma impugnada, ao impor limitação ao exercício do poder discricionário de escolha conferido ao Governador, ofenderia o art. 61, § 1º, II, c, da CF, bem como o princípio da separação entre os Poderes. ADI 2581/SP, rel. orig. Min. Maurício Corrêa, rel. p/ o acórdão Min. Marco Aurélio, 16.8.2007. (ADI-2581) (Inform. STF 476)

ADI E VINCULAÇÃO DA DEFENSORIA PÚBLICA ESTADUAL À SECRETARIA DE JUSTIÇA

O Tribunal julgou procedente pedido formulado em ação direta ajuizada pelo Diretório Nacional do Partido Trabalhista Brasileiro - PTB para declarar a inconstitucionalidade da alínea c do inciso IV do art. 2º da Lei 12.775/2005, do Estado de Pernambuco, que vincula a Defensoria Pública Estadual à Secretaria de Justiça e Direitos Humanos - SEJUDH que cria. Entendeu-se que o dispositivo impugnado viola o § 2º do art. 134 da CF, incluído pela EC 45/2004, que assegura às Defensorias Públicas Estaduais autonomia funcional e administrativa e a iniciativa de sua proposta orçamentária. Asseverou-se que a EC 45/2004 não conferiu à Defensoria Pública a iniciativa legislativa para criação de cargos, outorgada ao Ministério Público, continuando ela vinculada, no ponto, ao Poder Executivo estadual (CF, art. 61, §1º). Ressaltou-se, entretanto, que, no caso, a vinculação da Defensoria Pública à Secretaria de Justiça submete a primeira à tutela do Secretário de Estado, que sobre ela deterá poder de controle de legalidade, que é incompatível com o vigente *status* constitucional da Defensoria Pública. Além disso, afastou-se a alegação de que a ação seria desprovida de utilidade, em razão de o dispositivo impugnado repetir orientação prévia fixada pelo art. 2º da Lei Complementar estadual 20/98, a qual, por não ter sido objeto de impugnação, subsistiria ainda que declarada a inconstitucionalidade do dispositivo questionado. Aduziu-se que, quando da sanção da Lei 12.755/2005, o art. 2º da Lei Complementar 20/98 já estava revogado, por não estar em harmonia com o texto constitucional modificado. A Min. Cármen Lúcia ressalvou que a vinculação, por si só, não acarretaria a quebra da autonomia, mas tendo em conta o que foi dito na ação com relação à tutela, acompanhou o relator. ADI 3569/PE, rel. Min. Sepúlveda Pertence, 2.4.2007. (ADI-3569) (Inform. STF 462)

13. TRIBUTAÇÃO E ORÇAMENTO

ADI N. 4.426-CE

RELATOR: MIN. DIAS TOFFOLI

EMENTA: Ação Direta de Inconstitucionalidade. AMB. Lei nº 14.506, de 16 de novembro de 2009, do Estado do Ceará. Fixação de limites de despesa com a folha de pagamento dos servidores estaduais do Poder Executivo, do Poder Legislativo, do Poder Judiciário e do Ministério Público estadual. Conhecimento parcial. Inconstitucionalidade.

1. Singularidades do caso afastam, excepcionalmente, a aplicação da jurisprudência do Supremo Tribunal Federal sobre a prejudicialidade da ação, visto que houve impugnação em tempo adequado e a sua inclusão em pauta antes do exaurimento da eficácia da lei temporária impugnada, existindo a possibilidade de haver efeitos em curso (art. 7º da Lei 14.506/2009).

2. Conquanto a AMB tenha impugnado a integralidade da lei estadual, o diploma limita a execução orçamentária não apenas em relação aos órgãos do Poder Judiciário, mas também em relação aos Poderes Executivo e Legislativo e do Ministério Público, os quais são alheios à sua atividade de representação. Todos os fundamentos apresentados pela requerente para demonstrar a suposta inconstitucionalidade restringem-se ao Poder Judiciário, não alcançando os demais destinatários. Conhecimento parcial da ação.

3. Conforme recente entendimento firmado por esta Corte, "*[a] lei não precisa de densidade normativa para se expor ao controle abstrato de constitucionalidade, devido a que se trata de ato de aplicação primária da Constituição. Para esse tipo de controle, exige-se densidade normativa apenas para o ato de natureza infralegal*" (ADI 4.049/DF-MC, Relator o Ministro **Ayres Britto**, DJ de 8/5/09). Outros precedentes: ADI 4.048/DF-MC, Relator Ministro **Gilmar Mendes**, DJ de 22/8/08; ADI 3.949/DF-MC, Relator Ministro **Gilmar Mendes**, DJ de 7/8/09). Preliminar de não conhecimento rejeitada.

4. Apenas o art. 2º da lei impugnada coincide com o disposto na lei de diretrizes orçamentárias. Essa semelhança, contudo, não impede, por si só, o conhecimento da ação, uma vez que a Lei de Diretrizes Orçamentárias, em tese, não conteria os mesmos vícios apontados pela AMB, pois contou com a participação do Poder Judiciário na sua elaboração.

5. A expressão "não poderá exceder", presente no artigo 169 da Constituição Federal, conjugada com o caráter nacional da lei complementar ali mencionada, assentam a noção de marco negativo imposto a todos os membros da Federação, no sentido de que os parâmetros de controle de gastos ali estabelecidos não podem ser ultrapassados, sob pena de se atentar contra o intuito de preservação do equilíbrio orçamentário (receita/despesa) consagrado na norma.

6. O diploma normativo versa sobre execução orçamentária, impondo limites especialmente às despesas não previstas na folha normal de pessoal. Tais limites, conquanto não estejam disciplinados na lei de diretrizes orçamentárias e na lei orçamentária anual, buscam controlar a forma de gestão dos recursos orçamentários já aprovados. A participação necessária do Poder Judiciário na construção do pertinente diploma orçamentário diretivo, em conjugação com os outros Poderes instituídos, é reflexo do **status** constitucional da autonomia e da independência que lhe são atribuídas no artigo 2º do Diploma Maior. Esse é o entendimento que decorre diretamente do conteúdo do art. 99, § 1º, da Constituição Federal.

7. A autonomia financeira não se exaure na simples elaboração da proposta orçamentária, sendo consagrada, inclusive, na execução concreta do orçamento e na utilização das dotações postas em favor do Poder Judiciário. O diploma impugnado, ao restringir a execução orçamentária do Judiciário local, é formalmente inconstitucional, em razão da ausência de participação desse na elaboração do diploma legislativo.

8. Ação direta de inconstitucionalidade julgada parcialmente procedente para declarar, com efeitos **ex tunc**, a inconstitucionalidade da expressão "*e Judiciário*" contida nos arts. 1º e 6º da lei impugnada e para declarar a inconstitucionalidade parcial sem redução de texto dos demais dispositivos da Lei nº 14.506/09 do Estado do Ceará, afastando do seu âmbito de incidência o Poder Judiciário. (Inform. STF 627) *noticiado no Informativo 615

ADI e Destinação de Parcelas da Receita Tributária a Fins Pré-estabelecidos

O Tribunal referendou liminar concedida em ação direta de inconstitucionalidade proposta pelo Governador do Estado do Rio de Janeiro para suspender a vigência do § 1º do art. 309 e do art. 314, *caput*, e § 5º, bem como da expressão "*e garantirá um percentual mínimo de 10% (dez por cento) para a educação especial*" contida na parte final do § 2º do art. 314, todos da Constituição do Estado do Rio de Janeiro. Entendeu-se que as normas impugnadas elidem a competência do Executivo na elaboração da lei orçamentária, retirando-lhe a iniciativa dessa lei, obrigando-o a destinar dotações orçamentárias a fins pré-estabelecidos e a entidades pré-determinadas. Alguns precedentes citados: ADI 780 MC/RJ (DJU de 16.4.93); ADI 1689/PE (DJU de 19.3.2003); ADI 820/RS (DJE de 29.2.2008). ADI 4102 Referendo-MC/RJ, rel. Min. Cármen Lúcia, 26.5.2010. (ADI-4102) (Inform. STF 588)

VINCULAÇÃO DE RECEITAS E FUNDO DE REAPARELHAMENTO - 1

O Tribunal iniciou julgamento de ação direta ajuizada pelo Procurador-Geral da República, em que se objetiva a declaração de inconstitucionalidade do inciso V do art. 28 da Lei Complementar 166/99, com a redação conferida pela Lei Complementar 181/2000, do Estado do Rio Grande do Norte, que determina que os recursos provenientes da cobrança efetuada em todos os procedimentos extrajudiciais, todos os serviços notariais e de registro, estabelecidos com os respectivos valores na forma de tabelas anexas, constituirão recursos financeiros do fundo de reaparelhamento do Ministério Público do referido Estado-membro. O Min. Marco Aurélio, relator, julgou procedente o pedido formulado para declarar a inconstitucionalidade do dispositivo impugnado, ficando alcançadas as tabelas nele referidas. Entendeu que, no caso, em afronta aos artigos 155 e 167, IV, da CF, criou-se verdadeiro tributo mediante texto normativo que se mostra ambíguo por não constar dele sequer a definição do que rotulado como "recursos provenientes da cobrança efetuada em todos os procedimentos extrajudiciais", nem a explicitação do que se teve como "todos os serviços notariais e de registro". Aduziu-se, também, que o texto se reporta a valores fixados em tabelas anexas, levando a crer ter surgido, no cenário jurídico, ônus a ser suportado por terceiros. Em seguida, pediu vista dos autos o Min. Carlos Britto. **ADI 3028/RN, rel. Min. Marco Aurélio, 1º.3.2007. (ADI-3028)**

VINCULAÇÃO DE RECEITAS E FUNDO DE REAPARELHAMENTO - 2

O Tribunal retomou julgamento de ação direta ajuizada pelo Procurador-Geral da República, em que se pretende a declaração de inconstitucionalidade do inciso V do art. 28 da Lei Complementar 166/99, com a redação conferida pela Lei Complementar 181/2000, do Estado do Rio Grande do Norte, que determina que os recursos provenientes da cobrança efetuada em todos os procedimentos extrajudiciais, todos os serviços notariais e de registro, estabelecidos com os respectivos valores na forma de tabelas anexas, constituirão recursos financeiros do fundo de reaparelhamento do Ministério Público do referido Estado-membro. O Min. Carlos Britto, em voto-vista, abriu divergência e julgou o pedido improcedente. Afirmou, inicialmente, que os serviços notariais e de registro são típicas atividades estatais, mas não são serviços públicos. Asseverou que, não obstante a jurisprudência da Corte seja no sentido de que tais atividades são serviços públicos, ela vem admitindo a incidência de taxa sobre as atividades notariais e de registro, tendo por base de cálculo os emolumentos que são cobrados pelos titulares das serventias como pagamento do trabalho que eles prestam aos tomadores dos serviços cartorários. Tendo isso em conta, afastou a alegação de ofensa ao art. 167, IV, da CF, por entender que o dispositivo impugnado não teria instituído uma exação que se amolde à definição de imposto, mas, sim, de taxa, gerada em razão do exercício do poder de polícia que assiste aos Estados-membros, mediante atuação pelos órgãos diretivos do Poder Judiciário, no plano da vigilância, orientação e correição da atividade notarial e de registro (CF, art. 236, § 1º). Asseverou, ademais, que o produto da arrecadação da taxa de polícia não estaria jungido ao contínuo aparelhamento do Poder Judiciário, mas admitiria expansão para incluir o aperfeiçoamento da jurisdição, não havendo, dessa forma, impedimento quanto à destinação da taxa ao Ministério Público, já que vinculada à estrutura e ao funcionamento de órgão estatal essencial à função jurisdicional (CF, art. 127), o qual estaria autorizado a promover todas as medidas necessárias à efetivação dos direitos assegurados na Constituição (CF, art. 129). Assim, concluiu que bem aparelhar o Ministério Público seria servir ao desígnio constitucional de aperfeiçoar a própria jurisdição como atividade básica do Estado e função específica do Poder Judiciário. Após os votos dos Ministros Menezes Direito, Cezar Peluso, Celso de Mello e Gilmar Mendes, que acompanhavam o relator, e dos votos dos Ministros Ricardo Lewandowski, Eros Grau e Joaquim Barbosa, que acompanhavam a divergência, o julgamento foi adiado para colher os votos das Ministras Cármen Lúcia e Ellen Gracie, Presidente, ausentes, justificadamente. **ADI 3028/RN, rel. Min. Marco Aurélio, 24.10.2007. (ADI-3028)**

VINCULAÇÃO DE RECEITAS E FUNDO DE REAPARELHAMENTO - 3

O Tribunal retomou julgamento de ação direta ajuizada pelo Procurador-Geral da República, em que se pretende a declaração de inconstitucionalidade do inciso V do art. 28 da Lei Complementar 166/99, com a redação conferida pela Lei Complementar 181/2000, do Estado do Rio Grande do Norte, que determina que os recursos provenientes da cobrança efetuada em todos os procedimentos extrajudiciais, todos os serviços notariais e de registro, estabelecidos com os respectivos valores na forma de tabelas anexas, constituirão recursos financeiros do fundo de reaparelhamento do Ministério Público do referido Estado-membro - v. Informativo 485. Chamado o feito para continuação do julgamento, pediu vista dos autos a Min. Cármen Lúcia. **ADI 3028/RN, rel. Min. Marco Aurélio, 13.3.2008. (ADI-3028)**

Vinculação de Receitas e Fundo de Reaparelhamento - 4

Em conclusão, o Tribunal, por maioria, julgou improcedente pedido formulado em ação direta ajuizada pelo Procurador-Geral da República, em que se pretendia a declaração de inconstitucionalidade do inciso V do art. 28 da Lei Complementar 166/99, com a redação conferida pela Lei Complementar 181/2000, do Estado do Rio Grande do Norte, que determina que os recursos provenientes da cobrança efetuada em todos os procedimentos extrajudiciais, todos os serviços notariais e de registro, estabelecidos com os respectivos valores na forma de tabelas anexas, constituirão recursos financeiros do fundo de reaparelhamento do Ministério Público do referido Estado-membro — v. Informativos 457, 485 e 498. Afastou-se a alegação de ofensa ao art. 167, IV, da CF, por se entender que o dispositivo impugnado não teria instituído uma exação que se amoldasse à definição de imposto, mas, sim, de taxa, gerada em razão do exercício do poder de polícia que assiste aos Estados-membros, mediante atuação pelos órgãos diretivos do Poder Judiciário, no plano da vigilância, orientação e correição da atividade notarial e de registro (CF, art. 236, § 1º). Asseverou-se, ademais, que o produto da arrecadação da taxa de polícia não estaria jungido ao contínuo aparelhamento do Poder Judiciário, mas admitiria expansão para incluir o aperfeiçoamento da jurisdição, não havendo, dessa forma, impedimento quanto à destinação da taxa ao Ministério Público, já que vinculada à estrutura e ao funcionamento de órgão estatal essencial à função jurisdicional (CF, art. 127), o qual estaria autorizado a promover todas as medidas necessárias à efetivação dos direitos assegurados na Constituição (CF, art. 129). Assim, concluiu-se que bem aparelhar o Ministério Público seria servir ao desígnio constitucional de aperfeiçoar a própria jurisdição como atividade básica do Estado e função específica do Poder Judiciário. Vencidos os Ministros Marco Aurélio, relator, Menezes Direito, Cezar Peluso, Celso de Mello e Gilmar Mendes, que julgavam o pleito procedente. ADI 3028/RN, rel. orig. Min. Marco Aurélio, red. p/ o acórdão Min. Ayres Britto, 26.5.2010. (ADI-3028) (Inform. STF 588)

IGREJAS E TEMPLOS: PROIBIÇÃO DA COBRANÇA DE ICMS

O Tribunal julgou improcedente pedido formulado em ação direta de inconstitucionalidade ajuizada pelo Governador do Estado do Paraná contra a Lei 14.586/2004, da mesma unidade federativa, que "proíbe a cobrança de ICMS nas contas de serviços públicos estaduais a igrejas e templos de qualquer culto", desde que o imóvel esteja comprovadamente na propriedade ou posse destes e sejam usados para a prática religiosa. Salientou-se que a proibição de introduzir-se benefício fiscal, sem o assentimento dos demais Estados, teria como objeto impedir competição entre as unidades da Federação e que isso não se daria na espécie. Asseverou-se que, na hipótese, a disciplina não revelaria isenção alusiva a contribuinte de direito, a contribuinte que estivesse no mercado, e sim a contribuintes de fato, de especificidade toda própria, isto é, igrejas e templos, observando-se, ademais, que tudo ocorreria no tocante ao preço de serviços públicos e à incidência do ICMS. Entendeu-se estar-se diante de opção político-normativa possível, não cabendo cogitar de discrepância com as balizas constitucionais relativas ao orçamento, sendo irrelevante o cotejo buscado com a Lei de Responsabilidade Fiscal, isso presente o controle abstrato de constitucionalidade. Concluiu-se que, no caso, além da repercussão quanto à receita, haveria o enquadramento na previsão da primeira parte do § 6º do art. 150 da CF, que remete isenção a lei específica ("Qualquer subsídio ou isenção, redução de base de cálculo, concessão de crédito presumido, anistia ou remissão, relativos a impostos, taxas ou contribuições, só poderá ser concedido mediante lei específica, federal, estadual ou municipal, que regule exclusivamente as matérias acima enumeradas ou o correspondente tributo ou contribuição, sem prejuízo do disposto no art. 155, § 2.º, XII, g."). **ADI 3421/PR, rel. Min. Marco Aurélio, 5.5.2010**. (ADI-3421). (Inform. STF 585)

ADI E VINCULAÇÃO DE RECEITA (ERRATA)

Comunicamos que o correto teor da matéria referente à ADI 1759/SC, divulgada no Informativo 582, é este: Por verificar afronta ao art. 167, IV, da CF, que veda a vinculação de receita de impostos a órgão, fundo ou despesa, o Tribunal julgou procedente pedido formulado em ação direta ajuizada pelo Governador do Estado de Santa Catarina para declarar a inconstitucionalidade do inciso V do § 3º do art. 120 da Constituição estadual, com a redação dada pela Emenda Constitucional 14/97, que destina 10% da receita corrente do Estado, por dotação orçamentária específica, aos programas de desenvolvimento da agricultura, pecuária e abastecimento. Precedentes citados: ADI 103/RO (DJU de 8.9.95); ADI 1848/RO (DJU de 25.10.2002); ADI 1750 MC/DF (DJU de 14.6.2002). **ADI 1759/SC, rel. Min. Gilmar Mendes, 14.4.2010.** (ADI-1759). (Inform. STF 584)

SERVIDORES NÃO-EFETIVOS E REGIME DE PREVIDÊNCIA - 1

O Tribunal iniciou julgamento de ação direta de inconstitucionalidade proposta pelo Procurador-Geral da República contra os artigos 79 e 85 da Lei Complementar 64/2002, do Estado de Minas Gerais, este tanto em seu texto original quanto na redação conferida pela Lei Complementar 70/2003, que, respectivamente, assegura o regime de previdência estadual para os servidores não-efetivos e institui contribuição para o custeio da assistência à saúde, ambos benefícios fomentados pelo Regime Próprio de Previdência dos Servidores daquele Estado. O Min. Eros Grau, relator, julgou procedente o pedido no tocante ao art. 79 da Lei, no que foi acompanhado pelo Min. Joaquim Barbosa. Entendeu que o artigo questionado afronta o art. 40, § 13 da CF, que determina a filiação ao regime geral da previdência social dos ocupantes, exclusivamente, de cargo em comissão. Asseverou, ainda, que esse dispositivo dispõe de forma adversa à norma geral de previdência social estabelecida pela União, qual seja, a Lei federal 9.717/98 (art. 1º, V). O Min. Eros Grau também declarou a inconstitucionalidade da expressão "definidos no art. 79", no art. 85, caput, da Lei Complementar 64/2002, mantido pela Lei Complementar 70/2003, ambas do Estado de Minas Gerais, bem como do vocábulo "compulsoriamente", contido no § 4º do mesmo art. 85, na redação original, e no § 5º do referido art. 85, com a redação dada pela Lei complementar 70/2003. Considerou violado o art. 149, § 1º da CF, na medida em que instituída contribuição compulsória em relação à saúde, área excluída da atuação da seguridade social pelo constituinte. Ressaltou não haver óbice para que os serviços de assistência médica, hospitalar, odontológica, social e farmacêutica sejam fomentados mediante o pagamento de contribuição facultativa. Após, pediu vista o Min. Cezar Peluso. **ADI 3106/MG, rel. Min. Eros Grau, 17.3.2005. (ADI-3106)**

SERVIDORES NÃO-EFETIVOS E REGIME DE PREVIDÊNCIA - 2

Retomado julgamento de ação direta de inconstitucionalidade proposta pelo Procurador-Geral da República contra os artigos 79 e 85 da Lei Complementar 64/2002, do Estado de Minas Gerais, este tanto em seu texto original quanto na redação conferida pela Lei Complementar 70/2003, que, respectivamente, assegura o regime de previdência estadual para os servidores não-efetivos e institui contribuição para o custeio da assistência à saúde, ambos benefícios fomentados pelo Regime Próprio de Previdência dos Servidores daquele Estado - v. Informativo 380. O Min. Cezar Peluso, em voto-vista, acompanhou o voto do relator, no sentido de julgar procedente o pedido no tocante ao art. 79 da lei e de declarar a inconstitucionalidade da expressão "definidos no art. 79", no art. 85, caput, da Lei Complementar 64/2002, mantido pela Lei Complementar 70/2003, ambas do Estado de Minas Gerais, bem como do vocábulo "compulsoriamente", contido no § 4º do mesmo art. 85, na redação original, e no § 5º do referido art. 85, com a redação dada pela Lei Complementar 70/2003. Após o voto do Min. Joaquim Barbosa que também acompanhava integralmente o voto do relator, pediu vista dos autos a Min. Cármen Lúcia. **ADI 3106/MG, rel. Min. Eros Grau, 22.6.2006. (ADI-3106)**

SERVIDORES NÃO-EFETIVOS E REGIME DE PREVIDÊNCIA - 3

O Tribunal retomou julgamento de ação direta de inconstitucionalidade proposta pelo Procurador-Geral da República contra os artigos 79 e 85 da Lei Complementar 64/2002, do Estado de Minas Gerais, este tanto em seu texto original quanto na redação conferida pela Lei Complementar 70/2003, que, respectivamente, assegura o regime de previdência estadual para os servidores não-efetivos e institui contribuição para o custeio da assistência à saúde, ambos benefícios fomentados pelo Regime Próprio de Previdência dos Servidores daquele Estado — v. Informativos 380 e 432. Preliminarmente, o Tribunal julgou prejudicada a ação direta relativamente ao art. 79 da lei impugnada, em face de sua revogação. Em seguida, após o voto da Min. Carmen Lúcia, que acompanhou o voto do relator, asseverando ser inconstitucional a cobrança compulsória da contribuição em relação à saúde, e dos votos dos Ministros Ricardo Lewandowski, Carlos Britto e Ellen Gracie, nesse mesmo sentido, pediu vista dos autos o Min. Marco Aurélio. **ADI 3106/MG, rel. Min. Eros Grau, 19.8.2009. (ADI-3106)**

SERVIDORES NÃO-EFETIVOS E REGIME DE PREVIDÊNCIA – 4

Por vislumbrar ofensa ao art. 149, § 1º, da CF ("Os Estados, o Distrito Federal e os Municípios instituirão contribuição, cobrada de seus servidores, para o custeio, em benefício destes, do regime previdenciário de que trata o art. 40, cuja alíquota não será inferior à da contribuição dos servidores titulares de cargos efetivos da União."), o Tribunal julgou parcialmente procedente pedido formulado em ação direta proposta pelo Procurador-Geral da República para declarar a inconstitucionalidade da expressão "definidos no art. 79", contida no art. 85, caput, da Lei Complementar 64/2002, tanto em seu texto original quanto com a redação que lhe foi conferida pela Lei Complementar 70/2003, bem como do vocábulo "compulsoriamente", inserido no § 4º do art. 85 da Lei Complementar 64/2002 e no § 5º do art. 85, na redação dada pela Lei Complementar 70/2003, ambas do Estado de Minas Gerais, que asseguram o regime de previdência estadual para os servidores não-efetivos e instituem contribuição compulsória para o custeio da assistência à saúde, benefícios fomentados pelo Regime Próprio de Previdência dos Servidores daquele Estado — v. Informativos 380, 432 e 556. Entendeu-se que a contribuição prevista no art. 85 da lei impugnada não poderia alcançar os servidores ocupantes exclusivamente de cargo em comissão, submetidos ao regime geral da previdência (CF, art. 40, § 13). Considerou-se, também, tendo em conta que das três áreas de atuação da seguridade social — previdência social, saúde e assistência social — o constituinte excluiu, no que toca à instituição de contribuições, a saúde, e, ainda, o que disposto no art. 5º da Lei 9.717/98 ("Os regimes próprios de previdência social dos servidores públicos da União, dos Estados, do Distrito Federal e dos Municípios, dos militares dos Estados e do Distrito Federal não poderão conceder benefícios distintos dos previstos no Regime Geral de Previdência Social, de que trata a Lei nº 8.213, de 24 de julho de 1991, salvo disposição em contrário da Constituição Federal."), que os Estados-membros não teriam competência para contemplar como benefícios, de modo obrigatório em relação aos seus servidores, serviços de assistência médica, hospitalar, odontológica, social e farmacêutica. Ressaltou-se, por outro lado, não haver óbice para que tais serviços fossem prestados por entidade ligada ao Estado-membro, no caso, o Instituto de Previdência dos Servidores do Estado de Minas Gerais – IPSEMG, desde que o benefício fosse custeado mediante pagamento de contribuição facultativa, ou seja, por aqueles que se dispusessem, voluntariamente, a dele fruir. **ADI 3106/MG, rel. Min. Eros Grau, 14.4.2010**. (ADI-3106). (Inform. STF 582)

ART. 150, VI, B E C, DA CF: MAÇONARIA E IMUNIDADE TRIBUTÁRIA – 1

A Turma iniciou julgamento de recurso extraordinário em que se discute se templos maçônicos se incluem, ou não, no conceito de "templos de qualquer culto" ou de "instituições de assistência social" para fins de concessão da imunidade tributária prevista no art. 150, VI, b e c, da CF ["Sem prejuízo de outras garantias asseguradas ao contribuinte, é vedado à União, aos Estados, ao Distrito Federal e aos Municípios: ... VI – instituir impostos sobre: ... b) templos de qualquer culto; c) patrimônio, renda ou serviços dos partidos políticos, inclusive suas fundações, das entidades sindicais dos trabalhadores, das instituições de educação e de assistência social, sem fins lucrativos, atendidos os requisitos da lei;"]. No caso, alega a recorrente não poderem incidir impostos sobre imóveis que abrigam templos de qualquer culto ou sobre o patrimônio de entidades que pratiquem a assistência social, observados os requisitos da lei (CTN, art. 14, I e II, e § 2º). Para isso, sustenta que — não obstante exista dentro da própria entidade controvérsia sobre o seu caráter religioso — poder-se-ia dizer ser a maçonaria a religião das religiões, na medida em que, além de exigir de seus integrantes a crença em Deus, estimularia no maçom o desenvolvimento da religiosidade, incluindo-se, assim, no conceito de "templos de qualquer culto" para os fins do art. 150, VI, b, da CF. Argumenta, também, enquadrar-se na hipótese do art. 150, VI, c, da CF, dado que seria uma instituição nitidamente com caráter filantrópico. **RE 562351/RS, rel. Min. Ricardo Lewandowski, 13.4.2010**. (RE-562351).

ART. 150, VI, B E C, DA CF: MAÇONARIA E IMUNIDADE TRIBUTÁRIA – 2

Quanto ao disposto no art. 150, VI, b, da CF, o Min. Ricardo Lewandowski negou provimento ao recurso. Inicialmente, observou que a questão central do recurso estaria em saber se a referência a "templos de qualquer culto" alcançaria, ou não, a maçonaria. Aduziu que o art. 5º, VI, da CF seria expresso em assegurar o livre exercício dos cultos religiosos e que uma das formas que o Estado estabelecera para não criar embaraços à prática religiosa fora outorgar imunidade aos templos onde se realizem os respectivos cultos. Enfatizou que, no caso, a interpretação do referido dispositivo deveria ser restritiva, atendendo às razões de sua cogitação original. Consignou, no ponto, que as liberdades deveriam ser interpretadas de forma extensiva, não devendo o Estado criar qualquer óbice à manifestação de consciência, porém, deveria ser dado tratamento diametralmente oposto, ou seja, restritivo às imunidades. Nessa linha, asseverou que, quando a Constituição confere imunidade tributária aos "templos de qualquer culto", este benefício fiscal estaria circunscrito aos cultos religiosos. Registrou, ademais, que a própria entidade, em seu estatuto, declarara enfaticamente não ser uma religião e, por tal razão, pareceria irretocável a decisão a quo. No que tange ao art. 150, VI, c, da CF, não conheceu do extraordinário, dado que o cumprimento dos requisitos previstos no art. 14 do CTN constituiria conditio sine qua non para o gozo da imunidade tributária outorgada pela CF, sendo inevitável, destarte, o revolvimento do conjunto fático-probatório (Enunciado da Súmula 279 do STF: "Para simples reexame de prova não cabe recurso extraordinário"). Após os votos dos Ministros Dias Toffoli, Cármen Lúcia e Ayres Britto, que acompanhavam o voto do relator, pediu vista dos autos o Min. Marco Aurélio. **RE 562351/RS, rel. Min. Ricardo Lewandowski, 13.4.2010**. (RE-562351). (Inform. STF 582)

PIS: FUNDO SOCIAL DE EMERGÊNCIA E MEDIDA PROVISÓRIA – 2

Em conclusão de julgamento, a Turma, por maioria, proveu dois recursos extraordinários nos quais Estados-membros alegavam transgressão aos artigos 72 e 73 do ADCT, na medida em que as Cortes de origem afastaram o recolhimento do PIS nos moldes estabelecidos pela Medida Provisória 517/94 e suas reedições — v. Informativo 570. Inicialmente, enfatizou-se que o art. 73 do ADCT veda, expressamente, regulamentação do Fundo Social de Emergência mediante medida provisória. Registrou-se, entretanto, que a Medida Provisória 517/94 apenas regulara a contribuição para o PIS, o que não seria proibido pelo aludido dispositivo. Em seguida, ressaltou-se que a Lei 9.701/98 — resultante da conversão das reedições da referida medida provisória — consigna, já na ementa, que esse diploma dispõe sobre a base de cálculo da contribuição para o PIS, sem nenhuma alusão àquele fundo. Assinalou-se, ademais, que o STF possuiria precedentes no sentido de que o PIS poderia ser disciplinado por meio de lei ordinária, não havendo, pois, razão para não se permitir o tratamento da matéria por medida provisória, a qual tem força de lei. Asseverou-se, ainda, que a Medida Provisória 517/94 não violaria o art. 72, V, do ADCT, uma vez que não alterara o conceito de receita bruta, previsto na legislação relativa ao Imposto de Renda, mas apenas operara ajustes e exclusões nessa base de cálculo. Vencido o Min. Eros Grau que desprovia os recursos, por reputar que, na hipótese, não se discutiria simplesmente a possibilidade de o PIS ser disciplinado por meio de lei ordinária e o alargamento da base de cálculo, dado que a controvérsia alcançaria as condições para a instituição e o funcionamento do Fundo Social de Emergência. **RE 346983/RJ, rel. Min. Cezar Peluso, 16.3.2010**. (RE-346983) **RE 525874/SP, rel. Min. Cezar Peluso, 16.3.2010**. (RE-525874). (Inform. STF 579)

EMENTA: CONSTITUCIONAL. DIREITO FUNDAMENTAL DE ACESSO AO JUDICIÁRIO. DIREITO DE PETIÇÃO. TRIBUTÁRIO E POLÍTICA FISCAL. REGULARIDADE FISCAL. NORMAS QUE CONDICIONAM A PRÁTICA DE ATOS DA VIDA CIVIL E EMPRESARIAL À QUITAÇÃO DE CRÉDITOS TRIBUTÁRIOS. CARACTERIZAÇÃO ESPECÍFICA COMO SANÇÃO POLÍTICA. AÇÃO CONHECIDA QUANTO À LEI FEDERAL 7.711/1988, ART. 1º, I, III E IV, PAR. 1º A 3º, E ART. 2º.

1. Ações diretas de inconstitucionalidade ajuizadas contra os arts. 1º, I, II, III e IV, par. 1º a 3º e 2º da Lei 7.711/1988, que vinculam a transferência de domicílio para o exterior (art. 1º, I), registro ou arquivamento de contrato social, alteração contratual e distrato social perante o registro público competente, exceto quando praticado por microempresa (art. 1º, III), registro de contrato ou outros documentos em Cartórios de Registro de Títulos e Documentos (art. 1º, IV, *a*), registro em Cartório de Registro de Imóveis (art. 1º, IV, *b*) e operação de empréstimo e de financiamento junto a instituição financeira, exceto quando destinada a saldar dívidas para com as Fazendas Nacional, Estaduais ou Municipais (art. 1º, IV, *c*) – estas três últimas nas hipóteses de o valor da operação ser igual ou superior a cinco mil Obrigações do Tesouro Nacional – à quitação de créditos tributários exigíveis, que tenham por objeto tributos e penalidades pecuniárias, bem como contribuições federais e outras imposições pecuniárias compulsórias.

2. Alegada violação do direito fundamental ao livre acesso ao Poder Judiciário (art. 5º, XXXV da Constituição), na medida em que as normas impedem o contribuinte de ir a juízo discutir a validade do crédito tributário. Caracterização de sanções políticas, isto é, de normas enviesadas a constranger o contribuinte, por vias oblíquas, ao recolhimento do crédito tributário.

3. Esta Corte tem historicamente confirmado e garantido a proibição constitucional às sanções políticas, invocando, para tanto, o direito ao exercício de atividades econômicas e profissionais lícitas (art. 170, par. ún., da Constituição), a violação do devido processo legal substantivo (falta de proporcionalidade e razoabilidade de medidas gravosas que se predispõem a substituir os mecanismos de cobrança de créditos tributários) e a violação do devido processo legal manifestado no direito de acesso aos órgãos do Executivo ou do Judiciário tanto para controle da validade dos créditos tributários, cuja inadimplência pretensamente justifica a nefasta penalidade, quanto para controle do próprio ato que culmina na restrição.

É inequívoco, contudo, que a orientação firmada pelo Supremo Tribunal Federal não serve de escusa ao deliberado e temerário desrespeito à legislação tributária. Não há que se falar em sanção política se as restrições à prática de atividade econômica objetivam combater estruturas empresariais que têm na inadimplência tributária sistemática e consciente sua maior vantagem concorrencial. Para ser tida como inconstitucional, a restrição ao

exercício de atividade econômica deve ser desproporcional e não-razoável.
4. Os incisos I, III e IV do art. 1º violam o art. 5º, XXXV da Constituição, na medida em que ignoram sumariamente o direito do contribuinte de rever em âmbito judicial ou administrativo a validade de créditos tributários. Violam, também o art. 170, par. ún. da Constituição, que garante o exercício de atividades profissionais ou econômicas lícitas.
Declaração de inconstitucionalidade do art. 1º, I, III e IV da Lei 7.711/1988. Declaração de inconstitucionalidade, por arrastamento dos parágrafos 1º a 3º e do art. 2º do mesmo texto legal.
CONSTITUCIONAL. TRIBUTÁRIO. SANÇÃO POLÍTICA. PROVA DA QUITAÇÃO DE CRÉDITOS TRIBUTÁRIOS NO ÂMBITO DE PROCESSO LICITATÓRIO. REVOGAÇÃO DO ART. 1º, II DA LEI 7.711/1988 PELA LEI 8.666/1993. EXPLICITAÇÃO DO ALCANCE DO DISPOSITIVO. AÇÃO DIRETA DE INCONSTITUCIONALIDADE NÃO CONHECIDA QUANTO AO PONTO.
5. Ação direta de inconstitucionalidade não conhecida, em relação ao art. 1º, II da Lei 7.711/1988, na medida em que revogado, por estar abrangido pelo dispositivo da Lei 8.666/1993 que trata da regularidade fiscal no âmbito de processo licitatório.
6. Explicitação da Corte, no sentido de que a regularidade fiscal aludida implica *"exigibilidade da quitação quando o tributo não seja objeto de discussão judicial"* ou *"administrativa"*.
Ações Diretas de Inconstitucionalidade parcialmente conhecidas e, na parte conhecida, julgadas procedentes. **ADI N. 173-DF. RELATOR: MIN. JOAQUIM BARBOSA. Noticiado no Informativo 521**. (Inform. STF 539)

EMENTA: FUNDO DE PARTICIPAÇÃO DOS MUNICÍPIOS – REPARTIÇÃO CONSTITUCIONAL DAS RECEITAS TRIBUTÁRIAS – PARTICIPAÇÃO DOS MUNICÍPIOS NO PRODUTO DA ARRECADAÇÃO DO ICMS (CF, ART. 158, IV) – PRODEC (PROGRA-MA DE DESENVOLVIMENTO DA EM-PRE-SA CATARINENSE) – LEI CATARINENSE Nº 11.345/2000 – CONCESSÃO, PELO ESTADO, DE INCENTIVOS FISCAIS E CREDITÍCIOS, COM RECURSOS ORIUNDOS DA ARRECADAÇÃO DO ICMS – PRETENSÃO DO MUNICÍPIO AO REPASSE INTEGRAL DA PARCELA DE 25%, SEM AS RETENÇÕES PERTINENTES AOS FINANCIAMENTOS DO PRODEC – CONTROVÉRSIA EM TORNO DA DEFINIÇÃO DA LOCUÇÃO CONSTITUCIONAL *"PRODUTO DA ARRECADAÇÃO"* (CF, ART. 158, IV) – PRETENDIDA DISTINÇÃO, QUE FAZ O ESTADO DE SANTA CATARINA, PARA EFEITO DA REPARTIÇÃO CONSTITUCIONAL DO ICMS, ENTRE *ARRECADAÇÃO* (CONCEITO CONTÁBIL) E *PRODUTO DA ARRECADAÇÃO* (CONCEITO FINANCEIRO) – PARCELA DE RECEITA TRIBUTÁRIA (25%) QUE PERTENCE, POR DIREITO PRÓPRIO, AO MUNICÍPIO – CONSEQÜENTE INCONSTITUCIONALIDADE DA RETENÇÃO DETERMINADA POR LEGISLAÇÃO ESTADUAL (RE 572.762/SC, PLENO) – DIREITO DO MUNICÍPIO AO REPASSE INTEGRAL – RECURSO DE AGRAVO IMPROVIDO.

FORNECIMENTO DE ÁGUA E ESGOTO E REMUNERAÇÃO

A Turma, acolhendo proposta suscitada pelo Min. Eros Grau, deliberou remeter ao plenário julgamento de recurso extraordinário, do qual relator, em que se discute se o fornecimento de água e esgoto constitui prestação a ser remunerada mediante o pagamento de taxa ou de tarifa. O Departamento Municipal de Água e Esgotos – DMAE, ora recorrente, sustenta, na espécie, que o mencionado serviço de água seria remunerado pelo pagamento de tarifa, razão pela qual o instituto da prescrição tributária não incidiria sobre o direito de cobrá-la. **RE 518256/RS, rel. Min. Eros Grau, 1º.4.2008.** (RE-518256) (Inform. STF 500)

LEI DE RESPONSABILIDADE FISCAL: LIMITES GLOBAIS DE GASTOS COM PESSOAL E DISTRITO FEDERAL

O Tribunal julgou improcedente pedido formulado em ação direta proposta pela Mesa Diretora da Câmara Legislativa do Distrito Federal em que se pretendia a declaração de inconstitucionalidade do inciso II do § 3º do art. 1º e dos incisos II e III do art. 20 da Lei Complementar 101/2000 (Lei de Responsabilidade Fiscal), que estende ao Distrito Federal a fórmula estabelecida para a repartição dos limites globais de despesas com pessoal imposta aos Estados. Salientou-se, inicialmente, a natureza singular do Distrito Federal, principalmente a partir da Constituição de 1988, que o elevou à condição de parte integrante da Federação brasileira e o dotou de autonomia político-administrativa (art. 1º e 18), e de tratar-se de unidade federativa que detém competências que são próprias dos Estados e dos Municípios (CF, art. 32, § 1º) e que tem instituições elementares que são organizadas e mantidas pela União (CF, art. 21, XIII e XIV), a qual também financia, em parte, serviços públicos a cuja prestação está jungido (CF, art. 21, XIV, parte final). Afirmou-se que o Distrito Federal não se traduziria nem em Estado-membro nem em Município, mas estaria bem mais próximo da estruturação do primeiro, o que estaria demonstrado em diversos dispositivos da Constituição Federal (artigos 24; 32, § 3º; 34; 92, VII; 103, IV). Asseverou-se que, de qualquer modo, subjazeria à lógica da lei questionada o regime financeiro que é próprio de cada ente federado. No ponto, ressaltou-se que, sem prejuízo das demais fontes que compõem a receita corrente líquida, o Distrito Federal, pelo menos em termos proporcionais, contaria com privilegiada base de cálculo para a fixação do limites globais de gastos com pessoal, haja vista ter ao seu dispor fontes mescladas de receitas tributárias decorrentes de arrecadações tanto estaduais quanto municipais. Tendo isso em conta, entendeu-se que a Lei Complementar 101/2000 adotou critério razoável, haja vista que conferiu ao Distrito Federal um tratamento condizente com sua peculiar e privilegiada situação tributário-financeira, caracterizada por uma alargada base arrecadatória, comparativamente com a dos próprios Estados-membros. (ADI 3756/DF, rel. Min. Carlos Britto, 21.6.2007. (ADI-3756) (Inform. STF 472)

LEI 7.689/88 E INCONSTITUCIONALIDADE "INCIDENTER TANTUM"

O Tribunal julgou parcialmente procedente pedido formulado em ação direta ajuizada pela Confederação das Associações de Microempresas do Brasil, para declarar a inconstitucionalidade dos artigos 8º e 9º da Lei 7.689/88, que institui a contribuição social sobre o lucro das pessoas jurídicas e dá outras providências. Rejeitou-se, inicialmente, a preliminar de não-conhecimento da ação direta por ilegitimidade *ad causam*, tendo em conta a orientação fixada pela Corte no julgamento da ADI 3153 AgR/DF (DJU de 9.9.2005), e a de carência da ação, por falta de pertinência temática, em razão de o pagamento da contribuição criada pela norma impugnada incidir sobre as empresas cujos interesses, a teor do seu ato constitutivo, a requerente se destina a defender. Conheceu-se da ação quanto ao art. 8º da lei impugnada, haja vista que, não obstante a Corte já ter declarado a inconstitucionalidade desse dispositivo no julgamento do RE 146733/SP (DJU de 6.11.92), e o Senado Federal ter suspenso seus efeitos, por meio da Resolução 11/95, naquele julgamento a declaração de inconstitucionalidade seria restrita no tempo. Conheceu-se, igualmente, da ação em relação ao art. 9º dessa mesma lei, visto que, apesar de o Supremo ter também declarado sua inconstitucionalidade (RE 150764/PE, DJU de 2.4.93), o Senado arquivara o processo de suspensão do dispositivo, sem a devida resolução capaz de suspender a validade com efeito *erga omnes*. Quanto ao mérito, reportou-se aos fundamentos expendidos nos últimos precedentes citados, inclusive quanto à constitucionalidade dos demais dispositivos da lei em questão. ADI 15/DF, rel. Min. Sepúlveda Pertence, 14.6.2007. (ADI-15) (Inform. STF 471)

ADI. Repasse de Verbas. Manutenção e Conservação de Escolas Públicas - 1

O Tribunal iniciou julgamento de ação direta de inconstitucionalidade ajuizada pelo Governador do Estado do Rio Grande do Sul contra o §2º do art. 202 da Constituição gaúcha, bem como contra todos os artigos da Lei 9.723/92 do mesmo Estado. O primeiro dispositivo impugnado determina a aplicação de, no mínimo, 10% dos recursos destinados ao ensino na manutenção e conservação das escolas públicas estaduais por meio de transferências trimestrais de verbas. Os demais disciplinam sobre o repasse de verbas para manutenção e conservação das escolas públicas. O requerente alega que as normas em questão violam os artigos 2º; 25; 165, caput, §§ 2º e 8º; 167, IV, da CF. Inicialmente, o Min. Eros Grau, relator, rejeitou a preliminar suscitada pelo Advogado-Geral da União no sentido de extinguir o processo, sem julgamento de mérito, em relação à Lei 9.723/92, sob a alegação de ser esta ato normativo de efeito concreto, insuscetível de apreciação no controle concentrado. O relator entendeu que a lei analisada é dotada de generalidade e abstração suficientes para sua submissão ao controle de constitucionalidade por meio de ação direta, sendo seus destinatários determináveis e não determinados. Quanto ao mérito, julgou procedente o pedido por considerar que as normas impugnadas ofendem o inciso III do art. 165 da CF, já que dispõem sobre matéria orçamentária, cuja iniciativa de lei é de competência privativa do Chefe do Poder Executivo ("Art. 165. Leis de iniciativa do Poder Executivo estabelecerão:... III - os orçamentos anuais."). Esclareceu que o §2º do art. 202 da Constituição estadual estabelece vinculação orçamentária e que a decisão sobre a aplicação das verbas públicas é transferida do Poder Executivo para entidades - Conselhos Escolares - que não são públicas. Asseverou que essa previsão acaba por limitar a iniciativa do Poder Executivo para elaborar proposta orçamentária e, ainda, que a transferência de poder de decisão sobre a utilização das verbas públicas também é incompatível com a Constituição Federal, uma vez que não implica mero ato de gestão. Concluiu que a Lei 9.723/92, criada para disciplinar esse dispositivo da Constituição do Estado, restaria atingida pelos vícios deste. Após o voto do Min. Joaquim Barbosa, que acompanhava o relator, pediu vista dos autos o Min. Carlos Britto. ADI 820/RS, rel. Min. Eros Grau, 6.10.2004.(ADI-820)

ADI. REPASSE DE VERBAS. MANUTENÇÃO E CONSERVAÇÃO DE ESCOLAS PÚBLICAS - 2

O Tribunal, por maioria, julgou procedente pedido formulado em ação direta ajuizada pelo Governador do Estado do Rio Grande do Sul para declarar a inconstitucionalidade do § 2º do art. 202 da Constituição gaúcha, bem como de todos os artigos da Lei 9.723/92 da mesma unidade federativa. O primeiro dispositivo impugnado determina a aplicação de, no mínimo, 10% dos recursos destinados ao ensino na manutenção e conservação das escolas públicas estaduais por meio de transferências trimestrais de verbas. Os demais disciplinam sobre o repasse de verbas para manutenção e conservação das escolas públicas. Entendeu-se que as normas impugnadas ofendem o inciso III do art. 165 da CF, já que dispõem sobre matéria orçamentária, cuja iniciativa de lei é de competência privativa do Chefe do Poder Executivo ("*Art. 165. Leis de iniciativa do Poder Executivo estabelecerão:... III - os orçamentos anuais.*"). Esclareceu-se que o § 2º do art. 202 da Constituição estadual estabelece vinculação orçamentária e que a decisão sobre a aplicação das verbas públicas é transferida do Poder Executivo para entidades - Conselhos Escolares - que não são públicas. Considerou-se que essa previsão acaba por limitar a iniciativa do Poder Executivo para elaborar proposta orçamentária e, ainda, que a transferência de poder de decisão sobre a utilização das verbas públicas também é incompatível com a Constituição Federal, uma vez que não implica mero ato de gestão. Concluiu-se que a Lei 9.723/92, criada para disciplinar esse dispositivo da Constituição estadual, restaria atingida pelos vícios deste. Vencidos, em parte, os Ministros Carlos Britto e Sepúlveda Pertence que declaravam a inconstitucionalidade apenas dos dispositivos da Lei 9.723/92. ADI 820/RS, rel. Min. Eros Grau, 15.3.2007. (ADI-820) (Inform. STF 459)

VINCULAÇÃO DE RECEITAS E FUNDO DE REAPARELHAMENTO

O Tribunal iniciou julgamento de ação direta ajuizada pelo Procurador-Geral da República, em que se objetiva a declaração de inconstitucionalidade do inciso V do art. 28 da Lei Complementar 166/99, com a redação conferida pela Lei Complementar 181/2000, do Estado do Rio Grande do Norte, que determina que os recursos provenientes da cobrança efetuada em todos os procedimentos extrajudiciais, todos os serviços notariais e de registro, estabelecidos com os respectivos valores na forma de tabelas anexas, constituirão recursos financeiros do fundo de reaparelhamento do Ministério Público do referido Estado-membro. O Min. Marco Aurélio, relator, julgou procedente o pedido formulado para declarar a inconstitucionalidade do dispositivo impugnado, ficando alcançadas as tabelas nele referidas. Entendeu que, no caso, em afronta aos artigos 155 e 167, IV, da CF, criou-se verdadeiro tributo mediante texto normativo que se mostra ambíguo por não constar dele sequer a definição do que rotulado como "*recursos provenientes da cobrança efetuada em todos os procedimentos extrajudiciais*", nem a explicitação do que se teve como "*todos os serviços notariais e de registro*". Aduziu-se, também, que o texto se reporta a valores fixados em tabelas anexas, levando a crer ter surgido, no cenário jurídico, ônus a ser suportado por terceiros. Em seguida, pediu vista dos autos o Min. Carlos Britto. ADI 3028/RN, rel. Min. Marco Aurélio, 1º.3.2007. (ADI-3028) (Inform. STF 457)

ADI E ABERTURA DE ELEMENTOS DE DESPESA

O Tribunal conheceu em parte de ação direta de inconstitucionalidade proposta pelo Governador do Estado de Roraima contra a Lei estadual 503/2005 (lei orçamentária estadual para o exercício de 2006) e julgou parcialmente procedente o pedido nela formulado para dar interpretação conforme à expressão "*abertura de novos elementos de despesa*", contida no artigo 56, parágrafo único, da lei questionada, de modo a que a abertura não exceda os créditos orçamentários ou adicionais. O parágrafo único do art. 56 impugnado estabelece que os Poderes Legislativo e Judiciário e o Ministério Público Estadual poderão, no decorrer da execução orçamentária do exercício de 2006, caso haja necessidade, promover alterações em seus orçamentos, por meio da transposição, do remanejamento, da transferência de recursos de uma categoria de programação para outra, bem como proceder a abertura de novos elementos de despesa. Entendeu-se serem permitidos, de acordo com o disposto no inciso VI do art. 167 da CF, a transposição, o remanejamento e a transferência de recursos de uma categoria da programação para outra, desde que mediante prévia autorização legislativa, no caso, substantivada precisamente no dispositivo questionado. Quanto à expressão "*abertura de novos elementos de despesa*", asseverou-se ser necessário observar o inciso II do art.167 da CF, que veda a realização de despesas ou a assunção de obrigações diretas que excedam os créditos orçamentários ou adicionais. ADI 3652/RR, rel. Min. Sepúlveda Pertence, 19.12.2006. (ADI-3652) (Inform. STF 453)

SÚMULA VINCULANTE STF 32

O ICMS não incide sobre alienação de salvados de sinistro pelas seguradoras.

SÚMULA VINCULANTE STF 31

É inconstitucional a incidência do Imposto sobre Serviços de Qualquer Natureza – ISS sobre operações de locação de bens móveis.

SÚMULA VINCULANTE STF 29

É constitucional a adoção, no cálculo do valor de taxa, de um ou mais elementos da base de cálculo própria de determinado imposto, desde que não haja integral identidade entre uma base e outra.

SÚMULA VINCULANTE STF 28

É inconstitucional a exigência de depósito prévio como requisito de admissibilidade de ação judicial na qual se pretenda discutir a exigibilidade de crédito tributário.

SÚMULA VINCULANTE STF 24

Não se tipifica crime material contra a ordem tributária, previsto no art. 1º, incisos I a IV, da Lei nº 8.137/90, antes do lançamento definitivo do tributo.

SÚMULA VINCULANTE STF Nº 19

A taxa cobrada exclusivamente em razão dos serviços públicos de coleta, remoção e tratamento ou destinação de lixo ou resíduos provenientes de imóveis, não viola o artigo 145, II, da Constituição Federal.

SÚMULA VINCULANTE STF Nº 8

São inconstitucionais o parágrafo único do artigo 5º do decreto-lei nº 1.569/1977 e os artigos 45 e 46 da lei nº 8.212/1991, que tratam de prescrição e decadência de crédito tributário.

SÚMULA STF Nº 70

É inadmissível a interdição de estabelecimento como meio coercitivo para cobrança de tributo.

SÚMULA STJ Nº 468

A base de cálculo do PIS, até a edição da MP n. 1.212/1995, era o faturamento ocorrido no sexto mês anterior ao do fato gerador.

SÚMULA STJ Nº 463

Incide imposto de renda sobre os valores percebidos a título de indenização por horas extraordinárias trabalhadas, ainda que decorrentes de acordo coletivo.

SÚMULA STJ Nº 461

O contribuinte pode optar por receber, por meio de precatório ou por compensação, o indébito tributário certificado por sentença declaratória transitada em julgado.

SÚMULA STJ Nº 460

É incabível o mandado de segurança para convalidar a compensação tributária realizada pelo contribuinte.

SÚMULA STJ Nº 458

A contribuição previdenciária incide sobre a comissão paga ao corretor de seguros.

SÚMULA STJ Nº 447

Os Estados e o Distrito Federal são partes legítimas na ação de restituição de imposto de renda retido na fonte proposta por seus servidores.

14. ORDEM ECONÔMICA

AMBIENTAL. RESTRIÇÃO À ATIVIDADE ECONÔMICA. MADEIREIRA EXPLORADORA DE MOGNO.

A edição de norma que suspende o transporte, a comercialização e a exportação de madeira, bem como as autorizações para exploração e desmatamento têm efeito sobre a madeira já derrubada, sob pena de esvaziar o comando normativo do ato protetivo. O Min. Relator asseverou que, caso a Instrução Normativa n. 3/1998 do Ibama – que restringiu a exploração de mogno – não pudesse ter o alcance por ela definido, deveria ser reconhecida sua parcial ilegalidade e inconstitucionalidade, pois o transporte, a comercialização e a exportação pressupõem logicamente que a madeira já esteja derrubada. Pelo contrário, a referida instrução normativa embasou-se no art. 14, **b**, da Lei n. 4.771/1965 e nos arts. 225, § 1º, V e VII, da CF. Ademais, os atos da Administração tendentes a proteger o ambiente, tal como a restrição à atividade econômica desenvolvida pela madeireira, devem ser plenamente aceitos, dada a previsão do art. 170, VI, da CF. **REsp 1.183.279-PA, Rel. Min. Humberto Martins, julgado em 16/8/2012.(Inform. STJ 502)**

FIXAÇÃO DE PREÇOS DE MEDICAMENTOS E VALORES DIFERENCIADOS - 1

A Turma iniciou julgamento de recurso ordinário em mandado de segurança no qual se discute a fixação de preços de medicamentos pela Câmara de Regulação do Mercado de Medicamentos - CMED, uma vez que estabelecido preço máximo inicial de determinado medicamento em patamar 30% inferior ao deferido para medicamento com a mesma aplicação terapêutica, porém fabricado a partir de princípio ativo distinto. A empresa produtora do fármaco alega a inconstitucionalidade da delegação de competência para a CMED dispor sobre a fixação de preços de novos medicamentos, bem como a violação aos princípios da isonomia e da livre concorrência, na medida em que criada situação de desvantagem competitiva em relação à sua concorrente. O Min. Eros Grau, relator, preliminarmente, asseverou que o caso não consubstanciaria hipótese de litisconsórcio passivo necessário, porquanto o provimento jurisdicional requerido não atingiria a esfera de direitos da concorrente da impetrante no mercado. RMS 26575/DF, rel. Min. Eros Grau, 8.6.2010. (RMS-26575)

FIXAÇÃO DE PREÇOS DE MEDICAMENTOS E VALORES DIFERENCIADOS - 2

No mérito, por considerar transgredidas as regras constitucionais da igualdade e da livre concorrência, o relator proveu o recurso para anular a decisão do Conselho de Ministros da CMED quanto à fixação do preço máximo inicial do medicamento produzido pela recorrente. De início, rejeitou a primeira assertiva da recorrente ao afirmar a constitucionalidade dos regulamentos autorizados no quadro do direito positivo pátrio. No tocante ao segundo argumento, o relator assinalou que, quando da fixação do preço do medicamento em questão, a CMED utilizara critérios estabelecidos na sua Resolução 2/2004, haja vista que o produto fora classificado na "Categoria II", porque reputado produto novo que não apresentaria vantagem em relação aos medicamentos existentes para a mesma indicação terapêutica. Assim, o preço fora determinado a partir do disposto no art. 6º daquela portaria, tendo como base o custo de tratamento com os medicamentos utilizados para a mesma indicação terapêutica, não podendo ser superior ao menor preço praticado nos países nela mencionados. Ocorre que a Espanha fora o único país em que o medicamento em tela seria comercializado, o que implicara preço inferior ao custo do tratamento com o produto de empresa concorrente. Por outro lado, o Min. Eros Grau registrou que o medicamento da empresa concorrente tivera seu preço definido de acordo com os critérios da Resolução 13/2001 (art. 4º) da extinta Câmara de Medicamentos - CAMED, que vigorava na época, e previa que os produtos novos teriam seu preço inicial definido a partir do custo de tratamentos alternativos, não podendo ultrapassar a média do preço fabricante praticado nos mercados internos dos países por ela especificados. Desse modo, o preço do produto concorrente fora apurado a partir da média dos praticados na Itália e na França, países que o comercializavam. RMS 26575/DF, rel. Min. Eros Grau, 8.6.2010. (RMS-26575)

FIXAÇÃO DE PREÇOS DE MEDICAMENTOS E VALORES DIFERENCIADOS - 3

O relator concluiu que teriam sido adotados critérios distintos para a fixação dos preços, atribuídos ao mesmo medicamento, a serem praticados pela recorrente e por sua concorrente direta. Salientando a necessária neutralidade do Estado diante do fenômeno concorrencial, aduziu que a ação estatal sobre o mercado deve alcançar de maneira uniforme os produtos que disputem entre si a preferência do consumidor. Ademais, assentou que a utilização da diferença entre princípios ativos pelos agentes econômicos produtores de fármacos seria insignificante quando se tratasse de concorrência, no mercado, entre produtos com idêntica aplicação terapêutica. Consignou que a utilização desse critério — o do princípio ativo de medicamentos com idêntica aplicação terapêutica — não se prestaria a justificar a fixação de preço inicial, para um deles, que conduzisse outro agente econômico à situação de desvantagem competitiva na disputa pelo mercado interno, mas atuaria como freio, opondo obstáculo à inovação, a qual seria da essência do modo de produção contemplado pela Constituição, inerente à noção de desenvolvimento capitalista. Registrou, por fim, que a própria autoridade coatora, ao prestar informações, declarara a identidade de aplicação terapêutica dos medicamentos. Após, pediu vista dos autos a Min. Ellen Gracie. RMS 26575/DF, rel. Min. Eros Grau, 8.6.2010. (RMS-26575) (Inform. STF 590)

COBRANÇA DE JUROS CAPITALIZADOS – 1

Iniciado o julgamento de medida liminar em ação direta ajuizada pelo Partido Liberal - PL contra o art. 5º, caput, e parágrafo único da Medida Provisória 2.170-36/2001, que admitem, nas operações realizadas pelas instituições integrantes do Sistema Financeiro Nacional, a capitalização de juros com periodicidade inferior a um ano. O Min. Sydney Sanches, relator, proferiu voto no sentido de deferir a suspensão cautelar dos dispositivos impugnados por aparente falta do requisito de urgência, objetivamente considerada, para a edição de medida provisória e pela ocorrência do periculum in mora inverso, sobretudo com a vigência indefinida da referida MP desde o advento da EC 33/2001, com a possível demora do julgamento do mérito da ação. Após, o julgamento foi adiado em virtude do pedido de vista do Min. Carlos Velloso. **ADInMC 2.316-DF, rel. Min. Sydney Sanches, 3.4.2002.(ADI-2316)**

COBRANÇA DE JUROS CAPITALIZADOS – 2

O Tribunal retomou julgamento de medida cautelar em ação direta ajuizada pelo Partido Liberal – PL, atual Partido da República – PR, em que se objetiva a declaração de inconstitucionalidade do art. 5º, *caput*, e parágrafo único da Medida Provisória 2.170-36/2001, que admitem, nas operações realizadas pelas instituições integrantes do Sistema Financeiro Nacional, a capitalização de juros com periodicidade inferior a um ano — v. Informativo 262. A Min. Cármen Lúcia, em voto-vista, abriu divergência e indeferiu a cautelar. Considerou o fato de essa medida provisória ter sido expedida junto com outras medidas adotadas pelo Ministério da Fazenda, na época, exatamente na tentativa de recompor o sistema no que concernia especificamente à captação de juros. Levou em conta, ainda, o alongado prazo, desde a expedição dessa medida até hoje, com sua aplicação. Citando trechos da exposição de motivos apresentada pelo então Ministro da Fazenda, destacou a afirmação de ser pública a intenção do governo federal de buscar diminuição do *spread* e sua convergência com os padrões mundiais, de forma a incentivar o decréscimo do valor total da taxa de juros suportado pelas pessoas físicas e jurídicas, a fim de criar um panorama mais propício ao desenvolvimento econômico do Brasil. Acrescentou que, de acordo com essa exposição de motivos, a capitalização de juros, sob o ponto de vista econômico, seria benéfica ao devedor que, não podendo pagar ao credor na data originalmente pactuada, poderia renegociar sua dívida junto à mesma instituição financeira, o que não se daria se vedada a capitalização, pois o montante de juros devidos teria de ser imediatamente liquidado, forçando o devedor a captar recursos perante diversa instituição para adimplir com a primeira, situação que permitiria a ocorrência do chamado "anatocismo indireto". E, ainda, que o parágrafo único do art. 5º da MP tornaria obrigatória a transparência do negócio em favor do devedor, garantindo a lisura das operações e minimizando as dificuldades dos cidadãos na compreensão dos cálculos aplicáveis aos contratos. **ADI 2316 MC/DF, rel. Min. Sydney Sanches, 5.11.2008.** (ADI-2316)

COBRANÇA DE JUROS CAPITALIZADOS – 3

Por sua vez, o Min. Marco Aurélio acompanhou o voto do relator para deferir a cautelar. Esclareceu, inicialmente, que a medida provisória sob análise teria sido apanhada com várias outras pela nova regência da matéria decorrente da EC 32/2001, a qual prevê, em seu art. 2º, que as medidas provisórias editadas em data anterior a da sua publicação continuam em vigor até que medida provisória ulterior as revogue explicitamente ou até deliberação definitiva do Congresso Nacional. Asseverou ser necessário interpretar teleologicamente esse dispositivo, presente a regência pretérita — em que as medidas provisórias estavam sujeitas à vigência de 30 dias — e a atual — em que as medidas provisórias vigem por 60 dias, podendo ser prorrogadas por igual período. Diante disso, entendeu, além da problemática alusiva à falta de urgência, ante o tema tratado, não ser possível haver uma interpretação que agasalhe a vigência indeterminada de uma medida provisória, e conceber que um ato precário e efêmero — que antes era editado para vigorar por apenas 30 dias, e, agora, por 60 dias, com prorrogação de prazo igual — persista no cenário normativo, sem a suspensão pelo Supremo, passados 8 anos. Após o voto do Min. Menezes Direito, que acompanhava o voto da Min. Cármen Lúcia, e do voto do Min. Carlos Britto, que acompanhava o voto do Min. Marco Aurélio, o julgamento foi suspenso para retomada com *quorum* completo. **ADI 2316 MC/DF, rel. Min. Sydney Sanches, 5.11.2008.** (ADI-2316) (Inform. STF 527)

SÚMULA VINCULANTE STF Nº 7

A norma do §3º do artigo 192 da constituição, revogada pela emenda constitucional nº 40/2003, que limitava a taxa de juros reais a 12% ao ano, tinha sua aplicação condicionada à edição de lei complementar.

15. ORDEM SOCIAL

EMENTA: UNIÃO CIVIL ENTRE PESSOAS DO MESMO SEXO. ALTA RELEVÂNCIA SOCIAL E JURÍDICO-CONSTITUCIONAL DA QUESTÃO PERTINENTE ÀS UNIÕES HOMOAFETIVAS. LEGITIMIDADE CONSTITUCIONAL DO RECONHECIMENTO **E** QUALIFICAÇÃO DA UNIÃO ESTÁVEL HOMOAFETIVA *COMO ENTIDADE FAMILIAR*: **POSIÇÃO CONSAGRADA** NA JURISPRUDÊNCIA DO SUPREMO TRIBUNAL FEDERAL (**ADPF** 132/RJ **E ADI** 4.277/DF). **O AFETO COMO VALOR JURÍDICO IMPREGNADO DE NATUREZA CONSTITUCIONAL: A VALORIZAÇÃO** *DESSE NOVO PARADIGMA* **COMO NÚCLEO CONFORMADOR DO CONCEITO DE FAMÍLIA**. *O DIREITO À BUSCA DA FELICIDADE*, **VERDADEIRO** POSTULADO CONSTITUCIONAL IMPLÍCITO **E EXPRESSÃO** *DE UMA IDÉIA-FORÇA* **QUE DERIVA** DO PRINCÍPIO DA ESSENCIAL DIGNIDADE DA PESSOA HUMANA. **PRINCÍPIOS DE YOGYAKARTA** (2006): **DIREITO** *DE QUALQUER PESSOA* **DE CONSTITUIR** FAMÍLIA, **INDEPENDENTEMENTE** DE SUA ORIENTAÇÃO SEXUAL **OU** IDENTIDADE DE GÊNERO. **DIREITO** DO COMPANHEIRO, *NA UNIÃO ESTÁVEL HOMOAFETIVA*, **À PERCEPÇÃO** DO BENEFÍCIO DA PENSÃO POR MORTE DE SEU PARCEIRO, *DESDE QUE OBSERVADOS* OS REQUISITOS DO ART. 1.723 DO CÓDIGO CIVIL. **O ART. 226, § 3º**, DA LEI FUNDAMENTAL **CONSTITUI TÍPICA NORMA DE INCLUSÃO**. *A FUNÇÃO CONTRAMAJORITÁRIA* **DO SUPREMO TRIBUNAL FEDERAL NO ESTADO DEMOCRÁTICO DE DIREITO**. *A PROTEÇÃO DAS MINORIAS* **ANALISADA NA PERSPECTIVA** *DE UMA CONCEPÇÃO MATERIAL* **DE DEMOCRACIA CONSTITUCIONAL**. RECURSO EXTRAORDINÁRIO **CONHECIDO E PROVIDO**. (RE 477.554/MG, rel. Min. Celso de Mello, DJ 03.08.11) (Inform. STF 635)

REFERENDO EM MED. CAUT. EM ADI N. 4.451-DF
RELATOR: MIN. AYRES BRITTO

EMENTA: MEDIDA CAUTELAR EM AÇÃO DIRETA DE INCONSTITUCIONALIDADE. INCISOS II E III DO ART. 45 DA LEI 9.504/1997. 1. Situação de extrema urgência, demandante de providência imediata, autoriza a concessão da liminar *"sem a audiência dos órgãos ou das autoridades das quais emanou a lei ou o ato normativo impugnado"* (§ 3º do art. 10 da Lei 9.868/1999), até mesmo pelo relator, monocraticamente, *ad referendum* do Plenário. 2. Não cabe ao Estado, por qualquer dos seus órgãos, definir previamente o que pode ou o que não pode ser dito por indivíduos e jornalistas. Dever de omissão que inclui a própria atividade legislativa, pois é vedado à lei dispor sobre o núcleo duro das atividades jornalísticas, assim entendidas as coordenadas de tempo e de conteúdo da manifestação do pensamento, da informação e da criação *lato sensu*. Vale dizer: **não há liberdade de imprensa pela metade ou sob as tenazes da censura prévia, pouco importando o Poder estatal de que ela provenha**. Isso porque a liberdade de imprensa não é uma bolha normativa ou uma fórmula prescritiva oca. Tem conteúdo, e esse conteúdo é formado pelo rol de liberdades que se lê a partir da cabeça do art. 220 da Constituição Federal: liberdade de "*manifestação do pensamento*", liberdade de "*criação*", liberdade de "*expressão*", liberdade de "*informação*". Liberdades constitutivas de verdadeiros **bens de personalidade**, porquanto correspondentes aos seguintes direitos que o art. 5º da nossa Constituição intitula de "*Fundamentais*": a) "*livre manifestação do pensamento*" (inciso IV); b) "*livre [...] expressão da atividade intelectual, artística, científica e de comunicação*" (inciso IX); c) "*acesso a informação*" (inciso XIV).
3. Pelo seu reconhecido condão de vitalizar por muitos modos a Constituição, tirando-a mais vezes *do papel*, a imprensa mantém com a democracia a mais entranhada relação de interdependência ou retroalimentação. A presente ordem constitucional brasileira autoriza a formulação do juízo de que o caminho mais curto entre a verdade sobre a conduta dos detentores do Poder e o co-nhecimento do público em geral é a liberdade de imprensa. A traduzir, então, a ideia-força de que abrir mão da liberdade de imprensa é renunciar ao conhecimento geral das coisas do Poder, seja ele político, econômico, militar ou religioso. 4. A Magna Carta Republicana destinou à imprensa o direito de controlar e revelar as coisas respeitantes à vida do Estado e da própria sociedade. A imprensa como a mais avançada sentinela das liberdades públicas, como alternativa à explicação ou versão estatal de tudo que possa repercutir no seio da sociedade e como garantido espaço de irrupção do pensamento crítico em qualquer situação ou contingência. Os jornalistas, a seu turno, como o mais desanuviado olhar sobre o nosso cotidiano existencial e os recônditos do Poder, enquanto profissionais do comentário crítico. Pensamento crítico que é parte integrante da informação plena e fidedigna. Como é parte do estilo de fazer imprensa que se convencionou chamar de **humorismo** (tema central destes autos). A previsível utilidade social do labor jornalístico a compensar, de muito, eventuais excessos desse ou daquele escrito, dessa ou daquela *charge* ou caricatura, desse ou daquele programa. 5. Programas humorísticos, *charges* e modo caricatural de pôr em circulação ideias, opiniões, frases e quadros espirituosos compõem as atividades de "*imprensa*", sinônimo perfeito de "*informação jornalística*" (§ 1º do art. 220). Nessa medida, gozam da plenitude de liberdade que é assegurada pela Constituição à imprensa. Dando-se que **o exercício concreto dessa liberdade em plenitude assegura ao jornalista o direito de expender críticas a qualquer pessoa, ainda que em tom áspero, contundente, sarcástico, irônico ou irreveren-te, especialmente contra as autoridades e aparelhos de Estado**. Respondendo, penal e civilmente, pelos abusos que cometer, e sujeitando-se ao direito de resposta a que se refere a Constituição em seu art. 5º, inciso V. A crítica jornalística em geral, pela sua relação de inerência com o interesse público, não é aprioristicamente suscetível de censura. Isso porque é da essência das atividades de imprensa operar como formadora de opinião pública, lócus do pensamento crítico e necessário contraponto à versão oficial das coisas, conforme decisão majoritária do Supremo Tribunal Federal na ADPF 130. Decisão a que se pode agregar a ideia de que a locução "*humor jornalístico*" enlaça pensamento crítico, informação e criação artística. 6. A liberdade de imprensa assim abrangentemente livre não é de sofrer constrições em período eleitoral. Ela é plena em todo o tempo, lugar e circunstâncias. Tanto em período não-eleitoral, portanto, quanto em período de eleições gerais. Se podem as emissoras de rádio e televisão, fora do período eleitoral, produzir e veicular *charges*, sátiras e programas humorísticos que envolvam partidos políticos, pré-candidatos e autoridades em geral, também podem fazê-lo no período eleitoral. **Processo eleitoral não é estado de sítio** (art. 139 da CF), única fase ou momento de vida coletiva que, pela sua excepcional gravidade, a Constituição toma como fato gerador de "*restrições à inviolabilidade da correspondência, ao sigilo das comunicações, à prestação de informações e à liberdade de imprensa, radiodifusão e televisão, na forma da lei*" (inciso III do art. 139). 7. O próprio texto constitucional trata de modo diferenciado a mídia escrita e a mídia sonora ou de sons e imagens. **O rádio e a televisão, por constituírem serviços públicos, dependentes de "*outorga*" do Estado e prestados mediante a utilização de um bem público (espectro de radiofrequências), têm um dever que não se estende à mídia escrita: o dever da imparcialidade ou da equidistância perante os candidatos. Imparcialidade, porém, que não significa ausência de opinião ou de crítica jornalística. Equidistância que apenas veda às emissoras de rádio e televisão encamparem, ou então repudiarem, essa ou aquela candidatura a cargo político-eletivo**. 8. Suspensão de eficácia do inciso II do art. 45 da Lei 9.504/1997 e, por arrastamento, dos §§ 4º e 5º do mesmo artigo, incluídos pela Lei 12.034/2009. Os dispositivos legais não se voltam, propriamente, para aquilo que o TSE vê como imperativo de imparcialidade das emissoras de rádio e televisão. Visa a coibir um estilo peculiar de fazer imprensa: aquele que se utiliza da trucagem, da montagem ou de outros recursos de áudio e vídeo como técnicas de expressão da crítica jornalística, em especial os programas humorísticos. 9. Suspensão de eficácia da expressão *"ou difundir opinião favorável ou contrária a candidato, partido, coligação, a seus órgãos ou representantes"*, contida no inciso III do art. 45 da Lei 9.504/1997. **Apenas se estará diante de uma conduta vedada quando a crítica ou matéria jornalísticas venham a descambar para a propaganda política, passando nitidamente a favorecer uma das partes na disputa eleitoral. Hipótese a ser avaliada em cada caso concreto.** 10. Medida cautelar concedida para suspender a eficácia do inciso II e da parte final do inciso III, ambos do art. 45 da Lei 9.504/1997, bem como, por arrastamento, dos §§ 4º e 5º do mesmo artigo. (Inform. STF 633) *noticiado no Informativo 598

RELAÇÃO HOMOAFETIVA E ENTIDADE FAMILIAR - 1

A norma constante do art. 1.723 do Código Civil — CC ("*É reconhecida como entidade familiar a união estável entre o homem e a mulher, configurada na convivência pública, contínua e duradoura e estabelecida com o objetivo de constituição de família*") não obsta que a união de pessoas do mesmo sexo possa ser reconhecida como entidade familiar apta a merecer proteção estatal. Essa a conclusão do Plenário ao julgar procedente pedido formulado em duas ações diretas de inconstitucionalidade ajuizadas, respectivamente, pelo Procurador-Geral da República e pelo Governador do Estado do Rio de Janeiro. Preliminarmente, conheceu-se de argüição de preceito fundamental — ADPF, proposta pelo segundo requerente, como ação direta, tendo em vista a convergência de objetos entre ambas as ações, de forma que as postulações deduzidas naquela estariam inseridas nesta, a qual possui regime jurídico mais amplo. Ademais, na ADPF existiria pleito subsidiário nesse sentido. Em seguida, declarou-se o prejuízo de pretensão originariamente formulada na ADPF consistente no uso da técnica da interpretação conforme a Constituição relativamente aos artigos 19, II e V, e 33 do Estatuto dos Servidores Públicos Civis da aludida unidade federativa (Decreto-lei 220/75). Consignou-se que, desde 2007, a legislação fluminense (Lei 5.034/2007, art. 1º) conferira aos companheiros homoafetivos o reconhecimento jurídico de sua união. Rejeitaram-se, ainda, as preliminares suscitadas. ADI 4277/DF, rel. Min. Ayres Britto, 4 e 5.5.2011. (ADI-4277) ADPF 132/RJ, rel. Min. Ayres Britto, 4 e 5.5.2011. (ADPF-132)

RELAÇÃO HOMOAFETIVA E ENTIDADE FAMILIAR - 2

No mérito, prevaleceu o voto proferido pelo Min. Ayres Britto, relator, que dava interpretação conforme a Constituição ao art. 1.723 do CC para dele excluir qualquer significado que impeça o reconhecimento da união contínua, pública e duradoura entre pessoas do mesmo sexo como entidade familiar, entendida esta como sinônimo perfeito de família. Asseverou que esse reconhecimento deveria ser feito segundo as mesmas regras e com idênticas conseqüências da união estável heteroafetiva. De início, enfatizou que a Constituição proibiria, de modo expresso, o preconceito em razão do sexo ou da natural diferença entre a mulher e o homem. Além disso, apontou que fatores acidentais ou fortuitos, a exemplo da origem social, idade, cor da pele e outros, não se caracterizariam como causas de merecimento ou de desmerecimento intrínseco de quem quer que fosse. Assim, observou que isso também ocorreria quanto à possibilidade da concreta utilização da sexualidade. Afirmou, nessa perspectiva, haver um direito constitucional líquido e certo à isonomia entre homem e mulher: a) de não sofrer discriminação pelo fato em si da contraposta conformação anátomo-fisiológica; b) de fazer ou deixar de fazer uso da respectiva sexualidade; e c) de, nas situações de uso emparceirado da se-xualidade, fazê-lo com pessoas adultas do mesmo sexo, ou não. ADI 4277/DF, rel. Min. Ayres Britto, 4 e 5.5.2011. (ADI-4277) ADPF 132/RJ, rel. Min. Ayres Britto, 4 e 5.5.2011. (ADPF-132)

RELAÇÃO HOMOAFETIVA E ENTIDADE FAMILIAR - 3

Em passo seguinte, assinalou que, no tocante ao tema do emprego da sexualidade humana, haveria liberdade do mais largo espectro ante silêncio intencional da Constituição. Apontou que essa total ausência de previsão normativo-constitucional referente à fruição da preferência sexual, em primeiro lugar, possibilitaria a incidência da regra de que "tudo aquilo que não estiver juridicamente proibido, ou obrigado, está juridicamente permitido". Em segundo lugar, o emprego da sexualidade humana diria respeito à intimidade e à vida privada, as quais seriam direito da personalidade e, por último, dever-se-ia considerar a âncora normativa do § 1º do art. 5º da CF. Destacou, outrossim, que essa liberdade para dispor da própria sexualidade inserir-se-ia no rol dos direitos fundamentais do indivíduo, sendo direta emanação do princípio da dignidade da pessoa humana e até mesmo cláusula pétrea. Frisou que esse direito de exploração dos potenciais da própria sexualidade seria exercitável tanto no plano da intimidade (absenteísmo sexual e onanismo) quanto da privacidade (intercurso sexual). Asseverou, de outro lado, que o século XXI já se marcaria pela preponderância da afetividade sobre a biologicidade. Ao levar em conta todos esses aspectos, indagou se a Constituição sonegaria aos parceiros homoafetivos, em estado de prolongada ou estabilizada união — realidade há muito constatada empiricamente no plano dos fatos —, o mesmo regime jurídico protetivo conferido aos casais heteroafetivos em idêntica situação. ADI 4277/DF, rel. Min. Ayres Britto, 4 e 5.5.2011. (ADI-4277) ADPF 132/RJ, rel. Min. Ayres Britto, 4 e 5.5.2011. (ADPF-132)

RELAÇÃO HOMOAFETIVA E ENTIDADE FAMILIAR - 4

Após mencionar que a família deveria servir de norte interpretativo para as figuras jurídicas do casamento civil, da união estável, do planejamento familiar e da adoção, o relator registrou que a diretriz da formação dessa instituição seria o não-atrelamento a casais heteroafetivos ou a qualquer formalidade cartorária, celebração civil ou liturgia religiosa. Realçou que família seria, por natureza ou no plano dos fatos, vocacionalmente amorosa, parental e protetora dos respectivos membros, constituindo-se no espaço ideal das mais duradouras, afetivas, solidárias ou espiritualizadas relações humanas de índole privada, o que a credenciaria como base da sociedade (CF, art. 226, *caput*). Desse modo, anotou que se deveria extrair do sistema a proposição de que a isonomia entre casais heteroafetivos e pares homoafetivos somente ganharia plenitude de sentido se desembocasse no igual direito subjetivo à formação de uma autonomizada família, constituída, em regra, com as mesmas notas factuais da visibilidade, continuidade e durabilidade (CF, art. 226, § 3º: "*Para efeito da proteção do Estado, é reconhecida a união estável entre o homem e a mulher como entidade familiar, devendo a lei facilitar sua conversão em casamento*"). Mencionou, ainda, as espécies de família constitucionalmente previstas (art. 226, §§ 1º a 4º), a saber, a constituída pelo casamento e pela união estável, bem como a monoparental. Arrematou que a solução apresentada daria concreção aos princípios da dignidade da pessoa humana, da igualdade, da liberdade, da proteção das minorias, da não-discriminação e outros. O Min. Celso de Mello destacou que a conseqüência mais expressiva deste julgamento seria a atribuição de efeito vinculante à obrigatoriedade de reconhecimento como entidade familiar da união entre pessoas do mesmo sexo. ADI 4277/DF, rel. Min. Ayres Britto, 4 e 5.5.2011. (ADI-4277) ADPF 132/RJ, rel. Min. Ayres Britto, 4 e 5.5.2011. (ADPF-132)

RELAÇÃO HOMOAFETIVA E ENTIDADE FAMILIAR - 5

Por sua vez, os Ministros Ricardo Lewandowski, Gilmar Mendes e Cezar Peluso, Presidente, embora reputando as pretensões procedentes, assentavam a existência de lacuna normativa sobre a questão. O primeiro enfatizou que a relação homoafetiva não configuraria união estável — que impõe gêneros diferentes —, mas forma distinta de entidade familiar, não prevista no rol exemplificativo do art. 226 da CF. Assim, considerou cabível o mecanismo da integração analógica para que sejam aplicadas às uniões homoafetivas as prescrições legais relativas às uniões estáveis heterossexuais, excluídas aquelas que exijam a diversidade de sexo para o seu exercício, até que o Congresso Nacional lhe dê tratamento legislativo. O segundo se limitou a reconhecer a existência dessa união por aplicação analógica ou, na falta de outra possibilidade, por interpretação extensiva da cláusula constante do texto constitucional (CF, art. 226, § 3º), sem se pronunciar sobre outros desdobramentos. Ao salientar que a idéia de opção sexual estaria contemplada no exercício do direito de liberdade (autodesenvolvimento da personalidade), acenou que a ausência de modelo institucional que permitisse a proteção dos direitos fundamentais em apreço contribuiria para a discriminação. No ponto, ressaltou que a omissão da Corte poderia representar agravamento no quadro de desproteção das minorias, as quais estariam tendo seus direitos lesionados. O Presidente aludiu que a aplicação da analogia decorreria da similitude factual entre a união estável e a homoafetiva, contudo, não incidiriam todas as normas concernentes àquela entidade, porque não se trataria de equiparação. Evidenciou, ainda, que a presente decisão concitaria a manifestação do Poder Legislativo. Por fim, o Plenário autorizou que os Ministros decidam monocraticamente os casos idênticos. ADI 4277/DF, rel. Min. Ayres Britto, 4 e 5.5.2011. (ADI-4277) ADPF 132/RJ, rel. Min. Ayres Britto, 4 e 5.5.2011. (ADPF-132) (Inform. STF 625)

ADI e Sistema Brasileiro de Televisão Digital - 1

O Tribunal, por maioria, julgou improcedente pedido formulado em ação direta de inconstitucionalidade proposta pelo Partido Socialismo e Liberdade - PSOL contra os artigos 7º, 8º, 9º e 10 do Decreto 5.820/2006, que dispõe sobre a implantação do Sistema Brasileiro de Televisão Digital - SBTVD, estabelece diretrizes para a transição do sistema de transmissão analógica para o sistema de transmissão digital do serviço de radiodifusão de sons e imagens e do serviço de retransmissão de televisão, e dá outras providências. Repeliu-se, inicialmente, a alegada violação ao art. 223 da CF, ao fundamento de que o decreto impugnado não outorgaria, modificaria ou renovaria concessão, permissão ou autorização de serviço de radiodifusão de sons e imagens, e nem prorrogaria qualquer prazo. Explicou-se que, na verdade, diante de refinada evolução tecnológica e para a instituição no país da tecnologia digital de transmissão de sons e imagens, sem interrupção da transmissão de sinais analógicos, fizera-se indispensável a consignação temporária de mais um canal às atuais concessionárias do serviço de radiodifusão de sons e imagens, a fim de que as emissoras veiculassem, simultaneamente, a mesma programação nas tecnologias analógica e digital. Ter-se-ia um ato regulamentar do Presidente da República, com o escopo de manter serviço público adequado tanto relativamente a sua atualidade quanto a sua continuidade. Ressaltou-se que, em razão disso, durante um período de transição, seria necessário o uso dobrado — ou de dois canais — do espectro de radiofreqüência para a prestação do mesmo serviço: o de radiodifusão de sons e imagens. Portanto, a televisão digital não seria um novo serviço em face da analógica, haja vista tratar-se ainda de transmissão de sons e imagens por meio de ondas radioelétricas. ADI 3944/DF, rel. Min. Ayres Britto, 5.8.2010. (ADI-3944)

ADI e Sistema Brasileiro de Televisão Digital - 2

Asseverou-se, também, que os dispositivos impugnados não autorizariam, explícita ou implicitamente, o uso de canais complementares ou adicionais para a prática da multiprogramação. Observou-se que o item 10.3 da Portaria 24/2009, do Ministro das Comunicações, estaria a corroborar esse entendimento ao estabelecer que a multiprogramação somente poderá ser realizada nos canais a que se refere o art. 12 do Decreto 5.820/2006. Além disso, de acordo com o relatório da Fundação CPqD, responsável pela elaboração de estudos relativos à implantação da TV digital no Brasil, a multiprogramação só seria tecnicamente possível quando a transmissão se desse na definição padrão de áudio e vídeo (SD - *Standard Definition*). Esclareceu-se, no ponto, que, para a transmissão de sons e imagens em alta definição (HD - *High Definition*) — uma das características mais esperadas da TV digital — se tornar exeqüível, seria preciso o uso de quase toda a faixa de 6 Mhz do espectro de radiofreqüências. Ou seja, sem a consignação do canal completo de 6 Mhz, a viabilizar a prestação de um serviço adequado, de alta definição e qualidade, a televisão brasileira estaria restrita à transmissão de áudio e vídeo na definição meramente padronizada (SD). Rejeitou-se, ademais, a apontada afronta ao § 5º do art. 220 da CF. Afirmou-se que os artigos 7º a 10 do Decreto 5.820/2006 apenas teriam regulado o modo de transição da transmissão analógica de sons e imagens para a tecnologia dita digital e que, se monopólio ou oligopólio estivessem a ocorrer nos meios de comunicação brasileiros, isso não poderia ser imputado ao ato normativo combatido, cuja declaração de inconstitucionalidade seria inútil para afastar a suposta ofensa à Constituição. Vencido o Min. Marco Aurélio que dava pela procedência do pleito. ADI 3944/DF, rel. Min. Ayres Britto, 5.8.2010. (ADI-3944) (Inform. STF 594)

AR: Filho Adotivo e Direito de Suceder antes da CF/88 - 1

O Tribunal iniciou julgamento de ação rescisória em que filha adotiva busca desconstituir acórdão da 1ª Turma, que, ao dar provimento a recurso extraordinário, concluíra não se aplicar às sucessões verificadas antes da CF/88 a norma do seu art. 227, § 6º ("*Os filhos, havidos ou não da relação do casamento, ou por adoção, terão os mesmos direitos e qualificações, proibidas quaisquer designações discriminatórias relativas à filiação.*"). Alega-se violação à literal disposição do art. 51 da Lei 6.515/77, preceito que teria alterado o art. 2º da Lei 883/49, operando a revogação tácita do art. 377 do Código Civil de 1916. O Min. Eros Grau, relator, afastou, de início, a preliminar de não conhecimento da ação, que invoca a aplicação da Súmula 515 do STF, por não ter sido objeto de discussão no acórdão rescindendo eventual ofensa ao art. 51 da Lei 6.515/77. Afirmou que a ação rescisória não seria recurso e que a jurisprudência da Corte seria firme no sentido de que o requisito do prequestionamento a ela não se aplicaria. No mérito, julgou improcedente o pedido. Aduziu que o art. 51 da Lei 6.515/77 não teria como destinatário o filho adotivo e que a Lei 883/49 disciplinaria o reconhecimento de filhos ilegítimos, restringindo sua aplicação aos filhos biológicos. Ressaltou que o art. 377 do CC/16, na redação atribuída pela Lei 3.133/57, não teria sido revogado tacitamente pelo art. 51 da Lei 6.515/77, e que a vigência do preceito teria se prolongado até o advento da CF/88, que não o teria recepcionado (art. 227, § 6º). Por fim, mencionou jurisprudência da Corte no sentido de que a capacidade de suceder rege-se pela lei da época da abertura da sucessão, não comportando eficácia retroativa o disposto no art. 227, § 6º, da CF/88. AR 1811/PB, rel. Min. Eros Grau, 16.6.2010. (AR-1811)

AR: Filho Adotivo e Direito de Suceder antes da CF/88 - 2

Em seguida, o Min. Dias Toffoli não conheceu da ação em virtude da falta de prequestionamento, no acórdão rescindendo, da norma tida por violada. O Min. Cezar Peluso, por sua vez, conheceu da ação, mas julgou procedente o pleito nela formulado, no que foi acompanhado pelo Min. Ayres Britto. Reputou não ser o caso de aplicação retroativa do art. 227, § 6º, da CF, tal como ventilado no acórdão rescindendo, visto que todas as normas, inclusive as do CC/16 que distinguira entre categorias de filhos, seriam inconstitucionais, por violarem o princípio da igualdade. Disse que o art. 227 da CF/88 teria apenas explicitado uma regra que já estava no sistema constitucional, ou seja, a inadmissibilidade de estabelecer distinções, para qualquer efeito, entre classes ou qualidades de filhos. Assim, concluiu que, perante o princípio constitucional da isonomia, ou a pessoa seria filho e teria todos os direitos, ou não seria filho. Após, pediu vista dos autos o Min. Gilmar Mendes. AR 1811/PB, rel. Min. Eros Grau, 16.6.2010. (AR-1811) (Inform. STF 591)

CONTAGEM RECÍPROCA DO TEMPO DE SERVIÇO RURAL E RECOLHIMENTO DE CONTRIBUIÇÕES

Conforme disposto no § 9º do art. 201 da CF ("Para efeito de aposentadoria, é assegurada a contagem recíproca do tempo de contribuição na administração pública e na atividade privada, rural e urbana, hipótese em que os diversos regimes de previdência social se compensarão financeiramente, segundo critérios estabelecidos em lei."), a contagem recíproca do tempo de serviço rural pressupõe ter havido o recolhimento das contribuições previdenciárias. Com base nesse entendimento, o Tribunal, por maioria, indeferiu mandado de segurança impetrado contra ato do Tribunal de Contas da União – TCU, que julgara ilegal a aposentadoria do impetrante, pelo fato de ter sido computado o tempo de serviço rural sem a comprovação do recolhimento das contribuições ao INSS. Vencidos os Ministros Dias Toffoli, Eros Grau e Ayres Britto que concediam a ordem. Tendo em conta que o impetrante comprovara que fora trabalhador rural e que, naquele período, a legislação impunha a contribuição sobre a produção da venda da propriedade rural, do produtor rural, reputavam que, no caso concreto, o TCU exigira uma prova impossível de o impetrante fazer, porque isso não era obrigação dele, mas do produtor rural. Precedente citado: MS 26919/DF (DJE de 23.5.2008). **MS 26872/DF, rel. Min. Marco Aurélio, 19.5.2010.** (MS-26872). (Inform. STF 587)

RESPONSABILIDADE DA UNIÃO POR FUNDO DE PREVIDÊNCIA COMPLEMENTAR E ASPECTO SOCIAL DA QUESTÃO - 1

O Tribunal iniciou julgamento de agravo regimental interposto contra decisão do Min. Gilmar Mendes, Presidente, que deferira suspensão da execução de decisão concessiva de efeito suspensivo ativo, proferida em agravo de instrumento interposto, perante o TRF da 1ª Região, contra despacho de indeferimento do pedido de antecipação dos efeitos da tutela formulado em ação civil pública. Na espécie, o Sindicato Nacional dos Aeroviários e outros ajuizaram ação civil pública, visando responsabilizar a União, as empresas dos grupos VARIG e TRANSBRASIL e o Fundo de Previdência Complementar AERUS por supostas ações e omissões na gestão do referido fundo de pensão, que teriam causado inúmeros prejuízos aos seus membros participantes. A decisão concessiva de efeito suspensivo do agravo de instrumento obrigara a União a arcar com as despesas decorrentes das complementações das aposentadorias e pensões devidas pelo aludido fundo. A decisão ora agravada reconhecera que a decisão concessiva de efeito suspensivo impusera à União obrigação vedada (CF, art. 202, § 3º) e afrontara o disposto no art. 100 da CF, a evidenciar risco de lesão à ordem e à economia públicas, asseverando não ser possível admitir que uma decisão proferida em juízo de cognição sumária determinasse o imediato dispêndio de recursos financeiros pela União, sem o anterior trânsito em julgado de decisão que expressamente reconhecesse a sua responsabilidade. O Min. Gilmar Mendes deu parcial provimento ao agravo regimental, de modo que a suspensão dos efeitos da decisão liminar proferida no agravo de instrumento perdure até a prolação da sentença na ação civil pública. Considerou haver a necessidade de se mitigarem os efeitos da suspensão, em razão das gravosas repercussões sociais da decisão. Ressaltou não ser possível ignorar a situação dos milhares de segurados da entidade que, embora tenham contribuído toda uma vida para o fundo, encontrar-se-iam, na velhice, privados da percepção dos benefícios dos quais têm direito. Alertou, contudo, que esse fato não autorizaria a completa subversão da ordem processual e a célere atribuição de responsabilidade à União, como se ela fosse uma espécie de "seguradora universal". Assim, concluiu que a necessidade de se resguardarem os interesses contrapostos imporia uma solução diferenciada, e que a limitação dos efeitos da suspensão até a sentença de mérito no processo em curso na 1ª instância constituiria uma forma de solução conciliatória para o caso. Em obiter dictum, fez recomendação para que haja um encaminhamento alternativo para essa complexa questão, tendo em vista a gravidade do tema posto sob a perspectiva social. Após os votos dos Ministros Menezes Direito, Cármen Lúcia e Ricardo Lewandowski, que acompanhavam o voto do relator, pediu vista dos autos o Min. Eros Grau. **SL 127 AgR/DF, rel. Min. Gilmar Mendes, 19.12.2008. (SL-127)**

RESPONSABILIDADE DA UNIÃO POR FUNDO DE PREVIDÊNCIA COMPLEMENTAR E ASPECTO SOCIAL DA QUESTÃO – 2

O Tribunal, por maioria, deu provimento parcial a agravo regimental interposto contra decisão do Min. Gilmar Mendes, Presidente, que deferira suspensão da execução de decisão concessiva de efeito suspensivo ativo, proferida em agravo de instrumento interposto, perante o TRF da 1ª Região, contra despacho de indeferimento do pedido de antecipação dos efeitos da tutela formulado em ação civil pública. Na espécie, o Sindicato Nacional dos Aeroviários e outros ajuizaram ação civil pública, visando responsabilizar a União, as empresas dos grupos VARIG e TRANSBRASIL e o Fundo de Previdência Complementar AERUS por supostas ações e omissões na gestão do referido fundo de pensão, que teriam causado inúmeros prejuízos aos seus membros participantes. A decisão concessiva de efeito suspensivo do agravo de instrumento obrigara a União a arcar com as despesas decorrentes das complementações das aposentadorias e pensões devidas pelo aludido fundo. A decisão agravada reconhecera que a decisão concessiva de efeito suspensivo impusera à União obrigação vedada (CF, art. 202, § 3º) e afrontara o disposto no art. 100 da CF, a evidenciar risco de lesão à ordem e à economia públicas, asseverando não ser possível admitir que uma decisão proferida em juízo de cognição sumária determinasse o imediato dispêndio de recursos financeiros pela União, sem o anterior trânsito em julgado de decisão que expressamente reconhecesse a sua responsabilidade — v. Informativo 533. Deu-se parcial provimento ao agravo regimental, de modo que a suspensão dos efeitos da decisão liminar proferida no agravo de instrumento perdure até a prolação da sentença na ação civil pública. Considerou-se haver a necessidade de se mitigarem os efeitos da suspensão, em razão das gravosas repercussões sociais da decisão. Ressaltou-se não ser possível ignorar a situação dos milhares de segurados da entidade que, embora tenham contribuído toda uma vida para o fundo, encontrar-se-iam, na velhice, privados da percepção dos benefícios dos quais têm direito. Alertou-se, contudo, que esse fato não autorizaria a completa subversão da ordem processual e a célere atribuição de responsabilidade à União, como se ela fosse uma espécie de "seguradora universal". Assim, concluiu-se que a necessidade de se resguardarem os interesses contrapostos imporia uma solução diferenciada, e que a limitação dos efeitos da suspensão até a sentença de mérito no processo em curso na 1ª instância constituiria uma forma de solução conciliatória para o caso. O Min. Gilmar Mendes afirmou que fará o registro e a comunicação ao TRF da 1ª Região para que esforços sejam envidados no sentido do julgamento definitivo sobretudo da ação em trâmite no 1º grau. Vencidos, parcialmente, o Min. Joaquim Barbosa, no ponto em que estendia os efeitos da liminar até decisão de 2º grau, e os Ministros Eros Grau, Marco Aurélio, Ayres Britto e Celso de Mello, que proviam integralmente o recurso. **SL 127 AgR/DF, rel. Min. Gilmar Mendes, 17.3.2010.** (SL-127).

RESPONSABILIDADE DA UNIÃO POR FUNDO DE PREVIDÊNCIA COMPLEMENTAR E ASPECTO SOCIAL DA QUESTÃO – 3

O Min. Eros Grau, que abriu a divergência, afirmou que a questão analisada não diria respeito ao art. 202, § 3º, da CF, quanto ao aporte de recursos a entidade de previdência privada por entes públicos distintos da figura do patrocinador. Asseverou que o preceito constitucional vedaria apenas a participação espontânea e voluntária do órgão público que não fosse o patrocinador do fundo de previdência privada. Observou que o tema de fundo da ação civil pública que dera origem à suspensão de liminar seria apenas a responsabilidade do Estado, nos termos do disposto no art. 37, § 6º, da CF. Enfatizou que os atos praticados pela União, desde 1991, quanto às empresas aéreas participantes da entidade de previdência privada – AERUS, e, após, na qualidade de liquidante do fundo de pensão, teriam ultrapassado a mera atividade reguladora e fiscalizadora prevista na Constituição. Tratar-se-ia de administração, propriamente dita, pelo poder público por longo período, reconhecendo, no ponto, que lesão maior seria aquela infligida aos pensionistas do AERUS, pessoas menos afortunadas que estariam sendo privadas da complementação de aposentadoria para a qual contribuíram anos a fio, verba esta de caráter eminentemente alimentar. Portanto, não vislumbrou lesão à economia pública, na medida em que a decisão que deferira a medida liminar impugnada não teria transformado a União em patrocinadora do fundo de pensão, antes determinando a complementação dos benefícios previdenciários por ela e pelos demais patrocinadores proporcionalmente ao quanto se obrigaram. Considerando não apenas a lesão que se infligiria aos pensionistas do AERUS, mas a própria lesão à ordem jurídica, deu provimento ao agravo regimental para manter a medida liminar deferida pelo TRF da 1ª Região nos autos da ação civil pública. Os Ministros Ayres Britto e Celso de Mello, tendo em conta a administração do fundo pela União por esse longo período, reputaram ser pertinente, ademais, a invocação dos princípios da segurança jurídica, da proteção da confiança e da boa-fé. **SL 127 AgR/DF, rel. Min. Gilmar Mendes, 17.3.2010. (SL-127).** (Inform. STF 579)

ALTERAÇÃO DE APOSENTADORIA: ADITAMENTO E DESNECESSIDADE DE CONTRADITÓRIO

O Tribunal indeferiu mandado de segurança impetrado contra ato do Tribunal de Contas da União – TCU que, sem prévia manifestação do impetrante, excluíra dos seus proventos de aposentadoria o pagamento de "quintos". Na espécie, a Corte de Contas reputara legal a aposentação originária do impetrante, ocorrida em 1995. Entretanto, em 1997, a fundação que concedera a aposentadoria ao impetrante incluíra, de maneira superveniente, o pagamento de "quintos", parcela remuneratória esta não examinada naquela oportunidade, por não constar do processo. Ocorre que, submetida tal inclusão ao TCU, este a considerara ilegal ante a insuficiência de tempo de serviço do impetrante para auferi-la. Inicialmente, rejeitou-se a preliminar suscitada pelo Min. Marco Aurélio, relator, sobre a ausência de quórum para julgamento da matéria constitucional. Em seguida, afastou-se a preliminar de decadência ao fundamento de que o prazo de cinco anos previsto no art. 54 da Lei 9.784/99 teria sido observado. No ponto, ressaltando que o ato de aposentadoria seria complexo, aduziu-se que o termo *a quo* para a contagem do referido prazo seria a data em que aperfeiçoada aquela. No mérito, consignou-se que, na situação dos autos, fora encaminhada ao TCU alteração introduzida posteriormente nos proventos de aposentadoria do impetrante e que o órgão competente glosara o que praticado na origem, modificando os parâmetros da aposentadoria então registrada. Mencionou-se, ademais, que o procedimento referente à alteração estaria ligado ao registro. Asseverou-se que, uma vez procedido o registro da aposentadoria pelo TCU, fixando-se certos parâmetros a nortearem os proventos, alteração realizada pelo órgão de origem em benefício do aposentado implicaria aditamento e, então, não haveria necessidade de estabelecer-se contraditório. **MS 25525/DF, rel. Min. Marco Aurélio, 17.2.2010.** (MS-25525) (Inform. STF 575)

ANULAÇÃO DE APOSENTADORIA: CONTAGEM DE TEMPO COMO ALUNO-APRENDIZ E SÚMULA 96 DO TCU – 1

O Tribunal concedeu mandado de segurança impetrado contra ato do Tribunal de Contas da União – TCU, consubstanciado em acórdão que anulara ato de aposentadoria do impetrante, por considerar indevido o aproveitamento do tempo por ele trabalhado como aluno-aprendiz em escola técnica. Na espécie, o impetrante se aposentara, em 12.4.94, como auditor fiscal do trabalho. Para o reconhecimento desse direito, valera-se de certidão emitida por escola técnica, pela qual comprovara a freqüência como aluno-aprendiz, recebendo, por normas regulamentares da escola, fardamento, alimentação e material escolar, além de perceber, a título de remuneração, parcela da renda auferida com a execução de encomendas para terceiros, despesas estas pagas com recursos provenientes da União. Em 12.2.2008, o TCU recusara o registro da aposentadoria em razão da irregularidade na contagem de tempo de serviço de aluno-aprendiz. Determinara fosse descontado o tempo de aluno-aprendiz e concluíra que o impetrante poderia permanecer aposentado com proventos proporcionais, desde que emitido novo ato excluindo o referido período, ou retornar à atividade para completar o tempo necessário à aposentadoria integral. Sustentava o impetrante que a decisão do TCU não levara em conta que, à época do ato de sua aposentadoria, existia apenas a Súmula 96 daquele Tribunal (*"Conta-se, para todos os efeitos, como tempo de serviço público, o período de trabalho prestado, na qualidade de aluno-aprendiz, em Escola Pública Profissional, desde que comprovada a retribuição pecuniária à conta do Orçamento, admitindo-se, como tal, o recebimento de alimentação, fardamento, material escolar e parcela de renda auferida com a execução de encomendas para terceiros."*). **MS 27185/DF, rel. Min. Cármen Lúcia, 17.2.2010.** (MS-27185)

ANULAÇÃO DE APOSENTADORIA: CONTAGEM DE TEMPO COMO ALUNO-APRENDIZ E SÚMULA 96 DO TCU – 2

Entendeu-se que, depois de quase 14 anos da publicação da aposentadoria do impetrante, o TCU não poderia negar o registro respectivo por mudança de seu próprio entendimento ocorrida posteriormente àquele ato, sob pena de serem malferidos os princípios constitucionais da segurança jurídica, da confiança e da boa-fé. Após fazer retrospectiva da legislação nacional sobre o aluno-aprendiz, observou-se que não teria ela apresentado alteração no tocante à natureza dos cursos de aprendizagem nem no conceito de aprendiz, e que a única mudança havida seria a nova redação dada à Súmula 96 do TCU (*"Conta-se, para todos os efeitos, como tempo de serviço público, o período de trabalho prestado, na qualidade de aluno-aprendiz, em Escola Pública Profissional, desde que haja vínculo empregatício e retribuição pecuniária à conta do Orçamento."*), aprovada, em 8.12.94, e publicada no DOU, em 3.1.95. **MS 27185/DF, rel. Min. Cármen Lúcia, 17.2.2010.** (MS-27185) (Inform. STF 575)

RECLAMAÇÃO: APOSENTADORIA ESPONTÂNEA E EXTINÇÃO DO CONTRATO DE TRABALHO – 1

O Tribunal iniciou julgamento de reclamação ajuizada por empresa pública estadual contra decisão proferida pelo Juízo da 7ª Vara do Trabalho de Florianópolis-SC que, nos autos de reclamação trabalhista, ao deferir pedido de tutela antecipada, assegurara a manutenção, em seus empregos, de trabalhadores aposentados pelo Regime Geral de Previdência, sob o fundamento de que a aposentadoria concedida aos empregados não é causa de extinção do contrato de emprego, nem implica acumulação de proventos vedada por lei. Na espécie, a reclamante comunicara àqueles trabalhadores seu desligamento do quadro de pessoal, em razão da impossibilidade de acumulação de proventos de aposentadoria com salários. Por vislumbrar afronta à autoridade da decisão proferida pelo Supremo nas ações diretas de inconstitucionalidade 1721/DF (DJU de 29.6.2007) e 1770/DF (DJU do 1º.12.2006), a Min. Ellen Gracie, relatora, julgou procedente o pedido formulado para cassar a decisão impugnada, autorizando a reclamante a efetuar demissões de empregados que se aposentaram espontaneamente, fazendo-o com o pagamento das respectivas verbas rescisórias trabalhistas. **Rcl 8168/SC, rel. Min. Ellen Gracie, 18.2.2010.** (Rcl-8168)

RECLAMAÇÃO: APOSENTADORIA ESPONTÂNEA E EXTINÇÃO DO CONTRATO DE TRABALHO – 2

Considerou que o Supremo, ao julgar os referidos precedentes, de fato declarara a inconstitucionalidade dos §§ 1º e 2º do art. 453 da Consolidação das Leis do Trabalho – CLT [*"Art. 453 – No tempo de serviço do empregado, quando readmitido, serão computados os períodos, ainda que não contínuos, em que tiver trabalhado anteriormente na empresa, salvo se houver sido despedido por falta grave, recebido indenização legal ou se aposentado espontaneamente. § 1º Na aposentadoria espontânea de empregados das empresas públicas e sociedades de economia mista é permitida sua readmissão desde que atendidos aos requisitos constantes do art. 37, inciso XVI, da Constituição, e condicionada à prestação de concurso público. § 2º O ato de concessão de benefício de aposentadoria a empregado que não tiver completado 35 (trinta e cinco) anos de serviço, se homem, ou trinta, se mulher, importa em extinção do vínculo empregatício."*]. Observou que, no julgamento da ADI 1721/DF, a Corte reputara inconstitucional o § 2º do art. 453 da CLT por criar esse dispositivo modalidade de despedida arbitrária, haja vista não considerar a possibilidade de o empregador querer continuar com seu empregado, ressaltando o fato de que o direito à aposentadoria se perfaz de forma objetiva e constitui uma relação jurídica entre o segurado e o INSS, e não entre o empregado e o empregador. No que se refere ao julgamento da ADI 1770/DF, o Tribunal concluíra pela inconstitucionalidade do § 1º do art. 453 da CLT, regra aplicável aos empregados das empresas públicas, também por se fundar na idéia de que a aposentadoria espontânea poria fim abruptamente ao vínculo empregatício entre empregado e empregador. **Rcl 8168/SC, rel. Min. Ellen Gracie, 18.2.2010.** (Rcl-8168)

RECLAMAÇÃO: APOSENTADORIA ESPONTÂNEA E EXTINÇÃO DO CONTRATO DE TRABALHO – 3

Não obstante, a Min. Ellen Gracie entendeu que esses precedentes não impediriam as empresas públicas e as sociedades de economia mista de efetivar a adequação de seus quadros e, para isso, promover, quando necessária, a demissão de seus empregados, aposentados espontaneamente, ou não, pagando-lhes as devidas verbas rescisórias. Reportou-se à decisão proferida na Rcl 5679/SC (DJE de 7.10.2008) nesse sentido. Concluiu que, no caso, o juízo trabalhista conferira aos aludidos precedentes extensão indevida, ao gerar uma extraordinária "estabilidade no emprego" para os empregados aposentados pela Previdência Social. Afirmou que o que revelado pelos autos seria problema da necessidade de renovação da força de trabalho das empresas públicas e sociedades de economia mista, responsáveis por parte significativa do desenvolvimento nacional. Esclareceu que se as empresas públicas e as sociedades de economia mista não pudessem demitir seus empregados, na forma da legislação trabalhista em vigor, dificilmente haveria renovação de quadros, o que poderia ensejar sérios problemas estruturais em relação à prestação de serviços essenciais à população brasileira. Isso, por outro lado, não implicaria obrigatoriedade de demissão desses empregados já aposentados, porquanto o vínculo laboral permanece vigente e subsiste a possibilidade de essas empresas desejarem manter a colaboração de seus experientes empregados aposentados pelo regime geral. Em suma, afirmou que as empresas públicas e as sociedades de economia mista não estão obrigadas a manter seus empregados, inclusive aqueles aposentados pela Previdência Social, podendo, portanto, conforme a necessidade de sua política de recursos humanos, optar pela sua demissão. Após o voto do Min. Ayres Britto, que acompanhava a relatora, pediu vista dos autos o Min. Joaquim Barbosa. **Rcl 8168/SC, rel. Min. Ellen Gracie, 18.2.2010.** (Rcl-8168) (Inform. STF 575)

CAIXA DE PREVIDÊNCIA PRIVADA E ISENÇÃO DE CONTRIBUIÇÕES

A Turma iniciou julgamento de recurso extraordinário em que funcionários inativos participantes da Caixa de Empregados da Usiminas — e beneficiados por isenção concedida pela Resolução 6/75 — insurgem-se contra o restabelecimento de cobrança de contribuição incidente sobre os benefícios de complementação de aposentadoria, sem que fossem observadas as situações jurídicas já constituídas. No caso, articulam ofensa às garantias do ato jurídico perfeito e do direito adquirido (CF, art. 5º, XXXVI), pois, com a edição da Resolução 1/96, passou-se a exigir a parcela de todos os inativos, indistintamente. O Min. Marco Aurélio, relator, deu provimento ao recurso para declarar insubsistente a cobrança da contribuição, devendo a recorrida devolver as quantias descontadas, no que foi acompanhado pela Min. Cármen Lúcia. Mencionou que o extinto Tribunal de Alçada do Estado de Minas Gerais assentara que a referida isenção não seria definitiva, mas temporária, podendo haver a contribuição das cobranças a qualquer momento. Entretanto, o relator reputou tal premissa errônea ao fundamento de que a isenção, implementada mediante a resolução, passara a integrar o patrimônio dos aposentados por ela alcançados e não caberia o afastamento em relação a eles, sob pena de transgressão a direito adquirido. Asseverou que a tese lançada pela Corte de origem seria própria aos tributos e, na espécie, não haveria como cogitar destes em razão da natureza jurídica da recorrida — entidade privada voltada à complementação de aposentadoria. Tendo isso em conta, concluiu que a isenção não fora prevista por prazo certo de vigência, mas de forma indeterminada. Em divergência, o Min. Dias Toffoli não conheceu do extraordinário por considerar estar-se diante de ofensa reflexa, haja vista que o acórdão impugnado se baseara na análise de uma resolução e na sua validade em face do estatuto. Após o voto do Min. Ricardo Lewandowski, acompanhando a divergência, pediu vista o Min. Carlos Britto. **RE 464971/MG, rel. Min. Marco Aurélio, 15.12.2009.** (RE-464971) (Inform. STF 572)

FUNDO DE PENSÃO FACULTATIVO E RESTITUIÇÃO DE CONTRIBUIÇÕES – 1

A Turma iniciou julgamento de recurso extraordinário em que se discute o direito, ou não, à restituição de contribuições recolhidas de servidores para fundo de pensão facultativo (montepio), extinto unilateralmente pela Administração antes do óbito de parte dos filiados. Trata-se, na espécie, de recurso extraordinário interposto contra acórdão do Tribunal de Justiça do Estado do Rio de Janeiro que afastara a responsabilidade do Estado pelos ônus decorrentes da citada ruptura, ao fundamento de que as obrigações previstas durante a vigência do fundo teriam sido cumpridas e, não tendo ocorrido a morte dos aderentes, ter-se-ia mera expectativa de direito. Alega-se ofensa ao art. 5º, XXXVI, e 37, § 6º, ambos da CF. O Min. Carlos Britto, relator, proveu o recurso para determinar a devolução, aos recorrentes, das contribuições pagas ao fundo de reserva, corrigidas monetariamente e acrescidas de juros legais, sendo acompanhado pelo Min. Dias Toffoli. O relator fez breve digressão histórica sobre o sistema de benefícios dos membros do Ministério Público fluminense e aduziu que o plano, desde sua instituição, sempre fora custeado pelas contribuições dos participantes, em decorrência de sua adesão facultativa, e que tal fundo não excluíra ou substituíra a existência do regime obrigatório de previdência, custeado pelo sistema estadual. **RE 486825/RJ, rel. Min. Carlos Britto, 15.12.2009.** (RE-486825)

FUNDO DE PENSÃO FACULTATIVO E RESTITUIÇÃO DE CONTRIBUIÇÕES – 2

Fixadas essas premissas, esclareceu que os recorrentes, ao aderirem ao plano de pensão, estabeleceram uma relação jurídica com o Estado e iniciaram o adimplemento de suas obrigações (pagamento de contribuições mensais). Assinalou que, decorrido tempo superior a duas décadas desde a edição da lei que criara o plano de pensão, o próprio Estado o extinguira (por meio de novo ato legislativo), garantindo a manutenção dos benefícios apenas aos dependentes dos participantes que já estavam no gozo das pensões. Consignou que, na presente situação, estaria evidenciado o caráter mescladamente tributário e securitário da relação jurídica, haja vista que, embora gerido pelo Estado, o plano de pensão complementar era facultativo. Nada obstante, asseverou que, independentemente da natureza jurídica do instituto, seria incontroversa a existência de uma relação jurídico-obrigacional. Salientando que lei posterior fizera retroagir sua eficácia temporal para impedir a produção dos efeitos futuros de ato jurídico anteriormente consolidado, entendeu que resultara violada a garantia constitucional do inciso XXXVI do art. 5º da CF — a qual não admite a possibilidade de nova lei suprimir todos os efeitos válidos e todas as relações jurídicas legitimamente estabelecidas sob o regime de lei anterior —, caracterizando-se uma das mais eminentes expressões do protoprincípio da segurança jurídica. Ademais, tendo em conta que a existência do plano de pensão por prolongado lapso de tempo conferira tônus de estabilidade à relação entre os recorrentes e o Estado, reputou que o dano suportado pelos servidores e derivado do rompimento unilateral pela Administração do plano de pensão consubstanciaria direito à indenização, na forma do art. 37, § 6º, da CF, sob pena de se chancelar o enriquecimento estatal sem causa. Após, o julgamento foi suspenso em virtude do pedido de vista da Min. Cármen Lúcia. **RE 486825/RJ, rel. Min. Carlos Britto, 15.12.2009.** (RE-486825) (Inform. STF 572)

TERRAS INDÍGENAS: AÇÃO DECLARATÓRIA DE NULIDADE DE TÍTULOS – 1

O Tribunal iniciou julgamento de ação cível originária proposta pela Fundação Nacional do Índio – FUNAI na qual se pretende a declaração de nulidade de títulos de propriedade de imóveis rurais expedidos pelo Governo do Estado da Bahia sob alegação de se tratar de terras indígenas. Preliminarmente, o Tribunal resolveu questão de ordem, suscitada pelo relator, no sentido de admitir, na lide, na condição de assistente simples da autora, a Comunidade Indígena Pataxó Hã hã hãe, recebendo o processo no estado em que se encontra. Em seguida, o relator rejeitou preliminar de impossibilidade jurídica do pedido sustentada pelos réus em razão de não ter sido individualizado o perímetro de cada propriedade e de não terem sido mencionados os nomes de todos os proprietários envolvidos na lide, que se desbordaria dos limites no âmbito dos quais o CPC circunscreve o chamado "pedido genérico". O relator, no ponto, afirmou tratar-se de ação declaratória, em que se pleiteia a nulidade de títulos de propriedade e registros imobiliários em certa área indígena, não havendo falar-se, portanto, em "pedido genérico". Acrescentou que a FUNAI forneceu documentos que viabilizaram os trabalhos periciais, envidou os esforços necessários à citação pessoal do maior número de réus, e recorreu à citação por edital apenas quando não conseguiu os endereços dos requeridos. **ACO 312/BA, rel. Min. Eros Grau, 24.9.2008.** (ACO-312)

TERRAS INDÍGENAS: AÇÃO DECLARATÓRIA DE NULIDADE DE TÍTULOS – 2

No mérito, o Min. Eros Grau, relator, julgou procedente o pedido formulado para declarar a nulidade de todos os títulos de propriedade cujas respectivas glebas estejam localizadas dentro da área da Reserva Indígena Caramuru-Catarina-Paraguaçu, e julgou improcedentes as reconvenções apresentadas pelos réus. Salientou, de início, que a questão de ordem suscitada pelo relator que o antecedera fora resolvida no sentido de que a demarcação prévia da área abrangida pelos títulos não seria, em si, indispensável ao ajuizamento da própria ação e de que o Tribunal poderia examinar se a área seria ou não indígena para decidir pela procedência ou não do pedido. Asseverou que, nestes autos, não se discute a legalidade de demarcação de terra indígena, diferentemente do ocorre na Pet 3388/DF (v. Informativo 517). Em seguida, o relator elencou a legislação que deu origem ao reconhecimento dos direitos originários dos índios sobre as terras que tradicionalmente ocupam (Alvará de 1º.4.1680; Lei 601/1850 – Lei de Terras de Dom Pedro II; Decreto 1.318/1854; Decreto 8.072/1910; Lei baiana 1.916/26; Decreto 5.484/1928; Lei 6.001/73 – Estatuto do Índio; Constituições de 1891, 1934,1937, 1946, 1967, EC 1/1969, Constituição de 1988), ressaltando que a "ocupação permanente" ou "ocupação tradicional" de terras pelos silvícolas e a inalienabilidade dessas terras são recorrentes nos preceitos referidos. **ACO 312/BA, rel. Min. Eros Grau, 24.9.2008.** (ACO-312)

TERRAS INDÍGENAS: AÇÃO DECLARATÓRIA DE NULIDADE DE TÍTULOS – 3

Após observar que a presente ação foi proposta sob a égide da CF/67, com as alterações da EC 1/69, o relator afirmou que este é o parâmetro a ser usado para julgamento do pedido da FUNAI e da União, e aduziu que o texto do seu art. 198 refere a posse permanente do silvícola ("*Art. 198. As terras habitadas pelos silvícolas são inalienáveis nos têrmos que a lei federal determinar, a êles cabendo a sua posse permanente e ficando reconhecido o seu direito ao usufruto exclusivo das riquezas naturais e de tôdas as utilidades nelas existentes. § 1º Ficam declaradas a nulidade e a extinção dos efeitos jurídicos de qualquer natureza que tenham por objeto o domínio, a posse ou a ocupação de terras habitadas pelos silvícolas. § 2º A nulidade e extinção de que trata o parágrafo anterior não dão aos ocupantes direito a qualquer ação ou indenização contra a União e a Fundação Nacional do Índio.*"). Assim, realçou que a posse indígena sobre a terra, fundada no indigenato, diz com o *ius possessionis* e o *ius possidendi*, que abrange a relação material do sujeito com a coisa e o direito de seus titulares a possuírem-na como seu *habitat*. Ao reportar-se ao laudo antropológico, entendeu que a região em conflito consubstancia *habitat* do povo Pataxó. Registrou o fato de que historiadores revelaram a existência de Pataxós ocupando a área em litígio desde 1651, concluindo que, embora confirmada a ocorrência de algumas diásporas de índios, bem como o arrendamento de certas áreas da reserva pelo Serviço de Proteção aos Índios – SPI, isso não desconfiguraria a posse permanente e a habitação exigidas pela CF/67, porquanto em nenhum momento restara demonstrada a ausência de silvícolas na área em questão, os quais, obrigados a deixar a terra natal em decorrência das acirradas disputas pela região, mantiveram laços com os familiares que lá permaneceram. **ACO 312/BA, rel. Min. Eros Grau, 24.9.2008.** (ACO-312)

TERRAS INDÍGENAS: AÇÃO DECLARATÓRIA DE NULIDADE DE TÍTULOS – 4

O relator destacou o que contido nas perícias sanitária e agronômica realizadas, quanto à precariedade das águas que abastecem a região e à potencialidade da terra para algumas culturas, e na perícia topográfica, que aviventou os marcos da área indígena sob exame. Neste ponto, mencionou que a Lei baiana 1.916/26 estabeleceu a reserva de 50 léguas em favor dos indígenas, tendo sido celebrado, em 1937, um acordo entre o SPI e o Governo do Estado da Bahia — que resultou na redução de sua extensão aos atuais 54.105,1826 ha, superiores às estimativas da FUNAI na inicial em aproximadamente 36.000 ha —, e ocorrido a conclusão da demarcação da área em 1938. Repeliu, em seqüência, o argumento de que o aumento da área mencionada na inicial implicaria nulidade da perícia procedida. Expôs que a FUNAI, não obstante desconhecesse as exatas dimensões da reserva indígena, juntou aos autos elementos materiais necessários a sua correta medição, efetivada por meio do emprego da mais moderna tecnologia de georeferenciamento. No que se refere aos documentos relativos aos imóveis dos réus, cuja juntada aos autos fora determinada pelo relator anterior, citou títulos de propriedade outorgados pelo Governo do Estado da Bahia entre os anos de 1978 a 1984, nos Municípios de Itajú do Colônia, Pau Brasil e Camacã, assim como outros 32 documentos que consubstanciam a outorga de domínio de terras na região, registros de propriedade em cartórios, e certificados de cadastramento de imóveis rurais no INCRA. Quanto aos últimos, o Min. Eros Grau asseverou que nenhum deles estaria situado na área da reserva, sendo, por isso, irrelevantes. Esclareceu, ademais, que, de posse dos memoriais descritivos dos imóveis, fora determinada a plotagem das glebas no polígono medido, tendo sido revelada a existência, dentro da reserva indígena, de 186 áreas identificadas, das quais 143 tituladas e 43 não tituladas. Além disso, 36 estariam ocupadas, mas não constariam da relação de réus da ação, nem teria sido encontrada qualquer informação a respeito das mesmas. Frisou, também, que alguns estranhos às populações indígenas que se encontravam dentro da reserva foram indenizados pela FUNAI por benfeitorias e deixaram a região. **ACO 312/BA, rel. Min. Eros Grau, 24.9.2008.** (ACO-312)

TERRAS INDÍGENAS: AÇÃO DECLARATÓRIA DE NULIDADE DE TÍTULOS – 5

Em suma, o relator entendeu que a perícia antropológica demonstrou a existência permanente de índios na região desde 1651, atestando a identidade do povo Pataxó Hã hã hãe, bem como a ligação de seus integrantes à terra, que lhes foi usurpada, e que a Lei estadual 1.916/26 e os atos posteriores que reduziram a área da reserva indígena, visando à sua proteção nos termos da política indigenista então vigente, confirmam a existência de uma área ocupada por índios na região dos Rios Pardo, Gongogy e Colônia. Assim, reputou demonstrada a presença de silvícolas na área não apenas quando da edição da Lei de Terras de 1850, mas também quando do advento da CF/67, área incorporada ao patrimônio da União, nos termos do seu art. 198, independentemente de efetiva demarcação, segundo o Estatuto do Índio (Lei 6.001/73, art. 25). Afastou o argumento de que seria necessária, no caso, a prova de que as terras foram de fato transferidas pelo Estado da Bahia à União ou aos índios, ao fundamento de que disputa por terra indígena entre quem quer que seja e índios consubstancia, no Brasil, algo juridicamente impossível, e que, na vigência da CF/67, as terras ocupadas pelos índios são bens da União (art. 4º, IV), sendo assegurada aos silvícolas a posse permanente das terras que habitam e reconhecido o seu direito ao usufruto exclusivo dos recursos naturais e de todas as utilidades nelas existentes (art. 186). Considerou, ainda, a circunstância de que títulos de propriedade oriundos de aquisição *a non domino* são nulos. **ACO 312/BA, rel. Min. Eros Grau, 24.9.2008.** (ACO-312)

TERRAS INDÍGENAS: AÇÃO DECLARATÓRIA DE NULIDADE DE TÍTULOS – 6

Salientou ter-se o seguinte quadro: os réus integraram a lide, utilizada a citação por edital somente após todos os esforços da FUNAI para sua citação pessoal; a citação por edital surte ou não os efeitos estabelecidos na lei processual quer se afirme ou negue vigência a ela; a admitir-se a vigência do instituto da citação por edital, nenhuma circunstância ou peculiaridade estranha à causa de pedir poderá tornar apenas relativos os seus efeitos; não há falar-se, pois, em "ineficácia da decisão em relação a quem não participou do feito por não ter sido citado ou sequer nomeado". No mais, registrou não haver títulos de domínio, no interior da reserva, anteriores à vigência da CF/67. Outrossim, em uma parte da área objeto da lide há ou havia benfeitorias que foram indenizadas pela FUNAI; outra parte corresponde a terras das quais não há título nenhum, terras de domínio da União; e uma terceira porção sua é de terras em relação às quais, apesar das diligências, ninguém se manifestou alegando titularidade de domínio. Tendo em conta que o pedido diz com a declaração de nulidade de todos os títulos de propriedade da área, asseverou que onde não se alegou a existência de título não haveria como anular qualquer efeito. Por fim, aduziu que, sendo a ação declaratória, com objetivo de restabelecer a integralidade da Reserva Indígena Caramuru-Catarina-Paraguaçu, deveria ser julgada procedente na extensão de todos os seus efeitos declaratórios. Após, pediu vista dos autos o Min. Menezes Direito. **ACO 312/BA, rel. Min. Eros Grau, 24.9.2008.** (ACO-312) (Inform. STF 521)

TRATAMENTO MÉDICO NO EXTERIOR E REEMBOLSO DE DESPESAS - 1

A Turma iniciou julgamento de recurso extraordinário interposto pela União contra acórdão do TRF da 1ª Região que concedera a portadores de doença ocular progressiva (retinose pigmentária) o direito a reembolso total das despesas efetuadas em decorrência de tratamento médico no exterior. O Min. Menezes Direito, tendo em conta a presença de laudo do Conselho Brasileiro de Oftalmologia afirmando, peremptoriamente, não haver tratamento para tal doença no Brasil e no exterior, deu provimento ao recurso. Asseverou que o direito pleiteado é conferido, mediante o cumprimento de requisitos estabelecidos pelo próprio Estado (laudos, pareceres), quando existe a possibilidade certificada de cura, de tratamento, o que não ocorreria na situação concreta. Após, o julgamento foi suspenso em virtude do pedido de vista do Min. Marco Aurélio. **RE 368564/DF, rel. Min. Menezes Direito, 8.4.2008. (RE-368564)**

TRATAMENTO MÉDICO NO EXTERIOR E REEMBOLSO DE DESPESAS – 2

A Turma retomou julgamento de recurso extraordinário interposto pela União contra acórdão do TRF da 1ª Região que concedera, a portadores de doença ocular progressiva (retinose pigmentária), o direito a reembolso total das despesas efetuadas em decorrência de tratamento médico no exterior — v. Informativo 501. Em voto-vista, o Min. Marco Aurélio, sem adentrar as questões relativas ao caráter experimental do tratamento e à existência, no Brasil, de profissionais habilitados a implementá-lo, desproveu o recurso. Asseverou que tais matérias não foram objeto de debate e decisão prévios. Assim, entendeu que não se poderia, a partir delas, assentar transgressão a qualquer preceito constitucional, ante a natureza excepcional do recurso extraordinário, no qual devem ser levadas em conta apenas as premissas do acórdão impugnado. No tocante à alusão aos artigos 6º e 196, ambos da CF, aduziu que estaria em consonância com reiterados pronunciamentos do STF a orientação daquela Corte, no que afirmara ser a saúde direito do cidadão e dever do Estado. Após o voto da Min. Cármen Lúcia, que acompanhava a divergência iniciada pelo Min. Marco Aurélio, pediu vista dos autos o Min. Ricardo Lewandowski. **RE 368564/DF, rel. Min. Menezes Direito, 16.9.2008.** (RE-368564) (Inform. STF 520)

EMENTA: CRIANÇA DE ATÉ CINCO ANOS DE IDADE. **ATENDIMENTO** EM CRECHE E EM PRÉ-ESCOLA. **EDUCAÇÃO INFANTIL**. DIREITO **ASSEGURADO** PELO PRÓPRIO TEXTO CONSTITUCIONAL (CF, ART. 208, IV, NA REDAÇÃO DADA PELA EC Nº 53/2006). **COMPREENSÃO GLOBAL** DO DIREITO CONSTITUCIONAL À EDUCAÇÃO. **DEVER JURÍDICO** CUJA EXECUÇÃO SE IMPÕE AO PODER PÚBLICO, **NOTADAMENTE AO MUNICÍPIO** (CF, ART. 211, § 2º). **AGRAVO IMPROVIDO**.

– **A educação infantil** representa prerrogativa constitucional indisponível, que, **deferida** às crianças, **a estas assegura**, para efeito de seu desenvolvimento integral, **e como primeira etapa** do processo de educação básica, **o atendimento** em creche **e** o acesso à pré-escola (**CF**, art. 208, IV).

– **Essa prerrogativa jurídica**, em conseqüência, **impõe**, ao Estado, **por efeito** da alta significação social de que se reveste a educação infantil, **a obrigação constitucional** de criar condições objetivas **que possibilitem**, de maneira concreta, **em favor** das *"crianças até 5 (cinco) anos de idade"* (**CF**, art. 208, IV), **o efetivo** acesso **e** atendimento em creches e unidades de pré-escola, **sob pena de** configurar-se inaceitável omissão governamental, **apta a frustrar**, injustamente, **por inércia**, o integral adimplemento, pelo Poder Público, de prestação estatal que lhe impôs o próprio texto da Constituição Federal.

– **A educação infantil**, por qualificar-se como direito fundamental de toda criança, não se expõe, em seu processo de concretização, a avaliações meramente discricionárias da Administração Pública, nem se subordina a razões de puro pragmatismo governamental.

– **Os Municípios** – que atuarão, **prioritariamente**, no ensino fundamental **e na educação infantil** (CF, art. 211, § 2º) – **não poderão demitir-se do mandato constitucional**, juridicamente vinculante, que lhes foi outorgado pelo art. 208, IV, da Lei Fundamental da República, e que representa fator de limitação da discricionariedade político-administrativa dos entes municipais, cujas opções, tratando-se do atendimento das crianças em creche (CF, art. 208, IV), não podem ser exercidas de modo a comprometer, com apoio em juízo de simples conveniência ou de mera oportunidade, a eficácia desse direito básico de índole social.

– Embora inquestionável que resida, primariamente, nos Poderes Legislativo e Executivo, a prerrogativa de formular e executar políticas públicas, revela-se possível, no entanto, ao Poder Judiciário, ainda que em bases excepcionais, determinar, especialmente nas hipóteses de políticas públicas definidas pela própria Constituição, sejam estas implementadas, sempre que os órgãos estatais competentes, por descumprirem os encargos político-jurídicos que sobre eles incidem em caráter mandatório, vierem a comprometer, com a sua omissão, a eficácia e a integridade de direitos sociais e culturais impregnados de estatura constitucional. **A questão pertinente à** *"reserva do possível"*. **Doutrina**. (AI 677.274/SP, rel. Min. Celso de Mello, j. 18/09/08) (Inform. STF 520)

DEMARCAÇÃO DE TERRAS INDÍGENAS: RAPOSA/SERRA DO SOL – 1

O Tribunal iniciou julgamento de ação popular ajuizada por Senador da República contra a União, em que impugna o modelo contínuo de demarcação da Terra Indígena Raposa/Serra do Sol, situada no Estado de Roraima, e pleiteia a declaração de nulidade da Portaria 534/2005, do Ministro de Estado da Justiça, e do Decreto homologatório de 15.4.2005, do Presidente da República. Sustenta o autor, em síntese, que a Portaria em questão possuiria os mesmos vícios da Portaria 820/98, que a antecedeu, em razão da não observância das normas dos Decretos 22/91 e 1.775/96, haja vista que não teriam sido ouvidas todas as pessoas e entidades afetadas pela controvérsia, e o laudo antropológico sobre a área em discussão teria sido assinado por apenas um profissional, o que seria prova de presumida parcialidade. Alega, também, que a reserva em área contínua traria conseqüências desastrosas tanto para o Estado de Roraima, sob os aspectos comercial, econômico e social, quanto para os interesses do País, por comprometer a segurança e a soberania nacionais. Argumenta, por fim, que haveria desequilíbrio da Federação, já que a área demarcada, ao passar para o domínio da União, suprimiria parte significativa do território roraimense, ofendendo, ademais, o princípio da razoabilidade, ao privilegiar a tutela do índio em detrimento, por exemplo, da iniciativa privada. Preliminarmente, o Tribunal acolheu questão de ordem, suscitada pelo relator, no sentido de admitir o ingresso na lide de pessoas físicas e do Estado de Roraima, na condição de assistentes simples do autor, e da FUNAI – Fundação Nacional do Índio e de diversas comunidades indígenas, na condição de assistentes simples da ré, todos eles recebendo o processo no estado em que se encontra (CPC, art. 50, *caput* e parágrafo único). O Min. Carlos Britto, relator, não conheceu do pedido do autor de excluir, da área demarcada, núcleo urbano, equipamentos e instalações públicos federais e estaduais, bem como linhas de transmissão de energia elétrica e os leitos das rodovias federais e estaduais, atualmente existentes, tendo em conta tais pretensões já terem sido atendidas. **Pet 3388/RR, rel. Min. Carlos Britto, 27.8.2008.** (Pet-3388)

DEMARCAÇÃO DE TERRAS INDÍGENAS: RAPOSA/SERRA DO SOL – 2

No mérito, o relator julgou improcedente o pedido formulado, para assentar a condição indígena da área demarcada como Raposa/Serra do Sol, em sua totalidade, pelo que fica revogada a liminar concedida na ação cautelar 2009, devendo-se retirar das terras em causa todos os indivíduos não-índios. Inicialmente, salientou a copiosa e qualificada referência da Constituição Federal de 1988 aos índios brasileiros (artigos 231 e 232), sob o evidente intuito de favorecê-los. Esclareceu que o substantivo *"índios"* exprime a diferenciação dos nossos aborígenes por numerosas etnias, e que a expressão *"ouvidas as comunidades afetadas"* (CF, art. 231, § 3º) revela o objetivo constitucional de retratar essa diversidade aborígene intraétnica. Afirmou que os índios são parte essencial da realidade política e cultural brasileira, ou seja, da realidade da nação brasileira. Asseverou, em seguida, que as terras indígenas constituem bens da União (CF, art. 20, XI), e compõem, portanto, o território estatal-brasileiro sobre o qual incide, com exclusividade, o Direito nacional, e não de qualquer outro Estado soberano ou organismo internacional, a não ser mediante convenção ou tratado que tenha por fundamento de validade a Constituição brasileira de 1988. Nesse sentido, classificou as terras indígenas como categoria jurídico-constitucional, e não instituição ou ente federado. Mencionou, ademais, que a atuação dos Estados e Municípios em terras já demarcadas como indígenas deve ser feita em concerto com a União e sob a liderança desta, registrando, no ponto, o processo de discriminação das populações indígenas e de espremedura topográfica por elas sofrida que somente veio a ser rediscutido com seriedade jurídica a partir da Assembléia Constituinte de 1987/1988. Ao reiterar a afirmação de que as terras indígenas não constituem pessoa federada, não possuindo autonomia político-administrativa, o relator, por outro lado, entendeu que, em decorrência disso, as terras indígenas não comportam mesmo a livre circulação de pessoas de qualquer grupamento étnico, assim como não se disponibilizam integralmente para a instalação de equipamentos públicos e obras de infra-estrutura econômica e social, senão sob o regime de prévio acerto com a União e o constante monitoramento desta. **Pet 3388/RR, rel. Min. Carlos Britto, 27.8.2008.** (Pet-3388)

DEMARCAÇÃO DE TERRAS INDÍGENAS: RAPOSA/SERRA DO SOL – 3

Relativamente à demarcação, o relator aduziu que somente à União compete instaurar, seqüenciar, concluir e efetivar esse processo por atos situados na esfera de atuação do Poder Executivo Federal, sendo deferido ao Congresso Nacional, com efeito concreto ou sem densidade normativa apenas: 1) *"autorizar, em terras indígenas, a exploração e o aproveitamento de recursos hídricos e a pesquisa e lavra de riquezas minerais"* (CF, art. 49, XVI) e b) pronunciar-se, decisoriamente, sobre o ato de *"remoção de grupos indígenas de suas terras"* (CF, art. 231, § 5º), mostrando-se plenamente válido o art. 19 da Lei Federal 6.001/73 (Estatuto do Índio), validamente regulamentado pelo Decreto 1.775/96. No ponto, salientou, ainda, que nada impede que o Presidente da República venha a consultar, se quiser, o Conselho de Defesa Nacional (CF, art. 91, § 1º, III), especialmente se as terras indígenas a demarcar coincidirem com faixa de fronteira. Realçou que os artigos 231 e 232 da CF são de finalidade nitidamente fraternal ou solidária, própria de uma quadra constitucional que se volta para a efetivação de um novo tipo de igualdade, qual seja, a igualdade civil-moral de minorias que têm experimentado, historicamente e por preconceito, desvantagens comparativas com outros segmentos sociais, e que, portanto, trata-se de uma era constitucional compensatória dessas desvantagens a se viabilizar por mecanismos de ações afirmativas. Afastou, ademais, o alegado antagonismo entre a questão indígena e o desenvolvimento. **Pet 3388/RR, rel. Min. Carlos Britto, 27.8.2008.** (Pet-3388)

DEMARCAÇÃO DE TERRAS INDÍGENAS: RAPOSA/SERRA DO SOL – 4

Ao se referir ao conteúdo positivo do ato de demarcação das terras indígenas, o relator fixou como marco temporal da ocupação a data da promulgação da vigente Constituição Federal (5.10.88), como insubstituível referencial para o reconhecimento aos índios dos direitos sobre as terras que tradicionalmente ocupam, ressaltando que, com isso, evita-se a fraude da subitânea proliferação de aldeias, com o objetivo de artificializar a expansão dos lindes da demarcação, bem como a violência da expulsão de índios para descaracterizar a tradicionalidade da posse das suas terras, à data da atual Constituição. Observou, contudo, não ser suficiente constatar uma ocupação fundiária coincidente com aquela data, sendo necessário ainda revestir esta ocupação do caráter de perdurabilidade. No ponto, afirmou que o termo "*originários*", contido no art. 231 da CF, traduz uma situação jurídico-subjetiva mais antiga do que qualquer outra, de forma a preponderar sobre eventuais escrituras públicas ou títulos de legitimação de posse em favor de não-índios. Tal termo, continuou, é sinônimo de primevo, porque revelador da primeira de todas as formas de cultura e civilização genuinamente brasileiras, digna de uma qualificação jurídica tão elevada que a Constituição estabeleceu que "*os direitos originários*" sobre as terras indígenas são reconhecidos e não outorgados ou concedidos. Daí a regra de nulidade e extinção dos atos que tenham por objeto a ocupação, o domínio e a posse das terras a que se refere esse artigo (§ 6º), prevalecendo o direito por continuidade histórica até mesmo sobre o direito adquirido por título cartorário ou concessão estatal. No que se refere à efetiva abrangência fundiária do advérbio "*tradicionalmente*" (CF, art. 231), o relator considerou que ele coincide com a própria finalidade prática da demarcação, isto é, as áreas indígenas são demarcadas para servir de habitação permanente dos índios de uma determinada etnia, de par com as terras utilizadas para suas atividades produtivas, mais as imprescindíveis à preservação dos recursos ambientais necessários a seu bem-estar e as necessárias à sua reprodução física e cultural, segundo seus usos, costumes e tradições (CF, art. 231, § 1º). Disso decorre, para o relator, o *sobredireito* ao desfrute das terras que se fizerem necessárias à preservação de todos os recursos naturais de que dependam, especificamente, o bem-estar e a reprodução físico-cultural dos índios, *sobredireito* que reforça o entendimento de que, em favor da causa indígena, o próprio meio ambiente é normatizado como elemento indutor de concreção. **Pet 3388/RR, rel. Min. Carlos Britto, 27.8.2008.** (Pet-3388)

DEMARCAÇÃO DE TERRAS INDÍGENAS: RAPOSA/SERRA DO SOL – 5

O Min. Carlos Britto disse, ademais, que o próprio conceito do princípio da proporcionalidade, quando aplicado ao tema da demarcação das terras indígenas ganha um conteúdo irrecusavelmente extensivo, e esclareceu que, se para os padrões culturais dos não-índios, o imprescindível ou o necessário adquire conotação estrita, no sentido de que "*somente é dos índios o que lhes for não mais que o suficiente ou contidamente imprescindível à sua sobrevivência física*", já sob a perspectiva do que chamou de cosmogonia indígena, há de se dar aos índios tudo o que necessário ou imprescindível para assegurar, contínua e cumulativamente: a) a dignidade das condições de vida material das suas gerações presentes e futuras; b) a reprodução de toda a sua estrutura social primeva. Segundo o relator, essa equação se extrai da locução constitucional "*são reconhecidos aos índios sua organização social, costumes, línguas, crenças e tradições, e os direitos originários sobre as terras que tradicionalmente ocupam*", pela razão de que esse reconhecimento opera como declaração de algo preexistente, inclusive à própria Constituição, e, ainda, à transformação de um Território Federal em Estado-membro. No ponto, mencionou que o § 1º do art. 14 do ADCT bem assinalou que a instalação dos Estados do Amapá e de Roraima ocorreria "*com a posse dos governadores eleitos em 1990*", para afirmar, que, por conseqüência, o novo Estado já nasce com seu território jungido a esse regime constitucional da preexistência de direitos à ocupação de terras que, por serem indígenas, pertencem à União, não havendo se falar em redução do patrimônio ou subtração do território estadual a cada ato de demarcação. Em relação ao formato da demarcação indígena, entendeu que deve ser contínuo, pois somente ele viabiliza os imperativos constitucionais, que respondem pela vertente fundiariamente generosa do Texto Magno, inclusive para o efeito de incorporar todos os recursos ambientais servientes da reprodução física e cultural de uma dada etnia (art. 231, § 1º). **Pet 3388/RR, rel. Min. Carlos Britto, 27.8.2008.** (Pet-3388)

DEMARCAÇÃO DE TERRAS INDÍGENAS: RAPOSA/SERRA DO SOL – 6

Ao salientar que, mais que uma simples relação de compatibilidade, o vínculo entre meio ambiente e demarcação de terras indígenas é de ortodoxa pertinência, razão por que o decreto homologatório em questão abrange o Parque Nacional do Monte Roraima, conferindo-lhe uma dupla afetação (ecológica e indígena), e citando o estado de preservação que se encontra o Parque Nacional do Xingu, reserva indígena, o relator reiterou que a generosa vontade constitucional objetiva para com o modelo peculiarmente contínuo da demarcação das terras indígenas. Acrescentou que os índios brasileiros são avessos a qualquer idéia de guetos, cercas, muros e similares, práticas estas apropriadas a uma demarcação insular ou do tipo *queijo suíço*. Aduziu que esse modelo peculiar ou restritamente contínuo de demarcação é *monoétnico*, formato que deve atentar para a vontade fundiariamente generosa da Constituição, mas ainda assim balizado pela realidade de cada etnia. Advertiu, entretanto, que se deve excluir da demarcação dessas terras os intervalados espaços fundiários entre uma etnia e outra, para não aproximar demasiadamente tribos eventualmente inimigas nem criar gigantescos vazios demográficos que poderão dificultar a efetiva presença do Estado, com risco à soberania nacional. Para o relator, mesmo nos casos de etnias lindeiras, permanece o modelo peculiarmente contínuo, devendo separar os espaços *interétnicos* marcos geodésicos e placas sinalizadoras que possibilitem que cada etnia saiba onde começa e onde termina o espaço de trabalho e de vida que por direito originário lhe cabe com exclusividade. Em seguida, anunciou a perfeita compatibilidade entre a apropriação usufrutuária de terras indígenas e faixa de fronteira, tendo em conta, sobretudo, que a Constituição não fez ressalva nenhuma quanto à demarcação abrangente de faixa de fronteira ou nela totalmente situada, deixando expressa a possibilidade de seu uso e ocupação não-estatal, a serem regulados em lei (CF, art. 20, § 2º). Considerou que a concentração indígena é decisiva para a preservação da integridade territorial brasileira, haja vista que os nossos índios sempre se opuseram às tentativas de invasões estrangeiras, e que essa permanente alocação indígena até obriga que as Forças Armadas e a Polícia Federal, no desempenho de suas funções, respectivamente, de defesa da Pátria (CF, art. 142, *caput*) e de polícia de fronteiras (CF, art. 144, § 1º, III) se façam também permanentemente presentes na região. **Pet 3388/RR, rel. Min. Carlos Britto, 27.8.2008.** (Pet-3388)

DEMARCAÇÃO DE TERRAS INDÍGENAS: RAPOSA/SERRA DO SOL – 7

No que respeita ao caso concreto, o relator se contrapôs a todas as alegações de nulidade do processo demarcatório, por suposta agressão às garantias constitucionais do contraditório e da ampla defesa, já que situações jurídicas ativas plenamente exercitadas pelo Estado de Roraima e pelos demais atores processuais. Rememorou que os trabalhos de demarcação da área indígena Raposa/Serra do Sol começaram em 1977, data a partir da qual o tema se tornou público e notório. Em acréscimo a essa publicidade natural, o estudo de 1991/1992 foi sinteticamente publicado no DOU em abril de 1993, tudo nos termos do § 7º do art. 2º do Decreto 22/91 e como decorrência do aforismo do *tempus regit actum* e do princípio processual da instrumentalidade das formas. Asseverou ter havido tempo mais que suficiente para que todas as partes e demais interessados se habilitassem no procedimento e ofertassem eventuais contraditas, porquanto o primeiro despacho do Ministro da Justiça somente se deu em 1996, excluindo da área a demarcar parte das terras atualmente reivindicadas por arrozeiros, e que nulidade haveria tão-somente se os interessados requeressem e lhes fossem negados pela Administração Federal seus ingressos no feito, o que não ocorreu. Também não vislumbrou qualquer nulidade referente à participação de etnias indígenas da área, pois somente uma delas apresentou-se para contribuir com os trabalhos demarcatórios, tendo as demais atuado nos autos, fornecendo, por cartas e petições, informações, sem subscrever, no entanto, o relatório nem o parecer antropológico. Reputou observada toda a metodologia propriamente antropológica pelos profissionais que detinham competência para fazê-lo, rejeitando qualquer conclusão no sentido da parcialidade do laudo antropológico. Afastou, ainda, a assertiva da existência de uma proliferação artificial de malocas, no curso do processo administrativo, dado que tal expansão, além de não provada como artificial, somente se deu após a feitura do parecer antropológico. Também julgou improcedentes outras apontadas fraudes, como a da suposta utilização de motoristas como se técnicos agrícolas fossem, esclarecendo ter sido demonstrada a ocorrência de mero erro material, posteriormente corrigido. De igual modo, repeliu o argumento de configurar mácula processual ou defeito de forma o aumento da área demarcada (de 1.678.800 ha para 1.747.089 ha), por se cuidar de diferença que os próprios autos sinalizaram como natural. No ponto, esclareceu que o técnico que definiu a primeira "marca" o fez em caráter estimativo, pois até então não comparecera fisicamente ao local e se valera tão-só de instrumentos mecânicos de mensuração, considerada a definição antropológica da área e apenas de posse de mapa cartográfico, mas, num segundo momento, profissional diverso se deslocara pessoalmente até a área a mensurar para se valer de fontes cartográficas mais precisas e tecnologia atualizada. **Pet 3388/RR, rel. Min. Carlos Britto, 27.8.2008.** (Pet-3388)

DEMARCAÇÃO DE TERRAS INDÍGENAS: RAPOSA/SERRA DO SOL – 8

Em razão do exposto, o relator se convenceu, nos seguintes sintetizados termos, de que: I – toda a área referida pela Portaria nº 534/2005, do Ministro de Estado da Justiça, é constituída de terras indígenas, como conceituado pelo § 1º do art. 231 da CF. Terras indígenas contíguas ou lindeiras, ainda que ocupadas, em grande parte, indistinta ou misturadamente por cinco etnias, por forma tradicional e permanente em face do marco temporal do dia 5.10.88, conforme demonstração convincentemente feita pelo laudo e pelo parecer antropológicos, e em nada descaracterizadas pelo fato das posses ilegítimas que se deram com maior vigor no século XX; II – em que pese a demarcação não observar o vetor *monoétnico* para a definição dos limites das várias terras indígenas lindeiras que formam toda a área conhecida como Raposa/Serra do Sol, de tal circunstância nenhum prejuízo resultou para os índios das cinco etnias em comento, motivo, aliás, da inexistência da irresignação de membro individual ou órgão representativo de qualquer das comunidades envolvidas, o que se explica: a) pelo fato da intensa e antiga miscigenação entre os seus componentes; b) pela concreta dificuldade de precisa identificação da área de movimentação física de cada uma dessas tribos ou etnias autóctones; III – a extensão da área demarcada é compatível com as coordenadas constitucionais, sobretudo à vista do postulado da proporcionalidade extensiva, sendo de se enfatizar que a demarcação de terras indígenas não se orienta por critérios rigorosamente matemáticos, e que as próprias características geográficas da região contra-indicam uma demarcação avara ou restritiva, pois a reconhecida infertilidade dos solos (causadora da necessidade da prática da coivara e da pecuária extensiva), os períodos de cheias e a acidentada topografia da região já são em si mesmos um contraponto ao generoso querer objetivo da Constituição em matéria de proteção indígena. **Pet 3388/RR, rel. Min. Carlos Britto, 27.8.2008.** (Pet-3388)

DEMARCAÇÃO DE TERRAS INDÍGENAS: RAPOSA/SERRA DO SOL – 9

E, ainda, que: IV – a desintrusão ou retirada dos não-índios, tão massiva quanto pacificamente, seguida de majoritário reassentamento por parte do governo federal, já sinaliza a irreversibilidade do procedimento. Daí porque o fato da antiguidade de instalação de vilas não autoriza inferir que a Constituição, por haver proibido o garimpo em terras indígenas, optou pela permanência de qualquer dessas povoações; V – são nulas as titulações conferidas pelo INCRA, na Terra Indígena Raposa/Serra do Sol, assim como inválida é a ocupação da "Fazenda Guanabara". Isso porque: a) a autarquia federal, baseada em estudo de 1979, constante de procedimento demarcatório inconcluso (ausentes portaria declaratória e decreto homologatório), sem qualquer consulta à FUNAI, arrecadou terras da União como se devolutas fossem, alienando-as diretamente a particulares; b) sucede que as terras já eram e permanecem indígenas, sendo provisoriamente excluídas dos estudos de 1979 e de 1985 apenas para superar "*dificuldades que teria o Órgão Tutelar em demarcar*" tal área (dificuldades consistentes em litígios dos índios frente aos não-índios); c) já a titulação da "Fazenda Guanabara", alegadamente escorada em sentença com trânsito em julgado, proferida em ação discriminatória, também padece de vício insanável. É que a referida ação não cuidou da temática indígena, pois, equivocadamente, partiu do pressuposto de se tratar de terra devoluta. O que se demonstra pelo acórdão do TRF da 1ª Região, transitado em julgado, na ação de manutenção de posse que teve por autor o suposto proprietário privado. Este acórdão expôs o seguinte: "*comprovada através de laudo pericial idôneo a posse indígena, é procedente a oposição para reintegrar a União na posse do bem*". Pelo que não podem prosperar as determinações do Despacho 80/96, do então Ministro de Estado da Justiça, pois o que somente cabe aos detentores privados dos títulos de propriedade é postular indenização pelas benfeitorias realizadas de boa-fé; VI – os rizicultores privados, que passaram a explorar as terras indígenas somente a partir de 1992, não têm qualquer direito adquirido à respectiva posse, porque as posses antigas, que supostamente lhes serviram de ponto de partida, são, na verdade, o resultado de esbulho, e porque a presença dos arrozeiros subtrai dos índios extensas áreas de solo fértil, imprescindíveis às suas (dos autóctones) atividades produtivas, impede o acesso das comunidades indígenas a rios e degrada os recursos ambientais necessários ao bem-estar de todos eles, nativos da região. Após, o julgamento foi suspenso com o pedido de vista do Min. Menezes Direito. **Pet 3388/RR, rel. Min. Carlos Britto, 27.8.2008.** (Pet-3388)

DEMARCAÇÃO DE TERRAS INDÍGENAS: RAPOSA/SERRA DO SOL – 10

O Tribunal retomou julgamento de ação popular ajuizada por Senador da República contra a União, em que impugna o modelo contínuo de demarcação da Terra Indígena Raposa/Serra do Sol, situada no Estado de Roraima, e pleiteia a declaração de nulidade da Portaria 534/2005, do Ministro de Estado da Justiça, e do Decreto homologatório de 15.4.2005, do Presidente da República. Sustenta o autor, em síntese, que a Portaria em questão possuiria os mesmos vícios da Portaria 820/98, que a antecedeu, em razão da não observância das normas dos Decretos 22/91 e 1.775/96, haja vista que não teriam sido ouvidas todas as pessoas e entidades afetadas pela controvérsia, e o laudo antropológico sobre a área em discussão teria sido assinado por apenas um profissional, o que seria prova de presumida parcialidade. Alega, também, que a reserva em área contínua traria conseqüências desastrosas tanto para o Estado de Roraima, sob os aspectos comercial, econômico e social, quanto para os interesses do País, por comprometer a segurança e a soberania nacionais. Argumenta, por fim, que haveria desequilíbrio da Federação, já que a área demarcada, ao passar para o domínio da União, suprimiria parte significativa do território roraimense, ofendendo, ademais, o princípio da razoabilidade, ao privilegiar a tutela do índio em detrimento, por exemplo, da iniciativa privada — v. Informativo 517. **Pet 3388/RR, rel. Min. Carlos Britto, 10.12.2008.** (PET-3388)

DEMARCAÇÃO DE TERRAS INDÍGENAS: RAPOSA/SERRA DO SOL – 11

O Min. Menezes Direito, em voto-vista, julgou parcialmente procedente o pedido formulado para que sejam observadas as seguintes condições impostas pela disciplina constitucional ao usufruto dos índios sobre suas terras: 1) o usufruto das riquezas do solo, dos rios e dos lagos existentes nas terras indígenas pode ser suplantado de maneira genérica sempre que houver, como dispõe o art. 231, § 6º, da CF, o interesse público da União, na forma de lei complementar; 2) o usufruto dos índios não abrange a exploração de recursos hídricos e potenciais energéticos, que dependerá sempre da autorização do Congresso Nacional; 3) o usufruto dos índios não abrange a pesquisa e a lavra de recursos naturais, que dependerá sempre de autorização do Congresso Nacional; 4) o usufruto dos índios não abrange a garimpagem nem a faiscação, dependendo, se o caso, ser obtida a permissão da lavra garimpeira; 5) o usufruto dos índios fica condicionado ao interesse da Política de Defesa Nacional. A instalação de bases, unidades e postos militares e demais intervenções militares, a expansão estratégica da malha viária, a exploração de alternativas energéticas de cunho estratégico e o resguardo das riquezas de cunho estratégico, a critério dos órgãos competentes — o Ministério da Defesa e o Conselho de Defesa Nacional —, serão implementados independentemente de consulta às comunidades indígenas envolvidas ou à FUNAI; 6) a atuação das Forças Armadas e da Polícia Federal na área indígena, no âmbito de suas atribuições, fica garantida e se dará independentemente de consulta às comunidades indígenas envolvidas ou à FUNAI; 7) o usufruto dos índios não impede a instalação pela União Federal de equipamentos públicos, redes de comunicação, estradas e vias de transporte, além das construções necessárias à prestação de serviços públicos pela União, especialmente os de saúde e de educação; 8) o usufruto dos índios na área afetada por unidades de conservação fica restrito ao ingresso, trânsito e permanência, bem como a caça, a pesca e o extrativismo vegetal, tudo nos períodos, temporadas e condições estipulados pela administração da unidade de conservação, que ficará sob a responsabilidade do Instituto Chico Mendes de Conservação da Biodiversidade; 9) o Instituto Chico Mendes de Conservação da Biodiversidade responderá pela administração da área de unidade de conservação, também afetada pela terra indígena, com a participação das comunidades indígenas da área, em caráter apenas opinativo, levando em conta as tradições e os costumes dos indígenas, podendo, para tanto, contar com a consultoria da FUNAI; 10) o trânsito de visitantes e pesquisadores não-índios deve ser admitido na área afetada à unidade de conservação nos horários e condições estipulados pela administração; 11) deve ser admitido o ingresso, o trânsito, a permanência de não-índios no restante da área da terra indígena, observadas as condições estabelecidas pela FUNAI; 12) o ingresso, trânsito e a permanência de não-índios não pode ser objeto de cobrança de quaisquer tarifas ou quantias de qualquer natureza por parte das comunidades indígenas; 13) a cobrança de tarifas ou quantias de qualquer natureza também não poderá incidir ou ser exigida em troca da utilização de estradas, equipamentos públicos, linhas de transmissão de energia ou de quaisquer outros equipamentos e instalações colocadas a serviço do público, tenham sido excluídos expressamente da homologação ou não; 14) as terras indígenas não poderão ser objeto de arrendamento ou de qualquer ato ou negócio jurídico, que restrinja o pleno exercício da posse direta pela comunidade jurídica ou pelos silvícolas; 15) é vedada, nas terras indígenas, a qualquer pessoa estranha aos grupos tribais ou comunidades indígenas a prática da caça, pesca ou coleta de frutos, assim como de atividade agropecuária extrativa; 16) os bens do patrimônio indígena, isto é, as terras pertencentes ao domínio dos grupos e comunidades indígenas, o usufruto exclusivo das riquezas naturais e das utilidades existentes nas terras ocupadas, observado o disposto nos artigos 49, XVI, e 231, § 3º, da Constituição da República, bem como a renda indígena, gozam de plena isenção tributária, não cabendo a cobrança de quaisquer impostos, taxas ou contribuições sobre uns e outros; 17) é vedada a ampliação da terra indígena já demarcada; 18) os direitos dos índios relacionados as suas terras são imprescritíveis e estas são inalienáveis e indisponíveis. **Pet 3388/RR, rel. Min. Carlos Britto, 10.12.2008.** (PET-3388)

DEMARCAÇÃO DE TERRAS INDÍGENAS: RAPOSA/SERRA DO SOL – 12

Em seguida, o Tribunal, contra o voto do Min. Celso de Mello, tendo em conta o pedido de vista formulado pelo Min. Marco Aurélio, deliberou prosseguir no julgamento do processo. Prosseguindo, os Ministros Cármen Lúcia, Ricardo Lewandowski, Eros Grau, Cezar Peluso e Ellen Gracie também julgaram parcialmente procedente a ação popular para que sejam observadas as condições constantes do voto-vista do Min. Menezes Direito, tendo a Min. Cármen Lúcia feito ressalva quanto às condições 10, 17 e 18. O Min. Cezar Peluso, quanto aos itens 8 e 9, acompanhou o Min. Menezes Direito por diversos fundamentos jurídicos. Por sua vez, o Min. Joaquim Barbosa, julgou o pleito improcedente. O Min. Carlos Britto, relator, reajustou o seu voto para também adotar as observações contidas no voto do Min. Menezes Direito, com ressalva em relação à condição 9, para dela excluir a expressão "*em caráter apenas opinativo*" e inserir as palavras "*os usos*" antes da expressão "*tradições e costumes dos indígenas*". O relator propôs, ainda, a cassação da medida cautelar concedida na ação cautelar 2009/RR, no que foi acompanhado pelos Ministros Eros Grau, Joaquim

Barbosa, Cezar Peluso, Ellen Gracie e Ricardo Lewandowski. Após, pediu vista dos autos o Min. Marco Aurélio. **Pet 3388/RR, rel. Min. Carlos Britto, 10.12.2008.** (PET-3388) (Inform. STF 532)

DEMARCAÇÃO DE TERRAS INDÍGENAS: RAPOSA/SERRA DO SOL – 13

Em conclusão, o Tribunal, por maioria, julgou parcialmente procedente pedido formulado em ação popular ajuizada por Senador da República contra a União, em que se impugnava o modelo contínuo de demarcação da Terra Indígena Raposa/Serra do Sol, situada no Estado de Roraima, e pleiteava a declaração de nulidade da Portaria 534/2005, do Ministro de Estado da Justiça, e do Decreto homologatório de 15.4.2005, do Presidente da República — v. Informativos 517 e 532. Na sessão de 19.3.2009, o Tribunal, inicialmente, em votação majoritária, rejeitou questão de ordem suscitada por representante de comunidade indígena assistente, no sentido de renovação da oportunidade de sustentação oral das partes, em face de novos fatos surgidos no julgamento, consubstanciados nas condições submetidas à apreciação da Corte no voto-vista do Min. Menezes Direito. Vencido, no ponto, o Min. Joaquim Barbosa, que acolhia a questão de ordem, ao fundamento de que as referidas condições inovariam radicalmente em relação ao que proposto na ação popular, não se tendo debatido sobre elas em nenhum momento no curso do processo. **Pet 3388/RR, rel. Min. Carlos Britto, 18 e 19.3.2009.** (Pet-3388)

DEMARCAÇÃO DE TERRAS INDÍGENAS: RAPOSA/SERRA DO SOL – 14

Quanto ao mérito, prevaleceu o voto do Min. Carlos Britto, relator, que assentou a condição indígena da área demarcada como Raposa/Serra do Sol, em sua totalidade, tendo o Tribunal aprovado, ainda, a partir das explicitações feitas pelo Min. Menezes Direito, as seguintes condições: 1) o usufruto das riquezas do solo, dos rios e dos lagos existentes nas terras indígenas (CF, art. 231, § 2º) pode ser relativizado sempre que houver, como dispõe o art. 231, § 6º, da CF, relevante interesse público da União, na forma de lei complementar; 2) o usufruto dos índios não abrange o aproveitamento de recursos hídricos e potenciais energéticos, que dependerá sempre da autorização do Congresso Nacional; 3) o usufruto dos índios não abrange a pesquisa e lavra das riquezas minerais, que dependerá sempre de autorização do Congresso Nacional, assegurando-se-lhes a participação nos resultados da lavra, na forma da lei; 4) o usufruto dos índios não abrange a garimpagem nem a faiscação, devendo, se for o caso, ser obtida a permissão da lavra garimpeira; 5) o usufruto dos índios não se sobrepõe ao interesse da Política de Defesa Nacional; a instalação de bases, unidades e postos militares e demais intervenções militares, a expansão estratégica da malha viária, a exploraçao de alternativas energéticas de cunho estratégico e o resguardo das riquezas de cunho estratégico, a critério dos órgãos competentes (Ministério da Defesa e Conselho de Defesa Nacional), serão implementados independentemente de consulta às comunidades indígenas envolvidas ou à FUNAI; 6) a atuação das Forças Armadas e da Polícia Federal na área indígena, no âmbito de suas atribuições, fica assegurada e se dará independentemente de consulta às comunidades indígenas envolvidas ou à FUNAI; 7) o usufruto dos índios não impede a instalação, pela União Federal, de equipamentos públicos, redes de comunicação, estradas e vias de transporte, além das construções necessárias à prestação de serviços públicos pela União, especialmente os de saúde e educação, 8) o usufruto dos índios na área afetada por unidades de conservação fica sob a responsabilidade do Instituto Chico Mendes de Conservação da Biodiversidade; 9) o Instituto Chico Mendes de Conservação da Biodiversidade responderá pela administração da área da unidade de conservação também afetada pela terra indígena com a participação das comunidades indígenas, que deverão ser ouvidas, levando-se em conta os usos, as tradições e os costumes dos indígenas, podendo para tanto contar com a consultoria da FUNAI; 10) o trânsito de visitantes e pesquisadores não-índios deve ser admitido na área afetada à unidade de conservação nos horários e condições estipulados pelo Instituto Chico Mendes de Conservação da Biodiversidade; 11) devem ser admitidos o ingresso, o trânsito e a permanência de não-índios no restante da área da terra indígena, observadas as condições estabelecidas pela FUNAI; 12) o ingresso, o trânsito e a permanência de não-índios não podem ser objeto de cobrança de quaisquer tarifas ou quantias de qualquer natureza por parte das comunidades indígenas; 13) a cobrança de tarifas ou quantias de qualquer natureza também não poderá incidir ou ser exigida em troca da utilização das estradas, equipamentos públicos, linhas de transmissão de energia ou de quaisquer outros equipamentos e instalações colocadas a serviço do público, tenham sido excluídos expressamente da homologação ou não; 14) as terras indígenas não poderão ser objeto de arrendamento ou de qualquer ato ou negócio jurídico que restrinja o pleno exercício do usufruto e da posse direta pela comunidade indígena ou pelos índios; 15) é vedada, nas terras indígenas, a qualquer pessoa estranha aos grupos tribais ou comunidades indígenas, a prática da caça, pesca ou coleta de frutas, assim como de atividade agropecuária extrativa; 16) as terras sob ocupação e posse dos grupos e das comunidades indígenas, o usufruto exclusivo das riquezas naturais e das utilidades existentes nas terras ocupadas, observado o disposto nos artigos 49, XVI, e 231, § 3º, da Constituição da República, bem como a renda indígena, gozam de plena imunidade tributária, não cabendo a cobrança de quaisquer impostos, taxas ou contribuições sobre uns ou outros; 17) é vedada a ampliação da terra indígena já demarcada; 18) os direitos dos índios relacionados às suas terras são imprescritíveis e estas são inalienáveis e indisponíveis; 19) é assegurada a participação dos entes federados no procedimento administrativo de demarcação das terras indígenas, encravadas em seus territórios, observada a fase em que se encontrar o procedimento. Determinou-se, por fim, a execução imediata do acórdão, independentemente da sua publicação, ficando cassada a medida cautelar concedida na ação cautelar 2009/RR, por meio da qual se suspendera a desintrusão dos não-índios das áreas demarcadas. Deliberou-se, ainda, que a supervisão da execução caberá ao Min. Carlos Britto, relator, que fará essa execução em entendimento com o Tribunal Regional Federal da 1ª Região, especialmente o seu Presidente. **Pet 3388/RR, rel. Min. Carlos Britto, 18 e 19.3.2009.** (Pet-3388)

DEMARCAÇÃO DE TERRAS INDÍGENAS: RAPOSA/SERRA DO SOL – 15

Quanto à condição 17, fizeram ressalva os Ministros Carlos Britto, relator, Eros Grau e Cármen Lúcia. O relator, no ponto, tendo em conta o marco temporal adotado pela maioria da Corte, admitia a ampliação de terras indígenas demarcadas antes da Constituição de 1988. Ficaram vencidos os Ministros Joaquim Barbosa, que julgava o pedido improcedente, e Marco Aurélio, que o julgava procedente. O Min. Marco Aurélio, preliminarmente, declarava a nulidade do processo, apontando a ausência de: 1) citação das autoridades que editaram a Portaria 534/2005 e o Decreto homologatório; 2) citação do Estado de Roraima e dos Municípios de Uiramutã, Pacaraima e Normandia; 3) intervenção oportuna do Ministério Público na instrução da ação popular; 4) citação de todas as etnias indígenas; 5) produção de provas; 6) intimação dos detentores de título de propriedade. Relativamente ao mérito, fixava os seguintes parâmetros para uma nova ação administrativa demarcatória, ao fundamento de ser nula a anterior: 1) audição de todas as comunidades indígenas existentes na área a ser demarcada; 2) audição de posseiros e titulares de domínio consideradas as terras envolvidas; 3) levantamento antropológico e topográfico para definir a posse indígena, tendo-se como termo inicial a data da promulgação da Constituição Federal, dele participando todos os integrantes do grupo interdisciplinar, que deveriam subscrever o laudo a ser confeccionado; 4) em conseqüência da premissa constitucional de se levar em conta a posse indígena, a demarcação deveria se fazer sob tal ângulo, afastada a abrangência que resultou da primeira, ante a indefinição das áreas, ou seja, a forma contínua adotada, com participação do Estado de Roraima bem como dos Municípios de Uiramutã, Pacaraima e Normandia no processo demarcatório; 5) audição do Conselho de Defesa Nacional quanto às áreas de fronteira. **Pet 3388/RR, rel. Min. Carlos Britto, 18 e 19.3.2009.** (Pet-3388) (Inform. STF 539)

MATERIAIS DE AMIANTO: PROIBIÇÃO E COMPETÊNCIA LEGISLATIVA - 1

O Tribunal iniciou julgamento de ação direta de inconstitucionalidade ajuizada pela Confederação Nacional dos Trabalhadores na Indústria - CNTI contra a Lei 12.684/2007, do Estado de São Paulo, que "proíbe o uso, no Estado de São Paulo, de produtos, materiais ou artefatos que contenham quaisquer tipos de amianto ou asbesto ou outros minerais que, acidentalmente, tenham fibras de amianto na sua composição". O Min. Marco Aurélio, relator, na linha do entendimento firmado no julgamento da ADI 2656/SP (DJU de 1º.8.2003), no sentido de que a competência para tratar da matéria seria da União (CF: "Art. 22. Compete privativamente à União legislar sobre:... VIII - comércio exterior e interestadual"), e de que teria havido extrapolação da competência concorrente prevista no inciso V do art. 24 da CF ("Art. 24. Compete à União, aos Estados e ao Distrito Federal legislar concorrentemente sobre:... V - produção e consumo;"), por existir norma federal regulando o tema (Lei 9.055/95), deferiu a liminar, no que foi acompanhado pelos Ministros Cármen Lúcia e Ricardo Lewandowski. Em divergência, o Min. Eros Grau, salientando sua tendência em evoluir quando retornar o debate da ADI 3356/PE (julgamento pendente de conclusão - v. Informativo 407) e de que matéria não pode ser examinada única e exclusivamente pelo ângulo formal, indeferiu a liminar, ao fundamento de que a Lei federal 9.055/95 é inconstitucional, na medida em que agride o preceito disposto no art. 196 da CF ("A saúde é direito de todos e dever do Estado, garantido mediante políticas sociais e econômicas que visem à redução do risco de doença e de outros agravos e ao acesso universal e igualitário às ações e serviços para sua promoção, proteção e recuperação."). Após, pediu vista dos autos o Min. Joaquim Barbosa. **ADI 3937 MC/SP, rel. Min. Marco Aurélio, 29.8.2007. (ADI-3937)**

MATERIAIS DE AMIANTO: PROIBIÇÃO E COMPETÊNCIA LEGISLATIVA - 2

Por votação majoritária, o Tribunal, em questão de ordem, negou referendo à decisão concessiva de liminar, proferida pelo Min. Marco Aurélio, e, julgando prejudicado agravo regimental, indeferiu a liminar pleiteada em ação direta de inconstitucionalidade, ajuizada pela Confederação Nacional dos Trabalhadores na Indústria - CNTI, em face da Lei 12.684/2007, do Estado de São Paulo, que "*proíbe o uso, no Estado de São Paulo, de produtos, materiais ou artefatos que contenham quaisquer tipos de amianto ou asbesto ou outros minerais que, acidentalmente, tenham fibras de amianto na sua composição*" — v. Informativo 477. Prevaleceram os votos dos Ministros Joaquim Barbosa e Eros Grau. **ADI 3937 QO-MC/SP, rel. Min. Marco Aurélio, 4.6.2008.** (ADI-3937)

MATERIAIS DE AMIANTO: PROIBIÇÃO E COMPETÊNCIA LEGISLATIVA - 3

O Min. Joaquim Barbosa salientou, inicialmente, os graves danos à saúde provocados pelo amianto, citando doenças relacionadas ao seu uso, e o que disposto na Resolução CONAMA 348/2004, no sentido de reconhecer, de acordo com critérios adotados pela Organização Mundial da Saúde, a inexistência de limites seguros para a exposição humana ao referido mineral. Considerou que, à primeira vista, a lei impugnada não seria inconstitucional por duas razões. Afirmou, no ponto, que haveria uma norma a respaldar a postura legislativa adotada pelo Estado-membro, qual seja, a Convenção 162 da OIT, promulgada por meio do Decreto 126/91. Essa Convenção seria um compromisso assumido pelo Brasil de desenvolver e implementar medidas para proteger o trabalhador exposto ao amianto, uma norma protetiva de direitos fundamentais, em especial o direito à saúde e o direito ao meio-ambiente equilibrado. Tendo em conta a coincidência principiológica entre o texto constitucional e a Convenção, afirmou que esta deveria ser um critério para se avaliar as normas estaduais, e conferiu às normas da Convenção, no mínimo, o *status* supralegal e infraconstitucional. Ressaltou que, se a União, no plano internacional, assumiu o compromisso de adotar medidas no sentido de substituir a utilização do amianto crisotila, conforme os artigos 3º e 10 da Convenção 162, esse compromisso deveria ser utilizado também no plano interno em face das unidades federativas. **ADI 3937 QO-MC/SP, rel. Min. Marco Aurélio, 4.6.2008.** (ADI-3937)

MATERIAIS DE AMIANTO: PROIBIÇÃO E COMPETÊNCIA LEGISLATIVA - 4

Além disso, o Min. Joaquim Barbosa se convenceu da legitimidade da lei estadual impugnada por reputar inadequado concluir que a lei federal excluiria a aplicação de qualquer outra norma ao caso. Esclareceu que a preexistência da Convenção impediria que se tentasse levar a lei ordinária federal ao *status* de norma geral. A Convenção é que possuiria tintas de generalidade nessa matéria, sendo a lei federal uma lei específica destinada, talvez, a permitir o crisotila no âmbito das relações federais. Acrescentou que essa distinção entre lei federal e lei específica seria inaplicável ao caso das leis sobre amianto, porque, em matéria de defesa da saúde, sobre a qual o Estado-membro tem competência, não seria razoável que a União exercesse uma opção permissiva no lugar do Estado, retirando-lhe a liberdade de atender, dentro dos limites razoáveis, aos interesses da sua comunidade, sob pena de, assim fazendo, esvaziar por completo o compromisso internacional, assumido pelo Brasil, na Convenção. **ADI 3937 QO-MC/SP, rel. Min. Marco Aurélio, 4.6.2008.** (ADI-3937)

MATERIAIS DE AMIANTO: PROIBIÇÃO E COMPETÊNCIA LEGISLATIVA - 5

Por sua vez, o Min. Eros Grau, salientando que o Tribunal não estaria vinculado às razões que fundamentam o pedido do requerente, e reputando imprescindível a análise da conformidade da lei federal com a Constituição, indeferiu a liminar por entender que a Lei 9.055/95 pareceria inconstitucional, na medida em que desrespeitaria o preceito disposto no art. 196 da CF ("*A saúde é direito de todos e dever do Estado, garantido mediante políticas sociais e econômicas que visem à redução do risco de doença e de outros agravos e ao acesso universal e igualitário às ações e serviços para sua promoção, proteção e recuperação.*"), situação que viabilizaria o estado-membro a legislar sobre a matéria de forma ampla (CF, art. 24, § 3º). Vencidos os Ministros Marco Aurélio, relator, Menezes Direito e Ellen Gracie, que referendavam a decisão concessiva da liminar, por considerar que, em princípio, na linha de precedentes da Corte, a lei impugnada teria usurpado a competência da União para tratar da matéria (CF, art. 22, VIII), e extrapolado a competência concorrente prevista no inciso V do art. 24 da CF, por existir norma federal regulando o tema. Os Ministros Cármen Lúcia e Ricardo Lewandowski reajustaram seus votos. **ADI 3937 QO-MC/SP, rel. Min. Marco Aurélio, 4.6.2008.** (ADI-3937) (Inform. STF 509)

TRATAMENTO MÉDICO NO EXTERIOR E REEMBOLSO DE DESPESAS

A Turma iniciou julgamento de recurso extraordinário interposto pela União contra acórdão do TRF da 1ª Região que concedera a portadores de doença ocular progressiva (retinose pigmentária) o direito a reembolso total das despesas efetuadas em decorrência de tratamento médico no exterior. O Min. Menezes Direito, tendo em conta a presença de laudo do Conselho Brasileiro de Oftalmologia afirmando, peremptoriamente, não haver tratamento para tal doença no Brasil e no exterior, deu provimento ao recurso. Asseverou que o direito pleiteado é conferido, mediante o cumprimento de requisitos estabelecidos pelo próprio Estado (laudos, pareceres), quando existe a possibilidade certificada de cura, de tratamento, o que não ocorreria na situação concreta. Após, o julgamento foi suspenso em virtude do pedido de vista do Min. Marco Aurélio. **RE 368564/DF, rel. Min. Menezes Direito, 8.4.2008.** (RE-368564) (Inform. STF 501)

PROJETO DE INTEGRAÇÃO DO RIO SÃO FRANCISCO - 1

O Tribunal, por maioria, negou provimento a agravo regimental interposto pelo Ministério Público Federal contra decisão que indeferira pedido de liminar em ação civil pública, movida contra a União e o Instituto Brasileiro do Meio Ambiente e dos Recursos Naturais Renováveis - IBAMA, que visa à preservação do meio ambiente que supostamente estaria sendo ameaçado em face da iniciativa da União em desenvolver o Projeto de Integração do Rio São Francisco com as Bacias Hidrográficas do Nordeste Setentrional. Alega o autor, ora agravante, que não teriam sido observadas normas de proteção ambiental, procedimentos de licenciamento ambiental e regras dos recursos hídricos. A decisão agravada, preliminarmente, reconhecera a ilegitimidade ativa de associações civis e a inocorrência de substituição, por elas, dos entes federados legitimados para figurar em ação originária, fundada no art. 102, I, **f**, da CF, bem como a ilegitimidade das seccionais da Ordem dos Advogados do Brasil da Bahia e do Sergipe, ao fundamento de que haveria de atuar o Conselho Federal da OAB (Lei 8.906/94, art. 54, XIV), por se pretender, no caso concreto, evitar ato da União que atinge diversos Estados-membros, controvérsia que ultrapassaria os limites territoriais das atribuições desses conselhos. No mérito, levara em conta a fase em que se encontrava o referido projeto, considerando não ter sido comprovado o início de nenhum ato modificador do meio ambiente, antes da necessária concessão da licença de instalação. **ACO 876 MC-AgR/BA, rel. Min. Menezes Direito, 19.12.2007.** (ACO-876)

PROJETO DE INTEGRAÇÃO DO RIO SÃO FRANCISCO - 2

Inicialmente, em votação majoritária, o Tribunal negou provimento aos agravos regimentais interpostos pelas associações civis e pelos conselhos seccionais da OAB mencionados, mantendo os fundamentos da decisão agravada quanto à ilegitimidade ativa. Vencidos, no ponto, integralmente, os Ministros Marco Aurélio e Carlos Britto, que reconheciam tanto a legitimidade ativa das associações voltadas à proteção do meio ambiente (Lei 7.347/85, art. 5º), que não poderia ser afastada ante a regra da competência originária da Corte (CF, art. 102, I, **f**), quanto a legitimidade dos conselhos seccionais (Lei 8.906/94, art. 5º), haja vista, não obstante a regra do art. 54, XIV, da Lei 8.906/94 no sentido de caber ao Conselho Federal da OAB a propositura da ação civil pública, a inexistência de cláusula excludente quanto à legitimação desses conselhos seccionais e o fato de a OAB, como um grande todo, ter por tradição a defesa de interesses da sociedade, defesa essa que apanharia os conselhos seccionais. Vencidos, parcialmente, também quanto a esse ponto, os Ministros Cezar Peluso e Joaquim Barbosa, que acompanhavam a divergência apenas no que se refere à legitimidade das aludidas associações civis. **ACO 876 MC-AgR/BA, rel. Min. Menezes Direito, 19.12.2007.** (ACO-876)

PROJETO DE INTEGRAÇÃO DO RIO SÃO FRANCISCO - 3

No mérito, concluiu-se não existir irregularidade na expedição da licença de instalação questionada ou descumprimento da decisão agravada, não estando presente requisito capaz de autorizar o deferimento da medida liminar para paralisar a execução da obra. Esclareceu-se, primeiro, que a decisão agravada considerara exclusivamente o alcance da licença prévia e não da licença de instalação do projeto, ora questionada, e que essa decisão, apesar de fazer menção a relevantes aspectos sobre eventuais audiências públicas e sobre possíveis estudos complementares, não impusera qualquer exigência a respeito desses aspectos. Asseverou-se, também, que, segundo parecer técnico do IBAMA, das 31 condicionantes mencionadas na licença prévia apenas 6 teriam sido parcialmente atendidas, tendo as demais sido cumpridas na integralidade, o que seria suficiente para passar à fase seguinte do processo, que consiste na emissão da licença de instalação. Afirmou-se, por outro lado, terem sido traçados inúmeros programas e planos, detalhadamente, para viabilizar as obras com a devida proteção do meio ambiente e justificar a concessão da licença de instalação. Ressaltou-se que a execução do projeto, na forma como planejada, mesmo diante de ajustes ou alterações necessários, seguindo rigorosamente os programas e planos apresentados pelo IBAMA e com fiscalização permanente, não autorizaria, no que se refere à garantia da preservação da natureza, a intervenção do Poder Judiciário na execução de política pública, cuja definição estaria no âmbito do Poder Executivo, considerando não existir nenhuma violação de norma legal ou constitucional neste momento. Reputou-se, ainda, prescindível a autorização do Congresso Nacional e o consentimento prévio de populações indígenas para implantação do empreendimento (CF, art. 231, § 3º), tendo em conta que o projeto não aproveitaria recursos hídricos localizados dentro das terras indígenas e que, ao invés de prejudicar, poderia inclusive resolver problema de escassez de que padeceria certa comunidade indígena. **ACO 876 MC-AgR/BA, rel. Min. Menezes Direito, 19.12.2007.** (ACO-876)

PROJETO DE INTEGRAÇÃO DO RIO SÃO FRANCISCO – 4

Vencidos os Ministros Carlos Britto, Cezar Peluso e Marco Aurélio, que deferiam o pedido de liminar, julgando prejudicados os agravos. O Min. Carlos Britto, apontando para a mudança do quadro fático, considerou não terem sido atendidas nem as condições impostas na decisão agravada, sobretudo no que concerne à realização das aludidas audiências públicas, nem as condicionantes estabelecidas na licença prévia. Enfatizou a existência de políticas públicas que, por sua importância, como na hipótese, dependeriam de autorização do Congresso Nacional (CF, artigos 48, IV; 58, § 2º, VI; 165, § 4º) e que, em face do princípio da precaução, inscrito no art. 225, da CF, em caso de dúvida quanto à lesão ou não ao meio ambiente, dever-se-ia paralisar a atividade governamental, salientando, especialmente, o fato de o Rio São Francisco encontrar-se assoreado e poluído, precisando de revitalização. Na linha do que exposto pelo Min. Carlos Britto, os Ministros Cezar Peluso e Marco Aurélio ressaltaram a possibilidade de dano irreversível ao meio ambiente. **ACO 876 MC-AgR/BA, rel. Min. Menezes Direito, 19.12.2007.** (ACO-876) (Inform. STF 493)

EMENTA: DIREITOS INDIVIDUAIS HOMOGÊNEOS. SEGURADOS DA PREVIDÊNCIA SOCIAL. **CERTIDÃO PARCIAL** DE TEMPO DE SERVIÇO. **RECUSA** DA AUTARQUIA PREVIDENCIÁRIA. **DIREITO** DE PETIÇÃO **E DIREITO** DE OBTENÇÃO DE CERTIDÃO EM REPARTIÇÕES PÚBLICAS. **PRERROGATIVAS JURÍDICAS** DE ÍNDOLE **EMINENTEMENTE** CONSTITUCIONAL. **EXISTÊNCIA** DE RELEVANTE INTERESSE SOCIAL. **AÇÃO CIVIL PÚBLICA. LEGITIMAÇÃO ATIVA** DO MINISTÉRIO PÚBLICO. **DOUTRINA. PRECEDENTES. RECURSO EXTRAORDINÁRIO IMPROVIDO.** (RE 472489/RS, rel. Min. Celso de Mello, j. 13.11.07) (Inform. STF 488)

CONVERSÃO DE SEPARAÇÃO EM DIVÓRCIO E ART. 36, II, DA LEI 6.515/77

O Tribunal deu provimento a recurso extraordinário interposto contra acórdão proferido pelo Tribunal de Justiça de São Paulo que considerara que o descumprimento de obrigação assumida na separação continuava sendo causa impeditiva da conversão da separação em divórcio, uma vez que a regra do art. 36, II, da Lei 6.515/77 teria sido recepcionada pela CF/88 ("*Art. 36 - Do pedido referido no artigo anterior* [conversão de separação em divórcio], *será citado o outro cônjuge, em cuja resposta não caberá reconvenção. Parágrafo único - A contestação só pode fundar-se em: ... II - descumprimento das obrigações assumidas pelo requerente na separação.*"). Entendeu-se que o mencionado dispositivo estaria em conflito com o art. 226, § 6º, da CF/88 ("*O casamento civil pode ser dissolvido pelo divórcio, após prévia separação judicial por mais de um ano nos casos expressos em lei, ou comprovada separação de fato por mais de dois anos.*"). Asseverou-se que o divórcio diz respeito à dissolução do casamento e que a referência, contida no § 6º do art. 226 da CF, aos casos expressos em lei concerne à separação em si. Ressaltou-se, ademais, que o problema relativo ao descumprimento das prestações alimentícias, sejam anteriores à separação, sejam anteriores ou posteriores ao divórcio, há de ser resolvido por meio de execução. Em seguida, o Tribunal, por maioria, resolveu questão de ordem no sentido de assentar a não-recepção da norma impugnada pela CF/88. Vencido, no ponto, o Min. Marco Aurélio, relator, que declarava a sua inconstitucionalidade e propugnava a comunicação formal da decisão ao Senado Federal. RE 387271/SP, rel. Min. Marco Aurélio, 8.8.2007. (RE-387271) (Inform. STF 475)

ADI E "BRIGAS DE GALO"

Por entender caracterizada a ofensa ao art. 225, § 1º, VII, da CF, que veda práticas que submetam os animais a crueldade, o Plenário julgou procedente, com efeito *ex tunc*, pedido formulado em ação direta ajuizada pelo Procurador-Geral da República para declarar a inconstitucionalidade da Lei 7.380/98, do Estado do Rio Grande do Norte, que autoriza a criação, a exposição e as competições de aves das Raças Combatentes, conhecidas como "brigas de galo". Precedentes citados: ADI 2514/SC (DJU de 9.12.2005); ADI 1856 MC/RJ (DJU de 22.9.2000); RE 153531/SC (DJU de 13.3.98). ADI 3776/RN, rel. Min. Cezar Peluso, 14.6.2007. (ADI-3776) (Inform. STF 471)

MS. Demarcação de Terra Indígena - 1

O Tribunal iniciou julgamento de mandado de segurança impetrado contra ato do Presidente da República que homologara, por meio do Decreto s/nº, de 1º.10.93, e para os efeitos do art. 231 da CF, a demarcação administrativa promovida pela Fundação Nacional do Índio - FUNAI da Área Indígena Jacaré de São Domingos, localizada no Estado da Paraíba. As impetrantes alegam que são senhoras e possuidoras de cerca de 3.500 hectares das terras incluídas na demarcação, com justo título, boa-fé e posse mansa e pacífica e que o decreto impugnado desobedeceu à Portaria s/nº, de 1º.6.92, do Ministro da Justiça, gerando diversidade entre as áreas demarcanda e demarcada. Sustentam ainda: a) ter sido a área em questão reivindicada anteriormente pela FUNAI, o que dera ensejo à impetração de outro mandado de segurança perante o STJ, cujo pedido fora deferido parcialmente; b) terem ajuizado, antes do decreto homologatório ora impugnado e após a decisão do STJ, ação de nulidade de demarcatória cumulada com ação reivindicatória perante a Justiça Federal da Paraíba. O Min. Carlos Velloso, relator, concedeu, em parte, a segurança para suspender a eficácia do decreto homologatório até que decidida a ação ajuizada no Juízo Federal da Paraíba. Esclareceu, inicialmente, que o mandado de segurança impetrado perante o STJ, que impugnara a referida Portaria, fora deferido, em parte, para anular o seu item III, que proibia "o ingresso, o trânsito e a permanência de pessoas ou grupos de não índios dentro do perímetro ora especificado, ressalvada a presença e a ação de autoridades federais bem como a de particulares especialmente autorizados, desde que sua atividade não seja nociva, inconveniente ou danosa à vida, aos bens e ao processo de assistência aos indígenas", ressalvando-se às impetrantes as vias ordinárias, o que ocasionara o ajuizamento da mencionada ação de nulidade de demarcatória cumulada com ação reivindicatória. Observou, ainda, que o decreto presidencial divergiu da portaria ministerial, uma vez que incide sobre área que a desta. Com base nisso, e em razão de o ajuizamento da ação na Justiça Federal ser anterior ao decreto homologatório, concluiu que permitir a vigência deste implicaria ofensa ao princípio da inafastabilidade do controle judicial sobre qualquer ato que cause lesão ou ameaça a direito (CF, art. 5º, XXXV). O Min. Eros Grau acompanhou o relator. Após, o Min. Joaquim Barbosa pediu vista dos autos. MS 21896/PB, rel. Min. Carlos Velloso, 3.11.2004. (MS-21896)

MS. Demarcação de Terra Indígena - 2

O Tribunal retomou julgamento de mandado de segurança impetrado contra ato do Presidente da República que homologara, por meio do Decreto s/nº, de 1º.10.93, e para os efeitos do art. 231 da CF, a demarcação administrativa promovida pela Fundação Nacional do Índio - FUNAI da Área Indígena Jacaré de São Domingos, localizada no Estado da Paraíba - v. Informativo 368. O Min. Joaquim Barbosa, abrindo divergência, proferiu voto-vista no sentido de denegar a ordem. Asseverando a possibilidade de haver razoável diversidade entre as áreas demarcanda e demarcada - haja vista que a demarcação física, com a precisa indicação das coordenadas geográficas e a definitiva medição da área, ocorre em momento posterior à portaria -, considerou que, no caso, inexiste diferença substancial entre as áreas em questão, a amparar a tese das impetrantes. Ressaltou, também, que o STJ, no julgamento do mandado de segurança lá impetrado, apenas firmara a ausência de prova pré-constituída, no que respeita à alegação de que as terras objeto da portaria não estavam sendo ocupadas imemorialmente pelos índios, assegurando às impetrantes o uso das vias ordinárias, e que a análise acerca das terras que o decreto efetivamente abrangera demandaria abertura de fase de instrução, incabível na sede eleita. Por fim, afirmando que a expedição do decreto presidencial configura mero ato declaratório, afastou, também, o argumento de ofensa ao devido processo legal, porquanto a mera propositura da ação de nulidade de demarcatória cumulada com ação reivindicatória não teria o condão de sustar o andamento do procedimento de demarcação, e que, no momento da edição do ato impugnado, inexistia provimento jurisdicional definitivo ou cautelar que impedisse o trâmite do processo administrativo. MS 21896/PB, rel. Min. Carlos Velloso, 5.10.2005. (MS-21896)

MS. Demarcação de Terra Indígena - 3

Prosseguindo no julgamento, o Min. Cezar Peluso, por sua vez, tendo em conta que a manutenção ou a subsistência da eficácia do decreto pode servir de pretexto ou de fundamento para atos que venham a criar transtornos na posse das impetrantes, enquanto pendente de julgamento a ação reivindicatória, seguiu a conclusão do voto do relator, e concedeu parcialmente a ordem para sustar os efeitos do decreto homologatório. Acompanharam a divergência os Ministros Eros Grau, que reajustou seu voto, Carlos Britto, Nelson Jobim, presidente, e Sepúlveda Pertence. Após, o julgamento foi adiado em face do pedido de vista do Min. Gilmar Mendes. MS 21896/PB, rel. Min. Carlos Velloso, 5.10.2005. (MS-21896)

MS. DEMARCAÇÃO DE TERRA INDÍGENA - 4

Em conclusão de julgamento, o Tribunal, por maioria, denegou mandado de segurança impetrado contra ato do Presidente da República que homologara, por meio do Decreto s/nº, de 1º.10.93, e para os efeitos do art. 231 da CF, a demarcação administrativa promovida pela Fundação Nacional do Índio - FUNAI da Área Indígena Jacaré de São Domingos, localizada no Estado da Paraíba — v. Informativos 368 e 404. Asseverando a possibilidade de haver razoável diversidade entre as áreas demarcanda e demarcada — haja vista que a demarcação física, com a precisa indicação das coordenadas geográficas e a definitiva medição da área, ocorre em momento posterior à portaria —, considerou-se que, no caso, inexistia diferença substancial entre as áreas em questão, a amparar a tese das impetrantes. Ressaltou-se, também, que o STJ, no julgamento do mandado de segurança lá impetrado, apenas firmara a ausência de prova pré-constituída, no que respeita à alegação de que as terras objeto da portaria não estavam sendo ocupadas imemorialmente pelos índios, assegurando às impetrantes o uso das vias ordinárias, e que a análise acerca das terras que o decreto efetivamente abrangera demandaria abertura de fase de instrução, incabível na sede eleita. Por fim, afirmando que a expedição do decreto presidencial configura mero ato declaratório, afastou-se, também, o argumento de ofensa ao devido processo legal, porquanto a mera propositura da ação de nulidade de demarcatória cumulada com ação reivindicatória não teria o condão de sustar o andamento do procedimento de demarcação, e que, no momento da edição do ato impugnado, inexistia provimento jurisdicional definitivo ou cautelar que impedisse o trâmite do processo administrativo. Vencidos, em parte, os Ministros Carlos Velloso, relator, e Cezar Peluso, que concediam, parcialmente, a ordem para suspender a eficácia do decreto homologatório. MS 21896/PB, rel. orig. Min. Carlos Velloso, rel. p/ o acórdão Min. Joaquim Barbosa, 4.6.2007. (MS-21896) (Inform. STF 470)

Propriedade dos Extintos Aldeamentos Indígenas - 1

Iniciado o julgamento de mérito de ação direta ajuizada pelo Procurador-Geral da República contra o inciso X do art. 7º da Constituição do Estado do Rio Grande do Sul ("Art. 7º. São bens do Estado: ... X - As terras dos extintos aldeamentos indígenas"). Após o voto do Min. Ilmar Galvão, relator, julgando parcialmente procedente o pedido formulado na inicial, para dar interpretação conforme à Constituição da República, no sentido de que o dispositivo impugnado se refere exclusivamente aos aldeamentos indígenas extintos antes da edição da primeira Carta da República, pediu vista o Min. Nelson Jobim. ADI 255-RS, rel. Min. Ilmar Galvão, 27.6.2002. (ADI-255)

Propriedade dos Extintos Aldeamentos Indígenas - 2

Retomado julgamento de mérito de ação direta ajuizada pelo Procurador-Geral da República contra o inciso X do art. 7º da Constituição do Estado do Rio Grande do Sul ("Art. 7º. São bens do Estado: ... X - as terras dos extintos aldeamentos indígenas") - v. Informativo 274. Em voto-vista, o Min. Nelson Jobim, presidente, acompanhando o voto do relator, julgou parcialmente procedente o pedido formulado na inicial, para dar interpretação conforme à Constituição, no sentido de que o dispositivo impugnado se refere exclusivamente aos aldeamentos indígenas extintos antes da edição da Constituição de 1891. Após, o julgamento foi adiado em virtude do pedido de vista do Min. Eros Grau. ADI 255/RS, rel. Min. Ilmar Galvão, 29.3.2006. (ADI-255)

PROPRIEDADE DOS EXTINTOS ALDEAMENTOS INDÍGENAS - 3

O Tribunal retomou julgamento de ação direta de inconstitucionalidade ajuizada pelo Procurador-Geral da República contra o inciso X do art. 7º da Constituição do Estado do Rio Grande do Sul ("*Art. 7º. São bens do Estado:... X - as terras dos extintos aldeamentos indígenas*") — v. Informativos 274 e 421. Em voto-vista, o Min. Eros Grau acompanhou o voto do relator, julgando parcialmente procedente o pedido formulado na inicial, para dar interpretação conforme à Constituição, no sentido de que o dispositivo impugnado se refere exclusivamente aos aldeamentos indígenas extintos antes da edição da Constituição de 1891. O Min. Sepúlveda Pertence adiantou seu voto e também acompanhou o relator. Após, o julgamento foi adiado em virtude do pedido de vista do Min. Ricardo Lewandowski. ADI 255/RS, rel. Min. Ilmar Galvão, 4.6.2007. (ADI-255)

PROPRIEDADE DOS EXTINTOS ALDEAMENTOS INDÍGENAS - 4

O Tribunal retomou julgamento de ação direta de inconstitucionalidade ajuizada pelo Procurador-Geral da República contra o inciso X do art. 7º da Constituição do Estado do Rio Grande do Sul ("*Art. 7º. São bens do Estado:... X - as terras dos extintos aldeamentos indígenas*") — v. Informativos 274, 421 e 470. Em voto-vista, o Min. Ricardo Lewandowski acompanhou o voto do relator, julgando parcialmente procedente o pedido formulado na inicial, para dar interpretação conforme à Constituição, no sentido de que o dispositivo impugnado se refere exclusivamente aos aldeamentos indígenas extintos antes da edição da Constituição de 1891. Por sua vez, o Min. Joaquim Barbosa julgou totalmente procedente o pedido, ao fundamento de não caber aos Estados legislar sobre a matéria. Após, o julgamento foi adiado em virtude do pedido de vista do Min. Cezar Peluso. ADI 255/RS, rel. Min. Ilmar Galvão, 13.9.2007. (ADI-255) (Inform. STF 479)

REPETITIVO. AUXÍLIO-ACIDENTE. PERDA. AUDIÇÃO.

A Seção, ao julgar o recurso sob o regime do art. 543-C do CPC c/c a Res. n. 8/2008-STJ, entendeu que, para a concessão de auxílio-acidente fundamentado na perda de audição, é necessário que a sequela seja ocasionada por acidente de trabalho e que haja uma diminuição efetiva e permanente da capacidade para a atividade que o segurado habitualmente exercia, conforme dispõe o art. 86, *caput* e § 4º, da Lei n. 8.213/1991. O segurado que não comprova o efetivo decréscimo na capacidade para o trabalho que exercia terá seu pedido de concessão do mencionado benefício indeferido. Assim, a Seção, ao prosseguir o julgamento, por maioria, deu provimento ao recurso especial ao julgar improcedente o pedido de concessão de auxílio-acidente. Precedentes citados: REsp 1.095.523-SP, DJe 5/11/2009, e EDcl no AgRg no Ag 431.683-SP, DJ 20/2/2006. **REsp 1.108.298-SC, Rel. Min. Napoleão Nunes Maia Filho, julgado em 12/5/2010.** (Inform. STJ 434)

MEDICAMENTOS. FORNECIMENTO. SUS.

Cuida-se de saber se pessoa portadora de doença crônica tem direito líquido e certo a obter do Estado, gratuitamente, medicamentos de alto custo, quando não atende requisitos previstos no Protocolo Clínico e Diretrizes Terapêuticas do Ministério da Saúde. No caso, o paciente impetrou, na origem, mandado de segurança com pedido de liminar, objetivando o fornecimento de medicamentos (Interferon Peguilado e Ribavirina) para o tratamento da doença hepatite crônica do tipo C da qual é portador, sendo denegada a segurança, entre outros motivos, por ser portador do vírus com genótipo 3a, quando a Portaria n. 863/2002 do Ministério da Saúde restringe o fornecimento do medicamento apenas a portadores de vírus com genótipo 1, gerando o presente recurso interposto pelo *Parquet* estadual. É cediço que o mandado de segurança, representando instrumento processual de tutela de direito subjetivo público constitucional, goza de eminência ímpar, em que é possível a cognição profunda no *mandamus. In casu*, foi demonstrado o direito líquido e certo na via mandamental, pois o impetrante comprovou que sofre da enfermidade apontada mediante laudos e exames médicos realizados tanto em laboratório central do Estado como em laboratórios particulares. Também é consabido que a saúde é um direito de todos e um dever do Estado (art. 196 da CF/1988). Porém, conforme destacou o Min. Relator, na aplicação das normas constitucionais, a exegese deve partir dos princípios fundamentais para os setoriais, merecendo destaque a proteção à dignidade humana, valor influente sobre todas as demais questões. Assim, o Estado deverá propiciar aos necessitados não qualquer tratamento, mas o tratamento mais adequado e eficaz, capaz de ofertar ao enfermo maior dignidade e menor sofrimento. Dessarte, entendeu o Min. Relator que, nas situações limítrofes em que há risco para a saúde humana e uma alegada ineficiência do medicamento, como na hipótese, a resposta judicial não pode deixar a vida humana ao desabrigo, deve propender para a valorização da dignidade da vida humana. Muito embora sejam genótipos diferentes de hepatite e haja dúvida quanto sua eficácia, a solução deve ser pró-cidadão, há de superar quaisquer barreiras legais. No mesmo sentido, o parecer ministerial ressaltou que, embora a Portaria n. 863/2002 do Ministério da Saúde trace critérios objetivos para o fornecimento gratuito de medicamentos, não pode ela se sobrepor ao direito constitucional à saúde, sendo suficientes a comprovação de hipossuficiência e os laudos médicos indicando a urgência do tratamento. Já o Min. Hamilton Carvalhido observou que a ação do Judiciário mostra-se como um componente do Estado democrático de direito, não podendo ficar inerte diante de fatos de interesse geral, principalmente daqueles que tocam aos direitos fundamentais. Com essas considerações, entre outras, a Turma, ao prosseguir o julgamento, por maioria, deu provimento ao recurso para conceder a segurança. Precedente citado do STF: **AgRg na STA 175-CE, DJe 30/4/2010. RMS 24.197-PR, Rel. Min. Luiz Fux, julgado em 4/5/2010.** (Inform. STJ 433)

QO. COMPETÊNCIA. RISTJ. BENEFÍCIO PREVIDENCIÁRIO.

A Seção, em questão de ordem, decidiu declinar para uma das Turmas da Terceira Seção a competência para processar e julgar o recurso especial referente à pensão de militar estadual, matéria afeita aos benefícios previdenciários, embora relativa a servidor público. Isso porque há situações em que funcionários públicos têm regime próprio (titulares de cargo efetivo) e outras em que se regem pelo Regime Geral da Previdência Social. Observou-se que, depois da emenda regimental n. 11-STJ, que modificou o RISTJ e deslocou para a Primeira Seção a competência referente ao Direito Público em geral, exceto benefícios previdenciários, foram distribuídos a seus membros alguns processos relativos a benefícios previdenciários, tais como reajustes de proventos de aposentadoria, de reserva remunerada e tempo de serviço para efeito de benefício previdenciário. **QO no REsp 1.187.254-PE, Rel. Min. Teori Albino Zavascki, julgada em 28/4/2010.** (Inform. STJ 432)

REPETITIVO. CORREÇÃO. APOSENTADORIA. INVALIDEZ.
A CF/1988, mediante dispositivo sem autoaplicabilidade, assegurou a correção monetária de todos os salários de contribuição considerados no cálculo da renda mensal inicial nos benefícios concedidos após sua vigência. Então, aos benefícios concedidos antes da CF/1988, há que se aplicar a legislação previdenciária então vigente: DL n. 710/1969, Lei n. 5.890/1973, Dec. n. 83.080/1979, Dec. n. 77.077/1976 (CLPS/1976) e Dec. n. 89.312/1984 (CLPS/1984). Assim, apenas os salários de contribuição anteriores aos 12 últimos meses eram atualizados monetariamente pelos coeficientes de reajustamento estabelecidos pelo MPAS e, após a Lei n. 6.423/1977, pela variação da ORTN ou OTN. Contudo, essa atualização prevista pela legislação alcançava as aposentadorias por idade, por tempo de serviço, a especial e o abono de permanência em serviço mediante a média dos 36 últimos salários de contribuição, o que resultava na correção dos 24 salários de contribuição anteriores aos 12 últimos. Anote-se que não havia lei que amparasse a correção dos salários de contribuição referentes ao cálculo do auxílio-doença, da aposentadoria por invalidez, da pensão e do auxílio-reclusão, cujas rendas mensais iniciais eram apuradas com base na média apenas dos últimos 12 salários de contribuição. Com esse entendimento, a Seção firmou, em recurso especial sujeito ao disposto no art. 543-C do CPC e na Res. n. 8/2008-STJ (recurso repetitivo), que é incabível a correção monetária dos 24 salários de contribuição anteriores aos 12 últimos quando o pedido de revisão referir-se ao auxílio-doença, à aposentadoria por invalidez, à pensão e ao auxílio-reclusão concedidos antes da vigência da CF/1988. **Precedentes citados do STF: RE 193.456-5-RS, DJ 7/11/1997; RE 201.473-7-SP, DJ 2/5/1997; AgRg no RE 416.442-PE, DJ 26/8/2005; do STJ: REsp 501.925-PE, DJ 4/6/2007; EDcl nos EDcl no REsp 194.773-RJ, DJ 5/9/2005; EREsp 202.004-SP, DJ 1º/7/2004; REsp 449.492-RJ, DJ 2/12/2002; EREsp 183.979-SP, DJ 22/11/1999; AR 685-RS, DJ 18/9/2000; EDcl no REsp 184.155-SP, DJ 13/3/2006; REsp 523.907-SP, DJ 24/11/2003; REsp 353.678-SP, DJ 1º/7/2002; EDcl no REsp 312.163-SP, DJ 8/4/2002; REsp 313.296-SP, DJ 25/3/2002; REsp 266.667-SP, DJ 16/10/2000, e REsp 174.922-SP, DJ 21/9/1998. REsp 1.113.983-RN, Rel. Min. Laurita Vaz, julgado em 28/4/2010.** (Inform. STJ 432)

COMPLEMENTAÇÃO. APOSENTADORIA. CREDENCIAMENTO.
Segundo a jurisprudência do STJ, o art. 1º, parágrafo único, da LC n. 200/1974 do Estado de São Paulo assegurou o direito à complementação de aposentadorias e pensões aos servidores daquele estado admitidos até 13 de maio de 1974 e a seus dependentes. Na hipótese, a servidora, em março de 1974, iniciou sua prestação de serviços ao instituto de previdência daquele estado na qualidade de credenciada, exercendo a função de advogada pública (procuradora autárquica). Contudo, em 4 de novembro de 1976, foi contratada como procuradora autárquica com efeitos que retroagiram a 1º de julho de 1976. Daí que presente o direito adquirido, mostrando-se o credenciamento como forma de disfarçar verdadeira relação de trabalho. Anote-se que houve o recolhimento de contribuições ao INSS e ao FGTS nesse período, que foi computado, para aposentadoria, pela própria Administração em certidão de tempo de serviço. Então, é possível aproveitá-lo para concessão de complementação de aposentadoria, tal como requerido. Com esse entendimento, a Turma, ao prosseguir o julgamento, deu provimento ao especial. **REsp 1.182.987-SP, Rel. Min. Nilson Naves, julgado em 15/4/2010.** (Inform. STJ 430)

PADV. ASSISTÊNCIA MÉDICA. LEI N. 9.656/1998.
Trata-se de REsp em que a questão de fundo está em definir se a recorrida tem direito de continuar na condição de beneficiária do plano de saúde da recorrente, visto que aquela aderiu ao programa de apoio à demissão voluntária (PADV), o qual lhe conferiu, como um incentivo à sua adesão, a continuidade da utilização do citado plano pelo prazo de 24 meses após o rompimento de seu vínculo empregatício com a recorrente. Sucede que, nesse período, foi diagnosticada, na recorrida, uma moléstia grave (cistoadenocarcinoma mucinoso de ovário) cujo tratamento não poderia ser realizado dentro do referido prazo e sua interrupção acarretaria riscos à sua saúde. A Turma entendeu correto o acórdão recorrido, o qual assentou, entre outras questões, que o art. 30 da Lei n. 9.656/1998 permite à recorrida continuar na condição de beneficiária do plano de saúde no prazo previsto no § 1º do citado dispositivo (período de um terço do tempo que resulta da soma de tempo desde seu ingresso na empresa recorrente até dois anos após a adesão do PADV), desde que contribua com sua cota à entidade patronal. Contudo, isso não significa que a recorrida estará obrigada a reembolsar à recorrente ou ao plano de saúde todas as despesas médicas e hospitalares de que necessitar, porque isso seria, verdadeiramente, negar seu direito. Ela deverá reembolsar apenas a contribuição para manutenção do plano de seguro saúde, nada mais. Vale ressaltar que a recorrida já era portadora da aludida moléstia grave, a qual se manifestou antes de extinguir-se o prazo de vinculação ao plano de saúde, daí se inferir que a condição de beneficiária do plano não sofre solução de continuidade, desde que recolha contraprestação à entidade patronal, já que não pode ser privada do tratamento que iniciou, sob pena de colocar em risco sua saúde. Assim, conforme os autos, nesta instância especial, verificou-se que a Lei n. 9.656/1998 alcançou o cumprimento do plano de demissão voluntária estabelecido entre as partes. Ademais, a disciplina do período de manutenção da assistência médica foi garantida mediante o pagamento de contraprestação, o que cumpre o ordenamento das relações jurídicas entre as partes, impondo o regime de direitos e deveres, e promove a eficácia do mandamento legal. **REsp 583.130-RS, Rel. Min. Aldir Passarinho Junior, julgado em 23/3/2010.** (Inform. STJ 428)

APOSENTADORIA COMPLEMENTAR. REAJUSTE. PRESCRIÇÃO.
Trata-se, na origem, de ação revisional com objetivo de obter reajuste da renda mensal (complementação de aposentadoria) com a inclusão do INPC e dos índices aplicados pelo INSS, bem como a condenação ao pagamento das diferenças verificadas no quinquênio anterior à demanda. Em primeiro grau, a ação foi julgada improcedente e, em segundo, deu-se parcial provimento ao agravo retido interposto pela entidade de previdência privada, ora recorrida, para decretar a prescrição e, em consequência, julgar extinto o processo nos termos do art. 269, IV, do CPC, ficando prejudicada a apelação. No REsp, o recorrente sustentou violação do art. 189 do CC/2002 e, também, dissídio jurisprudencial. Sustentou, ainda, que o caso versa sobre revisão de benefício previdenciário, não sobre restituição de reserva de poupança, portanto a prescrição não atinge o fundo de direito, mas apenas as parcelas vencidas cinco anos antes do ajuizamento da ação, por se cuidar de relação de cunho sucessivo. Nesta instância especial, entendeu-se que, apesar de tratar a mencionada demanda de pedido de revisão de prestações promovida por segurado, a prescrição atinge o fundo do direito. Isso porque o recorrente pretendia o reconhecimento do direito à aplicação dos índices inflacionários sobre os salários de contribuição e a alteração do cálculo da renda inicial concedida no momento da aposentadoria, e não a implementação de diferenças havidas posteriormente à concessão do benefício, quando então a prescrição alcançaria somente as parcelas anteriores ao quinquênio precedente à propositura da ação. Dessa forma, a pretensão ao fundo do direito (alteração do cálculo da renda mensal inicial) prescreve em cinco anos a partir da data da violação dele. **Precedentes citados: AgRg no Ag 596.497-RS, DJ 21/3/2005, e AgRg nos EDcl no REsp 712.308-DF, DJ 29/8/2005. REsp 1.144.779-DF, Rel. Min. Fernando Gonçalves julgado em 23/3/2010.** (Inform. STJ 428)

REPETITIVO. LEGITIMIDADE ATIVA. CÂMARA.
A Seção, ao apreciar recurso representativo de controvérsia (art. 543-C e Res. n. 8/2008-STJ), reafirmou que as câmaras legislativas não detêm legitimidade para integrar o polo ativo de demanda em que se discute a exigibilidade de contribuições previdenciárias incidentes sobre a remuneração paga àqueles que exercem mandato eletivo municipal. Isso porque as câmaras de vereadores não possuem personalidade jurídica, mas apenas personalidade judiciária. Desse modo, só podem demandar em juízo para defender seus direitos institucionais, ou seja, aqueles relacionados com seu funcionamento, autonomia e independência. Assim, para aferir a legitimação ativa dos órgãos legislativos, é necessário qualificar a pretensão em análise para concluir se essa pretensão está relacionada aos interesses e prerrogativas institucionais. No caso dos autos, a câmara de vereadores ajuizou ação ordinária inibitória com pedido de tutela antecipada contra a Fazenda Nacional e o INSS, com o objetivo de afastar a incidência da contribuição previdenciária sobre os vencimentos pagos aos vereadores. Portanto, não se trata de defesa de prerrogativa institucional, mas de simples pretensão de cunho patrimonial. **Precedentes citados: RMS 12.068-MG, DJ 11/11/2002; REsp 649.824-RN, DJ 30/5/2006; REsp 1.109.840-AL, DJe 17/6/2009; REsp 946.676-CE, DJ 19/11/2007; REsp 696.561-RN, DJ 24/10/2005 e REsp 241.637-BA, DJ 20/3/2000. REsp 1.164.017-PI, Rel. Min. Castro Meira, julgado em 24/3/2010.** (Inform. STJ 428)

PREVIDÊNCIA PRIVADA. FILIAÇÃO. FACULDADE.
É certo que a competência para legislar sobre a previdência social é concorrente (art. 24, XII, da CF/1988), porém cabe à União editar as normas gerais (§ 1º desse mesmo artigo). Dessarte, se há normas gerais editadas pela União, elas deverão ser respeitadas pela legislação estadual, sob pena de usurpação da competência constitucional. Diante disso, conclui-se que, se o art. 1º da LC n. 109/2001 dispôs que é facultativa a adesão ao regime de previdência privada complementar, essa norma há de ser observada pelos estados e municípios, daí o recorrente não poder ser compelido a filiar-se em carteira de previdência complementar de escrivães, notários e registradores, quanto mais arcar com a contribuição, se nem sequer a isso anuiu. **Precedente citado do STF: AgRg no RE 482.207-PR, DJe 28/5/2009; do STJ: REsp 615.088-PR, DJ 4/9/2006. REsp 920.702-PR, Rel. Min. Aldir Passarinho Junior, julgado em 18/3/2010.** (Inform. STJ 427)

POSSE. COMUNIDADE QUILOMBOLA REMANESCENTE.

Trata-se de REsp em que o cerne da questão é definir se a área da Ilha de Marambaia, no estado do Rio de Janeiro, caracteriza-se ou não como comunidade quilombola remanescente. Ao prosseguir o julgamento, a Turma, entre outras questões, entendeu que a referida localidade caracteriza-se como remanescente de comunidade de quilombo, ao menos para fins de proteção possessória e garantia aos seus membros de não mais serem molestados pela União. Ressaltou-se que o conceito antigo de quilombos foi elaborado no decorrer do período da escravidão, que o Dec. n. 4.887/2003 prevê o critério de autoatribuição para identificação dos remanescentes das comunidades de quilombos e que há, nos autos, laudo elaborado pelo ente competente à época para identificação desses grupos, Fundação Cultural Palmares, afirmando que a comunidade da Ilha de Marambaia é remanescente de quilombos. Por fim, a autarquia atualmente com atribuição para realizar essa identificação expediu ato normativo em que consta a participação daquela fundação no processo. Ressaltou-se, ainda, que, conforme os autos, ficou comprovado ser o recorrente descendente de escravo fugido que eventualmente tenha ocupado aquelas terras. Logo, a referida área insere-se na regra do art. 68 do Ato das Disposições Constitucionais Transitórias (ADCT). Assim, a forma com que a União vem agindo ao tentar retirar da mencionada ilha moradores ancestrais, além de ser uma violação do texto constitucional, nada mais é que um modo de extermínio da comunidade étnica protegida por lei. Diante disso, deu-se provimento ao recurso. **REsp 931.060-RJ, Rel. Min. Benedito Gonçalves, julgado em 17/12/2009**. (Inform. STJ 420)

SÚMULA VINCULANTE STF Nº 12

A cobrança de taxa de matrícula nas universidades públicas viola o disposto no art. 206, IV, da Constituição Federal.

SÚMULA STF Nº 732

É constitucional a cobrança da contribuição do salário-educação, seja sob a Carta de 1969, seja sob a Constituição Federal de 1988, e no regime da Lei 9424/1996.

SÚMULA STF Nº 729

A decisão na ADC-4 não se aplica à antecipação de tutela em causa de Natureza previdenciária.

SÚMULA STF Nº 650

Os incisos I e XI do art. 20 da Constituição Federal não alcançam terras de aldeamentos extintos, ainda que ocupadas por indígenas em passado remoto.

SÚMULA STJ Nº 469

Aplica-se o Código de Defesa do Consumidor aos contratos de plano de saúde.

SÚMULA STJ Nº 467

Prescreve em cinco anos, contados do término do processo administrativo, a pretensão da Administração Pública de promover a execução da multa por infração ambiental.

SÚMULA STJ Nº 416

É devida a pensão por morte aos dependentes do segurado que, apesar de ter perdido essa qualidade, preencheu os requisitos legais para a obtenção de aposentadoria até a data do seu óbito.

16. ATO DAS DISPOSIÇÕES CONSTITUCIONAIS TRANSITÓRIAS

PRECATÓRIO: AÇÃO PLÚRIMA E ART. 87 DO ADCT

A 1ª Turma negou provimento a recurso extraordinário no qual a fazenda pública sustentava a necessidade de expedição de precatório ao argumento de que a soma dos créditos dos litisconsortes ativos facultativos ultrapassaria o limite previsto no art. 87 do ADCT. Reputou-se não caber a junção dos créditos de pessoas diferentes contemplados no título para expedir-se o precatório, sob pena de desestimular-se a propositura de ação plúrima, o que sobrecarregaria, ainda mais, o Poder Judiciário. Ademais, asseverou-se que cada obrigação contida no título judicial, considerada individualmente, não ultrapassaria o aludido limite. RE 634707/SP, rel. Min. Marco Aurélio, 17.4.2012. (RE-634707) (Inform. STF 662)

EC E DESVINCULAÇÃO DE RECEITAS

Não há impedimento para que emenda constitucional estabeleça desvinculação de receitas. Com base nessa orientação, a Turma negou seguimento a recurso extraordinário em que o Estado do Rio Grande do Sul alegava ofensa ao art. 76 do ADCT ["É desvinculado de órgão, fundo ou despesa, até 31 de dezembro de 2011, 20% (vinte por cento) da arrecadação da União de impostos, contribuições sociais e de intervenção no domínio econômico, já instituídos ou que vierem a ser criados até a referida data, seus adicionais e respectivos acréscimos legais."] ao argumento de que a desvinculação de percentual do produto da arrecadação das contribuições sociais teria criado imposto novo e inconstitucional. Salientou-se que, consoante firmado no julgamento da ADI 2925/DF (DJU de 4.3.2005), o elemento essencial para a identificação das contribuições previdenciárias seria a destinação do produto de sua arrecadação. Entretanto, reputou-se que não haveria como, a partir dessa premissa, concluir-se que a desvinculação parcial do produto da arrecadação teria implicado criação de imposto. Aduziu-se que as Emendas Constitucionais 27/2000 e 42/2003 alteraram o mencionado art. 76 do ADCT para determinar a desvinculação das receitas de impostos e de contribuições sociais da União e sua aplicação na Conta Única do Tesouro Nacional, sem que, com isso, despontasse incompatibilidade com o restante do texto constitucional. Asseverou-se, ademais, que a norma que prescreve a aludida vinculação não assume caráter de cláusula pétrea. **RE 537610/RS, rel. Min. Cezar Peluso, 1º.12.2009.** (RE-537610) (Inform. STF 570)

RECLAMAÇÃO E SEQÜESTRO DE RENDAS PÚBLICAS - 1

O Tribunal iniciou julgamento de reclamação ajuizada pelo Município de Santo André contra decisão proferida pelo Presidente do Tribunal de Justiça do Estado de São Paulo que deferira pedido de seqüestro de rendas públicas, tendo em conta o fato de ter sido ultrapassado o vencimento para pagamento total do décimo do débito, de acordo com o disposto no art. 78, § 4º, do Ato das Disposições Constitucionais Transitórias - ADCT. O Min. Ricardo Lewandowski, relator, conheceu em parte da reclamação, no que se refere à alegada violação ao que decidido pelo Supremo no julgamento da ADI 1662/SP (DJU de 19.9.2003), e, nessa parte, julgou improcedente a ação. Considerou o que decidido pelo Plenário na Rcl 3293 AgR/SP (DJU de 13.4.2007), e em outros precedentes, no sentido de não ter havido, no julgamento da aludida ação direta, emissão de entendimento quanto à legitimidade do § 4º do art. 78 do ADCT, ficando, dessa forma, afastada a adequação de medida reclamatória formalizada a pretexto de se ter respeitada a autoridade do acórdão prolatado. Ademais, salientou-se, no ponto, que a inserção do art. 78 do ADCT (14.9.2000) seria posterior ao ajuizamento da ADI 1662/SP (28.8.97). Quanto à assertiva de usurpação de competência do Supremo, em razão de o Presidente do Tribunal de Justiça ter deferido pedido de seqüestro enquanto em trâmite, aqui, agravo de instrumento interposto de decisão que negara seguimento a recurso extraordinário, asseverou que, em que pese a discussão travada naqueles autos tratar do valor devido a título de complementação de décimos, tal recurso seria destituído de efeito suspensivo, o que viabilizaria, desde já, a execução da decisão impugnada. Após, pediu vista dos autos o Min. Eros Grau. **Rcl 3084/SP, rel. Min. Ricardo Lewandowski, 27.3.2008. (Rcl-3084)**

RECLAMAÇÃO E SEQÜESTRO DE RENDAS PÚBLICAS – 2

Em conclusão, o Tribunal julgou improcedente pedido formulado em reclamação ajuizada pelo Município de Santo André contra decisão proferida pelo Presidente do Tribunal de Justiça do Estado de São Paulo que deferira pedido de seqüestro de rendas públicas, tendo em conta o fato de ter sido ultrapassado o vencimento para pagamento total do décimo do débito, de acordo com o disposto no art. 78, § 4º, do Ato das Disposições Constitucionais Transitórias – ADCT — v. Informativo 499. Conheceu-se em parte da reclamação, no que se refere à alegada violação ao que decidido pelo Supremo no julgamento da ADI 1662/SP (DJU de 19.9.2003), e, nessa parte, julgou-se improcedente o pedido. Considerou-se o que decidido pelo Plenário na Rcl 3293 AgR/SP (DJU de 13.4.2007), e em outros precedentes, no sentido de não ter havido, no julgamento da aludida ação direta, emissão de entendimento quanto à legitimidade do § 4º do art. 78 do ADCT, ficando, dessa forma, afastada a adequação de medida reclamatória formalizada a pretexto de se ter respeitada a autoridade do acórdão prolatado. Ademais, salientou-se, no ponto, que a inserção do art. 78 do ADCT (14.9.2000) seria posterior ao ajuizamento da ADI 1662/SP (28.8.97). Quanto à assertiva de usurpação de competência do Supremo, em razão de o Presidente do Tribunal de Justiça ter deferido pedido de seqüestro enquanto em trâmite, aqui, agravo de instrumento interposto de decisão que negara seguimento a recurso extraordinário, asseverou-se que, em que pese a discussão travada naqueles autos tratar do valor devido a título de complementação de décimos, tal recurso seria destituído de efeito suspensivo, o que viabilizaria, desde já, a execução da decisão impugnada. **Rcl 3084/SP, rel. Min. Ricardo Lewandowski, 29.4.2009.** (Rcl-3084) (Inform. STF 544)

APLICAÇÃO DE LEIS DE OUTRO ESTADO E PRINCÍPIO DA AUTONOMIA ESTADUAL

O Tribunal julgou parcialmente procedente pedido formulado em ação direta ajuizada pelo Governador do Estado do Tocantins para, sem redução de texto, considerar constitucional a Lei estadual 104/89, relativamente ao recebimento da legislação do Estado de Goiás, vigente até a promulgação da Constituição do primeiro e das leis que a regulamentaram, e que já vigorava, no segundo, antes desta data. A Lei 104/89 dispõe sobre a aplicação da legislação do Estado de Goiás no Estado do Tocantins, no que couber, após a promulgação da Constituição estadual. Inicialmente, afirmou-se que o Estado do Tocantins fora criado por meio do desmembramento de parte do Estado de Goiás, com base no art. 13 do ADCT. Salientou-se ser comum, em hipóteses como essa, a recepção da legislação do ente originário pelo derivado, em razão da inexistência, de imediato, de um arcabouço legislativo deste. Asseverou-se, também, que o constituinte originário, valendo-se da experiência precedente quando da divisão do Estado do Mato Grosso, e da qual surgira o Estado do Mato Grosso do Sul, determinara, no § 6º do art. 13 do ADCT, que, à criação e instalação do Estado do Tocantins, fossem aplicadas, no que coubessem, as normas legais disciplinadoras da divisão do Estado do Mato Grosso (LC 31/77), as quais previam, da mesma forma, a adoção temporária, no Estado do Mato Grosso do Sul, da legislação em vigor no Estado do Mato Grosso. Tendo em conta que atendido em sua plenitude esse fundamento constitucional (ADCT, art. 13, *caput* e § 6º), entendeu-se não haver vício a contaminar a Lei 104/89. Ressaltou-se, ademais, que a lei impugnada tornou possível e não obrigatória a aplicação da legislação goiana ao Estado do Tocantins, que dela se serviria, no que coubesse, até a consolidação das suas próprias leis, podendo, inclusive, revogá-la quando entendesse conveniente, no exercício da autonomia assegurada pelo art.25 da CF. Esclareceu-se, entretanto, que a autonomia do Estado do Tocantins estaria comprometida se se interpretasse a norma questionada relativamente às novas leis editadas pelo Estado de Goiás, ou seja, se o Estado do Tocantins se abdicasse de sua autonomia e permitisse que as leis goianas, editadas após a Constituição do Estado de Tocantins, pudessem continuar a ser por ele aproveitadas. ADI 1109/TO, rel. Min. Cármen Lúcia, 16.5.2007. (ADI-1109) (Inform. STF 467)

17. OUTRAS MATÉRIAS E DECISÕES DE CONTEÚDOS VARIADOS

DESISTÊNCIA E RECURSO PENDENTE DE JULGAMENTO

A 1ª Turma deu parcial provimento a agravo regimental, interposto pela União, para homologar apenas a desistência de embargos de declaração do contribuinte. No caso, ele, ora agravado, interpusera agravo de instrumento, monocraticamente desprovido, cuja decisão fora mantida pela Turma em agravo regimental. Opostos embargos declaratórios, ainda pendentes de apreciação, requerera desistência do agravo de instrumento e dos recursos que se seguiram. Homologada a pretensão, determinara-se a baixa dos autos, a ensejar o presente regimental. A União sustentava que não se poderia homologar desistência de recurso já julgado e que, como o contribuinte pretendia aderir a parcelamento de débito, previsto na Lei 12.249/2010, deveria ser, desde logo, homologada sua renúncia ao direito sobre o qual se fundaria a ação. Consignou-se que somente seria possível a desistência de recurso ainda pendente de julgamento. O Min. Luiz Fux ressaltou que esse instituto teria como termo *ad quem* a sustentação oral ou o pronunciamento final do julgamento. Reajustou voto o Min. Dias Toffoli, relator. AI 773754 AgR-ED-AgR/RJ, rel. Min. Dias Toffoli, 10.4.2012. (AI-773754) (Inform. STF 661)

SERVIÇOS NOTARIAIS E DE REGISTRO: REORGANIZAÇÃO E CONCURSO PÚBLICO - 1

Por entender caracterizado ofensa aos artigos 96, II, d, e 125, § 1º, da CF, o Plenário julgou parcialmente procedente pedido formulado em ação direta, ajuizada pela Associação dos Notários e Registradores do Brasil – Anoreg, para declarar a inconstitucionalidade formal da íntegra da Resolução 2/2008 — que dispõe sobre a reorganização dos serviços de notas e de registros das comarcas de entrância intermediária e final do Estado de Goiás —, editada pelo Conselho Superior da Magistratura daquele ente federativo. Ademais, deliberou-se dotar a decisão de eficácia plena a partir do decurso de 30 dias contados da sua publicação no Diário da Justiça eletrônico, para preservar a validade jurídica de todos os atos notariais e de registros praticados pelas serventias extrajudiciais que tiveram as atribuições eventualmente modificadas durante a vigência do ato normativo adversado. Quanto ao pleito relativo à Resolução 4/2008 — que disciplina a realização de concurso público unificado para ingresso e remoção nas serventias notariais e registrais estaduais —, do mencionado Conselho, confirmou-se o que manifestado na ocasião do julgamento da medida cautelar — v. Informativo 530. Desse modo, reputou-se que não haveria, na ótica do controle concentrado de normas, qualquer inconstitucionalidade formal ou material na atividade normativa de tribunal de justiça que viesse a estipular regras gerais e bem definidas para a promoção de concurso unificado de provimento ou de remoção de serventias vagas no respectivo ente da Federação. Igualmente, seria isenta de vício a decisão mesma pela realização de certame quando reconhecida a vacância de mais de 300 serventias extrajudiciais, muitas delas ocupadas, há vários anos, por respondentes interinos. Consignou-se que o reconhecimento da inconstitucionalidade da Resolução 2/2008 em nada interferirá na validade e, por conseguinte, no prosseguimento das etapas finais do concurso público, em andamento, destinado a prover os serviços vagos em Goiás. Além disso, considerou-se que, como ainda não fora realizada a audiência pública de escolha de serventias pelos candidatos aprovados, também aquelas alteradas pelo ato expungido poderiam ser reinseridas no certame, isso depois de retornarem a sua configuração original, mediante publicação de nova e atualizada lista de todos os serviços extrajudiciais vacantes. A Min. Ellen Gracie, a respeito do citado concurso, noticiou que, em 3.3.2011, deferira liminar no MS 28375/DF (DJe de 10.3.2011), do qual é relatora, para suspender, até julgamento final do *writ*, os efeitos da decisão proferida pelo Conselho Nacional de Justiça no Procedimento Administrativo 2009.1000001936-5, bem como os atos de convocação para a audiência pública. ADI 4140/GO, rel. Min. Ellen Gracie, 29.6.2011. (ADI-4140)

SERVIÇOS NOTARIAIS E DE REGISTRO: REORGANIZAÇÃO E CONCURSO PÚBLICO - 2

No tocante à Resolução 2/2008, apontou-se que a Carta Magna, ao se referir a secretarias e serviços auxiliares dos tribunais e dos juízos de direito que lhe são vinculados (CF, art. 96, I, b), trataria, exclusivamente, da estrutura interna desses órgãos judiciários, consubstanciada num conjunto de unidades e atividades de apoio que viabilizasse a realização de todas as suas finalidades institucionais. Portanto, mera conseqüência da autonomia administrativa assegurada ao Poder Judiciário. Enfatizou-se, inclusive, que o assunto da remuneração dos atos praticados no exercício dos serviços notariais e registrais seria cuidado, de maneira completamente apartada, pelo art. 236 da CF ("*§ 2º - Lei federal estabelecerá normas gerais para fixação de emolumentos relativos aos atos praticados pelos serviços notariais e de registro*"). Na análise da evolução jurisprudencial do tema, afirmou-se que matéria relativa à ordenação dessas serventias, pelo poder público estadual, passaria ao largo da temática de serviços auxiliares dos tribunais e estaria completamente inserida na seara da organização e da divisão judiciárias, na qual se exigiria, para toda e qualquer inovação jurídica, a edição de lei formal de iniciativa privativa dos tribunais de justiça. Na seqüência, destacou-se que esse posicionamento harmonizar-se-ia com aquele externado pelo Plenário do STF na apreciação da ADI 2350/GO (DJU de 2.4.2004) — concernente à introdução de modificações no Código de Organização Judiciária do Estado de Goiás. Em seguida, examinaram-se, minuciosamente, as mudanças efetivadas por esta resolução. Observou-se, então, que — conquanto o ato impugnado mantivesse o número absoluto de cartórios existentes, antes de sua edição, nas comarcas envolvidas — as alterações na disposição dos serviços importaram, por exemplo, em excessivas acumulações e no surgimento de cartórios inéditos. Asseverou-se, por conseguinte, que teria ocorrido uma substancial modificação da organização judiciária daquela unidade federada sem que fosse editada a legislação estadual pertinente. Assinalou-se, também, que, conforme verificado do cruzamento da relação completa das serventias notariais e de registros existentes com a listagem das declaradas vagas pelo edital do concurso público, somente 68 foram expressamente dispostas na Resolução 2/2008 e, destas, apenas 51 foram efetivamente alteradas por suas disposições. ADI 4140/GO, rel. Min. Ellen Gracie, 29.6.2011. (ADI-4140)

SERVIÇOS NOTARIAIS E DE REGISTRO: REORGANIZAÇÃO E CONCURSO PÚBLICO - 3

O Min. Luiz Fux frisou que não se poderia, por meio de um mero ato administrativo, empreender a essa modificação tão substancial, que só formalmente seria uma desacumulação, mas, na realidade, fora uma criação de novas serventias com novas competências. A Min. Cármen Lúcia destacou que se estaria a reafirmar a impossibilidade de, por resolução, criar, recriar, desmembrar ou, em nome de qualquer dessas modalidades, transformar as serventias. O Min. Ayres Britto acompanhou a relatora com a ressalva de não se posicionar, por enquanto, sobre o enquadramento da matéria no âmbito da organização e divisão judiciárias. O Min. Gilmar Mendes teceu considerações. Ressaltou, dentre outras, que não entenderia, *a priori*, ser inconstitucional uma lei que dispusesse sobre o tema e desse ao tribunal, segundo critérios razoáveis e com fixação de elementos objetivos, a possibilidade de eventual atualização, remanejamento, tendo em vista as mudanças que, de fato, ocorressem no curso do tempo. O Min. Marco Aurélio aduziu não vislumbrar a possibilidade de, sem uma mesclagem conflitante com a Constituição, admitir-se que o próprio tribunal disciplinasse a criação, em si, de cartórios. Quanto aos serviços prestados, acentuou que observaria, não em si, o art. 27 da Lei 9.868/99, mas a teoria do servidor de fato e, dessa forma, reputaria os serviços como válidos. Por fim, subscreveu às inteiras o voto proferido pela relatora. O Min. Celso de Mello sublinhou que a própria relevância das funções notariais e registrais, o poder de certificação de que os tabeliães e registradores dispõem, a presunção de veracidade e de fé pública, que milita em favor dos atos que esses agentes estatais praticam, justificariam a conclusão de que a matéria referente à ordenação das serventias extrajudiciais subsumir-se--ia, por completo, ao plano da organização judiciária. Acrescentou que o postulado da reserva de lei formal traduziria uma clara limitação de ordem constitucional às atividades desenvolvidas, quer pela jurisdição, quer pela administração, em qualquer que fosse a área em que os órgãos estatais atuassem. Os Ministros Ayres Britto e Cezar Peluso, Presidente, ponderaram que o fato de não haver cargo não descaracterizaria a existência de função. Este esclareceu, também, que, por se tratar de órgão ou órgãos, qualquer criação, modificação ou extinção somente poderia ser operada por lei formal em sentido estrito, o que, no caso, não ocorrera. Alguns precedentes citados: RE 42998/CE (DJU de 17.8.60); ADI 865 MC/MA (DJU de 8.4.94); ADI 1935/RO (DJU de 4.10.2002). ADI 4140/GO, rel. Min. Ellen Gracie, 29.6.2011. (ADI-4140) (Inform. STF 633)

SERVENTIAS EXTRAJUDICIAIS: REORGANIZAÇÃO E ATO NORMATIVO

Com o mesmo fundamento acima mencionado, o Plenário deferiu pedido de medida cautelar em ação direta de in-constitucionalidade, ajuizada pela Anoreg, para suspender a eficácia da Resolução 291/2010 — que reorganiza os serviços de notas e de registro do Estado de Pernambuco —, editada pelo respectivo Tribunal de Justiça. Inicialmente, aludiu-se ao art. 1º do ato normativo ("*As delegações de registro e de notas do Estado de Pernambuco são reorganizadas, mediante a instituição de novas serventias notariais e de registro, por meio de desmembramento ou de desdobramento, da alteração de atribuições das já existentes, pela anexação ou acumulação, desanexação ou desacumulação, ou mesmo extinção, na forma do Anexo Único que integra esta resolução*"). Em seguida, salientou-se que não foram argüidos como inconstitucionais todos os dispositivos da resolução. Consignou-se que se trataria rigorosamente da matéria adversada na ADI 4140/GO, contudo, em maior extensão. Assentou-se que a causa de pedir seria a inconstitucionalidade formal. Anotou-se, por fim, não ter sido posto em causa um concurso que estaria em andamento para serventias vagas e que, desde que não dissesse respeito ao ato em questão, prevaleceria a orientação firmada na ADI supra-citada. ADI 4453 MC/PE, rel. Min. Cármen Lúcia, 29.6.2011. (ADI-4453) (Inform. STF 633)

ADI N. 2.827-RS
RELATOR: MIN. GILMAR MENDES

EMENTA: Ação direta de inconstitucionalidade. 2. Emenda Constitucional nº 19, de 16 de julho de 1997, à Constituição do Estado do Rio Grande do Sul; expressão "do Instituto-Geral de Perícias" contida na Emenda Constitucional nº 18/1997, à Constituição do Estado do Rio Grande do Sul; e Lei Complementar nº 10.687/1996, com as alterações introduzidas pela Lei Complementar nº 10.998/1997, ambas do Estado do Rio Grande do Sul 3. Criação do Instituto-Geral de Perícias e inserção do órgão no rol daqueles encarregados da segurança pública. 4. O requerente indicou os dispositivos sobre os quais versa a ação, bem como os fundamentos jurídicos do pedido. Preliminar de inépcia da inicial rejeitada. 5. Observância obrigatória, pelos Estados-membros, do disposto no art. 144 da Constituição da República. Precedentes. 6. Taxatividade do rol dos órgãos encarregados da segurança pública, contidos no art. 144 da Constituição da República. Precedentes. 7. Impossibilidade da criação, pelos Estados-membros, de órgão de segurança pública diverso daqueles previstos no art. 144 da Constituição. Precedentes. 8. Ao Instituto-Geral de Perícias, instituído pela norma impugnada, são incumbidas funções atinentes à segurança pública. 9. Violação do artigo 144 c/c o art. 25 da Constituição da República. 10. Ação direta de inconstitucionalidade parcialmente procedente. (Inform. STF 622) *noticiado no Informativo 600

REMOÇÃO DE TITULAR DE SERVENTIA EXTRAJUDICIAL - 1

Por vislumbrar afronta ao art. 236, § 3º, da CF, o Plenário julgou procedente pedido formulado em duas ações diretas propostas, respectivamente, pelo Procurador-Geral da República e pela Associação dos Magistrados Brasileiros - AMB para declarar, com efeitos *ex tunc*, a inconstitucionalidade do art. 299, inserido no Código de Organização e Divisão Judiciárias do Estado do Paraná, pela Lei estadual 14.351/2004 ("*Art. 299. O agente delegado, ingressado no concurso na forma do disposto pelo § 3º do art. 236, da Constituição Federal, que esteja respondendo por diferente delegação, poderá ser para esta última removido com a aprovação do conselho da magistratura, assim o requerendo, comprovada: a) a baixa rentabilidade da serventia para a qual recebeu a delegação; b) que a designação perdure por dois anos ou mais; c) a vacância da serventia a ser preenchida*"). Inicialmente, quanto ao argumento da boa-fé dos que ocuparam as serventias pelos critérios expostos, observou-se que o Governador, à época, vetara o referido artigo sob a justificativa de que, como estava posto, ensejaria via de provimento sem o respectivo concurso exigido pela Carta Magna. Assinalou-se que a Assembléia Legislativa local, mesmo assim, decidira derrubar o veto. Assentou-se, então, que os serventuários removidos o fizeram por sua conta e risco. Em seguida, reputou-se que o dispositivo adversado confiaria à discricionariedade do conselho da magistratura local a aprovação de requerimento formulado pelo interessado na remoção, sem fazer qualquer referência à realização de concurso público para tanto. ADI 3248/PR, rel. Min. Ricardo Lewandowski, 23.2.2011. (ADI-3248) ADI 3253/PR, rel. Min. Ricardo Lewandowski, 23.2.2011. (ADI-3253)

REMOÇÃO DE TITULAR DE SERVENTIA EXTRAJUDICIAL - 2

Enfatizou-se que, na hipótese de provimento derivado de serventia vaga, forçosamente, deveria ser aberto concurso de remoção. Explicitou-se que o aventado art. 299 traria critérios de caráter discricionário incompatíveis com o teor da Constituição, inclusive em afronta ao princípio da isonomia. Ressaltou-se, por fim, que a declaração de inconstitucionalidade não excluiria a necessidade de confirmação dos atos praticados pelos notários ou registradores removidos com base no dispositivo inconstitucional até o ingresso de serventuário removido após a realização de concurso. Nesse sentido, com fundamento na aparência de legalidade dos atos por eles praticados, dever-se-iam respeitar os efeitos que atingiram terceiros de boa-fé. ADI 3248/PR, rel. Min. Ricardo Lewandowski, 23.2.2011. (ADI-3248) ADI 3253/PR, rel. Min. Ricardo Lewandowski, 23.2.2011. (ADI-3253) (Inform. STF 617)

SEGURANÇA PÚBLICA E INCLUSÃO DE ÓRGÃO - 1

O rol de órgãos encarregados do exercício da segurança pública, previsto no art. 144, I a V, da CF, é taxativo e esse modelo federal deve ser observado pelos Estados-membros e pelo Distrito Federal. Com base nesse entendimento, o Tribunal, por maioria, julgou procedente, em parte, pedido formulado em ação direta proposta pelo Partido Social Liberal - PSL para declarar a inconstitucionalidade da EC 19/98 e da expressão "Instituto-Geral de Perícias" constante da EC 18/97, ambas da Constituição do Estado do Rio Grande do Sul, que dispõem sobre o aludido Instituto-Geral de Perícias. Preliminarmente, rejeitou-se a alegada inépcia da inicial, uma vez que o requerente indicara os dispositivos sobre os quais versaria a ação, bem como os fundamentos jurídicos do pedido. Ademais, ressaltou-se estar superada a tese relativa à prejudicialidade da ação direta em face da perda superveniente de representação do partido no Congresso Nacional. Assinalou-se, inclusive, que o requerente já teria readquirido sua representatividade. ADI 2827/RS, rel. Min. Gilmar Mendes, 16.9.2010. (ADI-2827)

SEGURANÇA PÚBLICA E INCLUSÃO DE ÓRGÃO - 2

No mérito, consignou-se que, da leitura do disposto no art. 124 da Constituição gaúcha ("*A segurança pública, dever do Estado, direito e responsabilidade de todos, é exercida para a preservação da ordem pública, das prerrogativas da cidadania, da incolumidade das pessoas e do patrimônio, através dos seguintes órgãos: ... III - Instituto-Geral de Perícias.*"), constatar-se-ia que, ao editar a EC 19/97, a Assembléia Legislativa optara por inserir o referido instituto na lista dos órgãos responsáveis pela segurança pública estadual. Além disso, registrou-se que essa afirmação poderia ser confirmada por outra mudança na Constituição gaúcha promovida pela mesma emenda para acrescentar uma seção denominada "Do Instituto-Geral de Perícias". Aduziu-se que alterações semelhantes teriam ocorrido relativamente à EC 18/97, a qual introduzira, nas disposições gerais do capítulo referente à segurança pública, os servidores do instituto em comento. Ante a falta de impugnação, afastou-se o pleito formulado na tribuna pelo advogado do requerente no sentido de que fosse declarada também a inconstitucionalidade do preceito da Carta gaúcha na sua redação originária. De outro lado, assentou-se a constitucionalidade da Lei Complementar 10.687/96, com as alterações introduzidas pela Lei Complementar 10.998/97, ambas do Estado do Rio Grande do Sul, haja vista que tais diplomas apenas regulamentariam e organizariam o funcionamento do Instituto-Geral de Perícias. Enfatizou-se que essas atribuições não se restringiriam ao auxílio da polícia civil, mas do Ministério Público, dos magistrados e da Administração Pública. Dessa forma, realçou-se que nada impediria que o instituto continuasse a existir e a desempenhar suas funções no Estado-membro, tal como regulamentado pelo legislador. Contudo, registrou-se que ele não precisaria estar, necessariamente, vinculado à polícia civil. Vencido o Min. Marco Aurélio que, ao salientar que se criara um instituto para se ter a completude do que entendido como segurança pública, julgava o pedido improcedente. Precedentes citados: ADI 236/RJ (DJU de 1º.6.2001) e ADI 1182/DF (DJU de 10.3.2006). ADI 2827/RS, rel.

Min. Gilmar Mendes, 16.9.2010. (ADI-2827)

SEGURANÇA PÚBLICA E INCLUSÃO DE ÓRGÃO - 3

Ao aplicar a orientação exposta acima, o Tribunal, por maioria, julgou parcialmente procedente pedido formulado em ação direta ajuizada pela Associação de Delegados de Polícia do Brasil - ADEPOL-BRASIL para declarar a inconstitucionalidade do art. 1º da EC 39/2005, do Estado de Santa Catarina, que criou o Instituto Geral de Perícia, como órgão de Segurança Pública. Afastou-se, entretanto, a apontada inconstitucionalidade dos demais dispositivos impugnados na ação (artigos 2º a 5º do referido diploma normativo), visto que eles regulamentam e organizam o funcionamento desse instituto. Vencido o Min. Marco Aurélio que julgava o pleito improcedente. ADI 3469/SC, rel. Min. Gilmar Mendes, 16.9.2010. (ADI-3469) (Inform. STF 600)

Escolha de Diretor-Geral da Polícia Civil e Autonomia Estadual - 1

O Tribunal, por maioria, julgou improcedente pedido formulado em ação direta de inconstitucionalidade ajuizada pelo Procurador-Geral da República contra o art. 6º da Lei 11.438/91, do Estado de Goiás, que dispõe sobre a criação do cargo de Diretor-Geral da Polícia Civil naquela unidade federativa ("*Art. 6º - Fica criado o cargo de Diretor Geral da Polícia Civil, de provimento em comissão. Parágrafo único – o Diretor Geral da Polícia Civil, com atribuições definidas em decreto: a) é nomeado e exonerado pelo Governador dentre os delegados de polícia de carreira, da classe mais elevada, de conformidade com o art. 123 da Constituição Estadual*"). Inicialmente, salientou-se que o requerente apresentara adequadamente a fundamentação jurídica do pedido, o que repeliria a alegação de inépcia da petição inicial. Rejeitou-se, também, o apontado vício de iniciativa, uma vez que a lei impugnada fora proposta pela então Governadora do Estado. ADI 3062/GO, rel. Min. Gilmar Mendes, 9.9.2010. (ADI-3062)

Escolha de Diretor-Geral da Polícia Civil e Autonomia Estadual - 2

No mérito, considerou-se que o dispositivo questionado prestigiaria a autonomia político-institucional da federação. Asseverou-se que a regra impugnada se mostraria fiel ao que instituído pela Constituição, nos seus aspectos gerais, possuindo racionalidade. Enfatizou-se que o preceito não violaria a Carta Magna, haja vista que o modelo federal apenas exigiria que o cargo em comento não fosse provido por pessoa estranha à carreira. Assim, reputou-se admissível que o Estado-membro, ao organizar a aludida carreira, se valha do que a Constituição prescreve — "*dirigidas por delegados de polícia de carreira*" (CF, art. 144, § 4º) — para concluir que o Chefe do Poder Executivo poderia optar dentre aqueles de uma determinada classe, a homenagear o patamar mais alto da carreira. Mencionou-se que a Constituição não poderia deixar de pressupor que a carreira significaria experiência e profissionalização do serviço público. Aduziu-se que o STF vem possibilitando uma verdadeira reconstrução jurisdicional da própria teoria do federalismo, afastando aquela anterior subordinação dos Estados-membros e dos Municípios ao denominado "*standard* federal" tão excessivamente centralizador da CF/69, na qual estabelecida uma concentração espacial do poder político na esfera da União. Tendo isso em conta, ressaltou-se que a federação brasileira fora uma construção artificial e que caberia a esta Corte auxiliar na arquitetura dessa autonomia estadual. Vencido o Min. Dias Toffoli que, por reputar que a norma restringiria a possibilidade de escolha do Governador, julgava procedente, em parte, o pleito para declarar a inconstitucionalidade da expressão "*da classe mais elevada*", constante da alínea a do parágrafo único do art. 6º da lei impugnada. ADI 3062/GO, rel. Min. Gilmar Mendes, 9.9.2010. (ADI-3062) (Inform. STF 599)

ADI E GRATIFICAÇÃO A POLICIAIS E BOMBEIROS MILITARES - 1

O Tribunal iniciou julgamento de ação direta proposta pela Governadora do Distrito Federal contra a Lei distrital 35/95, de iniciativa parlamentar, que autoriza o Governo do DF a conceder aos policiais militares e aos bombeiros militares a "gratificação por risco de vida". O Min. Carlos Britto, relator, julgou procedente o pedido por entender usurpada a competência material da União para organizar e manter a polícia militar e o corpo de bombeiros militar do DF (CF, art. 21, XIV), bem como sua competência legislativa para dispor sobre vencimentos desses servidores (Enunciado 647 da Súmula do STF). Considerou, também, violado o disposto no art. 61, § 1º, II, a, da CF, que confere ao Chefe do Poder Executivo a iniciativa privativa para instauração do processo legislativo em tema concernente a aumento da remuneração de servidores públicos. Tendo em conta a natureza alimentar da gratificação instituída e a presunção de boa-fé daqueles que a perceberam, o relator atribuiu efeitos ex nunc à declaração de inconstitucionalidade. Após o voto do relator, que foi acompanhado, integralmente, pelos Ministros Menezes Direito e Cármen Lúcia; dos votos dos Ministros Eros Grau, Celso de Mello e da Presidente, Min. Ellen Gracie, que julgavam procedente o pedido, mas não se manifestavam quanto à modulação; e do voto do Min. Marco Aurélio, que acompanhava o relator quanto à procedência do pleito, mas dele divergia quanto aos efeitos, o julgamento foi adiado em virtude do pedido de vista do Min. Ricardo Lewandowski, quanto à modulação dos efeitos, que também deu pela procedência do pedido. **ADI 3791/DF, rel. Min. Carlos Britto, 29.11.2007. (ADI-3791)**

ADI e Gratificação a Policiais e Bombeiros Militares - 2

Em conclusão, o Tribunal julgou procedente pedido formulado em ação direta proposta pela Governadora do Distrito Federal para declarar, com efeitos *ex nunc*, a inconstitucionalidade da Lei distrital 35/95, de iniciativa parlamentar, que autoriza o Governo do DF a conceder aos policiais militares e aos bombeiros militares a "*gratificação por risco de vida*" — v. Informativo 490. Entendeu-se usurpada a competência material da União para organizar e manter a polícia militar e o corpo de bombeiros militar do DF (CF, art. 21, XIV), bem como sua competência legislativa para dispor sobre vencimentos desses servidores (Enunciado 647 da Súmula do STF). Considerou, também, violado o disposto no art. 61, § 1º, II, a, da CF, que confere ao Chefe do Poder Executivo a competência privativa para legislar sobre a remuneração de pessoal da Administração Pública direta. Tendo em conta a natureza alimentar da gratificação instituída e a presunção de boa-fé daqueles que a perceberam, atribuiu-se efeitos *ex nunc* à declaração de inconstitucionalidade. Vencido o Min. Marco Aurélio que julgava o pleito procedente, mas negava a modulação de efeitos. ADI 3791/DF, rel. Min. Ayres Britto, 16.6.2010. (ADI-3791) (Inform. STF 591)

Privatização de Setor Energético e Princípio Federativo

O Tribunal, por maioria, julgou improcedente pedido formulado em ação direta de inconstitucionalidade ajuizada pelo Governador do Estado de Minas Gerais contra o § 2º do art. 24 da Lei paulista 9.361/96, que, ao dispor sobre o Programa Estadual de Desestatização sobre a Reestruturação Societária e Patrimonial do Setor Energético, veda a participação, como proponente à aquisição de ações de propriedade do Estado de São Paulo nas concessionárias de eletricidade, de toda e qualquer empresa estatal estadual, excluídas às do próprio Estado — v. Informativos 229, 287 e 322. Entendeu-se que a norma impugnada estaria a preservar a harmonia federativa e a autonomia do Estado de São Paulo, impedindo a ocorrência de tensões nas relações entre Estados-membros que poderiam advir com a intervenção de um deles nos negócios do outro. Os Ministros Ayres Britto e Cezar Peluso consideraram que o dispositivo seria coerente com o propósito da lei, que seria permitir a desestatização ou privatização pelo Governo do Estado de SP. Aduziram que, se fosse possibilitada a aquisição do controle acionário de concessionária do Estado de São Paulo por outra empresa pública que não no Estado, estaria inviabilizado esse propósito. Vencido o Min. Marco Aurélio que julgava o pleito procedente por vislumbrar ofensa ao art. 37, XXI, da CF. ADI 2452/SP, rel. Min. Eros Grau, 17.6.2010. (ADI-2452) (Inform. STF 591)

ART. 243 DA CF E ANÁLISE DE REQUISITO SUBJETIVO

A Turma iniciou julgamento de dois recursos extraordinários em que se discute se questões de índole subjetiva devem ser consideradas na aplicação do art. 243 da CF ("As glebas de qualquer região do País onde forem localizadas culturas ilegais de plantas psicotrópicas serão imediatamente expropriadas e especificamente destinadas ao assentamento de colonos, para o cultivo de produtos alimentícios e medicamentosos, sem qualquer indenização ao proprietário e sem prejuízo de outras sanções previstas em lei."). No caso, a União insurge-se contra acórdão do Tribunal de Justiça do Estado de Pernambuco que afastara a incidência do mencionado dispositivo constitucional ao fundamento de que os recorridos, pessoas idosas, não tinham como se opor ao plantio ilícito de plantas psicotrópicas em suas terras, promovido por terceiros com fama de serem violentos e andarem armados. A Corte de origem aduziu, ainda, que a área em que realizado o cultivo seria de difícil acesso e que o Poder Público não ofereceria condições para que os agricultores pudessem, sem risco, comunicar às autoridades as plantações de maconha em suas propriedades. O Min. Dias Toffoli, relator, proveu o recurso para decretar a expropriação do imóvel em tela. Asseverou que a efetividade da Constituição se imporia. Tendo em conta que a expropriação prevista no art. 243 da CF seria uma sanção, entendeu que não se exigiria nenhum tipo de análise de caráter subjetivo sobre o proprietário, recaindo a sanção sobre a propriedade. Assim, concluiu pela inviabilidade de se partir para a apreciação subjetiva da conduta do proprietário ou do possuidor da terra — sua culpabilidade —, bastando para a expropriação a existência, no imóvel, de cultura ilegal de plantas psicotrópicas. Após, pediu vista a Min. Cármen Lúcia. **RE 402839/PE, rel. Min. Dias Toffoli, 18.5.2010.** (RE-402839) **RE 436806/PE, rel. Min. Dias Toffoli, 18.5.2010.** (RE-436806). (Inform. STF 587)

USUCAPIÃO ESPECIAL URBANO E LEI MUNICIPAL

A Turma, por indicação do Min. Marco Aurélio, deliberou afetar ao Plenário julgamento de recurso extraordinário interposto contra acórdão do Tribunal de Justiça do Estado do Rio Grande do Sul que denegara pedido formulado em ação de usucapião especial urbano, ao fundamento de que a área requerida possuiria metragem inferior ao módulo definido por legislação municipal, sendo inaplicável ao caso o art. 183 da CF ("Aquele que possuir como sua área urbana de até duzentos e cinqüenta metros quadrados, por cinco anos, ininterruptamente e sem oposição, utilizando-a para sua moradia ou de sua família, adquirir-lhe-á o domínio, desde que não seja proprietário de outro imóvel urbano ou rural."). **RE 422349/RS, rel. Min. Dias Toffoli, 27.4.2010.** (RE-422349). (Inform. STF 584)

FORÇAS ARMADAS: LIMITE DE IDADE PARA CONCURSO DE INGRESSO E ART. 142, § 3º, X, DA CF – 1

O Tribunal iniciou julgamento de recurso extraordinário em que se discute a constitucionalidade, ou não, do estabelecimento de limite de idade por edital de concurso para ingresso nas Forças Armadas. Trata-se, na espécie, de recurso interposto pela União contra acórdão do Tribunal Regional Federal da 4ª Região que entendera que, em relação ao ingresso na carreira militar, a Constituição Federal exigiria que lei dispusesse a respeito do limite de idade (CF, art. 142, § 3º, X: "a lei disporá sobre o ingresso nas Forças Armadas, os limites de idade, a estabilidade e outras condições de transferência do militar para a inatividade, os direitos, os deveres, a remuneração, as prerrogativas e outras situações especiais dos militares, consideradas as peculiaridades de suas atividades, inclusive aquelas cumpridas por força de compromissos internacionais e de guerra."), não se admitindo, portanto, que um ato administrativo estabelecesse a restrição, sob pena de afronta ao princípio constitucional da ampla acessibilidade aos cargos públicos. Preliminarmente, o Tribunal julgou prejudicado, por perda de objeto, o RE 572499/SC, apregoado em conjunto, em virtude de nele terem os impetrantes requerido o cancelamento da matrícula no curso de formação. **RE 572499/SC, rel. Min. Cármen Lúcia, 25.3.2010.** (RE-572499) **RE 600225/RS, rel. Min. Cármen Lúcia, 25.3.2010**. (RE-600225).

FORÇAS ARMADAS: LIMITE DE IDADE PARA CONCURSO DE INGRESSO E ART. 142, § 3º, X, DA CF – 2

A Min. Cármen Lúcia, relatora, negou provimento ao recurso por entender que, tendo a Constituição Federal determinado, em seu art. 142, § 3º, X, que os requisitos para o ingresso nas Forças Armadas são os previstos em lei, com referência expressa ao critério de idade, não caberia regulamentação por meio de outra espécie normativa. Considerou, por conseguinte, não recepcionada pela Carta Magna a expressão "e nos regulamentos da Marinha, do Exército e da Aeronáutica", contida no art. 10 da Lei 6.880/80, que dispõe sobre o Estatuto dos Militares ("Art. 10 O ingresso nas Forças Armadas é facultado mediante incorporação, matrícula ou nomeação, a todos os brasileiros que preencham os requisitos estabelecidos em lei e nos regulamentos da marinha, do exército e da aeronáutica.".). Afirmou ser inquestionável a prerrogativa das Forças Armadas de instituir por regulamento de cada Força, e até mesmo nos editais de concursos, os procedimentos relativos a todo o certame. Aduziu que o conteúdo definido constitucionalmente como sendo objeto de cuidado a ser levado a efeito por lei haveria de ser desdobrado, de forma detalhada, nos atos administrativos, tais como os regulamentos e editais. Observou, contudo, que esses atos não poderiam inovar nos pontos em que a legislação não tivesse estatuído. Registrou, ainda, que, no item específico relativo à definição dos limites de idade, a fixação do requisito por regulamento ou edital, categoria de atos administrativos, esbarraria, inclusive, na Súmula 14 do STF ("Não é admissível, por ato administrativo, restringir, em razão da idade, inscrição em concurso para cargo público."). **RE 572499/SC, rel. Min. Cármen Lúcia, 25.3.2010. (RE-572499) RE 600225/RS, rel. Min. Cármen Lúcia, 25.3.2010**. (RE-600225).

FORÇAS ARMADAS: LIMITE DE IDADE PARA CONCURSO DE INGRESSO E ART. 142, § 3º, X, DA CF – 3

Por fim, a relatora, com base no princípio da segurança jurídica, tendo em conta que passados quase 22 anos de vigência da CF/88, nos quais vários concursos foram realizados com observância daquela regra geral, propôs que a decisão somente se aplique aos concursos para ingresso nas Forças Armadas iniciados a partir deste julgamento, preservado o direito daqueles que já tenham ajuizado ações com o mesmo objeto jurídico da que ora se examina. Ainda determinou expedição de ofício à recorrente para cumprimento de decisão proferida em primeira instância, inclusive quanto ao direito do ora recorrido de ter acesso às informações sobre a sua situação. Em divergência, o Min. Dias Toffoli deu provimento ao recurso, e reputou recepcionada pela CF/88 a Lei 6.880/80, ao fundamento de ali se tratar de questões relativas à natureza específica das corporações militares, ou seja, questões relativas a critérios de idade, de condições físicas. Asseverou, assim, que a Lei 6.880/80 teria regulamentado a matéria na forma como exige o art. 142, § 3º, X, da CF, e que o legislador ordinário poderia estabelecer critérios gerais e determinar ao regulamento que fixasse outros critérios, em razão da especificidade das Forças Armadas e das características e dos critérios necessários ao ingresso nas Armas. Após, pediu vista dos autos o Min. Ricardo Lewandowski. **RE 572499/SC, rel. Min. Cármen Lúcia, 25.3.2010. (RE-572499) RE 600225/RS, rel. Min. Cármen Lúcia, 25.3.2010. (RE-600225)**. (Inform. STF 580)

VINCULAÇÃO DE RECEITAS E FUNDO DE REAPARELHAMENTO - 1

O Tribunal iniciou julgamento de ação direta ajuizada pelo Procurador-Geral da República, em que se objetiva a declaração de inconstitucionalidade do inciso V do art. 28 da Lei Complementar 166/99, com a redação conferida pela Lei Complementar 181/2000, do Estado do Rio Grande do Norte, que determina que os recursos provenientes da cobrança efetuada em todos os procedimentos extrajudiciais, todos os serviços notariais e de registro, estabelecidos com os respectivos valores na forma de tabelas anexas, constituirão recursos financeiros do fundo de reaparelhamento do Ministério Público do referido Estado-membro. O Min. Marco Aurélio, relator, julgou procedente o pedido formulado para declarar a inconstitucionalidade do dispositivo impugnado, ficando alcançadas as tabelas nele referidas. Entendeu que, no caso, em afronta aos artigos 155 e 167, IV, da CF, criou-se verdadeiro tributo mediante texto normativo que se mostra ambíguo por não constar dele sequer a definição do que rotulado como "recursos provenientes da cobrança efetuada em todos os procedimentos extrajudiciais", nem a explicitação do que se teve como "todos os serviços notariais e de registro". Aduziu-se, também, que o texto se reporta a valores fixados em tabelas anexas, levando a crer ter surgido, no cenário jurídico, ônus a ser suportado por terceiros. Em seguida, pediu vista dos autos o Min. Carlos Britto. **ADI 3028/RN, rel. Min. Marco Aurélio, 1º.3.2007. (ADI-3028)**

VINCULAÇÃO DE RECEITAS E FUNDO DE REAPARELHAMENTO - 2

O Tribunal retomou julgamento de ação direta ajuizada pelo Procurador-Geral da República, em que se pretende a declaração de inconstitucionalidade do inciso V do art. 28 da Lei Complementar 166/99, com a redação conferida pela Lei Complementar 181/2000, do Estado do Rio Grande do Norte, que determina que os recursos provenientes da cobrança efetuada em todos os procedimentos extrajudiciais, todos os serviços notariais e de registro, estabelecidos com os respectivos valores na forma de tabelas anexas, constituirão recursos financeiros do fundo de reaparelhamento do Ministério Público do referido Estado-membro. O Min. Carlos Britto, em voto-vista, abriu divergência e julgou o pedido improcedente. Afirmou, inicialmente, que os serviços notariais e de registro são típicas atividades estatais, mas não são serviços públicos. Asseverou que, não obstante a jurisprudência da Corte seja no sentido de que tais atividades são serviços públicos, ela vem admitindo a incidência de taxa sobre as atividades notariais e de registro, tendo por base de cálculo os emolumentos que são cobrados pelos titulares das serventias como pagamento do trabalho que eles prestam aos tomadores dos serviços cartorários. Tendo isso em conta, afastou a alegação de ofensa ao art. 167, IV, da CF, por entender que o dispositivo impugnado não teria instituído uma exação que se amolde à definição de imposto, mas, sim, de taxa, gerada em razão do exercício do poder de polícia que assiste aos Estados-membros, mediante atuação pelos órgãos diretivos do Poder Judiciário, no plano da vigilância, orientação e correição da atividade notarial e de registro (CF, art. 236, § 1º). Asseverou, ademais, que o produto da arrecadação da taxa de polícia não estaria jungido ao contínuo aparelhamento do Poder Judiciário, mas admitiria expansão para incluir o aperfeiçoamento da jurisdição, não havendo, dessa forma, impedimento quanto à destinação da taxa ao Ministério Público, já que vinculada à estrutura e ao funcionamento de órgão estatal essencial à função jurisdicional (CF, art. 127), o qual estaria autorizado a promover todas as medidas necessárias à efetivação dos direitos assegurados na Constituição (CF, art. 129). Assim, concluiu que bem aparelhar o Ministério Público seria servir ao desígnio constitucional de aperfeiçoar a própria jurisdição como atividade básica do Estado e função específica do Poder Judiciário. Após os votos dos Ministros Menezes Direito, Cezar Peluso, Celso de Mello e Gilmar Mendes, que acompanhavam o relator, e dos votos dos Ministros Ricardo Lewandowski, Eros Grau e Joaquim Barbosa, que acompanhavam a divergência, o julgamento foi adiado para colher os votos das Ministras Cármen Lúcia e Ellen Gracie, Presidente, ausentes, justificadamente. **ADI 3028/RN, rel. Min. Marco Aurélio, 24.10.2007. (ADI-3028)**

VINCULAÇÃO DE RECEITAS E FUNDO DE REAPARELHAMENTO – 3

O Tribunal retomou julgamento de ação direta ajuizada pelo Procurador-Geral da República, em que se pretende a declaração de inconstitucionalidade do inciso V do art. 28 da Lei Complementar 166/99, com a redação conferida pela Lei Complementar 181/2000, do Estado do Rio Grande do Norte, que determina que os recursos provenientes da cobrança efetuada em todos os procedimentos extrajudiciais, todos os serviços notariais e de registro, estabelecidos com os respectivos valores na forma de tabelas anexas, constituirão recursos financeiros do fundo de reaparelhamento do Ministério Público do referido Estado-membro — v. Informativo 485. Chamado o feito para continuação do julgamento, pediu vista dos autos a Min. Cármen Lúcia. **ADI 3028/RN, rel. Min. Marco Aurélio, 13.3.2008.** (ADI-3028) (Inform. STF 498)

VINCULAÇÃO DE RECEITAS E FUNDO DE REAPARELHAMENTO - 4

Em conclusão, o Tribunal, por maioria, julgou improcedente pedido formulado em ação direta ajuizada pelo Procurador-Geral da República, em que se pretendia a declaração de inconstitucionalidade do inciso V do art. 28 da Lei Complementar 166/99, com a redação conferida pela Lei Complementar 181/2000, do Estado do Rio Grande do Norte, que determina que os recursos provenientes da cobrança efetuada em todos os procedimentos extrajudiciais, todos os serviços notariais e de registro, estabelecidos com os respectivos valores na forma de tabelas anexas, constituirão recursos financeiros do fundo de reaparelhamento do Ministério Público do referido Estado-membro — v. Informativos 457, 485 e 498. Afastou-se a alegação de ofensa ao art. 167, IV, da CF, por se entender que o dispositivo impugnado não teria instituído uma exação que se amoldasse à definição de imposto, mas, sim, de taxa, gerada em razão do exercício do poder de polícia que assiste aos Estados-membros, mediante atuação pelos órgãos diretivos do Poder Judiciário, no plano da vigilância, orientação e correição da atividade notarial e de registro (CF, art. 236, § 1º). Asseverou-se, ademais, que o produto da arrecadação da taxa de polícia não estaria jungido ao contínuo aparelhamento do Poder Judiciário, mas admitiria expansão para incluir o aperfeiçoamento da jurisdição, não havendo, dessa forma, impedimento quanto à destinação da taxa ao Ministério Público, já que vinculada à estrutura e ao funcionamento de órgão estatal essencial à função jurisdicional (CF, art. 127), o qual estaria autorizado a promover todas as medidas necessárias à efetivação dos direitos assegurados na Constituição (CF, art. 129). Assim, concluiu-se que bem aparelhar o Ministério Público seria servir ao desígnio constitucional de aperfeiçoar a própria jurisdição como atividade básica do Estado e função específica do Poder Judiciário. Vencidos os Ministros Marco Aurélio, relator, Menezes Direito, Cezar Peluso, Celso de Mello e Gilmar Mendes, que julgavam o pleito procedente. **ADI 3028/ RN, rel. orig. Min. Marco Aurélio, red. p/ o acórdão Min. Ayres Britto, 26.5.2010. (ADI-3028)**

Pagamento de Precatórios - 1

Iniciado o julgamento de mérito da ação direta proposta pelo Procurador-Geral da República contra o art. 4º da Lei 11.334/96 do Estado de Pernambuco ("Os valores das vendas ou decorrentes de quaisquer operações de crédito realizadas com as Letras Financeiras do Tesouro do Estado de Pernambuco serão, prioritariamente nos termos do art. 100 da Constituição Federal, utilizados no pagamento de condenações judiciais cujos créditos estejam inscritos em Precatórios, mesmo que de exercícios anteriores."). Após o voto do Min. Maurício Corrêa, relator, julgando procedente a ação para declarar a inconstitucionalidade das expressões "prioritariamente" e "mesmo que de exercícios anteriores" contidas no referido dispositivo, ao entendimento de que tais expressões afrontam o parágrafo único do art. 33 do ADCT ("Poderão as entidades devedoras, para o cumprimento do disposto neste artigo, emitir, em cada ano, no exato montante do dispêndio, títulos de dívida pública não computáveis para efeito do limite global de endividamento."), o julgamento foi adiado em virtude do pedido de vista do Min. Sepúlveda Pertence. ADIn 1.593-PE, rel. Min. Maurício Corrêa, 3.12.98.

PAGAMENTO DE PRECATÓRIOS - 2

O Tribunal julgou procedente pedido formulado em ação direta proposta pelo Procurador-Geral da República para declarar a inconstitucionalidade das expressões "*prioritariamente*" e "*mesmo que de exercícios anteriores*", contidas no art. 4º da Lei 11.334/96 do Estado de Pernambuco ("*Os valores das vendas ou decorrentes de quaisquer operações de crédito realizadas com as Letras Financeiras do Tesouro do Estado de Pernambuco serão, prioritariamente, nos termos do art. 100 da Constituição Federal, utilizados no pagamento de condenações judiciais cujos créditos estejam inscritos em Precatórios, mesmo que de exercícios anteriores.*"). Entendeu-se que tais expressões afrontam o art. 33, parágrafo único, do ADCT ("*Art. 33. Ressalvados os créditos de natureza alimentar, o valor dos precatórios judiciais pendentes de pagamento na data da promulgação da Constituição, incluído o remanescente de juros e correção monetária, poderá ser pago em moeda corrente, com atualização, em prestações anuais, iguais e sucessivas, no prazo máximo de oito anos, a partir de 1º de julho de 1989, por decisão editada pelo Poder Executivo até cento e oitenta dias da promulgação da Constituição. Parágrafo único. Poderão as entidades devedoras, para o cumprimento do disposto neste artigo, emitir, em cada ano, no exato montante do dispêndio, títulos de dívida pública não computáveis para efeito do limite global de endividamento.*"). Quanto à primeira expressão impugnada, asseverou-se que sua inclusão pela referida lei estadual representaria uma exceção, já que permitiria que o pagamento fosse efetuado de forma diversa da preconizada pela Constituição Federal. Em relação à segunda, aduziu-se que ela autorizaria o alcance, também, dos precatórios posteriores à promulgação da CF (5.10.88), tendo em conta a data de edição da lei estadual sob análise (3.4.96). ADI 1593/PE, rel. orig. Min. Maurício Corrêa, rel. p/ o acórdão Min. Menezes Direito, 7.11.2007. (ADI-1593) (Inform. STF 487)

LACRES ELETRÔNICOS NOS POSTOS DE COMBUSTÍVEIS

O Tribunal iniciou julgamento de ação direta de inconstitucionalidade ajuizada pelo Governador do Distrito Federal contra a Lei distrital 3.228/2003, que obriga as distribuidoras de combustíveis locais a colocar lacres eletrônicos nos tanques dos postos de combustíveis que exibam sua marca e dá outras providências. A Min. Cármen Lúcia, relatora, julgou procedente o pedido, registrando que as normas dos artigos 1º e 2º determinam a declaração de inconstitucionalidade das demais por arrastamento, por se tornarem ineficazes, quando não inexeqüíveis, sem aqueles dispositivos, no que foi acompanhada pelos Ministros Ricardo Lewandowski e Joaquim Barbosa. Inicialmente, afastou a alegação de inconstitucionalidade formal da lei, asseverando que a norma impugnada se insere na competência residual daquela unidade federativa (CF, art. 24, V e VIII) e respeita os direitos do consumidor enquanto fundamento da atividade econômica (CF, art. 170, V). Em seguida, ressaltando a diferença da presente ação com a ADI 2334/RJ (DJU de 14.5.2003), entendeu que a lei questionada ofende o princípio constitucional da igualdade, ao excluir os postos que não exibam marca da distribuidora (postos de "bandeira branca") da obrigatoriedade da instalação de lacres eletrônicos. No ponto, aduziu que essa desigualdade de tratamento entre os postos de revenda comprometidos com distribuidoras de combustíveis certas e aqueles de "bandeira branca", consubstanciada na imposição de instalação onerosa desse dispositivo somente aos primeiros, configuraria ausência de adequação entre os fins pretendidos pela norma distrital e os meios apontados para atingi-los, em afronta aos princípios da proporcionalidade e da razoabilidade. Após, pediu vista dos autos o Min. Carlos Britto. ADI 3236/DF, rel. Min. Cármen Lúcia, 17.9.2007. (ADI-3236) (Inform. STF 480)

RECURSO DE REVISTA E TRANSCENDÊNCIA – 1

Iniciado o julgamento de medida liminar em ação direta ajuizada pelo Conselho Federal da Ordem dos Advogados do Brasil - OAB contra a Medida Provisória 2.226/2001 que, acrescendo o art. 896-A à Consolidação das Leis do Trabalho - CLT, introduz o requisito da transcendência no recurso de revista, cuja regulamentação fica delegada ao regimento interno do Tribunal Superior do Trabalho, determinando, ainda, em seu art. 3º, em face da introdução do § 2º ao art. 6º da Lei 9.469/97, que "o acordo ou a transação celebrada diretamente pela parte ou por intermédio de procurador para extinguir ou encerrar processo judicial, inclusive nos casos de extensão administrativa de pagamentos postulados em juízo, implicará sempre a responsabilidade de cada uma das partes pelo pagamento dos honorários de seus respectivos advogados, mesmo que tenham sido objeto de condenação transitada em julgado". Por aparente ofensa à garantia da coisa julgada e ao princípio da isonomia, a Ministra Ellen Gracie, relatora, proferiu voto no sentido de deferir em parte o pedido de liminar, para suspender, até julgamento final da ação, a eficácia do art. 3º da Medida Provisória 2.226/2001, afastando, no entanto, a plausibilidade jurídica da tese de inconstitucionalidade sustentada pelo autor da ação relativamente aos arts. 1º e 2º da norma impugnada. De outra parte, o Min. Nelson Jobim, apreciando inicialmente apenas os arts. 1º e 2º da MP 2.226/2001, e salientando a possibilidade, no presente caso, de controle do abuso legislativo no uso de medidas provisórias, proferiu voto no sentido de deferir a medida liminar, por entender que a norma impugnada não teria eficácia imediata - já que o processamento da transcendência depende de regulamentação pelo TST -, não sendo capaz, assim, de solver o problema que justificara a sua edição. Após, o julgamento foi adiado, em face do pedido de vista do Min. Maurício Corrêa (MP 2.226/2001: "Art. 1º A Consolidação das Leis do Trabalho, aprovada pelo Decreto-Lei nº 5.452, de 1º de maio de 1943, passa a vigorar acrescida do seguinte dispositivo: 'Art. 896-A. O Tribunal Superior do Trabalho, no recurso de revista, examinará previamente se a causa oferece transcendência com relação aos reflexos gerais de natureza econômica, política, social ou jurídica'. Art. 2º O Tribunal Superior do Trabalho regulamentará, em seu regimento interno, o processamento da transcendência do recurso de revista, assegurada a apreciação da transcendência em sessão pública, com direito a sustentação oral e fundamentação da decisão.". ADI (MC) 2.527-DF, relatora Min. Ellen Gracie, 18.9.2002. (ADI-2527)

RECURSO DE REVISTA E TRANSCENDÊNCIA - 2

Por vislumbrar aparente ofensa às garantias da coisa julgada e da isonomia, o Tribunal, em votação majoritária, deferiu, em parte, medida liminar em ação direta ajuizada pelo Conselho Federal da Ordem dos Advogados do Brasil - OAB contra a Medida Provisória 2.226/2001— que, acrescendo o art. 896-A à Consolidação das Leis do Trabalho - CLT, introduz o requisito da transcendência no recurso de revista —, para suspender a eficácia do seu art. 3º, que inclui o § 2º ao art. 6º da Lei 9.469/97 (*"o acordo ou a transação celebrada diretamente pela parte ou por intermédio de procurador para extinguir ou encerrar processo judicial, inclusive nos casos de extensão administrativa de pagamentos postulados em juízo, implicará sempre a responsabilidade de cada uma das partes pelo pagamento dos honorários de seus respectivos advogados, mesmo que tenham sido objeto de condenação transitada em julgado"*) — v. Informativos 282 e 288. Afastou-se, por outro lado, a plausibilidade jurídica da tese de inconstitucionalidade relativamente aos artigos 1º e 2º da norma impugnada (*"Art. 1º A Consolidação das Leis do Trabalho, aprovada pelo Decreto-Lei nº 5.452, de 1º de maio de 1943, passa a vigorar acrescida do seguinte dispositivo: 'Art. 896-A. O Tribunal Superior do Trabalho, no recurso de revista, examinará previamente se a causa oferece transcendência com relação aos reflexos gerais de natureza econômica, política, social ou jurídica'. Art. 2º O Tribunal Superior do Trabalho regulamentará, em seu regimento interno, o processamento da transcendência do recurso de revista, assegurada a apreciação da transcendência em sessão pública, com direito a sustentação oral e fundamentação da decisão."*). Quanto à alegada ofensa à alínea b do inciso I do § 1º do art. 62 da CF, com a redação que lhe foi dada pela EC 32/2001, que vedou o trato de matéria processual por meio de medida provisória, afirmou-se que a norma atacada seria anterior a essa emenda. No que tange à citada afronta ao § 3º do art. 111 da CF, considerou-se o fato de que a competência do TST e o recurso de revista ou seu respectivo processamento não têm definição constitucional. Vencidos, parcialmente, os Ministros Nelson Jobim, que deferia a liminar quanto aos artigos 1º e 2º, Maurício Corrêa, que a deferia quanto aos artigos 1º, 2º e parte do 3º, e Marco Aurélio, que a concedia quanto aos artigos 1º, 2º e 3º. ADI 2527 MC/DF, rel. Min. Ellen Gracie, 16.8.2007. (ADI-2527) (Inform. STF 476)

BEM DE FAMÍLIA: DESPESAS CONDOMINIAIS E PENHORABILIDADE

A Turma negou provimento a recurso extraordinário em que se sustentava ofensa aos artigos 5º, XXVI, e 6º, ambos da CF, sob a alegação de que a penhorabilidade do bem de família prevista no art. 3º, IV, da Lei 8.009/90 não compreenderia as despesas condominiais (*"Art. 3º: A impenhorabilidade é oponível em qualquer processo de execução civil, fiscal, previdenciária, trabalhista ou de outra natureza, salvo se movido:... IV - para cobrança de impostos, predial ou territorial, taxas e contribuições devidas em função do imóvel familiar;"*). Entendeu-se que, no caso, não haveria que se falar em impenhorabilidade do imóvel, uma vez que o pagamento de contribuição condominial (obrigação *propter rem*) é essencial à conservação da propriedade, isto é, à garantia da subsistência individual e familiar — dignidade da pessoa humana. Asseverou-se que a relação condominial tem natureza tipicamente de uma relação de comunhão de escopo, na qual os interesses dos contratantes são paralelos e existe identidade de objetivos, em contraposição à de intercâmbio, em que cada parte tem por fim seus próprios interesses, caracterizando-se pelo vínculo sinalagmático. RE 439003/SP, rel. Eros Grau, 6.2.2007. (RE-439003) (Inform. STF 455)

REPETITIVO. FGTS. ÍNDICES. CORREÇÃO.

A Seção, no julgamento de recurso repetitivo (art. 543-C do CPC), reafirmou que devem ser aplicados os seguintes índices na correção monetária das contas vinculadas ao FGTS: 10,14% (IPC) em fevereiro de 1989; 9,61% (BTN) em junho de 1990; 10,79% (BTN) em julho de 1990; 13,69% (IPC) em janeiro de 1991 e 8,5% (TR) em março de 1991. **Precedentes citados: REsp 43.055-SP, DJ 18/12/1995; EDcl nos EREsp 352.411-PR, DJ 12/6/2006; REsp 883.241-SP, DJe 10/6/2008; REsp 1.110.683-ES, DJe 23/4/2009; AgRg no REsp 1.097.077-RJ, DJe 1º/7/2009, e REsp 876.452-RJ, DJe 30/3/2009. REsp 1.111.201-PE, Rel. Min. Benedito Gonçalves, julgado em 24/2/2010**. (Inform. STJ 424)

REPETITIVO. FGTS. CUSTAS. CEF.

A CEF está isenta do pagamento de custas, emolumentos e demais taxas judiciárias nas ações em que representa o FGTS (art. 24-A, parágrafo único, da Lei n. 9.028/1995). Porém, isso não a desobriga de, quando sucumbente, reembolsar as custas adiantadas pela parte vencedora. Esse entendimento foi reiterado pela Seção em sede de recurso especial sujeito ao procedimento do art. 543-C do CPC (repetitivo). **Precedentes citados: REsp 902.100-PB, DJ 29/11/2007; REsp 725.595-PB, DJ 14/2/2007, e REsp 806.558-RJ, DJe 28/9/2009. REsp 1.151.364-PE, Rel. Min. Teori Albino Zavascki, julgado em 24/2/2010**. (Inform. STJ 424)

SÚMULA STJ Nº 410

A prévia intimação pessoal do devedor constitui condição necessária para a cobrança de multa pelo descumprimento de obrigação de fazer ou não fazer.

SÚMULA STJ Nº 193

O direito de uso de linha telefônica pode ser adquirido por usucapião.

6. DIREITO ADMINISTRATIVO

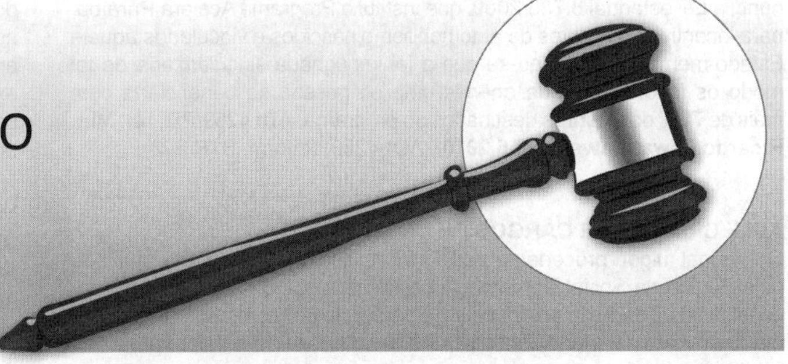

1. PRINCÍPIOS ADMINISTRATIVOS

EMENTA: **RECURSO ORDINÁRIO EM MANDADO DE SEGURANÇA**. **DECLARAÇÃO DE INIDONEIDADE** PARA CONTRATAR COM A ADMINISTRAÇÃO PÚBLICA (**INCISOS** II E III **DO ART**. 88 DA LEI Nº 8.666/1993). **ATO DO MINISTRO DE ESTADO** DO CONTROLE E DA TRANSPARÊNCIA. **PROCEDIMENTO DE CARÁTER ADMINISTRATIVO** INSTAURADO PERANTE A CONTROLADORIA-GERAL DA UNIÃO. **SITUAÇÃO DE CONFLITUOSIDADE** EXISTENTE **ENTRE** OS INTERESSES DO ESTADO **E** OS DO PARTICULAR. **NECESSÁRIA OBSERVÂNCIA**, *PELO PODER PÚBLICO*, **DA FÓRMULA CONSTITUCIONAL** DO *"DUE PROCESS OF LAW"*. **PRERROGATIVAS QUE COMPÕEM** *A GARANTIA CONSTITUCIONAL* DO DEVIDO PROCESSO. **O DIREITO À PROVA** COMO UMA DAS PROJEÇÕES CONCRETIZADORAS DESSA GARANTIA CONSTITUCIONAL. **PRECEDENTES**. RECURSO ORDINÁRIO **PROVIDO**.

- **A jurisprudência** do Supremo Tribunal Federal **tem reafirmado** a essencialidade do princípio **que consagra** o *"due process of law"*, **nele reconhecendo** uma insuprimível **garantia**, que, instituída **em favor de qualquer** pessoa ou entidade, **rege e condiciona** o exercício, **pelo Poder Público**, de sua atividade, **ainda** que em sede materialmente administrativa, **sob pena de nulidade** do próprio ato punitivo **ou** da medida restritiva de direitos. **Precedentes**. **Doutrina**.

- **Assiste**, *ao interessado*, **mesmo** em procedimentos de índole administrativa, **como direta emanação** da própria garantia constitucional do *"due process of law"* (**CF**, art. 5º, LIV) - **independentemente**, *portanto*, de haver previsão normativa nos estatutos que regem a atuação dos órgãos do Estado -, **a prerrogativa indisponível** do contraditório **e** da plenitude de defesa, **com** os meios e recursos a ela inerentes (**CF**, art. 5º, LV).

- **Abrangência da cláusula constitucional** do *"due process of law"*, **que compreende**, *dentre as diversas prerrogativas* de ordem jurídica que a compõem, *o direito à prova*.

- **O fato** de o Poder Público **considerar suficientes** os elementos de informação **produzidos** no procedimento administrativo **não** legitima **nem** autoriza a adoção, pelo órgão estatal competente, **de medidas** que, *tomadas em detrimento* daquele **que sofre** a persecução administrativa, **culminem por frustrar** a possibilidade **de o próprio** interessado **produzir** as provas **que repute indispensáveis** à demonstração de suas alegações **e que entenda essenciais** à condução de sua defesa.

- **Mostra-se** *claramente lesiva* à cláusula constitucional do *"due process"* **a supressão**, por exclusiva deliberação administrativa, *do direito à prova*, que, **por compor** o próprio *estatuto constitucional do direito de defesa*, **deve ter** o seu exercício *plenamente respeitado* pelas autoridades **e** agentes administrativos, **que não podem impedir** que o administrado produza os elementos de informação *por ele considerados imprescindíveis* **e que sejam** eventualmente capazes, *até mesmo*, **de infirmar** a pretensão punitiva *da Pública Administração*. **Doutrina**. **Jurisprudência**. (RMS 28.517/DF, rel. Min. Celso de Mello, DJ 4.8.2011) (Inform. STF 642)

SERVIDOR PÚBLICO: DIVULGAÇÃO DE VENCIMENTOS E PUBLICIDADE ADMINISTRATIVA

Ao aplicar o princípio da publicidade administrativa, o Plenário desproveu agravo regimental interposto de decisão do Min. Gilmar Mendes, Presidente à época, proferida nos autos de suspensão de segurança ajuizada pelo Município de São Paulo. A decisão questionada suspendera medidas liminares que anularam, provisoriamente, o ato de divulgação da remuneração bruta mensal, com o respectivo nome de cada servidor, em sítio eletrônico da internet, denominado "De Olho nas Contas". Na espécie, o Município impetrante alegava grave lesão à ordem pública, retratada no descumprimento do princípio da supremacia do interesse público sobre interesses particulares. Na impetração originária, de outra monta, sustentara-se violação à intimidade e à segurança privada e familiar dos servidores. Reputou-se que o princípio da publicidade administrativa, encampado no art. 37, *caput*, da CF, significaria o dever estatal de divulgação de atos públicos. Destacou-se, no ponto, que a gestão da coisa pública deveria ser realizada com o máximo de transparência, excetuadas hipóteses constitucionalmente previstas, cujo sigilo fosse imprescindível à segurança do Estado e da sociedade (CF, art. 5º, XXXIII). Frisou-se que todos teriam direito a receber, dos órgãos públicos, informações de interesse particular ou geral, tendo em vista a efetivação da cidadania, no que lhes competiria acompanhar criticamente os atos de poder. Aduziu-se que a divulgação dos vencimentos brutos de servidores, a ser realizada oficialmente, constituiria interesse coletivo, sem implicar violação à intimidade e à segurança deles, uma vez que esses dados diriam respeito a agentes públicos em exercício nessa qualidade. Afirmou-se, ademais, que não seria permitida a divulgação do endereço residencial, CPF e RG de cada um, mas apenas de seu nome e matrícula funcional. Destacou-se, por fim, que o modo público de gerir a máquina estatal seria elemento conceitual da República. SS 3902 Segundo AgR/SP, rel. Min. Ayres Britto, 9.6.2011. (SS-3902) (Inform. STF 630)

RE N. 407.908-RJ
RELATOR: MIN. MARCO AURÉLIO

ACORDO – HOMOLOGAÇÃO JUDICIAL – HONORÁRIOS ADVOCATÍCIOS – AÇÃO DE NULIDADE – PRINCÍPIO DA MORALIDADE. Implica violência ao artigo 37, cabeça, da Constituição Federal a óptica segundo a qual, ante o princípio da moralidade, surge insubsistente acordo homologado em juízo, no qual previsto o direito de profissional da advocacia, detentor de vínculo empregatício com uma das partes, aos honorários advocatícios. (Inform. STF 629) *noticiado no Informativo 623

EMENTA: POLÍCIA MILITAR DO DISTRITO FEDERAL. **CURSO DE FORMAÇÃO** DE SARGENTOS (PM/DF). **CABO PM**. **NÃO CONVOCAÇÃO** PARA PARTICIPAR DESSE CURSO, **PELO FATO** DE EXISTIR, *CONTRA* REFERIDO POLICIAL MILITAR, **PROCEDIMENTO PENAL** EM FASE DE TRAMITAÇÃO JUDICIAL. **EXCLUSÃO** DO CANDIDATO. **IMPOSSIBILIDADE**. **TRANSGRESSÃO** AO POSTULADO CONSTITUCIONAL *DA PRESUNÇÃO DE INOCÊNCIA* (**CF**, ART. 5º, LVII). **RECURSO EXTRAORDINÁRIO IMPROVIDO**.

- **A recusa** administrativa **de inscrição** em Curso de Formação de Sargentos da Polícia Militar, **motivada**, *unicamente*, **pelo fato** de haver sido instaurado, *contra o candidato*, procedimento penal, **inexistindo**, *contudo*, condenação criminal **transitada** em julgado, **transgride**, *de modo direto*, **a presunção constitucional** de inocência, **consagrada** no art. 5º, inciso LVII, da Lei Fundamental da República. **Precedentes**.

- **O postulado constitucional** *da presunção de inocência* **impede** que o Poder Público **trate**, *como se culpado fosse*, **aquele** que *ainda não sofreu* condenação penal *irrecorrível*. **Precedentes**. RE 565519/DF. RELATOR: Min. Celso de Mello. J. 13.05.11. (Inform. STF 627)

ADI E PRINCÍPIO DA IMPESSOALIDADE

Por vislumbrar aparente ofensa ao princípio da impessoalidade, o Tribunal concedeu medida liminar em ação direta de inconstitucionalidade ajuizada pelo Governador do Estado da Paraíba para suspender, com efeitos ex nunc, a Lei estadual 8.736/2009, que institui o Programa Acelera Paraíba, para incentivo aos pilotos de automobilismo nascidos e vinculados àquele Estado-membro. Entendeu-se que a lei impugnada singularizaria de tal modo os favorecidos que apenas uma só pessoa se beneficiaria com mais de 75% dos valores destinados ao programa. **ADI 4259/PB, rel. Min. Ricardo Lewandowski, 23.6.2010.** (ADI-4259) (Inform. STF 592)

ADI E CRIAÇÃO DE CARGOS EM COMISSÃO - 1

O Tribunal julgou procedente pedido formulado em ação direta ajuizada pelo Partido da Social Democracia Brasileira - PSDB para declarar a inconstitucionalidade do art. 5º, *caput*, e parágrafo único; art. 6º; das Tabelas II e III do Anexo II e das Tabelas I, II e III do Anexo III; e das expressões "*atribuições*", "*denominações*" e "*especificações*" de cargos contidas no art. 8º da Lei tocantinense 1.950/2008, que, ao dispor sobre a organização da estrutura básica do Poder Executivo, criou mais de 35 mil cargos em comissão. Entendeu-se que a norma impugnada teria desrespeitado os princípios da proporcionalidade, ante a evidente desproporção entre número de cargos de provimento em comissão e os de provimento efetivo, e da moralidade administrativa, além de não observar o disposto no art. 37, V, da CF, haja vista que grande parte dos cargos criados referir-se-ia a áreas eminentemente técnicas e operacionais, não se revestindo de natureza de chefia, direção ou assessoramento, o que estaria a burlar, por conseguinte, a exigência constitucional do concurso público (CF, art. 37, II). Considerou-se, ademais, que o art. 8º da lei em questão, ao delegar ao Chefe do Poder Executivo poderes para, mediante decreto, dispor sobre as competências, as atribuições, as denominações das unidades setoriais e as especificações dos cargos, bem como a organização e reorganização administrativa do Estado, teria deixado em aberto a possibilidade de o Governador, a pretexto de organizar a estrutura administrativa do Estado, criar novos cargos sem edição de lei, em afronta ao que disposto no art. 61, § 1º, II, a, da CF. **ADI 4125/TO, rel. Min. Cármen Lúcia, 9 e 10.6.2010.** (ADI-4125)

ADI E CRIAÇÃO DE CARGOS EM COMISSÃO - 2

Por fim, tendo em conta que os cargos criados pela Lei 1.950/2008 constituem mais da metade dos cargos da Administração Pública do Estado do Tocantins, sendo que alguns se referem a atividades estatais essenciais aos cidadãos, que não poderiam ser onerados pela ausência da prestação em setores sensíveis como os da educação, da saúde e da segurança pública, fixou-se o prazo de 12 meses, a contar da data deste julgamento, a fim de que o Poder Executivo reveja as nomeações feitas quanto aos cargos criados pelas normas declaradas inválidas, desfazendo-as e substituindo-as pelo provimento dos cargos de igual natureza e de provimento efetivo vagos, mediante realização de concursos públicos ou pela criação de novos cargos, de provimento efetivo, para o desempenho das funções correspondentes às entregues a ocupantes de provimento comissionado com base na lei impugnada. Determinou-se, também, a remessa de cópia do processo e do acórdão ao Ministério Público estadual e ao Conselho Nacional do Ministério Público. Vencidos, no ponto, os Ministros Marco Aurélio e Cezar Peluso, que não fixavam nenhum prazo. **Alguns precedentes citados: ADI 2551 QO-MC/MG (DJU de 20.4.2006); RE 365368/SC (DJU de 29.6.2007); ADI 3706/MS (DJE de 5.10.2007); ADI 3233/PB (DJU de 14.9.2007); ADI 2661 MC/MA (DJU de 23.8.2002); ADI 3232/TO (DJE de 3.10.2008); ADI 3983/TO (DJE de 3.10.2008); ADI 3990/TO (DJE de 3.10.2008). ADI 4125/TO, rel. Min. Cármen Lúcia, 9 e 10.6.2010.** (ADI-4125) (Inform. STF 590)

REPERCUSSÃO GERAL: VEDAÇÃO AO NEPOTISMO E APLICAÇÃO AOS TRÊS PODERES - 1

O Tribunal deu parcial provimento a recurso extraordinário interposto contra acórdão do Tribunal de Justiça do Estado do Rio Grande do Norte que reputara constitucional e legal a nomeação de parentes de vereador e Vice-Prefeito do Município de Água Nova, daquela unidade federativa, para o exercício dos cargos, respectivamente, de Secretário Municipal de Saúde e de motorista. Asseverou-se, inicialmente, que, embora a Resolução 7/2007 do CNJ seja restrita ao âmbito do Judiciário, a vedação do nepotismo se estende aos demais Poderes, pois decorre diretamente dos princípios contidos no art. 37, *caput*, da CF, tendo aquela norma apenas disciplinado, em maior detalhe, aspectos dessa restrição que são próprios a atuação dos órgãos jurisdicionais. Ressaltou-se que o fato de haver diversos atos normativos no plano federal que vedam o nepotismo não significaria que somente leis em sentido formal ou outros diplomas regulamentares fossem aptos para coibir essa prática, haja vista que os princípios constitucionais, que não configuram meras recomendações de caráter moral ou ético, consubstanciam regras jurídicas de caráter prescritivo, hierarquicamente superiores às demais e positivamente vinculantes, sendo sempre dotados de eficácia, cuja materialização, se necessário, pode ser cobrada por via judicial. Assim, tendo em conta a expressiva densidade axiológica e a elevada carga normativa que encerram os princípios contidos no *caput* do art. 37 da CF, concluiu-se que a proibição do nepotismo independe de norma secundária que obste formalmente essa conduta. Ressaltou-se, ademais, que admitir que apenas ao Legislativo ou ao Executivo fosse dado exaurir, mediante ato formal, todo o conteúdo dos princípios constitucionais em questão, implicaria mitigar os efeitos dos postulados da supremacia, unidade e harmonização da Carta Magna, subvertendo-se a hierarquia entre esta e a ordem jurídica em geral. **RE 579951/RN, rel. Min. Ricardo Lewandowski, 20.8.2008.** (RE-579951)

REPERCUSSÃO GERAL: VEDAÇÃO AO NEPOTISMO E APLICAÇÃO AOS TRÊS PODERES - 2

Aduziu-se que art. 37, *caput*, da CF/88 estabelece que a Administração Pública é regida por princípios destinados a resguardar o interesse público na tutela dos bens da coletividade, sendo que, dentre eles, o da moralidade e o da impessoalidade exigem que o agente público paute sua conduta por padrões éticos que têm por fim último alcançar a consecução do bem comum, independentemente da esfera de poder ou do nível político-administrativo da Federação em que atue. Acrescentou-se que o legislador constituinte originário, e o derivado, especialmente a partir do advento da EC 1/98, fixou balizas de natureza cogente para coibir quaisquer práticas, por parte dos administradores públicos, que, de alguma forma, buscassem finalidade diversa do interesse público, como a nomeação de parentes para cargos em comissão ou de confiança, segundo uma interpretação equivocada dos incisos II e V do art. 37 da CF. Considerou-se que a referida nomeação de parentes ofende, além dos princípios da moralidade administrativa e da impessoalidade, o princípio da eficiência, haja vista a inapetência daqueles para o trabalho e seu completo despreparo para o exercício das funções que alegadamente exercem. Frisou-se, portanto, que as restrições impostas à atuação do administrador público pelo princípio da moralidade e demais postulados do art. 37 da CF são auto-aplicáveis, por trazerem em si carga de normatividade apta a produzir efeitos jurídicos, permitindo, em conseqüência, ao Judiciário exercer o controle dos atos que transgridam os valores fundantes do texto constitucional. Com base nessas razões, e fazendo distinção entre cargo estritamente administrativo e cargo político, declarou-se nulo o ato de nomeação do motorista, considerando hígida, entretanto, a nomeação do Secretário Municipal de Saúde. **RE 579951/RN, rel. Min. Ricardo Lewandowski, 20.8.2008.** (RE-579951)

REPERCUSSÃO GERAL: VEDAÇÃO AO NEPOTISMO E APLICAÇÃO AOS TRÊS PODERES - 3

O Tribunal aprovou o Enunciado da Súmula Vinculante 13 nestes termos: "A nomeação de cônjuge, companheiro, ou parente, em linha reta, colateral ou por afinidade, até o 3º grau, inclusive, da autoridade nomeante ou de servidor da mesma pessoa jurídica, investido em cargo de direção, chefia ou assessoramento, para o exercício de cargo em comissão ou de confiança, ou, ainda, de função gratificada na Administração Pública direta e indireta, em qualquer dos Poderes da União, dos Estados, do Distrito Federal e dos Municípios, compreendido o ajuste mediante designações recíprocas, viola a Constituição Federal". *A edição do verbete ocorreu após o julgamento do recurso extraordinário acima relatado.* **Precedentes citados: ADI 1521/RS (DJU de 17.3.2000); ADC 12 MC/DF (DJU de 1º.9.2006); MS 23780/MA (DJU de 3.3.2006); RE 579951/RN (j. em 20.8.2008).** (Inform. STF 516)

PUBLICIDADE DE ATOS GOVERNAMENTAIS E IMPESSOALIDADE

O art. 37, caput, e seu § 1º, da CF, impedem que haja qualquer tipo de identificação entre a publicidade e os titulares dos cargos alcançando os partidos políticos a que pertençam. Com base nesse entendimento, a Turma negou provimento a recurso extraordinário interposto pelo Município de Porto Alegre contra acórdão do tribunal de justiça local que o condenara a abster-se da inclusão de determinado slogan na publicidade de seus atos, programas, obras, serviços e campanhas. Considerou-se que a referida regra constitucional objetiva assegurar a impessoalidade da divulgação dos atos governamentais, que devem voltar-se exclusivamente para o interesse social, sendo incompatível com a menção de nomes, símbolos ou imagens, aí incluídos slogans que caracterizem a promoção pessoal ou de servidores públicos. Asseverou-se que a possibilidade de vinculação do conteúdo da divulgação com o partido político a que pertença o titular do cargo público ofende o princípio da impessoalidade e desnatura o caráter educativo, informativo ou de orientação que constam do comando imposto na Constituição. **RE 191668/RS, rel. Min. Menezes Direito, 15.4.2008.** *(RE-191668)* (Inform. STF 502)

ANISTIA. ACESSO. AUTOS.

Os impetrantes são advogados contratados para acompanhar o desenrolar de processos administrativos de anistia no Ministério da Justiça. Alegam existir o óbice de que consultassem os autos nos quais sequer havia sigilo, proibição que lhes foi imposta sob o fundamento de que ainda não tinham procuração outorgada por seus clientes. Quanto a isso, é certo que o art. 7º, XIII, da Lei n. 8.906/1994, o Estatuto da Advocacia (EOAB), é prerrogativa que assegura aos impetrantes o direito perseguido com o *mandamus* (o acesso aos autos) que não pode ser apartado pelo art. 4º, § 2º, das Normas Procedimentais da Comissão de Anistia, aprovadas pela Portaria n. 2.523/2008 do Ministério da Justiça, o qual limita o acesso aos autos de anistia aos advogados devidamente constituídos sob justificativa de resguardo da intimidade das pessoas: antes de tudo, a Administração Pública deve obediência ao princípio da legalidade e da publicidade de seus atos. Note-se que o advogado é responsável por manter o sigilo profissional e pode ser punido pela inobservância dessa regra (art. 34, VII, do EOAB). **Precedente citado: RMS 23.071-MT, DJ 4/6/2007. MS 14.873-DF, Rel. Min. Eliana Calmon, julgado em 23/6/2010**. (Inform. STJ 440)

TELEFONIA. VALOR. USO. REDE MÓVEL.

A recorrente e a recorrida são operadoras de telefonia e contendem a respeito do valor de uso de rede móvel (VU-M), que é devido quando realizada ligação entre usuários de diferentes operadoras (interconexão) e de livre negociação entre os interessados (arts. 152 e 153 da Lei n. 9.472/1997). Consta dos autos que a recorrida instaurou diversos processos de arbitragem e outros judiciais contra várias operadoras e, por sua vez, a Anatel, provocada, entendeu constituir comissão de arbitragem de interconexão (CAI) para, juntamente com as operadoras, discutir a questão. Contudo, diante da celeuma acerca dessas arbitragens, a Anatel, em resolução, adiou o marco regulatório referente à fixação do VU-M. Sucede que, mesmo assim, aquela agência, mediante a CAI, em uma dessas arbitragens, exarou o despacho n. 3/2007, que fixa o VU-M entre a recorrida e outra operadora de telefonia. Nesse contexto, constata-se que, sem sombra de dúvida, a Anatel é responsável por resolver as condições de interconexão quando se mostrar impossível a solução entre as operadoras interessadas (art. 153, § 2º, da Lei n. 9.472/1997 e Res. n. 410/2005 da Anatel). Assim, frente ao alto grau de discricionariedade técnica imanente ao tema e em consideração aos princípios da deferência técnico-administrativa, da isonomia e da eficiência, a lógica do sistema de telecomunicações impõe a prudência de estender o VU-M fixado no despacho n. 3/2007 a todos os demais participantes de arbitragens similares, o que abrange a contenda entre a recorrida e a recorrente. Daí que não há como manter a liminar deferida nas instâncias ordinárias com VU-M diferente do fixado por aquela agência reguladora. Há que adequá-la ao despacho n. 3/2007. Anote-se que o *periculum in mora* foi reconhecido nas instâncias ordinárias com lastro em nota técnica da própria Anatel, que reconhece o fato de as operadoras de telefonia fixa hoje operarem com prejuízo nas ligações que exigem a interconexão. Rever esse fundamento esbarraria no empecilho da Súm. n. 7-STJ. Já quanto ao *fumus boni iuris*, o próprio despacho n. 3/2007 do CAI reitera a necessidade de revisão do VU-M. **REsp 1.171.688-DF, Rel. Min. Mauro Campbell Marques, julgado em 1º/6/2010**. (Inform. STJ 437)

PAD. PROPORCIONALIDADE. RAZOABILIDADE.

Servidores do Judiciário, conforme apurado em processo administrativo disciplinar (PAD), com objetivo de obterem o anonimato, teriam ludibriado partes para que assinassem documento de cujo teor e finalidade não tinham conhecimento: assinaram representações contra a juíza, o escrivão e dois escreventes da comarca, acusando-os de cometer injustiças, maltratar usuários do serviço forense, contribuir para a morosidade e praticar corrupção. Segundo o Min. Relator, apurados os ilícitos de indisciplina, eles merecem reprovação na medida em que demonstrado o intuito dos ora recorrentes de, no mínimo, submeter os representados a constrangimento, por figurarem em processo instaurado em corregedoria-geral de Justiça estadual. Também aponta que, não obstante sua indiscutível gravidade, o ato não teve maiores consequências nem para os representados nem para a própria Administração, uma vez que logo foi constatada a impropriedade das imputações. Assim, conclui que a aplicação da pena máxima de demissão, imposta com base nos arts. 273, I e IV, 274, V, e 285, III, da LC estadual n. 59/2001, deu-se mediante inobservância dos princípios da proporcionalidade e da razoabilidade, impondo-se que a Administração aplique sanção disciplinar mais branda. Diante do exposto, a Turma deu parcial provimento ao RMS, concedendo em parte a segurança para anular a demissão dos recorrentes e determinar a reintegração aos cargos que ocupavam, ressalvada à Administração eventual aplicação de pena menos gravosa em decorrência das infrações disciplinares já apuradas, se for o caso. Precedentes citados: **MS 12.369-DF, DJ 10/9/2007, e MS 8.401-DF, DJe 17/5/2009. RMS 29.290-MG, Rel. Min. Arnaldo Esteves Lima, julgado em 18/2/2010.** (Inform. STJ 423)

AUTORIZAÇÃO. RÁDIO COMUNITÁRIA.

A Ministra Relatora originária entendia possível o Poder Judiciário intervir excepcionalmente para assegurar o funcionamento precário de rádio comunitária, visto a inércia injustificada da Administração em apreciar o pedido de autorização protocolado (no caso, há mais de oito anos), isso em atenção aos princípios da moralidade e da eficiência. Porém, esse entendimento ficou vencido, pois há precedentes em sentido contrário. Precedente citado: MS 8.789-DF, DJ 25/8/2003. **REsp 1.006.191-PI, Rel. originária Min. Eliana Calmon, Rel. para acórdão Min. Castro Meira, julgado em 11/11/2008.** (Inform. STJ 376)

COMPETÊNCIA. STJ. TRE. REQUISIÇÃO. CBTU.

A Turma, por maioria, entendeu que o princípio da razoabilidade e o da proporcionalidade, em confronto com o conceito de legalidade, invocados pelo aresto recorrido, emprestam-lhe fundamento constitucional. Por esse motivo, cabe afastar a competência cognitiva do STJ para aferir a legalidade do ato administrativo do TRE quanto à requisição de empregados da CBTU (sociedade de economia mista federal), vinculada ao Ministério dos Transportes, e dizer se houve ou não ofensa ao art. 1º da Lei n. 6.999/1982. **REsp 735.156-PE, Rel. originário Min. Francisco Falcão, Rel. para acórdão Min. Luiz Fux, julgado em 7/10/2008.** (Inform. STJ 371)

SÚMULA STF Nº 654

A garantia da irretroatividade da Lei, prevista no art. 5º, XXXVI, da Constituição da república, não é invocável pela entidade estatal que a tenha editado.

SÚMULA STF Nº 473

A administração pode anular seus próprios atos, quando eivados de vícios que os tornam ilegais, porque deles não se originam direitos; ou revogá-los, por motivo de conveniência ou oportunidade, respeitados os direitos adquiridos, e ressalvada, em todos os casos, a apreciação judicial.

SÚMULA STF Nº 346

A administração pública pode declarar a nulidade dos seus próprios atos.

2. PODERES ADMINISTRATIVOS

ADI E CRIAÇÃO DE ÓRGÃO

Por vislumbrar afronta ao art. 61, § 1º, II, e, da CF, que reserva ao Chefe do Poder Executivo a iniciativa de projeto de lei que crie órgão da Administração Pública, o Tribunal julgou procedente pedido formulado em ação direta ajuizada pelo Governador do Estado do Amapá para declarar a inconstitucionalidade da Lei estadual 803/2004, que cria a Escola Técnica Agropecuária no Município do Amapá e determina que o Poder Executivo a regulamente, incluindo no Plano Plurianual e na previsão orçamentária os recursos necessários à implantação dessa Escola. **ADI 3179/AP, rel. Min. Cezar Peluso, 27.5.2010.** (ADI-3179) (Inform. STF 588)

EXPEDIÇÃO DE DIPLOMA DE MESTRE E AUTORIDADE COATORA

A Turma, por maioria, negou provimento a recurso ordinário em mandado de segurança interposto contra acórdão do STJ que, por reputar o Ministro de Estado da Educação parte ilegítima para figurar como autoridade coatora, declarara sua incompetência para julgar a causa. Na espécie, sustentava-se que o aludido Ministro de Estado, na qualidade de superior hierárquico, possuiria poderes para determinar às demais autoridades coatoras a ele subordinadas a adoção de providências necessárias para salvaguardar o direito líquido e certo do impetrante de ter seu diploma de mestre registrado, com validade nacional e sem restrição. Alegava-se, ainda, a omissão dessa autoridade no exercício do poder de polícia, ao permitir o funcionamento, em universidade pública federal, de curso superior não credenciado pelo MEC. Considerou-se que, no caso, a autoridade tida por coatora não praticara nenhum ato suscetível de ser combatido pela impetração do *writ*. Asseverou-se que o credenciamento de cursos em instituição de educação superior é realizado no âmbito do Conselho Nacional de Educação, mas a expedição de diplomas e o reconhecimento dos requisitos necessários ao cumprimento da carga acadêmica e outras exigências dependem da própria universidade, que detém autonomia específica para autorizar ou não a mencionada emissão. Ademais, observou-se que a discussão diz respeito à expedição de diploma e que, conforme demonstrado, haveria indicação de que o ora recorrente tinha conhecimento de que o curso não estava credenciado. Vencidos os Ministros Marco Aurélio, relator, e Cármen Lúcia que, tendo em conta o fato de a impetração envolver o Ministro de

Estado da Educação, não só por haver aprovado e homologado ato do Conselho Nacional de Educação, como, também, por lhe competir, em última instância, segundo alegado, o poder de polícia quanto à regularidade do curso, aduziam não ser admissível concluir-se pela ilegitimidade. Assim, ressaltando a impossibilidade de se confundir preliminar com mérito e sem adentrar a questão de fundo, davam provimento ao recurso para que, ultrapassada a preliminar de ilegitimidade do Ministro de Estado da Educação como autoridade coatora, a Corte de origem prosseguisse no julgamento do mandado de segurança. **RMS 26369/DF, rel. orig. Min. Marco Aurélio, rel. p/ o acórdão Min. Menezes Direito, 9.9.2008.** (RMS-26369) (Inform. STF 519)

DIREITO ADMINISTRATIVO. PODER REGULAMENTAR. IMPOSSIBILIDADE DE LIMITAÇÃO NÃO PREVISTA NA LEI REGULAMENTADA.
É ilegal o art. 2º da Res. n. 207/2006-Aneel que, ao exigir o adimplemento do consumidor para a concessão de descontos especiais na tarifa de fornecimento de energia elétrica relativa ao consumidor que desenvolva atividade de irrigação ou aquicultura (Lei n. 10.438/2002), estabeleceu condição não prevista na lei para o benefício, exorbitando o poder de regulamentar. Precedentes citados: REsp 1.048.317-PR, DJe 30/9/2010, e RMS 26.889-DF, DJe 3/5/2010. **AgRg no REsp 1.326.847-RN, Rel. Min. Humberto Martins, julgado em 20/11/2012.(Inform. STJ 509)**

INFRAÇÃO ADMINISTRATIVA E CRIMINAL. PRAZO PRESCRICIONAL.
A Turma reiterou que a pretensão punitiva da Administração Pública em relação à infração administrativa que também configura crime em tese somente se sujeita ao prazo prescricional criminal quando instaurada a respectiva ação penal. Ademais, destacou-se que a regra constante do art. 4º da Lei n. 9.873/1999 não se aplica às hipóteses em que a prescrição já se haja consumado antes da entrada em vigor do referido diploma legal. *In casu*, o tribunal *a quo* consignou que não houve sequer a abertura de inquérito policial e que os fatos questionados são anteriores à edição da Lei n. 9.873/1999, motivos pelos quais, na hipótese, torna-se inaplicável a aplicação da equiparação da prescrição administrativa penal. Precedentes citados: MS 14.446-DF, DJe 15/2/2011; MS 15.462-DF, DJe 22/3/2011; EDcl no REsp 1.099.647-RS, DJe 15/12/2010, e REsp 1.088.405-RS, DJe 1º/4/2009. **REsp 1.116.477-DF, Rel. Min. Teori Albino Zavascki, julgado em 16/8/2012.(Inform. STJ 502)**

SERVIDOR PÚBLICO. ATESTADO MÉDICO. PRAZO. HOMOLOGAÇÃO. DESCONTO DOS DIAS NÃO TRABALHADOS. PAD. DESCABIMENTO.
A Turma entendeu que não se mostra desarrazoada ou exorbitante dos limites do poder regulamentar a resolução que, à falta de norma disciplinadora da lei federal à época, fixa prazo para a apresentação do atestado médico particular para homologação, sob risco de que já tenha terminado o tratamento de saúde quando vier a ser concedido o afastamento ao servidor. Assim, deixando de apresentar antecipadamente o atestado particular para homologação, não é ilegal ou abusivo o ato que importou no desconto dos dias em que o servidor não compareceu ao serviço, nem justificou sua falta, nos estritos limites do art. 44 da Lei n. 8.112/1990. Sendo descabida, assim, a instauração de processo administrativo disciplinar quando não se colima a aplicação de sanção disciplinar de qualquer natureza, mas o mero desconto da remuneração pelos dias não trabalhados, sob pena de enriquecimento sem causa do servidor público. **RMS 28.724-RS, Rel. Min. Maria Thereza de Assis Moura, julgado em 22/5/2012.(Inform. STJ 498)**

AGENTE MARÍTIMO. EMBARCAÇÃO ESTRANGEIRA. INFRAÇÃO SANITÁRIA. RESPONSABILIDADE.
Cinge-se a controvérsia em definir se o agente marítimo é o responsável pelas infrações sanitárias cometidas no interior de embarcação estrangeira atracada em porto brasileiro. Na espécie, foi lavrado auto de infração contra agente marítimo (recorrente) pelo suposto descumprimento de regras e normas sanitárias, após realização de inspeção para controle sanitário em navio de bandeira estrangeira que escalou em porto brasileiro para operações normais de movimentação de carga. Este Superior Tribunal reiterou o entendimento de que a responsabilidade por infração sanitária cometida no interior de embarcação estrangeira atracada em porto no Brasil não pode ser imputada ao agente marítimo se inexistente o nexo de causalidade entre a conduta e o resultado danoso. Assim, torna-se indispensável, para a configuração do ilícito sanitário, que o agente tenha dado causa ou concorrido para a prática da infração como exige, explicitamente, o art. 3º da Lei n. 6.437/1977. Ademais, o agente marítimo é o representante do armador durante a estada do navio no porto, atuando como seu mandatário. Nessa condição, pode ser responsabilizado por infração sanitária decorrente de ato próprio. Não responde, porém, por ato não relacionado com o objeto de seu mandato e praticado por terceiro, como na hipótese. Ressalte-se que o princípio da legalidade, que rege o poder sancionador da Administração, impede a responsabilização do agente marítimo por infração sanitária apurada em decorrência do descumprimento de dever imposto por meio de lei ao armador ou proprietário do navio. Com essas considerações, entre outras, a Turma deu parcial provimento ao recurso para reconhecer a nulidade do auto de infração sanitário lavrado em desfavor do agente marítimo. **Precedentes citados: AgRg no REsp 1.165.103-PR, DJe 26/2/2010; AgRg no REsp 1.042.703-ES, DJe 23/9/2009; AgRg no REsp 981.545-SP, DJe 27/8/2009; AgRg no Ag 1.039.595-SC, DJe 24/9/2008; AgRg no REsp 860.149-PB, DJ 6/11/2007; REsp 731.226-PE, DJ 2/10/2007; REsp 641.197-PE, DJ 4/9/2006, e REsp 640.895-PR, DJ 29/11/2004. REsp 993.712-RJ, Rel. Min. Luiz Fux, julgado em 26/10/2010.** (Inform. STJ 453)

ATO. CONCENTRAÇÃO. LEGALIDADE. MULTA. CADE.
Trata-se, originariamente, de mandado de segurança contra ato do presidente do Conselho Administrativo de Defesa Econômica (Cade) em razão de multa aplicada pelo Plenário daquele órgão no acórdão proferido em ato de concentração, por considerar que a comunicação do mencionado ato ocorrera fora do prazo previsto no art. 54, § 4º, da Lei n. 8.884/1994 (Lei Antitruste). Assim, a questão posta no REsp cinge-se à legalidade da aplicação da referida multa. Na hipótese dos autos, a empresa recorrida adquiriu a divisão de turbinas a gás industriais de grande porte de outra empresa em 23/3/1999 e somente comunicou o ato de concentração em 25/6 do mesmo ano; não atendeu, portanto, ao disposto no citado dispositivo legal. Desse modo, o Cade agiu corretamente ao aplicar a multa. Ressaltou o Min. Mauro Campbell Marques, em voto-vista, que, para os fins do *caput* do art. 54 da citada lei, pouco importa se as empresas envolvidas têm filial no Brasil, ou se o contrato preliminar foi avençado em território brasileiro. Basta que, em tese, o concerto de concentração possa, sob qualquer perspectiva, impactar o mercado nacional. Frise-se: basta que, em tese, o ato de concentração ou o ato de cooperação possam causar prejuízos à higidez concorrencial. Na verdade, só o Cade pode dizer concretamente se o ato deve ou não ser submetido ao seu controle. Os interessados devem sempre observar os prazos pontuados na lei e nas resoluções respectivas, sem que eles próprios façam esse juízo de adequação entre a lei e os atos por ela ajustados, sob pena de incidir a multa do art. 54, § 5°, da Lei n. 8.884/1994. Com esses fundamentos, entre outros, a Turma, ao prosseguir o julgamento, deu provimento ao recurso para denegar a segurança. **REsp 615.628-DF, Rel. Min. Herman Benjamin, julgado em 8/6/2010.** (Inform. STJ 438)

MS. DIREITO ANTIDUMPING PROVISÓRIO. GARANTIA ADMINISTRATIVA.
A aplicação do direito *antidumping* provisório destina-se a proteger o mercado interno de danos causados por práticas comerciais, tal como no caso, de importação de mercadorias em valor inferior ao exigido no mercado interno do país exportador, prática que potencializa dificuldades de concorrência enfrentadas pelo produto de origem nacional. É certo que o Poder Judiciário pode exercer controle de legalidade ao perquirir o preenchimento dos requisitos formais e substanciais para a utilização desse instrumento de defesa do mercado, contudo inexiste direito líquido e certo à suspensão da exigibilidade desse direito provisório mediante garantia administrativa (depósito em dinheiro ou fiança bancária), porque se cuida de ato discricionário da Câmara de Comércio Exterior (Camex), conforme determina o art. 3º da Lei n. 9.019/1995. A prestação da garantia, por si só, não implica a referida suspensão da exigibilidade. **Precedentes citados: MS 14.670-DF, DJe 18/12/2009, e MS 14.691-DF, DJe 18/12/2009. MS 14.857-DF, Rel. Min. Herman Benjamin, julgado em 12/5/2010.** (Inform. STJ 434)

REFRIGERANTE. TEOR. LARANJA.
A Lei n. 8.918/1994 permitiu ao Poder Executivo regulamentar os padrões de identidade e qualidade da matéria-prima utilizada em bebidas, além de outros critérios técnicos referentes à sua fabricação e comercialização. Nesse contexto, o revogado Dec. n. 2.314/1997, seu regulamento, ao dispor sobre a indevida alteração dos produtos ou de suas matérias-primas (art. 16), bem como o mínimo percentual de suco de laranja que devem conter os refrigerantes desse sabor (art. 45), não extrapolou o poder regulamentar, porquanto apenas especificou restrições já impostas pela referida lei, conferindo-lhe sim executoriedade nos limites de sua competência. Assim, as condutas descritas no citado decreto estão respaldadas pelo art. 9º daquela lei, que comina sanções administrativas a incidirem sobre as infrações às suas disposições legais, nos termos previstos no

regulamento. Dessa forma, deve ser mantido o auto de infração lavrado contra a recorrida, por fabricar, engarrafar e comercializar refrigerante de laranja sem o teor mínimo de suco daquela fruta, tal qual estabelecido no decreto então vigente. **REsp 1.135.515-SC, Rel. Min. Herman Benjamin, julgado em 16/3/2010**. (Inform. STJ 427)

ANTIDUMPING. PROCESSO. COMPETÊNCIA. SECEX.
O art. 3º do Decreto n. 1.602/1995 dispõe sobre a competência da Secretaria de Comércio Exterior (Secex) para conduzir o processo administrativo relativo à investigação de *dumping*. Mesmo que não houvesse comando legal sobre o tema, faz sentido que o órgão administrativo especializado examine o pedido de inexigibilidade dos direitos *antidumping* em razão da complexidade dos cálculos e informações técnicas sobre a indústria nacional e os produtos importados. Isso se justifica para evitar erros como o do acórdão recorrido que comparou médias ponderadas de valor normal com preços individuais de produtos importados em operações isoladas. O Judiciário não pode substituir um órgão técnico como a Secex na análise de mercados e médias de preços ao longo de períodos distintos. Cabe ao Judiciário apenas examinar a observância das disposições legais que tratam do processo administrativo da Secex e seus desdobramentos. Caso o ora recorrido precise questionar os direitos *antidumping* no curso da sua duração pré-determinada, pode solicitar uma revisão administrativa para o seu caso específico, conforme dispõe o art. 59 do Decreto n. 1.602/1995. Assim, a Turma deu parcial provimento ao recurso. **REsp 1.105.993-PR, Rel. Min. Eliana Calmon, julgado em 4/2/2010**. (Inform. STJ 421)

TRÂNSITO. AUTO. INFRAÇÃO. PARDAL.
O recurso, no mérito, funda-se na negativa de vigência do § 4º do art. 280 do CTB. A Min. Relatora entende que, pela leitura dessas disposições do mencionado código, fica evidenciada a necessidade, no processamento da multa, da lavratura de um auto de infração em que conste declaração da autoridade ou do agente da autoridade de trânsito, por aparelho eletrônico ou equipamento audiovisual, reações químicas ou qualquer outro meio tecnologicamente disponível, previamente regulamentado pelo Contran. O referido dispositivo explicita a quem cabe, no exercício do poder de polícia, aferir a existência do ato infracional e expedir a necessária notificação. Nada obsta, nesse procedimento, que certos atos antecedentes do poder de polícia sejam exercidos por particulares, mediante contrato de prestação. O registro fotográfico da infração serve como base para a lavratura do auto de infração, cuja competência é exclusiva da autoridade de trânsito. Ademais, a conclusão do acórdão recorrido foi a de que se permite a aferição eletrônica como elemento probatório para a lavratura de auto de infração e aplicação de penalidade. Em momento nenhum, o aresto recorrido consigna que houve confusão entre a prova fotográfica fornecida pelo "pardal" que lastreia o auto de infração e o próprio auto. Assim, a Turma negou provimento ao recurso. **Precedente citado: REsp 712.312-DF, DJ 21/3/2006. REsp 880.549-DF, Rel. Min. Eliana Calmon, julgado em 21/10/2008.** (Inform. STJ 373)

INFRAÇÕES ADMINISTRATIVAS. CONTINUIDADE DELITIVA.
É aplicável a teoria da continuidade delitiva às infrações administrativas da mesma espécie apuradas em uma única ação fiscal. Precedentes citados: REsp 948.728-RJ, DJ 25/2/2008; REsp 643.634-PE, DJ 17/5/2006; REsp 178.066-PE, DJ 9/5/2005, e REsp 616.412-MA, DJ 29/11/2004. **REsp 1.066.088-SP, Rel. Min. Teori Albino Zavascki, julgado em 2/9/2008.** (Inform. STJ 366)

SÚMULA STF Nº 646

Ofende o princípio da livre concorrência lei municipal que impede a instalação de estabelecimentos comerciais do mesmo ramo em determinada área.

SÚMULA STF Nº 645

É competente o município para fixar o horário de funcionamento de estabelecimento comercial.

SÚMULA STF Nº 419

Os municípios têm competência para regular o horário do comércio local, desde que não infrinjam Leis estaduais ou federais válidas.

SÚMULA STJ Nº 127

É ilegal condicionar a renovação da licença de veiculo ao pagamento de multa, da qual o infrator não foi notificado.

SÚMULA STJ Nº 19

A fixação do horário bancário, para atendimento ao publico, é da competência da União.

3. ATOS ADMINISTRATIVOS

TCU E DECADÊNCIA ADMINISTRATIVA
O disposto no art. 54 da Lei 9.784/99 ("*O direito da Administração de anular os atos administrativos de que decorram efeitos favoráveis para os destinatários decai em cinco anos, contados da data em que foram praticados, salvo comprovada má-fé*") não se aplica à aposentadoria, porque esta reclama atos sequenciais. Com base nessa orientação, a 1ª Turma denegou mandado de segurança impetrado contra julgado do TCU. Este, ao apreciar a legalidade, para fins de registro, de atos concessórios de aposentadoria, determinara a glosa dos proventos considerada a incorporação da Unidade de Referência de Preços - URP concernente ao mês de fevereiro/89, no total de 26,05%, bem assim a restituição dos valores pagos durante a pendência do julgamento de eventuais recursos. Alegava-se decadência administrativa, além de nulidade por ofensa aos princípios da coisa julgada, do contraditório, da ampla defesa, da segurança jurídica, da boa-fé, da razoabilidade, da moralidade e da separação dos Poderes. Arguia-se que se trataria de valor percebido há mais de 17 anos assegurado por título judicial. Por fim, assinalava-se a inobservância ao disposto na Súmula Vinculante 3 ("*Nos processos perante o Tribunal de Contas da União asseguram-se o contraditório e a ampla defesa quando da decisão puder resultar anulação ou revogação de ato administrativo que beneficie o interessado, excetuada a apreciação da legalidade do ato de concessão inicial de aposentadoria, reforma e pensão*"). O Colegiado consignou que o contraditório requereria, a teor do disposto no art. 5º, LV, da CF, litígio ou acusação não alcançando os atos alusivos ao registro de aposentadoria. Ademais, reputou-se inexistir coisa julgada presente a situação de inativo. **MS 28604/DF, rel. Min. Marco Aurélio, 4.12.2012. (MS-28604) (Inform. STF 691)**

EMENTA: JUIZ. **INVESTIDURA** EM TRIBUNAL REGIONAL DO TRABALHO (**CF**, ART. 115). ATO **SUBJETIVAMENTE COMPLEXO**. CICLO DE FORMAÇÃO. **POSSIBILIDADE** DE CONTROLE JURISDICIONAL **EM CADA MOMENTO** DE SEU *"ITER"* FORMATIVO. **DOUTRINA**. **PRECEDENTES A QUESTÃO** DA COMPETÊNCIA JURISDICIONAL. **ALEGAÇÃO DE USURPAÇÃO,** PELO SUPERIOR TRIBUNAL DE JUSTIÇA, DA COMPETÊNCIA ORIGINÁRIA DO SUPREMO TRIBUNAL FEDERAL. INOCORRÊNCIA, **SEJA** EM FACE DO CONTEXTO EXPOSTO, **SEJA** EM FACE DO EXERCÍCIO DE COMPETÊNCIA **MERAMENTE** DELEGADA. **DOUTRINA**. **PRECEDENTES**.
A SÚMULA DA JURISPRUDÊNCIA PREDOMINANTE DO SUPREMO TRIBUNAL FEDERAL. **INEXISTÊNCIA** DE *"DISTINÇÃO ONTOLÓGICA"* **ENTRE** A SÚMULA VINCULANTE **E** A SÚMULA COMUM (LUIZ GUILHERME MARINONI, "Precedentes obrigatórios", 2010, RT). **NÃO OBSTANTE** O USO DA *RECLAMAÇÃO* SOMENTE SE LEGITIME, *CONSTITUCIONALMENTE,* EM FACE DO MODELO JURÍDICO DA SÚMULA VINCULANTE. **AS MÚLTIPLAS FUNÇÕES**, DO ENUNCIADO SUMULAR. **O PERFIL ORDINÁRIO** DA SÚMULA DO STF **COMO** *MÉTODO DE TRABALHO,* **COMO** INSTRUMENTO DE TUTELA DA SEGURANÇA JURÍDICA E DA CONFIANÇA, **COMO** FATOR DE PROTEÇÃO DA IGUALDADE PERANTE A JURISDIÇÃO DO ESTADO **E COMO** ELEMENTO DE COERÊNCIA DO ORDENAMENTO JURÍDICO. **EXCEPCIONALIDADE** DA SÚMULA DO STF COMO *"PAUTA VINCULANTE DE JULGAMENTO".* **ÚNICA** MODALIDADE SUMULAR CUJO DESRESPEITO **LEGITIMA** O ACESSO À VIA RECLAMATÓRIA (**CF**, art. 103-A, § 3º). **INVOCAÇÃO,** NO CASO, *COMO PARADIGMA DE CONFRONTO,* DE SÚMULA DO STF **DESVESTIDA** DE EFICÁCIA VINCULANTE (SÚMULA 627). **INVIABILIDADE** DE TAL ALEGAÇÃO EM SEDE RECLAMATÓRIA. **DESTINAÇÃO CONSTITUCIONAL** DA RECLAMAÇÃO. RECLAMAÇÃO **A QUE SE NEGA** SEGUIMENTO. (Inform. STF 612)

ANULAÇÃO DE ASCENSÃO FUNCIONAL: DEVIDO PROCESSO LEGAL E SEGURANÇA JURÍDICA
O Tribunal concedeu dois mandados de segurança impetrados contra ato do Tribunal de Contas da União - TCU, consubstanciado em decisões, proferidas em autos de tomada de contas da Empresa de Brasileira de Correios e Telégrafos - ECT, que determinaram o desfazimento, em 2006, de atos de ascensões funcionais ocorridos entre 1993 e 1995. Entendeu-se que o lapso temporal entre a prática dos atos de ascensão sob análise e a decisão do TCU impugnada superaria, em muito, o prazo

estabelecido no art. 54 da Lei 9.784/99, o que imporia o reconhecimento da decadência do direito da Administração de revê-los. Reportou-se, ademais, à orientação firmada pela Corte no julgamento do MS 24448/DF (DJE de 14.11.2007), no sentido de, aplicando o princípio da segurança jurídica, assentar ser de cinco anos o prazo para o TCU exercer o controle da legalidade dos atos administrativos. Considerou-se, por fim, não terem sido observados os princípios do contraditório, da ampla defesa e do devido processo legal, visto que a anulação dos atos de ascensão importara em grave prejuízo aos interesses dos impetrantes, os quais deveriam ter sido convocados para exercer sua defesa no processo de tomada de contas. Outros **precedentes citados: MS 24268/MG (DJU de 17.9.2004); MS 26353/DF (DJU de 6.9.2007); MS 26782/DF (DJE de 17.12.2007). MS 26393/DF, rel. Min. Cármen Lúcia, 29.10.2009. (MS-26393) MS 26404/DF, rel. Min. Cármen Lúcia, 29.10.2009. (MS-26404)** (Inform. STF 565)

SITUAÇÃO JURÍDICA CONSTITUÍDA: DESFAZIMENTO E CONTRADITÓRIO

A Turma manteve decisão monocrática do Min. Marco Aurélio que desprovera agravo de instrumento, do qual relator, por julgar acertada a decisão que entendera violado o direito de defesa dos agravados, exonerados de seus caros. Tratava-se, na espécie, de agravo regimental em que o Estado do Rio de Janeiro, com base no Enunciado da Súmula 473 do STF e no poder de autotutela conferido à Administração Pública, defendia a legitimidade do procedimento mediante o qual foram anulados os atos administrativos de investidura dos agravados. Sustentava o agravante a prescindibilidade de instauração, na hipótese, de processo administrativo e a observância da garantia da ampla defesa e do contraditório. Aduzia, ainda, que o tribunal de justiça local aplicara de forma inconstitucional o preceito contido no art. 19 do ADCT, de modo a permitir que os agravados, ex-ocupantes de cargos no Poder Legislativo municipal, fossem enquadrados e estabilizados em cargos distintos no Poder Judiciário estadual, em ofensa ao art. 37, II, da CF. Asseverou-se que a Administração Pública pode declarar a nulidade de seus próprios atos, desde que, além de ilegais, tenham causado lesão ao Estado, sejam insuscetíveis de convalidação e não tenham servido de fundamento a ato posterior praticado em outro plano de competência. Considerou-se, entretanto, ser a ela vedado, sob pretexto de haver irregularidades formais, desconstituir unilateralmente atos que tenham integrado o patrimônio do administrado ou do servidor, sem a instauração de adequado procedimento e respeito às garantias constitucionais do devido processo legal, da ampla defesa e do contraditório. Precedente citado: RE 158543/RS (DJU de 6.10.95). AI 587487 AgR/RJ, rel. Min. Marco Aurélio, 31.5.2007. (AI-587487) (Inform. STF 469)

PRINCÍPIO DA PROPORCIONALIDADE E MÉRITO ADMINISTRATIVO

A Turma manteve decisão monocrática do Min. Carlos Velloso que negara provimento a recurso extraordinário, do qual relator, por vislumbrar ofensa aos princípios da moralidade administrativa e da necessidade de concurso público (CF, art. 37, II). Tratava-se, na espécie, de recurso em que o Município de Blumenau e sua Câmara Municipal alegavam a inexistência de violação aos princípios da proporcionalidade e da moralidade no ato administrativo que instituíra cargos de assessoramento parlamentar. Ademais, sustentavam que o Poder Judiciário não poderia examinar o mérito desse ato que criara cargos em comissão, sob pena de afronta ao princípio da separação dos poderes. Entendeu-se que a decisão agravada não merecia reforma. Asseverou-se que, embora não caiba ao Poder Judiciário apreciar o mérito dos atos administrativos, a análise de sua discricionariedade seria possível para a verificação de sua regularidade em relação às causas, aos motivos e à finalidade que ensejam. Salientando a jurisprudência da Corte no sentido da exigibilidade de realização de concurso público, constituindo-se exceção a criação de cargos em comissão e confiança, reputou-se desatendido o princípio da proporcionalidade, haja vista que, dos 67 funcionários da Câmara dos Vereadores, 42 exerceriam cargos de livre nomeação e apenas 25, cargos de provimento efetivo. Ressaltou-se, ainda, que a proporcionalidade e a razoabilidade podem ser identificadas como critérios que, essencialmente, devem ser considerados pela Administração Pública no exercício de suas funções típicas. Por fim, aduziu-se que, concebida a proporcionalidade como correlação entre meios e fins, dever-se-ia observar relação de compatibilidade entre os cargos criados para atender às demandas do citado Município e os cargos efetivos já existentes, o que não ocorrera no caso. RE 365368 AgR/SC, rel. Min. Ricardo Lewandowski, 22.5.2007. (RE-365368) (Inform. STF 468)

DIREITO ADMINISTRATIVO. ATOS COMISSIVOS, ÚNICOS E DE EFEITOS PERMANENTES PRATICADOS ANTES DA LEI N. 9.784/1999. DECADÊNCIA. TERMO INICIAL.

Os atos administrativos praticados anteriormente ao advento da Lei n. 9.784/1999 estão sujeitos ao prazo decadencial quinquenal, contado, entretanto, da sua entrada em vigor, qual seja 1º/2/1999, e não da prática do ato. Precedente citado: AgRg no REsp 1.270.252-RN, DJe 5/9/2012. **REsp 1.270.474-RN, Rel. Min. Herman Benjamin, julgado em 18/10/2012.(Inform. STJ 508)**

COMANDANTE. NAVIO. OBSTÁCULO. FISCALIZAÇÃO. IBAMA.

A Turma decidiu pela inexistência de constrangimento ilegal na deflagração da ação penal contra comandante de navio que impediu servidores do Ibama, por duas vezes, de subir a bordo e realizar o trabalho de fiscalização ambiental, sob a alegação de ser da competência da Capitania dos Portos a fiscalização das embarcações. No entendimento da maioria dos ministros da Turma, são atributos do ato administrativo a presunção de legitimidade, imperatividade, exigibilidade e executoriedade. Cabe a sua invalidação à Administração Pública ou ao Judiciário, portanto o particular deve obediência até que seja reconhecida a nulidade do ato impugnado. **HC 189.885-RJ, Rel. para acórdão Min. Og Fernandes, julgado em 4/8/2011.** (Inform. STJ 480)

IBAMA. DEMOLIÇÃO. EDIFÍCIO IRREGULAR.

Versa o recurso sobre o interesse do Ibama em ajuizar ação civil pública para demolir edificação tida como irregular conforme as leis ambientais vigentes. A Turma deu provimento ao recurso, ao entender que, à luz do art. 72, VIII, da Lei n. 9.605/1998, não é dotada de auto executoriedade a demolição de obras já concluídas, mesmo como sanções administrativas de cunho ambiental. Ademais, a presente ação civil pública tem como objetivo, além da demolição, a recuperação de área degradada. Assim não há que falar em ausência de interesse de agir do Ibama. **REsp 789.640-PB, Rel. Min. Mauro Campbell Marques, julgado em 27/10/2009.** (Inform. STJ 413)

REFLORESTAMENTO. ATO ADMINISTRATIVO. DECADÊNCIA.

Trata-se de REsp em que se discute a decadência para a Administração anular ato administrativo que aprovara um projeto de reflorestamento. Tal ato, entre outras irregularidades, não teria atendido às manifestações técnicas produzidas pelo Ibama e, ainda, evidenciou-se um flagrante desrespeito ao meio ambiente, na medida em que houve plantio de bambu em áreas de encostas em diversos estágios de desenvolvimento vegetativo, bem como a utilização de áreas de preservação permanente. A Turma conheceu parcialmente do recurso, mas lhe negou provimento, tendo em vista que, no caso, o ato de aprovação do projeto de reflorestamento ocorreu em 15/10/1997 e sua nulidade foi declarada em 17/6/2003. Assim, há que afastar a alegação de decadência, porquanto ausente o decurso do prazo quinquenal a contar da vigência da Lei n. 9.784/1999. **Precedentes citados: AgRg nos EREsp 644.736-PE, DJ 27/8/2007, e MS 9.157-DF, DJ 7/11/2005. REsp 878.467-PE, Rel. Min. Teori Albino Zavascki, julgado em 15/9/2009.** (Inform. STJ 407)

TERRENO. MARINHA. OCUPAÇÃO. TAXA.

A Turma decidiu que é legítimo a Secretaria do Patrimônio da União (SPU) cobrar a taxa de ocupação de imóveis situados na faixa de marinha, independentemente da regularidade ou não da ocupação por particulares, conforme o art. 127 do DL n. 9.760/1946. Outrossim, é desnecessário à União mover ação judicial para anular os registros de propriedade, em razão do atributo da presunção de legitimidade e executoriedade do ato administrativo, justificando-se, inclusive, a inversão do ônus da prova a cargo dos ora recorrentes, ao pretenderem a declaração de nulidade dos atos que inscreveram seus imóveis naquela condição. **Precedente citado: REsp 409.303-RS, DJ 14/10/2002. REsp 968.241-RS, Rel. Min. Eliana Calmon, julgado em 15/9/2009.** (Inform. STJ 407)

CONTROLE. ZOONOSE. MEIO CRUEL.

Os centros dedicados ao controle de zoonoses (doenças que podem migrar de animais aos seres humanos) devem priorizar medidas que controlem a reprodução dos animais (injeção de hormônio ou esterilização), pois elas se mostram mais eficazes no combate dessas enfermidades (Informe Técnico n. 8 da OMS). Porém, há que se permitir o extermínio dos animais quando, em casos extremos, tal medida mostre-se imprescindível para o resguardo da saúde humana. No entanto, a utilização de meio cruel para esse fim está proibida sob pena de violação do art. 225 da CF/1988, do art. 3º da Declaração Universal dos Direitos dos Animais e do art. 32 da Lei n. 9.605/1998. Assim, o uso de gás asfixiante nesses centros é tido por medida de extrema crueldade que viola o sistema normativo de proteção aos animais. O uso do gás sequer se justifica pelo fundamento de que o administrador público está a exercer o dever discricionário. Não se pode acolher que, com base nessa discricionariedade, o administrador realize prática ilícita, certo que há liberdade na escolha do método a ser utilizado, caso haja meios que se equivalham entre os não cruéis, mas nunca o exercício da discricionariedade que implique violação da própria finalidade legal. **REsp 1.115.916-MG, Rel. Min. Humberto Martins, julgado em 1º/9/2009.** (Inform. STJ 405)

MS. DECADÊNCIA. AUXÍLIO INVALIDEZ.

A Seção, prosseguindo o julgamento, entendeu que se limite a possibilidade de impetração de mandado de segurança (art. 54, § 1º, da Lei n. 9.784/1999), referente ao prazo decadencial de cinco anos para a União e os órgãos públicos reverem seus atos. Segundo ressaltou o Min. Arnaldo Esteves Lima, no caso *sub judice*, trata-se de decadência material e não instrumental, porquanto, nesta última, é possível o ajuizamento de outra ação, o que não acontece com a primeira, cabível somente se ocorrer má-fé da parte. *Mutatis mutandis*, aplicável, por analogia, a decadência instrumental, regra essa que restringe a impetração do *writ* em até cinco anos após a primeira supressão que ocorrer, evitando que o prazo fique indefinidamente aberto. Quanto à questão de fundo, reiterou-se o entendimento de que viola os princípios constitucionais da legalidade e da irredutibilidade de vencimentos (ato lesivo que atrai a teoria do trato sucessivo) a redução no valor do auxílio invalidez. Outrossim, tais atos lesivos, por afetarem interesses individuais, não prescindem do contraditório para sua anulação com a instauração do processo administrativo. **Precedentes citados do STF: RE 158.543-9-RS, DJ 6/10/1995; do STJ: MS 12.251-DF, DJ 23/10/2006; RMS 15.575-PA, DJ 2/5/2005; MS 6.250-DF, DJ 31/3/2003; MS 10.640-DF, DJ 24/10/2005, e MS 11.050-DF, DJ 23/10/2006. <a href=&%&http://www.stj.gov.br/webstj/processo/justica/jurisprudencia.asp?tipo=num_pro&valor=MS 11806-DF&%&target=&%&new&%&>MS 11.806-DF, Rel. originário Min. Paulo Medina, Rel. para acórdão Min. Arnaldo Esteves Lima (art. 52, IV, b, do RISTJ), julgado em 10/12/2008.** (Inform. STJ 380)

NOMEAÇÃO. SERVIDORES PÚBLICOS. CONVALIDAÇÃO. ATO ADMINISTRATIVO.

Na espécie, o Tribunal de Contas estadual determinou a exoneração de doze servidores do quadro efetivo da assembléia legislativa estadual, alegando vício no provimento ocorrido em 1989, pois o ato de nomeação que os efetivou no serviço público não atendeu ao requisito de aprovação em concurso público. Para o Min. Relator, esse ato que os efetivou é, induvidosamente, ilegal, no entanto o transcurso de quase vinte anos tornou a situação irreversível, convalidando seus efeitos *ex ope temporis*, considerando que alguns nomeados até já se aposentaram e tiveram os respectivos atos aprovados pelo próprio Tribunal de Contas. Observou, entre outros aspectos, que a Administração atua sob a direção do princípio da legalidade (art. 37 da CF/1988), que impõe a anulação de ato que, embora praticado por um de seus agentes, contenha vício insuperável, a fim de restaurar a legalidade ferida. O vício, no caso, é o da inconstitucionalidade e, à primeira vista, esse vício seria inconvalidável, entretanto o vício de ser inconstitucional é apenas uma forma qualificada de ser hostil à ordem jurídica e a convalidação não vai decorrer da repetição do ato (o que seria juridicamente impossível), mas sim do reconhecimento dos efeitos consolidadores que o tempo acumulou em favor dos recorrentes. Hoje, o espírito da Justiça apóia-se nos direitos fundamentais da pessoa humana, apontando que a razoabilidade é a medida preferível para mensurar o acerto ou desacerto de uma solução jurídica. Ressaltou que o poder-dever de a Administração convalidar seus próprios atos encontra limite temporal no princípio da segurança jurídica, também de hierarquia constitucional, pela evidente razão de que os administrados não podem ficar, indefinidamente sujeitos à instabilidade originada do poder de autotutela do Estado. Daí o art. 55 da Lei n. 9.784/1999 fundar-se na importância da segurança jurídica no domínio do Direito Público e ter estabelecido o prazo decadencial de cinco anos para revisão dos atos administrativos, permitindo a manutenção de sua eficácia mediante o instituto da convalidação. Essa lei ressalva, entretanto, hipóteses nas quais esteja comprovada a má-fé do destinatário do ato administrativo no qual não incidirá o prazo decadencial. No caso dos autos, não há notícia de que os recorrentes tenham se valido de ardis ou logros para obter seus cargos; embora essa circunstância não justifique o comportamento administrativo ilegal, não pode ser ignorada na solução da causa. Por tais fundamentos, a Turma deu provimento ao recurso, assegurando o direito dos impetrantes de permanecer nos seus respectivos cargos e preservar suas aposentadorias. **RMS 25.652-PB, Rel. Min. Napoleão Nunes Maia Filho, julgado em 16/9/2008.** (Inform. STJ 368)

ATO ADMINISTRATIVO. DISCRICIONARIEDADE. PROCESSO DISCIPLINAR.

Não há discricionariedade (juízo de conveniência e oportunidade) no ato administrativo que impõe sanção disciplinar. O que se faz é dar efetividade a comandos constitucionais e infraconstitucionais (vide o art. 128 da Lei n. 8.112/1990). Essa conclusão decorre da própria análise do regime jurídico disciplinar, principalmente dos princípios da dignidade da pessoa humana, culpabilidade e proporcionalidade que lhe são associados. Essa inexistência de discricionariedade tem por conseqüência a constatação de que o controle jurisdicional, nesses casos, é amplo, não se restringe aos aspectos meramente formais. É certo que a jurisprudência tem mitigado, mesmo que timidamente, o disposto no art. 5º, III, da Lei n. 1.533/1951 (que limita o controle jurisdicional em sede de mandado de segurança acerca do ato disciplinar), porém, no caso, o *writ* não pode ser apreciado diante da falta da cópia dos autos do processo administrativo, indispensável ao exame da inadequação da pena de demissão aplicada, isso devido à alusão da comissão disciplinar aos diversos elementos da prova lá constantes que lastrearam aquele ato. Por último, diga-se que o trancamento da ação penal ainda pendente de trânsito em julgado não pode vincular essa decisão administrativa. Com esse entendimento, a Turma denegou a ordem, sem empeço às vias ordinárias. O Min. Nilson Naves levantou suas objeções quanto à concepção de que a via mandamental é estreita, mas, ao final, acompanhou a Turma. Precedentes citados do STF: MS 21.297-DF, DJ 28/2/1992; do STJ: MS 10.827-DF, DJ 6/2/2006; MS 10.828-DF, DJ 31/10/2006; RMS 20.288-SP, DJ 3/11/2007; RMS 19.210-RS, DJ 25/4/2006, e MS 10.973-DF, DJ 22/11/2006. **MS 12.927-DF, Rel. Min. Felix Fischer, julgado em 12/12/2007.** (Inform. STJ 342)

CONFLITO INTERNO. ANULAÇÃO. ATOS. GESTÃO. MÃO-DE-OBRA. DESVIO. FINALIDADE. PATRIMÔNIO PÚBLICO.

Trata-se de conflito negativo de competência instaurado entre a Primeira e Segunda Seções deste Superior Tribunal em razão de outro conflito negativo de competência, suscitado por juízo do Trabalho devido às decisões de juízo de direito e de juízo Federal declinatórias de competência. Note-se a controvérsia em sede de ação popular: os autores buscam anular atos de sociedade de economia mista portuária que ofereceu, de forma irregular, um plano de incentivo ao desligamento voluntário, concedendo aos aderentes verbas não previstas em lei. Assim, gerou duas irregularidades: a malversação de verbas em concessões vultosas e indevidas com indenizações e o favorecimento da inscrição irregular de servidores no registro de órgão de gestão de mão-de-obra (OGMO) contrariando a legislação. Daí a questão está em saber a natureza da relação jurídica litigiosa objeto da ação popular, se é trabalhista ou não, para se determinar a competência da seção que irá apreciar o conflito. Para o Min. Relator, a demanda não tem natureza trabalhista porque os autores não estão defendendo direito subjetivo próprio. Eles atuam no processo, como é próprio da ação popular, em regime de substituição processual com objetivo de anular atos praticados no exercício da gestão de pessoal lesivos ao patrimônio público. Com esse entendimento, a Corte Especial reconheceu a relação jurídica litigiosa fundada em direito administrativo e não trabalhista, sendo a Primeira Seção competente para apreciar e solucionar o conflito de competência. **CC 89.069-DF, Rel. Min. Teori Albino Zavascki, julgado em 7/11/2007.** (Inform. STJ 338)

CARTÓRIO. VACÂNCIA. TITULAR. ILEGALIDADE. ATO ADMINISTRATIVO.

Na ação mandamental, o recorrente insurge-se contra o ato do vice-presidente do TJ-PR que aditou, no exercício da Presidência, o Decreto Judiciário n. 86/2004, deferindo a efetivação por delegação, a titular do cartório de Registro e Notas após o falecimento de seu marido, o titular da serventia. Argumentou o impetrante que, nos termos do art. 16 da Lei n. 8.935/1994, as vagas devem ser preenchidas, alternadamente, duas terças partes por concurso público e uma terça parte por meio de remoção, mediante concurso de títulos. Assim, a vacância deveria ensejar a abertura de concurso público. O Min. Relator observou que a Lei n. 8.935/1994, denominada Lei dos Cartórios, veio a lume no mundo jurídico para regulamentar o disposto no art. 236 da CF/1988. Em seu art. 14, I, prescreve que a delegação para o exercício da atividade notarial e de registro depende da habilitação em concurso de provas e títulos; em seu art. 16, prevê o preenchimento de um terço das vagas por meio de remoção, mediante concurso de títulos. Entendeu o Min. Relator haver ofensa aos princípios constitucionais e administrativos na expedição do Decreto Judiciário n. 86/2004, demonstrando evidente violação dos princípios da legalidade, moralidade e acessibilidade aos cargos públicos, nos quais se deve pautar a Administração Pública incondicionalmente e sem os quais o ato administrativo padece de ilegalidade. Isso posto, a Turma, ao prosseguir o julgamento, deu provimento ao recurso para reformar o acórdão recorrido e conceder a segurança para declarar a nulidade do Decreto Judiciário n. 86/2004. **RMS 21.547-PR, Rel. Min. José Delgado, julgado em 11/9/2007.** (Inform. STJ 331)

SÚMULA VINCULANTE STF 3

Nos processos perante o Tribunal de Contas da União asseguram-se o contraditório e a ampla defesa quando da decisão puder resultar anulação ou revogação de ato administrativo que beneficie o interessado, excetuada a apreciação da legalidade do ato de concessão inicial de aposentadoria, reforma e pensão.

SÚMULA STF Nº 473

A administração pode anular seus próprios atos, quando eivados de vícios que os tornam ilegais, porque deles não se originam direitos; ou revogá-los, por motivo de conveniência ou oportunidade, respeitados os direitos adquiridos, e ressalvada, em todos os casos, a apreciação judicial.

SÚMULA STF Nº 346

A administração pública pode declarar a nulidade dos seus próprios atos.

4. ESTRUTURA DA ADMINISTRAÇÃO

LEGITIMIDADE DE SINDICATO E NOVO REGIME JURÍDICO

Sindicato registrado em cartório de pessoas jurídicas possui personalidade jurídica, independentemente de registro no Ministério do Trabalho, motivo por que é parte legítima para atuar na defesa dos integrantes da categoria. Com esse entendimento, a 1ª Turma desproveu recurso extraordinário interposto pelo Estado de Mato Grosso do Sul. Na situação dos autos, discutia-se, em preliminar, a legitimidade para propositura de ação coletiva pelo Sindicato dos Servidores Administrativos Fazendários da Secretaria de Estado de Fazenda, sem registro nos órgãos do referido Ministério. No mérito, alegava a inexistência de direito à imutabilidade de situação remuneratória dos servidores em face de regime jurídico superveniente. Além disso, questionava o novo contexto remuneratório dos servidores advogados. Inicialmente, ressaltou-se que o referido registro no cartório encontrar-se-ia em consonância com o disposto no art. 8º, I e II, da CF *("Art. 8º É livre a associação profissional ou sindical, observado o seguinte: I - a lei não poderá exigir autorização do Estado para a fundação de sindicato, ressalvado o registro no órgão competente, vedadas ao Poder Público a interferência e a intervenção na organização sindical; II- é vedada a criação de mais de uma organização sindical, em qualquer grau, representativa de categoria profissional ou econômica, na mesma base territorial, que será definida pelos trabalhadores ou empregadores interessados, não podendo ser inferior à área de um Município").* Em seguida, assentou-se que as premissas fáticas do acórdão recorrido seriam inafastáveis, porquanto se teria o reconhecimento de vantagem pessoal, presente o decesso remuneratório com a implantação do novel regime jurídico. Por fim, no que concerne à gratificação pelo exercício de atividade jurídica, salientou-se que o acórdão não ensejaria reforma, pois o próprio tribunal ponderara que a legislação instituidora do regime adversado previra ressalva, de sorte a assegurar aos servidores advogados a continuidade da percepção de sua parcela. RE 370834/MS, rel. Min. Marco Aurélio, 30.8.2011. (RE-370834) (Inform. STF 638)

ORGANIZAÇÕES SOCIAIS E CONTRATO DE GESTÃO - 1

O Plenário iniciou julgamento de ação direta de inconstitucionalidade ajuizada pelo Partido dos Trabalhadores - PT e pelo Partido Democrático Trabalhista - PDT contra a Lei 9.637/98 — que dispõe sobre a qualificação como organizações sociais de pessoas jurídicas de direito privado, a criação do Programa Nacional de Publicização, a extinção dos órgãos e entidades que mencionam, a absorção de suas atividades por organizações sociais, e dá outras providências — e contra o inciso XXIV do art. 24 da Lei 8.666/93, com a redação dada pelo art. 1º da Lei 9.648/98, que autoriza a celebração de contratos de prestação de serviços com organizações sociais, sem licitação. O Min. Ayres Britto, relator, julgou parcialmente procedente o pedido para declarar a inconstitucionalidade das seguintes expressões e dispositivos da Lei 9.637/98: da expressão *"quanto à conveniência e oportunidade de sua qualificação como organização social"*, contida no inciso II do art. 2º; da expressão *"com recursos provenientes do contrato de gestão, ressalvada a hipótese de adicional relativo ao exercício de função temporária de direção e assessoria"*, constante do § 2º do art. 14; dos artigos 18 a 22, com modulação dos efeitos da decisão no sentido de que as organizações sociais que "absorveram" atividades de entidades públicas extintas até a data do julgamento deverão continuar prestando os respectivos serviços. Deu, ainda, aos artigos 5º, 6º e 7º do mesmo diploma e ao inciso XXIV do art. 24 da Lei 8.666/93, interpretação conforme a Constituição, para deles afastar qualquer entendimento excludente da realização de um peculiar processo competitivo público e objetivo para: a) a qualificação de entidade privada como organização social; b) a celebração de "contrato de gestão". ADI 1923/DF, rel. Min. Ayres Britto, 31.3.2011. (ADI-1923)

ORGANIZAÇÕES SOCIAIS E CONTRATO DE GESTÃO - 2

O relator, após fazer um apanhado sobre os preceitos constitucionais relativos ao regime dos serviços públicos, consignou a possibilidade de prestação não-estatal. Ressaltou que os serviços prestados tanto pelo setor público — diretamente ou sob regime de concessão, permissão ou autorização — quanto os prestados pela iniciativa privada possuiriam natureza pública, uma vez que o serviço não se despublicizaria pelo fato do transpasse de sua prestação ao setor privado. No tocante às atividades de senhorio misto, realçou que teriam natureza pública, se prestadas pelo próprio Estado ou em parceria com o setor privado e, se desempenhadas exclusivamente pelo setor privado, seriam definidas como atividades ou serviços de relevância pública (CF, artigos 129, II, e 197). Tendo em conta esse contexto normativo, concluiu que os particulares poderiam desempenhar atividades que também corresponderiam a deveres do Estado, mas que não seriam exclusivamente públicas, a exemplo da cultura, saúde, ciência e tecnologia, educação e do meio ambiente. Aduziu que tais atividades seriam passíveis de financiamento público e sob a cláusula da atuação apenas complementar do setor público. ADI 1923/DF, rel. Min. Ayres Britto, 31.3.2011. (ADI-1923)

ORGANIZAÇÕES SOCIAIS E CONTRATO DE GESTÃO - 3

Assim, reputou inconstitucional o chamado "Plano Nacional de Publicização" previsto na lei impugnada, haja vista que, na realidade, tratar-se-ia de um programa de privatização. Explicou, no ponto, que órgãos e entidades públicos seriam extintos ou desativados e todos os seus bens, servidores e recursos orçamentários seriam repassados à gestão das organizações sociais. Reiterou que a Constituição determina, quanto aos serviços estritamente públicos, que o Estado os preste diretamente ou sob regime de concessão, permissão ou autorização. Dessa forma, expôs que os artigos 18 a 22 da Lei 9.637/98 — ao estabelecerem um mecanismo pelo qual o Estado poderia transferir para a iniciativa privada toda a prestação de serviços públicos de saúde, educação, meio ambiente, cultura, ciência e tecnologia — autorizariam o Estado a abdicar da prestação de serviços dos quais ele não poderia se demitir, sem que configurasse terceirização de funções que lhe seriam típicas. Relembrou que organização social não seria pessoa integrante da Administração Pública e que, se permitida tal "absorção", o Estado passaria a exercer, nos serviços públicos, o mesmo papel que desempenha na atividade econômica: o de agente indutor, fiscalizador e regulador, em frontal descompasso com a vontade objetiva da Constituição. De outro lado, não vislumbrou mácula no mecanismo de parceria entre o Estado e os particulares relativamente aos serviços enumerados no art. 1º da lei questionada, dado que não seriam exclusivos do Estado. ADI 1923/DF, rel. Min. Ayres Britto, 31.3.2011. (ADI-1923)

ORGANIZAÇÕES SOCIAIS E CONTRATO DE GESTÃO - 4

Assinalou que o "contrato de gestão" firmado com tais entidades consistiria, em linhas gerais, em convênio, caracterizado por interesses recíprocos e convergentes. Portanto, em princípio, considerou desnecessária a realização de processo licitatório para a sua celebração e, em conseqüência, constitucional o inciso XXIV do art. 24 da Lei 8.666/93. Entretanto, o relator ressalvou que isso: a) não afastaria o dever de abertura de processo administrativo que demonstrasse, objetivamente, em que o regime da parceria com a iniciativa privada se revelaria como de superior qualidade frente à atuação isolada ou solitária do próprio Estado enquanto titular da atividade em questão; b) não liberaria a Administração da rigorosa observância dos princípios constitucionais da publicidade, da moralidade, da impessoalidade, da eficiência e da garantia de um processo objetivo e público para a qualificação das entidades como organizações sociais e sua específica habilitação para determinado "contrato de gestão"; c) não prescindiria de motivação administrativa quanto à seleção de uma determinada pessoa privada, se houver outra com idêntica pretensão de emparceiramento com o Poder Público; d) não dispensaria os mecanismos de controle interno e externo sobre o serviço ou atividade em regime de parceria com a iniciativa privada. Salientou, em suma, que se deveria proceder a um chamamento público, com regras objetivas, a fim de se convocar, dentre as organizações sociais com atuação na área, aquela com maior aptidão para realizar a atividade pretendida. ADI 1923/DF, rel. Min. Ayres Britto, 31.3.2011. (ADI-1923)

ORGANIZAÇÕES SOCIAIS E CONTRATO DE GESTÃO - 5

Reconheceu a inconstitucionalidade do fraseado "*quanto à conveniência e oportunidade de sua qualificação como organização social*", inserto no inciso II do art. 2º da Lei 9.637/98. E no que tange ao contrato de gestão (artigos 5º a 7º), explicitou, via interpretação conforme a Constituição, que a ausência de um processo público e objetivo para a celebração do "contrato de gestão" — não, necessariamente, de um processo licitatório —, implicaria ofensa aos princípios da legalidade, impessoalidade, moralidade, publicidade, eficiência, economicidade e isonomia. Rejeitou, ademais, as alegações de inconstitucionalidade dos incisos V, VII e VIII do art. 4º, do inc. II do art. 7º e do art. 14, todos da lei adversada. Destacou que as organizações sociais não se caracterizariam como parcela da Administração Pública e que seus diretores e empregados não seriam servidores ou empregados públicos. Por conseguinte, mesmo sujeitas a procedimento impessoal na seleção dos empregados e na fixação dos respectivos salários, não haveria que se falar em concurso público ou remuneração fixada por lei. Evidenciou que o mesmo entendimento, contudo, não seria aplicável aos servidores públicos cedidos (Lei 9.637/98, art. 14), sendo inconstitucional o § 1º do art. 14 dessa lei, atinente a cessão especial "*com ônus para a origem*", na parte em que permitiria à pessoa jurídica privada pagar vantagem pecuniária a servidor público, sem que lei específica o autorizasse. Acrescentou que a parte final do § 2º do mesmo artigo, ao prever o pagamento de "*adicional relativo ao exercício de função temporária de direção e assessoria*" com recursos públicos, além de afrontar o inciso X do art. 37 da CF, vulneraria o § 1º de seu art. 169. Nesse sentido, julgou inconstitucional a expressão "*com recursos provenientes do contrato de gestão, ressalvada a hipótese de adicional relativo ao exercício de função temporária de direção e assessoria*", disposta no § 2º do art. 14 da Lei 9.637/98. Por essa razão e por ficar vedado o pagamento pela organização social de qualquer vantagem pecuniária a servidor público cedido, declarou a inconstitucionalidade, por arrastamento, do § 1º do mesmo art. 14. Por fim, propôs a modulação dos efeitos da decisão de inconstitucionalidade quanto aos artigos 18 a 22 da lei vergastada ao fundamento de que esta vigoraria há mais de 12 anos, que a Corte teria indeferido o pedido de medida cautelar e que não seria razoável a desconstituição de situações de fato que adquiriram contornos de extratificação. Após, pediu vista dos autos o Min. Luiz Fux. ADI 1923/DF, rel. Min. Ayres Britto, 31.3.2011. (ADI-1923)

ORGANIZAÇÕES SOCIAIS E CONTRATO DE GESTÃO - 6

O Plenário retomou julgamento de ação direta de inconstitucionalidade ajuizada pelo Partido dos Trabalhadores - PT e pelo Partido Democrático Trabalhista - PDT contra a Lei 9.637/98 — que dispõe sobre a qualificação como organizações sociais de pessoas jurídicas de direito privado, a criação do Programa Nacional de Publicização, a extinção dos órgãos e entidades que mencionam, a absorção de suas atividades por organizações sociais, e dá outras providências — e contra o inciso XXIV do art. 24 da Lei 8.666/93, com a redação dada pelo art. 1º da Lei 9.648/98, que autoriza a celebração de contratos de prestação de serviços com organizações sociais, sem licitação — v. Informativo 621. Em voto-vista, o Min. Luiz Fux julgou parcialmente procedente o pedido, para conferir interpretação conforme a Constituição aos preceitos impugnados. Nesse sentido, reputou que o procedimento de qualificação como organização social deveria ser conduzido com observância dos princípios do *caput* do art. 37 da CF e de acordo com parâmetros fixados em abstrato segundo o que prega o art. 20 da Lei 9.637/98 ("*Será criado, mediante decreto do Poder Executivo, o Programa Nacional de Publicização - PNP, com o objetivo de estabelecer diretrizes e critérios para a qualificação de organizações sociais, a fim de assegurar a absorção de atividades desenvolvidas por entidades ou órgãos públicos da União, que atuem nas atividades referidas no art. 1o, por organizações sociais, qualificadas na forma desta Lei, observadas as seguintes diretrizes: I - ênfase no atendimento do cidadão-cliente; II - ênfase nos resultados, qualitativos e quantitativos nos prazos pactuados; III - controle social das ações de forma transparente*"). Afirmou, também, que a celebração do contrato de gestão conduzir-se-ia conforme os mesmos postulados constitucionais, assim como as hipóteses de dispensa de licitação para contratações (Lei 8.666/93, art. 24, XXIV) e outorga de uso de bem público (Lei 9.637/98: "*Art. 12. Às organizações sociais poderão ser destinados recursos orçamentários e bens públicos necessários ao cumprimento do contrato de gestão ... § 3o Os bens de que trata este artigo serão destinados às organizações sociais, dispensada licitação, mediante permissão de uso, consoante cláusula expressa do contrato de gestão*"). No que se refere aos contratos a serem celebrados pela organização social com terceiros, com recursos públicos, e à seleção de pessoal por essas entidades, aduziu a necessidade de serem realizados de acordo com o art. 37, *caput*, da CF e nos termos de regulamento próprio a ser editado por cada uma delas. Por fim, ressaltou o afastamento de qualquer interpretação capaz de restringir o controle, pelo Ministério Público e pelo Tribunal de Contas da União, da aplicação de verbas públicas. Após, pediu vista o Min. Marco Aurélio. ADI 1923/DF, rel. Min. Ayres Britto, 19.5.2011. (ADI-1923) (Inform. STF 627)

Imunidade tributária recíproca: sociedade de economia mista e serviços de saúde - 4

Em conclusão, o Plenário, por maioria, proveu recurso extraordinário para assentar a incidência da imunidade recíproca (CF, art. 150, VI, a) de impostos estaduais à sociedade de economia mista recorrente, a qual atua na área de prestação de serviços de saúde — v. Informativo 597. Inicialmente, ao salientar o que disposto no art. 197 da CF, consignou-se que o serviço público em questão estaria franqueado à iniciativa privada sob a forma de assistência à saúde, não constituindo atividade econômica. Portanto, a iniciativa privada seria convocada para subsidiar o Poder Público, para se emparceirar com ele, na prestação de serviço público que, ao mesmo tempo, seria direito fundamental e, pela ótica do art. 196 da CF, direito de todos e dever do Estado. Realçou-se a heterodoxia do caso, porquanto, desde a década de 70, o Estado, por desapropriação, seria detentor do controle dessa "empresa", assenhoreando-se da atividade, prestando-a ininterruptamente, e controlando 99,99% das ações. Enfatizou-se que o hospital recorrente atenderia exclusivamente pelo Sistema Único de Saúde - SUS e que suas receitas seriam provenientes de repasses públicos federais e municipais. Considerou-se, ademais, que o serviço de saúde por ele prestado teria caráter de serviço público, não configurando um negócio privado. Reiterou-se que a União teria expropriado praticamente a totalidade do capital social e, com isso, incorporado de fato o hospital ao seu patrimônio jurídico, conservando, por motivos desconhecidos, 0,01% do capital social em nome de conselheiros antigos. Dessa forma, teria mantido a aparência de uma sociedade anônima que se submeteria, de regra, ao regime jurídico de empresa privada. Afirmou-se que isso, entretanto, não seria suficiente, pois se trataria, na verdade, de uma entidade pública por ser pública praticamente a totalidade do capital social, pública sua finalidade e pública, no sentido de potencialidade de exercício de poder, a direção do hospital, haja vista que a União poderia decidir o que quisesse, porque 0,01% não significaria nada em termos de votação. Por fim, registrou-se que o pronunciamento da questão posta em sede de repercussão geral somente aproveitará hipóteses idênticas, em que o ente público seja controlador majoritário do capital da sociedade de economia mista e que a atividade desta corresponda à própria atuação do Estado na prestação de serviços à população. Vencidos os Ministros Joaquim Barbosa, relator, Cármen Lúcia, Ricardo Lewandowski e Marco Aurélio que desproviam o recurso. RE 580264/RS, rel. orig. Min. Joaquim Barbosa, red. p/ o acórdão Min. Ayres Britto, 16.12.2010. (RE-580264) (Inform. STF 613)

EMENTA: TRIBUTÁRIO. IMUNIDADE RECÍPROCA. SOCIEDADE DE ECONOMIA MISTA CONTROLADA POR ENTE FEDERADO. CONDIÇÕES PARA APLICABILIDADE DA PROTEÇÃO CONSTITUCIONAL. ADMINISTRAÇÃO PORTUÁRIA. COMPANHIA DOCAS DO ESTADO DE SÃO PAULO (CODESP). INSTRUMENTALIDADE ESTATAL. ARTS. 21, XII, f, 22, X, e 150, VI, a DA CONSTITUIÇÃO. DECRETO FEDERAL 85.309/1980.

1. IMUNIDADE RECÍPROCA. CARACTERIZAÇÃO. Segundo teste proposto pelo ministro relator, a aplicabilidade da imunidade tributária recíproca (art. 150, VI, *a* da Constituição) deve passar por três estágios, sem prejuízo do atendimento de outras normas constitucionais e legais:

1.1. A imunidade tributária recíproca se aplica à propriedade, bens e serviços utilizados na satisfação dos objetivos institucionais imanentes do ente federado, cuja tributação poderia colocar em risco a respectiva autonomia política. Em conseqüência, é incorreto ler a cláusula de imunização de modo a reduzi-la a mero instrumento destinado a dar ao ente federado condições de contratar em circunstâncias mais vantajosas, independentemente do contexto.

1.2. Atividades de exploração econômica, destinadas primordialmente a aumentar o patrimônio do Estado ou de particulares, devem ser submetidas à tributação, por apresentarem-se como manifestações de riqueza e deixarem a salvo a autonomia política.

1.3. A desoneração não deve ter como efeito colateral relevante a quebra dos princípios da livre-concorrência e do exercício de atividade profissional ou econômica lícita. Em princípio, o sucesso ou a desventura empresarial devem pautar-se por virtudes e vícios próprios do mercado e da administração, sem que a intervenção do Estado seja favor preponderante.

2. SOCIEDADE DE ECONOMIA MISTA. EXPLORAÇÃO DE SERVIÇOS DE ADMINISTRAÇÃO PORTUÁRIA. CONTROLE ACIONÁRIO MAJORITÁRIO DA UNIÃO. AUSÊNCIA DE INTUITO LUCRATIVO. FALTA DE RISCO AO EQUILÍBRIO CONCORRENCIAL E À LIVRE-INICIATIVA.

Segundo se depreende dos autos, a Codesp é instrumentalidade estatal, pois:
2.1. Em uma série de precedentes, esta Corte reconheceu que a exploração dos portos marítimos, fluviais e lacustres caracteriza-se como serviço público.
2.2. O controle acionário da Codesp pertence em sua quase totalidade à União (99,97%). Falta da indicação de que a atividade da pessoa jurídica satisfaça primordialmente interesse de acúmulo patrimonial público ou privado.
2.3. Não há indicação de risco de quebra do equilíbrio concorrencial ou de livre-iniciativa, eis que ausente comprovação de que a Codesp concorra com outras entidades no campo de sua atuação.
3. Ressalva do ministro-relator, no sentido de que "cabe à autoridade fiscal indicar com precisão se a destinação concreta dada ao imóvel atende ao interesse público primário ou à geração de receita de interesse particular ou privado". Recurso conhecido parcialmente e ao qual se dá parcial provimento. (RE 253472/SP. Rel. para o acórdão Min. Joaquim Barbosa) (Inform. STF 602)

IMUNIDADE RECÍPROCA E CAIXA DE ASSISTÊNCIA DOS ADVOGADOS

A imunidade tributária recíproca aplicável à Ordem dos Advogados do Brasil - OAB, quando atua no campo próprio que lhe outorga a Constituição, não se estende às atividades sociais ou de assistência desempenhada pelas respectivas Caixas de Assistência. Com base nesse entendimento, a Turma proveu recurso extraordinário interposto pelo Município de Belo Horizonte contra acórdão do Tribunal de Justiça do Estado de Minas Gerais que considerara imóvel da Caixa de Assistência dos Advogados dessa mesma unidade federativa imune ao pagamento do IPTU. Consignou-se que a imunidade tributária recíproca é garantia direta do Estado contra duas espécies de tensão: a) evitar que atividades imanentes do Estado sofram degradação pelo custo representado pela carga tributária e b) impedir que o tributo seja utilizado como instrumento de pressão indireta, destinado a induzir a postura do ente federado no sentido desejado por outro membro da federação. Aduziu-se que, nestes autos, não se questionaria a imunidade conferida à OAB, mas sim se entidade a ela ligada, destinada especificamente a prestar serviços aos seus associados, também poderia ser considerada como instrumentalidade estatal e, portanto, ser beneficiada pela salvaguarda constitucional. Asseverou-se que, embora as Caixas de

Assistência dos Advogados estejam ligadas à estrutura organizacional da OAB (Lei 8.906/94, art. 45, IV), tratar-se-ia de entidades com personalidade jurídica própria (art. 46, § 4º), não se dedicariam primordialmente à defesa da Constituição, da ordem jurídica, do Estado Democrático de Direito etc., tendo por objetivo conceder benefícios pecuniários por motivo de invalidez e outros auxílios de natureza setorial. No ponto, salientou-se que as Caixas de Assistência dos Advogados não se diferenciariam das demais entidades destinadas à outorga de benefícios assistenciais ou previdenciários a seus associados, sejam eles servidores públicos, empregados privados ou quaisquer outras pessoas unidas por laços de afinidade ou de situação fático-jurídica. **RE 233843/MG, rel. Min. Joaquim Barbosa, 1º.12.2009.** (RE-233843) (Inform. STF 570)

INSCRIÇÃO DE INADIMPLENTES EM BANCOS DE PROTEÇÃO DE CRÉDITO E VÍCIO FORMAL

O Tribunal julgou procedente pedido formulado em ação direta ajuizada pelo Governador do Estado do Espírito Santo para declarar a inconstitucionalidade da Lei estadual 6.835/2001, de iniciativa parlamentar, que autoriza a inclusão dos nomes de inadimplentes com a Fazenda do Estado em bancos de proteção de crédito e no CADIN. Entendeu-se, tendo em conta o princípio da simetria, que a lei impugnada usurpa a competência privativa do Chefe do Poder Executivo para deflagrar projeto de lei que disponha sobre organização administrativa (CF, art. 61, § 1º, b), bem como para exercer a direção superior da administração estadual (CF, art. 84, VI, a), porquanto cria nova atribuição a órgão integrante do Poder Executivo estadual. ADI 2857/ES, rel Min. Joaquim Barbosa, 30.8.2007. (ADI-2857) (Inform. STF 477)

LEI 9.637/98: ORGANIZAÇÕES SOCIAIS - 3

O Tribunal retomou julgamento de medida cautelar em ação direta de inconstitucionalidade ajuizada pelo Partido dos Trabalhadores - PT e pelo Partido Democrático Trabalhista - PDT contra a Lei 9.637/98 — que dispõe sobre a qualificação como organizações sociais de pessoas jurídicas de direito privado, a criação do Programa Nacional de Publicização, a extinção dos órgãos e entidades que mencionam, a absorção de suas atividades por organizações sociais, e dá outras providências —, e contra o inciso XXIV do art. 24 da Lei 8.666/93, com a redação dada pelo art. 1º da Lei 9.648/98, que autoriza a celebração de contratos de prestação de serviços com organizações sociais, sem licitação — v. Informativos 156 e 421. Em voto-vista, o Min. Eros Grau divergiu do relator e deferiu a cautelar para suspender a eficácia do disposto no art. 1º da Lei 9.648/98 e nos artigos 5º, 11 a 15 e 20 da Lei 9.637/98. Inicialmente, não obstante o longo tempo de vigência dos preceitos impugnados, reputou presente o *periculum in mora* e asseverou que os agentes econômicos privados já estariam autorizados a explorar, em nome próprio, atividades relacionadas às áreas referidas na Lei 9.637/98, independentemente do advento dessa lei, ressaltando que educação e saúde consubstanciam serviço público. Entendeu, entretanto, inexistir razão a justificar a celebração de contrato de gestão com as organizações sociais, bem como a destinação de recursos orçamentários, de bens públicos móveis e imóveis e de cessão especial de servidores, com ônus para a origem, tal como previsto na Lei 9.637/98,tudo em aparente ofensa ao princípio da licitação. Assim, considerou a manifesta inconstitucionalidade do art. 24, XXIV, da Lei 8.666/93, com a redação dada pelo art. 1º da Lei 9.648/98; o art. 5º da Lei 9.637/98, na medida em que coloca sob indefinido e difuso regime de parceria o cumprimento de funções do Estado; o art. 20, que prevê a criação do Programa Nacional de Publicização, o qual consistiria na privatização de funções estatais, sob pena de violação aos artigos 1º, 3º, 215, 218 e 225 da CF. Concluiu, ainda, que os preceitos veiculados pelos artigos 1º a 4º, 7º a 11 e 16 a 19 tornar-se-iam inócuos com a suspensão liminar dos efeitos dos artigos cuja inconstitucionalidade parece irrefutável e que os artigos 21 a 23, estariam, à primeira vista, dotados de efeitos concretos, a inviabilizar a sua apreciação na via eleita. ADI 1923 MC/DF, rel. Min. Ilmar Galvão, 2.2.2007. (ADI-1923)

LEI 9.637/98: ORGANIZAÇÕES SOCIAIS - 4

O Min. Ricardo Lewandowski, tendo em conta que a lei impugnada está em vigor desde maio de 1998, ressaltou que o *periculum in mora* se inverteria e militaria em favor das entidades já constituídas e, por sua vez, deferiu parcialmente a cautelar somente em relação ao art. 1º da Lei n 9.648/98 para declarar que, a partir de agora, as organizações sociais instituídas estão obrigadas a licitar quando forem prestar serviços para a Administração Pública. O Min. Joaquim Barbosa acompanhou o voto do Min. Eros Grau, com as achegas do voto do Min. Ricardo Lewandowski. Após o voto do Min. Sepúlveda Pertence, que se-guia o voto do relator no tocante aos serviços de saúde, o julgamento foi suspenso com o pedido de vista do Min. Gilmar Mendes. Não participam da votação em relação ao art. 1º da Lei 9.637/98 os Ministros Joaquim Barbosa e Gilmar Mendes por sucederem aos Ministros Moreira Alves e Néri da Silveira, que já proferiram votos e, também, não votam os Ministros Cármen Lúcia e Carlos Britto, por sucederem aos Ministros Nelson Jobim e Ilmar Galvão. ADI 1923 MC/DF, rel. Min. Ilmar Galvão, 2.2.2007. (ADI-1923) (Inform. STF 454)

LEI 9.637/98: ORGANIZAÇÕES SOCIAIS - 5

Em conclusão de julgamento, o Tribunal, por maioria, indeferiu medida cautelar em ação direta de inconstitucionalidade ajuizada pelo Partido dos Trabalhadores - PT e pelo Partido Democrático Trabalhista - PDT contra a Lei 9.637/98 — que dispõe sobre a qualificação como organizações sociais de pessoas jurídicas de direito privado, a criação do Programa Nacional de Publicização, a extinção dos órgãos e entidades que mencionam, a absorção de suas atividades por organizações sociais, e dá outras providências —, e contra o inciso XXIV do art. 24 da Lei 8.666/93, com a redação dada pelo art. 1º da Lei 9.648/98, que autoriza a celebração de contratos de prestação de serviços com organizações sociais, sem licitação — v. Informativos 156, 421 e 454. Entendeu-se inexistir, à primeira vista, incompatibilidade da norma impugnada com CF. Quanto ao art. 1º da Lei 9.637/98, que autoriza o Poder Executivo a qualificar como organizações sociais pessoas jurídicas de direito privado, sem fins lucrativos, cujas atividades sejam dirigidas ao ensino, à pesquisa científica, ao desenvolvimento tecnológico, à proteção e preservação do meio ambiente, à cultura e à saúde, considerou-se que a Constituição Federal não impôs ao Estado o dever de prestar tais atividades por meio de órgãos ou entidades públicas, nem impediu que elas fossem desempenhadas por entidades por ele constituídas para isso, como são as organizações sociais. ADI 1923 MC/DF, rel. orig. Min. Ilmar Galvão, rel. p/ o acórdão Min. Eros Grau, 1º. 8. 2007. (ADI-1923)

LEI 9.637/98: ORGANIZAÇÕES SOCIAIS - 6

O Min. Gilmar Mendes, em voto-vista, nesta assentada, também indeferindo a liminar, asseverou que a Lei 9.637/98 institui um programa de publicização de atividades e serviços não exclusivos do Estado, transferindo-os para a gestão desburocratizada a cargo de entidades de caráter privado e, portanto, submetendo-os a um regime mais flexível, dinâmico e eficiente. Ressaltou que a busca da eficiência dos resultados, mediante a flexibilização de procedimentos, justifica a implementação de um regime especial, regido por regras que respondem a racionalidades próprias do direito público e do direito privado. Registrou, ademais, que esse modelo de gestão pública tem sido adotado por diversos Estados-membros e que as experiências demonstram que a Reforma da Administração Pública tem avançado de forma promissora. Acompanharam os fundamentos acrescentados pelo Min. Gilmar Mendes os Ministros Celso de Mello e Sepúlveda Pertence. O Min. Eros Grau, tendo em conta a força dos fatos e da realidade trazida no voto do Min. Gilmar Mendes, mas sem aderir às razões de mérito deste, reformulou o voto proferido na sessão de 2.2.2007. Vencidos o Min. Joaquim Barbosa, que deferia a cautelar para suspender a eficácia dos artigos 5º, 11 a 15 e 20 da Lei 9.637/98, e do inciso XXIV do artigo 24 da Lei 8.666/93, com a redação dada pelo art. 1º da Lei 9.648/98; o Min. Marco Aurélio, que também deferia a cautelar para suspender os efeitos dos artigos 1º, 5º, 11 a 15, 17 e 20 da Lei 9.637/98, bem como do inciso XXIV do art. 24 da Lei 8.666/93, na redação do art. 1º da Lei 9.648/98; e o Min. Ricardo Lewandowski, que deferia a cautelar somente com relação ao inciso XXIV do art. 24 da Lei 8.666/93, na redação do art. 1º da Lei 9.648/98. Leia o inteiro teor do voto-vista do Min. Gilmar na seção Transcrições deste Informativo. ADI 1923 MC/DF, rel. orig. Min. Ilmar Galvão, rel. p/ o acórdão Min. Eros Grau, 1º. 8. 2007. (ADI-1923) (Inform. STF 474)

REPETITIVO. INSS. RECOLHIMENTO. PREPARO.
Trata-se de recurso representativo de controvérsia (art. 543-C do CPC) no qual a Corte Especial, em consonância com os precedentes colacionados, afirmou não ser exigível do INSS o depósito prévio do preparo para interposição de recurso, visto que a autarquia federal, por ser equiparada, em prerrogativas e privilégios, à Fazenda Pública nos termos do art. 8º da Lei n. 8.620/1993, não está obrigada a efetuá-lo. Dessa forma, o tribunal *a quo* não poderia exigir o depósito prévio do preparo como condição de admissibilidade da apelação e sequer aplicar a pena de deserção. A prerrogativa do art. 27 do CPC conferida à Fazenda permite à autarquia previdenciária efetuar o depósito ao final da demanda. Diante do exposto, deu-se provimento ao recurso especial para, afastando a deserção, determinar a devolução dos autos ao tribunal *a quo* para a apreciação do recurso voluntário interposto pelo INSS. **Precedentes citados: AgRg no REsp 1.038.274-PR, DJe 4/8/2008; REsp 988.468-RS, DJ 29/11/2007; REsp 897.042-PI, DJ 14/5/2007; REsp 573.784-RS, DJ 17/10/2005, e REsp 249.991-RS, DJ 2/12/2002. REsp 1.101.727-PR, Rel. Min. Hamilton Carvalhido, julgado em 2/8/2010.** (Inform. STJ 441)

MULTA. PROCON. COMPATIBILIDADE. ANATEL.
Trata-se de embargos à execução em que o ora recorrente pretende desconstituir título executivo extrajudicial correspondente à multa aplicada por Procon municipal à concessionária de serviço de telefonia. Conforme demonstram os autos, a referida multa resultou do descumprimento de determinação daquele órgão de defesa do consumidor que estipulou o prazo de 10 dias para a instalação de linha telefônica. Quando as condutas praticadas no mercado de consumo atingirem diretamente o interesse do consumidor, é legítima a atuação do Procon para aplicar as sanções administrativas previstas em lei, no regular exercício do poder de polícia que lhe foi conferido pelo sistema nacional de defesa do consumidor. Tal atuação não se confunde com a atividade regulatória setorial realizada pelas agências criadas por lei, cuja preocupação não se restringe à tutela particular do consumidor, mas abrange a execução do serviço público em seus vários aspectos, a exemplo da continuidade e universalização do serviço, da preservação do equilíbrio econômico-financeiro do contrato de concessão e da modicidade tarifária. Na espécie, a sanção aplicada não se referiu ao descumprimento do plano geral de metas traçado pela Anatel, mas tem relação com a qualidade dos serviços prestados pela empresa de telefonia que, mesmo após firmar compromisso, deixou de resolver a situação do consumidor prejudicado pela não instalação da linha telefônica. Assim, a atuação do Procon teve por finalidade imediata a proteção do consumidor, logo é legítima. **REsp 1.138.591-RJ, Rel. Min. Castro Meira, julgado em 22/9/2009.** (Inform. STJ 408)

FIXAÇÃO. TARIFA. PEDÁGIO.
A Turma não conheceu do recurso da Agência Nacional de Transportes Terrestre (ANTT) e deu provimento aos recursos da União e da empresa concessionária de rodovias. Quanto ao recurso da concessionária, sobre a alegação de violação do art. 4º do DL n. 791/1965, o Min. Relator entendeu que, nesse ponto, deve ser dado provimento, uma vez que não existe, na dicção da legislação que rege o tema, a permissão ou obrigatoriedade de que o número de eixos de um veículo seja levado em conta por oportunidade da fixação da tarifa de pedágio. Quanto ao recurso da União, o Min. Relator destacou que este Superior Tribunal tem entendimento sedimentado de que a União é parte legítima em demandas objetivando a revisão de tarifas de pedágio cobradas em rodovias federais, sendo que, por analogia, tal entendimento pode ser aqui aplicado. No que tange à violação do referido artigo, o Min. Relator adotou as mesmas razões de decidir conforme acima expostas com referência ao recurso da concessionária. **Precedentes citados: AgRg no REsp 851.421-PR, DJ 14/12/2007; REsp 417.804-PR, DJ 10/3/2003, e REsp 848.849-PR, DJ 26/10/2006. REsp 1.103.168-RS, Rel. Min. Francisco Falcão, julgado em 16/4/2009.** (Inform. STJ 390)

QO. RECURSO REPETITIVO. DISCRIMINAÇÃO. PULSOS TELEFÔNICOS.
Ao acolher questão de ordem proposta pelo Min. Teori Albino Zavascki, a Seção entendeu ouvir os *amici curiae*, tais como o Departamento de Defesa do Consumidor do Ministério da Justiça, a Agência Nacional de Telecomunicações (Anatel) e o Instituto de Defesa do Consumidor (Idec), antes de iniciar o julgamento do recurso especial (sujeito ao regime disciplinado no art. 543-C do CPC). O Min. Teori Albino Zavascki destacou que, nesse julgamento, também será propícia a discussão a respeito da Súm. n. 357-STJ, quanto à responsabilidade pelos custos da discriminação dos pulsos excedentes, enquanto que o Min. Luiz Fux informou ter submetido à Seção, também como recurso repetitivo, o REsp 1.072.662-MG, de semelhante tema, processo em que já oficiada a Anatel, o Idec e a Associação Brasileira de Concessionárias de Serviço Telefônico Fixo Comutado (Abrafix), além de ter determinado vista ao MPF. **QO no REsp 1.074.799-MG, Rel. Min. Francisco Falcão, em 26/11/2008.** (Inform. STJ 378)

COMPETÊNCIA. AÇÃO. AUTARQUIA FEDERAL. SEDE. PESSOA JURÍDICA.
Quanto à exigibilidade da taxa de ressarcimento ao SUS, a Min. Relatora entende que a mencionada taxa encontra previsão no art. 32 da Lei n. 9.656/1998 e deve ser cobrada por órgão da Agência Nacional de Saúde (ANS), nos termos do art. 24, V, VI e VII, do Regimento Interno da ANS. Em razão da natureza jurídica da referida taxa, a ação ordinária deve ser ajuizada no foro no qual de localiza a sede da ANS (art. 100, IV, a, do CPC). Assim, a Seção conheceu do conflito para declarar competente o juízo federal do Rio de Janeiro, o suscitante. **Precedente citado: REsp 835.700-SC, DJ 31/8/2006. CC 88.278-RJ, Rel. Min. Eliana Calmon, julgado em 23/4/2008.** (Inform. STJ 353)

PILOTO. SEXAGENÁRIO. EXERCÍCIO. ATIVIDADE.
O ato que fixa o limite de idade para os pilotos exercerem sua atividade profissional em vôos domésticos é ilegal, uma vez que não poderia o antigo DAC estender a Convenção Internacional de Chicago ao plano interno. A restrição a que pilotos com mais de sessenta anos exerçam suas atividade profissional abrange apenas aeronaves utilizadas em vôos internacionais. Cabe à ANAC regular a matéria abordada e apreciar a questão sobre novas bases. **Precedentes citados: REsp 610.607-RJ, DJ 10/5/2004, e REsp 251.920-RJ, DJ 18/9/2000. AgRg no REsp 931.366-RJ, Rel. Min. Humberto Martins, julgado em 11/3/2008.** (Inform. STJ 348)

***HABEAS DATA*. INFORMAÇÕES. CEF. LEGITIMIDADE.**
A Turma, prosseguindo o julgamento, decidiu que a CEF, empresa pública sob o controle do Poder Público, tem legitimidade para figurar no pólo passivo do *habeas data*, para fins de fornecer dados sobre descontos efetuados em conta-corrente (art. 7º da Lei n. 9.507/1997 e art. 5º, LXXII, *a*, da CF/1988). **REsp 929.381-AL, Rel. Min. Francisco Falcão, julgado em 4/10/2007.** (Inform. STJ 334)

LBA. NATUREZA JURÍDICA. AUTARQUIA.
Três são as questões fundamentais que se sobrepõem para a solução da controvérsia, a saber: qual a natureza jurídica das fundações públicas, qual a natureza jurídica da Legião Brasileira de Assistência (LBA) e, em consequência das respostas aos itens anteriores, têm os procuradores da LBA direito às gratificações insculpidas nos DLs ns. 2.333/1987 e 2.365/1987? A Min. Relatora esclareceu que as fundações públicas, por possuírem capacidade exclusivamente administrativa, são autarquias, aplicando-se a elas todo o regime jurídico das autarquias. A natureza jurídica da LBA é de fundação pública que, em razão da definição antes apontada, classifica-se como espécie do gênero autarquia. Assim, é aplicável o DL n. 2.365/1987 aos procuradores da LBA, sobretudo em atenção aos entendimentos deste Superior Tribunal e do STF, no sentido de definirem a LBA como uma espécie do gênero autarquia. No tocante à aplicação do DL n. 2.333/1987, a exegese do conteúdo da norma em comento, conjuntamente com o disposto no art. 3º, IV, do Dec. n. 93.237/1986, autoriza a aplicação do DL n. 2.333/1987 aos procuradores da LBA. Isso posto, a Turma, ao prosseguir

o julgamento, negou provimento ao recurso da União e deu provimento ao recurso adesivo. Precedentes citados do STF: RE 215.741-SE, DJ 4/6/1999; CJ 6.650-RS, DJ 7/8/1987; do STJ: REsp 332.410-PR, DJ 14/6/2006, e CC 14.747-SE, DJ 12/5/1997. **REsp 204.822-RJ, Rel. Min. Maria Thereza de Assis Moura, julgado em 26/6/2007.** (Inform. STJ 325)

SÚMULA STF Nº 25

A nomeação a termo não impede a livre demissão pelo presidente da república, de ocupante de cargo dirigente de autarquia.

SÚMULA STF Nº 8

Diretor de sociedade de economia mista pode ser destituído no curso do mandato.

5. AGENTES PÚBLICOS

5.1. Regime Jurídico

CARGO PÚBLICO: MUDANÇA DE ATRIBUIÇÕES E LEI FORMAL

A alteração de atribuições de cargo público somente pode ocorrer por intermédio de lei formal. Ao reafirmar essa orientação, a 2ª Turma concedeu mandado de segurança para que servidores públicos possam ocupar o cargo de "Técnico de Apoio Especializado/Segurança", garantindo-lhes a continuidade da percepção da gratificação de atividade de segurança, prevista no art. 15 da Lei 11.415/2006. Tratava-se, na espécie, de writ impetrado contra ato do Procurador-Geral da República, consubstanciado na Portaria 286/2007, que teria alterado as atribuições dos cargos públicos de que eram titulares os impetrantes e promovido suposta transposição. Aduziu-se que os cargos públicos seriam criados por lei e providos, se em caráter efetivo, após a indispensável realização de concurso público específico. Consignou-se, ainda, que a mudança de atribuições dos cargos ocupados pelos impetrantes ocorrera por edição de portaria, meio juridicamente impróprio para veicular norma definidora de atividades inerentes e caracterizadoras de cargo público, uma vez que apenas a lei poderia promover as referidas alterações. Precedentes citados: ADI 1329/AL (DJU de 12.9.2003), ADI 2689/RN (DJU de 21.11.2003), ADI 1254 MC/RJ (DJU de 18.8.95) e MS 26955/DF (DJe de 13.4.2011). MS 26740/DF, rel. Min. Ayres Britto, 30.8.2011. (MS 26740) (Inform. STF 638)

ADI E CRIAÇÃO DE CARREIRA ESPECIAL DE ADVOGADO - 1

O Tribunal iniciou julgamento de ação direta de inconstitucionalidade proposta pelo Governador do Estado do Paraná contra as Leis estaduais 9.422/90 e 9.525/91, que dispõem sobre a carreira especial de advogado do referido Estado-membro. O Min. Eros Grau, relator, julgou improcedente o pedido formulado. No que refere à Lei 9.422/90, que cria a referida carreira, integrada pelos ocupantes de empregos e cargos públicos de advogados e assistentes jurídicos estáveis da Administração Direta e Autárquica estadual, para assessoramento jurídico ao Poder Executivo e representação judicial das Autarquias, reportou-se, de início, ao que decidido no julgamento da ADI 175/PR (DJU de 8.10.93), no qual afastada a alegação de ofensa ao art. 132 e ao art. 37, II, da CF. Entendeu inexistir inconstitucionalidade nos preceitos que estabelecem um concurso de efetivação para os servidores ocupantes de empregos públicos de advogados e assistentes jurídicos, quando alcançados pela estabilidade prevista no art. 19 do ADCT/88, cujo § 1º prevê a possibilidade desse concurso. Asseverou, no ponto, que os servidores aos quais se refere o art. 12 da Lei 9.422/90 são estáveis, não sendo inconstitucional a criação de um quadro transitório para acomodá-los até a realização do concurso de efetivação. Rejeitou, também, a alegação de afronta ao art. 37, XIII, da CF, haja vista que o anexo da Lei 9.422/90 apresenta vencimentos em números absolutos, não restando demonstrada a vinculação apontada. Não vislumbrou, ademais, ofensa ao art. 169, I e II, da CF, ao fundamento de que a verificação da existência de dotação orçamentária suficiente e de autorização específica na lei de diretrizes orçamentárias constitui controvérsia de fato, não passível de exame em ADI. Afastou, por fim, as alegações de inconstitucionalidade da Lei 9.525/91, já que seu conteúdo limita-se a estender aos integrantes da carreira especial, no que couber, os direitos, deveres e vedações atribuídos às carreiras de que trata o art. 135 da CF, o que, independentemente de qualquer intervenção do Poder Legislativo estadual, decorreria diretamente da Constituição. Após, pediu vista dos autos a Min. Cármen Lúcia. **ADI 484/PA, rel. Min. Eros Grau, 13.12.2006.** (ADI-484)

ADI E CRIAÇÃO DE CARREIRA ESPECIAL DE ADVOGADO - 2

O Tribunal retomou julgamento de ação direta de inconstitucionalidade proposta pelo Governador do Estado do Paraná contra as Leis estaduais 9.422/90 e 9.525/91, que dispõem sobre a carreira especial de advogado do referido Estado-membro — v. Informativo 452. A Min. Cármen Lúcia, em voto-vista, abriu divergência e julgou procedente o pedido formulado, por vislumbrar ofensa aos artigos 37, II, XIII, e 132 da CF e ao art. 69 do ADCT. Salientou que a aplicação dos fundamentos do precedente aludido pelo relator (ADI 175/PR), ao presente caso, admitiria algumas ponderações, evitando-se que se pudesse argumentar no sentido da irradiação compulsória dos efeitos do reconhecimento de constitucionalidade da norma da Constituição estadual (art. 56) às suas normas regulamentadoras. Ressaltou que o art. 132 da CF veicula norma de organização administrativa, não sendo vedado, em situações apenas específicas e a critério das entidades federadas, o exercício por outros advogados, sempre em caráter excepcional, de atribuições constitucionalmente conferidas aos procuradores de Estado. Portanto, *a contrario sensu*, o exercício regular das atribuições constitucionalmente definidas no art. 132 deveria ser desempenhado por quem aquela norma estabeleceu, ou seja, os procuradores dos Estados e do DF, ingressos na carreira por meio de concurso público de provas e títulos. Considerou, em razão disso, não ser possível extrair, do art. 132 da CF, autorização para coexistência, nas unidades federadas, de duas ou mais procuradorias paralelas, ainda que com nomes diversos. Após citar o que decidido na ADI 811 MC/ES (DJU de 25.4.97), aduziu que o disposto no art. 69 do ADCT antes comprovaria esse entendimento do que o infirmaria, já que, assim como o art. 132 da CF, também veicularia norma eminentemente de organização administrativa. Nessa linha, o art. 69 do ADCT apenas admitiria a manutenção de consultorias jurídicas separadas de suas Procuradorias-Gerais ou Advocacias-Gerais, desde que, na data da promulgação da Constituição, tivessem órgãos distintos para as respectivas funções. Verificou, entretanto, que, ao invés de manter o que já existia, a Lei 9.422/90 teria criado a carreira especial de advogado do Estado, além de conferir aos integrantes dessa nova carreira atribuições que não se restringiriam à consultoria jurídica, o que estaria em confronto com o princípio constitucional da unicidade orgânica administrativa contido no art. 132 da CF, bem como com o art. 69 do ADCT. No ponto, registrou a existência de 2 advocacias públicas no Estado do Paraná, quais sejam: a Procuradoria-Geral do Estado e a carreira especial de advogado, criada pela lei impugnada. **ADI 484/PA, rel. Min. Eros Grau, 12.2.2009.** (ADI-484)

ADI E CRIAÇÃO DE CARREIRA ESPECIAL DE ADVOGADO - 3

A MIN. CÁRMEN LÚCIA AINDA REPUTOU INCONSTITUCIONAL A NORMA DO INCISO I DO ART. 12 DA LEI 9.422/90, HAJA VISTA QUE, AO DETERMINAR QUE "OS OCUPANTES DE EMPREGO PÚBLICO DE ADVOGADOS ATINGIDOS PELA ESTABILIDADE, ATÉ QUE SE SUBMETAM A CONCURSO PARA FINS DE EFETIVAÇÃO, FICARÃO ORGANIZADOS EM QUADRO ESPECIAL DE NATUREZA TRANSITÓRIA", ALÉM DE DISPENSAR A APROVAÇÃO DESSES EMPREGADOS PÚBLICOS POR CONCURSO A SER REALIZADO PARA AQUISIÇÃO DE EFETIVIDADE, POSSIBILITARIA INTERPRETAÇÃO QUE ALTERA O MARCO TEMPORAL AD QUEM FIXADO NO ART. 19 DO ADCT PARA AQUISIÇÃO DA DENOMINADA "ESTABILIDADE EXCEPCIONAL", E QUE É A DATA DA PROMULGAÇÃO DA CF, ALARGANDO-O ATÉ A DATA DE SUBMISSÃO DAQUELES ADVOGADOS A CONCURSO PARA FINS DE EFETIVAÇÃO. O ART. 12 TAMBÉM OFENDERIA O ART. 37, II, DA CF, AO PREVER O ENQUADRAMENTO DOS SERVIDORES INTEGRANTES DE SERVIÇO PÚBLICO DE ADVOGADO E DETENTORES DE CARGO DE ASSISTENTE JURÍDICO EM CARGO DE CARREIRA NOVA SEM CONCURSO PÚBLICO, DESDE 5.10.88. DE IGUAL MODO, FERIRIA O PRINCÍPIO DO CONCURSO PÚBLICO O § 2º DESSE MESMO DISPOSITIVO, QUE PREVÊ QUE "PARA O PREENCHIMENTO DAS VAGAS OBSERVAR-SE-Á ORDEM DE PONTUAÇÃO OBTIDA PELO SERVIDOR", POIS, SE O CERTAME É PARA EFETIVAR, É CERTO QUE É PARA OS QUE NÃO ESTÃO INGRESSANDO, MAS PARA OS QUE JÁ ESTÃO NO SERVIÇO PÚBLICO. ADEMAIS, O ART. 16 DA NORMA EM QUESTÃO ("PARA OS EFEITOS DA PRESENTE LEI, A REMUNERAÇÃO DE ADVOGADO CLASSE 1 GUARDARÁ IDENTIDADE COM O LIMITE FIXADO PELA LEI 9.105, DE 23 DE OUTUBRO DE 1989, ALTERADA PELA LEI 9.361 DE 1990, E, PARA AS DEMAIS CLASSES, OBSERVAR-SE-Á A DIFERENÇA PERCENTUAL EXISTENTE ENTRE AS MESMAS.") NÃO ESTARIA EM CONSONÂNCIA COM O ART. 37, XIII, DA CF, QUE, EM SUA NORMA ORIGINÁRIA, VIGENTE EM 1990, ESTABELECIA SER VEDADA A VINCULAÇÃO OU EQUIPARAÇÃO DE VENCIMENTOS PARA EFEITO DE REMUNERAÇÃO DE PESSOAL DO SERVIÇO PÚBLICO. POR FIM, CONSIDEROU QUE, MESMO QUE SE VIESSE A TER POR CONSTITUCIONAL A LEI 9.422/90, A LEI 9.525/91, EM SEU ART. 1º, TERIA ESTATUÍDO VINCULAÇÃO GERAL COM A OUTRA CARREIRA, QUE DEVERIA TER

SIDO PREVISTA, EXCLUSIVAMENTE, PARA OS PROCURADORES, O QUE CONTRARIARIA FLAGRANTEMENTE O REFERIDO ART. 37, XIII, DA CF. EIVADA DE INCONSTITUCIONALIDADE, PORTANTO, A LEI 9.422/90, A LEI 9.525/91 FICARIA ESVAZIADA, DEVENDO, TAMBÉM, SER DECLARADA INCONSTITUCIONAL. EM SEGUIDA, OS MINISTROS MENEZES DIREITO E RICARDO LEWANDOWSKI ACOMPANHARAM O RELATOR, JULGANDO O PEDIDO IMPROCEDENTE, MAS, CONSIDERANDO QUE EXISTIAM EXATAMENTE 295 SERVIDORES EXERCENDO ESSAS FUNÇÕES DE ASSESSORAMENTO JURÍDICO, DERAM INTERPRETAÇÃO CONFORME NO SENTIDO DE QUE A LEI ESTARIA LIMITADA À CRIAÇÃO DE UMA CARREIRA APENAS PARA ESSES SERVIDORES, A FIM DE EVITAR A POSSIBILIDADE DE SE CRIAR UMA CARREIRA PARALELA À DE PROCURADOR DO ESTADO, PROJETANDO-SE PARA O FUTURO A AUTORIZAÇÃO, E EXTRAPOLANDO-SE O QUE DISPOSTO NO ART. 56 DO ADCT DA CONSTITUIÇÃO PARANAENSE. O MIN. EROS GRAU, RELATOR, ADERIU À INTERPRETAÇÃO CONFORME. APÓS, PEDIU VISTA DOS AUTOS O MIN. CEZAR PELUSO. ADI 484/PA, REL. MIN. EROS GRAU, 12.2.2009. (ADI-484)

ADI E CRIAÇÃO DE CARREIRA ESPECIAL DE ADVOGADO - 4

O Plenário concluiu julgamento de ação direta de inconstitucionalidade proposta pelo Governador do Estado do Paraná contra as Leis estaduais 9.422/90 e 9.525/91, que dispõem sobre a carreira especial de advogado daquele ente federado — v. Informativos 452 e 535. Afirmou-se, por maioria, a constitucionalidade dos diplomas legais, com a ressalva da interpretação conforme à Constituição do art. 5º da Lei 9.422/90 ("*O ingresso na Carreira Especial de Advogado do Estado dar-se-á, obrigatoriamente, na Classe Inicial, mediante concurso público de provas e títulos, tendo como membro da banca examinadora representante da OAB/PR e da carreira tratada nesta Lei*"), a fim de assentar que o modo de ingresso na carreira especial nele previsto limitar-se-ia aos cargos criados na própria norma, aproveitando apenas aos que já eram ocupantes estáveis de empregos e cargos públicos (ADCT: "*Art. 69 Será permitido aos Estados manter consultorias jurídicas separadas de suas Procuradorias-Gerais ou Advocacias-Gerais, desde que, na data da promulgação da Constituição, tenham órgãos distintos para as respectivas funções*"). Para tanto, considerou-se que, pelo disposto na Lei 9.422/90, existiriam exatamente 295 servidores desempenhando as funções de assessoramento jurídico nos 3 Poderes do citado Estado-membro, aos quais se restringiria a norma. Observou-se que a criação de carreira cujos cargos iniciais fossem providos mediante concurso, paralela à de procurador do Estado, projetando para o futuro autorização dada pelo art. 56 do ADCT paranaense, extrapolaria, inclusive, o que neste último preceito estabelecido. Nessa contextura, desautorizou-se realização de novos concursos. ADI 484/PR, rel. orig. Min. Eros Grau, red. p/ o acórdão Min. Ricardo Lewandowski, 10.11.2011. (ADI-484)

ADI E CRIAÇÃO DE CARREIRA ESPECIAL DE ADVOGADO - 5

De início, no que se refere à Lei 9.422/90 — que cria a aludida carreira, integrada pelos ocupantes de empregos e cargos públicos de advogados e assistentes jurídicos estáveis da administração direta e autárquica estadual, para assessoramento jurídico ao Poder Executivo e representação judicial das autarquias —, o Colegiado reportou-se ao que decidido no julgamento da ADI 175/PR (DJU de 8.10.93), no qual afastada a alegação de ofensa aos artigos 132 e 37, II, da CF. Entendeu-se inexistir inconstitucionalidade nos preceitos que estabelecem concurso de efetivação para servidores ocupantes de empregos públicos de advogados e assistentes jurídicos, quando alcançados pela estabilidade prevista no art. 19, § 1º, do ADCT ("*Art. 19. Os servidores públicos civis da União, dos Estados, do Distrito Federal e dos Municípios, da administração direta, autárquica e das fundações públicas, em exercício na data da promulgação da Constituição, há pelo menos cinco anos continuados, e que não tenham sido admitidos na forma regulada no art. 37, da Constituição, são considerados estáveis no serviço público. § 1º - O tempo de serviço dos servidores referidos neste artigo será contado como título quando se submeterem a concurso para fins de efetivação, na forma da lei*"). Asseverou-se, no ponto, que os servidores sobre os quais dispõe o art. 12 da Lei 9.422/90 são estáveis, não sendo inconstitucional a criação de quadro transitório para acomodá-los até a realização do concurso de efetivação. Rejeitou-se a alegada afronta ao art. 37, XIII, da CF, haja vista que o anexo da Lei 9.422/90 apresenta vencimentos em números absolutos, não demonstrada a vinculação apontada. Não se vislumbrou, ademais, ofensa ao art. 169, I e II, da CF, ao fundamento de que a verificação da existência de dotação orçamentária suficiente e de autorização específica na lei de diretrizes orçamentárias constituiria controvérsia de fato, não passível de exame em ação direta. Afastaram-se, por fim, as assertivas de inconstitucionalidade da Lei 9.525/91, já que seu conteúdo limitar-se-ia a estender aos integrantes da carreira especial, no que couber, direitos, deveres e vedações atribuídos às carreiras de que trata o art. 135 da CF, o que, independentemente de qualquer intervenção do Poder Legislativo estadual, decorreria diretamente da Constituição. ADI 484/PR, rel. orig. Min. Eros Grau, red. p/ o acórdão Min. Ricardo Lewandowski, 10.11.2011. (ADI-484)

ADI E CRIAÇÃO DE CARREIRA ESPECIAL DE ADVOGADO - 6

No que concerne à inserção no quadro permanente dos ocupantes de cargo de assistente jurídico e advogados que ingressaram no emprego, após aprovados em concurso público, o Min. Cezar Peluso, Presidente, sublinhou, também, não haver transgressão à Constituição, em virtude dos mesmos fundamentos invocados no exame da ADI 266/RJ (DJU de 6.8.93). Além disso, acrescentou que, na estrita acepção do termo, a Lei 9.422/90 não criara cargos, mas tão-somente reunira, numa única carreira, profissionais que ocupavam, naquela época, empregos e cargos públicos de advogados e assistentes jurídicos da administração direta e autárquica da mencionada unidade da federação. Ressaltou que essa situação seria transitória a se finalizar à medida que os cargos se tornassem vagos. Neste aspecto, o Min. Marco Aurélio acentuou que se cuidaria, na espécie, de carreira em extinção. Vencidos os Ministros Cármen Lúcia e Celso de Mello, que julgavam o pleito procedente. ADI 484/PR, rel. orig. Min. Eros Grau, red. p/ o acórdão Min. Ricardo Lewandowski, 10.11.2011. (ADI-484) (Inform. STF 647)

EMPREGADO PÚBLICO ESTRANGEIRO E O PRINCÍPIO DA ISONOMIA

O disposto no § 6º do art. 243 da Lei 8.112/90 ("*Ficam submetidos ao regime jurídico instituído por esta Lei, na qualidade de servidores públicos, os servidores dos Poderes da União, dos ex-Territórios, das autarquias, inclusive as em regime especial, e das fundações públicas, regidos pela Lei nº 1.711, de 28 de outubro de 1952 - Estatuto dos Funcionários Públicos Civis da União, ou pela Consolidação das Leis do Trabalho, aprovada pelo Decreto-Lei nº 5.452, de 1º de maio de 1943, exceto os contratados por prazo determinado, cujos contratos não poderão ser prorrogados após o vencimento do prazo de prorrogação. ... § 6º Os empregos dos servidores estrangeiros com estabilidade no serviço público, enquanto não adquirirem a nacionalidade brasileira, passarão a integrar tabela em extinção, do respectivo órgão ou entidade, sem prejuízo dos direitos inerentes aos planos de carreira aos quais se encontrem vinculados os empregos.*") não afronta o princípio da isonomia. Com esse entendimento, a 2ª Turma desproveu agravo regimental interposto de decisão do Min. Joaquim Barbosa, proferida nos autos de recurso extraordinário, do qual relator, em que pretendido o reconhecimento do vínculo estatutário de estrangeiro com universidade federal da qual integra o quadro técnico desde 1966. Reputou-se que, até o advento das Emendas Constitucionais 11/96 e 19/98, o núcleo essencial dos direitos atribuídos aos estrangeiros não abrangia o direito à ocupação de cargos públicos efetivos na Administração Pública, conforme redação anterior do art. 37, I, da CF, que contemplava somente os brasileiros. Concluiu-se que a norma ora impugnada encontrar-se-ia em consonância com o texto constitucional, à época, e deveria permanecer em vigor até a instituição de lei que atribua eficácia ao atual dispositivo constitucional. RE 346180 AgR/RS, rel. Min. Joaquim Barbosa, 14.6.2011. (RE-346180) (Inform. STF 631)

ADI N. 3.602-GO

RELATOR: MIN. JOAQUIM BARBOSA

EMENTA: AÇÃO DIRETA DE INCONSTITUCIONALIDADE. ART. 37, II E V. CRIAÇÃO DE CARGO EM COMISSÃO. LEI 15.224/2005 DO ESTADO DE GOIÁS. INCONSTITUCIONALIDADE.

É inconstitucional a criação de cargos em comissão que não possuem caráter de assessoramento, chefia ou direção e que não demandam relação de confiança entre o servidor nomeado e o seu superior hierárquico, tais como os cargos de Perito Médico-Psiquiátrico, Perito Médico-Clínico, Auditor de Controle Interno, Produtor Jornalístico, Repórter Fotográfico, Perito Psicológico, Enfermeiro e Motorista de Representação. Ofensa ao artigo 37, II e V da Constituição federal.

Ação julgada procedente para declarar a inconstitucionalidade dos incisos XI, XII, XIII, XVIII, XIX, XX, XXIV e XXV do art. 16-A da lei 15.224/2005 do Estado de Goiás, bem como do Anexo I da mesma lei, na parte em que cria os cargos em comissão mencionados. (Inform. STF 630) *noticiado no Informativo 623

AG. REG. NO AI N. 825.743-TO

RELATOR: MIN. RICARDO LEWANDOWSKI

EMENTA: AGRAVO REGIMENTAL EM AGRAVO DE INSTRUMENTO. SERVIDOR PÚBLICO. INATIVO. REENQUADRAMENTO. REGIME JURÍDICO. DIREITO ADQUIRIDO. INEXISTÊNCIA. PRECEDENTES. AGRAVO IMPROVIDO.

I - Não há direito adquirido a regime jurídico. Assim, se alterado o escalonamento hierárquico da carreira a que pertence o servidor inativo, criando novos níveis para a progressão de servidores da ativa, desde que não implique em redução dos proventos do servidor inativo, não há falar em violação do direito adquirido e do princípio da isonomia. Precedentes.

II - Agravo regimental improvido. (Inform. STF 624)

ADI E CRIAÇÃO DE CARGOS EM COMISSÃO

Por entender violada a exigência constitucional do concurso público (CF, art. 37, II), o Plenário julgou procedente pedido formulado em ação direta ajuizada pelo Procurador-Geral da República para declarar a inconstitucionalidade do artigo 16-A, XI, XII, XIII, XVIII, XIX, XX, XXIV e XXV, da Lei 15.224/2005, do Estado de Goiás, bem como do Anexo I da mesma norma, na parte em que criou os cargos de provimento em comissão. Asseverou-se que, na espécie, os cargos em comissão instituídos — perito médico-psiquiátrico, perito médico-clínico, auditor de controle interno, produtor jornalístico, repórter fotográfico, perito psicólogo, enfermeiro, motorista — teriam atribuições eminentemente técnicas, nos quais inexistiria relação de confiança entre nomeante e nomeado. Assim, apontou-se que tais cargos deveriam ser preenchidos regularmente pela via do concurso público. ADI 3602/GO, rel. Min. Joaquim Barbosa, 14.4.2011. (ADI-3602) (Inform. STF 623)

MS N.26.955-DF

RELATORA: MIN. CÁRMEN LÚCIA

EMENTA: CONSTITUCIONAL. MANDADO DE SEGURANÇA CONTRA ATO DO PROCURADOR-GERAL DA REPÚBLICA. PORTARIA N. 286/2007. ALTERAÇÃO DAS ATRIBUIÇÕES DE CARGO PÚBLICO POR MEIO DE PORTARIA. IMPOSSIBILIDADE. PRECEDENTES. SEGURANÇA CONCEDIDA.

1. Contraria direito líquido e certo do servidor público a alteração, por meio de portaria, das atribuições do cargo que ocupa.
2. A inexistência de direito adquirido a regime jurídico não autoriza a reestruturação de cargos públicos por outra via que não lei formal.
3. Segurança concedida. (Inform. STF 623) *noticiado no Informativo 611

CARGO PÚBLICO: MUDANÇA DE ATRIBUIÇÕES E LEI FORMAL

A alteração de atribuições de cargo público somente pode ocorrer por intermédio de lei formal. Ao reafirmar essa orientação, o Plenário concedeu mandado de segurança para que servidores públicos originariamente empossados no cargo de Assistente de Vigilância do Ministério Público Federal possam ocupar o atual cargo de "Técnico de Apoio Especializado/Segurança", conforme o Anexo I da Portaria PGR/MPU 286/2007, assegurando-lhes a continuidade da percepção da gratificação de atividade de segurança, prevista no art. 15 da Lei 11.415/2006. Tratava-se, na espécie, de *writ* impetrado contra ato do Procurador-Geral da República, consubstanciado na Portaria 286/2007, que teria modificado as atribuições dos cargos para os quais os impetrantes fizeram concurso público. Preliminarmente, assentou-se o cabimento da ação mandamental, haja vista os efeitos concretos e instantâneos do ato questionado. No mérito, salientou-se, inicialmente, que a portaria adversada *"fixou as atribuições dos cargos, as áreas de atividades, as especialidades e os requisitos de escolaridade e habilitação legal específica para ingresso nas Carreiras de Analista, Técnico e Auxiliar do Ministério Público da União"*. Em seguida, registrou-se que os impetrantes teriam comprovado a falta de identidade entre as atividades que configuravam os cargos nos quais foram investidos e as funções que atualmente desempenhariam por força do ato impugnado. Aduziu-se que a mudança de atribuições dos cargos ocupados pelos impetrantes se dera por edição de portaria, meio juridicamente impróprio para veicular norma definidora de atividades inerentes e caracterizadoras de cargo público. Nesse sentido, explicitou-se a necessidade de edição de lei para a criação, extinção ou modificação de cargo público. O Min. Gilmar Mendes enfatizou a repercussão deste julgamento, tendo em conta que a mudança de atribuições por portaria seria prática comum na Administração Pública. **Precedentes citados: ADI 951/SC (DJU de 29.4.2005); ADI 1591/RS (DJU de 16.6.2000) e ADI 2713/DF (DJU de 7.3.2003). MS 26955/DF, rel. Min. Cármen Lúcia, 1º.12.2010.** (MS-26955) (Inform. STF 611)

PROCURADOR DA FAZENDA E REDUÇÃO DE FÉRIAS

A 2ª Turma negou provimento a recurso extraordinário interposto contra acórdão que entendera possível a redução de período de férias de procuradores da Fazenda Nacional por meio de medida provisória e lei ordinária. Inicialmente, registrou-se que o acórdão recorrido estaria em consonância com o entendimento do STF no sentido de que não haver direito adquirido a regime jurídico. Tampouco reconheceu-se violação ao princípio da irredutibilidade salarial, no caso dos autos, uma vez que, suprimidas as férias, o servidor não teria jus ao seu abono. Consignou-se que a Constituição Federal reservaria à lei complementar apenas a questão referente à organização e ao funcionamento da Advocacia-Geral da União. Ressaltou-se que as regras estabelecidas na Lei 8.112/90 (Regime Geral dos Servidores Públicos) balizariam as atividades dos advogados públicos em geral — procuradores da Fazenda, advogados da União e procuradores autárquicos. Concluiu-se que haveria um enorme conflito, uma assimetria gravíssima, se esta Corte reconhecesse 2 meses de férias, aos procuradores da Fazenda, e apenas 1 mês, aos procuradores federais, quando ambos estão a serviço da mesma causa. **RE 539370/RJ, rel. Min. Gilmar Mendes, 30.11.2010.** (RE-539370) (Inform. STF 611)

ATIVIDADES DE CONSULTORIA E ASSESSORAMENTO E EXCLUSIVIDADE

Por vislumbrar ofensa ao art. 132 da CF, o Tribunal julgou procedente pedido formulado em ação direta ajuizada pela Associação Nacional dos Procuradores de Estado - ANAPE para declarar a inconstitucionalidade do Anexo II da Lei Complementar 500/2009, do Estado de Rondônia, no ponto em que criou os cargos de provimento em comissão de Assessor Jurídico I e Assessor Jurídico II na estrutura da Superintendência Estadual de Compras e Licitações - SUPEL. Considerou-se que a Constituição conferiu as atividades de consultoria e assessoramento exclusivamente aos procuradores de Estado, constituindo a organização em carreira e o ingresso por concurso público de provas e títulos, com participação da OAB em todas as suas fases, elementos fundamentais para a configuração da necessária independência desses especiais agentes públicos. **Precedentes citados: ADI 1557/DF (DJU de 18.6.2004); ADI 881 MC/ES (DJU de 25.4.97); ADI 1679/GO (DJU de 21.11.2003). ADI 4261/RO, rel. Min. Ayres Britto, 2.8.2010.** (ADI-4261) (Inform. STF 594)

ADI E REGIME JURÍDICO DE SERVIDORES PÚBLICOS

O Tribunal julgou procedente pedido formulado em ação direta ajuizada pelo Governador do Estado de Mato Grosso para declarar a inconstitucionalidade da Emenda Constitucional 54/2008, de iniciativa da Assembléia legislativa local, que modificou o art. 145, §§ 2º e 4º da Constituição matogrossense. Entendeu-se que o § 2º do citado art. 145, ao fixar o subsídio mensal dos Desembargadores do Tribunal de Justiça do Estado como limite único no âmbito de qualquer dos Poderes locais usurpou a competência reservada ao Chefe do Executivo estadual para instauração do processo legislativo em tema concernente ao regime jurídico dos servidores públicos (CF, art. 61, § 1º, II, c). Considerou-se, também, que esse parágrafo não ressalvou os subsídios dos parlamentares, conforme determina o art. 37, § 12, da CF. Por fim, reputou-se que o § 4º desse mesmo art. 145, ao vedar a *"vinculação ou equiparação de vencimentos, para efeito de remuneração de pessoal do serviço, ressalvado o disposto no parágrafo anterior e no art. 39, § 1º, da Constituição Federal"*, afrontou o art. 37, XIII, da Carta Magna, que proíbe a vinculação de quaisquer espécies remuneratórias. **ADI 4154/MT, rel. Min. Ricardo Lewandowski, 26.5.2010.** (ADI-4154) (Inform. STF 588)

MANDADO DE SEGURANÇA: RESOLUÇÃO DO CNMP E VEDAÇÃO DO EXERCÍCIO DE OUTRA FUNÇÃO PÚBLICA - 2

Quanto ao mérito, asseverou-se que a Resolução 5/2006 teria sido editada dentro das prerrogativas constitucionalmente atribuídas ao CNMP e que a proibição do exercício de outras funções por membros do Ministério Público estaria expressamente prevista no art. 128, § 5º, II, d, da CF ("Art. 128. ... § 5º - Leis complementares da União e dos Estados, cuja iniciativa *é facultada aos respectivos Procuradores-Gerais, estabelecerão a organização, as atribuições e o estatuto de cada Ministério Público, observadas, relativamente a seus membros: ... II - as seguintes vedações: ... d) exercer, ainda que em disponibilidade, qualquer outra função pública, salvo uma de magistério; e) exercer atividade político-partidária;*"). Observou-se que haveria, então, apenas duas exceções constitucionais: o exercício de uma função de magistério, prevista no já citado dispositivo constitucional, e a hipótese do art. 29, § 3º, do ADCT, quando o membro do Ministério Público, admitido antes da promulgação da CF/88, tiver feito a opção pelo regime jurídico anterior (*"Art. 29. Enquanto não aprovadas as leis complementares relativas ao Ministério Público e à Advocacia-Geral da União, o Ministério Público Federal, a Procuradoria-Geral da Fazenda Nacional, as Consultorias Jurídicas dos Ministérios, as Procuradorias e Departamentos Jurídicos de autarquias federais com representação própria e os membros das Procuradorias das Universidades fundacionais públicas continuarão a exercer suas atividades na área das respectivas atribuições. ... 3º - Poderá optar pelo regime anterior, no que respeita às garantias e vantagens, o membro do Ministério Público admitido antes da promulgação da Constituição, observando-se, quanto às vedações, a situação jurídica na data desta.*"). Acrescentou-se que a inserção da referida vedação nas leis complementares, reguladoras dos Ministérios Públicos dos Estados e da União, não seria facultativa e teria sido repetida pelo art. 44, IV, da Lei Orgânica do Ministério Público Nacional. Concluiu-se que o impetrante, desde 1994, não teria direito de assumir qualquer outro cargo público fora da administração do próprio Ministério Público. **Outros precedentes citados: RMS 25500/SP (DJU de 18.11.2005); MS 26584/DF (DJU de 1º.8.2007). MS 26595/DF, rel. Min. Cármen Lúcia, 7.4.2010.** (MS-26595) (Inform. STF 581)

EFEITOS DE DECISÃO TRANSITADA EM JULGADO: INSTITUIÇÃO DO RJU E COMPETÊNCIA - 1

O Tribunal iniciou julgamento de recurso extraordinário interposto pela União contra acórdão do Tribunal Superior do Trabalho - TST em que se discute a justiça competente para, após a instituição do Regime Jurídico Único dos servidores públicos federais - RJU (Lei 8.112/90), julgar os efeitos de decisão anteriormente proferida pela Justiça do Trabalho acobertada pelo trânsito em julgado. Alega a recorrente ofensa aos artigos 105, I, d, e 114, da CF, em razão da incompetência da Justiça do Trabalho em relação aos efeitos da execução depois da instituição da Lei 8.112/90, bem como aos artigos 2º, 5º, II, XXIV, XXXVI, LIV e LV, e 22, I, todos da CF, tendo em vista que a Justiça trabalhista deixara de reconhecer a invalidade de coisa julgada inconstitucional, relativa à sentença que considerara devido, aos servidores da Justiça Eleitoral do Ceará, o reajuste de 84,32% referente ao Plano Collor (março/90). Sustenta, ainda, que o título judicial seria inexigível, na forma prevista no § 5º do art. 884 da CLT ("*Considera-se inexigível o título judicial fundado em lei ou ato normativo declarados inconstitucionais pelo Supremo Tribunal Federal ou em aplicação ou interpretação tidas por incompatíveis com a Constituição Federal.*"), porque o Supremo, no julgamento do MS 21216/DF (DJU de 28.6.91), teria concluído pela inexistência de direito adquirido ao citado reajuste. **RE 590880/CE, rel. Min. Ellen Gracie, 24.3.2010.** (RE-590880)

EFEITOS DE DECISÃO TRANSITADA EM JULGADO: INSTITUIÇÃO DO RJU E COMPETÊNCIA - 2

A Min. Ellen Gracie, relatora, deu provimento ao recurso para declarar a incompetência da Justiça do Trabalho em relação ao período posterior à instituição do RJU e reconhecer, em relação ao período anterior, a inexigibilidade do título executivo judicial, tal como previsto no art. 884, § 5º, da CLT. Examinou, primeiro, a apontada afronta aos artigos 105, I, d, e 114, ambos da CF. Asseverou que, para regulamentar o art. 39 da CF ("*A União, os Estados, o Distrito Federal e os Municípios instituirão, no âmbito de sua competência, regime jurídico único e planos de carreira para os servidores da administração pública direta, das autarquias e das fundações públicas.*"), teria sido editada a Lei 8.112/90, que instituiu o RJU dos servidores públicos federais, e que, até a criação deste, em 1º.1.91, o vínculo dos servidores, ora requeridos, era regido pela Consolidação das Leis Trabalhistas - CLT. Reportou-se, em seguida, à orientação firmada no julgamento do AI 313149 AgR/DF (DJU de 3.5.2002), no sentido de que a mudança do regime celetista para o estatutário implica a efetiva extinção do contrato de trabalho anteriormente firmado entre o servidor e a União, e de diversos precedentes posteriores no mesmo sentido. Com base nisso, afirmou a impossibilidade da conjugação dos direitos originados do regime celetista com os direitos decorrentes da relação estatutária, em decorrência da inexistência de direito adquirido a regime jurídico, conforme jurisprudência pacífica da Corte. **RE 590880/CE, rel. Min. Ellen Gracie, 24.3.2010.** (RE-590880)

EFEITOS DE DECISÃO TRANSITADA EM JULGADO: INSTITUIÇÃO DO RJU E COMPETÊNCIA - 3

A relatora frisou que, tendo havido a extinção do contrato do trabalho e não sendo possível aplicar um regime híbrido, seria necessário analisar a competência dos órgãos jurisdicionais no presente caso em dois momentos distintos, quais sejam, antes e depois da instituição do RJU. No que tange às parcelas anteriores ao RJU, reputou ser da Justiça do Trabalho a competência, na linha de vários precedentes do Supremo. No que se refere ao direito a vantagens eventualmente surgidas já na vigência do regime estatutário, entendeu que a competência seria da Justiça Comum, e citou o que decidido, por exemplo, no AI 367056 AgR/RS (DJU de 18.5.2007). Constatou que, ao contrário do que decidira a Corte de origem, não estaria incluída na competência da Justiça do Trabalho, estabelecida no art. 114 da CF, apreciar os efeitos de sentença trabalhista em relação ao período posterior à edição da Lei 8.112/90. Dessa forma, acolheu, neste ponto, a alegação de violação ao art. 114 da CF. **RE 590880/CE, rel. Min. Ellen Gracie, 24.3.2010.** (RE-590880)

EFEITOS DE DECISÃO TRANSITADA EM JULGADO: INSTITUIÇÃO DO RJU E COMPETÊNCIA - 4

Em seqüência, a relatora, diante da existência de parcelas anteriores à entrada em vigor da Lei 8.112/90, passou a analisar a citada violação ao art. 5º, XXXVI, da CF. Observou que o exercício absoluto de um direito fundamental quase sempre não encontraria lugar na complexidade que emergiria da realidade, e que se reconheceria que, num Estado de Direito, mesmo os direitos mais caros e indispensáveis a uma determinada coletividade não poderiam ter seu pleno exercício garantido incondicionalmente, sob pena de nulificação de outros direitos igualmente fundamentais. Aduziu que tal reconhecimento seria fruto de amadurecimento, da evolução social e política de um povo, a demonstrar valores como o equilíbrio, a ponderação e a eqüidade. Daí, para a relatora, a utilidade do juízo de proporcionalidade ou de razoabilidade no exame das normas conformadoras de direitos fundamentais, que deveria passar pelo crivo dos critérios da adequação, da necessidade e da proporcionalidade em sentido estrito. Ao se referir ao § 5º do art. 884 da CLT, disse que, no caso sob exame, ter-se-ia, claramente, norma que viabilizaria a rediscussão de questão que, encerrada em sentença judicial transitada em julgado, já se encontraria submetida aos efeitos da coisa julgada. Seria, então, preciso verificar, para fins de reconhecimento da sua compatibilização com a ordem constitucional vigente, se a restrição nela contida estaria ou não autorizada pelo art. 5º, XXXVI, da CF. Registrou ser necessário considerar, nessa análise, que a restrição a direito fundamental constitucionalmente autorizada seria a estritamente indispensável para evitar o esvaziamento de outro direito fundamental. No caso, a lei criaria hipóteses nas quais a coisa julgada seria relativizada, assim como se daria com a ação rescisória, criada por lei cuja constitucionalidade teria sido reconhecida pelo Supremo. **RE 590880/CE, rel. Min. Ellen Gracie, 24.3.2010.** (RE-590880)

EFEITOS DE DECISÃO TRANSITADA EM JULGADO: INSTITUIÇÃO DO RJU E COMPETÊNCIA - 5

A Min. Ellen Gracie destacou que a harmonização dos dispositivos constitucionais seria de fundamental importância, haja vista preservar características formais próprias do Estado de Direito, assegurando a correta atuação do Poder Público, mediante prévia subordinação a certos parâmetros ou valores antecipadamente estabelecidos em lei específica e, sobretudo, a princípios inscritos na própria Constituição. Com isso, o Poder Público deveria se submeter à ordem normativa do Estado de Direito, seja possibilitando a sua atuação, garantindo o interesse coletivo, seja quando atua protegendo os direitos individuais, criando um verdadeiro obstáculo a sua atuação ilegítima. Considerou que a criação de determinadas hipóteses em que o indivíduo não pudesse invocar a existência de coisa julgada teria por fundamento o respeito a outros dispositivos igualmente constitucionais. Salientou que a nociva manutenção de decisões divergentes do entendimento firmado por esta Corte também provocaria grave insegurança jurídica, o que violaria o art. 5º, XXXVI, da CF. Ademais, a continuidade no pagamento de parcelas que foram depois consideradas inconstitucionais pelo Supremo também estaria em confronto com o princípio da isonomia e a própria competência constitucional desta Corte. A respeito da utilização de instrumentos que possibilitariam a solução da divergência de decisões que tratassem de matéria constitucional, reportou-se ao RE 328812 ED/AM (DJE de 2.5.2008), e, ainda, ao RE 198604 EDv-ED/PR (DJE de 22.5.2009), no sentido de que o Supremo deve evitar a adoção de soluções divergentes, principalmente em relação a matérias exaustivamente discutidas por seu Plenário, já que a manutenção de decisões contraditórias comprometeria a segurança jurídica, por provocar nos jurisdicionados inaceitável dúvida quanto à adequada interpretação da matéria submetida a esta Corte. **RE 590880/CE, rel. Min. Ellen Gracie, 24.3.2010.** (RE-590880)

EFEITOS DE DECISÃO TRANSITADA EM JULGADO: INSTITUIÇÃO DO RJU E COMPETÊNCIA - 6

A relatora ressaltou, além disso, que o Supremo já decidira que a instituição do regime estatutário tentara por fim às disparidades existentes entre os servidores e que, além da isonomia, a decisão recorrida desrespeitaria a própria determinação de criação de um regime jurídico único para os servidores públicos. Verificou que, por qualquer dos fundamentos apresentados, a manutenção de parcelas, incorporadas pelo servidor enquanto celetista, após a sua migração ao regime estatutário, provocaria um enfraquecimento da força normativa da própria Constituição. Enfatizou estar-se diante de execução de sentença que condenara a União a pagar a diferença de correção decorrente da edição do Plano Collor (84,32%), a partir de abril de 1990, aos servidores públicos do TRE do Estado do Ceará, reajuste este já declarado inconstitucional pelo Supremo. Mencionou que o acórdão recorrido afastara a aplicação do § 5º do art. 884 da CLT ao fundamento de que o objeto da presente ação não seria a aplicação do IPC de março de 1990, de 84,32%, para a correção dos salários, mas de extensão dos efeitos da decisão da Justiça Federal com base no princípio da isonomia, não estando em discussão a norma em relação a qual o Supremo teria declarado a inconstitucionalidade. Avaliou que, ainda que por fundamento transverso, estaria sendo efetivamente aplicada interpretação tida por inconstitucional por este Tribunal em decorrência da violação ao art. 5º, XXXVI, da CF. **RE 590880/CE, rel. Min. Ellen Gracie, 24.3.2010.** (RE-590880)

EFEITOS DE DECISÃO TRANSITADA EM JULGADO: INSTITUIÇÃO DO RJU E COMPETÊNCIA - 7

Acrescentou que a própria aplicação do princípio da isonomia para extensão de vantagens concedidas a outros servidores também seria vedada pela jurisprudência deste Supremo, nos termos da Súmula 339 (*"Não cabe ao Poder Judiciário, que não tem função legislativa, aumentar vencimentos de servidores públicos sob fundamento de isonomia."*). Para a Ministra, o TST, desconsiderando a proporcionalidade existente na norma legal agora em estudo, teria conferido à coisa julgada um caráter quase que absoluto, deixando de aplicar o previsto no art. 884, § 5º, da CLT, o que não se coadunaria com o art. 5º, XXXVI, da CF. Além disso, com a instituição de um novo regime jurídico, a remuneração do servidor deveria ser calculada de acordo com a nova previsão legal. Tal entendimento estaria de acordo com a jurisprudência desta Corte, segundo a qual não é possível a conjugação de direitos do anterior e do novo sistema remuneratório, em razão da inexistência de direito adquirido a regime jurídico, devendo ser aplicada a mesma orientação aos efeitos de uma decisão judicial que reconhecesse o direito do servidor de receber determinada parcela remuneratória. Afirmou que, ainda que transitada em julgado, a sentença não poderia produzir efeitos após a instituição de um novo regime jurídico, sob pena de se reconhecer a existência de um regime híbrido, no qual o servidor receberia as vantagens previstas nos dois sistemas. Assim, concluiu que a decisão judicial somente poderia produzir efeitos antes da modificação de regime e que, no presente caso, estar-se-ia permitindo que uma decisão judicial que reconhecera o direito ao reajuste de março de 1990, de 84,32%, tivesse aplicação sobre todos os reajustes posteriores, indefinidamente, o que inadmissível. Após o voto da relatora, que foi acompanhada pelos Ministros Cármen Lúcia e Ricardo Lewandowski, dos votos dos Ministros Eros Grau, Ayres Britto e Cezar Peluso, que negavam provimento ao recurso, e do voto do Min. Marco Aurélio, que também lhe negava provimento e declarava a inconstitucionalidade do art. 884, § 5º, da CLT, pediu vista dos autos o Min. Gilmar Mendes, Presidente. **RE 590880/CE, rel. Min. Ellen Gracie, 24.3.2010.** (RE-590880) (Inform. STF 580)

ADI N. 3.430-ES

RELATOR: MIN. RICARDO LEWANDOWSKI

EMENTA: CONSTITUCIONAL. LEI ESTADUAL CAPIXABA QUE DISCIPLINOU A CONTRATAÇÃO TEMPORÁRIA DE SERVIDORES PÚBLICOS DA ÁREA DE SAÚDE. POSSÍVEL EXCEÇÃO PREVISTA NO INCISO IX DO ART. 37 DA LEI MAIOR. INCONSTITUCIONALIDADE. ADI JULGADA PROCEDENTE. I – A contratação temporária de servidores sem concurso público é exceção, e não regra na Administração Pública, e há de ser regulamentada por lei do ente federativo que assim disponha. II – Para que se efetue a contratação temporária, é necessário que não apenas seja estipulado o prazo de contratação em lei, mas, principalmente, que o serviço a ser prestado revista-se do caráter da temporariedade. III – O serviço público de saúde é essencial, jamais pode-se caracterizar como temporário, razão pela qual não assiste razão à Administração estadual capixaba ao contratar temporariamente servidores para exercer tais funções. IV – Prazo de contratação prorrogado por nova lei complementar: inconstitucionalidade. V – É pacífica a jurisprudência desta Corte no sentido de não permitir contratação temporária de servidores para a execução de serviços meramente burocráticos. Ausência de relevância e interesse social nesses casos. VI – Ação que se julga procedente. Noticiado no Informativo 555 (Inform. STF 565)

ESCOLHA DE CANDIDATOS A MINISTRO DO STJ E LISTA DE ADVOGADOS - 4

Em conclusão de julgamento, a Turma, por maioria, negou provimento a recurso ordinário em mandado de segurança no qual o Conselho Federal da Ordem dos Advogados do Brasil - OAB insurgia-se contra decisões administrativas do STJ no processo de escolha de candidatos a Ministro daquela Corte em vaga destinada a advogado — v. Informativo 552. Preliminarmente, a Turma, resolvendo questão de ordem apresentada pela Min. Ellen Gracie, rejeitou o pedido formulado pela recorrente no sentido de que o feito fosse submetido à apreciação do Plenário e decidiu pela conclusão do julgamento no próprio âmbito, vencido o Min. Joaquim Barbosa. Considerou-se inquestionável a competência recursal ordinária de qualquer das Turmas do STF para o exame de recursos interpostos contra decisões denegatórias em mandado de segurança. Ademais, embora reconhecida a importância da matéria, asseverou-se que esse pleito deveria ter sido formulado antes do início do julgamento e não quando já colhidos 4 votos. **RMS 27920/DF, rel. Min. Eros Grau, 6.10.2009.** (RMS-27920)

ESCOLHA DE CANDIDATOS A MINISTRO DO STJ E LISTA DE ADVOGADOS - 5

Em seguida, salientou-se o acerto da decisão do STJ ao declarar prejudicado o *writ* relativamente ao pedido para que este não compusesse as listas relativas às vagas surgidas após a abertura daquela destinada aos advogados, uma vez que já empossados os Ministros indicados para o preenchimento das vagas reservadas a desembargadores estaduais e a membros do Ministério Público. Afastou-se o pleiteado reconhecimento da precedência (antiguidade) do ingresso naquela Corte do candidato que deveria ter sido nomeado pelo Presidente da República — caso a lista sêxtupla tivesse sido convertida em tríplice —, uma vez que essa futura posse não teria como retroagir no tempo. Não se conheceu, ainda, do pedido alternativo para que o STJ formalizasse a lista tríplice a partir dos registros em ata dos escrutínios já realizados, dela constando os 3 nomes mais votados. Tendo em conta que este fora articulado somente quando da interposição do presente recurso, consignou-se que não se admite, em mandado de segurança, a modificação ou o aditamento do pedido inicial em fase subseqüente às informações. **RMS 27920/DF, rel. Min. Eros Grau, 6.10.2009.** (RMS-27920)

ESCOLHA DE CANDIDATOS A MINISTRO DO STJ E LISTA DE ADVOGADOS - 6

Quanto ao tema relativo à determinação ao STJ para que promovesse a redução da lista sêxtupla encaminhada pela recorrente, aduziu-se que a seleção de futuro integrante do STJ é um ato complexo e que tal escolha não consubstancia mera decisão administrativa, daquelas a que respeita o inciso IX do art. 93 da Constituição, devendo ser apurada de forma a prestigiar-se o juízo dos membros do Tribunal. Enfatizando que nenhum dos indicados obtivera a maioria absoluta de votos, reputou-se que isso significaria recusa, pelo STJ, da lista a ele remetida. Registrou-se a excepcionalidade da situação, em que a Corte re-corrida constatara a ocorrência de impasse insolúvel diante da legitimidade da norma de seu regimento interno que prevê a necessidade de obtenção de maioria absoluta dos votos pelo candidato à vaga de Ministro. No ponto, entendeu-se que a divulgação, por cada um dos Ministros votantes, dos motivos pelos quais nenhum integrante da lista sêxtupla alcançara a maioria absoluta de votos, além de não trazer solução para o impasse, provocaria desarrazoada exposição dos advogados que dela constam, além de eliminar a natureza secreta da votação. Concluiu-se pela ausência de direito líquido e certo da OAB a que determinados advogados fossem incluídos em lista tríplice a ser formada pelo STJ, sob pena de se impor àquela Corte a obrigação de ratificar a escolha de indivíduos que lá não obtiveram o voto da maioria absoluta de seus atuais integrantes. Vencidos os Ministros Joaquim Barbosa e Celso de Mello que proviam parcialmente o recurso por julgar que o ato impugnado careceria de motivação. **RMS 27920/DF, rel. Min. Eros Grau, 6.10.2009.** (RMS-27920) (Inform. STF 562)

PROVIMENTO DE CARGOS DE OFICIAIS E VÍCIO FORMAL

Por reputar usurpada a competência privativa do Chefe do Poder Executivo para iniciar projeto de lei que verse sobre militares das Forças Armadas, seu regime jurídico, provimento de cargos e promoções (CF, art. 61, § 1º, II, f), de observância obrigatória pelos Estados-membros, tendo em conta o princípio da simetria, o Tribunal julgou procedente pedido formulado em ação direta ajuizada pelo Governador do Estado de Rondônia para declarar a inconstitucionalidade do art. 148-A da Constituição do referido Estado-membro e do art. 45 de suas Disposições Constitucionais Transitórias, com a redação dada pela Emenda Constitucional estadual 56/2007, de iniciativa parlamentar, que dispõem sobre provimento de cargos de Oficiais Combatentes dos Militares estaduais. Observou-se, ademais, que, não obstante a Assembléia Legislativa houvesse introduzido a matéria no mundo jurídico por meio de emenda constitucional, tal fato não teria o condão de contornar as restrições de ordem constitucional ao seu poder de iniciativa. Precedentes citados: ADI 2966/RO (DJU de 6.5.2005); ADI 766/RS (DJU de 11.12.98). **ADI 3930/RO, rel. Min. Ricardo Lewandowski, 16.9.2009.** (ADI-3930) (Inform. STF 559)

RE N. 480.328-DF

RELATOR: MIN. MARCO AURÉLIO

REMUNERAÇÃO - JUIZ DE PAZ - PREVISÃO LEGAL. A remuneração dos juízes de paz há de estar prevista em lei - artigos 98, inciso II, do corpo permanente da Carta Federal e 30 do Ato das Disposições Transitórias. Noticiado no Informativo 549 (Inform. STF 557)

PANDEMIA: CONTRATAÇÃO TEMPORÁRIA DE SERVIDORES E EXCEPCIONAL INTERESSE PÚBLICO

Por entender caracterizada a ofensa aos incisos II e IX do art. 37 da CF, o Tribunal julgou procedente pedido formulado em ação direta de inconstitucionalidade proposta pelo Procurador-Geral da República contra a Lei Complementar 300/2004, prorrogada pela Lei Complementar 378/2006, ambas do Estado do Espírito Santo, que dispõem sobre a contratação de servidores, em caráter temporário, para atender as necessidades da Secretaria de Saúde - SESA e do Instituto Estadual de Saúde Pública - IESP. Realçou-se que a Corte possui orientação consolidada no sentido de que, para a contratação temporária, é preciso que: a) os casos excepcionais estejam previstos em lei; b) o prazo de contratação seja predeterminado; c) a necessidade seja temporária; e d) o interesse público seja excepcional. Entendeu-se que as leis impugnadas fixam hipóteses abrangentes e genéricas de contratação temporária, sem especificar a contingência fática que, presente, justificaria a edição de lei que indicaria a existência de um estado de emergência, atribuindo-se, ao Chefe do Executivo interessado na contratação, a competência para estabelecer os casos. Tendo em conta a situação excepcional pela qual passa o país em virtude do surto da denominada "gripe suína" (Influenza A), o Tribunal, por maioria, modulou os efeitos da decisão, nos termos do art. 27 da Lei 9.868/99, para que ela tenha eficácia a partir de 60 dias da data de sua comunicação ao Governador e à Assembléia Legislativa. Vencido, neste ponto, o Min. Marco Aurélio, que simplesmente declarava as leis inconstitucionais, sem adentrar o campo da modulação. **Precedente citado: ADI 2987/SC (DJU de 2.4.2004). ADI 3430/ES, rel. Min. Ricardo Lewandowski, 12.8.2009.** (ADI-3430) (Inform. STF 555)

CARGOS PÚBLICOS - UNIFICAÇÃO - AUSÊNCIA DE PREJUÍZO. Uma vez constatada a inexistência de prejuízo na unificação de cargos públicos, descabe falar de direito adquirido à percepção de certo vencimento vinculado à exigência de nível superior. **RE N. 208.131-SP. RELATOR: MIN. MARCO AURÉLIO.** (Inform. STF 552)

SERVIDOR PÚBLICO - RELAÇÃO JURÍDICA - PARÂMETROS - VENCIMENTOS - CARGA HORÁRIA - DECRETO MUNICIPAL - APLICAÇÃO NO TEMPO. Parâmetros de relação jurídica formalizada pela Administração Pública e servidor não são alcançados por decreto. **RE N. 255.792-MG. RELATOR: MIN. MARCO AURÉLIO. Noticiado no Informativo 544** (Inform. STF 552).

EMENTA: Ação Direta de Inconstitucionalidade. 2. Expressão "*preferencialmente*" contida no art. 153, § 1º, da Constituição do Estado do Amapá; art. 6º da Lei Complementar 11/1996, do Estado do Amapá, na parte em que conferiu nova redação ao art. 33 da Lei Complementar 6/1994 do mesmo Estado; e redação originária do art. 33, § 1º, da Lei Complementar 6/1994, do Estado do Amapá. 3. Rejeitada a preliminar de inépcia da petição inicial. A mera indicação de forma errônea de um dos artigos impugnados não obsta o prosseguimento da ação, se o requerente tecer coerentemente sua fundamentação e transcrever o dispositivo constitucional impugnado. 4. Provimento em comissão, de livre nomeação e exoneração pelo Governador, dentre advogados, dos cargos de Procurador-Geral do Estado, Procurador de Estado Corregedor, Subprocurador-Geral do Estado e Procurador de Estado Chefe. Alegada violação ao art. 132 da Constituição Federal. A forma de provimento do cargo de Procurador-Geral do Estado, não prevista pela Constituição Federal (art. 132), pode ser definida pela Constituição Estadual, competência esta que se insere no âmbito de autonomia de cada Estado-membro. Precedentes: ADI 2.581 e ADI 217. Constitucionalidade dos dispositivos impugnados em relação aos cargos de Procurador-Geral do Estado e de seu substituto, Procurador de Estado Corregedor. Vencida a tese de que o Procurador-Geral do Estado, e seu substituto, devem, necessariamente, ser escolhidos dentre membros da carreira. 5. Viola o art. 37, incisos II e V, norma que cria cargo em comissão, de livre nomeação e exoneração, o qual não possua o caráter de assessoramento, chefia ou direção. Precedentes. Inconstitucionalidade dos dispositivos impugnados em relação aos cargos de Subprocurador-Geral do Estado e de Procurador de Estado Chefe. 6. Ação julgada parcialmente procedente. **ADI N. 2.682-AP. RELATOR: MIN. GILMAR MENDES. Noticiado no Informativo 535**(Inform. STF 551)

EMENTA: MANDADO DE SEGURANÇA. MINISTÉRIO PÚBLICO DA UNIÃO. LEI Nº 9.953/2000. EXERCÍCIO DAS FUNÇÕES COMISSIONADAS DE NÍVEIS FC-01 A FC-06 POR PESSOAS ESTRANHAS AO QUADRO EFETIVO DAS CARREIRAS DE ANALISTA E TÉCNICO DO MINISTÉRIO PÚBLICO DA UNIÃO. POSTERIOR EDIÇÃO DA LEI Nº 11.415/2006. PERDA DE OBJETO. 1. A edição da Lei nº 11.415/2006, que extinguiu as funções comissionadas de níveis FC-01 a FC-06 e criou as funções de confiança FC-1 a FC-3 e os cargos em comissão CC-1 a CC-7, adequando o discurso legal aos conceitos do inciso V do art. 37 da Constituição da República, resultou na perda de objeto do mandado de segurança. 2. Ordem prejudicada. **MS N. 25.282-DF. RELATOR P/ O ACÓRDÃO: MIN. CARLOS BRITTO. Noticiado no Informativo 544** (Inform. STF 551).

RECLAMAÇÃO: CONTRATAÇÃO TEMPORÁRIA E COMPETÊNCIA DA JUSTIÇA COMUM

Por entender caracterizada a ofensa à autoridade de sua decisão proferida na ADI 3395 MC/DF (DJU de 10.11.2006), o Tribunal, por maioria, julgou procedente pedido formulado em reclamação ajuizada pelo Município de Anicuns-GO contra acórdão do TRT da 18ª Região, que provera recurso ordinário para julgar parcialmente procedente ação civil pública proposta pelo Ministério Público do Trabalho, na qual pleiteada a declaração da nulidade das contratações temporárias, via "credenciamento", dos profissionais da área de saúde para atendimento ao Programa de Saúde da Família - PSF e ao Programa de Agentes Comunitários de Saúde - PACS que não tivessem se submetido a regular concurso público. Requeria, ademais, a abstenção de recrutamento de pessoal mediante "credenciamento" ou contratação temporária sob a modalidade de excepcional interesse público para as atividades da área de saúde; a realização de concurso público; e o afastamento, em 30 dias, dos profissionais credenciados ou contratados sem concurso público. Asseverou-se que, na aludida ação direta, o Supremo, ao assentar que haveria competência da Justiça do Trabalho somente no caso de trabalhador ou empregado da Administração Pública sujeito às normas da CLT, teria determinado com isso que todos os outros casos seriam submetidos à Justiça Comum. Observou-se que, de acordo com a inicial da ação civil pública, o Ministério Público estaria pretendendo a nulidade das contratações temporárias, mediante "credenciamento", para as atividades de saúde, o que seria tipicamente sujeito a regime administrativo. O Min. Ricardo Lewandowski, em seu voto, ao mencionar a alusão feita pelo Ministério Público do Trabalho de que o Programa de Saúde da Família seria política do governo que existe há mais de 10 anos, e que, por isso, não haveria se falar em admissão temporária, até porque a saúde é um direito permanente de todos e obrigação do Estado, concluiu que tais admissões deveriam se fazer em caráter permanente, segundo o regime estatutário, não sendo a Justiça do Trabalho competente para julgar um pleito dessa natureza. Vencidos os Ministros Carlos Britto, relator, e Marco Aurélio, que julgavam improcedente o pedido. O relator reputava não comprovado, nos autos, que a contratação em análise não seria regida pela CLT, haja vista a inexistência de cópia de qualquer contrato de "credenciamento" ou sequer de alguma lei que houvesse instituído, no âmbito do Município, o regime administrativo para o servidor contratado mediante tal "credenciamento", sendo, assim, impossível suplantar o pressuposto fático de que se valera o TRT da 18ª Região, no sentido de que se tratava, no caso, de vínculo celetista. **Rcl 4464/GO, rel. orig. Min. Carlos Britto, red. p/ o acórdão Min. Cármen Lúcia, 20.5.2009.** (Rcl-4464) (Inform. STF 547)

GRADUAÇÃO DE POSTO E AUSÊNCIA DE DIREITO ADQUIRIDO

A Turma, por maioria, proveu recurso extraordinário para assentar que os recorridos não possuem direito adquirido à promoção a posto imediatamente superior. No caso, quando os recorridos ingressaram na polícia militar, tinham assegurado o direito à aposentadoria especial aos 25 anos de serviços prestados com vencimentos e vantagens do posto imediatamente superior, mas, ao longo do tempo, sua situação funcional fora atingida por leis que subtraíram esse benefício. Considerou-se que, quando os ora recorridos completaram o tempo para a aposentadoria, já estava em vigor nova disciplina legal e constitucional, que não autorizava o favor, não restando, pois, acobertados pela legislação protetiva invocada, alterada no período de aquisição do direito à aposentadoria. Vencidos os Ministros Marco Aurélio e Carlos Britto que desproviam o recurso, ao fundamento de que, ainda na vigência da relação pretérita, mais favorável, esses servidores completaram as condições para lograr o benefício. **RE 114282/SP, rel. Min. Men-ezes Direito, 5.5.2009.** (RE-114282) (Inform. STF 545)

FUNÇÕES COMISSIONADAS E VÍNCULO EFETIVO COM A ADMINISTRAÇÃO PÚBLICA - 4

Ante a perda de objeto, o Tribunal, por maioria, julgou prejudicado mandado de segurança impetrado pelo Ministério Público da União contra acórdão do TCU que determinara que o impetrante regularizasse, no prazo de 180 dias, as "*nomeações de pessoas sem vínculo efetivo com a Administração Pública para as funções comissionadas de níveis FC-01 a FC-06, efetuadas em desacordo com os arts. 37, inciso V, da Constituição Federal e 13, §§ 1º e 2º, da Lei nº 9.953/2000*", por considerar que, de acordo com a mencionada lei, tais funções somente poderiam ser exercidas por servidores ocupantes de cargo efetivo — v. Informativo 452. Considerou-se o advento da Lei 11.415/2006, que revogou a Lei 9.953/2000 e, nos termos rigorosamente assentados pela CF, deixou claro que as funções de confiança são privativas dos servidores ocupantes de cargo efetivo, e que os cargos em comissão podem ser exercidos por pessoas estranhas à Administração, desde que observado o percentual fixado no art. 4º da referida lei para os cargos de carreira. Asseverou-se, ainda, não subsistir nenhuma situação jurídica a ser corrigida. Vencido o Min. Sepúlveda Pertence, relator, que concedia parcialmente a segurança. **MS 25282/DF, rel. orig. Min. Sepúlveda Pertence, red. p/ o acórdão Min. Carlos Britto, 29.4.2009.** (MS-25282) (Inform. STF 544)

EMENTA: AGRAVO REGIMENTAL EM RECLAMAÇÃO CONSTITUCIONAL. DENEGAÇÃO DE LIMINAR. ATO DECISÓRIO CONTRÁRIO À SÚMULA VINCULANTE 13 DO STF. NEPOTISMO. NOMEAÇÃO PARA O EXERCÍCIO DO CARGO DE CONSELHEIRO DO TRIBUNAL DE CONTAS DO ESTADO DO PARANÁ. NATUREZA ADMINISTRATIVA DO CARGO. VÍCIOS NO PROCESSO DE ESCOLHA. VOTAÇÃO ABERTA. APARENTE INCOMPATIBILIDADE COM A SISTEMÁTICA DA CONSTITUIÇÃO FEDERAL. PRESENÇA DO *FUMUS BONI IURIS* E DO *PERICULUM IN MORA*. LIMINAR DEFERIDA EM PLENÁRIO. AGRAVO PROVIDO. I - A vedação do nepotismo não exige a edição de lei formal para coibir a prática, uma vez que decorre diretamente dos princípios contidos no art. 37, *caput*, da Constituição Federal. II – O cargo de Conselheiro do Tribunal de Contas do Estado do Paraná reveste-se, à primeira vista, de natureza administrativa, uma vez que exerce a função de auxiliar do Legislativo no controle da Administração Pública. III – Aparente ocorrência de vícios que maculam o processo de escolha por parte da Assembléia Legislativa paranaense. IV – À luz do princípio da simetria, o processo de escolha de membros do Tribunal de Contas pela Assembléia Legislativa por votação aberta, ofende, a princípio, o art. 52, III, b, da Constituição. V – Presença, na espécie, dos requisitos indispensáveis para o deferimento do pedido liminarmente pleiteado. VI – Agravo regimental provido. **AG. REG. NA MED. CAUT. EM Rcl. N. 6.702-PR. RELATOR: MIN. RICARDO LEWANDOWSKI. Noticiado no Informativo 537** (Inform. STF 544)

RECLAMAÇÃO. PROMOTOR DE JUSTIÇA. NOMEAÇÃO. CARGO DE SECRETÁRIO DE ESTADO - 2

Em questão de ordem, o Tribunal julgou prejudicado julgamento de reclamação proposta pelo Partido Social Liberal - PSL contra ato do Governador do Estado do Paraná que, por meio do Decreto 1.308/2003, nomeara membro do Ministério Público, em atividade e admitido após a CF/88, para o cargo de Secretário de Estado de Segurança Pública. Alegava-se violação à autoridade das decisões proferidas pelo STF na ADI 2084/SP (DJU de 14.9.2001) e na ADI 2534-MC/DF (DJU de 13.6.2003) — v. Informativo 367. Considerou-se o fato de o referido membro do *parquet* já ter sido exonerado da Secretaria de Segurança Pública. **Rcl 2643 QO/PR, rel. orig. Min. Sepúlveda Pertence, rel. p/ o acórdão Min. Menezes Direito, 2.4.2009.** (Rcl-2643) (Inform. STF 541)

CONTRATO DE TRABALHO TEMPORÁRIO E COMPETÊNCIA DA JUSTIÇA COMUM

O Tribunal, por maioria, negou provimento a agravo regimental interposto contra decisão que julgara procedente pedido formulado em reclamação e determinara a remessa dos autos de reclamação trabalhista ao Tribunal de Justiça do Estado de Minas Gerais. Na espécie, o Tribunal Regional do Trabalho da 3ª Região desprovera recurso ordinário do ora reclamante, para manter a competência da Justiça do Trabalho para o julgamento da ação. Alegava-se ofensa à autoridade da decisão proferida pelo Supremo na ADI 3395 MC/DF (DJU de 10.11.2006), que suspendera qualquer interpretação ao art. 114 da CF/88 que incluísse na competência da Justiça do Trabalho a apreciação de causas instauradas entre o Poder Público e seus servidores, tendo por base o vínculo de ordem estatutária ou jurídico-administrativo. Observou-se que, quando do julgamento da Rcl 5381/AM (DJE de 8.8.2008), o Tribunal firmara entendimento de que, estando a contratação regulada por uma lei especial, estadual, que, por sua vez, submete a contratação aos termos do Estatuto dos Funcionários Públicos, verificar-se-ia a relação de caráter jurídico-administrativo prevista na ADI 3395/DF. No entanto, posteriormente, fixara nova orientação no julgamento do RE 573202/AM (DJE de 5.12.2008), segundo a qual a relação entre o servidor e o Estado é uma relação de direito administrativo, estando subordinada, em qualquer situação, à Justiça Comum. O Min. Gilmar Mendes, Presidente, mesmo salientando não ser a hipótese dos presentes autos, alertou ser possível, numa reclamação apropriada, ponderar-se no sentido de se modularem os efeitos, a fim de evitar que os casos que já tiverem sentença voltem à estaca zero. Vencido o Min. Marco Aurélio, que assentava ser da Justiça do Trabalho a competência para o julgamento do feito, ante as causas de pedir e o pedido, e o Min. Carlos Britto, que adotava o entendimento firmado no julgamento da referida Rcl 5381/AM. **Rcl 7109 AgR/MG, rel. Min. Menezes Direito, 2.4.2009.** (Rcl-7109) (Inform. STF 541)

ADI E CRIAÇÃO DE QUADRO SUPLEMENTAR DE ASSISTENTE JURÍDICO

O Tribunal julgou procedente pedido formulado em ação direta ajuizada pelo Governador do Estado de Minas Gerais para declarar a inconstitucionalidade do art. 4º, e seus §§ 1º a 3º, da Lei estadual 3.054/98, resultante de emenda parlamentar, que criou quadro suplementar de Assistente Jurídico de estabelecimento penitenciário, enquadrou nele servidores que estavam em exercício nas penitenciárias, e vinculou a remuneração destes à do Defensor Público de 1ª Classe. Entendeu-se que os dispositivos impugnados incorrem tanto em vício formal quanto material. Asseverou-se que o projeto de lei apresentado ao Poder Legislativo, do qual se originou a lei mineira em questão, disciplinava, inicialmente, apenas o transporte de prisioneiros, e que a emenda legislativa passou a dispor sobre matéria de iniciativa privativa do Governador que, ademais, haveria de ser tratada por lei específica, tendo gerado aumento de despesa sem prévia dotação orçamentária (CF, artigos 37, X; 61, § 1º, II, **a** e **c**, 63, I). Considerou-se, ainda, que as normas em questão não teriam observado nem o princípio do concurso público (CF, art. 37, II), por garantir, a servidores que exerciam funções ou cargos públicos diversos, a investidura permanente na função pública de assistente penitenciário, nem o disposto no art. 37, XIII, da CF, que veda a vinculação ou equiparação de quaisquer espécies remuneratórias para o efeito de remuneração de pessoal do serviço público. Alguns precedentes citados: ADI 507/AM (DJU de 8.8.2003); ADI 64/RO (DJU de 22.2.2008); ADI 3114/SP (DJU de 7.4.2006); ADI 2079/SC (DJU de 18.6.2004); ADI 2569/CE (DJU de 2.5.2003); ADI 3061/AP (DJU de 9.6.2006); ADI 2873/PI (DJU de 9.11.2007); ADI 2364 MC/AL (DJU de 14.12.2001); ADI 2895/AL (DJU de 20.5.2005); ADI 955/PB (DJU de 25.8.2006); ADI 1977/PB (DJU de 2.5.2003); ADI 237/RJ (DJU de 1º.7.93). **ADI 2113/MG, rel. Min. Cármen Lúcia, 4.3.2009.** (ADI-2113) (Inform. STF 537)

ORGANIZAÇÃO DOS SERVIÇOS NOTARIAIS E DE REGISTROS E VÍCIO FORMAL - 1

Por entender usurpada a competência privativa dos Tribunais para a iniciativa de leis que disponham sobre a organização do serviço notarial e de registro (CF, art. 96, I, **b**), o Tribunal, por maioria, julgou procedente pedido formulado em ação direta ajuizada pelo Procurador-Geral da República para declarar, com eficácia *ex tunc*, a inconstitucionalidade da Lei 12.227/2006, do Estado de São Paulo, que regulamenta o art. 17 do Ato das Disposições Constitucionais Transitórias da Constituição estadual, estabelece a organização básica dos serviços notariais e de registros, as regras do concurso público de provimento da titularidade de delegação das serventias, e dá outras providências. Inicialmente, o Tribunal rejeitou, por unanimidade, a preliminar de perda de objeto da ação — suscitada em face da existência de outra ação direta contra a mesma lei estadual julgada perante o Tribunal de Justiça local, e, por maioria, a de não conhecimento da ação — alegada ante a falta de ataque de dispositivo da Constituição estadual que daria competência privativa ao Governador para iniciativa de leis relativas aos serviços notariais (art. 24, § 2º, item 6). **ADI 3773/SP, rel. Min. Menezes Direito, 4.3.2009.** (ADI-3773)

ORGANIZAÇÃO DOS SERVIÇOS NOTARIAIS E DE REGISTROS E VÍCIO FORMAL - 2

Relativamente à primeira preliminar, levou-se em conta a orientação firmada no julgamento da ADI 1423 MC/SP (DJU de 22.9.96), segundo a qual, quando tramitam paralelamente duas ações diretas de inconstitucionalidade, uma no Tribunal de Justiça local e outra no Supremo, contra a mesma lei estadual impugnada, suspende-se o curso daquela proposta perante a Corte estadual até o julgamento final da ação direta proposta perante o Supremo. Afirmou-se que, no caso, o Tribunal de Justiça do Estado de São Paulo sequer poderia ter dado seqüência à representação de inconstitucionalidade, mas considerou-se que, não obstante julgada procedente a representação, teria sido contra ela interposto recurso extraordinário, ainda pendente do juízo de admissibilidade. No que tange à segunda preliminar, prevaleceu o entendimento de que o art. 24, § 2º, item 6, da Constituição estadual não constituiria fundamento de validade para a norma ordinária impugnada. Vencidos, quanto a essa preliminar, os Ministros Menezes Direito, relator, Eros Grau e Marco Aurélio que a acolhiam por considerar que a referida norma constitucional estadual, sendo fundamento de validade para o vício formal da lei estadual sob exame, deveria ter sido atacada na inicial. Durante o julgamento da segunda preliminar, o Tribunal discutiu sobre a possibilidade de, no caso, avançar para se pronunciar, *incidenter tantum*, sobre a constitucionalidade, ou não, da referida norma da Constituição estadual, embora não impugnada na inicial. Tal questão, diante da tese prevalecente quanto à segunda preliminar, ficou superada. Vencido, quanto ao mérito, o Min. Marco Aurélio, que julgava o pleito improcedente. **ADI 3773/SP, rel. Min. Menezes Direito, 4.3.2009.** (ADI-3773) (Inform. STF 537)

ADI E AUTONOMIA FINANCEIRA E ADMINISTRATIVA DO PODER JUDICIÁRIO

Por considerar caracterizada a ofensa à independência e harmonia dos Poderes e à autonomia administrativa e financeira do Poder Judiciário (CF, artigos 2º, 96 e 99, respectivamente), o Tribunal julgou procedente pedido formulado em ação direta ajuizada pela Associação dos Magistrados Brasileiros - AMB para declarar a inconstitucionalidade da Lei alagoana 5.913/97, que cria a Central de Pagamentos de Salários do Estado de Alagoas - CPSAL, e inclui entre as responsabilidades desta a de "*aferir, e endossar, a legalidade funcional, e os proventos, de cada servidor público*", "*produzir os documentos e relatórios necessários ao pagamento dos estipêndios do funcionalismo público*", e "*prover, com exclusividade, o* pagamento de todos os servidores públicos, abrangendo os das administrações direta e indireta, *fundacional pública e autárquica, dos Poderes Executivo, Legislativo e Judiciário, do Ministério Público Estadual e do Tribunal de Contas do Estado*" — v. Informativo 67. Reportou-se, ademais, ao que decidido na ADI 3367/DF (DJU de 22.9.2006), em que declarada a constitucionalidade da criação do Conselho Nacional de Justiça - CNJ exatamente por se tratar de órgão interno de controle administrativo, financeiro e disciplinar da magistratura, ou seja, por não constituir órgão externo à estrutura do Poder Judiciário, salientando o fato de se ter posto ali em evidência a vedação constitucional a interferências externas que possam, de alguma forma, afetar negativamente a independência da magistratura. Observou-se, ainda, que a circunstância de a CPSAL ser composta também por representante do Poder Judiciário não afastaria o vício da inconstitucionalidade, e que esse fato, além de permitir que o Poder Judiciário interferisse indevidamente nos demais Poderes, não garantiria que sua atuação, as suas ponderações e escolhas, quanto a seus servidores, prevalecessem. Outros precedentes citados: ADI 1051/SC (DJU de 13.10.95); ADI 135/PB (DJU de 15.8.97); ADI 183/MT (DJU de 31.10.97); ADI 98/MT (DJU de 31.10.97); ADI 137/PA (DJU de 3.10.97); ADI 2831 MC/RJ (DJU de 28.5.2004). **ADI 1578/AL, rel. Min. Cármen Lúcia, 4.3.2009.** (ADI-1578) (Inform. STF 537)

SERVIDOR PÚBLICO: PDV E REINTEGRAÇÃO POR DECRETO LEGISLATIVO - 1

A Turma, por maioria, proveu dois recursos extraordinários interpostos pelo Estado do Piauí contra acórdão do seu Tribunal de Justiça que, em sede de mandado de segurança coletivo, declarara a constitucionalidade de decreto legislativo estadual que anulara demissão de servidores que aderiram ao chamado Programa de Demissão Voluntária - PDV, com a conseqüente reintegração ao serviço público. No caso, o mencionado programa fora instituído por intermédio da Lei 4.865/96, dessa mesma unidade federativa, sendo que Poder Legislativo local, por vislumbrar coação nos desligamentos, readmitira todos os servidores. Inconformado com a manifestação do tribunal de origem, o ora recorrente opusera embargos de declaração, improvidos, o que ensejara o presente recurso, no qual se reiterava a alegação de ofensa aos artigos 2º; 5º, *caput* e XXXV e XXXVI; 37, II; 49, V; 61, § 1º, II, **a** e **c**; 165, II e III e 169, § 1º, I e II, todos da CF. Preliminarmente, na linha da jurisprudência da Corte, reputou-se atendido o requisito do prequestionamento da matéria, haja vista que o recorrente provocara a manifestação do tribunal *a quo*, que, não obstante a oposição de embargos declaratórios, quedara-se silente. Vencido, no ponto, o Min. Marco Aurélio que salientava a ausência de emissão explícita a respeito dos dispositivos ventilados e assentava o não prequestionamento do tema constitucional. **RE 486748/PI, rel. Min. Menezes Direito, 17.2.2009.** (RE-486748). **RE 445393/PI, rel. Min. Menezes Direito, 17.2.2009.** (RE-445393)

SERVIDOR PÚBLICO: PDV E REINTEGRAÇÃO POR DECRETO LEGISLATIVO - 2

No mérito, julgou-se que o decreto legislativo — que determinara a reintegração dos servidores, anulando os pedidos de demissão formulados em PDV — não poderia prosperar, porquanto invadira a competência específica do Poder Executivo que dá cumprimento à legislação própria instituidora desse programa especial de desligamento espontâneo. Ademais, enfatizou-se que, na presente situação, o Poder Legislativo estadual praticara ato próprio do Poder Judiciário ao reconhecer que teria havido coação, independentemente da provocação dos interessados. Nesse diapasão, pronunciou-se pela falta de direito líquido e certo dos impetrantes. Vencido, da mesma forma, o Min. Marco Aurélio que negava provimento aos recursos por não vislumbrar maltrato à Constituição. Precedentes citados: RE 210638/SP (DJU de 19.6.98); RE 526666/PI (DJE de 10.6.2008); RE 463097 AgR/PI (DJU de 23.6.2006); ADI 1594/RN (DJU de 8.9.97); ADI 2192/ES (DJE de 20.6.2008). **RE 486748/PI, rel. Min. Menezes Direito, 17.2.2009.** (RE-486748). **RE 445393/PI, rel. Min. Menezes Direito, 17.2.2009.** (RE-445393) (Inform. STF 536)

EMENTA: AÇÃO DIRETA DE INCONSTITUCIONALIDADE. LEI DO ESTADO DO CEARÁ. PROVIMENTO DERIVADO DE CARGOS. INCONSTITUCIONALIDADE. OFENSA AO DISPOSTO NO ART. 37, II, DA CF. AÇÃO JULGADA PROCEDENTE.

I - São inconstitucionais os artigos da Lei 13.778/2006, do Estado do Ceará que, a pretexto de reorganizar as carreiras de Auditor Adjunto do Tesouro Nacional, Técnico do Tesouro Estadual e Fiscal do Tesouro Estadual, ensejaram o provimento derivado de cargos. II - Dispositivos legais impugnados que afrontam o comando do art. 37, II, da Constituição Federal, o qual exige a realização de concurso público para provimento de cargos na Administração estatal. III - Embora sob o rótulo de reestruturação da carreira na Secretaria da Fazenda, procedeu-se, na realidade, à instituição de cargos públicos, cujo provimento deve obedecer aos ditames constitucionais. IV - Ação julgada procedente. **ADI N. 3.857-CE. RELATOR: MIN. RICARDO LEWANDOWSKI.** (Inform. STF 536)

ADI E NOMEAÇÃO DE CARGOS DE PROCURADORIA GERAL ESTADUAL - 1

O Tribunal, por maioria, julgou parcialmente procedente pedido formulado em ação direta ajuizada pelo Conselho Federal da Ordem dos Advogados do Brasil para declarar a inconstitucionalidade das expressões "*o de Sub-Procurador Geral do Estado*" e "*o de Procurador de Estado Chefe*", contidas no *caput* do art. 33 da Lei Complementar 6/94, do Estado do Amapá, com a redação conferida pela Lei Complementar 11/96 do mesmo Estado-membro; bem como das expressões "e o Procurador do Estado Chefe" e "Procurador do Estado Corregedor e", contidas, respectivamente, no caput e no § 1º da redação originária do art. 33 da mencionada Lei Complementar estadual 6/94 (Lei Complementar 6/94, na redação da Lei Complementar 11/96: "*Art. 33 - Constituem cargos de provimento em comissão da Procuradoria-geral do Estado, a nível institucional, o de Procurador-Geral do Estado, o de Sub-Procurador Geral do Estado, o de Procurador de Estado Corregedor, o de Procurador de Estado Chefe, na forma do anexo III desta Lei. § 1º - Os cargos do que trata o caput deste artigo são de livre nomeação e exoneração do Governador do Estado, dentre advogados.*"; Lei Complementar 6/94, na redação originária: "*Art. 33 - Constituem cargos de provimento em comissão da procuradoria Geral do Estado, a nível institucional, Procurador do Estado Corregedor e Procurador do Estado Chefe, além do seu Titular. § 1º - À exceção do cargo de Procurador Geral do Estado, são privativos de Procurador de Estado os cargos de Procurador do Estado Corregedor e Procurador do Estado Chefe.*"). Julgou-se improcedente o pedido relativamente ao art. 153, § 1º, da Constituição do Estado do Amapá — que prevê que a Procuradoria-Geral do Estado será chefiada pelo Procurador-Geral do Estado, com prerrogativas de Secretário de Estado, sendo o cargo provido em comissão, pelo Governador, preferencialmente, entre membros da carreira — e aos demais dispositivos impugnados no que diz respeito ao Procurador-Geral do Estado. Adotou-se o entendimento fixado na ADI 2581/SP (DJE em 15.8.2008) consoante o qual a forma de nomeação do Procurador-Geral do Estado, não prevista pela Constituição Federal (art. 132), pode ser definida pela Constituição Estadual, competência esta que se insere no âmbito de autonomia de cada Estado-membro. Citou-se, também, a orientação firmada no julgamento da ADI 217/PB (DJU de 13.9.2002) no sentido da constitucionalidade da previsão, na Constituição e na legislação estaduais, da faculdade do Chefe do Executivo local de nomear e exonerar livremente o Procurador-Geral do Estado. Asseverou-se, assim, que o Estado-membro não está obrigado a observar o modelo federal para o provimento do cargo de Advogado-Geral da União (art. 131, § 1º). Verificou-se, ademais, que, nos termos do art. 28 da Lei Complementar estadual 6/94, o Procurador-Geral do Estado desempenha funções de auxiliar imediato do Governador do Estado, o que justificaria a manutenção das prerrogativas do Chefe do Poder Executivo estadual na escolha de seus auxiliares. **ADI 2682/AP, rel. Min. Gilmar Mendes, 12.2.2009.** (ADI-2682)

ADI E NOMEAÇÃO DE CARGOS DE PROCURADORIA GERAL ESTADUAL - 2

Quanto ao cargo do Procurador do Estado Corregedor, tendo em conta as suas atribuições básicas (Lei Complementar estadual 6/94, art. 29), sobretudo a contida no inciso V — que prevê que, em caso de ausência ou impedimento do Procurador-Geral do Estado, cabe ao Procurador de Estado Corregedor substituí-lo —, considerou-se justificada a manutenção da prerrogativa do Governador para nomear livremente o ocupante desse cargo. No que se refere ao cargo de Procurador de Estado Chefe, reputou-se não haver justificativa para que os ocupantes desse cargo fossem livremente nomeados pelo Governador do Estado, haja vista serem suas atribuições idênticas às dos demais Procuradores do Estado, com a diferença de serem responsáveis por coordenar o trabalho do restante da equipe (Lei Complementar 6/94, art. 30). Assim, salientando não haver exercício de qualquer atribuição de auxiliar imediato do Chefe do Poder Executivo estadual, mas apenas o desempenho das atividades inerentes ao regular funcionamento da Procuradora-Geral do Estado, aplicou-se a jurisprudência do Tribunal segundo a qual afronta o disposto no art. 37, II e V, da CF, norma que cria cargo em comissão, de livre nomeação e exoneração, que não possua o caráter de assessoramento, chefia ou direção. Com base nesses mesmos fundamentos, declarou-se a inconstitucionalidade dos dispositivos atacados em relação ao cargo de Sub-Procurador Geral do Estado, tendo em conta as competências a ele atribuídas no art. 2º da Lei Complementar 11/96. Vencidos os Ministros Marco Aurélio e Celso de Mello que julgavam integralmente procedente o pleito. Outros precedentes citados: ADI 3706/MS (DJE de 5.10.2007); ADI 3233/PB (DJU de 14.9.2007); ADI 1141/GO (DJU de 29.8.2003); ADI 2427 MC/PR (DJU de 8.8.2003); ADI 1269 MC/GO (DJU de 25.8.95). **ADI 2682/AP, rel. Min. Gilmar Mendes, 12.2.2009.** (ADI-2682) (Inform. STF 535)

CONFLITO DE COMPETÊNCIA E SERVIDOR REGIDO POR REGIME ESPECIAL - 3

Em conclusão de julgamento, o Tribunal, por maioria, conheceu de conflito de negativo de competência, e declarou a competência da Justiça Estadual para julgar reclamação trabalhista proposta por servidor regido por regime especial (Lei estadual 1.674/84) contra o Estado do Amazonas - SEDUC - Secretaria de Estado da Educação e Qualidade do Ensino. Na espécie, o TST, ao analisar recurso de revista interposto contra acórdão que dera parcial provimento a recurso ordinário, declinara de sua competência para a Justiça Estadual, com base em sua Orientação Jurisprudencial 263 da SBDI [*"A relação jurídica que se estabelece entre o Estado ou Município e o servidor contratado para* exercer funções temporárias *ou de natureza técnica, decorrente de lei especial, é de natureza administrativa, razão pela qual a competência é da justiça comum, até mesmo para apreciar a ocorrência de eventual desvirtuamento do regime especial (CF/1967, art. 106; CF/1988, art. 37, IX)."*] — v. Informativo 429. Invocou-se o entendimento fixado pelo Supremo em vários precedentes no sentido de que a competência para julgar a controvérsia, que envolve servidor estadual regido por regime especial disciplinado por lei local editada com fundamento no art. 106 da Emenda Constitucional 1/69, é da Justiça Estadual. A Min. Ellen Gracie, em voto-vista, reportou-se a recentes pronunciamentos desta Corte (RE 573202/AM, j. em 20.8.2008; Rcl 5381/AM, DJE de 8.8.2008; CC 7514/AM, DJE de 11.10.2007), e, ainda, ao RE 367638/AM (DJU de 28.3.2003), reconhecendo que as admissões fundadas em lei disciplinadora do regime jurídico próprio dos servidores admitidos em caráter temporário, dado o caráter indisponível da contratação, atraem a competência da Justiça Comum para o seu julgamento. Vencidos os Ministros Marco Aurélio, relator, Sepúlveda Pertence e Cezar Peluso, que admitiam o conflito e assentavam a competência da Justiça Trabalhista para julgamento do feito. Os primeiros, ao fundamento de que a competência, no caso, haveria de ser definida a partir da pretensão deduzida pelo reclamante, qual seja, a existência de vínculo empregatício e as verbas trabalhistas dele decorrentes. O último, por defender que a competência da Justiça Trabalhista seria firmada quando da propositura da ação, aplicando-se, ao caso, a regra do art. 87 do CPC. Reformulou o voto proferido anteriormente o Min. Carlos Britto. **CC 7201/AM, rel. orig. Min. Marco Aurélio, rel. p/ o acórdão Min. Ricardo Lewandowski, 29.10.2008.** (CC-7201) (Inform. STF 526)

SÚMULA VINCULANTE 13 E AGENTE POLÍTICO

O Tribunal, por maioria, negou provimento a agravo regimental interposto contra decisão que deferira pedido de liminar em reclamação, na qual se impugna, sob alegação de afronta à Sumula Vinculante 13, decisão proferida em ação popular que suspendera o ato de nomeação do reclamante, irmão do Governador do Paraná, para o cargo de Secretário Estadual de Transportes (Decreto estadual 3.3.48/2008). Entendeu-se irretocável a decisão recorrida. Reportando-se ao que decidido no RE 579951/RN (DJE de 12.9.2008), asseverou-se que a nomeação de parentes para cargos políticos não implica ofensa aos princípios que regem a Administração Pública, em face de sua natureza eminentemente política, e que, nos termos da Súmula Vinculante 13, as nomeações para cargos políticos não estão compreendidas nas hipóteses nela elencadas. Dessa forma, não seria possível submeter o caso do reclamante — nomeação para o cargo de Secretário Estadual de Transporte, agente político — à vedação imposta pela referida Súmula Vinculante, por se tratar de cargo de natureza eminentemente política. Por fim, no que se refere ao pedido formulado pelo agravante no sentido de se impedir o exercício pelo reclamante do cargo de responsável pela Administração dos Portos de Paranaguá e Antonina - APPA, autarquia estadual, considerou-se o fato de não se estar a analisar o mérito da presente reclamação, devendo o julgamento ficar restrito apenas à aferição da fumaça do bom direito. Vencido o Min. Marco Aurélio, que dava provimento ao recurso, ao fundamento de que não seria possível empolgar o que decidido no RE 579951/RN para se ter base para a reclamação, por se tratar de processo subjetivo, e porque o Verbete Vinculante 13 não versaria expressamente a possibilidade da nomeação verificada. **Rcl 6650 MC-AgR/PR, rel. Min. Ellen Gracie, 16.10.2008.** (Rcl-6650) (Inform. STF 524)

ATIVIDADES DE CARTÓRIO E VÍNCULO COM A ADMINISTRAÇÃO

Por vislumbrar ofensa ao art. 5º, XXXVI, da CF (*"Art. 5º. ... XXXVI - a lei não prejudicará o direito adquirido, o ato jurídico perfeito e a coisa julgada;"*), a Turma reformou acórdão proferido pelo Tribunal de Justiça do Estado do Rio Grande do Norte, que reconhecera a existência de relação jurídica entre o respectivo ente federal e o ora recorrido, concernente a época em que este — desde os 12 anos de idade — trabalhava com seu genitor, escrivão titular de cartório, de quem recebia contraprestação pecuniária. Após realçar-se o fato de o recorrido ter prestado serviços ao próprio pai, entendeu-se que a Corte de origem não levara em conta a espécie de arregimentação. Aduziu-se que, no caso, ainda que desprezada a circunstância de, no período do início da prestação dos serviços, o recorrido contar com apenas 12 anos, o vínculo fora admitido, sem que o Estado-membro, ora recorrente, tivesse o domínio da atividade desenvolvida por aquele. Assim, entendeu-se configurar transgressão ao aludido dispositivo constitucional o reconhecimento de situação que não chegara a ser aperfeiçoada. RE provido para julgar improcedente o pedido formulado na inicial da ação declaratória proposta, que lhe deu origem. **RE 457544/RN, rel. Min. Marco Aurélio, 9.9.2008.** (RE-457544) (Inform. STF 519)

ADC E VEDAÇÃO AO NEPOTISMO - 3

O Tribunal julgou procedente pedido formulado em ação declaratória de constitucionalidade proposta pela Associação dos Magistrados do Brasil - AMB para declarar a constitucionalidade da Resolução 7/2005, do Conselho Nacional de Justiça – CNJ — que veda o exercício de cargos, empregos e funções por parentes, cônjuges e companheiros de magistrados e de servidores investidos em cargos de direção e assessoramento, no âmbito do Poder Judiciário —, e emprestar interpretação conforme a Constituição a fim de deduzir a função de chefia do substantivo "direção", constante dos incisos II, III, IV e V do art. 2º da aludida norma — v. Informativo 416. Inicialmente, o Tribunal acolheu questão de ordem suscitada pelo Min. Marco Aurélio no sentido de fazer constar a rejeição da preliminar de inadequação da ação declaratória, por ele sustentada, no julgamento da cautelar — ao fundamento de que não se trataria de questionamento de um ato normativo abstrato do CNJ — e em relação à qual restara vencido. No mérito, entendeu-se que a Resolução 7/2005 está em sintonia com os princípios constantes dos art. 37, em especial os da impessoalidade, da eficiência, da igualdade e da moralidade, que são dotados de eficácia imediata, não havendo que se falar em ofensa à liberdade de nomeação e exoneração dos cargos em comissão e funções de confiança, visto que as restrições por ela impostas são as mesmas previstas na CF, as quais, extraídas dos citados princípios, vedam a prática do nepotismo. Afirmou-se, também, não estar a resolução examinada a violar nem o princípio da separação dos Poderes, nem o princípio federativo, porquanto o CNJ não usurpou o campo de atuação do Poder Legislativo, limitando-se a exercer as competências que lhe foram constitucionalmente reservadas. Vencidos, no ponto relativo à interpretação conforme, os Ministros Menezes Direito e Marco Aurélio, reputá-la desnecessária. **ADC 12/DF, rel. Min. Carlos Britto, 20.8.2008.** (ADC-12) (Inform. STF 516)

REPERCUSSÃO GERAL: CONTRATAÇÃO TEMPORÁRIA E COMPETÊNCIA DA JUSTIÇA COMUM - 1

O Tribunal, por maioria, deu provimento a recurso extraordinário interposto contra acórdão do Tribunal Superior do Trabalho - TST que entendera ser competente a Justiça do Trabalho para julgar pretensão deduzida pela recorrida, admitida como professora, pelo Estado do Amazonas, sob o regime de contratação temporária prevista em lei local (Lei 1.674/84). Na espécie, a recorrida ajuizou reclamação trabalhista, na qual pleiteia o reconhecimento de vínculo trabalhista e as verbas dele decorrentes, ao fundamento de que teria sido contratada pelo regime especial da Lei 1.674/84, mas que, em decorrência das prorrogações sucessivas desse contrato, esse vínculo teria se transmudado automaticamente num vínculo celetista. Aplicou-se a orientação fixada pelo Supremo em vários precedentes no sentido de que compete à Justiça Comum estadual processar e julgar causas instauradas entre a Administração Pública e seus servidores submetidos ao regime especial disciplinado por lei local editada antes da CF/88 com fundamento no art. 106 da CF/67, na redação que lhe conferiu a EC 1/69. Asseverou-se que esse entendimento foi reafirmado em inúmeros precedentes, já sob a égide da vigente Carta Magna. Enfatizou-se, ademais, que várias decisões vêm sendo prolatadas no sentido de que o processamento de litígio entre servidores temporários e a Administração Pública perante a Justiça do Trabalho afronta a decisão do Pleno na ADI 3395 MC/DF (DJU de 10.11.2006), na qual referendada cautelar que suspendeu liminarmente toda e qualquer interpretação conferida ao inciso I do art. 114 da CF, na redação dada pela EC 45/2004, que inclua, na competência da Justiça do Trabalho, a apreciação de causas que sejam instauradas entre o Poder Público e seus servidores, a ele vinculados por típica relação de ordem estatutária ou de caráter jurídico-administrativo. **RE 573202/AM, rel. Min. Ricardo Lewandowski, 21.8.2008.** (RE-573202) (Inform. STF 516)

REPERCUSSÃO GERAL: CONTRATAÇÃO TEMPORÁRIA E COMPETÊNCIA DA JUSTIÇA COMUM - 2

Mencionou-se, também, o que afirmado no julgamento da Rcl 5381/AM (DJE 8.8.2008), no sentido de que, depois da decisão proferida na ADI 2135 MC/DF (DJE de 7.3.2008), que suspendera os efeitos da EC 19/98 para retornar ao regime jurídico único, não haveria como, no sistema jurídico-administrativo brasileiro constitucionalmente posto, comportar esse tipo de contratação pelo regime da CLT. Por fim, asseverou-se que a prorrogação indevida no contrato de trabalho do servidor temporário não transmuda esse vínculo original, de natureza tipicamente administrativa, num vínculo trabalhista. Aduziu-se que a prorrogação do contrato, nessas circunstâncias, seja ela expressa ou tácita, em que se opera a mudança do prazo de vigência deste, de temporário para indeterminado, pode até ensejar nulidade ou caracterizar ato de improbidade, com todas as conseqüências que isso acarreta, mas não alterar a natureza jurídica do vínculo. Vencido o Min. Marco Aurélio que afirmava que a competência seria definida pela causa de pedir e pelo pedido, e, tendo em conta que, no caso, a recorrida ajuizara uma reclamação trabalhista, evocando, a partir do princípio da realidade, a existência do vínculo empregatício, reputava ser da Justiça do Trabalho a competência para dirimir o conflito de interesses. Outros precedentes citados: RE 130540/DF (DJU de 18.8.95); RE 102358/MG (DJU de 28.9.84); RE 136179/DF (DJU de 2.8.96); RE 215819/RS (DJU de 28.5.99); RE 367638/AM (DJU de 28.3.2003); CJ 6829/SP (j. em 15.3.89); Rcl 4903 AgR/SE (DJE de 8.8.2008). **RE 573202/AM, rel. Min. Ricardo Lewandowski, 21.8.2008.** (RE-573202) (Inform. STF 516)

CRIAÇÃO DE CARGOS PÚBLICOS E RESERVA DE LEI FORMAL

O Tribunal julgou procedentes pedidos formulados em três ações diretas de inconstitucionalidade conexas, ajuizadas pelo Procurador-Geral da República e pelo Partido da Social Democracia Brasileira - PSDB, para declarar, com efeitos *ex tunc*, a inconstitucionalidade dos artigos 5º, I, II, e III, e 7º, I e III, todos da Lei 1.124/2000, do Estado do Tocantins, bem assim, por derivação, de todos os decretos do Governador do referido Estado-membro que, com o propósito de regulamentar aquela norma, criaram milhares de cargos públicos, fixando-lhes atribuições e remunerações. Preliminarmente, o Tribunal acolheu a questão de ordem, suscitada pelo relator, no sentido de afastar a prejudicialidade da ação, ao fundamento de que a revogação da lei impugnada pela Lei estadual 1.950/2008, quando já em pauta as ações diretas, não subtrairia à Corte a competência para examinar a constitucionalidade da norma até então vigente e as suas conseqüências. No mérito, entendeu-se que a autorização conferida pelo art. 5º da lei em questão ao Chefe do Poder Executivo de criar, mediante decreto, os cargos, afronta a norma constitucional emergente da conjugação dos artigos 61, § 1º, II, a, e 84, VI, a, da CF. Asseverou-se que, nos termos do art. 61, § 1º, II, a, da CF, a criação de cargos, funções ou empregos públicos na administração direta e autárquica ou aumento de sua remuneração constituem objeto próprio de lei de iniciativa reservada do Chefe do Poder Executivo. Ressaltou-se, também, que a regra constitucional superveniente inscrita no art. 84, VI, a, da CF, acrescida pela EC 32/2001, a qual autoriza o Chefe do Poder Executivo a dispor, mediante decreto, sobre organização e funcionamento da administração federal, não retroagiria para convalidar inconstitucionalidade, estando, ademais, sua incidência subordinada, de forma expressa, à condição de não implicar aumento de despesa nem criação ou extinção de órgãos públicos. Por fim, aduziu-se que, sendo inconstitucional a norma de lei que lhes daria fundamento de validez, inconstitucionais também seriam todos os decretos. Alguns precedentes citados: RE 446076 AgR/MG (DJU de 24.3.2006); ADI 1590 MC/SP (DJU de 15.8.97); ADI 2155 MC/PR (DJU de 1º.6.2001); ADI 2950 AgR/RJ (DJU de 9.2.2007); ADI 3614/PR (DJE de 23.11.2007). **ADI 3232/TO, rel. Min. Cezar Peluso, 14.8.2008.** (ADI-3232) **ADI 3983/TO, rel. Min. Cezar Peluso, 14.8.2008.** (ADI-3983) **ADI 3990/TO, rel. Min. Cezar Peluso, 14.8.2008.** (ADI-3990) (Inform. STF 515)

SUSTAÇÃO DE OUTORGA DE DELEGAÇÃO REGISTRAL E REINTEGRAÇÃO

A Turma, tendo em conta as peculiaridades do caso, manteve decisão monocrática do Min. Celso de Mello que negara seguimento a medida cautelar, da qual relator, em que oficial registrador aposentado compulsoriamente requeria, em ação cautelar, a sustação da outorga da delegação registral, até o julgamento final da causa principal, cujo recurso extraordinário já fora admitido nesta Corte. Entendeu-se que o ora agravante objetivava, na realidade, a sua reintegração como oficial registrador. Ressaltou-se que o STF somente tem deferido provimento cautelar nas hipóteses em que os registradores e os notários públicos buscam a atribuição de efeito suspensivo a recursos extraordinários por eles interpostos, assim evitando que se edite o ato de sua aposentadoria compulsória, propiciando-lhes, em conseqüência, a permanência no exercício das funções delegadas. No ponto, aduziu-se que a situação em questão seria diversa daquelas que autorizariam a concessão de efeito suspensivo, haja vista que, na espécie, o agravante já estava afastado do exercício da delegação registral que lhe havia sido outorgada. Ademais, informou-se que a serventia pleiteada encontra-se provida, o que evidenciaria a impropriedade do meio utilizado. **AC 1604 AgR-MC/SP, rel. Min. Celso de Mello, 12.8.2008.** (AC-1604) (Inform. STF 515)

DESVIO DE FUNÇÕES DE DELEGADO DE POLÍCIA

Por entender caracterizada a violação ao § 4º do art. 144 da CF (*"Art. 144. ... § 4º. Às polícias civis, dirigidas por delegados de polícia de carreira, incumbem, ressalvada a competência da União, as funções de polícia judiciária e a apuração de infrações penais, exceto as militares."*), o Tribunal, por maioria, julgou procedente pedido formulado em ação direta ajuizada pelo Conselho da Ordem dos Advogados do Brasil para declarar a inconstitucionalidade do Decreto 1.557/2003, do Estado do Paraná, que prevê que, nos Municípios em que o Departamento de Polícia Civil não contar com servidor de carreira para o desempenho das funções de Delegado de Polícia de carreira, o atendimento nas Delegacias de Polícia será realizado por Subtenente ou Sargento da Polícia Militar, os quais elaborarão o termo circunstanciado, realizarão o atendimento à população para o registro de ocorrências, encaminhando os respectivos documentos à Delegacia de Polícia da sede da Comarca, bem como terão direito a uma indenização de representação. Vencido, parcialmente, o Min. Gilmar Mendes, relator, que, por considerar que o referido Decreto não delega competência constitucional dos delegados de polícia aos policiais militares, julgava procedente, em parte, o pedido, para declarar a inconstitucionalidade do art. 7º da norma impugnada, por ofensa ao art. 84, VI, a, da CF, que atribui ao Presidente da República a competência privativa para dispor, mediante decreto, sobre a organização e o funcionamento da Administração federal, quando não implicar aumento de despesa nem criação ou extinção de órgãos públicos. ADI 3614/PR, rel. orig. Min. Gilmar Mendes, rel. p/ o acórdão Min. Cármen Lúcia, 20.9.2007. (ADI-3614) (Inform. STF 480)

PROVIMENTO DERIVADO E EFEITOS FINANCEIROS RETROATIVOS

O Tribunal julgou parcialmente procedente pedido formulado em ação direta ajuizada pelo Governador do Estado de Rondônia para declarar a inconstitucionalidade do parágrafo único do art. 2º da Lei Complementar rondoniense 35/90, que determina o enquadramento, mediante reciclagem, de servidores públicos ocupantes dos cargos de condutores de veículos e agentes de portaria que estivessem, até 14.10.86, exercendo suas funções junto à Secretaria de Segurança Pública na categoria de agente de polícia. Entendeu-se caracterizada a ofensa ao art. 37, II, da CF, uma vez que a norma impugnada criou forma derivada de provimento de cargo público. O Tribunal, ainda, julgou improcedente o pedido relativamente ao art. 8º da lei, que prevê a vigência da norma na data de sua publicação com efeitos financeiros retroativos a 1º.6.90. Asseverou-se, no ponto, que os efeitos financeiros foram previstos pelo Governador desde 22.5.90, data em que encaminhara o projeto à Assembléia Legislativa, havendo, portanto, previsão e provisão de recursos. Ademais, tendo em conta o fato de o STF não ter assentado a suspensão da eficácia do referido art. 8º da Lei Complementar rondoniense 35/90 quando do julgamento da medida cautelar (DJU de 7.12.90), considerou-se que os efeitos produziram-se e foram absorvidos no curso destes 17 anos. Precedentes citados: ADI 951/SC (DJU de 29.4.2005); ADI 186/PR (DJU de 15.9.95); ADI 1611 MC/GO (DJU de 4.3.2005); ADI 1230/DF (DJU de 6.9.2001); ADI 2364 MC/AL (DJU de 14.12.2001); ADI 2145 MC/MS (DJU de 31.10.2003). ADI 388/RO, rel. Min. Cármen Lúcia, 20.9.2007. (ADI-388) (Inform. STF 480)

SERVIÇO SOCIAL AUTÔNOMO NA EDUCAÇÃO - 2

O Tribunal, por maioria, deu pela parcial procedência de pedido formulado em ação direta ajuizada pela Confe-de-ração Nacional dos Trabalhadores em Educação - CNTE e pelo Partido dos Trabalhadores - PT contra a Lei 11.970/97, do Estado do Paraná, que *"institui o PARANAEDUCAÇÃO, pessoa jurídica de direito privado, sob a modalidade de serviço social autônomo, na forma que especifica"*, cuja finalidade é auxiliar na gestão do Sistema Estadual de Educação, por meio da assistência institucional, técnico-científica, administrativa e pedagógica, da aplicação de recursos orçamentários destinados pelo Governo, bem como pela captação e pelo gerenciamento de recursos de entes públicos e particulares nacionais e internacionais — v. Informativo 343. Declarou-se a inconstitucionalidade do art. 19, § 3º, da lei impugnada, que permite que os servidores estaduais da educação optem pelo regime celetista ao ingressarem nos quadros do PARANAEDUCAÇÃO, por reputar violado o art. 39, *caput*, da CF, na redação anterior ao advento da EC 19/98, vigente à época da edição da lei, que estabelecia a obrigatoriedade do regime jurídico único para os servidores públicos. No ponto, salientou-se o fato de ter sido restabelecida a vigência desse dispositivo constitucional no julgamento da ADI 2135 MC/DF (j. em 2.8.2007, v. Informativo 474). Deu-se interpretação conforme ao art. 3º, I, da mesma lei, que confere à referida entidade a competência para *"gerir os recursos de qualquer natureza destinados ao desenvolvimento da educação, em consonância com as diretrizes programáticas do Governo do Estado"*, no sentido de que a gerência de recursos públicos do PARANAEDUCAÇÃO se restrinja àqueles que lhe forem especificamente consignados pelo Poder Público estadual, não abragendo todo e qualquer recurso alocado a essa função estatal. Deu-se interpretação conforme, também, ao art. 11, IV e VII, dessa lei, que autoriza o instituto a *"baixar normas de procedimentos e instruções complementares disciplinadoras da aplicação dos recursos financeiros internos e externos disponíveis"*, bem como a definir *"os critérios de utilização e repasse dos recursos a serem alocados para as diversas entidades envolvidas no Sistema Estadual de Educação"*, de sorte a entender-se que as normas de procedimentos e os critérios de utilização e repasse de recursos financeiros têm como objeto unicamente os recursos formal e especificamente alocados a essa entidade. Considerou-se, quanto a esses dispositivos, que o PARAEDUCAÇÃO não poderia gerir a integralidade dos recursos destinados à educação, sob pena de o Estado abdicar de seu dever constitucional (CF, art. 205), transferindo a responsabilidade de sua direção para essa entidade. Vencidos o Min. Maurício Corrêa, relator, que julgava o pedido totalmente improcedente, e os Ministros Carlos Britto e Marco Aurélio, que o julgavam totalmente procedente. ADI 1864/PR, rel. orig. Min. Maurício Corrêa, rel. p/ o acórdão Min. Joaquim Barbosa, 8.8.2007. (ADI-1864) (Inform. STF 475)

SERVENTUÁRIOS DA JUSTIÇA: REGIME JURÍDICO - 3

Por vislumbrar violação aos artigos 236, § 3º e 37, II, ambos da CF, que exigem, respectivamente, concurso público para ingresso na atividade notarial e de registro, bem como para a investidura em cargo ou emprego público, o Tribunal julgou parcialmente procedente pedido formulado em ação direta proposta pelo Governador do Estado do Espírito Santo para declarar a inconstitucionalidade do art. 32 do ADCT da Constituição estadual, que assegura, aos atuais escreventes juramentados lotados nos serviços privatizados por força do art. 236 da CF, o direito de optar, no prazo de até 120 dias, pelo regime jurídico dos servidores públicos civis do Poder Judiciário — v. Informativos 135 e 421. Julgou-se prejudicada ação relativamente aos artigos 33 e 34 do referido ADCT, em face da declaração de sua inconstitucionalidade no julgamento da ADI 417/ES (DJU de 8.5.98). ADI 423/ES, rel. orig. Min. Maurício Corrêa, rel. p/ o acórdão Min. Gilmar Mendes, 2.8.2007. (ADI-423) (Inform. STF 474)

ADMINISTRAÇÃO INDIRETA E REGIME JURÍDICO

O Tribunal iniciou julgamento de ação direta de inconstitucionalidade proposta pelo Governador do Estado do Rio Grande do Norte contra a expressão *"ou empresa pública ou de sociedade de economia mista"*, contida no art. 28, § 3º, da Constituição estadual, que dispõe sobre a vedação de dispensa, sem justa causa, de servidores da administração direta, indireta, autárquica, fundacional ou de empresa pública ou de sociedade de economia mista. Preliminarmente, rejeitou-se a alegação de prejudicialidade da ação, porquanto, embora ajuizada em data anterior ao advento da EC 19/98, a disciplina do art. 173, § 1º, II, da CF não foi alterada. O Min. Ricardo Lewandowski, relator, julgou o pedido procedente para declarar a inconstitucionalidade da expressão impugnada. Inicialmente, ressaltou que a Corte, ao examinar o alcance do § 1º do art. 173 da CF, assentara que as empresas públicas, as sociedades de economia mista e outras entidades que explorem atividade econômica em sentido estrito, sem monopólio, estão sujeitas ao regime próprio das empresas privadas, inclusive quanto às obrigações trabalhistas e tributárias. Ademais, asseverou que, no caso, quando a Constituição potiguar utiliza o substantivo "servidor" para se referir aos ocupantes de empregos públicos em empresa pública ou sociedade de economia mista está reportando-se a empregados, cujo vínculo é de natureza contratual, e que não gozam da estabilidade estatutária, pois submetidos ao regime da Consolidação das Leis do Trabalho. Assim, vislumbrou a ocorrência de ofensa à Constituição, uma vez que o legislador estadual disciplinou matéria de iniciativa privativa da União (CF, art. 22, I), bem como entendeu usurpada a competência privativa do Chefe do Poder Executivo para a iniciativa de norma que disponha sobre regime jurídico de servidor público (CF, art. 61, § 1º, II, c). Após, o julgamento foi suspenso em virtude do pedido de vista do Min. Carlos Britto. Precedentes citados: ADI 1552 MC/União Federal (DJU de 17.4.98); ADI 1515/DF (DJU de 11.4.2003); ADI 83/MG (DJU de 18.10.91); ADI 306/DF (DJU de 3.3.2000); ADI 3564 MC/PR (DJU de 5.6.2006); ADI 2420/ES (DJU de 8.4.2005). ADI 1302/RN, rel. Min. Ricardo Lewandowski, 17.5.2007. (ADI-1302) (Inform. STF 467)

OFICIAL. REGISTRO. SUBSTITUIÇÃO *PRO TEMPORE*. POSSE TARDIA. INDENIZAÇÃO.

No caso dos autos, ante a renúncia do oficial de registro titular de cartório, o recorrente requereu ao TJ sua designação como oficial registrador *pro tempore*, sendo indeferido seu pedido e designada outra pessoa para ocupar a função, o que culminou na impetração de mandado de segurança cujo recurso determinou que ele respondesse como substituto *pro tempore* do cartório até o preenchimento dessa vaga por certame público. Diante disso, ajuizou ação objetivando receber indenização pelo período em que não atuou como oficial da serventia extrajudicial, pedido julgado improcedente pelo tribunal *a quo*. Portanto, a questão está em saber se o recorrente faz jus ao recebimento de indenização por danos materiais equivalente aos emolumentos que deixou de receber por não ter ocupado, temporariamente, a função de oficial de registro. Conforme ressaltou o Min. Relator, consoante entendimento pacífico neste Superior Tribunal, no que tange à indenização, a parte não tem direito à remuneração não percebida, porquanto não realizada a respectiva prestação de serviço. Porém, faz jus à fixação de um valor que reflita o dano material alegado, desde a data em que deveria ter iniciado o exercício da função que fora obstado, de forma ilegal, pela Administração. Assim, na hipótese, o recorrente não faz jus aos danos materiais vinculados aos emolumentos que deixou de perceber, mas sim a uma indenização em decorrência do ato ilícito estatal. Diante do exposto, a Turma deu parcial provimento ao recurso para reformar o acórdão recorrido e reconhecer o direito à indenização por danos materiais, a qual deverá ser fixada, por arbitramento, pelas instâncias ordinárias. Precedentes citados: AgRg no REsp 1.042.734-DF, DJe 16/12/2009; AgRg no REsp 922.977-RS, DJe 3/8/2009; REsp 508.477-PR, DJ 6/8/2007, e REsp 971.870-RS, DJe 18/12/2008. **REsp 1.188.261-RO, Rel. Min. Benedito Gonçalves, julgado em 22/3/2011.** (Inform. STJ 467)

COMPETÊNCIA. CONCURSO. TEMPORÁRIO. CLT.

A jurisprudência do STJ entende que, diante da necessidade temporária de excepcional interesse público (art. 37, IX, da CF/1988), havendo a contratação temporária regrada por lei especial, o vínculo que se estabelece entre o Poder Público e o servidor é de natureza estatutária, e não celetista, o que afasta a competência da Justiça trabalhista. Contudo, na específica hipótese, há menção, em lei municipal (estatuto dos servidores públicos do município em questão) e no próprio contrato de trabalho firmado, de que o regime jurídico aplicável a essa contratação é o disciplinado pela CLT, apesar da previsão de concurso público para preenchimento das vagas. Daí ser imperiosa a declaração da competência da Justiça do Trabalho para a solução da causa (pleiteiam-se quinquênios e licenças-prêmio). Esse entendimento foi acolhido pela maioria da Seção após o prosseguimento do julgamento, que fora interrompido por pedido de vista. Precedentes citados: CC 94.627-RS, DJe 3/6/2008, e RCDESP no CC 64.544-RJ, DJe 4/8/2008. **CC 108.284-MG, Rel. Min. Maria Thereza de Assis Moura, julgado em 22/9/2010.** (Inform. STJ 448)

NOMEAÇÃO. CARGO EM COMISSÃO.
Constata-se que, no rol de atribuições do diretor do departamento de gestão da dívida ativa da Procuradoria-Geral da Fazenda Nacional, não estão descritas quaisquer funções de assessoramento ou consultoria de cunho jurídico ou sequer representação judicial ou extrajudicial. Dessa forma, esse cargo público pode ser ocupado por pessoa estranha aos quadros de carreira da Procuradoria da Fazenda Nacional ou da Advocacia-Geral da União. Também, por isso, destaca-se não haver necessidade de sua inscrição nos quadros da OAB. Assim, na falta de disposição em contrário, prevalece a regra geral ínsita à Administração Pública segundo a qual cargos em comissão são de livre nomeação e exoneração (art. 37, II, da CF/1988). Gize-se que, na hipótese, a combatida nomeação recaiu na pessoa de auditor-fiscal da Receita Federal. Com esse entendimento, a Seção, por maioria, denegou a segurança. Precedentes citados do STF: ADI 2.682-AP, DJe 25/2/2009; do STJ: REsp 544.508-AP, DJ 19/9/2005. **MS 14.378-DF, Rel. Min. Arnaldo Esteves Lima, julgado em 9/6/2010.** (Inform. STJ 438)

TÉCNICOS NÍVEL MÉDIO. ANOTAÇÕES. ATRIBUIÇÕES. CREA.
A Turma reiterou seu entendimento de que as atribuições profissionais dos técnicos de nível médio constantes no Dec. n. 90.922/1985, inclusive as do seu art. 4º, § 2º, que regulamentou a Lei n. 5.524/1968, não são conflitantes com as atribuições das profissões de nível superior, de maior abrangência, sendo obrigatório o registro das atribuições daqueles profissionais no Conselho Regional de Engenharia, Arquitetura e Agronomia (CREA). Precedentes citados: REsp 700.348-SC, DJ 4/8/2006, e REsp 132.485-RS, DJ 1º/8/2000. **REsp 1.138.748-RJ, Rel. Min. Eliana Calmon, julgado em 27/10/2009.** (Inform. STJ 413)

SERVIDOR PÚBLICO ESTADUAL. PROGRESSÃO.
O recorrente, ocupante do cargo técnico de controle externo do TCE, pleiteia sua progressão dentro da classe "A" da carreira dos servidores efetivos daquele Tribunal. Porém, a Turma negou provimento ao recurso, por entender que o recorrente encontrava-se na classe "C", no padrão TC-57, antes de ser posicionado na classe "A". Somente poderia progredir na carreira se promovido à classe "B" por promoção vertical, sendo vedada a progressão dentro da classe "A". A única possibilidade de progressão na carreira facultada ao servidor está prevista no art. 29, § 4º, da Res. n. 6/2001, que dispõe sobre o plano de carreiras dos servidores efetivos dos quadros da secretaria do TCE, que determina seja observada a classe em que se encontrava o servidor antes da promoção por merecimento. Os técnicos do TCE posicionados na classe "A" podem progredir na carreira se observada a classe em que se encontravam antes da promoção por merecimento à referida classe, que não admite progressão ou promoção, pois destinada ao posicionamento dos servidores com títulos declaratórios de apostilas. **RMS 16.802-MG, Rel. Min. Maria Thereza de Assis Moura, julgado em 6/10/2009.** (Inform. STJ 410)

COMPETÊNCIA. INTERPELAÇÃO JUDICIAL.
O sargento do Exército Brasileiro ajuizou ação cautelar de interpelação contra o comandante de seu batalhão com o fim de esclarecer a razão de não ser convocado para integrar tropa designada para a missão de paz no Haiti. Então, as questões que são dirigidas ao interpelado têm caráter exclusivamente profissional e se relacionam aos critérios por ele adotados para a seleção dos integrantes da tropa. Portanto, o pedido e a causa de pedir decorrem de ato praticado por tenente-coronel do Exército Brasileiro, não como pessoa física, mas no exercício da função de agente da Administração, o que revela a natureza exclusivamente federal da matéria discutida e impõe a competência do juízo federal. **CC 105.642-SP, Rel. Min. Jorge Mussi, julgado em 23/9/2009.** (Inform. STJ 408)

COMPETÊNCIA. TRABALHO TEMPORÁRIO.
O contrato de prestação de serviço temporário (art. 37, IX, da CF/1988) terá sempre caráter jurídico-administrativo (segue o regime jurídico único do município contratante), ainda que seja prorrogado de maneira irregular. A prolongação feita nesses moldes não transmuda o vínculo inicialmente estabelecido entre as partes para um liame celetista, tal como antes se entendia. Assim, deve ser afastada a competência da Justiça do Trabalho para fixar a do juízo de Direito. Precedentes citados do STF: RE 573.202-AM, DJe 5/12/2008; do STJ: CC 100.271-PE, DJe 6/4/2009. **CC 106.748-MG, Rel. Min. Jorge Mussi, julgado em 23/9/2009.** (Inform. STJ 408)

MAGISTRADO. AFASTAMENTO.
Prosseguindo o julgamento, a Turma decidiu que a regulamentação sobre a residência do magistrado e seus eventuais afastamentos da comarca onde exerce a judicatura é feita por meio de lei complementar, *ex vi* do art. 93 da CF/1988, e não por provimento do Conselho da Magistratura estadual. Precedente citado do STF: ADIN 2.753-CE, DJ 11/4/2003. **RMS 24.249-MS, Rel. Min. Mauro Campbell, julgado em 15/9/2009.** (Inform. STJ 407)

MAGISTRADO. REMOÇÃO.
Noticiam os autos que os ora recorrentes, na condição de juízes de Direito de 2ª entrância, interpuseram mandado de segurança contra atos do presidente do TJ que se destinavam, respectivamente, à abertura de prazo para inscrição de magistrados de 3ª entrância ao concurso de remoção para o cargo de juiz de Direito da 1ª Vara de Entorpecentes da Capital e de remoção de um dos ora recorridos para o referido cargo. Os recorrentes sustentam, entre outras questões, que a vaga surgida no juízo especializado deveria ser preenchida mediante o critério de promoção por antiguidade, que, nos termos do art. 81 da LC n. 35/1979 (Loman), não deve ser precedido de ato de remoção. Assim, pedem que a vaga seja preenchida pelo critério de promoção por antiguidade. O TJ extinguiu o processo sem julgamento do mérito, por entender serem os autores carecedores da ação, considerando-os partes ativas ilegítimas. A Turma conheceu do recurso, mas lhe negou provimento ao entendimento de que, em tese, apenas juízes que figurem entre os mais antigos na lista de antiguidade da entrância intermediária ou 2ª entrância têm o direito subjetivo de ver seus nomes publicados no edital destinado ao preenchimento da vaga existente na 3ª entrância a ser preenchida pelo critério de promoção por antiguidade. No caso, não consta dos autos prova de que os recorrentes figurem entre os juízes mais antigos da correspondente lista de antiguidade e, ainda, conforme acentuado pelo acórdão, em se tratando de mandado de segurança, o autor deve apresentar-se como titular de direito líquido e certo violado ou ameaçado de lesão, o que não ocorreu na hipótese. Ressalte-se que a mera alegação de que, aberta a vaga preenchida por promoção, com acesso do juiz titular ao Tribunal, o provimento dar-se-ia por promoção pelo critério de antiguidade não retira o dever dos recorrentes de instruir o pedido com certidão comprobatória do critério legal a ser adotado naquela situação específica emitida pela secretaria do Tribunal. Precedentes citados do STF: RMS 23.214-MS, DJ 12/11/1999; ADI 2.494-SC, DJ 13/10/2006; AgRg no MS 24.499-DF, DJ 22/4/2005; do STJ: RMS 21.875-GO, DJ 17/12/2007, e RMS 20.067-TO, DJ 15/10/2007. **RMS 27.553-PE, Rel. Min. Celso Limongi (Desembargador convocado do TJ-SP), julgado em 1º/9/2009.** (Inform. STJ 405)

COMPETÊNCIA DELEGADA. AUDITOR. TRABALHO.
A Turma entendeu que os agentes de inspeção do trabalho (auditor fiscal do trabalho), por delegação do delegado regional do Trabalho e Emprego, têm competência para interditar estabelecimento destinado ao armazenamento de produtos derivados do petróleo, conforme o disposto nos arts. 161 e 626 da CLT c/c os arts. 11 e 12 do DL n. 200/1967, bem como o art. 11 da Lei n. 10.593/2002. Entendeu ainda que responde subsidiariamente a sociedade empresária no que diz respeito à implementação de normas de segurança e proteção do trabalho referentes aos empregados terceirizados. Assim, aquela é responsável pelo que acontece no seu estabelecimento e, em decorrência dos referidos trabalhadores terceirizados que exercem atividades insalubres e de risco, não há como afastar a exigência de equipamentos de proteção para eles. **REsp 916.334-RS, Rel. Min. Herman Benjamin, julgado em 25/8/2009.** (Inform. STJ 404)

AUXILIARES LOCAIS. LOTAÇÃO. EMBAIXADAS BRASILEIRAS. EXTERIOR.
Cuida-se de mandado de segurança impetrado contra ato omissivo do Ministro de Estado das Relações Exteriores em que a impetrante, contratada pelo governo brasileiro, em 4/5/1987, para servir na Embaixada Brasileira em Haia, pretende ser enquadrada como servidora estatutária nos termos do art. 243 da Lei n. 8.112/1990. Isso posto, a Seção concedeu a ordem, ao prosseguir o julgamento pelo voto de desempate da Min. Laurita Vaz, que presidia a Seção. O Min. Relator destacou que

há decisões no âmbito da Terceira Seção que dão pela impossibilidade de reenquadramento da impetrante como servidora estatutária e pela aquisição da estabilidade extraordinária, prevista no art. 19 do ADCT, em função do caráter precário da contratação, que se deu há menos de 5 anos da publicação da CF/1988. Também há decisões assegurando a essa categoria de servidores a aplicação da legislação brasileira, inclusive o direito ao enquadramento dos servidores no novo regime estatutário, transformando-se os empregos em cargos públicos. Esclareceu o Min. Relator que aquela Seção tem decidido a questão nos moldes do art. 243 da Lei n. 8.112/1990, submetendo ao regime estatutário aqueles que eram regidos pela CLT, sem exigir-lhes o concurso público. O art. 19 do ADCT considerou os servidores, naquelas condições, estáveis no serviço público. Precedentes citados: MS 9.521-DF, DJ 19/9/2005, e MS 10.660-DF, DJ 6/2/2006. **MS 11.202-DF, Rel. Min. Nilson Naves, julgado em 25/3/2009.** (Inform. STJ 388)

REPRESENTAÇÃO DIPLOMÁTICA. SERVIDOR PÚBLICO.
A Seção conheceu em parte o *writ*, assegurando ao servidor público o pretendido enquadramento no regime jurídico único como auxiliar técnico, nos termos do art. 243 da Lei n. 8.112/1990, porquanto prestava serviços (desde 1983) em representação diplomática do Brasil no exterior, sob o regime da CLT, com contrato por tempo indeterminado, preenchido o requisito do art. 19 do ADCT. Por outro lado, entretanto, inviabilizado o pleito de equiparação salarial por falta de prova pré-constituída, a ser postulada na instância ordinária. Precedentes citados: MS 12.766-DF, DJe 27/6/2008; MS 9.952-DF, DJ 1º/2/2005; MS 8.680-DF, DJ 9/12/2003; Edcl no MS 10.660-DF, DJ 24/4/2006; MS 8.624-DF, DJ 20/10/2003, e MS 7.198-DF, DJ 29/10/2001. **MS 12.279-DF, Rel. Min. Felix Fischer, julgado em 15/12/2008.** (Inform. STJ 381)

COMPETÊNCIA. RECLAMAÇÃO TRABALHISTA. CARGO EM COMISSÃO IRREGULAR.
Foi interposta reclamação trabalhista em que se busca a condenação de prefeitura ao pagamento de valores salariais devidos e não pagos. O autor exercia cargo em comissão que fora criado sem qualquer amparo legal, resultando na nulidade do contrato de trabalho desde o princípio. Assim, a contratação irregular não revela a existência de relação estatutária, devendo, pois, ser competente para processar e julgar a causa a Justiça do Trabalho. Precedentes citados: CC 66.030-BA, DJ 8/10/2007, e REsp 828.500-RN, DJ 1º/8/2006. **CC 91.483-PB, Rel. Min. Napoleão Nunes Maia Filho, julgado em 13/8/2008.** (Inform. STJ 363)

RMS. ESCRIVÃ. CARTÓRIO. OPÇÃO.
A recorrente exerceu o cargo de escrivã de cartório estadual no interior por mais de vinte cinco anos e sem ter sido notificada ou haver procedimento de demissão, deixou de perceber seus vencimentos. Daí o mandado de segurança que foi denegado no Tribunal *a quo* ao argumento de que os notários e registradores exercem atividade estatal, não sendo titulares de cargo efetivo nem de cargo público. A Min. Relatora observou que o tema deve ser focado à luz da LC estadual n. 68/2003, que no art. 8º oportunizou aos ocupantes efetivos ou estáveis das serventias mistas das comarcas do interior optar entre a serventia extrajudicial e o cargo de funcionário do Poder Judiciário. Anotou também que não há, no dispositivo mencionado, qualquer menção acerca do prazo para ser exercida essa opção. Colhe-se, ainda, das informações da autoridade coatora que se considerou ter havido uma opção implícita da servidora. Para a Min. Relatora, essa afirmação não se sustenta porque, em ofício da Corregedoria-Geral de Justiça, a recorrente é intitulada como estável. Ademais, ela foi tratada como servidora estável, tendo em vista o pagamento dos seus vencimentos todos os anos anteriores à suspensão. Outrossim, diante da irresignação explanada no MS, não há dúvidas de que a opção da recorrente é no sentido de permanecer no cargo de funcionária do Judiciário. Diante do exposto, a Turma reintegrou a recorrente no quadro dos funcionários do Poder Judiciário, incluídos os valores que deixaram de ser pagos, a contar da data da impetração. **RMS 23.950-MA, Rel. Min. Eliana Calmon, julgado em 6/5/2008.** (Inform. STJ 354)

SERVIDORES. BACEN. FGTS. ADIN. EFEITOS.
Os servidores do Bacen passaram, com a declaração de inconstitucionalidade do art. 251 da Lei n. 8.112/1999 na ADin n. 449-2, DJ 10/9/1996, a integrar o Regime Jurídico Único, logo a ser estatutários. Assim, os servidores admitidos pelo Bacen no período de 1º/1/1991 a 30/11/1996, com o efeito *ex tunc* da decisão do STF acima referida, não têm direito aos depósitos em conta vinculada ao FGTS, uma vez que regidos pelo regime estatutário. O fato de o § 3º do art. 19 da MP n. 1.535-9 de 1997 ter reconhecido como *pro labore facto* os valores que excedam os vencimentos descritos no Plano de Classificação de Cargos (PCC) não leva a concluir pela autorização de saque do FGTS. Logo, a Turma negou provimento ao recurso. **REsp 934.770-RJ, Rel. Min. José Delgado, julgado em 20/11/2007.** (Inform. STJ 339)

SÚMULA VINCULANTE STF 13

A nomeação de cônjuge, companheiro ou parente em linha reta, colateral ou por afinidade, até o terceiro grau, inclusive, da autoridade nomeante ou de servidor da mesma pessoa jurídica investido em cargo de direção, chefia ou assessoramento, para o exercício de cargo em comissão ou de confiança ou, ainda, de função gratificada na administração pública direta e indireta em qualquer dos Poderes da União, dos Estados, do Distrito Federal e dos Municípios, compreendido o ajuste mediante designações recíprocas, viola a Constituição Federal.

SÚMULA STF Nº 39

À falta de Lei, funcionário em disponibilidade não pode exigir, judicialmente, o seu aproveitamento, que fica subordinado ao critério de conveniência da administração.

SÚMULA STF Nº 22

O estágio probatório não protege o funcionário contra a extinção do cargo.

SÚMULA STF Nº 17

A nomeação de funcionário sem concurso pode ser desfeita antes da posse.

SÚMULA STF Nº 16

Funcionário nomeado por concurso tem direito à posse.

SÚMULA STJ Nº 218

Compete à Justiça dos Estados processar e julgar ação de servidor estadual decorrente de direitos e vantagens estatutárias no exercício de cargo em comissão.

SÚMULA STJ Nº 137

Compete à justiça comum estadual processar e julgar ação de servidor público municipal, pleiteando direitos relativos ao vinculo estatutário.

5.2. Concurso Público

CONCURSO PÚBLICO E NOMEAÇÃO PRECÁRIA
A 1ª Turma iniciou julgamento de recurso ordinário em mandado de segurança no qual se pretende a incidência da teoria do fato consumado, bem como a anulação da portaria que tornara sem efeito nomeação para o cargo de auditor-fiscal do trabalho. Na espécie, a candidata participara de segunda etapa de concurso público, mediante deferimento de liminar, com sua consectária posse no cargo. Após mais de 14 anos, em julgamento de mérito, denegara-se a ordem e, por conseguinte, o Ministério do Trabalho editara ato em que tornada sem efeito a respectiva nomeação. O Min. Luiz Fux, relator, com base no princípio da proteção da confiança legítima, deu provimento ao recurso ordinário, a fim de assegurar a permanência da recorrente no cargo. Salientou que ela o ocupara, por longo período, amparada por provimento judicial. Citou jurisprudência da Corte segundo a qual a contratação de empregados, por determinada empresa pública, não poderia ser revista com fulcro na ilegalidade da admissão, tendo em vista o decurso de decênio do ingresso originário (MS 22357/DF, DJU de 5.11.2004). Por outro lado, o Min. Marco Aurélio, no que acompanhado pela Min. Rosa Weber, negou provimento ao recurso, por entender que os atos praticados teriam sido submetidos a condição resolutiva, implementada com o indeferimento do mandado de segurança primitivo. Após, pediu vista o Min. Dias Toffoli. **RMS 31538/DF, rel. Min. Luiz Fux, 13.11.2012. (RMS-31538) (Inform. STF 688)**

CONCURSO PÚBLICO: CONTEÚDO PROGRAMÁTICO E ANULAÇÃO DE QUESTÕES - 1
A 1ª Turma iniciou julgamento de mandado de segurança no qual pretendida anulação de questões objetivas de concurso público destinado ao provimento de cargo de Procurador da República, porquanto em suposta desconformidade com o conteúdo programático de direito internacional

previsto no edital. O impetrante sustenta que fora eliminado na 1ª fase do certame, visto que não atingira o percentual mínimo exigido em um dos grupos em que dividida a prova e que sua inabilitação decorreria desse desacordo. O Min. Luiz Fux, relator, denegou a ordem, no que acompanhado pela Min. Rosa Weber. Salientou inviável esta análise em sede de mandado de segurança, uma vez que demandaria dilação probatória. Ressaltou a jurisprudência do STF no sentido de que o Poder Judiciário seria incompetente para substituir-se à banca examinadora de concurso público no reexame de critérios de correção das provas e de conteúdo das questões formuladas. Assentou que, existente previsão de um determinado tema, cumpriria ao candidato estudar e procurar conhecer, de forma global, os elementos que pudessem ser exigidos nas provas, de modo a abarcar todos os atos normativos e casos paradigmáticos pertinentes. Do contrário, significaria exigir-se das bancas examinadoras a previsão exaustiva, no edital de qualquer concurso, de todos os atos normativos e de todos os *cases* atinentes a cada um dos pontos do conteúdo programático do concurso, o que fugiria à razoabilidade. **MS 30860/DF, rel. Min. Luiz Fux, 13.3.2012. (MS-30860)**

CONCURSO PÚBLICO: CONTEÚDO PROGRAMÁTICO E ANULAÇÃO DE QUESTÕES - 2

Ademais, reputou que estaria comprovada pela autoridade impetrada a congruência entre as questões impugnadas e o disposto no edital do concurso, sendo que os conhecimentos necessários para a indicação das respostas corretas estariam acessíveis em ampla bibliografia, o que afastaria a possibilidade de anulação em juízo. Dissentiu o Min. Marco Aurélio, que concedia, em parte, a ordem para, afastadas as questões, recalcular-se a situação do impetrante. Asseverou que o edital seria a lei do concurso e vincularia tanto os candidatos quanto a Administração Pública. Frisou que o que poderia ser indagado em termos de resolução da ONU teria sido mencionado no conteúdo programático de forma exaustiva, e não exemplificativa. Entretanto, elaborara-se questão disposta em outra resolução, sequer incorporada ao ordenamento jurídico pátrio, a dispensar a instrução do processo para concluir-se sobre o descompasso. Após, pediu vista o Min. Dias Toffoli. **MS 30860/DF, rel. Min. Luiz Fux, 13.3.2012. (MS-30860)**

CONCURSO PÚBLICO: CONTEÚDO PROGRAMÁTICO E ANULAÇÃO DE QUESTÕES - 3

A 1ª Turma retomou julgamento de mandado de segurança no qual pretendida anulação de questões objetivas de concurso público destinado ao provimento de cargo de Procurador da República, porquanto em suposta desconformidade com o conteúdo programático do direito internacional previsto no edital. O impetrante sustenta que fora eliminado na 1ª fase do certame, visto que não atingira o percentual mínimo exigido em um dos grupos em que dividida a prova e que sua inabilitação decorreria desse desacordo — v. Informativo 658. O Min. Dias Toffoli, em voto-vista, acompanhou o Min. Marco Aurélio, para conceder, em parte, a segurança, a fim de assentar a insubsistência das questões impugnadas. Asseverou não se comprometer com a tese de que sempre seria possível a ingerência judicial na análise dos gabaritos oferecidos pelas bancas examinadoras de concurso público, mas que, em cada caso submetido à apreciação judicial, deveria ser enfrentado segundo suas peculiaridades. O Min. Luiz Fux, relator, reajustou voto para conceder, em parte, a segurança. Após, pediu vista a Min. Cármen Lúcia. **MS 30860/DF, rel. Min. Luiz Fux, 27.3.2012. (MS-30860)**

CONCURSO PÚBLICO: CONTEÚDO PROGRAMÁTICO E ANULAÇÃO DE QUESTÕES - 4

Em conclusão, a 1ª Turma, após retificar a proclamação anteriormente proferida, denegou mandado de segurança no qual pretendida anulação de questões objetivas de concurso público destinado ao provimento de cargo de Procurador da República, porquanto em suposta desconformidade com o conteúdo programático de direito internacional previsto no edital. O impetrante sustentava que fora eliminado na 1ª fase do certame, visto que não atingira o percentual mínimo exigido em um dos grupos em que dividida a prova e que sua inabilitação decorreria desse desacordo — v. Informativos 658 e 660. Ressaltou-se a jurisprudência do STF no sentido de que o Poder Judiciário seria incompetente para substituir-se à banca examinadora de concurso público no reexame de critérios de correção das provas e de conteúdo das questões formuladas. Assentou-se que, existente previsão de um determinado tema, cumpriria ao candidato estudar e procurar conhecer, de forma global, os elementos que pudessem ser exigidos nas provas, de modo a abarcar todos os atos normativos e casos paradigmáticos pertinentes. Do contrário, significaria exigir-se das bancas examinadoras a previsão exaustiva, no edital de qualquer concurso, de todos os atos normativos e de todos os *cases* atinentes a cada um dos pontos do conteúdo programático do concurso, o que fugiria à razoabilidade. Ademais, reputou-se que estaria comprovada pela autoridade impetrada a congruência entre as questões impugnadas e o disposto no edital do concurso. Assim, os conhecimentos necessários para a indicação das respostas corretas estariam acessíveis em ampla bibliografia, o que afastaria a possibilidade de anulação em juízo. Por fim, cassou-se a liminar anteriormente deferida. MS 30860/DF, rel. Min. Luiz Fux, 28.8.2012. **(MS-30860)**

CONCURSO PÚBLICO: MÉRITO DE QUESTÕES E ANULAÇÃO - 1

A 1ª Turma iniciou julgamento de mandado de segurança no qual se postula a anulação de questões objetivas de concurso público para provimento de cargo de Procurador da República, em virtude de suposto equívoco na elaboração destas, de modo que fossem computadas como corretas na pontuação final do impetrante, com as consectárias participação nas fases seguintes e posse no cargo colimado. Na espécie, alegava-se que a banca examinadora teria compreendido inadequadamente conceitos jurídicos. Também se arguia que, interposto o recurso administrativo, não teria sido disponibilizado, pela comissão do concurso, acesso às respectivas respostas. Aduzia-se, ainda, que se pleiteara anulação das assertivas, com efeitos para todos os candidatos, em requerimento administrativo então pendente de julgamento perante o Conselho Superior do Ministério Público Federal. A liminar fora deferida parcialmente com o fito de que o requerente prosseguisse nas etapas conseguintes do certame e, caso lograsse aprovação, fosse reservada vaga a ele até a apreciação do mérito do *writ*. **MS 30859/DF, rel. Min. Luiz Fux, 13.3.2012. (MS-30859)**

CONCURSO PÚBLICO: MÉRITO DE QUESTÕES E ANULAÇÃO - 2

O Min. Luiz Fux, relator, denegou a ordem e cassou a liminar anteriormente deferida, no que foi acompanhado pelas Ministras Rosa Weber e Cármen Lúcia. De início, ressaltou que não teria sido comprovada a liquidez e a certeza do direito do impetrante. Isso porque a anulação, por via judicial, de questões de prova objetiva de concurso público, com vistas à habilitação para participar em fase posterior do certame, pressuporia a demonstração de que o requerente estivesse apto à etapa seguinte, caso essa anulação fosse estendida à totalidade dos candidatos, consoante os princípios constitucionais da isonomia, da impessoalidade e da eficiência. Assim, explicou que a situação jurídica do requerente deveria ser analisada não só com base na pontuação individual em cada fase do certame, mas também em função da classificação que atingiria em cada uma delas, sendo indispensável, para a espécie, verificar a posição de cada um dos demais aspirantes ao cargo. Sublinhou que essa comprovação deveria decorrer de certidão obtida juntamente à comissão organizadora do concurso (CF, art. 5º, XXXIV, b) ou, se negada em sede administrativa, por ordem judicial, nos moldes da lei do mandado de segurança. Nesse contexto, advertiu que, em hipóteses análogas, haveria utilização imoderada da estreita via do *writ*. Elucidou que o pleito do impetrante poderia ser deferido por meio de ação de cognição exauriente, em tutela antecipada. **MS 30859/DF, rel. Min. Luiz Fux, 13.3.2012. (MS-30859)**

CONCURSO PÚBLICO: MÉRITO DE QUESTÕES E ANULAÇÃO - 3

Em seguida, rememorou jurisprudência desta Corte no sentido de que o Poder Judiciário seria incompetente para, substituindo-se à banca examinadora de concurso, reexaminar conteúdo de questões formuladas e critérios de correção de provas. A Min. Cármen Lúcia acresceu que eventual erro de banca examinadora poderia gerar lesão, mas não ilegalidade ou abuso de poder com direito líquido e certo a ser amparado por meio de mandado de segurança. De outro lado, o Min. Marco Aurélio dissentiu do relator para conceder, em parte, a segurança, a fim de assentar a insubsistência das questões em comento. Afirmou que, reconhecida erronia no gabarito da prova objetiva, deveria ser reapreciada a situação jurídica do impetrante pela comissão do concurso. Após, pediu vista o Min. Dias Toffoli. **MS 30859/DF, rel. Min. Luiz Fux, 13.3.2012. (MS-30859)**

CONCURSO PÚBLICO: MÉRITO DE QUESTÕES E ANULAÇÃO - 4

A 1ª Turma retomou julgamento de mandado de segurança no qual se postula a anulação de questões objetivas de concurso público para provimento de cargo de Procurador da República, em virtude de suposto equívoco na elaboração destas, de modo que fossem computadas como corretas na pontuação final do impetrante, com as consectárias participação nas fases seguintes e posse no cargo colimado. Na espécie, alega-se que a banca examinadora teria compreendido inadequadamente conceitos jurídicos. Também se argui que, interposto o recurso administrativo, não teria sido disponibilizado, pela comissão do concurso, acesso às respectivas respostas. Aduz-se, ainda, que se pleiteara anulação das assertivas, com efeitos para todos os candidatos, em requerimento administrativo então pendente de julgamento perante o Conselho Superior do Ministério Público Federal. A liminar fora deferida parcialmente com o fito de que o requerente prosseguisse nas etapas conseguintes do certame e, se lograsse aprovação, fosse reservada vaga a ele até a apreciação do mérito do *writ* — v. Informativo 658. O Min. Dias Toffoli, em voto-vista, acompanhou o Min. Marco Aurélio, para conceder, em parte, a segurança, a fim de assentar a insubsistência das questões impugnadas. Consignou que a correção da prova afrontara o Código Civil. Asseverou não se comprometer com a tese de que sempre seria possível a ingerência judicial na análise dos gabaritos oferecidos pelas bancas examinadoras de concurso público, mas que, em cada caso submetido à apreciação judicial, deveria ser enfrentado segundo suas peculiaridades. O Min. Luiz Fux, relator, reajustou voto para conceder, em parte, a segurança. Após, pediu vista a Min. Cármen Lúcia. **MS 30859/DF, rel. Min. Luiz Fux, 27.3.2012. (MS-30859)**

CONCURSO PÚBLICO: MÉRITO DE QUESTÕES E ANULAÇÃO - 5

Em conclusão de julgamento, a 1ª Turma, por maioria, concedeu, em parte, mandado de segurança a fim de anular questões objetivas de concurso público para provimento de cargo de Procurador da República, em virtude de equívoco na elaboração destas — v. Informativos 658 e 660. Afirmou-se que, observada erronia no gabarito da prova objetiva, deveria ser reapreciada a situação jurídica do impetrante pela comissão do concurso. Destacou-se precedente da 2ª Turma segundo o qual, em que pese a máxima de que o Judiciário não poderia substituir a banca examinadora, a verificação de erro grosseiro levaria ao reconhecimento de ilegalidade. Por fim, mantiveram-se os efeitos da liminar concedida, que assegurava a participação do candidato nas demais fases do certame e reservava vaga em caso de aprovação final. Vencidas as Ministras Rosa Weber e Cármen Lúcia. Esta destacava a impossibilidade de o Poder Judiciário fazer o controle jurisdicional de mérito do ato administrativo, que, no caso, seria da alçada das bancas examinadoras. **MS 30859/DF, rel. Min. Luiz Fux, 28.8.2012. (MS-30859) (Inform. STF 677)**

CONCURSO PÚBLICO: CLÁUSULA DE BARREIRA E CONCORRENTES COM DEFICIÊNCIA

A 2ª Turma negou provimento a agravo regimental de decisão do Min. Gilmar Mendes que denegara mandado de segurança, do qual relator, impetrado contra ato do Procurador-Geral da República que, em edital de provimento de cargos para o Ministério Público da União, determinara a aplicação de cláusula de barreira (ou afunilamento). Nela, estabelecer-se-iam condições de passagem de candidatos de uma fase para outra no transcorrer de concurso público. O agravante, que disputava uma das vagas destinadas aos concorrentes com deficiência, insurgira-se contra regra do edital que, ao disponibilizar 6 vagas para o cargo pleiteado, determinara fossem corrigidas as provas discursivas dos 17 primeiros colocados. Alegava que, em face de sua aprovação na primeira fase e do não alcance do percentual legal de aprovados no exame, na condição de concorrentes daquela categoria, possuiria direito líquido e certo à correção de seu teste escrito. Assentou-se não assistir razão ao agravante, haja vista tratar-se de norma de avaliação e de classificação a critério do organizador do certame. Frisou-se que a cláusula de barreira para prosseguimento na etapa subsequente, aplicar-se-ia a todos, indistintamente. Destacou-se que, ante as peculiaridades referentes à concorrência de participantes com deficiência, a nota de corte deveria ser distinta da imposta aos demais candidatos, o que se verificara no caso em comento. **MS 30195 AgR/DF, rel. Min. Gilmar Mendes, 26.6.2012. (MS-30195) (Inform. STF 672)**

CONCURSO PÚBLICO: CNMP E EXAME PSICOTÉCNICO - 1

A 2ª Turma denegou mandado de segurança impetrado, pelo Estado de Rondônia e pelo respectivo Ministério Público, contra decisões do Conselho Nacional do Ministério Público - CNMP, proferidas em procedimentos de controle administrativo, que afastaram reprovação de candidatos em exame psicotécnico aplicado em concurso de ingresso para o cargo de promotor público substituto daquela unidade federativa, a fim de garantir-lhes nomeação e posse. Nas situações, primeiramente, em sede cautelar, o CNMP assegurara a eles participação na fase subsequente do certame (prova oral), na qual, posteriormente, aprovados. Depois disso, o Conselho emanara os ora atos impugnados. Inicialmente, salientou-se a competência desta Turma para o julgamento do feito, consoante Emenda Regimental 45/2011 do RISTF. Na sequência, afastaram-se as preliminares suscitadas. No tocante à aduzida decadência, registrou-se que os atos combatidos seriam os de 18.5.2011, logo, tempestivo o presente *mandamus* impetrado em 8.8.2011, não havendo falar que os prazos iniciar-se-iam das liminares prolatadas nos procedimentos, pois substituídas pelas decisões de mérito. No que concerne à assertiva de ausência de condição de procedibilidade (Lei 12.016/2009, art. 5º, I), afirmou-se que o preceito em questão configuraria tão somente causa impeditiva de que se utilizassem simultaneamente dos embargos de declaração de natureza administrativa e da ação mandamental. A respeito da suposta nulidade dos julgados do CNMP por falta de interesse geral, asseverou-se que a necessidade de observância de critérios objetivos na aplicação do exame psicotécnico em concursos públicos revestir-se-ia de relevância jurídica e ultrapassaria de fato os interesses subjetivos da causa. No ponto, reportou-se a decisão do STF que reconhecera a repercussão geral do tema no julgamento do AI 758533/MG (DJe de 13.8.2010). **MS 30822/DF, rel. Min. Ricardo Lewandowski, 5.6.2012. (MS-30822)**

CONCURSO PÚBLICO: CNMP E EXAME PSICOTÉCNICO - 2

Ato contínuo, analisou-se pleito de nulidade dos procedimentos por inobservância dos princípios do contraditório e da ampla defesa, tendo em conta que se deixara de intimar os demais concorrentes aprovados no certame, que seriam afetados pela alteração na ordem classificatória com o prosseguimentos dos não recomendados no psicotécnico. Acerca do assunto, entendeu-se que, nos termos de competência constitucional, o Conselho limitara-se a afastar o exame considerado ilegal em relação a três participantes reprovados naquela etapa, garantindo a manutenção deles, sem interferir na situação jurídica dos outros. Sublinhou-se que os candidatos recomendados não sofreram qualquer tipo de prejuízo. Dessa maneira, assinalou-se que não seria obrigatória a intimação destes para participar do controle de legalidade. Por fim, consignou-se que, embora desnecessário, o CNMP expedira edital de notificação com o intuito de que eventuais interessados pudessem apresentar, se quisessem, razões nos citados procedimentos. **MS 30822/DF, rel. Min. Ricardo Lewandowski, 5.6.2012. (MS-30822)**

CONCURSO PÚBLICO: CNMP E EXAME PSICOTÉCNICO - 3

No mérito, enfatizou-se que, como salientado na apreciação do AI 758533/MG, a jurisprudência desta Corte consolidara-se no sentido de que a exigência do teste psicotécnico em concurso dependeria de previsão legal e no edital, além de obedecer a critérios objetivos. Observou-se que a previsão do exame em comento estaria no art. 65 da Lei Complementar rondoniense 93/93. Passou-se, então, à análise do segundo aspecto: a necessidade de grau mínimo de objetividade e de publicidade dos critérios de avaliação psicológica. Assim, ressurtiu-se que nada constaria de mais substantivo na Resolução 8/2010 do Conselho Superior do Ministério Público de Rondônia, no edital de abertura do concurso e naquele de convocação para o processo seletivo, que pudesse conferir mínimo de objetividade ao teste ou pudesse servir de informação prévia aos concorrentes. Além disso, rejeitou-se que o pedido alternativo dos impetrantes de realização de outra avaliação psicológica. Ponderou-se que a definição ulterior de requisitos a serem utilizados violaria ainda mais o princípio da impessoalidade a que se submeteria a Administração Pública, uma vez que seriam estipuladas novas regras para candidatos conhecidos. Dessumiu-se inexistir direito líquido e certo dos impetrantes a ser tutelado. Alfim, cassou-se medida liminar deferida e julgou-se prejudicado agravo regimental interposto pela União. O Min. Gilmar Mendes registrou que o Tribunal tem admitido mandado de segurança manejado por órgão, geralmente, em situação típica de conflito entre eles. **MS 30822/DF, rel. Min. Ricardo Lewandowski, 5.6.2012. (MS-30822) (Inform. STF 669)**

CONCURSO PÚBLICO: CONTEÚDO PROGRAMÁTICO E VINCULAÇÃO AO EDITAL

Por reputar que os temas abordados nas questões impugnadas de prova escrita objetiva estariam contemplados no conteúdo programático de direito internacional do edital de concurso público destinado ao provimento de cargo de Procurador da República, a 2ª Turma conheceu, parcialmente, de mandado de segurança e, na parte conhecida, denegou a ordem. Os impetrantes sustentavam que sua eliminação na 1ª fase do certame decorrera do não alcance do percentual mínimo exigido em um dos grupos em que dividida a prova, já que determinadas assertivas teriam abordado assuntos não previstos no conteúdo programático. Reconheceu-se, de início, a prejudicialidade da ação, ante a perda superveniente de objeto, quanto a dois candidatos que, após o deferimento parcial de medida liminar, foram reprovados na etapa seguinte de provas escritas subjetivas. Assim, o feito seria apreciado apenas em relação ao impetrante remanescente, o qual lograra êxito em todos os estágios do concurso. De igual modo, declarou-se o prejuízo do exame do agravo regimental interposto pela União. No mérito, afirmou-se a existência de orientação da Corte no sentido da admissibilidade de controle jurisdicional da legalidade de concurso público quando verificada, em ofensa ao princípio da vinculação ao instrumento convocatório, a desconformidade entre as questões da prova e o programa descrito no edital do certame. Entretanto, concluiu-se que, no caso em apreço, o candidato pretendia conferir a essa jurisprudência alcance que ela não possuiria. Alfim, cassou-se a medida liminar anteriormente concedida. **MS 30894/DF, rel. Min. Ricardo Lewandowski, 8.5.2012. (MS-30894) (Inform. STF 665)**

CONCURSO PÚBLICO: EDITAL E PRINCÍPIO DA LEGALIDADE

A 1ª Turma denegou mandado de segurança no qual se alegava que, apesar da exigência, no edital de concurso público, de aprovação no teste de direção veicular, lei e portaria não preveriam essa aptidão para investidura no cargo. Asseverou-se que as etapas do presente certame prescindiriam de disposição expressa em lei em sentido formal e material, sendo bastante que estivessem estipuladas no edital, existente o nexo de causalidade em face das atribuições do cargo. Destacou-se inexistir lei com a estipulação das etapas do concurso, porém, o edital teria sido explícito. **MS 30177/DF, rel. Min. Marco Aurélio, 24.4. 2012.(MS-30177) (Inform. STF 663)**

CONCURSO PÚBLICO E TESTE DE APTIDÃO FÍSICA

Em julgamento conjunto, a 2ª Turma denegou mandados de segurança impetrados contra ato do Procurador-Geral da República, que eliminara candidatos de concurso público destinado ao provimento de cargo de Técnico de Apoio Especializado/Segurança, do quadro do Ministério Público da União - MPU. Os impetrantes alegavam que foram impedidos de participar da 2ª fase do certame, denominada "Teste de Aptidão Física", porquanto teriam apresentado atestados médicos genéricos, em desconformidade com o edital. Consignou-se que o Edital 1/2010 determinaria que os laudos médicos apresentados por ocasião do referido teste físico deveriam ser específicos para esse fim, bem como mencionar expressamente que o candidato estivesse "apto" a realizar o exame daquele concurso. Ademais, ressaltou-se a previsão de eliminação do certame dos que deixassem de apresentar o aludido atestado ou o fizessem em descompasso com o critério em comento. Destacou-se que o edital seria a lei do concurso e vincularia tanto a Administração Pública quanto os candidatos. Desse modo, não se vislumbrou ilegalidade ou abuso de poder. Por derradeiro, cassou-se a liminar anteriormente concedida no MS 29957/DF. **MS 29957/DF, rel. Min. Gilmar Mendes, 6.3.2012. (MS-29957),MS 30265/DF, rel. Min. Gilmar Mendes, 6.3.2012. (MS-30265) (Inform. STF 657)**

CONCURSO PÚBLICO: VAGAS PREVISTAS EM EDITAL E DIREITO SUBJETIVO À NOMEAÇÃO - 1

O Plenário desproveu recurso extraordinário interposto de acórdão do STJ que, ao reconhecer o direito subjetivo à nomeação de candidato aprovado em concurso público no limite do número de vagas definido no edital, determinara que ela fosse realizada. Entendeu-se, em síntese, que a Administração Pública estaria vinculada às normas do edital e que seria, inclusive, obrigada a preencher as vagas previstas para o certame dentro do prazo de validade do concurso. Acrescentou-se que essa obrigação só poderia ser afastada diante de excepcional justificativa, o que não ocorrera no caso. Após retrospecto acerca da evolução jurisprudencial do tema na Corte, destacou-se recente posicionamento no sentido de haver direito subjetivo à nomeação, caso as vagas estejam previstas em edital. Anotou-se não ser admitida a obrigatoriedade de a Administração Pública nomear candidato aprovado fora do número de vagas previstas, simplesmente pelo surgimento de nova vaga, seja por nova lei, seja decorrente de vacância. Observou-se que também haveria orientação no sentido de que, durante o prazo de validade de concurso público, não se permitiria que candidatos aprovados em novo certame ocupassem vagas surgidas ao longo do período, em detrimento daqueles classificados em evento anterior. Reputou-se que a linha de raciocínio acerca do tema levaria à conclusão de que o dever de boa-fé da Administração Pública exigiria respeito incondicional às regras do edital, inclusive quanto à previsão das vagas do concurso público. Afirmou-se que, de igual maneira, dever-se-ia garantir o respeito à segurança jurídica, sob a forma do princípio de proteção à confiança. O Min. Ricardo Lewandowski ressalvou inexistir direito líquido e certo. Ademais, enfatizou o dever de motivação por parte do Estado, se os aprovados dentro do número de vagas deixarem de ser nomeados. O Min. Ayres Britto, por sua vez, afirmou que o direito líquido e certo apenas surgiria na hipótese de candidato preterido, ou de ausência de nomeação desmotivada. RE 598099/MS, rel. Min. Gilmar Mendes, 10.8.2011. (RE-598099)

CONCURSO PÚBLICO: VAGAS PREVISTAS EM EDITAL E DIREITO SUBJETIVO À NOMEAÇÃO - 2

Explicou-se que, quando a Administração Pública torna público um edital de concurso, ela impreterivelmente geraria uma expectativa quanto ao seu comportamento segundo as regras previstas no edital. Assim, aqueles cidadãos que decidissem se inscrever para participar do certame depositariam sua confiança no Estado, que deveria atuar de forma responsável quanto às normas editalícias e observar o princípio da segurança jurídica como guia de comportamento. Ressaltou-se que a Constituição, em seu art. 37, IV, garantiria prioridade aos candidatos aprovados em concurso. Asseverou-se que, dentro do prazo de validade do certame, a Administração poderia escolher o momento no qual realizada a nomeação, mas não dispor sobre ela própria, a qual, de acordo com o edital, passaria a constituir um direito do concursando aprovado e, dessa forma, um dever imposto ao Poder Público. Em seguida, explicitou-se que esse direito à nomeação surgiria, portanto, quando realizadas as seguintes condições fáticas e jurídicas: a) previsão em edital de número específico de vagas a serem preenchidas pelos candidatos aprovados em concurso público; b) realização de certame conforme as regras do edital; c) homologação do concurso e proclamação dos aprovados dentro do número de vagas previsto, em ordem de classificação, por ato inequívoco e público da autoridade competente. Reputou-se que esse direito seria público subjetivo em face do Estado, fundado em alguns princípios informadores da organização do Poder Público no Estado Democrático de Direito, como o democrático de participação política, o republicano e o da igualdade. Dessa maneira, observou-se que a acessibilidade aos cargos públicos constituiria direito fundamental expressivo da cidadania, e limitaria a discricionariedade do Poder Público quanto à realização e gestão dos concursos públicos. A Min. Cármen Lúcia repisou que o princípio da confiança seria ligado ao da moralidade administrativa e que, nesse sentido, a Administração não possuiria poder discricionário absoluto. RE 598099/MS, rel. Min. Gilmar Mendes, 10.8.2011. (RE-598099)

CONCURSO PÚBLICO: VAGAS PREVISTAS EM EDITAL E DIREITO SUBJETIVO À NOMEAÇÃO - 3

Ressalvou-se a necessidade de se levar em conta situações excepcionalíssimas, a justificar soluções diferenciadas, devidamente motivadas de acordo com o interesse público. Essas situações deveriam ser dotadas das seguintes características: a) superveniência, ou seja, vinculadas a fatos posteriores à publicação do edital; b) imprevisibilidade, isto é, determinadas por circunstâncias extraordinárias; c) gravidade, de modo a implicar onerosidade excessiva, dificuldade ou mesmo impossibilidade de cumprimento efetivo das regras editalícias; d) necessidade, traduzida na ausência de outros meios, menos gravosos, de se lidar com as circunstâncias. Asseverou-se a importância de que a recusa de nomear candidato aprovado dentro do número de vagas seja devidamente motivada e, dessa forma, passível de controle pelo Poder Judiciário. Por fim, reafirmou-se a jurisprudência da Corte segundo a qual não se configuraria preterição quando a Administração realizasse nomeações em observância a decisão judicial. Ratificou-se, de igual modo, a presunção de existência de disponibilidade orçamentária quando houver preterição na ordem classificatória, inclusive da decorrente de contratação temporária. Salientou-se, além disso, que o pedido de nomeação e posse em cargo público para o qual o candidato fora aprovado, em concurso público, dentro do número de vagas, não se confundiria com o pagamento de vencimentos, conseqüência lógica da investidura do cargo. RE 598099/MS, rel. Min. Gilmar Mendes, 10.8.2011. (RE-598099) (Inform. STF 635)

CONCURSO PÚBLICO: TESTES DE APTIDÃO FÍSICA E DIREÇÃO VEICULAR

Em julgamento conjunto, a 2ª Turma denegou mandados de segurança impetrados contra atos do Procurador-Geral da República, consistentes na exigência de testes de aptidão física e de direção veicular, na realização de Concurso Público destinado ao provimento de cargos de Técnico de Apoio Especializado/Segurança e de Técnico de Apoio Especializado/Transporte, dos quadros do Ministério Público da União – MPU. As impetrações alegavam ausência de previsão dessas exigências na Lei 11.415/2006, que disciplina as carreiras dos servidores do MPU, ou na Portaria PGR/MPU 68/2010, que fixa as atribuições básicas e os requisitos de investidura. Aduziam ainda, em algumas ações, que as aptidões exigidas não se coadunavam com as atribuições dos cargos pleiteados. Nos casos, alguns impetrantes foram reprovados na 2ª fase do certame, denominada "Teste de Aptidão Física" e outros, na 3ª fase, denominada "Teste de Direção Veicular", após devidamente aprovados na prova objetiva. Consignou-se que a Lei 11.415/2006 — ao estabelecer a necessidade de "provas" para o ingresso no MPU, sem especificá-las, e ao determinar que as atribuições dos cargos fossem fixadas por regulamento — permitira que as referidas "provas" fossem elaboradas de acordo com a natureza e complexidade de cada cargo, o que atenderia de forma direta aos ditames constitucionais. Apontou-se que as atribuições previstas para o cargo de motorista e também aquelas para a área de segurança demandariam condicionamento físico adequado, o que demonstraria a estrita pertinência da exigência do teste de aptidão física com as atribuições do cargo. Destacou-se que, além de pertinente às prerrogativas do cargo de motorista, seria legítimo à Administração Pública selecionar candidatos com a melhor qualificação, podendo impor não somente a mera apresentação da carteira nacional de habilitação específica, como a comprovação, na prática, de habilidade na condução de veículos. Por derradeiro, julgaram-se prejudicados os agravos regimentais interpostos e cassaram-se as liminares anteriormente concedidas. MS 30130/DF, rel. Min. Gilmar Mendes, 6.9.2011. (MS-30130) MS 30242/DF, rel. Min. Gilmar Mendes, 6.9.2011. (MS-30242) MS 29945/DF, rel. Min. Gilmar Mendes, 6.9.2011. (MS-29945) (Inform. STF 639)

SIMILITUDE DAS FORMAS E COMUNICAÇÃO DE ATO A CANDIDATO EM CONCURSO PÚBLICO

Em observância à regra da similitude das formas, a 2ª Turma concedeu mandado de segurança para determinar a realização de perícia médica, com a conseqüente habilitação da impetrante para concorrer à vaga especial em concurso público, caso assim se enquadre. Na espécie, a candidata realizara sua inscrição na condição de pessoa com deficiência e, posteriormente, tomara conhecimento da negativa de seu pedido por via postal. Ao constatar erro material, a banca examinadora do certame a convocara, por via editalícia, para comparecer à perícia médica, publicação essa que a candidata não tivera ciência. Destacou-se que a empresa responsável pelo concurso deveria diligenciar para que a concorrente fosse chamada para a avaliação pericial pelo mesmo meio com o qual fora cientificada do indeferimento de sua inscrição naquela condição. Por fim, julgou-se prejudicado o agravo regimental. MS 30604 AgR/DF, rel. Min. Gilmar Mendes, 29.11.2011. (MS-30604) (Inform. STF 650)

ADI E PROCURADORIAS ESPECIAIS ESTADUAIS – 1

Ante violação ao princípio do concurso público (CF, art. 37, II), o Plenário julgou parcialmente procedente pedido formulado em ação direta, proposta pelo Governador do Estado de Rondônia, a fim de declarar inconstitucionais os artigos 254 das Disposições Gerais e 10 das Disposições Transitórias, ambos da Constituição rondoniense (*"Art. 254. Os Procuradores do Tribunal de Contas do Estado serão escolhidos: I - dois pelo próprio Tribunal dentre advogados do serviço público, concursados na forma da lei; II - cinco pela Assembléia Legislativa, obedecendo aos mesmos critérios estabelecidos no inciso anterior. Parágrafo único. Um quinto dos procuradores escolhidos pela Assembléia Legislativa será indicado pela Ordem dos Advogados do Brasil, em lista tríplice, enviada à Assembléia; Art. 10 - A Procuradoria-Geral da Assembléia Legislativa do Estado de Rondônia será composta pelos integrantes do Grupo Ocupacional Serviços Jurídicos, concursados na forma da lei, transformada numa classe única de Procuradores"*). Assentou-se, ainda, a constitucionalidade dos artigos 252, 253 e 255 do mesmo diploma. Os dispositivos em comento versam sobre a criação de procuradorias especiais para representação judicial da assembléia legislativa e do tribunal de contas daquele ente federativo e disciplinam o provimento dos cargos destas. ADI 94/RO, rel. Min. Gilmar Mendes, 7.12.2011. (ADI-94)

ADI E PROCURADORIAS ESPECIAIS ESTADUAIS - 2

De início, esclareceu-se que as alterações introduzidas na redação dos artigos 252 das Disposições Gerais e 10 das Disposições Transitórias pela Emenda Constitucional Estadual 54/2007 não os teriam alterado substancialmente, logo, não haveria perda de objeto. Em seguida, asseverou-se a possibilidade de existência de carreiras especiais para representação judicial das assembléias e dos tribunais de contas nos casos em que estes necessitassem praticar, em juízo e em nome próprio, atos processuais na defesa de sua autonomia e independência em face dos demais Poderes. Sublinhou-se, outrossim, que essas procuradorias poderiam ser responsáveis pela consultoria e pelo assessoramento jurídico dos demais órgãos da assembléia e do tribunal de contas. Ademais, tendo em vista a alteração na Constituição da República, estabelecida pela EC 19/98, consignou-se a não-prejudicialidade da ação em curso, de modo que se imporia a verificação da constitucionalidade das normas impugnadas em relação aos dois paradigmas constitucionais. No ponto, não se observou qualquer ofensa ao art. 135 da CF, seja na sua redação original, seja na atual. Isso porque a extensão disposta no § 3 º do art. 253 (*"Art. 253. A Procuradoria-Geral do Tribunal de Contas do Estado, integrada por sete Procuradores, é o órgão que representa o Tribunal, judicial e extrajudicialmente, cabendo-lhe, nos termos da lei complementar que dispuser sobre a sua organização e funcionamento, as atividades de consultoria e assessoramento jurídico do Tribunal de Contas do Estado ... § 3°. Aplicam-se às disposições do art. 252 e deste artigo os princípios do art. 135 da Constituição Federal"*) da Constituição estadual não violaria o princípio da isonomia, na medida em que os cargos da procuradoria-geral da assembléia legislativa e do tribunal de contas da respectiva unidade da federação possuiriam atribuições assemelhadas aos da procuradoria do Estado, bem como porquanto a novel dicção remeter-se-ia ao art. 39, § 4º, da CF, que determina a remuneração exclusivamente por subsídio, fixado em parcela única. Nesse contexto, frisou-se que o mencionado dispositivo estadual teria sido recebido pelo novo texto da Constituição Federal. Quanto ao art. 255 da Carta estadual, afirmou-se que a fixação de competência do presidente do tribunal de contas local para nomear os respectivos procuradores seria compatível com o modelo federal. Por fim, no tocante aos preceitos reputados inconstitucionais, enfatizou-se que o aproveitamento de titulares de outra investidura não seria permitido pela Constituição da República, uma vez que haveria ingresso em carreira diversa sem o certame público exigido constitucionalmente. ADI 94/RO, rel. Min. Gilmar Mendes, 7.12.2011. (ADI-94) (Inform. STF 651)

RE N. 600.885-RS

RELATORA: MIN. CÁRMEN LÚCIA

EMENTA: DIREITO CONSTITUCIONAL E ADMINISTRATIVO. CONCURSO PÚBLICO PARA INGRESSO NAS FORÇAS ARMADAS: CRITÉRIO DE LIMITE DE IDADE FIXADO EM EDITAL. REPERCUSSÃO GERAL DA QUESTÃO CONSTITUCIONAL. SUBSTITUIÇÃO DE PARADIGMA. ART. 10 DA LEI N. 6.880/1980. ART. 142, § 3º, INCISO X, DA CONSTITUIÇÃO DA REPÚBLICA. DECLARAÇÃO DE NÃO-RECEPÇÃO DA NORMA COM MODULAÇÃO DE EFEITOS. DESPROVIMENTO DO RECURSO EXTRAORDINÁRIO. **1.** Repercussão geral da matéria constitucional reconhecida no Recurso Extraordinário n. 572.499: perda de seu objeto; substituição pelo Recurso Extraordinário n. 600.885. **2.** O art. 142, § 3º, inciso X, da Constituição da República, é expresso ao atribuir exclusivamente à lei a definição dos requisitos para o ingresso nas Forças Armadas. **3.** A Constituição brasileira determina, expressamente, os requisitos para o ingresso nas Forças Armadas, previstos em lei: referência constitucional taxativa ao critério de idade. Descabimento de regulamentação por outra espécie normativa, ainda que por delegação legal. **4.** Não foi recepcionada pela Constituição da República de 1988 a expressão *"nos regulamentos da Marinha, do Exército e da Aeronáutica"* do art. 10 da Lei n. 6.880/1980. **5.** O princípio da segurança jurídica impõe que, mais de vinte e dois anos de vigência da Constituição, nos quais dezenas de concursos foram realizados se observando aquela regra legal, modulem-se os efeitos da não-recepção: manutenção da validade dos limites de idade fixados em editais e regulamentos fundados no art. 10 da Lei n. 6.880/1980 até 31 de dezembro de 2011. **6.** Recurso extraordinário desprovido, com modulação de seus efeitos. (Inform. STF 633) *noticiado no Informativo 615

CONCURSO PÚBLICO E PRINCÍPIO DA ISONOMIA

A 1ª Turma proveu recurso extraordinário para assentar a impossibilidade de que fossem exigidos requisitos de candidatos em concurso público — que lograram êxito no prosseguimento do certame pela via judicial —, não impostos àqueles que permaneceram na disputa sem intervenção do Poder Judiciário. Ressaltou-se, nesse sentido, que os recorrentes já teriam sido prejudicados por terem a seqüência do concurso obstaculizada, muito embora logrado êxito judicialmente. RE 596482/RJ, rel.Min. Marco Aurélio, 7.6.2011. (RE-596482) (Inform. STF 630)

CONCURSO PÚBLICO E PRINCÍPIO DA ISONOMIA

A 2ª Turma deu provimento a recurso extraordinário em que discutida a preterição de candidatos *sub judice* na fase de curso de formação. No caso, em virtude de decisão liminar, os ora recorridos repetiram teste de aptidão física para provimento do cargo de policial militar. Nessa nova oportunidade, lograram êxito no exame. Ajuizaram, pois, segunda ação ordinária, com pedido de medida liminar, porque teriam sido preteridos na convocação de curso de formação. Deferida essa medida, os candidatos prosseguiram no certame. Ao julgar procedente o mérito da ação, o tribunal de origem entendera que a Administração Pública utilizara-se de autotutela para invalidar a primeira prova física e convocar, espontaneamente, os aspirantes ao cargo para nova avaliação. Por isso, o acórdão impugnado dispusera não subsistir óbice para que os aprovados no referido teste participassem das demais etapas dispostas no edital. O Estado-membro recorrente, então, alegava afronta aos artigos 5º, *caput*, e 37, *caput*, da CF (*"Art. 5º Todos são iguais perante a lei, sem distinção de qualquer natureza, garantindo-se aos brasileiros e aos estrangeiros residentes no País a inviolabilidade do direito à vida, à liberdade, à igualdade, à segurança e à propriedade, nos termos seguintes"; "Art. 37 A administração pública direta e indireta de qualquer dos Poderes da União, dos Estados, do Distrito Federal e dos Municípios obedecerá aos princípios de legalidade, impessoalidade, moralidade, publicidade e eficiência e, também, ao seguinte"*). Argüia que o chamamento dos candidatos para realização de nova prova não fora voluntário, mas derivado de provimentos judiciais. Inicialmente, assentou-se que os recorridos teriam participado do certame apenas em decorrência de provimentos jurisdicionais precários e efêmeros. Ademais, entendeu-se que o reconhecimento de segunda chance aos recorridos em detrimento de todos os demais candidatos reprovados no teste físico violaria, patentemente, o preceito constitucional da isonomia. Por fim, enfatizou-se ser inaplicável a teoria do fato consumado em matéria de concurso público. RE 543389/DF, rel. Min. Gilmar Mendes, 7.6.2011. (RE-543389) (Inform. STF 630)

REPERCUSSÃO GERAL EM RE N. 611.874-DF

RELATOR: MIN. DIAS TOFFOLI

EMENTA: DIREITO CONSTITUCIONAL E ADMINISTRATIVO. MANDADO DE SEGURANÇA. PRETENDIDA AUTORIZAÇÃO PARA REALIZAÇÃO DE ETAPA DE CONCURSO PÚBLICO EM HORÁRIO DIVERSO DAQUELE DETERMINADO PELA COMISSÃO ORGANIZADORA DO CERTAME POR FORÇA DE CRENÇA RELIGIOSA. PRINCÍPIOS CONSTITUCIONAIS EM CONFLITO. MATÉRIA PASSÍVEL DE REPETIÇÃO EM INÚMEROS PROCESSOS. REPERCUSSÃO GERAL RECONHECIDA. (Inform. STF 630)

RE N. 581.113-SC

RELATOR: MIN. DIAS TOFFOLI

Concurso público. Criação, por lei federal, de novos cargos durante o prazo de validade do certame. Posterior regulamentação editada pelo Tribunal Superior Eleitoral a determinar o aproveitamento, para o preenchimento daqueles cargos, de aprovados em concurso que estivesse em vigor à data da publicação da Lei. 1. A Administração, é certo, não está obrigada a prorrogar o prazo de validade dos concursos públicos; porém, se novos cargos vêm a ser criados, durante tal prazo de validade, mostra-se de todo recomendável que se proceda a essa prorrogação. 2. Na hipótese de haver novas vagas, prestes a serem preenchidas, e razoável número de aprovados em concurso ainda em vigor quando da edição da Lei que criou essas novas vagas, não são justificativas bastantes para o indeferimento da prorrogação da validade de certame público razões de política administrativa interna do Tribunal Regional Eleitoral que realizou o concurso. 3. Recurso extraordinário provido. (Inform. STF 629) *noticiado no Informativo 622

DEFENSORIA PÚBLICA E PRINCÍPIO DO CONCURSO PÚBLICO

Por entender caracterizada ofensa ao princípio do concurso público (CF, artigos 37, II e 134), o Plenário julgou procedente ação direta ajuizada pelo Governador do Estado do Pará para declarar a inconstitucionalidade do art. 84 da Lei Complementar paraense 54/2006, que autoriza a contratação precária de advogados para exercer a função de defensores públicos *"até a realização de concurso público"*. Considerou-se que a forma de recrutamento prevista na norma impugnada não se coadunaria com a Constituição, quer em sua parte permanente, quer na transitória. Destacou-se o art. 22 do ADCT, que assegurou aos defensores — em pleno exercício, à época da instalação dos trabalhos da assembléia constituinte, e que optassem pela carreira — a possibilidade de permanecerem como servidores, tão efetivos quanto estáveis (ADCT: *"Art. 22. É assegurado aos defensores públicos investidos na função até a data de instalação da Assembléia Nacional Constituinte o direito de opção pela carreira, com a observância das garantias e vedações previstas no art. 134, parágrafo único, da Constituição"*). No mérito, aplicou-se entendimento fixado em precedentes desta Corte no sentido de se assentar a inconstitucionalidade de lei estadual que autorize o Poder Executivo a celebrar contratos administrativos de desempenho de função de defensor público. Concluiu-se por convalidar as atuações dos defensores temporários, sem, no entanto, modular os efeitos da decisão, por não haver comprometimento da prestação da atividade-fim, haja vista existirem 291 defensores públicos distribuídos em 350 comarcas. ADI 4246/PA, rel. Min. Ayres Britto, 26.5.2011. (ADI-4246) (Inform. STF 628)

ADI N. 3.116-AP

RELATORA: MIN. CÁRMEN LÚCIA

EMENTA: AÇÃO DIRETA DE INCONSTITUCIONALIDADE. LEI AMAPAENSE N. 765/2003. CONTRATAÇÃO POR TEMPO DETERMINADO DE PESSOAL PARA PRESTAÇÃO DE SERVIÇOS PERMANENTES: SAÚDE; EDUCAÇÃO; ASSISTÊNCIA JURÍDICA; E, SERVIÇOS TÉCNICOS. NECESSIDADE TEMPORÁRIA E EXCEPCIONAL INTERESSE PÚBLICO NÃO CONFIGURADOS. DESCUMPRIMENTO DOS INCISOS II E IX DO ART. 37 DA CONSTITUIÇÃO DA REPÚBLICA. EXIGÊNCIA DE CONCURSO PÚBLICO. PRECEDENTES. AÇÃO DIRETA DE INCONSTITUCIONALIDADE JULGADA PROCEDENTE. (Inform. STF 628) *noticiado no Informativo 623

ADI N. 3.795-DF

RELATOR: MIN. AYRES BRITTO

EMENTA: AÇÃO DIRETA DE INCONSTITUCIONALIDADE. ART. 4º DA LEI 3.769, DE 26 DE JANEIRO DE 2006, QUE VEDA A REALIZAÇÃO DE PROCESSO SELETIVO PARA O RECRUTAMENTO DE ESTAGIÁRIOS PELOS ÓRGÃOS E ENTIDADES DO PODER PÚBLICO DO DISTRITO FEDERAL. VIOLAÇÃO AOS PRINCÍPIOS DA IGUALDADE (ART. 5º, *CAPUT*) E DA IMPESSOALIDADE (*CAPUT* DO ART. 37). Ação direta procedente. (Inform. STF 628) *noticiado no Informativo 617

ANULAÇÃO DE CONCURSO PÚBLICO: INTIMAÇÃO DE INTERESSADOS E VINCULAÇÃO AO EDITAL - 1

O Plenário iniciou julgamento de uma série de mandados de segurança impetrados contra ato do Conselho Nacional de Justiça — CNJ que, em procedimentos de controle administrativo, determinara a desclassificação de todos os candidatos que obtiveram nota inferior a 77 pontos nas provas objetivas do Concurso Público para Provimento de Cargos de Juiz Substituto no Estado de Minas Gerais, instituído pelo Edital 1/2009. No caso, publicado o gabarito preliminar da primeira fase do certame, vários candidatos interpuseram recursos contra algumas questões. Antes do exame desses recursos, a comissão julgadora divulgara a nota de corte em 75 pontos, para fins de convocação dos candidatos à etapa seguinte (provas escritas). Ocorre que, com a apreciação dos recursos, foram anuladas 3 questões e a entidade contratada para realizar o certame não computara os pontos decorrentes dessa anulação. Dessa forma, publicara a lista dos candidatos habilitados para a segunda etapa, considerados os pontos relativos aos itens anulados, mas mantivera a pontuação mínima exigida anteriormente (75 pontos), sob os seguintes motivos: a) não anular o concurso; b) viabilizar o certame e não excluir candidatos, uma vez que este seria o objetivo da nota de corte; c) não penalizar os candidatos que teriam tomado conhecimento de sua classificação por erro material; d) dar prosseguimento ao concurso sem atropelos; e e) existirem precedentes em situações análogas. Realizadas as provas escritas, sobreviera o acórdão ora impugnado. Sustenta-se transgressão ao contraditório e à ampla defesa, bem como ao art. 94 do RICNJ, haja vista que os candidatos com pontuação entre 75 e 76 que constavam da primeira lista foram excluídos do concurso sem que lhes fosse oportunizada manifestação. A Min. Cármen Lúcia, relatora, deferiu medida cautelar para garantir a manutenção dos impetrados no certame e ressalvara que eventual nomeação e posse estariam condicionadas à apreciação do mérito do *writ*. MS 28603/DF, rel. Min. Cármen Lúcia, 18.5.2011. (MS-28603) MS 28594/DF, rel. Min. Cármen Lúcia, 18.5.2011. (MS-28594) MS 28651/DF, rel. Min. Cármen Lúcia, 18.5.2011. (MS-28651) MS 28666/DF, rel. Min. Cármen Lúcia, 18.5.2011. (MS-28666)

ANULAÇÃO DE CONCURSO PÚBLICO: INTIMAÇÃO DE INTERESSADOS E VINCULAÇÃO AO EDITAL - 2

A relatora denegou a segurança por reputar inexistente direito líquido e certo dos impetrantes. Enfatizou a necessidade de analisar se a decisão do CNJ violaria os princípios da vinculação aos termos do edital e da razoabilidade. Primeiramente, assentou a competência do CNJ para julgar o pleito e não da comissão organizadora do certame. Em seguida, acentuou que o acórdão questionado estaria fundado nos postulados da impessoalidade e da legalidade. Aduziu, ainda, que a aludida comissão tentara reparar o vício de procedimento com a realização de outra irregularidade, porquanto deveria ter anulado o ato viciado, com a conseqüente desconstituição de seus efeitos. Assim, entendeu que não se poderia falar em razoabilidade do ato do TJMG ao permitir que constasse da lista de classificados na prova objetiva de múltipla escolha mais de 500 candidatos em detrimento de norma expressa e taxativa do edital. Observou que esse favorecimento de um grupo malferiria os princípios da isonomia e da impessoalidade. Afastou, ademais, a alegada similitude com precedentes relativos ao concurso para ingresso na magistratura do Estado de São Paulo. No que concerne ao argumento de desrespeito ao devido processo legal e aos seus corolários no âmbito administrativo, realçou que a invalidação do ato da Corte local não decorrera de seu poder de autotutela, mas de determinação do CNJ, mediante procedimentos instaurados por provocação de outros candidatos. Acrescentou que o reconhecimento, pelo STF, de que a comissão organizadora não poderia desconsiderar os termos do edital mitigaria — quando não anularia a utilidade de reapreciação dessa matéria pelo CNJ — a observância do contraditório e da ampla defesa, especialmente porque considerada a manifesta impossibilidade de os interessados apresentarem situação particular apta a alterar a conclusão do CNJ sobre matéria eminentemente jurídica. MS 28603/DF, rel. Min. Cármen Lúcia, 18.5.2011. (MS-28603) MS 28594/DF, rel. Min. Cármen Lúcia, 18.5.2011. (MS-28594) MS 28651/DF, rel. Min. Cármen Lúcia, 18.5.2011. (MS-28651) MS 28666/DF, rel. Min. Cármen Lúcia, 18.5.2011. (MS-28666)

ANULAÇÃO DE CONCURSO PÚBLICO: INTIMAÇÃO DE INTERESSADOS E VINCULAÇÃO AO EDITAL - 3

Ao superar essa dificuldade, afirmou que o desfazimento do ato do CNJ não seria a solução que melhor atenderia aos princípios da inafastabilidade da jurisdição, da segurança jurídica, da razoabilidade, da economia processual, tendo em conta as peculiaridades do presente feito. Assinalou que a reabertura dos processos administrativos impugnados somente postergaria situação geradora de insegurança. Consignou que a reapreciação, pelo CNJ, deveria implicar o mesmo resultado do primeiro julgamento, haja vista os termos exaustivos do edital e a constatação de inexistência de circunstância pessoal ou de fato. Reiterou, por outro lado, que essa opção seria possível apenas quando envolvido tema eminentemente jurídico, cujo deslinde não dependesse da apreciação de matéria de fato ou de circunstâncias pessoais relativas aos interessados na manutenção do ato. Asseverou, também, que a opção pela via judicial denotaria a falta de interesse dos autores de verem suas razões contempladas na esfera administrativa, o que evidenciaria a prescindibilidade dessa análise. Ademais, enfatizou que, se a função jurisdicional do Poder Judiciário se limitasse a exigir o refazimento do processo administrativo no CNJ — para que os administrados pudessem apresentar a mesma matéria agora submetida à via judicial —, ocorreria desprestígio da atuação do STF. Registrou, por derradeiro, que a conjuntura advinda do ato reformado perdurara por brevíssimo tempo (pouco mais de 3 meses), em virtude de atuação célere e tempestiva do CNJ, de modo a se repelir a colimada estabilidade da situação criada. MS 28603/DF, rel. Min. Cármen Lúcia, 18.5.2011. (MS-28603) MS 28594/DF, rel. Min. Cármen Lúcia, 18.5.2011. (MS-28594) MS 28651/DF, rel. Min. Cármen Lúcia, 18.5.2011. (MS-28651) MS 28666/DF, rel. Min. Cármen Lúcia, 18.5.2011. (MS-28666)

ANULAÇÃO DE CONCURSO PÚBLICO: INTIMAÇÃO DE INTERESSADOS E VINCULAÇÃO AO EDITAL - 4

Em divergência, o Min. Marco Aurélio, ao destacar preliminar de mérito, concedeu a ordem. Enfatizou que a noção de devido processo seria extensível ao processo administrativo. Dessa forma, asseverou não ser possível a mudança de situação jurídica aperfeiçoada, ante ato administrativo de um tribunal de justiça, sem o conhecimento do interessado para que, uma vez intimado, apresentasse defesa. Citou jurisprudência do STF segundo a qual não é válida a intimação ficta dos interessados que não teriam conhecimento do processo administrativo no próprio CNJ (MS 25962/DF, DJe de 20.3.2009). Frisou que essa orientação ocasionara, inclusive, alteração do regimento interno desse órgão de controle (art. 49). Diante desse fato, bem como da peculiaridade da espécie, apontou a incidência do art. 249 do CPC (*"Art. 249. O juiz, ao pronunciar a nulidade, declarará que atos são atingidos, ordenando as providências necessárias, a fim de que sejam repetidos, ou retificados. § 1o O ato não se repetirá nem se lhe suprirá a falta quando não prejudicar a parte. § 2o Quando puder decidir do mérito a favor da parte a quem aproveite a declaração da nulidade, o juiz não a pronunciará nem mandará repetir o ato, ou suprir-lhe a falta"*). Após os votos dos Ministros Celso de Mello e Cezar Peluso, Presidente, que acompanharam a divergência, pediu vista o Min. Luiz Fux. MS 28603/DF, rel. Min. Cármen Lúcia, 18.5.2011. (MS-28603) MS 28594/DF, rel. Min. Cármen Lúcia, 18.5.2011. (MS-28594) MS 28651/DF, rel. Min. Cármen Lúcia, 18.5.2011. (MS-28651) MS 28666/DF, rel. Min. Cármen Lúcia, 18.5.2011. (MS-28666)

ANULAÇÃO DE CONCURSO PÚBLICO: INTIMAÇÃO DE INTERESSADOS E VINCULAÇÃO AO EDITAL - 5

Em conclusão, o Plenário, por maioria, concedeu mandados de segurança a fim de declarar a validade da participação dos impetrantes até o final do certame, segundo o resultado deste. No caso, tratava-se de *writs* impetrados contra ato do Conselho Nacional de Justiça - CNJ que, em procedimentos de controle administrativo, determinara a desclassificação de todos os candidatos que obtiveram nota inferior a 77 pontos nas provas objetivas do Concurso Público para Provimento de Cargos de Juiz Substituto no Estado de Minas Gerais, instituído pelo Edital 1/2009 — v. Informativo 627. Prevaleceu o voto do Min. Marco Aurélio, ao enfatizar que a noção de devido processo seria extensível ao processo administrativo. Dessa forma, asseverou não ser possível a mudança de situação jurídica aperfeiçoada, ante ato administrativo de tribunal de justiça, sem o conhecimento do interessado para que, uma vez intimado, apresentasse defesa. Citou jurisprudência do STF, segundo a qual não é válida a intimação ficta dos interessados que não teriam conhecimento do processo administrativo no próprio CNJ (MS 25962/DF, DJe de 20.3.2009). Frisou que essa orientação ocasionara, inclusive, alteração do regimento interno desse órgão de controle (art. 49). Diante desse fato, bem como da peculiaridade da espécie, apontou a incidência do art. 249 do CPC ("*O juiz, ao pronunciar a nulidade, declarará que atos são atingidos, ordenando as providências necessárias, a fim de que sejam repetidos, ou retificados. § 1º O ato não se repetirá nem se lhe suprirá a falta quando não prejudicar a parte. § 2º Quando puder decidir do mérito a favor da parte a quem aproveite a declaração da nulidade, o juiz não a pronunciará nem mandará repetir o ato, ou suprir-lhe a falta*"). Outrossim, registrou que, ao final do concurso, sobraram vagas a serem preenchidas, o que demonstraria a inexistência de prejuízo para os candidatos.

ANULAÇÃO DE CONCURSO PÚBLICO: INTIMAÇÃO DE INTERESSADOS E VINCULAÇÃO AO EDITAL - 6

O Min. Luiz Fux acrescentou que o CNJ, ao considerar inválida a admissão dos candidatos "excedentes", teria pretendido sobrepor regra editalícia à própria Constituição, da qual se extraem os princípios da proteção da confiança legítima, inerente à segurança jurídica (CF, art. 5º, *caput*), e o da moralidade (CF, art. 37, *caput*). Assinalou que a anulação de questões, fator que permitira a modificação da lista de aprovados na primeira fase, resultara de erro da própria Administração Pública. Desse modo, tendo a falha primordial partido do Estado, e não dos administrados, o ato que excluíra os ora impetrantes do concurso iria de encontro ao princípio segundo o qual ninguém pode se valer da própria torpeza. Afirmou que, como todos aqueles que seriam aprovados sem a anulação das questões teriam sido mantidos no concurso, bem assim aqueloutros que só poderiam prosseguir no exame em virtude de repontuação, não haveria prejuízo a ensejar nulidade (*pas de nullité sans grief*), pois a ampliação do número de aprovados decorrera de critérios objetivos e impessoais. Ademais, reputou indefensável a declaração de nulidade do ato impugnado em face: a) da inexistência de prejuízo a terceiros; b) do fato de que a Administração fora beneficiada ao alargar as chances de selecionar candidatos qualificados; c) da legítima expectativa dos impetrantes, a qual deveria ser protegida; e d) da impessoalidade da premissa que dilatara o rol de aprovados.

ANULAÇÃO DE CONCURSO PÚBLICO: INTIMAÇÃO DE INTERESSADOS E VINCULAÇÃO AO EDITAL - 7

O Min. Dias Toffoli, por sua vez, consignou que o Estado-administrador ou gestor — tribunal de justiça — considerara habilitados, em primeiro momento, participantes classificados acima do limite editalício na segunda fase do certame, donde, evidentemente, consubstanciara-se interesse justificado deles na realização da prova. Isso porque eles poderiam ter se mudado, feito cursos ou até mesmo deixado o trabalho por conta dessa aprovação. Ponderou que, posteriormente, o Estado-fiscalizador — CNJ — dispusera que o Estado-gestor errara na sua atuação, pois não cumprira a Lei 9.784/99, tampouco a premissa constitucional da garantia do devido processo legal e da ampla defesa, inclusive, em processo administrativo. Explicitou que, a partir do momento em que o Estado convocara os candidatos para a consecução do exame, eles tinham o direito de se defender no processo administrativo do CNJ, pois não se poderia admitir que o cidadão, enquanto jurisdicionado e administrado, fosse feito de "joguete" entre os órgãos e as instituições estatais. Destacou, também, que o critério utilizado pela banca examinadora teria se pautado pela objetividade, de sorte que não se afrontara o princípio constitucional da impessoalidade.

ANULAÇÃO DE CONCURSO PÚBLICO: INTIMAÇÃO DE INTERESSADOS E VINCULAÇÃO AO EDITAL - 8

O Min. Ricardo Lewandowski, a seu turno, sublinhou que, na situação dos autos, não seria adequado anular-se o concurso ou não se permitir que os candidatos classificados além das 500 primeiras colocações pudessem ocupar as respectivas vagas. Ocorre que tiveram legítima expectativa de prosseguirem no certame após anulação de questões, bem assim porque já teriam sido aprovados, o que indicaria situação já consolidada. No ponto, realçou os princípios da ampla defesa, do contraditório e do devido processo legal, bem como o da proteção da boa-fé dos administrados e o da razoabilidade. O Min. Ayres Britto esclareceu que não ocorrera alteração das regras do edital, uma vez que teria havido redução da nota de corte em virtude da anulação de três questões, e não por vontade simples da Administração Pública. Ressurtiu, então, que, como não se estaria a discutir a legalidade do ato que anulara essas questões, seria impositivo conceder a segurança. Vencida a Min. Cármen Lúcia, relatora, que assentava a impossibilidade de flexibilização do edital, porquanto configuraria lei interna do certame. Igualmente, entendia que permitir que constasse da lista de classificados da prova objetiva mais candidatos do que inicialmente previsto — depois de serem estes conhecidos pela Administração Pública — malferiria os princípios da impessoalidade e da isonomia. MS 28603/DF, rel. orig. Min. Cármen Lúcia, red. p/ o acórdão Min. Marco Aurélio, 6.10.2011. (MS-28603) MS 28594/DF, rel. orig. Min. Cármen Lúcia, red. p/ o acórdão Min. Marco Aurélio, 6.10.2011. (MS-28594) MS 28651/DF, rel. orig. Min. Cármen Lúcia, red. p/ o acórdão Min. Marco Aurélio, 6.10.2011. (MS-28651) MS 28666/DF, rel. orig. Min. Cármen Lúcia, red. p/ o acórdão Min. Marco Aurélio, 6.10.2011. (MS-28666) (Inform. STF 643)

AG. REG. EM MS N. 29.874-DF

RED. P/ O ACÓRDÃO: MIN. GILMAR MENDES

Agravo em mandado de segurança. 1. Concurso Público. 2 Impetração contra a eliminação do candidato na fase de Teste de Aptidão Física, que se aponta como ilegal. 3. Preliminar de Decadência. Termo inicial do prazo decadencial: data do efetivo prejuízo capaz de configurar violação a direito líquido e certo – no caso, eliminação no Teste de Aptidão Física. 4. Decadência afastada para determinar o prosseguimento do *writ*. Agravo a que se dá provimento. (Inform. STF 627) *noticiado no Informativo 610

ADI N. 3.830-RS

RELATOR: MIN. MARCO AURÉLIO

AÇÃO DIRETA DE INCONSTITUCIONALIDADE – ADVOCACIA-GERAL DA UNIÃO – DEFESA. Conforme disposto no artigo 103, § 3º, do Diploma Maior, cumpre ao Advogado-Geral da União defender o ato ou o texto ao qual se atribui a pecha de inconstitucionalidade – considerações. CONCURSO PÚBLICO – SERVIÇO DE NOTAS E DE REGISTROS – TÍTULOS. Não conflitam com a Carta da República preceitos direcionados a conferir pontuação a títulos concernentes às funções notarial e de registro bem como à prática da advocacia ou ao exercício da magistratura e da promotoria. Harmonia do artigo 16, incisos IV a XIII, da Lei nº 11.183/98, do Estado do Rio Grande do Sul, com a Constituição Federal. (Inform. STF 626) *noticiado no Informativo 617

MS N. 28.279-DF

RELATORA: MIN. ELLEN GRACIE

MANDADO DE SEGURANÇA. ATIVIDADE NOTARIAL E DE REGISTRO. INGRESSO. CONCURSO PÚBLICO. EXIGÊNCIA. ARTIGO 236, PARÁGRAFO 3º, DA CONSTITUIÇÃO FEDERAL. NORMA AUTO-APLICÁVEL. DECADÊNCIA PREVISTA NO ARTIGO 54 DA LEI 9.784/1999. INAPLICABILIDADE A SITUAÇÕES INCONSTITUCIONAIS. PREVALÊNCIA DOS PRINCÍPIOS REPUBLICANOS DA IGUALDADE, DA MORALIDADE E DA IMPESSOALIDADE. SUBSTITUTO EFETIVADO COMO TITULAR DE SERVENTIA APÓS A PROMULGAÇÃO DA CONSTITUIÇÃO FEDERAL. IMPOSSIBLIDADE. ORDEM DENEGADA.

1. O art. 236, § 3º, da Constituição Federal é norma auto-aplicável.

2. Nos termos da Constituição Federal, sempre se fez necessária a submissão a concurso público para o devido provimento de serventias extrajudiciais eventualmente vagas ou para fins de remoção.

3. Rejeição da tese de que somente com a edição da Lei 8.935/1994 teria essa norma constitucional se tornado auto-aplicável.

4. Existência de jurisprudência antiga e pacífica do Supremo Tribunal Federal no sentido da indispensabilidade de concurso público nesses casos (Ações Diretas de Inconstitucionalidade 126/RO, rel. Min. Octavio Gallotti, Plenário, DJ 05.6.1992; 363/DF, 552/RJ e 690/GO, rel. Min. Sydney Sanches, Plenário, DJ 03.5.1996 e 25.8.1995; 417/ES, rel. Min. Maurício Corrêa, Plenário, DJ 05.5.1998; 3.978/SC, rel. Min. Eros Grau, Plenário, DJe 29.10.2009).

5. Situações flagrantemente inconstitucionais como o provimento de serventia extrajudicial sem a devida submissão a concurso público não podem e não devem ser superadas pela simples incidência do que dispõe o art. 54 da Lei 9.784/1999, sob pena de subversão das determinações insertas na Constituição Federal.

6. Existência de jurisprudência consolidada da Suprema Corte no sentido de que não há direito adquirido à efetivação de substituto no cargo vago de titular de serventia, com base no art. 208 da Constituição pretérita, na redação atribuída pela Emenda Constitucional 22/1983, quando a vacância da serventia se der já na vigência da Constituição de 1988 (Recursos Extraordinários 182.641/SP, rel. Min. Octavio Gallotti, Primeira Turma, DJ 15.3.1996; 191.794/RS, rel. Min. Maurício Corrêa, Segunda Turma, DJ 06.3.1998; 252.313-AgR/SP, rel. Min. Cezar Peluso, Primeira Turma, DJ 02.6.2006; 302.739-AgR/RS, rel. Min. Nelson Jobim, Segunda Turma, DJ 26.4.2002; 335.286/SC, rel. Min. Carlos Britto, DJ 15.6.2004; 378.347/MG, rel. Min. Cezar Peluso, DJ 29.4.2005; 383.408-AgR/MG, rel. Min. Ellen Gracie, Segunda Turma, DJ 19.12.2003; 413.082-AgR/SP, rel. Min. Eros Grau, Segunda Turma, DJ 05.5.2006; e 566.314/GO, rel. Min. Cármen Lúcia, DJe 19.12.2007; Agravo de Instrumento 654.228-AgR/MG, rel. Min. Gilmar Mendes, Segunda Turma, DJe 18.4.2008).

7. Reafirmada a inexistência de direito adquirido de substituto que preenchera os requisitos do art. 208 da Carta pretérita à investidura na titularidade de Cartório, quando a vaga tenha surgido após a promulgação da Constituição de 1988, pois esta, no seu art. 236, § 3º, exige expressamente a realização de concurso público de provas e títulos para o ingresso na atividade notarial e de registro.

8. Os princípios republicanos da igualdade, da moralidade e da impessoalidade devem nortear a ascensão às funções públicas.

9. Segurança denegada. (Inform. STF 624) *noticiado no Informativo 613

CONTRATAÇÃO TEMPORÁRIA E PESQUISAS ESTATÍSTICAS DO IBGE

O Plenário julgou improcedente pedido formulado em ação direta de inconstitucionalidade ajuizada pelo Procurador-Geral da República contra a expressão *"e outras pesquisas de natureza estatística efetuadas pela Fundação Instituto Brasileiro de Geografia e Estatística □ IBGE"*, contida no inciso III do art. 2º da Lei 8.745/93, norma esta que dispõe sobre a contratação por tempo determinado para atender a necessidade temporária de excepcional interesse público, nos termos do inciso IX do art. 37 da CF, e dá outras providências. Inicialmente, salientou-se que o aludido dispositivo constitucional autorizaria contratações sem concurso público, desde que indispensáveis ao atendimento de necessidade temporária de excepcional interesse público, quer para o desempenho de atividades de caráter eventual, temporário ou excepcional, quer para de atividades de caráter regular e permanente. Assim, aduziu-se que, para os fins de acatamento desse preceito do art. 37, IX, da CF, seria preciso que o legislador levasse em conta a comprovação de que a necessidade seria temporária. Na situação em apreço, destacou-se que a intensidade e o volume das pesquisas, a sua natureza e a exigência de qualificação dos pesquisadores não seriam contínuos nem permanentes. Dessa forma, dever-se-ia admitir a contratação temporária para atender a necessidade, também temporária, de pessoal suficiente para dar andamento a trabalhos em períodos de intensas pesquisas, a exemplo do recenseamento, sem que se impusesse a criação de cargos públicos. Ademais, frisou-se que as circunstâncias nas quais realizadas as pesquisas não seriam freqüentes e teriam duração limitada no tempo. Concluiu-se que, ante a supremacia do interesse público, não seriam justificáveis a criação e o provimento de cargos públicos com o objetivo apenas de atender demandas sazonais de pesquisa, pois, após o seu término, não seria possível a dispensa desses servidores, o que ocasionaria tão-somente o inchaço da estrutura da entidade. Por fim, registrou-se que as assertivas referentes a eventual desvio de função dos trabalhadores contratados deveriam ser questionadas em via própria. ADI 3386/DF, rel. Min. Cármen Lúcia, 14.4.2011. (ADI-3386) (Inform. STF 623)

CONTRATAÇÃO TEMPORÁRIA E CONCURSO PÚBLICO

Por reputar caracterizada a afronta aos incisos II e IX do art. 37 da CF, o Plenário julgou procedente pedido formulado em ação direta proposta pelo Procurador-Geral da República para declarar a inconstitucionalidade da Lei amapaense 765/2003. A norma impugnada autoriza a contratação de pessoal para atender a necessidade temporária de excepcional interesse público nas áreas de saúde; educação; assistência jurídica; de competência específica dos órgãos autônomos, autarquias e fundações públicas desprovidos de quadro próprio de pessoal e de técnicos especializados no âmbito de projetos especiais instituídos por ato do Chefe do Poder Executivo daquela unidade federada. Entendeu-se que a lei adversada fixaria hipóteses abrangentes e genéricas de contratação, sem definir qual a contingência fática emergencial apta a ensejá-la, bem como permitiria a contratação para o exercício de serviços típicos de carreira e de cargos permanentes no Estado, sem concurso público ou motivação de excepcional relevância que a justificasse. Acrescentou-se que a norma questionada teria como fundamento a Lei amapaense 192/94, cuja validade das contratações temporárias fora afirmada em razão da incipiência da estrutura administrativa do referido ente federativo, criado em 1990. Consignou-se que as leis amapaenses que lhe sucederam teriam como características marcantes o caráter permanente das funções passíveis desse tipo de arregimentação e a previsibilidade da necessidade ensejadora dessa contratação. No ponto, destacou-se a perpetuação da edição dessas leis inconstitucionais. ADI 3116/AP, rel. Min. Cármen Lúcia, 14.4.2011. (ADI-3116) (Inform. STF 623)

Cadastro de reserva e direito à nomeação

Por reputar haver direito subjetivo à nomeação, a 1ª Turma proveu recurso extraordinário para conceder a segurança impetrada pelos recorrentes, determinando ao Tribunal Regional Eleitoral catarinense que proceda as suas nomeações, nos cargos para os quais regularmente aprovados, dentro do número de vagas existentes até o encerramento do prazo de validade do concurso. Na espécie, fora publicado edital para concurso público destinado ao provimento de cargos do quadro permanente de pessoal, bem assim à formação de cadastro de reserva para preenchimento de vagas que surgissem até o seu prazo final de validade. Em 20.2.2004, fora editada a Lei 10.842/2004, que criara novas vagas, autorizadas para provimento nos anos de 2004, 2005 e 2006, de maneira escalonada. O prazo de validade do certame escoara em 6.4.2004, sem prorrogação. Afastou-se a discricionariedade aludida pelo tribunal regional, que aguardara expirar o prazo de validade do concurso sem nomeação de candidatos, sob o fundamento de que se estaria em ano eleitoral e os servidores requisitados possuiriam experiência em eleições anteriores. Reconheceu-se haver a necessidade de convocação dos aprovados no momento em que a lei fora sancionada. Observou-se que não se estaria a deferir a dilação da validade do certame. Mencionou-se que entendimento similiar fora adotado em caso relativo ao Estado do Rio de Janeiro. O Min. Luiz Fux ressaltou que a vinculação da Administração Pública à lei seria a base da própria cidadania. O Min. Marco Aurélio apontou, ainda, que seria da própria dignidade do homem. O Min. Ricardo Lewandowski acentuou que a Administração sujeitar-se-ia não apenas ao princípio da legalidade, mas também ao da economicidade e da eficiência. A Min. Cármen Lúcia ponderou que esse direito dos candidatos não seria absoluto, surgiria quando demonstrada a necessidade pela Administração Pública, o que, na situação dos atuos, ocorrera com a requisição de servidores para prestar serviços naquele Tribunal. RE 581113/SC, rel. Min. Dias Toffoli, 5.4.2011. (RE-581113) (Inform. STF 622)

REPERCUSSÃO GERAL EM RE N. 630.733-DF

RELATOR: MIN. GILMAR MENDES

CONCURSO PÚBLICO. REMARCAÇÃO DO TESTE DE APTIDÃO FÍSICA. A possibilidade de remarcação de teste de aptidão física para data diversa da estabelecida por edital de concurso público, em virtude de força maior que atinja a higidez física do candidato, devidamente comprovada mediante documentação idônea, é questão que deve ser minuciosamente enfrentada à luz do princípio da isonomia e de outros princípios que regem a atuação da Administração Pública. Repercussão geral reconhecida. (Inform. STF 622)

REPERCUSSÃO GERAL EM AI N. 757.244-RS

RELATOR: MIN. AYRES BRITTO

CONTRATAÇÃO DE PESSOAL PELA ADMINISTRAÇÃO PÚBLICA SEM PRÉVIA APROVAÇÃO EM CONCURSO PÚBLICO. NULIDADE. EFEITOS TRABALHISTAS. REPERCUSSÃO GERAL DA QUESTÃO CONSTITUCIONAL.

Possui repercussão geral a questão constitucional alusiva aos efeitos trabalhistas decorrentes da contratação de pessoal pela Administração Pública sem prévia aprovação em concurso público. (Inform. STF 621)

EMENTA: CONCURSO PÚBLICO. INVESTIGAÇÃO SOCIAL. VIDA PREGRESSA DO CANDIDATO. **EXIS-TÊNCIA**, *CONTRA ELE*, DE PROCEDIMENTO PENAL. **EXCLUSÃO** DO CANDIDATO. **IMPOSSIBILIDADE**. **TRANSGRESSÃO** AO POSTULADO CONSTITUCIONAL DA PRESUNÇÃO DE INOCÊNCIA (**CF**, ART. 5º, LVII). RECURSO EXTRAORDINÁRIO **IMPROVIDO**.

- **A exclusão** de candidato **regularmente** inscrito em concurso público, **motivada**, *unicamente*, **pelo fato** de haver sido instaurado, *contra ele*, procedimento penal, **sem que houvesse**, *no entanto*, condenação criminal **transitada** em julgado, **vulnera**, *de modo frontal*, **o postulado constitucional** do estado de inocência, **inscrito** no art. 5º, inciso LVII, da Lei Fundamental da República. **Precedentes**. RE 634.224/DF. RELATOR: Min. Celso de Mello. J. 14.03.11. (Inform. STF 619)

CONCURSO PÚBLICO: TÍTULOS CLASSIFICATÓRIOS E PRINCÍPIO DA ISONOMIA

O Plenário julgou improcedente pedido formulado em ação direta de inconstitucionalidade proposta pelo Partido Progressista contra os incisos IV a IX, XII e XIII do art. 16 da Lei 11.183/98, do Estado do Rio Grande do Sul, que dispõem sobre os critérios de valorização de títulos para concursos de ingresso e remoção nos serviços notarial e de registro. Alegava o requerente que as mencionadas normas, ao valorar apenas títulos diretamente relacionados à função notarial ou de registro e ao desempenho profissional anterior de atividades concernentes às áreas de advocacia, judicatura e promotoria, violariam o princípio da isonomia, conferindo aos integrantes dessas categorias profissionais vantagem indevida em relação aos demais candidatos. Considerou-se que, por se tratar de critérios ligados à função notarial ou de registro, eles seriam razoáveis, na medida em que buscariam arregimentar os melhores para os cargos e funções ofertados. ADI 3830/RS, rel. Min. Marco Aurélio, 23.2.2011. (ADI-3830) (Inform. STF 617)

PROCESSO SELETIVO DE ESTAGIÁRIOS E ENTIDADES DO PODER PÚBLICO

O Plenário julgou procedente pedido formulado em ação direta proposta pela então Governadora do Distrito Federal para declarar a inconstitucionalidade do art. 4º da Lei distrital 3.769/2006. O preceito impugnado dispõe sobre o estágio de estudantes nos órgãos e entidades da Administração Pública do Distrito Federal. Salientou-se, de início, que a arregi-mentação de estagiários não poderia ser vista como alternativa menos onerosa para se suprir eventual carência de mão-de-obra no quadro funcional da Administração Pública. Aduziu-se, ademais, que o processo meritoriamente seletivo conferiria concreção ao princípio da impessoalidade e permitiria o tratamento isonômico dos interessados no certame. Concluiu-se que o dispositivo adversado seria materialmente contrário à Constituição. Os Ministros Dias Toffoli, Ricardo Lewandowski, Gilmar Mendes, Marco Aurélio, Celso de Mello e Cezar Peluso, Presidente, assentavam também o vício de iniciativa ao fundamento de que o artigo em questão, de iniciativa parlamentar, implicaria interferência no desempenho de atribuições e no próprio funcionamento dos órgãos do Poder Executivo. ADI 3795/DF, rel. Min. Ayres Britto, 24.2.2011. (ADI-3795) (Inform. STF 617)

FORÇAS ARMADAS: LIMITE DE IDADE PARA CONCURSO DE INGRESSO E ART. 142, § 3º, X, DA CF - 1

O Tribunal iniciou julgamento de recurso extraordinário em que se discute a constitucionalidade, ou não, do estabelecimento de limite de idade por edital de concurso para ingresso nas Forças Armadas. Trata-se, na espécie, de recurso interposto pela União contra acórdão do Tribunal Regional Federal da 4ª Região que entendera que, em relação ao ingresso na carreira militar, a Constituição Federal exigiria que lei dispusesse a respeito do limite de idade (CF, art. 142, § 3º, X: "*a lei disporá sobre o ingresso nas Forças Armadas, os limites de idade, a estabilidade e outras condições de transferência do militar para a inatividade, os direitos, os deveres, a remuneração, as prerrogativas e outras situações especiais dos militares, consideradas as peculiaridades de suas atividades, inclusive aquelas cumpridas por força de compromissos internacionais e de guerra.*"), não se admitindo, portanto, que um ato administrativo estabelecesse a restrição, sob pena de afronta ao princípio constitucional da ampla acessibilidade aos cargos públicos. Preliminarmente, o Tribunal julgou prejudicado, por perda de objeto, o RE 572499/SC, apregoado em conjunto, em virtude de nele terem os impetrantes requerido o cancelamento da matrícula no curso de formação. **RE 572499/SC, rel. Min. Cármen Lúcia, 25.3.2010.** (RE-572499) **RE 600225/RS, rel. Min. Cármen Lúcia, 25.3.2010.** (RE-600225)

FORÇAS ARMADAS: LIMITE DE IDADE PARA CONCURSO DE INGRESSO E ART. 142, § 3º, X, DA CF - 2

A Min. Cármen Lúcia, relatora, negou provimento ao recurso por entender que, tendo a Constituição Federal determinado, em seu art. 142, § 3º, X, que os requisitos para o ingresso nas Forças Armadas são os previstos em lei, com referência expressa ao critério de idade, não caberia regulamentação por meio de outra espécie normativa. Considerou, por conseguinte, não recepcionada pela Carta Magna a expressão "*e nos regulamentos da Marinha, do Exército e da Aeronáutica*", contida no art. 10 da Lei 6.880/80, que dispõe sobre o Estatuto dos Militares ("*Art. 10 O ingresso nas Forças Armadas é facultado mediante incorporação, matrícula ou nomeação, a todos os brasileiros que preencham os requisitos estabelecidos em lei e nos regulamentos da marinha, do exército e da aeronáutica.*".). Afirmou ser inquestionável a prerrogativa das Forças Armadas de instituir por regulamento de cada Força, e até mesmo nos editais de concursos, os procedimentos relativos a todo o certame. Aduziu que o conteúdo definido constitucionalmente como sendo objeto de cuidado a ser levado a efeito por lei haveria de ser desdobrado, de forma detalhada, nos atos administrativos, tais como os regulamentos e editais. Observou, contudo, que esses atos não poderiam inovar nos pontos em que a legislação não tivesse estatuído. Registrou, ainda, que, no item específico relativo à definição dos limites de idade, a fixação do requisito por regulamento ou edital, categoria de atos administrativos, esbarraria, inclusive, na Súmula 14 do STF ("*Não é admissível, por ato administrativo, restringir, em razão da idade, inscrição em concurso para cargo público.*"). **RE 572499/SC, rel. Min. Cármen Lúcia, 25.3.2010.** (RE-572499) **RE 600225/RS, rel. Min. Cármen Lúcia, 25.3.2010.** (RE-600225)

FORÇAS ARMADAS: LIMITE DE IDADE PARA CONCURSO DE INGRESSO E ART. 142, § 3º, X, DA CF - 3

Por fim, a relatora, com base no princípio da segurança jurídica, tendo em conta que passados quase 22 anos de vigência da CF/88, nos quais vários concursos foram realizados com observância daquela regra geral, propôs que a decisão somente se aplique aos concursos para ingresso nas Forças Armadas iniciados a partir deste julgamento, preservado o direito daqueles que já tenham ajuizado ações com o mesmo objeto jurídico da que ora se examina. Ainda determinou expedição de ofício à recorrente para cumprimento de decisão proferida em primeira instância, inclusive quanto ao direito do ora recorrido de ter acesso às informações sobre a sua situação. Em divergência, o Min. Dias Toffoli deu provimento ao recurso, e reputou recepcionada pela CF/88 a Lei 6.880/80, ao fundamento de ali se tratar de questões relativas à natureza específica das corporações militares, ou seja, questões relativas a critérios de idade, de condições físicas. Asseverou, assim, que a Lei 6.880/80 teria regulamentado a matéria na forma como exige o art. 142, § 3º, X, da CF, e que o legislador ordinário poderia estabelecer critérios gerais e determinar ao regulamento que fixasse outros critérios, em razão da especificidade das Forças Armadas e das características e dos critérios necessários ao ingresso nas Armas. Após, pediu vista dos autos o Min. Ricardo Lewandowski. **RE 572499/SC, rel. Min. Cármen Lúcia, 25.3.2010.** (RE-572499) **RE 600225/RS, rel. Min. Cármen Lúcia, 25.3.2010.** (RE-600225)

FORÇAS ARMADAS: LIMITE DE IDADE PARA CONCURSO DE INGRESSO E ART. 142, § 3º, X, DA CF - 4

O Plenário retomou julgamento de recurso extraordinário em que se discute a constitucionalidade, ou não, do estabelecimento de limite de idade por edital de concurso para ingresso nas Forças Armadas. Trata-se, na espécie, de recurso interposto pela União contra acórdão do Tribunal Regional Federal da 4ª Região que entendera que, em relação ao ingresso na carreira militar, a Constituição Federal exigiria que lei dispusesse a respeito do limite de idade (CF, art. 142, § 3º, X), não se admitindo, portanto, que um ato administrativo estabelecesse a restrição, sob pena de afronta ao princípio constitucional da ampla acessibilidade aos cargos públicos — v. Informativo 580. Em voto-vista, o Min. Ricardo Lewandowski, não obstante concordar com as premissas estabelecidas pela Min. Cármen Lúcia, relatora, sobre a necessidade de lei formal para regulamentar o ingresso nas Forças Armadas (postulado da reserva de lei), dela divergiu quanto à solução a ser dada para o caso. Acompanhou, no ponto, a proposta formulada pelo Min. Gilmar Mendes no sentido de prover o recurso e reputar ainda constitucional, pelo lapso temporal de 1 ano, a norma do art. 10 da Lei 6.880/80 ("O ingresso nas Forças Armadas é facultado, mediante incorporação, matrícula ou nomeação, a todos os brasileiros que preencham os requisitos estabelecidos em lei e nos regulamentos da Marinha, do Exército e da Aeronáutica."). **RE 600885/RS, rel. Min. Cármen Lúcia, 10.11.2010.** (RE-600885)

FORÇAS ARMADAS: LIMITE DE IDADE PARA CONCURSO DE INGRESSO E ART. 142, § 3º, X, DA CF - 5

O Min. Gilmar Mendes, ao ressaltar a delicadeza do tema, aduziu sua repercussão na organização das Forças Armadas, de modo que poderia afetar seu funcionamento e sua funcionalidade. Ponderou que a norma adversada deveria ser considerada recepcionada pela CF/88 e que caberia ao Supremo sinalizar o seu processo de inconstitucionalização, para que seja adaptada, integrada, revista nos termos preconizados no voto da relatora. Consignou que a situação em apreço caracterizar-se-ia como hipótese de transição entre o modelo constitucional antigo e o novo. Os Ministros Dias Toffoli e Celso de Mello também acolheram esta proposição. Por outro lado, os Ministros Joaquim Barbosa, Ayres Britto e Marco Aurélio seguiram a relatora e desproveram o recurso. Este último enfatizou que a delegação prevista no aludido art. 10 do Estatuto dos Militares teria sido derrogada automaticamente pelo que se contém no art. 25 do ADCT, o qual estabeleceu prazo de 180 dias, a partir do advento da CF/88, para que ficassem revogados todos os dispositivos legais que atribuíssem ou delegassem a órgão do Poder Executivo competência assinalada pela Constituição. Rejeitava, contudo, a modulação de efeitos suscitada pela relatora para que a decisão somente se aplicasse aos concursos para ingresso nas Forças Armadas iniciados a partir deste julgamento, assim como não assinava prazo para que o Congresso Nacional legislasse. Após, verificado o empate, o julgamento foi suspenso. **RE 600885/RS, rel. Min. Cármen Lúcia, 10.11.2010.** (RE-600885)

FORÇAS ARMADAS: LIMITE DE IDADE PARA CONCURSO DE INGRESSO E ART. 142, § 3º, X, DA CF - 6

Em conclusão, o Plenário reconheceu a exigência constitucional de edição de lei para o estabelecimento de limite de idade em concurso para ingresso nas Forças Armadas. Assentou, também, que os regulamentos e editais que o prevejam vigorarão até 31 de dezembro do corrente ano. Por conseguinte, desproveu recurso extraordinário interposto pela União contra acórdão do Tribunal Regional Federal da 4ª Região que entendera que, em relação ao ingresso na carreira militar, a Constituição imporia que lei dispusesse a respeito do limite de idade (CF, art. 142, § 3º, X: "a lei disporá sobre o ingresso nas Forças Armadas, os limites de idade, a estabilidade e outras condições de transferência do militar para a inatividade, os direitos, os deveres, a remuneração, as prerrogativas e outras situações especiais dos militares, consideradas as peculiaridades de suas atividades, inclusive aquelas cumpridas por força de compromissos internacionais e de guerra"), não se admitindo, portanto, que um ato administrativo estabelecesse a restrição, sob pena de afronta ao princípio constitucional da ampla acessibilidade aos cargos públicos — v. Informativos 580 e 608. **RE 600885/RS, rel. Min. Cármen Lúcia, 9.2.2011.** (RE-600885)

FORÇAS ARMADAS: LIMITE DE IDADE PARA CONCURSO DE INGRESSO E ART. 142, § 3º, X, DA CF - 7

Asseverou-se que o art. 142, § 3º, X, da CF determina que os requisitos para o ingresso nas Forças Armadas são os previstos em lei, com referência expressa ao critério de idade. Em virtude disso, não caberia regulamentação por meio de outra espécie normativa. Assim, considerou-se incompatível com a Constituição a expressão "e nos regulamentos da Marinha, do Exército e da Aeronáutica", contida no art. 10 da Lei 6.880/80, que dispõe sobre o Estatuto dos Militares ("Art. 10 O ingresso nas Forças Armadas é facultado mediante incorporação, matrícula ou nomeação, a todos os brasileiros que preencham os requisitos estabelecidos em lei e nos regulamentos da marinha, do exército e da aeronáutica"). Conferiram-se efeitos prospectivos à decisão, já que passados quase 22 anos de vigência da CF/88, nos quais vários concursos foram realizados com observância daquela regra geral. Ademais, ao enfatizar a repercussão geral da questão constitucional discutida, registrou-se que o direito daqueles que já tivessem ajuizado ações com o mesmo objeto jurídico da que ora se examina deveria ser respeitado. **RE 600885/RS, rel. Min. Cármen Lúcia, 9.2.2011.** (RE-600885) (Inform. STF 615)

S N. 27.604-DF

RELATOR: MIN. AYRES BRITTO

MANDADO DE SEGURANÇA. 24º CONCURSO PÚBLICO PARA PROVIMENTO DE CARGOS DE PROCURADOR DA REPÚBLICA. TRÊS ANOS DE ATIVIDADE JURÍDICA. § 3º DO ART. 129 DA CONSTITUIÇÃO FEDERAL. EXERCÍCIO DE CARGO NÃO-PRIVATIVO DE BACHAREL EM DIREITO. PECULIARIDADES DO CASO.

1. No julgamento da ADI 3.460, o Supremo Tribunal Federal concluiu que: a) os três anos de atividade jurídica a que se refere o § 3º do art. 129 da Constituição Federal contam-se da data da conclusão do curso de Direito; b) o momento da comprovação desse requisito é a data da inscrição no concurso público.

2. É de se computar, para fins de comprovação de atividade jurídica, o tempo de exercício de cargo não-privativo de bacharel em Direito, desde que, inexistindo dúvida acerca da natureza eminentemente jurídica das funções desempenhadas, o cargo seja incompatível com o exercício da advocacia. O mesmo se dá na hipótese de ser privativo de bacharel em Direito, em outras unidades da Federação, cargo com idênticas atribuições. Precedente: Rcl 4.906, da relatoria do ministro Joaquim Barbosa.

3. O termo inicial da atividade jurídica do impetrante como advogado é sua inscrição na Ordem dos Advogados do Brasil. Faltaram-lhe 19 (dezenove) dias para o matemático preenchimento dos três anos. Período faltante que *"corresponde ao prazo razoável para a expedição da carteira de advogado após o seu requerimento"*. Precedente: MS 26.681, da relatoria do ministro Menezes Direito.

4. Segurança concedida. (Inform. STF 615) * noticiado no Informativo 603

DIREITO À NOMEAÇÃO: EXISTÊNCIA DE CARGOS VAGOS E OMISSÃO - 5

Em conclusão de julgamento, o Plenário, por maioria, concedeu mandado de segurança impetrado contra ato omissivo do Procurador-Geral da República e da Procuradora-Geral da Justiça Militar, consistente na negativa de nomeação da impetrante, aprovada em concurso público para o cargo de Promotor da Justiça Militar, não obstante a existência de 2 cargos vagos — v. Informativos 437 e 440. Prevaleceu o voto proferido pela Min. Cármen Lúcia que reputou haver direito líquido e certo da impetrante de ser nomeada, asseverando existir, à época da impetração, cargo vago nos quadros do órgão e necessidade de seu provimento, o que não ocorrera em razão de ilegalidade e abuso de poder por parte da segunda autoridade tida por coatora. Inicialmente, aduziu estar em vigor o art. 3º da Lei 8.975/95 — que prevê a existência de 42 cargos de promotor da Justiça Militar —, já que este não poderia ter sido vetado, implicitamente, em decorrência do veto ao art. 2º do projeto dessa lei, por não haver veto implícito ou tácito no direito constitucional brasileiro. Além disso, ainda que vetado o art. 3º, teriam sido excluídos os 42 e não 2 cargos de promotor previstos na norma, uma vez que o veto não poderia incidir sobre palavras ou expressões (CF, art. 66, § 2º). MS 24660/DF, rel. orig. Min. Ellen Gracie, red. p/ o acórdão Min. Cármen Lúcia, 3.2.2011. (MS-24660)

DIREITO À NOMEAÇÃO: EXISTÊNCIA DE CARGOS VAGOS E OMISSÃO - 6

A Min. Cármen Lúcia assinalou que, nos termos do parecer do relator designado pela Mesa em substituição à Comissão de Finanças e Tributação, o Projeto de Lei 4.381/94, convertido na Lei 8.975/95, estaria de acordo com a LDO e com o orçamento e que o art. 2º trataria da lotação, enquanto que o art. 3º, da criação dos cargos na carreira, ou seja, neste estaria estabelecido o número de cargos existentes. Considerou, ainda, que o pronunciamento da segunda autoridade coatora, perante o Conselho Superior do Ministério Público Militar — no sentido de que seria realizado novo concurso para provimento da vaga existente e que preferia não nomear a impetrante porque ela se classificara em último lugar no certame — teria motivado, expressamente, a preterição da candidata. Ademais, reputou demonstrado, nos autos, como prova cabal da existência de vaga, que a promoção de promotores para cargos mais elevados da carreira não fora providenciada exatamente para evitar a nomeação da impetrante. Entendeu que essa autoridade teria incorrido em ilegalidade, haja vista a ofensa ao princípio da impessoalidade, eis que não se dera a nomeação por questões pessoais, bem como agido com abuso de poder, porquanto deixara de cumprir, pelo personalismo e não por necessidade ou conveniência do serviço público, a atribuição que lhe fora conferida. Por fim, o Colegiado destacou que a eficácia da presente decisão abrangeria não apenas os efeitos pecuniários, mas todos os decorrentes da nomeação. Vencidos os Ministros Ellen Gracie, relatora, Joaquim Barbosa e Marco Aurélio que denegavam o *writ*. MS 24660/DF, rel. orig. Min. Ellen Gracie, red. p/ o acórdão Min. Cármen Lúcia, 3.2.2011. (MS-24660) (Inform. STF 614)

SERVENTIA EXTRAJUDICIAL E CONCURSO PÚBLICO - 1

Não há direito adquirido do substituto, que preencheu os requisitos do art. 208 da Constituição pretérita, à investidura na titularidade de cartório, quando a vaga tenha surgido após a promulgação da CF/88, a qual exige expressamente, no seu art. 236, § 3º, a realização de concurso público de provas e títulos para o ingresso na atividade notarial e de registro. Ao reafirmar essa orientação, o Plenário, por maioria, denegou mandado de segurança impetrado contra acórdão proferido pelo CNJ que desconstituíra a efetivação do impetrante — investido sem concurso público — como titular de serventia extrajudicial. Alegava-se a ocorrência de decadência administrativa (Lei 9.784/97, art. 54), uma vez que tal provimento se dera em 11.1.94 e já transcorrido lapso temporal superior a 5 anos para a Administração Pública rever seus atos. Asseverou-se que, nos termos da atual Constituição, sempre se fizera necessária a submissão a concurso público para o devido provimento de serventias extrajudiciais eventualmente vagas ou para fins de remoção. Dessa forma, rejeitou-se a assertiva segundo a qual somente com a edição da Lei 8.935/94 teria se tornado auto-aplicável a norma prevista no art. 236, § 3º, da CF ("*O ingresso na atividade notarial e de registro depende de concurso público de provas e títulos, não se permitindo que qualquer serventia fique vaga, sem abertura de concurso de provimento ou de remoção, por mais de seis meses.*"). Ressaltou-se que a jurisprudência do STF se consolidara, há muito, no sentido da indispensabilidade do certame nesses casos. Consignou-se, ademais, que a atual Carta inaugurou uma nova era, ao romper a tradição política feudal de atribuição de titulações de cartórios e ao estabelecer que os princípios republicanos da igualdade, da moralidade e da impessoalidade deveriam nortear a ascensão às funções públicas. MS 28279/DF, rel. Min. Ellen Gracie, 16.12.2010. (MS-28279)

SERVENTIA EXTRAJUDICIAL E CONCURSO PÚBLICO - 2

Vencidos os Ministros Marco Aurélio, Celso de Mello e Cezar Peluso, Presidente, que, ao enfatizar o princípio da segurança jurídica, concediam a ordem. Entendiam que o CNJ, órgão administrativo, teria atuado depois de mais de 15 anos da efetividade do impetrante no cargo, sem observar o que previsto no art. 54 da Lei 9.784/99, que estabeleceria a intangibilidade, no âmbito administrativo, do ato praticado há mais de 5 anos. Salientavam, ainda, que a fluência de tão longo período de tempo terminaria por consolidar expectativa no espírito do cidadão (princípio da proteção de confiança). Precedentes citados: RE 191794/RS (DJU de 6.3.98); RE 302739 AgR/RS (DJU de 26.4.2002); RE 383408 AgR/MG (DJU de 19.12.2003); RE 413082 AgR/SP (DJU de 5.52006); RE 252313 AgR/SP (DJU de 2.6.2006); AI 654228 AgR/MG (DJe de 18.4.2008). MS 28279/DF, rel. Min. Ellen Gracie, 16.12.2010. (MS-28279) (Inform. STF 613)

CONCURSO PÚBLICO PARA CARGO DE MOTORISTA E EXAME DE APTIDÃO FÍSICA

O Plenário, por maioria, proveu agravo regimental em mandado de segurança, o qual interposto contra decisão da Min. Ellen Gracie que, por vislumbrar a decadência prevista no art. 23 da Lei 12.016/2009, negara seguimento ao *writ*, do qual relatora, e julgara prejudicada a apreciação do pedido de medida liminar. O mandado de segurança fora impetrado contra ato do Procurador-Geral da República, consubstanciado na exigência de teste de aptidão física na realização do 6º Concurso Público — destinado ao provimento de cargos de Técnico de Apoio Especializado/Transporte, dos quadros do Ministério Público da União - MPU —, prevista no Edital 1-PGR/MPU, de 30.6.2010. A impetração alega ausência de previsão dessa exigência na Lei 11.415/2006, que disciplina as carreiras dos servidores do MPU, ou na Portaria PGR/MPU 68/2010, que fixa as atribuições básicas e requisitos de investidura. Sustenta, ainda, a ocorrência de afronta ao art. 37, *caput*, e II, da CF/88 e aos princípios da legalidade e da razoabilidade. Na espécie, o impetrante fora reprovado na segunda fase do certame, denominada "Teste de Aptidão Física", após devidamente aprovado nas provas objetivas. No agravo regimental, afirmava que, em nenhum momento, requerera a anulação de qualquer cláusula do mencionado edital, mas apenas o reconhecimento da falha havida quanto à exigência do exame físico. Requeria, com base no princípio da igualdade, o provimento do agravo para que se determinasse, liminarmente, ao Procurador-Geral da República, que o mantivesse no certame e fixasse nova data para a realização da prova prática de direção veicular, ocorrida em 20.11.2010. Inicialmente, destacou-se tramitarem no STF diversos *writs* impugnando o referido edital e que, em alguns, os respectivos relatores teriam deferido medida acauteladora aos candidatos. Consignou-se a relevância da pretensão mandamental deduzida, qual seja, a questão de eventual conflito entre o edital e a lei e que, quando do julgamento do mérito, esta Corte decidirá quanto à exigibilidade, ou não, do teste físico. O Min. Celso de Mello reputou presentes os requisitos legitimadores do provimento cautelar. O Min. Marco Aurélio, ao frisar que a nova Lei do Mandado de Segurança pressuporia o prejuízo e que este, na espécie, teria ocorrido quando o impetrante fora "barrado" no certame, proveu o recurso a fim dar prosseguimento ao *mandamus*. Vencidos os Ministros Ellen Gracie, relatora, e Ricardo Lewandowski que consideravam decorrido o prazo decadencial para impetração do *writ*, por reputarem que este se contaria a partir da publicação do edital do concurso no Diário Oficial. **MS 29874 AgR/DF, rel. orig. Min. Ellen Gracie, red. p/o acórdão Min. Gilmar Mendes, 25.11.2010.** (MS-29874) (Inform. STF 610)

CONTRATAÇÃO SEM CONCURSO PÚBLICO E DIREITO AO FGTS - 1

O Plenário iniciou julgamento de recurso extraordinário em que se discute a constitucionalidade, ou não, do art. 19-A da Lei 8.036/90, acrescido pelo art. 9º da Medida Provisória 2.164-41/91, que assegura direito ao FGTS à pessoa que tenha sido contratada sem concurso público. A Min. Ellen Gracie, após rejeitar as preliminares, deu provimento ao recurso, reconheceu a inconstitucionalidade do aludido dispositivo legal, por violação ao art. 37, II, e § 2º, da CF, e julgou improcedente a reclamação trabalhista proposta na origem. Citou jurisprudência da Corte no sentido de que a nulidade da investidura impede o surgimento dos direitos trabalhistas — resguardado, como único efeito jurídico válido resultante do pacto celebrado, o direito à percepção do salário referente ao período efetivamente trabalhado, para evitar o enriquecimento sem causa do Estado —, não havendo, por conseguinte, direito do empregado aos depósitos em conta vinculada a título de FGTS. Esclareceu que o FGTS não seria mera contraprestação estrita pelo trabalho realizado, mas um dos direitos fundamentais sociais (CF, art. 7º, III), ao lado de outros como o da proteção contra a despedida arbitrária ou sem justa causa, o seguro-desemprego, o décimo terceiro salário e o aviso prévio. Asseverou que os depósitos em conta vinculada constituiriam direito trabalhista autônomo, que teria surgido como uma alternativa à estabilidade no emprego, posteriormente se consolidado como direito de qualquer empregado e se erigido à condição de direito fundamental social. Aduziu, ao final, que, reconhecida a nulidade do vínculo, estaria automaticamente afastada a obrigação de recolhimento da contribuição ao FGTS pelo Estado no que respeita às investiduras nulas. **RE 596478/RR, rel. Min. Ellen Gracie, 17.11.2010.** (RE-596478)

CONTRATAÇÃO SEM CONCURSO PÚBLICO E DIREITO AO FGTS - 2

Em divergência, o Min. Dias Toffoli desproveu o recurso por entender que o art. 19-A da Lei 8.036/90 não afrontaria a Constituição Federal. Salientou estar-se tratando, na espécie, de efeitos residuais de um fato jurídico que existiu, não obstante nulo, inválido. Mencionou que o Tribunal tem levado em consideração essa necessidade de se garantir a fatos nulos, mas existentes juridicamente, os efeitos. Ressaltou, ainda, que a manutenção desse dispositivo legal como norma compatível com a Constituição consistiria, inclusive, em um desestímulo aos Estados que queiram fazer burla ao concurso público. Após os votos da Min. Cármen Lúcia, que seguia a relatora, e dos Ministros Gilmar Mendes e Ayres Britto, que acompanhavam a divergência, pediu vista dos autos o Min. Joaquim Barbosa. **RE 596478/RR, rel. Min. Ellen Gracie, 17.11.2010.** (RE-596478) (Inform. STF 609)

CONCURSO PÚBLICO PARA CARGO DE PROCURADOR DA REPÚBLICA E REQUISITO TEMPORAL

Ante as peculiaridades do caso, o Tribunal, por maioria, deferiu mandado de segurança para assegurar ao impetrante o direito que lhe advenha da aprovação no 24º concurso público para provimento de cargos de Procurador da República. Na espécie, o Procurador-Geral da República denegara a inscrição definitiva do impetrante ao fundamento de não estar atendido o requisito de 3 anos de atividade jurídica previsto no art. 129, § 3º, da CF. Nada obstante, em razão de medidas liminares concedidas pelo STF, o impetrante prosseguira no certame e obtivera aprovação na fase oral. Inicialmente, salientou-se que a pretensão do impetrante não afrontaria o entendimento firmado pela Corte no julgamento da ADI 3460/DF (DJU de 15.6.2007), segundo o qual os 3 anos de atividade jurídica são contados da data da conclusão do curso de Direito e devem ser comprovados na data da inscrição no concurso. Observou-se que o impetrante colara grau como bacharel em Direito em 13.1.2005, e que 18.8.2008 fora o último dia das inscrições definitivas no certame. Em passo seguinte, registrou-se que a controvérsia residiria no período de 13.1.2005 a 31.3.2006, quando o impetrante exercia o cargo, não-privativo de bacharel em Direito, de assessor da direção-geral junto à assessoria jurídica da Direção-Geral do Ministério Público do Estado do Rio Grande do Sul. Reputou-se que as atividades desempenhadas pelo impetrante no referido período seriam de natureza jurídica. Ademais, enfatizou-se que o cargo de assessor, incompatível com o exercício da advocacia, embora não fosse privativo de bacharel em Direito no Estado do Rio Grande do Sul, o seria em outras unidades da federação. Por outro lado, aduziu-se que, ainda que não considerado o tempo de exercício no cargo de assessor da Direção-Geral do Ministério Público gaúcho, o impetrante preencheria o requisito temporal, haja vista que se inscrevera na Ordem dos Advogados do Brasil em 6.9.2005 e, consoante já afirmado, a inscrição definitiva no concurso se dera em 18.8.2008. Dessa forma, se ignorado o tempo de exercício no aludido cargo de assessor, o termo inicial da atividade jurídica do impetrante, como advogado, seria sua inscrição na OAB. Ressaltou-se que, nesta hipótese, faltar-lhe-iam apenas 19 dias para o atendimento dos requisitos, entretanto, esse período corresponderia a prazo razoável para a expedição da carteira de advogado após o seu requerimento. O Min. Cezar Peluso, Presidente, concedia a ordem ante a situação de fato consolidada. Vencidos os Ministros Dias Toffoli, Cármen Lúcia e Ricardo Lewandowski que, ao ressaltar o exercício do cargo de assessor pelo impetrante antes da conclusão de seu bacharelado, denegavam a segrança por julgar ausente direito líquido e certo. Precedentes citados: Rcl 4906/PA (DJe de 11.4.2008) e MS 26681/DF (DJe de 17.4.2009). **MS 27604/DF, rel. Min. Ayres Britto, 6.10.2010.** (MS-27604) (Inform. STF 603)

EXAME PSICOTÉCNICO: LEI E CRITÉRIOS OBJETIVOS

O Tribunal, por maioria, resolveu questão de ordem suscitada em agravo de instrumento no sentido de: a) reconhecer a repercussão geral da matéria versada em recurso extraordinário no qual se pretendia anular exame de aptidão psicológica; b) reafirmar a jurisprudência da Corte segundo a qual a exigência do exame psicotécnico em concurso depende de previsão legal e editalícia, bem como deve seguir critérios objetivos; c) negar provimento ao recurso, tendo em vista que o acórdão impugnado estaria de acordo com a jurisprudência pacificada na Corte; d) autorizar o Supremo e os demais tribunais a adotar procedimentos relacionados à repercussão geral, principalmente a retratação das decisões ou a declaração de prejuízo dos recursos extraordinários, sempre que as decisões contrariarem ou confirmarem a jurisprudência ora reafirmada (CPC, art. 543-B, § 3º). Vencido o Min. Marco Aurélio que entendia não caber o conhecimento do agravo de instrumento, por reputar que ele deveria ser julgado pelo relator, com os desdobramentos possíveis. **AI 758533 QO/MG, rel. Min. Gilmar Mendes, 23.6.2010.** (AI-758533) (Inform. STF 592)

PROVIMENTO DERIVADO DE CARGO E CONCURSO PÚBLICO - 1

A Turma desproveu recurso ordinário em mandado de segurança interposto contra acórdão do STJ que denegara pleito de transposição do cargo de técnico administrativo nível superior para assistente jurídico da Advocacia-Geral da União - AGU. Aquela Corte entendera que o impetrante não preenchera o requisito legal relativo ao exercício de cargo privativo de bacharel em Direito. No caso, o recorrente ingressara nos quadros da Empresa Brasileira de Transportes Urbanos, em 1979, no cargo de datilógrafo. Em 1990, quando ocupava o cargo de técnico de nível superior e a função de confiança de diretor administrativo-financeiro, fora demitido em virtude da liquidação da empresa. Ocorre que, em 2006, o recorrente fora reintegrado ao serviço público, no cargo de técnico de nível superior do Ministério dos Transportes, por força de decisão prolatada pelo STJ. Ele então requerera, administrativamente, sua transposição para a AGU ao argumento de que, nesse ínterim, concluíra o curso de Direito (17.12.92) e exercia atividades eminentemente jurídicas. Ante o insucesso de seu requerimento, impetrara mandado de segurança perante o STJ em que pretendia o reconhecimento do tempo de exercício de advocacia, desde o seu bacharelado até a reintegração, para efeito de transposição de cargos prevista no art. 19-A da Lei 9.028/95 ["*Art. 19-A. São transpostos, para a Carreira de Assistente Jurídico da Advocacia-Geral da União, os atuais cargos efetivos da Administração Federal direta, privativos de bacharel em Direito, cujas atribuições, fixadas em ato normativo hábil, tenham conteúdo eminentemente jurídico e correspondam àquelas de assistência fixadas aos cargos da referida Carreira, ou as abranjam, e os quais: ... II - tenham como titulares servidores, estáveis no serviço público, que: a) anteriormente a 5 de outubro de 1988 já detinham cargo efetivo, ou emprego permanente, privativo de bacharel em Direito, de conteúdo eminentemente jurídico, nos termos do caput, na Administração Federal direta, autárquica ou fundacional, conforme as normas constitucionais e legais então aplicáveis; b) investidos após 5 de outubro de 1988, o tenham sido em decorrência de aprovação em concurso público ou da aplicação do § 3º do art. 41 da Constituição. ...*"]. **RMS 28233/DF, rel. Min. Ayres Britto, 8.6.2010.** (RMS-28233)

PROVIMENTO DERIVADO DE CARGO E CONCURSO PÚBLICO - 2

Inicialmente, superou-se preliminar de decadência suscitada da tribuna pela União. Aduziu-se, contudo, que a questão não fora formulada nos autos e, além disso, o STJ não examinara a matéria. No mérito, ressaltou-se que o recorrente progredira no interior dos quadros estatais, se considerado que começara como datilógrafo e, sem concurso público, chegara a cargo de técnico de nível superior pela obtenção de diploma em curso superior de Economia. Assim, tal graduação já lhe valera, automaticamente, para mudar de cargo e se movimentar verticalmente na Administração. Ademais, tendo em conta que o recorrente concluíra o curso de Direito após a promulgação da CF/88 — na qual prevista que a investidura em cargo público depende de prévia aprovação em concurso público —, rejeitou-se a tese por ele sustentada no sentido de que, pelo fato de estar fora dos quadros estatais e exercer advocacia e pela obtenção posterior de grau de bacharel, esse tempo deveria ser reconhecido para efeito de transposição do seu cargo. **RMS 28233/DF, rel. Min. Ayres Britto, 8.6.2010.** (RMS-28233) (Inform. STF 590)

NOTÁRIOS E REGISTRADORES: CONCURSO PÚBLICO E CRITÉRIOS DE VALORAÇÃO DE TÍTULOS - 1

O Tribunal referendou decisão que concedera parcialmente medida liminar em ação direta de inconstitucionalidade proposta pelo Procurador-Geral da República contra os incisos II, III, V, VIII, IX e X do art. 16 da Lei 13.136/97, do Estado de Goiás, que dispõe sobre concursos de ingresso e remoção nos serviços notariais e de registro no âmbito estadual ["*Art. 16 - Do edital constarão os critérios de valoração dos títulos, considerando-se na seguinte ordem: ... II - apresentação de tese em congressos ligados à área notarial e de registro; III - participação em encontros, simpósios e congresso sobre temas ligados aos serviços notariais ou de registro, mediante apresentação de certificado de aproveitamento; ... V - aprovação em concurso de ingresso e remoção em serviço notarial e registral; ... VIII - tempo de serviço prestado como titular em serviço notarial ou de registro; IX - tempo de serviço prestado como escrevente juramentado ou suboficial, em serventia notarial ou de registro; X - tempo de serviço público ou privado prestado em atividades relacionadas com a área notarial ou de registro, de no mínimo 5 (cinco) anos.*"]. A liminar fora concedida parcialmente para, no tocante ao concurso de ingresso, suspender, com efeitos *ex nunc*, a vigência das normas dos incisos impugnados, bem como para, em relação ao concurso de remoção, fixar, com efeitos *ex nunc*, interpretação conforme a Constituição no sentido de que a consideração dos títulos referidos nos aludidos incisos deveria ter como marco inicial o ingresso no serviço notarial de registro. **ADI 4178/GO, rel. Min. Cezar Peluso, 4.2.2010.** (ADI-4178)

NOTÁRIOS E REGISTRADORES: CONCURSO PÚBLICO E CRITÉRIOS DE VALORAÇÃO DE TÍTULOS - 2

Referendou-se a liminar inclusive quanto à distinção entre os concursos de ingresso e de remoção, com a ressalva de que, no tocante ao de ingresso no serviço notarial e de registro, a aprovação em concurso de ingresso prevista no inciso V do art. 16 da Lei 13.136/97 deve ser interpretada conforme a Constituição, no sentido de constituir título válido, desde que não sobrevalorizado nem equiparado ao das aprovações em concurso para cargos de carreira jurídica. Considerou-se que, em juízo preliminar, os incisos impugnados, em maior ou menor grau, constituiriam, na linha de precedentes da Corte, fatores de *discrímen* arbitrários, violadores da regra da isonomia, por favorecerem grupos de candidatos. Entendeu-se, contudo, que, relativamente ao mencionado inciso V, o critério de aprovação em concurso de ingresso no serviço notarial e de registro, como título suscetível de valoração, não carregaria, por si só, o mesmo vício de inconstitucionalidade declarado no julgamento da ADI 3522/RS (DJU de 12.5.2006), no qual a exclusão do título de aprovação em concurso para atividades notariais e de registro se dera em razão específica da supervalorização desarrazoada desse critério perante o da aprovação em concursos jurídicos, qual seja, o triplo dos pontos. Afirmou-se que o serviço notarial e de registro não configura preenchimento de cargo público, próprio da estrutura de autêntica "carreira", e tampouco pode se definir como "carreira jurídica", já que, excepcionalmente aberta a não bacharéis em direito que cumpram o requisito de exercício prévio de serviço na atividade (Lei 8.935/94, art. 15, § 2º), não é privativa de bacharel em direito. Ponderou-se, no entanto, que isso não significaria que o conhecimento jurídico fosse de todo prescindível ao eficiente desempenho daquelas funções, para efeito de justificar-lhes desvalorização absoluta dos títulos. Vencido o Min. Marco Aurélio, que referendava integralmente a liminar sem ressalva. Outros precedentes citados: ADI 3522 ED/RS (DJU de 7.12.2006); ADI 3580/MG (DJU de 10.3.2006); ADI 3443/MA (DJU de 23.9.2005); ADI 2210/AL (DJU de 24.5.2002). **ADI 4178/GO, rel. Min. Cezar Peluso, 4.2.2010.** (ADI-4178) (Inform. STF 573)

CONCURSO PÚBLICO: LEI INCONSTITUCIONAL E DECLARAÇÃO DE NULIDADE

A Turma proveu recurso extraordinário interposto pelo Município de Cristais - MG contra acórdão do tribunal de justiça estadual que deferira mandado de segurança para reintegrar servidores daquele município, ainda em estágio probatório. Na espécie, os recorridos foram exonerados por ato do prefeito que, sob justificativa da inconstitucionalidade da legislação municipal — que concedia, aos servidores públicos municipais, pontuação extra em concursos —, anulara o certame. A discussão
902 centrava-se no fato de o decreto exoneratório ter sido anterior à decisão de mérito em ação direta de inconstitucionalidade estadual, na qual declarada a inconstitucionalidade dessa legislação municipal. Reputou-se que o ato do prefeito, após a instauração de regular procedimento administrativo, estaria em consonância com o ordenamento constitucional brasileiro, cuja tradição é o reconhecimento de efeitos *ex tunc* às decisões de inconstitucionalidade. Ressaltou-se que tanto o poder do juiz de negar aplicação à lei inconstitucional quanto a faculdade assegurada ao indivíduo de negar observância à lei inconstitucional demonstrariam que o constituinte pressupôs a nulidade da lei inconstitucional. Enfatizou-se que, em certos casos, o efeito necessário e imediato da declaração de nulidade de uma norma, na declaração de inconstitucionalidade pelo STF ou pelos tribunais de justiça dos estados, há de ser a exclusão de toda ultra-atividade da lei inconstitucional e que a eventual eliminação dos atos praticados com fundamento na lei inconstitucional terá de ser considerada em face de todo o sistema jurídico, especialmente das chamadas fórmulas de preclusão. **RE 348468/MG, rel. Min. Gilmar Mendes, 15.12.2009.** (RE-348468) (Inform. STF 572)

ADI N. 3.978-SC

RELATOR: MIN. EROS GRAU

EMENTA: AÇÃO DIRETA DE INCONSTITUCIONALIDADE. IMPUGNAÇÃO DO DISPOSTO NOS ARTIGOS 19, 20 E 21 DA LEI N. 14.083 DO ESTADO DE SANTA CATARINA. REGRAS GERAIS CONCERNENTES AOS CONCURSOS PÚBLICOS PARA INGRESSO E REMOÇÃO NA ATIVIDADE NOTARIAL E DE REGISTRO. VIOLAÇÃO DO DISPOSTO NO ARTIGO 37, INCISO II, E NO ARTIGO 236, § 3º, DA CONSTITUIÇÃO DO BRASIL.

1. Os preceitos da Lei n. 14.083 de Santa Catarina violam o disposto no artigo 236 da Constituição de 1988, que estabelece que o ingresso nas atividades notarial e de registro será efetuado por meio de concurso público de provas e títulos.

2. O artigo 21 da Lei n. 14.083 permitiria que os substitutos das serventias extrajudiciais nomeados até 21 de novembro de 1994 fossem elevados à condição de titular, sem aprovação em concurso.

3. Esta Corte tem entendido que atos normativos concernentes ao provimento de cargos mediante a elevação de substitutos à titularidade dos cartórios, sem a devida aprovação em concurso público afrontam a Constituição do Brasil. Precedentes - artigo 37, inciso II, e artigo 236, § 3º, da Constituição do Brasil.

4. Os artigos 20 e 21 da Lei n. 14.083 violam o texto da Constituição de 1.988. Ato normativo estadual não pode subverter o procedimento de acesso aos cargos notariais, que, nos termos do disposto na Constituição do Brasil, dar-se-á por meio de concurso público.

5. A inconstitucionalidade dos artigos 20 e 21 impõe a procedência do pedido no tocante ao artigo 19.

6. O provimento de cargos públicos mediante concursos visa a materializar princípios constitucionais aos quais está sujeita a Administração, qual o da legalidade, da moralidade, da impessoalidade.

7. Pedido julgado procedente para declarar inconstitucionais os artigos 19, 20 e 21 da Lei n. 14.083 do Estado de Santa Catarina. Noticiado no Informativo 564(Inform. STF 571)

CONCURSO PÚBLICO: ALTERAÇÃO DE GABARITO E ATUAÇÃO DISCRICIONÁRIA DA BANCA EXAMINADORA

Em conclusão de julgamento, o Tribunal, por maioria, indeferiu mandado de segurança impetrado contra ato do Procurador-Geral da República, consubstanciado no edital 7/2008, pelo qual se alterara o gabarito de questões do grupo I da prova objetiva do 24º concurso público para provimento de cargos de Procurador da República. Na espécie, a impetrante fora aprovada na primeira prova do certame, tendo obtido, em cada grupo dessa prova objetiva, conforme o gabarito preliminar, percentuais de acerto que lhe garantiriam acesso à segunda fase do concurso. Ocorre que, depois da análise dos recursos, fora publicado um segundo gabarito, que registrara alterações nas respostas de duas questões pertencentes ao grupo I, e anulações de uma questão do grupo II e de três questões do grupo III dessa prova objetiva. Em razão da mudança das respostas das duas questões do grupo I, a impetrante fora eliminada do certame. Sustentava a impetração violação às garantias do contraditório e da ampla defesa, haja vista que houvera reforma prejudicial à impetrante no primeiro gabarito, sendo-lhe vedada a interposição de recurso contra o gabarito definitivo. Aduzia, também, transgressão ao princípio da isonomia, uma vez que, nos grupos II e III, as questões teriam sido anuladas. Entendeu-se que se estaria diante de situação em que haveria a fixação pela banca examinadora do concurso de um gabarito que, ante a verificação de erro, demandaria correção, ficando na linha de atuação discricionária da própria banca a decisão sobre a correção do gabarito ou a anulação das questões. Ressaltou-se, ademais, não caber ao Judiciário, na linha da jurisprudência dominante da Corte, adentrar a matéria relativa à formulação das questões das provas. Vencidos os Ministros Carlos Britto, relator, Marco Aurélio, Celso de Mello e Gilmar Mendes, Presidente, que, diante das peculiaridades do caso, concediam o *writ*, para que a candidata impetrante fosse empossada no cargo, ressaltando razões de segurança jurídica e de justiça material. O relator considerava, sobretudo, que, sendo controvertidas as questões do grupo I que vieram a ter a resposta alterada pelo edital impugnado, e diante do fato de terem sido anuladas as questões dos grupos II e III da prova objetiva do certame, conferindo-se pontos a todos os candidatos, seria mais razoável que se procedesse da mesma forma quanto às questões do grupo I. Asseverava, também, que, num primeiro momento, a impetrante não teria interesse jurídico em recorrer contra o gabarito alterado, mas que, relativamente ao novo gabarito, não lhe fora possível a interposição de recurso. Registrava, por fim, que a impetrante, por força de concessão de liminar, participara das demais fases do concurso, sendo aprovada, o que demonstraria sua aptidão para o exercício do cargo, e que sua posse não implicaria desclassificação de nenhum outro candidato, já que as vagas ofertadas não teriam sido totalmente preenchidas. **MS 27260/DF, rel. orig. Min. Carlos Britto, red. p/ o acórdão Min. Cármen Lúcia, 29.10.2009.** (MS-27260) (Inform. STF 565)

MS N. 27.606-DF

RELATORA: MIN. ELLEN GRACIE

DIREITO CONSTITUCIONAL. DIREITO ADMINISTRATIVO. MANDADO DE SEGURANÇA. CONCURSO PARA PROVIMENTO DE CARGO DE PROCURADOR DA REPÚBLICA. COMPROVAÇÃO DE TRÊS ANOS DE ATIVIDADE JURÍDICA. RESOLUÇÃO 93/2007 DO CONSELHO SUPERIOR DO MINISTÉRIO PÚBLICO FEDERAL. RESOLUÇÕES 04/2006, 29/2008 E 40/2009 DO CONSELHO NACIONAL DO MINISTÉRIO PÚBLICO. ART. 1º, INCISO II, DA LEI 8.906/1994. ART. 3º DA LEI 10.593/2002. ART. 129, § 3º, DA CONSTITUIÇÃO FEDERAL. ENTENDIMENTO FIRMADO PELO PLENÁRIO DO SUPREMO TRIBUNAL FEDERAL NO JULGAMENTO DA AÇÃO DIRETA DE INCONSTITUCIONALIDADE 3.460/DF. DENEGAÇÃO DA ORDEM. 1. O tempo de assessoria e/ou consultoria jurídica prestado a universidade privada não se enquadra como desempenho de cargo, emprego ou função pública, além de existir óbice legal à sua contagem em período anterior à inscrição do impetrante na Ordem dos Advogados do Brasil. 2. O tempo de exercício no cargo de

Analista Tributário da Receita Federal do Brasil pelo impetrante não pode ser considerado para fins de comprovação de atividade jurídica, por não se tratar de cargo público privativo de bacharel em Direito. 3. Entendimento firmado pelo Plenário desta Suprema Corte no julgamento da Ação Direta de Inconstitucionalidade 3.460/DF no sentido de que a expressão "*atividade jurídica*" prevista no art. 129, § 3º, da Constituição Federal corresponde ao desempenho de atividades que exijam a conclusão do bacharelado em Direito. 4. Ordem denegada. Noticiado no Informativo 555(Inform. STF 565)

CONCURSO PÚBLICO PARA CARGO DE PROCURADOR DA REPÚBLICA E REQUISITO TEMPORAL

Salientando as peculiaridades do caso, o Tribunal, por maioria, deferiu mandado de segurança para assegurar aos impetrantes o direito que lhes advenha da aprovação no 24º concurso público para provimento do cargo de Procurador da República. Na espécie, o Procurador-Geral da República indeferira a inscrição definitiva dos impetrantes ao fundamento de não restar atendido o requisito de três anos de atividade jurídica previsto no regulamento do certame (Resolução 93/2007) e no art. 129, § 3º, da CF. A Min. Cármen Lúcia, relatora, entendeu que os impetrantes teriam cumprido a exigência de três anos de atividade jurídica, sobretudo em face do que certificado pelo Banco Central do Brasil - BACEN, no sentido de eles exercerem, há mais de dez anos, no cargo de nível superior de analista dessa autarquia — entre as funções inerentes àquelas próprias desses cargos, para o que não se exigia formalmente a condição de bacharel em direito — atividades próprias destes. Observou a circunstância de que, em razão da formação jurídica dos impetrantes, eles teriam sido designados para atividades da procuradoria do BACEN vinculadas ao contencioso. Considerou, portanto, que os impetrantes: a) possuíam mais de três anos como bacharéis em Direito na data da inscrição do concurso; b) tinham habilitação para integrar os quadros da OAB e, nesta condição, poderem advogar; c) comprovaram o exercício de atos de advocacia (contencioso) após receberem a Carteira da OAB (deferimento de inscrição); d) exerceram funções próprias de bacharel no exercício de um cargo no qual essa era uma das possibilidades (conforme atestado pelo BACEN nos documentos acostados aos autos). Ressaltou que, no caso, o não reconhecimento de direito dos impetrantes implicaria afronta ao princípio da igualdade, haja vista a existência de servidores públicos, em cargos não privativos de bacharel em Direito, que são proibidos de advogar e, para esses, o Supremo ter decidido não haver violação à regra que exige a comprovação de três anos de atividade jurídica a partir da colação de grau no curso de Direito. Por sua vez, os demais Ministros que acompanharam a conclusão da relatora reportaram-se, em especial, ao que decidido pelo Plenário no julgamento do MS 26681/DF (DJE de 17.4.2009). Ressaltando faltarem apenas 15 dias para o perfazimento do requisito temporal de três anos de atividade jurídica, levaram em conta o fato de que, de forma similar ao que ocorrera naquele julgamento, os impetrantes, embora tivessem, já habilitados desde 22.6.2005, protocolizado os requerimentos de inscrição no quadro da OAB nos dias 4 e 6.7.2005, teriam tido seu pleito deferido apenas em 2.9.2005. Concluíram que esse atraso de quase dois meses para o deferimento dessa inscrição seria atribuível à OAB, não podendo prejudicar os impetrantes. Vencidos os Ministros Joaquim Barbosa, Cezar Peluso e Ellen Gracie que denegavam a ordem por considerar não observado o mencionado requisito temporal. Outro precedente citado: Rcl 4936/PA (DJE de 11.4.2008). **MS 27608/DF, rel. Min. Cármen Lúcia, 15.10.2009.** (MS-27608) (Inform. STF 563)

RCL N. 3.932-RJ

RELATOR: MIN. CARLOS BRITTO

EMENTA. CONSTITUCIONAL. RECLAMAÇÃO. ART. 187 DA LEI COMPLEMENTAR Nº 75/93: EXIGÊNCIA DE DOIS ANOS DE BACHARELADO EM DIREITO PARA INGRESSO NA CARREIRA DO MINISTÉRIO PÚBLICO DA UNIÃO. DECISÃO DO SUPREMO TRIBUNAL FEDERAL NA ADI 1.040, DECLARANDO CONSTITUCIONAL A EXIGÊNCIA. DECISÕES RECLAMADAS, DE JUIZ DE PRIMEIRO GRAU, QUE AFASTARAM A APLICAÇÃO DO ART. 187 DA LEI COMPLEMENTAR Nº 75/93. 1. O art. 187 da Lei Complementar nº 75/93 exige dois anos de bacharelado em Direito como requisito para inscrição em concurso público para ingresso na carreira do Ministério Público da União. Impugnado na ADI 1.040, esse dispositivo foi considerado compatível com a Constituição Federal. 2. O juiz de primeiro grau afastou a referida exigência, sob a alegação de que a superveniência da Emenda Constitucional nº 45/2004 retirou a eficácia da decisão proferida por este Supremo Tribunal Federal na ADI 1.040. 3. A mencionada Emenda Constitucional nº 45/2004 não fez cessar a eficácia da decisão prolatada na ADI 1.040, pois, ao estabelecer a exigência de três anos de atividade jurídica como requisito para ingresso na carreira do Ministério Público, ampliou o conteúdo material do art. 187 da L.C. nº 75/83, robustecendo a exigência de dois anos de bacharelado nele prevista. 4. As decisões reclamadas ofenderam a autoridade da decisão proferida na ADI 1.040, motivo pelo qual a reclamação é procedente. Noticiado no Informativo 489 (Inform. STF 562)

CONCURSO PÚBLICO E VAGAS DESTINADAS À CONCORRÊNCIA ESPECÍFICA - 1

Por reconhecer o direito líquido e certo do recorrente à nomeação em concurso público, a Turma proveu recurso ordinário em mandado de segurança para desconstituir ato do Ministro de Estado da Agricultura, Pecuária e Abastecimento, que nomeara indevidamente candidato aprovado em vaga reservada a portador de deficiência (concorrência específica) naquela destinada à concorrência ampla. No caso, o concurso público fora realizado de forma regionalizada e estruturado em duas turmas distintas de formação. Em ambas havia a previsão de que, para cada especialidade ou área, seriam reservados 5% das vagas aos portadores de necessidades especiais. Assim, destacaram-se, respectivamente, uma vaga para o primeiro curso e três para o segundo. A soma dos candidatos convocados para as turmas atingiram o número total de vagas disponíveis à época. Ocorre que, ao convocar 4 candidatos inscritos para as vagas de concorrência específica, a autoridade coatora teria extrapolado a quantidade legalmente reservada (3 vagas). **RMS 25666/DF, rel. Min. Joaquim Barbosa, 29.9.2009.** (RMS-25666)

CONCURSO PÚBLICO E VAGAS DESTINADAS À CONCORRÊNCIA ESPECÍFICA - 2

Aduziu-se, inicialmente, que, nos termos do art. 37, VIII, da CF, a reserva de vagas para concorrência específica de portadores de deficiência é requisito de validade para a realização de concurso público para a investidura em cargo ou emprego públicos. Nesse sentido, destacou-se que, consoante o disposto no art. 8º, § 2º, da Lei 8.112/90, 5% a 20% das vagas disponíveis devem ser reservadas à concorrência específica, em contraposição à ampla concorrência. Evidenciou-se, na espécie, a peculiaridade do certame, na medida em que as vagas oferecidas no concurso foram cindidas de acordo com cada turma de curso de formação que viesse a ser estipulado pelos responsáveis pelo processo seletivo. Ressaltou-se que, independentemente da quantidade de fases e da forma como elas venham a ser estruturadas, cada processo para preenchimento de cargos ou empregos públicos se revela uno e único e que o ponto de partida para o certame sempre será a existência de vagas ou a previsão de abertura de vagas relacionadas a cargo ou emprego públicos. Salientou-se que o concurso público em tela fora organizado de modo a dividir os candidatos aprovados em duas turmas do curso de formação e que o edital também alocara as vagas disponíveis de acordo com a cidade de lotação, de forma que os candidatos também deveriam optar pela localidade em que disponível a vaga no ato de inscrição. **RMS 25666/DF, rel. Min. Joaquim Barbosa, 29.9.2009.** (RMS-25666)

CONCURSO PÚBLICO E VAGAS DESTINADAS À CONCORRÊNCIA ESPECÍFICA - 3

Frisou-se que a base de cálculo dos limites de vagas destinadas à específica concorrência corresponderia ao número total de vagas disponíveis para cada especialidade. Destarte, asseverou-se que particularidades da estrutura do concurso que não afetem o número total de vagas disponíveis para cada nicho de concorrência não influirão na quantidade de vagas reservadas. Enfatizou-se que, na situação em exame, o deslocamento temporal entre as turmas do curso de formação nada dissera sobre a quantidade total de vagas a que concorriam os candidatos. Por conseguinte, assentou-se que o estabelecimento do número de vagas destinadas à específica concorrência — em função da quantidade de turmas do curso de formação — outorga à Administração a possibilidade de estabelecer, por vias oblíquas, os limites entre concorrência ampla e concorrência específica. Destacou-se que isso fica ainda mais nítido quando observado que a relação entre o total de vagas disponíveis e as vagas destinadas à específica concorrência é alterada mesmo com o número total de vagas permanecendo estático. Em sentido semelhante, mencionou-se que a proporção efetiva é modificada sem alteração do percentual de reserva estabelecido no início do certame. **RMS 25666/DF, rel. Min. Joaquim Barbosa, 29.9.2009.** (RMS-25666) (Inform. STF 561)

FRAUDE EM CONCURSO PÚBLICO E FUNDAMENTAÇÃO DA DECISÃO - 3

Ante o empate na votação, a Turma deferiu *habeas corpus* impetrado em favor de acusado de fraude em concurso público — venda de gabarito do certame para o ingresso no curso de Sargentos do Exército — para anular acórdão proferido pelo STM que o condenara sem observância ao disposto no art. 93, IX, da CF. No caso, absolvido por auditoria militar da acusação de haver praticado o crime previsto no art. 320 ("*Violar, em qualquer negócio de que tenha sido incumbido pela administração militar, seu dever funcional para obter especulativamente vantagem pessoal, para si ou para outrem:*") c/c o art. 53 ("*Quem, de qualquer modo, concorre para o crime incide nas penas a este cominadas.*"), ambos do CPM, o paciente tivera tal sentença reformada pelo STM, que desclassificara a conduta para o tipo previsto no art. 251, § 3º ("*Obter, para si ou para outrem, vantagem ilícita, em prejuízo alheio, induzindo ou mantendo alguém em erro, mediante artifício, ardil ou qualquer outro meio fraudulento:... § 3º A pena é agravada, se o crime é cometido em detrimento da administração militar.*") c/c o art. 53, também do aludido diploma legal, cominando-lhe a pena acessória de exclusão das Forças Armadas — v. Informativo 556. Assentou-se que o STM — ao concluir pela existência de provas aptas a embasar a condenação — não o fizera de forma fundamentada, ou seja, não explicitara quais os elementos probatórios que levara em consideração, hábeis a demonstrar a efetiva participação do paciente na prática do delito que lhe fora imputado. Concluiu-se que o processo de conhecimento se exaurira, em definitivo, com o pronunciamento final do STM, afigurando-se inadmissível o rejulgamento do paciente tantas vezes quantas necessárias para se alcançar a sua condenação, mediante o revolvimento do acervo probatório, procedimento que, em tese, seria passível de renovar-se *ad infinitum*, considerada a possibilidade de repetir-se a ausência de fundamentação em novos acórdãos emanados da Justiça castrense. Vencidos, em menor extensão, os Ministros Cármen Lúcia e Marco Aurélio que concediam a ordem parcialmente para que autos retornassem ao STM, a fim de que nova decisão, devidamente motivada, fosse proferida. **HC 95706/RJ, rel. Min. Ricardo Lewandowski, 15.9.2009.** (HC-95706) (Inform. STF 559)

CONCURSO PÚBLICO PARA PROCURADOR DA REPÚBLICA E REQUISITO TEMPORAL - 1

O Tribunal, por maioria, denegou mandado de segurança impetrado contra ato do Procurador-Geral da República, que indeferira a inscrição definitiva do impetrante no 24º concurso público para provimento de cargos de Procurador da República, por julgar não preenchido o requisito temporal constante do respectivo edital, qual seja, o de atenderem os candidatos, "*no ato de inscrição definitiva, à exigência de 3 (três) anos de atividade jurídica na condição de bacharel em direito*". Pretendia o impetrante fossem consideradas, para a contagem daquele requisito temporal, as seguintes atividades: 1) atuação no corpo técnico do Núcleo de Assessoria do 3º Setor da Universidade Luterana do Brasil - ULBRA, tanto no período anterior quanto posterior a sua inscrição na Ordem dos Advogados do Brasil - OAB; e 2) exercício no cargo de Analista Tributário da Receita Federal do Brasil. Salientou-se, inicialmente, que o regulamento do concurso em questão (Resolução 93/2007, do Conselho Superior do Ministério Público Federal) não teria sido impugnado por nenhum candidato, e que o impetrante aderira ao certame, concordara com seu regulamento, ao se inscrever, bem como assinara declaração de conhecimento da norma inserta no art. 44 da Resolução. **MS 27606/DF, rel. Min. Ellen Gracie, 12.8.2009.** (MS-27606)

CONCURSO PÚBLICO PARA PROCURADOR DA REPÚBLICA E REQUISITO TEMPORAL - 2

Em seguida, afirmou-se que o tempo de assessoria prestado à ULBRA antes da inscrição do impetrante na OAB não poderia ser considerado para os fins pretendidos. No ponto, esclareceu-se que a função desempenhada pelo impetrante, não obstante a ULBRA atestar que seria privativa de bacharel em Direito, não teria vínculo algum com a Administração Pública, razão por que não poderia ser enquadrada como desempenho de cargo, emprego ou função pública, nos termos do art. 44, § 3º, II, da Resolução 93/2007 ("*§ 3º - A comprovação do exercício de atividade jurídica será feita por intermédio dos seguintes documentos: I - certidões de cartórios e secretarias, publicações, petições protocolizadas ou outro meio igualmente idôneo para a comprovação da prática de atos privativos de advogado, não bastando a mera inscrição na Ordem dos Advogados do Brasil. II - certidão de exercício de cargo, emprego ou função pública, privativos de bacharel em Direito.*"). Aduziu-se, também, haver óbice legal à pretensão do impetrante fundada no inciso I do citado dispositivo regulamentar quanto ao período anterior a sua inscrição na OAB, haja vista o disposto nos artigos 1º, II, 3º e 4º do Estatuto da Advocacia (Lei 8.906/94: "*Art. 1º São atividades privativas de advocacia:... II - as atividades de consultoria, assessoria e direção jurídicas. ... Art. 3º O exercício da atividade de advocacia no território brasileiro e a denominação de advogado são privativos dos inscritos na Ordem dos Advogados do Brasil - OAB. ... Art. 4º São nulos os atos privativos de advogado praticados por pessoa não inscrita na OAB, sem prejuízo das sanções civis, penais e administrativas.*"). **MS 27606/DF, rel. Min. Ellen Gracie, 12.8.2009.** (MS-27606)

CONCURSO PÚBLICO PARA PROCURADOR DA REPÚBLICA E REQUISITO TEMPORAL - 3

De igual modo, reputou-se não ser possível considerar o tempo de exercício no cargo de Analista Tributário da Receita Federal pelo impetrante depois de formado em Direito, para fins de comprovação de atividade jurídica, nos termos do art. 44, § 3º, II, da aludida Resolução, por não se tratar de cargo público privativo de bacharel em Direito. Observou-se que, apesar do disposto nos artigos 1º e 2º da Resolução 4/2006, do Conselho Nacional do Ministério Público ("*Art. 1º Será considerada como atividade jurídica, desempenhada exclusivamente após a obtenção do grau de bacharel em direito, aquela exercida por ocupante de cargo, emprego ou função, inclusive de magistério superior, nos quais prepondere a interpretação e aplicação de normas jurídicas. Art. 2º A comprovação da exigência do período de três anos de atividade jurídica deverá ser formalizada no ato da inscrição definitiva do concurso por intermédio de documentos e certidões que demonstrem efetivamente o exercício da atividade jurídica no período exigido.*"), o Plenário, ao julgar a ADI 3460/DF (DJU de 15.6.2007), teria consignado que a expressão "atividade jurídica", prevista no art. 129, § 3º, da CF corresponde ao desempenho de atividades que exijam a conclusão do bacharelado em Direito, hipótese na qual não se enquadraria o exercício do cargo público de Analista Tributário da Receita Federal. Concluiu-se, assim, que o § 3º do art. 44 da Resolução 93/2007 teria redação semelhante à norma declarada constitucional pelo Supremo no julgamento da citada ação direta e que o Conselho Superior do Ministério Público Federal teria, portanto, se guiado pela orientação fixada pelo próprio Supremo naquele julgamento. Vencidos os Ministros Carlos Britto, Marco Aurélio e Celso de Mello que concediam a ordem. **MS 27606/DF, rel. Min. Ellen Gracie, 12.8.2009.** (MS-27606) (Inform. STF 555)

CONCURSO PÚBLICO: VINCULAÇÃO AO EDITAL E INGRESSO NA CARREIRA

O edital relativo a concurso público obriga não só a candidatos como também a Administração Pública. Com base nesse entendimento, a Turma proveu recurso extraordinário para reconhecer, com as conseqüências próprias, o direito da recorrente à nomeação no cargo em que aprovada, observados classe e padrão descritos no edital do certame. Na espécie, o edital do concurso público previra que o ingresso no cargo de Técnico em Arquivo dar-se-ia na Classe "D", Padrão "IV". Entretanto, a recorrente fora nomeada para o padrão inicial da carreira, em virtude de portaria editada pelo Secretário de Recursos Humanos da Secretaria da Administração Federal da Presidência da República, a qual determinara que os provimentos em cargo público seriam feitos na inicial da classe e padrão de cada nível. Ressaltou-se, de início, que o edital fora publicado em data anterior a esse ato administrativo. Em seguida, aduziu-se que deveria ser adotado enfoque que não afastasse a confiança do cidadão na Administração Pública e que a glosa seria possível caso houvesse discrepância entre as regras do concurso constantes do edital e a nomeação verificada ou descompasso entre o que versado no edital e a lei de regência. Nesse ponto, registrou-se que a restrição contra a qual se insurgira a recorrente estaria fundada em portaria considerada discrepante, pelo tribunal *a quo*, do art. 12, § 1º, da Lei 8.112/90 ("*§ 1º O prazo de validade do concurso e as condições de sua realização serão fixados em edital, que será publicado no Diário Oficial da União e em jornal diário de grande circulação.*"). Concluiu-se que a alteração ocorrida, olvidando-se a previsão do edital de estar o concurso voltado ao preenchimento de cargo no padrão IV e não no padrão I, conflitaria com a disciplina constitucional a direcionar a observância dos parâmetros firmados, desde que estes atendam aos requisitos estabelecidos em lei. Determinou-se, ainda, a satisfação das diferenças vencidas e vincendas, que deverão ser atualizadas, com incidência de juros. **RE 480129/DF, rel. Min. Marco Aurélio, 30.6.2009.** (RE-480129) (Inform. STF 553)

EMENTA: MANDADO DE SEGURANÇA. CONCURSO PÚBLICO PARA PROVIMENTO DO CARGO DE TÉCNICO DO MINISTÉRIO PÚBLICO DA UNIÃO, ÁREA DE APOIO ESPECIALIZADO, ESPECIALIZAÇÃO EM TRANSPORTE. PROVA PRÁTICA DE DIREÇÃO VEICULAR. ILEGALIDADE DA EXIGÊNCIA DE CARTEIRA NACIONAL DE HABILITAÇÃO, NA CATEGORIA "D" OU "E", EMITIDA, NESTAS CATEGORIAS, HÁ, NO MÍNIMO, TRÊS ANOS. § 1º DO ART. 7º DA LEI Nº 11.415/2006. NECESSIDADE DE LEI PARA A IMPOSIÇÃO DE EXPERIÊNCIA PROFIS-SIONAL COMO REQUISITO AO PROVIMENTO DO CARGO. 1. Na data de publicação do Edital PGR/MPU nº 18/2006, bem como na de sua primeira retificação, vigoravam a Lei nº 9.953/2000, com a redação dada pela Lei nº 10.476/2002, e a Portaria PGR nº 233/2004. Legislação que reputava desnecessária experiência profissional para o provimento do cargo de Técnico do MPU, área de Apoio Especializado, especialização Transporte, exigindo, tão-somente, a apresentação de Carteira Nacional de Habilitação, categoria "D" ou "E", por ocasião da posse. 2. O § 1º do art. 7º da Lei nº 11.415/2006 remete à lei — e não ao regulamento — a força de exigir, se for o caso, formação especializada, experiência e registro profissional como requisitos para a posse nos cargos das carreiras do MPU. Ilegalidade da Portaria PGR/MPU nº 712, de 20/12/2006. 3. Aplicabilidade, ao concurso público em andamento, da Lei nº 11.415/2006, pois, além de não estar encerrado o prazo para inscrições, *"enquanto não concluído e homologado o concurso público, pode a Administração alterar as condições do certame constantes do respectivo edital, para adaptá-las à nova legislação aplicável à espécie"* (RE 318.106/RN, Rel. Min. Ellen Gracie, DJ 18/11/2005). 4. Aparente irrazoabilidade da exigência de o candidato a motorista do MPU contar com três anos de CNH emitida nas categorias "D" ou "E". 5. Segurança concedida. **MS N. 26.587-MT. RELATOR: MIN. CARLOS BRITTO. Noticiado no Informativo 536** (Inform. STF 552)

REQUISITO TEMPORAL E CONCURSO PARA PROMOTOR DE JUSTIÇA - 1

O Tribunal, por maioria, julgou parcialmente procedentes duas reclamações ajuizadas contra decisões proferidas pela Justiça do Estado do Pará e pelo Conselho Nacional do Ministério Público, que determinaram a reserva de vagas a candidatos aprovados em concurso público para o provimento do cargo de promotor de justiça no referido Estado-membro, mas excluídos do certame por não comprovarem o requisito de 3 anos de atividade jurídica contido no edital. Alegava-se ofensa à autoridade da decisão proferida pelo Supremo na ADI 3460/DF (DJU de 15.6.2007), na qual, declarando a constitucionalidade do art. 7º, caput e parágrafo único, da Resolução 35/2002, com a redação que lhe foi dada pelo art. 1º da Resolução 55/2004, do Conselho Superior do Ministério Público do Distrito Federal e Territórios - que regia o concurso público para a carreira do Ministério Público do Distrito Federal -, concluiu que o requisito temporal de 3 anos de atividade jurídica para ingresso na carreira do Ministério Público deve ser contado da data da conclusão do curso de Direito e comprovado na data da inscrição no concurso, e que a expressão "atividade jurídica" corresponde ao desempenho de atividades privativas de bacharel em Direito. **Rcl 4906/PA, rel. Min. Joaquim Barbosa, 17.12.2008**. (Rcl-4906) **Rcl 4939/PA, rel. Min. Joaquim Barbosa, 17.12.2008**. (Rcl-4939)

REQUISITO TEMPORAL E CONCURSO PARA PROMOTOR DE JUSTIÇA - 2

Preliminarmente, o Tribunal, por maioria, salientando o efeito vinculante e a eficácia erga omnes das suas decisões em controle concentrado de constitucionalidade, conheceu das reclamações, tendo em conta, não obstante o acórdão paradigma ter declarado a constitucionalidade de norma diversa da tratada nos presentes autos, a identidade do teor desses textos. Vencido, no ponto, o Min. Carlos Britto, que delas não conhecia. No mérito, entendeu-se violado o que decidido na ADI 3460/DF, relativamente a quatro dos beneficiados com as decisões reclamadas que não teriam preenchido o mencionado requisito temporal. No entanto, o Tribunal reconheceu não ter havido essa afronta quanto a duas beneficiadas, haja vista as particularidades dos casos concretos que não teriam sido abordadas pelo acórdão paradigma. **Rcl 4906/PA, rel. Min. Joaquim Barbosa, 17.12.2008**. (Rcl-4906) **Rcl 4939/PA, rel. Min. Joaquim Barbosa, 17.12.2008**. (Rcl-4939)

REQUISITO TEMPORAL E CONCURSO PARA PROMOTOR DE JUSTIÇA - 3

Dessa forma, considerou-se o fato de uma delas ter se formado em Direito mais de 3 anos antes de sua convocação e de, apesar de aprovada no exame da Ordem dos Advogados do Brasil - OAB, não ter exercido a advocacia por incompatibilidade com o cargo público que ocupava, qual seja, o de escrivã da Polícia Federal, cargo que envolve, como assinalado por decisão do Conselho Nacional de Justiça - CNJ (Pedido de Providência 1238), o desempenho de atividades em que são exigidos conhecimentos jurídicos e para o qual, em algumas unidades da federação, seria exigido o bacharelado em Direito. No que se refere à outra candidata, considerou-se o tempo que exercera como oficial de justiça do Tribunal de Justiça do Estado do Pará, visto que, embora somente em 2007 esse cargo tivesse passado a ser privativo de bacharel em Direito no Estado do Pará (Lei estadual 6.969/2007), já o seria em outras unidades da federação. Asseverou-se que entendimento contrário implicaria tratamento desigual entre candidatos daquelas unidades federadas e candidatos do Estado do Pará. Vencido o Min. Marco Aurélio, que julgava as reclamações improcedentes. **Rcl 4906/PA, rel. Min. Joaquim Barbosa, 17.12.2008**. (Rcl-4906) **Rcl 4939/PA, rel. Min. Joaquim Barbosa, 17.12.2008**. (Rcl-4939)

REQUISITO TEMPORAL E CONCURSO PARA PROMOTOR DE JUSTIÇA - 4

O Tribunal iniciou julgamento de mandado de segurança impetrado contra ato do Procurador-Geral da República que, em sede de recurso administrativo, mantivera decisão que indeferira a inscrição definitiva do impetrante em concurso para provimento de cargos de Procurador da República, por não ter comprovado o exercício de 3 anos de atividade jurídica privativa de bacharel em Direito, após a colação de grau. O Min. Gilmar Mendes, relator, denegou a ordem, no que foi acompanhado pelos Ministros Ricardo Lewandowski, Joaquim Barbosa, Carlos Britto e Cezar Peluso. Ressaltou, inicialmente, que o impetrante exercera o cargo em comissão de Diretor I, do Quadro Setorial da Lotação da Secretaria de Estado de Planejamento e Gestão do Governo de Minas Gerais, por 2 anos, 1 mês e 24 dias, e o cargo de analista judiciário do Tribunal Regional Eleitoral de Minas Gerais, por 9 meses e 15 dias. Tendo em conta que, de acordo com documento emitido pela Secretaria de Planejamento e Gestão do Estado de Minas Gerais, o cargo em comissão de Diretor I, ocupado pelo impetrante, é cargo público de recrutamento amplo, portanto, não-privativo de bacharel em Direito, concluiu que o impetrante não teria preenchido o aludido requisito de 3 anos de atividade jurídica, exigência essa declarada constitucional na ADI 3460/DF. Após, pediu vista dos autos o Min. Marco Aurélio. **MS 26696/DF, rel. Min. Gilmar Mendes, 17.12.2007.** (MS-26696)

REQUISITO TEMPORAL E CONCURSO PARA PROMOTOR DE JUSTIÇA - 5

Em conclusão, o Tribunal, por maioria, julgou prejudicado mandado de segurança impetrado contra ato do Procurador-Geral da República que, em sede de recurso administrativo, mantivera decisão que indeferira a inscrição definitiva do impetrante em concurso para provimento de cargos de Procurador da República, por não ter comprovado o exercício de 3 anos de atividade jurídica privativa de bacharel em Direito, após a colação de grau — v. Informativo 493. Considerou-se o fato de que, por não ter sido deferida a liminar, o impetrante acabara por não participar das provas orais do concurso, realizadas em fevereiro de 2009, já tendo havido, inclusive, conclusão do certame com resultado homologado e a posse dos candidatos aprovados. Vencido o Min. Marco Aurélio, que concedia a ordem. **MS 26696/DF, rel. Min. Gilmar Mendes, 3.6.2009.** (MS-26696) (Inform. STF 549)

EMENTA: CONSTITUCIONAL. CONCURSO PÚBLICO PARA CARGO DE TÉCNICO DE PROVIMENTO DE APOIO. EXIGÊNCIA DE TRÊS ANOS DE HABILITAÇÃO. INEXISTÊNCIA DE PREVISÃO CONSTITUCIONAL. SEGURANÇA CONCEDIDA. I - O que importa para o cumprimento da finalidade da lei é a existência da habilitação plena no ato da posse. II - A exigência de habilitação para o exercício do cargo objeto do certame dar-se-á no ato da posse e não da inscrição do concurso. III - Precedentes. IV - Ordem concedida. **MS N. 26.668-DF. RELATOR: MIN. RICARDO LEWANDOWSKI. Noticiado no Informativo 542** (Inform. STF 548)

LEGITIMIDADE DO MINISTÉRIO PÚBLICO: AÇÃO CIVIL PÚBLICA E PONTUAÇÃO EM CONCURSO PÚBLICO - 1

A Turma iniciou julgamento de recurso extraordinário em que se debate a legitimidade, ou não, do Ministério Público para promover ação civil pública com o objetivo de questionar o estabelecimento de critérios de pontuação em concurso público. No caso, Ministério Público Estadual ajuizara ação civil pública em torno de certame para diversas categorias profissionais de determinada prefeitura, em que asseverara que a pontuação adotada privilegiava candidatos os quais já integravam o quadro da Administração Pública Municipal. O Min. Menezes Direito, relator, negou provimento ao recurso, para assentar que o tema relativo ao conceito de direito individual homogêneo estaria no plano infraconstitucional, escapando, assim, da abrangência do recurso extraordinário. Ressaltou, ademais, que o MPE afirma a sua legitimação com base na identificação de dano ao patrimônio público, por meio da invalidação de normas de edital de concurso público em desacordo com os princípios que regem a atuação da Administração Pública (CF, art. 37). Entendeu, todavia, que, na espécie, não se trataria de defender o patrimônio público — tendo em conta que a ação versaria sobre o regime de pontuação de certame municipal —, mas sim de tutelar interesses que seriam próprios dos candidatos. **RE 216443/MG, rel. Min. Menezes Direito, 5.5.2009.** (RE-216443)

LEGITIMIDADE DO MINISTÉRIO PÚBLICO: AÇÃO CIVIL PÚBLICA E PONTUAÇÃO EM CONCURSO PÚBLICO - 2

Em divergência, o Min. Marco Aurélio proveu o extraordinário, no que foi acompanho pelos Ministros Carlos Britto e Ricardo Lewandowski. De início, ressaltou que o STF possui entendimento no sentido de que é matéria constitucional a questão relativa ao exame da atribuição de pontos a candidatos em virtude de seu desempenho profissional anterior em atividade relacionada a concurso público. Quanto à legitimação do *parquet*, registrou a existência de tratamento diferenciado conforme se cuide de sua atuação na defesa da ordem jurídica (CF, art. 127) ou em inquérito civil e ação civil pública (CF, art. 129, III). Salientou que se teria, no caso, o interesse coletivo, na medida em que se conferira tratamento distinto a certos candidatos em detrimento dos demais, quando o concurso público objetiva a igualização. Frisou haver lesão a partir do momento em que abandonada tal premissa. Após, pediu vista a Min. Cármen Lúcia. **RE 216443/MG, rel. Min. Menezes Direito, 5.5.2009.** (RE-216443) (Inform. STF 545)

EMENTA: Mandado de segurança. Art. 129, § 3º, da Constituição. Comprovação de atividade jurídica para o concurso do Ministério Público Federal. Peculiaridades do caso. 1. A interpretação do art. 129, § 3º, da Constituição foi claramente estabelecida pela Suprema Corte no julgamento da ADI nº 3.460, Relator o Ministro Carlos Britto (DJ 15/6/07), de acordo com o qual (i) os três anos de atividade jurídica pressupõem a conclusão do curso de bacharelado em Direito e (ii) a comprovação desse requisito deve ocorrer na data da inscrição no concurso e não em momento posterior. 2. O ato coator tomou como termo inicial da atividade jurídica do impetrante a sua inscrição na OAB, o que é correto, porque, na hipótese, o impetrante pretendeu comprovar a sua experiência com peças processuais por ele firmadas como advogado. Faltaram-lhe, consequentemente, 45 dias para que perfizesse os necessários três anos de advocacia, muito embora fosse bacharel em Direito há mais tempo. 3. O caso é peculiar, considerando que o período de 45 dias faltante corresponde ao prazo razoável para a expedição da carteira de advogado após o seu requerimento, de tal sorte que, aprovado no exame de ordem em dezembro de 2003, deve ser tido como preenchido o requisito exigido pelo § 3º do art. 129 da Constituição Federal. 4. Segurança concedida. **MS N. 26.681-DF. RELATOR: MIN. MENEZES DIREITO. Noticiado no Informativo 530** (Inform. STF 542)

ADI E PRINCÍPIO DO CONCURSO PÚBLICO

O Tribunal julgou procedente pedido formulado em ação direta ajuizada pelo Procurador-Geral da República para declarar a inconstitucionalidade da Resolução 825/2002, da Assembléia Legislativa do Estado de São Paulo, que transforma em cargos do Quadro da Secretaria da Assembléia Legislativa - QSAL "*as funções-atividades dos servidores estáveis, por força do art. 19 das Disposições Constitucionais Transitórias*". Entendeu-se que, a pretexto de promover a "*reclassificação nominal e o enquadramento*" de servidores ao QSAL, a norma impugnada criou forma derivada de provimento de cargo público, em flagrante desrespeito ao que disposto no art. 37, II, da CF. Alguns precedentes citados: ADI 2364 MC/AL (DJU de 14.12.2001); ADI 951/SC (DJU de 29.4.2005); ADI 388/RO (DJU de 19.10.2007); ADI 1611 MC/GO (DJU de 4.3.2005); ADI 2145 MC/MS (DJU de 31.0.2003); ADI 368/ES (DJU de 2.5.2003); ADI 1854/PI (DJU de 4.5.2001); ADI 1230/DF (DJU de 6.9.2001); ADI 850 MC/RO (DJU de 21.5.93); ADI 483 MC/PR (DJU de 31.5.91). **ADI 3342/SP, rel. Min. Cármen Lúcia, 4.3.2009.** (ADI-3342) (Inform. STF 537)

CENSOR FEDERAL: EXTINÇÃO DE CARGO E APROVEITAMENTO - 2

Em conclusão de julgamento, o Tribunal, por maioria, não conheceu de ação direta de inconstitucionalidade proposta pelo Procurador-Geral da República contra a Lei 9.688/98, que declarou a extinção dos cargos de Censor Federal, referidos na Lei 9.266/96, dispôs sobre o aproveitamento de seus ocupantes nos cargos de Perito Criminal Federal e de Delegado de Polícia Federal, exigindo, quanto ao último, o título de bacharel em direito, bem como determinou a extensão, aos aposentados nos cargos extintos, dos benefícios decorrentes desse enquadramento — v. Informativo 400. Ressaltando as extravagantes peculiaridades do caso concreto, entendeu-se que o ato em análise não se amoldaria ao controle abstrato de constitucionalidade, pois, com o enquadramento por ele perpetrado (que somente veio aperfeiçoar situação que a Administração Pública já havia efetivado desde 1988) nada mais restou a ser regulamentado. Considerou-se, portanto, ter-se norma — que só serviu para dar fim a uma situação concreta relativa a um grupo insubstituível de indivíduos — de eficácia completamente exaurida, pois não ocorreram e não mais ocorrerão quaisquer outras situações no mundo dos fatos que possam subsumir-se à previsão nela contida, ou seja, seus efeitos esgotaram-se, em instante único, com a extinção do cargo de censor e o enquadramento de seus ocupantes — certos e determinados — nos cargos de perito criminal e delegado de Polícia Federal. Vencidos os Ministros Marco Aurélio, relator, Joaquim Barbosa, Carlos Britto, Carlos Velloso e Celso de Mello que conheciam da ação. **ADI 2980/DF, rel. orig. Min. Marco Aurélio, rel. p/ o acórdão Min. Cezar Peluso, 5.2.2009.** (ADI-2980) (Inform. STF 534)

ADI E PRINCÍPIO DO CONCURSO PÚBLICO

O Tribunal julgou procedente pedido formulado em ação direta ajuizada pelo Procurador-Geral da República para declarar a inconstitucionalidade dos artigos 14, § 2º; 26, parágrafo único; 27; 28; 29 e 31 da Lei 13.778/2006, do Estado do Ceará, bem como dos seus Anexos V, VI e VII, que aprovou o plano de cargos e carreira do Grupo Operacional Tributação, Arrecadação e Fiscalização - TAF, da Secretaria da Fazenda estadual. Entendeu-se que os dispositivos impugnados não observam o princípio do concurso público (CF, art. 37, II), pois, a pretexto de levar a efeito uma mera reorganização na carreira dos servidores que integram a administração fazendária do Estado, na verdade criam novos cargos, permitindo o seu provimento por simples transposição. Asseverou-se que os referidos preceitos transformam os antigos cargos de Auditor Adjunto do Tesouro Estadual e Técnico do Tesouro Estadual e Fiscal da Receita Estadual, de nível médio, em cargos de Auditor Adjunto da Receita Estadual e Fiscal da Receita Estadual, para os quais se exige graduação em cursos de nível superior, bem como possibilitam o aproveitamento de servidores de qualquer carreira da Administração Direta nos quadros da Secretaria da Fazenda estadual. Vencido o Min. Marco Aurélio, que julgava parcialmente procedente o pleito, para declarar a inconstitucionalidade apenas do parágrafo único do art. 26 da lei, que possibilita o aludido aproveitamento de servidores de qualquer carreira da Administração Direta, afirmando que, nos demais dispositivos atacados, estar-se-ia diante de junção de atribuições idênticas, para a qual, considerada a disciplina pretérita de ingresso dos titulares desses cargos mencionados no art. 27 da lei, em um avanço desta, ter-se-ia o abandono da nova escolaridade, situação essa, entretanto, residual e tendente a findar com a aposentadoria desses servidores. Precedente citado: ADI 3061/AP (DJU de 9.6.2006). **ADI 3857/CE, rel. Min. Ricardo Lewandowski, 18.12.2008.** (ADI-3857) (Inform. STF 533)

RETIFICAÇÃO DE EDITAL APÓS INÍCIO DE CONCURSO PÚBLICO E ANULAÇÃO PELO CNJ

O Tribunal, por maioria, denegou mandado de segurança impetrado por candidatos ao concurso público para provimento de vagas de juiz de direito substituto do Estado do Piauí, em face de decisão do Conselho Nacional de Justiça - CNJ, tomada em procedimento de controle administrativo, que anulara edital do referido concurso. Na espécie, o Tribunal de Justiça local, mediante publicação do edital anulado, retificara subitens do primeiro edital do concurso, a fim de esclarecer critério de determinação da ordem de classificação para efeito de convocação para a realização da prova oral. O edital original previu a convocação para a prova oral dos candidatos aprovados na prova escrita prática e classificados até a 50ª posição. Por sua vez, o edital anulado previu a convocação para a prova oral dos candidatos que estivessem classificados até a 50ª posição, considerando-se a soma das notas obtidas na prova escrita de múltipla escolha e na prova escrita prática. Preliminarmente, afastou-se a alegação de que o CNJ seria incompetente para apreciar o pedido, porque a mesma questão, referente ao critério para convocação para as provas orais, estaria sendo discutida no âmbito jurisdicional, em mandado de segurança impetrado na aludida Corte estadual. Considerou-se, no ponto, que a atuação do CNJ se dera nos limites de sua competência (CF art. 103-B, § 4º), na medida em que o edital atacado seria ato administrativo praticado por órgão do Poder Judiciário. Quanto ao mérito, entendeu-se inexistir ilegalidade na decisão impugnada, haja vista que o CNJ, ao anular o edital posterior, dera concretude a comando já existente no primeiro edital, o qual determinara, de forma clara, o critério de convocação para as provas orais e para a inscrição definitiva no certame, qual seja, o de que deveriam ser convocados para as provas orais os candidatos que, na prova escrita prática, obtiveram as 50 melhores notas. Concluiu-se que não haveria dúvida no edital original, portanto, a justificar qualquer esclarecimento por edital superveniente. Afirmou-se, ademais, que, após a publicação do edital e no curso do certame, a alteração de suas regras só pode ser feita se houver modificação na legislação que disciplina a carreira a que se refere o concurso, o que não ocorrera no caso. Vencidos os Ministros Menezes Direito, Ricardo Lewandowski, Marco Aurélio e Cezar Peluso, que concediam a ordem, por não vislumbrar alteração substantiva no edital original do concurso. Os vencidos reputaram equívoca a interpretação dada ao edital original no sentido de que seriam convocados para a prova oral somente os candidatos classificados até a 50ª posição na prova escrita prática, independentemente da nota obtida na de múltipla escolha, porque essa interpretação feriria a sistemática e a coerência presentes no edital de abertura, pois dos 105 pontos possíveis nas provas escritas apenas 15 corresponderiam à prova prática. Asseveraram que, com o novo edital, portanto, fez-se uma interpretação para compatibilizar o objetivo central do concurso, valorizando as duas provas existentes, dando-se conseqüência ao estabelecimento original do certame, a fim de não se tornar inútil a existência da prova de múltipla escolha que não seria levada em conta para efeito da nota de convocação final. Precedentes citados: MS 26163/DF (DJE de 5.9.2008); ADI 3367/DF (DJU de 22.9.2006); RE 318106/RN (DJU de 18.1.2005). **MS 27165/DF, rel. Min. Joaquim Barbosa, 18.12.2008.** (MS-27165) (Inform. STF 533)

ART. 129, § 3º, DA CF: ATIVIDADE JURÍDICA E EXCEPCIONALIDADE

Ante as peculiaridades do caso concreto, o Tribunal, por maioria, concedeu mandado de segurança impetrado contra ato do Procurador-Geral da República, que indeferira a inscrição definitiva do impetrante no 23º concurso para provimento de cargos de Procurador da República por falta de comprovação do requisito de 3 anos de atividade jurídica (CF, art. 129, § 3º). Na espécie, o Procurador-Geral da República somente admitira como atividade jurídica aquela desempenhada pelo impetrante entre a data de sua inscrição na OAB e a data final da inscrição definitiva no concurso, com o que lhe faltariam 45 dias para atender ao aludido requisito temporal. Asseverou-se, primeiro, estar-se diante de um período de transição da jurisprudência dos tribunais, que havia se pacificado no sentido de que requisitos ligados à experiência somente poderiam ser exigidos no momento da posse do candidato e não quando da sua inscrição no concurso público. Ademais, levou-se em conta o fato de o impetrante, apesar de inscrito na OAB somente em 7.6.2004, já ter obtido sua habilitação no exame de ordem em dezembro de 2003, ou seja, não fossem circunstâncias fáticas menores, como a demora na realização ou no processamento do pedido de inscrição na ordem, o impetrante poderia ter sido inscrito meses antes como advogado. Afirmou-se que, se o impetrante tivesse obtido a sua inscrição na OAB com pelo menos 45 dias de antecedência, ainda que apresentasse as mesmas petições que anteriormente apresentara à comissão do concurso, sua inscrição definitiva no certame teria sido deferida. Em razão disso, considerando que o período faltante (45 dias) corresponderia a prazo razoável para a expedição da carteira de advogado após o seu requerimento, e tendo em conta a data de aprovação do impetrante no exame da ordem, reputou-se preenchido o requisito temporal. Por fim, ressaltou-se haver de se homenagear o princípio da igualdade, já que outros três candidatos, em situação semelhante à do impetrante, teriam logrado êxito em mandados de segurança impetrados perante o Supremo. Os Ministros Cezar Peluso e Celso de Mello não acompanharam o relator quanto ao primeiro fundamento, visto que, desde o julgamento da ADI 1040/DF (DJU de 1º.4.2005), o Plenário já havia terminado com a incerteza quanto ao momento em que se deveria comprovar o período de experiência profissional. Vencida a Min. Cármen Lúcia que indeferia a ordem. Precedentes citados: ADI 3460/DF (DJU de 15.6.2007); MS 26690/DF (j. em 3.9.2008) e MS 26682/DF (DJE de 27.6.2008). **MS 26681/DF, rel. Min. Menezes Direito, 26.11.2008.** (MS-26681) (Inform. STF 530)

SERVIÇOS NOTARIAIS E DE REGISTRO: REORGANIZAÇÃO E CONCURSO PÚBLICO - 1

O Tribunal, por maioria, indeferiu o pedido de cautelar formulado em ação direta de inconstitucionalidade ajuizada pela Associação dos Notários e Registradores do Brasil - ANOREG contra as Resoluções 2/2008 e 3/2008, editadas pelo Conselho Superior da Magistratura do Estado de Goiás — que, respectivamente, dispõe sobre a reorganização dos serviços de notas e de registros das comarcas de entrância intermediárias e final, promovida mediante desacumulação de serviços, e regulamenta o concurso público unificado para ingresso e remoção nos serviços notariais e de registro do referido Estado-membro —, e assentou que o concurso somente poderá abranger cargos criados por lei. Acolheu-se, inicialmente, como aditamento à inicial, o arrazoado da autora que informou que a Resolução 3/2008 fora posterior e integralmente substituída, sem alterações significativas, pela Resolução 4/2008. No mérito, considerou-se a ausência do perigo na demora e, sobretudo, de plausibilidade jurídica das alegações deduzidas. Entendeu-se que o Conselho Superior da Magistratura do Estado de Goiás editara as resoluções impugnadas para dar efetivo cumprimento à deliberação do Conselho Nacional de Justiça - CNJ, que, no julgamento do Pedido de Providências 861, determinara que o Tribunal de Justiça do Estado de Goiás afastasse imediatamente das serventias extrajudiciais todos os interinos cônjuges, companheiros ou parentes de magistrados, nos termos da Resolução CNJ 7/2005; declarasse a vacância das serventias ocupadas por interinos, ou seja, por não-concursados que as assumiram após a CF/88; e publicasse, em 60 dias, edital de concurso para ingresso e remoção em serventias extrajudiciais, com prazo máximo de 6 meses para que fossem regularmente ocupadas. Asseverou-se que, mesmo antes de adentrar o exame da alegada usurpação, pelo TJGO, da competência legislativa para a edição da Resolução 2/2008, mostrar-se-ia evidente que o verdadeiro propósito da requerente seria o estancamento dos esforços daquela Corte estadual em atender plenamente às determinações do CNJ, que, por sua vez, buscaram a fiel observância do art. 236, § 3º, da CF ("*O ingresso na atividade notarial e de registro depende de concurso público de provas e títulos, não se permitindo que qualquer serventia fique vaga, sem abertura de concurso de* provimento ou de remoção, por mais *de seis meses.*"). Não haveria, por isso, nesta ótica do controle concentrado de normas, qualquer inconstitucionalidade formal ou material na atividade normativa de um tribunal de justiça de estipular regras gerais e bem definidas para a promoção de concurso unificado de provimento ou remoção de serventias vagas no respectivo Estado-membro. Também seria isenta de vício, nesse exame perfunctório, a decisão mesma pela realização de concurso quando reconhecida a vacância de mais de 300 serventias extrajudiciais, muitas delas ocupadas, há vários anos, por respondentes interinos. **ADI 4140 MC/GO, rel. Min. Ellen Gracie, 27.11.2008.** (ADI-4140)

SERVIÇOS NOTARIAIS E DE REGISTRO: REORGANIZAÇÃO E CONCURSO PÚBLICO - 2

Em seguida, reputou-se não ser plausível a alegação de que a Resolução 2/2008 violaria os artigos 2º e 236, *caput*, e § 1º, da CF, porque a reorganização de serventias dependeria de lei formal, a ser editada pela Assembléia Legislativa daquela unidade da Federação, conforme decidido pela Corte (ADI 3319 QO/RJ, DJU de 11.2.2005; ADI 3331 QO/DF, DJU de 18.2.2005; ADI 3705 QO-MC/PI, DJU de 30.6.2006). Esclareceu-se, no ponto, que, em tais precedentes, a Corte suspendera a vigência de alguns dispositivos de resoluções editadas por tribunais de justiça que, na reestruturação dos serviços extrajudiciais, fixaram prazo exíguo para que os titulares optassem por algumas das serventias desmembradas, tendo em conta que uma profunda reorganização, quase que imediata, dos serviços notariais e de registro, antes do julgamento de mérito das ações diretas, traria em si o risco de uma eventual necessidade de desfazimento das mudanças implementadas, com inevitáveis dificuldades e transtornos. Asseverou-se que, no presente caso, esse flagrante perigo na demora não existiria, já que a Resolução 2/2008 não impôs prazo algum aos titulares efetivos das delegações, tendo previsto, diferentemente, a implementação das mudanças somente depois da vacância das serventias da antiga estrutura, cautela que estaria em consonância com a Lei federal 8.935/94, que dispõe sobre os serviços notariais e de registro, e estabelece, em seu art. 49, que, "*quando da primeira vacância da titularidade de serviço notarial ou de registro, será procedida a desacumulação, nos termos do art. 26*". Acrescentou-se que, nesses precedentes, a reorganização dos serviços extrajudiciais se dera com a criação e a extinção de serventias, o que também não ocorrera na espécie, haja vista que o TJGO apenas promoveu a desacumulação (e posterior reagrupamento) de serviços que, por imperativo legal, não poderiam estar concentrados numa mesma serventia. Assim, a resolução atacada, em princípio, não teria criado, extinto ou desmembrado, em função do território, nenhuma serventia, tendo a autoridade requerida agido no estrito cumprimento do que disposto nos artigos 5º e 26 da Lei federal 8.935/94. Aduziu-se não haver necessidade sequer de suspensão do art. 5º da Resolução 2/2008, que prescreve que "*o Corregedor-Geral da Justiça poderá, a qualquer tempo, propor ao Conselho Superior da Magistratura novos desmembramentos, anexações e desanexações de serviços, criação de novas serventias e redefinição de circunscrições de registros, quando a receita ou volume de serviços justificarem a medida*", por caber realmente à Corregedoria avaliar, direta e permanentemente, o desempenho, demandas e deficiências dos serviços delegados que estão sendo prestados no Estado. Por fim, concluiu-se ser mais prudente manter-se o concurso em andamento, visto que diversas irregularidades existentes há muitos anos nessas serventias estariam sendo sanadas, estando o *fumus boni iuris* do lado do interesse da sociedade em se ter respeitado o art. 236 da CF. Vencido, parcialmente, o Min. Marco Aurélio, que concedia a liminar, para dar interpretação conforme, no sentido de jungir a observância do art. 1º da Resolução 2/2008 à lei estadual que versa a existência ou não dos cartórios. **ADI 4140 MC/GO, rel. Min. Ellen Gracie, 27.11.2008.** (ADI-4140) (Inform. STF 530)

CONTRATAÇÃO TEMPORÁRIA DE ADVOGADO E EXERCÍCIO DA FUNÇÃO DE DEFENSOR PÚBLICO

Por vislumbrar ofensa ao princípio do concurso público (CF, art. 37, II), o Tribunal julgou procedente pedido formulado em ação direta ajuizada pelo Conselho Federal da Ordem dos Advogados do Brasil, para declarar a inconstitucionalidade da Lei 8.742/2005, do Estado do Rio Grande do Norte, que dispõe sobre a contratação temporária de advogados para o exercício da função de Defensor Público, no âmbito da Defensoria Pública do referido Estado-membro. Considerou-se que, em razão de desempenhar uma atividade estatal permanente e essencial à jurisdição, a Defensoria Pública não convive com a possibilidade de que seus agentes sejam recrutados em caráter precário. Asseverou-se ser preciso estruturá-la em cargos de provimento efetivo, cargos de carreira, haja vista que esse tipo complexo de estruturação é que garante a independência técnica das Defensorias, a se refletir na boa qualidade da assistência a que têm direito as classes mais necessitadas. Precedente citado: ADI 2229/ES (DJU de 25.6.2004). **ADI 3700/RN, rel. Min. Carlos Britto, 15.10.2008.** (ADI-3700) (Inform. STF 524)

APROVEITAMENTO DE SERVIDORES DA EXTINTA MINAS CAIXA E PRINCÍPIO DO CONCURSO PÚBLICO - 1

O Tribunal iniciou julgamento de ação direta de inconstitucionalidade proposta pelo Procurador-Geral da República contra o art. 3º, da Lei 11.816/95, do Estado de Minas Gerais, que estabelece que o "*servidor público estadual à disposição do Tribunal de Contas em 30 de novembro de 1994 poderá requerer sua integração ao Quadro Especial de Pessoal do referido Tribunal, no prazo de 30 (trinta) dias contados da data da publicação da lei*". De início, o Tribunal rejeitou a preliminar de que a ação não deveria ser conhecida por ter havido apenas impugnação parcial do sistema normativo do qual faz parte a norma impugnada. Salientando que essa idéia do subsistema normativo, a exigir a impugnação integral de todo o controle concentrado dentro desse subsistema, pressupõe uma estreita interdependência lógica entre as normas, de modo que uma não tenha sentido sem a outra, entendeu-se que, no caso, os problemas relativos à integração do subsistema normativo não estariam presentes, porque a Lei 11.816/95 possuiria suficiente autonomia, no sentido de ser impugnada isoladamente, sem o risco de quebra da unidade ou coerência de qualquer subsistema normativo. Esclareceu-se, no ponto, ter havido uma política de aproveitamento da Minas Caixa de seus servidores dentro do sistema que se reproduziu em todos os Poderes do estado, sendo esse aproveitamento, entretanto, regido por diplomas legais individualizados, distintos, cada qual com uma incidência normativa própria e autônoma entre si, a permitir um exame em separado para efeito do controle da constitucionalidade. **ADI 1251/MG, rel. Min. Menezes Direito, 15.10.2008.** (ADI-1251)

APROVEITAMENTO DE SERVIDORES DA EXTINTA MINAS CAIXA E PRINCÍPIO DO CONCURSO PÚBLICO - 2

No mérito, o Min. Menezes Direito, relator, julgou procedente o pedido formulado, por entender que o dispositivo em exame afronta o princípio do concurso público (CF, art. 37, II), no que foi acompanhado pelos Ministros Cármen Lúcia, Ricardo Lewandowski, Joaquim Barbosa e Ellen Gracie. O Min. Menezes Direito afastou a tese de que o preceito impugnado teria fundamento de validade no art. 41, § 3º, da CF ("*Art. 41. ... § 3º Extinto o cargo ou declarada a sua desnecessidade, o servidor estável ficará em disponibilidade, com remuneração proporcional ao tempo de serviço, até seu adequado aproveitamento em outro cargo.*"), uma vez que a integração importaria sempre no provimento derivado de servidores em quadro da Administração Pública diverso do qual originariamente pertenciam, o que vedado. Em seguida, o Min. Marco Aurélio, tendo em conta que a concessão de liminar gera eficácia prospectiva a partir da data em que implementada, no caso, 30.6.95, e que, à época em que ajuizada ação (13.3.95), já teria se esgotado o prazo de 30 dias para a opção exposta no preceito sob análise, levantou preliminar a respeito da inadmissibilidade da ação, ao fundamento de não se estar diante de ato abstrato autônomo passível de produzir efeitos. O julgamento foi suspenso para que o Tribunal, com o *quorum* completo, se manifeste sobre essa preliminar. **ADI 1251/MG, rel. Min. Menezes Direito, 15.10.2008.** (ADI-1251) (Inform. STF 524)

CONCURSO PÚBLICO: ATIVIDADE POLICIAL E IDONEIDADE MORAL

Não tem capacitação moral para o exercício da atividade policial o candidato que está subordinado ao cumprimento das exigências decorrentes da suspensão condicional do processo (Lei 9.099/95, art. 89). Com base nesse entendimento, a Turma reformou acórdão do Tribunal de Justiça do Estado do Rio Grande do Norte que, fundado no princípio constitucional da inocência, concluíra pelo prosseguimento do candidato no certame, não obstante submetido ao referido instituto despenalizador. Enfatizou-se que tal medida impede a livre circulação do recorrido, incluída a sua freqüência a certos lugares e a vedação de ausentar-se da comarca, além da obrigação de comparecer pessoalmente ao juízo para justificar suas atividades. Desse modo, entendeu-se que reconhecer que candidato assim limitado preencha o requisito da idoneidade moral, necessária ao exercício do cargo de policial, não é pertinente, o que afasta qualquer ofensa ao aludido princípio da presunção de inocência. **RE 568030/RN, rel. Min. Menezes Direito, 2.9.2008.** (RE-568030) (Inform. STF 518)

ART. 129, § 3º, DA CF: REQUISITO TEMPORAL AFASTADO E EXCEPCIONALIDADE

Ante a excepcionalidade do caso concreto, o Tribunal, por maioria, concedeu mandado de segurança impetrado por Promotora de Justiça do Estado do Paraná contra ato do Procurador-Geral da República, na qualidade da Comissão Examinadora do 23º Concurso Público para provimento de cargos de Procurador da República, para que a exigência de 3 anos de atividade jurídica não consubstancie óbice à habilitação da impetrante ao exercício do cargo de Procurador da República, operando-se de imediato a sua posse nesse cargo. Na espécie, o pedido de inscrição definitiva da impetrante fora indeferido por não ter sido comprovado o período de atividade jurídica exigido pelo art. 129, § 3º, da CF, na redação que lhe foi dada pela EC 45/2004. Não obstante, a impetrante conseguira, mediante concessão da liminar, prosseguir com as provas no referido concurso. Considerou-se estar-se diante de uma situação especial, típica de transição de um regime a outro, em razão da alteração do texto da Constituição, no caso a EC 45/2004, que modificou as regras atinentes ao ingresso nas carreiras da Magistratura e do Ministério Público, e exigiu dos candidatos 3 anos de atividade jurídica. Ao asseverar o fato de a impetrante ser Promotora de Justiça do Estado do Paraná, empossada em abril de 2005, exercendo atribuições inerentes a esse cargo, inclusive algumas do Ministério Público Federal (LC 75/93, artigos 78 e 79), concluiu-se caracterizar-se uma contradição injustificável a circunstância de a impetrante exercer funções delegadas do Ministério Público Federal e, concomitantemente, ser julgada inapta para habilitar-se em concurso público para o provimento de cargos de Procurador da República. Vencidos os Ministros Joaquim Barbosa e Ellen Gracie que indeferiam a ordem, ao fundamento de que a impetrante não preenchia, à data da inscrição, a exigência temporal prevista no referido dispositivo constitucional. **MS 26690/DF, rel. Min. Eros Grau, 3.9.2008.** (MS-26690) (Inform. STF 518)

AÇÃO TRABALHISTA: CONTRATAÇÃO DE SERVIDORES TEMPORÁRIOS E COMPETÊNCIA - 2

Em conclusão, o Tribunal, por maioria, deu provimento a agravo regimental e julgou procedente reclamação ajuizada pelo Município de São Miguel do Guamá - PA, para deslocar para a Justiça Comum ações em trâmite na Justiça do Trabalho, em que se discute a validade de contratações celebradas sem prévia aprovação em concurso público — v. Informativo 471. Inicialmente, esclareceu-se tratar-se de ações classificadas em dois grupos: 1) as relativas a contratações temporárias realizadas antes da CF/88, nas quais se sustenta a validade das mesmas, e se pretende a aplicação da Consolidação das Leis do Trabalho - CLT; 2) as concernentes a contratações temporárias feitas depois da CF/88, em que se alega a nulidade delas, por ofensa ao art. 37, II, da CF, e a conseqüente submissão dos casos a direitos típicos de uma relação trabalhista. Entendeu-se caracterizada a afronta à decisão proferida pelo Supremo na ADI 3395 MC/DF (DJU de 10.11.2006), na qual referendada cautelar que suspendeu liminarmente toda e qualquer interpretação dada ao inciso I do art. 114 da CF, na redação dada pela EC 45/2004, que inclua, na competência da Justiça do Trabalho, a apreciação de causas que sejam instauradas entre o Poder Público e seus servidores, a ele vinculados por típica relação de ordem estatutária ou de caráter jurídico-administrativo. Vencido o Min. Marco Aurélio que julgava improcedente o pleito, e se reportava ao voto por ele proferido no julgamento do RE 573202/AM, a seguir relatado, e, ainda, ao que decidido pelo Plenário no julgamento do CC 7134/RS (DJU de 15.8.2003). **Rcl 4489 AgR/PA, rel. orig. Min. Marco Aurélio, rel. p/ o acórdão Min. Cármen Lúcia, 21.8.2008.** (Rcl-4489) (Inform. STF 516)

CONCURSO PÚBLICO: INVESTIGAÇÃO SOBRE A VIDA PREGRESSA E CONTRADITÓRIO

Aplicando o precedente firmado no julgamento do RE 156400/SP (DJU de 15.9.95) no sentido de que o levantamento ético-social dispensa o contraditório, não se podendo cogitar quer da existência de litígio, quer de acusação que vise a determinada sanção, a Turma deu provimento a recurso extraordinário interposto pelo Estado do Ceará contra acórdão do Tribunal de Justiça local. A Corte de origem concedera a segurança em favor do ora recorrido que, após haver concluído, com aproveitamento, todo o curso de formação de soldado da polícia militar daquela unidade federativa, fora excluído do certame ao fundamento de não preencher o requisito da honorabilidade, apurado com base em investigação sumária sobre vida pregressa. Afastou-se a aplicação do art. 5º, LV, da CF. Reiterou-se o entendimento sobre a impropriedade de invocar-se o aludido preceito constitucional para, diante do indeferimento de inscrição em face do que investigado sobre a vida pregressa do candidato, chegar-se à conclusão sobre o desrespeito à mencionada garantia constitucional. **RE 233303/CE, rel. Min. Menezes Direito, 27.5.2008.** (RE-233303) (Inform. STF 508)

CONCURSO PÚBLICO E CARGO DE PROFESSOR TITULAR - 1

A Turma julgou procedente pedido formulado em reclamação ajuizada pela Universidade do Estado do Rio de Janeiro - UERJ em face de acórdão do STJ que, em recurso especial, assentara que o acesso ao cargo de professor titular poderia ocorrer por mera promoção. No caso, o ora interessado pretendia ocupar vaga deixada pela aposentadoria de professor titular, sustentando a existência de direito subjetivo decorrente de sua aprovação em concurso público no qual obtivera o título de livre docência, posteriormente reclassificado como professor adjunto. Entendeu-se que o acórdão impugnado violou a autoridade da decisão proferida pela 1ª Turma do Supremo no RE 153371/RJ (DJU de 3.12.99), que afastara a alegação de ofensa ao art. 206, V, da CF, por norma local que exigisse concurso público específico para investidura no cargo isolado de professor titular, paralelamente à existência da carreira docente que se iniciava no cargo de professor auxiliar e estendia-se até o de professor adjunto. Inicialmente, fixou-se a competência da 2ª Turma para apreciar o feito, tendo em conta que a autoridade da decisão que se desejava preservar seria oriunda de acórdão fracionário da Corte (RISTF, art. 9º, I, c) e que a composição da 1ª Turma fora alterada com as aposentadorias dos Ministros Moreira Alves — antecessor do Min. Joaquim Barbosa e a quem distribuída a presente reclamação ante sua relatoria no extraordinário questionado —, Octavio Gallotti e Ilmar Galvão (RISTF, artigos 10, § 3º e 70). Ressaltou-se que o único membro remanescente da antiga composição da 1ª Turma seria o Min. Celso de Mello, mas este não participara daquele julgamento. **Rcl 2280/RJ, rel. Min. Joaquim Barbosa, 1º.4.2008.** (Rcl-2280)

CONCURSO PÚBLICO E CARGO DE PROFESSOR TITULAR - 2

Preliminarmente, considerou-se que o trânsito em julgado do acórdão reclamado não prejudicaria o exame desta reclamação, haja vista que apresentada em momento oportuno, enquanto ainda tramitava o processo no âmbito do STJ. Ademais, salientou-se que compete ao Supremo zelar pela máxima efetividade de suas decisões. No mérito, registrou-se que, se a 1ª Turma reputara recepcionada a legislação que previa a exigência de concurso específico para ingresso na carreira de professor titular, não poderia o acórdão reclamado tê-la afastado, a pretexto de julgar aplicável, à espécie, determinada lei. Aduziu-se que eventual contrariedade entre normas estadual e federal resolve-se em prévio juízo de constitucionalidade, por invasão de competência da União para estabelecer normas gerais (CF, art. 24, IX e § 4º) ou para estabelecer privativamente as diretrizes e bases da educação (CF, art. 22, XXIV). Ademais, enfatizou-se que o STJ não suscitara argüição de inconstitucionalidade. Pedido julgado procedente para cassar o acórdão prolatado pelo STJ nos autos do REsp 8290/RJ (DJU de 18.12.2000). Por fim, asseverou-se que todos os atos decisórios praticados com base no acórdão que ora se cassa também perderão seus efeitos. **Rcl 2280/RJ, rel. Min. Joaquim Barbosa, 1º.4.2008.** (Rcl-2280) (Inform. STF 500)

ED: CONCURSO PÚBLICO E CARGO DE PROFESSOR TITULAR - 1

A Turma iniciou julgamento de embargos de declaração opostos contra acórdão por ela proferido que reputara procedente pedido formulado em reclamação ajuizada pela Universidade do Estado do Rio de Janeiro - UERJ para cassar o acórdão do STJ que, em recurso especial, assentara que o acesso ao cargo de professor titular poderia ocorrer por mera promoção, sem a necessidade de aprovação em concurso público específico — v. Informativos 500 e 501. Alega o interessado, ora embargante, a nulidade do julgamento por dois motivos: 1) impedimento do Ministro-relator da reclamação por ser ele professor licenciado da instituição de ensino e, portanto, deveria ser equiparado à parte e 2) impossibilidade de realização de sustentação oral em virtude da ocorrência de força maior consistente no extravio de petição, encaminhada pelos correios a seu representante em Brasília, em que formulado esse requerimento. Aduz que a reclamação não deveria ser conhecida em virtude do trânsito em julgado da decisão reclamada, bem como pelo transcurso de prazo necessário para o reconhecimento de prescrição intercorrente. Sustenta, no tocante ao mérito, a improcedência da reclamação, dado que o acórdão reclamado limitara-se a julgar a lide nos estritos termos da competência para apreciar o recurso especial e afirma, ainda, a necessidade de devolução dos autos ao STJ, tendo em vista que a cassação do acórdão recorrido ensejaria a prolação de nova decisão e não a substituição da decisão reclamada. **Rcl 2280 ED/RJ, rel. Min. Joaquim Barbosa, 27.5.2008.** (Rcl-2280)

ED: CONCURSO PÚBLICO E CARGO DE PROFESSOR TITULAR - 2

O Min. Joaquim Barbosa, relator, conheceu, em parte, dos embargos declaratórios e, na parte conhecida, os rejeitou. Entendeu não estar configurada a hipótese de impedimento sugerida pelo embargante, tendo em conta a distinção legal entre as personalidades da pessoa natural do Ministro-relator e a da pessoa jurídica da universidade, assim como o fato de a mencionada autoridade encontrar-se licenciada de suas atividades docentes, conforme reconhecido pelo próprio embargante. Rejeitou a alegada nulidade do julgamento pretensamente causada pela impossibilidade de realização de sustentação oral, uma vez que, nos termos da legislação de regência e, em especial do Regimento Interno do STF, se o advogado tiver interesse em realizar tal ato deve informar a Corte de modo expresso e tempestivo nos autos. Ressaltando a existência de diversos mecanismos para o envio de petições a esta Corte, dentre eles o fax e o meio eletrônico, enfatizou que se a parte optar pelo encaminhamento da manifestação ao seu representante em Brasília para posterior protocolo é seu dever acompanhar em tempo hábil a efetividade do procedimento, o que não ocorrera na espécie, de cujos autos consta petição extemporânea. **Rcl 2280 ED/RJ, rel. Min. Joaquim Barbosa, 27.5.2008.** (Rcl-2280)

ED: CONCURSO PÚBLICO E CARGO DE PROFESSOR TITULAR - 3

Reputou improcedente, ainda, a assertiva de não cabimento da reclamação em razão do suposto trânsito em julgado da decisão reclamada. Além de não se basear em dados supervenientes ao momento em que apresentada a impugnação ou em fatos que o embargante não pudesse conhecer naquela oportunidade, anotou que, nesse ponto, os declaratórios possuiriam cunho infringente e buscariam suprir matéria cuja apresentação nesta instância estaria preclusa. Ademais, a reclamação fora ajuizada quando o acórdão reclamado ainda não havia transitado em julgado. Salientando que, no exame da reclamação, deve-se dar a máxima efetividade às decisões do STF, asseverou-se que esse instrumento não se sujeita a prazo decadencial ou prescricional. Diante da inexistência de previsão legal, afastou, também, a pretendida configuração de prescrição intercorrente. De igual modo, não conheceu do pleito relativamente às questões de mérito, na medida em que os embargos de declaração não comportariam revisão de decisão judicial baseada em inconformidade do postulante. Por fim, considerou que o pedido de retorno dos autos ao STJ para novo julgamento do recurso especial não merecia acolhida, haja vista que a reclamação preservara a autoridade de decisão desta Corte, que anteriormente concluíra que o acórdão prolatado pelo tribunal de origem seria soberano no que se referia à interpretação de normas locais, que não poderiam ser afastadas por juízo que tomasse por parâmetro a existência de normas gerais federais em matéria de ensino superior. Após, pediu vista o Min. Eros Grau. **Rcl 2280 ED/RJ, rel. Min. Joaquim Barbosa, 27.5.2008.** (Rcl-2280) (Inform. STF 508)

CONCURSO PÚBLICO: PROFISSIONAL DA ÁREA DE TRANSPORTE E TEMPO DA HABILITAÇÃO - 1

O Tribunal iniciou julgamento de mandados de segurança impetrados contra ato do Procurador-Geral da República, que exigira, como requisito do cargo de técnico - área de apoio especializado - especialidade transporte, a comprovação de ser o candidato titular de Carteira Nacional de Habilitação - CNH, categorias "D" ou "E", expedida há, no mínimo, 3 anos, completados até a data do encerramento das inscrições do concurso para o provimento de cargos e formação de cadastro de reserva para as carreiras de analista e técnico do Ministério Público da União - MPU. Alegam os impetrantes que a comprovação de experiência mínima, com base na data da emissão da CNH, fere o princípio constitucional da isonomia, uma vez que trata iguais de maneira desigual. Sustentam, também, que a data de emissão de CNH não comprova experiência e que a Lei 11.415/2006, ao dispor sobre as carreiras dos Servidores do Ministério Público da União, não menciona período mínimo de habilitação, não tendo a autoridade coatora competência para restringir a disciplina legal. Aduzem, por fim, que a exigência de cumprimento de requisitos legais para investidura no cargo se dá apenas no momento da posse e não antes, conforme vasta jurisprudência dos tribunais pátrios. **MS 26668/DF, rel. Min. Ricardo Lewandowski, 21.2.2008.** (MS-26668) **MS 26673/DF, rel. Min. Ricardo Lewandowski, 21.2.2008.** (MS-26673) **MS 26810/DF, rel. Min. Ricardo Lewandowski, 21.2.2008.** (MS-26810)

CONCURSO PÚBLICO: PROFISSIONAL DA ÁREA DE TRANSPORTE E TEMPO DA HABILITAÇÃO - 2

O Min. Ricardo Lewandowski, relator, concedeu as ordens, confirmando parcialmente as liminares deferidas, para permitir que o prazo de 3 anos seja contado da data da posse dos impetrantes. Considerou a jurisprudência do Supremo no sentido de que a comprovação da experiência exigida nos editais de concurso, salvo no caso de atividades jurídicas, deve ocorrer no ato da posse e não no momento da inscrição no certame (ADI 3460/DF, DJU de 15.6.2007; RE 392976/MG, DJU de 8.10.2004; RE 184425/RS, DJU de 12.6.98). Asseverou que essa orientação é a que melhor atende ao princípio da razoabilidade, pelo qual a Administração deve se pautar, haja vista que, se o candidato apenas vai exercer suas atividades depois da posse, é razoável que os requisitos possam ser comprovados nessa oportunidade. Os Ministros Menezes Direito e Cármen Lúcia acompanharam o relator, tendo o primeiro se limitado à fundamentação relativa ao tempo em que a documentação deve ser apresentada, em conformidade com o Enunciado da Súmula 266 do STJ. O Min. Carlos Britto concedeu os mandados de segurança em maior extensão, por entender que a exigência dos 3 anos, que não estaria prevista em lei, imporia uma severa restrição à acessibilidade do cargo público, constituindo uma exacerbação. Após, o julgamento foi suspenso com o pedido de vista do Min. Eros Grau. **MS 26668/DF, rel. Min. Ricardo Lewandowski, 21.2.2008.** (MS-26668) **MS 26673/DF, rel. Min. Ricardo Lewandowski, 21.2.2008.** (MS-26673) **MS 26810/DF, rel. Min. Ricardo Lewandowski, 21.2.2008.** (MS-26810)

CONCURSO PÚBLICO: PROFISSIONAL DA ÁREA DE TRANSPORTE E TEMPO DA HABILITAÇÃO - 3

O Tribunal concedeu mandados de segurança impetrados contra ato do Procurador-Geral da República, para anular o item X.4 do Edital 18/2006, que exigira, como requisito do cargo de técnico - área de apoio especializado - especialidade transporte, a comprovação de ser o candidato titular de Carteira Nacional de Habilitação - CNH, categorias "D" ou "E", expedida há, no mínimo, 3 anos, completados até a data do encerramento das inscrições do concurso para o provimento de cargos e formação de cadastro de reserva para as carreiras de analista e técnico do Ministério Público da União - MPU — v. Informativo 495. Considerou-se que a exigência de 3 anos de habilitação nas categorias "E" ou "D" teria surgido após a edição da Portaria PGR/MPU 712/2006, um dia antes do término das inscrições para o concurso em questão. Tal ato normativo seria, portanto, posterior à publicação do edital de abertura do certame e já sob a égide da nova legislação de pessoal do Ministério Público da União (Lei 11.415/2006), que reservou a matéria à lei em sentido formal. Salientou-se, ademais, a jurisprudência da Corte no sentido de que, enquanto não concluído e homologado concurso público, pode a Administração alterar as condições do certame constantes do respectivo edital, para adaptá-las à nova legislação aplicável à espécie. Por fim, asseverou-se que a ausência do requisito temporal não implicaria falta de qualificação dos candidatos, haja vista o previsto nos artigos 144 e 145 da Lei 9.503/97, que já estabelece períodos de tempo a serem cumpridos por motoristas que pretendam habilitar-se nas categorias mencionadas no edital. Os Ministros Ricardo Lewandowski, relator, Menezes Direito e Cármen Lúcia reajustaram o voto. Precedentes citados: RE 318106/RN (DJU de 18.11.2005); MS 26630/DF (DJU de 21.5.2007). **MS 26668/DF, rel. Min. Ricardo Lewandowski, 15.4.2009.** (MS-26668). **MS 26673/DF, rel. Min. Ricardo Lewandowski, 15.4.2009.** (MS-26673). **MS 26810/DF, rel. Min. Ricardo Lewandowski, 15.4.2009.** (MS-26810) (Inform. STF 542)

CONCURSO PARA PROCURADOR DA REPÚBLICA E CARGO PRIVATIVO DE BACHAREL EM DIREITO

O Tribunal indeferiu medida cautelar em mandado de segurança impetrado contra ato do Procurador-Geral da República que cancelara a inscrição preliminar do impetrante no 24º Concurso Público para provimento de cargos de Procurador da República (Edital 24/2007). Salientou-se, inicialmente, a necessidade de se apresentar o pedido de liminar à apreciação do Plenário, em razão de manifestação divergente, em sede de liminar, de dois Ministros da Corte sobre questão aparentemente idêntica, o que poderia gerar conseqüências concretas que violariam o princípio da igualdade. Esclareceu-se que o ora impetrante, que exerce o cargo de auditor fiscal da Secretaria de Estado da Fazenda do Paraná, desde 30.4.96, e é bacharel em Direito desde 1º.3.93, anteriormente impetrara o MS 27014/DF contra a Resolução 93/2007 do Conselho Superior do Ministério Público Federal, alegando que a exigência, para a comprovação de atividade jurídica, de exercício de cargo, emprego ou função públicas privativos de bacharel em Direito para inscrição no concurso para provimento de cargos de Procurador da República feria os princípios da legalidade, da isonomia e da razoabilidade. O pedido de liminar, nesse *writ*, fora indeferido, com base no que decidido na ADI 3460/DF (DJU de 15.6.2007). Ocorre que outra candidata, ocupante do cargo de analista tributário da Receita Federal do Brasil, desde 13.1.93, e bacharel em Direito desde 27.2.99, impetrara o MS 27013/DF, questionando a mesma Resolução, tendo obtido, entretanto, o deferimento da liminar pleiteada. Concluiu-se não haver razões suficientes para reputar ilegal ou inconstitucional o ato ora impugnado, tendo em conta que, ao menos no plano formal, o cargo exercido pelo impetrante não seria privativo de bacharel em Direito, não atendendo, em princípio, o disposto no art. 129, § 3º, da CF, nos termos do que definido no julgamento da ADI 3460/DF. **MS 27158 MC-QO/DF, rel. Min. Gilmar Mendes, 21.2.2008.** (MS-27158) (Inform. STF 495)

RCL: CONCURSO PÚBLICO PARA MINISTÉRIO PÚBLICO E REQUISITO TEMPORAL PARA INSCRIÇÃO

O Tribunal julgou procedente reclamação proposta pelo Procurador-Geral da República contra decisões proferidas por Juiz Federal da 5ª Vara da Seção Judiciária do Rio de Janeiro, que autorizaram um bacharel em Direito a inscrever-se em concurso público para o cargo de Promotor da Justiça Militar, tomar posse e entrar em exercício. Tendo em conta o fato de, tanto na data da inscrição quanto da posse, o referido bacharel contar com menos de 1 ano de formado, entendeu-se que as decisões impugnadas teriam desrespeitado a autoridade da decisão prolatada pelo Supremo na ADI 1040/DF (DJU de 1º.4.2005), na qual se declarara a constitucionalidade da exigência temporal de 2 anos de bacharelado em Direito como requisito para inscrição em concurso público para ingresso nas carreiras do Ministério Público da União, prevista no art. 187 da Lei Complementar 75/93. Rcl 3932/RJ, rel. Min. Carlos Britto, 21.11.2007. (Rcl-3932) (Inform. STF 489)

CONCURSO PÚBLICO E PORTADOR DE DEFICIÊNCIA - 1

A Turma iniciou julgamento de recurso ordinário em mandado de segurança interposto contra acórdão do TST que denegara a candidato o direito de concorrer, na condição de portador de deficiência, a vaga em concurso público para o provimento de cargos naquele Tribunal. No caso, a negativa ocorrera ao fundamento de que, embora cego de um olho, o ora recorrente teria plena capacidade de concorrer em igualdade com os candidatos não portadores de deficiência, haja vista que sua acuidade visual seria superior àquela exigida pelo Decreto 3.298/99 (art. 4º, III), que regulamentou a Lei 7.853/98 — que dispõe sobre o apoio às pessoas portadoras de deficiência, sua integração social e outros —, o qual prevê determinado percentual no "melhor olho" para que uma pessoa seja considerada portadora de deficiência visual. O recorrente aduz que, em virtude de possuir visão monocular, a comparação com o "melhor olho" seria logicamente inviável e alega ausência de razoabilidade na interpretação conferida pela Corte *a quo*. RMS 26071/DF, rel. Min. Carlos Britto, 27.2.2007. (RMS-26071)

CONCURSO PÚBLICO E PORTADOR DE DEFICIÊNCIA - 2

O Min. Carlos Britto, relator, deu provimento ao recurso. Inicialmente, ressaltou o objetivo da legislação brasileira em estabelecer a integração social das pessoas portadoras de deficiência (CF, art. 37, VIII; Lei 7.853/89, art. 1º; Lei 8.112/90, art. 5º, § 2º), bem como a conclusão da perícia, aceita pelas partes, no sentido de que o recorrente apresenta visão monocular e, a partir daí, entendeu que, em tal contexto, ficaria difícil admitir, nos termos do referido decreto, que ele teria um olho melhor do que o outro, consoante afirmado pela autoridade coatora e acolhido pela decisão recorrida. No ponto, afirmou que o impetrante padeceria de grave insuficiência visual, cujo campo de acuidade corresponderia, na melhor das hipóteses, à metade do de uma pessoa que enxerga com os dois olhos. Ademais, asseverou que reparar ou compensar os fatores de desigualdade factual com medidas de superioridade jurídica configura política de ação afirmativa que se inscreve nos quadros de uma sociedade fraterna que a Constituição idealiza a partir das disposições de seu preâmbulo e acrescentou a esses fundamentos o valor social do trabalho. Salientou, de outro lado, que o Decreto 5.296/2004 deu nova redação ao citado art. 4º, III, do Decreto 3.298/99, de modo a permitir que a situação do recorrente seja enquadrada naquela em que "*a somatória da medida do campo visual em ambos os olhos for igual ou menor que 60%*". Por fim, tendo em conta esse contexto e o fato de que o recorrente não estaria subtraindo vaga destinada a outrem, considerou que seria injusto e irrazoável negar-lhe a segurança, em benefício de interpretação restritiva da norma regulamentar que vigorava à época da realização do concurso. Após, a Min. Cármen Lúcia pediu vista dos autos. RMS 26071/DF, rel. Min. Carlos Britto, 27.2.2007. (RMS-26071)

CONCURSO PÚBLICO E PORTADOR DE DEFICIÊNCIA - 3

Em conclusão de julgamento, a Turma deferiu recurso ordinário em mandado de segurança interposto contra acórdão do TST que denegara a candidato o direito de recorrer, na condição de portador de deficiência, a vaga em concurso público para o provimento de cargos naquele Tribunal. No caso, a negativa ocorrera ao fundamento de que, embora cego de um olho, o ora recorrente teria plena capacidade de concorrer em igualdade com os candidatos não portadores de deficiência, haja vista que sua acuidade visual seria superior àquela exigida pelo Decreto 3.298/99 (art. 4º, III), que regulamentou a Lei 7.853/98 — que dispõe sobre o apoio às pessoas portadoras de deficiência, sua integração social e outros —, o qual prevê determinado percentual no "melhor olho" para que uma pessoa seja considerada portadora de deficiência visual — v. Informativo 457. RMS 26071/DF, rel. Min. Carlos Britto, 13.11.2007. (RMS-26071)

CONCURSO PÚBLICO E PORTADOR DE DEFICIÊNCIA - 4

Inicialmente, ressaltou-se o objetivo da legislação brasileira em estabelecer a integração social das pessoas portadoras de deficiência (CF, art. 37, VIII; Lei 7.853/89, art. 1º; Lei 8.112/90, art. 5º, § 2º), bem como a conclusão da perícia, aceita pelas partes, no sentido de que o recorrente apresenta visão monocular. Daí, entendeu-se que, em tal quadro fático, ficaria difícil admitir, nos termos do referido decreto, que ele teria um olho melhor do que o outro, consoante afirmado pela autoridade coatora e acolhido pela decisão recorrida. No ponto, afirmou-se que o impetrante padeceria de grave insuficiência visual, cujo campo de acuidade corresponderia, na melhor das hipóteses, à metade do de uma pessoa que enxerga com os dois olhos. Ademais, asseverou-se que reparar ou compensar os fatores de desigualdade factual com medidas de superioridade jurídica configuraria política de ação afirmativa que se inscreve nos quadros de uma sociedade fraterna que a Constituição idealiza a partir das disposições de seu preâmbulo e acrescentou-se a esses fundamentos o valor social do trabalho. Salientou-se, de outro lado, que o Decreto 5.296/2004 deu nova redação ao citado art. 4º, III, do Decreto 3.298/99, de modo a permitir que a situação do recorrente seja enquadrada naquela em que "a somatória da medida do campo visual em ambos os olhos for igual ou menor que 60%". Por fim, tendo em conta esse contexto e o fato de que o recorrente não estaria subtraindo vaga destinada a outrem, considerou-se que seria injusto e irrazoável negar-lhe a segurança, em benefício de interpretação restritiva da norma regulamentar que vigorava à época da realização do concurso. RMS 26071/DF, rel. Min. Carlos Britto, 13.11.2007. (RMS-26071) (Inform. STF 488)

ADI E PRINCÍPIO DO CONCURSO PÚBLICO - 1

Por vislumbrar ofensa ao art. 37, II, da CF, e aplicando o Enunciado da Súmula 685 do STF ("*É inconstitucional toda modalidade de provimento que propicie ao servidor investir-se, sem prévia aprovação em concurso público destinado ao seu provimento, em cargo que não integra a carreira na qual anteriormente investido*"), o Tribunal julgou procedente pedido formulado em ação direta proposta pelo Procurador-Geral da República para declarar a inconstitucionalidade do art. 3º da Lei 5.077/95, do Estado do Espírito Santo, que autoriza o Poder Judiciário local a firmar contratos administrativos para atendimento dos serviços vinculados aos cargos de provimento efetivo não providos, em caso de vacância, ou de afastamento de titular para exercício de outro cargo público. Precedentes citados: ADI 3190/GO (DJU de 24.11.2006); ADI 3061/AP (DJU de 9.6.2006); ADI 3332/MA (DJU de 14.10.2005); ADI 3519 MC/RN (DJU de 30.9.2005). ADI 2912/ES, rel. Min. Gilmar Mendes, 7.11.2007. (ADI-2912)

ADI E PRINCÍPIO DO CONCURSO PÚBLICO - 2

Na mesma linha do entendimento fixado no julgamento acima, o Tribunal julgou procedente pedido formulado em ação direta proposta pelo Procurador-Geral da República para declarar a inconstitucionalidade dos artigos 68, 69 e 70 da Lei 8.269/2004, do Estado de Mato Grosso, que dispõem sobre enquadramento de servidores das carreiras dos profissionais de desenvolvimento econômico e social, dos profissionais do sistema prisional e dos profissionais do sistema sócio-educativo, que ocupam cargos com perfil da área de saúde, na carreira de profissionais do Sistema Único de Saúde. ADI 3442/MT, rel. Min. Gilmar Mendes, 7.11.2007. (ADI-3442) (Inform. STF 487)

ADI E PRINCÍPIO DO CONCURSO PÚBLICO - 1

O Tribunal iniciou julgamento de ação direta de inconstitucionalidade ajuizada pelo Procurador-Geral da República contra os artigos 140, *caput* e parágrafo único, e 141, ambos da Lei Complementar 65/2003, do art. 55, *caput* e parágrafo único, da Lei 15.788/2005, e do art. 135, *caput* e § 2º da Lei 15.961/2005, todas do Estado de Minas Gerais, que dispõem sobre a forma de investidura e provimento de cargos da carreira de Defensor Público e a remuneração de cargos. O Min. Eros Grau, relator, após afastar as preliminares suscitadas, julgou parcialmente procedente o pedido formulado para conferir interpretação conforme ao art. 140, restringindo-a somente aos aprovados em concurso público específico para o cargo de Defensor Público e àqueles amparados pelo art. 22 do ADCT, e, por entender caracterizada a ofensa ao princípio do concurso público (CF, artigos 37, II e 134, § 1º), bem como ao art. 37, XIII, da CF, que veda a equiparação ou vinculação de quaisquer espécies remuneratórias para o efeito de remuneração de pessoal do serviço público, declarou a inconstitucionalidade do parágrafo único do art. 140 e do art. 141 da Lei Complementar 65/2003; do art. 135, *caput*, § 2º, da Lei 15.961/2005; e do art. 55, parágrafo único, da Lei 15.788/2005, no que foi acompanhado pelos Ministros Cármen Lúcia, Ricardo Lewandowski, Carlos Britto e Cezar Peluso. Em seguida, o Min. Joaquim Barbosa pediu vista dos autos. ADI 3819/MG, rel. Min. Eros Grau, 11.4.2007. (ADI-3819)

ADI E PRINCÍPIO DO CONCURSO PÚBLICO - 2

O Tribunal retomou julgamento de ação direta de inconstitucionalidade ajuizada pelo Procurador-Geral da República contra os artigos 140, *caput* e parágrafo único, e 141, ambos da Lei Complementar 65/2003, do art. 55, *caput* e parágrafo único, da Lei 15.788/2005, e do art. 135, *caput* e § 2º da Lei 15.961/2005, todas do Estado de Minas Gerais, que dispõem sobre a forma de investidura e provimento de cargos da carreira de Defensor Público e a remuneração de cargos — v. Informativo 462. Na sessão de 17.10.2007, o Tribunal, por maioria, por entender caracterizada a ofensa ao princípio do concurso público (CF, artigos 37, II e 134, § 1º), bem como ao art. 37, XIII, da CF, que veda a equiparação ou vinculação de quaisquer espécies remuneratórias para o efeito de remuneração de pessoal do serviço público, julgou parcialmente procedente o pedido formulado para conferir interpretação conforme ao art. 140, *caput*, da Lei Complementar 65/2003, para restringir a expressão "Defensor Público", de modo que ela alcance somente os aprovados em concurso público específico para o cargo; e para declarar a inconstitucionalidade do parágrafo único do art. 140 e do art. 141 dessa mesma Lei Complementar 65/2003; do art. 135, *caput*, § 2º, da Lei 15.961/2005; e do art. 55, parágrafo único, da Lei 15.788/2005. ADI 3819/MG, rel. Min. Eros Grau, 17.10.2007. (ADI-3819)

ADI E PRINCÍPIO DO CONCURSO PÚBLICO - 3

O Min. Eros Grau, relator, tendo em conta o tempo de vigência da Lei Complementar 65/2003 e o fato de a Defensoria Pública no Estado de Minas Gerais atuar de modo precário, com base no que disposto no art. 27 da Lei 9.868/99, propôs, a fim de evitar prejuízos de ordem social decorrentes da declaração de inconstitucionalidade com efeitos *ex tunc*, a modulação dos efeitos dessa declaração, para que a decisão venha a produzir efeitos 2 anos após seu trânsito em julgado, tempo que reputou hábil à reorganização da Defensoria Pública do referido Estado-membro. Quanto à modulação dos efeitos, após debates e votos, o relator indicou adiamento, para que a decisão fosse tomada com a totalidade dos Ministros. ADI 3819/MG, rel. Min. Eros Grau, 17.10.2007. (ADI-3819)

ADI E PRINCÍPIO DO CONCURSO PÚBLICO - 4

Na sessão do dia 18.10.2007, prosseguindo no julgamento, após proposta apresentada pelo Min. Cezar Peluso, o Tribunal, em face do adiantado da hora, novamente resolveu adiar para a próxima sessão a deliberação sobre a modulação dos efeitos da decisão. ADI 3819/MG, rel. Min. Eros Grau, 18.10.2007. (ADI-3819) (Inform. STF 484)

ADI E PRINCÍPIO DO CONCURSO PÚBLICO - 5 911

Por entender caracterizada a ofensa ao princípio do concurso público (CF, artigos 37, II e 134, § 1º), bem como ao art. 37, XIII, da CF, que veda a equiparação ou vinculação de quaisquer espécies remuneratórias para o efeito de remuneração de pessoal do serviço público, o Tribunal, por maioria, julgou procedente pedido formulado em ação direta para declarar a inconstitucionalidade do art. 140, *caput*, parágrafo único, e do art. 141, ambos da Lei Complementar 65/2003; do art. 55, *caput*, parágrafo único, da Lei 15.788/2005; e do art. 135, *caput* e § 2º, da Lei 15.961/2005, todas do Estado de Minas Gerais, que dispõem sobre a forma de investidura e provimento de cargos da carreira de Defensor Público e a remuneração de cargos — v. Informativos 462 e 484. Vencidos, em parte, os Ministros Marco Aurélio e Gilmar Mendes, que, por reputar as leis impugnadas harmônicas com o disposto no art. 41, § 3º, da CF ("*Art. 41. São estáveis após três anos de efetivo exercício os servidores nomeados para cargo de provimento efetivo em virtude de concurso público. ... § 3º Extinto o cargo ou declarada a sua desnecessidade, o servidor estável ficará em disponibilidade, com remuneração proporcional ao tempo de serviço, até seu adequado aproveitamento em outro cargo.*"), julgavam o pedido improcedente. O Tribunal, também por maioria, nos termos do disposto no art. 27 da Lei 9.868/99, decidiu que a declaração terá eficácia a partir de 6 meses, a contar da data da decisão tomada, prazo que considerou razoável para a reorganização da Defensoria Pública do referido Estado-membro, asseverando ser ínsita à utilização da técnica da modulação a expectativa de que o Chefe do Poder Executivo, nesse período, adote as providências administrativas necessárias ao provimento de cargos relativamente aos aprovados em concursos públicos. Vencido, no ponto, o Min. Marco Aurélio que fixava o prazo de 24 meses para esta eficácia. Os Ministros Eros Grau, relator, e Gilmar Mendes reajustaram seus votos. ADI 3819/MG, rel. Min. Eros Grau, 24.10.2007. (ADI-3819) (Inform. STF 485)

PROVIMENTO DE CARGOS E PRINCÍPIO DO CONCURSO PÚBLICO - 1

O Tribunal julgou procedente pedido formulado em ação direta proposta pelo Procurador-Geral da República para declarar a inconstitucionalidade do § 1º do art. 7º da Lei 10.254/90, do Estado de Minas Gerais, que exige, como condição para efetivação em cargo público de servidor não estável de autarquia e fundação pública, apenas sua aprovação em concurso público para provimento de cargo correspondente à função de que seja titular. Entendeu-se que o dispositivo impugnado ofende o princípio do concurso público (CF, art. 37, II), já que permite que haja preterição da ordem de classificação no certame. Em seguida, tendo em conta que o número de votos não atingia o necessário para os efeitos de aplicação do art. 27 da Lei 9.868/99, ficaram vencidos, parcialmente, os Ministros Menezes Direito, Cármen Lúcia, Ricardo Lewandowski, Carlos Britto, Cezar Peluso, Gilmar Mendes e Celso de Mello, que davam efeitos prospectivos à decisão (Lei 9.868/99: "*Art. 27 Ao declarar a inconstitucionalidade de lei ou ato normativo, e tendo em vista razões de segurança jurídica ou de excepcional interesse social, poderá o Supremo Tribunal Federal, por maioria de dois terços de seus membros, restringir os efeitos daquela declaração ou decidir que ela só tenha eficácia a partir de seu trânsito em julgado ou de outro momento que venha a ser fixado.*"). Precedente citado: ADI 289/CE (DJU de 16.3.2007). ADI 2949/MG, rel. Min. Joaquim Barbosa, 26.9.2007. (ADI-2949) (Inform. STF 481)

CONCURSO PÚBLICO E VAGAS PARA DEFICIENTES

O Tribunal, por maioria, indeferiu mandado de segurança impetrado contra decisão do Plenário do Conselho Nacional de Justiça - CNJ que julgara improcedente Procedimento de Controle Administrativo e convalidara Edital do Tribunal de Justiça do Distrito Federal e Territórios - TJDFT, relativo ao concurso público para provimento de duas serventias extrajudiciais, que não contemplara reserva de vagas aos deficientes físicos. Entendeu-se que se deveria conferir ao texto constitucional interpretação a preservar a premissa de que a regra geral é o tratamento igualitário (CF, art. 37, II), consubstanciando exceção a separação de vagas para um determinado segmento. Tendo em conta que, nos termos do inciso VIII do art. 37 da CF ("*a lei reservará percentual dos cargos e empregos públicos para as pessoas portadoras de deficiência e definirá os critérios de sua admissão*"), a Lei 7.853/89 estabeleceu o mínimo de cinco por cento de vagas e a Lei 8.112/90, o máximo de vinte por cento, considerou-se que a conclusão de que um décimo de vaga ou mesmo quatro décimos — resultantes da aplicação dos percentuais legais sobre duas vagas — daria ensejo à reserva de uma delas implicaria verdadeira igualização. Assim, os candidatos em geral concorreriam a uma das vagas e os deficientes, à outra, majorando-se indevidamente tais percentuais mínimo e máximo para cinqüenta por cento. Vencidos os Ministros Menezes Direito e Cármen Lúcia, que deferiam a ordem, na linha da orientação fixada pelo Tribunal no julgamento do RE 227299/MG (DJU de 6.10.2000), no sentido de sempre dar-se concretude ao disposto no art. 37, VIII, da CF. MS 26310/DF, rel. Min. Marco Aurélio, 20.9.2007. (MS-26310) (Inform. STF 480)

CONCURSO PÚBLICO E LIMITE DE IDADE - 2

Por entender usurpada a iniciativa reservada ao Chefe do Poder Executivo para instauração do processo legislativo em tema concernente à definição do regime jurídico dos servidores públicos e ao provimento de cargos públicos (CF, art. 61, § 1º, II, c), de observância obrigatória pelos Estados-membros, o Tribunal, por maioria, julgou procedente pedido formulado em ação direta ajuizada pelo Governador do Estado do Piauí para declarar a inconstitucionalidade do inciso VI do art. 54 da Constituição estadual, que estabelece vedação da exigência de limite máximo de idade para prestação de concurso público — v. Informativo 347. Vencido o Min. Marco Aurélio que julgava improcedente o pedido, sob o fundamento que o dispositivo impugnado, em consonância com o princípio da legalidade, buscara, na verdade, impedir que a Administração, em sua típica atividade, estipulasse, por conta própria, limite máximo de idade para os candidatos ao provimento de cargos públicos, ficando ressalvada a existência de lei prevendo tal restrição. Precedentes citados: ADI 243/RJ (DJU de 29.11.2002) e ADI 1165/DF (DJU de 14.6.2002). ADI 2873/PI, rel. Min. Ellen Gracie, 20.9.2007. (ADI-2873) (Inform. STF 480)

CRIAÇÃO DE CARGOS E PRINCÍPIO DO CONCURSO PÚBLICO

O Tribunal julgou procedente pedido formulado em ação direta ajuizada pelo Conselho Federal da Ordem dos Advogados do Brasil contra a Lei 1.939/98, do Estado de Mato Grosso, que dispõe sobre criação de cargos em comissão do Tribunal de Contas estadual e ao Ministério Público a ele vinculado, para declarar a inconstitucionalidade dos seus artigos 1º (na parte em que altera a redação dos artigos 3º e 14 e seu parágrafo único da Lei estadual 1.464/93); 2º; 3º e 7º, e do seu Anexo I, item I, quando trata do grupo operacional III; do seu Anexo II, quando trata do grupo operacional III; do seu Anexo VI, Tabela III, quando trata do grupo operacional III; do seu Anexo VIII, quando trata do grupo operacional III do Ministério Público junto ao Tribunal de Contas do Estado. Asseverando que os cargos criados possuem atribuições meramente técnicas, portanto, sem caráter de assessoramento, chefia ou direção, entendeu-se caracterizada, na espécie, a ofensa ao inciso II do art. 37, da CF, que exige, para investidura em cargo público, ressalvadas as nomeações para cargos em comissão, a prévia aprovação em concurso público de provas, ou de provas e títulos, bem como ao seu inciso V, que estabelece que os cargos em comissão, a serem preenchidos por servidores de carreira nos casos, condições e percentuais mínimos previstos em lei, destinam-se apenas às atribuições de direção, chefia e assessoramento. Precedentes citados: ADI 1269 MC/GO (DJU de 25.8.95); ADI 1141 MC/GO (DJU de 4.11.94). ADI 3706/MS, rel. Min. Gilmar Mendes, 15.8.2007. (ADI-3706) (Inform. STF 476)

ADI E PRINCÍPIO DO CONCURSO PÚBLICO

Por entender caracterizada a ofensa ao princípio do concurso público (CF, art. 37, II), o Tribunal julgou procedente pedido formulado em ação direta ajuizada pela Cobrapol - Confederação Brasileira de Trabalhadores Policiais Civis para declarar a inconstitucionalidade das expressões "*servidores do quadro do Estado lotados em Distrito Policial na função de motorista policial*", constantes do *caput* do art. 7º da Lei Complementar 37/2004, do Estado do Piauí, que dispõe sobre o Estatuto da Polícia Civil estadual e permite o aproveitamento daqueles servidores nos cargos de agente de polícia, escrivão de polícia e perito papiloscopista. Asseverou-se que, apesar de o Supremo ter abrandado a orientação de que o aproveitamento de servidores de cargos extintos em outro cargo fere a exigência de prévia aprovação em concurso público, para aceitar essa forma de investidura nas hipóteses em que há similitude entre as atribuições do cargo recém criado com as do extinto, essa similitude não teria ocorrido na espécie. Precedentes citados: ADI 2335/SC (DJU de 19.12.2003); ADI 1591/RS (DJU de 30.6.2000). ADI 3582/PI, rel. Min. Sepúlveda Pertence, 1º.8.2007. (ADI-3582) (Inform. STF 474)

LIMITE DE IDADE PARA CONCURSOS E VÍCIO FORMAL

Por entender usurpada a iniciativa reservada ao Chefe do Poder Executivo para instauração do processo legislativo em tema concernente ao provimento de cargos de servidores públicos (CF, art. 61, § 1º, II, c), de observância obrigatória pelos Estados-membros, o Tribunal julgou procedente pedido formulado em ação direta ajuizada pelo Governador do Estado do Rio Grande do Sul para declarar a inconstitucionalidade da Lei estadual 9.717/92, de origem parlamentar, que veda o estabelecimento de limite máximo de idade para inscrição de candidatos nos concursos públicos realizados por órgãos da Administração Direta e Indireta do Estado. ADI 776/RS, rel. Min. Sepúlveda Pertence, 2.8.2007. (ADI-776) (Inform. STF 474)

DIREITO ADMINISTRATIVO. PRORROGAÇÃO DO PRAZO DE VALIDADE DE CONCURSO PÚBLICO. ATO DISCRICIONÁRIO.

A prorrogação do prazo de validade de concurso público é ato discricionário da administração, sendo vedado ao Poder Judiciário o reexame dos critérios de conveniência e oportunidade adotados. Precedentes citados: RMS 25.501-RS, DJe 14⁄9⁄2009; MS 9909-DF, DJ 30⁄3⁄2005. **AgRg no AREsp 128.916-SP, Rel. Min. Benedito Gonçalves, julgado em 23/10/2012.(Inform. STJ 507)**

CONCURSO PÚBLICO. NOMEAÇÃO. CRIAÇÃO DE VAGAS DURANTE A VALIDADE DO CERTAME.

A Turma, por maioria, entendeu que, se o edital dispuser que serão providas as vagas oferecidas e outras que vierem a existir durante a validade do concurso, os candidatos aprovados fora do número de vagas oferecidas – mas dentro do número das vagas posteriormente surgidas ou criadas – têm direito líquido e certo à nomeação no cargo público, desde que a administração não motive a não nomeação. O Min. Relator destacou o entendimento do STF de que a Administração Pública tem a discricionariedade de identificar a melhor oportunidade ou conveniência para nomear o candidato – aprovado dentro do número de vagas oferecidas – durante o período de validade do concurso. Afirmou que, segundo o STF, o entendimento sobre os aprovados dentro do número de vagas não se estende a todas as vagas surgidas ou criadas durante a validade do concurso, mas apenas àquelas expressamente previstas no edital do certame. Por outro lado, o STF tem posicionamento de que a Administração Pública deve motivar a recusa em prover cargos vagos quando existentes candidatos aprovados em concurso público, não sendo suficiente para justificar a recusa a classificação do candidato, pois do primeiro ao último aprovado, todos foram considerados aptos pela Administração. No caso, o edital do concurso deixou claro que a seleção foi destinada ao preenchimento de sete vagas oferecidas, bem como daquelas que viessem a existir durante o período em que tivesse validade o certame. Após a realização do concurso, foram convocados os cem candidatos aprovados para o curso de formação. Durante a validade do concurso, foram nomeados os sete mais bem classificados, mais 84 aprovados que não passaram dentro das vagas, restando nove candidatos na lista de espera. Após as mencionadas nomeações, o órgão deixou de nomear os candidatos remanescentes ao argumento de que não havia vagas. Menos de seis meses após o fim da validade do concurso, o órgão lançou novo concurso para preenchimento de trinta vagas. Por não considerar crível a versão de que não havia vagas, visto que, seis meses depois, sem nenhum fato extraordinário, o órgão lançou novo certame, o Min. Relator entendeu que não houve motivação idônea para preterição dos nove candidatos remanescentes, pois a motivação apresentada foi rebatida pelas provas dos autos. Precedentes citados do STF: RE 598.099-MS, DJe 3/10/2011; RE 227.480-RJ, DJe 26/9/2008; RE 581.113-SC, DJe 31/5/2011; MS 24.660-DF , DJe 23/9/2011; do STJ: RMS 34.789-PB, DJe 25/10/2011; AgRg no RMS 26.947-CE, DJe 2/2/2009; AgRg no RMS 34.975-DF, DJe 16/11/2011; EDcl no RMS 34.138-MT, DJe 25/10/2011. **RMS 27.389-PB, Rel. Min. Sebastião Reis Júnior, julgado em 14/8/2012.(Inform. STJ 502)**

CONCURSO PÚBLICO. TESTE FÍSICO. GRAVIDEZ.

A proteção constitucional à maternidade e à gestante não só autoriza, mas até impõe a dispensa de tratamento diferenciado à candidata gestante sem que isso importe em violação do princípio da isonomia, mormente se não houver expressa previsão editalícia proibitiva referente à gravidez. Em harmonia com o entendimento deste Superior Tribunal, é descabida a alegação de perda do objeto do *mandamus* em que se discute a ocorrência de ilegalidade em etapa anterior ao curso de formação (no caso, teste físico) quando se verifica o seu término ou até mesmo a homologação final do concurso. Isso porque o exame da legalidade do ato apontado como coator no concurso público não pode ser subtraído do Poder Judiciário em virtude simplesmente do encerramento do concurso, pois isso tornaria definitiva a ilegalidade ou o abuso de poder alegado, circunscrito pela via mandamental. É verdade que, com referência à legalidade do exame de capacidade física em concursos públicos, a jurisprudência assente do STJ é que devem ser respeitados os requisitos relativos à existência de previsão legal, à objetividade dos critérios adotados e à possibilidade de revisão do resultado obtido pelo candidato, sob pena de violação dos princípios da legalidade, da impessoalidade e da recorribilidade. É também entendimento deste Superior Tribunal que não se pode dispensar tratamento diferenciado a candidato em razão de alterações fisiológicas temporárias quando há previsão editalícia que veda a realização de novo teste de aptidão física em homenagem ao princípio da igualdade (que rege os concursos públicos), máxime se o candidato não comparece no momento da realização do teste, a despeito da regra editalícia segundo a qual o candidato será eliminado se deixar de comparecer a qualquer das etapas do certame. Mas, na hipótese, a candidata (gestante) efetivamente compareceu na data da realização da prova. Ademais, embora haja previsão editalícia de que nenhum candidato merecerá tratamento diferenciado em razão de alterações patológicas ou fisiológicas (contusões, luxações, fraturas etc) ocorridas antes do exame ou durante a realização de qualquer das provas dele, que o impossibilitem de submeter-se às provas do exame físico ou reduzam sua capacidade física ou orgânica, inexiste previsão no edital de que a candidata seria eliminada em razão de gravidez, que não constitui alteração patológica (doença) tampouco alteração fisiológica que tenha natureza assemelhada à daquelas elencadas, não permitindo a interpretação analógica adotada pela autoridade coatora. Além disso, o STF firmou entendimento de que a gestação constitui motivo de força maior que impede a realização da prova física, cuja remarcação não implica ofensa ao princípio da isonomia. Com essas considerações, a Turma deu provimento ao recurso e concedeu a ordem para, reconhecendo a nulidade da eliminação da candidata, determinar uma nova data para a realização do teste físico. Precedentes citados do STF: AI 825.545-PE, DJe 6/5/2011: do STJ: AgRg no RMS 34.333-GO, DJe 3/10/2011; AgRg no RMS 17.737-AC, DJ 13/6/2005; RMS 23.613-SC, DJe 17/12/2010; AgRg no RMS 33.610-RO, DJe 16/5/2011; AgRg no RMS 28.340-MS, DJe 19/10/2009; AgRg no REsp 798.213-DF, DJ 5/11/2007; REsp 728.267-DF, DJ 26/9/2005, e AgRg no REsp 1.003.623-AL, DJe 13/10/2008. **RMS 31.505-CE, Rel. Min. Maria Thereza de Assis Moura, julgado em 16/8/2012.(Inform. STJ 502)**

CONCURSO PÚBLICO. CANDIDATO ANTERIORMENTE DEMITIDO DO SERVIÇO PÚBLICO FEDERAL. NEGATIVA DE NOMEAÇÃO EM OUTRO CARGO. OFENSA AO PRINCÍPIO DA LEGALIDADE.

O cerne da controvérsia cinge-se à interpretação e aplicação dos princípios da moralidade e da legalidade insculpidos no art. 37, *caput*, da CF. No caso, o impetrante foi aprovado em concurso público para os cargos de analista fiscal de contas públicas e de analista administrativo do TC estadual, mas teve sua nomeação recusada em virtude de anterior demissão dos quadros da PRF por ato de improbidade administrativa. A Min. Relatora observou que, estando ambos os princípios ladeados entre os regentes da Administração Pública, a discussão ganha relevância na hipótese em que o administrador edita ato em obséquio ao imperativo constitucional da moralidade, mas sem previsão legal específica. A Turma entendeu que, por força do disposto nos arts. 5º, II, 37, *caput*, e 84, IV, da CF, a legalidade na Administração Pública é estrita, não podendo o gestor atuar senão em virtude de lei, extraindo dela o fundamento jurídico de validade dos seus atos. Assim, incorre em abuso de poder a negativa de nomeação de candidato aprovado em concurso para o exercício de cargo no serviço público estadual em virtude de anterior demissão no âmbito do Poder Público Federal se inexistente qualquer previsão em lei ou no edital de regência do certame. **RMS 30.518-RR, Rel. Min. Maria Thereza de Assis Moura, julgado em 19/6/2012.(Inform. STJ 500)**

CONCURSO PÚBLICO. APROVAÇÃO. PRIMEIRO LUGAR. NOMEAÇÃO.

No caso, a impetrante classificou-se em primeiro lugar na disciplina de língua portuguesa em concurso público que oferecia 5.896 vagas para o magistério estadual, distribuídas para diversos municípios. Porém, findado o prazo de validade do certame sem que fosse nomeada, impetrou o *mandamus*, alegando que foram firmados contratos excepcionais por prazo determinado, para o preenchimento de vagas correspondentes ao cargo para o qual fora aprovada. Ocorre que o edital previa reserva técnica de vagas e, conforme o anexo 2, havia reserva técnica de vaga a ser preenchida no município para a disciplina de língua portuguesa. Nesse contexto, a Turma, ao prosseguir o julgamento, por maioria, entendeu que, na hipótese em questão, há direito subjetivo à nomeação da candidata aprovada em primeiro lugar no certame, se havia previsão de vaga, entre as 5.896 ofertadas, no cargo e localidade para a qual se inscreveu, nada importando que tenha sido divulgado apenas o quantitativo total das vagas existentes. Assim, nos municípios com indicação de vaga, embora não se mencionasse quantas eram, é de presumir que pelo menos uma vaga estaria disponível. Em sendo assim, o fato de não ter sido nomeada dentro do prazo de validade do certame, por si só, demonstra o direito líquido e certo da impetrante aprovada em primeiro lugar, independentemente da existência de eventual preterição. Ademais, frisou-se que a hipótese dos autos é diversa do que ocorre nas de aprovação para cadastro de reserva, que se destina ao eventual provimento de vagas que ainda não existem, seja porque os cargos ainda estão providos, seja porque não foram criados por lei. Assim, negou-se provimento ao agravo interposto pelo Estado. Precedentes citados: MS 10.381-DF, DJe 24/4/2009; RMS 22.908-RS, DJe 18/10/2010, e RMS 24.151-RS, DJ 8/10/2007. **AgRg no RMS 26.952-RS, Rel. Min. Maria Thereza de Assis Moura, julgado em 10/4/2012. (Inform. STJ 495)**

CONCURSO PÚBLICO. INDENIZAÇÃO. SERVIDOR NOMEADO POR DECISÃO JUDICIAL.

A nomeação tardia a cargo público em decorrência de decisão judicial não gera direito à indenização. Com esse entendimento, a Turma, por maioria, negou provimento ao especial em que promotora de justiça pleiteava reparação no valor do somatório dos vencimentos que teria recebido caso sua posse se tivesse dado em bom tempo. Asseverou o Min. Relator que o direito à remuneração é consequência do exercício de fato do cargo. Dessa forma, inexistindo o efetivo exercício na pendência do processo judicial, a recorrente não faz jus à percepção de qualquer importância, a título de ressarcimento material. Precedentes citados: EREsp 1.117.974-RS, DJe 19/12/2011; AgRg no AgRg no RMS 34.792-SP, DJe 23/11/2011. **REsp 949.072-RS, Rel. Min. Castro Meira, julgado em 27/3/2012. (Inform. STJ 494)**

CONCURSO PÚBLICO. EDITAL. CONVOCAÇÃO.

In casu, trata-se de candidato aprovado em cadastro de reserva na 170ª colocação em certame que previu apenas dez vagas no edital de abertura. Ocorre que, embora fosse informado da necessidade de manter seu endereço atualizado, porquanto haveria comunicação pessoal da nomeação, somente após seu contato telefônico com o órgão é que foi comunicado de que haviam ocorrido as nomeações, com o chamamento realizado pelo diário oficial estadual (DOE). Sustenta que o edital do concurso continha previsão implícita de comunicação pessoal, uma vez que obrigava a atualização do endereço e número telefônico dos candidatos no trecho referente à sistemática de provimento. Além disso, alega a existência de legislação expressa (art. 51 do Decreto estadual n. 43.911/2005) no sentido de prescrever a publicação no DOE e nos demais meios destinados a esse fim. Nesse contexto, a Turma entendeu que, na hipótese em questão, o edital permitia antever que haveria comunicação por carta ou outro meio, além da publicação no

DOE. Ademais, como o candidato foi aprovado na condição de compor o cadastro de reserva, não havia como prever se haveria a real condição de surgir vaga, bem como se seria convocado para a posse, motivo pelo qual seria ainda mais necessário o envio de comunicação pessoal para que pudesse exercer o seu direito à nomeação e posse. Assim, dada a colocação do impetrante, justifica-se, na espécie, a analogia com situações nas quais havia longo transcurso temporal, pois foram previstas poucas vagas, não sendo possível construir uma expectativa evidente de nomeação em curto prazo. Precedentes citados: RMS 34.304-ES, DJe 14/9/2011, e AgRg no Ag 1.369.564-PE, DJe 10/3/2011. **AgRg no RMS 35.494-RS, Rel. Min. Humberto Martins, julgado em 20/3/2012. (Inform. STJ 493)**

RMS. CONCURSO PÚBLICO. LIMINAR. AUSÊNCIA. DIREITO LÍQUIDO E CERTO.

Ao prosseguir o julgamento, a Turma negou provimento ao recurso. É que, *in casu*, trata-se de candidato que participou do concurso para o cargo de agente penitenciário por força de medidas liminares, cujos processos judiciais ainda se encontram em tramitação. Assim, inexistindo trânsito em julgado e não havendo ordem de nomeação e posse, o recorrente possui apenas mera expectativa de direito. Isso porque apenas a concessão de liminares, por si só, não assegura ao candidato a nomeação e a posse no cargo pretendido, tendo em vista o seu caráter precário e transitório. Assim, não há direito líquido e certo à nomeação e à posse, inexistindo situação fática consolidada que as autorize. Ainda mais que, no caso, as ações judiciais que carecem de ultimação referem-se à avaliação psicológica e investigação social nas quais o candidato foi considerado inapto, hipótese em que a nomeação poderia configurar lesão à ordem pública, tal a significação do cargo de agente penitenciário. Precedentes citados: MS 14.649-DF, DJe 3/8/2011; AgRg na SS 1.912-PI, DJe 10/8/2009; AgRg na SLS 986-PI, DJe 30/3/2009, e AgRg na SS 1.877-BA, DJe 5/2/2009. **RMS 34.556-RS, Rel. Min. Mauro Campbell Marques, julgado em 1º/3/2012. (Inform. STJ 492)**

CONCURSO PÚBLICO. EXAME MÉDICO. MOTIVAÇÃO.

Foi reconhecida a nulidade por falta de motivação do ato administrativo que desclassificou o impetrante, no exame médico, do concurso público para o cargo de neurocirurgião, após aprovação em prova objetiva, constando do resultado apenas que o candidato era inapto ao serviço público. Dessa forma, é flagrante a nulidade do ato por ausência da devida fundamentação, além da falta de ampla defesa, impossibilitando ao candidato conhecer os motivos que ensejaram a sua desclassificação do certame. Precedente citado: RMS 25.703-MS, DJe 3/8/2009. **RMS 26.927-RO, Rel. Min. Maria Thereza de Assis Moura, julgado em 4/8/2011.** (Inform. STJ 480)

CONCURSO PÚBLICO. NOMEAÇÃO. CANDIDATO. APROVAÇÃO. PRIMEIRO LUGAR.

Trata-se de agravo regimental contra decisão que deu provimento a RMS no qual a recorrente aduz que foi aprovada em 1º lugar para o cargo de professora de língua portuguesa. Sustenta que os candidatos aprovados em concurso público dentro do número de vagas ofertado por meio do edital possuem direito subjetivo à nomeação para o cargo, uma vez que o edital possui força vinculante para a Administração. Ademais, o fato de não ter sido preterida ou não haver nomeação de caráter emergencial, por si só, não afasta direito líquido e certo à nomeação. A Turma, ao prosseguir o julgamento, negou provimento ao agravo regimental sob o entendimento de que, no caso, ainda que se considere o fato de o edital não fixar o número de vagas a serem preenchidas com a realização do concurso, é de presumir que, não tendo dito o contrário, pelo menos uma vaga estaria disponível. Em sendo assim, é certo que essa vaga só poderia ser destinada à recorrente, a primeira colocada na ordem de classificação. Precedente citado do STF: RE 598.099-MS. **AgRg no RMS 33.426-RS, Rel. originário Min. Hamilton Carvalhido, Rel. para o acórdão Min. Teori Albino Zavascki (art. 52, IV, b, RISTJ), julgado em 23/8/2011.** (Inform. STJ 481)

CONCURSO PÚBLICO. MÉDICO. TRABALHO. PORTADOR. DEFICIÊNCIA. MUDEZ.

Trata-se de REsp em que se discute o momento em que o candidato portador de deficiência física deve ser avaliado a respeito de sua capacidade em desenvolver as tarefas inerentes ao cargo público para o qual foi aprovado. *In casu,* o recorrente inscreveu-se em certame público nas vagas asseguradas aos deficientes físicos, para concorrer ao cargo de médico do trabalho. Aprovado na prova escrita, foi submetido a exame médico admissional que concluiu pela incompatibilidade entre as funções a serem desenvolvidas e a deficiência apresentada (mudez), sendo excluído do concurso. Inicialmente, ressaltou o Min. Relator, que a Lei n. 7.853/1989 estabelece as regras gerais sobre o apoio às pessoas portadoras de deficiência e sua integração social. Assim, conforme o referido diploma legal, o poder público assume a responsabilidade de fazer valer a determinação constitucional de desenvolvimento de políticas públicas voltadas ao portador de deficiência física, bem como é vedado qualquer tipo de discriminação ou preconceito. Registrou, ainda, que o Dec. n. 3.298/1999 o qual regulamentou a mencionada lei, ao dispor sobre a inserção do deficiente na Administração Pública, determinou que o exame da compatibilidade no desempenho das atribuições do cargo seja realizado por equipe multiprofissional durante o estágio probatório. Isso porque o poder público deve assegurar aos deficientes condições necessárias previstas em lei e na Constituição Federal, para que possam exercer suas atividades conforme as limitações que apresentam. Desse modo, entendeu não atender à determinação legal a avaliação realizada em exame médico admissional que, de forma superficial, atestou a impossibilidade do exercício da função pública pelo recorrente, sem observar os parâmetros estabelecidos no § 1º do art. 43 do citado decreto. Ademais, no estágio probatório, o recorrente poderá demonstrar sua adaptação ao exercício do cargo, pois é nesse período que a Administração deve observar assiduidade, disciplina, capacidade de iniciativa, produtividade e responsabilidade do servidor nos termos do art. 20 da Lei n. 8.112/1990, além de avaliar, de forma concreta, a adaptação ao serviço e as qualidades do agente aprovado em concurso público, após a sua investidura em cargo de provimento efetivo. Diante disso, a Turma deu parcial provimento ao recurso para afastar o óbice apresentado pela Administração e assegurar ao recorrente a permanência no certame para o cargo de médico do trabalho. **REsp 1.179.987-PR, Rel. Min. Jorge Mussi, julgado em 13/9/2011.** (Inform. STJ 483)

CONCURSO PÚBLICO. VALIDADE. NOVAS VAGAS. PRETERIÇÃO.

In casu, a recorrente foi aprovada em concurso público para o cargo de escrivão fora do número de vagas previsto no edital. Contudo, durante o prazo de validade do certame, surgiram novas vagas, as quais foram ocupadas, em caráter precário, por meio de designação de servidores do quadro funcional do Poder Judiciário estadual. A Turma, ao prosseguir o julgamento, na hipótese em questão, entendeu ser manifesto que a designação de servidores públicos ocupantes de cargos diversos para exercer a mesma função de candidatos aprovados em certame dentro do prazo de validade transforma a mera expectativa em direito líquido e certo, em flagrante preterição à ordem de classificação dos candidatos aprovados em concurso público. Registrou-se, ademais, que, na espécie, não há falar em discricionariedade da Administração Pública para determinar a convocação de candidatos aprovados, a qual deve ser limitada à conveniência e oportunidade da convocação dos aprovados, tampouco justificar a designação precária como mera manutenção das atividades dos serviços judiciários, visto que a função desempenhada pelo cargo de escrivão constitui atividade essencial prestada pelo Estado sem características de natureza provisória ou transitória. Dessarte, deu-se provimento ao recurso a fim de determinar a imediata nomeação e posse da recorrente no cargo de escrivão para o qual foi aprovada. Precedentes citados do STF: RE 581.113-SC, DJe 31/5/2011; do STJ: EDcl no RMS 34.138-MT, DJe 25/10/2011. **RMS 31.847-RS, Rel. Min. Mauro Campbell Marques, julgado em 22/11/2011.** (Inform. STJ 488)

CONCURSO PÚBLICO. EXIGÊNCIA NÃO PREVISTA NO EDITAL. VIOLAÇÃO. PRINCÍPIO DA ISONOMIA.

A Turma deu provimento ao recurso especial para excluir da segunda etapa do concurso para ingresso na carreira de auditor da Receita Federal regulado pelo edital n. 18/2001 a disciplina "Lógica e Argumentação no Processo de Raciocínio", que não constava dos programas previstos para as turmas anteriores, garantindo aos recorrentes a nomeação no cargo postulado. Inicialmente, asseverou o Min. Relator que aos candidatos oriundos do mesmo concurso público devem ser impostos requisitos de avaliação e aprovação idênticos, sob pena de ofensa ao princípio da isonomia. Consignou, assim, ser ilegal a submissão dos concursados remanescentes, participantes da segunda fase do certame por ordem judicial, à nova disciplina citada, de caráter eliminatório, durante o curso de formação, uma vez que não constante do edital e sequer exigida dos demais concorrentes. Concluiu, por fim, ser indevido o pagamento de indenização pelo tempo em que se aguardou a solução judicial definitiva sobre a aprovação no concurso público. **REsp 1.217.346-RJ, Rel. Min. Arnaldo Esteves Lima, julgado em 22/11/2011.** (Inform. STJ 488)

ANISTIA. CARREIRA. DIPLOMATA.
O impetrante, apesar de ser aprovado em sucessivos exames iniciais para ingresso na carreira diplomática, sempre se viu excluído dos certames pela comissão responsável por entrevistá-lo, a qual persistia em considerá-lo inapto. Sucede que, mediante a concessão de mandado de segurança pelo extinto TFR, foi-lhe autorizada a participação nos exames finais e, aprovado, ingressou, ao final, na carreira diplomática. Após, requereu a concessão de anistia política, que lhe foi concedida. Contudo, diante da renitência da Administração em conceder-lhe o reposicionamento na carreira, formulou novo *mandamus*. Nesse contexto, a Seção reafirmou sua jurisprudência (acorde com a do STF) de que é direito do servidor anistiado político, civil ou militar, a promoção por merecimento independentemente de análise subjetiva (aprovação de cursos ou avaliação do merecimento), bastando a observância dos prazos de permanência na atividade previstos em lei ou regulamento, o que também se aplica ao impetrante. Assim, ao constatar-se que grande parte dos integrantes da turma de formatura a qual ele deveria primeiro compor hoje são ministros de segunda classe e que ele, em 2004, já reunia as condições necessárias a ser promovido à classe de conselheiro, está demonstrado seu direito líquido e certo ao reenquadramento no cargo de ministro de segunda classe do quadro permanente da carreira diplomática (art. 53 da Lei n. 11.440/2006). Precedentes citados do STF: RE 165.438-DF, DJ 5/5/2006; AgRg no AI 138.331-DF, DJ 11/10/1991; do STJ: REsp 769.000-RJ, DJ 5/11/2007, e REsp 701.919-DF, DJ 18/6/2007. **MS 15.005-DF, Rel. Min. Maria Thereza de Assis Moura, julgado em 8/6/2011.** (Inform. STJ 476)

CONCURSO PÚBLICO. CRITÉRIOS. CORREÇÃO. PROVA.
O impetrante, participante de concurso para o preenchimento de cargo público, alega, entre outras considerações, que o edital não apontou os critérios de correção da prova de redação a que se submeteu, pois esses se mostram amplos a ponto de não permitir qualquer controle por parte dos candidatos: não se sabe qual peso ou faixa de valores para cada quesito, o conteúdo de cada um deles ou o valor de cada erro. Isso é agravado pela constatação de que não há sequer uma anotação na folha da redação do candidato que seja apta a embasar os pontos obtidos, salvo alguns apontamentos quanto a erros de português. Assim, é patente que o ato administrativo em questão revela-se sem motivação idônea, razão para considerá-lo inválido. Sucede que o concurso em testilha já foi homologado há quase um ano, ultimada até a decorrente posse dos demais aprovados, não havendo como determinar uma nova correção da prova (motivação posterior que prejudicaria todo o concurso). Anote-se que o impetrante foi eliminado do certame em razão de meio ponto e que ele mesmo formula pedido alternativo de que lhe seja concedida a pontuação mínima para ser aprovado. Daí se considerar que esse pequeno acréscimo em sua nota sana a nulidade de maneira mais proporcional aos outros candidatos e ao concurso como um todo. Assim, tem-se por aprovado o impetrante, mas para ocupar a última colocação entre os aprovados, com o fito de evitar que a coisa julgada na ação atinja terceiros que não estão elencados nos autos. **RMS 33.825-SC, Rel. Min. Mauro Campbell Marques, julgado em 7/6/2011.** (Inform. STJ 476)

CONCURSO. PROFESSOR. EDUCAÇÃO FÍSICA. INSCRIÇÃO. CREF.
É legal a exigência feita no edital do concurso público para professor de educação física (ensino médio e fundamental) de que o candidato comprove a inscrição no respectivo Conselho Regional de Educação Física (CREF) quando do ato de sua admissão naquele cargo (art. 1º e 3º da Lei n. 9.696/1998). Precedente citado: REsp 783.417-RJ, DJe 29/3/2010. **RMS 26.316-RJ, Rel. Min. Maria Thereza de Assis Moura, julgado em 2/6/2011 (ver Informativo n. 425).** (Inform. STJ 475)

CONCURSO PÚBLICO. NOMEAÇÃO. MS. DECADÊNCIA.
Trata-se de REsp em que se discute o prazo decadencial para impetração de mandado de segurança (MS) nas hipóteses em que o candidato aprovado em concurso público dentro das vagas previstas no edital não é nomeado no prazo de validade do concurso. A Turma reiterou que, nos casos em que o candidato aprovado em concurso público não foi nomeado, o prazo decadencial de 120 dias para impetrar o MS inicia-se com o término da validade do certame. Assim, não há, na hipótese, violação do art. 23 da Lei n. 12.016/2009, visto que o MS foi impetrado três dias após a expiração da validade do concurso. Quanto à alegação de inexistência de direito líquido e certo de aprovados em concurso público dentro do número de vagas previsto no edital, consignou-se que o acórdão recorrido possui fundamentação constitucional – violação do art. 1º da CF/1988 –, que não foi atacada por recurso extraordinário, o que inviabiliza o processamento do recurso especial consoante a Súm. n. 126-STJ. Precedentes citados: AgRg no RMS 21.764-ES, DJe 3/11/2009; AgRg no RMS 21.165-MG, DJe 8/9/2008; REsp 948.471-SC, DJ 20/9/2007; EDcl nos EDcl no REsp 848.739-DF, DJe 29/10/2009, e AgRg no REsp 630.974-RS, DJ 28/3/2005. **REsp 1.200.622-AM, Rel. Min. Mauro Campbell Marques, julgado em 19/5/2011.** (Inform. STJ 473)

CONCURSO. ATUALIZAÇÃO LEGISLATIVA SUPERVENIENTE. EDITAL.
A Turma negou provimento ao RMS e consignou, entre outras questões, que a banca examinadora de concurso público pode elaborar pergunta decorrente de atualização legislativa superveniente à publicação do edital quando estiver em conformidade com as matérias nele indicadas. *In casu*, o recorrente alegou que a questão formulada na fase oral do certame (relativamente à adoção) fazia parte do Direito da Criança e do Adolescente, ramo que o edital teria excluído da referida fase. Entretanto, o tribunal *a quo* denegou a segurança sob o fundamento de que o assunto faz parte do Direito Civil, disciplina do bloco de matérias que poderiam ser objeto de questionamentos. Nesse contexto, salientou o Min. Relator que a nova redação conferida pela Lei n. 12.010/2009 ao art. 1.618 do CC/2002 – o qual passou a prever que a adoção será deferida na forma prevista pelo ECA – já estava em vigor quando da convocação do candidato para o exame oral e, uma vez previsto em edital o subitem "adoção" dentro do ramo de Direito Civil, é dever do candidato manter-se atualizado quanto à matéria. Precedentes citados: AgRg no RMS 22.730-ES, DJe 10/5/2010, e RMS 21.743-ES, DJ 5/11/2007. **RMS 33.191-MA, Rel. Min. Humberto Martins, julgado em 14/4/2011.** (Inform. STJ 469)

CONCURSO. RESERVA. VAGAS. PORTADORES. NECESSIDADES ESPECIAIS.
A candidata portadora de necessidades especiais não se classificou em concurso público para o provimento de cargo de auditor público externo de tribunal de contas estadual porque alcançou o 4º lugar e eram três as vagas disponibilizadas para os portadores de necessidades especiais, sendo 35 vagas as destinadas para a concorrência ampla. No REsp, a candidata (recorrente) sustenta que deve ser aplicado o disposto no art. 37, § 2º, do Dec. n. 3.298/1999, para que o número de vagas destinadas aos portadores de deficiência seja elevado ao número inteiro subsequente, uma vez que, de acordo com o citado decreto, do total de 35 vagas seriam quatro as vagas àqueles. Explica a Min. Relatora que, segundo o edital, deveriam também ser observados no concurso a Lei n. 7.853/1989 e o Dec. n. 3.298/1999, que a regulamentou, os quais cuidam de normas relativas aos portadores de deficiência. Entre essas normas, só o decreto prevê o arredondamento para o primeiro número inteiro subsequente quando o número for fracionado e reserva de, no mínimo, 5% das vagas para os portadores de deficiência. No entanto, o estado membro que promoveu o concurso editou a LC estadual n. 114/2002, específica para esses casos e em consonância com o art. 37, VIII, da CF, determinando o arredondamento para cima do número de vagas para portadores de deficiência apenas quando o número fracionado for superior a 0,7, além de reservar a eles o mínimo de 10% das vagas de ampla concorrência (mais que o previsto na lei federal). Assim, na hipótese, foram destinadas 35 vagas para a concorrência ampla e 10% para os portadores de necessidades especiais, que resultaram em 3,5 vagas percentuais, portanto inferiores aos 0,7 exigidos na legislação estadual aplicada ao concurso, não havendo qualquer lacuna na sua aplicação. Nesse contexto, para a Min. Relatora, a recorrente não tem direito líquido e certo. Ressalta ainda que a jurisprudência do STF não tem admitido o arredondamento do percentual fracionário para cima. Diante do exposto, a Turma negou provimento ao recurso. Precedentes citados do STF: AgRg no RE 408.727-SE, DJe 8/10/2010; MS 26.310-DF, DJ 31/10/2007; do STJ: REsp 1.137.619-RJ, DJe 8/10/2009. **RMS 24.472-MT, Rel. Min. Maria Thereza de Assis Moura, julgado em 22/3/2011.** (Inform. STJ 467) 915

TEORIA. PERDA. CHANCE. CONCURSO. EXCLUSÃO.
A Turma decidiu não ser aplicável a teoria da perda de uma chance ao candidato que pleiteia indenização por ter sido excluído do concurso público após reprovação no exame psicotécnico. De acordo com o Min. Relator, tal teoria exige que o ato ilícito implique perda da oportunidade de o lesado obter situação futura melhor, desde que a chance seja real, séria e lhe proporcione efetiva condição pessoal de concorrer a essa situação. No entanto, salientou que, *in casu*, o candidato recorrente foi aprovado apenas na primeira fase da primeira etapa do certame, não sendo possível estimar sua probabilidade em ser, além de aprovado ao final do processo, também classificado dentro da quantidade de vagas estabelecidas no edital. **AgRg no REsp 1.220.911-RS, Rel. Min. Castro Meira, julgado em 17/3/2011.** (Inform. STJ 466)

CONCURSO PÚBLICO. MAGISTRATURA. INSCRIÇÃO. OAB. CINCO ANOS.

In casu, o recorrente, classificado em 18º lugar em concurso público para o preenchimento de 21 vagas para a magistratura estadual, insurge-se contra aresto que lhe denegou a segurança impetrada em face de ato de indeferimento de sua inscrição definitiva ante o não preenchimento do requisito do documento de inscrição na Ordem dos Advogados do Brasil (OAB) com prazo mínimo de cinco anos. A Turma deu provimento ao recurso para conceder a segurança ao entendimento de que, nos termos da redação atual do art. 93 da CF, em concurso público para a magistratura, a atividade jurídica a se exigir do candidato é de três anos após o bacharelado. Em sendo assim, consignou-se que, na hipótese, a previsão editalícia deve ser interpretada em consonância com o mencionado dispositivo constitucional, de modo que, dos cinco anos exigidos, apenas três devem referir-se à prática forense após a conclusão do curso de Direito. Entendimento contrário, no sentido de que seria necessária a demonstração de cinco anos de prática forense após o bacharelado, além de não encontrar amparo no texto constitucional, implicaria ofensa ao princípio da razoabilidade ao admitir a estipulação de prazo maior do que aquele fixado pelo constituinte como adequado para a comprovação de experiência jurídica pelo candidato ao cargo de juiz. Registrou-se, ademais, que, na espécie, demonstrou o recorrente que ficou comprovada a exigência editalícia de inscrição na OAB pelo prazo mínimo de cinco anos, uma vez que cumpriu um período de quatro anos e nove meses de inscrição na OAB como advogado e de um ano e dez meses como estagiário, num total de seis anos e cinco meses de inscrição na aludida entidade. Precedente citado do STF: ADI 2.204-MT, DJ 2/2/2001. **RMS 25.460-PB, Rel. Min. Maria Thereza de Assis Moura, julgado em 17/3/2011.** (Inform. STJ 466)

CONCURSO PÚBLICO. EXAME PSICOTÉCNICO.

In casu, o recorrente insurgiu-se contra a sua não recomendação em exame psicotécnico em concurso público para o cargo de papiloscopista policial federal. No REsp, entre outras alegações, sustentou que o fato de a Administração não o ter nomeado e empossado por reprovação em exame psicotécnico é ato ilegal, considerando que foram adimplidos todos os requisitos legais para tanto. A Turma negou provimento ao recurso, reiterando que a realização de exames psicotécnicos em concursos públi-
916 cos é legítima, desde que haja previsão legal e editalícia, que os critérios adotados para a avaliação sejam objetivos e que caiba a interposição de recurso contra o resultado, que deve ser público. Na hipótese em questão, ressaltou o Min. Relator que ao recorrente e seu psicólogo contratado foi oportunizado o acesso a informações suficientes sobre as provas realizadas, não prosperando, desse modo, a alegação de falta de acesso às razões de sua não recomendação. Observou, ainda, não haver notícia, nos autos, da interposição de recurso contra essa decisão. Assim, entendeu não haver qualquer reparo a ser feito na sentença confirmada pelo acórdão recorrido. Precedentes citados: AgRg nos EDcl no REsp 1.163.858-RJ, DJe 16/8/2010; AgRg no Ag 1.291.819-DF, DJe 21/6/2010, e AgRg no RMS 29.811-PR, DJe 8/3/2010. **REsp 1.221.968-DF, Rel. Min. Mauro Campbell Marques, julgado em 22/2/2011.** (Inform. STJ 464)

CONCURSO PÚBLICO. RECONHECIMENTO. MEC.

In casu, a impetrante insurge-se contra o ato que tornou sem efeito sua nomeação para o cargo de professor do quadro de magistério estadual porque, à época de sua nomeação, o curso superior no qual é graduada não havia sido ainda reconhecido pelo MEC. Ocorre que, após ter sido nomeada em 13/12/2005, a impetrante entregou certificado de conclusão do curso de pedagogia acompanhado de histórico escolar, emitidos por instituição de ensino autorizada pelo MEC e com parecer favorável ao reconhecimento do curso de pedagogia exarado por aquele ministério em maio de 2005, sendo ela empossada em 11/1/2006. Porém, cerca de dois meses depois (20/3/2006), foi notificada da instauração de processo administrativo disciplinar (PAD) em razão do descumprimento do edital. Embora tenha esclarecido, em sua defesa, que em 22/3/2006 aquele curso de pedagogia já havia sido devidamente reconhecido pelo MEC, teve o ato de sua nomeação tornado sem efeito pela autoridade impetrada por meio do decreto de 19/5/2006. A Min. Relatora ressaltou que, em concurso público, não se deve perder de vista a finalidade para a qual se dirige o procedimento, sendo necessário, na avaliação da nulidade do ato, temperar a rigidez do princípio da legalidade para que esteja em harmonia com os princípios da estabilidade das relações jurídicas, da boa-fé e outros essenciais à perpetuação do Estado de direito. Assim, tendo sido reconhecido pela Administração que os requisitos do edital foram observados no momento da posse da impetrante, afronta os princípios da boa-fé, da segurança jurídica e da razoabilidade tornar sem efeito sua nomeação após a efetiva confirmação pelo MEC do reconhecimento daquele curso, não podendo ela ser punida pela demora e burocracia do Estado. Nesse contexto, a Turma deu provimento ao recurso e concedeu a segurança para determinar a reintegração da recorrente no cargo de professor de educação especial do quadro de magistério estadual, assegurados os efeitos financeiros retroativos desde a data da impetração. Precedente citado: REsp 6.518-RJ, DJ 16/9/1991. **RMS 25.219-PR, Rel. Min. Maria Thereza de Assis Moura, julgado em 22/2/2011.** (Inform. STJ 464)

CONCURSO PÚBLICO. VAGAS. EDITAL.

A Turma reafirmou que o candidato aprovado em concurso público dentro do número de vagas previstas em edital tem direito líquido e certo à nomeação e à posse no cargo. Precedentes citados: RMS 31.611-SP, DJe 17/5/2010, e AgRg no RMS 30.308-MS, DJe 15/3/2010. **REsp 1.220.684-AM, Rel. Min. Castro Meira, julgado em 3/2/2011.** (Inform. STJ 461)

REQUISITO EXPRESSO. EDITAL. LEGALIDADE.

A Turma negou provimento ao recurso por entender que a exigência de apresentação de carteira nacional de habilitação pelo candidato a soldado no Estado de Mato Grosso do Sul é legal, uma vez que constava como requisito expresso no edital. Ademais, essa exigência disposta no edital está no âmbito da faculdade do administrador em, sabendo de suas necessidades, estabelecer, no edital, regras que entende necessárias para o provimento de determinado cargo. Assim, não houve qualquer violação dos princípios da igualdade, da impessoalidade e da moralidade. **RMS 25.572-MS, Rel. Min. Celso Limongi (Desembargador convocado do TJ-SP), julgado em 3/2/2011.** (Inform. STJ 461)

CONCURSO. INTIMAÇÃO PESSOAL.

A Administração deve intimar pessoalmente o candidato quando, entre a data da homologação do resultado e a de sua nomeação, há razoável lapso de tempo. Esse dever é-lhe imposto mesmo que o edital não trate dessa intimação. É desarrazoada a exigência de que o candidato mantenha a leitura do diário oficial estadual por mais de um ano, quanto mais se, onde reside, sequer há circulação desse periódico. Precedentes citados: RMS 21.554-MG, DJe 2/8/2010; RMS 24.716-BA, DJe 22/9/2008, e RMS 22.508-BA, DJe 2/6/2008. **RMS 23.106-RR, Rel. Min. Laurita Vaz, julgado em 18/11/2010**. (Inform. STJ 456)

SÚMULA N. 466-STJ.

O titular da conta vinculada ao FGTS tem o direito de sacar o saldo respectivo quando declarado nulo seu contrato de trabalho por ausência de prévia aprovação em concurso público. **Rel. Min. Hamilton Carvalhido, em 13/10/2010**. (Inform. STJ 451)

CONCURSO PÚBLICO. NOMEAÇÃO.

Na espécie, a recorrente classificou-se em primeiro lugar para o cargo de professor. Porém, findou-se o prazo de validade do concurso público sem que fosse nomeada, razão pela qual impetrou o *mandamus*, alegando que foram outras pessoas convocadas, em caráter precário, para o cargo. O edital previa reserva técnica de vagas, mas a Administração convocou os professores do quadro efetivo para o exercício de carga horária adicional. Conforme o anexo II do edital, havia reserva técnica de vaga a ser preenchida no município para a disciplina de língua portuguesa, na qual a recorrente foi aprovada em primeiro lugar. Outra professora, integrante do quadro de carreira, foi reiteradamente convocada para trabalhar em regime especial, o que afasta a alegação de que se trataria de necessidade eventual e temporária do serviço. Constatou-se, ainda, que a recorrente enquadra-se dentro do número de vagas inicialmente previsto no edital. Assim, a Turma deu provimento ao recurso ao entender que a candidata tem direito líquido e certo à nomeação, pois aprovada dentro do número de vagas inicialmente previsto como reserva técnica no edital do concurso público, em razão da reiterada nomeação de candidatos em número superior ao edital e reiterada a convocação de professores do quadro efetivo para o exercício de carga horária adicional no cargo em que foi aprovada, o que leva à efetiva necessidade do serviço. **RMS 22.908-RS, Rel. Min. Maria Thereza de Assis Moura, julgado em 28/9/2010**. (Inform. STJ 449)

CONCURSO. APOSTILHAMENTO. SEGURANÇA JURÍDICA.

O impetrante prestou concurso público, em 1993, para o cargo de agente da Polícia Federal. Por força de medida liminar concedida nos autos de ação ordinária que ajuizou, foi nomeado, empossado e cumpriu com sucesso todo o estágio probatório inerente ao cargo. Sucede que a Administração, com o fim de regularizar sua situação funcional e de outros que se mantinham no cargo por força de decisão judicial, como forma de acordo, expediu despacho ministerial em 2003 no qual previa a exibição de vários documentos como requisitos ao apostilhamento dessas pessoas. Após apresentar todos os documentos exigidos, principalmente a prova de desistência da ação judicial que lhe assegurava o cargo, o impetrante viu concretizado seu apostilhamento mediante portaria datada de 2006 e continuou a exercer suas atividades decorrentes do cargo público. Contudo, em 2008, foi notificado pela diretoria de pessoal a apresentar a decisão judicial que o amparava, sob pena de revogação da citada portaria, isso em razão de a Administração, em autotutela, ter detectado que, ao tempo do apostilhamento, o impetrante não contava com a proteção de decisão judicial, pois não mais vigorava a liminar que lhe assegurava o cargo. Vem daí a impetração do mandado de segurança, anotada a circunstância de que o impetrante exerce o cargo há mais de 12 anos e são passados mais de três do apostilhamento. Nesse contexto, ao prosseguir o julgamento, a Seção entendeu conceder a segurança. O Min. Jorge Mussi, em voto vista, aduziu não ser possível reconhecer a aplicação da teoria do fato consumado a essa situação, tal qual pregam as decisões das Turmas da Terceira Seção do STJ e do próprio STF. Todavia, entendeu ser plenamente aplicável o resguardo ao princípio constitucional da segurança jurídica, em seu aspecto objetivo (estabilidade das relações jurídicas) e subjetivo (proteção à confiança), em superposição à regra da livre revogação dos atos administrativos ilícitos, tal como também apregoa o STF. Anotou que a ilegalidade apurada não decorreu de dolo do impetrante, não houve dano ao erário e sua manutenção no cargo não viola direito ou interesse de terceiro, afora o descaso com que atuou a Administração a não afastar do cargo o impetrante quando da cassação da liminar (1999) e sua inércia no momento em que recebeu a documentação necessária para a transação (2003), a corroborar que o ato de apostilhamento pode ser mantido. Precedentes citados do STF: AgRg no RE 476.782-MG, DJe 12/5/2006, e MS 24.268-MG, DJ 17/9/2004; do STJ: AgRg no REsp 1.074.862-SC, DJe 26/10/2009, AgRg na MC 15.234-PA, DJe 3/5/2010, e RMS 20.572-DF, DJe 15/12/2009. **MS 13.669-DF, Rel. Min. Napoleão Nunes Maia Filho, julgado em 22/5/2010.** (Inform. STJ 448)

CONCURSO PÚBLICO. CONVOCAÇÃO. LIMITE. VAGAS.

A Turma reiterou o entendimento de que os candidatos aprovados em determinada fase do concurso público que não se classificaram dentro do limite de vagas previsto no edital têm mera expectativa de direito de participarem da etapa subsequente do certame. No caso, o edital previa que somente os candidatos habilitados até o 95º lugar nas provas objetivas e de conhecimentos específicos seriam convocados para a realização dos exames médicos. Como o recorrente classificou-se em 116º lugar, não tem direito líquido e certo a participar do curso de formação profissional, mas mera expectativa de direito. Precedentes citados: AgRg no REsp 768.539-RJ, DJe 1º/12/2008; RMS 24.971-BA, DJe 22/9/2008, e RMS 25.394-BA, DJe 5/5/2008. **RMS 21.528-MA, Rel. Min. Maria Thereza de Assis Moura, julgado em 24/8/2010**. (Inform. STJ 444)

CONCURSO PÚBLICO. DESISTÊNCIAS. OUTRAS NOMEAÇÕES.

Trata-se de RMS no qual a questão cinge-se a saber se, em concursos públicos, as vagas não preenchidas em razão da desistência de candidatos convocados geram direito subjetivo aos outros seguintes na ordem de classificação. Para a Min. Relatora, na hipótese dos autos, ficou devidamente comprovado que os impetrantes, ora recorrentes, foram aprovados no concurso para provimento do cargo de analista de administração pública – arquivista, sendo classificados nas posições 85º e 88º, bem como que foram convocados 37 novos candidatos, alcançando a 83º colocação, e também ficou comprovada, documentalmente, a desistência de, pelo menos, cinco candidatos convocados na segunda chamada, abarcando as colocações ocupadas pelos recorrentes. Evidenciou-se, assim, a presença do direito líquido e certo reclamado. Diante disso, a Turma deu provimento ao recurso, visto que a atual jurisprudência deste Superior Tribunal tem entendido que o desinteresse dos candidatos convocados, ou mesmo sua desclassificação em razão do não preenchimento de determinados requisitos, gera, para os seguintes na ordem de classificação, direito subjetivo à nomeação. Precedentes citados: RMS 19.635-MT, DJ 26/11/2007; RMS 27.575-BA, DJe 14/9/2009, e RMS 26.426-AL, DJe 19/12/2008. **RMS 32.105-DF, Rel. Min. Eliana Calmon, julgado em 19/8/2010**. (Inform. STJ 443)

RMS. DECADÊNCIA. CAUSA MADURA.

A recorrente impetrou, na origem, mandado de segurança em razão de a Administração não ter promovido, de maneira válida, satisfatória e eficaz, a comunicação do ato de sua nomeação no cargo para o qual obteve aprovação em concurso público, uma vez que o telegrama com as informações correspondentes foi entregue em seu endereço, mas a seu sobrinho menor de idade. Quanto à decadência, a Turma entendeu não haver transcorrido o prazo, pois o ato atacado, por equivaler a omissivo, perpetua seus efeitos no tempo. Assim, por tratar-se de recurso ordinário em mandado de segurança, não se aplica, analogicamente, o art. 515, § 3º, do CPC e, indiretamente, a teoria da "causa madura". Desse modo, a Turma, por maioria, afastou a decadência e determinou o retorno dos autos à origem, para que o tribunal *a quo* manifeste-se a respeito da questão de fundo, evitando a supressão de instância. **RMS 28.099-DF, Rel. originário Min. Arnaldo Esteves Lima, Rel. para acórdão Min. Felix Fischer, julgado em 22/6/2010**. (Inform. STJ 440)

CONCURSO PÚBLICO. PORTADOR. DEFICIÊNCIA.

O impetrante, ora recorrente, inscreveu-se em concurso público de professor nas vagas destinadas aos portadores de deficiência e, nessa qualidade, logrou a primeira posição no certame. Quando de sua posse, mediante perícia médica realizada pela Administração, não se reconheceu sua deficiência. Contudo, mesmo assim, ele faz jus à nomeação, respeitada a ordem de classificação geral do resultado (31º lugar), pois não foi demonstrada sua má-fé e sequer existe, no edital, disposição em contrário. **RMS 28.355-MG, Rel. Min. Arnaldo Esteves Lima, julgado em 17/6/2010**. (Inform. STJ 439)

CONCURSO PÚBLICO. ACESSO. NOTAS.

Na hipótese, o candidato não tem direito líquido e certo a ter acesso a cada uma das notas que lhe foram atribuídas (por examinador e respectiva matéria) quando da prova oral que prestou no concurso público para provimento do cargo de juiz federal substituto, visto que o edital não prevê tal modo de publicação, pois só contém previsão de divulgar a nota final obtida naquele exame. Dessarte, não existe ofensa aos princípios da publicidade ou legalidade (art. 37 da CF/1988). Anote-se, por último, que a jurisprudência do STJ entende que, na hipótese de o candidato
insurgir-se contra as regras contidas no edital do concurso público, o prazo decadencial referente à impetração do *mandamus* deve ser contado da data em que publicado esse instrumento convocatório. Precedentes citados: AgRg no RMS 21.693-ES, DJ 30/10/2006, e RMS 16.804-MG, DJ 25/9/2006. **RMS 27.673-PE, Rel. Min. Arnaldo Esteves Lima, julgado em 17/6/2010**. (Inform. STJ 439)

CONCURSO PÚBLICO. INSCRIÇÃO. AÇÕES CÍVEIS.

Não se mostra razoável, em concurso público, indeferir a inscrição definitiva de candidato em razão da existência de algumas ações cíveis ajuizadas contra ele. Este Superior Tribunal assentou o posicionamento de que há flagrante inconstitucionalidade na negativa de nomeação do aprovado em concurso público por inidoneidade moral, com base na apresentação de certidão positiva que indique sua condição de parte passiva de ação penal em curso, o que, seguramente, também pode ser aplicado nos casos que envolvam ações de natureza cível. Trata-se de garantia constitucional geral a proibição de que se apliquem restrições antecipadas aos direitos do cidadão pelo simples motivo de se encontrar a responder a ação judicial. Com esse entendimento, a Turma concedeu, em parte, a cautelar para dar efeito suspensivo ativo ao recurso ordinário em mandado de segurança interposto pelo requerente e determinar que se promovam os atos necessários à reserva de vaga, com a observância da classificação final do candidato no concurso para todos os efeitos, inclusive escolha de lotação, a qual só será ocupada se provido o referido recurso ordinário. Anote-se que, com isso, não se determinou a imediata posse do requerente, o que tornaria satisfativa a cautelar, nem a suspensão da posse já aprazada dos aprovados. Precedentes citados do STF: AgRg no RE 487.398-MS, DJ 30/6/2006; RE 194.872-8-RS, DJ 2/2/2001; do STJ: RMS 11.396-PR, DJ 3/12/2007; REsp 414.933-PR, DJ 1º/8/2006, e REsp 327.856-DF, DJ 4/2/2002. **MC 16.116-AC, Rel. Min. Og Fernandes, julgado em 18/5/2010**. (Inform. STJ 435)

CONCURSO PÚBLICO. NOMEAÇÃO TARDIA.

A Administração, diante do longo lapso temporal (três anos) decorrido entre a homologação do concurso e a nomeação do candidato ora recorrente, em respeito aos princípios constitucionais da publicidade e da razoabilidade, deveria ter comunicado pessoalmente a ele sua nomeação, para que pudesse exercer seu direito à posse, se assim fosse de seu interesse, apesar de não haver qualquer previsão no edital do certame quanto a isso. O princípio constitucional da publicidade (art. 37 da CF/1988) impõe o dever de a Administração conferir a seus atos a mais ampla divulgação possível, principalmente quando eles atingirem individualmente o administrado. Assim, não se afigura razoável exigir do candidato aprovado a leitura do Diário Oficial durante o prazo de validade do certame (quatro anos) no intuito de verificar a efetivação de sua nomeação. Esse entendimento da Min. Relatora foi integralmente acolhido pela Turma, mas o Min. Og Fernandes adicionou a ele o de que só a publicação do resultado do certame no DO não cumpre o princípio da finalidade do ato administrativo ao qual está, também, sujeita a Administração. Por isso tudo, anulou-se o ato administrativo que tornou sem efeito a nomeação do recorrente e se determinou a efetivação de nova nomeação, com a devida intimação pessoal desse candidato. Precedentes citados: RMS 24.716-BA, DJe 22/9/2008, e RMS 22.508-BA, DJe 2/6/2008. **RMS 21.554-MG, Rel. Min. Maria Thereza de Assis Moura, julgado em 4/5/2010.** (Inform. STJ 433)

CONCURSO PÚBLICO. REEXAME. NOTA.

A jurisprudência do STJ firmou-se no sentido de que o Poder Judiciário não pode substituir a banca examinadora de concurso público ou mesmo se imiscuir nos critérios de correção de provas e atribuição de notas, visto que o controle jurisdicional restringe-se à legalidade do concurso. Daí que a pretensão do recorrente de revisar a valoração de títulos apresentados em concurso público para ingresso nos serviços notariais e registrais estaduais esbarra naquele óbice intransponível, porque a pontuação que se pretende revisar decorreu de valoração engendrada pela comissão à luz de critérios estabelecidos no edital, fato não revelador de ilegalidade que autorize o controle judicial. Precedentes citados: RMS 27.954-RJ, DJe 19/10/2009; AgRg no RMS 27.808-MG, DJe 11/9/2009; RMS 26.735-MG, DJe 19/6/2008, e RMS 21.617-ES, DJe 16/6/2008. **RMS 22.977-RS, Rel. Min. Luiz Fux, julgado em 23/3/2010.** (Inform. STJ 428)

CONCURSO PÚBLICO. EDUCAÇÃO FÍSICA.

O recorrente foi aprovado no concurso público para o cargo de professor de Educação Física realizado por município. Sucede que se insurge contra a exigência contida no edital de, para efeitos de posse, ter que apresentar a carteira de identidade profissional expedida pelo respectivo conselho regional. Quanto à questão, vê-se que a Lei n. 9.696/1998, que regulamenta a atividade profissional de Educação Física, delegou-a exclusivamente a graduados nessa área de atuação com registro nos conselhos regionais. Daí a Resolução n. 46/2002 do Conselho Federal de Educação Física, que, entre outros temas, definiu e limitou a docência na área a profissionais registrados. Constata-se, então, não haver ilegalidade no edital em razão de exigir o registro, pois o concurso foi realizado já sob a égide da citada resolução. Precedente citado: RMS 24.940-PE, DJe 20/10/2008. **REsp 783.417-RJ, Rel. Min. Jorge Mussi, julgado em 2/3/2010.** (Inform. STJ 425)

CONCURSO PÚBLICO. SERVIÇOS NOTARIAIS.

O impetrante insurge-se contra decisão de comissão de concurso de ingresso e remoção para os serviços notariais e de registro que procedeu à reavaliação dos títulos por ele apresentados na 3ª fase do certame, reduzindo a pontuação obtida anteriormente. Para o Min. Relator, os critérios de correção de provas, atribuição de notas e avaliação de títulos adotados pela comissão de concursos, em regra, não podem ser revistos pelo Judiciário, cuja competência restringe-se ao exame da legalidade, ou seja, à observância dos elementos objetivos contemplados no edital e na lei que regem o certame. A justiça ou injustiça da decisão da comissão é matéria de mérito do ato administrativo, sujeita à discricionariedade técnica da autoridade administrativa. No caso, não são passíveis de reapreciação judicial os critérios adotados pela comissão examinadora para interpretar o que está consignado nos itens 5 (magistério em disciplina jurídica vinculada ao exercício da fundação notarial) e 6 (publicação de livros e artigos em revista jurídica sobre temas diretamente relacionados com a função) da tabela de títulos do edital do concurso, aplicados objetivamente a todos os candidatos, em obediência à razoabilidade e à proporcionalidade. Entendeu o Min. Relator que não houve violação da norma contemplada no art. 31 do regulamento do concurso e, consequentemente, ao princípio da *reformatio in pejus*, pois o novo enquadramento dos pontos não foi realizado na fase recursal. Com a retificação do procedimento anterior, passou-se a apreciar, originariamente, todos os títulos apresentados, atribuindo-se, segundo critérios objetivamente definidos, a correspondente pontuação. Assim, a diminuição dos pontos conferidos ao impetrante decorreu do regular exercício da autotutela da Administração Pública (Súm. n. 473-STF). Outrossim, no que concerne à exclusão total dos pontos concedidos pela atuação como preposto em serventia notarial, para que se observe a finalidade da prova de títulos e o edital do certame, sem se afastar do que foi consignado pelo STF no julgamento da ADI 3.522-3, deve-se atribuir ao impetrante a pontuação por haver comprovado o exercício da aludida atividade nos termos regrados no item 2 da tabela de títulos, limitando-a, contudo, ao valor máximo conferido ao exercício da advocacia, da magistratura e da promotoria. Com efeito, a exclusão total dos pontos daqueles que possuem experiência na atividade notarial, ao mesmo tempo em que é atribuído valor à atuação do candidato em funções totalmente distintas (promotor, procurador, juiz, por exemplo), contraria inequivocamente a finalidade da exigência de títulos, qual seja: demonstrar que o candidato reúne atributos e conhecimentos técnicos que o colocam, ainda que em tese, numa posição de maior capacidade para o exercício das atividades em relação a seus concorrentes. Precedentes citados do STF: RCL 4.426-RS, DJe 9/6/2009; do STJ: RMS 24.509-RS, DJe 2/2/2010. **RMS 23.878-RS, Rel. Min. Castro Meira, julgado em 23/2/2010.** (Inform. STJ 424)

CONCURSO. JUIZ. FUNDAMENTAÇÃO.

Candidato ao cargo de juiz substituto impetrou MS contra o desembargador presidente da comissão examinadora do concurso, ao fundamento de que a planilha de avaliação utilizada para a correção da prova de sentença penal estaria viciada, porque não incluiu valor ao item fundamentação, apesar de ela ser requerida no enunciado da prova, em ofensa ao previsto no próprio edital. Quanto a isso, o Min. Jorge Mussi (Relator originário) negou provimento ao recurso, ao relembrar, entre outros fundamentos, o entendimento de que a atuação do Poder Judiciário limita-se à legalidade do certame, pois vedado apreciar os critérios utilizados pela banca examinadora na formulação dos quesitos e atribuição de notas, no que foi acompanhado pelo Min. Felix Fischer. Contudo, prevaleceu entendimento divergente da Min. Laurita Vaz, de que, pelo próprio enunciado da questão, seria preciso tecer fundamentação, até porque inerente à questão que exige a redação de uma sentença penal em concurso para magistrado, daí a necessidade de avaliá-la. Já o Min. Arnaldo Esteves Lima lembrou que a motivação seria pressuposto essencial, conforme o próprio edital, visto em sua globalidade, e que se poderia até cogitar que, ao considerar a livre convicção inerente ao juízo, haveria de ser avaliado o candidato se este tivesse redigido sentença fundamentada em sentido diverso do que tido por correto. O Min. Napoleão Nunes Maia Filho aduziu que, na avaliação da peça produzida pelo intelecto, não há certo ou errado, mas sim razoável e irracional. Assim, a Turma, por maioria, deu provimento ao recurso para que seja avaliada a fundamentação aposta pelo candidato na prova. **RMS 27.566-CE, Rel. originário Min. Jorge Mussi, Rel. para acórdão Min. Laurita Vaz, julgado em 17/11/2009.** (Inform. STJ 416)

PSICOTÉCNICO. PM. DF.

Insurge-se o Distrito Federal contra acórdão que declarou nulo, ao fundamento de inexistência de previsão legal, o exame psicotécnico realizado na fase eliminatória do concurso público para soldado da Polícia Militar daquela unidade da Federação. Primeiramente, diante de precedentes, há que se conhecer do recurso ao afastar a aplicação da Súm. n. 280-STF, pois a Lei n. 7.289/1984, apesar de reger a corporação militar do Distrito Federal, é norma federal, quanto mais se constatado que compete privativamente à União legislar sobre aquela estrutura administrativa e o regime jurídico de seus integrantes (art. 21, XIV, da CF/1988). Quanto ao mérito, reitera-se o entendimento da jurisprudência de que a avaliação psicológica só se revela plausível quando revestida de caráter objetivo, recorrível e amparada em lei formal específica. No caso, verifica-se não haver determinação legal de submeter a exame psicotécnico os candidatos a ingresso nos quadros da referida polícia. A Lei n. 7.289/1984 é totalmente omissa quanto a essa exigência. Tampouco dispõe sobre isso a norma invocada pelo recorrente, Lei n. 4.375/1964, referente aos requisitos para o recrutamento do serviço militar obrigatório. Precedentes citados do STF: ADI 1.045-DF, DJe 12/6/2009; AgRg no AI 676.675-DF, DJe 25/9/2009; do STJ: REsp 953.395-DF, DJe 3/3/2008; AgRg no Ag 578.990-DF, DJ 1º/7/2005, e AgRg no RMS 25.571-MS, DJe 18/8/2008. **REsp 1.046.586-DF, Rel. Min. Jorge Mussi, julgado em 17/11/2009.** (Inform. STJ 416)

CONCURSO PÚBLICO. INVESTIGAÇÃO SOCIAL.

A Turma reiterou o entendimento segundo o qual viola o princípio da presunção de inocência (art. 5º, inc. LVII, da CF/1988), aplicável tanto na esfera penal como na administrativa, afastar-se o candidato do concurso público, de que participava (para o provimento de cargo na polícia civil estadual), não obstante a constatação, na fase de investigação social, de que o impetrante tinha contra si inquérito policial e procedimento administrativo sem nenhuma sentença transitada em julgado quanto às acusações a ele atribuídas. Outrossim, uma vez absolvido por ausência de provas, sem ter havido nem mesmo interposição de recursos contra a sentença absolutória pelo *Parquet*, cabível o direito do impetrante de participar das etapas finais do certame, tomadas as devidas providências necessárias a esse propósito pela administração. Precedentes citados do STF: AgRg no RE 559.135-DF, DJe 13/6/2008; do STJ: RMS 11.396-PR, DJe 3/12/2007, e REsp 414.933-PR, DJ 1º/8/2006. **RMS 13.546-MA, Rel. Min. Og Fernandes, julgado em 10/11/2009.** (Inform. STJ 415)

CONCURSO PÚBLICO. PERITO. PF.
Trata-se de REsp em que o ponto central é a existência de laudo psiquiátrico que teria embasado a eliminação do candidato do concurso para perito da Polícia Federal (PF) e que não poderia deixar de ser considerado pela Administração ao analisar a investigação social do ora recorrido, regulada pelo edital do concurso e passível de eliminação de candidatos do certame. Ressaltou-se que, conforme os autos, o referido laudo foi elaborado há mais de 10 anos da data de realização do concurso, quando o recorrido fora absolvido da imputação do delito tipificado no art. 16 da Lei n. 6.368/1976. Ressaltou-se, ainda, que o recorrido foi considerado apto para o exercício das atividades de perito criminal pela comissão do concurso, na avaliação psicológica. Outrossim, o recorrido submeteu-se a teste de análises clínicas e toxicológicas, que concluíram pela inexistência de substância química em seu organismo. Diante disso, a Turma, ao prosseguir o julgamento, entendeu que a exclusão do recorrido do certame em razão de sua investigação social foi desarrazoada e fundamentada em fato antigo demais para justificar uma conduta fora dos padrões éticos e necessários para o desempenho da função de perito criminal. Aquele que foi absolvido de um crime e que, à época da absolvição, respondeu a laudo concluindo ser dependente de drogas não pode ser prejudicado por uma conduta que remonta a fatos passados muitos anos antes. Admitir tal atitude é admitir pena perpétua, há muito repelida da ordem constitucional brasileira, seja ela de qualquer natureza, penal, administrativa ou civil. Assim, negou-se provimento ao recurso. **REsp 817.540-RS, Rel. Min. Maria Thereza de Assis Moura, julgado em 1º/10/2009.** (Inform. STJ 409)

MS. CONCURSO. OPÇÃO. LOCALIDADE.
O edital do concurso previa o preenchimento de 120 vagas e o impetrante foi aprovado no 160º lugar, o que o levou a ficar fora da primeira nomeação. Posteriormente, outro edital convocou os aprovados restantes para que escolhessem as opções de localidade para lotação, com o fim de preencher mais 19 cargos vagos. O impetrante, então, escolheu 10 opções de lotação. Depois, uma portaria autorizou a convocação de mais 88 candidatos, mas alega o impetrante que foi surpreendido ao constatar sua preterição, pois 52 outros aprovados em pior classificação foram nomeados em seu lugar. A única justificativa dada nas informações da autoridade coatora para que tal ocorresse era que, nas opções de lotação feitas pelo impetrante, as vagas foram preenchidas por candidatos em melhor classificação do que ele. Porém, numa leitura do segundo edital, depreende-se que a exclusão do impetrante só ocorreria caso ele não escolhesse os locais de lotação, o que efetivamente não ocorreu. Por outro lado, o edital, em momento algum, determina serem feitas as opções em ordem de preferência por todas as lotações disponíveis, pois deixou claro em seu texto que a convocação dava-se para preenchimento de apenas 19 vagas, como já dito, motivo pelo qual não era razoável exigir do impetrante a escolha de todas as lotações possíveis. Deveria a Administração, após o preenchimento das vagas nas localidades escolhidas pelo impetrante, tê-lo novamente convocado para que, em respeito à ordem de classificação, conforme previsto no edital, escolhesse entre as lotações restantes. Então, o critério adotado na nomeação dos candidatos causou a indevida exclusão do impetrante do certame, o que ofendeu seu direito líquido e certo de ser nomeado antes daqueles aprovados em posições abaixo da sua. Assim, a segurança foi concedida para assegurar ao impetrante todos os direitos do cargo, inclusive os financeiros, retroativos à data da impetração, resguardada a situação jurídica já consolidada dos demais nomeados. Precedentes citados: RMS 11.422-MG, DJ 28/5/2007; RMS 7.215-MG, DJ 5/5/1997; RMS 4.314-MG, DJ 16/3/1998; RMS 2.287-DF, DJ 22/11/1993; EDcl no RMS 11.676-DF, DJ 12/11/2001, e RMS 13.299-DF, DJ 13/10/2003. **MS 10.764-DF, Rel. Min. Maria Thereza de Assis Moura, julgado em 23/9/2009.** (Inform. STJ 408)

PRETERIÇÃO. CONCURSO PÚBLICO. INDENIZAÇÃO.
A Turma negou provimento ao agravo regimental em recurso especial, reiterando que o ato administrativo que impede a nomeação de candidato aprovado em concurso público, ainda que considerado ilegal e posteriormente revogado por decisão judicial, não gera direito à indenização por perdas e danos ou ao recebimento de vencimentos retroativos. Precedentes citados: REsp 508.477-PR, DJ 6/8/2007; EDcl no AgRg no REsp 745.554-DF, DJ 27/3/2006; AgRg no REsp 922.877-RS, DJ 30/4/2007, e REsp 508.477-PR, DJ 6/8/2007. **AgRg no REsp 1.022.823-RS, Rel. Min. Arnaldo Esteves Lima, julgado em 3/9/2009.** (Inform. STJ 405)

COMPETÊNCIA INTERNA. CONCURSO. ECONOMIA MISTA.
Cuida-se de agravo contra a inadmissão de especial referente à tutela antecipada que determinou a reserva de vaga a portador de deficiência física no processo seletivo aberto pela Petrobras para a contratação de contadores. Quanto a isso, a Corte Especial, por maioria, declarou competente uma das Turmas da Primeira Seção do STJ, porque, conforme precedente, os empregados de empresas públicas e sociedades de economia mista, apesar da contratação mediante submissão a concurso público, não são equiparados a servidores públicos. Daí que a matéria mostra-se mais afeita ao Direito Administrativo, sem se inserir na hipótese de que cuida o art. 9º, § 3º, II, do RISTJ. O voto vencido do Min. Teori Albino Zavascki, ao afastar a aplicação de precedentes, entendia incidir ao caso o disposto no art. 9º, § 2º, V, do RISTJ, a determinar a competência de uma Turma da Segunda Seção do STJ em razão da natureza trabalhista do direito em questão. Precedente citado: CC 68.777-DF, DJ 11/12/2006. **CC 105.458-RJ, Rel. Min. Fernando Gonçalves, julgado em 19/8/2009.** (Inform. STJ 403)

CONCURSO PÚBLICO. NOMEAÇÃO.
A Turma reconheceu o direito líquido e certo para nomeação de candidatos aprovados e classificados dentro do limite previsto expressamente em edital publicado em concurso público promovido por Secretaria de Saúde estadual. No caso concreto, não houve contratação de servidores terceirizados pela Administração e o prazo de vigência do concurso expirou em junho de 2009 (até esse período, só foram nomeados 59 aprovados para as 112 vagas previstas no edital), mas os concursados já haviam impetrado este *mandamus* preventivo. Isso posto, ressaltou-se que, com essa decisão, a Turma reiterou o entendimento jurisprudencial sobre essa questão e nela avançou. Nos julgamentos anteriores, a Turma observava se haveria, durante a validade do concurso, a contratação temporária ou precária de terceiros pela Administração. Ademais, precedente anterior de relatoria do Min. Napoleão Nunes Maia Filho já havia consagrado o entendimento de que se tem por ilegal o ato omissivo da Administração que não assegura nomeação do candidato aprovado até o limite de vagas previstas no edital, por se tratar de ato vinculado, e ainda que essa nomeação transmuda-se de mera expectativa a direito subjetivo. Precedente citado: RMS 26.507-RJ, DJ 20/10/2008. **RMS 27.311-AM, Rel. Min. Jorge Mussi, julgado em 4/8/2009.** (Inform. STJ 401)

MAGISTRATURA. CONCURSO. ATIVIDADE JURÍDICA.
A Turma acolheu os embargos da impetrante a fim de, aclarando o dispositivo do acórdão, deferir a inscrição definitiva de candidata e, dado que foi aprovada em todas as fases do concurso, assegurar-lhe o direito à nomeação e posse no cargo de juiz de Direito substituto, de acordo com a sua classificação no concurso, com efeitos funcionais a contar da data da posse dos demais aprovados. Outrossim, referente à comprovação dos três anos de atividade jurídica, a data a ser considerada é aquela em que o candidato concluiu todas as disciplinas do curso de graduação. No caso, a antecipação da data prevista no edital de abertura para a inscrição definitiva não pode acarretar a exclusão da candidata: as atividades por ela realizadas suficientes ao atendimento da exigência constitucional (art. 37 da CF/1988), entre a data em que concluiu as matérias do curso de graduação e aquela em que ocorreu a colação de grau, devem ser aproveitadas para a comprovação dos três anos de experiência profissional. **EDcl no RMS 26.667-DF, Rel. Min. Nilson Naves, julgados em 6/8/2009 (ver Informativo n. 376).** (Inform. STJ 401)

SERVENTIA. CONCURSO. OPÇÃO.
A Turma desproveu o recurso ao entendimento de que não tem razão o recorrente que, já tendo optado e tomado posse, com base no art. 25 da Lei estadual n. 11.183/1998, pretendeu que a vacância de outra serventia dentro do prazo de validade do concurso justifica que os demais candidatos possam fazer opção para ocupar vaga, ante a desistência do candidato anterior. Na hipótese, não ocorreu vacância durante o prazo do concurso, e o recorrente não se enquadrava mais na categoria de candidato remanescente, por ter sido excluído ao fazer sua opção. Se ele estava interessado em outra serventia, deveria não ter escolhido quaisquer das opções que lhe foram oferecidas e esperar, em momento posterior, a

existência de vacância ou nova disponibilidade de outras serventias, para fazer então sua escolha. Após a investidura, só é possível a remoção por concurso para outro cartório após cumprido o prazo de dois anos (art. 17 da Lei n. 8.935/1994). **RMS 27.400-RS, Rel. Min. Castro Meira, julgado em 9/6/2009.** (Inform. STJ 398)

CONCURSO. VALIDADE. CLÁUSULA. EDITAL. DECADÊNCIA.
A Turma não conheceu do recurso em razão da carência do direito de se questionar o edital na via do *mandamus*. A jurisprudência deste Superior Tribunal firmou-se no sentido de que o prazo para questionar disposição do certame por mandado de segurança decai em 120 dias da publicação do respectivo edital. No caso a recorrente, apesar de ter êxito nas primeiras etapas de concurso para Polícia Militar estadual, deixou de completar o exame de aptidão física por ter fraturado uma das pernas durante o percurso da corrida realizada em fase do mesmo certame. Porém, a exclusão da candidata estava amparada nas regras do próprio edital, que previa tal situação como não autorizadora para marcar outro teste. **RMS 29.021-BA, Rel. Min. Felix Fischer, julgado em 5/5/2009.** (Inform. STJ 393)

SÚMULA N. 377-STJ.
O portador de visão monocular tem direito de concorrer, em concurso público, às vagas reservadas aos deficientes. **Rel. Min. Arnaldo Esteves Lima, em 22/4/2009.** (Inform. STJ 391)

COMPETÊNCIA. CORREGEDOR-GERAL. CONCURSO. SERVENTIA.
A Turma entendeu inexistir direito líquido e certo do impetrante, à falta de prova pré-constituída, sobre a existência de vacância ou prévio exame de adequação econômico-financeira para realização de concurso público e provimento da serventia de registro civil de pessoas naturais, mormente quanto à alegada ofensa dos art. 66, § 2º, da ADCT da Constituição do Estado de Minas Gerais, art. 54 da Lei n. 9.784/1999 e art. 16 da Lei n. 8.935/1994, não invocados pela parte desde a inicial. Outrossim, é da competência do corregedor-geral de Justiça a inclusão de serventias extrajudiciais em concurso público. Precedentes citados: AgRg no RMS 27.626-RJ, DJe 19/12/2008; AgRg no RMS 22.543-GO, DJe 9/12/2008; RMS 17.651-RJ, DJ 12/3/2007; RMS 23.660-MG, DJ 4/10/2007, e RMS 11.641-SP, DJ 25/3/2002. **RMS 22.863-MG, Rel. Min. Humberto Martins, julgado em 14/4/2009.** (Inform. STJ 390)

CARTÓRIO. VACÂNCIA. TITULAR.
A impetrante, ora recorrente, insurgiu-se contra ato praticado pelo corregedor-geral do TJ que indeferiu seu pedido de efetivação no cargo de tabeliã titular de cartório, a teor do art. 208 da CF/1967. Alega, ainda, que, de acordo com o regimento interno daquele tribunal, os pedidos de efetivação e exoneração dos servidores do foro extrajudicial só devem ser analisados no plenário daquela corte. Quanto à possibilidade da efetivação no cargo que exerce interinamente, não é possível porque a vacância deu-se após a CF/1988, condicionando o ingresso na atividade notarial e de registro à prévia aprovação em concurso público. Por outro lado, o corregedor-geral tem competência para apreciar pedido de efetivação do substituto no cargo de titular de cartório, nos termos dos arts. 164, XIV, e 169 do RITJ. Diante do exposto, a Turma negou provimento ao recurso. **RMS 25.259-MS, Rel. Min. Luiz Fux, julgado em 19/3/2009.** (Inform. STJ 387)

CARTÓRIO. VACÂNCIA. TITULAR.
A jurisprudência deste Superior Tribunal firmou-se no sentido de que não há direito adquirido à efetivação na titularidade de cartório nos termos do art. 208 da CF/1967 quando a vacância ocorre após à vigência da CF/1988, uma vez que, em seu art. 236, § 3º, condiciona o ingresso na atividade notarial e de registro à aprovação em concurso de provas e títulos. Sendo assim, não houve qualquer ilegalidade ou arbitrariedade no ato do governador que deixou de conferir a titularidade da serventia à impetrante. Precedentes citados: RMS 19.123-MT, DJe 18/9/2008, e AR 3.378-SP, DJ 8/9/2008. **RMS 19.454-MG, Rel. Min. Luiz Fux, julgado em 19/3/2009.** (Inform. STJ 387)

CONCURSO. FORMAÇÃO. DECISÃO JUDICIAL.
Por força de decisão judicial precária, o candidato obteve êxito na academia de polícia, logrando a 131ª posição ao término do curso de formação. Mas a Turma negou provimento ao agravo por entender que a teoria do fato consumado não se aplica às hipóteses nas quais a participação do candidato no certame ocorre apenas por força de decisão judicial precária. Não há como aplicar o disposto no art. 7º da Lei n. 4.878/1965, o qual determina que a ordem das nomeações observe a sequência classificatória obtida no curso de formação profissional, tendo em vista que o presente caso não se subsume à mencionada teoria, de modo a reconhecer o direito à nomeação de candidato aprovado *sub judice*. Dessa forma, não viola o direito individual de candidato o cumprimento de ordem judicial, porquanto inexistente ato espontâneo da Administração. Precedentes citados: RMS 24.223-CE, DJ 7/2/2008; RMS 20.480-DF, DJ 1º/8/2006; MS 8.497-DF, DJ 22/3/2004; RMS 25.854-RJ, DJ 23/6/2008; REsp 723.993-DF, DJ 6/6/2005, e AgRg na MC 7.664-PI, DJ 21/6/2004. **AgRg no Ag 1.070.142-RJ, Rel. Min. Laurita Vaz, julgado em 10/2/2009.** (Inform. STJ 383)

CONCURSO. ANULAÇÃO. QUESTÕES. PROVA.
A Turma negou provimento ao recurso em que, na origem, o MS fora impetrado contra ato da comissão examinadora do concurso público para ingresso nos serviços de tabelionato e de registro, devido ao procedimento administrativo que deixou de anular questões do concurso, no qual o recorrente apontou erro material ou discrepância com o edital nos quesitos. Destacou a Min. Relatora que o Poder Judiciário não pode atuar em substituição à banca examinadora, apreciando critérios na formulação de questões, examinando correções de provas ou reavaliando as notas. Só é possível a anulação judicial de questão objetiva de concurso público em caráter excepcional, quando o vício que a macula manifeste-se de forma evidente e insofismável, ou seja, quando se apresente *primo ictu oculi*. O Min. Herman Benjamin acompanhou o voto da Min. Relatora, ressaltando preocupação quanto ao fato de o primeiro edital ser mais amplo do que o segundo, o que pode causar alguma dificuldade de compreensão, porque normalmente os editais retificadores são para ampliar, detalhar, permitir uma leitura mais minuciosa e orientar o candidato, mas, no caso dos autos, restringiu as matérias do concurso. Precedentes citados: RMS 19.615-RS, DJe 3/11/2008; RMS 18.318-RS, DJe 25/8/2008; RMS 21.617-ES, DJe 16/6/2008, e RMS 21.781-RS, DJ 29/6/2007. **RMS 28.204-MG, Rel. Min. Eliana Calmon, julgado em 5/2/2009.** (Inform. STJ 382)

CONCURSO PÚBLICO. APROVAÇÃO.
Trata-se de mandado de segurança em que a impetrante busca sua nomeação no cargo de fonoaudiólogo de hospital universitário após aprovação no primeiro lugar de concurso público. Primeiramente, para que logre êxito em seu pleito, é necessário que o Ministro da Educação redistribua vagas conforme a Portaria n. 79/2002 do Ministério do Planejamento, Orçamento e Gestão. Assim, a nomeação é ato complexo, pois depende da atuação de dois agentes administrativos, quais sejam, o reitor da Universidade e o Ministro da Educação. Logo, ambos possuem legitimidade para figurar no pólo passivo do mandado de segurança. Quanto ao direito, precedentes deste Superior Tribunal caminham no sentido de que, a partir da veiculação no instrumento convocatório da necessidade de a Administração prover determinado número de vagas, nomeação e posse, que seriam, a princípio, atos discricionários, de acordo com a necessidade do serviço público, tornam-se vinculados, gerando, em contrapartida, direito subjetivo para o candidato aprovado dentro do número de vagas previstas no edital. Assim, ao prosseguir o julgamento, a Seção, por maioria, concedeu a segurança. Precedentes citados: RMS 15.420-PR, DJ 19/5/2008; RMS 15.945-MG, DJ 20/2/2006; RMS 15.034-RS, DJ 29/3/2004, e RMS 20.718-SP, DJ 3/3/2008. **MS 10.381-DF, Rel. Min. Nilson Naves, julgado em 5/12/2008.** (Inform. STJ 379)

ASCENSÃO FUNCIONAL. PRINCÍPIO. SEGURANÇA JURÍDICA.
Em 1993, portanto após a entrada em vigor do art. 37, II, da CF/1988, a recorrente, professora nível I, mediante ascensão funcional prevista pela lei estadual, galgou o cargo de professora nível IV, sem que se submetesse ao necessário concurso público. Requereu aposentadoria naquele cargo em março de 1998, pedido deferido e aprovado pelo Tribunal de Contas estadual. Porém, alega que, em novembro daquele mesmo ano, viu seus proventos serem reduzidos porque a lei que lhe permitiu o acesso àquele cargo foi revogada. Daí o *mandamus*, que foi denegado pelo TJ ao fundamento de que a referida ascenção substituíra, de forma inconstitucional, o meio legal para a investidura no cargo público e, porque nula, não gerava qualquer direito. Nesse panorama, tem-se por correta a assertiva de que a Administração atua conforme o princípio da legalidade (art. 37 da CF/1988), que impõe a anulação de ato que, embora fruto da manifestação da vontade do agente público, é maculado por vício insuperável. Também é certo o entendimento de que, após a CF/1988, é vedada a simples ascensão funcional a cargo para qual o servidor não foi aprovado em concurso público, bem como o de que o ato nulo não é passível de convalidação, não gerando direitos. No entanto, o poder-dever de a Administração invalidar seus próprios atos é sujeito ao limite temporal delimitado pelo princípio da segurança jurídica. Os administrados não podem sujeitar-se indefinidamente à instabilidade da autotutela do Estado e

de uma convalidação dos efeitos produzidos, quando, em razão de suas conseqüências jurídicas, a manutenção do ato servirá mais ao interesse público de que sua invalidação. Nem sempre a anulação é a solução, pois o interesse da coletividade pode ser melhor atendido pela subsistência do ato tido por irregular. Então a recomposição da ordem jurídica violada condiciona-se primordialmente ao interesse público. Já a Lei n. 9.784/1999 tem lastro na importância da segurança jurídica no Direito Público, enquanto estipula, em seu art. 54, o prazo decadencial de 5 anos para a revisão do ato administrativo e permite, em seu art. 55, a manutenção da eficácia mediante convalidação. Esse último artigo diz respeito à atribuição de validade a atos meramente anuláveis, mas pode ter aplicação excepcional a situações extremas, como a que resulta grave lesão a direito subjetivo, não tendo seu titular responsabilidade pelo ato eivado de vício, tal como se dá na seara de atos administrativos nulos e inconstitucionais. Anote-se que daí é excepcionada a hipótese de má-fé do administrado. Dessarte, conclui-se que o ato em questão é induvidosamente ilegal, no entanto sua efetivação em conformidade com a lei estadual vigente à época (em que pese sua inconstitucionalidade), a aposentação com o beneplácito do Tribunal de Contas estadual e o transcurso do referido prazo decadencial consolidaram uma singular situação fática que produziu conseqüências jurídicas inarredáveis, a impor a prevalência do princípio da segurança jurídica sobre outro valor também em ponderação, a legalidade. Assim, assegura-se o direito de a recorrente preservar sua aposentadoria no cargo de professora nível IV. Precedentes citados do STF: MS 26.560-DF, DJ 22/2/2008; do STJ: RMS 18.123-TO, DJ 30/5/2005; RMS 14.316-TO, DJ 2/8/2004, e RMS 13.952-TO, DJ 9/12/2003. **RMS 24.339-TO, Rel. Min. Napoleão Nunes Maia Filho, julgado em 30/10/2008**. (Inform. STJ 374)

CONCURSO PÚBLICO. CANDIDATO. PARENTE. NULIDADE. BANCA EXAMINADORA.
A Turma declarou a nulidade do concurso, alcançando todos os candidatos, aprovados ou não, para realizar novo certame, isento de parcialidade, por haver parentesco de um candidato com um dos membros da banca examinadora (art. 37 da CF/1988 c/c art. 24, do Decreto Distrital n. 21.688/2000 e a Súmula n. 473-STF). Precedente citado: MS 11.123-DF, DJ 5/2/2007. **RMS 24.940-PE, Rel. Napoleão Nunes Maia Filho, julgado em 25/9/2008**. (Inform. STJ 369)

CONTRATAÇÃO SEM CONCURSO. DANO. ERÁRIO.
A Turma, ao prosseguir o julgamento, por maioria, entendeu que a contratação pela prefeitura de pessoal sem concurso público não conduz às punições previstas na Lei n. 8.429/1992 (Lei de Improbidade), desde que não configurado o enriquecimento ilícito do administrador público nem o prejuízo ao erário municipal, mas inabilidade dele. Assim, negou provimento ao recurso especial do MP estadual. Precedentes citados: REsp 213.994-MG, DJ 27/9/1999, e REsp 261.691-MG, DJ 5/8/2002. **REsp 917.437-MG, Rel. originário Min. Francisco Falcão, Rel. para acórdão Min. Luiz Fux, julgado em 16/9/2008.** (Inform. STJ 368)

CONCURSO PÚBLICO. NOMEAÇÃO. CONTRATAÇÃO PRECÁRIA.
A Seção concedeu a ordem para determinar a nomeação e posse da impetrante no cargo de fiscal agropecuário federal (especialidade médico veterinário) por considerar que, na espécie, ela obteve êxito em concurso público para o referido cargo na décima-terceira colocação, na classificação referente a determinado Estado-membro. Embora previstas apenas oito vagas no edital do certame, foram nomeados os candidatos até a décima-segunda colocação. Ficou evidenciada a necessidade da Administração no preenchimento dos cargos, tendo em vista a celebração de convênio com os municípios a fim de que estes disponibilizassem médicos veterinários à União. Eles embora permanecessem administrativamente vinculados aos respectivos municípios, seriam treinados para executar as tarefas típicas dos fiscais federais agropecuários, suprindo, assim, a carência de pessoal nessa área. A questão está em saber se a existência desses convênios faria surgir o direito dos aprovados em concurso público à nomeação para as vagas existentes. A Min. Relatora, tendo em vista precedentes deste Superior Tribunal, entende que a celebração de tais convênios de cooperação entre a União e os municípios, por meio do qual pessoas que são estranhas aos quadros da Administração Federal passam, sob a supervisão e controle da União, a exercer funções por lei atribuídas aos fiscais agropecuários federais, faz surgir o direito à nomeação daqueles aprovados em concurso público para o aludido cargo, desde que, como no caso, reste comprovada a existência de vaga. Precedentes citados: RMS 24.151-RS, DJ 8/10/2007, e REsp 631.674-DF, DJ 28/5/2007. **MS 13.575-DF, Rel. Min. Jane Silva (Desembargadora convocada do TJ-MG), julgado em 10/9/2008**. (Inform. STJ 367)

CONCURSO PÚBLICO. PRETERIÇÃO NÃO-CONFIGURADA.
Trata-se de recurso em mandado de segurança para desconstituir o acórdão recorrido e obter a conseqüente nomeação das ora recorrentes ao cargo para o qual prestaram concurso público e em que foram aprovadas. Para isso, alegam não ser verdadeira a afirmativa do órgão responsável pelas nomeações de que não existem vagas a serem preenchidas, visto que uma servidora, ainda em estágio probatório, fora removida para a localidade onde seriam lotadas. A Turma entendeu que, na hipótese, não se configurou a preterição porque a transferência da servidora, que também foi devidamente aprovada em concurso público específico para o cargo para aquela localidade, deu-se por força do art. 58 da Lei Complementar n. 10.098/1994 (regime jurídico único dos servidores públicos civis estaduais), que permite a remoção, a pedido, do servidor, motivado por problemas de saúde e essa, por si só, não caracteriza a necessidade perene de preenchimento de vaga. Ressaltou-se que, não obstante a previsão editalícia de impossibilidade de transferência de servidores empossados durante o estágio probatório, a manutenção de servidor em situação de grave prejuízo violaria o princípio constitucional da dignidade da pessoa humana e, na ponderação dos valores em questão, não se pode dar primazia à interpretação literal de uma norma em detrimento de direitos fundamentais, como o relativo à saúde, prevalecente nesse caso. Assim, negou-se provimento ao recurso. **RMS 24.591-RS, Rel. Min. Napoleão Nunes Maia Filho, julgado em 2/9/2008.** (Inform. STJ 366)

CONCURSO PÚBLICO. CONVOCAÇÃO. SEGUNDA FASE.
Trata-se de recurso em mandado de segurança a fim de desfazer ato que excluiu a ora recorrente da segunda etapa do concurso público para escrivão da polícia civil, sob a alegação de que ela não apresentou os documentos requeridos no prazo estipulado. Afirma a recorrente que a publicação do resultado da primeira etapa do certame deu-se no dia 1º/5/1997 e que, apenas oito anos depois dessa divulgação, mais precisamente em 20/8/2005, foi publicada, apenas no diário oficial estadual, a convocação daqueles candidatos habilitados para a realização da segunda fase do referido concurso. Sustenta, por isso, que o impedimento de que prossiga no concurso viola os princípios do contraditório e da razoabilidade, pois, em que pese o edital não prever uma forma de publicação, não é razoável que os candidatos habilitados permaneçam por mais de oito anos lendo o referido diário à espera da convocação. A Turma entendeu que, se não está prevista, no edital do concurso, que é a lei do certame, a forma como se daria a convocação dos habilitados para a realização de sua segunda etapa, o ato que excluiu a recorrente não se pode dar exclusivamente por intermédio do diário oficial, que não possui o mesmo alcance de outros meios de comunicação, sob pena de violação do princípio da publicidade. Ressaltou-se que, com o desenvolvimento de uma sociedade cada vez mais marcada pela crescente quantidade de informações oferecidas e cobradas habitualmente, seria de todo desarrazoado exigir que um candidato, uma vez aprovado na primeira etapa de um concurso público, adquirisse o hábito de ler o diário oficial estadual diariamente, por mais de oito anos, na esperança de deparar-se com sua convocação. Com esses fundamentos, deu-se provimento ao recurso para assegurar à recorrente o direito de ser convocada para as demais etapas do concurso público em questão. Precedente citado: **RMS 22.508-BA. RMS 24.716-BA, Rel. Min. Napoleão Nunes Maia Filho, julgado em 2/9/2008**. (Inform. STJ 366)

CONCURSO PÚBLICO. PROVA. TÍTULOS.
Candidata aprovada em provas objetiva e discursiva para o concurso público de analista judiciário B – médico cardiologista – não foi convocada para a apresentação dos títulos sob o fundamento de que somente haveria essa apresentação com o fim de desempatar notas. Ressalta a Min. Relatora que o edital previa: 1- todos os convocados para a realização da prova discursiva também seriam chamados para a apresentação dos títulos (item 5.13.2, b, do edital); 2- após o resultado das provas discursivas, todos nela aprovados teriam seus títulos apreciados pela comissão examinadora (art. 30 do regulamento do concurso); 3- a classificação final seria efetivada com o cômputo das notas das provas objetiva, discursiva e de título (art. 32 do regulamento). Nessa última fase, se houver empate de candidato com a mesma nota, prevalece aquele que tiver a maior pontuação na prova de títulos (item 6.5 do edital). Desse modo, conclui que não procede a interpretação dissociada das regras do certame de que, só na situação de empate, deve o candidato ser chamado para apresentação de títulos. Destarte, em tese, essa interpretação pode interferir na classificação final do certame. Com esse entendimento, a Turma proveu o recurso. **RMS 23.687-MA, Rel. Min. Jane Silva (Desembargadora convocada do TJ-MG), julgado em 28/8/2008**. (Inform. STJ 365)

CONCURSO PÚBLICO. CANDIDATOS REMANESCENTES.
Prosseguindo o julgamento, a Turma, por maioria, entendeu cabível a abertura de novo concurso público para ingresso na carreira de delegado da Polícia Civil, mesmo havendo candidatos remanescentes aprovados nas primeiras fases do certame anterior. Pelos termos do edital, os candidatos aprovados além das cinqüenta vagas para o ingresso na carreira seriam eliminados, não tendo direito de participar do curso de formação profissional, por constituir a fase final do concurso. Para o Min. Napoleão Nunes Maia, vencido, em que pese a arbitrariedade do edital e não obstante a jurisprudência assentada, havendo ainda um estoque de aprovados nas fases anteriores, não deveriam ser desprezados os já aprovados no certame anterior para dar oportunidade aos candidatos remanescentes de comprovar êxito na fase conclusiva, i. e., a fase de academia, que é a conclusão do curso de formação profissional. Precedente citado: RMS 23.809-RS, DJ 28/4/2008. **RMS 23.942-RS, Rel. Min. Arnaldo Esteves Lima, julgado em 21/8/2008.** (Inform. STJ 364)

MS. CARTÓRIO. CONCURSO.
Ocupante de titularidade de cartório em caráter precário (substituta designada) impetrou mandado de segurança pleiteando a exclusão daquela serventia de concurso de remoção para ingresso na via de concurso público de provas e títulos. Argumenta que aquele cartório fora incluído na lista das serventias que seriam ocupadas pelo critério de remoção, mas, como o cartório imediatamente superior na lista de preenchimento foi excluído do concurso de ingresso, alterou-se a situação da serventia. Note-se que o art. 16, parágrafo único, da Lei n. 8.935/1994 e o art. 23 da Lei estadual n. 11.183/1998 estabelecem os critérios que alternam o preenchimento de vagas em cartório pelo ingresso por concurso público de provas e títulos ou remoção de notário mediante concurso de títulos, sempre tomando por base a data da vacância da titularidade. No caso dos autos, houve decisão judicial que excluiu uma das serventias do concurso (ainda pendente de recurso no STF). Para o Min. Relator, a existência dessa decisão posterior, excluindo um dos cartórios do certame, não deve alterar a situação das demais serventias da lista publicada no Diário Oficial, sob pena de inviabilizar o seu provimento. Destaca que não há interesse jurídico da impetrante, uma vez que exerce titularidade precária e está em vias de perdê-la ou pelo ingresso por concurso público ou por remoção, ou ainda qualquer que seja a decisão do *mandamus*. Só há o mero interesse econômico de protelar a realização do certame, o que é incompatível com o princípio constitucional que estabelece a prévia aprovação em concurso público como forma de provimento de cargo e emprego público (art. 37, II, CF/1988). Com esse entendimento, a Turma negou provimento ao recurso. **RMS 26.428-RS, Rel. Min. Castro Meira, julgado em 5/8/2008.** (Inform. STJ 362)

SERVIDOR PÚBLICO. NÍVEL MÉDIO. TRANSPOSIÇÃO. NÍVEL SUPERIOR.
O sindicato ora recorrente sustenta que o acórdão recorrido violou o DL n. 2.347/1987, porque seus filiados, servidores de nível médio, mas portadores de curso superior (técnico de orçamento), atendem o disposto nos artigos 2º e 6º desse diploma legal, assim não lhes podia ser negada a transposição para o cargo de analista de orçamento, nível superior. A Turma deu provimento ao REsp ao entendimento de que o servidor público que preenche os requisitos legais, é portador de diploma de nível superior e foi aprovado em processo seletivo tem direito à transposição para o cargo de analista de orçamento, independentemente de ser oriundo de cargo de nível médio, nos termos dos arts. 2º e 6º do DL n. 2.347, de 23/7/1987. O Dec. n. 95.077/1987, como regulamento, ao exigir sejam os candidatos oriundos de cargo de nível superior para serem transpostos ao cargo de analista de orçamento, extrapolou os limites do DL n. 2.347/1987, que não previa a referida exigência e constitui norma de hierarquia superior, que se situava, até a promulgação da CF/1988, no nível de lei ordinária. Vale ressaltar que o DL em comento sobreveio antes da Carta Magna, que, no seu artigo 37, II, determina o preenchimento dos cargos públicos efetivos tão-somente mediante concurso público de provas e de provas e títulos. Precedentes citados: REsp 74.910-MG, DJ 26/8/1996, e REsp 614.544-DF, DJ 8/8/2005. **REsp 1.011.041-DF, Rel. Min. Arnaldo Esteves Lima, julgado em 5/8/2008.** (Inform. STJ 362)

CONCURSO PÚBLICO. ANULAÇÃO. QUESTÕES. PROVA.
Só excepcionalmente, em caso de flagrante ilegalidade e quando dissociada das regras do edital, o Judiciário tem anulado questão objetiva de prova de concurso público. Em regra, cabe à banca examinadora a responsabilidade de apreciar o mérito das questões de prova de concurso. Assim não cabe ao Judiciário, em respeito ao princípio da separação dos poderes, acolher a irresignação da impetrante sobre as incorreções de gabarito. Quanto às questões referentes à EC n. 45/2004, norma editada após a publicação do edital, para a Min. Relatora, o Tribunal *a quo* decidiu com acerto, uma vez que o edital não veda expressamente a exigência de legislação superveniente à sua publicação, logo estaria a matéria contida no tema "Poder Judiciário" porque a citada emenda constitucional foi promulgada com objetivo de alterar a estrutura do Judiciário. **RMS 21.617-ES, Rel. Min. Maria Thereza de Assis Moura, julgado em 27/5/2008.** (Inform. STJ 357)

CONCURSO PÚBLICO. NOMEAÇÃO. ATO VINCULADO.
É dever da Administração Pública nomear os candidatos aprovados para as vagas oferecidas no edital do concurso. Com a veiculação em edital de que a Administração necessita prover determinado número de vagas, a nomeação e posse, que seriam, a princípio, atos discricionários, tornam-se vinculados, gerando, em conseqüência, direito subjetivo para o candidato aprovado dentro do número de vagas previsto no edital. Precedentes citados: RMS 15.420-PR; RMS 15.345-GO, DJ 24/4/2007, e RMS 15.034-RS, DJ 29/3/2004. **RMS 19.478-SP, Rel. Min. Nilson Naves, julgado em 6/5/2008.** (Inform. STJ 354)

CONCURSO PÚBLICO. CURSO. FORMAÇÃO.
O edital referente ao concurso público de delegado de polícia previa expressamente que somente os primeiros 50 classificados na primeira fase passariam à subseqüente, o curso de formação. Assim, pela interpretação sistemática do referido edital, conclui-se que todos os outros estariam automaticamente eliminados do certame, tal como o impetrante, classificado na 80ª posição. Quanto à alegação de que foram convocados para a segunda fase outros candidatos além dos 50 originalmente previstos, não há nos autos documentos que evidenciem as razões por que isso se deu, o que impede que se configure o direito líquido e certo do impetrante. Já a assertiva de que novo concurso foi aberto antes que vencido o prazo do anterior em nada auxilia o impetrante, visto que, tal como delineado nas informações, já foram preenchidas todas as vagas oferecidas no primevo certame (a salvo uma, ainda *sub judice*). Precedentes citados: RMS 13.581-RJ, DJ 13/6/2005, e RMS 15.034-RS, DJ 29/3/2004. **RMS 23.809-RS, Rel. Min. Maria Thereza de Assis Moura, julgado 11/3/2008.** (Inform. STJ 348)

CONCURSO PÚBLICO. PRAZO. VALIDADE. CLASSIFICAÇÃO.
A Turma conheceu do recurso e lhe deu provimento ao fundamento de que o término do prazo de validade do concurso não implica a perda do objeto de ação ajuizada com a finalidade de sanar ilegalidade consistente na quebra da ordem classificatória, sob pena de o candidato lesado ser punido pela demora na prestação jurisdicional. Precedentes citados: RMS 15.203-PE, DJ 17/2/2003, e RMS 14.689-PA, DJ 20/9/2004. **REsp 860.703-DF, Rel. Min. Arnaldo Esteves Lima, julgado em 4/3/2008.** (Inform. STJ 347)

CONCURSO PÚBLICO. PORTADOR. DEFICIÊNCIA. ORDEM. NOMEAÇÃO.
Os impetrantes, portadores de deficiência (termo utilizado pela CF/1988), insurgem-se contra a posição em que figuram na lista geral dos candidatos aprovados e classificados no concurso público em questão. Havia 272 vagas e foram aprovados seis candidatos portadores de deficiência (reservadas a eles 14 vagas – 5% do total), figurando os impetrantes em 3º (nota 63,35) e 4º (nota 60,60) na lista especial, mas em 607º e 608º na lista geral, que continha 610 nomes. Anote-se, primeiramente, que não impugnavam os critérios adotados no edital, mas apenas a aplicação deles, daí não haver censura quanto ao exame da controvérsia pelo Poder Judiciário, pois não se está a questionar o mérito administrativo. É consabido que o art. 37, VIII, da CF/1988 reserva vagas aos portadores de deficiência para o provimento de cargos ou empregos públicos. O percentual mínimo de 5% (art. 37, § 1º, do Dec. n. 3.298/1999) e o máximo de 20% (art. 5º, § 2º, da Lei n. 8.112/1990) são assegurados, ressaltado que devem os portadores de deficiência concorrer em igualdade de condições com os demais candidatos (art. 37, *caput*, do referido decreto). Porém o que se reserva são vagas e não posições na classificação do certame. A lista geral de aprovados e classificados, além de demonstrar o desempenho conforme a nota obtida, tem por finalidade orientar o preenchimento das vagas existentes enquanto ordena a seqüência do chamamento dos candidatos. Assim, nos casos em que há portadores de deficiência aprovados, a lista geral não pode ser elaborada tão-somente com base na nota final: para que se dê efetividade ao mandamento constitucional, todos os candidatos portadores de deficiência aprovados, ainda que com médias inferiores aos demais (tal como no caso), devem posicionar-se dentro do número total de vagas existentes. Com esse entendimento, ao considerar o número de vagas existentes, as classificações obtidas na lista especial e as notas

finais obtidas, a Seção, por maioria, assegurou aos impetrantes figurar na lista geral em 269º e 270º, respectivamente, e não em 60º e 80º, tal como pleiteado. Os impetrantes defendiam que se elaborasse a lista conforme a proporção de um portador de deficiência aprovado para cada 19 outros candidatos (entendimento acolhido pelos votos vencidos). Precedentes citados: MS 8.411-DF, DJ 21/6/2004, e MS 8.482-DF, DJ 14/9/2005. **MS 11.983-DF, Rel. Min. Arnaldo Esteves Lima, julgado em 12/12/2007.** (Inform. STJ 342)

REMOÇÃO. SERVENTIAS NOTARIAIS.

Em ação de mandado de segurança coletivo, o Sindicato dos Notários e Registradores estadual insurgiu-se contra ato do presidente do TJ, que promoveu edital de concurso público de provas e títulos para preenchimento de serventias notariais pelo critério de ingresso e remoção de serventuários que já exerciam suas atividades. Isso posto, o Min. Relator, preliminarmente, considerou o Sindicato parte legítima para atuar no *mandamus*. Ademais, esclareceu que o preenchimento das vagas de serventias notariais pelo critério de remoção segue o disposto no art. 16 da Lei n. 10.506/2002, a qual alterou a Lei n. 8.935/1994, e exige que "as vagas sejam preenchidas alternativamente, duas terças partes por concurso público de provas e títulos e uma terça parte por meio de remoção...". Assim, a exigência do edital de provas e títulos para o preenchimento de serventias por remoção extrapola a exigência legal. Aos notários que já realizaram concurso público para o ingresso na carreira, para remoção, basta a prova de títulos. Diante do exposto, a Turma deu provimento ao recurso ordinário para que o referido edital seja adaptado à citada lei, que exige, para a remoção que deve preencher uma terça parte das vagas, apenas o concurso de títulos. **RMS 25.487-SP, Rel. Min. José Delgado, julgado em 11/12/2007.** (Inform. STJ 342)

CONCURSO PÚBLICO. NOMEAÇÃO. RÉU. AÇÃO PENAL EM CURSO.

Fere a Constituição Federal a recusa de nomear, por inidoneidade moral, o aprovado no concurso público que figura no pólo passivo de ação penal em curso. O princípio da presunção de inocência ou da não-culpabilidade (art. 5º, LVII, da CF/1988) não se restringe ao âmbito exclusivamente penal e deve também ser observado na esfera administrativa. Precedentes citados do STF: HC 89.501-GO, DJ 16/3/2007; RE 194.872-RS, DJ 2/2/2001, e AgRg no RE 487.398-MS, DJ 30/6/2006. **RMS 11.396-PR, Rel. Min. Maria Thereza de Assis Moura, julgado em 12/11/2007.** (Inform. STJ 339)

MS. CONCURSO PÚBLICO. OFICIAIS TEMPORÁRIOS. IDADE. LIMITE.

Trata-se de mandado de segurança preventivo com objetivo de a impetrante garantir sua participação na formatura de estágio de adaptação, após ser aprovada em concurso público para o quadro de oficiais temporários da Aeronáutica, pois, apesar de na data da inscrição do certame contar com a idade máxima de 42 anos prevista no edital, agora completou 43 anos. Para a Min. Relatora, é legítima a limitação de idade para o ingresso nos quadros de oficiais temporários da Aeronáutica, por força do art. 42, § 3º, X, da CF/1988, entretanto, no caso dos autos, a exigência do edital restou cumprida porque, no período de inscrição, a impetrante possuía a idade máxima como exigido. Com esse entendimento, a Seção concedeu a ordem. **MS 12.773-DF, Rel. Min. Laurita Vaz, julgado em 24/10/2007.** (Inform. STJ 337)

MS. CONCURSO PÚBLICO. MATÉRIA SUPERVENIENTE. EDITAL.

A recorrente insurge-se contra questões da prova objetiva de concurso público para provimento do cargo de Escrevente Juramentado, que teriam contrariado o conteúdo programático e, assim, o princípio da legalidade, ao exigir dos candidatos conhecimentos sobre a EC n. 45/2004, que teria sido promulgada posteriormente à publicação do edital que regia o certame. O Min. Relator lembrou que a jurisprudência orienta-se, há longa data, no sentido de que compete ao Poder Judiciário a análise das questões pertinentes à legalidade do edital e ao cumprimento das suas normas pela banca examinadora. Em regra, não cabe o exame do conteúdo das questões formuladas em concurso público. No caso, ao exigir da candidata conhecimento a respeito da referida EC, a banca examinadora não se desvinculou do conteúdo programático e, por conseguinte, não violou o princípio da legalidade, conferindo, ainda, prazo razoável, superior a três meses, para que a candidata se preparasse adequadamente para as provas. Diante disso, a Turma negou provimento ao recurso em mandado de segurança. Precedentes citados do STF: RE 268.244-CE, DJ 30/6/2000; do STJ: RMS 17.902-MG, DJ 29/11/2004. **RMS 21.743-ES, Rel. Min. Arnaldo Esteves Lima, julgado em 9/10/2007.** (Inform. STJ 335)

CONCURSO. SERVIÇO NOTARIAL. TITULAÇÃO. AVALIAÇÃO. CRITÉRIOS.

A Turma, por maioria, entendeu que descabe o reexame pelo Poder Judiciário de critérios de avaliação de titulação em concurso de provas e títulos para o ingresso de remoção em serviços notariais e registrais, fixados em edital de concurso público, por importar em indevida substituição à banca examinadora e em quebra de isonomia pela presunção de imparcialidade. Precedentes citados: RMS 18.877-RS, DJ 23/10/2006; RMS 18.560-RS, DJ 30/4/2007, e RMS 23.118-ES, DJ 26/3/2007. **RMS 24.973-RS, Rel. originário Min. Francisco Falcão, Rel. para acórdão Min. Luiz Fux, julgado em 4/10/2007.** (Inform. STJ 334)

MS. CONCURSO. NULIDADE. QUESTÃO.

Cuida-se de mandado de segurança impetrado por candidata ao concurso para ingresso na magistratura estadual no qual ela sustenta que, no certame, nenhuma das respostas da questão n. 51 seria a verdadeira. A questão proposta como sendo de *aberratio* com erro na execução era, na verdade, uma *aberratio* que decorreu de acidente na execução. Aduz a existência de erro e de ilegalidade. O Min. Relator, a despeito da orientação deste Superior Tribunal segundo a qual não cabe ao Poder Judiciário, de fato, discutir critérios de banca examinadora e, lembrando que o próprio Relator originário, em seu voto, referiu-se a "dissídio eloqüente" e a "causar perplexidade", asseverou que, no caso, há erro a justificar a intervenção judicial. Trata-se de situação apta a provocar prejuízo à impetrante, daí justificar-se o mandado de segurança. Assim, o Min. Relator considerou exatas as alegações da impetrante e, confirmando a liminar de origem, proclamou a nulidade da questão n. 51. O Min. Hamilton Carvalhido acompanhou o Min. Relator dada a excepcionalidade da espécie. Isso posto, a Turma, ao prosseguir o julgamento, por maioria, deu provimento ao recurso. Precedentes citados: MS 276-DF, DJ 11/6/1990, e REsp 338.055-DF, DJ 25/2/2002. **RMS 19.062-RS, Rel. Min. Nilson Naves, julgado em 21/8/2007.** (Inform. STJ 328)

CONCURSO PÚBLICO. SERVIÇOS NOTARIAIS. ANÁLISE. TÍTULOS.

Cuida-se de mandado de segurança impetrado por candidato aprovado e classificado em concurso para provimento do Primeiro Ofício de Registros de Títulos e Documentos do Estado, contra ato dos presidentes do Conselho da Magistratura e da comissão examinadora, objetivando a pontuação de títulos relacionados com três aprovações em anteriores concursos públicos para provimento de cargos de serventias do foro extrajudicial (Serviços Notariais e de Registros Públicos). Na hipótese *sub examine* a definição acerca dos títulos considerados pela comissão foi realizada posteriormente à publicação do edital (24/12/1999), que previa inicialmente um ponto para cada aprovação em concurso público para carreira jurídica. O impetrante, conforme as certidões trazidas aos autos, logrou aprovação nos concursos para atividades notariais e de registro, privativas do bacharel em Direito, conforme exigência contida na Lei n. 8.935/1994. Lembrou o Min. Relator que a Quinta Turma deste Superior Tribunal, em julgamento de hipótese análoga sobre a legalidade das decisões proferidas pela comissão examinadora do concurso de ingresso nos Serviços Notariais e de Registros Públicos do Estado de Minas Gerais (Edital 1/99), publicadas em 6/2/2002, passando a considerar válidos somente os títulos obtidos até 15/2/2000, data de encerramento das inscrições provisórias no referido certame, e em 19/4/2002 restringiu, para efeitos de pontuação na aferição de títulos, o conceito de "carreiras jurídicas" adotando apenas as de magistrado, Ministério Público, defensor público, advogado/procurador aprovado em concurso público e delegado de Polícia. Decidiu a Quinta Turma que essas mencionadas exigências afrontam os princípios administrativos da moralidade e impessoalidade, máxime porque editadas após a divulgação do resultado das provas escritas e da apresentação dos títulos pelos candidatos. Isso posto, para o Min. Relator, *in casu*, mercê de omisso o edital, a especificação das carreiras jurídicas adveio somente após a divulgação da primeira fase do certame, sendo certo que o impetrante, anteriormente já havia sido aprovado em carreira para a qual por lei e pela práxis são exigíveis conhecimentos jurídicos. A natureza do concurso torna inequívoco que os certames dos quais o impetrante participou têm relevância para a pontuação. Assim, a Turma deu provimento ao recurso para que seja atribuída ao recorrente a pontuação referente à sua aprovação nos concursos públicos indicados na petição inicial. Precedente citado: RMS 16.929/MG, DJ 24/04/2006. **RMS 22.209-MG, Rel. Min. Luiz Fux, julgado em 14/8/2007.** (Inform. STJ 327)

CONCURSO PÚBLICO. NOMEAÇÃO. DECISÃO JUDICIAL. INDENIZAÇÃO. PERDAS E DANOS.

Na espécie, o Tribunal *a quo* julgou parcialmente procedente ação na qual concursado busca indenização por danos materiais por só ter sido nomeado para o cargo de escrivão da Polícia Federal após ação judicial que considerou ilegal a sua reprovação no exame psicotécnico. O Min. Relator reafirmou o entendimento da Quinta Turma de que o ato administrativo que impede a nomeação de candidato aprovado em concurso público, ainda que considerado ilegal e revogado por decisão judicial posterior, não gera direito à indenização por perdas e danos ou ao recebimento de vencimentos retroativos. Com esse entendimento, a Turma julgou improcedente o pedido. Precedente citado: REsp 536.596-RS, DJ 29/3/2004. **REsp 654.275-AL, Rel. Min. Arnaldo Esteves Lima, julgado em 26/6/2007.** (Inform. STJ 325)

CONCURSO PÚBLICO. NOTÁRIO. DIPLOMA. APRESENTAÇÃO.

Nas inscrições provisórias ao concurso de oficial de cartório de registro de imóveis, a candidata já portava seu diploma de bacharela em Direito, porém ainda sem o devido registro. Quando da inscrição definitiva, exigida a apresentação do diploma, desse já constava tal registro. O MS impetrado pelo candidato ao final preterido veio sob a alegação de que a candidata aprovada em primeiro lugar não havia cumprido as exigências postas no edital, apesar de a comissão do concurso expressamente ter facultado a apresentação do diploma naqueles moldes. Diante disso, a Turma, ao prosseguir o julgamento, entendeu correto o ato da autoridade coatora, pois se amolda aos ditames do art. 14 da Lei n. 8.935/1994, que possibilita a apresentação do diploma registrado até o ato de delegação, pelo que descabida a exigência de apresentá-lo no ato da inscrição. Anotou-se que esse entendimento coaduna-se ao enunciado da Súm. n. 266-STJ. Todavia o Min. João Otávio de Noronha acompanhou a Turma quanto ao resultado, porém ao fundamento de que, quando exigida a apresentação do documento ao tempo da inscrição definitiva, conforme os ditames do próprio edital, esse já estava registrado. Anotou que o referido artigo da Lei n. 8.935/1994 não cuida de concurso público, mas sim do ato de delegação do exercício da atividade notarial e nem sequer a Súm. n. 266-STJ aplicar-se-ia ao caso. Precedentes citados do STF: ADI 2.069-DF, DJ 9/5/2003; do STJ: RMS 17.076-MG, DJ 21/3/2005. **RMS 17.077-MG, Rel. Min. Humberto Martins, julgado em 22/5/2007.** (Inform. STJ 321)

CONCURSO. AÇÃO CIVIL PÚBLICA. RECÁLCULO. NOTAS. EFICÁCIA *ERGA OMNES*. PERDA. CARGO.

Trata-se de RMS em que os recorrentes, após serem aprovados em concurso público, foram nomeados, mas, posteriormente, o governador tornou sem efeito as nomeações em obediência à decisão proferida nos autos de ação civil pública que considerou inconstitucional o critério adotado quanto à contagem de pontos na prova de títulos do concurso. Note-se que, quando o ato tornou sem efeito as nomeações, os recorrentes já haviam adquirido a estabilidade no serviço público, após 2 anos de efetivo exercício. Destacou a Min. Relatora que, considerada a eficácia *erga omnes* da decisão proferida nos autos da ação civil pública, não prospera a alegada ofensa à coisa julgada. Outrossim, diante da determinação por sentença judicial da recontagem dos pontos dos aprovados no concurso, só cumpria ao governador executá-la, independentemente da instauração de processo administrativo tornar sem efeito a nomeação dos impetrantes. Até porque, como eles não são acusados da prática de fato ou cometimento de infração contra a qual poderiam insurgir-se, não pode prosperar a tese da necessidade da instauração do processo administrativo. Com esse entendimento, a Turma negou provimento ao recurso. Precedente citado: REsp 651.805-RS, DJ 14/11/2005. **RMS 10.839-RS, Rel. Min. Maria Thereza de Assis Moura, julgado em 8/5/2007.** (Inform. STJ 319)

CONCURSO PÚBLICO. SERVIÇOS NOTARIAIS E DE REGISTRO. AUXILIAR DE CARTÓRIO.

Cuida-se de mandado de segurança impetrado contra o indeferimento de inscrição em concurso público para admissão como titular de serviços notariais e de registro sob o argumento de que o impetrante, na condição de auxiliar de cartório por mais de dez anos, estaria apto a participar do certame nos termos do art. 15, § 2º, da Lei n. 8.935/1994, não se aplicando as disposições do edital e da Lei estadual n. 12.919/1998 (art. 8º, § 2º), que, de forma explícita, só permitiam a inscrição daqueles com mais de dez anos de serviço como titular, substituto ou escrevente juramentado, excluídos os auxiliares de cartório. A Min. Relatora, após análise detida de decisões do STF e da legislação pertinente, concluiu que somente os escreventes (substitutos ou juramentados) é que podem exercer, dentro dos limites legais, atividades inerentes ao serviço notarial ou de registro e, portanto, tendo exercido a função por mais de dez anos, embora não sendo bacharéis em Direito, estão aptos a participar de concurso para provimento de vagas nos serviços notarias e de registros públicos, de acordo com a exceção prevista na Lei n. 8.935/1994. Assim sendo, independentemente da lei estadual, a qual apenas explicitou o que já estava previsto na lei federal, a conclusão a que se chega é que não poderia o recorrente, que não é bacharel em Direito, ser incluído naquela exceção para concorrer a uma vaga de titular, pelo fato de ser mero auxiliar sem função de substituição de notário ou de oficial de registro. Com essas considerações, a Turma negou provimento ao recurso. **RMS 18.498-MG, Rel. Min. Eliana Calmon, julgado em 6/3/2007.** (Inform. STJ 312)

CONCURSO PÚBLICO. LEGALIDADE. VINCULAÇÃO. EDITAL. PODER JUDICIÁRIO. LIMITES.

A Turma reiterou seu entendimento de que o exame pelo Judiciário dos atos discricionários de banca examinadora de concursos públicos limita-se aos princípios da legalidade e da vinculação das normas do edital. Tratando-se de pretensão visando à nulidade de questões formuladas na prova preliminar objetiva (eliminatória) aplicada no certame para ingresso no serviço de notários e registradores, tal mérito escapa ao controle judicial, verificada a observação dos requisitos pela banca examinadora, para fins de alteração da aferição de pontos. Precedentes citados do STF: RE 434.708-RS, DJ 9/9/2005; do STJ: RMS 19.043-GO, DJ 27/11/2006; AgRg no RMS 20.515-RS, DJ 21/8/2006, e RMS 19.304-MT, DJ 17/10/2005. **RMS 19.353-RS, Rel. Min. Denise Arruda, julgado em 28/2/2007.** (Inform. STJ 311)

CONCURSO PÚBLICO. PADRÃO DIVERSO. EQUÍVOCO. EDITAL.

A questão cinge-se em saber se poderia o servidor ser nomeado para o cargo para qual prestou concurso público no padrão inicial da classe se o edital previa padrão maior para nomeação. Para a Min. Relatora, apesar de a nomeação ter-se dado em padrão diverso da classe prevista no edital, tal nomeação fez-se em respeito à legislação e aos princípios básicos da Administração Pública. Observou que o edital laborou num equívoco ao prever a nomeação dos candidatos em padrão superior ao inicial. Não seria legal nem moral que um candidato fosse nomeado em padrão avançado da carreira em prejuízo aos servidores que ingressaram antes e ainda não alcançaram o mesmo padrão. Outrossim, é princípio básico da Administração Pública rever seus atos, corrigindo-os quando praticados em desacordo com os ditames legais ou em confronto com a moralidade administrativa. Com esses argumentos, a Seção denegou a ordem de MS. Precedentes citados: REsp 510.178-DF, DJ 17/5/2004, e RMS 10.326-DF, DJ 31/5/1999. **MS 5.929-DF, Rel. Min. Maria Thereza de Assis Moura, julgado em 14/2/2007.** (Inform. STJ 310)

MS. CONCURSO PÚBLICO. EDITAL. PRÁTICA FORENSE.

Na espécie, insurgiram-se os recorrentes porque o edital do concurso público para ingresso na magistratura de carreira estadual exigiu a comprovação de prática de atividade jurídica no momento da inscrição, contrariando o enunciado da Súm. n. 266-STJ, que prevê a comprovação no momento da posse. Destacou o Min. Relator que a EC n. 45/2004 deu nova redação ao art. 93, I, da CF/1988, passando a exigir do bacharel em Direito experiência de, no mínimo, três anos de atividade jurídica para o ingresso na carreira de magistrado. Essa nova redação não possui eficácia limitada, mas plena, pois não depende de lei para que seu comando seja aplicado, uma vez que o dispositivo citado já determina o requisito a ser exigido para o ingresso na magistratura. Outrossim, o STF, ao julgar a ADI 3.460-DF, acabou por reconhecer a aplicabilidade imediata do citado artigo ao não vislumbrar vício na regulamentação de concurso implementada pela Resolução n. 11 do Conselho Superior do MP-DF no qual havia teor semelhante ao do edital do concurso ora julgado. Além de que restou considerada legal pelo STF a comprovação da exigência de três anos de atividade jurídica quando da inscrição definitiva para o concurso referente à citada ADI. Assim, concluiu o Min. Relator não ser aplicável o enunciado da Súm n. 266-STJ a concursos públicos relativos às carreiras da magistratura (art. 93, I, CF/1988) e do Ministério Público, em vista da interpretação do STF, na ADI n. 3.460-DF, ao disposto no art. 129, § 3º, da CF/1988, o qual se identifica com o teor do art. 93, I, CF/1988. Contudo essa conclusão não implica revisão do enunciado da Súm. n. 266-STJ em relação a outras carreiras para as quais se deve analisar a legislação infraconstitucional pertinente. Com essas considerações a Seção negou provimento ao recurso. **RMS 21.426-MT, Rel. Min. Felix Fischer, julgado em 14/2/2007.** (Inform. STJ 310)

SÚMULA STF Nº 686

Só por Lei se pode sujeitar a exame psicotécnico a habilitação de candidato a cargo público.

SÚMULA STF Nº 685

É inconstitucional toda modalidade de provimento que propicie ao servidor investir-se, sem prévia aprovação em concurso público destinado ao seu provimento, em cargo que não integra a carreira na qual anteriormente investido.

SÚMULA STF Nº 684

É inconstitucional o veto não motivado à participação de candidato a concurso público.

SÚMULA STF Nº 683

O limite de idade para a inscrição em concurso público só se legitima em face do art. 7º, XXX, da Constituição, quando possa ser justificado pela natureza das atribuições do cargo a ser preenchido.

SÚMULA STF Nº 15

Dentro do prazo de validade do concurso, o candidato aprovado tem o direito à nomeação, quando o cargo for preenchido sem observância da classificação.

SÚMULA STJ Nº 466

O titular da conta vinculada ao FGTS tem o direito de sacar o saldo respectivo quando declarado nulo seu contrato de trabalho por ausência de prévia aprovação em concurso público.

SÚMULA STJ Nº 377

O portador de visão monocular tem direito de concorrer, em concurso público, às vagas reservadas aos deficientes.

SÚMULA STJ Nº 266

O diploma ou habilitação legal para o exercício do cargo deve ser exigido na posse e não na inscrição para o concurso público.

5.3. Greve

ANISTIA A SERVIDORES PÚBLICOS: INTERRUPÇÃO DE ATIVIDADES PROFISSIONAIS E COMPETÊNCIA LEGISLATIVA - 1

O Tribunal iniciou julgamento de ação direta de inconstitucionalidade proposta pelo Governador do Estado do Paraná contra a Lei estadual 9.293/90, que torna sem efeito, a partir de 1º.1.90, até a data de sua publicação — 20.6.90 —, todos os atos, processos ou iniciativas que tenham gerado qualquer punição aos integrantes do magistério e demais servidores públicos estaduais, em virtude de interrupção das atividades profissionais, decorrente de decisão dos próprios servidores. O Min. Eros Grau, relator, julgou procedente o pedido formulado. Inicialmente, afastou a alegação de que a lei estadual seria aplicável aos servidores regidos pela CLT, uma vez que beneficiaria os integrantes do magistério e demais servidores públicos do Estado, não fazendo qualquer alusão aos empregados públicos, assim definidos como servidores regidos pela legislação trabalhista. De igual modo, deixou de acolher o argumento de que o legislador estadual teria pretendido regulamentar o exercício do direito de greve, haja vista que o ato normativo simplesmente concederia anistia a servidores públicos. No mais, entendeu que, além de a lei em questão dispor sobre a relação entre servidores e o Estado-membro, ou seja, sobre regime jurídico, sua execução implicaria aumento de despesa, o que estaria a violar o disposto nos artigos 61, § 1º, II, c e 63, I, da CF, de observância obrigatória pelos Estados-membros, tendo em conta o princípio da simetria. Em divergência, o Min. Marco Aurélio julgou improcedente o pleito. Rejeitou, primeiro, a alegação da inicial de que teria havido usurpação da competência da União para legislar sobre a matéria, ao fundamento de não se ter diploma a versar, em si, Direito do Trabalho. Também não vislumbrou, no caso, usurpação da iniciativa privativa do Chefe do Poder Executivo. Explicou estar-se diante de um âmbito maior que extravasaria, tendo em conta os aspectos sociais envolvidos no diploma, o campo de atuação exclusiva do Executivo, salientando, no ponto, que teria sido o próprio Executivo que viera a fazer cessar as relações jurídicas ante a paralisação dos prestadores de serviço. Após os votos dos Ministros Dias Toffoli, que também julgava procedente o pedido, mas por reputar inobservado o princípio da razoabilidade, e dos votos dos Ministros Cármen Lúcia, Ricardo Lewandowski e Joaquim Barbosa, que acompanhavam as razões expostas pelo relator, pediu vista dos autos o Min. Carlos Britto. **ADI 341/PR, rel. Min. Eros Grau, 1º.2.2010.** (ADI-341)

ANISTIA A SERVIDORES PÚBLICOS: INTERRUPÇÃO DE ATIVIDADES PROFISSIONAIS E COMPETÊNCIA LEGISLATIVA - 2

Em conclusão, o Tribunal, por maioria, julgou procedente pedido formulado em ação direta proposta pelo Governador do Estado do Paraná para declarar a inconstitucionalidade da Lei estadual 9.293/90, que torna sem efeito, a partir de 1º.1.90, até a data de sua publicação — 20.6.90 —, todos os atos, processos ou iniciativas que tenham gerado qualquer punição aos integrantes do magistério e demais servidores públicos estaduais, em virtude de interrupção das atividades profissionais, decorrente de decisão dos próprios servidores — v. Informativo 573. Afastou-se a alegação de que a lei estadual seria aplicável aos servidores regidos pela CLT, uma vez que beneficiaria os integrantes do magistério e demais servidores públicos do Estado, não fazendo qualquer alusão aos empregados públicos, assim definidos como servidores regidos pela legislação trabalhista. De igual modo, deixou-se de acolher o argumento de que o legislador estadual teria pretendido regulamentar o exercício do direito de greve, haja vista que o ato normativo simplesmente concederia "anistia" a servidores públicos. No mais, entendeu-se que, além de a lei em questão dispor sobre a relação entre servidores e o Estado-membro, ou seja, sobre regime jurídico, sua execução implicaria aumento de despesa, o que estaria a violar o disposto nos artigos 61, § 1º, II, c e 63, I, da CF, de observância obrigatória pelos Estados-membros, tendo em conta o princípio da simetria. Vencidos os Ministros Dias Toffoli, Ayres Britto e Marco Aurélio, que julgavam parcialmente procedente o pleito. Os Ministros Dias Toffoli e Marco Aurélio reajustaram o voto proferido na sessão anterior. **ADI 341/PR, rel. Min. Eros Grau, 14.4.2010.** (ADI-341) (Inform. STF 582)

SERVIDOR PÚBLICO EM ESTÁGIO PROBATÓRIO: GREVE E EXONERAÇÃO - 2

O Tribunal, por maioria, julgou procedente pedido formulado em ação direta proposta pela Confederação Brasileira de Trabalhadores Policiais Civis - COBRAPOL para declarar a inconstitucionalidade do parágrafo único do art. 1º do Decreto 1.807/2004 do Governador do Estado de Alagoas, que determina a exoneração imediata de servidor público em estágio probatório, caso fique comprovada sua participação na paralisação do serviço, a título de greve — v. Informativo 413. Salientou-se, inicialmente, o recente entendimento firmado pela Corte em vários mandados de injunção, mediante o qual se viabilizou o imediato exercício do direito de greve dos servidores públicos, por aplicação analógica da Lei 7.783/89, e concluiu-se não haver base na Constituição Federal para fazer distinção entre servidores públicos estáveis e não estáveis, sob pena de afronta, sobretudo, ao princípio da isonomia. Vencido o Min. Carlos Velloso, relator, que julgava o pleito improcedente. **Precedentes citados: MI 670/ES (DJU de 31.10.2008); MI 708/DF (DJE de 31.10.2008); MI 712/PA (DJE de 31.10.2008). ADI 3235/AL, rel. orig. Min. Carlos Velloso, red. p/ o acórdão Min. Gilmar Mendes, 4.2.2010.** (ADI-3235) (Inform. STF 573)

RCL N. 6.568-SP

RELATOR: MIN. EROS GRAU

EMENTA: RECLAMAÇÃO. SERVIDOR PÚBLICO. POLICIAIS CIVIS. DISSÍDIO COLETIVO DE GREVE. SERVIÇOS OU ATIVIDADES PÚBLICAS ESSENCIAIS. COMPETÊNCIA PARA CONHECER E JULGAR O DISSÍDIO. artigo 114, inciso I, da Constituição do Brasil. DIREITO DE GREVE. artigo 37, inciso VII, da constituição do Brasil. LEI N. 7.783/89. INAPLICABILIDADE AOS SERVIDORES PÚBLICOS. DIREITO NÃO ABSOLUTO. RELATIVIZAÇÃO DO DIREITO DE GREVE EM RAZÃO DA ÍNDOLE DE DETERMINADAS ATIVIDADES PÚBLICAS. amplitude da decisão proferida no julgamento do Mandado de injunção n. 712. art. 142, § 3º, inciso IV, da constituição do Brasil. interpretação da constituição. AFRONTA AO DECIDIDO NA ADI 3.395. INCOMPETÊNCIA DA JUSTIÇA DO TRABALHO PARA DIRIMIR CONFLITOS ENTRE SERVIDORES PÚBLICOS E ENTES DA ADMINISTRAÇÃO ÀS QUAIS ESTÃO VINCULADOS. RECLAMAÇÃO JULGADA PROCEDENTE.

1. O Supremo Tribunal Federal, ao julgar o MI n. 712, afirmou entendimento no sentido de que a Lei n. 7.783/89, que dispõe sobre o exercício do direito de greve dos trabalhadores em geral, é ato normativo de início inaplicável aos servidores públicos civis, mas ao Poder Judiciário dar concreção ao artigo 37, inciso VII, da Constituição do Brasil, suprindo omissões do Poder Legislativo.

2. Servidores públicos que exercem atividades relacionadas à manutenção da ordem pública e à segurança pública, à administração da Justiça — aí os integrados nas chamadas carreiras de Estado, que exercem atividades indelegáveis, inclusive as de exação tributária — e à saúde pública. A conservação do bem comum exige que certas categorias de servidores públicos sejam privadas do exercício do direito de greve. Defesa dessa conservação e efetiva proteção de outros direitos igualmente salvaguardados pela Constituição do Brasil.

3. Doutrina do duplo efeito, segundo Tomás de Aquino, na Suma Teológica (II Seção da II Parte, Questão 64, Artigo 7). Não há dúvida quanto a serem, os servidores públicos, titulares do direito de greve. Porém, tal e qual é lícito matar a outrem em vista do bem comum, não será ilícita a recusa do direito de greve a tais e quais servidores públicos em benefício do bem comum. Não há mesmo dúvida quanto a serem eles titulares do direito de greve. A Constituição é, contudo, uma totalidade. Não um conjunto de enunciados que se possa ler palavra por palavra, em experiência de leitura bem comportada ou esteticamente ordenada. Dela são extraídos, pelo intérprete, sentidos normativos, outras coisas que não somente textos. A força normativa da Constituição é desprendida da totalidade, totalidade normativa, que a Constituição é. Os servidores públicos são, seguramente, titulares do direito de greve. Essa é a regra. Ocorre, contudo, que entre os serviços públicos há alguns que a coesão social impõe sejam prestados plenamente, em sua totalidade. Atividades das quais dependam a manutenção da ordem pública e a segurança pública, a administração da Justiça — onde as carreiras de Estado, cujos membros exercem atividades indelegáveis, inclusive as de exação tributária — e a saúde pública não estão inseridos no elenco dos servidores alcançados por esse direito. Serviços públicos desenvolvidos por grupos armados: as atividades desenvolvidas pela polícia civil são análogas, para esse efeito, às dos militares, em relação aos quais a Constituição expressamente proíbe a greve [art. 142, § 3º, IV]. 4. No julgamento da ADI 3.395, o Supremo Tribunal Federal, dando interpretação conforme ao artigo 114, inciso I, da Constituição do Brasil, na redação a ele conferida pela EC 45/04, afastou a competência da Justiça do Trabalho para dirimir os conflitos decorrentes das relações travadas entre servidores públicos e entes da Administração à qual estão vinculados. Pedido julgado procedente. Noticiado no Informativo 547(Inform. STF 560)

SERVIDOR PÚBLICO EM ESTÁGIO PROBATÓRIO: GREVE E EXONERAÇÃO

A Turma, em votação majoritária, manteve acórdão do Tribunal de Justiça do Estado do Rio Grande do Sul, que concedera a segurança para reintegrar servidor público exonerado, durante estágio probatório, por faltar ao serviço em virtude de sua adesão a movimento grevista. Entendera aquela Corte que a participação em greve — direito constitucionalmente assegurado, muito embora não regulamentado por norma infraconstitucional — não seria suficiente para ensejar a penalidade cominada. O ente federativo, ora recorrente, sustentava que o art. 37, VII, da CF seria norma de eficácia contida e, desse modo, o direito de greve dos servidores públicos dependeria de lei para ser exercido. Além disso, tendo em conta que o servidor não gozaria de estabilidade (CF, art. 41), aduziu que a greve fora declarada ilegal e que ele não comparecera ao serviço por mais de 30 dias. Considerou-se que a inassiduidade em decorrência de greve não poderia implicar a exoneração de servidor em estágio probatório, uma vez que essa ausência não teria como motivação a vontade consciente de não comparecer ao trabalho simplesmente por não comparecer ou por não gostar de trabalhar. Revelaria, isso sim, inassiduidade imprópria, resultante de um movimento de paralisação da categoria em busca de melhores condições de trabalho. Assim, o fato de o recorrido estar em estágio probatório, por si só, não seria fundamento para essa exoneração. Vencidos os Ministros Menezes Direito, relator, e Ricardo Lewandowski que proviam o recurso para assentar a subsistência do ato de exoneração por reputar que servidor em estágio probatório, que aderira à greve antes da regulamentação do direito constitucionalmente reconhecido, não teria direito à anistia de suas faltas indevidas ao serviço. **RE 226966/RS, rel. orig. Min. Menezes Direito, rel. p/ o acórdão Min. Cármen Lúcia, 11.11.2008.** (RE-226966) (Inform. STF 528)

MANDADO DE INJUNÇÃO E DIREITO DE GREVE - 1

O Tribunal iniciou julgamento de mandado de injunção impetrado pelo Sindicato dos Trabalhadores em Educação do Município de João Pessoa - SINTEM em face do Congresso Nacional, com o objetivo de dar efetividade à norma inscrita no art. 37, VII, da CF (*"Art. 37. ... VII - o direito de greve será exercido nos termos e nos limites definidos em lei específica;"*). O Min. Gilmar Mendes, relator, conheceu do mandado de injunção e acolheu a pretensão nele deduzida para que, enquanto não suprida a lacuna legislativa, seja aplicada a Lei 7.783/89, e, ainda, em razão dos imperativos da continuidade dos serviços públicos, de acordo com as peculiaridades de cada caso concreto, e mediante solicitação de órgão competente, seja facultado ao juízo competente impor a observância a regime de greve mais severo, haja vista se tratar de serviços ou atividades essenciais, nos termos dos artigos 9 a 11 da Lei 7.783/89. Inicialmente, teceu considerações a respeito da questão da conformação constitucional do mandado de injunção no Direito Brasileiro e da evolução da interpretação que o Supremo lhe tem conferido. Ressaltou que a Corte, afastando-se da orientação inicialmente perfilhada no sentido de estar limitada à declaração da existência da mora legislativa para a edição de norma regulamentadora específica, passou, sem assumir compromisso com o exercício de uma típica função legislativa, a aceitar a possibilidade de uma regulação provisória pelo próprio Judiciário. Registrou, ademais, o quadro de omissão que se desenhou, não obstante as sucessivas decisões proferidas nos mandados de injunção. MI 708/DF, rel. Min. Gilmar Mendes, 24.5.2007. (MI-708)

MANDADO DE INJUNÇÃO E DIREITO DE GREVE - 2

O Min. Gilmar Mendes entendeu que, diante disso, talvez se devesse refletir sobre a adoção, como alternativa provisória, para esse impasse, de uma moderada sentença de perfil aditivo. Aduziu, no ponto, no que concerne à aceitação das sentenças aditivas ou modificativas, que elas são em geral aceitas quando integram ou completam um regime previamente adotado pelo legislador ou, ainda, quando a solução adotada pelo Tribunal incorpora "solução constitucionalmente obrigatória". Salientou que a disciplina do direito de greve para os trabalhadores em geral, no que tange às denominadas atividades essenciais, é especificamente delineada nos artigos 9 a 11 da Lei 7.783/89 e que, no caso de aplicação dessa legislação à hipótese do direito de greve dos servidores públicos, afigurar-se-ia inegável o conflito existente entre as necessidades mínimas de legislação para o exercício do direito de greve dos servidores públicos, de um lado, com o direito a serviços públicos adequados e prestados de forma contínua, de outro. Assim, tendo em conta que ao legislador não seria dado escolher se concede ou não o direito de greve, podendo tão-somente dispor sobre a adequada configuração da sua disciplina, reconheceu a necessidade de uma solução obrigatória da perspectiva constitucional. MI 708/DF, rel. Min. Gilmar Mendes, 24.5.2007. (MI-708)

MANDADO DE INJUNÇÃO E DIREITO DE GREVE - 3

Por fim, depois de esclarecer a necessidade da complementação na parte dispositiva de seu voto, porquanto não se poderia deixar de cogitar dos riscos decorrentes das possibilidades de que a regulação dos serviços públicos que tenham características afins aos serviços ou atividades essenciais seja menos severa que a disciplina dispensada aos serviços privados ditos essenciais, concluiu que, sob pena de injustificada e inadmissível negativa de prestação jurisdicional nos âmbitos federal, estadual e municipal, seria mister que, na decisão do *writ*, fossem fixados, também, os parâmetros institucionais e constitucionais de definição de competência, provisória e ampliativa, para apreciação de dissídios de greve instaurados entre o Poder Público e os servidores com vínculo estatutário. Dessa forma, no plano procedimental, vislumbrou a possibilidade de aplicação da Lei 7.701/88, que cuida da especialização das turmas dos Tribunais do Trabalho em processos coletivos. Após, o julgamento foi suspenso em virtude do pedido de vista do Min. Ricardo Lewandowski. MI 708/DF, rel. Min. Gilmar Mendes, 24.5.2007. (MI-708) (Inform. STF 468)

MANDADO DE INJUNÇÃO E DIREITO DE GREVE - 4

O Tribunal retomou julgamento de mandado de injunção impetrado pelo Sindicato dos Trabalhadores em Educação do Município de João Pessoa - SINTEM em face do Congresso Nacional, com o objetivo de dar efetividade à norma inscrita no art. 37, VII, da CF (*"Art. 37. ... VII - o direito de greve será exercido nos termos e nos limites definidos em lei específica;"*) — v. Informativo 468. O Min. Ricardo Lewandowski, em voto-vista, acompanhou a conclusão do voto do relator. Salientando, entretanto, que a incidência pura e simples da Lei 7.783/89 à hipótese, ainda que com algumas alterações tópicas, não se mostraria de todo devida, por serem alguns de seus dispositivos inadequados ou insuficientes para regular a greve no serviço público, concedeu o mandado de injunção, desde que atendidas determinadas exigências. Aplicou, ainda, apenas à categoria representada pelo Sindicato requerente, a solução que preconizou para assegurar-lhe o exercício do direito de greve. No ponto, considerou o fato de tratar-se de mandado de injunção e não de ADI por omissão. MI 708/DF, rel. Min. Gilmar Mendes, 19.9.2007. (MI-708)

MANDADO DE INJUNÇÃO E DIREITO DE GREVE - 5

Nesse sentido, o Min. Ricardo Lewandowski determinou que: 1) a suspensão da prestação de serviços deve ser temporária, pacífica, podendo ser total ou parcial; 2) a paralisação dos serviços deve ser precedida de negociação ou de tentativa de negociação; 3) a Administração deve ser notificada da paralisação com antecedência mínima de 48 horas; 4) a entidade representativa dos servidores deve convocar, na forma de seu estatuto, assembléia geral para deliberar sobre as reivindicações da categoria e sobre a paralisação, antes de sua ocorrência; 5) o estatuto da entidade deve prever as formalidades de convocação e o *quorum* para a deliberação, tanto para a deflagração como para a cessação da greve; 6) a entidade dos servidores representará os seus interesses nas negociações, perante a Administração e o Poder Judiciário; 7) são assegurados aos grevistas, dentre outros direitos, o emprego de meios pacíficos tendentes a persuadir ou aliciar os servidores a aderirem à greve e a arrecadação de fundos e livre divulgação do movimento; 8) em nenhuma hipótese, os meios adotados pelos servidores e pela Administração poderão violar ou constranger os direitos e garantias fundamentais de outrem; 9) é vedado à Administração adotar meios para constranger os servidores ao comparecimento ao trabalho ou para frustrar a divulgação do movimento; 10) as manifestações e os atos de persuasão utilizados pelos grevistas não poderão impedir o acesso ao trabalho nem causar ameaça ou dano à propriedade ou pessoa; 11) durante o período de greve é vedada a demissão de servidor, exceto se fundada em fatos não relacionados com a paralisação, e, salvo em se tratando de ocupante de cargo em comissão de livre provimento e exoneração ou, no caso de cargo efetivo, a pedido do próprio interessado; 12) será lícita a demissão ou a exoneração de servidor na ocorrência de abuso do direito de greve, assim consideradas: a) a inobservância das presentes exigências; e b) a manutenção da paralisação após a celebração de acordo ou decisão judicial sobre o litígio; 13) durante a greve, a entidade representativa dos servidores ou a comissão de negociação, mediante acordo com a Administração, deverá manter em atividade equipes de servidores com o propósito de assegurar a prestação de serviços essenciais e indispensáveis ao atendimento das necessidades inadiáveis da coletividade; 14) em não havendo o referido acordo, ou na hipótese de não ser assegurada a continuidade da prestação dos referidos serviços, fica assegurado à Administração, enquanto perdurar a greve, o direito de contratação de pessoal por tempo determinado, prevista no art. 37, IX, da Constituição Federal ou a contratação de serviços de terceiros; 15) na hipótese de greve em serviços ou atividades essenciais, a paralisação deve ser comunicada com antecedência mínima de 72 horas à Administração e aos usuários; 16) a responsabilidade pelos atos praticados durante a greve será apurada, conforme o caso, nas esferas administrativa, civil e penal. MI 708/DF, rel. Min. Gilmar Mendes, 19.9.2007. (MI-708)

MANDADO DE INJUNÇÃO E DIREITO DE GREVE - 6

Quanto à remuneração dos dias parados, o Min. Ricardo Lewandowski inspirou-se na redação proposta ao art. 9º do Projeto de Lei 4.497/2001, para determinar que os dias de greve serão contados como de efetivo exercício para todos os efeitos, inclusive remuneratórios, desde que atendidas as exigências acima formuladas, e desde que, após o encerramento da greve, sejam repostas as horas não trabalhadas, de acordo com cronograma estabelecido pela Administração, com a participação da entidade representativa dos servidores. No que concerne especificamente à questão da fixação de parâmetros de definição de competência para a apreciação de dissídios de greve instaurados entre o Poder Público e seus servidores, adotou a regra fixada pelo relator de competência da Justiça Estadual comum para dirimir os conflitos. O Min. Gilmar Mendes, relator, aditou seu voto para determinar que o Congresso Nacional, no prazo de 60 dias, supra a omissão legislativa. Após os votos dos Ministros Menezes Direito, Cármen Lúcia, Celso de Mello e Carlos Britto, acompanhando o voto do relator, pediu vista dos autos o Min. Joaquim Barbosa. MI 708/DF, rel. Min. Gilmar Mendes, 19.9.2007. (MI-708) (Inform. STF 480)

MANDADO DE INJUNÇÃO E DIREITO DE GREVE - 7

O Tribunal concluiu julgamento de três mandados de injunção impetrados, respectivamente, pelo Sindicato dos Servidores Policiais Civis do Espírito Santo - SINDIPOL, pelo Sindicato dos Trabalhadores em Educação do Município de João Pessoa - SINTEM, e pelo Sindicato dos Trabalhadores do Poder Judiciário do Estado do Pará - SINJEP, em que se pretendia fosse garantido aos seus associados o exercício do direito de greve previsto no art. 37, VII, da CF ("*Art. 37. ... VII - o direito de greve será exercido nos termos e nos limites definidos em lei específica;*") — v. Informativos 308, 430, 462, 468, 480 e 484. O Tribunal, por maioria, conheceu dos mandados de injunção e propôs a solução para a omissão legislativa com a aplicação, no que couber, da Lei 7.783/89, que dispõe sobre o exercício do direito de greve na iniciativa privada. MI 670/ES, rel. orig. Min. Maurício Corrêa, rel. p/ o acórdão Min. Gilmar Mendes, 25.10.2007. (MI-670) MI 708/DF, rel. Min. Gilmar Mendes, 25.10.2007. (MI-708) MI 712/PA, rel. Min. Eros Grau, 25.10.2007. (MI-712) (Inform. STF 485)

MANDADO DE INJUNÇÃO E DIREITO DE GREVE - 8

No MI 670/ES e no MI 708/DF prevaleceu o voto do Min. Gilmar Mendes. Nele, inicialmente, teceram-se considerações a respeito da questão da conformação constitucional do mandado de injunção no Direito Brasileiro e da evolução da interpretação que o Supremo lhe tem conferido. Ressaltou-se que a Corte, afastando-se da orientação inicialmente perfilhada no sentido de estar limitada à declaração da existência da mora legislativa para a edição de norma regulamentadora específica, passou, sem assumir compromisso com o exercício de uma típica função legislativa, a aceitar a possibilidade de uma regulação provisória pelo próprio Judiciário. Registrou-se, ademais, o quadro de omissão que se desenhou, não obstante as sucessivas decisões proferidas nos mandados de injunção. Entendeu-se que, diante disso, talvez se devesse refletir sobre a adoção, como alternativa provisória, para esse impasse, de uma moderada sentença de perfil aditivo. Aduziu-se, no ponto, no que concerne à aceitação das sentenças aditivas ou modificativas, que elas são em geral aceitas quando integram ou completam um regime previamente adotado pelo legislador ou, ainda, quando a solução adotada pelo Tribunal incorpora "solução constitucionalmente obrigatória". Salientou-se que a disciplina do direito de greve para os trabalhadores em geral, no que tange às denominadas atividades essenciais, é especificamente delineada nos artigos 9 a 11 da Lei 7.783/89 e que, no caso de aplicação dessa legislação à hipótese do direito de greve dos servidores públicos, afigurar-se-ia inegável o conflito existente entre as necessidades mínimas de legislação para o exercício do direito de greve dos servidores públicos, de um lado, com o direito a serviços públicos adequados e prestados de forma contínua, de outro. Assim, tendo em conta que ao legislador não seria dado escolher se concede ou não o direito de greve, podendo tão-somente dispor sobre a adequada configuração da sua disciplina, reconheceu-se a necessidade de uma solução obrigatória da perspectiva constitucional. MI 670/ES, rel. orig. Min. Maurício Corrêa, rel. p/ o acórdão Min. Gilmar Mendes, 25.10.2007. (MI-670) MI 708/DF, rel. Min. Gilmar Mendes, 25.10.2007. (MI-708) MI 712/PA, rel. Min. Eros Grau, 25.10.2007. (MI-712)

MANDADO DE INJUNÇÃO E DIREITO DE GREVE - 9

Por fim, concluiu-se que, sob pena de injustificada e inadmissível negativa de prestação jurisdicional nos âmbitos federal, estadual e municipal, seria mister que, na decisão do *writ*, fossem fixados, também, os parâmetros institucionais e constitucionais de definição de competência, provisória e ampliativa, para apreciação de dissídios de greve instaurados entre o Poder Público e os servidores com vínculo estatutário. Dessa forma, no plano procedimental, vislumbrou-se a possibilidade de aplicação da Lei 7.701/88, que cuida da especialização das turmas dos Tribunais do Trabalho em processos coletivos. No MI 712/PA, prevaleceu o voto do Min. Eros Grau, relator, nessa mesma linha. Ficaram vencidos, em parte, nos três mandados de injunção, os Ministros Ricardo Lewandowski, Joaquim Barbosa e Marco Aurélio, que limitavam a decisão à categoria representada pelos respectivos sindicatos e estabeleciam condições específicas para o exercício das paralisações. Também ficou vencido, parcialmente, no MI 670/ES, o Min. Maurício Corrêa, relator, que conhecia do *writ* apenas para certificar a mora do Congresso Nacional. MI 670/ES, rel. orig. Min. Maurício Corrêa, rel. p/ o acórdão Min. Gilmar Mendes, 25.10.2007. (MI-670) MI 708/DF, rel. Min. Gilmar Mendes, 25.10.2007. (MI-708) MI 712/PA, rel. Min. Eros Grau, 25.10.2007. (MI-712) (Inform. STF 485)

MANDADO DE INJUNÇÃO E DIREITO DE GREVE - 3

O Tribunal retomou julgamento de dois mandados de injunção impetrados, respectivamente, pelo Sindicato dos Trabalhadores do Poder Judiciário do Estado do Pará - SINJEP e pelo Sindicato dos Servidores Policiais Civis do Espírito Santo - SINDIPOL, em que se pretende seja garantido aos seus associados o exercício do direito de greve previsto no art. 37, VII, da CF ("*Art. 37. ... VII - o direito de greve será exercido nos termos e nos limites definidos em lei específica;*") — v. Informativos 308 e 430. Em voto-vista, o Min. Ricardo Lewandowski conheceu dos mandados de injunção, concedendo-os, em parte, para garantir o exercício do direito de greve aos servidores do Poder Judiciário do Estado do Pará e aos Policiais Civis do Estado do Espírito Santo, assegurada por esses a prestação de serviços inadiáveis, devendo o Tribunal de Justiça e o Governo do Estado, respectivos, abster-se de adotar medidas que inviabilizem ou limitem esse direito, tais como suspensão e desconto dos dias parados ou a imposição de multa pecuniária diária. Entendeu inviável o emprego da Lei 7.783/89 para autorizar-se o exercício do direito de greve por parte dos aludidos servidores, por não vislumbrar, no caso, semelhança relevante entre a greve na esfera pública e a no âmbito privado, que autorize o emprego de analogia. Não obstante salientar a necessidade de o STF conferir maior efetividade ao mandado de injunção, dando-lhe concreção, reputou que a solução ideal, para a espécie, deveria passar pela autolimitação do Poder Judiciário no que concerne às esferas de atuação dos demais poderes. Asseverou, ainda, a impossibilidade de o Judiciário, a pretexto de tornar exeqüível o exercício de direito fundamental, expedir, no âmbito do mandado de injunção, regulamentos para disciplinar, em tese, tal ou qual situação, ou adotar diploma normativo vigente aplicável a situação diversa. Após, pediu vista o Min. Joaquim Barbosa. MI 712/PA, rel. Min. Eros Grau, 12.4.2007. (MI-712) MI 670/ES, rel. Min. Maurício Corrêa, 12.4.2007. (MI-670)

MANDADO DE INJUNÇÃO E DIREITO DE GREVE - 4

Em antecipação de voto, os Ministros Celso de Mello, Sepúlveda Pertence, Carlos Britto, Cármen Lúcia e Cezar Peluso conheceram e julgaram procedentes os mandados de injunção para determinar a aplicação da Lei 7.783/89, com as alterações necessárias ao atendimento das peculiaridades da greve nos serviços públicos. Em seguida, o Min. Eros Grau suscitou questão de ordem no MI 712/PA, de sua relatoria, no sentido da concessão de medida cautelar, tendo em conta a situação fática, mora tanto do Poder Legislativo quanto do próprio Judiciário, e a existência de pedido nos autos. Por ausência dos pressupostos legais para tanto, o Tribunal, em votação majoritária, rejeitou a proposta formulada. Vencidos, no ponto, os Ministros Eros Grau, Cezar Peluso, Celso de Mello e Gilmar Mendes que acolhiam a questão de ordem suscitada, a fim de abreviar o quadro de omissão, assegurando o exercício do direito pleiteado. O Min. Marco Aurélio consignou em seu voto não entender cabível medida acauteladora em mandado de injunção. MI 712/PA, rel. Min. Eros Grau, 12.4.2007. (MI-712) MI 670/ES, rel. Min. Maurício Corrêa, 12.4.2007. (MI-670) (Inform. STF 462)

GREVE. DESCONTO. DIAS PARADOS.

Trata-se de mandado de segurança coletivo impetrado pela confederação representante dos servidores públicos federais contra ato de ministro de Estado (portaria) que determinou a diretor de autarquia vinculada ao ministério a observância do Dec. n. 1.480/1995 no tocante ao corte do ponto de servidores em greve. Alega-se, em suma, não haver base legal para tal desconto e ser inconstitucional o referido decreto. Nesse contexto, vê-se que a confederação, conforme precedentes do STF, tem legitimidade ativa para, independentemente de autorização específica dos substituídos, impetrar o *mandamus*, visto ser entidade de representação sindical de grau superior autorizada a defender, judicial e extrajudicialmente, os interesses de todos os servidores celetistas e estatutários vinculados à Administração Pública federal, direta ou indireta. Quanto à legitimidade passiva, conforme a jurisprudência, deve apenas permanecer no polo passivo o diretor da autarquia responsável por dar cumprimento à portaria ministerial, aquele que executa o ato que se busca afastar, e não o responsável pela norma (o ministro de Estado). Já a inconstitucionalidade do referido decreto não pode ser analisada no *writ* em razão do disposto na Súm. n. 266-STF, pois não é aceito pela jurisprudência tentar valer-se do mandado de segurança como sucedâneo de ação direta de inconstitucionalidade. No mérito, vale relembrar que o STF, ao julgar o MI 708-DF, sanou a mora legislativa a respeito da regulamentação do direito de greve pelos servidores públicos ao determinar que, enquanto não editada lei complementar a esse respeito (art. 37, VII, da CF/1988), esse direito deve ser regido pelo disposto na Lei n. 7.783/1989 (Lei Geral de Greve). Contudo, o próprio STF, em precedentes, tem entendido que a paralisação dos servidores públicos motivada pela greve implica consequente desconto da remuneração relativa aos dias de falta ao trabalho, procedimento que pode ser levado a cabo pela própria Administração. Com esse entendimento, ao prosseguir o julgamento, a Seção, por maioria, denegou a segurança. Os votos vencidos, capitaneados pelo voto vista do Min. Hamilton Carvalhido, apenas dissentiam parcialmente desse entendimento ao assegurar o direito à regular compensação dos dias de paralisação, sob pena de reposição ao erário. **Precedentes citados do STF: MI 708-DF, DJe 31/10/2008; AI 799.041-MG, DJe 31/5/2010; RE 456.530-SC, DJe 31/5/2010; RE 399.322-SC, DJe 4/5/2010; RE 539.042-DF, DJe 18/2/2010; Rcl 6.200-RN, DJe 2/2/2009; do STJ: MS 9.936-DF, DJ 11/4/2005; RMS 31.472-RJ, DJe 1º/7/2010, e RMS 26.517-SP, DJe 23/6/2008. MS 15.272-DF, Rel. Min. Eliana Calmon, julgado em 29/9/2010** (ver Informativo n. 448). (Inform. STJ 449)

GREVE. LEGITIMIDADE. ASSOCIAÇÃO. QUORUM. COMUNICAÇÃO.

O mandado de segurança foi impetrado por uma associação nacional representativa de certos servidores públicos federais com nítido caráter preventivo de declarar legal a greve deflagrada por eles, impedir a aplicação do Dec. n. 1.480/1995 e de qualquer outra medida punitiva. Nesse contexto, é consabido ser o STJ competente para julgar as questões relativas ao direito de greve de servidor público quando a paralisação for de âmbito nacional ou abranger mais de um estado da Federação, isso em razão de julgados do STF nesse sentido. Nesses mesmos julgamentos, o STF firmou ser a disciplina da Lei n. 7.783/1989 viável para regrar, por analogia, o aludido direito enquanto não é editada norma específica para esse fim. Outrossim, mostra-se razoável admitir o uso do *mandamus* na hipótese; pois, como apregoado pela doutrina, esse instrumento pode ser utilizado nos casos em que há justo receio de vir o autor a sofrer ameaça a seu direito líquido e certo, caracterizando tal receio as sanções administrativas e econômicas que possam surgir da greve (desconto dos dias parados, seus efeitos no estágio probatório, no cômputo do tempo de serviço etc.). Na hipótese, aplica-se a tese de que a associação com representatividade nacional é parte legítima para impetrar mandado de segurança preventivo com o fim de declarar legal a greve e obstar medidas punitivas do empregador, se não existir outra entidade de classe de âmbito nacional que represente especificamente a categoria. No caso, a associação impetrante é a única entidade constituída naquele âmbito a representar os servidores públicos em questão e ainda pesa o fato de a autarquia impetrada sempre ter negociado com ela os direitos relacionados a esses servidores. Contudo, não foi comprovada, de plano, a necessária regularidade formal na deflagração da greve. Não se provou haver o cumprimento das formalidades previstas no art. 4º, § 1º, da referida Lei de Greve, visto que a associação limitou-se a aduzir que não há previsão em seus estatutos quanto ao *quorum* e formalidades de convocação dos representados para a deliberação sobre a deflagração ou cessação da greve. Tampouco se comprovou o cumprimento do art. 13 daquela mesma legislação, a respeito da comunicação da deliberação aos "empregadores" (no caso, a Administração) e usuários antes da paralisação. A falta da comprovação dessa regularidade na deflagração da greve demonstra faltar a prova pré-constituída de que a greve é legal, segundo os ditames da Lei n. 7.783/1989, além de revelar inexistir direito líquido e certo a amparar a concessão da segurança. Por último, anote-se que a associação alega ser o rompimento de um acordo o fato desencadeador da greve, sem, contudo, trazer qualquer prova de que houve a realização desse pacto e quais suas cláusulas foram descumpridas. **Precedentes citados do STF: MI 670-ES, Dje 31/10/2008; MI 708-DF, DJe 31/10/2008; MI 712-PA, DJe 1º/12/2008; do STJ: MS 11.824-DF, DJe 18/6/2010. MS 15.339-DF, Rel. Min. Humberto Martins, julgado em 29/9/2010.** (Inform. STJ 449)

SERVIDORES PÚBLICOS. GREVE. LEGITIMIDADE. PAGAMENTO. DIAS PARADOS.

É cediço que a lei de greve do serviço público ainda não foi regulamentada, mas, após o julgamento no STF do mandado de injunção 708-DF, DJe 30/10/2008, determinou-se a aplicação das Leis ns. 7.701/1988 e 7.783/1989 enquanto persistir essa omissão quanto à existência de lei específica, nos termos previstos no art. 37, VII, da CF/1988. Este Superior Tribunal, consequentemente, passou a ter competência para apreciar os processos relativos à declaração sobre a paralisação do trabalho decorrente de greve de servidores públicos civis, bem como às respectivas medidas acautelatórias, quando as greves forem nacionais ou abrangerem mais de uma unidade da Federação. Também no citado mandado de injunção, o STF, ao interpretar o art. 7º da Lei n. 7.783/1989, entendeu que com a deflagração da greve ocorre a suspensão do contrato de trabalho. Assim, não devem ser pagos os salários dos dias de paralisação, a não ser que a greve tenha sido provocada por atraso no pagamento ou por outras situações excepcionais as quais possam justificar essa suspensão do contrato de trabalho. Anotou-se que, reiteradas vezes, em casos análogos, o STF tem decidido no mesmo sentido. Na hipótese dos autos, os servidores em greve pertencentes à carreira da Previdência, da Saúde e do Trabalho buscam a criação de carreira exclusiva para o Ministério do Trabalho, disciplinada pela Lei n. 11.357/2006. Consta que os servidores somente deflagraram a greve após ter sido frustrado o cumprimento do termo de acordo firmado, em 25/3/2008, entre as entidades sindicais representativas da classe e o Governo Federal, este representado por secretários. Para não ser considerada ilegal a greve, antes de deflagrarem o movimento, expediram a comunicação e a devida notificação extrajudicial ao Ministro de Estado do Planejamento, Orçamento e Gestão. Neste Superior Tribunal, em relação a essa greve, foi interposta medida cautelar preparatória a dissídio coletivo sobre a paralisação do trabalho decorrente de greve e petição que cuida de dissídio coletivo, ambas ajuizadas pela Confederação dos Trabalhadores no Serviço Público Federal (CONDSEF) e pela Confederação Nacional dos Trabalhadores em Seguridade Social da Central Única dos Trabalhadores (CNTSS/CUT) e outra petição (ação declaratória) ajuizada pela União. O Min. Relator considerou legal a greve, fazendo uma análise do ordenamento jurídico, da interdependência dos Poderes, do direito de greve e do princípio da dignidade humana. Assim, afirmou, que, embora o termo de acordo firmado não configure acordo ou convenção coletiva de trabalho, não tenha força vinculante, nem seja ato jurídico perfeito em razão dos princípios da separação dos Poderes e da reserva legal (arts. 2º, 61,

§ 1º, II, a e c, e 165 da CF/1988), constitui causa legal de exclusão da alegada natureza abusiva da greve, nos termos do inciso I do parágrafo único do art. 14 da Lei n. 7.783/1989. Quanto ao pagamento dos vencimentos durante o período de paralisação, o Min. Relator ressalvou ponto de vista quanto à natureza da disciplina legal e constitucional do servidor público, a exigir um mínimo de regramento para a criação de um fundo destinado a fazer frente à não percepção de vencimentos durante a suspensão do vínculo funcional, o que, pela sua excepcionalidade, poderia justificar a não suspensão do pagamento. Entretanto, assevera que não há como ignorar a jurisprudência do STF e a natureza particular de necessidade da formação desse fundo devido à suspensão do vínculo funcional no período de greve. Diante desses argumentos, entre outros, a Seção declarou a legalidade da paralisação do trabalho, determinando que a União se abstenha de promover qualquer ato que possa acarretar prejuízo administrativo funcional e financeiro aos grevistas, mas que haja regular compensação dos dias paralisados sob pena de reposição ao erário dos vencimentos pagos, nos termos do art. 46 da Lei n. 8.112/1990. **Precedentes citados do STF: AI 799.041-MG, DJe 31/5/2010; RE 456.530-SC, DJe 31/5/2010; RE 480.989-RS, DJe 11/5/2010; RE 538.923-PA, DJe 16/3/2010, e MI 3.085-DF, DJe 1º/9/2010. MC 16.774-DF, Pet 7.920-DF, e Pet 7.884-DF, Rel. Min. Hamilton Carvalhido, julgados em 22/9/2010** (ver Informativo n. 440). (Inform. STJ 448)

GREVE. SERVIDOR PÚBLICO.

Nos dias de hoje, ainda não há lei que discipline o exercício do direito de greve pelo servidor público. Frente a essa omissão estatal, o STF, quando do julgamento de mandado de injunção, estabeleceu regramento quanto à competência e ao processo de dissídio de greve com o fim de dar efetividade ao preceito constitucional. Diante disso e das regras constitucionais que dispõem sobre o serviço público, então se constata não haver como aplicar, por analogia, a lei de greve dos trabalhadores a essa hipótese. Não se ajusta ao regramento ditado pelo STF ser obrigatório o decote dos dias parados nos vencimentos dos servidores em greve; pois, nesse julgado, há sim previsão de situações excepcionais a serem sopesadas pelos tribunais que afastam a premissa da suspensão do contrato de trabalho e, consequentemente, o não pagamento dos salários. Também, não se deduz do julgado que se possa excluir o poder cautelar do juízo nesses dissídios; pois, ao contrário, cuidou de regrar essa atuação. Assim, diante da permissão de os servidores públicos exercerem seu direito de greve e do fato de que seus vencimentos caracterizam-se como verba alimentar, não há como dar guarida à pretensão do Poder Público de corte obrigatório de salários sem que se esteja diante de retaliação, punição, represália e redução a um nada desse legítimo direito constitucional. O referido desconto suprime o sustento do servidor e sua família, quanto mais se não existe disciplina legal para a formação de fundo que custeie o movimento grevista ou mesmo contribuição específica do servidor para lhe assegurar o exercício desse direito social. A omissão do Estado de, efetivamente, implantar tal fundo equivale à situação excepcional que justifica afastar a premissa da suspensão do contrato de trabalho (art. 7º da Lei n. 7.783/1989). Anote-se, por último, estar-se no trato de medida cautelar preparatória; dessa forma, não se declarou o direito de remuneração independente do trabalho, pois cabe à decisão a ser proferida na ação principal dispor sobre a restituição ao erário ou sobre a compensação dos dias parados na forma da lei. **Precedente citado do STF: MI 708-DF, DJe 31/10/2008. AgRg na MC 16.774-DF, Rel. Min. Hamilton Carvalhido, julgado em 23/6/2010.** (Inform. STJ 440)

GREVE. SERVIÇOS ESSENCIAIS. LIMINAR.

Houve a assinatura de acordo entre a Administração Pública e seus servidores pertencentes aos quadros do Ministério e dos institutos de conservação do meio ambiente, com o fim de reorganizar suas carreiras. O acordo, implantado pela MP n. 441/2008 (já convertida na Lei n. 11.907/2009), também determinava a revisão das respectivas tabelas de remuneração. Os autos revelam que as reposições salariais concretizaram-se, tendo ficado pendente apenas a parcela referente a junho de 2010, mas a reorganização da carreira ainda está em andamento, pois se constituiu grupo de trabalho para elaborar a proposta, que apenas produziu um relatório preliminar. Em razão disso, recentemente, os servidores deflagraram nova greve nacional por tempo indeterminado, o que levou a União e aqueles institutos a ajuizarem ação declaratória de ilegalidade da greve cumulada com ação de preceito cominatório de obrigação de fazer e não fazer com pedido de concessão de liminar contra as entidades de classe que representam esses servidores. Nessa ação, pleiteava-se a antecipação da tutela de mérito com o desiderato de suspender imediatamente o movimento grevista, sob pena de aplicação de multa diária, bem como a declaração da ilegalidade e da abusividade da greve, além da condenação de ressarcir os cofres públicos pelos prejuízos advindos. Nesse contexto, o Min. Benedito Gonçalves, relator originário, concedeu a liminar para determinar a imediata suspensão da greve dos servidores, aplicando a multa de R$ 100 mil por dia de descumprimento da decisão, ao fundamento de que a greve, num primeiro e superficial exame, mostra-se ilegal, pois prejudica operações de fiscalização e vistorias técnicas de qualidade ambiental, manejo e ordenamento florestal, pesqueiro e faunístico, além dos processos de licenciamento ambiental, a pôr em risco os biomas nacionais e as ações de desenvolvimento sustentável paralisadas pela greve, em flagrante desrespeito ao art. 225 da CF/1988. Anotou, também, que, com a paralisação, os servidores desrespeitaram a parte que lhes incumbiria no acordo ainda pendente. Dessa concessão houve agravo regimental das entidades de classe, bem como pedido dos autores para majorar a multa. No julgamento desse recurso na Primeira Seção, o Min. Benedito Gonçalves manteve seu entendimento quanto à concessão da liminar pelo abuso do direito de greve e, ao acolher o pedido da União, majorou a multa para R$ 150 mil, assim como o Min. Hamilton Carvalhido. Por sua vez, o Min. Luiz Fux também acompanhou o Min. Benedito Gonçalves e anotou haver prova documental inequívoca a embasar a verossimilhança da alegação de que a greve é ilegal porque viola o acordo de amplo espectrovigente até o final de 2010, firmado tanto por aqueles que exercem atividades essenciais quanto pelos que não as exercem. Aduziu, também, ser possível, na ação declaratória, a antecipação da tutela, que não se dá no plano da realidade normativa, mas na realidade prática. Outrossim, sustentou a aplicação imediata das *astreintes* majoradas no descumprimento da liminar, visto sua capacidade de persuasão. Porém, ao final, prevaleceu o voto parcialmente divergente da Min. Eliana Calmon, de que seria satisfativa a concessão da liminar tal como proposta pelo Min. Relator originário, a esgotar o objeto da ação e resultar o encerramento das negociações em curso, mostrando-se melhor, como aduzido pelo Min. Herman Benjamin, determinar que sejam obrigatoriamente mantidas as atividades essenciais de licenciamento e fiscalização garantidas pela aplicação da multa já fixada (R$ 100 mil) em caso de descumprimento, ao se considerar, tal como anotado pelo Min. Castro Meira, o descumprimento da União em proceder às medidas previstas no acordo quanto à reclassificação da própria carreira, razão última da greve. **AgRg na Pet 7.883-DF, Rel. originário Min. Benedito Gonçalves, Rel. para acórdão Min. Eliana Calmon, julgado em 12/5/2010.** (Inform. STJ 434)

COMPETÊNCIA. STJ. GREVE. ÂMBITO NACIONAL.

O exercício do direito à greve previsto no art. 37, VII, da CF/1988 não pode ser obstado pela ausência de lei específica, devendo incidir, então, de modo excepcional e com as necessárias adaptações, a Lei de Greve do Setor Privado (Lei n. 7.783/1989), conforme orientação do STF. Ainda de acordo com o STF, este Superior Tribunal é competente para processar e julgar os pedidos oriundos do direito de greve no serviço público de âmbito nacional ou quando abranger mais de uma unidade da Federação em regiões diferentes da Justiça Federal, em razão da natureza administrativa pública das relações dos servidores federais com a Administração, afastando-se a possibilidade de apreciação na Justiça do Trabalho. Assim, o sindicato da categoria em greve ou comissão de negociação acordará com o gestor público a manutenção em atividade de equipes para assegurar a continuidade dos serviços cuja paralisação possa resultar prejuízo irreparável (art. 9º da Lei n. 7.783/1989), garantindo, durante a greve, a manutenção dos serviços indispensáveis ao atendimento das necessidades inalienáveis da comunidade (art. 11 da Lei n. 7.783/1989). Comprovado o atendimento dessas exigências legais, tem-se a paralisação como legítima (art. 2º da referida lei). Diante do exposto, a Seção julgou procedente o pedido para declarar a legalidade do movimento grevista dos auditores fiscais da Receita Federal, iniciado em 18/3/2008, bem como determinar a reversão, para todos os efeitos, das eventuais faltas anotadas na folha de ponto dos grevistas, afastar a aplicação de qualquer sanção, seja de que matéria for, pela participação dos substituídos na paralisação. Quanto a haver desconto na remuneração em razão dos dias parados, a Seção, por maioria, entendeu ser possível fazê-lo, a não ser que haja a reposição desses dias, com o acréscimo na jornada diária até que compensados integralmente. **Precedentes citados do STF: MI 708-DF, DJ 25/10/2007, e MI 712-PA, DJ 25/10/2007. Pet 6.642-RS, Rel. Min. Napoleão Nunes Maia Filho, julgada em 12/5/2010.** (Inform. STJ 434)

SUSPENSÃO. GREVE. SERVIDORES. INSS.

Trata-se de agravo regimental (AgRg) interposto pela Federação Nacional dos Sindicatos de Trabalhadores em Saúde, Previdência e Assistência Social (Fenasps) contra a decisão em medida cautelar que deferiu liminar, determinando a suspensão do movimento grevista dos servidores do INSS em todo o território nacional, sob pena de pagamento de multa diária no valor de cem mil reais. A insatisfação principal da agravante consiste na edição da Medida Provisória nº 441/2008 (convertida na Lei nº 11.907/2009), a qual fixou a jornada de trabalho em 40 horas semanais e a opção de 30 horas com vencimentos proporcionais, sem que o INSS cumprisse o acordo coletivo assinado para criar, sob sua coordenação, um grupo de trabalho (em agosto/2008) com representantes das categorias para discutir, entre outras questões, a jornada de trabalho. Por outro lado, a defesa dos grevistas também formulou ao Presidente da Seção pedido de sustentação oral, no julgamento do AgRg, pela peculiaridade do caso, embora reconhecendo que não há previsão no RISTJ. Diante disso, a Seção, antes do julgamento do AgRg, em questão de ordem, por maioria, indeferiu o pedido pela falta de previsão regimental; não caberia abrir exceções, além disso a importância da causa é relativa, será sempre importante à parte. Já a tese vencida não se opunha, apesar de ressalvar a ausência de previsão regimental. Quanto ao mérito, o Min. Relator ressaltou a natureza essencial dos serviços prestados pela autarquia ao atender milhares de segurados e pensionistas, em sua grande maioria, carentes e idosos, a reforçar a noção de indispensabilidade dos serviços. Explica que faltou a comprovação de tentativa válida para a negociação prévia entre as partes, nem houve o cumprimento dos critérios a serem adotados para continuação dos serviços, em observância ao disposto nos art. 3º da Lei nº 7.783/1989. Com relação à multa, asseverou ter por objetivo obrigar a parte a cumprir a decisão judicial e o valor fixado ser razoável, ao levar-se em conta, caso descumprido o pronunciamento judicial, os prejuízos à população que depende dos serviços daquela autarquia. Diante do exposto, a Seção negou provimento ao AgRg. **Precedentes citados: MC 14.770-DF, DJe 19/9/2008, e AgRg na MC 14.857-DF, DJe 18/6/2009. AgRg na MC 15.656-DF, Rel. Min. Og Fernandes, julgado em 24/6/2009.** (Inform. STJ 400)

COMPETÊNCIA. STJ. GREVE. SERVIÇO PÚBLICO.

Em retificação à notícia da Rcl 2.797-DF (ver Informativo n. 355), leia-se: a Seção concedeu liminar na reclamação para afirmar que compete ao STJ o julgamento de dissídio coletivo de greve no serviço público quando a paralisação for de âmbito nacional ou abranger mais de uma região da Justiça Federal. **Precedentes citados do STF: MI 708-DF, DJ 6/11/2007; STA 207-RS, DJ 15/4/2008; MI 712-PA, DJ 6/11/2007, e MI 670-ES, DJ 6/11/2007. Rcl 2.797-DF, Rel. Min. Maria Thereza de Assis Moura, julgada em 14/5/2008.** (Inform. STJ 356)

COMPETÊNCIA. STJ. GREVE. SERVIÇO PÚBLICO.

A Seção concedeu liminar na reclamação para afirmar que compete ao STJ o julgamento de dissídio coletivo de greve no serviço público quando a paralisação for de âmbito nacional ou abranger mais de uma região da Justiça Federal. **Precedentes citados do STF: MI 708-DF, DJ 6/11/2007; STA 207-RS, DJ 15/4/2008; MI 712-PA, DJ 6/11/2007, e MI 670-ES, DJ 6/11/2007. Rcl 2.797-DF, Rel. Min. Maria Thereza de Assis Moura, julgada em 14/5/2008.** (Inform. STJ 355)

QO. COMPETÊNCIA. DISSÍDIO COLETIVO. GREVE.

Após o STF reconhecer que o STJ é competente para julgar o dissídio coletivo referente à greve de servidor público toda vez que ela extrapolar o âmbito de uma das regiões da Justiça Federal, pela relevância da matéria, a Terceira Seção submeteu à Corte Especial, em questão de ordem, a medida cautelar sobre greve da Advocacia-Geral da União para decidir qual órgão judicante interno teria competência para julgar uma ação de dissídio coletivo. A Corte Especial reconheceu a competência da Terceira Seção, que já decide questões relativas à greve de servidor público, e determinou que caberá àquela própria Seção dirimir as demais regras e os meios judiciais para julgar esses casos. **QO na MC 14.101-DF, Rel. Min. Maria Thereza de Assis Moura, julgado em 7/5/2008.** (Inform. STJ 354)

5.4. Estágio probatório, estabilidade, vitaliciedade e vacância

DISPONIBILIDADE E CARGO EM COMISSÃO: CUMULAÇÃO - 1

A Turma iniciou julgamento de recurso extraordinário em que servidor colocado em disponibilidade, por extinção do cargo do qual titular, e posteriormente nomeado para exercer cargo em comissão, sustenta a possibilidade de percepção cumulativa de vencimentos com a parcela remuneratória referente àquele cargo extinto. No caso, o Município de Tupã/SP ajuizara ação de repetição de indébito, cujo pedido fora denegado, objetivando a devolução do que recebido no período compreendido entre maio de 1978 (data em que nomeado para cargo em comissão) a dezembro de 1988 (data de sua exoneração do referido cargo). O tribunal de justiça local reformara essa decisão, o que ensejara o presente recurso, no qual o recorrente alega ofensa ao art. 37, XVI, da CF/88, ao argumento de ausência de proibição constitucional de acumulação remunerada de cargos públicos para aquele que tem seu cargo extinto e passa a exercer outro, por conveniência da própria Administração, onde era disponível. **RE 161742/SP, rel. Min. Menezes Direito, 8.4.2008.** (RE-161742)

DISPONIBILIDADE E CARGO EM COMISSÃO: CUMULAÇÃO - 2

O Min. Menezes Direito, relator, deu provimento ao recurso extraordinário para restabelecer a sentença de 1º grau. Enfatizando a demissibilidade a qualquer tempo do cargo em comissão, entendeu que a aludida nomeação não caracterizaria, conforme defendido pelo município, o reaproveitamento do recorrente no serviço público. Ressaltou que, na espécie, o servidor recebia proventos proporcionais em virtude de sua disponibilidade e que não haveria vedação constitucional à acumulação desses com vencimentos. O Min. Marco Aurélio acompanhou o voto do relator e acrescentou que a situação concreta aproximar-se-ia daquela retratada no § 4º do art. 99 da CF/67 ("*§ 4º A proibição de acumular proventos não se aplica aos aposentados, quanto ao exercício de mandato eletivo, quanto ao de um cargo em comissão ou quanto a contrato para prestação de serviços técnicos ou especializados.*"), em que permitida a cumulação de proventos com a remuneração do cargo em comissão. Em divergência, a Min. Cármen Lúcia negou provimento ao recurso. Asseverou que servidor em disponibilidade recebe vencimentos e não proventos, assim, estaria vedada a pretendida acumulação, por não se enquadrar nas hipóteses permitidas tanto pela CF/67 quanto pela CF/88. Por sua vez, o Min. Ricardo Lewandowski deu parcial provimento ao extraordinário para manter o acórdão impugnado quanto ao período regido pela CF/88. Após, a conclusão do julgamento foi adiada a fim de se colher o voto do Min. Carlos Britto. **RE 161742/SP, rel. Min. Menezes Direito, 8.4.2008.** (RE-161742)

DISPONIBILIDADE E CARGO EM COMISSÃO - 3

A 1ª Turma retomou julgamento de recurso extraordinário em que servidor colocado em disponibilidade, por extinção do cargo do qual titular, e posteriormente nomeado para exercer cargo em comissão, sustenta a possibilidade de percepção cumulativa de vencimentos com a parcela remuneratória referente àquele cargo extinto. No caso, o Município de Tupã/SP ajuizara ação de repetição de indébito, cujo pedido fora denegado, objetivando a devolução do que recebido no período compreendido entre maio de 1978 (data em que nomeado para cargo em comissão) a dezembro de 1988 (data de sua exoneração do referido cargo). O tribunal de justiça local reformara essa decisão, o que ensejara o presente recurso, no qual o recorrente alega ofensa ao art. 37, XVI, da CF, por ausência de proibição constitucional de acumulação remunerada de cargos públicos para aquele que tem seu cargo extinto e passa a exercer outro, por conveniência da própria Administração — v. Informativo 501. O Min. Ayres Britto, em voto-vista, acompanhou o relator para conhecer e dar provimento ao recurso a fim de que o servidor não seja obrigado a restituir o que recebera a título de remuneração de disponibilidade. Asseverou que o servidor colocado naquela situação não se desvincularia dos quadros estatais e que estaria em estado de inativação, não correspondente à aposentadoria. Afirmou que a proibição contida na Constituição seria para o cargo de magistrado que, nem em disponibilidade, poderia ser nomeado para cargo em comissão e, por conseqüência, essa mesma regra aplicar-se-ia a membro do Ministério Público. Ademais, o servidor recebera os valores de boa-fé. Após, pediu vista a Min. Cármen Lúcia. RE 161742/SP, rel. Min. Menezes Direito, 16.8.2011. (RE-161742) (Inform. STF 636)

PROCURADORES FEDERAIS E ESTÁGIO PROBATÓRIO

Os institutos da estabilidade e do estágio probatório estão necessariamente vinculados, de modo que se lhes aplica o prazo comum de 3 anos. Com base nesse entendimento e ante a natureza constitucional do tema versado nos autos, a 2ª Turma acolheu embargos de declaração para, atribuindo-lhes efeitos infringentes, prover recurso extraordinário e, conseqüentemente, denegar a ordem de mandado de segurança concedida aos recorridos. Na espécie, os procuradores federais, ora embargados, impetraram mandado de segurança no STJ, concedido com a finalidade de que fossem avaliados no prazo de 24 meses para fins de estágio probatório. Desta decisão, a União deduzira recurso extraordinário, ao qual fora negado seguimento, em decisão monocrática. Na seqüência, interpusera agravo regimental, desprovido pela Turma, objeto dos mencionados embargos. Precedente citado: STA 269 AgR/DF (DJe de 26.2.2010). AI 754802 ED-AgR/DF, rel. Min. Gilmar Mendes, 7.6.2011. (AI-754802) (Inform. STF 630)

RE N. 289.321-PR

RELATOR: MIN. MARCO AURÉLIO

SERVIÇO PÚBLICO – ESTABILIDADE – ARTIGO 19 DO ADCT. A estabilidade prevista no artigo 19 do Ato das Disposições Constitucionais Transitórias requer tempo de serviço, à época da promulgação da Carta de 1988, igual a cinco anos.

RELAÇÃO JURÍDICA – CLT – CESSAÇÃO. A cessação de relação jurídica regida pela Consolidação das Leis do Trabalho, no tocante a servidor público que não detenha a estabilidade, prescinde da formalização de processo administrativo e, portanto, do contraditório. (Inform. STF 629) *noticiado no Informativo 553

ADI E INFRAÇÕES ADMINISTRATIVAS DE CONSELHEIRO DE TRIBUNAL DE CONTAS

O Tribunal referendou medida liminar em ação direta de inconstitucionalidade proposta pela Associação dos Membros dos Tribunais de Contas do Brasil - ATRICON para, até final julgamento do feito, suspender a eficácia da Emenda Constitucional 40/2009, que acrescentou os §§ 5º e 6º ao art. 128 da Constituição do Estado do Rio de Janeiro, os quais definem infrações administrativas de Conselheiro do Tribunal de Contas, sujeitas a julgamento pela Assembléia Legislativa, com afastamento do cargo, e estabelecem rito a ser obedecido no processo administrativo por fato descrito no parágrafo anterior. Entendeu-se que os dispositivos em questão estariam em aparente afronta com os artigos 22, I, e 85, parágrafo único, da CF, e aplicou-se a orientação jurisprudencial da Corte consolidada na Súmula 722 ("*São da competência legislativa da União a definição dos crimes de responsabilidade e o estabelecimento das respectivas normas de processo e julgamento*"). Observou-se, ademais, que, mesmo que se reconhecesse a competência estadual para tipificar crimes de responsabilidade, para efeito de decretação da perda de cargo de Conselheiro de Tribunal de Contas do Estado, por deliberação da Assembléia Legislativa local, a Emenda Constitucional estadual 40/2009 em exame pareceria incidir em outra inconstitucionalidade, haja vista que provocaria usurpação da competência originária do Superior Tribunal de Justiça - STJ para processar e julgar os membros dos Tribunais de Contas estaduais nos crimes comuns e, também, nos crimes de responsabilidade, abrangentes, segundo entendimento jurisprudencial desta Corte, das infrações político-administrativas (CF, art. 105, I, a). Registrou-se, por fim, que, ainda que não incidisse, na espécie, a competência originária do STJ, pareceria haver, em referida emenda à Constituição estadual, outra eiva de inconstitucionalidade, porquanto o Conselheiro do Tribunal de Contas disporia, como garantia de ordem subjetiva destinada a proteger-lhe a independência funcional, da prerrogativa jurídico-constitucional da vitaliciedade (CF, art. 73, § 3º, c/c o art. 75), a qual confere significativa proteção contra a demissão funcional, somente permitindo a decretação de perda do cargo mediante decisão judicial, e não decisão proferida pelas Casas legislativas. **ADI 4190 MC-Referendo/RJ, rel. Min. Celso de Mello, 10.3.2010.** (ADI-4190) (Inform. STF 578)

ECT: DESPEDIDA DE EMPREGADO E MOTIVAÇÃO - 1

O Tribunal iniciou julgamento de recurso extraordinário interposto pela Empresa Brasileira de Correios e Telégrafos - ECT contra acórdão do Tribunal Superior do Trabalho - TST em que se discute se a recorrente tem, ou não, o dever de motivar formalmente o ato de dispensa de seus empregados. Na espécie, o TST reputara inválida a despedida de empregado da recorrente, ao fundamento de que "*a validade do ato de despedida do empregado da ECT está condicionada à motivação, visto que a empresa goza das garantias atribuídas à Fazenda Pública.*". A recorrente, em síntese, aponta contrariedade aos artigos 41 e 173, § 1º, da CF, haja vista que a deliberação a respeito das demissões sem justa causa é direito potestativo da empresa, interferindo o acórdão recorrido na liberdade existente no direito trabalhista, por incidir no direito das partes pactuarem livremente entre si. Sustenta, ainda, que o fato de a recorrente possuir privilégios conferidos à Fazenda Pública — impenhorabilidade dos seus bens, pagamento por precatório e algumas prerrogativas processuais —, não tem o condão de dar aos empregados da ECT o benefício da despedida motivada e a estabilidade para garantir reintegração no emprego. **RE 589998/PI, rel. Min. Ricardo Lewandowski, 24.2.2010.** (RE-589998)

ECT: DESPEDIDA DE EMPREGADO E MOTIVAÇÃO - 2

O Min. Ricardo Lewandowski, relator, negou provimento ao recurso. Salientou, primeiro, que, relativamente ao debate sobre a equiparação da ECT à Fazenda Pública, a Corte, no julgamento da ADPF 46/DF (DJE de 26.2.2010), confirmou o seu caráter de prestadora de serviços públicos, declarando recepcionada, pela ordem constitucional vigente, a Lei 6.538/78, que instituiu o monopólio das atividades postais, excluídos do conceito de serviço postal apenas a entrega de encomendas e impressos. Asseverou, em passo seguinte, que o dever de motivar o ato de despedida de empregados estatais, admitidos por concurso, aplicar-se-ia não apenas à ECT, mas a todas as empresas públicas e sociedades de economia mista que prestam serviços públicos, em razão de não estarem alcançadas pelas disposições do art. 173, § 1º, da CF, na linha de precedentes do Tribunal. Observou que, embora a rigor, as denominadas empresas estatais ostentarem a natureza jurídica de direito privado, elas se submeteriam a regime híbrido, ou seja, sujeitar-se-iam a um conjunto de limitações que teriam por escopo a realização do interesse público. Assim, no caso dessas entidades, dar-se-ia uma derrogação parcial das normas de direito privado em favor de certas regras de direito público. **RE 589998/PI, rel. Min. Ricardo Lewandowski, 24.2.2010.** (RE-589998)

ECT: DESPEDIDA DE EMPREGADO E MOTIVAÇÃO - 3

Citou como exemplo dessas restrições, as quais seriam derivadas da própria Constituição, a submissão dos servidores dessas empresas ao teto remuneratório, a proibição de acumulação de cargos, empregos e funções, e a exigência de concurso para ingresso em seus quadros. Ao afastar a alegação de que os dirigentes de empresas públicas e sociedades de economia mista poderiam dispensar seu pessoal no uso do seu direito potestativo de resilição unilateral do pacto laboral, independentemente de motivação, relembrou que o regime jurídico das empresas estatais não coincidiria, de forma integral, com o das empresas privadas, em face das aludidas restrições, quando fossem exclusiva ou preponderantemente prestadoras de serviços públicos. Ressaltou que o fato de a CLT não prever realização de concurso para a contratação de pessoal destinado a integrar o quadro de empregados das referidas empresas, significaria existir uma mitigação do ordenamento jurídico trabalhista, o qual se substituiria, no ponto, por normas de direito público, tendo em conta tais entidades integrarem a Administração Pública indireta, sujeitando-se, por isso, aos princípios contemplados no art. 37 da CF. Rejeitou, por conseguinte, a assertiva de ser integralmente aplicável aos empregados da recorrente o regime celetista no que diz respeito à demissão. **RE 589998/PI, rel. Min. Ricardo Lewandowski, 24.2.2010.** (RE-589998)

ECT: DESPEDIDA DE EMPREGADO E MOTIVAÇÃO - 4

Afirmou que o objetivo maior da admissão de empregados das estatais por meio de certame público seria garantir a primazia dos princípios da isonomia e da impessoalidade, o que impediria escolhas de índole pessoal ou de caráter puramente subjetivo no processo de contratação. Ponderou que a motivação do ato de dispensa, na mesma linha de argumentação, teria por objetivo resguardar o empregado de uma eventual quebra do postulado da impessoalidade por parte do agente estatal investido do poder de demitir, razão pela qual se imporia, no caso, que a despedida fosse não só motivada, mas também precedida de um procedimento formal, assegurado ao empregado o direito ao contraditório e à ampla defesa. Rejeitou, ainda, o argumento de que se estaria a conferir a esses empregados a estabilidade prevista no art. 41 da CF, haja vista que tal garantia não alcançaria os empregados de empresas públicas e sociedades de economia mista, nos termos de orientação já fixada pelo Supremo, que teria ressalvado, apenas, a situação dos empregados públicos aprovados em concurso público antes da EC 19/98. **RE 589998/PI, rel. Min. Ricardo Lewandowski, 24.2.2010.** (RE-589998)

ECT: DESPEDIDA DE EMPREGADO E MOTIVAÇÃO - 5

Aduziu que o paralelismo entre os procedimentos para a admissão e o desligamento dos empregados públicos estaria, da mesma forma, indissociavelmente ligado à observância do princípio da razoabilidade, porquanto não se vedaria aos agentes do Estado apenas a prática de arbitrariedades, mas se imporia também o dever de agir com ponderação, decidir com justiça e, sobretudo, atuar com racionalidade. Assim, a obrigação de motivar os atos decorreria não só das razões acima explicitadas como também, e especialmente, do fato de os agentes estatais lidarem com a *res publica*, tendo em vista o capital das empresas estatais — integral, majoritária ou mesmo parcialmente — pertencer ao Estado, isto é, a todos os cidadãos. Esse dever, ademais, estaria ligado à própria idéia de Estado Democrático de Direito, no qual a legitimidade de todas as decisões administrativas tem como pressuposto a possibilidade de que seus destinatários as compreendam e o de que possam, caso queiram, contestá-las. No regime político que essa forma de Estado consubstancia, seria preciso demonstrar não apenas que a Administração, ao agir, visou ao interesse público, mas também que agiu legal e imparcialmente. Mencionou, no ponto, o disposto no art. 50 da Lei 9.784/99, que rege o processo administrativo no âmbito da Administração Pública Federal ("*Art. 50. Os atos administrativos deverão ser motivados, com indicação dos fatos e dos fundamentos jurídicos, quando: I - neguem, limitem ou afetem direitos ou interesses; ... § 1º A motivação deve ser explícita, clara e congruente, podendo consistir em declaração de concordância com fundamentos de anteriores pareceres, informações, decisões ou propostas, que, neste caso, serão parte integrante do ato*"). Salientou que, no caso da motivação dos atos demissórios das estatais, não se estaria a falar de uma justificativa qualquer, simplesmente *pro forma*, mas de uma que deixasse clara tanto sua legalidade extrínseca quanto sua validade material intrínseca, sempre à luz do ordenamento legal em vigor. Destarte, disse não se haver de confundir a garantia da estabilidade com o dever de motivar os atos de dispensa, nem de imaginar que, com isso, os empregados teriam uma "dupla garantia" contra a dispensa imotivada, eis que, concretizada a demissão, eles terão direito, apenas, às verbas rescisórias previstas na legislação trabalhista. **RE 589998/PI, rel. Min. Ricardo Lewandowski, 24.2.2010.** (RE-589998)

ECT: DESPEDIDA DE EMPREGADO E MOTIVAÇÃO - 6

Em seguida, ao frisar a equiparação da demissão a um ato administrativo, repeliu a alegação de que a dispensa praticada pela ECT prescindiria de motivação, por configurar ato inteiramente discricionário e não vinculado, havendo por parte da empresa plena liberdade de escolha quanto ao seu conteúdo, destinatário, modo de realização e, ainda, à sua conveniência e oportunidade. Justificou que a natureza vinculada ou discricionária do ato administrativo seria irrelevante para a obrigatoriedade da motivação da decisão e que o que configuraria a exigibilidade, ou não, da motivação no caso concreto não seria a discussão sobre o espaço para o emprego de um juízo de oportunidade pela Administração, mas o conteúdo da decisão e os valores que ela envolve. Por fim, reiterou que o entendimento ora exposto decorreria da aplicação, à espécie, dos princípios inscritos no art. 37 da CF, notadamente os relativos à impessoalidade e isonomia, cujo escopo seria o de evitar o favorecimento e a perseguição de empregados públicos, seja em sua contratação, seja em seu desligamento. Após o voto do Min. Eros Grau que acompanhava o relator, pediu vista dos autos o Min. Joaquim Barbosa. **RE 589998/PI, rel. Min. Ricardo Lewandowski, 24.2.2010.** (RE-589998) (Inform. STF 576)

ADI E DEFENSORIA PÚBLICA ESTADUAL

O Tribunal julgou parcialmente procedente pedido formulado em ação direta ajuizada pelo Governador do Estado do Rio de Janeiro para declarar a inconstitucionalidade da alínea **g** do inciso I e da alínea **a** do inciso IV, ambas do art. 178 da Constituição estadual, que, prevêem, respectivamente, que o defensor público, após dois anos de exercício na função, não perderá o cargo senão por sentença judicial transitada em julgado, e ser prerrogativa daquele requisitar, administrativamente, de autoridade pública e dos seus agentes ou de entidade particular, certidões, exames, perícias, e outros documentos e providências necessários ao exercício de suas atribuições. Quanto à citada alínea **g**, considerou-se o advento da Emenda Constitucional 19/98, que ao alterar o art. 41 e respectivos parágrafos, passou a prever a estabilidade de servidores nomeados para cargo de provimento efetivo em virtude de concurso público somente após 3 anos de efetivo exercício, bem como a perda do cargo de servidor público estável tanto por sentença judicial transitada em julgado quanto mediante processo administrativo, assegurada a ampla defesa, e procedimento de avaliação periódica de desempenho, na forma de lei complementar, também garantida a ampla defesa. No que se refere à mencionada alínea **a**, entendeu-se que ela estaria conferindo ao defensor público prerrogativas que implicariam, além de interferência em outros poderes, prejuízo na paridade de armas que deve haver entre as partes. Julgou-se improcedente o pleito em relação às alíneas **b** e **c** do inciso IV do aludido art. 178, que dispõem que o defensor público pode "*comunicar-se pessoal e reservadamente com o preso*" e "*ter livre acesso e trânsito a estabelecimentos públicos e os destinados ao público no exercício de suas funções*", garantias compatíveis com o disposto na Lei Complementar 80/94, bem como no Estatuto da Ordem dos Advogados do Brasil - EOAB. Declarou-se, ainda, prejudicado o pedido em relação à alínea **f** do inciso I, e ao inciso II, também do aludido art. 178, que tratam da aposentadoria dos membros da Defensoria Pública e da garantia da inamovibilidade. **ADI 230/RJ, rel. Min. Cármen Lúcia, 1º.2.2010.** (ADI-230) (Inform. STF 573)

SÚMULA 473 DO STF E CONDIÇÃO DE ANISTIADO - 1

Por ausência de direito líquido e certo, a Turma negou provimento a recurso ordinário em mandado de segurança em que ex-servidores de extinta sociedade de economia mista pretendiam o seu reaproveitamento em outros órgãos ou entidades da Administração Federal, direta ou indireta. No caso, a Lei 8.878/94 determinou a concessão de anistia às hipóteses de dispensa do serviço com violação a norma constitucional, legal ou regulamentar. Esta lei fora normatizada pelo Decreto 1.153/94, que instituiu comissões de anistia em vários órgãos da Administração Federal, sendo os impetrantes declarados anistiados pela Portaria 387/94, expedida pelo Ministro de Minas e Energia. Ocorre que, posteriormente, o Presidente da República, ante irregularidades em processos de concessão de anistia, baixara decretos para anular várias decisões concessivas desse benefício, incluindo o processo dos impetrantes, o que os impedira de retornar à atividade (Resolução 8/98). Alegava-se, na espécie, que a condição de anistiado não poderia ser retirada dos impetrantes, haja vista a garantia do direito adquirido. RMS 25662/DF, rel. Min. Carlos Britto, 29.5.2007. (RMS-25662)

SÚMULA 473 DO STF E CONDIÇÃO DE ANISTIADO - 2

Inicialmente, asseverou-se não constar dos autos nenhuma impugnação dos impetrantes contra o ato que anulara a portaria que os reputara habilitados à benesse da anistia. No ponto, a segurança fora impetrada atacando ato mais recente (Decreto 3.363/2000), que criara comissão para reexaminar os processos de anistia de que trata a citada Lei 8.878/94 e determinara a suspensão dos procedimentos administrativos que objetivassem a efetivação do retorno de qualquer interessado ao serviço público. Entendeu-se que a Resolução 8/98, expedida dentro do período qüinqüenal, estaria em sintonia com o Enunciado da Súmula 473 do STF ("*A administração pode anular seus próprios atos, quando eivados de vícios que os tornam ilegais, porque deles não se originam direitos; ou revogá-los, por motivo de conveniência e oportunidade, respeitados os direitos adquiridos, e ressalvada, em todos os casos, a apreciação judicial.*"). Assim, concluiu-se que a Administração não exorbitara de seu poder-dever de revisão dos próprios atos, ressaltando-se, ainda, que o Decreto 3.363/2000 apenas ratificara os atos praticados na revisão anteriormente operada. RMS 25662/DF, rel. Min. Carlos Britto, 29.5.2007. (RMS-25662) (Inform. STF 469)

ASSESSOR DE SEGURANÇA E PROVIMENTO EM COMISSÃO

Por ofensa ao art. 37, II, da CF, que exige, para investidura em cargo público, ressalvadas as nomeações para cargos em comissão, a prévia aprovação em concurso público de provas, ou de provas e títulos, o Tribunal julgou procedente pedido formulado em ação direta ajuizada pelo Procurador-Geral da República para declarar a inconstitucionalidade do art. 1º, *caput* e incisos I e II, da Lei 6.600/98; do art. 5º da Lei Complementar 57/2003 e das Leis 7.679/2004 e 7.696/2004, todas do Estado da Paraíba, que criam funções de confiança denominadas "agente judiciário de vigilância", posteriormente denominadas "assessor de segurança". Preliminarmente, acolheu-se o pedido de aditamento feito pelo requerente para que a impugnação alcançasse também as Leis estaduais 7.679/2004 e 7.696/2004, por considerar que essas normas promoveram simples alteração na denominação dos cargos, tendo sido mantida a descrição das funções nos termos da inicial. No mérito, asseverou-se que as referidas funções não exigiriam habilidade profissional específica, bem como não apresentariam características de poder de comando inerente aos cargos de direção, não figurando como assessoria técnica a auxiliar os membros do Poder Judiciário nomeante a exercerem as suas funções. Por fim, ressaltou-se que a Lei 6.600/98 tinha por finalidade a extinção de contratos administrativos com a transformação deles em funções na estrutura da secretaria do tribunal de justiça local, em tentativa de burla ao referido preceito constitucional. Precedente citado: ADI 2427/PR (DJU de 10.11.2006). ADI 3233/PB, rel. Min. Joaquim Barbosa, 10.5.2007. (ADI-3233) (Inform. STF 466)

ESTABILIDADE NO SERVIÇO PÚBLICO E ART 19 DO ADCT - 1

O Tribunal julgou procedente pedido formulado em ação direta ajuizada pelo Governador do Estado do Ceará para declarar a inconstitucionalidade dos artigos 25, 26, 29 e 30 do Ato das Disposições Constitucionais Transitórias da Constituição do referido Estado-membro, que consideram estáveis os servidores estaduais e municipais da administração direta, de autarquia, empresa pública, sociedade de economia mista e fundações, na data da promulgação da Constituição estadual, há pelo menos cinco anos, não admitidos por concurso público; efetivam servidores eventuais e possibilitam o aproveitamento de servidores requisitados. Entendeu-se que os dispositivos impugnados afrontam o disposto no art. 19 do ADCT por ampliar as hipóteses excepcionais de concessão de estabilidade no serviço público, bem como não atendem à exigência de realização de concurso público para a investidura em cargos ou empregos públicos (CF, art. 37, II e Enunciado da Súmula 685 do STF). Precedentes citados: ADI 100/MG (DJU de 1º.10.2004); ADI 495/PI (DJU de 11.2.2000). ADI 289/CE, rel. Min. Sepúlveda Pertence, 9.2.2007. (ADI-289)

ESTABILIDADE NO SERVIÇO PÚBLICO E ART. 19 DO ADCT - 2

Na linha do entendimento fixado no julgamento acima relatado, o Tribunal conheceu em parte de ação direta ajuizada pelo Governador do Estado de Santa Catarina e, nesta parte, julgou procedente o pedido nela formulado para declarar a inconstitucionalidade da expressão "*inclusive os admitidos em caráter transitório*", constante do *caput* do art. 6º; da expressão "*ou que, admitido em data anterior à instalação da Constituinte, vier a preencher as condições estabelecidas neste artigo*", constante do § 3º do mesmo art. 6º; e a integralidade do art. 15, todos do Ato das Disposições Constitucionais Transitórias da Constituição do Estado de Santa Catarina. O Tribunal também deu interpretação conforme à expressão "*em exercício na data da promulgação da Constituição há pelo menos cinco anos*", do *caput* do referido art. 6º, para reduzir a referência à Constituição Federal. Os dispositivos impugnados disciplinam a aquisição da estabilidade excepcional pelos servidores públicos civis estaduais e municipais da administração direta, autárquica e fundacional, inclusive os admitidos em caráter transitório, em exercício na data da promulgação da Constituição há pelo menos cinco anos, continuados ou não. Relativamente às expressões "*e dos Municípios*" e "*ou não*", também contidas no aludido art. 6º, observou-se já ter havido pronunciamento da Corte, no sentido da constitucionalidade da primeira e inconstitucionalidade da segunda, quando do julgamento da ADI 208/SC (DJU de 19.12.2002). ADI 125/SC, rel. Min. Sepúlveda Pertence, 9.2.2007. (ADI-125) (Inform. STF 455)

DIREITO ADMINISTRATIVO. SERVIDOR PÚBLICO. MILITAR TEMPORÁRIO. DECÊNIO LEGAL CUMPRIDO. ESTABILIDADE.

O militar temporário que completa dez anos de serviço prestado ao Exército Brasileiro tem direito à estabilidade no cargo, nos termos do art. 50, IV, da Lei n. 6.880/1980. Precedentes citados: AgRg no AREsp 62.128-RN, DJe 25/4/2012; AgRg no REsp 1.116.097-RJ, DJe 27/2/2012. **REsp 1.261.629-PE, Rel. Min. Eliana Calmon, julgado em 18/10/2012. (Inform. STJ 507).**

ESTÁGIO PROBATÓRIO. PRINCÍPIO. PRESUNÇÃO. INOCÊNCIA.

O recorrente, após quatro anos de serviço, portanto após o prazo de três anos aludido no art. 41 da CF/1988, foi exonerado *ex officio* do cargo público que exercia (agente de fiscalização financeira do TC estadual) em razão de condenação em ação penal (arts. 317, § 1º, e 334, *caput*, c/c 327 e 29, todos do CP), pendência que comunicou existente no ato da posse. Sucede que o STJ, ao julgar HC, anulou, por cerceamento de defesa, o julgamento em que o recorrente foi condenado. Assim, visto que foi afastado o único fundamento utilizado pela Administração para justificar seu ato e que o recorrente, conforme os autos, foi muito bem avaliado em todas as fases do estágio probatório, não há como sustentar a legalidade de sua exoneração, pois violado o princípio da presunção de inocência, devendo ele ser reintegrado no cargo público, com efeitos patrimoniais contados da data da publicação do ato ilegal. O processo criminal instaurado, da mesma forma que não obstou a posse, também não deve impedir a conclusão dos trâmites do estágio probatório e o reconhecimento da estabilidade do recorrente, pois ainda não há decisão transitada em julgado. Precedentes citados do STF: AgRg na STA 269-DF, DJe 26/2/2010; do STJ: MS 12.523-DF, DJe 18/8/2009; RMS 15.201-RS, DJ 14/11/2005; RMS 13.967-PE, DJ 10/3/2003; AgRg no RMS 21.078-AC, DJ 28/8/2006; MS 7.268-DF, DJ 13/12/2004; RMS 12.764-ES, DJ 1º/7/2004, e MS 12.397-DF, DJe 16/6/2008. **RMS 32.257-SP, Rel. Min. Mauro Campbell Marques, julgado em 10/5/2011.** (Inform. STJ 472)

DEMISSÃO. ESTÁGIO PROBATÓRIO. PAD.

A jurisprudência do STJ entende que a exoneração de servidores públicos concursados e nomeados para cargo efetivo, ainda que se encontrem em estágio probatório, necessita do devido processo legal, da ampla defesa e do contraditório (*vide*, também, a Súm. n. 21-STF). Contudo, na hipótese de servidor em estágio probatório, apregoa que não se faz necessária a instauração de processo administrativo disciplinar (PAD) para tal, admitindo ser suficiente a abertura de sindicância que assegure os princípios da ampla defesa e do contraditório. Anote-se que essa exoneração não tem caráter punitivo, mas se lastreia no interesse da Administração de dispensar servidores que, durante o estágio probatório, não alcançam bom desempenho no cargo. Precedentes citados: RMS 20.934-SP, DJe 1º/2/2010; EDcl no AgRg no RMS 21.078-AC, DJ 28/6/2006; RMS 21.012-MT, DJe 23/11/2009; AgRg no RMS 13.984-SP, DJ 6/8/2007; RMS 21.000-MT, DJ 4/6/2007, e RMS 13.810-RN, DJe 26/5/2008. **RMS 22.567-MT, Rel. Min. Og Fernandes, julgado em 28/4/2011.** (Inform. STJ 470)

MILITAR. ANULAÇÃO. LICENCIAMENTO. INCAPACIDADE TEMPORÁRIA.

Trata-se, no caso, da possibilidade de reintegração do recorrente aos quadros militares como adido para que seja realizado tratamento médico adequado, uma vez que acometido de doença durante o exercício de atividade castrense que o incapacitou temporariamente. A jurisprudência assente é no sentido de que o ato de licenciamento é ilegal, tratando-se de militar temporário ou de carreira, em razão da debilidade física acometida durante o exercício das atividades castrenses, tendo o servidor militar direito à reintegração aos quadros para tratamento médico-hospitalar a fim de se recuperar da incapacidade temporária. Assim, a Turma deu provimento ao recurso. Precedentes citados: AgRg no REsp 1.195.925-RS, DJe 22/11/2010; AgRg no REsp 1.137.594-RS, DJe 13/9/2010, e AgRg no REsp 1.186.347-SC, DJe 3/8/2010. **REsp 1.240.943-RS, Rel. Min. Mauro Campbell Marques, julgado em 7/4/2011.** (Inform. STJ 468)

GESTANTE. ESTABILIDADE. MILITAR TEMPORÁRIO.

A questão diz respeito à possibilidade de somar, para contagem do prazo decenal para a estabilidade da recorrente (militar temporário), o tempo referente aos meses restantes de sua gestação, bem como os meses transcorridos após o nascimento da criança. *In casu*, quando a recorrente contava nove anos e quatro meses de serviço ativo na Marinha, foi licenciada aos seis meses de gestação (30/8/1990) e, mesmo após seu licenciamento, a Administração Militar continuou a pagar-lhe seus respectivos soldos e demais vantagens até junho de 1991. Inconformada, a recorrente ajuizou ação ordinária em desfavor da União, pretendendo a suspensão da decisão que indeferiu o requerimento de tempo de serviço para fins de estabilidade e determinou seu licenciamento da Marinha, além de buscar sua consequente reintegração. A sentença julgou improcedente o pedido sob o fundamento de que a estabilidade no serviço militar só ocorreria após implementados dez anos de serviço, o que não ocorreu na espécie, uma vez que o licenciamento ocorrera antes de esse tempo ser completado, sendo irrelevante que, à época, estivesse grávida, tendo em vista que não alcança os militares a proteção prevista nos art. 7º, I, da CF/1988 e art. 10, II, b, do ADCT, que cuidam da estabilidade temporária em favor das gestantes. O tribunal *a quo*, por sua vez, confirmou a sentença de improcedência, entendendo que a estabilidade destinada às gestantes, em virtude de seu caráter provisório, não pode ter seu prazo aproveitado para a pretendida estabilidade. No entanto, para o Min. Relator, a controvérsia deve ser examinada à luz do art. 50, IV, a, da Lei n. 6.880/1980 (Estatuto dos Militares), do qual se infere que a estabilidade dos militares das Forças Armadas será alcançada pelas praças que contarem dez ou mais anos de tempo de efetivo serviço. Ressaltou que tal dispositivo legal limita-se a estabelecer aquele marco temporal para a aquisição da estabilidade sem impor qualquer outra condição. Além disso, a jurisprudência deste Superior Tribunal e do STF vem se firmando no sentido de assegurar à gestante militar a estabilidade (provisória) garantida aos trabalhadores urbanos e rurais, nos termos dos art. 7º, XVIII, da CF/1988 e art. 10, II, b, do ADCT. Observou-se, também, que o entendimento do tribunal de origem ficou corroborado pela superveniente EC n. 18/1998, que acresceu ao art. 142 da CF/1988 o inciso VIII, segundo o qual se aplica aos militares o disposto no art. 7º, XVIII, dessa mesma constituição, entre outros. Diante de tal premissa, a estabilidade temporária deverá ser entendida não apenas em sua dimensão econômica (sem prejuízo de salário), mas também no que concerne ao vínculo de trabalho (sem prejuízo do emprego), visto que a gestante tem o efetivo direito de não ser dispensada. Dessa forma, concluiu--se que a recorrente deverá ser reintegrada no serviço ativo da Marinha, a contar da data em que foi indevidamente licenciada, uma vez que se encontrava no período da estabilidade reservada às gestantes, devendo esse lapso temporal ser computado para obtenção da estabilidade decenal prevista no art. 50, IV, a, da Lei n. 6.880/1980. **Precedentes citados do STF: AI 547.104-RS, DJ 17/11/2005; RE 597.989-PR, DJe 11/11/2009; do STJ: REsp 780.489-RJ, DJe 18/5/2009, e AgRg no REsp 316.636-RS, DJ 6/11/2006. REsp 1.200.549-RJ, Rel. Min. Arnaldo Esteves Lima, julgado em 16/9/2010.** (Inform. STJ 447)

JUIZ. ESTÁGIO PROBATÓRIO. DEMISSÃO.

A Turma negou provimento ao recurso ordinário em mandado de segurança, mantendo a decisão do tribunal *a quo* que entendeu inexistir ofensa aos princípios da razoabilidade e da proporcionalidade quando da aplicação da pena de demissão a juiz de direito substituto. Na espécie, após representação oferecida pela corregedoria geral de Justiça ao presidente do TJ, a qual tomou conhecimento da existência de processos pela prática dos crimes de peculato, estelionato e apropriação indébita, instaurou-se processo administrativo disciplinar em desfavor do magistrado recorrente, o que resultou na sua não vitaliciedade e exoneração do cargo. Segundo o Min. Relator, a existência de ações penais – ainda que, em relação a um dos delitos, a sentença condenatória tenha sido desconstituída por nulidade de forma em revisão criminal – e a omissão, tanto na fase do certame quanto após a nomeação, de fatos delituosos – anteriores à investidura no cargo – comprometem o exercício da função judicante e contrariam a postura ética e moral que se espera de um magistrado na vida pública e privada. Salientou, ademais, que o edital do concurso público prestado previa a apresentação de certidões negativas criminais como requisito para a inscrição definitiva. Ressaltou que o art. 95, I, da CF/1988, ao dispor sobre a garantia de vitaliciedade, condiciona a perda do cargo, no período de dois anos de exercício em estágio probatório, à deliberação do tribunal a que o juiz estiver vinculado, procedimento que, *in casu*, encontra-se disposto nos arts. 191 e 197 do código de organização e divisão judiciária estadual. Asseverou, ainda, que as alegações de que o recorrente cumpria suas funções, tinha boa conduta e não sofreu sanções disciplinares durante o tempo em que exerceu suas atividades não têm o condão de beneficiá-lo por se tratar de dever inerente à profissão. **RMS 14.874-MS, Rel. Min. Celso Limongi (Desembargador convocado do TJ-SP), julgado em 7/12/2010.** (Inform. STJ 459)

SERVIDOR. ESTÁGIO PROBATÓRIO. APOSENTADORIA.

No mérito, insurge-se a recorrente contra o acórdão que denegou a segurança impetrada em face de ato que indeferiu seu pedido de aposentadoria voluntária, ante a ausência do término do estágio probatório de três anos no cargo de assessor jurídico do Ministério Público do Estado do Rio Grande do Sul (MP), tal qual previsto em provimento daquele órgão. Para tanto, alega ser de dois anos o estágio probatório, conforme prevê o estatuto dos servidores públicos daquele estado-membro. Cumpre esclarecer que, apesar de a estabilidade e o estágio probatório serem institutos diversos, vinculam-se um ao outro, uma vez que um dos objetivos do estágio probatório é fornecer elementos para a Administração averiguar se o servidor cumpre os requisitos para adquirir estabilidade no serviço público. Com efeito, o prazo do estágio probatório dos servidores públicos deve observar a alteração promovida pela EC n. 19/1998 no art. 41 da CF/1988, no tocante ao aumento do lapso temporal para a aquisição da estabilidade no serviço público para três anos. Por isso, em caso de cessão do servidor para outro órgão, como na hipótese dos autos, há a imediata suspensão de contagem do referido prazo. Assim, é firme o entendimento deste Superior Tribunal e do STF no sentido de que não pode o servidor em estágio probatório, ainda não investido definitivamente no cargo, aposentar-se voluntariamente, excepcionadas as hipóteses legais, uma vez que, como etapa final do processo seletivo, enquanto não aprovado no estágio probatório, o servidor ainda não tem a investidura definitiva no cargo. Conclui-se, pois, que a recorrente, ex-servidora do Tribunal Regional Eleitoral, não tem direito líquido e certo à aposentadoria voluntária enquanto não cumprido o período de estágio probatório no cargo de assessor jurídico do Ministério Público daquele estado. Por essas razões, a Turma negou provimento ao recurso. **Precedentes citados do STF: MS 24.744-DF, DJ 26/11/2004; MS 22.947-BA, DJ 8/3/2002; MS 23.577-DF, DJ 14/6/2002; MS 24.543-DF, DJ 12/9/2003; do STJ: MS 12.523-DF, DJe 18/8/2009, e RMS 19.884-DF, DJ 10/12/2007. RMS 23.689-RS, Rel. Min. Maria Thereza de Assis Moura, julgado em 18/5/2010.** (Inform. STJ 435)

ESTÁGIO PROBATÓRIO. ALTERAÇÃO. PRAZO.

Em mandado de segurança, discute-se o prazo a ser considerado para inclusão de procurador federal em listas de promoção e progressão na carreira: se o prazo para o estágio probatório de dois anos nos termos do art. 20 da Lei n. 8.112/1990 – reproduzido no art. 22 da LC n. 73/1993 (Lei Orgânica da Advocacia-Geral da União) e em outros estatutos de servidores públicos – ou o prazo de aquisição de estabilidade no serviço público, de três anos, conforme disposto no art. 41 da CF/1988 (com a redação dada pela EC n. 19/1998). Para o Min. Relator, o prazo de estágio probatório dos servidores públicos deve observar a alteração promovida pela EC n. 19/1998, que aumentou para três anos o prazo para aquisição da estabilidade no serviço público, visto que, apesar de esses institutos jurídicos (estágio probatório e estabilidade) serem distintos entre si, de fato, não há como dissociá-los, ambos estão pragmaticamente ligados. Observa que a finalidade do estágio é fornecer subsídios para a estabilização ou não do servidor público. Assim, não faz sentido que o servidor público seja considerado apto para o cargo num estágio probatório de dois anos e apenas, após três anos do efetivo exercício vir a ser estabilizado no mesmo cargo. Destaca que segundo a doutrina quando a EC n. 19/1998 diz que os servidores são estáveis após três anos, esse prazo só pode ser de estágio probatório. Ademais, no antigo entendimento, haveria também a circunstância de que, a partir do segundo ano, o servidor perderia o direito à recondução (art. 29, I, da Lei n. 8.112/1990). Sendo assim, o estágio probatório é o período compreendido entre o início do exercício do cargo e a aquisição de estabilidade no serviço público, que se dá após três anos. Aponta ser também essa a opinião do STF, que considerou ser a nova ordem constitucional do citado art. 41 imediatamente aplicável. Ressalta que havendo autorização legal, o servidor público pode avançar na carreira independentemente de se encontrar em estágio probatório. No caso dos autos, há a Portaria n. 468/2005 da Procuradoria-Geral Federal que restringiu a elaboração e edição de listas de promoção e progressão aos procuradores federais que houvessem findado o estágio probatório entre 1º de julho de 2000 a 30 de junho de 2002. De modo que, no momento da elaboração das listas, como o impetrante não concluiu o requisito no lapso temporal do efetivo exercício para conclusão do período do estado probatório, não pode figurar nas listas de promoção e progressão funcional. Com esse entendimento, a Seção mudou seu posicionamento quanto ao estágio probatório e denegou o MS. **MS 12.523-DF, Rel. Min. Felix Fischer, julgado em 22/4/2009.** (Inform. STJ 391)

REPROVAÇÃO NO ESTÁGIO PROBATÓRIO E VITALICIEDADE - 4

Ante a singularidade do caso concreto, o Tribunal, por maioria, em conclusão de julgamento, concedeu mandado de segurança para anular ato do Procurador-Geral da República que determinara a exoneração de procuradora do Ministério Público do Trabalho, em razão de sua reprovação no estágio probatório — v. Informativos 326, 337 e 389. Considerou-se o fato de a impetrante já se encontrar na carreira há quase 10 anos por força de liminar deferida pela Corte, que não conseguira examinar, até hoje, o mérito do *writ*, e concluiu-se que seria ofensivo à segurança jurídica denegar-se a ordem para efeito de perda do cargo numa situação absolutamente diferente dos casos materiais em que é sempre possível reverter à situação jurídica anterior. Vencida a Min. Ellen Gracie, relatora, que indeferia a ordem. **MS 23441/DF, rel. orig. Min. Ellen Gracie, rel. p/ o acórdão Min. Joaquim Barbosa, 27.11.2008.** (MS-23441) (Inform. STF 530)

PRAZO. ESTÁGIO PROBATÓRIO. ESTABILIDADE.

É incabível a exigência de que o servidor público em questão cumpra o prazo de estabilidade para que passe a figurar na lista de promoção de sua carreira. Não há que se confundir estágio probatório (prazo de vinte e quatro meses previsto na antiga redação do art. 20 da Lei n. 8.112/1990) e estabilidade (prazo de três anos constante da redação do art. 41 da CF/1988 dada pela EC n. 19/1998). **Precedente citado: MS 12.418-DF, DJ 8/5/2008. MS 12.389-DF, Rel. Min. Jane Silva (Desembargadora convocada do TJ-MG), julgado em 25/6/2008.** (Inform. STJ 361)

EXONERAÇÃO. ESTÁGIO PROBATÓRIO.

A Turma, prosseguindo o julgamento, por maioria, deu provimento ao recurso, ao entendimento de que, no caso, a avaliação do estágio probatório não poderia ser feita com base em sindicância que fora instaurada para outro fim, além de que o diretor do Foro não era a autoridade competente para fazer tal avaliação, visto que a recorrente nunca trabalhou diretamente subordinada a ele, mas às chefias dos setores e departamentos pelos quais passou. Desse modo, não houve observância do art. 3º, *caput*, e § 1º, da Resolução n. 21/1991 do Conselho da Justiça Federal. Não poderia, também, em prejuízo da funcionária, fundar-se em informações de uma psicóloga, uma vez que não houve sequer a entrevista dela com a referida profissional. Vale ressaltar que a avaliação do estágio probatório deve ser realizada pelo superior hierárquico imediato ao servidor. Isso porque tão-somente aquele que acompanha o avaliando diariamente, em regra, é capaz de formar, com segurança, um juízo convincente a respeito dos fatores previstos no art. 20 da Lei n. 8.112/1990, quais sejam, aqueles relacionados à assiduidade, disciplina, capacidade de iniciativa, produtividade e responsabilidade. **RMS 16.153-SP, Rel. originária Min. Laurita Vaz, Rel. para acórdão Min. Arnaldo Esteves Lima, julgado em 3/4/2008.** (Inform. STJ 350)

SERVIDOR PÚBLICO. ANISTIA. REINTEGRAÇÃO. CARGO.

O Min. Relator originário entendia que, tendo o Tribunal de origem firmado a compreensão de que não havia, nos autos, prova de que a demissão do recorrente decorreu de motivos exclusivamente políticos, rever tal entendimento demandaria o reexame do conjunto probatório dos autos (Súm. n. 7-STJ). O Min. Napoleão Nunes Maia Filho divergiu por considerar que a prova, nos casos de anistia, não pode repousar nos autos, pois decorre da interpretação do contexto e das circunstâncias em que se tenha dado o ato tido como baseado em motivação política. A prova direta, como se chama a prova material ou a prova imediata, é rigorosamente impossível num caso dessa espécie porque o próprio ato a oculta. E, finalizou o Min. Napoleão Nunes Maia Filho, aduzindo que a prova tem que ser aceita com esses temperamentos; diante disso, conheceu do recurso e deu-lhe provimento para reintegrar o autor em sua função na universidade, no que foi seguido pela maioria da Turma. **REsp 823.122-DF, Rel. originário Min. Arnaldo Esteves Lima, Rel. para acórdão Min. Napoleão Nunes Maia Filho, julgado em 14/11/2007.** (Inform. STJ 339)

ESTABILIDADE. AVALIAÇÃO. DESEMPENHO. LICENÇA. PRAZO.
Quando, dentro do período de três anos, a avaliação de desempenho do servidor (art. 41 da CF/1988, com a redação dada pela EC n. 19/1998) for impossibilitada em razão de afastamentos pessoais, esse prazo deverá ser prorrogado pelo mesmo lapso de tempo em que perdurar o afastamento ou licença, de modo a permitir a referida avaliação, pois o efetivo exercício da função é-lhe condição. Mostra-se, portanto, impossível aproveitar aqueles períodos de licença ou afastamento. Precedentes citados: RMS 9.931-PR, DJ 15/10/2001, e REsp 173.580-DF, DJ 17/12/1999. **RMS 19.884-DF, Rel. Min. Felix Fischer, julgado em 8/11/2007.** (Inform. STJ 338)

EMPREGO PÚBLICO. ASPECTOS PESSOAIS. ACESSO. RESTRIÇÕES. EXPERIÊNCIA MÍNIMA.
A Turma decidiu que, conquanto não sejam impostas restrições dificultando o acesso a emprego público – critérios relativos a aspectos pessoais, tais como raça, cor, credo religioso ou político –, é cabível estabelecer-se um prazo mínimo de prática profissional no exercício das atividades a serem desenvolvidas pelo candidato aprovado, mediante a previsão expressa no edital do concurso. Precedente citado: REsp 200.270-SP, DJ 17/5/1999. **REsp 801.982-RJ, Rel. Min. José Delgado, julgado em 17/5/2007.** (Inform. STJ 320)

MILITAR. PORTADOR. HIV. REFORMA *EX OFFICIO*. CAPACIDADE DEFINITIVA.
Tem direito à concessão da reforma *ex officio* por incapacidade definitiva, com remuneração calculada com base no soldo correspondente ao grau hierárquico imediato ao que possuía na ativa, o militar portador do vírus HIV independente do grau de desenvolvimento da doença (AIDS/SIDA). Esse entendimento não se estende às demais doenças previstas na legislação de regência, devendo, nos demais casos, o militar comprovar a sua incapacidade para todo e qualquer trabalho, a fim de ser reformado com base no soldo de grau hierárquico imediato. Assim a Seção rejeitou os embargos. **EREsp 670.744-RJ, Rel. Min. Arnaldo Esteves Lima, julgados em 9/5/2007.** (Inform. STJ 319)

SÚMULA STF Nº 47

Reitor de universidade não é livremente demissível pelo presidente da república durante o prazo de sua investidura.

SÚMULA STJ Nº 346

É vedada aos militares temporários, para aquisição de estabilidade, a contagem em dobro de férias e licenças não-gozadas.

5.5. Remuneração

TETO REMUNERATÓRIO E HONORÁRIOS ADVOCATÍCIOS
A 1ª Turma, por votação majoritária, negou provimento a agravo regimental de decisão do relator à época, na qual dado provimento a recurso extraordinário para aplicar a sistemática do art. 42 da Lei paulista 10.430/88 — não recepcionado pela CF/88 no ponto em que fixara teto para a remuneração bruta, a qualquer título, dos servidores públicos municipais. Ademais, incluíra os valores percebidos sob a rubrica de honorários advocatícios, por procuradora municipal, na incidência de teto remuneratório, por não se enquadrarem como vantagens de natureza pessoal. Preliminarmente, por maioria, converteram-se os embargos de declaração em agravo regimental, contra o voto do Min. Marco Aurélio. Vencido, também, quanto ao mérito, uma vez que provia o agravo a fim de que o extraordinário viesse a julgamento deste Colegiado. RE 380538 ED/SP, rel. Min. Dias Toffoli, 26.6.2012. (RE-380538) (Inform. STF 672)

Incorporação de Reajuste e Decisão Judicial Transitada em Julgado - 1
O Tribunal retomou julgamento de mandado de segurança impetrado por professores universitários aposentados contra decisão do TCU que considerara ilegal a incorporação do reajuste de 26,05% referente ao chamado Plano Verão, recusando o registro de aposentadoria dos impetrantes, e contra ato do Reitor da Fundação Universidade Federal do Piauí que suspendera tal incorporação em obediência à determinação do Tribunal de Contas nesse sentido. Na assentada do dia 9.6.2005, o Min. Sepúlveda Pertence, relator, concedeu a segurança para tornar sem efeito a decisão do TCU e restabelecer a incorporação questionada aos proventos dos impetrantes, por entender, reportando-se ao que decidido pela Corte no MS 23665/DF (DJU de 20.9.2002), que o TCU não poderia ter determinado a supressão de parcelas concedidas por decisão judicial transitada em julgado. Na presente sessão, o Min. Gilmar Mendes votou com o relator. Em divergência, o Min. Marco Aurélio indeferiu a segurança por não vislumbrar direito líquido e certo dos impetrantes. Salientando que, ao se levar à última conseqüência a decisão judicial de integração da parcela aos vencimentos, chegar-se-ia quase a um "bill" de indenidade, concluiu que as sentenças judiciais ficam restritas, quanto ao conteúdo, à integração das parcelas aos vencimentos, não repercutindo nos cálculos próprios, que sempre podem ser revistos, dos proventos da aposentadoria. Em seguida, o julgamento foi suspenso em virtude do pedido de vista do Min. Joaquim Barbosa. MS 23394/DF, rel. Min. Sepúlveda Pertence, 6.9.2007 (MS-23394)

INCORPORAÇÃO DE REAJUSTE E DECISÃO JUDICIAL TRANSITADA EM JULGADO - 2
O Tribunal retomou julgamento de mandado de segurança impetrado por professores universitários aposentados contra decisão do TCU que considerara ilegal a incorporação do reajuste de 26,05% referente ao chamado Plano Verão (URP), recusando o registro de aposentadoria dos impetrantes, e contra ato do Reitor da Fundação Universidade Federal do Piauí que suspendera tal incorporação em obediência à determinação da Corte de Contas nesse sentido — v. Informativo 478. O Min. Joaquim Barbosa, em voto-vista, acompanhou o voto do relator, no sentido de conceder a segurança para tornar sem efeito a decisão do TCU e restabelecer a incorporação questionada aos proventos dos impetrantes, ao fundamento de que o ato de supressão da vantagem violou o que estava contido na coisa julgada. Após, pediu vista dos autos a Min. Ellen Gracie. **MS 23394/DF, rel. Min. Sepúlveda Pertence, 8.10.2009.** (MS-23394)

INCORPORAÇÃO DE REAJUSTE E DECISÃO JUDICIAL TRANSITADA EM JULGADO - 3
O Plenário retomou julgamento de mandado de segurança impetrado por professores universitários aposentados contra decisão do TCU que considerara ilegal a incorporação do reajuste de 26,05% referente ao chamado Plano Verão (URP), recusando o registro de aposentadoria dos impetrantes, e contra ato do Reitor da Fundação Universidade Federal do Piauí que suspendera essa incorporação em obediência à determinação da Corte de Contas nesse sentido — v. Informativos 478 e 562. A Min. Ellen Gracie, em voto-vista, acompanhou o relator apenas para excluir do pólo passivo o reitor da mencionada universidade por ser mero executor da ordem do TCU. No mérito, denegou a segurança. Afirmou que o Regime Jurídico Único já se encontraria estabelecido quando a decisão transitara em julgado. Portanto, entendeu que se trataria de decisão inane, proferida por juízo que era, então, incompetente conforme decidido inúmeras vezes pelo plenário do Supremo. Após, pediu vista a Min. Cármen Lúcia. MS 23394/DF, rel. Min. Sepúlveda Pertence, 4.8.2011. (MS-23394) (Inform. STF 634)

SUSPENSÃO DE SEGURANÇA E INEXISTÊNCIA DE REPERCUSSÃO GERAL
Ante a inexistência de repercussão geral da matéria, o Plenário desproveu agravo regimental interposto de decisão do Presidente, na qual negado seguimento a pedido de suspensão de segurança. Impugnava-se, na espécie, acórdão de tribunal de justiça estadual publicado posteriormente à exigência do requisito de repercussão geral no recurso extraordinário. Consignou-se que a repercussão geral da questão — relativa à equiparação entre procuradores autárquicos e procuradores de Estado para fins de cálculo do teto remuneratório — fora rejeitada no RE 562581/SP (DJe de 22.2.2008). SS 4394/SP, rel. Min. Presidente, 14.9.2011. (SS-4394) (Inform. STF 640)

EC 41/2003: TETO REMUNERATÓRIO E VANTAGENS PESSOAIS
As vantagens pessoais percebidas antes da entrada em vigor da EC 41/2003 não se computam para fins de cálculo do teto constitucional. Com esse entendimento, a 2ª Turma, por maioria, concedeu a ordem em mandado de segurança impetrado por procurador da república aposentado, para reconhecer o direito do impetrante de — a partir da data da impetração — continuar a receber, sem redução, o montante bruto que percebia anteriormente à EC 41/2003, até a sua total absorção pelas novas formas de composição de seus proventos. O Min. Gilmar Mendes, relator, destacou que a matéria fora objeto de decisão pelo Plenário desta Corte. Vencido o Min. Ayres Britto, que denegava a segurança. MS 27565/DF, rel. Min. Gilmar Mendes, 18.10.2011. (MS-27565) (Inform. STF 645)

SERVIDOR PÚBLICO: REAJUSTE DE VENCIMENTOS E DEVER ESTATAL DE INDENIZAÇÃO - 1

O Plenário iniciou julgamento de recurso extraordinário, interposto em desfavor do Estado de São Paulo, em que se discute o direito de indenização a servidores, considerada a desvalorização anual de seus vencimentos em face da inflação e a ausência de norma que promova o reajuste periódico do montante percebido. O Min. Marco Aurélio, relator, julgou procedente o pleito, para impor ao Estado-membro a obrigação de indenizar os autores em razão do descompasso entre os reajustes porventura implementados e a inflação do período. Aduziu, inicialmente, que incumbiria à Corte zelar para que a Constituição não fosse esvaziada por conduta omissiva ou comissiva dos agentes públicos, em especial os ocupantes dos Poderes Executivo e Legislativo. Nesse sentido, afirmou que a inoperância da Constituição deveria ser combatida, presente a insurgência do cidadão e a prova da mora injustificável do legislador ou do Chefe do Poder Executivo, para se superar a conhecida "síndrome da inefetividade das normas constitucionais". Consignou que a revisão geral anual dos vencimentos de servidores estaria prevista no art. 37, X, da CF ("*a remuneração dos servidores públicos e o subsídio de que trata o § 4º do art. 39 somente poderão ser fixados ou alterados por lei específica, observada a iniciativa privativa em cada caso, assegurada revisão geral anual, sempre na mesma data e sem distinção de índices*") e que haveria relação de equivalência estabelecida entre os serviços prestados por eles e o que lhes seria devido a título remuneratório, tendo em conta o disposto no inciso XV do mesmo artigo ("*o subsídio e os vencimentos dos ocupantes de cargos e empregos públicos são irredutíveis, ressalvado o disposto nos incisos XI e XIV deste artigo e nos arts. 39, § 4º, 150, II, 153, III, e 153, § 2º, I*"). RE 565089/SP, rel. Min. Marco Aurélio, 9.6.2011. (RE-565089)

SERVIDOR PÚBLICO: REAJUSTE DE VENCIMENTOS E DEVER ESTATAL DE INDENIZAÇÃO - 2

Reputou, ademais, que a denominada reforma administrativa, promovida com a EC 19/98 teria, dentre seus objetivos, a melhora das condições do servidor. Por outro lado, este não teria o mesmo poder de barganha dos trabalhadores em geral, visto que a paralisação da máquina administrativa, em razão das greves, implicaria prejuízo ao administrado, e não ao empregador. Essa diferença reduziria a efetividade da prerrogativa enquanto instrumento de negociação. Estabeleceu, também, a diferença entre aumento e reajuste e frisou que este seria voltado a afastar os efeitos nefastos da inflação, para manter o poder aquisitivo da remuneração. Reconheceu a inviabilidade do aumento remuneratório por decisão judicial, considerado inclusive o Verbete 339 da Súmula do STF ("*não cabe ao Poder Judiciário, que não tem função legislativa, aumentar vencimentos de servidores públicos sob fundamento de isonomia*"), mas destacou que o caso trataria apenas de reajuste decorrente do inadimplemento de majoração remuneratória para resguardo da equação entre remuneração e trabalho. Notou que o direito ao reajuste seria componente essencial do sistema de contratação pública, com o fim de manter o equilíbrio do acordo firmado. Salientou que o impacto financeiro do preceito constitucional invocado não justificaria sua inobservância, bem como que não incumbiria ao Judiciário analisar a conveniência dessa ou daquela norma. Outrossim, caberia àquele Poder apenas assentar se determinada pretensão seria, ou não, compatível com o ordenamento jurídico, mormente se a obrigação decorre da literalidade, historicidade, sistematicidade e teleologia da Constituição. Lembrou que o Supremo teria firmado esse enfoque ao apreciar situações envolvendo a colisão entre direitos fundamentais, que ficariam submetidos à ineficácia por argumentos de índole financeira. Consignou que, na espécie, o Estado continuaria a contar com a valia dos serviços que, paulatinamente, seriam remunerados de maneira a revelar decesso. Afirmou que o quadro estaria a indicar ato omissivo da Administração e que a responsabilidade estatal, na hipótese, seria objetiva, uma vez que concretamente demonstrada a ocorrência do fato danoso, embora existente a obrigação legal de agir e a possibilidade de evitar a lesão. Após, pediu vista a Min. Cármen Lúcia. RE 565089/SP, rel. Min. Marco Aurélio, 9.6.2011. (RE-565089) (Inform. STF 630)

ADI N. 3.306-DF

RELATOR: MIN. GILMAR MENDES

EMENTA: Ação Direta de Inconstitucionalidade. Resoluções da Câmara Legislativa do Distrito Federal que dispõem sobre o reajuste da remuneração de seus servidores. reserva de lei.

I. PRELIMINAR. REVOGAÇÃO DE ATOS NORMATIVOS IMPUGNADOS APÓS A PROPOSITURA DA AÇÃO DIRETA. FRAUDE PROCESSUAL. CONTINUIDADE DO JULGAMENTO. Superveniência de Lei Distrital que convalidaria as resoluções atacadas. Sucessivas leis distritais que tentaram revogar os atos normativos impugnados. Posterior edição da Lei Distrital nº 4.342, de 22 de junho de 2009, a qual instituiu novo Plano de Cargos, Carreira e Remuneração dos servidores e revogou tacitamente as Resoluções 197/03, 201/03, 202/03 e 204/03, por ter regulado inteiramente a matéria por elas tratadas, e expressamente as Resoluções nºs 202/03 e 204/03. Fatos que não caracterizaram o prejuízo da ação. Quadro fático que sugere a intenção de burlar a jurisdição constitucional da Corte. Configurada a *fraude processual* com a revogação dos atos normativos impugnados na ação direta, o curso procedimental e o julgamento final da ação não ficam prejudicados. Precedente: ADI nº 3.232/TO, Rel. Min. Cezar Peluso, *DJ* 3.10.2008.

II. REMUNERAÇÃO DOS SERVIDORES PÚBLICOS. PRINCIPIO DA RESERVA DE LEI. A Emenda Constitucional 19/98, com a alteração feita no art. 37, X, da Constituição, instituiu a reserva legal para a fixação da remuneração dos servidores públicos. Exige-se, portanto, lei formal e específica. A Casa Legislativa fica apenas com a iniciativa de lei. Precedentes: ADI-MC 3.369/DF, Relator Min. Carlos Velloso, *DJ* 02.02.05; ADI-MC 2.075, Rel. Min. Celso de Mello, DJ 27.06.2003. As resoluções da Câmara Distrital não constituem lei em sentido formal, de modo que vão de encontro ao disposto no texto constitucional, padecendo, pois, de patente inconstitucionalidade, por violação aos artigos 37, X; 51, IV; e 52, XIII, da Constituição Federal.

III. Ação direta de inconstitucionalidade julgada procedente. (Inform. STF 630) *noticiado no Informativo 619

REPERCUSSÃO GERAL EM RE N. 602.043-MT

RELATOR: MIN. MARCO AURÉLIO

TETO REMUNERATÓRIO – EMENDA Nº 41/2003 – SITUAÇÃO CONSTITUÍDA – INTANGIBILIDADE DECLARADA NA ORIGEM – TEMA CONSTITUCIONAL – REPETIÇÃO – RECURSO EXTRAORDINÁRIO – SEQUÊNCIA – REPERCUSSÃO GERAL CONFIGURADA. Possui repercussão geral a controvérsia acerca da aplicabilidade do teto remuneratório previsto no inciso XI do artigo 37 da Carta da República, introduzido pela Emenda Constitucional nº 41/2003, à soma das remunerações provenientes da cumulação de dois cargos públicos privativos de médico. (Inform. STF 627)

REPERCUSSÃO GERAL EM RE N. 638.115-CE

RELATOR: MIN. GILMAR MENDES

Recurso extraordinário. Administrativo. Servidor Público. Incorpora-ção de quintos decorrente do exercício de funções comissionadas no período compreendido entre a edição da Lei 9.624/1998 e a MP 2.225-48/2001. Repercussão geral reconhecida. (Inform. STF 627)

MS N. 24.089/DF

RED. P/ O ACÓRDÃO: MIN. MARCO AURÉLIO

AJUDA DE CUSTO E DESPESA DE TRANSPORTE – TRIBUNAL DE CONTAS DA UNIÃO – ALCANCE DA LEI Nº 8.112/90 E DOS DECRETOS Nº 1.445/95 E 1.637/95. A teor das normas de regência da ajuda de custo, o fato de o servidor voltar à origem espontaneamente não gera o direito à ajuda de custo, mostrando-se irrelevante a circunstância de haver sido afastado de função comissionada. (Inform. STF 626) *noticiado nos Informativos 617

REPERCUSSÃO GERAL EM RE N. 607.607-RS

RELATOR: MIN. MARCO AURÉLIO

VALE-REFEIÇÃO – PARCELA INDENIZATÓRIA – REPOSIÇÃO DO PODER AQUISITIVO – IMPOSIÇÃO PELO PODER JUDICIÁRIO. Possui repercussão geral a controvérsia sobre a possibilidade de, ante a existência de lei, o Poder Judiciário proceder ao reajuste do vale-refeição de servidores estaduais ou impor ao Poder Executivo a edição de decreto para tal fim. (Inform. STF 623)

REPERCUSSÃO GERAL EM RE N. 632.767-SP

RELATOR: MIN. RICARDO LEWANDOWSKI

EMENTA: ADMINISTRATIVO. SERVIDOR PÚBLICO MUNICIPAL. REAJUSTES DE VENCIMENTOS. ÍNDICES APLICÁVEIS. COMPENSAÇÕES E COMPLEMENTAÇÕES DE REAJUSTES. NECESSIDADE DE EXAME DA LEGISLAÇÃO INFRACONSTITUCIONAL LOCAL. LEIS 10.688/1988, 10.722/1989, 11.722/1995 E 12.397/1997. PORTARIAS 256/1994 E 261/1994. DECRETOS 35.932/1996, 36.249/1996, 36.559/1996 E 36.769/1997. SÚMULA 280 DO STF. INEXISTÊNCIA DE REPERCUSSÃO GERAL. (Inform. STF 622)

RE N. 419.874-SP

RELATOR: MIN. MARCO AURÉLIO

REMUNERAÇÃO – SERVIDOR DO EXECUTIVO ESTADUAL – TETO – EMENDA CONSTITUCIONAL Nº 19/98 – EFICÁCIA PROJETADA NO TEMPO – ARTIGO 37, INCISO XI, DA CONSTITUIÇÃO FEDERAL, NA REDAÇÃO PRIMITIVA – SUBSISTÊNCIA DO TETO REVELADO PELA REMUNERAÇÃO DE SECRETÁRIO DE ESTADO. A eficácia do inciso XI do artigo 37 da Constituição Federal, na redação decorrente da Emenda Constitucional nº 19/98, ficou jungida à fixação, por lei de iniciativa conjunta do Presidente da República, do Presidente do Supremo, do Presidente da Câmara e do Presidente do Senado, do subsídio, persistindo a vigência do texto primitivo da Carta, no que contemplado o teto por Poder, consideradas as esferas federal e estadual. (Inform. STF 619)

RE N. 558.258-SP

RELATOR: MIN. RICARDO LEWANDOWSKI

EMENTA: CONSTITUCIONAL. RECURSO EXTRAORDINÁRIO. SERVIDOR PÚBLICO. SUBTETO REMUNERATÓRIO. ART. 37, XI, DA CONSTITUIÇÃO DA REPÚBLICA. ABRANGÊNCIA DO TERMO "PROCURADORES". PROCURADORES AUTÁRQUICOS ABRANGIDOS PELO TETO REMUNERATÓRIO. ALTERAÇÃO QUE, ADEMAIS, EXIGE LEI EM SENTIDO FORMAL. RECURSO EXTRAORDINÁRIO IMPROVIDO.

I – A referência ao termo "Procuradores", na parte final do inciso IX do art. 37 da Constituição, deve ser interpretada de forma a alcançar os Procuradores Autárquicos, uma vez que estes se inserem no conceito de Advocacia Pública trazido pela Carta de 1988.

II – A jurisprudência do Supremo Tribunal Federal, de resto, é firme no sentido de que somente por meio de lei em sentido formal é possível a estipulação de teto remuneratório.

III - Recurso extraordinário conhecido parcialmente e, nessa parte, improvido. (Inform. STF 619) *noticiado no Informativo 578

RE N. 607.580-RS

RELATOR: MIN. MARCO AURÉLIO

PROVENTOS – ALTERAÇÃO – PESSOAL DA ATIVA – SUPRESSÃO DE PARCELA – EXTENSÃO – IMPROPRIEDADE. Surge inadequada supressão de parcela integrante dos cálculos de proventos, a pretexto de imprimir tratamento igualitário considerado pessoal da ativa. (Inform. STF 619)

REMOÇÃO DE SERVIDOR E AJUDA DE CUSTO - 2

Em conclusão, o Plenário, por maioria, indeferiu mandado de segurança impetrado contra decisão do TCU, que negara a servidor de seu quadro o direito à concessão de ajuda de custo, em razão de seu retorno para a lotação de origem — v. Informativo 380. No caso, o servidor estava lotado inicialmente no Estado da Paraíba e fora nomeado para exercer função comissionada no Estado do Acre, sendo exonerado, de ofício, tempos depois. Seu retorno à lotação de origem fora deferido sem ônus para a Corte de Contas. Reputou-se que, diante da circunstância de o recorrente haver sido destituído da função de confiança e o seu regresso à origem ter se dado a seu pedido, não haveria direito à indenização. Ademais, considerou-se inaplicável, à espécie, o Decreto 1.445/95 — com a redação dada pelo Decreto 1.637/95, o qual regulamentava, à época dos fatos, a Lei 8.112/90 —, já que editado para reger relação do Poder Executivo com o servidor. Vencidos os Ministros Joaquim Barbosa, relator, Dias Toffoli, Cármen Lúcia e Ricardo Lewandowski que concediam a ordem. MS 24089/DF, rel. orig. Min. Joaquim Barbosa, red. p/ o acórdão Min. Marco Aurélio, 24.2.2011. (MS-24089) (Inform. STF 617)

REPERCUSSÃO GERAL EM RE N. 602.584-DF

RELATOR: MIN. MARCO AURÉLIO

TETO REMUNERATÓRIO – INCIDÊNCIA SOBRE O MONTANTE DECORRENTE DA ACUMULAÇÃO DE PROVENTOS DE APOSENTADORIA E PENSÃO – ARTIGO 37, INCISO XI, DA CARTA FEDERAL E ARTIGOS 8º E 9º DA EMENDA CONSTITUCIONAL Nº 41/2003. Possui repercussão geral a controvérsia sobre a possibilidade de, ante o mesmo credor, existir a distinção do que recebido, para efeito do teto remuneratório, presentes as rubricas proventos e pensão, a teor do artigo 37, inciso XI, da Carta da República e dos artigos 8º e 9º da Emenda Constitucional nº 41/2003. (Inform. STF 617)

SUBSÍDIO VITALÍCIO A EX-GOVERNADOR - 1

O Plenário iniciou julgamento de medida cautelar em ação direta de inconstitucionalidade ajuizada pelo Conselho Federal da Ordem dos Advogados do Brasil contra o art. 305 da Constituição do Estado do Pará, o qual dispõe que "*cessada a investidura no cargo de Governador, quem o tiver exercido em caráter permanente fará jus, a título de representação, a um subsídio mensal e vitalício igual à remuneração do cargo de Desembargador do Tribunal de Justiça do Estado*". A Min. Cármen Lúcia, relatora, deferiu a medida cautelar para suspender a eficácia do mencionado preceito e, por arrastamento, de seu § 1º ("*O pagamento de subsídio estabelecido neste artigo será suspenso durante o período em que o beneficiário estiver no exercício de mandato eletivo ou em cargo em comissão, salvo direito de opção*"). Afastou, de início, a assertiva de que o subsídio em apreço teria natureza de representação. Aduziu que, embora assim mencionado na norma questionada, a representação teria causas jurídicas e funcionais inocorrentes para ex-detentor de cargo político, porquanto não haveria remissão a um gabinete responsável por custeios a serem aperfeiçoados com aquele pagamento e, tampouco, o recebimento de remuneração cuja parcela pudesse ser integrada por essa representação. Acentuou, também, que não se poderia cogitar de pensão previdenciária, porquanto, no serviço público, tal benefício somente seria conferido ao dependente do agente público em razão de sua morte (CF, art. 40, § 7º). De igual modo, repeliu a possibilidade de enquadramento do subsídio como pensão civil, haja vista que esta seria devida para o caso de lesão ou outra ofensa à saúde (CC, art. 949). ADI 4552 MC/DF, rel. Min. Cármen Lúcia, 16.2.2011. (ADI-4552)

SUBSÍDIO VITALÍCIO A EX-GOVERNADOR - 2

Entendeu a relatora que a remissão ao vencimento de desembargador para a fixação do subsídio em comento significaria a extensão dessa espécie remuneratória a quem não mais trabalharia no Estado. Ao citar precedentes da Corte nesse sentido, reputou relevantes os argumentos apresentados pelo requerente, em especial o de possível afronta ao art. 39, § 4º, da CF. Registrou, ademais, que, neste momento, não teceria considerações sobre eventuais ofensas a outros dispositivos constitucionais. Enfatizou a ausência de parâmetro constitucional nacional para o benefício adversado e afirmou que se trataria de inauguração de padrão normativo estadual em desconformidade com princípios constitucionais, notadamente os relativos à Administração Pública e às regras orçamentárias. Deixou consignado, ainda, os malefícios jurídicos e sociais que a preservação dos efeitos da norma poderia acarretar ao erário. Por fim, assentou a higidez do § 2º do artigo impugnado ao fundamento de ser regra autônoma ("*O Presidente e os ex-Presidentes do Poder Legislativo, o Governador e os ex-Governadores do Estado, o Presidente e os ex-Presidentes do Tribunal de Justiça, em caso de acidente ou doença, terão custeadas pelo Estado as despesas com o tratamento médico e hospitalar*"). Após, pediu vista o Min. Dias Toffoli. ADI 4552 MC/DF, rel. Min. Cármen Lúcia, 16.2.2011. (ADI-4552) (Inform. STF 616)

REPERCUSSÃO GERAL EM RE N. 631.389-CE

RELATOR: MIN. MARCO AURÉLIO

ISONOMIA – SERVIDORES PÚBLICOS ATIVOS E INATIVOS – PARCELA REMUNERATÓRIA. Possui repercussão geral a controvérsia sobre a obrigatoriedade, ou não, de estender aos inativos e pensionistas a Gratificação de Desempenho do Plano Geral de Cargos do Poder Executivo – parcela remuneratória prevista na Lei nº 11.357/2006 e paga aos servidores em atividade. (Inform. STF 616)

AG.REG. NO RE N. 482.411-CE

RELATOR: MIN. RICARDO LEWANDOWSKI

EMENTA: ADMINISTRATIVO. SERVIDOR PÚBLICO. OFENSA DIRETA À CONSTITUIÇÃO. INAPLICABILIDADE DA SÚMULA 280 DO STF. VANTAGEM INCORPORADA. INEXISTÊNCIA DE DIREITO ADQUIRIDO A REGIME JURÍDICO, RESPEITADA A IRREDUTIBILIDADE DE VENCIMENTOS. AUSÊNCIA DE IMPUGNAÇÃO ESPECÍFICA DOS FUNDAMENTOS DA DECISÃO AGRAVADA. SÚMULA 283 DO STF. PRECEDENTES.

I – Tratando-se de matéria declarada inconstitucional pelo STF, a ofensa à Constituição ocorreu de forma direta. Não incidência da Súmula 280 do STF.

II - Estabilidade financeira: inexistência de direito adquirido de servidores ativos e inativos à permanência do regime legal de reajuste de vantagem. Precedentes.

III – O servidor público não tem direito adquirido a regime jurídico de reajuste de vantagem funcional incorporada. Precedentes.

IV – Incumbe ao recorrente o deve de impugnar, de forma específica, cada um dos fundamentos da decisão atacada, sob pena de não conhecimento do recurso. Incidência da Súmula 283 do STF. Precedentes.
V – Agravo regimental improvido. (Inform. STF 611)

ART. 37, XI, DA CF: PROCURADORES AUTÁRQUICOS E PROCURADORES DE ESTADO - 1

A Turma iniciou julgamento de recurso extraordinário interposto contra acórdão do Tribunal de Justiça do Estado de São Paulo que assentara ser ilegal a distinção preconizada pelo Decreto 48.407/2004, da mencionada unidade da federação, o qual estabelecera o teto dos vencimentos dos Procuradores Autárquicos conforme subsídio mensal do Governador do Estado, enquanto que, para os Procuradores do Estado, limitara os vencimentos a noventa inteiros e vinte e cinco centésimos por cento dos subsídios mensais dos Ministros do Supremo Tribunal Federal. Entendera a Corte de origem que o art. 37, XI, da CF, ao disciplinar a matéria, nada dispusera acerca de tal separação, sendo que ao intérprete não caberia distinguir onde a própria lei não o fizera. Sustenta o recorrente transgressão aos artigos 37, XI, 131, *caput* e § 3º, e 132, todos da CF, ao argumento de que o referido decreto compatibilizar-se-ia com a nova ordem constitucional, na medida em que somente aos Procuradores da União, dos Estados e do Distrito Federal se estipulara, como teto remuneratório, aquele fixado para o Poder Judiciário. **RE 558258/SP, rel. Min. Ricardo Lewandowski, 9.3.2010.** (RE-558258)

ART. 37, XI, DA CF: PROCURADORES AUTÁRQUICOS E PROCURADORES DE ESTADO - 2

O Min. Ricardo Lewandowski, relator, por não vislumbrar motivos para, na aplicação do subteto constitucional, fazer-se distinção entre Procuradores do Estado e Procuradores Autárquicos, negou provimento ao recurso, no que foi acompanhado pelo Min. Dias Toffoli. Observou, inicialmente, que a matéria em debate não diria respeito à equiparação, em termos de vencimentos e vantagens, entre Procuradores do Estado e Procuradores Autárquicos, dado que se cingiria em saber se a referência ao termo "Procuradores" no art. 37, XI, da CF, na redação dada pela EC 41/2003, alcançaria, ou não, os Procuradores Autárquicos. Registrou, no ponto, que a referida emenda constitucional, ao modificar o inciso XI do art. 37 da CF, fixara um teto absoluto, equivalente ao subsídio dos Ministros do STF, além de estabelecer outros parâmetros para os Estados, Distrito Federal e Municípios. Ressaltou, ainda, que tal dispositivo somente excepcionara os membros do Ministério Público, os Procuradores e Defensores Públicos do subteto correspondente ao subsídio do Governador depois da promulgação da EC 41/2003. Assinalou que, a partir da EC 47/2005, que alterara o § 12 do art. 37 da CF, facultara-se aos Estados e ao Distrito Federal, mediante emenda às respectivas Constituições ou à Lei Orgânica, fixar um subteto remuneratório único para todos os servidores, excetuados os parlamentares, o qual também deverá corresponder a 90,25% do subsídio mensal dos Ministros do Supremo Tribunal Federal. **RE 558258/SP, rel. Min. Ricardo Lewandowski, 9.3.2010.** (RE-558258)

ART. 37, XI, DA CF: PROCURADORES AUTÁRQUICOS E PROCURADORES DE ESTADO - 3

Salientou, por outro lado, que a razão pela qual o inciso XI do art. 37 da CF — na redação dada pela EC 41/2003 — estabelecera uma exceção tão-somente em prol dos membros do Ministério Público, dos Procuradores e dos Defensores Públicos residiria no fato de que, embora os integrantes de tais carreiras não façam parte do Poder Judiciário, exerceriam, segundo assenta o próprio texto constitucional, "funções essenciais à Justiça". Evidenciou, destarte, que os Procuradores Autárquicos também exerceriam função essencial à Justiça, haja vista que o vocábulo "Procuradores", em nosso ordenamento jurídico, mostrar-se-ia polissêmico, servindo para designar tanto os membros do Ministério Público quanto os Advogados Públicos que atuam na defesa do Estado. Enfatizou que esse entendimento seria reforçado pelo disposto no art. 131 da Constituição Federal ("*A Advocacia-Geral da União é a instituição que, diretamente ou através de órgão vinculado, representa a União, judicial e extrajudicialmente, cabendo-lhe, nos termos da lei complementar que dispuser sobre sua organização e funcionamento, as atividades de consultoria e assessoramento jurídico do Poder Executivo.*"). Afirmou que, para regulamentar esse dispositivo, fora promulgada a Lei Complementar 73/93 que, em seu capítulo IX, trata dos órgãos vinculados à AGU ("*Art. 17 - Aos órgãos jurídicos das autarquias e das fundações públicas compete: I - a sua representação judicial e extrajudicial; II - as respectivas atividades de consultoria e assessoramento jurídicos; III - a apuração da liquidez e certeza dos créditos, de qualquer natureza, inerentes às suas atividades, inscrevendo-os em dívida ativa, para fins de cobrança amigável ou judicial.*"). **RE 558258/SP, rel. Min. Ricardo Lewandowski, 9.3.2010.** (RE-558258)

ART. 37, XI, DA CF: PROCURADORES AUTÁRQUICOS E PROCURADORES DE ESTADO - 4

Considerou, assim, que os Procuradores das Autarquias e Fundações também representariam a União, judi-cial e extrajudicialmente, apesar de fazerem-no de forma mediata, visto que estariam vinculados à AGU, nos termos da LC 73/93. Nesse sentido, destacou que a redação dada pela EC 19/2004 ao art. 101 da Constituição do Estado de São Paulo determina que compete à Procuradoria Geral do Estado representar o Estado e suas autarquias. Frisou, entretanto, que esta fora uma opção política, porquanto tal representação poderia continuar a cargo de órgãos vinculados, como o permite a CF. Compreendeu que isso não impediria que se reconhecesse que os órgãos jurídicos das autarquias e fundações públicas nos Estados e no Distrito Federal, assim como ocorre na União, integrariam a Advocacia Pública, tal como preconizado na Seção II, Capítulo IV, Título IV, da Lei Maior e, por conseguinte, exerceriam função essencial à Justiça. Aduziu que a Constituição quando utilizou o termo "Procuradores" o fez de forma genérica, sem distinguir entre os membros das distintas carreiras da Advocacia Pública. Nesse diapasão, reputou ser desarrazoada uma interpretação que, desconsiderando o texto constitucional, excluísse da categoria "Procuradores" os defensores das autarquias, mesmo porque se aplicaria, à espécie, o brocardo latino "*ubi lex non distinguit, nec interpres distinguere debet*". Acrescentou que a jurisprudência do STF seria firme no sentido de que somente por meio de lei formal seria possível a estipulação de teto remuneratório. Por derradeiro, não se conheceu do recurso quanto aos artigos 131 e 132 da CF, uma vez que o recorrente não demonstrara de que forma a decisão recorrida teria contrariado os aludidos dispositivos constitucionais, incidindo, nesse aspecto, o Enunciado da Súmula 284 do STF ("*É inadmissível o recurso extraordinário, quando a deficiência na sua fundamentação não permitir a exata compreensão da controvérsia.*"). Após, pediu vista a Min. Cármen Lúcia. **RE 558258/SP, rel. Min. Ricardo Lewandowski, 9.3.2010.** (RE-558258)

ART. 37, XI, DA CF: PROCURADORES AUTÁRQUICOS E PROCURADORES DE ESTADO - 5

Em conclusão, a 1ª Turma, desproveu recurso extraordinário interposto contra acórdão do Tribunal de Justiça do Estado de São Paulo que considerara ilegítima a distinção preconizada pelo Decreto paulista 48.407/2004. Referida norma estabelecera o teto dos vencimentos dos Procuradores Autárquicos com base no subsídio mensal do Governador, enquanto que, para os Procuradores do Estado, limitara os vencimentos a 90,25% dos subsídios mensais dos Ministros do Supremo — v. Informativo 578. Reputou-se inexistirem motivos para, na aplicação do subteto constitucional, proceder-se à aludida distinção. Salientou-se que a questão se cingiria em saber se a referência ao termo "Procuradores" no art. 37, XI, da CF, na redação dada pela EC 41/2003, alcançaria, ou não, os Procuradores Autárquicos. Registrou-se, no ponto, que a citada emenda constitucional, ao modificar o inciso XI do art. 37 da CF, fixara um teto absoluto, equivalente ao subsídio dos Ministros do STF, além de estabelecer outros parâmetros para os Estados, Distrito Federal e Municípios. Ressaltou-se, ainda, que tal dispositivo somente excepcionara os membros do Ministério Público, os Procuradores e Defensores Públicos do subteto correspondente ao subsídio do Governador depois da promulgação da EC 41/2003. Assinalou-se que, a partir da EC 47/2005, que alterara o § 12 do art. 37 da CF, facultara-se aos Estados e ao Distrito Federal, mediante emenda às respectivas Constituições ou à Lei Orgânica, fixar um subteto remuneratório único para todos os servidores, excetuados os parlamentares, o qual também deverá corresponder a 90,25% do subsídio mensal dos Ministros do Supremo. **RE 558258/SP, rel. Min. Ricardo Lewandowski, 9.11.2010.** (RE-558258)

ART. 37, XI, DA CF: PROCURADORES AUTÁRQUICOS E PROCURADORES DE ESTADO - 6

Aduziu-se que a Constituição, ao utilizar o termo "Procuradores", o fez de forma genérica, sem distinguir entre os membros das diversas carreiras da Advocacia Pública. Nesse diapasão, entendeu-se ser desarrazoada uma interpretação que, desconsiderando o texto constitucional, excluísse da categoria "Procuradores" os defensores das autarquias. Acrescentou-se que a jurisprudência do STF seria firme no sentido de que somente por meio de lei formal seria possível a estipulação de teto remuneratório. Em síntese, considerou-se não ser possível a fixação de teto por decreto. Ademais, reconheceu-se que o subsídio do Governador não serviria como parâmetro para fixação do teto de vencimentos dos Procuradores Autárquicos, pois esses também se submeteriam ao teto previsto no art. 37, XI, da CF, o qual tem como base o subsídio dos Ministros do STF. Por derradeiro, não se conheceu do recurso quanto aos artigos 131 e 132 da CF, uma vez que o recorrente não demonstrara de que forma a decisão recorrida teria contrariado os aludidos dispositivos constitucionais, incidindo, nesse aspecto, o Enunciado da Súmula 284 do STF ("*É inadmissível o recurso extraordinário, quando a deficiência na sua fundamentação não permitir a exata compreensão da controvérsia.*"). **RE 558258/SP, rel. Min. Ricardo Lewandowski, 9.11.2010.** (RE-558258) (Inform. STF 608)

REVISÃO GERAL DE REMUNERAÇÃO (28,86%): SERVIDORES CIVIS E MILITARES

O Tribunal resolveu questão de ordem suscitada pelo Min. Gilmar Mendes, em recurso extraordinário do qual relator, em que discutida a possibilidade de extensão do índice de reajuste de 28,86% aos militares contemplados com índices inferiores pelas Leis 8.622/93 e 8.627/93, para: a) reconhecer a repercussão geral da questão analisada neste recurso; b) também reconhecer a repercussão geral da extensão do reajuste de 28,86% aos servidores civis, ressaltando, quanto a essa matéria, entendimento consolidado pela edição do Enunciado 672 da Súmula do STF (*"O reajuste de 28,86%, concedido aos servidores militares pelas Leis 8622/1993 e 8627/1993, estende-se aos servidores civis do poder executivo, observadas as eventuais compensações decorrentes dos reajustes diferenciados concedidos pelos mesmos diplomas legais"*); c) reafirmar a jurisprudência da Corte segundo a qual há de se estender o reajuste de 28,86% aos servidores militares contemplados com índices inferiores pelas Leis 8.622/93 e 8.627/93, já que se trata de revisão geral dos servidores públicos, observadas, entretanto, as compensações de reajustes concedidos e a limitação temporal da Medida Provisória 2.131/2000, atual Medida Provisória 2.215-10/2001; d) prover parcialmente este recurso extraordinário, apenas para limitar as diferenças devidas à data em que entrara em vigor a referida medida provisória; e) autorizar o STF e os demais tribunais a adotar procedimentos relacionados à repercussão geral, principalmente a retratação de decisões ou a declaração de prejuízo de recursos extraordinários, sempre que as decisões contrariarem ou confirmarem, respectivamente, a jurisprudência ora reafirmada. **Alguns precedentes citados: RE 408754 AgR/BA (DJU de 25.2.2005); RMS 22307/DF (DJU de 13.6.1997); RE 410778/RS (DJU de 26.8.2005); RE 580108 QO/SP (DJe de 5.2.2009). RE 584313 QO/RJ, rel. Min. Gilmar Mendes, 6.10.2010.** (RE-584313) (Inform. STF 603)

DECADÊNCIA E PRESTAÇÕES DE TRATO SUCESSIVO

A Turma acolheu embargos de declaração, opostos contra acórdão provera recurso ordinário em mandado de segurança, tão-somente para prestar esclarecimentos, no sentido de que, ante a omissão na esfera administrativa e em se tratando de prestações de trato sucessivo, o prazo decadencial para impetração do *writ* renova-se a cada mês, porquanto a cada mês se renova a omissão administrativa. Na espécie, o acórdão embargado afastara a decadência do direito de o recorrente pleitear o restabelecimento de vantagem prevista no art. 184, III, da Lei 1.711/52 (Estatuto dos Funcionários Públicos Civis da União), revogada pela Lei 8.112/90, que fora suprimida dos seus proventos — v. Informativo 386. Explicitou-se que realmente seria de efeitos concretos o ato por meio do qual o diretor de Ministério de Estado determinara a supressão de provento de todos os servidores aposentados que se encontrassem em situação similar à do impetrante. Atentou-se que, sob o prisma deste ato específico, a contagem do prazo decadencial dar-se-ia a partir do momento em que o interessado dele tomara ciência. Ressaltou-se, entretanto, fato importantíssimo que deveria ser considerado: o impetrante formulara requerimento administrativo e pleiteara o restabelecimento do pagamento da vantagem suprimida. Contudo, o requerimento não fora apreciado pela Administração Pública, omissão que ensejaria a impetração. Precedente citado: RMS 24250/DF (DJE de 5.3.2010). **RMS 24736 ED/DF, rel. Min. Joaquim Barbosa, 14.9.2010.** (RMS-24736) (Inform. STF 600)

AJUDA DE CUSTO: MAGISTRATURA FEDERAL E COMPETÊNCIA DO STF

Com base no art. 102, I, n, da CF, o Tribunal resolveu questão de ordem suscitada em ação originária para assentar sua competência para processar e julgar ação ordinária em que a Associação dos Juízes Federais da 1ª Região visa afastar as restrições descritas no inciso III do art. 7º da Resolução 256/2002 do Conselho da Justiça Federal e no art. 4º do Decreto 1.445/95 Pretende ter reconhecido o direito de seus associados ao pagamento da ajuda de custo para despesas de transporte e mudança, nos termos do art. 65, I, da LOMAN, inclusive nos casos de magistrados que receberam a vantagem no período inferior a doze meses ou foram removidos, mediante permuta, entre Seções Judiciárias distintas. Vislumbrou-se que, na espécie, estar-se-ia diante de conflito de interesses a repercutir no âmbito da magistratura federal propriamente dita, já que, apesar de a solução da causa beneficiar apenas os associados da autora, adotar-se-á entendimento, a prevalecer a unidade do Direito, que poderá alcançar outras situações jurídicas. Observou-se que, ante mesmo o ataque a resolução do Conselho da Justiça Federal, haveria questão setorizada. Asseverou-se, no entanto, que dois aspectos deveriam ser levados em conta: a) o fato de, não assentada a competência do Supremo, o conflito vir a ser julgado por igual, na primeira instância, considerados os beneficiários, podendo o próprio titular da vara ser alcançado pela decisão; b) a controvérsia sobre o alcance do art. 65, I, da LOMAN, aplicável à toda a magistratura. **AO 1569 QO/DF, rel. Min. Marco Aurélio, 24.6.2010.** (AO-1569) (Inform. STF 592)

ART. 37, XI, DA CF E NÃO AUTO-APLICABILIDADE

Por não ser auto-aplicável a norma do art. 37, XI, da CF, na redação que lhe foi dada pela EC 19/98 — haja vista que a fixação do subsídio mensal, em espécie, de Ministro do Supremo Tribunal Federal depende de lei formal de iniciativa conjunta dos Presidentes da República, da Câmara dos Deputados, do Senado Federal e do Supremo Tribunal Federal —, e, em razão da inexistência dessa fixação, continua em vigor a redação primitiva desse dispositivo. Essa foi a orientação firmada pela Corte, ao prover uma série de recursos extraordinários interpostos pelo Estado de São Paulo contra acórdãos que entenderam que, com a promulgação da EC 19/98, ter-se-ia subtraído dos Estados e Municípios a faculdade de fixarem sub-tetos, a título de vencimentos de seus servidores públicos por lei ordinária e no âmbito de sua competência. Determinou-se, ainda, a aplicação do regime previsto no art. 543-B do CPC, e autorizou-se que os relatores decidam monocraticamente os casos anteriores idênticos. **RE 417200/SP, rel. Min. Marco Aurélio, 24.6.2010. (RE-417200) RE 419703/SP, rel. Min. Marco Aurélio, 24.6.2010. (RE-419703) RE 419874/SP, rel. Min. Marco Aurélio, 24.6.2010. (RE-419874) RE 419922/SP, rel. Min. Marco Aurélio, 24.6.2010. (RE 419992) RE 424053/SP, rel. Min. Marco Aurélio, 24.6.2010.** (RE 424053) (Inform. STF 592)

MS E RECONHECIMENTO DE LEGALIDADE DE INCORPORAÇÃO DE QUINTOS E DÉCIMOS PELO TCU

O Tribunal iniciou julgamento de mandado de segurança impetrado pela União contra ato do Tribunal de Contas da União - TCU, consubstanciado em acórdão em que reconhecida a legalidade da incorporação aos vencimentos dos servidores federais das parcelas denominadas quintos e décimos no período compreendido entre 9.4.98 a 4.9.2001. O Min. Eros Grau, relator, não conheceu do *writ*. Asseverou, inicialmente, que o acórdão impugnado fora prolatado no âmbito de representação formulada pelo Ministério Público, julgada improcedente, limitando-se a firmar orientação no sentido de ser devida a incorporação das parcelas com fundamento no art. 3º da MP 2.225-45/2001, e que tal decisão seria meramente interpretativa, desprovida, portanto, de caráter impositivo ou cogente. Assim, a incorporação de qualquer parcela aos vencimentos dos servidores federais somente poderia ser feita pela Administração, à qual caberia acolher, ou não, o entendimento fixado pelo TCU. Em razão disso, reputou incidir, na espécie, a Súmula 266 do STF (*"Não cabe mandado de segurança contra lei em tese"*). Afirmou que a ausência de efeitos concretos no ato impugnado denunciaria a falta do interesse de agir da impetrante. No ponto, observou que eventual concessão do *writ* não produziria qualquer resultado no que respeita à lesão ou ameaça a direito, haja vista que o provimento jurisdicional não teria o poder de anular ou inibir as incorporações determinadas pela Administração. Considerou, também, que o pedido seria juridicamente impossível, uma vez que não se poderia obrigar o TCU a acolher a representação formulada pelo Ministério Público por meio do mandado de segurança. Após, pediu vista dos autos o Min. Gilmar Mendes. **MS 25763/DF, rel. Min. Eros Grau, 9.6.2010.** (MS-25763) (Inform. STF 590)

ADI: AUMENTO DE VENCIMENTOS E EFEITOS FINANCEIROS

O Tribunal iniciou julgamento de ação direta de inconstitucionalidade proposta pelo Partido Verde - PV contra as Leis tocantinenses 1.866/2007 e 1.868/2007, que tornaram sem efeito o aumento dos valores dos vencimentos dos servidores públicos estaduais concedidos pelas Leis tocantinenses 1.855/2007 e 1.861/2007. A Min. Cármen Lúcia conheceu em parte do pedido, e, na parte conhecida, julgou-o procedente para declarar a inconstitucionalidade do art. 2º da Lei 1.866/2007 e do art. 2º da Lei 1.868/2007. De início, a relatora assentou não ter havido prejuízo da ação. No mérito, entendeu que os dispositivos impugnados teriam afrontado os artigos 5º, XXXVI e 37, XV, da CF. Explicou que o art. 7º da Lei 1.855/2007 e o art. 6º da Lei 1.861/2007 seriam taxativos ao estabelecer que as leis entrariam em vigor na data de sua publicação, ou seja, 3.12.2007 e 6.12.2007, respectivamente. Aduziu que os efeitos financeiros relativos à aplicação dessas leis, isto é, o pagamento dos valores correspondentes ao reajuste dos subsídios previstos, é que ocorreriam a partir de 1º.1.2008. Assim, a partir do momento em que as leis que estabeleceram o aumento daqueles subsídios dos servidores entraram em vigor, com a publicação delas, a melhoria estipendial concedida teria se incorporado ao patrimônio jurídico dos agentes públicos. Frisou que o termo 1º.1.2008 não suspenderia a eficácia do direito, e sim o seu exercício, não havendo confusão entre vigência de leis e efeitos financeiros decorrentes do que nelas disposto. Após, pediu vista dos autos o Min. Dias Toffoli. **ADI 4013/TO, rel. Min. Cármen Lúcia, 9.6.2010.** (ADI-4013) (Inform. STF 590)

MEMBRO DO MP: NOMEAÇÃO PARA A MAGISTRATURA E INEXISTÊNCIA DE DIREITO ADQUIRIDO A QUINTOS - 1

O Tribunal, por maioria, deu provimento a agravo regimental interposto pela União para, conhecendo de agravo de instrumento, dar provimento parcial a esse apelo extremo. Na espécie, o agravo regimental fora interposto contra decisão que desprovera agravo de instrumento que visava à subida de recurso extraordinário, interposto contra acórdão do Superior Tribunal de Justiça - STJ, no qual se sustentava a inexistência de direito adquirido do agravado de continuar recebendo os quintos incorporados aos seus vencimentos quando era membro do Ministério Público Federal, suprimidos por ocasião do exercício na magistratura no STJ. Inicialmente, o Tribunal, por votação majoritária, rejeitou questão de ordem suscitada pelo Min. Marco Aurélio, no sentido de se dar provimento ao agravo regimental apenas para se processar o recurso extraordinário. Entendeu-se ser possível o julgamento direto do recurso extraordinário na linha de diversos julgamentos da Corte, salientando-se, ademais, estarem presentes todos os elementos que constariam do apelo extremo. Vencido o suscitante. **AI 410946 AgR/DF, rel. Min. Ellen Gracie, 17.3.2010.** (AI-410946)

MEMBRO DO MP: NOMEAÇÃO PARA A MAGISTRATURA E INEXISTÊNCIA DE DIREITO ADQUIRIDO A QUINTOS - 2

No mérito, considerou-se que o agravado não teria direito adquirido em continuar recebendo os quintos incorporados após a mudança de regime jurídico, tendo em conta a pacífica jurisprudência da Corte no sentido da inexistência de direito adquirido a regime jurídico. Asseverou-se que o agravado, ao ingressar no STJ, passara a ser regido por novo regime jurídico, diverso do da carreira do Ministério Público. Observou-se, ainda, não haver previsão dessa vantagem na Lei Orgânica da Magistratura - LOMAN (LC 35/79), não existindo, assim, direito adquirido do recorrido de manter vantagem concedida antes do seu ingresso na magistratura. Não obstante, reconheceu-se que deveriam ser preservados os valores da incorporação por ele já percebidos, em respeito ao princípio da boa-fé. Vencido, em parte, também o Min. Marco Aurélio, que simplesmente reformava a decisão do STJ para restabelecer o acórdão proferido pelo Tribunal Regional Federal. **Alguns precedentes citados: RE 177072/SP (DJU de 5.4.2002); RE 244610/PR (DJU de 29.6.2001); RE 293606/RS (DJ 14.11.2003); RE 526878 AgR/RN (DJE de 2.10.2009); RE 408291 AgR/CE (DJE de 20.2.2009); RE 122202/MG (DJU de 8.4.94); RE 341732 AgR/AM (DJU de 1º.7.2005); MS 26085/DF (DJE de 13.6.2008). AI 410946 AgR/DF, rel. Min. Ellen Gracie, 17.3.2010.** (AI-410946) (Inform. STF 579)

ADI E REAJUSTE AUTOMÁTICO DE VENCIMENTOS

O Tribunal julgou procedente pedido formulado em ação direta proposta pelo Governador de Rondônia para declarar a inconstitucionalidade dos artigos 3º e 4º da Lei 256/89, do referido Estado-membro, que dispõe sobre o vencimento básico dos Desembargadores do Tribunal de Justiça local, cria fórmula de reajuste e dá outras providências. Inicialmente, considerou-se que o exame do art. 1º da lei impugnada, que fixa os valores dos vencimentos e da representação mensal dos Desembargadores estaduais, estaria prejudicado, ante sua revogação pela Lei rondoniense 326/91. Além disso, observou-se que a análise da constitucionalidade tanto do art. 1º quanto do art. 2º da referida norma — que prevê o cálculo da gratificação adicional por tempo de serviço com base em 5% por qüinqüênio de serviço sobre o vencimento básico mais a verba de representação — também estaria prejudicada, em razão da alteração, pelas emendas constitucionais 19/98 e 41/2003, do parâmetro de controle enfocado pelo autor, a saber, o art. 37, XI e XII, da CF. Por outro lado, entendeu-se que os artigos 3º e 4º desse diploma legal — que estabelecem, respectivamente, que o vencimento básico será reajustado quadrimestralmente em percentual igual ao da variação acumulada do IPC - Índice de Preços ao Consumidor, e que, sempre que a variação do IPC, verificada no mês anterior, for superior a 7%, o vencimento básico será reajustado, a cada mês, a título de antecipação pelo percentual correspondente a este excedente — estariam em confronto com o entendimento prevalecente no Supremo no sentido de que o reajuste automático de vencimentos de servidores públicos, tomando-se como base a variação de indexadores de atualização monetária, desrespeita a autonomia dos Estados-membros e a vedação constitucional de vinculação, para efeito de remuneração de servidores públicos, nos termos dos artigos 25 e 37, XIII, da CF. **ADI 285/RO, rel. Min. Cármen Lúcia, 4.2.2010.** (ADI-285) (Inform. STF 573)

RE N. 501.266-MA

RELATOR : MIN. CEZAR PELUSO

EMENTA: RECURSO. Extraordinário. Inadmissibilidade. Servidor público. Vencimentos. Proventos. Vantagem pecuniária. Gratificação devida aos funcionários em atividade. Extensão aos aposentados. Rediscussão do caráter geral sob fundamento de ofensa ao art. 40, § 8º, da CF. Impossibilidade. Questão infraconstitucional. Recurso não conhecido. Aplicação das súmulas 279, 280 e 636. Reconhecido ou negado pelo tribunal *a quo* o caráter geral de gratificação funcional ou de outra vantagem pecuniária, perante os termos da legislação local que a disciplina, não pode o Supremo, em recurso extraordinário, rever tal premissa para estender ou negar aquela aos servidores inativos com base no art. 40, § 8º, da Constituição da República. (Inform. STF 562)

EXONERAÇÃO DE CARGO COMISSIONADO: DIREITO AO VALOR DAS FÉRIAS NÃO USUFRUÍDAS ACRESCIDO DE UM TERÇO

O Tribunal desproveu recurso extraordinário interposto pelo Estado do Rio Grande do Norte contra acórdão que mantivera sentença que reconhecera a servidor público ocupante de cargo comissionado o direito a receber, quando exonerado, o valor referente às férias não usufruídas, acrescido de um terço. Alegava o Estado recorrente que, como não tinha gozado as férias, o servidor não teria direito ao referido adicional. Na linha do que decidido no julgamento do RE 324656/RJ (DJU de 17.8.2006), no sentido de que não é o gozo de férias que garante o adicional de, pelo menos, um terço a mais, e sim o próprio direito às férias constitucionalmente assegurado (CF, art. 7º, XVII), entendeu-se que, no caso, haveria dupla punição do servidor exonerado, que, além de não poder gozar as férias por necessidade de serviço, também não recebera o acréscimo de um terço, o que configuraria, ainda, enriquecimento ilícito do Estado. Rejeitou-se, ademais, a alegação do recorrente de que o terço constitucional não seria devido, por não dispor a legislação estadual (Lei Complementar 122/94, art. 83) de previsão do seu pagamento para a hipótese de férias não gozadas, haja vista não ser possível à legislação infraconstitucional restringir um direito constitucional garantido ao trabalhador. Outros precedentes citados: RE 324880 AgR/SP (DJU de 10.3.2006); AI 414230/SP (DJU de 30.3.2005). **RE 570908/RN, rel. Min. Cármen Lúcia, 16.9.2009.** (RE-570908) (Inform. STF 559)

SUBTETO REMUNERATÓRIO E VINCULAÇÃO - 3

Por vislumbrar ofensa ao disposto no inciso XIII do art. 37 da CF, que veda a vinculação ou a equiparação de quaisquer espécies remuneratórias para o efeito de remuneração de pessoal do serviço público, o Tribunal deu provimento a recurso extraordinário interposto pelo Estado de Santa Catarina contra acórdão do tribunal de justiça local que, ao determinar a observância do subteto remuneratório de 80% da remuneração do Secretário de Estado (Lei Complementar estadual 43/92) para as pensões especiais concedidas a viúvas de ex-magistrados (Lei estadual 1.982/59), considerara a remuneração de Secretário Estadual como equivalente ao subsídio de Deputado Estadual, vinculado, por sua vez, à remuneração de Deputado Federal — v. Informativos 184 e 421. Estabeleceu-se que a remuneração do Secretário de Estado de Santa Catarina, para fins de fixação do teto das pensões especiais, é aquela aprovada periodicamente pela Assembléia Legislativa, e não resultado de vinculação automática aos vencimentos dos Deputados Estaduais. O Min. Gilmar Mendes, Presidente, em voto-vista, ressaltou, inicialmente, que a controvérsia se cingiria à questão da vinculação da remuneração de Secretário de Estado ao subsídio de Deputado Estadual para fins de aplicação do limite para concessão de pensões especiais nos termos da Lei Complementar estadual 43/92, declarada constitucional pelo Supremo (RE 228080/SC, DJU de 21.8.98). Asseverou que a vinculação entre os subsídios de Deputado Estadual e Deputado Federal, prevista na Resolução 61/90, da Assembléia Legislativa catarinense, não mais subsistiria, haja vista a revogação dessa resolução pelo Decreto Legislativo 16.379/94. Aduziu que a EC 19/98, ao alterar o art. 39, § 1º, da CF, suprimiu a isonomia como critério de remuneração no serviço público e que, por essa razão, o Supremo tem reconhecido a inconstitucionalidade das normas que estabelecem a paridade de vencimentos entre servidores públicos ocupantes de cargos de natureza distinta. Afirmou, por fim, que não haveria se falar, ademais, que a vinculação da remuneração dos Secretários de Estado à dos Deputados Estaduais configuraria direito adquirido, tendo em conta a jurisprudência consolidada da Corte no sentido de não haver direito adquirido a regime jurídico. **RE 171241/SC, rel. orig. Min. Ilmar Galvão, red. p/ o acórdão Min. Gilmar Mendes, 19.8.2009.** (RE-171241) (Inform. STF 556)

AUMENTO DA JORNADA DE TRABALHO E IRREDUTIBILIDADE DO SALÁRIO

A Turma reformou acórdão de tribunal de justiça local que reconhecera a legalidade de decreto municipal que implicara o aumento da jornada de trabalho de servidores públicos daquele ente federado de trinta para quarenta horas semanais, mantida a remuneração anterior. O sindicato recorrente sustentava ofensa ao art. 7º, VI, da CF ("*São direitos dos* trabalhadores urbanos e rurais, além de outros que visem à melhoria de sua condição social: ... VI - irredutibilidade do salário, salvo o *disposto em convenção ou acordo coletivo;*"). Entendeu-se estar configurada a violação do princípio da irredutibilidade dos vencimentos, na medida em que ao aumento da carga de trabalho não se seguira à indispensável contraprestação, alcançando o Poder Público vantagem indevida. **RE 255792/MG, rel. Min. Marco Aurélio, 28.4.2009.** (RE-255792) (Inform. STF 544)

AÇÃO RESCISÓRIA: ISONOMIA DE VENCIMENTOS ENTRE DELEGADO DE POLÍCIA CIVIL E DEFENSOR PÚBLICO

Por vislumbrar afronta aos artigos 39, § 1º, e 37, XIII, da CF, o Tribunal, por maioria, julgou procedente pedido formulado em ação rescisória ajuizada pelo Estado do Piauí contra acórdão que, ao desprover agravo de instrumento interposto contra despacho que negara seguimento a recurso extraordinário, reconhecera a isonomia de vencimentos entre membros das carreiras de delegado de polícia civil e de defensor público do referido Estado-membro, independentemente da regulamentação infraconstitucional determinada pelo aludido art. 39, § 1º, da CF. Considerou-se que, à época da prolação da decisão rescindenda, o Supremo já havia firmado orientação no sentido da imprescindibilidade de edição de lei que determinasse a isonomia entre diversas carreiras jurídicas, e que, naquele momento, não existia, no Estado do Piauí, lei ordinária que regulamentasse a mencionada equiparação, sendo aplicável o Enunciado da Súmula 339 do STF ("*Não cabe ao Poder Judiciário, que não tem função legislativa, aumentar vencimentos de servidores públicos sob fundamento de isonomia*"). Vencido o Min. Marco Aurélio, que julgava o pedido improcedente, tendo em conta que o art. 241 da CF, na redação anterior à EC 19/98, teria assegurado, de forma expressa, aos delegados de polícia de carreira, a isonomia ("*Art. 241. Aos delegados de polícia de carreira aplica-se o princípio do art. 39, § 1º, correspondente às carreiras disciplinadas no art. 135 desta Constituição.*"). **Alguns precedentes citados: ADI 171/MG (DJU de 3.6.94); RE 192963/PI (DJU de 4.4.97); RE 196949/PI (DJU de 5.2.99); RE 235732/DF (DJU de 27.8.99). AR 1598/PI, rel. Min. Joaquim Barbosa, 15.4.2009.** (AR-1598) (Inform. STF 542)

RECOMPOSIÇÃO SALARIAL: SERVIDORES ESTADUAIS E REAJUSTE CONCEDIDO NO ÂMBITO FEDERAL

A Turma deu provimento a recurso extraordinário para assentar a impossibilidade de tribunais locais concederem a servidores estaduais diferença de percentual de reajuste concedido no âmbito federal, com base no princípio da isonomia. No caso, apesar de os servidores do Estado terem sido beneficiados, mediante lei local, com certo reajuste, o tribunal de origem impusera diferença tendo em conta aquela observada no âmbito federal, a partir da premissa segundo a qual teriam sido favorecidas outras categorias profissionais. Assentou-se descaber, na espécie, implementar a igualização quanto à melhoria de vencimentos. Registrou-se que não estariam em jogo os atos por meio dos quais fora estendido o benefício a agentes e servidores do Estado, mas tão-somente a definição quanto à existência de direitos desses últimos ao tratamento conferido no âmbito federal, em que pese ao pacto federativo. No ponto, afastou-se a possibilidade de reconhecimento desses, sob pena de ruir a autonomia do Legislativo local presentes princípios sensíveis da Constituição Federal. **RE 459128/AL, rel. Min. Marco Aurélio, 7.4.2009.** (RE-459128) (Inform. STF 541)

VINCULAÇÃO AO SALÁRIO MÍNIMO E SERVIDORES ESTADUAIS

A Turma referendou decisão proferida pelo Min. Celso de Mello em ação cautelar, da qual relator, que deferira liminar para conceder efeito suspensivo a recurso extraordinário interposto contra acórdão que julgara constitucionalmente viável a vinculação a um determinado piso salarial fixado em múltiplos do salário mínimo da remuneração funcional de servidores públicos estaduais. Salientou-se, inicialmente, a plausibilidade jurídica do pedido, uma vez que o acórdão recorrido não se ajustaria à orientação jurisprudencial firmada por ambas as Turmas do Supremo Tribunal Federal. Ademais, ressaltou-se que esse entendimento jurisprudencial estaria apoiado na circunstância de que a legislação estadual em causa violaria o postulado da Federação ao dispor sobre o reajustamento automático da remuneração dos agentes públicos locais, mediante variação nominal do *quantum* pertinente ao salário mínimo, que constitui fator de indexação alheio ao controle do Estado-membro. Esclareceu-se que esta Corte tem assinalado que a automaticidade da incidência da referida fórmula de indexação impede que o Estado-membro tenha efetivo controle sobre a política de remuneração de seus próprios servidores, uma vez que a remuneração destes estaria sujeita às variações estabelecidas fora do âmbito estadual por deliberação do Congresso Nacional ou do Presidente da República — quando este edita medida provisória reajustando salário mínimo —, o que acarretaria a ofensa ao princípio da autonomia estadual consagrado pela Constituição da República. **AC 2288 Referendo-MC/PI, rel. Min. Celso de Mello, 10.3.2009.** (AC-2288) (Inform. STF 538)

REMUNERAÇÃO DE SERVIDOR PÚBLICO E VÍCIO FORMAL

Por entender usurpada a iniciativa reservada ao Chefe do Poder Executivo para instauração do processo legislativo em tema concernente a servidores públicos, seu regime jurídico e aumento de sua remuneração (CF, art. 61, § 1º, II, a e c), de observância obrigatória pelos Estados-membros, ante o princípio da simetria, o Tribunal julgou procedente pedido formulado em ação direta ajuizada pelo Procurador-Geral da República para declarar a inconstitucionalidade do art. 24, § 11, VI, da Constituição do Estado do Maranhão, o qual estabelece que o valor do soldo de praça da Polícia Militar não pode ser inferior ao salário-mínimo vigente. **Precedente citado: RE 241694/RS (DJU de 18.6.99). ADI 3555/MA, rel. Min. Cezar Peluso, 4.3.2009.** (ADI-3555) (Inform. STF 537)

REMUNERAÇÃO DE SERVIDOR PÚBLICO E VÍCIO FORMAL

Por reputar usurpada a competência privativa do Chefe do Poder Executivo para iniciar projeto de lei que verse sobre a criação de cargos, funções ou empregos públicos na Administração ou sobre o aumento de sua remuneração (CF, artigos 61, § 1º, II, a; e 63, I), de observância obrigatória pelos Estados-membros, tendo em conta o princípio da simetria, o Tribunal julgou procedente pedido formulado em ação direta, proposta pelo Governador do Estado do Rio Grande do Sul, para declarar a inconstitucionalidade do art. 6º da Lei estadual 11.467/2000, resultante de emenda parlamentar, a qual estabelece que "*dentro do prazo de 60 (sessenta) dias, o Poder Executivo encaminhará projeto de lei dispondo sobre a política salarial para todos os servidores públicos do Estado do Rio Grande do Sul, civis e militares, inclusive do Instituto de Previdência do Estado do Rio Grande do Sul e demais autarquias e fundações públicas, ouvidos os diversos segmentos dos servidores e respeitados os índices de revisão, aumento e reajuste até então legalmente concedidos*". **Alguns precedentes citados: ADI 2129/MS (DJE de 20.6.2008); ADI 2569/CE (DJU de 2.5.2003); ADI 1955/RO (DJU de 19.3.2003). ADI 2801/RS, rel. Min. Gilmar Mendes, 4.3.2009.** (ADI-2801) (Inform. STF 537)

FORMA DE CÁLCULO DA REMUNERAÇÃO E INEXISTÊNCIA DE DIREITO ADQUIRIDO A REGIME JURÍDICO

Por não vislumbrar ofensa à garantia de irredutibilidade da remuneração ou de proventos, e na linha da jurisprudência do Supremo no sentido de não haver direito adquirido à manutenção à forma de cálculo da remuneração, o que importaria em direito adquirido a regime jurídico, o Tribunal, por maioria, negou provimento a recurso extraordinário interposto, por servidora pública aposentada, contra acórdão do Tribunal de Justiça do Estado do Rio Grande do Norte. Na espécie, com a edição da Lei Complementar Estadual 203/2001, o cálculo das gratificações da recorrente deixou de ser sobre a forma de percentual, incidente sobre o vencimento, para ser transformado em valores pecuniários, correspondentes ao valor da gratificação do mês anterior à publicação da lei. Considerou-se que a Lei Complementar 203/2001 teria preservado o montante percebido pela recorrente, tendo, inclusive, expressamente garantido que "os índices da revisão geral da remuneração dos servidores públicos serão obrigatoriamente aplicados aos adicionais e gratificações que passam a ser representados por valores pecuniários". Vencidos os Ministros Carlos Britto e Marco Aurélio que davam provimento ao recurso. **RE 563965/RN, rel. Min. Cármen Lúcia, 11.2.2009.** (RE-563965) (Inform. STF 535)

ADI E VINCULAÇÃO DE REMUNERAÇÃO

Por vislumbrar ofensa ao disposto no art. 37, XIII, da CF, que veda a vinculação ou equiparação de quaisquer espécies remuneratórias para efeito de remuneração de pessoal do serviço público, o Tribunal, por maioria, julgou parcialmente procedente pedido formulado em duas ações diretas ajuizadas pela Associação dos Delegados de Polícia do Brasil - ADEPOL contra atos normativos do Estado de Santa Catarina que reorganizam a estrutura administrativa e dispõem sobre a remuneração dos profissionais do Sistema de Segurança Pública estadual. Declarou-se, com eficácia *ex nunc*, a partir da publicação do acórdão, a inconstitucionalidade das seguintes expressões: "de forma *a assegurar adequada proporcionalidade de remuneração das diversas carreiras com a de delegado de polícia*", contida no § 3º do art. 106 da Constituição estadual; "*assegurada a adequada proporcionalidade das diversas carreiras com a do Delegado Especial*", constante do art. 4º da Lei Complementar estadual 55/92; "*mantida a proporcionalidade estabelecida em lei que as demais classes da carreira e para os cargos integrantes do Grupo Segurança Pública - Polícia Civil*", do art. 1º da Lei Complementar estadual 99/93. Por arrastamento, declarou-se a inconstitucionalidade do § 1º do art. 10 e dos artigos 11 e 12 da Lei Complementar estadual 254/2003, com a redação dada pela Lei Complementar estadual 374/2007. Vencido, quanto ao mérito, o Min. Marco Aurélio, que julgava o pedido improcedente, e, vencidos, quanto à modulação dos efeitos, os Ministros Joaquim Barbosa e Marco Aurélio. **Alguns precedentes citados: ADI 191/RS (DJE de 7.3.2008); ADI 64/RO (DJE de 22.2.2008); RE 218874/SC (DJE de 1º.2.2008); ADI 3853/MS (DJE de 26.10.2007); ADI 955/PB (DJU de 25.8.2006); ADI 2831 MC/RJ (DJU de 28.5.2004). ADI 4001/SC, rel. Min. Eros Grau, 4.2.2009. (ADI-4001). ADI 4009/SC, rel. Min. Eros Grau, 4.2.2009.** (ADI-4009) (Inform. STF 534)

GARANTIA DE SALÁRIO MÍNIMO E REMUNERAÇÃO TOTAL

O Tribunal resolveu questão de ordem em recurso extraordinário interposto pelo Estado de São Paulo contra acórdão do tribunal de justiça local, que entendera que o salário-base do servidor não pode ser inferior ao mínimo constitucional, para: 1) reconhecer a existência de repercussão geral relativamente à questão constitucional versada no recurso; 2) reafirmar sua jurisprudência no sentido de que a garantia do salário mínimo, a que se referem os artigos 7º, IV, e 39, § 3º, da CF, corresponde ao total da remuneração percebida pelo servidor e não ao seu salário-base; 3) dar provimento ao recurso; e 4) autorizar a devolução dos autos dos demais recursos sobre o tema, para os fins do art. 543-B, § 3º, do CPC. O relator, em seguida, apresentou proposta de nova súmula vinculante e a remeteu à Comissão de Jurisprudência. **Precedentes citados: RE 579431 QO/RS (DJE de 24.10.2008); RE 582650 QO/BA (DJE de 24.10.2008); RE 580108 QO/SP (j. em 11.6.2008); RE 591068 QO/PR (j. em 7.8.2008); RE 585235 QO/MG (j. em 10.9.2008); RE 199098/SC (DJU de 18.5.2001); RE 265129/RS (DJU de 14.11.2002); AI 492967 AgR/SP (DJU de 15.12.2006); RE 455137 ED/RN (DJE de 21.5.2008). RE 582019 QO/SP, rel. Min. Ricardo Lewandowski, 13.11.2008.** (RE-582019) (Inform. STF 528)

INCIDÊNCIA DE VANTAGENS SOBRE A SOMA DO VENCIMENTO COM O ABONO E VINCULAÇÃO AO SALÁRIO MÍNIMO

O Tribunal resolveu questão de ordem em recurso extraordinário — interposto contra acórdão que assegurara a servidores públicos estaduais o recebimento de abono como complemento ao vencimento-base a fim de garantir a percepção do mínimo legal, mas impedira a incidência de gratificações e outras vantagens sobre o resultado da soma do vencimento com o abono —, para: 1) reconhecer a existência de repercussão geral relativamente à questão constitucional versada no recurso; 2) reafirmar sua jurisprudência no sentido de que a incidência de gratificações e outras vantagens sobre o resultado da soma do vencimento com o abono — este utilizado para se atingir o salário mínimo — contraria o art. 7º, IV, da CF, por implicar vinculação nele vedada; 3) negar provimento ao recurso; e 4) autorizar a devolução dos autos dos demais recursos sobre o tema, para os fins do art. 543-B, § 3º, do CPC. O relator, em seguida, apresentou proposta de nova súmula vinculante e a remeteu à Comissão de Jurisprudência. Vencidos os Ministros Marco Aurélio e Carlos Britto que reconheciam a existência da repercussão geral, e davam provimento ao recurso. O Min. Marco Aurélio considerou que, ante a circunstância de os servidores terem alcançado, por força de lei, um vencimento básico todo próprio, distinto do primitivo — que deixou de existir no mundo jurídico, por força de lei —, não se poderia ter o cálculo dos acessórios considerado o inexistente, ou seja, o básico primitivo suplantado. O Min. Carlos Britto, após asseverar que o inciso IV do art. 7º da CF consagra o que se poderia chamar de mínimo existencial, o qual se contraporia para suplantar a cláusula financeira da reserva do possível, entendia que as gratificações deveriam ser calculadas sobre esse mínimo existencial, que só haveria de ser o mínimo acrescido do abono, mediante lei. Alguns **precedentes citados: RE 579431 QO/RS (DJE de 24.10.2008); RE 582650 QO/BA (DJE de 24.10.2008); RE 580108 QO/SP (j. em 11.6.2008); RE 591068 QO/PR (j. em 7.8.2008); RE 585235 QO/MG (j. em 10.9.2008); RE 439360 AgR/RN (DJU de 2.9.2005); RE 518760 AgR/RN (DJE de 7.12.2007); RE 548983 AgR/RN (DJE de 14.11.2007); RE 512845 AgR/RN (DJE de 21.2.2007). RE 572921 QO/RN, rel. Min. Ricardo Lewandowski, 13.11.2008.** (RE-572921) (Inform. STF 528)

ADPF: ACORDO COLETIVO E TRÂNSITO EM JULGADO

O Tribunal não conheceu de argüição de descumprimento de preceito fundamental ajuizada pelo Partido dos Trabalhadores - PT e pelo Partido Socialista Brasileiro - PSB contra a Lei 3.624/89, do Município de Vitória/ES, que obrigou o Poder Executivo local a respeitar acordo coletivo firmado com diversas entidades sindicais dos servidores municipais, impondo, ao referido Município, o dever de reajustar os vencimentos dos seus servidores de acordo com o IPC, instituído pela Lei federal 7.730/89. Na espécie, a lei impugnada vigorara no período de 1º.10.89 a 30.4.90, sendo que, posteriormente, fora publicada a Lei 3.667/90, do mesmo Município, que concedeu reajuste a todos os servidores municipais e passou a adotar como fator de reajuste o IPC-GV (Índice de Preço ao Consumidor da Grande Vitória). No lapso temporal entre o término de vigência da Lei 3.624/89 e a publicação da Lei 3.667/90, servidores teriam ingressado com mandados de segurança, nos quais concedido o direito ao reajuste previsto na lei impugnada. Tendo em conta que, no caso, estar-se-ia diante de acordo coletivo, ato único, negocial, aprovado por uma lei e reconhecido válido e legal por força de coisa julgada em relação a alguns dos contraentes, entendeu-se não ser possível cindir esse ato, reputando-o ilegal, em relação aos demais contraentes. Ademais, considerou-se que, em última instância, a ADPF estaria cumprindo uma função substitutiva de embargos à execução. **ADPF 83/ES, rel. Min. Carlos Britto, 24.4.2008.** (ADPF-83) (Inform. STF 503)

REAJUSTE DE PROVENTOS E EC 41/2003 - 2

O Tribunal, em conclusão de julgamento, concedeu mandado de segurança impetrado por servidor público aposentado contra ato omissivo do Tribunal de Contas da União - TCU, com o objetivo de compelir tal colegiado a proceder ao reajuste anual de seu benefício, nos termos do § 8º do art. 40, da CF; do art. 15, da Lei federal 10.887/2004; do art. 65, *caput* e parágrafo único, da Orientação Normativa 3/2004, do Ministério da Previdência Social, e do § 1º do art. 1º, da Portaria MPS 822/2005 e seu Anexo I — v. Informativo 481. Inicialmente, em votação majoritária, rejeitou-se a preliminar de ilegitimidade passiva *ad causam*, por se entender que, em razão de o *writ* ter sido impetrado por servidor público aposentado do TCU, seria este o único destinatário dos efeitos de eventual sentença favorável àquele e, como tal, responsável pelo pagamento de proventos. Vencido, no ponto, o Min. Marco Aurélio que acatava a preliminar para extinguir o processo sem julgamento de mérito, por julgar que o mandado de segurança deveria ter sido impetrado contra a União. No mérito, por maioria, considerou-se o que previsto no § 8º do art. 40, da CF, com a redação da EC 41/2003, que assegura o reajustamento dos benefícios para preservar-lhes, em caráter permanente, o valor real, conforme critérios estabelecidos em lei. Asseverou-se que o art. 9º da Lei federal 9.717/98, que dispõe sobre as regras gerais para a organização e o funcionamento dos regimes próprios de previdência social dos servidores públicos da União, dos Estados, do Distrito Federal e dos Municípios, delegou competência ao Ministério da Previdência Social, para o estabelecimento de regras gerais atinentes ao regime em questão, sem afronta ao citado dispositivo constitucional, que versa apenas sobre critérios legais de reajustamento e não competência para fixação de índices, nem ao art. 61, § 1º, c, da CF, que não trata de reajuste de proventos. Ressaltou-se, ainda, que o art. 15 da Lei federal 10.887/2004 tão-só cuidou de estabelecer que os benefícios como os do autor, concedidos na forma do § 2º do art. 3º, da EC 41/2003, fossem reajustados na mesma data em que se desse o reajuste dos benefícios do regime geral de previdência social, sendo silente, no entanto, quanto ao índice. Reputou-se que, autorizado pela primeira lei federal, e sem contradição com a segunda, o Ministério da Previdência Social editou a Orientação Normativa 3/2004, que preencheu a lacuna sobre o índice, tendo a Portaria MPS 822/2005 fixado, posteriormente, o percentual aplicável a cada caso (art. 1º, § 1º, e Anexo I). Vencido o Min. Marco Aurélio que, superada a preliminar, indeferia a ordem ao fundamento de se estar concedendo tratamento diferenciado ao pessoal da inatividade. Segurança concedida para determinar que o TCU reajuste os proventos do impetrante nos termos do pedido. **MS 25871/DF, rel. Min. Cezar Peluso, 11.2.2008.** (MS-25871) (Inform. STF 494)

ESTABILIDADE FINANCEIRA E CÁLCULO DE GRATIFICAÇÃO DE PÓS-GRADUAÇÃO

A Turma acolheu embargos de declaração opostos pelo Estado de Santa Catarina contra acórdão que, em agravo regimental, mantivera decisão do Min. Gilmar Mendes que negara provimento a recurso extraordinário, do qual relator, ao fundamento de que a discussão estaria limitada ao âmbito da legislação infraconstitucional. No caso, o ora embargado, servidor público estadual, incorporara a sua remuneração a diferença entre o valor de vencimento de cargo comissionado anteriormente exercido e o valor dos vencimentos do cargo efetivo (vantagem financeira nominalmente identificada). Ocorre que o tribunal de justiça daquela unidade federativa reconhecera ao embargado o direito à percepção de "Gratificação de Pós-Graduação", fixada sobre o valor do vencimento do cargo efetivo, cujo cálculo incidiria sobre a soma desse vencimento com a vantagem correspondente à agregação. Inicialmente, acolheram-se os embargos declaratórios, tendo em conta o reconhecimento de que a matéria versada nos autos possuiria cunho constitucional. Em seguida, proveu-se o recurso extraordinário por se entender que o acórdão impugnado estaria em confronto com a orientação firmada pela Corte no sentido de que, em se tratando de "estabilidade financeira", seria legítimo que, por lei superveniente, sem ofensa a direito adquirido, o cálculo da vantagem fosse desvinculado, para o futuro, dos vencimentos do cargo em comissão outrora ocupado pelo servidor, passando a quantia a ela correspondente a ser reajustada segundo os critérios das revisões gerais de remuneração do funcionalismo. **Precedentes citados: RE 293976 AgR/PE (DJU de 1º.6.2001); RE 358788 AgR/PE (DJU de 7.11.2003); RE 294009 AgR/PE (DJU de 25.6.2004); RE 437328/AM (DJU de 16.12.2004). RE 353545 ED-AgR/SC, rel. Min. Gilmar Mendes, 12.2.2008.** (RE-353545) (Inform. STF 494)

ADI E VINCULAÇÃO DE VENCIMENTOS

O Tribunal julgou procedente pedido formulado em ação direta proposta pelo Governador do Estado do Rio Grande do Sul para declarar a inconstitucionalidade do art. 28 da Constituição estadual que assegura aos servidores das fundações instituídas e mantidas pelo Estado os mesmos direitos daqueles das fundações públicas, observado o respectivo regime jurídico. Entendeu-se que o dispositivo impugnado é demasiadamente abrangente, pois equipara, sem distinção, os servidores de fundações instituídas e mantidas pelo Estado, inclusive fundações privadas, aos servidores das fundações públicas, garantindo-lhes identidade de direitos, dentre os quais o relativo à remuneração, em afronta ao art. 37, XIII, da CF, que veda a vinculação ou equiparação de quaisquer espécies remuneratórias para o efeito de remuneração de pessoal do serviço público, e ao Enunciado 339 da Súmula do STF. Alguns precedentes citados: ADI 1344 MC/ES (DJU de 19.4.96); RE 402364 AgR/PA (DJU de 18.5.2007). ADI 191/RS, rel. Min. Cármen Lúcia, 29.11.2007. (ADI-191) (Inform. STF 490)

ADI E ESTABILIDADE FINANCEIRA

O Tribunal julgou improcedente pedido formulado em ação direta de inconstitucionalidade ajuizada pelo Governador do Estado de Santa Catarina contra o art. 3º da Lei catarinense 1.145/93, que prevê reajuste dos valores constantes das tabelas de vencimentos apresentados nos anexos I e II da Lei Complementar 83/93, base de cálculo para determinação da Vantagem Nominalmente Identificável, na mesma proporção dos valores fixados para os cargos de provimento em comissão de direção e gerência superior. Entendeu-se que a pretensa vinculação havida na norma impugnada não configuraria a situação vedada pelo art. 37, XIII, da CF, já que tal proibição, na linha da jurisprudência da Corte, não compreenderia a denominada "estabilidade financeira", prevista legalmente para os casos de servidores que, como na espécie analisada, por terem exercido funções ou cargos em comissão por determinado lapso temporal, incorporaram aos seus vencimentos, como vantagem pessoal, parcelas da remuneração daqueles cargos ou funções. Alguns precedentes citados: RE 222480/SC (DJU de 1º.9.2000); RE 191476 AgR/SC (DJU de 30.6.2006); RE 233413 AgR/SC (DJU de 22.4.2005); RE 303673/SC (DJU de 14.6.2002); RE 141788/CE (DJU de 18.6.2003). ADI 1264/SC, rel. Min. Cármen Lúcia, 29.11.2007. (ADI-1264) (Inform. STF 490)

AUMENTO DE REMUNERAÇÃO E VÍCIO DE INICIATIVA

O Tribunal julgou procedente pedido formulado em ação direta ajuizada pelo Governador do Estado de Rondônia para declarar a inconstitucionalidade dos artigos 4º e 5º da Lei estadual 227/89, resultantes de emenda parlamentar, que, respectivamente, fixa o mês de maio como a data-base para o funcionalismo público daquela unidade federativa, e estabelece que a "*política salarial dos funcionários públicos do Estado de Rondônia, acompanhará em acordo à política dos funcionários públicos proposta pela União*". Entendeu-se que os artigos impugnados ofendem o art. 61, § 1º, II, a, da CF, que confere iniciativa privativa ao Chefe do Poder Executivo para instauração do processo legislativo em tema concernente ao aumento de remuneração de servidores públicos, bem como o art. 63, I, a, CF, que proíbe o aumento da despesa prevista nos projetos de iniciativa exclusiva do Presidente da República, ressalvado o disposto no art. 166, §§ 3º e 4º. Considerou-se que os referidos preceitos afrontam, ainda, o disposto no inciso X do art. 37 da CF, que estabelece que a remuneração dos servidores públicos somente poderá ser fixada ou alterada por lei específica, e no inciso XIII desse mesmo artigo, que veda a vinculação ou equiparação de quaisquer espécies remuneratórias para o efeito de remuneração de pessoal do serviço público. Alguns precedentes citados: ADI 507/DF (DJU de 8.8.2003); ADI 3114/SP (DJU de 7.4.2006); ADI 2170/SP (DJU de 9.9.2005); ADI 2569/CE (DJU de 2.5.2003); ADI 237/RJ (DJU de 1º.7.93); ADI 1064/MS (DJU de 26.9.97). ADI 64/RO, rel. Min. Cármen Lúcia, 21.11.2007. (ADI-64) (Inform. STF 489)

AUMENTO DE REMUNERAÇÃO DE MAGISTRADOS E RESERVA DE LEI

O Tribunal julgou procedente pedido formulado em ação direta ajuizada pelo Procurador-Geral da República para declarar a inconstitucionalidade da Resolução Administrativa 51/99, do TRT da 14ª Região, que determina que a verba de representação mensal, instituída pelo Decreto-lei 2.371/87 e destinada aos membros daquela Corte, seja calculada com a incidência da parcela autônoma de equivalência. Entendeu-se haver ofensa ao art. 96, II, b, da CF, porquanto a resolução impugnada concede aumento de remuneração sem a previsão legal exigida pelo referido dispositivo ("*Art. 96. Compete privativamente:... II - ao Supremo Tribunal Federal, aos Tribunais Superiores e aos Tribunais de Justiça propor ao Poder Legislativo respectivo, observado o disposto no art. 169:... b) a criação e a extinção de cargos e a remuneração dos seus serviços auxiliares e dos juízos que lhes forem vinculados, bem como a fixação do subsídio de seus membros e dos juízes, inclusive dos tribunais inferiores, onde houver;*"). Precedente citado: ADI 2103/PE (DJU de 8.10.2004). ADI 2104/DF, rel. Min. Eros Grau, 21.11.2007. (ADI-2104) (Inform. STF 489)

DESCONTO DE REMUNERAÇÃO E PRINCÍPIOS CONSTITUCIONAIS

O Tribunal negou provimento a recurso extraordinário, afetado ao Pleno pela 1ª Turma, interposto pelo Estado de Minas Gerais contra acórdão do tribunal de justiça local que declarara a inconstitucionalidade de norma estadual que estabeleceu o desconto nos vencimentos de servidores públicos afastados de suas funções por responderem a processo penal em face de suposto cometimento de crime funcional. O recorrente sustentava, na espécie, a legitimidade dessa redução, porquanto efetuada com suporte na legislação estadual (Lei mineira 2.364/61, art. 2º), em consonância com os princípios da legalidade e da moralidade. Aduzia, ainda, que não haveria ofensa aos princípios da presunção de inocência e da irredutibilidade de vencimentos, já que prevista a devolução dos valores subtraídos, em caso de absolvição — v. Informativo 484. Preliminarmente, não se conheceu do recurso quanto aos princípios da legalidade e da moralidade, por ausência de prequestionamento (Enunciados da Súmula 282 e 356 do STF). Quanto às demais questões, entendeu-se que o referido dispositivo legal, de fato, não teria sido recepcionado pela Constituição Federal, por violar tanto o princípio da presunção de inocência (CF, art. 5º, LVII) quanto o da irredutibilidade de vencimentos (CF, art. 37, XV). Asseverou-se que, se se admitisse a redução da remuneração dos servidores na hipótese prevista na mencionada lei, legitimar-se-ia verdadeira antecipação de pena, antes mesmo de eventual condenação, nada importando a previsão de devolução das diferenças, no caso de absolvição. Além disso, tal hipótese não se encontraria entre as exceções estabelecidas pelo art. 37, XV, da CF. RE 482006/MG, rel. Min. Ricardo Lewandowski, 7.11.2007. (RE-482006) (Inform. STF 487)

REAJUSTE DE VENCIMENTOS E VINCULAÇÃO

O Tribunal deu provimento a recurso extraordinário interposto pelo Estado de Santa Catarina contra acórdão do tribunal de justiça local para cassar mandado de segurança coletivo lá concedido e declarar a inconstitucionalidade da Lei Complementar estadual 101/93, que vincula o reajuste dos vencimentos dos servidores públicos do Poder Judiciário estadual ao incremento da arrecadação do ICMS. Entendeu-se que a lei impugnada ofende o art. 167, IV, da CF, que veda a vinculação de receita de impostos a órgão, fundo ou despesa, o art. 37, XIII, da CF, na redação que lhe foi conferida pela EC 19/98, que proíbe a vinculação ou equiparação de quaisquer espécies remuneratórias para o efeito de remuneração de pessoal do serviço público, e, ainda, o art. 96, II, b, da CF, que somente autoriza aumento de remuneração de servidores do Poder Judiciário, por meio de lei específica, de iniciativa do respectivo Tribunal. Precedentes citados: AO 264/SC (DJU de 13.10.95); AO 389/SC (DJU de 16.8.96); AO 317/SC (DJU de 15.12.95). RE 218874/SC, rel. Min. Eros Grau, 7.11.2007. (RE-218874) (Inform. STF 487)

DESCONTO DE REMUNERAÇÃO E PRINCÍPIOS CONSTITUCIONAIS

A Turma decidiu afetar ao Plenário julgamento de recurso extraordinário interposto pelo Estado de Minas Gerais contra acórdão do tribunal de justiça local que, com base nos princípios da irredutibilidade dos vencimentos e da presunção de inocência, declarara a inconstitucionalidade de norma estadual que estabeleceu o desconto nos vencimentos de servidores públicos afastados de suas funções por responderem a processo penal em face de suposto cometimento de crime funcional. O recorrente sustenta, na espécie, a legitimidade dessa redução, porquanto efetuada com suporte na legislação estadual (Lei mineira 2.364/61), em consonância com os princípios da legalidade e da moralidade. Aduz, ainda, que não haveria ofensa aos citados princípios da presunção de inocência e da irredutibilidade de vencimentos, já que prevista a devolução dos valores subtraídos, em caso de absolvição. RE 482006/MG, rel. Min. Ricardo Lewandowski, 16.10.2007. (RE-482006) (Inform. STF 484)

EC 41/2003: VANTAGENS PESSOAIS E TETO REMUNERATÓRIO ESTADUAL

A Turma deliberou afetar ao Plenário julgamento de agravo regimental interposto contra decisão monocrática do Min. Eros Grau que, dando provimento a recurso extraordinário do qual relator, declarara a constitucionalidade de teto estadual, no qual deveriam ser incluídas as vantagens de caráter pessoal. O Tribunal *a quo* afirmara que a faculdade, conferida aos Estados-membros, de instituir tetos remuneratórios viola o direito adquirido e o princípio da segurança jurídica. No extraordinário, discutia-se a constitucionalidade da fixação de sub-tetos da remuneração do funcionalismo público estadual, assim como a possibilidade de inclusão das vantagens pessoais nesse limite, posteriormente à vigência da EC 41/2003. No presente agravo, a servidora pleiteia o reconhecimento da integralidade dos seus proventos até que seu montante seja coberto pelo subsídio fixado em lei para o Poder Legislativo do Estado de Minas Gerais. RE 477274 AgR/MG, rel. Min. Eros Grau, 9.10.2007. (RE-477274) (Inform. STF 483)

REAJUSTE DE PROVENTOS E EC 41/2003

O Tribunal iniciou julgamento de mandado de segurança impetrado por servidor público aposentado contra ato omissivo do Tribunal de Contas da União - TCU, com o objetivo de compelir tal Colegiado a proceder ao reajuste anual de seu benefício, em 5,405%, para o exercício de 2005, nos termos do § 8º do art. 40 da CF, do art. 15, da Lei federal 10.887/2004, do art. 65, *caput* e parágrafo único, da Orientação Normativa 3/2004, do Ministério da Previdência Social, e do § 1º, da Portaria MPS 822/2005 e seu Anexo I. O Min. Cezar Peluso, relator, concedeu o mandado de segurança para determinar que o TCU reajuste os proventos do impetrante nos termos do pedido. Inicialmente, rejeitou a preliminar de ilegitimidade passiva *ad causam*. Considerou que, em razão de o *writ* ter sido impetrado por servidor público aposentado do TCU, seria este o único destinatário dos efeitos de eventual sentença favorável àquele e, como tal, responsável pelo pagamento dos proventos. No mérito, considerou o que previsto no § 8º do art. 40 da CF, com a redação da EC 41/2003, que assegura o reajustamento dos benefícios para preservar-lhes, em caráter permanente, o valor real, conforme critérios estabelecidos em lei. Asseverou que o art. 9º da Lei federal 9.717/98, que dispõe sobre as regras gerais para a organização e o funcionamento dos regimes próprios de previdência social dos servidores públicos da União, dos Estados, do Distrito Federal e dos Municípios, delegou competência ao Ministério da Previdência Social, para o estabelecimento de regras gerais atinentes ao regime em questão, sem afronta ao citado dispositivo constitucional, que versa apenas sobre critérios legais de reajustamento e não competência para fixação de índices, nem ao art. 61, § 1º, c, da CF, que não trata do reajuste de proventos. Ressaltou, ainda, que o art. 15 da Lei federal 10.887/2004 tão-só cuidou de estabelecer que os benefícios como os do autor, concedidos na forma do § 2º, da EC 41/2003, fossem reajustados na mesma data em que se desse o reajuste dos benefícios do regime geral de previdência social, sendo silente, no entanto, quanto ao índice. Considerou que, autorizado pela primeira lei federal, e sem contradição com a segunda, o Ministério da Previdência Social editou a Orientação Normativa 3/2004, que preencheu a lacuna sobre o índice, tendo a Portaria MPS 822/2005 fixado, posteriormente, o percentual aplicável a cada caso (art. 1º, § 1º, e Anexo I). Em seguida, após o voto do Min. Marco Aurélio que acatava a preliminar, ao fundamento de que o mandado de segurança deveria ter sido impetrado contra a União, e extinguia o processo sem julgamento de mérito, pediu vista dos autos o Min. Menezes Direito. MS 25871/DF, rel. Min. Cezar Peluso, 27.9.2007. (MS-25871) (Inform. STF 481)

REAJUSTE DE REMUNERAÇÃO E ABONO DE FALTAS

Por entender usurpada a iniciativa reservada ao Chefe do Poder Executivo para instauração do processo legislativo em tema concernente ao aumento de remune-ração e ao regime jurídico dos servidores públicos, de observância obrigatória pelos Estados-membros (CF, art. 61, § 1º, II, a e c), bem como violado o princípio da separação de poderes (CF, art. 2º), o Tribunal julgou procedente pedido formulado em ação direta proposta pelo Governador do Estado de Santa Catarina para declarar a inconstitucionalidade do § 5º do art. 1º, do § 2º do art. 3º e do art. 9º, todos da Lei estadual 1.115/88, que dispõem sobre reajuste de remuneração (os dois primeiros) e abono de faltas (o último) do pessoal civil e militar dos quadros da Administração Direta e Autárquica dos Poderes Executivo e Legislativo e do Tribunal de Contas do referido Estado-membro. Asseverou-se, no que se refere ao art. 9º da lei em questão, que a Corte tem reconhecido a faculdade de o Poder Legislativo emendar projetos de lei de iniciativa exclusiva do Chefe do Poder Executivo, desde que a emenda não implique aumento de despesa, guarde afinidade lógica com a proposição original e, tratando-se de projetos orçamentários (CF, art. 165, I, II e III), observe as restrições fixadas no art. 166, §§ 3º e 4º, da CF. Considerou-se que, no caso em exame, faltaria o requisito da aludida pertinência lógica, pois o projeto de lei originalmente enviado pelo Governador versava exclusivamente sobre reajuste de remuneração, tendo o Legislativo inserido, portanto, via emenda, matéria completamente diversa. Precedentes citados: ADI 2619/RS (DJU de 5.5.2006); ADI 1470/ES (DJU de 10.3.2006); ADI 2705/DF (DJU de 31.10.2003); ADI 233 MC/RJ (DJU de 19.5.95); ADI 1333 MC/RS (DJU de 13.10.95). ADI 13/SC, rel. Min. Joaquim Barbosa, 17.9.2007. (ADI-13) (Inform. STF 480)

SUBSÍDIO MENSAL A EX-GOVERNADOR - 2

O Tribunal julgou prejudicado pedido formulado em ação direta ajuizada pelo Conselho Federal da Ordem dos Advogados do Brasil - OAB contra a Emenda 3/95 da Constituição do Estado do Amapá, que, acrescentando o art. 356 e §§ 1º e 2º às Disposições Constitucionais Gerais, instituiu subsídio mensal e vitalício a ser concedido aos ex-Governadores do Estado, a título de representação, igual aos vencimentos do cargo de Desembargador do Tribunal de Justiça — v. Informativo 285. Considerou-se a perda de objeto da ação, tendo em conta a revogação dos dispositivos acrescentados pela norma impugnada pela Emenda Constitucional 35/2006. ADI 1461/AP, rel. orig. Min. Maurício Corrêa, rel. p/ o acórdão Min. Gilmar Mendes, 12.9.2007. (ADI-1461) (Inform. STF 479)

ADI E SUBSÍDIO MENSAL E VITALÍCIO - 1

O Tribunal iniciou julgamento de ação direta de inconstitucionalidade ajuizada pelo Conselho Federal da Ordem dos Advogados do Brasil contra o art. 29-A, *caput* e §§ 1º, 2º e 3º, do Ato das Disposições Constitucionais Gerais e Transitórias da Constituição do Estado do Mato Grosso do Sul, incluído pela Emenda Constitucional 35/2006, que confere aos ex-Governadores do Estado que tiverem exercido o cargo em caráter permanente, subsídio mensal e vitalício idêntico ao percebido pelo Chefe do Poder Executivo, e o transfere, ao cônjuge supérstite, reduzindo-o à metade do que seria devido ao titular. A Min. Cármen Lúcia, relatora, julgou procedente o pedido formulado. Asseverou, inicialmente, que, apesar do rótulo normativo de subsídio, ter-se-ia instituído uma graça remuneratória mensal e vitalícia para aquele que deixou de ser agente político estadual pelo exaurimento do mandato de Governador de Estado, bem como uma pensão ao seu cônjuge supérstite. Afirmou que, em razão de a graça instituída ter os mesmos efeitos do instituto da aposentadoria, dever-se-ia ter atendido ao que disposto nos artigos 169, § 1º, I e II, e 195, § 5º, da CF. Entendeu, ademais, que a norma impugnada não observa o princípio republicano (CF, art. 1º) e outros princípios que dele se desdobram. ADI 3853/MT, rel. Min. Cármen Lúcia, 18.4.2007. (ADI-3853)

ADI E SUBSÍDIO MENSAL E VITALÍCIO - 2

Salientando ser próprio da República a transitoriedade dos mandatos e dos mandatários e que o regime constitucional dos agentes políticos não comporta ampliação, considerou que a benesse em questão afronta o princípio da igualdade, uma vez que desiguala os cidadãos que se submetem ao regime geral da previdência e os que provêem cargos públicos de provimento transitório por eleição ou por comissionamento; o princípio da impessoalidade, porque dota um cidadão, que foi e tenha deixado de ser agente público, de condição excepcional, privilegiada; e o princípio da moralidade pública, já que não se verifica, no caso, interesse público para a adoção da medida impugnada. Além disso, a norma sob análise também ofende o que previsto no art. 37, XIII, da CF, que veda a vinculação de quaisquer espécies remuneratórias, porque o favor pecuniário tem seu valor vinculado à referência do devido ao cargo de Governador. Após os votos dos Ministros Ricardo Lewandowski e Sepúlveda Pertence, que acompanhavam a relatora, tendo este último, reportando-se aos termos de seu voto na ADI 1461 MC/AP (DJU de 22.8.97), vislumbrado violação apenas do art. 37, XIII, da CF, pediu vista dos autos o Min. Eros Grau. ADI 3853/MT, rel. Min. Cármen Lúcia, 18.4.2007. (ADI-3853) (Inform. STF 463)

ADI E SUBSÍDIO MENSAL E VITALÍCIO - 3

O Tribunal retomou julgamento de ação direta de in-constitucionalidade ajuizada pelo Conselho Federal da Ordem dos Advogados do Brasil contra o art. 29-A, *caput* e §§ 1°, 2° e 3°, do Ato das Disposições Constitucionais Gerais e Transitórias da Constituição do Estado do Mato Grosso do Sul, incluído pela Emenda Constitucional 35/2006, que confere aos ex-Governadores do Estado que tiverem exercido o cargo em caráter permanente, subsídio mensal e vitalício idêntico ao percebido pelo Chefe do Poder Executivo, e o transfere, ao cônjuge supérstite, reduzindo-o à metade do que seria devido ao titular — v. Informativo 463. O Min. Eros Grau, em voto-vista, abriu divergência, para julgar improcedente o pedido. Reportando-se a precedentes do Tribunal, entendeu tratar-se, na espécie, de pensão especial, que não pertence ao gênero das pensões previdenciárias e dos montepios, e cuja concessão seria corriqueira. Asseverou, no ponto, inexistir, na Constituição Federal, disposição que impeça a atribuição da pensão especial de que se cuida nem a ex-Presidente da República, bem assim a atribuição de pensão como tal, por lei ou emenda à respectiva Constituição estadual, a ex-Governador de Estado. Em seguida, afastou os fundamentos utilizados pela relatora para julgar procedente o pleito. Considerou que, em razão de ex-Governador e sua viúva não serem pessoal do serviço público, e de a pensão especial não consubstanciar remuneração, os preceitos impugnados não violariam o art. 37, XIII, da CF. Afirmou, também, não haver afronta ao princípio da igualdade, visto que diversas seriam as situações dos cidadãos submetidos ao regime geral da previdência e a dos beneficiários da pensão especial, bem como as destes e as dos que exercem cargos públicos de provimento temporário por eleição ou comissionamento. Ademais, não vislumbrou ofensa ao princípio da impessoalidade, por não ter a norma em questão atribuído pensão especial a um determinado ex-Governador, mas à generalidade dos ex-Governadores do Estado. Da mesma forma, rechaçou o fundamento de desrespeito ao princípio da moralidade, haja vista que a concessão de pensões especiais em situações análogas a dos autos seria corriqueira, sem que jamais tal prática tivesse sido concebida como expressiva de desvio de poder ou de finalidade. ADI 3853/MS, rel. Min. Cármen Lúcia, 1°.8.2007. (ADI-3853)

ADI E SUBSÍDIO MENSAL E VITALÍCIO - 4

Os Ministros Joaquim Barbosa, Carlos Britto e Cezar Peluso, também acompanharam a relatora para julgar procedente o pedido. Os Ministros Carlos Britto e Cezar Peluso entenderam que o ato impugnado é arbitrário, porque, não correspondendo ao modelo federal, cria para o ex-Chefes do Poder Executivo estadual um benefício que não possuem os ex-Chefes do Poder Executivo federal e que não tem justificação concreta, já que apanha qualquer pessoa que tenha exercido o referido cargo. O Min. Cezar Peluso não acatou, ademais, nenhum dos precedentes invocados pelo Min. Eros Grau, em razão, sobretudo, de os casos por ele enumerados tratarem de concessões de graça *intuitu personae*, personalíssimas e singulares, em que considerada a situação concreta de cada contemplado. Por sua vez, o Min. Sepúlveda Pertence retirou o fundamento da vinculação de vencimentos (CF, art. 37, XIII), mas manteve o voto com a relatora. Afirmou que a ausência na Constituição Federal de instituto semelhante não seria, por si só, óbice inafastável à pensão graciosa. Reconheceu, entretanto, que esta seria ato concreto e pessoal que não poderia se transformar em norma geral e abstrata. Após, pediu vista dos autos o Min. Gilmar Mendes. Na seqüência, o Tribunal, por maioria, vencido o Min. Eros Grau, deferiu a cautelar para suspender os efeitos da legislação impugnada. ADI 3853/MS, rel. Min. Cármen Lúcia, 1°.8.2007. (ADI-3853) (Inform. STF 474)

ADI E SUBSÍDIO MENSAL E VITALÍCIO - 5

O Tribunal, por maioria, julgou procedente pedido formulado em ação direta ajuizada pelo Conselho Federal da Ordem dos Advogados do Brasil para declarar a inconstitucionalidade do art. 29-A, *caput* e §§ 1°, 2° e 3°, do Ato das Disposições Constitucionais Gerais e Transitórias da Constituição do Estado do Mato Grosso do Sul, incluído pela Emenda Constitucional 35/2006, que confere aos ex-Governadores do Estado que tiverem exercido o cargo em caráter permanente, subsídio mensal e vitalício idêntico ao percebido pelo Chefe do Poder Executivo, e o transfere, ao cônjuge supérstite, reduzindo-o à metade do que seria devido ao titular — v. Informativos 463 e 474. Asseverou-se que ter-se-ia instituído uma graça remuneratória mensal e vitalícia, a qual não se confundiria nem com subsídio nem com aposentadoria ou pensão, e que violaria o princípio republicano (CF, art. 1°) e outros princípios que dele se desdobram. Salientando ser próprio da República a transitoriedade dos mandatos e dos mandatários e que o regime constitucional dos agentes políticos não comporta ampliação, considerou-se que a benesse em questão afrontaria o princípio da igualdade, uma vez que desigualaria os cidadãos que se submetem ao regime geral da previdência e os que provêem cargos públicos de provimento transitório por eleição ou por comissionamento; o princípio da impessoalidade, porque dotaria um cidadão, que foi e tenha deixado de ser agente público, de condição excepcional, privilegiada; e o princípio da moralidade pública, já que não se verificaria, no caso, interesse público para a adoção da medida impugnada. O Min. Gilmar Mendes, nesta assentada, acompanhou a conclusão do voto da relatora, mas por fundamento diverso, qual seja, o de que a inconstitucionalidade dos dispositivos impugnados apenas poderia advir da violação, pelo poder constituinte decorrente, do princípio da divisão de poderes, tendo em vista que, em se tratando de Emenda à Constituição estadual, o processo legislativo ocorrera sem a participação do Poder Executivo. Vencido o Min. Eros Grau, que julgava o pedido improcedente. ADI 3853/MS, rel. Min. Cármen Lúcia, 12.9.2007. (ADI-3853) (Inform. STF 479)

ADC 4: AUMENTO NO VALOR TOTAL DA REMUNERAÇÃO E COMPENSAÇÃO

Por vislumbrar ofensa ao que decidido na ADC 4 MC/DF (DJU de 21.5.99), o Tribunal, por maioria, acolheu embargos de declaração e lhes deu força infringente para julgar procedente reclamação ajuizada pela União contra decisão que deferira efeito suspensivo ativo em agravo interposto em mandado de segurança impetrado por Procurador da Fazenda Nacional para determinar que a autoridade coatora se abstivesse de descontar em folha de pagamento diferenças referentes ao *pro labore ad exitum* (Lei 7.711/88) e à representação mensal (DL 2.333/87). O acórdão embargado considerara que a hipótese dos autos seria de manutenção de *status quo* garantida por antecipação de tutela, que não traduziria aumento, mas impedimento judicial à redução de verbas salariais, que se concluíra decorrer de indevida aplicação retroativa da lei, questão de direito intertemporal estranha à decisão proferida na ação declaratória paradigma. Entendeu-se que a decisão reclamada teria concedido efetivo aumento na remuneração do reclamado. Esclareceu-se que a Medida Provisória 43/2002, posteriormente convertida na Lei 10.549/2002, que alterou a remuneração dos Procuradores da Fazenda Nacional, aumentou o valor do vencimento básico, com efeitos retroativos a março de 2002, e, em contrapartida, reduziu o valor da verba de êxito e extinguiu a verba de representação e da gratificação temporária. Assim, a Administração Pública, ao aplicar o disposto nessa legislação, para o período de março a junho/2002, procedera ao aumento do vencimento básico e, ao mesmo tempo, efetuara a compensação remuneratória da verba de êxito e da verba de representação, preservando o princípio da irredutibilidade de vencimentos, já que o valor nominal total da remuneração aumentara. Asseverou-se, por fim, a jurisprudência da Corte no sentido de não haver direito adquirido à inalterabilidade do regime jurídico pertinente à composição dos vencimentos, desde que a eventual modificação introduzida por ato legislativo superveniente preserve o montante global da remuneração e não provoque decesso de caráter pecuniário. Vencidos os Ministros Sepúlveda Pertence, relator, Marco Aurélio e Celso de Mello que desproviam os embargos. Precedente citado: RE 247013 AgR/SC (DJU de 28.4.2000). Rcl 2482 ED/SP, rel. orig. Min. Sepúlveda Pertence, rel. p/ o acórdão Min. Joaquim Barbosa, 30.8.2007. (Rcl-2482) (Inform. STF 477)

CARGO EM COMISSÃO E DIREITO A PARCELA - 3

O princípio da irredutibilidade de vencimentos alcança todos os servidores, inclusive os que não mantêm vínculo efetivo com a Administração Pública. Com base nesse entendimento, o Tribunal, por maioria, concedeu mandado de segurança impetrado por ocupante de cargo em comissão no Tribunal Superior Eleitoral - TSE contra decisão do Tribunal de Contas da União - TCU que suprimira de seus vencimentos a parcela denominada "diferença individual", concernente à gratificação judiciária (Decreto-lei 2.173/84) e à gratificação extraordinária dos servidores da Justiça Eleitoral (Lei 7.759/89), e determinara a devolução dos valores recebidos a esse título. Alegava a impetrante ter direito líquido e certo à referida parcela, porquanto teria sofrido decréscimo pecuniário no montante total de sua remuneração — v. Informativo 442. Tendo em conta que o art. 37, XV, da CF, ao estabelecer a irredutibilidade de subsídios e vencimentos dos ocupantes de cargos e empregos públicos, não distinguiu entre cargos efetivos ou em comissão, concluiu-se que não poderia ter havido decesso na remuneração da impetrante enquanto ela estivesse exercendo o cargo comissionado. Asseverou-se que o servidor ocupante exclusivamente de cargo em comissão que vê, por efeito de lei, o seu estipêndio reduzido, continua a perceber o estipêndio anterior com essa parcela, que foi reduzida, sendo recebida a título de vantagem pessoal nominalmente identificável. Vencidos os Ministros Marco Aurélio e Ellen Gracie, Presidente, que indeferiam a ordem. O Min. Eros Grau, relator, reajustou seu voto. MS 24580/DF, rel. Min. Eros Grau, 30.8.2007. (MS-24580) (Inform. STF 477)

COMPOSIÇÃO DE TRIBUNAL DE JUSTIÇA: FIXAÇÃO DE TETO E INICIATIVA

Em conclusão de julgamento, o Tribunal, por maioria, deu pela procedência de pedido formulado em ação direta ajuizada pela Associação dos Magistrados Brasileiros - AMB, para declarar a inconstitucionalidade da expressão "*no máximo, trinta e cinco*", contida no *caput* do art. 122 da Constituição do Estado da Bahia, que fixa o número máximo de Desembargadores a compor o tribunal de justiça local — v. Informativo 417. Entendeu-se que a expressão impugnada estaria em conflito com o art. 96, II, a, da CF ("*Art. 96. Compete privativamente:... II -... aos Tribunais de Justiça propor ao Poder Legislativo respectivo, observado o disposto no art. 169: a) a alteração do número de membros dos tribunais inferiores*"), haja vista que o tribunal de justiça local, por não ter a iniciativa de emenda à constituição, perderia a mencionada iniciativa de projeto de lei, prejudicando a própria prestação jurisdicional. Vencidos os Ministros Sepúlveda Pertence, relator, Nelson Jobim, Joaquim Barbosa e Celso de Mello, que julgavam o pedido improcedente. ADI 3362/BA, rel. orig. Min. Sepúlveda Pertence, rel. p/ o acórdão Min. Marco Aurélio, 30.8.2007. (ADI-3362) (Inform. STF 477)

SUBSÍDIO PARA SERVIDORES PÚBLICOS E ORGANIZAÇÃO EM CARREIRA

O Tribunal, por maioria, deferiu medida cautelar em ação direta proposta pelo Partido do Movimento Democrático Brasileiro - PMDB para suspender a eficácia da Lei 8.592/2007, do Estado do Maranhão, que dispõe sobre a fixação de subsídio para os servidores estaduais dos Grupos Ocupacionais que menciona e dá outras providências. Inicialmente, afastou-se a preliminar de perda de objeto da ação, tendo em conta que as medidas provisórias posteriores à lei impugnada não a teriam modificado substancialmente. Em seguida, salientando que, nos termos dos §§ 4º e 8º do art. 39 da CF, a fixação do subsídio pode ser estendida aos demais servidores públicos, por meio de lei específica e observado o pressuposto de que tais servidores estejam organizados em carreira, entendeu-se caracterizado o *fumus boni iuris*, haja vista que o ato normativo atacado teria ultrapassado o quanto poderia alcançar em coerência com esses preceitos. Considerou-se presente, também, o *periculum in mora*, porquanto o art. 7º da lei em exame, não obstante tenha vedado a redução de remuneração, não assegura expressamente as vantagens concedidas por decisões judiciais e administrativas incorporadas pelos servidores, o que implicaria desconstituição de coisa julgada. Além disso, seria crítica a situação instalada no referido Estado-membro em razão da greve dos servidores. Vencido o Min. Marco Aurélio que indeferia a medida cautelar. ADI 3923 MC/MA, rel. Min. Eros Grau, 16.8.2007. (ADI-3923) (Inform. STF 476)

ADI E REAJUSTE DE VENCIMENTOS - 1

O Tribunal iniciou julgamento de ação direta de inconstitucionalidade ajuizada pelo Governador do Estado do Rio Grande do Sul contra a Lei estadual 12.301/2005, de iniciativa parlamentar, que prevê reajuste de vencimentos dos servidores da Assembléia Legislativa do referido Estado-membro. O Min. Sepúlveda Pertence, relator, tendo em conta que, de acordo com o projeto de lei que resultara na lei impugnada, o objetivo da norma seria de recuperar a perda do poder aquisitivo da moeda, e considerando, por isso, tratar-se de revisão geral anual dos servidores, entendeu violada a competência privativa do Chefe do Poder Executivo para a iniciativa da lei (CF, artigos 37, X e 61, § 1º, II, a). Após, pediu vista dos autos a Min. Cármen Lúcia. ADI 3543/RS, rel. Min. Sepúlveda Pertence, 18.6.2007. (ADI-3543)

ADI E REAJUSTE DE VENCIMENTOS - 2

O Tribunal iniciou julgamento de ação direta de inconstitucionalidade ajuizada pelo Governador do Estado do Rio Grande do Sul contra a Lei estadual 12.299/2005, que prevê reajuste de vencimentos dos servidores do Poder Judiciário local. O Min. Gilmar Mendes, relator, julgou procedente o pedido, no que foi acompanhado pelo Min. Sepúlveda Pertence. Tendo em conta, também, que, de acordo com o projeto de lei que resultara na lei impugnada, o objetivo da norma seria de recuperar a perda do poder aquisitivo da moeda, e considerando, por isso, tratar-se de revisão geral anual dos servidores, entendeu violada a competência privativa do Chefe do Poder Executivo para a iniciativa da lei (CF, artigos 37, X e 61, § 1º, II, a). Após, pediu vista dos autos a Min. Cármen Lúcia. ADI 3538/RS, rel. Min. Gilmar Mendes, 18.6.2007.(ADI-3538) (Inform. STF 472)

DIREITO INTERTEMPORAL: REAJUSTE DE SERVIDOR E IRREDUTIBILIDADE DE VENCIMENTOS

A Turma deu provimento a três recursos extraordinários interpostos contra acórdãos do Tribunal de Justiça do Distrito Federal e Territórios que, embora reconhecendo aos ora recorrentes o direito ao reajuste de 84,32% (Plano Collor), relativo a março de 1990, limitara-o ao período de 1º.4.90 a 23.7.90. De início, ressaltou-se que, à primeira vista, o acórdão recorrido parecia estar em consonância com a jurisprudência do STF, invocada como fundamentação, todavia, partiria de interpretação equivocada sobre a limitação dos efeitos da Lei distrital 38/89. Afirmou-se, no ponto, que a orientação da Corte é no sentido de não restringir a percepção do percentual de 84,32% ao advento da Lei distrital 117/90, que revogou a citada Lei distrital 38/89, mas sim permitir a incorporação desse índice ao patrimônio jurídico dos servidores distritais. Assim, entendeu-se que a lei revogadora não poderia excluir a majoração remuneratória já consumada, conforme a legislação anterior, sob pena de ofender o princípio constitucional da irredutibilidade de vencimentos, modalidade qualificada de direito adquirido. Por fim, considerou-se que o caso envolveria questão de direito intertemporal, a ser resolvida à luz da Constituição, e não exame de legislação local. Recursos providos para condenar o Distrito Federal a corrigir a remuneração dos recorrentes considerando o indexador determinado pela Lei distrital 38/89 enquanto esta vigeu, ou seja, até o advento da Lei distrital 117/90, sem a limitação imposta pelo acórdão impugnado, sendo devido o pagamento retroativo da diferença, observada a prescrição, invertidos os ônus da sucumbência, fixados os honorários em 10% (dez por cento) sobre o valor da condenação. RE 394494/DF, rel. Min. Sepúlveda Pertence, 6.3.2007. (RE-394494) RE 420076/DF, rel. Min. Sepúlveda Pertence, 6.3.2007. (RE-420076) RE 420431/DF, rel. Min. Sepúlveda Pertence, 6.3.2007. (RE-420431) (Inform. STF 458)

SUBTETO DE MAGISTRADOS ESTADUAIS E ART. 37, XI, E § 12, DA CF - 1

O Tribunal, por maioria, deferiu pedido de liminar formulado em ação direta de inconstitucionalidade ajuizada pela Associação dos Magistrados Brasileiros - AMB para, dando interpretação conforme à Constituição ao art. 37, XI, e § 12, da Constituição Federal, o primeiro dispositivo, na redação da EC 41/2003, e o segundo, introduzido pela EC 47/2005, excluir a submissão dos membros da magistratura estadual ao subteto de remuneração, bem como para suspender a eficácia do art. 2º da Resolução 13/2006 e do art. 1º, parágrafo único, da Resolução 14/2006, ambas do Conselho Nacional de Justiça - CNJ, as quais fixam, como limite remuneratório dos magistrados e servidores dos Tribunais de Justiça, 90,25% do subsídio mensal de Ministro do STF (CF, art. 37: "*XI - a remuneração e o subsídio... dos membros de qualquer dos Poderes da União, dos Estados, do Distrito Federal e dos Municípios... não poderão exceder o subsídio mensal, em espécie, dos Ministros do Supremo Tribunal Federal, aplicando-se como limite... o subsídio dos Desembargadores do Tribunal de Justiça, limitado a noventa inteiros e vinte e cinco centésimos por cento do subsídio mensal, em espécie, dos Ministros do Supremo Tribunal Federal, no âmbito do Poder Judiciário... § 12. Para os fins do disposto no inciso XI do caput deste artigo, fica facultado aos Estados e ao Distrito Federal fixar, em seu âmbito, mediante emenda às respectivas Constituições e Lei Orgânica, como limite único, o subsídio mensal dos Desembargadores do respectivo Tribunal de Justiça, limitado a noventa inteiros e vinte e cinco centésimos por cento do subsídio mensal dos Ministros do Supremo Tribunal Federal, não se aplicando o disposto neste parágrafo aos subsídios dos Deputados Estaduais e Distritais e dos Vereadores.*"). ADI 3854 MC/DF, rel. Min. Cezar Peluso, 28.2.2007. (ADI-3854)

SUBTETO DE MAGISTRADOS ESTADUAIS E ART. 37, XI, E § 12, DA CF - 2

Salientando-se o caráter nacional e unitário do Poder Judiciário, entendeu-se que as normas em questão, aparentemente, violam o princípio da isonomia (CF, art. 5º, *caput* e I) por estabelecerem, sem nenhuma razão lógico-jurídica que o justifique, tratamento discriminatório entre magistrados federais e estaduais que desempenham iguais funções e se submetem a um só estatuto de âmbito nacional (LC 35/79), restando ultrapassados, desse modo, pela EC 41/2003, os limites do poder constitucional reformador (CF, art. 60, § 4º, IV). Asseverou-se que o caráter nacional da estrutura judiciária está reafirmado na chamada regra de escalonamento vertical dos subsídios, de alcance nacional, e objeto do art. 93, V, da CF, que, ao dispor sobre a forma, a gradação e o limite para fixação dos subsídios dos magistrados não integrantes dos Tribunais Superiores, não faz distinção, nem permite que se faça, entre órgãos dos níveis federal e estadual, mas sim os reconhece como categorias da estrutura judiciária nacional. Considerou-se, ademais, manifesto o *periculum in mora*, tendo em conta que já determinada a implementação do teto remuneratório da magistratura estadual em sete tribunais, estando outros oito no aguardo de decisão do CNJ para também fazê-lo. Vencido, parcialmente, o Min. Marco Aurélio, que deferia a liminar em menor extensão, tão-somente para suspender a eficácia das resoluções do CNJ, e, integralmente, o Min. Joaquim Barbosa, que a indeferia. Precedentes citados: ADI 3367/DF (DJU de 17.3.2006); ADI 2087 MC/AM (DJU de 19.9.2003). ADI 3854 MC/DF, rel. Min. Cezar Peluso, 28.2.2007. (ADI-3854) (Inform. STF 457)

DIREITO ADMINISTRATIVO. SERVIDOR PÚBLICO. INCORPORAÇÃO DA GAE AO VENCIMENTO BÁSICO. RECURSO REPETITIVO (ART. 543-C DO CPC E RES. N. 8/2008-STJ).

Os servidores do quadro do Ministério da Fazenda não têm direito ao recebimento cumulativo da Gratificação de Atividade □ GAE com o vencimento básico estabelecido pela Lei n. 11.907/2009. A referida lei determinou a incorporação da GAE ao vencimento básico dos servidores a partir de 1º/7/2008 e estabeleceu que a nova remuneração não poderia ser cumulada com os valores já percebidos anteriormente pelos servidores a título de GAE, para evitar pagamento em duplicidade dos valores referentes à gratificação já incorporada ao novo vencimento (art. 311). Ademais, a supressão do pagamento da GAE a partir de 29/8/2008 (art. 254, I, **a** da Lei n. 11.907/2009) não produziu nenhum efeito financeiro concreto sobre a remuneração dos servidores, pois já em 1º/7/2008 a gratificação deixou de ser paga como adicional e seus valores foram incorporados ao vencimento básico dos servidores. Precedentes citados: REsp 1.306.871-RS, DJe 23/5/2012, e AgRg no REsp 1.301.046-PR, DJe 24/4/2012. **REsp 1.343.065-PR, Rel. Min. Mauro Campbell Marques, julgado em 28/11/2012. (Inform. STJ 510)**

DIREITO ADMINISTRATIVO. REVISÃO DE GRATIFICAÇÃO ESPECIAL DE LOCALIDADE. RENOVAÇÃO DO PRAZO DECADENCIAL.

O prazo decadencial para a Administração Pública rever o direito ao recebimento de Gratificação Especial de Localidade - GEL renova-se continuamente. Dispunha o art. 17 da Lei n. 8.270/1991 que *"será concedida gratificação especial de localidade aos servidores da União, das autarquias e das fundações públicas federais em exercício em zonas de fronteira ou em localidades cujas condições de vida o justifiquem, conforme dispuser regulamento a ser baixado pelo Poder Executivo no prazo de trinta dias"*. Con forme entendimento do STJ, referida gratificação somente é devida aos servidores que exercem suas funções nas localidades taxativamente enumeradas no Dec. n. 493/1992. Dessa forma, trata-se de vantagem *propter laborem*, devida apenas enquanto subsistentes as circunstâncias elencadas na norma que a instituiu. Assim, em se tratando de discussão a respeito do pagamento de gratificação devida pelo exercício de determinada atividade, a relação jurídica se mostra de trato sucessivo, razão pela qual o prazo decadencial para a Administração rever o ato renova-se continuamente. Registre-se que, nem mesmo a Lei n. 9.527/1997, ao extinguir a referida gratificação e transformá-la em vantagem pessoal nominalmente identificada - VPNI, retirou-lhe a natureza *propter laborem*. Precedente citado: RMS 21.894-RS, DJe 10/3/2008. **REsp 1.322.321-PR, Rel. Min. Diva Malerbi (Desembargadora convocada do TRF da 3ª Região), julgado em 13/11/2012. (Inform. STJ 510)**

DIREITO PROCESSUAL CIVIL. EXECUÇÃO DE SENTENÇA QUE CONCEDE REAJUSTES SALARIAIS A SERVIDOR PÚBLICO. POSSIBILIDADE DE CUMULAÇÃO DAS OBRIGAÇÕES DE FAZER E DE PAGAR QUANTIA CERTA.

É possível a cumulação das execuções das obrigações de fazer – implementação de reajuste – e de pagar quantia certa – pagamento das prestações vencidas – na execução de sentença que concede reajustes salariais a servidor público. Precedentes citados: REsp 952.126-RS, DJe 1º/9/2011, e AgRg no AgRg no AgRg no REsp 633.344-RS, DJe 7/12/2009. **REsp 1.263.294-RR, Rel. Min. Diva Malerbi (Desembargadora convocada do TRF da 3ª Região), julgado em 13/11/2012. (Inform. STJ 509)**

DIREITO ADMINISTRATIVO. DIFERENÇAS REMUNERATÓRIAS. CONVERSÃO. LIMITAÇÃO TEMPORAL.

As diferenças remuneratórias decorrentes da conversão dos proventos dos servidores em URV, embora não possam ser compensadas com reajustes posteriores, ficam limitadas à data da reestruturação da carreira, com a instituição de um novo regime jurídico remuneratório. Precedentes citados: AgRg no REsp 40.081-RS, DJe 16/11/2011, e AgRg no REsp 1.142.274-RS, DJe 5/4/2010. **AgRg no AREsp 199.224-MG, Rel. Min. Mauro Campbell Marques, julgado em 18/10/2012. (Inform. STJ 507)**

SERVIDORES DA SAÚDE. ADIANTAMENTO DO PCCS. PAGAMENTO EM DOBRO.

A *quaestio iuris* é se o adiantamento do PCCS, garantido por meio de decisão exarada em ação trabalhista, é parcela que tem cunho eminentemente salarial, devendo ser paga em dobro, tal como se dá com as demais parcelas vencimentais, uma vez que os servidores médicos da Administração Pública Federal (recorridos) optaram pelo regime de dupla jornada de trabalho previsto na Lei n. 9.436/1997. Inicialmente, é importante esclarecer que na sistemática instituída pela Lei n. 8.112/1990, "remuneração" e "vencimento" têm sentidos precisos, próprios e distintos. A doutrina e a jurisprudência entendem que tais termos não se equivalem, uma vez que a remuneração engloba o referido vencimento (vencimento padrão) e as demais vantagens pecuniárias percebidas decorrentes de lei. E, nos termos do art. 1º, § 2º, da Lei n. 9.436/1997 para a aplicação dos efeitos financeiros – pagamento em dobro – da opção pelo regime de 40 horas semanais, deverão ser observados os valores relativos aos respectivos "vencimentos básicos". Porém, de acordo com os ditames da Lei n. 8.112/1990, o adiantamento de PCCS não detém natureza jurídica de vencimento básico e, consequentemente, não há amparo legal ao pagamento em dobro da mencionada vantagem aos servidores médicos que optaram pela dupla jornada de trabalho. Além disso, tal adiantamento foi expressamente incorporado aos vencimentos dos servidores com a edição da Lei n. 8.460/1992, não havendo, portanto, direito à manutenção da indigitada parcela como vantagem autônoma. Ademais, é imprescindível levar em consideração que, conforme o disposto nos arts. 7º, I, e 8º, § 3º, da Lei n. 7.686/1988, há expressa vedação quanto à utilização do adiantamento do PCCS como base de cálculo de qualquer vantagem ou parcela remuneratória. Com essas e outras ponderações, a Turma conheceu e deu provimento ao recurso para, cassando o acórdão recorrido, restabelecer a sentença de primeiro grau. **REsp 1.050.518-PR, Rel. Min. Laurita Vaz, julgado em 2/8/2012.(Inform. STJ 501)**

SERVIDOR PÚBLICO. FUNÇÃO GRATIFICADA. TETO CONSTITUCIONAL.

O recorrente, servidor de TC estadual, impetrou, na origem, mandado de segurança irresignado com a redução de seus proventos após a edição da Lei estadual n. 13.268/2009, que instituiu o novo plano de carreira para o quadro efetivo dos servidores daquele órgão. Para tanto, invocou o princípio da irredutibilidade dos vencimentos, pois o ato impugnado acarretou redução do valor da função gratificada que ocupa. Nesse contexto, a Turma reiterou que, a partir da entrada em vigor da EC n. 41/2003 (que deu nova redação ao art. 37, XI, da CF), não há falar em direito adquirido ao recebimento de remuneração, proventos ou pensão acima do teto remuneratório estabelecido pela aludida emenda, nem em ato jurídico perfeito que se sobreponha ao teto constitucional, não preponderando a garantia da irredutibilidade de vencimentos diante da nova ordem constitucional. Dessa forma, consignou-se que a garantia da irredutibilidade dos vencimentos (art. 37, XV, da CF) deve ser observada, desde que os valores percebidos se limitem ao teto do funcionalismo público. *In casu*, a redução no valor das funções gratificadas foi efetivada com o específico intuito de adequar a remuneração do recorrente ao teto remuneratório do serviço público (art. 37, XI, da CF). Assim, a adequação dos vencimentos ao limite fixado no texto constitucional não representa violação do princípio que assegura a irredutibilidade de vencimentos, pois essa proteção somente abrange aqueles pagos em conformidade com a Constituição. Precedentes citados do STF: RE 477.447-MG, DJ 24/11/2006; do STJ: RMS 32.258-RJ, DJe 12/11/2010; AgRg no RMS 29.318-PE, DJe 18/10/2010; RMS 24.855-RS, DJ 7/2/2008; RMS 28.226-MA, DJe 30/6/2010, e AgRg no RMS 26.951-CE, DJe 3/11/2008. **RMS 32.796-RS, Rel. Min. Mauro Campbell Marques, julgado em 26/6/2012. (Inform. STJ 500)**

CURSO DE FORMAÇÃO. POLÍCIA CIVIL. AJUDA DE CUSTO.
A Turma consolidou o entendimento de que os candidatos aprovados em concurso público para ingresso na carreira da Polícia Civil do DF têm direito ao recebimento, por mês, durante a participação no curso de formação, de 80% dos vencimentos iniciais do cargo, nos termos do DL n. 2.179/1984. Inicialmente, destacou-se que compete à União legislar com exclusividade sobre o regime jurídico dos integrantes da Polícia Civil, Militar e Corpo de Bombeiros Militar do DF (art. 21, XIV, da CF), logo admite-se, na espécie – em recurso especial –, a análise das leis que regulam a matéria em questão. No mérito, observou a Min. Relatora que, diante da omissão na lei que disciplina o regime jurídico dos policiais civis do DF (Lei n. 9.264/1998), o direito à remuneração dos candidatos durante o curso de formação para o ingresso na carreira da Polícia Civil do DF está assegurado pelo DL n. 2.179/1984 e pela Lei n. 4.878/1965. Esclareceu-se que a Lei n. 9.264/1998 é norma especial, portanto não revoga nem modifica as leis anteriores que tratem do mesmo assunto (art. 2º, § 2º, da LINDB). Segundo se afirmou, não obstante o DL n. 2.179/1984 referir-se apenas aos policiais federais, ele determina a obrigatoriedade de pagamento de vencimentos aos alunos de curso de formação profissional nas hipóteses da Lei n. 4.878/1965. Lei esta que dispõe sobre o regime jurídico peculiar dos policiais civis da União e do DF. Dessa forma, sustentou-se que não há como fazer distinção entre as respectivas carreiras (civil e federal) no caso em apreço. Precedente citado: REsp 1.195.611-DF, DJe 1º/10/2010. **REsp 1.294.265-DF, Rel. Min. Maria Thereza de Assis Moura, julgado em 25/6/2012.(Inform. STJ 500)**

VALORES RECEBIDOS INDEVIDAMENTE. SERVIDOR PÚBLICO. BOA-FÉ.
É incabível a restituição ao erário dos valores recebidos de boa-fé pelo servidor público em decorrência de errônea ou inadequada interpretação da lei por parte da Administração Pública. Em virtude do princípio da legítima confiança, o servidor público, em regra, tem a justa expectativa de que são legais os valores pagos pela Administração Pública, porque jungida à legalidade estrita. Assim, diante da ausência da comprovação da má-fé no recebimento dos valores pagos indevidamente por erro de direito da Administração, a Turma deu provimento ao recurso para afastar qualquer desconto na remuneração da recorrente, a título de reposição ao erário. Precedente citado do STJ: EREsp 711.995-RS, DJe 7/8/2008. **RMS 18.780-RS, Rel. Min. Sebastião Reis Júnior, julgado em 12/4/2012. (Inform. STJ 495)**

DESCONTO. FOLHA. PAGAMENTO. SERVIDOR PÚBLICO. LIMITAÇÃO.
Trata-se, na origem, de ação em que servidor público estadual aduz que os descontos facultativos de sua remuneração inviabilizam a garantia de uma renda mínima existencial e pretende que os descontos sejam reduzidos ao percentual de 30% de seus vencimentos, mantidos os termos do contrato de empréstimo consignado em folha de pagamento. O tribunal *a quo*, ao interpretar o Dec. Estadual n. 43.574/2005, entendeu que a soma mensal das consignações facultativas e obrigatórias de servidor público do estado do Rio Grande do Sul não poderá exceder a 70% do valor de sua remuneração mensal bruta. A limitação contida na norma estadual veda a hipótese de o servidor público gaúcho arcar com prestações de empréstimos com desconto em folha acrescidas das cobranças obrigatórias (pensão alimentícia, contribuição previdenciária, imposto de renda, adiantamento de férias, adiantamento de décimo terceiro etc.) que eventualmente superem, em determinado mês, 70% de seus vencimentos. Os arts. 8º do Dec. n. 6.386/2008, 2º, § 2º, I, da Lei n. 10.820/2003 e 45, parágrafo único, da Lei n. 8.112/1990 estabelecem que a soma do desconto em folha de pagamento referente aos descontos de prestações de empréstimos, financiamentos e operações de arrendamento mercantil não poderão exceder a 30% da remuneração do trabalhador. Assim, a Turma deu parcial provimento ao recurso ao entender que as normas atinentes à administração pública federal aplicam-se subsidiariamente às administrações estaduais e municipais. Assentou que a soma dos descontos em folha de todas as prestações de empréstimos contratados pelo recorrente fique limitada a 30% de sua remuneração. Precedentes citados: REsp 1.186.565-RS, DJe 3/2/2011; AgRg no Ag 1.381.307-DF, DJe 27/4/2011; RMS 21.380-MT, DJ 15/10/2007, RMS 13.439-MG, DJ 29/3/2004. **REsp 1.169.334-RS, Rel. Min. Luis Felipe Salomão, julgado em 23/8/2011.** (Inform. STJ 481)

ADICIONAL. QUALIFICAÇÃO. DISCRICIONARIEDADE ADMINISTRATIVA.
In casu, a recorrente pretende o recebimento de adicional de qualificação pela conclusão de curso de pós-graduação em matemática superior. O acórdão recorrido, entre outras questões, consignou que em matéria de adicional de qualificação, somente haverá direito subjetivo do servidor nas hipóteses expressamente enumeradas na lei e nos regulamentos administrativos, sendo que, nos demais casos, o juízo da Administração assumirá caráter nitidamente discricionário no que se refere à avaliação da presença, ou não, de interesse do serviço. A Turma entendeu não se tratar de hipótese de discricionariedade administrativa relacionada ao juízo de conveniência e oportunidade da Administração. Havendo a demonstração de que o curso realizado seja de área de interesse do Poder Judiciário da União e tenha pertinência com as atribuições do cargo, terá o servidor direito subjetivo ao recebimento do adicional de qualificação. Diante disso, deu-se provimento ao recurso para determinar o retorno dos autos ao tribunal *a quo* para que aprecie se, no caso, há relação de pertinência entre o cargo ocupado pela recorrente e o curso de pós-graduação realizado. Precedente citado: AgRg no REsp 1.210.640-SC, DJe 15/8/2011. **REsp 1.181.822-SC, Rel. Min. Maria Thereza de Assis Moura, julgado em 4/10/2011.** (Inform. STJ 484)

SERVIDOR. FÉRIAS. ACÚMULO.
A Seção, ao consignar que o art. 77 da Lei n. 8.112/1990 busca preservar a saúde do servidor público, decidiu que o acúmulo de mais de dois períodos de férias não gozadas não resulta em perda do direito de usufruí-los. Ressaltou-se, ainda, que o gozo das férias está condicionado à conveniência e interesse da Administração Pública, mesmo que haja mais de dois períodos acumulados. Precedente citado: REsp 865.355-RS, DJe 16/6/2008. **MS 13.391-DF, Rel. Min. Maria Thereza de Assis Moura, julgado em 27/4/2011.** (Inform. STJ 470)

QUINTOS. LEI DISTRITAL.
A vantagem pessoal denominada "quintos" não pode mais ser suprimida se incorporada aos vencimentos, mesmo que seu beneficiário passe da condição de servidor público federal para a de servidor público distrital. Anote-se que a Lei distrital n. 197/1991 fez o Distrito Federal adotar o regime jurídico dos servidores públicos federais (Lei n. 8.112/1990) para também reger seus servidores. Precedentes citados: AgRg no REsp 806.083-DF, DJe 3/11/2008; AgRg no REsp 698.592-DF, DJ 5/2/2007; REsp 543.705-DF, DJ 29/6/2007; AgRg no RMS 20.891-DF, DJ 21/8/2006, e AgRg no REsp 856.249-DF, DJ 29/10/2007. **RMS 33.733-DF, Rel. Min. Castro Meira, julgado em 12/4/2011.** (Inform. STJ 469)

SERVIDORES TEMPORÁRIOS. INSALUBRIDADE. PERICULOSIDADE.
Trata-se de recurso em mandado de segurança em que a questão reside em saber se os recorrentes, servidores contratados em caráter temporário, têm direito à gratificação de insalubridade/periculosidade percebida somente pelos servidores ocupantes de cargo efetivo, sendo que desenvolvem suas atividades no mesmo setor considerado insalubre, motivo pelo qual foi concedida por lei a referida gratificação. Inicialmente, ressaltou a Min. Relatora não se tratar, no caso, de assegurar o pagamento de verba não prevista em lei a pretexto de aplicação do princípio da isonomia, conforme veda a Súm. n. 339-STF. Assim, consignou que, na hipótese, há uma lei disciplinando a gratificação, a qual não distingue as categorias de servidor, se efetivo ou temporário. Desse modo, se a gratificação pleiteada visa recompensar riscos decorrentes do trabalho, sendo certo que a lei considerou como atividade insalubre/penosa o labor na instituição onde os recorrentes trabalham, e aí sim considerando-se o princípio da isonomia, não há motivo para somente concedê-la aos servidores efetivos, se os temporários estão expostos aos mesmos riscos. Diante desses fundamentos, entre outros, a Turma deu provimento ao recurso para conceder a segurança. **RMS 24.495-SC, Rel. Min. Maria Thereza de Assis Moura, julgado em 17/3/2011.** (Inform. STJ 466)

SERVIDOR PÚBLICO. ENQUADRAMENTO. PCS.
Trata-se de REsp contra acórdão que, ao manter a sentença, condenou a autarquia recorrente ao pagamento de vantagens remuneratórias aos autores recorridos, servidores aposentados da referida autarquia, referente ao período de 1º/1/1994 a 30/11/1996 e decorrentes de reclassificação por mudança de categoria implementada em razão da implantação de plano de cargos e salários (PCS). No julgamento do especial, ressaltou a Min. Relatora que, consoante assentou a própria corte de origem, competente para o exame das provas e documentos carreados aos autos, na data de 11/12/1995, em resposta a requerimento formulado pela associação de classe dos recorridos, a propósito da prescrição, manifestou o diretor da mencionada autarquia que o direito deles se encontrava em apreciação. Assim, entendeu que o requerimento em comento, formulado dentro do prazo prescricional de cinco anos, suspendeu a prescrição nos termos do art. 4º do Dec. n. 20.910/1932, não podendo a parte ser penalizada pela demora da Administração em decidir seu pedido. Consignou, ainda, que,

em se tratando de ato omissivo da Administração, no caso, caracterizado pela ausência de concessão aos autores da progressão pleiteada, não há falar em ocorrência de prescrição do fundo de direito, e sim de trato sucessivo. Diante dessas razões, entre outras, a Turma, ao prosseguir o julgamento, negou provimento ao recurso. Precedentes citados: AgRg no Ag 923.507-MG, DJ 17/12/2007; AgRg no Ag 1.223.887-MG, DJe 10/5/2010; AgRg no Ag 1.258.406-SE, DJe 12/4/2010, e AgRg no Ag 1.162.158-SE, DJe 22/3/2010. **REsp 913.523-DF, Rel. Min. Maria Thereza de Assis Moura, julgado em 17/3/2011.** (Inform. STJ 466)

SERVIDOR PÚBLICO. VENCIMENTOS. INSTITUIÇÃO BANCÁRIA CONVENIADA.

Trata-se de recurso em mandado de segurança em que a questão cinge-se em definir se o servidor público tem o direito de receber seus vencimentos/proventos em instituição bancária diversa da que mantém convênio com a Administração. *In casu,* o impetrante, ora recorrente, pretendeu a alteração da conta-corrente mantida no banco conveniado para o recebimento de seus vencimentos em decorrência de alguns dissabores que alega ter enfrentado. Todavia, o órgão ao qual é vinculado o servidor indeferiu o pedido de troca, fundamentando a negativa no fato de que o banco para o qual ele pretendia mudar sua conta não possui convênio com a Administração. A Turma negou provimento ao recurso sob o entendimento de que, em que pesem as dificuldades narradas pelo recorrente em razão de deficiência na prestação de serviços por parte do banco conveniado, não há norma que lhe assegure o pleno direito de escolha da instituição bancária de sua preferência para o recebimento de seus vencimentos. Consignou-se que possibilitar a cada servidor fazer a opção bancária que melhor atenda seus interesses, inclusive escolhendo praça e agência, inviabilizaria a Administração Pública em sua tarefa de emitir, em tempo hábil, as devidas ordens de pagamento. Além disso, essa hipótese também não se coaduna com o princípio da eficiência que exige do administrador soluções que alcancem os resultados almejados do modo menos oneroso ao aparelho estatal. Assim, insere-se no âmbito da autonomia administrativa de cada órgão público a opção pela instituição financeira que receberá os créditos salariais dos servidores a ela vinculados, desde que observadas as disposições normativas sobre a matéria. Registrou-se, ademais, que o fato de o recorrente receber os vencimentos em instituição indicada pela Administração não lhe tolhe o direito de escolher outra que ofereça melhores vantagens, pois a conta-salário é isenta de tarifas e deve permitir a transferência imediata dos créditos para outras contas bancárias de que o beneficiário seja titular. **RMS 27.428-GO, Rel. Min. Jorge Mussi, julgado em 3/3/2011.** (Inform. STJ 465)

SERVIDOR PÚBLICO. RECEBIMENTO INDEVIDO. RESTITUIÇÃO.

É pacífico o entendimento deste Superior Tribunal de que, diante da boa-fé no recebimento de valores pelo servidor público, é incabível a restituição do pagamento em decorrência de errônea interpretação ou má aplicação da lei pela Administração. Todavia, quando ela anula atos que produzem efeitos na esfera de interesses individuais, é necessária a prévia instauração de processo administrativo a fim de garantir a ampla defesa e o contraditório (art. 5º, LV, da CF/1988 e art. 2º da Lei n. 9.784/1999). No caso dos autos, antes que os valores fossem pagos (gratificação de substituição), a Administração comunicou a existência de erro na geração da folha de pagamento e a necessidade de restituição da quantia paga a maior. Dessa forma, os servidores não foram surpreendidos. Portanto, não há que falar em boa-fé no recebimento da verba em questão, tendo em vista que o erro foi constatado e comunicado pela Administração antes que o pagamento fosse efetivado e os valores passassem a integrar o patrimônio dos servidores. Ademais, a decisão de efetuar descontos nos meses seguintes foi adotada com o objetivo de evitar atrasos no pagamento do pessoal em decorrência de confecção de nova folha de pagamento. Assim, a Turma negou provimento ao recurso por entender que, na espécie, não houve ilegalidade no ato da Administração. Precedentes citados: AgRg no Ag 756.226-RS, DJ 14/8/2006; REsp 751.408-DF, DJ 7/11/2005, e RMS 19.980-RS, DJ 7/11/2005. **RMS 33.034-RS, Rel. Min. Arnaldo Esteves Lima, julgado em 15/2/2011.** (Inform. STJ 463)

SERVIDOR PÚBLICO. VANTAGEM PESSOAL. SUPRESSÃO. DEVOLUÇÃO.

In casu, o Conselho da Justiça Federal (CJF) concedeu aos servidores da Justiça Federal uma diferença pessoal que objetivava evitar a redução de seus vencimentos quando da implementação do plano de carreira (Lei n. 9.421/1996), passando eles a recebê-la em janeiro de 1998, com efeitos retroativos a março de 1995. No entanto, posteriormente (10/2/2003), o CJF declarou a insubsistência da referida vantagem, sendo comunicada a decisão aos demais tribunais regionais. Assim, em maio de 2003, o presidente do TRF determinou a exclusão da mencionada verba do pagamento dos servidores, com efeitos retroativos a partir de março de 2003. Contra tal ato, houve a impetração de mandado de segurança (MS) cuja ordem foi denegada pelo tribunal *a quo*. Em suas razões recursais, os recorrentes alegam, entre outros temas, que a suspensão da referida vantagem violaria o princípio da boa-fé e o da irredutibilidade de vencimentos, visto que, ao longo do período no qual a diferença pessoal foi paga, ela incorporou-se aos seus vencimentos. Também sustentam a ocorrência de decadência administrativa para que a Administração reveja tal ato concessivo. Nesse contexto, destacou o Min. Relator que, embora os atos administrativos praticados anteriormente ao advento da Lei n. 9.784/1999 também estejam sujeitos ao prazo decadencial quinquenal de que trata seu art. 54, nesses casos, tem-se como termo *a quo* a entrada em vigor do aludido diploma legal. Assim, não há falar em decadência administrativa; pois, na hipótese, a percepção da vantagem pessoal paga aos recorrentes foi reconhecida em 2003. Aduziu, ainda, que, tendo em vista não haver previsão legal para o pagamento da vantagem pleiteada pelos recorrentes, a supressão dele não implica irregularidade, ilegalidade ou ofensa a direito adquirido. Dessa forma, consignou ser indevida a determinação de restituição dos valores pagos aos recorrentes nos meses anteriores a maio de 2003 (quando lhes foi comunicada a suspensão do pagamento da verba em questão), tendo em vista a boa-fé no recebimento de tais quantias, pagas espontaneamente pela Administração. Entretanto, para evitar enriquecimento ilícito, asseverou que, no caso, é devida a devolução dos valores recebidos por força de liminar concedida no MS, posteriormente cassada. Com essas considerações, a Turma deu parcial provimento ao recurso para, reformando o acórdão recorrido, conceder a ordem parcialmente para afastar a determinação de restituição dos valores pagos aos recorrentes (a título da "vantagem pessoal – 9.421/96") nos meses anteriores a maio de 2003. Precedentes citados: AgRg no REsp 735.516-RS, DJ 29/8/2005; REsp 693.207-RS, DJ 17/3/2005; MS 9.092-DF, DJ 25/9/2006; MS 9.188-DF, DJe 16/4/2009; REsp 488.905-RS, DJ 13/9/2004, e AgRg no Ag 756.226-RS, DJ 14/8/2006. **RMS 32.706-SP, Rel. Min. Arnaldo Esteves Lima, julgado em 15/2/2011.** (Inform. STJ 463)

GRATIFICAÇÃO. PRESCRIÇÃO. FUNDO DE DIREITO.

A Turma, reiterando o entendimento esposado pelas Turmas integrantes da Terceira Seção, afirmou que ocorre a prescrição do fundo de direito quando se discute o restabelecimento de gratificação suprimida pela Lei estadual n. 11.091/1993. Assim, negou provimento ao agravo. **Precedentes citados: AgRg no Ag 1.025.539-MG, DJe 24/11/2008; Ag 878.399-MG, DJ 24/9/2007, e REsp 594.092-MG, DJ 1º/7/2004. AgRg no Ag 1.310.321-MG, Rel. Min. Mauro Campbell Marques, julgado em 2/12/2010.** (Inform. STJ 458)

IUJ. URP. PRESCRIÇÃO. SÚM. N. 85-STJ.

A Seção acolheu o incidente de uniformização de jurisprudência (IUJ) para fazer prevalecer a orientação infraconstitucional quanto à prescrição nos moldes cristalizados na Súm. n. 85-STJ, segundo a qual, cuidando-se de prestações de obrigação de trato sucessivo em que não houve negativa da Administração Pública e decorrente de uma situação jurídica fundamental já consolidada, a prescrição abrange, apenas, as prestações vencidas e não reclamadas nos cinco anos anteriores à propositura da ação. O IUJ foi proposto com fundamento no art. 14, § 4º, da Lei n. 10.259/2001, nos autos da ação de cobrança proposta em desfavor da União, postulando a revisão de vencimentos com a inclusão do índice referente a 7/30 das URPs dos meses de abril e maio de 1988, correspondente a 3,77%, e correção monetária. Na ação, o Juizado Especial Federal reconheceu a ocorrência de prescrição, extinguindo o feito. Por outro lado, a Turma Nacional de Uniformização dos Juizados Especiais Federais do Conselho da Justiça Federal conheceu de primevo incidente, mas lhe negou provimento, porque já havia firmado o entendimento de que, em se tratando da reposição de vencimentos decorrentes das URPs de abril e maio de 1988, em 7/30 do índice de 16,19 %, correspondente a 3,77 %, nos salários do pessoal da Funasa, já se encontram prescritas todas as diferenças e os reflexos decorrentes sobre a respectiva remuneração em relação às ações ajuizadas depois de outubro de 1993, uma vez que tais diferenças cessaram em outubro de 1988. No entanto, a jurisprudência sumulada do Superior Tribunal de Justiça reconhece que a prescrição, no caso dos autos, não alcança o fundo de direito, mas, tão somente, as parcelas anteriores ao quinquênio que precedeu o ajuizamento da ação. Também o STF já reconheceu, em sua Súm. n. 671, o direito ao reajuste postulado na ação de cobrança. **Precedentes citados: REsp 1.082.057-PR, DJe 3/8/2009; AgRg no REsp 296.411-DF, DJ 4/2/2002; REsp167.810-RS, DJ 22/6/1998, e REsp 199.108-RJ, DJ 19/4/1999. Pet 7.154-RO, Rel. Min. Napoleão Nunes Maia Filho, julgada em 27/10/2010.** (Inform. STJ 453)

SERVIDOR PÚBLICO. FÉRIAS. INDENIZAÇÃO.

Trata-se de mandado de segurança (MS) com pedido liminar de servidora contra o ato do Conselho de Administração deste Superior Tribunal que indeferiu pedido de indenização de férias não gozadas. Por esse ato, entendeu-se que a impetrante havia prestado serviços no período de 16/2/1989 a 19/9/2008, totalizando 235 meses, em que foram gozadas férias relativas a 240 meses. Assim, ela não teria férias a indenizar, mas deveria ressarcir 5/12 de férias gozadas. Anotou que a impetrante, titular do cargo de procuradora do IAPAS, ao ser requisitada daquele órgão, quando passou a exercer cargo em comissão no extinto Tribunal Federal de Recursos (TFR), trouxe férias referentes aos exercícios de 1987 e 1988, que foram efetivamente gozadas no período de 2 a 31/7/1989 e 2 a 31/1/1990 respectivamente, as quais foram computadas pelo parecer encampado pelo Conselho de Administração. Em 19/2/1991, ela se aposentou no cargo efetivo de procuradora e passou da condição "requisitada" para "sem vínculo", mas continuou no exercício do cargo em comissão. Segundo o parecer encampado pelo Conselho de Administração, a partir da aposentadoria da servidora, inaugurou-se novo vínculo e os dois períodos de férias não gozadas deveriam ser reclamados no órgão de origem. A Corte Especial, em preliminar, decidiu, por voto de desempate, ser cabível o MS, por entender que, em essência, o pedido se refere ao direito de férias, e o pagamento do valor das férias decorreria exclusivamente desse direito, o que é compatível com o MS. Os votos vencidos entendiam que o *mandamus* não poderia ser substitutivo de ação de cobrança. No mérito, discutiu-se como deveriam ser computados os períodos de férias não gozadas relativos aos períodos aquisitivos neste Superior Tribunal. Para o Min. Relator, a questão consiste em que, quando a servidora tomou posse no extinto TFR (16/2/1989), ela gozou o primeiro período de férias (2 a 31/7/1989), relativo ao exercício de 1988 e referente ao período aquisitivo de 1987, enquanto o segundo período, relativo ao exercício de 1989, referente ao período aquisitivo de 1988 (2 a 31/1/1990), então, em menos de um ano de efetivo exercício perante o TFR, a impetrante gozou dois períodos de férias decorrentes da averbação realizada em seus assentamentos funcionais. Por isso, enquanto esteve no exercício do cargo em comissão no TFR, esses períodos não poderiam ser computados no cálculo geral, nem ser incluídos na indenização de férias do cargo efetivo por ocasião de sua aposentadoria, visto que já devidamente exauridos, porquanto gozados anteriormente. Assim, a servidora foi gozando sucessivamente as férias mais antigas e, quando de sua exoneração, permaneceram dois períodos aquisitivos de férias, ou seja, tem direito a perceber mais um período de férias, relativamente ao exercício de 2008 (período aquisitivo de 16/2/2007 a 16/2/2008) e mais fração do exercício de 2009 (período aquisitivo de 16/2/2009 a 19/9/2008). Com essas considerações, entre outras, a Corte Especial, prosseguindo o julgamento, por maioria, concedeu a segurança para garantir à impetrante o direito de ser indenizada pelas férias não gozadas diante da impossibilidade material de usufruir o direito devido à sua exoneração. Os votos vencidos entendiam que deveria haver reclamação anterior, além de que, com a aposentadoria, não seria possível à Administração fazer contagem desse prazo de férias. **MS 14.681-DF, Rel. Min. Felix Fischer, julgado em 6/10/2010.** (Inform. STJ 450)

HORA EXTRA. GRATIFICAÇÃO NATALINA. SERVIDORES PÚBLICOS FEDERAIS.

O adicional pela prestação de serviço extraordinário (hora extra) não integra a base de cálculo da gratificação natalina dos servidores públicos federais, pois não se enquadra no conceito de remuneração do *caput* do art. 41 da Lei n. 8.112/1990. **REsp 1.195.325-MS, Rel. Min. Luiz Fux, julgado em 28/9/2010.** (Inform. STJ 449)

GRATIFICAÇÃO. SUBSTITUIÇÃO. PAGAMENTO.

A Sexta Turma deu provimento a recurso especial da União por entender que, no caso de substituição, conforme estabelecido no § 2º do art. 38 da Lei n. 8.112/1990, com a redação dada pela Lei n. 9.527/1997, "o substituto fará jus à retribuição pelo exercício do cargo ou função de direção ou chefia ou de cargo de Natureza Especial, nos casos dos afastamentos ou impedimentos legais do titular, superiores a trinta dias consecutivos, paga na proporção dos dias de efetiva substituição, que excederem o referido período". **Precedentes citados: REsp 255.890-RN, DJ 6/11/2000; RMS 11.971-DF, DJ 18/6/2001; RMS 11.343-DF, DJ 2/12/2002; REsp 843.673-SC, DJe 26/6/2008; REsp 913.962-RN, DJ 26/9/2007, e REsp 719.525-RN, DJ 17/3/2006. REsp 548.340-RN, Rel. Min. Og Fernandes, julgado em 28/9/2010.** (Inform. STJ 449)

POLICIAL CIVIL. CURSO. FORMAÇÃO. VENCIMENTOS.

Os candidatos matriculados em curso de formação para o cargo de policial civil do Distrito Federal fazem jus ao recebimento de 80% do vencimento fixado para a primeira referência da classe inicial da categoria funcional para a qual concorreram, nos termos do art. 1º do DL n. 2.179/1984 c/c art. 8º da Lei n. 4.878/1965. **REsp 1.195.611-DF, Rel. Min. Luiz Fux, julgado em 14/9/2010.** (Inform. STJ 447)

JUIZ SUBSTITUTO. REMUNERAÇÃO.

A simples designação de juiz substituto para determinada comarca na qual não há juiz titular não repercute em sua remuneração a ponto de lhe aproveitar acréscimos em decorrência de tal fato. Trata-se do exercício de sua função precípua de, justamente, exercer a substituição conforme a lei de organização judiciária local. Assim, o art. 124 da Loman não diz respeito a juízes substitutos, mas somente aos juízes titulares de menor entrância convocados a oficiar em entrância superior. **Precedente citado do STF: RE 110.357-SP, DJ 10/10/1986. REsp 964.858-PB, Rel. Min. Maria Thereza de Assis Moura, julgado em 2/9/2010** (ver Informativo n. 444). (Inform. STJ 445)

VENCIMENTOS. JUIZ SUBSTITUTO.

A Turma deu provimento ao recurso especial para estabelecer que o art. 124 da LC n. 35/1979 (Loman), o qual dispõe acerca do recebimento de diferença de vencimentos, não se aplica às hipóteses em que juiz substituto é designado para o exercício das atribuições do cargo em comarca onde não haja juiz titular. Segundo a Min. Relatora, além de a substituição ser condição inerente ao cargo de magistrado substituto, o aludido dispositivo é direcionado aos juízes que, já titulares de instância inferior, são convocados em substituição aos de instância superior, motivo pelo qual não há de se falar em ocorrência de desvio de função. **Precedente citado do STF: RE 110.357-SP, DJ 10/10/1986. REsp 839.317-PB, Rel. Min. Laurita Vaz, julgado em 26/8/2010.** (Inform. STJ 444)

DIÁRIAS. MAGISTRADO.

Na espécie, juiz federal (recorrido) foi designado para exercer transitoriamente suas funções em seção judiciária de outro estado, o que lhe garantiu o direito ao recebimento de diárias, nos termos do art. 65, IV, da LC n. 35/1979 (Loman). Contudo, nesse interregno, sobreveio o falecimento de sua genitora, dando azo à concessão da licença disposta no art. 72, II, do mesmo diploma legal. Nesse contexto, consignou a Min. Relatora que a norma de regência da magistratura expressamente qualifica as aludidas diárias como vantagens, o que impede sejam suprimidas durante o período em que o magistrado encontra-se licenciado. Ressaltou-se não ser o caso de aplicação subsidiária da Lei n. 8.112/1990, já que não haveria omissão da Loman acerca da matéria em exame. Com essas considerações, a Turma conheceu parcialmente do recurso especial e, nessa extensão, negou-lhe provimento. **REsp 874.980-DF, Rel. Min. Laurita Vaz, julgado em 26/8/2010.** (Inform. STJ 444)

MS. CARREIRA. POLICIAL CIVIL. ISONOMIA.

Trata-se, na origem, de mandado de segurança (MS) impetrado por sindicato dos delegados de polícia que visava assegurar aos delegados empossados a partir de 8/2/1996 a percepção de remuneração equivalente àquela paga aos delegados anteriormente empossados, que, nos termos de lei local, é fixada em patamar superior ao da Lei Federal n. 9.264/1996, vigente na data da posse dos ora substituídos pela entidade sindical. O Tribunal *a quo* concedeu a segurança, e, no REsp, a unidade federativa recorrente alegou a nulidade do acórdão recorrido, por não haver suprido a omissão apontada em sede de embargos de declaração, qual seja, a necessidade de citação da União na qualidade de litisconsorte passiva necessária. Isso porque, objetivando o *mandamus* obrigação direta para a referida pessoa jurídica de direito público, imprescindível seria sua participação na relação processual. Alegou, ainda, que, cabendo à União a manutenção daquela polícia civil, àquele ente federado compete estabelecer os vencimentos da corporação seja por lei isonômica seja por criação de tabelas em lei. Nesta instância especial, entendeu-se, entre outras questões, que, ao pautar seu entendimento pela autonomia política, administrativa e financeira da unidade federativa recorrente e pela competência do TJ local para processar e julgar o MS em foco, o acórdão recorrido afastou, explicitamente, o interesse jurídico da União e, consequentemente, a necessidade de sua intervenção nesse feito na qualidade de litisconsorte passiva necessária. Observou-se não haver referência numérica do art. 47 do CPC, mas que tal medida não é necessária, uma vez que sobre a mencionada matéria houve deliberação expressa do tribunal de origem. Diante disso, a Turma, ao renovar o julgamento, conheceu em parte do recurso, mas, na parte conhecida, negou-lhe provimento. **REsp 141.708-DF, Rel. Min. Og Fernandes, julgado em 9/2/2010.** (Inform. STJ 422)

DESCONTO. FOLHA. SERVIDOR PÚBLICO.

A Turma reafirmou o entendimento de que o desconto em folha de pagamento de servidor público referente a ressarcimento ao erário depende de prévia autorização dele ou de procedimento administrativo que lhe assegure a ampla defesa e o contraditório. **Precedentes citados: REsp 651.081-RJ, DJ 6/6/2005, e RMS 23.892-MS, DJ 13/8/2007. AgRg no REsp 1.116.855-RJ, Rel. Min. Arnaldo Esteves Lima, julgado em 17/6/2010.** (Inform. STJ 439)

SERVIDOR. TCE. TETO REMUNERATÓRIO.

Servidores inativos de tribunal de contas estadual (TCE) impetraram, na origem, mandado de segurança irresignados com a redução de seus proventos após a Lei estadual n. 13.464/2004, editada devido à nova sistemática de tetos remuneratórios máximos estabelecida na EC n. 41/2003. O fato de que a emenda constitucional deixou de definir, de maneira expressa, no art. 37, XI, da CF/1988, o teto remuneratório a ser adotado para os membros dos TCEs propiciou a referida legislação estadual, segundo a qual os vencimentos dos servidores daqueles tribunais não poderiam exceder o equivalente ao subsídio dos deputados estaduais. Neste Superior Tribunal, no recurso dos servidores inativos, enfrentou-se, preliminarmente, a prejudicial de decadência apontada pelo *Parquet* federal. Para o Min. Relator, não há a decadência apontada, pois a jurisprudência deste Superior Tribunal definiu que a redução de vencimentos sofrida por servidores denota prestação de trato sucessivo, em que o prazo decadencial renova-se mês a mês. Ressalta também o Min. Relator que a pretensão mandamental, no caso dos autos, requer uma análise quanto à vinculação dos tribunais de contas frente aos órgãos do Legislativo. Aponta que o STF, com base no art. 44 da CF/1988, reconheceu que o TCU atua paralelamente ao Congresso, mas sem compor o órgão. Por outro lado, também na esfera federal, a Lei n. 8.443/1992 (Lei Orgânica do TCU) e os arts. 73 e 96 da CF/1988 deixam clara a autonomia do TCU. Ainda na CF/1988, o § 3º do art. 73 prevê expressamente que os ministros do TCU têm as mesmas prerrogativas dos ministros do STJ e, no art. 75, determina que as normas estabelecidas para o TCU aplicam-se no nível estadual. Observa, assim, que, sem pretensão de afirmar que os tribunais de contas estariam submetidos a outro Poder, mas por uma questão de simetria e sob influxos de uma interpretação sistemática do texto constitucional, o Judiciário é o parâmetro mais apropriado para definir o teto remuneratório dos servidores dos TCEs. Conclui que, embora seja facultado aos estados federados, discricionariamente, por lei, fixar subteto remuneratório inferior ao limite máximo extraído da sistemática constitucional – como na hipótese dos autos, com a edição da Lei estadual n. 13.464/2004 –, com parâmetro no Judiciário, tais valores remuneratórios não podem superar o limite máximo correspondente ao vencimento dos desembargadores estaduais (até a proporção de 90,25% dos salários de ministros do STF). Note-se que, na espécie, os valores excedentes já vinham sendo pagos anteriormente à fixação do subteto instituído pela legislação estadual e a remuneração paga àqueles servidores enquadravam-se no máximo admitido pelas regras constitucionais. Também não se admite irredutibilidade de vencimentos (art. 37, XV, da CF/1988). Dessa forma, os valores excedentes serão transformados em vantagem pessoal nominalmente identificada (VPNI). Ante o exposto, a Turma deu provimento ao recurso dos servidores. **Precedentes citados do STF: AgRg no RE 524.494-AL, DJe 24/4/2009; AgRg no RE 544.080-SP, DJe 1º/7/2009; MS 22.801-DF, DJe 14/3/2008; RE 560.067-SP, DJe 13/2/2009; do STJ: AgRg no Ag 870.902-PB, DJe 27/4/2009; AgRg no Ag 1.025.893-RJ, DJe 3/11/2008; REsp 861.939-ES, DJe 10/3/2008; RMS 3.804-RJ, DJ 30/10/2006; REsp 659.207-PB, DJ 21/11/2005; REsp 504.920-SE, DJ 13/10/2003; AgRg no REsp 1.121.598-ES, DJe 16/11/2009; AgRg no RMS 20.314-SC, 1º/2/2010, e AgRg no RMS 27.391-RJ, DJe 1º/3/2010. RMS 30.878-CE, Rel. Min. Felix Fischer, julgado em 20/4/2010.** (Inform. STJ 431)

GTNS. VANTAGEM. SERVIDOR. JUDICIÁRIO.

Servidores do Poder Judiciário estadual, ora recorrentes, impetraram mandado de segurança, denegado na origem, alegando terem direito à Gratificação Especial de Técnico de Nível Superior (GTNS) criada pela Lei estadual n. 6.371/1993 e estendida ao Judiciário estadual pela Lei estadual n. 6.373/1993. Afirmam que, apesar de não possuírem diploma de curso superior, visto o caráter supostamente objetivo da mencionada gratificação pleiteada, ela deve ser deferida, tão somente, por ocuparem cargos de nível superior. Para o Min. Relator, o art. 3º da Lei estadual n. 6.373/1993 prevê expressamente o pagamento da GTNS aos servidores técnicos com nível superior. Ressaltou ainda que as leis estaduais que instituíram a GNTS foram promulgadas muito antes da investidura dos recorrentes no cargo e, só pela LC estadual n. 165/1999 (art. 187, § 1º), passou-se a exigir a obrigatoriedade de nível superior, mas tal fato não tem relevância no caso, uma vez que não se justificaria a concessão da gratificação pleiteada aos recorrentes, pois eles nunca preencheram os requisitos exigidos para o recebimento da vantagem, ou seja, ter diploma de nível superior. Diante do exposto, a Turma negou provimento ao recurso. **Precedente citado: RMS 29.670-RN, DJe 5/10/2009. RMS 30.533-RN, Rel. Min. Felix Fischer, julgado em 18/3/2010.** (Inform. STJ 427)

DECADÊNCIA. LEI ESTADUAL. EXTENSÃO. GRATIFICAÇÃO.

Diante da falta de lei específica, precedentes deste Superior Tribunal permitem a aplicação, no âmbito estadual, da Lei n. 9.784/1999, que regula o processo administrativo no âmbito federal. Contudo, na hipótese, existe lei estadual (n. 10.177/1998) a regular esse processo. Assim, ao se verificar que é anterior à vigência da referida lei estadual o ato que concedeu aos recorrentes, assistentes técnicos aposentados da câmara municipal, a gratificação especial por assessoramento (verba honorária), o prazo decenal previsto nessa legislação para que a Administração o anulasse só começaria a ser contado da vigência da aludida lei, a impor a conclusão de que não está configurada a decadência. Ainda que se considere o prazo quinquenal da Lei n. 9.784/1999, tampouco haveria decadência, visto que esse prazo também deveria ser contado da vigência dessa lei federal (princípio da irretroatividade das leis). Todavia, requer dilação probatória incompatível com o rito do MS verificar se os recorrentes, quando em atividade, exerciam funções idênticas a de procuradores municipais, com o fim de assegurar o percebimento da aludida gratificação. Não cabe, também, na fase recursal, juntar publicações de jornais oficiais e certidões da Administração, que, por seu fácil acesso, já deveriam instruir a peça vestibular. Por fim, vê-se que a pretensão dos recorrentes de equiparação aos procuradores municipais e, consequentemente, de receber a gratificação, encontra óbice nos arts. 37, XIII, e 39, § 1º, ambos da CF/1988. Esse foi o entendimento acolhido pela Turma. O Min. Napoleão Nunes Maia Filho, porém, o acompanhou com a ressalva quanto à competência estadual para legislar a respeito de prescrição. **Precedentes citados do STF: AgRg na SS 2.295-SP, DJ 14/5/2004; do STJ: AgRg no Ag 815.532-RJ, DJ 23/4/2007; AgRg no Ag 935.624-RJ, DJe 31/3/2008; RMS 21.414-SP, DJe 4/8/2008; RMS 22.585-RN, DJe 2/4/2009; RMS 7.892-RO, DJe 3/3/2008; RMS 8.964-RJ, DJ 11/6/2001; RMS 3.150-TO, DJ 23/5/1994; RMS 22.393-SP, DJ 4/6/2007, e RMS 17.466-DF, DJ 6/9/2004. RMS 21.070-SP, Rel. Min. Laurita Vaz, julgado em 17/11/2009.** (Inform. STJ 416)

POLICIAIS. JORNADA. HORAS EXTRAS.

A Turma negou provimento ao recurso, entendendo que, constitucionalmente, a limitação da jornada de trabalho com o pagamento de horas extras não exclui a possibilidade de um regime próprio de cumprimento de jornada (arts. 7º, XVI e 39, § 3º, da CF/1988), estabelecido por lei infraconstitucional, levando em conta a natureza do trabalho e as peculiaridades da função. No caso dos policiais, há necessidade de plantões para garantir a prestação ininterrupta do serviço (art. 274 da LC n. 14/1982, alterado pela LC n. 35/1986). Diante disso, descabe a pretensão de pagamento de horas extras pela falta de comprovação da compensação de horários no período pleiteado. **Precedente citado: RMS 29.032-GO, DJe 8/6/2009. RMS 18.399-PR, Rel. Min. Laurita Vaz, julgado em 3/11/2009.** (Inform. STJ 414)

MS. REPOSICIONAMENTO FUNCIONAL. CARTEIROS.

Está pacificado neste Superior Tribunal o entendimento de que é devida aos servidores aposentados a extensão do reposicionamento funcional em 12 referências previsto na Exposição de Motivos n. 77/1985-DASP e concedido aos servidores da ativa, em atenção ao disposto nos arts. 40, § 4º, da CF/1988 e 20 do ADCT. No caso, contudo, não ficou evidenciado que os servidores ativos detentores dos cargos de carteiro e condutor de malas têm direito ao aludido reposicionamento. Dessa forma, não há como ser reconhecido o direito líquido e certo dos servidores aposentados ao benefício. Isso posto, a Seção denegou a ordem. **Precedentes citados: REsp 395.663-RS, DJ 27/11/2006; AgRg no REsp 544.617-BA, DJ 8/5/2006, e REsp 544.667-BA, DJ 9/2/2004. MS 9.261-DF, Rel. Min. Maria Thereza de Assis Moura, julgado em 14/10/2009.** (Inform. STJ 411)

VANTAGEM PESSOAL. NOVO CARGO PÚBLICO.

O STJ tem o entendimento pacífico de que o servidor público tem direito adquirido à manutenção das vantagens pessoais adquiridas em um determinado cargo público e transpostas para outro cargo também público. O Decreto estadual n. 21.753/1995 direciona a gratificação de encargos especiais (derivada de ato de bravura) aos integrantes do Corpo de Bombeiros Militar e da Polícia Civil, justamente os cargos ocupados sucessivamente pelo impetrante recorrente, daí ele fazer jus à manutenção daquela gratificação. **Precedentes citados: RMS 22.331-DF, DJ 22/10/2007; AgRg no RMS 20.891-DF, DJ 21/8/2006, e RMS 20.850-DF, DJ 1º/8/2006. RMS 19.199-RJ, Rel. Min. Laurita Vaz, julgado em 15/10/2009.** (Inform. STJ 411)

MP. LICENÇA-PRÊMIO. CONVERSÃO. PECÚNIA.

Trata-se de recurso interposto pelo Estado contra o acórdão proferido pelo TJ segundo o qual o autor, procurador de Justiça aposentado, não gozou férias e licenças-prêmio enquanto na ativa por circunstâncias alheias à sua vontade, tendo direito à indenização em pecúnia. O recorrente alega inexistir previsão legal a amparar a pretensão do servidor. Porém, a Turma deu parcial provimento ao recurso do Estado, tão somente para, respeitada a jurisprudência deste Superior Tribunal, julgar improcedente o pedido de conversão em pecúnia das licenças-prêmio não gozadas pelo servidor correspondentes ao período anterior ao advento da Lei n. 8.625/1993, mantido seu direito nos demais. O Min. Felix Fischer, em seu voto vista, ao considerar o art. 52 da mencionada lei (que dá abertura à criação de outras licenças em leis próprias para os membros do *Parquet* estadual), entendeu que as demais licenças reclamadas pelo servidor, que foram obtidas a partir de 12 de fevereiro de 1993 em diante, ser-lhe-iam devidas e poderiam sofrer a conversão em pecúnia, haja vista não terem sido fruídas antes de ele se aposentar. No intuito de reforçar a tese segundo a qual os membros do *Parquet* – sob o advento da mencionada lei – fariam jus à sobredita conversão, fez menção a pronunciamento favorável ao direito do Conselho Nacional do Ministério Público e, também, ao precedente da Quinta Turma deste Superior Tribunal (REsp 556.100-DF, DJ 2/8/2004) no qual raciocínio análogo ao dos presentes autos foi adotado, embora para representantes do Ministério Público da União. **REsp 953.307-SC, Rel. Min. Arnaldo Esteves Lima, julgado em 29/9/2009.** (Inform. STJ 409)

VPNI. COMPLEMENTAÇÃO SALARIAL. DF.

O impetrante, ora recorrente, percebia a chamada complementação salarial (art. 3º da Lei Distrital n. 379/1992), verba remuneratória destinada aos servidores públicos em exercício na Secretaria de Saúde e no Instituto de Saúde do Distrito Federal. Essa vantagem equivaleria à diferença entre a remuneração devida ao servidor em questão e a que era paga aos ocupantes de correspondentes cargos na Fundação Hospitalar do DF. Com a Lei Distrital n. 2.775/2001, a parcela deixou de ser paga ao fundamento de que foram igualados os vencimentos dos integrantes da carreira da Administração Pública do DF com os daqueles que pertenciam à carreira de Assistência Pública à Saúde. Já com o advento da Lei Distrital n. 3.320/2004, foi aumentada a remuneração dos integrantes da última carreira, o que não refletiu nos vencimentos do recorrente, visto integrar carreira distinta. Por sua vez, os arts. 14 e 23 da Lei Distrital n. 3.351/2004 expressamente revogaram o aludido art. 3º da Lei Distrital n. 379/1992, transformando a complementação salarial em vantagem pessoal nominalmente identificada (VPNI), sujeita exclusivamente a reajustes gerais. Daí o *mandamus*, pois, para o recorrente, a discrepância salarial criada pela Lei Distrital n. 3.320/2004 justificaria a complementação constante da lei de 1992, que, extinta, deve ser transformada em VPNI, tal como determina a Lei Distrital n. 3.351/2004. A Administração, nas informações, alega que a diferença não é paga em razão da extinção da Fundação Hospitalar e da revogação da lei de 1992. Sucede que a extinção da Fundação Hospitalar sequer tem influência sobre o direito pretendido, pois os servidores efetivos de seu quadro de pessoal foram mantidos, bem como seus cargos e carreiras, que passaram a integrar o quadro de pessoal do DF. Dessarte, ainda subsistem cargos a servir de paradigma à busca da isonomia objeto da complementação. Não há que se falar, também, na revogação da vantagem se, antes mesmo da Lei Distrital n. 3.351/2004, os padrões remuneratórios já haviam sofrido alteração pela Lei Distrital n. 3.320/2004. Isso posto, a Turma, ao prosseguir o julgamento, entendeu, por maioria, que o recorrente, integrante da carreira de Administração Pública do DF, faz jus à complementação remuneratória entre 18/2/2004, advento da Lei Distrital n. 3.320, e 9/6/2004, quando editada a Lei Distrital n. 3.351, que extinguiu a vantagem, transformando-a em VPNI. **Precedente citado: EDcl no RMS 24.219-DF, DJe 13/4/2009. RMS 24.003-DF, Rel. Min. Jorge Mussi, julgado em 10/9/2009.** (Inform. STJ 406)

COMPETÊNCIA. SALÁRIOS. SERVIDOR ESTATUTÁRIO.

In casu, destaca a Min. Relatora haver controvérsia no âmbito da Terceira Seção deste Superior Tribunal quanto à competência para processar e julgar casos semelhantes. Observa que há decisões monocráticas em conflitos idênticos em que se conclui pela competência da Justiça comum e que também há julgamento dessa Seção (de relatoria também da Min. Maria Thereza de Assis Moura) dando pela anterior competência da Justiça do Trabalho. Explica que as decisões que entendem ser competente a Justiça do Trabalho levam em conta a suposta ilegalidade da transposição do servidor do regime celetista para o estatutário sem concurso público. Entretanto, esclareceu que não cabe, em conflito de competência, o STJ concluir pela legalidade ou ilegalidade do vínculo estatutário estabelecido entre a autora e o município réu. O conflito de competência deve ater-se à discussão específica da Justiça competente para julgar a causa, tal como proposta. Assevera que concluir de forma diversa significaria julgar o próprio mérito da ação em substituição ao juízo de primeiro grau, competente para analisar e julgar os pedidos da ação. Diante do exposto, a Seção declarou competente a Justiça estadual para processar e julgar as ações em que houve a conversão de regime do servidor de celetista para estatutário após a edição da Lei municipal n. 1.240/1991, quando se pleiteia o pagamento de remunerações atrasadas do período estatutário (Súm. n. 137-STJ). **Precedentes citados: CC 100.671-PB, DJe 2/2/2009, e CC 62.851-MA, DJ 4/12/2006. CC 101.265-AL, Rel. Min. Maria Thereza de Assis Moura, julgado em 24/6/2009.** (Inform. STJ 400)

EDCL. FOLHA. DESCONTOS. CONSIGNAÇÃO.

A Turma rejeitou os embargos ante a sua inviabilidade, acolhendo a tese de que, malgrado a pretensão de provocar novo julgamento do recurso, no caso, de contratantes do mútuo, conforme firmado no acórdão, a obrigação de manter a consignação em folha de pagamento assumida em contrato entre particulares, sem vinculação com a Administração, descabe a impetração contra o Estado, para fins de discutir a possibilidade ou não de cancelamento unilateral dos descontos. Na Segunda Seção, há o entendimento de que, uma vez autorizado o desconto em folha, não se pode cancelá-lo unilateralmente, devendo ser respeitadas as regras de Direito Privado que regem as obrigações entre as partes. **EDcl no RMS 22.949-SE, Rel. Min. Teori Albino Zavascki, julgados em 18/6/2009.** (Inform. STJ 399)

COISA JULGADA. LEI SUPERVENIENTE.

Discute-se a ofensa à coisa julgada diante do fato de que os funcionários públicos obtiveram o reconhecimento do direito de incidir a URP de 1989 (26,05%) sobre suas remunerações em sentença transitada em julgado em 1993, portanto há mais de 10 anos. Sucede que, agora, após a aprovação das Leis ns. 9.421/1996, 10.475/2002 e 11.416/2006, que reajustaram as carreiras do Poder Judiciário, aquele percentual passou a ser considerado diferença individual, até sua absorção paulatina nos vencimentos concedidos a partir de 1996. Diante disso, a Corte Especial denegou a segurança, invocando precedente e reafirmando que não há ofensa à coisa julgada material quando ela é formada com base numa determinada situação jurídica que perde vigência diante do advento de nova lei que passou a regular essas situações jurídicas já formadas, fixando novos vencimentos a modificar o *status quo* anterior. Nesse caso, o funcionário só teria direito à irredutibilidade de vencimento e, se for o caso, receberá como vantagem pessoal a parcela suprimida e absorvida ao longo do tempo. **Precedente citado: MS 11.145-DF, DJ 3/11/2008. MS 13.721-DF, Rel. Min. Nancy Andrighi, julgado em 20/5/2009.** (Inform. STJ 395)

AR. RESTITUIÇÃO. REAJUSTE SALARIAL. SERVIDOR.

A questão posta no REsp diz respeito ao dever do servidor público em ressarcir ao erário os valores recebidos indevidamente. *In casu*, o ora recorrente ajuizou reclamação trabalhista para o recebimento de reajuste salarial decorrente dos Planos Bresser e Verão. Em virtude da condenação da autarquia, ora recorrida, ao pagamento e do trânsito em julgado da ação, houve o levantamento das quantias devidas em 28/2/1994. A Administração propôs ação rescisória, que foi julgada procedente e transitou em julgado em 1º/9/1999. Com isso, em 23/6/2003, notificou-se o recorrente para o ressarcimento ao erário dos valores recebidos. Para o Min. Relator, conforme a doutrina e o que já decidiu o STJ, o requisito para afastar a exigência de devolução de valores recebidos de forma indevida por servidor público é a boa-fé na obtenção desses. Assim, mesmo que o servidor tenha recebido determinada quantia de forma indevida, por força de decisão judicial, a crença de que o recebimento era legítimo afasta o dever de restituição. Na hipótese, o recorrente percebeu diferenças salariais em razão de decisão judicial transitada em julgado, que posteriormente foi desconstituída em ação rescisória. Desse modo, estando o recebimento das verbas amparado por sentença transitada em julgado, não é possível afastar a presunção de boa-fé do servidor, sob pena de total insegurança nas relações jurídicas. Quanto à prescrição, não persiste a alegada natureza trabalhista do débito, pois, em que pese o título judicial desconstituído ser proveniente de reclamação trabalhista, trata-se de pedido de ressarcimento de dívida de valor. Com relação aos danos morais pedidos pelo recorrente, em decorrência da notificação acima citada, entendeu-se que, para a comprovação do dever de indenizar da Administração, é imperiosa a demonstração do nexo causal entre a correspondência enviada e a submissão do recorrente à situação ultrajante e vexatória, o que não foi demonstrado na instância *a quo*. Nesse contexto, a Turma deu parcial provimento ao recurso para sustar a cobrança dos valores recebidos pelo servidor. **Precedente citado: REsp 673.598-PB, DJ 14/5/2007. REsp 1.104.749-RJ, Rel. Min. Jorge Mussi, julgado em 19/5/2009.** (Inform. STJ 395)

RECURSO REPETITIVO. URV. SALÁRIO. SERVIDOR PÚBLICO. MUNICÍPIO. CONVERSÃO.
A Seção, ao julgar recurso representativo de controvérsia (art. 543-C do CPC e Resolução n. 8/2008 do STJ), reafirmou o entendimento de que é obrigatória a observância pelos estados e municípios dos critérios da Lei n. 8.880/1994 para conversão em URV dos vencimentos e proventos dos servidores, porquanto, conforme o art. 22, VI, da CF/1988, é da competência privativa da União legislar sobre o sistema monetário. Outrossim, os reajustes determinados por lei superveniente não têm o condão de corrigir equívocos decorrentes da conversão em URV de vencimentos de servidores, por serem parcelas de natureza jurídica diversa, em que é vedada a compensação. Os vencimentos de servidores pagos antes do último dia do mês devem ser convertidos de acordo com a sistemática da Lei n. 8.880/1994, adotando-se a URV da data do efetivo pagamento, nos meses de nov/1993 a fev/1994. **Precedentes citados: AgRg no REsp 1.021.739-MA, DJe 6/10/2008; RMS 22.563-SP, DJe 8/9/2008; AgRg no Ag 936.792-MA, DJ 31/3/2008; AgRg no Ag 834.022-MA, DJ 28/5/2007; AgRg nos EREsp 867.200-RN, DJ 10/9/2007; AgRg nos EREsp 814.122-RN, DJ 6/8/2007; REsp 888.722-SP, DJ 11/11/2008; REsp 1.061.985-SP, DJ 14/8/2008; REsp 947.606-SP, DJ 12/8/2008; REsp 897.631-SP, DJ 9/4/2008, e REsp 1.032.033-SP, DJ 13/3/2008. REsp 1.101.726-SP, Rel. Min. Maria Thereza de Assis Moura, julgado em 13/5/2009**. (Inform. STJ 394)

VERBA. INDENIZAÇÃO. PROCURADORES. ESTADO. EXERCÍCIO. DF.
A Lei n. 15.969/2006 do Estado de Minas Gerais criou verba para os procuradores do estado em exercício no Distrito Federal que não possuam imóvel residencial quitado naquela localidade. Tal verba tem cunho indenizatório e se assemelha à figura do "auxílio moradia" já existente e aplicável no âmbito federal (Lei n. 8.112/1990). A referida verba visa indenizar as despesas originadas com o exercício do cargo fora da jurisdição do Estado de Minas Gerais e é maior que as das cidades-sedes das demais procuradorias regionais. A especificidade fática da situação que culminou com a sua concessão afasta qualquer violação do princípio da isonomia. A extensão da verba a todos os integrantes da carreira de procurador do estado não pode ser deferida, pois ficaria violada a Súm. n. 339-STF. **RMS 28.469-MG, Rel. Min. Felix Fischer, julgado em 2/4/2009.** (Inform. STJ 389)

MILITAR. TEMPO. SERVIÇO. CONTAGEM EM DOBRO.
Trata-se de REsp em que o ponto central é saber se a contagem em dobro constante dos arts. 1º, **b**, e 4º da Lei n. 2.116/1953, refere-se, tão-somente, ao prazo para a passagem do militar para a inatividade ou se ela pode ser utilizada também para os fins de ser incluída no percebimento de gratificações, férias e outras vantagens. A Turma entendeu que, nos termos dos dispositivos legais acima citados, o tempo de serviço prestado pelo militar em Fernando de Noronha-PE deve ser computado não apenas para a inatividade, mas sim para todos os fins, exceto indicação para quota compulsória. Assim, deu-se provimento ao recurso. **REsp 720.448-PE, Rel. Min. Maria Thereza de Assis Moura, julgado em 17/2/2009.** (Inform. STJ 384)

MAGISTRADOS. FÉRIAS. CONVERSÃO. PECÚNIA.
A Turma conheceu parcialmente do recurso e, nessa parte, negou-lhe provimento ao entendimento de que, não havendo previsão na Loman da possibilidade de conversão das férias não-gozadas em pecúnia, não é possível sua concessão aos magistrados, por não estar prevista a mencionada vantagem no rol exaustivo do art. 65 da LC n. 35/1979. Precedentes citados do STF: AO-AgR 820-MG, DJ 6/11/2006; AO 1.384-SC, DJ 21/6/2006; AO 1.059-GO, DJ 19/4/2006; do STJ: REsp 601.578-RN, DJ 13/6/2005; REsp 302.060-RN, DJ 2/8/2004, e REsp 576.278-PB, DJ 7/6/2004. **REsp 791.659-CE, Rel. Min. Laurita Vaz, julgado em 10/2/2009.** (Inform. STJ 383)

SERVIDOR. SUBSTITUIÇÃO. REMUNERAÇÃO.
A Constituição do estado-membro em questão é expressa quanto a dispor ser devida ao servidor designado pela Administração para exercer expediente diverso do seu a mesma remuneração percebida pelo titular da função. Para tanto, mostra-se desnecessário perquirir sobre o equívoco da designação frente à falta de vacância da função, anotado que o funcionário, efetivamente, realizou labor de grau mais elevado e diverso do seu. Com esse entendimento, a Turma, ao prosseguir o julgamento, deu provimento ao recurso. Precedentes citados: AgRg no REsp 541.388-SC, DJ 9/10/2006, e AgRg no REsp 396.704-RS, DJ 1º/8/2005. **RMS 10.139-SC, Rel. Min. Maria Thereza de Assis Moura, julgado em 10/2/2009.** (Inform. STJ 383)

CONVERSÃO. PECÚNIA. LICENÇA-PRÊMIO.
É cabível a conversão em pecúnia de licença-prêmio não desfrutada, mas adquirida antes da passagem do servidor público para a inatividade, isso em razão do princípio da vedação do enriquecimento ilícito. Contudo, o termo inicial da contagem do prazo prescricional quinquenal para requerimento da conversão é a data da aposentadoria, independentemente de o direito ser requerido pelo próprio servidor ou seus beneficiários. **Precedentes citados: AgRg no Ag 1.006.331-DF, DJ 4/8/2008; AgRg no REsp 919.412-DF, DJ 31/3/2008, e AgRg no REsp 734.972-SP, DJ 15/10/2007. AgRg no RMS 27.796-DF, Rel. Min. Napoleão Nunes Maia Filho, julgado em 3/2/2009.** (Inform. STJ 382)

SUBSÍDIO. POLICIAL. ADICIONAL NOTURNO.
A Polícia Civil do Distrito Federal, como consabido, é organizada e mantida pela União (art. 21, XIV, da CF/1988 e Súm. n. 647-STF), a quem privativamente compete legislar sobre seu regime jurídico ou remuneração. Os integrantes daquela força policial são regidos pela Lei n. 11.361/2006 (MP n. 308/2006), que, consoante os arts. 144, IV, § 9º, e 39, § 4º, ambos da CF/1988, fixou-lhes a remuneração mediante subsídio em parcela única. Está expressamente vedado qualquer acréscimo de parcela remuneratória, tal como o pleiteado adicional noturno, que já se incorporou ao subsídio desses servidores (arts. 1º e 2º, XVIII, da mesma lei federal). Só por meio de lei específica, o subsídio poderá ser fixado ou alterado (art. 37, X, da CF/1988), daí não se falar na possibilidade de aplicação do princípio da isonomia (Súm. n. 339-STF). Anote-se, por último, que não se demonstrou haver decréscimo na remuneração dos servidores (art. 6º da referida lei), mas sim aumento pelo cálculo da remuneração dessa forma. **Precedentes citados do STF: AgRg no RE 481.433-RS, DJ 7/12/2006; MC na ADI 3.369-DF, DJ 18/2/2005; do STJ: RMS 16.170-MT, DJ 20/8/2007; AgRg no RMS 15.907-RO, DJ 26/5/2003; AgRg no RMS 23.898-MS, DJ 4/8/2008, e RMS 17.278-PR, DJ 24/4/2006. RMS 27.479-DF, Rel. Min. Laurita Vaz, julgado em 28/10/2008.** (Inform. STJ 374)

SERVIDOR CELETISTA. VARIAÇÃO. IPC.
Os recorrentes foram admitidos na Fundação Hospitalar do Distrito Federal sob o regime celetista, que só foi convertido em estatutário após a Lei distrital n. 119/1990. Dessa forma, durante o período de vigência da Lei distrital n. 38/1989 (que previa a forma de reajuste dos salários, vencimentos e proventos dos servidores civis do DF conforme a variação do IPC), continuavam submetidos ao regime celetista. Por isso que incidente à hipótese a Lei federal n. 8.030/1990, aplicável aos empregados públicos celetistas, a qual afasta o direito ao reajuste de 84,32 % (variação do IPC de março de 1990), porque veio revogar a Lei federal n. 7.830/1989 antes que transcorresse o período em que se apurou a mencionada variação do IPC. Reiterando esse entendimento, em conformidade com a Orientação Jurisprudencial n. 218 da Seção de Dissídios Individuais do TST (incorporada à OJ n. 241 da SBDI-1 e convertida na OJ Transitória n. 55 do SBDI-1), a Turma deu provimento ao recurso adesivo do DF. **Precedentes citados do STF: AgRg no Ag 581.418-DF, DJ 22/9/2006; RE 361.600-DF, DJ 25/2/2005; do STJ: AgRg no EDcl no REsp 867.793-DF, DJ 25/8/2008; AgRg no REsp 841.915-DF, DJe 22/4/2008; AgRg no REsp 826.147-DF, DJe 3/3/2008, e AgRg no AgRg no Ag 787.341-DF, DJ 21/5/2007. REsp 882.227-DF, Rel. Min. Laurita Vaz, julgado em 30/10/2008.** (Inform. STJ 374)

GAE. TÉCNICOS-ADMINISTRATIVOS. INSTITUIÇÃO. ENSINO
A Turma reiterou a jurisprudência de que, pelo novo plano de cargos e salários dos servidores (técnicos-administrativos) das instituições de ensino vinculadas ao Ministério da Educação, instituído pela Lei n. 11.091/2005, não é devido o pagamento da pretendida Gratificação de Atividade Executiva (Lei Delegada n. 13/1992), visto que o referido benefício foi substituído pela Gratificação de Desempenho de Atividade Técnica-Administrativa Educacional (MP n. 2.229-43/2001), valor esse posteriormente incorporado

aos vencimentos básicos por força da Lei n. 10.302/2001. Também, não há como vislumbrar, no silêncio da Lei n. 11.091/2005, o direito de recebimento de tal gratificação, porquanto, pela Lei n. 10.302/2001, há vedação expressa à percepção da GAE pelos citados técnicos-administrativos. **Precedentes citados: REsp 907.548-DF, DJ 4/6/2007; RMS 12.664-PR, DJ 29/10/2007, e AgRg no Ag 875.329-DF, DJ 22/10/2007. AgRg no REsp 1.037.468-PE, Rel. Min. Jane Silva (Desembargadora convocada do TJ-MG), julgado em 21/10/2008.** (Inform. STJ 373)

MILITAR. INDENIZAÇÃO. TRANSPORTE. LIMITAÇÃO.
A Turma reafirmou que a Administração, mediante a Portaria n. 588/1996-GM, não poderia limitar a 2.500 km a quilometragem para fins de pagamento de indenização de transporte devida ao militar transferido para a reserva remunerada, visto que essa portaria, ato normativo infralegal, não poderia alterar o Dec. n. 986/1993 (regulador da matéria), que não previu tal limitação. Precedentes citados: REsp 588.159-RS, DJ 14/2/2005, e REsp 262.809-CE, DJ 20/5/2002. **AgRg no REsp 982.474-RN, Rel. Min. Jane Silva (Desembargadora convocada do TJ-MG), julgado em 25/9/2008.** (Inform. STJ 369)

MILITAR. INDENIZAÇÃO. TRANSPORTE. OPÇÃO.
A Turma reafirmou que o militar licenciado *ex officio* pode optar pelo direito ao transporte (deslocamento de pessoal e translação de bagagem) ou pela respectiva indenização (art. 7º do Dec. n. 986/1993). **Precedentes citados: AgRg no REsp 671.589-RJ, DJ 17/12/2007; REsp 759.427-RS, DJ 17/10/2005; REsp 665.771-RJ, DJ 7/5/2007, e REsp 397.560-RJ, DJ 27/5/2002. AgRg no REsp 793.634-RJ, Rel. Min. Jane Silva (Desembargadora convocada do TJ-MG), julgado em 25/9/2008.** (Inform. STJ 369)

URV. CONVERSÃO. REMUNERAÇÃO.
No âmbito da União, é consabido que a remuneração dos servidores do Judiciário, Legislativo e Ministério Público (depois se incluíram os da Defensoria Pública por força da EC n. 45/2004) deve ser paga a partir do dia 20 de cada mês. Daí a conclusão da jurisprudência deste Superior Tribunal de que, quando das MPs ns. 434 e 457 e da Lei n. 8.880, todas de 1994, quanto a esses servidores, a conversão em URV, utilizando-se valores aferidos nos últimos dias dos meses de novembro e dezembro de 1993 e fevereiro de 1994, levou a uma indevida redução da remuneração. Por isso, a determinação de, na conversão, considerar-se o dia em que efetivamente houve seu pagamento, do que resulta a diferença de 11,98%. Tal entendimento é estendido aos servidores estaduais e municipais que também não percebiam sua remuneração no último dia do mês, o que não é o caso dos autos: conforme certidão juntada, a remuneração é paga nos primeiros dias do mês subseqüente, a se cogitar que o critério utilizado foi até mais benéfico aos servidores. Pela reiteração desse entendimento, ao prosseguir o julgamento, a Turma negou provimento ao recurso ordinário. **RMS 22.563-SP, Rel. Min. Nilson Naves, julgado em 13/5/2008.** (Inform. STJ 355)

GAE. TÉCNICOS ADMINISTRATIVOS. ENSINO.
Mostra-se inviável, em razão do disposto na Lei n. 11.091/2005, restabelecer aos técnicos administrativos das instituições federais de ensino a gratificação de atividade executiva (GAE), instituída pela Lei Delegada n. 13/1992, visto que, quando da edição da nova lei, não mais percebiam essa gratificação devido à reestruturação de suas carreiras ditada pela Lei n. 10.302/2001, que lhes unificou os vencimentos. Anote-se que se assegurou a irredutibilidade de vencimentos, pois eventuais diferenças passaram a ser recebidas como vantagem pessoal. Atendeu-se, sim, ao reprisado pela jurisprudência do STF e do STJ, no sentido de que não há direito adquirido a regime jurídico. Outrossim, a GAE restou preservada a outros servidores (art. 6º da Lei n. 10.302/2001), mas extinguiu-se quanto aos referidos técnicos, o que inviabiliza, também, a repristinação dos ditames da retrocitada lei delegada diante do disposto no art. 2º, § 3º, da LICC: não há expressa menção na Lei 11.091/2005 quanto à repristinação, única hipótese possível para que essa fosse admitida. Precedente citado do STF: RE 22.462-5-SP, DJ 16/4/1953. **REsp 991.897-SC, Rel. Min. Maria Thereza de Assis Moura, julgado em 22/4/2008.** (Inform. STJ 353)

SEGURO. PRÊMIO. SINDICATO. DESCONTO EM FOLHA. SERVIDOR PÚBLICO. FALTA. AUTORIZAÇÃO. RESTITUIÇÃO.
Na falta de mandato expresso autorizando o desconto em folha do servidor público em contrato de seguro firmado com sindicato, cabível a restituição, incluindo a correção monetária do valor da dívida desde a data do prejuízo (Súmula n. 43-STJ). Precedentes citados: REsp 466.806-RO, DJ 12/11/2007, e REsp 447.888-RO, DJ 3/2/2003. **REsp 466.332-RO, Rel. Min. Aldir Passarinho Junior, julgado em 4/12/2007.** (Inform. STJ 341)

MS. DESCONTO. FOLHA. MÚTUO.
Tratava-se de recurso em mandado de segurança, indicado o secretário de administração estadual como autoridade coatora, visto que, a pedido do servidor, deixara de processar desconto em folha referente a mútuo celebrado com a impetrante. Diante disso, atenta aos precedentes, a Turma reafirmou que o servidor que contrai empréstimo e autoriza, expressamente, o desconto mensal das parcelas em sua folha de pagamento não pode, por ato unilateral, cancelar o desconto que havia livremente contratado, notadamente na espécie, em que a discordância diz respeito à taxa de juros. Precedentes citados: REsp 728.563-RS, DJ 22/8/2005, e AgRg no Ag 621.121-RS, DJ 2/4/2007. **RMS 22.949-SE, Rel. Min. Fernando Gonçalves, julgado em 20/11/2007.** (Inform. STJ 339)

EQUIPARAÇÃO. VENCIMENTO. DELEGADO. POLÍCIA. MP. ESTADUAL.
Não há que se falar em equiparação de remuneração entre delegados de polícia do Estado de São Paulo e membros do Ministério Público, uma vez que há vedação constitucional (art. 37, XIII, da CF/1988), além de não inserida na norma alegada pelos recorrentes (art. 2º, § 2º, da LC estadual n. 731/1993). A expressão "carreiras congêneres" não se aplica ao caso, pois o Ministério Público e os delegados de polícia têm atribuições e vinculações distintas. Precedente citado: RMS 12.318-SP, DJ 15/10/2001. **RMS 12.565-SP, Rel. Min. Maria Thereza de Assis Moura, julgado em 31/10/2007.** (Inform. STJ 338)

TEBASA. EMPRESA. ECONOMIA MISTA. ADICIONAL. TEMPO. SERVIÇO.
A Tebasa, sucedida pela Telebahia S/A, era uma sociedade de economia mista, uma vez que passou ao controle da Telebrás (sociedade de economia mista) e, ainda, foi instituída em razão de autorização dada por lei (Lei estadual n. 997/1958). Assim, aquele que tenha trabalhado em sociedade de economia mista, conforme o art. 41, XXVI, da Constituição do Estado da Bahia, em sua redação anterior, vigente à época da impetração, faz jus ao adicional por tempo de serviço. **RMS 11.498-BA, Rel. Min. Maria Thereza de Assis Moura, julgado em 31/10/2007.** (Inform. STJ 338)

MS. MEMBRO. ADVOCACIA. UNIÃO. SUBSÍDIO.
O cerne da controvérsia é saber se a instituição do subsídio dos Procuradores Federais, membros da Advocacia da União, violou o direito desses Procuradores a permanecer recebendo eventuais quintos (Lei n. 10.698/2003) que haviam sido incorporados antes da implementação do subsídio. Note-se que a Lei n. 11.358/2006 (conversão da MP n. 305/2006) assegurou a irredutibilidade de vencimento aos integrantes da carreira da Advocacia da União, na forma de parcela complementar de subsídio, e, com o passar do tempo, esse subsídio seria absorvido por ocasião do desenvolvimento do servidor no cargo ou na carreira. A Seção, com base em precedente, reafirmou que, segundo entendimento consolidado no STF, o servidor público não possui direito adquirido à permanência no regime jurídico funcional anterior e nem a preservar determinado regime de cálculo de vencimento ou proventos. Só não pode haver decréscimo de vencimentos no valor nominal da remuneração anterior. Sendo assim, como no caso não houve decréscimo nos vencimentos do servidor, nem a citada lei violou direitos, denegou-se a segurança. Precedentes citados do STF: MS 24.875-DF, DJ 6/10/2006; do STJ: MS 12.074-DF, DJ 7/8/2006; MS 11.294-DF, DJ 5/2/2007, e REsp 514.402-RJ, DJ 27/11/2006. **MS 12.126-DF, Rel. Min. Maria Thereza de Assis Moura, julgado em 24/10/2007.** (Inform. STJ 337)

RECLAMAÇÃO. INCORPORAÇÃO. QUINTOS. MAGISTRADOS.
Este Superior Tribunal, em mandado de segurança, decidiu que, tendo os impetrantes adquirido o direito à incorporação de "quintos" em razão do exercício de cargo em comissão, o ingresso na magistratura não lhes restringe tal vantagem, nem mesmo sob a invocação do art. 65, § 2º, da Loman, pois não se trata de concessão de vantagem, mas sim de manutenção de um direito adquirido nos moldes de garantia constitucional. Assim, não poderia, agora, o reclamado deixar de cumprir a ordem emanada, pois o mandado de segurança sequer necessita de execução do julgado. Nos estritos limites da reclamação, não cabe rediscutir a decisão se poderiam ou não os "quintos" ter sido incorporados. Precedente citado: Rcl 1.703-RJ, DJ 12/2/2007. **Rcl 2.052-DF, Rel. Min. Maria Thereza de Assis Moura, julgado em 10/10/2007.** (Inform. STJ 335)

ADICIONAL. INSALUBRIDADE. FÉRIAS. DÉCIMO-TERCEIRO SALÁRIO. SERVIDOR PÚBLICO.
Cinge-se a controvérsia à incidência, ou não, do adicional de insalubridade sobre as férias e sobre o décimo-terceiro salário de servidor público federal. A Min. Relatora entendeu que, nos termos do art. 102, I, da Lei n. 8.112/1990, os afastamentos dos servidores públicos federais em virtude de férias são considerados como períodos de efetivo exercício, incidindo sobre as férias o adicional de periculosidade. Esse é o raciocínio da Resolução n. 357 do Conselho da Justiça Federal, de 23/3/2004, e do o Ato n. 137, de 13/11/2002, deste Superior Tribunal. Precedente citado: REsp 643.352-RS, DJ 30/8/2004. **REsp 536.104-RS, Rel. Min. Maria Thereza de Assis Moura, julgado em 28/6/2007.** (Inform. STJ 325)

MS. ENTIDADE PRIVADA. CONVÊNIO. CONSIGNAÇÃO. FOLHA. PAGAMENTO.
A Turma negou provimento a recurso ordinário em mandado de segurança impetrado contra ato de secretário de administração estadual que negou o fornecimento de código para consignação em folha de pagamento de servidores públicos estaduais, a fim de possibilitar a atuação de entidade consignatária. Note-se que a consignação pretendida é facultativa de acordo com o Dec. estadual n. 820/1999, art 2º e suas alterações: Decs. ns. 1.408/2004, 1.464/2004 e 1.707/2004. Outrossim, o estatuto dos servidores daquele estado (Lei n. 6.745, art. 97) estabelece que esse tipo de consignação só é permitido mediante autorização prévia do funcionário. Por outro lado, a alegação de que a impetrante age em benefício dos servidores é questão fática probatória que não enseja exame na via de mandado de segurança. Sendo assim, não há direito líquido e certo amparável via *mandamus*. Precedentes citados: RMS 18.876-MT, DJ 12/6/2006, e RMS 15.901-SE, DJ 6/3/2006. **RMS 20.654-SC, Rel. Min. Luiz Fux, julgado em 22/5/2007.** (Inform. STJ 321)

MILITAR TEMPORÁRIO. CÁLCULO. COMPENSAÇÃO PECUNIÁRIA.
O décimo terceiro salário e o adicional de férias não devem ser computados no cálculo de compensação pecuniária devida aos militares temporários, conforme dispõe o Dec. n. 99.425/1990, que regulamenta a Lei n. 7.963/1989. Assim, a Turma deu provimento ao recurso da União. Precedentes citados: REsp 353.310-RS, DJ 26/6/2006, e REsp 225.551-RS, DJ 2/5/2000. **REsp 226.784-RS, Rel. Min. Maria Thereza de Assis Moura, julgado em 17/4/2007.** (Inform. STJ 317)

LICENÇA. APERFEIÇOAMENTO. AUXÍLIO-ALIMENTAÇÃO. VALE-TRANSPORTE.
É devido o pagamento de auxílio-alimentação e vale-transporte durante os afastamentos de servidor público federal previstos no art. 102 da Lei n. 8.112/1990, tal como a licença para freqüência a curso de aperfeiçoamento. Precedentes citados: AgRg no REsp 643.236-PE, DJ 16/5/2005, e AgRg no REsp 643.938-CE, DJ 24/4/2006. **REsp 614.433-RJ, Rel. Min. Arnaldo Esteves Lima, julgado em 3/4/2007.** (Inform. STJ 316)

AJUDA DE CUSTO. REMOÇÃO. EX OFFICIO. PAGAMENTO.
A recorrida pleiteou o recebimento de parcela referente à ajuda de custo em razão de sua remoção de ofício para escola agrotécnica. O requerimento foi indeferido ao argumento de que o art. 10 do Dec. n. 1.445/1995 vedaria o pagamento do benefício em exercício posterior. O Min. Relator enfatizou que a ajuda de custo tem natureza indenizatória e, como tal, não poderia sujeitar-se, rigorosamente, às fases de execução de despesa, quais sejam: prévio empenho, liquidação e pagamento. Seu ressarcimento somente é possível mediante a comprovação das despesas efetuadas, mostrando-se despicienda a exigência de previsão orçamentária específica. No caso, a mudança de domicílio deu-se no interesse da Administração e, também, a despesa foi devidamente comprovada. Ainda que a regra seja a do requerimento da ajuda de custo antes da remoção, o fato de não o ter feito, comprovadas a mudança e o interesse público, não pode servir como fundamento para a recusa do respectivo pagamento. Com esse entendimento, a Turma negou provimento ao recurso. **REsp 551.961-RS, Rel. Min. Paulo Gallotti, julgado em 27/3/2007.** (Inform. STJ 315)

SÚMULA VINCULANTE STF 16

Os artigos 7º, IV, e 39, § 3º (redação da EC 19/98), da Constituição, referem-se ao total da remuneração percebida pelo servidor público.

SÚMULA VINCULANTE STF 15

O cálculo de gratificações e outras vantagens do servidor público não incide sobre o abono utilizado para se atingir o salário mínimo.

SÚMULA VINCULANTE STF 6

Não viola a Constituição o estabelecimento de remuneração inferior ao salário mínimo para as praças prestadoras de serviço militar inicial.

SÚMULA VINCULANTE STF 4

Salvo nos casos previstos na Constituição, o salário mínimo não pode ser usado como indexador de base de cálculo de vantagem de servidor público ou de empregado, nem ser substituído por decisão judicial.

SÚMULA STF Nº 682

Não ofende a Constituição a correção monetária no pagamento com atraso dos vencimentos de servidores públicos.

SÚMULA STF Nº 681

É inconstitucional a vinculação do reajuste de vencimentos de servidores estaduais ou municipais a índices federais de correção monetária.

SÚMULA STF Nº 679

A fixação de vencimentos dos servidores públicos não pode ser objeto de convenção coletiva.

SÚMULA STJ Nº 378

Reconhecido o desvio de função, o servidor faz jus às diferenças salariais decorrentes.

SÚMULA STF Nº 339

Não cabe ao poder judiciário, que não tem função legislativa, aumentar vencimentos de servidores públicos sob fundamento de isonomia.

SÚMULA STF Nº 43

Não contraria a Constituição Federal o art. 61 da Constituição de São Paulo, que equiparou os vencimentos do ministério público aos da magistratura.

5.6. Aposentadoria e Pensão

TCU: COISA JULGADA E INOPONIBILIDADE
A 1ª Turma desproveu agravo regimental de decisão do Min. Dias Toffoli, que concedera mandado de segurança, do qual relator, para cassar acórdão do TCU, que suspendera pagamento de pensão por considerá-la ilegal. No caso, decisão judicial transitada em julgado condenara a União ao pagamento do referido benefício. Assinalou-se que questões referentes a regime de aposentação da impetrante, bem como a responsabilidade do INSS pelo pagamento, deveriam ter sido arguidas durante a discussão judicial e, eventualmente, após o trânsito em julgado, pela via da ação rescisória. Entretanto, descaberia aventá-las no momento da análise da legalidade da pensão, perante o TCU. Afirmou-se que essa Corte de Contas não poderia, mesmo que indiretamente, alterar as partes alcançadas por decisão judicial já transitada em julgado. **MS 30312 AgR/RJ, rel. Min. Dias Toffoli, 27.11.2012. (MS-30312) (Inform. STF 690)**

ANISTIA E ACUMULAÇÃO DE APOSENTADORIA
A 1ª Turma concedeu mandado de segurança para anular acórdão do TCU e restabelecer as pensões percebidas pela impetrante. Tratava-se, na espécie, de *writ* impetrado contra decisão da Corte de Contas que determinara a suspensão de um dos benefícios, ao argumento de que seriam resultantes de cargos que, em atividade, não seriam acumuláveis. Destacou-se que a primeira aposentadoria fora concedida ao marido falecido em 1970 e julgada legal pelo TCU após 7 anos. A segunda ocorrera em 1990 e registrada em 1993, implementada há mais de 15 anos. Acrescentou-se que ambas foram revertidas em pensões em 25.6.98, antes da promulgação da EC 20, de 15.12.98. Inicialmente, rejeitou-se a preliminar de ilegitimidade passiva *ad causam*, em face da jurisprudência do Supremo no sentido de que o TCU seria parte legítima para figurar no polo passivo de mandado de segurança quando a decisão proferida estivesse dotada de caráter impositivo. No mérito, ressaltou-se a relevância das causas de pedir vinculadas a: devido processo legal; passagem do lapso temporal — considerado o art. 54 da Lei 9.784/99 —; aplicação da EC 20/98 no tempo e, em especial, singularidade da primeira pensão, decorrente de indenização em face do Ato Institucional 5 e do art. 8º do ADCT. Destacou-se a natureza jurídica da anistia, no que

visaria minimizar atos do passado, a implicar reparação monetária. Frisou-se que a aposentadoria decorrente do AI 5 seria verdadeira indenização e, portanto, acumulável com segunda relação jurídica que o servidor viera a manter com a Administração. Por fim, julgou-se prejudicado o agravo regimental interposto. **MS 28700/DF, rel. Min. Marco Aurélio, 30.10.2012. (MS-28700) (Inform. STF 686)**

CONTRIBUIÇÃO PREVIDENCIÁRIA SOBRE PARTE VARIÁVEL DE GRATIFICAÇÃO DE DESEMPENHO - 1

A 1ª Turma iniciou julgamento de mandado de segurança impetrado contra acórdão do TCU que, ao rever sua interpretação, entendera que a parcela variável que excede 30% da gratificação de desempenho não integraria os proventos de servidor daquele órgão, aposentado posteriormente à EC 41/2003. A Corte de Contas reputara incabível a incidência de contribuição previdenciária sobre o aludido excedente e, em conseqüência, determinara a devolução dos valores pagos a mais pelo impetrante, com recálculo e redução de seus proventos. O Min. Ricardo Lewandowski, relator, concedeu a segurança e salientou que, durante o período em que instituída a gratificação de desempenho até a passagem do servidor para a inatividade, houvera a incidência da contribuição previdenciária sobre a parcela variável. Destacou que uma das mudanças trazidas pela EC 41/2003 foi o fim da chamada integralidade dos proventos da aposentadoria — que garantia ao inativo a totalidade da remuneração recebida na atividade, no cargo efetivo em que se desse a aposentação. Registrou que, atualmente, são consideradas como base de contribuição as parcelas remuneratórias definidas em lei. Dessa forma, não se levaria mais em conta se a parcela que sofrerá a incidência da exação previdenciária será devida, ou não, na inatividade. MS 25494/DF, rel. Min. Ricardo Lewandowski, 16.8.2011. (MS-25494)

CONTRIBUIÇÃO PREVIDENCIÁRIA SOBRE PARTE VARIÁVEL DE GRATIFICAÇÃO DE DESEMPENHO - 2

Aduziu que, para regulamentar essa nova regra constitucional, promulgou-se a Lei 10.887/2004, que estabeleceu novo método de cálculo dos proventos, a partir da média aritmética das maiores remunerações do servidor, consideradas apenas aquelas nas quais incidente contribuição previdenciária. Asseverou que a gratificação de desempenho integraria a remuneração do servidor e estaria compreendida no § 1º do art. 4º da mencionada norma, na expressão "*quaisquer outras vantagens*", excluídas, apenas, em rol taxativo, aquelas listadas nos seus incisos I a IX. O relator concluiu da leitura conjunta dos §§ 1º e 2º do art. 4º da Lei 10.887/2004 que as vantagens que o legislador quis excluir da base de contribuição foram discriminadas no § 1º, enquanto o § 2º da citada lei, somente enumerara quais daquelas vantagens excluídas (no § 1º) poderiam ser objeto de opção por parte do servidor público para o efeito de inclusão na base de contribuição visando ao cálculo dos proventos de aposentadoria. Desse modo, não haveria que se falar em aplicação do § 2º do art. 4º da Lei 10.887/2004 no caso, pois inexistente faculdade, por parte do servidor, no sentido de incluir, ou não, a parcela variável da gratificação de desempenho na base de contribuição, mas sim obrigatoriedade, por constituir vantagem não excluída pelo legislador. Após os votos dos Ministros Dias Toffoli e Marco Aurélio, que também concediam a segurança, pediu vista a Min. Cármen Lúcia. MS 25494/DF, rel. Min. Ricardo Lewandowski, 16.8.2011. (MS-25494) (Inform. STF 636)

CAIXA DE PREVIDÊNCIA PRIVADA E ISENÇÃO DE CONTRIBUIÇÕES - 2

Em conclusão, a 1ª Turma, por maioria, proveu recurso extraordinário para declarar insubsistente a cobrança de contribuição incidente sobre os benefícios de complementação de aposentadoria de inativos, participantes da Caixa de Empregados da Usiminas, que foram beneficiados por isenção concedida pela Resolução 6/75. Ademais, condenou-se a recorrida a devolver as quantias descontadas. No caso, os recorrentes insurgiam-se contra o restabelecimento da aludida cobrança, sem que fossem observadas as situações jurídicas já constituídas. Articulavam ofensa às garantias do ato jurídico perfeito e do direito adquirido (CF, art. 5º, XXXVI), pois, com a edição da Resolução 1/96, passara-se a exigir a parcela de todos os inativos, indistintamente — v. Informativo 572. O Colegiado mencionou que o extinto Tribunal de Alçada do Estado de Minas Gerais assentara que a referida isenção não seria definitiva, mas temporária, podendo haver a contribuição das cobranças a qualquer momento. Entretanto, reputou-se essa premissa errônea ao fundamento de que a isenção, implementada mediante a resolução, passara a integrar o patrimônio dos aposentados por ela alcançados e não caberia o afastamento em relação a eles, sob pena de transgressão a direito adquirido. Asseverou-se que a tese lançada pela Corte de origem seria própria aos tributos e, na espécie, não haveria como cogitar destes em razão da natureza jurídica da recorrida — entidade privada voltada à complementação de aposentadoria. Tendo isso em conta, concluiu-se que a isenção não fora prevista por prazo certo de vigência, mas de forma indeterminada. O Min. Ayres Britto enfatizou não ser aplicável à hipótese o precedente firmado na ADI 3128/DF (DJU de 18.2.2005), porque nele se cuidava de relação jurídica de direito público. Vencidos os Ministros Dias Toffoli e Ricardo Lewandowski, que não conheciam do extraordinário, por considerarem estar-se diante de ofensa reflexa, haja vista que o acórdão impugnado se baseara na análise de uma resolução e na sua validade em face do estatuto. RE 464971/MG, rel. Min. Marco Aurélio, 16.8.2011. (RE-464971) (Inform. STF 636)

APOSENTADORIA COM "GRATIFICAÇÃO EXTRAORDINÁRIA" E INCIDÊNCIA DE PARCELA DA GAJ - 1

A 1ª Turma iniciou julgamento de recurso ordinário em mandado de segurança em que pretendido o restabelecimento de parcela da Gratificação de Atividade Judiciária - GAJ. O Min. Marco Aurélio, relator, proveu o recurso. Extraiu dos autos que a irresignação estaria dirigida, inicialmente, contra a parte da decisão do STJ na qual se reconhecera a ilegitimidade do Presidente do TRF/1ª Região para figurar como autoridade coatora e, de fato, contra o pronunciamento do Conselho da Justiça Federal - CJF no qual assentado que os ex-diretores de secretaria ocupantes de cargo de provimento efetivo não teriam, a partir da edição da Lei 10.475/2002, jus à GAJ. Aduziu que os recorrentes insurgir-se-iam contra decisão do referido Conselho, no sentido de não caber "a incidência de Gratificação de Atividade Judiciária sobre os vencimentos do cargo denominado PJ-0". Asseverou que, em breve análise da Lei 8.472/92, vigente à época dos fatos, perceber-se-ia que o Presidente do Regional atuara como mero executor de pronunciamento do CJF, que lhe seria de observância obrigatória. Concluiu que o acórdão impugnado, nesse ponto, estaria em harmonia com o entendimento do Supremo. RMS 26612/DF, rel. Min. Marco Aurélio, 23.8.2011. (RMS-26612)

APOSENTADORIA COM "GRATIFICAÇÃO EXTRAORDINÁRIA" E INCIDÊNCIA DE PARCELA DA GAJ - 2

Mencionou, então, que a Lei 10.475/2002 fora, posteriormente, alterada pela Lei 10.944/2004 e revogada em sua integralidade pela Lei 11.416/2006. Acresceu que — no art. 13, cabeça e § 2º, desta última — fora mantida a redação do que, originalmente, dispunha o art. 8º, cabeça e parágrafo único, da primeira norma especificada. Consignou que a interpretação literal do teor dos parágrafos seria inequívoca, logo, os servidores que ocupassem cargo em comissão ou função comissionada e aqueles que fossem remunerados tendo esses cargos como paradigmas, caso dos recorrentes, não teriam direito à GAJ, ainda que ocupantes de cargos efetivos. Reputou que a aludida exegese, contudo, não poderia ser observada na situação em exame, porquanto violaria frontalmente a garantia do direito adquirido, versada no art. 5º, XXXVI, da CF. Salientou que os impetrantes aposentaram-se percebendo a denominada "Gratificação Extraordinária", com base na Lei 7.757/89, alterada, sob o ângulo da nomenclatura, para "Gratificação de Atividade Judiciária", por força da Lei 9.421/96, a qual garantira a extensão do estipêndio aos aposentados e pensionistas. Explicitou não ter havido solução de continuidade, de modo que a aludida gratificação teria sido incorporada ao patrimônio jurídico dos impetrantes. Enfatizou que, a pretexto de se lhe conferir nova base de cálculo, adotou-se redação que os alcançara, a retirar dos respectivos proventos parcela correspondente à GAJ. RMS 26612/DF, rel. Min. Marco Aurélio, 23.8.2011. (RMS-26612)

APOSENTADORIA COM "GRATIFICAÇÃO EXTRAORDINÁRIA" E INCIDÊNCIA DE PARCELA DA GAJ - 3

Em seguida, assinalou que os valores integrantes dos proventos de aposentadoria e das pensões, em decorrência das leis aplicáveis à data em que implementadas, consubstanciariam um todo que não poderia ser solapado pelo legislador, sob pena de afronta à garantia constitucional do direito adquirido. Reafirmou jurisprudência desta Corte, segundo a qual a gratificação incorporada aos proventos, por força de instrumento normativo vigente à época da passagem do servidor para inatividade, não pode ser suprimida por lei posterior. Frisou que a óptica estaria em consonância com o Verbete 359 da Súmula do STF. Registrou, ademais, que não haveria inconstitucionalidade da lei em tese — que somente impusera limites subjetivos ao pagamento da gratificação —, mas aplicação concreta em desconsideração da situação jurídica alcançada pelos recorrentes. Dessa forma, conferiu interpretação sistemática ao art. 8º, § 2º, da Lei 10.475/2002, cujo parágrafo fora renumerado pela Lei 10.944/2004 [*"Art. 8º A Gratificação de Atividade Judiciária - GAJ, a que se refere o art. 13 da Lei nº 9.421, de 24 de dezembro de 1996, passa a ser calculada mediante a aplicação do percentual de 12% (doze por cento), incidente sobre os vencimentos básicos estabelecidos no art. 4º,*

Anexo III, desta Lei... § 2º Os servidores retribuídos pela remuneração da Função Comissionada e do Cargo em Comissão, constantes dos Anexos IV e V desta Lei, e os sem vínculo efetivo com a Administração Pública não perceberão a gratificação de que trata este artigo"], com o objetivo de assegurar aos impetrantes a percepção da GAJ, a ser calculada sobre o equivalente ao cargo CJ-03. Determinou, assim, o pagamento das diferenças de proventos, afastado o período anterior à impetração. Após, pediu vista o Min. Luiz Fux. RMS 26612/DF, rel. Min. Marco Aurélio, 23.8.2011. (RMS-26612) (Inform. STF 637)

ENQUADRAMENTO DE SERVIDOR PÚBLICO FALECIDO E PARÂMETROS DA PENSÃO

A 1ª Turma proveu recurso ordinário em mandado de segurança, interposto de acórdão do STJ, que reconhecera a situação funcional de servidor público do falecido marido e pai das recorrentes — auxiliar local de missão diplomática brasileira no exterior — e determinara seu enquadramento no regime jurídico único, nos termos do art. 243 da Lei 8.112/90 (*"Ficam submetidos ao regime jurídico instituído por esta Lei, na qualidade de servidores públicos, os servidores dos Poderes da União, dos ex-Territórios, das autarquias, inclusive as em regime especial, e das fundações públicas, regidos pela Lei nº 1.711, de 28 de outubro de 1952 - Estatuto dos Funcionários Públicos Civis da União, ou pela Consolidação das Leis do Trabalho, aprovada pelo Decreto-Lei nº 5.452, de 1º de maio de 1943, exceto os contratados por prazo determinado, cujos contratos não poderão ser prorrogados após o vencimento do prazo de prorrogação"*). Asseverou-se que o STJ reconhecera o direito e, no STF, fixaram-se os parâmetros da pensão. Leia o inteiro teor do voto condutor na seção "Transcrições" deste Informativo. RMS 28649/DF, rel. Min. Marco Aurélio, 30.8.2011. (RMS-28649) (Inform. STF 638)

FUNDO DE PENSÃO FACULTATIVO E RESTITUIÇÃO DE CONTRIBUIÇÕES - 3

A 1ª Turma retomou julgamento de recurso extraordinário em que se discute o direito, ou não, à restituição de contribuições recolhidas de servidores para fundo de pensão facultativo (montepio), extinto unilateralmente pela Administração antes do óbito de parte dos filiados. O recurso impugna acórdão do Tribunal de Justiça do Estado do Rio de Janeiro que afastara a responsabilidade estadual pelos ônus decorrentes da citada ruptura, ao fundamento de que as obrigações previstas durante a vigência do fundo teriam sido cumpridas e, não tendo ocorrido a morte dos aderentes, haveria mera expectativa de direito — v. Informativo 572. A Min. Cármen Lúcia, em voto-vista, afastou a alegada contrariedade ao art. 37, § 6º, da CF, por reputar que o referido dispositivo constitucional se referiria à responsabilidade objetiva do Estado decorrente de ato ilícito e que, no caso, a lei que altera ou revoga outro ato normativo e extingue benefícios conferidos a uma determinada categoria de servidores, não consubstanciaria ato ilícito, mas atividade típica do Poder Legislativo. **RE 486825/RJ, rel. Min. Ayres Britto, 30.11.2010.** (RE-486825)

FUNDO DE PENSÃO FACULTATIVO E RESTITUIÇÃO DE CONTRIBUIÇÕES - 4

Em relação a apontada ofensa ao ato jurídico perfeito e ao direito dele originado que se teriam incorporado ao patrimônio jurídico dos membros do Ministério Público que aderiram ao plano especial de pensões fomentado pelo citado Estado, entendeu que suposta violação à Constituição estaria apenas no plano indireto e reflexo, o que não se admitiria em recurso extraordinário. Ultrapassado esse óbice, consignou que a Lei 3.308/99 criou regime previdenciário próprio e obrigatório aos membros do Ministério Público e extinguiu o regime especial facultativo, previsto nas Leis 7.301/73 e 7.602/74, mas com a ressalva aos direitos dos beneficiários das pensões. Lembrou que a jurisprudência do Supremo reconheceria não haver direito adquirido a regime jurídico previdenciário. **RE 486825/RJ, rel. Min. Ayres Britto, 30.11.2010.** (RE-486825)

FUNDO DE PENSÃO FACULTATIVO E RESTITUIÇÃO DE CONTRIBUIÇÕES - 5

Asseverou não se poder conferir à relação jurídica estabelecida entre o contribuinte e o Estado caráter de contrato estritamente privado, como se houvesse uma simples composição de interesses entre segurador/segurado e terceiros beneficiários. Afirmou que as contribuições mensais feitas pelos segurados não consubstanciariam poupança individual para formação de fundo particular que responderiam pela subsistência de seus dependentes e admitir a restituição de tudo que foi desembolsado pelos recorrentes e pelo próprio Estado negaria a característica de solidariedade e do equilíbrio atuarial que motivara a criação do fundo. O Min. Marco Aurélio acompanhou a Min. Cármen Lúcia. Afirmou que a natureza do montepio seria de seguro e que enquanto durou o sistema da pensão especial os beneficiários estavam cobertos contra o evento morte. Por fim, concluiu que o fato de a lei estadual extinguir o fundo não daria direito aos recorrentes de receber a devolução das contribuições despendidas. Após, pediu vista o Min. Ricardo Lewandowski. **RE 486825/RJ, rel. Min. Ayres Britto, 15.12.2009.** (RE-486825) (Inform. STF 611)

FUNDO DE PENSÃO FACULTATIVO E RESTITUIÇÃO DE CONTRIBUIÇÕES - 6

Em conclusão de julgamento, a 1ª Turma proveu, por maioria, recurso extraordinário para determinar a devolução, aos recorrentes, de contribuições pagas a fundo de reserva, corrigidas monetariamente e acrescidas de juros legais. Tratava-se de recurso em que se discutia o direito, ou não, à restituição de contribuições recolhidas de servidores para fundo de pensão facultativo (montepio), extinto unilateralmente pela Administração antes do óbito de parte dos filiados. Impugnava-se acórdão do tribunal de justiça que afastara a responsabilidade estadual pelos ônus decorrentes da citada ruptura, ao fundamento de que as obrigações previstas durante a vigência do fundo teriam sido cumpridas e, não tendo ocorrido a morte dos aderentes, haveria mera expectativa de direito — v. Informativos 572 e 611. Aduziu-se que o plano, desde sua instituição, sempre fora custeado pelas contribuições dos participantes, em decorrência de sua adesão facultativa, e que esse fundo não excluíra ou substituíra a existência do regime obrigatório de previdência, custeado pelo sistema estadual. Fixadas essas premissas, esclareceu-se que os recorrentes, ao aderirem ao plano de pensão, estabeleceram uma relação jurídica com o Estado e iniciaram o adimplemento de suas obrigações (pagamento de contribuições mensais). Assinalou-se que, decorrido tempo superior a duas décadas desde a edição da lei que criara o plano de pensão, o próprio Estado o extinguira (por meio de novo ato legislativo), garantindo a manutenção dos benefícios apenas aos dependentes dos participantes que já estavam no gozo das pensões. RE 486825/RJ, rel. Min. Ayres Britto, 6.9.2011. (RE-486825)

FUNDO DE PENSÃO FACULTATIVO E RESTITUIÇÃO DE CONTRIBUIÇÕES - 7

Consignou-se que, na presente situação, estaria evidenciado o caráter mescladamente tributário e securitário da relação jurídica, haja vista que, embora gerido pelo Estado, o plano de pensão complementar era facultativo. Nada obstante, asseverou-se que, independentemente da natureza jurídica do instituto, seria incontroversa a existência de uma relação jurídico-obrigacional. Ao salientar que lei posterior fizera retroagir sua eficácia temporal para impedir a produção dos efeitos futuros de ato jurídico anteriormente consolidado, entendeu-se violada a garantia constitucional do inciso XXXVI do art. 5º da CF — a qual não admite a possibilidade de nova lei suprimir todos os efeitos válidos e todas as relações jurídicas legitimamente estabelecidas sob o regime de lei anterior —, caracterizada uma das mais eminentes expressões do protoprincípio da segurança jurídica. Ademais, tendo em conta que a existência do plano de pensão por prolongado lapso de tempo conferira tônus de estabilidade à relação entre os recorrentes e o Estado, reputou-se que o dano suportado pelos servidores e derivado do rompimento unilateral pela Administração do plano de pensão consubstanciaria direito à indenização, na forma do art. 37, § 6º, da CF, sob pena de se chancelar o enriquecimento estatal sem causa. Vencidos os Ministros Cármen Lúcia e Marco Aurélio, que negavam provimento ao apelo extraordinário. Este último, por considerar, como de seguro, a natureza do montepio, que garantiria aos beneficiados cobertura ao evento morte durante o sistema de pensão especial. RE 486825/RJ, rel. Min. Ayres Britto, 6.9.2011. (RE-486825) (Inform. STF 639)

SERVIDOR MUNICIPAL E CONTAGEM RECÍPROCA DE TEMPO DE CONTRIBUIÇÃO

É inconstitucional condicionar-se, por meio de lei local, a concessão de aposentadoria a número mínimo de contribuições ao sistema previdenciário do Estado. A 2ª Turma, ao reafirmar essa orientação, desproveu agravo regimental interposto de decisão proferida pelo Min. Marco Aurélio, que negara provimento a agravo de instrumento do qual relator. Na espécie, o Município de Curitiba pretendia obstar ao agravado a contagem de tempo de serviço na iniciativa privada para fins de aposentadoria no serviço público, regida por lei municipal. Alegava, ainda, não ser auto-aplicável o art. 202, *caput* e § 2º, da CF, vigente à época (*"Art. 202. É assegurada aposentadoria, nos termos da lei, calculando-se o benefício sobre a média dos trinta e seis últimos salários de contribuição, corrigidos monetariamente mês a mês, e comprovada a regularidade dos reajustes dos salários de contribuição de modo a preservar seus valores reais e obedecidas as seguintes condições: ... § 2º Para efeito de aposentadoria, é assegurada a contagem recíproca do tempo de contribuição na administração pública e na atividade privada, rural e urbana, hipótese em que os diversos sistemas de previdência social se compensarão financeiramente, segundo critérios estabelecidos em lei"*). Precedente citado: RE 162620/SP (DJU de 5.11.93). AI 452425 AgR/PR, rel. Min. Marco Aurélio, 13.9.2011. (AI-452425) (Inform. STF 640)

ADI E "REFORMA CONSTITUCIONAL DA PREVIDÊNCIA" - 1

O Plenário iniciou julgamento conjunto de ações diretas em que impugnados dispositivos inseridos no texto constitucional por meio da Emenda Constitucional 41/2003, denominada "Reforma Constitucional da Previdência". Na assentada, porém, julgou-se apenas a ADI 3138/DF, ajuizada pela Associação dos Magistrados Brasileiros – AMB, contra o art. 1º da referida emenda, na parte em que incluiu o § 1º no art. 149 da CF (*"Art. 149. Compete exclusivamente à União instituir contribuições sociais, de intervenção no domínio econômico e de interesse das categorias profissionais ou econômicas, como instrumento de sua atuação nas respectivas áreas, observado o disposto nos arts. 146, III, e 150, I e III, e sem prejuízo do previsto no art. 195, § 6º, relativamente às contribuições a que alude o dispositivo ... § 1º Os Estados, o Distrito Federal e os Municípios instituirão contribuição, cobrada de seus servidores, para o custeio, em benefício destes, do regime previdenciário de que trata o art. 40, cuja alíquota não será inferior à da contribuição dos servidores titulares de cargos efetivos da União"*). Prevaleceu o entendimento da Min. Cármen Lúcia, relatora, que julgou improcedente o pedido. Afirmou que o constituinte derivado, ao fixar o patamar mínimo da alíquota a ser adotado pelos Estados-membros, pelo Distrito Federal e pelos Municípios para fins de cobrança de contribuição previdenciária, teria reiterado critério adotado para outros tributos, a exemplo das hipóteses contidas nos artigos 155, V, a; e 156, § 3º, I, ambos da CF, dentre outras. Assinalou, ademais, não se tratar de ofensa ao pacto federativo, visto que se asseguraria ao poder constituinte, mesmo ao derivado, estabelecer a todos os entes federados condições que melhor atendam aos interesses da sociedade brasileira. Reputou que se pretenderia criar situação de igualdade mínima entre as unidades federativas e manter sua autonomia administrativa, pois impossibilitado o estabelecimento de situações desiguais entre os servidores de diferentes entidades. Ressaltou, ainda, inexistir ofensa aos artigos 24, XII e § 1º; e 25, § 1º, ambos da CF, na medida em que esses dispositivos traçam as competências concorrentes da União, dos Estados-membros e do Distrito Federal e a competência residual dos Estados, respectivamente. Por sua vez, a aludida emenda constitucional não teria alterado esse equilíbrio, sequer a distribuição de competências. Destacou que o art. 201 da CF estabeleceria o regime geral da previdência social e que o § 9º desse dispositivo determinaria o sistema de compensação financeira entre os diversos regimes, o que seria garantido pelo patamar mínimo discutido. No ponto, enfatizou o Min. Luiz Fux que o equilíbrio financeiro e atuarial seria a própria razão de ser do sistema previdenciário. O Min. Gilmar Mendes, por sua vez, frisou que o Brasil possuiria modelo singular de federalismo cooperativo. Apontou, também, que eventuais abusos por parte das unidades federadas, na hipótese de maximização das alíquotas, seriam suscetíveis de controle. ADI 3133/DF, rel.Min. Cármen Lúcia, 14.9.2011. (ADI-3133) ADI 3143/DF, rel.Min. Cármen Lúcia, 14.9.2011. (ADI-3143) ADI 3184/DF, rel. Min. Cármen Lúcia, 14.9.2011. (ADI-3184) ADI 3138/DF, rel.Min. Cármen Lúcia, 14.9.2011. (ADI-3138)

ADI E "REFORMA CONSTITUCIONAL DA PREVIDÊNCIA" - 2

Vencidos os Ministros Ayres Britto, Marco Aurélio e Celso de Mello, que julgavam o pleito procedente. O Min. Ayres Britto entendia que a autonomia dos denominados entes periféricos da Federação, no tocante a instituir seu regime próprio de previdência, alcançaria o percentual contributivo de cada servidor, ativo ou inativo, e esse montante não poderia ser imposto pela União, de cima para baixo. O Min. Celso de Mello, ao discorrer sobre o postulado da Federação como um dos fundamentos do sistema jurídico pátrio, considerou que a emenda em questão transgridiria esse princípio, na medida que desrespeitaria a autonomia institucional dos Estados-membros. O Min. Marco Aurélio, ao seu turno, reputava que a fixação da alíquota do tributo não estaria no âmbito dos princípios gerais da Previdência Social, de maneira que emenda constitucional não poderia esvaziar a legitimação concorrente dos entes federados, prevista no art. 24 da CF. Após, deliberou-se suspender o julgamento das demais ações apregoadas em conjunto. Alguns precedentes citados: ADI 3105/DF (DJU de 18.2.2005) e ADI 3128/DF (DJU de 18.2.2005). ADI 3133/DF, rel.Min. Cármen Lúcia, 14.9.2011. (ADI-3133) ADI 3143/DF, rel.Min. Cármen Lúcia, 14.9.2011. (ADI-3143) ADI 3184/DF, rel.Min. Cármen Lúcia, 14.9.2011. (ADI-3184) ADI 3138/DF, rel.Min. Cármen Lúcia, 14.9.2011. (ADI-3138)

ADI E "REFORMA CONSTITUCIONAL DA PREVIDÊNCIA" - 3

O PLENÁRIO RETOMOU JULGAMENTO CONJUNTO DE AÇÕES DIRETAS EM QUE IMPUGNADOS DISPOSITIVOS INSERIDOS NO TEXTO CONSTITUCIONAL POR MEIO DA EMENDA CONSTITUCIONAL 41/2003, DENOMINADA "REFORMA CONSTITUCIONAL DA PREVIDÊNCIA". NA ASSENTADA, FORAM JULGADOS DISPOSITIVOS QUESTIONADOS PELA ASSOCIAÇÃO DOS MAGISTRADOS BRASILEIROS - AMB, PELA CONFEDERAÇÃO DOS SERVIDORES PÚBLICOS DO BRASIL - CSPB E PELO PARTIDO DA REPÚBLICA. DE INÍCIO, FORAM ANALISADOS O ART. 40, *CAPUT*, DA CF, E O ART. 4º, *CAPUT* E §§ 1º E 2º, DA REFERIDA EMENDA. REPUTOU-SE QUE A MATÉRIA JÁ TERIA SIDO APRECIADA PELA CORTE, (ADI 3105/DF E ADI 3128/DF, DJU DE 18.2.2005), RAZÃO PELA QUAL SE JULGOU O PEDIDO PREJUDICADO EM RELAÇÃO A ESSES DISPOSITIVOS. NO TOCANTE AO ART. 40, § 7º, I E II, DA CF *("§ 7º LEI DISPORÁ SOBRE A CONCESSÃO DO BENEFÍCIO DE PENSÃO POR MORTE, QUE SERÁ IGUAL: ... I - AO VALOR DA TOTALIDADE DOS PROVENTOS DO SERVIDOR FALECIDO, ATÉ O LIMITE MÁXIMO ESTABELECIDO PARA OS BENEFÍCIOS DO REGIME GERAL DE PREVIDÊNCIA SOCIAL DE QUE TRATA O ART. 201, ACRESCIDO DE SETENTA POR CENTO DA PARCELA EXCEDENTE A ESTE LIMITE, CASO APOSENTADO À DATA DO ÓBITO; OU ... II - AO VALOR DA TOTALIDADE DA REMUNERAÇÃO DO SERVIDOR NO CARGO EFETIVO EM QUE SE DEU O FALECIMENTO, ATÉ O LIMITE MÁXIMO ESTABELECIDO PARA OS BENEFÍCIOS DO REGIME GERAL DE PREVIDÊNCIA SOCIAL DE QUE TRATA O ART. 201, ACRESCIDO DE SETENTA POR CENTO DA PARCELA EXCEDENTE A ESTE LIMITE, CASO EM ATIVIDADE NA DATA DO ÓBITO")*, **A MIN. CÁRMEN LÚCIA, RELATORA, DECLAROU A SUA CONSTITUCIONALIDADE. ADUZIU QUE OS LIMITES ESTABELECIDOS NOS INCISOS ADVERSADOS SERIAM APLICÁVEIS TÃO-SOMENTE ÀS PENSÕES POR MORTE INSTITUÍDAS APÓS A PROMULGAÇÃO DA EMENDA CONSTITUCIONAL DE QUE SE CUIDA, OU SEJA, TRATARIAM APENAS DA SITUAÇÃO CONCRETAMENTE CONSIDERADA, EM QUE O VALOR DO BENEFÍCIO SERIA IRREDUTÍVEL DESDE QUE TOMADA COMO PARÂMETRO LEGAL PARA SEU CÁLCULO A LEGISLAÇÃO EM VIGOR À ÉPOCA DO ÓBITO. AFIRMOU QUE ESSA ASSERTIVA SERIA AFERÍVEL A PARTIR DA TAXATIVIDADE COM QUE O ART. 194, PARÁGRAFO ÚNICO, IV, DA CF (**"*ART. 194. ... PARÁGRAFO ÚNICO. COMPETE AO PODER PÚBLICO, NOS TERMOS DA LEI, ORGANIZAR A SEGURIDADE SOCIAL, COM BASE NOS SEGUINTES OBJETIVOS: ... IV - IRREDUTIBILIDADE DO VALOR DOS BENEFÍCIOS*"**) VEDARA A POSSIBILIDADE DE REDUÇÃO DE BENEFÍCIOS PREVIDENCIÁRIOS INSTITUÍDOS EM FAVOR DOS DEPENDENTES DO SEGURADO, BEM COMO DA RESSALVA CONTIDA NO ART. 3º DA EC 41/2003 ("***É ASSEGURADA A CONCESSÃO, A QUALQUER TEMPO, DE APOSENTADORIA AOS SERVIDORES PÚBLICOS, BEM COMO PENSÃO AOS SEUS DEPENDENTES, QUE, ATÉ A DATA DE PUBLICAÇÃO DESTA EMENDA, TENHAM CUMPRIDO TODOS OS REQUISITOS PARA OBTENÇÃO DESSES BENEFÍCIOS, COM BASE NOS CRITÉRIOS DA LEGISLAÇÃO ENTÃO VIGENTE*"**). APÓS O VOTO DO MIN. LUIZ FUX, NESSE MESMO SENTIDO, PEDIU VISTA, NO PONTO, O MIN. AYRES BRITTO.** *ADI 3133/DF, REL.MIN. CÁRMEN LÚCIA, 21.9.2011. (ADI-3133) ADI 3143/DF, REL.MIN. CÁRMEN LÚCIA, 21.9.2011. (ADI-3143) ADI 3184/DF, REL.MIN. CÁRMEN LÚCIA, 21.9.2011. (ADI-3184)*

ADI E "REFORMA CONSTITUCIONAL DA PREVIDÊNCIA" - 4

Em seguida, passou-se à análise do art. 40, § 18, da CF ("*§ 18 Incidirá contribuição sobre os proventos de aposentadorias e pensões concedidas pelo regime de que trata este artigo que superem o limite máximo estabelecido para os benefícios do regime geral de previdência social de que trata o art. 201, com percentual igual ao estabelecido para os servidores titulares de cargos efetivos*"). A relatora julgou o pedido improcedente. Frisou que a Corte, ao declarar a inconstitucionalidade dos percentuais estabelecidos nos incisos I e II e no parágrafo único do art. 4º da EC 41/2003, afirmara o caráter geral do art. 40, § 18, da CF. Consignou que a discriminação determinada pela norma segundo a qual incidirá contribuição previdenciária sobre os proventos de aposentadorias e pensões que excederem o limite máximo fixado para os benefícios do regime geral de previdência configuraria situação justificadamente favorável àqueles que já recebiam benefícios quando do advento da EC 41/2003, incluídos no rol dos contribuintes. Ressaltou que, na espécie, se por um lado, a contribuição devida pelos servidores da ativa seria calculada com base na totalidade dos vencimentos percebidos, por outro, inativos e pensionistas teriam o valor de sua contribuição fixado sobre base de cálculo inferior, pois dela seria extraído valor equivalente ao teto dos benefícios pagos no regime geral. Desse modo, haveria proporcionalidade, visto que os inativos, por não poderem fruir do sistema da mesma forma que os ativos, não seriam tributados com a mesma intensidade. No ponto, o Min. Marco Aurélio divergiu, para julgar o pleito procedente. Considerou que situações assentadas segundo o regime anterior não poderiam ser alcançadas pelo tributo. Assim, aposentados que, em atividade, não contribuíram para o sistema, não poderiam, uma vez inativos, passar a contribuir. Ademais, a circunstância de o preceito haver previsto a incidência do tributo apenas relativamente a valores que superem os do regime geral não afastaria do cenário a incidência do dispositivo quanto às situações constituídas. Após os votos dos Ministros Luiz Fux, Dias Toffoli, Ricardo Lewandowski, Gilmar Mendes, Celso de Mello e Cezar Peluso, Presidente, que acompanharam a relatora, pediu vista, apenas em relação ao art. 40, § 18, da CF, o Min. Ayres Britto. ADI 3133/DF, rel.Min. Cármen Lúcia, 21.9.2011. (ADI-3133) ADI 3143/DF, rel.Min. Cármen Lúcia, 21.9.2011. (ADI-3143) ADI 3184/DF, rel.Min. Cármen Lúcia, 21.9.2011. (ADI-3184)

ADI E "REFORMA CONSTITUCIONAL DA PREVIDÊNCIA" - 5

Ato contínuo, a Corte examinou o art. 5º da EC 41/2003. A respeito, não se conheceu do pedido, em razão de inobservância do que exigido no art. 3º, I, da Lei 9.868/99. Após, em relação ao art. 9º da EC 41/2003 ("*Aplica-se o disposto no art. 17 do Ato das Disposições Constitucionais Transitórias aos vencimentos, remunerações e subsídios dos ocupantes de cargos, funções e empregos públicos da administração direta, autárquica e fundacional, dos membros de qualquer dos Poderes da União, dos Estados, do Distrito Federal e dos Municípios, dos detentores de mandato eletivo e dos demais agentes políticos e os proventos, pensões ou outra espécie remuneratória percebidos cumulativamente ou não, incluídas as vantagens pessoais ou de qualquer outra natureza*"), a relatora e os Ministros Luiz Fux, Dias Toffoli e Gilmar Mendes julgaram a pretensão procedente, para dar interpretação conforme ao preceito, de modo que ele seja interpretado no contexto da emenda. O Min. Gilmar Mendes salientou que esse artigo seria norma expletiva, a enfatizar a existência do limite imposto pelo art. 37, XI, da CF. Evitar-se-ia, então, que o teto fosse superado, independentemente do regime a que o servidor estivesse submetido: anterior ou posterior à EC 41/2003. De outro lado, os Ministros Marco Aurélio, Ricardo Lewandowski, Ayres Britto, Celso de Mello e Presidente julgaram procedente o pedido. O Presidente asseverou que os direitos adquiridos desde o início da vigência da Constituição até a data da EC 41/2003 não poderiam ser alcançados por uma norma constitucional superveniente, editada pelo constituinte derivado. Assim, o art. 9º da aludida emenda seria inconstitucional na medida em que determina a aplicação do art. 17 do ADCT ("*Art. 17. Os vencimentos, a remuneração, as vantagens e os adicionais, bem como os proventos de aposentadoria que estejam sendo percebidos em desacordo com a Constituição serão imediatamente reduzidos aos limites dela decorrentes, não se admitindo, neste caso, invocação de direito adquirido ou percepção de excesso a qualquer título. ... § 1º - É assegurado o exercício cumulativo de dois cargos ou empregos privativos de médico que estejam sendo exercidos por médico militar na administração pública direta ou indireta. ... § 2º - É assegurado o exercício cumulativo de dois cargos ou empregos privativos de profissionais de saúde que estejam sendo exercidos na administração pública direta ou indireta*") a situações estabelecidas na vigência da Constituição, portanto não transitórias. A respeito, o Min. Celso de Mello lembrou que emendas constitucionais não poderiam ofender o direito adquirido, por limitação material imposta pelo art. 60, § 4º, IV, da CF ("*§ 4º - Não será objeto de deliberação a proposta de emenda tendente a abolir: ... IV - os direitos e garantias individuais*"). O Min. Ricardo Lewandowski apontou que o art. 9º da EC 41/2003 abrangeria apenas situações anteriores à CF/88, de modo que a menção expressa ao art. 17 do ADCT — referente a eventos pretéritos — seria uma séria deficiência técnica na redação do dispositivo. Destacou, ainda, que a mantença desse artigo na ordem jurídica poderia implicar conflito interpretativo com o art. 3º da EC 41/2003. ADI 3133/DF, rel.Min. Cármen Lúcia, 21.9.2011. (ADI-3133) ADI 3143/DF, rel. Min. Cármen Lúcia, 21.9.2011. (ADI-3143) ADI 3184/DF, rel.Min. Cármen Lúcia, 21.9.2011. (ADI-3184)

ADI E "REFORMA CONSTITUCIONAL DA PREVIDÊNCIA" - 6

O Presidente sublinhou, ainda, que, na hipótese de superação do teto constitucional, a revogação desse direito adquirido poder-se-ia realizar por meio da aplicação das normas constitucionais, como o art. 37, XI, da CF ("*XI - a remuneração e o subsídio dos ocupantes de cargos, funções e empregos públicos da administração direta, autárquica e fundacional, dos membros de qualquer dos Poderes da União, dos Estados, do Distrito Federal e dos Municípios, dos detentores de mandato eletivo e dos demais agentes políticos e os proventos, pensões ou outra espécie remuneratória, percebidos cumulativamente ou não, incluídas as vantagens pessoais ou de qualquer outra natureza, não poderão exceder o subsídio mensal, em espécie, dos Ministros do Supremo Tribunal Federal, aplicando-se como limite, nos Municípios, o subsídio do Prefeito, e nos Estados e no Distrito Federal, o subsídio mensal do Governador no âmbito do Poder Executivo, o subsídio dos Deputados Estaduais e Distritais no âmbito do Poder Legislativo e o subsídio dos Desembargadores do Tribunal de Justiça, limitado a noventa inteiros e vinte e cinco centésimos por cento do subsídio mensal, em espécie, dos Ministros do Supremo Tribunal Federal, no âmbito do Poder Judiciário, aplicável este limite aos membros do Ministério Público, aos Procuradores e aos Defensores Públicos*"). Portanto, o art. 9º da EC 41/2003 seria mera reiteração das normas permanentes, voltado, entretanto, para alcançar situações constituídas sob o regime anterior à emenda e, dessa forma, abrir exceção às garantias constitucionais do direito adquirido e da coisa julgada. Haveria, então, o risco de a Administração Pública usar o art. 17 do ADCT para desconhecer direitos adquiridos sob as garantias constitucionais vigentes. Após, deliberou-se pela suspensão do julgamento. ADI 3133/DF, rel.Min. Cármen Lúcia, 21.9.2011. (ADI-3133) ADI 3143/DF, rel.Min. Cármen Lúcia, 21.9.2011. (ADI-3143) ADI 3184/DF, rel.Min. Cármen Lúcia, 21.9.2011. (ADI-3184) (Inform. STF 641)

CONTRIBUIÇÃO PREVIDENCIÁRIA DE INATIVOS E PENSIONISTAS: ISENÇÃO E PATOLOGIAS INCAPACITANTES - 1

O Plenário iniciou julgamento de ação direta de inconstitucionalidade, ajuizada pelo Conselho Federal da Ordem dos Advogados do Brasil, contra o art. 3º da Lei 8.633/2005, do Estado do Rio Grande do Norte ["*Art. 3º. Os aposentados e os pensionistas de qualquer dos Poderes do Estado, do Ministério Público e do Tribunal de Contas do Estado, incluídas suas autarquias e fundações, e dos Militares Estaduais contribuirão para o regime próprio de previdência social, com 11 % (onze por cento) incidentes sobre o valor da parcela dos proventos de aposentadorias e pensões que supere o limite máximo estabelecido para os benefícios do regime geral de previdência social, fixado pela legislação federal. Parágrafo único. São isentos da contribuição de que trata o caput deste artigo, os aposentados e pensionistas que sejam portadores de patologias incapacitantes, abrangidos pela isenção oferecida pela legislação do Imposto de Renda*"]. O Min. Cezar Peluso, relator, acompanhado pelo Min. Dias Toffoli, julgou o pedido parcialmente procedente para dar ao parágrafo único do art. 3º da lei potiguar adversada interpretação conforme a Constituição para que a isenção estabelecida seja até o limite previsto no art. 40, § 21, da CF ("*§ 21. A contribuição prevista no § 18 deste artigo incidirá apenas sobre as parcelas de proventos de aposentadoria e de pensão que superem o dobro do limite máximo estabelecido para os benefícios do regime geral de previdência social de que trata o art. 201 desta Constituição, quando o beneficiário, na forma da lei, for portador de doença incapacitante*"). ADI 3477/RN, rel. Min. Cezar Peluso, 3.11.2011. (ADI-3477)

CONTRIBUIÇÃO PREVIDENCIÁRIA DE INATIVOS E PENSIONISTAS: ISENÇÃO E PATOLOGIAS INCAPACITANTES - 2

Registrou, de início, que o *caput* do preceito impugnado estaria de acordo com o entendimento fixado na ADI 3105/DF e na ADI 3128 /DF (DJU de 27.4.2004). Em seguida, no tocante ao parágrafo único, destacou ser norma extremamente simpática do ponto de vista da justiça social, a qual deveria valer para todos, sob pena de se criar tratamento anti-isonômico. Salientou, ainda, que ela alcançaria grande parte dos aposentados e pensionistas. Reputou que o mencionado parágrafo único, ao conceder isenção total, seria mais amplo do que o § 21 do art. 40 da Constituição, que confere benefício ilimitado. Em divergência, o Min. Marco Aurélio considerou o pleito improcedente ao fundamento de que haveria referência, na cláusula final do dispositivo, aos isentos quanto ao imposto de renda. Razão pela qual existente essa isenção, nada conduziria à aplicação da alíquota alusiva à contribuição. Além disso, asseverou que, se no âmbito federal os inativos e pensionistas lograram isenção relativamente ao imposto de renda, não haveria obstáculo para que a obtivessem no tocante à contribuição destinada aos cofres do Estado-membro. Após, pediu vista dos autos o Min. Luiz Fux. ADI 3477/RN, rel. Min. Cezar Peluso, 3.11.2011. (ADI-3477) (Inform. STF 646)

APOSENTADORIA COMPULSÓRIA E LIMITE ETÁRIO - 1

Por vislumbrar aparente ofensa aos artigos 25, *caput*, e 40, § 1º, II, da CF, o Plenário deferiu pedido de medida cautelar em ação direta de inconstitucionalidade, proposta pela Associação dos Magistrados Brasileiros - AMB, a fim de suspender, com eficácia *ex tunc*, a vigência do art. 57, § 1º, II, da Constituição do Estado do Piauí, na redação conferida pelo art. 1º da EC 32/2011. O dispositivo adversado alterara de 70 para 75 anos a idade para o implemento de aposentadoria compulsória dos servidores públicos daquela unidade federada e de seus municípios. Precipuamente, verificou-se a legitimidade *ad causam* da requerente, bem assim a pertinência temática entre os objetivos institucionais da associação e a matéria tratada pela norma impugnada, inegavelmente inserida na esfera de interesses de parte significativa de seus associados. Reportou-se ao entendimento ratificado pelo Supremo na análise da ADI 4375/RJ (DJe de 20.6.2011) — em que rejeitada preliminar de ausência parcial de pertinência temática —, para assentar que o fato de a norma contestada dispor sobre a aposentadoria compulsória de servidores públicos em geral, e não somente a respeito de uma que se impusesse exclusivamente a magistrados, não impediria, em absoluto, o amplo conhecimento da ação direta proposta. Salientou-se que este não seria o foro adequado para se averiguar a idade ideal para o estabelecimento de aposentadoria compulsória. No ponto, consignou-

-se tramitar, no Congresso Nacional, proposta de emenda à Constituição para alterar o limite de idade para a aposentadoria compulsória do servidor público em geral. ADI 4696 MC/DF, rel. Min. Ricardo Lewandowski, 1º.12.2011. (ADI-4696)

APOSENTADORIA COMPULSÓRIA E LIMITE ETÁRIO - 2

Em seguida, constatou-se presente, nesse exame perfunctório, densa plausibilidade jurídica da alegação de inconstitucionalidade do dispositivo em comento. Entreviu-se desbordamento das limitações jurídicas impostas pela Constituição ao poder constituinte estadual no exercício da prerrogativa conferida aos Estados-membros de organizarem-se e regerem-se por suas Constituições (CF, art. 25). Apontou-se que a matéria encontrar-se-ia disposta no art. 40, § 1º, II, da CF, que disciplinaria, de forma global, o regime de previdência dos servidores públicos vinculados aos entes da Federação. Entendeu-se que a Carta da República não deixara qualquer margem para a atuação inovadora do legislador constituinte estadual, porquanto estabeleceria norma central categórica, de observância compulsória por parte dos Estados-membros e municípios. Reputou-se também atendido o requisito do *periculum in mora*, principalmente ao se considerar a preocupante situação de insegurança jurídica em que se encontraria a Administração Pública e o Poder Judiciário piauienses, que, diante da natureza vinculada do ato de aposentadoria, estariam em dramático dilema de ter que optar entre dar cumprimento ao comando constitucional federal ou obedecer à nova norma constitucional estadual. Desse modo, qualquer escolha que viesse a ser tomada provocaria conseqüências perturbadoras à ordem pública e ao bom andamento do serviço público, sem falar na possibilidade de surgirem inúmeras demandas judiciais, danos ao erário de difícil reparação e desequilíbrio financeiro dos regimes próprios de previdência social. Acentuou-se que, na esfera municipal, a indefinição ainda geraria discrepâncias inaceitáveis nos regimes previdenciários de servidores públicos de unidades federadas de mesma estatura, ligadas a um só Estado-membro. No que concerne ao Poder Judiciário estadual, indicou-se que a permanência de magistrados com mais de 70 anos em pleno exercício jurisdicional poderia causar inúmeros questionamentos sobre a validade das decisões judiciais por eles proferidas. O sistema de promoções na carreira também sofreria impacto imediato. ADI 4696 MC/DF, rel. Min. Ricardo Lewandowski, 1º.12.2011. (ADI-4696)

APOSENTADORIA COMPULSÓRIA E LIMITE ETÁRIO - 3

Os Ministros Marco Aurélio e Cezar Peluso, Presidente, asseveraram a validade dos atos jurídicos já praticados. O Min. Celso de Mello acresceu que a Constituição estabeleceria um regime homogêneo em matéria de aposentação, inclusive naquela jubilação compulsória, quer dispondo no art. 40, § 1º, II, a propósito dos servidores vinculados a todas as unidades federadas, quer quanto ao art. 93, VI, que, ao compor as linhas básicas que deveriam orientar a formulação do próprio Estatuto da Magistratura, mandaria estender aos magistrados a disciplina constitucional concernente aos servidores públicos em geral. Acrescentou que a matéria seria de *jure constituendo*. O Min. Gilmar Mendes sinalizou ser preciso cogitar de uma alteração do próprio procedimento da Lei 9.868/99, para admitir o julgamento desde logo em casos de descumprimento tão flagrante. Vencido, quanto à modulação, o Min. Marco Aurélio, que concedia a cautelar com efeitos *ex nunc*. ADI 4696 MC/DF, rel. Min. Ricardo Lewandowski, 1º.12.2011. (ADI-4696)

APOSENTADORIA COMPULSÓRIA E LIMITE ETÁRIO - 4

Com base nos fundamentos acima expendidos e por aparente violação aos artigos 24, XII, e 40 da CF, o Plenário deferiu pedido de medida cautelar em ação direta de inconstitucionalidade, ajuizada pela Associação dos Magistrados Brasileiros - AMB, a fim de suspender, com eficácia *ex tunc*, a vigência do inciso II do art. 22 ("*compulsoriamente, com proventos proporcionais ao tempo de contribuição, aos setenta ou aos setenta e cinco anos de idade, na forma da lei complementar*") e do inciso VIII do art. 72 ("*a aposentadoria será compulsória aos setenta e cinco anos de idade ou por invalidez comprovada, e facultativa aos trinta anos de serviço público, em todos esses casos com vencimentos integrais, após cinco anos de efetivo exercício na judicatura*"), ambos da Constituição do Estado do Maranhão, com a redação dada pela EC 64/2011. Vencido o Min. Marco Aurélio, que concedia a cautelar com efeitos *ex nunc*. ADI 4698 MC/MA, rel. Min. Joaquim Barbosa, 1º.12.2011. (ADI-4698) (Inform. STF 650)

REPERCUSSÃO GERAL EM RE N. 603.580-RJ

RELATOR: MIN. RICARDO LEWANDOWSKI

EMENTA: CONSTITUCIONAL. ADMINISTRATIVO. SERVIDOR PÚBLICO. PENSÃO POR MORTE. DIREITO A PARIDADE E INTEGRALIDADE. APOSENTADORIA ANTERIOR AO ADVENTO DA EC 41/2003 E FALECIMENTO APÓS A SUA PROMULGAÇÃO. EXISTÊNCIA DE REPERCUSSÃO GERAL. (Inform. STF 633)

EMENTA: MANDADO DE INJUNÇÃO. SERVIDOR PÚBLICO *PORTADOR DE DEFICIÊNCIA*. **DIREITO** PÚBLICO SUBJETIVO À APOSENTADORIA ESPECIAL (**CF**, ART. 40, § 4º, I). *INJUSTA FRUSTRAÇÃO* DESSE DIREITO **EM DECORRÊNCIA** *DE INCONSTITUCIONAL, PROLONGADA* **E** *LESIVA* OMISSÃO **IMPUTÁVEL** A ÓRGÃOS ESTATAIS DA UNIÃO FEDERAL. **CORRELAÇÃO ENTRE** *A IMPOSIÇÃO CONSTITUCIONAL DE LEGISLAR* **E** *O RECONHECIMENTO DO DIREITO SUBJETIVO À LEGISLAÇÃO*. **DESCUMPRIMENTO** *DE IMPOSIÇÃO CONSTITUCIONAL LEGIFERANTE* **E** *DESVALORIZAÇÃO FUNCIONAL* DA CONSTITUIÇÃO ESCRITA. **A INÉRCIA** DO PODER PÚBLICO **COMO ELEMENTO REVELADOR** DO DESRESPEITO ESTATAL AO DEVER DE LEGISLAR **IMPOSTO** PELA CONSTITUIÇÃO. *OMISSÕES NORMATIVAS INCONSTITUCIONAIS*: UMA PRÁTICA GOVERNAMENTAL *QUE SÓ FAZ REVELAR* **O DESPREZO** DAS INSTITUIÇÕES OFICIAIS *PELA AUTORIDADE SUPREMA* DA LEI FUNDAMENTAL DO ESTADO. **A COLMATAÇÃO JURISDICIONAL** DE OMISSÕES INCONSTITUCIONAIS: **UM GESTO DE FIDELIDADE** *À SUPREMACIA HIERÁRQUICO-NORMATIVA* DA CONSTITUIÇÃO DA REPÚBLICA. *A VOCAÇÃO PROTETIVA* DO MANDADO DE INJUNÇÃO. **LEGITIMIDADE** *DOS PROCESSOS DE INTEGRAÇÃO NORMATIVA* (*DENTRE ELES*, O RECURSO À ANALOGIA) **COMO FORMA DE SUPLEMENTAÇÃO** DA "*INERTIA AGENDI VEL DELIBERANDI*". **PRECEDENTES** DO SUPREMO TRIBUNAL FEDERAL. MANDADO DE INJUNÇÃO **CONHECIDO E DEFERIDO**. MI 1967/DF. RELATOR: Min. Celso de Mello DJ 27.05.11. (Inform. STF 630)

RE N. 567.110-AC

RELATORA: MIN. CÁRMEN LÚCIA

EMENTA: *RECURSO EXTRAORDINÁRIO. CONSTITUCIONAL. PREVIDENCIÁRIO. RECEPÇÃO CONSTITUCIONAL DO ART. 1º, INC. I, DA LEI COMPLEMENTAR N. 51/1985. ADOÇÃO DE REQUISITOS E CRITÉRIOS DIFERENCIADOS PARA A CONCESSÃO DE APOSENTADORIA A SERVIDORES CUJAS ATIVIDADES NÃO SÃO EXERCIDAS EXCLUSIVAMENTE SOB CONDIÇÕES ESPECIAIS QUE PREJUDIQUEM A SAÚDE OU A INTEGRIDADE FÍSICA*. 1. Reiteração do posicionamento assentado no julgamento da Ação Direta de Inconstitucionalidade n. 3.817, Relatora a Ministra Cármen Lúcia, da recepção do inc. I do art. 1O da Lei Complementar n. 51/1985 pela Constituição. 2. O Tribunal *a quo* reconheceu, corretamente, o direito do Recorrido de se aposentar na forma especial prevista na Lei Complementar 51/1985, por terem sido cumpridos todos os requisitos exigidos pela lei. 3. Recurso extraordinário ao qual se nega provimento. (Inform. STF 623) *noticiado no Informativo 604

TERMO INICIAL DO PRAZO PARA REGISTRO DE APOSENTADORIA

O termo *a quo* do prazo de 5 anos para que o Tribunal de Contas da União - TCU examine a legalidade dos atos concessivos de aposentadorias, reformas e pensões, conta-se a partir da data de chegada do processo administrativo na própria Corte de Contas. Essa a conclusão do Plenário que, em votação majoritária, concedeu parcialmente mandado de segurança para, cassada a decisão do TCU, assegurar ao impetrante o contraditório e a ampla defesa no julgamento da legalidade e registro de sua aposentadoria. Tratava-se, na espécie, de *writ* impetrado contra decisão daquele tribunal que, por reputar ilegal uma das três aposentadorias do impetrante, com recusa do registro, determinara a suspensão do benefício e a restituição das importâncias recebidas. Considerou-se o fato de que o impetrante estaria recebendo o benefício de aposentadoria há mais de 10 anos quando do seu cancelamento. Aduziu-se que, no caso, ter-se-ia a anulação do benefício, sem que oportunizada a possibilidade de defesa. Enfatizou-se, ainda, não constar dos autos informação relativa à má-fé do impetrante, de modo a não se poder inferir que ele tivesse conhecimento da precariedade do ato praticado pelo órgão público. Consignou-se, por fim, a não devolução das quantias já recebidas. Vencidos os Ministros Ellen Gracie, relatora, Dias Toffoli e Marco Aurélio, que concediam a ordem apenas para isentar o impetrante da devolução dos valores, e Cezar Peluso, Presidente, que a concedia totalmente por reconhecer a decadência. MS 24781/DF, rel. orig. Min. Ellen Gracie, red. p/ o acórdão Min. Gilmar Mendes, 2.3. 2011. (MS-24781) (Inform. STF 618)

REPERCUSSÃO GERAL POR QO EM RE N. 580.871-SP

RELATOR: MIN. GILMAR MENDES

Questão de ordem. 2. É devida a devolução aos pensionistas e inativos de contribuição previdenciária indevidamente recolhida no período entre a EC 20/98 e a EC 41/03, sob pena de enriquecimento ilícito do ente estatal. Precedentes. 3. Jurisprudência pacificada na Corte. Repercussão Geral. Aplicabilidade. 4. Questão de ordem acolhida para reconhecer a repercussão geral, reafirmar a jurisprudência do Tribunal, negar provimento ao recurso, autorizar a devolução aos tribunais de origem dos recursos extraordinários e agravos de instrumento que versem sobre o mesmo tema, autorizando as instâncias de origem a adotar procedimentos do art. 543-B, § 3º, do Código de Processo Civil. (Inform. STF 613)

ATIVIDADE POLICIAL: APOSENTADORIA E RECEPÇÃO DA LC 51/85

O Plenário negou provimento a recurso extraordinário interposto, pelo Instituto de Previdência do Estado do Acre – ACREPREVIDÊNCIA, contra acórdão de tribunal de justiça local que concedera a servidor público policial o direito a aposentadoria especial conforme a Lei Complementar 51/85, que dispõe, nos termos do art. 103 da Constituição anterior, sobre a aposentadoria do funcionário policial. Na origem, delegado de polícia civil estadual impetrara mandado de segurança no qual pleiteara a aplicação da referida lei complementar, mesmo após a edição da EC 20/98 — que, dentre outras providências, modificou o § 4º do art. 40 da CF/88. A ordem fora denegada em primeira instância, o que ensejara apelação do impetrante à Corte estadual que, provida, culminara neste recurso extraordinário. Registrou-se que, depois do reconhecimento da repercussão geral da questão constitucional suscitada neste recurso, houvera o julgamento da ADI 3817/DF (DJe de 3.4.2009), no qual concluíra-se que a Constituição atual recepcionara a LC 51/85, especificamente o seu art. 1º, I [*"Art. 1º - O funcionário policial será aposentado:... I - voluntariamente, com proveitos integrais, após 30 (trinta) anos de serviço, desde que conte, pelo menos 20 (vinte) anos de exercício em cargo de natureza estritamente policial"*]. Resolveu-se, inicialmente, reafirmar a recepção da LC 51/85. Em seguida, aduziu-se que o acórdão adversado baseara-se na recepção do diploma legal e examinara se ao recorrido era aplicável a lei, consideradas as condições de fato da prestação de serviço e, portanto, a submissão dele às condições de periculosidade pela permanência na carreira. Observou-se que rediscutir, diante dos fatos, se o recorrido preencheria as exigências legais para a aposentadoria especial não seria cabível em sede de recurso extraordinário. Quanto ao argumento do recorrente de que a aplicação da norma não seria automática, ressaltou-se que, na situação descrita nos autos, as instâncias de mérito, responsáveis pelo exame de provas, teriam comprovado que ele cumpriria rigorosamente as condições do aludido art. 1º. Por fim, o Min. Gilmar Mendes frisou que o exercício deve ocorrer em cargo de natureza estritamente policial para se atenderem aos requisitos do dispositivo legal. **RE 567110/AC, rel. Min. Cármen Lúcia, 13.10.2010.** (RE-567110) (Inform. STF 601)

CONTRIBUIÇÃO PREVIDENCIÁRIA DE INATIVOS E PENSIONISTAS E MUDANÇA DE PARADIGMA - 1

O Tribunal, em apreciação conjunta de duas ações diretas, julgou, por maioria, procedente em parte o pedido formulado na ADI 2158/PR, e, por unanimidade, procedente o na ADI 2198/PR, propostas, respectivamente, pela Associação dos Magistrados Brasileiros - AMB e pelo Procurador-Geral da República, para declarar a inconstitucionalidade de expressões e dispositivos constantes da Lei 12.398/98, do Estado do Paraná. A lei impugnada prevê a incidência de contribuição previdenciária sobre os proventos de servidores inativos e pensionistas no âmbito daquela unidade federativa. Inicialmente, em votação majoritária, rejeitou-se a preliminar de prejudicialidade das ações em face da substancial alteração de parâmetro de controle operada pela EC 41/2003, a qual — ao contrário do que previsto na EC 20/98, em vigor à época da edição da norma impugnada — admite expressamente a incidência da contribuição previdenciária sobre os proventos dos inativos na parte em que exceder o limite máximo para os benefícios do Regime Geral de Previdência Social (CF, art. 40, § 18). Salientou-se que, no caso, apesar de até hoje não ter sido cobrada a aludida contribuição naquele Estado, uma vez que a lei adversada fora suspensa com a concessão de medidas cautelares pela Corte, a norma não fora revogada, permanecendo no mundo jurídico. Tendo isso em conta, asseverou-se que, se o Supremo aplicasse sua jurisprudência tradicional no sentido do prejuízo das ações, revogar-se-iam, em conseqüência, as medidas cautelares. Além disso, a lei estadual, não obstante patentemente inconstitucional, tornaria a produzir seus efeitos à luz do regramento instituído pela EC 41/2003, a qual lhe conferiria uma aparência de validade. Aduziu-se, na linha de precedentes, que esse inconveniente poderia ser evitado com a excepcional admissão do exame de mérito das ações. Ao enfatizar que o sistema brasileiro não contempla a figura da constitucionalidade superveniente, consignou-se que a norma em apreço não fora convalidada e, por isso, sua inconstitucionalidade persistiria e seria atual, embora se referisse a dispositivos da Constituição que não se encontram mais em vigor, modificados pela EC 41/2003. Desse modo, reputou-se que, se o sistema veda a convalidação da lei inconstitucional, seria necessária a existência de mecanismos eficazes para expungir a norma ainda inconstitucional do ordenamento jurídico, mesmo que em face de parâmetro de controle alterado ou revogado. Concluiu-se que, na situação dos autos, cumpriria ao STF, ainda que já ajuizada a ação direta, declarar a inconstitucionalidade da norma, com eficácia *erga omnes* e efeito vinculante, em benefício da máxima efetividade da jurisdição constitucional. Salientou-se, por fim, o progressivo reforço legislativo na expansão da jurisdição constitucional abstrata do Supremo. Vencidos os Ministros Marco Aurélio, Ellen Gracie e Celso de Mello que assentavam o prejuízo das ações. **ADI 2158/PR, rel. Min. Dias Toffoli, 15.9.2010. (ADI-2158) ADI 2189/PR, rel. Min. Dias Toffoli, 15.9.2010.** (ADI-2189)

EC 20/98: CONTRIBUIÇÃO PREVIDENCIÁRIA DE INATIVOS E PENSIONISTAS E INCONSTITUCIONALIDADE - 2

No mérito, reiterou-se o entendimento da Corte no sentido da inconstitucionalidade de lei, editada sob a égide da EC 20/98, que previu a incidência de contribuição previdenciária sobre os proventos de servidores públicos e respectivos pensionistas. Assim, por maioria, declarou-se, na ADI 2158/PR, a inconstitucionalidade das seguintes expressões da Lei paranaense 12.398/98: a) "inativos" e "e dos respectivos pensionistas" do art. 28; b) "e pensionistas" do inciso I do art. 69; c) "proventos ou pensão" do art. 78, I e II, e das alíneas **b** e **c** do § 1º do art. 78; d) "inativos e pensionistas" e "proventos ou pensão", do art. 79. Relativamente ao citado inciso I do art. 69, aplicou-se, ainda, a técnica de declaração de inconstitucionalidade, sem redução de texto, para afastar qualquer interpretação do vocábulo "segurados" que inclua em seu significado os inativos. Reputaram-se inconstitucionais, por arrastamento, estas disposições e expressões do Decreto 721/99: a) "inativos e pensionistas" do art. 1º; b) "bem como dos então inativos e dos pensionistas" do art. 2º; c) do parágrafo único do art. 3º; d) "proventos ou pensão" do art. 4º, I e II; e) dos §§ 2º e 3º do art. 5º; f) "e pensionistas" do art. 7º; g) "inativos e pensionistas", "proventos ou pensão" e "inativos e pensionistas" do art. 12. Quanto ao aludido art. 7º, aplicou-se, também, a técnica da declaração de inconstitucionalidade, sem redução de texto, para afastar qualquer interpretação da expressão "servidor" que inclua em seu significado os servidores inativos. Vencidos os Ministros Marco Aurélio e Ayres Britto, que não declaravam a inconstitucionalidade do Decreto 721/99, por não admitirem controle concentrado em decreto simplesmente regulamentar. No tocante à ADI 2189/PR, julgaram-se inconstitucionais as expressões: a) "inativos" e "da reserva remunerada e reformados e dos respectivos pensionistas" do art. 28, I; e b) "e pensionistas" do *caput* do art. 78, bem como do seu § 1º, alíneas **b** e **c**, todos da Lei estadual 12.398/98, do Estado do Paraná. **Precedente citado: ADI 2010/DF (DJU de 28.3.2003). ADI 2158/PR, rel. Min. Dias Toffoli, 15.9.2010. (ADI-2158) ADI 2189/PR, rel. Min. Dias Toffoli, 15.9.2010.** (ADI-2189) (Inform. STF 600)

MANDADO DE INJUNÇÃO: APOSENTADORIA ESPECIAL DE OFICIAIS DE JUSTIÇA - 1

O Tribunal iniciou julgamento de mandado de injunção coletivo impetrado pelo Sindicato dos Servidores das Justiças Federais no Estado do Rio de Janeiro - SISEJUFE/RJ em que se alega omissão legislativa dos Presidentes da República e do Congresso Nacional, ante a ausência de regulamentação do art. 40, § 4º, da CF, para a aposentadoria especial dos ocupantes do cargo de Oficial de Justiça Avaliador Federal. Pede o impetrante a aplicação analógica da disciplina prevista na Lei Complementar 51/85, no que regulamenta a aposentadoria especial para funcionário policial. Preliminarmente, o Tribunal, por maioria, reputou admissível o mandado de injunção coletivo. Vencido, no ponto, o Min. Marco Aurélio, que não o admitia ao fundamento de que o mandado de injunção estaria previsto na Constituição Federal para viabilizar o exercício de direito individual. Rejeitou-se, também, o alegado prejuízo da impetração pelo envio, ao Congresso Nacional, de projeto de lei acerca da matéria, porquanto, nos termos da jurisprudência da Corte, seu acolhimento poderia esvaziar o acesso à justiça por meio desse importante instrumento constitucional. **MI 833/DF, rel. Min. Cármen Lúcia, 2.8.2010.** (MI-833)

MANDADO DE INJUNÇÃO: APOSENTADORIA ESPECIAL DE OFICIAIS DE JUSTIÇA - 2

No mérito, a Min. Cármen Lúcia, relatora, reconheceu a mora legislativa e a necessidade de se dar eficácia às normas constitucionais e efetividade ao direito alegado. Concedeu em parte a ordem para integrar a norma constitucional e garantir a viabilidade do direito assegurado aos substituídos do impetrante, que estejam no desempenho efetivo da função de Oficial Avaliador, o que disposto no art. 40, § 4º, II, da CF. Assegurou-lhes a aplicação do inciso I do art. 1º da LC 51/85, no que couber, a partir da comprovação dos dados, em cada caso concreto, perante a autoridade administrativa competente. De início, ressaltou a peculiaridade da situação em apreço, de modo a afastar a possibilidade de julgamento monocrático a partir do que decidido no MI 721/DF (DJE de 30.11.2007). Considerou a necessidade do exame do cabimento, ou não, de aplicação analógica do disposto na aludida LC 51/85 à aposentação especial fundada no inciso II do § 4º do art. 40 da CF ("*§ 4º É vedada a adoção de requisitos e critérios diferenciados para a concessão de aposentadoria aos abrangidos pelo regime de que trata este artigo, ressalvados, nos termos definidos em leis complementares, os casos de servidores: ... II - que exerçam atividades de risco;*"). Consignou, ainda, que o STF, no julgamento da ADI 3817/DF (DJE de 3.4.2009), assentara a recepção do inciso I do art. 1º da LC 51/85 — que cuida da aposentadoria voluntária de funcionário policial —, não tendo apreciado, ante a desnecessidade, o inciso II daquele mesmo artigo — que determina a aposentadoria compulsória do policial, com proventos proporcionais ao tempo de serviço, aos 65 anos de idade, qualquer que seja a natureza dos serviços prestados. **MI 833/DF, rel. Min. Cármen Lúcia, 2.8.2010.** (MI-833)

MANDADO DE INJUNÇÃO: APOSENTADORIA ESPECIAL DE OFICIAIS DE JUSTIÇA - 3

A relatora enfatizou não reputar superada a mora legislativa com a declaração de recepção da LC 51/85, porque esta se encontra dirigida ao policial, cargo este com atribuições e responsabilidades nas quais não se enquadrariam os Oficiais de Justiça. Aduziu que a mera comunicação dessa omissão não seria suficiente para os fins pretendidos pelo impetrante, devendo-se perquirir sobre o enquadramento dos Oficiais de Justiça Avaliadores Federais no desempenho de função de risco para se cogitar da aplicação analógica da LC 51/85. No ponto, destacou a existência de reconhecimento legal da presença do risco no exercício da atividade por eles desenvolvida, o que seria bastante para a sua adequação na hipótese do inciso II do § 4º do art. 40 da CF. Observou, de outro lado, que dificuldades poderiam surgir quando da análise, pelas autoridades administrativas competentes, dos requerimentos de aposentadorias dos servidores enquadrados no mencionado art. 40, § 4º, II, da CF, porquanto aqui não haveria que se falar em sujeição dos trabalhadores a agentes nocivos ou a associação de agentes prejudiciais a sua saúde ou a sua integridade física para a aquisição do direito à aposentadoria especial, a ensejar o afastamento do art. 57 da Lei 8.213/91. Ademais, acentuou que a mera desconsideração das exigências previstas nesse artigo poderia conduzir a uma situação de flagrante ofensa ao princípio da isonomia, dado que permitiria a aposentação de servidores públicos, que exerceram a mesma atividade, com a observância de diferentes prazos de carência. Assim, entendeu que a utilização do inciso I do art. 1º da LC 51/85 possibilitaria uma integração maior da solução adotada pelo STF em relação à omissão legislativa verificada, superando as dificuldades advindas da aplicação do art. 57 da Lei 8.213/91. **MI 833/DF, rel. Min. Cármen Lúcia, 2.8.2010.** (MI-833)

MANDADO DE INJUNÇÃO: APOSENTADORIA ESPECIAL DE OFICIAIS DE JUSTIÇA - 4

Em seguida, a relatora rejeitou o pedido para que o STF procedesse à diferenciação entre o tempo necessário para a aposentadoria voluntária dos substituídos sob o critério de gênero — homens ou mulheres —, uma vez que, por se tratar de aposentadoria especial, dispensável se falar em obrigatoriedade na adoção de requisitos e critérios referentes à aposentadoria comum, sendo tal questão, portanto, afeta à discricionariedade do legislador quando vier a regulamentar a matéria nos termos do art. 40, § 4º, da CF. De igual modo, repeliu a alegação de que o § 5º do art. 40 da CF ("*§ 5º - Os requisitos de idade e de tempo de contribuição serão reduzidos em cinco anos, em relação ao disposto no § 1º, III, 'a', para o professor que comprove exclusivamente tempo de efetivo exercício das funções de magistério na educação infantil e no ensino fundamental e médio.*") evidenciaria a necessidade de observância dessa distinção, já que o dispositivo se refere à aposentadoria especial de professor. Concluiu que o Oficial de Justiça Avaliador Federal poderá se aposentar voluntariamente, com proventos integrais, após 30 anos de serviço, desde que conte com, pelo menos, 20 anos de exercício neste ou em outro cargo de natureza de risco, até que suprida a lacuna legislativa referente ao art. 40, § 4º, II, da CF. Relativamente à aposentadoria compulsória, asseverou que esta deverá ocorrer nos termos do art. 40, § 1º, II, da CF, tomando-se como referência da proporcionalidade o tempo previsto no inciso I do art. 1º da LC 51/85. Após o voto do Min. Ricardo Lewandowski que acompanhava a relatora, pediu vista dos autos o Min. Ayres Britto. **MI 833/DF, rel. Min. Cármen Lúcia, 2.8.2010.** (MI-833) (Inform. STF 594)

MI: APOSENTADORIA ESPECIAL E SERVIDORES DO PODER JUDICIÁRIO E DO MINISTÉRIO PÚBLICO

O Tribunal iniciou julgamento de mandado de injunção coletivo impetrado pelo Sindicato dos Trabalhadores do Poder Judiciário e Ministério Público da União no Distrito Federal - SINDJUS/DF em que se alega omissão legislativa do Presidente da República, ante a ausência de regulamentação do art. 40, § 4º, da CF, para a aposentadoria especial aos substituídos que exercem atividades de risco. Pleiteia o impetrante a aplicação analógica da disciplina prevista na Lei Complementar 51/85, no que regulamenta a aposentadoria especial para a atividade policial. Na mesma linha do voto acima relatado, o Min. Ricardo Lewandowski, relator, concedeu a ordem em parte para reconhecer o direito dos substituídos pelo impetrante de terem os seus pleitos à aposentadoria especial analisados de *per si* pela autoridade administrativa, para que esta verifique se há, ou não, risco na atividade. Após, o julgamento foi suspenso em virtude do pedido de vista do Min. Ayres Britto. **MI 844/DF, rel. Min. Ricardo Lewandowski, 2.8.2010.** (MI-844) (Inform. STF 594)

DIREITO À APOSENTADORIA POR INVALIDEZ E REVOGAÇÃO DE LEI

O Tribunal iniciou julgamento de mandado de segurança impetrado contra ato do Tribunal de Contas da União - TCU, em que o impetrante, ex-juiz classista, sustenta ter direito líquido e certo à percepção de proventos de aposentadoria por invalidez, na forma da Lei 6.903/81, por força de neoplasia maligna detectada antes da revogação desse texto normativo pela Medida Provisória 1.523/96. Na espécie, a doença do impetrante fora diagnosticada em 19.10.94, tendo ele preferido continuar trabalhando, apesar de, à época, ter direito à aposentadoria integral nos termos da Lei 6.903/81, então vigente. O Min. Eros Grau, relator, concedeu a ordem. Salientou, de início, que a moléstia da qual acometido o impetrante provocaria seqüelas psíquicas e que o estado emocional do doente seria relevante, interferindo na sua recuperação. Considerou que a aposentadoria nessa situação abalaria esse estado emocional e que se justificaria a decisão do impetrante no sentido de permanecer no exercício da função, apesar de vítima de doença que possibilitaria sua aposentadoria anteriormente à vigência da mencionada medida provisória. Levou em conta, também, o fato de o TRT ter permitido que o impetrante prosseguisse nesse desempenho, mesmo após a junta médica ter concluído, em 15.3.96, ser ele portador da referida moléstia, especificada na Lei 8.112/90, estando, por isso, inapto para o exercício do cargo desde aquela data. Após, pediu vista dos autos o Min. Dias Toffoli. **MS 25565/DF, rel. Min. Eros Grau, 17.6.2010.** (MS-25565) (Inform. STF 591)

SERVIDORES NÃO-EFETIVOS E REGIME DE PREVIDÊNCIA - 4

Por vislumbrar ofensa ao art. 149, § 1º, da CF ("*Os Estados, o Distrito Federal e os Municípios instituirão contribuição, cobrada de seus servidores, para o custeio, em benefício destes, do regime previdenciário de que trata o art. 40, cuja alíquota não será inferior à da contribuição dos servidores titulares de cargos efetivos da União.*"), o Tribunal julgou parcialmente procedente pedido formulado em ação direta proposta pelo Procurador-Geral da República para declarar a inconstitucionalidade da expressão "*definidos no art. 79*", contida no art. 85, *caput*, da Lei Complementar 64/2002, tanto em seu texto original quanto com a redação que lhe foi conferida pela Lei Complementar 70/2003, bem como do vocábulo "*compulsoriamente*", inserido no § 4º do art. 85 da Lei Complementar 64/2002 e no § 5º do art. 85, na redação dada pela Lei Complementar 70/2003, ambas do Estado de Minas Gerais, que asseguram o regime de previdência estadual para os servidores não-efetivos e instituem contribuição compulsória para o custeio da assistência à saúde, benefícios fomentados pelo Regime Próprio de Previdência dos Servidores daquele Estado — v. Informativos 380, 432 e 556. Entendeu-se que a contribuição prevista no art. 85 da lei impugnada não poderia alcançar os servidores ocupantes exclusivamente de cargo em comissão, submetidos ao regime geral da previdência (CF, art. 40, § 13). Considerou-se, também, tendo em conta que das três áreas de atuação da seguridade social — previdência social, saúde e assistência social — o constituinte excluiu, no que toca à instituição de contribuições, a saúde, e, ainda, o que disposto no art. 5º da Lei 9.717/98 ("*Os regimes próprios de previdência social dos servidores públicos da União, dos Estados, do Distrito Federal e dos Municípios, dos militares dos Estados e do Distrito Federal não poderão conceder benefícios distintos dos previstos no Regime Geral de Previdência Social, de que trata a Lei nº 8.213, de 24 de julho de 1991, salvo disposição em contrário da Constituição Federal.*"), que os Estados-membros não teriam competência para contemplar como benefícios, de modo obrigatório em relação aos seus servidores, serviços de assistência médica, hospitalar, odontológica, social e farmacêutica. Ressaltou-se, por outro lado, não haver óbice para que tais serviços fossem prestados por entidade ligada ao Estado-membro, no caso, o Instituto de Previdência dos Servidores do Estado de Minas Gerais - IPSEMG, desde que o benefício fosse custeado mediante pagamento de contribuição facultativa, ou seja, por aqueles que se dispusessem, voluntariamente, a dele fruir. **ADI 3106/MG, rel. Min. Eros Grau, 14.4.2010.** (ADI-3106) (Inform. STF 582)

ANULAÇÃO DE APOSENTADORIA: CONTAGEM DE TEMPO COMO ALUNO-APRENDIZ E SÚMULA 96 DO TCU - 1

O Tribunal concedeu mandado de segurança impetrado contra ato do Tribunal de Contas da União - TCU, consubstanciado em acórdão que anulara ato de aposentadoria do impetrante, por considerar indevido o aproveitamento do tempo por ele trabalhado como aluno-aprendiz em escola técnica. Na espécie, o impetrante se aposentara, em 12.4.94, como auditor fiscal do trabalho. Para o reconhecimento desse direito, valera-se de certidão emitida por escola técnica, pela qual comprovara a freqüência como aluno-aprendiz, recebendo, por normas regulamentares da escola, fardamento, alimentação e material escolar, além de perceber, a título de remuneração, parcela da renda auferida com a execução de encomendas para terceiros, despesas estas pagas com recursos provenientes da União. Em 12.2.2008, o TCU recusara o registro da aposentadoria em razão da irregularidade na contagem de tempo de serviço de aluno-aprendiz. Determinara fosse descontado o tempo de aluno-aprendiz e concluíra que o impetrante poderia permanecer aposentado com proventos proporcionais, desde que emitido novo ato excluindo o referido período, ou retornar à atividade para completar o tempo necessário à aposentadoria integral. Sustentava o impetrante que a decisão do TCU não levara em conta que, à época do ato de sua aposentadoria, existia apenas a Súmula 96 daquele Tribunal ("*Conta-se, para todos os efeitos, como tempo de serviço público, o período de trabalho prestado, na qualidade de aluno-aprendiz, em Escola Pública Profissional, desde que comprovada a retribuição pecuniária à conta do Orçamento, admitindo-se, como tal, o recebimento de alimentação, fardamento, material escolar e parcela de renda auferida com a execução de encomendas para terceiros.*"). **MS 27185/DF, rel. Min. Cármen Lúcia, 17.2.2010.** (MS-27185)

ANULAÇÃO DE APOSENTADORIA: CONTAGEM DE TEMPO COMO ALUNO-APRENDIZ E SÚMULA 96 DO TCU - 2

Entendeu-se que, depois de quase 14 anos da publicação da aposentadoria do impetrante, o TCU não poderia negar o registro respectivo por mudança de seu próprio entendimento ocorrida posteriormente àquele ato, sob pena de serem malferidos os princípios constitucionais da segurança jurídica, da confiança e da boa-fé. Após fazer retrospectiva da legislação nacional sobre o aluno-aprendiz, observou-se que não teria ela apresentado alteração no tocante à natureza dos cursos de aprendizagem nem no conceito de aprendiz, e que a única mudança havida seria a nova redação dada à Súmula 96 do TCU ("*Conta-se, para todos os efeitos, como tempo de serviço público, o período de trabalho prestado, na qualidade de aluno-aprendiz, em Escola Pública Profissional, desde que haja vínculo empregatício e retribuição pecuniária à conta do Orçamento.*"), aprovada, em 8.12.94, e publicada no DOU, em 3.1.95. **MS 27185/DF, rel. Min. Cármen Lúcia, 17.2.2010.** (MS-27185) (Inform. STF 575)

RECLAMAÇÃO: APOSENTADORIA ESPONTÂNEA E EXTINÇÃO DO CONTRATO DE TRABALHO - 1

O Tribunal iniciou julgamento de reclamação ajuizada por empresa pública estadual contra decisão proferida pelo Juízo da 7ª Vara do Trabalho de Florianópolis-SC que, nos autos de reclamação trabalhista, ao deferir pedido de tutela antecipada, assegurara a manutenção, em seus empregos, de trabalhadores aposentados pelo Regime Geral de Previdência, sob o fundamento de que a aposentadoria concedida aos empregados não é causa de extinção do contrato de emprego, nem implica acumulação de proventos vedada por lei. Na espécie, a reclamante comunicara àqueles trabalhadores seu desligamento do quadro de pessoal, em razão da impossibilidade de acumulação de proventos de aposentadoria com salários. Por vislumbrar afronta à autoridade da decisão proferida pelo Supremo nas ações diretas de inconstitucionalidade 1721/DF (DJU de 29.6.2007) e 1770/DF (DJU de 1º.12.2006), a Min. Ellen Gracie, relatora, julgou procedente o pedido formulado para cassar a decisão impugnada, autorizando a reclamante a efetuar demissões de empregados que se aposentaram espontaneamente, fazendo-o com o pagamento das respectivas verbas rescisórias trabalhistas. **Rcl 8168/SC, rel. Min. Ellen Gracie, 18.2.2010.** (Rcl-8168)

RECLAMAÇÃO: APOSENTADORIA ESPONTÂNEA E EXTINÇÃO DO CONTRATO DE TRABALHO - 2

Considerou que o Supremo, ao julgar os referidos precedentes, de fato declarara a inconstitucionalidade dos §§ 1º e 2º do art. 453 da Consolidação das Leis do Trabalho - CLT ["*Art. 453 - No tempo de serviço do empregado, quando readmitido, serão computados os períodos, ainda que não contínuos, em que tiver trabalhado anteriormente na empresa, salvo se houver sido despedido por falta grave, recebido indenização legal ou se aposentado espontaneamente. § 1º Na* aposentadoria espontânea de empregados das empresas públicas e sociedades de economia mista é permitida sua readmissão *desde que atendidos aos requisitos constantes do art. 37, inciso XVI, da Constituição, e condicionada à prestação de concurso público. § 2º O ato de concessão de benefício de aposentadoria a empregado que não tiver completado 35 (trinta e cinco) anos de serviço, se homem, ou trinta, se mulher, importa em extinção do vínculo empregatício.*"]. Observou que, no julgamento da ADI 1721/DF, a Corte reputara inconstitucional o § 2º do art. 453 da CLT por criar esse dispositivo modalidade de despedida arbitrária, haja vista não considerar a possibilidade de o empregador querer continuar com seu empregado, ressaltando o fato de que o direito à aposentadoria se perfaz de forma objetiva e constitui uma relação jurídica entre o segurado e o INSS, e não entre o empregado e o empregador. No que se refere ao julgamento da ADI 1770/DF, o Tribunal concluíra pela inconstitucionalidade do § 1º do art. 453 da CLT, regra aplicável aos empregados das empresas públicas, também por se fundar na idéia de que a aposentadoria espontânea poria fim abruptamente ao vínculo empregatício entre empregado e empregador. **Rcl 8168/SC, rel. Min. Ellen Gracie, 18.2.2010.** (Rcl-8168)

RECLAMAÇÃO: APOSENTADORIA ESPONTÂNEA E EXTINÇÃO DO CONTRATO DE TRABALHO - 3

Não obstante, a Min. Ellen Gracie entendeu que esses precedentes não impediriam as empresas públicas e as sociedades de economia mista de efetivar a adequação de seus quadros e, para isso, promover, quando necessária, a demissão de seus empregados, aposentados espontaneamente, ou não, pagando-lhes as devidas verbas rescisórias. Reportou-se à decisão proferida na Rcl 5679/SC (DJE de 7.10.2008) nesse sentido. Concluiu que, no caso, o juízo trabalhista conferira aos aludidos precedentes extensão indevida, ao gerar uma extraordinária "estabilidade no emprego" para os empregados aposentados pela Previdência Social. Afirmou que o que revelado pelos autos seria problema da necessidade de renovação da força de trabalho das empresas públicas e sociedades de economia mista, responsáveis por parte significativa do desenvolvimento nacional. Esclareceu que se as empresas públicas e as sociedades de economia mista não pudessem demitir seus empregados, na forma da legislação trabalhista em vigor, dificilmente haveria renovação de quadros, o que poderia ensejar sérios problemas estruturais em relação à prestação de serviços essenciais à população brasileira. Isso, por outro lado, não implicaria obrigatoriedade de demissão desses empregados já aposentados, porquanto o vínculo laboral permanece vigente e subsiste a possibilidade de essas empresas desejarem manter a colaboração de seus experientes empregados aposentados pelo regime geral. Em suma, afirmou que as empresas públicas e as sociedades de economia mista não estão obrigadas a manter seus empregados, inclusive aqueles aposentados pela Previdência Social, podendo, portanto, conforme a necessidade de sua política de recursos humanos, optar pela sua demissão. Após o voto do Min. Ayres Britto, que acompanhava a relatora, pediu vista dos autos o Min. Joaquim Barbosa. **Rcl 8168/SC, rel. Min. Ellen Gracie, 18.2.2010.** (Rcl-8168) (Inform. STF 575)

PROPOSTA DE SÚMULA VINCULANTE: GDATA E EXTENSÃO AOS INATIVOS

O Tribunal acolheu a proposta de edição da Súmula Vinculante 42 com o seguinte teor: "A *Gratificação de Desempenho de Atividade Técnico-Administrativa - GDATA, instituída pela Lei 10.404/2002, deve ser deferida aos inativos nos valores correspondentes a 37,5 (trinta e sete vírgula cinco) pontos no período de fevereiro a maio de 2002 e, nos termos do art. 5º, parágrafo único, da Lei 10.404/2002, no período de junho de 2002 até a conclusão dos efeitos do último ciclo de avaliação a que se refere o art. 1º da Medida Provisória 198/2004, a partir da qual passa a ser de 60 (sessenta) pontos.*". **PSV 42/DF, 29.10.2009.** (PSV-42) (Inform. STF 565)

ADICIONAL DE INATIVIDADE: SUPRESSÃO E DIREITO ADQUIRIDO

A Turma deu provimento a recurso extraordinário para assentar o direito de a recorrente perceber pensão militar com consideração de adicional de inatividade. Na espécie, a Medida Provisória 2.131/2001 — atualmente Medida Provisória 2.215-10/2001 — suprimira o referido adicional de inatividade, previsto na Lei 8.237/91, da estrutura remuneratória dos militares inativos das Forças Armadas. Observou-se, inicialmente, que, a pretexto de a remuneração do pessoal da ativa haver sido modificada, afastando-se do cenário jurídico o aludido adicional, procedera-se à alteração quanto aos parâmetros da pensão, suprimindo-se a parcela a que a recorrente passara a ter jus. Evidenciou-se que a reestruturação do que percebido pelos militares desaguara em extensão imprópria, alcançando situação devidamente constituída, pouco importando que tivesse ocorrido até mesmo acréscimo pecuniário, dado que este seria decorrente da outorga ao pessoal em atividade, não implicando compensação a ponto de afastar do cenário jurídico o aludido adicional. **RE 414014/DF, rel. Min. Marco Aurélio, 20.10.2009.** (RE-414014) (Inform. STF 564)

GRATIFICAÇÃO POR ATIVIDADE DE MAGISTÉRIO: PARIDADE DE VENCIMENTOS ENTRE ATIVOS E INATIVOS - 1

A Gratificação por Atividade de Magistério - GAM, instituída pela Lei Complementar estadual 977/2005, estende-se aos servidores que ingressaram no serviço público antes da publicação das Emendas Constitucionais 20/98 e 41/2003 e se aposentaram após a EC 41/2003, observados os requisitos estabelecidos nos artigos 2º e 3º da EC 47/2005, bem como respeitado o direito de opção pelo regime transitório ou pelo novo regime. Com base nesse entendimento, o Tribunal proveu, em parte, recurso extraordinário interposto contra acórdão que reputara legítima a extensão do pagamento da GAM aos autores que se aposentaram até a data da publicação da EC 41/2003, ao fundamento de que o art. 7º da referida emenda constitucional teria assegurado o direito à paridade de proventos de inatividade com os vencimentos pagos aos servidores ativos apenas àqueles que já recebiam proventos de aposentadoria ou pensão na data da publicação da EC 41/2003. Asseverou-se, inicialmente, que a GAM deveria ser estendia aos professores inativos, haja vista que a legislação de regência não teria explicitado, em nenhum de seus dispositivos, quaisquer circunstâncias especiais ou requisitos para o seu recebimento, alcançando ela, sem exceção, todos os servidores do quadro do magistério paulista em atividade. Considerou-se, assim, que a Lei Complementar 977/2005 teria instituído verdadeiro aumento de vencimentos aos servidores do referido quadro de magistério, aplicando-se o disposto no art. 40, § 8º, da CF. **RE 590260/SP, rel. Min. Ricardo Lewandowski, 24.6.2009.** (RE-590260)

GRATIFICAÇÃO POR ATIVIDADE DE MAGISTÉRIO: PARIDADE DE VENCIMENTOS ENTRE ATIVOS E INATIVOS - 2

Prosseguindo, aduziu-se que a EC 41/2003 extinguiu o direito à paridade dos proventos para os servidores que ingressaram no serviço público após a sua publicação, tendo-o, entretanto, assegurado aos que estavam na fruição da aposentadoria na data de sua publicação, estendendo-lhes quaisquer vantagens ou benefícios posteriormente concedidos aos servidores em atividade, inclusive quando decorrentes da transformação ou reclassificação do cargo ou função em que se deu a aposentadoria ou que serviu de referência para a concessão da pensão (EC 41/2003, art. 7º). Observou-se que, relativamente aos servidores que ingressaram no serviço público antes da EC 41/2003 e se aposentaram após a sua edição, seria necessário observar a incidência de regras de transição fixadas pela EC 47/2005, a qual complementou a reforma previdenciária com efeitos retroativos à data de vigência da EC 41/2003 (EC 47/2005, art. 6º). Explicou-se que, nesses casos, duas situações ensejariam o direito à paridade e à integralidade de vencimentos, quais sejam, a dos servidores que ingressaram, de modo geral, no serviço público antes da EC 41/2003, e a dos servidores que ingressaram antes da EC 20/98. No ponto, ressaltou-se que, no que tange aos primeiros, o art. 2º da EC 47/2005 teria garantido a integralidade e a paridade desde que atendidos, de forma cumulativa, estes requisitos: 1) 60 anos de idade, se homem, e 55 anos de idade, se mulher; 2) 35 anos de contribuição, se homem; 30, se mulher; 3) 20 anos de efetivo exercício no serviço público, e 4) 10 anos de carreira e 5 anos de efetivo exercício no cargo em que se der a aposentadoria. Acresceu-se, ainda, a redução, em 5 anos, nos limites de idade e de tempo de contribuição para os professores do ensino infantil, fundamental e médio. Já no que respeita aos segundos, o direito à paridade e à integralidade teria sido assegurado pelo art. 3º, parágrafo único, da EC 47/2005, desde que presentes estas condições: 1) 35 anos de contribuição, se homem, e 30, se mulher; 2) 25 anos de efetivo exercício no serviço público, 15 anos de carreira e 5 anos no cargo em que se der a aposentadoria e 3) idade mínima resultante da redução, relativamente aos limites do art. 40, § 1º, III, a, da CF, de 1 ano de idade para cada ano de contribuição que exceder os limites acima descritos. **Precedentes citados: RE 385016 AgR/PR (DJE de 30.11.2007); RE 465225 AgR/SP (DJU de 29.9.2006); RE 463022 AgR/SP (DJU de 29.6.2007); AI 518402 AgR/PE (DJU de 23.9.2005). RE 590260/SP, rel. Min. Ricardo Lewandowski, 24.6.2009.** (RE-590260) (Inform. STF 552)

EMENTA: MANDADO DE INJUNÇÃO. APOSENTADORIA ESPECIAL DO SERVIDOR PÚBLICO. ARTIGO 40, § 4º, DA CONSTITUIÇÃO DA REPÚBLICA. AUSÊNCIA DE LEI COMPLEMENTAR A DISCIPLINAR A MATÉRIA. NECESSIDADE DE INTEGRAÇÃO LEGISLATIVA. 1. Servidor público. Investigador da polícia civil do Estado de São Paulo. Alegado exercício de atividade sob condições de periculosidade e insalubridade. 2. Reconhecida a omissão legislativa em razão da ausência de lei complementar a definir as condições para o implemento da aposentadoria especial. 3. Mandado de injunção conhecido e concedido para comunicar a mora à autoridade competente e determinar a aplicação, no que couber, do art. 57 da Lei n. 8.213/91. Noticiado no Informativo 542. **MI N. 795-DF. RELATORA: MIN. CÁRMEN LÚCIA.** (Inform. STF 547)

EMENTA: CONSTITUCIONAL. RECLAMAÇÃO. AGRAVO REGIMENTAL. DECISÃO QUE NEGOU SEGUIMENTO AO PEDIDO. PRELIMINAR DE ILEGITIMIDADE ATIVA. A ENTIDADE DE CLASSE, QUANDO POSTULA EM JUÍZO DIREITOS DE SEUS FILIADOS, AGE COMO REPRESENTANTE PROCESSUAL. NECESSIDADE DE AUTORIZAÇÃO DE ASSEMBLÉIA GERAL. MÉRITO. ALEGAÇÃO DE AFRONTA ÀS DECISÕES DO SUPREMO TRIBUNAL FEDERAL NAS ADIs 1.721 E 1.770. INEXISTÊNCIA. DESPROVIMENTO DO AGRAVO REGIMENTAL. 1. A associação atua em Juízo, na defesa de direito de seus filiados, como *representante processual*. Para fazê-lo, necessita de autorização expressa (inciso XXI do art. 5º da CF). Na AO 152, o Supremo Tribunal Federal definiu que essa autorização bem pode ser conferida pela assembléia geral da entidade, não se exigindo procuração de cada um dos filiados. 2. O caso dos autos retrata associação que pretende atuar em Juízo, na defesa de alegado direito de seus filiados. Atuação fundada tão-somente em autorização constante de estatuto. Essa pretendida atuação é inviável, pois o STF, nesses casos, exige, além de autorização genérica do estatuto da entidade, uma autorização específica, dada pela Assembléia Geral dos filiados. 3. Quanto ao mérito, na ADI 1.770, o STF decidiu que é inconstitucional *o § 1º do art. 453 da CLT, que trata de readmissão de empregado público aposentado por empresa estatal*. Já na ADI 1.721 o STF declarou inconstitucional *o § 2º do art. 453 da CLT, que impõe automática ruptura do vínculo de empregado aposentado por tempo de contribuição proporcional*. 4. A recorrente pretende representar filiados que não são empregados de empresas estatais. Ademais, não houve demonstração de que esses filiados se aposentaram por tempo de contribuição proporcional. 5. Há, no caso concreto, ilegitimidade da associação recorrente para postular em nome dos seus filiados. Não há, de outro lado, identidade entre o conteúdo dos atos reclamados e o das decisões nas ADIs 1.721 e 1.770. 6. Agravo regimental desprovido. **AG.REG.NA Rcl. N. 5.215-SP. RELATOR: MIN. CARLOS BRITTO.** (Inform. STF 547)

EMENTA: RECURSO. Extraordinário. Inadmissibilidade. Servidor público. Vencimentos. Proventos. Vantagem pecuniária. Gratificação devida aos funcionários em atividade. Extensão aos aposentados. Rediscussão do caráter geral sob fundamento de ofensa ao art. 40, § 8º, da CF. Impossibilidade. Questão infraconstitucional. Recurso não conhecido. Aplicação das súmulas 279, 280 e 636. Reconhecido ou negado pelo tribunal *a quo* o caráter geral de gratificação funcional ou de outra vantagem pecuniária, perante os termos da legislação local que a disciplina, não pode o Supremo, em recurso extraordinário, rever tal premissa para estender ou negar aquela aos servidores inativos com base no art. 40, § 8º, da Constituição da República. **RE N. 586.949-MG. RELATOR: MIN. CEZAR PELUSO. Noticiado no Informativo 535** (Inform. STF 538)

GDATA E GDASST: EXTENSÃO AOS INATIVOS

O Tribunal resolveu questão de ordem em recurso extraordinário interposto pela União no sentido de: a) reconhecer a repercussão geral da questão constitucional analisada — aplicabilidade aos inativos de critérios de pontuação relativos à Gratificação de Desempenho e Atividade Técnico-Administrativa - GDATA, instituída pela Lei 10.404/2002, com as alterações da Lei 10.971/2004, e à GDASST, que substituiu a GDATA para os servidores da carreira da Seguridade Social e do Trabalho da Administração Pública Federal com o advento da Lei 10.483/2002; b) reafirmar a jurisprudência consolidada nesta Corte na linha do que decidido no julgamento do RE 476279/DF (DJU de 15.6.2007), de modo que a fixação da GDATA/GDASST, quanto aos servidores públicos inativos, obedecerá a critério variável de acordo com a sucessão de leis de regência, para que a GDATA seja concedida aos servidores inativos nos valores correspondentes a 37,5 pontos, no período de fevereiro a maio de 2002; de junho de 2002 a abril de 2004, a concessão se faça nos termos do art. 5º, II, da Lei 10.404/2002; e, no período de maio de 2004 até a conclusão dos efeitos do último ciclo de avaliação (art. 1º da Medida Provisória 198/2004, convertida na Lei 10.971/2004), a gratificação seja concedida aos inativos nos valores referentes a 60 pontos; c) devolver aos respectivos tribunais de origem os recursos extraordinários e agravos de instrumento, ainda não distribuídos no Supremo, e que versem sobre matéria apreciada na presente questão de ordem, sem prejuízo da eventual devolução, se assim entenderem os relatores, daqueles feitos que já estejam a eles distribuídos (RISTF, art. 328, parágrafo único); d) autorizar os Tribunais, Turmas Recursais e de Uniformização a adotar os procedimentos relacionados à repercussão geral, especificamente a retratação das decisões ou a inadmissibilidade dos recursos extraordinários, sempre que as decisões contrariarem ou se pautarem pela jurisprudência do Supremo e forem contrastadas por recursos extraordinários. No mérito, o Tribunal, por maioria, desproveu o recurso. Vencido o Min. Marco Aurélio que o provia por considerar constitucional o tratamento diferenciado, hoje, presentes servidores na ativa e inativos. Em seguida, o Tribunal deliberou enviar, à Comissão de Jurisprudência, proposta de súmula vinculante sobre a matéria. **RE 597154 QO/PB, rel. Min. Gilmar Mendes, 19.2.2009.** (RE-597154) (Inform. STF 536)

GRATIFICAÇÃO: DISPENSA DE AVALIAÇÃO E EXTENSÃO AOS INATIVOS

O Tribunal, por maioria, manteve acórdão de Turma Recursal de Juizado Especial Federal, que entendera que a Gratificação de Desempenho de Atividade de Seguridade Social e do Trabalho - GDASST, instituída pela Lei 10.483/2002, deveria ser estendida aos inativos no valor de 60 pontos, a partir do advento da Medida Provisória 198/94, convertida na Lei 10.971/2004, que alterou sua base de cálculo. O acórdão recorrido, fundado no princípio da isonomia, ainda declarara a inconstitucionalidade do art. 7º da Lei 10.971/2004, que determinou que essa gratificação seria devida aos aposentados e pensionistas no valor correspondente a 30 pontos. Salientou-se, de início, que a Lei 10.483/2002 estabeleceu, em seu art. 5º, que a GDASST teria como limites mínimo e máximo os valores de 10 e 100 pontos, respectivamente, e assegurou, aos aposentados e pensionistas, a percepção da gratificação no valor de 10 pontos. Com o advento da Lei 10.971/2004, a GDASST passou a ser paga, indistintamente, a todos os servidores da ativa, no valor equivalente a 60 pontos, até a edição do ato regulamentador do processo de avaliação, previsto no art. 6º da Lei 10.483/2002, tendo os inativos obtido uma majoração na base de cálculo da gratificação de 10 para 30 pontos. Asseverou-se que, para caracterizar a natureza *pro labore faciendo* da gratificação, é necessário que haja edição da norma regulamentadora que viabilize as avaliações de desempenho, sem as quais a gratificação adquire um caráter de generalidade, que determina a sua extensão aos servidores inativos. Salientando a inexistência, até a presente data, de norma regulamentadora da Lei 10.483/2002 — que permitisse a realização das avaliações de desempenho institucional e coletivo para atribuição de uma pontuação variável da gratificação, aos servidores em atividade —, entendeu-se que a GDASST teria se transformado numa gratificação de natureza genérica, extensível, portanto, aos servidores inativos, desde o momento em que os servidores ativos passaram a recebê-la sem a necessidade da avaliação de desempenho. Aduziu-se, entretanto, a partir de ressalva no voto do Min. Cezar Peluso, a possibilidade de sobrevir o regulamento, estabelecendo, sem ferir direito adquirido e sem reduzir vencimentos, os critérios de avaliação, portanto, de 60 a 100 pontos. Reputou-se revogado, por conseguinte, o dispositivo que garantiu o valor mínimo da gratificação em 10 pontos. Vencido o Min. Marco Aurélio, que dava provimento ao recurso extraordinário. **Precedentes citados: RE 476279/DF (DJU de 15.6.2007); RE 476390/DF (DJU de 29.6.2007). RE 572052/RN, rel. Min. Ricardo Lewandowski, 11.2.2009.** (RE-572052) (Inform. STF 535)

GRATIFICAÇÃO E EXTENSÃO A INATIVOS - 1

A Turma não conheceu de recurso extraordinário em que se discutia a possibilidade de se estender a aposentados vantagem paga a servidores em exercício, a título de estímulo à produção individual. Na espécie, o Estado de Minas Gerais alegava violação aos artigos 37, 39, § 1º, e 40, § 8º, todos da CF, ao argumento de que a vantagem pecuniária em questão não seria devida aos inativos no mesmo valor calculado para o pagamento dos servidores em atividade, pois a legislação local teria fixado critérios diferenciados diante da impossibilidade de avaliar o desempenho daqueles já aposentados. Aduzia, destarte, que o servidor, no exercício da função pública, seria avaliado quanto à produtividade e à eficiência, ao passo que não poderiam sê-lo os aposentados e pensionistas. **RE 586949/MG, rel. Min. Cezar Peluso, 10.2.2009.** (RE-586949)

GRATIFICAÇÃO E EXTENSÃO A INATIVOS - 2

Assentou-se que é condição indispensável para conhecimento da alegada ofensa direta ao § 8º do art. 40 da CF, a prévia definição, pelo tribunal *a quo*, da natureza e alcance jurídicos do acréscimo pecuniário objeto da causa, à luz das normas subalternas locais que o disciplinam, enquanto premissa necessária para apuração de eventual direito subjetivo dos servidores aposentados, nos termos daquela regra constitucional. Enfatizou-se estar claro que tal definição, porque se dá com base exclusiva na interpretação do regramento infraconstitucional que institui e conforma a vantagem, compete às instâncias ordinárias, mediante análise da prova dos fatos que podem compor, ou não, sua *fattispecie* normativa, disciplinada pela lei estadual. Assim, esclareceu-se que, se o acórdão impugnado, no exercício dessa particular competência, reconhecendo que a gratificação tem caráter geral, a estende aos aposentados, ou, dando a ela cunho específico, lhes nega tal extensão, não pode esta Corte, no âmbito de recurso extraordinário, ditar solução diversa à causa, porque, para fazê-lo, seria preciso rever, num primeiro passo metodológico, os fundamentos de fato e de direito que, importando incidência do direito local aos fatos tidos por provados, levaram o tribunal *a quo* a decidir neste ou naqueloutro sentido. Desse modo, para declarar que a gratificação guardaria natureza geral ou específica, o STF teria de, antes, interpretar normas da lei ordinária que a regula e avaliar provas, para aplicar aquelas aos fatos revelados por estas, em tarefa que lhe é vedada (Súmulas 279 e 280 do STF). **RE 586949/MG, rel. Min. Cezar Peluso, 10.2.2009.** (RE-586949)

GRATIFICAÇÃO E EXTENSÃO A INATIVOS - 3

Nesse diapasão, concluiu-se que este Tribunal só poderia avançar juízo sobre suposta incompatibilidade entre o teor do acórdão impugnado e o disposto no art. 40, § 8º, da CF, se, perante a legislação local e as provas da causa, aquela instância houver reconhecido dimensão geral à gratificação, sem por motivo legítimo garanti-la aos aposentados, ou, predicando-lhe alcance específico, a atribuísse também aos inativos sob pretexto de aplicação daquela regra constitucional, de mera isonomia, ou de outra razão qualquer, que não seria o caso. Por derradeiro, ressaltou-se que, relativamente ao tema, em que pese possam, no plano dos tribunais inferiores, ser editadas decisões contraditórias em causas com o mesmo objeto ou *quaestio iuris*, para tal eventualidade, os remédios jurídicos que asseguram a unidade e a certeza do direito estão, quanto aos feitos da competência dos tribunais estaduais, no incidente de uniformização de jurisprudência (CPC, art. 476), e, quanto às vantagens previstas na legislação federal, no recurso especial (CF, art. 105, III, a e c). Quanto aos demais temas constitucionais suscitados, esclareceu-se não terem sido objeto de consideração no acórdão recorrido, faltando-lhes o requisito do prequestionamento, que deve ser explícito (Ver-bete 282 do STF). **RE 586949/MG, rel. Min. Cezar Peluso, 10.2.2009.** (RE-586949) (Inform. STF 535)

POLICIAL CEDIDO: ATIVIDADE POLICIAL E TEMPO DE SERVIÇO

O Tribunal, por maioria, julgou procedente pedido formulado em ação direta ajuizada pela então Governadora do Distrito Federal para declarar a inconstitucionalidade do art. 3º da Lei distrital 3.556/2005, que considera como de efetivo exercício de atividade policial o tempo de serviço prestado pelo servidor das carreiras policiais civis da Polícia Civil do Distrito Federal cedido à Administração Pública Direta e Indireta de qualquer dos Poderes da União e do Distrito Federal. Entendeu-se que o dispositivo impugnado colide com o art. 40, § 4º, da CF — que apenas permite a adoção de requisitos e critérios diferenciados para a concessão de aposentadoria, nos termos definidos em leis complementares, nos casos enumerados em seus incisos —, haja vista que o policial, quando cedido, pode ou não exercer atividades de risco. Ademais, considerou-se que, embora não apontada essa ofensa na inicial, a lei distrital questionada está em confronto com o art. 21, XIV, da CF, que prescreve ser da competência da União a organização e a manutenção da polícia civil do Distrito Federal. Vencidos, em parte, o Min. Menezes Direito, que declarava apenas a inconstitucionalidade material da norma, e o Min. Joaquim Barbosa, que apontava só a sua inconstitucionalidade formal. Vencido, integralmente, o Min. Marco Aurélio, que julgava o pleito improcedente, por reputar razoável o preceito, no que buscou evitar que o servidor cedido, por interesse da Administração Pública, viesse a ser prejudicado na carreira de origem. **Alguns pre-cedentes citados: SS 1154 AgR/DF (DJU de 6.6.97); ADI 1136/DF (DJU de 13.10.2006); ADI 2988/DF (DJU de 26.4.2004). ADI 3817/DF, rel. Min. Cármen Lúcia, 13.11.2008.** (ADI-3817) (Inform. STF 528)

APOSENTADORIA ESPECIAL E FUNÇÕES DE MAGISTÉRIO - 2

O Tribunal concluiu julgamento de ação direta ajuizada pelo Procurador-Geral da República em que se objetivava a declaração de inconstitucionalidade da Lei 11.301/2006, que acrescentou ao art. 67 da Lei 9.393/95 (Lei de Diretrizes e Bases da Educação) o § 2º ("*Para os efeitos do disposto no § 5º do art. 40 e no § 8º do art. 201 da Constituição Federal, são consideradas funções de magistério as exercidas por professores e especialistas em educação no desempenho de atividades educativas, quando exercidas em estabelecimento de educação básica em seus diversos níveis e modalidades, incluídas, além do exercício da docência, as de direção de unidade escolar e as de coordenação e assessoramento pedagógico.*") — v. Informativo 502. Salientando que a atividade docente não se limita à sala de aula, e que a carreira de magistério compreende a ascensão aos cargos de direção da escola, o Tribunal, por maioria, julgou parcialmente procedente o pedido formulado para conferir interpretação conforme, no sentido de assentar que as atividades mencionadas de exercício de direção de unidade escolar e as de coordenação e assessoramento pedagógico também gozam do benefício, desde que exercidas por professores. Vencidos os Ministros Carlos Britto, relator, Cármen Lúcia e Joaquim Barbosa, que julgavam procedente o pleito, ao fundamento de que a lei impugnada ofenderia o § 5º do art. 40 e o § 8º do art. 201, da CF, a qual teria conferido aposentadoria especial não a todos os profissionais da educação, mas apenas ao professor que desempenha a atividade de docência, entendida como tal a que se passa em sala de aula, no desempenho do específico mister de ensino regular ou habitual (CF: "*Art. 40. ... § 5º Os requisitos de idade e de tempo de contribuição serão reduzidos em cinco anos, em relação ao disposto no § 1º, III, 'a', para o professor que comprove exclusivamente tempo de efetivo exercício das funções de magistério na educação infantil e no ensino fundamental e médio. ... Art. 201. ... § 7º É assegurada aposentadoria no regime geral de previdência social, nos termos da lei, obedecidas as seguintes condições: I - trinta e cinco anos de contribuição, se homem, e trinta anos de contribuição, se mulher; ... § 8º Os requisitos a que se refere o inciso I do parágrafo anterior serão reduzidos em cinco anos, para o professor que comprove exclusivamente tempo de efetivo exercício das funções de magistério na educação infantil e no ensino fundamental e médio.*"). Vencida, também, a Min. Ellen Gracie, que dava pela total improcedência da ação. **ADI 3772/DF, rel. orig. Min. Carlos Britto, rel. p/ o acórdão Min. Ricardo Lewandowski, 29.10.2008.** (ADI-3772) (Inform. STF 526)

APOSENTADORIA: CONTRIBUIÇÃO PREVIDENCIÁRIA E RESTITUIÇÃO DE VALORES

A Turma deu provimento a recurso extraordinário para julgar procedente pleito de ressarcimento dos valores indevidamente recolhidos à Previdência Social pelo recorrente. No caso, o acórdão impugnado, ao fundamento de se tratar de relação jurídica tributária, indeferira a pretensão de restituição de valores descontados a título previdenciário durante o período situado entre o pedido de averbação do tempo de serviço prestado sob regime insalubre, constatado judicialmente, e a data de aposentação do ora recorrente, ocorrida desconsiderando-se seu regime especial de trabalho. Tendo em conta o reconhecimento em juízo de que o servidor efetivamente cumprira os requisitos para a aposentadoria quando a requereu, entendeu-se que ele teria jus à restituição do que pagara no período trabalhado além da data em que completara os requisitos para sua aposentadoria, nos termos do art. 8º, § 5º, da EC 20/98 ("*§ 5º - O servidor de que trata este artigo, que, após completar as exigências para aposentadoria estabelecidas no "caput", permanecer em atividade, fará jus à isenção da contribuição previdenciária até completar as exigências para aposentadoria contidas no art. 40, § 1º, III, "a", da Constituição Federal*"), dispositivo este posteriormente revogado pela EC 41/2003. **RE 568377/RS, rel. Min. Eros Grau, 7.10.2008.** (RE-568377) (Inform. STF 523)

JUIZ CLASSISTA E APOSENTADORIA POR INVALIDEZ - 3

Em conclusão de julgamento, a Turma, por maioria, negou provimento a recurso ordinário em mandado de segurança interposto, contra acórdão do TST, por dependentes de juiz classista, no qual se pretendia o reconhecimento do direito deste à aposentadoria integral por invalidez nos moldes da Lei 6.903/81 — que equiparava o juiz temporário ao servidor público civil da União, para efeitos previdenciários, e estabelecia proventos integrais para o caso de invalidez por "moléstia grave, contagiosa ou incurável, especificada em lei". Na origem, a pretensão fora indeferida, sob o fundamento de que a concessão da aposentadoria por invalidez sob o regime da aludida lei dependeria de comprovação inequívoca de moléstia que o inabilitaria para o desempenho das atribuições do cargo por junta médica oficial, a qual se dera apenas em setembro de 1997, quando já revogada aquela lei pela Medida Provisória 1.523/96, convertida na Lei 9.528/97. Os recorrentes sustentavam, no entanto, que, antes da revogação da referida lei, o magistrado já era portador da doença incapacitante, comprovada por atestado médico particular anexado a requerimento administrativo — v. Informativo 424. Entendeu-se não ser possível a prevalência do atestado particular sobre o laudo oficial que servira de base à conclusão administrativa do TRT, que indeferira o benefício requerido. Vencidos os Ministros Carlos Britto, relator, e Ricardo Lewandowski que proviam o recurso para conceder a segurança, com efeitos financeiros a partir do seu ajuizamento (Súmula 217/STF). **RMS 24640/RJ, rel. orig. Min. Carlos Britto, rel. p/ o acórdão Min. Marco Aurélio, 23.9.2008.** (RMS-24640) (Inform. STF 521)

MANDADO DE SEGURANÇA: GUARDA PROVISÓRIA E PENSÃO TEMPORÁRIA - 2

Em conclusão, o Tribunal, por maioria, concedeu mandado de segurança impetrado por menor, representada por sua mãe, contra ato da Presidência do STF que revogara Portaria que deferira pensão temporária à impetrante, em razão do término do prazo de 5 anos da guarda concedida em ação cautelar, pelo Juízo da 2ª Vara de Família da Circunscrição Especial Judiciária de Brasília, à sua avó, servidora desta Corte, a qual falecera poucos meses após a concessão da guarda — v. Informativo 473. Salientando que a pensão a que alude a Lei 8.112/90 consubstancia benefício mensal pago em razão da morte do servidor (art. 215), entendeu-se que a menor a ela teria jus com base no disposto no art. 217, II, **b**, já que preenchia, na data do óbito da servidora, todos os requisitos objetivos nele previstos. Os Ministros Sepúlveda Pertence e Cezar Peluso deferiram a ordem, por considerarem que, embora a Portaria revogada tivesse concedido a pensão temporária com fundamento no art. 217, II, **b**, da Lei 8.112/90, ter-se-ia, na espécie, a hipótese de designação prevista na alínea **d** desse mesmo dispositivo legal, visto que o benefício fora concedido porque existia um documento formal, que valeria como designação tácita, qual seja, a sentença que deferira a guarda, que reconhecia que a menor estava sob a dependência da servidora, razão pela qual ela teria direito à pensão até atingir a maioridade, nos termos do art. 215 da referida lei. Vencidos os Ministros Cármen Lúcia, relatora, e Ricardo Lewandowski, que denegavam a ordem ao fundamento de que, extinto o prazo da guarda judicialmente concedida, não mais subsistiria a determinação judicial que ensejara a manutenção, por parte do STF, de pensão provisória à menor impetrante, haja vista não mais perdurar a situação prevista no art. 217, II, **b**, da Lei 8.112/90 (Lei 8.112/90: "*Art. 215. Por morte do servidor, os dependentes fazem jus a uma pensão mensal de valor correspondente ao da respectiva remuneração ou provento, a partir da data do óbito, observado o limite estabelecido no art. 42. ... Art. 217. São beneficiários das pensões:... II - temporária:... b) o menor sob guarda ou tutela até 21 (vinte e um) anos de idade;... d) a pessoa designada que viva na dependência econômica do servidor, até 21 (vinte e um) anos, ou, se inválida, enquanto durar a invalidez.*"). **MS 25823/DF, rel. orig. Min. Cármen Lúcia, rel. p/ o acórdão Min. Carlos Britto, 25.6.2008.** (MS-2523) (Inform. STF 512)

SERVIDOR APOSENTADO: DIREITO ADQUIRIDO E REENQUADRAMENTO - 1

A Turma retomou julgamento de agravo regimental interposto contra decisão do Min. Cezar Peluso que, aplicando a jurisprudência da Corte no sentido da inexistência de direito adquirido a regime jurídico, reconsiderara decisão em recurso extraordinário do qual relator, para indeferir pedido de segurança formulado por servidores aposentados para que fossem reenquadrados em novo plano de carreira. No caso, o Tribunal de Justiça do Distrito Federal e Territórios determinara o reajuste dos proventos dos ora agravantes, aposentados no último nível da Carreira de Fiscalização e Inspeção daquela unidade federativa, como se na ativa estivessem, ao fundamento de que teriam direito à extensão nesse novo plano em virtude do advento da Lei 2.706/2001, que reestruturou a carreira. Contra esta decisão, o Distrito Federal interpusera recurso extraordinário, sustentando violação ao art. 40, § 4º, da CF (redação original), cuja seqüência fora negada pelo relator, que entendera que a matéria teria sido decidida com base na interpretação de norma local e na análise dos fatos, de modo que eventual ofensa à Constituição seria indireta. Interposto agravo regimental, o relator reconsiderara a decisão, o que ensejara o presente recurso pelos impetrantes. Alegam, na espécie, ofensa ao ato jurídico perfeito e ao direito adquirido. RE 460765 AgR/DF, rel. Min. Cezar Peluso, 4.12.2007. (RE-460765)

SERVIDOR APOSENTADO: DIREITO ADQUIRIDO E REENQUADRAMENTO - 2

Na sessão de 30.5.2006, o Min. Cezar Peluso, mantivera a decisão agravada, no que fora acompanhado pelos Ministros Carlos Britto e Ricardo Lewandowski. Nesta assentada, o Min. Marco Aurélio, em voto-vista, abriu divergência e deu provimento ao regimental para restabelecer a negativa de seguimento ao recurso extraordinário. Considerou que a solução dada pelo acórdão recorrido não estaria no questionamento sobre a existência ou não de direito adquirido a regime jurídico. Aduziu que o tribunal de origem assentara como verdade formal que os impetrantes se aposentaram no último nível da carreira e que o benefício outorgado ao pessoal da ativa seria a eles extensível (CF, art. 40, § 4º). Assim, a premissa básica fora única: a de que, uma vez não tivessem requerido a aposentadoria, seriam beneficiados pela reestruturação, sendo forçoso o reconhecimento aos aposentados do novo patamar remuneratório. Após, pediu vista o Min. Carlos Britto. RE 460765 AgR/DF, rel. Min. Cezar Peluso, 4.12.2007. (RE-460765) (Inform. STF 491)

POLICIAL MILITAR DEMITIDO OU EXCLUÍDO E GARANTIA DE VENCIMENTOS PROPORCIONAIS AOS DEPENDENTES - 1

O Tribunal iniciou julgamento de ação direta ajuizada pelo Governador do Estado de Mato Grosso do Sul na qual objetiva a declaração de inconstitucionalidade dos §§ 1º, 2º e 3º, do art. 117, da Lei Complementar estadual 53/90 ("*Art. 117 - O falecimento do policial-militar da ativa acarreta interrupção do serviço policial-militar, com o conseqüente desligamento ou exclusão do serviço ativo, a partir da data da ocorrência do óbito. § 1º - O policial-militar que contar com no mínimo, com 10 anos de serviço e for demitido ou excluído da Corporação em conseqüência de sentença transitada em julgado, será reputado na condição prevista no 'caput' deste artigo. § 2º - No caso do parágrafo anterior os dependentes, farão jus a tantas cotas de vencimentos quantos forem os anos de serviço trabalhados pelo policial-militar condenado, até máximo de tempo exigido para integralização do tempo de serviço, sendo de no máximo 70% (setenta por cento) dos vencimentos que vinha recebendo. § 3º - Os vencimentos a que se refere o parágrafo anterior serão reajustados sempre que houver alteração nos vencimentos do pessoal da ativa e nos mesmos índices.*"). ADI 1542/MS, rel. Min. Eros Grau, 21.11.2007. (ADI-1542)

POLICIAL MILITAR DEMITIDO OU EXCLUÍDO E GARANTIA DE VENCIMENTOS PROPORCIONAIS AOS DEPENDENTES - 2

O Min. Eros Grau, relator, julgou o pedido improcedente, no que foi acompanhado pelos Ministros Menezes Direito, Cármen Lúcia e Ricardo Lewandowski. Afastou a alegação de vício formal, por considerar competir aos Estados-membros dispor sobre os direitos dos militares, entre os quais os previdenciários, bem assim sobre o regime jurídico dos pensionistas (CF, art. 42, §§ 1º e 2º). Rejeitou, da mesma forma, a apontada afronta aos princípios da igualdade, impessoalidade e moralidade, por entender que o preceito impugnado garante o direito a benefício para cuja percepção o militar efetivamente contribuiu, asseverando não ser possível admitir que a condenação que implica a exclusão do militar da corporação repercuta negativamente em seus benefícios previdenciários. ADI 1542/MS, rel. Min. Eros Grau, 21.11.2007. (ADI-1542)

POLICIAL MILITAR DEMITIDO OU EXCLUÍDO E GARANTIA DE VENCIMENTOS PROPORCIONAIS AOS DEPENDENTES - 3

Em divergência, o Min. Marco Aurélio, julgou procedente o pedido formulado, tendo sido acompanhado pelos Ministros Joaquim Barbosa, Carlos Britto e Celso de Mello. Não obstante reputar inexistente o vício formal, tendo em conta o disposto no art. 22, XXI, da CF, concluiu que os dispositivos em questão prevêem um direito que afronta o primado do Judiciário, bem como discrepa do princípio da razoabilidade, haja vista que o militar e seus parentes acabam sendo beneficiados, à margem do que decidido pelo Judiciário, ante uma transgressão que conduziu aquele ao desligamento da corporação, criando, ainda, um tratamento diferenciado, considerados os servidores civis e também os trabalhadores em geral. Após, o julgamento foi suspenso para aguardar os votos dos demais Ministros, ausentes justificadamente. ADI 1542/MS, rel. Min. Eros Grau, 21.11.2007. (ADI-1542) (Inform. STF 489)

LEI 9.717/98: REPASSE DE COMPENSAÇÃO PREVIDENCIÁRIA - 2

O Tribunal referendou decisão do Min. Marco Aurélio, que deferira pedido de tutela antecipada em ação cível originária, da qual relator, proposta pelo Estado do Paraná e a Paranaprevidência, instituição gestora do sistema previdenciário paranaense, em que se pretende seja a União condenada a efetivar o repasse da compensação previdenciária, abster-se de aplicar sanção em decorrência de descumprimentos relativos à Lei 9.717/98 — que dispõe sobre regras gerais para a organização e o funcionamento dos regimes próprios de previdência social dos servidores públicos —, expedir o Certificado de Regularidade Previdenciária - CRP e não obstaculizar operações financeiras previstas no art. 7º da citada lei e no art. 1º do Decreto 3.788/2001, que instituiu o CRP — v. Informativo 459. A tutela foi deferida para afastar, a partir deste momento, o óbice vislumbrado pela União ao repasse obrigatório da compensação previdenciária, bem como a observação da exceção imposta a partir da Lei 9.717/98, até mesmo quanto à realização de operações financeiras de que trata o seu art. 7º. Entendeu-se que, em princípio, a União extrapolou os limites de sua competência para estabelecer normas gerais sobre a matéria (CF: "*Art. 24. Compete à União, aos Estados e ao Distrito Federal legislar concorrentemente sobre:... XIII - previdência social.... § 1º - No âmbito da legislação concorrente, a competência da União limitar-se-á a estabelecer normas gerais.*"). Asseverou-se que a citada lei atribui a ente da Administração Central, ao Ministério da Previdência e Assistência Social, atividades administrativas em órgãos da Previdência Social dos Estados, do Distrito Federal, dos Municípios e dos fundos a que se refere seu art. 6º, quais sejam, a de orientar, supervisionar e acompanhar as práticas relativas à previdência social dos servidores públicos das unidades da Federação. Além disso, em seu art. 7º, dispõe sobre sanções em face do descumprimento das normas. ACO 830 TA/PR, rel. Min. Marco Aurélio, 29.10.2007. (ACO-830) (Inform. STF 486)

EC 41/2003: CRITÉRIOS DE APOSENTADORIA E DIREITO ADQUIRIDO

O Tribunal, por maioria, julgou improcedente pedido formulado em ação direta ajuizada pela Associação Nacional dos Membros do Ministério Público - CONAMP contra o art. 2º e a expressão "*8º*", contida no art. 10, ambos da Emenda Constitucional 41/2003, que tratam dos critérios para a aposentadoria e revogam o art. 8º da Emenda Constitucional 20/98. Salientando a consolidada jurisprudência da Corte no sentido da inexistência de direito adquirido a regime jurídico previdenciário e da aplicação do princípio *tempus regit actum* nas relações previdenciárias, entendeu-se não haver, no caso, direito que pudesse se mostrar como adquirido antes de se cumprirem os requisitos imprescindíveis à aposentadoria, cujo regime constitucional poderia vir a ser modificado. Asseverou-se que apenas os servidores públicos que haviam preenchido os requisitos previstos na EC 20/98, antes do advento da EC 41/2003, adquiriram o direito de aposentar-se de acordo com as normas naquela previstas, conforme assegurado pelo art. 3º da EC 41/2003 ("*Art. 3º É assegurada a concessão, a qualquer tempo, de aposentadoria aos servidores públicos, bem como pensão aos seus dependentes, que, até a data de publicação desta Emenda, tenham cumprido todos os requisitos para obtenção desses benefícios, com base nos critérios da legislação então vigente.*"). Esclareceu-se que só se adquire o direito quando o seu titular preenche todas as exigências previstas no ordenamento jurídico vigente, de modo a habilitá-lo ao seu exercício, e que as normas previstas na EC 20/98 configurariam uma possibilidade de virem os servidores a ter direito, se ainda não preenchidos os requisitos nela exigidos antes do advento da EC 41/2003. Assim, considerou-se não haver óbice ao constituinte reformador para alterar os critérios que ensejam o direito à aposentadoria por meio de nova elaboração constitucional ou de fazê-las aplicar aos que ainda não atenderam aos requisitos fixados pela norma constitucional. Vencidos os Ministros Carlos Britto, Marco Aurélio e Celso de Mello, que julgavam o pleito procedente. Precedentes citados: ADI 3105/DF e ADI 3128/DF (DJU de 18.2.2005); RE 269407 AgR/RS (DJU de 2.8.2002); RE 258570/RS (DJU de19.4.2002); RE 382631 AgR/RS (DJU de 11.11.2005). ADI 3104/DF, rel. Min. Cármen Lúcia, 26.9.2007. (ADI-3104) (Inform. STF 481)

PENSÃO POR MORTE: INVALIDEZ DO VIÚVO E PRINCÍPIO DA ISONOMIA

O Tribunal deu provimento a agravo regimental, afetado ao Pleno pela 1ª Turma, interposto contra decisão que provera recurso extraordinário do Instituto dos Servidores do Estado de Minas Gerais - IPSEMG, excluindo viúvo de servidora pública como beneficiário de pensão decorrente do falecimento desta, em razão da inexistência de lei específica criadora de fonte de custeio para o seu implemento, e do fato de a lei estadual vigente à época do óbito da segurada (Lei 9.380/86, art. 7º, I) prever que somente o marido inválido seria considerado dependente. Alegava-se, na espécie, que seria dispensável a previsão legal da fonte de custeio para recebimento de benefício inserido na Constituição, dada a auto-aplicabilidade do inciso V do art. 201 da CF/88 — v. Informativo 332. Salientou-se, inicialmente, não ser o caso de se invocar o texto do art. 195, § 5º ou do art. 201, V, da CF, já que a esposa do recorrente falecera antes da promulgação da EC 20/98, que incluiu o § 12 no art. 40, mas de se considerar apenas a redação do art. 40 antes dessa emenda, que definia a correspondência entre o valor da pensão e a totalidade dos vencimentos ou proventos do servidor falecido, sem se referir a outras questões, tais como os possíveis beneficiários da pensão por morte. Em seguida, reportando-se aos fundamentos do voto do Min. Carlos Velloso no julgamento do RE 204193/RS (DJU de 31.10.2002), asseverou-se que nele ficara evidenciado que o dado sociológico que se presume em favor da mulher é o de dependência econômica e não o de invalidez, razão pela qual não poderia ser esta imposta ao marido. Esclareceu-se que, se a condição de invalidez revela a dependência econômica, a recíproca não é verdadeira. Dessa forma, entendeu-se que a referida lei estadual, ao exigir do marido, para receber a pensão por morte da mulher, a condição de invalidez, seria inconstitucional por afronta ao princípio da isonomia (CF, art. 5º, I). Ressaltou-se não se tratar de estender ao cônjuge varão a presunção de dependência que favorece a mulher, mas de não se impor a exigência de invalidez comprovada, por se mostrar desarrazoada, conseqüência lógica a que se chegaria com o provimento do recurso extraordinário. RE 385397 AgR/MG, rel. Min. Sepúlveda Pertence, 29.6.2007. (RE-385397) (Inform. STF 473)

PENSÃO "GRACIOSA" E DIREITO ADQUIRIDO - 2

Em conclusão de julgamento, a Turma deu provimento a recurso extraordinário interposto contra acórdão do Tribunal de Justiça de Minas Gerais que entendera não haver direito adquirido aos critérios relativos à pensão concedida, por lei, a viúva de deputado estadual, por se tratar de pensão "graciosa" que não tem natureza previdenciária. Na espécie, a recorrente, após o falecimento de seu cônjuge, em 1967, vinha recebendo a pensão com base na Lei estadual 8.393/83, até o advento da Lei estadual 9.886/89, que reduziu o valor percebido para 35% do subsídio mensal de deputado estadual — v. Informativo 412. Considerou-se que a lei que rege as aposentadorias e as pensões é a vigente ao tempo em que a pensão é concedida e que, preenchidos os requisitos nela estabelecidos — no caso, o de ter o marido da pensionista exercido o mandato de deputado —, restaria configurado o direito adquirido ao *quantum* da pensão legitimamente concedida, o qual não poderia ser reduzido Lpor lei posterior. RE 460737/MG, rel. orig. Min. Carlos Velloso, rel. p/ o acórdão Min. Joaquim Barbosa, 19.6.2007. (RE-460737) (Inform. STF 472)

OCUPANTES DE CARGO EM COMISSÃO E REGIME GERAL DE PREVIDÊNCIA

O Tribunal julgou improcedente pedido formulado em ação direta de inconstitucionalidade ajuizada pelo Governador do Estado de Mato Grosso do Sul contra o § 13 do art. 40 da Constituição Federal, introduzido pela EC 20/98, que estabelece que, ao servidor ocupante, exclusivamente, de cargo em comissão, bem como de outro cargo temporário ou de emprego público, aplica-se o regime geral de previdência social. Afastou-se, inicialmente, a alegação de que o dispositivo impugnado ofenderia o art. 60, § 4º, I da CF por tendente a abolir a forma federativa do Estado, asseverando-se que esta não pode ser conceituada a partir de um modelo ideal e apriorístico de Federação, mas, sim, daquele que o constituinte originário concretamente adotou e erigiu em limite material imposto às futuras emendas à Constituição. Esclareceu-se que as limitações materiais ao poder constituinte de reforma que o art. 60, § 4º, da CF enumera não significam a intangibilidade literal da respectiva disciplina na Constituição originária, mas apenas a proteção do núcleo essencial dos princípios e institutos cuja preservação nelas se protege. Salientou-se, também, a orientação firmada pela Corte no sentido da constitucionalidade do preceito questionado quando do julgamento do MS 23047 MC/DF (DJU de 14.11.2003). Ressaltou-se, ademais, que a matéria da disposição discutida, por ter natureza previdenciária, comporta norma geral de âmbito nacional de validade, que à União se facultava editar, sem prejuízo da legislação estadual suplementar ou plena, na falta de lei federal (CF, artigos 24, XII e 40, § 2º, na redação original). Assim, se a matéria podia ser tratada por lei federal, com base nos preceitos do texto constitucional originário, com maior razão não tenderia a abolir a autonomia dos Estados-membros seu tratamento por emenda constitucional. Por fim, rejeitou-se o argumento de ofensa ao princípio da imunidade tributária recíproca, haja vista o entendimento do Supremo de que a imunidade tributária prevista no art. 150, VI, da CF refere-se apenas aos impostos, não podendo ser invocada na hipótese de contribuições previdenciárias. ADI 2024/DF, rel. Min. Sepúlveda Pertence, 3.5.2007. (ADI-2024) (Inform. STF 465)

"GDATA" E EXTENSÃO A INATIVOS - 1

O Tribunal concluiu julgamento de recurso extraordinário interposto pela União contra decisão de Turma Recursal de Juizados Especiais Federais que reconhecera, a servidores públicos civis aposentados e pensionistas, o direito a receber a Gratificação de Desempenho de Atividade Técnico-Administrativa - Gdata, instituída pela Lei 10.404/2002, no valor correspondente a 60 pontos — v. Informativo 442. Por maioria, o Tribunal conheceu do recurso, ficando vencido o Min. Marco Aurélio que dele não conhecia por considerar tratar-se de matéria legal. No mérito, o Tribunal deu parcial provimento ao recurso para que a Gdata seja deferida, aos inativos, nos valores correspondentes a 37,5 pontos, no período de fevereiro a maio de 2002, e nos termos do art. 5º, parágrafo único, da Lei 10.404/2002, para o período de junho de 2002 até a chamada "conclusão dos efeitos do último ciclo de avaliação", a que se refere o art. 1º da Medida Provisória 198/2004, convertida na Lei 10.971/2004, a partir da qual passa a ser de 60 pontos. O Min. Marco Aurélio deu parcial provimento ao recurso, em menor extensão, para reconhecer, inicialmente, o direito aos 50 pontos (Lei 10.404/2002, art. 7º) e, a partir da Medida Provisória 198/2004, proclamar o direito aos 60 pontos. RE 476279/DF, rel. Min. Sepúlveda Pertence, 19.4.2007. (RE-476279)

"GDATA" E EXTENSÃO A INATIVOS - 2

Salientou-se que a Gdata foi instituída como gratificação paga em razão do efetivo exercício do cargo e variável de acordo com critérios de avaliação da instituição e do servidor, mas que tais características não abrangeriam a totalidade da Gdata. Afirmou-se ter sido assegurada a vantagem, no valor mínimo correspondente a 10 pontos, pelo só fato de o servidor encontrar-se em atividade (Lei 10.404/2002, art. 2º, II), e de ter sido estendido esse valor mínimo, inicialmente, aos aposentados e pensionistas, o que atenderia ao que disposto no § 8º do art. 40 da CF, na redação da EC 20/98. Asseverou-se que o acórdão recorrido, ao fazer incidir o Enunciado 16 da Turma Recursal, estendera, aos inativos, sob fundamento de falta de razoabilidade do legislador, uma pontuação mínima que não estaria de acordo com aquela garantida aos servidores em atividade nem com a prevista, na Lei 10.404/2002, para os aposentados, baseando-se em disposição legal que abrangeria somente os servidores cedidos ou postos à disposição de outras entidades federativas (Lei 10.404/2002, art. 7º). Ressaltou-se que, sendo gratificação de natureza *pro labore faciendo*, somente seria devida, aos inativos, a parcela fixa garantida a todos. Esclareceu-se, entretanto, que o mínimo assegurado aos servidores em atividade fora maior durante determinado período, conforme o disposto no art. 6º, da Lei 10.404/2002, que previu que, até 31.5.2002 e até que fossem editados os atos referidos no seu art. 3º, a Gdata seria paga nos valores correspondentes a 37,5 pontos por servidor, aos quais teriam jus também os inativos, já que garantidos a todos os servidores em atividade. RE 476279/DF, rel. Min. Sepúlveda Pertence, 19.4.2007. (RE-476279)

"GDATA" E EXTENSÃO A INATIVOS - 3

Considerando-se, por fim, o que disposto no art. 7º da EC 41/2003 ("*os proventos de aposentadoria dos servidores públicos titulares de cargo efetivo e as pensões dos seus dependentes pagos pela União..., em fruição na data de publicação desta Emenda, bem como os proventos de aposentadoria dos servidores e as pensões dos dependentes abrangidos pelo art. 3º desta Emenda, serão revistos na mesma proporção e na mesma data, sempre que se modificar a remuneração dos servidores em atividade, sendo também estendidos aos aposentados e pensionistas quaisquer benefícios ou vantagens posteriormente concedidos aos servidores em atividade...*") e no art. 1º da Lei 10.971/2004 ("*Até que seja instituída nova disciplina para a aferição de avaliação de desempenho individual e institucional e concluído os efeitos do último ciclo de avaliação, a Gratificação de Desempenho de Atividade Técnico-Administrativa - GDATA.... será paga no valor correspondente a sessenta pontos aos servidores ativos alcançados pelo art. 1º da mesma Lei...*"), concluiu-se que a Gdata se transformou em uma gratificação geral em sua totalidade, razão pela qual deveria ser estendida na pontuação maior, às autoras — que já recebiam o benefício na data em que EC 41/2003 entrou em vigor —, desde o momento em que os servidores ativos passaram a recebê-la sem a necessidade de qualquer avaliação de desempenho. RE 476279/DF, rel. Min. Sepúlveda Pertence, 19.4.2007. (RE-476279)

"GDATA" E EXTENSÃO A INATIVOS - 4

Na mesma linha do entendimento fixado no julgamento anteriormente relatado, o Tribunal, por maioria, deu parcial provimento a recurso extraordinário interposto pela União contra decisão de Turma Recursal dos Juizados Especiais Federais que reconhecera, a servidores públicos civis aposentados, o direito a 50 pontos — v. Informativo 435. Vencido o Min. Marco Aurélio que, pelos mesmos fundamentos que expendera no referido julgamento, desprovia o recurso. RE 476390/DF, rel. Min. Gilmar Mendes, 19.4.2007. (RE-476390) (Inform. STF 463)

DIREITO ADMINISTRATIVO. SERVIDOR PÚBLICO FEDERAL. DOENÇA GRAVE NÃO ESPECIFICADA NO ART. 186, § 1º, DA LEI N. 8.112/1990. ROL EXEMPLIFICATIVO. APOSENTADORIA COM PROVENTOS INTEGRAIS.

O servidor público federal acometido por doença grave que enseje a sua incapacitação para o exercício das atividades inerentes ao cargo que detenha deve ser aposentado com proventos integrais, e não proporcionais, mesmo que a enfermidade que o acometa não esteja especificada no art. 186, § 1º, da Lei n. 8.112/1990. A jurisprudência recente do STJ orienta-se no sentido de que não há como considerar taxativo o rol descrito no art. 186, § 1º, da Lei n. 8.112/1990, haja vista a impossibilidade de a norma alcançar todas as doenças consideradas pela medicina como graves, contagiosas e incuráveis. Precedentes citados: AgRg no AREsp 179.447-RS, DJe 20/8/2012, e AgRg no REsp 1.294.095-GO, DJe 2/4/2012. **REsp 1.322.927-DF, Rel. Min. Diva Malerbi (Desembargadora convocada do TRF da 3ª Região), julgado em 13/11/2012.(Inform. STJ 509)**

DIREITO ADMINISTRATIVO. PENSÃO DE MILITAR. IMPOSSIBILIDADE DE RATEIO ENTRE A VIÚVA E A CONCUBINA.

Não deve ser rateada entre a viúva e a concubina a pensão de militar se os dois relacionamentos foram mantidos concomitantemente. A jurisprudência desta Corte é pacífica no sentido de que é possível o rateio de pensão entre a viúva e a companheira com quem o instituidor da pensão mantinha união estável, assim entendida aquela situação na qual inexiste impedimento para a convolação do relacionamento em casamento, o que somente não se concretiza pela vontade dos conviventes. Nos casos em que o instituidor da pensão falece no estado de casado, necessário se faz que estivesse separado de fato, convivendo unicamente com a companheira, para que esta possa fazer jus ao recebimento da pensão. Não verificada a existência de união estável, mas de concubinato, é indevido o rateio da pensão. Precedentes citados: AgRg no Ag 1.424.071-RO, DJe 30/8/2012; RMS 30.414-PB, DJe 24/4/2012, e AgRg no REsp 1.267.832-RS, DJe 19/12/2011. **AgRg no REsp 1.344.664-RS, Rel. Min. Humberto Martins, julgado em 6/11/2012.(Inform. STJ 508)**

DIREITO ADMINISTRATIVO. PENSÃO POR MORTE. ESTUDANTE UNIVERSITÁRIO. PRORROGAÇÃO DO BENEFÍCIO. IMPOSSIBILIDADE.
Não é possível estender a pensão por morte até os 24 anos de idade pelo fato de o filho beneficiário ser estudante universitário. A jurisprudência do STJ pacificou o entendimento de que a pensão por morte rege-se pela lei vigente à época do óbito do segurado. Assim, estabelecendo o art. 77, § 2º, II, da Lei n. 8.213/1991 a cessação da pensão por morte ao filho que completar 21 anos de idade, salvo se for inválido, não há como, à míngua de amparo legal, estendê-la até os 24 anos de idade quando o beneficiário for estudante universitário. Precedentes citados: REsp 1.269.915-RJ, DJe 13/10/2011; AgRg no Ag 1.076.512-BA, DJe 3/8/2011, e AgRg no REsp 1.126.274-MS, DJe 2/8/2010. **REsp 1.347.272-MS, Rel. Min. Herman Benjamin, julgado em 18/10/2012. (Inform. STJ 508)**

DIREITO ADMINISTRATIVO. DESCONTO RETROATIVO. CONTRIBUIÇÃO PREVIDENCIÁRIA SOBRE GRATIFICAÇÃO NÃO RECOLHIDA.
Não é possível descontar, retroativa e diretamente em folha, os valores referentes à contribuição previdenciária incidente sobre gratificação recebida por servidor público quando a Administração deixa de recolher, por erro, na época própria. Em razão da natureza tributária da parcela, sua cobrança deve observar as normas do direito tributário, assegurando ainda ao servidor o direito ao contraditório e à ampla defesa. Precedentes citados: AgRg no AREsp 14.264-RJ, DJe 18⁄4⁄2012; AgRg nos EDcl no REsp 962.676-SC, DJe 15⁄6⁄2010, e AgRg no REsp 388.788-SC, DJe 19⁄3⁄2009. **AgRg no AREsp 95.329-RO, Rel. Min. Benedito Gonçalves, julgado em 23/10/2012. (Inform. STJ 507)**

DIREITO ADMINISTRATIVO. SERVIDOR PÚBLICO. APOSENTADORIA ESPECIAL.
A concessão de aposentadoria especial a servidor público depende de comprovação da efetiva nocividade da atividade realizada de forma permanente, nos termos do art. 57 da Lei n. 8.213/1991, enquanto não editada lei complementar que discipline o assunto. A EC n. 20/1998 garantiu o direito à concessão de aposentadoria especial aos servidores públicos que exerçam atividades em condições que prejudiquem a saúde ou a integridade física. O art. 40, § 4º, da CF, com redação dada pela EC n. 47/2005, estendeu o benefício aos servidores com deficiência física e aos que exerçam atividades de risco, nos termos definidos em lei complementar, ainda não editada. Assim, diante da omissão legislativa, o STF tem reconhecido a adoção do disposto no art. 57 da Lei n. 8.213/1991 para a concessão de aposentadoria especial aos servidores públicos. Precedente citado do STF: MI 1.683-DF, DJ 1º/10/2012. **RMS 36.806-PE, Rel. Min. Napoleão Nunes Maia Filho, julgado em 4/10/2012.(Inform. STJ 506)**

MILITAR. PENSÃO. MORTE.
Na espécie, três filhas do militar falecido (havidas no casamento) impetraram MS em razão do aparecimento de três outras filhas dele, as quais foram exitosas no pleito feito à administração militar de dividir com as impetrantes a pensão deixada pelo genitor. O tribunal *a quo* concedeu a segurança ao fundamento de que as três filhas que se habilitaram posteriormente não reuniam as condições legais para a percepção do benefício, por não fazerem parte do rol dos beneficiários declarados ao tempo da morte do militar. O entendimento do STJ é remansoso quando se trata de concessão de pensão, devendo o benefício ser regido pelas leis vigentes ao tempo do óbito do seu instituidor. *In casu*, o instituidor faleceu em 11/1/2004, por isso é aplicável a lei em vigor à época (Lei n. 3.765/1960). Além disso, a contribuição de 1,5% de sua remuneração, além dos 7,5% obrigatórios, foi realizada nos termos do art. 31 da MP n. 2.215-10/2001, o que garantia à sua prole a manutenção da pensão prevista na redação original do art. 7º da lei supradita. Assim, o acórdão recorrido não poderia ter estabelecido tratamento diferenciado entre as filhas do falecido, consoante dispõe o art. 227, § 6º, da CF/1988 e da própria lei já mencionada, que expressamente registra o direito dos filhos de qualquer situação e sexo. Com essas, entre outras considerações, a Turma deu provimento ao recurso. Precedentes citados: REsp 859.361-RS, DJe 29/11/2010; REsp 889.196-RJ, DJe 21/6/2010; AgRg no REsp 1.166.027-RJ, DJe 5/4/2010; RMS 33.588-DF, DJe 27/4/2011, e AgRg no REsp 1.224.476-PR, DJe 1º/4/2011. **REsp 1.188.756-MS, Rel. Min. Herman Benjamin, julgado em 4/8/2011.** (Inform. STJ 480)

REPETITIVO. APOSENTADORIA. DNER. ISONOMIA. DNIT.
Trata-se de recurso especial sob o regime do art. 543-C do CPC c/c Res. n. 8/2008 em que a Seção entendeu que o servidor aposentado do extinto DNER, ainda que passe a integrar o quadro de inativos do Ministério dos Transportes, deve ter como parâmetro de seus proventos a retribuição dos servidores ativos do DNER absorvidos pelo DNIT, pois essa autarquia é a sucessora do DNER, não havendo razão jurídica para qualquer disparidade. Assim, o fato de ter a lei transferido ao Ministério dos Transportes a responsabilidade pelo pagamento dos inativos do extinto DNER não pode tornar sem efeito a norma que determina a paridade entre ativos e inativos oriundos do mesmo quadro de pessoal, ainda que atualmente estejam vinculados a entidades distintas por força de legislação superveniente. Precedentes citados do STJ: AgRg no REsp 1.245.446-CE, DJe 1º/6/2011; AgRg no REsp 1.067.200-CE, DJe 1º/6/2009; do STF: RE 549.931-CE, DJ 17/12/2007. **REsp 1.244.632-CE, Rel. Min. Castro Meira, julgado em 10/8/2011.** (Inform. STJ 480)

DEPUTADOS ESTADUAIS. VERBAS INDENIZATÓRIAS. INCORPORAÇÃO. PROVENTOS. PENSÕES. IMPOSSIBILIDADE.
Trata-se de recurso em mandado de segurança interposto por ex-deputados estaduais, aposentados e pensionistas da extinta caixa de previdência parlamentar, visando à revisão da base de cálculo dos seus proventos e pensões, com fundamento no art. 6o da Lei estadual n. 4.274/1984, que reestrutura a caixa de previdência dos parlamentares. A Turma entendeu que a Lei estadual n. 7.244/1997, ao extinguir a caixa de previdência dos parlamentares, sucedida pela Assembleia Legislativa, facultou aos segurados o ressarcimento das contribuições pagas com o cancelamento da inscrição ou a inscrição no Plano de Seguridade Social dos Parlamentares, vedando expressamente o pagamento de benefício cujo valor mensal exceda à remuneração dos membros da Assembleia Legislativa. Assim, composta a remuneração dos parlamentares estaduais exclusivamente pelo subsídio em parcela única, os proventos ou pensões pagos aos inativos não poderão exceder tal subsídio, sob pena de violação do art. 8o da Lei estadual n. 7.244/1997 e ao art. 37, inciso XI, da CF. A ajuda de custo e quaisquer verbas pagas aos parlamentares a título de auxílio-moradia, gasolina, entre outras, que têm natureza evidentemente indenizatória, não integram a remuneração e não se incorporam aos proventos da inatividade. Com essas considerações, entre outras, a Turma negou provimento ao recurso. **RMS 27.872-BA, Rel. Min. Maria Thereza de Assis Moura, julgado em 27/9/2011.** (Inform. STJ 484)

EQUIPARAÇÃO. POLICIAL MILITAR. DISTRITO FEDERAL.
Discute-se o direito do recorrente, policial militar inativo do extinto Distrito Federal situado no Rio de Janeiro, em receber remuneração idêntica aos policiais militares do atual Distrito Federal. O art. 67 da Lei n. 10.486/2002, que dispõe sobre a remuneração dos militares do Distrito Federal, com efeitos a partir de 1º/10/2001, renovou expressamente o DL n. 1.015/1969 e a Lei n. 5.959/1973, passando a União a pagar integralmente os proventos e pensões dos policiais militares inativos do antigo Distrito Federal. O art. 65, § 2º, da Lei n. 10.486/2002 assegurou aos militares inativos e pensionistas integrantes da Polícia Militar e do Corpo de Bombeiros Militar do antigo Distrito Federal as vantagens previstas para os policiais militares do atual Distrito Federal. Assim, a Turma deu provimento ao recurso para reconhecer o direito do recorrente às vantagens asseguradas pela Lei n. 10.486/2002 aos policiais militares do atual Distrito Federal. Precedente citado: REsp 768.284-RJ, DJe 6/12/2010. **REsp 1.083.066-RJ, Rel. Min. Maria Thereza de Assis Moura, julgado em 8/11/2011.** (Inform. STJ 487)

PROVENTOS. APOSENTADORIA. ADICIONAL. LEI N. 1.711/1952. CARGO ISOLADO.
Trata-se de REsp oriundo de ação revisional de proventos de aposentadoria ajuizada ao fundamento de que o autor, ora recorrido, tem direito ao adicional previsto no art. 184, II, da Lei n. 1.711/1952, a incidir sobre a remuneração do cargo de ministro de tribunal superior por ele ocupado quando de sua passagem à inatividade, visto que, anteriormente à nomeação para tal cargo, havia adquirido esse direito de forma definitiva como desembargador federal. Subsidiariamente, caso rejeitado o primeiro pedido, pleiteou fosse reconhecida a incidência de tal vantagem sobre os vencimentos de desembargador federal. A Turma, ao renovar o jul-

gamento, por maioria, deu provimento ao recurso da União sob o fundamento, entre outros, de que o referido adicional é vantagem assegurada ao servidor que se aposenta na última classe do cargo de carreira, não sendo devida, portanto, a quem se aposenta em cargo de provimento isolado. Assim, consignou-se que, no caso em questão, o recorrido, ao tomar posse como ministro de tribunal superior, não deu continuidade à sua carreira de desembargador federal, mas passou a ocupar cargo isolado que, por sua vez, possui seu próprio complexo de direitos e deveres, inclusive no que se refere aos subsídios e aos proventos. Desse modo, tendo optado por aposentar-se nesse cargo, inacumulável com o de desembargador federal, o recorrido já não faz jus nem ao valor nem a qualquer parcela isoladamente considerada do subsídio ou dos proventos que poderia ter percebido na sua condição jurídica anterior. Frisou-se, ainda, ser o pedido subsidiário igualmente improcedente porque também representa uma pretensão de vantagem à base de um regime jurídico híbrido, semelhante à do pedido principal. Em ambos se busca adicionar aos proventos de ministro uma vantagem que a lei somente atribui a desembargador federal, sendo a diferença entre eles apenas quanto à base de cálculo da vantagem pretendida. Precedentes citados do STF: MS 21.732-DF, DJ 26/9/2003; MS 24.042-DF, DJ 31/10/2003; MS 25.552-DF, DJe 30/5/2008, e RE 278.718-SP, DJ 14/6/2002. **REsp 1.238.439-DF, Rel. Min. Teori Albino Zavascki, julgado em 1º/12/2011.** (Inform. STJ 488)

SERVIDOR PÚBLICO APOSENTADO. TRANSPOSIÇÃO. APOSTILAMENTO.

Trata-se de mandado de segurança em que a associação, ora impetrante, insurge-se contra ato do advogado-geral da União que negou o direito dos seus representados à transposição, ao apostilamento da denominação do cargo ocupado, bem como à transferência para a folha da Advocacia-Geral da União (AGU). Sustenta que seus representados possuem direito líquido e certo à transposição e, em consequência, aos benefícios dela decorrentes, porquanto deve haver isonomia entre ativos e inativos, consoante o art. 40, § 8º, da CF/1988 e art. 7º da EC n. 41/2003. Alega, ainda, que o parágrafo único do art. 189 da Lei n. 8.112/1990 também garante tal direito. Entende que a autoridade coatora, ao indeferir a transposição/apostilamento, descumpriu, inclusive, norma expressa nos arts. 19 e 19-A da Lei n. 9.028/1995 c/c o art. 5º da MP n. 71/2002. Portanto, a questão está em definir se os servidores aposentados, em carreira modificada por lei superveniente, possuem direito líquido e certo à transposição e ao apostilamento incidente sobre os ativos, com base na isonomia constitucional. A Seção entendeu que, como supedâneo normativo do pleito mandamental, não é possível invocar a legislação específica da transposição, já que ela é omissa em relação ao caso, pois somente tratou dos servidores ativos. Todavia, consignou que o referido pleito encontra amparo nos arts. 40, § 8º, da CF/1988 e 189 da Lei n. 8.112/1990. Observou-se que o STF fixou que a expressão "quaisquer benefícios ou vantagens" possui alcance amplo e permite inferir que os substituídos possuem direito ao apostilamento e que a aplicação da isonomia constitucional é realizada de forma automática, pressupondo tão somente uma lei que preveja tal direito aos ativos. Por fim, registrou-se que o atendimento do pleito mandamental não importará prejuízo ao erário, visto que os substituídos processuais vinculados à associação impetrante já percebem proventos equivalentes à denominação de advogado da União. Diante disso, concedeu-se a segurança e determinou-se a transposição e o apostilamento da denominação de advogado da União nos títulos de inatividade dos substituídos, além da transferência dos encargos dos servidores para a folha de pagamento da AGU. Precedentes citados do STF: RE 380.233-PB, DJ 5/11/2004; AgRg no AI 701.734-SP, DJe 6/6/2008, e AgRg no RE 466.531-RJ, DJe 3/10/2008. **MS 15.555-DF, Rel. Min. Humberto Martins, julgado em 25/5/2011.** (Inform. STJ 474)

FUNÇÃO COMISSIONADA. INCORPORAÇÃO. APOSENTADORIA.

A Turma negou provimento ao recurso ordinário em mandado de segurança, mantendo o entendimento do tribunal *a quo* de que não há previsão legal para a incorporação dos valores referentes à função comissionada que o recorrente exercia na atividade aos proventos de aposentadoria por invalidez, tendo em vista a revogação do art. 193 da Lei n. 8.112/1990. Consignou-se que o art. 7º da Lei n. 9.624/1998 ressalvou o direito à incorporação dos servidores que, até 19 de janeiro de 1995, tenham completado todos os requisitos para a obtenção da aposentadoria, o que não ocorreu no caso. Asseverou a Min. Relatora não haver violação do princípio da irredutibilidade de vencimentos por se tratar de vantagem de caráter *propter laborem*. **Precedentes citados: RMS 14.103-DF, DJ 15/12/2003, e RMS 20.036-MS, DJe 15/12/2009. RMS 22.996-DF, Rel. Min. Laurita Vaz, julgado em 25/11/2010.** (Inform. STJ 457)

PENSÃO CIVIL. MORTE. LEI VIGENTE.

É cediço que, conforme o princípio *tempus regit actum*, a lei que disciplina a concessão de benefício previdenciário é a que vige quando se implementam os requisitos necessários para sua obtenção (*vide* Súm. n. 340-STJ). Isso se dá, também, com a pensão por morte de servidor público (no caso, ministro aposentado). Contudo, o falecimento do servidor é o requisito necessário à obtenção desse benefício. Assim, a data de implemento desse requisito não pode ser confundida com a data de sua aposentadoria. Antes do falecimento, há apenas expectativa de direito, e não direito subjetivo desde logo exigível (direito adquirido), hipótese em que se permite a incidência de novel legislação se alteradas as normas que regem esse benefício (*vide* Súm. n. 359-STF). Caso contrário, estar-se-ia a garantir direito adquirido à manutenção de regime jurídico, o que é repudiado pela jurisprudência. Por isso, o STF, o STJ e mesmo o TCU entendem que, se falecido o servidor na vigência da EC n. 41/2003 e da Lei n. 10.887/2004, o respectivo benefício da pensão devido ao cônjuge supérstite está sujeito a esses regramentos. Esse entendimento foi, justamente, o que a autoridade tida por coatora considerou no cálculo do montante do benefício em questão, não havendo reparos a seu ato. **Precedentes citados do STF: MS 21.216-DF, DJ 6/9/1991; AI 622.815-PA, DJe 2/10/2009; do STJ: AgRg no RMS 27.568-PB, DJe 26/10/2009. MS 14.743-DF, Rel. Min. Teori Albino Zavascki, julgado em 16/6/2010.** (Inform. STJ 439)

MILITAR. RESERVA NÃO REMUNERADA. PENSÃO.

A Turma reafirmou que o oficial "demitido a pedido" antes do advento da MP n. 2.131/2000 (reeditada sob o n. 2.215-10/2001) e transferido para a reserva não remunerada não se enquadra no conceito de militar dado pela Lei n. 6.880/1980 nem no conceito de "atuais militares" previsto no art. 31 da mencionada MP, não tendo direito adquirido à manutenção da pensão nos termos do art. 7º da Lei n. 3.765/1960. **Precedentes citados: REsp 871.269-RJ, DJe 12/5/2008; AgRg no REsp 601.721-PE, DJe 1º/2/2010; REsp 628.140-RS, DJ 17/9/2007, e REsp 647.656-RJ, DJ 21/3/2005. REsp 889.196-RJ, Rel. Min. Maria Thereza de Assis Moura, julgado em 25/5/2010.** (Inform. STJ 436)

AR. EX-COMBATENTE. PENSÃO ESPECIAL.

Cuida-se de ação rescisória ajuizada por 20 autores com o objetivo de desconstituir acórdão da Quinta Turma deste Superior Tribunal que, em REsp, indeferiu pedido de pensão especial para ex-combatentes. A questão central consiste na análise da condição de ex-combatentes dos autores originais, nos termos do art. 1º, § 2º, a, II, da Lei n. 5.315/1967 e art. 53 do ADCT. Note-se, no entanto, que, no início do julgamento, a Seção acolheu preliminar suscitada pelo Min. Felix Fischer (Revisor) e determinou a conversão do feito em diligência para que os autores providenciassem a juntada de procuração atualizada, visto que, nos autos da rescisória, só havia procurações antigas para o ajuizamento da ação de conhecimento. Em cumprimento à diligência, somente nove autores regularizaram a representação, os 11 restantes já haviam falecido à época da propositura da ação principal. O Min. Revisor divergiu parcialmente do Min. Relator quanto à habilitação dos sucessores processuais dos autores já falecidos da ação original, os quais separou em três grupos: quanto aos autores falecidos antes do ajuizamento da ação ordinária, a decisão rescindenda deve ser considerada inexistente, visto que os mandatos outorgados extinguiram-se juntamente com o falecimento dos outorgantes e porque ficaram impossibilitados de figurar no polo ativo da demanda de conhecimento, razão pela qual, na rescisória, declara-se a nulidade daquele julgado em relação a eles; quanto ao grupo dos autores falecidos entre o ajuizamento e o trânsito em julgado da ação de conhecimento, o Min. Revisor levou em conta que não houve a habilitação dos sucessores na ação original como seria de rigor, em observância aos arts. 1.050 e 1.060 do CPC, daí extinguir a rescisória sem resolução de mérito diante da falta de pressuposto de constituição e de desenvolvimento válido e regular do processo, entendendo incabível a habilitação somente nesses autos; por fim, quanto aos autores falecidos após o ajuizamento da rescisória, deferiu o pedido de habilitação dos sucessores. Ressaltou-se que a situação posta na rescisória é peculiar, uma vez que todas as procurações dos autores falecidos foram outorgadas para ação de conhecimento em 1992, com exceção de uma, em 1993; na maioria das procurações, não consta sequer a data e o mês em que foram firmadas. Por outro lado, destacou-se que a ação originária somente foi ajuizada em 24/5/1995, ou seja, dois anos após a outorga da última procuração relativa à sucessão processual. No entanto, houve o reconhecimento, exceção de um, de todos os demais autores que efetivamente participaram de missões de patrulhamento para vigilância e segurança do litoral brasileiro durante a Segunda Guerra Mundial, motivo pelo qual prospera o pedido rescisório; pois, de acordo com a jurisprudência deste Superior Tribunal, eles são considerados ex-combatentes. Precedentes citados: EREsp 255.376-SC, DJ 12/5/2003; AR 2.902-SC, DJ 26/2/2007, e REsp 1.021.837-SC, DJe 28/4/2008. **AR 3.285-SC, Rel. originário Min. Nilson Naves, Rel. para acórdão Min. Felix Fischer, julgada em 26/5/2010.** (Inform. STJ 436)

COMPLEMENTAÇÃO. APOSENTADORIA. CREDENCIAMENTO.
Segundo a jurisprudência do STJ, o art. 1º, parágrafo único, da LC n. 200/1974 do Estado de São Paulo assegurou o direito à complementação de aposentadorias e pensões aos servidores daquele estado admitidos até 13 de maio de 1974 e a seus dependentes. Na hipótese, a servidora, em março de 1974, iniciou sua prestação de serviços ao instituto de previdência daquele estado na qualidade de credenciada, exercendo a função de advogada pública (procuradora autárquica). Contudo, em 4 de novembro de 1976, foi contratada como procuradora autárquica com efeitos que retroagiram a 1º de julho de 1976. Daí que presente o direito adquirido, mostrando-se o credenciamento como forma de disfarçar verdadeira relação de trabalho. Anote-se que houve o recolhimento de contribuições ao INSS e ao FGTS nesse período, que foi computado, para aposentadoria, pela própria Administração em certidão de tempo de serviço. Então, é possível aproveitá-lo para concessão de complementação de aposentadoria, tal como requerido. Com esse entendimento, a Turma, ao prosseguir o julgamento, deu provimento ao especial. **REsp 1.182.987-SP, Rel. Min. Nilson Naves, julgado em 15/4/2010.** (Inform. STJ 430)

PRESCRIÇÃO. FUNDO DE DIREITO.
In casu, o recorrente ajuizou ação de reparação de danos materiais e morais em desfavor de estado federado, alegando ter sido lesado por ato do Tribunal de Justiça (TJ) daquele estado, o qual, de maneira ilegítima, determinou sua aposentadoria compulsória a partir de 2/4/1999. Assim, requereu a condenação do recorrido a reparar os danos materiais correspondentes ao decréscimo patrimonial suportado, a ser determinado a partir do saldo entre o rendimento líquido mensal auferido enquanto desempenhava as atividades de notário, subtraído dos valores recebidos a título de aposentadoria, bem como os danos morais, além da fixação de uma verba mensal vitalícia equiparada a sua renda na ativa. O magistrado de primeira instância extinguiu o processo com resolução do mérito, em razão do decurso do prazo prescricional de cinco anos estatuído no art. 1º do Dec. n. 20.910/1932, o que foi encampado pelo TJ. No REsp, o recorrente sustenta que o Tribunal *a quo* infringiu os arts. 1º e 3º do referido decreto, uma vez que os danos causados por força de sua aposentadoria compulsória renovam-se todos os meses, atraindo, assim, de forma peremptória, a aplicação da Súm. n. 85-STJ. A Turma entendeu que o direito reclamado na ação indenizatória originalmente proposta respalda-se na suposta ilegitimidade de conduta estatal positiva consubstanciada na aposentadoria compulsória do recorrente, de forma que a prescrição deve ser aferida a partir do momento em que o referido ato começou a ser eficaz e surtir efeitos, ou seja, em abril de 1999. Desse modo, proposta a ação apenas em 2006, é inequívoco que a prescrição atingiu o fundo de direito, não havendo que se cogitar de incidência da Súm. n. 85-STJ, na medida em que se procura atacar conduta comissiva da Administração Pública que acarretou o não recebimento da quantia postulada. **REsp 1.159.935-RJ, Rel. Min. Castro Meira, julgado em 3/12/2009.** (Inform. STJ 418)

LICENÇA. CAPACITAÇÃO. APOSENTADORIA VOLUNTÁRIA.
In casu, a controvérsia estabeleceu-se em virtude de acordo entre a universidade ora recorrente e a servidora pública – professora universitária – ora recorrida, com o escopo de conceder a ela licença com vencimentos para capacitação (doutorado), no período de 4/3/1991 a 3/3/1995, cujo grau de "Doutora em Ciências Humanas: Ciência Política" foi obtido em 2/2/1994. Entre as obrigações da recorrida oriundas do referido pacto, encontrava-se a de que, ao retornar da licença, ela deveria trabalhar pelo tempo correspondente ao afastamento, incluídas as prorrogações, sob pena de indenização de todas as despesas. Porém, a recorrida aposentou-se voluntariamente antes de satisfazer tal exigência. Assim, a questão está em saber se a aposentadoria voluntária interrompe o vínculo com a Administração Pública e, em consequência, descumpre o pactuado entre a servidora e a Administração com esteio nas normas previstas no Dec. n. 94.664/1987. A Turma, ao prosseguir o julgamento, deu provimento ao recurso ao fundamento de que, diante dos princípios da moralidade e da boa-fé no âmbito do serviço público, o servidor deve indenizar a Administração Pública pelo descumprimento de contraprestação estabelecida para capacitação de doutoramento, ainda que exerça seu direito constitucional à aposentadoria, visto que a finalidade do ato administrativo de custear os estudos não se limita ao usufruto próprio do servidor, mas também à necessidade de contraprestação perante a Administração. Ademais, o art. 47 do Dec. n. 94.664/1987 encontra sua revogação tácita e material apenas com a edição da MP n. 441/2008, posteriormente convertida na Lei n. 11.907/2009. Ressalte-se que, anterior a esse período, pela Lei n. 8.112/1990, o âmbito da revogação do dispositivo legal estende-se apenas aos dispositivos correlatos. Desse modo, não havendo dispositivo correlato no Estatuto dos Servidores Públicos, permanecia em vigor o referido decreto, ante a sua força normativa, sua recepção material e compatibilidade com a CF/1988, nos termos do art. 2º, § 1º, da LICC. **Precedentes citados: REsp 647.797-DF, DJ 1º/8/2005; AgRg no REsp 707.180-DF, DJ 5/2/2007, e REsp 939.439-PR, DJe 1º/12/2008. REsp 805.392-MG, Rel. Min. Maria Thereza de Assis Moura, julgado em 3/11/2009.** (Inform. STJ 414)

PENSÃO ACIDENTÁRIA. ÉPOCA. FATO GERADOR.
Na espécie, a viúva pretende receber pensão acidentária pela morte de seu marido, falecido em data anterior à edição das Leis estaduais ns. 2.473/1961 e 9.683/1988. Mas a Turma negou provimento ao recurso, por entender que a recorrente não faz jus à percepção do benefício, porquanto, na data do óbito, não havia previsão legal para sua concessão. Conforme o entendimento deste Superior Tribunal, a concessão de benefício previdenciário deve observar a eventual legislação vigente à época da circunstância fática autorizadora do pagamento do benefício. **RMS 20.424-MG, Rel. Min. Maria Thereza de Assis Moura, julgado em 6/10/2009.** (Inform. STJ 410)

REAJUSTE. JUIZ CLASSISTA APOSENTADO.
O art. 7º da Lei n. 6.903/1981 assegurava que os proventos dos juízes temporários aposentados deviam ser reajustados não de acordo com a remuneração dos togados, mas sim conforme o valor percebido pelos juízes classistas em atividade (art. 75 da LC n. 35/1979). Assim, essa remuneração, diante da desvinculação promovida pela Lei n. 9.655/1998, está sujeita aos mesmos reajustes concedidos aos demais servidores públicos federais. **Precedentes citados do STF: RE 391.792-RS, DJ 20/4/2006; do STJ: REsp 947.414-RS, DJe 9/3/2009. REsp 1.114.730-RJ, Rel. Min. Laurita Vaz, julgado em 10/9/2009.** (Inform. STJ 406)

EX-COMBATENTE. PENSÃO ESPECIAL. PRESCRIÇÃO.
In casu, entre outros temas, discute-se se as autoras, maiores de 21 anos e filhas de militar ex-combatente, após o falecimento da genitora, teriam direito também às parcelas da pensão anteriores ao quinquênio da propositura desta ação. O ex-combatente faleceu em 3/7/1990, ou seja, antes da vigência da Lei n. 8.059, de 4/7/1990, quando ainda estava vigente a Lei n. 3.765/1960 e o momento do óbito do instituidor do benefício é que determina o direito à pensão. Por isso, a Turma, ao prosseguir o julgamento, por maioria, deu provimento ao recurso das agravantes, considerando devidas as parcelas anteriores ao quinquênio que precedeu o ajuizamento desta ação. Pois, no art. 28 da Lei n. 3.765/1960, havia expressa previsão de que a pensão militar poderia ser requerida a qualquer tempo, sendo devidas as parcelas vencidas no quinquênio que anteceder o pedido administrativo ou, na ausência desse, o ajuizamento da ação. Ademais, a CF/1988, no art. 53 do ADCT, não criou óbice ao deferimento da pensão à filha maior de ex-combatente falecido, abstendo-se de definir as condições necessárias à habilitação de alguém como dependente de ex-combatente, assim, deixou que a lei ordinária o fizesse, o que só ocorreu na vigência da Lei n. 8.059/1990. Por outro lado, a tese vencida defendia que o disposto no art. 28 da Lei n. 3.765/1960 abrigava o direito das filhas maiores de receber pensões de pais militares, não podendo ser aplicado à pensão especial de ex-combatente. **Precedentes citados: REsp 909.240-SC, DJe 1º/12/2008; AgRg no REsp 896.945-RS, DJe 29/6/2009, e Ag 1.139.236-SC, DJe 10/6/2009. AgRg no REsp 1.020.025-SC, Rel. originário Min. Celso Limongi (Desembargador convocado do TJ-SP), Rel. para acórdão Min. Nilson Naves, julgado em 18/8/2009.** (Inform. STJ 403)

MS. CARTÓRIO. DELEGAÇÃO. APOSENTADORIA.
A impetrante do *mandamus*, antiga titular de cartório extrajudicial, insurge-se contra o ato do presidente do TJ, que, diante de sua aposentadoria voluntária, declarou a estatização da serventia e a vacância da titularidade. Alega, entre outros, sua vitaliciedade (CF/1967) e a incompetência da autoridade coatora para expedir tal ato. Sucede que o respectivo Conselho Superior de Magistratura, a autoridade competente, após a impetração do *writ*, ratificou o ato e aventou a perda de objeto do MS pela errônea indicação da autoridade coatora, o que foi acolhido pelo TJ quando do julgamento da ordem. Nesse contexto, a alegação de perda de objeto soa como *venire contra factum proprio*, conduta vedada ao agente público em razão da aplicação, também na seara pública, do princípio da boa-fé objetiva (art. 2º, parágrafo único, IV, da Lei n. 9.784/1999). Nem sequer se

pode falar em aplicação da teoria da encampação, porque seus requisitos não estão presentes (vínculo hierárquico entre as autoridades, ausência de modificação de competência estabelecida na CF/1988 e manifestação a respeito do mérito nas informações prestadas). Porém, não há que confundir extinção da delegação, de iniciativa de lei do Poder Legislativo, com extinção de cargo ou ofício do Poder Judiciário. Dessa última não se trata no caso, tanto que foi declarada a vacância (existe, mas não está ocupado), situação que afasta a alegação de inconstitucionalidade formal da Lei n. 8.935/1994 (a de inconstitucionalidade material não pode ser conhecida dada a deficiência de sua fundamentação, o que impede sua exata compreensão). Anote-se, outrossim, que a delegação não é título de nobreza nem título acadêmico: ela existe não em função da pessoa, mas sim em função do interesse público primário, sendo até lógico existirem previsões legais que ensejam sua perda ou extinção, tal qual determina o art. 39, II, da Lei n. 8.935/1994, que prevê a extinção da delegação em casos de aposentação voluntária, o que se deu na hipótese. Por último, é de convir que, como consabido e sempre reiterado pela jurisprudência, não há direito adquirido perante estatuto. **Precedentes citados do STF: AgRg no AI 609.997-DF, DJe 13/3/2009; AgRg no RE 425.579-RJ, DJ 8/6/2007 ; do STJ: REsp 47.015-SP, DJ 9/12/1997, e REsp 967.984-RJ, DJe 6/5/2009. RMS 29.493-MS, Rel. Min. Humberto Martins, julgado em 23/6/2009.** (Inform. STJ 400)

APOSENTADORIA. INVALIDEZ. PROVENTOS.

Trata-se, originariamente, de mandado de segurança em que a impetrante, ora recorrente, insurgiu-se contra o ato do TJ consubstanciado na concessão de sua aposentadoria por invalidez, com proventos proporcionais, nos termos do art. 219, II, do estatuto dos funcionários públicos civis estadual aprovado pelo DL estadual n. 2.479/1979, com base em conclusão do departamento de saúde daquele tribunal de que a servidora é portadora de torcicolo espasmódico e transtorno de adaptação. No RMS, a recorrente alega que é portadora da mencionada doença incurável, com progressiva perda dos movimentos, diagnosticada após criteriosos exames e acompanhamentos realizados por um dos maiores especialistas em neurologia daquele estado, cujo laudo, constante dos autos, foi inteiramente ignorado pelos médicos que assinaram e encaminharam o ato de aposentadoria. Alega, ainda, que, para o encaminhamento de tal ato, só um médico examinou-a enquanto os demais não a assistiram em momento algum, em qualquer de suas consultas e muito menos estiveram presentes ao ato final conclusivo da avaliação de seu estado de saúde. A Turma, ao prosseguir o julgamento, negou provimento ao recurso ao fundamento de que não se evidenciou, nos autos, que a referida moléstia (torcicolo espasmódico) tem previsão legal como uma das doenças taxativamente previstas pelo legislador para fins de concessão de aposentadoria com proventos integrais. Desse modo, independentemente de ser necessária ou não a participação de três neurologistas para elaborar o laudo ora combatido e do exame da servidora pelos três profissionais que assinaram o referido laudo, o que não foi demonstrado pela recorrente, com base nos dispositivos legais aplicáveis ao caso, versando a hipótese acerca de moléstia que não está prevista expressamente em lei, não há direito líquido e certo da impetrante à aposentadoria com proventos integrais. **Precedentes citados: STF: RE 353.595-TO, DJ 27/5/2005; RE 175.980-SP, DJ 20/2/1998; do STJ: AgRg no REsp 1.024.233-PR, DJe 4/8/2008; REsp 953.395-DF, DJe 3/3/2008, e MS 8.334-DF, DJ 19/5/2003. RMS 22.837-RJ, Rel. Min. Paulo Gallotti, julgado em 23/6/2009.** (Inform. STJ 400)

EX-MILITAR. DEPENDENTES. PENSÃO.

A Turma desproveu o recurso, reiterando ser indevida a pensão prevista na LC estadual n. 53/1990 a dependentes de militar excluído da corporação em 2003, após o advento da Lei n. 9.717/1998, por ser vedada a concessão de benefícios previdenciários distintos da Lei n. 8.213/1991, que instituiu o regime geral da previdência social. **Precedentes citados: RMS 22.586-MS, DJ 7/2/2008, e REsp 620.188-MS, DJ 14/5/2007. AgRg no AgRg no REsp 1.089.226-MS, Rel. Min. Felix Fischer, julgado em 26/5/2009.** (Inform. STJ 396)

RESTITUIÇÃO. BENEFÍCIO. ANTECIPAÇÃO. TUTELA.

A Turma reafirmou que, revogada a tutela antecipada, no trato de verba previdenciária, não há que falar em restituição dos valores recebidos diante de seu caráter alimentar e de não estar configurada fraude ou má-fé do segurado em seu recebimento. Quanto à devolução de parcelas pagas após a revogação da tutela, além de estar preclusa a discussão no âmbito do agravo, pesa o fato de que, enquanto não mais obrigado ao pagamento, o instituto, mesmo assim, efetuou-o sob sua conta e risco, o que afasta sua necessária devolução, haja vista todos os motivos acima explanados. **Precedentes citados: REsp 991.030-RS, DJ 15/10/2008, e AgRg no Ag 399.531-RJ, DJ 9/2/2004. AgRg no Ag 1.101.490-RS, Rel. Min. Celso Limongi (Desembargador convocado do TJ-SP), julgado em 26/5/2009.** (Inform. STJ 396)

PENSÃO. EX-PARLAMENTAR. GRATIFICAÇÃO NATALINA.

Trata-se de REsp em que se discute o direito de ex-parlamentares federais pensionistas do extinto Instituto de Previdência dos Congressistas (IPC) a receber a gratificação natalina. A Turma, ao prosseguir o julgamento, deu provimento ao recurso da União, reiterando o entendimento de que os ex-parlamentares filiados ao extinto IPC não possuem direito à gratificação natalina, uma vez que inexiste previsão legal a amparar tal pretensão. Vale ressaltar que a analogia utilizada pelo acórdão recorrido não tem pertinência, isso porque o DL n. 2.310/1986 aplica-se, exclusivamente, aos funcionários, civis e militares, da União, dos territórios, das autarquias federais e aos membros do Poder Judiciário da União, do DF e dos Territórios e do TCU, o que não é o caso. **Precedentes citados: REsp 837.188-DF, DJ 4/8/2008; AgRg no REsp 742.171-DF, DJ 2/3/2009, e RMS 15.476-BA, DJ 12/4/2004. REsp 801.160-DF, Rel. Min. Laurita Vaz, julgado em 16/4/2009.** (Inform. STJ 390)

PENSÃO. COMPANHEIRA. EX-POLICIAL MILITAR.

A recorrente pretende o recebimento de benefício de pensão decorrente da exclusão de seu companheiro da Polícia Militar estadual com base no art. 117 da LC estadual n. 53/1990. Porém, a Turma, por maioria, negou provimento ao recurso, por entender que, com a superveniência da Lei federal n. 9.717/1998 – que dispõe sobre norma geral da previdência social –, tornou-se vedada a concessão de benefícios previdenciários distintos daqueles previstos na Lei n. 8.213/1991, dentre os quais a pensão devida aos dependentes de ex-militar que for excluído das fileiras da Polícia Militar do estado. **Precedentes citados: RMS 22.353-MS, DJ 7/2/2008, e RMS 22.586-MS, DJ 7/2/2008. RMS 27.775-MS, Rel. Min. Laurita Vaz, julgado em 17/3/2009.** (Inform. STJ 387)

SERVIDORES PÚBLICOS. TEMPO. SERVIÇO. EMPRESAS ESTATAIS.

In casu, pretende-se desconstituir acórdão que manteve a sentença a qual julgou improcedente o pedido na ação em que os ora recorrentes, servidores públicos federais, buscam a averbação do período trabalhado na Caixa Econômica Federal e no Banco do Brasil para todos os fins, especialmente, para concessão de licença-prêmio e adicional de tempo de serviço. A Turma, por maioria, negou provimento ao recurso, por entender que o tempo de serviço prestado àquelas instituições somente pode ser computado na forma prevista no art. 103, V, da Lei n. 8.112/1990 (contar-se-á apenas para efeito de aposentadoria e disponibilidade o tempo de serviço em atividade privada vinculada à Previdência Social), visto que se trata respectivamente de empresa pública e sociedade de economia mista, sujeitando-se, assim, ao regime próprio das empresas privadas, inclusive quanto aos direitos e obrigações civis, comerciais, trabalhistas e tributárias (art. 173, §1º, II, da CF/1988). **Precedentes citados: RMS 25.847-ES, DJ 28/10/2008, e RMS 10.717-RS, DJ 10/4/2000. REsp 960.200-RS, Rel. Min. Arnaldo Esteves Lima, julgado em 10/3/2009.** (Inform. STJ 386)

PENSÃO VITALÍCIA. SERINGUEIRO.

O TJ condenou a autarquia ao pagamento retroativo das parcelas de pensão vitalícia percebida pelo recorrido, desde a vigência da Lei n. 7.986/1989, em razão de sua condição de seringueiro na Amazônia, durante a Segunda Guerra Mundial. Sustenta o recorrente que o benefício somente é devido a partir da data de seu requerimento administrativo. Diante disso, a Turma deu provimento ao recurso por entender que o art. 54 do ADCT concedeu pensão mensal vitalícia no valor de dois salários mínimos aos seringueiros que, durante a Segunda Guerra Mundial, contribuíram para o esforço de guerra, trabalhando na produção de borracha na região amazônica. *In casu*, o autor requereu administrativamente o benefício, obteve seu deferimento e recebeu o montante relativo aos valores compreendidos entre a data do requerimento e a da respectiva concessão. Quanto ao aspecto social da questão e em estrita observância ao princípio da legalidade, não há falar em percepção de valores anteriores ao requerimento administrativo, uma vez que o INSS agiu conforme os ditames do art. 5º, parágrafo único, da Lei n. 7.986/1989. **Precedente citado: REsp 779.740-PA, DJ 8/11/2005. REsp 801.172-PA, Rel. Min. Arnaldo Esteves Lima, julgado em 10/2/2009.** (Inform. STJ 383)

PENSÃO POR MORTE. UNIVERSITÁRIA. MAIOR DE 21 ANOS.
A Turma reiterou o entendimento de que, nos termos do art. 217, II, **a**, da Lei n. 8.112/1990, a pensão pela morte de servidor público federal é devida aos filhos até o limite de 21 anos de idade, salvo se inválido, não se podendo estender até os 24 anos para os estudantes universitários, por falta de previsão legal. **Precedentes citados: AgRg no REsp 945.426-PR, DJ 13/10/2008; RMS 10.261-DF, DJ 10/4/2000; REsp 772.580-PB, DJ 23/8/2006; REsp 612.974-ES, DJ 7/6/2006, e REsp 744.840-RN, DJ 10/8/2005. REsp 939.932-PB, Rel. Min. Arnaldo Esteves Lima, julgado em 5/2/2009.** (Inform. STJ 382)

COMPETÊNCIA. SERVIDOR PÚBLICO APOSENTADO. SÚM. N. 147-STJ.
O então conselheiro da universidade federal ofertou parecer desfavorável em recurso manejado por aluno. Ao ensejo do julgamento definitivo, ele já estava aposentado, mesmo assim foi chamado a comparecer ao conselho para prestar esclarecimentos complementares. Nessa ocasião, ao final, aquele colegiado entendeu negar provimento ao recurso. Inconformado, o aluno perseguiu o ex-conselheiro pelos corredores daquela instituição e lhe dirigiu palavras injuriosas, o que o levou a causar lesões corporais nesse estudante. Diante disso, vê-se que os supostos crimes (de lesão corporal e contra a honra) ocorreram enquanto o funcionário público federal já estava aposentado, a afastar a incidência da Súm. n. 147-STJ, mesmo ao sopesar-se o fato de ter comparecido à universidade para esclarecer fato ocorrido quando ainda estava na ativa. Assim, fixou-se a competência do juízo estadual. **Precedente citado: RHC 8.043-PI, DJ 29/3/1999. CC 88.262-SE, Rel. Min. Og Fernandes, julgado em 8/10/2008.** (Inform. STJ 371)

MS. SERVIDOR PÚBLICO APOSENTADO.
O impetrante, que se aposentou como servidor da Justiça Federal, obteve, mediante ação judicial, o direito de ter acrescido aos seus vencimentos o percentual de 26,05% da URP de fevereiro de 1989. Isso efetivamente ocorreu até o advento da Lei n. 10.475/2002, que reestruturou as carreiras dos servidores do Poder Judiciário Federal. Em razão dessa lei, o STF editou a Res. n. 234 com uma nova tabela de remuneração. Há de se ter em conta que a decisão judicial que concedeu ao impetrante o direito ao recebimento da URP de fevereiro de 1989 fê-lo baseado nas leis vigentes naquela época (1990). Assim, não há ofensa à coisa julgada material quando ela é formulada com base em uma determinada situação jurídica que perde vigência ante o advento de nova lei reguladora das situações jurídicas já formadas, modificando o *status quo* anterior. **MS 11.145-DF, Rel. Min. João Otávio de Noronha, julgado em 20/8/2008.** (Inform. STJ 364)

PENSÃO. MORTE. SERVIDOR ESTADUAL.
A Turma negou provimento ao RMS ao entendimento de que, nesse caso, não tem aplicação a Lei n. 8.213/1991, norma específica para o regime geral de previdência social. Assim, a pensão a que faz jus o ex-cônjuge do falecido, servidor público estadual, tem como limite o percentual que já recebia a título de alimentos, conforme prevê a legislação estadual pertinente. Ressalte-se que o ente federado é livre para, em razão da autonomia concedida pela Constituição da República e atento apenas aos limites que ela mesma impõe, dispor sobre o estatuto de seu pessoal, inclusive sobre a seguridade social de seus servidores. **RMS 25.178-AM, Rel. Min. Felix Fischer, julgado em 18/3/2008.** (Inform. STJ 349)

PENSÃO ESPECIAL. EX-COMBATENTE. TERMO INICIAL. JUROS. MORA.
Para efeito de concessão da pensão especial prevista no art. 53 do ADCT, considera-se também ex-combatente o integrante da Marinha Mercante nacional que tenha participado de pelo menos duas viagens em zonas de ataque submarino, no período de 22/3/1941 a 8/5/1945, independentemente do tipo e do porte da embarcação utilizada, nos termos da Lei 5.315/1967. Ressalte-se que não há falar em parcelas pretéritas referentes ao qüinqüênio que antecedeu o ajuizamento da ação, isso porque o requerimento administrativo do recorrente é um dos requisitos para o pagamento do referido benefício. Inexistindo tal requerimento, não há dívida anterior a ser paga. Os juros de mora contra a Fazenda Pública, nas causas iniciadas após a edição da MP n. 2.180-35/2001, que incluiu o art. 1º na Lei 9.494/1997, como ocorrido na espécie, devem incidir no percentual de 6% ao ano. Diante disso, a Turma deu parcial provimento ao REsp a fim de reconhecer o direito do recorrente à pensão especial de ex-combatente a partir da citação. **REsp 891.866-SC, Rel. Min. Arnaldo Esteves Lima, julgado em 4/3/2008.** (Inform. STJ 347)

PENSÃO ESPECIAL. EX-COMBATENTE. CERTIDÃO.
É consabido que o art. 53, II, do ADCT garante pensão especial aos ex-combatentes participantes da 2ª Guerra Mundial. No caso, o Tribunal *a quo* reputou ser válida e suficiente a certidão do Ministério da Marinha (art. 1º, §§ 1º e 2º, da Lei n. 5.315/1967) de que o falecido esposo da ora agravada prestou efetivo serviço de operação de guerra. Afastar a presunção de veracidade dessa certidão, expedida por autoridade competente, com fins de questionar a condição de ex-combatente é vetado em sede de recurso especial (Súm. n. 7-STJ). **AgRg no REsp 968.269-PE, Rel. Min. Napoleão Nunes Maia Filho, julgado em 28/2/2008.** (Inform. STJ 346)

FUNCIONÁRIO PÚBLICO. MORTE. PENSÃO TEMPORÁRIA. BENEFICIÁRIO. IDADE LIMITE.
Prosseguindo o julgamento, a Corte Especial decidiu que somente cabe a pensão temporária por morte de servidor público civil a dependente menor de 21 anos, salvo no caso de inválido (art. 222 da Lei n. 8.112/1990). Inexiste direito líquido e certo com previsão legal que assegure a concessão a estudante universitário até 24 anos de idade. **Precedentes citados: REsp 639.487-RS, DJ 1º/2/2006; RMS 10.261-DF, DJ 10/4/2000; REsp 638.589-SC, DJ 12/12/2005, e REsp 729.565-CE, DJ 1º/2/2006. MS 12.982-DF, Rel. Min. Teori Albino Zavascki, julgado em 1º/2/2008.** (Inform. STJ 343)

PENSÃO. EX-COMBATENTE. MARINHA MERCANTE. VIAGEM. ZONA. GUERRA.
É possível a concessão de pensão especial referente ao ex-combatente da Segunda Guerra Mundial ao integrante da Marinha Mercante que tenha realizado, pelo menos duas vezes, viagens a zonas sujeitas a ataques de submarinos. Precedentes citados: AgRg no REsp 668.328-SC, DJ 21/5/2007; AgRg no REsp 853.041-SC, DJ 16/10/2006, e AgRg no Ag 690.340-SC, DJ 20/3/2006. **AR 3.137-PB, Rel. Min. Laurita Vaz, julgado em 12/12/2007.** (Inform. STJ 342)

PENSÃO MILITAR. FILHA MAIOR DE 21 ANOS.
Cuida-se de pensão militar dividida em três partes, com 50% destinados à filha do primeiro matrimônio. A segunda mulher do militar falecido pleiteia que a divisão, em partes iguais, faça-se apenas entre as ex-esposas. A sentença deu-lhe razão, determinando o pagamento de 50 % da pensão à autora e a outra metade à ex-mulher, revertendo em favor delas a pensão da filha, ora cancelada, da mesma forma, o acórdão recorrido. A Min. Relatora negava provimento ao recurso da União por entender que, na época do falecimento do militar, estava em vigor a lei que afastava o direito à pensão da filha maior de 21 anos. Para o Min. Nilson Naves, a divisão de pensão entre as ex-esposas é solução justa. Mas, no caso, não se pode deixar à margem dos acontecimentos o art. 31 e seus parágrafos da MP n. 2.215/2001 – normas de transição. O dispositivo acima constitui exceção ao art. 7º da Lei n. 3.765/1960, na redação do art. 27 da MP 2.215-10/2001. Assim, aqueles que eram militares na data da entrada em vigor da referida MP têm o direito à manutenção dos benefícios da Lei n. 3.765/1960, mormente no que se refere ao rol de beneficiários, desde que contribuam com mais 1,5% de sua remuneração. É o caso dos autos. Trata-se de regra de transição entre o novo e o antigo regime de pensões militares, bem como forma de contraprestação específica para manutenção das filhas maiores de 21 anos como beneficiárias da aludida pensão militar, qual seja, o desconto adicional e opcional de mais 1,5% além dos 7,5% obrigatórios. E, trazendo acórdãos do Tribunal de Contas da União – TCU ns. 797/2005 e 3.886/2006, o Ministro acrescentou que solução diversa privaria a norma em questão de sua vigência, eficácia e validade. Assim, proveu o recurso da União a fim de rejeitar o pedido formulado pela autora. Isso posto, a Turma, ao prosseguir o julgamento, por maioria, deu provimento ao recurso da União. <a href=&%&http://www.stj.gov.br/webstj/processo/justica/jurisprudencia.asp?tipo=num_pro&valor=**REsp 871269-RJ**&%& target=&%&new&%&>**REsp 871.269-RJ, Rel. originária Min. Maria Thereza de Assis Moura, Rel. para acórdão Min. Nilson Naves, julgado em 11/12/2007.** (Inform. STJ 342)

RENÚNCIA. APOSENTADORIA. APROVEITAMENTO. TEMPO.
É cabível a renúncia à aposentadoria sob o regime geral com o intuito de ingresso em outro, estatutário, visto tratar-se de direito disponível. Esse ato tem efeito *ex nunc* e não gera o dever de devolver os valores recebidos. Enquanto perdurou a primeva aposentadoria, os pagamentos realizados, de natureza alimentar, eram indiscutivelmente devidos. Precedentes citados: REsp 310.884-RS, DJ 26/9/2005; REsp 692.628-DF, DJ 5/9/2005, e AgRg no REsp 497.683-PE, DJ 4/8/2003. **REsp 663.336-MG, Rel. Min. Arnaldo Esteves Lima, julgado em 6/11/2007.** (Inform. STJ 338)

RMS. SERVIDOR ESTADUAL. LICENÇA SEM VENCIMENTO. CONTRIBUIÇÃO PREVIDENCIÁRIA.

A Turma, ao prosseguir o julgamento, negou provimento ao RMS, pois o servidor que se afasta de seu cargo, com licença sem vencimento, por interesse próprio, está obrigado a contribuir para o sistema previdenciário durante o tempo desse afastamento, nos termos expressos na LC n. 64/2002. Ressalta o Min. Luiz Fux, em voto-vista, que o regime de previdência assenta-se na obrigatória contribuição financeira dos servidores públicos (da administração direta e indireta), sem o que o Estado jamais poderia promover o indispensável equilíbrio financeiro e atuarial do serviço previdenciário em toda sua abrangência. Aponta, também, que o STF, em caso análogo, assentou que a contagem, na aposentadoria do tempo de afastamento decorrente de licença para interesse particular, prevista em Constituição estadual, é contrária à Constituição Federal, a qual veda a contagem de tempo ficto nos casos de aposentação de servidor público. Precedente citado: RE 227.158-8-GO, DJ 6/8/2004. **RMS 21.167-MG, Rel. Min. Francisco Falcão, julgado em 9/10/2007.** (Inform. STJ 335)

AUXILIAR LOCAL. EMBAIXADA. ENQUADRAMENTO. PENSÃO. MORTE.

A legislação que dispunha a respeito da situação dos funcionários do serviço no exterior assegurou-lhes a aplicação da legislação brasileira, bem como o direito ao enquadramento no regime jurídico único ao transformar o emprego dos ditos auxiliares locais em cargos públicos (art. 243 da Lei n. 8.112/1990 c/c os arts. 66, 65 e 67 da Lei n. 7.501/1986; art. 87 do Dec. n. 93.325/1986 e art. 15 da Lei n. 8.745/1993). Assim, reconhecida a situação de servidor público do falecido marido e pai das impetrantes, elas fazem jus à percepção da respectiva pensão por morte. Porém há a impossibilidade de se fixar uma relação direta e incondicional entre a remuneração paga ao auxiliar local em moeda estrangeira e o correspondente cargo público, remunerado em moeda nacional, não se podendo pagar pensão maior do que o valor deste último. Com esse entendimento, ao prosseguir o julgamento, a Seção, por maioria, concedeu a ordem. O Min. Nilson Naves ficou vencido, pois concedia a ordem em maior extensão enquanto fixava a pensão no valor correspondente ao que o servidor percebia em atividade no exercício de seu posto. Precedentes citados: REsp 510.842-DF, DJ 30/10/2006; MS 10.660-DF, DJ 6/2/2006; MS 9.952-DF, DJ 1º/2/2005; MS 7.851-DF, DJ 2/8/2004; MS 9.358-DF, DJ 11/10/2004; MS 8.936-DF, DJ 8/3/2004; MS 8.680-DF, DJ 9/12/2003; MS 7.198-DF, DJ 29/10/2001, e MS 8.012-DF, DJ 13/9/2004. **MS 12.401-DF, Rel. Min. Laurita Vaz, julgado em 26/9/2007.** (Inform. STJ 333)

APOSENTADORIA PROVISÓRIA. REVISÃO. PRAZO. DECADÊNCIA.

A Turma entendeu que o ato de aposentadoria, objeto de análise do processo administrativo perante o Tribunal de Contas da União, somente se aperfeiçoa com o registro deste Tribunal para efetuar a condição resolutiva do ato de aposentação provisória, razão pela qual se invibializam os efeitos da decadência, mesmo ultrapassados cinco anos do tal ato concessivo, sujeito, ademais, à revisão e anulação (Lei n. 9.784/1999 e Lei Estadual n. 10.177/1998). Outrossim, no caso, não há ilegalidade no ato do TCU que determinou a abertura do processo administrativo para reexaminar a concessão da aposentadoria provisória. **RMS 21.142-SP, Rel. Min. Felix Fischer, julgado em 20/9/2007.** (Inform. STJ 332)

SERVIDOR INATIVO. GRATIFICAÇÃO. MP N. 2.048-26/2000.

A Turma deu provimento ao recurso reafirmando que a Gratificação de Desempenho de Atividade Judiciária – GDAJ, instituída pela MP n. 2.048/2000, não é devida aos servidores aposentados por ser uma gratificação *propter laborem*. Precedentes citados: REsp 601.565-RJ, DJ 18/4/2005, e AgRg no REsp 805.407-DF, DJ 2/10/2006. **REsp 770.803-SC, Rel. Min. Arnaldo Esteves Lima, julgado em 26/6/2007.** (Inform. STJ 325)

PREVIDÊNCIA PRIVADA. COMPLEMENTAÇÃO. APOSENTADORIA.

Trata-se de ação ordinária de cobrança de valores devidos em razão de contrato de adesão de previdência privada contra a associação dos funcionários de banco. Nas instâncias ordinárias, o pedido foi julgado procedente, condenando o banco a pagar as parcelas vencidas e vincendas devidamente corrigidas. Isso posto, explica o Min. Relator que a Súm. n. 291-STJ não se aplica à hipótese de complementação de aposentadoria quando ela for continuada, isto é, por o beneficiário continuar segurado. Essa súmula só se aplicaria em relação a ex-segurado que pleiteasse devolução de valores pagos a título de reserva de poupança, porque, quando a relação previdenciária está em curso, o segurado é vinculado, então seria uma prescrição que não atingiria o fundo do direito. Neste caso em que a relação é continuada, só há prescrição das parcelas não-pagas anteriores ao qüinqüênio que precederam a propositura da ação – de acordo com a lei que trata, especificamente, da previdência privada (Lei n. 8.213/1991), que se reporta à legislação da previdência oficial, e que, por sua vez, estabelece o prazo de cinco anos. A citada súmula só incide quando forem ex-segurados. Com esse entendimento, a Seção, ao prosseguir o julgamento, deu provimento, em parte, ao REsp do banco para declarar prescritas as parcelas vencidas até o qüinqüênio anterior ao ajuizamento da ação. **REsp 431.071-RS, Rel. Min. Ari Pargendler, julgado em 13/6/2007.** (Inform. STJ 323)

AR. PENSÃO ESPECIAL. DOENÇA PROFISSIONAL.

Trata-se de ação rescisória visando a rescindir acórdão da Sexta Turma deste Superior Tribunal que, ao interpretar o art. 242 da Lei n. 1.711/1952, concluiu que a pensão especial por doença profissional só poderia ser concedida ao servidor público (estatutário) e não ao funcionário público (celetista), em face da interpretação sistemática e teleológica do aludido diploma legal. A ação visa rescindir acórdão proferido em recurso especial e não em outra ação rescisória. É verdade, porém, que essa mesma discussão já foi objeto de reapreciação, via rescisória, só que perante o TRF, ou seja, em outro órgão jurisdicional. O Min. Relator acentuou que a jurisprudência deste Superior Tribunal com relação a esse tópico rechaça a possibilidade da propositura da segunda ação rescisória, sobre os mesmos argumentos, contra acórdão proferido por outra ação rescisória originária deste Tribunal. Neste compasso, entende o Min. Relator que a ação comporta conhecimento, todavia o pedido deve ser julgado improcedente, pois a clareza do tema não comporta ilações, sendo inaceitável a compatibilização de institutos distintos. Uma coisa era o empregado público, regido pela CLT, outra, bem distinta, era o funcionário público, regido pela Lei n. 1.711/1952, norma vigente à época do fato. As regências eram totalmente díspares, pois a primeira vinculava o ente/empregador com o empregado, via contrato de trabalho. A segunda jungia a Administração ao funcionário, por intermédio de estatuto. Daí, por decorrência lógica, o regramento a ser aplicado a uns não significava imediata extensão a outros. A tese de que a pensão especial é extensível a todos, independentemente do vínculo jurídico que os unia à Administração, é inaceitável. A pensão especial é de natureza estatutária e, por isso mesmo, não contempla empregado temporário, contratado por prazo determinado, com subordinação jurídica ao regime celetista. No caso, verifica-se que a presente ação pretende equiparar-se a mais uma tentativa esdrúxula de recurso, o que é vedado na processualística pátria. Na verdade, a autora busca, nesta via, abrir outra oportunidade recursal, justamente para obter reforma do acórdão que lhe foi desfavorável, não demonstrando malferimento de qualquer dispositivo apontado na exordial. Assim, conclui-se que a ação rescisória não pode ser "travestida" de recurso, pois seu escopo não se coaduna com a pretensão lançada e por derradeiro, impossível a análise relativa à afetação ao princípio da isonomia, preceituado na Carta Magna, já que a presente ação rescisória visa rescindir acórdão de recurso especial, ou seja, sendo vedado o exame da matéria constitucional no apelo extremo, é inevitável que o âmbito apreciativo da rescisória circunscreva-se aos estreitos limites normativos do especial. Raciocínio diverso, levará este Superior Tribunal a apreciar, reflexamente, matéria constitucional em recurso especial, o que é impossível. **AR 683-CE, Rel. Min. Gilson Dipp, julgada em 25/4/2007.** (Inform. STJ 318)

ANISTIA. ACUMULAÇÃO. CARGOS. DEDICAÇÃO EXCLUSIVA. APOSENTADORIA.

O impetrante, nos idos de 1962, foi admitido como professor da UNB. Por razões políticas, foi demitido em 1965, porém logrou ser anistiado e reintegrado sob o regime da dedicação exclusiva em 1988, devido à EMC n. 26/1985 à CF/1967. Concomitantemente, obteve imediata licença sem vencimentos até 1992, data de sua aposentadoria no cargo. Nesse ínterim, foi admitido como tecnologista no IBGE (1972), onde laborou até 1997, quando novamente aposentado. Diante disso, a Seção entendeu cumprido o requisito constitucional da compatibilidade de horários para fins de acumulação (art. 37, XVI, b, da CF/1988), visto que, nesse período (1988 a 1992), o impetrante cumpria, sim, integralmente o horário de trabalho do cargo de tecnologista e sequer foi remunerado duplamente pelo erário. Anotou que não há questionamentos quanto à natureza técnica do cargo de tecnologista e eventual sobreposição de contagem de tempo de serviço para a concessão das aposentadorias. Outrossim, afirmou que a solução dada pelo TCU no acórdão do TC 018.957/1993-5, de possibilitar ao servidor a opção do regime (art. 14 do Dec. n. 94.664/1987), aqui não seria adequada, também porque submissas as duas aposentadorias do impetrante à regra de transição inserta no art. 11 da EC n. 20/1998. **MS 11.566-DF, Rel. Min. Arnaldo Esteves Lima, julgado em 28/3/2007.** (Inform. STJ 315)

PROGRAMA. ASSISTÊNCIA MÉDICA. INATIVOS. PENSIONISTAS.

A Min. Relatora entendeu que, assegurado aos servidores em atividade e aos inativos o direito à assistência a sua saúde e de sua família por prestação do SUS, do órgão ou entidade a que estiver vinculado ou mediante convênio, eventual exclusão, por portaria ministerial, de participação de pensionistas em programa de assistência médica implica violação da Lei dos Servidores Públicos (art. 230 da Lei n. 8.112/1990), bem como ofensa ao princípio constitucional da isonomia. Acrescentou que o Ministro dos Transportes tem legitimidade para figurar no pólo passivo de mandado de segurança impetrado por pensionistas de ex-servidores de seu Ministério contra ato da referida autoridade. Diante do exposto, a Seção concedeu a segurança para assegurar às impetrantes o direito de participar do programa de assistência médica daquele ministério mediante desconto de participação. Precedentes citados: MS 4.570-DF, DJ 3/5/1999, e MS 4.572-DF, DJ 1º/2/1999. **MS 7.083-DF, Rel. Min. Maria Thereza de Assis Moura, julgado em 28/2/2007.** (Inform. STJ 311)

SÚMULA VINCULANTE STF 20

A Gratificação de Desempenho de Atividade Técnico-Administrativa – GDATA, instituída pela Lei nº 10.404/2002, deve ser deferida aos inativos nos valores correspondentes a 37,5 (trinta e sete vírgula cinco) pontos no período de fevereiro a maio de 2002 e, nos termos do artigo 5º, parágrafo único, da Lei nº 10.404/2002, no período de junho de 2002 até a conclusão dos efeitos do último ciclo de avaliação a que se refere o artigo 1º da Medida Provisória no 198/2004, a partir da qual passa a ser de 60 (sessenta) pontos.

SÚMULA STF Nº 680

O direito ao auxílio-alimentação não se estende aos servidores inativos.

SÚMULA STF Nº 38

Reclassificação posterior à aposentadoria não aproveita ao servidor aposentado.

SÚMULA STF Nº 36

Servidor vitalício está sujeito à aposentadoria compulsória, em razão da idade.

SÚMULA STF Nº 10

O tempo de serviço militar conta-se para efeito de disponibilidade e aposentadoria do servidor público estadual.

5.7. Acumulação remuneratória

ACUMULAÇÃO DE CARGO E DECADÊNCIA - 1

A 1ª Turma iniciou julgamento de recurso em mandado de segurança no qual se pretende desconstituir a pena de demissão do cargo de agente administrativo do Ministério da Saúde aplicada a servidora pública que acumulara, também, o de professora na rede estadual de ensino. O Min. Luiz Fux, relator, deu provimento ao recurso para determinar a reintegração no cargo de agente administrativo com efeitos patrimoniais e funcionais retroativos à data da demissão, consoante parte final do art. 28 da Lei 8.112/90 (*"com ressarcimento de todas as vantagens"*). Primeiramente, entendeu inexistir prescrição, porquanto o art. 132, XII, da Lei 8.112/90 estabeleceria que a pena cabível para acumulação indevida de cargos públicos seria a demissão. Além disso, a prescrição somente ocorreria com o prazo de 5 anos a contar da ciência do fato pela Administração. Verificou, entretanto, que a recorrente fora admitida no cargo de professora em 15.4.1982 e, no âmbito do Ministério da Saúde, em 21.2.1979. Portanto, exerceria os 2 cargos, de professora e de agente administrativo, desde abril de 1982, quando fora admitida no magistério. Ressaltou que a demissão se dera em maio de 2002, mais de 20 anos após o início da acumulação, sem que, durante esse período, fosse reconhecida como ilícita. **RMS 28497/DF, rel. Min. Luiz Fux, 20.3.2012. (RMS-28497)**

ACUMULAÇÃO DE CARGO E DECADÊNCIA - 2

Assim, reputou não haver prescrição, mas decadência do direito de anular os atos de nomeação nos cargos que ensejaram o acúmulo. Asseverou que o poder da Administração Pública de invalidar seus próprios atos não seria eterno. Ademais, deveria ser restringido pelo princípio da segurança jurídica, consubstanciado na sua dimensão subjetiva, que se concretizaria por meio do princípio da proteção da confiança. Aduziu não haver conceito preciso acerca do alcance da expressão constitucional "cargo técnico e científico", inserida no art. 37, XVI, b, da CF. Por fim, ponderou que a incerteza quanto à possibilidade de acumulação dos cargos indicaria a boa-fé da recorrente. Sublinhou que a denominação do cargo, se técnico ou científico, não bastaria para a identificação de sua natureza.No ponto, impenderia a análise concreta das funções desempenhadas, o que poderia suscitar profundas controvérsias. Aliado a isso, o longo decurso de tempo em que a acumulação perdurara também reforçaria a necessidade de incidência de normas jurídicas que limitassem o poder da Administração Pública de anular atos favoráveis aos seus destinatários. Após, pediu vista a Min. Cármen Lúcia. **RMS 28497/DF, rel. Min. Luiz Fux, 20.3.2012 (RMS-28497) (Inform. STF 659)**

ACUMULAÇÃO DE PENSÕES E REINGRESSO NO SERVIÇO PÚBLICO ANTES DA EC 20/98 - 1

O Tribunal iniciou julgamento de recurso extraordinário em que se discute a possibilidade de acumulação de duas pensões de natureza estatutária pelo falecimento de servidor que, aposentado em determinado cargo da Administração Pública, posteriormente nela reingressara por concurso público, antes da EC 20/98, permanecendo nesse cargo até seu falecimento. Na espécie, servidor que se aposentara como fiscal de contribuições previdenciárias do INSS posteriormente reingressara no serviço público federal, em 5.2.96, por meio de concurso público para auditor fiscal do trabalho, cargo este que ocupara até sua morte, ocorrida em 30.7.2001. Alegam os recorrentes, viúva e filhos do servidor falecido, ofensa aos artigos 37, § 10, e 40, § 7º, na redação da EC 20/98, ambos da CF, e aos artigos 3º e 11 da EC 20/98. Sustentam, em síntese, que obtiveram a pensão correspondente ao cargo de fiscal do INSS, tendo-lhes sido negada a relativa à de auditor fiscal do trabalho, indevidamente, haja vista inexistir vedação à percepção cumulativa de duas pensões. Afirmam, ainda, que a EC 20/98, ao proibir a percepção cumulativa de proventos e de remuneração pelo exercício de cargo, emprego ou função, teria ressalvado o direito dos servidores inativos que houvessem ingressado novamente no serviço público até a data de sua publicação. **RE 584388/SC, rel. Min. Ricardo Lewandowski, 21.10.2009.** (RE-584388)

ACUMULAÇÃO DE PENSÕES E REINGRESSO NO SERVIÇO PÚBLICO ANTES DA EC 20/98 - 2

O Min. Ricardo Lewandowski, relator, negou provimento ao recurso, no que foi acompanhado pela Min. Cármen Lúcia. Tendo em conta o fato de que o servidor em questão reingressara no serviço público antes da EC 20/98, salientou, inicialmente, que, não obstante a ressalva do direito à acumulação dos proventos da aposentadoria com a remuneração do cargo que exercia, não lhe era permitida a percepção de mais de uma aposentadoria estatutária (EC 20/98: "Art. 11 - A vedação prevista no art. 37, § 10, da Constituição Federal, não se aplica aos membros de poder e aos inativos, servidores e militares, que, até a publicação desta Emenda, tenham ingressado novamente no serviço público por concurso público de provas ou de provas e títulos, e pelas demais formas previstas na Constituição Federal, sendo-lhes proibida a percepção de mais de uma aposentadoria pelo regime de previdência a que se refere o art. 40 da Constituição Federal, aplicando-se-lhes, em qualquer hipótese, o limite de que trata o § 11 deste mesmo artigo."). Em razão disso, entendeu, reportando-se a precedente da Corte (RE 463028/RS, DJU de 10.3.2006), que, se lhe era proibida a percepção de duas ou mais aposentadorias, não haveria como cogitar-se de direito ao recebimento de duas ou mais pensões por parte de seus dependentes, uma vez que o art. 40, § 7º, da CF subordinava tal benefício ao valor dos proventos a que teria jus ("Lei disporá sobre a concessão do benefício da pensão por morte, que será igual ao valor dos proventos do servidor falecido ou ao valor dos proventos a que teria direito o servidor em atividade na data de seu falecimento, observado o disposto no § 3º"). Observou, por fim, não se aplicar à espécie a regra de transição prevista no art. 3º da EC 20/98, visto que o instituidor da pensão não preenchia, em relação ao segundo cargo exercido, os requisitos para a obtenção de qualquer benefício. Após, pediu vista dos autos o Min. Eros Grau. **RE 584388/SC, rel. Min. Ricardo Lewandowski, 21.10.2009.** (RE-584388)

ACUMULAÇÃO DE PENSÕES E REINGRESSO NO SERVIÇO PÚBLICO ANTES DA EC 20/98 - 3

O Tribunal retomou julgamento de recurso extraordinário em que se discute a possibilidade de acumulação de duas pensões de natureza estatutária pelo falecimento de servidor que, aposentado em determinado cargo da Administração Pública, posteriormente nela reingressara por concurso público, antes da EC 20/98, permanecendo nesse cargo até seu falecimento, em julho de 2001 — v. Informativo 564. O Min. Eros Grau, em voto-vista, acompanhou o voto do relator e negou provimento ao recurso. Concluiu que a hipótese dos autos enquadrar-se-ia na vedação da percepção de mais de uma aposentadoria pelo regime de previdência previsto no art. 40 da CF. Após, pediu vista o Min. Ayres Britto. **RE 584388/SC, rel. Min. Ricardo Lewandowski, 27.5.2010.** (RE-584388)

ACUMULAÇÃO DE PENSÕES E REINGRESSO NO SERVIÇO PÚBLICO ANTES DA EC 20/98 - 4

Não é possível cogitar-se de direito ao recebimento de uma segunda pensão por morte se proibida a percepção de dupla aposentadoria estatutária pelo servidor que veio a falecer. Esse o consenso do Plenário que, em conclusão de julgamento, desproveu recurso extraordinário no qual se discutia a possibilidade de acumulação de duas pensões de natureza estatutária. Na espécie, ele aposentara-se em determinado cargo da Administração Pública, posteriormente nela reingressara, por concurso público, antes da EC 20/98, permanecendo no cargo até seu falecimento, em julho de 2001 — v. Informativos 564 e 588. Em razão de o reingresso no serviço público ter ocorrido anteriormente à EC 20/98, salientou-se que — não obstante a ressalva do direito à acumulação dos proventos da aposentadoria com a remuneração do cargo que exercia — não lhe era permitida a percepção de mais de uma aposentadoria estatutária (EC 20/98: *"Art. 11 - A vedação prevista no art. 37, § 10, da Constituição Federal, não se aplica aos membros de poder e aos inativos, servidores e militares, que, até a publicação desta Emenda, tenham ingressado novamente no serviço público por concurso público de provas ou de provas e títulos, e pelas demais formas previstas na Constituição Federal, sendo-lhes proibida a percepção de mais de uma aposentadoria pelo regime de previdência a que se refere o art. 40 da Constituição Federal, aplicando-se-lhes, em qualquer hipótese, o limite de que trata o § 11 deste mesmo artigo"*). Por conseguinte, entendeu-se não haver direito ao recebimento de duas ou mais pensões por parte de seus dependentes, uma vez que o art. 40, § 7º, da CF subordinava esse benefício ao valor dos proventos a que o servidor teria jus (*"Lei disporá sobre a concessão do benefício da pensão por morte, que será igual ao valor dos proventos do servidor falecido ou ao valor dos proventos a que teria direito o servidor em atividade na data de seu falecimento, observado o disposto no § 3º"*). Observou-se, por fim, não ser aplicável, ao caso, a regra de transição prevista no art. 3º da EC 20/98, visto que o instituidor da pensão não preenchia, em relação ao segundo cargo exercido, os requisitos para a obtenção de qualquer benefício. Alguns precedentes citados: RE 463028/RS (DJU de 10.3.2006); RE 527714 AgR/RJ (DJe de 29.6.2007); RE 489776 AgR/MG (DJe de 1º.8.2008). RE 584388/SC, rel. Min. Ricardo Lewandowski, 31.8.2011. (RE-584388) (Inform. STF 638)

EX-COMBATENTE E ACUMULAÇÃO DE PENSÃO ESPECIAL COM PROVENTOS DA REFORMA

A 1ª Turma, por maioria, proveu agravo regimental interposto de decisão do Min. Luiz Fux, proferida nos autos de recurso extraordinário, do qual relator, para permitir a análise da controvérsia pelo Colegiado. Na espécie, discute-se a possibilidade, ou não, de militar inativo acumular proventos da reforma com pensão especial, criada pelo art. 53 do ADCT, a beneficiar o ex-combatente que tenha participado de operações bélicas durante a II Guerra Mundial. O recorrente, militar reformado, sustenta que, se ao civil ex-combatente de guerra seria paga a pensão especial prevista no referido dispositivo — passível de acumulação com a pensão previdenciária —, ao militar ex-combatente de guerra, optante pela continuidade nas Forças Armadas, também deveria haver o direito à acumulação ao ser reformado. Vencidos os Ministros Luiz Fux, relator, e Cármen Lúcia, que negavam provimento ao agravo por entenderem que a matéria envolveria a análise de legislação infraconstitucional (Lei 5.315/67). RE 602034 AgR/RJ, rel. orig. Min. Luiz Fux, red. p/o acórdão Min. Marco Aurélio, 7.6.2011. (RE-602034) (Inform. STF 630)

REPERCUSSÃO GERAL EM RE N. 612.975-MS

RELATOR: MIN. MARCO AURÉLIO

TETO CONSTITUCIONAL – PARCELAS PERCEBIDAS CUMULATIVAMENTE – AFASTAMENTO NA ORIGEM – ALCANCE DO ARTIGO 37, INCISO XI, DA CONSTITUIÇÃO FEDERAL NA REDAÇÃO ANTERIOR E NA POSTERIOR À EMENDA CONSTITUCIONAL Nº 41/03 – RECURSO EXTRAORDINÁRIO – REPERCUSSÃO GERAL CONFIGURADA. Possui repercussão geral a controvérsia acerca da aplicabilidade do teto remuneratório estabelecido no artigo 37, inciso XI, da Carta Federal, com a redação conferida pela Emenda Constitucional nº 41/03, sobre as parcelas de aposentadorias percebidas cumulativamente. (Inform. STF 624)

ACUMULAÇÃO REMUNERADA DE CARGOS E LEI ORGÂNICA - 1

A Turma proveu recurso extraordinário em que o Estado do Paraná questionava a possibilidade, ou não, de acumulação remunerada do cargo de secretário municipal com o de vereador, autorizada, à época, por Lei Orgânica. Tratava-se, na espécie, de recurso extraordinário interposto contra acórdão do tribunal de justiça daquela unidade federativa que, em mandado de segurança, reputara legal essa cumulação ao fundamento de que a Magna Carta não a proíbe, e aplicara, por similaridade, o disposto no art. 56, I, da CF (*"Art. 56. Não perderá o mandato o Deputado ou Senador: I - investido no cargo de Ministro de Estado, Governador de Território, Secretário de Estado, do Distrito Federal, de Território, de Prefeitura de Capital ou chefe de missão diplomática temporária"*). Concluíra a Corte de origem que a nomeação do ora recorrido para o aludido cargo, permitida pela Lei Orgânica do Município de Bituruna/PR, não configuraria ato nulo ou proibido, não podendo persistir a determinação de restituição dos valores recebidos como remuneração. **RE 497554/PR, rel. Min. Ricardo Lewandowski, 27.4.2010.** (RE-497554)

ACUMULAÇÃO REMUNERADA DE CARGOS E LEI ORGÂNICA - 2

Asseverou-se que, em virtude do art. 29, IX, da CF (*"Art. 29... IX- proibições e incompatibilidades, no exercício da vereança, similares, no que couber, ao disposto nesta Constituição para os membros do Congresso Nacional e, na Constituição do respectivo Estado, para os membros da Assembléia Legislativa;"*), a lei orgânica municipal deve guardar, no que couber, correspondência com o modelo federal acerca das proibições e incompatibilidades de vereadores. Assim, afirmou-se a impossibilidade de acumulação dos cargos e remuneração de vereador e secretário municipal, tendo em conta interpretação sistemática dos artigos 36, 54 e 56 da CF. Considerou-se, ademais, aplicável o princípio da separação dos Poderes. **RE 497554/PR, rel. Min. Ricardo Lewandowski, 27.4.2010.** (RE-497554) (Inform. STF 584)

ACUMULAÇÃO DE CARGOS DE MÉDICO E PERITO CRIMINAL NA ÁREA DE MEDICINA VETERINÁRIA: IMPOSSIBILIDADE

O art. 37, XVI, c, da CF autoriza a acumulação de dois cargos de médico, não sendo compatível interpretação ampliativa para abrigar no conceito o cargo de perito criminal com especialidade em medicina veterinária. Com base nessa orientação, a Turma deu provimento a recurso extraordinário para restabelecer acórdão do Tribunal de Justiça do Estado do Rio de Janeiro que denegara segurança impetrada contra ato do Secretário de Estado de Administração, o qual vedara a acumulação dos cargos de médica de secretaria municipal com o de perita criminal da polícia civil na especialidade de médica veterinária. Afirmou-se que a especialidade médica não pode ser confundida sequer com a especialidade veterinária e que cada qual guarda características próprias que as separam para efeito da cumulação vedada pela Constituição. **RE 248248/RJ, rel. Min. Menezes Direito, 2.9.2008.** (RE-248248) (Inform. STF 518)

JUSTIÇA DESPORTIVA E INTEGRANTES DO PODER JUDICIÁRIO: INCOMPATIBILIDADE CONSTITUCIONAL - 1

O Tribunal denegou mandado de segurança impetrado contra ato do Conselho Nacional de Justiça - CNJ, consubstanciado na Resolução 10/2005, que vedou o exercício de funções nos Tribunais de Justiça Desportiva e em suas Comissões Disciplinares dos integrantes do Poder Judiciário, determinando que aqueles que exerciam funções nos quadros da Justiça Desportiva delas se desligassem até 31.12.2005. Preliminarmente, o Tribunal assentou não haver impedimento do atual Presidente do CNJ. Invocou-se o que decidido na ADC 12/DF (j. em 16.2.2006), no que concerne ao não impedimento dos Ministros da Corte que atuam perante o Tribunal Superior Eleitoral - TSE, e no MS 24875/DF (DJU de 6.10.2006), no sentido de que o impedimento seria de quem tivesse praticado o ato e não do posterior ocupante da presidência. Além disso, verificou-se que o então Presidente do CNJ, relativamente ao ato impugnado, não teria proferido voto. Em seguida, afastou-se a incidência do Enunciado da Súmula 266 do STF (*"não cabe mandado de segurança contra lei em tese"*), por se considerar que o ato em questão consubstanciaria norma proibitiva, que incidiria, direta e imediatamente, no patrimônio dos bens juridicamente tutelados dos magistrados que desempenham funções na Justiça Desportiva — e seria caracterizado pela auto-executoriedade —, prescindindo da prática de qualquer outro ato administrativo para que as suas determinações operassem efeitos imediatos na condição jurídico-funcional dos impetrantes. **MS 25938/DF, rel. Min. Cármen Lúcia, 24.4.2008.** (MS-25938)

JUSTIÇA DESPORTIVA E INTEGRANTES DO PODER JUDICIÁRIO: INCOMPATIBILIDADE CONSTITUCIONAL - 2
No mérito, entendeu-se que o ato impugnado estaria em consonância com o disposto no art. 95, parágrafo único, I, da CF, que veda aos juízes o exercício, ainda que em disponibilidade, de outro cargo ou função, salvo uma de magistério. Afastou-se a alegação de que essa proibição constitucional não se aplicaria no ambiente de cargos ou funções privadas. Asseverou-se, no ponto, que, tendo em conta o elemento histórico-teleológico da norma, especialmente quando se enfatizam os seus antecedentes, verificar-se-ia, da alteração processada no antecedente mais próximo, constante da Emenda 7/77 à Carta de 1967, que se pretendera, exatamente, excluir do estatuto constitucional dos magistrados permissão para se acumular o cargo de juiz com qualquer outro, público ou privado, que não um de magistério. Ressaltou-se que a preservação da regra constitucional proibitiva, de mesmo teor daquela outorgada em 1977, conduziria, em princípio, à conclusão de que não fora sem cuidado que se impusera a vedação nos expressos termos aproveitados pelo constituinte de 87/88. **MS 25938/DF, rel. Min. Cármen Lúcia, 24.4.2008.** (MS-25938)

JUSTIÇA DESPORTIVA E INTEGRANTES DO PODER JUDICIÁRIO: INCOMPATIBILIDADE CONSTITUCIONAL - 3
Ademais, aduziu-se que, quanto ao fim buscado pelo constituinte, seria de se realçar conter-se, na dicção aproveitada, a pretensão de abranger todo e qualquer cargo ou função, de qualquer natureza, cuja acumulação com o cargo de juiz ficaria vedada. Afirmou-se que o constituinte originário, não obstante não ter dito expressamente que aqueles cargos ou funções seriam de natureza pública ou privada, teria estabelecido o que poderia ser exercido, ou seja, uma função de magistério, excluindo, com isso, qualquer outro desempenho do titular de cargo de magistrado. Além disso, cargos e funções não seriam conceitos restritos à Administração Pública. Frisou-se, ainda, que a magistratura demandaria exclusividade de desempenho, sendo impossível imaginar, validamente, pudesse um juiz exercer atividades inerentes a outro cargo ou função — pública ou privada — sem retirar horas que seriam de dedicação própria e obrigatória ao exercício do cargo de magistrado, em prejuízo, portanto, de suas atribuições constitucionais. **MS 25938/DF, rel. Min. Cármen Lúcia, 24.4.2008.** (MS-25938)

JUSTIÇA DESPORTIVA E INTEGRANTES DO PODER JUDICIÁRIO: INCOMPATIBILIDADE CONSTITUCIONAL - 4
Por fim, salientou-se que, superada a questão relativa à acumulação de cargo de juiz com outro que não seja público, restaria ainda apreciar a natureza das funções da Justiça Desportiva, para se concluir sobre a sua natureza e a sua inclusão, ou não, no rol de cargos ou funções acumuláveis com a de juiz. Nesse sentido, assentou-se que não se poderia deixar de reconhecer que, a despeito de não compor a Administração Pública, a Justiça Desportiva teria a peculiar condição de ser constitucionalmente prevista, desempenhando função quase-estatal. Acrescentou-se que, nos termos do art. 217, §§ 1º e 2º, da CF, o Poder Judiciário poderia conhecer, ainda que subsidiária e sucessivamente ao exercício das funções da Justiça Desportiva, de controvérsias postas à decisão desta. Assim, se ao juiz fosse permitido integrar órgão da Justiça Desportiva, ficaria ele impedido de desempenhar o seu mister constitucional se sobreviesse ao órgão judicial por ele integrado causa que já fora de seu prévio exame naquela. **Precedentes citados: RMS 24266/DF (DJU de 24.10.2003); MS 26325 MC/DF (DJU de 1º.2.2007); ADI 3126/DF (DJU de 6.5.2005). MS 25938/DF, rel. Min. Cármen Lúcia, 24.4.2008.** (MS-25938) (Inform. STF 503)

ACUMULAÇÃO REMUNERADA DE CARGOS E LEI ORGÂNICA
A Turma deliberou remeter ao Plenário julgamento de recurso extraordinário em que o Estado do Paraná questiona a possibilidade de acumulação remunerada do cargo de secretário municipal com o de vereador, autorizada, à época, por Lei Orgânica. Trata-se, na espécie, de recurso extraordinário interposto contra acórdão do tribunal de justiça daquela unidade federativa que, em mandado de segurança, reputara legal essa cumulação ao fundamento de que a Constituição Federal não proíbe o exercício do cargo de secretário municipal, admitindo-o, por similaridade com os cargos que enumera para os membros do Congresso Nacional (CF: "*Art. 29... IX- proibições e incompatibilidades, no exercício da vereança, similares, no que couber, ao disposto nesta Constituição para os membros do Congresso Nacional e, na Constituição do respectivo Estado, para os membros da Assembléia Legislativa;*"). Concluíra a Corte *a quo* que a nomeação do ora recorrido para o cargo de secretário municipal, permitida pela Lei Orgânica do Município de Bituruna/PR, não configuraria ato nulo ou proibido, não podendo persistir a determinação de restituição dos valores recebidos como remuneração. RE 497554/PR, rel. Min. Ricardo Lewandowski, 16.10.2007. (RE-497554) (Inform. STF 484)

DIREITO ADMINISTRATIVO E CONSTITUCIONAL. ACUMULAÇÃO DE DOIS PROVENTOS DE APOSENTADORIA PELO RPPS. RETORNO AO SERVIÇO PÚBLICO ANTERIOR À EC N. 20/1998.
Ressalvadas as hipóteses de acumulação de cargo público expressamente previstas na CF, não é possível, após a EC n. 20/1998, cumular mais de uma aposentadoria à conta do regime previdenciário do art. 40 da CF, ainda que o ingresso no cargo em que se deu a segunda aposentadoria tenha ocorrido antes da referida Emenda. O art. 11 da EC n. 20/1998 preservou a situação dos servidores inativos que reingressaram no serviço público antes de sua promulgação, de forma a permitir a percepção tanto dos proventos da aposentadoria como dos vencimentos do novo cargo público. Entretanto, o servidor nessa situação, a partir do momento em que se aposenta novamente, não pode acumular as duas aposentadorias, por expressa vedação constitucional, não havendo que se falar em violação a ato jurídico perfeito nem a direito adquirido. Precedentes citados do STF: AgRg no MS 28.711-DF, DJ 21/9/2012, e RE 584.388-SC, DJ 27/9/2011; e do STJ: AgRg no RMS 15.686-PR, DJe 18/4/2012, e RMS 13.835-PR, DJe 12/5/2008. **RMS 32.756-PE, Rel. Min. Castro Meira, julgado em 27/11/2012. (Inform. STJ 510)**

DIREITO ADMINISTRATIVO. NOTÁRIO. ACUMULAÇÃO INDEVIDA DE CARGO, EMPREGO OU FUNÇÃO PÚBLICA.
A atividade de notário é inacumulável com qualquer cargo, emprego ou função pública, ainda que em comissão, mesmo que o servidor esteja no gozo de férias ou licença remunerada. O *status* de servidor público, que não é desconfigurado pelo fato de o servidor estar no gozo de férias ou licenças, é incompatível com a atividade de notário nos termos do art. 25 da Lei n. 8.935/1994. **RMS 38.867-AC, Rel. Min. Humberto Martins, julgado em 18/10/2012. (Inform. STJ 508)**

DIREITO ADMINISTRATIVO. SERVIDOR PÚBLICO APOSENTADO. PROFISSIONAIS DA ÁREA DA SAÚDE. CUMULAÇÃO DE CARGOS. TETO REMUNERATÓRIO.
A acumulação de proventos de servidor aposentado em decorrência do exercício cumulado de dois cargos de profissionais da área de saúde legalmente exercidos, nos termos autorizados pela CF, não se submete ao teto constitucional, devendo os cargos ser considerados isoladamente para esse fim. A partir da vigência da EC n. 41/2003, todos os vencimentos percebidos por servidores públicos, inclusive os proventos e pensões, estão sujeitos aos limites estatuídos no art. 37, XI, da CF. Entretanto, a EC n. 41/2003 restabeleceu a vigência do art. 17 do ADCT, que, embora em seu *caput* afaste a invocação do direito adquirido ao recebimento de verbas remuneratórias contrárias à CF, em seus §§ 1º e 2º, traz exceção ao assegurar expressamente o exercício cumulativo de dois cargos ou empregos privativos de profissionais de saúde. Assim, a referida norma excepciona a incidência do teto constitucional aos casos de acumulação de cargos dos profissionais de saúde, devendo tais cargos ser considerados isoladamente para esse fim. Precedente citado: RMS 33.170-DF, DJe 7/8/2012. **RMS 38.682-ES, Rel. Min. Herman Benjamin, julgado em 18/10/2012. (Inform. STJ 508)**

SERVIDOR PÚBLICO MILITAR ESTADUAL. ACUMULAÇÃO. CARGOS.
O recorrente é soldado de 1ª classe da Polícia Militar estadual, mas, no cargo militar, atua na área de saúde e tem emprego privado em entidade paraestatal, no caso, o Serviço Social da Indústria (Sesi). Assim, a Turma entendeu que, uma vez que o recorrente não desempenha função tipicamente exigida para a atividade castrense, e sim atribuição inerente à profissão civil (técnico de enfermagem no banco de sangue do hospital militar), é possível acumular dois cargos privativos na área de saúde, no âmbito das esferas civil e militar, conforme interpretação sistemática do art. 37, XVI, **c**, c/c o art. 142, § 3º, II, da CF. Precedentes citados do STF: RE 182.811-MG, DJ 30/6/2006; do STJ: RMS 22.765-RJ, DJe 23/8/2010. **RMS 32.930-SE, Rel. Min. Humberto Martins, julgado em 20/9/2011.** (Inform. STJ 483)

QO. REMESSA. PRIMEIRA SEÇÃO. ACUMULAÇÃO. CARGOS. TETO.
A Turma entendeu remeter o julgamento do recurso à Primeira Seção. Cuida-se da acumulação de cargos públicos e incidência do teto remuneratório (art. 37, XI, da CF/1988 com a redação da EC n. 41/2003). **QO no RMS 33.134-DF, Rel. Min. Mauro Campbell Marques, em 7/6/2011.** (Inform. STJ 476)

ACUMULAÇÃO. APOSENTADORIAS. EC N. 20/1998.
Tratou-se de mandado de segurança preventivo no qual a impetrante buscava anular o ato administrativo que determinara prazo para o exercício de opção por uma das aposentadorias que percebia. No caso, a impetrante aposentou-se pela primeira vez no cargo de secretária-executiva de uma universidade federal em 1979 e, pela segunda vez, como analista em ciência e tecnologia do CNPQ, instituição vinculada ao Ministério de Ciência e Tecnologia, em 1995. Segundo a Seção, entre outras questões, o servidor que se tornou inativo e retornou ao serviço público no período de vigência da CF/1988 (art. 99, § 4º), tendo-se aposentado novamente, agora sob a vigência da redação originária do art. 37 da CF/1988, ou seja, antes da EC n. 20/1998, tem direito à acumulação dos proventos. Assim, a Seção concedeu a segurança para reconhecer à impetrante o direito de acumular as aposentadorias. **Precedentes citados do STF: MS 24.952-DF, DJ 3/2/2006; AgRg no RE 593.027-DF, DJe 4/8/2010; do STJ: MS 12.518-DF, DJe 5/5/2008. MS 14.220-DF, Rel. Min. Jorge Mussi, julgado em 10/11/2010.** (Inform. STJ 455)

CUMULAÇÃO. CARGOS. SAÚDE.
Trata-se, na espécie, da possibilidade de acumular o cargo de enfermeira da Polícia Militar estadual com o mesmo cargo no âmbito municipal. A Turma, ao prosseguir o julgamento, por maioria, entendeu que é possível a acumulação de dois cargos privativos na área de saúde nas esferas civil e militar, desde que o servidor não exerça funções tipicamente exigidas para a atividade castrense, e sim atribuições inerentes a profissões civis, conforme interpretação sistemática do art. 37, XVI, c, c/c o art. 142, § 3º, II, ambos da CF/1988. **RMS 22.765-RJ, Rel. Min. Maria Thereza de Assis Moura, julgado em 3/8/2010.** (Inform. STJ 441)

APOSENTADORIA. CUMULATIVIDADE. EC N. 20/1998.
A Seção entendeu que o impetrante faz jus à duplicidade de proventos oriundos de aposentadorias no cargo de técnico de laboratório, visto que, dada sua situação funcional, não se aplica a vedação do art. 11 da EC n. 20/1998 mormente por direito adquirido, bem como por sua necessidade na condição de octogenário. Outrossim, foi concedido o *writ* para restaurar o pagamento de quantias atrasadas com juros e correção monetária. Honorários indevidos (Súm. n. 105/STJ e n. 512/STF). **Precedente citado do STF: RE 163.204-SP, DJ 31/3/1995. MS 12.518-DF, Rel. Min. Arnaldo Esteves Lima, julgado em 26/3/2008.** (Inform. STJ 349)

ACUMULAÇÃO. EX-COMBATENTE. RESERVA REMUNERADA.
Não é possível a acumulação das pensões e dos proventos relativos à reserva remunerada com a pensão especial devida aos ex-combatentes, uma vez que o art. 1º da Lei n. 5.315/1967 só é aplicável aos militares que, no retorno da campanha militar, decidiram retornar à vida civil e se afastar da caserna. Precedentes citados: REsp 692.062-RJ, DJ 26/9/2005, e REsp 666.224-RJ, DJ 26/9/2005. **AgRg no REsp 909.931-SC, Rel. Min. Maria Thereza de Assis Moura, julgado em 19/4/2007.** (Inform. STJ 317)

5.8. Outros direitos dos agentes públicos

PROMOÇÃO DE JUIZ FEDERAL
A norma do art. 93, II, **b**, da CF não se aplica à promoção de juízes federais por merecimento, em razão de estar submetida, ante o critério da especialidade, apenas ao requisito do implemento de 5 anos de exercício, conforme disposto no art. 107, II, da mesma Carta, incluído o tempo de exercício no cargo de juiz federal substituto ("*Art. 93. Lei complementar, de* iniciativa do Supremo Tribunal Federal, disporá sobre o Estatuto da Magistratura, observados os seguintes princípios: ... II - promoção *de entrância para entrância, alternadamente, por antigüidade e merecimento, atendidas as seguintes normas: ... b) a promoção por merecimento pressupõe dois anos de exercício na respectiva entrância e integrar o juiz a primeira quinta parte da lista de antigüidade desta, salvo se não houver com tais requisitos quem aceite o lugar vago ... Art. 107. Os Tribunais Regionais Federais compõem-se de, no mínimo, sete juízes, recrutados, quando possível, na respectiva região e nomeados pelo Presidente da República dentre brasileiros com mais de trinta e menos de sessenta e cinco anos, sendo: ... II - os demais, mediante promoção de juízes federais com mais de cinco anos de exercício, por antigüidade e merecimento, alternadamente.*"). Ao reiterar essa orientação, o Plenário desproveu agravo regimental interposto contra decisão monocrática do Min. Ayres Brito, que negara seguimento a mandado de segurança, do qual relator, em que pleiteada a exclusão de juízes federais que não se encontrassem na primeira quinta parte da lista de antiguidade em determinado concurso de acesso ao TRF respectivo. Enfatizou-se que a Justiça Federal estaria organizada sem entrâncias, consideradas de um mesmo grau todas as seções judiciárias distribuídas pelas unidades federadas, o que afastaria a incidência da regra geral do art. 93, II, da CF, a qual pressupõe a distribuição na carreira por mais de uma entrância. Consignou-se, também, que a promoção de juízes federais diferiria da dos juízes do trabalho, dado que, para esta, não haveria menção de tempo mínimo específico, embora ambas pertençam à Justiça da União. Vencido o Min. Marco Aurélio que provia o regimental para que houvesse a seqüência do *writ* ao fundamento de que a questão relativa à obrigatoriedade, ou não, de o promovido por merecimento figurar na primeira quinta parte dos juízes mais antigos ainda não teria sido apreciada pelo Supremo. Precedente citado: MS 21631/RJ (DJU de 4.8.2000). **MS 27164 AgR/DF, rel. Min. Ayres Britto, 10.11.2010.** (MS-27164) (Inform. STF 608)

MAGISTÉRIO E PROMOÇÃO FUNCIONAL - 1
O Tribunal iniciou julgamento de ação direta de inconstitucionalidade ajuizada pelo Procurador-Geral da República contra os artigos 40, 41, 42 e 54 da Lei 6.110/94, o art. 2º da Lei 7.885/2003, e o art. 3º da Lei 8.186/2004, que dispõem sobre o Estatuto do Magistério de 1º e 2º Graus do Estado do Maranhão. O Min. Ricardo Lewandowski, relator, conheceu em parte da ação e, na parte conhecida, julgou improcedente o pedido formulado. Inicialmente, considerou prejudicado o pedido quanto ao art. 54 da Lei 6.110/94, que vinculou o vencimento-base do Professor ao salário mínimo, bem como ao art. 3º da Lei 8.186/2004, que determina a manutenção do texto original da Lei 6.110/94 e suspende a eficácia dos artigos 54, 55, 56 e 57 da mesma Lei, tendo em conta sua revogação pela Lei 8.559/2006, que dispõe sobre a reorganização administrativa do Estado do Maranhão. Em seguida, afastou a alegação de que os demais dispositivos impugnados estariam em confronto com o art. 37, II, da CF, ao permitirem promoção de servidores para cargos diversos daqueles para os quais foram originalmente nomeados. Reportando-se a precedentes da Corte, entendeu que esses dispositivos, em consonância com o que disposto no art. 206, V, da CF, apenas permitem a promoção do servidor de cargo específico de Professor, Administrador Escolar, Inspetor Escolar, Orientador Educacional e de Supervisor Escolar de uma classe para outra, dentro de uma mesma carreira, e não para cargo distinto ou isolado. Acompanharam o relator os Ministros Eros Grau e Joaquim Barbosa, tendo o último julgado a lei constitucional sob reserva da seguinte interpretação: que a promoção se faça de uma classe para outra da mesma carreira e que não haja promoção que implique transposição de uma carreira para outra. Além disso, não vislumbrou óbice à organização de concursos públicos para acesso diretamente a determinadas classes de uma carreira, desde que respeitadas as exigências específicas para aquele nível. Após, pediu vista dos autos a Min. Cármen Lúcia. **ADI 3567/MA, rel. Min. Ricardo Lewandowski,** 7.5.2007. (ADI-3567)

MAGISTÉRIO E PROMOÇÃO FUNCIONAL - 2
O Tribunal retomou julgamento de ação direta de inconstitucionalidade ajuizada pelo Procurador-Geral da República contra os artigos 40, 41, 42 e 54 da Lei 6.110/94, o art. 2º da Lei 7.885/2003, e o art. 3º da Lei 8.186/2004, que dispõem sobre o Estatuto do Magistério de 1º e 2º Graus do Estado do Maranhão — v. Informativo 466. A Min. Cármen Lúcia, em voto-vista, julgou parcialmente procedente o pedido formulado para declarar a inconstitucionalidade dos artigos 40, 41 e 42, da Lei 6.110/94 por vislumbrar ofensa ao art. 37, II, da CF. Salientou que as classes I, II, III e IV constituiriam verdadeiras carreiras isoladas com cargos específicos e considerou que os citados dispositivos permitiriam que o servidor público ingressasse em cargo público de uma determinada classe, mas ocupasse, pela promoção, cargo diverso, de outra classe, o qual poderia ser disputado também por concurso público. Após, pediu vista os autos o Min. Ayres Britto. **ADI 3567/MA, rel. Min. Ricardo Lewandowski, 12.5.2010.** (ADI-3567) (Inform. STF 586)

MANDADO DE INJUNÇÃO E ART. 40, § 4º, DA CF
Na linha da nova orientação jurisprudencial fixada no julgamento do MI 721/DF (DJE de 30.11.2007), o Tribunal julgou procedente pedido formulado em mandado de injunção para, reconhecendo a mora legislativa e a necessidade de se dar eficácia às normas constitucionais e efetividade ao direito do impetrante, suprir a falta da norma regulamentadora a que se refere o art. 40, § 4º, da CF, aplicando ao caso, no que couber e a partir da comprovação dos dados perante a autoridade administrativa competente, o art. 57 da Lei 8.213/91. Tratava-se, na espécie, de mandado de injunção impetrado por investigador da polícia civil do Estado de São Paulo que pleiteava fosse suprida a lacuna normativa constante do aludido § 4º do art. 40, assentando-se o seu direito à aposentadoria especial, em razão

do trabalho estritamente policial, por 25 anos, em atividade considerada perigosa e insalubre. Em seguida, resolvendo questão de ordem suscitada pelo Min. Joaquim Barbosa, o Tribunal, por maioria, autorizou que os Ministros decidam monocrática e definitivamente os casos idênticos. Vencido, no ponto, o Min. Marco Aurélio, que entendia não caber essa autorização. **Outros precedentes citados: MI 670/ES (DJE de 31.10.2008); MI 708/DF (DJE de 31.10.2008); MI 712/PA (DJE de 31.10.2008); MI 715/DF (DJU de 4.3.2005). MI 795/DF, rel. Min. Cármen Lúcia, 15.4.2009.** (MI-795) (Inform. STF 542)

MILITAR LICENCIADO E REINCLUSÃO

Por vislumbrar ofensa ao art. 37, II, da CF, o Tribunal julgou procedente pedido formulado em ação direta ajuizada pelo Governador do Estado de Alagoas para declarar a inconstitucionalidade do art. 122 da Lei estadual 5.346/92, que permite a reinserção de militar licenciado, a pedido, no serviço ativo. Salientou-se que o licenciamento de que se cuida não se confundiria com as licenças de caráter temporário, previstas no capítulo II da referida lei (artigos 97 a 104), mas equivaleria a autêntico desligamento do serviço público ou, tal como previsto na lei, "exclusão". Assim, verificado o licenciamento, o licenciado não manteria nenhum vínculo com a Administração, não havendo razões para admitir que o ex-militar regressasse ao serviço público sem que se submetesse a novo concurso público. ADI 2620/AL, rel. Min. Eros Grau, 29.11.2007. (ADI-2620) (Inform. STF 490)

PROCURADORES ESTADUAIS E OPÇÃO PELO CARGO DE DEFENSOR PÚBLICO

O Tribunal julgou improcedente pedido formulado em ação direta ajuizada pelo Procurador-Geral da República para declarar a inconstitucionalidade do art. 11 do Ato das Disposições Transitórias da Constituição do Estado de São Paulo e do *caput*, incisos e § 3º do art. 3º e do § 1º do art. 4º das Disposições Transitórias da Lei Complementar 988/2006, do mesmo Estado-membro, que facultam aos Procuradores estaduais, no prazo de 60 dias da promulgação da Lei Orgânica da Defensoria Pública, optarem pela permanência no quadro da Procuradoria-Geral do referido Estado-membro, ou na carreira de Defensor Público, garantidas as vantagens, os níveis e as proibições. Entendeu-se que as normas impugnadas seriam harmônicas com a Constituição Federal, haja vista que os Procuradores do Estado de São Paulo, aos quais viabilizada a opção pela carreira de Defensor Público, teriam ingressado na Administração Pública mediante concurso de provas e títulos. Além disso, asseverou-se que a Lei Complementar estadual 478/86 teria previsto as atribuições próprias ao cargo de Procurador do Estado, estabelecendo a divisão da Procuradoria em três áreas de atuação: o Contencioso Geral, a Consultoria Geral e a Assistência Judiciária. Assim, os candidatos ao cargo de Procurador estadual, aos quais facultada a opção, teriam feito concurso para prestar serviços nessas diversas áreas, entre elas a de prestar assistência judiciária aos menos favorecidos. Tendo isso em conta, ressaltou-se que o Supremo, da mesma forma como admitira a junção de carreiras (ADI 1591/RS, DJU de 30.6.2000), haveria de admitir situação inversa, em que observada simplesmente a cisão de carreira que se mostrava única e que, até o surgimento da Defensoria Pública, viera a ser preservada quanto ao Contencioso Geral e à Consultoria Geral. ADI 3720/SP, rel. Min. Marco Aurélio, 31.10.2007. (ADI-3720) (Inform. STF 486)

PROCURADOR-GERAL DO ESTADO: ESCOLHA - 2

O Tribunal, por maioria, julgou improcedente pedido formulado em ação direta ajuizada pelo Governador do Estado de São Paulo contra a expressão "*entre os Procuradores que integram a carreira*", contida no parágrafo único do art. 100 da Constituição do referido Estado-membro ("*O Procurador-Geral do Estado será nomeado pelo Governador, em comissão, entre os Procuradores que integram a carreira, e deverá apresentar declaração pública de bens, no ato da posse e de sua exoneração.*") — v. Informativo 336. Entendeu-se que a Constituição estadual, subordinada aos princípios contidos na Constituição Federal, no exercício da auto-organização conferida pelo art. 25, teria competência para a definição dos critérios para a escolha do Procurador-Geral, na forma prevista no inciso VIII do art. 235, e em consonância com o art. 132, que estabelece a representatividade do Estado por integrantes da carreira ("*Art. 235... VIII - até a promulgação da Constituição Estadual, responderão pela Procuradoria-Geral, pela Advocacia-Geral e pela Defensoria-Geral do Estado advogados com notório saber, com trinta e cinco anos de idade, no mínimo, nomeados pelo Governador eleito e demissíveis ad nutum;*"). Nesta assentada, o Min. Sepúlveda Pertence, em voto de desempate, na linha de outros votos já proferidos, acompanhou o relator, ao fundamento de não ser essencial do cargo em comissão, segundo a Constituição Federal, a inexistência de quaisquer limites à clientela passível desta nomeação. Vencidos os Ministros Maurício Corrêa, Joaquim Barbosa, Gilmar Mendes, Ellen Gracie e Nelson Jobim que julgavam o pedido procedente por considerar que a norma impugnada, ao impor limitação ao exercício do poder discricionário de escolha conferido ao Governador, ofenderia o art. 61, § 1º, II, c, da CF, bem como o princípio da separação entre os Poderes. ADI 2581/SP, rel. orig. Min. Maurício Corrêa, rel. p/ o acórdão Min. Marco Aurélio, 16.8.2007. (ADI-2581) (Inform. STF 476)

DIREITO ADMINISTRATIVO. INCORPORAÇÃO DE QUINTOS. CÔMPUTO DO TEMPO DE SERVIÇO EXERCIDO POR EX-CELETISTA REINTEGRADO SOB O REGIME ESTATUTÁRIO EM RAZÃO DA EXTINÇÃO DE EMPRESA PÚBLICA.

É possível o aproveitamento, para fins de incorporação de quintos, do tempo de serviço cumprido, sob o regime celetista, por ex-empregado reintegrado em cargo público sob o regime estatutário em razão da extinção da empresa pública em que trabalhava. Em consideração ao art. 100 da Lei n. 8.112/1990, o STJ fixou o entendimento de que o tempo de serviço cumprido sob o regime celetista, em momento anterior, por servidor público, é contado para efeito de incorporação de quintos. Entretanto, a análise dos julgados que passaram a afirmar a possibilidade de cômputo do tempo de serviço celetista parece revelar, à primeira vista, que somente teriam sido alcançados os agentes públicos que tiveram o vínculo celetista transformado em estatutário, e que prestavam serviço na Administração direta da União Federal, nos Territórios, nas Autarquias e nas Fundações Públicas, nos termos do art. 243 da Lei n. 8.112/1990. De modo diverso, a referida interpretação jurisprudencial também deve beneficiar o ex-empregado que tenha sido reintegrado em cargo público sob o regime estatutário em razão da extinção da empresa pública em que trabalhava sob o vínculo celetista, tendo em vista, sobretudo, o princípio da isonomia; afinal, se ele passou a ostentar o vínculo estatutário, não há razão ou lógica que lhe impeça o aproveitamento do tempo antes laborado sob o regime celetista, tal como aqueles que experimentaram a transformação do vínculo celetista em estatutário. Ademais, não há como negar que as Empresas Públicas integram a estrutura da Administração, embora não estejam previstas no art. 243 da Lei n. 8.112/1990. Precedentes citados: REsp 1.254.456-PE, DJe 2/5/2012, e AgRg no REsp 906.980-DF, DJe 9/5/2012. **REsp 1.288.380-DF, Rel. Min. Napoleão Nunes Maia Filho, julgado em 13/11/2012.(Inform. STJ 509)**

DIREITO ADMINISTRATIVO. PROMOÇÃO DE MILITAR ANISTIADO POLÍTICO.

Pertencendo o militar anistiado político à carreira dos praças, fica impossibilitado de ser promovido ao oficialato, por serem diversas as carreiras. O STF firmou a orientação de que o instituto da anistia política, previsto no art. 8º do ADCT, deve ser interpretado de modo ampliativo, possibilitando ao beneficiário o acesso às promoções, como se na ativa estivesse. Contudo, a anistia política não abrange as promoções que dependeriam, por lei, de aprovação em concurso público ou aproveitamento em cursos. Precedente citado: AgRg no REsp 1.235.981-RJ, DJe 4/4/2011. **REsp 1.279.476-RJ, Rel. Min. Arnaldo Esteves Lima, julgado em 6/11/2012.(Inform. STJ 508)**

DIREITO ADMINISTRATIVO. REMOÇÃO DE SERVIDOR PARA ACOMPANHAMENTO DE CÔNJUGE. INTERESSE DA ADMINISTRAÇÃO.

A remoção para acompanhamento de cônjuge ou companheiro exige, obrigatoriamente, que o cônjuge seja servidor público deslocado no interesse da Administração, não se admitindo qualquer outra forma de alteração de domicílio, nos termos do art. 36, parágrafo único, III, a, da Lei n. 8.112/1990. Precedentes citados: AgRg no REsp 1.260.423-CE, DJe 23/2/2012; AgRg na MC 17779-PE, DJe 30/6/2011. **REsp 1.310.531-CE, Rel. Min. Mauro Campbell Marques, julgado em 6/11/2012.(Inform. STJ 508)**

DIREITO ADMINISTRATIVO. MILITAR ACOMETIDO DE DEBILIDADE. REINTEGRAÇÃO COMO ADIDO PARA TRATAMENTO MÉDICO.

É ilegal o licenciamento do militar acometido de debilidade física ou mental durante o exercício das atividades castrenses, devendo ser reintegrado aos quadros da corporação na condição de agregado/adido, para tratamento médico-hospitalar até a sua recuperação, conforme estabelece o art. 82 e seguintes da Lei n. 6.880/1980. Precedentes citados: AgRg no REsp 1.226.918-RS, DJe 27/4/2012, e AgRg nos EDcl no REsp 1.217.801-RS, DJe 21/9/2011. **REsp 1.267.652-RS, Rel. Min. Eliana Calmon, julgado em 23/10/2012.(Inform. STJ 508)**

DIREITO ADMINISTRATIVO. PRORROGAÇÃO DA LICENÇA-MATERNIDADE. SERVIDORAS PÚBLICAS. AUSÊNCIA DE ATO REGULAMENTADOR.

A prorrogação da licença-maternidade prevista no art. 2º da Lei Federal n. 11.770/2008 não é autoaplicável, estando condicionada à edição de ato regulamentar pelo ente administrativo a que se encontra vinculada a servidora pública. Precedentes citados: AgRg no REsp 1.318.879-BA, DJe 1º/6/2012; AgRg no REsp 1.295.961-BA, DJe 23/5/2012; AgRg no REsp 1.293.666-BA, DJe 3/8/2012; AgRg no REsp 1.313.114-BA, DJe 2/8/2012, e AgRg no REsp 1.296.634-BA, DJe 7/5/2012. **EDcl no REsp 1.333.646-BA, Rel. Min. Castro Meira, julgados em 18/10/2012.(Inform. STJ 507)**

SERVIDOR PÚBLICO. REMOÇÃO. ACOMPANHAMENTO. CÔNJUGE. IMPOSSIBILIDADE. INEXISTÊNCIA. COABITAÇÃO.

Servidor público federal lotado no interior do Estado da Paraíba requereu a sua remoção para a capital do estado ou, alternativamente, a lotação provisória em qualquer outro órgão da Administração Federal direta, autárquica ou fundacional para acompanhar a esposa, servidora pública federal, removida de ofício de Campina Grande para João Pessoa. Apesar de a esposa do autor ter sido removida de ofício, o apelante não faz jus à remoção para a sede do TRE/PB, visto que o casal não residia na mesma localidade antes da remoção da esposa. Portanto, o Estado não se omitiu do seu dever de proteger a unidade familiar, que ocorre quando há o afastamento do convívio familiar direto e diário de um dos seus integrantes. **AgRg no REsp 1.209.391-PB, Rel. Min. Humberto Martins, julgado em 6/9/2011.** (Inform. STJ 482)

REMOÇÃO. SERVIDOR PÚBLICO. ACOMPANHAMENTO. CÔNJUGE.

Trata-se da remoção de servidora em estágio probatório no cargo de auditor fiscal do trabalho para acompanhamento de cônjuge, servidor ocupante do cargo de analista de controle interno do TCU, que participou de concurso de remoção, alterando sua lotação para o Rio de Janeiro. Assim, conforme o art. 36, III, a, da Lei n. 9.527/1997, a remoção, preenchidos os pressupostos legais, constitui direito subjetivo do servidor, independente do interesse da Administração e da existência de vaga, como forma de resguardar a unidade familiar. Nos casos em que se pretende o acompanhamento de cônjuge, a norma exige, obrigatoriamente, prévio deslocamento de qualquer deles no interesse da Administração, não sendo admitida qualquer outra forma de alteração de domicílio. Daí, no caso, o interesse da Administração surgiu no momento em que o TCU criou nova unidade de lotação no Rio de Janeiro e abriu concurso de remoção para os analistas de controle interno. O processo seletivo foi apenas o instrumento formal adotado, uma vez que a transferência do servidor estaria condicionada ao juízo de conveniência da Administração, que decidiria em observância dos limites da legislação de regência. Diante do exposto, a Seção concedeu a ordem para garantir a remoção da impetrante. Precedentes citados: AgRg no REsp 963.960-SC, DJe 13/12/2010, e AgRg no Ag 1.354.482-SC, DJe 18/2/2011. **MS 14.753-DF, Rel. Min. Jorge Mussi, julgado em 28/9/2011.** (Inform. STJ 484)

SERVIDORES PÚBLICOS. JORNADA. TRABALHO.

In casu, discute-se o direito líquido e certo dos recorrentes, servidores públicos com diferentes funções na Administração estadual, entre as quais a de técnico de radiologia, à jornada de trabalho de 30 e 24 horas semanais. Os recorrentes, exceto os técnicos em radiologia, entendem que a Lei estadual n. 13.666/2002 garantiu-lhes carga horária de 30 horas semanais, que só pode ser modificada após nova avaliação do local de trabalho para constatar as condições do ambiente em que exercem suas atividades fins. Contudo, para a Min. Relatora, a referida lei estadual determina que, em regra, a jornada de trabalho é de 40 horas semanais, podendo ser reduzida para 30 horas semanais quando a atividade for desenvolvida em locais insalubres, penosos ou perigosos, devidamente constatados por perícia, e, na hipótese, conforme o aresto recorrido, inexiste laudo a garantir a jornada reduzida. Assim, entendeu que o Dec. estadual n. 4.345/2005 não extrapola os limites da lei ao fixar a carga horária de 40 horas semanais para os servidores públicos, previsão já existente na mencionada lei, que, no entanto, poderá ser alterada desde que haja perícia comprovando o exercício de atividades prejudiciais à saúde, sendo certo, ainda, que a fixação da jornada de trabalho é tema sujeito aos critérios de oportunidade e conveniência do Poder Público. Quanto aos técnicos de radiologia, consignou que a legislação federal estabeleceu como jornada de trabalho para esses profissionais 24 horas semanais, tal como o referido decreto estadual, tendo em conta o fato de ser uma atividade prejudicial à saúde. Todavia, isso não significa que o servidor que exerce essa função não possa, nas 16 horas restantes para complementar a jornada de 40 horas semanais, desenvolver tarefas correlatas. Diante desses argumentos, entre outros, a Turma conheceu parcialmente do recurso e, na parte conhecida, negou-lhe provimento. Precedentes citados: REsp 812.811-MG, DJ 7/2/2008, e RMS 14.078-SP, DJ 6/8/2007. **RMS 23.475-PR, Rel. Min. Maria Thereza de Assis Moura, julgado em 17/3/2011.** (Inform. STJ 466)

REPETITIVO. SERVIÇO MILITAR. PROFISSIONAIS. SAÚDE.

Em recurso repetitivo, a Seção, ao prosseguir o julgamento, reafirmou que os profissionais da área de saúde dispensados do serviço militar por excesso de contingente não podem ser posteriormente convocados a prestá-lo quando da conclusão do curso superior, não lhes sendo aplicável o art. 4º, § 2º, da Lei n. 5.292/1967. **REsp 1.186.513-RS, Rel. Min. Herman Benjamin, julgado em 14/3/2011.** (Inform. STJ 466)

REMOÇÃO. MOTIVO. SAÚDE. JUNTA MÉDICA OFICIAL.

A Seção, ao prosseguir o julgamento, entre outras questões, reiterou que o pedido de remoção por motivo de saúde, nos termos do art. 36, III, **b**, da Lei n. 8.112/1990, deve ser submetido ao exame de junta médica oficial. **MS 15.695-DF, Rel. Min. Arnaldo Esteves Lima, julgado em 14/3/2011.** (Inform. STJ 466)

SERVIDOR PÚBLICO. ESCALA. TRABALHO. HORAS EXTRAS.

Os ora recorrentes aduzem, no recurso, que laboram em regime de escala de 24 horas de trabalho por 72 horas de descanso e, assim, estariam cumprindo jornada superior a oito horas diárias e a 40 horas semanais, o que levaria ao recebimento de horas extras trabalhadas. A Turma, entre outras questões, negou provimento ao recurso por entender que, nos termos do art. 19 da Lei n. 8.112/1990, a jornada máxima de trabalho dos servidores públicos federais é de 40 horas semanais. Assim, conforme jurisprudência deste Superior Tribunal, dividindo-se 40 (máximo de horas semanais) por seis dias úteis e se multiplicando o resultado por 30 (total de dias do mês) teríamos o total de 200 horas mensais, valor que deve ser adotado como parâmetro para o cômputo de eventuais horas extras. No caso, os recorrentes trabalham sete dias no mês, o que, multiplicado por 24 horas trabalhadas por dia, chega-se ao valor de 168 horas trabalhadas no mês, ou seja, número inferior às 200 horas. Quanto aos juros de mora, a jurisprudência consolidada neste Superior Tribunal reconhece que, nas causas ajuizadas posteriormente à edição da MP n. 2.180-35/2001, em que é devedora a Fazenda Pública, eles devem ser fixados em 6% ao ano. Precedentes citados: REsp 1.086.944-SP, DJe 4/5/2009; REsp 419.558-PR, DJ 26/6/2006, e REsp 805.437-RS, DJe 20/4/2009. **REsp 1.019.492-RS, Rel. Min. Maria Thereza de Assis Moura, julgado em 3/2/2011.** (Inform. STJ 461)

VAGAS. JUIZ. CONSTITUIÇÃO ESTADUAL.

A Turma, por maioria, deu provimento ao recurso ordinário em mandado de segurança para reformar o acórdão do tribunal *a quo* que denegou o *writ* e declarou a inconstitucionalidade do art. 51, IV, da Constituição estadual, vigente à época. *In casu*, a impetração insurgiu-se contra o ato do presidente do TJ que, por meio de edital, não ofereceu a totalidade das comarcas vagas para fins de remoção e promoção de magistrados do estado, o que contrariaria o referido dispositivo constitucional o qual determinava o provimento dessas vagas no prazo de 30 dias. No voto vencido, o Min. Relator originário manteve o acórdão recorrido por considerar não haver simetria entre o artigo declarado inconstitucional e a Constituição Federal, que, assim como a Loman, não fixa prazo para o preenchimento de tais vagas, afrontando, com isso, o art. 125, *caput*, da CF/1988. Ademais, sustentou também haver ofensa ao § 1º do mesmo art. 125, tendo em vista que o art. 51, IV, da Constituição estadual versou sobre organização judiciária, matéria que exige iniciativa exclusiva do Poder Judiciário. No voto vencedor, o Min. Gilson Dipp observou, preliminarmente, que caberia anular o acórdão recorrido por inobservância das formalidades atinentes ao incidente de inconstitucionalidade o qual, além de ter procedimento específico (arts. 480 a 482 do CPC), possui conteúdo diverso do mérito da demanda principal e comporta recurso próprio (recurso extraordinário). Contudo, ao entender que o mérito poderia ser analisado desde logo, consignou que o dispositivo constitucional estadual, ao estabelecer prazo para oferecimento e provimento de vagas, não incorreu em violação da CF/1988 (art. 93, II e VIII-A) nem da Loman, por se tratar de regra de administração judiciária interna destinada a agilizar o procedimento. Salientou, igualmente, não ser caso de afronta à competência privativa do TJ para dispor sobre o assunto, já que o mencionado artigo não modificou o regime de remoção e promoção dos juízes. Segundo o Min. Gilson Dipp, assim como o constituinte pode tratar de matéria constitucional, também lhe é possível versar sobre matéria infraconstitucional, motivo pelo qual pode adentrar tema cuja iniciativa compete ao Poder Judiciário sem que isso importe contrariedade ao equilíbrio da separação dos poderes, já que é o próprio constituinte quem os institui. **RMS 19.895-GO, Rel. Min. originário Jorge Mussi, Rel. Min. para acórdão Gilson Dipp, julgado em 23/11/2010.** (Inform. STJ 457)

LICENÇA. DESLOCAMENTO. CÔNJUGE. EXERCÍCIO PROVISÓRIO.

No caso, servidora da Justiça trabalhista lotada em Porto Alegre formulou pedido administrativo para que lhe fosse concedida licença por motivo de deslocamento de cônjuge (art. 84 da Lei n. 8.112/1990), pois seu esposo foi aprovado em concurso público realizado em prefeitura no Estado do Rio de Janeiro, tendo tomado posse em 16/7/1999. Solicitou, ainda, que exercesse provisoriamente cargo compatível com o seu, o que poderia se dar no TRT da 1ª Região, com sede no Rio de Janeiro. Indeferido o pedido, ajuizou ação ordinária. A Turma, entre outras questões, entendeu que o pedido de concessão de licença formulado na referida ação possui natureza distinta da atinente ao instituto da remoção, previsto no art. 36, parágrafo único, III, a, da Lei n. 8.112/1990. O pedido está embasado no art. 84 da mencionada lei e, uma vez preenchidos pelo servidor os requisitos ali previstos, não há espaço para juízo discricionário da Administração, devendo a licença ser concedida, pois se trata de um direito do servidor, em que a Administração não realiza juízo de conveniência e oportunidade. Quanto ao exercício provisório em outro órgão, este é cabível, pois preenchidos todos os pressupostos para o seu deferimento. Sendo a autora analista judiciária, poderá exercer seu mister no TRT da 1ª Região. **REsp 871.762-RS, Rel. Min. Laurita Vaz, julgado em 16/11/2010.** (Inform. STJ 456)

PRESCRIÇÃO. REVISÃO. ATO. REFORMA MILITAR.

A Turma reafirmou a jurisprudência de que se deve reconhecer a prescrição do próprio fundo de direito no caso em que o militar busca a concessão de sua reforma, após mais de cinco anos contados do transcurso do ato da Administração que determinou o seu licenciamento. **Precedentes citados: AgRg no Ag 1.194.064-RS, DJe 15/3/2010; AgRg no Ag 1.152.666-PE, DJe 1º/2/2010, e AgRg no REsp 1.021.679-SC, DJe 9/3/2009. REsp 1.195.266-SP, Rel. Min. Mauro Campbell Marques, julgado em 26/10/2010.** (Inform. STJ 453)

MILITAR TEMPORÁRIO. QUADRO FEMININO. AERONÁUTICA. LICENCIAMENTO.

Trata-se de recurso no qual a União, ora recorrente, alega que a recorrida não poderia ser reintegrada no quadro feminino de graduados da Aeronáutica, pois sua investidura era temporária e, somente após oito anos de serviço ativo e preenchidas certas condições, faria jus à estabilidade. A Turma, entre outras questões, reiterou o entendimento de que os militares temporários que não adquiriram estabilidade, no caso, após oito anos de atividade (art. 13 da Lei n. 6.924/1981), podem ser licenciados pela Administração, por motivo de conveniência e oportunidade, por ato discricionário, que, em regra, prescinde de motivação. A realização de concurso para o ingresso no mencionado quadro feminino da Aeronáutica não afasta o caráter temporário da investidura. Assim, a Turma deu provimento ao recurso. **Precedentes citados: REsp 557.273-SE, DJ 14/2/2005; REsp 766.580-RJ, DJ 22/10/2007, e MS 8.206-DF, DJe 29/5/2008. REsp 827.662-RJ, Rel. Min. Maria Thereza de Assis Moura, julgado em 26/10/2010.** (Inform. STJ 453)

SERVIDOR. CURSO. EXTERIOR. INDENIZAÇÃO.

O recorrente (servidor público) e a universidade celebraram contrato para propiciar-lhe formação acadêmica no exterior (doutorado). Pelo acordo, o servidor comprometia-se a permanecer à disposição da universidade por tempo igual ao de duração de seu doutorado, sob pena de ressarcir os vencimentos percebidos durante o afastamento, obrigação que já constava do ordenamento jurídico àquela época (art. 47, § 3º, do Dec. n. 94.664/1987). Contudo, tendo concluído o curso e retornado ao país, o recorrente decidiu aposentar-se antes de completar a contraprestação a que estava obrigado. Discutiu-se, nos autos, como ele deve indenizar a universidade, se na forma do contrato (de modo integral) ou de acordo com o art. 46, § 1º, da Lei n. 8.112/1990 (de forma parcelada). Quanto a isso, a Turma, ao prosseguir o julgamento e aderir ao voto vista do Min. Felix Fischer, entendeu prevalecer sobre o contrato celebrado a regra estatutária, contudo no patamar decorrente da alteração superveniente empreendida pela MP n. 2.225/2001, que alterou a redação do citado dispositivo ao prever que a parcela não mais poderá ser inferior a 10% da remuneração. Anote-se que há precedentes quanto à superveniência da aposentadoria não excluir o servidor público da respectiva carreira e quanto ao cálculo do valor a indenizar dever ser proporcional ao tempo necessário à completa devolução à Administração. **Precedentes citados: RMS 24.007-MS, DJe 17/11/2008, e REsp 939.439-PR, DJe 1º/12/2008. REsp 1.103.315-ES, Rel. Min. Jorge Mussi, julgado em 19/8/2010.** (Inform. STJ 443)

REINTEGRAÇÃO. SERVIDOR PÚBLICO CELETISTA.

Trata-se de conflito negativo interno de competência em que a Segunda e a Terceira Seção deste Superior Tribunal declararam-se incompetentes para julgar recurso especial no qual o recorrente sustenta, entre outras questões, a nulidade ou anulabilidade de ato administrativo que o demitiu indevidamente e, em consequência, requer sua reintegração. É cediço que, no Superior Tribunal de Justiça, a competência fixa-se em função da natureza da relação jurídica litigiosa que delimita o tema submetido a seu conhecimento. Em sendo assim, a ação de nulidade de rescisão de contrato de trabalho cumulada com reintegração ao cargo de policial rodoviário federal proposta por servidor público celetista, sob a égide da Lei n. 6.185/1974, submetido, portanto, ao regime constitucional anterior, versa sobre relação jurídica litigiosa sujeita atualmente à competência da Primeira Seção a teor do art. 9º, § 1º, XI, do RISTJ, com a redação dada pela Emenda Regimental n. 11/2010; porém, há que ser dirimida por uma das Turmas da Terceira Seção em face da ressalva do art. 3º da sobredita emenda. Diante disso, a Corte Especial conheceu do conflito e declarou competente uma das Turmas da Terceira Seção para julgar o feito. **Precedentes citados: REsp 512.599-PR, DJ 27/9/2004, e CC 33.268-SP, DJ 4/2/2002. CC 95.776-PR, Rel. Min. João Otávio de Noronha, julgado em 4/8/2010.** (Inform. STJ 441)

MILITAR TEMPORÁRIO. INCAPACIDADE. REINCORPORAÇÃO.

In casu, militar temporário sofreu séria lesão que o incapacitou para as atividades castrenses e, em decorrência disso, foi licenciado sem o término de seu tratamento médico. Diante disso, a Turma reafirmou o entendimento de que, caso o militar, no momento de seu licenciamento, encontre-se temporariamente incapacitado em razão de acidente em serviço ou, ainda, de doença, moléstia ou enfermidade cuja eclosão deu-se no período de prestação do serviço, tem o direito de permanecer integrado às fileiras de sua respectiva Força até que se restabeleça. Ressaltou o Min. Relator que, no caso dos autos, o ato de licenciamento deu-se de forma irregular, visto que o militar não havia concluído o tratamento de suas lesões; devendo, portanto, ser reincorporado até o término do tratamento, pois é direito assegurado ao militar, independentemente de ser temporário ou de carreira, o tratamento de saúde necessário para a recuperação de suas lesões, até porque, quando de sua incorporação, gozava de boa saúde física (art. 50 da Lei n. 6.880/1980 e arts. 367 e 431 da Portaria n. 816/2003 do Ministério da Defesa – RISG). Ademais, a mera reintegração de militar temporário para tratamento médico não configura hipótese de estabilidade nos quadros das Forças Armadas. Nesse contexto, a Turma negou provimento ao agravo regimental. **Precedentes citados: AgRg nos EDcl no Ag 1.119.154-RS, DJe 24/5/2010; REsp 1.021.500-PR, DJe 13/10/2009; AgRg no REsp 1.071.498-RS, DJe 28/9/2009, e REsp 612.170-RS, DJ 12/3/2007. AgRg no REsp 1.186.347-SC, Rel. Min. Hamilton Carvalhido, julgado em 22/6/2010.** (Inform. STJ 440)

REMOÇÃO. SERVIDOR PÚBLICO.

Trata-se da remoção de servidor público, ora recorrente, que tomou posse no cargo de auditor fiscal da Receita Federal com lotação em Foz do Iguaçu-PR e, posteriormente, casou-se com servidora pública do estado do Rio de Janeiro, a qual veio a engravidar. Na origem, obteve antecipação de tutela que permitiu sua lotação provisória na cidade do Rio de Janeiro, há quase dez anos. Diante disso, a Turma entendeu que a pretensão recursal não encontra respaldo no art. 36, III, a, da Lei n. 8.112/1990 nem na jurisprudência, uma vez que o recorrente já era servidor quando, voluntariamente, casou-se com a servidora estadual. Assim, somente após o casamento, pleiteou a remoção, não havendo o deslocamento do cônjuge no interesse da Administração, logo não foi preenchido um dos requisitos do referido artigo. Quanto à teoria do fato consumado, entendeu, ainda, a Turma em afastá-la, pois a lotação na cidade do Rio de Janeiro decorreu de decisão judicial provisória por força de tutela antecipatória e tornar definitiva essa lotação, mesmo com a declaração judicial de não cumprimento dos requisitos legalmente previstos, permitiria consolidar uma situação contrária à lei. Daí negou provimento ao recurso. **Precedentes citados do STF: RE 587.260-RN, DJe 23/10/2009; do STJ: REsp 616.831-SE, DJ 14/5/2007; REsp 674.783-CE, DJ 30/10/2006, e REsp 674.679-PE, DJ 5/12/2005. REsp 1.189.485-RJ, Rel. Min. Eliana Calmon, julgado em 17/6/2010.** (Inform. STJ 439)

FÉRIAS. 30 DIAS. PROCURADOR AUTÁRQUICO.
A Turma, entre outras questões, reiterou o entendimento de que a MP n. 1.522/1996 foi válida e regularmente editada, sendo posteriormente convertida na Lei n. 9.527/1997, que, ao revogar a legislação pretérita, fixou as férias dos procuradores autárquicos da União em 30 dias. Assim, por maioria, conheceu em parte do recurso e, nessa parte, negou-lhe provimento. **Precedentes citados: AgRg no REsp 1.116.048-SC, DJe 26/10/2008; REsp 383.608-PR, DJ 16/12/2002, e REsp 634.197-PB, DJ 23/4/2007. REsp 906.755-DF, Rel. Min. Laurita Vaz, julgado em 1º/6/2010.** (Inform. STJ 437)

BOMBEIRO. PROMOÇÃO. PRETERIÇÃO.
A Turma decidiu que, referente à promoção por merecimento de oficial do Corpo de Bombeiros sujeita ao poder discricionário do governador do DF (art. 48 do Dec. Distrital n. 3.170/1976 e Lei Distrital n. 6.302/1975), descabe ao recorrente o pretendido ressarcimento de preterição à graduação de oficial. **RMS 27.600-DF, Rel. Min. Arnaldo Esteves Lima, julgado em 16/3/2010.** (Inform. STJ 427)

CONTRATO TEMPORÁRIO. ESTABILIDADE EXCEPCIONAL. ART. 19 DO ADCT.
In casu, a ora recorrente celebrou, em 2/6/1993, contrato administrativo com o Estado membro para exercer a função de professora por tempo determinado, solicitando expressamente sua dispensa da função de agente administrativo antes exercida, na qual detinha a estabilidade excepcional prevista no art. 19 do Ato das Disposições Constitucionais Transitórias (ADCT) da CF/1988. Assim, entendeu-se não ser possível estender a referida estabilidade a um novo contrato temporário celebrado com a Administração Pública, quando já vigente a CF/1988. Isso porque as contratações por tempo determinado celebradas com a Administração Pública, sob a égide da referida Constituição, têm caráter precário e se submetem às regras previstas no seu art. 37, IX. Quanto ao regime próprio de previdência, esse só é aplicável aos servidores ocupantes de cargos efetivos. Ao servidor contratado por prazo determinado aplica-se o regime geral de Previdência Social nos termos do art. 40, § 13, da CF/1988. Com esse entendimento, a Turma negou provimento ao recurso. **Precedente citado: RMS 18.774-MG, DJ 28/3/2005. RMS 29.462-PA, Rel. Min. Felix Fischer, julgado em 20/8/2009.** (Inform. STJ 403)

SERVIDOR PÚBLICO. AFASTAMENTO. ATIVIDADE SINDICAL.
Trata-se de RMS em que se discute a possibilidade de o servidor afastado para o exercício da presidência de entidade representativa de classe (no caso, sindicato dos funcionários do Fisco estadual) receber a gratificação de participação de resultados (GPR). Conforme os autos, a referida gratificação foi instituída com o objetivo de incentivar o servidor em efetivo exercício na Secretaria da Fazenda estadual a cumprir metas de arrecadação de tributos. Assim, para o Min. Relator, tal gratificação tem natureza de vantagem *pro labore faciendo,* concedida por ato discricionário do Poder Público, que só se justifica enquanto o servidor encontrar-se em efetivo exercício, para incentivar o zelo na realização do trabalho, a fim de promover o incremento da produtividade do Fisco. Argumenta o recorrente que o plano de cargos e salários do Fisco da Secretaria da Fazenda estadual considera como efetivo desempenho do cargo a função de presidente de associação ou sindicato de classe. Contudo, vale ressaltar que o art. 20 da Lei estadual n. 13.266/1998 assegura mesmo a contagem de tempo de serviço, pois considera a licença para o desempenho da presidência de entidade sindical efetivo exercício no órgão de lotação. Por outro lado, o Dec. estadual n. 5.443/2001, que instituiu a mencionada gratificação, em seu art. 3º, parágrafo único, exclui taxativamente os servidores com afastamento ou licença, sem excetuar a atividade sindical. Diante disso, a Turma, por maioria, negou provimento ao recurso do sindicato. O voto vencido entendia que o dirigente sindical não pode sofrer nenhum tipo de restrição por estar no exercício da mesma representação. Isso é um empecilho, embaraço, obstáculo e algo que restringe a liberdade sindical no sentido mais amplo. **Precedente citado: RMS 19.651-RS, DJ 7/11/2005. RMS 29.440-GO, Rel. Min. Jorge Mussi, julgado em 20/8/2009.** (Inform. STJ 403)

MS. COMUNICAÇÃO. AFASTAMENTO.
Trata-se de mandado de segurança impetrado por sindicato contra a ordem de serviço n. 4/2008 da Secretaria de Estado da Educação, que dispõe sobre os afastamentos dos membros do magistério e servidores ligados à pasta da Educação estadual para participarem de atividades de capacitação profissional e de eventos de cunho educacional ou sindical. O sindicato alega, em síntese, que o ato da secretária de Educação viola seu direito líquido e certo à liberdade sindical e que a restrição da participação de servidores não pode ser feita mediante ordem de serviço, por extrapolar o poder regulamentar. Para o Min. Relator, pela leitura conjunta dos arts. 4º e 6º da mencionada ordem de serviço e do parecer n. 14.483/2006 da PGE, conclui-se que, para as atividades definidas como sindicais e classistas, não existe um percentual máximo para as autorizações, além de serem consideradas de efetivo exercício para todos os efeitos legais, efetivando a liberdade sindical. Muito embora tenha sido utilizado o termo "autorização", no caso de atividades sindicais ou classistas, a norma prevê mera comunicação, para que a carga horária seja oportunamente compensada. Da mesma forma, os limites estabelecidos para a participação dos professores em eventos sociais e culturais são legítimos, pois servem para concretizar o direito à educação, regulamentado na Lei de Diretrizes e Bases da Educação Nacional (LDB). Com efeito, o art. 24 Lei n. 9.394/1996 (LDB) preceitua que os alunos dos níveis fundamental e médio têm direito a um ano com no mínimo 200 dias letivos e 800 horas aula. Para o Min. Relator, a regulamentação da matéria é salutar, pois é notório que os profissionais da área de educação precisam lecionar em vários estabelecimentos, em quase todos os dias da semana e turnos, para que possam incrementar sua remuneração mensal. Ademais, não se afigura razoável que um sindicato programe seus eventos em horário de aula, sem que, em contrapartida, haja reposição dos dias letivos e da carga horária. Diante disso, a Turma negou provimento ao recurso. **RMS 29.183-RS, Rel. Min. Herman Benjamin, julgado em 6/8/2009.** (Inform. STJ 401)

PM. REFORMA. ESPECIFICAÇÃO. INCAPACIDADE.
O recorrente foi capitão da polícia militar estadual por mais de trinta anos e se viu transferido para a inatividade por tempo de serviço, sob o regime da reserva remunerada. Quer agora a prevalência de seu direito à reforma, visto que já reconhecida sua incapacidade definitiva para o serviço castrense nas perícias médicas efetuadas pela própria corporação militar (a moléstia é incurável e foi adquirida em razão do serviço). Esse direito foi negado ao fundamento de que não aflorava das perícias sua incapacidade absoluta para aquele ofício: far-se-ia necessário apontar especificamente quais atividades não poderia cumprir. Diante disso, é certo que, preenchidos os requisitos constantes da lei estadual que disciplina a matéria (contenta-se com o reconhecimento da incapacidade definitiva), não há como a Administração criar empecilhos, a reclamar outras condições mais exigentes à fruição do benefício. Pois não se trata de ato discricionário do Poder Público, mas, sim, de direito subjetivo do administrado, que, preenchidas as condições previstas, pode exigir da autoridade a prática do ato, sob pena de sujeição ao crivo da Justiça. Daí se reconhecer o direito do recorrente passar à inatividade mediante reforma. **RMS 24.316-RJ, Rel. Min. Napoleão Nunes Maia Filho, julgado em 30/10/2008.** (Inform. STJ 374)

SERVIDOR PÚBLICO. REMOÇÃO. CÔNJUGE.
A Seção reiterou que descabe a remoção a pedido de servidor (agente penitenciário federal no MS) para acompanhar cônjuge aprovado em outro concurso (auxiliar de enfermagem no DF), porquanto a transferência deve-se a interesse próprio, e não a interesse da Administração, *ex vi* do art. 36, parágrafo único, III, a, da Lei n. 8.112/1990. **Precedentes citados: AgRg no REsp 733.684-CE, DJ 29/8/2005, e REsp 616.831-SE, DJ 14/5/2007. MS 12.887-DF, Rel. Min. Napoleão Nunes Maia Filho, julgado em 24/9/2008.** (Inform. STJ 369)

SERVIDOR PÚBLICO. INSALUBRIDADE. SERVIÇO CELETISTA.
A Seção reiterou caber ao servidor público o direito à contagem especial de tempo de serviço celetista prestado como operador de máquinas em atividade insalubre, no período entre 1º/5/1975 e 31/7/1992. No caso, ficou afastada a tese defendida no acórdão rescindendo, porquanto este Superior Tribunal fixou o entendimento de que os funcionários públicos que trabalharam em condições insalubres antes da Lei n. 8.112/1990 fazem jus à contagem com o acréscimo legal, para fins de aposentadoria estatutária. Outrossim, descabe a recusa da autarquia previdenciária de emitir a certidão de tempo de serviço, constando o período trabalhado em tais condições. **Precedentes citados do STF: RE 433.305-PB, DJ 10/3/2006; RE 258.327-PB, DJ 6/2/2004; do STJ: REsp 517.316-PB, DJ 23/10/2006, e AgRg no REsp 449.417-PR, DJ 3/4/2006. AR 3.320-PR, Rel. Min. Maria Thereza de Assis Moura, julgada em 24/9/2008.** (Inform. STJ 369)

ARQUIVISTA. RECLASSIFICAÇÃO FUNCIONAL.
Para a reclassificação de servidores para o cargo de arquivista, conforme dispõe a Lei n. 7.446/1985, que fixou os valores de redistribuição do Grupo--Arquivo do Serviço Civil do Poder Executivo, faz-se necessário comprovar a posse de diploma de curso superior de Arquivologia ou habilitação

legal equivalente e, ainda, o prévio exercício dessa atividade. No caso, os recorrentes não comprovaram o exercício das atividades correlatas às desempenhadas por arquivistas. Diante do exposto, a Turma negou provimento ao recurso. **REsp 907.077-DF, Rel. Min. Arnaldo Esteves Lima, julgado em 17/6/2008**. (Inform. STJ 360)

FÉRIAS. MP.

A Turma negou provimento ao recurso por entender que é legal o ato da Procuradoria-Geral de Justiça estadual que considerou não ser possível a acumulação de mais de dois meses de férias e cancelou os atos que deferiam o gozo de períodos excedentes a esses e determinou a permanência dos promotores de justiça em serviço no mês de setembro de 2003. A Lei Orgânica do Ministério Público disciplina que as férias dos membros do Ministério Público sejam iguais à dos magistrados, cabendo a cada lei orgânica estadual regular a concessão. Assim o Estado-membro aprovou a Lei Complementar n. 19/1994, que, em seu art. 168, dispõe de forma análoga ao art. 65, § 1º, da Lei Complementar n. 35/1979 (Lei Orgânica da Magistratura Nacional). O ato da referida Procuradoria-Geral de Justiça apenas aplicou a legislação cabível e corrigiu o vício de atos anteriores que deferiam fruição de férias atingidas pela caducidade. **RMS 20.361-PB, Rel. Min. Jane Silva (Desembargadora convocada do TJ-MG), julgado em 6/5/2008**. (Inform. STJ 354)

MS. PROCURADOR. PROMOÇÃO. RETIFICAÇÃO.

Procurador Federal impetrou mandado de segurança contra ato do Advogado-Geral da União, que indeferiu pedido de retificação de promoção. Para comprovar o equívoco administrativo em seu atual enquadramento funcional, colacionou contracheques e folha do Siape. A Min. Relatora inicialmente afastou a alegação de ilegitimidade passiva do Advogado-Geral da União, uma vez que o ato atacado, ou seja, o indeferimento do recurso hierárquico apresentado pelo impetrante, é de sua autoria. Por outro lado, considerou desnecessária a citação de outros procuradores federais porque, no caso, não se cuida de litisconsórcio necessário, tendo em vista tratar-se de situação pessoal: não ter sido, por equívoco, promovido o promotor à categoria adequada. Outrossim, não procede a assertiva de inadequação da via eleita, pois o presente *mandamus* não tem caráter de ação de cobrança, mas pleiteia o reconhecimento de direito líquido e certo para retificação de equívoco administrativo. Considerou que os contracheques e a folha do Siape têm presunção de veracidade por serem documentos públicos e gozarem dessa presunção. Ademais, a autoridade coatora não apresentou nenhuma prova em contrário. Com esse entendimento, a Seção concedeu a segurança para determinar a retificação dos atos de promoção desde a data em que o procurador deveria ter sido promovido. **Precedente citado: MS 12.397-DF, DJ 27/11/2006. MS 12.756-DF, Rel. Min. Maria Thereza de Assis Moura, julgado em 23/4/2008**. (Inform. STJ 353)

ADESÃO. PDV. SAQUE. FGTS.

Empregado de empresa pública em processo de extinção, juntamente com outros, foi incentivado a aderir a plano de demissão voluntária (PDV). Isso posto, ressalta o Min. Relator, que a adesão de empregado ao PDV não afasta o preenchimento do requisito disposto no art. 20, II, da Lei n. 8.036/1990, para a movimentação da conta vinculada do FGTS. Observa que, como a empresa está em processo de liquidação extrajudicial, o vínculo empregatício do ora recorrido seria extinto de qualquer modo, assim ele preenche o requisito autorizador do saque do FGTS, independentemente de aderir ou não ao PDV. **REsp 839.677-GO, Rel. Min. Luiz Fux, julgado em 22/4/2008**. (Inform. STJ 353)

CARGO PÚBLICO. EXERCÍCIO. PRORROGAÇÃO.

No caso, não há que se aventar existir direito líquido e certo a que o recorrido entre em exercício no cargo público, apesar da sua alegação de existência de força maior, consistente na quebra de seu tornozelo direito, a impedi-lo de comparecer diante da Administração. Ele somente se apresentou após o decurso do prazo legal de trinta dias previsto no estatuto referente aos servidores públicos estaduais e não diligenciou requerer previamente a prorrogação desse prazo, sujeita ao deferimento da autoridade competente, conforme a mesma legislação. Anote-se que pleiteou a prorrogação por trinta dias do prazo para a posse e, após se apresentar para o exercício com cinco dias de atraso, só diligenciou a reconsideração da decisão administrativa que negou a entrada em exercício após quarenta dias de exarada, tudo a denotar seu desinteresse em assumir as funções do cargo. **RMS 13.037-SP, Rel. Min. Maria Thereza de Assis Moura, julgado em 22/4/2008**. (Inform. STJ 353)

LICENÇA-MATERNIDADE. SERVIDORA. DISPENSA. FUNÇÃO COMISSIONADA.

A estabilidade provisória (período de garantia de emprego) contida no art. 10, II, b, do ADCT busca salvaguardar a trabalhadora gestante do exercício de um direito do empregador, o de rescindir unilateralmente, de forma imotivada, o vínculo trabalhista. O STF tem aplicado essa garantia constitucional, própria das celetistas, às militares e servidoras públicas civis. Assim, no caso, mesmo diante do caráter precário da função comissionada exercida, vê-se, sem sombra de dúvida, que a servidora pública estadual ocupante de cargo efetivo, ora recorrente, foi dispensada daquela função justamente porque se encontrava no gozo de licença-maternidade, dispensa que se deu com ofensa do princípio constitucional de proteção à maternidade (arts. 6º e 7º, XVIII, da CF/1988 c/c o referido artigo do ADCT). Dessa forma, diante da certeza de que não há direito da recorrente de permanecer no exercício da função comissionada, resta-lhe, porém, assegurada a percepção de indenização correspondente ao que receberia acaso não dispensada, valor devido até cinco meses após o parto. Precedentes do STF: RMS 24.263-DF, DJ 9/5/2003; AI 547.104-RS, DJ 17/11/2005; do STJ: RMS 3.313-SC, DJ 20/3/1995. **RMS 22.361-RJ, Rel. Min. Arnaldo Esteves Lima, julgado em 8/11/2007.** (Inform. STJ 338)

MS. CONCESSÃO PARCIAL. SERVIDOR. ESTABILIDADE ECONÔMICA.

Firmou-se, neste Superior Tribunal, o entendimento de ser cabível recurso ordinário contra acórdão de Corte estadual que concede em parte a segurança impetrada. No caso, cuida-se de servidor da Secretaria de Educação do Estado, que exerceu, com alguns intervalos, cargos comissionados no Poder Judiciário estadual, de novembro de 1990 a março de 1999. A Min. Relatora explicitou que o vínculo do impetrante com a Corte local é meramente precário, tendo sido cedido para o exercício de cargo em comissão com base no art. 44 da Constituição estadual. Portanto, competiria ao órgão cedente o exame do pedido de estabilidade econômica formulado pelo servidor, e não ao Tribunal de Justiça, ao qual foi cedido temporariamente para exercer função comissionada e depois exonerado. Concluiu a Min. Relatora que o pedido de reconhecimento de estabilidade econômica do servidor, nesse caso, que fora cedido a Tribunal de Justiça para exercer cargo em comissão, de vínculo precário, deve ser apreciado pelo órgão cedente. Precedente citado: RMS 17.979-PA, DJ 5/2/2007. **RMS 16.794-BA, Rel. Min. Maria Thereza de Assis Moura, julgado em 18/9/2007.** (Inform. STJ 332)

SERVENTUÁRIO. CARTÓRIO. PRECARIEDADE.

Trata-se da possibilidade ou não de a recorrente continuar no exercício do tabelionato de protesto de títulos assumido em acumulação ao tabelionato de registro civil de pessoas naturais. O Min. Relator aduziu que este Superior Tribunal pacificou entendimento de que somente há direito adquirido à efetivação na titularidade de cartório, nos termos do art. 208 da Constituição Federal de 1967 com a redação da EC n. 22/1982, se a vacância do cargo tiver ocorrido antes do advento da atual carta constitucional, que previu, em seu art. 236, § 3º, a necessidade de prévia aprovação em concurso público e de titularidade delegada em caráter efetivo. Esclareceu que não há que se falar em direito líquido e certo à efetivação da titularidade do tabelionato se a delegação deu-se em caráter precário. Nos termos do que dispõe o art. 26, *caput* e parágrafo único, da Lei n. 8.935/1994, a acumulação de serventias somente é admitida em caráter excepcional. Sendo assim, nenhum dispositivo legal ampara a pretensão da recorrente de continuar no exercício do tabelionato de protestos de títulos assumido em caráter precário, cumulativamente com o tabelionato de registro civil de pessoas naturais. **RMS 20.866-MG, Rel. Min. João Otávio de Noronha, julgado em 28/8/2007.** (Inform. STJ 329)

AR. CONTAGEM. TEMPO. SERVIÇO. CLT. ANTERIORIDADE. RJU.

Cuida-se de ação rescisória para desconstituir acórdão deste Superior Tribunal que recusou contagem de tempo de serviço prestado por servidor celetista antes da conversão de seu regime para o estatutário. Ressaltou a Min. Relatora que, num primeiro momento, prevaleceu esse entendimento, até o julgamento do RE 221.946-DF, DJ 26/2/1999, decidir como válido o aproveitamento do tempo de serviço prestado pelos servidores contratados como celetistas antes da mudança para o Regime Jurídico Único – RJU, para efeito de anuênio e licença-prêmio, entendimento que posteriormente, consolidou-se na Súm. n. 678-STF. Destacou, ainda, a Min. Relatora que, na espécie, não tem aplicação a Súm. n. 343-STF, por ser pacífico o entendimento segundo o qual a referida súmula não tem aplicação em matéria de índole constitucional, como no caso. Com esse entendimento, a Seção julgou procedente a ação rescisória. **AR 867-DF, Rel. Min. Maria Thereza de Assis Moura, julgado em 8/8/2007.** (Inform. STJ 326)

TÉCNICO FAZENDÁRIO ESTADUAL. REENQUADRAMENTO.
Os impetrantes pretendem obter o reenquadramento no cargo de técnico fazendário II com a extensão de todos os direitos inerentes à classe, mas a Turma, ao prosseguir o julgamento, negou provimento ao recurso ao entendimento de que inexiste ilegalidade no fato de a Administração Pública instituir o regime jurídico de seus agentes e, ao elaborar novos planos de carreira, proceder ao reenquadramento funcional nos termos da lei, não podendo o servidor pleitear vantagens próprias de outros cargos, com que não foi contemplado por lei. Não há que se falar na reclassificação daqueles impetrantes para o cargo de técnico fazendário II (antigos agentes fazendários A-2 e A-3). Isso porque as atribuições, o grau de complexidade, a responsabilidade e os requisitos para o exercício deste cargo são diversos do ora ocupado pelos recorrentes, o que justifica a diferença salarial. Assim, é inadmissível a alegação de ofensa ao direito de reajuste em mesma data e mesmo índice para o pessoal de mesma carreira (art. 37, X, CF/1988), assim como aos princípios da isonomia e da razoabilidade. Precedentes citados: RMS 16.084-GO, DJ 7/6/2004, e RMS 16.596-GO, DJ 26/4/2004. **RMS 19.287-GO, Rel. Min. Nilson Naves, julgado em 26/6/2007.** (Inform. STJ 325)

TRANSFERÊNCIA. FACULDADE. ESPOSA. MILITAR.
Discute-se o direito à vaga em universidade federal por razão de transferência *ex officio*, por interesse exclusivo da Administração, do esposo militar para localidade a qual não possui instituição privada que ofereça o mesmo curso (Engenharia da Computação). No caso dos autos, a esposa não pode matricular-se em instituição congênere à de origem de acordo com a posição adotada na ADin 3.324-DF do STF, DJ 16/12/2004, em que se considerou que a transferência de militar de universidade particular para pública é inconstitucional, entendimento encampado também pela Primeira Seção deste Superior Tribunal. Para o Min. Relator, essa decisão deve ser interpretada com razoabilidade, não pode a acadêmica parar os estudos por motivos alheios à sua vontade e por tecnicismos da lei. Com esse entendimento, em face da excepcionalidade do caso, a Turma deu provimento ao recurso para determinar a matrícula da recorrente na universidade federal. **REsp 832.692-RS, Rel. Min. José Delgado, julgado em 27/3/2007.** (Inform. STJ 315)

5.9. Infração e processo disciplinar

RESPONSABILIDADE POR DANO AO ERÁRIO E PAD - 1
O TCU, em sede de tomada de contas especial, não se vincula ao resultado de processo administrativo disciplinar - PAD, tendo em vista a independência entre as instâncias e os objetos sobre os quais se debruçam as acusações tanto no âmbito disciplinar quanto no de apuração de responsabilidade por dano ao erário. Com base nessa orientação, a 1ª Turma desproveu agravo regimental com intuito de manter decisão do Min. Dias Toffoli, que negara seguimento a mandado de segurança, do qual relator. Tratava-se de impetração com objetivo de anular acórdão daquela Corte de Contas que condenara, solidariamente, o Procurador-Geral, o seu substituto, bem como o Diretor-Geral, todos do DNER, ao ressarcimento do erário e ao pagamento de multa. Eles teriam sido considerados responsáveis pela realização de acordos extrajudiciais em reclamações trabalhistas em face do DNER. Na espécie, o recorrente sustentava que: a) teria sido condenado, exclusivamente, por haver se manifestado, como chefe da Procuradoria Distrital, em processo administrativo referente à proposta de acordo; b) não tivera participação em qualquer ato que importasse em prejuízo ao erário; c) teria sido absolvido em PAD, a ressaltar a impossibilidade de condenação solidária, mesmo porque o advogado público não se responsabilizaria pela emissão de parecer não vinculativo; e d) existiria ofensa ao princípio da segurança jurídica e ao art. 54 da Lei 9.784/99, pois transcorridos mais de 7 anos entre a citação do impetrante e a representação enviada ao TCU. **MS 27867 AgR/DF, rel. Min. Dias Toffoli, 18.9.2012. (MS-27867)**

RESPONSABILIDADE POR DANO AO ERÁRIO E PAD - 2
De início, entendeu-se inexistir violação aos princípios do contraditório e da ampla defesa. Isso porque o TCU providenciara a notificação do impetrante assim que conhecera de seu envolvimento nas irregularidades apontadas, de modo a conceder-lhe tempo hábil para defesa, inclusive com deferimento de dilação de prazo. Outrossim, rememorou-se precedente do STF segundo o qual, salvo demonstração de culpa ou erro grosseiro, submetida às instâncias administrativo-disciplinares ou jurisdicionais próprias, não caberia a responsabilização de advogado público pelo conteúdo de seu parecer de natureza meramente opinativa. No ponto, verificou-se que a autoridade coatora informara que a condenação em comento não teria se fundado apenas na emissão do citado parecer, mas em diversas condutas, comissivas e omissivas do então impetrante, que teria contribuído para o pagamento de acordos extrajudiciais danosos à União e sem respaldo legal. Assim, afirmou-se haver divergências entre a arguição do recorrente e a da autoridade coatora, a demandar análise fático-probatória, inviável no caso. **MS 27867 AgR/DF, rel. Min. Dias Toffoli, 18.9.2012. (MS-27867) (Inform. STF 680)**

MS: REVISÃO DE PAD E PRAZO DECADENCIAL
A 2ª Turma desproveu agravos regimentais de decisões do Min. Gilmar Mendes, que negara seguimento a mandados de segurança, dos quais relator, em cujas decisões entendera que os impetrantes pretenderiam declaração de nulidade de PAD que culminara com suas demissões. Na origem, tratava-se de impetrações contra ato da Presidente da República, que indeferira pedidos de revisão, sendo estes formulados sob o argumento de que o PAD fora conduzido por comissão de natureza temporária (*ad hoc*). Explicitou-se que a controvérsia seria sobre decadência [Lei 12.016/2009, art 23: "*O direito de requerer mandado de segurança extinguir-se-á decorridos 120 (cento e vinte) dias, contados da ciência, pelo interessado, do ato impugnado*"]. Registrou-se que houvera a demissão em 1998, mas que o pleito revisional ocorrera em 2010. Concluiu-se pela inexistência de reabertura do prazo decadencial. **MS 30981 AgR/DF, rel. Min. Gilmar Mendes, 14.8.2012. (MS-30981),MS 30982 AgR/DF, rel. Min. Gilmar Mendes, 14.8.2012. (MS-30982) (Inform. STF 675)**

PAD E VINCULAÇÃO À DECISÃO DA COMISSÃO PROCESSANTE -1
A 2ª Turma negou provimento a recurso ordinário em mandado de segurança interposto de decisão do STJ que entendera legítima a demissão de servidor público. No caso, o recorrente alegava: a) ilegalidade do ato demissionário, tendo em vista o não-acatamento das conclusões da comissão processante pela autoridade julgadora; b) cerceamento de defesa, em virtude de ausência de intimação pessoal da pena de demissão e total ausência de fundamentação desse ato administrativo; e c) incompetência do Ministro de Estado do Planejamento, Orçamento e Gestão para aplicação da referida penalidade, ante a ilegalidade da delegação a ele conferida. Ressaltou-se, inicialmente, que Ministro de Estado teria competência para aplicar pena de demissão a servidor em virtude de condenação em processo administrativo disciplinar, nos termos do disposto no art. 84 da CF e no Decreto 3.035/99. Aduziu-se que o recorrente tomara ciência da demissão por intermédio de publicação no Diário Oficial da União, o que seria a comunicação adequada para o ato, sendo desnecessário intimá-lo pessoalmente. RMS 24619/DF, rel. Min. Gilmar Mendes, 11.10.2011. (RMS-24619)

PAD E VINCULAÇÃO À DECISÃO DA COMISSÃO PROCESSANTE - 2
Concluiu-se que a Lei 8.112/90 autorizaria o julgador a alterar a penalidade imposta ao servidor pela comissão processante, desde que a decisão estivesse devidamente fundamentada ("*art. 168 O julgamento acatará o relatório da comissão, salvo quando contrário às provas dos autos. Parágrafo único. Quando o relatório da comissão contrariar as provas dos autos, a autoridade julgadora poderá, motivadamente, agravar a penalidade proposta, abrandá-la ou isentar o servidor de responsabilidade*"). Reputou-se que a referida autoridade ministerial considerara, em decisão satisfatoriamente fundamentada e com respaldo no parecer emitido pela consultoria jurídica do órgão, que as provas constantes dos autos referir-se-iam à conduta desidiosa, à qual deveria ser aplicada a pena de demissão e não a de advertência. RMS 24619/DF, rel. Min. Gilmar Mendes, 11.10.2011. (RMS-24619) (Inform. STF 644)

ACUMULAÇÃO DE CARGOS E DEMISSÃO - 1
A 2ª Turma desproveu recurso ordinário em mandado de segurança impetrado em favor de médico demitido por acumular 4 vínculos profissionais, sendo 2 com o Instituto Nacional do Seguro Social - INSS, 1 com a Prefeitura de Eldorado do Sul/RS e outro com a Prefeitura de São Leopoldo/RS. O recorrente alegava que o § 5º do art. 133 da Lei 8.112/90 lhe asseguraria o direito de optar por uma combinação lícita de cargos públicos até o momento da apresentação da defesa no procedimento administrativo ("*§ 5o A opção pelo servidor até o último dia de prazo para defesa configurará sua boa-fé, hipótese em que se converterá automaticamente em pedido de exoneração do outro cargo*"). Sustentava, ainda, que teria sido desconsiderada a opção oferecida junto com a defesa escrita; que o vínculo funcional com a Prefeitura de São Leopoldo apresentava caráter emergencial, não se prestando para impedir a acumulação de cargo; e por fim, que a entrega de pedido de exoneração dos cargos às prefeituras seria suficiente para se reconhecer a boa-fé. **RMS 26929/DF, rel. Min. Joaquim Barbosa, 19.10.2010.** (RMS-26929)

ACUMULAÇÃO DE CARGOS E DEMISSÃO - 2

Ressaltou-se que, em 9.6.2003, o recorrente reconhecera que sua situação funcional era irregular e se comprometera a apresentar a exoneração dos cargos ocupados nos Municípios de Eldorado do Sul e de São Leopoldo. Não obstante, em 3.11.2003, ele fora readmitido, por meio de contrato emergencial, como médico da Prefeitura de São Leopoldo. Observou-se que o § 5º do art. 133 da Lei 8.112/90 não socorreria o recorrente. Aduziu-se, tendo em conta, inclusive, que o recorrente residiria na capital, que caberia a ele demonstrar que o recebimento do termo de opção fora protocolado tempestivamente,ou seja, dentro do prazo de 5 dias do recebimento da citação — para apresentar defesa e fazer a opção pelo cargo público. Consignou-se, entretanto, que a cópia da defesa escrita acusara o seu recebimento pelo INSS somente em 24.5.2004, 12 dias depois da data que constaria do mandado de citação. Asseverou-se que, muito embora a Lei 8.112/91 preveja uma caracterização impositiva da boa-fé, dever-se-ia registrar que o recorrente tivera a oportunidade de corrigir a situação quase um ano antes do prazo para apresentação da defesa. Ademais, rejeitou-se a assertiva de que o caráter emergencial do contrato assumido com a Prefeitura de São Leopoldo afastaria a ilicitude da cumulação. Destacou-se, no ponto, que o dispositivo constitucional que trata de acumulação de cargos para a área de saúde não faz distinção entre contratos permanentes e não permanentes (*"Art. 37... XVI - é vedada a acumulação remunerada de cargos públicos, exceto, quando houver compatibilidade de horários, observado em qualquer caso o disposto no inciso XI. ... c) a de dois cargos ou empregos privativos de profissionais de saúde, com profissões regulamentadas"*). Por fim, concluiu-se que a mera entrega do pedido de exoneração não seria suficiente para desfazer o vínculo funcional, porquanto o recorrente contrariara a expectativa oferecida à Administração ao não se desligar dos cargos, tendo, ao contrário, assumido novo contrato junto à Prefeitura de São Leopoldo. **RMS 26929/DF, rel. Min. Joaquim Barbosa, 19.10.2010.** (RMS-26929) (Inform. STF 605)

PAD: NULIDADE E "BIS IN IDEM" - 1

A Turma negou provimento a recurso ordinário em mandado de segurança no qual se pleiteava a nulidade de procedimento administrativo disciplinar, ao fundamento de que houvera a imposição de duas penas com base nos mesmos fatos, caracterizando ofensa ao princípio do *non bis in idem*. No caso, o recorrente fora submetido a sindicância em virtude da ocorrência de falta funcional no controle fiscal e contábil de certa empresa, sendo-lhe imposta a pena de advertência. Ocorre, todavia, que, posteriormente, tal procedimento fora declarado nulo pela própria Administração, instaurando-se um novo para apurar os mesmos fatos, sendo-lhe, ao fim, aplicada a pena de demissão. Sustentava, também, o recorrente: a) que a Lei 8.112/90, em seu art. 174 (*"o processo disciplinar poderá ser revisto, a qualquer tempo, a pedido ou de ofício, quando se aduzirem fatos novos ou circunstâncias suscetíveis de justificar a inocência do punido ou a inadequação da penalidade aplicada."*), previu que a revisão do processo administrativo só seria realizada em benefício do servidor e se existentes fatos novos e b) que o fato de um mesmo agente ter atuado na instauração do procedimento, como Secretário da Receita Federal, e, no julgamento, como Ministro de Estado da Fazenda, indicaria que o julgamento teria sido parcial. **RMS 23922/DF, rel. Min. Joaquim Barbosa, 9.2.2010.** (RMS-23922)

PAD: NULIDADE E "BIS IN IDEM" - 2

Assinalou-se que a declaração da nulidade do processo que conduzira à aplicação da pena de advertência não poderia apoiar-se no disposto no art. 174 da Lei 8.112/90, pois trataria aquele dispositivo da revisão em benefício do servidor que sofrera punição disciplinar. Destacou-se, por outro lado, que a situação descrita nos autos seria de revisão *ex officio* de ato administrativo (Lei 8.112/90, artigos 114 e 169) e não de aplicação daquele dispositivo. Assim, enfatizou-se que a anulação total do processo original e a sua retomada desde o início, ainda que se refiram aos mesmos fatos, não violara o princípio do *non bis in idem*. Quanto ao suposto vício decorrente da participação de um mesmo agente público em diferentes atos do processo, aduziu-se que, do ponto de vista da conformidade com o texto legal, a competência para a prática dos atos fora devidamente respeitada, em observância à Lei 8.112/90, que disciplina a competência para instauração e julgamento do processo disciplinar. No ponto, evidenciou-se que, de acordo com o art. 166 dessa lei, a competência para julgar o processo, em regra, seria da autoridade que determinara a sua instauração. Ressaltou-se que, na espécie, o Secretário da Receita Federal agira como superior hierárquico do delegado desta entidade, decretando a nulidade da pena imposta pelo subordinado (o "chefe da repartição", como disposto no art. 141, III, da Lei 8.112/90). Dessa forma, frisou-se que a atribuição para praticar tal ato decorreria do art. 169 da mesma lei, o qual dispõe competir à autoridade que instaura o processo ou outra de hierarquia superior anular o feito em que presente vício insanável. Afirmou-se, destarte, que a imposição da pena de demissão caberia, em tese, ao Presidente da República (Lei 8.112/90, art. 141, I), tendo tal atribuição sido delegada, contudo, ao Ministro de Estado da Fazenda, por força do art. 1º, I, do Decreto 3.035/99. **RMS 23922/DF, rel. Min. Joaquim Barbosa, 9.2.2010.** (RMS-23922) (Inform. STF 574)

IMPOSIÇÃO SUMÁRIA DE PENAS E DIREITO À DEFESA PRÉVIA

Por entender caracterizada a ofensa aos princípios da ampla defesa e do contraditório (CF, art. 5º, LV), o Tribunal julgou procedente pedido formulado em ação direta proposta pela Confederação Brasileira de Trabalhadores Policiais Civis - COBRAPOL para declarar a inconstitucionalidade dos §§ 2º, 3º, 4º, 5º e 6º do art. 43 da Lei 2.271/94 (Estatuto da Polícia Civil), que, ao disporem sobre as penas disciplinares, prevêem que *"as penas de repreensão e suspensão, até cinco dias, serão aplicadas de imediato pela autoridade que tiver conhecimento direto de falta cometida"*, e que *"o ato punitivo será motivado e terá efeito imediato, mas provisório, assegurando-se ao funcionário policial civil o direito de oferecer defesa por escrito no prazo de três dias"*. Considerou-se que os dispositivos impugnados afrontam a prerrogativa constitucional que assegura a qualquer servidor público o direito de ser ouvido previamente ao ato veiculador de sua punição disciplinar, ainda que desta resulte, por aplicação do critério da verdade sabida, a imposição de sanção administrativa revestida de menor gravidade, como ocorre com a repreensão e a suspensão funcional por até cinco dias. Asseverou-se não ser admissível que o Estado, em tema de restrição à esfera jurídica de qualquer cidadão e de seus servidores, exerça a sua autoridade de maneira abusiva ou arbitrária, de modo a desprezar, no exercício de sua atividade, o postulado da plenitude de defesa, visto que o reconhecimento da legitimidade ético-jurídica de qualquer medida imposta pelo Poder Público de que resultem, como no caso, conseqüências gravosas no plano dos direitos e garantias individuais exige a observância da garantia do devido processo. **Alguns precedentes citados RMS 22789/RJ (DJU de 25.6.99) e MS 21254/DF (DJU de 2.8.91). ADI 2120/AM, rel. Min. Celso de Mello, 16.10.2008.** (ADI-2120) (Inform. STF 524)

DEFESA TÉCNICA EM PROCESSO ADMINISTRATIVO DISCIPLINAR E AMPLA DEFESA

O Tribunal aprovou o Enunciado da Súmula Vinculante 5 nestes termos: *"A falta de defesa técnica por advogado no processo administrativo disciplinar não ofende a Constituição."*. Essa orientação foi firmada pelo Tribunal ao dar provimento a recurso extraordinário interposto contra acórdão da Terceira Seção do Superior Tribunal de Justiça, que concedera mandado de segurança para anular a aplicação de penalidade expulsiva, ao fundamento de ausência de defesa técnica no curso do processo administrativo disciplinar instaurado contra o impetrante, servidor público. Salientou-se, inicialmente, que a doutrina constitucional vem enfatizando que o direito de defesa não se resume a simples direito de manifestação no processo, e que o constituinte pretende garantir uma pretensão à tutela jurídica. Tendo em conta a avaliação do tema no direito constitucional comparado, sobretudo no que diz respeito ao direito alemão, afirmou-se que a pretensão à tutela jurídica, que corresponderia exatamente à garantia consagrada no art. 5º, LV, da CF, abrangeria o direito de manifestação (que obriga o órgão julgador a informar à parte contrária dos atos praticados no processo e sobre os elementos dele constantes); o direito de informação sobre o objeto do processo (que assegura ao defendente a possibilidade de se manifestar oralmente ou por escrito sobre os elementos fáticos e jurídicos contidos no processo); e o direito de ver os seus argumentos contemplados pelo órgão incumbido de julgar (que exige do julgador capacidade de apreensão e isenção de ânimo para contemplar as razões apresentadas). Asseverou-se, ademais, que o direito à defesa e ao contraditório tem aplicação plena em relação a processos judiciais e procedimentos administrativos, e reportou-se, no ponto, ao que disposto no art. 2º, e parágrafo único, da Lei 9.784/99, que regula o processo administrativo no âmbito da Administração Pública Federal, enfatizando que o Supremo, nos casos de restrições de direitos em geral e, especificamente, nos de punições disciplinares, tem exigido a observância de tais garantias. Considerou-se, entretanto, que, na espécie, os direitos à informação, à manifestação e à consideração dos argumentos manifestados teriam sido devidamente assegurados, havendo, portanto, o exercício da ampla defesa em sua plenitude. Reportando-se, ainda, a precedentes da Corte no sentido de que a ausência de advogado constituído ou de defensor dativo não importa nulidade de processo administrativo disciplinar, concluiu-se que, o STJ, ao divergir desse entendimento, teria violado os artigos 5º, LV e 133, da CF. **Alguns precedentes citados: RE 244027 AgR/SP (DJU de 28.6.2002); AI 207197/PR (DJU de 5.6.98); MS 24961/DF (DJU de 4.3.2005). RE 434059/DF, rel. Min. Gilmar Mendes, 7.5.2008.** (RE-434059) (Inform. STF 505)

PROCESSO DISCIPLINAR E AGRAVAMENTO DA PENA - 1

A Turma iniciou julgamento de recurso ordinário em mandado de segurança em que se sustenta a nulidade do processo administrativo disciplinar que resultara na demissão de servidor do quadro de pessoal da extinta Superintendência de Desenvolvimento da Amazônia - SUDAM. No caso, o Ministro de Estado do Planejamento, Orçamento e Gestão, acolhendo parecer da consultoria jurídica do Ministério, agravara a penalidade de suspensão por trinta dias sugerida pela comissão disciplinar. Preliminarmente, rejeitaram-se as seguintes alegações do recorrente: a) nulidade da notificação inicial e do termo de indiciamento ante o aumento no raio de acusação; b) negativa de acesso aos depoimentos; c) falta de ciência do ato e de acesso aos autos do processo. No tocante ao argumento de incompetência do Ministro de Estado para a aplicação da pena de demissão, entendeu-se, por maioria, que a atribuição de desprover os cargos públicos da estrutura do Poder Executivo se contém implicitamente na atribuição presidencial de provê-los (CF, art. 84, XXV, primeira parte), sendo possível a delegação a Ministro de Estado (CF, art. 84, parágrafo único). Vencido, no ponto, o Min. Marco Aurélio, relator, para quem essa delegação, mediante decreto (Decreto 3.035/99), efetuada pelo Presidente da República, não estaria compreendida na autorização do parágrafo único do citado art. 84, da CF. RMS 25736/DF, rel. Min. Marco Aurélio, 17.4.2007. (RMS-25736)

PROCESSO DISCIPLINAR E AGRAVAMENTO DA PENA - 2

Em seguida, por falta de fundamentação, o Min. Marco Aurélio, relator, deu provimento ao recurso para assentar a insubsistência do ato que implicara a demissão do recorrente, com as conseqüências próprias, ou seja, a respectiva reintegração com o pagamento da remuneração alusiva ao período em que esteve afastado em decorrência do ato glosado. Considerou flagrante a violação ao art. 168, parágrafo único, da Lei 8.112/90 ("*Art. 168. O julgamento acatará o relatório da comissão, salvo quando contrário às provas dos autos. Parágrafo único. Quando o relatório da comissão contrariar as provas dos autos, a autoridade julgadora poderá, motivadamente, agravar a penalidade proposta, abrandá-la ou isentar o servidor de responsabilidade*"), porquanto o ato impugnado mostrara-se conclusivo, dele não constando a motivação que teria levado ao desprezo do relatório da comissão disciplinar. Ressaltou, por fim, que, com esta decisão, não fica obstaculizado o exame do relatório da comissão disciplinar pela autoridade competente. Após, o julgamento foi suspenso com o pedido de vista do Min. Ricardo Lewandowski. RMS 25736/DF, rel. Min. Marco Aurélio, 17.4.2007. (RMS-25736)

PROCESSO DISCIPLINAR E AGRAVAMENTO DA PENA - 3

Em conclusão de julgamento, a Turma, por maioria, negou provimento a recurso ordinário em mandado de segurança em que se sustentava a nulidade do processo administrativo disciplinar que resultara na demissão de servidor, cuja penalidade de suspensão por trinta dias, sugerida pela comissão processante, fora agravada pelo Ministro de Estado do Planejamento, Orçamento e Gestão, ao acolher parecer da consultoria jurídica do Ministério — v. Informativo 463. Inicialmente, aduziu-se que o processo administrativo é um *continuum*, integrado por provas materiais, depoimentos pessoais, manifestações técnicas e outras informações, nos quais se lastreia a decisão final da autoridade competente para prolatá-la. Desse modo, não se vislumbrou qualquer irregularidade ou ilegalidade na demissão do recorrente, haja vista que a decisão atacada levara em conta o parecer da consultoria jurídica, adotando-o como razão de decidir, como também fizera expressa menção aos fatos imputados ao servidor. Vencidos os Ministros Marco Aurélio, relator, e Carlos Britto, que, por considerar ausente a motivação que teria levado ao desprezo do relatório da comissão disciplinar, proviam o recurso para assentar a insubsistência do ato que implicara a demissão do recorrente, com as conseqüências próprias, ou seja, a respectiva reintegração com o pagamento da remuneração alusiva ao período em que esteve afastado em decorrência do ato glosado. **RMS 25736/DF, rel. orig. Min. Marco Aurélio, rel. p/ o acórdão, Min. Ricardo Lewandowski, 11.3.2008.** (RMS-25736) (Inform. STF 498)

COMPETÊNCIA: APOSENTADORIA COMPULSÓRIA DE JUIZ E AUTONOMIA DE INSTÂNCIAS

A Turma deferiu *habeas corpus* em que se discutia a competência para processar e julgar ação penal instaurada contra juiz de direito — acusado pela suposta prática do crime de homicídio — a quem fora aplicada, em processo administrativo, a pena disciplinar de aposentadoria compulsória com proventos proporcionais ao tempo de serviço (LOMAN, art. 42, V). No caso, o paciente insurgia-se contra acórdão do STJ que, ao denegar idêntica medida, assentara a competência do tribunal de justiça estadual para julgá-lo (CF, art. 96, III), ao fundamento de que, enquanto pendentes de apreciação os embargos declaratórios opostos pelo Ministério Público contra a aludida decisão administrativa, restaria mantida a prerrogativa de foro, uma vez que o ato de aposentadoria não se aperfeiçoara. Entendeu-se formalizada a decisão proferida administrativamente, porquanto incabível a mescla, do processo administrativo com o jurisdicional, pretendida pelo *parquet* com a oposição dos embargos de declaração. Concluiu-se, dessa forma, que o paciente se encontra aposentado em decorrência de ato de cunho disciplinar e que não detém mais a prerrogativa de foro, devendo submeter-se ao tribunal do júri. Ordem concedida a fim de determinar a competência do tribunal do júri para o processo e julgamento da ação penal e declarar a insubsistência dos atos decisórios praticados, após a decretação da aposentadoria do paciente, pelo Tribunal de Justiça do Estado do Espírito Santo. HC 89677/ES, rel. Min. Marco Aurélio, 11.9.2007. (HC-89677) (Inform. STF 479)

DIREITO ADMINISTRATIVO. SERVIDOR PÚBLICO. DIREITO DE OPÇÃO EM CASO DE ACUMULAÇÃO INDEVIDA DE CARGO, EMPREGO OU FUNÇÃO PÚBLICA.

O direito de opção previsto no caput do art. 133 da Lei n. 8.112/1990 a um dos cargos, empregos ou funções públicas indevidamente acumulados deve ser observado somente nas hipóteses em que o servidor puder fazer pedido de exoneração de um dos cargos. Isso porque o servidor que responde a processo administrativo disciplinar não pode ser exonerado a pedido até o encerramento do processo e o cumprimento da penalidade eventualmente aplicada, de acordo com o art. 172 do mesmo diploma. Assim, fica suspenso o direito de opção previsto no art. 133 enquanto pendente a conclusão de processo administrativo disciplinar em relação a um dos cargos. **RMS 38.867-AC, Rel. Min. Humberto Martins, julgado em 18/10/2012.(Inform. STJ 508)**

PAD. COMISSÃO. ESTABILIDADE DOS MEMBROS.

Os membros da comissão que conduzem o processo administrativo disciplinar devem ser estáveis no atual cargo que ocupam. *In casu,* havia dois membros na comissão processante que eram servidores da Receita Federal e técnicos do Tesouro/técnicos da Receita Federal, mas, no cargo específico de auditor fiscal não haviam ainda completado três anos para adquirir estabilidade. Sabe-se que, conforme o art. 149 da Lei n. 8.112/1990, o processo disciplinar deve ser conduzido por comissão composta de três servidores estáveis. A Turma, por maioria, entendeu que essa exigência é uma garantia ao investigado, pois tem por escopo assegurar a independência total desses servidores, sem ingerência da chefia. Dessa forma, a estabilidade deve ser no cargo, e não apenas no serviço público, pois este não oferece ao servidor essa independência. **AgRg no REsp 1.317.278-PE, Rel. Min. Humberto Martins, julgado em 28/8/2012.(Inform. STJ 503)**

SERVIDOR PÚBLICO MUNICIPAL. LICENCIAMENTO. PAS. ESTATUTO DO SERVIDOR. SUBMISSÃO.

Na espécie, o recorrente, servidor público municipal, foi submetido a processo administrativo disciplinar, sendo punido com demissão do cargo que ocupava (médico), nos termos do Estatuto dos Funcionários Públicos do Município de São Paulo (Lei n. 8.989/1979, arts. 178, III, VIII, XI e XII; 179, *caput*, e art 188, III). Afirma que não estava submetido ao referido estatuto, pois as condutas reputadas incorretas foram realizadas quando ele era diretor de um Módulo do PAS (Plano de Atendimento à Saúde), no exercício de atividade privada e licenciado do serviço público, inclusive com prejuízo de seus vencimentos, daí porque sustenta a ilegalidade de sua demissão fundamentada no mencionado diploma. Nesse contexto, destacou a Min. Relatora que, segundo a legislação que instituiu o PAS (Lei municipal n. 11.866/1995), deveriam integrar as cooperativas servidores municipais ativos ou inativos, sendo que aos ativos, seria concedida licença para tanto, sem prejuízo da contagem do período que houvesse o afastamento para fins de aposentadoria, disponibilidade, acesso, evolução funcional e promoção. Dessa forma, o servidor que assume a direção de um Módulo do PAS não deixa de ser servidor público, porquanto não é rompido o vínculo jurídico com o município, notadamente em razão da possibilidade de contagem desse tempo para efeitos de aquisição de direitos próprios do regime estabelecido no Estatuto do Funcionalismo Público Municipal. Ademais, a submissão do servidor às regras do aludido estatuto não se dá apenas quando do exercício do cargo, mas em decorrência do vínculo jurídico estabelecido. Na hipótese, visto que o recorrente exerceu atividade para a qual a condição de servidor era pressuposto, não sendo, portanto, rompido o vínculo jurídico com o município, impõe-se a observância da lei estatutária, motivo pelo qual não configura ilegalidade o ato de demissão fundamentado nessa norma. **RMS 28.977-SP, Rel. Min. Maria Thereza de Assis Moura, julgado em 7/8/2012.(Inform. STJ 501)**

PAD. DEMISSÃO. ALTERAÇÃO. CRÉDITOS PREVIDENCIÁRIOS.
Na espécie, o recorrente, servidor da Empresa de Tecnologia e Informações da Previdência Social (Dataprev), favoreceu ilicitamente uma joalheria de grande porte e diversas outras empresas pelo cancelamento e alteração de créditos previdenciários vultosos, resultando na instauração de PAD que culminou em sua demissão dos quadros do INSS. Daí, interpôs recurso afirmando que houve extrapolação do indiciamento e inobservância dos postulados do devido processo legal, da ampla defesa e do contraditório incidentes no PAD, violando vários dispositivos da Lei n. 8.112/1990. Com esses fundamentos, propugna a nulidade do PAD. E com base no art. 161 da lei mencionada defende a vinculação do poder punitivo da administração à tipificação constante do indiciamento que, segundo ele, estaria cingida ao favorecimento somente à joalheria. Porém, consta do termo de indiciamento o registro de diversas intervenções indevidas do recorrente no sistema Dataprev em benefício não só da joalheria, mas também de diversas empresas, além de outras práticas igualmente lesivas aos cofres públicos e à moralidade administrativa. Outrossim, o supradito termo forneceu ao recorrente os dados fundamentais da acusação (descrição das infrações e indícios de autoria, calcados em elementos de prova claramente especificados) que são propícios ao exercício da defesa. Não houve afronta às garantias do devido processo legal, da ampla defesa e do contraditório no âmbito do PAD (arts. 143, 144, 153 e 155 da referida lei), visto que a comissão processante esclareceu, passo a passo, os procedimentos de inclusão e exclusão de créditos no Dataprev, inclusive com prova testemunhal, elidindo hipóteses de ocorrência de falha técnica, violação da senha do recorrente e erro de digitação. Além do mais, o próprio recorrente admitiu ter efetuado operações indevidas de cancelamento de débitos em nome da joalheria, o que, por si só, constitui transgressão disciplinar punível com demissão. A propósito, um memorando da autarquia consignou que um dos tais débitos atingia R$ 10.203.253,68. Com esses e outros fundamentos, a Turma negou provimento ao recurso. **REsp 1.153.405-RJ, Rel. Min. Og Fernandes, julgado em 13/3/2012. (Inform. STJ 493)**

DEMISSÃO. SERVIDOR PÚBLICO. PROCEDIMENTO ADMINISTRATIVO.
A Turma reconheceu a violação dos princípios constitucionais do devido processo legal e da ampla defesa e anulou a exoneração *ad nutum* dos recorrentes, que ingressaram na Administração Pública estadual, no período de 1990 a 2001, por meio de contratos celetistas e temporários, contudo foram enquadrados em cargos de provimento efetivo da Câmara Municipal por meio de portarias. Com efeito, revela-se nula a dispensa dos recorrentes enquadrados por força de ato unilateral que, em afronta à segurança jurídica, desconstituiu situação com aparência de legalidade sem que fosse instaurado o devido processo legal. Nessa hipótese, em que a invalidação do ato administrativo repercute no campo de interesses individuais, faz-se necessária a instauração de procedimento administrativo que assegure aos recorrentes todos os direitos previstos na CF, mitigando-se, assim, as Súms. ns. 346 e 473-STF, que preconizam o poder de autotutela da administração pública para anular seus próprios atos, quando eivados de vícios que os tornem ilegais. Precedentes citados: RMS 25.555-MG, DJe 9/11/2011, e AgRg no RMS 26.730-MG, DJe 1º/3/2010. **RMS 26.261-AP, Rel. Min. Maria Thereza de Assis Moura, julgado em 7/2/2012. (Inform. STJ 490)**

COMPETÊNCIA ADMINISTRATIVA DISCIPLINAR. PAD. FALTA ANTERIOR. REDISTRIBUIÇÃO. SERVIDOR PÚBLICO.
Em mandado de segurança (MS), a impetrante, servidora pública federal, busca que seja declarada a nulidade de processo administrativo disciplinar (PAD), defendendo que, após sua redistribuição ao quadro do Ministério da Saúde, passou a ser desse ministério a competência administrativa disciplinar para processá-la e puni-la. Sucede que, para o Min. Relator, a Administração Pública agiu em conformidade com o ordenamento jurídico ao instaurar sindicância, e a sua redistribuição não desloca a competência disciplinar anterior, a qual se estabelece justamente com base no critério temporal, ou seja, ocorrendo a transgressão, fixa-se a competência da autoridade responsável pela apuração dos ilícitos, independentemente de eventuais modificações de lotação dentro da estrutura da Administração Pública, pois a promoção da sindicância e do PAD cabe ao órgão ou entidade pública ao qual o servidor encontra-se vinculado no momento da infração, ainda que a notícia da falta tenha chegado ao conhecimento do ente público somente após a remoção do servidor. Isso porque esse ente, que está mais próximo dos fatos, é quem possui o interesse na averiguação dessas condutas reprováveis, sem contar a segurança transmitida a todos os envolvidos decorrente do estabelecimento de pronto da competência disciplinar que perdurará até o resultado final e, não menos importante, a maior facilidade para a colheita de provas e outros elementos pertinentes aos fatos. Também destacou que a discussão sobre o alcance e a consistência das provas que serviram de base à conclusão adotada pela comissão processante revela-se inadequada à via estreita do *mandamus* – que exige prova pré-constituída e inequívoca do direito líquido e certo invocado. Diante do exposto, a Seção denegou a segurança, ficando prejudicado o agravo regimental interposto contra o *decisum* que indeferiu o pedido liminar. Precedentes citados: AgRg no MS 15.603-DF, DJe 4/5/2011, e MS 15.175-DF, DJe 16/9/2010. **MS 16.530-DF, Rel. Min. Castro Meira, julgado em 22/6/2011.** (Inform. STJ 478)

MAGISTRADO. PAD. INTIMAÇÃO. AUSÊNCIA.
A Turma reiterou que é nula a instauração de processo administrativo disciplinar (PAD) contra magistrado sem a sua prévia notificação para se manifestar sobre os termos da representação e da prova contra ele apresentada (art. 27, § 1º, da Loman e do art. 7º, § 1º, da Res. n. 30/2007 do CNJ). Cuidou-se, na origem, de mandado de segurança (MS) impetrado contra a decisão proferida em PAD que decidiu aplicar a pena de aposentadoria compulsória ao impetrante (magistrado). Segundo constam dos autos, após representação formulada pelo desembargador corregedor de Justiça para instalação de PAD, em função de irregularidades constatadas em correição realizada na comarca, o impetrante apresentou defesa prévia. No entanto, após uma segunda visita correicional em que se constatou o cumprimento parcial das determinações pelo magistrado, o Tribunal Pleno decidiu que fosse baixada em diligência a representação ao Conselho da Magistratura para nova manifestação, sendo que esse orgão deliberou encaminhar a proposta de instauração de PAD e afastar o magistrado. Todavia, após a decisão do Conselho de Magistratura, não houve a intimação do magistrado para apresentar nova defesa prévia, tendo em vista a permanência de duas das oito irregularidades constatadas na correição que deram ensejo à representação inicial. Dessa forma, como não foi ofertada ao impetrante a oportunidade de se manifestar sobre as novas provas produzidas, houve interferência no exercício de sua garantia constitucional de ampla defesa. Assim, a Turma, entre outras questões, deu provimento ao recurso para anular o PAD a partir da representação encaminhada ao Tribunal Pleno por decisão do Conselho da Magistratura (proferida em 23/1/2008). Precedentes citados: RMS 23.566-MA, DJe 25/5/2009; RMS 25.569-SP, DJe 24/8/2009, e RMS 15.168-BA, DJ 28/10/2003. **RMS 33.476-PA, Rel. Min. Teori Albino Zavascki, julgado em 20/9/2011.** (Inform. STJ 483)

MS. PAD. DESIGNAÇÃO. SUPERINTENDENTE. POLÍCIA FEDERAL.
O superintendente regional da Polícia Federal tem competência para designar os membros de comissão disciplinar, bem como determinar a abertura de procedimento administrativo disciplinar –(PAD), no âmbito da respectiva superintendência. Não há nulidade do PAD por vícios meramente formais, quando não for evidente o prejuízo à defesa, aplicação do princípio *pas de nullité sans grief.* No caso, não houve prejuízo ao impetrante com a designação da comissão processante após a ocorrência do fato a ser apurado. A consumação do ato impugnado depois da impetração e após a concessão de liminar não prejudica o pedido deduzido em mandado de segurança ajuizado em caráter preventivo. Precedentes citados: MS 14.401-DF, DJe 23/3/2010; MS 14.310-DF, DJe 10/9/2010; RMS 32.536-PE, DJe 13/4/2011, e REsp 817.846-MG, DJ 27/6/2007. **MS 15.434-DF, Rel. Min. César Asfor Rocha, julgado em 14/9/2011.** (Inform. STJ 483)

ESFERAS PENAL E ADMINISTRATIVA. REPERCUSSÃO.
A *quaestio juris* diz respeito à possibilidade de desconstituição do ato que excluiu militar dos quadros da Polícia Militar estadual após comissão disciplinar, tendo em vista a apresentação de fato novo relativo à sua absolvição na esfera criminal com fundamento no art. 439, **c**, do CPPM. A Turma negou provimento ao recurso ao adotar o entendimento de que a absolvição na esfera criminal por insuficiência de provas não interfere na seara da punição administrativa, tendo, porém, repercussão na instância administrativa apenas quando a sentença proferida no juízo criminal nega a existência do fato criminoso ou afasta sua autoria. Precedentes citados: REsp 770.712-SP, DJ 23/10/2006; REsp 409.890-RS, DJ 19/12/2002; RMS 10.496-SP, DJ 9/10/2006, e AgRg no REsp 1.019.280-SP, DJe 4/5/2011. **REsp 1.028.436-SP, Rel. Min. Adilson Vieira Macabu (Desembargador convocado do TJ-RJ), julgado em 15/9/2011.** (Inform. STJ 483)

PAD. AUSÊNCIA. VÍCIOS. PERDA. TABELIONATO.
Entre outras questões, a Turma, por maioria de votos, decidiu não haver vícios na "ata de correição ordinária" – documento que retrata os resultados dos trabalhos correcionais realizados nos serviços prestados pelos notários e registradores. No entendimento da douta maioria, a falta de oportunidade para o tabelião impugnar a referida ata no momento da sua elaboração

não caracteriza vício no processo administrativo ulterior, na medida em que tais correções têm por objetivo tão somente constatar a regularidade ou não dos serviços prestados, e não decidir sobre eles. Não se trata de peça acusatória, não pode ser confundida com a portaria inaugural do procedimento administrativo instaurado após a realização dessa auditoria, o que faz com que o princípio do contraditório seja dispensável até mesmo porque a ampla defesa e o devido processo legal hão de ser observados no processo administrativo, como no caso ocorreu. Ademais, não há previsão legal para a existência de contraditório. De igual forma, não se vislumbra tenha faltado fundamentação na decisão que determinou o afastamento do recorrente durante o procedimento administrativo, mormente porque o juiz corregedor permanente fundamentou a medida imposta, deixando expresso na portaria inaugural que a intervenção mostrava-se indispensável para o restabelecimento da legalidade e da moralidade na unidade extrajudicial. Há, ainda, que considerar que a suspensão preventiva possui expressa previsão legal (art. 35, § 1º, e 36, *caput*, da Lei n. 8.935/1994) e tem o escopo de impedir que o investigado venha a influir na apuração dos fatos, garantindo a regularidade das investigações realizadas no processo instaurado para a perda da delegação. No que diz respeito à extrapolação do prazo de 120 dias, previsto no art. 36 da referida lei, ficou decidido não ser causa de nulidade do procedimento administrativo investigatório de infrações que podem ensejar perda da delegação, como de fato acabou ocorrendo. Em tais hipóteses, aplica-se o disposto no art. 35, § 1º, da mesma lei, que permite o afastamento do notário até decisão final. Com relação às argumentações atinentes à inobservância do § 1º do art. 20; §§ 2º e 4º do art. 26; arts. 36 e 39, § 2º, todos da Lei n. 8.935/1994, não se constata nenhuma ilegalidade na designação de terceiro interventor para responder pela serventia, mesmo havendo substituto mais antigo, filho do substituído, em face da aplicação dos princípios constitucionais da impessoalidade e da moralidade administrativa. Por último, inexiste irregularidade na decisão administrativa proferida com base em parecer elaborado pelo juiz auxiliar da corregedoria. A esse respeito, concluiu a Turma que o fato de o juiz parecerista ter participado da correição não importa dizer que seja ele parcial, até mesmo porque, como dito alhures, as correições têm por objetivo tão somente verificar/constatar a regularidade dos serviços prestados pelos notários e registradores, e não decidir sobre eles. Não se trata, portanto, de peça acusatória, não havendo falar em parcialidade do juiz que proferiu o parecer. Precedentes citados: RMS 11.945-RS, DJ 1º/7/2005; RMS 29.311-SC, DJe 27/8/2009; RMS 26.552-SP, DJe 29/9/2010, e RMS 33.824-MS, DJe 1º/6/2011. **RMS 32.910-SP, Rel. Min. Benedito Gonçalves, julgado em 17/11/2011.** (Inform. STJ 487)

PAD. DEMISSÃO. ESFERA PENAL. ABSOLVIÇÃO. AUSÊNCIA. PROVAS.

Na hipótese dos autos, o impetrante busca que seja declarada a nulidade de processo administrativo disciplinar (PAD) que culminou em sua demissão do serviço público, sustentando, entre outros temas, que as conclusões da comissão processante são contrárias às provas dos autos, uma vez que ocorreu sua absolvição na esfera penal. A Turma reiterou que as esferas criminais e administrativas são independentes, estando a Administração vinculada apenas à decisão do juízo criminal que negar a existência do fato ou a autoria do crime. *In casu*, o impetrante foi absolvido na esfera criminal por insuficiência de provas, razão pela qual a sentença penal não tem repercussão na esfera administrativa. Assim, a Turma, prosseguindo o julgamento, por maioria, negou provimento ao recurso, contudo reservou à parte as vias ordinárias. Precedentes citados: REsp 1.226.694-SP, DJe 20/9/2011; REsp 1.028.436-SP, DJe 3/11/2010; REsp 879.734-RS, DJe 18/10/2010, e RMS 10.496-SP, DJe 9/10/2006. **RMS 32.641-DF, Rel. originário Min. Napoleão Nunes Maia Filho, Rel. para acórdão Min. Benedito Gonçalves, julgado em 8/11/2011.** (Inform. STJ 487)

PAD. DEMISSÃO. ADVOCACIA ADMINISTRATIVA.

Foi imposta à impetrante a pena de demissão pela prática de advocacia administrativa enquanto exercia a chefia do setor de RH de órgão público. A conduta apenada consistia no uso de procuração firmada por uma aposentada para proceder a seu recadastramento anual na repartição que a impetrante administrava, visto que é vedado ao servidor atuar como procurador ou intermediário em repartições públicas, salvo se diante de benefício previdenciário ou assistencial de parente até o segundo grau, cônjuge ou companheiro (art. 117, XI, da Lei n. 8.112/1990). Apurou-se, também, que, sem o abrigo da procuração, por vezes considerou como verdadeiras as assinaturas da aposentada apostas em seu recadastramento, rubrica que não condizia com a original constante de seus assentos funcionais. Diante disso, a Seção entendeu que a demissão impingida caracteriza ofensa ao princípio da proporcionalidade e ao que dispõe o art. 128 da referida lei. Pesam os fatos de que não há gravidade na atuação da impetrante; ela não se valeu do cargo em proveito próprio ou de outrem; nem sequer existe lesão aos cofres públicos; agiu para manter benefícios que eram efetivamente devidos à aposentada; não houve intermediação ilícita que envolva outros agentes da Administração; não foi imputada qualquer outra infração disciplinar à impetrante e ela não ostenta maus antecedentes funcionais. Dessarte, a segurança foi concedida para anular a portaria que a demitiu e determinar sua reintegração com todos os direitos do cargo, sem prejuízo a que se lhe aplique outra penalidade menos gravosa. Anote-se, por fim, ser possível ao Judiciário examinar a motivação do ato que impõe pena disciplinar ao servidor, isso com o desiderato de averiguar se existem provas suficientes da prática da infração ou mesmo se ocorre flagrante ofensa ao princípio da proporcionalidade, tal como ocorreu na hipótese. Precedentes citados: MS 12.429-DF, DJ 29/6/2007, e MS 13.091-DF, DJe 7/3/2008. **MS 14.993-DF, Rel. Min. Maria Thereza de Assis Moura, julgado em 8/6/2011.** (Inform. STJ 476)

SERVIDOR PÚBLICO. PAD. SUSPENSÃO. DEMISSÃO.

Trata-se de mandado de segurança em que se pretende desconstituir ato do ministro de Estado da Justiça pelo qual foi demitido o ora impetrante do cargo de Defensor Público da União em razão de conduta desidiosa apurada em procedimento administrativo disciplinar (PAD). Sustenta-se, na impetração, com base na LC n. 80/1994 e no Dec. n. 3.035/1999, ser a autoridade coatora incompetente para a prática de tal ato. Afirma-se, ainda, que ao impetrante já fora aplicada a pena de suspensão por 90 dias em função dos mesmos fatos, não sendo admissíveis a promoção de um rejulgamento e a cominação de uma nova sanção ainda mais grave. Inicialmente, observou o Min. Relator, com base no art. 1º, I, do mencionado decreto, ser a autoridade coatora competente para o ato praticado. Contudo, consignou que, no caso em questão, foram extrapolados os estritos limites que regem a possibilidade de revisão do desfecho do PAD, o qual, por sujeitar o servidor público a uma eventual punição, precisa arvorar-se do mais elevado respeito aos princípios do contraditório e da ampla defesa e, nesse passo, emprestar à decisão final o signo da definitividade. Assim, findo o processo e esgotada a pena, não é possível que, por irregularidade para a qual o impetrante não contribuiu e que sequer foi determinante ao resultado do PAD, a Administração Pública ignore o cumprimento da sanção, promova um rejulgamento e agrave a situação do servidor, ao arrepio dos princípios da segurança jurídica e da proteção à boa-fé. Asseverou que concluir de forma diversa seria submeter o impetrante ao completo alvedrio da Administração, o que geraria uma conjuntura de insuportável insegurança na medida em que irregularidades provenientes única e exclusivamente da atuação do Poder Público teriam o condão de tornar altamente mutáveis as decisões disciplinares, inclusive para agravar a sanção. Ademais, este Superior Tribunal entende que o simples rejulgamento do PAD ofende o devido processo legal por não encontrar respaldo na Lei n. 8.112/1990, que prevê sua revisão tão somente quando houver possibilidade de abrandamento da sanção disciplinar aplicada ao servidor. Diante dessas considerações, a Seção concedeu a segurança. Precedentes citados: MS 8.361-DF, DJ 4/6/2007; MS 9.782-DF, DJ 3/11/2004, e MS 13.523-DF, DJe 4/6/2009. **MS 16.141-DF, Rel. Min. Castro Meira, julgado em 25/5/2011.** (Inform. STJ 474)

PAD. PRESCRIÇÃO. PENA. DEMISSÃO.

A Seção denegou a segurança ao entendimento de que, quando há sentença penal condenatória, o prazo de prescrição no processo administrativo disciplinar (PAD) conta-se pela pena em concreto aplicada na esfera penal nos termos dos arts. 109 e 110 do CP. *In casu*, guarda de presídio integrante de quadro em extinção de ex-território foi demitido do serviço público, sendo-lhe atribuída a prática dos crimes de homicídio duplamente qualificado e ocultação de cadáver (arts. 121, § 2º, III, IV, e 211, todos do CP), pelos quais o tribunal do júri o condenou a 18 anos de reclusão. Desse modo, para haver prescrição da pretensão punitiva, no caso, deveriam ser ultrapassados 20 anos. Destacou-se ainda que este Superior Tribunal, ao interpretar o art. 142, § 2º, da Lei n. 8.112/1990, entendeu que, se o servidor público cometer infração disciplinar também tipificada como crime, somente se aplica o prazo prescricional previsto na legislação penal quando os fatos igualmente forem apurados na esfera criminal. Noticiam ainda os autos que, em um primeiro PAD, o impetrante foi punido com advertência, mas posteriormente tal penalidade foi tornada sem efeito e, em outro processo disciplinar em que foram observados os princípios do contraditório e da ampla defesa, foi-lhe aplicada a pena de demissão. Assim, segundo a jurisprudência do STJ e do STF, nessa hipótese não ocorre a vedação da Súm. n. 19-STF. Ainda houve um outro procedimento administrativo, mas foram apurados outros fatos diferentes daqueles que ensejaram a demissão do impetrante. Daí não haver razão para as alegações do impetrante de que, em três ocasiões, ele teria sido julgado administrativamente pelos mesmos fatos. Precedentes citados do STF: AgRg no RMS 24.308-DF, DJ 25/4/2003; do STJ: RMS 19.887-SP, DJ 11/12/2006; RMS 18.551-SP, DJ 14/11/2005; RMS 13.134-BA, DJ 1º/7/2004; RMS 15.933-RJ, DJe 2/2/2009; RMS 13.395-RS, DJ 2/8/2004; MS 10.026-DF, DJ 2/10/2006, e MS 7.491-DF, DJ 4/3/2002. **MS 14.040-DF, Rel. Min. Maria Thereza de Assis Moura, julgado em 25/5/2011.** (Inform. STJ 474)

TITULAR. CARTÓRIO. AFASTAMENTO. IRREGULARIDADES.
No RMS, o recorrente alega violação de seu direito líquido e certo em razão de ter sido afastado de suas funções de titular de cartório de registro civil pelo juiz que determinou, *inaudita altera pars,* o lacre do cartório, assim como nomeou interventor com a finalidade de apurar denúncias de irregularidades que supostamente o recorrente teria cometido contra a Administração Pública. Esclarece o Min. Relator que a jurisprudência deste Superior Tribunal firmou entendimento de que nada obsta o afastamento preventivo do titular de serviço notarial e de registro por prazo indeterminado, a teor do disposto nos arts. 35 e 36 da Lei n. 8.935/1994, pois a suspensão preventiva não tem caráter punitivo, mas sim cautelar. Destacou ainda que o art. 35 da citada lei determina que a perda da delegação só se dará por meio de processo administrativo ou judicial, sempre observado o devido processo legal. Entretanto, ainda que não exista processo administrativo, a lei específica permite o afastamento preventivo do titular do cartório que prescinde do devido processo legal. Explica, no caso dos autos, que o juiz nomeou interventor e, em ação penal pública incondicionada que apura o crime de peculato supostamente cometido pelo recorrente, determinou seu afastamento por prazo indeterminado, nos termos dos arts. 35, § 1º, e 36 da Lei n. 8.935/1994. Logo, não há ilegalidade no ato que afastou preventivamente o recorrente de suas funções para apurar os indícios das irregularidades constatadas no cartório. Por último, ressalta não caber o protesto pela juntada de documentos novos na estreita via do *mandamus;* pois, ainda que os documentos estivessem em poder da Administração Pública, deveria o impetrante requerer, na petição inicial, a sua apresentação nos termos do art. 6º, § 1º, da Lei n. 12.016/2009. Diante do exposto, a Turma negou provimento ao recurso. Precedentes citados: RMS 23.937-PB, DJ 21/2/2008; RMS 14.908-BA, DJ 20/3/2007; RMS 11.945-RS, DJ 1º/7/2005, e MS 8.091-DF, DJe 1º/2/2010. **RMS 33.824-MS, Rel. Min. Humberto Martins, julgado em 24/5/2011.** (Inform. STJ 474)

PAD. DEMISSÃO. PRESCRIÇÃO.
A Seção concedeu a segurança para reintegrar os impetrantes no cargo de agente de saúde pública. No *mandamus*, os servidores públicos sustentaram a ocorrência da prescrição da ação disciplinar nos termos do art. 142, I, da Lei n. 8.112/1990, tendo em vista o transcurso de mais de cinco anos entre o conhecimento pela Administração Pública do fato a eles imputado (prática do crime de peculato) e a instauração do processo administrativo disciplinar que culminou na sua demissão. Nesse contexto, consignou o Min. Relator que, nas hipóteses em que o servidor comete infração disciplinar também tipificada como crime, o prazo prescricional da legislação penal somente se aplica quando o fato for apurado na esfera criminal. *In casu*, como não houve essa apuração, entendeu que deve ser aplicada a regra geral da prescrição de cinco anos prevista na legislação administrativa. Precedentes citados: RMS 19.087-SP, DJe 4/8/2008; MS 12.884-DF, DJe 22/4/2008; MS 13.242-DF, DJe 19/12/2008; RMS 18.688-RJ, DJ 9/2/2005, e MS 9.772-DF, DJ 26/10/2005. **MS 15.462-DF, Rel. Min. Humberto Martins, julgado em 14/3/2011 (ver Informativo n. 464).** (Inform. STJ 466)

SERVIDOR PÚBLICO. EXONERAÇÃO. PRESCRIÇÃO. PRETENSÃO PUNITIVA.
Trata-se de mandado de segurança em que se discute a prescrição da pretensão punitiva do Estado na hipótese em que se converteu a exoneração do impetrante do cargo de assessor especial para destituição de cargo em comissão com base no relatório da comissão processante, que recomendara para o ex-servidor a pena de suspensão por 30 dias sob a acusação de ele haver violado o disposto nos incisos IV e XII do art. 116 da Lei n. 8.112/1990. Inicialmente, ressaltou a Min. Relatora ser firme o entendimento deste Superior Tribunal de que, havendo cometimento por servidor público de infração disciplinar também tipificada como crime, somente se aplica o prazo prescricional previsto na legislação penal quando os fatos forem apurados na esfera criminal. Contudo, entendeu que, no caso em questão, não ficou evidenciado, nos autos, ter sido apurada criminalmente a conduta do impetrante. Dessarte, ainda que seu ato seja tipificado como crime, diante da ausência de apuração na esfera criminal, deve ser aplicado o prazo prescricional previsto na lei que regula a punição administrativa. Assim, em se tratando da pena de destituição de cargo em comissão aplicada a ex-servidor por ter praticado infrações sujeitas à suspensão por 30 dias, o prazo prescricional a ser considerado é de dois anos nos termos do art. 142, II, c/c o art. 135 da Lei n. 8.112/1990. Ao contrário, na hipótese de destituição de cargo em comissão por infração sujeita à pena de demissão, a prescrição a ser observada é de cinco anos (inciso I do mesmo dispositivo legal). Com essas considerações, entre outras, a Seção concedeu a segurança. Precedentes citados do STF: RMS 23.436-DF, DJ 24/8/1999; do STJ: RMS 19.887-SP, DJ 11/12/2006; RMS 18.551-SP, DJ 14/11/2005; RMS 13.134-BA, DJ 1º/7/2004, e MS 12.533-DF, DJ 1º/2/2008. **MS 12.666-DF, Rel. Min. Maria Thereza de Assis Moura, julgado em 23/2/2011.** (Inform. STJ 464)

PAD. PARCIALIDADE. AUTORIDADE JULGADORA. NULIDADE.
Trata-se de mandado de segurança contra ato de ministro de Estado que culminou na demissão do impetrante do cargo de técnico administrativo do Ibama com base nos arts. 136 e 137, parágrafo único, da Lei n. 8.112/1990, por valer-se do cargo para lograr proveito pessoal ou de outrem em detrimento da dignidade da função pública, receber propina, comissão, presente ou vantagem de qualquer espécie e por improbidade administrativa. Alega a impetração vícios formais no processo administrativo disciplinar (PAD), notadamente a parcialidade da autoridade julgadora ao concluir pela pena de demissão, uma vez que teria interesse na exclusão do servidor. *In casu,* o impetrante foi absolvido das acusações no primeiro processo administrativo, contudo todo o feito foi anulado. Ressalte-se que o referido PAD foi instaurado em decorrência de denúncias feitas pela mesma autoridade que depois veio a aplicar a pena de demissão ao impetrante, visto que, quando da realização do segundo PAD, já se encontrava como titular da pasta do meio ambiente. Diante disso, a Seção concedeu a segurança ao entendimento de que, a despeito das alegações de que a autoridade agiu com imparcialidade ao editar a portaria de demissão, os fatos demonstram, no mínimo, a existência de impedimento direto da autoridade julgadora no PAD, e suas manifestações evidenciaram seu interesse no resultado do julgamento. Assim, demonstrado o interesse da referida autoridade na condução do processo administrativo e no seu resultado, seja interesse direto seja indireto, o fato de o denunciante ter julgado os denunciados, entre os quais o impetrante, configura uma ofensa não somente ao princípio da imparcialidade, mas também da moralidade e da razoabilidade e configura, ainda, o desvio de finalidade do ato administrativo que, na hipótese, parece atender mais ao interesse pessoal que ao público, caracterizando vício insanável no ato administrativo objeto da impetração. Precedente citado: MS 14.958-DF, DJe 15/6/2010. **MS 14.959-DF, Rel. Min. Haroldo Rodrigues (Desembargador convocado do TJ-CE), julgado em 23/2/2011.** (Inform. STJ 464)

SERVIDOR PÚBLICO. PAD. DEMISSÃO.
Trata-se de mandado de segurança impetrado por servidor público contra ato que o demitiu do cargo de médico do quadro do Ministério da Saúde, em razão da prática de improbidade administrativa e do uso do cargo para lograr proveito pessoal de outrem em detrimento da dignidade da função pública. Entre outras alegações, sustenta o impetrante que, após a oitiva de 13 testemunhas e da análise de documentos e vistorias, concluiu a comissão de sindicância pela ausência de provas das acusações, mas, em vez de ser determinado o arquivamento da sindicância nos termos do art. 144 da Lei n. 8.112/1990, houve a sua convolação em processo administrativo disciplinar (PAD). Inicialmente, esclareceu a Min. Relatora que a sindicância, como procedimento preparatório e prévio à abertura do PAD, é dispensável quando houver elementos suficientes para a instauração do referido processo. Assim, não incorre em nulidade a instauração de PAD com o fim de apurar novas infrações além daquelas objeto de exame inicial na sindicância prévia. Salientou que, para a instauração de PAD, não é obrigatória a indicação de todos os ilícitos imputados ao servidor, pois, somente após a instrução, momento no qual a Administração coligirá todos os elementos probatórios aptos a comprovar possível conduta delitiva do investigado, a comissão processante será capaz de produzir um relato circunstanciado dos ilícitos supostamente praticados. Desse modo, entendeu a Min. Relatora que a penalidade disciplinar foi devidamente motivada pela existência de provas suficientes da prática das infrações que serviram de fundamento para a demissão do servidor, a afastar a ocorrência de seu direito líquido e certo. Destarte, como as infrações praticadas pelo impetrante enquadraram-se, de acordo com o ato impetrado, no disposto no art. 132 da Lei n. 8.112/1990, a autoridade coatora não fez mais do que cumprir a determinação legal de demissão do servidor. Diante desses argumentos, entre outros, a Seção negou a segurança. **Precedentes citados: MS 10.160-DF, DJ 11/12/2006; RMS 12.827-MG, DJ 2/2/2004; MS 12.927-DF, DJ 12/2/2008; MS 12.429-DF, DJ 29/6/2007, e MS 13.091-DF, DJe 7/3/2008. MS 12.935-DF, Rel. Min. Maria Thereza de Assis Moura, julgado em 24/11/2010.** (Inform. STJ 457)

PAD. SERVIDOR PÚBLICO. SÚMULA VINCULANTE.
Trata-se de mandado de segurança no qual o impetrante objetiva desconstituir o ato administrativo que culminou em sua demissão do cargo de agente de serviços de engenharia do quadro de pessoal do Departamento Nacional de Produção Mineral (DNPM). Sustenta, em síntese, violação do princípio do contraditório e da ampla defesa no curso do processo administrativo disciplinar (PAD). Segundo alega, em face da ausência de defesa técnica, não pôde produzir provas que seriam imprescindíveis para a justa solução do caso, como a realização de perícia técnica destinada a comprovar que ele agiu induzido a erro, e não por má-fé, não lhe sendo possível, ainda, reinquirir testemunhas, pedir acareações etc. Afirma, enfim, que, por diversas vezes, requereu a nomeação de advogado, o que foi ignorado e, assim, vários atos foram praticados sem sua presença, de seu advogado nem mesmo de defensor dativo. A Seção, ao prosseguir o julgamento, por maioria, negou a segurança pelos fundamentos, entre outros, de que, com a edição da Súmula Vinculante n. 5-STF, não há falar em ofensa à CF/1988 em razão de não haver defesa técnica no PAD, desde que seja concedida a oportunidade de ser efetivado o contraditório e a ampla defesa, tal como ocorreu no caso. Consignou-se que o impetrante, além de ser devidamente interrogado no curso do PAD, foi notificado outras duas vezes para prestar novo depoimento, a fim de que pudesse prestar outros esclarecimentos que entendesse pertinentes, contudo não compareceu a tais designações. Assim, verifica-se que a comissão processante observou todos os ditames legais que norteiam o PAD, isto é, oportunizou ao impetrante, durante o curso do processo, o exercício de sua ampla defesa. Registrou-se, por fim, que não há qualquer óbice legal à tramitação do PAD em cidade diversa daquela em que o servidor encontra-se lotado, mormente porque os fatos devem mesmo ser apurados no local onde ocorreram as supostas irregularidades funcionais. **Precedentes citados: MS 13.340-DF, DJe 4/6/2009; MS 13.266-DF, DJe 25/2/2010; MS 12.895-DF, DJe 18/12/2009; MS 13.763-DF, DJe 19/12/2008; MS 12.927-DF, DJ 12/2/2008; RMS 22.128-MT, DJ 10/9/2007, e MS 13.111-DF, DJe 30/4/2008. MS 12.457-DF, Rel. Min. Maria Thereza de Assis Moura, julgado em 24/11/2010.** (Inform. STJ 457)

PAD. ABSOLVIÇÃO PENAL.
Cinge-se a controvérsia à possibilidade de condenar servidor público na área administrativa, por infração disciplinar, após sua absolvição criminal pela imputação do mesmo fato. O entendimento do STJ é que, afastada a responsabilidade criminal do servidor por inexistência daquele fato ou de sua autoria, fica arredada também a responsabilidade administrativa, exceto se verificada falta disciplinar residual sancionável (outra irregularidade que constitua infração administrativa) não abarcada pela sentença penal absolutória (Súm. n. 18-STF). No entanto, a Turma não conheceu do recurso em face do óbice da Súm. n. 7-STJ. **Precedentes citados: REsp 1.199.083-SP, DJe 8/9/2010; MS 13.599-DF, DJe 28/5/2010, e Rcl 611-DF, DJ 4/2/2002. REsp 1.012.647-RJ, Rel. Min. Luiz Fux, julgado em 23/11/2010.** (Inform. STJ 457)

DEMISSÃO. SERVIDOR. CONDENAÇÃO CRIMINAL.
Cuida-se de recurso especial interposto na ação rescisória em que a autarquia federal propõe a rescisão do acórdão que determinou a reintegração de servidor lastreado em sua absolvição na esfera criminal. Quanto a isso, primeiro se faz necessário ressaltar que, conforme precedentes, o trânsito em julgado de sentença penal absolutória é o marco inicial para contagem do prazo prescricional da ação que busca a anulação do ato de demissão do autor, daí não se poder falar em prescrição no caso. Também é certo que a jurisprudência admite ser cabível o recurso especial que, mesmo interposto contra acórdão que julga a ação rescisória, persiga a análise das questões de mérito da pretensão, quanto mais se essas questões imiscuem-se na alegação de violação de literal dispositivo de lei (art. 485, V, do CPC). Contudo, a sentença criminal de absolvição por ausência de provas suficientes de autoria, tal como no caso, não vincula a esfera cível ou a administrativa, pois somente repercute nas outras esferas quando a instância penal é taxativa em declarar que o réu não foi o autor do crime ou que o fato não existiu. Isso é uma diferenciação estabelecida pela doutrina e jurisprudência com lastro no art. 935 do CC/2002, que corresponde ao art. 1.525 do CC/1916 e no art. 66 do CPP. Anote-se que a revogada redação do inciso V do art. 386 do CPP englobava tanto a absolvição por prova da não autoria quanto a por ausência de provas suficientes a tal, o que foi modificado pela novel Lei n. 11.690/2008, que supriu a omissão legislativa e expressamente distinguiu as hipóteses. Assim, consubstancia erro de fato apto a rescindir o julgado a consideração do aresto rescindendo quanto a julgar procedente o pedido de reintegração do servidor pela absolvição criminal por inexistência de prova, quando o que realmente ocorreu foi sua absolvição por ausência de provas suficientes à sua condenação. **Precedentes citados do STF: MS 22.796-SP, DJ 12/2/1999; MS 21.321-DF, DJ 18/9/1992; do STJ: REsp 476.665-SP, DJ 20/6/2005; RMS 30.590-RS, DJe 7/6/2010; RMS 19.493-MA, DJ 23/10/2006, e RMS 24.837-MG, DJe 9/8/2010. REsp 879.734-RS, Rel. Min. Maria Thereza de Assis Moura, julgado em 5/10/2010.** (Inform. STJ 450)

PAD. INSTAURAÇÃO. INVESTIGADO.
A Seção entendeu que é nula a portaria que aplica a pena de demissão a servidor público autárquico em conclusão a processo administrativo disciplinar (PAD) que foi instaurado por um dos investigados ou que tenha testemunha também investigada, que sequer prestou o compromisso de dizer a verdade perante a comissão disciplinar, uma vez que ofendidos os princípios da impessoalidade (art. 37, *caput*, CF/1988) e imparcialidade (art. 18 da Lei n. 9.784/1999). **MS 14.233-DF, Rel. Min. Napoleão Nunes Maia Filho, julgado em 23/6/2010.** (Inform. STJ 440)

PRESCRIÇÃO. PAD. DEMISSÃO.
O prazo prescricional da pretensão punitiva da Administração Federal começa a ser contado da data em que se torna conhecido o fato desabonador (art. 142, § 1º, da Lei n. 8.112/1990), mas a instauração do processo administrativo disciplinar (PAD), mediante a publicação da respectiva portaria, interrompe a prescrição (§ 3º do mencionado artigo). Contudo, a contagem da prescrição volta a correr por inteiro após transcorridos 140 dias, prazo máximo para a conclusão do PAD. A Lei n. 8.429/1992 (Lei de Improbidade Administrativa – LIA) não revogou, seja de forma tácita ou expressa, dispositivos da Lei n. 8.112/1990. Ela apenas definiu atos de improbidade administrativa e lhes cominou penas que podem ser aplicadas a agentes públicos ou não. Daí que permaneceu incólume a independência entre as esferas penal, civil e administrativa, conforme previsto pela própria LIA em seu art. 12. Assim, diante dessa independência, conclui-se que a Administração pode impor pena de demissão ao servidor nos casos de improbidade administrativa. É certo, também, que a exordial do *mandamus* e as informações da autoridade tida por coatora delimitam a controvérsia no mandado de segurança, o que veda a posterior alteração do pedido ou seus fundamentos. Assim, a Seção, ao prosseguir o julgamento, denegou a segurança. O Min. Napoleão Nunes Maia Filho ressalvou seu entendimento de ser impossível à Administração aplicar pena de demissão por ato de improbidade. **Precedentes citados: MS 10.220-DF, DJ 13/8/2007; MS 12.262-DF, DJ 6/8/2007; MS 10.987-DF, DJe 3/6/2008; MS 12.536-DF, DJe 26/9/2008; MS 7.253-DF, DJ 19/12/2002, e MS 4.196-DF, DJ 17/8/1998. MS 12.735-DF, Rel. Min. Og Fernandes, julgado em 9/6/2010.** (Inform. STJ 438)

MS. DEMISSÃO. SERVIDOR. PROVA EMPRESTADA.
Trata-se de mandado de segurança impetrado por servidores contra ato supostamente ilegal de ministro de Estado da Previdência Social consubstanciado na aplicação de demissão do cargo com fundamento no art. 117, IX, da Lei n. 8.112/1990 – valer-se de cargo para lograr proveito pessoal ou de outrem em detrimento da dignidade da função. Alegam os servidores várias nulidades do processo administrativo (PAD). Para o Min. Relator, não há nulidade do PAD por ter-se utilizado de prova emprestada obtida em ação penal em curso, uma vez que o STF admite a migração da prova criminal excepcional para procedimentos cíveis (art. 5º, X e XII, da CF/1988), apesar de ressalvar seu ponto de vista, pois só admite quebra de sigilo telefônico para investigação e instrução processual penal. Também destacou que não procede a alegação de o presidente da comissão processante exercer cargo de técnico do seguro social e haver auditor fiscal na qualidade de indiciado. Isso porque o art. 149 da Lei n. 8.112/1990 é claro ao exigir que o presidente da comissão disciplinar deva ocupar cargo efetivo superior ou de mesmo nível ou tenha nível de escolaridade igual ou superior ao do indiciado, mas, no caso, os impetrantes exerciam cargos de técnico de seguro social. Quanto às demais nulidades apontadas, observou que a jurisprudência tem entendido que, no PAD, elas só deverão ser reconhecidas quando houver prejuízo à defesa do acusado (princípio *pas de nullité sans grief*). Assim, observa que as punições de demissão impostas observaram os postulados da proporcionalidade e razoabilidade, elementos de legalidade do ato disciplinar. Com esse entendimento, a Seção denegou o *mandamus*. **Precedentes citados do STF: Inq QO 2.424-RJ, DJ 24/8/2007. MS 14.405-DF, Rel. Min. Napoleão Nunes Maia Filho, julgado em 26/5/2010.** (Inform. STJ 436)

PAD. ILÍCITO ADMINISTRATIVO E PENAL. PRESCRIÇÃO.
Os recorrentes, investigador e escrivão da polícia civil, impetraram mandado de segurança, na origem, contra o indeferimento de pedido de anulação dos atos que os demitiram, afirmando que houve prescrição da pretensão

punitiva da Administração. Sustentam, no RMS, que a prescrição da pena de demissão deve ser reconhecida porquanto, pelos mesmos fatos, eles foram denunciados e condenados pela prática do crime de concussão (art. 316, *caput* c/c o art. 29, todos do CP) à pena de dois anos, já fixada quando instaurado o processo administrativo disciplinar (PAD). Para a Min. Relatora, na hipótese, deve ser aplicada à prescrição prevista no inciso IV do art. 80 da LC estadual n. 207/1979, com a redação vigente à época dos fatos, visto que a novel redação dada pela LC estadual n. 922/2002 ao citado inciso é mais gravosa. Também a jurisprudência deste Superior Tribunal firmou-se no sentido de que o prazo de prescrição previsto na lei penal aplica-se às infrações disciplinares capituladas como crime, levando em conta a pena concreta (arts. 109 e 110 do CP). Dessa forma, no caso dos autos, o trânsito em julgado da sentença criminal para a defesa ocorreu em 21/5/2001 e o PAD foi instaurado em 13/11/2001, para apuração de condutas praticadas pelos recorrentes em maio de 1996, as quais eram do conhecimento da Administração. Assim, já haviam transcorrido mais de quatro anos do prazo prescricional determinado conforme o disposto no art. 109, V, do CP. Diante do exposto, a Turma deu provimento ao recurso para anular os atos de demissão e determinar a reintegração dos recorrentes. **Precedentes citados: EDcl no RMS 18.551-SP, DJ 3/4/2006; RMS 14.420-RS, DJ 30/9/2002; RMS 19.050-SP, DJe 23/3/2009; RMS 15.933-RJ, DJe 2/2/2009; RMS 15.648-SP, DJ 3/9/2007; RMS 21.930-SP, DJ 23/10/2006, e RMS 18.493-SP, DJ 10/4/2006. RMS 26.624-SP, Rel. Min. Laurita Vaz, julgado em 29/4/2010.** (Inform. STJ 432)

PAD. APOSENTADORIA COMPULSÓRIA.

O impetrante, juiz de direito, aposentou-se voluntariamente com proventos proporcionais, mas tinha pendente processo administrativo disciplinar (PAD) que apurava fatos imputados ao magistrado. Noticiam os autos que a aposentadoria voluntária foi concedida com a expressa consignação de não haver prejuízo quanto ao trâmite de processo administrativo em curso. Assim, concluído o PAD e comprovadas as condutas reprováveis praticadas quando ainda no exercício da magistratura, a pena aplicada foi a de substituição da aposentadoria voluntária pela aposentadoria compulsória (art. 42, V, da LC n. 35/1979). Diante desses fatos, a Min. Relatora afirma ser evidente que não houve violação dos princípios da legalidade e segurança jurídica quanto à pena aplicada. Com esse entendimento, a Turma, ao prosseguir o julgamento, denegou a ordem. **RMS 18.448-PR, Rel. Min. Laurita Vaz, julgado em 20/4/2010.** (Inform. STJ 431)

PAD. PROPORCIONALIDADE. RAZOABILIDADE.

Servidores do Judiciário, conforme apurado em processo administrativo disciplinar (PAD), com objetivo de obterem o anonimato, teriam ludibriado partes para que assinassem documento de cujo teor e finalidade não tinham conhecimento: assinaram representações contra a juíza, o escrivão e dois escreventes da comarca, acusando-os de cometer injustiças, maltratar usuários do serviço forense, contribuir para a morosidade e praticar corrupção. Segundo o Min. Relator, apurados os ilícitos de indisciplina, eles merecem reprovação na medida em que demonstrado o intuito dos ora recorrentes de, no mínimo, submeter os representados a constrangimento, por figurarem em processo instaurado em corregedoria-geral de Justiça estadual. Também aponta que, não obstante sua indiscutível gravidade, o ato não teve maiores consequências nem para os representados nem para a própria Administração, uma vez que logo foi constatada a impropriedade das imputações. Assim, conclui que a aplicação da pena máxima de demissão, imposta com base nos arts. 273, I e IV, 274, V, e 285, III, da LC estadual n. 59/2001, deu-se mediante inobservância dos princípios da proporcionalidade e da razoabilidade, impondo-se que a Administração aplique sanção disciplinar mais branda. Diante do exposto, a Turma deu parcial provimento ao RMS, concedendo em parte a segurança para anular a demissão dos recorrentes e determinar a reintegração aos cargos que ocupavam, ressalvada à Administração eventual aplicação de pena menos gravosa em decorrência das infrações disciplinares já apuradas, se for o caso. **Precedentes citados: MS 12.369-DF, DJ 10/9/2007, e MS 8.401-DF, DJe 17/5/2009. RMS 29.290-MG, Rel. Min. Arnaldo Esteves Lima, julgado em 18/2/2010.** (Inform. STJ 423)

DÍVIDA ATIVA. INSCRIÇÃO. ILÍCITO ADMINISTRATIVO.

É consabido que a inscrição em dívida ativa não é o meio adequado para a cobrança de créditos provenientes exclusivamente de ilícitos civis extracontratuais não apurados previamente na via judicial, porque não há certeza da existência de relação jurídica a ensejar o crédito, nem sequer débito resultante de obrigação vencida e prevista em lei, regulamento ou contrato. Contudo, essa afirmativa não atinge valor oriundo de ilícitos administrativos cometidos por servidores públicos, como o alcance (arts. 214, § 1º, 215, § 2º, da revogada Lei n. 1.711/1952 e art. 1º do DL n. 3.415/1941), a reposição (arts. 45, parágrafo único, e 46 da Lei n. 8.112/1990) e a indenização (art. 46 da Lei n. 8.112/1990), pois sua inscrição em dívida ativa submete-se à disciplina legal específica (art. 47, *caput* e parágrafo único, da Lei n. 8.112/1990 c/c art. 39, § 2º, da Lei n. 4.320/1964), a exigir prévio processo administrativo. Nesse caso, preexiste ao próprio dano causado uma relação jurídica entre o causador e a Administração, consubstanciada na condição de servidor ou funcionário público. Todavia, no caso, a certidão de inscrição em dívida ativa (CDA) fundou-se exclusivamente em artigos do CC/1916 que cuidam da reparação de atos ilícitos civis extracontratuais, deixando de apontar os dispositivos referentes ao alcance, reposição ou indenização, o que levou as instâncias de origem a afastar a liquidez e certeza do crédito. Daí que analisar os requisitos da CDA importaria o reexame do conjunto fático probatório, a determinar a incidência da Súm. n. 7-STJ. Com esse entendimento, a Turma, ao continuar o julgamento, por maioria, negou provimento ao agravo regimental. **Precedentes citados: REsp 441.099-RS, DJ 28/10/2003; REsp 362.160-RS, DJ 18/3/2002, e REsp 430.413-RS, DJ 13/12/2004. AgRg no REsp 800.405-SC, Rel. Min. Mauro Campbell Marques, julgado em 1º/12/2009.** (Inform. STJ 418)

SERVIDOR. NOTIFICAÇÃO PRÉVIA.

A Turma, por maioria, denegou a ordem ao entendimento de que, nos casos de crimes praticados por servidor público contra a Administração, não tem validade a notificação prévia (art. 514 do CPP) se, ao tempo da ação penal, ele não mais exercia a função pública. Ademais, a violação do citado dispositivo, por gerar nulidade relativa, oportunamente deve ser arguida junto com a prova do prejuízo sofrido pela parte. No caso, tal nulidade foi suscitada, sem nenhuma alegação de prejuízo, posteriormente à confirmação da condenação em segundo grau, após duas concessões de *writ*, um deles concedido por esta Corte para refazer a pena do ora impetrante. **Precedentes citados: HC 39.267-TO, DJ 1º/8/2005, e RHC 15.399-DF, DJ 28/2/2005. HC 129.266-RJ, Rel. Min. Napoleão Nunes Maia Filho, julgado em 1º/12/2009.** (Inform. STJ 418)

ESTÁGIO PROBATÓRIO. EXONERAÇÃO. PAD.

Prosseguindo o julgamento, negou-se provimento ao recurso ao entendimento de que a exoneração de servidor público aprovado em concurso público e ainda em estágio probatório não prescinde do procedimento administrativo específico, descabendo, contudo, a instauração de processo administrativo disciplinar com todas as suas formalidades. Para apurar eventual inaptidão ou insuficiência no exercício das funções, desde que tal exoneração se fundamente em motivos e fatos reais, é assegurada a ampla defesa e o contraditório, inexistindo óbices para que os fatos sejam apurados em processo administrativo disciplinar ou judicial. Na hipótese, o procedimento administrativo deu-se em razão da não confirmação do recorrente no cargo de policial civil investigador, pois reprovado no estágio probatório, tal como previsto no Dec. n. 36.694/1993 c/c LC paulista n. 675/1992, notificado pessoalmente e apresentada a defesa escrita com juntada de documentos, foi julgado pelo órgão competente com exposição de motivos e fundamentos da decisão, descabendo a alegação de inobservância do devido processo legal inerente. **Precedentes citados: AgRg no RMS 13.984-SP, DJ 6/8/2007; RMS 19.248-AC, DJ 5/2/2007, e RMS 13.810-RN, DJe 26/5/2008. RMS 20.934-SP, Rel. Min. Laurita Vaz, julgado em 1º/12/2009.** (Inform. STJ 418)

PAD. CASSAÇÃO. APOSENTADORIA. PRESCRIÇÃO.

Funcionária pública federal teve cassada sua aposentadoria, sendo retirada do quadro de funcionários públicos da Fazenda, em conformidade com processo administrativo disciplinar (PAD) instaurado por valer-se do cargo para lograr proveito pessoal em detrimento da dignidade da função pública, por improbidade administrativa e por corrupção passiva tributária. No MS, questiona a atipicidade da conduta administrativa, a prescrição administrativa, a nulidade da decisão administrativa por excesso de prazo e a decadência do direito da Administração de anular seus próprios atos. Ressalta o Min. Relator que, após as informações da autoridade coatora e do parecer do MPF, vieram aos autos petições informando que, na primeira sentença criminal, a impetrante foi condenada a cinco anos de reclusão e multa, mas, devido ao recurso especial interposto que reformou tal decisão para que outra fosse proferida com motivada fixação da pena, a outra sentença foi prolatada, impondo sanção de três anos e multa, da qual não houve recurso ministerial. Anote-se que os pareceres do MPF, naquela esfera criminal, opinaram pelo reconhecimento da prescrição da pretensão punitiva estatal. Por fim, em recente decisão, o Tribunal *a quo* reconheceu a extinção da punibilidade da impetrante. Esclarece, agora, o Min. Relator que, diante desses fatos novos, abriu nova vista ao MPF, que se pronunciou pela denegação da segurança, alegando a independência das esferas penal e administrativa. Isso posto, destaca ainda o Min. Relator a posição deste Superior Tribunal, que, em casos como o dos autos, determina o cálculo da prescrição com base na pena *in concreto*, pois os prazos administrativos de prescrição só têm lugar quando a falta imputada ao servidor não é prevista como crime penal. Assim, havendo sentença penal condenatória, o prazo da prescrição, na esfera administrativa, computa-se pela pena *in concreto* penalmente aplicada, nos termos dos arts. 109 e 110 do CP. Diante do exposto, a Turma declarou que, no caso dos autos, houve a prescrição administrativa, concedeu a segurança para anular a portaria e, em consequência, determinou o restabelecimento da aposentadoria da servidora. Ainda, sobre as verbas que a aposentada deixou de receber desde o ato tido por ilegal, atualizadas monetariamente, incidirão juros de mora de 0,5% ao mês, sem honorários. **MS 12.414-DF, Rel. Min. Nilson Naves, julgado em 25/11/2009.** (Inform. STJ 417)

PRAZO PRESCRICIONAL. DEVOLUÇÃO. SERVIDOR.

A servidora foi condenada a restituir à Administração valores que recebeu indevidamente em razão de contrato celebrado com ente público. A sentença transitou em julgado, mas, só após transcorridos mais de cinco anos, foi proposta sua execução. Vem daí a discussão sobre qual prazo prescricional aplicar: o vintenário do art. 177 do CC/1916 (então vigente à época) ou o quinquenal do Dec. n. 20.910/1932. Quanto a isso, a Turma, ao prosseguir o julgamento, entendeu, por maioria, incidir o prazo de cinco anos previsto no referido decreto; pois, em se tratando de relação decorrente de Direito Público, afasta-se a aplicação da legislação civil, tributária ou trabalhista. Aplica-se o decreto devido ao necessário respeito que se deve dar ao princípio da igualdade. **Precedentes citados: REsp 648.953-DF, DJ 16/3/2007; REsp 429.868-SC, DJ 3/4/2006; REsp 623.023-RJ, DJ 14/11/2005; AgRg no Ag 889.000-SP, DJ 24/10/2007; REsp 855.694-PE, DJe 29/5/2008, e REsp 751.832-SC, DJ 20/3/2006. REsp 781.601-DF, Rel. originária Min. Maria Thereza de Assis Moura, Rel. para acórdão Min. Nilson Naves, julgado em 24/11/2009.** (Inform. STJ 417)

CONTRIBUIÇÃO PREVIDENCIÁRIA. FUNÇÃO COMISSIONADA. CARGO EM COMISSÃO.

In casu, trata-se de restituição de indébito em favor dos servidores do Incra, consubstanciada no recolhimento indevido da contribuição previdenciária incidente sobre funções comissionadas ou cargos em comissão, sendo certa a celebração de acordo, na via administrativa, que deu origem à extinção do processo sem resolução de mérito e à condenação do Incra e da União Federal em honorários de sucumbência. Assim, a questão está em saber a quem cabe arcar com tais honorários, se ao Incra ou à União. A Turma reafirmou o entendimento de que a imposição dos ônus processuais, no Direito Brasileiro, pauta-se pelo princípio da sucumbência, norteado pelo princípio da causalidade, segundo o qual aquele que deu causa à instauração do processo deve arcar com as despesas dele decorrentes. Desse modo, diante do referido princípio da causalidade e da inexistência de menção, nas instâncias ordinárias, acerca da pactuação relativa aos honorários sucumbenciais, deve responder pelos honorários advocatícios a União Federal, uma vez que a normatização da restituição, que deu azo à celebração do termo de acordo retromencionado, partiu de decisão do Ministério do Planejamento, Orçamento e Gestão, sendo certo, outrossim, que os valores retidos a título de contribuição previdenciária ingressaram nos cofres daquela entidade federada. Ademais, caso o processo fosse extinto com julgamento do mérito e não houvesse a restituição, no plano administrativo, a obrigação de devolver os valores pagos indevidamente não seria do Incra, mas da União (destinatária dos valores). Assim sendo, ficaria ela como única sucumbente, também responsável pelo pagamento da verba honorária fixada. **Precedentes citados: REsp 303.597-SP, DJ 25/6/2001; AgRg no REsp 552.723-CE, DJe 3/11/2009; AgRg no REsp 379.894-SP, DJe 1º/6/2009; REsp 1.019.316-RS, DJe 30/3/2009; AgRg no Ag 798.313-PE, DJ 12/4/2007; EREsp 490.605-SC, DJ 20/9/2004, e REsp 557.045-SC, DJ 13/10/2003. REsp 1.023.858-RS, Rel. Min. Luiz Fux, julgado em 17/11/2009.** (Inform. STJ 416)

MILITAR. EXCLUSÃO. CORPORAÇÃO.

In casu, o recorrente foi processado administrativamente no conselho de disciplina da Polícia Militar, em razão da prática dos atos descritos nos arts. 179, 299, 301 do CPM (resistência, desacato e desobediência) e, por isso, foi excluído das fileiras da Polícia Militar estadual. Impetrou *mandamus* contra tal ato, o qual foi denegado no TJ. Contudo, verificou a Min. Relatora não constar dos autos ter sido o processo administrativo enviado ao conselho de Justiça Militar para homologação prévia, em obediência ao art. 100, § 7º, da Constituição estadual, norma de obrigatória observação no âmbito daquele processo administrativo. Assim, aponta que a Administração militar não atentou ao conteúdo da norma constitucional estadual para que ao recorrente possa ser assegurado o direito do devido processo legal. Também destacou ser inadmissível sessão secreta sem a presença sequer do defensor ou do acusado, para deliberar a exclusão do recorrente dos quadros da Polícia Militar. Para a Min. Relatora, nesse ponto, há violação aos princípios do contraditório e da ampla defesa. Ressaltou que houve falta de razoabilidade na aplicação da pena ao recorrente e que o ato praticado da forma descrita não poderia levar a tão grave condenação. Ante o exposto, a Turma deu parcial provimento ao recurso para anular o procedimento administrativo no âmbito do Conselho de Disciplina da PM, desde a sessão que deliberou sobre o parecer final, assegurado ao recorrente e seu defensor participar da nova sessão. Ainda determinou a reintegração do recorrente, com todos os direitos do cargo a partir da impetração. **Precedentes citados do STF: RE 148.304-MG, DJ 12/5/1995; do STJ: AgRg no RMS 22.708-PE, DJ 12/3/2007; RMS 11.315-GO, DJ 11/12/2000; RMS 27.291-PB, DJe 30/3/2009; RMS 10.731-BA, DJ 16/8/1999, e RMS 15.940-BA, DJ 8/3/2004. RMS 19.141-GO, Rel. Min. Maria Thereza de Assis Moura, julgado em 17/11/2009.** (Inform. STJ 416)

PROCESSO DISCIPLINAR. PROCEDIMENTO.

A Seção, ao prosseguir o julgamento, por maioria, entendeu que a notificação para a audiência de oitiva de testemunha no processo administrativo disciplinar deve ser realizada com antecedência mínima de três dias (art. 41 da Lei n. 9.784/1999, aplicada subsidiariamente a Lei n. 8.112/1990). Quanto à presença de advogado, aplicou a súmula vinculante n. 5 do STF, que dispõe: "A falta de defesa técnica por advogado no processo administrativo disciplinar não ofende a Constituição". Logo não há que se falar em prejuízo à amplitude da defesa e ofensa ao contraditório. Por fim, entendeu que o excesso de prazo para a conclusão do processo administrativo disciplinar não é causa de sua nulidade quando não demonstrado prejuízo à defesa do servidor. **MS 12.895-DF, Rel. Min. Og Fernandes, julgado em 11/11/2009.** (Inform. STJ 415)

ANISTIA. CABOS. PORTARIA N. 1.104/GM3-1964.

A Seção reiterou o entendimento de que os cabos incluídos no serviço ativo da Força Aérea posteriormente à edição da Portaria n. 1.104/GM3-1964 não têm direito à anistia, tendo em vista que, em relação a eles, a norma tinha conteúdo genérico e impessoal, não havendo como atribuir conteúdo político aos atos que determinaram os licenciamentos por conclusão do tempo de serviço permitido, na forma da legislação então vigente. Para a caracterização da condição de anistiado, faz-se necessário que o ato tido como de exceção tenha motivação exclusivamente política, causando prejuízo aos seus destinatários por tal motivo. Não havendo comprovação ou qualquer indício de que o impetrante tenha sido vítima de ato de exceção por motivação política ou ideológica, não há direito líquido e certo a ser resguardado na presente via. Ademais, não há qualquer afronta ao art. 26 da Lei n. 9.784/1999, pois os impetrantes tiveram conhecimento do ato de intimação por edital, não demonstrando qualquer prejuízo, presumindo-se, inclusive, que estavam em domicílio indefinido. **Precedentes citados: MS 10.332-DF, DJ 2/10/2006; MS 10.367-DF, DJ 13/8/2008, e MS 8.635-DF, DJ 29,5/2006. MS 10.799-DF, Rel. Min. Celso Limongi (Desembargador convocado do TJ-SP), julgado em 11/11/2009.** (Inform. STJ 415)

POLICIAL MILITAR. EXCLUSÃO. PENALIDADE.

Tendo em vista a legislação disciplinar aplicável à carreira de policial militar do Estado do Rio de Janeiro, concluíram os Ministros falecer competência ao Comandante-Geral para acolher, em decisão unipessoal, pleito de reconsideração apresentado após os pronunciamentos do Conselho Disciplinar da Corporação e do Secretário de Segurança Pública, na medida em que, além de constituírem os órgãos efetivamente autorizados à apreciação do pedido formulado pelo impetrante, o ato exarado pelo mencionado Secretário de Estado consolidaria, na esfera administrativa, a última instância decisória. Desse modo, o ato de reinclusão emanado, monocraticamente, pelo Comando-Geral, quando já exauridas as instâncias internas da Corporação, representadas pelo Conselho Disciplinar e pelo Secretário de Segurança Pública, padeceu, de fato, do vício de incompetência, o que já seria suficiente para se promover a sua desconstituição. Entenderam, ainda, os Ministros que, mesmo não constatada a incompetência do agente, a decisão que excluiu o recorrente das fileiras da Polícia Militar estadual está forrada em procedimento administrativo cuja legitimidade não fora atacada pelo interessado. Isso porque, tratando-se de ato vinculado, não estaria suscetível de avaliação discricionária pelo administrador. Com base nessas considerações, a Turma concluiu apropriado o ato do Secretário de Segurança Pública que, considerando a existência de condenação criminal e as conclusões obtidas em regular processo administrativo, decretou a nulidade da reinclusão deferida em ato discricionário pelo Comandante-Geral da Polícia Militar. **Precedente citado: MS 11.955-DF, DJ 2/4/2007. RMS 19.996-RJ, Rel. Min. Og Fernandes, julgado em 10/11/2009.** (Inform. STJ 415)

DEMISSÃO. SERVIDOR. ADVOCACIA ADMINISTRATIVA.

A Seção concedeu em parte o *writ*, considerando ilegal a demissão da servidora; pois, mesmo que sua conduta fosse considerada típica (art. 117, XI, da Lei n. 8.112/1990), a pena imposta fere o princípio da proporcionalidade, cabendo sua reintegração no cargo público com direito às verbas indenizatórias, acrescidas de juros de mora de 1% ao mês e correção monetária. Com efeito, em que pese o dispositivo supra, que veda ao servidor atuar como procurador ou intermediário junto à repartição pública com a qual mantenha vínculo empregatício, em favor de beneficiários parentes até segundo grau, tal conduta, para configurar infração administrativa, deveria ser análoga à regra do art. 321 do CP, equivalente à advocacia administrativa, por meio do tráfico de influência. Conforme os autos, porém, inexistiu tal influência de se valer do próprio cargo com o intuito de intermediar vantagens para outrem. **MS 7.261-DF, Rel. Min. Nilson Naves, julgado em 28/10/2009.** (Inform. STJ 413)

DEMISSÃO. SERVIDOR PÚBLICO. ABANDONO. CARGO.

A Seção concedeu o *"writ"* ao entendimento de que a ausência do servidor público por mais de trinta dias consecutivos ao serviço, sem o *animus abandonandi* não basta para sua demissão por infrigência ao art. 138, c/c o 132, II, da Lei n.º 8.112/90, visto que seu não comparecimento ao local de trabalho deveu-se à restrição a seu direito de ir e vir originária de órgão judicial: ele seria recolhido à prisão decorrente de sentença ainda não transitada em julgado. Com efeito, para a tipificação de abandono de cargo, caberia investigar necessariamente se houve, de fato, a intenção deliberada. No caso, em razão da ilegalidade da custódia contra si expedida, reconhecida posteriormente, que o impossibilitou de ir ao trabalho, são devidos a sua reintegração no cargo, as vantagens financeiras e o cômputo do tempo de serviço para todos os efeitos legais, a contar da data do ato impugnado. **MS 12.424-DF, Rel. Min. Og Fernandes, julgado em 28/10/2009.** (Inform. STJ 413)

MS. DEMISSÃO. DESÍDIA. SERVIDOR.

A Terceira Seção do Superior Tribunal de Justiça (STJ) manteve a demissão de servidor público encarregado de fiscalizar as condições de fabricação dos produtos da Cooperativa Agropecuária do Vale do Rio Grande (Coopervale), na época em que a empresa foi denunciada por suposta fraude pela adição de composto químico de soda cáustica e ácido nítrico aos balões de leite UHT. Em razão da operação desencadeada pela Polícia Federal, conhecida como "Operação Ouro Branco", foi instaurado, contra o Fiscal Federal Agropecuário, Processo Administrativo Disciplinar (PAD), com o objetivo o de apurar possíveis irregularidades de conduta na execução das atividades de fiscalização, relativas à suposta fraude, durante os três anos que antecederam a demissão do servidor, por portaria do Ministro de Estado da Agricultura, Pecuária e Abastecimento. Contra o ato do Ministro de Estado da Agricultura, Pecuária e Abastecimento (autoridade coatora), que efetivou sua demissão, o servidor impetrou, então, mandado de segurança. Em sua defesa, argumentou, entre outras alegações, que a portaria de demissão se lastreou em conclusões conflitantes: o relatório da Comissão de Processo Administrativo, que teria apontado comportamento desidioso, e o parecer da Consultoria Jurídica do Ministério da Agricultura e Abastecimento, que, além de corroborar o relatório, firmou o entendimento de que o servidor teria se valido da função pública para permitir a obtenção de proveito indevido, por outrem. Nessa linha de argumentação, o servidor alegou ser juridicamente inadmissível que a autoridade coatora acolhesse, ao mesmo tempo, dois pareceres que seriam contrários e excludentes. Para o Ministro Relator do caso, Og Fernandes, as conclusões que embasaram a demissão não constituíram figuras jurídicas incompatíveis. Esclareceu que, pela portaria, a demissão estaria respaldada em ofensas às proibições dos incs. IX e XV do art. 117 da Lei n. 8.112/1990, quais sejam, valer-se do cargo público para lograr proveito de outrem e proceder de forma desidiosa, nos temos no art. 132, XIII. Para o ministro, não há que se falar, no caso específico, que as condutas indicadas pela autoridade apontada como coatora seriam incompatíveis entre si, mas na existência de qualificações jurídicas em relação a uma mesma conduta. Sendo assim, não existiriam motivos para se declarar a nulidade do ato (portaria de demissão), por essa razão. Todavia, o Ministro Og Fernandes entendeu que não haveria fundamento explícito para justificar a aplicação do inc. IX art. 117 da Lei n. 8112/1990, segundo o qual: "Ao servidor é proibido valer-se do cargo para lograr proveito pessoal ou de outrem, em detrimento da dignidade da função pública". Segundo o Ministro Relator, tal conduta não estaria embasada em nenhum elemento constante do PAD, e, nessa medida, "em estando a Portaria demissional embasada em parecer da Consultoria Jurídica desprovido de fundamentação, quanto a uma das condutas atribuídas ao impetrante, é de se conceder, neste particular, a segurança, a fim de que seja cassada a condenação do servidor na pena para a qual não houve a devida fundamentação", afirmou o Ministro Og Fernandes. Dessa forma, o ministro acolheu, em parte, as ponderações do servidor e declarou a nulidade parcial do ato demissional (por ausência de fundamentação), cassando a condenação imposta com base no inc. IX do art. 117 da Lei n. 8 112/1990. Manteve, entretanto, o outro fundamento, ou seja, a desídia do servidor, suficiente, por si só, para manter a demissão. **MS 13.876-DF, Rel. Min. Og Fernandes, julgado em 14/10/2009.** (Inform. STJ 411)

MS. SERVIDOR. CASSAÇÃO. APOSENTADORIA.

Cuida-se de mandado de segurança contra ato do ministro de Estado da Previdência Social consistente na edição das Portarias ns. 268 e 269, ambas de 2008, que aplicaram aos impetrantes pena de cassação de sua aposentadoria do cargo de técnico do seguro social do quadro de pessoal daquele Ministério. Os impetrantes sustentam que foram punidos pelos mesmos fatos, quais sejam, as supostas concessões irregulares dos benefícios, e que houve cerceamento de defesa no processo administrativo disciplinar (PAD). Afirmam que a comissão processante deixou de proceder à diligência *in loco,* para confirmar a veracidade dos fatos e, com a intimação irregularmente feita via rádio, 31 testemunhas deixaram de comparecer e sequer foram novamente intimadas. Para o Min. Relator, há longa data, foi superada, no âmbito jurisprudencial, a questão relativa à possibilidade da impetração de mandado de segurança contra ato de natureza disciplinar, tendo em vista a regra contida no art. 5º, III, da Lei n. 1.533/1951. Já a Súmula vinculante n. 5 do STF pugna que a falta de defesa técnica por advogado no PAD não ofende a Constituição. Outrossim, o PAD é regido por lei específica, qual seja, a Lei n. 8.112/1990, desse modo, as regras contidas na Lei n. 9.784/1999 deverão ser aplicadas tão-somente de forma subsidiária, por força de seu próprio art. 69. Isso quer dizer que, omisso o Regime Jurídico dos Servidores Públicos Civis da União, das Autarquias e Fundações Públicas Federais, deverão incidir as disposições
preconizadas na lei geral. A solução do conflito aparente de normas dá-se, na hipótese, mediante a incidência do critério da especialidade, segundo o qual prevalece a norma específica sobre a geral. Registrou, ainda, o Min. Relator que o referido critério tem sua razão de ser na inegável idéia de que o legislador, quanto cuidou de determinado tema de forma mais específica, teve condições de reunir, no texto da lei, as regras mais consentâneas com a matéria disciplinada. Quanto ao modo de intimação de testemunhas, a Lei n. 8.112/1990 não é omissa, pois, segundo seu art. 157, compete ao presidente da comissão processante expedir mandado, devendo a segunda via, com o ciente do interessado, ser anexada aos autos, razão pela qual a intimação via rádio ofende o devido processo legal, além de ensejar cerceamento de defesa. Diante disso, a Seção concedeu a segurança. **MS 13.939-DF, Rel. Min. Arnaldo Esteves Lima, julgado em 14/10/2009.** (Inform. STJ 411)

PAD. DEMISSÃO. PARTICIPAÇÃO. MP.

Trata-se de recurso no qual o recorrente sustenta que o processo administrativo disciplinar (PAD) contra ele instaurado que culminou em sua demissão encontrava-se eivado de vícios. Mas, a Turma, por maioria, ao prosseguir o julgamento, negou provimento ao recurso por entender que a portaria inaugural e a notificação inicial prescindem de minuciosa descrição dos fatos imputados, a qual se faz necessária apenas após a fase instrutória, em que são apurados os fatos com a colheita das provas pertinentes. Eventual nulidade no processo administrativo exige a respectiva comprovação do prejuízo sofrido, o que não restou configurado na espécie, sendo, pois, aplicável o princípio *pas de nullite sans grief.* Para a Min. Relatora, não há falar em cerceamento de defesa pelo simples fato de o patrono do recorrente ter deixado de apresentar defesa prévia, se devidamente notificado para a realização do respectivo ato processual. Além disso, houve a participação do advogado em toda a instrução processual, apresentando, inclusive, as alegações finais. O relatório final do procedimento disciplinar não se reveste de nenhum conteúdo decisório, sendo mera peça informativa a servir de base para o posterior julgamento da autoridade competente. Da decisão da autoridade competente que aplica a sanção é que é cabível o recurso administrativo, sendo certo, portanto, que não há falar, igualmente, em cerceamento de defesa. Quanto à alegação de nulidade decorrente da participação de membros do Ministério Público e da Procuradoria do Estado no Conselho da Polícia Civil do Estado, por configurar controle interno da atividade policial, entendeu a Min. Relatora que tal participação, como disposto na LC Estadual n. 14/1982 (art. 6º, IV), com a redação dada pela LC Estadual n. 98/2003, não afronta a CF/1988. A própria Carta Magna prevê o controle externo da atividade policial como uma das funções institucionais do Ministério Público (art. 129, VII, da CF/1988). Além do mais, essa participação no Conselho de Polícia é compatível com a missão do Ministério Público de fiscalizar a legalidade e moralidade pública. **RMS 29.008-PR, Rel. Min. Laurita Vaz, julgado em 29/9/2009.** (Inform. STJ 409)

PAD. NEPOTISMO. PERITO.

O recorrente, juiz de direito, impetrou *mandamus* com o fito de invalidar a pena de censura que lhe foi aplicada em processo administrativo disciplinar (PAD) instaurado em razão de ele ter nomeado como perito, por diversas vezes, o pai de sua companheira, isso em processos que tramitavam na vara da qual era titular. Nesse panorama, releva-se a alegação de violação do princípio do contraditório, porque, segundo a posição deste Superior Tribunal, a sindicância prescinde da observância dos princípios da ampla defesa, visto se tratar de procedimento inquisitorial que é anterior à acusação e ao próprio PAD, a transcorrer sem a presença obrigatória de acusados. Ressalte-se que, após a instauração do PAD, o recorrente e seu advogado participaram ativamente do feito, inclusive ao apresentar defesa e inquirir testemunhas. Dessarte, não há demonstração de prejuízo que viabilize a suposta nulidade. Também não prospera a alegação de que juízes auxiliares não poderiam participar da fase instrutória, pois o próprio regimento interno do TJ em questão prevê tal possibilidade de designá-los. Outrossim, não vinga a alegação de nulidade em razão de o corregedor-geral já ter pronunciamento quanto à punição do impetrante quando participou do julgamento em primeira instância administrativa, porque, mesmo expurgada a participação desse desembargador, por larga maioria seria mantida a punição. Outro argumento lançado pelo impetrante deve ser igualmente afastado, o de que haveria violação da garantia de independência objetiva da magistratura e da imunidade prevista no art. 41 da Loman na seara jurisdicional. Isso se deve ao fato de que, embora os despachos saneadores que nomearam o perito sejam de natureza judicial e deles não haja recurso, podem ser objeto de processo disciplinar ao transparecerem indícios de desvio do princípio da moralidade que deve pautar a atuação dos membros do Judiciário. Assim, não se está a cassar ou revogar qualquer decisão judicial. Busca-se, sim, apurar a responsabilidade do juiz que age em desarmonia com a ética, enquanto que a independência dos magistrados, garantia dada ao Judiciário como instituição, não pode transmudar-se em privilégio a validar práticas imorais. Suscita o recorrente que ele não poderia ser punido, uma vez que inexistiria vínculo legal de parentesco que o ligasse ao perito nomeado. Sucede que o art. 226, § 3º, da CF/1988 traz claramente a união estável como forma de unidade familiar, e a Súmula Vinculante n. 13-STF, por sua vez, veda a prática do nepotismo em linha reta, colateral ou por afinidade, prática das mais nefastas e incompatíveis com o Estado de direito democrático, por violar o art. 37 da CF/1988, que também se aplica à nomeação de peritos do juízo. Mesmo na hipótese de desconsiderar o vínculo familiar, tal nomeação é evidentemente imoral, quanto mais se na comarca, uma das maiores do Estado membro, há vários outros profissionais aptos ao exercício desse múnus público. Por último, não há que se falar em prescrição se não transcorrido o prazo prescricional entre a instauração do PAD e sua conclusão. **RMS 15.316-SP, Rel. Min. Herman Benjamin, julgado em 1º/9/2009.** (Inform. STJ 405)

MS. LICITAÇÃO. FRAUDE CONFIGURADA.

O impetrante pretende a concessão da segurança para que sejam reconhecidas nulidades no processo administrativo disciplinar que culminou na aplicação da pena de inidoneidade para contratar com a Administração Pública Federal. Porém, a Seção denegou a segurança por entender que o ministro de Estado do Controle e da Transparência é a autoridade responsável para determinar a instauração do referido feito disciplinar (arts. 84, VI, **a**, da CF/1988 c/c arts. 18, § 4º, da Lei n. 10.683/2003 e 2º, I, e 4º, § 3º, do DL n. 5.480/2005). A regularidade do processo administrativo disciplinar deve ser apreciada pelo Poder Judiciário sob o enfoque dos princípios da ampla defesa, do devido processo legal e do contraditório, sendo-lhe vedado incursionar no chamado mérito administrativo. No caso, foi assegurado ao impetrante o direito ao exercício da ampla defesa e do contraditório, bem como a observância do devido processo legal, sendo que a pena foi aplicada com fundamento em uma série de provas trazidas aos autos, inclusive nas defesas apresentadas pelas partes, as quais, no entender da autoridade administrativa, demonstraram suficientemente que a empresa impetrante utilizou-se de artifícios ilícitos e manteve tratativas com o objetivo de fraudar a licitude do certame, não se constatando inobservância dos aspectos relacionados à regularidade formal do processo disciplinar, que atendeu aos demais ditames legais. Precedentes citados: MS 9.396-DF, DJ 24/4/2006; MS 9.660-DF, DJ 23/5/2005, e MS 8.877-DF, DJ 15/9/2003. **MS 14.134-DF, Rel. Min. Benedito Gonçalves, julgado em 26/8/2009.** (Inform. STJ 404)

MS. DEMISSÃO. FUNCIONÁRIO PÚBLICO.

A Corte Especial, por maioria, denegou a segurança que discutia o excesso de pena (demissão) aplicada a funcionário público que disponibilizou senha de acesso ao sistema eletrônico de tribunal para terceiro estranho ao quadro funcional à época (tratava-se de ex-servidor). Consta dos autos que a senha fornecida propiciaria ao ex-servidor manipular o ponto eletrônico com objetivo de garantir ao funcionário horas extras, as quais seriam compensadas futuramente com folga ao serviço. No *mandamus*, o pedido do funcionário demitido, corroborado pelo parecer do MPF, defendia que, segundo o princípio da proporcionalidade, a pena adequada seria a de suspensão por 30 dias. Para o Min. Relator, a suspensão de 30 dias só ocorreria na hipótese de o próprio funcionário registrar o ponto eletrônico e sair logo após, sem trabalhar as horas registradas. Mas observa que, no caso concreto, a situação é mais grave, pois, ao disponibilizar sua senha pessoal a terceiro, o funcionário pôs em risco todas as informações do órgão armazenadas eletronicamente, aplicando-se à espécie o art. 132, IX, da Lei n. 8.112/1990 (revelar segredo), que prevê como única pena a demissão e dispensa a prova do dano. Aponta que o fato demonstrou não ser o funcionário merecedor de confiança para exercer suas funções com lotação no setor de informática e que, se quisesse apenas registrar horas extras, poderia tê-lo feito pessoalmente. Além de que o princípio da proporcionalidade serve para dosar a pena a ser aplicada, mas não pode descaracterizar o tipo a que os fatos subsumem-se. O voto vencido adotava o parecer do MPF. **MS 13.677-DF, Rel. Min. João Otávio de Noronha, julgado em 5/8/2009.** (Inform. STJ 401)

PRESCRIÇÃO INTERCORRENTE. INQUÉRITO ADMINISTRATIVO.

Cuida-se de ação anulatória do ato administrativo que aplicou aos recorrentes as sanções do art. 75 da Lei n. 6.435/1977 (advertência e inabilitação temporária ou permanente de cargo) em razão da intervenção do Bacen ocorrida na entidade de previdência privada que geriam. Quanto a isso, é certo que a Lei n. 9.873/1999 prevê prazo de prescrição para o exercício da ação punitiva pela Administração, porém o § 1º do art. 1º daquela mesma legislação é claro quanto ao fato de a prescrição incidir no procedimento administrativo pendente de julgamento ou despacho em casos de paralisação por mais de três anos. Na hipótese, as instâncias ordinárias deixaram expressamente consignado que não houve tal paralisação entre a elaboração do relatório da comissão do inquérito administrativo e a edição do ato punitivo, o que refuta a pretensão de aplicar-se a prescrição intercorrente. Anote-se que ensejaria reexame de provas vetado pela Súm. n. 7-STJ averiguar a natureza dos atos praticados entre aquele interregno (se decisórios ou ordinatórios). Já o art. 4º da referida lei estabelece regras transitórias para a aplicação do *caput* de seu art. 1º, que cuida do prazo prescricional a incidir em eventual ajuizamento de ação judicial pela Administração, em nada influente na prescrição aplicável aos processos administrativos. Assim, diante da constatação de que os recorrentes exercitaram plenamente o direito de defesa e contraditório, não há razão para declarar a nulidade do procedimento administrativo, quanto mais se, entre os princípios que regulam o processo administrativo, está o do informalismo procedimental. **Precedentes citados: REsp 324.638-SP, DJ 25/6/2001; REsp 502.760-SC, DJ 29/9/2003; RMS 2.670-PR, DJ 29/8/1994; AgRg no REsp 291.612-SP, DJ 18/10/2004, e EDcl no AgRg no Ag 339.605-SP, DJ 1º/7/2002. REsp 1.019.609-PE, Rel. Min. Denise Arruda, julgado em 6/8/2009.** (Inform. STJ 401)

PAD. INTIMAÇÃO. SESSÃO SECRETA.

Cuida-se, originariamente, de MS impetrado por juíza de Direito contra ato do TJ que, ao julgar processo administrativo disciplinar (PAD), impingiu-lhe a aposentadoria compulsória. Alega a impetrante nulidade do processo disciplinar e, consequentemente, do ato de aposentadoria compulsória, visto que o PAD não poderia ser instaurado e julgado em sessões secretas, com escrutínios secretos, o que é proibido pela CF/1988 por violar o contraditório e ampla defesa; que, apesar de intimada da assentada em que o TJ iria decidir o PAD, essa não se deu no dia marcado, só se ultimando uma semana depois, em sessão extraordinária, sem que a impetrante ou seus advogados fossem dela novamente intimados, pois, quanto ao novo dia, há apenas um aviso de recebimento (AR) em que não se pode precisar de quem é a assinatura nele aposta, e que o comparecimento a essa sessão de um advogado sem qualquer procuração e a realização de sustentação oral por ele não convalidam o cerceamento de defesa alegado. Nesse contexto, vê-se que a alegação de nulidade da sessão de instauração do PAD mostra-se preclusa diante da decadência reconhecida no julgamento de outro MS por este Superior Tribunal. No que tange ao alegado cerceamento de defesa, é certo que constitui pressuposto do direito à ampla defesa do acusado a possibilidade de comparecer à sessão de julgamento, pessoalmente ou mediante seus advogados, bem como proceder à defesa, não somente por escrito, mas também oralmente. Porém, esse direito, conforme o acórdão recorrido, foi observado quando do julgamento do PAD, pois se oportunizou à impetrante a amplitude necessária a sua defesa, visto que exposto seu pensamento defensório aos julgadores pela defesa oral realizada, permitindo-lhe, mediante a presença de advogado, fiscalizar o procedimento quanto à regularidade de *quorum*, impedimentos ou efetivo exercício de voto pelos membros do colegiado. Já quanto à ausência de renovação da intimação dos advogados, a jurisprudência do STJ e do STF prestigia a compreensão de que o mero adiamento do julgamento do feito para a primeira oportunidade não acarreta nova intimação. Anote-se que, embora não se possa precisar de quem é assinatura no AR, o fato de todas as intimações anteriores serem dirigidas ao mesmo local (a residência da impetrante) e recebidas da mesma forma não impediu a impetrante de acompanhar o andamento do feito, apresentar defesa escrita e oral, comparecer a todos os atos procedimentais, arrolar e contraditar testemunhas, além de juntar documentos, o que demonstra o exercício amplo dos direitos que lhe são assegurados na CF/1988, a atrair a incidência do princípio de que não há nulidade sem prejuízo. Ressalte-se, também, que o rito sumário da ação mandamental, que pressupõe prova pré-constituída, não suporta dilação probatória (perícia para determinar de quem era a assinatura no AR). No que diz respeito à sessão secreta, vê-se, do extrato da ata referente à sessão plenária extraordinária realizada, não se tratar de secreta, mas, sim, de reservada: há que se preservar a imagem da juíza acusada e do próprio Poder Judiciário, o que justifica essa reserva nos PADs referentes a magistrados, quanto mais ao considerar-se a natureza das infrações (arts. 5º, XXXIII, e 93, X, da CF/1988, na redação anterior à EC n. 45/2004, em vigor ao tempo do julgamento). Por fim, o simples acolhimento pelos pares dos fundamentos do voto do relator não torna nulo o julgamento por falta de decisão motivada, de ausência de publicidade do entendimento de cada um deles, porquanto se cuida de simples técnica de julgamento utilizada para agilizar o escrutínio do colegiado, sendo que o julgador é livre para expor suas próprias convicções, aderindo aos fundamentos do relator se assim o quiser. Assim, ao adotar o entendimento acima exposto, a Turma negou provimento ao recurso em mandado de segurança. **Precedentes citados do STF: HC 83.675-SP, DJ 27/2/2004; do STJ: RMS 11.008-PR, DJ 21/2/2000; HC 34.793-GO, DJ 2/8/2004, e RMS 25.854-RJ, DJe 23/6/2008. RMS 17.464-BA, Rel. Min. Jorge Mussi, julgado em 9/6/2009.** (Inform. STJ 398)

PAD. INTIMAÇÃO.

Foi instaurada sindicância contra a impetrante (juíza federal), procedimento que foi levado a julgamento pelo Órgão Especial do TRF. Sucede que o julgamento foi suspenso diante de pedido de vista, anotado que fora deferido pelo presidente daquela corte o pedido de intimação da juíza e de seu advogado para a continuidade do julgamento. Sucede que houve a continuação da sessão de julgamento sem que se realizassem as intimações requeridas. Nessa mesma sessão, foi determinada a instauração do processo administrativo disciplinar, o que culminou no afastamento da juíza de suas funções com proventos proporcionais (disponibilidade). Dessarte, tal como apregoado pelo parecer do MPF, apesar de não haver norma legal expressa ou constante do regimento interno daquele Tribunal que previsse a intimação para a continuidade do julgamento e a jurisprudência entender que é ônus do interessado acompanhar as sessões subsequentes em caso de prorrogação, tudo isso é relevado pelo expresso deferimento do presidente do Tribunal ao pedido de intimação pessoal, o que não foi observado pelo Órgão Especial. Assim, há ofensa ao princípio constitucional da ampla defesa (art. 5º, LV, da CF/1988), a exigir a decretação da anulação do ato ora impugnado, para que outro seja realizado após as referidas intimações pessoais, pois, mesmo ao se considerar o fato de que já apresentada sustentação oral, há prejuízo para a defesa, visto que remanesceria o direito de presença, de assistência, observação, verificação do *quorum*, oitiva dos votos e suas fundamentações, além de, eventualmente, esclarecer circunstância de fato relevante, ou mesmo de constatar alguma violação do referido regimento interno, tal como defendido pelo voto vencido quando do julgamento do *mandamus* pelo Tribunal *a quo*. **Precedente citado: RMS 15.168-BA, DJ 28/10/2003. RMS 25.569-SP, Rel. Min. Nilson Naves, julgado em 17/3/2009.** (Inform. STJ 387)

PAD. DEMISSÃO. COISA JULGADA.

A Seção entendeu que, com o reconhecimento do Judiciário da legalidade do ato administrativo que culminou com a demissão do servidor, descabe a renovação do pedido em sede administrativa, mormente por força da coisa julgada. **Precedente citado: RMS 8.210-SC, DJ 5/12/2005. MS 13.472-DF, Rel. Min. Felix Fischer, julgado em 15/12/2008.** (Inform. STJ 381)

PAD. AÇÃO PENAL. COMPARTILHAMENTO. PROVA.

A Seção denegou a ordem, julgando no sentido do cabimento no processo administrativo disciplinar (PAD), como prova emprestada da ação penal, da utilização de extratos de escutas telefônicas colhidas, mesmo sem contraditório, no juízo criminal, que teriam embasado a conclusão da comissão processante, porquanto este Superior Tribunal tem entendido que, sendo tal prova requerida nos termos da Lei n. 9.296/1996 e respondendo o servidor também a processo na esfera criminal, inexiste nulidade do PAD. **Precedentes citados do STF: HC 83.515-RS, DJ 4/3/3005; do STJ: MS 11.965-DF, DJ 18/10/2007; MS 9.212-DF, DJ 1º/6/2005, e MS 7.024-DF, DJ 4/6/2001. MS 13.501-DF, Rel. Min. Felix Fischer, julgado em 10/12/2008.** (Inform. STJ 380)

PROCESSO DISCIPLINAR. MAGISTRADO.

As penas de advertência e censura a juiz de primeiro grau só poderão ser impostas pelo voto da maioria absoluta dos membros do tribunal, ou se for o caso, de seu órgão especial. A previsão constitucional é que o tribunal pleno ou o órgão especial atue como instância originária para a aplicação da penalidade aos magistrados e não como instância recursal. Quanto à prescrição, seu prazo será interrompido quando da instauração do processo administrativo e recomeçará a fluir quando ultrapassados 140 dias sem que tenha havido a conclusão do processo disciplinar, porquanto esse seria o prazo legal para o seu término (art. 152, *caput*, c/c o art. 169, § 2º, da Lei n. 8.112/1990). **RMS 24.585-SP, Rel. Min. Jane Silva (Desembargadora convocada do TJ-MG), julgado em 2/12/2008.** (Inform. STJ 379)

AG. SINDICÂNCIA. COMPOSIÇÃO. STJ.

Inicialmente a Min. Relatora esclareceu ser a terceira vez que a presente sindicância é examinada. Da primeira vez, determinou seu arquivamento acolhendo pronunciamento ministerial. Na segunda vez, rejeitou os embargos de declaração e, nesta oportunidade, entende que o agravo não tem o condão de reabrir a questão por inteiro, a partir da origem. Ao analisar os diversos tópicos constantes do recurso, a Min. Relatora asseverou que não há que se questionar a supremacia da LC n. 75/1993, art. 18, porque toda e qualquer resolução, mesmo do Conselho Superior do Ministério Público, deverá estar em sintonia com a lei maior que rege a instituição. Quanto à incompetência da Min. Relatora para integrar a Corte Especial deste Superior Tribunal, nos termos do art. 93, XI, da CF/1988, com a redação dada pela EC n. 45/2004, o entendimento deste Superior Tribunal é que o dispositivo diz respeito aos tribunais intermediários, ficando o STJ fora da composição mencionada por não ser a Corte Especial órgão especial como prevê a Constituição. Trata-se de órgão julgador sem função administrativa. Ademais, a própria composição do STJ é inteiramente distinta da dos tribunais intermediários, porque nele não há promoção de julgadores, e sim escolhas de desembargadores federais, estaduais, de membros do Ministério Público e de advogados, em percentuais também distintos do que se chama de quinto constitucional. Assim sendo, tem-se como inaplicável o dispositivo constitucional questionado pelo recorrente. E, quanto ao mérito, a decisão impugnada está amplamente fundamentada. Diante disso, Corte Especial não conheceu do agravo. **AgRg nos EDcl na Sd 158-SP, Rel. Min. Eliana Calmon, julgado em 19/11/2008.** (Inform. STJ 377)

SERVIDOR. DEMISSÃO. CARGO.

Servidor público foi demitido por valer-se do cargo para lograr proveito pessoal ou de outrem (art. 117, IX, da Lei n. 8.112/1990). Daí o mandado de segurança impetrado com o objetivo de ser reintegrado ao cargo que ocupava, afirmando ter apenas colocado carimbo de "confere com o original" em documento posteriormente identificado como falso que lhe foi apresentado por terceiro. Alega ainda que houve cerceamento de defesa, não existiu obediência ao contraditório e, por fim, sua punição foi arbitrária e desproporcional. Para o Min. Relator, faltou consistência no enquadramento da conduta tida como irregular – quando aceitou, na condição de agente vistoriador do Ibama, o recebimento e após o carimbo de "confere com o original" que, segundo instituição financeira, era falso, o que contribuiu para a aprovação do plano de manejo florestal sustentável. Observa ainda não ter havido indicação daquilo que constituiu o proveito pessoal do servidor; apesar de lhe terem sido imputadas várias acusações, numa só se fundou sua demissão. Sendo assim, concluiu que a conferência e a aposição do carimbo não afiguram conduta enquadrável no inciso IX da referida lei. Falta, para tal fim, relevo e importância, além de informação a respeito de qual vantagem indevida haveria para lograr proveito pessoal ou de outrem. Com esse entendimento, a Seção anulou a demissão do impetrante, determinando, em conseqüência, a sua reintegração ao cargo e o pagamento das verbas remuneratórias que deixou de receber desde a demissão ilegal. **MS 12.446-DF, Rel. Min. Nilson Naves, julgado em 12/11/2008.** (Inform. STJ 376)

PAD. FALTA DISCIPLINAR. APOSENTADORIA.
O processo administrativo disciplinar (PAD) foi instaurado contra o servidor público aposentado para apuração de fatos anteriores e também outros relativos às declarações proferidas contra autoridade administrativa, pela infringência ao disposto nos arts. 116, II e IX, e 117, V, IX, XVIII, da Lei n. 8.112/1990. Por essa razão, impetrou mandado de segurança, alegando que, com sua aposentadoria, foi extinta sua condição de submissão hierárquica, assim, não podem suas declarações ser censuradas pela Administração Pública, principalmente frente à cláusula pétrea constitucional que garante seu livre arbítrio e sua livre manifestação (art. 5º, II e IV, da CF/1988). Esclarece a Min. Relatora que devem ser refutados os argumentos das informações prestadas pela autoridade coatora porque desacompanhadas de qualquer lastro probatório. Ressalta, ainda, que se constatou serem os fatos apurados no PAD somente relativos à declaração do impetrante após sua aposentadoria. Dessa forma, como os fatos imputados ao impetrante são posteriores à inatividade, não é legítima sua apreciação pela Administração Pública por não ser mais possível puni-lo, conforme o disposto no art. 134 da Lei n. 8.112/1990. Com essas considerações e acolhendo manifestação do Ministério Público, a Seção concedeu a segurança para extinguir o PAD. **MS 8.228-DF, Rel. Min. Laurita Vaz, julgado em 12/11/2008.** (Inform. STJ 376)

PRAZO. EXCESSO. PAD. NULIDADE. PRESCRIÇÃO.
A Seção reiterou que inocorre a prescrição se, na data da demissão do servidor, não transcorreram cinco anos do conhecimento dos fatos pela Administração (art. 142 da Lei n. 8.112/1990). Outrossim, o prazo na conclusão do PAD não é causa de nulidade capaz de invalidar o procedimento administrativo. **Precedentes citados: MS 9.807-DF, DJ 11/10/2007; RMS 15.937-SE, DJ 29/3/2004; MS 7.051-DF, DJ 5/5/2003, e RMS 7.791-MG, DJ 1º/9/1997. MS 8.928-DF, Rel. Min. Maria Thereza de Assis Moura, julgado em 24/9/2008.** (Inform. STJ 369)

EDCL. SÚMULA VINCULANTE.
Nos embargos de declaração com efeitos infringentes, a Turma entendeu aplicar o entendimento da Súmula Vinculante n. 5-STF, segundo a qual não ofende a CF/1988 a falta de defesa técnica de advogado no processo administrativo disciplinar. Com isso, negou provimento ao RMS. **EDcl no RMS 21.719-DF, Rel. Min. Benedito Gonçalves, julgados em 18/9/2008.** (Inform. STJ 368)

MS. SERVIDOR PÚBLICO. REINTEGRAÇÃO. CARGO.
Cuida-se de mandado de segurança em que o servidor público federal insurge-se contra o ato de sua demissão praticado por ministro de Estado e decorrente de processo administrativo por ter ele, na qualidade de técnico em atividade de mineração, cumprido ordens manifestamente ilegais emanadas de seu ex-chefe. A portaria que deu ensejo ao processo administrativo disciplinar (PAD) não tinha por finalidade investigar a conduta funcional do impetrante, mas tão-somente a *notitia criminis* em desfavor de seu ex-chefe trazida ao conhecimento da Administração por operação policial. Tal operação investigava a prática ilegal de mineração de diamantes e o "esquentamento" de pedras mediante a falsificação de certificado *Kimberly*. No entanto, no curso da investigação, a comissão processante optou por indiciar o impetrante, o que culminou com a sua demissão. O Min. Relator entendeu que a citação extemporânea do impetrante violou os princípios constitucionais da ampla defesa e do contraditório, na medida em que não se oportunizou ao acusado o acompanhamento das investigações desde o seu início. Ele foi, portanto, impedido de participar da oitiva das testemunhas, que trouxeram evidências das infrações disciplinares supostamente cometidas por ele. Em razão de flagrante cerceamento de defesa, a portaria mencionada deve ser anulada, tendo em vista que sua aplicação se deu em razão de acusações em relação às quais não foi dada oportunidade ao impetrante de se defender. Diante disso, a Seção concedeu a ordem a fim de anular a portaria de demissão para reintegrá-lo no referido cargo. **MS 13.379-DF, Rel. Min. Napoleão Nunes Maia Filho, julgado em 10/9/2008.** (Inform. STJ 367)

MS. DEMISSÃO. REINTEGRAÇÃO. CARGO.
Trata-se de mandado de segurança contra o ato de ministro de Estado que demitiu o impetrante do cargo de médico do trabalho. Sustenta que sua demissão encontra-se maculada de ilegalidade e arbitrariedade, uma vez que o parecer em seu relato oficial, mostrou claramente o cerceamento de defesa quando demonstrou que os primeiros procedimentos disciplinares iniciaram-se quando ele já se encontrava sob licença médica. Alega que se afastou do trabalho por diversos problemas de saúde, mediante sucessivas licenças para tratamentos psiquiátricos. O Min. Relator, inicialmente, esclareceu que o impetrante foi indiciado pela suposta prática de três irregularidades: abandono de cargo, acumulação ilegal de cargos e participação em gerência ou administração de sociedade privada, personificada ou não. Destacou, ainda, a jurisprudência deste Superior Tribunal no que concerne ao controle jurisdicional do processo administrativo disciplinar: é no sentido de competir ao Poder Judiciário apreciar, à luz dos princípios do contraditório, da ampla defesa e do devido processo legal, a regularidade do procedimento sem, contudo, adentrar o mérito administrativo. Havendo erro invencível, é lícita a intervenção judicial. No procedimento disciplinar, cabia à Administração proceder às diligências necessárias para a descoberta da verdade quanto à participação do impetrante na gerência da empresa, e não simplesmente colocar o ônus da prova sobre o servidor. Agindo assim, a Administração esquivou-se das suas funções. Também a avaliação dos dados foi tendenciosa e direcionada para culpabilizá-lo. Além do mais, a autoridade julgadora não estava vinculada ao relatório da comissão e, em tal hipótese, poderia isentar o servidor de qualquer responsabilidade. Diante disso, a Seção, ao prosseguir o julgamento, concedeu parcialmente a segurança para anular a demissão do impetrante, determinando, em conseqüência, a sua reintegração no cargo de médico do trabalho. **MS 10.906-DF, Rel. Min. Nilson Naves, julgado em 10/9/2008.** (Inform. STJ 367)

PAD. PROPORCIONALIDADE. PENA.
Em mandado de segurança com pedido de reintegração do impetrante ao cargo de policial rodoviário federal (demitido como incurso no inciso IX do art. 117 da Lei n. 8.112/1990), ficou consignado, no relatório final do processo administrativo disciplinar, que a vantagem auferida foi a liberação de duas multas de veículo retido pelo policial, que abordou o motorista sem uniforme. Também, desse relatório consta que, mesmo não encontrado dinheiro, tal fato não desqualifica a vantagem indevida. Destaca o Min. Relator que a proporcionalidade da pena pode ser apreciada no *mandamus* e a falta administrativa deve ser comprovada de maneira cabal e indubitável. Entretanto, no caso, a condenação administrativa foi erigida sobre os depoimentos idênticos do motorista do caminhão e do seu chefe, com base no relato do motorista, o que compromete a validade da prova. Assim, a apenação de demissão foi desmensurada, não pelo valor tido como recebido a título de propina (R$ 200,00), mas pelo acervo probatório exposto nos autos, que não formou evidência convincente e suficiente para impor tal pena. Observa que este Superior Tribunal tem entendimento de que a pena de demissão deve ter respaldo em prova convincente para não comprometer a razoabilidade e proporcionalidade da sanção administrativa. Em observância ao princípio da proporcionalidade, a autoridade deve pôr em confronto: a gravidade da falta, o dano causado ao serviço público, o grau de responsabilidade do servidor e seus antecedentes funcionais para, sopesando tudo, demonstrar a justiça da sanção. Diante do exposto, a Seção, ao prosseguir o julgamento, concedeu a ordem para anular a portaria, reintegrar o policial ao cargo, sem prejuízo da aplicação da pena menos gravosa. **MS 12.957-DF, Rel. Min. Napoleão Nunes Maia Filho, julgado em 27/8/2008.** (Inform. STJ 365)

MS. DEMISSÃO. REINTEGRAÇÃO. CARGO. NOVO JULGAMENTO.
Trata-se de demissão do impetrante do quadro da Polícia Civil antes de julgamento de recurso administrativo. Alega a nulidade da decisão proferida no procedimento administrativo disciplinar (PAD), em razão de novel legislação (Lei distrital n. 3.642/2005), que cria a exigência de a comissão permanente disciplinar ser formada por dez membros em vez dos três integrantes. Isso posto, explica o Min. Relator que, na ausência de previsão expressa, não há como suspender a execução da sanção até o julgamento definitivo do recurso administrativo. Outrossim, o ajuizamento da ADI contra a citada lei distrital não tem o condão de aniquilá-la antes do julgamento. No entanto, embora a novel lei não possa impor a pecha de ilegal aos atos praticados

pela comissão anteriores à sua edição, após a nova regra que beneficia o acusado, tem aplicabilidade imediata sobre todos os PADs pendentes de julgamento. Sendo assim, diante da flagrante ilegalidade, a Turma deu parcial provimento ao recurso tão-somente para anular o PAD a partir do início da vigência da lei distrital em comento, com a conseqüente anulação do decreto demissório e reintegração no cargo, sem prejuízo de que venha o impetrante a ser penalizado pelos fatos que vierem a ser apurados pela comissão constituída de acordo com a novel legislação. **Precedentes citados: RMS 11.495-ES, DJ 17/9/2007; MS 12.621-DF, DJ 5/5/2008, e RMS 17.652-MG, DJ 14/11/2005. RMS 25.952-DF, Rel. Min. Napoleão Nunes Maia Filho, julgado em 19/8/2008.** (Inform. STJ 364)

PAD. INSTAURAÇÃO. JUÍZO. VALOR.
A portaria que instaura o processo administrativo disciplinar (PAD) tem que descrever os fatos a serem apurados para permitir a ampla defesa desde a gênese do processo. Só não há necessidade de uma descrição pormenorizada, o que somente se torna possível quando do indiciamento, após a fase instrutória. Dessarte, qualquer indagação quanto à veracidade dos fatos a serem apurados não se pode dar, prematuramente, no *mandamus*, mas sim no próprio PAD, até porque não há direito líquido e certo enquanto sequer se sabe sua extensão. Anote-se, por último, que o ato de instauração do PAD não está a depender de um juízo de valor da autoridade que, aliás, tem o dever de apurar qualquer eventual irregularidade apontada (art. 143 da Lei n. 8.112/1990). **Precedentes citados: MS 12.927-DF, DJ 12/2/2008, e MS 12.369-DF, DJ 10/9/2007. RMS 26.206-MG, Rel. Min. Humberto Martins, julgado em 15/5/2008.** (Inform. STJ 355)

PAD. SÚM. N. 343-STJ. AUTODEFESA. EFEITOS PATRIMONIAIS.
Mesmo diante da constatação de que a impetrante defendeu-se pessoalmente durante o processo administrativo disciplinar, a ela, comprovadamente, não foi designado defensor dativo para acompanhar o procedimento instaurado, a reclamar a incidência da Súm. n. 343-STJ. Não há como se falar que a impetrante estaria a beneficiar-se da própria torpeza enquanto, intimada, não nomeou advogado, pois caberia, sim, à comissão nomear-lhe defensor. Note-se que a condenação judicial da impetrante na primeira instância pela prática do mesmo fato descrito no PAD não aproveita à Administração, haja vista a independência das instâncias e a falta, no MS, de impugnação dos fatos, limitado que foi à irregularidade do PAD. Quanto aos efeitos patrimoniais relativos à reintegração do impetrante a seu antigo cargo por força da nulidade do PAD desde a fase instrutória, devem eles ser contados da data da portaria demissória, e não da impetração, tal como determinado pelo novo entendimento da Terceira Seção. **Precedentes citados: MS 12.880-DF, DJ 4/12/2007, e MS 10.026-DF, DJ 2/10/2006. MS 12.295-DF, Rel. Min. Maria Thereza de Assis Moura, julgado em 9/4/2008.** (Inform. STJ 351)

PAD. RECONSIDERAÇÃO. DESÍDIA. DEMISSÃO.
A Seção, por maioria, denegou o *writ* do impetrante acusado de desídia, por conceder oito benefícios previdenciários na condição de exercente de função de datilógrafo, malgrado as alegações genéricas do PAD. O Min. Nilson Naves acompanhou a divergência inaugurada pelo Min. Napoleão Nunes Maia Filho, seguida também pelos Ministros Paulo Gallotti e Laurita Vaz, entendendo excessiva a penalidade aplicada contra o servidor, embora reprovável tal situação, a qual depõe muito mais contra a Administração, ao atribuir funcionalmente a um servidor de extrato inferior tal responsabilidade, que não era própria do cargo que ele exercia, ademais por ser pessoa cedida por outra repartição. Outrossim, consideraram-se incabíveis as alegações postas como reforço das acusações contra o servidor, recriminado ademais pelo hábito de natureza cultural (tradição regional) de tomar chimarrão na repartição, como se tal costume fizesse parte da imputação. **MS 12.516-DF, Rel. Min. Arnaldo Esteves Lima, julgado em 26/3/2008.** (Inform. STJ 349)

MS. SERVIDOR PÚBLICO. DEMISSÃO.
O Superior Tribunal de Justiça firmou compreensão segundo a qual não se exige a descrição minuciosa dos fatos na portaria de instauração do processo disciplinar, que tem como principal objetivo dar publicidade à constituição da comissão processante. Tal exigência tem momento oportuno, qual seja, quando do indiciamento do servidor. É genérica a argumentação do impetrante de que não teve oportunidade de produzir provas. Com efeito, não foram desenvolvidos argumentos tendentes a demonstrar, de forma específica, o ato omissivo ou comissivo da comissão processante que teria violado essa garantia, prevista nos arts. 5º, LV, da CF/1988 e 156 da Lei n. 8.112/1990. É oportuno registrar que ele foi devidamente acompanhado por seu advogado no curso do processo administrativo disciplinar. As alegações de que fora demitido sem que fosse declinado de que forma teria praticado a conduta irregular não encontram amparo nos autos. O relatório da comissão processante, o parecer da Divisão de Ética da Corregedoria-Geral da Secretaria da Receita Federal, assim como o parecer da Consultoria Jurídica do Ministério da Fazenda, em harmonia com o conjunto probatório, delimitaram a conduta do impetrante que caracteriza a infração disciplinar imputada. **MS 12.573-DF, Rel. Min. Arnaldo Esteves Lima, julgado em 12/3/2008.** (Inform. STJ 348)

RMS. PROCESSO DISCIPLINAR. DEMISSÃO.
O recorrente alega que, no curso do processo administrativo disciplinar (PAD) que cominou sua demissão do cargo de fiscal de tributos estaduais, ocorreram diversas irregularidades, tais como: deflagração do PAD com base em denúncia anônima; ausência de intimação pessoal do impetrante para várias audiências de instrução realizadas pela comissão processante; inocorrência de intimação do seu advogado para audiência de determinada testemunha e a conseqüente nomeação de estagiário de Direito como defensor dativo para representá-lo nessa mesma audiência; parcialidade de membros da comissão disciplinar e o indeferimento do pedido de produção de provas e nulidade do acórdão, visto que dois desembargadores proferiram votos sem que se encontrassem presentes quando da sustentação oral. A Turma deu provimento ao recurso tão-somente pelo fundamento de que o indeferimento da produção de prova requerida pelo recorrente violou o devido processo legal, a ampla defesa e o contraditório, uma vez que esse ato processual poderia influir na análise do grau de sua culpabilidade e, por conseguinte, na sanção aplicada. Assim, não cabe imputar ao recorrente o ônus da omissão da Administração Pública, no caso da comissão disciplinar, no cumprimento de seu dever de conduzir o processo administrativo de modo regular e diligente. Quanto às demais alegações, não se constatou nenhuma irregularidade capaz de impor a anulação do processo disciplinar. Ressalte-se que, tendo em vista o regime jurídico disciplinar, especialmente os princípios da dignidade da pessoa humana, culpabilidade e proporcionalidade, inexiste aspecto discricionário no ato administrativo que impõe sanção disciplinar e, inexistindo discricionariedade nesse ato, o controle jurisdicional é amplo e não se limita a aspectos formais. **Precedentes citados do STF: MS 21.297-DF, DJ 28/2/1992; do STJ: MS 12.983-DF, DJ 15/2/2008; RMS 19.224-MT, DJ 1º/7/2005, e MS 13.111-DF. RMS 19.741-MT, Rel. Min. Felix Fischer, julgado em 11/3/2008.** (Inform. STJ 348)

DEMISSÃO. SERVIDOR. PAD. PROVA EMPRESTADA.
Trata-se de mandado de segurança contra o ato de ministra de Estado do Meio Ambiente que demitiu o impetrante de cargo público do Ibama por ter sido comprovado, em processo administrativo disciplinar (PAD), que o servidor recebeu propina na sua conta-corrente bancária para liberação de caminhão transportador de madeira desacompanhada de nota devidamente carimbada. Destaca o Min. Relator que vários vícios foram apontados no PAD pelo impetrante para invalidá-lo. A alegação da tramitação do PAD fora do domicílio do impetrante não prospera porque instaurado no local onde os fatos ocorreram e o art. 173, I, da Lei n. 8.112/1990 assegura, nesses casos, transporte e diárias ao servidor indiciado. Também não houve vício quanto à notificação de diligências: consta que a comissão disciplinar adotou as medidas necessárias para a ciência do impetrante. Inclusive, a defesa do impetrante, advogado nomeado por ele, não fez qualquer menção a tais irregularidades. Quanto aos prejuízos em razão da necessidade de nomeação de vários defensores dativos, esse procedimento está previsto na citada lei e reflete o conteúdo da recente Súm. n. 343-STJ. Além de que o impetrante não demonstrou em que consistiria o prejuízo à defesa. O indeferimento de pedido de acareação foi devidamente fundamentado, mas o impetrante não demonstrou a contradição entre os depoimentos para justificar seu pedido. Por último, explica o Min. Relator, quanto à prova emprestada, faz-se necessário que o impetrante apresente seus argumentos de modo detalhado e com base em elementos constantes da prova pré-constituída. Assim, a mera alegação de que a prova emprestada não teria observado o devido processo legal não pode prosperar. Este Superior Tribunal tem admitido a prova emprestada em alguns casos. Na hipótese, tanto as informações como o relatório final da comissão disciplinar noticiam que a quebra do sigilo bancário ocorreu nos autos de ação penal cujo conteúdo foi devidamente utilizado no PAD. Com esses argumentos, a Seção denegou a ordem. **Precedentes citados: MS 10.874-DF, DJ 2/10/2006, e RMS 20.066-GO, DJ 10/4/2006. MS 13.111-DF, Rel. Min. Felix Fischer, julgado em 27/2/2008.** (Inform. STJ 346)

PAD. DEMISSÃO. IMPROBIDADE.

A Seção, por maioria, pela falta de provas que a ré não as apresentou para isentá-la da punição –, denegou o *writ*, vencidos os Ministros Nilson Naves e Napoleão Nunes Maia Filho, que concediam a ordem. Estes consideravam a desproporcionalidade da pena de demissão aplicada à servidora baseada tão-somente em processo administrativo disciplinar, malgrado ter favorecido, em processo de aposentadoria, o próprio marido (art. 117, XI, da Lei n. 8.112/1990). **MS 12.939-DF, Rel. Min. Paulo Gallotti, julgado em 28/11/2007.** (Inform. STJ 340)

SÚM. N. 343-STJ. PROCESSO DISCIPLINAR. PRESENÇA. ADVOGADO. FASE INSTRUTÓRIA.

Independente da defesa pessoal, é indispensável a atuação de advogado no processo administrativo disciplinar. Logo, não tendo o ora impetrante nomeado advogado para defendê-lo, (Súm. n. 343-STJ) caberia à União promover a devida nomeação da defesa dativa para atuar no processo administrativo disciplinar a partir da fase instrutória (inquirição de testemunhas). Assim, a Seção, ao prosseguir o julgamento, concedeu parcialmente a ordem. Precedentes citados: MS 7.078-DF, DJ 9/12/2003; RMS 20.148-PE, DJ 27/3/2006, e MS 10.565-DF, DJ 13/3/2006. **MS 12.351-DF, Rel. Min. Felix Fischer, julgado em 10/10/2007.** (Inform. STJ 335)

PROCESSO ADMINISTRATIVO DISCIPLINAR. DEMISSÃO. DESPROPORCIONALIDADE.

A comissão do processo administrativo disciplinar concluiu que o impetrante praticou a infração prevista no art. 117, IX, da Lei n. 8.112/1990 c/c o art. 10, I, da Lei n. 8.429/1992. Recomendou sua demissão em razão de ele ter exercido influência na contratação de determinada sociedade empresarial com inexigibilidade de licitação, tendo sido alocados recursos públicos para o pagamento dos serviços por ela prestados. Porém não foi o impetrante quem celebrou o contrato, nem foi o responsável pela liberação dos recursos públicos. Servidores acusados da prática de infrações disciplinares menos graves não sofreram sanção devido ao reconhecimento da prescrição. Assim, vê-se que, ao prevalecer a pena de demissão, a conduta do impetrante é tida por mais relevante do que a daqueles outros servidores responsáveis pela contratação e liberação dos recursos. Diante disso, é necessário decretar a nulidade da pena de demissão aplicada com violação dos princípios da isonomia, da razoabilidade, da proporcionalidade, da individualização da pena, da necessidade de motivação dos atos administrativos, com o desiderato de que outra seja aplicada, ao considerar o grau de envolvimento do impetrante, o fato de não obter proveito para si ou para terceiro em detrimento de sua função pública, as atenuantes relativas ao tempo de serviço público, a ausência de anterior punição funcional, bem como a capitulação das condutas dos demais participantes. **MS 11.124-DF, Rel. Min. Nilson Naves, julgado em 26/9/2007.** (Inform. STJ 333)

PAD. SINDICÂNCIA. PORTARIA INAUGURAL. NULIDADE. PREJUÍZO.

A Seção reafirmou que a sindicância de que trata o art. 143 da Lei n. 8.112/1990 é mero procedimento preparatório do processo administrativo disciplinar (PAD) e, por isso, mostra-se dispensável quando já existirem elementos suficientes a embasar a instauração daquele processo. Também reafirmou que a portaria inaugural tem como seu principal objetivo dar início ao processo por conferir publicidade à constituição da comissão processante, que não exige uma exposição detalhada dos fatos imputados ao servidor, o que somente se faz indispensável quando da fase de indiciamento (arts. 151 e 161 dessa mesma lei). Quanto à eventual nulidade do processo, a Seção firmou novamente que há que se provar o prejuízo sofrido (*pás de nullité sans grief*) e que não é devida, em sede de *mandamus,* a apreciação da justiça da pena sugerida na conclusão do processo, porquanto se cuida de mérito administrativo pendente de apreciação pela autoridade tida por coatora. Precedentes citados: MS 10.160-DF, DJ 11/12/2006; MS 9.212-DF, DJ 1º/6/2005; MS 7.069-DF, DJ 12/3/2001; RMS 20.481-MT, DJ 11/9/2006, e MS 6.799-DF, DJ 19/6/2000. **MS 8.030-DF, Rel. Min. Laurita Vaz, julgado em 13/6/2007.** (Inform. STJ 323)

PAD. DENÚNCIA ANÔNIMA. INDÍCIOS. FALTA. APOSENTADORIA. CASSAÇÃO.

Seção concedeu a segurança para anular o ato que cassou a aposentadoria do impetrante por considerar desarrazoada e desproporcional a medida, pois insuficientes os indícios que ensejaram o PAD, instaurado a partir do recebimento de fita gravada contendo denúncia anônima da prática de obtenção de vantagem econômica indevida. Outrossim, inexiste vício de nulidade do PAD pelo fato de ter sido instaurado a partir da tal gravação anônima feita em espaço público, denunciando a existência da infração funcional, em razão do que cabe a apuração dos fatos pela autoridade pública ao ter ciência da alegada irregularidade no serviço público. Precedente citado do STF: HC 87.341-PR, DJ 3/3/2006. **MS 12.429-DF, Rel. Min. Felix Fischer, julgado em 23/5/2007.** (Inform. STJ 321)

MS. CONCESSÃO. REINTEGRAÇÃO. CARGO ANTERIOR.

Trata-se de mandado de segurança contra ato do Ministro da Justiça, no qual foi formulado o pedido de que seja declarada a nulidade do processo administrativo disciplinar e da portaria que demitiu o impetrante do cargo de Policial Rodoviário Federal do quadro de pessoal daquele Ministério e, por conseqüência, sua reintegração ao cargo referido, contando-se todo tempo de afastamento como se em efetivo exercício estivesse, para todos os efeitos legais. O Min. Relator baseou-se em precedentes da Terceira Seção deste Superior Tribunal nos quais foram levados em consideração a não-observância aos princípios da proporcionalidade e razoabilidade. Assim, a Seção concedeu parcialmente a ordem para anular a portaria e determinar a reintegração do impetrante ao cargo anteriormente ocupado, sem prejuízo de eventual apenamento menos gravoso em razão da prática dos ilícitos administrativos apurados no procedimento de que aqui se cuida. Precedentes citados: MS 10.827-DF, DJ 6/2/2006, e MS 10.825-DF, DJ 12/6/2006. **MS 10.826-DF, Rel. Min. Nilson Naves, julgado em 25/4/2007.** (Inform. STJ 318)

PRESCRIÇÃO. AÇÃO DISCIPLINAR.

É razoável entender-se que o prazo prescricional de cinco anos (referente à ação disciplinar de apuração de infrações puníveis com a demissão ou cassação de aposentadoria) tem início na data em que qualquer autoridade da Administração tomar ciência inequívoca do fato imputado ao servidor, não necessariamente a autoridade competente para a instauração do processo disciplinar. O art. 142, § 1º, da Lei n. 8.112/1990 determina que se deva contar o prazo da prescrição de quando o fato se tornar conhecido, porém não especifica por quem, assim não há como o intérprete restringir quando o próprio legislador não o fez. Note-se que o art. 143 daquela mesma lei impõe a qualquer autoridade administrativa que tomar conhecimento da irregularidade apurá-la ou comunicá-la à autoridade competente sob pena de condescendência criminosa. **MS 11.974-DF, Rel. Min. Laurita Vaz, julgado em 28/3/2007.** (Inform. STJ 315)

SÚMULA VINCULANTE STF 5

A falta de defesa técnica por advogado no processo administrativo disciplinar não ofende a Constituição.

SÚMULA STF Nº 56

Militar reformado não está sujeito à pena disciplinar.

SÚMULA STF Nº 55

Militar da reserva está sujeito à pena disciplinar.

SÚMULA STF Nº 21

Funcionário em estágio probatório não pode ser exonerado nem demitido sem inquérito ou sem as formalidades legais de apuração de sua capacidade.

SÚMULA STF Nº 20

É necessário processo administrativo com ampla defesa, para demissão de funcionário admitido por concurso.

SÚMULA STF Nº 19

É inadmissível segunda punição de servidor público, baseada no mesmo processo em que se fundou a primeira.

SÚMULA STF Nº 18

Pela falta residual, não compreendida na absolvição pelo juízo criminal, é admissível a punição administrativa do servidor público.

SÚMULA STJ Nº 343

É obrigatória a presença de advogado em todas as fases do processo administrativo disciplinar. (vide Súmula Vinculante STF nº 5)

6. RESPONSABILIDADE DO ESTADO

REPERCUSSÃO GERAL EM RE N. 553.710-DF

RELATOR: MIN. DIAS TOFFOLI

EMENTA: DIREITO CONSTITUCIONAL E ADMINISTRATIVO. MANDADO DE SEGURANÇA. ANISTIADO POLÍTICO. PAGAMENTO RETROATIVO DE PRESTAÇÃO MENSAL LEGALMENTE CONCEDIDA. PRINCÍPIOS CONSTITUCIONAIS EM DISPUTA. MATÉRIA PASSÍVEL DE REPETIÇÃO EM INÚMEROS PROCESSOS. REPERCUSSÃO GERAL RECONHECIDA. (Inform. STF 630)

REPERCUSSÃO GERAL EM RE N. 580.252-MS

RELATOR: MIN. AYRES BRITTO

LIMITES ORÇAMENTÁRIOS DO ESTADO. INDENIZAÇÃO POR DANO MORAL. EXCESSIVA POPULAÇÃO CARCERÁRIA. PRESENÇA DA REPERCUSSÃO GERAL.

Possui repercussão geral a questão constitucional atinente à contraposição entre a chamada cláusula da reserva financeira do possível e a pretensão de obter indenização por dano moral decorrente da excessiva população carcerária. (Inform. STF 630)

SEGURANÇA PÚBLICA E RESPONSABILIDADE CIVIL DO ESTADO

Ao aplicar o Enunciado 279 da Súmula do Supremo ("*Para simples reexame de prova não cabe Recurso Extraordinário*"), a 2ª Turma desproveu agravo regimental interposto de decisão do Min. Joaquim Barbosa que negara seguimento a agravo de instrumento, do qual relator. Este recurso objetivara o processamento de recurso extraordinário, no qual se sustenta a responsabilidade civil do Estado do Rio de Janeiro por conduta omissiva da segurança pública, em decorrência do episódio conhecido como "Massacre da Candelária", ocorrido há cerca de 18 anos. Na ação originária, proposta pelo irmão de uma das vítimas, em interesse próprio, alegava-se a ocorrência do denominado "dano moral por ricochete" — prejuízo indireto à dignidade do autor em razão do falecimento de parente querido. Aduziu-se que acórdão recorrido considerara que a omissão estatal, porquanto fundamentada no art. 144 da CF, não caracterizaria a responsabilidade do Poder Público, visto que esse dispositivo, em virtude de sua natureza meramente programática, teria imposto ao Estado somente um dever genérico e progressivo de agir. Reputou-se que, em tese, aplicar-se-ia ao caso a teoria do "dano moral por ricochete", cuja sistemática encontrar-se-ia na legislação infraconstitucional, o que não permitiria o seu exame na via eleita. Ademais, afirmou-se que o caráter excepcional da categoria do dano, ora tratado, inviabilizaria, no recurso extraordinário, a prova da ocorrência do prejuízo, visto ser fundamental a efetiva demonstração do vínculo de afeto entre a vítima e o demandante. No ponto, enfatizou-se não haver presunção relativa oponível à Fazenda Pública, cuja atuação em juízo encontrar-se-ia direcionada à proteção do interesse público em caráter indisponível. Salientou-se que, ante a ausência de suporte probatório acerca desse vínculo, a reforma do acórdão nesta esfera tornar-se-ia inexeqüível. AI 400336 AgR/RJ, rel. Min. Joaquim Barbosa, 24.5.2011. (AI-400336) (Inform. STF 628)

RESPONSABILIDADE CIVIL DO PODER PÚBLICO E OMISSÃO - 1

A Turma iniciou julgamento de agravo regimental interposto pelo Município de São Paulo contra decisão que o condenara a indenizar os ora agravados pelos danos ocasionados em virtude de explosão (em junho de 1985) de estabelecimento destinado ao comércio de fogos de artifício. O Min. Joaquim Barbosa, relator, deu provimento parcial ao agravo apenas para promover os ajustes referentes ao direito de regresso contra o proprietário do comércio e estabelecer termos iniciais dos juros de mora e correção monetária. Preliminarmente, assentou a ausência de violação ao art. 557, § 1º-A, do CPC, porque, apesar de o relator ter citado apenas 2 acórdãos referentes à questão da responsabilidade civil do Estado, a decisão agravada encontraria respaldo em farta jurisprudência do Supremo. Salientou que tal decisão estaria legitimada pela possibilidade de recurso ao Colegiado. Esclareceu, ainda, que o recurso extraordinário (CF, art. 102, III, c) atenderia aos pressupostos de admissibilidade: tempestividade; preparo e prequestionamento. Aduziu, na espécie, que o Enunciado 279 da Súmula do STF não impediria o cabimento do extraordinário, uma vez que as premissas fáticas em que se apoiara teriam sido todas explicitamente mencionadas pelo acórdão adversado. Acrescentou que precedentes reconheceriam a admissibilidade de recurso extraordinário quanto à responsabilidade por omissão do Poder Público, desde que mantido o quadro fático fixado no acórdão recorrido. Em seguida, assentou a omissão grave do Município, o qual teria sido informado da instalação do comércio em zona residencial pelo próprio proprietário do estabelecimento, que inclusive recolhera a taxa para a obtenção do alvará. Reputou despropositado o argumento da agravante de que os precedentes relatados não se aplicariam por terem sido proferidos à luz do art. 37, § 6º, da CF/88 ("*As pessoas jurídicas de direito público e as de direito privado prestadoras de serviços públicos responderão pelos danos que seus agentes, nessa qualidade, causarem a terceiros, assegurado o direito de regresso contra o responsável nos casos de dolo ou culpa*"), que possuiria sentido diverso do art. 107 da CF/67, após a EC 1/69. No ponto, informou que esta Corte já reconhecera não haver diferença substancial na interpretação desses dois dispositivos, que reiterariam princípio antigo. **RE 136861 AgR/SP, rel. Min. Joaquim Barbosa, 21.9.2010.** (RE-136861)

RESPONSABILIDADE CIVIL DO PODER PÚBLICO E OMISSÃO - 2

Entendeu que a decisão em debate não destoaria da orientação de que a responsabilidade do Estado por ato omissivo deveria ser considerada subjetiva, a depender da existência de dolo ou culpa. Analisou que a culpa referida, conforme pacificado pela jurisprudência do Supremo, seria aquela atribuível à Administração como um todo, de forma genérica. Assim, seria uma culpa "anônima", que não exigiria a individualização da conduta. Realçou que a omissão imputada à municipalidade configuraria falha grave da Administração. Frisou que: 1) o julgamento monocrático não representaria adoção da teoria do risco integral; 2) a importância da culpa de terceiro para a configuração do dano fora discutida e 3) a conclusão de que a excludente não se configurara, na espécie, não bastaria para reconhecer que a decisão adotara a teoria do risco integral. Expôs que fora juntada aos autos cópia de legislação municipal que disciplinaria a localização de lojas de fogos de artifício naquele Município e que dela constaria a não concessão de licença de funcionamento para esse tipo de comércio em zona residencial. Observou que este fundamento da decisão não fora impugnado pelo agravante, razão pela qual sua validade permaneceria íntegra. Lembrou que se reportara ao que previsto no art. 30, VIII, da CF/88 ("*Art. 30. Compete aos Municípios: ... VIII - promover, no que couber, adequado ordenamento territorial, mediante planejamento e controle do uso, do parcelamento e da ocupação do solo urbano*") apenas para evidenciar que a competência do Município para dispor sobre os assuntos de interesse local — atribuição que lhe seria reconhecida desde a CF/1891 (art. 68) — teria sido explicitada, quanto ao uso do solo, na Constituição em vigor. Afirmou que a atribuição de licenciar o exercício comercial daquela atividade estaria incluída na competência municipal em período anterior à aprovação do texto atual. Destacou a existência de legislação municipal sobre o assunto e, na situação dos autos, o fato de ter havido o recolhimento de taxa pelo proprietário do estabelecimento em que se dera a explosão. Asseverou que a afirmação de que a culpa de terceiro, feita sem atenção no caso concreto, seria excludente da responsabilidade civil do Estado, em regra, revelar-se-ia falsa. Avaliou que o ato de terceiro, em circunstâncias especiais, equiparar-se-ia ao caso fortuito, absolutamente imprevisível e inevitável. Dessa forma, para que ele configurasse, de fato, uma excludente de responsabilidade civil do Estado, deveriam estar presentes condições especiais que permitiriam alcançar alto grau de imprevisibilidade, tornando impossível esperar que o dano pudesse ser impedido pelo funcionamento regular da Administração. Após estabelecer a analogia entre o ato de terceiro imprevisível e inevitável e o caso fortuito, aplicou à hipótese em julgamento os acórdãos em que esta Corte, ao apreciar alegação de caso fortuito, concluíra pela sua não configuração, diante de indícios de que se tratava de eventos previsíveis e evitáveis. **RE 136861 AgR/SP, rel. Min. Joaquim Barbosa, 21.9.2010.** (RE-136861)

RESPONSABILIDADE CIVIL DO PODER PÚBLICO E OMISSÃO - 3

O relator considerou que o funcionamento regular da máquina administrativa da municipalidade teria sido suficiente para evitar o evento danoso. Mencionou que a análise prévia e superficial do requerimento já permitiria ver que o endereço informado não comportaria, por se tratar de área residencial, o estabelecimento de comércio de fogos de artifício. Ressaltou que o Município fornecera à sociedade a falsa impressão de segurança e que a contribuição dele para o evento danoso parecera determinante. No tocante aos pedidos subsidiários, restabeleceu a sentença no que se refere ao direito de regresso — julgado prejudicado pelo tribunal de justiça local — em relação ao litisdenunciado, proprietário do comércio. Resolveu não acolher o requerimento de denunciação à lide à União, tendo em conta que a questão, devidamente abordada na origem, estaria preclusa. Observou que a menção, na decisão agravada, à eventual competência de outros entes federativos para disciplinarem aspectos relativos ao comércio de fogos de artifício, serviria para evidenciar que a ação fora proposta com fundamento em um deles, licenciamento de estabelecimento de comércio, que, conforme destacado, caberia justamente ao Município. Relatou que a sentença adotara como termo inicial, dos juros de mora, a citação, e, como critério, quanto à correção monetária, ora o desembolso (funeral, honorários), ora o laudo pericial (danos a bens imóveis e móveis). Por fim, propôs aplicar os critérios estabelecidos na sentença com uma ressalva concernente às verbas a serem fixadas por arbitramento. Em atenção ao Verbete 362 da Súmula do STJ, deveria a correção monetária incidir a partir dele. O Min. Celso de Mello acompanhou o relator. Aludiu que a responsabilidade civil objetiva, mesmo na hipótese de omissão do Poder Público, configurar-se-ia, inclusive, para efeito de incidência do art. 37, § 6º, da CF. Corroborou que a responsabilidade civil do Poder Público mostrar-se-ia compatível com hipótese de comportamento negativo deste, especialmente em situação como a presente, em que os pressupostos fáticos se achariam soberanamente reconhecidos pelo acórdão e pela sentença proferidos nos autos. Reafirmou o comportamento falho da Administração municipal no controle e fiscalização de uma atividade claramente de risco, que gerara de maneira trágica os eventos mencionados. Esclareceu haver um indissociável liame, um claro vínculo de causalidade material, com o próprio comportamento da Administração Pública. Após, pediu vista dos autos o Min. Gilmar Mendes. **RE 136861 AgR/SP, rel. Min. Joaquim Barbosa, 21.9.2010.** (RE-136861)

RESPONSABILIDADE CIVIL DO PODER PÚBLICO E OMISSÃO - 4

A 2ª Turma retomou julgamento de agravo regimental interposto pelo Município de São Paulo contra decisão que o condenara a indenizar os ora agravados pelos danos ocasionados em virtude de explosão (em junho de 1985) de estabelecimento destinado ao comércio de fogos de artifício — v. Informativo 601. Acolheu-se proposta formulada pelo Min. Gilmar Mendes, no sentido de prover o agravo regimental para cassar a decisão agravada e afetar o julgamento do recurso extraordinário ao Pleno, com reconhecimento, desde logo, da repercussão geral da matéria, nos termos dos artigos 543-A e 543-B do CPC. Trata-se, na espécie, de saber se cabível, ou não, o pedido de indenização contra o mencionado Município, em razão de provável responsabilidade objetiva do ente público, ainda na vigência da EC 1/69, em virtude de explosão de estabelecimento destinado ao comércio de fogos de artifício. Na espécie, a municipalidade fora informada da instalação daquele comércio em zona residencial, proibida pela Lei municipal 7.433/70, porém, omitira-se na realização da vistoria prévia disciplinada naquela norma local. Consignou-se que os precedentes desta Corte referir-se-iam à responsabilidade estatal por omissão em situações completamente distintas, que não se amoldariam aos elementos fáticos do presente caso, e, por isso, a matéria deveria ser examinada pelo Plenário. RE 136861 AgR/SP, rel. Min. Joaquim Barbosa, 1º.2.2011. (RE-136861) (Inform. STF 614)

COMPETÊNCIA: ART. 98, I, DA CF E PEDIDO DE INDENIZAÇÃO - 1

O Tribunal iniciou julgamento de recurso extraordinário, afetado ao Pleno pela 1ª Turma, em que empresa produtora de cigarros sustenta a incompetência absoluta dos Juizados Especiais para julgar ação, promovida por tabagista, destinada a obter indenização para tratamento de dependência causada pelo cigarro. No caso, Turma Recursal dos Juizados Especiais Cíveis, assentando sua competência para julgar o feito, negara acolhida ao pleito formulado pela empresa, ao fundamento de que a causa não guardaria grau elevado de complexidade, sendo que a eventual necessidade de perícia não excluiria a competência do sistema. A recorrente aponta ofensa aos artigos 5º, LIV e LV; 37, § 6º e 98, I, todos da CF. Aduz que a causa em exame não seria de menor complexidade, apesar do baixo valor atribuído pela parte, a exigir a produção de prova pericial quanto à efetiva dependência da nicotina; que fora privada das oportunidades de provar suas alegações; que houvera inversão do ônus da prova e inadequada aplicação da regra constitucional da responsabilidade civil objetiva do Estado em relação de consumo. Menciona a ausência de propaganda enganosa, mesmo por omissão, uma vez que os riscos associados ao cigarro têm sido largamente divulgados, não estando preenchidos os requisitos dos artigos 12, II e § 1º; 37 e 38, todos do CDC, o que afastaria a responsabilidade civil da empresa, diante da inexistência de nexo causal — v. Informativo 542. O Min. Marco Aurélio, relator, por reputar violado o art. 98, I, da CF, conheceu do recurso e assentou a incompetência dos Juizados para o julgamento da causa. **RE 537427/SP, rel. Min. Marco Aurélio, 15.9.2010.** (RE-537427)

COMPETÊNCIA: ART. 98, I, DA CF E PEDIDO DE INDENIZAÇÃO - 2

Inicialmente, salientou a necessidade de haver campo propício ao reexame das decisões proferidas por turmas recursais, bem como a inviabilidade da submissão da controvérsia ao STJ (CF, art. 105, III). Em seguida, aduziu que a definição da complexidade, ou não, de conflito de interesses não pressuporia a reanálise dos elementos probatórios, mas a moldura fática retratada soberanamente no "acórdão" impugnado mediante recurso extraordinário. Dessa forma, consignou que, para fixar a responsabilidade da recorrente pelo dano material, estariam em jogo valores a gerar complexidade. Considerou que a afirmação sobre se o consumo de certo produto geraria, ante a repercussão no organismo humano, direito à indenização pressuporia definição que extravasaria a simplicidade dos processos dos Juizados Especiais. Asseverou, em conseqüência, que o tema estaria a exigir dilação probatória maior e abordagem de aspectos que ultrapassariam a previsão do disposto no art. 98, I, da CF, no que se refere a "causas cíveis de menor complexidade". Assinalou que, nos autos, caberia a ponderação dos valores envolvidos: legitimidade da comercialização do cigarro, a participação do Estado ao autorizá-la e ao cobrar tributos, a manifestação de vontade do cidadão ao usar o produto e a possível responsabilidade de quem o comercializa quanto a danos à saúde dos consumidores. Realçou, ainda, a extensão dos pronunciamentos judiciais, uma vez que a sentença conteria 6 folhas e o acórdão, 24, o que sinalizaria a complexidade da matéria. Ademais, tendo em conta que a Lei 9.099/95 deve ser interpretada à luz da Constituição, entendeu que não se poderia potencializar o art. 3º, I, do aludido diploma legal, em que prevista a competência dos Juizados para a apreciação de causas cujo valor não exceda a quarenta vezes o salário mínimo. Após os votos dos Ministros Dias Toffoli, Cármen Lúcia e Joaquim Barbosa que, ao enfatizar a peculiaridade da situação em apreço, acompanhavam o relator, pediu vista o Min. Ayres Britto. **RE 537427/SP, rel. Min. Marco Aurélio, 15.9.2010.** (RE-537427)

COMPETÊNCIA: ART. 98, I, DA CF E PEDIDO DE INDENIZAÇÃO - 3

Os Juizados Especiais não possuem competência para o julgamento de ação, promovida por tabagista, destinada a obter indenização para tratamento de dependência causada pelo cigarro. Com base nesse entendimento, o Plenário proveu recurso extraordinário, a ele afetado pela 1ª Turma, em que empresa produtora de cigarros sustentava a incompetência absoluta daquele juízo para processar e julgar a causa — v. Informativo 600. Inicialmente, salientou-se a necessidade de haver campo propício ao reexame das decisões proferidas por turmas recursais, bem como a inviabilidade da submissão da controvérsia ao STJ (CF, art. 105, III). Em seguida, aduziu-se que a definição da complexidade, ou não, de conflito de interesses não pressuporia a reanálise dos elementos probatórios, mas a moldura fática retratada soberanamente no "acórdão" impugnado mediante recurso extraordinário. Dessa forma, consignou-se que, para fixar a responsabilidade da recorrente pelo dano material, estariam em jogo valores a gerar complexidade. Considerou-se que a afirmação sobre se o consumo de certo produto geraria direito à indenização, ante a repercussão no organismo humano, pressuporia definição que extravasaria a simplicidade dos processos dos Juizados Especiais. Asseverou-se, em conseqüência, que o tema estaria a exigir dilação probatória maior e abordagem de aspectos que ultrapassariam a previsão do disposto no art. 98, I, da CF, no que se refere a "causas cíveis de menor complexidade". Assinalou-se que, nos autos, caberia a ponderação dos valores envolvidos: legitimidade da comercialização do cigarro, a participação do Estado ao autorizá-la e ao cobrar tributos, a manifestação de vontade do cidadão ao usar o produto e a possível responsabilidade de quem o comercializa quanto a danos à saúde dos consumidores. Realçou-se, ainda, a extensão dos pronunciamentos judiciais, uma vez que a sentença conteria 6 folhas e o "acórdão", 24, o que sinalizaria a complexidade da matéria. Ademais, tendo em conta que a Lei 9.099/95 deve ser interpretada à luz da Constituição, reputou-se que não se poderia potencializar o art. 3º, I, do aludido diploma legal, em que prevista a competência dos Juizados para a apreciação de causas cujo valor não exceda a quarenta vezes o salário mínimo. RE 537427/SP, rel. Min. Marco Aurélio, 14.4.2011. (RE-537427) (Inform. STF 623)

RESPONSABILIDADE DA UNIÃO POR FUNDO DE PREVIDÊNCIA COMPLEMENTAR E ASPECTO SOCIAL DA QUESTÃO - 2

O Tribunal, por maioria, deu provimento parcial a agravo regimental interposto contra decisão do Min. Gilmar Mendes, Presidente, que deferira suspensão da execução de decisão concessiva de efeito suspensivo ativo, proferida em agravo de instrumento interposto, perante o TRF da 1ª Região, contra despacho de indeferimento do pedido de antecipação dos efeitos da tutela formulado em ação civil pública. Na espécie, o Sindicato Nacional dos Aeroviários e outros ajuizaram ação civil pública, visando responsabilizar a União, as empresas dos grupos VARIG e TRANSBRASIL e o Fundo de Previdência Complementar AERUS por supostas ações e omissões na gestão do referido fundo de pensão, que teriam causado inúmeros prejuízos aos seus membros participantes. A decisão concessiva de efeito suspensivo do agravo de instrumento obrigara a União a arcar com as despesas decorrentes das complementações das aposentadorias e pensões devidas pelo aludido fundo. A decisão agravada reconhecera que a decisão concessiva de efeito suspensivo impusera à União obrigação vedada (CF, art. 202, § 3º) e afrontara o disposto no art. 100 da CF, a evidenciar risco de lesão à ordem e à economia públicas, asseverando não ser possível admitir que uma decisão proferida em juízo de cognição sumária determinasse o imediato dispêndio de recursos financeiros pela

União, sem o anterior trânsito em julgado de decisão que expressamente reconhecesse a sua responsabilidade — v. Informativo 533. Deu-se parcial provimento ao agravo regimental, de modo que a suspensão dos efeitos da decisão liminar proferida no agravo de instrumento perdure até a prolação da sentença na ação civil pública. Considerou-se haver a necessidade de se mitigarem os efeitos da suspensão, em razão das gravosas repercussões sociais da decisão. Ressaltou-se não ser possível ignorar a situação dos milhares de segurados da entidade que, embora tenham contribuído toda uma vida para o fundo, encontrar-se-iam, na velhice, privados da percepção dos benefícios dos quais têm direito. Alertou-se, contudo, que esse fato não autorizaria a completa subversão da ordem processual e a célere atribuição de responsabilidade à União, como se ela fosse uma espécie de "seguradora universal". Assim, concluiu-se que a necessidade de se resguardarem os interesses contrapostos imporia uma solução diferenciada, e que a limitação dos efeitos da suspensão até a sentença de mérito no processo em curso na 1ª instância constituiria uma forma de solução conciliatória para o caso. O Min. Gilmar Mendes afirmou que fará o registro e a comunicação ao TRF da 1ª Região para que esforços sejam envidados no sentido do julgamento definitivo sobretudo da ação em trâmite no 1º grau. Vencidos, parcialmente, o Min. Joaquim Barbosa, no ponto em que estendia os efeitos da liminar até decisão de 2º grau, e os Ministros Eros Grau, Marco Aurélio, Ayres Britto e Celso de Mello, que proviam integralmente o recurso. **SL 127 AgR/DF, rel. Min. Gilmar Mendes, 17.3.2010.** (SL-127)

RESPONSABILIDADE DA UNIÃO POR FUNDO DE PREVIDÊNCIA COMPLEMENTAR E ASPECTO SOCIAL DA QUESTÃO - 3

O Min. Eros Grau, que abriu a divergência, afirmou que a questão analisada não diria respeito ao art. 202, § 3º, da CF, quanto ao aporte de recursos a entidade de previdência privada por entes públicos distintos da figura do patrocinador. Asseverou que o preceito constitucional vedaria apenas a participação espontânea e voluntária do órgão público que não fosse o patrocinador do fundo de previdência privada. Observou que o tema de fundo da ação civil pública que dera origem à suspensão de liminar seria apenas a responsabilidade do Estado, nos termos do disposto no art. 37, § 6º, da CF. Enfatizou que os atos praticados pela União, desde 1991, quanto às empresas aéreas participantes da entidade de previdência privada - AERUS, e, após, na qualidade de liquidante do fundo de pensão, teriam ultrapassado a mera atividade reguladora e fiscalizadora prevista na Constituição. Tratar-se-ia de administração, propriamente dita, pelo poder público por longo período, reconhecendo, no ponto, que lesão maior seria aquela infligida aos pensionistas do AERUS, pessoas menos afortunadas que estariam sendo privadas da complementação de aposentadoria para a qual contribuíram anos a fio, verba esta de caráter eminentemente alimentar. Portanto, não vislumbrou lesão à economia pública, na medida em que a decisão que deferira a medida liminar impugnada não teria transformado a União em patrocinadora do fundo de pensão, antes determinando a complementação dos benefícios previdenciários por ela e pelos demais patrocinadores proporcionalmente ao quanto se obrigaram. Considerando não apenas a lesão que se infligiria aos pensionistas do AERUS, mas a própria lesão à ordem jurídica, deu provimento ao agravo regimental para manter a medida liminar deferida pelo TRF da 1ª Região nos autos da ação civil pública. Os Ministros Ayres Britto e Celso de Mello, tendo em conta a administração do fundo pela União por esse longo período, reputaram ser pertinente, ademais, a invocação dos princípios da segurança jurídica, da proteção da confiança e da boa-fé. **SL 127 AgR/DF, rel. Min. Gilmar Mendes, 17.3.2010.** (SL-127) (Inform. STF 579)

ART. 37, § 6º, DA CF: CONCESSIONÁRIA E RESPONSABILIDADE OBJETIVA - 1

A Turma desproveu agravo regimental interposto contra decisão da Min. Ellen Gracie que negara seguimento a recurso extraordinário, do qual relatora, por reputar que o acórdão impugnado estaria em consonância com a orientação firmada pelo STF no sentido de que, nos termos do art. 37, § 6º, da CF, uma vez estabelecido o nexo de causalidade entre a conduta ou omissão do poder público e os prejuízos sofridos pelo autor, as pessoas jurídicas de direito público ou de direito privado prestadoras de serviço público responderiam objetivamente pelos seus atos. Alegava a empresa agravante que houvera erro na análise do recurso, dado que a condenação da concessionária fundara-se na responsabilidade objetiva, enquanto a jurisprudência da Corte apontaria em sentido diverso. Sustentava, também, que a constatação de ato omissivo da agravante seria suficiente para afastar a incidência da Súmula 279 do STF, ensejando, portanto, a anulação do acórdão recorrido a fim de que a matéria fosse revista à luz da responsabilidade subjetiva. **RE 543469 AgR/RJ, rel. Min. Ellen Gracie, 16.3.2010.** (RE-543469)

ART. 37, § 6º, DA CF: CONCESSIONÁRIA E RESPONSABILIDADE OBJETIVA - 2

Ressaltou-se, inicialmente, estar correta a decisão agravada ao negar seguimento ao recurso extraordinário ante a incidência do Enunciado da Súmula 279 do STF. Verificou-se, no ponto, que o Tribunal *a quo*, a partir da análise dos fatos e das provas dos autos, concluíra pela responsabilidade objetiva da concessionária, porquanto comprovada a falha na segurança da pista, na qual ocorrera o acidente que trouxera prejuízos à parte autora, evidenciando o nexo de causalidade a ensejar o direito à reparação. Aduziu-se, ainda, ser a Corte de origem soberana na qualificação fático-jurídica da causa e que, para que se pudesse chegar à conclusão pretendida pela concessionária, seria imprescindível o revolvimento do conjunto fático-probatório da causa, providência vedada em sede de recurso extraordinário. Asseverou-se, por outro lado, que o argumento da empresa recorrente de a jurisprudência desta Corte e parte da doutrina consignarem que os atos omissivos geram a responsabilidade subjetiva, na espécie, não mereceria prosperar, porquanto o Tribunal de origem concluíra pela responsabilidade objetiva. Assinalou-se, também, ser incabível, porque não formulado no extraordinário, o pleito deduzido no sentido de determinar-se a realização de novo julgamento à luz da teoria da responsabilidade subjetiva. Frisou-se que o pedido recursal contido no agravo regimental não poderia, por si só, alterar aquele originariamente deduzido no recurso extraordinário, no qual se postulara a improcedência do pedido inicial. **RE 543469 AgR/RJ, rel. Min. Ellen Gracie, 16.3.2010.** (RE-543469) (Inform. STF 579)

"BAR BODEGA" - RESPONSABILIDADE CIVIL OBJETIVA - PRISÃO PREVENTIVA DE PESSOA INOCENTE - DEVER DE INDENIZAR

EMENTA: RESPONSABILIDADE CIVIL OBJETIVA DO ESTADO (**CF**, ART. 37, § 6º). **CONFIGURAÇÃO**. *"BAR BODEGA"*. **DECRETAÇÃO DE PRISÃO CAUTELAR**, QUE SE RECONHECEU INDEVIDA, **CONTRA** PESSOA QUE FOI SUBMETIDA A INVESTIGAÇÃO PENAL PELO PODER PÚBLICO. **ADOÇÃO** DESSA MEDIDA DE PRIVAÇÃO DA LIBERDADE CONTRA QUEM **NÃO TEVE** QUALQUER PARTICIPAÇÃO **OU** ENVOLVIMENTO COM O FATO CRIMINOSO. **INADMISSIBILIDADE** DESSE COMPORTAMENTO IMPUTÁVEL AO APARELHO DE ESTADO. **PERDA DO EMPREGO** COMO DIRETA CONSEQÜÊNCIA **DA INDEVIDA** PRISÃO PREVENTIVA. **RECONHECIMENTO**, PELO TRIBUNAL DE JUSTIÇA LOCAL, DE QUE SE ACHAM PRESENTES **TODOS** OS ELEMENTOS IDENTIFICADORES **DO DEVER ESTATAL** DE REPARAR O DANO. **NÃO-COMPROVAÇÃO**, PELO ESTADO DE SÃO PAULO, **DA ALEGADA INEXISTÊNCIA** DO NEXO CAUSAL. **CARÁTER SOBERANO** DA DECISÃO LOCAL, QUE, **PROFERIDA** EM SEDE RECURSAL ORDINÁRIA, **RECONHECEU**, COM APOIO NO EXAME DOS FATOS **E** PROVAS, **A INEXISTÊNCIA** DE CAUSA **EXCLUDENTE** DA RESPONSABILIDADE CIVIL DO PODER PÚBLICO. **INADMISSIBILIDADE** DE REEXAME DE PROVAS **E** FATOS **EM SEDE** RECURSAL EXTRAORDINÁRIA (SÚMULA 279/STF). **DOUTRINA E PRECEDENTES** EM TEMA DE RESPONSABILIDADE CIVIL OBJETIVA DO ESTADO. ACÓRDÃO RECORRIDO **QUE SE AJUSTA** À JURISPRUDÊNCIA DO SUPREMO TRIBUNAL FEDERAL. **RE** CONHECIDO **E** IMPROVIDO. **RE 385943/SP. RELATOR: MIN. CELSO DE MELLO**. (Inform. STF 570)

RESPONSABILIDADE CIVIL DO ESTADO E OMISSÃO LEGISLATIVA - 2

A Turma concluiu julgamento de recurso extraordinário em que servidores públicos federais, sob a alegação de ofensa ao art. 37, X, da CF, com a redação dada pela EC 19/98, pretendiam obter indenização do Estado, em virtude de não haverem sido contemplados com a revisão geral anual, instituída por aquela Emenda, no período compreendido entre o seu advento e o termo inicial da vigência da Lei 10.331/2001, que estabeleceu a mencionada revisão ao funcionalismo público — v. Informativo 404. Por maioria, desproveu-se o recurso ao fundamento de que os requisitos necessários à caracterização da responsabilidade civil do Estado por omissão legislativa não estariam presentes. O Min. Gilmar Mendes, em voto-vista, registrou que, no julgamento da ADI 2061/DF (DJU de 29.6.2001), o Plenário atestara a mora do Presidente da República em desencadear o processo de elaboração da lei anual de revisão geral da remuneração dos servidores da União, contudo, não fixara prazo para esse mister. Na seqüência, aduziu que o STF possuiria entendimento consolidado no sentido de não caber indenização, especialmente, pelo fato de não ter sido estabelecido prazo para o Chefe do Poder Executivo encaminhar o projeto de lei sobre a revisão. Não obstante, salientou haver necessidade de se refletir se o reconhecimento da mora legislativa tornar-se-ia ineficaz para efeito da responsabilidade civil na hipótese de não ter sido fixado prazo para o seu suprimento. No ponto, consignou que, de acordo com a complexidade da matéria, a demora no envio do projeto de lei deveria ser submetida ao crivo da razoabilidade. Na situação dos autos, asseverou que o requisito da mora existiria — em face da declaração constante da aludida ADI 2061/DF —, contudo, não se verificaria sua permanência, porquanto o Chefe do Poder Executivo, logo em seguida, encaminhara o projeto de lei referente à revisão geral anual da remuneração dos servidores públicos da União, sendo este, em menos de 6 meses, transformado na Lei 10.331/2001. Vencido o Min. Carlos Velloso, relator, que provia o extraordinário por considerar inequívoco o dever de indenizar do Estado. **RE 424584/MG, rel. orig. Min. Carlos Velloso, red. p/ o acórdão Min. Joaquim Barbosa, 17.11.2009.** (RE-424584) (Inform. STF 568)

REBELIÃO - CARANDIRU - RESPONSABILIDADE CIVIL OBJETIVA - DEVER DE INDENIZAR

EMENTA: RESPONSABILIDADE CIVIL OBJETIVA DO ESTADO (CF, ART. 37, § 6º). CONFIGURAÇÃO. REBELIÃO NO COMPLEXO PENITENCIÁRIO DO CARANDIRU. RECONHECIMENTO, PELO TRIBUNAL DE JUSTIÇA LOCAL, DE QUE SE ACHAM PRESENTES TODOS OS ELEMENTOS IDENTIFICADORES DO DEVER ESTATAL DE REPARAR O DANO. NÃO-COMPROVAÇÃO, PELO ESTADO DE SÃO PAULO, DA ALEGADA RUPTURA DO NEXO CAUSAL. CARÁTER SOBERANO DA DECISÃO LOCAL, QUE, PROFERIDA EM SEDE RECURSAL ORDINÁRIA, RECONHECEU, COM APOIO NO EXAME DOS FATOS E PROVAS, A INEXISTÊNCIA DE CAUSA EXCLUDENTE DA RESPONSABILIDADE CIVIL DO PODER PÚBLICO. INADMISSIBILIDADE DE REEXAME DE PROVAS E FATOS EM SEDE RECURSAL EXTRAORDINÁRIA (SÚMULA 279/STF). DOUTRINA E PRECEDENTES EM TEMA DE RESPONSABILIDADE CIVIL OBJETIVA DO ESTADO. ACÓRDÃO RECORRIDO QUE SE AJUSTA À JURISPRUDÊNCIA DO SUPREMO TRIBUNAL FEDERAL. AGRAVO IMPROVIDO. AI 299125/SP. RELATOR: MIN. CELSO DE MELLO. (Inform. STF 567)

RESPONSABILIDADE CIVIL OBJETIVA E TERCEIRO NÃO-USUÁRIO DO SERVIÇO - 1

Enfatizando a mudança da jurisprudência sobre a matéria, o Tribunal, por maioria, negou provimento a recurso extraordinário interposto contra acórdão do Tribunal de Justiça do Estado de Mato Grosso do Sul, que concluíra pela responsabilidade civil objetiva de empresa privada prestadora de serviço público em relação a terceiro não-usuário do serviço. Na espécie, empresa de transporte coletivo fora condenada a indenizar danos decorrentes de acidente que envolvera ônibus de sua propriedade e ciclista, o qual falecera. Inicialmente, o Tribunal resolveu questão de ordem suscitada pelo Min. Marco Aurélio, no sentido de assentar a necessidade de se ouvir o Procurador-Geral da República, em face do reconhecimento da repercussão geral e da possibilidade da fixação de novo entendimento sobre o tema, tendo o *parquet* se pronunciado, em seguida, oralmente. **RE 591874/MS, rel. Min. Ricardo Lewandowski, 26.8.2009.** (RE-591874)

RESPONSABILIDADE CIVIL OBJETIVA E TERCEIRO NÃO-USUÁRIO DO SERVIÇO - 2

No mérito, salientando não ter ficado evidenciado, nas instâncias ordinárias, que o acidente fatal que vitimara o ciclista ocorrera por culpa exclusiva deste ou em razão de força maior, reputou-se comprovado o nexo de causalidade entre o ato administrativo e o dano causado ao terceiro não-usuário do serviço público, e julgou-se tal condição suficiente para estabelecer a responsabilidade objetiva da pessoa jurídica de direito privado, nos termos do art. 37, § 6º, da CF ("*As pessoas jurídicas de direito público e as de direito privado prestadoras de serviços públicos responderão pelos danos que seus agentes, nessa qualidade, causarem a terceiros, assegurado o direito de regresso contra o responsável nos casos de dolo ou culpa.*"). Asseverou-se que não se poderia interpretar restritivamente o alcance do art. 37, § 6º, da CF, sobretudo porque a Constituição, interpretada à luz do princípio da isonomia, não permite que se faça qualquer distinção entre os chamados "terceiros", ou seja, entre usuários e não-usuários do serviço público, haja vista que todos eles, de igual modo, podem sofrer dano em razão da ação administrativa do Estado, seja ela realizada diretamente, seja por meio de pessoa jurídica de direito privado. Observou-se, ainda, que o entendimento de que apenas os terceiros usuários do serviço gozariam de proteção constitucional decorrente da responsabilidade objetiva do Estado, por terem o direito subjetivo de receber um serviço adequado, contrapor-se-ia à própria natureza do serviço público, que, por definição, tem caráter geral, estendendo-se, indistintamente, a todos os cidadãos, beneficiários diretos ou indiretos da ação estatal. Vencido o Min. Marco Aurélio que dava provimento ao recurso por não vislumbrar o nexo de causalidade entre a atividade administrativa e o dano em questão. **Precedentes citados: RE 262651/SP (DJU de 6.5.2005); RE 459749/PE (julgamento não concluído em virtude da superveniência de acordo entre as partes). RE 591874/MS, rel. Min. Ricardo Lewandowski, 26.8.2009.** (RE-591874) (Inform. STF 557)

RESPONSABILIDADE CIVIL DO ESTADO E ATO DECORRENTE DO EXERCÍCIO DA FUNÇÃO

A Turma deu provimento a recurso extraordinário para assentar a carência de ação de indenização por danos morais ajuizada em desfavor de diretor de universidade federal que, nessa qualidade, supostamente teria ofendido a honra e a imagem de subordinado. De início, rejeitou-se a pretendida competência da Justiça Federal (CF, art. 109, I) para julgar o feito. Asseverou-se que a competência é definida pelas balizas da ação proposta e que, no caso, a inicial revela que, em momento algum, a universidade federal fora acionada. Enfatizou-se, no ponto, que o ora recorrido ingressara com ação em face do recorrente, cidadão. Desse modo, pouco importaria que o ato praticado por este último o tivesse sido considerada certa qualificação profissional. De outro lado, reputou-se violado o § 6º do art. 37 da CF, haja vista que a ação por danos causados pelo agente deve ser ajuizada contra a pessoa de direito público e as pessoas de direito privado prestadoras de serviços públicos, o que, no caso, evidenciaria a ilegitimidade passiva do recorrente. Concluiu-se que o recorrido não tinha de formalizar ação contra o recorrente, em razão da qualidade de agente desse último, tendo em conta que os atos praticados o foram personificando a pessoa jurídica de direito público. **RE 344133/PE, rel. Min. Marco Aurélio, 9.9.2008.** (RE-344133) (Inform. STF 519)

BENEFICIÁRIO DE BOLSA DE ESTUDOS NO EXTERIOR: NÃO RETORNO AO PAÍS E RESSARCIMENTO

O Tribunal, por votação majoritária, indeferiu mandado de segurança impetrado contra decisão do Tribunal de Contas da União - TCU que condenara a impetrante a pagar determinado montante, a título de devolução de valores, em decorrência do descumprimento da obrigação de retornar ao País após o término da concessão da sua bolsa de estudos no exterior. Na linha da orientação fixada no MS 24519/DF (DJU de 2.12.2005) — no sentido de que o beneficiário de bolsa de estudos no exterior, às expensas do Poder Público, não pode alegar o desconhecimento de obrigação prevista em ato normativo do órgão provedor, e de que o custeio dessas bolsas de estudo é justificável na medida em que ao País sejam acrescidos os frutos resultantes do aprimoramento técnico-científico dos nacionais beneficiados —, entendeu-se não haver direito líquido e certo da impetrante. Considerou-se que, no momento em que solicitara a bolsa de estudos para o exterior, e preenchera o formulário com essa finalidade, que tem natureza contratual, assumira o compromisso de cumprir com os deveres a ela atribuídos em razão dessa concessão, dentre os quais o de retornar ao Brasil quando concluísse o curso de doutorado, sob pena de ressarcir os recursos públicos que recebera (Resolução 114/91, item 3 e Resolução Normativa 5/87, item 5.7). Afastou-se, também, a apontada prescrição, ao fundamento de incidir, na espécie, o disposto na parte final do art. 37, § 5º, da CF ("*A lei estabelecerá os prazos de prescrição para ilícitos praticados por qualquer agente, servidor ou não, que causem prejuízos ao erário, ressalvadas as respectivas ações de ressarcimento.*"). O Min. Cezar Peluso fez ressalva quanto à interpretação do art. 37, § 5º, da CF, por julgar estar-se diante de uma exceção, a ser interpretada restritivamente, à previsão de prescrição para ilícitos, que não se aplicaria ao caso, por não haver ilícito. Reputou, entretanto, não configurado o caso típico de prescrição, podendo a matéria ser rediscutida na ação própria de cobrança. Vencido o Min. Marco Aurélio que concedia a ordem por vislumbrar a ocorrência da prescrição. **MS 26210/DF, rel. Min. Ricardo Lewandowski, 4.9.2008.** (MS-26210) (Inform. STF 518)

RESPONSABILIDADE CIVIL DO ESTADO E COMPETÊNCIA DO STF

A Turma não conheceu de recurso extraordinário em que o Estado de São Paulo alegava ofensa ao art. 37, § 6º, da CF. No caso, o tribunal de justiça, com fundamento na responsabilidade objetiva do Estado, dera provimento à ação de indenização ajuizada pela recorrida em virtude da apreensão judicial do veículo que adquirira meses antes, cujo certificado fora emitido, pelo DETRAN, sem a indicação de vínculo de alienação fiduciária. Tendo em conta que a situação de fato, tal como narrada na inicial, não padeceria de controvérsia, entendeu-se que o presente recurso não deveria ser conhecido, porquanto não se estaria discutindo substancialmente matéria constitucional, ou seja, a existência ou não de responsabilidade objetiva, uma vez que as partes não a questionaram, mas, ao contrário, admitiram-na sem tergiversação. Salientou-se, no ponto, que a contenda sobre eventual erro do DETRAN envolveria tema relativo à aplicação ou não de legislação infraconstitucional (Código de Trânsito Brasileiro, art. 22). Desse modo, não estando subjacente o tema da responsabilidade civil do Estado, o STF não possuiria competência para apreciar o recurso extraordinário. **RE 181414/SP, rel. Min. Menezes Direito, 20.5.2008.** (RE-181414) (Inform. STF 507)

TUTELA ANTECIPADA E RESPONSABILIDADE CIVIL OBJETIVA DO ESTADO - 1

O Tribunal, por maioria, deu provimento a agravo regimental interposto em suspensão de tutela antecipada para manter decisão interlocutória proferida por desembargador do Tribunal de Justiça do Estado de Pernambuco, que concedera parcialmente pedido formulado em ação de indenização por perdas e danos morais e materiais para determinar que o mencionado Estado-membro pagasse todas as despesas necessárias à realização de cirurgia de implante de Marcapasso Diafragmático Muscular - MDM no agravante, com o profissional por este requerido. Na espécie, o agravante, que teria ficado tetraplégico em decorrência de assalto ocorrido em via pública, ajuizara a ação indenizatória, em que objetiva a responsabilização do Estado de Pernambuco pelo custo decorrente da referida cirurgia, "*que devolverá ao autor a condição de respirar sem a dependência do respirador mecânico*". **STA 223 AgR/PE, rel. orig. Min. Ellen Gracie, rel. p/ o acórdão Min. Celso de Mello, 14.4.2008.** (STA-223)

TUTELA ANTECIPADA E RESPONSABILIDADE CIVIL OBJETIVA DO ESTADO - 2

Entendeu-se que restaria configurada uma grave omissão, permanente e reiterada, por parte do Estado de Pernambuco, por intermédio de suas corporações militares, notadamente por parte da polícia militar, em prestar o adequado serviço de policiamento ostensivo, nos locais notoriamente passíveis de práticas criminosas violentas, o que também ocorreria em diversos outros Estados da Federação. Em razão disso, o cidadão teria o direito de exigir do Estado, o qual não poderia se demitir das conseqüências que resultariam do cumprimento do seu dever constitucional de prover segurança pública, a contraprestação da falta desse serviço. Ressaltou-se que situações configuradoras de falta de serviço podem acarretar a responsabilidade civil objetiva do Poder Público, considerado o dever de prestação pelo Estado, a necessária existência de causa e efeito, ou seja, a omissão administrativa e o dano sofrido pela vítima, e que, no caso, estariam presentes todos os elementos que compõem a estrutura dessa responsabilidade. Além disso, aduziu-se que entre reconhecer o interesse secundário do Estado, em matéria de finanças públicas, e o interesse fundamental da pessoa, que é o direito à vida, não haveria opção possível para o Judiciário, senão de dar primazia ao último. Concluiu-se que a realidade da vida tão pulsante na espécie imporia o provimento do recurso, a fim de reconhecer ao agravante, que inclusive poderia correr risco de morte, o direito de buscar autonomia existencial, desvinculando-se de um respirador artificial que o mantém ligado a um leito hospitalar depois de meses em estado de coma, implementando-se, com isso, o direito à busca da felicidade, que é um consectário do princípio da dignidade da pessoa humana. **STA 223 AgR/PE, rel. orig. Min. Ellen Gracie, rel. p/ o acórdão Min. Celso de Mello, 14.4.2008.** (STA - 223)

TUTELA ANTECIPADA E RESPONSABILIDADE CIVIL OBJETIVA DO ESTADO - 3

Vencida a Min. Ellen Gracie, Presidente, que mantinha os fundamentos da decisão agravada, por reputar devidamente demonstrada, no caso, a ocorrência de grave lesão à ordem pública, considerada em termos de ordens jurídico-constitucional e jurídico processual. A Ministra asseverava que a decisão em tela, ao determinar, monocrática e incidentalmente, o imediato pagamento da importância teria violado o que dispõe o art. 100 da CF, bem como estaria em confronto com o estabelecido pelo art. 2º-B da Lei 9.494/97, que proíbe a execução provisória de julgados contra o Poder Público. Aduzia, também, que a aludida decisão representaria grave lesão à ordem pública, considerada em termos de ordem administrativa, já que permitiria a realização de cirurgia de alto custo não contemplada no Sistema Único de Saúde, sem que tivesse ocorrido instauração de um procedimento administrativo ou avaliação médica credenciada para tanto. **STA 223 AgR/PE, rel. orig. Min. Ellen Gracie, rel. p/ o acórdão Min. Celso de Mello, 14.4.2008.** (STA-223) (Inform. STF 502)

RESPONSABILIDADE SOLIDÁRIA DE ASSESSORIA JURÍDICA - 1

Iniciado o julgamento de mandado de segurança impetrado contra ato do Tribunal de Contas da União que determinou a inclusão de procuradores federais como responsáveis solidários por ocorrências apuradas na fiscalização de convênio firmado pelo INSS, em razão da emissão de pareceres técnico-jurídicos no exercício profissional. O Min. Marco Aurélio, relator, afastando as preliminares de não-cabimento do mandado de segurança, proferiu voto no sentido de indeferir o writ, por considerar que a aprovação ou ratificação de termo de convênio e aditivos, a teor do que dispõe o art. 38 da Lei 8.666/93 e diferentemente do que ocorre com a simples emissão de parecer opinativo, possibilita a responsabilização solidária, já que o administrador decide apoiado na manifestação do setor técnico competente. O Min. Marco Aurélio salientou, ainda, a impossibilidade do afastamento da responsabilidade dos impetrantes em sede de mandado de segurança, ficando ressalvado, contudo, o direito de acionamento do Poder Judiciário, na hipótese de os impetrantes virem a ser declarados responsáveis quando do encerramento do processo administrativo em curso no Tribunal de Contas da União. Após, o julgamento foi adiado em face do pedido de vista do Min. Joaquim Barbosa (Lei 8.666/93, art. 38, parágrafo único: "As minutas de editais de licitação, bem como as dos contratos, acordos, convênios ou ajustes devem ser previamente examinadas e aprovadas por assessoria jurídica da Administração."). MS 24584/DF, rel. Min. Marco Aurélio, 5.11.2003. (MS-24584)

RESPONSABILIDADE SOLIDÁRIA DE ASSESSORIA JURÍDICA - 2

Retomado o julgamento de mandado de segurança impetrado contra ato do Tribunal de Contas da União que determinou a audiência de procuradores federais, para apresentarem, como responsáveis, as respectivas razões de justificativas sobre ocorrências apuradas na fiscalização de convênio firmado pelo INSS, em razão da emissão de pareceres técnico-jurídicos no exercício profissional - v. Informativo 328. O Min. Joaquim Barbosa, embora fazendo distinção entre as hipóteses de consulta facultativa, obrigatória e vinculante - a autoridade não se vincula à consulta emitida na primeira hipótese, que é facultativa; fica obrigada a realizar o ato tal como submetido à consultoria na segunda hipótese, podendo agir de forma diversa após emissão de novo parecer e, na terceira hipótese, somente pode decidir de acordo com a consulta -, acompanhou a conclusão do Min. Marco Aurélio, relator, e proferiu voto-vista no sentido de denegar a ordem, por considerar que, na espécie, a teor do disposto no art. 38 da Lei 8.666/93, a atuação do administrador ficara condicionada ao exame e aprovação do órgão jurídico, tornando possível, em tese, eventual responsabilização dos impetrantes. Após, pediu vista dos autos o Mln. Gilmar Mendes (Art. 38: "As minutas de editais de licitação, bem como as dos convênios ... devem ser previamente examinadas e aprovadas por assessoria jurídica da Administração"). MS 24584/DF, rel. Min. Marco Aurélio, 14.4.2004.(MS-24584)

RESPONSABILIDADE SOLIDÁRIA DE ASSESSORIA JURÍDICA - 3

O Pleno retomou julgamento de mandado de segurança impetrado contra ato do Tribunal de Contas da União que determinara a audiência de procuradores federais, para apresentarem, como responsáveis, as respectivas razões de justificativas sobre ocorrências apuradas na fiscalização de convênio firmado pelo INSS, em razão da emissão de pareceres técnico-jurídicos no exercício profissional - v. Informativos 328 e 343. Em voto-vista, o Min. Gilmar Mendes, ressaltando a possibilidade de os procuradores serem ouvidos em procedimento administrativo, a fim de elucidar eventuais dúvidas acerca de determinado ato administrativo, concedeu o writ por considerar, com base em precedente da Corte (MS 24073/DF, DJU de 31.10.2003), que os pareceres em questão seriam, quando muito, mero ato de administração consultiva, não havendo como se extrair dos mesmos a responsabilidade solidária pela má execução do convênio ou pela falta de prestação de contas por parte do convenente. Após o voto do Min. Eros Grau, acompanhando o Min. Gilmar Mendes, e do voto do Min. Carlos Britto, acompanhando o relator, pediu vista dos autos o Mín. Cezar Peluso.

RESPONSABILIDADE SOLIDÁRIA DE ASSESSORIA JURÍDICA - 4

Retomado julgamento de mandado de segurança impetrado contra ato do Tribunal de Contas da União que determinara a audiência de procuradores federais, para apresentarem, como responsáveis, as respectivas razões de justificativas sobre ocorrências apuradas na fiscalização de convênio firmado pelo INSS, em razão da emissão de pareceres técnico-jurídicos no exercício profissional — v. Informativos 328, 343 e 376. O Min. Cezar Peluso, em voto-vista, acompanhou o voto do relator no sentido de denegar a ordem. Tendo em conta que o processo recai sobre argüição de conjunto grosseiro de desatenções e omissões documentadas, capazes de substanciar, ao menos, conduta gravemente culpósa dos impetrantes, e à luz do que dispõem o art. 32 da Lei 8.906/94, o art. 186 do CC e o art. 71, II, da CF, entendeu que não haveria se falar em afronta à relativa inviolabilidade profissional dos procuradores, porquanto estar-se-ia adotando o remédio adequado à apuração de eventual responsabilidade administrativa. Após, retomou o pedido de vista o Min. Gilmar Mendes. MS 24584/DF, rel. Min. Marco Aurélio, 24.5.2006. (MS-24584)

RESPONSABILIDADE SOLIDÁRIA DE ASSESSORIA JURÍDICA - 5

Em conclusão de julgamento, o Tribunal, por maioria, denegou mandado de segurança impetrado contra ato do Tribunal de Contas da União - TCU que determinara a audiência de procuradores federais, para apresentarem, como responsáveis, as respectivas razões de justificativa sobre ocorrências apuradas na fiscalização de convênio firmado pelo INSS, em virtude da emissão de pareceres técnico-jurídicos no exercício profissional — v. Informativos 328, 343, 376 e 428. Entendeu-se que a aprovação ou ratificação de termo de convênio e aditivos, a teor do que dispõe o art. 38 da Lei 8.666/93, e diferentemente do que ocorre com a simples emissão de parecer opinativo, possibilita a responsabilização solidária, já que o administrador decide apoiado na manifestação do setor técnico competente (Lei 8.666/93, art. 38, parágrafo único: "*As minutas de editais de licitação, bem como as dos contratos, acordos, convênios ou ajustes devem ser previamente examinadas e aprovadas por assessoria jurídica da Administração.*"). Considerou-se, ainda, a impossibilidade do afastamento da responsabilidade dos impetrantes em sede de mandado de segurança, ficando ressalvado, contudo, o direito de acionar o Poder Judiciário, na hipótese de virem a ser declarados responsáveis quando do encerramento do processo administrativo em curso no TCU. Vencidos os Ministros Eros Grau, Gilmar Mendes e Cármen Lúcia, que deferiam a ordem. MS 24584/DF, rel. Min. Marco Aurélio, 9.8.2007. (MS-24584) (Inform. STF 475)

RESPONSABILIDADE CIVIL DO ESTADO: REVISÃO CRIMINAL E PRISÃO PREVENTIVA - 1

A Turma, por maioria, negou provimento a recurso extraordinário interposto contra acórdão do TRF da 5ª Região que condenara a União ao pagamento de indenização por danos morais em favor do recorrido, reitor de universidade federal à época dos fatos. No caso, este, preso preventivamente, fora denunciado, com vice-reitor e diretora de contabilidade, por peculato doloso consistente na suposta apropriação de remuneração paga a servidores-fantasmas inseridos na folha de pagamento da instituição. O extinto Tribunal Federal de Recursos - TFR mantivera a sentença de 1º grau que desclassificara a imputação para o delito de peculato culposo. Ocorre que, posteriormente, o TCU, em tomada de contas especial, eximira o recorrido e o vice-reitor de toda responsabilidade pelo episódio, o que ensejara, por parte deste último, pedido de revisão criminal que, deferido pela Corte *a quo*, absolvera-o. Em conseqüência disso, o recorrido propusera, então, ação ordinária de indenização por danos morais, decorrentes não apenas da condenação, desconstituída em revisão criminal, mas também da custódia preventiva. Alegava-se, na espécie, contrariedade ao art. 5º, LXXV, da CF ("*o Estado indenizará o condenado por erro judiciário, assim como que ficar preso além do tempo fixado na sentença;*"). RE 505393/PE, rel. Min. Sepúlveda Pertence, 26.6.2007. (RE-505393)

RESPONSABILIDADE CIVIL DO ESTADO: REVISÃO CRIMINAL E PRISÃO PREVENTIVA - 2

Entendeu-se que se trataria de responsabilidade civil objetiva do Estado. Aduziu-se que a constitucionalização do direito à indenização da vítima de erro judiciário e da-quela presa além do tempo devido (art. 5º, LXXV), reforçaria o que já disciplinado pelo art. 630 do CPP ("*O tribunal, se o interessado o requerer, poderá reconhecer o direito a uma justa indenização pelos prejuízos sofridos.*"), elevado à garantia individual. No ponto, embora se salientando a orientação consolidada de que a regra é a irresponsabilidade civil do Estado por atos de jurisdição, considerou-se que, naqueles casos, a indenização constituiria garantia individual, sem nenhuma menção à exigência de dolo ou de culpa do magistrado, bem como sem o estabelecimento de pressupostos subjetivos à responsabilidade fundada no risco administrativo do art. 37, § 6º, da CF. Salientou-se, ainda, que muito se discute hoje sobre o problema da prisão preventiva indevida e de outras hipóteses de indenização por decisões errôneas ou por *faute de service* da administração da Justiça, as quais não se encontram expressamente previstas na legislação penal. Vencido o Min. Ricardo Lewandowski que fazia ressalvas à plena adoção da tese da responsabilidade objetiva do Estado no tocante a revisões criminais, em especial, nas ajuizadas com base no inciso III do art. 621 do CPP ("*Art. 621. A revisão dos processos findos será admitida:... III - quando, após a sentença, se descobrirem novas provas de inocência do condenado ou de circunstância que determine ou autorize diminuição especial da pena.*"). RE 505393/PE, rel. Min. Sepúlveda Pertence, 26.6.2007. (RE-505393) (Inform. STF 473)

RESPONSABILIDADE CIVIL DO ESTADO E SERVIDOR DE FATO - 2

A Turma, em conclusão de julgamento, deu provimento a recurso extraordinário interposto contra acórdão do tribunal de justiça local que, reconhecendo a responsabilidade civil objetiva do Estado do Ceará, condenara-o a indenizar família de policial de fato, morto em horário em que prestava serviço, ao fundamento de que o Poder Público, ao permitir tal situação, assumira os riscos conseqüentes, não importando os motivos do crime — v. Informativo 431. Considerou-se inexistente o nexo de causalidade entre a atividade de policial exercida pela vítima e sua morte, independentemente do fato daquela exercer a função de modo irregular. Asseverou-se que o agente causador do óbito era estranho aos quadros da Administração Pública e que cometera o delito motivado por interesse privado, decorrente de ciúme de sua ex-companheira. RE 341776/CE, rel. Min. Gilmar Mendes, 17.4.2007. (RE-341776) (Inform. STF 463)

RESPONSABILIDADE CIVIL DOS PRESTADORES DE SERVIÇO PÚBLICO E TERCEIROS NÃO-USUÁRIOS

O Tribunal iniciou julgamento de recurso extraordinário interposto contra acórdão prolatado pelo Tribunal de Justiça do Estado de Pernambuco que, com base no princípio da responsabilidade objetiva (CF, art. 37, § 6º), condenara a recorrente, empresa privada concessionária de serviço público de transporte, ao pagamento de indenização por dano moral a terceiro não-usuário, atropelado por veículo da empresa. O Min. Joaquim Barbosa, relator, negou provimento ao recurso por entender que a responsabilidade civil das pessoas jurídicas de direito privado prestadoras de serviço público é objetiva também relativamente aos terceiros não-usuários do serviço. Asseverou que, em razão de a Constituição brasileira ter adotado um sistema de responsabilidade objetiva fundado na teoria do risco, mais favorável às vítimas do que às pessoas públicas ou privadas concessionárias de serviço público, toda a sociedade deveria arcar com os prejuízos decorrentes dos riscos inerentes à atividade administrativa, tendo em conta o princípio da isonomia de todos perante os encargos públicos. Ademais, reputou ser indevido indagar sobre a qualidade intrínseca da vítima, a fim de se verificar se, no caso concreto, configura-se, ou não, a hipótese de responsabilidade objetiva, haja vista que esta decorre da natureza da atividade administrativa, a qual não é modificada pela mera transferência da prestação dos serviços públicos a empresas particulares concessionárias do serviço. Após os votos dos Ministros Cármen Lúcia, Ricardo Lewandowski e Carlos Britto que acompanhavam o voto do relator, pediu vista dos autos o Min. Eros Grau. RE 459749/PE, rel. Min. Joaquim Barbosa, 8.3.2007. (RE-459749) (Inform. STF 458)

DIREITO ADMINISTRATIVO. RESPONSABILIDADE CIVIL. DANO MORAL. CORTE. ENERGIA ELÉTRICA.

Não é possível presumir a existência de dano moral pelo simples corte de energia elétrica por parte da concessionária de serviço público, sendo necessária a comprovação da empresa afetada de prejuízo à sua honra objetiva. Precedente citado: REsp 299.282-RJ, DJ 5/8/2002. **REsp 1.298.689-RS, Rel. Min. Castro Meira, julgado em 23/10/2012. (Inform. STJ 508)**

DIREITO ADMINISTRATIVO. RESPONSABILIDADE CIVIL. DANO MORAL. PESSOA JURÍDICA. HONRA OBJETIVA. VIOLAÇÃO.

Pessoa jurídica pode sofrer dano moral, mas apenas na hipótese em que haja ferimento à sua honra objetiva, isto é, ao conceito de que goza no meio social. Embora a Súm. n. 227/STJ preceitue que "a pessoa jurídica pode sofrer dano moral", a aplicação desse enunciado é restrita às hipóteses em que há ferimento à honra objetiva da entidade, ou seja, às situações nas quais a pessoa jurídica tenha o seu conceito social abalado pelo ato ilícito, entendendo-se como honra também os valores morais, concernentes à reputação, ao crédito que lhe é atribuído, qualidades essas inteiramente aplicáveis às pessoas jurídicas, além de se tratar de bens que integram o seu patrimônio. Talvez por isso, o art. 52 do CC, segundo o qual se aplica "às pessoas jurídicas, no que couber, a proteção aos direitos da personalidade", tenha-se valido da expressão "no que couber", para deixar claro que somente se protege a honra objetiva da pessoa jurídica, destituída que é de honra subjetiva. O dano moral para a pessoa jurídica não é, portanto, o mesmo que se pode imputar à pessoa natural, tendo em vista que somente a pessoa natural, obviamente, tem atributos biopsíquicos. O dano moral da pessoa jurídica, assim sendo, está associado a um "desconforto extraordinário" que afeta o nome e a tradição de mercado, com repercussão econômica, à honra objetiva da pessoa jurídica, vale dizer, à sua imagem, conceito e boa fama, não se referindo aos mesmos atributos das pessoas naturais. Precedente citado: REsp 45.889-SP, DJ 15/8/1994. **REsp 1.298.689-RS, Rel. Min. Castro Meira, julgado em 23/10/2012.(Inform. STJ 508)**

QO. REMESSA. PRIMEIRA SEÇÃO. INDENIZAÇÃO. FAZENDA PÚBLICA. PRAZO PRESCRICIONAL.

A Turma, em questão de ordem (QO) suscitada pelo Min. Teori Albino Zavascki, decidiu remeter o julgamento do feito à Primeira Seção. A *quaestio* diz respeito ao prazo prescricional aplicável às ações de indenização contra a Fazenda Pública. Ressaltou-se que, quanto à matéria, observa-se a aplicação de prazos diferentes entre a Primeira e a Segunda Turma (cinco e três anos respectivamente). **QO no AgRg no Ag 1.364.269-PR, Rel. Min. Arnaldo Esteves Lima, em 14/6/2011.** (Inform. STJ 477)

IMÓVEL INEXISTENTE. RESPONSABILIDADE. ESTADO. TABELIÃO.
In casu, a recorrente firmou dois contratos de parceria pecuária com garantia hipotecária representada por um imóvel rural. Porém, sua parceira não adimpliu o que foi ajustado contratualmente. Ocorre que, ao promover a execução da garantia hipotecária, a recorrente descobriu a inexistência do referido imóvel, apesar de registrado em cartório. Diante disso, a recorrente ajuizou o especial no qual busca a condenação do Estado e do tabelião pelos danos materiais sofridos em decorrência do registro considerado como fraudulento. Sustenta que não há nenhum terceiro e nenhum fato de terceiro que exclua a responsabilidade estatal, sendo inconteste o nexo causal entre o dano experimentado e o comportamento do tabelião que promoveu o registro de hipoteca fraudulenta, ocasionando a responsabilização do Estado. O tribunal de origem entendeu que, em casos como esse, a responsabilidade é reconhecida independentemente da culpa, bastando que haja relação de causalidade entre a ação ou omissão e o dano sofrido. No caso, concluiu que o Estado não pode ser responsabilizado porque, mesmo que fosse comprovada a participação do tabelião na fraude (o que não ocorreu), não há nexo causal entre a atuação estatal e o prejuízo suportado pela vítima, uma vez que o dano originou-se da conduta da parceira inadimplente que deu em garantia à avença um imóvel rural inexistente. Para o Min. Relator, o tribunal de origem decidiu acertadamente, pois o evento danoso descrito na exordial não decorreu direta e imediatamente do registro de imóvel inexistente, mas da conduta da parceira, que não cumpriu o que foi acordado com a recorrente. Explicitou ainda que, relativamente ao elemento normativo do nexo causal, em matéria de responsabilidade civil, no Direito pátrio, vigora o princípio da causalidade adequada, podendo ele ser decomposto em duas partes: a primeira (decorrente, a *contrario sensu*, dos arts. 159 do CC/1916 e 927 do CC/2002, que fixam a indispensabilidade do nexo causal), segundo a qual ninguém pode ser responsabilizado por aquilo a que não tiver dado causa; e a segunda (advinda dos arts. 1.060 do CC/1916 e 403 do CC/2002, que determinam o conteúdo e os limites do nexo causal), segundo a qual somente se considera causa o evento que produziu direta e concretamente o resultado danoso. Ressaltou que, se a obrigação tivesse sido adimplida, a recorrente não teria sofrido o prejuízo, o que demonstra a inexistência de relação direta entre o procedimento imputado ao tabelião e os danos sobrevindos. Divergindo desse entendimento, o Min. Luiz Fux (vencido) salientou que o particular tinha uma garantia que era sucedânea da hipótese de inadimplemento e que, embora esse descumprimento tenha sido a causa direta, a *causa petendi* eleita foi o dano sofrido pelo fato da insubsistência da garantia, uma vez que o registro de imóveis registrou algo que não existia, e o particular, que confia na fé pública dos registros de imóveis, fica sem o abrigo em virtude do inadimplemento da obrigação. Destacou que o caso é excepcional e que o Estado tem responsabilidade objetiva, principalmente porque o cidadão confia na fé pública do registro. Com essas considerações, a Turma, por maioria, conheceu parcialmente do recurso e, nessa parte, negou-lhe provimento. Precedentes citados do STF: RE 130.764-PR, DJ 7/8/1992; do STJ: REsp 858.511-DF, DJe 15/9/2008. **REsp 1.198.829-MS, Rel. Min. Teori Albino Zavascki, julgado em 5/10/2010.** (Inform. STJ 450)

RESPONSABILIDADE. ESTADO. AGRESSÃO. PROFESSORA.
Trata-se, no caso, de agressão física perpetrada por aluno contra uma professora dentro de escola pública. Apesar de a direção da escola estar ciente das ameaças sofridas pela professora antes das agressões, não tomou qualquer providência para resguardar a segurança da docente ameaçada e afastar, imediatamente, o estudante da escola. O tribunal *a quo*, soberano na análise dos fatos, concluiu pela responsabilidade civil por omissão do Estado. Não obstante o dano ter sido causado por terceiro, existiam meios razoáveis e suficientes para impedi-lo e não foram utilizados pelo Estado. Assim, demonstrado o nexo causal entre a inação do Poder Público e o dano configurado, tem o Estado a obrigação de repará-lo. Logo, a Turma conheceu parcialmente do recurso e, nessa parte, negou-lhe provimento. Precedentes citados: REsp 967.446-PE, DJe 27/8/2009; REsp 471.606-SP, DJ 14/8/2007, e REsp 152.360-RS, DJ 30/5/2005. **REsp 1.142.245-DF, Rel. Min. Castro Meira, julgado em 5/10/2010.** (Inform. STJ 450)

LEGITIMIDADE. RESPONSABILIDADE. SERVIÇO NOTARIAL E DE REGISTRO.
Os cartórios extrajudiciais, incluindo o de protesto de títulos, são instituições administrativas, ou seja, não têm personalidade jurídica e são desprovidos de patrimônio próprio, não se caracterizando, assim, como empresa ou entidade, o que afasta sua legitimidade passiva *ad causam* para responder pela ação de obrigação de fazer, no caso, cancelamento de protesto referente a duplicata. Por se tratar de serviço prestado por delegação de Estado, apenas a pessoa do titular do cartório responde por eventuais atos danosos, ou seja, aquele que efetivamente ocupava o cargo à época da prática do fato reputado como leviano, não podendo, dessa forma, transmitir a responsabilidade a seu sucessor. Precedentes citados: REsp 911.151-DF, DJe 6/8/2010, e REsp 1.044.841-RJ, DJe 27/5/2009. **REsp 1.097.995-RJ, Rel. Min. Massami Uyeda, julgado em 21/9/2010.** (Inform. STJ 448)

RESPONSABILIDADE. CONCESSIONÁRIA. TRENS.
Trata-se de ação de indenização decorrente da morte do filho e irmão das recorridas, colhido por composição ferroviária. Sucede que a sociedade empresária que originalmente efetuava o transporte ferroviário no município e que foi condenada ao ressarcimento deixou de explorar a maior parte do serviço. Então, a recorrente, mediante licitação, recebeu a concessão para o transporte. Assim, vê-se que aquela sociedade coexistiu com a recorrente por um bom tempo, antes que houvesse sua cisão em duas outras. Não há falar, também, em sucessão empresarial entre elas, visto que a recorrente utilizou-se de investidura originária (licitação) para assumir a concessão do serviço público, de modo que, exceto por previsão contratual, não lhe caberia responder por danos ocasionados pela antiga exploradora. Anote-se que a sociedade foi criada pelo Governo, daí se cuidar de responsabilidade objetiva, respondendo o Estado subsidiariamente pelas obrigações não honradas. Por isso tudo, é temeroso atribuir o cumprimento da condenação à recorrente, que nem concorreu para o evento danoso, apenas porque ostenta a condição de nova prestadora dos serviços públicos em questão ou porque assumiu parte do patrimônio da antiga prestadora (trens e trilhos), tal como defendido pelo acórdão recorrido. Esse entendimento foi acolhido por maioria pela Turma. O Min. Aldir Passarinho Junior, em seu voto vencido, entendia necessário anular o acórdão com lastro no art. 535 do CPC. **REsp 1.095.447-RJ, Rel. Min. João Otávio de Noronha, julgado em 17/8/2010.** (Inform. STJ 443)

INDENIZAÇÃO. JUROS MORATÓRIOS. PENSIONAMENTO.
Cuida-se, na origem, de ação de indenização por danos morais e materiais decorrente da responsabilidade do Estado pela morte do filho, irmão e tio dos autores em função de disparos de arma de fogo efetuados por agentes da polícia militar estadual. No REsp, os recorrentes postulam a majoração do valor relativo ao dano moral arbitrado, a incidência de juros moratórios sobre todas as verbas integrantes da condenação desde a data do evento e o aumento do tempo de pensionamento, conforme tabela do IBGE, visto dependerem economicamente do *de cujus*. Esclareceu o Min. Relator que, não obstante a dor e o sofrimento das pessoas envolvidas, ainda mais diante da atuação cruel de quem deveria zelar pela segurança da sociedade, no que refere à majoração do *quantum* arbitrado a título de danos morais, manteve a indenização fixada pelo tribunal *a quo*, qual seja, R$ 100 mil aos pais da vítima, R$ 50 mil a seus irmãos e a quantia de R$ 25 mil ao sobrinho, por não serem irrisórios tais valores arbitrados. Destacou que a indenização dos danos morais deve assegurar a justa reparação do prejuízo sem proporcionar enriquecimento sem causa, além de sopesar a capacidade econômica do réu, devendo ser fixada à luz da proporcionalidade da ofensa, calcada no caráter exemplar de sua determinação e no critério da solidariedade, o que ocorreu na espécie. Com relação aos juros moratórios, segundo o Min. Relator, eles devem ser calculados a partir do evento danoso (Súm. n. 54-STJ), à base de 0,5% ao mês (art. 1.062 do CC/1916) até a entrada em vigor do CC/2002. E, a partir dessa data, deve ser aplicada a taxa que estiver em vigor para a mora do pagamento de impostos devidos à Fazenda Nacional (art. 406 daquele *codex*), que, como de sabença, é a taxa Selic (Lei n. 9.250/1995). Por fim, no que concerne à data limite para a concessão de pensão, a jurisprudência deste Superior Tribunal reconhece que a idade de sobrevida não é estanque, visto que se consideram vários elementos para sua fixação, como *habitat*, alimentação, educação e meios de vida. Assim, objetivando obter um referencial para sua fixação, o STJ vem adotando os critérios da tabela de sobrevida da Previdência Social, de acordo com cálculos elaborados pelo IBGE. *In casu*, a vítima contava 28 anos de idade quando faleceu. A expectativa de sobrevida dele, conforme a tabela do IBGE para a época dos fatos era de 47,4 anos; assim, chega-se à idade de 75,4 anos como limite para a fixação da pensão concedida aos pais. Diante do exposto, a Turma deu parcial provimento ao recurso. **Precedentes citados: REsp 1.161.805-RJ, DJe 19/3/2010; AgRg no REsp 1.087.541-RJ, DJe 18/3/2009; AgRg no Ag 1.136.614-RJ, DJe 22/6/2009; REsp 688.536-PA, DJ 18/12/2006; REsp 813.056-PE, DJ 29/10/2007; AgRg no Ag 766.853-MG, DJ 16/10/2006; REsp 1.027.318-RJ, DJe 31/8/2009, e REsp 723.544-RS, DJ 12/3/2007. REsp 1.124.471-RJ, Rel. Min. Luiz Fux, julgado em 17/6/2010.** (Inform. STJ 439)

RESPONSABILIDADE. ESTADO. INCÊNDIO.
Trata-se de ação indenizatória por danos morais e materiais manejada em face de município em razão de incêndio em estabelecimento destinado a *shows*, o que ocasionou a morte do marido e pai dos autores. *In casu*, o tribunal de origem entendeu tratar-se de responsabilidade subjetiva do Estado por conduta omissiva, porquanto uma fiscalização efetiva por parte dele teria obstado a realização do evento sem as devidas medidas preventivas. Daí, o especial interposto pelo município, discutindo, entre outros temas, a violação dos arts. 186 e 947 do CC/2002 e alegando a ausência do nexo de causalidade; não havendo, portanto, que se aduzir a responsabilidade municipal no acidente. Destacou o Min. Relator que, a jurisprudência deste Superior Tribunal tem se posicionado no sentido de que, em se tratando de conduta omissiva do Estado, a responsabilidade é subjetiva, devendo ser discutida a culpa estatal. Isso porque, na seara de responsabilidade subjetiva do Estado por omissão, é imprescindível comprovar a inércia na prestação do serviço público, bem como demonstrar o mau funcionamento do serviço, para que seja configurada a responsabilidade. No entanto, além da perquirição da culpa do agente, há de se verificar o nexo de causalidade entre a ação estatal (comissiva ou omissiva) e o dano. No caso dos autos, o dano ocorrido – incêndio em casa de *shows* – não revela nexo de causalidade entre a suposta omissão do Estado, porquanto a causa dos danos foi o *show* pirotécnico realizado por banda de música em ambiente e local inadequados, o que não enseja responsabilidade do município se sequer foram impostas por ele exigências insuficientes ou inadequadas, ou na omissão de alguma providência que se traduza como causa eficiente e necessária do resultado danoso. Dessarte, o evento danoso não decorreu de atividade eminentemente estatal, mas sim de ato de particulares estranhos à lide. Dessa forma, as razões expostas no *decisum* recorrido revelam o descompasso entre o entendimento do tribunal local e a circunstância em que o evento ocorreu por ato exclusivo de terceiro, não havendo nexo de causalidade entre a omissão estatal e o dano ocorrido. Nesse panorama, ressaltou ainda o Min. Relator que a situação não desafia o óbice da Súm. n. 7-STJ, pois não se trata de reexame do contexto fático probatório, mas de valoração dos critérios jurídicos concernentes à utilização da prova e à formação da convicção ante a distorcida aplicação pelo tribunal de origem de tese consubstanciada na caracterização da responsabilidade civil do Estado. Diante do exposto, a Turma deu provimento ao recurso. **REsp 1.040.895-MG, Rel. Min. Luiz Fux, julgado em 1º/6/2010.** (Inform. STJ 437)

RESPONSABILIDADE. CARTÓRIO NÃO OFICIALIZADO.
É objetiva a responsabilidade do tabelião (art. 22 da Lei n. 8.935/1994) pelos danos resultantes de sua atividade notarial e de registro exercida por delegação (art. 236, § 1º, da CF/1988). O Estado apenas responde de forma subsidiária, sendo desnecessária sua denunciação à lide, sem prejuízo do direito de regresso em ação própria. No caso, houve transferência de imóvel mediante procuração falsa lavrada no cartório não oficializado de titularidade do recorrente, o que gerou sua condenação à indenização de danos morais e materiais. Precedentes citados: REsp 1.087.862-AM, DJe 19/5/2010, e REsp 1.044.841-RJ, DJe 27/5/2009. **REsp 1.163.652-PE, Rel. Min. Herman Benjamin, julgado em 1º/6/2010.** (Inform. STJ 437)

MORTE. DETENTO. INDENIZAÇÃO.
Cuida-se da morte de detento em casa prisional. Nesse contexto, é impossível a acumulação de auxílio-reclusão, convertido em pensão após o óbito do detento, com a indenização por danos materiais fixada a título de pensão à família do *de cujus*. A indenização por dano material só se refere ao ressarcimento do que representou a diminuição indevida do patrimônio do ofendido. **REsp 1.125.195-MT, Rel. Min. Herman Benjamin, julgado em 20/4/2010**. (Inform. STJ 431)

DANO MORAL. PRESIDIÁRIO.
O estado-membro foi condenado a indenizar presidiário por danos morais, devido às condições do estabelecimento prisional (insalubridade e superlotação). Ressalta o Min. Relator que, no caso dos autos, não se está a averiguar se o dano moral é devido; se assim fosse, incidiria a Súm. n. 7-STJ. Explica que as teses que prevaleceram naquela decisão são equivocadas: deve haver indenização com função pedagógica para melhoria do sistema carcerário e há necessidade de apaziguar o sofrimento do recorrido de modo pecuniário. A questão não é de incidir a cláusula da reserva do possível, nem de assegurar o mínimo existencial, mas de ser urgente aprimorar as condições do sistema prisional, o que deverá ser feito com melhor planejamento e estruturação física e não mediante o pagamento pecuniário aos apenados. Assevera, ainda, que, a despeito das condições precárias do sistema prisional nacional, em nada contribuiria para sua melhoria indenizar cada detento que sentir desconforto na prisão, pois a verba orçamentária despendida seria despida de finalidade do interesse público. Por outro lado, ao permitir tal entendimento, estar-se-ia admitindo o Estado como segurador universal, ou seja, sempre que algum serviço público essencial fosse falho, caberia indenização, em vez de buscar soluções de melhoria do sistema como um todo. Também haveria um choque de entendimento se, de um lado, o Estado fosse obrigado a pagar ao delinquente quantia mensal pelo fato de suas condições de carceragem não serem as melhores e, por outro, o Estado não pagar ao cidadão que, sem ter praticado qualquer delito, é privado de um ente querido pelo fato de ele ter sido executado por um fugitivo ou ter sua integridade física e moral violada por um ex-detento. Em todas essas situações, também há falha do serviço estatal. Diante do exposto, a Turma deu provimento ao recurso do estado-membro e, quanto aos honorários da defensoria pública, aplicou a Súm. n. 421 do STJ. **REsp 962.934-MS, Rel. Min. Herman Benjamin, julgado em 13/4/2010.** (Inform. STJ 430)

TREM. ATROPELAMENTO.
A concessionária de transporte ferroviário tem o dever de cercar e fiscalizar os limites da linha férrea, principalmente em locais de grande concentração populacional, tal como no caso, em que a linha cruza o bairro Barra Funda na cidade de São Paulo. Assim, se a concessionária deixa de tomar as medidas que evitam o acesso de pedestres à via férrea, responde civilmente pelos atropelamentos causados por seus trens. Contudo, nesses casos, a jurisprudência do STJ firmou-se no sentido de existir culpa concorrente entre a concessionária e a vítima. **Precedentes citados: EREsp 705.859-SP, DJ 8/3/2007; REsp 773.853-RS, DJ 22/5/2006, e REsp 74.532-RJ, DJ 12/5/1997. REsp 1.042.313-SP, Rel. Min. Nancy Andrighi, julgado em 13/4/2010.** (Inform. STJ 430)

DANOS MATERIAIS. TITULAR. CARTÓRIO.
É subsidiária a responsabilidade do Estado membro pelos danos materiais causados por titular de serventia extrajudicial, ou seja, aquele ente somente responde de forma subsidiária ao delegatário. Por outro lado, a responsabilidade dos notários equipara-se às das pessoas jurídicas de Direito Privado prestadoras de serviços públicos, pois os serviços notariais e de registros públicos são exercidos por delegação da atividade estatal (art. 236, § 1º, da CF/1988), assim seu desenvolvimento deve dar-se por conta e risco do delegatário (Lei n. 8.987/1995). Também o art. 22 da Lei n. 8.935/1994, ao estabelecer a responsabilidade dos notários e oficiais de registro pelos danos causados a terceiros, não permite uma interpretação de que há responsabilidade solidária pura do ente estatal. Com esse entendimento, a Turma, ao prosseguir o julgamento, deu provimento ao recurso do Estado membro condenado a pagar R$ 115.072,36 por danos materiais imputados ao titular de cartório. **Precedente citado do STF: RE 201.595-SP, DJ 20/4/2001. REsp 1.087.862-AM, Rel. Min. Herman Benjamin, julgado em 2/2/2010.** (Inform. STJ 421)

DANO MORAL. SUSPENSÃO. ENERGIA ELÉTRICA. HOSPITAL.
É cediço que a jurisprudência da Primeira Seção firmou-se no sentido de não se admitir a suspensão do fornecimento de energia elétrica em hospitais públicos inadimplentes, em razão do interesse da coletividade (tese aceita com ressalvas da Min. Relatora). No entanto, na hipótese dos autos, trata-se de hospital particular que funciona como empresa, isto é, com objetivo de auferir lucros, embutindo, inclusive, nos preços cobrados de seus clientes, o valor dos custos da energia elétrica consumida. Consta dos autos que houve notificação, advertência, tolerância além do prazo e, mesmo assim, não houve o pagamento dos débitos referentes ao consumo de energia elétrica. Por outro lado, o inadimplente resolveu mover ação contra seu credor (centrais elétricas), considerando-se moralmente ofendido pelo corte no fornecimento da energia elétrica em curta duração. Dessa forma, nos autos, não se discute a ilicitude do corte de fornecimento de energia elétrica, mas, sim, danos morais. Anote-se que a energia elétrica está sendo fornecida, apesar de o débito ser de R$ 2 milhões. Outrossim, esse feito foi redistribuído à Turma da Segunda Seção que declinou da competência para essa Turma. Ante o exposto, a Turma considerou indevida a indenização por dano moral pleiteada, quanto mais se o corte no fornecimento de energia elétrica foi precedido de todas as cautelas. **REsp 771.853-MT, Rel. Min. Eliana Calmon, julgado em 2/2/2010.** (Inform. STJ 421)

RESPONSABILIDADE CIVIL. CANDIDATO. POSSE
O candidato aprovado em concurso público e nomeado tardiamente em razão de erro da Administração Pública, reconhecido judicialmente, faz jus à indenização por dano patrimonial, consistente no somatório de todos os vencimentos e vantagens que deixou de receber no período que lhe

era legítima a nomeação, à luz da teoria da responsabilidade civil do estado, com supedâneo no art. 37, § 6º, da CF/1988. Para o Min. Relator, a hipótese configura, à saciedade, evento lesivo ao interesse da parte ora recorrente, sendo manifesto o nexo de causalidade entre a conduta do Estado e o resultado indesejado experimentado pela candidata, privada do direito à posse e exercício do cargo de defensor público estadual. É que, não fosse a ilegalidade perpetrada pela Administração Pública, consubstanciada no indevido cancelamento da inscrição da candidata, em razão da ausência de comprovação da prática jurídica, a candidata classificada em 56º lugar teria tomado posse em 30/8/2001, ou seja, na mesma data em que os candidatos classificados entre o 53º e 63º lugares foram nomeados. A candidata, com suporte em liminar deferida em mandado de segurança, realizou as etapas posteriores do certame, tendo logrado aprovação, sendo nomeada para o cargo em 12/12/2002, pelo ato do governador publicado na mesma data, e empossada em 23/12/2002, com exercício a contar de 19/12/2002. Diante disso, a Turma deu provimento ao recurso. **REsp 1.117.974-RS, Rel. Min. Luiz Fux, julgado em 19/11/2009.** (Inform. STJ 416)

DANOS MORAIS. SUPERLOTAÇÃO CARCERÁRIA.

A Turma não conheceu do REsp em que presidiário alegava ter sofrido danos morais devido à superlotação de presos em estabelecimento penal: a capacidade era de 130 detentos, mas conviviam 370 presos. No caso, o Tribunal, na análise fático-probatória, afastou a responsabilidade objetiva estadual com fulcro na Constituição Federal (art. 37, § 6º), afirmando, também, não ter o demandante comprovado efetivamente os danos morais sofridos. Dessa forma, não é possível analisar a responsabilidade do Estado à luz da legislação ordinária (art. 186 do CC/2002), ou seja, o nexo causal entre a suposta omissão estadual e os danos morais suportados. **REsp 1.114.260-MS, Rel. Min. Luiz Fux, julgado em 3/11/2009.** (Inform. STJ 414)

DANOS MORAIS. DENGUE.

A Turma proveu o recurso para majorar o valor indenizatório de danos morais, considerando que, provado o nexo de causalidade entre a omissão do estado e do município no combate à epidemia e o evento da morte de vítima acometida de dengue hemorrágica, o dano moral advindo de tal omissão fora fixado irrisoriamente em desconformidade com o evento fatal. **Precedentes citados: REsp 860.099-RJ, DJ 27/2/2008; AgRg no Ag 836.516-RJ, DJ 2/8/2007, e REsp 960.259-RJ, DJ 20/9/2007. REsp 1.133.257-RJ, Rel. Min. Luiz Fux, julgado em 27/10/2009.** (Inform. STJ 413)

ACIDENTE. VEÍCULO. ANIMAL. PISTA.

O recorrente ingressou com ação de indenização contra a concessionária de rodovias por danos materiais causados a seu veículo devido a ter colidido com animais na pista. Note-se que o trecho da rodovia no qual houve o acidente encontra-se em zona rural, com campos de pecuária em grande parte de sua extensão, em que os animais circulam livremente pela pista, não havendo sinalização nenhuma nesse sentido. Isso posto, a Turma conheceu do recurso e lhe deu provimento, por entender que as concessionárias de serviços rodoviários, nas suas relações com os usuários, estão subordinadas à legislação consumerista. Portanto, respondem objetivamente por qualquer defeito na prestação do serviço, pela manutenção da rodovia em todos os aspectos, respondendo, inclusive, pelos acidentes provocados pela presença de animais na pista. Para o Min. Relator, a toda evidência, a questão da obrigação contratual de implantar sinalização em data posterior ao acidente não traz alteração, pois a segurança é inerente ao serviço de exploração da rodovia, haja ou não placas de advertência. **Precedentes citados: REsp 647.710-RJ, DJ 30/6/2006; AgRg no Ag 522.022-RJ, DJ 5/4/2004, e REsp 467.883-RJ, DJ 1º/9/2003. REsp 687.799-RS, Rel. Min. Aldir Passarinho Junior, julgado em 15/10/2009.** (Inform. STJ 411)

RESPONSABILIDADE. ESTADO. PRESCRIÇÃO.

Trata-se, na origem, de ação indenizatória lastreada na responsabilidade civil proposta contra o Estado por viúvo e filhos de vítima fatal de disparo supostamente efetuado por policial militar durante incursão em determinada área urbana. Assim, a questão cinge-se em saber se, após o advento do CC/2002, o prazo prescricional para o ajuizamento de ações indenizatórias contra a Fazenda Pública foi reduzido para três anos, como defende o recorrente com suporte no art. 206, § 3º, V, do mencionado código, ou permanece em cinco anos, conforme a norma do art. 1º do Dec. n. 20.910/1932. Isso posto, a Turma deu provimento ao recurso ao argumento de que o legislador estatuiu a prescrição de cinco anos em benefício do Fisco e, com o manifesto objetivo de favorecer ainda mais os entes públicos, estipulou que, no caso de eventual existência de prazo prescricional menor a incidir em situações específicas, o prazo quinquenal seria afastado nesse particular (art. 10 do Dec. n. 20.910/1932). O prazo prescricional de três anos relativo à pretensão de reparação civil (art. 206, § 3º, V, do CC/2002) prevalece sobre o qüinqüênio previsto no art. 1º do referido decreto. **REsp 1.137.354-RJ, Rel. Min. Castro Meira, julgado em 8/9/2009.** (Inform. STJ 406)

INDENIZAÇÃO. MORTE. PRESÍDIO. LEGITIMIDADE. IRMÃ.

Trata-se de REsp em que se discute a legitimidade da irmã de vítima morta em presídio, tendo em vista constar do boletim de ocorrência o estado civil da vítima (preso) como convivente. Diante disso, a Turma negou provimento ao recurso ao entendimento de que o fato de o agente prisional ter informado, no boletim de ocorrência, o estado civil da vítima como convivente, o que, segundo o Estado recorrente, revelaria a união estável, não afasta, por si só, a legitimidade ativa da irmã para propor a ação indenizatória. Isso porque, embora o boletim de ocorrência seja um documento público que faz prova da existência das declarações ali prestadas, não se pode afirmar que tais declarações sejam verídicas. Assim, na ausência de ascendente, descendente ou cônjuge, a irmã acha-se legitimada a pleitear indenização por danos morais em razão do falecimento de seu irmão. Vale ressaltar que a responsabilidade civil do Estado, nos casos de morte de pessoas custodiadas, é objetiva. **Precedentes citados: REsp 63.750-SP, DJ 14/4/1997; REsp 37.253-SP, DJ 24/10/1994; AgRg no Ag 901.200-RJ, DJ 11/2/2008; AgRg nos EDcl no Ag 678.435/RJ, DJ 11/9/2006; REsp 596.102-RJ, DJ 27/3/2006; REsp 1.022.798-ES, DJ 28/11/2008, e REsp 713.682-RJ, DJ 11/4/2005. REsp 1.054.443-MT, Rel. Min. Castro Meira, julgado em 4/8/2009.** (Inform. STJ 401)

RESPONSABILIDADE. DEPÓSITO JUDICIAL. FORMULÁRIO.

A Turma, por maioria, desproveu o recurso, entendendo que, referente ao mérito, não obstante a impetração do *writ* pela CEF contra ato judicial que determinou o pagamento da diferença entre a TR e a Taxa Selic quanto aos valores do PIS depositados pela executada por guia comum em vez da guia DARF, tal erro não exime a CEF da atualização, nos termos do art. 1º da Lei n. 9.703/1998 (Taxa Selic). No caso, caberia à recorrente não ter aceito o depósito judicial do valor relativo à contribuição federal inscrita na dívida ativa, indicando o formulário correto. **Precedente citado: AgRg no RMS 19.800-AM, DJe 13/3/2009. RMS 29.119-RJ, Rel. Min. Castro Meira, julgado em 9/6/2009.** (Inform. STJ 398)

RESPONSABILIDADE CIVIL. ESTADO. SUICÍDIO.

Trata-se de ação declaratória de acidente em serviço contra a União, objetivando o reconhecimento de incidente ocorrido em dependências do Exército que lesionou seriamente o autor ora recorrido. No caso, o militar deprimido teve acesso a armas e colocou em risco não apenas a sua própria existência, mas também a de terceiros. O acórdão recorrido salientou que o autor estava depressivo, razão suficiente para que o Estado exercesse maior vigilância quanto à atuação do militar, limitando o acesso a armas da corporação, por ensejar risco social desarrazoado. Assim, se o militar temporário comete atentado contra sua vida, fazendo uso de armas da corporação cujo acesso lhe foi viabilizado por culpa da administração pública, há responsabilidade hábil a caracterizar o acidente de serviço. Diante do exposto, a Turma, ao prosseguir o julgamento, por maioria, conheceu em parte o recurso e, nessa parte, negou-lhe provimento, entendendo que existe nexo causal entre a ação do suicida e o evento que redundou em grave ferimento. **REsp 1.014.520-DF, Rel. originário Min. Francisco Falcão, Rel. para acórdão Min. Luiz Fux, julgado em 2/6/2009.** (Inform. STJ 397)

LICENCIAMENTO. VEÍCULO. MULTAS.

O Tribunal de origem concluiu que, como ocorreu a transferência do veículo sem menção a qualquer restrição pecuniária (multa), ficou comprovado que a recorrida não tinha conhecimento da multa aplicada ao anterior proprietário e não seria responsável pelo encargo. Para o Min. Relator, não merece reparo o entendimento do acórdão recorrido de que não era razoável condicionar a emissão de novo CRV ao pagamento de multa da qual a recorrida não tinha conhecimento e que não constava nos registros da autarquia de trânsito na ocasião da transferência do veículo, por falha no sistema. Ademais, a análise dessa questão demanda o reexame de provas, inadmissível na via estreita do REsp, ante o óbice da Súm. n. 7-STJ. Do mesmo modo, a revisão dos valores fixados a título de danos morais implica reexame de matéria fático-probatória, vedado também pela Súm. n. 7-STJ. No caso, ao contrário do que sustenta o recorrente, a fixação de danos morais em R$ 1.960,00 não se mostra exorbitante, portanto não justifica a excepcional redução nesta instância especial. Diante disso, a Turma negou provimento ao agravo. **AgRg no REsp 1.107.799-RN, Rel. Min. Herman Benjamin, julgado em 4/6/2009.** (Inform. STJ 397)

DANO MORAL. INDENIZAÇÃO. ASSALTO. PRESCRIÇÃO.
Prescreve em cinco anos a ação de indenização movida por particular contra a Fazenda estadual, ao fundamento de responsabilidade civil do Estado, por não tê-lo protegido de ser assaltado dentro de sua residência e ainda de ser ferido com projétil de arma de fogo do assaltante. Não se cuida, então, de ação civil *ex delicto*. No caso, o termo inicial do prazo prescricional conta-se da data do evento danoso. Com esse entendimento, a Turma, por maioria, ao prosseguir o julgamento, deu provimento ao recurso da Fazenda estadual para restabelecer a sentença que reconheceu a prescrição da ação. **REsp 1.014.307-SP, Rel. originária Min. Denise Arruda, Rel. para acórdão Min. Teori Albino Zavascki, julgado em 26/5/2009.** (Inform. STJ 396)

RESPONSABILIDADE CIVIL. CONCESSIONÁRIA.
A Turma, por maioria, não conheceu o recurso ao entendimento de que, tratando-se de uma concessionária prestadora de serviço público de energia elétrica que aufere lucros, na condição de empresa que exerce uma atividade privada, cabe-lhe a atribuição de culpa por negligência na manutenção de linhas da sua rede elétrica, devendo, assim, assumir a responsabilidade pelos danos morais e materiais sofridos por empregado vitimado por uma descarga elétrica quando prestava serviço de eletricista em residência particular, ocasionando-lhe incapacitação para o exercício de atividade laborativa. No caso, afastou-se a teoria da responsabilidade subjetiva, tal como entendia o Min. Relator que dava provimento ao recurso. **REsp 896.568-CE, Rel. originário Min. Fernando Gonçalves, Rel. para acórdão Min. Luis Felipe Salomão, julgado em 19/5/2009.** (Inform. STJ 395)

RESPONSABILIDADE CIVIL. TRANSFUSÃO. SANGUE. HIV.
Trata-se de ação de indenização por danos morais e materiais em decorrência de ato ilícito que consistiu na ausência de controle de qualidade do sangue utilizado em transfusão que contaminou com o vírus HIV e levou a óbito o filho dos autores. O Tribunal *a quo* asseverou estar comprovado o nexo de causalidade para a responsabilidade objetiva dos réus: a União, o estado membro, os serviços de hemoterapia, o município e o hospital, condenados solidariamente. Todos recorrem, no entanto observa o Min. Relator que o acórdão recorrido fundou-se em interpretação de matéria eminentemente constitucional quanto à configuração da responsabilidade civil (art. 37, § 6º, da CF/1988), o que impede o exame da questão na via especial por este Superior Tribunal, além de que descabe nesse recurso o exame de situações fáticas (Súm. n. 7-STJ). O REsp limitou-se a transcrever ementas dos arestos sem identificar as circunstâncias fáticas das demandas, ou seja, proceder ao devido confronto analítico dos julgados recorrido e paradigmas, ainda não indicou a lei federal violada. Nesse contexto, a Turma conheceu, parcialmente, do recurso do hospital e, nessa parte, negou-lhe provimento e não conheceu dos recursos da União, dos serviços de hemoterapia e do município. **REsp 1.033.844-SC, Rel. Min. Luiz Fux, julgado em 28/4/2009.** (Inform. STJ 392)

RESPONSABILIDADE CIVIL. ESTADO. ESCOLA INFANTIL. MORTE. CRIANÇA.
Na espécie, a vítima, com apenas quatro anos de idade, caiu da janela do quarto andar da escola municipal em que estudava, falecendo logo após sua remoção ao hospital. O município, recorrente, alega que os pais, e não os avós, é que devem ocupar o polo ativo da ação. Requer a redução do valor arbitrado a título de danos morais. Sustenta também a violação do art. 950 do CC/2002, ao afirmar que não existe fundamento para a concessão de pensão mensal, já que a menor faleceu quando nem sequer poderia, física ou legalmente, trabalhar. Para o Min. Relator, é inegável o abalo emocional sofrido por parentes da vítima em razão da morte tão prematura, absolutamente evitável e em local em que se espera proteção, dedicação e cuidado dispensados a crianças de tão pouca idade. O sofrimento pela morte de parente é disseminado pelo núcleo familiar, como em força centrífuga, atingindo cada um dos membros em gradações diversas, o que deve ser levado em conta pelo magistrado para fins de arbitramento do valor da reparação do dano moral. Assim, os avós são legitimados à propositura de ação de reparação por dano moral proveniente da morte da neta. A reparação, nesses casos, decorre de dano individual e particularmente sofrido pelos membros da família ligados imediatamente ao fato (art. 403 do CC/2002). Assim, considerando-se as circunstâncias do caso concreto e a finalidade da reparação, a condenação ao pagamento de danos morais no valor de R$ 114.000,00 para cada um dos pais, correspondendo à época a 300 salários mínimos, e de R$ 80.000,00 para cada um dos dois avós não é exorbitante nem desproporcional à ofensa sofrida pelos recorridos pela perda da filha e neta menor em tais circunstâncias. No que se refere ao dano material, a orientação deste Superior Tribunal está consolidada no sentido de fixar a indenização por morte de filho menor, com pensão de 2/3 do salário percebido (ou o salário mínimo, caso não exerça trabalho remunerado) até 25 anos e, a partir daí, reduzi-la para 1/3 do salário até a idade em que a vítima completaria 65 anos. **REsp 1.101.213-RJ, Rel. Min. Castro Meira, julgado em 2/4/2009.** (Inform. STJ 389)

RESPONSABILIDADE CIVIL. ESTADO. BALA PERDIDA.
Cuida-se de ação de indenização por danos físicos, psicológicos e estéticos contra o Estado, ajuizada por vítima de disparo de arma de fogo efetuado por policial militar, em razão de perseguição policial contra assaltantes. Para o Min. Relator, a prescrição da ação indenizatória teve como lastro inicial o momento da constatação das lesões sofridas e de suas consequências. Tendo a recorrida ajuizado a ação em 13/1/2004, revela-se inocorrente a prescrição, porquanto o completo delineamento das lesões sofridas e a constatação da irreversibilidade de seu quadro clínico deram-se no ano de 2002. Quanto à ofensa do art. 264 do CPC, sob o fundamento de que o acórdão recorrido entendeu pela conduta comissiva do Estado e de que a parte alega, na inicial, a existência de omissão, transmudando-se de ofício a causa de pedir após já contestada a lide, o Min. Relator entende que as razões não prosperam, uma vez que eventual modificação do dispositivo legal aplicável ou a mudança de caracterização jurídica do fato base pedido não incidem sobre o veto do art. 264 do CPC. Quanto à alegada ofensa dos arts. 603 e 610 do CPC, entendeu o Min. Relator que a adoção do princípio *tempus regit actum* pelo art. 1.211 do CPC impõe obedecer ao fato de que a lei em vigor regula os recursos cabíveis quando da prolação do ato decisório. No caso, o acórdão recorrido que examinou a controvérsia foi proferido em 24/8/2006, posteriormente, portanto, à revogação dos dispositivos indicados como violados. Os elementos de convicção já existentes nos autos permitem configurar o fato administrativo (a perseguição policial e o tiroteio em via pública), o dano (lesões sofridas pela vítima) e o nexo causal (que tais lesões decorrem de errôneo planejamento de ação policial, com veementes indícios de que o projétil de arma de fogo que atingiu a autora teria sido disparado de armamento utilizado pelos policiais militares). Diante disso, a Turma conheceu parcialmente do recurso do Estado e, nessa parte, negou-lhe provimento. **REsp 1.056.605-RJ, Rel. Min. Luiz Fux, julgado em 10/3/2009.** (Inform. STJ 386)

AÇÃO CIVIL PÚBLICA. IMPRESCRITIBILIDADE.
A Turma reiterou o entendimento de que é imprescritível a ação civil pública que tem por objeto o ressarcimento de danos ao erário. **Precedentes citados do STF: MS 26.210-DF, DJ 10/10/2008; do STJ: REsp 764.278-SP, DJ 28/5/2008; REsp 705.715-SP, DJ 14/5/2008, e REsp 730.264-RS. REsp 1.056.256-SP, Rel. Min. Humberto Martins, julgado em 16/12/2008.** (Inform. STJ 381)

INDENIZAÇÃO. DANO MORAL. DETENTO.
Detento cumprindo mandado de prisão ajuizou ação de indenização contra Estado-membro por sua manutenção em unidade prisional sem condições mínimas. As instâncias ordinárias reconheceram a culpa objetiva do ora recorrente (Estado-membro), que, no REsp, aponta divergência jurisprudencial neste STJ, a impossibilidade de indenização em razão de limitação de recursos orçamentários e ainda sustenta a falta de demonstração de culpa administrativa, por tratar-se de responsabilidade subjetiva. Para o Min. Teori Albino Zavascki (tese vencedora), duas premissas são importantes no julgamento deste recurso. A primeira: não está em questão o exame das condições do sistema carcerário brasileiro, mas apenas um específico estabelecimento prisional, em "estado caótico", tal como reconhecido no acórdão recorrido; a segunda: não se negou a ocorrência do dano moral, mas apenas a responsabilidade civil do Estado pela respectiva indenização. Observa que, estabelecidas essas premissas, não há como deixar de dar provimento ao recurso, e o princípio da reserva do possível, que, nos votos vencidos, teria o significado da insuficiência de recursos financeiros, não pode ser invocado, numa dimensão reducionista, nas situações como as do caso concreto. Ressalta que o dever de ressarcir danos, inclusive morais, efetivamente causados por ato dos agentes estatais ou pela sua inadequada prestação de serviços públicos decorre do art. 37, § 6º, da CF/1988, dispositivo auto-aplicável. Assim, ocorrendo o dano e estabelecido o nexo causal com a atuação da Administração ou dos seus agentes,

nasce a responsabilidade civil do Estado e, nesses casos, o dever de ressarcir. Lembra que, recentemente, a Turma assentou o entendimento de que o dever de proteção do Estado em relação aos detentos abrange, inclusive, protegê-los contra si mesmos e impedir que causem danos uns aos outros. Para o Min. Relator (vencido), seria indevida a indenização na hipótese, uma vez que o problema carcerário não decorre da má administração da coisa pública, mas de várias conjunturas sociais, bem como da indisponibilidade orçamentária, aspectos que devem ser sopesados com os direitos envolvidos no caso. Pelo exposto, a Turma, por maioria, negou provimento ao recurso. **Precedentes citados: AgRg no Ag 986.208-MT, DJ 12/5/2008; REsp 847.687-GO, DJ 25/6/2007; REsp 713.682-RJ, DJ 11/4/2005, e REsp 944.884-RS, DJ 17/4/2008. REsp 1.051.023-RJ, Rel. originário Min. Francisco Falcão, Rel. para acordão Min. Teori Albino Zavascki, julgado em 11/11/2008.** (Inform. STJ 376)

INDENIZAÇÃO. DANOS MORAIS. MORTE. DETENTO.

Trata-se de ação de indenização por danos morais ajuizada pela mãe em razão da morte de seu filho, ocorrida dentro de uma cela de unidade prisional e provocada por outros detentos. O pedido foi julgado procedente nas instâncias ordinárias, condenando a Administração Pública estadual ao pagamento de indenização de dez mil reais e pensão na proporção de dois terços do salário mínimo até a idade presumida de 65 anos. Ressalta o Min. Relator que no caso, não se cuida de prova (Súm. n. 7-STJ), uma vez que não há discussão acerca das circunstâncias que levaram à morte o detento, sendo claro que foi ocasionada por outros presos dentro de uma cela. Manteve, assim, o posicionamento no sentido de que, na hipótese dos autos, não há qualquer envolvimento direto do agente do ente público a ensejar a respectiva indenização e de que não ficou demonstrada a culpa ou dolo da Administração, porque a morte do detento foi causada por outros presos. Para a tese vencedora, há culpa *in vigilando* da Administração (Estado-membro) que deve responder pelo evento danoso. Assim, a Turma, por maioria, negou provimento ao recurso do Estado-membro. **REsp 936.342-ES, Rel. originário Min. Francisco Falcão, Rel. para acórdão Min. Luiz Fux, julgado em 11/11/2008.** (Inform. STJ 376)

RESPONSABILIDADE CIVIL. LEGITIMIDADE *AD CAUSAM*.

Companhia concessionária de energia elétrica contratou empresa terceirizada para efetuar o corte de luz na residência do inadimplente e o funcionário da empresa terceirizada teria ofendido e agredido a filha do morador. Daí a ação de dano moral em que a companhia de eletricidade alegou ilegitimidade passiva *ad causam* por não ser seu funcionário o acusado das agressões, mas prestador de serviços terceirizado da empresa contratada. O Tribunal *a quo* afastou a ilegitimidade, dando-lhe somente direito de regresso contra a prestadora de serviço, ao reconhecer que a concessionária de serviço público responde pelos danos que seus agentes causarem a terceiros (art. 37, § 6º, da CF/1988). Observa a Min. Relatora que o fato de o co-réu acusado pela agressão à autora não ser funcionário da companhia de energia elétrica, ora recorrente, não a exime da responsabilidade pelos supostos atos ilícitos cometidos pelo funcionário terceirizado, que atua em seu nome. Destaca que o art. 1.521 do CC/1916 já previa que, em caso de reparação civil por ato ilícito, o patrão, amo, comitente é responsável por seus empregados, serviçais e prepostos no exercício do trabalho que lhes competir ou por ocasião dele. Tal regra também encontra equivalência no art. 932, III, do CC/2002. Destacou que uma decisão em sentido contrário – afastando a legitimidade passiva da tomadora de serviço – seria um estímulo à terceirização numa época em que essa forma de contratação está perdendo espaço nas empresas com vistas a reduzir queixas no atendimento e na própria prestação de serviço, aumentando o controle sobre sua qualidade. Por essas razões, a Turma não conheceu o recurso. **Precedentes citados: REsp 304.673-SP, DJ 11/3/2002; REsp 325.176-SP, DJ 25/3/2002, e REsp 284.586-RJ, DJ 28/4/2003. REsp 904.127-RS, Rel. Min. Nancy Andrighi, julgado em 18/9/2008.** (Inform. STJ 368)

RESPONSABILIDADE. ESTADO. "BALA PERDIDA".

Trata-se de ação indenizatória em que se busca do Estado a reparação de danos materiais e morais decorrentes da morte de menor que foi atingido por "bala perdida" disparada por outro menor que se encontrava foragido de estabelecimento destinado ao cumprimento de medida sócio-educativa de semiliberdade. Assim, no caso, não há como afirmar que a deficiência do serviço do Estado, de permitir que o menor que vinha cumprindo medida sócio-educativa em regime de semi-liberdade permanecesse foragido, tenha sido causa direta e imediata do tiroteio durante o qual a "bala perdida" resultou na morte de outro menor, nem que esse tiroteio seja efeito necessário da referida deficiência. Logo, ausente o nexo causal, afasta-se a responsabilidade do Estado. Com esse entendimento, a Turma, ao prosseguir o julgamento, por maioria, negou provimento ao recurso. **REsp 858.511-DF, Rel. originário Min. Luiz Fux, Rel. para acórdão Min. Teori Albino Zavascki, julgado em 19/8/2008.** (Inform. STJ 364)

DANOS MORAIS. REVISTA ÍNTIMA. EXCESSO.

A recorrente foi submetida à revista íntima numa penitenciária, ao visitar seu namorado, recluso naquele estabelecimento prisional. Consta que o procedimento para tal revista ocorreu de forma excessiva, visto que, após permanecer por mais de uma hora despida para realização de exames íntimos por agentes penitenciários, não sendo encontrado nenhum vestígio de entorpecente com a recorrente, encaminharam-na até a emergência de um hospital público, onde não foi atendida; levaram-na, então, na mesma viatura policial, até uma maternidade. Ali, mediante exame ginecológico e outros por demais constrangedores, confirmou-se a ausência de qualquer substância entorpecente no seu corpo. Diante disso, a Turma deu provimento ao recurso ao entendimento de que há obrigação de reparar o dano moral, pois se encontram presentes todos os elementos aptos a ensejar o abalo psicológico, não sendo mero dissabor o constrangimento causado à recorrente. Efetivamente, constata-se um abuso de direito, afinal não se discute a necessidade de impor-se como rotina a revista íntima nos estabelecimentos; a prática, por si só, não constitui tal abuso e não enseja reparação por danos morais. Questiona-se a forma como foi exercido o direito estatal, por métodos vexatórios, em desrespeito à dignidade da pessoa humana, princípio constitucional erigido como um dos fundamentos da República Federativa do Brasil. Desse modo, não há que se falar em inexistência de dano moral, conforme aduz o Estado, já que o exercício regular do direito atinente à segurança não pode ser utilizado como instrumento para cometer atos que atinjam, de forma desproporcional e desarrazoada, o direito de outrem. Outrossim, esse argumento não pode sobrepor-se à dignidade da pessoa humana. **REsp 856.360-AC, Rel. Min. Eliana Calmon, julgado em 19/8/2008.** (Inform. STJ 364)

DANOS MORAIS. DEMISSÃO. HIV.

Discute-se o valor da indenização por dano moral que deverá ser paga à portadora do vírus HIV que, pouco depois de descobrir, em exame pré-natal, que o contraíra (nessa ocasião, o marido descobriu que também era portador da doença e o filho, posteriormente, nasceu contaminado), foi demitida pela autarquia estadual, sua empregadora. Ficou comprovado, nas instâncias ordinárias, que a demissão foi motivada pelo HIV; note-se que a autarquia só ficou sabendo da contaminação porque, nessa condição, a recorrente pôde levantar o FGTS, mas, constatadas diferenças nos valores depositados, notificou-se a autarquia. Houve uma reclamação trabalhista, extinta porque a autarquia decidiu readmiti-la. A ação foi proposta com objetivo de obter dano material por força da perda de oportunidade de compra de imóvel surgida justamente no período em que a autora estava afastada da autarquia e dano moral pelo abalo psicológico devido a toda essa situação, mas só houve o reconhecimento do dano moral. Para a Min. Relatora, o fato de a recorrente ter sido readmitida poucos meses depois não elimina o dano moral causado diante de um drama peculiar e que tornou sua agonia muito maior. Assim, afirma que cabe a elevação da indenização para R$ 50.000,00, com juros e correção monetária a partir da publicação deste julgamento (Súm. n. 54-STJ), pois dez vezes sua remuneração que é de R$ 350,00 para reparar tamanha lesão seria irrisório, entendimento que a Turma acatou. **REsp 1.049.189-SP, Rel. Min. Nancy Andrighi, julgado em 21/8/2008.** (Inform. STJ 364)

DANO MORAL. ESTUPRO. POLICIAIS MILITARES.

Na espécie, o Tribunal *a quo* reconheceu a responsabilidade civil de estado-membro, que responde nos casos em que o causador do dano age na qualidade de agente público, e o condenou ao pagamento de indenização por danos morais decorrentes de estupro praticado por policiais militares. Note-se que o recurso especial só discute os valores fixados a título de indenização. Para o Min. Relator, que retificou seu voto ao acolher sugestões do colegiado, excepcionalmente diante das circunstâncias do fato, o juiz poderá estabelecer outros valores de indenização desde que não extrapolem ou exorbitem patamares fixados neste Superior Tribunal. Com esse entendimento, a Turma negou provimento ao recurso. **REsp 910.256-CE, Rel. Min. Castro Meira, julgado em 5/8/2008.** (Inform. STJ 362)

DANOS MATERIAIS. ESTADO. CONCURSO PÚBLICO.

Os candidatos foram excluídos do exame psicotécnico, mas, posteriormente, mediante decisão judicial transitada em julgado, obtiveram o direito à nomeação. Assim, o Estado deve indenizar o dano material, pois os candidatos tiveram as nomeações diferidas para o trânsito em julgado do processo, o que ocasionou um longo período sem receber os vencimentos a que fariam *jus* caso tivessem sido empossados oportunamente. O *quantum* indenizatório seriam os valores que deveriam receber no exercício do cargo público e demais vantagens inerentes a ele desde a data da nomeação dos candidatos classificados imediatamente antes dos recorrentes, pois só aí é que nasce a ilegalidade. Assim, a Turma, ao prosseguir o julgamento, deu parcial provimento ao recurso. **Precedentes citados: REsp 892.958-RS, DJ 11/6/2008; REsp 506.808-MG, DJ 3/8/2006, e REsp 763.835-RN, DJ 26/2/2007. REsp 942.361-AP, Rel. Min. Castro Meira, julgado em 13/5/2008.** (Inform. STJ 355)

DANOS MORAIS. DOENÇA MENTAL. MILITAR.
A Turma reiterou o entendimento de que o militar incapacitado, total e permanentemente, para o serviço, em decorrência de alienação mental, faz jus à reforma com a remuneração calculada com base no soldo correspondente ao grau hierárquico imediato ao que possuir na ativa, independentemente da existência de relação de causa e efeito entre a doença e a atividade desenvolvida. Quanto aos danos morais, assentou-se que o fato de a doença que acomete o recorrido ter surgido enquanto ele prestava serviço militar no Exército Brasileiro, por si só, não gera o direito à respectiva indenização. Para tanto, é necessário demonstrar o nexo causal entre o surgimento da doença manifestada, após seu ingresso nas Forças Armadas, e a atuação dos agentes militares que, de alguma forma, o tenham submetido a condições desumanas, aviltantes ou ultrajantes capazes de afetar sua sanidade mental, e que, por sua vez, refujam àquelas consideradas normais no contexto militar ao qual esteve inserido. Com esses argumentos, deu-se parcial provimento ao recurso da União. **Precedentes citados: REsp 834.200-RS, DJ 25/9/2006; AR 795-MG, DJ 28/10/2002, e REsp 496.350-RS, DJ 14/5/2007. REsp 849.594-RS, Rel Min. Arnaldo Esteves Lima, julgado em 24/4/2008.** (Inform. STJ 353)

INDENIZAÇÃO. UNIÃO. PREÇO. CANA-DE-AÇÚCAR.
A Turma, por maioria, reiterou o entendimento de que a União tem que indenizar as usinas do setor sucroalcooleiro pelos prejuízos causados pela fixação dos preços dos derivados da cana-de-açúcar pelo Instituto do Açúcar e do Álcool (IAA) em níveis inferiores aos custos de produção fixados pela Fundação Getúlio Vargas (FGV), custos apurados em conformidade com a Lei n. 4.870/1965. O Min. Humberto Martins, em seu voto-vista, aduziu que há nexo causal entre o fato imputado (a violação da referida lei) e o dano ocorrido (efetivo prejuízo econômico constatado em perícia judicial) a determinar o dever de indenizar da União, que responde pelos atos realizados pelo IAA em razão do Dec. n. 99.288/1990. Anotou, também, que a indenização pleiteada não decorre do período de congelamento de preços ditado pelos Planos Collor I e II, apesar de abrangê-lo, mas, sim, da desobediência à retrocitada lei. **REsp 771.787-DF, Rel. Min. João Otávio de Noronha, julgado em 15/4/2008.** (Inform. STJ 352)

COMPETÊNCIA. CORTE. ENERGIA ELÉTRICA.
A Turma, em questão de ordem, por maioria, declinou da competência para uma das Turmas que compõem a Segunda Seção. A hipótese referia-se à responsabilidade civil (danos materiais e morais) da concessionária de serviço público pela suspensão (reputada indevida) do fornecimento de energia elétrica ao consumidor. O Min. Teori Albino Zavascki aduziu não se tratar de responsabilidade civil do Estado a ponto de determinar a aplicação do art. 9º, § 1º, VIII, do RISTJ; já o voto vencido do Relator, Min. José Delgado, fundamentava-se no art. 37, § 6º, da CF/1988 para defender tratar-se daquela responsabilidade. **QO no AgRg no AG 945.255-MS, Rel. Min. José Delgado, em 1º/4/2008.** (Inform. STJ 350)

ILEGITIMIDADE. UNIÃO. ERRO MÉDICO.
A União não possui legitimidade para figurar no pólo passivo de ação em que se objetiva a indenização por danos morais decorrentes de erro médico ocorrido em hospital da rede privada, durante atendimento custeado pelo SUS. A Lei n. 8.080/1990, no art. 18, I, II, V e XI, dispõe que compete aos municípios gerir e executar serviços públicos de saúde, celebrar contratos e convênios com entidades prestadoras de serviços privados de saúde, bem como controlar e avaliar sua execução e controlar e fiscalizar os procedimentos dos serviços privados de saúde. Assim, no caso, a Turma extinguiu a ação sem resolução do mérito por ilegitimidade passiva da União. **Precedentes citados: REsp 513.660-RS, DJ 19/12/2003, e REsp 873.126-RS, DJ 20/10/2006. REsp 717.800-RS, Rel. Min. Denise Arruda, julgado em 25/3/2008.** (Inform. STJ 349)

INDENIZAÇÃO. DANO MORAL. PRISÃO. EXCESSO. PRAZO. IMPRONÚNCIA.
Trata-se de pedido de indenização por danos morais decorrente da responsabilidade do Estado por haver mantido o recorrente em prisão preventiva por 741 dias e, posteriormente, tê-lo impronunciado, porquanto insuficientes os indícios de sua participação no conhecido caso denominado de "Chacina de Vigário Geral" por ter trazido aos autos razoável prova de registro de sua presença em outro local. Para o Min. Relator originário, o acórdão recorrido reconheceu a legalidade da prisão preventiva do recorrente naquele momento processual. Destacou, ainda, as ponderações do *Parquet* no sentido de que a prisão foi fundamentada dentro dos parâmetros legais, assim, para que se legitime a ação estatal, exige-se a probabilidade da condenação e não a certeza dessa, uma vez que essa só poderá ser apurada no momento da decisão final. E, por fim, concluiu que a tese do recurso especial de ilegalidade da prisão para justificar a indenização implica reexame fático-probatório da matéria (Súm n. 7-STJ). Entretanto, o voto-vista condutor do acórdão, do Min. Luiz Fux, considerou que a prisão preventiva, mercê de sua legalidade desde que preenchidos os requisitos legais, revela aspectos da tutela antecipatória no campo penal, por isso que, na sua gênese, deve conjurar a idéia de arbitrariedade. Ressalta que houve prisão cautelar com excesso de prazo, ultrapassando-se o lapso legal, ficando o réu impronunciado por inexistência de autoria, o que revela o direito à percepção do dano moral, por violação do cânone constitucional específico, além de afrontar o princípio fundamental da dignidade humana. Logo, há responsabilidade estatal à luz da legislação infraconstitucional (art. 159 do CC/1916) e da Constituição Federal (art. 37, § 6º). Com esses fundamentos do voto-vista, a Turma, ao prosseguir o julgamento, por maioria, restabeleceu a indenização fixada na sentença, corrigida monetariamente. **REsp 872.630-RJ, Rel. originário Min. Francisco Falcão, Rel. para acórdão Min. Luiz Fux, julgado em 13/11/2007.** (Inform. STJ 339)

RESPONSABILIDADE. ESTADO. NOMEAÇÃO TARDIA.
O pleito dos autores cinge-se ao fato de não terem sido nomeados na data devida, por erro da Administração, posteriormente reconhecido pela via judicial, motivo pelo qual requerem indenização do Estado, com fulcro na teoria da responsabilidade objetiva. O Min. Relator entendeu assistir razão aos recorrentes. Consta dos autos que a tardia nomeação dos autores resultou de ato ilícito da Administração, a saber, ilegalidade na correção das provas do certame, razão pela qual os candidatos, ora recorrentes, deixaram de exercer o cargo para o qual restaram aprovados em concurso público, por terem sido preteridos por outros candidatos, razão pela qual incide o artigo 37, § 6º, da CF/1988, que responsabiliza objetivamente o Estado por danos causados aos seus administrados. Indubitável a manifesta violação dos direitos dos autores no que tange à observância da ordem classificatória do certame, vez que a posterior deliberação da comissão de concurso no sentido de nomear candidatos antes mesmo da análise do pedido judicial de anulação de certas questões, pleito, diga-se de passagem, que logrou êxito perante este Superior Tribunal, afronta os princípios da legalidade e isonomia. É cediço que o candidato preterido tem direito à nomeação na hipótese de inobservância da ordem dos concursos e da classificatória, dentro do prazo de validade, havendo, fora desses casos, tão-somente, expectativa de direito à nomeação. É cabível, *in casu*, a condenação do Estado ao pagamento de indenização aos candidatos que foram preteridos na ordem classificatória do concurso, por erro da Administração. Não há qualquer óbice jurídico para que o valor da indenização corresponda aos vencimentos e demais vantagens inerentes ao cargo, porquanto seria o valor que teriam percebido à época, caso observada a ordem classificatória do certame. Diante disso, a Turma deu provimento ao recurso, para determinar seja restaurado o acórdão, reformado em sede de embargos infringentes pela instância *a quo*, fixando-se a indenização consoante seu dispositivo. **REsp 825.037-DF, Rel. Min. Luiz Fux, julgado em 23/10/2007.** (Inform. STJ 337)

INDENIZAÇÃO. PRESO. REGIME MILITAR. TORTURA. IMPRESCRITIBILIDADE.
Trata-se de ação ordinária proposta com objetivo de reconhecimento dos efeitos previdenciários e trabalhistas, acrescidos de danos materiais e morais, em face do Estado, pela prática de atos ilegítimos decorrentes de perseguições políticas perpetradas por ocasião do golpe militar de 1964, que culminaram na prisão do autor, bem como em sua tortura, cujas conseqüências alega irreparáveis. Há prova inequívoca da perseguição política à vítima e de imposição, por via oblíqua, de sobrevivência clandestina, atentando contra a dignidade da pessoa humana, acrescida do fato de ter sido atingida sua capacidade laboral quando na prisão fora torturado, impedindo atualmente seu auto-sustento. A indenização

pretendida tem amparo constitucional no art. 8º, § 3º, do ADCT. Deveras, a tortura e morte são os mais expressivos atentados à dignidade da pessoa humana, valor erigido como um dos fundamentos da República Federativa do Brasil. À luz das cláusulas pétreas constitucionais, é juridicamente sustentável assentar que a proteção da dignidade da pessoa humana perdura enquanto subsiste a República Federativa, posto seu fundamento. Consectariamente, não há falar em prescrição da ação que visa implementar um dos pilares da República, máxime porque a Constituição não estipulou lapso prescricional ao direito de agir, correspondente ao direito inalienável à dignidade. Outrossim, a Lei n. 9.140/1995, que criou as ações correspondentes às violações à dignidade humana perpetradas em período de supressão das liberdades públicas, previu a ação condenatória no art. 14, sem lhe estipular prazo prescricional, por isso que a *lex specialis* convive com a *lex generalis*, sendo incabível qualquer aplicação analógica do Código Civil no afã de superar a reparação de atentados aos direitos fundamentais da pessoa humana, como sói ser a dignidade retratada no respeito à integridade física do ser humano. Adjuntem-se à lei interna as inúmeras convenções internacionais firmadas pelo Brasil, a começar pela Declaração Universal da ONU, e demais convenções específicas sobre a tortura, tais como a convenção contra a tortura adotada pela Assembléia Geral da ONU, a Convenção Interamericana contra a Tortura, concluída em Cartagena, e a Convenção Americana sobre Direitos Humanos (Pacto de São José da Costa Rica). A dignidade humana violentada, *in casu*, decorreu do fato de ter sido o autor torturado, revelando flagrante atentado ao mais elementar dos direitos humanos, os quais, segundo os tratadistas, são inatos, universais, absolutos, inalienáveis e imprescritíveis. Inequívoco que foi produzida importante prova indiciária representada pelos comprovantes de tratamento e pelas declarações médicas que instruem os autos. Diante disso, a Turma, ao prosseguir o julgamento e por maioria, deu provimento ao recurso para para afastar, *in casu*, a aplicação da norma inserta no art. 1º do Decreto n. 20.910/1932, determinando o retorno dos autos à instância de origem para que dê prosseguimento ao feito. Precedentes citados do STF: HC 70.389-SP, DJ 10/8/2001; do STJ: REsp 449.000-PE, DJ 30/6/2003. **REsp 845.228-RJ, Rel. Min. Luiz Fux, julgado em 23/10/2007 (ver Informativo n. 316).** (Inform. STJ 337)

PRESCRIÇÃO. AÇÃO. INDENIZAÇÃO. DANO. VENDA. ESTADO-MEMBRO. RESERVA INDÍGENA.

Cuida-se de área rural comprada de Estado-membro, sendo que uma parte foi transmitida por sucessão hereditária e a outra, adquirida por contrato de compra e venda também diretamente do Estado-membro. Posteriormente, os autores tomaram conhecimento de que a área era ocupada por índios. Motivo pelo qual ingressaram com ação de desapropriação indireta, julgada improcedente com base em prova pericial de que a área era ocupada por índios antes da alienação efetiva pelo Estado-membro e, como se trata de terra indígena, o domínio é da União. Diante dessa decisão, os autores propuseram ação de indenização por perdas e danos contra o Estado, mas a ação foi extinta com julgamento de mérito, entendendo-se ter sido atingida pelo prazo prescricional de cinco anos para propositura da ação. Isso posto, a Turma considerou que os autores adquiriram regularmente a área rural, e o marco para a contagem da prescrição é o da sentença de desapropriação que definiu, com base em laudo antropológico, que os índios já ocupavam a área quando foi titulada. **REsp 661.520-MT, Rel. Min. João Otávio de Noronha, julgado em 23/10/2007.** (Inform. STJ 337)

DANOS MORAIS. OFENSAS. PROMOTOR. MAGISTRADO.

Trata-se de pedido de indenização por danos morais contra Estado-Membro porque o promotor estadual, em sede de agravo de instrumento contra decisão que indeferiu pedido de liminar em ação civil pública, utilizou expressões e palavras ofensivas à honra do magistrado. Nas instâncias ordinárias, o juiz julgou procedente o pedido, mas o Tribunal *a quo* julgou improcedente a pretensão condenatória, entendendo que as expressões usadas referem-se à decisão agravada e não à pessoa do magistrado. Sendo assim, reconheceu o exagero verbal, entretanto, sem o *animus iniuriandi* e inverteu os ônus sucumbenciais. Considerou, também, que o Estado não pode responsabilizar-se por questões pessoais de seus agentes públicos. Foram opostos embargos declaratórios pelo magistrado, os quais foram rejeitados, e o pedido de assistência judiciária gratuita requerida naquela etapa foi parcialmente concedido. Isso posto, a Min. Relatora afirmou que a tese recursal não procede e considerou a decisão do acórdão recorrido adequada, porquanto não-caracterizados o ato ilícito e o dano à honra subjetiva do juiz. Quanto ao pedido tardio da gratuidade judiciária, ressalta que, embora seja possível requerê-lo a qualquer momento, quando existe a possibilidade de sua postulação ter o nítido propósito de se esquivar da sucumbência, este Superior Tribunal tem afastado sua concessão. Entretanto, por força do princípio que veda a *reformatio in pejus*, a gratuidade parcial restou mantida pela Min. Relatora. Diante do exposto, a Turma, por maioria, ao prosseguir o julgamento, conheceu parcialmente do recurso e, nessa parte, negou-lhe provimento. Precedente citado: REsp 762.878-MG, DJ 6/11/2006. **REsp 790.807-MG, Rel. Min. Denise Arruda, julgado em 9/10/2007.** (Inform. STJ 335)

RESPONSABILIDADE CIVIL. ESTADO. OMISSÃO.

Discutia-se a responsabilidade civil do Estado decorrente do fato de não ter removido entulho acumulado à beira de uma estrada, para evitar que ele atingisse uma casa próxima e causasse o dano, em hipótese de responsabilidade por omissão. Diante disso, a Min. Relatora traçou completo panorama da evolução da doutrina, legislação e jurisprudência a respeito do tortuoso tema, ao perfilar o entendimento de vários escritores e julgados. Por fim, filiou-se à vertente da responsabilidade civil subjetiva do Estado diante de condutas omissivas, no que foi acompanhada pela Turma. Assim, consignado pelo acórdão do Tribunal *a quo* que a autora não se desincumbiu de provar a culpa do Estado, não há que se falar em indenização no caso. Precedentes citados do STF: RE 179.147-SP, DJ 27/2/1998; RE 170.014-SP, DJ 13/2/1998; RE 215.981-RJ, DJ 31/5/2002; do STJ: REsp 418.713-SP, DJ 8/9/2003, e REsp 148.641-DF, DJ 22/10/2001. **REsp 721.439-RJ, Rel. Min. Eliana Calmon, julgado em 21/8/2007.** (Inform. STJ 328)

RESPONSABILIDADE. PRESTADORA. SERVIÇO PÚBLICO.

Um automóvel pertencente à companhia prestadora de serviços públicos que então explorava o metrô estadual acabou por atropelar a ora recorrida. Proposta a respectiva ação indenizatória, essa foi julgada procedente, transitando em julgado. Não paga a indenização nem nomeados bens à penhora, a recorrida requereu a penhora do numerário da própria bilheteria da estação do metrô, sem atentar que era outra sociedade que agora prestava aquele serviço público, apesar de a primeva companhia, em liquidação, ainda existir e possuir patrimônio próprio. Daí os embargos de terceiro, rechaçados pelas instâncias ordinárias. Diante disso, a Turma, ao prosseguir o julgamento, entendeu, por maioria, dar provimento ao recurso especial ao fundamento de que o dano em questão foi estranho ao serviço de transporte prestado, o que descaracteriza a responsabilidade por fato do serviço, assentando-se na teoria do risco administrativo, pela qual o Estado responde pelos danos que seus agentes, nessa qualidade, causem a terceiros. Frisou que, se não há responsabilidade por risco do serviço, a tese da sucessão de sociedades na qualidade de exploradoras do serviço público não serve ao fim de sustentar o entendimento de que a sucessora arcaria com o cumprimento das obrigações contraídas pela sucedida. Asseverou que não se trata de sucessão empresarial, pois a ora recorrente foi investida na categoria de concessionária pública mediante licitação, em investidura originária, não por uma cessão, daí que, salvo previsão contratual, não cabe a ela responder por aqueles danos. **REsp 738.026-RJ, Rel. originária Min. Eliana Calmon, Rel. para acórdão Min. João Otávio de Noronha, julgado em 26/6/2007.** (Inform. STJ 325)

RESPONSABILIDADE CIVIL OBJETIVA. ACIDENTE. RODOVIA. REGISTRO. PROPRIEDADE.

Trata-se da legitimidade ativa para o ajuizamento de ação de indenização por prejuízos de acidente em rodovia federal com veículo cuja transferência de propriedade não fora registrada no Detran antes da ocorrência do dano. O Tribunal *a quo* manteve a sentença de extinção do processo sem resolução do mérito, por ilegitimidade ativa *ad causam*. Isso posto, a Turma, por unanimidade, deu provimento ao recurso reconhecendo que o adquirente de veículo cuja transferência ainda não foi registrada no órgão competente está legitimado a demandar em busca de indenização decorrente de acidente de trânsito. **REsp 936.547-RJ, Rel. Min. Teori Albino Zavascki, julgado em 26/6/2007.** (Inform. STJ 325)

RESPONSABILIDADE CIVIL. CARTÓRIO. NOTÁRIO.

A questão consiste em saber se a responsabilidade civil por ato ilícito praticado por oficial de Registro de Títulos, Documentos e Pessoa Jurídica é pessoal; não podendo seu sucessor, ou seja, o atual oficial da serventia, que não praticou o ato ilícito, responder pelo dano em razão de ser delegatário do serviço público. Isso posto, a Turma deu parcial provimento ao recurso para reconhecer a ilegitimidade do recorrente para figurar no pólo passivo da demanda e extinguir o feito sem resolução do mérito, ao argumento de que só poderia responder como titular do cartório aquele que efetivamente ocupava o cargo à época do fato reputado como ilícito e danoso, razão pela qual não poderia a responsabilidade ser transferida ao agente que o sucedeu, pois a responsabilidade, *in casu*, há de ser pessoal. Precedentes citados: REsp 443.467-PR, DJ 1º/7/2005; EDcl no REsp 443.467-PR, DJ 21/11/2005, e REsp 696.989-PE, DJ 27/11/2006. **REsp 852.770-SP, Rel. Min. Humberto Martins, julgado em 3/5/2007.** (Inform. STJ 319)

AÇÃO INDENIZATÓRIA. REGIME MILITAR. PRESCRIÇÃO.

A Turma decidiu que o direito de reclamar indenização assegurada em virtude da morte de pessoas desaparecidas durante o período da ditadura militar, *ex vi* da Lei n. 9.140/1995, não pode ser afetado por quaisquer prazos prescricionais. Precedentes citados: REsp 379.414-PR, DJ 17/2/2003; REsp 449.000-PE, DJ 30/6/2003, e REsp 529.804-PR, DJ 24/5/2004. **REsp 651.512-GO, Rel. Min. João Otávio de Noronha, julgado em 10/4/2007.** (Inform. STJ 316)

INDENIZAÇÃO. ATO. AGENTE PÚBLICO. ABUSO. AUTORIDADE. DIREITO. REGRESSO. ESTADO.

O Tribunal *a quo* concluiu que o ora recorrente, delegado de Polícia, passou à frente do ora interessado, que se encontrava na fila de um banco. Começaram então a discutir e, no ápice do desentendimento, o delegado deu voz de prisão ao interessado por desacato à autoridade, recolheu-o à delegacia onde se lavrou o auto de prisão em flagrante e, para ser posto em liberdade, foi preciso pagar fiança. Concluiu-se que a conduta não se enquadra no tipo do art. 331 do Código Penal, pois o desentendimento não se deu em razão da função de delegado, mas porque alguém passou à frente de todos na fila. Entendeu-se, ainda, após reconhecer a responsabilidade do Estado pela prisão ilegal, julgar procedente a denunciação à lide, pois a conduta não se enquadra na função de delegado no momento do evento, consistindo em verdadeiro abuso de autoridade. O litisdenunciado, ora recorrente, agiu como agente público ao mobilizar o aparato estatal e efetuar a prisão ilegal. Logo há responsabilidade civil do Estado e, em razão do abuso, cabe ressarcir o Estado pelos valores despendidos com a reparação dos danos morais. A Turma não conheceu do recurso. **REsp 782.834-MA, Rel. Min. Eliana Calmon, julgado em 20/3/2007.** (Inform. STJ 314)

RESPONSABILIDADE CIVIL. ESTADO. ACIDENTE DE TRÂNSITO.

Trata-se de ação indenizatória na qual se busca a responsabilidade civil do Estado em razão do dano causado por pessoa que, no momento do acidente de trânsito, deveria estar reclusa, sob custódia do Estado. No caso, um apenado dirigia na contramão quando atingiu uma motocicleta, ferindo, gravemente, o motociclista e seu carona. O condutor do veículo deveria estar recluso naquele momento, pois cumpria pena em prisão albergue, em progressão de pena privativa de liberdade e só não estava recolhido em razão de os agentes estatais possibilitarem que dormisse fora. A Turma, por maioria, entendeu que o Estado não pode ser responsabilizado, pois, na espécie, o ato estatal que permitiu ao albergado sair de sua custódia, por si só, não é causa adequada para a ocorrência do dano, inexistindo, então, nexo de causalidade entre a omissão dos agentes públicos e o dano causado ao ora recorrente. Logo, por maioria, conheceu parcialmente do recurso e, nessa parte, negou-lhe provimento. **REsp 669.258-RJ, Rel. Min. Humberto Martins, julgado em 27/2/2007.** (Inform. STJ 311)

INDENIZAÇÃO. DANOS MORAIS. EXECUÇÃO FISCAL. DÉBITO PAGO.

A Turma decidiu que a execução fiscal de débito pago anteriormente poderá ensejar ressarcimento a título de danos morais quando há o abalo moral. Essa decisão baseou-se em julgados em que a inscrição indevida em cadastro de proteção ao crédito ou protestos indevidos de títulos resultaram em ressarcimento por danos morais. Precedentes citados: REsp 640.196-PR, DJ 1º/8/2005, e REsp 662.111-RN, DJ 6/12/2004. **REsp 773.470-PR, Rel. Min. Eliana Calmon, julgado em 15/2/2007.** (Inform. STJ 310)

7. BENS PÚBLICOS

ADI N. 255-RS

RED. P/ O ACÓRDÃO: MIN. RICARDO LEWANDOWSKI

EMENTA: AÇÃO DIRETA DE INCONSTITUCIONALIDADE. INCISO X DO ART. 7º DA CONSTITUIÇÃO DO ESTADO DO RIO GRANDE DO SUL. BENS DO ESTADO. TERRAS DOS EXTINTOS ALDEAMENTOS INDÍGENAS. VIOLAÇÃO DOS ARTS. 20, I E XI, 22, *CAPUT* E INCISO I, E 231 DA CONSTITUIÇÃO FEDERAL. INTERPRETAÇÃO CONFORME. EXTINÇÃO OCORRIDA ANTES DO ADVENTO DA CONSTITUIÇÃO DE 1891. ADI JULGADA PARCIALMENTE PROCEDENTE. I - A jurisprudência do Supremo Tribunal Federal, por diversas vezes, reconheceu que as terras dos aldeamentos indígenas que se extinguiram antes da Constituição de 1891, por haverem perdido o caráter de bens destinados a uso especial, passaram à categoria de terras devolutas. II - Uma vez reconhecidos como terras devolutas, por força do artigo 64 da Constituição de 1891, os aldeamentos extintos transferiram-se ao domínio dos Estados. III – ADI julgada procedente em parte, para conferir interpretação conforme à Constituição ao dispositivo impugnado, a fim de que a sua aplicação fique adstrita aos aldeamentos indígenas extintos antes da edição da primeira Constituição Republicana. (Inform. STF 628) *noticiado no Informativo 619

PROPRIEDADE DOS EXTINTOS ALDEAMENTOS INDÍGENAS - 5

Em conclusão, o Tribunal, por maioria, julgou parcialmente procedente pedido formulado em ação direta de inconstitucionalidade requerida pelo Procurador-Geral da República para dar ao inciso X do art. 7º da Constituição do Estado do Rio Grande do Sul (*Art.7º... X. São bens do Estado ... as terras dos extintos aldeamentos indígenas*) interpretação conforme a Constituição, no sentido de que o dispositivo impugnado refere-se somente aos aldeamentos indígenas extintos antes da Constituição de 1891 — v. Informativos 274, 421,470 e 479. Na linha da jurisprudência da Corte, entendeu-se que tais terras teriam sido excluídas do domínio da União e as demais a ela pertenceriam, de modo que o Estado-membro não poderia legislar sobre a matéria. Vencido o Min. Joaquim Barbosa que julgava o pleito procedente. ADI 255/RS, rel. orig. Min. Ilmar Galvão, red. p/ o acórdão Min. Ricardo Lewandowski. 16.3.2011. (ADI-255) (Inform. STF 619)

DEMARCAÇÃO DE TERRENOS DE MARINHA E NOTIFICAÇÃO DE INTERESSADOS - 1

O Plenário iniciou julgamento de medida cautelar em ação direta de inconstitucionalidade ajuizada pela Assembléia Legislativa do Estado de Pernambuco contra o art. 11 do Decreto-lei 9.760/46, com a redação dada pelo art. 5º da Lei 11.481/2007, que autoriza o Serviço de Patrimônio da União - SPU a notificar, por edital, os interessados no procedimento de demarcação dos terrenos de marinha, "*para que no prazo de 60 (sessenta) dias ofereçam a estudo plantas, documentos e outros esclarecimentos concernentes aos terrenos compreendidos no trecho demarcando*". O Min. Ricardo Lewandowski, relator, indeferiu o pleito de medida acauteladora, no que foi acompanhado pelos Ministros Cármen Lúcia, Joaquim Barbosa e Ellen Gracie. Reputou não demonstrada, na espécie, a plausibilidade jurídica do pedido. Consignou, de início, que o procedimento de demarcação dos terrenos de marinha, atribuição delegada ao SPU, dividir-se-ia em duas fases. A primeira diria respeito ao recolhimento de documentos e plantas relativos ao ano de 1831 ou, quando não obtidos, ao período que desse ano se aproximassem. Aduziu que, nessa fase, os interessados seriam convidados a oferecer outros subsídios, a fim de embasar a decisão sobre o local das linhas de preamar de 1831, deliberação que corresponderia à segunda fase. Salientou que o art. 11 do DL 9.760/46 estabelecia, em sua redação original, que o chamamento dos interessados, certos ou incertos, para colaborar com o SPU dar-se-ia pessoalmente ou por edital. Asseverou que os interessados seriam convidados — não intimados — para auxiliar a Administração a determinar o exato ponto das linhas de preamar médio do ano de 1831. Assim, não se trataria de chamamento para exercício de contraditório ou de ampla defesa, os quais estariam assegurados na segunda etapa do procedimento, após o SPU definir a posição da linha de preamar. Entendeu que a realização do convite por intermédio de edital não ofenderia a garantia constitucional do devido processo legal. Assinalou, inclusive, ser mais lógico que os eventuais interessados fossem convidados apenas por edital, haja vista que o convite pessoal pressuporia prévio conhecimento de quais seriam os convidados. Em suma, não vislumbrou afronta ao devido processo legal, porquanto a modificação promovida não teria afetado direitos de nenhum interessado. ADI 4264 MC/PE, rel. Min. Ricardo Lewandowski, 10.2.2011. (ADI-4264)

DEMARCAÇÃO DE TERRENOS DE MARINHA E NOTIFICAÇÃO DE INTERESSADOS - 2

Em divergência, o Min. Ayres Britto deferiu a medida cautelar, no que seguido pelos Ministros Gilmar Mendes, Marco Aurélio, Celso de Mello e Cezar Peluso, Presidente. Afirmou cuidar-se de remarcação, e não de simples demarcação de área de marinha. Enfatizou que, nos dias de hoje, tais terrenos constituiriam instituto obsoleto e que seria muito difícil, sobretudo nas cidades litorâneas, existir terreno de marinha ainda não demarcado. Em virtude disso, concluiu pela necessidade de chamamento, por notificação pessoal, dos interessados certos, os quais teriam seus nomes inscritos nos registros do Patrimônio da União. Isto porque seriam foreiros e pagariam o laudêmio a cada ano. Ressaltou que o tema seria complexo, de difícil equacionamento, à luz da urbanização crescente da sociedade brasileira e que essa permanência dos terrenos de marinha poderia significar retardo no processo de desenvolvimento, ao encarecer imóveis. O Min. Gilmar Mendes observou, ademais, que a primeira fase do aludido procedimento levaria à arrecadação dos imóveis, em desconstituição de ato jurídico perfeito, o que reforçaria a imprescindibilidade dessa notificação pessoal. O Min. Marco Aurélio acrescentou que, no campo do direito de defesa, não se poderia partir para a flexibilização. Ao destacar que a norma originária estivera em vigor há mais de 60 anos, consignou que nessas áreas — em que viveriam muitas pessoas com baixa escolaridade as quais não acompanhariam a publicação de editais — ter-se-iam situações constituídas com conhecimento da Administração de quem seriam os titulares desses terrenos. Na mesma linha, o Min. Celso de Mello expôs que, em sede de procedimento administrativo, impor-se-ia a ciência real, não presumida, não ficta, da instauração de procedimentos que pudessem atingir o direito de proprietários certos. Evidenciou que o dispositivo impugnado frustraria o contraditório, de modo a afetar o direito de defesa e comprometer a situação jurídica de proprietários, que passariam a ser considerados detentores precários da área, com inegáveis prejuízos. Por derradeiro, o Min. Cezar Peluso realçou que o chamamento objetivaria evitar erro nessa linha de demarcação, para que não ocorresse desfalque de área privada, já que, na maioria dos casos, a remarcação envolveria propriedades privadas, conhecidas do SPU. Após, o julgamento foi suspenso para aguardar o voto do Ministro a ser empossado brevemente. ADI 4264 MC/PE, rel. Min. Ricardo Lewandowski, 10.2.2011. (ADI-4264)

***DEMARCAÇÃO DE TERRENOS DE MARINHA E NOTIFICAÇÃO DE INTERESSADOS* - 3**

Em conclusão, o Plenário, por maioria, deferiu pedido de medida cautelar em ação direta ajuizada pela Assembléia Legislativa do Estado de Pernambuco para declarar a inconstitucionalidade do art. 11 do Decreto-lei 9.760/46, com a redação dada pelo art. 5º da Lei 11.481/2007, que autoriza o Serviço de Patrimônio da União - SPU a notificar, por edital, os interessados no procedimento de demarcação dos terrenos de marinha, *"para que no prazo de 60 (sessenta) dias ofereçam a estudo plantas, documentos e outros esclarecimentos concernentes aos terrenos compreendidos no trecho demarcando"* — v. Informativo 615. Afirmou-se cuidar-se de remarcação, e não de simples demarcação de área de marinha. Enfatizou-se que, nos dias de hoje, tais terrenos constituiriam instituto obsoleto e que seria muito difícil, sobretudo nas cidades litorâneas, existir terreno de marinha ainda não demarcado. Em virtude disso, concluiu-se pela necessidade de chamamento, por notificação pessoal, dos interessados certos, os quais teriam seus nomes inscritos nos registros do Patrimônio da União, porque seriam foreiros e pagariam o laudêmio a cada ano. Ressaltou-se que o tema seria complexo, de difícil equacionamento, à luz da urbanização crescente da sociedade brasileira e que essa permanência dos terrenos de marinha poderia significar retardo no processo de desenvolvimento, ao encarecer imóveis. ADI 4264 MC/PE, rel.Min. Ricardo Lewandowski, 16.3.2011. (ADI-4264)

***DEMARCAÇÃO DE TERRENOS DE MARINHA E NOTIFICAÇÃO DE INTERESSADOS* - 4**

Observou-se que a primeira fase do aludido procedimento levaria à arrecadação dos imóveis, em desconstituição de ato jurídico perfeito, o que reforçaria a imprescindibilidade dessa notificação pessoal e que não seria possível flexibilizar o direito de defesa. Ao se destacar que a norma originária estivera em vigor há mais de 60 anos, consignou-se que nessas áreas — em que viveriam muitas pessoas com baixa escolaridade as quais não acompanhariam a publicação de editais — ter-se-iam situações constituídas com conhecimento da Administração de quem seriam os titulares desses terrenos. Destacou-se que, em sede de procedimento administrativo, impor-se-ia a ciência real, não presumida, não ficta, da instauração de procedimentos que pudessem atingir o direito de proprietários certos. Evidenciou-se que o dispositivo impugnado frustraria o contraditório, de modo a afetar o direito de defesa e comprometer a situação jurídica de proprietários, que passariam a ser considerados detentores precários da área, com inegáveis prejuízos. Realçou-se que o chamamento objetivaria evitar erro nessa linha de demarcação, para que não ocorresse desfalque de área privada, já que, na maioria dos casos, a remarcação envolveria propriedades privadas, conhecidas do SPU. O Min. Luiz Fux acompanhou a maioria já formada. Afirmou que a convocação editalícia, por ser ficta, deveria ser utilizada como exceção e, portanto, não admissível, na hipótese dos autos, ante ofensa ao devido processo legal. Assim, enfatizou que o procedimento poderia, em tese, levar à perda da posse ou da propriedade em virtude da demarcação de terrenos. Vencidos os Ministros Ricardo Lewandowski, relator, Cármen Lúcia, Joaquim Barbosa e Ellen Gracie. ADI 4264 MC/PE, rel.Min. Ricardo Lewandowski, 16.3.2011. (ADI-4264) (Inform. STF 619)

TAXA DE OCUPAÇÃO DO SOLO E ESPAÇO AÉREO POR POSTE DE TRANSMISSÃO DE ENERGIA ELÉTRICA - 1

O Tribunal negou provimento a recurso extraordinário interposto contra acórdão do Tribunal de Justiça do Estado de Rondônia, e, por vislumbrar usurpação da competência exclusiva da União para explorar os serviços e instalações de energia elétrica e da sua competência privativa para legislar sobre o assunto (CF, artigos 21, XII, b e 22, IV), declarou incidentalmente a inconstitucionalidade da Lei municipal 1.199/2002, de Ji-Paraná/RO, que instituiu taxa de uso e ocupação do solo e espaço aéreo em relação à atividade de extensão de rede de transmissão e de distribuição de energia elétrica. Prevaleceu o voto do Min. Eros Grau, relator, que salientou que às empresas prestadoras de serviços de geração, transmissão, distribuição e comercialização de energia elétrica incumbe o dever-poder de prestar o serviço público de que se trata e que, para tal mister, é-lhes atribuído, pelo poder concedente, o também dever-poder de usar o domínio público necessário à execução desse serviço, assim como promover desapropriações e constituir servidões de áreas por ele, poder concedente, declaradas de utilidade pública. Portanto, à entidade administrativa incumbiria o dever-poder de gerir a *res publica*. No desempenho da função administrativa, a autoridade pública estaria abrangida por um vínculo imposto a sua vontade. O dever jurídico consubstanciaria uma vinculação imposta à vontade de quem estivesse por ela alcançado, e, no caso da função administrativa, vinculação imposta à vontade da autoridade pública em razão de interesse alheio, ou seja, do todo social. **RE 581947/RO, rel. Min. Eros Grau, 27.5.2010.** (RE-597362)

TAXA DE OCUPAÇÃO DE SOLO E ESPAÇO AÉREO POR POSTE DE TRANSMISSÃO DE ENERGIA ELÉTRICA - 2

Ressaltou que a concessionária da prestação de serviço público recorrida faria uso fundamentalmente, a fim de prestar o serviço, do espaço sobre o solo de faixas de domínio público de vias públicas, no qual instalaria equipamentos necessários à prestação de serviços de transmissão e distribuição de energia elétrica. Explicou que essas faixas de domínio público de vias públicas constituiriam bem público, inserido na categoria dos bens de uso comum do povo. Asseverou que os bens públicos, de uso comum do povo, de uso especial e dominicais integrariam, todos eles, o patrimônio público, mas os bens de uso comum do povo seriam modernamente entendidos como propriedade pública. Observou que, no entanto, tamanha seria a intensidade da participação do bem de uso comum do povo na atividade administrativa que ele constituiria, em si, o próprio serviço público prestado pela Administração. Aduziu que, ainda que os bens do domínio público e do patrimônio administrativo não tolerem o gravame das servidões, sujeitar-se-iam, na situação a que respeitam os autos, aos efeitos da restrição decorrente da instalação, no solo, de equipamentos necessários à prestação de serviço público. Não conduzindo, a imposição dessa restrição, à extinção de direitos, não acarretaria o dever de indenizar, salvo disposição legal expressa em contrário, no caso inexistente. **RE 581947/RO, rel. Min. Eros Grau, 27.5.2010.** (RE-597362)

TAXA DE OCUPAÇÃO DE SOLO E ESPAÇO AÉREO POR POSTE DE TRANSMISSÃO DE ENERGIA ELÉTRICA - 3

Por fim, registrou que, além de a instalação dos equipamentos de que se trata não comprometerem o uso comum dos bens públicos em questão, também não haveria prejuízo que justificasse o recebimento, pelo Município, de qualquer indenização pelo uso do bem público de uso comum. Concluiu que haveria, na ocupação do solo e do espaço aéreo dos bens de uso comum de que se cuida, um direito restritivo em benefício do prestador de serviço público, que lhe viabilizaria, instrumentando sua atuação, o pleno cumprimento do dever-poder, que o vincula, de prestar o serviço. O Min. Ricardo Lewandowski acompanhou as conclusões do relator no sentido de negar provimento ao recurso, mas por diverso fundamento, isto é, o de que a cobrança teria como pretexto o exercício do poder de polícia, mas a Lei municipal evidenciaria que o fato gerador seria o uso e ocupação do solo e do espaço aéreo por postes, o qual incompatível com a natureza das taxas. **RE 581947/RO, rel. Min. Eros Grau, 27.5.2010** (RE-597362) (Inform. STF 588)

ADI E VENDA DE TERRAS PÚBLICAS RURAIS

O Tribunal iniciou julgamento de ação direta proposta pelo Partido dos Trabalhadores - PT na qual se objetiva a declaração de inconstitucionalidade de preceitos da Lei distrital 2.689/2001, que dispõe sobre a alienação, legitimação de ocupação e concessão de direito real de uso das terras públicas rurais pertencentes ao Distrito Federal e à Companhia Imobiliária de Brasília - TERRACAP. O Min. Eros Grau, relator, na linha da orientação fixada no julgamento da ADI 2990/DF (j. em 18.4.2007), julgou improcedente o pedido formulado, no que foi acompanhado pelos Ministros Cármen Lúcia e Sepúlveda Pertence. Inicialmente, rejeitou as preliminares de não cabimento da ação. No mérito, entendeu que, embora a lei impugnada cogite de dispensa, haveria, no caso, autêntica inexigibilidade de licitação decorrente de inviabilidade de competição, haja vista que a pessoa que pode adquirir o domínio sem licitação é a que estiver produzindo na terra a ser alienada, razão por que as expressões "venda direta" e "dispensada a licitação", contidas em certos artigos da lei impugnada, não violariam o princípio da licitação (CF, art. 37, XXI) e a regra de competência do art. 22, XXVII, da CF. No que se refere ao artigo 14, que prevê a criação e as atribuições do Conselho de Administração e Fiscalização de Áreas Públicas Rurais Regularizadas, e ao artigo 15, § 1°, da lei em questão, que confere, à TERRACAP e às Secretarias de Estado de Assuntos Fundiários e de Estado de Agricultura e Abastecimento, a competência para fixar tabela de preços da terra pública rural nua, a ser elaborada por comissão nomeada pelos Secretários de Estado de Agricultura e Abastecimento e de Estado e Assuntos Fundiários e que poderá ser composta por pessoas especializadas não-integrantes dos quadros da Administração Pública, o relator asseverou que, ao contrário do que alegado, o conselho e a comissão referidos não deteriam amplos poderes para ditar os rumos da política fundiária do DF que, em última análise, pertenceriam ao Governador. Considerou, ademais, que a possibilidade de esses colegiados serem integrados por pessoas estranhas aos quadros do Poder Público seria expressiva tão-somente da participação de segmentos da sociedade civil na Administração, o que não poderia ser reputado inconstitucional. Em divergência, o Min. Ricardo Lewandowski, reportando-se ao que decidido na ADI 651/TO (DJU de 20.9.2002), julgou o pedido procedente por vislumbrar ofensa ao art. 37, XXI, da CF. Após, pediu vista dos autos o Min. Carlos Britto. ADI 2416/DF, rel. Min. Eros Grau, 20.6.2007. (ADI-2416) (Inform. STF 472)

ADI E VENDA DE ÁREAS PÚBLICAS NO DISTRITO FEDERAL - 1

O Tribunal, por maioria, julgou improcedente pedido formulado em ação direta ajuizada pelo Procurador-Geral da República e declarou a constitucionalidade do art. 3°, e seus parágrafos, da Lei 9.262/96, que autoriza a venda individual das áreas públicas ocupadas e localizadas nos limites da Área de Proteção Ambiental da Bacia do Rio São Bartolomeu, no Distrito Federal, que sofreram processo de parcelamento reconhecido pela autoridade pública, dispensando os procedimentos exigidos pela Lei 8.666/93. Entendeu-se que a lei impugnada reveste-se de razoabilidade e veio a solucionar situação excepcional — problema social crônico e notório vivido no Distrito Federal de ocupação sem controle dessas áreas —, gerada em função, inclusive, do histórico da implantação da capital da República. Considerou-se que a União, dentro dos limites de sua competência legislativa para tratar da matéria — CF, art. 22, XXVII e art. 37, XXI, da CF — criou verdadeira hipótese de inexigibilidade de licitação, tendo em conta a inviabilidade de competição, porquanto o loteamento será regularizado exatamente com a venda para aquele que o ocupa (CF: "*Art. 22. Compete privativamente à União legislar sobre:... XXVII - normas gerais de licitação...; Art. 37... XXI - ressalvados os casos especificados em legislação, as obras, serviços, compras e alienações serão contratados mediante processo licitação pública...*"). ADI 2990/DF, rel. orig. Min. Joaquim Barbosa, rel. p/ o acórdão Min. Eros Grau, 18.4.2007. (ADI-2990)

ADI E VENDA DE ÁREAS PÚBLICAS NO DISTRITO FEDERAL - 2

Aduziu-se, ademais, que o legislador demonstrou preocupação quanto a questão do plano urbanístico e ambiental, haja vista que o § 1° do seu art. 3° estabelece que as áreas só poderão se submeter ao processo de regularização se passíveis de se transformarem em urbanas e depois de observadas as exigências da Lei 6.676/99 — que dispõe sobre o parcelamento do solo urbano. Reportou-se, ainda, ao que decidido pela Corte no julgamento da ADI 1330 MC/AP (DJU de 13.10.95), em que as condições eram até muito mais favoráveis aos ocupantes, quase todos servidores públicos e aos quais se permitiu adquirir os imóveis sem licitação. Vencida, em parte, a Min. Cármen Lúcia, que julgava o pedido parcialmente procedente, apenas para declarar a inconstitucionalidade da expressão "*dispensados os procedimentos exigidos pela Lei n° 8.666, de 21 de junho de 1993*", contida no art. 3° da norma impugnada.Vencidos, também, os Ministros Joaquim Barbosa e Ricardo Lewandowski, que, por vislumbrarem ofensa ao art. 37, XXI, da CF, julgavam procedente o pedido.
ADI 2990/DF, rel. orig. Min. Joaquim Barbosa, rel. p/ o acórdão Min. Eros Grau, 18.4.2007. (ADI-2990) (Inform. STF 463)

REPETITIVO. TAXA. OCUPAÇÃO. ATUALIZAÇÃO.

Trata-se de recurso especial sob o regime do art. 543-C do CPC c/c Res. n. 8/2008-STJ no qual a Seção entendeu que, na forma em que dispõe o art. 1° do Dec. n. 2.398/1987, compete ao Serviço do Patrimônio da União a atualização anual da taxa de ocupação dos terrenos de marinha. A norma contida no art. 28 da Lei n. 9.784/1999 cede lugar à aplicação do referido decreto pelos seguintes motivos: o Dec. n. 2.398/1987 é diploma normativo específico, incidindo, no caso, os arts. 2°, § 2°, da LICC e 69 da Lei n. 9.784/1999; não se trata de imposição de deveres ou ônus ao administrado, mas de atualização anual da taxa de ocupação dos terrenos de marinha, à luz do art. 28 da Lei n. 9.784/1999 e da jurisprudência deste Superior Tribunal; a classificação de certo imóvel como terreno de marinha depende de prévio procedimento administrativo, com contraditório e ampla defesa, porque aí há, em verdade, a imposição do dever. Ao contrário, a atualização das taxas de ocupação, que se dá com a atualização do valor venal do imóvel, não se configura como imposição ou mesmo agravamento de um dever, mas sim recomposição de patrimônio devida na forma da lei. Daí porque inaplicável o ditame do dispositivo mencionado. No caso das taxas de ocupação dos terrenos de marinha, é despiciendo o procedimento administrativo prévio com participação dos administrados interessados, bastando que a Administração Pública siga as normas do Dec. n. 2.398/1987 no que tange à matéria. Após a divulgação da nova planta de valores venais e da atualização dela advinda, aí sim os administrados podem recorrer administrativa e judicialmente dos pontos que consideram ilegais ou abusivos. Não há, portanto, que falar em necessidade de contraditório para a incidência do art. 1° do Dec. n. 2.398/1987. **REsp 1.150.579-SC, Rel. Min. Mauro Campbell Marques, julgado em 10/8/2011.** (Inform. STJ 480)

POSSE. CONTRATO VERBAL. BEM PÚBLICO.

Trata o recurso da possibilidade de o Estado ajuizar ação de reintegração de posse de imóvel público ocupado por servidor de autarquia desde antes de sua extinção, com alegada anuência verbal do Poder Público. A Turma entendeu que não se pode falar em contrato verbal firmado com a Administração Pública, uma vez que, pela natureza da relação jurídica, é inadmissível referida pactuação, não podendo, daí, exsurgir direitos. Ademais, não seria admissível avença celebrada com autarquia tendo por objeto locação de bem público sem as cláusulas essenciais que prevejam direitos e obrigações. A referida avença não propiciaria o efetivo controle do ato administrativo no que tange à observância dos princípios da impessoalidade, moralidade e legalidade. Não tendo relevância jurídica o aludido contrato verbal supostamente firmado com a autarquia, torna-se nítido haver mera detenção do imóvel público pelo recorrido. Tendo o recorrente feito notificação judicial ao recorrido para que desocupasse o imóvel, com a recusa do detentor, passou a haver esbulho possessório, mostrando-se adequado o ajuizamento de ação de reintegração de posse. Não havendo posse, mas mera detenção, não socorre o recorrente o art. 924 do CPC – que impossibilita a reintegração liminar em prejuízo de quem tem a posse da coisa há mais de ano e dia. **REsp 888.417-GO, Rel. Min. Luis Felipe Salomão, julgado em 7/6/2011.** (Inform. STJ 476)

OCUPAÇÃO. TERRA PÚBLICA. RETENÇÃO. BENFEITORIAS.

A jurisprudência do STJ diz não ser possível a posse de bem público, pois sua ocupação irregular (ausente de aquiescência do titular do domínio) representa mera detenção de natureza precária. Consoante precedente da Corte Especial, são bens públicos os imóveis administrados pela Companhia Imobiliária de Brasília (Terracap), empresa pública em que figura a União como coproprietária (Lei n. 5.861/1972) e que tem a gestão das terras públicas no DF, possuindo personalidade jurídica distinta desse ente federado. Sendo assim, na ação reivindicatória ajuizada por ela, não há falar em direito de retenção de benfeitorias (art. 516 do CC/1916 e art. 1.219 do CC/2002), que pressupõe a existência de posse. Por fim, ressalte-se que a Turma, conforme o art. 9°, § 2°, I, do RISTJ, é competente para julgar o especial. Precedentes citados do STF: RE 28.481-MG, DJ 10/5/1956; do STJ: REsp 695.928-DF, DJ 21/3/2005; REsp 489.732-DF, DJ 13/6/2005; REsp 699.374-DF, DJ 18/6/2007; REsp 146.367-DF, DJ 14/3/2005; AgRg no Ag 1.160.658-RJ, DJe 21/5/2010; AgRg no Ag 1.343.787-RJ, DJe 16/3/2011; REsp 788.057-DF, DJ 23/10/2006; AgRg no Ag 1.074.093-DF, DJe 2/6/2009; REsp 1.194.487-RJ, DJe 25/10/2010; REsp 341.395-DF, DJ 9/9/2002; REsp 850.970-DF, DJe 11/3/2011, e REsp 111.670-PE, DJ 2/5/2000. **REsp 841.905-DF, Rel. Min. Luis Felipe Salomão, julgado em 17/5/2011.** (Inform. STJ 473)

RETENÇÃO. BEM PÚBLICO. LIMINAR. REINTEGRAÇÃO. ART. 924 DO CPC. IMPOSSIBILIDADE.

Trata-se, na origem, de ação de reintegração de posse cumulada com demolição na qual a autarquia estadual alega ser proprietária da área adquirida por meio de escritura de desapropriação registrada em cartório em abril de 1968. Afirma que a área foi declarada de utilidade pública para formação de um reservatório de usina hidrelétrica. Narra, ainda, que os réus, ora recorrentes, ocupam parte da área desde junho de 1996, tendo construído, no local, garagem para barco, píer e rampa. A Turma, baseada em remansosa jurisprudência, negou provimento ao especial por entender que a ocupação indevida de bem público não configura posse, mas mera detenção de natureza precária. Se assim é, não há falar em posse velha (art. 924 do CPC) para impossibilitar a reintegração liminar em imóvel pertencente a órgão público. **REsp 932.971-SP, Rel. Min. Luis Felipe Salomão, julgado em 10/5/2011.** (Inform. STJ 472)

IMÓVEL. COLONIZAÇÃO. DESOCUPAÇÃO. TERRA INDÍGENA.

Trata-se de recurso contra acórdão que condenou o Estado a pagar indenização a título de danos morais, por desocupação de imóvel situado em terra indígena após a CF/1988, o qual foi adquirido mediante colonização na década de 60 realizada pelo Estado do Rio Grande do Sul. Com a promulgação da CF/1988, surgiu o conceito de terras tradicionalmente ocupadas por índios a serem demarcadas pela União e de imprescritibilidade dos direitos sobre elas (art. 231, *caput* e § 4º, da CF/1988). Assim, a Turma entendeu que não se pode condenar o Estado por realizar colonização nos anos 50 e 60, período anterior à CF/1988, antes de a União ter demarcado as terras indígenas. Na espécie, o acórdão *a quo,* lastreado no art. 32 do ADCT da Constituição do Rio Grande do Sul, que impunha o ressarcimento dos colonos pelo Estado, no prazo de quatro anos, ao verificar a omissão dessa obrigação, condenou-o em danos morais, e não em danos materiais pela perda de terra. Isso não pode ser examinado em REsp, pois demandaria análise de Direito local, o que é inviável conforme a Súm. n. 280-STF. Assim, a Turma conheceu em parte do recurso e, nessa parte, negou-lhe provimento. **Precedentes citados:REsp 839.185-PR, DJe 18/11/2008; AgRg no REsp 982.869-ES, DJe 30/4/2008, e AgRg no Ag 985.776-RS, DJe 23/6/2009. REsp 1.133.648-RS, Rel. Min. Herman Benjamin, julgado em 5/10/2010.** (Inform. STJ 450)

REPETITIVO. TERRENO. MARINHA. PROPRIEDADE.

Em julgamento de recurso especial submetido ao regime do art. 543-C do CPC c/c a Res. n. 8/2008-STJ, a Seção reiterou a orientação de que os terrenos de marinha pertencem à União, não sendo a ela oponíveis os registros de propriedade particular dos imóveis neles situados. Consoante afirmou o Min. Relator, tais títulos possuem mera presunção relativa e garantem àqueles tidos como proprietários apenas o direito de, por exemplo, ser notificados pessoalmente para fazer parte do procedimento de demarcação da linha preamar e fixação do domínio público. Asseverou, ainda, ser o mandado de segurança a via adequada para o debate de tais questões. **Precedentes citados: AgRg no REsp 1.066.073-RS, DJe 3/2/2009; REsp 693.032-RJ, DJe 7/4/2008; REsp 1.019.820-RS, DJe 7/5/2009, e REsp 798.165-ES, DJ 31/5/2007. REsp 1.183.546-ES, Rel. Min. Mauro Campbell Marques, julgado em 8/9/2010.** (Inform. STJ 446)

LAUDÊMIO. ALIENAÇÃO. TERRENO. MARINHA.

Trata-se de cobrança de laudêmio incidente quando da alienação de construção sobre imóvel em terreno de marinha cuja ocupação fora tolerada pela União. Por essa ocupação de imóvel da União, é devida apenas a taxa prevista no art. 27 do DL n. 9.760/1946. Contudo, quando o ocupante pretende transferir a terceiros, mediante alienação a título oneroso, apartamento construído no referido imóvel, é possível a cobrança de laudêmio conforme expressamente prevista no art. 3º do DL n. 2.398/1987, que deu nova redação ao art. 130 do DL n. 9.760/1946, bem como nos arts. 1º e 2º do Dec. n. 95.760/1988. Não se aplica o entendimento de que o laudêmio somente pode ser cobrado na transferência do imóvel aforado nos termos do art. 686 do CC/1916, porque os imóveis localizados em terreno de marinha encontram-se sujeitos ao regime jurídico administrativo, sendo disciplinados por legislação específica, total ou parcialmente derrogatória dos princípios e dos institutos de Direito Privado. Assim, a Turma, ao prosseguir o julgamento, deu provimento ao recurso da União. **Precedentes citados: REsp 1.044.105-PE, DJe 14/9/2009, e REsp 1.044.320-PE, DJe 17/8/2009. REsp 1.128.333-SC, Rel. Min. Herman Benjamin, julgado em 5/8/2010.** (Inform. STJ 441)

TERRENO. UNIÃO. LAUDÊMIO.

A Turma reafirmou que não há cobrança de laudêmio na transferência do direito de ocupação de terreno de marinha, visto que, nessa modalidade de cessão de utilização do bem público, não há direito de opção e preferência do proprietário enfiteuta para retomada do domínio útil do imóvel aforado. **Precedente citado: AgRg no REsp 926.956-RS, DJe 17/12/2009. REsp 1.190.970-SC, Rel. Min. Eliana Calmon, julgado em 15/6/2010. (Inform. STJ 439)**

TAXA. TERRENO. MARINHA.

A atualização da taxa de ocupação dos terrenos de marinha dar-se-á com base no valor venal de mercado do imóvel, a teor do disposto no art. 1º do DL n. 2.398/1997. Com esse entendimento, a Turma conheceu, em parte, do recurso da União e, nessa parte, deu-lhe provimento nos termos da jurisprudência deste Superior Tribunal. **Precedentes citados: REsp 1.132.403-SC, DJe 11/11/2009; REsp 1.160.920-SC, DJe 15/12/2009, e REsp 1.161.439-SC, DJe 15/12/2009. REsp 1.146.556-SC, Rel. Min. Luiz Fux, julgado em 9/2/2010.** (Inform. STJ 422)

DEMARCAÇÃO. TERRA INDÍGENA. PRAZO.

A demarcação de terra indígena é precedida de complexo processo administrativo que envolve diversas fases e estudos de variadas disciplinas (etno-história, antropologia, sociologia, cartografia etc.) com o fito de comprovar que a terra é ocupada tradicionalmente por índios. Vê-se, dessa complexidade, que o procedimento demanda tempo e recursos para ser finalizado, mas isso não quer dizer que, apesar de não se vincularem aos prazos definidos pela legislação (Dec. n. 1.775/1996), as autoridades envolvidas na demarcação possam permitir que o excesso de tempo para sua conclusão cause a restrição do direito que pretendem assegurar. A própria CF/1988, em seu art. 5º, LXXVIII, incluído pela EC n. 45/2004, garante a todos uma razoável duração do processo seja ele o judicial ou o administrativo, bem como os meios para essa celeridade de tramitação. No caso, a excessiva demora na conclusão da demarcação (10 anos) está evidenciada, sem que haja prova sequer de uma perspectiva de encerramento. Dessa forma, é possível, conforme precedentes, o Poder Judiciário fixar prazo para que o Poder Executivo proceda à demarcação, apesar de tratar-se de ato administrativo discricionário relacionado à implementação de políticas públicas. Registre-se que é por demais razoável o prazo de 24 meses fixado pelo juízo para a identificação e demarcação da terra indígena ou para a criação de reserva indígena (caso não conste que a ocupação indígena é tradicional), sobretudo ao considerar-se que o prazo será contado do trânsito em julgado da sentença. Esse entendimento foi acolhido, por maioria, pela Turma, pois houve voto divergente no sentido de que, dos autos, nota-se que o procedimento e suas providências não estão paralisados, mas sim em curso, pois agora mesmo se busca realizar provas da ocupação. **Precedentes citados do STF: ADPF 45-DF, DJ 4/5/2004; do STJ: MS 12.847-DF, DJe 5/8/2008; MS 12.376-DF, DJe 1º/9/2008, e REsp 879.188-RS, DJe 2/6/2009. REsp 1.114.012-SC, Rel. Min. Denise Arruda, julgado em 10/11/2009.** (Inform. STJ 415)

REINTEGRAÇÃO. POSSE. TERRAS PÚBLICAS.

Noticiam os autos que foram adquiridas terras públicas por instrumento de mandato outorgado por particular (mera detenção de posse); porém, durante o inventário decorrente da morte do adquirente, o imóvel sofreu apossamento, esbulho e grilagem por parte de terceiro. Então, houve o ajuizamento de cautelar de sequestro julgada procedente e, nos autos da cautelar, o autor (o espólio) pretendeu a expedição de mandado de desocupação, o qual foi indeferido ao argumento de que deveria ser ajuizado processo apropriado para tanto. Daí a ação de reintegração de posse interposta pelo espólio, em que a sentença extinguiu o processo sem resolução de mérito, sob o fundamento de que não cabe ao Judiciário decidir lide entre particulares que envolvam questões possessórias de ocupação de imóvel público, entretanto o Tribunal *a quo* deu provimento à apelação do recorrido (espólio), afirmando ser possível o ajuizamento da ação possessória. Isso posto, o REsp do MPDF tem por objetivo saber se é possível ao particular que ocupa terra pública utilizar-se de ação de reintegração de posse para reaver a coisa esbulhada por outro particular. Ressaltou a Min. Relatora que o tema ainda não foi apreciado neste Superior Tribunal, que só enfrentou discussões relativas à proteção possessória de particular perante o Poder Público – casos em que adotou o entendimento de que, em tais situações, a ocupação de bem público não passa de mera detenção, sendo, por isso, incabível invocar proteção possessória contra o órgão público. Observou que o espólio recorrido não demonstrou, na inicial, nenhum dos fundamentos que autorizam o pedido de proteção possessória e, sendo público o imóvel, nada mais é que mero detentor. Nesse contexto, concluiu haver impossibilidade de caracterização da posse por se tratar de imóvel público, pois não há título que legitime o direito do particular sobre esse imóvel. Assim, a utilização do bem público pelo particular só se considera legítima mediante ato ou contrato administrativo constituído a partir de rigorosa observância dos mandamentos legais para essa finalidade. Ademais, explica que o rito das possessórias previsto nos arts. 926 e seguintes do CPC exige que a posse seja provada de plano para que a ação tenha seguimento. Por essa razão, a Turma extinguiu o processo sem resolução de mérito, pela inadequação da ação proposta com fundamento no art. 267, IV, do CPC. Destacou-se, ainda, que o Judiciário poderá apreciar esse conflito por meio de outro rito que não o especial e nobre das possessórias. **REsp 998.409-DF, Rel. Min. Nancy Andrighi, julgado em 13/10/2009.** (Inform. STJ 411)

TERRENO. MARINHA. OCUPAÇÃO. TAXA.

A Turma decidiu que é legítimo a Secretaria do Patrimônio da União (SPU) cobrar a taxa de ocupação de imóveis situados na faixa de marinha, independentemente da regularidade ou não da ocupação por particulares, conforme o art. 127 do DL n. 9.760/1946. Outrossim, é desnecessário à União mover ação judicial para anular os registros de propriedade, em razão do atributo da presunção de legitimidade e executoriedade do ato administrativo, justificando-se, inclusive, a inversão do ônus da prova a cargo dos ora recorrentes, ao pretenderem a declaração de nulidade dos atos que inscreveram seus imóveis naquela condição. Precedente citado: REsp 409.303-RS, DJ 14/10/2002. **REsp 968.241-RS, Rel. Min. Eliana Calmon, julgado em 15/9/2009.** (Inform. STJ 407)

COMPETÊNCIA. RIO. BEM FEDERAL.

Nos autos de usucapião, objetivando o reconhecimento da propriedade sobre terreno por exercício da posse do bem durante mais de dez anos, a União manifestou interesse na causa e requereu a declaração de incompetência absoluta da Justiça estadual, ao argumento de que o imóvel objeto da ação confronta com terrenos marginais do rio Piracicaba, que, por banhar mais de um estado da Federação, é considerado rio federal nos termos do art. 20, III, da CF/1988. Remetidos os autos ao juízo federal, ele entendeu ser incompetente para decidir a causa e determinou o retorno dos autos ao juízo estadual, ao fundamento de o mencionado rio não ser federal, pois nasce no município de Americana-SP e deságua no Rio Tietê, começa e termina no estado de São Paulo. Com o retorno dos autos ao juízo estadual, foi suscitado o conflito. Diante disso, a Turma declarou competente o juízo federal sob o argumento de que a Agência Nacional de Águas (ANA), na função de entidade reguladora e fiscalizadora do uso de recursos hídricos nos corpos de água de domínio da União, definiu que o Rio Piracicaba é bem federal nos termos do art. 20, III, da CF/1988, pois sua bacia inclui os rios Jaguari e Jatibaia, estendendo-se pelos estados de Minas Gerais e São Paulo, conforme a Nota Técnica n. 18/2005/NGI, que tratou sobre o domínio dos cursos d'água das bacias dos rios Piracicaba, Comanducaia e Jaguari. **CC 97.359-SP, Rel. Min. Sidnei Beneti, julgado em 10/6/2009.** (Inform. STJ 398)

REGISTRO PAROQUIAL. DECLARATÓRIA. ILHA.

O recorrente, em virtude de lhe ter sido negado administrativamente o reconhecimento do domínio pleno sobre ilha costeira da qual mantinha posse desde 16/4/1953, ajuizou ação declaratória, defendendo a regularidade da cadeia sucessória do imóvel. Sustenta, em síntese, que o proprietário originário da ilha levou as terras ao registro do vigário que, diferentemente do que pretende a ré (União), não é simples cadastro, mas comprova a titularidade do domínio. A ação foi julgada improcedente sob o argumento de que, entre outros, a legitimação da posse dependeria de prévia e oportuna medição das terras (art. 7º da Lei n. 601/1850, Lei de Terras). E, na verdade, o autor, ora recorrente, não comprovou que o proprietário que reputa original promoveu a medição do imóvel por ele ocupado, nem que obteve, depois disso, título de domínio passado por repartição provincial (art. 11 da referida lei). Quanto ao registro imobiliário que alega ter o recorrente, por não inserido em cadeia dominial que remonte até à Lei de Terras ou mesmo antes dela (visto que essa lei reconheceu os títulos legitimamente até então expedidos), carece de eficácia jurídica para sobrepor-se à atribuição constitucional das ilhas costeiras à União, nos termos do art. 20, IV, da CF/1988. A sentença foi confirmada em apelação, daí sobreveio o REsp, no qual se alega, entre outras coisas, violação do art. 5º, XXXVI, da CF/1988 e ainda de vários dispositivos legais, tais como: art. 7º da Lei n. 601/1850, arts. 103 e 107 do Dec. n. 1.318/1854 e arts. 1º e 5º do Dec. n. 9.760/1946. Diante disso, a Turma não conheceu do recurso pelo fundamento de que, entre outros, a origem da propriedade particular no Brasil ora advém das doações de sesmarias, ora é proveniente de ocupações primárias. Ambas, para se transformarem em domínio pleno, deveriam passar pelo crivo da revalidação ou, quanto às posses de fato, da legitimação, procedimentos previstos, respectivamente, nos arts. 4° e 5º da Lei de Terras. A legitimação da posse, para caracterização do domínio pleno, cujo procedimento foi regulamentado pelo Dec. n. 1.318/1854, requer como condições, além da medição prevista no art. 7º da referida Lei de Terras, o cultivo ou princípio de cultivo da terra, a moradia habitual do respectivo posseiro, bem como as demais condições explicitadas no art. 5º do mesmo diploma legal. Assim, a controvérsia não se limita simplesmente em saber se a medição das terras poderia ser dispensada na hipótese. Em realidade, para que a posse mansa e pacífica fosse legitimada, nos termos do citado art. 5º da Lei de Terras, também era necessário o preenchimento das demais condições a que faz referência essa lei e cuja comprovação não pode ser realizada nessa instância especial, por vedação contida na Súm. n. 7-STJ. Ademais, mostra-se desarrazoada a interpretação que relativiza, 159 anos depois, literal disposição da Lei de Terras, a qual visava, expressamente, estabilizar as relações fundiárias existentes no Brasil, concedendo ao Estado a perseguida certeza jurídica em relação a terras quer pertencentes a ele quer a particulares. Ressalte-se, ainda, que não há direito de propriedade decorrente do registro paroquial. Com efeito, nos termos do art. 94 do Dec. n. 1.318/1854, as declarações dos possuidores ou sesmeiros feitas ao pároco não lhes conferiam nenhum direito. Por outro lado, sendo vedado ao possuidor ou sesmeiro hipotecar ou alienar o terreno antes de tirar título passado na respectiva representação provincial, infere-se que o direito de propriedade das glebas somente se aperfeiçoava com o registro do dito título, sendo irrelevante o cadastro realizado perante o vigário paroquial. **REsp 389.372-SC, Rel. Min. Luis Felipe Salomão, julgado em 4/6/2009.** (Inform. STJ 397)

POSSIBILIDADE JURÍDICA. TERRA INDÍGENA.

Trata-se de ação ordinária ajuizada por comunidade indígena que objetiva compelir a Funai e a União a demarcar terra indígena. Na contestação, a Funai alegou impossibilidade jurídica do pedido, uma vez que a intervenção judicial para ordenar a demarcação e homologação do território indígena invadiria a esfera da discricionariedade da Administração Pública, não cabendo ao Poder Judiciário definir a prioridade e estabelecer políticas públicas. O juiz de primeiro grau rejeitou essa preliminar de impossibilidade jurídica, o que foi confirmado pelo Tribunal *a quo*. Na espécie, é preciso, também, verificar se o Poder Judiciário pode adentrar a análise e conveniência do ato administrativo discricionário, ou se apenas à Administração Pública foi concedido esse poder. Nesse panorama, a Turma, ao julgar o recurso especial, entendeu que, para reconhecer a impossibilidade jurídica do pedido, é necessário que o julgador, no primeiro momento de contato com a petição inicial, perceba que o pedido jamais poderia ser atendido, independentemente do fato e circunstâncias do caso concreto. Concluiu, ainda, que o mérito do ato administrativo não se revela da simples e isolada norma *in abstrato*, mas sim do confronto desta com os fatos surgidos no caso concreto, cuja peculiaridade pode reduzir, ou até eliminar, a liberdade que o administrador público tem para executar a conduta pretendida pela lei. Sendo assim, a possibilidade, ou não, do pedido contido na inicial que objetiva a demarcação de terra indígena será a conclusão a que o julgador chegará após a análise das circunstâncias que envolvem o caso concreto, não se podendo afirmar, de pronto, que o ordenamento jurídico veda tal possibilidade apenas por se tratar de ato que, em abstrato, possui características discricionárias. Assim, em razão da teoria da asserção (a análise das condições da ação é feita conforme a narrativa da petição inicial) e da necessidade de dilação probatória para análise dos fatos, no caso concreto, não houve violação do art. 295, I e parágrafo único, III, do CPC. **REsp 879.188-RS, Rel. Min. Humberto Martins, julgado em 21/5/2009.** (Inform. STJ 395)

RCL. DEMARCAÇÃO. TERRA INDÍGENA.

A Seção, ao prosseguir o julgamento, por maioria, julgou procedente a reclamação por entender que o acórdão reconheceu, em sede de MS, entre outros fundamentos, a nulidade da Portaria n. 967/1997, que constituiu grupo de trabalho para proceder aos atos administrativos necessários à demarcação de terra indígena denominada Tapeba, por ausência, no referido grupo, do Município de Caucaia/CE. Porém, houve a expedição de nova portaria (n. 97/2003) para o mesmo fim, sem que, novamente, o Município tenha sido incluído no grupo de trabalho. Ficou evidente que os sucessivos equívocos de interpretação dos técnicos da Funai é que levaram à desobediência da decisão proferida no mencionado mandado de segurança. **Rcl 2.651-DF, Rel. Min. José Delgado, julgada em 11/6/2008.** (Inform. STJ 359)

TERRA DEVOLUTA. CAMPO DE MARTE.

Na demanda entre o Município de São Paulo e a União Federal, alegando serem ambas detentoras de títulos e reivindicando a posse e domínio da área denominada "Campo de Marte", a Turma entendeu que tal litígio histórico cabe ser decidido com base no critério do domínio da terra, diversamente do que decidiu o TRF, contrariando o interesse do Município, e isso porque classificou o imóvel como terra não devoluta. A União detém a posse do imóvel desde o século XVIII, quando o retomou dos jesuítas, expulsos pelo Marquês de Pombal. Por outro lado, o Município detinha tal imóvel desde o advento da República, na qualidade de terra devoluta, cedido precariamente (1930 – 1932) para instalação de campo de aviação para fins bélicos. Tal fato, porém, não desclassifica o imóvel como terra devoluta, conforme concluiu o TRF. Assim, cabível o reconhecimento do domínio do Município, sem afastar a posse da União, com a aplicação do art. 2º, § 2º, do DL n. 3.365/1941. Ademais, é insuscetível de reintegração, vez que a área é afetada ao serviço público federal, pelo que cabe também o pedido de indenização de ocupação, com a imediata reintegração da parte eventualmente não afetada. **REsp 991.243-SP, Rel. Min. Herman Benjamin, julgado em 22/4/2008**. (Inform. STJ 353)

AÇÃO DISCRIMINATÓRIA. USUCAPIÃO. TERRAS DEVOLUTAS.

Trata-se de ação discriminatória ajuizada em decorrência de extinção de ação anterior por desaparecimento de volumes em incêndio no fórum da comarca. Nas instâncias ordinárias, reconheceu-se a inexistência da coisa julgada e a inocorrência da alegada litispendência, porque a ação foi extinta sem resolução do mérito; o caso seria de continência. Afastou-se a impropriedade do procedimento adotado, uma vez que a ação discriminatória não é obstada pelo registro das terras em nome do particular nem exige sua previa invalidação. Rejeitou-se, ainda, o litisconsórcio necessário com todos os antecessores dominiais. Além de que, na cadeia dominial, foram apontados diversos vícios e há comprovação de falsidade de assinatura. Por fim, ausentes os requisitos para o usucapião extraordinário previstos na legislação, (principalmente o DL estadual n. 14.916/1945). Consignou também o acórdão recorrido que a natureza das terras foi comprovada a contento, devido aos vícios na cadeia dominial e à inexistência do usucapião extraordinário. Destaca o Min. Relator que, para o estado-membro provar que as terras são devolutas, ele tem de infirmar o domínio particular, embora haja o registro, bem ou mal, em nome da recorrente, daí a via da discriminatória ser adequada. Outrossim, é absurda a pretensão de chamar todos os transmitentes à lide, pois a cadeia dominial retroage ao século XIX, o que inviabilizaria qualquer discriminação de terras devolutas, além de que foge ao objeto da ação. Quanto ao usucapião, observou que é evidente se reconhecida a competência federal para tratar do assunto, não poderia o estado-membro, em 1945 (lei estadual), pretender regular a questão já vedada por norma federal desde 1933. Inclusive o STF já firmou entendimento de que o usucapião de terras públicas é vedado desde o advento do CC/1916 (Súm. n. 340-STF). Ressaltou, ainda, que, se a falsidade do documento de registro paroquial não tivesse sido comprovado, restaria a discussão acerca de sua natureza jurídica. Ademais, a posse não se presume, vedação essa que vale tanto para a prova da sua existência no mundo dos fatos como para o *dies a quo* da afirmação possessória. Por último, afastou a multa de 1% sobre o valor da causa, considerando que os embargos de declaração opostos tiveram propósito de prequestionamento. Com esse entendimento, a Turma conheceu parcialmente do recurso e nessa parte deu-lhe provimento. **REsp 847.397-SP, Rel. Min. Herman Benjamin, julgado em 12/2/2008.** (Inform. STJ 344)

CEMITÉRIO. MUNICIPAL. CONCESSÃO. USO. BEM PÚBLICO. MAJORAÇÃO. TAXA.

O cemitério municipal é bem público de uso especial. Assim, é o Poder Público que detém a propriedade de túmulos. O seu uso é concedido ao administrado. Logo incidem as regras de Direito Administrativo. Deve-se admitir a preponderância do interesse da Administração Pública sobre o do particular. Dele resulta a possibilidade da majoração dos valores cobrados pela utilização do bem público, bem como alterar as cláusulas regulamentares da concessão. Impedir a elevação da taxa anual de manutenção poderia tornar inviável o funcionamento do cemitério, na espécie. Assim, a Turma deu provimento ao recurso. **REsp 747.871-RS, Rel. Min. Eliana Calmon, julgado em 21/6/2007.** (Inform. STJ 324)

SÚMULA STF Nº 650

Os incisos I e XII do art. 20 da Constituição Federal não alcançam terras de aldeamentos extintos, ainda que ocupadas por indígenas em passado remoto.

SÚMULA STF Nº 479

As margens dos rios navegáveis são de domínio público, insuscetíveis de expropriação e, por isso mesmo, excluídas de indenização.

SÚMULA STF Nº 477

As concessões de terras devolutas situadas na faixa de fronteira, feitas pelos estados, autorizam, apenas, o uso, permanecendo o domínio com a união, ainda que se mantenha inerte ou tolerante, em relação aos possuidores.

SÚMULA STJ Nº 496

Os registros de propriedade particular de imóveis situados em terrenos de marinha não são oponíveis à União.

SÚMULA STJ Nº 103

Incluem-se entre os imóveis funcionais que podem ser vendidos os administrados pelas forças armadas e ocupados pelos servidores civis.

8. INTERVENÇÃO NA PROPRIEDADE

8.1. Desapropriação

LIMINAR EM AÇÃO CAUTELAR: RECURSO EXTRAORDINÁRIO NÃO-ADMITIDO E DESAPROPRIAÇÃO - 1

O Plenário retomou julgamento de agravo regimental interposto de decisão proferida pela Min. Ellen Gracie, que deferira pedido de medida liminar, em ação cautelar, da qual relatora, para suspender os efeitos de acórdãos de tribunal de justiça local, bem assim a imissão do ora agravante na posse do imóvel rural. O Estado-membro agravante alega que o tema central seria a ocorrência de preclusão, matéria processual infraconstitucional, não passível de análise no âmbito de extraordinário. Na espécie, encontra-se pendente de exame, nesta Corte, agravo de instrumento interposto de decisão que negara seguimento a recurso extraordinário dos proprietários do imóvel, ora agravados. Na sessão de 4.8.2011, a relatora propôs o referendo da cautelar por ela deferida e julgou prejudicado o regimental. Inicialmente, registrou entendimento no sentido de que a jurisdição cautelar do Supremo somente é iniciada com a admissão de recurso extraordinário, ou com o provimento de agravo de instrumento, no caso de juízo negativo de admissibilidade. Salientou que, entretanto, esta Corte tem suspendido, excepcionalmente, os efeitos de acórdão que sejam manifestamente contrários a sua jurisprudência e que provoquem efeitos de difícil ou impossível reversão. Em seguida, verificou que, num primeiro exame, o acórdão recorrido pareceria ter divergido da orientação do STF segundo a qual os Estados-membros não possuiriam competência para efetuar desapropriações para reforma agrária, matéria situada na competência privativa da União, portanto, demonstrada a plausibilidade do pedido. Ademais, reputou patentemente comprovado o perigo da demora, haja vista prazo determinado judicialmente para desocupação do bem, além de noticia de data para se efetivar a imissão na posse. Ato contínuo, ressaltou que o juízo de origem consignara expressamente na sentença que o Estado-membro teria legitimidade ativa para propor a ação de desapropriação para reforma agrária. No ponto, observou que a questão processual poderia ser examinada na oportunidade do julgamento do recurso extraordinário. AC 2910 AgR-MC/RS, rel. Min. Ellen Gracie, 20.10.2011. (AC-2910)

LIMINAR EM AÇÃO CAUTELAR: RECURSO EXTRAORDINÁRIO NÃO-ADMITIDO E DESAPROPRIAÇÃO - 2

Nesta assentada, o Min. Dias Toffoli, em divergência, negou referendo à cautelar concedida. Entreviu que, na espécie, a solução mais adequada à discussão residiria no indeferimento da medida liminar, porquanto a primeira sentença, que extinguira o feito sem apreciação de mérito, fora reformada pelo tribunal de justiça gaúcho, que tratara da legitimidade do ente federado e determinara o prosseguimento da desapropriação, em pronunciamento transitado em julgado. Apontou que o recurso extraordinário decorreria da segunda sentença, posterior à mencionada, e que a divergência entre as partes, dentre outros aspectos, prosseguira quanto aos valores envolvidos na indenização. Anotou que a Corte *a quo* não mais se manifestara sobre a matéria da legitimidade por considerá-la preclusa. Além disso, explicitou que, no juízo de admissibilidade, o tribunal de justiça afirmara a ausência de prequestionamento, bem assim a inviabilidade do apelo extremo, em virtude de se restringir a temas, a rigor, infraconstitucionais. Sublinhou inexistir pronunciamento colegiado do Supremo, em face da atual Constituição, a respeito da competência da aludida unidade federativa para efetuar a desapropriação requerida nos autos e que apenas 1 dos atos monocráticos, contrários à utilização pelo Estado-membro do instituto para fins de reforma agrária, transitara em julgado. Aduziu que esses entendimentos, no entanto, seriam irrelevantes para o deslinde da discussão, visto que se encontraria coberta pelo manto da coisa julgada. Portanto, não haveria que se falar em fumaça do bom direito a amparar a renovada pretensão dos agravados. Assim, em razão das escassas chances de êxito e da ausência de demonstração de viabilidade do recurso extraordinário, entendeu não ser cabível a liminar. Aludiu, por derradeiro, à jurisprudência do STF nesse sentido. Após, pediu vista o Min. Luiz Fux. AC 2910 AgR-MC/RS, rel. Min. Ellen Gracie, 20.10.2011. (AC-2910) (Inform. STF 645)

DESAPROPRIAÇÃO: NOTIFICAÇÃO E VISTORIA DE IMÓVEL INVADIDO - 1

O Tribunal iniciou julgamento de mandado de segurança impetrado contra ato do Presidente da República que declarara de interesse social, para fins de reforma agrária, imóvel rural dos impetrantes. O Min. Marco Aurélio, relator, concedeu a ordem, para declarar insubsistente, em definitivo, o decreto expropriatório, no que foi acompanhado pelos Ministros Gilmar Mendes e Celso de Mello. Entendeu, primeiro, que, na espécie, a notificação, ocorrida na figura do inventariante, considerado o espólio, se dera de forma inválida, haja vista que não fora fixada data nem espaço de tempo razoável para o início dos trabalhos. Afirmou que a notificação tem por finalidade viabilizar o acompanhamento cabível, permitindo ao proprietário, inclusive, a contratação de técnico para fazê-lo, e que a designação da data da vistoria é elemento substancial dela, forma essencial à valia do ato. Reputou, em seguida, que a vistoria se dera à margem do que disposto na Medida Provisória 2.183-56/2001, visto que, quando de sua feitura, o imóvel em questão se encontrava invadido. Ademais, teriam sido incluídas áreas não aproveitáveis na averiguação do grau de utilização da terra. Destacou, por fim, a existência de decisão de reintegração preclusa na via da recorribilidade. Após, pediu vista dos autos o Min. Dias Toffoli. **MS 25493/DF, rel. Min. Marco Aurélio, 19.5.2010.** (MS-25493)

DESAPROPRIAÇÃO: NOTIFICAÇÃO E VISTORIA DE IMÓVEL INVADIDO - 2

O Plenário retomou julgamento de mandado de segurança impetrado contra ato do Presidente da República que declarara de interesse social, para fins de reforma agrária, imóvel rural dos impetrantes — v. Informativo 587. Em divergência, o Min. Dias Toffoli denegou a ordem. De início, ponderou que o fato de o objeto do decreto expropriatório pertencer a espólios não induziria à necessidade de que todos os herdeiros fossem pessoal e previamente notificados. Portanto, adequada a notificação endereçada à representante legal. A despeito do lapso temporal entre o recebimento daquela e a data da vistoria, entendeu inexistir prejuízo ao direito de defesa dos proprietários do bem, porquanto se manifestaram no curso de procedimento administrativo e recorreram, inclusive, judicialmente, na tentativa de impugnar trâmite de processo análogo proposto, anteriormente, com relação ao mesmo imóvel. Em seguida, consignou que — conquanto houvesse entendimento do Supremo segundo o qual a ocupação de parte, ainda que diminuta, do bem não permite a sua desapropriação — a norma impeditiva de vistoria entrara em vigor após a invasão do imóvel em tela, o que obstaria sua utilização em favor do pleito dos impetrantes. Complementou que a ocupação atingira aproximadamente 0,3% da área total do bem, logo, deveria ser considerada absolutamente ínfima e insuscetível de prejudicar de alguma maneira o seu adequado aproveitamento econômico. Além disso, destacou que na vistoria fora constatada: a) a ausência de representantes dos proprietários vivendo ou trabalhando no local; b) a falta de qualquer tipo de atividade econômica no imóvel rural, apesar de sua dimensão; e c) a presença de poucas pessoas instaladas em sua área, que estaria livre de tensões sociais referentes a possíveis conflitos agrários. Mencionou haver projetos de assentamento nas imediações da propriedade que seriam beneficiados com sua incorporação. Por outro lado, aduziu que, consoante jurisprudência da Corte, aspectos sobre a efetiva exploração do bem não poderiam ser equacionados na via estreita de ações como a da espécie. Concluiu não haver razões para se anular o decreto expropriatório questionado, motivo pelo qual insubsistente a cautelar deferida nos autos. MS 25493/DF, rel. Min. Marco Aurélio, 27.10.2011. (MS-25493)

DESAPROPRIAÇÃO: NOTIFICAÇÃO E VISTORIA DE IMÓVEL INVADIDO - 3

O Min. Gilmar Mendes, ao reafirmar o voto proferido na sessão de 19.5.2010, assinalou que o procedimento expropriatório fora subseqüente à lei que obstaculiza a vistoria de imóvel objeto de esbulho possessório ou invasão e, por conseguinte, deveria ter observado o modelo estatutário em toda sua extensão. O Min. Luiz Fux acompanhou o relator e, também, concedeu a segurança, tendo em vista a irregularidade da notificação e a ocupação da propriedade, capaz de impedir a realização de vistoria. Após, pediu vista a Min. Cármen Lúcia. MS 25493/DF, rel. Min. Marco Aurélio, 27.10.2011. (MS-25493) (Inform. STF 646)

DESAPROPRIAÇÃO: NOTIFICAÇÃO E VISTORIA DE IMÓVEL INVADIDO - 4

Em conclusão, o Plenário, por maioria, concedeu mandado de segurança para declarar insubsistente, em definitivo, decreto expropriatório por interesse social, para fins de reforma agrária, do imóvel rural dos impetrantes — v. Informativos 587 e 646. Prevaleceu o voto do Min. Marco Aurélio, relator, que, primeiramente, entendeu inválida a notificação ocorrida na figura da inventariante, considerados os espólios. Ressaltou, também, que não fora fixada data nem lapso de tempo razoável para o início dos trabalhos. Afirmou que a notificação objetivaria viabilizar o acompanhamento cabível, permitindo ao proprietário, inclusive, a contratação de técnico para fazê-lo e que a designação da data da vistoria seria elemento substancial da notificação, forma essencial à valia do ato. Reputou, em seguida, que a inspeção teria acontecido à margem do que disposto na Medida Provisória 2.183-56/2001, pois, quando de sua feitura, o imóvel encontrava-se invadido. Ademais, teriam sido incluídas áreas não aproveitáveis ao se averiguar o grau de utilização da terra. Por fim, destacou a existência de decisão de reintegração preclusa na via da recorribilidade. O Min. Gilmar Mendes aduziu que o procedimento expropriatório fora subsequente à lei que obstaculizaria a inspeção de imóvel objeto de esbulho possessório ou invasão e, por conseguinte, deveria ter observado o modelo estatutário em toda sua amplitude. Esclareceu, ainda, que a ocupação da propriedade, mesmo que diminuta, impediria realizar a vistoria. **MS 25493/DF, rel. Min. Marco Aurélio, 14.12.2011.** (MS-25493)

DESAPROPRIAÇÃO: NOTIFICAÇÃO E VISTORIA DE IMÓVEL INVADIDO - 5

A Min. Cármen Lúcia, embora entendesse que a notificação apenas na pessoa da inventariante fosse perfeitamente hígida, deferiu a ordem sob o fundamento de que evidenciado vício na notificação dos impetrantes que os impossibilitara o acompanhamento dos trabalhos de campo destinados à aferição da produtividade do imóvel, a impor, por si só, a anulação do procedimento administrativo e, consequentemente, do decreto desapropriatório. O Min. Ricardo Lewandowski também concedeu a segurança. Salientou que bastaria a assertiva de que, apesar de a inventariante ter sido notificada da vistoria previamente, não se assinalara dia e hora e, conquanto tivesse pedido esclarecimento desse detalhe, aquela fora efetivamente feita sem a presença de qualquer representante dos espólios, o que seria irregular e impediria o exercício da ampla defesa. Consignou que, no entanto, deixaria de se manifestar sobre a matéria da ocupação, se esta seria mínima ou se afetaria a higidez do ato. Vencido o Min. Dias Toffoli, que denegava o mandado de segurança, por concluir não haver razões para a anulação do decreto expropriatório. **MS 25493/DF, rel. Min. Marco Aurélio, 14.12.2011.** (MS-25493)

DESAPROPRIAÇÃO: INTERESSE SOCIAL E REFORMA AGRÁRIA - 1

O Plenário denegou mandado de segurança impetrado com o fim de anular decreto presidencial que declarara de interesse social, para fins de estabelecimento e manutenção de colônias ou cooperativas de povoamento e trabalho agrícola, imóvel rural localizado no Estado da Paraíba, nos termos da Lei 4.132/62 ("*Art. 2º Considera-se de interesse social: ... III - o estabelecimento e a manutenção de colônias ou cooperativas de povoamento e trabalho agrícola*"). Alegava a impetração que o Tribunal de Justiça local teria anulado decreto estadual que desapropriara a mesma área, para fins de estabelecimento de colônia agrícola, razão pela qual o decreto impugnado afrontaria a coisa julgada. Sustentava, ademais, que não se poderia, no caso, cogitar de desapropriação para fins de reforma agrária, haja vista referir-se a média propriedade rural produtiva, e que teria havido desvio de finalidade, visto que a região destinada à desapropriação seria diversa daquela onde residiriam os colonos. Apontava, também, que o ato impugnado teria autorizado o Instituto Nacional de Colonização e Reforma Agrária — INCRA a promover a desapropriação e que a autarquia não teria competência legal para tanto. Por fim, afirmava afronta ao devido processo legal, à ampla defesa e ao contraditório em decorrência da falta de vistoria prévia do imóvel. MS 26192/PB, rel. Min. Joaquim Barbosa, 11.5.2011. (MS-26192)

DESAPROPRIAÇÃO: INTERESSE SOCIAL E REFORMA AGRÁRIA - 2

Em relação ao argumento de violação à coisa julgada, salientou-se que o decreto expropriatório proferido pelo Estado-membro teria sido anulado, em sentença transitada em julgado, devido a vício de incompetência, uma vez que encampado com o intuito de reforma agrária, atribuição exclusiva da União. No ponto, destacou o Min. Luiz Fux que esse vício consistiria em mera formalidade, de modo a não impedir a propositura de nova ação com o mesmo objeto. Reputou-se que, muito embora se tratasse de média propriedade rural produtiva, o ato impugnado não teria a finalidade de desapropriar para reforma agrária, mas para atender a interesse social, conceito este mais amplo do que aquele. A respeito, o Min. Celso de Mello consignou que a desapropriação para fins de reforma agrária seria modalidade de desapropriação-sanção, condicionada à notificação prévia como medida concretizadora do devido processo e vinculada ao mau uso da propriedade, cuja justa e prévia indenização se daria em títulos da dívida agrária. Enfatizou que a hipótese dos autos, por sua vez, trataria de assentamento de colonos em observância a interesse social, sem caráter sancionatório — motivo pelo qual a justa e prévia indenização teria ocorrido em espécie — e não vinculada à produtividade ou às dimensões da área desapropriada. Acrescentou o Min. Joaquim Barbosa, relator, que o referido interesse social residiria na necessidade de apaziguamento dos iminentes conflitos fundiários na região e, por essa razão, estaria justificada a interferência da União, por meio do INCRA. O Min. Ayres Britto aduziu que não competiria à citada autarquia atuar apenas em questões de reforma agrária, mas também naquelas de interesse social diverso. No tocante ao sustentado desvio de finalidade, assentou-se que caberia ao órgão expropriante determinar a gleba a ser destinada aos colonos, consideradas, inclusive, as áreas de preservação ambiental. MS 26192/PB, rel. Min. Joaquim Barbosa, 11.5.2011. (MS-26192) (Inform. STF 626)

DESAPROPRIAÇÃO E FUNDAMENTOS - 1

O Plenário iniciou julgamento de mandado de segurança impetrado contra ato do Presidente da República, consistente em decreto que declarara de interesse social, para fins de reforma agrária, propriedade rural localizada no Município de Sapé/PB. O impetrante alega que o processo que subsidiara o ato impetrado teria violado o art. 2º, § 6º, da Lei 8.629/93 ("*Art. 2º A propriedade rural que não cumprir a função social prevista no art. 9º é passível de desapropriação, nos termos desta lei, respeitados os dispositivos constitucionais. ... §6o O imóvel rural de domínio público ou particular objeto de esbulho possessório ou invasão motivada por conflito agrário ou fundiário de caráter coletivo não será vistoriado, avaliado ou desapropriado nos dois anos seguintes à sua desocupação, ou no dobro desse prazo, em caso de reincidência; e deverá ser apurada a responsabilidade civil e administrativa de quem concorra com qualquer ato omissivo ou comissivo que propicie o descumprimento dessas vedações.*"), já que o imóvel em questão teria sido alvo de sucessivas invasões provoca-das pelo Movimento dos Sem Terra – MST, fatos comprovados por meio de sentença transitada em julgado de ação de reintegração de posse. MS 26336/DF, rel. Min. Joaquim Barbosa, 2.3.2011. (MS-26336)

DESAPROPRIAÇÃO E FUNDAMENTOS - 2

O Min. Joaquim Barbosa, relator, denegou a ordem. considerou que o conjunto probatório constante dos autos apresentaria controvérsia cuja solução não seria viável por meio de mandado de segurança, pois não estaria claro se os ocupantes das áreas em questão seriam realmente invasores, pertencentes ao MST, ou trabalhadores fixados originariamente no local. Além disso, aduziu não haver prova cabal de que a região supostamente invadida pertenceria ao impetrante. Dessa forma, concluiu inexistir direito líquido e certo a autorizar o deferimento do pedido. Em divergência, os Ministros Marco Aurélio, Gilmar Mendes e Ellen Gracie concederam a segurança. Afirmaram haver inquestionável evidência acerca da invasão à propriedade do impetrante, corroborada por sucessivas decisões judiciais. Ademais, reputaram que a vistoria que dera base ao ato impugnado ocorrera de forma ilegal, pois realizada após a ocupação das terras, fato que teria contaminado o referido Decreto. Salientaram, por fim, que o objetivo da lei seria impedir invasões e evitar conflitos no campo, o que superaria qualquer fundamento utilizado para a desapropriação. Após, pediu vista dos autos o Min. Dias Toffoli. MS 26336/DF, rel. Min. Joaquim Barbosa, 2.3.2011. (MS-26336) (Inform. STF 618)

DESAPROPRIAÇÃO POR UTILIDADE PÚBLICA E PRINCÍPIO DA JUSTA INDENIZAÇÃO

A 2ª Turma iniciou julgamento de recurso extraordinário no qual se discute se o valor da justa indenização para satisfazer o direito de propriedade (CF, art. 5º, XXII e XXIV) deve, ou não, incluir, em seu bojo, as perdas do proprietário decorrentes da desvalorização de sua propriedade e de seus produtos, independentemente, da reavaliação do material fático-probatório. Na espécie, parte da propriedade do recorrente fora declarada de utilidade pública para a construção de três estações de tratamento de esgoto - ETEs, não tendo sido incluídos, nos valores pagos a título de indenização, os lucros cessantes decorrentes da desvalorização da área remanescente, utilizada no plantio e beneficiamento de laranja para fins de exportação, nos quais empregada alta tecnologia. O Min. Gilmar Mendes, relator, deu parcial provimento ao recurso para incluir na condenação os valores referentes à desvalorização das terras remanescentes. Entendeu que a discussão da tese jurídica referente à exclusão de elementos supostamente ínsitos ao princípio da justa indenização não demandaria o reexame da prova, de modo a afastar a incidência do Enunciado 279 da Súmula do STF. Aduziu que se trataria, na realidade, de intervenção administrativa na propriedade para a concretização de fins públicos e, por isso, todo prejuízo causado pela Administração, no exercício de seu *ius imperii*, haveria de ser recomposto ao patrimônio do expropriado. Asseverou que, sob pena de violação do núcleo essencial do postulado em apreço, em que se funda o direito de propriedade, seria inconcebível não levar em consideração a perda do valor do bem remanescente e de seus produtos. Após, pediu vista dos autos o Min. Joaquim Barbosa. RE 567708/SP, rel. Min. Gilmar Mendes, 1º.3.2011. (RE-567708) (Inform. STF 618)

DECRETO EXPROPRIATÓRIO E TRANSMISSÃO "MORTIS CAUSA" - 3

Em conclusão, o Plenário, por maioria, denegou mandado de segurança impetrado contra ato do Presidente da República que, por meio de decreto, declarara de interesse social, para fins de reforma agrária, imóvel rural — v. Informativos 367 e 379. Ressaltou-se a necessidade de se interpretar o art. 1.784 em conjunto com o disposto no art. 1.791 e seu parágrafo único, ambos do Código Civil, de modo que a *saisine* somente tornaria múltipla a titularidade do imóvel, o qual permaneceria uma única propriedade até a partilha, unidade que não poderia ser afastada quando da apuração da área do imóvel para fins de reforma agrária, razão por que não se poderia tomar cada parte ideal como propriedade distinta. Salientou-se não ser aplicável, à espécie, o § 6º do art. 46 do Estatuto da Terra (Lei 4.504/64), já que a expressão "*para os fins desta Lei*" nele contida teria o objetivo apenas de instrumentar o cálculo do coeficiente de progressividade do Imposto Territorial Rural - ITR, não servindo o procedimento previsto de parâmetro para o dimensionamento de imóveis rurais destinados à reforma agrária, matéria afeta à Lei 8.629/93. No que tange ao apontado erro de cálculo da área do imóvel, afirmou-se que, para os fins dessa última lei, deveria ser levada em conta a área global, sem dedução das áreas não aproveitáveis e da reserva legal (Lei 4.771/65, art. 16, § 2º), o que seria considerado somente no cálculo da produtividade do imóvel (Lei 8.629/93, art. 6º). Com base nisso, e tendo em conta o laudo técnico do INCRA, considerou-se o imóvel em questão uma grande propriedade rural improdutiva passível de desapropriação. Afastaram-se as demais alegações dos impetrantes, por considerar que demandariam dilação probatória, incabível na via eleita. MS 24924/DF, rel. orig. Min. Marco Aurélio, red. p/ o acórdão Min. Joaquim Barbosa, 24.2.2011. (MS-24924) (Inform. STF 617)

RECLAMAÇÃO E DECRETO EXPROPRIATÓRIO

O Plenário negou provimento a agravo regimental interposto contra decisão que indeferira liminar em reclamação, na qual alegada a usurpação de competência desta Corte. Entendeu-se que o fato de o processo de desapropriação ser precedido por Decreto do Presidente da República, por meio do qual apenas se declara o imóvel de interesse social e se autoriza a União a intentar a ação respectiva, não atrairia a competência do Supremo. Asseverou-se que, caso contrário, todo processo de desapropriação, porque precedido do Decreto do Chefe do Poder Executivo, viria para o STF. **Rcl 5444 AgR/PE, rel. Min. Marco Aurélio, 9.12.2010.** (Rcl-5444) (Inform. STF 612)

EMENTA: REFORMA AGRÁRIA. DESAPROPRIAÇÃO-SANÇÃO. ALEGADA PRODUTIVIDADE DO IMÓVEL RURAL. AFIRMAÇÃO CONTESTADA PELA AUTORIDADE IMPETRADA. SITUAÇÃO DE DÚVIDA OBJETIVA. INADMISSIBILIDADE DE SEU EXAME NA VIA SUMARÍSSIMA DO PROCESSO MANDAMENTAL. VALOR JURÍDICO DAS INFORMAÇÕES OFICIAIS PRESTADAS EM SEDE DE MANDADO DE SEGURANÇA. PRESUNÇÃO "*JURIS TANTUM*" DE VERACIDADE. INEXISTÊNCIA DE PROVA IDÔNEA EM SENTIDO CONTRÁRIO. MAGISTÉRIO DA DOUTRINA. PRECEDENTES DO SUPREMO TRIBUNAL FEDERAL. A NOÇÃO DE *DIREITO LÍQUIDO E CERTO*. CONCEITO EMINENTEMENTE PROCESSUAL. IMPOSSIBILIDADE DE DILAÇÃO PROBATÓRIA EM SEDE MANDAMENTAL. DOUTRINA. JURISPRUDÊNCIA. ALEGAÇÃO DE ESBULHO POSSESSÓRIO. A REPULSA DO ORDENAMENTO JURÍDICO E DA JURISPRUDÊNCIA DA SUPREMA CORTE A ESSA PRÁTICA ILÍCITA DE VIOLAÇÃO POSSESSÓRIA (MS 23.759/GO, REL. MIN. CELSO DE MELLO, *v.g.*). FATO QUE TERIA OCORRIDO APÓS A DECLARAÇÃO EXPROPRIATÓRIA, EM CONTEXTO NO QUAL NÃO AFETADOS OS ÍNDICES DE PRODUTIVIDADE DO IMÓVEL RURAL. NÃO CONFIGURAÇÃO DA PRETENDIDA NULIDADE DO DECRETO PRESIDENCIAL. PRECEDENTES. MANDADO DE SEGURANÇA INDEFERIDO. (Inform. STF 609)

EMENTA: IMÓVEL RURAL. REFORMA AGRÁRIA. DESAPROPRIAÇÃO-SANÇÃO POR INTERESSE SOCIAL. **NOTIFICAÇÃO PRÉVIA. INOCORRÊNCIA. COMUNICAÇÃO** RECEBIDA **POR PESSOA ESTRANHA** À EMPRESA PROPRIETÁRIA DE PRÉDIO RÚSTICO. **COMPROVAÇÃO**, PELA IMPETRANTE, DE QUE AQUELE QUE RECEBEU A NOTIFICAÇÃO **NÃO DISPUNHA** DE PODERES PARA REPRESENTÁ-LA. **DESRESPEITO** À GARANTIA CONSTITUCIONAL DO "*DUE PROCESS OF LAW*". **TRANSGRESSÃO** AO DIREITO DE DEFESA **E** AO POSTULADO DO CONTRADITÓRIO. **O SIGNIFICADO** DA VISTORIA PRÉVIA. **REFORMA AGRÁRIA E ABUSO DE PODER. INADMISSIBILIDADE. A FUNÇÃO SOCIAL** DA PROPRIEDADE: **VETORES QUE PERMITEM** RECONHECER O SEU ADIMPLEMENTO PELO "*DOMINUS*". **A SUBMISSÃO** DO PODER PÚBLICO *À "RULE OF LAW"*. **OFENSA** A DIREITO LÍQUIDO E CERTO DA EMPRESA IMPETRANTE. **PRECEDENTES**. MANDADO DE SEGURANÇA **DEFERIDO**. (Inform. STF 608)

ART. 243 DA CF E ANÁLISE DE REQUISITO SUBJETIVO

A Turma iniciou julgamento de dois recursos extraordinários em que se discute se questões de índole subjetiva devem ser consideradas na aplicação do art. 243 da CF (*"As glebas de qualquer região do País onde forem localizadas culturas ilegais de plantas psicotrópicas serão imediatamente expropriadas e especificamente destinadas ao assentamento de colonos, para o cultivo de produtos alimentícios e medicamentosos, sem qualquer indenização ao proprietário e sem prejuízo de outras sanções previstas em lei."*). No caso, a União insurge-se contra acórdão do Tribunal de Justiça do Estado de Pernambuco que afastara a incidência do mencionado dispositivo constitucional ao fundamento de que os recorridos, pessoas idosas, não tinham como se opor ao plantio ilícito de plantas psicotrópicas em suas terras, promovido por terceiros com fama de serem violentos e andarem armados. A Corte de origem aduziu, ainda, que a área em que realizado o cultivo seria de difícil acesso e que o Poder Público não ofereceria condições para que os agricultores pudessem, sem risco, comunicar às autoridades as plantações de maconha em suas propriedades. O Min. Dias Toffoli, relator, proveu o recurso para decretar a expropriação do imóvel em tela. Asseverou que a efetividade da Constituição se imporia. Tendo em conta que a expropriação prevista no art. 243 da CF seria uma sanção, entendeu que não se exigiria nenhum tipo de análise de caráter subjetivo sobre o proprietário, recaindo a sanção sobre a propriedade. Assim, concluiu pela inviabilidade de se partir para a apreciação subjetiva da conduta do proprietário ou do possuidor da terra — sua culpabilidade —, bastando para a expropriação a existência, no imóvel, de cultura ilegal de plantas psicotrópicas. Após, pediu vista a Min. Cármen Lúcia. **RE 402839/PE, rel. Min. Dias Toffoli, 18.5.2010.** (RE-402839) **RE 436806/PE, rel. Min. Dias Toffoli, 18.5.2010.** (RE-436806) (Inform. STF 587)

DESAPROPRIAÇÃO: NOTIFICAÇÃO E VISTORIA DE IMÓVEL INVADIDO

O Tribunal iniciou julgamento de mandado de segurança impetrado contra ato do Presidente da República que declarara de interesse social, para fins de reforma agrária, imóvel rural dos impetrantes. O Min. Marco Aurélio, relator, concedeu a ordem, para declarar insubsistente, em definitivo, o decreto expropriatório, no que foi acompanhado pelos Ministros Gilmar Mendes e Celso de Mello. Entendeu, primeiro, que, na espécie, a notificação, ocorrida na figura do inventariante, considerado o espólio, se dera de forma inválida, haja vista que não fora fixada data nem espaço de tempo razoável para o início dos trabalhos. Afirmou que a notificação tem por finalidade viabilizar o acompanhamento cabível, permitindo ao proprietário, inclusive, a contratação de técnico para fazê-lo, e que a designação da data da vistoria é elemento substancial dela, forma essencial à valia do ato. Reputou, em seguida, que a vistoria se dera à margem do que disposto na Medida Provisória 2.183-56/2001, visto que, quando de sua feitura, o imóvel em questão se encontrava invadido. Ademais, teriam sido incluídas áreas não aproveitáveis na averiguação do grau de utilização da terra. Destacou, por fim, a existência de decisão de reintegração preclusa na via da recorribilidade. Após, pediu vista dos autos o Min. Dias Toffoli. **MS 25493/DF, rel. Min. Marco Aurélio, 19.5.2010.** (MS-25493) (Inform. STF 587)

DESAPROPRIAÇÃO: ECOSSISTEMA DA FLORESTA AMAZÔNICA E INTIMAÇÃO - 1

O Tribunal iniciou julgamento de mandado de segurança impetrado contra ato do Presidente da República que, por decreto, declarara de interesse social, para fins de reforma agrária, imóvel rural. Os impetrantes sustentam a nulidade do procedimento administrativo realizado pelo INCRA, pelos seguintes fundamentos: a) invalidade da notificação para a vistoria prévia, dado que recebida por pessoa sem poderes de representação; b) inexistência de intimação sobre a atualização cadastral do imóvel, já que endereçada a local diverso da sede da empresa-autora; c) impossibilidade de desapropriação do imóvel, por se localizar em perímetro de ecossistema da Floresta Amazônica (art. 1º da Portaria/MEPF 88/99) e ser objeto de plano de manejo florestal sustentável (Lei 8.629/93, art. 7º); d) falta de notificação de entidades de classe (Decreto 2.250/97, art. 2º); e) invasão da propriedade por integrantes do Movimento dos Trabalhadores Rurais Sem Terra - MST. Inicialmente, aplicando-se a orientação firmada pela Corte no sentido de que, em se tratando de desapropriação para fins de reforma agrária, podem ser analisados os vícios do processo administrativo quando do julgamento do mandado de segurança impetrado contra o decreto presidencial, rejeitou-se a preliminar de não-cabimento do *writ*. **MS 25391/DF, rel. Min. Carlos Britto, 11.2.2008.** (MS-25391)

DESAPROPRIAÇÃO: ECOSSISTEMA DA FLORESTA AMAZÔNICA E INTIMAÇÃO - 2

Quanto ao mérito, o Min. Carlos Britto, relator, denegou a segurança e cassou a liminar deferida. Relativamente à suposta invalidade da notificação da vistoria prévia, aduziu que esta fora recebida por advogado constituído pela impetrante para representá-la em notícia-crime e que funcionário da empresa acompanhara toda a vistoria. Afastou a segunda alegação, porquanto juntado aviso de recebimento endereçado à impetrante, intimando-a da atualização cadastral do imóvel. No tocante à impossibilidade de desapropriação do imóvel, por sua localização e por ser objeto de plano de manejo, asseverou, de início, que a área possui cobertura florestal primária incidente no Ecossistema da Floresta Amazônica, conforme demonstrado em laudo agronômico do INCRA, o que proibiria a desapropriação, nos termos do art. 1º, *caput*, da aludida Portaria 88/99. Contudo, entendeu que tal norma seria excepcionada pelo seu parágrafo único, bem como pelo § 6º do art. 37-A do Código Florestal (*"§ 6º. É proibida, em área com cobertura florestal primária ou secundária em estágio avançado de regeneração, a implantação de projetos de assentamento humano ou de colonização para fim de reforma agrária, ressalvados os projetos de assentamento agroextrativista, respeitadas as legislações específicas."*). Dessa forma, uma vez destinada à implantação de projeto de assentamento agroextrativista — recomendado pela Procuradoria do INCRA e solicitado pelos trabalhadores da região — a propriedade estaria disponível para desapropriação. De igual modo, repeliu o argumento de que a implantação de projeto técnico na área obstaculizaria a desapropriação, haja vista a existência de controvérsia sobre a veracidade do documento em que afirmado ser o imóvel objeto desse projeto. Ademais, salientou não restar comprovado o atendimento dos requisitos legais, cuja conclusão em sentido diverso ensejaria dilação probatória, incabível na sede eleita. Também não acolheu o penúltimo fundamento, pois a jurisprudência do STF seria pacífica quanto à necessidade de intimação da entidade representativa da classe produtora se esta houver indicado a área a ser desapropriada, o que não ocorrera na espécie. Por fim, aduziu que a impetrante reconhecera que a invasão da propriedade por integrantes do MST acontecera bem depois da vistoria do INCRA. Após preliminar suscitada pelo Min. Cezar Peluso quanto à prova da intimação oportuna da impetrante no processo e confirmação do voto pelo relator, pediu vista dos autos o Min. Eros Grau. **MS 25391/DF, rel. Min. Carlos Britto, 11.2.2008.** (MS-25391)

DESAPROPRIAÇÃO: ECOSSISTEMA DA FLORESTA AMAZÔNICA E INTIMAÇÃO - 3

Em conclusão, o Tribunal denegou mandado de segurança impetrado contra ato do Presidente da República que, por decreto, declarara de interesse social, para fins de reforma agrária, imóvel rural. Sustentava-se a nulidade do procedimento administrativo realizado pelo INCRA — v. Informativo 494. Relativamente à suposta invalidade da notificação da vistoria prévia, aduziu-se que esta fora recebida por advogado constituído pela impetrante para representá-la em notícia-crime e que funcionário da empresa acompanhara toda a vistoria. Afastou-se, também, a alegada inexistência de intimação sobre a atualização cadastral do imóvel, porquanto juntado aviso de recebimento endereçado à impetrante, intimando-a. Quanto à impossibilidade de desapropriação do imóvel, por sua localização e por ser objeto de plano de manejo, asseverou-se, de início, que a área possuiria cobertura florestal primária incidente no Ecossistema da Floresta Amazônica, conforme demonstrado em laudo agronômico do INCRA, o que proibiria a desapropriação, nos termos do art. 1º, *caput*, da Portaria 88/99. Contudo, entendeu-se que tal norma seria excepcionada pelo seu parágrafo único, bem como pelo § 6º do art. 37-A do Código Florestal. Dessa forma, uma vez destinada à implantação de projeto de assentamento agroextrativista — recomendado pela Procuradoria do INCRA e solicitado pelos trabalhadores da região — a propriedade estaria disponível para desapropriação. Repeliu-se, ainda, o argumento de que a implantação de projeto técnico na área obstaculizaria a desapropriação, haja vista a existência de controvérsia sobre a veracidade do documento em que afirmado ser o imóvel objeto desse projeto. Salientou-se, ademais, não restar comprovado o atendimento dos requisitos legais, cuja conclusão em sentido diverso ensejaria dilação probatória, incabível na sede eleita. Também não se acolheu o fundamento de falta de notificação de entidades de classe (Decreto 2.250/97, art. 2º), ante a jurisprudência pacífica do STF quanto à necessidade de intimação da entidade representativa da classe produtora se esta houver indicado a área a ser desapropriada, o que não ocorrera na espécie. Por fim, frisou-se que a impetrante reconhecera que a invasão da propriedade por integrantes do MST acontecera bem depois da vistoria do INCRA. **MS 25391/DF, rel. Min. Ayres Britto, 12.5.2010.** (MS-25391) (Inform. STF 586)

TDAS: PAGAMENTO INTEGRAL E ORDEM CRONOLÓGICA

A Turma iniciou julgamento de recurso ordinário em mandado de segurança no qual se alega quebra da ordem cronológica de pagamento de Títulos da Dívida Agrária – TDAs, emitidos, em favor da recorrente, no bojo de procedimento de desapropriação de imóvel rural. Na espécie, o mandado de segurança fora impetrado diante da omissão da autoridade apontada como coatora em não efetuar o pagamento de expurgos inflacionários e de juros incidentes sobre o valor de face dos títulos. Ocorre que o STJ negara seguimento ao *writ* por reconhecer a decadência do direito à impetração. O Min. Eros Grau, relator, por reputar descumprida a ordem cronológica de pagamento de TDAs, proveu o recurso para determinar, tal como postulado na inicial, a suspensão dos pagamentos dos títulos "com vencimentos mais recentes do que os dos títulos do impetrante, antes do integral pagamento destes, com as diferenças dos Planos Bresser (8,04%) e/ou Collor (13,89%), devidamente corrigidas até o seu efetivo pagamento e/ou juros moratórios e/ ou compensatórios, devidos até a data em que houver o pagamento integral dos títulos". Preliminarmente, rejeitou a decadência do direito à impetração, porquanto o *writ* fora impetrado em face da omissão da autoridade coatora ao proceder ao pagamento integral dos títulos da ora recorrente. Enfatizou que o adimplemento de uma obrigação de valor compreende o pagamento do principal e dos acessórios. Assim, a União não poderia, anteriormente ao adimplemento integral dos títulos da recorrente, resgatar TDAs emitidos posteriormente. Ademais, aduziu que a ora recorrente não estaria a fazer uso do mandado de segurança objetivando o recebimento de acessórios de seu crédito. Após, pediu vista o Min. Gilmar Mendes. **RMS 24479/DF, rel. Min. Eros Grau, 4.5.2010.** (RMS-24479) (Inform. STF 585)

DESAPROPRIAÇÃO PARA FINS DE REFORMA AGRÁRIA E INDENIZAÇÃO DE COBERTURA VEGETAL - 3

Em conclusão de julgamento, a Turma desproveu recurso extraordinário no qual se discutia a indenização de cobertura florestal para fins de desapropriação — v. Informativo 561. Não se conheceu do recurso no tocante à controvérsia relativa ao reexame do julgamento proferido na instância de origem, para fins de nulidade, por suposta violação aos artigos 5º e seus incisos, e 93, IX, da CF, esclarecendo-se que a decisão não caracterizaria transgressão aos dispositivos constitucionais apontados, estando a jurisprudência da Corte consolidada no sentido de que as alegações de desrespeito a tais postulados poderiam configurar, quando muito, ofensa meramente reflexa ao texto constitucional, o que impediria a utilização de recurso extraordinário. Quanto à indenização da cobertura florística, entendeu-se que tal questão fora resolvida com base em laudo de perito, o qual concluíra pela ausência de potencial madeireiro. Desse modo, asseverou-se que o conhecimento do extraordinário quanto a esse ponto tornara-se inviável, dado que a pretensão recursal cuidaria de revolvimento de material fático-probatório, incabível nesta sede recursal (Súmula 279 do STF). Além disso, registrou-se que, apesar de o cabimento dos juros compensatórios em desapropriação já estar pacificado por esta Corte, nos termos do Verbete 618 e da orientação fixada no julgamento da ADI 2332 MC/DF (DJU de 2.4.2004), no caso específico dos autos, não haveria que se falar em juros moratórios e compensatórios, haja vista que o depósito inicialmente feito pelo recorrido superara o valor que viera a ser fixado como indenização pela desapropriação. O Min. Eros Grau frisou, no ponto, não reconhecer caráter indenizatório nos juros compensatórios.**RE 522501/ MT, rel. Min. Ellen Gracie, 15.12.2009.** (RE-522501) (Inform. STF 572)

EMENTA: RECURSO EXTRAORDINÁRIO. CONSTITUCIONAL. EXPROPRIAÇÃO. GLEBAS. CULTURAS ILEGAIS. PLANTAS PSICOTRÓPICAS. ARTIGO 243 DA CONSTITUIÇÃO DO BRASIL. INTERPRETAÇÃO DO DIREITO. LINGUAGEM DO DIREITO. LINGUAGEM JURÍDICA. ARTIGO 5º, LIV DA CONSTITUIÇÃO DO BRASIL. O CHAMADO PRINCÍPIO DA PROPORCIONALIDADE. 1. Gleba, no artigo 243 da Constituição do Brasil, só pode ser entendida como a propriedade na qual sejam localizadas culturas ilegais de plantas psicotrópicas. O preceito não refere áreas em que sejam cultivadas plantas psicotrópicas, mas as glebas, no seu todo. 2. A gleba expropriada será destinada ao assentamento de colonos, para o cultivo de produtos alimentícios e medicamentosos. 3. A linguagem jurídica corresponde à linguagem natural, de modo que é nesta, linguagem natural, que se há de buscar o significado das palavras e expressões que se compõem naquela. Cada vocábulo nela assume significado no contexto no qual inserido. O sentido de cada palavra há de ser discernido em cada caso. No seu contexto e em face das circunstâncias do caso. Não se pode atribuir à palavra qualquer sentido distinto do que ela tem em estado de dicionário, ainda que não baste a consulta aos dicionários, ignorando-se o contexto no qual ela é usada, para que esse sentido seja em cada caso discernido. A interpretação/aplicação do direito se faz não apenas a partir de elementos colhidos do texto normativo [mundo do dever-ser], mas também a partir de elementos do caso ao qual será ela aplicada, isto é, a partir de dados da realidade [mundo do ser]. 4. O direito, qual ensinou CARLOS MAXIMILIANO, deve ser interpretado "inteligentemente, não de modo que a ordem legal envolva um absurdo, prescreva inconveniências, vá ter a conclusões inconsistentes ou impossíveis". 5. O entendimento sufragado no acórdão recorrido não pode ser acolhido, conduzindo ao absurdo de expropriar-se 150 m2 de terra rural para nesses mesmos 150 m2 assentar-se colonos, tendo em vista o cultivo de produtos alimentícios e medicamentosos. 6. Não violação do preceito veiculado pelo artigo 5º, LIV da Constituição do Brasil e do chamado "princípio" da proporcionalidade. Ausência de "desvio de poder legislativo". Recurso extraordinário a que se dá provimento. **RE N. 543.974-MG. RELATOR: MIN. EROS GRAU. Noticiado no Informativo 540** (Inform. STF 548)

RMS E ART. 515, § 3º, DO CPC - 1

O Tribunal, por maioria, deu provimento a recurso ordinário em mandado de segurança para assentar, tão-somente, a legitimidade passiva do Ministro da Defesa para figurar como autoridade coatora. O recurso fora afetado ao Pleno, pela 2ª Turma, em virtude de discussão acerca da aplicabilidade, ou não, nesta via processual, do disposto no art. 515, § 3º, do CPC ["*Art. 515. A apelação devolverá ao tribunal o conhecimento da matéria impugnada. ... § 3º Nos casos de extinção do processo sem julgamento do mérito (art. 267), o tribunal pode julgar desde logo a lide, se a causa versar questão exclusivamente de direito e estiver em condições de imediato julgamento.*"]. No caso, a recorrente, viúva de militar anistiado, requeria o direito à isenção do imposto de renda incidente sobre proventos percebidos a título de pensão, nos termos do disposto no art. 9º da Lei 10.559/2002. Pleiteava, também, a nulidade do acórdão do STJ o qual, assentando a ilegitimidade passiva do Ministro do Estado da Defesa e dos Comandantes das Forças Armadas, extinguira o *writ* sem resolução do mérito — v. Informativo 539. **RMS 26959/DF, rel. orig. Min. Eros Grau, rel. p/ o acórdão Min. Menezes Direito, 26.3.2009.** (RMS-26959)

RMS E ART. 515, § 3º, DO CPC - 2

Afastou-se, inicialmente, por maioria, a preliminar de ilegitimidade da autoridade apontada como coatora para figurar no pólo passivo do mandado de segurança, visto que esta seria a responsável por determinar a interrupção dos descontos feitos nos proventos da pensionista, nos termos do disposto no art. 717 do Regulamento do Imposto de Renda (Decreto 3.000/99). Vencido, no ponto, o Min. Marco Aurélio, que, distinguindo parte passiva no mandado de segurança — a qual suportaria as conseqüências da concessão — de autoridade apontada como coatora, desprovia o recurso, por não reconhecer a legitimidade do Ministro da Defesa. No mérito, também em votação majoritária, repeliu-se a incidência do disposto no art. 515, § 3º, do CPC na via do mandado de segurança, uma vez que este instituto seria aplicado à apelação e que seu conhecimento pelo STF implicaria supressão de instância. Frisou-se, ademais, que o órgão competente para analisar o *writ* seria o próprio STJ, na medida em que assentado como autoridade coatora Ministro de Estado. Vencido o Min. Eros Grau, relator, o qual, avançando no mérito e aplicando o disposto no art. 515, § 3º, do CPC, concedia a ordem com o intuito de a impetrante não sofrer retenção da quantia referente ao imposto de renda nos proventos percebidos a título de pensão. Por fim, determinou-se a remessa do *writ* ao STJ para o prosseguimento do feito. **RMS 26959/DF, rel. orig. Min. Eros Grau, rel. p/ o acórdão Min. Menezes Direito, 26.3.2009.** (RMS-26959) (Inform. STF 540)

CULTURAS ILEGAIS DE PLANTAS PSICOTRÓPICAS E EXPROPRIAÇÃO DE GLEBA

A expropriação de glebas a que se refere o art. 243 da CF há de abranger toda a propriedade e não apenas a área efetivamente cultivada (CF: "*Art. 243. As glebas de qualquer região do País onde forem localizadas culturas ilegais de plantas psicotrópicas serão imediatamente expropriadas e especificamente destinadas ao assentamento de colonos, para o cultivo de produtos alimentícios e medicamentosos, sem qualquer indenização ao proprietário e sem prejuízo de outras sanções previstas em lei.*"). Com base nesse entendimento, o Tribunal proveu recurso extraordinário interposto pela União contra acórdão proferido pelo TRF da 1ª Região que concluíra que apenas a área onde efetivamente cultivada a planta psicotrópica deveria ter sido expropriada, pelos seguintes fundamentos: a) gleba seria parcela de um imóvel, tendo em conta a literalidade do art. 243 da CF; b) o art. 5º, LIV, da CF dispõe que "*ninguém será privado da liberdade ou de seus bens sem o devido processo legal*"; c) o perdimento da totalidade do imóvel violaria o princípio da proporcionalidade. Reputou-se insubsistente o primeiro fundamento, haja vista que gleba é uma área de terra, um terreno e não uma porção dessa área. Asseverou-se, no ponto, que a linguagem jurídica prescinde de retórica e que cada vocábulo nela assume significado no contexto no qual inserido. Assim, no art. 243 da CF, gleba só poderia ser entendida como propriedade, esta sujeita à expropriação quando nela localizadas culturas ilegais de plantas psicotrópicas. Repeliu-se, de igual modo, o segundo argumento, porquanto o devido processo legal, no caso dos autos, teria sido observado, tendo em conta que a União propusera ação expropriatória contra o recorrido, regularmente processada. Por fim, afastou-se a terceira assertiva, visto que ela seria uma oposição ao que o poder constituinte estabeleceu, ou seja, que a expropriação da totalidade da gleba onde foram localizadas culturas ilegais de plantas psicotrópicas seria desproporcional, como se o TRF apontasse, corrigindo-o, um desvio do poder constituinte. **RE 543974/MG, rel. Min. Eros Grau, 26.3.2009.** (RE-543974) (Inform. STF 540)

E M E N T A: REFORMA AGRÁRIA - DESAPROPRIAÇÃO-SANÇÃO (CF, ART. 184) - VISTORIA PELO INCRA - NECESSIDADE DE NOTIFICAÇÃO PESSOAL E PRÉVIA DO PROPRIETÁRIO RURAL (LEI Nº 8.629/93, ART. 2º, § 2º) - NOTIFICAÇÃO EFETIVADA NO MESMO DIA EM QUE REALIZADA A VISTORIA PELO INCRA - INADMISSIBILIDADE - OFENSA AO POSTULADO DO *"DUE PROCESS OF LAW"* (CF, ART. 5º, LIV) - NULIDADE RADICAL DA DECLARAÇÃO EXPROPRIATÓRIA - MANDADO DE SEGURANÇA CONCEDIDO.

REFORMA AGRÁRIA E DEVIDO PROCESSO LEGAL.

- O postulado constitucional do *"due process of law"*, em sua destinação jurídica, também está vocacionado à proteção da propriedade. Ninguém será privado de seus bens sem o devido processo legal (CF, art. 5º, LIV). A União Federal - mesmo tratando-se de execução e implementação do programa de reforma agrária - não está dispensada da obrigação de respeitar, no desempenho de sua atividade de expropriação, por interesse social, os princípios constitucionais que, em tema de propriedade, protegem as pessoas contra a eventual expansão arbitrária do poder estatal. A cláusula de garantia dominial que emerge do sistema consagrado pela Constituição da República tem por objetivo impedir o injusto sacrifício do direito de propriedade.

FUNÇÃO SOCIAL DA PROPRIEDADE E VISTORIA EFETUADA PELO INCRA.

- A vistoria efetivada com fundamento no art. 2º, § 2º, da Lei nº 8.629/93 tem por específica finalidade **viabilizar** o levantamento técnico de dados e informações sobre o imóvel rural, permitindo à União Federal - que atua por intermédio do INCRA - constatar **se** a propriedade **realiza**, ou não, a função social que lhe é inerente.

O ordenamento positivo determina que essa vistoria **seja precedida** de notificação regular ao proprietário, em face da possibilidade de o imóvel rural que lhe pertence - quando este não estiver cumprindo a sua função social - vir a constituir objeto de declaração expropriatória, para fins de reforma agrária.

NOTIFICAÇÃO PRÉVIA E PESSOAL DA VISTORIA - INADMISSIBILIDADE DESSE ATO, QUANDO PROMOVIDO NO MESMO DIA EM QUE REALIZADA A VISTORIA PELO INCRA.

- A notificação a que se refere o art. 2º, § 2º, da Lei nº 8.629/93, **para que se repute válida e possa**, conseqüentemente, **legitimar** eventual declaração expropriatória para fins de reforma agrária, há de ser efetivada **em momento anterior** ao da realização da vistoria.

Essa notificação prévia **somente** considerar-se-á regular, quando comprovadamente realizada na pessoa do proprietário do imóvel rural, **ou** quando efetivada mediante carta com aviso de recepção firmado por seu destinatário **ou** por aquele que disponha de poderes para receber a comunicação postal em nome do proprietário rural, **ou**, ainda, quando procedida na pessoa de representante legal **ou** de procurador regularmente constituído pelo *"dominus"*.

- A jurisprudência do Supremo Tribunal Federal tem reputado inadmissível a notificação, quando efetivada **no próprio dia** em que teve início a vistoria administrativa promovida pelo INCRA. **Precedentes**.

- **O descumprimento** dessa formalidade essencial - ditada pela necessidade de garantir, ao proprietário, a observância da cláusula constitucional do devido processo legal - **importa em vício radical** que configura defeito **insuperável**, apto a projetar-se **sobre todas** as fases subseqüentes do procedimento de expropriação, contaminando-as, de maneira irremissível, por efeito de repercussão causal, **e gerando**, em conseqüência, por ausência de base jurídica idônea, a própria invalidação do decreto presidencial consubstanciador de declaração expropriatória. **MS N. 23.949-DF. RELATOR: MIN. CELSO DE MELLO. Noticiado no Informativo 256** (Inform. STF 540)

CULTURAS ILEGAIS DE PLANTAS PSICOTRÓPICAS E ÁREA A SER DESAPROPRIADA

A Turma, acolhendo proposta do Min. Eros Grau, submeteu ao Plenário julgamento de recurso extraordinário, do qual relator, em que se discute se a desapropriação das glebas onde forem localizadas culturas ilegais de plantas psicotrópicas, nos termos do disposto no art. 243, da CF, restringe-se à área efetivamente cultivada ou estende-se a todo o terreno (*"Art. 243. As glebas de qualquer região do País onde forem localizadas culturas ilegais de plantas psicotrópicas serão imediatamente expropriadas e especificamente destinadas ao assentamento de colonos, para o cultivo de produtos alimentícios e medicamentosos, sem qualquer indenização ao proprietário e sem prejuízo de outras sanções previstas em lei."*). **RE 543974/MG, rel. Min. Eros Grau, 11.3.2008.** (RE-543974) (Inform. STF 498)

DIREITO ADMINISTRATIVO. DESAPROPRIAÇÃO INDIRETA. VALORIZAÇÃO DA ÁREA REMANESCENTE. REDUÇÃO DO QUANTUM INDENIZATÓRIO. IMPOSSIBILIDADE.

Na desapropriação indireta, quando há valorização geral e ordinária da área remanescente ao bem esbulhado em decorrência de obra ou serviço público, não é possível o abatimento no valor da indenização devida ao antigo proprietário. Cabe ao Poder Público, em tese, a utilização da contribuição de melhoria como instrumento legal capaz de fazer face ao custo da obra, devida proporcionalmente pelos proprietários de imóveis beneficiados com a valorização do bem. Precedentes citados: REsp 795.580/SC, DJ 1º/2/2007; REsp 1.074.994-SC, DJe 29/10/2008. **REsp 1.230.687-SC, Rel. Min. Eliana Calmon, julgado em 18/10/2012. (Inform. STJ 507)**

DESAPROPRIAÇÃO. VALOR DA INDENIZAÇÃO. DATA DA AVALIAÇÃO.

A Turma, por maioria, reafirmou o entendimento de que, nas ações de desapropriação - a teor do disposto no artigo 26 do DL n. 3.365/1941 - o valor da indenização será contemporâneo à data da avaliação judicial, não sendo relevante a data em que ocorreu a imissão na posse, tampouco a data em que se deu a vistoria do expropriante. Precedentes citados: REsp 1.195.011-PR, DJe 14/2/2011, e REsp 1.035.057-GO, DJe 8/9/2009. **REsp 1.274.005-MA, Rel. originário Min. Mauro Campbell Marques, Rel. para acórdão Min. Castro Meira, julgado em 27/3/2012. (Inform. STJ 494)**

DESAPROPRIAÇÃO INDIRETA. ESBULHO. PROMESSA DE COMPRA E VENDA NÃO REGISTRADA. INDENIZAÇÃO.

A Turma negou provimento ao recurso ao reafirmar que, em se tratando de desapropriação indireta, a promessa de compra e venda, ainda que não registrada no cartório de imóveis, habilita os promissários compradores a receber a indenização pelo esbulho praticado pelo ente público. Consignou-se que a promessa de compra e venda constitui negócio jurídico, sendo imanentes a ele direitos, deveres, obrigações, exceções e demais categorias eficaciais. Portanto, o registro não interfere na relação de direito obrigacional, apenas produz eficácia perante terceiros que não participaram do contrato. Ademais, possuem direito à indenização o titular do domínio, o titular do direito real limitado e o detentor da posse. Precedente citado: REsp 769.731-PR, DJ 31/5/2007. **REsp 1.204.923-RJ, Rel. Min. Humberto Martins, julgado em 20/3/2012. (Inform. STJ 493)**

DESAPROPRIAÇÃO. LEVANTAMENTO DE DEPÓSITO PELO PROMITENTE COMPRADOR.

A Turma, reformando acórdão do tribunal *a quo*, decidiu caber a intimação dos recorridos para se manifestarem acerca do pedido de levantamento parcial do preço depositado no próprio processo de desapropriação por utilidade pública; somente em caso de eventual oposição fundada destes, seja a questão ventilada em ação própria. *In casu*, os recorrentes assinaram contrato de compromisso de compra e venda de área encravada em gleba desapropriada. Para o Min. Relator, os arts. 31 e 34 do DL n. 3.365/1941 dão azo ao pedido dos recorrentes, mesmo que o contrato não esteja inscrito no cartório de registro de imóveis, sendo irrelevante a discussão acerca da natureza do direito do promitente comprador – se real ou pessoal –, em virtude da ausência de registro, já que os dispositivos em análise não restringem a sub-rogação unicamente aos direitos reais. **REsp 1.198.137-DF, Rel. Min. Teori Albino Zavaski, julgado em 2/2/2012. (Inform. STJ 490)**

DESAPROPRIAÇÃO. TERRAS. AEROPORTO. GALEÃO. PRESCRIÇÃO.

A Turma conheceu parcialmente do recurso da União e, nessa extensão, proveu-o para reconhecer a ocorrência da prescrição da pretensão executiva, invertendo os ônus sucumbenciais nos termos do fixado pelo magistrado de primeira instância. No caso, a ação ordinária discutia a desapropriação indireta das glebas hoje pertencentes ao Aeroporto Internacional do Galeão e a indenização a que fora condenada a União, arbitrada em R$ 17 bilhões. No REsp, a recorrente (União) alegou que inúmeras ilegalidades teriam ocorrido na ação de conhecimento, a qual se iniciou em 1951. Entre as ilegalidades apontadas pela União, estaria o vício de representação da companhia recorrida em liquidação, omissões perpetradas pelo TRF acerca de questões fundamentais ao deslinde da controvérsia, o que tornaria nulo o acórdão recorrido, bem como a ocorrência de prescrição. O Ministro Mauro Campbell Marques, Relator do REsp, iniciou seu voto afastando as preliminares de nulidade por suposto vício de representação da empresa recorrida e das alegadas omissões do acórdão *a quo*. Entendeu o Min. Relator que não seria possível o conhecimento do REsp quanto ao vício de representação, pois tal medida implicaria a análise de todo o acervo probatório dos autos, hipótese que encontra óbice na Súm. n. 7-STJ. Quanto à omissão do TRF, asseverou que todas as questões suscitadas pelas partes foram exaustivamente analisadas por aquele tribunal, inclusive quando da admissibilidade do REsp, razão por que não seria possível sustentar haver omissão no julgamento. Quanto à preliminar de mérito, afirmou ter havido a prescrição da pretensão executiva, uma vez que a companhia recorrida, após a liquidação dos cálculos por sentença com trânsito em julgado, teria levado 20 anos para propor a ação de execução. Ressaltou ainda que, em 9/4/1997, os autos foram retirados do cartório pelo advogado da companhia recorrida sob a alegação de que estariam diligenciando para uma melhor composição da lide. No entanto, o processo não foi devolvido nas datas estipuladas e permaneceu desaparecido por mais de quatro anos, sendo devolvido em 16/5/2001 por um pastor de igreja evangélica, que redigiu ofício noticiando o achado na igreja e informando a devolução dos autos em cartório. O Min. Relator ainda afirmou que a inércia da companhia recorrida em propor a ação de execução por tempo superior a 20 anos fulminou a pretensão do particular de receber o valor de R$ 17 bilhões. Concluiu por fim, no que foi acompanhado pelos demais Ministros da Turma, que, no caso, sequer se iniciou a ação de execução, razão por que é inevitável o reconhecimento da prescrição da pretensão executiva, visto que o prazo vintenário é contado a partir do trânsito em julgado da homologação da sentença de liquidação, que se deu em 2/4/1990 e findou em 2/4/2010. Precedentes citados: REsp 993.554-RS, DJe 30/5/2008; REsp 450.860-RS, DJ 1º/8/2006; AgRg no Ag 1.300.072-SP, DJe 3/9/2010; AgRg no REsp 1.159.721-RN, DJe 18/6/2010; AgRg no REsp 1.056.531-SP, DJe 19/11/2008; REsp 536.600-SC, DJ 12/9/2005; REsp 1.231.805-PE, DJe 4/3/2011; AgRg no REsp 1.129.931-PR, DJe 18/12/2009, e AgRg no REsp 1.106.436-PR, DJe 14/12/2009. **REsp 894.911-RJ, Rel. Min. Mauro Campbell Marques, julgado em 21/6/2011.** (Inform. STJ 478)

DESAPROPRIAÇÃO. CONCURSO. CREDORES.

Não se pode confundir "dúvida fundada sobre o domínio" com concurso de credores, visto que o art. 34, parágrafo único, do DL n. 3.365/1941 (Lei de Desapropriações) refere-se somente àquela. *In casu*, foi informado nos autos, por meio de documento inequívoco, que parte do preço (21% dos créditos indenizatórios decorrentes da ação de desapropriação) foi objeto de transação com terceiro, legitimando a pretensão do expropriante (adjudicatário do bem) ao levantamento do percentual remanescente (79%), tanto mais que, à luz dos autos, a quantia não foi objeto de negócio jurídico, *et pour cause*, incontroversa. A disputa entre credores do expropriado não pode prejudicar legítimos interesses do adjudicatário do bem, devendo os eventuais créditos de terceiros para com o expropriado ser pleiteados em ação própria. É que, comprovada a adjudicação registrada e a transação referente a apenas 21% do total do preço obtido com a alienação do bem, a parte remanescente pertence de direito ao titular do domínio, o adjudicatário, que não teria pretensão a deduzir em juízo com relação à parte do preço da qual é inequívoco titular. Com essas, entre outras, considerações, a Turma, por maioria, deu provimento ao recurso. **REsp 1.182.246-SP, Rel. originário Min. Benedito Gonçalves, Rel. para acórdão Min. Teori Albino Zavascki, julgado em 24/5/2011.** (Inform. STJ 474)

DESAPROPRIAÇÃO. VALORIZAÇÃO ESPECÍFICA.

Cuida-se de REsp derivado de ação indenizatória por desapropriação indireta no qual a autora, ora recorrente, insurge-se, entre outras questões, contra a assertiva do acórdão recorrido de que a valorização de seu imóvel (área remanescente) decorrente da construção de rodovia estadual deveria ser deduzida do valor da indenização. Nesse contexto, mostra-se relevante frisar que a valorização imobiliária que advém de obra ou serviço público pode ser de ordem geral (beneficia indistintamente grupo considerável de administrados) ou especial (apenas um ou alguns identificados ou identificáveis são beneficiados) e a mais-valia divide-se em ordinária (todos os imóveis lindeiros à obra valorizam-se na mesma proporção) ou extraordinária (um ou alguns se valorizam mais que outros sujeitos à mais-valia ordinária). Na hipótese de valorização geral ordinária, o Poder Público tem em mão o instrumento legal da contribuição de melhoria e, diante da valorização geral extraordinária, tem a desapropriação por zona ou extensiva (art. 4º do DL n. 3.365/1941). Já na seara da valorização específica e só nela, pode o Estado abatê-la da indenização a ser paga (art. 27 daquele mesmo DL, que deve ser interpretado em consonância com os demais princípios e regras do ordenamento jurídico). Anote-se que a tendência da jurisprudência de vetar o abatimento da mais-valia pelo Estado como regra geral remonta à década de 1950 e visava assegurar que o ônus referente à valorização fosse suportado não só pelo expropriado, mas por todos os beneficiados pelo melhoramento público, além de evitar que o desapropriado ficasse devedor do Poder Público acaso a valorização da parte remanescente fosse maior que o preço da parte desapropriada. Contudo, essa tendência sofreu evolução jurisprudencial a possibilitar a compensação nos casos de valorização específica, diante da impossibilidade de repartir o ônus oriundo da valorização. Disso decorre a jurisprudência do Superior Tribunal de que essa compensação não pode ser feita na desapropriação, com exceção dos casos de comprovada valorização específica ou individual. No caso, é patente a mais-valia da área remanescente em decorrência da construção da rodovia. Todavia, essa se mostra não como especial, mas como genérica, ao atingir os mesmos patamares dos demais imóveis lindeiros. Daí a respectiva mais-valia dever ser cobrada mediante contribuição de melhoria, a invalidar seu abatimento proporcional do valor da indenização, tal qual assentado no acórdão recorrido. Esse entendimento foi firmado por maioria pela Turma no prosseguimento do julgamento. Precedentes citados: REsp 795.580-SC, DJ 1º/2/2007; REsp 951.533-MG, DJe 5/3/2008, e REsp 831.405-SC, DJ 12/11/2007. **REsp 1.092.010-SC, Rel. Min. Castro Meira, julgado em 12/4/2011.** (Inform. STJ 469)

DESAPROPRIAÇÃO. REFORMA AGRÁRIA. INDENIZAÇÃO. PERÍCIA. LAUDO TÉCNICO.

Trata-se, na origem, de ação expropriatória por interesse social para fins de reforma agrária proposta pelo Instituto Nacional de Colonização e Reforma Agrária (Incra) que culminou, neste Superior Tribunal, em recursos interpostos pela expropriada e pelo Incra. Discute a expropriada, no REsp, entre outras questões, a necessidade de laudo pericial para a apuração da justa indenização, apontando violação dos arts. 165 e 458, II, do CPC, alegando que não se poderia ter como fundamentação jurídica a adoção errônea da impugnação do Incra como laudo técnico nem a adoção de mero valor especulativo fornecido pelo expropriante, sem qualquer embasamento técnico. Aduz, ainda, ofensa ao art. 12, § 1º, da LC n. 76/1993, sustentando que o magistrado, para apurar a justa indenização, deve, necessariamente, pautar-se em laudo técnico. Já o Incra, em suas razões, alega, entre outros temas, ofensa aos arts. 118 da Lei n. 4.504/1964, 2º e 3º do DL n. 1.110/1970 e 475, I, do CPC, sustentando que o tribunal de origem omitiu-se quanto à necessidade de remessa oficial, obrigatória no caso. *A priori*, esclareceu o Min. Relator que, apesar de ser firme a jurisprudência no sentido de que o magistrado não está vinculado às conclusões do laudo oficial, a prova pericial é indispensável ao pleito expropriatório. Ademais, sendo o laudo um parecer dos técnicos que levaram a efeito a perícia, ela é peça fundamental para o estabelecimento da convicção do magistrado. *In casu*, tomou-se a impugnação da segunda perícia como se laudo fosse, tornando-se suporte da decisão que foi afirmada e reafirmada no acórdão e nos embargos declaratórios como laudo da expropriante, quando, na realidade, não o era. Dessarte, concluiu o Min. Relator que tomar uma coisa pela outra – a impugnação da expropriante ao laudo pericial como prova técnica –, erigindo-a a fundamento do acórdão, importa violação do art. 12, § 1º, da LC n. 76/1993. Com essas considerações, a Turma deu parcial provimento ao recurso da expropriada, para determinar a realização de nova perícia e declarar, em consequência, a nulidade do processo a partir do encerramento da instrução inclusive, julgando prejudicados o recurso do Incra e as demais questões. Precedentes citados: REsp 59.527-MG, DJ 12/8/1996; REsp 432.251-MG, DJ 16/9/2002; REsp 750.988-RJ, DJ 25/9/2006; REsp 797.854-PR, DJe 30/4/2008, e REsp 880.102-TO, DJe 16/12/2008. **REsp 1.036.289-PA, Rel. Min. Hamilton Carvalhido, julgado em 22/3/2011.** (Inform. STJ 467)

DESAPROPRIAÇÃO. REFORMA AGRÁRIA. INDENIZAÇÃO.

Em respeito ao princípio da justa indenização, os valores referentes à desapropriação para fins de reforma agrária devem corresponder à exata dimensão da propriedade, pois não faz sentido vincular-se, de forma indissociável, o valor da indenização à área registrada, visto que tal procedimento poderia acarretar, em certos casos, o enriquecimento sem causa de uma ou de outra parte caso a área constante do registro seja superior. Dessarte, para fins indenizatórios, o alcance do justo preço recomenda que se adote a área efetivamente expropriada, com o fim de evitar prejuízo a qualquer das partes. No caso, deve-se pagar pelo que foi constatado pelo perito (a parte incontroversa), e o montante correspondente à área remanescente ficará eventualmente depositado em juízo até que se defina quem faz jus ao levantamento dos valores. **Precedentes citados: REsp 596.300-SP, DJe 22/4/2008; REsp 937.585-MG, DJe 26/5/2008; REsp 841.001-BA, DJ 12/12/2007, e REsp 837.962-PB, DJ 16/11/2006. REsp 1.115.875-MT, Rel. Min. Mauro Campbell Marques, julgado em 7/12/2010**. (Inform. STJ 459)

DESAPROPRIAÇÃO. INDENIZAÇÃO. ÁREA NÃO REGISTRADA. COBERTURA VEGETAL.

O acórdão recorrido entendeu que, havendo divergência sobre a dimensão do imóvel desapropriado, deve prevalecer a área real do imóvel sobre a área registrada, devendo a primeira ser indenizada. É uníssona a jurisprudência deste Superior Tribunal de que o pagamento da indenização em desapropriação direta restringe-se à área registrada constante do decreto expropriatório, incumbindo à parte o ingresso em via ordinária própria para a apuração de eventual esbulho de área excedente (art. 34 do DL n. 3.365/1941 e do art. 6º, § 1º, da LC n. 76/1993). Isso porque o pagamento de área não registrada conduz o Poder Público a indenizar aquele que não detém a propriedade da área expropriada, resultando no enriquecimento sem causa do particular (expropriado). Quanto à indenização da cobertura vegetal, ela deve ser calculada separadamente do valor da terra nua, quando comprovada a exploração econômica dos recursos vegetais. No caso, o tribunal *a quo* afastou a mencionada indenização separada da terra nua, argumentando que não seria a hipótese de pagamento separado. Não obstante, acrescentou ao valor da terra nua o percentual de 10%, o que, por via oblíqua, acabou indenizando novamente a cobertura vegetal e, *a fortiori*, contrariando seu próprio entendimento, também o firmado por este Superior Tribunal. **Precedentes citados: REsp 966.089-MT, DJe 26/8/2010; REsp 841.001-BA, DJ 12/12/2007; REsp 703.427-SP, DJ 24/10/2005; REsp 837.962-PB, DJ 16/11/2006; REsp 786.714-CE, DJ 28/8/2006; REsp 1.035.951-MT, DJe 7/5/2010; REsp 804.553-MG, DJe 16/12/2009; REsp 1.073.793-BA, DJe 19/8/2009, e REsp 978.558-MG, DJe 15/12/2008. REsp 1.075.293-MT, Rel. Min. Luiz Fux, julgado em 4/11/2010.** (Inform. STJ 454)

MPF. INTERVENÇÃO. TERRA INDÍGENA.

Trata-se de ação declaratória referente à ação de desapropriação por utilidade pública movida com fins de formação de reservatório de usina hidrelétrica. Nas glebas em questão, há fortes indícios de que se sujeitam à ocupação indígena, fato que, por si só, conduz à necessária intervenção do MPF sob pena de nulidade absoluta (art. 232 da CF/1988 e arts. 84 e 246 do CPC). Assim, anulou-se a sentença e se determinou a oitiva do MPF a partir da primeira instância. Precedente citado: REsp 660.225-PA, DJe 6/10/2008. **REsp 934.844-AM, Rel. Min. Luiz Fux, julgado em 19/10/2010.** (Inform. STJ 452)

DESAPROPRIAÇÃO. IMÓVEL RURAL. CLASSIFICAÇÃO.

Em desapropriação de imóvel por interesse social para fins de reforma agrária, o Incra discute, no REsp, se a área não aproveitável integra o cálculo (módulo fiscal) em que se define a classificação da propriedade rural como pequena, média ou grande. Isso porque essa classificação irá determinar a possibilidade ou não da desapropriação do imóvel rural do recorrido, em razão de o art. 185 da CF/1988 rechaçar a expropriação da pequena e média propriedade rural na hipótese de o proprietário não possuir outro imóvel. *A priori*, esclareceu o Min. Relator que, apesar de o Estatuto da Terra (Lei n. 4.504/1964) ter conceituado módulo rural como unidade de medida familiar, posteriormente a Lei n. 6.746/1979 alterou disposições desse estatuto, criando um novo conceito: o módulo fiscal que estabeleceu um critério técnico destinado a aferir a área do imóvel rural para cálculo de imposto sobre a propriedade territorial rural (ITR). Expõe que o problema surgiu com a Lei n. 8.629/1993, a qual, ao regulamentar o art. 185 da CF/1988, optou pelo uso do módulo fiscal, mais afeiçoado ao direito tributário que ao agrário, para estabelecer a classificação de pequeno, médio e grande pela extensão da área do imóvel rural, mas deixou de explicar a forma de sua aferição. Explica o Min. Relator ser correta a decisão do acórdão recorrido que, diante do silêncio da Lei n. 8.629/1993, quanto à forma de aferição do módulo fiscal, solucionou a questão, buscando o cálculo no § 3º do art. 50 do Estatuto da Terra, com a redação dada pela Lei n. 6.746/1979, que leva em conta a área aproveitável em vez do tamanho do imóvel. Assim, concluiu que a classificação da propriedade rural como pequena, média ou grande deve ser aferida pelo número de módulos fiscais obtidos, dividindo-se a área aproveitável do imóvel rural pelo módulo fiscal do município. Ademais, consignou ser imprópria a idéia de tripartir o cálculo do tamanho da propriedade, diferenciando-o de acordo com o fim almejado, seja para efeito de indivisibilidade seja para efeito de desapropriação para reforma agrária ou, ainda, para cálculo do ITR. Diante do exposto, a Turma negou provimento ao recurso do Incra. **REsp 1.161.624-GO, Rel. Min. Humberto Martins, julgado em 15/6/2010.** (Inform. STJ 439)

REPETITIVO. DESAPROPRIAÇÃO. IMÓVEL IMPRODUTIVO. JUROS COMPENSATÓRIOS.

A Seção, ao prosseguir o julgamento, entre outras questões, ao julgar o recurso sobre o regime do art. 543-C do CPC c/c a Res. n. 8/2008-STJ, entendeu que a eventual improdutividade do imóvel não afasta o direito aos juros compensatórios, pois eles restituem não só o que o expropriado deixou de ganhar com a perda antecipada, mas também a expectativa de renda, considerando a possibilidade de o imóvel ser aproveitado a qualquer momento de forma racional e adequada, ou até ser vendido com o recebimento do seu valor à vista. Afirmou, ainda, que são indevidos juros compensatórios quando a propriedade mostrar-se impassível de qualquer espécie de exploração econômica seja atual ou futura, em decorrência de limitações legais ou da situação geográfica ou topográfica do local onde se situa a propriedade. Considerou também que as restrições contidas nos §§ 1º e 2º do art. 15-A do DL n. 3.365/1941, inseridas pelas MPs ns. 1.901-30/1999 e 2.027-38/2000 e reedições, as quais vedam a incidência de juros compensatórios em propriedade improdutiva, serão aplicáveis, tão somente, às situações ocorridas após a sua vigência. Assim, publicada a medida liminar concedida na ADI 2.332-DF (DJ 13/9/2001), deve ser suspensa a aplicabilidade dos §§ 1º e 2º do artigo 15-A do DL n. 3.365/1941 até o julgamento de mérito da demanda. Na hipótese, os juros compensatórios são devidos sobre o imóvel improdutivo desde a imissão na posse até a entrada em vigor das citadas MPs, as quais suspendem a incidência dos referidos juros. A partir da publicação da MC na ADI 2.332-DF (DJ 13/9/2001), tais juros voltam a incidir sobre a propriedade improdutiva até a data da expedição do precatório original, segundo a dicção do § 12 do art. 100 da CF/1988, com a redação dada pela EC n. 62/2009, salvo se houver mudança de entendimento do Pretório Excelso quando do julgamento de mérito da referida ação de controle abstrato. Segundo a jurisprudência do STJ, a MP n. 1.577/1997, que reduziu a taxa dos juros compensatórios em desapropriação de 12% para 6% ao ano, é aplicável no período entre 11/6/1997, quando foi editada, até 13/9/2001, quando foi publicada a decisão liminar do STF na ADI 2.332-DF, suspendendo a eficácia da expressão "de até seis por cento ao ano", do *caput* do art. 15-A do DL n. 3.365/1941, introduzida pela referida MP. Nos demais períodos, a taxa dos juros compensatórios é de 12% ao ano, como prevê a Súmula n. 618-STF. **Precedentes citados: EREsp 453.823-MA, DJ 17/5/2004; REsp 675.401-RO, DJe 10/9/2009; REsp 984.965-CE, DJe de 4/8/2009; REsp 1.099.264-PA, DJe 19/8/2009; REsp 1.034.014-CE, DJ 26/6/2008; REsp 1.090.221-PE, DJe 29/9/2009; REsp 1.066.839-SP, DJe 31/8/2009; EREsp 519.365-SP, DJ 27/11/2006, e REsp 1.118.103-SP, DJe 8/3/2010. REsp 1.116.364-PI, Rel. Min. Castro Meira, julgado em 26/5/2010.** (Inform. STJ 436)

DESAPROPRIAÇÃO. MUNICÍPIO. BENS. UNIÃO.

A Turma reiterou o entendimento de que é vedado ao município desapropriar bens de propriedade da União ou de suas autarquias e fundações, assim como das empresas públicas e sociedades de economia mista submetidas à sua fiscalização, sem prévia autorização, por decreto, do presidente da República. **Precedentes citados: REsp 214.878-SP, DJ 17/12/1998, e REsp 71.266-SP, DJ 9/10/1995. REsp 1.188.700-MG, Rel. Min. Eliana Calmon, julgado em 18/5/2010** (Inform. STJ 435)

DESAPROPRIAÇÃO. INDENIZAÇÃO. OFERTA INICIAL.

Em desapropriação direta, não constitui julgamento *ultra petita* a fixação de valor indenizatório em patamar inferior à oferta inicial se isso decorrer da adoção pelo juízo da integralidade do laudo do perito oficial. A oferta inicial do Incra, para reforma agrária, nem sempre reflete o valor real do imóvel e, *a fortiori*, sua justa indenização (art. 5º, XXIV, da CF/1988). Assim, na hipótese, não se pode cogitar a carência de fundamentação, porque a sentença, ao acolher os fundamentos do laudo pericial, fixou um montante razoável como indenização. **Precedentes citados: REsp 780.542-MT, DJ 28/8/2006, e REsp 886.258-MT, DJ 2/4/2007. REsp 848.787-SC, Rel. Min. Mauro Campbell Marques, julgado em 20/5/2010.** (Inform. STJ 435)

DESAPROPRIAÇÃO. INDENIZAÇÃO. OFERTA INICIAL.

Em desapropriação direta, não constitui julgamento *ultra petita* a fixação de valor indenizatório em patamar inferior à oferta inicial se isso decorrer da adoção pelo juízo da integralidade do laudo do perito oficial. A oferta inicial do Incra, para reforma agrária, nem sempre reflete o valor real do imóvel e, *a fortiori*, sua justa indenização (art. 5º, XXIV, da CF/1988). Assim, na hipótese, não se pode cogitar a carência de fundamentação, porque a sentença, ao acolher os fundamentos do laudo pericial, fixou um montante razoável como indenização. **Precedentes citados: REsp 780.542-MT, DJ 28/8/2006, e REsp 886.258-MT, DJ 2/4/2007. REsp 848.787-SC, Rel. Min. Mauro Campbell Marques, julgado em 20/5/2010.** (Inform. STJ 435)

DESISTÊNCIA. AÇÃO. OPOSIÇÃO. RÉU.

Em ação de indenização proposta pelo particular devido à desapropriação indireta promovida pela União, o autor desistiu da ação e, quando sobreveio a sentença homologatória, a União apelou. Por sua vez, o Tribunal *a quo* não conheceu da apelação ao argumento de que a oposição à desistência da ação deveria ser fundamentada e justificada. No REsp, a União discute a possibilidade de recusa do réu ao pedido de desistência da ação formulado pelo autor, quando não há a expressa renúncia do autor ao direito em que se funda a ação (art. 3º da Lei n. 9.469/1997). Para o Min. Relator, invocando doutrina de sua autoria, é cediço que a desistência da ação é instituto nitidamente processual, pois não atinge o direito material objeto da ação, tanto que descompromete o Judiciário de manifestar-se. No entanto, após o oferecimento da resposta, é defeso ao autor desistir da ação sem o consentimento do réu, nos termos do art. 267, § 4º, do CPC. Essa regra impositiva decorre da bilateralidade formada no processo, o réu também tem direito de solucionar o conflito. Mas, apesar desse direito de o réu manifestar-se sobre a desistência do autor da ação, essa oposição deve ser fundamentada e justificada sob pena de configurar abuso de seu direito. Nesse sentido, posicionam-se a doutrina e a jurisprudência deste Superior Tribunal. No caso dos autos, a União condicionou sua concordância ao pedido de desistência à renúncia expressa do autor sobre o direito em que se funda a ação, de acordo com o referido artigo da Lei n. 9.469/1997; sendo assim, não há abuso de seu direito. Diante do exposto, a Turma deu provimento ao recurso da União para afastar a extinção do processo e determinar o prosseguimento do feito. **Precedentes citados: REsp 976.861-SP, DJ 19/10/2007; REsp 241.780-PR, DJ 3/4/2000, e REsp 651.721-RJ, DJ 28/9/2006. REsp 1.174.137-PR, Rel. Min. Luiz Fux, julgado em 6/4/2010.** (Inform. STJ 429)

COMPETÊNCIA. JUIZADO ESPECIAL FEDERAL. DEC. N. 750/1993.

Este Superior Tribunal já decidiu que as limitações decorrentes da edição do Dec. n. 750/1993, quanto à Mata Atlântica, não consubstanciam desapropriação indireta. Assim, o Juizado Especial Federal é competente para julgar a causa na qual se busca indenização decorrente dessas limitações administrativas, visto não se encontrar albergada pelas exceções contidas no art. 3º, § 1º, da Lei n. 10.259/2001 e seu valor ser inferior a 60 salários mínimos. Precedente citado: EREsp 901.319-SC, DJe 3/8/2009. **REsp 1.129.040-RS, Rel. Min. Castro Meira, julgado em 16/3/2010.** (Inform. STJ 427)

ACP. DESAPROPRIAÇÃO. COISA JULGADA.

A Turma, por maioria, entendeu cabível a ação civil pública (ACP) para declarar a nulidade de relação processual supostamente transitada em julgado, por inexistir base fática própria a justificar a ação desapropriatória de imóvel situado em faixa de fronteira e já desapropriado pelo Poder Público federal. Com efeito, para todo direito violado, deve existir um meio judicial de debelar a ofensa, em que pese à aparência formal de coisa julgada, eivada de nulidade absoluta insanável, causadora de prejuízos ao patrimônio público. No caso, não houve o trânsito em julgado da ação desapropriatória quanto ao domínio das terras expropriadas – até porque tal questão não foi discutida nos autos do processo, mas apenas quanto ao valor da indenização paga, com base no pressuposto de que as terras pertenciam aos expropriados, motivo pelo qual foi fixado o montante a título de justa indenização. Ademais, ainda que não se tratasse de coisa julgada, quanto à discussão sobre o citado domínio das terras desapropriadas de que se valeu o acórdão recorrido para extinguir o processo sem resolução do mérito, por inadequação da via eleita, não é definitiva nem produz efeitos concretos, em época alguma, a coisa julgada baseada em premissas fáticas inexistentes, em violação dos princípios da legalidade, moralidade, da realidade dos fatos, das condições impostas pela natureza e demais regras constitucionais. **Precedentes citados: REsp 765.566-RN, DJ 31/5/2007; REsp 622.405-SP, DJ 20/9/2007; REsp 445.664-AC, DJ 7/3/2005, e REsp 710.599-SP, DJ 14/2/2008. REsp 1.015.133-MT, Rel. originária Min. Eliana Calmon, Rel. para acórdão Min. Castro Meira, julgado em 2/3/2010.** (Inform. STJ 425)

REPETITIVO. DESAPROPRIAÇÃO. JUROS.

Trata-se de entendimento assentado na jurisprudência do STJ e compatível com a recente orientação traçada pela Súmula vinculante n. 17 do STF, qual seja, ser o termo inicial dos juros moratórios na desapropriação o dia 1º de janeiro do exercício seguinte àquele em que o pagamento deveria ser feito (art. 100 da CF/1988 e art. 15-B do DL n. 3.365/1941). Já os juros compensatórios são devidos a 12% ao ano, nos termos da Súm. n. 618-STF, exceto entre 11/6/1997, data do início da vigência da MP n. 1.577, que reduziu esse percentual a 6% ao ano, e 13/9/2001, o dia da publicação da decisão em medida liminar concedida pelo STF na ADIn 2.332-DF, que suspendeu a eficácia da expressão "de até seis por cento ao ano" constante do *caput* do art. 15-A do DL n. 3.365/1941, conforme entendimento acolhido por este Superior Tribunal quando do julgamento de recurso repetitivo, orientação, aliás, já sumulada (Súm. n. 408-STJ). Conforme a jurisprudência assentada o STJ, aqueles juros somente incidem até a data da expedição do precatório original, orientação que agora consta da novel redação do art. 100, § 12, da CF/1988, em razão da EC n. 62/2009. Assim, não há que se falar em cumulação de juros compensatórios e moratórios (anatocismo), visto que incidem em períodos diferentes: os primeiros, até a data da expedição do precatório, e os segundos, se o precatório expedido não for pago no prazo constitucional. Desse modo, percebe-se que, a partir da vigência do art. 15-B do DL n. 3.365/1941, introduzido pela MP n. 1.997-34, de 13/1/2000, a Súm. n. 70-STJ não tem mais suporte legal; porém, conforme o princípio do *tempus regit actum*, esse enunciado incide em períodos anteriores ao advento do referido artigo, assim como as Súmulas. ns. 12 e 102 do STJ. Com esse entendimento, a Seção deu parcial provimento ao especial do município sujeito à disciplina do art. 543-C do CPC (recurso repetitivo), mas, antes, entendeu, em questão de ordem, não admitir a Procuradoria-Geral da República como *amicus curiae*, visto que a União já foi aceita nessa qualidade e já apresentou sua manifestação. **Precedentes citados do STF: RE 305.186-SP, DJ 18/10/2002; do STJ: EREsp 615.018-RS, DJ 6/6/2005; EREsp 586.212-RS, DJ 26/11/2007; REsp 873.449-RJ, DJ 12/11/2007; REsp 1.111.829-SP, DJe 25/5/2009; REsp 675.598-RJ, DJ 2/5/2005; REsp 810.642-SC, DJ 8/6/2006; AgRg no REsp 892.351-SC, DJ 9/4/2007; REsp 791.205-SC, DJe 26/6/2008; REsp 433.514-MG, DJ 22/11/2004; REsp 578.992-SP, DJ 28/2/2005; REsp 811.437-SC, DJe 5/11/2008; REsp 437.577-SP, DJ 6/3/2006, e EREsp 650.727-TO, DJe 4/9/2009. REsp 1.118.103-SP, Rel. Min. Teori Albino Zavascki, julgado em 24/2/2010.** (Inform. STJ 424)

DESAPROPRIAÇÃO. INVASÃO. ÁREA PARTICULAR.

O município que implementa atividade de saneamento básico em área cuja invasão havia sido concretizada, sem, contudo, ter agido de modo a caracterizar esbulho possessório ou ato que vise impedir o exercício da posse pelos proprietários da área invadida não está obrigado a indenizar o particular. Com esse entendimento, a Turma negou provimento ao recurso das sociedades empresariais na parte conhecida. Ressalta o Min. Relator Luiz Fux que, para haver desapropriação indireta, é necessária a conduta positiva do ente estatal consistente no apossamento administrativo da área, o que não ocorreu no caso dos autos. Note-se que, após a invasão da área particular de mais de 100 mil m², as proprietárias do imóvel ajuizaram ações de reintegração de posse e reivindicatória, mas, como não obtiveram êxito, ajuizaram nova ação reivindicatória, convolada em ação de desapropriação indireta. Na última ação, o TJ reconheceu não haver o município praticado qualquer ato material que resultasse na concretização do esbulho ou impedisse o exercício do direito de propriedade, até porque as obras de saneamento básico só foram iniciadas dois anos depois das invasões. Observou, também, o Min. Teori Albino Zavascki que não se pode discutir se o Estado é responsável direta ou indiretamente por incentivar invasões em propriedade privada, sob o enfoque da desapropriação indireta, que não se deu nem conceitualmente. **REsp 1.041.693-RJ, Rel. Min. Luiz Fux, julgado em 3/11/2009.** (Inform. STJ 414)

REINTEGRATÓRIA. IMÓVEL CEDIDO.

Foi ajuizada ação reintegratória com o fim de recuperar a posse de imóveis contratualmente cedidos a ente da administração indireta por tempo determinado. Nas instâncias ordinárias, firmou-se que esses imóveis estão afetados ao serviço público (são aterros sanitários), o que inviabiliza a pretensão reintegratória. Contudo, certo é que a ocupação e a destinação do bem ao serviço público caracterizam desapropriação indireta (art. 35 do DL n. 3.365/1941), remanescendo ao autor buscar indenização por danos, a qual envolve, no caso, a responsabilidade contratual (descumprimento do contrato) e extracontratual (decorrente da desapropriação indireta). Lastreada nos princípios da celeridade e da economia, a jurisprudência, tanto do STF quanto do STJ, admite, além da tutela das obrigações de fazer, não fazer e entregar coisa certa distinta de dinheiro, a possibilidade de que a ação reintegratória seja convertida em ação de indenização por desapropriação indireta. Na hipótese, há pedido indenizatório, daí nada obstar a conversão. **Precedentes citados do STF: RE 109.853-SP, DJ 19/12/1991; do STJ: REsp 502.519-MA, DJ 15/3/2004; REsp 431.845-SP, DJ 30/9/2002; REsp 1.075.856-CE, DJe 5/8/2009; REsp 439.062-GO, DJ 3/2/2003; REsp 770.098-RS, DJ 13/9/2006, e REsp 1.007.110-SC, DJe 2/3/2009. REsp 1.060.924-RJ, Rel. Min. Castro Meira, julgado em 3/11/2009.** (Inform. STJ 414)

DESAPROPRIAÇÃO. JAZIDA. AREIA. CASCALHO. SAIBRO.
Trata-se de desapropriação para fins de reforma agrária em que se discute o cabimento de indenização de jazida mineral que, no caso, teve o seu licenciamento renovado dois meses antes da imissão do Incra na posse, muito embora, na ocasião, não houvesse exploração na área. A Turma, por maioria, ao prosseguir o julgamento, entendeu que, havendo legítima autorização, licença ou concessão, uma vez inviabilizada pelo Poder Público a exploração da jazida, há direito à indenização, ainda que não exercida a atividade de exploração naquele momento. Trata-se na verdade, de indenização por lucros cessantes. **Precedentes citados do STF: Ag no RE 140.254-SP, DJ 6/6/1997, e RE 315.135-RS, DJ 7/6/2002; do STJ: REsp 33.832-SP, DJ 28/6/1993, e REsp 77.129-SP, DJ 2/12/1996. REsp 654.321-DF, Rel. Min. Eliana Calmon, julgado em 27/10/2009.** (Inform. STJ 413)

INCRA. DESAPROPRIAÇÃO. PERÍCIA.
Discute-se o adiantamento dos honorários periciais na ação de desapropriação direta quando o expropriado recusa a oferta do expropriante. Observa o Min. Relator que, na ação de desapropriação para fins de reforma agrária, a realização da prova pericial é imprescindível para apuração do preço justo quando o expropriado recusa o valor da oferta, conforme estabelecem os arts. 6º, II, e 9º, § 1º, da LC n. 76/1993, apesar de o juízo não se vincular ao *quantum debeatur* apurado na perícia. Além do mais, a perícia, em desapropriação direta, quando contestada a oferta, é ato de impulso oficial (art. 262 do CPC), cujos valores serão adiantados pelo expropriante (art. 33 do CPC c/c a Súm. n. 232 do STJ) e serão ressarcidos se ele sair vencedor (art. 19 da LC n. 76/1993). Explica ser cediço, também, que a ação de desapropriação tem como objetivo fixar a justa indenização devido à incorporação do bem expropriado ao domínio público; consequentemente, a prova pericial é a substância do procedimento. Diante do exposto, a Turma conheceu parcialmente do recurso e, nessa parte, negou-lhe provimento. **Precedente citado: REsp 1.000.314-GO, DJe 30/3/2009. REsp 992.115-MT, Rel. Min. Luiz Fux, julgado em 1º/10/2009.** (Inform. STJ 409)

DESAPROPRIAÇÃO. REFORMA AGRÁRIA. JUROS.
A jurisprudência do STJ, revigorada pelo julgamento de recurso repetitivo, consolidou-se no sentido de que a MP n. 1.577/1997, que reduziu o percentual de juros compensatórios nas desapropriações de 12% a 6% ao ano, é aplicável entre 11/6/1997, data de sua edição, e 13/9/2001, momento em que publicada a liminar na ADin 2.332-DF, que suspendeu a eficácia da expressão "de até seis por cento ao ano" do *caput* do art. 15-A do DL n. 3.365/1941. Nos demais períodos, incide o percentual de 12% ao ano, tal como previsto na Súm. n. 618-STF. Este Superior Tribunal também entende que o art. 15-B do referido DL, introduzido pela MP n. 1.901-30/1999, deve ter sua aplicação às ações de desapropriação que já tramitavam em 27/9/1999, a determinar que os juros moratórios incidem a partir de 1º de janeiro do exercício seguinte àquele em que o pagamento deveria ser feito. **Precedentes citados: REsp 1.111.829-SP, DJe 25/5/2009; REsp 437.577-SP, DJ 6/3/2006; EDcl no REsp 516.985-RN, DJe 7/4/2009; REsp 930.043-SE, DJe 25/3/2009; AgRg no REsp 943.321-PA, DJe 13/3/2009; REsp 1.049.614-PR, DJe 15/12/2008; REsp 1.028.120-CE, DJe 1º/10/2008; EREsp 586.212-RS, DJ 26/11/2007; EDcl no REsp 802.505-GO, DJe 5/3/2008, e REsp 610.469-MG, DJ 5/3/2007. REsp 569.629-CE, Rel. Min. Mauro Campbell Marques, julgado em 1º/9/2009.** (Inform. STJ 405)

DESAPROPRIAÇÃO. JUROS COMPENSATÓRIOS.
Os juros compensatórios são fixados à luz do princípio *tempus regit actum.* Assim é que, ocorrida a imissão na posse do imóvel desapropriado em data anterior à vigência da MP n. 1.577/1997, esses juros devem ser fixados no limite de 12% ao ano. Contudo, os juros são arbitrados no limite de 6% ao ano se a imissão na posse deu-se após a vigência da mencionada MP e suas reedições e antes da data da publicação da medida liminar deferida na ADIN 2.332-DF (13/9/2001), a qual suspendeu a eficácia da expressão de "até seis por cento ao ano", constante do art. 15-A do DL n. 3.365/1941. *In casu*, a imissão do recorrente na posse do imóvel expropriado ocorreu em 12/12/1997, portanto os mencionados juros devem ser fixados em 6% ao ano. **Precedentes citados: REsp 785.418-AC, DJe 25/9/2008, e REsp 995.603-MA, DJe 19/8/2008. EREsp 650.727-TO, Rel. Min. Benedito Gonçalves, julgados em 26/8/2009.** (Inform. STJ 404)

DESAPROPRIAÇÃO. EFEITOS. INVASÃO.
Na espécie, o acórdão recorrido anulou procedimento expropriatório instaurado pelo Incra em razão de nulidade, pois a vistoria foi realizada pela autarquia quando o imóvel já estava esbulhado e já havia invasão. O Incra opôs embargos declaratórios para que aquele Tribunal se manifestasse sobre os critérios estabelecidos pelo STF quanto à influência da invasão sobre a classificação do imóvel, mas eles foram rejeitados. Destaca a Min. Relatora que o STJ não pode examinar os efeitos do impacto da invasão, pois, para tal avaliação, seria necessária a análise probatória (Súm. n. 7-STJ), mas que a jurisprudência do STF, quanto à vedação disposta no art. 2º, § 6º, da Lei n. 8.629/1993 (impossibilidade de realizar vistoria nos dois anos seguintes à invasão), entende que ela deve ser avaliada caso a caso. Aponta que essa vedação legal só passou a vigorar com o advento da MP n. 2.183-56, publicada em 2001, enquanto o esbulho e a vistoria, no caso dos autos, ocorreram em data anterior a 1999. Diante dessas peculiaridades, a Turma anulou o acórdão e determinou o retorno dos autos a fim de serem examinados os embargos declaratórios, nos quais há o pedido de que seja analisada a extensão da invasão na propriedade e o respectivo impacto no cálculo do índice de produtividade do imóvel. **Precedentes citados do STF: MS 24.484-GO, DJ 2/6/2006, e MS 23.759-DF, DJ 22/8/2003. REsp 1.100.046-AL, Rel. Min. Eliana Calmon, julgado em 16/6/2009.** (Inform. STJ 399)

DESAPROPRIAÇÃO. JUSTA INDENIZAÇÃO.
Trata-se de ação de desapropriação proposta pelo Incra por interesse social em que, para o Min. Relator, o Tribunal de origem observou a legislação aplicável quanto à justa indenização (art. 12 da Lei n. 8.629/1993). Explica que se calculou separadamente o valor do solo e da cobertura vegetal composta de pasto natural (capim lucas), que tem valor econômico próprio, de fácil cálculo técnico-monetário e independe de autorização do órgão ambiental, aspectos que legitimam para fins indenizatórios a disjunção de solo e cobertura florística do bem imóvel no momento da perícia; que os juros compensatórios são calculados nos termos do art. 15-A do DL n. 3.365/1941 (diferença entre 80% do valor inicialmente depositado e a indenização judicialmente fixada) e, nos termos da jurisprudência do STF, ainda que o valor da indenização fixado em sentença corresponda ao montante anteriormente depositado pelo expropriante, incidem juros compensatórios sobre a parcela cujo levantamento não foi autorizado (20% em regra, conforme o art. 6º, § 1º; da LC n. 76/1993). Observa, ainda, que os juros compensatórios independem da produtividade do imóvel, pois decorrem da perda antecipada da posse e podem ser cumulados com os moratórios (Súm. n. 12-STJ); que sua alíquota é de 12% ao ano (Súm. n. 618-STF) e que incide a partir da imissão na posse. Porém, nas hipóteses em que a imissão ocorreu após a MP n. 1.577/1997, os juros são de 6% ao ano até a publicação da liminar concedida na ADIN n. 2.332-DF (13/9/2001), o que não ocorreu na hipótese, porque a imissão na posse foi em 1965, devendo, nessa situação, os juros compensatórios ser mantidos em 12% ao ano. Aponta que os juros moratórios fluem a partir de 1º de janeiro do exercício seguinte àquele em que o pagamento deveria ocorrer (art. 100 da CF/1988), devendo, nesse ponto, ser reformado o acórdão recorrido. Ademais, quanto aos honorários advocatícios, o Min. Relator acrescentou que a MP n. 1.997-37/2000 alterou a redação do art. 27, § 1º, do DL n. 3.365/1941, limitando-os entre 0,5% e 5%, sendo que esses percentuais aplicam-se às sentenças proferidas após a publicação da citada MP (no caso, não se aplicam esses limites, porquanto fixados os honorários em 15%). Diante do exposto, a Turma deu parcial provimento ao recurso do Incra. **Precedentes citados: REsp 1.111.829-SP, DJ 25/5/2009; EREsp 586.212-RS, DJ 26/11/2007, e EREsp 615.018-RS, DJ 6/6/2005. REsp 1.007.301-PB, Rel. Min. Herman Benjamin, julgado em 16/6/2009.** (Inform. STJ 399)

DESAPROPRIAÇÃO. ENFITEUSE. INDENIZAÇÃO.
Trata-se de REsp em que a questão está em saber qual o valor da indenização devida ao senhorio direto de imóvel objeto de desapropriação e sujeito ao regime de enfiteuse. A Turma deu parcial provimento ao recurso, reiterando o entendimento de que o valor indenizatório referente ao domínio direto está regulado pelo art. 103, § 2º, do DL n. 9.760/1946, com a redação conferida pela Lei n. 9.636/1998, e não mais pelo art. 693 do CC/1916, quando o senhorio direto for ente público. **Precedentes citados: REsp 875.530-RN, DJe 27/11/2008; REsp 934.824-RJ, DJe 15/5/2008; REsp 911.020-RJ, DJ 8/10/2007, e REsp 775.488-RJ, DJ 15/5/2006. REsp 764.376-RJ, Rel. Min. Humberto Martins, julgado em 26/5/2009.** (Inform. STJ 396)

RECURSO REPETITIVO. DESAPROPIAÇÃO. JUROS COMPENSATÓRIOS. HONORÁRIOS ADVOCATÍCIOS.
A Seção, ao apreciar o REsp como recurso repetitivo (Res. n. 8/2008-STJ e art. 543-C do CPC), decidiu, reiterando a jurisprudência deste Superior Tribunal, que a MP n. 1.577/1997, que reduziu a taxa dos juros compensa-

tórios em desapropriação de 12% para 6% ao ano, é aplicável no período compreendido entre 11/6/1997, quando foi editada, até 13/9/2001, data da publicação da decisão liminar do STF na ADI 2.332-DF, suspendendo a eficácia da expressão "de até seis por cento ao ano", do *caput* do art. 15-A do DL n. 3.365/1941, introduzida pela referida MP. Nos demais períodos, a taxa dos juros compensatórios é de 12% ao ano, como prevê a Súm. n. 618-STF. Os honorários advocatícios, em desapropriação direta, subordinam-se aos critérios estabelecidos no § 1º do art. 27 do mencionado DL (redação dada pela MP n. 1.997-37/2000). O juízo sobre a adequada aplicação dos critérios de equidade previstos no art. 20, §§ 3º e 4º, do CPC impõe exame das circunstâncias da causa e das peculiaridades do processo, o que não se comporta no âmbito do recurso especial (Súm. n. 7-STJ). Aplica-se, por analogia, a Súm. n. 389-STF. **Precedentes citados: EREsp 606.562-SE, DJ 27/6/2006; REsp 737.160-SP, DJ 18/4/2006; REsp 587.474-SC, DJ 25/5/2006; REsp 789.391-RO, DJ 2/5/2006; AgRg no REsp 943.321-PA, DJe 13/3/2009; REsp 982.983-MT, DJ 10/4/2008; REsp 875.723-SP, DJ 10/5/2007; REsp 877.108-SP, DJ 1º/10/2007; REsp 992.921-MA, DJe 6/11/2008; AgRg nos EREsp 685.976-SC, DJ 25/9/2006; EREsp 289.033-DF, DJ 21/3/2005, e EREsp 516.621-RN, DJ 26/9/2005. REsp 1.111.829-SP, Rel. Min. Teori Albino Zavascki, julgado em 13/5/2009.** (Inform. STJ 394)

EXPROPRIAÇÃO. CULTIVO. MACONHA. MATÉRIA CONSTITUCIONAL.
O art. 1º da Lei n. 8.257/1991 reproduz o art. 243 da CF/1988. Daí que a discussão acerca do tipo de responsabilidade civil a que está sujeito o proprietário do imóvel em que se encontra o cultivo ilegal de planta psicotrópica (se responsabilidade objetiva ou subjetiva) passa, necessariamente, pela interpretação de norma constitucional, a escapar seu exame da estreita via do REsp. **Precedentes citados: REsp 478.474-PE, DJ 23/8/2004; REsp 845.422-BA, DJ 9/3/2007; REsp 798.425-RJ, DJe 12/9/2008, e REsp 945.244-SP, DJe 19/6/2008. AgRg no REsp 1.074.122-BA, Rel. Min. Castro Meira, julgado em 28/4/2009.** (Inform. STJ 392)

DESAPROPRIAÇÃO. IMISSÃO. POSSE.
A ação declaratória de nulidade do decreto de expropriação não tem o condão de gerar a suspensão por prejudicialidade, senão a conexão que impôs o *simultaneus processus* (art. 105 do CPC). Consequentemente, conjura-se a suspensão da imissão na posse já efetuada nos autos da ação expropriatória. **EDcl no REsp 1.034.192-MS, Rel. originário Min. Francisco Falcão, Rel. para acórdão Min. Luiz Fux, julgados em 16/4/2009.** (Inform. STJ 390)

DESAPROPRIAÇÃO INDIRETA. REINTEGRAÇÃO. POSSE.
Quando o poder público apossa-se de um bem em razão de utilidade pública, normalmente se pede o reconhecimento da desapropriação indireta, a transformação da tutela específica de devolver o bem em tutela alternativa de perdas e danos. Ocorre que, na hipótese, a ação intentada (há cerca de quarenta anos) foi de reintegração de posse, ao final julgada procedente. Contudo, na prática, não havia mais o que executar, porque o bem objeto da reintegração foi afetado ao domínio público (transformou-se em uma praça). Nesse contexto, a Turma entendeu conhecer do recurso (por ofensa ao art. 128 do CPC) e determinar que, na liquidação, seja considerado o disposto no art. 627 do CPC (de aplicação subsidiária, visto que se encontra no capítulo referente às execuções de títulos extrajudiciais), convertendo a execução específica em de perdas e danos. **REsp 1.007.110-SC, Rel. Min. Teori Albino Zavascki, julgado em 18/12/2008.** (Inform. STJ 381)

PARQUE ESTADUAL. CRIAÇÃO. IMÓVEIS PARTICULARES.
Em razão da criação de parque estadual em área que abrange imóveis pertencentes a particulares, discute-se a configuração da desapropriação indireta. Para se falar em desapropriação indireta, impõe-se que sejam preenchidos os seguintes requisitos: que o bem tenha sido incorporado ao patrimônio do Poder Público e que a situação fática seja irreversível. Na espécie, não ficou constatado que as apontadas restrições estatais implicaram o esvaziamento do conteúdo econômico da propriedade da recorrente, tampouco que o Poder Público revelou qualquer intenção de incorporar a seu patrimônio o imóvel de propriedade da embargante. Contudo, demonstra-se conveniente ressalvar que as apontadas restrições impostas pelo Estado à utilização do imóvel da embargante podem configurar, desde que mais extensas do que as já existentes quando da edição do Dec. estadual n. 37.536/1993, a chamada limitação administrativa, cabendo à parte, por meio de ação própria, questionar o cabimento de eventual indenização. Diante disso, a Seção negou provimento aos embargos. **Precedentes citados: REsp 257.970-SP, DJ 13/3/2006; AgRg no REsp 610.158-SP, DJ 10/4/2006; REsp 442.774-SP, DJ 20/6/2005; REsp 727.404-SP, DJ 20/9/2007, e REsp 649.809-SP, DJ 5/12/2007. EREsp 628.588-SP, Rel. Min. Eliana Calmon, julgados em 10/12/2008.** (Inform. STJ 380)

DESAPROPRIAÇÃO. JUROS. PRECLUSÃO.
A Turma negou provimento ao agravo regimental, mantendo a decisão que reconheceu a preclusão do pedido do município de afastamento dos juros compensatórios incidentes sobre o valor da execução que a Fazenda municipal deixou de impugnar na liquidação. Aquela mesma decisão condenou o município, ainda, a pagar os honorários advocatícios sucumbenciais diante da ausência de fixação do *quantum* pela sentença (§ 4º do art. 20 do CPC). Anotou-se que, na conta de liquidação, foram incluídos os juros moratórios e compensatórios porque a Fazenda municipal não cumpriu tempestivamente o pagamento integral do precatório original. Outrossim, a Fazenda municipal só se insurgiu contra tais verbas após a expedição dos ofícios requisitórios complementares, quando já precluso o pleito (art. 503, parágrafo único, do CPC) e depois de o STF ter-se pronunciado sobre o art. 33 do ADCT. Portanto, no caso, não há erro de cálculo, mas se busca expurgar parcelas integrantes do valor devido pelo município. **Precedentes citados: AgRg no REsp 773.273-MG, DJ 27/2/2008, e REsp 807.505-SP, DJ 2/5/2006. AgRg no REsp 942.801-SP, Rel. Min. Humberto Martins, julgado em 2/12/2008.** (Inform. STJ 379)

DESAPROPRIAÇÃO. HONORÁRIOS ADVOCATÍCIOS.
A Turma entendeu que, embora os valores referentes ao pagamento da indenização tenham sido depositados, não se pode liberá-los enquanto tramitar ação civil pública na qual se discute o domínio do imóvel. Enquanto existir dúvida sobre o domínio, o pagamento dos honorários deve ficar suspenso. **REsp 654.517-PR, Rel. originário Min. José Delgado, Rel. para acórdão Min. Francisco Falcão (RISTJ, art. 52, IV, b), julgado em 18/11/2008.** (Inform. STJ 377)

INCIDENTE. FALSIDADE. CADEIA DOMINIAL. DESAPROPRIAÇÃO.
Os recorridos, imbuídos da qualidade de proprietário, ajuizaram ação de desapropriação indireta contra o Incra e a União. Porém, diante do pedido de instauração de incidente de falsidade documental dos títulos de domínio dos primitivos proprietários, expedidos originariamente pelo Estado-Membro, o juízo de 1º grau determinou perícia em toda a cadeia dominial da área em questão, que abrangia duas fazendas ao final unificadas sob mesma matrícula. Por sua vez, a perícia concluiu que havia graves irregularidades em documentos que sustentavam as alienações dos imóveis, tal como a de, na procuração utilizada na ultimação de alienação de uma delas (há mais de quarenta anos), constar assinatura de terceiro a rogo do outorgante, pessoa que se provou não ser analfabeta. O juiz, então, declarou a falsidade dos títulos, das cadeias dominiais e dos respectivos registros (art. 116, parágrafo único, do CC/1916) e extinguiu o processo sem julgamento do mérito. Essa decisão foi reformada pelo TJ, sob o fundamento de que proferida com *error in procedendo*, de forma *extra petita*, pois se deveria restringir aos limites do incidente de falsidade argüido. Diante disso, vê-se que o incidente de falsidade de ato translativo de propriedade implica cognição plena da cadeia dominial de ação de desapropriação, inclusive dos atos pressupostos (procuração) à ultimação de alienação precedente ao ato expropriatório. A verificação da idoneidade da procuração e dos anteriores atos translativos são decorrência lógica daquele pedido, são questões prejudiciais incluídas em sua causa remota. Não se pode falar, portanto, em julgamento *extra petita* ou *error in procedendo*, quanto mais se diante do princípio do livre convencimento judicial (art. 131 do CPC). Anote-se, por último, não se poder conhecer *ex officio* da exceção de usucapião. **REsp 883.398-MT, Rel. Min. Luiz Fux, julgado em 21/10/2008.** (Inform. STJ 373)

IMÓVEL IMPRODUTIVO. JUROS COMPENSATÓRIOS E MORATÓRIOS.
É pacífico o entendimento, neste Superior Tribunal, de que os juros compensatórios são devidos independentemente de se tratar de imóvel improdutivo, pela perda da posse antes da justa indenização. No caso, como a imissão ocorreu em 2/2/1999, devem ser pagos juros compensatórios de 6% ao ano. Também é pacífico o entendimento de que a norma constante do art. 15-B do DL n. 3.365/1941, que determina a incidência dos juros de mora somente a partir de 1º de janeiro do exercício financeiro seguinte àquele em que o pagamento deveria ser efetuado, tem aplicação imediata às desapropriações em curso, no momento em que editada a MP n. 1.577/1997. Em relação aos honorários advocatícios, os ônus sucumbenciais devem ser fixados entre meio e cinco por cento, norma observada pelo Tribunal de origem. **REsp 850.481-PA, Rel. Min. Eliana Calmon, julgado em 21/10/2008.** (Inform. STJ 373)

AÇÃO. RETROCESSÃO. LEGITIMIDADE.
Cinge-se a questão em saber se a autarquia, ora recorrente, tem ou não legitimidade para figurar no pólo passivo da ação de retrocessão. A Turma, por maioria, prosseguindo o julgamento, entendeu que, efetivamente, a legitimidade para essa ação é da entidade que, apesar de não ser a expropriante originária, incorporou o bem expropriado ao seu patrimônio, incumbindo-se do pagamento da indenização. Raciocínio inverso imporia *legitimatio per saltum,* desconhecendo a transferência originária do domínio, sem verificar a propriedade devida. Destarte, conforme assentado pelo Tribunal *a quo*, se a outorga da competência executória da desapropriação redunda na transferência ao órgão executor para ultimar todos os atos expropriatórios, inclusive no que tange à propositura da ação judicial e ao pagamento da respectiva indenização, por certo que o ente executor possui legitimidade para figurar no pólo passivo da ação de retrocessão, porquanto, como dito alhures, ao ente executor estendem-se todas as obrigações decorrentes do processo expropriatório. Assim, por maioria, negou-se provimento ao recurso. **REsp 983.390-MG, Rel. originário Min. Francisco Falcão, Rel. para acórdão Min. Luiz Fux, julgado em 24/6/2008.** (Inform. STJ 361)

DESAPROPRIAÇÃO. DISCUSSÃO. DOMÍNIO.
A Turma, por maioria, prosseguindo o julgamento, negou provimento ao recurso ao fundamento de que a alienação pelo Estado da Federação de terras de fronteira pertencentes à União é considerada transferência *a non domínio* e, por isso, nula. É máxima jurídica sedimentada que ninguém pode transferir o que não tem, tampouco a entidade pública pode desapropriar bem próprio. Consectariamente, não ocorre julgamento *extra petita* na análise do domínio no bojo da ação, porquanto há, em verdade, impossibilidade jurídica de o titular expropriar bem próprio, o que encerra figura assemelhada à confusão. Deveras, não cabe ao ente público expropriar e indenizar aquilo que lhe pertence, ou, ainda, ao Incra indenizar área pertencente à União. **REsp 752.944-PR, Rel. originário Min. Francisco Falcão, Rel. para acórdão Min. Luiz Fux, julgado em 24/6/2008.** (Inform. STJ 361)

COMPETÊNCIA. DESAPROPRIAÇÃO. BENFEITORIAS.
Em conflito negativo de competência entre a Justiça estadual e Federal no qual se discute a indenização de benfeitorias a mandatário de imóvel rural desapropriado pelo programa de reforma agrária (Incra), explicou o Min. Relator que, quanto à discussão sobre os direitos oriundos da desapropriação, a Seção já se posicionou que devem ser discutidos no mesmo foro da ação de desapropriação, independentemente da ausência da União ou do Incra. Isso porque a justa indenização compreende todos os bens expropriados, dispensando ação autônoma para pleitear o ressarcimento de eventual item omitido. Assim, no caso específico dos autos, a indenização por benfeitorias é tema que está vinculado ao primitivo processo da desapropriação na Justiça Federal. Precedente citado: CC 36.376-TO, DJ 10/3/2003. **CC 90.021-MS, Rel. Min. Aldir Passarinho Junior, julgado em 11/6/2008.** (Inform. STJ 359)

DESAPROPRIAÇÃO. ANCIANIDADE. POSSE.
Para o Min. Relator, o recurso merece ser conhecido, uma vez que o justo preço determinado pelo acórdão recorrido é discutido apenas quanto à depreciação trazida pela ancianidade da posse, reconhecendo a existência de posseiros na área desapropriada tal como registrada em algumas das perícias realizadas. A legislação de regência estabelece os aspectos a ser considerados no cálculo final da indenização, conforme expresso no art. 12 da Lei n. 8.629/1993. A lei é clara ao determinar que, no caso concreto, seja realizada a aferição de eventual depreciação pela existência de posseiros na área desapropriada. No caso, o Tribunal de origem não verificou, especificamente, o grau de perda de valor da propriedade pela ancianidade das posses lá existentes. Houve explicitação de caráter doutrinário da impossibilidade de aplicação do inciso IV do art. 12 da Lei n. 8.629/1993. Desse modo, devem retornar os autos para que a instância ordinária realize juízo de valor sobre o tema. Diante disso, a Turma conheceu em parte do recurso e nessa parte deu-lhe provimento. **REsp 945.799-DF, Rel. Min. Castro Meira, julgado em 20/5/2008.** (Inform. STJ 356)

DESAPROPRIAÇÃO. IMISSÃO PROVISÓRIA. POSSE. VALOR.
Nos termos do art. 15 do DL n. 3.365/1941, se "o expropriado alegar urgência e depositar a quantia arbitrada de conformidade com o art. 685 do CPC, o juiz mandará imiti-lo provisoriamente na posse dos bens". *In casu*, há notícias nos autos de que a medida justifica a tutela de urgência. Portanto, o magistrado está autorizado a deferir a imissão provisória no imóvel após o depósito de quantia por ele arbitrada, podendo ocorrer antes mesmo da citação do expropriado, o que torna evidente que a avaliação do imóvel não deve ser prévia, tal como pretendido, mas de realização diferida para a instrução do processo. **Precedentes citados: REsp 74.131-SP, DJ 20/3/2000, e REsp 692.519-ES, DJ 25/8/2006. REsp 953.056-ES, Rel. Min. Castro Meira, julgado em 18/12/2007.** (Inform. STJ 343)

DESAPROPRIAÇÃO. REFORMA AGRÁRIA. RETITULAÇÃO.
Cabe a indenização em desapropriação para regularização fundiária, quando os desapropriados tiveram despesas para obter a retitulação do próprio imóvel expropriado (art. 25 da Lei n. 4.504/1964 e art. 19 da Lei n. 8.629/1993). Explica o Min. Relator que não se justificaria os expropriados, que não deram razão para isso, suportarem o ônus. Portanto, cabível a indenização dos valores despendidos para obter a retitulação. Precedente citado: REsp 510.438-PR, DJ 9/5/2005. **REsp 652.194-PR, Rel. Min. Teori Albino Zavascki, julgado em 13/11/2007.** (Inform. STJ 339)

DESAPROPRIAÇÃO INDIRETA. CONSTRUÇÃO. RODOVIA. VALORIZAÇÃO GERAL. IMÓVEIS.
Trata-se de recurso para ver reconhecida indenização em razão de desapropriação indireta realizada pelo departamento de estradas de rodagem estadual, ao argumento de que essa instituição pública tomou posse de uma área para construção de rodovia, resultando violação do direito de propriedade ante a inexistência de pagamento pela área do imóvel apossado. Entendeu o Min. Relator que há de ser reconhecido o direito postulado, porquanto a jurisprudência deste Superior Tribunal agasalha a tese de que os efeitos patrimoniais decorrentes de valorização de imóvel por obra pública merecem solução pela via fiscal adequada – contribuição de melhoria –, sendo ilegal a dedução do valor indenizatório da quantia que se entenda proveniente da referida valorização, que, na espécie, ocorreu de modo geral, alcançando todos os imóveis marginais à rodovia construída pelo Estado. Diante disso, a Turma conheceu, em parte, do recurso e, nessa parte, deu-lhe provimento para que, desconstituído o acórdão recorrido, não seja abatido do valor indenizatório atual do imóvel a quantia que se entendeu proveniente da valorização por realização de obra pública. Precedentes citados: REsp 795.400-SC, DJ 31/5/2007; REsp 795.580-SC, DJ 1º/2/2007; REsp 793.300-SC, DJ 31/8/2006, e REsp 439.878-RJ, DJ 5/4/2004. **REsp 827.613-SC, Rel. Min. José Delgado, julgado em 2/10/2007.** (Inform. STJ 334)

RESTRIÇÕES ADMINISTRATIVAS ANTERIORES. AQUISIÇÃO. INEXISTÊNCIA. INDENIZAÇÃO.
Uma vez adquirido o imóvel quando já incidentes sobre ele as limitações administrativas decorrentes da criação do Parque Estadual da Serra do Mar, não há falar em ação de desapropriação como forma de ressarcimento de prejuízo, pois, a toda evidência, esse não houve, visto que a utilização do imóvel deve respeitar as restrições anteriormente impostas pela legislação estadual. Assim, a Turma, ao prosseguir o julgamento, por maioria, negou provimento ao recurso. Precedente citado: EREsp 254.246-PR, DJ 12/3/2007. **REsp 765.872-SP, Rel. originária Min. Eliana Calmon, Rel. para acórdão Min. Herman Benjamin, julgado em 4/10/2007.** (Inform. STJ 334)

DESAPROPRIAÇÃO. JUROS COMPENSATÓRIOS. INCIDÊNCIA.
A Turma reafirmou o entendimento dominante na Primeira Seção deste Superior Tribunal no sentido de serem devidos os juros compensatórios nos casos de desapropriação, mesmo que o imóvel seja improdutivo. O Min. Relator ressalvou seu ponto de vista pessoal. Precedentes citados: AgRg no REsp 426.336-PR, DJ 2/12/2002; REsp 555.715-CE, DJ 31/5/20004; Ag 491.331-GO, DJ 24/5/2004; REsp 186.784-AC, DJ 11/6/2001; REsp 477.663-PE, DJ 15/12/2003, e EREsp 453.823-MA, DJ 17/5/2004. **REsp 930.274-GO, Rel. Min. Teori Albino Zavascki, julgado em 18/9/2007.** (Inform. STJ 332)

DESAPROPRIAÇÃO. TREDESTINAÇÃO LÍCITA.
Cuida-se de recurso interposto contra acórdão do TJ-SP que entendeu não haver desvio de finalidade se o órgão expropriante dá outra destinação de interesse público ao imóvel expropriado. Para a Min. Relatora não há falar em retrocessão se ao bem expropriado for dada destinação que atende ao interesse público, ainda que diversa da inicialmente prevista no decreto expropriatório. A Min. Relatora aduziu que a esse tipo de situação a doutrina vem dando o nome de "tredestinação lícita" – aquela que ocorre quando, persistindo o interesse público, o expropriante dispensa ao bem desapropriado destino diverso do que planejara no início. Assim, tendo em vista a

manutenção da finalidade pública pecualiar às desapropriações, a Turma negou provimento ao recurso. Precedentes citados: REsp 710.065-SP, DJ 6/6/2005, e REsp 800.108-SP, DJ 20/3/2006. **REsp 968.414-SP, Rel. Min. Denise Arruda, julgado em 11/9/2007.** (Inform. STJ 331)

DESAPROPRIAÇÃO INDIRETA. ANTECIPAÇÃO. HONORÁRIOS PERICIAIS.

Cinge-se a controvérsia acerca do ônus pela antecipação dos honorários do perito em ação de desapropriação indireta. O Min. Relator lembrou que a interpretação literal dos dispositivos da legislação processual revela a responsabilidade do autor pelo adiantamento das despesas com os honorários do perito. Todavia essa norma não se aplica às ações de indenização ajuizadas em decorrência de desapropriação indireta. Isso porque incumbe ao Poder Público o ônus da desapropriação, cujo mandamento constitucional impõe o prévio procedimento expropriatório, inclusive com prévia indenização. A ação indenizatória resulta da inobservância, pelo Poder Público, da obrigação que lhe competia de ajuizar a ação de desapropriação, com suas despesas subseqüentes. Consectariamente, imputar ao expropriado o adiantamento dos honorários periciais em desapropriação indireta é premiar o ilícito e, *a fortiori*, agravar o ônus da indenização expropriatória. Dessarte, não parece verossímil transferir o encargo a quem perdeu seu patrimônio sem o devido processo legal e beneficiar aquele que transgrediu o mandamento constitucional. Outrossim, a violação da norma constitucional acarretaria vantagem para o Poder Público, na medida em que o adiantamento das despesas pelo expropriado funcionaria como medida inibitória ao ajuizamento da ação de indenização. Com esse entendimento, a Turma, por maioria, negou provimento ao recurso. **REsp 788.817-GO, Rel. Min. Luiz Fux, julgado em 19/6/2007.** (Inform. STJ 324)

DESAPROPRIAÇÃO INDIRETA. NULIDADE. AÇÃO DECLARATÓRIA. DOMÍNIO. DÚVIDAS. COISA JULGADA. RELATIVIZAÇÃO.

A Turma desproveu o recurso ao entendimento de que é cabível a ação declaratória de nulidade de ato jurídico para eventual desconstituição da coisa julgada por ocorrência de vícios insanáveis em ação de desapropriação indireta. No caso, cabe à autora recorrente proceder à produção de provas mormente quanto à titularidade da área objeto de expropriação, sem prejuízo de relativização da coisa julgada, pois presente outro valor mais relevante, i.e., o da carência de ação. Constatada, pois, a necessidade de haver mais esclarecimentos sobre a questão do domínio que, com efeito, não foi julgada, cabível a perícia meticulosa a ser feita na área onde se encontra encravada a tal propriedade expropriada no Parque Estadual de Jacupiranga. Precedente citado: REsp 12.586-SP, DJ 4/11/1991. **REsp 710.599-SP, Rel. Min. Denise Arruda, julgado em 21/6/2007.** (Inform. STJ 324)

INCRA. DESAPROPRIAÇÃO. INTERESSE SOCIAL. FAIXA. FRONTEIRA. DOMÍNIO.

Em ação de desapropriação por interesse social para fins de reforma agrária, foi chamado, de ofício, o Estado-membro para figurar no pólo passivo da lide, em razão de ter sido por ele outorgado o título de propriedade aos expropriados. A sentença, confirmada pelo Tribunal *a quo*, declarou extinto o processo com julgamento do mérito, julgando procedente a ação para consolidar a propriedade do Incra sobre as áreas desapropriadas, declarando nulos os títulos concedidos aos réus pelo Estado e, conseqüentemente, considerou indevida qualquer indenização aos desapropriados. Para a Min. Relatora, a solução dada à lide pelas instâncias ordinárias teve o objetivo de acabar com os conflitos envolvendo disputa de terras na região de fronteira cujos títulos foram concedidos irregularmente pelo Estado-membro mediante regularização da propriedade e afastar a insegurança generalizada da região. Embora essa decisão tenha enfoque prático, encontra óbice de natureza processual, o que impede a confirmação do acórdão, pois a jurisprudência deste Superior Tribunal, interpretando o art. 34 do DL n. 3.365/1941, não tem admitido, em sede de ação expropriatória, a discussão em torno do domínio, sendo necessária e indispensável a utilização de ação específica para anulação de título translativo de propriedade. Dessa forma, a Turma deu parcial provimento ao recurso para determinar o retorno dos autos ao Tribunal de origem para nova apreciação do mérito da demanda. Precedentes citados: REsp 784.366-PR, DJ 22/3/2007; REsp 862.604-SC, DJ 16/11/2006; REsp 826.048-PR, DJ 11/9/2006; AgRg no Ag 580.131-PR, DJ 13/2/2005, e REsp 374.606-PR, DJ 15/12/2003. **REsp 753.096-PR, Rel. Min. Eliana Calmon, julgado em 19/6/2007.** (Inform. STJ 324)

AR. SENTENÇA. CÁLCULO. ERRO NOTÓRIO.

A ação ordinária de indenização por ato ilícito, por desapossamento pelo município de uma faixa do terreno dos autores (4,10 m de largura), foi julgada parcialmente procedente, mas o Tribunal *a quo* reformou a sentença, determinando apuração do valor da condenação em liquidação de sentença. Houve recurso especial; porém, nesse ínterim, foi proposta a liquidação e execução provisória da condenação, e, desta, houve embargos do devedor opostos pela municipalidade para corrigir excesso do valor da execução, na qual logrou êxito. Entretanto juiz substituto homologou cálculos de R$ 21.500.000,00, valor bem superior ao pedido inicial de R$ 3.004.563,10, sem levar em conta a decisão dos embargos do devedor. Transitada em julgado essa decisão, foi solicitada a expedição de precatório. O município, porém, aforou ação rescisória para desconstituir a sentença que homologou os cálculos, proferida em sede de embargos à execução provisória, alegando violação à coisa julgada ao alterar decisão dos embargos do devedor. O Tribunal *a quo* confirmou que o pedido rescindendo era improcedente em razão de inépcia da inicial, por não vir acompanhada da planilha de cálculo. Restou, também, rejeitada sua apresentação no decorrer da ação. Daí ter sido interposto o presente recurso especial. Isso posto, para o Min. Relator, não é cabível exigir que o recorrente demonstre aritmeticamente que a homologação de cálculos afastou-se muito do valor fixado em sentença transitada em julgado, por ser notório e independente de prova que o valor de uma dívida de R$ 3.004.563,10 saltou para mais de R$ 21.000.000,00. Outrossim, lembrou que a jurisprudência admite a ação rescisória para desconstituir homologatória de cálculos quando há comprovação de que estes não estão harmônicos com a decisão. Com esse entendimento, a Turma deu provimento ao recurso do município para decretar a procedência do pedido rescisório, rescindiu a sentença e determinou que outra seja proferida com absoluto respeito à coisa julgada e aos arts. 15-A e 15-B do DL n. 3.365/1941, conforme a reedição da MP n. 1.997-33/1999. Precedentes citados: REsp 51.243-SP, DJ 13/12/1999, e REsp 6.357-SP, DJ 16/5/1994. **REsp 866.298-PA, Rel. Min. José Delgado, julgado em 24/4/2007.** (Inform. STJ 318)

DESISTÊNCIA. DESAPROPRIAÇÃO. INDENIZAÇÃO. PRESCRIÇÃO.

Em demanda com objetivo de indenização pelos prejuízos oriundos da desistência de desapropriação pelo município, o Tribunal a quo manteve a sentença de extinção com julgamento do mérito ante o reconhecimento da prescrição. A questão consiste em saber se o termo inicial do lapso prescricional para ajuizamento da ação indenizatória pelos prejuízos decorrentes do período em que o município deteve o domínio do bem é a data da reintegração da posse ao proprietário ou da própria desistência da desapropriação. Para o Min. Relator, citando Pontes de Miranda, em nosso sistema, o prazo prescricional está submetido ao princípio *actio nata*, segundo o qual a prescrição inicia-se com o nascimento da pretensão ou ação. Sendo assim, no caso dos autos, a ciência inequívoca da violação do direito deu-se com a homologação da desistência da desapropriação pelo município, independentemente da data em que a devolução consumar-se-ia com a efetiva reintegração do desapropriado na posse. Outrossim, destacou que a jurisprudência deste Superior Tribunal é farta no sentido de considerar a data da ciência da lesão o termo inicial do lapso prescricional para propositura de ação de indenização pelas perdas decorrentes do ato lesivo. Com esse entendimento, ao prosseguir o julgamento, a Turma negou provimento ao recurso. Precedentes citados: AgRg na AR 3.230-MG, DJ 26/6/2006; REsp 700.716-MS, DJ 17/4/2006; REsp 683.187-RJ, DJ 15/5/2006; REsp 777.560-DF, DJ 7/11/2005; REsp 712.721-MG, DJ 8/5/2006, e REsp 735.377-RJ, DJ 27/6/2005. **REsp 816.131-SP, Rel. Min. Teori Albino Zavascki, julgado em 27/3/2007.** (Inform. STJ 315)

RETROCESSÃO. DESVIO. FINALIDADE. BEM DESAPROPRIADO. PRAZO PRESCRICIONAL.

A Turma deu provimento ao recurso e reiterou entendimento segundo o qual a ação de retrocessão é de natureza real, portanto aplicável o art. 177 do CC/1916, não o prazo qüinqüenal de que trata o Dec. n. 20.910/1932. Precedentes citados do STF: RE 99.571-ES, DJ 2/12/1983, e RE 104.591-RS, DJ 16/5/1986; do STJ: REsp 623.511-RS, DJ 6/6/2005; REsp 570.483-MG, DJ 30/6/2004, e REsp 412.634-RJ, DJ 9/6/2003. **REsp 868.655-MG, Rel. Min. Eliana Calmon, julgado em 6/3/2007.** (Inform. STJ 312)

IBAMA. PARQUE NACIONAL. DESAPROPRIAÇÃO INDIRETA. ILEGITIMIDADE PASSIVA. CONDIÇÕES DA AÇÃO. STJ. CONHECIMENTO DE OFÍCIO. MATÉRIA DE ORDEM PÚBLICA.

Prosseguindo o julgamento, a Turma, por maioria, decretou de ofício a ilegitimidade passiva levantada pelo *Parquet* para figurar na causa em que se discute indenização por desapropriação indireta, restando nulo o processo desde a citação, uma vez que somente a União tem legitimidade para figurar no pólo passivo da ação movida contra o Ibama, em razão da criação do parque nacional, figurando a União apenas como mera assistente da autarquia ré. Pelo DL n. 3.365/1941, arts. 2º e 3º, somente a União, estados e municípios podem desapropriar, devendo, nas demais hipóteses, ter autorização expressa concedida por tais poderes públicos. **REsp 841.414-MT, Rel. Min. Eliana Calmon, julgado em 13/2/2007.** (Inform. STJ 310)

SÚMULA STF Nº 652

Não contraria a Constituição o art. 15, § 1º, do Decreto-Lei 3365/1941 (Lei da Desapropriação por Utilidade Pública).

SÚMULA STF Nº 618

Na desapropriação, direta ou indireta, a taxa dos juros compensatórios é de 12% (doze por cento) ao ano.

SÚMULA STF Nº 617

A base de cálculo dos honorários de advogado em desapropriação é a diferença entre a oferta e a indenização, corrigidas ambas monetariamente.

SÚMULA STF Nº 561

Em desapropriação, é devida a correção monetária até a data do efetivo pagamento da indenização, devendo proceder-se à atualização do cálculo, ainda que por mais de uma vez.

SÚMULA STF Nº 476

Desapropriadas as ações de uma sociedade, o poder desapropriante, imitido na posse, pode exercer, desde logo, todos os direitos inerentes aos respectivos títulos.

SÚMULA STF Nº 416

Pela demora no pagamento do preço da desapropriação não cabe indenização complementar além dos juros.

SÚMULA STF Nº 378

Na indenização por desapropriação incluem-se honorários do advogado do expropriado.

SÚMULA STF Nº 218

É competente o juízo da fazenda nacional da capital do estado, e não o da situação da coisa, para a desapropriação promovida por empresa de energia elétrica, se a união federal intervém como assistente.

SÚMULA STF Nº 164

No processo de desapropriação, são devidos juros compensatórios desde a antecipada imissão de posse, ordenada pelo juiz, por motivo de urgência.

SÚMULA STF Nº 157

É necessária prévia autorização do presidente da república para desapropriação, pelos estados, de empresa de energia elétrica.

SÚMULA STF Nº 23

Verificados os pressupostos legais para o licenciamento da obra, não o impede a declaração de utilidade pública para desapropriação do imóvel, mas o valor da obra não se incluirá na indenização, quando a desapropriação for efetivada.

SÚMULA STJ Nº 408

Nas ações de desapropriação, os juros compensatórios incidentes após a Medida Provisória n. 1.577, de 11/06/1997, devem ser fixados em 6% ao ano até 13/09/2001 e, a partir de então, em 12% ao ano, na forma da Súmula n. 618 do Supremo Tribunal Federal.

SÚMULA STJ Nº 354

A invasão do imóvel é causa de suspensão do processo expropriatório para fins de reforma agrária.

SÚMULA STJ Nº 141

Os honorários de advogado em desapropriação direta são calculados sobre a diferença entre a indenização e a oferta, corrigidas monetariamente.

SÚMULA STJ Nº 131

Nas ações de desapropriação incluem-se no cálculo da verba advocatícia as parcelas relativas aos juros compensatórios e moratórios, devidamente corrigidas.

SÚMULA STJ Nº 119

A ação de desapropriação indireta prescreve em vinte anos.

SÚMULA STJ Nº 114

Os juros compensatórios, na desapropriação indireta, incidem a partir da ocupação, calculados sobre o valor da indenização, corrigido monetariamente.

SÚMULA STJ Nº 113

Os juros compensatórios, na desapropriação direta, incidem a partir da imissão na posse, calculados sobre o valor da indenização, corrigido monetariamente.

SÚMULA STJ Nº 70

Os juros moratórios, na desapropriação direta ou indireta, contam-se desde o trânsito em julgado da sentença.

SÚMULA STJ Nº 69

Na desapropriação direta, os juros compensatórios são devidos desde a antecipada imissão na posse e, na desapropriação indireta, a partir da efetiva ocupação do imóvel.

SÚMULA STJ Nº 67

Na desapropriação, cabe a atualização monetária, ainda que por mais de uma vez, independente do decurso de prazo superior a um ano entre o cálculo e o efetivo pagamento da indenização.

SÚMULA STJ Nº 56

Na desapropriação para instituir servidão administrativa são devidos os juros compensatórios pela limitação de uso da propriedade.

SÚMULA STJ Nº 12

Em desapropriação, são cumuláveis juros compensatórios e moratórios.

8.2. Servidão administrativa

ENUNCIADO 479 DA SÚMULA DO STF E TERRENOS RESERVADOS
Aplicando o entendimento consolidado no Enunciado 479 da Súmula do STF ("*As margens dos rios navegáveis são de domínio público, insuscetíveis de expropriação e, por isso mesmo, excluídas de indenização.*"), a Turma proveu recurso extraordinário para excluir da indenização área de terreno reservado. Reputou-se que as instâncias ordinárias julgaram em sentido contrário ao que estabelecido por esta Corte, não sendo necessário apreciar a questão da navegabilidade ou não dos cursos d'água situados na área desapropriada — sequer mencionada no acórdão impugnado —, considerando que houve decisão que não levara em conta o aludido Verbete diante da conclusão de que as terras não passariam para o domínio da União, mas apenas ficariam sob o regime de servidão de trânsito. **RE 331086/PR, rel. Min. Menezes Direito, 2.9.2008.** (RE-331086) (Inform. STF 518)

8.3. Tombamento

DIREITO ADMINISTRATIVO. REPARAÇÃO DE IMÓVEL TOMBADO. ÔNUS DO PROPRIETÁRIO.
A responsabilidade de reparar e conservar o imóvel tombado é do proprietário, salvo quando demonstrado que ele não dispõe de recurso para proceder à reparação. Precedentes citados: REsp 666.842-RJ, DJe 28/10/2009; REsp 895.443-RJ, DJe 17/12/2008; REsp 1.013.008-MA, DJe 23/6/2008, e REsp 97.852-PR, DJ 8/6/1998. **AgRg no AREsp 176.140-BA, Rel. Min. Castro Meira, julgado em 18/10/2012.(Inform. STJ 507)**

TOMBAMENTO. PATRIMÔNIO HISTÓRICO.
A Turma conheceu em parte o recurso, mas desproveu-o provimento, considerando que, havendo tombamento geral de cidade protegida como patrimônio de importância histórico-cultural, aplicam-se as restrições do art. 17 do DL n. 25/1937 a todos os proprietários de imóvel na área tombada. Ademais, não procede a alegação de que o bem da recorrente não foi

individualizado no tombamento, se já sabia das citadas restrições, quando solicitou, inclusive, autorização ao Instituto do Patrimônio Histórico e Artístico Nacional (IPHAN) para a realização da obra, não obstante descumpriu os limites impostos para a realização de reformas no imóvel. **Precedente citado: REsp 840.918-DF. REsp 1.098.640-MG, Rel. Min. Humberto Martins, julgado em 9/6/2009.** (Inform. STJ 398)

SERVIDÃO ADMINISTRATIVA. REVISÃO. VALOR INDENIZATÓRIO.
In casu, a entidade expropriante, ora recorrente, ajuizou ação para instituir servidão administrativa sobre a propriedade dos ora recorridos, tendo em vista a necessidade de instalar linhas de transmissão de energia elétrica naquele local. Em decorrência disso, ofereceu, a título de indenização, o valor de R$ 21.460,95, o qual não foi aceito pelos expropriados. A sentença, que foi integralmente mantida em sede de apelação, fixou o valor indenizatório em mais de 10 vezes do que o oferecido pela expropriante, com fundamento em laudo fornecido pelo perito oficial. Condenou-a, também, ao pagamento de juros compensatórios no percentual de 12% ao ano contados da efetiva ocupação e calculados sobre o valor da indenização, bem como de juros moratórios de 6% ao ano a partir do trânsito em julgado da sentença. Os honorários advocatícios foram arbitrados em 15% sobre o valor da condenação. No REsp, alegou-se omissão do aresto impugnado, pois não expôs adequadamente os motivos utilizados para a fixação do valor indenizatório, bem como dos respectivos juros e dos honorários advocatícios. Alegou-se, ainda, violação dos arts. 15-A, 15-B, 27, *caput* e § 1º, do DL n. 3.365/1941. Nesta instância especial, no que tange à alegada afronta ao art. 27, *caput*, do citado diploma legal, entendeu-se que o valor da indenização fixado pelo acórdão recorrido tomou por base laudo ofertado pelo perito judicial, o qual enfrentou as peculiaridades do caso concreto. Registrou-se, ainda, não ser possível, em REsp, revisar as circunstâncias fáticas consideradas pelas instâncias ordinárias para a aferição do justo valor indenizatório. Quanto aos juros e honorários advocatícios, eles não foram abordados em grau de apelação, que se ateve a impugnar o laudo de avaliação elaborado na origem. Ademais, em relação à suposta ofensa ao art. 535, II, do CPC, o tribunal *a quo* utilizou fundamentos suficientes para dirimir a controvérsia, apreciando a demanda nos limites em que devolvida no recurso de apelação. Diante disso, a Turma, ao prosseguir o julgamento, conheceu parcialmente do especial, mas lhe negou provimento. **REsp 1.121.222-PI, Rel. Min. Castro Meira, julgado em 27/4/2010.** (Inform. STJ 432)

8.4. Limitação administrativa e ocupação

CONFLITO FEDERATIVO E IMÓVEL AFETADO AO MPDFT - 1
O Plenário iniciou julgamento de ação cível originária em que discutida a ocupação, pela Associação dos Magistrados de Roraima, de imóvel pertencente à União. No caso, este ente federativo ajuizara ação de reintegração de posse contra o Estado de Roraima e requerera a inclusão da aludida associação na lide, na condição de litisconsorte passivo. A Min. Ellen Gracie, relatora, julgou procedente o pleito formulado. Preliminarmente, reconheceu a existência de conflito federativo e a competência do STF para o exame do feito (CF, art. 102, I, f). Em seguida, registrou que, embora a instrução tivesse transcorrido perante juízo federal de 1ª instância — incompetente para a matéria —, o tribunal regional federal, ao receber apelação, declinara de sua competência para o Supremo. Afirmou que, nada obstante, a instrução já realizada poderia ser aproveitada, porquanto inexistente prejuízo à defesa ou ao contraditório. ACO 685/RR, rel. Min. Ellen Gracie, 4.8.2011. (ACO-685)

CONFLITO FEDERATIVO E IMÓVEL AFETADO AO MPDFT - 2
No mérito, esclareceu que a União cedera o imóvel ao Ministério da Justiça que, por sua vez, o cedera para uso do Ministério Público do Distrito Federal e Territórios – MPDFT, quando Roraima ainda era Território. Asseverou que seria inconteste a entrega do imóvel para esse fim e que, com a criação do novo Estado-membro, esse parquet deixara de atuar. Assim, implementada a condição aposta no Termo de Entrega, segundo a qual haveria reversão do imóvel em favor do Serviço do Patrimônio Público da União, caso não fosse utilizado na finalidade prevista. Registrou que a propriedade do imóvel sempre fora da União e que ato normativo editado pela recém criada unidade federativa (LC estadual 2/93, art. 256, III, c) — no sentido de que todos os imóveis por ela ocupados passariam ao seu domínio — não poderia dispor sobre propriedade pertencente à União. Tendo isso em conta, declarou a inconstitucionalidade da alínea c do inciso III do art. 256 da Lei Complementar estadual 2/93 e determinou a reintegração da União na posse do imóvel. Após, pediu vista o Min. Marco Aurélio. ACO 685/RR, rel. Min. Ellen Gracie, 4.8.2011. (ACO-685) (Inform. STF 634)

DIREITO ADMINISTRATIVO. LIMITAÇÃO ADMINISTRATIVA. PRESCRIÇÃO DA PRETENSÃO DE RESSARCIMENTO.
A pretensão reparatória do esvaziamento do conteúdo econômico da propriedade decorrente de limitações administrativas prescreve em cinco anos, nos termos do art. 10, parágrafo único, do Decreto-Lei n. 3.365/1941. Os danos eventualmente causados pela limitação administrativa devem ser objeto de ação de direito pessoal, cujo prazo prescricional é de cinco anos, e não de direito real, que seria o caso da desapropriação indireta. A limitação administrativa distingue-se da desapropriação: nesta, há transferência da propriedade individual para o domínio do expropriante, com integral indenização; naquela, há apenas restrição ao uso da propriedade imposta genericamente a todos os proprietários, sem qualquer indenização. Dessa forma, as restrições ao direito de propriedade impostas por normas ambientais, ainda que esvaziem o conteúdo econômico, não constituem desapropriação indireta. Precedentes citados: AgRg no REsp 1.235.798-RS, DJe 13/4/2011; AgRg no REsp 1.192.971-SP, DJe 3/9/2010, e EREsp 901.319-SC, DJe 3/8/2009. **AgRg no REsp 1.317.806-MG, Rel. Min. Humberto Martins, julgado em 6/11/2012.(Inform. STJ 508)**

LIMITAÇÃO ADMINISTRATIVA. INDENIZAÇÃO.
A Turma reafirmou o entendimento de ser indevida indenização em favor de proprietários de imóvel atingido por ato administrativo, salvo se comprovada limitação mais extensa que as já existentes, na hipótese em que a aquisição do imóvel objeto da demanda tiver ocorrido após a edição dos atos normativos que lhe impuseram as limitações supostamente indenizáveis. Ademais, as limitações administrativas preexistentes à aquisição do imóvel não geram indenização pelo esvaziamento do direito de propriedade, principalmente quando o gravame narrativo é antecedente à alienação e à ciência do adquirente. **Precedentes citados: AgRg no REsp 769.405-SP, DJe 16/4/2010; EAg 404.715-SP, DJ 27/6/2005, e EREsp 254.246-SP, DJ 12/3/2007. REsp 1.168.632-SP, Rel. Min. Luiz Fux, julgado em 17/6/2010.** (Inform. STJ 439)

DEMARCAÇÃO. RESERVA LEGAL. AVERBAÇÃO.
Na espécie, em ação civil pública (ACP), o tribunal *a quo* manteve sentença de procedência do pedido, determinando a demarcação e averbação de reserva legal, pois o fato de ter havido desmatamento, mesmo que realizado por antecessores, não afastaria a obrigação de instituir a reserva. No REsp, o recorrente aponta violação, entre outros temas, do art. 14, § 1º, da Lei n. 6.938/1981, alegando que não se poderia impor a obrigação de reparar dano ambiental a particular adquirente de imóvel já com o mencionado dano, porquanto ausente o nexo de causalidade, o que o isentaria da responsabilidade. Conforme explicitou o Min. Relator, em nosso sistema normativo (art. 16 e parágrafos da Lei n. 4.771/1965 – Código Florestal – e art. 99 da Lei n. 8.171/1991), a obrigação de demarcar, averbar e restaurar a área de reserva legal nas propriedades rurais constitui limitação administrativa ao uso da propriedade privada, a qual se destina a tutelar o meio ambiente, que deve ser defendido e preservado. Ademais, por ter como fonte a própria lei e por incidir sobre as propriedades em si, configura dever jurídico (obrigação *ex lege*) que se transfere automaticamente com a transferência do domínio (obrigação *propter rem*), podendo, em consequência, ser imediatamente exigível do proprietário atual independentemente de qualquer indagação a respeito da boa-fé do adquirente ou de outro nexo causal que não o que se estabelece pela titularidade do domínio. Ressaltou, ainda, que o percentual legal de reserva florestal tem por base a totalidade da área rural (art. 16 da Lei n. 4.771/1965), e não a parcela da área onde ainda existia vegetação. Nesse contexto, a Turma conheceu parcialmente do recurso e, nessa parte, negou-lhe provimento. **Precedentes citados: RMS 18.301-MG, DJ 3/10/2005; REsp 865.309-MG, DJe 23/10/2008; REsp 821.083-MG, DJe 9/4/2008; REsp 343.741-PR, DJ 7/10/2002; REsp 1.087.370-PR, DJe 27/11/2009; REsp 453.875-PR, DJe 11/11/2009, e EREsp 218.781-PR. REsp 1.179.316-SP, Rel. Min. Teori Albino Zavascki, julgado em 15/6/2010.** (Inform. STJ 439)

PRESCRIÇÃO. INDENIZAÇÃO. LIMITAÇÃO ADMINISTRATIVA.
In casu, o recurso pretende saber se a intervenção da União na propriedade particular *sub judice* é caso de desapropriação indireta, cujo prazo para posterior indenização é vintenário, ou de delimitação administrativa, com prazo prescricional quinquenal. Noticiam os autos que o recorrido ajuizou a ação de desapropriação indireta em 8/4/2006, devido às restrições de sua propriedade na Mata Atlântica impostas pelo Dec. n. 750/1993, o que se caracteriza como limitação administrativa, tendo ocorrido a consumação da prescrição da ação indenizatória, pois proposta a mais de 13 anos do citado decreto. **Precedentes citados: EREsp 901.319-SC, DJe 3/8/2009, e AgRg no REsp 801.591-SP, DJe 15/5/2009. REsp 1.015.497-SC, Rel. Min. Luiz Fux, julgado em 9/2/2010.** (Inform. STJ 422)

LIMITAÇÕES ADMINISTRATIVAS. INDENIZAÇÃO. PARQUE ESTADUAL.
Os recorrentes pretendem o pagamento de indenização pela terra nua e cobertura vegetal, acrescido de juros compensatórios em 12% ao ano, contados da criação de Parque estadual, e de juros moratórios a partir da citação. Isso posto, a Turma deu provimento ao recurso ao entendimento de que o apossamento administrativo de propriedade privada, ainda que não acompanhado de ocupação física, se restringir os poderes inerentes ao domínio, justifica o direito à indenização, salvo quando se tratar de área de preservação permanente (APP) ou de reserva legal (RL), exceto quanto a esta se o proprietário contar com plano de manejo devidamente aprovado pela autoridade competente. Precedentes citados: REsp 416.511-SP, DJ 6/10/2003; AgRg no Ag 407.817-SP, DJ 6/2/2006; REsp 70.412-SP, DJ 24/8/1998, e REsp 142.713-SP, DJ 3/8/1998. **REsp 905.410-SP, Rel. Min. Castro Meira, julgado em 3/5/2007.** (Inform. STJ 319)

9. TRÂNSITO

DIREITO ADMINISTRATIVO. UTILIZAÇÃO DE VEÍCULOS DE PROPRIEDADE DO MP COM PLACA DESCARACTERIZADA.
É possível a descaracterização das placas de alguns veículos oficiais do MP nos moldes do art. 116 do CTB, sob o argumento da necessidade de resguardar a segurança dos integrantes do parquet. O art. 116 do Código de Trânsito Brasileiro (CTB) deve ser interpretado teleologicamente, pois a razão de a lei restringir a possibilidade de descaracterização das placas dos veículos de propriedade dos entes federativos apenas para serviço reservado de caráter policial está adstrita à natureza e aos riscos de tal atividade. Assim, não seria racional que a lei exigisse a identificação dos veículos utilizados por autoridades incumbidas de fazer investigações, como é o caso dos membros do MP, sendo que qualquer disposição nesse sentido implicaria a frustração desse objetivo, bem como poderia colocar em risco a integridade desses agentes públicos. **AgRg no REsp 1.131.577-PR, Rel. Min. Humberto Martins, julgado em 6/11/2012.(Inform. STJ 508)**

PUBLICIDADE. SUPORTE. PLACA. VEÍCULO.
Trata-se de REsp interposto pela União no qual sustenta ser vedada a confecção de suportes de molduras para placas traseiras de veículos com a inscrição de fabricante e concessionária (informe publicitário), conforme disposto nos arts. 221 e 230, XV, da Lei n. 9.503/1997 (Código de Trânsito Brasileiro – CTB), 91, § 2º, do Dec. n. 1.683/1995 e Res. n. 45/1998 do Conselho Nacional de Trânsito (Contran). Na origem, a recorrida buscou em ação ver declarado seu direito de continuar fabricando suportes de placas com inscrições comerciais nas suas bases, visto que o Contran negou seu pedido administrativo. Para o Min. Relator, o acórdão recorrido não merece reformas; pois, conforme foi decidido, a empresa tem direito de confeccionar os suportes para placas de veículos, colocando na base marca e razão do fabricante e do revendedor do veículo. Isso porque o novo CTB (Lei n. 9.503/1997) recepcionou as determinações contidas no art. 91, § 2º, do Dec. n. 62.127/1968 (com a redação dada pelo Dec. n. 1.683/1995), o qual, segundo o Min. Relator, não deixa dúvidas de que as inscrições de marcas, logotipos, razão social ou nome do fabricante não configuram publicidade, como vedada pelo art. 230, XV, do CTB (inscrições, adesivos, legendas e símbolos publicitários afixados no para-brisa ou em toda a extensão da parte traseira do veículo). Ressalta, assim, que a inclusão de marca ou razão social impressa na borda dos suportes para placas não violaria o objetivo da norma, que é a manutenção da segurança no trânsito. Diante do exposto, a Turma negou provimento ao recurso. **REsp 901.867-MG, Rel. Min. Mauro Campbell Marques, julgado em 23/11/2010.** (Inform. STJ 457)

REPETITIVO. TRANSPORTE IRREGULAR. PASSAGEIROS.
A Seção, ao apreciar o recurso representativo de controvérsia (art. 543-C do CPC e Res. n. 8/2008-STJ), reafirmou que a liberação do veículo retido por transporte irregular de passageiros, com base no art. 231, VIII, do Código de Trânsito Brasileiro (CTB), não está condicionada ao pagamento de multa e despesas. Anotou-se que a questão não se confunde com a julgada no REsp 1.104.775-RS (DJ 1º/7/2009), que, também sujeito ao regime dos recursos repetitivos, cuidou da necessidade de pagamento de encargos em caso de remoção de veículo conduzido sem licenciamento (art. 230, V, do CTB). Isso posto, a Seção negou provimento ao recurso. Precedentes citados: REsp 1.129.844-RJ, DJe 2/12/2009, e AgRg no REsp 1.027.557-RJ, DJe 26/2/2009. **REsp 1.144.810-MG, Rel. Min. Teori Albino Zavascki, julgado em 10/3/2010.** (Inform. STJ 426)

PEDÁGIO. EIXO SUSPENSO. TRANSPORTE RODOVIÁRIO.
Para efeito da cobrança de pedágio em rodovias, não se pode levar em conta o eixo suspenso do veículo quando estiver sem contato com o solo devido à pouca ou nenhuma carga transportada, uma vez que não há critério legal que permita diferenciação unicamente com base no número de eixos utilizados pelo veículo – tecnologia que apenas reduz custos do transporte rodoviário de cargas. Com esse entendimento, a Turma reiterou decisão anterior e deu provimento aos recursos da empresa concessionária de rodovias e da Agência Nacional de Transportes Terrestres (ANTT). **Precedente citado: REsp 1.103.168-RS, DJe 27/4/2009. REsp 1.077.298-RS, Rel. Min. Denise Arruda, julgado em 28/4/2009.** (Inform. STJ 392)

MERCADORIA. TRÂNSITO. IMITAÇÕES. APREENSÃO DE OFÍCIO.
Discutiu-se a possibilidade de apreender mercadoria em trânsito pelo País (encontrava-se em entreposto aduaneiro), pois, fabricada na China, destinava-se ao Paraguai. No caso, são pilhas alcalinas que imitam produtos de conhecida marca, imitações que se mostram incontroversas nos autos, visto que confirmadas em perícia e reconhecidas pela própria ré. Quanto a isso, é certo que o art. 198 da Lei n. 9.279/1996 é expresso ao admitir a apreensão de ofício realizada pela autoridade aduaneira sem qualquer pedido ou ordem judicial (não necessita de inquérito penal ou ação do interessado). A autoridade brasileira é soberana na aplicação da lei em seu território (princípio da territorialidade), ainda que se cuide de produtos em trânsito destinados a terceiro país. **AgRg no REsp 725.531-PR, Rel. Min. Herman Benjamin, julgado em 28/4/2009.** (Inform. STJ 392)

MS. RODÍZIO. CIRCULAÇÃO. VEÍCULOS.
Trata-se de mandado de segurança com objetivo de exclusão de veículo de propriedade do recorrente da obrigatoriedade de submeter-se ao programa de restrição ao trânsito de veículos automotores no município de São Paulo, cognominado de "rodízio", instituído pela Lei municipal n. 12.490/1997 e o Dec. Estadual n. 37.085/1997, por ofensa do direito ao livre exercício de sua profissão de professor e advogado. *In casu*, explica o Min. Relator que há intempestividade da impetração. A lei citada que restringe a circulação dos veículos em determinados dias foi publicada em 3/10/1997 e o *mandamus* só foi impetrado em 11/8/2003. Ainda que ultrapassado esse óbice, encontra a pretensão obstáculo na ausência de liquidez e certeza do direito vindicado. Outrossim, no caso, há de se considerar essa restrição à circulação de veículos em determinados dias como poder de polícia do município, com a finalidade de promover o bem público em geral, o qual limita e regulamenta o uso de liberdade individual para assegurar essa própria liberdade e os direitos essenciais ao homem. Precedentes citados: RMS 21.597-BA, DJ 19/10/2006; RMS 20.209-RS, DJ 23/10/2006; RMS 18.876-MT, DJ 12/6/2006, e RMS 15.901-SE, DJ 6/3/2006. **RMS 19.820-SP, Rel. Min. Luiz Fux, julgado em 9/10/2007.** (Inform. STJ 335)

INFRAÇÃO. TRÂNSITO. APREENSÃO. VEÍCULO. LIBERAÇÃO CONDIÇÃO. PAGAMENTO. MULTA.
A Turma, ao prosseguir o julgamento, entendeu ser legítima a exigência do pagamento de multa e demais despesas decorrentes de apreensão de veículo em razão de infração de trânsito como pressuposto para sua liberação ao proprietário. Precedentes citados: REsp 843.972-RS, DJ 7/11/2006; REsp 593.458-RJ, DJ 22/3/2004, e REsp 435.329-SP, DJ 11/10/2004. **REsp 895.377-RS, Rel. Min. Eliana Calmon, julgado em 11/9/2007.** (Inform. STJ 331)

INFRAÇÕES. TRÂNSITO. PROPRIETÁRIO. CONDUTOR.
O titular do veículo que entrega o automóvel a pessoa sem habilitação não pode ser punido como se fosse o condutor (arts. 162 e 163 do CTB). No caso, a proprietária do veículo foi penalizada em decorrência da infração tipificada no art. 163 do CTB, ao passo que ao condutor foi aplicada a penalidade prevista no art. 162 do CTB. O Min. Relator esclareceu que a responsabilidade solidária do proprietário de veículo automotor por multa de trânsito deve ser aferida *cum granu salis*. Isso porque o CTB prevê hipóteses de caráter individual dirigidas tanto ao proprietário quanto ao condutor. Assim, subjaz a solidariedade quando o proprietário ou condutor incidam na hipótese descrita da norma cujo infrator não se possa identificar. Nessa hipótese, a responsabilidade do proprietário somente será ilidida caso esse identifique o infrator no prazo de 15 dias após a notificação, nos termos do art. 257, § 7º, do CTB. *In casu*, ao proprietário competia, tão-somente, a infração ao art. 163 do CTB, notadamente porque o condutor encontrava-se presente no momento da notificação *in faciem*, a quem deveria ser dirigida a pena do art. 162, I, do CTB. Isso posto, a Turma negou provimento ao recurso. **REsp 745.190-RS, Rel. Min. Luiz Fux, julgado em 15/3/2007.** (Inform. STJ 313)

SÚMULA STJ Nº 434

O pagamento da multa por infração de trânsito não inibe a discussão judicial do débito.

10. CONSELHOS PROFISSIONAIS

AUSÊNCIA DE PROCURAÇÃO E VISTA DOS AUTOS

O art. 7º, XIII, da Lei 8.906/94 (Estatuto dos Advogados) assegura ao advogado o direito de examinar, em qualquer órgão dos Poderes Judiciário e Legislativo, ou da Administração Pública em geral, autos de processos findos ou em andamento, mesmo sem procuração, quando não estejam sujeitos a sigilo, assegurada a obtenção de cópias, podendo tomar apontamentos. Nesse sentido, o Plenário, tendo em conta não se tratar de processo sigiloso, concedeu mandado de segurança impetrado contra decisão do Tribunal de Contas da União - TCU, que indeferira requerimento de vista e cópia integral de processo a advogado, em razão da inexistência de procuração a ele outorgada. Precedente citado: MS 23527 MC/DF (DJU de 4.2.2002). MS 26772/DF, rel. Min. Gilmar Mendes, 3.2.2011. (MS-26772) (Inform. STF 614)

DIREITO PROCESSUAL CIVIL. COMPETÊNCIA. MANDADO DE SEGURANÇA CONTRA PRESIDENTE DE SUBSEÇÃO DA OAB.

Compete à Justiça Federal processar e julgar mandado de segurança impetrado contra presidente de subseção da OAB. A definição da competência para o mandado de segurança dá-se, em regra, pela natureza da autoridade coatora. Há situações, contudo, em que a autoridade apontada como coatora exerce suas funções em entidades que ou são de direito privado, ou não integram os quadros da Administração Pública direta ou indireta. No caso da OAB, o STF entende que se trata de um serviço público independente, categoria única no elenco das personalidades jurídicas existentes no direito brasileiro. Assim, a competência para o *mandamus* deve ser fixada adotando-se como parâmetro a origem da função que foi delegada. No caso, as funções atribuídas à OAB pelo art. 44 da Lei n. 8.906/1994 são de natureza federal, fato que atrai a competência da Justiça Federal. Precedentes citados: CC 122.713-SP, DJe 14/8/2012, e EREsp 235.723-SP, DJ 16/8/2004. **AgRg no REsp 1.255.052-AP, Rel. Min. Humberto Martins, julgado em 6/11/2012. (Inform. STJ 508)**

DIREITO ADMINISTRATIVO. CONSELHO DE FISCALIZAÇÃO PROFISSIONAL. CUSTAS. RECOLHIMENTO OBRIGATÓRIO.

Os conselhos de fiscalização profissional estão sujeitos ao pagamento de custas. Em que pese ao fato de os conselhos profissionais possuírem natureza jurídica de autarquia, a isenção do pagamento de custas por expressa previsão no parágrafo único do art. 4º da Lei n. 9.289/1996 não alcança as entidades fiscalizadoras do exercício profissional. Precedentes citados: AgRg no AREsp 2.795-RJ, DJe 19/12/2011 e AgRg no AREsp 15.531-RJ, DJe 21/9/2011. **AgRg no AREsp 200.014-RJ, Rel. Min. Napoleão Nunes Maia Filho, julgado em 20/9/2012.(Inform. STJ 505)**

CONSELHO. FISCALIZAÇÃO PROFISSIONAL. REGIME JURÍDICO.

A controvérsia está em saber a natureza do vínculo jurídico da recorrente com o conselho de fiscalização profissional, a fim de ser apreciada a legalidade do ato de sua demissão. A Min. Relatora ressaltou que o regime jurídico dos funcionários dos conselhos de fiscalização profissional, por força do art. 1º do DL n. 968/1969, era o celetista até o advento da CF/1988, que, em conjunto com a Lei n. 8.112/1990, art. 243, instituiu o regime jurídico único. Essa situação perdurou até a edição do art. 58, § 3º, da Lei n. 9.469/1998, que instituiu novamente o regime celetista para os servidores daqueles conselhos, em razão da promulgação da EC n. 19/1998, que aboliu o regime jurídico único dos servidores públicos. Entretanto, destacou que, no julgamento da ADI 1.171-DF, o STF declarou a inconstitucionalidade dos §§ 1º, 2º, 4º, 5º, 6º, 7º, 8º e do *caput* do art. 58 da Lei n. 9.649/1998, reafirmando a natureza de autarquia especial dos conselhos de fiscalização profissional, cujos funcionários continuaram celetistas, pois permaneceu incólume o § 3º da norma em comento, que submetia os empregados desses conselhos à legislação trabalhista. Porém, frisou que essa situação subsistiu até 2/8/2007, quando o Pretório Excelso, no julgamento da ADI 2.135-DF, suspendeu, liminarmente, com efeitos *ex nunc*, a vigência do art. 39, *caput*, do texto constitucional, com a redação dada pela EC n. 19/1998. Com essa decisão, subsiste, para os servidores da administração pública direta, autarquias e fundações públicas, a obrigatoriedade de adoção do regime jurídico único, ressalvadas as situações consolidadas na vigência da legislação editada nos termos da norma suspensa. *In casu*, a recorrente manteve vínculo trabalhista com o conselho de fiscalização de 7/11/1975 até 2/1/2007, ou seja, antes do retorno ao regime estatutário por força da decisão do STF (na ADI 2.135-DF). Assim, visto que à época a recorrente não estava submetida ao regime estatutário, sendo, portanto, de natureza celetista a relação de trabalho existente, não cabe invocar normas estatutárias para infirmar o ato de dispensa imotivada. Dessarte, a Turma, prosseguindo o julgamento, negou provimento ao recurso. Precedente citado: REsp 820.696-RJ, DJe 17/11/2008. **REsp 1.145.265-RJ, Rel. Min. Maria Thereza de Assis Moura, julgado em 14/2/2012. (Inform. STJ 491)**

CAIXA DE ASSISTÊNCIA DE ADVOGADO. AUXÍLIO- MATERNIDADE.

Trata-se, na origem, de ação de cobrança contra caixa de assistência de advogado na qual advogado inscrito na OAB pleiteia auxílio-maternidade em razão do nascimento de seu filho. As caixas de assistência dos advogados têm personalidade jurídica e estatutos próprios, apesar de vinculadas à respectiva seccional da OAB (art. 62, *caput* e § 1º, da Lei n. 8.906/1994). Têm como finalidade prestar assistência aos advogados, bem como promover a seguridade complementar (art. 62, § 2º, da mencionada lei). A Turma negou provimento ao recurso por entender que a concessão de auxílio-maternidade apenas às advogadas parturientes não ofende o princípio da isonomia, uma vez que é imprescindível o afastamento temporário de suas atividades profissionais para recuperação física, cuidados pessoais, dedicação integral ao recém-nascido, que necessita de amamentação e cuidados especiais necessários ao seu desenvolvimento. Logo, não se vislumbra desproporcionalidade no tratamento diferenciado, que objetiva conferir justificável proteção à advogada e seu dependente, não havendo cogitar em ilegalidade ou desarrazoada discriminação em razão do sexo. **REsp 1.109.252-PR, Rel. Min. Luis Felipe Salomão, julgado em 25/10/2011.** (Inform. STJ 486)

EXAME. OAB. APROVAÇÃO ANTERIOR. CONCLUSÃO. CURSO.

A Turma deu provimento ao recurso, mantendo situação fática consolidada e constituída pelo decurso do tempo em que candidato foi aprovado no exame da Ordem dos Advogados do Brasil (OAB) antes da conclusão do curso de Direito. O candidato obteve o direito de inscrever-se no exame da ordem independentemente da apresentação do diploma por meio de liminar; depois de sua aprovação e conclusão do curso, conforme exige a lei, em sentença, o juiz confirmou a liminar e o direito de sua inscrição nos quadros da autarquia; essa decisão foi reformada no TJ. Entendeu o Min. Relator, com base em precedentes, que não faria sentido revogar a inscrição diante da situação consolidada. Precedente citado: AgRg no REsp 1.012.231-SC, DJe 23/10/2008. **REsp 1.226.830-RS, Rel. Min. Mauro Campbell Marques, julgado em 1º/3/2011.** (Inform. STJ 465)

CONSELHO. FISCALIZAÇÃO PROFISSIONAL. RJU.

Conforme a jurisprudência e doutrina predominantes lastreadas nos arts. 5º, XIII, 21, XXIV, e 22, XVI, da CF/1988, os conselhos federais e regionais de fiscalização do exercício profissional, por exercer funções tipicamente públicas, possuem a natureza jurídica de autarquias. Assim, quanto ao regime jurídico que deve ser adotado por eles na contratação de seus servidores, ao se sopesar a legislação (DL n. 968/1969, art. 243 da Lei n. 8.112/1990, art. 58 da Lei n. 9.649/1998 e EC n. 19/1998), além do que decidiu o STF no julgamento de ADIs, firmou-se a jurisprudência de que aqueles conselhos devem adotar o regime jurídico único (RJU), ressalvadas as situações consolidadas na vigência de legislação editada nos termos da EC n. 19/1998. Anote-se que a Ordem dos Advogados do Brasil (OAB) constitui exceção à regra, pois sua peculiar natureza jurídica não permite classificá-la como autarquia, tal qual já decidiu também o STF, que permitiu à Ordem firmar contratos de trabalho regidos pela CLT. Com esse entendimento, ao prosseguir o julgamento, a Turma concedeu a segurança para determinar aos conselhos profissionais impetrados (excetuada a OAB) tomar as providências cabíveis para implantar o RJU em seu âmbito, observada a ressalva referente à legislação editada conforme a EC n. 19/1998 (ver Informativo do STF n. 474). **Precedentes citados do STF: ADI 1.717-DF, DJ 28/32003; ADI 2.135 MC-DF, DJ 2/8/2006; ADI 3.026-DF, DJ 29/9/2006; MS 22.643-SC, DJ 4/12/1998; do STJ: CC 100.558-SP, DJe 4/9/2009; CC 43.623-PR, DJ 11/10/2004, e REsp 820.696-RJ, DJe 17/11/2008. REsp 507.536-DF, Rel. Min. Jorge Mussi, julgado em 18/11/2010.** (Inform. STJ 456)

RESOLUÇÃO. EXORBITÂNCIA. LEI.
A Resolução n. 4/2002 do Conselho Nacional de Residência Médica (CNRM), que veio complementar e explicitar o Dec. n. 80.281/1977 e a Lei n. 6.932/1981, em seu art. 38, estabelece a transferência dos médicos que estiverem cursando residência médica em instituição que venha a ser descredenciada do programa de residência médica, determinando a obrigação de continuidade do pagamento da bolsa até a conclusão do curso. Todavia, tanto o decreto como a lei não criaram para a instituição o encargo de remunerar quem não mais lhe presta serviços. Assim, a resolução extrapolou os limites de sua competência ao fazê-lo e, consequentemente, a decisão judicial lastreada naquela resolução é passível de ataque via mandado de segurança. **RMS 26.889-DF, Rel. Min. João Otávio de Noronha, julgado em 20/4/2010**. (Inform. STJ 431)

INVESTIGAÇÃO. OAB. DENÚNCIA ANÔNIMA.
A OAB não pode, sob alegação de averiguar o preenchimento de requisitos para a inscrição de candidato nos seus quadros, realizar processo investigatório lastreado em denúncia anônima que noticiou o cometimento de ato de improbidade administrativa pelo bacharel requerente. Assim, a Turma, por maioria, deu parcial provimento ao recurso. **Precedente citado: QO na Sd 166-DF, DJe 3/9/2009. REsp 1.074.302-SC, Rel. Min. Benedito Gonçalves, julgado em 20/4/2010**. (Inform. STJ 431)

CREA. REGISTRO PROFISSIONAL. TÉCNICO.
Discute-se no REsp a habilitação de técnico de nível médio indeferida pelo Conselho Regional de Engenharia, Arquitetura e Agronomia (CREA) para projetar e dirigir instalações elétricas com demanda de energia de até 800 KVA, conforme previsto no Dec. n. 90.922/1985, isso porque o tribunal *a quo* definiu que esse deferimento exorbita as atribuições do CREA. Nesses casos, a jurisprudência deste Superior Tribunal tem entendido que o art. 4º, § 2º, do referido decreto extrapolou os limites da Lei n. 5.524/1968 ao dispor que os técnicos em eletrotécnica poderiam ter atribuições de projeção e direção de instalações elétricas com demanda de energia de até 800 KVA, excedendo sua função meramente regulamentar, o que não admite o ordenamento jurídico pátrio. Diante do exposto, a Turma deu provimento ao recurso do CREA. **Precedentes citados: REsp 778.338-DF, DJ 12/3/2007, e REsp 729.014-PR, DJ 8/10/2007. REsp 845.172-SC, Rel. Min. Teori Albino Zavascki, julgado em 6/4/2010**. (Inform. STJ 429)

EDUCAÇÃO FÍSICA. DANÇA. ARTES MARCIAIS.
A Turma não conheceu do recurso, ressaltando o entendimento de que viola o livre exercício profissional (art. 5o, XIII, da CF/1988) a pretensão de incluir, na definição legal de profissional de Educação Física, atividades desvinculadas da educação do corpo especificamente, para fins de abranger aquelas com objetivo distinto, como as artes marciais e a dança. Com efeito, a exigência de inscrição e curso de nivelamento dos profissionais que ministram aulas de artes marciais para competição, por força da Resolução n. 46/2002 do Conselho Federal de Educação Física (Confef), extrapola a definição legal dos arts. 2º, III, e 3º da Lei n. 9.696/1998, ao incluir as artes marciais e a dança como atividades próprias dos profissionais de Educação Física. **REsp 1.170.165-RJ, Rel. Min. Eliana Calmon, julgado em 2/3/2010**. (Inform. STJ 425)

COBRANÇA. CONSELHOS PROFISSIONAIS. LEI REVOGADA.
A Turma negou provimento ao recurso por entender que a jurisprudência deste Superior Tribunal está pacificada no sentido de que, para prosperar a ação rescisória fundada no art. 485, V, do CPC, é necessário que a interpretação dada pelo *decisum* rescindendo seja de tal modo aberrante que viole o dispositivo legal em sua literalidade. Se, ao contrário, o acórdão rescindendo elege uma dentre as interpretações cabíveis, ainda que não seja a melhor, a ação rescisória não merece vingar sob pena de tornar-se recurso ordinário com prazo de interposição de dois anos. Além do mais, a norma apontada como violada já se encontrava revogada à época do pedido, motivo pelo qual não haveria "direito adquirido" à conformação do valor cobrado aos limites estabelecidos na Lei n. 6.994/1982. Muito embora a Lei n. 8.906/1994 vise disciplinar, especificamente, a autarquia especial da Ordem dos Advogados do Brasil, o Estatuto contém comandos genéricos aplicáveis à legislação ordinária, em especial, dispositivos que revogam expressamente a norma anterior, os quais devem ser incondicionalmente observados. **Precedentes citados: REsp 396.751-RS, DJ 29/3/2006, e REsp 181.909-RS, DJ 1º/12/2006. REsp 1.032.814-RS, Rel. Min. Luiz Fux, julgado em 20/10/2009.** (Inform. STJ 412)

PAD. AUTOS. ADVOGADO.
Trata-se de MS impetrado por advogado contra ato de conselheira do Conselho Regional de Medicina (CRM), objetivando acesso aos autos do processo administrativo instaurado naquele Conselho para apurar eventual prática de erro médico, a fim de apresentar as razões finais de seu cliente, conforme prerrogativa funcional estabelecida no art. 7º, XV, da Lei n. 8.906/1994. O CRM recorrente sustenta que o direito à vista dos autos concedido pelo Tribunal *a quo* viola o disposto nesse artigo de lei, bem como no art. 7º do Dec. n. 44.045/1958, ao argumento de que a existência de informações sigilosas no mencionado processo impõe a mitigação do direito de vista pretendido pelo impetrante. Isso posto, a Turma negou provimento ao recurso por entender que, conforme dispõe o art. 7º da Lei n. 8.906/1994, o advogado ostenta como prerrogativa o direito de vista de feitos administrativos ou judiciais capazes de restringir direitos, liberdades ou garantias subjetivas, máxime porque a omissão de defesa ou a defesa deficiente em razão da falta de acesso às acusações lesa o interesse, o direito ou a liberdade da pessoa representada pelo advogado, e não o próprio profissional. **Precedentes citados: HC 123.343-SP, DJ 9/12/2008; MS 6.356-DF, DJ 17/12/1999, e RMS 23.071-MT, DJ 4/6/2007. REsp 1.112.443-SP, Rel. Min. Luiz Fux, julgado em 20/10/2009.** (Inform. STJ 412)

MÉDICOS. CARGA HORÁRIA. DECRETO.
A Turma entendeu que é possível regulamentar, por meio de decreto, a carreira de médico, para fins de estabelecer que a remuneração seja proporcional às horas efetivamente trabalhadas, conforme a norma legal que fixou a jornada laboral entre 10 e 20 horas semanais. **Precedente citado: MS 13.610-DF, DJe 9/6/2009. RMS 19.828-PR, Rel. Min. Maria Thereza de Assis Moura, julgado em 13/10/2009**. (Inform. STJ 411)

INSCRIÇÃO. CREF. DIÁLOGO. FONTES.
O art. 1º da Lei n. 6.839/1980 determina o registro de pessoa jurídica no conselho profissional quando sua atividade fim consta dos atos típicos da profissão submetida ao controle daquele órgão. Todavia, não há necessidade de registro quando a pessoa jurídica apenas utiliza serviços técnico-profissionais como meio à exploração de sua atividade produtiva. Por outro lado, o art. 2º da Lei n. 9.696/1998 limita-se a permitir o exercício profissional a pessoas naturais que exercem a atividade de educação física. Isso posto, não há conflito entre os dispositivos que permita aplicar a sistemática de exclusão da norma tida por inválida, pois cada um é aplicável em âmbito próprio e, como visto, a situações diversas. Dessa feita, as fontes legais retrocitadas estão em diálogo e devem ser aplicadas harmonicamente. Assim, entender que a Lei n. 9.696/1998 exclui as pessoas jurídicas do registro no Conselho Regional de Educação Física (CREF) levaria à conclusão de que elas não podem explorar essa atividade, o que, com certeza, não é o objetivo da lei. Essa interpretação isolada e literal da norma traria uma inaceitável desigualdade entre pessoas físicas e jurídicas, a sujeitá-las a diferentes encargos conforme sua natureza. No caso, o objeto social da sociedade empresária recorrente (academia de ginástica) identifica-se mesmo com a prestação dos específicos serviços dos profissionais de Educação Física (art. 3º da Lei n. 9.696/1998), a impor-lhe seu registro no referido conselho profissional. **Precedente citado: REsp 797.194-SC, DJ 4/5/2006. REsp 1.139.554-RS, Rel. Min. Castro Meira, julgado em 1º/10/2009.** (Inform. STJ 409)

RECURSO REPETITIVO. FARMACÊUTICO. RESPONSABILIDADE TÉCNICA.
Ao apreciar o especial submetido ao regime do art. 543-C do CPC e da Res. n. 8/2008-STJ, a Seção deu provimento ao recurso, reiterando seu entendimento de que o farmacêutico pode acumular a responsabilidade técnica por unidade farmacêutica e por unidade de drogaria, bem como a responsabilidade por duas drogarias, espécies do gênero farmácia. O art. 20 da Lei n. 5.991/1973, ao dispor que "a cada farmacêutico será permitido exercer a direção técnica de, no máximo, duas farmácias, sendo uma comercial e uma hospitalar", não veda a acumulação de exercício de direção técnica de uma farmácia e uma drogaria, sendo certo que as normas restritivas não podem ser interpretadas ampliativamente, consoante princípio comezinho de hermenêutica jurídica. A drogaria é uma espécie de farmácia com atividades limitadas (art. 4º, X e XI, da Lei n. 5.991/1973), na qual há dispensação e comércio de drogas, medicamentos, insumos farmacêuticos e correlatos em suas embalagens, enquanto na farmácia, além de efetuar-se dispensação e comércio de drogas, há a manipulação de fórmulas medicamentosas. **Precedentes citados: AgRg no REsp 1.008.547-MG, DJe 27/4/2009; EDcl no AgRg no REsp 1.008.960-MG, DJe 23/4/2009; AgRg no REsp 1.031.008-MG, DJe 17/12/2008; REsp 1.008.577-MG, DJe 16/4/2008, e REsp 968.778-MG, DJe 7/2/2008. REsp 1.112.884-MG, Rel. Min. Luiz Fux, julgado em 26/8/2009.** (Inform. STJ 404)

COOPERATIVA MÉDICA. FARMÁCIA PRIVATIVA. CRF. REGISTRO.
A Turma proveu o recurso para conceder a segurança, entendendo não haver ilícito ético na instalação de farmácia privativa em cooperativa médica para fornecimento de medicamentos a preço de custo a seus associados e conveniados de plano de saúde, descabendo, ademais, a vedação de registro de responsável técnico no CRF (art. 16, **g**, do Dec. n. 20.931/1932 e arts. 98 e 99 do Código de Ética Médica. **Precedentes citados: AgRg no Ag 1.027.668-SP, DJe 9/3/2009; REsp 438.227-PR, DJ 2/8/2006; REsp 640.594-GO, DJ 27/3/2006, e REsp 709.006-TO, DJ 13/2/2006. REsp 997.343-SP, Rel. Min. Eliana Calmon, julgado em 12/5/2009.** (Inform. STJ 394)

EXAME. OAB. INSCRIÇÃO. LIMINAR. CONCLUSÃO. CURSO. TEORIA. FATO CONSUMADO.
A prestação amparada por liminar do exame da OAB antes da conclusão do curso de Direito não impossibilita ao candidato obter sua inscrição. Aplicou-se, porém, ao caso, a teoria do fato consumado, visto que o impetrante já concluiu o curso e se inscreveu definitivamente nos quadros da Ordem. **Precedentes citados: AgRg no REsp 1.012.231-SC, DJe 23/10/2008, e REsp 500.340-RS, DJ 8/2/2007. AgRg no REsp 1.076.042-SC, Rel. Min. Humberto Martins, julgado em 2/4/2009.** (Inform. STJ 389)

VOTAÇÃO. MEMBROS. OAB. QUITAÇÃO.
O art. 134, § 1º, do regulamento geral da OAB é legal, pois não extrapolou o art. 63 da Lei n. 8.906/1994. Assim, a necessidade de comprovação de quitação perante a OAB é requisito para a participação do advogado nas eleições de membros daquela entidade. **REsp 1.058.871-CE, Rel. Min. Mauro Campbell Marques, julgado em 4/12/2008.** (Inform. STJ 379)

CONSELHO. FISCALIZAÇÃO PROFISSIONAL. REGIME JURÍDICO ESTATUTÁRIO.
É cediço que a jurisprudência do STJ e também do STF é no sentido de que os conselhos de fiscalização profissional possuem natureza jurídica de autarquia, sujeitando-se, portanto, ao regime jurídico de Direito Público. No caso, a servidora, recorrida, foi contratada por um conselho regional de fiscalização profissional em 7 de fevereiro de 1980, sendo demitida em 27 de fevereiro de 1998, antes, portanto, da edição da EC n. 19/1998, com a observância das regras estatutárias então vigentes. Ademais, vale ressaltar que o STF, ao julgar a ADI 2.135-DF, deferiu parcialmente a liminar com efeito *ex nunc*, para suspender a vigência do art. 39, *caput*, da CF/1988, com a redação dada pela referida EC. Com essa decisão, subsiste, para a Administração Pública direta, autárquica e fundacional, a obrigatoriedade de adoção do regime jurídico único, ressalvadas as situações consolidadas na vigência da legislação editada nos termos da emenda declarada suspensa. Com esses argumentos, entre outros, a Turma negou provimento ao recurso e manteve o entendimento do acórdão recorrido no sentido de que o ato de dispensa imotivada, com pagamento de todas as verbas previstas na legislação trabalhista, é irregular, uma vez que se impunha observar, por parte do conselho, a instauração de regular processo administrativo em que fosse assegurado à servidora o direito à ampla defesa e ao contraditório. **Precedentes citados do STF: MS 22.643-SC, DJ 4/12/1998; do STJ: AgRg no REsp 479.025-DF, DJ 20/10/2003; AgRg no REsp 314.237-DF, DJ 9/6/2003; REsp 400.553-RJ, DJ 14/5/2007, e REsp 333.064-RJ, DJ 8/10/2007. REsp 820.696-RJ, Rel. Min. Arnaldo Esteves Lima, julgado em 2/9/2008.** (Inform. STJ 366)

MS. LIMINAR. OAB.
Em votação administrativa de lista formulada pela OAB para composição de lista tríplice referente a candidatos a ministros deste Superior Tribunal, lista a ser enviada ao presidente da República, em votação por três escrutínios, não foi possível a escolha devido aos números de votos em branco, tendo o plenário do STJ deliberado que o ocorrido deveria ser comunicado à OAB. A OAB insistiu na mesma lista, daí o presente MS com pedidos de liminar. Note-se que só os pedidos de liminar foram julgados nessa ocasião. O primeiro pedido foi de sustação da votação das outras listas para preencher vagas no STJ (representante do Ministério Público e desembargadores). O outro pedido de liminar foi para que o STJ prossiga na votação dos nomes fornecidos pela OAB até a elaboração da respectiva lista tríplice. Para a maioria dos ministros, esse último pedido confundia-se com o próprio mérito do mandado de segurança sendo, portanto, impossível de ser analisado em liminar. Argumentou-se, ainda, que a concessão de liminar exige *fumus boni juris* e *periculum in mora*, requisitos acumulativos, não bastando estar presente apenas um deles. Quanto ao *periculum in mora*, impõe-se que se analisem as normas constitucionais e essas não são aplicadas, mas valoradas. Então, no caso, há dois valores em jogo: o interesse público na composição das turmas do STJ e o interesse da parte (OAB), objetivos legítimos. Porém se sobrepõe o interesse público que é o interesse do jurisdicionado. Outrossim, decidiu-se, por maioria, que a votação de outras listas não altera a composição alternada entre membros do MP e advogados e tampouco exclui a vaga garantida da OAB no Tribunal. Quanto à ordem de antiguidade que seria alterada, firmou-se, também por maioria, que, só após a nomeação, há o direito subjetivo do nomeado e não da entidade. Com esses argumentos, a Corte Especial indeferiu, por maioria, as liminares. **MS 13.532-DF, Rel. Min. Paulo Gallotti, julgado em 7/5/2008.** (Inform. STJ 354)

CONSELHO REGIONAL. ENGENHEIRO QUÍMICO. ATIVIDADE PREPONDERANTE.
A recorrida desenvolve atividades unicamente relacionadas à química, e não à engenharia, portanto não se sujeita à exigência de registro em dois órgãos fiscalizadores em razão da mesma atividade profissional que desempenha, mormente porque já registrada no Conselho Regional de Química. Esclareceu o Min. Relator que a subsistência da Lei n. 2.800/1956, ao reger paralelamente as hipóteses especiais por ela disciplinadas, não contradiz as regras gerais insertas pela Lei n. 5.194/1966. O critério legal de obrigatoriedade de registro no Conselho Regional de Química é determinado pela atividade básica ou pela natureza dos serviços prestados. O engenheiro químico que não exerce a atividade básica relacionada à engenharia não está obrigado a se inscrever no Conselho Regional de Engenharia, Arquitetura e Agronomia quando suas atividades se enquadrarem exclusivamente na área química, desde que já possua registro no Conselho Regional de Química. **REsp 949.388-RJ, Rel. Min. Castro Meira, julgado em 20/9/2007.** (Inform. STJ 332)

EXERCÍCIO PROFISSIONAL. MÉDICO. FARMACÊUTICO. VEDAÇÃO.
Na espécie, o REsp deixou de ser conhecido na parte em que indicou ofensa às resoluções – Código de Ética Médica – Resolução CFM n. 1.246/1988 e Código de Ética do Profissional de Farmácia, Resolução CFF n. 417/2004 – por não constarem esses atos normativos na expressão "lei federal" do art. 105, III, a, da CF/1988. Na questão de mérito sobre a interpretação do art. 16, h, do Dec. n. 20.931/1932, aduz a Min. Relatora que, havendo registro no conselho de fiscalização profissional, já se pressupõe o exercício profissional. Assim, cabe à recorrida, nos termos do art. 16, h, do Dec. n. 20.931/1932, optar pela profissão de médico ou de farmacêutico, requerendo licenciamento ou cancelamento do seu registro no conselho profissional respectivo. Note-se que o acórdão recorrido afirmava que a vedação legal quanto ao exercício concomitante da medicina e da farmacêutica só se justificaria no caso do exercício efetivo das duas profissões. Outrossim, ressalta a Min. Relatora que o Conselho Regional de Farmácia (recorrente) tem legitimidade para fiscalizar o exercício regular da profissão de farmacêutico, bem como seu registro (art. 15, item 3, Lei n. 3.820/1960), na hipótese de ocorrência do exercício cumulativo das profissões de médico e farmacêutico. **REsp 796.560-AL, Rel. Min. Eliana Calmon, julgado em 14/8/2007.** (Inform. STJ 327)

OAB. INSCRIÇÃO. CANCELAMENTO.
A Turma reiterou o entendimento de que, cancelado o registro de inscrição do advogado na OAB, seja na vigência do antigo como do novo Estatuto da Ordem, inexiste o direito à manutenção do número da inscrição originária, *ex vi* do art. 11, § 2º, da Lei n. 8.906/1994 c/c art. 62 da Lei n. 4.215/1963. Precedentes citados: EREsp 475.616-RS, DJ 4/12/2006, e REsp 424.800-RS, DJ 6/2/2006. **REsp 795.591-RS, Rel. Min. Eliana Calmon, julgado em 7/8/2007.** (Inform. STJ 326)

CONSÓRCIO. REGISTRO. CONSELHO REGIONAL DE ADMINISTRAÇÃO.
As empresas administradoras de consórcio de bens móveis e imóveis estão sujeitas à inscrição no conselho regional de administração, uma vez que administram a captação de recursos financeiros de terceiros. Ademais, o fato de aquelas empresas estarem sujeitas à fiscalização do Banco Central (art. 33 da Lei n. 8.177/1991) por si só não afasta a obrigatoriedade do registro no conselho regional de administração. **REsp 616.483-GO, Rel. Min. João Otávio de Noronha, julgado em 19/4/2007.** (Inform. STJ 317)

FARMACÊUTICO. INSCRIÇÃO. CONSELHO. COOPERATIVAS SEM FINS LUCRATIVOS.
A Turma entendeu que o Conselho Regional de Farmácia não pode impedir o registro de estabelecimento farmacêutico, *ex vi* do art. 1º da Lei n. 6.839/1980. Outrossim, a vedação legal do art. 16, **g**, do Dec n. 20.931/1932 é inaplicável às cooperativas médicas sem fins lucrativos que mantêm farmácia para fornecimento de medicamentos pelo preço de custo a seus associados. Precedentes citados: REsp 862.339-SP, DJ 2/10/2006; REsp 438.227-PR, DJ 2/8/2006; REsp 640.594-GO, DJ 27/3/2006, e REsp 709.006-TO, DJ 13/2/2006. **REsp 875.885-SP, Rel, Min. Eliana Calmon, julgado em 10/4/2007.** (Inform. STJ 316)

CONSELHO PROFISSIONAL. MUDANÇA. PRESIDENTE. REPRESENTAÇÃO JUDICIAL.
A simples mudança na direção de conselho de regulamentação profissional não é razão para que os instrumentos de mandatos regularmente outorgados pelas administrações anteriores sejam gravados de nulidade, exceto se o instrumento contiver regra explícita ou limite temporal. Se assim não fosse, a cada novo mandato, seria necessária a ratificação de todas as procurações, sob pena de nulificar os atos dos patronos que atuam nas causas judiciais, tornando inviável o trâmite das ações. **REsp 641.267-PR, Rel. Min. Castro Meira, julgado em 20/3/2007.** (Inform. STJ 314)

SÚMULA STJ Nº 413

O farmacêutico pode acumular a responsabilidade técnica por uma farmácia e uma drogaria ou por duas drogarias.

SÚMULA STJ Nº 275

O auxiliar de farmácia não pode ser responsável técnico por farmácia ou drogaria.

SÚMULA STJ Nº 120

O oficial de farmácia, inscrito no conselho regional de farmácia, pode ser responsável técnico por drogaria.

SÚMULA STJ Nº 79

Os bancos comerciais não estão sujeitos a registro nos conselhos regionais de economia.

11. LICITAÇÃO

LICITAÇÃO: LEI ORGÂNICA E RESTRIÇÃO - 1
A 2ª Turma deu provimento a recurso extraordinário para declarar a constitucionalidade do art. 36 da Lei Orgânica do Município de Brumadinho/MG, que proibiria agentes políticos e seus parentes de contratar com o município (" *O Prefeito, o Vice-Prefeito, os Vereadores, os ocupantes de cargo em comissão ou função de confiança, as pessoas ligadas a qualquer deles por matrimônio ou parentesco, afim ou consangüíneo, até o 2º grau, ou por adoção e os servidores e empregados públicos municipais, não poderão contratar com o Município, subsistindo a proibição até seis meses após findas as respectivas funções*"). Asseverou-se que a Constituição outorgaria à União a competência para editar normas gerais sobre licitação (CF, art. 22, XXVII) e permitiria que estados-membros e municípios legislassem para complementar as normas gerais e adaptá-las às suas realidades. Afirmou-se que essa discricionariedade existiria para preservar interesse público fundamental, de modo a possibilitar efetiva, real e isonômica competição. Assim, as leis locais deveriam observar o art. 37, XXI, da CF, para assegurar "*a igualdade de condições de todos os concorrentes*".**RE 423560/MG, rel. Min.Joaquim Barbosa, 29.5.2012. (RE-423560)**

LICITAÇÃO: LEI ORGÂNICA E RESTRIÇÃO - 2
Registrou-se que o art. 9º da Lei 8.666/93 estabeleceria uma série de impedimentos à participação nas licitações, porém não vedaria expressamente a contratação com parentes dos administradores, razão por que haveria doutrinadores que sustentariam, com fulcro no princípio da legalidade, que não se poderia impedir a participação de parentes nos procedimentos licitatórios, se estivessem presentes os demais pressupostos legais, em particular, a existência de vários interessados em disputar o certame. Não obstante, entendeu-se que, ante a ausência de regra geral para o assunto — a significar que não haveria proibição ou permissão acerca do impedimento à participação em licitações em decorrência de parentesco —, abrir-se-ia campo para a liberdade de atuação dos demais entes federados, a fim de que legislassem de acordo com suas particularidades locais, até que sobreviesse norma geral sobre o tema. Por fim, consignou-se que a referida norma municipal, editada com base no art. 30, II, da CF, homenagearia os princípios da impessoalidade e da moralidade administrativa, bem como preveniria eventuais lesões ao interesse público e ao patrimônio do município, sem restringir a competição entre os licitantes.**RE 423560/MG, rel. Min.Joaquim Barbosa, 29.5.2012. (RE-423560) (Inform. STF 668)**

ART. 1º, PARÁGRAFO ÚNICO, DA LEI 8.666/93 E PETROBRÁS - 1
A Turma iniciou julgamento de recurso extraordi-nário, interposto com fundamento no art. 102, III, a e b, da CF, em que se discute a aplicação, ou não, à Petrobrás, do disposto no art. 1º, parágrafo único, da Lei 8.666/93 ("*Art. 1o Esta Lei estabelece normas gerais sobre licitações e contratos administrativos pertinentes a obras, serviços, inclusive de publicidade, compras, alienações e locações no âmbito dos Poderes da União, dos Estados, do Distrito* Federal e dos Municípios. *Parágrafo único. Subordinam-se ao regime desta Lei, além dos órgãos da administração direta, os fundos especiais, as autarquias, as fundações públicas, as empresas públicas, as sociedades de economia mista e demais entidades controladas direta ou indiretamente pela União, Estados, Distrito Federal e Municípios.*"). Na espécie, o tribunal local reformara sentença concessiva de indenização em favor das empresas recorrentes e assentara, por seu Órgão Especial, a não incidência do aludido dispositivo legal à Petrobrás, ao fundamento de que, por se tratar de sociedade de economia mista, seu regime jurídico seria de natureza privada. As recorrentes sustentam violação ao art. 37, XXI, da CF, ao argumento de que seria nulo o ato da Petrobrás que cancelara contrato com elas firmado e submetera a outra empresa os serviços de afretamento de navios, sem observância à regra constitucional que exige licitação. Inicialmente, a Turma, por maioria, rejeitou questão de ordem suscitada pelo Min. Marco Aurélio no sentido de se submeter ao Plenário a apreciação do presente recurso. Entendeu-se que, não obstante tenha sido argüido, na origem, incidente de inconstitucionalidade, aquela Corte limitara-se a assentar o não cabimento do art. 1º, parágrafo único, da Lei de Licitações, às sociedades de economia mista. Assim, concluiu-se que não haveria, no caso, matéria a envolver declaração de constitucionalidade, ou não, do mencionado dispositivo, o que permitiria o julgamento no âmbito da própria Turma. Vencidos os Ministros Marco Aurélio e Carlos Britto que, ressaltando estar-se diante de extraordinário apresentado também com base na alínea b ("*III - julgar, mediante recurso extraordinário, as causas decididas em única ou última instância, quando a decisão recorrida: ... b) declarar a inconstitucionalidade de tratado ou lei federal;*"), asseveravam competir ao Plenário o exame da causa, uma vez que o afastamento, pelo Órgão Especial, do artigo questionado pressuporia a pecha de inconstitucionalidade. **RE 441280/RS, rel. Min. Menezes Direito, 30.9.2008.** (RE-441280)

ART. 1º, PARÁGRAFO ÚNICO, DA LEI 8.666/93 E PETROBRÁS - 2
No mérito, o Min. Menezes Direito, relator, negou provimento ao recurso, no que foi acompanhado pelo Min. Ricardo Lewandowski. Salientou que, ao tempo dos fatos, vigorava o art. 173 da CF, na sua redação original, o qual estabelecia que empresa pública, sociedade de economia mista e outras entidades que explorassem atividade econômica, sujeitar-se-iam ao regime jurídico próprio das empresas privadas. Contudo, com o advento da EC 19/98, esse preceito ganhou nova redação para determinar que a lei estabeleceria o estatuto jurídico da empresa pública, da sociedade de economia mista e de suas subsidiárias que explorassem atividade econômica de produção ou comercialização de bens ou de prestação de serviços, elencando a disciplina que deveria constar desse estatuto jurídico. Dessa forma, esclareceu que o constituinte visou, nesses dois momentos, proteger a atividade dessas sociedades exploradoras de atividade econômica, pondo-as sob o regime das empresas privadas, para garantir que mantivessem o mesmo desempenho das demais empresas que atuam no mercado, de modo a afastar qualquer mecanismo de proteção ou de privilégios. Nesse sentido, aduziu que a submissão legal da Petrobrás a um regime diferenciado de licitação estaria justificado pelo fato de que, com a relativização do monopólio do petróleo trazida pela EC 9/95, a empresa passou a exercer a atividade econômica de exploração do petróleo em regime de livre competição com as empresas privadas concessionárias da atividade, as quais, frise-se, não estão submetidas às regras rígidas de licitação e contratação da Lei 8.666/93. Em conseqüência, reputou não ser possível conciliar o regime previsto nessa lei com a agilidade própria do mercado de afretamento. Daí observar que a interpretação que afasta a aplicação do art. 1º, parágrafo único, do aludido diploma ser uma conseqüência direta da própria natureza constitucional da sociedade de economia mista, tal como declarado pelo constituinte originário e reiterado pelo constituinte derivado. **RE 441280/RS, rel. Min. Menezes Direito, 30.9.2008.** (RE-441280)

ART. 1º, PARÁGRAFO ÚNICO, DA LEI 8.666/93 E PETROBRÁS - 3

A Min. Cármen Lúcia abriu divergência e proveu o recurso extraordinário por considerar que os princípios constantes do art. 3º da Lei 8.666/93 e as regras, genéricas, que estruturam o instituto da licitação, aplicam-se indistintamente a todos os entes integrantes da Administração Pública, seja direta ou indireta. Não vislumbrou, em conseqüência, obstáculo para que a recorrida adotasse o processo licitatório. No ponto, realçou que o processo seria um meio, enquanto o procedimento, um modo e que este diferenciar-se-ia para empresas prestadoras de serviço público e para empresas que intervêm na atividade econômica. Não conheceu do extraordinário, todavia, no que se refere à indenização, porquanto implicaria o revolvimento de matéria probatória. Em adição, o Min. Carlos Britto enfatizou que a Lei 9.478/97 — que dispõe sobre as atividades relativas ao monopólio do petróleo entre outras providências — remeteu ao Decreto 2.745/98 o tema relativo aos contratos celebrados pela Petrobrás (art. 67), sem observar a imposição de reserva legal para tratamento do tema. Em decorrência disso, registrou que, enquanto prevalecer essa anomia, incidiria, *in totum,* a Lei 8.666/93. Verificado o empate na votação, pediu vista dos autos o Min. Marco Aurélio. **RE 441280/RS, rel. Min. Menezes Direito, 30.9.2008.** (RE-441280)

ART. 1º, PARÁGRAFO ÚNICO, DA LEI 8.666/93 E PETROBRÁS - 4

Em continuidade de julgamento, a Turma, em nova questão de ordem suscitada pelo Min. Marco Aurélio, decidiu afetar ao Plenário julgamento de recurso extraordinário interposto com fundamento no art. 102, III, a e b, da CF, em que se questiona a aplicação, ou não, à Petrobrás, do disposto no art. 1º, parágrafo único, da Lei 8.666/93 ("Art. 1º Esta Lei estabelece normas gerais sobre licitações e contratos administrativos pertinentes a obras, serviços, inclusive de publicidade, compras, alienações e locações no âmbito dos Poderes da União, dos Estados, do Distrito Federal e dos Municípios. Parágrafo único. Subordinam-se ao regime desta Lei, além dos órgãos da administração direta, os fundos especiais, as autarquias, as fundações públicas, as empresas públicas, as sociedades de economia mista e demais entidades controladas direta ou indiretamente pela União, Estados, Distrito Federal e Municípios.") — v. Informativo 522. No caso, em voto-vista, o Min. Marco Aurélio, tendo em conta disposição constitucional expressa atinente à reserva de Plenário (CF, art. 97), ponderara, novamente, sobre a conveniência de remeter ao Pleno a matéria debatida. Entendeu-se ser possível a reabertura de tal discussão, conforme reiterados pronunciamentos desta Corte, haja vista que não ocorrera a conclusão do julgamento. O Min. Menezes Direito, relator, e os demais Ministros não se opuseram ao deslocamento do feito. **RE 441280/RS, rel. Min. Menezes Direito, 12.5.2009**. (RE-441280)

ART. 1º, PARÁGRAFO ÚNICO, DA LEI 8.666/93 E PETROBRÁS - 5

O Plenário iniciou julgamento de recurso extraordinário em que se discute a aplicação, ou não, à Petrobrás, do disposto no art. 1º, parágrafo único, da Lei 8.666/93 ("Art. 1º Esta Lei estabelece normas gerais sobre licitações e contratos administrativos pertinentes a obras, serviços, inclusive de publicidade, compras, alienações e locações no âmbito dos Poderes da União, dos Estados, do Distrito Federal e dos Municípios. Parágrafo único. Subordinam-se ao regime desta Lei, além dos órgãos da administração direta, os fundos especiais, as autarquias, as fundações públicas, as empresas públicas, as sociedades de economia mista e demais entidades controladas direta ou indiretamente pela União, Estados, Distrito Federal e Municípios."). Na espécie, o tribunal local reformara sentença concessiva de indenização em favor das empresas recorrentes e assentara, por seu Órgão Especial, a não-incidência do aludido dispositivo legal à Petrobrás, ao fundamento de que, por se tratar de sociedade de economia mista, seu regime jurídico seria de natureza privada. As recorrentes sustentam violação ao art. 37, XXI, da CF, ao argumento de que seria nulo o ato da Petrobrás que cancelara contrato com elas firmado e submetera a outra empresa os serviços de afretamento de navios, sem observância à regra constitucional que exige licitação. O recurso fora deslocado ao Pleno, pela 1ª Turma, após o acolhimento de questão de ordem suscitada pelo Min. Marco Aurélio, que reputara estar-se diante de extraordinário apresentado também com base na alínea b do art. 102, III, da CF ("III - julgar, mediante recurso extraordinário, as causas decididas em única ou última instância, quando a decisão recorrida: ... b) declarar a inconstitucionalidade de tratado ou lei federal;"). Por essa razão, asseverara que o afastamento, pelo Órgão Especial, do artigo questionado pressuporia a pecha de inconstitucionalidade — v. Informativos 522 e 546. RE 441280/RS, rel. Min. Dias Toffoli, 3.8.2011. (RE-441280)

Art. 1º, parágrafo único, da Lei 8.666/93 e Petrobrás - 6

O Min. Dias Toffoli, relator, desproveu o recurso, para afastar a aplicabilidade do art. 1º, parágrafo único, da Lei 8.666/93, à recorrida. Inicialmente, destacou que, à época dos fatos em discussão, vigorava o art. 173, § 1º, da CF, em sua redação original. Considerou que se preconizava, então, que a sociedade de economia mista, a empresa pública e outras entidades que viessem a explorar atividade econômica deveriam sujeitar-se a regime jurídico próprio de empresas privadas, inclusive quanto a obrigações trabalhistas e tributárias. Afirmou que a EC 19/98, ao alterar o referido dispositivo, determinara que o estatuto jurídico da sociedade de economia mista e da empresa pública, de produção ou comercialização de bens ou de prestação de serviços, deveria ser estabelecido por lei. Aduziu, entretanto, que, em ambos os momentos em que redigidas essas normas constitucionais, desejara-se proteger a atividade dessas sociedades, impondo-lhes, sempre, o regime de empresas privadas. Asseverou que esse aspecto revelaria a preocupação de assegurar que o desempenho das sociedades de economia mista pudesse se equivaler ao das demais empresas no mercado, de maneira a afastar qualquer mecanismo de proteção ou de privilégios. Assinalou que, em observância à disciplina constitucional trazida pela EC 9/95, que relativizara o monopólio do petróleo, outrora exclusivo da União, a empresa recorrida passara a se submeter a regime diferenciado de licitação — nos termos da Lei 9.748/97 e do Decreto 2.745/98 —, uma vez que sua atividade econômica vinculara-se a um regime de livre competição. Consignou não se poder exigir que a recorrida se subordinasse aos rígidos limites da licitação destinada aos serviços públicos — prevista na Lei 8.666/93 —, sob pena de se criar grave obstáculo ao normal desempenho de suas atividades comerciais. Destacou que a interpretação no sentido de que empresas como essa se sujeitam a regime jurídico de direito privado seria até mesmo anterior às referidas emendas constitucionais e que as exigências mercadológicas em contratos de afretamento, como no caso, seriam incompatíveis com a Lei 8.666/93, tendo em vista se tratar de modelos contratuais padronizados internacionalmente. Reputou, ademais, que a globalização da economia exigiria que se descentralizasse a produção de bens e serviços, considerados os preços e as condições de fornecimento, razão pela qual o Estado moderno deveria se adequar a essas exigências competitivas, sob o risco de derrocada econômica. Concluiu que empresas de economia mista que disputam livremente o mercado, sob o regime de empresas privadas, conforme a Constituição, deveriam estar submetidas a regramento próprio e diferenciado, de acordo com o que o constituinte derivado pretendera aperfeiçoar desde a edição da EC 9/95. RE 441280/RS, rel. Min. Dias Toffoli, 3.8.2011. (RE-441280)

Art. 1º, parágrafo único, da Lei 8.666/93 e Petrobrás - 7

Em divergência, o Min. Marco Aurélio proveu o recurso, para assentar a constitucionalidade do dispositivo questionado. Afirmou que as sociedades de economia mista estariam obrigadas a contratar mediante licitação, considerada a eficácia do ordenamento jurídico constitucional e o cuidado quanto à coisa pública. Aduziu que o art. 37, XXI, da CF teria por escopo evitar que interesses maiores fossem norteados por certa política vigente, com o fim de se beneficiar algum cidadão em detrimento de outros. Ressaltou a necessidade de tratamento igualitário de tantos quantos se disponham a contratar com a Administração Pública, em que pese a existência de normas especiais de regência. Consignou que a leitura da alteração legislativa promovida pela EC 19/98 levaria a duas conclusões: a de que o instituto da licitação teria sido inicialmente previsto de forma a abranger as sociedades de economia mista; e a de que a lei própria ao estatuto da sociedade de economia mista e subsidiárias, bem como da empresa pública — ambas exploradoras de atividade econômica de produção ou comercialização de bens ou de prestação de serviços — deveria tratar de licitação, observados os princípios da Administração Pública. Afirmou que o art. 173, § 1º, da CF originalmente dispunha que empresas públicas e sociedades de economia mista seriam pessoas jurídicas de direito privado, submetidas, portanto, a regime jurídico pertinente às empresas privadas propriamente ditas. Frisou, entretanto, que o aludido dispositivo não excluía obrigação própria da Administração Pública geral, mas apenas afastava tratamento preferencial, a implicar desequilíbrio de mercado. Enfatizou que, sob o ângulo da licitação, com a EC 19/98 viera à balha dispositivo a especificá-la, e não a afastá-la. Desse modo, concluiu não haver conflito entre o art. 173, § 1º, da CF e o art. 1º, parágrafo único, da Lei 8.666/93. Após, pediu vista dos autos o Min. Luiz Fux. RE 441280/RS, rel. Min. Dias Toffoli, 3.8.2011. (RE-441280) (Inform. STF 634)

LICITAÇÃO E TRANSMISSÃO DE EVENTO ESPORTIVO - 4

Em conclusão, a 1ª Turma proveu recursos extraordinários interpostos de acórdão de tribunal de justiça para declarar válido contrato firmado entre prefeitura e emissora de TV para a realização de evento esportivo. Ademais, julgou prejudicado recurso extraordinário de acórdão do STJ. No caso, o juízo monocrático, em julgamento de ação popular, anulara o mencionado contrato e condenara os ora recorrentes, o Município e seu Secretário de Esportes, de forma solidária, a restituir aos cofres públicos a quantia desembolsada pela entidade federativa. Os sucumbentes apelaram desta decisão e a sentença fora mantida pelo tribunal de origem, uma vez que a emissora não demonstrara deter exclusividade na realização do evento, para fins de dispensa do procedimento licitatório. Rejeitados os embargos de declaração opostos, o Município, a rede de TV e o ex-Prefeito interpuseram recursos perante o STF e o STJ. Este último desprovera os recursos especiais ao fundamento de que a aferição do objeto do contrato — para se concluir acerca da inexigibilidade de licitação ou de inviabilidade de competição (Lei 8.666/93, art. 25) — demandaria reexame de matéria fático-probatória, inviável a teor do Enunciado 7 da Súmula daquela Corte — v. Informativo 593. No tocante ao recurso interposto de acórdão do STJ, reputou-se improcedente o alegado quanto à ausência de fundamentação (CF, art. 93, IX), bem como a tese de indevida ampliação do alcance do art. 37, XXI, da CF, uma vez que aquele órgão apenas declinara de sua competência para apreciar os fatos, limitando-se a aplicar o Verbete 7 de sua Súmula. Em análise do extraordinário interposto de acórdão do tribunal de justiça, entendeu-se prosperar a assertiva no que concerne à ofensa aos referidos artigos 37, XXI e 93, IX, porque se trataria de patrocínio e não de contrato para prestação de serviços, questão relevante para o deslinde da causa, a qual não fora analisada e tampouco apresentada justificativa para seu não exame. RE 574636/SP, rel. Min. Cármen Lúcia, 16.8.2011. (RE-574636) (Inform. STF 636)

CONVÊNIOS DE PRESTAÇÃO DE SERVIÇOS DE ASSISTÊNCIA À SAÚDE: GEAP E LICITAÇÃO - 1

O Tribunal iniciou julgamento de mandados de segurança coletivos, impetrados contra acórdão do TCU, em que se discute a validade de convênios de prestação de serviços de assistência à saúde firmados entre a GEAP - Fundação de Seguridade Social e vários órgãos e entidades da Administração Pública. Na espécie, o TCU reputara regulares apenas os convênios celebrados com os entes patrocinadores da entidade (os Ministérios da Saúde e da Previdência Social, a Empresa de Tecnologia e Informação da Previdência Social - DATAPREV e o Instituto Nacional do Seguro Social - INSS), concluindo ser obrigatória a licitação para a celebração de quaisquer outras avenças com os demais entes da Administração Pública que não os órgãos detentores da condição de patrocinadores, observado, assim, o disposto no art. 1º, I e II, do Decreto 4.978/2004, alterado pelo Decreto 5.010/2004 ("Art. 1º. A assistência à saúde do servidor ativo ou inativo e de sua família, de responsabilidade do Poder Executivo da União, de suas autarquias e fundações, será prestada mediante: I - convênios com entidades fechadas de autogestão, sem fins lucrativos, assegurando-se a gestão participativa; ou II - contratos, respeitado o disposto na Lei nº 8.666, de 21 de junho de 1993.") e no art. 37, XXI, da CF. O Min. Carlos Britto, relator, salientando as razões de segurança jurídica e relevante interesse público, deferiu parcialmente a segurança para: a) assentar a legalidade dos convênios de adesão entre a GEAP e os órgãos e entidades da Administração Pública federal direta, autárquica e fundacional (excluídos, portanto, órgãos e entidades estaduais, distritais e municipais); b) garantir a todos os patrocinadores de que trata a letra "a", assim como aos respectivos servidores participantes, o direito de participação no processo de escolha dos membros do Conselho Deliberativo da GEAP. **MS 25855/DF, rel. Min. Carlos Britto, 15.10.2009**. (MS-25855)

CONVÊNIOS DE PRESTAÇÃO DE SERVIÇOS DE ASSISTÊNCIA À SAÚDE: GEAP E LICITAÇÃO - 2

Tendo em conta que a maioria dos órgãos e entidades patrocinadores da GEAP e respectivos servidores não interfere na administração da fundação, mesmo participando do custeio dos planos de benefícios, entendeu o relator haver, de fato, um déficit de representação que reclamaria ajustes para enquadrar a GEAP no rigoroso conceito de entidade fechada de autogestão. Não obstante, considerou que o TCU, ao restringir a validade dos convênios da GEAP aos quatro únicos órgãos e entidades que detinham o status de originários patrocinadores da instituição, teria obstruído de forma abrupta a possibilidade de permanência dos outros patrocinadores que também se alocam na estrutura da Administração Pública federal direta, autárquica e fundacional, não atentando para o fato de que tais órgãos e entidades sob regime de obstrução abrigam em seus quadros funcionais servidores que têm o direito líquido e certo de acesso a planos de assistência suplementar de saúde, nos termos do art. 6º da CF, c/c os artigos 184, III, e 230 da Lei 8.112/90. No caso, direito líquido e certo à continuidade de um vínculo jurídico que seria lídima expressão de uma autonomia de vontade associativa que decorreria da própria Constituição Federal (art. 5º, XVII), vontade associativa esta que, por viabilizar assistência suplementar à saúde dos servidores, culminaria por servir ao princípio constitucional da eficiência administrativa. Acrescentou que a vinculação jurídica dos servidores federais à GEAP teria ocorrido, na espécie, pela figura do Estado-ponte, ou seja, foram órgãos e entidades estatais que se colocaram entre a GEAP e os servidores para operacionalizar um sistema oficial de cogestão e ao mesmo tempo de compartilhado financiamento da assistência suplementar de saúde, o que projetaria para as relações jurídicas em causa uma forte aura de juridicidade, inclusive porque a própria Agência Nacional de Saúde Suplementar - ANS jamais teria deixado de qualificar a GEAP como entidade fechada de autogestão, o que atrairia a incidência do princípio da proteção da confiança. **MS 25855/DF, rel. Min. Carlos Britto, 15.10.2009**. (MS-25855)

CONVÊNIOS DE PRESTAÇÃO DE SERVIÇOS DE ASSISTÊNCIA À SAÚDE: GEAP E LICITAÇÃO - 3

Assim, o relator concluiu que seria necessário fazer ajustes no estatuto da GEAP, mas não com o fim específico de limitar os quadros da instituição, e sim para possibilitar efetiva cogestão dos patrocinadores e participantes do sistema. Ponderou, por fim, que, se órgãos e entidades da Administração Pública, pelo art. 230 da Lei 8.112/90, podem aderir, por convênio, a um plano de saúde de autogestão novo, também poderiam aderir a um plano preexistente de idêntica natureza, ou nele permanecer, se o caso, bastando que lhes fosse reconhecido, na companhia de seus próprios servidores, o direito de efetiva participação no processo de escolha dos membros do Conselho Deliberativo da entidade fechada de autogestão. Após o voto da Min. Cármen Lúcia que denegava a ordem para manter o acórdão do TCU, ao fundamento de que não teriam sido observadas as exigências legais que permitiriam que, relativamente aos demais órgãos e entidades, que não os patrocinadores da GEAP, pudesse haver convênio e sem licitação, pediu vista dos autos o Min. Ricardo Lewandowski. **MS 25855/DF, rel. Min. Carlos Britto, 15.10.2009**. (MS-25855)

CONVÊNIOS DE PRESTAÇÃO DE SERVIÇOS DE ASSISTÊNCIA À SAÚDE: GEAP E LICITAÇÃO - 4

O Tribunal retomou julgamento de mandados de segurança coletivos, impetrados contra acórdão do TCU, em que se discute a validade de convênios de prestação de serviços de assistência à saúde firmados entre a GEAP – Fundação de Seguridade Social e vários órgãos e entidades da Administração Pública. Na espécie, o TCU reputara regulares apenas os convênios celebrados com os entes patrocinadores da entidade (os Ministérios da Saúde e da Previdência Social, a Empresa de Tecnologia e Informação da Previdência Social - DATAPREV e o Instituto Nacional do Seguro Social - INSS), concluindo ser obrigatória a licitação para a celebração de quaisquer outras avenças com os demais entes da Administração Pública que não os órgãos detentores da condição de patrocinadores, observados, assim, o disposto no art. 1º, I e II, do Decreto 4.978/2004, alterado pelo Decreto 5.010/2004 e no art. 37, XXI, da CF — v. Informativo 563. Em voto-vista, o Min. Ricardo Lewandowski acompanhou a divergência iniciada pela Min. Cármen Lúcia para denegar a ordem e assentar a ausência de ilegalidade ou de violação a direitos no acórdão impugnado. Considerou que a GEAP não se enquadraria nos requisitos que excepcionariam a obrigatoriedade da realização de procedimento licitatório para a consecução de convênios de adesão com a Administração Pública. Enfatizou que a referida entidade seria pessoa jurídica de direito privado, a qual não integra a Administração Pública, e que estaria jungida às regras do Direito Administrativo — em especial relativamente à obrigatoriedade de licitação — para estabelecer relações obrigacionais com o Estado, que, no caso, apresentariam natureza contratual. Além disso, consignou que a GEAP não configura entidade de autogestão, haja vista que os servidores dos patrocinadores subseqüentes não participam do processo deliberativo da GEAP. Ressaltou que, embora não exista óbice a que os denominados "convênios de adesão" continuem a ser celebrados entre a entidade e seus patrocinadores originais, assinalou que não seria possível a sua formalização em relação a servidores de outros órgãos e entidades federais, inclusive de outras esferas político-administrativas da federação, sem que sejam celebrados contratos administrativos precedidos de licitação. Após o voto do Min. Eros Grau que, reputando cuidar-se de relação de comunhão de escopo e não de intercâmbio, acompanhava o relator, pediu vista dos autos o Min. Dias Toffoli. **MS 25855/DF, rel. Min. Carlos Britto, 1º.2.2010.** (MS-25855) (Inform. STF 573)

CONVÊNIOS DE PRESTAÇÃO DE SERVIÇOS DE ASSISTÊNCIA À SAÚDE: GEAP E LICITAÇÃO - 5

O Plenário retomou julgamento de mandados de segurança coletivos, impetrados contra acórdão do TCU, em que se discute a validade de convênios de prestação de serviços de assistência à saúde firmados entre a Geap - Fundação de Seguridade Social e vários órgãos e entidades da Administração Pública. Na espécie, a Corte de Contas reputara regulares apenas os convênios celebrados com os entes patrocinadores da entidade (os Ministérios da Saúde e da Previdência Social, a Empresa de Tecnologia e Informação da Previdência Social - Dataprev e o Instituto Nacional do Seguro Social - INSS), concluindo ser obrigatória a licitação para a celebração de quaisquer outras avenças com os demais entes da Administração Pública que não os órgãos legítimos detentores da condição de patrocinadores, observado, assim, o disposto no art. 1º, I e II, do Decreto 4.978/2004, alterado pelo Decreto 5.010/2004, e no art. 37, XXI, da CF — v. Informativos 563 e 573. Em voto-vista, o Min. Dias Toffoli acompanhou o Min. Ayres Britto, relator, para conceder, parcialmente, a segurança. Sublinhou que, como a própria natureza jurídica dos convênios preceituaria, aqueles que participam dessa espécie de avença seriam movidos por interesses confluentes. No ponto, assinalou que os servidores públicos, além do óbvio benefício de uma assistência à saúde complementar de qualidade, desejariam a prestação desta em condições econômicas compatíveis com seus vencimentos. E à União interessaria preservar a saúde daqueles, de modo a evitar inúmeras faltas ao trabalho, bem assim aposentadorias precoces por doenças incapacitantes, que onerariam, ainda mais, os cofres públicos. Anotou que a Geap não seria dotada de fins lucrativos. Ademais, não se destinaria a oferecer planos de saúde indiscriminadamente no mercado. O Ministro relator corroborou posicionamento no sentido de que o caso não seria de licitação, porquanto o convênio pressuporia a prestação de serviços mediante uma convergência de interesses. Os Ministros Gilmar Mendes e Marco Aurélio aderiram ao entendimento divergente e denegaram a ordem. Este último enfatizou que o TCU teria atuado a partir do arcabouço normativo, principalmente, o constitucional. Após, pediu vista o Min. Cezar Peluso, Presidente. MS 25855/DF, rel. Min. Ayres Britto, 24.11.2011. (MS-25855) MS 25866/DF, rel. Min. Ayres Britto, 24.11.2011. (MS-25866) MS 25891/DF, rel. Min. Ayres Britto, 24.11.2011. (MS-25891) MS 25901/DF, rel. Min. Ayres Britto, 24.11.2011. (MS-25901) MS 25919/DF, rel. Min. Ayres Britto, 24.11.2011. (MS-25919) MS 25922/DF, rel. Min. Ayres Britto, 24.11.2011. (MS-25922) MS 25928/DF, rel. Min. Ayres Britto, 24.11.2011. (MS-25928) MS 25934/DF, rel. Min. Ayres Britto, 24.11.2011. (MS-25934) MS 25942/DF, rel. Min. Ayres Britto, 24.11.2011. (MS-25942) (Inform. STF 649)

RECLAMAÇÃO: INCONSTITUCIONALIDADE DO ART. 71, § 1º, DA LEI 8.666/93 E OFENSA À SÚMULA VINCULANTE 10 □ 1

O Tribunal iniciou julgamento de agravo regimental interposto contra decisão que negara seguimento à reclamação, ajuizada contra acórdão da 8ª Turma do Tribunal Superior do Trabalho - TST, ao fundamento de ausência de identidade ou similitude do objeto entre o ato impugnado e a Súmula Vinculante 10 ["*Viola a cláusula de reserva de plenário (CF, artigo 97) a decisão de órgão fracionário de tribunal que, embora não declare expressamente a inconstitucionalidade de lei ou ato normativo do poder público, afasta sua incidência, no todo ou em parte.*"]. Aponta o reclamante desrespeito ao citado verbete, na medida em que o Tribunal *a quo* teria afastado a aplicabilidade do § 1º do art. 71 da Lei 8.666/93, invocando o Enunciado 331, IV, do TST, para reconhecer a responsabilidade subsidiária da sociedade de economia mista por débitos trabalhistas. O Min. Eros Grau, relator, negou provimento ao recurso na linha do voto proferido pelo Min. Ricardo Lewandowski na Rcl 7517 AgR/DF (v. Informativo 563), no qual se afirmara que a Súmula 331, IV, do TST, utilizada como fundamento da decisão reclamada, teria resultado do julgamento, por votação unânime do pleno daquele tribunal, do Incidente de Uniformização de Jurisprudência TST-IUJ-RR-297751/96, em sessão de 11.9.2000, e que seria possível verificar da leitura do acórdão desse incidente, que a questão da constitucionalidade do art. 71, § 1º, da Lei das Licitações teria sido enfrentada por aquela Corte ["*TST Enunciado nº 331 ... IV - O inadimplemento das obrigações trabalhistas, por parte do empregador, implica a responsabilidade subsidiária do tomador dos serviços, quanto àquelas obrigações, inclusive quanto aos órgãos da administração direta, das autarquias, das fundações públicas, das empresas públicas e das sociedades de economia mista, desde que hajam participado da relação processual e constem também do título executivo judicial (art. 71 da Lei nº 8.666, de 21.06.1993).*"]. Após, pediu vista dos autos a Min. Ellen Gracie. **Rcl 8150 AgR/SP, rel. Min. Eros Grau, 6.5.2010.** (RCL-8150)

RECLAMAÇÃO: INCONSTITUCIONALIDADE DO ART. 71, § 1º, DA LEI 8.666/93 E OFENSA À SÚMULA VINCULANTE 10 - 2

O Plenário retomou julgamento de dois agravos regimentais interpostos contra decisões que negaram seguimento a reclamações, ajuizadas contra acórdãos do Tribunal Superior do Trabalho - TST, nas quais se aponta ofensa à Súmula Vinculante 10 ["*Viola a cláusula de reserva de plenário (CF, artigo 97) a decisão de órgão fracionário de tribunal que,* embora não declare *expressamente a inconstitucionalidade de lei ou ato normativo do poder público, afasta sua incidência, no todo ou em parte.*"]. Sustenta-se que o Tribunal *a quo*, ao invocar o Enunciado 331, IV, do TST, teria afastado a aplicação do art. 71, § 1º, da Lei 8.666/93, sem a devida pronúncia de inconstitucionalidade declarada pelo voto da maioria absoluta dos membros da Corte ["*TST Enunciado nº 331 ... IV - O inadimplemento das obrigações trabalhistas, por parte do empregador, implica a responsabilidade subsidiária do tomador dos serviços, quanto àquelas obrigações, inclusive quanto aos órgãos da administração direta, das autarquias, das fundações públicas, das empresas públicas e das sociedades de economia mista, desde que hajam participado da relação processual e constem também do título executivo judicial (art. 71 da Lei nº 8.666, de 21.06.1993).*"] — v. Informativos 563 e 585. A Min. Ellen Gracie, em voto-vista, abriu divergência, deu provimento aos recursos e julgou procedentes as reclamações para determinar o retorno dos autos ao TST, a fim de que proceda a novo julgamento, nos temos do art. 97 da CF, manifestando-se, incidentalmente, quanto à eventual inconstitucionalidade do art. 71, § 1º, da Lei 8.666/93. **Rcl 7517 AgR/DF, rel. Min. Ricardo Lewandowski, 11.11.2010. (Rcl-7517) Rcl 8150 AgR/SP, rel. Min. Eros Grau, 11.11.2010.**(Rcl-8150)

RECLAMAÇÃO: INCONSTITUCIONALIDADE DO ART. 71, § 1º, DA LEI 8.666/93 E OFENSA À SÚMULA VINCULANTE 10 - 3

Salientou não ter havido no julgamento do Incidente de Uniformização de Jurisprudência que dera origem ao Enunciado 331, IV, do TST a declaração da inconstitucionalidade do art. 71, § 1º, da Lei 8.666/93, mas apenas a atribuição de certa interpretação ao citado dispositivo legal. Explicou que o Plenário do TST, ao julgar um incidente de uniformização, visa dirimir uma divergência jurisprudencial existente entre seus órgãos fracionários ou consolidar o entendimento por eles adotado, e não declarar a inconstitucionalidade de lei ou ato do Poder Público, finalidade esta de uma argüição de inconstitucionalidade, conforme disposto nos artigos 244 a 249 do Regimento Interno daquela Corte. Asseverou ser necessário, para que a cláusula da reserva de plenário seja devidamente observada, a reunião dos membros do tribunal com a finalidade específica de julgar a inconstitucionalidade de um determinado ato normativo, decisão que, por sua gravidade, não poderia ocorrer em um mero incidente de uniformização de jurisprudência. Ressaltou que, no caso, nem *mesmo ter-se-ia declarado incidentalmente a inconstitucionalidade do art. 71, § 1º, da Lei 8.666/93. Observou que as disposições constantes do art. 71, § 1º, da Lei 8.666/93 e do inciso IV do Verbete 331 do TST seriam diametralmente opostas e que o TST aplicara sua interpretação consagrada neste enunciado, o que esvaziara, desse modo, a força normativa daquele dispositivo legal. Concluiu que o TST, ao entender que a decisão recorrida estaria em consonância com a Súmula 331 do TST, negara implicitamente vigência ao art. 71, § 1º, da Lei 8.666/93, sem que seu Plenário houvesse declarado a sua inconstitucionalidade. Após o voto do Min. Marco Aurélio, que acompanhava a divergência, pediu vista dos autos o Min.* **Dias Toffoli. Rcl 7517 AgR/DF, rel. Min. Ricardo Lewandowski, 11.11.2010. (Rcl-7517) Rcl 8150 AgR/SP, rel. Min. Eros Grau, 11.11.2010.***(Rcl-8150)*

RECLAMAÇÃO: INCONSTITUCIONALIDADE DO ART. 71, § 1º, DA LEI 8.666/93 E OFENSA À SÚMULA VINCULANTE 10 - 4

Ao se reportar ao julgamento acima relatado, o Plenário, em conclusão, proveu dois agravos regimentais interpostos contra decisões que negaram seguimento a reclamações, ajuizadas contra acórdãos do TST, nas quais se apontava ofensa à Súmula Vinculante 10 ["*Viola a cláusula de reserva de plenário (CF, artigo 97) a decisão de órgão fracionário de tribunal que, embora não declare expressamente a inconstitucionalidade de lei ou ato normativo do poder público, afasta sua incidência, no todo ou em parte.*"]. Sustentava-se que o Tribunal *a quo*, ao invocar o Enunciado 331, IV, do TST, teria afastado a aplicação do art. 71, § 1º, da Lei 8.666/93, sem a devida pronúncia de inconstitucionalidade declarada pelo voto da maioria absoluta dos membros da Corte ["*TST Enunciado nº 331 ... IV - O inadimplemento das obrigações trabalhistas, por parte do empregador, implica a responsabilidade subsidiária do tomador dos serviços, quanto àquelas obrigações, inclusive quanto aos órgãos da administração direta, das autarquias, das fundações públicas, das empresas públicas e das sociedades de economia mista, desde que hajam participado da relação processual e constem também do título executivo judicial (art. 71 da Lei nº 8.666, de 21.06.1993).*"] — v. Informativos 563, 585 e 608. Julgaram-se procedentes as reclamações para determinar o retorno dos autos ao TST, a fim de que proceda a novo julgamento, manifestando-se, nos termos do art. 97 da CF, à luz da constitucionalidade do art. 71, § 1º, da Lei 8.666/93, ora declarada. Concluiu-se que o TST, ao entender que a decisão recorrida estaria em consonância com a citada Súmula 331, negara implicitamente vigência ao art. 71, § 1º, da Lei 8.666/93, sem que o seu Plenário houvesse declarado a inconstitucionalidade. O Min. Ricardo Lewandowski, relator da Rcl 7517/DF reajustou o voto proferido anteriormente. Vencido o Min. Eros Grau, relator da Rcl 8150/SP, que negava provimento ao recurso. **Rcl 7517 AgR/DF, rel. Min. Ricardo Lewandowski, 24.11.2010. (Rcl-7517) Rcl 8150 AgR/SP, rel. orig. Min. Eros Grau, red. p/ o acórdão Min. Ellen Gracie, 24.11.2010.** (Rcl-8150) (Inform. STF 610)

ADC E ART. 71, § 1º, DA LEI 8.666/93 - 1

O Tribunal iniciou julgamento de ação declaratória de constitucionalidade movida pelo Governador do Distrito Federal, em que se objetiva a declaração de que o art. 71, § 1º, da Lei 8.666/93 é válido segundo a CF/88 (Lei 8.666/93: "*Art. 71. O contratado é responsável pelos encargos trabalhistas, previdenciários, fiscais e comerciais resultantes da execução do contrato. § 1o A inadimplência do contratado, com referência aos encargos trabalhistas, fiscais e comerciais não transfere à Administração Pública a responsabilidade por seu pagamento, nem poderá onerar o objeto do contrato ou restringir a regularização e o uso das obras e edificações, inclusive perante o Registro de Imóveis.*"). O Min. Cezar Peluso, relator, julgou o autor carecedor da ação, por falta de interesse objetivo de agir, e indeferiu a petição inicial, levando em conta não ter sido demonstrada a existência de controvérsia judicial relevante sobre a legitimidade constitucional da norma, nos termos do art. 14, III, da Lei 9.868/99. No ponto, ressaltou que o autor limitou-se a juntar cópias de 3 decisões de Tribunais Regionais do Trabalho que não versaram questão de inconstitucionalidade do art. 71, § 1º, da Lei 8.666/93, em se tendo adstrito a afastar a orientação do TST, firmada no item IV do seu Enunciado 331 ["*O inadimplemento das obrigações trabalhistas, por parte do empregador, implica a responsabilidade subsidiária do tomador dos serviços, quanto àquelas obrigações, inclusive quanto aos órgãos da administração direta, das autarquias, das fundações públicas, das empresas públicas e das sociedades de economia mista, desde que hajam participado da relação processual e constem também do título executivo judicial (art. 71 da Lei nº 8.666, de 21.06.1993).*"]. **ADC 16/DF, rel. Min. Cezar Peluso, 10.9.2008.** (ADC-16)

ADC E ART. 71, § 1º, DA LEI 8.666/93 - 2

Em divergência, o Min. Marco Aurélio admitiu a ação, por reputar demonstrado o aludido requisito. Ressaltou, de início, 3 aspectos, no sentido de: 1) dever-se encarar de forma relativa o que contido na Lei 9.868/99, no que exige a demonstração inequívoca de controvérsia judicial, pois a ADC é "irmã gêmea" da ADI; 2) atentar-se para a multiplicação de conflitos de interesses envolvendo a matéria, os quais, tendo em conta em si a interpretação da CLT, não chegam, na maioria das vezes, ao STF; 3) ter-se, na espécie, uma declaração branca de inconstitucionalidade da Lei 8.666/93. Realçou o afastamento de preceito legal por verbete de súmula do TST, a mercê de uma interpretação toda própria, ampliativa, da solidariedade prevista no § 2º do art. 2º da CLT. Em seguida, após registrar que várias entidades da federação articularam como terceiros no processo, considerou não ser possível ser tão ortodoxo nessa matéria, sob pena de se perpetuar, haja vista a inadmissibilidade da ADI contra o verbete do TST, essa extravagante situação, em que se tem, pelo menos, um conflito aparente entre a CLT e a Lei de Licitações. Aduziu, por fim, que se a jurisprudência fosse pacífica no sentido da responsabilidade, não teria o TST editado o verbete, e asseverou que, quando da edição deste, implicitamente se projetou, para o campo da inconstitucionalidade, o que disposto no art. 71, § 1º, da Lei 8.666/93. Após, pediu vista dos autos o Min. Menezes Direito. **ADC 16/DF, rel. Min. Cezar Peluso, 10.9.2008.** (ADC-16)

ADC E ART. 71, § 1º, DA LEI 8.666/93 - 3

Em conclusão, o Plenário, por maioria, julgou procedente pedido formulado em ação declaratória de constitucionalidade movida pelo Governador do Distrito Federal, para declarar a constitucionalidade do art. 71, § 1º, da Lei 8.666/93 ("*Art. 71. O contratado é responsável pelos encargos trabalhistas, previdenciários, fiscais e comerciais resultantes da execução do contrato. § 1º A inadimplência do contratado, com referência aos encargos trabalhistas, fiscais e comerciais não transfere à Administração Pública a responsabilidade por seu pagamento, nem poderá onerar o objeto do contrato ou restringir a regularização e o uso das obras e edificações, inclusive perante o Registro de Imóveis.*") — v. Informativo 519. Preliminarmente, conheceu-se da ação por se reputar devidamente demonstrado o requisito de existência de controvérsia jurisprudencial acerca da constitucionalidade, ou não, do citado dispositivo, razão pela qual seria necessário o pronunciamento do Supremo acerca do assunto. A Min. Cármen Lúcia, em seu voto, salientou que, em princípio, na petição inicial, as referências aos julgados poderiam até ter sido feitas de forma muito breve, precária. Entretanto, considerou que o Enunciado 331 do TST ensejara não apenas nos Tribunais Regionais do Trabalho, mas também no Supremo, enorme controvérsia exatamente tendo-se como base a eventual inconstitucionalidade do referido preceito. Registrou que os Tribunais Regionais do Trabalho, com o advento daquele verbete, passaram a considerar que haveria a inconstitucionalidade do § 1º do art. 71 da Lei 8.666/93. Referiu-se, também, a diversas reclamações ajuizadas no STF, e disse, que apesar de elas tratarem desse Enunciado, o ponto nuclear seria a questão da constitucionalidade dessa norma. O Min. Cezar Peluso superou a preliminar, ressalvando seu ponto de vista quanto ao não conhecimento. **ADC 16/DF, rel. Min. Cezar Peluso, 24.11.2010.** (ADC-16)

ADC E ART. 71, § 1º, DA LEI 8.666/93 - 4

Quanto ao mérito, entendeu-se que a mera inadimplência do contratado não poderia transferir à Administração Pública a responsabilidade pelo pagamento dos encargos, mas reconheceu-se que isso não significaria que eventual omissão da Administração Pública, na obrigação de fiscalizar as obrigações do contratado, não viesse a gerar essa responsabilidade. Registrou-se que, entretanto, a tendência da Justiça do Trabalho não seria de analisar a omissão, mas aplicar, irrestritamente, o Enunciado 331 do TST. O Min. Marco Aurélio, ao mencionar os precedentes do TST, observou que eles estariam fundamentados tanto no § 6º do art. 37 da CF quanto no § 2º do art. 2º da CLT ("*§ 2º - Sempre que uma ou mais empresas, tendo, embora, cada uma delas, personalidade jurídica própria, estiverem sob a direção, controle ou administração de outra, constituindo grupo industrial, comercial ou de qualquer outra atividade econômica, serão, para os efeitos da relação de emprego, solidariamente responsáveis a empresa principal e cada uma das subordinadas.*"). Afirmou que o primeiro não encerraria a obrigação solidária do Poder Público quando recruta mão-de-obra, mediante prestadores de serviços, considerado o inadimplemento da prestadora de serviços. Enfatizou que se teria partido, considerado o verbete 331, para a responsabilidade objetiva do Poder Público, presente esse preceito que não versaria essa responsabilidade, porque não haveria ato do agente público causando prejuízo a terceiros que seriam os prestadores do serviço. No que tange ao segundo dispositivo, observou que a premissa da solidariedade nele prevista seria a direção, o controle, ou a administração da empresa, o que não se daria no caso, haja vista que o Poder Público não teria a direção, a administração, ou o controle da empresa prestadora de serviços. Concluiu que restaria, então, o parágrafo único do art. 71 da Lei 8.666/93, que, ao excluir a responsabilidade do Poder Público pela inadimplência do contratado, não estaria em confronto com a Constituição Federal. **ADC 16/DF, rel. Min. Cezar Peluso, 24.11.2010.** (ADC-16)

ADC E ART. 71, § 1º, DA LEI 8.666/93 - 5

Por sua vez, a Min. Cármen Lúcia consignou que o art. 37, § 6º, da CF trataria de responsabilidade objetiva extracontratual, não se aplicando o dispositivo à espécie. Explicou que uma coisa seria a responsabilidade contratual da Administração Pública e outra, a extracontratual ou patrimonial. Aduziu que o Estado responderia por atos lícitos, aqueles do contrato, ou por ilícitos, os danos praticados. Vencido, parcialmente, o Min. Ayres Britto, que dava pela inconstitucionalidade apenas no que respeita à terceirização de mão-de-obra. Ressaltava que a Constituição teria esgotado as formas de recrutamento de mão-de-obra permanente para a Administração Pública (concurso público, nomeação para cargo em comissão e contratação por prazo determinado para atender a necessidade temporária de excepcional interesse público), não tendo falado em terceirização. Salientou que esta significaria um recrutamento de mão-de-obra que serviria ao tomador do serviço, Administração Pública, e não à empresa contratada, terceirizada. Assentava que, em virtude de se aceitar a validade jurídica da terceirização, dever-se-ia, pelo menos, admitir a responsabilidade subsidiária da Administração Pública, beneficiária do serviço, ou seja, da mão-de-obra recrutada por interposta pessoa. **ADC 16/DF, rel. Min. Cezar Peluso, 24.11.2010.** (ADC-16) (Inform. STF 610)

ADI E EXIGÊNCIA EM LICITAÇÃO

O Tribunal deferiu medida cautelar em ação direta de inconstitucionalidade para suspender a eficácia do § 3º do art. 5º da Portaria 2.814/98, do Ministério da Saúde, que exige que, nas compras e licitações públicas de medicamentos, realizadas pelos serviços próprios, e conveniados pelo SUS, as empresas distribuidoras apresentem declaração do seu credenciamento como distribuidora junto à empresa detentora do registro dos produtos, bem como termo de responsabilidade emitido pela distribuidora, garantindo a entrega dos mesmos em prazo e quantidade estabelecidos na licitação. Preliminarmente, consignou-se que, em resposta à diligência determinada pela Corte, fora informado que o preceito impugnado continuaria em vigor. Em seguida, entendeu-se que as exigências constantes do dispositivo analisado, em princípio, limitariam a concorrência no certame, configurando verdadeiro aditamento da Lei de Licitações (Lei 8.666/93), em dissonância com o previsto no art. 37, XXI, da CF. **ADI 4105 MC/DF, rel. Min. Marco Aurélio, 17.3.2010.** (ADI-4105) (Inform. STF 579)

MANDADO DE SEGURANÇA: ANULAÇÃO DE HOMOLOGAÇÃO DE LICITAÇÃO E CONDIÇÕES DA AÇÃO - 1

A Turma iniciou julgamento de recurso ordinário em mandado de segurança no qual se impugna ato do Ministro de Estado das Comunicações, que declarara nula a homologação de licitação, excluíra a impetrante do certame e convocara a segunda interessada para assumir o objeto da concorrência. No caso, concluíra a autoridade apontada como coatora que o ingresso de novos sócios no quadro social da impetrante, após a habilitação, ocasionara transferência direta ou indireta da permissão, com ofensa ao Decreto 52.795/73. Sustenta a recorrente que os sócios não possuíam mais de 50% do capital, o que, em tese, descaracterizaria a transferência da permissão, bem como, à época da habilitação, seria impossível a apresentação da documentação dos sócios, visto que ingressaram na sociedade posteriormente, pelo que não se poderia alterar a pontuação da proposta apresentada. **RMS 28256/DF, rel. Min. Marco Aurélio, 2.2.2010.** (RMS-28256)

MANDADO DE SEGURANÇA: ANULAÇÃO DE HOMOLOGAÇÃO DE LICITAÇÃO E CONDIÇÕES DA AÇÃO - 2

O Min. Marco Aurélio, relator, inicialmente, suscitou preliminar referente à apreciação das condições da ação, consignando a possibilidade de seu exame até mesmo de ofício. Observou a circunstância de o ato do Ministro de Estado das Comunicações ter transbordado o campo dos interesses da impetrante, beneficiando outrem. Asseverou, destarte, a necessidade de serem citados como réus na ação proposta todos aqueles que, na via direta, possam ter alcançado interesse integrado ao respectivo patrimônio. Na espécie, frisou que deveriam participar da relação processual — como litisconsortes passivos necessários — as demais empresas envolvidas no certame. Aduziu que, se o recurso ordinário interposto vier a frutificar, a situação resultante do ato impugnado estaria afastada, deixando-se quem não fez parte da relação jurídica deter o benefício dele decorrente — daí a necessidade de se proceder à citação dos interessados. Concluiu ser hora de sanear o processo e isso se mostraria viável, porque se trataria de matéria passível de ser examinada de ofício no grau recursal ordinário, na medida em que o caso concreto versaria sobre as condições da ação, sobre o devido processo legal. Assim, proveu o recurso para declarar insubsistente o julgamento do mandado de segurança na origem, determinando que as empresas classificadas na licitação sejam citadas como litisconsortes passivas, prosseguindo-se na forma legal. Após, pediu vista dos autos o Min. Dias Toffoli. **RMS 28256/DF, rel. Min. Marco Aurélio, 2.2.2010.** (RMS-28256) (Inform. STF 573)

ADI E ADMINISTRAÇÃO DE QUADRAS RESIDENCIAIS

O Tribunal julgou procedente pedido formulado em ação direta ajuizada pelo Governador do Distrito Federal para declarar a inconstitucionalidade da Lei distrital 1.713/97, que faculta a administração das quadras residenciais do Plano Piloto, em Brasília, por prefeituras comunitárias ou associações de moradores. Entendeu-se que a lei hostilizada afronta o art. 32 da CF, que veda a divisão do Distrito Federal em Municípios, por promover uma subdivisão do território do Distrito Federal em entidades relativamente autônomas. Ressaltou-se que o art. 2º desse diploma legal viola o art. 37, XXI, da CF, já que possibilita a transferência, sem licitação, de serviços públicos, como o de limpeza e jardinagem das vias internas, áreas comuns, de coleta seletiva de lixo, de segurança complementar patrimonial e dos moradores, e de representação coletiva dos moradores perante órgãos e entidades públicas para a responsabilidade das prefeituras comunitárias, pessoas jurídicas de direito privado. Asseverou-se, também, que o art. 4º dessa lei permite a fixação de obstáculos que dificultem a entrada e saída de veículos nos limites externos das quadras ou conjuntos, o que estaria em desarmonia com a própria noção do domínio público. Frisou-se, ainda, que o tombamento é constituído por ato do Poder Executivo que, observada a legislação pertinente, estabelece o alcance da limitação ao direito de propriedade, ato emanado do Poder Legislativo não podendo alterar essas restrições. Dessa forma, afirmou-se que o ato do Poder Legislativo que efetiva o tombamento e, de igual modo, o que pretende alterar as condições de tombamento regularmente instituído pelo Poder Executivo, é inconstitucional, por agredir o princípio da harmonia entre os Poderes. Por fim, reputou-se inconstitucional o art. 6º da norma impugnada, que possibilita a criação e cobrança de taxas de manutenção e conservação pelas prefeituras comunitárias, já que a lei não poderia nem delegar a execução de determinados serviços públicos às prefeituras das quadras, nem permitir a instituição de taxas remuneratórias, em razão de essas prefeituras não possuírem capacidade tributária. **ADI 1706/DF, rel. Min. Eros Grau, 9.4.2008.** (ADI-1706) (Inform. STF 501)

ADI E LICITAÇÃO

O Tribunal julgou procedente pedido formulado em ação direta ajuizada pelo Procurador-Geral da República para declarar a inconstitucionalidade do § 4º do art. 111 da Constituição do Estado do Rio Grande do Norte, que dispõe que, na análise de licitações, para averiguação da proposta mais vantajosa, são considerados, entre outros itens, os valores relativos aos impostos pagos à Fazenda Pública estadual. Entendeu-se que o dispositivo impugnado faz distinção entre brasileiros, o que afronta o disposto no art. 19, III, da CF, que veda à União, aos Estados, ao DF e aos Municípios criar distinções entre brasileiros ou preferências entre si. Considerou-se, também, na linha do julgamento acima relatado, que o preceito viola o princípio do isonomia, haja vista que assegura injustificada vantagem sobre os licitantes que não sejam contribuintes no Estado ou os que, sendo-o, recolham menos impostos do que o licitante que pague mais, salientando que a ponderação ou consideração dos valores atinentes aos impostos pagos pelo licitante também não surge da natureza das coisas, nem é concretamente compreensível. ADI 3070/RN, rel. Min. Eros Grau, 29.11.2007. (ADI-3070) (Inform. STF 490)

LICITAÇÃO. PREVISÃO DE RECURSOS ORÇAMENTÁRIOS.

A Lei de Licitações exige, para a realização de licitação, a existência de previsão de recursos orçamentários que assegurem o pagamento das obrigações decorrentes de obras ou serviços a serem executados no exercício financeiro em curso, de acordo com o respectivo cronograma, ou seja, a lei não exige a disponibilidade financeira (fato de a Administração ter o recurso antes do início da licitação), mas, tão somente, que haja previsão desses recursos na lei orçamentária. **REsp 1.141.021-SP, Rel. Min. Mauro Campbell Marques, julgado em 21/8/2012.(Inform. STJ 502)**

LICITAÇÃO. EXIGÊNCIA. EDITAL. SANEAMENTO POSTERIOR.

Trata-se, na origem, de ação civil pública (ACP) ajuizada pelo *Parquet* que objetivava, entre outros temas, a decretação de nulidade de contrato de concessão de serviços públicos precedido de obra pública para a administração de cemitérios, tendo em vista a inobservância do capital social mínimo exigido no edital de licitação, que posteriormente foi sanada. A Turma negou provimento ao recurso, por entender que, entre anular o contrato firmado para a prestação de obras e serviços – como a recuperação e modernização das instalações físicas, construção de ossuários, cinzários, crematório e adoção de medidas administrativas e operacionais – para a ampliação da vida útil de seis cemitérios, ou admitir o saneamento de uma irregularidade contratual para possibilitar a continuidade dos referidos serviços, no caso em tela, essenciais à população, deve prevalecer a última opção, pois ela é a que mais se harmoniza com o interesse público. Ressalte-se que a eventual paralisação na execução do referido contrato e a consequente descontinuidade dos serviços prestados pela empresa licitante constituiriam afronta ao princípio da continuidade dos serviços públicos essenciais, tendo em vista a impossibilidade de o ente público assumir, de forma direta, a prestação das mencionadas atividades em razão da desmobilização da infraestrutura estatal, após a conclusão do procedimento licitatório. Assim, reiterou-se o entendimento perfilhado pelo tribunal *a quo* de que é possível a correção posterior de uma exigência prevista no edital de licitação (capital social mínimo de empresa) para preservar o bem comum dos administrados. **REsp 950.489-DF, Rel. Min. Luiz Fux, julgado em 3/2/2011.** (Inform. STJ 461)

LICITAÇÃO. REGISTRO. CRN. RESP. PRECLUSÃO.

Diante do disposto no art. 3º, § 1º, I, da Lei n. 8.666/1993, torna-se demasia exigir que a sociedade empresária participante da licitação para fornecimento de merenda escolar obtenha visto do conselho regional de nutrição (CRN) do local do certame na certidão comprobatória de seu registro expedida pelo conselho do local onde situada sua sede (confirmação de registro). Essa exigência restringe a competitividade do certame e acaba por estabelecer preferências ou distinções em função da localização da sede ou domicílio dos licitantes, o que é vedado pelo referido artigo. Anote-se que exigência desse quilate somente pode dar-se quando da contratação, e não da qualificação técnica do licitante, como no caso. Vê-se, por último, que não há preclusão consumativa (Súm. n. 418-STJ) quando o recurso especial interposto na pendência dos embargos de declaração, em vez de ratificado após o julgamento dos aclaratórios, cede lugar a novo especial por força de desistência. Precedentes citados do STJ: MS 5.779-DF, DJ 26/10/1998; do TCU: Decisão 1.224/2002, DOU 27/9/2002; do TRF da 2ª Região: MS 94.02.07699-9-RJ, DJ 6/12/1994. **REsp 1.155.781-ES, Rel. Min. Eliana Calmon, julgado em 1º/6/2010.** (Inform. STJ 437)

OPERAÇÃO. TV A CABO. LICITAÇÃO.

In casu, a recorrida exerce atividade em município acidentado topograficamente, retransmitindo sinais de TV aberta em áreas acidentadas, consideradas "zonas de sombra", porque mal cobertas pela frequência das redes abertas. Busca, nos autos, o reconhecimento de seu exercício regular na atividade de antenista, de acordo com a Port. n. 250/1989 do Ministério das Comunicações e, assim, assegurar a operação em TV a cabo regulamentada pela Lei n. 8.977/1995. Nas instâncias ordinárias, o juiz julgou improcedente o pedido da recorrente, por entender que sua atividade é clandestina, mas o TRF proveu em parte sua apelação, para lhe garantir o direito de continuar executando o serviço de DISTV em comunidade fechada (condomínios verticais e horizontais, centro de comércio, hotéis, restaurantes, prédios, hospitais, escolas ou assemelhados), nos limites da portaria citada, mas asseverou a impossibilidade de operar sinais para comunidades abertas (conjunto de usuários em áreas de irrestrito acesso público). A pretendida transformação da DISTV em serviço de TV a cabo foi afastada, pois essa prerrogativa é das empresas autorizadas que prestam serviço em comunidade aberta. No REsp, a discussão consiste no enquadramento da atividade exercida pela recorrida que, para a agência reguladora recorrente, é clandestina. Para o Min. Relator, a recorrente tem razão quando afirma que, de acordo com o art. 5º, V, da Lei n. 8.977/1995, considera-se a recorrida como operadora de TV a cabo, mas a execução de TV a cabo depende de concessão do Poder Público (arts. 11, 12 e 13 da citada lei). Assim, concluiu-se ser necessário procedimento licitatório para garantia da concessão do Poder Público. O próprio tribunal *a quo* reconheceu que a recorrida não preenche os requisitos para operar o serviço de TV a cabo sem a devida sujeição a esse procedimento de licitação e, ainda, há a demonstração de que a recorrida não participou de certame promovido pela agência reguladora. Dessa forma, a Turma deu provimento ao recurso. **REsp 1.014.252-RJ, Rel. Min. Herman Benjamin, julgado em 13/4/2010.** (Inform. STJ 430)

AR. VÍCIOS. LICITAÇÃO.

A Turma negou provimento ao recurso, entendendo que, ao procurador-geral estadual, ainda que com autorização de governador, não compete contratar diretamente serviços de advogado com a fixação de honorários para patrocínio de ação do ente estatal contra a União e a Funai. No caso, não basta o simples "de acordo" aposto pelo governador em correspondência em que foi solicitada autorização expressa para que o procurador-geral pudesse tomar as medidas judiciais necessárias em defesa de interesses do Estado motivadas por ocupação de terras estaduais de reservas indígenas. O acórdão *ad quem,* ao considerar o signatário competente para firmar contratos sem licitação com advogado para ações dessa natureza, ainda que levando em conta a notória especialização do réu, feriu dispositivo literal de lei (art. 5º da Lei estadual n. 4.280/1980), ensejando a rescisão (art. 485, V, do CPC). Ademais, todo o procedimento de contratação deu-se sem nenhuma motivação e publicidade, requisitos de eficácia de qualquer ato administrativo (art. 24 do então vigente DL n. 2.300/1986). Outrossim, no âmbito de ação rescisória, não há empecilho quanto à constatação de violação de normas estaduais, conforme evidenciam os fatos e os fundamentos do julgado. **REsp 703.656-MT, Rel. Min. Teori Albino Zavascki, julgado em 9/3/2010.** (Inform. STJ 426)

LICITAÇÃO. SERVIÇOS GERAIS. COOPERATIVAS.

Trata-se de mandado de segurança impetrado por cooperativa objetivando o reconhecimento da ilegalidade de cláusula de edital proibitiva de participação das cooperativas em licitação promovida pela recorrente, a CEF, para contratação de empresa de prestação de serviços gerais. Segundo a então autora, tal restrição era ilegal e abusiva por romper com a autonomia do cooperativismo e com a livre concorrência. Mas a Min. Relatora entendeu assistir razão à recorrente, destacando ser notório que tanto a legislação previdenciária quanto a trabalhista são implacáveis com os tomadores de serviços, atribuindo-lhes o caráter de responsáveis solidários pelo pagamento de salários e de tributos não recolhidos pela empresa prestadora dos serviços. A exigência do edital é razoável, pois preserva o interesse público tanto sob o aspecto primário quanto secundário. Também há acordos celebrados perante a Justiça do Trabalho pelos quais tanto a CEF quanto a União comprometeram-se a não contratar cooperativas para a prestação de serviços que impliquem existência de subordinação, como é o caso dos serviços gerais objeto da licitação, sob pena de multa diária. Há também orientação firmada pelo TCU, com caráter vinculante para a Administração Pública, vedando a participação de cooperativas em licitações que tenham por objeto a prestação de serviços em que se fazem presentes os elementos da relação de emprego. Concluiu a Min. Relatora que não há qualquer ilegalidade na vedação a que as cooperativas participem de licitação cujo objeto é a prestação de serviços gerais, visto que evidente a razoabilidade da medida como forma de garantir à Administração selecionar a melhor proposta sob todos os aspectos, notadamente o da prevenção à futura responsabilização pelo pagamento de débitos trabalhistas e fiscais. Diante disso, a Turma conheceu em parte do recurso e, nessa parte, deu-lhe provimento. **Precedentes citados: AgRg no REsp 947.300-RS, DJe 16/12/2008, e AgRg na SS 1.516-RS, DJ 10/4/2006. REsp 1.141.763-RS, Rel. Min. Eliana Calmon, julgado em 23/2/2010.** (Inform. STJ 424)

DECLARAÇÃO. INIDONEIDADE. LICITAÇÃO.

Cuida-se da repercussão, nas diversas esferas de governo, da declaração de inidoneidade para contratar com a Administração Pública, prevista na Lei de Licitações, como sanção por descumprimento do contrato administrativo. Não se trata da sanção por ato de improbidade de agente público (art. 12 da Lei n. 8.429/1992), cujos efeitos a jurisprudência do STJ limita à esfera municipal. A definição do que seja Administração Pública para esse específico fim consta do art. 6º, XI, da Lei n. 8.666/1993. Vê-se, então, que o legislador conferiu-lhe grande abrangência, e a consequência lógica da amplitude do termo utilizado é que a inidoneidade vale perante qualquer órgão público do país. Assim, se uma sociedade empresária forneceu remédios adulterados a um município, declarada sua inidoneidade, não poderá fornecer medicamentos à União. Desponta o caráter genérico da referida sanção cujos efeitos irradiam por todas as esferas de governo. **Precedentes citados: EDcl no REsp 1.021.851-SP, DJe 6/8/2009; REsp 174.274-SP, DJ 22/11/2004, e REsp 151.567-RJ, DJ 14/4/2003. REsp 520.553-RJ, Rel. Min. Herman Benjamin, julgado em 3/11/2009.** (Inform. STJ 414)

NORMAS INCONSTITUCIONAIS INTERNAS. TCE.

A discussão é sobre a possibilidade e as consequências de descumprimento por chefe da polícia civil de normas internas do Tribunal de Contas estadual (TCE); no caso, deixou de enviar edital de determinada licitação para controle dele. O recorrente sustenta que as normas internas do TCE que determinavam o dever genérico de envio de editais de licitação à Corte de Contas foram consideradas inconstitucionais pelo governador do Estado, motivo pelo qual, na hipótese, não houve descumprimento do art. 113, § 2º, da Lei n. 8.666/1993, mas o cumprimento de determinação constante de parecer normativo apto a vincular toda a Administração Pública estadual. Aduz, ainda, que o mencionado artigo da lei estabelece a necessidade de que o TCE, caso pretenda controlar certa licitação, requeira especificamente ao órgão ou à entidade competentes o envio do edital respectivo. Para o Min. Relator, tratando-se de norma geral sobre licitações, tem-se competência privativa da União, razão pela qual as normas internas do TCE seriam inconstitucionais. Os chefes dos Poderes Executivos federal, estaduais, distrital e municipais, ao tomarem posse com o compromisso de guardar especial observância à Constituição (arts. 78 da CF/1988 e 139 da Constituição estadual), podem deixar de cumprir lei que entendam por inconstitucional, ainda que sem manifestação do Judiciário a respeito, decisão essa que vincula toda a Administração Pública a eles subordinada e importa na assunção dos riscos decorrentes de suas escolhas político-jurídicas. Dessa forma, mesmo sem adentrar a discussão da inconstitucionalidade das normas internas do TCE, em face dos arts. 113, § 2º, da Lei n. 8.666/1993 e 22, XXVII, da CF/1988, é de fácil visualização que a simples existência de orientação emanada do governador do Estado é suficiente para afastar a ilegalidade da conduta do recorrente. **RMS 24.675-RJ, Rel. Min. Mauro Campbell Marques, julgado em 13/10/2009.** (Inform. STJ 411)

LICITAÇÃO. ADMINISTRAÇÃO PENITENCIÁRIA. AUTORIZAÇÃO. PF.

Para que a licitante atenda ao objeto da licitação de serviços de administração penitenciária, envolvendo atividades de vigilância, é necessário que possua autorização da Polícia Federal. Mesmo que no edital do certame não conste a necessidade de comprovação de que a licitante possua autorização da Polícia Federal, tal fato não afasta a exigência, pois está prevista legalmente. Assim, pode a Administração oficiar à Superintendência da Polícia Federal para verificar a regularidade da empresa e, constatada a ausência da referida autorização, inabilitar a licitante por ausência de qualificação técnica. Logo, a Turma negou provimento ao recurso da licitante, ora recorrente. **RMS 27.922-BA, Rel. Min. Teori Albino Zavascki, julgado em 4/8/2009.** (Inform. STJ 401)

CONCESSÃO. LOTERIA. PRORROGAÇÃO. LICITAÇÃO.

A recorrente sustenta, no pertinente à alegada violação do disposto no art. 1º da Lei n. 8.987/1995, que, pelo fato de não estarem sujeitos à lei de licitação (Lei n. 8.666/1993), os contratos de concessão não estão submetidos à limitação de 60 meses imposta nessa legislação, já que esse prazo é para os contratos comuns. O TJ entendeu, com razão, que o termo aditivo firmado contraria dispositivos legais e constitucionais relativos à concessão de serviços públicos, na medida em que se realizou prorrogação do contrato pelo prazo de dez anos, sem realizar licitação. A prestação de serviços públicos pelo Estado pode ser exercida de maneira direta ou indireta, de modo que, nessa hipótese, haverá delegação da atividade por meio de concessão ou permissão, as quais estarão condicionadas à prévia licitação. Fixado determinado prazo de duração para o contrato e também disposto, no mesmo edital e contrato, que esse prazo só poderá ser prorrogado por igual período, não pode a Administração alterar essa regra e elastecer o pacto para além do inicialmente fixado, sem prévia abertura de novo procedimento licitatório, sob pena de violação não apenas das disposições contratuais estabelecidas, mas, sobretudo, de determinações impostas pela CF/1988 e por toda a legislação federal que rege a exploração dos serviços de loterias. Não há ofensa ao equilíbrio contratual econômico financeiro em razão dos investimentos realizados pela empresa recorrente, porquanto o ajuste de tal equilíbrio faz-se em caráter excepcional por meio dos preços pactuados e não pela ampliação do prazo contratual. A prorrogação indefinida do contrato é forma de subversão às determinações legais e constitucionais que versam sobre o regime de concessão e permissão para exploração de serviços públicos, o que não pode ser ratificado por este Superior Tribunal. Diante disso, a Turma negou provimento ao recurso. **REsp 912.402-GO, Rel. Min. Mauro Campbell Marques, julgado em 6/8/2009.** (Inform. STJ 401)

LICITAÇÃO. SUSPENSÃO. CONCORRÊNCIA.

A Corte Especial, após voto de desempate do Min. Nilson Naves, por maioria, negou provimento ao agravo regimental na suspensão de segurança. Trata-se de licitação para instalar cabos ópticos devido a projeto governamental estadual, em que o resultado da concorrência pública foi impugnado via mandado de segurança com liminar deferida pelo Tribunal *a quo*, ao entendimento de que a empresa vencedora não atendeu a exigência do edital de que deveria já ter prestado o mesmo serviço. De outro lado, havia o posicionamento que prevaleceu na comissão de licitação de que a documentação apresentada chegava a superar as exigências. O Min. Nilson Naves, por presidir o julgamento, desempatou a votação e acompanhou o Min. Relator no entendimento de que tudo ainda estava no âmbito das alegações e os prejuízos seriam maiores se não ficasse definido o prosseguimento da licitação. Ainda destacou, tal como o fez o Min. João Otávio de Noronha, que os contratos de empréstimos internacionais podem ser prorrogados. **AgRg na SS 1.940-CE, Rel. Min. Ari Pargendler, julgado em 20/5/2009.** (Inform. STJ 395)

LICITAÇÃO. ADMINISTRAÇÃO PÚBLICA. INIDONEIDADE.

Na espécie, duas são as questões essenciais a serem decididas (pela ordem de prejudicialidade): a legitimidade da aplicação da pena de inidoneidade contestada em face de ausência de justa causa e de vícios formais do processo administrativo e os efeitos decorrentes da aplicação dessa sanção, que não podem atingir os contratos em curso. Para o Min. Relator, ainda que reconhecida a ilegitimidade da utilização, em processo administrativo, de conversações telefônicas interceptadas para fins de instrução criminal (única finalidade autorizada pelo art. 5º, XII, da CF/1988), não há nulidade na sanção administrativa aplicada, já que fundada em outros elementos de prova colhidos em processo administrativo regular, com a participação da empresa interessada. Segundo precedentes da Seção, a declaração de inidoneidade só produz efeito para o futuro (efeito *ex nunc*), sem interferir nos contratos já existentes e em andamento. Com isso, afirma-se que o efeito da sanção inibe a empresa de licitar ou contratar com a Administração Pública (art. 87 da Lei n. 8.666/1993), sem, no entanto, acarretar, automaticamente, a rescisão de contratos administrativos já aperfeiçoados juridicamente e em curso de execução, notadamente os celebrados perante outros órgãos administrativos não vinculados à autoridade impetrada ou integrantes de outros entes da Federação (estados, Distrito Federal e municípios). Todavia, a ausência do efeito rescisório automático não compromete nem restringe a faculdade que têm as entidades da Administração Pública de, no âmbito da sua esfera autônoma de atuação, promover medidas administrativas específicas para rescindir os contratos nos casos autorizados, observadas as formalidades estabelecidas nos arts. 77 a 80 da mencionada lei. No caso, está reconhecido que o ato atacado não operou automaticamente a rescisão dos contratos em curso firmados pela impetrante. Diante disso, a Seção denegou o mandado de segurança. **MS 13.964-DF, Rel. Min. Teori Albino Zavascki, julgado em 13/5/2009.** (Inform. STJ 394)

CONTRATAÇÃO. ESCRITÓRIO ESPECIALIZADO. DISPENSA. LICITAÇÃO.

O Ministério Público estadual ajuizou ação civil pública contra escritório de advogados e prefeita de município, por meio da qual pretende apurar a prática de ato de improbidade administrativa consubstanciado na contratação irregular daquele estabelecimento para acompanhamento de feitos nos tribunais, sem a observância do procedimento licitatório. Porém, o Min. Relator esclareceu que, na hipótese, o Tribunal *a quo* deliberou sobre se tratar de escritório com notória especialização, o que levou à conclusão da possibilidade da dispensa de licitação e, quanto ao tema, para analisar a questão acerca da alegada inviabilidade de competição reconhecida pelo Tribunal *a quo*, faz-se necessário o reexame do conjunto probatório, vedado pela Súm. n. 7-STJ. Observou ainda o Min. Relator que o valor da contratação, cinco mil reais mensais durante doze meses, por si só, denota a boa-fé empregada na contratação, além de comprovar a inexistência de enriquecimento ilícito. Diante disso, a Turma negou provimento ao recurso. **REsp 1.103.280-MG, Rel. Min. Francisco Falcão, julgado em 16/4/2009.** (Inform. STJ 390)

IMÓVEL. PREFERÊNCIA. LICITAÇÃO. ANULAÇÃO.

A Turma negou provimento ao recurso da empresa de engenharia adquirente de imóvel com matrícula bloqueada por decisão judicial, em razão de cautelar ajuizada para anular o procedimento licitatório que deu direito de preferência a outros dois co-réus, dos quais a recorrente adquiriu o imóvel *sub judice*. Irresignada, impetrou MS, na qualidade de terceiro prejudicado, visto que entendia fazer jus ao pretendido direito líquido e certo da titularidade do imóvel, fundada tão-somente na condição de adquirente de boa-fé, malgrado afetada por decisão judicial de processo do qual não fez parte. Porém, carente de prova a impetração, pelo fato de que o referido procedimento licitatório no qual os co-réus alienantes do imóvel obtiveram o "direito de preferência" tem possibilidade de ter ferido o princípio da isonomia, razão pela qual é passível de anulação. **RMS 28.219-DF, Rel. Min. Francisco Falcão, julgado em 10/2/2009.** (Inform. STJ 383)

RMS. CONTRATO. LICITAÇÃO.

Trata-se de mandado de segurança impetrado por bancos, um privado e outro estadual (privatizado), em razão de ato atribuído a governador, qual seja, a edição de decreto que anulou a prorrogação de contrato entre o Estado-membro e o banco privado, transferindo as contas de depósito estaduais e contas-correntes dos servidores públicos para outro banco, após ter vencido o prazo de cinco anos previsto no edital licitatório que gerou o contrato administrativo entre o banco estadual privatizado e o banco privado. No mérito, a impetração busca a concessão da segurança para declarar a nulidade do aludido decreto. O Tribunal *a quo* denegou a segurança. Explica o Min. Relator que, na hipótese dos autos, o contrato com o banco privado não é de simples prestação de serviços continuados à Administração. Houve um contrato anterior mais abrangente de privatização pelo Estado-membro do controle acionário do banco estadual, e o termo aditivo não teve relação alguma com a privatização. Não representou uma simples prorrogação contratual de prazo, mas um contrato novo e autônomo, pois estabeleceu novas condições, não previstas no contrato original de privatização. Essas novas condições foram introduzidas mediante negociação superveniente à licitação, com o objetivo de manter, por cinco anos, a exclusividade de depósitos e movimentar valores financeiros estaduais (pagamentos de servidores, arrecadação de tributos e depósitos judiciais). Portanto, concluiu que o termo aditivo representou uma contratação sob condições financeiras inéditas, não enquadrável na exceção prevista no art. 57, II, da Lei n. 8.666/1993 e, por isso, nulo por violação das normas do processo licitatório. Com esses argumentos, a Turma negou provimento ao recurso dos bancos, após vários pedidos de vista. **RMS 24.118-PR, Rel. Min. Teori Albino Zavascki, julgado em 11/11/2008.** (Inform. STJ 376)

CERTIDÕES. LICITAÇÃO. REGULARIDADE FISCAL.

É cediço que a Lei n. 8.666/1993, nos arts. 27, IV, e 29, III, exige a regularidade fiscal para a habilitação das empresas para participar de licitações. Mas, no caso dos autos, o impetrante demonstrou que, no município do seu domicílio, as certidões têm validade de noventa dias, podendo ser revalidadas uma única vez antes da expiração do prazo, que o alvará de licença para estabelecimento e o comprovante de pagamento da taxa relativa ao ano de 1999 são os únicos documentos hábeis fornecidos para comprovar a regularidade fiscal, já que o tributo exigido pelo edital de licitação foi suprimido por meio de leis estaduais. Desse modo, é ilegítima a exigência de certidões comprobatórias de regularidade fiscal, quando elas não podem ser fornecidas pelo município de domicílio do licitante como determinado pelo edital. **REsp 974.854-MA, Rel. Min. Castro Meira, julgado em 6/5/2008.** (Inform. STJ 354)

PREGÃO. COMPETITIVIDADE.

Não há regra que determine o número mínimo de participantes ou o valor mínimo da proposta na licitação mediante pregão. Porém, na espécie, o fato de apenas duas sociedades terem participado do pregão ao apresentarem ofertas quase iguais ao valor máximo estimado como possível pela Administração pode indicar a falta de competitividade, a justificar a revogação do certame em respeito ao interesse público. Note-se que só há a necessidade de contraditório antes da revogação quando há disputa de direito subjetivo, não mera expectativa, como na hipótese. **RMS 23.402-PR, Rel. Min. Eliana Calmon, julgado em 18/3/2008.** (Inform. STJ 349)

CONCORRÊNCIA PÚBLICA. EDITAL. LICITAÇÃO. CONSULTA. CLÁUSULA.

Prosseguindo o julgamento, a Seção, por maioria, concedeu o *writ* a fim de que as impetrantes possam habilitar-se à fase subseqüente de procedimento licitatório, reconhecendo o direito líquido e certo das demandantes na participação do mesmo. Mormente por ter sido considerado nulo o despacho de ministro de Estado, publicado no diário oficial, homologando pareceres, em sede de recurso administrativo, contrariamente às regras contidas nos esclarecimentos prestados em complemento ao edital, o qual é de natureza vinculante, após comunicado a todos os interessados. Precedente citado: REsp 198.665-RJ, DJ 3/5/1999. **MS 13.005-DF, Rel. Min. Denise Arruda, julgado em 10/10/2007.** (Inform. STJ 335)

CONTRATAÇÃO TEMPORÁRIA. AFASTAMENTO. ATIVIDADE.

O fato de não constar, no edital que regulou o processo seletivo, a restrição de não ter participado de contratação temporária nos últimos 24 meses não impede a aplicação do art. 9º, III, da Lei n. 8.745/1993, que estabeleceu as normas pelas quais tais contratações podem ser realizadas. **MS 10.244-DF, Rel. Min. Maria Thereza de Assis Moura, julgado em 10/10/2007.** (Inform. STJ 335)

12. CONTRATOS ADMINISTRATIVOS

NULIDADE DE CONTRATO E OFENSA À CONSTITUIÇÃO - 1

A Turma iniciou julgamento de recurso extraordinário interposto por ex--Governador do Estado de São Paulo e pela Petrobrás contra acórdão do STJ que, reformando decisão que julgara improcedente o pedido formulado em ação popular, declarara a nulidade de "contrato de risco", firmado (em 1979) entre a referida sociedade de economia mista e outra empresa, para prospecção de petróleo, ante sua lesividade aos interesses da União e do respectivo Estado-membro. Na espécie, o primeiro recorrente alega ofensa aos seguintes dispositivos: a) art. 102, I, f, da CF/88 ou art. 119, I, d, da CF/67 (com a redação introduzida pela EC 1/69), por incompetência absoluta do STJ para apreciar litígio entre a União e o Estado; b) art.105, III, a e b, bem como art. 102 III, a e c, ambos da CF/88, por incompetência do STJ para resolver matéria constitucional sob reserva do STF; c) art. 153, § 31, da CF/67 e art. 5º, LXXIII, da CF/88, por impossibilidade de aplicação desta última ao caso concreto; d) art. 5º, LIV, LV, XXXV, XXXVI e XL, da CF/88. A Petrobrás, por sua vez, sustenta afronta aos artigos 5º, XXXVI, LIV e LV, e 105, III, ambos da CF/88, e aduz que os fundamentos constitucionais da decisão originária, já transitados em julgado, não poderiam ser modificados com o recurso especial. RE 479887/RJ, rel. Min. Carlos Britto, 3.4.2007. (RE-479887)

NULIDADE DE CONTRATO E OFENSA À CONSTITUIÇÃO - 2

O Min. Carlos Britto, relator, não conheceu do recurso extraordinário por entender que a Corte *a quo* solucionara a controvérsia sem amparo de nenhum comando direto da Constituição, no que foi acompanhado pelos Ministros Ricardo Lewandowski e Cármen Lúcia. Inicialmente, examinou a suposta violação ao art. 105, III, c/c o art. 102, III, ambos da CF/88, referida pelos dois recorrentes. Considerou que o tribunal de origem decidira a questão sem necessitar de fundamentos constitucionais, sendo apenas mencionados o art. 5º, LXXIII, da CF/88 e o art. 168, § 1º, da CF/67, os quais não teriam força de embasar o acórdão. Em conseqüência, afastou o argumento de transgressão ao art. 5º, XXXV, LIV e LV, da CF/88, invocado pela Petrobrás, uma vez que sua análise envolveria matéria infraconstitucional, o mesmo ocorrendo com os incisos XXXVI e XL, do mesmo artigo, acrescentados pelo ex-Governador. Por falta de prequestionamento, rejeitou, também, a alegação de incompetência do STJ para apreciar o litígio entre a União e o ente federativo. No ponto, salientou que a contenda existiria somente entre o autor popular e os réus por ele arrolados na ação. No tocante ao art. 153, § 31, da CF/67 e do art. 5º, LXXIII, da CF/88, aduziu que o STJ não embasara sua conclusão com apoio exclusivo no desrespeito ao princípio da moralidade administrativa (CF/88, art. 37) ou na interpretação do inciso LXXIII, da Constituição, mas sim no art. 2º da Lei de Ação Popular - LAP (Lei 4.717/65). RE 479887/RJ, rel. Min. Carlos Britto, 3.4.2007. (RE-479887)

NULIDADE DE CONTRATO E OFENSA À CONSTITUIÇÃO - 3

Concluiu que o STJ, ao assentar a violação ao aludido art. 2º da LAP, com a conseqüente nulidade da avença, que ocasionara "colossal prejuízo", movimentara-se no seu espaço de judicialização, qual seja, o de guardião da lei federal. Asseverou, ademais, que sempre que uma conduta estiver sob duplo modelo normativo, constitucional e legal-ordinário, o seu controle jurisdicional de validade iniciar-se-á pelo parâmetro da lei, que particulariza os comandos e é o substrato imediato de validade desse agir. Nesse sentido, assinalou que as leis ordinárias possuem duplo papel: proximidade com a Constituição — para detalhar seus imperativos ou tratar de espaços normativos por ela não ocupa-dos e nem remetidos para a lei complementar —, e com os sujeitos públicos e privados, para atuar enquanto primeiro referencial de validade das respectivas condutas. Assim, isso possibilitaria a formação da teoria sobre a dualidade temática da "ofensa direta/ofensa indireta à Constituição", ocorrendo esta quando a conduta reconhecida como inválida agride o texto constitucional depois de infringir a lei. Por fim, ressaltou, tendo em conta essa dicotomia "ofensa direta/indireta à Constituição" — condizente com o sistema constitucional de repartição de competências judicantes —, que as jurisdições do STJ e STF coexistem pelo fato de atuarem em diferentes espaços de judicialização: o primeiro, tomando como parâmetro de controle dos atos administrativos a lei federal e o outro, atuando no controle de constitucionalidade desses mesmos atos. Após, pediu vis-ta o Min. Marco Aurélio. RE 479887/RJ, rel. Min. Carlos Britto, 3.4.2007. (RE-479887)

NULIDADE DE CONTRATO E OFENSA À CONSTITUIÇÃO - 4

Em conclusão de julgamento, a Turma, por maioria, não conheceu de recurso extraordinário interposto por ex-Governador do Estado de São Paulo e pela Petrobrás contra acórdão do STJ que, reformando decisão que julgara improcedente o pedido formulado em ação popular, declarara a nulidade de "contrato de risco" firmado, em 1979, entre a referida sociedade de economia mista e outra empresa, para prospecção de petróleo, ante sua lesividade aos interesses da União e do respectivo Estado-membro. Na espécie, o primeiro recorrente alegava ofensa aos seguintes dispositivos: a) art. 102, I, f, da CF/88 ou art. 119, I, d, da CF/67 (com a redação introduzida pela EC 1/69), por incompetência absoluta do STJ para apreciar litígio entre a União e o Estado; b) art.105, III, a e b, bem como art. 102, III, a e c, ambos da CF/88, por incompetência do STJ para resolver matéria constitucional sob reserva do STF; c) art. 153, § 31, da CF/67 e art. 5º, LXXIII, da CF/88, por impossibilidade de aplicação desta última ao caso concreto; d) art. 5º, LIV, LV, XXXV, XXXVI e XL, da CF/88. A Petrobrás, por sua vez, sustentava afronta aos artigos 5º, XXXVI, LIV e LV, e 105, III, ambos da CF/88, e aduzia que os fundamentos constitucionais da decisão originária, já transitados em julgado, não poderiam ser modificados com o recurso especial — v. Informativo 462. RE 479887/RJ, rel. Min. Carlos Britto, 7.8.2007. (RE-479887)

NULIDADE DE CONTRATO E OFENSA À CONSTITUIÇÃO - 5

Entendeu-se, na espécie, que a Corte *a quo* solucionara a controvérsia sem amparo de nenhum comando direto da Constituição, afastando-se, assim, as ofensas sustentadas pelos recorrentes. Asseverou-se, no ponto, que os únicos dispositivos constitucionais citados pelo acórdão do TRF da 2ª Região foram o art. 5º, LXXIII, da CF/88, que cuida da ação popular, e o art. 168, § 1º, da CF/67, que tratava de autorização ou concessão federal a brasileiros para exploração e aproveitamento de recursos minerais, mas que nenhum deles serviria como fundamento de decidir. Vencido o Min. Marco Aurélio que, por considerar que estiveram em jogo, no TRF, o monopólio da União relativamente ao petróleo, de cunho nitidamente constitucional, e a abordagem do tratamento isonômico sob o ângulo do referido art. 168 da Carta anterior, conhecia e dava provimento ao recurso, para assentar que o recurso especial não tinha condição de ser conhecido e provido, tendo em conta a existência de duplo fundamento e da falta de protocolação do extraordinário. No tocante às razões do ex-Governador, aduziu, ainda, que o recurso não fora prequestionado quanto à alegação de violência ao art. 102, I, f, da CF/88, mas que o provia em relação à transgressão ao art. 153, § 31, da CF/67, e ao art. 5º, XXXV, XXXVI, XL, LIV, LV e LXXIII, da CF/88, ao fundamento de que a simples formalização do ajuste não equivaleria à lesividade aos cofres públicos, indispensável à adequação da ação popular. RE 479887/RJ, rel. Min. Carlos Britto,7.8.2007. (RE-479887) (Inform. STF 475)

ADI E RESTRIÇÃO A CONTRATO COM A ADMINISTRAÇÃO PÚBLICA

O Tribunal julgou procedente pedido formulado em ação direta proposta pelo Governador do Distrito Federal para declarar a inconstitucionalidade da Lei distrital 3.705/2005, que proíbe que firmem contrato com a Administração Pública Direta e Indireta do Distrito Federal as pessoas jurídicas de direito privado que discriminarem, na contratação de mão-de-obra, pessoas que estejam com o nome incluído nos serviços de proteção ao crédito (art. 1º), e estabelece providências a serem tomadas pela Delegacia Regional do Trabalho e por órgãos da Administração distrital a fim de apurar e reprimir essa discriminação (artigos 2º, 3º e 4º). Entendeu-se que o art. 1º da lei impugnada viola a competência privativa da União para legislar sobre normas gerais de licitação e contratação, em todas as modalidades, para as administrações públicas diretas, autárquicas e fundacionais de todos os entes da Federação (CF, art. 22, XXVII), bem como afronta o art. 37, XXI, da CF, de observância obrigatória pelos Estados-membros, que estabelece que a disciplina legal das licitações deve assegurar igualdade de condições de todos os concorrentes, o que é incompatível com a proibição de licitar em função de um critério — o da discriminação de pessoas que estejam inscritas em cadastros restritivos de crédito —, que não tem pertinência com a exigência de garantia do cumprimento do contrato objeto do concurso. Considerou-se, também, que os artigos 2º, 3º e 4º da referida lei dispõem sobre matéria referente a direito do trabalho e inspeção do trabalho, ambos da competência legislativa da União (CF, art. 21, XXIV e art. 22, I). ADI 3670/DF, rel. Min. Sepúlveda Pertence, 2.4.2007. (ADI-3670) (Inform. STF 462)

DIREITO ADMINISTRATIVO. CONTRATO ADMINISTRATIVO. RETENÇÃO DE PAGAMENTO. FORNECEDOR EM SITUAÇÃO IRREGULAR PERANTE O FISCO.

É ilegal reter o pagamento devido a fornecedor em situação de irregularidade perante o Fisco. A exigência de regularidade fiscal para a participação no procedimento licitatório funda-se no art. 195, § 3º, da CF e deve ser mantida durante toda a execução do contrato, consoante o art. 55 da Lei n. 8.666/1993. No entanto, o ato administrativo, no Estado democrático de direito, está subordinado ao princípio da legalidade (CF, arts. 5º, II, 37, *caput*, e 84, IV), o que equivale assentar que a Administração poderá atuar tão somente de acordo com o que a lei determina. Não constando do rol do art. 87 da Lei n. 8.666/1993, não pode ser aplicada a retenção do pagamento pelos serviços prestados. O descumprimento de cláusula contratual pode até ensejar, eventualmente, a rescisão do contrato (art. 78 da Lei de Licitações), mas não autoriza, ao mesmo tempo, suspender o pagamento das faturas e exigir a prestação dos serviços pela empresa contratada. Precedentes citados: REsp 633.432-MG, DJ 20/6/2005; AgRg no REsp 1.048.984-DF, DJe 10/9/2009; RMS 24.953-CE, DJe 17/3/2008. **AgRg no REsp 1.313.659-RR, Min. Mauro Campbell Marques, julgado em 23/10/2012.(Inform. STJ 507)**

INDENIZAÇÃO. LUCRO CESSANTE.

Trata-se de REsp oriundo de ação ajuizada pelos recorrentes em que postulavam a rescisão de contrato e a condenação da recorrida ao pagamento de indenização por lucros cessantes e danos emergentes. Entre outras alegações, sustentam que, a despeito de entender não haver qualquer dúvida de quem seja a culpa pela inexecução do contrato, senão da Administração Pública, o Tribunal *a quo*, ao não reconhecer o direito à indenização por lucros cessantes, violou o disposto nos arts. 69, I, § 2º, do DL n. 2.300/1986; 79, § 2º, da Lei n. 8.666/1993; 1.059 do CC/1916 e 402 do CC/2002. A Turma, ao prosseguir o julgamento, conheceu do recurso mas lhe negou provimento. O Min. Cesar Asfor Rocha, no voto vista ao qual aderiu o Min. Relator, consignou que, no caso, nem mesmo houve início da construção do empreendimento e da atividade empresarial relativa ao projeto aquático, o que torna remotos, incertos e apenas imagináveis os lucros cessantes pretendidos. Observou não ser sequer garantido o sucesso do parque, sendo impossível calcular o faturamento a ser obtido se aberto fosse. Com isso, frisou não se poder acolher o pedido recursal baseado em mera presunção de rentabilidade. Assim, entendeu não haver contrariedade aos dispositivos legais indicados pelos recorrentes. Precedente citado: REsp 846.455-MS, DJe 22/4/2009. **REsp 1.255.413-DF, Rel. Min. Mauro Campbell Marques, julgado em 8/11/2011.** (Inform. STJ 487)

CONTRATO ADMINISTRATIVO. RESCISÃO. PROCEDIMENTO PRÉVIO.

Trata-se originariamente de mandado de segurança (MS) impetrado pelo banco ora recorrido em que se manifesta contrariamente à rescisão do contrato estabelecido com o município ora recorrente sem a ocorrência de procedimento administrativo prévio. Tanto a sentença quanto o acórdão entenderam ser procedente o MS, imputando ilegal o ato de rescisão contratual realizado sem o referido procedimento. A discussão, portanto, diz respeito à obrigatoriedade de a rescisão contratual ser precedida de procedimento administrativo, o que, de fato, não ocorreu. A Turma, ao prosseguir o julgamento, por maioria, entendeu que a exigência de prévio procedimento administrativo, assegurado o amplo direito de defesa, é incompatível com a hipótese específica do inciso XII do art. 78 da Lei n. 8.666/1993, que admite a rescisão unilateral do contrato administrativo com base em razões de interesse público, de alta relevância e amplo conhecimento, justificadas e determinadas pela máxima autoridade da esfera administrativa a que está subordinado o contratante e exaradas no processo administrativo a que se refere o contrato. Assim, consignou-se que, no caso, o benefício financeiro apontado pela municipalidade poderia deixar de existir se a instituição financeira recorrente, por razão da demora na contratação, retirasse a sua proposta contratual. Portanto, coube ao administrador rapidamente avaliar as circunstâncias, o contrato anterior com o banco recorrido e a proposta da recorrente para decidir a respeito da nova contratação e da rescisão da anterior. Frisou-se não se tratar, na espécie, de ato meramente discricionário, mas de ato rescisório vinculado à sua motivação, indissociável do efetivo interesse público. Com isso, a revisão da decisão tomada pelo administrador, mesmo em relação à possível intervenção do Poder Judiciário, é muito restrita, atendo-se, a rigor, à existência de motivação e da presença dos respectivos fatos. Desse modo, a concessão de amplo direito de defesa ao contratado é inócua, já que também não pode impedir a rescisão diante do interesse público revelado pelo administrador. Por fim, observou-se ser o interesse do contratante protegido mediante a garantia legal de que fará jus à indenização dos danos decorrentes da rescisão contratual, conforme estabelece o art. 79, § 2º, da Lei n. 8.666/1993, não podendo a ausência de procedimento administrativo ou de prévia notificação acarretar o restabelecimento da relação contratual contrariamente ao interesse público. Dessarte, deu-se provimento aos recursos especiais para denegar a segurança, ressalvando-se a possibilidade de ser questionada a indenização dos danos decorrentes da rescisão contratual pelos meios próprios. **REsp 1.223.306-PR, Rel. originário Min. Mauro Campbell Marques, Rel. para o acórdão Min. Cesar Asfor Rocha, julgado em 8/11/2011.** (Inform. STJ 487)

PRESCRIÇÃO. CONTRATO ADMINISTRATIVO.

Nos contratos administrativos, a prescrição em favor do Estado deve ser contada a partir da data em que ele se torna inadimplente ao deixar de efetuar o pagamento no tempo pactuado, ocasionando a lesão do direito subjetivo da parte (teoria da *actio nata*). Na hipótese, execução de obras referentes à canalização de um arroio, essa prescrição deve ser contada da certidão de serviço expedida após a suspensão das obras por opção do município, pela qual ele reconheceu quantitativos e preços dos serviços realizados. Também não é caso de aplicação do art. 4º, parágrafo único, do Dec. n. 20.910/1932, só incidente na hipótese de o município manter-se inerte após o protocolo do requerimento de pagamento, o que não se verificou no caso dos autos. Precedentes citados: REsp 819.562-SP, DJe 10/9/2010, e REsp 444.825-PR, DJ 27/9/2004. **REsp 1.174.731-RS, Rel. Min. Mauro Campbell Marques, julgado em 12/4/2011.** (Inform. STJ 469)

CONTRATO ADMINISTRATIVO. RESCISÃO.

Na espécie, houve a rescisão de contrato por parte da Administração Pública de não prosseguir na construção de uma nova casa de detenção, em razão das rebeliões sangrentas que tomaram lugar no complexo prisional, sobretudo em função de sua localização em perímetro urbano. O contrato foi firmado na vigência do DL n. 2.300/1986 e sua rescisão ocorreu já na vigência da Lei n. 8.666/1993. Para o Min. Relator, como sustentado pela recorrente, embora as rebeliões sejam uma constante no sistema carcerário brasileiro, a extensão e os impactos daquelas ocorridas no presídio Carandiru extrapolaram qualquer perspectiva de previsão governamental, o que acarreta, sem dúvida, a caracterização da força maior ou caso fortuito. A imprevisibilidade, importante aos contratos administrativos, diz não apenas com a ocorrência de certo fato, mas também com os efeitos de certo fato (casos em que a ocorrência era previsível, mas a amplitude das consequências não). Destacou o Min. Relator que, tendo ocorrido os motivos que ensejaram a rescisão, bem como a própria rescisão, depois de 1993, aplica-se a Lei n. 8.666/1993. É que a rescisão legal dos contratos administrativos será sempre regida pela lei em vigor na data do acontecimento que a ensejou, e não na data em que o contrato foi firmado. Por se tratar de contratos administrativos, é evidente que o regime jurídico de suas vicissitudes (aditivos e rescisões, e. g.) será o da lei em vigor, e não o da lei anterior. É essa, pois, a extensão do art. 121 da Lei de Licitações e Contratos vigente: os requisitos de exigência, validade e eficácia serão os da lei anterior. Mas o regime das vicissitudes contratuais, como ocorre com a sistemática da rescisão, será o da lei nova, se os fatos remontarem à sua época. Mesmo que assim não fosse, o art. 69, § 2º, do DL n. 2.300/1986, quando trata das parcelas devidas ao particular na rescisão ocorrida por razões de interesse público, tem previsão idêntica ao art. 79, § 2º, da Lei n. 8.666/1993. Dessa forma, considerando os fatos que subjazem à hipótese, entende o Min. Relator que a não construção de uma nova casa de detenção deveu-se exclusivamente a fortes razões de interesse público, o que enseja a incidência do art. 69, § 2º, do DL n. 2.300/1986. Embora voltado inicialmente à Administração Pública Federal, centralizada e autárquica, esse decreto (art. 1º) incide nos contratos firmados por sociedade de economia mista estadual (como na espécie), na medida do que dispõem seus arts. 85 e 86. Diante disso, a Turma deu parcial provimento ao recurso para fazer incidir, no caso concreto, apenas o art. 79, § 2º, da Lei n. 8.666/1993 ou o art. 69, § 2º, do DL n. 2.300/1986, conforme se entender aplicável à espécie a Lei n. 8.666/1993 ou o DL n. 2.300/1986. **Precedentes citados: REsp 1.112.895-SP, DJ 2/12/2009, e REsp 202.430-SP, DJ 18/10/1999. REsp 710.078-SP, Rel. Min. Mauro Campbell Marques, julgado em 23/3/2010.** (Inform. STJ 428)

VÍDEO-LOTERIA. CONTRATO. RESCISÃO.
Buscava-se, no mandado de segurança (MS), que fosse mantido contrato administrativo referente à prestação de serviços de operacionalizar sistema de concursos de prognósticos (vídeo-loteria), ora rescindido unilateralmente pelo governo estadual. Aduz, para tanto, que a atividade em questão está prevista em legislação estadual e que a contratação foi precedida de regular procedimento licitatório. Nesse contexto, não há que se confundir o poder de a Administração agir de ofício, de iniciar procedimento independentemente da provocação das partes, com tomar decisões sem prévia oitiva dos interessados (*vide* Súmulas ns. 346 e 473 do STF). Assim, a revisão de contrato administrativo deve observar o devido processo legal, ao se conferir ao administrado o direito à ampla defesa e ao contraditório. Porém, o STF já editou sua Súmula Vinculante n. 2, a proclamar que é inconstitucional a legislação estadual ou distrital que trate de consórcios ou sorteios, inclusive bingos e loterias. Daí, mesmo que exista vício procedimental na rescisão do contrato administrativo, não há como conceder a segurança diante da impossibilidade de prosseguir contrato lastreado em legislação inconstitucional, tal como pleiteado. Ademais, como sabido, o MS não é substitutivo de ação de cobrança, o que afasta o pedido de reparação também formulado. **RMS 20.385-PR, Rel. Min. Castro Meira, julgado em 9/2/2010.** (Inform. STJ 422)

DECLARAÇÃO. INIDONEIDADE. EFEITO *EX NUNC*.
A declaração de inidoneidade só produz efeitos para o futuro (*ex nunc*). Ela não interfere nos contratos preexistentes e em andamento. Dessa forma, esse efeito da sanção inibe a sociedade empresarial de licitar ou contratar com a Administração Pública (art. 87 da Lei n. 8.666/1993), sem, contudo, acarretar, automaticamente, a rescisão de contratos administrativos já aperfeiçoados juridicamente e em curso de execução, notadamente os celebrados diante de órgãos administrativos não vinculados à autoridade coatora ou de outros entes da Federação. Contudo, a falta de efeito rescisório automático não inibe a Administração de promover medidas administrativas específicas tendentes a rescindir os contratos nos casos autorizados, observadas as formalidades contidas nos arts. de 77 a 80 da referida lei. **Precedente citado: MS 13.101-DF, DJe 9/12/2008. MS 14.002-DF, Rel. Min. Teori Albino Zavascki, julgado em 28/10/2009.** (Inform. STJ 413)

CONTRATO ADMINISTRATIVO. QUITAÇÃO.
Trata-se de ação de cobrança indenizatória por custos financeiros referentes a serviços prestados de 1975 a 1991 pela consultoria de grupo da construção civil ao setor elétrico público estatal, relativa a projetos de engenharia consultiva nas áreas de hidroeletricidade, com aproveitamento de recursos hídricos. Em 1993, as partes firmaram um contrato de reconhecimento, consolidação e pagamento de débitos e outras avenças, em que fixavam os valores devidos pela estatal no período anterior a 30/4/1990. Por sua vez, a consultoria deu quitação de todas as parcelas. Mas, em 1994, ela propôs a ação indenizatória, alegando que os pagamentos efetuados não contemplavam a real inflação e os índices de juros adequados, ou seja, teria havido pagamento a menor pela estatal. Anota-se que o juiz reconheceu que o contrato firmado em 1993 representou a transação e quitação irretratável dos débitos existentes à época e, com base nesses argumentos, julgou improcedente o pedido com análise de mérito, mas sem apreciar as demais questões. O Tribunal *a quo* reverteu a sentença e acabou por adentrar o fundo da questão para reconhecer o prejuízo da consultoria recorrida. Nesta sede, para a tese vencedora expressa no voto vista do Min. Herman Benjamin, toda a demanda gira em torno da existência da transação e quitação dos débitos. Dessa forma, embora o Tribunal *a quo* tenha determinado ao juiz outro pronunciamento porque superada a transação; ao retirar da demanda esse argumento da transação, por considerar que efetivamente houve o prejuízo da consultoria, na realidade, julgou o *an debeatur*, ou seja, ratificou indiretamente a condenação da estatal no que se refere ao dever de indenizar. Aponta ser impossível compreender qual teria sido o fundamento do acórdão recorrido diante da contradição e obscuridade apresentados pelo TJ. Pois, como primeiro fundamento, com base em cláusula contratual, expressamente admite a cobrança de outros débitos, mas, como segundo fundamento, admite que essa mesma cláusula contrariamente impede a cobrança por não haver débitos, para, depois, argumentar que deve ser desconsiderada pelo Judiciário essa cláusula devido à alegada hipossuficiência da contratada consultoria. Quanto à hipossuficiência da empresa, o julgado, no dizer do Min. Herman Benjamin, também peca pela obscuridade, e essas observações devem ser sanadas pelo TJ para possibilitar a impugnação pela parte sucumbente. Quanto à omissão, afirma que, qualquer que seja o fundamento adotado pelo TJ, os dispositivos legais suscitados nos embargos de declaração não apreciados na origem são essenciais para o deslinde da demanda, o que configura a violação do art. 535 do CPC. Diante do exposto, após o voto de desempate do Min. Luiz Fux (art. 162, §§ 2º e 3º, do RISTJ), acompanhando a divergência, a Turma deu provimento ao recurso e determinou o retorno dos autos ao TJ para solucionar a contradição, a obscuridade e as omissões. **REsp 556.382-DF, Rel. originário Min. Mauro Campbell Marques, Rel. para acórdão Min. Herman Benjamin, julgado em 20/10/2009.** (Inform. STJ 412)

CONTRATO ADMINISTRATIVO. ACORDO. PRESCRIÇÃO.
O departamento de estradas de rodagem estadual, ora recorrente, após licitação, firmou, com a sociedade empresária recorrida, contrato administrativo de obra pública. Porém, diante da deficiência apurada no projeto, a recorrida viu-se obrigada a adquirir materiais de melhor qualidade e em maiores quantidades do que a estabelecida, medida que resultou aumento dos custos, que foram repassados ao recorrente. Isso levou a fiscalização a deduzir que houve irregularidades a ponto de impugnar os valores. Em razão disso, o recorrente apresentou acordo que propunha a retenção de certos valores referentes a serviços já executados até o esclarecimento das irregularidades, o que foi aceito pela recorrida. Posteriormente, a mesma recorrida impetrou *mandamus* e conseguiu a liberação dos valores diante do fato de que, após apuração, nenhuma irregularidade foi efetivamente encontrada. Alegou, então, que essa situação obrigou-a a recorrer às instituições financeiras em busca de empréstimos e, nesta ação, pediu indenização consistente na diferença entre os juros cobrados pelos bancos e os deferidos no acordo. Desse contexto, exsurge o fato de a recorrente propor o acordo especificando determinados juros e a ele aderir a recorrida sem ressalvas. Isso demonstra claramente que ela concordou com seus termos. Assim, mostra-se sem importância a alegação de que o acordo nada teria de consensual, pois imposto à recorrida sob pena de rescisão contratual. Apesar da anuência ao acordo, a recorrida poderia discuti-lo a tempo no Judiciário ou mesmo contestar a eventual rescisão contratual se a tivesse como indevida, pois se trata de garantia assegurada a todos pelo art. 5º, XXXV, da CF/1988. Contudo, o acordo entabulado em 1992 é a alegada causa dos empréstimos e do pedido de indenização (*actio nata*), o que leva à irremediável consumação da prescrição (art. 1º do Dec. n. 20.910/1932), visto que a ação foi proposta apenas em 2000. Releva-se, também, a alegação de que a incidência dos juros sobre os empréstimos caracterizar-se-ia como relação de trato sucessivo, pois a indenização pleiteada baseia-se na responsabilidade civil originada, como já dito, do acordo, mostrando-se a periodicidade dos juros apenas como simples efeitos danosos do ato que se prolongam no tempo. **REsp 1.057.539-RS, Rel. Min. Mauro Campbell Marques, julgado em 1º/9/2009.** (Inform. STJ 405)

INDENIZAÇÃO. CORRETAGEM. SEGURO.
Cuida-se de ação de indenização por danos morais e materiais decorrentes da quebra do compromisso de guardar a reserva de mercado que garantiu a implantação e administração de contrato de seguro em grupo firmado pela seguradora com um Tribunal, após o devido processo licitatório, anotado que a corretora autora prestou assessoria à seguradora ré em um primeiro contrato e, no segundo, viu-se excluída do negócio. Quanto a isso, vê-se que a existência do ajuste e o direito às comissões lastreiam-se na interpretação dada pelas instâncias ordinárias, soberanas no exame da prova e do contrato, sobre o conteúdo dos autos. Porém, o *quantum* fixado pode ser sindicado pelo STJ, ao entendimento de que o pleito recursal para reconhecimento da inexistência do dever de indenizar também engloba o de redução do ressarcimento (acolhimento em menor extensão do pedido). Nesse contexto, considerar que a indenização por danos materiais deve englobar o valor das comissões vigente em 1996 (época em que firmado o segundo contrato) multiplicado por 60 (seu pretenso prazo de duração) mostra-se demasiado. Há certeza quanto à duração anual do contrato e se revela como circunstância aleatória o fato de haver a renovação por mais tempo. Também, estar-se-ia deferindo a integralidade da comissão sem a contrapartida da corretagem. Desse modo, há que limitar a indenização a 20% da soma das comissões que a autora auferiria em um ano, o prazo

de duração do contrato, em relação ao segundo acordo celebrado, montante suficiente a reparar o prejuízo suportado e permitir a busca de novas oportunidades econômicas, ao tempo em que pune a ré pelo desfazimento culposo do vínculo contratual, a ponto de desestimular a reincidência em oportunidades vindouras. **REsp 834.564-BA, Rel. Min. Aldir Passarinho Junior, julgado em 3/9/2009.** (Inform. STJ 405)

CONTRATO ADMINISTRATIVO. TÍTULO EXECUTIVO.

Trata-se de execução fundada no inadimplemento de contrato administrativo firmado entre as empresas recorrentes e a companhia do metropolitano (metrô), celebrado para o fornecimento de bens, serviços, documentação técnica e bilhetes, visando à implantação do sistema de controle de arrecadação e de passageiros. Aquela empresa pública pretende o cumprimento das pendências existentes no contrato entre os litigantes, assim como a conclusão dos serviços não executados pelas contratadas. Foi com o objetivo de atender ao interesse público que ela optou pela manutenção do contrato, afastando a hipótese de rescisão, preferindo, assim, executá-lo judicialmente. Destarte, o título executivo a que se visa atribuir caráter extrajudicial é o próprio contrato administrativo. Para a Min. Relatora, somente constituem títulos executivos extrajudiciais aqueles definidos em lei, por força do princípio da tipicidade legal (*nullus titulus sine legis*). O inciso II do art. 585 do CPC, com redação dada pela Lei n. 8.953/1994, incluiu, entre os títulos executivos extrajudiciais, as escrituras públicas ou outros documentos públicos, os documentos particulares e os instrumentos de transação, passando, assim, a contemplar as obrigações de fazer, não fazer e entregar coisa, além das já conhecidas obrigações de pagar coisa certa e de entregar coisa fungível previstas na redação anterior do referido dispositivo legal. Para o deslinde da questão, dois pontos são fundamentais: definir se o contrato administrativo firmado entre os consórcios e a empresa pública enquadra-se em alguma das hipóteses do referido inciso e verificar se o contrato em exame está revestido dos requisitos de certeza, liquidez e exigibilidade previstos no art. 586 do CPC. Quanto ao primeiro ponto, este Superior Tribunal, em algumas ocasiões, ao interpretar o mencionado artigo, tem reconhecido a natureza de documento público dos contratos administrativos, tendo em vista emanar de ato do Poder Público. Quanto ao segundo ponto, o Tribunal de origem, soberano no exame dos aspectos fáticos e probatórios da lide, das cláusulas contratuais e do edital de licitação, concluiu que o título executivo extrajudicial está revestido de certeza, liquidez e exigibilidade, na medida em que as obrigações estipuladas ao contratado estão devidamente especificadas no contrato administrativo e no ato convocatório do certame e que os documentos dos autos demonstram a liquidez e a exigibilidade do contrato administrativo. Portanto, não há como entender em sentido diverso no caso, sob pena de incorrer nas vedações das Súmulas ns. 5 e 7/STJ. Destacou a Min. Relatora que as questões relativas ao efetivo cumprimento pelas empresas das obrigações estipuladas no contrato e a satisfação pela empresa pública de suas contraprestações podem ser analisadas na via dos embargos à execução, porquanto a cognição, nesse caso, é ampla. Este Superior Tribunal consagra que a regra de não aplicação da *exceptio non adimpleti contractus*, em sede de contrato administrativo, não é absoluta, tendo em vista que, após a Lei n. 8.666/1993, passou-se a permitir sua incidência em certas circunstâncias, mormente na hipótese de atraso no pagamento, pela Administração Pública, por mais de noventa dias (art. 78, XV). **Precedentes citados: REsp 700.114-MT, DJ 14/5/2007, e REsp 882.747-MA, DJ 26/11/2007. REsp 879.046-DF, Rel. Min. Denise Arruda, julgado em 19/5/2009.** (Inform. STJ 395)

CONTRATO. PRORROGAÇÃO. DECADÊNCIA.

A Turma decidiu que, no caso *sub judice*, não há que se falar em interrupção ou suspensão do prazo decadencial, visto que a ilegalidade perpetuou-se no tempo, com a prorrogação do contrato de concessão de serviço público de transporte rodoviário interestadual sem prévia licitação, motivo pelo qual o prazo decadencial é contado após cessados seus efeitos, descabendo a alegada discussão quanto à decadência. Outrossim, ressaltou o Min. Luiz Fux o entendimento pacificado deste Superior Tribunal de que, na hipótese, tais prorrogações equiparam-se a obrigações de trato sucessivo e, por isso, o prazo decadencial é contado a partir de cada uma. Se houve uma prorrogação enquanto prevalece a ilegalidade, o *parquet* tem legitimidade e está dentro do prazo para o exercício da ação civil, baseada ademais na legislação local. Por outro lado, não cabe a declaração de nulidade se a decisão pode ser proferida no mérito a favor da parte a quem se aproveita. Com esse entendimento, o recurso foi parcialmente provido. **Precedentes citados: REsp 764.278-SP, DJe 28/5/2008, e REsp 912.612-DF, DJe 15/9/2008. REsp 1.095.323-RS, Rel. Min. Francisco Falcão, julgado em 17/3/2009.** (Inform. STJ 387)

INIDONEIDADE. EFEITOS *EX NUNC*.

O processo administrativo obedeceu toda a tramitação legal, não havendo que se falar em desrespeito ao princípio da ampla defesa, supressão do recurso hierárquico, falta de prova suficiente a embasar a penalidade aplicada ou mesmo sua inconstitucionalidade. Daí se ter por legítima a declaração da inidoneidade da sociedade empresarial, ora impetrante. Porém, faz-se necessário ressaltar que essa declaração deve ser aplicada com efeitos *ex nunc*, sem alcançar os contratos que já estavam firmados anteriormente àquela declaração. Anote-se que não se está a limitar as eventuais suspensões ou rescisões de anteriores contratos em razão de vícios que lhes são próprios. Com esse entendimento, a Seção, por maioria, denegou a segurança. O Min. Relator ficou vencido em pequena extensão. **MS 13.101-DF, Rel. originário Min. José Delgado, Rel. para acórdão Min. Eliana Calmon, julgado em 14/5/2008.** (Inform. STJ 355)

LICITAÇÃO. CONTRATO. PREJUÍZOS SOFRIDOS. TEORIA DA IMPREVISÃO.

Trata-se de recurso em que se discute a aplicação da teoria da imprevisão de modo a propiciar o reequilíbrio econômico-financeiro do contrato. Primeiramente, o Min. Relator asseverou ser irrelevante o fato de o contrato ter sido firmado antes da vigência do novo Código Civil para a análise da mencionada teoria. Para o Min. Relator, não se mostra razoável o entendimento de que a inflação possa ser tomada, no Brasil, como álea extraordinária, de modo a possibilitar algum desequilíbrio na equação econômica do contrato, como há muito afirma a jurisprudência deste Superior Tribunal. Não há como imputar as aludidas perdas a fatores imprevisíveis, já que decorrentes de má previsão das autoras, o que constitui álea ordinária, não suportável pela Administração e não autorizadora da teoria da imprevisão. Caso fosse permitida a revisão pretendida, estar-se-ia beneficiando as apeladas em detrimento das demais licitantes que, agindo com cautela, apresentaram proposta coerente com os ditames do mercado e, talvez por terem incluído essa margem de segurança em suas propostas, não apresentaram valor mais atraente. **REsp 744.446-DF, Rel. Min. Herman Benjamin, julgado em 17/4/2008.** (Inform. STJ 352)

CONTRATO ADMINISTRATIVO. REGULARIDADE FISCAL. ÁLCOOL. EMPRESAS PRODUTORAS.

A Turma reiterou que, para contratação com o Poder Público, as empresas produtoras de álcool carburante, na venda de sua produção à Petrobrás, devem comprovar a quitação dos tributos devidos, ou seja, a regularidade fiscal (Lei n. 8.212/1991, art. 47). Isso porque a Petrobrás integra a administração indireta, subordinada às normas de contratação com o Poder Público. Precedentes citados: REsp 478.071-PB, DJ 18/8/2006, e REsp 720.359-PE, DJ 13/2/2006. **REsp 839.510-DF, Rel. Min. Luiz Fux, julgado em 4/10/2007.** (Inform. STJ 334)

13. SERVIÇOS PÚBLICOS

CONCESSIONÁRIAS DE SERVIÇO PÚBLICO E MEDIDORES DE CONSUMO - 1

Por reputar caracterizada afronta aos artigos 21, XI, XII, b, e 22, IV, da CF ("*Art. 21. Compete à União: ... XI - explorar, diretamente ou mediante autorização, concessão ou permissão, os serviços de telecomunicações, nos termos da lei, que disporá sobre a organização dos serviços, a criação de um órgão regulador e outros aspectos institucionais; XII - explorar, diretamente ou mediante autorização, concessão ou permissão: ... b) os serviços e instalações de energia elétrica e o aproveitamento energético dos cursos de água, em articulação com os Estados onde se situam os potenciais hidroenergéticos; ... Art. 22. Compete privativamente à União legislar sobre: ... IV - águas, energia, informática, telecomunicações e radiodifusão*"), o Plenário julgou procedente pedido formulado em ação direta ajuizada pelo Procurador-Geral da República para declarar, com eficácia *ex nunc*, a inconstitucionalidade das Leis 3.915/2002 e 4.561/2005, do Estado do Rio de Janeiro. As leis questionadas determinam a instalação de medidores individuais de consumo e a cobrança individualizada dos serviços de consumo coletivo por parte das concessionárias de serviços públicos fornecedoras de luz, água, telefonia fixa e gás naquela unidade federativa. Preliminarmente, rejeitou-se a alegação de se estar diante de ofensa reflexa à Constituição. Aduziu-se que as citadas leis fluminenses seriam atos normativos autônomos, cujo conteúdo não se prestaria a regulamentar outra norma infraconstitucional. No mérito, asseverou-se que as normas adversadas interviriam na relação contratual de concessão firmada entre a União e suas concessionárias. Alguns precedentes citados: ADI

2337 MC/SC (DJU de 21.6.2002); ADI 2615 MC/SC (DJU de 6.12.2002); ADI 855/PR (DJe de 27.3.2009) e ADI 3322 MC/DF (DJe de 4.3.2011). ADI 3558/RJ, rel. Min. Cármen Lúcia, 17.3.2011. (ADI-3558)

CONCESSIONÁRIAS DE SERVIÇO PÚBLICO E MEDIDORES DE CONSUMO - 2

Ao aplicar o entendimento acima exposto, o Plenário, por maioria, julgou procedente pedido formulado em ação direta proposta pela Associação Brasileira de Distribuidores de Energia Elétrica – Abradee para declarar a inconstitucionalidade da expressão "*eletricidade*" contida no art. 1º da Lei fluminense 4.901/2006 ("*Art. 1º - Os medidores de consumo de água, eletricidade, telefonia e gás deverão ser ou estar instalados em local visível e de fácil acesso aos consumidores. Parágrafo único – O local previsto no 'caput' é a parte interna da propriedade onde se realiza o consumo.*"). Consignou-se que, na espécie, a pertinência temática estaria limitada ao campo elétrico, tendo em conta a composição da requerente, a qual seria constituída por empresas concessionárias de distribuição de energia elétrica, cuja finalidade institucional abrangeria a representação, judicial ou extrajudicial, para a defesa dos interesses de seus associados. Vencido o Min. Marco Aurélio que, ao ressaltar a competência dos Estados-membros para legislar sobre consumo, julgava o pleito improcedente ao fundamento de que não teria havido usurpação, sob ao ângulo formal, da competência da União. ADI 3905/RJ, rel. Min. Cármen Lúcia, 17.3.2011. (ADI-3905) (Inform. STF 619)

CONCESSIONÁRIAS DE SERVIÇO PÚBLICO E CORTE DE FORNECIMENTO

Com base nessa mesma orientação, o Plenário, por maioria, julgou procedente pedido formulado em ação direta proposta pelo Procurador-Geral da República para declarar a inconstitucionalidade da Lei 1.618/2004, do Estado do Acre, que proíbe o corte residencial do fornecimento de água e energia elétrica pelas concessionárias por falta de pagamento, nos dias que especifica. Vencido o Min. Marco Aurélio que declarava a improcedência do pleito por entender que a lei questionada buscaria proteger o consumidor e que, no caso, a legitimação seria concorrente. ADI 3661/AC, rel. Min. Cármen Lúcia, 17.3.2011. (ADI-3661) (Inform. STF 619)

RE N. 422.591-RJ

RELATOR: MIN. DIAS TOFFOLI

EMENTA: Recurso extraordinário – Ação direta de incons-titucionalidade de artigos de lei municipal – Normas que determinam prorrogação automática de permissões e autorizações em vigor, pelos períodos que especifica – Comandos que, por serem dotados de abstração e não de efeitos concretos, permitem o questionamento por meio de uma demanda como a presente – Prorrogações que efetivamente vulneram os princípios da legalidade e da moralidade, por dispensarem certames licitatórios previamente à outorga do direito de exploração de serviços públicos – Ação corretamente julgada procedente – Recurso não provido. (Inform. STF 619) *noticiado no Informativo 611

REGIME DE CONCESSÃO E CONTROLE ABSTRATO

O Plenário desproveu recurso extraordinário, afetado pela 1ª Turma, interposto contra acórdão do Tribunal de Justiça do Estado do Rio de Janeiro que, por meio de seu órgão especial, acolhera representação e declarara a inconstitucionalidade de expressões e de dispositivos da Lei 1.465/99, do Município de Cabo Frio, a qual versa sobre o regime de permissão de serviços e concessão destes e de obras públicas — v. Informativo 544. Reputou-se incensurável a decisão que, por ofensa aos princípios da moralidade, da impessoalidade da Administração Pública e da licitação, retirara do mundo jurídico tais normas que, além de manter as concessões por períodos de 10 e 25 anos, permitiam sua renovação automática. **RE 422591/RJ, rel. Min. Dias Toffoli, 1º.12.2010.** (RE-422591) (Inform. STF 611)

ADI E CONVERSÃO DE LINHAS MUNICIPAIS DE TRANSPORTE COLETIVO EM PERMISSÃO INTERMUNICIPAL

O Tribunal julgou procedente pedido formulado em ação direta ajuizada pelo Governador do Estado de Rondônia para declarar a inconstitucionalidade dos artigos 16 e 19, e seu parágrafo único, da Lei rondoniense 260/90. O art. 16 da mencionada lei estabelece que, no caso de criação de novos Municípios ou desmembramento de áreas dos atualmente existentes, as linhas municipais de transporte coletivo de passageiros "legalmente executadas" há 2 anos ou mais serão convertidas automaticamente pelo DER daquele Estado-membro em permissão intermunicipal, desde que preenchidos os requisitos previstos na lei e o interessado requeira a conversão no prazo de 90 dias contados da data da emancipação do Município. O seu art. 19 estabelece pontuação que deverá ser considerada no julgamento da licitação destinada à escolha dos permissionários. Entendeu-se que o art. 16 da lei impugnada afronta a igualdade, bem como o art. 175, da CF, que estabelece que as concessões e as permissões de serviços públicos serão sempre precedidas de licitação. Considerou-se, por sua vez, que os preceitos veiculados pelos incisos I a IV do mencionado art. 19 conferem inegável vantagem às empresas que já sejam permissionárias dos serviços de transporte coletivo intermunicipal no Estado de Rondônia, discriminando-as, para beneficiá-las, indevidamente, em afronta ao princípio da isonomia. Asseverou-se que o art. 37, XXI, da CF, que conforma a licitação a que respeita o art. 175, exclui quaisquer exigências de qualificação técnica e econômica que não sejam indispensáveis à garantia do cumprimento das obrigações, e concluiu-se que os critérios estabelecidos naqueles incisos não surgem da natureza das coisas, nem são concretamente compreensíveis. ADI 2716/RO, rel. Min. Eros Grau, 29.11.2007. (ADI-2716) (Inform. STF 490)

FORNECIMENTO DE ÁGUA E OBRIGATORIEDADE

O Tribunal iniciou julgamento de ação direta ajuizada pelo Governador do Estado de Santa Catarina na qual se objetiva a declaração de inconstitucionalidade da Lei estadual 11.560/2000, que torna obrigatório o fornecimento de água potável pela Companhia Catarinense de Águas e Saneamento - CASAN, com caminhão-pipa, sempre que houver interrupção no fornecimento normal — v. Informativos 218 e 221. O Min. Ricardo Lewandowski, relator, julgou procedente o pedido formulado, no que foi acompanhado pelos Ministros Menezes Direito e Cármen Lúcia. Entendeu que os Estados-membros não podem interferir na esfera das relações jurídico-contratuais, estabelecidas entre o poder concedente local e a empresa concessionária, ainda que esteja sobre o controle acionário daquele, nem alterar, por lei estadual, as condições que se acham formalmente estipuladas em contrato de concessão de distribuição de água. Considerou, também, vulnerados os artigos 30, § 1º e o art. 175, parágrafo único, da CF ("*Art. 30. Compete aos Municípios: I - legislar sobre assuntos de interesse local;... Art. 175. Incumbe ao Poder Público, na forma da lei, diretamente ou sob regime de concessão ou permissão, sempre através de licitação, a prestação de serviços públicos. Parágrafo único. A lei disporá sobre: I - o regime das empresas concessionárias e permissionárias de serviços públicos, o caráter especial de seu contrato e de sua prorrogação, bem como as condições de caducidade, fiscalização e rescisão da concessão ou permissão; II - os direitos dos usuários; III - política tarifária; IV - a obrigação de manter serviço adequado.*"). Após, o julgamento foi suspenso com o pedido de vista do Min. Eros Grau. ADI 2340/SC, rel. Min. Ricardo Lewandowski, 22.11.2007. (ADI-2340) (Inform. STF 489)

GRATUIDADE EM SERVIÇO PÚBLICO E FONTE DE CUSTEIO

O Tribunal, por maioria, julgou improcedente pedido formulado em ação direta de inconstitucionalidade proposta pela Governadora do Estado do Rio de Janeiro contra o § 2º do art. 112 da Constituição estadual, que estabelece que não será objeto de deliberação proposta que vise conceder gratuidade em serviço público prestado de forma indireta, sem a correspondente indicação da fonte de custeio. Entendeu-se não estarem configuradas as alegadas ofensas ao princípio federativo (CF, artigos 1º, 18 e 25), ao princípio da separação dos poderes (CF, artigos 2º; 61, § 1º, II, b) ou ao princípio da dignidade da pessoa humana e seus corolários (CF, artigos 1º, III; 170, III e VII; 203, I, II e IV; 206, I; 208, VII; 227, § 1º, II; 230, § 2º). Quanto ao princípio federativo, considerou-se que a exigência constante do dispositivo impugnado constituiria mera restrição material à atividade do legislador estadual, que ficaria impedido de conceder gratuidade sem proceder à necessária indicação da fonte de custeio, sendo, ademais, assente a jurisprudência da Corte no sentido de que as regras do processo legislativo federal que devem ser reproduzidas no âmbito estadual são apenas as de cunho substantivo, o que não seria o caso do referido preceito. No que se refere ao princípio da separação dos poderes, asseverou-se que o art. 61, § 1º, II, b, da CF estaria dirigido exclusivamente aos Territórios, não havendo se falar, ainda, em afronta à prerrogativa do Poder Executivo de celebrar contratos administrativos, haja vista que a norma não lhe vedaria tal poder, sendo seu exercício submisso integralmente ao princípio da legalidade. Por fim, aduziu-se, no que tange ao princípio da dignidade da pessoa humana, que a exigência de indicação da fonte de custeio para permitir a gratuidade dos serviços não seria óbice à concessão desse benefício, e que tal medida revestir-se-ia de providencial austeridade, uma vez que se preordenaria a garantir a gestão responsável da coisa pública, o equilíbrio na equação econômico-financeira informadora dos contratos administrativos e a própria viabilidade e a continuidade dos serviços públicos e das gratuidades concedidas. Vencidos os Ministros Carlos Britto e Marco Aurélio que julgavam o pedido procedente, ao fundamento de que o dispositivo em questão estaria a obstaculizar a atuação do poder legislativo estadual, sem que houvesse norma similar na CF (art. 60, § 4º). ADI 3225/RJ, rel. Min. Cezar Peluso, 17.9.2007. (ADI-3225) (Inform. STF 480)

SERVIÇOS DE TELECOMUNICAÇÕES E DESESTATIZAÇÃO

O Tribunal julgou improcedente pedido formulado em ação direta de inconstitucionalidade ajuizada pelo Partido Democrático Trabalhista - PDT contra o parágrafo único do art. 191 da Lei federal 9.472/97, que dispõe sobre a organização dos serviços de telecomunicações (*"Art. 191. ... parágrafo único. A desestatização não afetará as concessões, permissões e autorizações detidas pela empresa."*). Entendeu-se não haver ofensa aos artigos 37, XXI e 175 da CF, tendo em conta que o processo de desestatização teria sido implementado mediante a realização de leilão, modalidade de licitação prevista no art. 22 da Lei 8.666/93. Reportando-se ao que decidido pela Corte no julgamento da ADI 1582 MC/DF (DJU de 27.6.97), asseverou-se, ademais, que o leilão de ações ou quotas poderia, sim, resultar na transferência da concessão ou permissão de serviço público à empresa privada. Por fim, esclareceu-se que a circunstância de as empresas privatizadas não terem, eventualmente, celebrado contratos de concessão com a União, por serem delegadas e não concessionárias de serviço público, seria questão a ser discutida em outra via. ADI 1863/DF, rel. Min. Eros Grau, 6.9.2007. (ADI-1863) (Inform. STF 478)

DIREITO ADMINISTRATIVO. REMUNERAÇÃO POR USO DE VIAS PÚBLICAS POR CONCESSIONÁRIA DE SERVIÇO PÚBLICO.

A utilização das vias públicas para prestação de serviços públicos por concessionária como a instalação de postes, dutos ou linhas de transmissão não pode ser objeto de cobrança pela Administração Pública. A cobrança é ilegal, pois a exação não se enquadra no conceito de taxa – não há exercício do poder de polícia nem prestação de algum serviço público –, tampouco no de preço público – derivado de um serviço de natureza comercial ou industrial prestado pela Administração. Precedentes citados: REsp 1.246.070-SP, DJe 18/6/2012, e REsp 897.296-RS, DJe 31/8/2009. **AgRg no REsp 1.193.583-MG, Rel. Min. Humberto Martins, julgado em 18/10/2012.(Inform. STJ 508)**

DIREITO ADMINISTRATIVO. CORTE NO FORNECIMENTO DE SERVIÇOS PÚBLICOS ESSENCIAIS.

Não é legítimo o corte no fornecimento de serviços públicos essenciais quando a inadimplência do consumidor decorrer de débitos pretéritos, o débito originar-se de suposta fraude no medidor de consumo de energia apurada unilateralmente pela concessionária e inexistir aviso prévio ao consumidor inadimplente. Precedente citado: REsp 1.285.426-SP, DJe 13/12/2011. **AgRg no AREsp 211.514-SP, Rel. Min. Herman Benjamin, julgado em 18/10/2012.(Inform. STJ 508)**

DIREITO ADMINISTRATIVO. FORNECIMENTO DE ÁGUA E SERVIÇO DE ESGOTO. DÉBITOS DE CONSUMO. RESPONSABILIDADE DO EFETIVO CONSUMIDOR.

A responsabilidade por débito relativo ao consumo de água e serviço de esgoto é de quem efetivamente obteve a prestação do serviço. Trata-se de obrigação de natureza pessoal, não se caracterizando como obrigação *propter rem*. Assim, o inadimplemento é do usuário que obteve a prestação do serviço, razão por que não cabe responsabilizar o atual usuário por débito pretérito relativo ao consumo de água de usuário anterior. Precedentes citados: REsp 1.267.302-SP, DJe 17/11/2011 e AgRg no REsp 1.256.305-SP, DJe 19/9/2011. **AgRg no REsp 1.327.162-SP, Rel. Min. Napoleão Nunes Maia Filho, julgado em 20/9/2012.(Inform. STJ 505)**

PERMISSÃO. SERVIÇO PÚBLICO. INDENIZAÇÃO.

Cuida-se de REsp em que se busca desconstituir acórdão que condenou a ora recorrente ao pagamento de danos materiais à ora recorrida em decorrência da rescisão não motivada do contrato de permissão de serviços lotéricos. Nesta instância especial, entendeu-se que, embora a permissão de serviços lotéricos seja caracterizada pela discricionariedade, unilateralidade e precariedade, o que autorizaria a rescisão unilateral pelo poder permissionário, em hipóteses específicas, em que se realiza investimento de vulto para a exploração do serviço delegado, é possível o reconhecimento do direito à indenização pelos referidos gastos. Na espécie, o permissionário realizou significativo investimento para a instalação do próprio empreendimento destinado à execução do serviço público delegado, inclusive mediante atesto de padronização do poder concedente. Todavia, após poucos meses do início da atividade delegada, a concedente rescindiu unilateralmente a permissão, sem qualquer justificativa ou indicação de descumprimento contratual pelo permissionário. Assim, *in casu*, concluiu-se que a rescisão por ato unilateral da Administração Pública impõe à concedente a obrigação de indenizar o permissionário pelos danos materiais relacionados à instalação da casa lotérica. Diante disso, a Turma conheceu parcialmente do recurso e nessa parte, negou-lhe provimento. Precedentes citados: EREsp 737.741-RJ, DJe 21/8/2009, e AgRg no REsp 929.310-RS, DJe 12/11/2009. **REsp 1.021.113-RJ, Rel. Min. Mauro Campbell Marques, julgado em 11/10/2011.** (Inform. STJ 485)

PASSE LIVRE. CARTEIROS. TRANSPORTE URBANO.

Ao contrário do que sustenta a recorrente (empresa de transporte e turismo), a jurisprudência deste Superior Tribunal está consolidada no sentido de que as disposições assentadas nas Leis ns. 8.666/1993 (institui normas para licitações e contratos da Administração Pública) e 8.987/1995 (dispõe sobre o regime de concessão e permissão da prestação de serviços públicos) não revogaram os DLs ns. 3.326/1941 e 5.405/1943, que estabelecem a concessão de passe livre no transporte urbano, inclusive intermunicipal, para os distribuidores de correspondência postal e telegráfica (carteiros), em virtude de as citadas leis não tratarem da concessão de passe livre e também não apresentarem incompatibilidade com as normas constantes nos supraditos DLs. Logo, as empresas concessionárias de transporte coletivo urbano são obrigadas a conceder passe livre aos distribuidores de correspondência postal e telegráfica, quando eles estiverem em serviço (Súm. n. 237-TFR). Com essas explicitações, a Turma negou provimento ao recurso. **Precedentes citados: REsp 1.025.574-RS, DJe 14/9/2009; REsp 1.074.493-RJ, DJe 4/8/2009, e REsp 209.950-RJ, DJ 25/3/2002. REsp 1.025.409-SC, Rel. Min. Luiz Fux, julgado em 2/9/2010.** (Inform. STJ 445)

CONCESSIONÁRIA. USO. SOLO. SUBSOLO. ESPAÇO AÉREO.

A Turma reafirmou o entendimento de que é ilegal cobrar da concessionária de serviço público o uso do solo, subsolo ou espaço aéreo (instalação de postes, dutos, linhas de transmissão etc.), visto que a utilização, nesses casos, reverte em favor da sociedade (daí não se poder falar em preço público) e que não há serviço público prestado ou poder de polícia, (o que afasta a natureza de taxa). **REsp 863.577-RS, Rel. Min. Mauro Campbell Marques, julgado em 10/8/2010.** (Inform. STJ 442)

FISCALIZAÇÃO. RESERVA DO POSSÍVEL.

Há lei a impor ao recorrido (órgão regulador) a obrigação de fiscalizar os serviços públicos concedidos, bem como reprimir infrações aos direitos dos usuários (art. 19 da Lei n. 9.472/1997). Assim, não há discricionariedade quanto à fiscalização. A discricionariedade porventura existente circunscrever-se-ia à escolha do meio pelo qual a fiscalização será exercida; mesmo assim, o administrador está de tal modo vinculado à finalidade legal que o meio deverá, necessariamente, ser o mais eficiente. Isso se deve ao fato de que a discricionariedade administrativa, antes de tudo, é um dever posto à Administração para que, diante do caso concreto, encontre, entre as diversas soluções possíveis, a que melhor atenda à finalidade legal. Quanto à invocação da reserva do possível para justificar a ausência da fiscalização, ela não pode ser apresentada de forma genérica, sem provas da falta de recursos financeiros. Ademais, exige considerações sobre a situação orçamentária do ente público, a esbarrar na proibição constante da Súm. n. 7-STJ. **Precedente citado: AgRg no Ag 1.014.339-MS, DJe 24/9/2008. REsp 764.085-PR, Rel. Min. Humberto Martins, julgado em 1º/12/2009.** (Inform. STJ 418)

RÁDIO COMUNITÁRIA. FUNCIONAMENTO.

Nenhuma emissora de rádio pode funcionar sem autorização do Poder Público. Cabe ao Executivo autorizar, conceder e fiscalizar o serviço de radiodifusão (art. 223 da CF/1988), não podendo o Judiciário imiscuir-se nessa seara eminentemente técnica e complexa. Mas essa competência exclusiva impõe à Administração o dever de prestar os serviços que lhe estão afetos ao mesmo tempo em que outorga aos destinatários deles o direito de exigi-los. É certo, também, que as rádios comunitárias são de grande importância e alcance social, especialmente em comunidades carentes. Por isso, a lei assinala prazo para a análise do procedimento de outorga de rádio comunitária. Quanto a isso, a jurisprudência do STJ, apesar de antes permitir o funcionamento excepcional da rádio até que se ultimasse o processo administrativo de sua autorização, hoje preconiza que, se há pedido da parte interessada, o Judiciário, diante da constatada omissão administrativa, deve fixar prazo para que o órgão competente resolva o requerimento de autorização de funcionamento da emissora. Não se trata, assim, de imiscuir-

-se na atividade precípua do órgão público competente, mas de intervir em nome do princípio da eficiência e da moralidade, corolários da legalidade, tão cara ao Estado de direito. Porém, no caso, não houve sequer pedido nesse sentido, fato que inviabiliza a adoção dessa providência, daí ser correto dar provimento aos EREsp para julgar improcedente a ação ordinária ajuizada pela embargada. **Precedentes citados: REsp 584.392-PE, DJ 25/4/2007; REsp 440.674-RN, DJ 23/8/2004; REsp 363.281-RN, DJ 10/3/2003; REsp 983.077-SC, DJe 27/11/2008; MS 11.563-DF, DJ 7/8/2006; MS 7.765-DF, DJ 14/10/2002; REsp 1.006.191-PI, DJe 18/12/2008, e REsp 579.020-AL, DJe 5/11/2008. EREsp 1.100.057-RS, Rel. Min. Eliana Calmon, julgados em 28/10/2009.** (Inform. STJ 413)

PADO. DENUNCIANTE. EQUIPARAÇÃO. PARTE.

In casu, a sociedade que representa os prestadores de serviços de teleinformações protocolou, como denunciante junto à Agência Nacional de Telecomunicações (Anatel), representação contra operadora concessionária de telefonia por ela ter bloqueado os serviços prestados por suas associadas. Em consequência, foi instaurado processo de apuração de descumprimento de obrigação (Pado). Então, houve a imposição de advertência, que foi reformada após recurso da operadora, sem notificação da denunciante, que também foi impedida de atuar ou ter vista do processo administrativo, ao argumento de que os arts. 19 e 174 da Lei n. 9.472/1997, complementados pelo art. 79 do RI da Anatel, preveem sigilo do Pado até seu encerramento, salvo para as partes e seus procuradores, não incluindo a denunciante. Nesse momento, a denunciante impetrou mandado de segurança e o TJ manteve a sentença que reconheceu o direito da denunciante a ter vista do processo administrativo. Para o Min. Relator, o acórdão recorrido interpretou bem a matéria, confrontando as normas internas da Anatel no que ultrapassa o permitido na lei de regência, pois, no processo administrativo, o termo "parte" abrange a Administração e o administrado, ficando o último com o conceito mais largo do que a parte do processo civil. Nesse caso, a denunciante é requerente do processo administrativo e detém interesse coletivo sobre a decisão a ser tomada pela Anatel dentro do conceito de administrado como definido na Lei n. 9.784/1999, portanto é legitimada processual tanto quanto a empresa investigada. Dessa forma, afirma que não se pode interpretar restritivamente o art. 79 do RI da Anatel, pois não se coaduna com o proposto no art. 9º da Lei do Processo Administrativo (Lei n. 9.784/1999), que legitima quem deu início ao processo administrativo e todos aqueles que têm interesse individual, coletivo ou difuso afetado pela decisão a ser tomada. Com esse entendimento, a Turma conheceu em parte o recurso e, nessa parte, negou-lhe provimento. **REsp 1.073.083-DF, Rel. Min. Castro Meira, julgado em 17/9/2009.** (Inform. STJ 407)

FIXAÇÃO. TARIFA. PEDÁGIO.

A Turma não conheceu do recurso da Agência Nacional de Transportes Terrestre (ANTT) e deu provimento aos recursos da União e da empresa concessionária de rodovias. Quanto ao recurso da concessionária, sobre a alegação de violação do art. 4º do DL n. 791/1965, o Min. Relator entendeu que, nesse ponto, deve ser dado provimento, uma vez que não existe, na dicção da legislação que rege o tema, a permissão ou obrigatoriedade de que o número de eixos de um veículo seja levado em conta por oportunidade da fixação da tarifa de pedágio. Quanto ao recurso da União, o Min. Relator destacou que este Superior Tribunal tem entendimento sedimentado de que a União é parte legítima em demandas objetivando a revisão de tarifas de pedágio cobradas em rodovias federais, sendo que, por analogia, tal entendimento pode ser aqui aplicado. No que tange à violação do referido artigo, o Min. Relator adotou as mesmas razões de decidir conforme acima expostas com referência ao recurso da concessionária. **Precedentes citados: AgRg no REsp 851.421-PR, DJ 14/12/2007; REsp 417.804-PR, DJ 10/3/2003, e REsp 848.849-PR, DJ 26/10/2006. REsp 1.103.168-RS, Rel. Min. Francisco Falcão, julgado em 16/4/2009.** (Inform. STJ 390)

INDENIZAÇÃO. DESCONTINUIDADE. FORNECIMENTO. ENERGIA ELÉTRICA.

Trata-se de REsp em que a recorrente busca desconstituir acórdão que a condenou, entre outras coisas, ao pagamento de indenização à recorrida em decorrência de reiteradas e não comunicadas interrupções de fornecimento de energia elétrica, fato que teria causado a essa última graves danos à sua produção. A Turma entendeu que a interrupção do serviço em situação de emergência e quando motivada por razões de ordem técnica ou de segurança das instalações não caracteriza a descontinuidade, por expressa previsão legal. Ademais, sobressai nítido do art. 6º, § 3º, I, da Lei n. 8.987/1995 que o fornecimento de energia elétrica é passível de interrupção, direito assegurado à concessionária em benefício da própria coletividade. Assim, obedecidos os limites toleráveis de interrupção, segundo os critérios estabelecidos pelo poder concedente, não há ato ilícito e, por consequência, o dever de reparar os danos à luz do Código Civil. Portanto, em princípio, assiste razão à recorrente, estando o direito à indenização condicionado à inobservância dos limites estabelecidos pela Portaria n. 46/1978 do DNAEE. Deve a questão, entretanto, ser resolvida na instância de origem, uma vez que não apreciada, por ser prejudicial diante da fundamentação adotada no acórdão recorrido. Diante disso, deu-se parcial provimento ao recurso. **REsp 935.468-AL, Rel. Min. Eliana Calmon, julgado em 24/3/2009. (Inform. STJ 388)**

INTERRUPÇÃO. ÁGUA. MUNICÍPIO. INADIMPLÊNCIA.

Por dívida de quatorze milhões de reais com a companhia concessionária de água e esgoto, o município teve interrompido o fornecimento desses serviços em órgãos administrativos, inclusive a própria prefeitura. O município impetrou mandado de segurança com pedido de concessão de liminar e o juiz a deferiu, determinando o imediato restabelecimento dos serviços. A companhia, então, formulou pedido de suspensão de liminar perante a presidência do TJ, que a deferiu. Daí a presente suspensão de segurança formulada pelo município nos termos do art. 4º da Lei n. 8.437/1992, art. 25 da Lei n. 8.038/1990 e art. 271 do RISTJ, a qual foi concedida, tendo a companhia agravado dessa decisão. A Corte Especial, por maioria, deu provimento ao agravo regimental para restabelecer os efeitos da decisão proferida pelo Presidente do TJ. Destacou-se que, no caso, o corte desses serviços deverá atingir os responsáveis pelo inadimplemento com a concessionária de serviço público e, ainda, que não faria sentido admitir-se o fornecimento gratuito mesmo a um órgão público, porque ele também tem de cumprir suas obrigações. Ressalvou-se que se abre exceção apenas para a interrupção de fornecimento de água nos casos dos hospitais e das escolas públicas (atividades essenciais), a qual necessita de procedimentos como prévia notificação. **AgRg na SS 1.764-PB, Rel. originário Min. Barros Monteiro, Rel. para acórdão Min. Ari Pargendler, julgado em 27/11/2008.** (Inform. STJ 378)

ENERGIA ELÉTRICA. SUSPENSÃO. POSTO. SAÚDE.

A Turma reiterou o entendimento de que é ilegítima a interrupção de fornecimento de energia elétrica de município inadimplente, quando atingir unidades públicas provedoras de necessidades inadiáveis, i. e., referentes à sobrevivência, saúde ou segurança da coletividade, aplicando-se por analogia à Lei de Greve (art. 11, parágrafo único, da Lei n. 7.783/1989). **Precedentes citados: EREsp 721.119-RS, DJ 10/9/2007; REsp 302.620-SP, DJ 16/2/2004, e REsp 460.271-SP, DJ 21/2/2005. REsp 831.010-RS, Rel. Min. Castro Meira, julgado em 26/8/2008.** (Inform. STJ 365)

PERMISSÃO. TRANSPORTE. PASSAGEIROS. LICITAÇÃO.

A Turma entendeu que, com base no art. 94 do Decreto n. 952/1993, não se pode convolar a autorização concedida para a prestação do serviço de fretamento em permissão para exploração de linha regular. Para o transporte rodoviário interestadual ou internacional de passageiros, a delegação dos serviços se dá mediante permissão, que deve ater-se à lei de licitações. **REsp 886.763-RS, Rel. Min. Eliana Calmon, julgado em 8/4/2008.** (Inform. STJ 351)

SERVIÇO PÚBLICO. ÁGUA. ESGOTO.

Este Superior Tribunal, encampando entendimento sedimentado no Pretório Excelso, firmou posição no sentido de que a contraprestação cobrada por concessionárias de serviço público de água e esgoto detém natureza jurídica de tarifa ou preço público. Definida a natureza jurídica da contraprestação, também se definiu pela aplicação das normas do Código Civil. A prescrição é vintenária, porque regida pelas normas do Direito Civil. **EREsp 690.609-RS, Rel. Min. Eliana Calmon, julgados em 26/3/2008.** (Inform. STJ 349)

CORTE. ENERGIA ELÉTRICA. INADIMPLEMENTO. AGÊNCIAS. INSS.

A Turma entendeu que o corte no fornecimento de energia elétrica, quando se trata de pessoa jurídica de direito público, é indevido apenas nas unidades cujo funcionamento não pode ser interrompido, como hospitais, prontos-socorros, centros de saúde, escolas e creches. No caso, trata-se de agências do INSS localizadas no Estado do Rio de Janeiro, que estão com atraso no pagamento das contas de energia elétrica. Assim, a Turma deu provimento ao recurso para que a recorrente tenha possibilidade de cortar o fornecimento de energia elétrica em caso de inadimplemento do usuário. **REsp 848.784-RJ, Rel. Min. Eliana Calmon, julgado em 9/2/2008.** (Inform. STJ 345)

COMPETÊNCIA. REVISÃO. CRITÉRIO. TARIFAÇÃO. CONSUMO. ÁGUA.
Trata-se de recurso contra acórdão que reconheceu ser legal o critério de tarifação de consumo de água instituído pelo Dec. estadual n. 41.446/1996. O inconformismo deve-se ao fato de que o sistema de cálculo e de preço aplicado aos prédios comerciais, caso da recorrente, resulta em valores superiores aos decorrentes do consumo doméstico. Assim, o principal argumento de direito empregado é no sentido da inconstitucionalidade da referida legislação estadual, que teria também infringido textos de lei federal, quais sejam, o Dec. n. 82.587/1978 e a Lei n. 6.528/1978. Todavia o apelo não merece acolhida, uma vez que o acórdão recorrido, ao decidir o litígio, apoiou-se integralmente no exame da norma local. Mas a Turma não conheceu do recurso por óbice da Súm. n. 280-STF e, por outro lado, pela manifesta incompetência deste Superior Tribunal (art. 102, III, d, CF/1988). **REsp 968.480-SP, Rel. Min. José Delgado, julgado em 12/2/2008.** (Inform. STJ 344)

SERVIÇOS. FORNECIMENTO. ÁGUA E ESGOTO. NATUREZA JURÍDICA. JURISPRUDÊNCIA. STJ. STF.
A jurisprudência deste Superior Tribunal é no sentido de que a natureza jurídica do valor cobrado pelas concessionárias de serviço público de água e esgoto é tributária, motivo pelo qual a sua instituição está adstrita ao princípio da estrita legalidade, por isso que, somente por meio de "lei em sentido estrito", pode exsurgir a exação e seus consectários. Entretanto a jurisprudência do STF uniformizou-se no sentido de considerar a remuneração paga pelos serviços de água e esgoto como tarifa, afastando, portanto, seu caráter tributário, ainda quando vigente a constituição anterior (RE 54.491-PE, DJ 15/10/1963). Isso posto, a Turma, reiterando a jurisprudência mais recente sobre o tema, ao prosseguir o julgamento, conheceu parcialmente do recurso e, nessa parte deu-lhe provimento, entendendo tratar-se de tarifa pública. **REsp 802.559-MS, Rel. Min. Luiz Fux, julgado em 14/8/2007.** (Inform. STJ 327)

COBRANÇA. PEDÁGIO. RODOVIA FEDERAL. DESNECESSIDADE. ALTERNATIVA. SERVIÇO GRATUITO.
O Tribunal *a quo* entendeu que, para a cobrança de pedágio por parte de empresa concessionária que administra rodovia federal, torna-se necessário que haja uma via pública alternativa que seja gratuita para seus usuários e concluiu indevida a cobrança de pedágio uma vez que não há essa alternativa. Contudo a Turma deu provimento aos recursos da concessionária, do Estado e da União, pois entendeu que a necessidade de colocar uma via alternativa gratuita para seus usuários, em caráter obrigatório, não deve ser imposta para a cobrança do pedágio, pois para tal haveria de existir previsão expressa na lei, o que não ocorre na espécie. Precedentes citados: REsp 417.804-PR, DJ 16/5/2005, e REsp 927.810-RS, DJ 11/6/2007. **REsp 617.002-PR, Rel. Min. José Delgado, julgado em 5/6/2007.** (Inform. STJ 322)

ÁGUA. ESGOTO. NATUREZA JURÍDICA NÃO-TRIBUTÁRIA. SERVIÇO. ESGOTAMENTO SANITÁRIO.
A Turma, ao prosseguir o julgamento, negou provimento ao agravo. A Min. Relatora esclareceu que, se o Tribunal de Justiça reconheceu a não-prestação do serviço de esgotamento sanitário, é impossível, nesta via, admiti-lo para se autorizar a cobrança da tarifa. Por outro lado, consolidada a jurisprudência no sentido de que a contraprestação pelo serviço público de fornecimento de água não tem natureza tributária, revela-se inadmissível o dissídio pretoriano suscitado pela agravante. Precedentes citados: REsp 149.654-SP, DJ 17/10/2002, e REsp 740.967-RS, DJ 28/4/2006. **AgRg no Ag 819.677-RJ, Rel. Min. Denise Arruda, julgado em 15/5/2007.** (Inform. STJ 320)

TRANSPORTE COLETIVO. DELEGAÇÃO. CONCORRÊNCIA PÚBLICA.
A Turma decidiu que é nulo o contrato de concessão de transporte municipal de passageiros firmado sem concorrência pública (art. 4º, III, a, da Lei n. 4.717/1965), o que não dá direito líquido e certo diante de sua inexistência para ser defendido em mandado de segurança. **RMS 23.079-TO, Rel. Min. Eliana Calmon, julgado em 15/5/2007.** (Inform. STJ 320)

TRANSPORTE COLETIVO RODOVIÁRIO. AUTORIZAÇÃO. TÍTULO PRECÁRIO.
A recorrente, empresa de transporte coletivo rodoviário intermunicipal de passageiros, impetrou mandado de segurança contra ato do secretário da Infra-Estrutura estadual, pleiteando a concessão da segurança para declarar a nulidade de termo de permissão condicionada por meio do qual foi concedido o direito de explorar, conjuntamente, o serviço de transporte coletivo urbano de passageiros na linha entre cidades daquele estado. A Turma, ao prosseguir o julgamento, negou provimento ao recurso sob o argumento de que a impetrante, ao ignorar o preceito da necessidade do procedimento licitatório para a concessão/permissão de serviços públicos, pleiteia, pelo remédio heróico, a proteção de um direito líquido e certo inexistente (exclusividade de linha de transporte de passageiros fundamentada em uma permissão precária). Entendeu pela ausência de direito líquido e certo a ser resguardado por mandado de segurança e correta a manutenção do aresto que extinguiu o feito sem o julgamento de mérito. Precedentes citados: REsp 403.905-MG, DJ 6/5/2002; RMS 19.107-MG, DJ 10/10/2005; RMS 19.790-RJ, DJ 16/10/2006, e RMS 12.439-DF, DJ 17/3/2003. **RMS 22.981-TO, Rel. Min. José Delgado, julgado em 17/4/2007.** (Inform. STJ 317)

SUSPENSÃO. ENERGIA ELÉTRICA. FRAUDE. MEDIDOR.
A controvérsia, nos autos, consiste em saber se é possível ou não a interrupção de fornecimento de energia elétrica em razão de inadimplemento de débitos antigos apurados pela concessionária de energia elétrica, que constatou fraude no medidor de consumo de energia. Os valores cobrados referem-se à diferença do consumo médio de energia, considerando os eletrodomésticos da residência do consumidor e os valores pagos durante o período. Destacou-se que a presente hipótese não trata de simples inadimplemento de contas antigas deixadas ao esquecimento da companhia elétrica, mas de lançamento de débito por fraude no medidor da residência da consumidora. A companhia, logo constatada a fraude, buscou cobrar o débito, tendo, inclusive, chegado a efetivar acordo com a usuária, que só pagou duas prestações. Sendo assim, é lícito, na hipótese, a concessionária interromper o fornecimento de energia elétrica, após aviso prévio, se a consumidora não solver a dívida. Porquanto, diante da fraude, não há dúvida quanto à existência de energia consumida que não foi quitada. Isso posto, a Turma, ao prosseguir o julgamento, por maioria, deu provimento ao recurso da companhia. **REsp 806.985-RS, Rel. originário Min. Herman Benjamin, Rel. para acórdão Min. João Otávio de Noronha, julgado em 15/3/2007.** (Inform. STJ 313)

ENERGIA ELÉTRICA. MEDIDOR. QUESTIONAMENTO. CONSUMIDOR. DESCABIMENTO. CORTE.
A Turma, prosseguindo o julgamento, decidiu que, na falta de pagamento de valores referentes a diferenças apuradas e contestadas pelo usuário alegando irregularidades no medidor, descabe o corte no fornecimento da energia elétrica, uma vez que o débito contestado refere-se a valores cobrados em fatura mensal do que foi utilizado efetivamente e do que ficou constando do medidor irregular. Outrossim, configura constrangimento o corte do fornecimento de energia elétrica enquanto pendente a discussão da apuração irregular contestada pelo usuário. Precedentes citados: REsp 793.422-RS, DJ 17/8/2006, e REsp 834.954-MG, DJ 7/8/2006. **REsp 633.722-RJ, Rel. Min. Herman Benjamin, julgado em 13/2/2007.** (Inform. STJ 310)

SÚMULA VINCULANTE STF 19

A taxa cobrada exclusivamente em razão dos serviços públicos de coleta, remoção e tratamento ou destinação de lixo ou resíduos provenientes de imóveis, não viola o artigo 145, II, da Constituição Federal.

SÚMULA STJ Nº 407

É legítima a cobrança da tarifa de água fixada de acordo com as categorias de usuários e as faixas de consumo.

14. PROCESSO ADMINISTRATIVO

RECURSO ADMINISTRATIVO E DEPÓSITO PRÉVIO
A exigência de depósito prévio como condição de admissibilidade de recursos administrativos afigura-se contrária à presente ordem constitucional, inclusive na esfera trabalhista. Com base nessa orientação, o Plenário julgou procedente pedido formulado em argüição de descumprimento de preceito fundamental para declarar não recebido o art. 636, § 1º, da CLT ["*Art. 636. Os recursos devem ser interpostos no prazo de 10 (dez) dias, contados do recebimento da notificação, perante a autoridade que houver imposto a multa, a qual, depois de os informar encaminhá-los-á à autoridade de instância superior. § 1º – O recurso só terá seguimento se o interessado o instruir com a prova do depósito da multa*"]. Em preliminar,

assentou-se a legitimidade ativa da Confederação Nacional do Comércio de Bens, Serviços e Turismo - CNC. No mérito, destacou-se a evolução jurisprudencial do Supremo Tribunal Federal, que, em um primeiro momento, entendia constitucional a exigência de depósito prévio como condição de admissibilidade de recurso administrativo, mas que, posteriormente, passou a reconhecer sua ilegitimidade. Por fim, aduziu-se que a reiteração desse entendimento cominara na edição do Verbete de Súmula Vinculante 21 (*"É inconstitucional a exigência de depósito ou arrolamento prévios de dinheiro ou bens para admissibilidade de recurso administrativo"*). ADPF 156/DF, rel. Min. Cármen Lúcia, 18.8.2011. (ADPF-156) (Inform. STF 636)

ATO ADMINISTRATIVO: CONTRADITÓRIO E AMPLA DEFESA - 1

O Plenário iniciou julgamento de recurso extraordinário em que questionada a legalidade de decisão administrativa por meio da qual foram cancelados 4 qüinqüênios anteriormente concedidos a servidora pública e determinada a devolução dos valores percebidos indevidamente. Na espécie, a servidora recorrida postulara, junto à Administração, averbação de tempo de serviço preteritamente prestado, o que lhe fora deferido. Cerca de 3 anos mais tarde, recebera um comunicado da recorrente com a informação de que os qüinqüênios teriam sido concedidos irregularmente e que o montante a eles vinculado seria debitado de seus vencimentos mensais. O ente federativo sustenta que atuara com fundamento no poder de autotutela da Administração Pública e alude à desnecessidade, na hipótese, de abertura de qualquer procedimento, ou mesmo de concessão de prazo de defesa ao interessado, de modo que, após a consumação do ato administrativo, a este incumbiria recorrer ao Poder Judiciário. O Min. Dias Toffoli, relator, desproveu o recurso. Afirmou que, a partir da CF/88, foi erigido à condição de garantia constitucional do cidadão, quer se encontre na posição de litigante, em processo judicial, quer seja mero interessado, o direito ao contraditório e à ampla defesa. Asseverou que, a partir de então, qualquer ato da Administração Pública capaz de repercutir sobre a esfera de interesses do cidadão deveria ser precedido de procedimento em que se assegurasse, ao interessado, o efetivo exercício dessas garantias. Após discorrer sobre apanhado teórico e jurisprudencial a respaldar essa assertiva, reputou que, no caso, o cancelamento de averbação de tempo de serviço e a ordem de restituição dos valores imposta teriam influído inegavelmente na esfera de interesses da servidora. Dessa maneira, a aludida intervenção estatal deveria ter sido antecedida de regular processo administrativo, o que não ocorrera, conforme reconhecido pela própria Administração. Ressaltou que seria facultado à recorrente renovar o ato ora anulado, desde que respeitados os princípios constitucionais que lhe são inerentes. O Min. Luiz Fux acompanhou o relator e ressaltou que a servidora teria percebido os citados valores de boa-fé, pois o adicional fora deferido administrativamente. Acrescentou que a devolução do que recebido, nessas condições, seria repudiada pelo Tribunal de Contas da União, no Verbete 249 de sua Súmula. Após, pediu vista dos autos a Min. Cármen Lúcia. RE 594296/MG, rel. Min. Dias Toffoli, 31.8.2011. (RE-594296)

Ato administrativo: contraditório e ampla defesa - 2

Em conclusão de julgamento, o Plenário desproveu recurso extraordinário em que questionada a legalidade de decisão administrativa por meio da qual foram cancelados 4 qüinqüênios anteriormente concedidos a servidora pública e determinada a devolução dos valores percebidos indevidamente. O ente federativo sustentava que atuara com fundamento no poder de autotutela da Administração Pública e aludia à desnecessidade, na hipótese, de abertura de qualquer procedimento, ou mesmo de concessão de prazo de defesa à interessada, de modo que, após a consumação do ato administrativo, a esta incumbiria recorrer ao Poder Judiciário — v. Informativo 638. Afirmou-se que, a partir da CF/88, foi erigido à condição de garantia constitucional do cidadão, quer se encontre na posição de litigante, em processo judicial, quer seja mero interessado, o direito ao contraditório e à ampla defesa. Asseverou-se que, a partir de então, qualquer ato da Administração Pública capaz de repercutir sobre a esfera de interesses do cidadão deveria ser precedido de procedimento em que se assegurasse, ao interessado, o efetivo exercício dessas garantias. RE 594296/MG, rel. Min. Dias Toffoli, 21.9.2011.(RE-594296)

Ato administrativo: contraditório e ampla defesa - 3

Reputou-se que, no caso, o cancelamento de averbação de tempo de serviço e a ordem de restituição dos valores imposta teriam influído inegavelmente na esfera de interesses da servidora. Dessa maneira, a referida intervenção estatal deveria ter sido antecedida de regular processo administrativo, o que não ocorrera, conforme reconhecido pela própria Administração. Ressaltou-se que seria facultado à recorrente renovar o ato ora anulado, desde que respeitados os princípios constitucionais. Destacou-se, ademais, que a servidora teria percebido os citados valores de boa-fé, pois o adicional fora deferido administrativamente. A Min. Cármen Lúcia propôs a revisão do Verbete 473 da Súmula do STF (*"A Administração pode anular seus próprios atos, quando eivados de vícios que os tornam ilegais, porque deles não se originam direitos; ou revogá-los, por motivo de conveniência ou oportunidade, respeitados os direitos adquiridos, e ressalvada, em todos os casos, a apreciação judicial"*), com eventual alteração do seu enunciado ou com a concessão de força vinculante, para que seja acrescentada a seguinte expressão *"garantidos, em todos os casos, o devido processo legal administrativo e a apreciação judicial"*. Advertiu que, assim, evitar-se-ia que essa súmula fosse invocada em decisões administrativas eivadas de vícios. RE 594296/MG, rel. Min. Dias Toffoli, 21.9.2011. (RE-594296) (Inform. STF 641)

LEI 9.784/99 E DEMARCAÇÃO DE TERRAS INDÍGENAS

A 1ª Turma desproveu recurso ordinário em mandado de segurança interposto de acórdão do STJ, que entendera legal o procedimento administrativo de demarcação de terras do grupo indígena Guarani Ñandéva. Ao rechaçar a primeira alegação, aludiu-se à jurisprudência pacífica do Supremo no sentido de que o prazo de 5 anos para a conclusão de demarcação de terras indígenas não é decadencial, sendo a norma constante do art. 67 do ADCT meramente programática, a indicar ao órgão administrativo que proceda às demarcações dentro de um prazo razoável. No tocante à aplicação subsidiária da Lei 9.784/99, asseverou-se que o Estatuto do Índio (Lei 6.001/73) seria legislação específica a regulamentar o mencionado procedimento administrativo. No ponto, salientou-se que esta afastaria a incidência de qualquer outra norma de natureza geral. Na seqüência, ressaltou-se inexistir ofensa ao princípio do contraditório e da ampla defesa, porquanto a recorrente manifestara-se nos autos administrativos e apresentara suas razões, devidamente refutadas pela FUNAI. Assentou-se, por fim, não haver que se falar em duplo grau de jurisdição em matéria administrativa. RMS 26212/DF, rel. Min. Ricardo Lewandowski, 3.5.2011. (RMS-26212) (Inform. STF 625)

SERVIÇO PÚBLICO: CESSAÇÃO DE RELAÇÃO JURÍDICA E CONTRADITÓRIO - 2

Em conclusão, a 1ª Turma negou provimento a recurso extraordinário em que se discutia se servidores que não possuíam, à época da promulgação da CF/88, o requisito temporal necessário para a estabilidade prevista no art. 19 do ADCT, poderiam, ou não, ser demitidos sem prévio procedimento administrativo — v. Informativo 553. Considerou-se que a cessação de relação jurídica regida pela CLT, no tocante a servidor público que não detenha estabilidade, dispensaria a formalização de processo administrativo e, portanto, do contraditório. Enfatizou-se que o devido processo administrativo relativo a tal desligamento pressuporia a estabilidade que, inexistente na espécie, permitiria ao ente federal cessar essa relação sem a observância do contraditório. **RE 289321/PR, rel. Min. Marco Aurélio, 2.12.2010.** (RE-289321) (Inform. STF 611)

REGISTRO DE APOSENTADORIA: GARANTIAS CONSTITUCIONAIS E ANISTIA

O Plenário, por maioria, concedeu parcialmente mandado de segurança para anular acórdão do Tribunal de Contas da União - TCU e restabelecer a percepção dos proventos de aposentadoria da impetrante, até que nova decisão seja proferida, em processo no qual lhe sejam garantidos a ampla defesa e o contraditório. Tratava-se, na espécie, de *writ* impetrado contra decisão da Corte de Contas que negara registro à aposentadoria da impetrante ao fundamento de que ela não teria comprovado vínculo com a Administração Pública antes de ser beneficiada por anistia (26.5.89), outorgada com amparo na EC 26/85, em que determinada a sua reintegração ao serviço público. Por conseguinte, o TCU desconstituíra o ato concessivo de anistia e cassara seus efeitos. Salientou-se que a apreciação, para fins de registro, do ato de concessão inicial de aposentadoria da impetrante fora realizada pelo TCU passados mais de 10 anos de sua efetivação. Nesse sentido, rememorou-se a orientação firmada pelo STF no julgamento do MS 26116/DF (j. em 8.9.2010, v. Informativo 599) em que assentada a necessidade de se assegurar aos interessados as garantias do contraditório e da ampla defesa caso decorridos mais de 5 anos da apreciação da legalidade do ato de concessão inicial de aposentadoria, reforma e pensão. Aduziu-se, ainda, que a negativa de registro da aposentadoria invalidara a própria anistia concedida à impetrante 15 anos antes e sem que observados os princípios do contraditório e da ampla defesa. Consignou-se que, se a Administração Pública tivesse, por meio de procedimento administrativo autônomo, procedido à revisão da anistia, teria que proporcionar à impetrante o contraditório e a ampla defesa. Assim, não faria sentido que — no bojo do procedimento de apreciação, para fins de registro, do ato de aposentadoria — pudesse fazê-lo sem considerar essas mesmas garantias. Vencidos os Ministros Marco Aurélio e Joaquim Barbosa que concediam a ordem em maior extensão por não reconhecerem ao TCU a atribuição de examinar a licitude, ou não, da anistia. **MS 26053/DF, rel. Min. Ricardo Lewandowski, 18.11.2010.** (MS-26053) (Inform. STF 609)

PRAZO PARA REGISTRO DE PENSÃO E GARANTIAS DO CONTRADITÓRIO E DA AMPLA DEFESA - 1

O Tribunal iniciou julgamento de mandado de segurança impetrado contra atos do Tribunal de Contas da União - TCU e do Coordenador-Geral de Recursos Humanos do Ministério dos Transportes, que implicaram o cancelamento da pensão especial percebida pela impetrante. De início, acolheu-se a preliminar de ilegitimidade passiva da segunda autoridade apontada como coatora, haja vista que o TCU, que considerara ilegal a pensão concedida, determinara ao Ministério dos Transportes a cessação de seu pagamento. O Min. Carlos Britto, relator, na linha de precedente da Corte no sentido de reconhecer a necessidade de se fixar um tempo médio razoável a ser aplicado aos processos de contas cujo objeto seja o exame da legalidade dos atos concessivos de aposentadorias, reformas e pensões, e afirmar ser possível extrair, dos prazos existentes no ordenamento jurídico brasileiro, o referencial de 5 anos, concedeu a segurança, por entender, tendo em conta que a impetrante vinha recebendo a pensão há quase 10 anos de forma ininterrupta, que o seu benefício não poderia ter sido cessado sem que lhe fosse oportunizado o direito ao contraditório e à ampla defesa. Após, pediu vista dos autos a Min. Ellen Gracie. MS 25403/DF, rel. Min. Carlos Britto, 15.10.2007. (MS-25403)

PRAZO PARA REGISTRO DE PENSÃO E GARANTIAS DO CONTRADITÓRIO E DA AMPLA DEFESA - 2

Em razão de se tratar de matéria idêntica à acima relatada, o Tribunal, em questão de ordem suscitada pela Min. Ellen Gracie, também deferiu medida liminar em mandado de segurança para que sejam suspensos desde logo os efeitos de acórdão do TCU, que implicara o cancelamento da pensão especial percebida pela impetrante, até a proclamação do resultado do julgamento do *writ* — v. Informativo 484. **MS 25403 QO/DF, rel. Min. Ayres Britto, 10.6.2010.** (MS-25403)

PRAZO PARA REGISTRO DE PENSÃO E GARANTIAS DO CONTRADITÓRIO E DA AMPLA DEFESA - 3

Ao aplicar orientação firmada no MS 25116/DF (v. Informativo 599) no sentido de reconhecer a razoabilidade do prazo de 5 anos para que o Tribunal de Contas da União - TCU examine a legalidade dos atos concessivos de aposentadorias, reformas e pensões, o Tribunal, em conclusão de julgamento, por maioria, concedeu parcialmente mandado de segurança. Anulou-se acórdão do TCU no que se refere à impetrante e para o fim de se lhe assegurar a oportunidade do uso das garantias constitucionais do contraditório e da ampla defesa. Tratava-se, na espécie, de *writ* impetrado contra atos do TCU e do Coordenador-Geral de Recursos Humanos do Ministério dos Transportes, que implicaram o cancelamento da pensão especial percebida pela impetrante — v. Informativos 484 e 590. Tendo em conta que ela vinha recebendo a pensão há quase 10 anos de forma ininterrupta, entendeu-se que o seu benefício não poderia ter sido cessado sem que lhe fosse oportunizada manifestação. Vencidos os Ministros Celso de Mello e Cezar Peluso, Presidente, que concediam a ordem totalmente, pronunciando a decadência, e os Ministros Ellen Gracie e Marco Aurélio que a denegavam. **MS 25403/DF, rel. Min. Ayres Britto, 15.9.2010.** (MS-25403) (Inform. STF 600)

PRAZO PARA REGISTRO DE APOSENTADORIA E PRINCÍPIOS DO CONTRADITÓRIO E DA AMPLA DEFESA - 2

O Tribunal retomou julgamento de mandado de segurança impetrado contra decisão do TCU que negara registro ao ato de aposentadoria especial de professor concedida ao impetrante por considerar indevido o cômputo de serviço prestado sem contrato formal e sem o recolhimento das contribuições previdenciárias — v. Informativo 415. Os Ministros Gilmar Mendes, Cármen Lúcia, Ricardo Lewandowski e Joaquim Barbosa acompanharam o relator, concedendo a segurança. Em divergência, os Ministros Marco Aurélio e Sepúlveda Pertence denegaram-na, tendo em conta não se ter ato aperfeiçoado antes da manifestação do TCU pelo registro. O Min. Marco Aurélio ressaltou, também, que a passagem do tempo não transforma um ato complexo em definitivo e que a premissa do contraditório é situação jurídica integrada ao patrimônio do servidor. Salientou, por fim, que se estaria a temperar o Enunciado da Súmula Vinculante 3 do STF, aprovado na sessão de 30.5.2007. Após, pediu vista dos autos a Min. Ellen Gracie. MS 25116/DF, rel. Min. Carlos Britto, 31.5.2007. (MS-25116)

PRAZO PARA REGISTRO DE APOSENTADORIA E PRINCÍPIOS DO CONTRADITÓRIO E DA AMPLA DEFESA - 3

O Tribunal retomou julgamento de mandado de segurança impetrado contra decisão do TCU que negara registro ao ato de aposentadoria especial de professor concedida ao impetrante por considerar indevido o cômputo de serviço prestado sem contrato formal e sem o recolhimento das contribuições previdenciárias — v. Informativos 415 e 469. A Min. Ellen Gracie, em voto-vista, seguiu a divergência e denegou a ordem por entender inaplicável o prazo de 5 anos aos processos em que o TCU aprecia a legalidade do ato de concessão inicial de aposentadoria, reforma ou pensão, nos termos do que disposto pela Súmula Vinculante 3, na sua parte final ("*Nos processos perante o Tribunal de Contas da União asseguram-se o contraditório e a ampla defesa quando da decisão puder resultar anulação ou revogação de ato administrativo que beneficie o interessado, excetuada a apreciação da legalidade do ato de concessão inicial de aposentadoria, reforma e pensão.*"). O Min. Cezar Peluso, por sua vez, reafirmou o voto anterior, com novos argumentos, para conceder a segurança, pronunciando a decadência do ato administrativo de aposentadoria, e cassando, por conseqüência, os efeitos do acórdão do TCU, no que foi acompanhado pelo Min. Celso de Mello. Asseverou que as concessões de reformas, aposentadorias e pensões seriam situações precárias, porquanto provisórias sob o aspecto formal geradas pelo implemento de ato administrativo que, embora, se complexo, seria atípico, não sendo possível negar, dada a especial natureza alimentar, a incorporação dos benefícios ao *modus vivendi* do pensionista ou aposentado. Observou que os ex-servidores e seus dependentes passariam a ostentar desde logo esse *status* e a projetar as suas vidas nos limites de seu orçamento, agora representado pela aposentadoria, reforma ou pensão recebidas sob a presunção de boa-fé. Tendo em conta a peculiaridade do ato, de eficácia imediata, afirmou que, para lhe subtrair ou diminuir as vantagens, se imporia, pelo menos, a possibilidade de exercício das garantias do contraditório e da ampla defesa desde logo. Destacou que o art. 54 da Lei 9.784/99 teria vocação prospectiva, ou seja, o prazo de 5 anos nele fixado teria seu termo inicial na data em que a lei começou a viger. Entretanto, frisou que a vigência do princípio constitucional da segurança jurídica seria bem anterior à Lei 9.784/99 e ele é que tornaria compatível com a Constituição o art. 54 desse diploma quando confrontado com o princípio da legalidade. Dessa forma, as situações que se constituíram anteriormente à entrada em vigor ao art. 54 deveriam ser solucionadas à luz do princípio da segurança jurídica, entendido como o princípio de proteção à confiança ponderado justamente com o princípio da legalidade. Ao salientar que a aposentadoria se dera em 1998, concluiu que sua invalidação, em 2004, ofenderia os princípios da segurança jurídica e da boa-fé na exata medida em que tenderia a desfazer uma situação jurídica subjetiva estabilizada por prazo razoável e de vital importância para o servidor, o qual se aposentara na presunção de validez do ato administrativo. **MS 25116/DF, rel. Min. Ayres Britto, 2.6.2010.** (MS-25116)

PRAZO PARA REGISTRO DE APOSENTADORIA E PRINCÍPIOS DO CONTRADITÓRIO E DA AMPLA DEFESA - 4

Os Ministros Cezar Peluso e Celso de Mello chegaram a cogitar a necessidade de se discutir futuramente acerca da conveniência, ou não, de se alterar a parte final da Súmula Vinculante 3. Após os esclarecimentos quanto aos votos dos Ministros Ayres Britto, relator, Gilmar Mendes, Cármen Lúcia e Ricardo Lewandowski, concedendo a segurança apenas para garantir o contraditório, e dos votos dos Ministros Cezar Peluso e Celso de Mello, que concediam a segurança em maior extensão para reconhecer a decadência, o julgamento foi suspenso para verificar o alcance do voto, proferido em assentada anterior, do Min. Joaquim Barbosa. **MS 25116/DF, rel. Min. Ayres Britto, 2.6.2010.** (MS-25116)

PRAZO PARA REGISTRO DE APOSENTADORIA E PRINCÍPIOS DO CONTRADITÓRIO E DA AMPLA DEFESA - 5

O Tribunal retomou julgamento de mandado de segurança impetrado contra decisão do TCU que negara registro ao ato de aposentadoria especial de professor concedida ao impetrante por considerar indevido o cômputo de serviço prestado sem contrato formal e sem o recolhimento das contribuições previdenciárias — v. Informativos 415, 469 e 589. O Tribunal, tendo em conta o fato de que já se encaminha para a concessão da ordem, estando pendente apenas a definição da sua extensão, resolveu questão de ordem suscitada pela Min. Ellen Gracie, no sentido de deferir medida liminar para que sejam suspensos desde logo os efeitos do acórdão impugnado, até que o julgamento do *writ* possa ser finalizado, a fim de que não haja prejuízo à parte hipossuficiente, requerente do mandado de segurança. **MS 25116 QO/DF, rel. Min. Ayres Britto, 10.6.2010.** (MS-25116)

PRAZO PARA REGISTRO DE APOSENTADORIA E PRINCÍPIOS DO CONTRADITÓRIO E DA AMPLA DEFESA - 6

Em conclusão, o Tribunal, por maioria, concedeu mandado de segurança para anular acórdão do TCU no que se refere ao impetrante e para o fim de se lhe assegurar a oportunidade do uso das garantias constitucionais do contraditório e da ampla defesa. Na situação dos autos, a Corte de Contas negara registro a ato de aposentadoria especial de professor — outorgada ao impetrante — por considerar indevido o cômputo de serviço prestado sem contrato formal e sem o recolhimento das contribuições previdenciárias — v. Informativos 415, 469, 589 e 590. Não obstante admitindo o fato de que a relação jurídica estabelecida no caso se dá entre o TCU e a Administração Pública, o que, em princípio, não reclamaria a audição da parte diretamente interessada, entendeu-se, tendo em conta o longo decurso de tempo da percepção da aposentadoria até a negativa do registro (cinco anos e oito meses), haver direito líquido e certo do impetrante de exercitar as garantias do contraditório e da ampla defesa. Considerou-se, ao invocar os princípios da segurança jurídica e da lealdade, ser imperioso reconhecer determinadas situações jurídicas subjetivas em face do Poder Público. Salientou-se a necessidade de se fixar um tempo médio razoável a ser aplicado aos processos de contas cujo objeto seja o exame da legalidade dos atos concessivos de aposentadorias, reformas e pensões, e afirmou-se poder se extrair, dos prazos existentes no ordenamento jurídico brasileiro, o referencial de cinco anos. Com base nisso, assentou-se que, transcorrido *in albis* o prazo qüinqüenal, haver-se-ia de convocar o particular para fazer parte do processo de seu interesse. **MS 25116/DF, rel. Min. Ayres Britto, 8.9.2010.** (MS-25116)

PRAZO PARA REGISTRO DE APOSENTADORIA E PRINCÍPIOS DO CONTRADITÓRIO E DA AMPLA DEFESA - 7

Vencidos, em parte, os Ministros Celso de Mello e Cezar Peluso, que concediam a segurança em maior extensão ao fundamento de que, após o prazo decadencial de cinco anos, a Corte de Contas perderia o direito de analisar a legalidade da aposentadoria e de proceder ao respectivo registro. Vencidos, também, os Ministros Marco Aurélio, Ellen Gracie e Sepúlveda Pertence, que denegavam a ordem, por não se ter ato aperfeiçoado antes da manifestação do TCU pelo registro. Ademais, o Min. Marco Aurélio salientava que se estaria a temperar a Súmula Vinculante 3 (*"Nos processos perante o Tribunal de Contas da União asseguram-se o contraditório e a ampla defesa quando da decisão puder resultar anulação ou revogação de ato administrativo que beneficie o interessado, excetuada a apreciação da legalidade do ato de concessão inicial de aposentadoria, reforma e pensão"*). **MS 25116/DF, rel. Min. Ayres Britto, 8.9.2010.** (MS-25116) (Inform. STF 599)

SUPRESSÃO DE GRATIFICAÇÃO E CONTRADITÓRIO

O Tribunal iniciou julgamento de mandado de segurança impetrado contra ato do Tribunal de Contas da União - TCU que suprimira, sem observância do contraditório, vantagem pessoal incorporada aos vencimentos do impetrante. No caso, após ocupar o cargo de analista de finanças do Ministério da Fazenda, o impetrante integrara-se ao quadro funcional do TCU, sendo-lhe deferida a averbação do tempo de serviço prestado em função comissionada no citado Ministério, para fins de vantagem pessoal ("quintos"). Requer o servidor a nulidade do ato administrativo que implicara a revogação dessa vantagem. Inicialmente, rejeitou-se a preliminar suscitada pelo Min. Marco Aurélio, relator, sobre a ausência de quórum para julgamento de matéria constitucional. Em seguida, o relator afastou as preliminares de incompetência do STF para julgar o *writ*, dado que a autoridade apontada como coatora seria o Presidente do TCU, e de decadência, porquanto impetrado dentro do prazo legal. No mérito, concedeu a segurança para assentar a nulidade do processo. Aduziu que o impetrante alcançara situação remuneratória posteriormente retirada do cenário jurídico sem que se lhe desse oportunidade para manifestar-se. Enfatizou que a Corte já proclamara que a anulação de ato administrativo cuja formalização haja repercutido no campo de interesses individuais não prescinde da observância da instauração de processo administrativo que viabilize a audição daquele que teria a situação jurídica modificada. Salientou que cumpriria dar ciência ao servidor, não vingando a óptica segundo a qual a autotutela administrativa poderia afastar o próprio direito de defesa, pouco importando a observância dos cinco anos previstos na Lei 9.784/99. Consignou, ainda, que o vício não teria sido convalidado com o fato de o impetrante ter interposto, depois de já estar decidido o processo que implicara a glosa do direito, recurso para a autoridade maior. Após, o julgamento foi suspenso com o pedido de vista do Min. Dias Toffoli. **MS 25399/DF, rel. Min. Marco Aurélio, 17.2.2010.** (MS-25399) (Inform. STF 575)

REDUÇÃO DE PROVENTOS: DEVOLUÇÃO DE PARCELAS E CONTRADITÓRIO - 1

O Tribunal iniciou julgamento de mandado de segurança coletivo impetrado pela Associação Nacional de Delegados de Polícia Federal - ADPF e outra no qual se questiona ato do Tribunal de Contas da União - TCU que suspendera o pagamento da Gratificação de Atividade pelo Desempenho de Função - GADF — recebida cumulativamente com parcela relativa a décimos e quintos — a aposentados e pensionistas filiados daquela entidade e determinara a devolução do montante recebido a tal título nos últimos cinco anos. A impetrante afirma a boa-fé dos favorecidos e sustenta que a Administração teria decaído do direito de anular os atos administrativos praticados, ante a passagem de mais de cinco anos (Lei 9.784/99, art. 54). Alega que seus filiados seriam beneficiários porque obtiveram o direito antes da derrogação do art. 193 da Lei 8.112/90 [*"O servidor que tiver exercido função de direção, chefia, assessoramento, assistência ou cargo em comissão, por período de 5 (cinco) anos consecutivos, ou 10 (dez) anos interpolados, poderá aposentar-se com a gratificação da função ou remuneração do cargo em comissão, de maior valor, desde que exercido por um período mínimo de 2 (dois) anos."*] e que teria havido lesão ao devido processo legal. Inicialmente, rejeitou-se a preliminar suscitada pelo Min. Marco Aurélio, relator, sobre a ausência de quórum para julgamento da matéria constitucional. **MS 25561/DF, rel. Min. Marco Aurélio, 17.2.2010.** (MS-25561)

REDUÇÃO DE PROVENTOS: DEVOLUÇÃO DE PARCELAS E CONTRADITÓRIO - 2

Em seguida, o relator, após rejeitar a preliminar de decadência, reputou parcialmente procedente a de ilegitimidade das impetrantes relativamente às pensionistas, pois, diferentemente do que ocorreria com os inativos — que não perdem a qualidade de associados —, quanto a elas, não existiria previsão no estatuto da ADPF, sendo certa tal perda pelo associado falecido. No mérito, indeferiu o *writ*. Consignou a reiteração de pronunciamentos do Supremo no sentido de não se exigir, quanto à tramitação do processo de aposentadoria, a bilateralidade, o contraditório, a audição do servidor envolvido, citando o Verbete Vinculante 3 (*"Nos processos perante o Tribunal de Contas da União asseguram-se o contraditório e a ampla defesa quando da decisão puder resultar anulação ou revogação de ato administrativo que beneficie o interessado, excetuada a apreciação da legalidade do ato de concessão inicial de aposentadoria, reforma e pensão."*). No tocante à acumulação das parcelas, asseverou que a Lei 8.538/92 fora explícita ao afastá-la (*"Art. 6º A Gratificação de Atividade pelo Desempenho de Função - GADF não poderá ser paga cumulativamente com a parcela incorporada nos termos do § 1º do art. 14 da Lei Delegada nº 13/92, com a redação dada pelo art. 5º desta lei, ressalvado o direito de opção cujos efeitos vigoram a partir de 1/11/92."*), evitando-se que parcelas integrantes da remuneração tivessem o mesmo móvel e incidências recíprocas. Mencionou, a propósito, haver o reconhecimento de que a GADF serviria de base ao cálculo de parcelas denominadas "quintos". Enfatizou, ademais, que o conflito retratado na espécie não envolveria incorporação, mas sim ausência do direito à cumulatividade, o que tornaria irrelevante a incorporação anteriormente versada no art. 193 da Lei 8.112/90. Quanto à devolução das parcelas recebidas, assinalou que a Administração Pública faz-se regida pelo princípio da legalidade estrita e que somente podem ser satisfeitos valores quando previstos em lei. Na situação dos autos, aduziu que o próprio diploma que instituíra o direito à GADF excluíra a percepção cumulativa e que o TCU assentara no acórdão impugnado que o tema deveria ser apreciado em cada caso concreto. Após, pediu vista dos autos o Min. Dias Toffoli. **MS 25561/DF, rel. Min. Marco Aurélio, 17.2.2010.** (MS-25561) (Inform. STF 575)

ALTERAÇÃO DE APOSENTADORIA: ADITAMENTO E DESNECESSIDADE DE CONTRADITÓRIO

O Tribunal indeferiu mandado de segurança impetrado contra ato do Tribunal de Contas da União - TCU que, sem prévia manifestação do impetrante, excluíra dos seus proventos de aposentadoria o pagamento de "quintos". Na espécie, a Corte de Contas reputara legal a aposentação originária do impetrante, ocorrida em 1995. Entretanto, em 1997, a fundação que concedera a aposentadoria ao impetrante incluíra, de maneira superveniente, o pagamento de "quintos", parcela remuneratória esta não examinada naquela oportunidade, por não constar do processo. Ocorre que, submetida tal inclusão ao TCU, este a considerara ilegal ante a insuficiência de tempo de serviço do impetrante para auferi-la. Inicialmente, rejeitou-se a preliminar suscitada pelo Min. Marco Aurélio, relator, sobre a ausência de quórum para julgamento da matéria constitucional. Em seguida, afastou-se a preliminar de decadência ao fundamento de que o prazo de cinco anos previsto no art. 54 da Lei 9.784/99 teria sido observado. No ponto, ressaltando que o ato de aposentadoria seria complexo, aduziu-se que o termo *a quo* para a contagem do referido prazo seria a data em que aperfeiçoada aquela. No mérito, consignou-se que, na situação dos autos, fora encaminhada ao TCU alteração introduzida posteriormente nos proventos de aposentadoria do impetrante e que o órgão competente glosara o que praticado na origem, modificando os parâmetros da aposentadoria então registrada. Mencionou-se, ademais, que o procedimento referente à alteração estaria ligado ao registro. Asseverou-se que, uma vez procedido o registro da aposentadoria pelo TCU, fixando-se certos parâmetros a nortearem os proventos, alteração realizada pelo órgão de origem em benefício do aposentado implicaria aditamento e, então, não haveria necessidade de estabelecer-se contraditório. **MS 25525/DF, rel. Min. Marco Aurélio, 17.2.2010.** (MS-25525) (Inform. STF 575)

RECURSO ADMINISTRATIVO E DEPÓSITO PRÉVIO - 2

É inconstitucional a exigência de depósito prévio como condição de admissibilidade de recurso na esfera administrativa. Nesse sentido, o Tribunal, por maioria, deu provimento a recurso extraordinário interposto contra acórdão do Tribunal Regional Federal da 5ª Região, e declarou a inconstitucionalidade do art. 33, § 2º, do Decreto 70.235/72, na redação do art. 32 da Medida Provisória 1.699-41/98, convertida na Lei 10.522/2002 — v. Informativo 423. Entendeu-se que a exigência do depósito ofende o art. 5º, LV, da CF — que assegura aos litigantes, em processo judicial ou administrativo, e aos acusados em geral, o contraditório e a ampla defesa, com os meios e recursos a ela inerentes —, bem como o art. 5º, XXXIV, a, da CF, que garante o direito de petição, gênero no qual o pleito administrativo está inserido, independentemente do pagamento de taxas. Vencido o Min. Sepúlveda Pertence que, reportando-se ao voto que proferira no julgamento da ADI 1922 MC/DF (DJU de 24.11.2000), negava provimento ao recurso, ao fundamento de que exigência de depósito prévio não transgride a Constituição Federal, porque esta não prevê o duplo grau de jurisdição administrativa. RE 388359/PE, rel. Min. Marco Aurélio, 28.3.2007. (RE-388359)

RECURSO ADMINISTRATIVO E DEPÓSITO PRÉVIO - 3

Com base na orientação fixada no julgamento acima relatado, o Tribunal, por maioria, negou provimento a dois recursos extraordinários interpostos pelo Instituto Nacional do Seguro Social - INSS contra acórdão do Tribunal Regional Federal da 3ª Região, e declarou a inconstitucionalidade dos §§ 1º e 2º do art. 126 da Lei 8.213/91, com a redação da Medida Provisória 1.608-14/98, convertida na Lei 9.639/98 — v. Informativo 323. Vencido, pelos mesmos fundamentos do caso anterior, o Min. Sepúlveda Pertence. RE 389383/SP, rel. Min. Marco Aurélio, 28.3.2007. (RE-389383) RE 390513/SP, rel. Min. Marco Aurélio, 28.3.2007. (RE-390513)

RECURSO ADMINISTRATIVO E DEPÓSITO PRÉVIO - 4

Na linha da jurisprudência firmada no julgamento dos recursos extraordinários antes referidos, o Tribunal deu provimento a dois agravos regimentais em agravos de instrumento, e, convertendo-os em recursos extraordinários, deu-lhes provimento para declarar a inconstitucionalidade do art. 250 do Decreto-lei 5/75, com a redação da Lei 3.188/99, ambos do Estado do Rio de Janeiro. O Min. Sepúlveda Pertence, relator, fez ressalva quanto aos fundamentos de seu voto vencido nesses recursos extraordinários. AI 398933AgR/RJ, rel. Min. Sepúlveda Pertence, 28.3.2007. (AI-398933) AI 408914 AgR/RJ, rel. Min. Sepúlveda Pertence, 28.3.2007. (AI-408914) (Inform. STF 461)

RECURSO ADMINISTRATIVO E DEPÓSITO PRÉVIO - 5

O Tribunal deliberou retificar a proclamação da assentada anterior (v. Informativo 461) para constar que, por maioria, deu provimento ao recurso extraordinário para declarar a inconstitucionalidade do § 2º do art. 33 do Decreto 70.235/72, com a redação dada pelo artigo 32 da Lei 10.522/2002, originária da Medida Provisória 1.863-51/99 e reedições. Vencido o Min. Sepúlveda Pertence. RE 388359/PE, rel. Min. Marco Aurélio, 2.4.2007. (RE-388359)

RECURSO ADMINISTRATIVO E DEPÓSITO PRÉVIO - 6

O Tribunal deliberou retificar a proclamação da assentada anterior (v. Informativo 461) para constar que, por maioria, negou provimento aos recursos extraordinários, declarando a inconstitucionalidade dos §§ 1º e 2º do art. 126 da Lei 8.213/91, com as redações dadas pelo art. 10 da Lei 9.639/98, originária da Medida Provisória 1.608-14/98. Vencido o Min. Sepúlveda Pertence. RE 389383/SP, rel. Min. Marco Aurélio, 2.4.2007. (RE-389383) RE 390513/SP, rel. Min. Marco Aurélio, 2.4.2007. (RE-390513)

RECURSO ADMINISTRATIVO E DEPÓSITO PRÉVIO - 7

O Tribunal deliberou retificar a proclamação da assentada anterior (v. Informativo 461) para constar que deu provimento aos agravos regimentais, convertendo-os em recursos extraordinários e dando-lhes provimento para declarar a inconstitucionalidade do art. 250 do Decreto-lei 5/75, com as redações sucessivamente ditadas pela Lei 3.188/99, e pela Lei 3.344/99, todos do Estado do Rio de Janeiro. AI 398933 AgR/RJ, rel. Min. Sepúlveda Pertence, 2.4.2007. (AI-398933) AI 408914 AgR/RJ, rel. Min. Sepúlveda Pertence, 2.4.2007. (AI-408914) (Inform. STF 462)

RECURSO ADMINISTRATIVO E ARROLAMENTO DE BENS - 1

O Tribunal julgou duas ações diretas propostas pelo Conselho Federal da Ordem dos Advogados do Brasil e pela Confederação Nacional da Indústria - CNI, nas quais se objetivava a declaração de inconstitucionalidade do art. 32 da Medida Provisória 1.699-41/98, que deu nova redação ao art. 33, § 2º, do Decreto 70.235/72, e do art. 33, *caput*, e parágrafos da referida Medida Provisória. O primeiro artigo contestado prescrevia depósito de, no mínimo, 30% da exigência fiscal como condição para conhecimento de recurso voluntário pelo Conselho de Contribuintes, tendo sido alterado pela lei de conversão (Lei 10.522/2002), que substituiu o depósito prévio pelo arrolamento de bens. O segundo artigo em questão estabelecia o prazo de 180 dias, a partir da intimação da decisão da 1ª instância administrativa, para que o contribuinte exercesse o direito de pleitear judicialmente a desconstituição da exigência fiscal nela fixada. ADI 1922/DF, rel. Min. Joaquim Barbosa, 28.3.2007. (ADI-1922) ADI 1976/DF, rel. Min. Joaquim Barbosa, 28.3.2007. (ADI-1976)

RECURSO ADMINISTRATIVO E ARROLAMENTO DE BENS - 2

Preliminarmente, o Tribunal considerou prejudicada a ação ajuizada pela CNI no que se refere ao art. 33, *caput* e parágrafos, da norma impugnada, haja vista que, depois da concessão da liminar, teria ocorrido alteração do quadro normativo inicialmente impugnado, não havendo dispositivos idênticos ou similares nas reedições da Medida Provisória ou na lei de conversão, o que inviabilizaria o controle. Também reconheceu o prejuízo da ação proposta pelo Conselho Federal da OAB, por falta de aditamento relativamente à lei de conversão. Afastou, ainda, a preliminar de prejudicialidade da ação proposta pela CNI em relação ao art. 32 da aludida Medida Provisória, por entender que a substituição do depósito prévio pelo arrolamento de bens não implicara alteração substancial do conteúdo da norma impugnada. Asseverou, no ponto, que a obrigação de arrolar bens criara a mesma dificuldade que depositar quantia para recorrer administrativamente. Considerou superada, ademais, a análise dos requisitos de relevância e urgência da Medida Provisória 1.699-41/98, em virtude de sua conversão em lei. Quanto ao mérito, o Tribunal julgou procedente o pedido formulado para declarar a inconstitucionalidade do art. 32 da Medida Provisória 1.699-41/98, convertida na Lei 10.522/2002, reportando-se à orientação firmada nos recursos extraordinários 388359/PE, 389383/SP e 390513/SP anteriormente mencionados. O Min. Sepúlveda Pertence também fez ressalva quanto aos fundamentos de seu voto vencido nesses recursos extraordinários. ADI 1922/DF, rel. Min. Joaquim Barbosa, 28.3.2007. (ADI-1922) ADI 1976/DF, rel. Min. Joaquim Barbosa, 28.3.2007. (ADI-1976) (Inform. STF 461)

SINDICÂNCIA. FALTA GRAVE. OITIVA. AUSÊNCIA. ADVOGADOS. NULIDADE.

Foi instaurada sindicância para apuração do cometimento de falta grave imputada ao paciente em sede de execução penal; ao final reconheceu-se o cometimento da falta grave (posse de aparelho celular dentro do presídio), contudo sem a presença do defensor quando da oitiva do acusado. A Turma entendeu não aplicável a Súmula vinculante n. 5 do STF, pois os precedentes que a embasam estão vinculados ao Direito Administrativo. Não se está a tratar de um mero procedimento administrativo disciplinar em que um sujeito sobre o qual recai a suspeita de uma falta pode, investido de plenos poderes, exercer seus direitos e prerrogativas e demonstrar sua inocência. Diante das condições a que submetidos os detentos, qualquer tentativa de equiparação com os sujeitos que, do lado de cá das grades, podem, *per si*, fazer valer a dignidade da pessoa humana, soa descontextualizado. Daí a Turma concedeu a ordem para, cassando o acórdão atacado, anular a sindicância. **HC 193.321-SP, Rel. Min. Maria Thereza de Assis Moura, julgado em 31/5/2011.** (Inform. STJ 475)

REPETITIVO. DECADÊNCIA. REVISÃO. INSS.

Conforme precedentes, os atos administrativos praticados antes da Lei n. 9.784/1999 podem ser revistos pela Administração a qualquer tempo, pois antes inexistia norma legal quanto a haver prazo para tal iniciativa, entendimento aceito pelo Min. Relator com ressalvas. Dessa forma, o prazo decadencial de cinco anos somente incide após o advento da referida lei que o previu e seu termo inicial é a data de sua vigência (1º/2/1999). Contudo, antes de transcorridos esses cinco anos, a matéria foi disciplinada, no âmbito previdenciário, pela MP n. 138/2003, convertida na Lei n. 10.839/2004, que acrescentou o art. 103-A à Lei n. 8.213/1991 e fixou em 10 anos o prazo decadencial para o INSS rever seus atos que produzam efeitos favoráveis a seus beneficiários. No caso, o benefício foi concedido em 30/7/1997 e a revisão administrativa foi iniciada em janeiro de 2006. Assim, o prazo decadencial de 10 anos não se consumou. Diante disso, a Seção entendeu afastar a decadência e remeter os autos ao TRF para que analise a alegação de falta de contraditório e ampla defesa no procedimento que resultou na suspensão do benefício previdenciário do autor. **Precedente citado: MS 9.112-DF, DJ 14/11/2005. REsp 1.114.938-AL, Rel. Min. Napoleão Nunes Maia Filho, julgado em 14/4/2010.** (Inform. STJ 430)

CTB. MULTA. APRESENTAÇÃO. RESPONSÁVEL. JUÍZO.
Em juízo, o proprietário de veículo tem direito de demonstrar que não o conduzia por ocasião do cometimento da infração, mesmo que tenha perdido o prazo administrativo de 15 dias para apresentar o responsável, conforme disposto no art. 257, § 7º, do CTB. Explicou o Min. Relator que o prazo do citado artigo é medida meramente administrativa, instituída para frear a busca incessante da verdade material e compatibilizá-la com a necessidade da Administração Pública que, no caso, é a aplicação de sanções de trânsito. Mas, se, em sede judicial, o proprietário não pudesse demonstrar que não era o condutor do veículo, isso seria desconsiderar o art. 5º, XXXV, da CF/1988. Observou que, na espécie, o acórdão recorrido reconheceu, de forma inequívoca, que o condutor que cometeu a infração, inclusive, requereu a transferência de pontuação à sua carteira nacional de habilitação (CNH). Destacou, ainda, que a ilegitimidade passiva alegada não foi submetida ao crivo das instâncias ordinárias, o que seria caso de reconhecer a ausência de prequestionamento; porém, por se tratar de matéria de ordem pública e o STJ ter que debater a violação do art. 257, § 7º, do CTB, manifestou-se sobre o tema para dele não conhecer, incidindo ao caso, por analogia, as súmulas ns. 280 e 284, ambas do STF. **REsp 765.970-RS, Rel. Min. Mauro Campbell, julgado em 17/9/2009.** (Inform. STJ 407)

VEÍCULO. PERDIMENTO. PROPORCIONALIDADE.
O valor das mercadorias apreendidas em razão da irregular importação era cerca de seis vezes menor do que o valor do veículo apreendido que as transportava. Assim, por inobservância dos princípios da proporcionalidade e razoabilidade, há que ser afastada a pena de perdimento do veículo. Precedentes citados: REsp 1.022.319-SC, DJe 3/6/2009; REsp 550.552-PR, DJ 31/5/2004; REsp 508.322-PR, DJ 19/12/2003, e REsp 319.813-RS, DJ 17/3/2003. **REsp 1.072.040-PR, Rel. Min. Benedito Gonçalves, julgado em 8/9/2009.** (Inform. STJ 406)

MS. DECADÊNCIA. RECURSO ADMINISTRATIVO.
A sociedade anônima impetrante insurge-se contra suposto ato ilegal e abusivo de ministro de Estado que julgou prejudicado seu recurso administrativo hierárquico, isso ao reconhecer a decadência de seu direito de desconstituir o alvará que concedeu à diversa empresa de mineração a autorização de pesquisa na área sobre a qual a impetrante, anteriormente, havia também requerido autorização. Pede a cassação da decisão combatida, o afastamento da decadência e o provimento de seu recurso hierárquico, com a anulação do alvará concedido. Porém, desses pedidos, somente o afastamento da decadência e a consequente anulação da decisão podem ser examinados via *mandamus*. Quanto a isso, o ato tido por coator embasou-se na desídia do impetrante em deixar paralisado o processo por um longo tempo e no decurso de mais de cinco anos entre a expedição do alvará e a interposição do recurso hierárquico (art. 54 da Lei n. 9.784/1999). Sucede que, pelos fatos narrados nas informações pela própria autoridade impetrada, vê-se que os autos do processo administrativo ficaram desaparecidos por tanto tempo em razão da própria desorganização interna do departamento por eles responsável, o que, decerto, não pode ser atribuído à impetrante, e que nem sequer três anos transcorreram da data da publicação do alvará e sua impugnação pela impetrante. Daí se conceder, em parte, a segurança, tão somente para anular o julgamento do recurso administrativo e determinar que outro seja proferido com exame das questões de mérito nele contidas. **MS 14.037-DF, Rel. Min. Castro Meira, julgado em 12/8/2009.** (Inform. STJ 402)

REPETITIVO. MULTA. APREENSÃO. VEÍCULO.
A Seção, ao julgar recurso repetitivo de controvérsia (art. 543-c do CPC e REs. n. 8/2008-STJ), reafirmou que a autoridade administrativa não pode exigir o pagamento de multas das quais o condutor não tenha sido notificado, uma vez que a exigibilidade pressupõe a notificação do interessado, que poderá impugnar a penalidade ou dela recorrer, resguardando-se o devido processo legal e a ampla defesa. Se a multa está vencida, pode exigir o pagamento para a liberação do veículo apreendido, quer por ter-se esgotado o prazo de defesa sem impugnação, quer por já ter sido julgada a impugnação ou o recurso administrativo. Caso não vencida, seja porque o condutor ainda não foi notificado, seja porque a defesa administrativa ainda está em curso, não pode a administração condicionar a liberação do veículo ao pagamento de multa. Quanto ao prazo de permanência no depósito, não há qualquer limitação temporal (art. 271 do CTB), contudo as taxas de estada só poderão ser cobradas até os primeiros 30 dias da permanência no depósito. **REsp 1.104.775-RS, Rel. Min. Castro Meira, julgado em 24/6/2009.** (Inform. STJ 400)

RESP. AÇÃO ANULATÓRIA. ATO ADMINISTRATIVO.
In casu, trata-se originariamente de ação anulatória ajuizada pelo estado membro contra decisão administrativa do TJ proferida pelo seu Pleno, que, ao julgar recurso administrativo de uma servidora, reconheceu o direito dela de continuar a receber a gratificação de nível universitário prevista em lei estadual. A ação foi julgada procedente, contudo o tribunal *a quo*, em apelação, assentou que a decisão exarada no mencionado recurso administrativo não era impugnável por meio de ação, mas sim de recurso, por entender que o ato administrativo emanado do tribunal tinha natureza judicial. Diante disso, a Turma entendeu mostrar-se evidente que o ato impugnado na referida ação anulatória não possui natureza judicial, mas sim administrativa, caso em que se aplica, por analogia, a Súm. n. 733-STF, que impede a interposição dos recursos especiais e extraordinários contra decisões de cunho administrativo emanadas dos tribunais. Assim, o fundamento do acórdão recorrido de carência de ação não merece prevalecer, pois não se está diante da ação anulatória de ato judicial, prevista no art. 486 do CPC, a despeito da identidade do *nomen juris* utilizado, mas sim anulação de ato administrativo. Nesse contexto, deu-se provimento ao recurso especial, determinando o retorno dos autos ao tribunal de origem para que examine a apelação interposta contra a sentença que julgou procedente a ação anulatória. Precedente citado: REsp 697.225-RN, DJ 13/2/2006. **REsp 730.947-AC, Rel. Min. Laurita Vaz, julgado em 16/6/2009.** (Inform. STJ 399)

AGRG. PROCESSO ADMINISTRATIVO. AVISO. RECEBIMENTO.
O impetrante requereu que o seu cargo fosse transposto para o quadro da Advocacia-Geral da União sendo instaurado o processo. Seu pedido foi indeferido e determinada a devolução dos autos para que fosse dada ciência a ele. No caso, houve a expedição de ofício, mas não constou dos autos documento demonstrando a data do recebimento daquele. A Min. Relatora entendia que o ato impugnado pelo *mandamus* fora editado em 3/5/2006. Em 17/5/2006, foi expedido o ofício e, no dia 19 subseqüente, o impetrante requereu vista dos autos "para as providências legais cabíveis", infere-se que tinha ciência da negativa de seu pleito. Assim, decidiu que a impetração teria ocorrido depois de escoado o prazo de cento e vinte dias a que alude o art. 18 da Lei n. 1.533/1951. Para o Min. Nilson Naves, não há nos autos nenhum elemento que comprove que o ofício foi efetivamente expedido e nenhum que indique a data em que tal documento foi recebido pelo servidor. A teor do § 3º do art. 26 da Lei n. 9.784/1999, pouco importa o meio escolhido pela Administração para intimação do interessado, desde que se assegure a certeza da ciência. Não se pode decidir apenas na suposição de que o interessado teria sido cientificado antes de formular o pedido de vista do processo. A própria lei diz que, se a opção da Administração foi a de cientificar o servidor por via postal, deve fazê-lo mediante aviso de recebimento, o que não há, *in casu*, nos autos e isso inviabiliza a definição sobre a data em que se deu a ciência. Isso posto, a Seção, por maioria, deu provimento ao agravo para que se julgue o mérito do mandado de segurança, afastando a alegada decadência. **AgRg no MS 12.266-DF, Rel. originária Min. Jane Silva (Desembargadora convocada do TJ-MG), Rel. para acórdão Min. Nilson Naves, julgado em 10/9/2008.** (Inform. STJ 367)

HD. LEGITIMIDADE. VIÚVA. DEMORA. ADMINISTRAÇÃO.
O cônjuge supérstite tem legitimidade para impetrar *habeas data* em defesa do interesse do falecido. A utilização desse instrumento relaciona-se diretamente a uma pretensão resistida consubstanciada na recusa de a autoridade responder, implícita ou explicitamente, a seu pedido, daí a razão da Súm. n. 2-STJ. Dessa forma, a demora de atender o pedido formulado administrativamente (mais de um ano) não é razoável, quanto mais ao considerar-se a idade avançada da impetrante, tudo a impor a concessão da ordem. Precedente citado do STF: RHD 22-DF, DJ 1º/9/1995. **HD 147-DF, Rel. Min. Arnaldo Esteves Lima, julgado em 12/12/2007.** (Inform. STJ 342)

MS. COMISSÃO. ANISTIA. PRESIDENTE. PARTICIPAÇÃO.
Em preliminar, ao prosseguir o julgamento, a Seção reconheceu a legitimidade da autoridade apontada como coatora, o ministro de Justiça, que, ao negar provimento a recurso administrativo do ora impetrante, atraiu para si a responsabilidade pelo ato praticado pela Comissão de Anistia. Quanto ao mérito, considerou que o presidente da Comissão poderia participar dos debates sem que esse ato consistisse coação ou excesso de poder, como alegado no mandado de segurança, uma vez que pode até ser chamado a votar em caso de empate, como previsto na norma regimental, e porque é o presidente, também integrante daquele órgão julgador. **MS 12.534-DF, Rel. Min. Herman Benjamin, julgado em 14/11/2007.** (Inform. STJ 339)

AUTO DE INFRAÇÃO. COMISSÃO PARLAMENTAR. CARÁTER DECLARATÓRIO.

Trata-se de mandado de segurança em que o impetrante contesta o ato de presidente de comissão parlamentar de Assembléia Legislativa estadual que lavrou autos de infração por violação da Lei n. 3.162/1999 do Estado do Rio de Janeiro. Segundo essa lei, é obrigatória a instalação de equipamentos para monitoração e gravação eletrônica de imagem, por meio de circuito fechado de televisão, nas agências bancárias daquele estado. Os autos de infração lavrados por autoridade do Legislativo apenas verificam a existência de violação da lei estadual referida, não cominando ao recorrente qualquer sanção, nem mesmo advertência. O valor dos autos de infração é meramente declaratório de uma situação fática e a conseqüência penal administrativa deve ser tomada pela Administração. Não ficou comprovado nos autos qualquer abuso ou desvio de poder por parte da autoridade tida como coatora, que apenas atuou nos limites estritos de suas atribuições. Assim, a Turma acolheu os embargos sem efeitos modificativos. **EDcl no RMS 12.920-RJ, Rel. Min. Humberto Martins, julgados em 6/11/2007.** (Inform. STJ 338)

RECURSO ADMINISTRATIVO. DEPÓSITO PRÉVIO.

Quanto à interposição de recurso administrativo sem o recolhimento prévio do depósito de que trata o art. 126, § 1º, da Lei n. 8.213/1991, com a redação dada pela Lei n. 10.684/2003, este Superior Tribunal e o STF entendiam, de forma iterativa, que a exigência do depósito prévio recursal era legal e constitucional. Todavia, no julgamento da ADI n. 1.976-7-DF, o STF reviu sua posição e afastou a exigência do depósito prévio em recursos administrativos. Considerou-se que a limitação do depósito prévio para levar o processo administrativo ao Conselho do Contribuinte apresenta-se como uma obstrução ao direito de defesa, afetando diretamente os direitos e garantias individuais. Assim, diante da posição adotada pelo STF, a exigência do depósito prévio de trinta por cento do valor da dívida como requisito para a interposição de recurso administrativo não mais pode prevalecer, sob pena de que seja esvaziado o direito dos administrados de recorrerem administrativamente. Precedentes citados do STF: RE 311.023-3-RJ, DJ 26/10/2001, e ADIn 1.976-7-DF, DJ 5/6/2007; do STJ: AgRg no RMS 14.030-RJ, DJ 9/9/2002. **AgRg no Ag 829.932-SP, Rel. Min. João Otávio de Noronha, julgado em 20/9/2007.** (Inform. STJ 332)

RECURSO ADMINISTRATIVO. DEPÓSITO PRÉVIO.

Trata-se de recurso contra acórdão que considerou legal a exigência de depósito prévio do valor da multa para a interposição de recurso administrativo. O Min. Relator aduziu que o fato de se condicionar a interposição de recurso administrativo a depósito prévio da multa devida em decorrência da possível infração afronta claramente o princípio da ampla defesa, assegurado pela Carta Magna, porquanto, havendo impossibilidade de se efetuar o depósito, a defesa do requerido, na instância administrativa, fica cerceada. Isso posto, a Turma deu provimento ao recurso. Precedentes citados do STF: AC 1.566-MG, DJ 27/4/2007; ADI 1.073-DF, DJ 28/5/2001; do STJ: AgRg no Ag 112.789-PA, DJ 30/6/1997, e RMS 240-SP, DJ 1º/6/1992. **REsp 943.116-SP, Rel. Min. José Delgado, julgado em 19/6/2007.** (Inform. STJ 324)

ANISTIA. EMPREGADOS. EBTU.

Os recorrentes ex-empregados da empresa brasileira de transportes urbanos – EBTU devem ser reintegrados, pois, para que a Portaria n. 69/1999, que anulou o ato administrativo anterior (Portaria n. 689/1994) produza efeitos, é necessário que se instaure o devido processo administrativo, garantindo o contraditório e a ampla defesa dos servidores. Tratando de anulação de ato administrativo ampliativo de direitos (Portaria n. 69/1999) tal como é o reconhecimento de anistiar os servidores (Portaria n. 689/1994), sua invalidação por ilegalidade no conteúdo ou objeto far-se-á por outro ato administrativo restritivo de direito, contudo deve-se observar o prévio processo administrativo, em que sejam observados o contraditório e a ampla defesa. Assim, prosseguindo o julgamento, a Turma, preliminarmente, por maioria, conheceu do recurso e, por unanimidade, deu parcial provimento ao recurso. Precedentes citados: REsp 737.815-DF, DJ 17/10/2005, e MS 6.482-DF, DJ 23/10/2000. **REsp 756.683-DF, Rel. Min. Nilson Naves, julgado em 15/5/2007.** (Inform. STJ 320)

SÚMULA VINCULANTE STF 21

É inconstitucional a exigência de depósito ou arrolamento prévios de dinheiro ou bens para admissibilidade de recurso administrativo.

SÚMULA STJ Nº 373

É ilegítima a exigência de depósito prévio para admissibilidade de recurso administrativo.

SÚMULA STJ Nº 312

No processo administrativo para imposição de multa de trânsito, são necessárias as notificações da autuação e da aplicação da pena decorrente da infração.

15. PRESCRIÇÃO

ANISTIA: ART. 9º DO ADCT E PRESCRIÇÃO

Ante a ocorrência de prescrição, o Plenário, por maioria, julgou extinta ação originária especial, ajuizada em 2.4.2008, por militar cassado pelo Ato Institucional 5 (AI-5). O autor requeria a nulidade de decreto de reforma compulsória, com as conseqüentes correção, na inatividade, de seu posicionamento na hierarquia castrense e percepção de proventos de posto superior. Sustentava sua pretensão não estaria prescrita, porquanto somente teria sido regulamentada a partir da Lei 10.599/2002, bem como que a anistia configuraria matéria de ordem pública. Em preliminar, consignou-se que o exercício do direito colimado nascera em 5.10.88, com a promulgação da Constituição, e não a partir da Lei 10.599/2002, diploma normativo que, por sua vez, não regulamentara o fundamento do pedido em tela — art. 9º do ADCT ("Art. 9º. Os que, por motivos exclusivamente políticos, foram cassados ou tiveram seus direitos políticos suspensos no período de 15 de julho a 31 de dezembro de 1969, por ato do então Presidente da República, poderão requerer ao Supremo Tribunal Federal o reconhecimento dos direitos e vantagens interrompidos pelos atos punitivos, desde que comprovem terem sido estes eivados de vício grave") —, mas apenas o art. 8º desse mesmo ato. Entendeu-se que o reconhecimento, pelo STF, dos direitos e vantagens políticos interrompidos pelos atos de punição que se sucederam no período de 15 de julho a 31 de dezembro de 1969 deveria observar os critérios especiais fixados no Decreto 20.910/32, que regulamenta a prescrição qüinqüenal em face da Fazenda Pública ("Art. 1º - As dívidas passivas da União, dos Estados e dos Municípios, bem assim todo e qualquer direito ou ação contra a Fazenda Federal, Estadual ou Municipal, seja qual for a sua natureza, prescrevem em cinco anos contados da data do ato ou fato do qual se originarem"). Assim, o qüinqüídio prescricional para o exercício do direito já havia se esvaído quando a ação fora ajuizada. Vencidos os Ministros Luiz Fux, Ayres Britto e Celso de Mello, que consideravam os direitos decorrentes dos atos praticados no período revolucionário imprescritíveis. Precedente citado: AOE 17/RS, (DJU de 25.5.2001). AOE 27/DF, rel. Min. Cármen Lúcia, 10.8.2011. (AOE 27) (Inform. STF 635)

DIREITO ADMINISTRATIVO. SERVIDOR PÚBLICO. TERMO A QUO DO PRAZO PRESCRICIONAL. RECONHECIMENTO ADMINISTRATIVO DO DÉBITO.

O termo inicial do prazo prescricional de cinco anos, previsto no art. 1º, § 1º, do Dec.-Lei n. 20.910/1932, para que servidor público exija direito, reconhecido administrativamente, ao pagamento de valores devidos a ele pela Administração Pública é a data do reconhecimento administrativo da dívida. A jurisprudência do STJ é firme no sentido de que o reconhecimento do débito implica renúncia, pela Administração, ao prazo prescricional já transcorrido. Precedentes citados: AgRg no AREsp 50.172-DF, DJe 13/4/2012 e AgRg no Ag 1.218.014-RJ, DJe 4/10/2010. **AgRg no AgRg no AREsp 51.586-RS, Rel. Min. Benedito Gonçalves, julgado em 13/11/2012.(Inform. STJ 509)**

DIREITO ADMINISTRATIVO. VERBA ALIMENTAR. SERVIDOR PÚBLICO. PRESCRIÇÃO QUINQUENAL.

Nos casos em que se discute o direito de servidor à verba alimentar decorrente da relação de direito público, a prescrição é a quinquenal disposta no art. 1º do Dec. n. 20.910/1932, e não a bienal do art. 206, § 2º, do CC. O conceito jurídico de prestação alimentar fixado no Código Civil não se confunde com o de verbas remuneratórias de natureza alimentar, pois faz referência às prestações alimentares de natureza civil e privada, incompatíveis com as percebidas em vínculo de direito público. Precedentes citados: AgRg no AREsp 164.513-MS, DJe 27/8/2012, e AgRg no AREsp 16.494-RS, DJe 3/8/2012. **AgRg no AREsp 231.633-AP, Rel. Min. Castro Meira, julgado em 23/10/2012.(Inform. STJ 508)**

DIREITO ADMINISTRATIVO. RELAÇÃO DE TRATO SUCESSIVO. PRESCRIÇÃO. TERMO INICIAL.
Em se tratando de relação de trato sucessivo, o indeferimento do pedido pela Administração é o termo a quo para o cômputo do prazo prescricional quinquenal. **REsp 1.336.285-RS, Min. Mauro Campbell Marques, julgado em 23/10/2012.(Inform. STJ 508)**

DIREITO ADMINISTRATIVO. AÇÃO DE INDENIZAÇÃO CONTRA A FAZENDA PÚBLICA. PRAZO PRESCRICIONAL QUINQUENAL.
As ações de indenização contra a Fazenda Pública prescrevem em cinco anos. Por se tratar de norma especial, que prevalece sobre a geral, aplica-se o prazo do art. 1º do Dec. n. 20.910/1932, e não o de três anos previsto no CC. Precedentes citados: EREsp 1.081.885-RR, DJe 1º/2/2011 e AgRg no Ag 1.364.269-PR, DJe 24/9/2012. **AgRg no AREsp 14.062-RS, Rel. Min. Arnaldo Esteves Lima, julgado em 20/9/2012.(Inform. STJ 505)**

ESTELIONATO. PREVIDÊNCIA SOCIAL. PRESCRIÇÃO.
O paciente foi denunciado pela prática do crime do art. 171, § 3º, do CP, uma vez que obteve, indevidamente, em benefício próprio, aposentadoria por tempo de contribuição. Busca no *habeas corpus* a declaração da extinção da punibilidade em razão da prescrição da pretensão punitiva estatal, sustentando tratar-se de estelionato contra a Previdência Social, de crime instantâneo de efeitos permanentes. A jurisprudência pacífica da Quinta Turma deste Superior Tribunal entende ser crime permanente o estelionato contra a Previdência Social praticado pelo beneficiário. Daí, concluir-se que o termo inicial do prazo prescricional, no caso, conta-se da cessação do recebimento do benefício indevido. Assim, considerando que o máximo da pena abstratamente cominada ao delito do art. 171, § 3º, do CP é de seis anos e oito meses, o prazo prescricional seria de 12 anos, de acordo com o art. 109, III, do CP. Logo, não há falar em prescrição se não transcorrido o referido lapso desde a cessação do recebimento do benefício indevido e o recebimento da denúncia. **HC 181.250-RJ, Rel. Min. Jorge Mussi, julgado em 14/6/2011.** (Inform. STJ 477)

EXECUÇÃO FISCAL. DÍVIDA NÃO TRIBUTÁRIA. PRESCRIÇÃO.
Discute-se o prazo prescricional aplicável para o Departamento Nacional de Produção Mineral (DNPM) cobrar crédito originado de compensação financeira pela exploração de recursos minerais (CFEM) cujos fatos geradores ocorreram no período de janeiro a dezembro de 2001, com lançamento em 13/11/2002, e a inscrição em dívida ativa foi realizada em 13/9/2006. Na hipótese dos autos, não ocorreu a prescrição, visto se tratar de créditos referentes às referidas competências, devendo-se aplicar, portanto, a regra do art. 47 da Lei n. 9.636/1998, com a redação dada pela Lei n. 9.821/1999. No caso, o DNPM dispunha de cinco anos para constituir os créditos e mais cinco para cobrá-los. Os créditos foram devidamente constituídos com seu lançamento em 13/11/2002, dentro, pois, do prazo decadencial. A partir de seu lançamento, a autarquia recorrente disporia de mais cinco anos para ajuizar a execução fiscal visando à cobrança de tais créditos, ou seja, a ação poderia ser proposta até novembro de 2007. Como foi proposta a execução fiscal em maio de 2007, não houve prescrição. Quanto à CFEM, o STF firmou jurisprudência de que ela possui natureza jurídica de receita patrimonial. Destacou o Min. Relator que a aplicação do art. 1º do Dec. n. 20.910/1932 às dívidas ativas da Fazenda Nacional decorrentes de receitas patrimoniais anteriores ao advento do art. 47 da Lei n. 9.636/1998, em detrimento do art. 177 do CC/1916, a pretexto de isonomia – princípio de natureza constitucional –, equivaleria à declaração incidental da inconstitucionalidade da regra geral do código, o que somente poderia ser feito pelos tribunais com observância do disposto no art. 97 da CF/1988, consoante enuncia a Súmula Vinculante n. 10-STF. Com essas considerações, entre outras, a Turma deu provimento ao recurso para, afastada a prescrição, determinar ao juiz da execução que prossiga no julgamento da causa. **REsp 1.179.282-RS, Rel. Min. Mauro Campbell Marques, julgado em 26/8/2010**. (Inform. STJ 444)

PRESCRIÇÃO. INDENIZAÇÃO. ABATE. ANIMAIS.
Cuida-se do prazo prescricional da ação em que se pleiteia indenização em razão do abate de animais doentes, destruição de coisas ou construções rurais por interesse da defesa sanitária animal ou salvaguarda da saúde pública. No caso, o princípio da especialidade (*lex specialis derogat legi generali*) afasta a aplicação da regra geral de prescrição quinquenal no Direito Administrativo (art. 1º do Dec. n. 20.910/1932), pois prevalece o disposto no art. 7º da Lei n. 569/1948, com a redação dada pela Lei n. 11.515/2007, que fixa o prazo prescricional em 180 dias da data em que houve o sacrifício ou destruição. **Precedente citado: RMS 21.066-PE, DJe 29/9/2008. REsp 1.184.775-PR, Rel. Min. Luiz Fux, julgado em 4/5/2010.** (Inform. STJ 433)

PRESCRIÇÃO. PRAZO QUINQUENAL.
A possibilidade de a administração valer-se do prazo vintenário previsto no CC/2002 para impor sanções e de o administrado só ter o quinquenal do Dec. n. 20.910/1932 para veicular suas pretensões escapa dos cânones da razoabilidade e isonomia, princípios norteadores da atuação do administrador, máxime no campo sancionatório. Assim, as prescrições administrativas em geral, seja em ações judiciais tipicamente administrativas seja no processo administrativo, devem sujeitar-se ao prazo quinquenal previsto no referido decreto. Quanto ao crédito objeto de execução fiscal que não possui natureza tributária (como no caso, de multa ambiental), este Superior Tribunal já se posicionou no sentido de que o marco interruptivo da prescrição é o despacho do juiz que ordena a citação. **Precedentes citados: REsp 444.646-RJ, DJ 2/8/2006; REsp 539.187-SC, DJ 3/4/2006; REsp 751.832-SC, DJ 20/3/2006; REsp 714.756-SP, DJ 6/3/2006; REsp 436.960-SC, DJ 20/2/2006; REsp 1.148.455-SP, DJe 23/10/2009; AgRg no AgRg no REsp 981.480-SP, DJe 13/3/2009; AgRg no Ag 1.041.976-SP, DJe 7/11/2008, e REsp 652.482-PR, DJ 25/10/2004. REsp 1.057.754-SP, Rel. Min. Luiz Fux, julgado em 23/3/2010**. (Inform. STJ 428)

REPETITIVO. PRESCRIÇÃO. REGRA. TRANSIÇÃO. COBRANÇA.
A Seção, para efeitos do art. 543-C do CPC, reiterou a tese de que prescreve em 20 anos, na vigência do CC/1916, e em cinco anos, na vigência do CC/2002, a pretensão de cobrança dos valores aportados para a construção de rede de eletrificação rural posteriormente incorporada ao patrimônio da companhia estadual de energia elétrica, respeitada a regra de transição prevista no art. 2.028 do CC/2002. Por isso, foi provido o recurso a fim de afastar a prescrição decretada, determinando-se o retorno dos autos ao tribunal *a quo* para julgar as demais questões (*vide* Súm. n. 412-STJ). **Precedentes citados: REsp 1.053.007-RS, DJe 9/12/2009; AgRg no Ag 1.120.842-RS, DJe 23/11/2009; AgRg no Ag 1.158.381-RS, DJe 11/9/2009; AgRg no Ag 1.102.335-RS, DJe 17/8/2009; AgRg no Ag 949.811-RS, DJe 30/11/2009; Rcl 3.692-RS, DJe 3/11/2009, e AgRg no Ag 1.130.775-RS, DJe 2/2/2010. REsp 1.063.661-RS, Rel. Min. Luis Felipe Salomão, julgado em 24/2/2010**. (Inform. STJ 424)

MULTA ADMINISTRATIVA. PRESCRIÇÃO.
A Turma reiterou que à Administração Pública na cobrança de sanção pecuniária é cabível a aplicação do Dec. n. 20.910/1932, referente às suas dívidas passivas, mormente como corolário do princípio da igualdade e da simetria. Também a prescrição para a cobrança de multa administrativa é de cinco anos, à semelhança das ações pessoais contra a Fazenda Pública. **Precedentes citados: REsp 905.932-RS, DJ 28/6/2007; AgRg no Ag 842.096-MG, DJ 25/6/2007; REsp 623.023-RJ, DJ 14/11/2005, e REsp 751.832-SC, DJ 20/3/2006. AgRg no Ag 1.049.451-SP, Rel. Min. Eliana Calmon, julgado em 23/9/2008**. (Inform. STJ 369)

PRESCRIÇÃO. FUNDO DE DIREITO. REVISÃO. APOSENTADORIA.
A Turma, por maioria, deu provimento ao REsp ao entendimento de que, nas hipóteses em que o servidor pretende a revisão da aposentadoria, ocorre a prescrição do próprio fundo de direito após o transcurso de cinco anos entre o ato de concessão e o ajuizamento da ação. Contudo, no voto vencido, ressaltou-se que a aquisição do direito é perfeitamente compatível com seu não-exercício. Ao adquirir direito, o titular não é obrigado a exercê-lo, ou seja, o direito não perece para o titular, salvo se houver, da parte do devedor, um ato formal explícito e inequívoco que denegue o próprio direito material. Como não há um ato formal da Administração para recusar o direito material, não se pode, juridicamente, afirmar que esse direito tenha sido alcançado por qualquer causa extintiva, particularmente a prescrição. **Precedentes citados: AgRg no REsp 746.253-RS, DJ 12/9/2005, e Ag 428.116-RS, DJ 31/3/2003. REsp 851.560-DF, Rel. Min. Arnaldo Esteves Lima, julgado em 8/4/2008**. (Inform. STJ 351)

AGRG. AÇÃO POPULAR. EMPRESA PÚBLICA. ALIENAÇÃO. IMÓVEL. PRESCRIÇÃO.
A Turma negou provimento ao agravo regimental, ao argumento de que a ação popular prescreve em cinco anos (art. 21 da Lei n. 4.717/1965), tendo como termo *a quo* da contagem do prazo a data da publicidade do ato lesivo ao patrimônio. É a partir desse momento que os administrados podem

controlar os atos administrativos praticados. No caso, o prazo iniciou-se no momento da lavratura da escritura pública de compra e venda. Dessa forma, deve ser mantido o entendimento firmado pela decisão agravada. Por outro lado, a empresa pública sujeita-se à obrigação legal de realizar procedimento licitatório (art. 17 da Lei de Licitações). Ainda que se trate de usucapião, salientou o Min. Relator que, muito embora a empresa pública possua natureza privada, gere bens públicos pertencentes ao DF e, como tais, não são passíveis de usucapião. Precedentes citados: REsp 337.447-SP, DJ 19/12/2003; REsp 527.137-PR, DJ 31/5/2004, e REsp 695.928-DF, DJ 21/3/2005. **AgRg no Ag 636.917-DF, Rel. Min. João Otávio de Noronha, julgado em 16/10/1007.** (Inform. STJ 336)

PRELIMINAR. PRESCRIÇÃO. ACOLHIMENTO. INDISPONIBILIDADE. BENS.

Cuida-se de ação proposta contra o Bacen, ao qual se encontram estendidas as disposições legais expressas nos arts. 1º do Dec. n. 20.910/1932, 2º do DL n. 4.597/1942 e 50 da Lei n. 4.595/1964. Nas ações em que se busca a anulação de ato administrativo que determinou a indisponibilidade dos bens de propriedade dos recorridos, decretada em liquidação extrajudicial com fundamento no art. 36, § 2º, **a**, da Lei n. 6.024/1974, tem-se que o prazo prescricional qüinqüenal conta-se a partir da data em que tais bens foram gravados com a cláusula de indisponibilidade. Tendo o ato de constrição judicial ocorrido em 16 de janeiro de 1992 e a ação só tendo sido ajuizada em 8 de janeiro de 2004, está consumada a prescrição. Isso posto, a Turma deu provimento ao recurso para acolher a preliminar de prescrição suscitada, ficando prejudicada a análise das demais questões levantadas pela parte. **REsp 901.303-RS, Rel. Min. José Delgado, julgado em 19/6/2007.** (Inform. STJ 324)

PRESCRIÇÃO. COBRANÇA. MULTA ADMINISTRATIVA.

Consoante a jurisprudência firmada, quando se trata de prescrição de direito de a Fazenda Pública executar valor de multa referente a crédito que não é tributário, essa multa é revestida de natureza pública, pois é aplicada e exigida pela Administração Pública. Assim, diante da não-existência de regra própria e específica, deve-se aplicar o prazo qüinqüenal estabelecido no art. 1º do Dec. n. 20.910/1992. Com esse entendimento, a Turma, por maioria, considerou prescritas as multas administrativas cominadas em 1991 e 1994. Precedentes citados: REsp 860.691-PE, DJ 20/10/2006; REsp 840.368-MG, DJ 28/9/2006, e REsp 539.187-SC, DJ 3/4/2006. **REsp 905.932-RS, Rel. Min. José Delgado, julgado em 22/5/2007.** (Inform. STJ 321)

SÚMULA STF Nº 383

A prescrição em favor da fazenda pública recomeça a correr, por dois anos e meio, a partir do ato interruptivo, mas não fica reduzida aquém de cinco anos, embora o titular do direito a interrompa durante a primeira metade do prazo.

SÚMULA STJ Nº 467

Prescreve em cinco anos, contados do término do processo administrativo, a pretensão da Administração Pública de promover a execução da multa por infração ambiental.

16. PRECATÓRIOS

PRECATÓRIO: REGIME ESPECIAL E EC 62/2009 - 1

O Plenário iniciou julgamento conjunto de ações diretas propostas pelo Conselho Federal da Ordem dos Advogados do Brasil, pela Associação dos Magistrados Estaduais - ANAMAGES, pela Associação Nacional dos Magistrados da Justiça do Trabalho - ANAMATRA e pela Confederação Nacional das Indústrias - CNI em que se questiona a constitucionalidade da Emenda Constitucional 62/2009, que alterou o art. 100 da CF e acrescentou o art. 97 ao ADCT, *"instituindo regime especial de pagamento de precatórios pelos Estados, Distrito Federal e Municípios"*. Inicialmente, o Min. Ayres Britto, relator, afastou as preliminares suscitadas pelo Advogado-Geral da União e pelo Senado Federal quanto à ilegitimidade ativa e à ausência de pertinência temática referentes às ações ajuizadas pelas associações. Entretanto, não conheceu do pedido de declaração de inconstitucionalidade do § 2º do art. 100 da CF, com a redação dada pela citada emenda, relativamente à ação proposta pela ANAMAGES, porquanto não fundamentara sua pretensão. Após, o julgamento foi suspenso. ADI 4357/DF, rel. Min. Ayres Britto, 16.6.2011. (ADI-4357) ADI 4372/DF, rel. Min. Ayres Britto, 16.6.2011. (ADI-4372) ADI 4400/DF, rel. Min. Ayres Britto, 16.6.2011. (ADI-4400) ADI 4425/DF, rel. Min. Ayres Britto, 16.6.2011. (ADI-4425)

Precatório: regime especial e EC 62/2009 - 2

O Plenário retomou julgamento conjunto de ações diretas, propostas pelo Conselho Federal da Ordem dos Advogados do Brasil, pela Associação dos Magistrados Estaduais - Anamages, pela Associação Nacional dos Magistrados da Justiça do Trabalho - Anamatra e pela Confederação Nacional das Indústrias - CNI, em que se questiona a constitucionalidade da Emenda Constitucional 62/2009, que alterou o art. 100 da CF e acrescentou o art. 97 ao ADCT, "instituindo regime especial de pagamento de precatórios pelos Estados, Distrito Federal e Municípios" — v. Informativo 631. O Min. Ayres Britto, relator, julgou parcialmente procedente a ação para o fim de declarar a inconstitucionalidade: a) da expressão "na data de expedição do precatório", contida no § 2º do art. 100 da CF; b) dos §§ 9º e 10 do art. 100 da CF; c) da expressão "índice oficial de remuneração básica da caderneta de poupança", constante do § 12 do art. 100 da CF, do inciso II do § 1º e do § 16, ambos do art. 97 do ADCT; d) do fraseado "independentemente de sua natureza", inserido no § 12 do art. 100 da CF, para que aos precatórios de natureza tributária se apliquem os mesmos juros de mora incidentes sobre o crédito tributário; e) por arrastamento (itens "c" e "d" acima), do art. 5º da Lei 11.960/2009; f) do § 15 do art. 100 da CF e de todo o art. 97 do ADCT (especificamente o caput e os §§ 1º, 2º, 4º, 6º, 8º, 9º, 14 e 15, sendo os demais por arrastamento ou reverberação normativa).

Precatório: regime especial e EC 62/2009 - 3

Inicialmente, em face da inobservância do devido processo legislativo (CF, art. 60, § 2º), o relator acolheu a alegação de inconstitucionalidade formal da referida emenda. Asseverou que a exigência de 2 turnos para a apreciação do projeto de emenda constitucional não teria sido cumprida, dado que a proposta fora aprovada no mesmo dia, com discussão, votação, rediscussão e nova votação do projeto em menos de 1 hora. Advertiu que o artifício de abrir e encerrar, numa mesma noite, sucessivas sessões deliberativas não atenderia ao requisito da realização de segunda rodada de discussão e votação, precedida de razoável intervalo, em fraude à vontade objetiva da Constituição. Em seguida, procedeu ao exame dos pretensos vícios de inconstitucionalidade material.

Precatório: regime especial e EC 62/2009 - 4

No tocante ao art. 100, § 2º, da CF ["Os débitos de natureza alimentícia cujos titulares tenham 60 (sessenta) anos de idade ou mais na data de expedição do precatório, ou sejam portadores de doença grave, definidos na forma da lei, serão pagos com preferência sobre todos os demais débitos, até o valor equivalente ao triplo do fixado em lei para fins do disposto no § 3º deste artigo, admitido o fracionamento para essa finalidade, sendo que o restante será pago na ordem cronológica de apresentação do precatório"], assinalou que a emenda, em primeira análise, criara benefício anteriormente inexistente para os idosos e para os portadores de deficiência, em reverência aos princípios da dignidade da pessoa humana, da razoabilidade e da proporcionalidade. Destacou, outrossim, que a quantia sobejante respeitaria a prioridade do § 1º do mesmo preceito constitucional. Concluiu, ainda, que o montante correspondente ao triplo do fixado em lei como obrigação de pequeno valor sairia de uma lista preferencial de precatórios — a dos débitos de natureza alimentícia — para integrar outra mais favorecida, sem que com isso se cogitasse de ofensa à autoridade das decisões judiciais. Entretanto, relativamente à expressão "na data da expedição do precatório", entendeu haver transgressão ao princípio da igualdade, porquanto a preferência deveria ser estendida a todos credores que completassem 60 anos de idade na pendência de pagamento de precatório de natureza alimentícia.

Precatório: regime especial e EC 62/2009 - 5

Quanto aos §§ 9º e 10 do art. 100 da CF ["§ 9º. No momento da expedição dos precatórios, independentemente de regulamentação, deles deverá se abatido, a título de compensação, valor correspondente aos débitos líquidos e certos, inscritos ou não em dívida ativa e constituídos contra o credor original pela Fazenda Pública devedora, incluída parcelas vincendas de parcelamentos, ressalvados aqueles cuja execução esteja suspensa em virtude de contestação administrativa ou judicial. § 10. Antes da expedição dos precatórios, o Tribunal solicitará à Fazenda Pública devedora, para resposta em até 30 (trinta) dias, sob pena de perda do direito de abatimento, informação sobre os débitos que preencham as condições estabelecidas no § 9º, para os fins nele previstos"], apontou tratar-se de compensação obrigatória de crédito a ser inscrito em precatório com débitos perante a Fazenda Pública. Aduziu que os dispositivos consagrariam superioridade processual da parte pública — no que concerne aos créditos privados reconhecidos em decisão judicial com trânsito em julgado — sem que considerada a garantia do devido processo legal e de seus principais desdobramentos, quais sejam, o contraditório e a ampla defesa. Reiterou que esse tipo unilateral e automático de compensação de valores embaraçaria a efetividade da jurisdição, desrespeitaria a coisa julgada e afetaria o princípio da separação dos Poderes. Enfatizou que a Fazenda Pública disporia de outros meios igualmente eficazes para a cobrança de seus créditos tributários e não-tributários. Assim, também reputou afrontado o princípio constitucional da isonomia, uma vez que aquele ente, ao cobrar crédito de que titular, não estaria obrigado a compensá-lo com eventual débito seu em face do credor contribuinte. Pelos mesmos motivos, assentou a inconstitucionalidade da frase "permitida por iniciativa do Poder Executivo a compensação com débitos líquidos e certos, inscritos ou não em dívida ativa e constituídos contra o devedor originário pela Fazenda Pública devedora até a data da expedição do precatório, ressalvados aqueles cuja exigibilidade esteja suspensa nos termos do § 9º do art. 100 da Constituição Federal", contida no inciso II do § 9º do art. 97 do ADCT.

Precatório: regime especial e EC 62/2009 - 6

O relator declarou, ainda, a inconstitucionalidade parcial do § 12 do art. 100 da CF ("A partir da promulgação desta Emenda Constitucional, a atualização de valores requisitórios, após sua expedição, até o efetivo pagamento, independentemente de sua natureza, será feita pelo índice oficial de remuneração básica da caderneta de poupança, e para fins de compensação da mora, incidirão juros simples no mesmo percentual de juros incidentes sobre a caderneta de poupança, ficando excluída a incidência de juros compensatórios"), no que diz respeito à expressão "índice oficial de remuneração básica da caderneta de poupança", bem como do inciso II do § 1º e do § 16, ambos do art. 97 do ADCT. Realçou que essa atualização monetária dos débitos inscritos em precatório deveria corresponder ao índice de desvalorização da moeda, no fim de certo período, e que esta Corte já consagrara não estar refletida, no índice estabelecido na emenda questionada, a perda de poder aquisitivo da moeda. Dessa maneira, afirmou a afronta à garantia da coisa julgada e, reflexamente, ao postulado da separação dos Poderes. Na seqüência, considerou inconstitucional, de igual modo, o fraseado "independentemente de sua natureza", previsto no mesmo § 12 em apreço. Aludiu que, para os precatórios de natureza tributária, deveriam ser aplicados os mesmos juros de mora incidentes sobre todo e qualquer crédito tributário.

Precatório: regime especial e EC 62/2009 - 7

Em passo seguinte, apreciou o § 15 do art. 100 da CF ("Sem prejuízo do disposto neste artigo, lei complementar a esta Constituição Federal poderá estabelecer regime especial para pagamento de crédito de precatórios de Estados, Distrito Federal e Municípios, dispondo sobre vinculações à receita corrente líquida e forma e prazo de liquidação") e o art. 97 do ADCT ("Até que seja editada a lei complementar de que trata o § 15 do art. 100 da Constituição Federal, os Estados, o Distrito Federal e os Municípios que, na data de publicação desta Emenda Constitucional, estejam em mora na quitação de precatórios vencidos, relativos às suas administrações direta e indireta, inclusive os emitidos durante o período de vigência do regime especial instituído por este artigo, farão esses pagamentos de acordo com as normas a seguir estabelecidas, sendo inaplicável o disposto no art. 100 desta Constituição Federal, exceto em seus §§ 2º, 3º, 9º, 10, 11, 12, 13 e 14, e sem prejuízo dos acordos de juízos conciliatórios já formalizados na data de promulgação desta Emenda Constitucional"). Salientou que a Constituição possibilitara à lei complementar estabelecer regime especial para pagamento de precatórios pelas unidades federativas e que, ante a falta daquela espécie legislativa, o tema fora instituído pelo art. 97 do ADCT. Após breve explicação sobre os 2 modelos de regime especial de pagamento de precatório, registrou que os preceitos impugnados subverteriam os valores do Estado de Direito, do devido processo legal, do livre e eficaz acesso ao Poder Judiciário e da razoável duração do processo. Frisou que esses artigos ampliariam, por mais 15 anos, o cumprimento de sentenças judiciais com trânsito em julgado e desfavoráveis ao Poder Público, cujo prazo já teria sido, outrora, prorrogado por 10 anos pela Emenda Constitucional 30/2000.

Precatório: regime especial e EC 62/2009 - 8

O relator entendeu adequada a referência à EC 62/2009 como a "emenda do calote". Mencionou que esse calote feriria o princípio da moralidade administrativa, haja vista o não-adimplemento, por parte do Estado, de suas próprias dívidas. Além disso, sublinhou que o Estado: a) reconheceria o não-cumprimento, durante anos, de ordens judiciais de pagamento em desfavor do erário; b) propor-se-ia a adimpli-las, mas limitado a percentual pequeno de sua receita; c) forçaria, com esse comportamento, que os titulares de crédito assim inscritos os levassem a leilão. Desse modo, verificou a inconstitucionalidade do inciso I do § 8º e de todo o § 9º, ambos do art. 97 do ADCT ("§ 8º A aplicação dos recursos restantes dependerá de opção a ser exercida por Estados, Distrito Federal e Municípios devedores, por ato do Poder Executivo, obedecendo à seguinte forma, que poderá ser aplicada isoladamente ou simultaneamente: I - destinados ao pagamento dos precatórios por meio do leilão; ... § 9º Os leilões de que trata o inciso I do § 8º deste artigo: I - serão realizados por meio de sistema eletrônico administrado por entidade autorizada pela Comissão de Valores Mobiliários ou pelo Banco Central do Brasil; II - admitirão a habilitação de precatórios, ou parcela de cada precatório indicada pelo seu detentor, em relação aos quais não esteja pendente, no âmbito do Poder Judiciário, recurso ou impugnação de qualquer natureza, permitida por iniciativa do Poder Executivo a compensação com débitos líquidos e certos, inscritos ou não em dívida ativa e constituídos contra devedor originário pela Fazenda Pública devedora até a data da expedição do precatório, ressalvados aqueles cuja exigibilidade esteja suspensa nos termos da legislação, ou que já tenham sido objeto de abatimento nos termos do § 9º do art. 100 da Constituição Federal; III - ocorrerão por meio de oferta pública a todos os credores habilitados pelo respectivo ente federativo devedor; IV - considerarão automaticamente habilitado o credor que satisfaça o que consta no inciso II; V - serão realizados tantas vezes quanto necessário em função do valor disponível; VI - a competição por parcela do valor total ocorrerá a critério do credor, com deságio sobre o valor desta; VII - ocorrerão na modalidade deságio, associado ao maior volume ofertado cumulado ou não com o maior percentual de deságio, pelo maior percentual de deságio, podendo ser fixado valor máximo por credor, ou por outro critério a ser definido em edital; VIII - o mecanismo de formação de preço constará nos editais publicados para cada leilão; IX - a quitação parcial dos precatórios será homologada pelo respectivo Tribunal que o expediu"). Consignou que idêntica solução alcançaria os incisos II e III do § 8º do art. 97 do ADCT ("§ 8º ... II - destinados a pagamento a vista de precatórios não quitados na forma do § 6° e do inciso I, em ordem única e crescente de valor por precatório; III - destinados a pagamento por acordo direto com os credores, na forma estabelecida por lei própria da entidade devedora, que poderá prever criação e forma de funcionamento de câmara de conciliação"), por malferir os princípios da moralidade, da impessoalidade e da igualdade.

Precatório: regime especial e EC 62/2009 - 9

Acrescentou que na ADI 4400/DF haveria, também, remissão ao § 4º do art. 97 do ADCT ("§ 4º As contas especiais de que tratam os §§ 1º e 2º serão administradas pelo Tribunal de Justiça local, para pagamento de precatórios expedidos pelos tribunais"). Evidenciou que essa norma prejudicaria a autonomia dos tribunais do trabalho, pois esse ramo especializado da justiça federal decairia do poder de, na vigência do regime especial de pagamento de precatórios, ordenar que suas decisões condenatórias contra a Fazenda Pública fossem cumpridas de forma integral. Por fim, a partir de informações adicionais, constatou que, na maioria dos entes federados, não faltaria dinheiro para o adimplemento dos precatórios, mas sim compromisso dos governantes quanto ao cumprimento de decisões judiciais. Nesse contexto, observou que o pagamento de precatórios não se contraporia, de forma inconciliável, à prestação de serviços públicos. Além disso, arrematou que configuraria atentado à razoabilidade e à proporcionalidade impor aos credores a sobrecarga de novo alongamento temporal do perfil das dívidas estatais em causa, inclusive mediante leilões, deságios e outros embaraços. Após, pediu vista o Min. Luiz Fux. ADI 4357/DF, rel. Min. Ayres Britto, 6.10.2011. (ADI-4357) ADI 4372/DF, rel. Min. Ayres Britto, 6.10.2011. (ADI-4372) ADI 4400/DF, rel. Min. Ayres Britto, 6.10.2011. (ADI-4400) ADI 4425/DF, rel. Min. Ayres Britto, 6.10.2011. (ADI-4425) (Inform. STF 643)

SOCIEDADES DE ECONOMIA MISTA E REGIME DE PRECATÓRIOS - 1

O Plenário iniciou julgamento de recurso extraordinário em que se discute se o regime de precatórios se aplica, ou não, a sociedades de economia mista. Trata-se, na espécie, de recurso extraordinário interposto pelas Centrais Elétricas do Norte do Brasil S/A - ELETRONORTE contra acórdão que reputara não se aplicar o regime de execução dos precatórios às sociedades de economia mista, por possuírem elas personalidade jurídica de direito privado e por não se confundir o regime de execução com a impossibilidade de penhora de bens que comprometam o fornecimento do serviço público. O Min. Ayres Britto, relator, deu provimento ao recurso. Entendeu que, se as atividades genuinamente estatais são protegidas com o regime especial do precatório, este deveria ser estendido às empresas que prestam serviços públicos essenciais, não importando a natureza jurídica delas, mas atividade estatal em si, titularizada pelo Estado, ponto avançado do constitucionalismo social. Ao fazer remissão aos fundamentos de seu voto no julgamento da AC 1947/DF e da AC 669/SP (DJU de 26.5.2006) e definir a natureza jurídica do precatório, afirmou que a razão de ser do regime especial de execução de dívidas seria a de responder à necessidade maior de impedir o risco de uma súbita paralisia nas atividades de senhorio estatal (de domínio ou titularidade estatal), das quais dependeriam a qualidade de vida e, até mesmo, a sobrevivência física da população, atividades marcadas, por isso, pelo signo da irrestrita continuidade. **RE 599628/DF, rel. Min. Ayres Britto, 3.11.2010.** (RE-599628)

SOCIEDADES DE ECONOMIA MISTA E REGIME DE PRECATÓRIOS - 2

Em seguida, o Min. Ayres Britto observou que, no caso dos autos, tratar-se-ia de prestadora de serviço público essencial que geraria e forneceria energia elétrica para 9 Estados da região Norte, e que, apenas por modo formal, se revestiria de sociedade de economia mista, tendo em vista que somente 0,77% do respectivo capital não pertenceria ao setor público. Enfatizou que o art. 175 da CF abriria uma importante dicotomia, qual seja, setor público *versus* setor privado. Esclareceu que, quando o Estado presta o serviço público, por órgão da Administração Direta, por entidade da Administração Indireta, ou recorrendo às suas empresas, ele mesmo é que se faria presente, seria o setor público. Assim, o advérbio "diretamente", constante desse dispositivo ("*Art. 175. Incumbe ao Poder Público, na forma da lei, diretamente ou sob regime de concessão ou permissão, sempre através de licitação, a prestação de serviços públicos.*"), significaria que o Estado prestaria o serviço por si mesmo, ou seja, sem recorrer ao setor privado. Logo, a prestação de serviço por meio de empresa pública e sociedade de economia mista seria prestação do serviço público pelo Estado mesmo, pelo setor público diretamente. Por outro lado, disse que, quando o Estado entrega a prestação de serviço público a empresa privada, fazendo-o mediante concessão ou permissão, a atividade continuaria pública, porém prestada pelo setor privado. Frisou que, ao propor a extensão da expressão Fazenda Pública para as empresas públicas e sociedades de economia mista que prestam serviço público, isto é, que não exploram atividade econômica, nada mais estaria fazendo que dizer que tal expressão seria sinônima de setor público. Portanto, ela não alcançaria somente as clássicas atividades liberais do Estado, mas também os serviços públicos, notadamente os chamados essenciais, parte do constitucionalismo social, e que, por isso, não poderiam sofrer descontinuidade, o que eventualmente ocorreria se ao setor público, seu prestador, não fosse aplicado o regime especial de execução. **RE 599628/DF, rel. Min. Ayres Britto, 3.11.2010.** (RE-599628)

SOCIEDADES DE ECONOMIA MISTA E REGIME DE PRECATÓRIOS - 3

Por fim, reputou inconsistente o argumento de que o regime de precatórios não poderia ser estendido às empresas públicas e sociedades de economia mista por não disporem elas de orçamento público. Frisou que, à luz do § 5º do art. 165 da CF ("*§ 5º - A lei orçamentária anual compreenderá: I - o orçamento fiscal referente aos Poderes da União, seus fundos, órgãos e entidades da administração direta e indireta, inclusive fundações instituídas e mantidas pelo Poder Público; II - o orçamento de investimento das empresas em que a União, direta ou indiretamente, detenha a maioria do capital social com direito a voto; III - o orçamento da seguridade social, abrangendo todas as entidades e órgãos a ela vinculados, da administração direta ou indireta, bem como os fundos e fundações instituídos e mantidos pelo Poder Público.*"), a realidade financeira de todas as empresas estatais seria apanhada pela lei orçamentária da União. Explicou que, na prática, os orçamentos das empresas estatais ora fariam parte diretamente do orçamento fiscal da lei orçamentária, ora seriam aprovadas por decreto do Poder Executivo, isso de acordo com a classificação da empresa como dependente, ou não, do regular aporte de recursos financeiros da União. Registrou que a sistemática legal de pagamentos de débitos judiciais pelas empresas estatais dependentes seria praticamente idêntica ao mecanismo do precatório, ou seja, esses débitos seriam pagos por dotações constantes do orçamento fiscal da União, assim como o seriam aqueles formalizados em precatórios ou em requisições de pequeno valor. No que se refere às estatais não dependentes, expôs que seus orçamentos seriam aprovados por Decreto presidencial, nos termos do art. 107 da Lei 4.320/64, os quais seriam consolidados e acompanhados pelo Departamento de Coordenação e Governança das Empresas Estatais - DEST. Essa consolidação de informações econômico-financeiras das empresas estatais, dispostas de modo sistematizado, seria denominada Programa de Dispêndios Globais - PDG, instrumento de planejamento paralelo ao orçamento de investimentos, previsto no inciso II do § 5º do art. 165 da CF. A execução do PDG de cada estatal não dependente seria supervisionada pelo Ministério federal a que ela se vincula, que, no caso da ELETRONORTE, seria o Ministério das Minas e Energia. Concluiu, portanto, que haveria sim um orçamento a governar as estatais, previsto em lei e regulado por ato normativo do Poder Executivo, que se vincularia ao orçamento público geral, seja por sua relevância para a definição do chamado orçamento de investimento, por sua importância para a geração de resultados econômicos da própria União, e, ainda, pela indispensabilidade de controle da gestão dos bens e recursos públicos sob responsabilidade dessas empresas. Mencionou, por fim, a previsão expressa de precatórios para a Administração Pública Indireta, sem qualquer limitação a autarquias ou fundações, feita pela EC 62/2009, ao acrescentar o art. 97 ao ADCT. Após, pediu vista dos autos o Min. Joaquim Barbosa. **RE 599628/DF, rel. Min. Ayres Britto, 3.11.2010.** (RE-599628)

SOCIEDADES DE ECONOMIA MISTA E REGIME DE PRECATÓRIOS - 4

O Plenário retomou julgamento de recurso extraordinário em que se discute se o regime de precatórios se aplica, ou não, a sociedades de economia mista. Trata-se, na espécie, de recurso extraordinário interposto pelas Centrais Elétricas do Norte do Brasil S/A - ELETRONORTE contra acórdão que reputara não se aplicar o regime de execução dos precatórios às sociedades de economia mista, por possuírem elas personalidade jurídica de direito privado e por não se confundir o regime de execução com a impossibilidade de penhora de bens que comprometam o fornecimento do serviço público — v. Informativo 607. Em voto-vista, o Min. Joaquim Barbosa inaugurou divergência e desproveu o recurso. Inicialmente, realçou que seria preponderante para a resolução da controvérsia a circunstância de o modelo de geração e fornecimento de energia admitir a livre iniciativa e a concorrência. Em passo seguinte, aduziu que o atual modelo do setor elétrico permitiria o financiamento tanto por recursos públicos quanto privados e que nesse setor conviveriam os mercados livre e regulado (ACL e ACR, respectivamente), bem como consumidores livres e cativos (Lei 9.074/95, artigos 15, 16 e 26, § 5º e Decreto 5.163/2004, artigos 1º, § 2º, X e XI e 48). Salientou que a competição entre geradores de energia elétrica no Ambiente de Comercialização Livre (ACL) seria percebida com mais facilidade, pois os consumidores que teriam acesso a tal mercado possuiriam margem maior para escolha e negociação. Enfatizou, por outro lado, que, apesar de existir concorrência no Ambiente de Comercialização Regulado (ACR), esta seria em menor grau; que objetivando alcançar modicidade tarifária, a energia elétrica excedente seria comercializada às distribuidoras por meio de leilões e que o acesso ao ACR ocorreria por licitação. Lembrou, ainda, que as indústrias detentoras de unidades próprias de geração de energia poderiam comercializar a produção excedente, ainda que este tipo de operação não fizesse parte de seu objetivo social preponderante (auto-geradoras). **RE 599628/DF, rel. Min. Ayres Britto, 1º.12.2010.** (RE-599628)

SOCIEDADES DE ECONOMIA MISTA E REGIME DE PRECATÓRIOS - 5

Para o deslinde da matéria, apontou que interessariam os serviços públicos, quais sejam, as produtoras independentes de energia e as auto-produtoras de energia com autorização para comercializar o excedente gerado. Afirmou que as primeiras seriam as pessoas jurídicas ou empresas reunidas em consórcio que receberiam concessão ou autorização para produzir energia elétrica destinada ao comércio de toda ou parte da energia produzida por sua conta e risco. Já as segundas seriam as pessoas físicas ou jurídicas ou empresas reunidas em consórcio que receberiam concessão ou autorização para produzir energia elétrica destinada ao seu uso exclusivo. Salientou que as auto-produtoras de energia poderiam ter autorização específica para comercializar o excedente gerado. Acrescentou que o fornecimento de energia elétrica, na modalidade de serviço público, submeter-se-ia a um regime altamente regulamentado, universal e no qual não poderia haver descontinuidade. Concluiu que a extensão à sociedade de economia mista, de prerrogativa constitucional inerente ao Estado, teria o potencial para desequilibrar artificialmente as condições de concorrência, em prejuízo das pessoas jurídicas e dos grupos por elas formados alheios a qualquer participação societária estatal. **RE 599628/DF, rel. Min. Ayres Britto, 1º.12.2010.** (RE-599628)

SOCIEDADES DE ECONOMIA MISTA E REGIME DE PRECATÓRIOS - 6

Asseverou ser incontroverso que o objetivo principal da recorrente, sociedade de economia mista, seria a exploração lucrativa em benefício de seus acionistas — de entidades públicas ou privadas. Expôs, nesse sentido, que o Estado, ao perseguir o lucro como fim primordial, deveria despir-se das garantias soberanas necessárias à proteção do regime democrático, do sistema republicano e do pacto federativo, pois tais salvaguardas seriam incompatíveis com a livre iniciativa e com o equilíbrio concorrencial. Explicitou que o direito de buscar o lucro teria como perspectiva o particular, e não o Estado. Pondorou que, se a relevância da atividade fosse suficiente para reconhecimento de tais garantias, atividades como os serviços de saúde, a extração, o refino e a distribuição de petróleo, a indústria petroquímica, as empresas farmacêuticas e as entidades de educação também seriam beneficiárias de tais prerrogativas, bastando que o Poder Público se aliasse ao corpo societário do empreendimento privado. Mencionou que a controladora da recorrente possuiria ações livremente negociadas em bolsas de valores. Ademais, assinalou que a ELETRONORTE não exploraria o potencial energético das fontes nacionais independentemente de qualquer contraprestação, mas o faria, licitamente, para obter lucro, não ocupando, portanto, o lugar do Estado. Após os votos dos Ministros Dias Toffoli e Gilmar Mendes, que acompanhavam o relator, e do voto da Min. Cármen Lúcia, que seguia a divergência, pediu vista dos autos a Min. Ellen Gracie. **RE 599628/DF, rel. Min. Ayres Britto, 1º.12.2010.** (RE-599628)

SOCIEDADES DE ECONOMIA MISTA E REGIME DE PRECATÓRIOS - 7

O regime de execução por precatórios não se aplica às Centrais Elétricas do Norte do Brasil S/A – Eletronorte. Com base nesse entendimento, o Plenário, por maioria, desproveu recurso extraordinário em que discutido se o regime de precatórios aplicar-se-ia, ou não, a sociedades de economia mista — v. Informativos 607 e 611. Prevaleceu o voto proferido pelo Min. Joaquim Barbosa. Inicialmente, realçou que seria preponderante para a resolução da controvérsia a circunstância de o modelo de geração e fornecimento de energia admitir a livre iniciativa e a concorrência. Apontou que interessariam os serviços públicos, quais sejam, as produtoras independentes de energia e as auto-produtoras de energia com autorização para comercializar o excedente gerado. Concluiu que a extensão à sociedade de economia mista, de prerrogativa constitucional inerente ao Estado, teria o potencial para desequilibrar artificialmente as condições de concorrência, em prejuízo das pessoas jurídicas e dos grupos por elas formados alheios a qualquer participação societária estatal. Asseverou ser incontroverso que o objetivo principal da recorrente, sociedade de economia mista, seria a exploração lucrativa em benefício de seus acionistas, entidades públicas ou privadas. Explicitou que o direito de buscar o lucro teria como perspectiva o particular, e não o Estado. Ponderou que, se a relevância da atividade fosse suficiente para reconhecimento dessas garantias, atividades como os serviços de saúde, a extração, o refino e a distribuição de petróleo, a indústria petroquímica, as empresas farmacêuticas e as entidades de educação também seriam beneficiárias dessas prerrogativas, bastando que o Poder Público se aliasse ao corpo societário do empreendimento privado. Mencionou que a controladora da recorrente possuiria ações livremente negociadas em bolsas de valores. Ademais, assinalou que a Eletronorte não exploraria o potencial energético das fontes nacionais independentemente de qualquer contraprestação, mas o faria, licitamente, para obter lucro, não ocupando, portanto, o lugar do Estado. Vencidos os Ministros Ayres Britto, relator, Gilmar Mendes e Dias Toffoli, que proviam o recurso. RE 599628/DF, rel. orig. Min. Ayres Britto, red. p/ o acórdão Min. Joaquim Barbosa 25.5.2011. (RE-599628) (Inform. STF 628)

MED. CAUT. EM ADI N. 2.356-DF

RED. P/ O ACÓRDÃO: MIN. AYRES BRITTO

EMENTA: MEDIDA CAUTELAR EM AÇÃO DIRETA DE INCONSTITUCIONALIDADE. ART. 2º DA EMENDA CONSTITU-CIONAL Nº 30, DE 13 DE SETEMBRO DE 2000, QUE ACRESCENTOU O ART. 78 AO ATO DAS DISPOSIÇÕES CONSTITUCIONAIS TRANSITÓRIAS. PARCELAMENTO DA LIQUIDAÇÃO DE PRECATÓRIOS PELA FAZENDA PÚBLICA.

1. O precatório de que trata o artigo 100 da Constituição consiste em prerrogativa processual do Poder Público. Possibilidade de pagar os seus débitos não à vista, mas num prazo que se estende até dezoito meses. Prerrogativa compensada, no entanto, pelo rigor dispensado aos responsáveis pelo cumprimento das ordens judiciais, cujo desrespeito constitui, primeiro, pressuposto de intervenção federal (inciso VI do art. 34 e inciso V do art. 35, da CF) e, segundo, crime de responsabilidade (inciso VII do art. 85 da CF).

2. O sistema de precatórios é garantia constitucional do cumprimento de decisão judicial contra a Fazenda Pública, que se define em regras de natureza processual conducentes à efetividade da sentença condenatória trânsita em julgado por quantia certa contra entidades de direito público. Além de homenagear o direito de propriedade (inciso XXII do art. 5º da CF), prestigia o acesso à jurisdição e a coisa julgada (incisos XXXV e XXXVI do art. 5º da CF).

3. A eficácia das regras jurídicas produzidas pelo poder constituinte (redundantemente chamado de "originário") não está sujeita a nenhuma limitação normativa, seja de ordem material, seja formal, porque provém do exercício de um poder de fato ou suprapositivo. Já as normas produzidas pelo poder reformador, essas têm sua validez e eficácia condicionadas à legitimação que recebam da ordem constitucional. Daí a necessária obediência das emendas constitucionais às chamadas cláusulas pétreas.

4. O art. 78 do Ato das Disposições Constitucionais Transitórias, acrescentado pelo art. 2º da Emenda Constitucional nº 30/2000, ao admitir a liquidação *"em prestações anuais, iguais e sucessivas, no prazo máximo de dez anos"* dos *"precatórios pendentes na data de promulgação"* da emenda, violou o direito adquirido do beneficiário do precatório, o ato jurídico perfeito e a coisa julgada. Atentou ainda contra a independência do Poder Judiciário, cuja autoridade é insuscetível de ser negada, máxime no concernente ao exercício do poder de julgar os litígios que lhe são submetidos e fazer cumpridas as suas decisões, inclusive contra a Fazenda Pública, na forma prevista na Constituição e na lei. Pelo que a alteração constitucional pretendida encontra óbice nos incisos III e IV do § 4º do art. 60 da Constituição, pois afronta "a separação dos Poderes" e "os direitos e garantias individuais".

5. Quanto aos precatórios *"que decorram de ações iniciais ajuizadas até 31 de dezembro de 1999"*, sua liquidação parcelada não se compatibiliza com o *caput* do art. 5º da Constituição Federal. Não respeita o princípio da igualdade a admissão de que um certo número de precatórios, oriundos de ações ajuizadas até 31.12.1999, fique sujeito ao regime especial do art. 78 do ADCT, com o pagamento a ser efetuado em prestações anuais, iguais e sucessivas, no prazo máximo de dez anos, enquanto os demais créditos sejam beneficiados com o tratamento mais favorável do § 1º do art. 100 da Constituição.

6. Medida cautelar deferida para suspender a eficácia do art. 2º da Emenda Constitucional nº 30/2000, que introduziu o art. 78 no ADCT da Constituição de 1988. (Inform. STF 627) *noticiado no Informativo 610

REPERCUSSÃO GERAL EM RE N. 631.537-RS

RELATOR: MIN. MARCO AURÉLIO

CRÉDITO CONTRA A FAZENDA – CESSÃO – NATUREZA ALIMENTAR – TRANSMUDAÇÃO DO CRÉDITO ALIMENTÍCIO EM NORMAL. Possui repercussão geral a controvérsia sobre a possibilidade de a cessão de direito creditório alterar a natureza alimentar do precatório. (Inform. STF 624)

COMPLEMENTAÇÃO DE PRECATÓRIO E CITAÇÃO DA FAZENDA PÚBLICA

A 1ª Turma iniciou julgamento de agravo regimental interposto contra decisão do Min. Ricardo Lewandowski, que provera agravo de instrumento, do qual relator, para conhecer de recurso extraordinário e determinar a expedição de novo precatório derivado do reconhecimento, pelo tribunal de origem, de saldo remanescente de parcelas de acordo, com a conseguinte citação da Fazenda Pública. Sustenta a recorrente que o Estado-membro já havia sido citado quando da interposição dos embargos à execução, na forma do art. 730 do CPC. O relator negou provimento ao recurso. Destacou a necessidade de se realizar a citação do agravado para complementação de eventuais débitos decorrentes de decisões judiciais, porquanto seriam regidos exclusivamente pela sistemática do art. 100 e parágrafos da CF, sendo defesa a expedição de mero ofício complementar ao Poder Público para que promovesse o pagamento em prazo assinalado pelo juiz. Após, pediu vista o Min. Luiz Fux. AI 646081 AgR/SP, rel. Min. Ricardo Lewandowski, 12.4.2011. (AI-646081) (Inform. STF 623)

RE N. 590.751-SP

RELATOR: MIN. RICARDO LEWANDOWSKI

EMENTA: CONSTITUCIONAL. PRECATÓRIO. ART. 78 DO ADCT, INTRODUZIDO PELA EC 30/2000. INCIDÊNCIA DE JUROS COMPENSATÓRIOS E MORATÓRIOS NAS PARCELAS SUCESSIVAS. INADMISSIBILIDADE. ART 5º, XXIV E XXXVI, DA CONSTITUIÇÃO. OFENSA AO PRINCÍPIO DA JUSTA INDENIZAÇÃO. NECESSIDADE DE REEXAME DE PROVA. OFENSA REFLEXA. INCIDÊNCIA DA SÚMULA 279 DO STF. RE PARCIALMENTE PROVIDO.

I - O art. 78 do ADC possui a mesma *mens legis* que o art. 33 deste Ato, razão pela qual, uma vez calculado o precatório pelo valor real do débito, acrescido de juros legais, não há mais falar em incidência destes nas parcelas anuais, iguais e sucessivas em que é fracionado, desde que adimplidas a tempo e corrigidas monetariamente.

II – Não se mostra possível, em sede de recurso extraordinário, examinar a alegação de ofensa ao princípio da justa indenização, abrigado no art. 5º, XXIV, da Constituição Federal, diante do que dispõe a Súmula 279 do STF.

III - A discussão acerca dos limites objetivos da coisa julgada, ademais, constitui matéria de legislação ordinária, que não dá ensejo à abertura da via extraordinária.

IV - Recurso extraordinário parcialmente provido. (Inform. STF 622) *noticiado no Informativo 612

RESOLUÇÃO DO CNJ E GESTÃO DE PRECATÓRIOS

O Plenário iniciou julgamento de referendo de medida cautelar em ação direta de inconstitucionalidade, ajuizada pela Governadora do Estado do Pará, contra o § 1º do art. 22 da Resolução 115/2010, do Conselho Nacional de Justiça - CNJ, que dispõe sobre a Gestão de Precatórios no âmbito do Poder Judiciário ("*Art. 22. A entidade devedora que optar pelo regime especial anual, promoverá o depósito até dezembro de 2010, correspondente ao total da mora atualizada, dividido pelo número de anos necessários à liquidação, que poderá ser de até 15 anos. § 1º O montante de cada parcela não poderá ser inferior ao valor provisionado na lei orçamentária promulgada em 2008, em atenção ao sistema do art. 100 da Constituição Federal.*"). No caso, o Min. Marco Aurélio, relator, deferira a medida cautelar, *ad referedum* do Pleno, para suspender, até o julgamento final da ação direta, a eficácia do § 1º do art. 22 da norma questionada. Na presente assentada, o relator manifestou-se pelo referendo da medida acauteladora. Consignou que o CNJ não possuiria poder normativo e que teria extrapolado sua atuação administrativa ao regulamentar texto constitucional relativamente à EC 62/2009, além de adentrar o campo da execução de débito da Fazenda Pública retratada em título judicial. Reputou que o CNJ atropelara mecanismo que já estaria sendo observado nos Estados-membros, ao dispor sobre a obrigatoriedade de depósito, até dezembro de 2010, correspondente ao total da mora atualizada, dividida pelo número de anos necessários à liquidação, revelando passível de ocorrer em 15 anos. Concluiu que implicações referentes à observância da EC 62/2009 não poderiam ser definidas, em tese, pelo mencionado órgão administrativo. Após, pediu vista o Min. Ayres Britto. ADI 4465 Referendo-MC/DF, rel. Min. Marco Aurélio. 9.2.2011. (ADI-4465) (Inform. STF 615)

PRECATÓRIOS: PARCELAMENTO E INCIDÊNCIA DE JUROS - 1
Não incidem juros moratórios e compensatórios sobre as frações resultantes do parcela-mento de precatório, previsto no art. 78 do ADCT (*"Ressalvados os créditos definidos em lei como de pequeno valor, os de natureza alimentícia, os de que trata o Art. 33 deste Ato das Disposições Constitucionais Transitórias e suas complementações e os que já tiverem os seus respectivos recursos liberados ou depositados em juízo, os precatórios pendentes na data de promulgação desta Emenda e os que decorram de ações iniciais ajuizadas até 31 de dezembro de 1999 serão liquidados pelo seu valor real, em moeda corrente, acrescido de juros legais, em prestações anuais, iguais e sucessivas, no prazo máximo de dez anos, permitida a cessão dos créditos"*). Esse o entendimento do Plenário ao conhecer em parte de recurso extraordinário interposto por Município e, na parte conhecida, provê-lo, por maioria. A decisão recorrida, prolatada por Tribunal de Justiça local, determinara a incidência dos referidos juros sobre o valor de precatório decorrente de desapropriação, cujo pagamento fora realizado nos termos do art. 33 do ADCT (*"Ressalvados os créditos de natureza alimentar, o valor dos precatórios judiciais pendentes de pagamento na data da promulgação da Constituição, incluído o remanescente de juros e correção monetária, poderá ser pago em moeda corrente, com atualização, em prestações anuais, iguais e sucessivas, no prazo máximo de oito anos, a partir de 1º de julho de 1989, por decisão editada pelo Poder Executivo até cento e oitenta dias da promulgação da Constituição"*). **RE 590751/SP, rel. Min. Ricardo Lewandowski, 9.12.2010.** (RE-590751)

PRECATÓRIOS: PARCELAMENTO E INCIDÊNCIA DE JUROS - 2
Reputou-se, inicialmente, que a Corte teria firmado entendimento no sentido de serem incabíveis tais juros no que diz respeito à hipótese do art. 33 do ADCT, e que ter-se-ia estendido essa interpretação ao parcelamento estabelecido no art. 78 do ADCT, introduzido pela EC 30/2000. Salientou-se que o Congresso Nacional teria aprovado a citada emenda com o fim de restaurar o equilíbrio econômico-financeiro das unidades federadas, notadamente Estados e Municípios, cujos orçamentos estariam, em grande parte, compulsoriamente destinados a outros fins. Aduziu-se, ademais, que o art. 33 teria previsto a atualização das parcelas, ou seja, a correção monetária, com o escopo de manter o valor real de cada uma delas. Nesse sentido, o parcelamento de precatório apurado segundo o valor real do débito, acrescido de juros legais, apenas protrairia o seu pagamento no tempo, sem que o patrimônio do credor fazendário fosse afetado, desde que saldadas no prazo avençado e corrigidas monetariamente as prestações. Por fim, não se conheceu do pedido no tocante a eventual ofensa ao princípio da justa indenização (CF, art. 5º, XXIV), ante a incidência do Enunciado 279 da Súmula do STF. **RE 590751/SP, rel. Min. Ricardo Lewandowski, 9.12.2010.** (RE-590751)

PRECATÓRIOS: PARCELAMENTO E INCIDÊNCIA DE JUROS - 3
Vencido o Min. Marco Aurélio, que desprovia o recurso. Considerava que os juros compensatórios estariam compreendidos na cláusula constitucional da justa e prévia indenização. Assim, não sendo ela prévia, como na espécie, os juros deveriam incidir, uma vez sofrido o prejuízo pelo desapossamento do imóvel. Em relação aos juros de mora, entendia que a interpretação sistemática de ambos os dispositivos transitórios permitiria concluir que, no caso do art. 78, eles incidiriam, pois os dois artigos tratariam de situações distintas: enquanto o art. 33 estabeleceria o pagamento em 8 anos e a incidência de juros remanescentes, dada a inflação da época, o art. 78 teria passado a determinar o adimplemento em 10 anos, sem afastar a mora do devedor. Vencidos também os Ministros Ayres Britto e Cezar Peluso, que proviam parcialmente o recurso, por reputarem que os juros legais referidos no art. 78 do ADCT compreenderiam apenas os juros devidos por conta do parcelamento, ou seja, decorrentes da mora do Estado. **RE 590751/SP, rel. Min. Ricardo Lewandowski, 9.12.2010.** (RE-590751) (Inform. STF 612)

RE N. 592.619-RS

RELATOR MIN. GILMAR MENDES
Recurso Extraordinário. 2. Alegação de ofensa ao art. 87 do ADCT e ao § 4º do art. 100 da Constituição Federal. Ocorrência. 3. Fracionamento do valor de precatório em execução de sentença, com o objetivo de efetuar o pagamento das custas processuais por meio de requisição de pequeno valor (RPV). Impossibilidade. 4. Recurso extraordinário provido. (Inform. STF 609)

EC 30/2000 E PRECATÓRIOS FUTUROS
Prosseguindo no julgamento acima mencionado, o Min. Néri da Silveira, no que concerne aos precatórios "que decorram de ações iniciadas até 31 de dezembro de 1999", considerou, à primeira vista, caracterizada a ofensa ao princípio da isonomia, uma vez que o mencionado art. 78, acrescentado pela EC 30/2000, estabelece um regime especial de pagamento para esses precatórios, em prestações anuais no prazo máximo de dez anos, enquanto que os demais créditos, representados em precatórios pendentes, ficam beneficiados por tratamento mais favorável, nos termos do art. 100, § 1º, da CF. Portanto, o Min. Néri da Silveira, relator, proferiu voto no sentido de deferir os pedidos de liminar para suspender, até julgamento final das ações diretas, a eficácia do art. 2º da EC 30/2000, que introduziu o art. 78 ao ADCT da CF/88. Após, o julgamento foi suspenso em face do pedido de vista da Ministra Ellen Gracie. **ADInMC 2.356-DF e ADInMC 2.362-DF, rel. Min. Néri da Silveira, 18.2.2002.** (ADI-2356)(ADI-2362)

EC 30/2000 E PRECATÓRIOS PENDENTES - 2
O Tribunal retomou julgamento conjunto de pedidos de medida liminar em duas ações diretas de inconstitucionalidade, ajuizadas pelo Conselho Federal da Ordem dos Advogados do Brasil - OAB e pela Confederação Nacional da Indústria - CNI, contra o art. 2º da EC 30/2000, que introduziu o art. 78 e seus parágrafos do ADCT da CF/88, determinando que, "ressalvados os créditos definidos em lei como de pequeno valor, os de natureza alimentícia, os de que trata o art. 33 deste Ato das Disposições Constitucionais Transitórias e suas complementações e os que já tiverem os seus respectivos recursos liberados ou depositados em juízo, os precatórios pendentes na data da promulgação desta Emenda e os que decorram de ações iniciais ajuizadas até 31 de dezembro de 1999 serão liquidados pelo seu valor real, em moeda corrente, acrescido de juros legais, em prestações anuais, iguais e sucessivas, no prazo máximo de dez anos, permitida a cessão dos créditos". Na sessão de 18.2.2002, o Min. Néri da Silveira, relator, entendeu caracterizada, quanto aos precatórios pendentes, a aparente ofensa à garantia constitucional do cumprimento das decisões judiciárias contra a Fazenda Pública, porquanto tais precatórios, decorrentes de sentença condenatória com trânsito em julgado, e já formados no sistema do art. 100 da CF, garantem ao credor o pagamento até o final do exercício seguinte à sua inclusão no orçamento, restando violados, ainda, o direito adquirido, o ato jurídico perfeito, a coisa julgada (CF, art. 5º, XXXVI), bem como, quanto à validade da mencionada norma, o art. 60, § 4º, III e IV, da CF ("Não será objeto de deliberação a proposta de emenda tendente a abolir:... III - a separação dos Poderes; IV - os direitos e garantias individuais.") - v. Informativo 257. A Min. Ellen Gracie, em voto-vista, divergiu desse entendimento, para indeferir o pedido de liminar de suspensão da vigência da norma impugnada na parte em que a mesma estabelece a possibilidade de pagamento parcelado dos precatórios pendentes na data da promulgação da EC 30/2000 por considerá-la constitucional. Ressaltou que a norma em questão visou, "por meio de medida excepcional e absolutamente necessária ao reequilíbrio financeiro-orçamentário das unidades federadas", possibilitar o Estado de quitar seus débitos judicialmente reconhecidos, levando em conta a situação deficitária dos cofres públicos, realidade que deveria ser sopesada. Asseverou não vislumbrar, a priori, ofensa à garantia do acesso à jurisdição, porquanto a aplicação da norma impugnada se dá quando já exauridos "todos os instrumentos postos à disposição do jurisdicionado para a definição e o reconhecimento do direito de obtenção ao bem da vida pretendido", consistindo a previsão em uma prerrogativa ou um regime diferenciado para obtenção do cumprimento pelo Estado das dívidas decorrentes de decisões judiciais. Salientou que o an debeatur das condenações impostas ao Estado, garantido pela coisa julgada, não sofre modificações pela norma impugnada, o qual tem por escopo, considerando as peculiaridades de ordem fática já mencionadas, dar ao Estado a possibilidade de cumprir com suas obrigações. Concluiu que, à primeira vista, não há ofensa ao princípio da isonomia, visto que, com exceção dos precatórios de natureza alimentícia, de pequeno valor e os que já sofreram o parcelamento previsto no art. 33 do ADCT, os demais, que ainda não haviam sido pagos quando do surgimento da norma impugnada, foram igualmente alcançados pelos seus comandos. Os Ministros Eros Grau e Joaquim Barbosa acompanharam, nesse ponto, a Min. Ellen Gracie. O Min. Carlos Britto acompanhou o relator. **ADI 2356 MC/DF e ADI 2362 MC/DF, rel. Min. Néri da Silveira, 2.9.2004.** (ADI-2356) (ADI-2362)

EC 30/2000: PRECATÓRIOS PENDENTES E PRECATÓRIOS FUTUROS - 3
O Tribunal retomou julgamento conjunto de pedidos de medida liminar em duas ações diretas de inconstitucionalidade, ajuizadas pelo Conselho Federal da Ordem dos Advogados do Brasil - OAB e pela Confederação Nacional da Indústria - CNI, contra o art. 2º da EC 30/2000, que introduziu o art. 78 e seus parágrafos do ADCT da CF/88, determinando que, *"ressalvados os créditos definidos em lei como de pequeno valor, os de natureza alimentícia, os de que trata o art. 33 deste Ato das Disposições Constitucionais Transitórias e suas complementações e os que já tiverem os seus respectivos recursos liberados ou depositados em juízo, os precatórios pendentes na data da promulgação desta Emenda e os que decorram de ações iniciais ajuizadas até 31 de dezembro de 1999 serão liquidados pelo seu valor real, em moeda corrente, acrescido de juros legais, em prestações anuais, iguais e sucessivas, no prazo máximo de dez anos, permitida a cessão dos créditos"* — v. Informativos 257 e 359. Após o voto-vista do Min.

Cezar Peluso e dos votos dos Ministros Cármen Lúcia e Marco Aurélio, que acompanhavam o relator para deferir a liminar, suspendendo o art. 2º da EC 30/2000, e dos votos dos Ministros Dias Toffoli e Ricardo Lewandowski, que indeferiam a liminar, o julgamento foi suspenso para colher o voto do Min. Celso de Mello, ausente licenciado. **ADI 2356 MC/DF, rel. Min. Néri da Silveira, 10.2.2010.** (ADI-2356) **ADI 2362 MC/DF, rel. Min. Néri da Silveira, 10.2.2010.** (ADI-2362)

EC 30/2000: PRECATÓRIOS PENDENTES E PRECATÓRIOS FUTUROS - 4

Em conclusão, o Plenário, por maioria, deferiu pedidos de medida cautelar em duas ações diretas de inconstitucionalidade, ajuizadas pelo Conselho Federal da Ordem dos Advogados do Brasil - OAB e pela Confederação Nacional da Indústria - CNI, para suspender, até julgamento final das ações diretas, a eficácia do art. 2º da EC 30/2000, que introduziu o art. 78 e seus parágrafos no ADCT da CF/88, determinando que, "ressalvados os créditos definidos em lei como de pequeno valor, os de natureza alimentícia, os de que trata o art. 33 deste Ato das Disposições Constitucionais Transitórias e suas complementações e os que já tiverem os seus respectivos recursos liberados ou depositados em juízo, os precatórios pendentes na data da promulgação desta Emenda e os que decorram de ações iniciais ajuizadas até 31 de dezembro de 1999 serão liquidados pelo seu valor real, em moeda corrente, acrescido de juros legais, em prestações anuais, iguais e sucessivas, no prazo máximo de dez anos, permitida a cessão dos créditos" — v. Informativos 257, 359 e 574. O Min. Celso de Mello, ao proferir voto de desempate relativamente aos precatórios pendentes, suspendeu cautelarmente no caput do art. 78 do ADCT, introduzido pela EC 30/2000, a expressão "os precatórios pendentes na data da promulgação desta Emenda". Inicialmente, salientou que o regime constitucional de execução por quantia certa contra o Poder Público, qualquer que seja a natureza do crédito exeqüendo — ressalvadas as obrigações definidas em lei como de pequeno valor —, imporia a necessária extração de precatório cujo pagamento deve observar a regra fundamental que outorga preferência a quem dispuser de precedência cronológica, em obséquio aos princípios ético-jurídicos da moralidade, impessoalidade e igualdade. Aduziu, em seqüência, que esse instrumento de requisição judicial de pagamento teria por finalidade: 1) assegurar a igualdade entre os credores e proclamar a inafastabilidade do dever estatal de solver os débitos judicialmente reconhecidos em decisão transitada em julgado; 2) impedir favorecimentos pessoais indevidos e c) frustrar tratamentos discriminatórios, evitando injustas perseguições ou preterições motivadas por razões destituídas de legitimidade jurídica. **ADI 2356 MC/DF, rel. orig. Min. Néri da Silveira, red. p/ o acórdão Min. Ayres Britto, 25.11.2010. (ADI-2356) ADI 2362 MC/DF, rel. orig. Min. Néri da Silveira, red. p/ o acórdão Min. Ayres Britto, 25.11.2010.** (ADI-2362)

EC 30/2000: PRECATÓRIOS PENDENTES E PRECATÓRIOS FUTUROS - 5

Reputou, conforme já afirmado pelo relator, que o Congresso Nacional, ao impor o parcelamento impugnado aos precatórios pendentes de liquidação na data de publicação da referida emenda, incidira em múltiplas transgressões à Constituição, porquanto teria desrespeitado a integridade de situações jurídicas definitivamente consolidadas, prejudicando, assim, o ato jurídico perfeito, a coisa julgada e o direito adquirido, além de haver violado o princípio da separação de poderes e o postulado da segurança jurídica. Consignou, ademais, que a formulação constante do art. 33 do ADCT não poderia ser invocada por aquele ente legislativo como paradigma legitimador da cláusula em exame, dado que resultara de deliberação soberana emanada de órgão investido de funções constituintes primárias, insuscetíveis de limitação de ordem jurídica. Enfatizou que a procrastinação no tempo do pagamento dos precatórios judiciários pendentes na data da promulgação da EC 30/2000, com os respectivos valores parcelados em até 10 anos, culminaria por privar de eficácia imediata a própria sentença judicial com trânsito em julgado. Ressaltou, também, que a norma questionada comprometeria a própria decisão que, subjacente à expedição do precatório pendente, estaria amparada pela autoridade da coisa julgada, o que vulneraria o postulado da separação de poderes, bem como afetaria um valor essencial ao Estado Democrático de Direito, qual seja, a segurança jurídica. Vencida a Min. Ellen Gracie, que deferia parcialmente a cautelar para suspender apenas a eficácia da expressão "*e os que decorram de ações judicias ajuizadas até 31 de dezembro de 1999*" e os Ministros Eros Grau, Joaquim Barbosa, Dias Toffoli e Ricardo Lewandowski, que a indeferiam integralmente. **ADI 2356 MC/DF, rel. orig. Min. Néri da Silveira, red. p/ o acórdão Min. Ayres Britto, 25.11.2010. (ADI-2356) ADI 2362 MC/DF, rel. orig. Min. Néri da Silveira, red. p/ o acórdão Min. Ayres Britto, 25.11.2010.** (ADI-2362) (Inform. STF 610)

FRACIONAMENTO DE PRECATÓRIO: CUSTAS PROCESSUAIS E REQUISIÇÃO DE PEQUENO VALOR

É incabível o fracionamento do valor de precatório em execução de sentença contra a Fazenda Pública, com o objetivo de se efetuar o pagamento de custas processuais por meio de requisição de pequeno valor - RPV. Com base nessa orientação, o Tribunal proveu recurso extraordinário interposto pelo Instituto de Previdência do Estado do Rio Grande do Sul - IPERGS para reformar acórdão da Corte local que deferira a expedição de RPV para tal pagamento, desde que as parcelas, individualmente consideradas, não ultrapassassem o teto constitucional. Aduziu-se que a execução das verbas acessórias não seria autônoma, devendo ser apreciada em conjunto com a condenação principal. Assim, a execução das custas processuais não poderia ser feita de modo independente e deveria ocorrer em conjunto com a do precatório que diz respeito ao total do crédito. **Precedente citado: RE 544479/RS (DJU de 27.6.2007). RE 592619/RS, rel. Min. Gilmar Mendes, 8.9.2010.** (RE-592619) (Inform. STF 599)

PRECATÓRIO. SEQÜESTRO. NÃO INCLUSÃO - 2

Por vislumbrar desrespeito à autoridade da decisão do STF na ADI 1662 MC/SP (DJU de 20.3.98), o Tribunal, por maioria, julgou procedente reclamação ajuizada pelo Estado do Espírito Santo em face de decisão do TRT da 17ª Região que determinara o seqüestro de rendas públicas para o pagamento de precatórios não incluídos no orçamento do reclamante — v. Informativo 359. Considerou-se não se tratar de preterição do direito de precedência, única hipótese, conforme o precedente citado, apta a justificar o seqüestro na forma da parte final do § 2º do art. 100 da CF, afora a previsão constante do art. 78 do ADCT. Vencidos os Ministros Marco Aurélio, relator, Carlos Britto e Cezar Peluso que julgavam o pedido improcedente. **Rcl 743/ES, rel. orig. Min. Marco Aurélio, red. p/ o acórdão Min. Joaquim Barbosa, 4.2.2010.** (Rcl-743) (Inform. STF 573)

PRECATÓRIO E SEQÜESTRO DE VERBAS PÚBLICAS - 1

A Turma iniciou julgamento de recurso extraordinário interposto pelo Estado da Bahia contra acórdão da Corte de Justiça daquela unidade federativa que, em mandado de segurança, determinara o seqüestro de verbas públicas, ao fundamento de que o recorrente retirara, por conta própria, precatório que figurava em primeiro lugar na ordem de apresentação para pagamento. O Estado-membro sustenta transgressão ao art. 100, § 2º, da CF e ao art. 78, § 4º, do ADCT. Aduz que a empresa recorrida não teria comprovado a alegada preterição da ordem cronológica de pagamento dos precatórios. Apresenta fato novo consistente na inexistência de dívida a solver, porquanto o crédito discutido no precatório não mais pertenceria à recorrida. O Min. Carlos Britto, relator, desproveu o recurso, no que foi acompanhado pelos Ministros Cármen Lúcia e Ricardo Lewandowski. Considerou que, para se concluir de modo diverso do Tribunal de origem, seria necessário o reexame do conjunto fático-probatório dos autos, providência vedada em sede extraordinária. Acrescentou que o Plenário do STF — no julgamento da SS 2287 AgR/BA — declarara a ocorrência de preterição na ordem cronológica do pagamento do precatório em exame, sendo este mesmo entendimento confirmado pelo Min. Ricardo Lewandowski ao apreciar pedido de liminar em ação cautelar ajuizada com o objetivo de atribuir efeito suspensivo ao presente recurso. Quanto ao suposto fato novo, consignou que a matéria não fora debatida na instância local nem constara das razões do extraordinário, caracterizando inovação insuscetível de ser apreciada nesta oportunidade. Assinalou, no ponto, que a questão alusiva à inexistência da dívida seria objeto de ação declaratória, julgada extinta sem apreciação do mérito, pelo Tribunal de Justiça local, em 1ª instância. Tendo isso em vista, reputou que o acolhimento da pretensão do recorrente significaria antecipação do juízo a ser emitido na citada ação declaratória, a conferir ao recurso extraordinário contornos de ação rescisória. Ao final, noticiou o pagamento de parcela de acordo envolvendo diversos precatórios, inclusive precatórios patrimoniais posteriores ao da recorrida. **RE 583932/BA, rel. Min. Carlos Britto, 15.12.2009.** (RE-583932)

PRECATÓRIO E SEQÜESTRO DE VERBAS PÚBLICAS - 2

Em divergência, o Min. Marco Aurélio proveu o extraordinário. Inicialmente, enfatizou que a Turma estaria julgando o tema de fundo, o que afastaria a possibilidade de se cogitar de pressuposto negativo de desenvolvimento válido do processo, qual seja, a coisa julgada. Mencionou que a decisão do Pleno se limitara à problemática da suspensão de segurança e que a ação cautelar referida geraria efeitos "intramuros". Em seguida, asseverou que, à época em que impetrada a segurança, não havia a base para o seqüestro determinado, a saber, pagamento de um credor mais novo na frente da credora ora recorrida. Assinalou que a situação dos autos deveria ser apreciada com base no art. 100 da CF, em sua redação original, e que a Corte primitiva fizera mesclagem indevida entre o mencionado dispositivo constitucional e o art. 78, § 4º, do ADCT para chegar à errônea premissa de que a retirada desse precatório para a correção de sua parte mais importante — seu conteúdo econômico — revelaria preterição. Após, pediu vista dos autos o Min. Dias Toffoli. **RE 583932/BA, rel. Min. Carlos Britto, 15.12.2009.** (RE-583932) (Inform. STF 572)

PRECATÓRIO: ACORDO JUDICIAL E DECISÃO MONOCRÁTICA - 1

O Tribunal, por maioria, deferiu mandado de segurança impetrado pelo Estado da Bahia contra decisão de membro do Conselho Nacional de Justiça - CNJ que, em procedimento de controle administrativo - PCA, do qual relator, determinara o pagamento, em seu valor integral, dos precatórios titularizados pelas ora litisconsortes depois de satisfeitos 17 precatórios que lhes antecederiam na nova ordem de precedência. No caso, o Núcleo Auxiliar de Conciliação de Precatórios do Tribunal de Justiça daquela unidade federativa realizara acordo com vários credores do Estado-membro com o objetivo de pagar os precatórios, mediante o desconto de certos e determinados percentuais. As litisconsortes recusaram-se a subscrever o "termo de conciliação e de compromisso judicial". Fora, então, publicada nova lista na qual constava o reposicionamento do precatório das litisconsortes que, desmembrado, passara da 18ª colocação para as posições 516ª, 518ª e 520ª, além da aplicação de deságio ao valor original. Irresignadas, elas ingressaram com o aludido PCA, cujo relator, tendo em conta o que disposto no art. 100 da CF, afirmara ser inconstitucional a modificação da ordem cronológica de pagamento de precatórios, mesmo que decorrente de conciliação e acordo judicial e ainda que conferisse vantagens aos cofres públicos. **MS 27708/BA, rel. Min. Marco Aurélio, 29.10.2009.** (MS-27708)

PRECATÓRIO: ACORDO JUDICIAL E DECISÃO MONOCRÁTICA - 2

Inicialmente, salientou-se que o conteúdo do denominado "termo de conciliação e de compromisso judicial", indicaria que o CNJ não se defrontara com questão estritamente administrativa, não obstante tal órgão tivesse refutado a informação da Corte de origem no sentido de se tratar, na espécie, de acordo judicial. Em seguida, consignou-se que, ante o ato formalizado envolvendo Estado e credores, o CNJ atuara sem a audição prévia dos interessados, modificando a estrutura do que ajustado. Por isso, o impetrante articulara o comprometimento do acordo — a abranger a si próprio e 517 credores — sem que tivesse sido ouvido. Nesse sentido, enfatizou-se que, conforme pronunciamentos do STF, existente situação constituída, o desfazimento pressupõe a manifestação dos interessados, oque não ocorrera nos presentes autos. Reputou-se procedente, de igual modo, o que alegado sob o ângulo da atuação individual do conselheiro subscritor da decisão impugnada, uma vez que competiria ao colegiado enfrentar o que versado no processo administrativo em curso. Ademais, asseverou-se que o conselheiro agira mediante ingresso no campo judicial — jurisdicional —, extravasando, em muito, os limites simplesmente administrativos, porquanto a alteração do mencionado termo envolvera aspectos substanciais de execuções contra a Fazenda Pública. Considerou-se, pois, descabida a atuação, sob pena de mesclagem indevida, de abrir-se margem para ampliação das atribuições do CNJ previstas pela Constituição. Vencidos os Ministros Ellen Gracie e Celso de Mello que denegavam o *writ* ao fundamento de que não teria havido extrapolação, por parte do CNJ, de sua estrita competência, haja vista a natureza administrativa da gestão dos precatórios. Ordem concedida para, assentando a impropriedade da atuação e declarando insubsistente o que decidido no procedimento administrativo, determinar o arquivamento do processo sem apreciação do mérito. **MS 27708/BA, rel. Min. Marco Aurélio, 29.10.2009.** (MS-27708) (Inform. STF 565)

EMENTA: Reclamação. Precatório. Alteração do critério de cálculos. ADI nº 1.662/SP. 1. O entendimento do Supremo Tribunal Federal fixado na ADI nº 1.662/SP é o de que, em sede de precatório, o administrador público somente está autorizado a alterar os cálculos com a finalidade de corrigir erros materiais ou aritméticos, não tendo competência para modificar critérios que foram adotados pelo Juiz originário da causa. 2. Caracterizada a ofensa ao que foi decidido na ADI nº 1.662/SP porque, na hipótese presente, houve a determinação específica do julgado no sentido de serem refeitos os cálculos com mudança de critérios, independentemente de estar essa determinação vinculada à observância de qualquer tipo de norma legal. No caso, o cálculo já havia sido feito, não estando evidenciado nenhum erro material.

3. RECLAMAÇÃO JULGADA PROCEDENTE. RCL N. 2.267-MA. RELATOR P/ O ACÓRDÃO: MIN. MENEZES DIREITO. NOTICIADO NO INFORMATIVO 537. (INFORM. STF 552)

PRECATÓRIO. CORREÇÃO DE CÁLCULOS - 2

Em conclusão, o Tribunal, por maioria, julgou procedente pedido formulado em reclamação na qual se apontava desrespeito à autoridade da decisão do STF na ADI 1662 MC/SP (DJU de 20.3.98), em face de acórdão do TST que provera recurso ordinário, deferindo pedido de revisão de cálculos de liquidação em precatórios trabalhistas para limitar o pagamento de diferenças salariais derivadas de planos econômicos à data-base da categoria dos reclamantes — v. Informativo 359. Considerou-se que o ato impugnado ofenderia o entendimento fixado naquela ADI, no sentido de que a correção de cálculos só é possível em relação a diferenças resultantes de erros materiais ou aritméticos ou de inexatidões dos cálculos dos valores precatórios, porquanto a limitação dos cálculos à data-base dos servidores na fase de precatório implicaria alterar os critérios de cálculo adotados e, por conseguinte, os limites da sentença exeqüenda, já transitada em julgado. Vencidos os Ministros Gilmar Mendes, Ricardo Lewandowski e Ellen Gracie, que julgavam improcedente o pleito, ao funda-mento de que o acórdão reclamado não teria afrontado o comando da decisão do Supremo tomada na ADI 1662, em razão de não ter determinado alteração do critério para os cálculos, em sede de precatório, nem promovido incidência de índice de correção diverso do que fora utilizado pelo juiz natural da causa, mas apenas admitido a retificação da conta com a finalidade de adequá-la às normas legais que regulavam as diferenças salariais decorrentes dos planos econômicos, as quais poderiam ser consideradas comandos implícitos do próprio título exeqüendo, questão que não fora objeto de decisão da Corte na referida ação direta. **Rcl 2267/MA, rel. orig. Min. Nelson Jobim, rel.p/ o acórdão Min. Menezes Direito, 4.3.2009.** (Rcl-2267) (Inform. STF 537)

PRECATÓRIOS: PESSOAS JURÍDICAS DISTINTAS E AUSÊNCIA DE QUEBRA DE ORDEM

O Tribunal, por maioria, conheceu em parte de reclamação proposta pelo Estado do Ceará contra ato do presidente do tribunal de justiça local — que expedira, contra ele, ordem de seqüestro de verbas públicas, por considerar haver quebra de ordem cronológica que desfavorecia o pagamento dos créditos dos interessados — e, na parte conhecida, julgou procedente o pedido nela formulado. Aplicou-se a orientação firmada no julgamento da Rcl 3219 AgR/CE (DJE de 23.11.2007), no sentido de que não se caracteriza quebra de precedência na ordem cronológica, quando se trate de precatórios judiciais cujo pagamento incumbe a pessoas jurídicas distintas, embora pertencentes ao mesmo ente federado. Na espécie, sustentava o reclamante ofensa à autoridade da decisão do Supremo tomada na Rcl 1662/SP (DJU de 19.9.2003) e no RE 362519/PR (DJU de 19.12.2002), bem como contrariedade à Súmula 121 da Corte. Esclarecia, ainda, que o precatório eleito como paradigma pelo referido tribunal estadual para verificação da quebra de ordem cronológica fora expedido contra ele, ao passo que o precatório relativo aos interessados instrumentalizaria dívida oponível ao Instituto de Previdência do Estado do Ceará - IPEC. Preliminarmente, não se conheceu da reclamação quanto aos argumentos fundados em precedentes desprovidos de eficácia vinculante e *erga omnes* e de cuja relação processual o reclamante e os interessados não fizeram parte. Vencido o Min. Marco Aurélio, que julgava o pleito improcedente. **Rcl 3138/CE, rel. Min. Joaquim Barbosa, 4.3.2009.** (Rcl-3138) (Inform. STF 537)

PRECATÓRIO E INCIDÊNCIA DE JUROS DE MORA

O Tribunal resolveu questão de ordem em recurso extraordinário interposto contra acórdão que considerara que os juros de mora incidem no período compreendido entre a data da expedição e a do pagamento do precatório, quando realizado até o final do exercício seguinte, para: a) reconhecer a existência de repercussão geral relativamente à questão constitucional versada no recurso; b) ratificar o entendimento firmado pelo Tribunal sobre o tema, no sentido de que, somente se descumprido o prazo constitucional previsto para o pagamento dos precatórios, qual seja, até o final do exercício seguinte, poder-se-á falar em mora e, em conseqüência, nos juros a ela relativos, como penalidade pelo atraso; c) denegar a distribuição dos demais processos que versem sobre a matéria, determinando a devolução dos autos à origem para a adoção dos procedimentos previstos no art. 543-B, § 3º, do CPC. Quanto ao mérito, por maioria, o Tribunal deu provimento ao recurso. Vencido o Min. Marco Aurélio que o desprovia. O relator, em seguida, apresentou proposta de nova súmula vinculante e a remeteu à Comissão de Jurisprudência. **Alguns precedentes citados: RE 579431 QO/RS (DJE de 24.10.2008); RE 582650 QO/BA (DJE de 24.10.2008); RE 580108 QO/SP (j. em 11.6.2008); RE 591068 QO/PR (j. em 7.8.2008); RE 585235 QO/MG (j. em 10.9.2008); RE 298616/SP (DJU de 3.10.2003); RE 305186/SP (DJU de 18.10.2002). RE 591085 QO/MS, rel. Min. Ricardo Lewandowski, 4.12.2008.** (RE-591085) (Inform. STF 531)

HONORÁRIOS ADVOCATÍCIOS E EXECUÇÃO AUTÔNOMA - 1

O Tribunal iniciou julgamento de recurso extraordinário em que se discute a possibilidade de execução autônoma de honorários advocatícios. Trata-se de recurso interposto, sob a alegação de ofensa ao art. 100, § 4º, da CF, contra decisão proferida pelo Tribunal de Justiça do Estado do Rio Grande do Sul, que reputara factível a execução autônoma, pois em consonância com os artigos 23 e 24 da Lei 8.906/94. O Min. Eros Grau, relator, manteve a decisão recorrida, no que foi acompanhado pelos Ministros Menezes Direito, Cármen Lúcia, Ricardo Lewandowski e Carlos Britto. O relator asseverou, inicialmente, não haver dúvida de que os honorários advocatícios consubstanciam verba alimentícia, e citou diversos precedentes nesse sentido. Afirmou, entretanto, que não se aplicaria, à espécie, a orientação fixada pela Corte no julgamento do RE 141139/SP (DJU de 13.12.96), no qual a Corte vedou a execução de honorários nos termos da exceção prevista no *caput* do art. 100 da CF, por considerar tais honorários como acessório da condenação. Esclareceu, no ponto, que o voto tomara como premissa o direito vigente à época, qual seja, o art. 33 do ADCT, que determinou que todos os créditos pendentes de pagamento na data da promulgação da Constituição poderiam ser pagos em prestações anuais, iguais e sucessivas, no prazo máximo de 8 anos, e que alcançava os precatórios tais como expedidos, sem distinção entre os créditos que abarcava, até porque anteriormente à CF/88 não eram distintos, para efeito de expedição de precatórios, créditos alimentares e não-alimentares. Acrescentou que, diversamente do que ocorrera naquele julgamento, em que se pretendia o fracionamento de precatório já expedido, *a posteriori*, no presente caso, a situação seria outra, porquanto inexistente ofício requisitório expedido. **RE 564132/RS, rel. Min. Eros Grau, 3.12.2008.** (RE-564132)

HONORÁRIOS ADVOCATÍCIOS E EXECUÇÃO AUTÔNOMA - 2

Ressaltou, depois de salientar o disposto nos artigos 23 e 24 do Estatuto da Ordem dos Advogados do Brasil - Lei 8.906/94, ser evidente o direito de o advogado executar de forma autônoma os honorários advocatícios, que não se confundem com o principal. Aduziu que a finalidade do art. 100, § 4º, da CF, introduzido pela EC 37/2002, é o de impedir que o exeqüente utilize, simultaneamente, mediante o fracionamento, repartição ou quebra do valor da dívida, dois sistemas de satisfação de crédito, ou seja, o do precatório para uma parte dela e o do pagamento imediato para a outra. Assim, a regra constitucional apenas incide em situações em que o crédito seja atribuído a um mesmo titular. Se a verba honorária não se confunde, portanto, com o principal, o preceito não se aplica quando o titular do crédito decorrente de honorários pleiteie o seu recebimento. Em suma, entendeu o relator que, não se confundindo com o crédito principal que cabe à parte, o advogado há o direito de executar seu crédito nos termos do disposto nos artigos 86 e 87 do ADCT, desde que o fracionamento da execução ocorra antes da expedição do ofício requisitório, sob pena de quebra da ordem cronológica dos precatórios. Em divergência, o Min. Cezar Peluso deu provimento ao recurso. Frisou que a circunstância de a verba pertencer a um credor ou outro, no caso, não desnatura a acessoriedade, haja vista que ela é acessória por definição, porque não decorre de um direito autônomo, mas do fato da sucumbência. Salientou que o que a Constituição não quer é que se fragmente a condenação entre verba principal e acessória e apontou conseqüências de ordem prática a serem ponderadas, dentre as quais o fato de, com esse expediente, o advogado receber antes que seu cliente. O Min. Cezar Peluso concluiu que a tese da exeqüibilidade autônoma do crédito do advogado é correta desde que não seja estendida ao regime de execução de verba devida pela Fazenda Pública, porque esta tem o regime constitucional diferenciado. Ou seja, não se está aniquilando a exeqüibilidade autônoma das verbas de sucumbência, que pode ser exercida em todos os demais casos, exceto contra a Fazenda Pública, onde a Constituição não permite a fragmentação, exatamente porque seu regime de pagamento é diferente do regime de pagamento dos outros débitos, em que os credores vão avançar sobre o patrimônio do devedor, independente de qualquer outra limitação, salvo as legais. Após,o julgamento foi suspenso com o pedido de vista da Min. Ellen Gracie. **RE 564132/RS, rel. Min. Eros Grau, 3.12.2008.** (RE-564132) (Inform. STF 531)

FRACIONAMENTO DE PRECATÓRIO: CUSTAS PROCESSUAIS E REQUISIÇÃO DE PEQUENO VALOR - 1

O Tribunal iniciou julgamento de recurso extraordinário em que se discute a possibilidade de se fracionar, ou não, o valor de precatório, em execução de sentença, com o objetivo de lograr-se o pagamento de custas processuais por meio de Requisição de Pequeno Valor - RPV. O acórdão recorrido adotara o fundamento de que é possível a expedição de RPV para pagamento das custas processuais devidas ao titular da serventia privatizada, desde que o seu crédito individual não supere o limite estabelecido pelo art. 87 do ADCT. O Instituto de Previdência do Estado do Rio Grande do Sul - IPERGS, ora recorrente, alega violação aos artigos 87, I, do ADCT e 100, § 4º, da CF. O Min. Ricardo Lewandowski, relator, deu provimento recurso. Reportou-se à jurisprudência da Corte no sentido de que a execução do pagamento das verbas acessórias não é autônoma, havendo de ser considerada em conjunto com a condenação principal, em respeito ao disposto no art. 100, § 4º, da CF, que veda o fracionamento, a repartição ou a quebra do valor da execução. Em divergência, o Min. Marco Aurélio salientou que a situação concreta não se harmoniza os precedentes citados, haja vista serem diversos os titulares dos créditos em questão, e desproveu o recurso. Considerou que, no caso, a pensionista, ora recorrida, não pode executar as custas processuais por não as ter antecipado. Concluiu que não se trata de reembolso de despesas processuais e sim de pagamento ao titular do cartório. Após, pediu vista dos autos o Min. Menezes Direito. **RE 578695/RS, rel. Min. Ricardo Lewandowski, 17.9.2008.** (RE-578695)

FRACIONAMENTO DE PRECATÓRIO: CUSTAS PROCESSUAIS E REQUISIÇÃO DE PEQUENO VALOR - 2

Em conclusão de julgamento, o Tribunal, por maioria, desproveu recurso extraordinário em que se discutia a possibilidade de se fracionar, ou não, o valor de precatório, em execução de sentença, com o objetivo de lograr-se o pagamento de custas processuais por meio de Requisição de Pequeno Valor - RPV. O acórdão recorrido adotara o fundamento de que é possível a expedição de RPV para pagamento das custas processuais devidas ao titular da serventia privatizada, desde que o seu crédito individual não supere o limite estabelecido pelo art. 87 do ADCT. O Instituto de Previdência do Estado do Rio Grande do Sul - IPERGS, ora recorrente, alegava violação aos artigos 87, I, do ADCT e 100, § 4º, da CF — v. Informativo 520. Considerou-se que, no caso concreto, a pensionista, ora recorrida, seria parte ilegítima para executar as custas processuais, haja vista que, por ser beneficiária da justiça gratuita, não as teria antecipado. Destacou-se que, por essa razão, estaria descaracterizada a possibilidade de enfrentamento da questão sob a perspectiva da repercussão geral. O Min. Ricardo Lewandowski, relator, diante disso, reformulou seu voto anterior. Vencido o Min. Joaquim Barbosa, que dava provimento ao recurso. **RE 578695/RS, rel. Min. Ricardo Lewandowski, 29.10.2008.** (RE-578695) (Inform. STF 526)

COMPLEMENTAÇÃO DE PRECATÓRIO: CITAÇÃO DA FAZENDA E ERRO MATERIAL - 1

A Turma iniciou julgamento de segundos embargos de declaração opostos, com efeitos modificativos, contra acórdão que mantivera decisão monocrática do Min. Carlos Britto, relator, que, em recurso extraordinário interposto pelo Estado de São Paulo, determinara a expedição de novo precatório e de nova citação da Fazenda estadual. Sustenta-se que, na espécie, o acórdão impugnado admitira implicitamente o cumprimento do art. 730 do CPC e a existência de embargos à execução apresentados pela Fazenda. No caso, a ora embargante ajuizara ação de desapropriação indireta contra o referido Estado-membro, cujo pedido fora confirmado, em parte, pelo tribunal de justiça local, exceto no tocante à cobertura florestal, reduzida a 50% do valor da condenação. A autora requerera, então, execução provisória desse título judicial que, deferida, ensejara o processamento do respectivo precatório. Entrementes, o STJ reformara, parcialmente, o acórdão do juízo de origem para ordenar o pagamento integral do valor das matas. Assim, conferira-se à autora o direito à indenização da outra metade da cobertura florestal. RE 402636 ED-ED/SP, rel. Min. Carlos Britto, 27.3.2007. (RE-402636)

COMPLEMENTAÇÃO DE PRECATÓRIO: CITAÇÃO DA FAZENDA E ERRO MATERIAL - 2

Ante a manifestação do juízo de primeiro grau sobre sua incompetência, relativamente aos atos da execução originária, após a expedição do ofício requisitório, a autora, visando iniciar novo processo executório, requerera a citação do Procurador Geral do Estado (CPC, art. 730 e seguintes). Destarte, a Fazenda Pública opusera embargos, sustentando a necessidade de outra execução, uma vez que a expropriada não poderia utilizar-se de execução finda para obter o pagamento correspondente à outra metade da indenização. As instâncias seguintes reputaram dispensável o ajuizamento de nova execução, ao fundamento de tratar-se de simples diferença apurável por cálculo aritmético. O STJ, por sua vez, desprovera a pretensão da Fazenda estadual e acrescentara novo fundamento, em agravo regimental, no sentido de que o § 4º do art. 100, da CF, introduzido pela EC 37/2002, não se aplicaria às demandas ocorridas antes de sua vigência. Com base nisso, o Estado-membro interpusera o recurso extraordinário, provido pelo relator, ao fundamento de que pagamentos complementares seriam apenas aqueles decorrentes de correção de erros materiais, de inexatidões aritméticas e da substituição de índice já extinto (ADI 2924/SP, j. em 30.11.2005). Em conseqüência, a autora interpusera, simultaneamente, embargos declaratórios e agravo regimental, alegando erro material do acórdão do STJ. Em face do princípio da unirrecorribilidade, a Turma rejeitara os embargos e não conhecera do agravo regimental, o que ensejara a oposição dos presentes embargos de declaração. RE 402636 ED-ED/SP, rel. Min. Carlos Britto, 27.3.2007. (RE-402636)

COMPLEMENTAÇÃO DE PRECATÓRIO: CITAÇÃO DA FAZENDA E ERRO MATERIAL - 3

O Min. Carlos Britto, relator, rejeitou os segundos embargos declaratórios no recurso extraordinário por não vislumbrar omissão, obscuridade ou contradição. Inicialmente, afastou a alegação de cabimento da interposição simultânea dos recursos, uma vez que, fora das hipóteses legalmente autorizadas, implicaria ofensa ao princípio da singularidade dos recursos. De igual modo, julgou improcedente o argumento da embargante de que esta Corte admitira implicitamente o cumprimento do mencionado art. 730 do CPC. No ponto, asseverou que o acórdão embargado limitara-se a afirmar que os contornos fáticos traçados pelo STJ não poderiam ser modificados nesta instância extraordinária. No que se refere à possibilidade de correção, pelo STF, do suposto erro material no acórdão do STJ, considerou que a competência desta Corte se restringe aos seus próprios julgados. Assim, ressaltou que caberia à embargante provocar o tribunal de origem para, fosse o caso, retificar os fundamentos do acórdão, o que não ocorrera. Concluiu, ademais, que o eventual acolhimento dos embargos resultaria em contra-senso processual, pois restaria confirmado o acórdão do STJ que tem a desaprovação da embargante, por adotar, como premissa principal, a tese de cuidar-se de simples complementação de depósito remanescente. RE 402636 ED-ED/SP, rel. Min. Carlos Britto, 27.3.2007. (RE-402636)

COMPLEMENTAÇÃO DE PRECATÓRIO: CITAÇÃO DA FAZENDA E ERRO MATERIAL - 4

Em divergência, o Min. Marco Aurélio recebeu os embargos para consignar que, ante as premissas do acórdão do STJ, o recurso extraordinário do Estado de São Paulo não possuía condições de ser conhecido, já que tal Corte assentara certa moldura fática a revelar que teria havido a anterior citação da Fazenda Pública. Ademais, aduziu que, de qualquer modo, não houvera emissão de entendimento sequer à luz do § 4º do art. 100 da CF e que, se violência ocorresse à Constituição, seria intermediada pelo descumprimento do art. 730 do CPC, que reputava inocorrente, no caso. Após, pediu vista dos autos a Min. Cármen Lúcia. RE 402636 ED-ED/SP, rel. Min. Carlos Britto, 27.3.2007. (RE-402636)

COMPLEMENTAÇÃO DE PRECATÓRIO: CITAÇÃO DA FAZENDA E ERRO MATERIAL - 5

Em conclusão de julgamento, a Turma acolheu segundos embargos de declaração opostos, com efeitos modificativos, contra acórdão que mantivera decisão monocrática do Min. Carlos Britto que, em recurso extraordinário do qual relator, interposto pelo Estado de São Paulo, determinara a expedição de novo precatório e de nova citação da Fazenda estadual — v. Informativo 461. Ante as premissas do acórdão do STJ, considerou-se que o recurso extraordinário não possuía condições de ter seguimento, já que aquela Corte assentara certa moldura fática a revelar que teria havido a anterior citação da Fazenda Pública. Ademais, aduziu-se que, de qualquer modo, não houvera emissão de entendimento sequer à luz do § 4º do art. 100 da CF e que, se violência ocorresse à Constituição, seria intermediada pelo descumprimento do art. 730 do CPC, reputada inocorrente, no caso. O Min. Carlos Britto reajustou seu voto. **RE 402636 ED-ED/SP, rel. Min. Carlos Britto, 24.6.2008.** (RE-402636) (Inform. STF 512)

ADI E DÉBITOS DE PEQUENO VALOR

Entendendo caracterizada, à primeira vista, a usurpação de competência privativa de lei para a definição dos débitos de pequeno valor (CF, art. 100, §§ 3º e 5º), o Tribunal, por maioria, concedeu medida cautelar requerida em ação direta de inconstitucionalidade ajuizada pela Governadora do Estado do Pará para suspender, com eficácia *ex nunc*, a execução e aplicabilidade da Portaria 219/2006, editada pelo Tribunal Regional do Trabalho da 8ª Região, que regulamenta, para os fins do § 3º do art. 100 da CF, o procedimento a ser adotado, no âmbito daquela Corte, nas execuções de pequeno valor contra entes públicos, estabelecendo os parâmetros para a definição de "pequeno valor" (CF: "*Art. 100. ... § 3º O disposto no caput deste artigo, relativamente à expedição de precatórios,não se aplica aos pagamentos de obrigações definidas em lei como de pequeno valor que a Fazenda Federal, Estadual, Distrital ou Municipal deva fazer em virtude de sentença judicial transitada em julgado. ...§ 5º A lei poderá fixar valores distintos para o fim previsto no § 3º deste artigo, segundo as diferentes capacidades das entidades de direito público.*"). Vencido o Min. Marco Aurélio que indeferia a cautelar por considerar que a norma impugnada teria apenas repetido, *ipsis literis*, o que contido no art. 87 do ADCT, não se tratando de ato normativo abstrato. **Precedente citado: ADI 3057 MC/RN (DJU de 19.3.2004). ADI 4015 MC/PA, rel. Min. Celso de Mello, 16.4.2008.** (ADI-4015) (Inform. STF 502)

EFEITO SUSPENSIVO E ART. 78 DO ADCT

A Turma, por maioria, referendou decisão do Min. Ricardo Lewandowski que concedera medida liminar, em ação cautelar da qual relator, para dar efeito suspensivo, até o julgamento final da causa, a recurso extraordinário, não admitido na origem, objeto do AI 502253/SP. Na espécie, o Município de Santo André sustentava que a não concessão de efeito suspensivo ao aludido recurso importaria em bloqueio de vultosa quantia a ele repassada e que essa constrição de rendas públicas comprometeria a garantia constitucional de aplicação mínima de recursos na saúde e educação. Inicialmente, enfatizou-se que a jurisprudência do STF é pacífica no sentido de que, em regra, o juízo negativo de admissibilidade do extraordinário afasta a possibilidade da respectiva concessão de efeito suspensivo. Entretanto, entendeu-se que o presente caso configuraria hipótese excepcional que autorizaria a atribuição desse efeito, haja vista que discutida possível ofensa ao art. 78 do ADCT, com redação dada pela EC 30/2000, nos autos de processo de execução de título executivo judicial, formado em ação de desapropriação, na qual exigida a complementação de parcela de precatório que fora depositado nos termos do aludido dispositivo constitucional. Ademais, o AI 502253/SP fora sobrestado até o julgamento da ADI 2362/DF, que questiona a constitucionalidade do art. 2º da EC 30/2000, que introduziu o art. 78 e seus parágrafos no ADCT. Desse modo, considerou-se caracterizada a plausibilidade jurídica do recurso do município. Relativamente ao perigo da demora, reputou-se que este militaria em favor do requerente, pois o indeferimento da cautelar poderia acarretar dano irreparável ou de difícil reparação ao erário, tornando ineficaz eventual decisão favorável desta Corte no tocante ao mérito. Vencido o Min. Marco Aurélio que negava o referendo por considerar incabível o empréstimo de eficácia suspensiva ativa para, em recurso protocolado na fase de execução, caminhar-se para sinalizar a possibilidade de se rever o próprio título, já precluso. **AC 2011 MC/SP, rel. Min. Ricardo Lewandowski, 15.4.2008.** (AC-2011) (Inform. STF 502)

DIREITO PROCESSUAL CIVIL. CONDENAÇÃO DA FAZENDA EM HONORÁRIOS. RENÚNCIA AOS VALORES EXCEDENTES A 40 SALÁRIOS MÍNIMOS.

É cabível a condenação da Fazenda em honorários advocatícios, mesmo nos casos em que a parte exequente renuncie aos valores excedentes a quarenta salários mínimos, a fim de possibilitar o pagamento por meio de requisição de pequeno valor – RPV. Precedentes citados: AgRg no REsp 1.274.428-RS, DJe 13/9/2012; AgRg no REsp 1.324.019-RS, DJe 7/8/2012; AgRg no REsp 1.282.482-RS, DJe 23/5/2012, e AgRg no REsp 1.204.040-RS, DJe 29/11/2011. **AgRg no REsp 1.328.643-RS, Rel. Min. Eliana Calmon, julgado em 23/10/2012.(Inform. STJ 507)** 1067

JUROS. MORA. CÁLCULOS. PRECATÓRIO.

A Turma reiterou o entendimento de que não incidem juros de mora no período compreendido entre a confecção dos cálculos de liquidação e a expedição do precatório ou do ofício requisitório. Precedentes citados: AgRg no REsp 1.153.439-SP, DJe 29/6/2010, e REsp 1.188.749-SP, DJe 21/5/2010. **AgRg no REsp 1.240.532-RS, Rel. Min. Arnaldo Esteves Lima, julgado em 18/8/2011.** (Inform. STJ 481)

PRECATÓRIO. SEQUESTRO. VERBAS PÚBLICAS.

Na espécie, o impetrante, diante do não pagamento de crédito parcelado e regularmente processado por precatório, requereu o sequestro de verbas públicas para a quitação da dívida. Diante do indeferimento do pedido, o recorrente impetrou MS, que foi denegado por ausência de direito líquido e certo. No presente recurso, o recorrente sustenta ser o caso de sequestro por a hipótese versar omissão orçamentária, amoldando-se, por isso, ao art. 78, § 4º, do ADCT (incluído pela EC n. 30/2000). No entanto, o art. 97 do ADCT (incluído pela EC n. 62/2009) inaugurou diretrizes para a quitação do passivo judicial dos entes federados, instituindo o regime especial de pagamento de precatórios. É que, por força do § 15 do supracitado artigo, os precatórios parcelados na forma do art. 78 daquele mesmo dispositivo e ainda pendentes de pagamento ingressarão no regime especial com o valor atualizado das parcelas não pagas relativas a cada precatório. E, uma vez no regime especial, o ente federado deverá saldar a dívida representada no precatório por meio de depósitos mensais, conforme dispõe o § 2º do art. 97 do ADCT. A garantia do sequestro de rendas públicas foi mantida, mas apenas nos casos de preterição do direito de preferência e de não alocação orçamentária do valor necessário à satisfação do débito (§ 6º do art. 100 da CF/1988 e § 10, I, do art. 97 do ADCT). Além disso, o art. 97 do ADCT, ao delinear o seu espectro de incidência, deixa evidenciado que os precatórios vencidos e não pagos ou pagos parcialmente na data da edição da EC n. 62/2009 estão incluídos na nova sistemática. Também, o § 13 do referido artigo excetua regra do sequestro caso a entidade devedora tenha aderido ao regime especial e "rolado" a dívida, criando novo prazo para o pagamento, apenas legitimando-a se houver o descumprimento desse prazo. No caso em análise, a entidade devedora optou pelo regime especial de pagamento, impossibilitando a decretação do sequestro de rendas públicas fulcrado no § 6º do art. 100 da CF/1988. Com essas, entre outras considerações, a Turma negou provimento ao recurso. Precedente citado: RMS 32.806-SP, DJe 3/3/2011. **RMS 32.592-PB, Rel. Min. Benedito Gonçalves, julgado em 19/5/2011.** (Inform. STJ 473)

PRECATÓRIO. JUROS MORATÓRIOS. COISA JULGADA.

No REsp, a recorrente alega, além de divergência jurisprudencial, violação dos arts. 794, I, do CPC e 17 da Lei n. 10.259/2001. Afirma, ainda, que a jurisprudência entende ser inviável a incidência de juros moratórios, em precatório complementar, entre a data da elaboração da conta e a expedição da ordem de pagamento, desde que obedecido o prazo a que se refere o art. 100, §§ 1º e 4º, da CF/1988, por não ficar caracterizada a inadimplência do Poder Público, visto que a aplicação de tal entendimento não violaria a coisa julgada. Observa o Min. Relator que houve julgamento em recurso repetitivo (REsp 1.143.677-RS, DJe 4/2/2010) aplicando-se a Súmula Vinculante n. 17-STF, quando foi firmada a orientação segundo a qual não incidem juros de mora no período entre a conta de atualização e o efetivo pagamento do precatório. No entanto, explica que a hipótese dos autos é diversa, pois, no caso, trata-se de execução de sentença transitada em julgado cujo teor determinou a incidência de juros até o efetivo pagamento da dívida. Por essa razão, devem incidir os juros moratórios até a data da quitação do débito nos termos firmados pela sentença exequenda, sob pena de ofensa à segurança jurídica e à coisa julgada. Diante disso, a Turma negou provimento ao recurso. Precedentes citados: AgRg no REsp 1.138.915-RS, DJe 6/12/2010; AgRg no REsp 1.196.226-RS, DJe 19/10/2010; AgRg no REsp 1.210.020-RS, DJe 17/12/2010, e REsp 1.143.677-RS, DJe 4/2/2010. **REsp 1.221.402-RS, Rel. Min. Mauro Campbell Marques, julgado em 1º/3/2011.** (Inform. STJ 465)

PRECATÓRIO COMPLEMENTAR. NOVA CITAÇÃO. FAZENDA PÚBLICA.

A Turma reafirmou ser pacífica na jurisprudência deste Superior Tribunal a não exigência de nova citação da Fazenda Pública para expedição de precatório complementar em caso de depósito insuficiente (dispensa-se a citação prevista no art. 730 do CPC). **Precedentes citados: AgRg no REsp 970.328-SP, DJe 17/3/2009; AgRg no AgRg no REsp 921.562-SP, DJe 8/6/2008; REsp 752.769-SP, DJ 30/11/2007; AgRg no Ag 825.820-SP, DJ 22/10/2007, e REsp 354.357-RS, DJ 26/5/2003. REsp 1.189.792-SP, Rel. Min. Mauro Campbell Marques, julgado em 26/10/2010.** (Inform. STJ 453)

PRECATÓRIO. RETENÇÃO. IR. HONORÁRIOS ADVOCATÍCIOS.

In casu, o presidente do TJ determinou o não pagamento da 4ª parcela de precatório referente a honorários advocatícios, sob o fundamento de não estar comprovado o pagamento do imposto de renda (IR) incidente sobre as três parcelas recebidas anteriormente. Os advogados, então, impetraram mandado de segurança, o qual, na origem, foi denegado ao argumento de que o fato gerador do IR ocorreu com a disponibilidade dos honorários sucumbenciais, nos termos do art. 43, I, do CTN, visto que sua retenção deve ocorrer na fonte pagadora de acordo com o art. 46 da Lei n. 8.541/1992. Observa o Min. Relator que, no caso, não se trata de créditos de natureza diversa, mas de honorários advocatícios em relação a uma demanda em que houve parcelamento; assim, incide IR sobre esse pagamento por meio de precatórios requisitórios, uma vez que os honorários se qualificam no conceito de renda (art. 43, I, do CTN). Afirma, também, que, segundo a interpretação dada ao art. 46 da Lei n. 8.541/1992, a pessoa física ou jurídica deve reter o tributo (IR) na fonte ao ser o rendimento disponibilizado ao beneficiário. Isso porque o objetivo desse dispositivo legal seria facilitar a fiscalização por parte do Fisco, dando maior efetividade ao recolhimento do imposto. Assim, ressalta que, ainda que não houvesse a retenção, a obrigação tributária persistiria, cabendo, então, aos recorrentes a realização do ajuste com o Fisco. Diante do exposto, a Turma negou provimento ao recurso. **RMS 31.784-CE, Rel. Min. Castro Meira, julgado em 28/9/2010.** (Inform. STJ 449)

HONORÁRIOS. JUROS MORATÓRIOS. EXECUÇÃO. FAZENDA PÚBLICA.

Discute-se, no REsp, a incidência de juros de mora em execução contra a Fazenda Pública para a cobrança de honorários advocatícios, os quais foram fixados em 10% sobre o valor da causa. O recorrente, advogado em causa própria, defende a incidência dos juros de mora sobre os honorários advocatícios a partir do trânsito em julgado da sentença que fixou a verba honorária. Observa o Min. Relator que este Superior Tribunal já firmou a jurisprudência de que, quando a Fazenda Pública for executada, os juros moratórios só incidem se a verba honorária não for paga no prazo estipulado para pagamento do precatório ou da requisição de pequeno valor, variando de acordo com um desses casos. Ressalta, também, que, na espécie, mesmo se não se tratasse de execução contra a Fazenda Pública, o REsp não poderia ser acolhido, visto que os honorários advocatícios foram fixados sobre o valor da causa, e não sobre o valor da condenação. Dessa forma, não poderia prosperar a pretensão do recorrente de os juros moratórios deverem ser contados a partir do trânsito em julgado da sentença que fixou os honorários executados. Diante do exposto, a Turma negou provimento ao recurso. **Precedentes citados: REsp 1.096.345-RS, DJe 16/4/2009; REsp 1.132.350-RS, DJe 17/12/2009, e AgRg no REsp 960.026-SC, DJe 2/6/2010. REsp 1.141.369-MG, Rel. Min. Mauro Campbell Marques, julgado em 28/9/2010.** (Inform. STJ 449)

PRECATÓRIO. ART. 78 DO ADCT.

O crédito em questão, submetido ao precatório, enquadra-se na previsão do art. 78 do ADCT (moratória constitucional), por isso seu pagamento sujeita-se ao sequestro de verbas públicas (§ 4º desse mesmo dispositivo). Dessarte, a alegação de que não houve preterição do direito de preferência não tem influência para o deslinde da causa, visto que o simples vencimento do prazo para pagamento, disciplinado pelo referido artigo, já seria suficiente para justificar a ordem de sequestro expedida pelo presidente do tribunal *a quo*. Anote-se não ter maior relevo a tese de o parcelamento ditado pelo citado dispositivo ser uma faculdade do ente público, pois sua omissão implica submissão ao regime ali previsto, salvo se feito o pagamento nos moldes do art. 100 da CF/1988. **Precedentes citados: RMS 26.500-GO, DJe 15/6/2009, e RMS 22.685-RJ, DJe 8/5/2008. RMS 31.331-MT, Rel. Min. Eliana Calmon, julgado em 1º/6/2010.** (Inform. STJ 437)

PENHORA. CRÉDITO. PRECATÓRIO. COMPENSAÇÃO.

Trata-se de oferecimento à penhora de crédito de precatório adquirido pelo devedor de terceiros. Sucede que, com a EC n. 62/2009, criou-se um mercado de precatório em que é possível ceder seu crédito e a própria Fazenda, quando devedora de precatório, poderá fazer uma espécie de leilão em que os adquirentes pagam os precatórios por valor com deságio. Para o Min. Relator, a penhora de crédito transforma-se em pagamento apenas de dois modos: pela sub-rogação ou alienação em hasta pública (art. 673 do CPC). Como, nessa última modalidade, é indispensável a avaliação, afirma não se poder imaginar que alguém se proponha a adquirir, em hasta pública, um crédito de precatório por seu valor nominal em troca de futuro recebimento da mesma quantia em data incerta. Observa, ainda, que, no caso dos autos, o próprio executado que ofereceu o crédito de precatório à penhora não é o credor original, visto que só se tornou credor do precatório por escritura de cessão de crédito e o pagou com deságio. Por outro lado, o ente público exeqüente, também, não é o que figura como devedor do precatório, o que inviabiliza imaginar a hipótese de compensação do crédito fiscal com o título de crédito de precatório. **REsp 1.059.881-RS, Rel. originário Min. Luiz Fux, Rel. para acórdão Min. Teori Albino Zavascki, julgado em 27/4/2010.** (Inform. STJ 432)

RCL. PRECATÓRIO.

Cuida-se de reclamação ajuizada por espólio em que aponta suposto descumprimento de decisões proferidas em REsp e em outra Rcl por este Superior Tribunal. O reclamante pretende o pagamento do precatório resultante de condenação do Estado nos autos de ação rescisória que julgou procedente ação de desapropriação indireta intentada pelo referido espólio. Não obstante a peculiaridade da situação narrada no petitório, que revela uma disputa jurídica de vários anos, a apreciação empreendida, no caso, sujeita-se às condicionantes do art. 105, I, f, da CF/1988, e dos arts. 13 a 18 da Lei n. 8.038/1990, isto é, se houve infringência aos comandos judiciais deste Superior Tribunal. A suspensão do pagamento do precatório foi determinada por decisão da Presidência do TJ e confirmada pelo órgão plenário daquela Corte, ao negar provimento ao agravo regimental interposto pelo reclamante. Isso posto, a utilização de medidas judiciais para fazer prevalecer o interesse estatal não caracteriza o descumprimento da autoridade da decisão proferida pelo STJ. Os provimentos judiciais supostamente desrespeitados envolveram contexto fático diverso do *decisum* ora reclamado. O STJ manteve acórdão do TJ que ratificou decisão do magistrado de piso proferida liminarmente, ou seja, no exercício de um juízo perfunctório, provisório, não exauriente. O sobrestamento do precatório determinado pela Corte *a quo* assentou-se em novo momento da demanda, isto é, após sentença de procedência da ação declaratória que anulou o registro de propriedade e os demais títulos judiciais que referendaram a indenização pela desapropriação indireta, ante a existência de superposições na área desapropriada. A decisão tomada no âmbito de um provimento liminar não vincula o magistrado no julgamento do mérito da demanda. No tocante ao fundamento contido no acórdão daquela primeira reclamação julgada pelo STJ, segundo o qual o precatório havia de ser pago "a quem de direito", o aludido aresto não impossibilitou que o TJ examinasse o direito à percepção dos valores contidos no requisitório e decidisse, à luz dos novos elementos trazidos à lide, pelo sobrestamento de seu processamento. Ademais, os fundamentos da decisão não estão acobertados pela coisa julgada, o que se verifica apenas na parte dispositiva do julgado. Dessa feita, em regra, não há preclusão hierárquica quanto à fundamentação adotada pelo acórdão proferido pelo STJ. A reforma da sentença proferida na mencionada ação declaratória pelo TJ não repristina os efeitos das decisões tomadas pelo STJ nos julgados acima referenciados, nem autoriza, no âmbito desta reclamação, que se imponha à autoridade competente, para o processamento dos precatórios, a obrigação de prosseguir com o requisitório. Trata-se, na verdade, de provimento judicial distinto, passível de impugnação pelos meios recursais cabíveis. Diante disso, a Seção julgou improcedente a reclamação. **Precedentes citados: REsp 748.996-AM, DJ 7/11/2005, e Rcl 2.383-AM, DJ 30/4/2007. Rcl 3.678-AM, Rel. Min. Castro Meira, julgada em 10/3/2010.** (Inform. STJ 426)

REPETITIVO. REQUISIÇÃO. PEQUENO VALOR.
A requisição de pagamento de obrigações de pequeno valor (RPV) não se submete à ordem cronológica de apresentação dos precatórios (art. 100, § 3º, da CF/1988), inexistindo diferenciação ontológica; contudo, no que concerne à incidência de juros de mora, por ostentarem a mesma natureza jurídica de modalidade de pagamento das condenações suportadas pela Fazenda Pública, não há diferenciação com o precatório. A Lei n. 10.259/2001 determina que, para os efeitos do § 3º do art. 100 da CF/1988, as obrigações de pequeno valor, a serem pagas independentemente de precatório, compreendem aquelas que alcancem a quantia máxima de 60 salários mínimos (§ 1º do art. 17 c/c o *caput* do art. 3º da Lei n. 10.259/2001). O prazo para o pagamento de quantia certa encartada na sentença judicial transitada em julgado, mediante a RPV, é de 60 dias contados da entrega da requisição, por ordem do juiz, à autoridade citada para a causa, sendo certo que, desatendida tal requisição, o juiz determinará o sequestro do numerário suficiente ao cumprimento da decisão (art. 17, *caput* e § 2º, da referida lei). A Excelsa Corte, em 29/10/2009, aprovou a Súmula Vinculante n. 17, que cristalizou o entendimento de que, durante o período previsto no § 1º do art. 100 da CF/1988, não incidem juros de mora sobre os precatórios que nele sejam pagos. Consequentemente, os juros moratórios não incidem entre a data da elaboração da conta de liquidação e o efetivo pagamento do precatório, desde que satisfeito o débito no prazo constitucional para seu cumprimento, exegese aplicável à RPV, por força do princípio hermenêutico *ubi eadem ratio ibi eadem legis dispositio*. A hodierna jurisprudência do STJ, na mesma linha de entendimento do STF, pugna pela não incidência de juros moratórios entre a elaboração dos cálculos e o efetivo pagamento da RPV. A correção monetária plena, por seu turno, é mecanismo mediante o qual se empreende a recomposição da efetiva desvalorização da moeda com o escopo de preservar o poder aquisitivo original, sendo certo que independe de pedido expresso da parte interessada, não constituindo um *plus* que se incorpora ao crédito, mas um *minus* que se evita. Destarte, incide correção monetária no período compreendido entre a elaboração dos cálculos e o efetivo pagamento da RPV, ressalvada a observância dos critérios de atualização porventura fixados na sentença de liquidação em homenagem ao princípio da segurança jurídica, encartado na proibição de ofensa à coisa julgada. Entrementes, ainda que a conta de liquidação tenha sido realizada em período em que aplicável a Taxa Selic como índice de correção monetária do indébito tributário, impõe-se seu afastamento, uma vez que a aludida taxa se decompõe em taxa de inflação do período considerado e taxa de juros reais, cuja incompatibilidade, na hipótese, decorre da não incidência de juros moratórios entre a elaboração dos cálculos e o efetivo pagamento, no prazo legal, da RPV. Consectariamente, o índice de correção monetária aplicável aos valores constantes da RPV, quando a conta de liquidação for realizada no período em que vigente a Taxa Selic, é o Índice Nacional de Preços ao Consumidor Amplo Especial (IPCA-E/IBGE), à luz do manual de orientação de procedimentos para os cálculos na Justiça Federal aprovado pela Res. n. 242/2001-CJF (revogada pela Res. n. 561/2007-CJF). A vedação de expedição de precatório complementar ou suplementar do valor pago mediante RPV tem por escopo coibir o fracionamento, repartição ou quebra do valor da execução, a fim de que seu pagamento não se faça, em parte, por RPV e, em parte, por precatório (art. 100, § 4º, da CF/1988, repetido pelo art. 17, § 3º, da Lei n. 10.259/2001), o que não impede a expedição de requisição de pequeno valor complementar para pagamento da correção monetária devida entre a data da elaboração dos cálculos e a efetiva satisfação da obrigação pecuniária. O STF reconhecer a repercussão geral com fulcro no art. 543-B do CPC, como cediço, não tem o condão, em regra, de sobrestar o julgamento dos recursos especiais pertinentes. É que os arts. 543-A e 543-B do CPC asseguram o sobrestamento de eventual recurso extraordinário interposto contra acórdão proferido pelo STJ ou por outros tribunais que verse sobre controvérsia de índole constitucional cuja repercussão geral tenha sido reconhecida pela Excelsa Corte. Destarte, o sobrestamento do feito, ante o reconhecimento da repercussão geral do *thema iudicandum*, configura questão a ser apreciada tão somente no momento do exame de admissibilidade do apelo dirigido ao Pretório Excelso. **Precedentes citados do STF: RE 298.616-SP, DJ 3/10/2003; AgRg no AI 492.779, DJ 3/3/2006; EDcl no RE 496.703-PR, DJe 31/10/2008; AgRg no RE 565.046-SP, DJe 18/4/2008; e AI 618.770-RS, DJe 7/3/2008; do STJ: AgRg no REsp 1.116.229-RS, DJe 16/11/2009; AgRg no REsp 1.135.387-PR, DJe 19/10/2009; REsp 771.624-PR, DJe 25/6/2009; EDcl nos EDcl no AgRg no REsp 941.933-SP, DJe 3/8/2009; AgRg no Ag 750.465-RS, DJe 18/5/2009; REsp 955.177-RS, DJe 7/11/2008; EREsp 674.324-RS, DJ 26/11/2007; AgRg no REsp 839.066-DF, DJe 24/3/2009; EDcl no REsp 720.860-RJ, DJ 1º/6/2007; EDcl no REsp 675.479-DF, DJ 1º/2/2007; REsp 142.978-SP, DJ 29/3/2004; AgRg nos EREsp 863.702-RN, DJe 27/5/2009; AgRg no Ag 1.087.650-SP, DJe 31/8/2009; AgRg no REsp 1.078.878-SP, DJe 6/8/2009; AgRg no REsp 1.084.194-SP, DJe 26/2/2009; EDcl no AgRg nos EDcl no AgRg no REsp 805.223-RS, DJe 24/11/2008; EDcl no AgRg no REsp 950.637-MG, DJe 21/5/2008; AgRg nos EDcl no REsp 970.580-RN, DJe 29/9/2008; EDcl no AgRg no REsp 950.637-MG, DJe 21/5/2008, e AgRg nos EDcl no REsp 970.580-RN, DJe 29/9/2008. REsp 1.143.677-RS, Rel. Min. Luiz Fux, julgado em 2/12/2009.** (Inform. STJ 418)

PRECATÓRIO. SUSPENSÃO. PAGAMENTO.
Trata-se de acordo para parcelamento de precatório cuja primeira parcela já foi paga. Contudo, o presidente do Tribunal *a quo*, quando do pagamento da segunda parcela, suspendeu-a em razão de julgamento do STJ, que levou ao rejulgamento, no Tribunal *a quo*, dos embargos à execução, determinando nova forma de processamento da execução. Diante do risco de alteração do valor do precatório, o presidente do Tribunal *a quo* suspendeu-o. Logo, a questão relativa ao valor do débito ainda não foi definitivamente solucionada. Daí a Turma, ao prosseguir o julgamento, concluiu pela inexistência do direito líquido e certo a ser amparado pelo mandado de segurança. Assim, conheceu do recurso ordinário, mas lhe negou provimento. **Precedentes citados: RMS 26.500-GO, DJe 15/6/2009, e RMS 15.979-RJ, DJe 30/6/2009. RMS 25.551-RJ, Rel. Min. Celso Limongi (Desembargador convocado do TJ-SP), julgado em 24/8/2009.** (Inform. STJ 404)

PRECATÓRIO. TITULARIDADE.
A Turma proveu o recurso ao entendimento de que, considerando que se trata de matéria estritamente de direito, conforme o art. 3º do CPC, é nula a decisão judicial que deferiu sequestro a quem não era titular de precatório. No caso, após o falecimento daquele, seu advogado apresentou procuração assinada pelo *de cujus* (e não pelo inventariante ou herdeiro). Quando o TJ defere sequestro pedido por falecido, é preocupante imaginar quem levantará o valor correspondente e se haverá prejuízo em desfavor do espólio, herdeiros ou credores. **RMS 28.748-SP, Rel. Min. Herman Benjamin, julgado em 9/6/2009.** (Inform. STJ 398)

ICMS. PRECATÓRIO. COMPENSAÇÃO.
Trata-se de RMS em que se pretende compensar débitos tributários de ICMS com precatórios do Departamento de Estrada e Rodagem estadual adquiridos por meio de cessão de créditos. A Turma negou provimento ao recurso, reiterando o entendimento de que é impossível a compensação de débito fiscal com crédito de precatório de natureza distinta e entre pessoas jurídicas diversas, como o estado e a autarquia estadual. No caso em questão, os créditos de precatórios adquiridos pela empresa são originários de uma autarquia estadual de Direito Público, com regime jurídico específico, autonomia administrativa e financeira. Contudo, o débito tributário de ICMS é perante o Fisco estadual, sendo evidente a falta de identidade mútua entre credor e devedor para as duas relações obrigacionais. **Precedentes citados: RMS 29.184-PR, DJe 15/5/2009; AgRg nos EDcl no Ag 1.020.883-RS, DJe 9/3/2009; RMS 24.450-MG, DJe 24/4/2008; RMS 28.945-PR, DJe 7/5/2009 e RMS 29.110-PR, DJe 5/5/2009. RMS 28.488-PR, Rel. Min. Castro Meira, julgado em 2/6/2009.** (Inform. STJ 397)

TRÂNSITO EM JULGADO. JUROS. COMPENSATÓRIOS. MORA.
Na espécie, buscou-se a exclusão dos juros moratórios e compensatórios, tendo em vista o disposto no texto constitucional (art. 33 do ADCT da CF/1988), em contrariedade ao que foi decidido em caráter definitivo na sentença transitada em julgado. Todavia, na linha da jurisprudência deste Superior Tribunal, havendo o título judicial exequendo determinado a incidência de juros até o efetivo pagamento da dívida, apresenta-se inviável, diante da incolumidade da coisa julgada, a exclusão de tal parcela na execução, tão somente porque vem sendo observado o rito constitucional (precatório) para pagamento dos valores devidos pela Fazenda Pública. Diante disso, a Corte Especial acolheu os embargos para negar provimento ao recurso especial. **EREsp 666.401-SP, Rel. Min. Arnaldo Esteves Lima, julgados em 28/5/2009.** (Inform. STJ 396)

PRECATÓRIO. CRÉDITO ALIMENTAR. SEQUESTRO.
A Turma, prosseguindo o julgamento, por maioria, proveu o recurso ao entendimento de que o pagamento de crédito comum antes de crédito alimentar importa quebra de precedência nos precatórios, cabendo expedição de ordem de sequestro de recursos públicos de acordo com a interpretação sistemática do art. 100 da CF/1988. Outrossim, quanto à questão processual da adequação ou não da via eleita (mandado de segurança) na qual foi indeferido o sequestro de verba pública, prevaleceu a orientação de autorizar o seu deferimento, com base nos enunciados da Súm. n. 311-STJ e da Súm. n. 733-STF, mormente quanto ao controle jurisprudencial de atos que pressupõem ação própria, aplicável à hipótese *sub judice*. **Precedentes citados do STF: ADI 1.098-SP, DJ 25/10/1996; RE 281.208-SP, DJ 26/4/2002; do STJ: RMS 14.940-RJ, DJ 25/11/2002, e RMS 17.824-RJ, DJ 1º/2/2006. RMS 24.510-SP, Rel. originária Min. Denise Arruda, Rel. para acórdão Min. Teori Albino Zavascki, julgado em 21/5/2009.** (Inform. STJ 395)

PRECATÓRIO. PARCELAMENTO. JUROS. EC N. 30/2000.
O recurso em mandado de segurança alega violação da coisa julgada e questiona a atividade jurisdicional do presidente de TJ que excluiu juros moratórios e compensatórios em precatório. O Min. Relator explica, invocando julgado em caso análogo, que o presidente do TJ não poderia deixar de aplicar a norma constitucional superveniente, a EC n. 30/2000, que, ao acrescentar o art. 78 do ADCT, alterou a forma de pagamento e os encargos incidentes sobre a dívida objeto de sentença anterior em fase de precatório. Observa que, sob o aspecto formal, o presidente do TJ tinha competência para promover o cálculo combatido no recurso por ser ela a condição indispensável para atender o pedido do mandado de segurança de sequestro das verbas públicas em razão do atraso no pagamento das parcelas do precatório, pois o cálculo e o sequestro decorrem da aplicação do mesmo art. 78 do ADCT. Para não aplicar tal norma, só se ela fosse considerada incompatível com a Constituição, quanto mais se o STF ainda não concluiu o julgamento da ADI 2.356-DF e da ADI 2.362-DF (existem votos proferidos em ambos os sentidos). Aponta, ainda, que a Turma tem-se pronunciado no sentido da legitimidade da norma constitucional, por entender que a lei a que se refere o art. 5º, XXXVI, da CF/1988 é a infraconstitucional e não a constitucional e, com esse entendimento, negou provimento ao recurso. **Precedentes citados: EDcl no RMS 26.318-SP, DJe 19/3/2009, e RMS 19.603-RJ, DJ 25/9/2006. RMS 27.469-SP, Rel. Min. Teori Albino Zavascki, julgado em 28/4/2009.** (Inform. STJ 392)

***ASTREINTE*. ATRASO. PRECATÓRIO.**
A jurisprudência do STJ já se pacificou no sentido de que é perfeitamente possível a imposição de multa (*astreinte*) à Fazenda Pública pelo descumprimento de decisão judicial que a obriga a fazer, não-fazer ou entregar coisa. No caso, o Tribunal *a quo* examinou as particularidades fáticas da lide e entendeu pelo cabimento da imposição da multa, certo que o atraso no pagamento da obrigação (precatório) configura ato atentatório à dignidade da Justiça (art. 14, V, parágrafo único, do CPC). Daí que rever essa decisão implica revolvimento do contexto fático-probatório, a atrair a incidência da Súm. n. 7-STJ. **Precedentes citados: REsp 930.172-RS, DJ 6/10/2008, e AgRg no REsp 990.069-RS, DJ 24/3/2008. AgRg no REsp 976.446-RS, Rel. Min. Jorge Mussi, julgado em 30/10/2008.** (Inform. STJ 374)

PRECATÓRIO. PESSOA JURÍDICA. DIREITO PRIVADO.
São inaplicáveis à pessoa jurídica de direito privado em questão (ente de cooperação com natureza de serviço social autônomo) os benefícios processuais inerentes à Fazenda Pública, não se podendo alegar violação ao art. 730 do CPC (precatório judicial). **Precedente citado do STF: AgRg no Ag 349.477-PR, DJ 28/2/2003. REsp 968.080-PR, Rel. Min. Napoleão Nunes Maia Filho, julgado em 14/10/2008.** (Inform. STJ 372)

PRECATÓRIO COMPLEMENTAR. JUROS.
A jurisprudência deste Superior Tribunal é firme no sentido de que não incidem juros moratórios no precatório complementar se respeitado o prazo estabelecido pelo art. 100, § 2º, da CF/1988. Contudo, se na sentença exeqüenda já transitada em julgado, há expressa determinação para se incluírem os juros moratórios no precatório complementar até o depósito total da dívida, o afastamento de sua incidência violaria o princípio da coisa julgada. Ademais, entende esta Corte que as sentenças transitadas em julgado anteriormente à vigência do parágrafo único do art. 741 do CPC estão fora do seu alcance, mesmo que eivadas de inconstitucionalidade. **Precedentes citados do STF: RE 305.186-SP, DJ 18/10/2002; do STJ: AgRg no REsp 781.655-RS, DJ 20/2/2006, e REsp 833.769-SC, DJ 3/8/2006. EREsp 806.407-RS, Rel. Min. Felix Fischer, julgados em 5/3/2008.** (Inform. STJ 347)

MS. PRECATÓRIO COMPLEMENTAR. CORREÇÃO. ERRO MATERIAL. PRESIDENTE. TJ.
O acórdão recorrido em mandado de segurança reconheceu a existência de erro nos cálculos de precatório complementar, detectado pela seção de cálculos do TJ, os quais foram corrigidos, de ofício, pelo presidente daquele Tribunal e pagos em valor menor do que o fixado pelo juízo de execução. Isso posto, examina-se neste Superior Tribunal recurso em mandado de segurança com o objetivo de reformar essa decisão da Presidência do Tribunal de origem. A Min. Relatora, vencida, anulava a decisão em respeito ao princípio do contraditório e da ampla defesa, não obstando novas averiguações sobre a existência de erros nos cálculos. Mas o voto-vista do Min. José Delgado, condutor do acórdão, concluiu que os erros são visíveis e as alterações determinadas pela autoridade coatora merecem ser prestigiadas em homenagem ao princípio de que o processo deve expressar a verdade legal. Outrossim, destaca-se que o STF, no RE 161.379-SP, DJ 16/11/1998, de mesma orientação da ADin 1.098-SP, DJ 25/10/2006, decidiu ser competente o presidente do tribunal para decidir sobre fatos de indexação a ser aplicado, e não o juiz da causa. **RMS 20.755-RJ, Rel. originária Min. Denise Arruda, Rel. para acórdão Min. José Delgado, julgado em 13/11/2007.** (Inform. STJ 339)

PRECATÓRIO. PREFERÊNCIA. HONORÁRIOS ADVOCATÍCIOS. SUCUMBÊNCIA.
A Turma reafirmou que não têm natureza alimentar os honorários advocatícios decorrentes da sucumbência arbitrada pelo juiz em favor do vencedor, cujo êxito, portanto, é aleatório e incerto. Sendo assim, não se encontram contemplados os honorários sucumbenciais no art. 100, § 1º-A, da CF/1988 (dispositivo acrescentado pela EC n. 30/2000). Precedentes citados: RMS 19.027-RS, DJ 10/10/2005; REsp 653.864-SP, DJ 13/12/2004, e REsp 505.886-RS, DJ 7/12/2006. **REsp 949.453-PR, Rel. Min. Castro Meira, julgado em 18/10/2007.** (Inform. STJ 336)

REVISÃO. PENA. HONORÁRIOS ADVOCATÍCIOS. FRACIONAMENTO.
A matéria diz respeito à possibilidade de desmembrar a forma de pagamento de parcelas de condenação judicial nos casos em que uma dessas, isoladamente considerada, for inferior a sessenta salários mínimos. No entender do patrono dos exeqüentes, deveria a condenação principal, por ser superior ao limite acima, ser paga via precatório, enquanto a parcela referente aos honorários sucumbenciais, por nele se enquadrar, seria quitada mediante requisição de pequeno valor – RPV. A Min. Relatora lembrou que é vedado pelo art. 100, § 4º, da CF/1988 o fracionamento do valor da execução a fim de que parte de seu pagamento seja feita por RPV e parte por precatório. Em se tratando de execução de condenação ao pagamento de diferenças devidas a título de revisão de pensão cumulada com honorários advocatícios, não é cabível a cisão do montante da condenação principal para pagamento da verba advocatícia por RPV. A dispensa do precatório, no que se refere ao pagamento de honorários advocatícios, só tem lugar em execuções que não ultrapassem, na sua totalidade, o limite estipulado pelo art. 87 do ADCT, ou em execuções autônomas da verba advocatícia. Isso posto, a Turma negou provimento ao recurso. **REsp 905.193-RS, Rel. Min. Maria Thereza de Assis Moura, julgado em 21/8/2007.** (Inform. STJ 328)

INDENIZAÇÃO. RESPONSABILIDADE CIVIL. MUNICÍPIO. ANTECIPAÇÃO. TUTELA. PRECATÓRIO.
Cinge-se em saber da possibilidade ou não do cumprimento da antecipação de tutela deferida em ação indenizatória mediante a expedição de precatório. Para o Min. Relator, a possibilidade de graves danos decorrentes da demora da efetivação do provimento antecipatório *sub examine* revela a incompatibilidade da submissão da tutela de urgência ao regime do

precatório. Isso porque a pensão provisória a ser paga pelo município, até decisão final da ação principal, é imprescindível em razão das despesas médicas e terapêuticas da menor, acometida de encefalopatia grave e irreversível devido à vacina aplicada em posto de saúde do município recorrido. Outrossim, o disposto no *caput* do art. 100 da CF/1988 não se aplica aos pagamentos de obrigações definidas em lei como de pequeno valor, de modo que, mesmo se a sentença fosse de mérito, transitada em julgado, não haveria submissão do pagamento ao regime de precatórios, de acordo com recentes julgados deste Superior Tribunal. Precedentes citados: AgRg no REsp 888.325-RS, DJ 29/3/2007, e REsp 853.880-RS, DJ 28/9/2006. **REsp 834.678-PR, Rel. Min. Luiz Fux, julgado em 26/6/2007.** (Inform. STJ 325)

SÚMULA VINCULANTE STF Nº 17

Durante o período previsto no parágrafo 1º do artigo 100 da Constituição, não incidem juros de mora sobre os precatórios que nele sejam pagos

SÚMULA STJ Nº 311

Os atos do presidente do tribunal que disponham sobre processamento e pagamento de precatório não têm caráter jurisdicional.

17. CONTROLE INTERNO E PELO TRIBUNAL DE CONTAS

TCU E ANULAÇÃO DE CONTRATOS ADMINISTRATIVOS - 1

O TCU, embora não tenha poder para anular ou sustar contratos administrativos, possui competência, consoante o art. 71, IX, da CF, para determinar à autoridade administrativa que promova a anulação de contrato e, se for o caso, da licitação de que se originara. Ao ratificar essa orientação, firmada no julgamento do MS 23550/DF (DJU de 31.10.2001), a 1ª Turma denegou mandado de segurança, cuja causa de pedir era a anulação do *decisum* da Corte de Contas que ordenara ao Ministério dos Transportes a declaração de nulidade de avença de sub-rogação e rerratificação, por meio da qual se transferira à impetrante, sob o regime de concessão, a administração e exploração de parte de rodovia. A impetrante aduzia que: a) a declaração de nulidade efetuada pelo Departamento de Estradas e Rodagem (DER) estadual não seria suficiente para retirar o instrumento de concessão do ordenamento jurídico, uma vez que teria a Administração Pública poderes para rever seus atos, nos moldes dos Verbetes 346 e 473 da Súmula desta Suprema Corte; b) o Ministério dos Transportes, ao rever o ato anulatório, teria afastado as irregularidades apontadas pelo Tribunal de Contas do estado, de sorte que inexistiria qualquer desconformidade do contrato com a lei, porque que seria legal o certame; c) a Administração Federal não poderia vincular-se à decisão de Corte de Contas estadual, tendo em vista que a jurisdição desta abarcaria apenas a respectiva unidade federativa; d) essa resolução do Tribunal de Contas local deveria ser declarada nula, em razão de cerceamento do direito de defesa, uma vez que a ora impetrante não fora notificada para integrar o respectivo processo; e e) o Ministério dos Transportes também não teria sido chamado a se manifestar no procedimento perante o TCU, o que representaria violação ao princípio do devido processo legal. **MS 26000/SC, rel. Min. Dias Toffoli, 16.10.2012. (MS-26000)**

TCU E ANULAÇÃO DE CONTRATOS ADMINISTRATIVOS - 2

De início, afirmou-se que o TCU não seria tribunal administrativo, no sentido francês, dotado de poder de solução dos conflitos em última instância. Preceituou-se que o princípio da inafastabilidade da jurisdição impediria que houvesse essa equiparação, além do que os poderes desse órgão estariam devidamente delimitados no art. 71 da CF. Outrossim, anotou-se que a participação do TCU no processo de anulação, resolução ou resilição de contratos, conforme houvesse ou não o elemento ilícito ou culposo na causa determinante da extinção anormal do ajuste, limitar-se-ia a determinar à autoridade a fixação de prazo à entidade, com a finalidade de que adotasse providências necessárias ao exato cumprimento da lei, se verificada ilegalidade. Sublinhou-se que os efeitos da inobservância do comando do Tribunal de Contas dilatar-se-iam para outra esfera (Lei 8.443/92: "*Art. 45. Verificada a ilegalidade de ato ou contrato, o Tribunal, na forma estabelecida no Regimento Interno, assinará prazo para que o responsável adote as providências necessárias ao exato cumprimento da lei, fazendo indicação expressa dos dispositivos a serem observados. § 1° No caso de ato administrativo, o Tribunal, se não atendido: I - sustará a execução do ato impugnado; II - comunicará a decisão à Câmara dos Deputados e ao Senado Federal; III - aplicará ao responsável a multa prevista no inciso II do art. 58 desta Lei. § 2° No caso de contrato, o Tribunal, se não atendido, comunicará o fato ao Congresso Nacional, a quem compete adotar o ato de sustação e solicitar, de imediato, ao Poder Executivo, as medidas cabíveis*"). **MS 26000/SC, rel. Min. Dias Toffoli, 16.10.2012. (MS-26000)**

TCU E ANULAÇÃO DE CONTRATOS ADMINISTRATIVOS - 3

Aludiu-se que se o administrador não se curvasse ao que prescrito pelo TCU, a iniciativa retornaria à própria Corte de Contas (CF, art. 71, X). Ademais, versou-se que, na hipótese de contrato, o ato de sustação seria adotado diretamente pelo Congresso Nacional (CF, art. 71, § 1º). Contudo, a suspensão do ajuste por este último órgão seria desnecessária na espécie, pois o Ministério dos Transportes declarara nulo o termo de sub-rogação. Observou-se que a delegação firmada entre a União e o estado-membro possuiria cláusula de possibilidade de sub-rogação de eventual avença de concessão ao Governo Federal, caso houvesse denúncia daquele instrumento por parte do delegatário. Ocorre que, antes de haver a denúncia pela unidade federativa, o órgão competente para tanto — seu respectivo DER, nos termos de cláusula contratual — já teria anulado o ajuste de concessão. Frisou-se que, a princípio, o Ministério dos Transportes desconheceria a efetiva anulação da mencionada concessão. Assim, constatou-se que esse órgão entendera pela possibilidade de sub-rogação do contrato pela União, o que somente seria definitivamente concretizado após exame da legalidade pelo TCU. Ressaltou-se que, com a remessa do caso a esta Corte de Contas, ela averiguara que teriam sido apuradas irregularidades insanáveis no processo licitatório, pelo Tribunal de Contas do estado, reconhecidas pela Administração estadual, as quais teriam como consequência a invalidação do contrato de concessão. Diante disso, ressurtiu-se que a União, tendo como interveniente o Ministério dos Transportes, não poderia sub-rogar-se no papel antes exercido pelo estado-membro. Isso porque, nulo o contrato de concessão, não subsistiria a cláusula do ajuste de delegação que permitira a referida sub-rogação. **MS 26000/SC, rel. Min. Dias Toffoli, 16.10.2012. (MS-26000)**

TCU E ANULAÇÃO DE CONTRATOS ADMINISTRATIVOS - 4

No ponto, enfatizou-se que contrato nulo, em decorrência de vícios insanáveis, não poderia conservar-se no ordenamento jurídico, nem ser convalidado por ato posterior da Administração. Por fim, repeliu-se qualquer violação constitucional, pois o próprio Ministério dos Transportes provocara o TCU para manifestação quanto à legalidade dos procedimentos licitatórios, bem como da sub-rogação do pacto de concessão. Discorreu-se que, no que concerne aos processos de desestatização, de acordo com o art. 258, do RITCU, o processo de acompanhamento seria o instrumento utilizado para exame da legalidade e legitimidade dos atos de gestão administrativa e, no presente caso, de concessão de serviço público (Instrução Normativa 27/98 do TCU), pelo que a autoridade coatora nada mais fizera senão exercer os poderes que lhe seriam inerentes, sem abusos ou ilegalidades. O Min. Luiz Fux acresceu que careceria de liquidez e certeza o que aventado pela impetrante. Explanou que, conquanto o *writ* tivesse sido manejado em face de ato do TCU, a parte objetivaria discutir decisão que fora adotada no tribunal de origem relativamente à invalidade de licitação. Sobrelevou que, quanto à matéria de fundo, o contrato administrativo sempre seria precedido de licitação; se esta fosse inválida, contaminaria os atos consectários. Esclareceu que a cláusula de sub-rogação não serviria para hipóteses de nulidade, mas para casos de impossibilidade de continuidade da concessão. O Min. Marco Aurélio registrou que a substituição do Ministério dos Transportes por pessoa jurídica de direito privado mostrar-se-ia imprópria. Prelecionou que a atuação do TCU decorrera de provocação do próprio Ministério dos Transportes. **MS 26000/SC, rel. Min. Dias Toffoli, 16.10.2012. (MS-26000) (Inform. STF 684)**

TCU E JORNADA DE TRABALHO DE MÉDICOS - 1

O Tribunal iniciou julgamento de mandado de segurança impetrado contra ato do Presidente do TCU que determinara aos ocupantes do cargo de analista de controle externo — área de apoio técnico e administrativo, especialidade medicina —, que optassem por uma das jornadas de trabalho estabelecidas pela Lei 10.356/2001 — que dispõe sobre o quadro de pessoal e o plano de carreira do TCU — e, conseqüentemente, por remuneração equitativa ao número de horas laboradas. Sustentam os impetrantes terem direito à jornada de vinte horas semanais, com base no regime especial previsto na CF (artigos 5º, XXXVI e 37, XV e XVI), bem como na legislação especial que regulamenta a jornada de trabalho dos médicos (Lei 9.436/97), sem que se proceda à alteração nos seus vencimentos. O Min. Marco Aurélio, relator, concedeu a ordem para manter a situação jurídica anterior à Lei 10.356/2001, relativamente aos impetrantes que ingressaram no quadro do TCU antes da vigência desse diploma legal. Entendeu que o novo texto legal seria aplicável tão-somente aos profissionais de medicina que ingressaram no quadro do TCU a partir da respectiva vigência, ou seja, dezembro de 2001. Considerou que, diante da alteração substancial da jornada, não cabia, muito menos transcorridos mais de quatro anos — haja vista que o ato impugnado data de 25.1.2006

—, o acionamento da lei no tocante aos que já se encontravam, à época em que passou a vigorar, no quadro funcional do TCU, sob pena de se desconhecer por completo a situação jurídica constitucionalmente constituída. Após, pediu vista dos autos o Min. Dias Toffoli. **MS 25875/DF, rel. Min. Marco Aurélio, 24.6.2010. (MS-25875)**

TCU E JORNADA DE TRABALHO DE MÉDICOS - 2

O Plenário retomou julgamento de mandado de segurança impetrado contra ato do Presidente do TCU, que determinara aos ocupantes do cargo de analista de controle externo — área de apoio técnico e administrativo, especialidade medicina —, que optassem por uma das jornadas de trabalho estabelecidas pela Lei 10.356/2001 (a qual dispõe sobre o quadro de pessoal e o plano de carreira do TCU) e, conseqüentemente, por remuneração equitativa ao número de horas laboradas — v. Informativo 592. O Min. Dias Toffoli, em voto-vista, acompanhou o Min. Marco Aurélio, relator, e concedeu a ordem. Aduziu que a aplicação da novel legislação — a qual impõe jornada de trabalho de 40 horas semanais para percepção do mesmo padrão remuneratório e permite a manutenção da jornada de 20 horas semanais com redução proporcional de vencimentos — aos servidores médicos que já atuavam no TCU à época da edição do referido diploma legislativo implicaria inegável decesso, o que afrontaria o art. 37, XV, da CF. Ressaltou que, por não haver direito adquirido a regime jurídico, essa nova disciplina legal aplicar-se-ia aos servidores que ingressassem após sua edição, mas não àqueles que já tivessem situação consolidada. Após os votos dos Ministros Cármen Lúcia e Ricardo Lewandowski, que placitavam esse entendimento, pediu vista o Min. Gilmar Mendes. MS 25875/DF, rel. Min. Marco Aurélio, 17.11.2011. (MS-25875) (Inform. STF 648)

MS N. 24.781-DF

RED. P/ O ACÓRDÃO: MIN. GILMAR MENDES

Mandado de Segurança. 2. Acórdão da 2ª Câmara do Tribunal de Contas da União (TCU). Competência do Supremo Tribunal Federal. 3. Controle externo de legalidade dos atos concessivos de aposentadorias, reformas e pensões. Inaplicabilidade ao caso da decadência prevista no art. 54 da Lei 9.784/99. 4. Negativa de registro de aposentadoria julgada ilegal pelo TCU. Decisão proferida após mais de 5 (cinco) anos da chegada do processo administrativo ao TCU e após mais de 10 (dez) anos da concessão da aposentadoria pelo órgão de origem. Princípio da segurança jurídica (confiança legítima). Garantias constitucionais do contraditório e da ampla defesa. Exigência. 5. Concessão parcial da segurança. I – Nos termos dos precedentes firmados pelo Plenário desta Corte, não se opera a decadência prevista no art. 54 da Lei 9.784/99 no período compreendido entre o ato administrativo concessivo de aposentadoria ou pensão e o posterior julgamento de sua legalidade e registro pelo Tribunal de Contas da União – que consubstancia o exercício da competência constitucional de controle externo (art. 71, III, CF). II – A recente jurisprudência consolidada do STF passou a se manifestar no sentido de exigir que o TCU assegure a ampla defesa e o contraditório nos casos em que o controle externo de legalidade exercido pela Corte de Contas, para registro de aposentadorias e pensões, ultrapassar o prazo de cinco anos, sob pena de ofensa ao princípio da confiança – face subjetiva do princípio da segurança jurídica. Precedentes. III – Nesses casos, conforme o entendimento fixado no presente julgado, o prazo de 5 (cinco) anos deve ser contado a partir da data de chegada ao TCU do processo administrativo de aposentadoria ou pensão encaminhado pelo órgão de origem para julgamento da legalidade do ato concessivo de aposentadoria ou pensão e posterior registro pela Corte de Contas. IV – Concessão parcial da segurança para anular o acórdão impugnado e determinar ao TCU que assegure ao impetrante o direito ao contraditório e à ampla defesa no processo administrativo de julgamento da legalidade e registro de sua aposentadoria, assim como para determinar a não devolução das quantias já recebidas. V – Vencidas (i) a tese que concedia integralmente a segurança (por reconhecer a decadência) e (ii) a tese que concedia parcialmente a segurança apenas para dispensar a devolução das importâncias pretéritas recebidas, na forma do que dispõe a Súmula 106 do TCU. (Inform. STF 630) * noticiado no Informativo 618

TCU: INDEPENDÊNCIA DAS ESFERAS ADMINISTRATIVA E PENAL

A 2ª Turma indeferiu *habeas corpus* em que pleiteado o trancamento de inquérito policial instaurado para apurar suposta existência de desvios de verba pública na Empresa Brasileira de Infra-Estrutura Aeroportuária – INFRAERO, e a prática dos delitos de formação de quadrilha, corrupção ativa e passiva, estelionato e peculato, bem como de crimes contra a ordem econômica (Lei 8.137/90, art. 4º), de improbidade administrativa e dos tipificados nos artigos 89, 90, 93 e 96 da Lei 8.666/93. Sustentava a impetração, com base em analogia com os crimes contra a ordem tributária, a necessidade de encerramento da via administrativa da constituição do débito tributário como condição de procedibilidade. Entendeu-se que não mereceria reparo a conclusão do STJ, segundo a qual o fato do Tribunal de Contas da União, eventualmente, aprovar as contas a ele submetidas, não obstaria, em princípio, a persecução penal promovida pelo Ministério Público. Explicitou-se que a jurisprudência do STF seria no sentido da independência entre as esferas de contas e a judicial penal, de sorte a ser desnecessário que o inquérito policial ou a denúncia aguardem a conclusão do processo de contas em qualquer das instâncias dos Tribunais de Contas. HC 103725/DF, rel. Min. Ayres Britto, 14.12.2010. (HC-103725) (Inform. STF 613)

MUNICÍPIO: RECURSOS PÚBLICOS FEDERAIS E FISCALIZAÇÃO PELA CGU - 1

A Turma decidiu afetar ao Plenário julgamento de recurso ordinário em mandado de segurança interposto contra ato de Ministro de Estado do Controle e da Transparência que, mediante sorteio público, escolhera determinado Município para que se submetesse à fiscalização e auditoria, realizadas pela Controladoria-Geral da União - CGU, dos recursos públicos federais. O ora recorrente, prefeito daquela municipalidade sustenta que a CGU não poderia impor fiscalização às contas do Município, ainda que houvesse repasse de recursos pela União, tendo em vista a autonomia municipal e o que disposto no art. 71, VI, da CF ("O controle externo, a cargo do Congresso Nacional, será exercido com o auxílio do Tribunal de Contas da União, ao qual compete: ... VI - fiscalizar a aplicação de quaisquer recursos repassados pela União mediante convênio, acordo, ajuste ou outros instrumentos congêneres, a Estado, ao Distrito Federal ou a Município"). Na origem, o STJ entendera válida e legal a realização de fiscalizações pela Controladoria, no exercício do controle interno, e pelo TCU, no controle externo, com escolha de Município por sorteio. **RMS 25943/DF, rel. Min. Ricardo Lewandowski, 14.9.2010.** (RMS-25943)

MUNICÍPIO: RECURSOS PÚBLICOS FEDERAIS E FISCALIZAÇÃO PELA CGU - 2

A Controladoria-Geral da União - CGU tem atribuição para fiscalizar a aplicação dos recursos públicos federais repassados, nos termos dos convênios, aos Municípios. Com base nesse entendimento, o Plenário, por maioria, desproveu recurso ordinário em mandado de segurança, afetado pela 1ª Turma, interposto contra ato de Ministro de Estado do Controle e da Transparência que, mediante sorteio público, escolhera determinado Município para que se submetesse à fiscalização e à auditoria, realizadas pela CGU, dos recursos públicos federais àquele repassados — v. Informativo 600. Asseverou-se, de início, que o art. 70 da CF estabelece que a fiscalização dos recursos públicos federais se opera em duas esferas: a do controle externo, pelo Congresso Nacional, com o auxílio do Tribunal de Contas da União - TCU, e a do controle interno, pelo sistema de controle interno de cada Poder. Explicou-se que, com o objetivo de disciplinar o sistema de controle interno do Poder Executivo federal, e dar cumprimento ao art. 70 da CF, fora promulgada a Lei 10.180/2001. Essa legislação teria alterado a denominação de Corregedoria-Geral da União para Controladoria-Geral da União, órgão este que auxiliaria o Presidente da República na sua missão constitucional de controle interno do patrimônio da União. Ressaltou-se que a CGU poderia fiscalizar a aplicação de dinheiro da União onde quer que ele fosse aplicado, possuindo tal fiscalização caráter interno, porque exercida exclusivamente sobre verbas oriundas do orçamento do Executivo destinadas a repasse de entes federados. Afastou-se, por conseguinte, a alegada invasão da esfera de atribuições do TCU, órgão auxiliar do Congresso Nacional no exercício do controle externo, o qual se faria sem prejuízo do interno de cada Poder. **RMS 25943/DF, rel. Min. Ricardo Lewandowski, 24.11.2010.** (RMS-25943)

MUNICÍPIO: RECURSOS PÚBLICOS FEDERAIS E FISCALIZAÇÃO PELA CGU - 3

Enfatizou-se que essa fiscalização teria o escopo de verificar a correta aplicação dos recursos federais, depois de seu repasse a outros entes da federação, sob pena, inclusive, de eventual responsabilidade solidária, no caso de omissão, tendo em conta o disposto no art. 74, § 1º e no art. 18, § 3º, da Lei 10.683/2003, razão pela qual deveria a CGU ter acesso aos documentos do Município. Acrescentou-se que a fiscalização da CGU seria feita de forma aleatória, em face da impossibilidade fática de controle das verbas repassadas a todos os Municípios, mediante sorteios públicos, realizados pela Caixa Econômica Federal - CEF, procedimento em consonância com o princípio da impessoalidade, inscrito no art. 37, caput, da CF. Ressalvou-se, por fim, que a fiscalização apenas recairá sobre as verbas federais repassadas nos termos do convênio, excluídas as verbas estaduais ou municipais. Vencidos os Ministros Marco Aurélio e Cezar Peluso que proviam o recurso. **RMS 25943/DF, rel. Min. Ricardo Lewandowski, 24.11.2010.** (RMS-25943) (Inform. STF 610)

MANDADO DE SEGURANÇA: IMPEDIMENTO E FEITOS DIVERSOS - 1

O Tribunal iniciou julgamento de mandado de segurança, impetrado contra ato do Tribunal de Contas da União - TCU, em que se sustenta a ilegalidade de julgamento por ele proferido, na medida em que relatado por Ministro supostamente impedido. Alega a impetração que o relator já se manifestara sobre as irregularidades imputadas ao impetrante enquanto representante do *parquet* junto à Corte de Contas, confirmando posição já exarada, em face dos mesmos fatos, atuando, portanto, sucessivamente, como representante do Ministério Público e Ministro do TCU. Sustenta o seu impedimento para participar do feito, por afronta ao inciso VIII do art. 39 do Regimento Interno do TCU ("*Art. 39. É vedado ao ministro do Tribunal: ... VIII - atuar em processo de interesse próprio, de cônjuge, de parente consangüíneo ou afim, na linha reta ou na colateral, até o segundo grau, ou de amigo íntimo ou inimigo capital, assim como em processo em que tenha funcionado como advogado, perito, representante do Ministério Público ou servidor da Secretaria do Tribunal ou do Controle Interno.*"). **MS 25630/DF, rel. Min. Ayres Britto, 17.2.2010.** (MS-25630)

MANDADO DE SEGURANÇA: IMPEDIMENTO E FEITOS DIVERSOS - 2

O Min. Ayres Britto, relator, por reputar serem diversos os processos em que o Ministro supostamente impedido atuara como representante do *parquet* e como Ministro do TCU, denegou a segurança. Ressaltou que o primeiro processo cuidaria de auditoria realizada na área de pessoal de Fundação de Universidade Federal, e o segundo — instaurado três anos depois do primeiro — trataria da prestação de contas da mencionada Fundação. Asseverou, destarte, não se aplicar ao caso em exame a vedação do inciso VIII do art. 39 do RITCU, dado que o Ministro não atuara no mesmo processo em que funcionara como membro do Ministério Público junto ao TCU. Consignou que, enquanto em um dos processos, o TCU, com base no inciso IV do art. 71 da CF, apreciara relatório de auditoria na específica área de pessoal e referente a atos de 1993, no outro, julgara a prestação de contas do administrador público no exercício de 1995, com fundamento no inciso II do mesmo art. 71 da Carta da República. Salientou, ademais, que a atuação do antigo membro do Ministério Público junto à Corte de Contas se dera na condição de *custos legis*, protagonização funcional em que se faz imperiosa total imparcialidade no exame jurídico das causas. Destacou, por fim, que nenhum prejuízo sofrera o impetrante, haja vista que o Ministro apenas atuara no processo a partir do julgamento do recurso de divergência, quando o TCU já havia reprovado as contas da citada Fundação e imposto multa ao responsável. Após, foi indicado adiamento. **MS 25630/DF, rel. Min. Ayres Britto, 17.2.2010.** (MS 25630) (Inform. STF 575)

ANULAÇÃO DE ASCENSÃO FUNCIONAL: DEVIDO PROCESSO LEGAL E SEGURANÇA JURÍDICA

O Tribunal concedeu dois mandados de segurança impetrados contra ato do Tribunal de Contas da União - TCU, consubstanciado em decisões, proferidas em autos de tomada de contas da Empresa de Brasileira de Correios e Telégrafos - ECT, que determinaram o desfazimento, em 2006, de atos de ascensões funcionais ocorridos entre 1993 e 1995. Entendeu-se que o lapso temporal entre a prática dos atos de ascensão sob análise e a decisão do TCU impugnada superaria, em muito, o prazo estabelecido no art. 54 da Lei 9.784/99, o que imporia o reconhecimento da decadência do direito da Administração de revê-los. Reportou-se, ademais, à orientação firmada pela Corte no julgamento do MS 24448/DF (DJE de 14.11.2007), no sentido de, aplicando o princípio da segurança jurídica, assentar ser de cinco anos o prazo para o TCU exercer o controle da legalidade dos atos administrativos. Considerou-se, por fim, não terem sido observados os princípios do contraditório, da ampla defesa e do devido processo legal, visto que a anulação dos atos de ascensão importara em grave prejuízo aos interesses dos impetrantes, os quais deveriam ter sido convocados para exercer sua defesa no processo de tomada de contas. **Outros precedentes citados: MS 24268/MG (DJU de 17.9.2004); MS 26353/DF (DJU de 6.9.2007); MS 26782/DF (DJE de 17.12.2007). MS 26393/DF, rel. Min. Cármen Lúcia, 29.10.2009. (MS-26393) MS 26404/DF, rel. Min. Cármen Lúcia, 29.10.2009.** (MS-26404) (Inform. STF 565)

PAGAMENTO DE ADICIONAIS POR TEMPO DE SERVIÇO: COISA JULGADA E ART. 17 DO ADCT

O Tribunal iniciou julgamento de mandado de segurança impetrado contra ato do Tribunal de Contas da União - TCU, que, nos autos de tomadas de contas, determinara a suspensão do pagamento de adicionais por tempo de serviço e o ressarcimento de valores percebidos pelo impetrante. O impetrante alega ser beneficiário de decisão judicial proferida em 7.6.88, com trânsito em julgado em 2.2.89, pela qual teria sido reconhecido o seu direito, e de outros litisconsortes, à percepção do adicional por tempo de serviço previsto na Lei 4.047/61. Sustenta que o TCU, ao determinar suspensão do pagamento dos mencionados adicionais e o ressarcimento dos valores percebidos pelo impetrante, teria desrespeitado o ato jurídico perfeito e a coisa julgada. A Min. Cármen Lúcia, relatora, concedeu a segurança, para garantir que o impetrante receba os adicionais na forma da decisão transitada em julgado. Perfilhou a orientação fixada no julgamento do MS 22891/RS (DJU de 7.11.2003), no sentido de que o pressuposto para a aplicação do art. 17 do ADCT, isto é, para a redução do vencimento, remuneração, vantagem e adicional, bem como de provento, é que estes estivessem em desacordo com a CF/88, e que, não tendo esta estabelecido limites ao critério do cálculo do adicional por tempo de serviço, em termos de percentuais, e sim vedado no art. 37, XIV, o denominado "repique", ou o cálculo de vantagens pessoais uma sobre a outra, assim em "cascata" — o que não ocorreria também neste caso —, estar-se-ia diante de situação jurídica coberta pela coisa julgada, por isso, imodificável. Após, o Min. Dias Toffoli pediu vista dos autos. **MS 22682/RJ, rel. Min. Cármen Lúcia, 29.10.2009.** (MS-22682)

TCU - TRÂNSITO EM JULGADO - OPONIBILIDADE - PRINCÍPIO DA SEGURANÇA JURÍDICA

EMENTA: DECISÃO JUDICIAL **TRANSITADA** EM JULGADO. **INTEGRAL OPONIBILIDADE** DESSE ATO ESTATAL AO TRIBUNAL DE CONTAS DA UNIÃO. **CONSEQÜENTE IMPOSSIBILIDADE** DE DESCONSTITUIÇÃO, **NA VIA ADMINISTRATIVA**, DA AUTORIDADE DA COISA JULGADA. **EXISTÊNCIA**, AINDA, NO CASO, **DE OUTRO** FUNDAMENTO CONSTITUCIONALMENTE RELEVANTE: O **PRINCÍPIO DA SEGURANÇA JURÍDICA**. **A BOA-FÉ E A PROTEÇÃO DA CONFIANÇA** COMO PROJEÇÕES ESPECÍFICAS DO POSTULADO DA SEGURANÇA JURÍDICA. **MAGISTÉRIO DA DOUTRINA**. SITUAÇÃO DE FATO – **JÁ CONSOLIDADA** NO PASSADO – QUE DEVE SER MANTIDA **EM RESPEITO** À BOA-FÉ **E** À CONFIANÇA DO ADMINISTRADO, **INCLUSIVE** DO SERVIDOR PÚBLICO. **NECESSIDADE DE PRESERVAÇÃO**, EM TAL CON-TEXTO, DAS SITUAÇÕES CONSTITUÍDAS **NO ÂMBITO** DA ADMINISTRAÇÃO PÚBLICA. **PRECEDENTES. DELIBERAÇÃO** DO TRIBUNAL DE CONTAS DA UNIÃO **QUE IMPLICA SUPRESSÃO** DE PARCELA **DOS PROVENTOS** DO SERVIDOR PÚBLICO. **CARÁTER ESSENCIALMENTE ALIMENTAR** DO ESTIPÊNDIO FUNCIONAL. **PRECE-DEN-TES. MEDIDA CAUTELAR DEFERIDA**.

- O Tribunal de Contas da União **não dispõe**, constitucionalmente, de poder **para rever** decisão judicial **transitada** em julgado (**RTJ** 193/556-557) **nem para determinar** a suspensão de benefícios **garantidos** por sentença **revestida** da autoridade da coisa julgada (**RTJ** 194/594), **ainda** que o direito reconhecido pelo Poder Judiciário **não tenha** o beneplácito da jurisprudência **prevalecente** no âmbito do Supremo Tribunal Federal, **pois** a "*res judicata*" em matéria civil **só** pode ser **legitimamente** desconstituída **mediante** ação rescisória. **Precedentes.**
- **Os postulados** da segurança jurídica, da boa-fé objetiva **e** da proteção da confiança, **enquanto** expressões do Estado Democrático de Direito, **mostram-se impregnados** de elevado conteúdo ético, social **e** jurídico, **projetando-se** sobre as relações jurídicas, **mesmo** as de direito público (**RTJ 191/922**, Rel. p/ o acórdão Min. GILMAR MENDES), **em ordem a viabilizar** a incidência desses **mesmos** princípios sobre comportamentos **de qualquer** dos Poderes **ou** órgãos do Estado (os Tribunais de Contas, **inclusive**), **para que se preservem**, desse modo, situações administrativas **já consolidadas** no passado.
- **A fluência** de longo período de tempo **culmina** por consolidar justas expectativas no espírito do administrado **e**, também, **por incutir**, nele, **a confiança** da plena regularidade dos atos estatais praticados, **não se justificando** – ante a aparência de direito que legitimamente resulta de tais circunstâncias – **a ruptura abrupta** da situação de estabilidade **em que se mantinham**, até então, **as relações** de direito público **entre** o agente estatal, de um lado, **e** o Poder Público, de outro. **Doutrina. Precedentes. MS 28150 - MC/DF. RELATOR: MIN. CELSO DE MELLO.** (Inform. STF 561)

TCU - TRÂNSITO EM JULGADO - SEGURANÇA JURÍDICA

EMENTA: DECISÃO JUDICIAL **TRANSITADA** EM JULGADO. **INTEGRAL OPONIBILIDADE** DESSE ATO ESTATAL AO TRIBUNAL DE CONTAS DA UNIÃO. **CONSEQÜENTE IMPOSSIBILIDADE** DE DESCONSTITUIÇÃO, **NA VIA ADMINISTRATIVA**, DA AUTORIDADE DA COISA JULGADA. **EXISTÊNCIA**, AINDA, NO CASO, **DE OUTRO** FUNDAMENTO CONSTITUCIONALMENTE RELEVANTE: **O PRINCÍPIO DA SEGURANÇA JURÍDICA**. **A BOA-FÉ E A PROTEÇÃO DA CONFIANÇA** COMO PROJEÇÕES ESPECÍFICAS DO POSTULADO DA SEGURANÇA JURÍDICA. **MAGISTÉRIO DA DOUTRINA**. SITUAÇÃO DE FATO – **JÁ CONSOLIDADA** NO PASSADO – QUE DEVE SER MANTIDA **EM RESPEITO** À BOA-FÉ **E** À CONFIANÇA DO ADMINISTRADO, **INCLUSIVE** DO SERVIDOR PÚBLICO. **NECESSIDADE DE PRESERVAÇÃO**, EM TAL CONTEXTO, DAS SITUAÇÕES CONSTITUÍDAS **NO ÂMBITO** DA ADMINISTRAÇÃO PÚBLICA. **PRECEDENTES. DELIBERAÇÃO** DO TRIBUNAL DE CONTAS DA UNIÃO **QUE IMPLICA SUPRESSÃO** DE PARCELA **DOS PROVENTOS**

DO SERVIDOR PÚBLICO. **CARÁTER ESSENCIALMENTE ALIMENTAR DO ESTIPÊN-DIO FUNCIONAL. PRECEDENTES. MEDIDA CAUTELAR DEFERIDA.**

- O Tribunal de Contas da União **não dispõe**, constitucionalmente, de poder **para rever** decisão judicial **transitada** em julgado (**RTJ** 193/556-557) **nem para determinar** a suspensão de benefícios **garantidos** por sentença **revestida** da autoridade da coisa julgada (**RTJ** 194/594), **ainda** que o direito reconhecido pelo Poder Judiciário **não tenha** o beneplácito da jurisprudência **prevalecente** no âmbito do Supremo Tribunal Federal, **pois** a "*res judicata*" em matéria civil **só** pode ser **legitimamente** desconstituída **mediante** ação rescisória. **Precedentes.**

- **Os postulados** da segurança jurídica, da boa-fé objetiva **e** da proteção da confiança, **enquanto** expressões do Estado Democrático de Direito, **mostram-se impregnados** de elevado conteúdo ético, social **e** jurídico, **projetando-se** sobre as relações jurídicas, **mesmo** as de direito público (**RTJ 191/922**, Rel. p/ o acórdão Min. GILMAR MENDES), **em ordem a viabilizar** a incidência desses **mesmos** princípios sobre comportamentos **de qualquer** dos Poderes **ou** órgãos do Estado (os Tribunais de Contas, **inclusive**), **para que se preservem**, desse modo, situações administrativas **já consolidadas** no passado.

- **A fluência** de longo período de tempo – **percepção**, no caso, **há mais** de 16 (dezesseis) anos, de vantagem pecuniária **garantida** por decisão **transitada** em julgado – **culmina** por consolidar justas expectativas no espírito do administrado **e**, também, **por incutir**, nele, **a confiança** da plena regularidade dos atos estatais praticados, **não se justificando** – ante a aparência de direito que legitimamente resulta de tais circunstâncias – **a ruptura abrupta** da situação de estabilidade **em que se mantinham**, até então, **as relações** de direito público **entre** o agente estatal, de um lado, **e** o Poder Público, de outro. **Doutrina. Precedentes. MS 27962 MC/DF. RELATOR: MIN. CELSO DE MELLO.** (Inform. STF 543)

NEPOTISMO E CONSELHEIRO DE TRIBUNAL DE CONTAS - 1

Por vislumbrar ofensa à Súmula Vinculante 13 ("*A nomeação de cônjuge, companheiro, ou parente, em linha reta, colateral ou por afinidade, até o terceiro grau, inclusive, da autoridade nomeante ou de servidor da mesma pessoa jurídica investido em cargo de direção, chefia ou assessoramento, para o exercício de cargo em comissão ou de confiança ou, ainda, de função gratificada na Administração Pública direta e indireta, em qualquer dos Poderes da União, dos Estados, do Distrito Federal e dos Municípios, compreendido o ajuste mediante designações recíprocas, viola a Constituição Federal.*"), o Tribunal deu provimento a agravo regimental interposto contra decisão que indeferira pedido de liminar em reclamação ajuizada contra decisão de 1º grau que, no bojo de ação popular movida pelo reclamante, mantivera a posse do irmão do Governador do Estado do Paraná no cargo de Conselheiro do Tribunal de Contas local, para o qual fora por este nomeado. Asseverou-se, de início, que o caso sob exame apresentaria nuances que o distinguiriam da situação tratada no julgamento do RE 579951/RN (DJE de 24.10.2008), na qual se declarara que a prática do nepotismo no âmbito dos três Poderes da República afronta à Lei Maior, e, ressaltando-se a diferença entre cargo estritamente administrativo e cargo político, reputara-se nulo o ato de nomeação de um motorista e hígido o do Secretário Municipal de Saúde, não apenas por se tratar de um agente político, mas por não ter ficado evidenciada a prática do nepotismo cruzado, nem a hipótese de fraude à lei. Esclareceu-se, no ponto, que, em 24.6.2008, o Presidente do Tribunal de Contas daquela unidade federada encaminhara ofício ao Presidente da Assembléia Legislativa, informando a vacância de cargo de Conselheiro, em decorrência de aposentadoria, a fim de que se fizesse a seleção de um novo nome, nos termos dos artigos 54, XIX, **a** e 77, § 2º, da Constituição estadual. O expediente fora lido em sessão no mesmo dia em que recebido, mas protocolizado no dia subseqüente. Neste dia, a Comissão Executiva da Assembléia Legislativa editara o Ato 675/2008, abrindo o prazo de 5 dias para as inscrições de candidatos ao aludido cargo vago, além de estabelecer novas regras para o procedimento de escolha e indicação da Casa, em especial para transformar a votação de secreta em nominal, segundo uma única discussão. Destacou-se que tal ato fora publicado em jornal no Diário da Assembléia somente em 9.7.2008, e que, no mesmo dia, em Sessão Especial Plenária, os Deputados Estaduais integrantes da Assembléia Legislativa elegeram o irmão do Governador para ocupar o cargo de Conselheiro do Tribunal de Contas, tendo o Governador, no dia 10.7.2008, assinado o Decreto 3.041, que aposentou o anterior ocupante do cargo de Conselheiro do Tribunal de Contas estadual, o Decreto 3.042, que exonerou o irmão do cargo de Secretário do Estado da Educação, e o Decreto 3.044, que o nomeou para exercer o mencionado cargo de Conselheiro. **Rcl 6702 AgR-MC/PR, rel. Min. Ricardo Lewandowski, 4.3.2009.** (Rcl-6702)

NEPOTISMO E CONSELHEIRO DE TRIBUNAL DE CONTAS - 2

Entendeu-se que estariam presentes os requisitos autorizadores da concessão da liminar. Considerou-se que a natureza do cargo de Conselheiro do Tribunal de Contas não se enquadraria no conceito de agente político, uma vez que exerce a função de auxiliar do Legislativo no controle da Administração Pública, e que o processo de nomeação do irmão do Governador, ao menos numa análise perfunctória dos autos, sugeriria a ocorrência de vícios que maculariam a sua escolha por parte da Assembléia Legislativa do Estado. Registrou-se o açodamento, no mínimo suspeito, dos atos levado a cabo na referida Casa Legislativa para ultimar o processo seletivo, o que indicaria, quando mais não seja, a tentativa de burlar os princípios da publicidade e impessoalidade que, dentre outros, regem a Administração Pública em nossa sistemática constitucional. Observou-se que a aprovação do irmão do Governador para o cargo dera-se inclusive antes de escoado integralmente o prazo aberto para a inscrição de candidatos ao mesmo, cuja vacância, ao menos do ponto de vista formal, ocorrera apenas em 10.7.2009. Afirmou-se, também, ser de duvidosa constitucionalidade, em face do princípio da simetria, a escolha de membros do Tribunal de Contas pela Assembléia Legislativa por votação aberta, tendo em conta o disposto no art. 52, III, **b**, da CF. Concluiu-se que, além desses fatos, a nomeação do irmão, pelo Governador, para ocupar o cargo de Conselheiro do Tribunal de Contas, agente incumbido pela Constituição de fiscalizar as contas do nomeante, estaria a sugerir, em princípio, desrespeito aos mais elementares postulados republicanos. Por conseguinte, deferiu-se, por unanimidade, a liminar, para sustar os efeitos da nomeação sob exame até o julgamento da mencionada ação popular. Por maioria, determinou-se a imediata comunicação da decisão, ficando vencido, neste ponto, o Min. Marco Aurélio. O Min. Menezes Direito fez ressalva no sentido de não se comprometer com a manifestação do relator acerca da natureza do cargo de Conselheiro do Tribunal de Contas. **Rcl 6702 AgR-MC/PR, rel. Min. Ricardo Lewandowski, 4.3.2009.** (Rcl-6702) (Inform. STF 537)

AUDITOR DO TCU: CARGO DE MINISTRO E LIMITE DE IDADE

Tendo em conta o fato de auditor do Tribunal de Contas da União - TCU já ter completado 70 anos de idade, o Tribunal julgou prejudicado mandado de segurança por ele impetrado contra ato dessa mesma Corte de Contas. No caso concreto, o TCU elaborara lista singular para provimento de vaga de Ministro reservada a auditores, em virtude de outros dois membros da auditoria, dentre os quais o impetrante, terem ultrapassado o limite de 65 anos de idade previsto no § 1º do art. 73 da CF ("*§ 1º - Os Ministros do Tribunal de Contas da União serão nomeados dentre brasileiros que satisfaçam os seguintes requisitos: I - mais de trinta e cinco e menos de sessenta e cinco anos de idade; II - idoneidade moral e reputação ilibada; III - notórios conhecimentos jurídicos, contábeis, econômicos e financeiros ou de administração pública; IV - mais de dez anos de exercício de função ou de efetiva atividade profissional que exija os conhecimentos mencionados no inciso anterior.*"). Em *obiter dictum*, asseverou-se que se aplicariam também aos auditores os requisitos previstos naquele dispositivo constitucional, a serem atendidos de forma cumulativa. **MS 23968/DF, rel. Min. Gilmar Mendes, 14.4.2008.** (MS-23968) (Inform. STF 502)

REDUÇÃO DE PROVENTOS E CONTRADITÓRIO

Por vislumbrar ofensa ao art. 5º, LV, da CF ("*aos litigantes, em processo judicial ou administrativo, e aos acusados em geral são assegurados o contraditório e ampla defesa, com os meios e recursos a ela inerentes;*"), a Turma deu provimento a recurso extraordinário para restabelecer o entendimento sufragado na sentença, concedendo, portanto, a segurança em favor do ora recorrido, cujos proventos foram reduzidos, sem observância do contraditório, não obstante decisão do Tribunal de Contas estadual considerando legal a sua aposentadoria. Asseverou-se que uma coisa seria concluir-se pela desnecessidade do contraditório quando se está diante de ato complexo, ou seja, quando o órgão de origem pede o cálculo dos proventos para satisfação precária e efêmera, até a homologação da aposentadoria e o Tribunal de Contas vem a suprimi-los. Algo diverso diria respeito ao aperfeiçoamento do ato praticado, procedendo a Corte de Contas à homologação. Então, surge para o servidor aposentado, no patrimônio, direito que não é passível de modificação de forma unilateral pela Administração Pública. Nesse sentido, erronia no cálculo dos proventos há de ser elucidada em processo administrativo, observado o direito de defesa — o contraditório. RE 285495/SE, rel. Min. Marco Aurélio, 2.10.2007. (RE-285495) (Inform. STF 482)

ASCENSÃO FUNCIONAL: PRINCÍPIOS DA SEGURANÇA JURÍDICA E DO DEVIDO PROCESSO LEGAL

O Tribunal concedeu mandado de segurança impetrado contra decisão do Tribunal de Contas da União - TCU que determinara à Empresa Brasileira de Correios e Telégrafos - ECT, com base no art. 37, § 2º, da CF, que procedesse à anulação dos atos que implementaram as ascensões funcionais verificadas naquela entidade, consumados posteriormente à data de 23.4.93. Entendeu-se ter havido ofensa aos princípios da segurança jurídica e do devido processo legal, haja vista não se tratar, no caso, de ato complexo e de ter o TCU exercido o crivo de revisão dos atos administrativos, formalizados no período entre a promulgação da CF/88 e dezembro de 1995, passados mais de 5 anos, inclusive, da vigência da Lei 9.784/99, sem viabilizar, no entanto, a manifestação dos seus beneficiários. Registrou-se, ainda, a recente edição da Súmula Vinculante nº 3 do STF, aplicável à espécie (*"Nos processos perante o Tribunal de Contas da União asseguram-se o contraditório e a ampla defesa quando da decisão puder resultar anulação ou revogação de ato administrativo que beneficie o interessado, excetuada a apreciação da legalidade do ato de concessão inicial de aposentadoria, reforma e pensão."*). MS 26353/DF, rel. Min. Marco Aurélio, 6.9.2007. (MS-26353) (Inform. STF 478)

ANISTIA E REGISTRO DE APOSENTADORIA

O Tribunal iniciou julgamento de mandado de segurança impetrado contra ato do Tribunal de Contas da União - TCU que negara registro à aposentadoria das impetrantes — beneficiadas pela anistia com fundamento no art. 8º, § 5º, do ADCT, e reintegradas no quadro funcional do Ministério da Educação —, por ausência de comprovação de vínculo empregatício com órgãos da Administração Pública Federal, antes da concessão da anistia. Sustentam as impetrantes: a) a decadência (Lei 9.784/99, art. 54: *"O direito da Administração de anular os atos administrativos de que decorram efeitos favoráveis para os destinatários decai em cinco anos, contados da data em que foram praticados, salvo comprovada má-fé."*) e b) a violação ao devido processo legal, por não terem sido ouvidas no procedimento que resultara no ato atacado. O Min. Marco Aurélio, relator, indeferiu a segurança, no que foi acompanhado pelos Ministros Cármen Lúcia, Ricardo Lewandowski, Eros Grau, Joaquim Barbosa e Carlos Britto. Ressaltou que o TCU limitou-se a examinar a concessão da aposentadoria com base no art. 71, III, da CF, não considerando a anistia em si, mas o fato de, em momento posterior, não ter sido demonstrado o ingresso no serviço público suficiente a gerar o direito à aposentadoria. Salientou, ademais, não ser aplicável, quando se trata de registro de aposentadoria, o prazo decadencial de 5 anos previsto na Lei 9.784/99. Após, o julgamento foi suspenso com o pedido de vista do Min. Cezar Peluso. MS 25916/DF, rel. Min. Marco Aurélio, 29.8.2007. (MS-25916) (Inform. STF 477)

PARECER JURÍDICO E RESPONSABILIZAÇÃO

O Tribunal deferiu mandado de segurança impetrado contra ato do Tribunal de Contas da União - TCU que, aprovando auditoria realizada com o objetivo de verificar a atuação do Departamento Nacional de Estradas de Rodagem - DNER nos processos relativos a desapropriações e acordos extrajudiciais para pagamento de precatórios e ações em andamento, incluíra o impetrante, então procurador autárquico, entre os responsáveis pelas irregularidades encontradas, determinando sua audiência, para que apresentasse razões de justificativa para o pagamento de acordo extrajudicial ocorrido em processos administrativos nos quais já havia precatório emitido, sem homologação pela justiça. Salientando, inicialmente, que a obrigatoriedade ou não da consulta tem influência decisiva na fixação da natureza do parecer, fez-se a distinção entre três hipóteses de consulta: 1) a facultativa, na qual a autoridade administrativa não se vincularia à consulta emitida; 2) a obrigatória, na qual a autoridade administrativa ficaria obrigada a realizar o ato tal como submetido à consultoria, com parecer favorável ou não, podendo agir de forma diversa após emissão de novo parecer; e 3) a vinculante, na qual a lei estabeleceria a obrigação de "decidir à luz de parecer vinculante", não podendo o administrador decidir senão nos termos da conclusão do parecer ou, então, não decidir. Ressaltou-se que, nesta última hipótese, haveria efetivo compartilhamento do poder administrativo de decisão, razão pela qual, em princípio, o parecerista poderia vir a ter que responder conjuntamente com o administrador, pois seria também administrador nesse caso. Entendeu-se, entretanto, que, na espécie, a fiscalização do TCU estaria apontando irregularidades na celebração de acordo extrajudicial, questão que não fora submetida à apreciação do impetrante, não tendo havido, na decisão proferida pela Corte de Contas, nenhuma demonstração de culpa ou de seus indícios, e sim uma presunção de responsabilidade. Os Ministros Carlos Britto e Marco Aurélio fizeram ressalva quanto ao fundamento de que o parecerista, na hipótese da consulta vinculante, pode vir a ser considerado administrador. MS 24631/DF, rel. Min. Joaquim Barbosa, 9.8.2007. (MS-24631) (Inform. STF 475)

EMENTA: TRIBUNAL DE CONTAS DA UNIÃO. PODER GERAL DE CAUTELA. LEGITIMIDADE. DOUTRINA DOS PODERES IMPLÍCITOS. PRECEDENTE (**STF**). **CONSEQÜENTE POSSIBILIDADE** DE O TRIBUNAL DE CONTAS **EXPEDIR PROVIMENTOS CAUTELARES**, MESMO **SEM AUDIÊNCIA** DA PARTE CONTRÁRIA, **DESDE** QUE MEDIANTE DECISÃO FUNDAMENTADA. **DELIBERAÇÃO DO TCU**, QUE, **AO DEFERIR** A MEDIDA CAUTELAR, **JUSTIFICOU**, EXTENSAMENTE, **A OUTORGA** DESSE PROVIMENTO DE URGÊNCIA. **PREOCUPAÇÃO** DA CORTE DE CONTAS **EM ATENDER**, COM TAL CONDUTA, **A EXIGÊNCIA CONSTITUCIONAL** PERTINENTE À NECESSIDADE DE MOTIVAÇÃO DAS DECISÕES ESTATAIS. **PROCEDIMENTO ADMINISTRATIVO** EM CUJO ÂMBITO **TERIAM SIDO OBSERVADAS** AS GARANTIAS **INERENTES À CLÁUSULA CONSTITUCIONAL** DO *"DUE PROCESS OF LAW"*. **DELIBERAÇÃO FINAL DO TCU QUE SE LIMITOU A DETERMINAR**, AO DIRETOR-PRESIDENTE DA CODEBA (SOCIEDADE DE ECONOMIA MISTA), **A INVALIDAÇÃO** DO PROCEDIMENTO LICITATÓRIO E DO CONTRATO CELEBRADO COM A EMPRESA **A QUEM SE ADJUDICOU** O OBJETO DA LICITAÇÃO. **INTELIGÊNCIA** DA NORMA INSCRITA NO ART. 71, **INCISO IX**, DA CONSTITUIÇÃO. **APARENTE OBSERVÂNCIA**, PELO TRIBUNAL DE CONTAS DA UNIÃO, NO CASO EM EXAME, **DO PRECEDENTE** QUE O SUPREMO TRIBUNAL FEDERAL **FIRMOU A RESPEITO DO SENTIDO E DO ALCANCE** DESSE PRECEITO CONSTITUCIONAL (**MS 23.550/DF**, REL. P/ ACÓRDÃO O MIN. SEPÚLVEDA PERTENCE). **INVIABILIDADE DA CONCESSÃO**, NO CASO, **DA MEDIDA LIMINAR** PRETENDIDA, **EIS QUE NÃO ATENDIDOS**, CUMULATIVAMENTE, **OS PRESSUPOSTOS LEGITIMADORES** DE SEU DEFERIMENTO. **MEDIDA CAUTELAR INDEFERIDA**. (MS 26547/DF, rel. Min. CELSO DE MELLO, DJU 29.5.2007) (Inform. STF 468)

EMENTA: TRIBUNAL DE CONTAS DA UNIÃO. PROCEDIMENTO DE CARÁTER ADMINISTRATIVO. SITUAÇÃO DE CONFLITUOSIDADE EXISTENTE **ENTRE** OS INTERESSES DO ESTADO **E** OS DO PARTICULAR. **NECESSÁRIA OBSERVÂNCIA**, PELO PODER PÚBLICO, **DA FÓRMULA CONSTITUCIONAL** DO *"DUE PROCESS OF LAW"*. **PRERROGATIVAS QUE COMPÕEM** A GARANTIA CONSTITUCIONAL DO DEVIDO PROCESSO. **O DIREITO À PROVA** COMO UMA DAS PROJEÇÕES CONCRETIZADORAS DESSA GARANTIA CONSTITUCIONAL. **MEDIDA CAUTELAR DEFERIDA**.

- A **jurisprudência** do Supremo Tribunal Federal **tem reafirmado** a essencialidade do princípio **que consagra** o *"due process of law"*, **nele reconhecendo** uma insuprimível **garantia**, que, instituída **em favor de qualquer** pessoa ou entidade, **rege** e **condiciona** o exercício, **pelo Poder Público**, de sua atividade, **ainda** que em sede materialmente administrativa, **sob pena de nulidade** do próprio ato punitivo **ou** da medida restritiva de direitos. **Precedentes**. **Doutrina**.

- **Assiste**, ao interessado, **mesmo** em procedimentos de índole administrativa, **como direta emanação** da própria garantia constitucional do *"due process of law"* (**CF**, art. 5º, LIV) - **independentemente**, portanto, de haver previsão normativa nos estatutos que regem a atuação dos órgãos do Estado -, **a prerrogativa indisponível** do contraditório **e** da plenitude de defesa, **com** os meios e recursos a ela inerentes (**CF**, art. 5º, LV), **inclusive o direito à prova**.

- **Abrangência da cláusula constitucional** do *"due process of law"*. (MS 26358 MC/DF, rel. Min. Celso de Mello, DJ 2.3.2007) (Inform. STF 457)

COISA JULGADA E TCU

O Tribunal iniciou julgamento de mandado de segurança impetrado contra ato do TCU que determinara a suspensão do pagamento da incorporação do reajuste de 26,05% e 26,06% (vencimentos de fevereiro de 1989 e julho de 1987, respectivamente) aos proventos de servidora pública aposentada. Alega a impetração ofensa à coisa julgada, haja vista que os referidos percentuais teriam sido incorporados aos vencimentos da impetrante por decisão judicial transitada em julgado. Pleiteia, ainda, o reconhecimento da legalidade dessa incorporação. Por entender caracterizada a ofensa ao princípio da intangibilidade da coisa julgada, o Min. Eros Grau, relator, deferiu o *writ* para decretar, no que se refere à impetrante, a nulidade do acórdão proferido pelo TCU. Considerou que a exclusão da parcela remuneratória dos proventos ocorrera quando não era mais possível à União fazer uso da ação rescisória, uma vez que transcorrido o prazo legal para seu ajuizamento, não sendo admissível, assim, que tal parcela fosse retirada unilateralmente pelo órgão do Poder Legislativo, ainda que a decisão judicial viesse a contrariar jurisprudência consolidada em momento posterior.

Ressaltou que, no caso, a incorporação dessas parcelas aos vencimentos se efetuara por força de decisão judicial transitada em julgado em época na qual a jurisprudência não estava consolidada. Por fim, asseverou existir determinação explícita, na sentença, no sentido da incorporação definitiva dos percentuais referentes à URP, bem como ser irrelevante, em virtude da garantia da irredutibilidade dos vencimentos, a opção da impetrante pelo regime estatutário. Após, pediu vista o Min. Joaquim Barbosa. MS 25430/DF, rel. Min. Eros Grau, 2.2.2007. (MS-25430) (Inform. STF 454)

MP. TÍTULO EXTRAJUDICIAL. TCE.

A questão consiste em saber se o Ministério Público (MP) possui legitimidade ativa para promover execução de título executivo extrajudicial decorrente de decisão do Tribunal de Contas estadual (TCE), nos termos do art. 71, § 3º, da CF/1988. No caso, o TCE entendeu ser indevido o aumento salarial concedido ao vereador ora recorrido. O MP estadual, de posse do título executivo extrajudicial expedido pelo TCE, promoveu ação executória, visando ressarcir o erário do valor recebido a maior pelo recorrido. O executado opôs embargos à execução, alegando a ilegitimidade do MP para promover aquele tipo de ação executória. Diante disso, a Seção deu provimento ao recurso ao entendimento de que a CF/1988, ao proibir ao MP o exercício da advocacia pública, fê-lo com a finalidade de que o *Parquet* melhor pudesse desempenhar as suas funções institucionais. No art. 129, III, a Carta Magna elenca a defesa do patrimônio público sem se preocupar com o interesse público secundário, que ficaria a cargo das procuradorias judiciais do ente público. Por esse motivo, na defesa do patrimônio público meramente econômico, o MP não pode ser o legitimado ordinário, nem representante ou advogado da Fazenda Pública. Todavia, quando o sistema de legitimação ordinária falha, surge a possibilidade de o *Parquet*, na defesa do patrimônio público, e não da Fazenda Pública, atuar como legitimado extraordinário. Conferir à Fazenda Pública, por meio de suas procuradorias judiciais, a exclusividade na defesa do patrimônio público consubstancia interpretação restritiva que vai de encontro à ampliação do campo de atuação conferido pela CF/1988 ao MP, bem como leva a uma proteção deficiente do bem jurídico tutelado. Por isso é que o MP possui legitimidade extraordinária para promover ação de execução do título formado pela decisão do TCE, com vistas a ressarcir ao erário o dano causado pelo recebimento de valor a maior pelo recorrido. **Precedentes citados: REsp 922.702-MG, DJe 27/5/2009; REsp 996.031-MG, DJe 28/4/2008; REsp 678.969-PB, DJ 13/2/2006, e REsp 149.832-MG. REsp 1.119.377-SP, Rel. Min. Humberto Martins, julgado em 26/8/2009.** (Inform. STJ 404)

TCE. DOCUMENTAÇÃO. RECEBIMENTO. PAGAMENTO. MULTA.

O recorrente insurge-se contra a imposição de multa automática e pessoal em caso de não cumprimento de determinação de Tribunal de Contas, sem previsão legal. Mas o Min. Relator esclareceu que qualquer agente público responsável pela aplicação de verba pública poderá ser fiscalizado pelo Tribunal de Contas. Essa fiscalização deve obedecer às regras editadas pelo próprio Tribunal, para que sua missão constitucional tenha eficácia. A possibilidade de aplicação de multas está descrita no inciso VIII do art. 71, c/c o art. 75, ambos da CF/1988. Quanto ao condicionamento daquele Tribunal de Contas de só receber documentos municipais quando do pagamento da multa estipulada em regulamento, tal imposição esbarra no princípio da legalidade, porquanto inexiste qualquer norma que determine essa exigência. Diante disso, a Turma deu parcial provimento ao recurso para, tão somente, afastar a exigência da quitação da multa para o recebimento dos documentos relacionados à fiscalização, determinando o recebimento dos documentos pelo TC estadual. **Precedentes citados: RMS 12.930-CE, DJ 7/10/2002, e RMS 15.577-PB, DJ 8/9/2003. RMS 16.186-PB, Rel. Min. Humberto Martins, julgado em 7/5/2009.** (Inform. STJ 393)

LEGITIMIDADE. MP. EXECUÇÃO. DÉBITO. CERTIDÃO. TCE.

Ao prosseguir o julgamento, a Turma deu provimento ao recurso, afirmando que o Ministério Público estadual tem legitimidade para propor a execução de título extrajudicial oriundo de certidão de débito expedida pelo Tribunal de Contas estadual que apurou e constatou, em processo administrativo, irregularidades na remuneração de agentes públicos. Em razão disso, determinou que o presidente da Câmara de Vereadores restituísse os valores à municipalidade credora. Tal legitimação baseia-se na CF/1988: segundo o art. 129, III, é função institucional do MP a defesa do patrimônio público, e ainda, a legitimação ativa, todavia, pode ser justificada na Lei Orgânica do MP (Lei n. 8.625/1993), art. 25, VIII, que permite a ele ingressar em juízo, de ofício, para responsabilizar os gestores do dinheiro público condenados por tribunais e conselhos de contas. Entretanto, observa, em voto vista, o Min. Teori Albino Zavascki não ser fácil enquadrar a legitimidade do MP para esse tipo de cobrança em favor de uma entidade pública, uma vez que o art. 129, IX, da CF/1988 afirma que o MP não pode oficiar como representante da entidade pública. Dessa forma, explica que, como regra, o MP não tem legitimidade, mas a Lei Orgânica do MP permite isso. Assim, discussão normativa deve ser interpretada de acordo com a regra também constitucional de que o MP tem legitimidade para tutelar o patrimônio público. Daí ser necessário saber até que ponto o MP pode ajuizar ação como substituto processual na defesa do patrimônio público. Destaca que se tem admitido a legitimidade do MP em casos excepcionais, os quais fogem da ordinariedade da advocacia da entidade pública (que em geral defende o ente público). Aponta, no caso dos autos, que a excepcionalidade justifica-se porque se trata de uma imposição do TCE contra presidente da Câmara de Vereadores em função de uma atuação desta autoridade na condição de titular. Com essas observações, acolheu o voto do Min. Relator. **Precedentes citados: REsp 996.031-MG, DJ 28/4/2008, e REsp 678.969-PB, DJ 13/2/2006. REsp 922.702-MG, Rel. Min. Luiz Fux, julgado em 28/4/2009.** (Inform. STJ 392)

LEGITIMIDADE. MP. EXECUÇÃO. DÉBITO. TCE.

A Turma reconheceu a legitimidade do Ministério Público para propor execução de título extrajudicial originário de certidão de débito expedida pelo Tribunal de Contas estadual decorrente de processo administrativo que constatou irregularidade na compra de materiais de construção para a recuperação de moradias de pessoas carentes e que determinou a restituição dos valores aos cofres da municipalidade. **REsp 1.109.433-SE, Rel. Min. Luiz Fux, julgado em 28/4/2009.** (Inform. STJ 392)

FISCALIZAÇÃO. OBRA. TCE. CONVOLAÇÃO. INSPEÇÃO ORDINÁRIA. TOMADA. CONTAS.

Trata-se de MS em que se pretende anular processo administrativo instaurado pelo Tribunal de Contas estadual em que foi imputado débito de aproximadamente um milhão de reais ao impetrante, referente a medições irregulares durante a construção do prédio do fórum regional. O recorrente afirma que é servidor público municipal e se encontrava cedido ao TJ para exercer o cargo de chefe do serviço de obras do Tribunal. Nessa qualidade, foi notificado para apresentar defesa na inspeção ordinária realizada pelo Tribunal de Contas estadual, sem ter sido cientificado da convolação da inspeção ordinária em tomada de contas. Informa que as notificações relativas à tomada de contas foram remetidas ao TJ quando o recorrente já havia retornado ao seu órgão de origem, não tendo o TCE efetuado diligências para localizá-lo. Dessa forma, a tomada de contas teve curso sem a participação do impetrante, o que violaria as garantias do contraditório e da ampla defesa. O TCE e o próprio estado afirmam que o procedimento administrativo seguiu estritamente o disposto na lei orgânica desse Tribunal, bem como no regimento interno do mesmo órgão. Ressaltam, ainda, que, durante a inspeção ordinária, o recorrente foi notificado para declarar domicílio a fim de possibilitar a ciência dos demais atos do processo (inclusive da possível convolação da inspeção ordinária em tomada de contas, o que é previsto em lei), tendo-se quedado silente quanto ao fornecimento de seu endereço. O Tribunal de origem entendeu que o recorrente não podia valer-se da própria torpeza para anular a tomada de contas, pois deveria ter declarado seu domicílio quando instado a fazê-lo, ainda que durante a inspeção ordinária. O Min. Relator entendeu correta a ponderação do Ministério Público estadual de que a citação não se consumou de forma regular, haja vista que, após o envio de correspondência endereçada ao TJ estadual, o TCE não efetivou nenhuma diligência na tentativa de citação pessoal, partindo em seguida para a publicação dos editais. Some-se a isso o fato de que, conforme declaração do próprio TCE, embora não o saiba o recorrente, o Tribunal de Contas mantém convênio com a Secretaria da Receita Federal (atualmente Receita Federal do Brasil), a fim de obter dados a respeito do endereço e da localização das pessoas que estão sujeitas à fiscalização pela Corte de Contas. Assim, o Tribunal de Contas desrespeitou as normas legais e regimentais, tendo optado pela expedição de edital sem prévia utilização dos outros meios a seu dispor, inclusive do convênio com a Receita Federal do Brasil ou da realização de diligências no TJ. Com efeito, a citação por edital é medida excepcional que se legitima apenas nos casos em que frustradas as tentativas anteriores de citação pelos Correios ou pessoalmente. As garantias constitucionais da ampla defesa e do contraditório, refletidas na legislação própria do Tribunal de Contas estadual, impedem que a via editalícia seja utilizada de acordo com critério subjetivo do administrador. Dessa forma, não se configura, *in casu*, violação do princípio de que a ninguém é lícito beneficiar-se da própria torpeza. Ademais, é patente a ofensa aos princípios do devido processo legal, da ampla defesa e do contraditório, de observância obrigatória por todos os órgãos da Administração Pública. Diante disso, a Turma deu provimento ao recurso. **RMS 27.800-RJ, Rel. Min. Herman Benjamin, julgado em 2/4/2009.** (Inform. STJ 389)

CONSELHEIRO. AFASTAMENTO. PRAZO. EXCESSO.

A Corte Especial entendeu que não é possível acolher o pedido de retorno do conselheiro de Tribunal de Contas estadual afastado a título de medida acautelatória, em obediência a preceitos constitucionais referentes à integridade da função pública e à moralidade administrativa. Porém, o Min. Relator destacou a importância de repensar a atual jurisprudência com o fito de fixar critérios definidores das condições de manutenção, no tempo, desses afastamentos do cargo público, mormente quanto à demora na instrução do processo penal, para que, na prática, o afastamento não acabe por se tornar verdadeira medida punitiva em caráter permanente. Outrossim, o Min. Nilson Naves acompanhou o Min. Relator, mas ponderou que o afastamento pode assumir a natureza de uma medida muito mais punitiva que acautelatória e, se numa ação penal há que se preocupar com o excesso de prazo, do mesmo modo o afastamento, se durar além da medida, torna-se também eminentemente ilegal. **AgRg na APn 300-ES, Rel. Min. Teori Albino Zavascki, julgado em 15/10/2008.** (Inform. STJ 372)

NOMEAÇÃO. CONSELHEIRO. TCE.

Na espécie, o mandado de segurança é contra ato praticado pelo governador por nomear e dar posse a conselheiro do Tribunal de Contas estadual ao argumento que os impetrantes, auditores daquele tribunal, reuniam condições de ocupar a vaga, consoante a LC estadual n. 25/1995. Destaca o Min. Relator que a questão atinente à competência para a escolha do candidato ao preenchimento da vaga no TCE foi apreciada pelo STF na SS 2.357-PB, DJ 26/6/2006. Assim, na verdade, o *mandamus* volta-se contra o cumprimento de decisão do Supremo, o que enseja o reconhecimento da inadequação da via eleita pelo impetrante, porque o *writ* não é sucedâneo de recurso (Súm. n. 267-STF). Além disso, a pretensão dos impetrantes esbarra em óbice intransponível, ou seja, a falta de direito líquido e certo. O STF, em reiteradas oportunidades, já decidiu que nos Tribunais de Contas estaduais compostos por sete membros, três deles devem ser nomeados pelo Governador (um dentre membros do MP, um dentre os auditores e um de livre escolha) e quatro são indicados pela Assembléia Legislativa, para conciliar o disposto nos arts. 73, § 2º, I e II, 75, ambos da CF/1988 c/c art. 70, I e II, da LC estadual 18/1983, com a redação dada pela LC estadual n. 25/1995. No caso dos autos, a vaga surgida é a quinta vaga, de competência para indicação da Assembléia Legislativa diferentemente do alegado pelos impetrantes que a consideravam como sexta vaga. Pelo exposto, a Turma negou provimento ao RMS. Precedentes citados do STF: ADI 1.068-ES, DJ 25/4/1997; ADI 585-AM, DJ 2/9/1994; ADI 2.013-PI, DJ 15/2/2005; do STJ: RMS 24.358-MG, DJ 8/10/2007, e RMS 14.824-PR, DJ 19/12/2002. **RMS 23.027-PB, Rel. Min. Luiz Fux, julgado em 14/10/2008**. (Inform. STJ 372)

SÚMULA STF Nº 653

No tribunal de contas estadual, composto por sete conselheiros, quatro devem ser escolhidos pela assembléia legislativa e três pelo chefe do poder executivo estadual, cabendo a este indicar um dentre auditores e outro dentre membros do ministério público, e um terceiro a sua livre escolha.

SÚMULA STF Nº 347

O tribunal de contas, no exercício de suas atribuições, pode apreciar a constitucionalidadde das Leis e dos atos do poder público.

SÚMULA STF Nº 42

É legítima a equiparação de juízes do tribunal de contas, em direitos e garantias, aos membros do poder judiciário.

SÚMULA STF Nº 7

Sem prejuízo de recurso para o congresso, não é exeqüível contrato administrativo a que o tribunal de contas houver negado registro.

SÚMULA STF Nº 6

A revogação ou anulação, pelo poder executivo, de aposentadoria, ou qualquer outro ato aprovado pelo tribunal de contas, não produz efeitos antes de aprovada por aquele tribunal, ressalvada a competência revisora do judiciário.

18. CONTROLE JURISDICIONAL DE POLÍTICAS PÚBLICAS E DIREITOS SOCIAIS

TRATAMENTO MÉDICO NO EXTERIOR E REEMBOLSO DE DESPESAS - 3

A 1ª Turma, por maioria, negou provimento a recurso extraordinário interposto pela União contra acórdão do TRF da 1ª Região que concedera, a portadores de doença ocular progressiva (retinose pigmentária), o direito a reembolso total das despesas efetuadas em decorrência de tratamento médico no exterior — v. Informativos 501 e 520. Prevaleceu o voto do Min. Marco Aurélio que, sem adentrar as questões relativas ao caráter experimental do tratamento e à existência, no Brasil, de profissionais habilitados a implementá-lo, desproveu o recurso. Asseverou que tais matérias não teriam sido objeto de debate e decisão prévios. Assim, entendeu que não se poderia, a partir delas, assentar transgressão a qualquer preceito constitucional, ante a natureza excepcional do recurso extraordinário, no qual deveriam ser levadas em conta apenas as premissas do acórdão impugnado. No tocante à alusão aos artigos 6º e 196, ambos da CF, aduziu que a orientação daquela Corte — no que afirmara ser a saúde direito do cidadão e dever do Estado — estaria em consonância com reiterados pronunciamentos do STF. Vencidos os Ministros Menezes Direito, relator, e Ricardo Lewandowski, que proviam o recurso, por reputar que o referido tratamento não garantiria a possibilidade certificada de cura. RE 368564/DF, rel. orig. Min. Menezes Direito, red. p/ o acórdão Min. Marco Aurélio, 13.4.2011. (RE-368564) (Inform. STF 623)

REPERCUSSÃO GERAL EM RE N. 597.064-RJ

RELATOR: MIN. GILMAR MENDES

Recurso Extraordinário. Administrativo. Ressarcimento ao Sistema Único de Saúde SUS das despesas com atendimento de pacientes beneficiários de planos privados de saúde. Art. 32 da Lei 9.656/1998. Repercussão geral reconhecida. (Inform. STF 621)

EMENTA: CRIANÇAS E ADOLESCENTES VÍTIMAS DE ABUSO **E/OU** EXPLORAÇÃO SEXUAL. **DEVER DE** *PROTEÇÃO INTEGRAL* À INFÂNCIA **E** À JUVENTUDE. **OBRIGAÇÃO CONSTITUCIONAL** QUE SE IMPÕE AO PODER PÚBLICO. *PROGRAMA SENTINELA–PROJETO ACORDE*. **INEXECUÇÃO**, PELO MUNICÍPIO DE FLORIANÓPOLIS/SC, **DE REFERIDO** PROGRAMA DE AÇÃO SOCIAL CUJO ADIMPLEMENTO **TRADUZ** EXIGÊNCIA DE ORDEM CONSTITUCIONAL. **CONFIGURAÇÃO**, NO CASO, **DE TÍPICA** HIPÓTESE DE OMISSÃO INCONSTITUCIONAL IMPUTÁVEL AO MUNICÍPIO. **DESRESPEITO** À CONSTITUIÇÃO PROVOCADO POR INÉRCIA ESTATAL (**RTJ** 183/818-819). COMPORTAMENTO **QUE TRANSGRIDE** A AUTORIDADE DA LEI FUNDAMENTAL (**RTJ** 185/794-796). **IMPOSSIBILIDADE DE INVOCAÇÃO**, PELO PODER PÚBLICO, DA CLÁUSULA DA *RESERVA DO POSSÍVEL* **SEMPRE** QUE PUDER RESULTAR, DE SUA APLICAÇÃO, COMPROMETIMENTO DO NÚCLEO BÁSICO QUE QUALIFICA *O MÍNIMO EXISTENCIAL* (**RTJ** 200/191-197). **CARÁTER COGENTE E VINCULANTE** DAS NORMAS CONSTITUCIONAIS, **INCLUSIVE** DAQUELAS DE CONTEÚDO PROGRAMÁTICO, **QUE VEICULAM** DIRETRIZES DE POLÍTICAS PÚBLICAS. **PLENA LEGITIMIDADE JURÍDICA** DO CONTROLE DAS OMISSÕES ESTATAIS PELO PODER JUDICIÁRIO. **A COLMATAÇÃO** DE OMISSÕES INCONSTITUCIONAIS COMO NECESSIDADE INSTITUCIONAL FUNDADA EM COMPORTAMENTO AFIRMATIVO DOS JUÍZES **E** TRIBUNAIS E DE QUE RESULTA UMA POSITIVA CRIAÇÃO JURISPRUDENCIAL DO DIREITO. **PRECEDENTES** DO SUPREMO TRIBUNAL FEDERAL **EM TEMA** DE IMPLEMENTAÇÃO DE POLÍTICAS PÚBLICAS DELINEADAS NA CONSTITUIÇÃO DA REPÚBLICA (**RTJ** 174/687 - **RTJ** 175/1212-1213 - **RTJ** 199/1219-1220). **RECURSO EXTRAORDINÁRIO** DO MINISTÉRIO PÚBLICO ESTADUAL **CONHECIDO E PROVIDO**. (RE 482611/SC, rel. Min. Celso de Mello) (Inform. STF 581)

FORNECIMENTO DE MEDICAMENTOS E RESPONSABILIDADE SOLIDÁRIA DOS ENTES EM MATÉRIA DE SAÚDE - 1

O Tribunal negou provimento a agravo regimental interposto pela União contra a decisão da Presidência do STF que, por não vislumbrar grave lesão à ordem, à economia e à saúde públicas, indeferira pedido de suspensão de tutela antecipada formulado pela agravante contra acórdão proferido pela 1ª Turma do Tribunal Regional Federal da 5ª Região. Na espécie, o TRF da 5ª Região determinara à União, ao Estado do Ceará e ao Município de Fortaleza que fornecessem a jovem portadora da patologia denominada Niemann-Pick tipo C certo medicamento que possibilitaria aumento de sobrevida e melhora da qualidade de vida, mas o qual a família da jovem não possuiria condições para custear. Alegava a agravante que a decisão objeto do pedido de suspensão violaria o princípio da separação de poderes e as normas e os regulamentos do Sistema Único de Saúde - SUS, bem como desconsideraria a função exclusiva da Administração em definir políticas públicas, caracterizando-se, nestes casos, a indevida interferência do Poder Judiciário nas diretrizes de políticas públicas. Sustentava, ainda, sua ilegitimidade passiva e ofensa ao sistema de repartição de competências, como a inexistência de responsabilidade solidária entre os integrantes do SUS, ante a ausência de previsão normativa. Argumentava que só deveria figurar no pólo passivo da ação o ente responsável pela dispensação do medicamento pleiteado e que a determinação de desembolso de considerável quantia para aquisição de medicamento de alto custo pela União implicaria grave lesão às finanças e à saúde públicas. **STA 175 AgR/CE, rel. Min. Gilmar Mendes, 17.3.2010.** (STA-175)

FORNECIMENTO DE MEDICAMENTOS E RESPONSABILIDADE SOLIDÁRIA DOS ENTES EM MATÉRIA DE SAÚDE - 2

Entendeu-se que a agravante não teria trazido novos elementos capazes de determinar a reforma da decisão agravada. Asseverou-se que a agravante teria repisado a alegação genérica de violação ao princípio da separação dos poderes, o que já afastado pela decisão impugnada ao fundamento de ser possível, em casos como o presente, o Poder Judiciário vir a garantir o direito à saúde, por meio do fornecimento de medicamento ou de tratamento imprescindível para o aumento de sobrevida e a melhoria da qualidade de vida da paciente. No ponto, registrou-se que a decisão impugnada teria informado a existência de provas suficientes quanto ao estado de saúde da paciente e a necessidade do medicamento indicado. Relativamente à possibilidade de intervenção do Poder Judiciário, reportou-se à decisão proferida na ADPF 45 MC/DF (DJU de 29.4.2004), acerca da legitimidade constitucional do controle e da intervenção do Poder Judiciário em tema de implementação de políticas públicas, quando configurada hipótese de injustificável inércia estatal ou de abusividade governamental. No que se refere à assertiva de que a decisão objeto desta suspensão invadiria competência administrativa da União e provocaria desordem em sua esfera, ao impor-lhe deveres que seriam do Estado e do Município, considerou-se que a decisão agravada teria deixado claro existirem casos na jurisprudência da Corte que afirmariam a responsabilidade solidária dos entes federados em matéria de saúde (RE 195192/RS, DJU de 31.3.2000 e RE 255627/RS, DJU de 23.2.2000). Salientou-se, ainda, que, quanto ao desenvolvimento prático desse tipo de responsabilidade solidária, deveria ser construído um modelo de cooperação e de coordenação de ações conjuntas por parte dos entes federativos. No ponto, observou-se que também será possível apreciar o tema da responsabilidade solidária no RE 566471/RN (DJE de 7.12.2007), que teve reconhecida a repercussão geral e no qual se discute a obrigatoriedade de o Poder Público fornecer medicamento de alto custo. Ademais, registrou-se estar em trâmite na Corte a Proposta de Súmula Vinculante 4, que propõe tornar vinculante o entendimento jurisprudencial a respeito da responsabilidade solidária dos entes da Federação no atendimento das ações de saúde. Ressaltou-se que, apesar da responsabilidade dos entes da Federação em matéria de direito à saúde suscitar questões delicadas, a decisão impugnada pelo pedido de suspensão, ao determinar a responsabilidade da União no fornecimento do tratamento pretendido, estaria seguindo as normas constitucionais que fixaram a competência comum (CF, art. 23, II), a Lei federal 8.080/90 (art. 7º, XI) e a jurisprudência do Supremo. Concluiu-se, assim, que a determinação para que a União pagasse as despesas do tratamento não configuraria grave lesão à ordem pública. Asseverou-se que a correção, ou não, desse posicionamento, não seria passível de ampla cognição nos estritos limites do juízo de contracautela. **STA 175 AgR/CE, rel. Min. Gilmar Mendes, 17.3.2010.** (STA-175)

FORNECIMENTO DE MEDICAMENTOS E RESPONSABILIDADE SOLIDÁRIA DOS ENTES EM MATÉRIA DE SAÚDE - 3

De igual modo, reputou-se que as alegações concernentes à ilegitimidade passiva da União, à violação de repartição de competências, à necessidade de figurar como réu na ação principal somente o ente responsável pela dispensação do medicamento pleiteado e à desconsideração da lei do SUS não seriam passíveis de ampla delibação no juízo do pedido de suspensão, por constituírem o mérito da ação, a ser debatido de forma exaustiva no exame do recurso cabível contra o provimento jurisdicional que ensejara a tutela antecipada. Aduziu, ademais, que, ante a natureza excepcional do pedido de contracautela, a sua eventual concessão no presente momento teria caráter nitidamente satisfativo, com efeitos deletérios à subsistência e ao regular desenvolvimento da saúde da paciente, a ensejar a ocorrência de possível dano inverso, tendo o pedido formulado, neste ponto, nítida natureza de recurso, o que contrário ao entendimento fixado pela Corte no sentido de ser inviável o pedido de suspensão como sucedâneo recursal. Afastaram-se, da mesma forma, os argumentos de grave lesão à economia e à saúde públicas, haja vista que a decisão agravada teria consignado, de forma expressa, que o alto custo de um tratamento ou de um medicamento que tem registro na ANVISA não seria suficiente para impedir o seu fornecimento pelo poder público. Por fim, julgou-se improcedente a alegação de temor de que esta decisão constituiria precedente negativo ao poder público, com a possibilidade de resultar no denominado efeito multiplicador, em razão de a análise de decisões dessa natureza dever ser feita caso a caso, tendo em conta todos os elementos normativos e fáticos da questão jurídica debatida. **STA 175 AgR/CE, rel. Min. Gilmar Mendes, 17.3.2010.** (STA-175) (Inform. STF 579)

ADI POR OMISSÃO E ERRADICAÇÃO DO ANALFABETISMO - 1

O Tribunal, por maioria, julgou improcedente pedido formulado em ação direta de inconstitucionalidade por omissão proposta pelo Partido dos Trabalhadores - PT, pelo Partido Comunista do Brasil - PC do B e pelo Partido Democrático Trabalhista - PDT em que se apontava inércia do Presidente da República em envidar esforços no sentido de erradicar o analfabetismo no Brasil, em afronta ao disposto nos artigos 6º, 23, V, 208, I, e 214, I, todos da CF ["*Art. 6º São direitos sociais a educação, a saúde, o trabalho, a moradia, o lazer, a segurança, a previdência social, a proteção à maternidade e à infância, a assistência aos desamparados, na forma desta Constituição. ... Art. 23. É competência comum da União, dos Estados, do Distrito Federal e dos Municípios: ... V - proporcionar os meios de acesso à cultura, à educação e à ciência; ... Art. 208. O dever do Estado com a educação será efetivado mediante a garantia de: ... I - educação básica obrigatória e gratuita dos 4 (quatro) aos 17 (dezessete) anos de idade, assegurada inclusive sua oferta gratuita para todos os que a ela não tiveram acesso na idade própria; ... Art. 214. A lei estabelecerá o plano nacional de educação, de duração decenal, com o objetivo de articular o sistema nacional de educação em regime de colaboração e definir diretrizes, objetivos, metas e estratégias de implementação para assegurar a manutenção e desenvolvimento do ensino em seus diversos níveis, etapas e modalidades por meio de ações integradas dos poderes públicos das diferentes esferas federativas que conduzam a: I - erradicação do analfabetismo;*"]. **ADI 1698/DF, rel. Min. Cármen Lúcia, 25.2.2010.** (ADI-1698)

ADI POR OMISSÃO E ERRADICAÇÃO DO ANALFABETISMO - 2

Entendeu-se que não haveria como se afirmar ter havido inércia do Presidente da República de modo a se lhe imputar providência administrativa que ainda não tivesse sido por ele adotada e que poderia ser suprida pela procedência desta ação. Salientou-se que o Brasil tem ainda, de fato, muito a fazer em termos de compromisso constitucionalmente imposto de erradicar o analfabetismo, até mesmo para que os direitos fundamentais, a dignidade da pessoa humana, a sua liberdade, a igualdade de oportunidades possam ser efetivados. Por outro lado, com base na análise dos dados referentes ao número de analfabetos formais no Brasil em 1995, apresentados pelo IBGE, e do que se tem hoje, principalmente a partir da Lei 9.394/96, que estabeleceu as diretrizes e bases da Educação Nacional, e, ainda, da Lei 10.172/2001, que aprovou o plano nacional de educação, observou-se a adoção de várias políticas sociais voltadas para a implementação do que legalmente determinado. Asseverou-se a existência de uma gama de ações e programas do Ministério da Educação priorizando a erradicação do analfabetismo e o acesso de todos à educação, que teriam contribuído, significativamente, com o decréscimo do número desses analfabetos formais no Brasil. Dentre os quais, citou-se o "Programa Brasil Alfabetizado", que previu a ampliação do período de alfabetização de seis para até oito meses; o aumento de 50% nos recursos para a formação dos alfabetizadores; o estabelecimento de um piso para o valor da bolsa paga ao alfabetizador; o aumento da quantidade de turmas em regiões com baixa densidade populacional e em comunidades populares de periferias urbanas; a implantação de um sistema integrado de monitoramento e avaliação do programa; e maior oportunidade de continuidade da escolarização de jovens e adultos, a partir do aumento de 42% para 68% do percentual dos recursos alocados para Estados e Municípios. Lembrou-se, também, do "Bolsa Família", um dos principais programas de cidadania e inclusão do Governo Federal, cujo objetivo é a inclusão social das famílias em situação de pobreza por meio da transferência de renda e da promoção do acesso aos direitos sociais básicos de saúde e educação. Vencido o Min. Marco Aurélio que julgava o pleito procedente, ao fundamento de que, apesar de haver esforços, eles estariam muito aquém do desejável para se erradicar o analfabetismo, não bastando dizer, ademais, que se estaria atendendo ao piso, em termos de receita que deve ser destinada à educação, previsto na Carta da República. Ressaltou haver de se fazer um pouco mais e que o Supremo deveria sinalizar nesse sentido. **ADI 1698/DF, rel. Min. Cármen Lúcia, 25.2.2010.** (ADI-1698) (Inform. STF 576)

EMENTA: CRIANÇA DE ATÉ CINCO ANOS DE IDADE. **ATENDIMENTO** EM CRECHE E EM PRÉ-ESCOLA. **EDUCAÇÃO INFANTIL**. DIREITO **ASSEGURADO** PELO PRÓPRIO TEXTO CONSTITUCIONAL (CF, ART. 208, IV, NA REDAÇÃO DADA PELA EC Nº 53/2006). **COMPREENSÃO GLOBAL** DO DIREITO CONSTITUCIONAL À EDUCAÇÃO. **DEVER JURÍDICO** CUJA EXECUÇÃO SE IMPÕE AO PODER PÚBLICO, **NOTADAMENTE AO MUNICÍPIO** (**CF**, ART. 211, § 2º). **AGRAVO IMPROVIDO**.

- **A educação infantil** representa prerrogativa constitucional indisponível, que, **deferida** às crianças, **a estas assegura**, para efeito de seu desenvolvimento integral, **e como primeira etapa** do processo de educação básica, **o atendimento** em creche **e** o acesso à pré-escola (**CF**, art. 208, IV).

- **Essa prerrogativa jurídica**, em conseqüência, **impõe**, ao Estado, **por efeito** da alta significação social de que se reveste a educação infantil, **a obrigação constitucional** de criar condições objetivas **que possibilitem**, de maneira concreta, **em favor** das *"crianças até 5 (cinco) anos de idade"* (**CF**, art. 208, IV), **o efetivo** acesso e atendimento em creches e unidades de pré-escola, **sob pena de** configurar-se inaceitável omissão governamental, **apta a frustrar**, injustamente, **por inércia**, o integral adimplemento, pelo Poder Público, de prestação estatal que lhe impôs o próprio texto da Constituição Federal.

- **A educação infantil**, por qualificar-se como direito fundamental de toda criança, não se expõe, em seu processo de concretização, a avaliações meramente discricionárias da Administração Pública, nem se subordina a razões de puro pragmatismo governamental.

- **Os Municípios** – que atuarão, **prioritariamente**, no ensino fundamental **e na educação infantil** (CF, art. 211, § 2º) – **não poderão demitir-se do mandato constitucional**, juridicamente vinculante, que lhes foi outorgado pelo art. 208, IV, da Lei Fundamental da República, e que representa fator de limitação da discricionariedade político-administrativa dos entes municipais, cujas opções, tratando-se do atendimento das crianças em creche (CF, art. 208, IV), não podem ser exercidas de modo a comprometer, com apoio em juízo de simples conveniência ou de mera oportunidade, a eficácia desse direito básico de índole social.

- Embora inquestionável que resida, primariamente, nos Poderes Legislativo e Executivo, a prerrogativa de formular e executar políticas públicas, revela-se possível, no entanto, ao Poder Judiciário, ainda que em bases excepcionais, determinar, especialmente nas hipóteses de políticas públicas definidas pela própria Constituição, sejam estas implementadas, sempre que os órgãos estatais competentes, por descumprirem os encargos político-jurídicos que sobre eles incidem em caráter mandatório, vierem a comprometer, com a sua omissão, a eficácia e a integridade de direitos sociais e culturais impregnados de estatura constitucional. **A questão pertinente à** *"reserva do possível"*. **Doutrina**. (AI 677.274/SP, rel. Min. Celso de Mello, j. 18/09/08) (Inform. STF 520)

INSCRIÇÃO. SUPLETIVO. MENOR. IDADE. APROVAÇÃO. VESTIBULAR.

A *quaestio juris* debatida no caso versa sobre a inscrição em curso supletivo de aluno menor de idade que pretendia obter certificado de conclusão do ensino médio e, assim, ingressar em instituição de ensino superior em cujo exame de admissão, vestibular, logrou êxito. O Min. Relator ressalvou que não compartilha do entendimento de que a aprovação no exame vestibular antes do término do ensino médio seria uma prova hábil a demonstrar a capacidade já atingida pelo estudante para iniciar curso superior, conforme o disposto no art. 208, V, da CF/1988, que assegura acesso aos níveis mais elevados de ensino conforme a capacidade de cada um. Ainda, segundo o Min. Relator, tal entendimento enfoca o ensino médio como mera ferramenta de acesso aos cursos superiores, desfazendo todo o planejamento concebido pelo legislador e implementado pela Administração para proporcionar aos cidadãos seu crescimento, a tempo e modo definidos, de acordo com o desenvolvimento próprio e intelectual do ser humano. Assim, ressaltou que, diante da importância do ensino médio no ambiente macro, a aprovação de um estudante em exame vestibular para uma das centenas de milhares de vagas oferecidas a cada ano no País não é capaz de demonstrar, por si só, que foram aprendidas todas as habilidades programadas para serem desenvolvidas no ensino médio. Logo, a inscrição de menor de 18 anos no exame supletivo subverte sua concepção, pois ele busca promover cidadania ao facilitar a inclusão educacional daqueles que não tiveram oportunidade em tempo próprio. Porém, no caso, o recorrente obteve uma liminar que garantiu sua imediata inscrição para realização do exame supletivo, que foi posteriormente confirmada pela sentença. Agora, após a realização do exame supletivo, expedição de certificado de conclusão do ensino médio e matrícula do aluno em curso superior, o qual já se encontra no segundo semestre, deve-se aplicar a teoria do fato consumado, uma vez que o decurso do tempo consolida fatos jurídicos que devem ser respeitados, sob pena de causar desnecessário prejuízo e afronta ao disposto no art. 462 do CPC. Daí, a Turma deu provimento ao recurso. Precedentes citados: AgRg no Ag 997.268-BA, DJe 19/12/2008; REsp 969.633-BA, DJe 4/3/2009; REsp 900.263-RO, DJ 12/12/2007, e REsp 887.388-RS, DJ 13/4/2007. **REsp 1.262.673-SE, Rel. Min. Castro Meira, julgado em 18/8/2011.** (Inform. STJ 481)

SISTEMA. COTAS. UNIVERSIDADE.

Trata-se de REsp originário de MS em que a impetrante, ora recorrida, pleiteia a manutenção em curso de graduação da universidade, ora recorrente, nas vagas destinadas a candidatos egressos do sistema público de ensino fundamental e médio, a candidatos autodeclarados negros e a candidatos indígenas. *In casu,* a recorrida frequentou parte do ensino fundamental e do ensino médio em escola privada, porém mediante bolsa de estudo integral. Diante disso, a Turma negou provimento ao recurso por entender que a recorrida somente teve acesso à instituição particular porque contava com bolsa de estudos integral, o que denota uma situação especial que atrai a participação do Estado como garantidor desse direito social. Ressaltou-se que, se excluída a singularidade do caso e diante da percepção do ordenamento jurídico como um todo, cria-se uma situação de injustiça e perplexidade; pois, com a exclusão da impetrante, não haverá preenchimento da vaga aberta, nem será restaurada a isonomia, mas tão somente haverá a interrupção do processo de formação da graduanda, a despeito do serviço já entregue pela instituição, das horas de estudo e da dedicação dela. Tais consequências não se permite ignorar em virtude do próprio direito à educação, de grande relevo em nossa sociedade, marcado como central ao princípio da dignidade da pessoa humana. **REsp 1.254.118-RS, Rel. Min. Humberto Martins, julgado em 16/8/2011** (Inform. STJ 481)

MATRÍCULA. ESCOLA PÚBLICA. GEORREFERENCIAMENTO.

A Turma negou provimento ao recurso especial para manter a decisão do tribunal *a quo*, a qual afastou o critério de georreferenciamento e garantiu o direito de rematrícula da recorrida no estabelecimento público de ensino em que havia concluído o ano letivo. Segundo a Min. Relatora, a regra disposta no art. 53, V, do ECA, que garante à criança e ao adolescente o acesso à escola pública e gratuita próxima de sua residência, não constitui imposição, mas benefício. O referido dispositivo deve ser interpretado de acordo com as peculiaridades de cada caso, ponderando-se qual a solução mais favorável ao aluno: a proximidade da instituição ou a continuidade em escola mais distante, onde o menor, porém, já esteja ambientado. Ressalvou-se que tal concepção não tem o intuito de fazer que o estudante escolha livremente o local em que queira estudar, o que poderia inviabilizar a prestação do serviço. Pretende-se, de acordo com as circunstâncias da demanda ora em exame, buscar o entendimento que melhor se ajuste à real finalidade da lei, qual seja, facilitar o acesso à educação e, com isso, garantir o pleno desenvolvimento da criança. **REsp 1.194.905-PR, Rel. Min. Eliana Calmon, julgado em 17/8/2010**. (Inform. STJ 443)

INTERNAÇÃO. HOSPITAL PARTICULAR. ÓBITO.

Trata-se, na origem, de ação de obrigação de fazer na qual a demandante requereu ao ente federado, ora recorrente, garantia de internação em unidade de tratamento intensivo, sendo deferido o pedido para assegurar leito em hospital particular. Com o falecimento da autora, seus herdeiros requereram a habilitação no feito, o que foi deferido pelas instâncias ordinárias. No REsp, o recorrente alega, em síntese, que o *decisum* desconsiderou a natureza personalíssima da ação e que, com o óbito da autora, haveria a perda do interesse quanto ao pedido de internação, devendo ser declarada a perda do objeto do processo e sua extinção sem julgamento de mérito. A Turma conheceu parcialmente do recurso, mas lhe negou provimento por entender que, embora o óbito da autora implique a perda do interesse relativo à internação em UTI, pois se trata de pedido personalíssimo, insuscetível de transmissão, o mesmo não se pode falar do requerimento de condenação do réu para suportar os ônus financeiros dos procedimentos e tratamentos hospitalares da falecida em hospital particular. Assinalou-se não se poder admitir a tese do recorrente, de que o direito perseguido pelos recorridos seria intransmissível, o que justificaria a extinção do feito, sem julgamento de mérito. Evidentemente, há interesse dos recorridos em não arcarem com os valores do tratamento do *de cujus*, os quais pretendem sejam custeados pelo recorrente, que não ofereceu vaga em UTI em hospital público quando requerido. Assim, mostra-se legítima a pretensão dos herdeiros em habilitarem-se no feito, até porque a saúde é um direito assegurado a todos pela CF/1988, cabendo ao Estado oferecer os meios necessários para sua garantia. **REsp 1.198.486-DF, Rel. Min. Eliana Calmon, julgado em 19/8/2010.** (Inform. STJ 443)

MEDICAMENTOS. FORNECIMENTO. SUS.
Cuida-se de saber se pessoa portadora de doença crônica tem direito líquido e certo a obter do Estado, gratuitamente, medicamentos de alto custo, quando não atende requisitos previstos no Protocolo Clínico e Diretrizes Terapêuticas do Ministério da Saúde. No caso, o paciente impetrou, na origem, mandado de segurança com pedido de liminar, objetivando o fornecimento de medicamentos (Interferon Peguilado e Ribavirina) para o tratamento da doença hepatite crônica do tipo C da qual é portador, sendo denegada a segurança, entre outros motivos, por ser portador do vírus com genótipo 3a, quando a Portaria n. 863/2002 do Ministério da Saúde restringe o fornecimento do medicamento apenas a portadores de vírus com genótipo 1, gerando o presente recurso interposto pelo *Parquet* estadual. É cediço que o mandado de segurança, representando instrumento processual de tutela de direito subjetivo público constitucional, goza de eminência ímpar, em que é possível a cognição profunda no *mandamus*. *In casu*, foi demonstrado o direito líquido e certo na via mandamental, pois o impetrante comprovou que sofre da enfermidade apontada mediante laudos e exames médicos realizados tanto em laboratório central do Estado como em laboratórios particulares. Também é consabido que a saúde é um direito de todos e um dever do Estado (art. 196 da CF/1988). Porém, conforme destacou o Min. Relator, na aplicação das normas constitucionais, a exegese deve partir dos princípios fundamentais para os setoriais, merecendo destaque a proteção à dignidade humana, valor influente sobre todas as demais questões. Assim, o Estado deverá propiciar aos necessitados não qualquer tratamento, mas o tratamento mais adequado e eficaz, capaz de ofertar ao enfermo maior dignidade e menor sofrimento. Dessarte, entendeu o Min. Relator que, nas situações limítrofes em que há risco para a saúde humana e uma alegada ineficiência do medicamento, como na hipótese, a resposta judicial não pode deixar a vida humana ao desabrigo, deve propender para a valorização da dignidade da vida humana. Muito embora sejam genótipos diferentes de hepatite e haja dúvida quanto sua eficácia, a solução deve ser pró-cidadão, há de superar quaisquer barreiras legais. No mesmo sentido, o parecer ministerial ressaltou que, embora a Portaria n. 863/2002 do Ministério da Saúde trace critérios objetivos para o fornecimento gratuito de medicamentos, não pode ela se sobrepor ao direito constitucional à saúde, sendo suficientes a comprovação de hipossuficiência e os laudos médicos indicando a urgência do tratamento. Já o Min. Hamilton Carvalhido observou que a ação do Judiciário mostra-se como um componente do Estado democrático de direito, não podendo ficar inerte diante de fatos de interesse geral, principalmente daqueles que tocam aos direitos fundamentais. Com essas considerações, entre outras, a Turma, ao prosseguir o julgamento, por maioria, deu provimento ao recurso para conceder a segurança. **Precedente citado do STF: AgRg na STA 175-CE, DJe 30/4/2010. RMS 24.197-PR, Rel. Min. Luiz Fux, julgado em 4/5/2010.** (Inform. STJ 433)

CRECHE. RESERVA DO POSSÍVEL. TESE ABSTRATA.
A tese da reserva do possível (*Der Vorbehalt des Möglichen)* assenta-se na idéia romana de que a obrigação impossível não pode ser exigida *(impossibilium nulla obligatio est*). Por tal motivo, não se considera a insuficiência de recursos orçamentários como mera falácia. Todavia, observa-se que a reserva do possível está vinculada à escassez, que pode ser compreendida como desigualdade. Bens escassos não podem ser usufruídos por todos e, justamente por isso, sua distribuição faz-se mediante regras que pressupõem o direito igual ao bem e a impossibilidade do uso igual e simultâneo. Essa escassez, muitas vezes, é resultado de escolha, de decisão: quando não há recursos suficientes, a decisão do administrador de investir em determinada área implica escassez de outra que não foi contemplada. Por esse motivo, em um primeiro momento, a reserva do possível não pode ser oposta à efetivação dos direitos fundamentais, já que não cabe ao administrador público preteri-la, visto que não é opção do governante, não é resultado de juízo discricionário, nem pode ser encarada como tema que depende unicamente da vontade política. Nem mesmo a vontade da maioria pode tratar tais direitos como secundários. Isso porque a democracia é, além dessa vontade, a realização dos direitos fundamentais. Portanto, aqueles direitos que estão intimamente ligados à dignidade humana não podem ser limitados em razão da escassez, quando ela é fruto das escolhas do administrador. Não é por outra razão que se afirma não ser a reserva do possível oponível à realização do mínimo existencial. Seu conteúdo, que não se resume ao mínimo vital, abrange também as condições socioculturais que assegurem ao indivíduo um mínimo de inserção na vida social. Sendo assim, não fica difícil perceber que, entre os direitos considerados prioritários, encontra-se o direito à educação. No espaço público (no qual todos são, *in abstrato*, iguais e cuja diferenciação dá-se mais em razão da capacidade para a ação e discurso do que em virtude de atributos biológicos), local em que são travadas as relações comerciais, profissionais e trabalhistas, além de exercida a cidadania, a ausência de educação, de conhecimento, em regra, relega o indivíduo a posições subalternas, torna-o dependente das forças físicas para continuar a sobreviver, ainda assim, em condições precárias. Eis a razão pela qual os arts. 227 da CF/1988 e 4º da Lei n. 8.069/1990 dispõem que a educação deve ser tratada pelo Estado com absoluta prioridade. No mesmo sentido, o art. 54, IV, do ECA prescreve que é dever do Estado assegurar às crianças de zero a seis anos de idade o atendimento em creche e pré-escola. Portanto, na hipótese, o pleito do MP encontra respaldo legal e jurisprudencial. Porém é preciso ressalvar a hipótese de que, mesmo com a alocação dos recursos no atendimento do mínimo existencial, persista a carência orçamentária para atender a todas as demandas. Nesse caso, a escassez não seria fruto da escolha de atividades não prioritárias, mas sim da real insuficiência orçamentária. Em situações limítrofes como essa, não há como o Poder Judiciário imiscuir-se nos planos governamentais, pois eles, dentro do que é possível, estão de acordo com a CF/1988, não havendo omissão injustificável. Todavia, a real insuficiência de recursos deve ser demonstrada pelo Poder Público, não sendo admitido que a tese seja utilizada como uma desculpa genérica para a omissão estatal no campo da efetivação dos direitos fundamentais, principalmente os de cunho social. Dessarte, no caso dos autos, em que não há essa demonstração, impõe-se negar provimento ao especial do município. **Precedentes citados do STF: AgRg no RE 410.715-SP, DJ 3/2/2006; do STJ: REsp 1.041.197-MS, DJe 16/9/2009; REsp 764.085-PR, DJe 10/12/2009, e REsp 511.645-SP, DJe 27/8/2009. REsp 1.185.474-SC, Rel. Min. Humberto Martins, julgado em 20/4/2010**. (Inform. STJ 431)

REMATRÍCULA. POSSIBILIDADE. ESCOLA DIVERSA. RESIDÊNCIA.
O Estado não tem o direito de oferecer ensino público e gratuito próximo à residência do aluno, isso é um dever seu. Logo não pode alegar violação do art. 53, V, da Lei n. 8.069/1990 (ECA), pois a violação do direito não pode ser afirmada pela pessoa que tem o dever de implementá-lo, cabendo apenas ao titular, caso queira, ou ao MP exercer tal prerrogativa. O direito de acesso de ensino próximo à residência do estudante não prevalece sobre o direito do bom desenvolvimento físico e psicológico do menor resultante de sua manutenção na escola, uma vez que lá está acostumado com o ambiente, professores e programa escolar, bem como mantém laço de amizade e afetividade. **REsp 1.178.854-PR, Rel. Min. Humberto Martins, julgado em 9/3/2010.** (Inform. STJ 426)

MATRÍCULA. ESCOLA PÚBLICA.
Discute-se a interpretação dada ao art. 53, I e V, do ECA (Lei n. 8.069/1990), o qual assegura o direito de crianças e adolescentes estudarem em escola pública (gratuita) perto de sua residência. No caso dos autos, por conta do citado artigo, a secretaria de educação estadual impediu a matrícula dos menores na escola que já frequentavam. Ressalta a Min. Relatora que o art. 53, V, do ECA não constitui uma obrigação ou determinação, tal como entendeu o Estado-membro. Trata-se de um benefício; assim, essa regra não pode ser absoluta, o órgão público deve atentar para as peculiaridades de cada caso. Observa que a política de aproximação aluno/escola justifica-se em um país onde os menos favorecidos não têm sequer acesso a transporte satisfatório. Entretanto, às vezes, a manutenção do aluno na escola que frequentava mostra-se mais benéfica ao menor do que transferi-lo para escola pública próxima a sua residência somente em obediência à regra de aproximação disposta no ECA. Assevera que pensar de modo contrário seria não dar opções de escolha; por outro lado, também não pretende com esse entendimento deixar as escolhas por conta de cada aluno, o que poderia levar à inviabilidade da prestação do serviço pela impossibilidade de organização das escolas estaduais. Então, sempre se deve verificar o caso concreto com suas peculiaridades. Com esse entendimento, a Turma negou provimento ao recurso do Estado-membro. **REsp 1.175.445-PR, Rel. Min. Eliana Calmon, julgado em 4/3/2010.** (Inform. STJ 425)

MS. MENOR. DEFICIENTE FÍSICO. TRANSPORTE GRATUITO.
O Ministério Público estadual impetrou mandado de segurança para garantir a menor portador de síndrome de *down* e hipotiroidismo seu ingresso em programa de transporte municipal, especializado e gratuito, a fim de deslocar-se a centro de tratamento de reabilitação. As instâncias ordinárias constataram e reconheceram a deficiência física do menor, bem como a necessidade de locomoção para realizar-se o tratamento de saúde. Assim, está configurada a necessidade de ser atendida a pretensão à saúde do menor (direito legítimo e constitucionalmente garantido a todos, além de ser um dever do Estado). Diante do exposto, a Turma negou provimento ao recurso do município no qual sustentava que o menor não cumpriu todos os requisitos necessários à concessão do benefício. **Precedentes citados: REsp 212.346-RS, DJ 4/2/2002; RMS 11.129-PR, DJ 18/2/2002, e REsp 325.337-RJ, DJ 3/9/2001. REsp 937.310-SP, Rel. Min. Luiz Fux, julgado em 9/12/2008**. (Inform. STJ 380)

MS. LIMINAR. TRATAMENTO MÉDICO. EXTERIOR.

Na espécie, a recorrida sofria de retinose pigmentar (patologia oftalmológica) e, como vários outros, buscou o Judiciário, obtendo liminar contra a União para que o SUS custeasse o tratamento em Cuba. Para tanto, recebeu R$ 25.443,43. Nessa época, a posição jurisprudencial concedia o custeio de tais tratamentos, mas se alterou diante do parecer técnico do Conselho de Oftalmologia Brasileiro, que levou o Ministério da Saúde a baixar a Portaria n. 763, proibindo o custeio do tratamento dessa doença no exterior pelo SUS. Então, a recusa do Poder Judiciário em confirmar a decisão liminar ensejou a União a mover ação de cobrança, que foi repudiada, nas instâncias ordinárias, ao argumento do fato consumado e da irreversibilidade do provimento. Isso posto, para o Min. Relator, o ponto central do aresto recorrido é o art. 7º da Lei n. 1.533/1951, que trata especialmente da liminar em mandado de segurança (MS). Ressalta que existe a Súm. n. 405-STF, que dá eficácia retroativa à revogação superveniente de liminar em MS. Entretanto, podem admitir-se, excepcionalmente, como no caso, os conceitos do fato consumado e da boa-fé objetiva no recebimento de valores pagos em caráter alimentar e essa postura tem sido adotada em julgados do próprio STF (como quando analisa devolução pecuniária recebida de boa-fé por servidores públicos e posteriormente declarada inconstitucional), também há decisões deste Superior Tribunal. Ademais, aplica-se ao caso o princípio da confiança assente no Código Civil alemão e constante do ordenamento jurídico brasileiro como cláusula geral, que ultrapassa os limites do CC/2002 (arts. 113, 187 e 422), o que influencia a interpretação do Direito Público e a ele chegando como subprincípio derivado da moralidade administrativa, o qual serve de fundamento à mantença do acórdão recorrido. **Precedentes citados: REsp 353.147-DF, DJ 18/8/2003; MS 8.895-DF, DJ 7/6/2004; REsp 697.768-RS, DJ 21/3/2005; REsp 627.808-RS, DJ 14/11/2005; REsp 955.969-DF, DJ 3/9/2008, e REsp 1.031.356-DF, DJ 10/4/2008. REsp 944.325-RS, Rel. Min. Humberto Martins, julgado em 4/11/2008.** (Inform. STJ 375)

ENSINO SUPERIOR. DIPLOMA. UNIVERSIDADE ESTRANGEIRA. DIREITO ADQUIRIDO.

A controvérsia restringe-se a determinar se existe direito adquirido à revalidação automática de diploma expedido por universidade estrangeira, se o ingresso na instituição deu-se ainda na vigência do Decreto n. 80.419/1977, que posteriormente foi revogado pelo Decreto n. 3.007/1999, que passou a exigir procedimento de revalidação. O Min. Relator entendeu assistir razão à universidade federal quanto ao mérito. A recorrida ingressou no curso de medicina no Instituto Superior de Ciências Médicas de Havana – Cuba, na vigência do Decreto n. 80.419/1977, que conferia ao formando a revalidação automática do diploma expedido por instituição de ensino no exterior. Entretanto o término do curso ocorreu na vigência do Decreto n. 3.007/1999, que revogou o decreto anterior, razão pela qual está impossibilitado o pretendido reconhecimento de direito adquirido ao registro imediato do diploma sem a observância dos procedimentos legais elencados pelo sistema educacional brasileiro. Assim, a Turma negou provimento ao agravo. **AgRg no REsp 936.974-RS, Rel. Min. Humberto Martins, julgado em 20/9/2007.** (Inform. STJ 332)

AÇÃO CIVIL PÚBLICA. DIREITO. MENOR. CRECHE.

Trata-se de ação civil pública proposta pelo MP com objetivo de garantir a menores de família sem recursos o direito de matrícula e freqüência na rede municipal de creches. O Min. Relator destacou que a CF/1988, no art. 208, o ECA (Lei n. 8.069/1990) e a Lei de Diretrizes e Base da Educação (Lei n. 9.394/1996, art 4º, IV) asseguram o atendimento em creches e pré-escolas da rede pública às crianças de zero a seis anos. Compete à Administração Pública propiciar e assegurar esse atendimento – mas não cabe ao administrador público escolher entre prestá-lo ou não, pois constitui um dever administrativo estabelecido em lei de um lado e, do outro, o direito assegurado ao menor de ver-se assistido pelo Estado. Assim, não há que se questionar a intervenção do Judiciário porquanto se trata de aferição do cumprimento da exigência da lei. Para o Min. Relator, na espécie, não restou provada a falta de disponibilidade orçamentária alegada pela municipalidade. A divergência inaugurada pela Min. Eliana Calmon entendia que o MP autor não demonstrou as condições necessárias à obrigação de fazer postulada na inicial. Isso posto, a Turma, por maioria, ao prosseguir o julgamento, deu provimento ao recurso. Precedente citado: REsp 575.280-SP, DJ 25/10/2004. **REsp 510.598-SP, Rel. Min. João Otávio de Noronha, julgado em 17/4/2007.** (Inform. STJ 317)

FORNECIMENTO. MEDICAMENTO. BLOQUEIO. VALORES. CUMPRIMENTO. DECISÃO JUDICIAL.

A Turma deu provimento ao recurso e reiterou entendimento segundo o qual é possível a concessão de tutela específica para determinar o bloqueio de valores em contas públicas, a fim de garantir o custeio de tratamento médico indispensável, como meio de concretizar o princípio da dignidade da pessoa humana e do direito à vida e à saúde. Precedentes citados: REsp 656.838-RS, DJ 20/6/2005; AgRg no Ag 706.485-RS, DJ 6/2/2006, e AgRg no Ag 696.514-RS, DJ 6/2/2006. **REsp 801.860-RS, Rel. Min. Eliana Calmon, julgado em 6/3/2007.** (Inform. STJ 312)

19. CONSELHO NACIONAL DE JUSTIÇA - CNJ

MS N. 27.154-DF

RELATOR: MIN. JOAQUIM BARBOSA

__Ementa__: MANDADO DE SEGURANÇA. CONSELHO NACIONAL DE JUSTIÇA. PROCEDIMENTO DE CONTROLE ADMINISTRATIVO. NOTIFICAÇÃO DE PESSOAS DIRETAMENTE INTERESSADAS NO DESFECHO DA CONTROVÉRSIA. CONTRADITÓRIO E AMPLA DEFESA. NECESSIDADE.

Sempre que antevista a existência razoável de interessado na manutenção do ato atacado, com legítimo interesse jurídico direto, o CNJ está obrigado a dar-lhe ciência do procedimento de controle administrativo.

Identificado o legítimo interesse de terceiro, o acesso ao contraditório e à ampla defesa independem de conjecturas acerca da efetividade deste para produzir a defesa do ato atacado.

Segurança concedida, para anular o acórdão atacado e para que o CNJ possa notificar os impetrantes acerca da existência do PCA e de seu direito de serem ouvidos. (Inform. STF 615) * noticiado no Informativo 608

CNJ E AUSÊNCIA DE INTIMAÇÃO EM PROCEDIMENTO DE CONTROLE ADMINISTRATIVO

O Plenário concedeu mandado de segurança para anular acórdão do Conselho Nacional de Justiça - CNJ, que considerara nulos todos os atos de nomeação de servidores públicos concursados do Tribunal de Justiça do Estado do Mato Grosso realizados após a expiração do prazo de validade da homologação dos resultados dos respectivos concursos. Entendeu-se afrontados os princípios do contraditório e da ampla defesa, haja vista que os impetrantes não teriam sido chamados para apresentar resposta no curso do processo administrativo que resultara em prejuízo à sua condição de servidores públicos. Destacou-se, ademais, que o art. 98 do Regimento Interno do CNJ o obrigaria a dar ciência aos eventuais interessados acerca da existência de procedimento pendente ou suscetível de influir nas respectivas pretensões individuais. Determinou-se que a autoridade coatora notifique os impetrantes sobre a existência de procedimento de controle administrativo instaurado contra eles, garantindo-lhes o direito de serem ouvidos, devendo ser mantidas as investiduras dos servidores nos seus cargos, sem prejuízo do reexame dos fatos por aquele Conselho. **Precedente citado: MS 25962/DF (DJe de 20.3.2009). MS 27154/DF, rel. Min. Joaquim Barbosa, 10.11.2010.** (MS-27154) (Inform. STF 608)

DECISÃO JUDICIAL E SUSPENSÃO DE EFEITOS PELO CNJ

O Conselho Nacional de Justiça - CNJ, sob pena de atuação *ultra vires*, não pode interferir em atos de conteúdo jurisdicional, emanados de quaisquer magistrados ou de Tribunais da República. Com base nesse entendimento, o Plenário desproveu agravos regimentais em que se pretendia a desconstituição de decisões liminares, proferidas pelo Min. Celso de Mello, em mandados de segurança dos quais relator. As decisões impugnadas suspenderam a eficácia de deliberações administrativas emanadas do Corregedor Nacional de Justiça, cujo dispositivo declarara ineficazes julgamentos de tribunal de justiça concessivos de mandados de segurança impetrados perante a referida Corte. Preliminarmente, rejeitou-se a alegação de prejudicialidade de um dos *writs*, porquanto a desistência homologada nos autos referir-se-ia a outra impetração e não à presente, favorável a uma das ora agravadas. No mérito, reputou-se que, embora o CNJ esteja incluído na estrutura constitucional do Poder Judiciário, sua natureza seria meramente administrativa e sua competência teria sido definida, de modo rígido, pela EC 45/2004, que introduzira o art. 103 - B na CF. Salientou-se que esse artigo, em seu § 4º, II, estabelece que o referido órgão tem o poder de "*apreciar, de ofício ou mediante provocação, a legalidade dos atos administrativos praticados por membros ou órgãos do Poder Judiciário*". Aduziu-se que as deliberações administrativas, objetos dos casos em apreço, seriam impregnadas de conteúdo jurisdicional e que o Supremo já assentara posicionamento no sentido de não caber àquele órgão nenhuma competência cujo exercício fosse capaz de interferir no desempenho da função típica do Poder Judiciário (ADI 3367/DF, DJU de 25.4.2005). Competir-lhe-ia, porém, dentre outras atribuições, fiscalizar o exercício dos deveres funcionais por parte do magistrado, e não a atividade jurisdicional dele. **Outros precedentes citados: MS 27148/DF (DJe de 25.5.2010) e MS 28537 MC/DF (DJe de 21.5.2010). MS 28598 AgR-MC/DF, rel. Min. Celso de Mello, 14.10.2010. (MS-28598) MS 28611 AgR-MC/MA, rel. Min. Celso de Mello, 14.10.2010**.(MS-28611) (Inform. STF 604)

EMENTA: CONSELHO NACIONAL DE JUSTIÇA. JURISDIÇÃO CENSÓRIA. APURAÇÃO DA RESPONSABILIDADE **DISCIPLINAR** DE MAGISTRADOS. **LEGITIMIDADE** DA IMPOSIÇÃO, **A ELES**, DE SANÇÕES DE ÍNDOLE ADMINISTRATIVA. **A RESPONSABILIDADE DOS JUÍZES**: UMA EXPRESSÃO DO POSTULADO REPUBLICANO. **CARÁTER NACIONAL** DO PODER JUDICIÁRIO. **AUTOGOVERNO** DA MAGISTRATURA: **GARANTIA CONSTITUCIONAL** DE CARÁTER OBJETIVO. **EXERCÍCIO PRIORITÁRIO**, PELOS TRIBUNAIS EM GERAL, DO PODER DISCIPLINAR QUANTO AOS SEUS MEMBROS E AOS JUÍZES A ELES VINCULADOS. A QUESTÃO *DAS DELICADAS RELAÇÕES* ENTRE A AUTONOMIA CONSTITUCIONAL DOS TRIBUNAIS E A JURISDIÇÃO CENSÓRIA OUTORGADA AO CONSELHO NACIONAL DE JUSTIÇA. **EXISTÊNCIA DE SITUAÇÃO** *DE TENSÃO DIALÉTICA* ENTRE A PRETENSÃO DE AUTONOMIA DOS TRIBUNAIS **E** O PODER DO CONSELHO NACIONAL DE JUSTIÇA **NA ESTRUTURA CENTRAL** DO APARELHO JUDICIÁRIO. **INCIDÊNCIA DO PRINCÍPIO DA SUBSIDIARIEDADE** COMO REQUISITO LEGITIMADOR DO EXERCÍCIO, PELO CONSELHO NACIONAL DE JUSTIÇA, DE UMA *COMPETÊNCIA COMPLEMENTAR* EM MATÉRIA CORRECIONAL, DISCIPLINAR E ADMINISTRATIVA. **PAPEL RELEVANTE**, NESSE CONTEXTO, PORQUE HARMONIZADOR DE PRERROGATIVAS ANTAGÔNICAS, **DESEMPENHADO** *PELA CLÁUSULA DE SUBSIDIARIEDADE*. COMPETÊNCIA DISCIPLINAR **E** PODER DE FISCALIZAÇÃO E CONTROLE DO CONSE-LHO NACIONAL DE JUSTIÇA: EXERCÍCIO, **PELO CNJ**, QUE PRESSUPÕE, PARA LEGITIMAR-SE, A OCORRÊNCIA DE SITUAÇÕES ANÔMALAS **E** EXCEPCIONAIS REGISTRADAS NO ÂMBITO DOS TRIBUNAIS EM GERAL (**HIPÓTESES** *DE INÉRCIA, DE SIMULAÇÃO INVESTIGATÓRIA, DE PROCRASTINAÇÃO INDEVIDA E/OU DE INCAPACIDADE DE ATUAÇÃO*). **PRESENÇA CUMULATIVA**, NA ESPÉCIE, DOS REQUISITOS CONFIGURADORES DA PLAUSIBILIDADE JURÍDICA E DO "*PERICULUM IN MORA*". **SUSPENSÃO CAUTELAR** DA EFICÁCIA DA PUNIÇÃO IMPOSTA PELO CONSELHO NACIONAL DE JUSTIÇA, **CONSISTENTE** EM APOSENTADORIA COMPULSÓRIA DO MAGISTRADO, *POR INTERESSE PÚBLICO* (**CF**, ART. 93, VIII, c/c O ART. 103-B, § 4º, III). **MEDIDA LIMINAR DEFERIDA**. (MS 28801, Rel. Min. Celso de Mello) (Inform. STF 599)

AUXÍLIO-MORADIA DE MAGISTRADOS ESTADUAIS - 1

O Tribunal iniciou julgamento de mandado de segurança impetrado pela Associação dos Magistrados de Mato Grosso do Sul - AMAMSUL contra decisão do Conselho Nacional de Justiça - CNJ, formalizada no Procedimento de Controle Administrativo 484/2007, na qual se determinara a suspensão do pagamento de auxílio-moradia aos magistrados ativos daquela unidade federativa que não preenchessem os requisitos para o benefício, medida aplicável também aos inativos e aos pensionistas. Para o mencionado órgão impetrado, seria condição para o recebimento desse auxílio a inexistência de residência oficial ou imóvel próprio do magistrado na comarca. A impetrante sustenta a legitimidade da vantagem, a teor do disposto nos artigos 65, II, da LOMAN e 254 da Lei estadual 1.511/94 (Código de Organização Judiciária do Estado de Mato Grosso do Sul), e afirma que sua supressão implicaria redução dos vencimentos, considerada sua possível incorporação, já que paga habitualmente desde 1994. Preliminarmente, o Min. Marco Aurélio, relator, salientou a higidez da distribuição do feito e rejeitou a alegação de prevenção quanto a mandados de segurança de relatoria do Min. Ricardo Lewandowski (MS 26550/DF e MS 26663/DF), porquanto, embora os temas de fundo fossem referentes ao auxílio-moradia, haveria diversidade de objetos. Assentou, também, a ilegitimidade da impetrante para atuar como substituta processual dos aposentados e dos pensionistas, dado que eles não estariam incluídos no rol de associados da entidade. Refutou, ainda, o apontado desrespeito ao devido processo legal no que o CNJ teria deferido liminar sem a audição dos interessados. Consignou a possibilidade de relator em procedimento em curso no CNJ poder atuar no campo precário e efêmero da medida acautelatória (RICNJ, art. 25, XI), bem como o fato de o relator haver determinado, no hoje PCA 200830000000723, a intimação de todos os interessados para, querendo, manifestarem-se. Em seguida, salientando que o feito versa relação jurídica continuada, renovando-se mês a mês, aduziu que a circunstância de o pagamento do auxílio-moradia anteceder o período de 5 anos do surgimento do processo administrativo no CNJ não geraria preclusão. **MS 26794/MS, rel. Min. Marco Aurélio, 10.9.2009.** (MS-26794)

AUXÍLIO-MORADIA DE MAGISTRADOS ESTADUAIS - 2

No mérito, o Min. Marco Aurélio concedeu, em parte, a segurança para afastar a exclusão do direito a magistrado que tiver residência própria e aos inativos e pensionistas cuja situação jurídica esteja sacramentada pela Corte de Contas estadual. Relativamente ao auxílio-moradia, registrou cuidar-se de parcela que possui natureza indenizatória, não integrando o que percebido pelo magistrado, isso para efeito de aposentadoria, nem incidindo sobre ela tributos como o Imposto de Renda. Esclareceu que interpretações teleológica e vernacular do art. 65, II, da LOMAN revelariam o caráter linear da parcela, não mais havendo a restrição às comarcas do interior, estranhas à capital ("Art. 65. Além dos vencimentos, poderão ser outorgadas aos magistrados, nos termos da lei, as seguintes vantagens: ... II - ajuda de custo, para moradia, nas localidades em que não houver residência oficial à disposição do magistrado."). Aludiu que se constataria não estar o valor pago ligado ao fato de o magistrado possuir, ou não, residência própria, cabendo a satisfação, conforme disciplinado em lei, desde que não se colocasse à disposição do magistrado residência oficial. Fora isso, enfatizou que seria distinguir situações onde o texto não o fez. Tendo isso em conta, passou ao exame da Lei estadual 1.511/94, assinalando que esta poderia vir a ter a eficácia afastada, no campo administrativo, se conflitante com a LOMAN, no que ela se apresentaria harmônica com a Constituição. **MS 26794/MS, rel. Min. Marco Aurélio, 10.9.2009.** (MS-26794)

AUXÍLIO-MORADIA DE MAGISTRADOS ESTADUAIS - 3

Citando o art. 254 do Código de Organização Judiciária do Estado de Mato Grosso Sul, considerou que, sob o ângulo da definição do valor, o critério adotado seria razoável ["Art. 254. Os magistrados perceberão, mensalmente e a título de auxílio-moradia, vinte por cento (20%) sobre os vencimentos. § 1º O magistrado que residir em próprio do Estado, ou mantido por ele, não fará jus à ajuda de custo prevista neste artigo. § 2º É defeso a magistrado receber ajuda de custo para moradia, ou sua complementação, de qualquer outra fonte."]. Expôs que o previsto na LOMAN teria sido parcialmente observado por aquele ente federal, porquanto a exclusão do direito à ajuda, tal como versado na lei em comento, apenas ocorreria caso o magistrado residisse em imóvel do Estado. Desse modo, excluiu-se o benefício quando existente, na localidade, residência oficial e esta é colocada à disposição do magistrado (LOMAN, art. 65, II). Frisou, ademais, não caber aplicação analógica da Lei 8.112/90, uma vez que a LOMAN, quando remete a disciplina do tema auxílio-moradia à lei, refere-se à legislação local, surgindo, na situação dos autos, conflito parcial do § 1º do art. 254 da Lei estadual 1.511/94 com a citada lei complementar. No tocante aos aposentados, apontou a necessidade de se diferenciar a situação daqueles cujos cálculos dos proventos penderia de homologação pelo Tribunal de Contas estadual daqueles que já tiveram seus cálculos homologados. Quanto a estes, afirmou que a atuação do CNJ a eles não se estenderia e que se entender de forma diversa seria atribuir ao CNJ a possibilidade de afastar do cenário jurídico não apenas decisão administrativa de órgão do Poder Judiciário, mas também dos tribunais de contas, os quais atuam como órgãos auxiliares do Legislativo. Após, pediu vista a Min. Cármen Lúcia. **MS 26794/MS, rel. Min. Marco Aurélio, 10.9.2009.** (MS-26794)

AUXÍLIO-MORADIA DE MAGISTRADOS ESTADUAIS - 4

O Tribunal retomou julgamento de mandado de segurança impetrado pela Associação dos Magistrados de Mato Grosso do Sul - AMAMSUL contra decisão do Con-selho Nacional de Justiça - CNJ, formalizada no Procedimento de Controle Administrativo -PCA 484/2007, na qual se determinara a suspensão do pagamento de auxílio-moradia aos magistrados ativos daquela unidade federativa que não preenchessem os requisitos para o benefício, medida aplicável também aos inativos e aos pensionistas — v. Informativo 558. Preliminarmente, o Tribunal retificou a proclamação da assentada anterior para fazer constar que o voto do relator dava pela ilegitimidade da impetrante somente quanto aos pensionistas. Em voto-vista, a Min. Cármen Lúcia acompanhou o voto do Min. Marco Aurélio, relator, para conceder em parte a segurança, a fim de anular o ato do CNJ consubstanciado na determinação de corte imediato das parcelas de auxílio-moradia aos magistrados inativos cuja aposentadoria já havia sido homologada pelo Tribunal de Contas estadual na data da decisão no aludido PCA e para garantir aos magistrados em atividade o pagamento do auxílio-moradia apenas nas localidades em que não houver residência oficial à disposição, nos termos do art. 65, II, da Lei Complementar 35/79. Após o Tribunal, por maioria, indeferir liminar no sentido de se dar continuidade ao pagamento do benefício, restando vencidos, no ponto, os Ministros Marco Aurélio, relator, Ricardo Lewandowski e Cezar Peluso, que a deferiam, pediu vista dos autos o Min. Dias Toffoli. **MS 26794/MS, rel. Min. Marco Aurélio, 2.8.2010.** (MS-26794) (Inform. STF 594)

EMENTA: CONSELHO NACIONAL DE JUSTIÇA (**CNJ**). CORREGEDOR NACIONAL DE JUSTIÇA. **ATO QUE SUSPENDE** A EFICÁCIA **DE DECISÃO CONCESSIVA** DE MANDADO DE SEGURANÇA **EMANADA** DE TRIBUNAL DE JUSTIÇA. **INADMISSIBILIDADE**. ATUAÇÃO "*ULTRA VIRES*" DO CORREGEDOR NACIONAL DE JUSTIÇA, **PORQUE EXCEDENTE** DOS ESTRITOS LIMITES DAS ATRIBUIÇÕES MERAMENTE ADMINISTRATIVAS OUTORGADAS PELA CONSTITUIÇÃO DA REPÚBLICA. **INCOMPETÊNCIA ABSOLUTA** DO CONSELHO NACIONAL DE JUSTIÇA, **NÃO OBSTANTE** ÓRGÃO DE CONTROLE INTERNO DO PODER JUDICIÁRIO, **PARA INTERVIR** EM PROCESSOS DE NATUREZA JURISDICIONAL. **IMPOSSIBILIDADE CONSTITUCIONAL** DE O CONSELHO NACIONAL DE JUSTIÇA (**QUE SE QUALIFICA** COMO ÓRGÃO DE CARÁTER **EMINENTEMENTE** ADMINISTRATIVO) **FISCALIZAR, REEXAMINAR E SUSPENDER** OS EFEITOS DECORRENTES **DE ATO DE CONTEÚDO JURISDICIONAL**, COMO AQUELE **QUE CONCEDE** MANDADO DE SEGURANÇA. **PRECEDENTES** DO SUPREMO TRIBUNAL FEDERAL. **MAGISTÉRIO** DA DOUTRINA. **MEDIDA LIMINAR DEFERIDA**. (MS 28611 MC-MA – Rel. Min. Celso de Mello)

LOMAN: CARGOS DE DIREÇÃO E INELEGIBILIDADE - 1

A expressão "por quatro anos" contida no art. 102 da LOMAN, que se refere à inelegibilidade de magistrados que exerceram cargos de direção, deve ser entendida como "por dois mandatos". Com base nessa orientação, a Corte, por maioria, denegou mandado de segurança impetrado contra ato do Conselho Nacional de Justiça que considerara ser o impetrante inelegível para novos cargos de direção. Na espécie, o magistrado fora, por duas vezes, vice-presidente de tribunal de justiça. Sustentava sua elegibilidade, pois, no total, teria exercido o cargo por apenas três anos e nove meses. Assentou-se que o mandato, como consignado pelo citado art. 102, é de dois anos, estando nítida a intenção — ao expor o lapso temporal de quatro anos, como paradigma da inelegibilidade — de estabelecer-se uma regra geral no sentido de que os magistrados só podem exercer dois mandatos em cargos de direção. Isso com o objetivo de prestigiar-se, em tais cargos, a alternância, que é a regra e decorre do próprio regime republicano. Observou-se ser excepcional a hipótese de um desembargador exercer mais de dois mandatos de direção, no caso de não haver outros juízes elegíveis ou que aceitem o cargo. Ressaltou-se, ademais, que o parágrafo único do referido artigo seria esclarecedor, ao afirmar que não se aplica a vedação àquele que foi eleito para completar mandato inferior a um ano, abonando essa interpretação. Explicitou-se, no ponto, que a eleição seria para "completar mandato" e o diminuto tempo do mandato "tampão", ou seja, menos de um ano, não teria o condão de abalar o princípio da alternância. **MS 27593/DF, rel. Min. Ricardo Lewandowski, 1º.7.2010.** (MS-27593)

LOMAN: CARGOS DE DIREÇÃO E INELEGIBILIDADE - 2

Quanto à alegada dupla punição — uma por não ter exercido o primeiro mandato de vice-presidente por completo e outra por não poder concorrer aos cargos de direção —, salientou-se que o impetrante exercera dois mandatos de cargos de direção, tendo deixado de exercer o primeiro, por alguns meses, em virtude de liminar deferida pelo STF, porque se entendera, naquele momento, que havia dúvida sobre a elegibilidade de outros desembargadores. Posteriormente, o provimento cautelar fora tornado sem efeito, haja vista o reconhecimento da incompetência desta Corte para processar o feito. Destacou-se que assentar de forma diversa poderia levar à conclusão, por exemplo, de que a renúncia de um magistrado dias antes de findo o segundo mandato torná-lo-ia elegível para outro. Vencido o Min. Marco Aurélio que adotava o entendimento de que o impetrante teria a potencialidade para concorrer ao cargo de Presidente. **MS 27593/DF, rel. Min. Ricardo Lewandowski, 1º.7.2010.** (MS-27593) (Inform. STF 593)

EMENTA: CONSELHO NACIONAL DE JUSTIÇA (**CNJ**). DELIBERAÇÃO **NEGATIVA** QUE, **EMANADA** DO CNJ, **RECONHECEU** A INCOMPETÊNCIA DESSE ÓRGÃO DE CONTROLE INTERNO DO PODER JUDICIÁRIO PARA INTERVIR EM PROCESSOS **DE NATUREZA JURISDICIONAL**. **INEXISTÊNCIA**, NA ESPÉCIE, DE **QUALQUER** RESOLUÇÃO DO CONSELHO NACIONAL DE JUSTIÇA **QUE HAJA DETERMINADO, ORDENADO, INVALIDADO, SUBSTITUÍDO OU SUPRIDO** ATOS OU OMISSÕES EVENTUALMENTE IMPUTÁVEIS A MAGISTRADO DE JURISDIÇÃO INFERIOR. **NÃO CONFIGURAÇÃO**, EM REFERIDO CONTEXTO, DA COMPETÊNCIA ORIGINÁRIA DO SUPREMO TRIBUNAL FEDERAL. HIPÓTESE DE INCOGNOSCIBILIDADE DA AÇÃO DE MANDADO DE SEGURANÇA. **INVIABILIDADE**, DE QUALQUER MODO, **DE ACOLHIMENTO** DA PRETENSÃO MANDAMENTAL, **CONSIDERADA A IMPOSSIBILIDADE CONSTITUCIONAL** DE O CONSELHO NACIONAL DE JUSTIÇA (**QUE SE QUALIFICA** COMO ÓRGÃO DE CARÁTER **EMINENTEMENTE** ADMINISTRATIVO) FISCALIZAR **E** REEXAMINAR **ATOS DE CONTEÚDO JURISDICIONAL**. **PRECEDENTES** DO STF. **MAGISTÉRIO** DA DOUTRINA. **MANDADO DE SEGURANÇA NÃO CONHECIDO**. (MS 27148/DF, Rel. Min. Celso Mello) (Inform. STF 589)

EMENTA: CONSELHO NACIONAL DE JUSTIÇA. ÓRGÃO ADMINISTRATIVO POSICIONADO NA ESTRUTURA INSTITUCIONAL DO PODER JUDICIÁRIO. OUTORGA, AO CNJ, **EM SEDE CONSTITUCIONAL**, DE JURISDIÇÃO CENSÓRIA SOBRE JUÍZES E ÓRGÃOS DO PODER JUDICIÁRIO "*SITUADOS, HIERARQUICAMENTE, ABAIXO DO SUPREMO TRIBUNAL FEDERAL*" (**ADI** 3.367/DF). POSSIBILIDADE, EM TESE, DE IMPOSIÇÃO, **A ELES**, DE SANÇÕES DISCIPLINARES, NOTADAMENTE DAQUELAS PREVISTAS NO ART. 103-B, § 4º, III, DA CONSTITUIÇÃO, **COMO** A APOSENTADORIA COMPULSÓRIA, COM SUBSÍDIO PROPORCIONAL AO TEMPO DE SERVIÇO. **O DEVER-PODER**, CONSTITUCIONALMENTE ATRIBUÍDO AO CNJ, **DE EFETUAR** O CONTROLE DO CUMPRIMENTO, PELOS MAGISTRADOS, DE SEUS DEVERES FUNCIONAIS. **ALEGAÇÃO DE OFENSA** AOS POSTULADOS DO "*DUE PROCESS*", DA MOTIVAÇÃO DAS DELIBERAÇÕES ADMINISTRATIVAS **E** DO *JUIZ NATURAL*. PRETENDIDA CARACTERIZAÇÃO DO CNJ COMO *TRIBUNAL DE EXCEÇÃO*, POR HAVER SIDO INSTITUÍDO "*EX POST FACTO*". **APARENTE** INOCORRÊNCIA, NO CASO EM EXAME, DE REFERIDAS TRANSGRESSÕES CONSTITUCIONAIS. **A QUESTÃO DA APLICABILIDADE** DO PRINCÍPIO DO *JUIZ NATURAL* AOS PROCEDIMENTOS ADMINISTRATIVOS DE CARÁTER DISCIPLINAR. **MAGISTÉRIO DA DOUTRINA**. **INTERVENÇÃO** DE LITISCONSORTES PASSIVOS NECESSÁRIOS NA PRESENTE RELAÇÃO PROCESSUAL. **MEDIDA IMPRESCINDÍVEL** À PLENA EFICÁCIA DA DECISÃO, **SE** EVENTUALMENTE CONCESSIVA DO MANDADO DE SEGURANÇA. **PRECEDENTES**. **PRESSUPOSTOS NECESSÁRIOS** À OUTORGA DE PROVIMENTO CAUTELAR. AUSÊNCIA, NO CASO, DE UM DESSES REQUISITOS (PLAUSIBILIDADE JURÍDICA). **MEDIDA CAUTELAR INDEFERIDA**. (MS 28712 MC-DF, Rel. Min. Celso de Mello)

ANULAÇÃO DE CONCURSO PÚBLICO PELO CNJ - 1

O Tribunal iniciou julgamento de mandado de segurança impetrado por candidatos aprovados em concurso público para Juiz de Direito Substituto do Tribunal de Justiça do Estado do Amapá contra decisão do Conselho Nacional de Justiça - CNJ que, em Procedimento de Controle Administrativo - PCA, anulara, de ofício, referido certame. A Min. Cármen Lúcia, relatora, denegou o *writ*, por não vislumbrar direito líquido e certo dos impetrantes que tivesse sido violado, nem ilegalidade ou abuso de poder praticado pelo CNJ, no que foi acompanhada pelos Ministros Ricardo Lewandowski, Joaquim Barbosa e Carlos Britto. Primeiro, afastou a alegação de cerceamento de defesa por não se ter possibilitado ao Presidente do TJ-AP sua sustentação oral no julgamento do referido PCA, ao fundamento de que esta não ocorrera porque o Presidente do TJ-AP não estava presente à sessão no momento em que julgado aquele procedimento. Rejeitou, de igual modo, a assertiva de que não teria sido dado prazo para manifestação final dos impetrantes, porquanto, no deferimento da medida liminar pleiteada no PCA, o Conselheiro relator determinara expressamente a intimação do requerente e a expedição do edital de que trata o art. 98 do Regimento Interno do CNJ - RICNJ, tendo sido, inclusive, reconhecido, por um dos impetrantes, o recebimento de comunicado eletrônico, encaminhado pelo Presidente do TJ-AP, informando a instauração do PCA. Além disso, os impetrantes não teriam juntado, aos autos, cópia do PCA, de modo a permitir a análise dos atos interlocutórios praticados pelo CNJ, sendo inviável a dilação probatória na via eleita. MS 26163/DF, rel. Min. Cármen Lúcia, 3.5.2007. (MS-26163)

ANULAÇÃO DE CONCURSO PÚBLICO PELO CNJ - 2

Prosseguindo, a relatora repeliu, também, o argumento de que o art. 97 do RICNJ teria sido violado em razão de se ter reconhecido a ilegitimidade do representante que dera origem ao procedimento, mas, em seguida, ter-se instaurado, de ofício, o PCA. Asseverou, no ponto, que o Conselheiro relator do PCA, ao propor, em seu voto, que se procedesse à instauração, de ofício, ao controle administrativo da seleção questionada, aproveitando-se do mesmo procedimento já instaurado, dera cumprimento ao que disposto no art. 97 do RICNJ, com o objetivo de resguardar os princípios previstos no art. 37 da CF (RICNJ, art. 95). Da mesma forma, não acolheu a alegação de negativa de prestação jurisdicional (CF, art. 93, IX e X) por não ter havido pronunciamento específico sobre cada uma das teses dos impetrantes, tendo em conta a jurisprudência do Supremo no sentido de que, quando a decisão é motivada, desnecessária a análise de todos os argumentos apresentados. Aduziu, ademais, que, diferentemente do que alegado pelos impetrantes, a divulgação das provas e dos respectivos resultados do concurso, assim como afirmado pela Presidente do CNJ, somente ocorrera após a publicação da concessão da liminar para suspensão do certame, e quando já findas as três fases iniciais do concurso. Quanto aos argumentos de ser irrelevante o fato de haver, no concurso anulado, questões idênticas às de certame anteriormente realizado em outro Estado-membro e de inexistir regionalismo nas provas objetiva e discursiva e apadrinhamento dos concursados aprovados, que teriam vínculos no TJ--AP, concluiu que a análise desses itens demandaria o reexame de matéria de fato e de provas que constaram do PCA, inadmissível em mandado de segurança. Após, o julgamento foi suspenso em virtude do pedido de vista do Min. Marco Aurélio. MS 26163/DF, rel. Min. Cármen Lúcia, 3.5.2007. (MS-26163) (Inform. STF 465)

ANULAÇÃO DE CONCURSO PÚBLICO PELO CNJ - 3

Em conclusão de julgamento, o Tribunal denegou mandado de segurança impetrado por candidatos aprovados em concurso público para Juiz de Direito Substituto do Tribunal de Justiça do Estado do Amapá contra decisão do Conselho Nacional de Justiça - CNJ que, em Procedimento de Controle Administrativo - PCA, anulara, de ofício, referido certame — v. Informativo 465. Entendeu-se não haver direito líquido e certo dos impetrantes que tivesse sido violado, nem ilegalidade ou abuso de poder praticado pelo CNJ. Afastou-se a alegação de cerceamento de defesa por não se ter possibilitado ao Presidente do TJ-AP sua sustentação oral no julgamento do referido PCA, ao fundamento de que esta não ocorrera porque o Presidente do TJ-AP não estava presente à sessão no momento em que julgado aquele procedimento. Rejeitou-se, de igual modo, a assertiva de que não teria sido dado prazo para manifestação final dos impetrantes, porquanto, no deferimento da medida liminar pleiteada no PCA, o Conselheiro relator determinara expressamente a intimação do requerente e a expedição do edital de que trata o art. 98 do Regimento Interno do CNJ - RICNJ, tendo sido, inclusive, reconhecido, por um dos impetrantes, o recebimento de comunicado eletrônico, encaminhado pelo Presidente do TJ-AP, informando a instauração do PCA. Além disso, os impetrantes não teriam juntado, aos autos, cópia do PCA, de modo a permitir a análise dos atos interlocutórios praticados pelo CNJ, sendo inviável a dilação probatória na via eleita. **MS 26163/DF, rel. Min. Cármen Lúcia, 24.4.2008.** (MS-26163)

ANULAÇÃO DE CONCURSO PÚBLICO PELO CNJ - 4

Repeliu-se, também, o argumento de que o art. 97 do RICNJ teria sido violado em razão de se ter reconhecido a ilegitimidade do representante que dera origem ao procedimento, mas, em seguida, ter-se instaurado, de ofício, o PCA. Asseverou-se, no ponto, que o Conselheiro relator do PCA, ao propor, em seu voto, que se procedesse à instauração, de ofício, ao controle administrativo da seleção questionada, aproveitando-se do mesmo procedimento já instaurado, dera cumprimento ao que disposto no art. 97 do RICNJ, com o objetivo de resguardar os princípios previstos no art. 37 da CF (RICNJ, art. 95). Da mesma forma, não se acolheu a alegação de negativa de prestação jurisdicional (CF, art. 93, IX e X) por não ter havido pronunciamento específico sobre cada uma das teses dos impetrantes, tendo em conta a jurisprudência do Supremo no sentido de que, quando a decisão é motivada, desnecessária a análise de todos os argumentos apresentados. Aduziu-se, ademais, que, diferentemente do que alegado pelos impetrantes, a divulgação das provas e dos respectivos resultados do concurso, assim como afirmado pela Presidente do CNJ, somente ocorrera após a publicação da concessão da liminar para suspensão do certame, e quando já findas as três fases iniciais do concurso. Quanto aos argumentos de ser irrelevante o fato de haver, no concurso anulado, questões idênticas às de certame anteriormente realizado em outro Estado-membro e de inexistir regionalismo nas provas objetiva e discursiva e apadrinhamento dos concursados aprovados, que teriam vínculos no TJ-AP, concluiu-se que a análise desses itens demandaria o reexame de matéria de fato e de provas que constaram do PCA, inadmissível em mandado de segurança. O Min. Menezes Direito fez ressalva no sentido de que, no caso, se os juízes estivessem em exercício, a solução seria diversa, no que foi acompanhado pelo Min. Gilmar Mendes. **MS 26163/DF, rel. Min. Cármen Lúcia, 24.4.2008.** (MS-26163) (Inform. STF 503)

MANDADO DE SEGURANÇA. LEGITIMIDADE PASSIVA. DECISÃO DO CNJ.

A Turma, prosseguindo o julgamento, por maioria, entendeu que o presidente de Tribunal de Justiça estadual que executa decisão proferida pelo CNJ não pode ser considerado autoridade coatora para fins de impetração de mandado de segurança. No caso, o presidente do tribunal decretou o afastamento dos titulares de serventias extrajudiciais efetivados sem concurso público após a CF com base no Pedido de Providências n. 861 do CNJ. Sabe-se que, no mandado de segurança, a autoridade coatora é aquela que ordena a execução do ato impugnado e quem cumpre a ordem é o mero executor. Portanto, como o ato coator emanou do CNJ, o presidente do tribunal não tem legitimidade para figurar no polo passivo da ação mandamental. Assim, não cabe ao Judiciário substituir a autoridade erroneamente indicada na petição inicial como coatora, além do que, no caso, sendo o STF competente para o julgamento do *mandamus*, haveria indevida alteração da competência absoluta. Precedentes citados: RMS 29.896-GO, DJe 2/2/2010, e RMS 30.920-GO, DJe 22/2/2010. **RMS 30.561-GO, Rel. Teori Albino Zavascki, julgado em 14/8/2012.(Inform. STJ 502)**

ILEGITIMIDADE PASSIVA. PRESIDENTE. TJ.

Trata-se de recurso em mandado de segurança (RMS) em que o cerne da questão é saber se o presidente do Tribunal de Justiça (TJ) da unidade federada ora recorrida ostenta legitimidade para figurar no polo passivo do mandado de segurança (MS) impetrado na origem por serventuário titular de cartório extrajudicial contra ato daquele tribunal. O TJ, em observância à decisão do Conselho Nacional de Justiça (CNJ), desconstituiu a nomeação do impetrante, ora recorrente, em função da ausência de concurso público. A Turma reafirmou o entendimento de que o ato normativo de TJ que se destina a cumprir determinação advinda de decisão do CNJ representa simples execução administrativa, o que acarreta a ilegitimidade do presidente do Tribunal para figurar no polo passivo de MS; pois, em última análise, esse *writ* externa inconformismo contra o próprio CNJ. Assim, negou-se provimento ao recurso. **Precedentes citados: RMS 29.171-GO, DJe 10/9/2009; RMS 29.310-GO, DJe 19/6/2009, e RMS 29.700-GO, DJe 16/9/2009. RMS 29.719-GO, Rel. Min. Castro Meira, julgado em 18/2/2010.** (Inform. STJ 423)

20. PROCESSO CIVIL EM GERAL APLICADO À FAZENDA PÚBLICA

MED. CAUT. EM ADI N. 4.264-PE
RELATOR: MIN. RICARDO LEWANDOWSKI

EMENTA: AÇÃO DIRETA DE INCONSTITUCIONALIDADE. MEDIDA CAUTELAR. ART. 11 DO DECRETO-LEI 9.760/1946, NA REDAÇÃO DADA PELA LEI 11.481/2007. VIOLAÇÃO AOS PRINCÍPIOS DO CONTRADITÓRIO E DA AMPLA DEFESA. OCORRÊNCIA. MEDIDA CAUTELAR DEFERIDA. I – Ofende as garantias do contraditório e da ampla defesa o convite aos interessados, por meio de edital, para subsidiar a Administração na demarcação da posição das linhas do preamar médio do ano de 1831, uma vez que o cumprimento do devido processo legal pressupõe a intimação pessoal. II – Medida cautelar deferida, vencido o Relator. (Inform. STF 629) **noticiado no Informativo 619*

ADVOGADO EMPREGADO E VERBA DE SUCUMBÊNCIA - 2

A Turma iniciou julgamento de recurso extraordinário interposto contra acórdão do Tribunal de Justiça do Estado do Rio de Janeiro que, em embargos infringentes, entendera indevida a percepção de honorários advocatícios a advogado contratado em sociedade de economia mista. No caso, a empresa sucumbente e a sociedade de economia mista vencedora — na qual trabalhava o patrono — firmaram um acordo, homologado judicialmente, em que as verbas de sucumbência seriam pagas aos patronos da empresa vencedora em 40 prestações. Ocorre que, satisfeitas 33 parcelas, a sociedade de economia mista ajuizara ação ordinária objetivando a declaração de inexistência de relação jurídica entre ela e seu advogado. O espólio do ora causídico alega ofensa ao princípio da moralidade (CF, art. 37, *caput*) e à competência da Justiça trabalhista para dirimir a controvérsia — v. Informativos 401 e 588. Em divergência, o Min. Ayres Britto negou provimento ao recurso. Aduziu que, à época da sentença condenatória, a disciplina sobre a titularidade dos honorários de sucumbência era regida pelo art. 20 do CPC então vigente (Lei 5.669/73). Portanto, seriam eles devidos à sociedade de economia mista e não aos seus patronos judiciais, sob pena de afronta aos princípios da legalidade e da moralidade. Após, pediu vista a Min. Cármen Lúcia. **RE 407908/RJ, rel. Min. Marco Aurélio, 30.11.2010.** (RE-407908)

ADVOGADO EMPREGADO E VERBA DE SUCUMBÊNCIA - 3

A 1ª Turma deu provimento a recurso extraordinário interposto contra acórdão de tribunal de justiça que, em embargos infringentes, entendera indevida a percepção de honorários advocatícios a advogado contratado em sociedade de economia mista. No caso, a empresa sucumbente e a sociedade de economia mista vencedora — na qual trabalhava o patrono — firmaram um acordo, homologado judicialmente, em que as verbas de sucumbência seriam pagas aos patronos da empresa vencedora em 40 prestações. Ocorre que, satisfeitas 33 parcelas, a sociedade de economia mista ajuizara ação ordinária objetivando a declaração de inexistência de relação jurídica entre ela e seu advogado. O espólio do ora causídico alegava ofensa ao princípio da moralidade (CF, art. 37, *caput*) e à competência da Justiça trabalhista para dirimir a controvérsia — v. Informativos 588 e 611. RE 407908/RJ, rel. Min. Marco Aurélio, 13.4.2011. (RE-407908)

ADVOGADO EMPREGADO E VERBA DE SUCUMBÊNCIA - 4

Excluiu-se a possibilidade de se assentar o desrespeito ao art. 114 da CF, uma vez que o conflito não tivera origem no contrato de trabalho, mas sim em cláusula de acordo formalizado judicialmente. Relativamente ao princípio da moralidade, asseverou-se que o entendimento firmado pela Corte de origem — no sentido de que o advogado estaria se beneficiando de dupla remuneração, caso reconhecido o cabimento dos aludidos honorários sucumbenciais — contrariaria o que ajustado e homologado pelo Judiciário. Aduziu-se que no referido acordo os honorários advocatícios seriam satisfeitos pela empresa sucumbente, não resultando ônus para a recorrida. Vencido o Min. Ayres Britto, que desprovia o recurso por reputar que, à época da sentença condenatória, a disciplina sobre a titularidade dos honorários de sucumbência era regida pelo art. 20 do CPC então vigente (Lei 5.669/73). Portanto, concluiu que seriam eles devidos à sociedade de economia mista e não aos seus patronos judiciais, sob pena de afronta aos princípios da legalidade e da moralidade. RE 407908/RJ, rel. Min. Marco Aurélio, 13.4.2011. (RE-407908) (Inform. STF 623)

EFEITO SUSPENSIVO A RE E REPERCUSSÃO GERAL

A Turma referendou decisão proferida pelo Min. Celso de Mello em ação cautelar, da qual relator, que deferira medida cautelar para atribuir efeito suspensivo ao RE 601914/DF, cujo sobrestamento fora determinado até final julgamento do RE 568645/SP, em que reconhecida a repercussão geral da matéria. Trata-se, na espécie, de ação cautelar ajuizada pelo Distrito Federal, objetivando inibir a expedição de requisição de pagamento de valores supostamente devidos a servidor. Salientou-se que a questão de fundo envolveria controvérsia relativa à expedição de precatórios ou requisições referentes a débitos de pequeno valor e ao parcelamento do montante total nos casos de litisconsórcio facultativo ou de ação coletiva. **Precedente citado: AC 2074 MC/SP (DJU de 12.12.2008). AC 2639 Referendo-MC/DF, rel. Min. Celso de Mello, 10.8.2010.** (AC-2639) (Inform. STF 595)

PRINCÍPIO DA DIGNIDADE DA PESSOA HUMANA E ANTECIPAÇÃO DE TUTELA CONTRA O PODER PÚBLICO - 1

A Turma referendou, em maior extensão, decisão proferida pelo Min. Celso de Mello que concedera antecipação dos efeitos da tutela jurisdicional postulada em recurso extraordinário, do qual relator, interposto pelo Ministério Público Federal e pelo Ministério Público do Distrito Federal e Territórios. No caso, o *parquet* requerera a antecipação dos efeitos da tutela com objetivo de preservar condições mínimas de subsistência e de dignidade a menor impúbere, a quem reconhecido, pela Turma, o direito à indenização, em decorrência de ato imputável ao Distrito Federal. Em sede de recurso extraordinário, este órgão fracionário assentara a responsabilidade objetiva do ente público na contaminação da genitora do citado menor, por citomegalovírus, com o qual tivera contato durante o período gestacional em função de suas atividades laborais como servidora pública de hospital daquela unidade federativa. Em virtude dessa infecção, a criança nascera com má-formação encefálica, paralisia cerebral, cegueira, tetraplegia e epilepsia. **RE 495740 TA-referendo/DF, rel. Min. Celso de Mello, 2.6.2009.** (RE-495740)

PRINCÍPIO DA DIGNIDADE DA PESSOA HUMANA E ANTECIPAÇÃO DE TUTELA CONTRA O PODER PÚBLICO - 2

Preliminarmente, aduziu-se ser viável a concessão da antecipação dos efeitos da tutela jurisdicional contra o Poder Público. Observou-se que, na realidade, uma vez atendidos os pressupostos legais fixados no art. 273, I e II, do CPC e observadas as restrições estabelecidas no art. 1º da Lei 9.494/97 tornar-se-ia lícito ao magistrado deferir a tutela antecipatória requerida contra a Fazenda Pública. Asseverou-se que o exame dos diplomas legislativos mencionados no preceito em questão evidenciaria que o Judiciário, em tema de antecipação de tutela contra o Poder Público, somente não poderia deferi-la nas hipóteses que importassem em: a) reclassificação funcional ou equiparação de servidores públicos; b) concessão de aumento ou extensão de vantagens pecuniárias; c) outorga ou acréscimo de vencimentos; d) pagamento de vencimentos e vantagens pecuniárias a servidor público ou e) esgotamento, total ou parcial, do objeto da ação, desde que esta diga respeito, exclusivamente, a qualquer das matérias acima referidas. Registrou-se, destarte, que a pretensão deduzida não incorreria em qualquer das hipóteses taxativas da restrição legal ao deferimento da tutela antecipada. **RE 495740 TA-referendo/DF, rel. Min. Celso de Mello, 2.6.2009.** (RE-495740)

PRINCÍPIO DA DIGNIDADE DA PESSOA HUMANA E ANTECIPAÇÃO DE TUTELA CONTRA O PODER PÚBLICO - 3

Quanto ao pedido formulado, enfatizou-se, inicialmente, que a antecipação dos efeitos da tutela suporia, para legitimar-se, a ocorrência de determinados requisitos, como a verossimilhança da pretensão do direito material (CPC, art. 273, *caput*) e o *periculum in mora* (CPC, art. 273, I). Assentou-se que tais premissas registraram-se na espécie, pois o direito material vindicado em favor de menor impúbere fora plenamente reconhecido pelo próprio Supremo, quando do julgamento da causa, de que resultara a sucumbência integral do Distrito Federal. Enfatizou-se que mais do que a verossimilhança do pleito jurídico, achava-se presente, na espécie, o próprio reconhecimento da postulação de direito material deduzida nos autos, a legitimar, em conseqüência, o atendimento da pretendida antecipação dos efeitos da tutela jurisdicional. No que tange ao requisito do *periculum in mora*, ressaltou-se que o Ministério Público justificara de maneira adequada as razões que caracterizariam a concreta ocorrência, na hipótese, da situação de fundado receio de dano irreparável ou de difícil reparação (CPC, art. 273, I). Considerou-se o gravíssimo quadro que se criara em torno do menor impúbere, que permanentemente necessita de cuidados especiais tão dispendiosos que chegam a comprometer o modesto orçamento doméstico de sua família. Decisão referendada para, além de determinar a inclusão, a partir de 1º.10.2008, na folha de pagamento da entidade pública, do valor mensal referente a 2 salários mínimos a título de pensão enquanto viver o hipossuficiente, também deferir a antecipação dos efeitos da tutela jurisdicional quanto ao pagamento dos valores atrasados da pensão mensal, desde o nascimento do menor, bem como o do valor equivalente a 80 salários-mínimos, a título de indenização por danos morais à servidora, estabelecendo o prazo de 30 dias, sob pena, em caso de descumprimento dessa determinação, de imediata incidência da multa cominatória, de R$ 20.000,00 por dia, nos termos do art. 461, § 5º, do CPC. Determinou-se, ainda, fosse observada a cominação da multa diária em caso de inexecução de qualquer das medidas objeto da presente tutela antecipatória. **RE 495740 TA-referendo/DF, rel. Min. Celso de Mello, 2.6.2009.** (RE-495740) (Inform. STF 549)

RECLAMAÇÃO: TEMPESTIVIDADE DE EMBARGOS À EXECUÇÃO E ADC 11

O Tribunal, por maioria, julgou procedente pedido formulado em duas reclamações para determinar aos juízos reclamados que recebam os embargos à execução opostos pela União e lhes dê imediato processamento. Na espécie, os juízos reclamados, sob o fundamento de intempestividade, não receberam os embargos à execução opostos pela União, dentro do prazo estabelecido no disposto no art. 1º-B da Lei 9.494/97, acrescentado pela Medida Provisória 2.180-35/2001, a qual ampliou, para 30 dias, o prazo a que se refere o *caput* dos artigos 730 do CPC e 884 da CLT. Entendeu-se haver afronta à autoridade da decisão proferida pelo Supremo na ADC 11 MC/DF (DJU de 29.6.2007), que determinara a suspensão de todos os processos em que discutida a constitucionalidade do art. 1º-B da Medida Provisória 2.180-35. Ademais, considerou-se que, em razão de uma das decisões reclamadas ter sido proferida em processo que tramita há mais de 30 anos e a outra, em processo cujo trâmite supera 13 anos, e em observância ao princípio da razoável duração do processo, insculpido no art. 5º, LXXVIII, da CF, não seria plausível, nos casos sob exame, que se determinasse a suspensão dos aludidos processos, impondo-se que as partes aguardassem o julgamento de mérito da referida ADC 11/DF. Vencido o Min. Marco Aurélio, que julgava o pleito improcedente, asseverando que os juízos reclamados apenas teriam obedecido ao disposto no parágrafo único do art. 21 da Lei 9.868/99 ("*Concedida a medida cautelar, o Supremo Tribunal Federal fará publicar em seção especial do Diário Oficial da União a parte dispositiva da decisão, no pra-zo de dez dias, devendo o Tribunal proceder ao julgamento da ação no prazo de cento e oitenta dias, sob pena de perda de sua eficácia.*"), e, passados os 180 dias a que se refere esse preceito, o qual seria imperativo, entendido ter caducado a decisão liminar proferida naquela ADC. **Alguns precedentes citados: Rcl 6095 MC/PR (DJE de 6.6.2008); Rcl 6428 MC/SP (DJE de 29.8.2008); Rcl 5758 MC/SP (DJE de 7.2.2008); Rcl 5669 MC/RS (DJE de 1º.2.2008). Rcl 5758/SP e Rcl 6428/SP, rel. Min. Cármen Lúcia, 13.5.2009.** (Rcl-5758) (Inform. STF 546)

MEDIDA PROVISÓRIA: AMPLIAÇÃO DE PRAZO PARA A FAZENDA PÚBLICA

O Tribunal deferiu medida cautelar em ação declara-tória de constitucionalidade proposta pelo Governador do Distrito Federal para suspender os processos em que se discute a constitucionalidade do art. 1º-B da Lei 9.494/97, acrescentado pelo art. 4º da Medida Provisória 2.180-35/2001, que ampliou para 30 dias o prazo que os artigos 730 do CPC e 884 da CLT concediam à Fazenda Pública para oferecimento de embargos à execução. Salientando-se que, por força da regra da separação de poderes, o Poder Judiciário dispõe, em caráter excepcional, de competência para examinar os requisitos constitucionais legitimadores da edição de medidas provisórias (CF, art. 62), entendeu-se que, no caso, o Chefe do Poder Executivo, a princípio, não teria transposto os limites desses requisitos. Asseverou-se, no ponto, ser dotada de verossimilhança a alegação de que as notórias insuficiências da estrutura burocrática de patrocínio dos interesses do Estado e o crescente volume de execuções contra a Fazenda Pública tornavam relevante e urgente a ampliação do prazo para ajuizamento de embargos. Ressaltou-se, ademais, o longo tempo que o projeto de lei 2.689/96, apresentado com igual propósito, aguarda para ser deliberado, enquanto mais um elemento expressivo da relevância e urgência da Medida Provisória 2.180-35, que teve seu art. 1º-D, que exime a Fazenda Pública do pagamento de honorários advocatícios nas execuções não embargadas, declarado, incidentemente, constitucional no julgamento do RE 420816/PR (DJU de 10.11.2006). Considerou-se presente também o *periculum in mora*, haja vista que configurada a controvérsia jurisprudencial a respeito da constitucionalidade da norma em questão, e cuja incerteza acarreta riscos evidentes de dano ao interesse público. ADC 11 MC/DF, rel Min. Cezar Peluso, 28.3.2007. (ADC-11) (Inform. STF 461)

DÉBITOS DA FAZENDA PÚBLICA E JUROS DE MORA - 4

Em conclusão de julgamento, o Tribunal, por maioria, deu provimento a recurso extraordinário e declarou a constitucionalidade do art. 1º-F da Lei 9.494/97, introduzido pela Medida Provisória 2.225-45/2001, que estabelece que "*os juros de mora, nas condenações impostas à Fazenda Pública para pagamento de verbas remuneratórias devidas a servidores e empregados públicos, não poderá ultrapassar o percentual de 6% ao ano*". Na espécie, impugnava-se acórdão da Turma Recursal dos Juizados Especiais Federais da Seção Judiciária do Rio de Janeiro que, aplicando seu Enunciado 32, condenara a União ao pagamento integral do resíduo de 3,17% sobre os vencimentos dos servidores públicos federais, acrescidos de juros de 1% ao mês, ao fundamento de que o dispositivo em questão fere o princípio constitucional da isonomia — v. Informativo 436. Salientando-se que o conceito da isonomia, aplicado à hipótese do recurso, é relacional, exigindo modelos de comparação e de justificação, entendeu-se não haver discriminação entre credores da Fazenda Pública, haja vista que os débitos desta, em regra, são pagos com taxa de juros moratórios de 6% ao ano, a exemplo do que ocorre na desapropriação, nos títulos da dívida pública e na composição dos precatórios. Destacou-se exceção a essa regra, citando-se o indébito tributário, em relação ao qual aplica-se o disposto no art. 161, § 1º, do Código Tributário Nacional, c/c o art. 39, § 4º, da Lei 9.250/95. Esclareceu-se que a Fazenda Pública, no caso do indébito, remunera de mo-do mais vantajoso, porque, quando exige o pagamento, também o faz de forma mais elevada, tratando-se, portanto, de reciprocidade que vincula a cobrança à dívida. Vencidos os Ministros Cármen Lúcia, Carlos Britto, Marco Aurélio e Sepúlveda Pertence que negavam provimento ao recurso. RE 453740/RJ, rel. Min. Gilmar Mendes, 28.2.2007. (RE-453740) (Inform. STF 457)

DIREITO ADMINISTRATIVO E PROCESSUAL CIVIL. TITULARIDADE DOS HONORÁRIOS ADVOCATÍCIOS SUCUMBENCIAIS. ENTIDADES DA ADMINISTRAÇÃO PÚBLICA.

Os honorários advocatícios de sucumbência não constituem direito autônomo do procurador judicial quando vencedora a Administração Pública direta da União, dos Estados, do Distrito Federal e dos Municípios, ou as autarquias, as fundações instituídas pelo Poder Público, as empresas públicas, ou as sociedades de economia mista, visto que integram o patrimônio público da entidade. Precedentes citados: REsp 1.213.051-RS, DJe 8/2/2011, e AgRg no AgRg no REsp 1.251.563-RS, DJe 14/10/2011. **AgRg no AREsp 233.603-RS, Rel. Min. Arnaldo Esteves Lima, julgado em 20/11/2012. (Inform. STJ 510)**

DIREITO PROCESSUAL CIVIL. PRAZOS PROCESSUAIS DIFERENCIADOS. EMPRESA PÚBLICA. INTERPRETAÇÃO RESTRITIVA.

Não é possível a concessão às empresas públicas de prazo em dobro para recorrer e em quádruplo para contestar. As normas que criam privilégios ou prerrogativas especiais devem ser interpretadas restritivamente, não se encontrando as empresas públicas inseridas no conceito de Fazenda Pública previsto no art. 188 do CPC. Precedente citado: REsp 429.087-RS, DJe 25/10/2004. **AgRg no REsp 1.266.098- RS, Rel. Min. Eliana Calmon, julgado em 23/10/2012.(Inform. STJ 507)**

HONORÁRIOS ADVOCATÍCIOS. AUTARQUIA. DEFENSORIA PÚBLICA ESTADUAL.

A Turma, em consonância com o exposto pela Corte Especial no julgamento do REsp 1.199.715-RJ, representativo de controvérsia, reafirmou o entendimento de não serem devidos honorários advocatícios à Defensoria Pública quando ela atua contra pessoa jurídica de direito público que integra a mesma Fazenda Pública. Dessa forma, deu-se parcial provimento ao recurso para reconhecer a impossibilidade de o recorrente ser condenado a pagar honorários advocatícios à Defensoria Pública estadual. **REsp 1.102.459-RJ, Rel. Min. Adilson Vieira Macabu (Desembargador convocado do TJ-RJ), julgado em 22/5/2012.(Inform. STJ 498)**

AÇÃO POPULAR. ENERGIA ELÉTRICA. HONORÁRIOS PERICIAIS. ISENÇÃO.

In casu, cuida-se de ação popular ajuizada na origem contra a companhia de energia elétrica e outros com o intuito de que seja declarada a ilegalidade de faturamento de contrato de fornecimento de energia elétrica destinada à iluminação pública, ou seja, iluminação de vias internas de condomínios fechados. Consta dos autos que, já na fase da sentença de mérito, entendeu-se haver necessidade de produção de prova pericial para solucionar o mérito e o tribunal *a quo* manteve o mesmo entendimento da sentença, condenando o autor da ação e o réu a antecipar os honorários periciais. No REsp, discute-se a determinação de antecipar os honorários periciais em ação popular, visto ser aplicável o art. 18 da Lei n. 7.347/1985 – Lei da Ação Civil Pública (até mesmo porque essa lei baseou-se na Lei n. 4.717/1965). Para o Min. Relator tem razão o recorrente (autor) ao insurgir-se contra o adiantamento dos honorários periciais diante da vedação expressa do citado artigo, que afirma não haver adiantamento de custas, emolumentos, honorários periciais e quaisquer outras despesas, bem como, na condenação em honorários de advogado, custas e despesas processuais, salvo quando comprovada a má-fé. Ressaltou ainda que não se pode conhecer da alegada violação do art. 5º da CF/1988 por ser inviável a análise de matéria constitucional neste Superior Tribunal, sendo aplicável, por analogia, o óbice da Súm. n. 284-STF. Com esse entendimento, a Turma conheceu parcialmente do recurso e, nessa parte, deu-lhe provimento. Precedentes citados: AgRg no Ag 1.103.385-MG, DJe 8/5/2009, e REsp 858.498-SP, DJ 4/10/2006. **REsp 1.225.103-MG, Rel. Min. Mauro Campbell Marques, julgado em 21/6/2011.** (Inform. STJ 478)

REPETITIVO. LEI N. 11.960/2009. NATUREZA PROCESSUAL. APLICAÇÃO IMEDIATA.

Trata-se de REsp sob o regime do art. 543-C do CPC e Res. n. 8/2008-STJ, em que se discute a possibilidade de aplicação imediata da Lei n. 11.960/2009 às ações em curso, em face da alteração promovida no art. 1º-F da Lei n. 9.494/1997. O referido artigo estabeleceu novos critérios de correção monetária e de juros de mora a serem observados nas condenações impostas à Fazenda Pública, independentemente de sua natureza, quais sejam, os índices oficiais de remuneração básica e juros aplicados à caderneta de poupança. A Corte Especial, ao prosseguir o julgamento, vencida, em parte, a Min. Maria Thereza de Assis Moura, conheceu do recurso e deu-lhe parcial provimento, consignando, entre outras questões, que a Lei n. 11.960/2009 é norma de natureza eminentemente processual e deve ser aplicada de imediato aos processos pendentes. Frisou-se não se tratar de retroatividade de lei, mas sim de incidência imediata de lei processual sob a tutela do princípio *tempus regit actum*, de forma a não atingir situações jurídico-processuais consolidadas sob o regime de lei anterior, mas alcançando os processos pendentes que se regem pela lei nova. Daí, concluiu-se que os valores resultantes de condenações proferidas contra a Fazenda Pública, após a entrada em vigor da mencionada lei, devem observar os critérios de atualização (correção monetária e juros) nela disciplinados, enquanto vigorarem. Por outro lado, no período anterior, tais acessórios deverão seguir os parâmetros definidos pela legislação então vigente. Precedentes citados: EREsp 1.207.197-RS, DJe 2/8/2011, e EDcl no MS 15.485-DF, DJe 30/6/2011. **REsp 1.205.946-SP, Rel. Min. Benedito Gonçalves, julgado em 19/10/2011.** (Inform. STJ 485)

SUCUMBÊNCIA. TAXA JUDICIÁRIA. PAGAMENTO. AUTARQUIA ESTADUAL.

In casu, a controvérsia tem por objeto decisão colegiada do Tribunal de Justiça do Rio de Janeiro que imputou ao recorrente, autarquia estadual, o ônus de suportar o recolhimento da taxa judiciária, isto é, custa processual em demanda contra ele proposta. No primeiro grau, o pedido de revisão de benefício previdenciário foi julgado procedente, razão pela qual houve interposição de recurso voluntário da Fazenda Pública, rejeitado liminarmente por intempestividade. Em reexame necessário, o provimento jurisdicional de primeiro grau foi ratificado por decisão monocrática. Não obstante, o órgão colegiado se reportou à legislação estadual para, de ofício, condenar o Fundo Único de Previdência Social do Estado do Rio de Janeiro a recolher a taxa judiciária. Acrescentou que não há *reformatio in pejus*, pois se trata de matéria cognoscível *ex officio*. A Turma entendeu que a taxa judiciária possui natureza de custa processual, razão pela qual a imposição de pagamento representa apenas um consectário da sucumbência, e não o seu agravamento. Com efeito, a sucumbência na demanda é vinculada à pretensão de direito material (revisão de benefício previdenciário) e, no caso dos autos, ficou devidamente demonstrada. A ausência de condenação ao pagamento das custas (nelas incluída a taxa judiciária) pelo juízo de primeiro grau não impede, portanto, que o tribunal *a quo* corrija de ofício o defeito na prestação jurisdicional, mesmo que em reexame necessário. **REsp 1.285.183-RJ, Rel. Min. Herman Benjamin, julgado em 3/11/2011.** (Inform. STJ 486)

EMBARGOS DE DECLARAÇÃO. EFEITOS MODIFICATIVOS. JUROS DE MORA CONTRA A FAZENDA PÚBLICA. NORMA PROCESSUAL. APLICAÇÃO IMEDIATA.

A Turma acolheu embargos de declaração com a concessão do excepcional efeito modificativo, para reformar parcialmente o acórdão recorrido e determinar a aplicação do art. 1º da Lei n. 9.494/1997, com a redação conferida pela Lei n. 11.960/2009, que fixou os juros moratórios em feitos propostos contra a Fazenda Pública no patamar de 6% ao ano. Asseverou-se que os embargos de declaração, como recurso de fundamentação vinculada que são, visam à integração do pronunciamento judicial, de forma a sanar possível obscuridade, contradição ou omissão de algum ponto do julgado, quando tais vícios possam comprometer a verdade e os fatos postos nos autos. Dessa feita, considerando o recente entendimento da Corte Especial, seria imperioso acolher os declaratórios a fim de que prevaleça a função precípua deste Superior Tribunal, qual seja, a de uniformizar a aplicação e interpretação da matéria infraconstitucional, tendo como norte o princípio da segurança jurídica. Segundo posicionamento firmado na Corte Especial, no julgamento dos EREsp 1.207.197-RS, à luz do princípio *tempus regit actum*, as normas disciplinadoras de juros de mora, por serem de natureza eminentemente processual, devem ser aplicáveis aos processos em curso. **EDcl no AgRg no REsp 1.224.727-RS, Rel. Min. Gilson Dipp, julgado em 1º/12/2011.** (Inform. STJ 488)

FAZENDA PÚBLICA. REMESSA NECESSÁRIA. RECURSO.

A Corte Especial reiterou seu entendimento de que a ausência de recurso da Fazenda Pública contra sentença de primeiro grau não impede que ela recorra do aresto proferido pelo tribunal de origem em razão da remessa necessária (art. 415 do CPC). O comportamento omissivo da Fazenda Pública, ao não apelar, não configura a preclusão lógica em relação aos recursos dirigidos às instâncias extraordinárias. Precedentes citados: AgRg no REsp 1.096.292-RJ, DJe 25/10/2010, e REsp 905.771-CE, DJe 19/8/2010. **EREsp 853.618-SP, Rel. Min. João Otávio de Noronha, julgados em 18/5/2011.** (Inform. STJ 473)

SLS. SOCIEDADE. ECONOMIA MISTA. LEGITIMIDADE.

Trata-se de agravo regimental em que a agravante, sociedade de economia mista, insurge-se contra o indeferimento do pedido de suspensão de liminar e de sentença (SLS) no qual alegou violação da ordem e economia públicas. A Corte Especial, ao prosseguir o julgamento, negou provimento ao agravo regimental sob o entendimento de que carece a agravante de legitimidade para o referido pedido de suspensão. Assim, consignou-se que as empresas públicas e as sociedades de economia mista apenas são legitimadas quando em discussão questões ligadas diretamente à prestação do serviço público a elas delegado, o que não é o caso. Precedente citado: SLS 771-SC, DJe 24/8/2009. **AgRg na SLS 1.320-BA, Rel. Min. Presidente Ari Pargendler, julgado em 16/3/2011.** (Inform. STJ 466)

RECURSO REPETITIVO. REMESSA NECESSÁRIA. LEI N. 10.352/2001.

A Corte Especial, ao julgar o recurso sob o regime do art. 543-C do CPC c/c a Res. n. 8/2008-STJ, afirmou que a incidência do duplo grau de jurisdição obrigatório é de rigor quando a data da sentença desfavorável à Fazenda Pública for anterior à reforma promovida pela Lei n. 10.352/2001 (que alterou dispositivos do CPC referentes a recurso e a reexame necessário). Ressaltou-se que se adota o princípio *tempus regit actum* do ordenamento jurídico, o qual implica respeito aos atos praticados na vigência da lei revogada e aos desdobramentos imediatos desses atos, não sendo possível a retroação da lei nova. Assim, a lei em vigor no momento da data da sentença regula os recursos cabíveis contra ela, bem como a sua sujeição ao duplo grau obrigatório, repelindo-se a retroatividade da lei nova. Diante desse entendimento, o recurso da Fazenda Pública foi provido, determinando-se o retorno dos autos ao tribunal *a quo* para apreciar a remessa necessária (antigo recurso *ex officio*). Precedentes citados: EREsp 600.874-SP, DJ 4/9/2006; REsp 714.665-CE, DJe 11/5/2009; REsp 756.417-SP, DJ 22/10/2007; REsp 1.092.058-SP, DJe 1º/6/2009; AgRg no REsp 930.248-PR, DJ 10/9/2007; REsp 625.224-SP, DJ 17/12/2007, e REsp 703.726-MG, DJ 17/9/2007. **REsp 1.144.079-SP, Rel. Min. Luiz Fux, julgado em 2/3/2011.** (Inform. STJ 465)

DESISTÊNCIA. AÇÃO. MUNICÍPIO. INSTITUIÇÃO FINANCEIRA. INDISPONIBILIDADE. INTERESSE PÚBLICO.

No caso dos autos, o município ajuizou ação declaratória cumulada com pedido de repetição de indébito em busca do reconhecimento da quitação de contrato de empréstimo mediante crédito fixo e da condenação das instituições financeiras rés para devolver o que foi pago indevidamente, aos fundamentos de ilegalidade dos índices de correção monetária e dos juros cobrados, bem como de prática de anatocismo. Sucede que, após a citação e contestação dos réus, em conjunto, as partes peticionaram requerendo a desistência da ação, alegando que celebraram novo aditivo contratual para alongar a dívida e ajustar os parâmetros matemáticos para a aplicação das taxas de reajustes contratuais. O juiz acolheu a desistência e extinguiu o processo sem resolução de mérito, com base no art. 267, VIII, do CPC, todavia o MP estadual apelou da sentença ao argumento de indisponibilidade do interesse público posto em juízo. Por sua vez, o TJ deu provimento ao recurso, anulou a sentença homologatória e determinou o retorno dos autos à origem, para que tivessem regular tramitação. Então, o município interpôs recurso especial. Quanto à intempestividade do recurso, esclarece o Min. Relator que o TJ firmou, no acórdão recorrido, a premissa fática de que inexiste certidão de intimação pessoal do *Parquet* relativamente à sentença impugnada. Assim, assevera que se mostra inviável o reconhecimento da intempestividade do recurso de apelação quando, a rigor, o prazo recursal sequer havia iniciado. Também explica a competência da Segunda Seção para conhecer a matéria de fundo, embora seja abordada no REsp questão alusiva ao Direito Público, ou seja, a impossibilidade de desistência de ação por indisponibilidade do interesse público, no entanto a relação litigiosa entre as partes advém de contrato de mútuo bancário, que tem natureza privada, o que basta para atrair a competência desta Turma nos termos do art. 9º, *caput* e § 2º, do RISTJ. Observa que a desistência, a transação e a renúncia ao direito litigioso são institutos diversos, dando ensejo também a consequências processuais distintas. Por outro lado, para o Min. Relator, não se mostra possível compelir o município a prosseguir no feito como parte autora; assim, a solução mais apropriada com o sistema processual é extinguir o processo sem exame de mérito, sem que isso implique homologação de qualquer transação que versar sobre os direitos postos em juízo e, ainda, sem esquecer o respeito ao interesse público − que é indisponível −, embora, em regra, não seja cabível a homologação de transação que dispõe sobre esses direitos públicos indisponíveis. Ressaltou, ainda, que, havendo elementos, o MP poderá, se achar necessário, por meio de ação própria, impugnar o acordo de desistência celebrado entre as partes. Diante do exposto, a Turma deu provimento ao recurso, extinguindo o feito. **Precedentes citados: EREsp 598.516-DF, DJe 19/4/2010, e REsp 796.082-SP, DJe 9/11/2009. REsp 586.304-MG, Rel. Min. Luis Felipe Salomão, julgado em 4/11/2010.** (Inform. STJ 454)

FAZENDA PÚBLICA. APELAÇÃO. RESP.

A Corte Especial reafirmou, conforme precedente, que a Fazenda Pública, ainda que não tenha apresentado apelação da sentença que lhe foi desfavorável, pode interpor recurso especial, pois não há falar em preclusão lógica. Ressalvaram seu ponto de vista os Ministros Arnaldo Esteves Lima, Laurita Vaz e a própria Relatora. **Precedente citado: REsp 905.771-CE, DJ 19/8/2010. EREsp 1.119.666-RS, Rel. Min. Eliana Calmon, julgados em 1º/9/2010.** (Inform. STJ 445)

REEXAME NECESSÁRIO. FAZENDA PÚBLICA. RESP.

A Corte Especial, ao prosseguir o julgamento, por maioria, entendeu que a Fazenda Pública, mesmo que não tenha apresentado recurso de apelação, pode interpor recurso especial (ou recurso extraordinário) contra acórdão que, julgando reexame necessário, manteve a sentença de primeiro grau contrária aos seus interesses. O comportamento omissivo da Fazenda, ao não apelar, não configura a preclusão lógica para um futuro recurso às instâncias extraordinárias. **Precedentes citados do STF: RE 330.007-RO, DJ 23/8/2002; RE 396.989-7-GO, DJ 3/3/2006; do STJ: AgRg nos REsp 1.063.425-RS, DJe 9/12/2008; AgRg no REsp 588.108-PE, DJ**

20/6/2005, e AgRg no EDcl no REsp 1.036.329-SP, DJe 18/6/2008. REsp 905.771-CE, Rel. Min. Teori Albino Zavascki, julgado em 29/6/2010. (Inform. STJ 441)

PENHORA *ONLINE*. VALOR IRRISÓRIO. FAZENDA PÚBLICA.
Em ação de execução fiscal no montante de R$ 35.326,41, os demandados foram citados, porém não opuseram embargos. Portanto, a Fazenda Nacional pleiteou a penhora de dinheiro em depósito ou aplicação financeira dos executados pelo sistema Bacen Jud, sendo bloqueado o valor de R$ 1.582,40. No entanto, o tribunal de origem determinou o desbloqueio ao entendimento de ser irrisório o valor para a satisfação do crédito exequendo, bem como estar evidente que o produto da execução dos bens encontrados seria totalmente absorvido pelo pagamento das custas da execução (art. 659, § 2º, do CPC). Conforme esclareceu o Min. Relator, evidenciado que o bem a ser penhorado não apresentaria valor para sequer cobrir as despesas decorrentes do processo executivo, tampouco traria satisfação ao exequente, ainda que mínima. Dessarte, em vista da impossibilidade da produção de resultados úteis ao interessado, a lei determina que, nesses casos, o ato não seja praticado. Contudo, na hipótese dos autos, há uma particularidade – a Fazenda Pública é isenta de custas –, razão pela qual a penhora de numerário preferencial não poderia ser liberada sem a sua aquiescência, a pretexto da aplicação do art. 659, § 2º, do CPC. Com essas considerações, a Turma deu provimento ao recurso da Fazenda Nacional. **REsp 1.187.161-MG, Rel. Min. Luiz Fux, julgado em 5/8/2010.** (Inform. STJ 441)

LEGITIMIDADE. EXECUÇÃO. MULTA. TCE.
Trata-se de agravo regimental em que a matéria de fundo cinge-se em definir a legitimidade para a execução de multa imposta a diretor de departamento municipal pelo Tribunal de Contas estadual (TCE). A Turma, por maioria, entendeu que, para definir a legitimidade, nessas hipóteses, há que fazer a distinção entre a multa por ressarcimento e a multa punitiva em matéria administrativa. Desse modo, tendo em vista que, no caso concreto, a multa imposta não se refere a ressarcimento, e sim a uma multa eminentemente punitiva, deu-se, por maioria, provimento ao AgRg e, em consequência, declarou-se o Estado recorrente como legítimo executor da referida multa. **AgRg no REsp 1.181.122-RS, Rel. originário Min. Humberto Martins, Rel. para acórdão Min. Mauro Campbell Marques, julgado em 6/5/2010.** (Inform. STJ 433)

SENTENÇA ILÍQUIDA. REEXAME NECESSÁRIO.
A Corte Especial reiterou que as sentenças ilíquidas proferidas contra a União, Distrito Federal, estados, municípios e suas respectivas autarquias e fundações de direito público estão sujeitas ao reexame necessário (duplo grau de jurisdição), não incidindo sobre ela a exceção prevista no § 2º do art. 475 do CPC. **Precedente citado: EREsp 934.642-PR, DJe 26/11/2009. EREsp 701.306-RS, Rel. Min. Fernando Gonçalves, julgados em 7/4/2010** (ver Informativo n. 414). (Inform. STJ 429)

DEPÓSITO JUDICIAL. CEF. JUROS.
A questão cinge-se à possibilidade de a instituição financeira depositária, sem prévia autorização judicial, efetuar estornos dos juros indevidamente computados nos valores depositados judicialmente. Entendeu o Min. Relator que, no caso, não se podem efetuar, *sponte propria*, estornos ou retiradas de qualquer natureza do montante depositado judicialmente, sem autorização prévia do juízo da causa, ainda que se trate de juros indevidamente creditados. A Lei n. 9.298/1996, o DL n. 1.737/1979 e a Súm. n. 257-TFR afastam a incidência de juros sobre os depósitos judiciais efetuados na Caixa Econômica Federal (CEF). É certo que o estorno dos juros indevidamente creditados deveria ser efetuado sob a supervisão do juízo da causa. Contudo, o juízo *a quo* encampou o estorno efetuado *sponte propria* pela CEF; revelando-se, portanto, desnecessário o retorno ao *status quo ante* para chegar ao mesmo resultado consentâneo com a não incidência de juros sobre o depósito judicial. Diante disso, a Turma negou provimento ao recurso. **Precedente citado: RMS 17.406-RJ, DJ 23/8/2004. REsp 894.749-SP, Rel. Min. Luiz Fux, julgado em 6/4/2010.** (Inform. STJ 429)

***ASTREINTES*. GOVERNADOR.**
Em execução de obrigação de fazer resultante de mandado de segurança, o ente federado foi condenado a incorporar certo percentual aos vencimentos e proventos de seus servidores. Sucede que foram impostas *astreintes* aos representantes daquele ente público (o governador e a secretária de gestão administrativa) correspondentes a diários 50% do valor do salário mínimo, caso, após citados, não procedessem às aludidas incorporações em 30 dias. Anote-se que essa sanção pecuniária não se confunde com a de natureza punitiva derivada de ato atentatório ao exercício da jurisdição (art. 14, V, parágrafo único, do CPC). Diante disso, a jurisprudência do STJ permite a imposição de multa diária à Fazenda Pública na execução imediata, porém sua extensão ao agente público, ainda que escorada na necessidade de dar efetivo cumprimento à ordem mandamental, é despida de juridicidade, pois inexiste norma que determine esse alcance da pessoa física representante da pessoa jurídica de direito público. No caso, além de sequer haver contraditório e ampla defesa, os agentes não foram partes na execução e atuaram no MS apenas como substitutos processuais. Por último, note-se que a execução da ação mandamental foi dirigida ao ente federado, pessoa jurídica de direito interno, e há norma que restringe ao réu a imposição das referidas *astreintes* (art. 461, § 4º, do CPC). **Precedentes citados: REsp 770.753-RS, DJ 15/3/2007; REsp 893.041-RS, DJ 14/12/2006, e AgRg no Ag 1.028.620-DF, DJe 3/11/2008. REsp 747.371-DF, Rel. Min. Jorge Mussi, julgado em 6/4/2010.** (Inform. STJ 429)

REPETITIVO. LEGITIMIDADE ATIVA. CÂMARA.
A Seção, ao apreciar recurso representativo de controvérsia (art. 543-C e Res. n. 8/2008-STJ), reafirmou que as câmaras legislativas não detêm legitimidade para integrar o polo ativo de demanda em que se discute a exigibilidade de contribuições previdenciárias incidentes sobre a remuneração paga àqueles que exercem mandato eletivo municipal. Isso porque as câmaras de vereadores não possuem personalidade jurídica, mas apenas personalidade judiciária. Desse modo, só podem demandar em juízo para defender seus direitos institucionais, ou seja, aqueles relacionados com seu funcionamento, autonomia e independência. Assim, para aferir a legitimação ativa dos órgãos legislativos, é necessário qualificar a pretensão em análise para concluir se essa pretensão está relacionada aos interesses e prerrogativas institucionais. No caso dos autos, a câmara de vereadores ajuizou ação ordinária inibitória com pedido de tutela antecipada contra a Fazenda Nacional e o INSS, com o objetivo de afastar a incidência da contribuição previdenciária sobre os vencimentos pagos aos vereadores. Portanto, não se trata de defesa de prerrogativa institucional, mas de simples pretensão de cunho patrimonial. **Precedentes citados: RMS 12.068-MG, DJ 11/11/2002; REsp 649.824-RN, DJ 30/5/2006; REsp 1.109.840-AL, DJe 17/6/2009; REsp 946.676-CE, DJ 19/11/2007; REsp 696.561-RN, DJ 24/10/2005 e REsp 241.637-BA, DJ 20/3/2000. REsp 1.164.017-PI, Rel. Min. Castro Meira, julgado em 24/3/2010.** (Inform. STJ 428)

ANISTIA. OMISSÃO. AUTORIDADE. DECADÊNCIA.
Trata-se de mandado de segurança impetrado por anistiado político contra ato de omissão do ministro da Defesa, que descumpriu o pagamento de parcelas de valores em atraso, embora reconhecidos em portaria. Anota o Min. Relator que o impetrante não se insurge contra um ato concreto, suscita a omissão da autoridade impetrada quanto ao descumprimento parcial da portaria que o reconheceu como anistiado político, que, no caso, renova-se continuamente. Logo, não há decadência para a impetração do MS e a omissão do ministro da Defesa ficou comprovada nos autos. Observou ainda que o Supremo Tribunal já assentou que não consubstancia ação de cobrança o MS impetrado com o objetivo de sanar omissão da autoridade coatora, inclusive quanto à parcela relativa a valores pretéritos previstos em portaria. Quanto à disponibilidade orçamentária, a Seção tem entendido que a superveniência da Lei n. 11.354/2006, que assegura o pagamento dos valores atrasados ao anistiado que optar por seu parcelamento na via administrativa, evidencia a existência de recursos orçamentários e de créditos orçamentários específicos para os valores retroativos. Diante do exposto, a Seção concedeu a segurança. **Precedentes citados do STF: RMS 24.953-DF, DJ 1º/10/2004; do STJ: MS 13.373-DF, DJE 1º/7/2008, e MS 13.543-DF, DJe 18/11/2008. MS 14.365-DF, Rel. Min. Arnaldo Esteves Lima, julgado em 24/2/2010.** (Inform. STJ 424)

COMPETÊNCIA. INFRAÇÃO. IBAMA.
Buscava-se definir a competência para processar e julgar ação anulatória de autos de infração lavrados pelo Ibama. Quanto a isso, a Turma reafirmou que as autarquias federais podem ser demandadas no local de sua sede ou de sua agência ou sucursal em cujo âmbito de competência ocorreram os fatos que originaram a lide (art. 100, IV, do CPC). **Precedentes citados: CC 2.493-DF, DJ 3/8/1992; AgRg no Ag 1.042.760-RS, DJe 9/3/2009, e REsp 511.506-DF, DJe 23/10/2008. REsp 891.326-RJ, Rel. Min. Teori Albino Zavascki, julgado em 23/2/2010.** (Inform. STJ 424)

EXECUÇÃO. VALOR IRRISÓRIO.

A Caixa Econômica Federal sustenta que não há, no ordenamento jurídico pátrio, autorização para a extinção da execução de R$ 130,00. Porém, a Turma negou provimento ao recurso sob o argumento de que o exercício da jurisdição deve considerar a utilidade do provimento judicial, sopesando o custo social de sua efetivação, especialmente quando o exequente pertence à estrutura do Estado. Consubstancia o interesse processual a utilidade prática do provimento judicial, o que não ocorre na execução de valor irrisório. **Precedentes citados: REsp 913.812-ES, DJ 24/5/2007; REsp 601.356-PE, DJ 30/6/2004, e REsp 477.097-PR, DJ 21/2/2005. REsp 796.533-PE, Rel. Min. Paulo Furtado (Desembargador convocado do TJ-BA), julgado em 9/2/2010.** (Inform. STJ 422)

EMBARGOS. EXECUÇÃO. FAZENDA PÚBLICA.

A Turma negou provimento ao recurso e reiterou o entendimento de que a *ratio* do novel disposto no art. 739, § 5º, do CPC é aplicável aos embargos à execução opostos pela Fazenda Pública quando se fundar em excesso de execução, haja vista ser dever legal que atinge todos os executados a apresentação de memória discriminada de cálculos, sob pena de rejeição liminar deles. Ao tratar dos embargos à execução com fundamento em excesso de execução, a doutrina estabelece que, coibindo a prática antiga de o executado impugnar genericamente o crédito exequendo, a lei o obriga a apontar as "gorduras" do débito apontado pelo credor. Assim é que, quando o excesso de execução for fundamento dos embargos, o embargante deverá declarar, na petição inicial, o valor que entende correto, apresentando memória do cálculo sob pena de rejeição liminar dos embargos ou de não conhecimento desse fundamento. A regra decorre não só da experiência prática, mas também do fato de que a execução pode prosseguir somente pela parte incontroversa (art. 739-A, § 3°, do CPC). **Precedentes citados: REsp 1.085.948-RS, DJe 1º/7/2009; REsp 1.099.897-RS, DJe 20/4/2009, e REsp 1.103.965-RS, DJe 14/4/2009. REsp 1.115.217-RS, Rel. Min. Luiz Fux, julgado em 2/2/2010.** (Inform. STJ 421)

FAZENDA PÚBLICA. AÇÃO MONITÓRIA. ISENÇÃO. CUSTAS E HONORÁRIOS.

A Turma entendeu que a Fazenda Pública, quando reconhece a dívida cobrada pelo autor da ação monitória, mas deixa de apresentar embargos, que suspenderiam a eficácia do mandado inicial, não faz jus à isenção de custas e honorários advocatícios estabelecidos no art. 1.102c, *caput* e § 1º, do CPC (com a redação dada pela Lei n. 11.232/2005), o que seria admissível caso ocorresse o oportuno adimplemento da dívida. **REsp 1.170.037-RJ, Rel. Min. Castro Meira, julgado em 4/2/2010.** (Inform. STJ 421)

RECURSO REPETITIVO. REMESSA NECESSÁRIA. SENTENÇA ILÍQUIDA.

É obrigatório o reexame necessário de sentença ilíquida proferida contra a União, os estados, o Distrito Federal, os municípios e suas respectivas autarquias e fundações de direito público (art. 475, § 2º, do CPC). A regra é o cabimento do reexame obrigatório, mas ela admite exceção só nos casos em que o valor da condenação é certo e não excede a 60 salários mínimos. O entendimento acima exposto foi reiterado pela Corte Especial quando do julgamento de recurso repetitivo (art. 543-C do CPC). Precedente citado: EREsp 934.642-PR. **REsp 1.101.727-PR, Rel. Min. Hamilton Carvalhido, julgado em 4/11/2009.** (Inform. STJ 414)

HONORÁRIOS ADVOCATÍCIOS. REVISÃO.

Depreende-se, no caso, que sociedade empresária interpôs apelação contra decisão do juiz que extinguiu ação de consignação em pagamento via títulos da dívida pública ao argumento de impossibilidade jurídica do pedido e, consequentemente, condenou-a ao pagamento das custas e honorários advocatícios em 10% do valor da causa, o que resultou cerca de R$ 11,8 milhões em favor da Fazenda Pública. Embora o TJ tenha dado parcial provimento ao apelo, a recorrente sustenta, no REsp, violação do § 4º do art. 20 do CPC, pois o valor dos honorários reduzidos importam ainda em mais de R$ 300 mil em valores de 2003, apesar de o processo ter sido extinto e a atuação da Fazenda limitar-se à apresentação de contestação (exceção de incompetência) em petição avulsa de 13 laudas. Afirma, ainda, que aderiu ao Refis e desistiu do mérito da ação, o que foi homologado pelo TJ, mas permaneceu a discussão quanto aos honorários sucumbenciais. Em razão da exorbitância da verba honorária arbitrada, a Turma fixou os honorários em 0,02% do valor da causa, ou seja, quase R$ 24 mil, incidindo o entendimento jurisprudencial de que é possível alterar os valores dos honorários advocatícios fixados quando forem irrisórios ou excessivos para adequá-los ao disposto no § 4º do art. 20 do CPC. Precedentes citados: AgRg no EREsp 432.201-AL, DJ 28/3/2005; EDcl no AgRg no REsp 959.165-SP, DJe11/5/2009, e REsp 1.097.727-RS, DJe 13/5/2009. **REsp 939.684-RS, Rel. Min. Luiz Fux, julgado em 3/11/2009.** (Inform. STJ 414)

SUCESSÃO. HONORÁRIOS ADVOCATÍCIOS.

Em execução de sentença proferida nos autos de ação expropriatória, habilitaram-se os sucessores com novo patrono. Então, o patrono anterior do *de cujus* requereu o destacamento dos seus honorários, mas as Primeira e Segunda Instâncias só reconheceram seu direito aos honorários sucumbenciais e determinaram que os contratuais fossem cobrados pelas vias ordinárias. Isso posto, explica o Min. Relator que, segundo a jurisprudência deste Superior Tribunal, o patrono dos exequentes ostenta legitimidade para requerer, nos próprios autos da execução de sentença do processo em que atuou, o destacamento da condenação dos valores a ele devidos a título de honorários sucumbenciais e contratuais, sendo que, na última hipótese, deve ser juntado o contrato de prestação de serviço advocatício (arts. 22, § 4º, e 23 da Lei n. 8.906/1994). Entretanto, quando há discordância entre os advogados dos sucessores e o patrono originário que pretende executar os honorários contratuais firmados entre ele e o *de cujus*, a satisfação de tal vínculo contratual deve ser perquirida em ação autônoma, com a execução do título extrajudicial, nos termos do art. 585, VIII, do CPC c/c art. 24 da Lei n. 8.906/1994 e precedentes deste Superior Tribunal. Ante o exposto, a Turma conheceu parcialmente do recurso e, nessa parte, negou-lhe provimento. **Precedentes citados: REsp 766.279-RS, DJ 18/9/2006; REsp 556.570-SP, DJ 17/5/2004; RMS 1.012-RJ, DJ 23/8/1993, e AgRg no REsp 1.048.229-PR, DJe 27/8/2008. REsp 1.087.135-PR, Rel. Min. Luiz Fux, julgado em 3/11/2009.** (Inform. STJ 414)

CITAÇÃO. UNIÃO. LEI ANTERIOR.

In casu, o militar, em 1991, ajuizou ação contra a União com o objetivo de ser promovido a major. O juiz indeferiu a inicial e o militar apelou, sendo a União, citada para acompanhar o recurso. Na época, essa citação valia para todos os atos posteriores. O TJ, por sua vez, deu provimento ao apelo do militar, determinando o prosseguimento do feito. Então, a União ao ser intimada para apresentar resposta à ação, peticionou, sustentando que, como não fora citada antes, sua citação deveria ser realizada nos termos do art. 35, IV, da LC n. 73/1993. Essa petição foi indeferida pelo juiz, e a União interpôs agravo de instrumento, ao qual o TJ negou provimento, daí a interposição do REsp. Para a Min. Relatora, desnecessária a realização de nova citação, pois já efetuada em nome dos membros da Procuradoria da República, de acordo com a legislação vigente à época. Ademais, intimada a União para oferecer resposta à ação, não existe a alegada ofensa ao contraditório e à ampla defesa. Ante o exposto, a Turma negou provimento ao recurso da União. **REsp 714.672-RJ, Rel. Min. Laurita Vaz, julgado em 5/11/2009.** (Inform. STJ 414)

EXECUÇÃO. NOTA. EMPENHO.

Em execução forçada com base em contrato de prestação de serviço acompanhado de nota de empenho administrativo considerado exequível pelo Tribunal *a quo*, no REsp, alega a fundação estadual que houve omissão e violação dos arts. 267, V, e 295, parágrafo único, III, do CPC e, por fim, que inexiste título extrajudicial. A Turma, ao prosseguir o julgamento, por maioria, conheceu em parte o recurso e, nessa parte, negou-lhe provimento, reafirmando que a nota de empenho emitida por agente público é título executivo extrajudicial por ser dotada de liquidez, certeza e exigibilidade. Ela revela obrigação de pagamento assumida pela entidade pública, por isso é passível de exigibilidade pela via executiva. Ademais, rejeitou-se a preliminar de omissão do acórdão recorrido e não foram conhecidas as outras questões. **Precedentes citados: REsp 793.969-RJ, DJ 26/6/2006; REsp 704.382-AC, DJ 19/12/2005; REsp 331.199-GO, DJ 25/3/2002, e REsp 203.962-AC, DJ 21/6/1999. REsp 894.726-RJ, Rel. Min. Castro Meira, julgado em 20/10/2009.** (Inform. STJ 412)

INTIMAÇÃO PESSOAL. UNIÃO. NULIDADE.

Prosseguindo o julgamento, a Turma decidiu que é imprescindível a intimação pessoal do representante da União (AGU) sob pena de nulidade, pois restou inequívoca a dificuldade de defesa a contento da União na espécie, mormente ante a negativa até mesmo do requerimento de juntada do voto vencido no aresto de segundo grau, contendo subsídios para obter reforma do julgado desfavorável na instância ordinária, fato que configura omissão não suprida e ofensa ao art. 535 do CPC. **Precedentes citados: HC 61.747-SP, DJ 16/4/2007; HC 35.851-SP, DJ 21/2/2005; HC 16.959-SP, DJ 4/10/2004, e REsp 605.814-RS, DJ 1º/6/2004. REsp 826.850-DF, Rel. Min. Castro Meira, julgado em 15/9/2009.** (Inform. STJ 407)

AG. EXECUÇÃO. FAZENDA PÚBLICA.

Originariamente, cuidava-se de agravo de instrumento a contra decisão que, nos autos da execução de sentença contra a Fazenda Pública estadual, indeferiu homologação judicial do acordo celebrado entre as partes destinado ao pagamento parcelado de crédito reconhecido em sentença transitada em julgado, cujo valor foi devidamente apurado em processo de execução já consumado. O juiz rejeitou a homologação do acordo celebrado entre as partes, ao argumento de que a avença encontrava-se eivada de ilegalidade. Diante dessa circunstância, a jurisprudência deste Superior Tribunal orienta-se no sentido de que o juiz não está obrigado a homologar o negócio jurídico. Essa é a determinação do art. 129 do CPC. Para o Min. Relator, o instituto da transação não se aplica à ação de execução por quantia certa contra a Fazenda Pública, que deve seguir o procedimento previsto nos arts. 730 e 731 do CPC e nos explícitos termos do art. 841 do CC/2002. Só quanto a direitos patrimoniais de caráter privado permite-se a transação. Assim, ausente a comprovação da necessidade de retificação a ser promovida na decisão agravada, a Turma negou provimento ao agravo. **AgRg no REsp 1.090.695-MS, Rel. Min. Herman Benjamin, julgado em 8/9/2009.** (Inform. STJ 406)

MULTA. FAZENDA PÚBLICA. INTERPOSIÇÃO. RECURSO.

A Corte Especial reafirmou que o art. 1º-A da Lei n. 9.494/1997 (dispensa de depósito prévio para interposição de recurso da pessoa jurídica de direito público federal, estadual, distrital ou municipal) é perfeitamente aplicável em casos da multa constante do art. 557, § 2º, do CPC (agravo manifestamente inadmissível ou infundado), que, por sua vez, possui a mesma natureza daquela prevista no art. 488 do CPC, da qual é também isento o Poder Público. Dessarte, não há falar em negativa de seguimento a recurso interposto pela Fazenda Pública quando ela não efetuou previamente o depósito da referida multa. **Precedentes citados: Ag 490.231-SP, DJ 12/8/2003; AR 419-DF, DJ 13/5/2002; REsp 4.999-SP, DJ 19/6/1995; EREsp 695.001-RJ, DJ 2/4/2007, e EREsp 808.525-PR, DJ 22/10/2007. EREsp 907.919-PR, Rel. Min. Luiz Fux, julgados em 19/8/2009.** (Inform. STJ 403)

HONORÁRIOS. FAZENDA PÚBLICA.

A Corte Especial, prosseguindo o julgamento, por maioria, recebeu os embargos, reafirmando que, referente à fixação de honorários advocatícios quando vencida a Fazenda Pública, aplica-se o § 4º do art. 20 do CPC segundo o critério da equidade. **Precedentes citados: EREsp 491.055-SC, DJ 6/12/2004; EREsp 637.905-RS, DJ 21/8/2006, e EREsp 376.337-SC, DJ 12/3/2007. EREsp 624.356-RS, Rel. Min. Nilson Naves, julgados em 17/6/2009.** (Inform. STJ 399)

SEQUESTRO. BENS. LICITUDE.

A Corte Especial, prosseguindo o julgamento, após pedido de vista em mesa do Min. Luiz Fux, decidiu que é cabível a decretação de sequestro de valores bloqueados para garantir futuro ressarcimento de danos causados ao erário (remessa ao exterior de vultosa importância), com base no art. 1º do DL n. 3.240/1941. Ademais, para decretar o sequestro, não é necessário o exame de licitude da origem dos bens passíveis de constrição. Precedentes citados: **REsp 149.516-SC, DJ 17/6/2002, e RMS 17.405-CE, DJ 26/9/2005. RCDESP no Inq 561-BA, Rel. Min. Eliana Calmon, julgado em 17/6/2009.** (Inform. STJ 399)

COMPETÊNCIA. JUIZADO ESPECIAL FEDERAL. LITISCONSÓRCIO. UNIÃO. COMPLEXIDADE. CAUSA.

Deve ser refutado o argumento de que os juizados especiais federais não possuem competência para conhecer de causa em que exista interesse da Fazenda Pública, pois a eles não é aplicável o art. 3º, § 2º, da Lei n. 9.099/1995, mas sim a Lei n. 10.259/2001. Já o art. 6º, II, da última lei tem que ser interpretado de forma lógico-sistemática, a permitir a conclusão de que o referido dispositivo não exclui a possibilidade de que outras pessoas jurídicas figurem, em demandas ajuizadas no citado juizado, na condição de litisconsorte passivo da União, tal como no caso, em que se pretende compelir as pessoas jurídicas demandadas a fornecer os medicamentos de uso continuado necessários à autora. Quanto à questão da complexidade da causa sujeita ao juizado especial federal, a Lei n. 10.259/2001 é clara em admitir não só a inquirição de técnicos, mas também a possibilidade de realização de prova técnica mediante laudos periciais, o que denota haver permissão de aquele juizado aprecie causa de maior complexidade probatória (diferentemente dos juizados estaduais), quanto mais se absoluta a competência prevista no art. 3º, § 3º, daquela mesma lei. **Precedentes citados: CC 75.314-MA, DJ 27/8/2007; CC 48.022-GO, DJ 12/6/2006; CC 73.000-RS, DJ 3/9/2007; CC 49.171-PR, DJ 17/10/2005, e CC 83.130-ES, DJ 4/10/2007. CC 103.084-SC, Rel. Min. Eliana Calmon, julgado em 22/4/2009.** (Inform. STJ 391)

QO. RECURSO REPETITIVO. HONORÁRIOS ADVOCATÍCIOS. CONDENAÇÃO. FAZENDA PÚBLICA. DEFENSORIA PÚBLICA. ART. 381 DO CC/2002.

A Seção deliberou submeter à Corte Especial o julgamento do recurso repetitivo sobre questão que envolve honorários advocatícios decorrentes de condenação da Fazenda Pública em causa patrocinada pela defensoria pública, por configurar-se, na hipótese, confusão entre credor e devedor (art. 381 do CC/2002), por ser matéria comum a todas as Turmas. **QO no REsp 1.102.459-RJ, Rel. Min. Arnaldo Esteves Lima, em 22/4/2009.** (Inform. STJ 391)

JUROS MORATÓRIOS. FAZENDA PÚBLICA.

A Seção, ao julgar o presente recurso repetitivo (Resolução n. 8/2008-STJ), entendeu que o art. 1º-F da Lei n. 9.497/1997, que dispõe que os juros moratórios, nas ações propostas contra a Fazenda Pública, são de 6%, deve ser aplicado apenas nas ações ajuizadas após a entrada em vigor da MP n. 2.180-35/2001. Contudo, a Min. Relatora ressalvou o seu ponto de vista de que o referido artigo seria inconstitucional, pois feriria o princípio da isonomia, uma vez que o devedor da Fazenda Pública suportaria juros de 12% ao ano nas mesmas circunstâncias. **Precedentes citados do STF: RE 453.740-RJ, DJ 24/8/2007; do STJ: REsp 904.264-RS, DJe 25/8/2008, e AgRg no AgRg no REsp 1.011.163-PR, DJe 25/8/2008. REsp 1.086.944-SP, Rel. Min. Maria Thereza de Assis Moura, julgado em 11/3/2009.** (Inform. STJ 386)

EDCL. APLICAÇÃO. MULTA. FAZENDA.

Na ação em que se discutem valores relativos a débitos de natureza alimentar, devem incidir juros à taxa de 1% ao mês (a Lei n. 9.494/1997, que fixa taxa de juros para a Fazenda, alcança somente as ações propostas após a edição da MP n. 2.180-35/2001). A Turma considerou protelatórios os embargos de declaração e multou a Fazenda em 1% sobre o valor da causa. O Min. Relator ressaltou, entre outros argumentos, que, em tempos de severas críticas ao Código de Processo Civil brasileiro, é preciso pontuar um pouco ou nada adiantará qualquer mudança legislativa para dar agilidade à apreciação de processos se não houver uma revolução na maneira de encarar a missão dos Tribunais Superiores e do Supremo Tribunal Federal. Conclui que, ao enfrentar situações como a dos autos: demanda ajuizada em 2000 que o TJ exarou decisão conforme a jurisprudência deste Superior Tribunal em 2005; a União opôs declaratórios acolhidos apenas para fins de prequestionamento, opôs recurso especial julgado improcedente e, ainda não conformada, foram opostos os presentes embargos de declaração, tal inconformismo, destaca o Min. Relator, torna-se incompatível com a persecução do interesse público disposto na CF/1988 que preconiza, de maneira muito veemente, a necessidade de resolver, de forma célere, as questões submetidas ao Poder Judiciário. **EDcl no REsp 949.166-RS, Rel. Min. Mauro Campbell Marques, julgados em 4/11/2008.** (Inform. STJ 375)

FAZENDA PÚBLICA. APLICAÇÃO. MULTA.

Cuida-se da possibilidade de imposição ou não da multa prevista no art. 557, § 2º, do CPC (que prevê multa quando inadmissível ou infundado o agravo e condiciona a interposição de qualquer recurso ao depósito prévio dessa multa) ante o disposto no art. 1º-A da Lei n. 9.494/1997, a qual dispensa de depósito prévio, para interposição de recurso, as pessoas jurídicas de direito público federais, estaduais, distritais e municipais. Ressaltou o Min. Relator que incide, no caso, o princípio de que *ubi eadem ratio ibi eadem dispositio esse debet* (onde há a mesma razão, deve-se aplicar a mesma disposição legal), pois a multa do art. 557, § 2º, do CPC tem a mesma natureza da multa prevista no art. 488, parágrafo único, do CPC, que isenta o Poder Público de depósito prévio para cobrir eventual multa em ação rescisória e, nesse sentido, a jurisprudência deste Superior Tribunal é pacífica. Outrossim, explica que o depósito prévio da multa é condição de admissibilidade recursal e, sob esse enfoque, há muito este Superior Tribunal pacificou o entendimento de que a Fazenda Pública está isenta do depósito da multa, bem como de qualquer preparo. Ademais, a Corte Especial, no EREsp 695.001-RJ, DJ 2/4/2007, em situação análoga à dos autos pronunciou-se: não se nega seguimento a REsp interposto pelo Fazenda Pública, por não ter sido depositada a multa prevista no art. 557, § 2º, do CPC. Com esse entendimento, a Corte Especial proveu os EREsp determinando que a Sexta Turma examine o REsp. Precedentes citados: AR 419-DF, DJ 13/5/2002; AgRg na AR 568-SP, DJ 17/12/1999, e REsp 4.999-SP, DJ 19/6/1995. **EREsp 808.525-PR, Rel. Min. Luiz Fux, julgados em 19/9/2007.** (Inform. STJ 332)

SÚMULA STJ Nº 497

Os créditos das autarquias federais preferem aos créditos da Fazenda estadual desde que coexistam penhoras sobre o mesmo bem.

SÚMULA STJ Nº 483

O INSS não está obrigado a efetuar depósito prévio do preparo por gozar das prerrogativas e privilégios da Fazenda Pública.

SÚMULA STJ Nº 452

A extinção das ações de pequeno valor é faculdade da Administração Federal, vedada a atuação judicial de ofício.

21. MANDADO DE SEGURANÇA

ENADE E ILEGITIMIDADE DE MINISTRO DE ESTADO

A 1ª Turma negou seguimento a recurso ordinário em mandado de segurança interposto de decisão do STJ que extinguira a ação originária sem resolução de mérito ao fundamento de que o Ministro da Educação seria parte ilegítima para figurar no pólo passivo da demanda. Na espécie, o ora recorrente alegara que fora impedido de colar grau em curso superior por não ter prestado o Exame Nacional de Desempenho de Estudantes – Enade/2009, o que ocorrera em razão da ausência de notificação específica e individualizada de sua seleção para participar do exame. Reputou-se que o objetivo do ora recorrente seria afastar a obrigatoriedade de regularização, a fim de que pudesse colar grau. Desse modo, ele não poderia se insurgir contra uma autoridade que não deteria ingerência nem atribuição para determinar o cumprimento de eventual ordem judicial, pois o Ministro da Educação não teria legitimidade para afastar a exigência de regularização do aluno junto àquele órgão, visto que sua atuação estaria restrita à regulamentação dos procedimentos. Por fim, destacou-se a existência de portaria que atribui a outras autoridades, como ao Instituto Nacional de Estudos e Pesquisas Educacionais Anísio Teixeira - Inep, competência para promover a cientificação pessoal sobre a seleção. Igualmente, ressaltou-se haver portarias que estabeleceriam aos estudantes, ingressantes e concluintes em situação irregular a possibilidade de participação em outro exame. Por fim, não vislumbrou ilegalidade ou abuso de poder praticado pela autoridade apontada como coatora. RMS 30536/RJ, rel. Min. Cármen Lúcia, 30.8.2011. (RMS-30536) (Inform. STF 638)

MANDADO DE SEGURANÇA E DIREITO INDIVIDUAL DE MEMBRO DO MINISTÉRIO PÚBLICO

O Ministério Público não tem legitimidade para defender direito subjetivo, disponível e individual de seus membros. Com base nesse entendimento, a 2ª Turma desproveu agravo regimental interposto de decisão do Min. Ricardo Lewandowski que, em decisão monocrática da qual relator, extinguira o *mandamus* sem julgamento de mérito. No caso, o Ministério Público do Estado do Rio Grande do Sul impetrara mandado de segurança contra ato do Conselho Nacional do Ministério Público - CNMP, que restringira a percepção de gratificação por membros que compusessem órgãos colegiados. Reputou-se que a legitimidade do *parquet* para impetração de *writ* restringir-se-ia à defesa de sua atuação funcional e a de suas atribuições institucionais. MS 30717 AgR/DF, rel. Min. Ricardo Lewandowski, 27.9.2011. (MS-30717) (Inform. STF 642)

REPOSIÇÃO AO ERÁRIO: CONTRADITÓRIO E AMPLA DEFESA

A 1ª Turma, por maioria, concedeu mandado de segurança para suspender a majoração do desconto de 10% dos subsídios dos membros da Associação dos Magistrados da Justiça do Trabalho da 23ª Região - AMATRA, mantido o valor de 1%. Tratava-se, na espécie, de *writ* impetrado contra ato praticado pelo Presidente do Tribunal de Contas da União - TCU, consistente na prolação de ordem para alteração do percentual de desconto efetuado nos salários dos associados da impetrante de 1% para 10% sobre o total dos vencimentos, destinado à reposição, aos cofres públicos, de valores indevidamente percebidos. À época, a legislação pertinente (Lei 8.112/90, art. 46, §1º) cominava o patamar máximo de 10% para o referido desconto e resolução administrativa do TRT da 23ª Região fixara o valor em 1% para o montante da retenção. Ocorre que, por determinação do TCU, com base na novel redação do mencionado dispositivo legal ("*Art. 46. As reposições e indenizações ao erário, atualizadas até 30 de junho de 1994, serão previamente comunicadas ao servidor ativo, aposentado ou ao pensionista, para pagamento, no prazo máximo de trinta dias, podendo ser parceladas, a pedido do interessado. §1º O valor de cada parcela não poderá ser inferior ao correspondente a dez por cento da remuneração, provento ou pensão*"), sobreviera resolução majorando o piso para 10%. Tendo em conta existir previsão legal em ambas as disposições do aludido artigo, destacou-se que essa elevação não ofendera ato jurídico perfeito. No entanto, asseverou-se que o aumento deveria ser precedido de contraditório e de ampla defesa, consoante o *caput* do citado diploma legal. Ressaltou-se que a comunicação prévia não ocorrera, o que fora comprovado mediante documentos que acompanhavam a inicial. Vencido o Min. Dias Toffoli, relator, que denegava a ordem por reputar inexistente ofensa a direito líquido e certo dos associados da impetrante, uma vez que posterior alteração do desconto não superara o teto legal da primitiva resolução. MS 27851/DF, rel. orig. Min. Dias Toffoli, red. p/ o acórdão Min. Luiz Fux, 27.9.2011. (MS-27851) (Inform. STF 642)

FORNECIMENTO DE MEDICAMENTOS E ILEGITIMIDADE DE MINISTRO DE ESTADO

A 1ª Turma negou provimento a recurso ordinário em mandado de segurança interposto de decisão do STJ que extinguira ação originária, sem resolução de mérito, ao fundamento de que o Ministro da Saúde seria parte ilegítima para figurar no pólo passivo da demanda. Na espécie, a ora recorrente reiterava a alegação de necessidade urgente de certo medicamento de uso contínuo, o qual não possuiria condições para custear. Informava que o fármaco prescrito não integrava a cesta básica de medicamentos fornecidos pelo município onde reside e que este ente federativo não possuía recursos suficientes para atender à demanda. Sustentava ainda, que o Ministro da Saúde seria a autoridade competente para providenciar a correção da conduta, visto que, como gestor federal do SUS, poderia determinar a aquisição do remédio. Manteve-se o acórdão do STJ, pois o ato impugnado originar-se-ia de autoridade não prevista no permissivo constitucional — secretário municipal de saúde — a qual negara o fornecimento da medicação. Asseverou-se que quem não pratica ou ordena concreta e especificamente a execução ou inexecução de um ato não poderia figurar como autoridade coatora. Por fim, ressaltou-se não vislumbrados nos autos documentos que demonstrassem a prática de qualquer ato concreto ou omissivo do Ministro de Estado da Saúde que violasse direito da então impetrante. RMS 26211/DF, rel. Min. Luiz Fux, 27.9.2011. (RMS 26211) (Inform. STF 642)

INFORMAÇÕES SOBRE O PAC E ILEGITIMIDADE "AD CAUSAM"

A 2ª Turma desproveu agravo regimental interposto de decisão do Min. Ricardo Lewandowski, em recurso ordinário em mandado de segurança, do qual relator, interposto de decisão do STJ que extinguira o *writ* lá impetrado, sem resolução de mérito, em razão de ilegitimidades ativa e passiva *ad causam*. No caso, parlamentar requerera, individualmente, a Ministro de Estado da Fazenda, informações sobre projeto do Poder Legislativo, referente a implementação de teleférico em complexo de habitações populares. Asseverou-se que a norma do art. 50, § 2º, da CF conferira às Mesas da Câmara dos Deputados e do Senado Federal prerrogativa para solicitar informações, do que resultaria a ilegitimidade ativa. Consignou-se, ainda, a ilegitimidade do Ministro de Estado da Fazenda para figurar no pólo passivo desse *writ*, uma vez que referido projeto, no âmbito do Programa de Aceleração do Crescimento - PAC, seria de responsabilidade do Departamento de Urbanização de Assentamentos Precários do Ministério das Cidades, cabendo a este, eventualmente, o fornecimento das informações pretendidas. O Min. Ayres Britto acompanhou o relator apenas quanto ao segundo fundamento. RMS 28251 AgR/DF, rel. Min. Ricardo Lewandowski, 18.10.2011. (RMS-28251) (Inform. STF 645)

MANDADO DE SEGURANÇA E PRAZO DECADENCIAL - 1

O termo inicial para impetração de mandado de segurança a fim de impugnar critérios de aprovação e de classificação de concurso público conta-se do momento em que a cláusula do edital causar prejuízo ao candidato. Com base nesse entendimento, a 2ª Turma, ao superar preliminar de decadência, conheceu de recurso ordinário em mandado de segurança, mas o desproveu no mérito. Na espécie, o ora recorrente, apesar de aprovado na primeira fase de certame, não fora convocado para realizar as etapas conseguintes, porquanto não lograra classificação necessária para tanto. Obtivera, então, provimento judicial cautelar, que lhe permitira participar das provas, de sorte que se classificara dentro do número de vagas deduzidas no edital. Entretanto, posteriormente, a liminar fora cassada, ao fundamento de decadência da impetração, o que o excluíra do certame.

O recorrente alegava que o edital teria violado os princípios da legalidade e da igualdade ao dispor que apenas os classificados dentro do dobro do número de vagas previstas persistiriam no concurso. A autoridade coatora, a seu turno, suscitava decadência do direito de impetração, uma vez que o prazo para questionar cláusula editalícia teria se dado com a publicação do edital de abertura do concurso na imprensa oficial, e não da data do ato lesivo ao candidato. RMS 23586/DF, rel. Min. Gilmar Mendes, 25.10.2011. (RMS-23586)

MANDADO DE SEGURANÇA E PRAZO DECADENCIAL - 2

No mérito, consignou-se que a concessão de liminar mandamental não seria suficiente para garantir, em definitivo, nomeação e posse em cargo público. Asseverou-se que a regra restritiva, conquanto não eliminasse o candidato pelo desempenho inferior ao exigido, coadunar-se-ia perfeitamente com a razão de existir do processo seletivo e com a Constituição. Isso porque determinaria a contratação dos melhores candidatos ao obstaculizar a participação daqueles que não se encontrassem entre os melhores classificados, de acordo com a previsão numérica pré-estabelecida no edital. Igualmente, aduziu-se que este tipo de disposição editalícia não malferiria o princípio da isonomia, visto que estabeleceria padrão distintivo razoável, baseado no desempenho de cada participante nas fases anteriores do exame, de modo que os diferenciaria segundo critérios meritórios. Por fim, sublinhou-se que a "regra de afunilamento" seria comumente adotada pela Administração, tendo em vista a necessidade prática de planejar, organizar e desenvolver os certames públicos com quantidade minimamente razoável de candidatos nas fases mais avançadas, porque geralmente mais dispendiosas. RMS 23586/DF, rel. Min. Gilmar Mendes, 25.10.2011. (RMS-23586) (Inform. STF 646)

TURMA RECURSAL E COMPETÊNCIA - 1

Compete à turma recursal o exame de mandado de segurança, quando utilizado como substitutivo recursal, contra ato de juiz federal dos juizados especiais federais. Essa a conclusão do Plenário ao desprover recurso extraordinário em que pleiteado o estabelecimento da competência de Tribunal Regional Federal para processar e julgar o *writ*, visto que a referida Corte entendera competir à turma recursal apreciar os autos. Preliminarmente, conheceu-se do extraordinário. Explicitou-se que o caso não se assemelharia ao tratado no RE 576847/BA (DJe de 7.8.2009), em que se deliberara pelo não-cabimento de mandado de segurança impetrado contra decisão interlocutória proferida em juizado especial. RE 586789/PR, rel. Min. Ricardo Lewandowski, 16.11.2011. (RE-586789)

TURMA RECURSAL E COMPETÊNCIA - 2

No mérito, reputou-se que, verificado o caráter recursal do mandado de segurança, deveriam ser aplicadas as regras de competência atinentes à apreciação dos recursos, o que afastaria a incidência do art. 108, I, c, da CF, que trata da competência dos Tribunais Regionais Federais para processarem e julgarem, originariamente, mandado de segurança e *habeas data* contra ato do próprio tribunal ou de juiz federal. Aduziu-se que, nesse contexto, entre as competências definidas pela Constituição para o reexame das decisões, estariam as das turmas recursais dos juizados especiais (CF, art. 98, I) e a dos Tribunais Regionais Federais (CF, art. 108, II). Destacou-se que a Corte já teria afirmado que o texto constitucional não arrolara as turmas recursais entre os órgãos do Poder Judiciário, os quais estariam discriminados, *numerus clausus*, no art. 92 da CF. Depreender-se-ia, assim, que a Constituição não conferira às turmas recursais a natureza de órgãos autárquicos do Judiciário, tampouco a qualidade de tribunais, como também não lhes outorgara qualquer autonomia com relação aos Tribunais Regionais Federais. Nesse aspecto, os juízes de 1º grau e as turmas recursais que eles integram seriam instituídos pelos respectivos Tribunais Regionais Federais, estando subordinados a estes administrativa, mas não jurisdicionalmente. As turmas recursais seriam, portanto, órgãos recursais ordinários de última instância relativamente às decisões dos juizados especiais, a elas vinculados no que concerne ao reexame de seus julgados. No ponto, o Min. Luiz Fux destacou que essa competência decorreria, outrossim, da interpretação teleológica do art. 21, VI, da Lei Orgânica da Magistratura Nacional. O Min. Dias Toffoli rememorou, ademais, que a Corte assentara competir à própria turma recursal processar e julgar mandado de segurança impetrado contra os respectivos atos. Dessa maneira, a ela caberia analisar os mandados de segurança impetrados contra atos dos juizados especiais. RE 586789/PR, rel. Min. Ricardo Lewandowski, 16.11.2011. (RE-586789)

TURMA RECURSAL E COMPETÊNCIA - 3

Aduziu-se que as turmas recursais não estariam sujeitas à jurisdição dos tribunais de justiça estaduais, sequer, por via de conseqüência, à dos Tribunais Regionais Federais, conforme orientação da Corte. Desse modo, competente a turma recursal para processar e julgar recursos contra decisões de 1º grau, também o seria no que concerne a mandado de segurança substitutivo de recurso, sob pena de transformar o Tribunal Regional Federal em instância ordinária para reapreciação de decisões interlocutórias proferidas pelos juizados especiais. A respeito, o Min. Cezar Peluso, Presidente, frisou que o fato de se tratar de mandado se segurança, e não de recurso propriamente dito, não retiraria das turmas recursais a competência para revisão das decisões. O Colegiado acrescentou que os juizados especiais teriam sido concebidos com o escopo de simplificar a prestação jurisdicional — de maneira a aproximar o jurisdicionado do órgão judicante —, e não de multiplicar ou de dividir competências. Não faria sentido, portanto, transferir ao Tribunal Regional Federal a atribuição de rever atos de juízes federais no exercício da jurisdição do juizado especial, visto que as Turmas Recursais teriam sido instituídas para o aludido fim, observado, inclusive, o princípio da razoável duração do processo (CF, art. 5º, LXXVIII). RE 586789/PR, rel. Min. Ricardo Lewandowski, 16.11.2011. (RE-586789) (Inform. STF 648)

EMENTA: **CONTROLE JURISDICIONAL** DO PROCESSO LEGISLATIVO. **UTILIZAÇÃO**, *PARA TANTO*, DO MANDADO DE SEGURANÇA. **POSSIBILIDADE**. **RECONHECIMENTO**, *PARA ESSE EFEITO*, DE LEGITIMAÇÃO PARA AGIR **ATRIBUÍDA**, *COM EXCLUSIVIDADE*, **A MEMBRO** DO CONGRESSO NACIONAL. **PRECEDENTES** DO SUPREMO TRIBUNAL FEDERAL. **PERDA SUPERVENIENTE**, *PELO IMPETRANTE*, DE SUA CONDIÇÃO POLÍTICO-JURÍDICA DE PARLAMENTAR. **IMPOSSIBILIDADE DE PROSSEGUIMENTO** DA AÇÃO MANDAMENTAL. **LEGITIMAÇÃO ATIVA** *"AD CAUSAM"* **QUE DEVE ESTAR PRESENTE**, *JUNTAMENTE COM AS DEMAIS* CONDIÇÕES DA AÇÃO, **NO MOMENTO** DA RESOLUÇÃO DO LITÍGIO (**CPC**, ART. 462). **RELAÇÃO DE CONTEMPORANEIDADE** *NÃO MAIS EXISTENTE*. **EXTINÇÃO ANÔMALA** DO PROCESSO MANDAMENTAL. **DOUTRINA**. **PRECEDENTE ESPECÍFICO** DO SUPREMO TRIBUNAL FEDERAL. **IMPOSSIBILIDADE**, *ADEMAIS*, DE O MANDADO DE SEGURANÇA, **QUE NÃO PODE** IMPUGNAR *NORMAS EM TESE*, **CONVERTER-SE** *EM INADMISSÍVEL SUCEDÂNEO* DA AÇÃO DIRETA DE INCONSTITUCIONALIDADE. **JURISPRUDÊNCIA**. **PROCESSO JULGADO EXTINTO**. (MS 27.971/DF, rel. Min. Celso de Mello, 1º.8.2011). (Inform. STF 647)

MS N. 24.854-DF

RELATOR: MIN. GILMAR MENDES

Mandado de Segurança. 2. Exigência de lotação de Procuradora da República no Estado do Rio de Janeiro 3. Lotação efetivada posteriormente em âmbito administrativo. 4. Perda de objeto. 5. Mandado de Segurança prejudicado. (Inform. STF 621)

RMS E ART. 515, § 3º, DO CPC

O art. 515, § 3º, do CPC não se aplica em sede de mandado de segurança [*"Art. 515. A apelação devolverá ao tribunal o conhecimento da matéria impugnada. ... § 3º Nos casos de extinção do processo sem julgamento do mérito (art. 267), o tribunal pode julgar desde logo a lide, se a causa versar questão exclusivamente de direito e estiver em condições de imediato julgamento"*]. Com base nessa orientação, a 1ª Turma proveu recurso extraordinário para reformar decisão do STJ e determinar o retorno dos autos ao TJDFT para que julgue a demanda como entender de direito. Na espécie, o STJ, ao adentrar a matéria de fundo e prover o recurso ordinário no mandado de segurança, teria afastado a decisão que, na origem, julgara extinto o processo sem julgamento de mérito. Consignou-se que em jogo o devido processo legal, cerne do Estado Democrático de Direito, a direcionar a legislação comum. Asseverou-se que não se poderia transportar para o recurso ordinário constitucional o que previsto no art. 515 do CPC — sobre o recurso de apelação, sempre direcionado contra decisão de juízo e não de Tribunal — e que, ao aplicá-lo, teria havido supressão de instância. **RE 621473/DF, rel. Min. Marco Aurélio, 23.11.2010**. (RE-621473) (Inform. STF 610)

INDENIZAÇÃO A ANISTIADO: MS E VALORES RETROATIVOS

A Turma desproveu recurso ordinário em mandado de segurança interposto contra acórdão do STJ que denegara o *writ* lá impetrado por entender que aquela medida seria inadequada para o recebimento de valores atrasados de indenização devida a anistiado político com base na Lei 10.559/2002, ante a ausência de liquidez e certeza do direito pleiteado. Tratava-se, na origem, de mandado de segurança impetrado em virtude de expedição de portaria na qual reconhecida a condição de anistiado político do ora recorrente, concedendo-lhe, por conseguinte, reparação econômica, de caráter indenizatório, em prestação mensal, permanente e continuada, com efeitos retroativos à data do julgamento. Tendo em conta o transcurso do prazo de 120 dias para a impetração do *writ*, reputou-se caracterizada a prejudicial de mérito atinente à decadência. Afirmou-se que o referido prazo decadencial, próprio do mandado de segurança, ter-se-ia esgotado em 2004 — ano em que editada a referida portaria — e a iniciativa do ora recorrente teria ocorrido somente em 2006. Após, salientou-se que a controvérsia, na espécie, não giraria em torno de relação jurídica de débito continuado quando, presente a periodicidade prevista, há sucessivas violações ao direito. Nesse sentido, enfatizou-se que o objetivo da impetração seria o recebimento de valor apurado no âmbito do Ministério da Justiça, ligado a reparação indenizatória a partir de determinada data. **RMS 27434/DF, rel. Min. Marco Aurélio, 24.8.2010.** (RMS-27434) (Inform. STF 597)

REPARAÇÃO ECONÔMICA A ANISTIADO: MS E VALORES RETROATIVOS

A Turma retomou julgamento de recurso ordinário em mandado de segurança interposto contra acórdão do STJ que julgara extinto, sem resolução de mérito, o *writ* lá impetrado por entender que aquela medida seria inadequada para o recebimento de valores atrasados de indenização devida a anistiado político com base na Lei 10.559/2002. Tratava-se, na origem, de mandado de segurança impetrado contra ato omissivo do Ministro de Estado do Planejamento, Orçamento e Gestão, o qual teria deixado de dar cumprimento a portaria em que reconhecida a condição de anistiado político do ora recorrente, concedendo-lhe, por conseguinte, reparação econômica, de caráter indenizatório, em prestação mensal, permanente e continuada com efeitos retroativos à data do julgamento. Na sessão de 8.6.2010, o Min. Marco Aurélio, relator, desproveu o recurso. Preliminarmente, afirmou que o prazo de 120 dias, próprio do mandado de segurança, ter-se-ia esgotado em 2003 — ano em que fora editada a referida portaria — e a iniciativa do ora recorrente teria ocorrido somente em 2009. Salientou, ademais, que a controvérsia, na espécie, não giraria em torno de relação jurídica de débito continuado quando, presente a periodicidade prevista, há sucessivas violações ao direito. Nesse sentido, o objetivo da impetração seria o recebimento de valor apurado no âmbito do Ministério da Justiça, ligado a reparação indenizatória a partir de determinada data. Em seguida, concluiu pela inexistência de direito líquido e certo a ser amparado pela via eleita. Ressaltou que a satisfação do valor supostamente devido teria ficado jungida à previsão orçamentária e haveria controvérsia sobre a suficiência dos orçamentos que vieram à balha desde a expedição da citada portaria. Na presente assentada, a Min. Cármen Lúcia, após devolução de seu pedido de vista, indicou que o feito deveria ser remetido ao Pleno, uma vez que a mesma matéria, em outro processo, já havia sido encaminhada pela Turma ao referido órgão. Os demais Ministros acompanharam esse entendimento. **RMS 28201/DF, rel. Min. Marco Aurélio, 3.8.2010.** (RMS-28201) (Inform. STF 594)

MANDADO DE SEGURANÇA E COMPETÊNCIA DO STF - 2

Por ilegitimidade da autoridade coatora, o Tribunal não conheceu de mandado de segurança impetrado contra suposto ato omissivo da Mesa da Câmara dos Deputados, substanciado na não nomeação dos impetrantes para o cargo de Analista Legislativo - Taquígrafo Legislativo da Câmara dos Deputados, e determinou a remessa dos autos à Justiça Federal, nos termos do art. 109, VIII, da CF — v. Informativo 502. Entendeu-se que o ato omissivo impugnado não seria da Mesa, mas do Presidente da Câmara dos Deputados, o qual não estaria incluso no rol taxativo de autoridades sujeitas à competência originária da Corte (CF, art. 102, I, d). **MS 23977/DF, rel. Min. Cezar Peluso, 12.5.2010.** (MS-23977) (Inform. STF 586)

TDAS: MANDADO DE SEGURANÇA E PÓLO PASSIVO

A autoridade administrativa legítima para figurar no pólo passivo da impetração é a competente para a prática do ato no momento do ajuizamento do mandado de segurança. Com base nessa orientação, a Turma desproveu recurso ordinário em mandado de segurança no qual se pleiteava o reconhecimento da legitimidade passiva do Ministro de Fazenda em *writ* cujo objeto refere-se ao pagamento de expurgos inflacionários e de juros compensatórios e moratórios em Títulos de Dívida Agrária – TDAs. Tratava-se de recurso interposto contra acórdão do STJ que, ante a ilegitimidade processual da autoridade apontada como coatora, extinguira o feito sem resolução de mérito (CPC, art. 267, VI). Asseverou-se que a competência para o exame da pretensão seria da Secretaria do Tesouro Nacional, nos termos do disposto na Portaria 141/2008 do Ministério da Fazenda (art. 23, III), vigente à época em que impetrado o *writ*. **RMS 28193/DF, rel. Min. Eros Grau, 11.5.2010.** (RMS-28193) (Inform. STF 586)

EMENTA: AGRAVO REGIMENTAL NO RECURSO EXTRAORDINÁRIO. COMPETÊNCIA DA TURMA RECURSAL. MANDADO DE SEGURANÇA IMPETRADO CONTRA SEUS ATOS E DECISÕES. PRECEDENTES. AGRAVO REGIMENTAL AO QUAL SE NEGA PROVIMENTO. 1. Processual civil: recurso em confronto com a jurisprudência dominante do Supremo Tribunal Federal. Legitimidade da aplicação do art. 557 do Código de Processo Civil. **AG. REG. NO RE N. 577.443-PR. RELATORA: MIN. CÁRMEN LÚCIA.** (Inform. STF 552)

JUIZADOS ESPECIAIS E MANDADO DE SEGURANÇA CONTRA DECISÃO INTERLOCUTÓRIA

Não cabe mandado de segurança contra decisão interlocutória proferida em Juizado Especial. Essa foi a orientação firmada pela maioria do Tribunal, ao negar provimento a recurso extraordinário interposto contra acórdão de Turma Recursal Cível e Criminal do Tribunal de Justiça do Estado da Bahia que indeferira a petição inicial do mandado de segurança da recorrente — impetrado contra decisão liminar concedida em primeiro grau, no âmbito dos Juizados Especiais —, extinguindo o feito sem julgamento do mérito. Asseverou-se que a Lei 9.099/95 está voltada à promoção de celeridade no processamento e julgamento das causas cíveis de complexidade menor, razão pela qual consagrou a regra da irrecorribilidade das decisões interlocutórias. Não caberia, por isso, nos casos por ela abrangidos, a aplicação subsidiária do Código de Processo Civil, sob a forma do agravo de instrumento ou a utilização do instituto do mandado de segurança, cujos prazos para interpor e impetrar, respectivamente, não se coadunam com os fins pretendidos pela Lei 9.099/95. Aduziu-se ser facultativa a opção pelo rito sumaríssimo, com as vantagens e limitações que a escolha acarreta. Asseverou-se, ademais, que a admissão do mandado de segurança ensejaria ampliação da competência dos Juizados Especiais, o que caberia exclusivamente ao Poder Legislativo. Por fim, afastou-se a ofensa ao princípio da ampla defesa, haja vista a possibilidade de impugnação das decisões interlocutórias quando da interposição de recurso inominado. Vencido o Min. Marco Aurélio, que provia o recurso, por considerar estar-se diante de exceção alcançada pela Lei 1.533/51, já que, não obstante esse lei revelar como regra o não cabimento de mandado de segurança contra decisão judicial, tal previsão pressuporia a possibilidade de ter-se recurso contra essa decisão, o que, na espécie, não se teria. Concluía, assim, que o afastamento do mandado de segurança importaria o afastamento da própria jurisdição. **RE 576847/BA, rel. Min. Eros Grau, 20.5.2009.** (RE-576847) (Inform. STF 547)

REPARAÇÃO ECONÔMICA A ANISTIADO: MS E VALORES RETROATIVOS - 1

A Turma, por maioria, deu provimento a recurso ordinário em mandado de segurança interposto contra acórdão do STJ que julgara extinto, sem resolução de mérito, o *writ* lá impetrado por entender que aquela medida seria inadequada para o recebimento de valores atrasados de indenização devida a anistiado político com base na Lei 10.559/2002. Tratava-se, na origem, de mandado de segurança impetrado contra ato omissivo do Ministro de Estado do Planejamento, Orçamento e Gestão, o qual teria deixado de dar cumprimento à Portaria 1.896/2006, em que reconhecida a condição de anistiado político do ora recorrente, concedendo-lhe, por conseguinte, reparação econômica, de caráter indenizatório, em prestação mensal, permanente e continuada com efeitos retroativos à data do julgamento. Inicialmente, assentou-se a legitimidade do referido Ministro de Estado para figurar no pólo passivo do mandado de segurança, porquanto responsável pelo pagamento das reparações econômicas (Lei 10.559/2002, art. 18). Em seguida, reconheceram-se a liquidez e a certeza dos valores postulados, bem como a omissão da autoridade coatora em executar o que determinado na aludida portaria ministerial. Asseverou-se que, no caso, não se teria matéria de fato controvertida, mas sim um ato concreto da autoridade que fixara valor certo e determinado. Rejeitou-se, ainda, o argumento da União de afronta ao princípio da prévia dotação orçamentária, citando-se, no ponto, diversas leis que destinaram recursos para indenização a anistiados políticos (Leis 11.451/2007, 11.514/2007 e 11.647/2008). **RMS 26947/DF, rel. Min. Cármen Lúcia, 10.3.2009.** (RMS-26947)

REPARAÇÃO ECONÔMICA A ANISTIADO: MS E VALORES RETROATIVOS - 2

De igual modo, afastou-se a alegação de que o recorrente estaria se utilizando da via estreita do mandado de segurança como substitutivo de ação de cobrança, ao fundamento de que, na situação presente, a causa de pedir assentar-se-ia no cumprimento integral de obrigação de fazer contida em portaria da qual decorreriam efeitos patrimoniais. Desse modo, aduziu-se que, diferentemente da ação de cobrança, na qual se intenta o pagamento de valor atrasado, na espécie, buscar-se-ia a observância de norma editada pela própria Administração, que se omite em cumpri-la. Vencido o Min. Marco Aurélio que — por conferir interpretação estrita ao art. 515, § 3º, do CPC ["*§ 3o Nos casos de extinção do processo sem julgamento do mérito (art. 267), o tribunal pode julgar desde logo a lide, se a causa versar questão exclusivamente de direito e estiver em condições de imediato julgamento.*"], reputando-o próprio à apelação —, provia o recurso em menor extensão para determinar o seu retorno ao STJ, a fim de que este, no âmbito da competência originária, julgasse, pela vez primeira, a ação mandamental. Precedente citado: RMS 24953/DF (DJU de 1º.10.2004). **RMS 26947/DF, rel. Min. Cármen Lúcia, 10.3.2009**. (RMS-26947) (Inform. STF 538)

AUXILIAR LOCAL DE EMBAIXADA E ENQUADRAMENTO EM CARGO PÚBLICO - 1

Em face das peculiaridades do caso, a Turma deu parcial provimento a recurso ordinário em mandado de segurança para que a autoridade impetrada proceda à imediata abertura de processo administrativo a fim de avaliar a possibilidade de concessão de aposentadoria compulsória à recorrente, determinando-se a sua conclusão em 120 dias, a contar da comunicação desta decisão. Tratava-se, na espécie, de recurso ordinário interposto contra acórdão do STJ que concluíra pela inadequação do mandado de segurança para que fosse apreciado pedido de enquadramento da recorrente, auxiliar local na Embaixada do Brasil em Paris, em cargo público e sua conseqüente aposentação pelo Regime Jurídico Único - RJU (Lei 8.112/90). Alegava-se a existência de decisão transitada em julgado em que reconhecido o vínculo estatutário entre a recorrente e a Administração, configurando-se, assim, seu direito líquido e certo à aposentadoria. RMS 25302/DF, rel. Min. Joaquim Barbosa, 25.9.2007. (RMS-25302)

AUXILIAR LOCAL DE EMBAIXADA E ENQUADRAMENTO EM CARGO PÚBLICO - 2

Inicialmente, aduziu-se que a recorrente requerera ao Ministério das Relações Exteriores - MRE o seu enquadramento em cargo público, para em seguida averbar seu tempo de serviço para posterior concessão de aposentadoria. Considerou-se que a situação jurídica da recorrente seria complexa, destacando-se, dentre outros fatos: o reconhecimento da sua estabilidade com base na CLT; a ausência de menção expressa em decisão judicial de seu enquadramento no regime estatutário, dado o ajuizamento da ação ter ocorrido anteriormente ao advento do RJU; a existência de precedentes da Corte *a quo* no sentido do enquadramento de outros auxiliares locais após a entrada em vigor da Lei 8.112/90 (art. 243); a omissão reiterada por parte do MRE na definição da sua situação funcional; vagueza, contradição e discrepância nas versões apresentadas pela defesa e pela Administração; haver a recorrente completado 70 anos de idade no curso do processo. Rejeitou-se, ainda, o pleito de pagamento da remuneração por depósito em conta corrente em agência do Banco do Brasil em Miami, uma vez que a regulamentação vigente no MRE indica o pagamento por meio de emissão de cheque nominal, não havendo norma que indique abuso, ressaltando-se, no ponto, que esse é efetuado no local de desempenho das funções. Afastou-se, de igual modo, a pretensão de impedir-se a autoridade impetrada de aplicar punição disciplinar ou anotação de falta funcional, porquanto cuidar-se-ia de concessão, pela via judicial, de licença sequer solicitada à repartição competente. Registrou-se, por fim, a manifesta incompetência do Ministro daquela Pasta para a obtenção dos pedidos acima indeferidos. RMS 25302/DF, rel. Min. Joaquim Barbosa, 25.9.2007. (RMS-25302) (Inform. STF 481)

SUSPENSÃO DE SEGURANÇA E PAGAMENTO DE DIFERENÇA REMUNERATÓRIA - 1

O Tribunal iniciou julgamento de dois agravos regimentais interpostos por sindicato de trabalhadores e associação de servidores aposentados de Assembléia Legislativa contra decisão da Min. Ellen Gracie, presidente, que deferira pedido de suspensão da execução de acórdão proferido pela Corte Superior do Tribunal de Justiça do Estado de Minas Gerais, nos autos de mandado de segurança coletivo, a qual determinara à autoridade impetrada o pagamento, de imediato, aos substituídos processuais — servidores que optaram por não firmar acordo extrajudicial ou judicial para recebimento da diferença remuneratória gerada pela conversão da URV (11,98%) — dos mesmos montantes pagos aos servidores que o fizeram. A Min. Ellen Gracie, relatora, negou provimento ao recurso, no que foi acompanhada pelos Ministros Ricardo Lewandowski, Joaquim Barbosa, Gilmar Mendes e Celso de Mello. Preliminarmente, afastou a alegação de que a Assembléia Legislativa, por ser órgão desprovido de personalidade jurídica, seria parte ilegítima para requerer suspensão de segurança, tendo em conta a jurisprudência do STF no sentido de reconhecer a legitimidade da Assembléia Legislativa quando a decisão impugnada constitui óbice ao exercício de seus poderes e prerrogativas. SS 2702 AgR/MG, rel. Min. Ellen Gracie, 7.2.2007. (SS-2702) SS 2724 AgR/MG, rel. Min. Ellen Gracie, 7.2.2007. (SS-2724)

SUSPENSÃO DE SEGURANÇA E PAGAMENTO DE DIFERENÇA REMUNERATÓRIA - 2

No mérito, entendeu demonstrada a lesão à ordem pública, haja vista que a execução do acórdão em questão, antes do trânsito em julgado, afronta o disposto no art. 5º, parágrafo único, da Lei 4.348/64. Salientou que o mandado de segurança visa ao pagamento de diferença remuneratória que implica acréscimo aos vencimentos dos substituídos, só podendo ser executada, portanto, depois do trânsito em julgado.Também considerou configurada a lesão à economia pública, pois estariam sendo antecipados valores que deveriam ser pagos apenas no final das ações ajuizadas pelos substituídos, servidores que optaram por não celebrar acordo para recebimento da diferença pleiteada. Asseverou, ademais, ser incabível a análise dos argumentos acerca da ocorrência da ofensa aos princípios da isonomia e da impessoalidade, por dizerem respeito ao mérito do processo principal. Por fim, ressaltou a possibilidade de haver o denominado "efeito multiplicador", ante a existência de inúmeros servidores em situação potencialmente idêntica a dos substituídos. SS 2702 AgR/MG, rel. Min. Ellen Gracie, 7.2.2007. (SS-2702) SS 2724 AgR/MG, rel. Min. Ellen Gracie, 7.2.2007. (SS-2724)

SUSPENSÃO DE SEGURANÇA E PAGAMENTO DE DIFERENÇA REMUNERATÓRIA - 3

Em divergência, o Min. Marco Aurélio, acompanhado pelos Ministros Sepúlveda Pertence, Cezar Peluso, Carlos Britto e Eros Grau, deu provimento ao recurso. Salientou, inicialmente, que o caso apresenta peculiaridades, tendo em conta tratar-se de mandado de segurança julgado pelo órgão especial do TJMG, e de ter a concessão de segurança se baseado no reconhecimento do direito à diferença de 11,98%, matéria pacificada no STF. Ressaltando a excepcionalidade da suspensão de segurança e a necessidade de esta fundar-se em dados que demonstrem risco maior para a pessoa jurídica de direito público, aduziu que não haveria esse risco, na hipótese, a partir do momento em que o direito fora reconhecido após sinalização do STF e se pretendera compelir os substituídos a aderirem ao que proposto pela Administração Pública para a satisfação da parcela, que se mostrou incontroversa. Após, o julgamento foi suspenso para colher o voto de desempate da Min. Cármen Lúcia. SS 2702 AgR/MG, rel. Min. Ellen Gracie, 7.2.2007. (SS-2702) SS 2724 AgR/MG, rel. Min. Ellen Gracie, 7.2.2007. (SS-2724) (Inform. STF 455)

MANDADO DE SEGURANÇA. PROVA PRÉ-CONSTITUÍDA. JUNTADA. PARQUET.

A Turma proveu o recurso ordinário em mandado de segurança interposto pelo Ministério Público do Distrito Federal e Territórios para determinar ao tribunal de origem que julgue o mérito do *mandamus* ali impetrado, como entender de direito, uma vez que devidamente instruído com prova pré-constituída, juntada pelo representante do *Parquet* no parecer ministerial. De início, nos termos do enunciado da Súm. n. 99-STJ, reafirmou-se a legitimidade do Ministério Público para recorrer nos processos em que oficie como fiscal da lei independentemente de recurso da parte e, ainda, que se trate de discussão a respeito de direitos individuais disponíveis. Em seguida, destacou-se a possibilidade conferida ao Ministério Público para a iniciativa ampla em matéria probatória, quando atua na condição de *custus legis*, por expressa disposição legal contida no art. 83, II, do CPC. Pode, portanto, juntar documentos e certidões, apresentar testemunhas ou requerer qualquer medida ou diligência necessárias ao descobrimento da verdade real. Dessa forma, considerando-se devidamente instruída a ação mandamental com a prova do direito alegado na peça exordial, determinou-se o retorno dos autos ao tribunal *a quo* para exame do mérito. **RMS 27.455-DF, Rel. Min. Laurita Vaz, julgado em 3/11/2011.** (Inform. STJ 486)

ANISTIA. REVISÃO. PORTARIA INTERMINISTERIAL N. 134/2011. DECADÊNCIA ADMINISTRATIVA.

O impetrante pleiteia, em mandado de segurança preventivo, que se reconheça a impossibilidade de ser instaurado o procedimento administrativo da Portaria Interministerial n. 134/2011 de revisão do ato que reconheceu sua condição de anistiado político (cabo da Aeronáutica licenciado com base na Portaria n. 1.104-GM3/1964). Para o Min. Relator, contudo, não há falar, *in casu*, em justo receio de haver violação de direito líquido e certo, porquanto a portaria impugnada busca apenas averiguar, a partir de critérios a serem formulados, se as pessoas enumeradas em seu anexo foram atingidas por motivos políticos, sem desconstituir as anistias já concedidas. Consignou que ela representa a expressão do poder de autotutela da Administração, que deve apurar, diante de indícios relevantes, a eventual ocorrência de ilegalidade a fim de corrigi-la, observando o princípio da legalidade estrita e respeitando os direitos e garantias constitucionais dos interessados. Salientou que, nesses casos, o Poder Judiciário não pode obstar a atuação administrativa sob pena de invadir a competência reservada ao Poder Executivo. Frisou, ademais, que a referida revisão constitui mera fase de estudos contra a qual não se mostra oponível a tese de decadência administrativa, sobretudo porque ainda não tem o condão de atingir a esfera individual de direitos do impetrante. Ressaltou que essa esfera individual somente poderá ser afetada caso venha a ser aberto contra ele o procedimento de anulação descrito no art. 5º da Portaria Interministerial n. 134/2011 – no qual deverão ser assegurados o contraditório e a ampla defesa –, momento em que a análise acerca da incidência do art. 54 da Lei n. 9.784/1999 (decadência) terá relevância. Aplicou, por fim, a Súm. n. 266-STF. Precedente citado: EDcl nos EDcl no MS 15.396-DF, DJe 4/4/2011. **MS 16.425-DF, Rel. Min. Arnaldo Esteves Lima, julgado em 8/6/2011.** (Inform. STJ 476)

TERMO A QUO. PRAZO. DECADÊNCIA. MS.
Trata-se, na espécie, de mandado de segurança no qual se busca a decretação de nulidade do processo administrativo disciplinar que aplicou a pena de aposentadoria compulsória com proventos proporcionais a juiz de direito. A Turma, por maioria, entendeu que o prazo decadencial para a impetração deve ser contado a partir da publicação do acórdão do processo administrativo julgado pelo órgão especial do Tribunal de Justiça, e não da publicação do decreto judiciário da referida aposentadoria. Assim, a Turma, por maioria, ao prosseguir o julgamento, negou provimento ao recurso. **RMS 26.289-GO, Rel. originário Min. Celso Limongi (Desembargador convocado do TJ-SP), Rel. para acórdão Min. Haroldo Rodrigues (Desembargador convocado TJ-CE), julgado em 5/4/2011.** (Inform. STJ 468)

CONCURSO PÚBLICO. MS. DECADÊNCIA. TERMO *A QUO*.
A Turma negou provimento ao recurso especial por entender que, no caso dos autos, o prazo decadencial para impetrar o mandado de segurança (MS) apenas se iniciou com o ato administrativo que eliminou o candidato do concurso público, não com a publicação do edital. Na espécie, o impetrante, ora recorrido, foi excluído do certame por não ter apresentado o diploma de nível superior após sua aprovação nas provas de conhecimentos específicos, mas antes das demais fases, como previa o instrumento convocatório. Para o Min. Relator, no momento em que o edital foi publicado, a exigência ainda não feria o direito líquido e certo do candidato, pois ele apenas detinha a mera expectativa de ser aprovado. Com a aprovação, a regra editalícia passou a ser-lhe aplicável, surgindo seu interesse de agir no momento em que o ato coator (eliminação) efetivou-se. Ressaltou, ademais, a jurisprudência consolidada na Súm. n. 266-STJ, a qual dispõe que o diploma ou a habilitação legal para o exercício do cargo devem ser exigidos na posse. Precedentes citados: RMS 22.785-SP, DJ 17/12/2007; AgRg no Ag 1.318.406-MS, DJe 1º/12/2010; RMS 23.604-MT, DJe 2/6/2008, e REsp 588.017-DF, DJ 7/6/2004. **REsp 1.230.048-PR, Rel. Min. Castro Meira, julgado em 17/5/2011.** (Inform. STJ 473)

MS. CABIMENTO.
A impetração do mandado de segurança só é admissível quando, de plano, pode ser aferível o direito líquido e certo no ato de sua propositura, sem a necessidade de dilação probatória. Assim, a decisão judicial que, com base em certidão, conclui pela inexistência de prolação de sentença em processo falimentar não pode ser impugnada por meio daquele *writ*, porquanto não se reveste de teratologia ou flagrante ilegalidade. Precedentes citados: RMS 18.070-RJ, DJ 13/12/2004, e RMS 13.957-MG, DJ 24/3/2003. **RMS 30.081-RJ, Rel. Min. João Otávio de Noronha, julgado em 20/4/2010.** (Inform. STJ 431)

INTIMAÇÃO PESSOAL. ENTE PÚBLICO. LIMINAR.
Enquanto vigorava o art. 3º da Lei n. 4.348/1964 (com a redação dada pela Lei n. 10.910/2004), ao final revogado pela Lei n. 12.016/2009, era imperiosa a intimação pessoal do representante do ente público (União, Distrito Federal, estados, municípios e suas autarquias) contra o qual fora deferida liminar em mandado de segurança. Quanto à nova lei de MS (Lei n. 12.016/2009), que não incide sobre a hipótese dos autos, este Superior Tribunal ainda não emitiu pronunciamento conclusivo acerca dessa contenda. Precedentes citados: REsp 833.394-SP, DJ 23/4/2007, e REsp 869.169-SP, DJe 16/9/2008. **EREsp 1.048.993-PR, Rel. Min. Fernando Gonçalves, julgados em 7/4/2010.** (Inform. STJ 429)

ADVOGADO. UNIÃO. VPNI. ILEGITIMIDADE PASSIVA.
Trata-se de mandado de segurança de caráter preventivo impetrado por advogado da União em que se insurge contra a supressão de valores incorporados aos seus vencimentos a título de vantagem pessoal nominalmente identificada (VPNI), por força da instituição do subsídio como retribuição aos membros da carreira a que pertence, nos termos da MP n. 305/2006, posteriormente convertida na Lei n. 11.358/2006. Posto isso, ao prosseguir o julgamento, a Seção, por maioria, julgou extinto o mandado de segurança sem resolução de mérito, ao entendimento de que o ministro de Estado do Planejamento, Orçamento e Gestão e o advogado-geral da União são partes ilegítimas para figurar no polo passivo de mandado de segurança impetrado por integrante da carreira da Advocacia Geral da União com a finalidade de impugnar suposta supressão da VPNI em decorrência da instituição da forma de remuneração por subsídio. **Precedente citado: AgRg no MS 12.082-DF, DJ 5/2/2007. MS 12.091-DF, Rel. Min. Laurita Vaz, julgado em 10/2/2010.** (Inform. STJ 422)

MS. MULTA CONTRATUAL.
Discute-se, no recurso, se é cabível a impetração de mandado de segurança contra ato de presidente de comissão de licitação de empresa pública bancária (CEF) que aplicou multa por atraso da obra de prestação de serviços de adequação da rede elétrica de agência bancária. A jurisprudência deste Superior Tribunal já assentou que a imposição de multa decorrente de contrato, ainda que precedido de procedimento licitatório de cunho administrativo, não é ato de autoridade, mas ato de gestão, contra o qual não cabe mandado de segurança. Ademais, a novel lei do mandado de segurança (Lei n. 12.016/2009) sedimentou esse entendimento jurisprudencial em seu art. 1º, § 2º. Por outro lado, é incabível apurar infração contratual em *mandamus*, porque isso requer prova. Diante do exposto, a Turma negou provimento ao recurso. **Precedentes citados: AgRg no REsp 1.107.566-PR, DJe 25/5/2009; REsp 577.396-PE, DJ 20/2/2006, e REsp 420.914-PR, DJ 25/8/2003. REsp 1.078.342-PR, Rel. Min. Luiz Fux, julgado em 9/2/2010.** (Inform. STJ 422)

MS. LITISPENDÊNCIA. AÇÃO ORDINÁRIA.
No mandado de segurança, alega-se o direito adquirido e a conivência da legislação local para buscar a anulação de edital elaborado pela unidade federada de alienação do imóvel funcional ocupado pelo ora recorrente e, com isso, permitir sua venda direta sem qualquer procedimento licitatório. Sucede que esse pedido já foi deduzido, de igual modo, em ação ordinária da qual justamente decorre o citado edital, visto que nela se rejeitou o pleito e se cassou a liminar, o que possibilitou ao ente federado praticar os atos relativos à licitação. Daí a razão de o Tribunal *a quo* corretamente reconhecer a litispendência, que, conforme a jurisprudência do STJ, não é descaracterizada pela circunstância de o polo passivo do MS ser ocupado pela autoridade indicada como coatora e, na ação ordinária, figurar como réu a própria pessoa jurídica de direito público à qual pertence o impetrado no *writ*. **Precedentes citados: REsp 866.841-RJ, DJe 7/11/2008; RMS 11.905-PI, DJ 23/8/2007, e AgRg no REsp 932.363-RJ, DJ 30/8/2007. RMS 29.729-DF, Rel. Min. Castro Meira, julgado em 9/2/2010.** (Inform. STJ 422)

MS. PRAZO. PLANTÃO JUDICIÁRIO.
É consabido que o prazo *sui generis* para a impetração do mandado de segurança (art. 18 da Lei n. 1.533/1951, hoje art. 23 da Lei n. 12.016/2009) tem seu início no primeiro dia útil após a ciência do ato a ser impugnado. Conforme precedentes, caso o marco final desse prazo coincida com feriado forense, ele deverá ser prorrogado para o primeiro dia útil seguinte. Já o plantão judiciário foi concebido para permitir o exame de medidas urgentes durante, justamente, os feriados e recessos forenses. Diante disso, conclui-se que o termo final do prazo para impetração do MS não se enquadra nesse conceito de urgência a ponto de ser computado durante o plantão judiciário, pois isso acabaria por prejudicar o impetrante, visto que, mesmo não havendo tal urgência no pleito, o prazo para seu ajuizamento acabaria reduzido. Daí que, no caso, a impetração do MS respeitou o disposto no art. 18 da Lei n. 1.533/1951, não se cogitando de decadência a impor o retorno dos autos ao Tribunal de origem para que dê prosseguimento ao feito, pois sequer há informações da autoridade tida por coatora. **Precedentes citados do STF: MS 24.579-DF, DJ 6/8/2004; AgRg no MS 24.505-DF, DJ 14/11/2003; AgRg no MS 21.356-RJ, DJ 18/10/1991; do STJ: EREsp 964.787-DF, DJe 9/12/2008; AgRg no Ag 1.021.254-GO, DJe 2/2/2009; e AgRg no Ag 621.968-BA, DJ 21/5/2007. RMS 22.573-MS, Rel. Min. Castro Meira, julgado em 9/2/2010.** (Inform. STJ 422)

AG. LIMINAR. MS.

Cabe agravo de instrumento da decisão de primeiro grau de jurisdição em liminar em mandado de segurança. **REsp 1.101.740-SP, Rel. Min. Luiz Fux, julgado em 4/11/2009.** (Inform. STJ 414)

PENSÃO POR MORTE. ANULAÇÃO. TCE.

In casu, a recorrente teve anulada, pelo Tribunal de Contas da entidade federativa ora recorrida pensão que lhe foi concedida em razão do falecimento de seu companheiro. Impetrou mandado de segurança, que foi extinto sob o fundamento de indicação errônea da autoridade coatora, no caso, secretário de Fazenda, quando deveria ser o presidente daquele Tribunal. No REsp, alegou que, no MS preventivo, a autoridade coatora é aquela que tem competência para a prática do ato em tese ameaçador ao direito do impetrante, asseverando a completa ilegalidade do ato. Sustentou, ademais, que a apontada ilegitimidade da autoridade coatora poderia ser afastada pela aplicação da teoria da encampação à espécie. A Turma, por maioria, negou provimento ao recurso, assentando que, no STJ, prevalece o entendimento de que o *writ* no qual se discute a legalidade de ato a ser praticado pela Administração em consequência de decisão da Corte de Contas deve indicar, como autoridade coatora, seu presidente, e não o mero executor material da determinação acoimada de ilegal. Quanto à mencionada teoria da encampação, observou-se não ser ela aplicável à espécie, isso porque também entende o STJ que essa tese apenas incide se, entre outros aspectos, houver vínculo hierárquico entre a autoridade apontada como coatora e a que, efetivamente, deveria figurar no processo, além da defesa da legalidade do ato impugnado, requisitos que não se verificam no caso discutido. Para o Min. Napoleão Nunes Maia Filho, vencido, o mandado de segurança deve ser desimpedido ao máximo e, em caso de dúvida, há legitimação de quem praticou o ato, ainda que, eventualmente, sua prática tenha sido por delegação, por determinação ou por ordem de quem quer que seja. Quem pratica o ato é quem está legitimado, diz o art. 6º, § 3º, da Lei n. 12.016/2009 (nova Lei do Mandado de Segurança). Para o Min. Arnaldo Esteves Lima, também vencido, com a nova Lei, a questão ficou resolvida, podendo ser aplicada aos processos em curso. **Precedentes citados: REsp 1.001.910-SC, DJe 29/6/2009; RMS 21.918-DF, DJ 7/2/2008; MS 10.484-DF, DJ 26/9/2005; AgRg no RMS 24.116-AM, DJe 2/6/2008, e RMS 22.383-DF, DJe 29/10/2008. RMS 29.773-DF, Rel. Min. Jorge Mussi, julgado em 20/10/2009.** (Inform. STJ 412)

MS. LEI NOVA. AUTORIDADE. EXECUÇÃO. ATO.

O RMS foi interposto em razão de o TJ ter extinguido mandado de segurança, sem julgamento de mérito, ao considerar a ilegitimidade da autoridade apontada como coatora, sob o fundamento de que o presidente do TJ teria apenas observado a recomendação do plenário do TCU ao suspender as decisões administrativas que garantiam aos servidores daquele Tribunal o recebimento de função comissionada integral cumulativamente com o cargo efetivo e com a VPNI (Vantagem Pessoal Nominalmente Identificada), cujos valores continuariam a ser pagos a títulos de Verba Remunerada Destacada (VRD), após a implementação do Plano de Cargos e Salários instituído pela Lei n. 11.416/2006. O recorrente sustenta que tal orientação normativa teve origem em consulta da Vice-Presidência do TSE cujo procedimento não ensejou o contraditório e a ampla defesa, razão pela qual não vincularia o TJ, que deveria ter analisado cada caso concreto antes de suprimir o pagamento em comento. Isso posto, explica o Min. Relator que, após o advento da Lei n. 12.016/2009 (nova lei do mandado de segurança), a autoridade coatora, no mandado de segurança, não é somente aquela que emitiu determinada ordem para certa providência administrativa ser implementada por outra autoridade, mas também a autoridade que executa o ato, praticando-o em concreto, conforme o disposto no art. 6º, § 3º, da nova lei, que, por sua vez, é aplicável ao caso em observância ao art. 462 do CPC (lei superveniente). Observa que também não houve a ilegitimidade da autoridade, pois a impetração não se volta contra a orientação normativa, mas em desfavor de ato da competência da presidência do TJ ao vulnerar direito líquido e certo do impetrante recorrente, tanto que foram colacionados, no MS, precedentes daquele tribunal reconhecendo que a ausência de intimação pessoal do servidor, no procedimento administrativo, ofenderia os princípios do devido processo legal, da ampla defesa e do contraditório. Ademais, o acórdão n. 582/2003 do TCU, que deu origem à orientação normativa, teve sua eficácia suspensa em razão de recurso administrativo (parágrafo único do art. 61 da Lei n. 9.784/1999) interposto pelo Sindicato dos Trabalhadores do Poder Judiciário (Sindjus-DF) e do Ministério Público da União, ainda sem julgamento, conforme certidão fornecida pelo próprio TCU. Diante do exposto, a Turma deu parcial provimento ao recurso apenas para determinar o retorno dos autos ao TJ para que, superada a preliminar de ilegitimidade passiva, dê prosseguimento ao *mandamus*, julgando-o como entender de direito. **RMS 29.630-DF, Rel. Min. Napoleão Nunes Maia Filho, julgado em 6/10/2009.** (Inform. STJ 410)

MS. RENOVAÇÃO. COISA JULGADA.

O recorrente havia impetrado mandado de segurança anterior a este, cujo objetivo era afastar a exigência de realização de exercício físico (barras) em concurso para o cargo de delegado de polícia, visto ferir os princípios da razoabilidade, proporcionalidade e finalidade. Subsidiariamente, pretendia que lhe fosse deferido o direito a novo teste, sob o argumento de nulidade da prova em razão da ausência de membro da Ordem dos Advogados do Brasil (OAB). O TJ acolheu a prejudicial de mérito de decadência do direito à impetração invocada pelo Estado, sob o fundamento de que o prazo teria início com a data da publicação do instrumento convocatório, uma vez que a impugnação referia-se a critérios estabelecidos no edital do certame. Caberia à parte, por conseguinte, opor os embargos de declaração para instar o Tribunal a se manifestar a respeito da alegação de nulidade do teste em si, por razões ocorridas no dia de aplicação da prova, pois o prazo, nesse particular, não poderia ser contado desde a publicação do edital. O impetrante opôs os embargos, mas requereu desistência logo após. O pleito foi devidamente homologado, o que ensejou o trânsito em julgado da decisão de mérito ali proferida, reputando-se, dessa feita, deduzidas e repelidas todas as alegações e defesas suscitadas que poderiam ter sido opostas à rejeição do pedido. Dessa forma, transitada em julgado a sentença de mérito, as partes ficam impossibilitadas de ajuizar nova demanda, postulando idêntico pedido com base na mesma causa de pedir, sobre a qual recai a autoridade da coisa julgada. O art. 474 do CPC reputa repelidas todas as alegações feitas pelas partes na petição inicial e resposta, de sorte que não se admite a propositura de nova demanda para rediscutir a lide, com base em novos argumentos referentes à mesma causa de pedir. O trânsito em julgado do acórdão reconhecendo a decadência do direito à impetração, não obstante a ausência de pronunciamento a respeito da invocada nulidade da prova de aptidão física, por desrespeito à norma cogente que impõe a presença de membro da OAB durante a realização do teste, resulta na impossibilidade de renovação do tema em novo mandado de segurança. Caberia à parte ter oposto embargos de declaração para que o Tribunal se manifestasse a respeito da alegação de nulidade do teste em si, por razões ocorridas no dia de aplicação da prova. A decisão que extingue a ação mandamental, por força da superação do prazo decadencial de que trata o art. 18 da Lei n. 1.533/1951, não impede a renovação da controvérsia nas vias ordinárias, uma vez que a decisão denegatória do mandado de segurança somente faz coisa julgada, impedindo posterior demanda ordinária, quando for reconhecido, à luz da legislação, que não houve violação do direito reclamado pelo impetrante. Isso posto, a Turma negou provimento ao recurso. **RMS 28.509-AC, Rel. Min. Napoleão Nunes Maia Filho, julgado em 22/9/2009.** (Inform. STJ 408)

MS. REGULARIZAÇÃO. REPRESENTAÇÃO.

O Tribunal *a quo* declarou a nulidade da petição inicial diante da constatação de ser o impetrante (em causa própria) defensor público. O defensor, como consabido, não pode advogar em processos ou procedimentos dos quais é parte ou interessado (art. 131, I, da LC n. 80/1994, e art. 62, I, da LC estadual n. 39/2002). Porém, anote-se que aquele Tribunal fez tudo isso sem antes assinalar qualquer prazo para a regularização do ato processual. Isso posto, a Turma deu provimento ao recurso para determinar o retorno dos autos ao Tribunal de origem para que, reformado o acórdão ora recorrido, seja intimado o impetrante a sanar, em prazo razoável, a irregularidade. A Min. Relatora asseverou que a jurisprudência deste Superior Tribunal há muito se consolidou no sentido de incidir o disposto no art. 13 do CPC também nas hipóteses de impedimento de advogado ou defensor subscritor da petição inicial, em respeito à instrumentalidade das formas. **Precedentes citados: REsp 102.423-MG, DJ 21/9/1998; REsp 527.963-DF, DJ 4/12/2006; REsp 120.983-DF, DJ 28/2/2005; RMS 12.633-TO, DJ 13/8/2001, e EDcl nos EDcl nos EREsp 167.333-DF, DJ 30/10/2000. RMS 19.311-PB, Rel. Min. Maria Thereza de Assis Moura, julgado em 25/8/2009.** (Inform. STJ 404)

MS. LICITAÇÃO. ANULAÇÃO. OBJETO. PERDA.

A Turma entendeu que a interposição do *mandamus* para atacar ilegalidades que viciam o edital de licitação e os atos dele decorrentes passíveis de anulação significa que a adjudicação e a posterior celebração de contrato também o são, descabendo, pois, a alegada perda de objeto (art. 49, § 2º, da Lei n. 8.666/1993**). REsp 1.059.501-MG, Rel. Min. Mauro Campbell Marques, julgado em 18/8/2009.** (Inform. STJ 403)

MS. AUTORIDADE COATORA. INDICAÇÃO ERRÔNEA.

Renovando o julgamento, a Turma, por maioria, conheceu do recurso e extinguiu o processo sem resolução de mérito, com respaldo no entendimento do Pretório Excelso, que tem decidido não ser possível o tribunal ou juiz corrigirem *ex officio* equívoco, indicando ele autoridade apontada como coatora para alterar decisão, menos ainda quando é o impetrante que insiste na legitimidade da autoridade indicada, tal como ocorre na hipótese. **Precedentes citados: REsp 685.567-BA, DJ 26/9/2009; RMS 21.918-DF, DJ 7/2/2008; REsp 884.390-MG, DJe 25/8/2008; RMS 24.217-PA, DJe 10/11/2008; MS 24.523-DF, DJ 29/9/2006, e MS 24.001-DF, DJ 20/9/2002. RMS 27.666-RJ, Rel. Min. Og Fernandes, julgado em 6/8/2009.** (Inform. STJ 401)

MS. EXPORTAÇÃO. SOJA TRANSGÊNICA.

A Associação Nacional dos Exportadores de Cereais impetrou mandado de segurança coletivo contra ato omissivo do ministro de Estado dos Transportes pelo não exercício do dever de vigilância nos Portos de Paranaguá e Antonina, que estaria a impedir o trânsito e embarque de soja geneticamente modificada destinada à exportação. Informa, entre outros fatos, que, diante da primeira restrição (feita por ordem de serviço) recorreu ao Judiciário, sendo a ordem mandamental concedida por juiz federal e confirmada, ao final, pelo STF, mas que a administração do porto continua a impedir a movimentação desse tipo de soja. As informações, inclusive da Administração dos Portos de Paranaguá e Antonina (APPA), noticiam a impossibilidade de o Ministério fiscalizar os referidos portos dentro do seu quadro normativo (art. 87, da CF/1988) e apontam as imposições rígidas ao controle e separação da soja geneticamente modificada daquela convencional nos terminais do porto, além da dificuldade em cumpri-las. Diante disso, a Seção julgou extinto o mandado de segurança sem exame de mérito, por reconhecer que o ministro de Estado dos Transportes é parte ilegítima para figurar no polo passivo da demanda. Observou-se a impropriedade da via eleita; pois, conforme o descrito na impetração, há o descumprimento de ordem judicial, assim, a reclamação seria a medida própria para a cobrança de efetivo cumprimento de ordem judicial já transitada em julgado, inclusive com aval do STF. **MS 11.707-DF, Rel. Min. Eliana Calmon, julgado em 10/6/2009.** (Inform. STJ 398)

MS. TEORIA DA ENCAMPAÇÃO. INAPLICABILIDADE.

Trata-se de mandado de segurança no qual a ora recorrida apontou como autoridade coatora o secretário de Fazenda estadual, sob o fundamento de que a Portaria n. 114/2002 (Sefaz), emitida pelo secretário, é que aponta a necessidade de certidão negativa dos sócios para a inscrição estadual. Contudo, o ato coator foi praticado pelo chefe de Fiscalização Fazendária estadual que indeferiu o pedido de inscrição estadual sob o fundamento de que a sócia da empresa requerente possuía débitos com o fisco estadual. Assim, no caso, inaplicável a teoria da encampação, pois o secretário da Fazenda não defendeu o mérito do ato, limitando-se a declarar sua ilegitimidade passiva *ad causam*. Segundo a jurisprudência da Primeira Seção, para se aplicar a teoria da encampação em mandado de segurança, é necessário que sejam preenchidos os seguintes requisitos: existência de vínculo hierárquico entre a autoridade que prestou as informações e a que ordenou a prática do ato impugnado, ausência de modificação de competência estabelecida na Constituição Federal e manifestação a respeito do mérito nas informações prestadas. Desse modo, a Turma deu provimento ao recurso para extinguir o mandado de segurança sem resolução do mérito (art. 267, VI, do CPC). **REsp 997.623-MT, Rel. Min. Luiz Fux, julgado em 2/6/2009.** (Inform. STJ 397)

TRABALHO ESCRAVO. CADASTRO. INCLUSÃO.

Discute-se nos autos o cabimento de mandado de segurança contra o ato que determinou a inclusão do nome da empresa impetrante no cadastro de empregadores que tenham mantido trabalhadores em condição análoga à de escravo, instituído pela Portaria n. 540/2004 do Ministério do Trabalho e Emprego. Destacou-se que esta Corte, em casos semelhantes, declarou a ilegitimidade do ministro de Estado do Trabalho e Emprego para figurar no polo passivo do *mandamus*. No caso, porém, verificou-se que todos os processos administrativos referentes aos autos de infração lavrados contra a empresa foram avocados pelo ministro do Trabalho e Emprego, conforme autoriza o art. 638 da CLT. Dessa forma, todos os processos administrativos foram decididos pelo próprio ministro, que expressamente determinou o cumprimento do disposto no art. 2º da Portaria MTE n. 540/2004, incluindo-se o nome da empregadora no cadastro de que trata a citada portaria. Daí que compete ao STJ processar e julgar o presente *writ* (art. 105, I, **b**, CF/1988). Ressaltou-se que o ordenamento constitucional já traz, em si, o suporte normativo para a edição da Portaria MTE n. 540/2004. Entretanto, além do fundamento constitucional (que autoriza a criação do cadastro em análise), destacou-se que, ao contrário do que sustenta a impetrante, a legislação infraconstitucional legitima o ato apontado como coator. O art. 913 da Consolidação das Leis do Trabalho (CLT) é claro ao estabelecer que o referido ministro expedirá instruções, quadros, tabelas e modelos necessários à execução da CLT. Também os tratados e convenções internacionais de caráter geral, que ingressam no direito brasileiro com *status* de lei ordinária, veiculam diversas normas de combate ao trabalho em condições degradantes. Assim, não faltam fundamentos constitucionais e legais para validar a edição da portaria mencionada, que abrange princípios da dignidade humana (art. 1º, III, CF/1988), valorização do trabalho, redução das desigualdades sociais e regionais, bem como promoção do bem de todos (art. 3º, I, III e IV, da CF/1988), assim não há violação do princípio da legalidade nem do princípio da presunção de inocência, cabendo a independência das instâncias penal, civil e administrativa. Se o processo administrativo observou os trâmites legais, com prova suficiente para caracterizar a conduta ilícita, a sanção pode ser aplicada independentemente de prévia condenação criminal, porquanto os processos administrativos regem-se pelos princípios da Administração Pública, entre os quais se inclui o princípio da publicidade. Outrossim, o cadastro que veicula o nome das empresas que tiveram seus autos de infração declarados subsistentes em processo administrativo regular não tem por objetivo primário penalizar a empresa, mas assegurar transparência à atuação da Administração Pública. Da mesma forma, o princípio não pode se prestar para macular o ato administrativo que determinou a inclusão do nome da empresa no cadastro, após a conclusão de processo administrativo em que se oportunizou ao investigado o pleno exercício das garantias da ampla defesa e do contraditório, conforme prova carreada aos autos (art. 2º da Portaria MTE n. 540/2004). Ademais, é de interesse da sociedade em geral ser alertada sobre a prática desumana de trabalho escravo, a fim de exigir medidas estatais de combate. Por fim, demandaria análise de fatos e ampla dilação probatória verificar condições de trabalho no local, para concluir pela insubsistência dos autos de infração que constataram a existência de condições degradantes de trabalho, alojamentos superlotados, retenção dolosa de salários, jornada exaustiva, não fornecimento de água potável, inobservância do intervalo intrajornada *etc*. Com esse entendimento, a Seção cassou a liminar anteriormente deferida, denegando a segurança pleiteada e julgando prejudicado o agravo regimental da União. **MS 14.017-DF, Rel. Min. Herman Benjamin, julgado em 27/5/2009.** (Inform. STJ 396)

MS. DESISTÊNCIA. CONSENTIMENTO. PARTE ADVERSA.

Trata-se de REsp contra acórdão que, em resumo, declarou que o pedido de desistência de mandado de segurança pode ser formulado a qualquer tempo e independentemente de anuência da outra parte. A Turma, ao prosseguir o julgamento, por maioria, conheceu do recurso, mas lhe negou provimento, reiterando o entendimento de que o disposto no art. 267, § 4º, do CPC não se aplica ao mandado de segurança, que é regulado por regra específica. Daí, então, ser lícita a apresentação de pedido de desistência em qualquer fase processual, independentemente do consentimento da parte contrária. **Precedentes citados do STF: AgRg no RE 318.281-SP, DJ 21/9/2007; MS 22.129-DF, DJ 23/11/1994; do STJ: AgRg no EREsp 389.638-PR, DJ 25/6/2007; AgRg no Ag 821.787-CE, DJ 31/5/2007, e Pet 4.375-PR, DJ 18/9/2006. REsp 930.952-RJ, Rel. originário Min. José Delgado, Rel. para acórdão Min. Luiz Fux (art. 52, IV, b, RISTJ), julgado em 12/5/2009.** (Inform. STJ 394)

MS. FUNDO. SAÚDE. MINISTRO DE ESTADO. JUSTIÇA. ILEGITIMIDADE PASSIVA.

Trata-se de mandado de segurança impetrado contra o ministro de Estado da Justiça com a finalidade de impedir desconto da contribuição para o Fundo da Saúde do Exército (Fusex). A Min. Relatora concedia a segurança, por entender tratar-se de situação especial que se refere à anistia, daí a legitimidade ser do ministro da Justiça, nos termos do art. 10 da Lei n. 10.559/2002. Porém, o Min. Humberto Martins, baseando-se em julgados recentes deste Superior Tribunal e divergindo do entendimento da Min. Relatora, entendeu que, a partir do julgamento do MS 11.600-DF (DJ 27/11/2006), os interessados não mais podem discutir valores, pagamentos, retenções, descontos e outros atos materiais no âmbito do mencionado fundo de saúde, sob a invocação da legitimidade de ministro de Estado. Não há qualquer vínculo jurídico, mediato ou imediato, entre essa autoridade e o suposto ato coator. Com esse entendimento, a Seção, por maioria, julgou extinto o mandado de segurança sem análise do mérito. **Precedentes citados: MS 12.274-DF, DJ 23/4/2007, e AgRg no MS 13.344-DF, DJ 23/6/2008. MS 13.345-DF, Rel. originário Min. Denise Arruda, Rel. para acórdão Min. Humberto Martins, julgado em 10/12/2008.** (Inform. STJ 380)

OAB. ANUIDADES. ATRASO. RECADASTRAMENTO.
Trata-se de REsp em que se pretende desconstituir o acórdão recorrido sob a alegação de haver este violado o art. 18 da Lei n. 1.533/1951, visto que há um lapso temporal de mais de 120 dias entre a data do ato supostamente ilegal impugnado e a impetração do mandado de segurança. Assevera a recorrente que o mencionado ato foi publicado em 31/12/2002 e a impetração do *mandamus* se deu em 18/3/2003. O Tribunal *a quo* assentou que a restrição a exercício de atividades do profissional imposta por meio de resolução, como forma indireta de coação ao pagamento de anuidade, atenta contra o princípio da legalidade e da garantia ao livre exercício de trabalho, ofício ou profissão, assegurado na CF/1988. Considerou, ainda, que a ofensa ao direito líquido e certo não se conta a partir da expedição da resolução (ato impugnado no mandado de segurança), mas sim do momento em que produzir efeitos. Tal entendimento harmoniza-se com a jurisprudência do STJ de que o prazo decadencial no mandado de segurança tem início na data em que o interessado teve ciência inequívoca do ato atacado. Assim, no caso em questão, não ocorreu a decadência, isso porque a negativa de recadastramento se deu em 15/1/2003, momento em que não foi aceita pelo impetrante, ora recorrido, a proposta de pagamento parcelado das anuidades em atraso, e o *mandamus* foi impetrado em 18/3/2003, antes, portanto, de ser ultrapassado o lapso temporal previsto no art. 18 da Lei n. 1.533/1951. Com esses argumentos, entre outros, a Turma, por maioria, não conheceu do recurso. **Precedentes citados: AgRg no REsp 725.372-CE, DJ 23/5/2005; REsp 593.415-MT, DJ 16/5/2005, e AgRg no RMS 11.321-RS, DJ 8/10/2001. REsp 1.088.620-SP, Rel. originário Min. Eliana Calmon, Rel. para o acórdão Min. Castro Meira, julgado em 18/11/2008.** (Inform. STJ 377)

MS. DECADÊNCIA. TERMO A QUO. RESOLUÇÃO.
Trata-se de mandado de segurança impetrado contra ato que desanexou serventias de tabelionato de notas e protesto em geral; entretanto, no caso dos autos, houve a decadência do direito de postular pretensão líquida e certa, uma vez que o ato que efetivamente atingiu a esfera jurídica da ora recorrente deu-se da publicação de resolução na qual se determinou, expressamente, a desanexação das serventias que lhe arrebatou a titularidade do citado tabelionato. O prazo decadencial para o ajuizamento do *mandamus* começa a fluir da data em que o impetrante toma ciência do ato que fere seu direito. Diante do exposto, a Turma, ao prosseguir o julgamento, negou provimento ao RMS, ressalvadas as vias ordinárias. **RMS 26.458-SC, Rel. originário Min. José Delgado, Rel. para acórdão Min. Francisco Falcão** (art. 52, IV, b, do RISTJ), **julgado em 11/11/2008.** (Inform. STJ 376)

MS. DECADÊNCIA. PRAZO INICIAL.
A impetrante recebia pensão especial instituída por lei complementar estadual, conforme emenda da Assembléia Legislativa ao projeto original apresentado pelo executivo estadual. Acontece que, posteriormente, os arts. 118, 119 e respectivos parágrafos da LC foram revogados pela Lei estadual n. 25.533/1999, que manteve o pensionamento especial no art. 36, § 1º. Depois, por decreto, a autoridade coatora anulou e sustou o pagamento da pensão especial por reconhecer vício de constitucionalidade. Pugna a impetrante pelo seu direito líquido e certo porque o decreto não poderia revogar a lei. Entretanto, a impetração volta-se contra os efeitos concretos do Dec. estadual n. 25.535/1999, que cancelou o recebimento da pensão especial, nesse caso, o *mandamus* foi ajuizado a destempo. A tese vencedora reconheceu a decadência diante da ampla devolutividade do recurso ordinário em mandado de segurança, já que este Superior Tribunal pode apreciar de ofício questões de ordem pública. O prazo decadencial para impetração tem início na data da ciência inequívoca do ato atacado, ou seja, a data em que passou a vigorar a lei que anulou o pagamento da pensão especial. Quanto à teoria do trato sucessivo, deve restringir-se às hipóteses em que se repute como ilegal a omissão da autoridade coatora, impondo-se que o ato comissivo seja atacado no prazo estabelecido no art. 18 da Lei n. 1.533/1951. A tese vencida dava provimento ao recurso, acolhendo o pedido. A Turma, prosseguindo o julgamento, após o voto de desempate da Min. Maria Thereza de Assis Moura, por maioria, julgou extinto o processo com julgamento de mérito, ressalvando à impetrante o acesso às vias ordinárias. **Precedentes citados: RMS 19.346-MS, DJ 19/4/2005; REsp 260.633-SP, DJ 27/8/2001; RMS 18.641-GO, DJ 23/5/2005, e REsp 746.908-RJ, DJ 17/12/2007. RMS 15.980-RJ, Rel. originário Min. Nilson Naves, Rel. para acórdão Min. Paulo Gallotti, julgado em 23/8/2008.** (Inform. STJ 369)

MS. INFORMAÇÕES. PAC.
Cuida-se de mandado de segurança contra ato atribuído ao ministro de Estado da Justiça e consubstanciado na recusa de fornecer informações acerca de obras do Programa de Aceleração do Crescimento (PAC) relativas ao projeto de ampliação do abastecimento de água em Jacarepaguá, Barra da Tijuca e Recreio dos Bandeirantes. A Seção julgou extinto o processo sem resolução de mérito, por entender que não há nos autos sequer indícios de que o ministro de Estado tenha conhecimento da matéria ou atribuição de informar sobre as obras do PAC. Tais informações estão em poder da CEF. Como inexiste vínculo hierárquico entre a autoridade reputada coatora e a Caixa, mas apenas supervisão ministerial, não há como assumir a responsabilidade pela recusa da autoridade reputada coatora, tornando-se, assim, carecedor da ação por ilegitimidade passiva *ad causam*. **MS 13.696-DF, Rel. Min. Eliana Calmon, julgado em 24/9/2008.** (Inform. STJ 369)

MS. SENTENÇA CONCESSIVA. INTIMAÇÃO. PESSOA JURÍDICA DE DIREITO PÚBLICO. TRÂNSITO EM JULGADO.
Apesar de não ser parte no *writ* a pessoa jurídica de direito público a que está vinculada a autoridade coatora do mandado de segurança, caberá a ela suportar os efeitos patrimoniais da condenação e, conseqüentemente, torna-se necessária, a partir da sentença, a intimação pessoal de seu representante judicial, legitimado para recorrer da decisão concessiva da ordem. Uma vez que não realizada regularmente a intimação, não há que se falar em trânsito em julgado. Assim, a Turma conheceu em parte do recurso e, nessa parte, deu-lhe provimento para anular o trânsito em julgado e determinar que se proceda à intimação do estado-membro recorrente da sentença concessiva de segurança. **Precedentes citados: EREsp 785.230-MG, DJ 22/10/2007; EREsp 649.029-MA, DJ 1º/10/2007; RMS 15.298-SP, DJ 26/4/2004, e REsp 615.696-DF, DJ 29/11/2004. REsp 704.713-PE, Rel. Min. Laurita Vaz, julgado em 18/9/2008.** (Inform. STJ 368)

TRANSPORTE ALTERNATIVO. PASSAGENS. SUBSTITUIÇÃO PROCESSUAL.
Trata-se de recurso interposto pela Confederação Nacional de Transporte Alternativo de Passageiros contra acórdão proferido por TJ. No caso, a questão reside em saber se a ausência de autorização expressa dos substituídos para a impetração de mandado de segurança coletivo objetivando a defesa de interesses da categoria conduz à ilegitimidade ativa da entidade de classe impetrante. Para o Min. Relator, a Lei n. 7.788/1989, em seu art. 8º, estabelece que as entidades sindicais poderão atuar como substitutas processuais da categoria que representam. Assente a autorização legal, revela-se desnecessária a autorização expressa do titular do direito subjetivo. A legitimação ativa para a impetração de *mandamus*, conferida pela letra b do inciso LXX do art. 5º da CF/1988, dispensa autorização individual ou assemblear (Súm. n. 629-STF). Destacou haver entendimento do STF, consagrado na Súm. n. 630, no sentido de que "a entidade de classe tem legitimação para o mandado de segurança ainda quando a pretensão veiculada interesse apenas a uma parte da respectiva categoria". *In casu*, a despeito de a entidade de classe possuir legitimidade ativa para a impetração do mandado de segurança coletivo *ab origine*, o mencionado *mandamus* não denota condições de procedibilidade, ante a ilegitimidade passiva da autoridade apontada coatora. Além disso, a fiscalização de veículos utilizados no transporte alternativo remunerado de passageiros e a eventual aplicação de sanções administrativas, notadamente a apreensão de veículos e o condicionamento da liberação deles ao pagamento de multas, são atividades que não se inserem no âmbito de competência do secretário de Estado de Transporte do Estado do Rio de Janeiro, ao revés, incumbem aos agentes do Departamento de Transportes Rodoviários do Estado do Rio de Janeiro, autarquia estadual criada pela Lei estadual n. 1.221/1987, com personalidade jurídica própria. **RMS 20.762-RJ, Rel. Min. Luiz Fux, julgado em 5/8/2008.** (Inform. STJ 362)

SERVIDOR. GRATIFICAÇÃO. CURSO SUPERIOR. MS. DECADÊNCIA.
O Estatuto dos Funcionários Públicos Civis do Estado de Goiás previa o direito à percepção de gratificação de incentivo funcional pela conclusão de curso de aperfeiçoamento ou especialização prestado por entidade de ensino superior (arts. 175 e 176 da Lei estadual n. 10.460/1988). Porém, essa gratificação foi extinta pela Lei estadual n. 12.706/1995, com ressalvas quanto ao direito adquirido. No caso, o servidor, antes da revogação da vantagem, havia concluído o curso superior de Engenharia Civil. Anote-se que a jurisprudência deste Superior Tribunal reconhece o direito à percepção daquela gratificação, não só em razão da conclusão de curso de especialização, mas também de curso superior, desde que ele se correlacione com o cargo ocupado, o que não foi afastado na espécie. Sucede que, no trato de direito à percepção de gratificação de servidor público

indeferida administrativamente, as Turmas da Terceira Seção do STJ tem entendimento de que o prazo para impetração de MS deve ser contado da data em que o servidor toma ciência daquele indeferimento. Isso posto, a decadência está caracterizada no caso. **Precedentes citados: RMS 7.421-GO, DJ 29/9/1997; RMS 9.156-GO, DJ 1º/8/2000; EDcl no RMS 10.864-GO, DJ 29/10/2001; RMS 17.504-GO, DJ 1º/8/2005; RMS 19.025-GO, DJ 9/10/2006; RMS 19.500-GO, DJ 27/9/2006, e RMS 22.986-GO, DJ 12/3/2008. RMS 20.862-GO, Rel. Min. Jane Silva (Desembargadora convocada do TJ-MG), julgado em 5/6/2008.** (Inform. STJ 358)

MS. REPETIÇÃO. PUBLICAÇÃO. MULTA. MÁ-FÉ. JUSTIÇA GRATUITA.
Trata-se de MS contra ato do diretor do cartório que, em execução movida contra o impetrante, fez publicar segunda intimação para a apresentação de contra-razões pela exeqüente diante dos REsp e RE interpostos. Anote-se que a primeira intimação apenas fez menção ao REsp. Isso posto, vê-se nítida a intenção de utilizar-se do MS como substituto de recurso cabível (Súm. n. 267-STF) e de forçar a análise de matéria fática (se houve ou não defeito na primeira publicação), o que se torna inviável na sede escolhida. Quanto à multa por litigância de má-fé e à circunstância de haver assistência da Justiça gratuita, isso não torna o impetrante infenso às penalidades, visto que assim entender resultaria em estender a finalidade a que se presta a gratuidade de Justiça, a permitir ao assistido fruir de posição privilegiada no processo enquanto possa praticar atos indevidos e ilegais durante o trâmite da ação sem sofrer qualquer punição por isso. **Precedentes citados: EDcl no AgRg no REsp 94.648-SP, DJ 1º/12/2003, e EDcl nos EDcl nos EDcl no AgRg no Ag 222.155-SP, DJ 27/3/2000. RMS 15.600-SP, Rel. Min. Aldir Passarinho Junior, julgado em 20/5/2008.** (Inform. STJ 356)

RMS. TEORIA. ENCAMPAÇÃO. HIERARQUIA.
Trata-se de agravo regimental contra decisão monocrática que, ao reconhecer a ilegitimidade passiva da autoridade, negou provimento ao recurso em mandado de segurança. Sustenta o agravante, entre outras razões, ser aplicável ao caso a teoria da encampação porque a autoridade adentrou o mérito do *mandamus* ao prestar as informações. Explica o Min. Relator que, além da manifestação do mérito, exige-se, para fins de aplicação da teoria da encampação, que haja hierarquia imediata entre a autoridade indicada pelo impetrante e aquela que deveria ter figurado no feito. Note-se que, no caso, a impetração insurge-se contra a elaboração de questão de prova de concurso público que estaria em desacordo com o edital. Logo, afirma o Min. Relator, não há vínculo de hierarquia entre o desembargador presidente da comissão de concurso público do TJ apontado como autoridade coatora e o centro de seleção e promoção de eventos de universidade contratado para efetivação do concurso público. Ademais, foi o centro que respondeu ao recurso administrativo interposto pelo impetrante e o desembargador não praticou nenhum ato contra direito líquido e certo do candidato impetrante. Outrossim, o fato de a comissão do concurso supervisionar as atribuições do centro não afasta a competência deste contra a alegada ilegitimidade atacada no *mandamus*. Observou ainda que a delegação de atribuição por vínculo contratual àquele centro legitima a autoridade competente desse órgão para figurar no pólo passivo do *mandamus* (aplicação da Súm. n. 510-STF). Com esse entendimento, a Turma negou provimento ao agravo. **Precedentes citados: MS 10.484-DF, DJ 26/9/2005, e MS 12.779-DF, DJ 3/3/2008. AgRg no RMS 24.116-AM, Rel. Min. Felix Fischer, julgado em 8/5/2008.** (Inform. STJ 354)

MS. LEGITIMIDADE ATIVA. COORDENADOR. RH.
O mandado de segurança foi impetrado contra ato do ministro da Defesa, comandante da Marinha e diretor do serviço de inativos e pensionistas da Marinha, insurgindo-se a impetrante contra o desconto efetivado nos valores por ela percebidos a título de pensão, relativos a imposto de renda. Inicialmente a jurisprudência deste Superior Tribunal firmara-se no sentido de ter legitimidade para figurar no pólo passivo da demanda o ministro da Defesa e os comandantes da Marinha, do Exército e da Aeronáutica, dependendo, quanto a esses últimos, da Força a que estava vinculado o servidor militar anistiado. Entretanto a Primeira Seção deste Superior Tribunal, revendo sua orientação, entendeu pela ilegitimidade passiva *ad causam* das citadas autoridades, à consideração de que somente o coordenador de recursos humanos (RH), ou outra autoridade com função equivalente, poderia responder por descontos de imposto de renda na fonte. Diante disso, a Seção julgou extinto o mandado de segurança sem resolução do mérito. **Precedentes citados: MS 11.599-DF, DJ 6/8/2007; MS 11.552-DF, DJ 20/11/2006, e MS 12.687-DF, DJ 25/2/2008. MS 10.894-DF, Rel. Min. Humberto Martins, julgado em 23/4/2008.** (Inform. STJ 353)

MS. NOTÁRIO. PERDA. DELEGAÇÃO. LOTEAMENTO IRREGULAR.
É tido por pacificado, no âmbito do STJ, o entendimento de que o prazo decadencial do mandado de segurança não é interrompido ou suspenso pela formulação de pedido de reconsideração ou recurso administrativo, exceção que se faz apenas em casos de concessão de efeito suspensivo, tal como ocorrido na hipótese. Sucede que, no caso, o início da contagem desse prazo deve dar-se não do julgamento, mas da publicação do respectivo acórdão do Conselho da Magistratura estadual que confirmou a perda da delegação concedida ao notário, ora recorrente. Daí a necessidade de reformar a decisão atacada que havia reconhecido a decadência, para, então, por analogia, aqui se aplicar o disposto no art. 515, § 3º, do CPC, diante da presença de seus pressupostos. No processo administrativo, está demonstrado, à saciedade, que, em suma, o impetrante concorreu para a formação de um loteamento irregular (não autorizado ou sequer projetado) ao permitir e chancelar mais de duzentas escrituras de cessão de direitos possessórios, a possibilitar ao simples possuidor instituir loteamento, o que é vedado pela Lei n. 6.766/1979. Note-se que o disposto no art. 402, § 4º, da Consolidação Normativa da Corregedoria-Geral da Justiça do Estado do Rio de Janeiro também não socorre a pretensão do impetrante, visto que as escrituras em questão não foram lavradas com intuito de certificar a posse para fins de instrução de ação de usucapião. Assim, não há que se falar em direito líquido e certo a amparar a pretensão do impetrante de anular, revogar ou cassar o ato que decretou a perda da delegação. **RMS 25.112-RJ, Rel. Min. Eliana Calmon, julgado em 15/4/2008.** (Inform. STJ 352)

MS. ATO ADMINISTRATIVO. PODER JUDICIÁRIO. SÚM. N. 267-STF.
Trata-se de mandado de segurança (MS) impetrado em razão de decisão do Conselho da Magistratura do Tribunal de Justiça que negou provimento a recurso administrativo interposto, mantendo a eliminação do impetrante em concurso para provimento de vagas nos serviços notariais de registro, bem como o ato de delegação da serventia ao litisconsorte passivo necessário, candidato classificado. Esclarece a Min. Relatora que este Superior Tribunal já se manifestou no sentido do cabimento do MS contra ato eminentemente administrativo, embora emanado do Poder Judiciário, ao qual não se aplica a Súm. n. 267-STF. Assim, verificou-se assistir razão ao recorrente quanto à preliminar suscitada. Com esse entendimento, a Turma, por maioria, deu parcial provimento ao recurso, declarando o cabimento do *mandamus* e o retorno dos autos para que, ultrapassada a preliminar, prossiga-se no julgamento do *writ*. Precedentes citados: RMS 19.939-SC, DJ 27/11/2006; RMS 18.092-BA, DJ 14/11/2005, e RMS 7.916-BA, DJ 22/11/1999. **RMS 22.637-MS, Rel. Min. Denise Arruda, julgado em 11/12/2007.** (Inform. STJ 342)

MS. PROVENTOS. REDUÇÃO. DECADÊNCIA.
O militar da reserva remunerada insurge-se contra a redução de seus proventos em virtude da transformação do adicional por tempo de serviço em adicional de permanência (art. 10 da LC estadual n. 52/1992). A Min. Relatora entende que os atos de supressão de vantagens, de redução de vencimentos/proventos, cuidam de hipóteses de prestações de trato sucessivo, razão pela qual o prazo para a impetração de mandado de segurança contra tais atos renova-se mês a mês. Ocorre, porém, que este Superior Tribunal, quando do julgamento do REsp 792.645-PA, DJ 28/5/2007, esposou tese segundo a qual a aplicação da teoria do trato sucessivo deve restringir-se às hipóteses em que se repute como ilegal a omissão da autoridade coatora, devendo o ato comissivo ser atacado dentro do prazo de que cuida o art. 18 da Lei n. 1.533/1951, que deve ser interpretado em consonância com a natureza urgente e excepcional da ação mandamental. Assim, a Min. Relatora ressalvou seu entendimento acerca do tema e adotou a orientação deste Superior Tribunal. No caso, a transformação do adicional por tempo de serviço em adicional de permanência foi efetivada a partir de março de 1993, tendo ocorrido a redução dos proventos do recorrente a partir de janeiro de 1994. Ocorre que o mandado de segurança foi impetrado somente em novembro de 1998, o que evidencia a ocorrência de decadência na espécie. Salientou a Min. Relatora que esta pode ser reconhecida de ofício em sede de recurso ordinário, tendo em vista tratar-se de matéria de ordem pública. Diante disso, a Turma, ao prosseguir o julgamento, extinguiu o processo com julgamento de mérito. **RMS 15.463-SC, Rel. Min. Maria Thereza de Assis Moura, julgado em 9/10/2007.** (Inform. STJ 335)

DECADÊNCIA. MS. NORMA. EDITAL.
A Turma, ao prosseguir o julgamento, reafirmou que, conforme a jurisprudência deste Superior Tribunal, a data da publicação do edital do concurso público é o termo *a quo* do prazo decadencial para a impetração do mandado de segurança que questiona justamente as regras

incertas naquele mesmo edital. Precedentes citados: RMS 22.951-AP, DJ 14/5/2007; AgRg no RMS 20.848-RJ, DJ 12/3/2007, e RMS 16.804-MG, DJ 25/9/2006. **REsp 613.542-SP, Rel. Min. Laurita Vaz, julgado em 13/9/2007.** (Inform. STJ 331)

MS. SENTENÇA CONCESSIVA. PRAZO. DOBRO. RECURSO. ILEGITIMIDADE. AUTORIDADE COATORA.

Trata-se de recurso especial interposto por prefeito municipal contra o acórdão que entendeu incabível o benefício do prazo em dobro quando o recurso é interposto por autoridade coatora. Para a Min. Relatora, o próprio recurso reconhece o interesse da apelação interposta em defender o ato atacado quando afirma que se trata de prefeito municipal defendendo naturalmente os interesses da municipalidade. Assim, por tais razões já se poderia obstar o recurso especial ante a flagrante ilegitimidade do recorrente, uma vez que a Corte Especial pacificou entendimento de que a autoridade coatora apenas tem legitimidade para recorrer da sentença que concede a segurança quando tal recurso objetiva defender interesse próprio da dita autoridade. Aduz, ainda, a Min. Relatora que essa ilegitimidade poderia ser declarada de ofício, contudo, em razão da falta de argüição nas contra-razões, o que poderia obstar sua análise, somada às peculiaridades da questão trazida nos autos, cabe análise do mérito do recurso. Assim, explica que a autorização do prazo em dobro para recorrer sempre se dá por autorização legal: o CPC, no art. 188, concede o prazo em dobro somente à Fazenda Pública e ao Ministério Público, posteriormente, a Lei n. 9.469/1997 estendeu essa benesse às autarquias e às fundações públicas. Como é inadmissível a interpretação extensiva das referidas normas, o prefeito municipal não possui prazo em dobro para recorrer. Com esse entendimento, a Turma negou provimento ao recurso. Precedentes citados: EREsp 180.613-SE, DJ 17/12/2004, e AgRg no Ag 804.571-RJ, DJ 2/4/2007. **REsp 264.632-SP, Rel. Min. Maria Thereza de Assis Moura, julgado em 4/9/2007.** (Inform. STJ 330)

RCL. MS. ANISTIA.

A Seção, ao prosseguir o julgamento, julgou improcedente a reclamação por entender que o obstáculo ao cumprimento do julgado situa-se na insuficiência de recursos financeiros para o pagamento da indenização, circunstância que não pode ser atribuída à responsabilidade da autoridade reclamada, que, inclusive, solicitou ao Ministério do Planejamento reforço da dotação orçamentária via crédito suplementar, para fazer jus ao pagamento. O fato de a execução da decisão mandamental prescindir do processo de precatório não entra em contradição com a ausência de recursos financeiros disponíveis, pois este aspecto não decorre, necessariamente, daquele. A execução de sentença que implique liberação de recursos só cabe após o trânsito do julgado (art. 2º-B da Lei nº 9.494/1997), o que, na espécie, ainda não ocorreu. Precedente citado: EDcl no MS 11.586-DF, DJ 5/2/2007. **Rcl 2.378-DF, Rel. Min. Felix Fischer, julgada em 22/8/2007.** (Inform. STJ 328)

CONCURSO PÚBLICO. INTERVENÇÃO. PODER JUDICIÁRIO. MS. VIA INADEQUADA.

A Turma negou provimento ao agravo ao entendimento de que é possível a intervenção do Poder Judiciário em causas que digam respeito aos concursos públicos todas as vezes em que forem observadas eventuais violações dos princípios que regem a Administração Pública, em especial, o da legalidade e o da vinculação ao edital. No entanto não é o mandado de segurança, ação constitucional de curso sumário, a via adequada para o exame da legalidade do ato de anulação de concurso público, quando não logrou o impetrante comprovar, de plano, a inexistência das nulidades apontadas. Precedentes citados do STF: RMS 9.396-SC, DJ 13/12/1961; do STJ: RMS 18.560-RS, DJ 30/4/2007, e RMS 882-RS, DJ 25/11/1991. **Ag Rg no RMS 19.608-PR, Rel. Min. Maria Thereza de Assis Moura, julgado em 28/6/2007.** (Inform. STJ 325)

MS. APOSENTADORIA. AUTORIDADE COATORA. TRIBUNAL. CONTAS.

Como consabido e acolhido pela jurisprudência do STJ e STF, o ato de aposentadoria classifica-se como complexo e se perfaz pela manifestação do órgão concedente somada da aprovação do Tribunal de Contas local, tal como determina o art. 71, III, da CF/1988, de reprodução obrigatória nos Estados Membros. Manifestada a ilegalidade do ato pelo Tribunal de Contas local, ao respectivo secretário de Administração, aqui o do Distrito Federal, só resta acatar a decisão e cassar a aposentadoria. Porém isso não o transforma em autoridade coatora e o legitima a figurar no pólo passivo do mandado de segurança, ora de natureza preventiva. Correto é impetrá-lo contra o Tribunal de Contas, que efetivamente tomou a decisão. Com esse entendimento, a Turma, ao continuar o julgamento, deu provimento ao recurso especial. Precedentes citados do STF: MS 25.113-DF, DJ 6/5/2005; do STJ: RMS 6.777-PI, DJ 15/10/2001. **REsp 223.670-DF, Rel. Min. Maria Thereza de Assis Moura, julgado em 19/4/2007.** (Inform. STJ 317)

MS. COMPETÊNCIA INTERNA. CONTRIBUIÇÃO PREVIDENCIÁRIA. SERVIDORES ESTADUAIS. ILEGITIMIDADE. GOVERNADOR.

A Min. Relatora esclareceu que o mandado de segurança foi impetrado contra ato atribuído ao governador do Estado e secretários da Fazenda e da Administração. Afastado o governador, remanesceram no pólo passivo os secretários de Estado, os quais têm foro no Tribunal, mas não no pleno, pois os mandados de segurança contra os secretários de Estado são examinados pelos órgãos fracionários. Trata-se, portanto, de competência funcional ou em razão da pessoa, de caráter absoluto, que, por isso mesmo, não pode ser prorrogada. Assim, prevaleceu a orientação constante do acórdão da Segunda Turma, relatado pelo Min. Castro Meira, de decretar a nulidade do acórdão e remeter os autos ao órgão fracionário daquele Tribunal. Com essas considerações, a Seção, ao prosseguir o julgamento, conheceu dos embargos e deu-lhes provimento. **EREsp 697.082-BA, Rel. Min. Eliana Calmon, julgados em 14/3/2007.** (Inform. STJ 313)

SÚMULA STF Nº 632

É constitucional Lei que fixa o prazo de decadência para a impetração de mandado de segurança.

SÚMULA STF Nº 631

Extingue-se o processo de mandado de segurança se o impetrante não promove, no prazo assinado, a citação do litisconsorte passivo necessário.

SÚMULA STF Nº 630

A entidade de classe tem legitimação para o mandado de segurança ainda quando a pretensão veiculada interesse apenas a uma parte da respectiva categoria.

SÚMULA STF Nº 629

A impetração de mandado de segurança coletivo por entidade de classe em favor dos associados independe da autorização destes.

SÚMULA STF Nº 627

No mandado de segurança contra a nomeação de magistrado da competência do presidente da república, este é considerado autoridade coatora, ainda que o fundamento da impetração seja nulidade ocorrida em fase anterior do procedimento.

SÚMULA STF Nº 626

A suspensão da liminar em mandado de segurança, salvo determinação em contrário da decisão que a deferir, vigorará até o trânsito em julgado da decisão definitiva de concessão da segurança ou, havendo recurso, até a sua manutenção pelo Supremo Tribunal Federal, desde que o objeto da liminar deferida coincida, total ou parcialmente, com o da impetração.

SÚMULA STF Nº 625

Controvérsia sobre matéria de direito não impede concessão de mandado de segurança.

SÚMULA STF Nº 624

Não compete ao Supremo Tribunal Federal conhecer originariamente de mandado de segurança contra atos de outros tribunais.

SÚMULA STF Nº 623

Não gera por si só a competência originária do Supremo Tribunal Federal para conhecer do mandado de segurança com base no art. 102, i, "n", da Constituição, dirigir-se o pedido contra deliberação administrativa do tribunal de origem, da qual haja participado a maioria ou a totalidade de seus membros.

SÚMULA STF Nº 622

Não cabe agravo regimental contra decisão do relator que concede ou indefere liminar em mandado de segurança.

SÚMULA STF Nº 512

Não cabe condenação em honorários de advogado na ação de mandado de segurança.

SÚMULA STF Nº 510

Praticado o ato por autoridade, no exercício de competência delegada, contra ela cabe o mandado de segurança ou a medida judicial.

SÚMULA STF Nº 474

Não há direito líquido e certo, amparado pelo mandado de segurança, quando se escuda em Lei cujos efeitos foram anulados por outra, declarada constitucional pelo Supremo Tribunal Federal.

SÚMULA STF Nº 430

Pedido de reconsideração na via administrativa não interrompe o prazo para o mandado de segurança.

SÚMULA STF Nº 429

A existência de recurso administrativo com efeito suspensivo não impede o uso do mandado de segurança contra omissão da autoridade.

SÚMULA STF Nº 405

Denegado o mandado de segurança pela sentença, ou no julgamento do agravo, dela interposto, fica sem efeito a liminar concedida, retroagindo os efeitos da decisão contrária.

SÚMULA STF Nº 392

O prazo para recorrer de acórdão concessivo de segurança conta-se da publicação oficial de suas conclusões, e não da anterior ciência à autoridade para cumprimento da decisão.

SÚMULA STF Nº 330

O Supremo Tribunal Federal não é competente para conhecer de mandado de segurança contra atos dos tribunais de justiça dos estados.

SÚMULA STF Nº 319

O prazo do recurso ordinário para o Supremo Tribunal Federal, em "habeas corpus" ou mandado de segurança, é de cinco dias.

SÚMULA STF Nº 304

Decisão denegatória de mandado de segurança, não fazendo coisa julgada contra o impetrante, não impede o uso da ação própria.

SÚMULA STF Nº 272

Não se admite como ordinário recurso extraordinário de decisão denegatória de mandado de segurança.

SÚMULA STF Nº 271

Concessão de mandado de segurança não produz efeitos patrimoniais em relação a período pretérito, os quais devem ser reclamados administrativamente ou pela via judicial própria.

SÚMULA STF Nº 270

Não cabe mandado de segurança para impugnar enquadramento da Lei 3780, de 12/7/1960, que envolva exame de prova ou de situação funcional complexa.

SÚMULA STF Nº 269

O mandado de segurança não é substitutivo de ação de cobrança.

SÚMULA STF Nº 268

Não cabe mandado de segurança contra decisão judicial com trânsito em julgado.

SÚMULA STF Nº 267

Não cabe mandado de segurança contra ato judicial passível de recurso ou correição.

SÚMULA STF Nº 266

Não cabe mandado de segurança contra Lei em tese.

SÚMULA STF Nº 248

É competente, originariamente, o Supremo Tribunal Federal, para mandado de segurança contra ato do Tribunal de Contas da União.

SÚMULA STF Nº 101

O mandado de segurança não substitui a ação popular.

SÚMULA STJ Nº 202

A impetração de segurança por terceiro, contra ato judicial, não se condiciona à interposição de recurso.

SÚMULA STJ Nº 177

O Superior Tribunal de Justiça é incompetente para processar e julgar, originariamente, mandado de segurança contra ato de órgão colegiado presidido por ministro de estado.

SÚMULA STJ Nº 105

Na ação de mandado de segurança não se admite condenação em honorários advocatícios.

SÚMULA STJ Nº 41

O Superior Tribunal de Justiça não tem competência para processar e julgar, originariamente, mandado de segurança contra ato de outros tribunais ou dos respectivos órgãos.

22. OUTROS TEMAS DE DIREITO ADMINISTRATIVO

ANISTIA: EMPRESA EXTINTA E NÃO CONTINUIDADE

Aos empregados públicos demitidos em virtude de extinção das empresas nas quais trabalhavam, não se estendem os benefícios da anistia versados no art. 2º da Lei 8.878/94, salvo se as respectivas atividades tenham sido transferidas, absorvidas ou executadas por outro órgão ou entidade da Administração Pública Federal. Com base nesse entendimento, a 1ª Turma desproveu agravo regimental de decisão do Min. Dias Toffoli, que negara seguimento a recurso ordinário em mandado de segurança, do qual relator. Na origem, tratava-se de impetração em face de ato dos Ministros de Estado do Planejamento, Orçamento e Gestão; da Fazenda; e da Agricultura e do Abastecimento, que, mediante portaria interministerial, determinaram a anulação de anistia concedida, em 1995, à impetrante e sua consequente demissão do cargo que exercia no serviço público. Na espécie, empregada celetista laborava para o Departamento Nacional de Obras de Saneamento - DNOS, extinto em 1990. Assinalou-se não constar indícios de que as atividades do DNOS tivessem sido transferidas, absorvidas ou executadas por outro órgão ou entidade da Administração Pública Federal. Registrou-se a ausência de comprovação do que alegado pela recorrente, nem mesmo quanto à afirmação de que o mencionado departamento fora extinto por motivação política. Enfatizou-se que o simples argumento de que as atividades do órgão seriam permanentes, e não eventuais, e de que o retorno de seus funcionários e servidores havia sido requisitado pelo Ministério da Agricultura e Reforma Agrária não comprovaria a absorção de suas atividades por este. Asseverou-se inexistir contrariedade ao preceito insculpido no art. 7º, I, da CF, pois a recorrente tivera seu contrato de trabalho legalmente rescindido e, com isso, recebera todas as verbas indenizatórias decorrentes do ato demissionário. **RMS 27359 AgR/DF, rel. Min. Dias Toffoli, 21.8.2012. (RMS-27359) (Inform. STF 676)**

ANISTIA: DEPUTADO ESTADUAL E CONFISCO DE BENS - 1

A regra do art. 8º do ADCT é de interpretação restritiva e deve contemplar tão-somente as situações lá descritas, não alcançando hipótese de cassação de mandato de deputado estadual, para efeito de devolução dos bens confiscados ("Art. 8º. É concedida anistia aos que... foram atingidos, em decorrência de motivação exclusivamente política, por atos de exceção, institucionais ou complementares,... asseguradas as promoções, na inatividade, ao cargo, emprego, posto ou graduação a que teriam direito se estivessem em serviço ativo..., respeitadas as características e peculiaridades das carreiras dos servidores públicos civis e militares e observados os respectivos regimes jurídicos."). Com base nesse entendimento, a Turma negou provimento a recurso extraordinário em que viúva de deputado estadual pretendia o reconhecimento de anistia constitucional em favor de seu falecido marido e a conseqüente devolução dos bens supostamente confiscados por motivação política. Entendeu-se que, na espécie, mesmo que se admitisse que a cassação e o confisco dos bens do deputado se dessem por razões exclusivamente políticas, não haveria como se estender à hipótese as previsões de promoção, na inatividade, ao cargo, emprego, posto ou graduação a que teria direito se ainda no serviço ativo. Concluiu-se, ademais, pela incompatibilidade operacional entre a pretensão da recorrente e a autorização constitucional. **RE 368090/PR, rel. Min. Gilmar Mendes, 6.2.2007. (RE-368090)**

ANISTIA: DEPUTADO ESTADUAL E CONFISCO DE BENS - 2

A Turma, resolvendo questão de ordem suscitada pelo Min. Gilmar Mendes, invalidou o julgamento de recurso extraordinário, do qual relator, realizado na sessão de 6.2.2007 (v. Informativo 455), ante o fato de não ter sido atendido o pedido de sustentação oral previamente formulado pelos advogados dos recorrentes. Trata-se, na espécie, de recurso em que viúva de deputado estadual pretende o reconhecimento de anistia constitucional em favor de seu falecido marido e a conseqüente devolução dos bens supostamente confiscados por motivação política. O Min. Gilmar Mendes negou provimento ao extraordinário, no que foi acompanhado pelo Min. Joaquim Barbosa, por entender que a regra do art. 8º do ADCT deve ser interpretada restritivamente, de modo a contemplar tão-somente as situações lá descritas, não alcançando hipótese de cassação de mandato de deputado estadual, para efeito de devolução de bens confiscados ("Art. 8º. É concedida anistia aos que... foram atingidos, em decorrência de motivação exclusivamente política, por atos de exceção, institucionais ou complementares,... asseguradas as promoções, na inatividade, ao cargo, emprego, posto ou graduação a que teriam direito se estivessem em serviço ativo..., respeitadas as características e peculiaridades das carreiras dos servidores públicos civis e militares e observados os respectivos regimes jurídicos."). Asseverou que, mesmo que se admitisse que a cassação e o confisco dos bens do deputado se dessem por razões exclusivamente políticas, não haveria como se estender ao caso as previsões de promoção, na inatividade, ao cargo, emprego, posto ou graduação a que teria direito se ainda no serviço ativo. Concluiu, ademais, pela incompatibilidade operacional entre a pretensão da recorrente e a autorização constitucional. Após, pediu vista dos autos o Min. Cezar Peluso. **RE 368090/PR, rel. Min. Gilmar Mendes, 15.5.2007. (RE-368090)**

ANISTIA: DEPUTADO ESTADUAL E CONFISCO DE BENS - 3

A 2ª Turma retomou julgamento de recurso extraordinário em que viúva de deputado estadual pretende o reconhecimento de anistia constitucional em favor de seu falecido marido e a consequente devolução dos bens supostamente confiscados por motivação política — v. Informativos 455 e 467. Em voto-vista, o Min. Cezar Peluso dissentiu do relator, Min. Gilmar Mendes, para dar provimento ao recurso. Verificou haver asserção, no processo criminal pelos mesmos fatos, de que, conquanto formalmente observado o trâmite da investigação sumária efetivada pela Comissão Geral de Investigação – CGI, existiria injustiça na sua conclusão. Assim, asseverou que o recurso não envolveria discussão sobre a qualificação jurídica do ato de confisco, cujo caráter de exceção seria vistoso e indiscutível, mas estaria apenas em saber se, à luz desse benefício, o então autor teria jus à restituição dos bens confiscados. Sintetizou anistia como ato que, oriundo, em geral, do Poder Legislativo, extinguiria as sanções cabíveis ou os consectários das já impostas em virtude da prática de atos considerados ilícitos do ponto de vista penal, administrativo ou político. Explicou que seu propósito jurídico estrito seria subtrair eficácia às reprimendas previstas em lei, quer para inibir-lhes a aplicabilidade, quer para desconstituir-lhes, quando possível, os resultados de eventual incidência. RE 368090/PR, rel. Min. Gilmar Mendes, 7.8.2012. (RE-368090)

ANISTIA: DEPUTADO ESTADUAL E CONFISCO DE BENS - 4

Reputou incontroverso que, dentro do período previsto pela Constituição, o autor teria sido atingido na sua esfera cívica e patrimonial, em virtude de motivação exclusivamente política, por atos de exceção. Logo, dessumiu que, de modo algum, poderia dizer-se não ter sido alcançado pela norma do art. 8º, *caput*, do ADCT. Isso porque, além do mandato parlamentar, cuja cassação exauriria seus efeitos jurídicos, perdera os bens físicos, cuja espoliação ainda perseveraria como resultado do confisco, fundado na razão residual puramente política de ser, à época, opositor do regime autoritário. Nesse contexto, avaliou que a tese de que a regra em comento só apanharia e beneficiaria os servidores públicos e trabalhadores da iniciativa privada que tiveram a situação funcional alterada por atos de exceção decorrentes de motivação tão somente política afigurar-se-ia contrária não só a exigências concretas e intuitivas de justiça, mas também a todos os princípios jurídicos que regeriam a matéria. RE 368090/PR, rel. Min. Gilmar Mendes, 7.8.2012. (RE-368090)

ANISTIA: DEPUTADO ESTADUAL E CONFISCO DE BENS - 5

Salientou que as hipóteses constantes do dispositivo seriam apenas as de mais largo espectro, por compreenderem maior número de pessoas injuriadas pela rotina punitiva do regime. Igualmente, explanou que esse seria o motivo da especificação normativa do instituto, cuja explicitação, ditada pela necessidade de fixar o alcance da anistia a esse conjunto particularizado de pessoas, não poderia significar expressão *numerus clausus*, dado que: a) seria contraditória com a própria racionalidade do ato político em questão, que tenderia a restaurar a condição jurídica de todas as pessoas prejudicadas por práticas de exceção; b) não se encontraria outra exegese no texto normativo, que aludiria, sem restrições, nem condições — ressalvadas as constantes dos parágrafos, impertinentes no caso —, a toda a classe dos que teriam sido atingidos, em decorrência de motivação exclusivamente política, por atos de exceção; e c) seria sempre generosa a interpretação da anistia, em especial a política, na medida em que proveria, por definição, de gesto amplo de liberalidade e indulgência. Citou doutrina no sentido de que anistia política deveria ser interpretada de forma abrangente, haja vista que, inspirada pelos elevados propósitos de remediar violências suportadas por grupos minoritários, de conciliar espíritos e de promover a paz social, não poderia ser concebida, nem interpretada em termos mesquinhos. Em consonância com essa orientação, relembrou julgado no qual a Corte assentara a vastidão imanente ao art. 8º do ADCT (RE 170934/GO, DJU de 10.8.1999). RE 368090/PR, rel. Min. Gilmar Mendes, 7.8.2012. (RE-368090)

ANISTIA: DEPUTADO ESTADUAL E CONFISCO DE BENS - 6

Outrossim, constatou que o deputado fora absolvido em juízo de todas as acusações — cuja idêntica imputação fundamentara o decreto de confisco na esfera administrativa —, com base no reconhecimento formal da inexistência dos fatos. Nestes termos, rememorou precedente do STF, mediante o qual, indubitavelmente, seriam independentes as instâncias penal e administrativa, de modo que só repercutiria aquela nesta quando se manifestasse pela inexistência material do fato ou pela negativa de sua autoria. Sublinhou que, diante daquela *res iudicata*, a decisão administrativa revelara-se despida de substrato de validez e só se mantivera em virtude da força contemporânea do agressor e da fragilidade do agredido. Sobrelevou que, se apreendidos na esfera penal, os bens seriam restituídos ao réu, pois absolvido em definitivo. Dessa forma, *a fortiori*, não se conceberia que continuassem subtraídos por órgão estranho ao Poder Judiciário, sob regime de exceção, com apoio em arguição de fato ilícito inexistente. Entretanto, considerou não ser possível a restituição dos bens, tendo em conta a destinação pública que lhes fora atribuída, porque, em um dos terrenos erigira-se quartel do Exército e, em outro, sede de empresa estatal. Por isso, solucionou a questão ao determinar à União que indenizasse em espécie, cujo valor atualizado fosse apurado em liquidação de sentença (CPC, art. 475-A). Após, o relator indicou adiamento. RE 368090/PR, rel. Min. Gilmar Mendes, 7.8.2012. (RE-368090)

ANISTIA: DEPUTADO ESTADUAL E CONFISCO DE BENS - 7

Em conclusão, a 2ª Turma, por maioria, negou provimento a recurso extraordinário em que viúva de deputado estadual pretendia o reconhecimento de anistia constitucional em favor de seu falecido marido e a consequente devolução dos bens supostamente confiscados por motivação política — v. Informativos 455, 467 e 674. Entendeu-se que a regra do art. 8º do ADCT deveria ser interpretada restritivamente, de modo a contemplar tão só as situações lá descritas, não alcançando hipótese de cassação de mandato de deputado estadual, para efeito de devolução de bens confiscados ("*Art. 8º. É concedida anistia aos que ... foram atingidos, em decorrência de motivação exclusivamente política, por atos de exceção, institucionais ou complementares, ... asseguradas as promoções, na inatividade, ao cargo, emprego, posto ou graduação a que teriam direito se estivessem em serviço ativo ..., respeitadas as características e peculiaridades das carreiras dos servidores públicos civis e militares e observados os respectivos regimes jurídicos*"). Asseverou-se que, mesmo que se admitisse que a cassação e o confisco dos bens do parlamentar tivessem ocorrido ante razões exclusivamente políticas, não haveria como estender-se ao caso as previsões de promoção, na inatividade, ao cargo, emprego, posto ou graduação a que teria direito se ainda no serviço ativo. Dessumiu-se, ademais, existir incompatibilidade operacional entre a pretensão da recorrente e a autorização constitucional. **RE 368090/PR, rel. Min. Gilmar Mendes, 21.8.2012. (RE-368090)**

ANISTIA: DEPUTADO ESTADUAL E CONFISCO DE BENS - 8

Registrou-se que a sentença penal que absolvera o deputado por inexistência de fatos criminosos dera-se quanto aos delitos de falsificação de documento particular, falsidade ideológica e falso reconhecimento de firma. Entretanto, esclareceu-se que os decretos de expropriação de bens não teriam se justificado exclusivamente com base nessas práticas. Isso porque eles teriam se embasado em conclusões de investigação sumária em que se apurara enriquecimento ilícito do deputado. Constatou-se que vários outros atos seriam imputados ao autor e que o processo penal mencionado restringira-se à apuração e absolvição de crimes de falso, os quais alegadamente teriam sido cometidos como forma de transferência de propriedade de 1dos imóveis para o parlamentar. Assim, explicou-se que a conduta objeto da sentença penal absolutória não teria sido exclusiva nem determinante para a conclusão da Comissão Geral de Investigação - CGI, a qual se manifestara pelo confisco de bens em virtude da ocorrência de enriquecimento ilícito, diante da absoluta incompatibilidade entre o rendimento e o patrimônio do deputado. Repisou-se que teria havido confisco de diversos bens do autor, todavia a sentença penal apreciara apenas crimes de falso relacionados a uma propriedade. Destarte, essa absolvição, na esfera criminal, não deteria o condão de implicar efeitos no âmbito administrativo, porquanto sua fundamentação (inexistência dos crimes de falso) e a da decretação do confisco (ocorrência de enriquecimento ilícito decorrente do abuso da qualidade de agente público) seriam totalmente independentes. Vencido o Min. Cezar Peluso, que dava provimento ao recurso ao citar que anistia política interpretar-se-ia de forma abrangente, haja vista que, inspirada pelos elevados propósitos de remediar violências suportadas por grupos minoritários, de conciliar espíritos e de promover a paz social, não poderia ser concebida, nem interpretada restritivamente. **RE 368090/PR, rel. Min. Gilmar Mendes, 21.8.2012. (RE-368090) (Inform. STF 676)**

ANISTIA E PROMOÇÃO POR MERECIMENTO - 1

A 1ª Turma deu provimento a recurso ordinário em mandado de segurança para reformar decisão do STJ e assegurar ao recorrente o direito ao recebimento de proventos equivalentes aos de cargo de administrador (nível superior), nos termos contidos na peça inicial, com efeitos a partir da impetração. Após análise de possível evolução funcional do servidor, fora a ele reconhecido, em decreto de anistia, o direito a perceber reparação econômica relativa a cargo de assistente técnico de administração. No caso, o impetrante, quando demitido em face de razões políticas (28.8.64), ocupava cargo, de nível médio, de auxiliar de escritório. No *mandamus*, defendia que, acaso não perseguido, ocuparia cargo de nível superior, da carreira de assistente técnico-administrativo, hoje correspondente ao de administrador, ao qual poderia ter concorrido se não fosse abruptamente demitido. De início, depreendeu-se da leitura do acórdão recorrido que, conquanto o STJ tivesse assentado a extinção do *writ* sem julgamento do mérito, foram lançadas razões para indeferir o pedido formulado pelo impetrante, portanto, sendo apreciada, inequivocamente, a matéria de fundo. RMS 28396/DF, rel. Min. Marco Aurélio, 26.6.2012. (RMS-28396)

ANISTIA E PROMOÇÃO POR MERECIMENTO - 2

Em seguida, enfatizou-se que o aludido Tribunal teria contrariado jurisprudência sedimentada do STF. Explicitou-se que a questão diria respeito à amplitude da regra do art. 8º, cabeça e § 5º, do ADCT, no que garantiria inclusive aos servidores públicos civis, não apenas aos militares, o direito às promoções ao cargo, emprego ou posto a que teriam acesso se estivessem em serviço ativo. Rememorou-se que o Supremo, originariamente, firmava a limitação do direito à progressão funcional às promoções fundadas no tempo de serviço, a excluir aquelas dependentes do merecimento ou da aprovação em concursos previstos em lei. Acentuou-se que, no entanto, essa posição teria sido revista, conforme revelaria a conclusão do julgamento do RE 165438/DF (DJU de 5.5.2006). Assim, dessumiu-se que as promoções decorrentes de merecimento, apesar de consubstanciarem expectativa de direito, poderiam ser contempladas quando em jogo a concessão da anistia, desde que respeitado o quadro da carreira. Isso porque retirado do servidor público, mediante ato de exceção — exorbitante dos limites do Estado de Direito — o direito básico de concorrer aos cargos. Reputou-se que esse enfoque, só por si, justificaria a adoção de interpretação mais favorável da regra constitucional, em deferência ao indivíduo prejudicado. Na situação dos autos, o reconhecimento da motivação política da demissão encontrar-se-ia estampado naquele ato administrativo que implicara o da condição de anistiado. RMS 28396/DF, rel. Min. Marco Aurélio, 26.6.2012. (RMS-28396)

ANISTIA E PROMOÇÃO POR MERECIMENTO - 3

Sobre os requisitos subjetivos para alcançar as promoções decorrentes tanto de tempo de serviço quanto de merecimento, verificou-se bacharelado comprovado por diploma obtido em 1967. Mencionou-se, ainda, que o recorrente realizara curso no exterior, fora docente de ensino superior e trabalhara em diversas multinacionais, a fazer crer que, inexistente óbice resultante de ato de força, teria galgado a progressão no âmbito da Petrobras. No mais, considerou-se que não haveria certeza relativamente à necessidade de realização de concurso público nas estatais até 1988. Destacou-se regra prevista no manual de pessoal da empresa que permitiria a reclassificação para o grupo de nível superior, cumpridos os parâmetros nele indicados. Observou-se que o impetrante trouxera extensa lista de pessoas que, havendo ingressado nos quadros da empresa na mesma época, lograram progredir ao cargo pretendido pelo recorrente, fato não contraditado pela autoridade coatora. Concluiu-se que a prevalência do dispositivo constitucional e do art. 6º, cabeça e § 3º, da Lei 10.559/2002 implicaria o acolhimento do pedido. O Min. Luiz Fux sublinhou que a matéria resolver-se-ia à luz de princípios constitucionais fundamentais. Discorreu, ainda, acerca da impossibilidade de a parte poder realizar prova de que, se estivesse integrada à empresa, conseguiria a promoção. Explicitou que, nesse caso, ônus da prova deveria ser suportado pelo Poder Público. RMS 28396/DF, rel. Min. Marco Aurélio, 26.6.2012. (RMS-28396) (Inform. STF 672)

PORTARIA E REVISÃO DE ANISTIA POLÍTICA

A 2ª Turma desproveu agravo regimental de decisão do Min. Ricardo Lewandowski, em recurso ordinário em mandado de segurança, do qual relator, interposto de decisão do STJ que denegara o writ lá impetrado em razão de direito individual líquido e certo não atingido. Na espécie, pretendia-se que não fosse iniciado procedimento de revisão de portarias concessivas de anistia, com as consequentes reparações patrimoniais. Invocava-se o postulado da segurança jurídica e que o perdão por parte do Poder Público seria ato eminentemente político, não suscetível de reconsideração ou revogação. Salientou-se, com base no princípio da autotutela da Administração, a possibilidade de revisão dos atos de anistia concedidos com fundamento na Lei 10.559/2002. **RMS 31181 AgR/DF, rel. Min. Ricardo Lewandowski, 3.4.2012. (RMS-31181) (Inform. STF 660)**

AQUISIÇÃO DE IMÓVEL FUNCIONAL DAS FORÇAS ARMADAS E SERVIDOR CIVIL - 1

A 2ª Turma iniciou julgamento de recurso ordinário em mandado de segurança no qual pretendida a aquisição de imóvel funcional das Forças Armadas por servidor civil, nos termos da Lei 8.025/90 e do Decreto 99.664/90. Na espécie, o STJ denegara o *writ* lá impetrado ao entendimento de que o ora recorrente não ocuparia de forma regular o bem colimado, na medida em que se aposentara antes da vigência das normas em questão. O Min. Gilmar Mendes, relator, desproveu o recurso. De início, rememorou jurisprudência da Corte no sentido de que a condição de aposentado não retiraria do requerente o *status* de legítimo ocupante do imóvel se o ocupasse regularmente, no momento de sua aposentadoria, nele residindo até a promulgação da Lei 8.025/90. De outro lado, reputou que o bem em litígio não poderia ser alienado. Isso porque administrado pelas Forças Armadas e destinado à ocupação por militares [Lei 8.025/90: "*Art. 1º É o Poder Executivo autorizado a alienar, mediante concorrência pública e com observância do Decreto-Lei nº 2.300, de 21 de novembro de 1986, os imóveis residenciais de propriedade da União situados no Distrito Federal, inclusive os vinculados ou incorporados ao Fundo Rotativo Habitacional de Brasília (FRHB). ... § 2º Não se incluem na autorização a que se refere este artigo, os seguintes imóveis: I - os residenciais administrados pelas Forças Armadas, destinados à ocupação por militares*"]. **RMS 23111/DF, rel. Min. Gilmar Mendes, 6.3.2012. (RMS-23111)**

AQUISIÇÃO DE IMÓVEL FUNCIONAL DAS FORÇAS ARMADAS E SERVIDOR CIVIL - 2

Ademais, observou que o precedente invocado nas razões recursais (RMS 22.308/DF, DJU de 4.4.97) partiria da equivocada premissa de que a expressão "*destinados à ocupação por militares*" deveria ser interpretada como "*efetivamente ocupados por militares*". No ponto, explicitou que a limitação de alheamento desses imóveis residenciais imporia a restrição sobre a coisa, e não sobre o militar. Assim, explicou que a permissão de compra por civil constituiria interpretação deturpada da legislação. Outrossim, salientou que o Decreto 99.664/90 proibiria a venda do imóvel a qualquer pessoa, logo, o óbice não seria pessoal. Nesse contexto, asseverou que a circunstância de o bem ser administrado pelas Forças Armadas evidenciaria sua destinação precípua à ocupação por militar, de maneira que sua excepcional ocupação por civil não o desnaturaria ou desafetaria. Após, pediu vista o Min. Joaquim Barbosa. **RMS 23111/DF, rel. Min. Gilmar Mendes, 6.3.2012. (RMS-23111) (Inform. STF 657)**

REVISÃO DE ANISTIA POLÍTICA E DECADÊNCIA - 1

A 1ª Turma, por maioria, desproveu recursos ordinários em mandados de segurança nos quais alegado direito líquido e certo de que não fosse iniciado procedimento de revisão de ato que concedera anistia política, com as consequentes reparações econômicas. Na espécie, o STJ denegara o writ preventivo lá impetrado sob fundamento de que o ato coator — portaria interministerial que deflagrara a criação de grupo de trabalho para realização de estudos preliminares acerca de anistiados — não teria atingido qualquer direito individual. Sustentava-se decadência do reexame da concessão de anistia, porquanto este se submeteria à fluência do prazo decadencial de cinco anos. De início, entendeu-se que a portaria impugnada não teria anulado a anistia concedida, tampouco suspendido o seu pagamento, visto que apenas permitiria a instauração de procedimento preliminar de revisão para apurar eventuais ilegalidades. Nesse contexto, salientou-se o poder-dever da Administração Pública de rever seus atos, nos termos do Enunciado 473 da Súmula do STF ("*A Administração pode anular seus próprios atos, quando eivados de vícios que os tornam ilegais, porque deles não se originam direitos; ou revogá-los, por motivo de conveniência ou oportunidade, respeitados os direitos adquiridos, e ressalvada, em todos os casos, a apreciação judicial*").**RMS 30973/DF, rel. Min. Cármen Lúcia, 28.2.2012. (RMS-30973), RMS 30975/DF, rel. Min. Cármen Lúcia, 28.2.2012. (RMS-30975)**

REVISÃO DE ANISTIA POLÍTICA E DECADÊNCIA - 2

Em seguida, anotou-se que o art. 54 da Lei 9.784/99 não estabeleceria o prazo decadencial de cinco anos para que a Administração revisse seus atos, mas sim para a anulação de atos administrativos dos quais decorressem efeitos favoráveis para os destinatários, salvo comprovada má-fé. Ademais, sublinhou-se que, condicionada à prática de outros atos administrativos, a portaria em questão não se prestaria a produzir lesão ou justo receio que obstasse sua consecução. Esclareceu-se que, no caso, não caberia analisar se teria havido a decadência, uma vez que esta poderia ser afastada diante da má-fé do administrado, elemento a ser apurado em procedimento anulatório, respeitados o contraditório e a ampla defesa. O Min. Luiz Fux acrescentou que se o mandado de segurança fosse provido como preventivo, engessaria a Administração Pública da sua autotutela. Vencido o Min. Marco Aurélio, que, ao assentar a adequação da via eleita, provia o recurso para que o STJ prosseguisse na apreciação dos mandados de segurança como preventivos, ante eventual lesão já perpetrada ou ameaça a esta. **RMS 30973/DF, rel. Min. Cármen Lúcia, 28.2.2012. (RMS-30973),RMS 30975/DF, rel. Min. Cármen Lúcia, 28.2.2012. (RMS-30975) (Inform. STF 656)**

SERVENTIA EXTRAJUDICIAL: APOSENTADORIA COMPULSÓRIA E NOVO TITULAR CONCURSADO - 1

Por considerar que a decisão questionada se limitara a aplicar pacífica jurisprudência do STF, a Turma, em votação majoritária, recebeu embargos de declaração como agravo regimental — vencido, no ponto, o Min. Marco Aurélio — e o denegou, à unanimidade, para manter a con-cessão da segurança. Impugnava-se, no caso, decisão monocrática do Min. Dias Toffoli que, ao prover recurso extraordinário do qual relator, declarara a nulidade de portaria que decretara a aposentadoria compulsória, aos 70 anos, de oficial de registro. Na ocasião, o relator salientara a inconstitucionalidade da aludida portaria, haja vista a orientação firmada pela Corte no julgamento da ADI 2602/MG (DJU de 31.3.2006), em que assentada a inaplicabilidade da aposentação compulsória, prevista no art. 40, §1º, II, da CF, a notários e registradores. O atual ocupante da serventia, ora embargante, alegava que: a) a decisão recorrida padecera de omissão, ao não se referir à questão concernente à situação dele, na condição de litisconsorte passivo necessário, que prestara concurso público e, assim, assumira a serventia; b) o impetrante — oficial registrador aposentado — não postulara a integração do concursado ao pólo passivo da ação mandamental, o qual nela ingressara voluntariamente, depois de proferida sentença de primeiro grau denegatória da segurança. Pleiteava, ainda, a sua permanência na serventia, em respeito aos princípios da segurança jurídica, do direito adquirido e da boa-fé. Alegava que o embargado se insurgira apenas contra o ato de aposentadoria, mas não contra o concurso — por meio do qual aquele fora investido — que se seguira depois de declarada a vacância da serventia. Ademais, o embargante afirmava que, à época dos fatos, a jurisprudência do STF estaria consolidada no sentido da aplicação da aposentadoria compulsória aos 70 anos de idade aos titulares de serventia extrajudicial, sendo irrepreensível o ato que decretara tal aposentadoria. Argumentava, também, que o Min. Eros Grau, quando da análise da mencionada ADI, reconhecera não serem os notários e registradores detentores de cargo público, o que tornaria inviável a pretendida recondução a uma serventia já ocupada por concursado, e que a Lei 8.935/94 assim disporia, de modo a vedar tal reintegração administrativa. **RE 556504 ED/SP, rel. Min. Dias Toffoli, 10.8.2010.** (RE-556504)

SERVENTIA EXTRAJUDICIAL: APOSENTADORIA COMPULSÓRIA E NOVO TITULAR CONCURSADO - 2

Inicialmente, rejeitou-se a apontada nulidade do feito, por ausência de citação do concursado na condição de litisconsorte passivo necessário, haja vista tratar-se de matéria de índole infraconstitucional, já devidamente decidida pelo STJ, detentor da competência constitucional para sua análise, não havendo que se falar em omissão do julgado. Asseverou-se que o agravado deveria ser reconduzido ao cargo que ocupava, cabendo ao agravante demandar contra o Estado. Reputou-se não haver se falar em ofensa ao princípio da boa-fé ou mesmo ao direito adquirido, pois o agravante pudera escolher dentre diversas serventias vagas, sendo lícito supor que procedera (ou deveria ter procedido) a uma ampla investigação sobre os diversos aspectos relacionados ao cartório em que pretendesse fazer incidir sua escolha. Além disso, observou-se que o agravante mantivera estreito contato com o agravado, com quem negociara diretamente a aquisição do mobiliário, não podendo alegar, destarte, que ignorava que este buscava a reversão do decreto da aposentadoria, o que afastaria eventual ofensa ao princípio da segurança jurídica. Destacou-se, ainda, que a ação mandamental fora impetrada logo após a decretação da aposentadoria, quando sequer havia sido conferida a outorga ao agravante, o que impediria, por conseguinte, que a impetração se voltasse contra este ato. Explicitou-se que a vacância decorrera diretamente da aposentadoria e a anulação desta, abarcaria, necessariamente, os atos que a seguiram, como decorrência lógica. Dessa forma, a outorga conferida ao agravante, não obstante derivada de regular aprovação em concurso público de títulos e provas, por estar sujeita ao resultado do julgamento do processo ajuizado pelo agravado, não poderia subsistir à nulidade do ato que concedera a aposentadoria. Reiterou-se que o embargante não possuiria direitos a serem resguardados no âmbito do referido *mandamus.* Consignou-se, por fim, que a aludida ação direta reconhecera a inconstitucionalidade de ato similar ao objeto desta impetração, pouco importando, para a sorte da demanda, a natureza de detentor de cargo público, e que o disposto na Lei 8.935/94, acerca de "reintegração administrativa", não obstaria uma determinação de reintegração por ordem judicial, como a proferida neste feito. **RE 556504 ED/SP, rel. Min. Dias Toffoli, 10.8.2010.** (RE-556504) (Inform. STF 595)

REPARAÇÃO ECONÔMICA A ANISTIADOS: MS E PARCELAS RETROATIVAS

A Turma, por indicação do Min. Ayres Britto, deliberou afetar ao Plenário julgamento de recurso ordinário em mandado de segurança interposto contra acórdão do STJ que julgara extinto, sem resolução de mérito, o *writ* lá impetrado por entender que aquela medida seria inadequada quando inexistente disponibilidade orçamentária para pagamento de valores atrasados de indenização devida a anistiado político com base na Lei 10.559/2002. Tratava-se, na origem, de mandado de segurança impetrado conta ato omissivo do Ministro de Estado do Planejamento, Orçamento e Gestão consubstanciado no não-cumprimento de determinação constante de portaria editada no âmbito do Ministério da Justiça que, ao reconhecer a condição de anistiada da ora recorrente, lhe concedera reparação econômica de caráter indenizatório, em prestação mensal permanente e continuada, com efeitos financeiros retroativos. **RMS 27261/DF, rel. Min. Marco Aurélio, 22.6.2010.** (RMS-27261) (Inform. STF 592)

REPRESENTANTES DE EMPREGADOS: PARTICIPAÇÃO EM CONSELHOS E DIRETORIAS - 1

O Tribunal retomou julgamento de medida cautelar em ação direta de inconstitucionalidade proposta pelo Governador do Estado de Santa Catarina contra o inciso II o art. 14 da Constituição estadual que determina, como instrumento de gestão democrática, a participação, no conselho de administração e na diretoria das empresas públicas, sociedades de economia mista e suas subsidiárias, de um representante dos empregados, por eles indicados mediante processo eletivo, regulamentado pela Lei estadual 1.178/94, também impugnada. Suscita o recorrente afronta ao art. 37, II, da CF. Na sessão de 19.12.95, o Min. Carlos Velloso, relator, deferiu parcialmente a cautelar, para emprestar interpretação conforme ao preceito inscrito no art. 14, II, da Constituição estadual questionada, no sentido de que não tem ele aplicação aos servidores de empresas públicas e sociedades de economia prestadoras de serviço público. O relator entendeu não haver relevância na argüição quanto aos trabalhadores das empresas estatais que explorem atividade econômica, tendo em vista a identidade destes com aqueles trabalhadores das empresas privadas, decorrente da redação originária do § 1º do art. 173 da CF, aos quais é assegurado o direito de participação, ainda que excepcional, na gestão da empresa (CF, art. 7º, XI). Considerou que, nesse sentido, seria irrelevante, da mesma forma, o questionamento relativo à Lei estadual 1.178/94, que se limitaria a disciplinar o dispositivo constitucional estadual sem criar cargo, função ou emprego público na administração direta e autárquica ou aumento de sua remuneração, não havendo se falar em usurpação da iniciativa legislativa privativa do Chefe do Poder Executivo (CF, art. 61, § 1º, II, a). ADI 1229 MC/SC, rel. Min. Carlos Velloso, 16.8.2007. (ADI-1229)

REPRESENTANTES DE EMPREGADOS: PARTICIPAÇÃO EM CONSELHOS E DIRETORIAS - 2

Na presente sessão, o Min. Sepúlveda Pertence, em voto-vista, acompanhou o relator para também dar interpretação conforme ao art. 14, II, da Constituição do Estado de Santa Catarina, no sentido de que não tem ele aplicação aos empregados de empresas públicas e sociedades de economia mista prestadoras de serviço público, mas condicionou a sua eficácia quanto às empresas estatais — públicas ou mistas — que exercem atividade econômica em caráter subsidiário da livre iniciativa, à edição da lei federal referida na parte final do inciso XI do art. 7º da CF, deferindo, por conseguinte, em parte a cautelar, para suspender os efeitos da Lei estadual 1.178/94. Salientando que nem todas as vagas dos conselhos e das diretorias são passíveis de nomeação e exoneração *ad nutum* pela Administração Central, entendeu ser possível que, na estrutura de determinada empresa pública ou sociedade de economia mista, sujeita à regra do art. 173, § 2º, II, da CF, seja reservada ao menos uma vaga da diretoria ou do conselho a representante dos empregados que detivesse legitimidade para isso. Esclareceu que o legislador constituinte derivado alterou o referido § 1º na EC 19/98 para abranger, no inciso II daquele dispositivo, além das obrigações trabalhistas e tributárias típicos das empresas privadas, as civis e comerciais, bem como os direitos relativos a cada um desses ramos. Afirmou que essa alteração evidenciaria um reforço na equiparação de regimes jurídicos efetivada pela norma, indicando, em princípio, plena aplicabilidade do direito de participação dos empregados na gestão da empresa previsto no inciso XI do art. 7º da CF. Asseverou, entretanto, que a forma como se dará essa participação dos trabalhadores na gestão das empresas depende de definição em lei, nos termos da parte final deste dispositivo. Reportando-se ao que decidido na ADI 83/MG (DJU de 18.10.91), no sentido de que preceito estadual, ainda que constitucional, versando matéria de Direito do Trabalho invade a competência legislativa exclusiva da União (CF, art. 22, I), concluiu que a referência à lei constante do *caput* do art. 14 da Constituição estadual deveria ser interpretada, quanto ao seu inciso II, como sendo a lei federal que venha a dispor sobre a participação dos trabalhadores na gestão da empresa pública ou da sociedade de economia mista e de suas subsidiárias, que explorem atividade econômica de produção ou comercialização de bens ou de prestação de serviços em caráter subsidiário da livre iniciativa, termos em que esse dispositivo apenas repetiria o que determinado pela Constituição Federal, indicando, assim, a inconstitucionalidade da Lei estadual 1.178/94. Após, pediu vista o Min. Eros Grau. ADI 1229 MC/SC, rel. Min. Carlos Velloso, 16.8.2007. (ADI-1229) (

REPRESENTANTES DE EMPREGADOS: PARTICIPAÇÃO EM CONSELHOS E DIRETORIAS - 3

O Tribunal retomou julgamento de medida cautelar em ação direta de inconstitucionalidade proposta pelo Governador do Estado de Santa Catarina contra o inciso II do art. 14 da Constituição estadual que determina, como instrumento de gestão democrática, a participação, no conselho de administração e na diretoria das empresas públicas, sociedades de economia mista e suas subsidiárias, de um representante dos empregados, por eles indicados mediante processo eletivo, regulamentado pela Lei estadual 1.178/94, também impugnada — v. Informativo 476. O Min. Eros Grau, em voto-vista, indeferiu a liminar. Salientou que, enquanto Estado-acionista, o Estado poderia, em coerência com a normatividade federal vigente, dispor norma estatutária, o que não seria viável impor à sociedade na condição de Estado-poder. Bastaria, para tanto, que determinasse, no estatuto social, que um dos membros da diretoria da sociedade seria escolhido — pela Assembléia Geral ou pelo Conselho de Administração, conforme o caso — entre seus empregados. Assim, nada impediria que o estatuto contivesse norma como tal, que nele subsistiria enquanto o Estado mantivesse a qualidade de majoritário na sociedade. Considerou, que, no caso, o modelo societário definido pela normatividade federal não teria sido afrontado pela lei estadual. Observou que a partir da vigência da CF/67 (art. 158, V), ter-se-ia garantido aos trabalhadores integração na vida e no desenvolvimento da empresa, com participação na sua gestão. Afirmou que a gestão democrática, embora na CF/88 contemplada no preceito atinente aos direitos trabalhistas (art. 7º, XI), seria instrumento de participação do cidadão — do empregado — nos espaços públicos de que faria parte, sendo desdobramento do disposto no seu art. 1º, II, que elege a cidadania como fundamento do Estado brasileiro. Por fim, atento à distinção entre empresas estatais que prestam serviços públicos e empresas estatais que desenvolvem atividade econômica em sentido estrito, não verificou razão para deixar de aplicar o preceito aos servidores das primeiras. Após, pediu vista dos autos a Min. Cármen Lúcia. **ADI 1229 MC/SC, rel. Min. Carlos Velloso, 17.6.2010.** (ADI-1229) (Inform. STF 591)

MANDADO DE SEGURANÇA: RESOLUÇÃO DO CNMP E VEDAÇÃO DO EXERCÍCIO DE OUTRA FUNÇÃO PÚBLICA - 1

Os membros do Ministério Público, especialmente aqueles que ingressaram na instituição após a promulgação da vigente Constituição, não podem exercer cargos ou funções em órgãos estranhos à organização do Ministério Público, somente podendo titularizá-los, se e quando se tratar de cargos em comissão ou de funções de confiança em órgãos situados na própria estrutura administrativa do Ministério Público. Com base nesse entendimento, o Tribunal indeferiu mandado de segurança impetrado por promotor de justiça contra ato do Presidente do Conselho Nacional do Ministério Público - CNMP, consubstanciado na Resolução 5/2006, que disciplina o exercício de atividade político-partidária e de cargos públicos por membros do Ministério Público. Na espécie, o impetrante, promotor de justiça desde 1994, teria sido convidado, em 30.4.2007, pela então Ministra de Estado do Meio Ambiente, a assumir o cargo de Diretor de Planejamento, Administração e Logística do IBAMA. Preliminarmente, a Corte, por maioria, conheceu do *writ*, na linha do que decidido no MS 26325/DF (DJU de 1º.2.2007) por entender que, em razão de a resolução dirigir expressa proibição aos membros do *parquet*, teria efeitos concretos, alcançando, de maneira direta e imediata, a posição jurídica do impetrante. Possuiria, portanto, por si só, força suficiente para impor as vedações nela contidas, tanto que a aceitação do convite feito ao impetrante sofrera a inibição imediata decorrente da incidência das cláusulas proibitivas dela constantes. Vencidos, no ponto, os Ministros Cezar Peluso, Ricardo Lewandowski e Marco Aurélio, que não o conheciam por reputar estar-se tratando de impetração contra lei em tese. **MS 26595/DF, rel. Min. Cármen Lúcia, 7.4.2010.** (MS-26595) (Inform. STF 581)

ADI E PROCURADORIA GERAL DO ESTADO DE MATO GROSSO - 1

O Tribunal, por maioria, julgou parcialmente procedente pedido formulado em ação direta proposta pelo Procurador-Geral da República para declarar a inconstitucionalidade das seguintes expressões e dispositivos da Constituição do Estado de Mato Grosso: da expressão "*do Procurador-Geral do Estado*", contida no inciso XXII do art. 26; da expressão "*e o Procurador-Geral do Estado*"; constante do inciso XXIII do mesmo art. 26; da expressão "*à Procuradoria-Geral do Estado*", do art. 39; da íntegra do art. 67; da íntegra do parágrafo único do art. 110; da expressão "*cuja iniciativa é facultada ao Procurador-Geral do Estado*", do *caput* do art. 111; da expressão "*e escolhido dentre os integrantes da carreira de procurador, através da lista tríplice elaborada pelo Colégio de Procuradores, para mandato de dois anos, permitida uma recondução*", do § 2º do art. 111; da íntegra dos incisos II e VI do art. 112; da expressão "*assegurando-se-lhes independência no exercício das respectivas atribuições*", do parágrafo único do art. 112; e da íntegra do inciso II do art. 113. Entendeu-se que a norma do art. 26, XXII e XXIII, ao condicionar a exoneração do Procurador-Geral do Estado à aprovação do Poder Legislativo, estaria em confronto com os artigos 84, XXV, e 131, § 1º, da CF, por restringir as prerrogativas do Chefe do Poder Executivo. Considerou-se, ademais, que o art. 39, ao conferir à Procuradoria- Geral do Estado iniciativa em matéria de processo legislativo, violaria o art. 61, *caput*, § 1º e II, da CF, por usurpar competência do Chefe do Poder Executivo para dispor sobre matérias exclusivas de sua iniciativa. Reputou-se que o art. 67, que tipifica crimes de responsabilidade, usurparia competência privativa da União para dispor sobre a matéria (CF, artigos 22, I, 85, parágrafo único), segundo orientação fixada pela Corte (Inq 1915/RS, DJU de 28.10.2004). **ADI 291/MT, rel. Min. Joaquim Barbosa, 7.4.2010.** (ADI-291)

ADI E PROCURADORIA GERAL DO ESTADO DE MATO GROSSO - 2

No que se refere ao art. 110, parágrafo único, que estabelece como princípios institucionais da Procuradoria-Geral do Estado a unidade, a indivisibilidade, a autonomia funcional e a administrativa, apontou-se afronta ao disposto no art. 127, §§ 1º e 2º, da CF, já que a norma estadual estaria a repetir normas federais aplicáveis ao Ministério Público e à Defensoria Pública, não obstante as atribuições dos Procuradores do Estado não guardarem pertinência com as dos membros daquelas instituições, que têm deveres e atribuições próprios, inconfundíveis com as de agentes sujeitos ao princípio hierárquico. Quanto ao art. 111, que confere faculdade de iniciativa legislativa ao Procurador-Geral do Estado no que tange à organização e ao funcionamento da Procuradoria Geral do Estado, vislumbrou-se afronta aos artigos 131 e 132 da CF. Em relação ao § 2º do art. 111, que prevê que o Governador do Estado nomeará o Procurador-Geral do Estado, e que este será escolhido dentre os integrantes da carreira de Procurador, por meio de lista tríplice elaborada pelo Colégio de Procuradores, também reconheceu-se desrespeito aos artigos 131 e 132 da CF, por caber ao Governador do Estado, na linha de recente precedente do Tribunal (ADI 2682/AP, DJE de 19.6.2009), escolher e nomear para o cargo em comissão de Procurador-Geral do Estado aquele que, no seu entender, melhor desempenhará essa função. No que tange aos incisos II e IV e ao parágrafo único do art. 112, que, respectivamente, elencam funções institucionais da Procuradoria Geral do Estado e conferem independência aos seus integrantes no exercício de suas atribuições, verificou-se ofensa ao art. 132, da CF, haja vista terem sido estabelecidas outras funções além das contidas no texto federal, extrapolando-se, ademais, as prerrogativas taxativamente nele estipuladas. Por fim, quanto ao inciso II do art. 113, que assegura aos Procuradores do Estado a inamovibilidade, salvo por motivo de interesse público, mediante decisão do Colégio de Procuradores, concluiu-se que a garantia em questão extrapolaria os limites constitucionais, já que somente conferida aos magistrados e aos membros do Ministério Público e da Defensoria Pública (CF, artigos 93, VIII; 95, II; 128, § 5º, **b**; 134, parágrafo único). Vencido, em parte, o Min. Dias Toffoli, que divergia apenas quanto ao parágrafo único do art. 110, e a Min. Cármen Lúcia, que divergia quanto ao parágrafo único do art. 110 e quanto à parte final da expressão contida no § 2º do art. 111, todos dispositivos da Constituição estadual. **ADI 291/MT, rel. Min. Joaquim Barbosa, 7.4.2010.** (ADI-291) (Inform. STF 581)

ADI E RESERVA DE LEI FEDERAL

O Tribunal, por maioria, julgou parcialmente procedente pedido formulado em ação direta ajuizada pelo Governador do Estado do Rio de Janeiro para declarar a inconstitucionalidade do art. 42 e das expressões "*empresas públicas, das sociedades de economia mista e*" contidas no art. 218, ambos dispositivos da Constituição do referido Estado-membro ["*Art. 42 - Os empregados serão representados na proporção de 1/3 (um terço), nos conselhos de administração e fiscal das empresas públicas e sociedades de economia mista. ... Art. 218 - Na direção executiva das empresas públicas, das sociedades de economia mista e fundações instituídas pelo poder público participarão, com 1/3 (um terço) de sua composição, representantes de seus servidores, eleitos por estes mediante voto direto e secreto, atendidas as exigências legais para o preenchimento dos referidos cargos.*"]. Salientou-se, inicialmente, que, nos termos do art. 173, § 1º, IV, da CF, compete à lei estabelecer o estatuto jurídico da empresa pública, da sociedade de economia mista e de suas subsidiárias que explorem atividade econômica de produção ou comercialização de bens ou de prestação de serviços, compreendida a forma de constituição e o funcionamento dos conselhos de administração e fiscal, com a participação de acionistas minoritários. Tendo isso em conta, entendeu-se haver parcial conflito entre os dispositivos impugnados e a norma federal de direito comercial destinada a estabelecer a estrutura das sociedades por ações (Lei 6.404/76). Explicou-se que, ao passo que a lei federal permite a participação dos empregados na administração da empresa, a Constituição estadual obrigaria as empresas públicas e as sociedades de economia mista à reserva de 1/3 das vagas dos Conselhos de Administração e Fiscal e da Diretoria para a mesma finalidade. Considerou-se, também, que o mencionado art. 218 implicaria, ainda, invasão à reserva de lei federal para dispor sobre a matéria, na medida em que estabeleceria forma de escolha de membros da diretoria inconciliável com aquela prevista na Lei 6.404/74. Relativamente às fundações, observou-se que elas, por serem instituídas pelo poder público, reger-se-iam por normas de direito administrativo e não comercial, razão pela qual, tratando-se de constituinte estadual, não haveria, quanto a sua previsão, inconstitucionalidade formal nem material. Vencidos os Ministros Ayres Britto e Marco Aurélio, que julgavam o pleito improcedente, ao fundamento de que o Estado do Rio de Janeiro teria avançado no campo social, no campo da eficácia maior da Constituição Federal, dando concretude ao que contido no seu art. 7º, XI, que prevê, como direito dos trabalhadores, a participação na gestão da empresa. **ADI 238/RJ, rel. Min. Joaquim Barbosa, 24.2.2010.** (ADI-238) (Inform. STF 576)

Serviços notariais e de registros: reorganização e reconhecimento de vício - 1

Por estar configurada situação constitucional imperfeita, o Plenário, por maioria, julgou improcedente pedido formulado em ação direta de inconstitucionalidade, ajuizada pela Associação dos Notários e Registradores do Brasil - Anoreg/BR, contra os Provimentos 747/2000 e 750/2001, ambos do Conselho Superior da Magistratura do Estado de São Paulo. Os referidos atos reorganizaram as serventias notariais e de registros no interior daquele ente federativo "*mediante a acumulação e desacumulação de serviços, extinção e criação de unidades*". Prevaleceu o voto do Min. Ayres Britto, relator, que, de início, anotou estarem apensadas a estes autos a ADI 2419/SP e a ADI 2476/ SP, propostas pelo Partido Trabalhista Brasileiro - PTB e pela Mesa da Assembléia Legislativa do Estado de São Paulo, respectivamente. Após, discorreu sobre os serviços notariais e de registros, destacando, ainda, que eles teriam regime jurídico constitucional e compor-se-iam de um feixe de competências públicas, embora exercidas por delegação a pessoa privada. Em seguida, ponderou que — embora estivesse inclinado a exigir o princípio da reserva de lei para a ampla estruturação processada nas unidades aludidas, o que levaria a concluir pela inconstitucionalidade dos provimentos — o contexto seria singularíssimo e, assim também, a decisão liminar proferida. Acrescentou que, desde a propositura da ação, muitos concursos foram realizados com várias delegações outorgadas naquela localidade. No ponto, o Min. Celso de Mello assinalou que, há 10 anos, quando o STF apreciara o pleito de medida cautelar, existia, realmente, no que concerne a essa matéria, um estado de dúvida que se refletiria no debate então efetuado e na própria síntese do julgamento exposta na ementa consubstanciadora daquela decisão. *ADI 2415/SP, rel. Min. Ayres Britto, 22.9.2011. (ADI-2415)*

Serviços notariais e de registros: reorganização e reconhecimento de vício - 2

O relator observou que, até pouco tempo, votava no sentido de que as atividades mencionadas incluir-se-iam na esfera dos serviços auxiliares do Poder Judiciário, e não propriamente como matéria de organização judiciária. Na seqüência, sublinhou notar, nos diplomas atacados, além da eficiência, o respeito ao princípio da moralidade administrativa pela rigorosa observância da regra do concurso público. Desse modo, por coerência e tendo em conta a necessidade de se buscar conceitos operacionais, entendeu que esse caso seria de reconhecimento de constitucionalidade incompleta ou imperfeita. Ante a ausência de declaração de inconstitucionalidade, aquiesceu não se cuidar de hipótese de utilização da técnica da modulação, que exigiria maioria qualificada. Frisou que, doravante, qualquer mudança dependeria de lei e que as novas investiduras, mediante delegação, decorrentes do último concurso realizado, seriam válidas. Ressaltou que isso, no entanto, não implicaria a validação de investiduras processadas sem concurso público. Ademais, dentro da lógica do possível, reputou que os provimentos conteriam vício a ser corrigido. O Min. Celso de Mello advertiu que, se outro provimento viesse a ser emanado por qualquer tribunal de justiça do país, seria declarado absolutamente inconstitucional, porquanto reafirmado, na ocasião, o entendimento da Corte segundo o qual a regulação normativa da matéria adversada está sujeita ao postulado da reserva constitucional de lei em sentido formal, de iniciativa exclusiva do tribunal de justiça. ADI 2415/SP, rel. Min. Ayres Britto, 22.9.2011. (ADI-2415)

Serviços notariais e de registros: reorganização e reconhecimento de vício - 3

O Min. Gilmar Mendes destacou que o tema relativo aos serviços notariais e de registros, do ponto de vista histórico, sociológico, político, seria um dos mais sensíveis da República. Por sua vez, o Min. Celso de Mello, dentre outras considerações, acresceu que se trataria de estágio intermediário e transitório entre a situação de plena constitucionalidade e a de absoluta inconstitucionalidade, expondo-se a resolução estatal a um processo de progressiva inconstitucionalização, o que permitiria vislumbrar, nos atos impugnados, normas ainda constitucionais. A Min. Cármen Lúcia explicitou que o reconhecimento do vício, que seria eliminado, dali por diante, por lei, não seria declaração de inconstitucionalidade. O Min. Luiz Fux acrescentou que a orientação anterior do Supremo chancelaria as delegações por atos *interna corporis*. O Min. Cezar Peluso, Presidente, consignou que, a despeito da incompatibilidade teórica com as normas constitucionais que ditaram, sobretudo os julgamentos da ADI 4140/GO (DJe de 20.9.2011) e da ADI 4453 MC/PE (DJe de 24.8.2011), os efeitos ficariam preservados até o encerramento total do 7º concurso, que estaria praticamente esgotado na sua eficácia prática. Vencido o Min. Marco Aurélio, que julgava o pleito procedente ao fundamento de que a questão exigiria ato normativo em sentido formal e material, emanado da Assembléia Legislativa e não da direção ou mesmo do órgão especial do tribunal. Além disso, aduzia que, ao relativizar a decisão do Supremo — a pretexto de situações constituídas, mas não aperfeiçoadas conforme o modelo constitucional — estimular-se-iam aqueles que apostassem na passagem do tempo, no fato consumado, que, por vezes, passaria a ter força superior à própria Constituição. ADI 2415/SP, rel. Min. Ayres Britto, 22.9.2011. (ADI-2415) (Inform. STF 641)

DIREITO ADMINISTRATIVO. ANISTIA POLÍTICA. TERMO DE ADESÃO. DESCUMPRIMENTO.

O anistiado, ao assinar o termo de adesão, compromete-se a não discutir judicialmente graduação diversa daquela concedida pela Comissão de Anistia, sob pena de suspensão do pagamento das parcelas determinadas pelo acordo, conforme a Lei n. 11.354/2006. A aquiescência ao termo de adesão impõe ao anistiado expressa concordância com o valor, a forma e as condições de pagamento e, ainda, a declaração de que não está nem ingressará em juízo reclamando ou impugnando o valor a ele devido. Descumprida essa exigência, não subsiste razão para que a administração continue a pagar os valores atrasados estipulados pela Comissão de Anistia, já que tais verbas serão discutidas na via judicial. Precedentes citados: AgRg no REsp 1.231.573-RJ, DJe 3/5/2011, e REsp 1.189.316-RJ, 28/6/2010. **AgRg no REsp 1.328.001-RJ, Rel. Min. Humberto Martins, julgado em 18/10/2012.(Inform. STJ 507)**

ANISTIADO POLÍTICO. REPARAÇÃO ECONÔMICA CUMULADA COM DANOS MORAIS. IMPOSSIBILIDADE.

A reparação econômica prevista na Lei n. 10.559/2002 possui dúplice caráter indenizatório, abrangendo os danos materiais e morais sofridos pelos anistiados políticos. Embora os direitos expressos na Lei de Anistia não excluam os conferidos por outras normas legais ou constitucionais, é vedada a acumulação de quaisquer pagamentos, benefícios ou indenizações com o mesmo fundamento, facultando-se ao beneficiário a opção mais favorável. Portanto, o anistiado político beneficiado com o recebimento da indenização não pode propor demanda de reparação de danos morais, com base no CC, com a mesma fundamentação utilizada na comissão de anistia, sob pena de infringir o princípio do *bis in idem*. **REsp 1.323.405-DF, Rel. Min. Arnaldo Esteves Lima, julgado em 11/9/2012.(Inform. STJ 504)**

AÇÃO POPULAR. LEGITIMIDADE. CIDADÃO. ELEITOR.

A ação popular em questão foi ajuizada por cidadão residente no município em que também é eleitor. Sucede que os fatos a serem apurados na ação aconteceram em outro município. Vem daí a discussão sobre sua legitimidade *ad causam* a pretexto de violação dos arts. 1°, *caput* e § 3°, da Lei n. 4.717/1965 e 42, parágrafo único, do Código Eleitoral. Nesse contexto, é certo que o art. 5°, LXXIII, da CF/1988 reconhece a legitimidade ativa do cidadão e não do eleitor para propor a ação popular e que os referidos dispositivos da Lei n. 4.717/1965 apenas definem ser a cidadania para esse fim provada mediante o título de eleitor. Então, a condição de eleitor é, tão somente, meio de prova da cidadania, essa sim relevante para a definição da legitimidade, mostrando-se desinfluente para tal desiderato o domicílio eleitoral do autor da ação, que condiz mesmo com a necessidade de organização e fiscalização eleitorais. Já o citado dispositivo do Código Eleitoral traz requisito de exercício da cidadania em determinada circunscrição eleitoral, o que não tem a ver com a sua prova. Dessarte, conclui-se que, se for eleitor, é cidadão para fins de ajuizamento da ação popular. **REsp 1.242.800-MS, Rel. Min. Mauro Campbell Marques, julgado em 7/6/2011.** (Inform. STJ 476)

QO. SUSPENSÃO. PROCESSOS APÓS 47 ANOS. CONCESSÃO. ANISTIA.

A Seção indeferiu a questão de ordem suscitada pela União para suspender o julgamento de mandado de segurança que trata de omissão de ministro de Estado em cumprir os efeitos financeiros retroativos da reparação econômica decorrente de anistia política a que tem direito o impetrante, com base na Portaria n. 1.104/1964-GM3, pois até agora ele só recebe o benefício mensal. Alegou a União que, agora, com a Portaria conjunta n. 134 de 15/2/2011 e a Portaria n. 430 de 8/4/2011, foi criado grupo interministerial que irá revisar somente essas anistias concedidas aos ex-cabos da aeronáutica por fatos acontecidos há 47 anos. Destacou-se, entre outros argumentos, o decurso do prazo para agora, no Estado democrático de direito, buscar-se desconstituir um ato jurídico perfeito em que foram concedidos direitos sem terem sido impugnados naquela ocasião. **QO no MS 14.671-DF, Rel. Min. Maria Thereza de Assis Moura, julgada em 25/5/2011.** (Inform. STJ 474)

MS. ANISTIA. RETROATIVOS. DECADÊNCIA.

A Seção, na linha dos precedentes e verificada a disponibilidade orçamentária, concedeu a segurança para determinar que o ministro de Estado da Defesa cumpra integralmente a portaria que concedeu a anistia política ao impetrante, visto que, comprovada a omissão, também não há falar em decadência do direito; pois, como se trata de ato omissivo continuado, renova-se seguidamente. Precedentes citados do STF: RMS 27.357-DF, DJe 6/8/2010; do STJ: MS 13.426-DF, DJe 23/9/2008, MS 13.017-DF, DJe 25/8/2008; MS 15.216-DF, DJe 17/11/2010, e MS 13.816-DF, DJe 4/6/2009. **MS 14.671-DF, Rel. Min. Maria Thereza de Assis Moura, julgado em 25/5/2011.** (Inform. STJ 474)

MS. PAGAMENTOS. ANISTIADO POLÍTICO.

In casu, o subprocurador da República manifestou-se oralmente para que fosse suspenso o julgamento do mandado de segurança (MS) por conta da recente Portaria Interministerial n. 134 de 15/2/2011, que instaurou procedimento de revisão das anistias políticas concedidas com base na Portaria n. 1.104/GM3-1964 (Ministério da Aeronáutica), fato posterior ao parecer da Subprocuradoria-Geral da República nos autos. Para o Min. Relator, não se podem estabelecer novos critérios para desconstituir uma portaria que já produziu efeitos e que, durante tanto tempo, foi observada nos tribunais superiores com inúmeros julgados unânimes; pois, devido aos princípios jurídicos, entre eles, o da segurança jurídica, o juiz tem de analisar a matéria e decidi-la dentro do que está posto nos autos. Anota ainda que, no caso, não há qualquer requerimento nos autos, nem mesmo pedido de suspensão do julgamento. Trata-se de MS impetrado contra ato omissivo de ministro de Estado o qual consistiu na ausência de cumprimento integral de pagamento dos efeitos financeiros retroativos de reparação econômica em razão de portaria que concedeu anistia política ao impetrante. A jurisprudência do STJ estabelece não existir decadência nos casos de ato omissivo de ministro de Estado que deixa de cumprir parcial ou integralmente o disposto em portaria concessiva de anistia política, visto se tratar de ato omissivo continuado, o qual se renova seguidamente. Por outro lado, a Lei n. 10.726/2003, para sanar erros do passado, forneceu crédito especial para indenização dos anistiados políticos. Assim, não havendo dúvidas quanto à existência de disponibilidade orçamentária após a citada lei, ficou evidenciado o direito do impetrante de receber os efeitos financeiros retroativos da reparação econômica. Diante do exposto, a Seção concedeu a ordem. Precedentes citados: MS 13.816-DF, DJe 4/6/2009; MS 13.085-DF, DJe 7/5/2008; MS 13.511-DF, DJe 20/2/2009, e MS 14.705-DF, DJe 10/5/2010. **MS 15.125-DF, Rel. Min. Adilson Vieira Macabu (Desembargador convocado do TJ-RJ), julgado em 14/3/2011.** (Inform. STJ 466)

ANISTIA. VEREADOR. INDENIZAÇÃO.

A questão diz respeito ao direito de reconhecimento da condição de anistiados para vereadores que exerceram mandato sem remuneração, bem como ao pagamento de indenização. O acórdão recorrido afastou a pretensão dos recorrentes sob o fundamento de que, para o reconhecimento da condição de anistiados políticos, faltou-lhes ter exercido a vereança por imposição do regime vigente à época no país, e não por vontade própria, como no caso. Dessarte, o Min. Relator destacou que o caráter compulsório estabelecido no art. 2°, XIII, da Lei n. 10.559/2002 refere-se ao exercício gratuito do mandato de vereador por força dos Atos Institucionais ns. 2/1965 e 7/1969, e não à nomeação compulsória para o cargo. Assim, merece reforma o acórdão regional para reconhecer a qualidade de anistiados políticos dos recorrentes e contar o tempo de serviço para fins de aposentadoria no serviço público e de previdência social. Quanto à indenização pretendida, ela é indevida, porquanto o art. 2°, § 1°, da supradita lei é claro ao dispor que aquele que exerceu o mandato de vereador gratuitamente, em razão da declaração de anistiado político somente faz jus à contagem do tempo de serviço para efeito de aposentadoria no serviço público e de previdência social. **Precedente citado: REsp 923.715-CE, DJ 31/5/2007. REsp 1.003.330-CE, Rel. Min. Luiz Fux, julgado em 2/12/2010.** (Inform. STJ 458)

LOTEAMENTO IRREGULAR. PRESTAÇÕES VINCENDAS. DEPÓSITO. CARTÓRIO.

No REsp, o município insurgiu-se contra a decisão do tribunal *a quo* que reformou a sentença para determinar que o pagamento das parcelas vincendas referentes à compra dos lotes adquiridos em loteamento clandestino fosse feito diretamente ao promitente vendedor, em vez de mandar efetuá-lo por meio de depósitos perante o cartório de registro de imóveis, conforme está previsto no art. 38, §§ 1° e 2°, da Lei n. 6.766/1979 (lei que trata do parcelamento do solo urbano). Primeiramente, o Min. Relator esclarece serem desnecessárias as ações individuais de adquirentes dos imóveis com finalidade de obstar o pagamento das prestações vincendas, uma vez que já houve decisão judicial sobre a questão em ação civil pública, inclusive com eficácia *erga omnes*, e também quando se faz imprescindível que o município ateste a regularidade do loteamento em razão das determinações legais. Também, para o Min. Relator, é perfeitamente possível determinar o depósito das parcelas vincendas para garantia de retorno dos gastos públicos cumuladas com a fixação de *astreintes*, que é medida de coerção para o demandado com a finalidade de fazê-lo cumprir a decisão judicial, ou seja, cumprimento do fazer ou não fazer. Explica que a impossibilidade de as prestações vincendas serem pagas diretamente ao loteador dá-se devido estar expressa, na citada lei, a determinação da suspensão do pagamento para que seja depositado em cartório, bem como a suspensão para possibilitar a regularização do loteamento. Por outro lado, anota que a necessidade de esses depósitos dos pagamentos das parcelas vincendas serem feitos em cartório de registro de imóveis garante o ressarcimento da municipalidade. Pois, no caso de o município fazer obras no loteamento, ele irá buscar o ressarcimento junto ao empresário loteador, cujo patrimônio a lei onera com os custos urbanísticos realizados pela municipalidade. Diante do exposto, a Turma deu provimento ao recurso. **REsp 1.189.173-AC, Rel. Min. Mauro Campbell Marques, julgado em 26/10/2010.** (Inform. STJ 453)

CONSULTA PÚBLICA. DOCUMENTOS.

O ministro de Estado das Comunicações determinou a abertura de consulta pública para que fossem apresentadas sugestões quanto à implantação da audiodescrição: recurso tecnológico que permite a descrição de informações visuais não contidas em diálogos quando da prestação de serviços de radiodifusão de sons e imagens e de retransmissão de televisão, o que possibilita a inclusão de pessoas portadoras de deficiência visual mediante o acesso a meios de comunicação, notadamente aos programas de televisão. Todavia, os impetrantes (diversas associações de portadores de deficiência) não concordaram com a forma em que foram divulgados, na *Internet*, os documentos referentes à consulta: ora em língua estrangeira, ora em formato PDF (imagem), o que dificulta sobremaneira o acesso dos portadores de deficiência a essas informações e a própria proposição de sugestões, daí a impetração. Vê-se, contudo, que os documentos escritos fora do vernáculo dizem respeito a contribuições de terceiros consistentes em informações que ilustram o funcionamento da audiodescrição em outros países, não condizentes com a portaria que promoveu a consulta e meros subsídios ao Poder Público referentes à própria qualidade do serviço a ser implantado. Quanto aos documentos em PDF, já houve o deferimento de medida liminar para adequar a divulgação dos documentos ao formato de texto (TXT) e/ou áudio, além de reabrir o prazo para a apresentação de sugestões, o que exaure o objeto do mandado de segurança e determina a concessão parcial da ordem para tornar definitiva a liminar deferida. **MS 14.449-DF, Rel. Min. Hamilton Carvalhido, julgado em 23/6/2010.** (Inform. STJ 440)

MILITAR. PEDIDO. RECONSIDERAÇÃO.

O estatuto dos militares (Lei n. 6.880/1980) impõe a eles a obrigação de exaurir a instância administrativa antes de postular em juízo a reparação de suposta ilegalidade cometida por superior hierárquico (art. 51, § 3º, do referido diploma). Então, somente após esgotados os recursos administrativos, o militar poderá utilizar o mandado de segurança contra aquele ato. Sucede que, no âmbito do Direito Administrativo militar, que possui normas peculiares, de aplicação restrita aos servidores públicos militares, a expressão "recursos administrativos" constante do referido § 3º deve ser entendida como abrangente do pedido de reconsideração. Então, só se fala em fluência do prazo decadencial a partir da ciência pelo militar do julgamento de seu pedido de reconsideração, não se aplicando a Súm. n. 430-STF ao caso. A legislação especial que rege o corpo feminino da reserva de oficiais da Aeronáutica (Lei n. 6.924/1981 e o Dec. n. 86.325/1981) remete-se aos critérios e condições previstos para a promoção dos oficiais e graduados da ativa do Ministério da Aeronáutica (Lei n. 5.821/1972 – LPOAFA – e o recentemente revogado Dec n. 1.319/1994 – REPROA). Assim, a aplicação cumulativa de todos esses diplomas legais não fere o princípio da especificidade. Por sua vez, o art. 42 do REPROA previa que a promoção ao último posto da carreira de oficial superior somente ocorreria pelo merecimento, o que afasta a aplicação ao caso do quadro de acesso por antiguidade. Visto que a impetrante não preenche as condições previstas no art. 31, § 2º, da LPOAFA (a única forma possível de promoção ao posto de tenente-coronel do referido corpo de reserva), está justificada a falta de sua inclusão nos quadros de acesso por merecimento. Anote-se que a Min. Maria Thereza de Assis Moura ressalvou seu entendimento quanto ao pedido de reconsideração e à decadência. **Precedente citado: MS 7.329-DF, DJ 1º/9/2003. MS 14.117-DF, Rel. Min. Napoleão Nunes Maia Filho, julgado em 14/4/2010.** (Inform. STJ 430)

HD. LIMITES. PRETENSÃO.

A Seção entendeu não ser possível obter, no mesmo processo de *habeas data*, tanto o fornecimento de informações quanto, num segundo momento, sua eventual retificação. Se aquelas necessitam ser retificadas, só poderão sê-lo por meio de um novo procedimento administrativo e/ou judicial. Ademais, o presidente do Banco Central é parte ilegítima para figurar no pólo passivo da presente ação no que diz respeito à inclusão, exclusão ou alteração de dados constantes na central de risco de crédito, uma vez que as informações constantes no banco de dados do Sistema Central de Risco de Crédito são de inteira responsabilidade das instituições financeiras, inclusive no que se refere a essas questões. Contudo, a Seção acolheu a pretensão relativa a saber se os nomes dos impetrantes já foram incluídos no Sisbacen e/ou Sistema Central de Risco de Crédito e, em caso positivo, quem enviou as informações negativas, em que data foram inseridas, se foram baixadas as restrições e em que data, se as informações referem-se a contratos celebrados entre os impetrantes, o Banco do Brasil e a BB Financeira. Assim, a Seção deferiu em parte o *habeas data*. **HD 160-DF, Rel. Min. Denise Arruda, julgado em 27/8/2008.** (Inform. STJ 365)

VACÂNCIA. MORTE. NOTÁRIO. EFEITOS.

A declaração de vacância (art. 39, § 3º, da Lei n. 8.935/1994) de notário ou oficial de registro é um ato administrativo meramente formal que declara um fato ocorrido anteriormente, qual seja, o falecimento do titular do cartório. Assim, a extinção da delegação ocorre com o evento morte, não com a declaração de vacância. Logo o ato da corregedoria que ofereceu a serventia do 11º Ofício de Registros de Imóveis do Rio de Janeiro aos candidatos do XXXVIII concurso público para admissão nas atividades notariais e registrais da Corregedoria Geral de Justiça daquele estado não ofende a Lei n. 8.935/1994 e tão pouco o item 8.1 do edital do concurso. **RMS 24.928-RJ, Rel. Min. Eliana Calmon, julgado em 8/4/2008.** (Inform. STJ 351)

DROGARIA. FARMÁCIA. RESPONSÁVEL TÉCNICO.

Trata-se de ação declaratória com pedido de antecipação de tutela movida contra o ato do Conselho Regional de Farmácia que anulou concessões anteriores, as quais permitiam ao autor acumular a responsabilidade técnica em farmácia e drogaria de sua propriedade. Explicou o Min. Relator que o art. 20 da Lei n. 5.991/1973 não proibiu a acumulação de exercício de direção técnica de uma farmácia e uma drogaria. Pois, como é sabido, a drogaria é uma espécie de farmácia com atividades limitadas (art. 4º, X e XI, da Lei n. 5.991/1973), nela não pode haver manipulação, apenas dispensação e comércio de drogas, medicamentos, insumos farmacêuticos e correlatos em embalagens. Diante do exposto, prosseguindo o julgamento, a Turma deu provimento ao recurso a fim de permitir ao profissional farmacêutico a acumulação postulada. **REsp 968.778-MG, Rel. Min. José Delgado, julgado em 11/12/2007.** (Inform. STJ 342)

CONVÊNIO. DEVOLUÇÃO. RECURSOS. EX-PREFEITO.

Em decorrência da celebração de convênio entre estado-membro e município, os valores dos recursos estaduais foram creditados e transferidos à municipalidade e, conseqüentemente, incorporados ao patrimônio municipal. Sendo assim, o município tem legitimidade ativa *ad causam* para cobrar de ex-prefeito a aplicação desses recursos. No caso, o ex-prefeito foi demandado em nome próprio para responder pelos seus atos e em nada altera o fato de ter sido reeleito. Com essas considerações, a Turma, prosseguindo o julgamento, negou provimento ao recurso do ex-prefeito. **REsp 980.082-MG, Rel. Min. Francisco Falcão, julgado em 13/11/2007.** (Inform. STJ 339)

OCUPANTE. CARGO ELETIVO. EFEITOS PATRIMONIAIS. MUNICÍPIO. LEGITIMIDADE ATIVA.

A Turma deu provimento ao recurso e reiterou o entendimento de que é do município e não da Câmara de Vereadores a legitimidade para figurar no pólo ativo de ação ajuizada com o fito de que sejam devolvidas as importâncias pagas a título de contribuições previdenciárias sobre a folha de salários, no atinente às remunerações dos ocupantes de cargos eletivos (vereadores), e de que não sejam feitas novas cobranças para o recolhimento no pagamento dos mencionados agentes políticos. A relação processual que se estabelece é entre os ocupantes dos cargos eletivos e o município. Precedentes citados: REsp 649.824-RN, DJ 30/5/2006, e REsp 696.561-RN, DJ 24/10/2005. **REsp 946.676-CE, Rel. Min. José Delgado, julgado em 23/10/2007.** (Inform. STJ 337)

SÚMULA STF Nº 674

A anistia prevista no art. 8º do ato das disposições constitucionais transitórias não alcança os militares expulsos com base em legislação disciplinar ordinária, ainda que em razão de atos praticados por motivação política.

7. DIREITO TRIBUTÁRIO

1. PRINCÍPIOS E DIREITOS DOS CONTRIBUINTES

"NON OLET" E ATIVIDADE ILÍCITA

É possível a incidência de tributação sobre valores arrecadados em virtude de atividade ilícita, consoante o art. 118 do CTN (*"Art. 118. A definição legal do fato gerador é interpretada abstraindo-se: I - da validade jurídica dos atos efetivamente praticados pelos contribuintes, responsáveis, ou terceiros, bem como da natureza do seu objeto ou dos seus efeitos; II - dos efeitos dos fatos efetivamente ocorridos"*). Com base nessa orientação, a 1ª Turma conheceu parcialmente de habeas corpus e, na parte conhecida, por maioria, denegou a ordem. Na espécie, o paciente fora condenado pelo crime previsto no art. 1º, I, da Lei 8.137/1990 (*"Art. 1° Constitui crime contra a ordem tributária suprimir ou reduzir tributo, ou contribuição social e qualquer acessório, mediante as seguintes condutas: I - omitir informação, ou prestar declaração falsa às autoridades fazendárias"*) e sustentava a atipicidade de sua conduta, porque inexistiria obrigação tributária derivada da contravenção penal do jogo do bicho (Decreto-Lei 6.259/44, art. 58). O Min. Dias Toffoli, relator, assinalou que a definição legal do fato gerador deveria ser interpretada com abstração da validade jurídica da atividade efetivamente praticada, bem como da natureza do seu objeto ou dos seus efeitos. Ressaltou que a possibilidade de tributação da renda obtida em razão de conduta ilícita consubstanciar-se-ia no princípio do *non olet*. Assim, concluiu que o réu praticara sonegação fiscal, porquanto não declarara suas receitas, mesmo que resultantes de ato contravencional. O Min. Luiz Fux aludiu ao caráter *sui generis* da teoria geral do direito tributário. Acrescentou que seria contraditório o não-pagamento do imposto proveniente de ato ilegal, pois haveria locupletamento da própria torpeza em detrimento do interesse público da satisfação das necessidades coletivas, a qual se daria por meio da exação tributária. Vencido o Min. Marco Aurélio, que concedia a ordem por entender que recolhimento de tributo pressuporia atividade legítima. Precedente citado: HC 77530/RS (DJU de 18.9.98). HC 94240/SP, rel. Min. Dias Toffoli, 23.8.2011. (HC-94240) (Inform. STF 637)

IRPF: ATUALIZAÇÃO E PRINCÍPIOS DA CAPACIDADE CONTRIBUTIVA E DO NÃO CONFISCO - 6

O Poder Judiciário não pode substituir o Legislativo na correção da tabela do Imposto de Renda Pessoa Física – IRPF. Esse o entendimento da maioria do Plenário ao concluir julgamento de recurso extraordinário e negar-lhe provimento. Na espécie, o acórdão recorrido indeferira pedido de correção das tabelas do imposto de renda ao fundamento de que a sua não atualização, por si só, não violaria os princípios constitucionais da capacidade contributiva e do não confisco (artigos 146, III, a, e 150, II e IV) — v. Informativos 405,434 e 592. Em preliminar, ante a falta de prequestionamento, não se conheceu do recurso quanto ao art. 146, III, a, da CF. No mérito, prevaleceu o voto proferido pela Min. Cármen Lúcia que, em síntese, asseverara não caber ao Poder Judiciário substituir-se aos Poderes Executivo e Legislativo na análise do momento econômico e do índice de correção adequados para a retomada, ou mera aproximação, do quadro estabelecido entre os contribuintes e a lei, quando de sua edição, devendo essa omissão ficar sujeita apenas ao princípio da responsabilidade política, traduzido principalmente na aprovação ou rejeição dos atos de governo nos julgamentos ulteriores do eleitorado. A Min. Ellen Gracie salientou a necessidade de se ter critérios para a aplicação de correção monetária, sob pena de se perpetuar a cultura inflacionária. Afirmou cuidar-se de matéria que se situaria no plano das políticas econômica e monetária e que se vincularia às circunstâncias e à necessidade de recomposição do equilíbrio das relações. Por fim, o Colegiado aduziu caber ao legislador, pretendendo modificar ou revogar a imposição tributária anteriormente instituída, legislar novamente e que sua omissão implicaria manutenção das regras vigentes.Vencido o Min. Marco Aurélio, que, na parte conhecida, provia o extraordinário. RE 388312/MG, rel. orig. Min. Marco Aurélio, red. p/ o acórdão Min. Cármen Lúcia, 1º.8.2011. (RE-388312) (Inform. STF 634)

ADI N. 3.334-RN
RELATOR: MIN. RICARDO LEWANDOWSKI

EMENTA: AÇÃO DIRETA DE INCONSTITUCIONALIDADE. ART. 240 DA LEI COMPLEMENTAR 165/1999 DO ESTADO DO RIO GRANDE DO NORTE. ISENÇÃO DE CUSTAS E EMOLUMENTOS AOS MEMBROS E SERVIDORES DO PODER JUDICIÁRIO. VIOLAÇÃO AO ART. 150, II, DA CONSTITUIÇÃO. AÇÃO JULGADA PROCEDENTE.

I – A Constituição consagra o tratamento isonômico a contribuintes que se encontrem na mesma situação, vedando qualquer distinção em razão de ocupação profissional ou função por eles exercida (art. 150, II, CF).

II – Assim, afigura-se inconstitucional dispositivo de lei que concede aos membros e servidores do Poder Judiciário isenção no pagamento de custas e emolumentos pelos serviços judiciais e extrajudiciais.

III – Ação direta julgada procedente para declarar a inconstitucionalidade do art. 240 da Lei Complementar 165/199 do Estado do Rio Grande do Norte. (Inform. STF 622) *noticiado no Informativo 619

TAXAS JUDICIAIS E ISONOMIA TRIBUTÁRIA

Fere o princípio da isonomia tributária lei que concede aos membros e servidores do Poder Judiciário isenção de pagamento de custas e emolumentos pelos serviços judiciais e extrajudiciais. Com base nesse entendimento, o Plenário julgou procedente pedido formulado em ação direta ajuizada pelo Procurador-Geral da República para declarar a inconstitucionalidade do art. 240 da Lei Complementar 165/99, do Estado do Rio Grande do Norte (*"Os membros e os servidores do Poder Judiciário não estão sujeitos ao pagamento de custas e emolumentos pelos serviços judiciais e extrajudiciais"*). ADI 3334/RN, rel. Min. Ricardo Lewandowski, 17.3.2011. (ADI-3334) (Inform. STF 619)

CSLL: EC 10/96 E ANTERIORIDADE NONAGESIMAL - 1

É indevida a cobrança da contribuição social sobre lucro líquido – CSLL, tal como exigida pela EC 10/96, relativamente ao período de 1º.1.96 a 6.6.96, em observância ao princípio da anterioridade nonagesimal. Essa a conclusão do Plenário ao desprover recurso extraordinário no qual a União sustentava a possibilidade dessa exação já a partir de janeiro de 1996. Rejeitou-se, de início, a tese da recorrente no sentido de que o princípio da anterioridade nonagesimal, previsto no § 6º do art. 195 da CF (*"As contribuições sociais de que trata este artigo só poderão ser exigidas após decorridos noventa dias da data da publicação da lei que as houver instituído ou modificado, não se lhes aplicando o disposto no art. 150, III, 'b'."*), não se aplicaria ao poder constituinte derivado. Enfatizou-se que esse poder não seria ilimitado, submetendo-se ao que fixado no art. 60 da CF. Registrou-se, ademais, que o princípio da anterioridade nonagesimal configuraria uma garantia individual e, como conseqüência, cláusula pétrea, não passível de supressão por emenda constitucional. RE 587008/SP, rel. Min. Dias Toffoli, 2.2.2011. (RE-587008)

CSLL: EC 10/96 E ANTERIORIDADE NONAGESIMAL - 2

Em seguida, assinalou-se que a controvérsia teria origem na Emenda Constitucional de Revisão – ECR 1/94 que, ao instituir o Fundo Social de Emergência para os exercícios de 1994 e 1995, estabelecera como parcela integrante desse fundo o produto da arrecadação que resultara da elevação da alíquota da CSLL para 30% exclusivamente para os contribuintes por ela mencionados (ADCT, art. 72, III), dentre os quais a recorrida, empresa de arrendamento mercantil. Ocorre que, depois de expirado o prazo de vigência da aludida ECR, sobreviera, em 4.3.96, a EC 10/96, a qual, em seu art. 2º, alterara a redação do art. 72, III, do ADCT para estender a cobrança da CSLL "*bem assim no período de 1º de janeiro de 1996 a 30 de junho de 1997*". Reputou-se que, embora o objetivo da emenda questionada tivesse sido a não interrupção de vigência do referido inciso III, no caso, não houvera mera prorrogação, pois ocorrera solução de continuidade entre o término do prazo de vigência da ECR 1/94 e a promulgação da EC 10/96. Enfatizou-se que a expressão em apreço procedera da demora na tramitação da emenda. Assim, destacou-se que, vencido o prazo de vigência daquela, a contribuinte passara a recolher o tributo à alíquota de 18% (Lei 9.249/95, art. 19). Entendeu-se que a EC 10/96 seria um novo texto, veiculador de norma nova e retroativa a janeiro de 1996, devendo, pois, respeitar o princípio da anterioridade nonagesimal, haja vista que teria havido majoração da alíquota da CSLL. RE 587008/SP, rel. Min. Dias Toffoli, 2.2.2011. (RE-587008) (Inform. STF 614)

LEI 10.182/2001: EXTENSÃO DE INCENTIVO FISCAL E MERCADO DE REPOSIÇÃO - 3

Em conclusão, o Plenário, por maioria, deu provimento a recurso extraordinário interposto contra acórdão do TRF da 4ª Região que, com base no princípio da isonomia, estendera a empresa que trabalha com mercado de reposição de pneumáticos os efeitos do inciso X do § 1º do art. 5º da Lei 10.182/2001 ("*Art. 5º Fica reduzido em quarenta por cento o imposto de importação incidente na importação de partes, peças, componentes, conjuntos e subconjuntos, acabados e semi-acabados, e pneumáticos. § 1º O disposto no caput aplica-se exclusivamente às importações destinadas aos processos produtivos das empresas montadores e dos fabricantes de: ... X - auto-peças, componentes, conjuntos e subconjuntos necessários à produção dos veículos listados nos incisos I a IX, incluídos os destinados ao mercado de reposição.*") — v. Informativos 371 e 484. Entendeu-se que o incentivo fiscal conferido pela citada lei não alcançaria a importação de pneumáticos para reposição, seja para montadoras, seja para fabricantes de veículos, mas, apenas, aquela destinada aos processos produtivos. O Min. Joaquim Barbosa, relator, considerou que a manutenção do acórdão impugnado, isto é, da decisão que concedera o benefício fiscal à recorrida, estaria em confronto com a jurisprudência do Supremo segundo a qual não seria possível acrescentar exemplos à lei, com base no princípio da isonomia, e que, portanto, referido aresto incorreria em ofensa ao princípio da separação de poderes. Os Ministros Cezar Peluso, Dias Toffoli e Cármen Lúcia deram provimento ao recurso, mas pelo fundamento de que o acórdão recorrido teria violado o art. 150, II, da CF, ao aplicar a regra da isonomia a uma situação factual que não comportaria incidência. Vencidos os Ministros Marco Aurélio, Ayres Britto, Gilmar Mendes e Ricardo Lewandowski que negavam provimento ao recurso. **RE 405579/PR, rel. Min. Joaquim Barbosa, 1º.12.2010**. (RE-405579) (Inform. STF 611)

INDÚSTRIA DE CIGARRO E CANCELAMENTO DE REGISTRO ESPECIAL - 1

O Plenário iniciou julgamento de ação direta de inconstitucionalidade ajuizada pelo Partido Trabalhista Cristão - PTC contra o art. 1º da Lei 9.822/99, na parte em que conferiu nova redação ao art. 2º, II, do Decreto-lei 1.593/77, bem como o próprio art. 2º do referido Decreto-lei e de seu § 5º, incluído pela Medida Provisória 2.158-35/2001. Os aludidos preceitos dispõem sobre o cancelamento sumário do registro especial a que estão submetidas as empresas tabagistas do país, caso constatado pelo Secretário da Receita Federal o inadimplemento de tributo ou de contribuição administrados pela Secretaria da Receita Federal. O requerente alega ofensa aos artigos 5º, XIII, LIV e LV, e 170, *caput*, da CF, ao argumento de que a restrição ao exercício de atividade econômica ou profissional lícita constituiria sanção política vedada pela Constituição, na medida em que não admitida a existência de instrumentos oblíquos destinados a coagir ou induzir o contribuinte ao pagamento de tributos. O Min. Joaquim Barbosa, relator, julgou procedente em parte o pedido para dar ao texto impugnado interpretação conforme a Constituição, de modo que a cassação seja considerada constitucional, se simultaneamente presentes as seguintes condições: 1º) observar o vulto dos créditos tributários devidos; 2º) respeitar o devido processo legal de controle da validade da imposição da restrição, ou seja, da penalidade e 3º) respeitar o devido processo legal de controle da validade dos créditos tributários. Preliminarmente, constatou que a ação reuniria os requisitos para ser conhecida, uma vez que a norma questionada estaria fundada em redação dada por lei publicada já sob a vigência da CF/88, de maneira que a hipótese versada não se referiria à recepção, ou não, de diploma criado sob a égide de Constituição pretérita. Salientou, ainda, que a circunstância de eventual declaração de inconstitucionalidade da norma revigorar texto constitucional potencialmente inquinado de vício semelhante não impediria o conhecimento da presente ação, haja vista que, se declarada inconstitucional a norma, o texto que voltaria a viger seria aquele publicado ao tempo da CF/67, emendada em 1969. **ADI 3952/DF, rel. Min. Joaquim Barbosa, 20 e 21.10.2010**. (ADI-3952)

INDÚSTRIA DE CIGARRO E CANCELAMENTO DE REGISTRO ESPECIAL - 2

No mérito, enfatizou que a questão sob exame não se limitaria à indústria do tabaco. Mencionou que leitura apressada da norma impugnada poderia levar à conclusão de que ela proibiria o exercício de atividade econômica em razão da existência de créditos tributários não pagos em quantia ínfima ou não expressiva. Ademais, assinalou que o art. 2º, II, do Decreto-lei 1.593/77 não traria expressamente qualquer parâmetro para mensuração do montante do crédito tributário não pago ou da gravidade do descumprimento de obrigação acessória que são pressupostos da permissão para cancelamento do registro especial. Aduziu que o inciso III do mesmo artigo possibilitaria a proibição do exercício da atividade econômica antes do encerramento do controle do ato administrativo ou do advento de decisão judicial que viesse a conformar as circunstâncias autorizadoras do fechamento do estabelecimento. Ressaltou, também, que o STF possui orientação consolidada no sentido da vedação constitucional às sanções políticas. Consignou, entretanto, que o desate da controvérsia seria mais sutil do que o reconhecimento, pura e simplesmente, do art. 2º, II, do Decreto-lei 1.593/77 como sanção política ou como salvaguarda da saúde pública e do equilíbrio concorrencial. Asseverou que, na verdade, a questão de fundo consistiria em saber se a interpretação específica adotada pelas autoridades fiscais configuraria, ou não, sanção política, dada a ambigüidade do texto normativo. Considerou que a função extrafiscal da tributação não poderia afastar a efetividade da jurisdição, intimamente ligada ao direito fundamental ao devido processo legal de controle da validade das exações. De igual forma, rejeitou as assertivas segundo as quais o art. 2º, II, do Decreto-lei seria inconstitucional em qualquer de suas interpretações possíveis. Destacou, no ponto, que a proibição da sanção política não conferiria imunidade absoluta e imponderada, pois não serviria como uma espécie de salvo-conduto geral aos contribuintes que fazem da frívola impugnação de lançamentos tributários uma ferramenta de vantagem competitiva. Ter-se-ia, de um lado, o direito fundamental à livre atividade econômica lícita e o de acesso à jurisdição e, de outro, o direito à livre concorrência e o dever fundamental de pagar tributos. **ADI 3952/DF, rel. Min. Joaquim Barbosa, 20 e 21.10.2010**. (ADI-3952)

INDÚSTRIA DE CIGARRO E CANCELAMENTO DE REGISTRO ESPECIAL - 3

O relator reputou que a norma passaria pelo teste de adequação, pois inequívoco que ela fomentaria o pagamento pontual dos tributos. Todavia, verificou que, à primeira vista, o mesmo não ocorreria quanto ao teste da necessidade, ante a existência de outros mecanismos menos sacrificantes ao direito à jurisdição postos a serviço da salvaguarda do dever fundamental de pagar tributos. Considerou que a norma deveria ser concebida para regular situações extremas e de grave desequilíbrio concorrencial. Explicitou que, para ser conforme a Constituição, uma norma com efeitos tão drásticos não poderia ser mero instrumento de combate ao inadimplemento, devendo, ao contrário, apresentar-se como mecanismo de proteção contra a resistência obstinada e infundada ao pagamento de tributo em quadro marcado também pela necessidade de rápida resposta estatal e em contexto em que os instrumentos ordinários não fossem suficientes. Relativamente ao teste da proporcionalidade em sentido estrito, ponderou que a norma extraída a partir da interpretação do art. 2º, II, do Decreto-lei seria inconstitucional se atentasse contra um dos três parâmetros constitucionais já apresentados, ou seja: 1º) relevância do valor dos créditos tributários em aberto, cujo não pagamento culminaria na restrição ao funcionamento da empresa; 2º) manutenção proporcional e razoável do devido processo legal de controle do ato de aplicação da penalidade e 3º) manutenção proporcional e razoável do devido processo legal de controle da validade dos créditos tributários, cujo não pagamento implicaria cassação do registro especial. Acrescentou que, dos parâmetros expostos, o último apresentaria o maior desafio ao órgão jurisdicional. Assim, enfatizou que haverá a observância da Constituição se a penalidade não for aplicada antes do exame das medidas e dos recursos apresentados pelo sujeito passivo, sempre que a irresignação possuir um mínimo de plausibilidade. Por derradeiro, registrou que a suspensão temporária das atividades ou a aplicação de regime especial de cumprimento de deveres instrumentais seria válida sempre que ficasse comprovado que a inadimplência contumaz fosse de monta e apta a afetar profundamente as condições de livre concorrência e iniciativa. Após, pediu vista a Min. Cármen Lúcia. **ADI 3952/DF, rel. Min. Joaquim Barbosa, 20 e 21.10.2010.** (ADI-3952) (Inform. STF 605)

REPERCUSSÃO GERAL E ALTERAÇÃO NAS PREMISSAS FÁTICO-JURÍDICAS - 1

O Plenário resolveu questão de ordem no sentido de reconhecer a repercussão geral da matéria discutida em recursos extraordinários, relativa à possibilidade, ou não, de se aplicar a alíquota máxima do Imposto de Renda de Pessoa Física aos valores recebidos acumuladamente pelo beneficiário, por culpa exclusiva da autarquia previdenciária. Com base nisso, reformou decisão monocrática da Min. Ellen Gracie, que não admitira os recursos, dos quais relatora, ao fundamento de que a questão já teria sido considerada "sem repercussão geral" no âmbito do Plenário Virtual. No caso, após o STF haver deliberado que o tema versado nos autos não possuiria repercussão geral, o TRF da 4ª Região declarara a inconstitucionalidade, sem redução de texto, do art. 12 da Lei 7.713/88, o qual determina a incidência do Imposto de Renda no mês do recebimento de valores acumulados sobre o total dos rendimentos. A União, ao alegar a superveniente alteração nas premissas fático-jurídicas, sustentava, em sede de agravo regimental, que os recursos extraordinários interpostos com fulcro no art. 102, III, b, da CF teriam repercussão geral presumida. **RE 614232 AgR-QO/RS e RE 614406 AgR-QO/RS, rel. Min. Ellen Gracie, 20.10.2010.** (RE-614232)

REPERCUSSÃO GERAL E ALTERAÇÃO NAS PREMISSAS FÁTICO-JURÍDICAS - 2

Aduziu-se que a superveniência de declaração de inconstitucionalidade de lei por tribunal de segunda instância consubstanciaria dado relevante a ser levado em conta, uma vez que retiraria do mundo jurídico determinada norma que, nas demais regiões do país, continuaria a ser aplicada. Ao enfatizar que se cuidaria de matéria tributária, mais particularmente de imposto federal, asseverou-se que os princípios da uniformidade geográfica (CF, art. 151, I) e da isonomia tributária (CF, art. 150, II) deveriam ser considerados. Observou-se, ademais, que a negativa de validade da lei ou de ato normativo federal em face da Constituição indicaria a presença de repercussão geral decorrente diretamente dos dispositivos constitucionais aludidos, o que justificaria a apreciação do mérito dos recursos extraordinários, devendo-se reputar satisfeito o requisito de admissibilidade previsto no art. 102, § 3º, da CF. Assim, tendo em conta a declaração de inconstitucionalidade superveniente e a relevância jurídica correspondente à presunção de constitucionalidade das leis, à unidade do ordenamento jurídico, à uniformidade da tributação federal e à isonomia, assentou-se que o tema apresentaria repercussão geral. Os Ministros Ellen Gracie, Ayres Britto, Gilmar Mendes e Marco Aurélio admitiam, na situação em apreço, a revisão da tese anterior, nos termos mencionados no art. 543-A, § 5º, do CPC ("*§ 5º Negada a existência da repercussão geral, a decisão valerá para todos os recursos sobre matéria idêntica, que serão indeferidos liminarmente, salvo revisão da tese, tudo nos termos do Regimento Interno do Supremo Tribunal Federal.*"). **RE 614232 AgR-QO/RS e RE 614406 AgR-QO/RS, rel. Min. Ellen Gracie, 20.10.2010.** (RE-614232) (Inform. STF 605)

MATÉRIA TRIBUTÁRIA E DELEGAÇÃO LEGISLATIVA - 1

O Tribunal julgou procedente pedido formulado em ação direta proposta pelo Procurador-Geral da República para declarar a inconstitucionalidade dos vocábulos "remissão" e "anistia", contidos no art. 25 da Lei 6.489/2002, do Estado do Pará, que autoriza o Governador a conceder, por regulamento, remissão, anistia, transação, moratória e dação em pagamento de bem imóvel. Reputaram-se afrontados os princípios da separação de Poderes e da reserva absoluta de lei em sentido formal em matéria tributária de anistia e remissão, uma vez que o Poder Legislativo estaria conferindo, ao Chefe do Executivo, a prerrogativa de dispor, normativamente, sobre tema para o qual a Constituição impõe lei específica (CF, art. 150, § 6º). **ADI 3462/PA, rel. Min. Cármen Lúcia, 15.9.2010.** (ADI-3462) (Inform. STF 600)

MODULAÇÃO DE EFEITOS E SUSPENSÃO DE JULGAMENTO - 2

Em seguida, deliberou-se sobre o pleito de aplicação do art. 27 da Lei 9.868/99 formulado pelo requerente. Ressaltou-se que o sistema pátrio comporta a modulação de efeitos, sem que isso signifique violação ao texto constitucional. Asseverou-se que a sua adoção decorreria da ponderação entre o Estado de Direito na sua expressão legalidade e na sua vertente segurança jurídica. Aduziu-se que o procedimento da modulação seria bifásico, escalonado e progressivo: o julgamento que se faz sobre o mérito da constitucionalidade e aquele referente à modulação de efeitos. Explicitou-se, nesse sentido, que ocorreriam duas apreciações autônomas e distintas, sendo que a segunda — a qual envolveria a questão da modulação — tem como pressuposto a declaração prévia de inconstitucionalidade. Assim, reafirmou-se a possibilidade da suspensão de julgamento para se colher os votos de Ministros ausentes, quando não alcançado, na assentada, o quórum a que alude o referido art. 27 da Lei 9.868/99. Divergiu, no ponto, o Min. Marco Aurélio. Entretanto, no caso dos autos, em razão de também terem votado contra a incidência do referido dispositivo legal os Ministros Joaquim Barbosa e Cezar Peluso, Presidente, constatou-se a inviabilidade da modulação, ante a ausência de quórum. **ADI 3462/PA, rel. Min. Cármen Lúcia, 15.9.2010.** (ADI-3462) (Inform. STF 600)

IRPJ: REGIME DE ESTIMATIVA E CONSOLIDAÇÃO DE RESULTADOS SEMESTRAIS - 2

O Tribunal retomou julgamento de recurso extraordinário em que se discute a constitucionalidade do art. 86, § 2º, da Lei 8.383/91, que impede que as pessoas jurídicas que apresentaram prejuízo fiscal no período-base de 1991 optem pelo pagamento do imposto de renda pelo regime de estimativa no exercício de 1992, e da Portaria 441/92, do Ministério da Economia, Fazenda e Planejamento, que faculta, aos contribuintes optantes pelo regime de estimativa, a substituição da consolidação de resultados mensais pela de resultados semestrais na declaração de ajuste anual do ano-base de 1992 — v. Informativo 426. Na espécie, trata-se de recurso extraordinário interposto contra acórdão que negara à recorrente, que apurara prejuízo no ano-base de 1991, o direito de substituir a consolidação de resultados mensais pela consolidação de resultados semestrais, na declaração de ajuste anual para a apuração do imposto de renda de pessoa jurídica, relativa ao ano-base de 1992. O Min. Ricardo Lewandowski, em voto-vista, negou provimento ao recurso. Salientou, inicialmente, que a proibição contida no § 2º do art. 86 da Lei 8.383/91 teria explicação lógica, já que, se a pessoa jurídica que apurara prejuízo no ano de 1991 pudesse optar pelo cálculo do imposto por estimativa, a base de cálculo do imposto de renda, calculado também por estimativa, no ano seguinte seria igual a zero. **RE 231924/PR, rel. Min. Marco Aurélio, 23.6.2010.** (RE-231924)

IRPJ: REGIME DE ESTIMATIVA E CONSOLIDAÇÃO DE RESULTADOS SEMESTRAIS - 3

Entendeu, em seguida, que o Ministro da Economia, Fazenda e Planejamento teria agido corretamente — e dentro da legalidade, ante a existência de expressa autorização legal para a prática do ato —, ao limitar, mediante a Portaria 441/92, a possibilidade de apuração semestral dos resultados apenas às pessoas jurídicas que optaram pelo cálculo por estimativa, visto que somente elas poderiam respeitar o calendário de pagamento do imposto estabelecido na Lei 8.383/91. Ponderou que, caso fosse permitido à recorrente a consolidação semestral, não teria ela como cumprir o cronograma legal de pagamento por manifesta impossibilidade de calcular-se o imposto devido. Asseverou, também, que o Poder Judiciário não poderia estender o calendário de recolhimento do imposto estabelecido para as pessoas jurídicas submetidas ao cálculo por estimativa às demais, visto que isso implicaria invasão da seara reservada ao Poder Legislativo. Aduziu que o mesmo raciocínio se aplicaria à impossibilidade de extensão da faculdade estabelecida na Portaria 441/92 a outras pessoas jurídicas, para permitir-lhes substituir a consolidação dos resultados mensais pela de resultados semestrais, e que, de igual modo, nesse aspecto o Judiciário atuaria como legislador positivo. Observou, por fim, que, em razão de a recorrente não se encontrar na mesma situação dos contribuintes abrangidos pela Portaria 441/92, porque impossibilitada de optar pelo cálculo do imposto por estimativa, não se poderia falar em ofensa ao princípio da isonomia em matéria tributária. Após, pediu vista dos autos a Min. Ellen Gracie. **RE 231924/PR, rel. Min. Marco Aurélio, 23.6.2010.** (RE-231924) (Inform. STF 592)

IRPF: ATUALIZAÇÃO E PRINCÍPIOS DA CAPACIDADE CONTRIBUTIVA E DO NÃO CONFISCO - 3

O Tribunal iniciou julgamento de recurso extraordinário, afetado ao Pleno pela 1ª Turma, interposto contra acórdão do TRF da 1ª Região que assentara a impossibilidade de o Poder Judiciário impor a correção monetária da tabela progressiva do imposto de renda instituída pela Lei 9.250/95, bem como das respectivas deduções, afastando a alegação de ofensa aos princípios da capacidade contributiva e do não confisco — v. Informativos 405 e 434. A Min. Cármen Lúcia, em voto-vista, conheceu em parte do recurso e, na parte conhecida, a ele negou provimento. Inicialmente, por falta de prequestionamento, não conheceu do recurso relativamente ao art. 146, III, a, da CF. No mais, não verificou, na espécie, ofensa aos princípios da proibição do confisco ou da capacidade contributiva. Asseverou, primeiro, que a constatação da violação aos princípios da proibição do confisco — que representaria a interdição de qualquer pretensão governamental que pudesse conduzir, no campo da fiscalidade, à injusta apropriação estatal, no todo ou em parte, do patrimônio ou dos rendimentos dos contribuintes, comprometendo-lhes, pela insuportabilidade da carga tributária, o exercício do direito a uma existência digna, a prática de atividade profissional lícita, ou a regular satisfação de suas necessidades vitais — e da capacidade contributiva dependeria da análise da situação individual de cada contribuinte, ainda mais se levada em conta a possibilidade de se proceder a deduções no imposto de renda. Isso demandaria o exame de provas, inviável em sede de recurso extraordinário. Ademais, os efeitos da natural perda de valor da moeda frente à inflação apurada em período de estabilidade econômica não pareceriam comprometer o direito a uma existência digna dos contribuintes, especialmente se considerada a parcela da população brasileira responsável pelo recolhimento desse tributo. **RE 388312/MG, rel. Min. Marco Aurélio, 23.6.2010.** (RE-388312)

IRPF: ATUALIZAÇÃO E PRINCÍPIOS DA CAPACIDADE CONTRIBUTIVA E DO NÃO CONFISCO - 4

Afirmou, em seguida, não caber ao Poder Judiciário proceder à atualização monetária na ausência de previsão legal, conforme reiterados pronunciamentos da Corte, cujo entendimento estaria fundado no uso regular do poder estatal na organização da vida econômica e financeira do país, no espaço próprio das competências dos Poderes Executivo e Legislativo. Aduziu que permitir que o Poder Judiciário aplicasse correção monetária em tributo que a lei não o fez implicaria, em última análise, negar a possibilidade de implementação de políticas econômicas ativas, cuja realização constituiria dever do Estado e direito reivindicável pela sociedade. Observou que, quando da edição da Lei 9.250/95, o Brasil experimentava a recém adquirida estabilidade econômica decorrente da implantação do Plano Real, depois de décadas de inflação crônica e de sucessivos planos econômicos fracassados. Nesse contexto, ao converter em reais uma medida de valor e parâmetro de atualização monetária de tributos e de referência para a base de cálculo da tabela progressiva do imposto de renda (UFIR), o Poder Público teria buscado a conformação da ordem econômica, a fim de combater a inflação crônica. Concluiu, portanto, não caber ao Poder Judiciário substituir-se aos Poderes Executivo e Legislativo na análise do momento econômico e do índice de correção adequados para a retomada, ou mera aproximação, do quadro estabelecido entre os contribuintes e a lei, quando de sua edição, devendo essa omissão ficar sujeita apenas ao princípio da responsabilidade política, traduzido principalmente na aprovação ou rejeição dos atos de governo nos julgamentos ulteriores do eleitorado. Após, pediu vista dos autos a Min. Ellen Gracie. **RE 388312/MG, rel. Min. Marco Aurélio, 23.6.2010.** (RE-388312) (Inform. STF 592)
(Comentário: ver Informativo STF 634 – conclusão do julgamento)

MAJORAÇÃO DE ALÍQUOTA DO ICMS E NÃO VINCULAÇÃO

O Tribunal, por maioria, desproveu recurso extraordinário interposto contra acórdão do Tribunal de Justiça do Estado de São Paulo que reputara constitucional a majoração da alíquota de ICMS de 17% para 18% efetivada pela Lei estadual 9.903/97. Entendeu-se que, diversamente do que ocorria com leis paulistas anteriores — a Lei 6.556/89, que, ao majorar a alíquota genérica do ICMS de 17% para 18%, destinara a arrecadação obtida com o novo acréscimo ao financiamento de determinado programa habitacional, e as Leis 7.003/90, 7.646/91, 8.207/92, as quais implicaram mera prorrogação do acréscimo irregularmente vinculado —, todas declaradas inconstitucionais pelo Supremo, não se verificaria, no caso, a existência de vinculação do aumento da alíquota do citado imposto a órgão, fundo ou despesa específica, vedada pela Constituição Federal (art. 167, IV). Salientou-se que, não obstante o diploma em questão tivesse previsto uma inédita obrigação de prestação de contas para o Governador do Estado [*"Art. 3º - O Poder Executivo publicará, mensalmente, no Diário Oficial do Estado, até o dia 10 (dez) do mês subseqüente, a aplicação dos recursos provenientes da elevação da alíquota de que trata o Art. 1º."*], ele não teria estabelecido uma prévia destinação dos recursos provenientes da majoração do ICMS, haja vista permitir a livre definição pelo Chefe do Poder Executivo dentro do planejamento orçamentário. Ressaltou-se, por fim, que a necessidade de publicação da destinação dada a essa receita oriunda do aumento de alíquota, embora não tivesse qualquer previsão constitucional, estaria em consonância com os princípios da publicidade, da moralidade, previstos no art. 37, *caput*, da CF, e em nada violaria qualquer dispositivo dela constante. Vencido o Min. Marco Aurélio, que provia o recurso, asseverando que a interpretação sistemática da lei impugnada revelaria a continuidade da vinculação. Tendo em conta o disposto no citado art. 3º e no art. 5º desse diploma legal (*"Art. 5º - A Secretaria da Fazenda baixará as instruções necessárias ao cumprimento desta lei."*), concluiu que este teria afastado a destinação específica, mantendo, no entanto, a destinação de parte do ICMS, mediante disciplina a ocorrer por ato da Secretaria do próprio Estado. **Precedentes citados: RE 183906/SP (DJU de 30.4.98); RE 188443/SP (DJU de 11.9.98); RE 213739/SP (DJU de 2.10.98). RE 585535/SP, rel. Min. Ellen Gracie, 1º.2.2010.** (RE-585535) (Inform. STF 573)

RE N. 566.032-RS

RELATOR: MIN. GILMAR MENDES

EMENTA: 1. Recurso extraordinário. 2. Emenda Constitucional nº 42/2003 que prorrogou a CPMF e manteve alíquota de 0,38% para o exercício de 2004. 3. Alegada violação ao art. 195, §6º, da Constituição Federal. 4. A revogação do artigo que estipulava diminuição de alíquota da CPMF, mantendo-se o mesmo índice que vinha sendo pago pelo contribuinte, não pode ser equiparada à majoração de tributo. 5. Não incidência do princípio da anterioridade nonagesimal. 6. Vencida a tese de que a revogação do inciso II do §3º do art. 84 do ADCT implicou aumento do tributo para fins do que dispõe o art. 195, § 6º da CF. 7. Recurso provido. Noticiado no Informativo 552 (Inform. STF 565)

RE N. 566.032-RS

RELATOR: MIN. GILMAR MENDES

EMENTA: 1. Recurso extraordinário. 2. Emenda Constitucional nº 42/2003 que prorrogou a CPMF e manteve alíquota de 0,38% para o exercício de 2004. 3. Alegada violação ao art. 195, §6º, da Constituição Federal. 4. A revogação do artigo que estipulava diminuição de alíquota da CPMF, mantendo-se o mesmo índice que vinha sendo pago pelo contribuinte, não pode ser equiparada à majoração de tributo. 5. Não incidência do princípio da anterioridade nonagesimal. 6. Vencida a tese de que a revogação do inciso II do §3º do art. 84 do ADCT implicou aumento do tributo para fins do que dispõe o art. 195, §6º da CF. 7. Recurso provido. Noticiado no Informativo 552 (Inform. STF 564)

REPERCUSSÃO GERAL EM RE N. 566.032-RS

RELATOR: MIN. GILMAR MENDES

EMENTA: Contribuição Provisória sobre Movimentação Financeira – CPMF. Alíquota de 0,38%. Cobrança nos noventa dias posteriores à publicação da Emenda Constitucional no 42, de 2003. Observância ao princípio da anterioridade nonagesimal. Existência da repercussão geral. (Inform. STF 554)

CPMF: EC 42/2003 E PRINCÍPIO DA ANTERIORIDADE NONAGESIMAL

O Tribunal, por maioria, deu provimento a recurso extraordinário interposto contra acórdão do Tribunal Regional Federal da 4ª Região que reconhecera ser indevida a cobrança da CPMF em alíquota de 0,38%, nos 90 dias posteriores à publicação da EC 42/2003. Entendeu-se não haver majoração da alíquota de modo a atrair o disposto no art. 195, § 6º, da CF, haja vista que a EC 42/2003 teria apenas mantido a alíquota de 0,38% para o exercício de 2004 sem instituir ou modificar a alíquota diferente da que os contribuintes vinham pagando. Explicou-se que os contribuintes, durante o exercício financeiro de 2002 e 2003, vinham pagando a contribuição de 0,38% e não a de 0,08%. Considerou-se que, no máximo, haveria uma expectativa de diminuição da alíquota para 0,08%, mas que o dispositivo que previa esse percentual para 2004 teria sido revogado antes de efetivamente ser exigível, ou seja, antes do início do exercício financeiro de 2004. Afastou-se, ainda, ofensa à segurança jurídica, princípio sustentador do art. 195, § 6º, da CF, na medida em que o contribuinte, há muito tempo, já pagava a alíquota de 0,38%, não tendo, por conseguinte, sofrido ruptura com a manutenção dessa alíquota durante o ano de 2004. Por fim, salientou-se que, se a prorrogação de contribuição não faria incidir o prazo nonagesimal, conforme reiterados pronunciamentos da Corte, quando se poderia alegar expectativa do término da cobrança do tributo, por maior razão não se deveria reconhecer a incidência desse prazo quando havia mera expectativa de alíquota menor. Vencidos os Ministros Carlos Britto, Marco Aurélio e Celso de Mello, que desproviam o recurso, ao fundamento de que a EC 42/2003, ao revogar o inciso II do § 3º do art. 84 do ADCT, incluído pela EC 37/2002, o qual previa a alíquota de 0,08% da CPMF para o exercício financeiro de 2004, não teria apenas prorrogado a cobrança dessa contribuição, mas também majorado sua alíquota, causando surpresa aos contribuintes e afrontando o princípio da anterioridade nonagesimal. **Precedentes citados: ADI 2666/DF (DJU de 6.12.2002); ADI 2666 ED/DF (DJU de 10.11.2006); AI 392574 AgR/PR (DJE de 23.5.2008); ADI 4016 MC/PR (DJE de 24.4.2009. RE 566032/RS, rel. Min. Gilmar Mendes, 25.6.2009).** (RE-566032) (Inform. STF 552)

REDUÇÃO E EXTINÇÃO DE IMPOSTO: PRINCÍPIO DA ANTERIORIDADE TRIBUTÁRIA - 1

O Tribunal, por maioria, indeferiu pedido de liminar formulado em ação direta de inconstitucionalidade ajuizada pelo Partido da Social Democracia Brasileira - PSDB contra o art. 3º da Lei 15.747/2007, que alterou dispositivos da Lei 14.260/2003, ambas do Estado do Paraná, reduzindo e extinguindo descontos relativos ao pagamento do Imposto sobre a Propriedade de Veículos Automotores – IPVA (Lei 15.747/2007: "*Art. 3º. Esta lei entrará em vigor na data da sua publicação.*"). Entendeu-se que a norma impugnada não ofende, em princípio, a regra da anterioridade tributária, prevista no art. 150, III, b e c, da CF, porque não constitui aumento do imposto (CF: "*Art. 150. Sem prejuízo de outras garantias asseguradas ao contribuinte, é vedado à União, aos Estados, ao Distrito Federal e aos Municípios:... III - cobrar tributos:... b) no mesmo exercício financeiro em que haja sido publicada a lei que os instituiu ou aumentou; c) antes de decorridos noventa dias da data em que haja sido publicada a lei que os instituiu ou aumentou, observado o disposto na alínea b;*"). **ADI 4016 MC/PR, rel. Min. Gilmar Mendes, 1º.8.2008.** (ADI-4016)

REDUÇÃO E EXTINÇÃO DE IMPOSTO: PRINCÍPIO DA ANTERIORIDADE TRIBUTÁRIA - 2

Considerou-se que, se até mesmo a revogação de isenção não tem sido equiparada pela Corte à instituição ou majoração de tributo, a redução ou extinção de um desconto para pagamento do tributo sob determinadas condições previstas em lei, como o pagamento antecipado em parcela única (à vista), também não o poderia. Afastou-se, também, a assertiva de que qualquer alteração na forma de pagamento do tributo equivaleria a sua majoração, ainda que de forma indireta, e reportou-se ao entendimento do Supremo de que a modificação do prazo de recolhimento da obrigação tributária não se sujeita ao princípio da anterioridade (Enunciado 669 da Súmula). Asseverou-se, ademais, que deveriam ser levados em conta os argumentos apresentados nas informações da Assembléia Legislativa e do Governador do Estado no sentido de que as alterações promovidas pela Lei 15.747/2007 visariam propiciar o ajustamento de descontos do IPVA paranaense com o de outros Estados, sem que tais mudanças importassem em aumento do valor total do tributo. Ressaltou-se, por fim, que, no caso do IPVA, o art. 150, § 1º, da CF expressamente excetua a aplicação da regra da anterioridade na hipótese da fixação da base de cálculo desse tributo, ou seja, do valor venal do veículo. Assim, se nem a fixação da base de cálculo do IPVA estaria sujeita à incidência da regra da anterioridade, a extinção ou redução de um desconto condicional para pagamento desse tributo poderia ter efeitos imediatos. Vencido o Min. Cezar Peluso que concedia a liminar ao fundamento de que a hipótese nada teria a ver com isenção, porque esta seria objeto específico de uma norma constitucional, e que a supressão ou redução de um desconto previsto em lei implicaria, automática e aritmeticamente, aumento do valor do tributo devido, razão pela qual se haveria de observar o princípio da anterioridade. Precedentes citados: **RE 200844 AgR/PR (DJU de 16.8.2002); RE 204062/ES (DJU de 19.12.96). ADI 4016 MC/PR, rel. Min. Gilmar Mendes, 1º.8.2008.** (ADI-4016) (Inform. STF 514)

LEI 10.182/2001. EXTENSÃO DE INCENTIVO FISCAL. MERCADO DE REPOSIÇÃO - 2

O Tribunal retomou julgamento de recurso extraordinário interposto contra acórdão do TRF da 4ª Região que, com base no princípio da isonomia, estendera a empresa que trabalha com mercado de reposição de pneumáticos os efeitos do inciso X do § 1º do art. 5º da Lei 10.182/2001 ("*Art. 5º Fica reduzido em quarenta por cento o imposto de importação incidente na importação de partes, peças, componentes, conjuntos e subconjuntos, acabados e semi-acabados, e pneumáticos. § 1º O disposto no caput aplica-se exclusivamente às importações destinadas aos processos produtivos das empresas montadores e dos fabricantes de: ... X - auto-peças, componentes, conjuntos e subconjuntos necessários à produção dos veículos listados nos incisos I a IX, incluídos os destinados ao mercado de reposição.*") — v. Informativo 371. O Min. Gilmar Mendes, em voto-vista, negou provimento ao recurso e cassou a liminar concedida, acompanhando a divergência, por entender que a extensão do benefício fiscal à recorrida, por meio da interpretação conforme à Constituição, em decisão de efeitos aditivos, seria a solução mais adequada ao ordenamento constitucional. Considerou que o Tribunal *a quo*, ao conceder a segurança, não violou os princípios da legalidade nem da isonomia tributária, mas os aplicou corretamente, pois, enquanto perdurar o benefício fiscal às montadoras e fabricantes, a cobrança da alíquota integral do imposto de importação sobre a recorrida parece inconstitucional. Ressaltou, ainda, que, no caso, a interpretação conforme não exigiria a observância da reserva de plenário, prevista no art. 97 da CF, haja vista que ausente a declaração da nulidade da norma legal. Após os votos dos Ministros Joaquim Barbosa, relator, e Carlos Britto, reafirmando os votos proferidos anteriormente, pediu vista dos autos o Min. Menezes Direito. RE 405579/PR, rel. Min. Joaquim Barbosa, 17.10.2007. (RE-405579) (Inform. STF 484)

(Comentário: ver Informativo STF 611 – continuação do julgamento)

TRATAMENTO TRIBUTÁRIO DIFERENCIADO E ORIGEM DE MERCADORIA

O Tribunal julgou procedente pedido formulado em duas ações diretas ajuizadas pelo Governador do Estado de Minas Gerais e pela Governadora do Estado do Rio Grande do Norte para declarar a inconstitucionalidade do Decreto 35.528/2004, do Estado do Rio de Janeiro, que prevê redução na base de cálculo do ICMS nas saídas internas de café torrado ou moído produzido em estabelecimento industrial localizado nesta última unidade federativa. Entendeu-se que o ato normativo impugnado ofende o princípio da unidade político-econômica nacional e da vedação ao tratamento tributário diferenciado em função da procedência ou destino de bens (CF, art. 152), uma vez que estabelece um grave óbice à livre circulação de bens e mercadorias entre Estados da federação. Asseverou-se que, ainda que fosse possível superar a inobservância do último princípio, a norma estaria em confronto com o art. 155, § 2º, XII, g, da CF, uma vez que o Convênio Confaz ICMS 128/94, invocado pelo Estado do Rio de Janeiro para confirmar a validade do benefício em exame, não teria feito distinção quanto à origem das operações de circulação de mercadoria da cesta básica como critério para concessão de benefício fiscal. Por fim, no que se refere à alegada existência de benefícios similares, concedidos pelo Estado de Minas Gerais, reportou-se à orientação firmada pela Corte no julgamento da ADI 2377 MC/MG (DJU de 7.11.2003), no sentido de que as inconstitucionalidades não se compensam. Outro precedente citado: RMS 17949/ES (DJU de 27.9.68). ADI 3389/RJ, rel. Min. Joaquim Barbosa, 6.9.2007. (ADI-3389) ADI 3673/RJ, rel. Min. Joaquim Barbosa, 6.9.2007. (ADI-3673) (Inform. STF 478)

APREENSÃO DE MERCADORIAS E PODER DE POLÍCIA TRIBUTÁRIA

O Tribunal julgou improcedente pedido formulado em ação direta ajuizada pelo Conselho Federal da Ordem dos Advogados do Brasil - OAB contra o § 7º do art. 163 da Constituição do Estado de São Paulo, que prevê não se
compreender como limitação ao tráfego de pessoas ou bens, a apreensão de mercadorias desacompanhadas de documentação fiscal idônea e sua retenção até a comprovação da legitimidade da posse pelo proprietário. Entendeu-se não se estar diante de hipótese normativa de coação para fins de pagamento de valores ao Fisco, mas de atribuição inerente ao poder de polícia tributária, ou seja, fiscalização do cumprimento da legislação tributária. Afastou-se, também, a alegação de que o dispositivo questionado estaria a constranger o contribuinte a desempenhar a sua atividade profissional, em afronta ao art. 5º, XIII, da CF. Asseverou-se que a garantia fundamental do livre exercício de qualquer trabalho, ofício ou profissão está subordinada ao atendimento das qualificações profissionais que a lei estabelecer, sendo que a observância dos recolhimentos tributários no desempenho dessas atividades impõe-se legal e legitimamente. Da mesma forma, rejeitou-se a assertiva de contrariedade aos Enunciados 70, 323 e 547 da Súmula do STF, ao fundamento de que estes proíbem a Administração Pública de interditar estabelecimento, apreender mercadorias ou cercear o exercício de atividades profissionais daqueles que se encontram em débito com suas obrigações fiscais como meio de coagi-los a pagar suas dívidas sem que sejam observados os processos próprios para o alcance desse objetivo. ADI 395/SP, rel. Min. Cármen Lúcia, 17.5.2007. (ADI-395) (Inform. STF 467)

ISENÇÃO TRIBUTÁRIA E ISONOMIA

Por entender configurada a ofensa ao princípio da igualdade tributária (CF, art. 150, II), o Tribunal julgou procedente pedido formulado em ação direta ajuizada pelo Procurador-Geral da República para declarar a inconstitucionalidade do art. 271 da Lei Orgânica e Estatuto do Ministério Público do Estado do Rio Grande do Norte (LC 141/96), que concede isenção aos membros do *parquet*, inclusive inativos, do pagamento de custas judiciais, notariais, cartorárias e quaisquer taxas ou emolumentos. Inicialmente, ressaltou-se que a Corte firmou orientação no sentido de que custas e emolumentos possuem natureza tributária, qualificando-se como taxas remuneratórias de serviços públicos prestados. Ademais, aduziu-se que a competência para legislar sobre a matéria é concorrente (CF, art. 24, IV), podendo os Estados-membros dispor sobre custas e emolumentos das serventias extrajudiciais nos limites de sua extensão territorial. No mérito, considerou-se que o dispositivo impugnado concede injustificado privilégio aos membros do Ministério Público estadual, pelo simples fato de integrarem a instituição. Afastou-se, ainda, a alegação de vício de in-

constitucionalidade formal por violação ao art. 150, § 6º, da CF, que exige a edição de lei específica para a concessão de isenção tributária, uma vez que este preceito constitucional veda a oportunista introdução de norma de isenção fiscal no contexto de lei que cuide de matéria de natureza diversa. Precedentes citados: RE 236881/RS (DJU de 26.4.2002); ADI 1655/AP (DJU de 2.4.2004); ADI 2653 MC/MT (DJU de 31.10.2003); ADI 1378 MC/ES (DJU de 30.5.97); ADI 1624/MG (DJU de 20.5.2003). ADI 3260/RN, rel. Min. Eros Grau, 29.3.2007. (ADI-3260) (Inform. STF 461)
(Comentário: ver Informativo STF 619 – ADI 3.334/RN)

FISCO. APREENSÃO. MERCADORIAS. IMPORTAÇÃO. DESCABIMENTO.
Descabe a retenção de mercadorias importadas nas alfândegas, com o fim de compelir o pagamento de tributos, medida essa que viola o livre exercício da atividade econômica (arts. 5º, XIII, e 170, parágrafo único, da CF/1988). Precedentes citados: REsp 493.316-DF, DJ 2/6/2003; REsp 513.543-PR, DJ 15/9/2003, e REsp 789.781-RS, DJ 1º/3/2007. **REsp 700.371-CE, Rel. Min. Eliana Calmon, julgado em 7/8/2007.** (Inform. STJ 326)

ISENÇÃO. RESOLUÇÃO LEGISLATIVA. PRINCÍPIO DA LEGALIDADE.
Não é válida a resolução legislativa que aprova convênio para conceder isenção tributária. O termo "lei" contido no art. 176 do CTN deve ser interpretado restritivamente em atenção ao princípio da legalidade. Tem-se como exceção apenas a hipótese do art 155, § 2º, XII, **g**, da CF/1988, que trata da isenção de ICMS concedida por convênio firmado entre todos os estados (art. 150, § 6º, da mesma constituição). **REsp 723.575-MG, Rel. Min. Eliana Calmon, julgado em 26/6/2007.** (Inform. STJ 325)

SÚMULA VINCULANTE STF 28

É inconstitucional a exigência de depósito prévio como requisito de admissibilidade de ação judicial na qual se pretenda discutir a exigibilidade de crédito tributário.

SÚMULA VINCULANTE STF 21

É inconstitucional a exigência de depósito ou arrolamento prévios de dinheiro ou bens para admissibilidade de recurso administrativo.

SÚMULA STF Nº 669

Norma legal que altera o prazo de recolhimento da obrigação tributária não se sujeita ao princípio da anterioridade.

SÚMULA STF Nº 667

Viola a garantia constitucional de acesso à jurisdição a taxa judiciária calculada sem limite sobre o valor da causa.

SÚMULA STF Nº 547

Não é lícito à autoridade proibir que o contribuinte em débito adquira estampilhas, despache mercadorias nas alfândegas e exerça suas atividades profissionais.

SÚMULA STF Nº 323

É inadmissível a apreensão de mercadorias como meio coercitivo para pagamento de tributos.

SÚMULA STF Nº 70

É inadmissível a interdição de estabelecimentos como meio coercitivo para cobrança de tributo.

SÚMULA STF Nº 69

A Constituição Estadual não pode estabelecer limite para o aumento de tributos municipais.

SÚMULA STF Nº 67

É inconstitucional a cobrança do tributo que houver sido criada ou aumentado no mesmo exercício financeiro.

SÚMULA STJ Nº 373

É ilegítima a exigência de depósito prévio para admissibilidade de recurso administrativo.

SÚMULA TFR Nº 206

O reajuste da base de cálculo de contribuições previdenciárias, instituído pelo art. 5º e parágrafos da Lei 6.332, de 1976, não está sujeito ao princípio da anterioridade.

2. IMUNIDADES

COOPERATIVA: IMUNIDADE TRIBUTÁRIA E IPMF
Inexistente legislação complementar regulamentadora de tratamento diferenciado às cooperativas, não se lhes reconhece imunidade tributária relativamente ao extinto Imposto Provisório sobre Movimentação Financeira - IPMF. Essa a conclusão da 2ª Turma ao desprover agravo regimental de decisão do Min. Gilmar Mendes, em que negado seguimento a agravo de instrumento, do qual relator. Os ora agravantes sustentavam que os artigos 146, III, c, e 174, § 2º, da CF seriam autoaplicáveis e que o Supremo teria reconhecido a repercussão geral do tema no RE 599362/RJ (DJe de 14.12.2010). Reputou-se não demonstrado o desacerto da decisão ora agravada. Por fim, verificou-se que a matéria em análise não guardaria similitude com o paradigma de repercussão geral apontado, que cuidaria da incidência da contribuição para o PIS sobre o ato cooperativo ou cooperado. **AI 740269 AgR/SP, rel. Min. Gilmar Mendes, 18.9.2012. (AI-740269) (Inform. STF 680)**

ART. 150, VI, B E C, DA CF: MAÇONARIA E IMUNIDADE TRIBUTÁRIA - 1
A Turma iniciou julgamento de recurso extraordinário em que se discute se templos maçônicos se incluem, ou não, no conceito de "templos de qualquer culto" ou de "instituições de assistência social" para fins de concessão da imunidade tributária prevista no art. 150, VI, b e c, da CF ["*Sem prejuízo de outras garantias asseguradas ao contribuinte, é vedado à União, aos Estados, ao Distrito Federal e aos Municípios: ... VI - instituir impostos sobre: ... b) templos de qualquer culto; c) patrimônio, renda ou serviços dos partidos políticos, inclusive suas fundações, das entidades sindicais dos trabalhadores, das instituições de educação e de assistência social, sem fins lucrativos, atendidos os requisitos da lei;*"]. No caso, alega a recorrente não poderem incidir impostos sobre imóveis que abrigam templos de qualquer culto ou sobre o patrimônio de entidades que pratiquem a assistência social, observados os requisitos da lei (CTN, art. 14, I e II, e § 2º). Para isso, sustenta que — não obstante exista dentro da própria entidade controvérsia sobre o seu caráter religioso — poder-se-ia dizer ser a maçonaria a religião das religiões, na medida em que, além de exigir de seus integrantes a crença em Deus, estimularia no maçom o desenvolvimento da religiosidade, incluindo-se, assim, no conceito de "templos de qualquer culto" para os fins do art. 150, VI, b, da CF. Argumenta, também, enquadrar-se na hipótese do art. 150, VI, c, da CF, dado que seria uma instituição nitidamente com caráter filantrópico. RE 562351/RS, rel. Min. Ricardo Lewandowski, 13.4.2010. (RE-562351)

ART. 150, VI, B E C, DA CF: MAÇONARIA E IMUNIDADE TRIBUTÁRIA - 2
Quanto ao disposto no art. 150, VI, b, da CF, o Min. Ricardo Lewandowski negou provimento ao recurso. Inicialmente, observou que a questão central do recurso estaria em saber se a referência a "templos de qualquer culto" alcançaria, ou não, a maçonaria. Aduziu que o art. 5º, VI, da CF seria expresso em assegurar o livre exercício dos cultos religiosos e que uma das formas que o Estado estabelecera para não criar embaraços à prática religiosa fora outorgar imunidade aos templos onde se realizem os respectivos cultos. Enfatizou que, no caso, a interpretação do referido dispositivo deveria ser restritiva, atendendo às razões de sua cogitação original. Consignou, no ponto, que as liberdades deveriam ser interpretadas de forma extensiva, não devendo o Estado criar qualquer óbice à manifestação de consciência, porém, deveria ser dado tratamento diametralmente oposto, ou seja, restritivo às imunidades. Nessa linha, asseverou que, quando a Constituição confere imunidade tributária aos "templos de qualquer culto", este benefício fiscal estaria circunscrito aos cultos religiosos. Registrou, ademais, que a própria entidade, em seu estatuto, declarara enfaticamente não ser uma religião e, por tal razão, pareceria irretocável a decisão *a quo*. No que tange ao art. 150, VI, c, da CF, não conheceu do extraordinário, dado que o cumprimento dos requisitos previstos no art. 14 do CTN constituiria *conditio sine qua non* para o gozo da imunidade tributária outorgada pela CF, sendo inevitável, destarte, o revolvimento do conjunto fático-probatório (Enunciado da Súmula 279 do STF: "*Para simples reexame de prova não cabe recurso extraordinário*"). Após os votos dos Ministros Dias Toffoli, Cármen Lúcia e Ayres Britto, que acompanhavam o voto do relator, pediu vista dos autos o Min. Marco Aurélio. RE 562351/RS, rel. Min. Ricardo Lewandowski, 13.4.2010. (RE-562351)

ART. 150, VI, B E C, DA CF: MAÇONARIA E IMUNIDADE TRIBUTÁRIA - 3
As organizações maçônicas não estão dispensadas do pagamento do imposto sobre propriedade predial e territorial urbana - IPTU. Essa a conclusão da 1ª Turma ao conhecer, em parte, de recurso extraordinário e, por maioria, negar-lhe provimento. Na espécie, discutia-se se templos maçônicos se incluiriam no conceito de "*templos de qualquer culto*" ou de "*instituições de assistência social*" para fins de concessão da imunidade

tributária prevista no art. 150, VI, b e c, da CF [*"Art. 150. Sem prejuízo de outras garantias asseguradas ao contribuinte, é vedado à União, aos Estados, ao Distrito Federal e aos Municípios: ... VI - instituir impostos sobre: ... b) templos de qualquer culto; c) patrimônio, renda ou serviços dos partidos políticos, inclusive suas fundações, das entidades sindicais dos trabalhadores, das instituições de educação e de assistência social, sem fins lucrativos, atendidos os requisitos da lei"*] — v. Informativo 582. Entendeu-se que o enquadramento da recorrente na hipótese de imunidade constitucional seria inviável, consoante o Verbete 279 da Súmula do STF (*"Para simples reexame de prova não cabe recurso extraordinário"*). Aludiu-se, ainda, à observância do art. 14 do CTN para que pudesse existir a possibilidade do gozo do benefício, matéria que não possuiria índole constitucional. Pontuou-se que a maçonaria seria uma ideologia de vida e não uma religião. **RE 562351/RS, rel. Min. Ricardo Lewandowski, 4.9.2012. (RE-562351)**

ART. 150, VI, B E C, DA CF: MAÇONARIA E IMUNIDADE TRIBUTÁRIA - 4

Vencido o Min. Marco Aurélio, que dava provimento ao recurso para reconhecer o direito à imunidade tributária dos templos em que realizados os cultos da recorrente. Sustentava que, diversamente das isenções tributárias, que configurariam favores fiscais do Estado, as imunidades decorreriam diretamente das liberdades, razão pela qual mereceriam interpretação, no mínimo, estrita. Frisava não caber potencializar o disposto no art. 111, II, do CTN — que determinaria a interpretação literal da legislação tributária que dispusesse sobre outorga de isenção —, estendendo-o às imunidades. Destacava que a Constituição não teria restringido a imunidade à prática de uma religião, mas apenas àquele ente que fosse reconhecido como templo de qualquer culto. Asseverava que, em perspectiva menos rígida do conceito de religião, certamente se conseguiria classificar a maçonaria como corrente religiosa, que contemplaria física e metafísica. Explicava haver inequívocos elementos de religiosidade na maçonaria. Presumia conceito mais largo de religião, até mesmo em deferência ao art. 1º, V, da CF, que consagraria o pluralismo como valor basilar da República. Realçava que o pluralismo impediria que o Poder Judiciário adotasse definição ortodoxa de religião. **RE 562351/RS, rel. Min. Ricardo Lewandowski, 4.9.2012. (RE-562351) (Inform. STF 678)**

ENTIDADE DE PREVIDÊNCIA PRIVADA E IMUNIDADE TRIBUTÁRIA

A 1ª Turma, por maioria, proveu agravo regimental em recurso extraordinário para restabelecer posicionamento de que a agravante, entidade de previdência privada, gozaria de imunidade tributária garantida pela Constituição. Na espécie, consta do acórdão recorrido, objeto do extraordinário, que *"De início, deve-se examinar se a remuneração dos serviços prestados descaracteriza a impetrante como instituição de assistência social. (...) Observe-se que a cobrança dos serviços prestados pelas entidades em tela não as descaracteriza como assistenciais, pois a gratuidade não constitui requisito previsto tanto pela Constituição Federal como por lei complementar"*. Na monocrática ora adversada, afastara-se a imunidade, por entender afirmado no acórdão que a mencionada sociedade prestaria serviços a seus associados mediante pagamento de contribuição. Prevaleceu o voto do Min. Marco Aurélio. Inferiu inexistir assertiva na decisão do Tribunal a quo àquele respeito. Ato contínuo, consignou haver reiterados pronunciamentos do Supremo no sentido de que a entidade agravante seria detentora de imunidade tributária. Complementou que não se poderia ter descompasso em determinados processos, reconhecendo-se essa imunidade, porque não haveria contribuição dos beneficiários para a manutenção do próprio benefício, e, em outros, ter-se decisão diversa. Ante o contexto, entendeu que a ela conferir-se-ia imunidade tributária, consoante o Verbete 730 da Súmula do STF (*"A imunidade tributária conferida a instituições de assistência social sem fins lucrativos pelo art. 150, VI, 'c', da Constituição, somente alcança as entidades fechadas de previdência social privada se não houver contribuição dos beneficiários"*). Vencido o Min. Dias Toffoli, relator, que desprovia o agravo. **RE 163164 AgR/SP, rel. orig. Min. Dias Toffoli, red. p/ o acórdão Min. Marco Aurélio, 12.6.2012. (RE-163164) (Inform. STF 670)**

IMUNIDADE TRIBUTÁRIA E OBRIGAÇÃO ACESSÓRIA – 1

A 1ª Turma iniciou julgamento de recurso extraordinário em que arguida a desnecessidade de manutenção de livros fiscais por parte de entidade imune (CF, art. 150, VI, c). O Min. Marco Aurélio, relator, deu provimento ao recurso extraordinário para assentar que o recorrente estaria desobrigado da manutenção dos livros fiscais, porquanto devidamente comprovada sua imunidade tributária. Ressaltou que a obrigação acessória deveria seguir a principal, porém, na ausência desta, não caberia pretender a existência dos referidos livros, como determinado pela autoridade fiscal. Após, pediu vista o Min. Luiz Fux. RE 250844/SP, Rel. Min. Marco Aurélio, 17.4.2012. (RE-250844)

IMUNIDADE TRIBUTÁRIA E OBRIGAÇÃO ACESSÓRIA - 2

Exigir de entidade imune a manutenção de livros fiscais é consentâneo com o gozo da imunidade tributária. Essa a conclusão da 1ª Turma ao negar provimento a recurso extraordinário no qual o recorrente alegava que, por não ser contribuinte do tributo, não lhe caberia o cumprimento de obrigação acessória de manter livro de registro do ISS e autorização para a emissão de notas fiscais de prestação de serviços — v. Informativo 662. Na espécie, o Tribunal de origem entendera que a pessoa jurídica de direito privado teria direito à imunidade e estaria obrigada a utilizar e manter documentos, livros e escrita fiscal de suas atividades, assim como se sujeitaria à fiscalização do Poder Público. Aludiu-se ao Código Tributário Nacional (*"Art. 14. O disposto na alínea c do inciso IV do artigo 9º é subordinado à observância dos seguintes requisitos pelas entidades nele referidas: ... III - manterem escrituração de suas receitas e despesas em livros revestidos de formalidades capazes de assegurar sua exatidão"*). O Min. Luiz Fux explicitou que, no Direito Tributário, inexistiria a vinculação de o acessório seguir o principal, porquanto haveria obrigações acessórias autônomas e obrigação principal tributária. Reajustou o voto o Min. Marco Aurélio, relator. **RE 250844/SP, rel. Min. Marco Aurélio, 29.5.2012. (RE-250844) (Inform. STF 668)**

FUNDAÇÃO EDUCACIONAL E CERTIFICADO DE ENTIDADE BENEFICENTE - 1

A 1ª Turma iniciou julgamento de recurso ordinário em mandado de segurança no qual fundação educacional pretende afastar decisão do Ministro de Estado da Previdência e Assistência Social que, ao manter decisão do Conselho Nacional de Assistência Social, teria cancelado seu certificado de entidade beneficente da assistência social relativo ao período de 1º.1.98 a 31.12.2000. O fundamento do ato coator seria a não aplicação de 20% da receita bruta da recorrente em gratuidade conforme exigência prevista no inciso IV do art. 2º do Decreto 752/93 c/c o art. 2º, III, da Resolução 46/94 daquele Ministério. Alega-se: a) direito adquirido com base no Decreto-Lei 1.572/77; b) ofensa ao princípio da reserva de lei do art. 150, I, da CF em razão do contido nos Decretos 752/93 e 2.536/98, os quais prevêem a aplicação anual, em gratuidade, de pelo menos 20% da receita bruta proveniente da venda de serviços; c) quebra de isonomia tributária, ao se exigir que a recorrente aplicasse 20% de sua receita bruta em gratuidade; d) ocorrência de tributação *in natura* ofensiva à imunidade do art. 195, § 7º, da CF, ao argumento de que os mencionados decretos apenas substituiriam a obrigação de dar, pagar tributo, por obrigação de fazer. A Min. Cármen Lúcia, relatora, desproveu o recurso. Inicialmente, não conheceu das alegações contidas nos itens c e d por entender que seriam questões novas e que não teriam sido objeto do mandado de segurança e do acórdão recorrido. RMS 28456/DF, rel. Min. Cármen Lúcia, 30.11.2010. (RMS-28456) 1115

FUNDAÇÃO EDUCACIONAL E CERTIFICADO DE ENTIDADE BENEFICENTE - 2

Em seguida, a relatora fez um histórico da legislação correlata à isenção das entidades beneficentes de assistência social. Destacou que o ato coator dataria de 11.3.2008 e que estariam em vigor, quando da renovação do certificado, as Leis 8.742/93 e 8.909/94 e o Decreto 2.536/98, que revogou o Decreto 752/93. Não obstante, o cancelamento do certificado da ora recorrente teria sido mantido com fundamento no Decreto 752/93 e na Resolução 46/94 do Ministério da Previdência e Assistência Social. Registrou vigorar sobre a matéria, hoje, a Lei 12.101/2009 — que alterou a Lei 8.742/93 e revogou o art. 55 da Lei 8.212/91 —, cujo art. 13 mantém a obrigatoriedade de aplicação de pelo menos 20% da receita bruta anual da entidade de educação em gratuidade. Rejeitou a assertiva de violação ao art. 150, I, da CF, porque o princípio da legalidade tributária diria respeito à exigência de lei para instituição ou aumento de tributos, o que não se teria. Na espécie, reputou que lei instituíra requisito a ser cumprido por entidade beneficente para obtenção do mencionado certificado. Realçou que, quanto à renovação periódica do certificado de entidade beneficente, esta Corte decidira não haver imunidade absoluta nem afronta ao art. 195, § 7º, da CF, ao estabelecer essa exigência. Após, pediu vista dos autos o Min. Dias Toffoli. RMS 28456/DF, rel. Min. Cármen Lúcia, 30.11.2010. (RMS-28456)

FUNDAÇÃO EDUCACIONAL E CERTIFICADO DE ENTIDADE BENEFICENTE - 3

Em conclusão, a 1ª Turma negou provimento a recurso ordinário em mandado de segurança no qual fundação educacional pretendia afastar decisão do Ministro de Estado da Previdência e Assistência Social que, ao manter decisão do Conselho Nacional de Assistência Social, teria cancelado seu certificado de entidade beneficente de assistência social relativo ao período de 1º.1.98 a 31.12.2000. O fundamento do ato coator seria a não aplicação de 20% da receita bruta da recorrente em gratuidade conforme exigência prevista no inciso IV do art. 2º do Decreto 752/93 c/c o art. 2º, III, da Resolução 46/94, daquele Ministério — vide Informativo 611. Preliminarmente, não se conheceu da impetração na parte em que se alegava quebra de isonomia tributária, ao se exigir que a recorrente aplicasse 20% de sua receita bruta em gratuidade, e ocorrência de tributação *in natura* ofensiva à imunidade do art. 195, § 7º, da CF, por entender que seriam questões novas, não objeto do mandado de segurança e do acórdão recorrido. **RMS 28456/DF, rel. Min. Cármen Lúcia, 22.5.2012. (RMS-28456)**

FUNDAÇÃO EDUCACIONAL E CERTIFICADO DE ENTIDADE BENEFICENTE - 4

Destacou-se que o ato coator dataria de 11.3.2008 e que estariam em vigor, quando da renovação do certificado, as Leis 8.742/93 e 8.909/94 e o Decreto 2.536/98, que revogara o Decreto 752/93. Não obstante, o cancelamento do certificado da ora recorrente teria sido mantido com fundamento no Decreto 752/93 e na Resolução 46/94, do Ministério da Previdência e Assistência Social. Registrou-se vigorar sobre a matéria, hoje, a Lei 12.101/2009 — que alterara a Lei 8.742/93 e revogara o art. 55 da Lei 8.212/91 —, cujo art. 13 manteria a obrigatoriedade de aplicação de pelo menos 20% da receita bruta anual da entidade de educação em gratuidade. Rejeitou-se a assertiva de violação ao art. 150, I, da CF, porque o princípio da legalidade tributária diria respeito à exigência de lei para instituição ou aumento de tributos, o que não se teria. Na espécie, reputou-se que lei instituíra requisito a ser cumprido por entidade beneficente para obtenção do mencionado certificado. Realçou-se que, quanto à renovação periódica do certificado de entidade beneficente, esta Corte decidira não haver imunidade absoluta nem afronta ao art. 195, § 7º, da CF, ao se estabelecer essa exigência. **RMS 28456/DF, rel. Min. Cármen Lúcia, 22.5.2012. (RMS-28456) (Inform. STF 667)**

ECT: ISS E IMUNIDADE TRIBUTÁRIA RECÍPROCA - 4

O Plenário retomou julgamento de recurso extraordinário em que se discute — à luz do art. 150, VI, a, e §§ 2º e 3º, da CF — se a imunidade tributária recíproca alcança, ou não, todas as atividades exercidas pela recorrente, Empresa Brasileira de Correios e Telégrafos - ECT. Na espécie, o recurso fora interposto de acórdão em que se limitara o colimado benefício aos serviços tipicamente postais mencionados no art. 9º da Lei 6.538/78. A Corte de origem entendera lícito ao município recorrido a cobrança de Imposto sobre Serviços - ISS relativamente àqueles não abarcados pelo monopólio concedido pela União — v. Informativo 628. O Min. Luiz Fux, em voto-vista, desproveu o recurso, no que foi acompanhado pelos Ministros Cármen Lúcia, Ricardo Lewandowski, Marco Aurélio e Cezar Peluso, Presidente. Na linha do que já exposto pelo Min. Joaquim Barbosa, relator, acrescentou que não teriam sido objeto de maiores questionamentos a venda de títulos de capitalização, o recebimento de mensalidades de associações e sindicatos e de inscrições em vestibulares e concursos, os quais não caracterizariam serviço público. Aduziu que essas atividades seriam econômicas em sentido estrito e, por isso, subordinadas à regra prevista no art. 173, § 1º, II, da CF, que prevê a sujeição das empresas públicas ao regime jurídico-tributário próprio das empresas privadas. Destacou que, consoante julgados da Corte, o regime jurídico da ECT aproximar-se-ia ao das autarquias. De igual forma, aplicar-se-iam as restrições à imunidade recíproca constitucionalmente estabelecidas para as autarquias, de modo que os serviços desvinculados de suas finalidades essenciais, como os da situação em comento, não seriam alcançados pela aludida benesse. Ao destacar que a recorrente possuiria posição privilegiada no mercado, tendo em conta a sua condição de empresa pública, reiterou que eventual imunidade tributária concedida aos serviços prestados em regime de livre concorrência significaria vantagem competitiva em relação aos demais agentes do mercado, em afronta ao art. 173, § 2º, da CF. Rejeitou, ademais, o argumento de subsídio cruzado — desoneração tributária de atividades que custeariam o serviço postal —, haja vista que a incidência de tributação repercutiria no preço final dos serviços e produtos comercializados pela ECT, que não se regeriam pelos princípios da universalidade, da continuidade e da modicidade tarifária — mas sim pela dinâmica de formação de preços do mercado —, bem como essa extensão ofenderia a *ratio essendi* da imunidade recíproca, qual seja, a manutenção do equilíbrio federativo. Por fim, asseverou que, se mantido o subsídio cruzado, ele deveria se limitar aos tributos de competência da União, sob pena de impor aos demais entes federados o custeio de serviço público não incluído entre suas competências. RE 601392/PR, rel. Min. Joaquim Barbosa, 16.11.2011. (RE-601392)

ECT: ISS E IMUNIDADE TRIBUTÁRIA RECÍPROCA - 5

O Min. Ricardo Lewandowski acrescentou que a jurisprudência do STF deveria ser revista em face da Medida Provisória 532/2011, cujo item 16 da exposição de motivos autoriza a ECT a adquirir participações societárias e a constituir subsidiárias para a execução de atividades compreendidas em seu objeto social e seu item 19 prevê, para a recorrente, a aplicação subsidiária da Lei 6.404/76, a qual dispõe sobre as sociedades por ações. Realçou, ainda, que a imprensa divulgara recentemente que a ECT caminharia no sentido de possuir banco próprio, de ingressar em serviços de telefonia móvel, de atuar no mercado digital e de participar de projeto de trem de alta velocidade. Atividades essas incompatíveis com o monopólio a ela atribuído. O Min. Marco Aurélio, ao acentuar o caráter polivalente da instituição, também considerou incabível a concessão do privilégio de não-recolhimento do ISS. O relator reafirmou necessário estabelecer a seguinte distinção: quando se tratar de serviço público, imunidade absoluta; quando envolvido o exercício de atividade privada, incidiriam as mesmas normas existentes para as empresas privadas, inclusive as tributárias. O Min. Cezar Peluso enfatizou ser opção político-constitucional do Estado a prestação de determinadas atividades em caráter exclusivo, como privilégio, independentemente de sua lucratividade. Assim, se a ECT se desviara do âmbito do serviço postal, o fizera sabendo que teria de se submeter às regras reservadas à iniciativa privada. Ademais, observou que o fato de pagar imposto, em igualdade de condições com outras empresas, não significaria entrave ou incompatibilidade com o regime de privilégio no seu setor específico. RE 601392/PR, rel. Min. Joaquim Barbosa, 16.11.2011. (RE-601392)

ECT: ISS E IMUNIDADE TRIBUTÁRIA RECÍPROCA - 6

Em divergência, os Ministros Ayres Britto, Gilmar Mendes e Celso de Mello proveram o extraordinário. O primeiro registrou, de início, que a manutenção do correio aéreo nacional e dos serviços postais e telegráficos pela recorrente não poderia sofrer solução de continuidade, de modo a ser obrigatoriamente sustentada pelo Poder Público, ainda que lhe gere prejuízo. Além do mais, reputou possível a adoção de política tarifária de subsídios cruzados, porquanto os Correios realizariam também direitos fundamentais da pessoa humana — comunicação telegráfica e telefônica e o sigilo dessas comunicações —, em atendimento que alçaria todos os municípios brasileiros (integração nacional) com tarifas módicas. Assinalou que, na situação dos autos, a extensão do regime de imunidade tributária seria natural, haja vista que a recorrente seria *longa manus* da União, em exercício de atividade absolutamente necessária e mais importante do que a própria compostura jurídica ou a estrutura jurídico-formal da empresa. O Min. Gilmar Mendes, em reforço ao que referido, ressaltou que a base do monopólio da ECT estaria sofrendo esvaziamento, tornando-se ultrapassada, diante da evolução tecnológica. Ressurtiu que a recorrente, mesmo quando exercesse atividades fora do regime de privilégio, sujeitar-se-ia a condições decorrentes desse *status*, não extensíveis à iniciativa privada, a exemplo da exigência de prévia licitação e da realização de concurso público. Concluiu outrossim que, enquanto não houver a mudança preconizada na ADPF 46/DF (DJe de 26.2.2010), a imunidade recíproca aplicar-se-ia em relação ao ISS, sob pena de desorganização desse serviço, dado que os municípios o tributariam de modo distinto. Por fim, o Min. Celso de Mello assinalou que essas outras atividades existiriam para custear o desempenho daquela sob reserva constitucional de monopólio e que, se assim não fosse, frustrar-se-ia o objetivo do legislador de viabilizar a integração nacional e dar exeqüibilidade à fruição do direito básico de se comunicar com outras pessoas, com as instituições e de exercer direitos outros fundados na própria Constituição. Em arremate, frisou não haver comprometimento do *status* de empresa pública prestadora de serviços essenciais, sendo *conditio sine qua non* para a viabilidade de um serviço postal contínuo, universal e de preços módicos. Após, pediu vista o Min. Dias Toffoli. RE 601392/PR, rel. Min. Joaquim Barbosa, 16.11.2011. (RE-601392) (Inform. STF 648)

REPERCUSSÃO GERAL EM RE N. 601.720-RJ
RELATOR: MIN. RICARDO LEWANDOWSKI

EMENTA: CONSTITUCIONAL. TRIBUTÁRIO. IMUNIDADE RECÍPROCA. IPTU. IMÓVEL DE PROPRIEDADE DE ENTE PÚBLICO. CONCESSÃO DE USO. EMPRESA PRIVADA EXPLORADORA DE ATIVIDADE ECONÔMICA COM FINS LUCRATIVOS. CONTRIBUINTE DO IMPOSTO. QUALIFICAÇÃO. EXISTÊNCIA DE REPERCUSSÃO GERAL. (Inform. STF 633)

REPERCUSSÃO GERAL EM RE N. 627.051-PE
RELATOR: MIN. DIAS TOFFOLI

EMENTA: TRIBUTÁRIO. IMUNIDADE RECÍPROCA. EMPRESA BRASILEIRA DE CORREIOS E TELÉGRAFOS. EMPRESA PÚBLICA PRESTADORA DE SERVIÇOS PÚBLICOS. ICMS. INCIDÊNCIA. TRANSPORTE DE BENS E MERCADORIAS SOB O REGIME DE CONCORRÊNCIA. EXISTÊNCIA DE REPERCUSSÃO GERAL. (Inform. STF 631)

REPERCUSSÃO GERAL EM RE N 549015-SP
RELATOR: MIN. MARCO AURÉLIO

IMUNIDADE – SOCIEDADE DE ECONOMIA MISTA – ARRENDATÁRIA DE BEM DA UNIÃO – IPTU – AFASTAMENTO NA ORIGEM – RECURSO EXTRAORDINÁRIO – REPERCUSSÃO GERAL CONFIGURADA. Possui repercussão geral a controvérsia acerca da obrigatoriedade de recolhimento do IPTU, incidente em terreno localizado na área portuária de Santos, pertencente à União, pela Petróleo Brasileiro S/A – PETROBRAS, mesmo quando esta estiver na condição de arrendatária da Companhia Docas do Estado de São Paulo – CODESP. (Inform. STF 629)

ECT: ISS E IMUNIDADE TRIBUTÁRIA RECÍPROCA - 1

O Plenário iniciou julgamento de recurso extraordinário em que se discute — à luz do art. 150, VI, a, e §§ 2º e 3º, da CF — se a imunidade tributária recíproca alcança, ou não, todas as atividades exercidas pela recorrente, Empresa Brasileira de Correios e Telégrafos – ECT. Na espécie, o recurso fora interposto de acórdão em que se limitara o colimado benefício aos serviços tipicamente postais mencionados no art. 9º da Lei 6.538/78. A Corte de origem entendera ser lícito ao município recorrido a cobrança de Imposto sobre Serviços – ISS relativamente àqueles não abarcados pelo monopólio concedido pela União. O Min. Joaquim Barbosa, relator, negou provimento ao extraordinário. Inicialmente, observou que, em diversos precedentes, o STF reiterara 3 funções que condicionariam o alcance da imunidade tributária recíproca: 1) operar como salvaguarda do pacto federativo, para evitar que a tributação funcione como instrumento de coerção ou indução de um ente sobre o outro; 2) proteger atividade desprovida de capacidade contributiva, isto é, atividades públicas em sentido estrito, executadas sem ânimo lucrativo; e 3) não beneficiar a expressão econômica de interesses particulares, sejam eles públicos ou privados, nem afetar intensamente a livre iniciativa e a livre concorrência, excetuadas as permissões constitucionais. Em seguida, asseverou que a exoneração integral e incondicional da empresa desviar-se-ia dos objetivos justificadores da proteção constitucional, porquanto a ECT desempenharia atividades de intenso e primário interesse privado-particular, ou seja, não-público. Reputou, ainda, que a imunidade não deveria ser aplicada quando a empresa prestasse serviços também franqueados à iniciativa privada, para evitar vantagens competitivas artificiais em detrimento do princípio da concorrência. RE 601392/PR, rel. Min. Joaquim Barbosa, 25.5.2011. (RE-601392)

ECT: ISS E IMUNIDADE TRIBUTÁRIA RECÍPROCA - 2

Aludiu ao julgamento da ADPF 46/DF (DJe de 26.2.2010), em que o Plenário dera ao art. 42 da Lei 6.538/78 — que trata da violação do privilégio postal da União — interpretação conforme a Constituição, de modo a restringir sua incidência aos serviços previstos no art. 9º da mesma lei. Frisou que, ao transpor os fundamentos para a seara tributária, o tribunal de origem teria chegado à idêntica conclusão. Ressaltou que a extensão irrefletida e desmesurada do aludido benefício garantiria aos particulares que contratariam com os Correios redução expressiva da carga tributária. Abordou, por fim, o tópico suscitado pela recorrente sobre a concessão da imunidade sem restrições, sob o argumento de que as receitas obtidas seriam integralmente revertidas em seus objetivos institucionais. No ponto, assentou que a importância da atividade protegida pela imunidade não poderia justificar a colocação dos princípios da livre-iniciativa e da concorrência em segundo plano, em toda e qualquer hipótese. Ademais, salientou que a ênfase na aplicação dos recursos, como modo em si para garantir o benefício, abriria margem ao abuso e à desconsideração do equilíbrio concorrencial. Assim, concluiu que seria circunstância insuficiente para reconhecer à ECT imunidade ampla e irrestrita. Após, pediu vista o Min. Luiz Fux. RE 601392/PR, rel. Min. Joaquim Barbosa, 25.5.2011. (RE-601392) (Inform. STF 628)
(Comentário – ver Informativo STF 648 – continuação do julgamento)

IMUNIDADE TRIBUTÁRIA: ART. 150, VI, D, DA CF E PEÇAS SOBRESSALENTES - 2

A imunidade tributária conferida a livros, jornais e periódicos abrange todo e qualquer insumo ou ferramenta indispensável à edição de veículos de comunicação. Com base nessa orientação, a 1ª Turma, por maioria, negou provimento a recurso extraordinário no qual discutida a abrangência normativa da imunidade tributária do art. 150, VI, d, da CF ("*Art. 150. Sem prejuízo de outras garantias asseguradas ao contribuinte, é vedado à União, aos Estados, ao Distrito Federal e aos Municípios: ... VI - instituir impostos sobre: ... d) livros, jornais, periódicos e o papel destinado a sua impressão*"). No caso, a União sustentava a exigibilidade do imposto sobre circulação de mercadorias e sobre prestação de serviço de transporte interestadual e intermunicipal e de comunicação - ICMS, do imposto sobre produto industrializado - IPI e do imposto de importação - II, no despacho aduaneiro de peças sobressalentes de equipamento de preparo e acabamento de chapas de impressão *off set* para jornais — v. Informativo 506. A Min. Cármen Lúcia, ao desempatar a votação, ressaltou que o entendimento firmado asseguraria e homenagearia o princípio da liberdade de imprensa. Vencidos os Ministros Menezes Direito, relator, e Ricardo Lewandowski. RE 202149/RS, rel. orig. Min. Menezes Direito, red. p/ o acórdão Min. Marco Aurélio, 26.4.2011. (RE-202149) (Inform. STF 624)

REPERCUSSÃO GERAL EM RE N. 630.790-SP
RELATOR: MIN. JOAQUIM BARBOSA

EMENTA: REPERCUSSÃO GERAL. CONSTITUCIONAL. TRIBUTÁRIO. IMUNIDADE. ASSISTÊNCIA SOCIAL. ATIVIDADE FILANTRÓPICA EXECUTADA À LUZ DE PRECEITOS RELIGIOSOS. CARACTERIZAÇÃO COMO ATIVIDADE ASSISTENCIAL. APLICABILIDADE AO IMPOSTO SOBRE IMPORTAÇÃO. ARTS. 5º, LIV E LV (DEVIDO PROCESSO LEGAL, CONTRADITÓRIO E AMPLA DEFESA IGNORADOS PELA EQUIVOCADA APRECIAÇÃO DO QUADRO), 19, II (VIOLAÇÃO DA REGRA DA LEGALIDADE POR DESRESPEITO À FÉ PÚBLICA GOZADA PELOS CERTIFICADOS FILANTRÓPICOS CONCEDIDOS), 150, VI, C E 203 (CONCEITO DE ASSISTÊNCIA SOCIAL) DA CONSTITUIÇÃO.

1. Há repercussão geral da discussão acerca da caracterização de atividade filantrópica executada à luz de preceitos religiosos (ensino, caridade e divulgação dogmática) como assistência social, nos termos dos arts. 194 e 203 da Constituição.

2. Igualmente, há repercussão geral da discussão sobre a aplicabilidade da imunidade tributária ao Imposto de Importação, na medida em que o tributo não grava literalmente patrimônio, renda ou o resultado de serviços das entidades candidatas ao benefício. (Inform. STF 623)

IMUNIDADE TRIBUTÁRIA RECÍPROCA: SOCIEDADE DE ECONOMIA MISTA E SERVIÇOS DE SAÚDE - 1

O Tribunal iniciou julgamento de recurso extraordinário em que se discute a aplicação, ou não, da imunidade recíproca (CF, art. 150, VI, a) a sociedade de economia mista que atua na área de prestação de serviços de saúde. O Min. Joaquim Barbosa, relator, negou provimento ao recurso, no que foi acompanhado pelos Ministros Cármen Lúcia, Ricardo Lewandowski e Marco Aurélio. O relator citou, inicialmente, aspectos principais que deveriam ser observados no campo da imunidade tributária recíproca. Disse que a atividade protegida deveria estar vinculada às atividades essenciais da entidade que haveria de atender diretamente a interesse público primário e essencial. Para ele, a exploração de atividades econômicas, ainda que sob regime de monopólio, não ensejaria a incidência da proteção constitucional, pois a função da imunidade tributária recíproca não seria conceder vantagem de custo ao Estado na contratação de serviços e na aquisição de mercadorias, em detrimento do poder de tributar de outro ente federado. A aplicação da imunidade não deveria favorecer direta ou indiretamente particulares que tivessem interesses econômicos privados na atividade desenvolvida pelo Estado. Registrou que, de forma análoga, na área da saúde, o art. 199, § 2º, da CF vedaria a destinação de recursos públicos para auxílios ou subvenções às instituições privadas com fins lucrativos. Por fim, observou que a imunidade tributária recíproca não deveria afetar intensamente o mercado ao trazer vantagens que pudessem desequilibrar a livre concorrência e a livre iniciativa. **RE 580264/RS, rel. Min. Joaquim Barbosa, 25.8.2010.** (RE-580264)

IMUNIDADE TRIBUTÁRIA RECÍPROCA: SOCIEDADES DE ECONOMIA MISTA E SERVIÇOS DE SAÚDE - 2

Em seguida, o Min. Joaquim Barbosa, tendo em conta esses aspectos, aduziu que, na espécie, a recorrente seria entidade hospitalar que prestaria serviços públicos primários, sem intuito lucrativo, e sob controle acionário praticamente integral de ente federado (99,99%, os quais decorrentes de desapropriação de 51% das ações da entidade seguida de aquisição do restante das ações do espólio do seu fundador). Frisou que, apesar de os argumentos serem todos favoráveis à pretensão da parte recorrente, no entanto, seria imperioso considerar o registro feito pela União no sentido de perceber a situação daquela como transitória. Ressaltou que a própria União, em memoriais, teria rejeitado a caracterização da parte recorrente como instrumentalidade estatal na área da saúde. Essa postura, para o relator, geraria certa perplexidade, haja vista que seria de se supor que a entidade detentora de grande parte ou da maioria esmagadora do capital social da recorrente pudesse, a tempo e modo, adequar a conduta da contribuinte que controla, para aquiescer à cobrança dos tributos, sem contestá-los administrativa ou judicialmente com base na imunidade tributária recíproca. Acrescentou que, para a União, as decisões que justificariam a peculiar situação da parte recorrente seriam efêmeras e que, a qualquer momento, ela poderia deixar de atender exclusivamente pelo SUS e passar a atender convênios. Destacou que, nesse ponto, seria relevante resgatar a responsabilidade que o ente federado teria na interpretação e aplicação da Constituição e da lei de modo que a previsível recondução da parte recorrente à competição no mercado deveria preponderar sobre o caráter transitório da situação vivenciada pela entidade hospitalar. Concluiu, diante disso, que o desprovimento do recurso seria mais coerente com o sistema constitucional do que a prolação de uma decisão condicional do tipo *"enquanto perdurarem os seus requisitos"*. **RE 580264/RS, rel. Min. Joaquim Barbosa, 25.8.2010**. (RE-580264)

IMUNIDADE TRIBUTÁRIA RECÍPROCA: SOCIEDADES DE ECONOMIA MISTA E SERVIÇOS DE SAÚDE - 3

Em divergência, o Min. Ayres Britto deu provimento ao recurso, sendo seguido pelos Ministros Gilmar Mendes e Cezar Peluso, Presidente. O Min. Ayres Britto, ao iniciar a fundamentação de seu voto a partir do art. 197 da CF, assentou que o serviço público em questão estaria franqueado à iniciativa privada sob a forma de assistência à saúde, não constituindo atividade econômica. Portanto, a iniciativa privada seria convocada para subsidiar o poder público, para se emparceirar com ele, na prestação de serviço público que, ao mesmo tempo, seria direito fundamental, e, pela ótica do art. 196 da CF, direito de todos e dever do Estado. Tendo isso em conta, e considerando a heterodoxia do caso — porquanto, desde a década de 70, o Estado, por desapropriação, seria detentor do controle dessa "empresa", se assenhoreando da atividade, prestando-a ininterruptamente, e controlando 99,99% das ações, concluiu estar-se diante de hipótese que ensejaria a imunidade recíproca tributária. O Min. Gilmar Mendes também chamou atenção para a heterodoxia da situação. Na mesma linha se expressou o Min. Cezar Peluso que reiterou que a União teria expropriado praticamente a totalidade do capital social e, com isso, incorporado de fato ao seu patrimônio jurídico o hospital, conservando, por razões desconhecidas, 0,01% do capital social em nome de conselheiros antigos. Dessa forma, teria mantido a aparência de uma sociedade anônima que se submeteria, de regra, ao regime jurídico de empresa privada. Afirmou que isso, entretanto, não seria suficiente, pois se trataria, na verdade, de uma entidade pública por ser pública praticamente a totalidade do capital social, pública sua finalidade e pública, no sentido de potencialidade de exercício de poder, a direção do hospital, haja vista que a União poderia decidir o que quisesse, porque o 0,01% não significaria nada em termos de votação. Após, pediu vista dos autos o Min. Dias Toffoli. **RE 580264/RS, rel. Min. Joaquim Barbosa, 25.8.2010**. (RE-580264)

IMUNIDADE TRIBUTÁRIA RECÍPROCA: SOCIEDADE DE ECONOMIA MISTA E SERVIÇOS DE SAÚDE - 4

Em conclusão, o Plenário, por maioria, proveu recurso extraordinário para assentar a incidência da imunidade recíproca (CF, art. 150, VI, a) de impostos estaduais à sociedade de economia mista recorrente, a qual atua na área de prestação de serviços de saúde — v. Informativo 597. Inicialmente, ao salientar o que disposto no art. 197 da CF, consignou-se que o serviço público em questão estaria franqueado à iniciativa privada sob a forma de assistência à saúde, não constituindo atividade econômica. Portanto, a iniciativa privada seria convocada para subsidiar o Poder Público, para se emparceirar com ele, na prestação de serviço público que, ao mesmo tempo, seria direito fundamental e, pela ótica do art. 196 da CF, direito de todos e dever do Estado. Realçou-se a heterodoxia do caso, porquanto, desde a década de 70, o Estado, por desapropriação, seria detentor do controle dessa "empresa", assenhoreando-se da atividade, prestando-a ininterruptamente, e controlando 99,99% das ações. Enfatizou-se que o hospital recorrente atenderia exclusivamente pelo Sistema Único de Saúde - SUS e que suas receitas seriam provenientes de repasses públicos federais e municipais. Considerou-se, ademais, que o serviço de saúde por ele prestado teria caráter de serviço público, não configurando um negócio privado. Reiterou-se que a União teria expropriado praticamente a totalidade do capital social e, com isso, incorporado de fato o hospital ao seu patrimônio jurídico, conservando, por motivos desconhecidos, 0,01% do capital social em nome de conselheiros antigos. Dessa forma, teria mantido a aparência de uma sociedade anônima que se submeteria, de regra, ao regime jurídico de empresa privada. Afirmou-se que isso, entretanto, não seria suficiente, pois se trataria, na verdade, de uma entidade pública por ser pública praticamente a totalidade do capital social, pública sua finalidade e pública, no sentido de potencialidade de exercício de poder, a direção do hospital, haja vista que a União poderia decidir o que quisesse, porque 0,01% não significaria nada em termos de votação. Por fim, registrou-se que o pronunciamento da questão posta em sede de repercussão geral somente aproveitará hipóteses idênticas, em que o ente público seja controlador majoritário do capital da sociedade de economia mista e que a atividade desta corresponda à própria atuação do Estado na prestação de serviços à população. Vencidos os Ministros Joaquim Barbosa, relator, Cármen Lúcia, Ricardo Lewandowski e Marco Aurélio que desproviam o recurso. **RE 580264/RS, rel. orig. Min. Joaquim Barbosa, red. p/ o acórdão Min. Ayres Britto, 16.12.2010**. (RE-580264) (Inform. STF 613)

RE N. 564.413-SC

RELATOR : MIN. MARCO AURÉLIO

IMUNIDADE - CAPACIDADE ATIVA TRIBUTÁRIA. A imunidade encerra exceção constitucional à capacidade ativa tributária, cabendo interpretar os preceitos regedores de forma estrita.

IMUNIDADE - EXPORTAÇÃO - RECEITA - LUCRO. A imunidade prevista no inciso I do § 2º do artigo 149 da Carta Federal não alcança o lucro das empresas exportadoras.

LUCRO – CONTRIBUIÇÃO SOCIAL SOBRE O LUCRO LÍQUIDO – EMPRESAS EXPORTADORAS. Incide no lucro das empresas exportadoras a Contribuição Social sobre o Lucro Líquido. (Inform. STF 612)

FUNDAÇÃO EDUCACIONAL E CERTIFICADO DE ENTIDADE BENEFICENTE - 1

A 1ª Turma iniciou julgamento de recurso ordinário em mandado de segurança no qual fundação educacional pretende afastar decisão do Ministro de Estado da Previdência e Assistência Social que, ao manter decisão do Conselho Nacional de Assistência Social, teria cancelado seu certificado de entidade beneficente da assistência social relativo ao período de 1º.1.98 a 31.12.2000. O fundamento do ato coator seria a não aplicação de 20% da receita bruta da recorrente em gratuidade conforme exigência prevista no inciso IV do art. 2º do Decreto 752/93 c/c o art. 2º, III, da Resolução 46/94 daquele Ministério. Alega-se: a) direito adquirido com base no Decreto-Lei 1.572/77; b) ofensa ao princípio da reserva de lei do art. 150, I, da CF em razão do contido nos Decretos 752/93 e 2.536/98, os quais prevêem a aplicação anual, em gratuidade, de pelo menos 20% da receita bruta proveniente da venda de serviços; c) quebra de isonomia tributária, ao se exigir que a recorrente aplicasse 20% de sua receita bruta em gratuidade; d) ocorrência de tributação *in natura* ofensiva à imunidade do art. 195, § 7º, da CF, ao argumento de que os mencionados decretos apenas substituiriam a obrigação de dar, pagar tributo, por obrigação de fazer. A Min. Cármen Lúcia, relatora, desproveu o recurso. Inicialmente, não conheceu das alegações contidas nos itens c e d por entender que seriam questões novas e que não teriam sido objeto do mandado de segurança e do acórdão recorrido. **RMS 28456/DF, rel. Min. Cármen Lúcia, 30.11.2010**. (RMS-28456)

FUNDAÇÃO EDUCACIONAL E CERTIFICADO DE ENTIDADE BENEFICENTE - 2

Em seguida, a relatora fez um histórico da legislação correlata à isenção das entidades beneficentes de assistência social. Destacou que o ato coator dataria de 11.3.2008 e que estariam em vigor, quando da renovação do certificado, as Leis 8.742/93 e 8.909/94 e o Decreto 2.536/98, que revogou o Decreto 752/93. Não obstante, o cancelamento do certificado da ora recorrente teria sido mantido com fundamento no Decreto 752/93 e na Resolução 46/94 do Ministério da Previdência e Assistência Social. Registrou vigorar sobre a matéria, hoje, a Lei 12.101/2009 — que alterou a Lei 8.742/93 e revogou o art. 55 da Lei 8.212/91 —, cujo art. 13 mantém a obrigatoriedade de aplicação de pelo menos 20% da receita bruta anual da entidade de educação em gratuidade. Rejeitou a assertiva de violação ao art. 150, I, da CF, porque o princípio da legalidade tributária diria respeito à exigência de lei para instituição ou aumento de tributos, o que não se teria. Na espécie, reputou que lei instituíra requisito a ser cumprido por entidade beneficente para obtenção do mencionado certificado. Realçou que, quanto à renovação periódica do certificado de entidade beneficente, esta Corte decidira não haver imunidade absoluta nem afronta ao art. 195, § 7º, da CF, ao estabelecer essa exigência. Após, pediu vista dos autos o Min. Dias Toffoli. **RMS 28456/DF, rel. Min. Cármen Lúcia, 30.11.2010**. (RMS-28456) (Inform. STF 611)

ART. 155, § 3º, DA CF/88: IMUNIDADE E TAXA

Ante a vedação prevista no texto primitivo do art. 155, § 3º, da CF/88, anterior à alteração decorrente da EC 31/2001, a 1ª Turma desproveu recurso extraordinário interposto contra acórdão em que assentada a ilegalidade da cobrança pela Municipalidade de Taxa de Licença e Verificação Fiscal. Reputou-se descaber afastar da imunidade a mencionada taxa alusiva à fixação de postes ao solo para a sustentação de rede elétrica. Concluiu-se que, na redação primitiva da CF/88, a imunidade seria linear. **RE 391623/MA, rel. Min. Marco Aurélio, 2.12.2010**. (RE-391623) (Inform. STF 611)

RE N. 474.132-SC

RELATOR: MIN. GILMAR MENDES

Recurso extraordinário. 2. Contribuições sociais. Contribuição Social sobre o Lucro Líquido (CSLL) e Contribuição Provisória sobre Movimentação ou Transmissão de Valores e de Créditos e Direitos de Natureza Financeira (CPMF). 3. Imunidade. Receitas decorrentes de exportação. Abrangência. 4. A imunidade prevista no art. 149, § 2º, I, da Constituição, introduzida pela Emenda Constitucional nº 33/2001, não alcança a Contribuição Social sobre o Lucro Líquido (CSLL), haja vista a distinção ontológica entre os conceitos de lucro e receita. 6. Vencida a tese segundo a qual a interpretação teleológica da mencionada regra de imunidade conduziria à exclusão do lucro decorrente das receitas de exportação da hipótese de incidência da CSLL, pois o conceito de lucro pressuporia o de receita, e a finalidade do referido dispositivo constitucional seria a desoneração ampla das exportações, com o escopo de conferir efetividade ao princípio da garantia do desenvolvimento nacional (art. 3º , I, da Constituição). 7. A norma de exoneração tributária prevista no art. 149, § 2º, I, da Constituição também não alcança a Contribuição Provisória sobre Movimentação ou Transmissão de Valores e de Créditos e Direitos de Natureza Financeira (CPMF), pois o referido tributo não se vincula diretamente à operação de exportação. A exação não incide sobre o resultado imediato da operação, mas sobre operações financeiras posteriormente realizadas. 8. Recurso extraordinário a que se nega provimento. (Inform. STF 611)

RE N. 564.413-SC

RELATOR: MIN. MARCO AURÉLIO

IMUNIDADE – CAPACIDADE ATIVA TRIBUTÁRIA. A imunidade encerra exceção constitucional à capacidade ativa tributária, cabendo interpretar os preceitos regedores de forma estrita.

IMUNIDADE – EXPORTAÇÃO – RECEITA – LUCRO. A imunidade prevista no inciso I do § 2º do artigo 149 da Carta Federal não alcança o lucro das empresas exportadoras.

LUCRO – CONTRIBUIÇÃO SOCIAL SOBRE O LUCRO LÍQUIDO – EMPRESAS EXPORTADORAS. Incide no lucro das empresas exportadoras a Contribuição Social sobre o Lucro Líquido. (Inform. STF 607)

EMENTA: TRIBUTÁRIO. IMUNIDADE RECÍPROCA. SOCIEDADE DE ECONOMIA MISTA CONTROLADA POR ENTE FEDERADO. CONDIÇÕES PARA APLICABILIDADE DA PROTEÇÃO CONSTITUCIONAL. ADMINISTRAÇÃO PORTUÁRIA. COMPANHIA DOCAS DO ESTADO DE SÃO PAULO (CODESP). INSTRUMENTALIDADE ESTATAL. ARTS. 21, XII, f, 22, X, e 150, VI, a DA CONSTITUIÇÃO. DECRETO FEDERAL 85.309/1980.

1. IMUNIDADE RECÍPROCA. CARACTERIZAÇÃO. Segundo teste proposto pelo ministro relator, a aplicabilidade da imunidade tributária recíproca (art. 150, VI, *a* da Constituição) deve passar por três estágios, sem prejuízo do atendimento de outras normas constitucionais e legais:

1.1. A imunidade tributária recíproca se aplica à propriedade, bens e serviços utilizados na satisfação dos objetivos institucionais imanentes do ente federado, cuja tributação poderia colocar em risco a respectiva autonomia política. Em conseqüência, é incorreto ler a cláusula de imunização de modo a reduzi-la a mero instrumento destinado a dar ao ente federado condições de contratar em circunstâncias mais vantajosas, independentemente do contexto.

1.2. Atividades de exploração econômica, destinadas primordialmente a aumentar o patrimônio do Estado ou de particulares, devem ser submetidas à tributação, por apresentarem-se como manifestações de riqueza e deixarem a salvo a autonomia política.

1.3. A desoneração não deve ter como efeito colateral relevante a quebra dos princípios da livre-concorrência e do exercício de atividade profissional ou econômica lícita. Em princípio, o sucesso ou a desventura empresarial devem pautar-se por virtudes e vícios próprios do mercado e da administração, sem que a intervenção do Estado seja favor preponderante.

2. SOCIEDADE DE ECONOMIA MISTA. EXPLORAÇÃO DE SERVIÇOS DE ADMINISTRAÇÃO PORTUÁRIA. CONTROLE ACIONÁRIO MAJORITÁRIO DA UNIÃO. AUSÊNCIA DE INTUITO LUCRATIVO. FALTA DE RISCO AO EQUILÍBRIO CONCORRENCIAL E À LIVRE-INICIATIVA.

Segundo se depreende dos autos, a Codesp é instrumentalidade estatal, pois:

2.1. Em uma série de precedentes, esta Corte reconheceu que a exploração dos portos marítimos, fluviais e lacustres caracteriza-se como serviço público.

2.2. O controle acionário da Codesp pertence em sua quase totalidade à União (99,97%). Falta da indicação de que a atividade da pessoa jurídica satisfaça primordialmente interesse de acúmulo patrimonial público ou privado.

2.3. Não há indicação de risco de quebra do equilíbrio concorrencial ou de livre-iniciativa, eis que ausente comprovação de que a Codesp concorra com outras entidades no campo de sua atuação.

3. Ressalva do ministro-relator, no sentido de que "cabe à autoridade fiscal indicar com precisão se a destinação concreta dada ao imóvel atende ao interesse público primário ou à geração de receita de interesse particular ou privado". Recurso conhecido parcialmente e ao qual se dá parcial provimento. (RE 253472/SP. Rel. para o acórdão Min. Joaquim Barbosa) (Inform. STF 602)

CODESP E IMUNIDADE - 3

Em conclusão, o Tribunal, por maioria, deu parcial provimento a recurso extraordinário interposto pela Companhia Docas do Estado de São Paulo - CODESP contra acórdão do extinto Tribunal de Alçada Civil do referido Estado que entendera serem devidos, pela recorrente, o IPTU e as taxas de conservação e limpeza de logradouro público, remoção de lixo e iluminação pública sobre imóveis que compõem o acervo do Porto de Santos — v. Informativos 405 e 441. Inicialmente, não se conheceu do recurso relativamente aos artigos 21, XII, f e 22, X, da CF, por falta de prequestionamento, nem no tocante às taxas, haja vista não se ter apontado o dispositivo constitucional que teria sido inobservado pelo Tribunal *a quo*, no que estabelecida a legalidade da exigência do tributo desde que os serviços sejam postos à disposição do contribuinte, ainda que não utilizados. No mérito, prevaleceu o voto do Min. Joaquim Barbosa que reputou necessária, para a aplicabilidade da imunidade recíproca à CODESP, a superação dos seguintes estágios: 1) a imunidade seria subjetiva, ou seja, se aplicaria à propriedade, bens e serviços utilizados na satisfação dos objetivos institucionais imanentes do ente federado, cuja tributação poderia colocar em risco a respectiva autonomia política. Em conseqüência, seria incorreto ler a cláusula de imunização de modo a reduzi-la a mero instrumento destinado a dar ao ente federado condições de contratar em circunstâncias mais vantajosas, independentemente do contexto; 2) atividades de exploração econômica, destinadas primordialmente a aumentar o patrimônio do Estado ou de particulares, deveriam ser submetidas à tributação, por apresentarem-se como manifestações de riqueza e deixarem a salvo a autonomia política; 3) a desoneração não deveria ter como efeito colateral relevante a quebra dos princípios da livre concorrência e do exercício de atividade profissional ou econômica lícita. **RE 253472/SP, rel. orig. Min. Marco Aurélio, red. p/ o acórdão Min. Joaquim Barbosa, 25.8.2010.** (RE-253472)

CODESP E IMUNIDADE - 4

O Min. Joaquim Barbosa constatou que a recorrente passaria nesses estágios e que o acórdão recorrido teria se equivocado quanto à caracterização da atividade desempenhada por ela. No ponto, citou uma série de precedentes da Corte no sentido de que a exploração dos portos marítimos, fluviais e lacustres caracteriza-se como serviço público. Considerou, em seguida, que confirmariam a lesão à livre iniciativa, livre concorrência e ao dever fundamental de pagar tributos três quadros hipotéticos. Disse que, se a participação privada no quadro societário da CODESP fosse relevante, o intuito lucrativo sobrepor-se-ia à exploração portuária como instrumentalidade do Estado, o que não seria o caso dos autos, já que a União deteria 99,97% das ações da empresa. Destarte, mantida a relevância da instrumentalidade estatal, não se vislumbraria violação do dever fundamental de pagar tributos e de custeio dos demais entes federados. Aduziu que, por outro lado, os autos não indicariam que a CODESP operaria com intuito primordial de auferir vantagem econômica para simples aumento patrimonial da União. Destacou que, se a CODESP operasse em mercado de livre acesso, o reconhecimento da imunidade violaria os postulados da livre concorrência e da livre iniciativa, mas que isso também não se daria na espécie, haja vista inexistir indicação de que a CODESP tivesse concorrentes em sua área de atuação específica. Reputou, ainda, importante examinar se a propriedade imóvel em questão seria utilizada diretamente pela entidade imune em sua atividade-fim, ou se seria cedida a entidade privada que se destinaria a explorá-la com intuito lucrativo. Observou que a recorrente seria uma instrumentalidade da União, isto é, entidade derivada, criada com a finalidade de executar um mister que a Constituição atribuiu à União. Por fim, asseverou caber à autoridade fiscal indicar com precisão se a destinação concreta dada ao imóvel atenderia, ou não, ao interesse público primário ou à geração de receita de interesse particular ou privado. Assim, reconheceu a imunidade do imóvel pertencente à União, mas afetado à CODESP, utilizado em suas atividades-fim. Vencidos os Ministros Marco Aurélio, Ricardo Lewandowski e Cezar Peluso, Presidente, que desproviam o recurso. **Precedentes citados: RE 172816/RJ (DJU de 13.5.94); RE 356711/PR (DJU de 7.4.2006); RE 253394/SP (DJU de 11.4.2003); RE 265749/SP (DJU de 12.9.2003). RE 253472/SP, rel. orig. Min. Marco Aurélio, red. p/ o acórdão Min. Joaquim Barbosa, 25.8.2010.** (RE-253472) (Inform. STF 597)

IPTU: IMUNIDADE TRIBUTÁRIA RECÍPROCA E CESSÃO DE USO DE BEM PÚBLICO - 1

O Tribunal iniciou julgamento de recurso extraordinário em que se discute a possibilidade de cedente de imóvel público objeto de contrato de cessão de uso para exploração de atividade econômica estar sujeito, ou não, à tributação pelo imposto sobre a propriedade predial e territorial urbana - IPTU. Trata-se, na espécie, de recurso extraordinário interposto pelo Município do Rio de Janeiro contra acórdão do tribunal de justiça local que entendera, consoante o disposto no art. 150, VI, a, da CF ("*Art. 150. Sem prejuízo de outras garantias asseguradas ao contribuinte, é vedado à União, aos Estados, ao Distrito Federal e aos Municípios: VI - instituir impostos sobre: a) patrimônio, renda ou serviços, uns dos outros;*"), ser indevida a cobrança da aludida exação relativamente à empresa detentora da concessão de uso de imóvel situado em aeroporto de propriedade da União. Alega a recorrente violação ao art. 150, VI, a, e § 3º, da CF ("*§ 3º - As vedações do inciso VI, 'a', e do parágrafo anterior não se aplicam ao patrimônio, à renda e aos serviços, relacionados com exploração de atividades econômicas regidas pelas normas aplicáveis a empreendimentos privados, ou em que haja contraprestação ou pagamento de preços ou tarifas pelo usuário, nem exonera o promitente comprador da obrigação de pagar imposto relativamente ao bem imóvel.*"), ao argumento de que a imunidade concedida aos entes federados não poderia beneficiar a exploração privada de atividades econômicas, pois tal hipótese seria expressamente excepcionada do campo da imunidade tributária recíproca. O Min. Joaquim Barbosa, relator, proveu o recurso. Inicialmente, rejeitou a preliminar de não conhecimento suscitada da tribuna, no sentido da incidência do Enunciado 283 da Súmula do STF ("*É inadmissível o recurso extraordinário, quando a decisão recorrida assenta em mais de um fundamento suficiente e o recurso não abrange todos eles.*"), uma vez que o acórdão recorrido teria por base legislação infraconstitucional e o ora recorrente não interpusera recurso especial. Asseverou que o mencionado acórdão adotara como fundamento tanto a aplicabilidade da imunidade tributária à propriedade imóvel em questão como a impossibilidade de a recorrida ser tida como sujeito passivo. **RE 434251/RJ, rel. Min. Joaquim Barbosa, 26.8.2010.** (RE-434251)

IPTU: IMUNIDADE TRIBUTÁRIA RECÍPROCA E CESSÃO DE USO DE BEM PÚBLICO - 2

Em seguida, o relator aduziu que o reconhecimento da imunidade tributária recíproca dependeria de aprovação nos estágios aludidos no julgamento do RE 253472/SP, acima relatado. Tendo em conta que a atividade exercida pela recorrida seria alheia à administração aeroportuária — já que exploraria "ramo do comércio de importação e exportação de automóveis, caminhões, motores e quaisquer espécies de veículos automotores, inclusive peças, acessórios, oficina mecânica, reparos, pintura de quaisquer veículos e outras atividades correlatas ao ramo automobilístico" —, entendeu que a pretensão de imunidade falharia nos estágios referidos. Assim, a desoneração concedida teria como efeito colateral garantir vantagem competitiva artificial, na medida em que a retirada de um custo permitiria o aumento do lucro ou a formação de preços menores, desequilibrando as relações de mercado. O relator consignou que seria o momento de revisão da jurisprudência da Corte, a fim de que fosse assentada a inaplicabilidade da imunidade tributária recíproca à propriedade imóvel desvinculada de finalidade estatal. **RE 434251/RJ, rel. Min. Joaquim Barbosa, 26.8.2010.** (RE-434251)

IPTU: IMUNIDADE TRIBUTÁRIA RECÍPROCA E CESSÃO DE USO DE BEM PÚBLICO - 3

No tocante à questão de a recorrida não poder ser considerada sujeito passivo da exação, visto que incabível sua qualificação como "possuidora a qualquer título", o relator superou orientação consolidada pela 2ª Turma para concluir que a matéria poderia ser objeto de apreciação em recurso extraordinário e afastou, em conseqüência, a aplicação dos Verbetes 279 e 283 da Súmula do STF. Afirmou que a definição do sujeito passivo do IPTU dependeria de interpretação constitucional, pois seria com fundamento na competência tributária que o ente federado cobraria validamente o tributo. Destarte, salientou que o art. 34 do CTN ("*Contribuinte do imposto é o proprietário do imóvel, o titular do seu domínio útil, ou o seu possuidor a qualquer título.*") deveria ser lido à luz da Constituição, com ênfase em 3 pontos: materialidade possível do IPTU, isonomia e livres iniciativa e concorrência. Mencionou que a sujeição passiva também abarcaria a figura do responsável tributário, não podendo o tribunal de origem pura e simplesmente julgar ser a tributação inválida, porquanto direcionada a quem não seria proprietário. Assinalou a existência de termo de responsabilidade — em que firmada a responsabilidade do concessionário pelo pagamento de tributos municipais — a compor o conjunto fático-probatório, o que tornaria desnecessária a reabertura de instrução para se decidir esse caso. Em arremate, destacou que o locatário empresarial com fins lucrativos também seria possuidor a qualquer título, para fins de incidência do IPTU, nos termos constitucionais. Resgatou, no ponto, a essência da Súmula 456 desta Corte ("*O Supremo Tribunal Federal, conhecendo do recurso extraordinário, julgará a causa, aplicando o direito à espécie.*") para adequar o julgado às linhas essenciais que dariam sentido tanto à imunidade tributária como à atribuição de sujeição passiva. **RE 434251/RJ, rel. Min. Joaquim Barbosa, 26.8.2010.** (RE-434251)

IPTU: IMUNIDADE TRIBUTÁRIA RECÍPROCA E CESSÃO DE USO DE BEM PÚBLICO - 4

Em divergência, o Min. Dias Toffoli desproveu o recurso e manteve a orientação firmada no julgamento do RE 451152/RJ (DJU de 27.4.2007), segundo a qual o cerne da controvérsia não estaria em saber se haveria, ou não, imunidade recíproca quando o imóvel da União fosse destinado à exploração comercial, mas se a recorrida poderia, ou não, figurar no pólo passivo da obrigação tributária do IPTU. Na ocasião, entendera-se que a empresa não preencheria nenhum dos requisitos para ser contribuinte do imposto, pois detentora de posse precária e desdobrada, decorrente de contrato de concessão de uso. Após, pediu vista a Min. Cármen Lúcia. **RE 434251/RJ, rel. Min. Joaquim Barbosa, 26.8.2010.** (RE-434251) (Inform. STF 597)

ART. 149, § 2º, I DA CF E CPMF - 1

O Tribunal iniciou julgamento de recurso extraordinário em que se discute se a imunidade prevista no art. 149, § 2º, I, da CF, na redação dada pela EC 33/2001, alcança a Contribuição Provisória sobre Movimentação Financeira - CPMF. O Min. Ricardo Lewandowski, relator, negou provimento ao recurso. Salientou, inicialmente, que, em se tratando de imunidade tributária, a interpretação do texto há de ser não apenas restritiva, mas, sobretudo, teleológica, devendo o exegeta atentar para os fins que o legislador buscou lograr com a benesse fiscal. Ressaltou que o inciso I do § 2º do art. 149 da CF teve como objetivo incentivar as exportações brasileiras, contribuindo para o bom desempenho do balanço de pagamentos do País, e, por conseguinte, para o desenvolvimento econômico nacional, mediante a desoneração das receitas oriundas dessas atividades, mas tão-somente quanto às contribuições expressamente referidas no caput do art. 149 da CF, dentre as quais não se inclui a CPMF, que tem como destinação o custeio da Seguridade Social. Asseverou que as movimentações financeiras são fatos que decorrem das receitas, mas que com elas não se confundem, por consubstanciarem hipóteses de incidência tributária diversas. Esclareceu que a hipótese de incidência da CPMF é a movimentação ou transmissão de valores e de créditos e direitos de natureza financeira, a teor do art. 74 do ADCT, inserido pela EC 12/96, cujo regulamento é dado pela Lei 9.311/96, alterada pela Lei 9.539/97, nada tendo a ver, a não ser indiretamente, com as receitas resultantes de exportações. Aduziu, ainda, que, o financiamento da Seguridade Social está fundado no princípio da solidariedade e que, quando se trata de reconhecer a imunidade relativamente a contribuições sociais, é necessário sempre sopesar valores, sendo prescindível afirmar que o valor da solidariedade prepondera sobre qualquer outro de cunho econômico, haja vista estar ele diretamente referenciado ao princípio da dignidade humana. Por fim, registrou que o art. 85 do ADCT, inserido pela EC 37/2002, previu, de forma minuciosa, várias hipóteses de não-incidência da CPMF, não tendo, entretanto, feito qualquer menção às receitas decorrentes de exportação, silêncio eloqüente que tem de ser levado em consideração para a correta exegese do preceito analisado. Após, pediu vista dos autos a Min. **Ellen Gracie. RE 566259/RS, rel. Min. Ricardo Lewandowski, 11.12.2008.** (RE-566259)

ART. 149, § 2º, I, DA CF E CPMF - 2

Ao aplicar o entendimento acima firmado, o Tribunal, por maioria, desproveu recurso extraordinário no qual se sustentava que a imunidade das receitas decorrentes de exportação, prevista inciso I do § 2º do art. 149 da CF, incluído pela EC 33/2001, abrangeria a CPMF — v. Informativo 532. Vencidos os Ministros Marco Aurélio e Cezar Peluso (Presidente), que lhe davam provimento. **RE 566259/RS, rel. Min. Ricardo Lewandowski, 12.8.2010.** (RE-566259) (Inform. STF 595)

BASE DE CÁLCULO DA CSLL E DA CPMF: RECEITAS ORIUNDAS DAS OPERAÇÕES DE EXPORTAÇÃO - 1

O Tribunal iniciou julgamento conjunto de dois recursos extraordinários em que se discute, no RE 564413/SC, se a imunidade sobre as receitas decorrentes de exportação, prevista no inciso I do § 2º do art. 149 da CF, incluído pela EC 33/2001 ("*Art. 149. ... § 2º. As contribuições sociais e de intervenção no domínio econômico de que trata o 'caput' deste artigo... I - não incidirão sobre as receitas decorrentes de exportação;*"), alcança a Contribuição Social sobre o Lucro Líquido - CSLL, e, no RE 474132/SC, esta e a Contribuição Provisória sobre Movimentação Financeira - CPMF. Quanto ao RE 474132/SC, o Min. Gilmar Mendes, relator, deu parcial provimento ao recurso para excluir a incidência da CSLL sobre a receita de exportação, no que foi acompanhado pelos Ministros Cármen Lúcia, Eros Grau e Cezar Peluso. Entendeu, a partir de uma interpretação teleológica da regra, que os lucros advindos de exportação pressupõem as receitas auferidas na mesma operação e, se essas são contempladas pela imunidade, os lucros também devem ser. Asseverou que, caso se admitisse que o lucro decorrente das exportações pudesse ser tributado, estar-se-ia indiretamente onerando as receitas decorrentes desse tipo de operação. Aduziu que a imunidade em questão possui natureza objetiva, pré-exclui da tributação as receitas decorrentes de exportação, e tem o efeito não somente de impedir a incidência de determinado tributo que tenha como fato gerador a receita ou o faturamento, mas o de assegurar, mediante a desoneração ampla das receitas provenientes de exportação, a maior competitividade dos produtos nacionais no exterior. **RE 474132/SC, rel. Min. Gilmar Mendes, 3 e 4.12.2008. (RE-474132) RE 564413/SC, rel. Min. Marco Aurélio, 3 e 4.12.2008.** (RE-564413)

BASE DE CÁLCULO DA CSLL E DA CPMF: RECEITAS ORIUNDAS DAS OPERAÇÕES DE EXPORTAÇÃO - 2

No que tange às receitas provenientes das variações cambiais ativas, o Min. Gilmar Mendes também entendeu que devem ser abrangidas pela norma desonerativa. Ressaltou, no ponto, que a aquisição de tais receitas não está vinculada a qualquer operação realizada no mercado interno, existindo apenas em virtude do negócio jurídico realizado pelo exportador com o importador situado fora do país. Explicou que, a despeito do fato de essas receitas se originarem das diferenças decorrentes da alteração da taxa de câmbio, ocorridas entre a data de fechamento do contrato de câmbio e a data do embarque da mercadoria, poder-se-ia afirmar que elas sempre se vinculam à exportação. Considerou que o texto constitucional não estabelece, como suporte fático da regra desonerativa, as receitas oriundas da operação mercantil de compra e venda, mas aquelas decorrentes de exportação, nas quais obviamente se incluem as decorrentes das variações cambiais. Registrou, ademais, que o Supremo já assentou que critérios de classificação previstos na legislação infraconstitucional não podem ser usados na definição do âmbito de incidência das imunidades tributárias, e que o risco é parte integrante da própria atividade comercial, de modo que os ingressos patrimoniais advindos do risco a que o comerciante se expõe ao realizar a operação de exportação estão, evidentemente, inseridos no conceito de receitas previsto pelo art. 149, § 2º, I, da CF. Por outro lado, no que concerne à CPMF, não vislumbrou como enquadrá-la na hipótese de imunidade em questão, visto que ela não se vincula diretamente à operação de exportação, mas sobre operações posteriormente realizadas, nos termos do art. 2º da Lei 9.311/96. Observou que a exportação, tomada isoladamente, não constitui fato gerador para a cobrança da CPMF, conforme disposto na aludida lei. Acrescentou que, se fosse o caso de haver imunidade, ela seria garantida ao exportador apenas na operação de entrada do numerário no país, e, após esse primeiro momento, haveria a incidência da CPMF, pois a imunidade não marca o resultado da operação indeterminadamente. Assim, uma vez configurada a entrada no país da receita provinda da exportação, igualam-se esses valores a qualquer outro existente no território nacional, de modo a submeter-se às regras pertinentes, inclusive à incidência da **CPMF. RE 474132/SC, rel. Min. Gilmar Mendes, 3 e 4.12.2008 (RE-474132) RE 564413/SC, rel. Min. Marco Aurélio, 3 e 4.12.2008.** (RE-564413)

BASE DE CÁLCULO DA CSLL E DA CPMF: RECEITAS ORIUNDAS DAS OPERAÇÕES DE EXPORTAÇÃO - 3

Em divergência, o Min. Marco Aurélio, relator do RE 564413/SC, proveu parcialmente o recurso, ao fundamento de que a imunidade afeta a CPMF e não a CSLL. No que respeita à CSLL, asseverou que, se ficar entendido que o vocábulo receita, tal com previsto no inciso I do § 2º do art. 149 da CF, engloba o lucro, acabar-se-á aditando norma a encerrar benefício para o contribuinte considerada certa etapa, além de deixar capenga o sistema constitucional, no que passará a albergar a distinção entre receita e lucro, em face da incidência da contribuição social para as pessoas jurídicas em geral (CF, art. 195) e, de forma incongruente, a alusão explícita à receita a ponto de alcançar, também, o lucro quanto a certo segmento de contribuintes — os exportadores. Ressaltou que a EC 33/2001 foi editada à luz do texto primitivo da Carta Federal, não se podendo, em interpretação ampliativa, a ela conferir alcance que com este se mostre em conflito. Afirmou que, o princípio do terceiro excluído, bem com o sistema constitucional até aqui proclamado pelo Tribunal, afastam a visão de assentar-se que, estando o principal — a receita — imune à incidência da contribuição, também o estará o acessório — o lucro. Concluiu que o legislador poderia ter estendido ainda mais a imunidade, mas mediante opção político-legislativa constitucional não o fez, não cabendo ao Judiciário esta tarefa. Em relação à CPMF, o Min. Marco Aurélio, salientando tratar-se de contribuição de intervenção no domínio econômico a que se refere o *caput* do art. 149 da CF, deu provimento ao recurso, para que a receita revelada pelo aporte pecuniário e a receita consideradas as movimentações a serem efetuadas pelo exportador não fiquem, especificamente — sendo o exportador o contribuinte —, sujeitas a sua incidência. Após o voto do Ministro Menezes Direito, que acompanhava o Min. Gilmar Mendes quanto à CPMF, e o Min. Marco Aurélio quanto à CSLL, e os votos dos Ministros Ricardo Lewandowski e Carlos Britto, que negavam provimento ao recurso, pediu vista dos autos a Min. Ellen Gracie. No que se refere ao RE 564413/SC, após o voto do Min. Marco Aurélio, relator, negando provimento ao recurso, no que foi acompanhado pelos Ministros Menezes Direito, Ricardo Lewandowski e Carlos Britto, e os votos dos Ministros Gilmar Mendes, Cármen Lúcia, Eros Grau e Cezar Peluso, dando-lhe provimento, também pediu vista dos autos a Min. Ellen Gracie. **RE 474132/SC, rel. Min. Gilmar Mendes, 3 e 4.12.2008. (RE-474132) RE 564413/SC, rel. Min. Marco Aurélio, 3 e 4.12.2008.** (RE-564413)

BASE DE CÁLCULO DA CSLL E DA CPMF: RECEITAS ORIUNDAS DAS OPERAÇÕES DE EXPORTAÇÃO - 4

O Tribunal retomou julgamento conjunto de dois recursos extraordinários em que se discute, no RE 564413/SC, se a imunidade sobre as receitas decorrentes de exportação, prevista no inciso I do § 2º do art. 149 da CF, incluído pela EC 33/2001 ("*Art. 149. ... § 2º. As contribuições sociais e de intervenção no domínio econômico de que trata o 'caput' deste artigo... I - não incidirão sobre as receitas decorrentes de exportação;*"), alcança a Contribuição Social sobre o Lucro Líquido - CSLL, e, no RE 474132/SC, se tal imunidade alcança tanto a CSLL quanto a Contribuição Provisória sobre Movimentação Financeira - CPMF — v. Informativo 531. Relativamente ao RE 564413/SC, após o voto da Min. Ellen Gracie, que, na linha do voto do Min. Marco Aurélio, relator, negava provimento ao recurso, e do voto do Min. Celso de Mello, que seguia o voto divergente do Min. Gilmar Mendes, no sentido dar provimento ao recurso, o julgamento foi suspenso para aguardar-se o voto de desempate do Min. Joaquim Barbosa. **RE 474132/SC, rel. Min. Gilmar Mendes, 4.8.2010. (RE-474132) RE 564413/SC, rel. Min. Marco Aurélio, 4.8.2010.** (RE-564413)

BASE DE CÁLCULO DA CSLL E DA CPMF: RECEITAS ORIUNDAS DAS OPERAÇÕES DE EXPORTAÇÃO - 5

A Contribuição Social sobre o Lucro Líquido - CSLL e a Contribuição Provisória sobre Movimentação Financeira - CPMF não são alcançadas pela imunidade sobre as receitas decorrentes de exportação prevista no inciso I do § 2º do art. 149 da CF, incluído pela EC 33/2001 ("*Art. 149. ... § 2º. As contribuições sociais e de intervenção no domínio econômico de que trata o 'caput' deste artigo... I - não incidirão sobre as receitas decorrentes de exportação;*"). Com base nessa orientação, o Tribunal, por maioria, desproveu o RE 564413/SC, em que se alegava que a referida imunidade abarcaria a CSLL — v. Informativos 531 e 594. No ponto, prevaleceu o voto do Min. Marco Aurélio, relator. Ele asseverou que, se ficasse entendido que o vocábulo receita, tal com previsto no inciso I do § 2º do art. 149 da CF, englobaria o lucro, acabar-se-ia aditando norma a encerrar benefício para o contribuinte considerada certa etapa, além de deixar capenga o sistema constitucional, no que passaria a albergar a distinção entre receita e lucro, em face da incidência da contribuição social para as pessoas jurídicas em geral (CF, art. 195) e, de forma incongruente, a alusão explícita à receita a ponto de alcançar, também, o lucro quanto a certo segmento de contribuintes — os exportadores. Ressaltou que a EC 33/2001 fora editada à luz do texto primitivo da Carta Federal, não se podendo, em interpretação ampliativa, a ela conferir alcance que com este se mostrasse em conflito. Afirmou que o princípio do terceiro excluído, bem como o sistema constitucional até aqui proclamado pelo Tribunal afastariam a visão de se assentar que, estando o principal — a receita — imune à incidência da contribuição, também o estaria o acessório — o lucro. Concluiu que o legislador poderia ter estendido ainda mais a imunidade, mas, mediante opção político-legislativa constitucional, não o fez, não cabendo ao Judiciário esta tarefa. Vencidos os Ministros Gilmar Mendes, Cármen Lúcia, Eros Grau, Celso de Mello e Cezar Peluso (Presidente), que proviam o recurso. **RE 474132/SC, rel. Min. Gilmar Mendes, 12.8.2010. (RE-474132) RE 564413/SC, rel. Min. Marco Aurélio, 12.8.2010.** (RE-564413)

BASE DE CÁLCULO DA CSLL E DA CPMF: RECEITAS ORIUNDAS DAS OPERAÇÕES DE EXPORTAÇÃO - 6

De igual modo, por maioria, o Tribunal também desproveu o RE 474132/SC, no qual se pleiteava o reconhecimento da imunidade relativamente à CSLL e à CPMF. No tocante à CSLL, ficaram vencidos os Ministros Gilmar Mendes, relator, Cármen Lúcia, Eros Grau, Celso de Mello e Cezar Peluso (Presidente). Quanto à CPMF, prevaleceu o voto do Min. Gilmar Mendes, relator, no sentido de não enquadrá-la na hipótese de imunidade em questão, visto que ela não se vincularia diretamente à operação de exportação, mas a operações posteriormente realizadas, nos termos do art. 2º da Lei 9.311/96. Observou que a exportação, tomada isoladamente, não constituiria fato gerador para a cobrança da CPMF, conforme disposto na aludida lei. Acrescentou que, se fosse o caso de haver imunidade, ela seria garantida ao exportador apenas na operação de entrada do numerário no país, e, após esse primeiro momento, haveria a incidência da CPMF, pois a imunidade não marcaria o resultado da operação indeterminadamente. Assim, uma vez configurada a entrada no país da receita provinda da exportação, igualar-se-iam esses valores a qualquer outro existente no território nacional, de modo a submeter-se às regras pertinentes, inclusive à incidência da CPMF. Vencidos os Ministros Marco Aurélio e Menezes Direito. **RE 474132/SC, rel. Min. Gilmar Mendes, 12.8.2010. (RE-474132) RE 564413/SC, rel. Min. Marco Aurélio, 12.8.2010**. (RE-564413) (Inform. STF 595)

ART. 150, VI, B E C, DA CF: MAÇONARIA E IMUNIDADE TRIBUTÁRIA - 1

A Turma iniciou julgamento de recurso extraordinário em que se discute se templos maçônicos se incluem, ou não, no conceito de "templos de qualquer culto" ou de "instituições de assistência social" para fins de concessão da imunidade tributária prevista no art. 150, VI, b e c, da CF [*"Sem prejuízo de outras garantias asseguradas ao contribuinte, é vedado à União, aos Estados, ao Distrito Federal e aos Municípios: ... VI - instituir impostos sobre: ... b) templos de qualquer culto; c) patrimônio, renda ou serviços dos partidos políticos, inclusive suas fundações, das entidades sindicais dos trabalhadores, das instituições de educação e de assistência social, sem fins lucrativos, atendidos os requisitos da lei;"*]. No caso, alega a recorrente não poderem incidir impostos sobre imóveis que abrigam templos de qualquer culto ou sobre o patrimônio de entidades que pratiquem a assistência social, observados os requisitos da lei (CTN, art. 14, I e II, e § 2º). Para isso, sustenta que — não obstante exista dentro da própria entidade controvérsia sobre o seu caráter religioso — poder-se-ia dizer ser a maçonaria a religião das religiões, na medida em que, além de exigir de seus integrantes a crença em Deus, estimularia no maçom o desenvolvimento da religiosidade, incluindo-se, assim, no conceito de "templos de qualquer culto" para os fins do art. 150, VI, b, da CF. Argumenta, também, enquadrar-se na hipótese do art. 150, VI, c, da CF, dado que seria uma instituição nitidamente com caráter filantrópico. **RE 562351/RS, rel. Min. Ricardo Lewandowski, 13.4.2010**. (RE-562351)

ART. 150, VI, B E C, DA CF: MAÇONARIA E IMUNIDADE TRIBUTÁRIA - 2

Quanto ao disposto no art. 150, VI, b, da CF, o Min. Ricardo Lewandowski negou provimento ao recurso. Inicialmente, observou que a questão central do recurso estaria em saber se a referência a "templos de qualquer culto" alcançaria, ou não, a maçonaria. Aduziu que o art. 5º, VI, da CF seria expresso em assegurar o livre exercício dos cultos religiosos e que uma das formas que o Estado estabelecera para não criar embaraços à prática religiosa fora outorgar imunidade aos templos onde se realizem os respectivos cultos. Enfatizou que, no caso, a interpretação do referido dispositivo deveria ser restritiva, atendendo às razões de sua cogitação original. Consignou, no ponto, que as liberdades deveriam ser interpretadas de forma extensiva, não devendo o Estado criar qualquer óbice à manifestação de consciência, porém, deveria ser dado tratamento diametralmente oposto, ou seja, restritivo às imunidades. Nessa linha, asseverou que, quando a Constituição confere imunidade tributária aos "templos de qualquer culto", este benefício fiscal estaria circunscrito aos cultos religiosos. Registrou, ademais, que a própria entidade, em seu estatuto, declarara enfaticamente não ser uma religião e, por tal razão, pareceria irretocável a decisão *a quo*. No que tange ao art. 150, VI, c, da CF, não conheceu do extraordinário, dado que o cumprimento dos requisitos previstos no art. 14 do CTN constituiria *conditio sine qua non* para o gozo da imunidade tributária outorgada pela CF, sendo inevitável, destarte, o revolvimento do conjunto fático-probatório (Enunciado da Súmula 279 do STF: *"Para simples reexame de prova não cabe recurso extraordinário"*). Após os votos dos Ministros Dias Toffoli, Cármen Lúcia e Ayres Britto, que acompanhavam o voto do relator, pediu vista dos autos o Min. Marco Aurélio. RE 562351/RS, rel. Min. Ricardo Lewandowski, 13.4.2010. (RE-562351) (Inform. STF 582)

IMUNIDADE RECÍPROCA E CAIXA DE ASSISTÊNCIA DOS ADVOGADOS

A imunidade tributária recíproca aplicável à Ordem dos Advogados do Brasil - OAB, quando atua no campo próprio que lhe outorga a Constituição, não se estende às atividades sociais ou de assistência desempenhada pelas respectivas Caixas de Assistência. Com base nesse entendimento, a Turma proveu recurso extraordinário interposto pelo Município de Belo Horizonte contra acórdão do Tribunal de Justiça do Estado de Minas Gerais que considerara imóvel da Caixa de Assistência dos Advogados dessa mesma unidade federativa imune ao pagamento do IPTU. Consignou-se que a imunidade tributária recíproca é garantia direta do Estado contra duas espécies de tensão: a) evitar que atividades imanentes do Estado sofram degradação pelo custo representado pela carga tributária e b) impedir que o tributo seja utilizado como instrumento de pressão indireta, destinado a induzir a postura do ente federado no sentido desejado por outro membro da federação. Aduziu-se que, nestes autos, não se questionaria a imunidade conferida à OAB, mas sim se entidade a ela ligada, destinada especificamente a prestar serviços aos seus associados, também poderia ser considerada como instrumentalidade estatal e, portanto, ser beneficiada pela salvaguarda constitucional. Asseverou-se que, embora as Caixas de Assistência dos Advogados estejam ligadas à estrutura organizacional da OAB (Lei 8.906/94, art. 45, IV), tratar-se-ia de entidades com personalidade jurídica própria (art. 46, § 4º), não se dedicariam primordialmente à defesa da Constituição, da ordem jurídica, do Estado Democrático de Direito etc., tendo por objetivo conceder benefícios pecuniários por motivo de invalidez e outros auxílios de natureza setorial. No ponto, salientou-se que as Caixas de Assistência dos Advogados não se diferenciariam das demais entidades destinadas à outorga de benefícios assistenciais ou previdenciários a seus associados, sejam eles servidores públicos, empregados privados ou quaisquer outras pessoas unidas por laços de afinidade ou de situação fático-jurídica. **RE 233843/MG, rel. Min. Joaquim Barbosa, 1º.12.2009**. (RE-233843) (Inform. STF 570)

REPERCUSSÃO GERAL EM RE N. 599.176-PR

RELATOR: MIN. JOAQUIM BARBOSA

EMENTA: CONSTITUCIONAL. TRIBUTÁRIO. IMUNIDADE TRIBUTÁRIA RECÍPROCA. APLICAÇÃO A CRÉDITO TRIBUTÁRIO CUJA SUJEIÇÃO PASSIVA FOI TRANSFERIDA À UNIÃO POR SUCESSÃO. ART. 150, VI, *A*; ART. 156 E ART. 151, III DA CONSTITUIÇÃO. PROCESSUAL CIVIL. REPERCUSSÃO GERAL DA MATÉRIA CONSTITUCIONAL. Manifestação pela presença do requisito da repercussão geral da matéria constitucional discutida. (Inform. STF 570)

REPERCUSSÃO GERAL EM RE N. 601.392-PR

RELATOR: MIN. JOAQUIM BARBOSA

EMENTA: CONSTITUCIONAL. TRIBUTÁRIO. IMUNIDADE RECÍPROCA. EMPRESA BRASILEIRA DE CORREIOS E TELÉGRAFOS. ACÓRDÃO RECORRIDO QUE DISTINGUE ENTRE SERVIÇOS SUJEITOS AO MONOPÓLIO E SERVIÇOS PRESTADOS EM REGIME DE CONCORRÊNCIA PARA EFEITO DA PROTEÇÃO CONSTITUCIONAL. ART. 150, VI, *A* E §§ 2º E 3º DA CONSTITUIÇÃO. PROCESSUAL CIVIL. PROPOSTA ENCAMINHADA PELA EXISTÊNCIA DO REQUISITO DE REPERCUSSÃO GERAL DA MATÉRIA CONSTITUCIONAL. (Inform. STF 570)

IMUNIDADE TRIBUTÁRIA: ENTIDADE BENEFICENTE DE ASSISTÊNCIA SOCIAL E ELEMENTOS PROBATÓRIOS - 1

A Turma iniciou julgamento de recurso extraordinário em que o Instituto Brasileiro de Análises Sociais e Econômicas - IBASE pleiteia o reconhecimento de imunidade tributária. Sustenta que o acórdão impugnado, ao declarar que a entidade não se enquadraria nos limites estreitos da assistência social, violou o art. 150, IV, c, da CF (*"Art. 150. Sem prejuízo de outras garantias asseguradas ao contribuinte, é vedado à União, aos Estados, ao Distrito Federal e aos Municípios: ... VI - instituir impostos sobre: ... c) patrimônio, renda ou serviços dos partidos políticos, inclusive suas fundações, das entidades sindicais dos trabalhadores, das instituições de educação e de assistência social, sem fins lucrativos, atendidos os requisitos da lei;"*). Alega que o direito à imunidade advém da circunstância de ser sociedade civil sem fins lucrativos, a qual se dedica à prática de funções, atividades e serviços filantrópicos, tipicamente de assistência social; que não distribui lucros; e que se empenha na consecução de objeto reconhecidamente de utilidade pública, estando inscrita no cadastro de entidades do Município do Rio de Janeiro e registrada no Conselho Municipal de Assistência Social do respectivo Estado-membro. O Min. Marco Aurélio, relator, deu provimento ao recurso para, reformando o acórdão questionado, restabelecer o entendimento sufragado na sentença. Inicialmente, ressaltou a necessidade de se fazer distinção entre revolvimento de matéria fática e enquadramento jurídico dos fatos constantes do acórdão recorrido. Considerou que, na espécie, estar-se-ia diante de situação concreta em que se busca o citado enquadramento jurídico, partindo-se das premissas fáticas delineadas soberanamente pela Corte de origem. Enfatizou que se trata de sociedade civil que não distribui lucros entre os sócios, tendo a seu favor o reconhecimento de ser de utilidade pública, o que fora admitido pelo tribunal local. Concluiu que o tribunal de justiça acabou por conferir interpretação restrita ao conceito de atividade social, desconhecendo até mesmo a outorga, em nível federal, do certificado de utilidade pública. Em divergência, a Min. Cármen Lúcia, desproveu o recurso extraordinário ao fundamento de que sua apreciação envolveria questão de prova. Após, o Min. Ricardo Lewandowski pediu vista dos autos. **RE 428170/RJ, rel. Min. Marco Aurélio, 9.9.2008**. (RE-428170)

IMUNIDADE TRIBUTÁRIA: ENTIDADE BENEFICENTE DE ASSISTÊNCIA SOCIAL E ELEMENTOS PROBATÓRIOS - 2

Em conclusão de julgamento, a Turma, por considerar que a apreciação do caso envolveria questão de prova, desproveu, em votação majoritária, recurso extraordinário em que o Instituto Brasileiro de Análises Sociais e Econômicas - IBASE pleiteava o reconhecimento de imunidade tributária — v. Informativo 519. Sustentava-se que o acórdão impugnado, ao declarar que a entidade não se enquadraria nos limites estreitos da assistência social, violara o art. 150, VI c, da CF (*"Art. 150. Sem prejuízo de outras garantias asseguradas ao contribuinte, é vedado à União, aos Estados, ao Distrito Federal e aos Municípios: ... VI - instituir impostos sobre: ... c) patrimônio, renda ou serviços dos partidos políticos, inclusive suas fundações, das entidades sindicais dos trabalhadores, das instituições de educação e de assistência social, sem fins lucrativos, atendidos os requisitos da lei;"*). Alegava-se que o direito à imunidade adviria da circunstância de ser sociedade civil sem fins lucrativos, a qual se dedica à prática de funções, atividades e serviços filantrópicos, tipicamente de assistência social, que não distribui lucros, e que se empenha na consecução de objeto reconhecidamente de utilidade pública, estando inscrita no cadastro de entidades do Município do Rio de Janeiro e registrada no Conselho Municipal de Assistência Social do respectivo Estado-membro. Asseverou-se que a discussão sobre os requisitos autorizadores da imunidade tributária demandaria, em regra, o exame de matéria de fato, de modo a atrair a incidência do Enunciado 279 da Súmula do STF (*"Para simples reexame de prova não cabe recurso extraordinário."*). Vencido o Min. Marco Aurélio que provia o recurso. **RE 428170/RJ rel. orig. Min. Marco Aurélio, red. p/ o acórdão Min. Cármen Lúcia, 27.10.2009.** (RE-428170) (Inform. STF 565)

RE N. 202.987-SP

RELATOR: MIN. JOAQUIM BARBOSA

EMENTA: CONSTITUCIONAL. TRIBUTÁRIO. IMUNIDADE. ENTIDADE DE ASSISTÊNCIA SOCIAL E EDUCAÇÃO SEM FINS LUCRATIVOS. INAPLICABILIDADE ÀS HIPÓTESES DE RESPONSABILIDADE OU SUBSTITUIÇÃO TRIBUTÁRIA. IMPOSTO SOBRE OPERAÇÃO DE CIRCULAÇÃO DE MERCADORIAS - ICM/ICMS. LANÇAMENTO FUNDADO NA RESPONSABILIDADE DO SERVIÇO SOCIAL DA INDÚSTRIA - SESI PELO RECOLHIMENTO DE TRIBUTO INCIDENTE SOBRE A VENDA DE MERCADORIA ADQUIRIDA PELA ENTIDADE. PRODUTOR-VENDEDOR CONTRIBUINTE DO TRIBUTO. TRIBUTAÇÃO SUJEITA A DIFERIMENTO. Recurso extraordinário interposto de acórdão que considerou válida a responsabilização tributária do Serviço Social da Indústria - SESI pelo recolhimento de ICMS devido em operação de circulação de mercadoria, sob o regime de diferimento. Alegada violação do art. 150, IV, *c* da Constituição, que dispõe sobre a imunidade das entidades assistenciais sem fins lucrativos. A responsabilidade ou a substituição tributária não alteram as premissas centrais da tributação, cuja regra-matriz continua a incidir sobre a operação realizada pelo contribuinte. Portanto, a imunidade tributária não afeta, tão-somente por si, a relação de responsabilidade tributária ou de substituição e não exonera o responsável tributário ou o substituto. Recurso extraordinário conhecido, mas ao qual se nega provimento.
Noticiado no Informativo 553 (Inform. STF 560)

ACO N. 765-RJ

RELATOR P/ O ACÓRDÃO: MIN. MENEZES DIREITO

Tributário. Imunidade recíproca. Art. 150, VI, "a", da Constituição Federal. Extensão. Empresa pública prestadora de serviço público. Precedentes da Suprema Corte. 1. Já assentou a Suprema Corte que a norma do art. 150, VI, "a", da Constituição Federal alcança as empresas públicas prestadoras de serviço público, como é o caso da autora, que não se confunde com as empresas públicas que exercem atividade econômica em sentido estrito. Com isso, impõe-se o reconhecimento da imunidade recíproca prevista na norma supracitada. 2. Ação cível originária julgada procedente. (Inform. STF 558)

IMUNIDADE TRIBUTÁRIA E SERVIÇO DE IMPRESSÃO GRÁFICA - 1

A Turma iniciou julgamento de agravo regimental interposto contra decisão do Min. Cezar Peluso que dera provimento a recurso extraordinário, do qual relator, para afastar a imunidade tributária sobre prestação de serviços de confecção/impressão (insumos intangíveis) de jornais para terceiro. A empresa jornalística, ora agravante, sustenta que a decisão questionada dera interpretação restritiva ao Enunciado 657 da Súmula do STF (*"A imunidade prevista no art. 150, VI, d, da Constituição Federal abrange os filmes e papéis fotográficos necessários à publicação de jornais e periódicos."*) e que os serviços de impressão gráfica seriam imprescindíveis à fabricação de jornais e periódicos. **RE 434826 AgR/MG, rel. Min. Cezar Peluso, 4.3.2008.** (RE-434826)

IMUNIDADE TRIBUTÁRIA E SERVIÇO DE IMPRESSÃO GRÁFICA - 2

O Min. Cezar Peluso negou provimento ao recurso por considerar que o requisito da gravidade da tributação do serviço não fora cumprida, critério este cujo atendimento deve ser cumulativo com o da indispensabilidade desse mesmo serviço. Inicialmente, asseverou que, embora a imunidade prevista no art. 150, VI, d, da CF (*"Art. 150. Sem prejuízo de outras garantias asseguradas ao contribuinte, é vedado à União, aos Estados, ao Distrito Federal e aos Municípios: ... VI - instituir impostos sobre: ... d) livros, jornais, periódicos e o papel destinado a sua impressão."*) pareça abranger apenas as publicações e o papel destinado à impressão, a jurisprudência da Corte lhe foi conferindo maior alcance à luz da singularidade de cada caso. Entendeu que a espécie trataria de situação em que o serviço seria essencial, mas o negócio ou a atividade em si não sofreria com a tributação. Assinalou que a correta interpretação do preceito estaria em subordinar a incidência da norma constitucional de imunidade à coexistência, como suporte fático, de um fato jurídico em sentido lato, que seria a natureza da instituição ou do negócio normativamente previsto, com um preciso fato econômico representado pela conseqüência teórica de eventual tributação colocar em risco ou, até, inviabilizar a atividade econômica do contribuinte por conta do encarecimento exacerbado de custos e da correlata formação de preços exorbitantes. Ressaltou que outra exegese, nos seus extremos, transformaria em subjetiva a imunidade a que a Constituição atribuíra feição objetiva. Assim, concluiu que da indispensabilidade do serviço em relação ao desempenho do negócio não adviria automaticamente a imunidade pretendida pela agravante, uma vez que, não obstante necessário o serviço de impressão gráfica, sua tributação não implicaria risco de inviabilidade da atividade de confecção de jornais. Após, pediu vista dos autos o Min. Eros Grau. **RE 434826 AgR/MG, rel. Min. Cezar Peluso, 4.3.2008.** (RE-434826)

IMUNIDADE TRIBUTÁRIA E SERVIÇO DE IMPRESSÃO GRÁFICA - 3

A Turma retomou julgamento de agravo regimental interposto contra decisão do Min. Cezar Peluso, que provera recurso extraordinário, do qual relator, para afastar a imunidade tributária sobre prestação de serviços de confecção/impressão (insumos intangíveis) de jornais para terceiro — v. Informativo 497. A empresa jornalística, ora agravante, sustenta que a decisão questionada dera interpretação restritiva ao Enunciado 657 da Súmula do STF ("A imunidade prevista no art. 150, VI, 'd', da Constituição Federal abrange os filmes e papéis fotográficos necessários à publicação de jornais e periódicos.") e que os serviços de impressão gráfica seriam imprescindíveis à fabricação de jornais e periódicos. O Min. Eros Grau, em voto-vista, proveu o agravo regimental, para negar seguimento ao recurso extraordinário interposto pelo Município agravado. De início, aduziu que a jurisprudência da Corte é ampla no sentido de afirmar a imunidade das mercadorias e dos serviços essenciais à impressão e publicação de jornais à incidência de tributos, especificamente no que tange ao imposto sobre serviços. Enfatizou que a imunidade abrange o conjunto de todos os serviços indispensáveis à produção do livro ou jornal e que, na espécie, o serviço de impressão gráfica seria imprescindível à confecção de jornais e periódicos. Assentou, contudo, que não bastaria a indispensabilidade do serviço para que ocorresse a imunidade, sendo necessário, também, que a tributação desse serviço pudesse conduzir a estorvo ou impedimento de atividade, requisito esse que, na espécie, não teria sido atendido. Repeliu, no ponto, a assertiva de que a incidência do ISS poderia se dar, no caso, porque seria modesta a influência que apresentaria na formação dos custos operacionais da empresa. Salientou que, para que se pudesse verificar se haveria incidência gravosa, seria indispensável que ela, incidência, ocorresse. Entretanto, como a imunidade exclui a incidência, seria inviável a valoração da gravidade, ou não, do que não pode existir. Daí não caber a avaliação se o Estado, em situações de imunidade, exerce o poder de tributar de modo gravoso, uma vez que tal indagação sobre "gravosidade" ou onerosidade excessiva seria impertinente. Assim, reiterou que qualquer incidência tributária no campo abrangido pela imunidade seria incompatível com a preservação e resguardo dos valores jurídicos que a imunidade visa proteger. Após, pediu vista dos autos o Min. Joaquim Barbosa. **RE 434826 AgR/MG, rel. Min. Cezar Peluso, 31.3.2009.** (RE-434826)

IMUNIDADE TRIBUTÁRIA E SERVIÇO DE IMPRESSÃO GRÁFICA - 4

A Turma retomou julgamento de agravo regimental interposto contra decisão do Min. Cezar Peluso, que provera recurso extraordinário, do qual relator, para afastar a imunidade tributária sobre a prestação de serviços de confecção/impressão (insumos intangíveis) de jornais para terceiro. A empresa jornalística, ora agravante, sustenta que a decisão questionada dera interpretação restritiva ao Enunciado 657 da Súmula do STF ("A imunidade prevista no art. 150, VI, 'd', da Constituição Federal abrange os filmes e papéis fotográficos necessários à publicação de jornais e periódicos.") e que os serviços de impressão gráfica seriam imprescindíveis à fabricação de jornais e periódicos — v. Informativos 497 e 591. O Min. Joaquim Barbosa, em voto-vista, acompanhou o relator e negou provimento ao agravo regimental. Inicialmente, salientou que a imunidade implica uma limitação constitucional no campo da competência tributária, de modo a proibir os entes federados de instituir tributos sobre certas materialidades ou de sujeitar determinadas pessoas ao pagamento de exações fiscais. Em seguida, fez um resumo sobre a jurisprudência do STF relativamente à imunidade prevista no art. 150, VI, d, da CF e enfatizou que a orientação da Corte oscila entre 2 valores na busca da salvaguarda constitucional. De um lado, a constatação de que esta imunidade é objetiva e que fugiria à caracterização da imunidade tributária juízo sobre o valor artístico, literário ou de informação das obras. De outro, a tentativa de assegurar que a imunidade proteja valores constitucionais fundamentais — direitos à informação, à educação e à cultura —, o que justificaria a extensão do benefício a todas as operações ligadas ao ciclo produtivo e de circulação de livros, jornais e periódicos. Contudo, assentou que o alcance da imunidade não poderia transpor os limites do objeto protegido, abrangendo apenas os impostos incidentes sobre materialidades próprias das operações com livros, jornais, periódicos e com o papel destinado a sua impressão. Dessa forma, não extravasaria para outras espécies tributárias nem alcançaria bens e serviços utilizados ao longo da cadeia produtiva, ou seja, os insumos que não se manifestariam como etapas inerentes à própria definição do ciclo produtivo dos bens. Não obstante mencionar o alto valor atribuído pela Constituição à educação e à livre circulação de idéias, de pensamentos e de opiniões, registrou que as operações de circulação de livros, jornais e periódicos são franqueadas às iniciativas pública e privada, que as podem explorar com inequívoco intuito econômico e lucrativo. Aduziu que tais operações manifestariam capacidade contributiva para os seus executores e que, à luz dessa capacidade, a importância da educação e do direito à livre expressão não se aplicariam à construção de um direito puro e simples a não tributação de quaisquer operações ligadas à produção de livros, jornais e periódicos — desenvolvida com viés lucrativo — tão-somente para que se garanta o benefício de redução de custos que hipoteticamente reverteriam aos consumidores. Assim, considerou aplicáveis as ponderações feitas pelo relator quanto a ser necessário indicar a intensidade do risco que a tributação de determinada atividade desempenhada por terceiros imporia à circulação de livros, jornais e periódicos. Após, pediu vista dos autos o Min. Celso de Mello. **RE 434826 AgR/MG, rel. Min. Cezar Peluso, 9.6.2009.** (RE-434826) (Inform. STF 550)

ECT: IPVA E IMUNIDADE TRIBUTÁRIA

Na linha da orientação firmada no julgamento da ACO 959/RN (DJE de 16.5.2008), no sentido de que a norma do art. 150, VI, a, da CF alcança as empresas públicas prestadoras de serviço público, o Tribunal, por maioria, julgou procedente pedido formulado em ação cível originária proposta pela Empresa Brasileira de Correios e Telégrafos - ECT contra o Estado do Rio de Janeiro, para afastar a cobrança do IPVA, bem como as sanções decorrentes da inadimplência do tributo. Vencidos os Ministros Marco Aurélio, relator, e Ricardo Lewandowski, que julgavam o pleito improcedente, por reputarem inaplicável, à autora, a imunidade recíproca, haja vista ser ela empresa pública com natureza de direito privado que explora atividade econômica. Vencido, parcialmente, o Min. Joaquim Barbosa, que julgava o pedido procedente em parte. Em seguida, o Tribunal, também por votação majoritária, resolveu questão de ordem, suscitada pelo Min. Menezes Direito, para autorizar os Ministros a decidirem, monocrática e definitivamente, nos termos da decisão desta ação cível originária, recursos e outras causas que versem sobre o mesmo tema. Vencido, no ponto, o Min. Marco Aurélio. ACO 765/RJ, rel. orig. Min. Marco Aurélio, red. p/ o acórdão Min. Menezes Direito, 13.5.2009. (ACO-765) (Inform. STF 546)
(Comentário: ver Informativo STF 648, RE 601.392/PR, em que se discute a extensão da imunidade em favor da ECT, em relação ao ISS)

IMUNIDADE TRIBUTÁRIA E ATIVIDADES DE LAZER

A Turma negou provimento a recurso extraordinário em que o Município de São Paulo pretendia tributar imóvel (IPTU) de propriedade de fundação caracterizada como entidade de assistência social. O recorrente alegava que a imunidade alcançaria apenas os imóveis vinculados a atividade específica da fundação e não clube utilizado por funcionários desta com fins de recreação e lazer. Asseverou-se que o emprego do imóvel para tais propósitos não configura desvio de finalidade em relação aos objetivos da entidade filantrópica. Dessa forma, concluiu-se que a decisão impugnada — que afastara o desvio de finalidade com o intuito de assegurar a imunidade tributária com base no reconhecimento de que a atividade de recreação e lazer está no alcance das finalidades da fundação — não violou o art. 150, § 4º da CF (*"Art. 150. Sem prejuízo de outras garantias asseguradas ao contribuinte, é vedado à União, aos Estados, ao Distrito Federal e aos Municípios: ... VI - instituir impostos sobre: ... c) patrimônio, renda ou serviços dos partidos políticos, inclusive suas fundações, das entidades sindicais dos trabalhadores, das instituições de educação e de assistência social, sem fins lucrativos, atendidos os requisitos da lei; ... § 4º - As vedações expressas no inciso VI, alíneas "b" e "c", compreendem somente o patrimônio, a renda e os serviços, relacionados com as finalidades essenciais das entidades nelas mencionadas."*). **RE 236174/SP, rel. Min. Menezes Direito, 2.9.2008.** (RE-236174) (Inform. STF 518)

IMUNIDADE TRIBUTÁRIA RECÍPROCA: INCRA E EXPLORAÇÃO DE UNIDADE AGROINDUSTRIAL

A Turma proveu recurso extraordinário para reconhecer imunidade tributária recíproca ao Instituto Nacional de Colonização e Reforma Agrária - INCRA (CF, art. 150, VI, a, e § 2º), relativamente ao não recolhimento de ICMS por eventual exploração de unidade agroindustrial. No caso, a mencionada autarquia federal era mantenedora de unidade agroindustrial que, em virtude de desapropriação ocorrida para sanar conflito social na área em que instalada, passara a integrar o acervo patrimonial da recorrente. Entendeu-se que a atividade exercida pela autarquia não se enquadra dentre aquelas sujeitas ao regime tributário próprio das empresas privadas, considerando que a ocasional exploração dessa unidade está no âmbito de sua destinação social em setor relevante para a vida nacional. Observou-se que a imunidade tributária só deixa de operar quando a natureza jurídica da entidade estatal é de exploração de atividade econômica, o que não ocorrera na espécie. **RE 242827/PE, rel. Min. Menezes Direito, 2.9.2008.** (RE-242827) (Inform. STF 518)

CERTIFICADO DE ENTIDADE DE FINS FILANTRÓPICOS E GRATUIDADE - 3

Em continuação de julgamento, a Turma, por proposta do Min. Marco Aurélio, decidiu afetar ao Plenário exame de recurso ordinário em mandado de segurança no qual instituição beneficente de assistência social pretende, para gozar da imunidade prevista no art. 195, § 7º, da CF (*"§ 7º - São isentas de contribuição para a seguridade social as entidades beneficentes de assistência social que atendam às exigências estabelecidas em lei."*), a renovação do seu certificado de entidade de fins filantrópicos, pedido este indeferido pelo Conselho Nacional de Assistência Social - CNAS, porquanto não comprovada a aplicação anual de, pelo menos, 20% da receita bruta em gratuidade — v. Informativo 418. Alega-se, na espécie, que o Decreto 752/93, ao determinar a aplicação do aludido percentual, possui natureza autônoma, haja vista a inexistência de lei que estabeleça tal obrigatoriedade. Nesse sentido, aduz-se que a imunidade constitui limitação ao poder de tributar e que a expressão *"em lei"*, contida na parte final do citado § 7º, deve ser entendida como lei complementar, em razão do que estabelece o art. 146, II, da CF (*"Art. 146. Cabe à lei complementar: ... II - regular as limitações constitucionais ao poder de tributar;"*). Assim, na falta de lei complementar específica disciplinando as condições a serem preenchidas pelas entidades beneficentes, devem incidir apenas os requisitos dispostos nos artigos 9º e 14 do CTN. Sustenta-se, também, ofensa à orientação adotada pelo STF no julgamento da ADI 2028 MC/DF (DJU de 16.6.2000), em que suspensa a eficácia do art. 55, III, da Lei 8.212/91. **RMS 24065/DF, rel. Min. Eros Grau, 3.6.2008.** (RMS-24065) (Inform. STF 509)

IMUNIDADE TRIBUTÁRIA: CEMITÉRIOS E EXTENSÕES DE ENTIDADES DE CUNHO RELIGIOSO

O Tribunal deu provimento a recurso extraordinário interposto pela Sociedade da Igreja de São Jorge e Cemitério Britânico contra acórdão da Câmara Cível Especializada do Tribunal de Justiça do Estado da Bahia que entendera que a imunidade tributária prevista no art. 150, VI, b, da CF não se aplicaria aos cemitérios, porque estes não poderiam ser equiparados a templos de culto algum. Distinguindo a situação dos cemitérios que consubstanciam extensões de entidades de cunho religioso da daqueles que são objeto de exploração comercial por empresas que alugam ou vendem jazigos, asseverou-se que apenas a primeira hipótese estaria abrangida pela aludida imunidade tributária. Considerou-se que o cemitério analisado seria uma extensão da capela destinada ao culto da religião anglicana, situada no mesmo imóvel, e que a recorrente seria uma entidade filantrópica sem fins lucrativos, titular do domínio útil desse imóvel, dedicada à preservação da capela, do cemitério e dos jazigos, bem assim do culto da religião anglicana professada nas suas instalações. Reportou-se ao que decidido no RE 325822/SP (DJU de 14.5.2004), no sentido de que a imunidade do art. 150, VI, b, da CF contemplaria não apenas os prédios destinados ao culto, mas o patrimônio, a renda e os serviços relacionados com as finalidades essenciais das entidades mencionadas nesse preceito, e que a regra do seu § 4º serviria de vetor interpretativo dos textos das alíneas b e c do seu inciso VI. Assim, tendo em conta tratar-se, na espécie, de mesmo imóvel, parcela do patrimônio da recorrente, entendeu-se que o cemitério seria alcançado pela garantia contemplada no art. 150, a qual seria desdobrada do disposto nos artigos 5º, VI e 19, I, todos da CF. Aduziu-se, ao final, que a imunidade dos tributos, de que gozam os templos de qualquer culto, é projetada a partir da proteção aos locais de culto e a suas liturgias e da salvaguarda contra qualquer embaraço ao seu funcionamento. Daí, da interpretação da totalidade que o texto da Constituição é, sobretudo dos referidos artigos, concluiu-se que, no caso, o IPTU não incidiria. **RE 578562/BA, rel. Min. Eros Grau, 21.5.2008**. (RE-578562) (Inform. STF 507)

IMUNIDADE TRIBUTÁRIA: CEMITÉRIOS E EXPLORAÇÃO COMERCIAL - 1

O Tribunal iniciou julgamento de recurso extraordinário interposto contra acórdão do extinto Primeiro Tribunal de Alçada Civil do Estado de São Paulo, que reputara válida a incidência do IPTU sobre imóvel, pertencente à recorrente, alugado a empresa que o explorava como cemitério privado. Sustenta-se que a propriedade imóvel em questão é imune, nos termos do art. 150, VI, b, da CF, e que a expressão "templos" deve ser interpretada de forma a abranger não apenas os edifícios destinados à celebração pública dos ritos religiosos, mas também os respectivos anexos, haja vista que em frente aos túmulos são prestadas homenagens e desenvolvidos ritos que configuram o culto previsto na norma constitucional. O Min. Joaquim Barbosa, relator, negou provimento ao recurso, no que foi acompanhado pelos Ministros Cármen Lúcia, Ricardo Lewandowski, Cezar Peluso e Marco Aurélio. Ressaltando que a propriedade imóvel que se pretende imune pertenceria a uma pessoa natural e laica; teria sido alugada a uma empresa privada sem qualquer vínculo com as finalidades institucionais típicas de entidade eclesiástica; bem como utilizada em atividade econômico-lucrativa cujo produto não seria destinado à manutenção de atividades institucionais essenciais a qualquer entidade religiosa, entendeu não aplicável, à espécie, a orientação fixada pelo STF em vários precedentes e constante do Enunciado da Súmula 724, no sentido de que não pode haver tributação de imóveis pertencentes a entidades imunes, ainda quando alugadas a terceiros, sempre que a renda obtida seja empregada nas atividades essenciais dessas entidades. RE 544815/SP, rel. Min. Joaquim Barbosa, 21.5.2008. (RE-544815)

IMUNIDADE TRIBUTÁRIA: CEMITÉRIOS E EXPLORAÇÃO COMERCIAL - 2

O Min. Joaquim Barbosa rejeitou, em seguida, a alça da do terreno em exame à condição de templo de qualquer culto. Ressaltou, no ponto, que a expressão "templo" abrangeria os anexos e outras construções nos quais a entidade religiosa desempenhasse atividades essenciais à consecução de seus objetivos institucionais, mas que não seria coerente, partindo dessa premissa, concluir que terrenos explorados comercialmente por entidades não eclesiásticas, para fins que não são necessariamente próprios à expressão da crença, fossem considerados templos. Além disso, ressaltou que a propriedade imóvel de que se trata seria destinada à prestação de serviços funerários e ao sepultamento, e sendo o serviço funerário atividade de interesse público, especificamente de saúde pública e de saneamento, não se trataria ontologicamente de questão de índole religiosa. Aduziu que, para reformar o acórdão recorrido, também seria necessário reconhecer que a pessoa que explora o terreno se dedicasse inexoravelmente à prática de ritos religiosos fúnebres, o que não estaria comprovado nos autos, sendo, ademais, lícito presumir que a execução de ritos religiosos não seria obrigatória, porque o cemitério não seria exclusivo ao sepultamento de fiéis de uma ou outra religião. Afirmou, ademais, que o serviço funerário se submeteria à regra que o exclui da imunidade se desempenhado por particular em regime de concessão ou delegação (CF, art. 150, §§ 2º, 3º e 4º), devendo, por isso, ser tributado o terreno utilizado para tal atividade. **RE 544815/SP, rel. Min. Joaquim Barbosa, 21.5.2008**. (RE-544815)

IMUNIDADE TRIBUTÁRIA: CEMITÉRIOS E EXPLORAÇÃO COMERCIAL - 3

O relator reputou, ainda, adequado prosseguir no exame da questão, trazendo ponderações sobre a racionalidade subjacente à construção do campo de imunidade aplicável aos templos de qualquer culto, a capacidade contributiva, a livre iniciativa e a livre concorrência. Disse que a imunidade tributária dos templos de qualquer culto se distanciaria das demais normas de imunização tributária em função da postura constitucional imposta à atuação do Estado em relação à liberdade de culto. Para ele, a imunidade tributária dos templos de qualquer culto seria uma salvaguarda à neutralidade do Estado em relação à liberdade religiosa, servindo como mecanismo para impedir que a cobrança de impostos operasse como instrumento de pressão às confissões religiosas, e para desestimular o arrefecimento das atividades institucionais que lhe são peculiares. Dessa forma, a tributação de bens de terceiros aplicados com intuito econômico ou individual não traria nenhum risco à neutralidade do Estado em matéria de religião. Por outro lado, a não tributação redundaria em chapada vantagem econômica ao particular que decidiu explorar economicamente o seu bem. Fugiria, portanto, à racionalidade extraída da Constituição o uso da imunidade tributária como instrumento que viesse a beneficiar atividades desenvolvidas por entidades não eclesiásticas exercidas com inequívoco intuito lucrativo individual. **RE 544815/SP, rel. Min. Joaquim Barbosa, 21.5.2008**. (RE-544815)

IMUNIDADE TRIBUTÁRIA: CEMITÉRIOS E EXPLORAÇÃO COMERCIAL - 4

Reportando-se ao voto-vista que proferira no julgamento do RE 451152/RJ (DJU de 27.4.2007), o relator concluiu que não estariam presentes, na hipótese, nenhum dos requisitos objetivos ou subjetivos necessários ao reconhecimento da imunidade tributária. Em suma, o terreno não pertenceria a entidade eclesiástica, não seria utilizado por entidade eclesiástica, nem em atividade inerente à atividade eclesiástica. Além disso, a tributação do terreno não traria qualquer risco à liberdade de culto, sendo que tanto a pessoa natural titular do domínio do terreno que o explora economicamente, como a pessoa jurídica, que também o faz, mediante a comercialização de jazigos, demonstrariam capacidade contributiva e finalidade não religiosa. Por fim, a não tributação implicaria, ainda, risco à livre concorrência, à livre iniciativa e à isonomia. Em divergência, o Min. Carlos Britto deu provimento ao recurso, por entender, conjugando a regra de imunidade de templos de qualquer culto (art. 150, VI, b) com a do art. 5º, VI, que a Constituição teria por objetivo favorecer, proteger o local de culto, caracterizador de uma liberdade individual que ela tem por inviolável. Ressaltou que esse local de culto valeria por si mesmo, nada tendo a ver com a entidade que eventualmente o vitalizasse, inclusive economicamente. Assim, a Constituição, sem esperar pela lei, já teria consagrado a imunidade aos templos, ou seja, locais, espaços físicos, de qualquer culto, sendo esse pronome "qualquer" da maior abrangência material, institucional, possível, alcançando o cemitério, local de reverência, adoração e veneração de pessoas queridas. Haveria, portanto, uma preponderância do religioso sobre o econômico. Após, pediu vista dos autos o Min. Celso de Mello. **RE 544815/SP, rel. Min. Joaquim Barbosa, 21.5.2008**. (RE-544815) (Inform. STF 507)

IMUNIDADE TRIBUTÁRIA: ART. 150, VI, D, DA CF E PEÇAS SOBRESSALENTES 1125

A Turma iniciou julgamento de recurso extraordinário em que se discute a abrangência normativa da imunidade tributária a que se refere o art. 150, VI, d, da CF ("*Art. 150. Sem prejuízo de outras garantias asseguradas ao contribuinte, é vedado à União, aos Estados, ao Distrito Federal e aos Municípios: ... VI - instituir impostos sobre: ... d) livros, jornais, periódicos e o papel destinado a sua impressão.*"). No caso, a União sustenta a exigibilidade dos seguintes impostos: sobre circulação de mercadorias – ICMS, sobre produtos industrializados – IPI e de importação - II no despacho aduaneiro de peças sobressalentes de equipamento de preparo e acabamento de chapas de impressão *off set* para jornais. O Min. Menezes Direito, relator, aplicando precedentes da Corte no sentido de que as peças sobressalentes para equipamento de impressão de jornais não estão alcançadas pela imunidade prevista no art. 150, IV, d, da CF, deu provimento ao recurso. Enfatizou que somente os insumos diretos estariam incluídos nessa benesse e que, na espécie, tratar-se-ia de equipamento acessório. O Min. Ricardo Lewandowski acompanhou o voto do relator. Em divergência, os Ministros Carlos Britto e Marco Aurélio, ao conferirem interpretação teleológica ao aludido dispositivo constitucional, desproveram o recurso por considerar que o objetivo maior da norma seria viabilizar, sem ônus maiores, a divulgação de idéias. Assim, a imunidade conferida a livros, jornais e periódicos abrangeria todo e qualquer insumo ou ferramenta indispensável à edição desses veículos de comunicação. Após, o julgamento foi adiado a fim de se aguardar o voto de desempate da Min. Cármen Lúcia. **RE 202149/RS, rel. Min. Menezes Direito, 13.5.2008**. (RE-202149) (Inform. STF 506)
(Comentário: ver Informativo STF 624 – conclusão do julgamento)

IMUNIDADE TRIBUTÁRIA E ENTIDADE BENEFICENTE

A Turma, resolvendo questão de ordem, referendou liminar concedida pelo Min. Gilmar Mendes que, em ação cautelar da qual relator, concedera efeito suspensivo a recurso extraordinário interposto por entidade hospitalar contra acórdão proferido pelo Tribunal de Justiça do Estado do Rio Grande do Sul. O acórdão impugnado, ao afastar a imunidade prevista no art. 150, VI, c, da CF, reformara sentença declaratória da inexigibilidade de IPTU sobre os imóveis da autora, bem como de ISS sobre serviços por ela prestados nos moldes estabelecidos no seu estatuto social. Inicialmente, consideraram-se presentes os requisitos configuradores da atribuição de efeito suspensivo ao recurso extraordinário, já em processamento nesta

Corte. Entendeu-se que a circunstância de a requerente ter jus à classificação de entidade assistencial no plano federal, inclusive quanto às contribuições sociais, indicaria, em princípio, a plausibilidade jurídica da tese de sua imunidade em relação ao IPTU e ao ISS. Ademais, salientou-se que o STF possui entendimento consolidado no sentido de que as entidades de assistência social sem fins lucrativos gozam de imunidade dos aludidos impostos, nos termos do art. 150, VI, c, da CF (*"Art. 150. Sem prejuízo de outras garantias asseguradas ao contribuinte, é vedado à União, aos Estados, ao Distrito Federal e aos Municípios:... VI - instituir impostos sobre:... c) patrimônio, renda ou serviços... das instituições de educação e de assistência social, sem fins lucrativos, atendidos os requisitos da lei;"*). **Precedentes citados: RE 325822/SP (DJU de 14.5.2004) e AI 481586 AgR/MG (DJU de 24.2.2006). AC 1864 QO/RS, rel. Min. Gilmar Mendes, 26.2.2008.** (AC-1864) (Inform. STF 496)

INFRAERO E IMUNIDADE TRIBUTÁRIA RECÍPROCA

A Empresa Brasileira de Infra-Estrutura Aeroportuária - INFRAERO está abrangida pela imunidade tributária recíproca, prevista no art. 150, VI, a, da CF (*"Sem prejuízo de outras garantias asseguradas ao contribuinte, é vedado à União, aos Estados, ao Distrito Federal e aos Municípios:... VI - instituir impostos sobre: a) patrimônio, renda ou serviços, uns dos outros;"*), haja vista tratar-se de empresa pública federal que tem por atividade-fim prestar serviços de infra-estrutura aeroportuária, mediante outorga da União, a quem constitucionalmente deferido, em regime de monopólio, tal encargo (CF, art. 21, XII, c). Com base nesse entendimento, a Turma manteve decisão monocrática do Min. Celso de Mello que negara provimento a recurso extraordinário, do qual relator, em que o Município de Salvador pleiteava a incidência do ISS sobre a atividade desempenhada pela ora agravada. Precedentes citados: RE 265749/SP (DJU de 2.2.2007); RE 357291/PR (DJU de 2.6.2006); RE 407099/RS (DJU de 6.8.2004). RE 363412 AgR/BA, rel. Min. Celso de Mello, 7.8.2007. (RE-363412) (Inform. STF 475)

IMUNIDADE TRIBUTÁRIA. FUNDAÇÕES PRIVADAS.

Trata-se de REsp no qual se discute a imunidade tributária de fundações privadas que prestam serviços relacionados à educação. *In casu*, o Tribunal *a quo* entendeu que as duas fundações, ora recorridas, enquadram-se como instituições de educação e, mais ainda, ressaltou que o serviço que o recorrente pretende tributar tem ligação direta com as finalidades estatutárias de ambas as fundações, relacionadas com educação e com ensino, o que lhes dá direito à imunidade pretendida. Diante disso, nesta instância especial, entendeu-se que, tendo a Corte de origem, após a análise do contexto fático-probatório dos autos, concluído pelo enquadramento das recorridas na definição de instituição de educação, não há como rever tal matéria (Súmula n. 7-STJ). Outrossim, quanto à alegação de não haver registros das recorridas como entidades de educação no órgão competente, observou-se carecer tal alegação de embasamento legal, não tendo o recorrente apontado efetivamente qual a legislação federal violada pelo acórdão. Por fim, no que se refere à necessidade do prévio requerimento administrativo ao ente competente para a cobrança do ISS, no caso, ao próprio recorrente, para a declaração dele sobre o enquadramento ou não das recorridas como entidades educacionais ou de assistência social, o TJ não tratou dessa questão, tampouco foram opostos embargos declaratórios para suprir tal omissão, incidindo, assim, a Súmula n. 282-STF. Nesse contexto, a Turma não conheceu do recurso. **REsp 928.549-DF, Rel. Min. Herman Benjamin, julgado em 6/10/2009.** (Inform. STJ 410)

ENTIDADE FILANTRÓPICA. CONTRADIÇÃO. ACÓRDÃO. PERÍCIA.

Em ação que discute imunidade tributária de entidade beneficente de assistência social, o Min. Relator afirmou não ser contraditório o acórdão *a quo* que reconheceu a necessidade de perícia para a demonstração da veracidade dos argumentos, mas negou o direito postulado em razão de não ter a parte requerido, a tempo e modo, a realização dessa prova técnica. Ademais destacou que o acórdão recorrido não se baseou só na necessidade de perícia dos documentos trazidos a juízo, mas também na ausência de prova concreta de preenchimento de todos os requisitos exigidos em lei como a declaração de utilidade pública. Outrossim conclui que o reexame do preenchimento dos requisitos previstos no art. 55 da Lei n. 8.212/1991 para o gozo da imunidade do art. 195, § 7º, da CF/ 1988 seria reexame de matéria fática na qual incide a Súm. n. 7-STJ. Dessa forma, a Turma, ao prosseguir o julgamento, conheceu em parte do recurso e lhe negou provimento. **REsp 1.042.525-RS, Rel. Min. Castro Meira, julgado em 5/8/2008.** (Inform. STJ 362)

MS. CERTIFICADO. ENTIDADE BENEFICENTE. ASSISTÊNCIA SOCIAL.

A Seção, em questão de ordem, decidiu que, iniciado o julgamento e já proferido voto pela relatora, não pode a parte argüir incidente de inconstitucionalidade. No mérito, entendeu que, uma vez formulado o pedido de renovação do Cebas em 14/8/2002 e não preenchidos, concomitantemente, os tais requisitos do DL n. 1.572/1977, a entidade submete-se às exigências do Dec. n. 2.536/1998 (inclusive quanto à aplicação dos 20% de receita bruta em gratuidade, montante nunca inferior à isenção usufruída). Assim, a Seção, ao prosseguir o julgamento, denegou a segurança, revogando a liminar concedida. Precedente citado: MS 10.558-DF, DJ 13/8/2007. **MS 9.271-DF, Rel. Min. Eliana Calmon, julgado em 24/10/2007.** (Inform. STJ 337)

(Comentário: ver Súmula 352/STJ)

SÚMULA STF Nº 730

A imunidade tributária conferida a instituições de assistência social sem fins lucrativos pelo art. 150, VI, *c*, da Constituição, somente alcança as entidades fechadas de previdência social privada se não houver contribuição dos beneficiários.

SÚMULA STF Nº 724

Ainda quando alugado a terceiros, permanece imune ao IPTU o imóvel pertencente a qualquer das entidades referidas pelo art. 150, VI, *c*, da Constituição, desde que o valor dos aluguéis seja aplicado nas atividades essenciais de tais entidades.

SÚMULA STF Nº 657

A imunidade prevista no art. 150, VI, d, da CF abrange os filmes e papéis fotográficos necessários à publicação de jornais e periódicos.

SÚMULA STF Nº 591

A imunidade ou a isenção tributária do comprador não se estende ao produtor contribuinte do Imposto sobre Produtos Industrializados.

SÚMULA STF Nº 336

A imunidade da autarquia financiadora, quanto ao contrato de financiamento, não se estende à compra e venda entre particulares, embora constantes os dois atos de um só instrumento.

SÚMULA STF Nº 74

O imóvel transcrito em nome da autarquia, embora objeto de promessa de venda a particulares, continua imune de impostos locais.

SÚMULA STJ Nº 352

A obtenção ou a renovação do Certificado de Entidade Beneficente de Assistência Social (Cebas) não exime a entidade do cumprimento dos requisitos legais supervenientes. *(Comentário: o certificado é exigido para o reconhecimento da imunidade)*

SÚMULA TFR Nº 166

Os Municípios não estão sujeitos ao recolhimento do salário-educação.

3. LEGISLAÇÃO, FONTES, HIERARQUIA

CONTRIBUINTES RESIDENTES OU DOMICILIADOS NO ESTRANGEIRO: TRATADO INTERNACIONAL E LEI POSTERIOR - 1

O Plenário iniciou julgamento de recursos extraordinários em que discutida a obrigatoriedade, ou não, da retenção na fonte e do recolhimento de imposto de renda, no ano-base de 1993, quanto a dividendos enviados por pessoa jurídica brasileira a sócio residente na Suécia. Na espécie, não obstante a existência de convenção internacional firmada entre o Brasil e aquele Estado, a qual assegura tratamento não discriminatório entre ambos os países, adviera legislação infraconstitucional que permitira essa tributação (Lei 8.383/91, art. 77 e Regulamento do Imposto de Renda de 1994 - RIR/94), isentando apenas os lucros recebidos por sócios residentes ou domiciliados no Brasil (Lei 8.383/91, art. 75). A pessoa jurídica pleiteara, na origem, a concessão de tratamento isonômico entre os residentes ou domiciliados nos mencionados Estados, com a concessão da benesse. Alegara, ainda, que, nos termos do art. 98 do CTN, o legislador interno não poderia revogar isonomia prevista em acordo internacional. Ocorre que o pleito fora julgado improcedente, sentença esta mantida em sede recursal, o que ensejara a interposição de recursos especial e extraordinário. Com o provimento do recurso pelo STJ, a União também interpusera recurso extraordinário, em que defende a mantença da tributação aos contribuintes residentes ou domiciliados fora do Brasil. Sustenta, para tanto, ofensa ao art. 97 da CF, pois aquela Corte, ao afastar a aplicação dos preceitos legais referidos, teria declarado, por órgão fracionário, sua inconstitucionalidade. Argumenta que a incidência do art. 98 do CTN, na situação em apreço, ao conferir superioridade hierárquica aos tratados internacionais em relação à lei ordinária, transgredira os artigos 2º; 5º, II e § 2º; 49, I; 84, VIII, todos da CF. Por fim, aduz inexistir violação ao princípio da isonomia, dado que tanto o nacional sueco quanto o brasileiro têm direito a isenção disposta no art. 75 da Lei 8.383/91, desde que residentes ou domiciliados no Brasil. RE 460320/PR, rel. Min. Gilmar Mendes, 31.8.2011. (RE-460320)

CONTRIBUINTES RESIDENTES OU DOMICILIADOS NO ESTRANGEIRO: TRATADO INTERNACIONAL E LEI POSTERIOR – 2

O Min. Gilmar Mendes, relator, proveu o recurso extraordinário da União e afastou a concessão da isenção de imposto de renda retido na fonte para os não-residentes. Julgou, ademais, improcedente o pedido formulado na ação declaratória, assentando o prejuízo do apelo extremo da sociedade empresária. Ante a prejudicialidade da matéria, apreciou, inicialmente, o recurso interposto pela União, admitindo-o. Assinalou o cabimento de recurso extraordinário contra decisão proferida pelo STJ apenas nas hipóteses de questões novas, lá originariamente surgidas. Além disso, apontou que, em se tratando de recurso da parte vencedora (no segundo grau de jurisdição), a recorribilidade extraordinária, a partir do pronunciamento do STJ, seria ampla, observados os requisitos gerais pertinentes. No tocante ao art. 97 da CF, consignou que o acórdão recorrido não afastara a aplicação do art. 77 da Lei 8.383/91 em face de disposições constitucionais, mas sim de outras normas infraconstitucionais, sobretudo o art. 24 da Convenção entre o Brasil e a Suécia para Evitar a Dupla Tributação em Matéria de Impostos sobre a Renda e o art. 98 do CTN. Isso porque essa inaplicabilidade não equivaleria à declaração de inconstitucionalidade, nem demandaria reserva de plenário. Quanto à suposta afronta aos artigos 2º; 5º, II e § 2º; 49, I; 84, VIII, todos da CF, após digressão evolutiva da jurisprudência do STF relativamente à aplicação de acordos internacionais em cotejo com a legislação interna infraconstitucional, asseverou que, recentemente, esta Corte afirmara que as convenções internacionais de direitos humanos têm status supralegal e que prevalecem sobre a legislação interna, submetendo-se somente à Constituição. Salientou que, no âmbito tributário, a cooperação internacional viabilizaria a expansão das operações transnacionais que impulsionam o desenvolvimento econômico, o combate à dupla tributação internacional e à evasão fiscal internacional, e contribuiria para o estreitamento das relações culturais, sociais e políticas entre as nações. RE 460320/PR, rel. Min. Gilmar Mendes, 31.8.2011. (RE-460320)

CONTRIBUINTES RESIDENTES OU DOMICILIADOS NO ESTRANGEIRO: TRATADO INTERNACIONAL E LEI POSTERIOR - 3

O relator frisou, no entanto, que, pelas peculiaridades, os tratados internacionais em matéria tributária tocariam em pontos sensíveis da soberania dos Estados. Demandariam extenso e cuidadoso processo de negociação, com a participação de diplomatas e de funcionários das respectivas administrações tributárias, de modo a conciliar interesses e a permitir que esse instrumento atinja os objetivos de cada nação, com o menor custo possível para a receita tributária de cada qual. Pontuou que essa complexa cooperação internacional seria garantida essencialmente pelo *pacta sunt servanda*. Nesse contexto, registrou que, tanto quanto possível, o Estado Constitucional Cooperativo reinvindicaria a manutenção da boa-fé e da segurança dos compromissos internacionais, ainda que diante da legislação infraconstitucional, notadamente no que se refere ao direito tributário, que envolve garantias fundamentais dos contribuintes e cujo descumprimento colocaria em risco os benefícios de cooperação cuidadosamente articulada no cenário internacional. Reputou que a tese da legalidade ordinária, na medida em que permite às entidades federativas internas do Estado brasileiro o descumprimento unilateral de acordo internacional, conflitaria com princípios internacionais fixados pela Convenção de Viena sobre Direito dos Tratados (art. 27). Dessa forma, reiterou que a possibilidade de afastamento da incidência de normas internacionais tributárias por meio de legislação ordinária (*treaty override*), inclusive em sede estadual e municipal, estaria defasada com relação às exigências de cooperação, boa-fé e estabilidade do atual panorama internacional. Concluiu, então, que o entendimento de predomínio dos tratados internacionais não vulneraria os dispositivos tidos por violados. Enfatizou que a República Federativa do Brasil, como sujeito de direito público externo, não poderia assumir obrigações nem criar normas jurídicas internacionais à revelia da Constituição. Observou, ainda, que a recepção do art. 98 do CTN pela ordem constitucional independeria da desatualizada classificação em tratados-contratos e tratados-leis. RE 460320/PR, rel. Min. Gilmar Mendes, 31.8.2011. (RE-460320)

CONTRIBUINTES RESIDENTES OU DOMICILIADOS NO ESTRANGEIRO: TRATADO INTERNACIONAL E LEI POSTERIOR - 4

Ressaltou, também, inexistir justificativa para a restrição da cooperação internacional pelo Brasil por motivos de regramentos típicos de âmbito interno. No que concerne ao art. 150, II, da CF, distinguiu a vedação à discriminação da isonomia tributária. Mencionou que, por intermédio daquela, prevista no tratado internacional em apreço, os Estados pactuantes acordaram não conferir tratamento desvantajoso aos súditos do outro Estado-parte, sem impedir, no entanto, eventual tratamento mais benéfico. Considerou, por outro lado, que o acórdão recorrido tornara equivalentes situações incomparáveis, ao misturar critérios distintos como a residência e a nacionalidade. Aduziu que o elemento de conexão predominante na convenção Brasil-Suécia (art. 24) — e geralmente tutelado na vedação à discriminação em todos os tratados contra a bitributação da renda — seria a nacionalidade. Por sua vez, a Lei 8.383/91 utilizou a residência como critério, ao estipular a alíquota de 15% no imposto de renda na fonte incidente sobre lucros e dividendos de residentes ou domiciliados no exterior. Assim, enquanto os residentes no Brasil foram isentos dessa exação por lucros e dividendos apurados em 1993 (Lei 8.383/91, art. 75), os residentes no exterior foram tributados, independentemente da nacionalidade do contribuinte. Logo, a legislação brasileira assegurara ao súdito sueco a isenção, desde que residente no Brasil. Considerou que o acórdão adversado, em ofensa ao art. 150, II, da CF, confundira o critério de conexão nacionalidade com o de residência, uma vez que estendera a todos os súditos suecos residentes no exterior benesses fiscais concedidas só aos residentes no Brasil. Aludiu que, atualmente, tanto os residentes como os não residentes estariam isentos do imposto de renda retido na fonte de rendimentos provenientes de dividendos ou lucros distribuídos por pessoas jurídicas tributadas no Brasil (Lei 9.249/95, art. 10). O relator arrematou, em suma, que: a) a cláusula de reserva de plenário, contida no art. 97 da CF, não teria sido violada; b) o art. 98 do CTN seria compatível com a nova ordem constitucional e sua subsunção, no caso, não transgrediria os artigos 2º; 5º, II e § 2º; 49, I; 84, VIII, todos da CF; e c) a extensão concedida pelo STJ ofenderia o art. 150, II, da CF, por ampliar, aos súditos suecos, tratamento não concedido aos nacionais brasileiros. Após, pediu vista o Min. Dias Toffoli. RE 460320/PR, rel. Min. Gilmar Mendes, 31.8.2011. (RE-460320) (Inform. STF 638)

ISENÇÃO DE COFINS E REVOGAÇÃO POR LEI ORDINÁRIA

Ao aplicar o entendimento firmado pelo Plenário do STF no julgamento do RE 377457/PR (DJE de 19.12.2008) e do RE 381964/MG (DJE de 13.3.2009) — em que assentado que a revogação da isenção prevista na Lei Complementar 70/91, por lei ordinária, não viola o princípio da hierarquia das leis —, a Turma desproveu agravo regimental interposto contra decisão do Min. Gilmar Mendes que provera recurso extraordinário, do qual relator, interposto pela União. No caso, a agravante, clínica radiológica, sustentava que o julgamento dos recursos mencionados encontrar-se-ia interrompido por pedido de vista solicitado pelo Min. Marco Aurélio e que a decisão relativa a esses processos deveria ter efeitos prospectivos. Enfatizou-se que, consoante assinalado na decisão impugnada, a vista formulada referir-se-ia tão-somente à questão de ordem processual. Ademais, asseverou-se que o pleito de concessão de efeitos prospectivos fora rejeitado pelo Pleno. Afirmou-se, por fim, que a agravante não conseguira infirmar os fundamentos da decisão questionada. **RE 557942 AgR/MG, rel. Min. Gilmar Mendes, 11.5.2010**. (RE-557942) (Inform. STF 586)

PIS: FUNDO SOCIAL DE EMERGÊNCIA E MEDIDA PROVISÓRIA - 2

Em conclusão de julgamento, a Turma, por maioria, proveu dois recursos extraordinários nos quais Estados-membros alegavam transgressão aos artigos 72 e 73 do ADCT, na medida em que as Cortes de origem afastaram o recolhimento do PIS nos moldes estabelecidos pela Medida Provisória 517/94 e suas reedições — v. Informativo 570. Inicialmente, enfatizou-se que o art. 73 do ADCT veda, expressamente, regulamentação do Fundo Social de Emergência mediante medida provisória. Registrou-se, entretanto, que a Medida Provisória 517/94 apenas regulara a contribuição para o PIS, o que não seria proibido pelo aludido dispositivo. Em seguida, ressaltou-se que a Lei 9.701/98 — resultante da conversão das reedições da referida medida provisória — consigna, já na ementa, que esse diploma dispõe sobre a base de cálculo da contribuição para o PIS, sem nenhuma alusão àquele fundo. Assinalou-se, ademais, que o STF possuiria precedentes no sentido de que o PIS poderia ser disciplinado por meio de lei ordinária, não havendo, pois, razão para não se permitir o tratamento da matéria por medida provisória, a qual tem força de lei. Asseverou-se, ainda, que a Medida Provisória 517/94 não violaria o art. 72, V, do ADCT, uma vez que não alterara o conceito de receita bruta, previsto na legislação relativa ao Imposto de Renda, mas apenas operara ajustes e exclusões nessa base de cálculo. Vencido o Min. Eros Grau que desprovia os recursos, por reputar que, na hipótese, não se discutiria simplesmente a possibilidade de o PIS ser disciplinado por meio de lei ordinária e o alargamento da base de cálculo, dado que a controvérsia alcançaria as condições para a instituição e o funcionamento do Fundo Social de Emergência. **RE 346983/RJ, rel. Min. Cezar Peluso, 16.3.2010. (RE-346983) RE 525874/SP, rel. Min. Cezar Peluso, 16.3.2010**. (RE-525874) (Inform. STF 579)

ISENÇÃO DE COFINS: REVOGAÇÃO POR LEI ORDINÁRIA E COISA JULGADA - 1

A Turma retomou julgamento de agravo regimental interposto contra decisão da Min. Ellen Gracie que provera recurso extraordinário, do qual relatora, por reputar que o acórdão impugnado divergira da orientação firmada pelo STF no sentido da constitucionalidade da revogação da isenção relativa às sociedades civis prestadoras de serviço, ante a inexistência de hierarquia entre lei complementar e lei ordinária. Sustenta a empresa agravante que a União deixara de trazer ao conhecimento da Corte informação tida como prejudicial ao julgamento do recurso extraordinário, aduzindo a existência, em seu favor, de decisão anterior proferida em mandado de segurança, na qual assentado o seu direito de não recolher o tributo. Alega que, somente a partir da procedência de ação rescisória intentada pela Fazenda Nacional em face de ordem concedida no referido *writ*, revigorara-se a exigibilidade da exação. Destarte, pleiteia o reconhecimento, na espécie, da proteção do manto da coisa julgada. Na sessão de 31.3.2009, a Min. Ellen Gracie, relatora, mantivera a decisão agravada. Consignou, ainda, não proceder a alegação, neste momento processual, da existência de decisão favorável à impetrante em mandado de segurança, até porque a agravante sequer apresentara contra-razões ao recurso extraordinário da União. **RE 594477 AgR/DF, rel. Min. Ellen Gracie. 9.2.2010**. (RE-594477)

ISENÇÃO DE COFINS: REVOGAÇÃO POR LEI ORDINÁRIA E COISA JULGADA - 2

Em divergência, o Min. Eros Grau, em voto-vista, deu provimento ao agravo. Esclareceu que haveria de ser considerada a alegação da agravante da preexistência de decisão em mandado de segurança, dado que o CTN define, em seu art. 156, X, que a decisão judicial passada em julgado extingue o crédito tributário. Asseverou que a ação rescisória não teria o condão de fazer renascer crédito tributário extinto, na medida em que o preceito veiculado pelo art. 156, X, do CTN o impediria. Destacou que o credor — a União — não seria titular do direito a lançar o tributo, em relação à agravante, até o momento da procedência da ação rescisória e que o objeto da execução fiscal de que se cuida respeitaria a valores exigidos anteriormente à propositura da ação rescisória. Salientou que a desconstituição, pela rescisória, da decisão transitada em julgado que afirmara a inexistência da obrigação tributária não conferiria à União o direito de restabelecer créditos tributários que a primeira, a decisão no mandado de segurança, declarara inexistirem, haja vista que estes créditos tributários, objeto da execução fiscal, porque inexistentes nos termos do que estabelece o CTN, seriam irrecuperáveis. Afirmou que os créditos tributários objeto da execução estariam extintos, daí porque à agravante não poderia, pois, ser imposta sanção alguma. Ressaltou não se estar em debate o cabimento de ação rescisória, mas unicamente de seus efeitos em face do art. 156, X, do CTN, à luz dos primados da segurança jurídica e da boa-fé. Após, pediu adiamento do feito a Min. Ellen Gracie. **RE 594477 AgR/DF, rel. Min. Ellen Gracie. 9.2.2010**. (RE-594477) (Inform. STF 574)

(Comentário: ver Informativo STF 459 – RE 377.457/PR)

EMB. DECL. NO RE N. 592.148-MG

RELATOR: MIN. CELSO DE MELLO

EMENTA: RECURSO EXTRAORDINÁRIO – EMBARGOS DE DECLARAÇÃO RECEBIDOS COMO RECURSO DE AGRAVO – SOCIEDADE CIVIL DE PRESTAÇÃO DE SERVIÇOS PROFISSIONAIS RELATIVOS AO EXERCÍCIO DE PROFISSÃO LEGALMENTE REGULAMENTADA - COFINS – MODALIDADE DE CONTRIBUIÇÃO SOCIAL - OUTORGA DE ISENÇÃO POR LEI COMPLEMENTAR (LC Nº 70/91) – MATÉRIA NÃO SUBMETIDA À RESERVA CONSTITUCIONAL DE LEI COMPLEMENTAR – CONSEQÜENTE POSSIBILIDADE DE UTILIZAÇÃO DE LEI ORDINÁRIA (LEI Nº 9.430/96) PARA REVOGAR, DE MODO VÁLIDO, A ISENÇÃO ANTERIORMENTE CONCEDIDA PELA LC Nº 70/91 – INEXISTÊNCIA DE VIOLAÇÃO CONSTITUCIONAL – A QUESTÃO CONCERNENTE ÀS RELAÇÕES ENTRE A LEI COMPLEMENTAR E A LEI ORDINÁRIA – INEXISTÊNCIA DE VÍNCULO HIERÁRQUICO-NORMATIVO ENTRE A LEI COMPLEMENTAR E A LEI ORDINÁRIA – ESPÉCIES LEGISLATIVAS QUE POSSUEM CAMPOS DE ATUAÇÃO MATERIALMENTE DISTINTOS – DOUTRINA – PRECEDENTES (STF) – INAPLICABILIDADE, AO CASO, DA DOUTRINA DA MODULAÇÃO DOS EFEITOS DA DECISÃO DO SUPREMO TRIBUNAL FEDERAL – PRETENSÃO QUE, EXAMINADA NOS "*LEADING CASES*" (RE 377.457/PR E RE 381.964/MG), NÃO FOI ACOLHIDA PELO PLENÁRIO DO SUPREMO TRIBUNAL FEDERAL – RESSALVA DA POSIÇÃO PESSOAL DO RELATOR DESTA CAUSA, QUE ENTENDE CABÍVEL, TENDO EM VISTA AS PECULIARIDADES DO CASO, A OUTORGA DE EFICÁCIA PROSPECTIVA – CONSIDERAÇÕES DO RELATOR (MIN. CELSO DE MELLO) SOBRE OS POSTULADOS DA SEGURANÇA JURÍDICA E DA PROTEÇÃO DA CONFIANÇA DOS CIDADÃOS EM SUAS RELAÇÕES COM O PODER PÚBLICO E, AINDA, SOBRE O SIGNIFICADO E AS FUNÇÕES INERENTES À SÚMULA DOS TRIBUNAIS - OBSERVÂNCIA, CONTUDO, NO CASO, DO POSTULADO DA COLEGIALIDADE - RECURSO DE AGRAVO IMPROVIDO. (Inform. STF 558)

CSLL: MAJORAÇÃO DE ALÍQUOTA E MEDIDA PROVISÓRIA

A Turma desproveu recurso extraordinário para manter acórdão do TRF da 4ª Região que considerara válida a majoração da alíquota da Contribuição Social sobre o Lucro Líquido - CSSL (CF, art. 195, I) por medida provisória. Alegava o recorrente violação ao disposto nos artigos 154, 195, I e 246, todos da CF, haja vista que a EC 20/98 teria alterado substancialmente o art. 195, I, c, da CF, não sendo possível o uso de medida provisória para efetuar essa regulamentação. Aduziu-se que o art. 195, I, da CF — que estabelece as fontes de custeio da seguridade social, no que toca à contribuição incidente sobre o lucro líquido das pessoas jurídicas — fora regulamentado pela Lei 7.689/88, a qual instituíra a contribuição de que se cuida. Registrou-se que a Medida Provisória 1.807/99 — e depois a 1.858/99 — limitara-se a modificar a alíquota da contribuição, o que não encontraria óbice na jurisprudência da Corte. **Precedentes citados: RE 286292/PR (DJU de 23.8.2002) e RE 403512/SC (DJE de 6.3.2009). RE 377409/PR, rel. Min. Cezar Peluso, 18.8.2009**. (RE-377409) (Inform. STF 556)

COFINS: LEI ORDINÁRIA E MAJORAÇÃO DE ALÍQUOTAS - 1

O Tribunal reafirmou sua jurisprudência no sentido da inconstitucionalidade do § 1º do art. 3º da Lei 9.718/98, no que ampliara o conceito de receita bruta — para envolver a totalidade das receitas auferidas por pessoas jurídicas — em descompasso com a noção conceitual de faturamento prevista no art. 195, I, da CF, na redação original. Assim, proveu-se parcialmente recurso extraordinário em que empresa contribuinte sustentava, também, a inconstitucionalidade do art. 8º, *caput*, da mesma lei, que elevou de 2% para 3% a alíquota da COFINS. Alegava a recorrente que a Lei 9.718/98 teria criado novas exações que apenas encontrariam fundamento de validade, quando da edição desse diploma legal, no art. 195, § 4º, da CF, não havendo que se falar em majoração da alíquota da COFINS, mas sim em fixação de uma nova alíquota para um novo tributo, a reclamar a edição de lei complementar. Reiterou-se que a Corte assentara, com eficácia *erga omnes*, a sinonímia entre as expressões receita bruta e faturamento, jungindo-as à venda de mercadorias, de serviços ou de mercadorias e serviços (ADC 1/DF, DJU de 16.6.95). Dessa forma, tendo em conta que estabelecido que a contribuição em exame possuiria como base de incidência o faturamento e, afastado o disposto no § 1º do art. 3º da Lei 9.718/98, enfatizou-se que a COFINS estaria alcançada pelo preceito incerto no art. 195, I, da CF, o que tornaria dispensável cogitar-se de lei complementar para o aumento da alíquota. Aduziu-se que esse argumento também já teria sido analisado pelo STF. **RE 527602/SP, rel. orig. Min. Eros Grau, red. p/ o acórdão Min. Marco Aurélio, 5.8.2009**. (RE-527602)

COFINS: LEI ORDINÁRIA E MAJORAÇÃO DE ALÍQUOTAS - 2

Vencido o Min. Eros Grau, relator, que provia o recurso extraordinário em sua integralidade para: 1) determinar a exclusão do alargamento da base de cálculo da COFINS e do PIS, disposta no § 1º do art. 3º da Lei 9.718/98, pois declarada a inconstitucionalidade desse texto normativo pelo STF; e 2) para declarar a inconstitucionalidade do art. 8º da Lei 9.718/98, por não admitir, tendo em conta o paralelismo das formas, que o Poder Legislativo, vindo contra si próprio, dispusesse mediante lei ordinária alteração do que fora anteriormente disciplinado em lei complementar. Os Ministros Cezar Peluso e Celso de Mello, embora acompanhando a maioria, ressalvaram o entendimento pessoal quanto ao tema pertinente à declaração de inconstitucionalidade do aumento da alíquota da COFINS. Alguns precedentes citados: **RE 346084/PR (DJU de 1º.9.2006); RE 357950/PR (DJU de 15.8.2006). RE 527602/SP, rel. orig. Min. Eros Grau, red. p/ o acórdão Min. Marco Aurélio, 5.8.2009**. (RE-527602) (Inform. STF 554)

ADI N. 124-SC

RELATOR: MIN. JOAQUIM BARBOSA

EMENTA: CONSTITUCIONAL. TRIBUTÁRIO. NORMA DO ESTADO DE SANTA CATARINA QUE ESTABELECE HIPÓTESE DE EXTINÇÃO DO CRÉDITO TRIBUTÁRIO POR TRANSCURSO DE PRAZO PARA APRECIAÇÃO DE RECURSO ADMINISTRATIVO FISCAL. CONSTITUIÇÃO DO ESTADO, ART. 16. ATO DAS DISPOSIÇÕES CONSTITUCIONAIS TRANSITÓRIAS DA CONSTITUIÇÃO ESTADUAL, ART. 4º. ALEGADA VIOLAÇÃO DO ART. 146, III, B, DA CONSTITUIÇÃO. A determinação do arquivamento de processo administrativo tributário por decurso de prazo, sem a possibilidade de revisão do lançamento equivale à extinção do crédito tributário cuja validade está em discussão no campo administrativo. Em matéria tributária, a extinção do crédito tributário ou do direito de constituir o crédito tributário por decurso de prazo, combinado a qualquer outro critério, corresponde à decadência. Nos termos do Código Tributário Nacional (Lei 5.172/1996), a decadência do direito do Fisco ao crédito tributário, contudo, está vinculada ao lançamento extemporâneo (constituição), e não, propriamente, ao decurso de prazo e à inércia da autoridade fiscal na revisão do lançamento originário. Extingue-se um crédito que resultou de lançamento indevido, por ter sido realizado fora do prazo, e que goza de presunção de validade até a aplicação dessa regra específica de decadência. O lançamento tributário não pode durar indefinidamente, sob risco de violação da segurança jurídica, mas a Constituição de 1988 reserva à lei complementar federal aptidão para dispor sobre decadência em matéria tributária. Viola o art. 146, III, b, da Constituição federal norma que estabelece hipótese de decadência do crédito tributário não prevista em lei complementar federal. Ação direta de inconstitucionalidade conhecida e julgada procedente. Noticiado no Informativo 514 (Inform. STF 542)

DECADÊNCIA TRIBUTÁRIA E RESERVA DE LEI COMPLEMENTAR

O Tribunal, por maioria, julgou procedente pedido formulado em ação direta, ajuizada pelo Governador do Estado de Santa Catarina, para declarar a inconstitucionalidade da expressão "*sob pena de seu arquivamento e da impossibilidade de revisão ou renovação do lançamento tributário sobre o mesmo fato gerador*", contida no § 4º do art. 16 ("*A lei fixará prazo para o proferimento da decisão final no processo contencioso administrativo-tributário, sob pena de seu arquivamento e da impossibilidade de revisão ou renovação do lançamento tributário sobre o mesmo fato gerador.*"), bem como do art. 4º do Ato das Disposições Constitucionais Transitórias ("*Enquanto não promulgada a lei prevista no art. 16, § 4º, da Constituição, o prazo nele referido é fixado em doze meses, e em seis meses para os processos em tramitação, descontado o período necessário a realização de diligências motivadas.*"), ambos da Constituição estadual. Entendeu-se que a norma representaria uma espécie de decadência intercorrente, de alcance abrangente, matéria que estaria expressamente reservada à disposição geral por via de lei complementar federal (CF: "*Art. 146. Cabe à lei complementar:... III - estabelecer normas gerais em matéria de legislação tributária, especialmente sobre:... b) obrigação, lançamento, crédito, prescrição e decadência tributários;*"). Asseverou-se, entretanto, que, em face do princípio da federação, a partir da CF/88, não seria inconstitucional que o legislador estadual fixasse o tempo de tramitação de um processo administrativo tributário, mas, pelo contrário, salutar, considerada, sobretudo, a garantia da razoável duração do processo (CF, art. 5º, LXXVIII). Vencido, em parte, o Min. Menezes Direito, que acompanhava o relator somente quanto à expressão do § 4º do art. 16 e, vencido, integralmente, o Min. Marco Aurélio, que julgava o pedido improcedente. **ADI 124/SC, rel. Min. Joaquim Barbosa, 1º.8.2008**. (ADI-124) (Inform. STF 514)

PRESCRIÇÃO E DECADÊNCIA TRIBUTÁRIAS: LEI COMPLEMENTAR - 1

O Tribunal negou provimento a recursos extraordinários interpostos pela Fazenda Nacional contra acórdãos do Tribunal Regional Federal da 4ª Região para confirmar a proclamada inconstitucionalidade dos artigos 45 e 46 da Lei 8.212/91, por violação do art. 146, III, b, da CF/88, e do parágrafo único do art. 5º do Decreto-lei 1.569/77, em face do § 1º do art. 18 da CF/67, com a redação dada pela EC 1/69 (Lei 8.212/91: "*Art. 45. O direito da Seguridade Social apurar e constituir seus créditos extingue-se após 10 (dez) anos contados:... Art. 46. O direito de cobrar os créditos da Seguridade Social, constituídos na forma do artigo anterior, prescreve em 10 (dez) anos.*"; DL 1.569/77: "*Art. 5º Sem prejuízo da incidência da atualização monetária e dos juros de mora, bem como da exigência da prova de quitação para com a Fazenda Nacional, o Ministro da Fazenda poderá determinar a não inscrição como Dívida Ativa da União ou a sustação da cobrança judicial dos débitos de comprovada inexeqüibilidade e de reduzido valor. Parágrafo único - A aplicação do disposto neste artigo suspende a prescrição dos créditos a que se refere.*"). Atribuiu-se, à decisão, eficácia *ex nunc* apenas em relação aos recolhimentos efetuados antes de 11.6.2008 e não impugnados até a mesma data, seja pela via judicial, seja pela administrativa. Vencido, no ponto, o Min. Marco Aurélio, que votava contra a modulação, ressaltando a existência de jurisprudência da Corte, desde 1992, no sentido da necessidade de lei complementar para dispor sobre a matéria em exame. **RE 560626/RS, rel. Min. Gilmar Mendes, 11 e 12.6.2008. (RE-560626) RE 556664/RS, rel. Min. Gilmar Mendes, 11 e 12.6.2008. (RE-556664) RE 559882/RS, rel. Min. Gilmar Mendes, 11 e 12.6.2008**. (RE-559882)

PRESCRIÇÃO E DECADÊNCIA TRIBUTÁRIAS: LEI COMPLEMENTAR - 2

Ao salientar, inicialmente, que o Código Tributário Nacional - CTN (Lei 5.172/66), promulgado como lei ordinária, foi recebido, como lei complementar, tanto pela CF/67 quanto pela CF/88, as quais exigiram o uso de lei complementar para as normas gerais de Direito Tributário, afastou-se a alegação de que somente caberia à lei complementar a função de traçar diretrizes gerais quanto à prescrição e à decadência tributárias e que a fixação dos prazos prescricionais e decadenciais dependeriam de lei da própria entidade tributante, já que seriam assuntos de peculiar interesse das pessoas políticas. Asseverou-se, no ponto, que a Constituição não definiu normas gerais de Direito Tributário, mas adotou expressão utilizada no próprio CTN, sendo razoável presumir que o constituinte acolheu a disciplina do CTN, inclusive referindo-se expressamente à prescrição e decadência. Assim, a restrição do alcance da norma constitucional expressa defendida pela Fazenda Nacional fragilizaria a própria força normativa e concretizadora da Constituição, que, de forma clara, pretendeu a disciplina homogênea e estável da prescrição, da decadência, da obrigação e do crédito tributário. **RE 560626/RS, rel. Min. Gilmar Mendes, 11 e 12.6.2008. (RE-560626) RE 556664/RS, rel. Min. Gilmar Mendes, 11 e 12.6.2008. (RE-556664) RE 559882/RS, rel. Min. Gilmar Mendes, 11 e 12.6.2008**. (RE-559882)

PRESCRIÇÃO E DECADÊNCIA TRIBUTÁRIAS: LEI COMPLEMENTAR - 3

Ressaltou-se, ainda, que, não obstante a doutrina não tivesse se desenvolvido muito no sentido da busca da adequada definição para "*normas gerais*", seria possível extrair, na interpretação dos diversos dispositivos constitucionais que estabeleceram reserva de matéria à disciplina de lei complementar, que a esta espécie legislativa foi dada a incumbência de fixar normas com âmbito de eficácia nacional e não apenas federal. Aduziu-se que não se justificaria, ao menos mediante legislação ordinária, a criação de hipóteses de suspensão ou interrupção, nem o incremento ou redução de prazos, sob pena de se admitirem diferenciações em cada um dos Estados e Municípios e para cada espécie tributária, mesmo dentro de uma mesma esfera política, com evidente prejuízo à vedação constitucional de tratamento desigual entre contribuintes que se encontrem em situação equivalente e à segurança jurídica. **RE 560626/RS, rel. Min. Gilmar Mendes, 11 e 12.6.2008. (RE-560626) RE 556664/RS, rel. Min. Gilmar Mendes, 11 e 12.6.2008. (RE-556664) RE 559882/RS, rel. Min. Gilmar Mendes, 11 e 12.6.2008**. (RE-559882)

PRESCRIÇÃO E DECADÊNCIA TRIBUTÁRIAS: LEI COMPLEMENTAR - 4

Citou-se, em seguida, a jurisprudência dominante da Corte no sentido da exigência de lei complementar para a disciplina dos institutos da prescrição e da decadência tributárias, inclusive quanto à definição de prazos e hipótese de suspensão da correspondente fluência e afirmou-se não haver mais dúvida de que as contribuições, mesmo as destinadas à Seguridade Social, possuem natureza tributária e se submetem ao regime jurídico-tributário. De igual modo, rejeitou-se o argumento de que as contribuições de Seguridade Social, por se sujeitarem ao disposto no art. 195 da CF, estariam excluídas da obrigatoriedade prevista no art. 146, III, b, da CF ("*Art. 146. Cabe à lei complementar:... III - estabelecer normas gerais em matéria de legislação tributária, especialmente sobre:... b) obrigação, lançamento, crédito, prescrição e decadência tributários;*"), haja vista que a norma matriz das diversas espécies de contribuição seria o art. 149 da CF, que estabelece que as contribuições de Seguridade Social estão sujeitas, também, e não exclusivamente, às regras definidas no art. 195 da CF. Portanto, não haveria incompatibilidade entre esses dispositivos, que seriam complementares e não excludentes. **RE 560626/RS, rel. Min. Gilmar Mendes, 11 e 12.6.2008. (RE-560626) RE 556664/RS, rel. Min. Gilmar Mendes, 11 e 12.6.2008. (RE-556664) RE 559882/RS, rel. Min. Gilmar Mendes, 11 e 12.6.2008**. (RE-559882)

PRESCRIÇÃO E DECADÊNCIA TRIBUTÁRIAS: LEI COMPLEMENTAR - 5

Considerou-se, ademais, que, se o texto do § 1º do art. 18 da CF/67 ensejava questionamento acerca da função da lei complementar sobre normas gerais, a CF/88 teria eliminado qualquer possibilidade de se acolher a teoria dicotômica, ao elencar, em incisos diferentes, normas gerais, conflitos de competência e limitações ao poder de tributar, e ao esclarecer que, dentre as normas gerais, a lei complementar teria de tratar especialmente de obrigação, crédito tributário, prescrição e decadência. Assim, se a Constituição Federal reservou à lei complementar a regulação da prescrição e da decadência tributárias, julgando-as de forma expressa normas gerais de Direito Tributário, não haveria espaço para que a lei ordinária atuasse e disciplinasse a mesma matéria. Em razão disso, refutou-se a assertiva de que o CTN teria previsto a possibilidade de lei ordinária fixar prazo superior a 5 anos para a homologação, pelo fisco, do lançamento feito pelo contribuinte (CTN, art. 150, § 4º), pois, em razão de ser anterior à exigência de lei complementar para dispor sobre normas gerias de Direito Tributário, evidentemente não poderia estabelecer que uma lei complementar fosse necessária para definir prazo diverso à ação fiscal na constituição do crédito. Por isso, a interpretação que daí se seguiria é a de que a *"lei"* a que tal dispositivo legal se refere seria uma lei complementar. **RE 560626/RS, rel. Min. Gilmar Mendes, 11 e 12.6.2008. (RE-560626) RE 556664/RS, rel. Min. Gilmar Mendes, 11 e 12.6.2008. (RE-556664) RE 559882/RS, rel. Min. Gilmar Mendes, 11 e 12.6.2008**. (RE-559882)

PRESCRIÇÃO E DECADÊNCIA TRIBUTÁRIAS: LEI COMPLEMENTAR - 6

Da mesma forma, repeliu-se a alegação de que a norma que estabelece as situações de interrupção ou suspensão da prescrição na pendência do processo seria de natureza processual e que, por isso, não poderia ter sido reconhecida a prescrição, já que a matéria não estaria sob a reserva da lei complementar. No ponto, foi dito que normas que dispõem sobre prescrição ou decadência sempre são de direito substantivo, as quais — quando fixam prazos decadenciais e prescricionais, seus critérios de fluência —, alcançam o próprio direito material debatido, seja para definir situações de extinção ou casos de inexigibilidade, sendo certo que, em Direito Tributário, ambos os institutos implicam a extinção de direitos para a Fazenda Pública. Ao frisar que a suspensão do curso do prazo prescricional, ainda que expressamente contemplada em lei complementar, não poderia conduzir à imprescritibilidade do crédito fiscal, reputou-se improcedente o argumento da recorrente de que, por estar impedida de perseguir seu crédito, que se enquadra dentre os de pequeno valor, a prescrição não poderia correr durante o período de arquivamento. Esclareceu-se que o princípio da economicidade não abrigaria esse efeito, pois, se não oportuna nem conveniente a busca do crédito pela Fazenda Pública em juízo, pela sua mínima significância ante o custo da cobrança, disso não decorreria a suspensão da fluência do prazo prescricional, sob pena de se criar regra absolutamente contraditória frente aos créditos de maior valor. Essa situação sequer seria de suspensão da exigibilidade do crédito, porque não impediria que a Fazenda Nacional utilizasse outras formas, menos onerosas, para obtenção do respectivo pagamento. Assim, nada haveria de inconstitucional no arquivamento sem baixa dos autos, nesses casos, estando o vício no parágrafo que, invadindo o campo reservado à lei complementar, prevê hipótese de suspensão da prescrição e cria situação de imprescritibilidade, que também não possui fundamento constitucional. **RE 560626/RS, rel. Min. Gilmar Mendes, 11 e 12.6.2008. (RE-560626) RE 556664/RS, rel. Min. Gilmar Mendes, 11 e 12.6.2008. (RE-556664) RE 559882/RS, rel. Min. Gilmar Mendes, 11 e 12.6.2008**. (RE-559882)

PRESCRIÇÃO E DECADÊNCIA TRIBUTÁRIAS: LEI COMPLEMENTAR - 7

Com base na decisão acima, o Tribunal, por maioria, resolveu deliberar sobre a proposta de Súmula Vinculante acerca da matéria. Vencido, na questão, o Min. Marco Aurélio que entendia ser necessário, como regra, submeter o teor do verbete proposto à Comissão de Jurisprudência do Tribunal para uma reflexão maior, a fim de se evitarem percalços, tendo em conta o que decidido. Após, o Tribunal aprovou o Enunciado da Súmula Vinculante 8 nestes termos: "*São inconstitucionais o parágrafo único do artigo 5º do Decreto-lei 1.569/77 e os artigos 45 e 46 da Lei 8.212/91, que tratam de prescrição e decadência de crédito tributário*". Precedentes citados no julgamento dos recursos extraordinários: **RE 138284/CE (DJU de 28.8.92); RE 396266/SC (DJU de 27.2.2004); RE 456750/SC (DJU de 13.2.2007); RE 534856/PR (DJU de 22.3.2007); RE 544361/RS (DJU de 11.6.2007); RE 548785/RS (DJU de 15.8.2007); RE 552824/PR (DJU de 14.8.2007); RE 559991/SC (DJU de 29.8.2007); RE 560115/PR (DJU de 19.9.2007); RE 537657/PR (DJU de 1º.8.2007); RE 552710/SC (DJU de 10.9.2007); RE 546046/PR (DJU de 8.8.2007); RE 540704/RS (DJU de 8.8.2007); RE 106217/SP (DJU de 12.9.86). RE 560626/RS, rel. Min. Gilmar Mendes, 11 e 12.6.2008. (RE-560626) RE 556664/RS, rel. Min. Gilmar Mendes, 11 e 12.6.2008. (RE-556664) RE 559882/RS, rel. Min. Gilmar Mendes, 11 e 12.6.2008**. (RE-559882) (Inform. STF 510)

TRATADO INTERNACIONAL E ISENÇÃO TRIBUTÁRIA - 2

O Tribunal deu provimento a recurso extraordinário interposto contra acórdão do Tribunal de Justiça do Estado do Rio Grande do Sul que entendera não recepcionada pela CF/88 a isenção de ICMS relativa a mercadoria importada de país signatário do Acordo Geral sobre Tarifas e Comércio - GATT, quando isento o similar nacional. Discutia-se, na espécie, a constitucionalidade de tratado internacional que institui isenção de tributos de competência dos Estados-membros da Federação — v. Informativo 137. Entendeu-se que a norma inscrita no art. 151, III, da CF ("*Art. 151. É vedado à União: ... III - instituir isenções de tributos da competência dos Estados, do Distrito Federal ou dos Municípios.*"), limita-se a impedir que a União institua, no âmbito de sua competência interna federal, isenções de tributos estaduais, distritais ou municipais, não se aplicando, portanto, às hipóteses em que a União atua como sujeito de direito na ordem internacional. RE 229096/RS, rel. orig. Min. Ilmar Galvão, rel. p/ o acórdão Min. Cármen Lúcia, 16.8.2007. (RE-229096) (Inform. STF 476)

ISENÇÃO DE COFINS E REVOGAÇÃO POR LEI ORDINÁRIA - 1

O Tribunal iniciou julgamento de dois recursos extraordinários nos quais se discute a manutenção ou a revogação da isenção do recolhimento de Contribuição para o Financiamento da Seguridade Social (COFINS) sobre as sociedades civis de prestação de serviços de profissão legalmente regulamentada. Os recursos foram interpostos contra acórdão do TRF da 5ª Região e do TRF da 1ª Região, que julgaram legítima a revogação da isenção prevista no art. 6º, II, da LC 70/91 pelo art. 56 da Lei 9.430/96 ("*Art. 56. As sociedades civis de prestação de serviços de profissão legalmente regulamentada passam a contribuir para a seguridade social com base na receita bruta da prestação de serviços, observadas as normas da Lei Complementar nº 70, de 30 de dezembro de 1991.*"). Os recorrentes sustentam violação ao princípio da hierarquia das leis (CF, art. 59), haja vista que lei ordinária teria revogado isenção disposta em lei complementar, e instituição disfarçada de nova hipótese de contribuição social, sem atendimento à exigência constitucional de lei complementar para tratar da matéria (CF, art. 149, c/c art. 146, III) — v. Informativos 436 e 452. RE 377457/PR, rel. Min. Gilmar Mendes, 14.3.2007. (RE-377457) RE 381964/MG, rel. Min. Gilmar Mendes, 14.3.2007. (RE-381964)

ISENÇÃO DE COFINS E REVOGAÇÃO POR LEI ORDINÁRIA - 2

Inicialmente, o Tribunal, por maioria, rejeitou preliminar, suscitada pelo Min. Marco Aurélio, de inadequação de julgamento, em primeiro lugar, pelo Supremo. Asseverava o Min. Marco Aurélio, tendo em conta a interposição tanto do recurso especial quanto do extraordinário, que haveria a necessidade de ter-se o esgotamento da jurisdição do Superior Tribunal de Justiça - STJ para que, posteriormente, o processo fosse deslocado para esta Corte. Ressaltava que a inversão na ordem de julgamento somente ocorre quando se tem capítulo distinto, decidido sob o ângulo constitucional, que, uma vez apreciado, possa prejudicar o capítulo a ser examinado sob o ângulo legal pelo STJ, o qual exerce também o controle difuso de constitucionalidade. Considerou-se correta a submissão do recurso extraordinário na forma proposta pelo STJ, tendo em vista que a questão constitucional colocada seria prejudicial da decisão do recurso especial. Vencido, no ponto, o Min. Marco Aurélio. Os Ministros Cármen Lúcia, Ricardo Lewandowski e Eros Grau, embora acompanhando o relator, manifestaram reserva no sentido de repensar sobre a questão suscitada pelo Min. Marco Aurélio. RE 377457/PR, rel. Min. Gilmar Mendes, 14.3.2007. (RE-377457) RE 381964/MG, rel. Min. Gilmar Mendes, 14.3.2007. (RE-381964)

ISENÇÃO DE COFINS E REVOGAÇÃO POR LEI ORDINÁRIA - 3

Em seguida, o Min. Gilmar Mendes, relator, negou provimento aos recursos, no que foi acompanhado pelos Ministros Cármen Lúcia, Ricardo Lewandowski, Joaquim Barbosa, Carlos Britto, Cezar Peluso, Sepúlveda Pertence e Celso de Mello. Considerou o relator a orientação fixada pelo STF no julgamento da ADC 1/DF (DJU de 16.6.95), no sentido de: a) inexistência de hierarquia constitucional entre lei complementar e lei ordinária, espécies normativas formalmente distintas exclusivamente tendo em vista a matéria eventualmente reservada à primeira pela própria CF; b) inexigibilidade de lei complementar para disciplina dos elementos próprios à hipótese de incidência das contribuições desde logo previstas no texto constitucional. Com base nisso, afirmou que o conflito aparente entre o art. 56 da Lei 9.430/96 e o art. 6º, II, da LC 70/91 não se resolve por critérios hierárquicos, mas, sim, constitucionais quanto à materialidade própria a cada uma dessas espécies normativas. No ponto, ressaltou que o art. 56 da Lei 9.430/96 é dispositivo legitimamente veiculado por legislação ordinária (CF, art. 146, III, b, *a contrario sensu*, e art. 150, § 6º) que importou na revogação de dispositivo inserto em norma materialmente ordinária (LC 70/91, art. 6º, II). Assim, não haveria, no caso, instituição, direta ou indireta, de nova contribuição social a exigir a intervenção de legislação complementar (CF, art. 195, § 4º). Em divergência, o Min. Eros Grau deu provimento aos recursos, a fim de que seja mantida a isenção estabelecida no art. 6º, II, da LC 70/91, por dois fundamentos: o critério hierárquico e o critério da impossibilidade da lei geral posterior revogar a lei especial anterior. Após, o julgamento foi suspenso em virtude do pedido de vista do Min. Marco Aurélio. RE 377457/PR, rel. Min. Gilmar Mendes, 14.3.2007. (RE-377457) RE 381964/MG, rel. Min. Gilmar Mendes, 14.3.2007. (RE-381964) (Inform. STF 459)

RESP. VIOLAÇÃO. CONVÊNIO TRIBUTÁRIO.

A Seção, em preliminar, decidiu, por maioria, que, em regra, o convênio tributário não se equipara à lei federal para efeito de cabimento do recurso especial, por infringência a seus dispositivos. Nesses casos, conforme explicou o Min. Hamilton Carvalhido, para saber se cabe recurso especial, o critério é verificar primeiro a natureza do convênio: se tem a Constituição Federal como fonte imediata ou apenas como fonte mediata, ou seja, também tem amparo na lei. De outro lado, explicitou-se que o convênio ICMS n. 66/1988 é uma exceção à regra, visto que sucedâneo da LC n. 24/1975, previsto no art. 34, § 8º, do ADCT. No mérito, também por maioria, não conheceu do REsp que discutia a interpretação da cláusula primeira do Convênio ICMS n.77/2004 – o qual autorizou os estados-membros a concederem isenção do tributo na aquisição de veículos automotores adaptados aos deficientes físicos. **REsp 1.137.441-MG, Rel. originária Min. Eliana Calmon, Rel. para acórdão Min. Castro Meira, julgado em 9/6/2010.** (Inform. STJ 438)

CANCELAMENTO. SÚM. N. 276-STJ.

A Seção adotou o entendimento de que a revogação, por lei ordinária, da isenção do recolhimento da Cofins concedida pela Lei Complementar n. 70/1991 não afronta o princípio da hierarquia das leis. A referida LC, apesar de seu caráter formalmente complementar, tratou de matéria não submetida à reserva constitucional de lei complementar, a permitir, daí, que mudanças no texto daquele diploma legal pudessem ser introduzidas por meio de simples leis ordinárias. Assim, a Seção julgou procedente a ação rescisória e, em questão de ordem, anulou o enunciado n. 276 da Súmula deste Superior Tribunal: as sociedades civis de prestação de serviços profissionais são isentas da Cofins, irrelevante o regime tributário adotado. **AR 3.761-PR, Rel. Min. Eliana Calmon, julgada em 12/11/2008.** (Inform. STJ 376)

SÚMULA VINCULANTE STF 8

São inconstitucionais o parágrafo único do artigo 5º do decreto-lei nº 1.569/1977 e os artigos 45 e 46 da lei nº 8.212/1991, que tratam de prescrição e decadência de crédito tributário. *(Comentário: contribuições previdenciárias são tributos e a matéria – prescrição e decadência tributárias – é regulada por lei complementar, de modo que se aplicam os prazos quinquenais do CTN).*

4. FATO GERADOR, OBRIGAÇÃO, LANÇAMENTO E CRÉDITO

DIREITO TRIBUTÁRIO. REVISÃO DO LANÇAMENTO. ERRO DE DIREITO.

O lançamento do tributo pelo Fisco com base em legislação revogada, equivocadamente indicada em declaração do contribuinte, não pode ser posteriormente revisto. O erro de fato é aquele consubstanciado na inexatidão de dados fáticos, atos ou negócios que dão origem à obrigação tributária. Tal erro autoriza a revisão do lançamento do tributo, de acordo com o art. 149, VIII, do CTN. Por outro lado, o erro de direito é o equívoco na valoração jurídica dos fatos, ou seja, desacerto sobre a incidência da norma à situação concreta. Nessa situação, o erro no ato administrativo de lançamento do tributo é imodificável (erro de direito), em respeito ao princípio da proteção à confiança, a teor do art. 146 do CTN. Precedentes citados: EDcl no REsp 1.174.900-RS, DJe 9/5/2011, e REsp 1.130.545-RJ, DJe 22/2/2011. **AgRg no Ag 1.422.444-AL, Rel. Min. Benedito Gonçalves, julgado em 4/10/2012.(Inform. STJ 506)**

DIREITO TRIBUTÁRIO. DECLARAÇÃO E COMPENSAÇÃO TRIBUTÁRIAS EFETUADAS PELO CONTRIBUINTE VIA DCTF. FISCO. CONSTITUIÇÃO INDEVIDA DE CRÉDITO TRIBUTÁRIO.

O Fisco não pode proceder à inscrição do débito em dívida ativa e negar a CND ao contribuinte, desconsiderando a declaração e a compensação tributárias, efetuadas por ele via Declaração de Contribuições de Tributos Federais (DCTF), sem notificá-lo do indeferimento da compensação. Ao promover a compensação (CTN, art. 156, II), o contribuinte deve informá-la ao Fisco para que averigue a regularidade do procedimento e, então, homologue, ainda que tacitamente, a compensação efetuada, a partir da qual não se poderá recusar a expedição de Certidão Negativa de Débito (CND). Caso a autoridade administrativa discorde da extinção – por considerar inexistente ou insuficiente o crédito devido ao contribuinte, ou ainda por considerar inexistente o direito à compensação – deverá praticar ato manifestando essa discordância por meio de processo administrativo tributário (que suspenderá o crédito tributário), antes de propor ação fiscal contra o contribuinte. Precedentes citados: REsp 962.379-RS, DJe 28/10/2008; REsp 1.140.730-RS, DJe 21/6/2011; AgRg no REsp 892.901-RS, DJe 7/3/2008; REsp 999.020-PR, DJe 21/5/2008, e AgRg no REsp 1.228.660-RS, DJe 27/9/2011; REsp 1.157.847-PE, DJe 6/4/2010, e AgRg no REsp 1.126.548-RS, DJe 14/12/2010. **AgRg no AREsp 227.242-CE, Rel. Min. Benedito Gonçalves, julgado em 9/10/2012.(Inform. STJ 506)**

REPETITIVO. AUTUAÇÃO FISCAL. OBRIGAÇÃO ACESSÓRIA.

Em julgamento de recurso especial submetido ao regime do art. 543-C do CPC c/c a Res. n. 8/2008-STJ, a Seção entendeu que o ente federado competente pode autuar o contribuinte pelo descumprimento de obrigação acessória consistente na exigência de nota fiscal para deslocamento de bens do ativo imobilizado e de bens de uso e consumo entre estabelecimentos da mesma instituição financeira, operação que, em tese, não caracteriza hipótese de incidência do ICMS (Súm. n. 166-STJ). Ressaltou-se que a obrigação acessória é autônoma e pode ser instituída pelo ente legiferante no interesse da arrecadação ou da fiscalização tributária nos termos do § 2º do art. 113 do CTN, ainda que a obrigação principal não exista, obedecendo-se aos princípios da razoabilidade e da proporcionalidade. **REsp 1.116.792-PB, Rel. Min. Luiz Fux, julgado em 24/11/2010.** (Inform. STJ 457)

CONTRIBUIÇÃO SINDICAL RURAL. NOTIFICAÇÃO.

No recurso representativo de controvérsia (art. 543-C do CPC e Res. n. 8/2008-STJ), a Seção reiterou que, para fins de notificação do lançamento da contribuição sindical rural (art. 605 da CLT), a publicação deve ser feita em jornal de grande circulação local, necessária à eficácia do procedimento de recolhimento do referido tributo, porquanto não basta a publicação de editais no Diário Oficial para o cumprimento dos princípios da publicidade e da não surpresa do contribuinte. **Precedentes citados: AgRg no Ag 728.461-PR, DJe 23/6/2009; AgRg no REsp 1.048.305-PR, DJe 18/3/2009; AgRg no Ag 922.099-PR, DJe 19/6/2008; AgRg no Ag 855.205-PR, DJe 5/6/2008; REsp 965.941-PR, DJe de 8/5/2008, e AgRg no REsp 717.617-PR, DJe 3/4/2008. REsp 1.120.616-PR, Rel. Min. Benedito Gonçalves, julgado em 25/11/2009.** (Inform. STJ 417)

DESEMBARAÇO ADUANEIRO. LANÇAMENTO. REVISÃO.

No desembaraço aduaneiro, havendo erro de direito não detectado pelo Fisco, que o aceita integralmente, a revisão de lançamento do imposto (lançamento complementar) constitui mudança de critério jurídico, vedada pelo CTN. **Precedentes citados: Ag 918.833-DF, DJe 11/3/2008; AgRg no REsp 478.389-PR, DJ 5/10/2007; REsp 741.314-MG, DJ 19/5/2005; REsp 202.958-RJ, DJ 22/3/2004; REsp 412.904-SC, DJ 27/5/2002, e REsp 171.119-SP, DJ 24/9/2001. REsp 1.116.155-SP, Rel. Min. Luiz Fux, julgado em 24/11/2009.** (Inform. STJ 417)

RECURSO REPETITIVO. DECADÊNCIA. TRIBUTO. LANÇAMENTO. HOMOLOGAÇÃO.

O prazo decadencial quinquenal para o Fisco constituir o crédito tributário (lançamento de ofício) conta-se do primeiro dia do exercício seguinte àquele em que o lançamento poderia ter-se efetuado, isso nos casos em que a lei não prevê o pagamento antecipado da exação ou quando, a despeito da previsão legal, ele não ocorre, sem constatação de dolo, fraude ou simulação do contribuinte, inexistindo declaração prévia de débito. Como consabido, a decadência ou caducidade, no âmbito do Direito Tributário, importa perecimento do direito potestativo de o Fisco constituir o crédito tributário pelo lançamento. Ela é regulada por cinco regras jurídicas gerais e abstratas, entre as quais figura a decadência do direito de lançar nos casos sujeitos ao lançamento de ofício ou nos casos dos tributos sujeitos ao lançamento por homologação em que o contribuinte não efetua o pagamento antecipado. É o art. 173, I, do CTN que rege o aludido prazo quinquenal decadencial, sendo certo afirmar que o primeiro dia do exercício seguinte àquele em que o lançamento poderia ter sido efetuado corresponde ao primeiro dia do exercício seguinte à ocorrência do fato imponível, ainda que se trate de tributos sujeitos à homologação. Assim, mostra-se inadmissível aplicar, cumulativamente ou concorrentemente, os prazos previstos nos arts. 150, § 4º, e 173, ambos do CTN, diante da configuração de injustificado prazo decadencial decenal. Com esse entendimento, a Seção negou provimento ao especial regulado pelo disposto no art. 543-C do CPC e Res. n. 8/2008-STJ (recurso repetitivo). **Precedentes citados: REsp 766.050-PR, DJ 25/2/2008; AgRg nos EREsp 216.758-SP, DJ 10/4/2006, e EREsp 276.142-SP, DJ 28/2/2005. REsp 973.733-SC, Rel. Min. Luiz Fux, julgado em 12/8/2009.** (Inform. STJ 402)

RECURSO REPETITIVO. NOTIFICAÇÃO. LANÇAMENTO. IPTU.

No julgamento do recurso representativo de controvérsia (art. 543-C do CPC e Resolução n. 8/2008 do STJ), a Seção reafirmou o entendimento de que é ato suficiente para a notificação do lançamento tributário a remessa do carnê do IPTU ao endereço do contribuinte. Considerou, também, aplicável a Súm. n. 106 do STJ às execuções fiscais. **Precedentes citados: REsp 645.739-RS, DJ 21/3/2005; REsp 678.558-PR, DJ 27/3/2006; AgRg no Ag 469.086-GO, DJ 8/9/2003; REsp 707.699-PR, DJ 30/8/2007; REsp 868.629-SC, DJ 4/9/2008; REsp 705.610-PR, DJ 14/11/2005; REsp 86.372-RS, DJ 25/10/2004; REsp 903.068-RS, DJ 8/10/2008; REsp 708.186-SP, DJ 3/4/2006; REsp 882.496-RN, DJ 26/8/2008; REsp 795.764-PR, DJ 6/3/2006; REsp 180.644-SP, DJ 16/11/1998, e REsp 752.817-MS, DJ 5/9/2005. REsp 1.111.124-PR, Rel. Min. Teori Albino Zavascki, julgado em 22/4/2009.** (Inform. STJ 391)

LANÇAMENTO POR HOMOLOGAÇÃO. DCTF. PRESCRIÇÃO.

Nos tributos sujeitos a lançamento por homologação, a declaração de débitos e créditos tributários federais (DCTF) refere-se sempre a débitos vencidos, razão pela qual o prazo prescricional inicia-se no dia seguinte à entrega da declaração. **AgRg no REsp 1.076.611-MG, Rel. Min. Herman Benjamin, julgado em 18/12/2008.** (Inform. STJ 381)

ISS. DECADÊNCIA. LANÇAMENTO.

A Turma não proveu o recurso, porquanto, diante da inexistência da declaração tributária (que constitui o crédito tributário) e do pagamento do tributo devido, cabe à Fazenda Pública efetuar o lançamento de ofício sob pena de caducidade. Outrossim, não havendo o que homologar, correta a aplicação do art. 149, V, c/c o art. 173, I, todos do CTN, para postergar o termo inicial do prazo da decadência para o primeiro dia do exercício seguinte ao que poderia efetuar o lançamento. **Precedentes citados: REsp 857.614-SP, DJe 30/4/2008, e REsp 973.189-MG, DJ 19/9/2007. REsp 1.097.801-ES, Rel. Min. Eliana Calmon, julgado em 25/11/2008.** (Inform. STJ 378)

NULIDADE. CERTIDÃO. DÍVIDA ATIVA.

Na espécie, embora se tratando de crédito declarado e não-pago pelo contribuinte, que se torna exigível sem necessidade da prévia notificação administrativa para inscrição e cobrança executiva, não se aplica tal entendimento jurisprudencial, pois a Fazenda Nacional, ao examinar os créditos declarados pela recorrida, verificou que havia diferenças a maior em seu favor, inscrevendo-os, de imediato, em dívida ativa e promovendo a execução. Desse modo, dispensou a formalidade do lançamento fiscal com a notificação da empresa para que ela tivesse oportunidade de exercer o contraditório e a ampla defesa na esfera administrativa (art. 5º, LV, da CF/1988). Isso posto, a Turma, ao prosseguir o julgamento, por maioria, negou provimento ao REsp, confirmando o acórdão recorrido que reconheceu a nulidade da certidão de dívida ativa referente a PIS. **REsp 745.717-SC, Rel. originária Min. Denise Arruda, Rel. para acórdão Min. José Delgado, julgado em 18/3/2008.** (Inform. STJ 349)

SÚMULA STF Nº 565

A multa fiscal moratória constitui pena administrativa, não se incluindo no crédito habilitado em falência.

SÚMULA STF Nº 563

O concurso de preferência a que se refere o parágrafo único do art. 187, do Código Tributário Nacional, é compatível com o disposto no art. 9º, I, da Constituição Federal.

SÚMULA STF Nº 192

Não se inclui no crédito habilitado em falência a multa fiscal com efeito de pena administrativa.

SÚMULA STJ Nº 436

A entrega de declaração pelo contribuinte reconhecendo débito fiscal constitui o crédito tributário, dispensada qualquer outra providência por parte do fisco. *(Comentário: o fisco pode inscrever o débito em dívida ativa e executá-lo, independentemente de outra providência)*

SÚMULA STJ Nº 409

Em execução fiscal, a prescrição ocorrida antes da propositura da ação pode ser decretada de ofício (art. 219, § 5º, do CPC).

SÚMULA STJ Nº 250

É legítima a cobrança de multa fiscal de empresa em regime de concordata.

SÚMULA STJ Nº 212

A compensação de créditos tributários não pode ser deferida por medida liminar.

SÚMULA STJ Nº 112

O depósito somente suspende a exigibilidade do crédito tributário se for integral e em dinheiro.

SÚMULA STJ Nº 85

Nas relações jurídicas de trato sucessivo em que a Fazenda Pública figure como devedora, quando não tiver sido negado o próprio direito reclamado, a prescrição atinge apenas as prestações vencidas antes do quinquenio anterior à propositura da ação.

SÚMULA TFR Nº 248

O prazo da prescrição interrompido pela confissão e parcelamento da dívida fiscal recomeça a fluir no dia em que o devedor deixar de cumprir o acordo celebrado.

SÚMULA TFR Nº 227

A mudança de critério jurídico adotado pelo fisco não autoriza a revisão do lançamento.

SÚMULA TFR Nº 219

Não havendo antecipação de pagamento, o direito de constituir o crédito previdenciário extingue-se decorridos 5 (cinco) anos do primeiro dia do exercício seguinte àquele em que ocorreu o fato gerador.

SÚMULA TFR Nº 163

Nas relações jurídicas de trato sucessivo, em que a Fazenda Pública figure como devedora, somente prescrevem as prestações vencidas antes do quinquenio anterior à propositura da ação.

SÚMULA TFR Nº 153

Constituído, no quinquenio, através de auto de infração ou notificação de lançamento, o crédito tributário, não há que se falar em decadência, fluindo, a partir daí, em princípio, o prazo prescricional, que, todavia, fica em suspenso, até que sejam decididos os recursos administrativos.

SÚMULA TFR Nº 106.

A seguradora não tem direito à restituição do Imposto sobre Produtos Industrializados, no caso de sinistro ocorrido com mercadoria, após a sua saída do estabelecimento produtor.

SÚMULA TFR Nº 45

As multas fiscais, sejam moratórias ou punitivas, estão sujeitas à correção monetária.

5. SUJEIÇÃO PASSIVA, RESPONSABILIDADE, DENÚNCIA ESPONTÂNEA

TRANSPORTADOR. RESPONSABILIDADE TRIBUTÁRIA. EXTRAVIO. AVARIA. MERCADORIAS IMPORTADAS.
O transportador não responde, no âmbito tributário, por extravio ou avaria de mercadorias importadas sob o regime de suspensão de impostos e destinadas à comercialização em loja franca (*duty free*). É que tais mercadorias permanecerão com suspensão do pagamento de tributos até a sua venda, quando, então, a suspensão converter-se-á automaticamente em isenção de tributos (art. 15, §§ 2º e 3º, do DL n. 1.455/1976). Assim, caso a internação se realizasse normalmente, não haveria tributação em razão da isenção de caráter objetivo incidente sobre as mercadorias importadas. Logo, como houve extravio, não há responsabilidade subjetiva do transportador em virtude da ausência de prejuízo fiscal. Precedentes citados: REsp 726.285-AM, DJ 6/3/2006; AgRg no REsp 1.127.607-SP, DJe 20/11/2009, e AgRg no REsp 1.090.518-RJ, DJe 24/8/2011. **REsp 1.101.814-SP, Rel. Min. Arnaldo Esteves Lima, julgado em 22/5/2012.(Inform. STJ 498)**

IMPORTADOR. LOCATÁRIO. RESPONSABILIDADE TRIBUTÁRIA. SUBSTITUIÇÃO TRIBUTÁRIA.
A empresa locatária de aparelho de ultrassom diagnóstico (recorrente), mesmo com a isenção especial do art. 149, III, do Dec. n. 91.030/1985 (Regulamento Aduaneiro), foi responsabilizada pelo Fisco para pagar os tributos incidentes sobre a importação do bem (imposto de importação e de IPI), com base no art. 124, I, do CTN. Isso caracterizaria a solidariedade de fato porque a recorrente se enquadraria nos termos do art. 1º do referido *codex*, por possuir interesse comum na situação. Porém, a Fazenda Nacional, ao lançar o auto de infração, não incluiu o responsável tributário principal, atacando diretamente a locatária, que assumiu a responsabilidade em razão de seu particular interesse na situação. De acordo com o art. 121 do mencionado código, o sujeito passivo da obrigação principal é a pessoa obrigada ao pagamento do tributo. Assim, devendo o tributo de importação ser pago pelo importador, dele é a obrigação principal de pagá-lo, sendo dele também a responsabilidade por burlar a isenção e ter contra si auto de infração sob esse título. Sabe-se da possibilidade de a Fazenda Nacional indicar responsável solidário, *in casu*, solidariedade de fato, mas, sendo certa a legitimidade do importador para responder pelo tributo, deve ele constar no auto de infração que serve de supedâneo ao crédito tributário. Tanto é assim que o art. 134 do supradito *codex* dispõe que, nos casos de impossibilidade de exigência do cumprimento da obrigação (principal) pelo contribuinte, respondem solidariamente com ele aqueles que intervieram ou se omitiram. O STJ já reconheceu que a responsabilidade tributária deve ser atribuída ao contribuinte de fato autor do desvio, e não a terceiro de boa-fé, como na hipótese dos autos, em que o recorrente não tem a possibilidade de verificar a origem fiscal do aparelho. Conforme demonstrado, o contribuinte originário é o importador. Assim, a interpretação de tal dispositivo deixa clara a intenção do legislador de impor ao contribuinte principal a responsabilidade pela obrigação. Na verdade, está a se erguer uma nova forma de substituição tributária, visto que de solidariedade, estritamente, não se trata, por não haver devedor principal inscrito para a vinculação da solidariedade. Com essas ponderações, a Turma deu provimento ao recurso da empresa locatária, julgando prejudicado o recurso da Fazenda Nacional. Precedente citado: EDcl no AgRg no REsp 706.254-RO, DJe de 6/5/2008. **REsp 1.294.061-PE, Rel. Min. Francisco Falcão, julgado em 15/3/2012. (Inform. STJ 493)**

RE N. 562.276-PR
RELATORA: MIN. ELLEN GRACIE
DIREITO TRIBUTÁRIO. RESPONSABILIDADE TRIBUTÁRIA. NORMAS GERAIS DE DIREITO TRIBUTÁRIO. ART 146, III, DA CF. ART. 135, III, DO CTN. SÓCIOS DE SOCIEDADE LIMITADA. ART. 13 DA LEI 8.620/93. INCONSTITUCIONALIDADES FORMAL E MATERIAL. REPERCUSSÃO GERAL. APLICAÇÃO DA DECISÃO PELOS DEMAIS TRIBUNAIS.
1.Todas as espécies tributárias, entre as quais as contribuições de seguridade social, estão sujeitas às normas gerais de direito tributário.
2.O Código Tributário Nacional estabelece algumas regras matrizes de responsabilidade tributária, como a do art. 135, III, bem como diretrizes para que o legislador de cada ente político estabeleça outras regras específicas de responsabilidade tributária relativamente aos tributos da sua competência, conforme seu art. 128.
3.O preceito do art. 124, II, no sentido de que são solidariamente obrigadas "as pessoas expressamente designadas por lei", não autoriza o legislador a criar novos casos de responsabilidade tributária sem a observância dos requisitos exigidos pelo art. 128 do CTN, tampouco a desconsiderar as regras matrizes de responsabilidade de terceiros estabelecidas em caráter geral pelos arts. 134 e 135 do mesmo diploma. A previsão legal de solidariedade entre devedores – de modo que o pagamento efetuado por um aproveite aos demais, que a interrupção da prescrição, em favor ou contra um dos obrigados, também lhes tenha efeitos comuns e que a isenção ou remissão de crédito exonere a todos os obrigados quando não seja pessoal (art. 125 do CTN) – pressupõe que a própria condição de devedor tenha sido estabelecida validamente.
4.A responsabilidade tributária pressupõe duas normas autônomas: a regra matriz de incidência tributária e a regra matriz de responsabilidade tributária, cada uma com seu pressuposto de fato e seus sujeitos próprios. A referência ao responsável enquanto terceiro (dritter Persone, terzo ou tercero) evidencia que não participa da relação contributiva, mas de uma relação específica de responsabilidade tributária, inconfundível com aquela. O "terceiro" só pode ser chamado responsabilizado na hipótese de descumprimento de deveres próprios de colaboração para com a Administração Tributária, estabelecidos, ainda que a *contrario sensu*, na regra matriz de responsabilidade tributária, e desde que tenha contribuído para a situação de inadimplemento pelo contribuinte.
5.O art. 135, III, do CTN responsabiliza apenas aqueles que estejam na direção, gerência ou representação da pessoa jurídica e tão-somente quando pratiquem atos com excesso de poder ou infração à lei, contrato social ou estatutos. Desse modo, apenas o sócio com poderes de gestão ou representação da sociedade é que pode ser responsabilizado, o que resguarda a pessoalidade entre o ilícito (mal gestão ou representação) e a conseqüência de ter de responder pelo tributo devido pela sociedade.
6.O art. 13 da Lei 8.620/93 não se limitou a repetir ou detalhar a regra de responsabilidade constante do art. 135 do CTN, tampouco cuidou de uma nova hipótese específica e distinta. Ao vincular à simples condição de sócio a obrigação de responder solidariamente pelos débitos da sociedade limitada perante a Seguridade Social, tratou a mesma situação genérica regulada pelo art. 135, III, do CTN, mas de modo diverso, incorrendo em inconstitucionalidade por violação ao art. 146, III, da CF.
7.O art. 13 da Lei 8.620/93 também se reveste de inconstitucionalidade material, porquanto não é dado ao legislador estabelecer confusão entre os patrimônios das pessoas física e jurídica, o que, além de impor desconsideração ex lege e objetiva da personalidade jurídica, descaracterizando as sociedades limitadas, implica irrazoabilidade e inibe a iniciativa privada, afrontando os arts. 5º, XIII, e 170, parágrafo único, da Constituição.
8.Reconhecida a inconstitucionalidade do art. 13 da Lei 8.620/93 na parte em que determinou que os sócios das empresas por cotas de responsabilidade limitada responderiam solidariamente, com seus bens pessoais, pelos débitos junto à Seguridade Social.
9.Recurso extraordinário da União desprovido.
10.Aos recursos sobrestados, que aguardavam a análise da matéria por este STF, aplica-se o art. 543-B, § 3º, do CPC. (Inform. STF 615) * noticiado no Informativo 607

RESPONSABILIDADE DE SÓCIOS COTISTAS POR DÉBITOS CONTRAIDOS JUNTO À SEGURIDADE SOCIAL - 1
É inconstitucional o art. 13 da Lei 8.620/93, na parte em que estabeleceu que os sócios das empresas por cotas de responsabilidade limitada respondem solidariamente, com seus bens pessoais, pelos débitos junto à Seguridade Social. Essa a conclusão do Plenário ao manter acórdão que declarara inconstitucional o referido dispositivo por ofensa ao art. 146, III, b, da CF. Preliminarmente, ressaltou-se que a revogação do citado preceito pela Medida Provisória 449/2008, convertida na Lei 11.941/2009, não impediria o julgamento, em razão de não se estar no âmbito do controle direto de constitucionalidade, mas do controle difuso. Acrescentou-se o fato de o dispositivo impugnado ter vigorado por quase 16 anos e a existência de milhares de feitos aguardando o pronunciamento definitivo do Supremo sobre a matéria. No mérito, salientou-se, de início, inexistir dúvida quanto à submissão das contribuições de seguridade social, por terem natureza tributária, às normas gerais de direito tributário, as quais reservadas, pelo art. 146, III, b, da CF, à lei complementar. **RE 562276/PR, rel. Min. Ellen Gracie, 3.11.2010.** (RE-562276)

RESPONSABILIDADE DE SÓCIOS COTISTAS POR DÉBITOS CONTRAÍDOS JUNTO À SEGURIDADE SOCIAL - 2
Na seqüência, afirmou-se ser necessário verificar se a matéria relacionada à responsabilidade tributária estaria contida na relação das normas gerais. Ressaltou-se que o art. 146, III, b, da CF, ao se referir a obrigação, lançamento, crédito, prescrição e decadência tributários, teria apresentado relação meramente exemplificativa, que se somaria aos conteúdos indicados nas outras alíneas desse inciso e a tudo o que se poderia entender alcançado pelo conceito de norma geral em matéria de legislação tributária. Salientou-se que as normas gerais orientariam o exercício da tributação,

sendo passíveis de aplicação por todos os entes tributantes e que o Código Tributário Nacional - CTN teria sido recepcionado pela CF/88 com nível de lei complementar por apresentar normas que cumpririam essa função. Considerou-se que a definição dos traços essenciais da figura da responsabilidade tributária, como o de exigir previsão legal específica e, necessariamente, vínculo do terceiro com o fato gerador do tributo, estaria incluída no rol das normas gerais de direito tributário que orientam todos os entes políticos. Aduziu-se que, do mesmo modo, a previsão de regras matrizes de responsabilidade tributária aplicáveis à generalidade dos tributos também se encontraria no âmbito das normas gerais, assegurando uniformidade de tratamento dos terceiros perante o Fisco. Assentou-se ser adequado reconhecer caráter de normas gerais aos dispositivos do CTN que tratam da responsabilidade tributária, sem prejuízo da permissão de que o legislador preveja outros casos específicos de responsabilidade, nos termos do art. 128 do CTN. Reputou-se, então, correto conferir ao art. 135 do CTN (*"São pessoalmente responsáveis pelos créditos correspondentes a obrigações tributárias resultantes de atos praticados com excesso de poderes ou infração de lei, contrato social ou estatutos: I - as pessoas referidas no artigo anterior; II - os mandatários, prepostos e empregados; III - os diretores, gerentes ou representantes de pessoas jurídicas de direito privado."*) o nível de lei complementar por disciplinar matéria abrangida pelo art. 146, III, da CF. **RE 562276/PR, rel. Min. Ellen Gracie, 3.11.2010**. (RE-562276)

RESPONSABILIDADE DE SÓCIOS COTISTAS POR DÉBITOS CONTRAÍDOS JUNTO À SEGURIDADE SOCIAL - 3

Frisou-se, ademais, ser essencial à compreensão do instituto da responsabilidade tributária a noção de que a obrigação do terceiro, de responder por dívida originariamente do contribuinte, jamais decorreria direta e automaticamente da pura e simples ocorrência do fato gerador do tributo. Registrou-se que do fato gerador só surgiria a obrigação direta do contribuinte, visto que cada pessoa seria sujeito de direitos e obrigações próprios e o dever fundamental de pagar tributos estaria associado às revelações de capacidade contributiva a que a lei vinculasse o surgimento da obrigação do contribuinte. Nesse sentido, a relação contributiva dar-se-ia exclusivamente entre o Estado e o contribuinte em face da revelação da capacidade contributiva deste, sendo que o terceiro apenas poderia ser chamado a responder na hipótese de descumprimento de deveres de colaboração para com o Fisco,
1134 deveres estes seus, próprios, e que tivessem repercutido na ocorrência do fato gerador, no descumprimento da obrigação pelo contribuinte ou em um óbice à fiscalização pela Administração tributária. Assinalou-se que a referência ao responsável enquanto terceiro evidenciaria, justamente, que não participaria da relação contributiva, mas de uma relação específica de responsabilidade tributária, inconfundível com aquela. Portanto, a referência do art. 121 do CTN ao contribuinte e ao responsável como sujeitos passivos da obrigação tributária principal deveria ser compreendida no sentido de serem eles sujeitos passivos de relações jurídicas distintas, com suporte em previsões legais e pressupostos de fato específicos. **RE 562276/PR, rel. Min. Ellen Gracie, 3.11.2010**. (RE 562276)

RESPONSABILIDADE DE SÓCIOS COTISTAS POR DÉBITOS CONTRAÍDOS JUNTO À SEGURIDADE SOCIAL - 4

Asseverou-se que o art. 135, III, do CTN constituiria uma regra matriz de responsabilidade tributária que não se confundiria com a regra matriz de incidência de qualquer tributo, que possuiria estrutura própria, e partiria de um pressuposto de fato específico, sem o qual não haveria espaço para a atribuição de responsabilidade. O caráter geral desse dispositivo viabilizaria aplicação relativamente aos diversos tributos. Referido pressuposto de fato ou hipótese de incidência da norma de responsabilidade seria a prática de atos, por quem estivesse na gestão ou representação da sociedade, com excesso de poder ou infração à lei, contrato social ou estatutos e que tivessem implicado, se não o surgimento, ao menos o inadimplemento de obrigações tributárias. Destacou-se jurisprudência no sentido de que tais ilícitos, passíveis de serem praticados pelos sócios com poderes de gestão, não se confundiriam com o simples inadimplemento de tributos por força do risco do negócio, isto é, com o atraso no pagamento dos tributos, incapaz de fazer com que os diretores, gerentes ou representantes respondessem, com seu próprio patrimônio, por dívida da sociedade. Seria necessário, para tanto, um ilícito qualificado, do qual decorresse a obrigação ou seu inadimplemento. A regra matriz de responsabilidade do art. 135, III, do CTN, portanto, responsabilizaria aquele que estivesse na direção, gerência ou representação da pessoa jurídica e atuasse em excesso ou abuso de poder, de forma a qualificar um ilícito, o que resultaria no dever de responder pelo tributo devido pela sociedade. Tendo isso conta, entendeu-se que o art. 13 da Lei 8.620/93, ao vincular à simples condição de sócio a obrigação de responder solidariamente pelos débitos da sociedade limitada perante a Seguridade Social, teria estabelecido exceção desautorizada à norma geral de direito tributário consubstanciada no art. 135, III, do CTN, o que demonstraria a invasão da esfera reservada à lei complementar pelo art. 146, III, da CF. Afastou-se, em seguida, o argumento da União segundo o qual o art. 13 da Lei 8.620/93 estaria amparado pelo art. 124, II, do CTN, dado que este, que prevê que são solidariamente obrigadas as pessoas expressamente designadas por lei, não autorizaria o legislador a criar novos casos de responsabilidade tributária sem observância dos requisitos exigidos pelo art. 128 do CTN, nem a desconsiderar as regras matrizes de responsabilidade de terceiros estabelecidas em caráter geral pelos artigos 134 e 135 do mesmo diploma legal. **RE 562276/PR, rel. Min. Ellen Gracie, 3.11.2010**. (RE 562276)

RESPONSABILIDADE DE SÓCIOS COTISTAS POR DÉBITOS CONTRAÍDOS JUNTO À SEGURIDADE SOCIAL - 5

Enfatizou-se, ainda, que a solidariedade estabelecida pelo art. 13 da Lei 8.620/93 também se revestiria de inconstitucionalidade material, porquanto não seria dado ao legislador estabelecer simples confusão entre os patrimônios de pessoa física e jurídica, mesmo que para fins de garantia dos débitos da sociedade perante a Seguridade Social. Asseverou-se que a censurada confusão patrimonial não poderia decorrer de interpretação do art. 135, III, c, da CF, nem ser estabelecida por nenhum outro dispositivo legal, haja vista que impor confusão entre os patrimônios da pessoa jurídica e da pessoa física no bojo de sociedade em que, por definição, a responsabilidade dos sócios é limitada, comprometeria um dos fundamentos do Direito de Empresa, consubstanciado na garantia constitucional da livre iniciativa. Afirmou-se que a garantia dos credores, frente ao risco da atividade empresarial, estaria no capital e no patrimônio sociais, e que seria tão relevante a delimitação da responsabilidade no regramento dos diversos tipos de sociedades empresárias que o Código Civil de 2002 a teria disciplinado no primeiro capítulo destinado a cada qual. Reconheceu-se tratar-se de dispositivo de lei ordinária, mas que regularia a limitação do risco da atividade empresarial, inerente à garantia de livre iniciativa. Concluiu-se que a submissão do patrimônio pessoal do sócio de sociedade limitada à satisfação dos débitos da sociedade para com a Seguridade Social, independentemente de ele exercer, ou não, a gerência e de cometer, ou não, qualquer infração, tolheria, de forma excessiva, a iniciativa privada, de modo a descaracterizar essa espécie societária, em afronta aos artigos 5º, XIII, e 170, parágrafo único, da CF. Os Ministros Ayres Britto, Dias Toffoli e Gilmar Mendes reconheceram apenas o vício formal da norma em questão. Aplicou-se, ainda, o art. 543-B do CPC a todos os processos sobrestados. **RE 562276/PR, rel. Min. Ellen Gracie, 3.11.2010**. (RE 562276) (Inform. STF 607)

(Comentário – ver Informativo STF 615 – ementa deste julgado)

SUCESSÃO TRIBUTÁRIA. DÉBITO FISCAL. MULTA.

Discute-se, no mérito do REsp, se houve responsabilidade tributária por sucessão (nos moldes do art. 133 do CTN) por aquisição de fundo de comércio ou se, como alega a recorrente, adquiriram-se imóveis e alguns pontos comerciais de outra sociedade empresária. Afirma a recorrente que, após essas aquisições, passou a sofrer sucessivo e infundado redirecionamento em execuções fiscais por dívidas da sociedade empresária anterior. A Turma, ao prosseguir o julgamento, não conheceu do recurso; confirmou, assim, a decisão recorrida de que os contratos e alterações contratuais juntados aos autos em nome da empresa executada apenas confirmam sua extinção, atraindo, assim, a responsabilidade tributária da empresa atual como sucessora daquela para com os débitos fiscais, multas moratórias e punitivas, desde que, conforme a jurisprudência do STJ, seu fato gerador tenha ocorrido até a data da sucessão. Ademais, observou-se que a substituição de desembargador por juiz convocado não incorre em violação do princípio do juiz natural, desde que dentro dos parâmetros legais e com observância das disposições estabelecidas na CF. Anotou-se que o tribunal *a quo* afastou a ocorrência da prescrição, afirmando não se ter verificado desídia ou omissão da exequente, mas que a falha da citação deu-se por mecanismo do Poder Judiciário, atraindo a aplicação das Súmulas ns. 106 e 7, ambas do STJ. Afirmou, ainda, não haver cerceamento de defesa ante a desnecessidade de dilação probatória quanto à ocorrência da sucessão tributária com base em dois fundamentos: apesar de regularmente intimada, a recorrente não manejou o recurso processual adequado, visto que houve a preclusão, e a prescindibilidade da produção de outras provas além das carreadas aos autos, uma vez que essas provas seriam suficientes para o julgamento antecipado da lide. Precedentes citados: REsp 1.061.770-RS, DJe 2/2/2010; REsp 1.085.071-SP, DJe 8/6/2009; REsp 923.012-MG, DJe 24/6/2010; REsp 36.540-MG, DJ 4/10/1993; AgRg no Ag 1.158.300-SP, DJe 26/3/2010; REsp 1.048.669-RJ, DJe 30/3/2009; AgRg no REsp 925.544-MG, DJe 25/3/2009, e REsp 1.092.089-SC, DJe 9/11/2009. **REsp 1.220.651-GO, Rel. Min. Humberto Martins, julgado em 5/4/2011.** (Inform. STJ 468)

REDIRECIONAMENTO. SÓCIO-GERENTE. DISSOLUÇÃO IRREGULAR.
Cinge-se a polêmica à definição de nulidade de decisão que deferiu o redirecionamento da execução ao sócio-gerente por dissolução irregular da empresa, sem a homologação judicial da recusa pela Fazenda estadual do bem imóvel nomeado à penhora pela sociedade executada (recorrente), tendo em vista a possibilidade da suficiência patrimonial dela, que, por si só, poderia obstar o redirecionamento. Isso porque, em regra, os bens da sociedade executada devem ser excutidos em primeiro lugar quando se trata de responsabilidade subsidiária, impedindo a deflagração da responsabilidade do ex-sócio. No entanto, há, no caso, fortes indícios da ocorrência de dissolução irregular da empresa consoante certidões expedidas pelo oficial de justiça, configurando a responsabilidade pessoal do sócio-gerente nos termos do *caput* do art. 135 do CTN. Assim, caracterizada a responsabilidade pessoal do recorrente, não há que anular a decisão do juízo singular que deferiu o redirecionamento da execução em razão da comprovação da dissolução irregular da empresa. Concluiu-se, por isso, que o acórdão recorrido, nesse particular, não merece reparo por ter desprezado a omissão do *decisum* do juízo singular quanto à apreciação do pedido de recusa do bem nomeado à penhora pela recorrente. Com essas considerações, entre outras, a Turma, negou provimento ao recurso. **Precedentes citados: REsp 1.101.728-SP, DJe 23/3/2009; REsp 1.144.607-MG, DJe 29/4/2010; AgRg no REsp 1.085.943-PR, DJe 18/9/2009; AgRg no Ag 1.261.429-BA, DJe 23/4/2010, e AgRg no REsp 570.096-SC, DJ 10/5/2004. REsp 1.104.064-RS, Rel. Min. Luiz Fux, julgado em 2/12/2010**. (Inform. STJ 458)
(Comentário: ver Súmula 435/STJ)

REPETITIVO. RESPONSABILIDADE. SÓCIOS. SEGURIDADE SOCIAL.
Em julgamento de recurso especial submetido ao regime do art. 543-C do CPC c/c a Res. n. 8/2008-STJ, a Seção asseverou que os sócios das empresas por cotas de responsabilidade limitada não respondem pessoalmente pelos débitos da sociedade junto à seguridade social, em conformidade com a decisão do STF que declarou a inconstitucionalidade do art. 13 da Lei n. 8.620/1993, posteriormente revogado pelo art. 79, VII, da Lei n. 11.941/2009. Precedentes citados do STF: RE 562.276-PR; do STJ: REsp 717.717-SP, DJ 8/5/2006; REsp 833.977-RS, DJ 30/6/2006, e REsp 796.613-RS, DJ 26/5/2006. **REsp 1.153.119-MG, Rel. Min. Teori Albino Zavascki, julgado em 24/11/2010**. (Inform. STJ 457)

REPETITIVO. CONTRIBUIÇÃO PREVIDENCIÁRIA. RESPONSABILIDADE.
Em julgamento de recurso especial submetido ao regime do art. 543-C do CPC c/c a Res. n. 8/2008-STJ, a Seção assentou que, a partir da vigência da Lei n. 9.711/1998, que conferiu nova redação ao art. 31 da Lei n. 8.212/1991, a responsabilidade pelo recolhimento da contribuição previdenciária retida na fonte incidente sobre a mão de obra utilizada na prestação de serviços contratados é exclusiva do tomador do serviço, nos termos do art. 33, § 5º, da Lei n. 8.212/1991, não havendo falar em responsabilidade supletiva da empresa cedente. **Precedentes citados: EREsp 446.955-SC, DJe 19/5/2008; REsp 1.068.362-PR, DJe 24/2/2010; AgRg nos EDcl no REsp 1.177.895-RS, DJe 17/8/2010; MC 15.410-RJ, DJe 8/10/2009, e AgRg no REsp 916.914-RS, DJe 6/8/2009. REsp 1.131.047-MA, Rel. Min. Teori Albino Zavascki, julgado em 24/11/2010**. (Inform. STJ 457)

REPETITIVO. SALÁRIO-EDUCAÇÃO. SUJEITO PASSIVO.
Em julgamento de recurso especial submetido ao regime do art. 543-C do CPC c/c a Res. n. 8/2008-STJ, a Seção reiterou a orientação de que o sujeito passivo da contribuição para o salário-educação é a empresa, assim entendida em seu conceito amplo – firma individual ou sociedade que, assumindo os riscos da atividade econômica, admite, assalaria e dirige a prestação pessoal de serviço, bem como qualquer entidade pública ou privada vinculada à Previdência Social, com ou sem fins lucrativos, excetuados os entes da administração direta –, nos termos do art. 15 da Lei n. 9.424/1996, regulamentado pelo Dec. n. 6.003/2006, e dos arts. 1º, § 5º, do DL n. 1.422/1975 (recepcionado pela CF/1988), 2º da CLT e 4º da Lei n. 3.807/1960, com redação dada pela Lei n. 5.890/1973. **Precedentes citados do STF: RE 290.079-SC, DJ 4/4/2003; do STJ: REsp 272.671-ES, DJe 25/8/2009; REsp 842.781-PR, DJ 10/12/2007, e REsp 711.166-PR, DJ 16/5/2006. REsp 1.162.307-RJ, Rel. Min. Luiz Fux, julgado em 24/11/2010**. (Inform. STJ 457)

REPETITIVO. DENÚNCIA ESPONTÂNEA. RETIFICAÇÃO. DIFERENÇA. MULTA.
Seção, em recurso representativo de controvérsia (art. 543-C do CPC e Res. n. 8/2008-STJ), firmou a tese de que a denúncia espontânea fica configurada na hipótese em que o contribuinte, após efetuar a declaração parcial do débito tributário (sujeito a lançamento por homologação), acompanhada do respectivo pagamento integral, porquanto a retifica (antes de qualquer procedimento do Fisco), assim, noticia a existência de diferença a maior cuja quitação dá-se concomitantemente. Por outro lado, é cediço que, em outra ocasião, a Seção consolidou o entendimento de que a denúncia espontânea não fica caracterizada com a exclusão da multa moratória nos casos de tributos sujeitos a lançamento por homologação declarados pelo contribuinte e recolhidos fora do prazo de vencimento, à vista ou parcelado, ainda que anterior a qualquer procedimento do Fisco (Súm. n. 360-STJ). **Precedentes citados: REsp 886.462-RS, DJe 28/10/2008; REsp 850.423-SP, DJe 7/2/2008, e REsp 962.379-RS, DJe 28/10/2008. REsp 1.149.022-SP, Rel. Min Luiz Fux, julgado em 9/6/2010**. (Inform. STJ 438)

REPETITIVO. SUCESSÃO EMPRESARIAL. RESPONSABILIDADE.
A Seção, ao julgar recurso submetido ao regime do art. 543-C do CPC e da Res. n. 8/2008-STJ, reiterou que a responsabilidade tributária da empresa sucessora abrange, além dos tributos devidos pela empresa sucedida, as multas moratórias ou punitivas que, por representarem dívida de valor, acompanham o passivo do patrimônio adquirido pela empresa sucessora, desde que seu fato gerador tenha ocorrido até a data da sucessão. Assim, quanto à multa aplicada à empresa incorporada sucedida, procede a cobrança; pois, segundo dispõe o art. 113, § 3º, do CTN, o descumprimento de obrigação acessória faz surgir, imediatamente, nova obrigação consistente no pagamento da multa tributária. Isso porque a responsabilidade da sucessora abrange, nos termos do art. 129 do CTN, os créditos definitivamente constituídos, em curso de constituição ou constituídos posteriormente aos mesmos atos, desde que relativos a obrigações tributárias surgidas até a referida data, que é o caso dos autos. Por outro lado, como ficou consignada, nas instâncias ordinárias, a ausência de comprovação da incondicionalidade dos descontos concedidos pela empresa recorrente, a questão não pode ser conhecida. **Precedentes citados: REsp 1.111.156-SP, DJe 22/10/2009; REsp 1.085.071-SP, DJe 8/6/2009; REsp 959.389-RS, DJe 21/5/2009; AgRg no REsp 1056302-SC, DJe 13/5/2009; REsp 544.265-CE, DJ 21/2/2005; REsp 745.007-SP, DJ 27/6/2005, e REsp 3.097-RS, DJ 19/11/1990. REsp 923.012-MG, Rel. Min. Luiz Fux, julgado em 9/6/2010**. (Inform. STJ 438)

TRIBUTÁRIO. MULTA. MÁ-FÉ.
O contribuinte, apesar de vender e entregar a mercadoria ao cliente, só omitiu a respectiva nota fiscal após o início da fiscalização, razão pela qual foi multado em 30% do valor do bem, conforme a legislação local. Sucede que o tribunal de origem abrandou o valor da multa para 5% ao fundamento de que não havia má-fé do contribuinte ou mesmo dano ao erário. Nesse contexto, mostra-se prudente resgatar o teor do art. 136 do CTN, segundo o qual, salvo disposição legal contrária, a responsabilidade das infrações da legislação tributária independe de perquirição quanto à intenção do agente, isso porque é o legislador quem avalia a reprovabilidade da conduta quando quantifica a penalidade prevista em lei. Não raro, para situações que envolvem comprovada má-fé ou fraude, fixam-se multas mais gravosas do que as de 30% previstas na legislação local. No caso, a peculiar emissão tardia da nota afasta a presunção de boa-fé, a impossibilitar a aplicação do benefício do art. 138, parágrafo único, daquele mesmo *codex* (denúncia espontânea), quanto mais se pacífico o entendimento de que as sanções por infrações formais (tais como a entrega de declarações ou emissão de documentos fiscais) não são afastadas pela denúncia espontânea. Com esse entendimento, o recurso do Estado-membro foi provido. **REsp 1.142.739-PR, Rel. Min. Herman Benjamin, julgado em 16/3/2010**. (Inform. STJ 427)

TRIBUTÁRIO. PORT. N. 238/1984-MF.
A Turma reiterou o entendimento de que é ilegal a Portaria do Ministério da Fazenda n. 238/1984, a qual estabeleceu um regime de substituição tributária não previsto no DL n. 2.052/1983. O referido decreto não fixou regime de substituição tributária para os comerciantes varejistas de combustíveis e derivados de petróleo. Não o fazendo, a portaria, que deveria fazer as vezes de um decreto regulamentar, não poderia fazê-lo sob pena de subverter todo o sistema, com abalos nas garantias que cercam a relação fisco-contribuinte. Não há responsabilidade tributária presumida, conforme se deduz do art. 128 do CTN, de maneira que a lei que estabeleceu a sujeição passiva indireta deve ser expressa, sob pena de infringir-se

o princípio da legalidade e se criar um tributo sem lei que o estabeleça. Assim, a Turma acolheu os embargos com efeitos modificativos, porém negou provimento ao recurso especial. **Precedentes citados: REsp 838.092-SC, DJ 8/8/2007, e REsp 872.169-RS, DJe 13/5/2009. EDcl no AgRg no REsp 1.101.342-PR, Rel. Min. Benedito Gonçalves, julgado em 3/12/2009.** (Inform. STJ 418)

MEDIDA CAUTELAR. DENÚNCIA ESPONTÂNEA.

Nos autos de MS, houve medida cautelar incidental com pedido liminar para dar efeito suspensivo ao REsp admitido na origem. Cuida-se de tributo sujeito a lançamento por homologação (diferenças de recolhimento do imposto de renda de pessoa jurídica) em que o contribuinte, após efetuar a declaração parcial do débito tributário, pagou-o integralmente, antes de qualquer procedimento do Fisco, devido à existência de diferença a maior. Daí ter impetrado o MS com o objetivo de não pagar a multa à vista de reconhecimento da denúncia espontânea. Mas, mesmo assim, como o tributo não foi pago na data oportuna, a multa moratória foi reconhecida em sede de apelação e em remessa oficial. Para o Min. Relator, nessas circunstâncias, ficou caracterizada a hipótese de incidência do benefício da denúncia espontânea (art. 138 do CTN), pois, se o contribuinte não efetuasse a retificação, o Fisco não poderia executá-lo sem antes constituir o crédito tributário da parte não declarada. Assim, observa, no caso, a presença do *fumus boni juris* na plausibilidade da insurgência especial, que se funda na violação do art. 138 do CTN, e do *periculum in mora* no fato de que, sem o provimento da medida cautelar que impeça a autoridade coatora de proceder autuações e cobrança de multa moratória, haverá prejuízos ao requerente. Note-se que, no caso, a Vice-Presidência do Tribunal *a quo* não vislumbrou o enquadramento da controvérsia em qualquer dos julgados em recursos repetitivos da Primeira Seção sobre denúncia espontânea. Assim, diante das peculiaridades, o Min. Relator afastou a incidência do art. 5º, II, da Res. n. 8/2008-STJ. Diante do exposto, a Turma julgou procedente a ação cautelar para dar efeito suspensivo ao REsp. Precedente citado: REsp 962.379-RS, DJe 28/10/2008. **MC 15.678-SP, Rel. Min. Luiz Fux, julgada em 1º/10/2009.** (Inform. STJ 409)

RECURSO REPETITIVO. EXECUÇÃO FISCAL. IPTU.

A Seção julgou recurso representativo de controvérsia (art. 543-C do CPC e Resolução n. 8/2008-STJ) reafirmando o entendimento jurisprudencial de que tanto o promitente comprador (possuidor a qualquer título) do imóvel quanto seu proprietário/promitente vendedor (aquele que tem a propriedade registrada no registro de imóveis) são contribuintes responsáveis pelo pagamento do IPTU. Assim, cabe ao legislador municipal eleger o sujeito passivo do tributo, ao contemplar qualquer das situações previstas no art. 34 do CTN, optando por um ou por outro no intuito de facilitar a arrecadação. **Precedentes citados: REsp 475.078-SP, DJ 27/9/2004; REsp 979.970-SP, DJ 18/6/2008; AgRg no REsp 1.022.614-SP, DJ 17/4/2008; REsp 712.998-RJ, DJ 8/2/2008; REsp 759.279-RJ, DJ 11/9/2007; REsp 868.826-RJ, DJ 1º/8/2007, e REsp 793.073-SP, DJ 20/2/2006. REsp 1.111.202-SP, Rel. Min. Mauro Campbell Marques, julgado em 10/6/2009.** (Inform. STJ 398)

RESPONSABILIDADE SOLIDÁRIA. PRESTAÇÃO. SERVIÇOS.

Trata-se de REsp em que se discute a responsabilidade solidária do tomador e do prestador de serviços. No caso, cuida-se de contribuições destinadas à seguridade social. O tribunal *a quo* assentou que, em que pese a responsabilidade do tomador pelas contribuições devidas pelo prestador do serviço, há de ressaltar que tal previsão não autoriza o Fisco a exigi-las daquele sem antes proceder à apuração da existência do débito junto ao executor da mão de obra. A condição de responsável solidário do tomador de serviço, adicionada à falta de comprovação do recolhimento das contribuições devidas, não enseja, por si só, a aferição indireta pelo Fisco, sem qualquer análise da documentação das prestadoras de serviço responsáveis, à época, pela elaboração das folhas de pagamento. Ou seja, responsabilizar diretamente o responsável solidário, sem antes tentar autuar o principal devedor, até para procurar subsídios a fim de mensurar a obrigação, suprime etapa a ser respeitada para evidenciar que a prestadora de serviço não adimpliu seu débito ou, ao menos, para ela fornecer subsídios ou elementos contábeis à perfeita individualização do crédito. Diante disso, a Turma negou provimento ao recurso, por entender estar correto o acórdão recorrido, não havendo contrariedade aos arts. 124 do CTN e 31 da Lei n. 8.212/1991, nem divergência com a jurisprudência do STJ, como alega a recorrente. **Precedentes citados: REsp 800.054-RS, DJ 3/8/2007, AgRg no AgRg no REsp 1.039.843-SP, DJe 26/6/2008, e REsp 776.433-RJ, DJe 22/9/2008. REsp 1.067.988-PR, Rel. Min. Denise Arruda, julgado em 9/6/2009.** (Inform. STJ 398)

RECURSO REPETITIVO. DENÚNCIA ESPONTÂNEA. PARCELAMENTO. DÉBITO TRIBUTÁRIO.

A Seção, ao julgar recurso representativo de controvérsia (art. 543-C do CPC e Resolução n. 8/2008 do STJ), reafirmou que o instituto da denúncia espontânea (art. 138 do CTN) não se aplica aos casos de parcelamento do débito tributário. **Precedentes citados: REsp 284.189-SP, DJ 26/5/2003; AgRg nos EREsp 1.045.661-RS, DJ 16/2/2009; AgRg na Pet 6.231-SP, DJ 1º/9/2008; AgRg no REsp 1.020.268-PR, DJe 17/4/2008, e AgRg no REsp 989.026-ES, DJe 17/2/2009. REsp 1.102.577-DF, Rel. Min. Herman Benjamin, julgado em 22/4/2009.** (Inform. STJ 391)

CND. OFICIAL. REGISTRO. RESPONSABILIDADE SOLIDÁRIA. NOVA ÁREA EDIFICADA.

O recorrido é oficial titular do cartório de ofício de registro de imóveis e, em razão de não ter exigido apresentação de certidão negativa de débito (CND) no ato de averbação de ampliação de construção de imóvel, foi autuado pelo recorrente, o INSS, por infração ao art. 47, II, da Lei n. 8.212/1991. Sustenta o recorrente que a responsabilidade do recorrido, em face da não exigência da CND, não deve ser cindida apenas sobre a área acrescida do imóvel residencial unifamiliar, correspondente a 48 m², mas sim sobre a área total do imóvel, incluindo aquela que antes estava isenta, por conter área menor que 70 m². A questão cinge-se a saber sobre em que base deveria o recorrido exigir a CND do construtor, se sobre a construção como um todo ou apenas sobre a área ampliada. Para o Min. Relator, a partir do momento em que a área do imóvel passou a contar com mais de 70 m², o que só ocorreu depois da ampliação, deixou de incidir a isenção fiscal sobre toda a construção, e não apenas sobre a parcela resultante do acréscimo que a área construída teve. Caso se entendesse de maneira diferente, estar-se-ia abrindo espaço para inúmeras fraudes. Bastava a um cidadão fracionar a construção da obra para se livrar da contribuição previdenciária sobre a área inferior a 70 m², arcando apenas com os valores devidos em face da ampliação, ao passo que, se tivesse construído tudo de uma vez, pagaria o valor sobre o total da área do imóvel. Sendo assim, a partir do momento em que o imóvel foi ampliado para 110 m², deixou de ser pequena propriedade residencial sujeita à isenção das contribuições previdenciárias, devendo o construtor arcar com o tributo relativo a toda a obra. Ao não exigir a CND para a averbação, o recorrido incorreu em situação que enseja a sua responsabilização solidária, nos termos do art. 48 da Lei n. 8.212/1991, não apenas sobre o valor da ampliação da obra, mas sobre toda a construção. **REsp 645.047-CE, Rel. Min. Humberto Martins, julgado em 2/4/2009.** (Inform. STJ 389)

RECURSO REPETITIVO. RESPONSABILIDADE SUBSIDIÁRIA. SÓCIO. DCTF. GIA. CRÉDITO TRIBUTÁRIO.

No recurso submetido ao regime do art. 543-C do CPC e art. 6º da Res. n. 8/2008-STJ, a Seção assentou que a simples falta de pagamento de tributo não acarreta, por si só, a responsabilidade subsidiária do sócio (art. 135 do CTN), se inexistir prova de ele ter agido com excesso de poderes em infração à lei, ao contrato social ou ao estatuto da sociedade empresarial. Outrossim, a apresentação da declaração de débitos e créditos tributários fiscais (DCTF), de guia de informação e apuração de ICMS (GIA), ou de outra declaração dessa natureza com previsão legal constitui o crédito tributário, não havendo necessidade de outra providência por parte do Fisco. **Precedentes citados: EREsp 374.139-RS, DJ 28/2/2005; REsp 1.030.176-SP, DJe 17/11/2008; REsp 801.659-MG, DJ 20/4/2007; REsp 962.379-RS, DJe 28/10/2008; AgRg nos EREsp 332.322-SC, DJ 21/11/2005; AgRg nos EREsp 638.069-SC, DJ 13/6/2005; REsp 510.802-SP, DJ 14/6/2004, e REsp 437.363-SP, DJ 19/4/2004. REsp 1.101.728-SP, Rel. Min. Teori Albino Zavascki, julgado em 11/3/2009.** (Inform. STJ 386)

(Comentário: ver Súmula 430/STJ)

RECURSO REPETITIVO. ICMS. DENÚNCIA ESPONTÂNEA. SÚM. N. 360-STJ.

A Seção, ao julgar recurso repetitivo (art. 543-C do CPC), nos autos de embargos à execução fiscal proposta para a cobrança de ICMS declarado em Guia de Informação e Apuração (GIA), mas não pago, reiterou que, quanto aos tributos sujeitos a lançamento por homologação regularmente declarados, mas pagos a destempo, não tem o contribuinte o benefício da denúncia espontânea (Súm. n. 360-STJ). No caso, o tributo foi declarado em atraso, e o crédito, constituído, contudo não houve o recolhimento do tributo (questiona-se a nulidade das CDAs), o que afasta a alegação de a simples declaração (GIA) caracterizar denúncia espontânea (art. 138 do CTN), incidindo a multa moratória. **Precedentes citados: EDcl no Ag 568.515-MG, DJ 17/5/2004, e REsp 402.706-SP, DJ 15/12/2003. REsp 886.462-RS, Rel. Min. Teori Albino Zavascki, julgado em 22/10/2008.** (Inform. STJ 373)

RECURSO REPETITIVO. PIS. COFINS. MULTA. DENÚNCIA ESPONTÂNEA. SÚM. N. 360-STJ.

A Seção, ao julgar recurso repetitivo (art. 543-C do CPC), com objetivo de afastar a aplicação de multa imposta pela Fazenda, reiterou que o contribuinte não tem o benefício da denúncia espontânea (art. 138 do CTN) quanto aos tributos sujeitos a lançamento por homologação (Pis/Cofins) por ele declarados (em Declaração de Débitos e Créditos Tributários Federais – DCTF) porque se constituiu o crédito, mas o valor foi recolhido extemporaneamente, incidindo multa moratória (Súm. n. 360-STJ). **Precedentes citados: AgRg nos EREsp 638.069-SC, DJ 13/6/2005; REsp 510.802-SP, DJ 14/6/2004, e AgRg nos EREsp 804.785-PR, DJ 16/10/2006. REsp 962.379-RS, Rel. Min. Teori Albino Zavascki, julgado em 22/10/2008.** (Inform. STJ 373)

LANÇAMENTO. HOMOLOGAÇÃO. ATRASO.

Pacificou-se o entendimento, na Primeira Seção deste Superior Tribunal, de que, em se tratando de tributo sujeito a lançamento por homologação declarado pelo contribuinte e recolhido com atraso, descabe o benefício da denúncia espontânea, incidindo a multa moratória. Assim sem o pagamento da multa, é legítima a recusa do INSS em fornecer a certidão negativa de débito. REsp 871.905-SP, Rel. Min. Eliana Calmon, julgado em 19/6/2008. (Inform. STJ 360)

DENÚNCIA ESPONTÂNEA. PARCELAMENTO. DÉBITO.

A Seção reafirmou que, nos casos de parcelamento do débito tributário ou sua quitação total com atraso, não pode ser aplicado o benefício da denúncia espontânea da infração, pois esse instituto exige que nenhum lançamento tenha sido feito e também não foi previsto para favorecer o atraso do pagamento do tributo. Somente houve a ressalva do entendimento pessoal da Min. Eliana Calmon. Precedentes citados: REsp 652.501-RS, DJ 18/10/2004; REsp 284.189-SP, DJ 26/5/2003; AgRg no Ag 517.586-GO, DJ 9/12/2003; REsp 506.845-PR, DJ 9/12/2003; AgRg no REsp 545.426-PR, DJ 17/11/2003, e AgRg no REsp 502.022-SC, DJ 17/11/2003. **AgRg nos EAg 656.397-RS, Rel. Min. José Delgado, julgado em 12/12/2007.** (Inform. STJ 342)

CLÁUSULA FOB. INCLUSÃO. FRETE. ICMS.

A cláusula FOB (*Free on board*), em que o vendedor coloca a mercadoria à disposição do comprador em suas dependências, não exonera o vendedor da responsabilidade tributária perante o Fisco. De acordo com o art. 123 do CTN, as convenções entre particulares que transferem a responsabilidade pelo pagamento do tributo não podem ser opostas à Fazenda Pública. Assim, o valor do frete integra a base de cálculo do ICMS quando o negócio é realizado com cláusula FOB. Quanto aos honorários advocatícios, o Superior Tribunal de Justiça só os revê quando irrisórios ou exorbitantes. Precedentes citados: REsp 37.033-SP, DJ 31/8/1998; REsp 777.730-RS, DJ 31/5/2007, e REsp 612.038-PE, DJ 26/2/2007. **REsp 886.695-MG, Rel. Min. Humberto Martins, julgado em 6/12/2007.** (Inform. STJ 341)

DENÚNCIA ESPONTÂNEA. MULTA MORATÓRIA. COMPENSAÇÃO.

A Seção, prosseguindo o julgamento, por maioria, desproveu os embargos no entendimento de que o crédito tributário, por abranger a multa (CTN, arts. 139 e 113, §§ 1º e 3º, c/c art. 43 da Lei n. 9.430/1996), autoriza a utilização dos valores pagos indevidamente para fins de compensação com tributos administrativos da Receita Federal, hipótese já reconhecida também pelas autoridades fazendárias. Precedente citado: REsp 831.278-PR, DJ 30/6/2006. **EREsp 760.290-PR, Rel. originário Min. Castro Meira, Rel. para acórdão Min. Denise Arruda, julgados em 13/6/2007.** (Inform. STJ 323)

SÚMULA STJ Nº 435

Presume-se dissolvida irregularmente a empresa que deixar de funcionar no seu domicílio fiscal, sem comunicação aos órgãos competentes, legitimando o redirecionamento da execução fiscal para o sócio-gerente.

SÚMULA STJ Nº 430

O inadimplemento da obrigação tributária pela sociedade não gera, por si só, a responsabilidade solidária do sócio-gerente.

SÚMULA STJ Nº 360

O benefício da denúncia espontânea não se aplica aos tributos sujeitos a lançamento por homologação regularmente declarados, mas pagos a destempo.

6. SUSPENSÃO, EXTINÇÃO E EXCLUSÃO DO CRÉDITO

IGREJAS E TEMPLOS: PROIBIÇÃO DA COBRANÇA DE ICMS

O Tribunal julgou improcedente pedido formulado em ação direta de inconstitucionalidade ajuizada pelo Governador do Estado do Paraná contra a Lei 14.586/2004, da mesma unidade federativa, que "proíbe a cobrança de ICMS nas contas de serviços públicos estaduais a igrejas e templos de qualquer culto", desde que o imóvel esteja comprovadamente na propriedade ou posse destes e sejam usados para a prática religiosa. Salientou-se que a proibição de introduzir-se benefício fiscal, sem o assentimento dos demais Estados, teria como objeto impedir competição entre as unidades da Federação e que isso não se daria na espécie. Asseverou-se que, na hipótese, a disciplina não revelaria isenção alusiva a contribuinte de direito, a contribuinte que estivesse no mercado, e sim a contribuintes de fato, de especificidade toda própria, isto é, igrejas e templos, observando-se, ademais, que tudo ocorreria no tocante ao preço de serviços públicos e à incidência do ICMS. Entendeu-se estar-se diante de opção político-normativa possível, não cabendo cogitar de discrepância com as balizas constitucionais relativas ao orçamento, sendo irrelevante o cotejo buscado com a Lei de Responsabilidade Fiscal, isso presente o controle abstrato de constitucionalidade. Concluiu-se que, no caso, além da repercussão quanto à receita, haveria o enquadramento na previsão da primeira parte do § 6º do art. 150 da CF, que remete isenção a lei específica ("*Qualquer subsídio ou isenção, redução de base de cálculo, concessão de crédito presumido, anistia ou remissão, relativos a impostos, taxas ou contribuições, só poderá ser concedido mediante lei específica, federal, estadual ou municipal, que regule exclusivamente as matérias acima enumeradas ou o correspondente tributo ou contribuição, sem prejuízo do disposto no art. 155, § 2.º, XII, g.*"). **ADI 3421/PR, rel. Min. Marco Aurélio, 5.5.2010.** (ADI-3421) (Inform. STF 585)

CAIXA DE PREVIDÊNCIA PRIVADA E ISENÇÃO DE CONTRIBUIÇÕES

A Turma iniciou julgamento de recurso extraordinário em que funcionários inativos participantes da Caixa de Empregados da Usiminas — e beneficiados por isenção concedida pela Resolução 6/75 — insurgem-se contra o restabelecimento de cobrança de contribuição incidente sobre os benefícios de complementação de aposentadoria, sem que fossem observadas as situações jurídicas já constituídas. No caso, articulam ofensa às garantias do ato jurídico perfeito e do direito adquirido (CF, art. 5º, XXXVI), pois, com a edição da Resolução 1/96, passou-se a exigir a parcela de todos os inativos, indistintamente. O Min. Marco Aurélio, relator, deu provimento ao recurso para declarar insubsistente a cobrança da contribuição, devendo a recorrida devolver as quantias descontadas, no que foi acompanhado pela Min. Cármen Lúcia. Mencionou que o extinto Tribunal de Alçada do Estado de Minas Gerais assentara que a referida isenção não seria definitiva, mas temporária, podendo haver a contribuição das cobranças a qualquer momento. Entretanto, o relator reputou tal premissa errônea ao fundamento de que a isenção, implementada mediante a resolução, passara a integrar o patrimônio dos aposentados por ela alcançados e não caberia o afastamento em relação a eles, sob pena de transgressão a direito adquirido. Asseverou que a tese lançada pela Corte de origem seria própria aos tributos e, na espécie, não haveria como cogitar destes em razão da natureza jurídica da recorrida — entidade privada voltada à complementação de aposentadoria. Tendo isso em conta, concluiu que a isenção não fora prevista por prazo certo de vigência, mas de forma indeterminada. Em divergência, o Min. Dias Toffoli não conheceu do extraordinário por considerar estar-se diante de ofensa reflexa, haja vista que o acórdão impugnado se baseara na análise de uma resolução e na sua validade em face do estatuto. Após o voto do Min. Ricardo Lewandowski, acompanhando a divergência, pediu vista o Min. Carlos Britto. **RE 464971/MG, rel. Min. Marco Aurélio, 15.12.2009.** (RE-464971) (Inform. STF 572)

PRECATÓRIO ADQUIRIDO POR TERCEIRO E COMPENSAÇÃO DE CRÉDITO TRIBUTÁRIO

A Turma, acolhendo proposta do Min. Eros Grau, deliberou submeter ao Plenário julgamento de agravo regimental em recurso extraordinário, do qual relator, em que se discute a possibilidade, ou não, de utilização de precatório, cedido por terceiro e oriundo de autarquia previdenciária de Estado-membro, para pagamento de tributos estaduais à Fazenda Pública. A Corte de origem afastara a pretendida compensação ao fundamento de não se confundirem o credor do débito fiscal (unidade federativa) e o devedor do crédito oponível (autarquia previdenciária). No presente caso, a decisão agravada assentara que o fato de o devedor ser diverso do credor não seria relevante, pois ambos integrariam a Fazenda Pública do mesmo ente federado. Salientara, ainda, a inexistência de limitações constitucionais aos institutos da cessão e da compensação, bem como o poder liberatório de precatórios para pagamento de tributo. **RE 550400 AgR/RS, rel. Min. Eros Grau, 30.9.2008.** (RE-550400) (Inform. STF 522)

ADI E PAGAMENTO DE DÉBITOS TRIBUTÁRIOS MEDIANTE DAÇÃO EM PAGAMENTO

O Tribunal julgou procedente pedido formulado em ação direta ajuizada pelo Governador do Distrito Federal para declarar a inconstitucionalidade da Lei distrital 1.624/97, que dispõe sobre o pagamento de débitos das microempresas, das empresas de pequeno porte e das médias empresas, mediante dação em pagamento de materiais destinados a atender a programas de Governo do Distrito Federal. Entendeu-se que a norma impugnada viola o art. 37, XXI, da CF, porquanto afasta a incidência do processo licitatório, por ele exigido, para aquisição de materiais pela Administração Pública, bem como o art. 146, III, da CF, que prevê caber à lei complementar o estabelecimento de normas gerais em matéria de legislação tributária, eis que cria nova causa de extinção de crédito tributário. ADI 1917/DF, rel. Min. Ricardo Lewandowski, 26.4.2007. (ADI-1917) (Inform. STF 464)

DIREITO TRIBUTÁRIO. DÉBITO FISCAL. COMPENSAÇÃO COM PRECATÓRIO VENCIDO E NÃO PAGO. LEGISLAÇÃO DO ENTE FEDERADO.

A pretensão de compensar débitos fiscais com precatórios está sujeita à autorização do regime legislativo estadual regulador da matéria, conforme sistemática estabelecida pela EC n. 62/2009. Precedentes citados: RMS 28.783-PR, DJe 18/8/2011, e RMS 29.467-PR, DJe 23/9/2011. **RMS 36.173-PR, Rel. Min. Herman Benjamin, julgado em 18/10/2012. (Inform. STJ 508)**

REPETITIVO. TRIBUTÁRIO. PARCELAMENTO. PAGAMENTO. REMISSÃO. ANISTIA.

Trata-se de recurso especial sob o regime do art. 543-C do CPC c/c Res. n. 8/2008 no qual a Seção decidiu, entre outras questões, que, de acordo com o art. 156, I, do CTN, o pagamento extingue o crédito tributário. Se o pagamento por parte do contribuinte ou a transformação do depósito em pagamento definitivo por ordem judicial (art. 1º, § 3º, II, da Lei n. 9.703/1998) somente ocorre depois de encerrada a lide, o crédito tributário tem vida após o trânsito em julgado que o confirma. Se assim é, pode ser objeto de remissão e/ou anistia neste ínterim (entre o trânsito em julgado e a ordem para transformação em pagamento definitivo, antiga conversão em renda) quando a lei não exclui expressamente tal situação do seu âmbito de incidência. Já quanto ao art. 32, § 14, da Portaria Conjunta n. 6/2009 - PGFN/RFB, ele somente tem aplicação nos casos em que era possível requerer a desistência da ação. Se houve trânsito em julgado confirmando o crédito tributário antes da entrada em vigor da referida exigência (em 9/11/2009, com a Portaria Conjunta n. 10/2009- PGFN/RFB), não há que falar em requerimento de desistência da ação como condição para o gozo do benefício. Entendeu a Seção, ainda, que os eventuais juros compensatórios derivados de suposta aplicação do dinheiro depositado na forma do art. 151, II, do CTN não pertencem aos contribuintes depositantes. No caso concreto, embora o processo tenha transitado em julgado em 12/12/2008 (portanto desnecessário o requerimento de desistência da ação como condição para o gozo do benefício) e a opção pelo benefício tenha antecedido a ordem judicial para a transformação do depósito em pagamento definitivo (antiga conversão em renda), as reduções cabíveis não alcançam o crédito tributário em questão, pois o depósito judicial foi efetuado antes do vencimento, não havendo rubricas de multa, juros de mora e encargo legal a serem remitidas. Daí a Seção conhecer em parte do recurso e, nessa parte, dar-lhe provimento. Precedente citado: REsp 392.879-RS, DJ 2/12/2002. **REsp 1.251.513-PR, Rel. Min. Mauro Campbell Marques, julgado em 10/8/2011.** (Inform. STJ 480)

REPETITIVO. COMPENSAÇÃO DE OFÍCIO.

Trata-se de recurso especial sob o regime do art. 543-C do CPC c/c Res. n. 8/2008 em que a Seção entendeu que o art. 6º e parágrafos do Dec. n. 2.138/1997, bem como as instruções normativas da Secretaria da Receita Federal que regulamentam a compensação de ofício no âmbito da Administração tributária federal (arts. 6º, 8º e 12 da IN n. 21/1997-SRF; art. 24 da IN n. 210/2002-SRF; art. 34 da IN n. 460/2004-SRF; art. 34 da IN n. 600/2005-SRF, e art. 49 da IN n. 900/2008-SRF) extrapolaram o art. 7º do DL n. 2.287/1986, tanto em sua redação original quanto na redação atual dada pelo art. 114 da Lei n. 11.196/2005, somente no que diz respeito à imposição da compensação de ofício aos débitos do sujeito passivo cuja exigibilidade se encontra suspensa, na forma do art. 151 do CTN (*v.g.* débitos inclusos no Refis, Paes, Paex etc.). Fora dos casos previstos no art. 151 do CTN, a compensação de ofício é ato vinculado da Fazenda Pública Federal a que deve se submeter o sujeito passivo, inclusive sendo lícitos os procedimentos de concordância tácita e retenção previstos nos §§ 1º e 3º do art. 6º do Dec. n. 2.138/1997. No caso, trata-se de restituição de valores indevidamente pagos a título de imposto de renda da pessoa jurídica com a imputação de ofício dos débitos ao mesmo sujeito passivo para os quais não há informação de suspensão na forma do art. 151 do CTN. Daí a Seção dar parcial provimento ao recurso para reconhecer a legalidade dos procedimentos previstos no art. 6º e parágrafos do Dec. 2.138/1997 e instruções normativas próprias. Precedente citado: REsp 1.130.680-RS, DJe 28/10/2010. **REsp 1.213.082-PR, Rel. Min. Mauro Campbell Marques, julgado em 10/8/2011.** (Inform. STJ 480)

REPETITIVO. CRÉDITO TRIBUTÁRIO. REMISSÃO.

Trata-se de recurso julgado sob o regime do art. 543-C do CPC c/c a Res. n. 8/2008-STJ em que a Seção decidiu que o magistrado não pode, de ofício, conceder a remissão de crédito tributário nos termos da Lei n. 11.941/2009 (a qual prevê a remissão dos créditos tributários para com a Fazenda Nacional vencidos há cinco anos ou mais cujo valor consolidado seja igual ou inferior a R$ 10 mil) sem observar a necessidade de averiguar, junto à Procuradoria-Geral da Fazenda Nacional (PGFN) ou à Secretaria da Receita Federal (SRF), a existência de outros débitos. Observou-se que, se o tribunal de origem consignou, após a averiguação fática, que o valor consolidado dos débitos corresponde ao limite legal, não há como infirmar tal conclusão em REsp (Súm. n. 7-STJ), o que, no entanto, não exclui o exame pelo STJ da correta interpretação da citada norma remissiva. Entre outras considerações, explicou-se que a MP n. 449/2008 foi convertida na Lei n. 11.941/2009, em vigor, a qual definiu que o somatório para efeito da concessão da remissão deveria ser efetuado considerando-se separadamente quatro espécies distintas de débitos para com a Fazenda Nacional: 1) aqueles decorrentes das contribuições sociais previstas nas alíneas **a**, **b** e **c** do parágrafo único do art. 11 da Lei n. 11.121/1991, das contribuições instituídas a título de substituição e das contribuições devidas a terceiros assim entendidos outras entidades e fundos inscritos em dívida ativa da União no âmbito da PGFN; 2) aqueles inscritos em dívida ativa da União no âmbito da PGFN (também incluindo os não tributários referentes ao crédito rural), que não os discriminados no item 1; 3) aqueles decorrentes das contribuições sociais previstas nas alíneas **a**, **b** e **c** do parágrafo único do art. 11 da Lei n. 11.121/1991, das contribuições instituídas a título de substituição e das contribuições devidas a terceiros, quais sejam entidades e fundos administrados pela SRF; 4) demais débitos administrados pela SRF que não os discriminados no item 3. Desse modo, a concessão da remissão deu-se nessas quatro faixas distintas, devendo-se observar, dentro de cada uma delas, a consolidação de todos os débitos de um mesmo sujeito passivo, com vencimento superior a cinco anos em 31/12/2007 cujo somatório seja inferior a R$ 10 mil. Destacou-se ainda que a legislação não estabeleceu remissão para as contribuições instituídas pela Lei n. 8.036/1990 (Lei do FGTS), por se tratar de recurso dos trabalhadores e não da Fazenda Nacional. Entretanto, a remissão abrange as contribuições sociais destinadas ao FGTS instituídas pela LC n. 110/2001, por se tratar de recurso da Fazenda Nacional, ainda que redirecionado ao FGTS (contribuições devidas a outras entidades e fundos). Ressaltou-se, ainda, que essa interpretação se dá devido ao art. 111, I, do CTN, bem como à teleologia da norma remissiva que, na exposição de motivos da citada MP, à qual deve a sua origem, teve como objetivo alcançar maior eficiência na cobrança de vários débitos de um mesmo sujeito passivo em uma só execução fiscal, inclusive para fins de superar o limite legal de arquivamento da execução fiscal (previsto em R$ 10 mil no art. 20 da Lei n. 10.522/2002). Diante do exposto, a Seção, ao prosseguir o julgamento, deu provimento ao recurso da Fazenda Nacional e determinou o retorno dos autos à origem para a correta aplicação da norma remissiva. Precedentes citados: REsp 1.207.095-MG, DJe 10/12/2010; AgRg no REsp 1.184.901-GO, DJe 25/8/2010, e AgRg no REsp 1.189.909-MT, DJe 9/11/2010. **REsp 1.208.935-AM, Rel. Min. Mauro Campbell Marques, julgado em 13/4/2011.** (Inform. STJ 469)

QO. REMESSA. PRIMEIRA SEÇÃO. JUROS. DEPÓSITO JUDICIAL.
Os recorrentes impetraram mandado de segurança para afastar a cobrança da CPMF. Para tanto, no vencimento da exação, realizaram depósitos judiciais do valor principal do tributo devido com o objetivo de afastar os encargos de mora. Com o advento do art. 14 da Lei n. 10.637/2002, que concedeu o benefício de dispensa da multa e a redução da taxa de juros (substituição da Selic pela TJLP) nos casos em que haja desistência da ação e a renúncia do direito, pleiteiam, agora, receber as diferenças relativas aos juros ao argumento de que a conversão de renda da União deve limitar-se aos tributos depositados somados aos juros computados com a utilização da TJLP, transformando em crédito a diferença referente à aplicação da Selic. Contudo, a Turma entendeu remeter o julgamento à Primeira Seção nos termos do art. 14, II, do RISTJ. **QO no REsp 1.235.353-PR, Rel. Min. Herman Benjamin, em 15/3/2011.** (Inform. STJ 466)

ISENÇÃO TRIBUTÁRIA. MÁQUINA IMPORTADA. COMPONENTES INDISPENSÁVEIS. AQUISIÇÃO.
Na hipótese dos autos, a demandante realizou a importação de maquinário beneficiado pela alíquota zero do Imposto de Importação (II) e pela isenção do Imposto sobre Produtos Industrializados (IPI). Entretanto, para o perfeito funcionamento do equipamento importado, foi necessária a aquisição de peças integrativas (jogos de ferramentas para garrafas de dois litros). O Fisco Federal, ao proceder à revisão da declaração de importação pertinente, entendeu indevida a inclusão dos componentes adquiridos, por considerar que eles não integravam a descrição da mercadoria beneficiada com a redução tarifária. Todavia, o juízo singular compreendeu que a isenção tributária deveria alcançar também os jogos de ferramentas adquiridos, mas o tribunal *a quo* reformou a sentença sob o entendimento, entre outras questões, de que a decisão estaria dando interpretação extensiva à norma de isenção, o que ofenderia o art. 111, II, do CTN. Portanto, a controvérsia nos autos está na interpretação a ser conferida à norma de isenção do IPI prevista no art. 1º, *caput*, da Lei n. 8.191/1991. Conforme destacou o Min. Relator, sendo as ferramentas importadas peças indispensáveis ao funcionamento da máquina, elas não podem ser desmembradas para efeito do tratamento fiscal conferido pela aludida legislação. Ademais, visto que a demandante pretendeu adquirir uma máquina completa que se prestasse a suas finalidades próprias, sem o seu pleno funcionamento, torna-se inútil o equipamento e sem sentido a importação. Assim, concluiu que o reconhecimento da aplicação da isenção fiscal também em relação às ferramentas adquiridas não significa estender o benefício a situações não previstas pelo legislador, mas sim conferir a ele sua exata dimensão. Com esse entendimento, a Turma deu provimento ao recurso. **REsp 841.330-CE, Rel. Min. Teori Albino Zavascki, julgado em 22/2/2011.** (Inform. STJ 464)

ISENÇÃO. IR. DECLARAÇÃO EXTEMPORÂNEA.
A entrega extemporânea de declaração de ajuste anual (declaração referente ao ano calendário de 1991 apresentada após o exercício financeiro de 1992) não afasta a isenção de imposto de renda prevista no art. 96, § 1º, da Lei n. 8.383/1991. **REsp 1.098.981-PR, Rel. Min. Luiz Fux, julgado em 2/12/2010.** (Inform. STJ 458)

ISENÇÃO. IR. VISÃO MONOCULAR.
No caso, o recorrido foi aposentado por invalidez permanente em decorrência de cegueira irreversível no olho esquerdo. Em consequência, pleiteou judicialmente a isenção do imposto de renda com relação aos proventos recebidos conforme dispõe o art. 6º, XIV, da Lei n. 7.713/1988. Consoante a classificação estatística internacional de doenças e problemas relacionados à saúde (CID-10), da Organização Mundial da Saúde (OMS), que é adotada pelo SUS e estabelece as definições médicas das patologias, a cegueira não está restrita à perda da visão nos dois olhos, podendo ser diagnosticada a partir do comprometimento da visão em apenas um olho. Logo, mesmo que a pessoa possua visão normal em um dos olhos, poderá ser diagnosticada como portadora de cegueira. A lei não distingue, para efeitos de isenção, quais espécies de cegueira estariam beneficiadas ou se a patologia teria que comprometer toda a visão, não cabendo ao aplicador do direito fazê-lo. Assim, o portador de qualquer tipo de cegueira, desde que caracterizada por definição médica, será beneficiado com a isenção do imposto de renda nos termos do art. 6º, XIV, da Lei n. 7.713/1988. Daí, a Turma negou provimento ao recurso. **REsp 1.196.500-MT, Rel. Min. Herman Benjamin, julgado em 2/12/2010.** (Inform. STJ 458)

COMPENSAÇÃO. OFÍCIO. PARCELAMENTO.
Os créditos tributários submetidos a acordo de parcelamento e, em consequência, com a exigibilidade suspensa não podem ser compensados de ofício pela Fazenda (DL n. 2.287/1986). As instruções normativas ns. 600/2005 e 900/2008 da Secretaria da Receita Federal exorbitaram a função meramente regulamentar do supradito DL, daí que ilegais, pois afrontam o art. 151, VI, do CTN ao incluir débitos objeto de parcelamento cujos referidos créditos tributários estavam suspensos. **Precedentes citados: AgRg no REsp 1.136.861-RS, DJe 17/5/2010; EDcl no REsp 905.071-SP, DJe 27/5/2010; REsp 873.799-RS, DJe 26/8/2008, e REsp 997.397-RS, DJe 17/3/2008. REsp 1.130.680-RS, Rel. Min. Luiz Fux, julgado em 19/10/2010.** (Inform. STJ 452)

TRIBUTOS. COMPENSAÇÃO. PRECATÓRIOS. VEDAÇÃO.
Na hipótese, cuida-se da possibilidade de pagar débito tributário mediante a efetivação de compensação com precatório requisitório vencido e não pago (art. 78, § 2º, do ADCT). É cediço que o *Codex* tributário permite ao legislador ordinário de cada ente federativo autorizar, por lei própria, compensações entre créditos tributários da Fazenda Pública e do sujeito passivo (art. 170 do CTN). Com efeito, compete à legislação local estabelecer o regramento da compensação tributária, ainda que para fins do referido artigo do ADCT. No caso dos autos, o Dec. paranaense n. 418/2007, em seu art. 1º, veda expressamente qualquer tipo de utilização de precatórios na compensação de tributos, razão pela qual é inviável a compensação pretendida. Desse modo, diante da ausência de previsão legal para a referida compensação, não há falar em direito líquido e certo da recorrente. Com essas considerações, a Turma negou provimento ao recurso. **Precedentes citados: AgRg no Ag 1.228.671-PR, DJe 3/5/2010; EDcl no AgRg no REsp 1.157.869-RS, DJe 16/8/2010; AgRg no Ag 1.207.543-PR, DJe 17/6/2010; AgRg no Ag 1.272.393-RS, DJe 14/4/2010; AgRg no RMS 30.489-PR, DJe 15/6/2010; RMS 28.406-PR, DJe 16/4/2009, e RMS 28.500-PR, DJe 23/9/2009. RMS 31.816-PR, Rel. Min. Luiz Fux, julgado em 14/9/2010.** (Inform. STJ 447)

DENÚNCIA ESPONTÂNEA. MULTA. PRESCRIÇÃO.
Cuida-se de tributo sujeito a lançamento por homologação em que as contribuintes declararam e recolheram o valor que entenderam devido, realizando o autolançamento e, posteriormente, apresentaram declaração retificadora com o intuito de complementar o valor do tributo, acrescido de juros legais, antes de qualquer procedimento da Administração tributária. Na espécie, ficou caracterizada a incidência do benefício da denúncia espontânea; pois, se as contribuintes não efetuassem a retificação, o Fisco não poderia promover a execução sem antes proceder à constituição do crédito tributário atinente à parte não declarada, razão pela qual é aplicável o benefício previsto no art. 138 do CTN com a devida exclusão da multa moratória imposta. Com relação à prescrição da ação de repetição de indébito tributário de tributo sujeito a lançamento por homologação, a jurisprudência deste Superior Tribunal adotou o entendimento de que, quando não houver homologação expressa, o prazo para a repetição do indébito é de 10 anos a contar do fato gerador (REsp 1.002.932-SP, DJe 25/11/2009, julgado como repetitivo). Na hipótese dos autos, a ação foi ajuizada em 18/3/2001, referindo-se a fatos geradores ocorridos a partir de 1995, razão pela qual não há que se falar em prescrição. Diante do exposto, a Turma deu provimento ao recurso. **Precedentes citados: AgRg no AgRg no REsp 1.090.226-RS, DJe 2/12/2009; MC 15.678-SP, DJe 16/10/2009, e AgRg no REsp 1.039.699-SP, DJe 19/2/2009. REsp 889.271-RJ, Rel. Min. Teori Albino Zavascki, julgado em 1º/6/2010.** (Inform. STJ 437)

REPETITIVO. PRESCRIÇÃO. LANÇAMENTO. HOMOLOGAÇÃO.
O prazo prescricional quinquenal para o Fisco exercer a pretensão da cobrança judicial do crédito tributário conta-se da data estipulada como vencimento da obrigação tributária declarada, nos casos de tributos sujeitos a lançamento por homologação, em que o contribuinte cumpriu o dever instrumental de declarar a exação mediante declaração de débitos e créditos tributários federais (DCTF) ou guia de informação de apuração do ICMS (GIA), entre outros, mas não adimpliu a obrigação principal, de

pagamento antecipado, nem sobreveio qualquer causa interruptiva da prescrição ou impeditiva da exigibilidade do crédito. A hipótese cuida de créditos tributários de IRPJ do ano-base de 1996 calculados sobre o lucro presumido. O contribuinte declarou seus rendimentos em 30/4/1997, mas não pagou mensalmente o tributo no ano anterior (Lei n. 8.541/1992 e Dec. n. 1.041/1994). Assim, no caso, há a peculiaridade de que a declaração entregue em 1997 diz respeito a tributos não pagos no ano anterior, não havendo a obrigação de previamente declará-los a cada mês de recolhimento. Consequentemente, o prazo prescricional para o Fisco cobrá-los judicialmente iniciou-se na data de apresentação da declaração de rendimentos, daí não haver prescrição, visto que foi ajuizada a ação executiva fiscal em 5/3/2002, ainda que o despacho inicial e a citação do devedor sejam de junho de 2002. É incoerente interpretar que o prazo prescricional flui da constituição definitiva do crédito tributário até o despacho ordenador da citação do devedor ou de sua citação válida (antiga redação do art. 174, parágrafo único, I, do CTN). Segundo o art. 219, § 1º, do CPC, a interrupção da prescrição pela citação retroage à propositura da ação, o que, após as alterações promovidas pela LC n. 118/2005, justifica, no Direito Tributário, interpretar que o marco interruptivo da prolação do despacho que ordena a citação do executado retroage à data do ajuizamento da ação executiva, que deve respeitar o prazo prescricional. Dessa forma, a propositura da ação é o *dies ad quem* do prazo prescricional e o termo inicial de sua recontagem (sujeita às causas interruptivas do art. 174, parágrafo único, do CTN). Esse entendimento foi acolhido pela Seção no julgamento de recurso repetitivo (art. 543-C do CPC). **Precedentes citados: EREsp 658.138-PR, DJe 9/11/2009; REsp 850.423-SP, DJ 7/2/2008; AgRg no EREsp 638.069-SC, DJ 13/6/2005, e REsp 962.379-RS, DJe 28/10/2008. REsp 1.120.295-SP, Rel. Min. Luiz Fux, julgado em 12/5/2010.** (Inform. STJ 434)

REPETITIVO. PRESCRIÇÃO. TAXA. ILUMINAÇÃO.
A Seção, ao julgar o especial sujeito ao art. 543-C do CPC, reafirmou o seguinte entendimento: conforme disposto nos arts. 168, I, e 156, I, do CTN, nos tributos sujeitos a lançamento de ofício, o prazo prescricional de cinco anos para pleitear a repetição tributária é contado da extinção do crédito tributário, do efetivo pagamento do tributo. O trânsito em julgado da declaração do STF relativa à inconstitucionalidade da lei instituidora do tributo (controle concentrado) ou a publicação de resolução do Senado Federal que suspenda a execução da lei (declaração da inconstitucionalidade em controle difuso) não têm influência na contagem do prazo prescricional referente aos tributos sujeitos ao lançamento de ofício ou por homologação. Desse modo, visto que só em 4/4/2000 os recorrentes ajuizaram a ação pleiteando a repetição de indébito da taxa de iluminação pública (lei municipal declarada inconstitucional) referente aos exercícios de 1990 a 1994, inequivocamente houve a prescrição, pois transcorrido o prazo prescricional quinquenal entre o pagamento do tributo e a propositura da ação. **Precedentes citados: REsp 947.233-RJ, DJe 10/8/2009; AgRg no REsp 759.776-RJ, DJe 20/4/2009; REsp 857.464-RS, DJe 2/3/2009; AgRg no REsp 1.072.339-SP, DJe 17/2/2009; AgRg no REsp 404.073-SP, DJ 31/5/2007; AgRg no REsp 732.726-RJ, DJ 21/11/2005; EREsp 435.835-SC, DJ 4/6/2007, e AgRg no Ag 803.662-SP, DJ 19/12/2007. REsp 1.110.578-SP, Rel. Min. Luiz Fux, julgado em 12/5/2010.** (Inform. STJ 434)

COMPENSAÇÃO. SUSPENSÃO. CRÉDITO TRIBUTÁRIO.
Conforme precedentes deste Superior Tribunal, qualquer impugnação do contribuinte à cobrança do tributo suspende a exigibilidade do crédito tributário, tal qual no caso, de formulação do pedido de compensação na via administrativa. **Precedentes citados: EREsp 850.332-SP, DJe 12/8/2008; REsp 1.032.259-CE, DJe 1º/12/2008; REsp 1.106.179-SP, DJe 19/8/2009, e AgRg no REsp 843.135-RS, DJe 16/9/2009. REsp 1.149.115-PR, Rel. Min. Luiz Fux, julgado em 23/3/2010.** (Inform. STJ 428)

REPETITIVO. ISENÇÃO. IR. MOLÉSTIA GRAVE.
A Seção, ao julgar o recurso sob o regime do art. 543-C do CPC c/c a Res. n. 8/2008-STJ, entendeu impossível interpretar o art. 6º, XIV, da Lei n. 7.713/1988 de forma analógica ou extensiva. Daí, na espécie, não se conceder isenção do imposto de renda sobre rendimento de pessoa física (servidor público) portadora de distonia cervical, pois não se trata de moléstia arrolada na referida norma. **Precedentes citados: REsp 819.747-CE, DJ 4/8/2006; REsp 1.007.031-RS, DJe 4/3/2009; REsp 1.035.266-PR, DJe 4/6/2009; AR 4.071-CE, DJe 18/5/2009; EDcl no AgRg no REsp 957.455-RS, DJe 9/6/2010, e REsp 1.187.832-RJ, DJe 17/5/2010. REsp 1.116.620-BA, Rel. Min. Luiz Fux, julgado em 9/8/2010.** (Inform. STJ 442)

MANIFESTAÇÃO. INCONFORMIDADE. EXIGIBILIDADE. CRÉDITO.
O recorrente busca o processamento da manifestação de inconformidade que apresentou em processo administrativo, com a consequente suspensão da exigibilidade dos débitos (art. 74, § 11, da Lei n. 9.430/1996, com a redação que lhe deu a Lei n. 10.833/2003), porque o Tribunal *a quo* entendeu incidir a Lei n. 9.430/1996, mas com as restrições ao cabimento da manifestação impostas pela Lei n. 11.051/2004, principalmente quanto a não permiti-la quando ainda não transitada em julgado a decisão que autoriza a compensação ou quando o crédito for de terceiro. No caso, a questão da compensação continua em baila, visto que está pendente agravo de instrumento da inadmissão do extraordinário interposto. Nesse contexto, o processamento da compensação subordina-se à legislação vigente no momento do encontro de contas, vedada a apreciação de eventual pedido de compensação ou declaração de compensação fundamentados em legislação superveniente. Daí se conclui que o marco a ser considerado na definição das normas que são aplicáveis ao recurso de inconformidade é a data em que for protocolado o pedido de compensação de crédito com o débito de terceiros (no caso, em 30/12/1999) e não a data da protocolização do referido recurso, tal qual entendeu o acórdão recorrido. Assim, deve-se determinar que a autoridade administrativa dê continuidade ao processamento da manifestação. Anote-se, também, que o STJ já sedimentou que as impugnações apresentadas na esfera administrativa têm o condão de impedir o pagamento do valor até que se resolva a questão referente à extinção do crédito tributário em razão da compensação (art. 151, III, do CTN). Desse modo, há que se reconhecer a suspensão da exigibilidade do crédito tributário em questão, objeto do pedido de compensação, até a conclusão do julgamento. Anote-se, por último, que não se fez qualquer juízo de valor quanto à própria validade da compensação. Quanto a esse julgamento, a Min. Eliana Calmon, vencida parcialmente, dava parcial provimento ao especial para o exclusivo fim de julgar o processo administrativo. **Precedentes citados: EREsp 850.332-SP, DJe 12/8/2008; REsp 1.101.004-SP, DJe 24/6/2009, e REsp 1.044.484-PR, DJe 5/3/2009. REsp 1.100.483-AL, Rel. Min. Castro Meira, julgado em 1º/9/2009.** (Inform. STJ 405)

CRÉDITO TRIBUTÁRIO. SUSPENSÃO. EXIGIBILIDADE.
Trata-se de REsp em que a questão cinge-se em saber se o recurso administrativo de terceiro contra o indeferimento do pedido administrativo de restituição, ao qual está vinculado o pedido administrativo de compensação da impetrante ora recorrida, é passível de suspender a exigibilidade do crédito tributário devido por ela nos termos do art. 151, III, do CTN. A Turma negou provimento ao recurso, reiterando o entendimento de que ocorre a suspensão da exigibilidade do crédito tributário sempre que existente algum tipo de impugnação do contribuinte à cobrança do tributo. O Min. Relator, contudo, ressalvou seu entendimento de que o simples pedido administrativo de compensação, ainda mais quando vinculado a pedido de restituição indeferido em 1º grau administrativo, não é apto a suspender a exigibilidade do crédito tributário nos termos do dispositivo legal acima mencionado, se não demonstrada a certeza e liquidez dos valores oferecidos à compensação. **Precedentes citados: EREsp 850.332-SP, DJe 12/8/2008; REsp 914.318-RJ, DJe 18/12/2008, e AgRg no REsp 957.357-PR, DJe 13/10/2008. REsp 1.101.004-SP, Rel. Min. Benedito Gonçalves, julgado em 9/6/2009.** (Inform. STJ 398)

COMPENSAÇÃO. CRÉDITO. PRECATÓRIO. ICMS.
A recorrente pretende o reconhecimento do direito à compensação de créditos decorrentes de precatório judicial adquirido de terceiro com débitos fiscais relativos ao ICMS, utilizando-se, para tanto, das vantagens concedidas pela Lei estadual n. 14.156/2003. Para o Min. Relator, entre os requisitos específicos da ação mandamental, acha-se a comprovação, mediante prova pré-constituída, do direito subjetivo líquido e certo do impetrante. No caso, não obstante a impetrante ter alegado ser cessionária de créditos em precatório com poder liberatório, tal situação não ficou devidamente evidenciada, uma vez que a escritura pública acostada, embora tenha fé pública para demonstrar a existência da cessão ali mencionada, não comprova a imediata disponibilidade dos valores nela referenciados nos termos previstos no art. 78, § 2º, do ADCT, sendo insuficiente, portanto, para viabilizar a ação de mandado de segurança. **RMS 20.111-PR, Rel. Min. Castro Meira, julgado em 7/5/2009.** (Inform. STJ 393)

EXTINÇÃO. CRÉDITO. COMPENSAÇÃO. PRECATÓRIO. MATÉRIA CONTROVERSA.
Na hipótese, a impetrante pleiteia reconhecimento judicial da extinção de determinado crédito tributário por conta da compensação com precatório anteriormente apresentado à Secretaria da Receita estadual. O pedido

refere-se a valor determinado, não se tratando de simples declaração da possibilidade de, em tese, extinguir crédito tributário por meio de compensação com precatório. A inicial não foi instruída com prova da existência do precatório, essencial para a viabilidade do *mandamus*. A contribuinte juntou apenas instrumento de cessão e se apresenta como cessionária de parte de crédito relativo ao precatório, sem demonstrar atraso em seu pagamento. Se o próprio TJ não reconhece a exigibilidade do precatório, é evidente que se trata de matéria controversa cuja solução demandaria dilação probatória incompatível com o rito do *mandamus*. Assim, não há como reconhecer a extinção de aproximadamente R$ 39,6 milhões em tributos, sem que o interessado apresente prova inequívoca desse fato (compensação). Ademais, caso a empresa seja mesmo titular do crédito relativo à parcela cedida do precatório e faça jus ao poder liberatório previsto no art. 78, § 2º, do ADCT, nada obsta que busque reconhecimento do direito pela via própria, administrativa ou judicial, desde que comprove adequadamente seu direito, pois a extinção do MS não faz coisa julgada (art. 267, IV, do CPC). **AgRg no RMS 20.656-PR, Rel. Min. Herman Benjamin, julgado em 7/5/2009.** (Inform. STJ 393)

RECURSO REPETITIVO. ART. 166 DO CTN.

A ora recorrrente ajuizou ação por entender que o prazo para pagamento de parcelas referentes ao ICMS era ilegal, visto que fixado em decreto e não em lei. Dessa forma, declarou o referido tributo em GIA, mas, apoiada na liminar concedida, recolheu seu valor na data que entendia correta. Sucede que se sagrou vencedora a Fazenda, que, após revogada a liminar, inscreveu em dívida ativa e promoveu a execução fiscal para a cobrança dos valores correspondentes a esse atraso (juros, correção monetária e multa). Daí os embargos à execução, nos quais a recorrente, contribuinte de direito, busca aproveitar o valor referente à alíquota a maior indevidamente recolhida para a compensação do débito referente ao recolhimento extemporâneo do tributo, ou seja, ela almeja compensar valor suportado pelo contribuinte de fato com obrigação que lhe é própria. Quanto a isso, vê-se que é aplicável à hipótese o art. 166 do CTN (prova da assunção do encargo), pois a jurisprudência deste Superior Tribunal já se firmou no sentido de admitir que esse dispositivo tem sua aplicação justamente nas hipóteses em que o contribuinte de direito demanda a repetição do indébito ou a compensação de tributo cujo valor foi suportado pelo contribuinte de fato, tal como se deu no caso. No que diz respeito à configuração, na hipótese, da denúncia espontânea (art. 138 do CTN), vale destacar que a Seção, ao julgar anterior recurso repetitivo, reafirmou o entendimento de que a apresentação da GIA, da DCTF ou de outra declaração dessa mesma natureza prevista em lei é modo de constituição de crédito tributário, dispensado o Fisco de qualquer outra providência nesse sentido, e que, diante do crédito assim declarado e constituído pelo contribuinte, não configura a referida denúncia espontânea o posterior recolhimento fora do prazo estabelecido (Súm. n. 360-STJ). O entendimento acima exposto foi adotado pela Seção no julgamento do recurso especial em questão, sujeito ao regime do art. 543-C do CPC e da Resolução n. 8/2008 do STJ. **Precedentes citados: REsp 886.462-RS, DJ 28/10/2008; EREsp 727.003-SP, DJ 24/9/2007; AgRg no EREsp 752.883-SP, DJ 22/5/2006, e EREsp 785.819-SP, DJ 19/6/2006. REsp 1.110.550-SP, Rel. Min. Teori Albino Zavascki, julgado em 22/4/2009.** (Inform. STJ 391)

COMPENSAÇÃO TRIBUTÁRIA. INTEGRAÇÃO. LEGISLAÇÕES.

A Turma declarou nulo o aresto recorrido (art. 535 do CPC) e determinou novo julgamento para que se aprecie a tese quanto à possibilidade de integração da legislação estadual com as normas federais que tratam da compensação tributária, para possibilitar o exercício da compensação no âmbito do Distrito Federal (art. 108 do CTN), porquanto houve omissão relevante na sentença sobre a questão. No caso, a matéria tratada na apelação não foi apreciada pela corte de origem, limitando-se a rejeitar a pretensão ao argumento de inexistir legislação local para viabilizar o exercício do direito de quitação dos contribuintes, além de remetê-los à via tormentosa da repetição de indébito, de forma desproporcional e desarrazoada, porquanto o Estado mantém relação continuada com os contribuintes para o ajuste de contas entre o ente credor e os devedores da obrigação tributária. Outrossim, é de perquirir se a existência de lei é albergada pela legislação complementar ou se esta possibilita o exercício integrativo. **Precedentes citados: REsp 794.087-DF, DJe 7/5/2008, e REsp 303.371-AC, DJ 20/3/2007. REsp 912.865-DF, Rel. Min. Eliana Calmon, julgado em 5/3/2009.** (Inform. STJ 385)

IOF. *DRAWBACK*. DECADÊNCIA.

A Turma entendeu que, constituído o crédito tributário, o marco inicial da decadência define-se pela regra do art. 173, I, do CTN. No caso, alega-se negativa de vigência da citada norma, pois erroneamente fixado o termo inicial da decadência (ocorrência do fato gerador) do IOF no vencimento do regime aduaneiro de *drawback*. Ademais, questiona-se a eficácia desse regime sobre o prazo de constituição do crédito de IOF, resultante de contrato de câmbio entre importador e instituição financeira. Contudo, o referido regime aduaneiro somente causa a suspensão do exercício do crédito tributário durante o prazo fixado no acordo, mantidas as condições do benefício. Não lançado o IOF, que não compõe o termo de compromisso, caberia ao Fisco tê-lo lançado com base na data da ocorrência do fato gerador (art. 63, II, do CTN). Assim sendo, no caso *sub judice*, operou-se a decadência porquanto o IOF, com efeito, não foi objeto do citado termo de compromisso, inexistindo a sua constituição no ato da importação. **Precedentes citados: REsp 658.404-RJ, DJ 1º/2/2006, e REsp 736.040-RS, DJ 11/6/2007. REsp 1.006.535-PR, Rel. Min. Eliana Calmon, julgado em 3/2/2009.** (Inform. STJ 382)

ISENÇÃO. RESOLUÇÃO LEGISLATIVA.

A isenção de tributos municipais exige lei em sentido estrito. Dessarte, não se enquadra nessa categoria a resolução editada pelo Poder Legislativo que aprova convênio no qual a isenção foi prevista (art. 176 do CTN). Anote-se, também, que o exame dos requisitos de admissibilidade do REsp embargado extrapola o âmbito do conhecimento dos embargos de divergência. **EREsp 723.575-MG, Rel. Min. Teori Albino Zavascki, julgados em 26/11/2008.** (Inform. STJ 378)

DECADÊNCIA. CRÉDITO TRIBUTÁRIO. DEPÓSITO.

A Turma, por maioria, entendeu que o depósito judicial para suspender a exigibilidade do crédito tributário já o constitui; razão pela qual o lançamento fiscal em relação ao valor depositado é desnecessário. Assim, não há que se falar em decadência do crédito tributário por não ter sido lançado em relação ao crédito discutido pelo Fisco. **Precedentes citados:** EREsp 898.992-PR, DJ 27/8/2007, e REsp 895.604-SP, DJ 11/4/2008. **REsp 953.684-PR, Rel. Min. Castro Meira, julgado em 26/8/2008.** (Inform. STJ 365)

QO. CONTRIBUIÇÃO PREVIDENCIÁRIA. LEI. COMPENSAÇÃO.

Em questão de ordem, a Turma remeteu, para apreciação da Primeira Seção, os autos em que se discutem as limitações às compensações contidas no art. 89, § 3º, da Lei n. 8.212/1991, com a redação dada pela Lei n. 9.129 a partir de 29/4/1995, as quais foram acoimadas de ilegais pela jurisprudência, sem ter sido suscitado o incidente de inconstitucionalidade. **QO no AgRg no REsp 918.821-SP, Rel. Min. Luiz Fux, em 10/6/2008.** (Inform. STJ 359)

CERTIDÃO NEGATIVA. COMPENSAÇÃO. SUSPENSÃO. EXIGIBILIDADE.

Uma vez pendente de julgamento o recurso administrativo interposto contra decisão que nega a homologação da compensação, configurada está uma das hipóteses legais de suspensão da exigibilidade do crédito tributário, que autoriza a expedição de certidão positiva com efeito de negativa, de que trata o art. 206 do CTN. No caso, não se levaram em consideração as reformulações da Lei n. 10.637/2002, por ainda não estar vigente quando do pedido de compensação. **EREsp 850.332-SP, Rel. Min. Eliana Calmon, julgados em 28/5/2008.** (Inform. STJ 357)

AFRMM. DEPÓSITO SUSPENSÃO. EXIGIBILIDADE.

A Turma, prosseguindo o julgamento, reiterou que, extinto o feito sem julgamento de mérito, os depósitos para a suspensão da exigibilidade do crédito tributário são convertidos em renda da Fazenda Pública. Ressalvado o entendimento contrário da Min. Relatora que, não obstante, seguiu a maioria. **Precedentes citados: REsp 901.052-SP, DJ 3/3/2008; EREsp 548.224-CE, DJ 17/12/2007; EREsp 215.589-RJ, DJ 5/11/2007; EREsp 279.352-SP, DJ 22/5/2006, e EREsp 227.835-SP, DJ 5/12/2005. REsp 901.415-SP, Rel. Min. Eliana Calmon, julgado em 27/5/2008.** (Inform. STJ 357)

IMPUTAÇÃO. PAGAMENTO. CTN. CC/2002.

A Turma determinou que a imputação do pagamento de crédito do contribuinte frente à Fazenda Pública fosse realizada de acordo com o art. 163 do CTN. O Relator, Min. José Delgado, firmou que não se silencia o CTN sobre a imputação de pagamento, pelo contrário, há regras que limitam a atuação do fiscal do contribuinte, que a elas deve obediência, portanto sem razão falar-se em aplicação analógica do CC/2002. Já o Min. Luiz Fux, ao acompanhar o Min. Relator, aduziu que a referida imputação pode ser regulada no âmbito tributário por legislação secundária, a obstar a pretendida analogia com o disposto no art. 354 do CC/2002, visto que o conceito de legislação tributária engloba, além da lei, essas normas secundárias. Por sua vez, o Min. Teori Albino Zavascki referiu-se ao silêncio eloqüente da lei tributária, daí não haver lacuna a ser preenchida pela aplicação analógica. Assim, concluiu que não há na norma tributária, de natureza cogente, qualquer disposição a estabelecer regime de pagamento preferencial dos juros sobre o capital, tal como determinado pela lei civil. **Precedente citado: REsp 973.386-RS. REsp 921.611-RS, Rel. Min. José Delgado, julgado em 1º/4/2008.** (Inform. STJ 350)

DEPÓSITO JUDICIAL. EXTINÇÃO. PROCESSO SEM JULGAMENTO. MÉRITO.

Almeja-se definir se seria possível o levantamento do depósito efetuado para os fins do art. 151, II, do CTN, no caso em que o processo é extinto sem o julgamento de mérito. O Min. Relator destacou que essa questão já foi enfrentada em diversas ocasiões neste Superior Tribunal, para o qual o depósito judicial efetuado para suspender a exigibilidade do crédito tributário é feito também em garantia da Fazenda e só pode ser levantado pelo depositante após sentença final transitada em julgado em seu favor, nos termos do consignado no art. 32 da Lei n. 6.830/1980. O cumprimento da obrigação tributária só pode ser excluído por força de lei ou suspenso de acordo com o que determina o art. 151 do CTN. Fora desse contexto, o contribuinte está obrigado a recolher o tributo. No caso de o devedor pretender discutir a obrigação tributária em juízo, permite a lei que se faça o depósito integral da quantia devida para que seja suspensa a exigibilidade. Se a ação intentada, por qualquer motivo, resultar sem êxito, deve o depósito ser convertido em renda da Fazenda Pública. Essa é a interpretação que deve prevalecer. O depósito é simples garantia impeditiva do fisco para agilizar a cobrança judicial da dívida em face da instauração de litígio sobre a legalidade de sua exigência. Extinto o processo sem exame do mérito contra o contribuinte, tem-se uma decisão desfavorável. O passo seguinte, após o trânsito em julgado, é o recolhimento do tributo. Com esse entendimento, a Seção, ao prosseguir o julgamento, por maioria, conheceu dos embargos e deu-lhes provimento. Precedentes citados: EREsp 479.725-BA, DJ 26/9/2005; REsp 490.641-PR, DJ 3/11/2003; REsp 258.752-SP, DJ 25/2/2002, e REsp 251.350-SP, DJ 12/3/2001. **EREsp 215.589-RJ, Rel. Min. José Delgado, julgados em 12/9/2007.** (Inform. STJ 331)

COMPENSAÇÃO. TRIBUTOS. TRANSFERÊNCIA. CRÉDITOS. TERCEIROS. LEI N. 9.430/1996. IN-SRF 21/1997 E 41/2000.

Trata-se de saber se a instrução normativa n. 41/2000 poderia restringir a compensação de créditos com débitos de terceiros, prevista na instrução normativa n. 21/1997, sem ofensa ao princípio da igualdade. A Min. Relatora acentuou que, não obstante não haja, no art. 179 do CNT e no art. 66 da Lei n. 8.383/1991, óbice para que se efetue a compensação de créditos com débitos de terceiros, não se mostra plausível a alegação de que esses dispositivos asseguram tal direito. Por outro lado, a autorização prevista na antiga redação do art. 74 da Lei n. 9.430/1996 sujeita-se ao poder discricionário da Secretaria da Receita Federal, que, segundo critérios de oportunidade e conveniência, "poderá autorizar a utilização de créditos a serem a ele (contribuinte) restituídos ou ressarcidos para a quitação de quaisquer tributos e contribuições sob sua administração". Essa foi a orientação adotada pela Segunda Turma deste Superior Tribunal (REsp 640.031-SC, DJ 19/12/2005). Assim, é imperioso concluir que não há ilegalidade na vedação contida no art. 1º da IN n. 41/2000 da SRF, porquanto amparada no art. 74 da Lei n. 9.430/1996 (redação vigente à época da impetração). Por fim, cabe frisar, no tocante à nova redação do artigo acima referido, que "será considerada não declarada a compensação nas hipóteses em que o crédito seja de terceiros" (art. 74, § 12, II, a, da Lei n. 9.430/1996, com as alterações promovidas pela Lei n. 11.051/2004). **REsp 653.553-MG, Rel. Min. Denise Arruda, julgado em 14/8/2007.** (Inform. STJ 327)

IMPOSTO. ISENÇÃO. DECURSO. PRAZO. INÉRCIA.

Trata-se de mandado de segurança com o objetivo de assegurar o direito de desembaraço aduaneiro de mercadoria importada com a isenção do Imposto de Importação e do Imposto sobre Produtos Industrializados (IPI) concedida pelo DL n. 1.189/1971 (alterado ao longo do tempo por vários decretos-leis) às empresas fabricantes de produtos manufaturados na importação de mercadoria de valor não superior a 10% do incremento das exportações realizadas no ano anterior. Nas instâncias ordinárias, foi denegada a segurança. Ressaltou a Min. Relatora que não está em discussão se isenção onerosa concedida por prazo certo pode ou não ser revogada, tese com inúmeros precedentes. Na hipótese dos autos, discute-se se, emitido certificado de habilitação em 30/3/1977, teria a impetrante direito a usufruir da isenção após 31/12/1979, nos termos da legislação de regência. A Min. Relatora destacou que o DL n. 1.189/1971, art. 1º, §§ 1º e 2º, foi alterado quanto à prorrogação da data de isenção pelos DLs 1.306/1974, 1.509/1976 e 1.721/1979 (a partir deste DL, a isenção passou a ter como base fatos geradores posteriores aos questionados no presente *mandamus*), e alterados, ainda, pelos DLs n. 1.726/1979 e 2.324/1987. Para a Min. Relatora, a citada legislação é clara ao estabelecer um termo *a quo* para o gozo da isenção do imposto questionado. Entretanto explica que, no caso dos autos, não se trata de revogação da isenção concedida por prazo certo, mas extinção de um direito por decurso de prazo diante da inércia da impetrante, que deixou de exercê-lo até 31/12/1979, conforme o DL n. 1.509/1976, legislação em vigor na data da emissão do certificado de habilitação, em 30/3/1977. Sendo assim, concluiu que não houve, no caso, ofensa a quaisquer dos dispositivos legais invocados no REsp. Com esse entendimento, a Turma negou provimento ao recurso. **REsp 736.498-SP, Rel. Min. Eliana Calmon, julgado em 14/8/2007.** (Inform. STJ 327)

PENALIDADE FISCAL. ISENÇÃO. PERDIMENTO.

A recorrida, conhecida sociedade do ramo petrolífero, foi isenta expressamente de penalidades fiscais e do pagamento de certos tributos pela Lei n. 4.287/1963. Sucedeu-a a Lei n. 8.032/1990, que apenas revogou a isenção e redução do IPI e do Imposto de Importação, sem nada mencionar sobre as penalidades fiscais. Assim, na hipótese, de pena de perdimento (penalidade fiscal) de mercadoria importada desacompanhada da documentação exigida, não há que se questionar a correção do acórdão recorrido acerca da preservação da isenção referente às penalidades fiscais, muito pelo atendimento ao princípio da legalidade. Note-se que aquele acórdão não discorreu sobre o elemento subjetivo da conduta. Precedentes citados: REsp 639.252-PR, DJ 6/2/2007, e REsp 413.333-PR, DJ 13/9/2006. **REsp 778.896-AM, Rel. Min. Luiz Fux, julgado em 12/6/2007.** (Inform. STJ 323)

DEPÓSITO JUDICIAL. LANÇAMENTO TÁCITO. DECADÊNCIA.

Cuida-se do depósito judicial em dinheiro efetuado pelo contribuinte que busca, com a medida, suspender a exigibilidade do crédito tributário quando o tributo está sujeito a lançamento, condicionada a sua conversão em renda à improcedência da demanda. Não há que se falar em decadência no caso, uma vez que houve a constituição do crédito tributário por lançamento tácito. Assim, a Seção não conheceu dos embargos, pois a Segunda Turma deste Superior Tribunal, ao julgar o REsp 804.415-RS na assentada de 15/02/2007, perfilhou-se à Primeira Turma no sentido do acórdão embargado, incidindo, pois, na espécie, o verbete sumular n. 168-STJ. **EREsp 767.328-RS, Rel. Min. Herman Benjamin, julgados em 11/4/2007.** (Inform. STJ 316)

TRIBUTO. COMPENSAÇÃO. LEI N. 10.637/2002.

O novo procedimento para a compensação de tributos, instituído pela Lei n. 10.637/2002, não pode ser aplicado, em sede de recurso especial, às ações ajuizadas antes de sua entrada em vigor. Contudo impedida não está a parte de, independentemente do resultado deste processo, proceder à compensação dos créditos na conformidade com as normas supervenientes, se atender os requisitos próprios. **REsp 894.987-SP, Rel. Min. João Otávio de Noronha, julgado em 6/2/2007.** (Inform. STJ 309)

SÚMULA VINCULANTE STF 8

São inconstitucionais o parágrafo único do artigo 5º do decreto-lei nº 1.569/1977 e os artigos 45 e 46 da lei nº 8.212/1991, que tratam de prescrição e decadência de crédito tributário. *(Comentário: contribuições previdenciárias são tributos e a matéria – prescrição e decadência tributárias – é regulada por lei complementar, de modo que se aplicam os prazos qüinqüenais do CTN).*

SÚMULA STF Nº 544

Isenções tributárias concedidas sob condição onerosa não podem ser livremente suprimidas.

SÚMULA STJ Nº 409

Em execução fi scal, a prescrição ocorrida antes da propositura da ação pode ser decretada de ofício (art. 219, § 5º, do CPC).

SÚMULA STJ Nº 250

É legítima a cobrança de multa fi scal de empresa em regime de concordata.

SÚMULA STJ Nº 212

A compensação de créditos tributários não pode ser deferida por medida liminar.

SÚMULA STJ Nº 112

O depósito somente suspende a exigibilidade do crédito tributário se for integral e em dinheiro.

SÚMULA STJ Nº 85

Nas relações jurídicas de trato sucessivo em que a Fazenda Pública fi gure como devedora, quando não tiver sido negado o próprio direito reclamado, a prescrição atinge apenas as prestações vencidas antes do quinquenio anterior à propositura da ação.

SÚMULA TFR Nº 248

O prazo da prescrição interrompido pela confi ssão e parcelamento da dívida fi scal recomeça a fl uir no dia em que o devedor deixar de cumprir o acordo celebrado.

SÚMULA TFR Nº 219

Não havendo antecipação de pagamento, o direito de constituir o crédito previdenciário extingue-se decorridos 5 (cinco) anos do primeiro dia do exercício seguinte àquele em que ocorreu o fato gerador.

SÚMULA TFR Nº 163

Nas relações jurídicas de trato sucessivo, em que a Fazenda Pública fi gure como devedora, somente prescrevem as prestações vencidas antes do quinquenio anterior à propositura da ação.

SÚMULA TFR Nº 153

Constituído, no quinquenio, através de auto de infração ou notifi cação de lançamento, o crédito tributário, não há que se falar em decadência, fl uindo, a partir daí, em princípio, o prazo prescricional, que, todavia, fi ca em suspenso, até que sejam decididos os recursos administrativos.

7. IMPOSTOS EM ESPÉCIE

7.1. Imposto de Importação e Imposto de Exportação

IMPOSTO DE EXPORTAÇÃO: ALTERAÇÃO DE ALÍQUOTA E COMPETÊNCIA

A competência estabelecida no art. 153, § 1º, da CF (*"Art. 153. Compete à União instituir impostos sobre: ... § 1º - É facultado ao Poder Executivo, atendidas as condições e os limites estabelecidos em lei, alterar as alíquotas dos impostos enumerados nos incisos I, II, IV e V.*") não é exclusiva do Presidente da República, haja vista ter sido deferida, genericamente, ao Executivo, o que permite que seja exercida por órgão que integre a estrutura deste Poder. Com base nesse entendimento, o Tribunal, por maioria, negou provimento a recurso extraordinário contra acórdão do TRF da 4ª Região, que, nessa linha, reconhecera a legitimidade da alteração de alíquotas do imposto de exportação, observados os limites impostos pelo Decreto-Lei 1.578/77, pela Resolução 15/2001 da Câmara de Comércio Exterior - CAMEX, órgão do Poder Executivo. Reportou-se à orientação fixada no julgamento do RE 225655/PB (DJU de 28.4.2000), no sentido de inexistir norma constitucional ou legal que estabeleça ser a faculdade do citado dispositivo constitucional de exercício privativo do Presidente da República. Asseverou-se que o art. 153, § 1º, da CF, ao atribuir, de forma genérica, ao Poder Executivo a faculdade de alterar as alíquotas de determinados impostos, atendidos os limites legais, teria aberto a possibilidade da criação de um órgão governamental para se desincumbir dessa atribuição e que, no caso, esse órgão seria a CAMEX, criada pela Medida Provisória 2.123-28/2001. Registrou-se que a atuação da CAMEX teria sido regulamentada, inicialmente, pelo Decreto 3.756/2001, no qual o Presidente da República teria invocado, dentre outros fundamentos, as atribuições que lhe confere o art. 84, IV e VI, da CF, bem como o disposto no Decreto-lei 1.578/77, no parágrafo único do art. 1º da Lei 8.085/90, na Lei 9.019/95 e no art. 28 da Medida Provisória 2.123-28/2001. Observou-se que esse decreto teria sido revogado pelo Decreto 3.981/2001, também revogado, por sua vez, pelo Decreto 4.732/2003, os quais, em seu art. 2º, XIII, previam ser da competência da CAMEX a fixação das alíquotas do imposto de exportação, respeitadas as condições estabelecidas no Decreto-lei 1.578/77. Observou-se, ainda, que o imposto de exportação, dada a sua natureza, apresentaria um caráter nitidamente extrafiscal, constituindo, sobretudo, uma técnica de intervenção estatal, com o escopo de obter um desenvolvimento econômico equilibrado e socialmente justo. Assim, a competência excepcional atribuída ao Poder Executivo da União para alterar as alíquotas do tributo sob análise, dentro das condições e dos limites estabelecidos nas leis e nos regulamentos pertinentes, decorreria, exatamente, de seu caráter regulatório, cuja conformação deveria amoldar-se, com a maior presteza possível, às vicissitudes dos mercados nacional e internacional. Vencidos os Ministros Carlos Britto e Marco Aurélio, que proviam o recurso. **RE 570680/RS, rel. Min. Ricardo Lewandowski, 28.10.2009.** (RE-570680) (Inform. STF 565)

IMPOSTO. IMPORTAÇÃO. FATO GERADOR.

A Turma deu provimento ao recurso da Fazenda Nacional, reafirmando a jurisprudência deste Superior Tribunal de que, no caso de importação de mercadoria despachada para consumo, o fato gerador ocorre na data do registro da declaração de importação do bem. Logo, a alíquota vigente nessa data é a que deve ser aplicada para o cálculo do imposto, até porque o STJ já pacificou o entendimento de que não existe incompatibilidade entre o art. 19 do CTN e o art. 23 do DL n. 37/1966, uma vez que o desembaraço aduaneiro completaria a importação e, consequentemente, representaria, para efeitos fiscais, a entrada de mercadoria no território nacional. Precedentes citados: REsp 184.861-RJ, DJ 16/5/2005; AgRg no REsp 412.220-RS, DJ 19/12/2005; EDcl no REsp 1.000.829-ES, DJe 17/6/2010; AgRg no Ag 1.155.843-RJ, DJe 30/9/2009; REsp 1.046.361-RJ, DJe 5/3/2009, e REsp 139.658-PR, DJ 28/5/2001. **REsp 1.220.979-RJ, Rel. Min. Humberto Martins, julgado em 5/4/2011.** (Inform. STJ 468)

REPETITIVO. IMPOSTO. IMPORTAÇÃO. AGENTE MARÍTIMO.

Em julgamento de recurso especial submetido ao regime do art. 543-C do CPC c/c a Res. n. 8/2008-STJ, a Seção consignou que, no tocante ao imposto de importação, só há responsabilidade tributária solidária do agente marítimo representante de transportadora a partir da vigência do DL n. 2.472/1988, que conferiu nova redação ao art. 32 do DL n. 37/1966. Nas hipóteses em que o fato gerador ocorreu em momento anterior a essa alteração, incide a Súm. n. 192-TFR, ainda que o agente tenha firmado termo de compromisso. **Precedentes citados: AgRg no Ag 904.335-SP, DJe 23/10/2008; REsp 361.324-RS, DJ 14/8/2007; REsp 223.836-RS, DJ 5/9/2005; REsp 170.997-SP, DJ 4/4/2005; REsp 319.184-RS, DJ 6/9/2004; REsp 90.191-RS, DJ 10/2/2003; REsp 252.457-RS, DJ 9/9/2002; REsp 410.172-RS, DJ 29/4/2002; REsp 132.624-SP, DJ 20/11/2000, e REsp 176.932-SP, DJ 14/12/1998. REsp 1.129.430-SP, Rel. Min. Luiz Fux, julgado em 24/11/2010.** (Inform. STJ 457)

IMPOSTO. IMPORTAÇÃO. ARREMATAÇÃO. VALOR ADUANEIRO.

A Turma, prosseguindo o julgamento, por maioria, negou provimento ao recurso, considerando descabida a pretendida equiparação de penhora à apreensão liminar de produto de que trata o art. 108, § 1º, do CTN; pois, em que pese ao argumento de que não é possível a utilização do valor aduaneiro por ser a recorrente mera arrematante de mercadoria em hasta pública, alheia à transação comercial efetuada entre importador e exportador, é vedado, nos termos do art. 108, § 2º, do CTN, interpretar a lei tributária mediante juízo de equidade para fins de dispensar ou reduzir imposto devido. Com efeito, tratando-se de mercadoria penhorada em ação de execução, não é possível o recolhimento do imposto de importação com base no preço de arrematação (art. 63 do DL n. 37/1966), mas sim no valor aduaneiro atribuído à coisa leiloada. **REsp 1.089.289-ES, Rel. Min. Benedito Gonçalves, julgado em 27/10/2009.** (Inform. STJ 413)

IMPOSTO. IMPORTAÇÃO. REVISÃO. LANÇAMENTO.

A questão refere-se à possibilidade de o Fisco, após verificado erro de codificação com base em perícia, reclassificar o produto, para que, assim, haja a correta cobrança do tributo, sem se falar em erro de direito ou mudança de critério jurídico. A Turma negou provimento ao recurso por entender que a revisão de lançamento do imposto diante de erro de classificação operada pelo Fisco, aceitando as declarações do importador, quando do desembaraço aduaneiro, constitui mudança de critério jurídico, vedada pelo CTN (Súm. n. 227-TFR). O lançamento suplementar é, portanto, incabível quando motivado por erro de direito. **Precedentes**

citados: Ag 918.833-DF, DJe 11/3/2008; AgRg no REsp 478.389-PR, DJ 5/10/2007; REsp 741.314-MG, DJ 19/5/2005; REsp 202.958-RJ, DJ 22/3/2004, e REsp 412.904-SC, DJ 27/5/2002. REsp 1.112.702-SP, Rel. Min. Luiz Fux, julgado em 20/10/2009. (Inform. STJ 412)

IMPOSTO DE IMPORTAÇÃO. FATO GERADOR.

A Turma negou provimento ao recurso da companhia importadora, observando que a jurisprudência deste Superior Tribunal e da Suprema Corte considera que o fato gerador do imposto de importação consuma-se na data do registro da declaração de importação na repartição aduaneira (art. 19 do CTN, art. 23 do Dec. n. 37/1966 e Dec. n. 4.543/2002), sendo irrelevante a data da celebração do contrato de compra e venda ou a do embarque ou a do ingresso no país da mercadoria importada. No caso, o juízo singular consignou que, na data do mandado de segurança (impetrado contra a autoridade inspetora da alfândega portuária com objetivo de submeter a importação das mercadorias à legislação anterior, à época da negociação das mercadorias), não havia o registro da declaração de importação. Dessa forma, não há dúvida de que incide a Portaria n. 50 que, a partir de 26/1/1994, majorou a alíquota do imposto de importação de 20% para 34%, apesar de as mercadorias em comento terem entrado no país em 27/1/1994 (um dia após a data da citada portaria). Precedentes citados do STF: RE 225.602-CE, DJ 6/4/2001; ADI 1.293-DF, DJ 16/6/1995; do STJ: REsp 313.117-PE, DJ 17/11/2003; REsp 250.379-PE, DJ 9/9/2002; EDcl no AgRg no REsp 170.163-SP, DJ 5/8/2002, e REsp 213.909-PR, DJ 11/10/1999. **REsp 1.016.132-SP, Rel. Min. Luiz Fux, julgado em 26/5/2009.** (Inform. STJ 396)

IMPOSTO. EXPORTAÇÃO. ARMAS. MUNIÇÕES. MAJORAÇÃO. ALÍQUOTA.

O Poder Executivo motivou a majoração da alíquota do imposto sobre a exportação de armas e munições destinadas a países das Américas do Sul e Central, inclusive Caribe. O Tribunal de origem analisou essa motivação e julgou que ela não atende aos objetivos da política cambial e do comércio exterior. Entendeu o Min. Relator que, na hipótese, como consignado pelo próprio TRF, a majoração da alíquota foi motivada de maneira adequada. O Poder Executivo indicou que a pesada tributação das exportações dos armamentos (150%) visa a combater o contrabando consistente no retorno ao Brasil de armamento aqui mesmo fabricado. Trata-se de sólida argumentação, não apenas atinente à política de comércio exterior, como também à segurança pública. Ademais, não há teratologia que evidencie nulidade do ato, o que impede, como dito, a intervenção do Judiciário no mérito da decisão. Diante disso, a Turma deu provimento ao recurso e reconheceu a validade da majoração de alíquota do imposto de exportação promovida pelo Executivo nos estritos termos e limites previstos pela Lei n. 9.716/1998. **REsp 614.890-RS, Rel. Min. Herman Benjamin, julgado em 2/4/2009.** (Inform. STJ 389)

FATO GERADOR. IMPOSTO. IMPORTAÇÃO. VEÍCULOS.

O fato gerador do imposto de importação ocorre com o registro da declaração de importação na repartição aduaneira, aplicando-se a alíquota vigente à época. No caso dos autos, as declarações de importação foram registradas na repartição aduaneira entre 12/12/1994 e 6/3/1995, conseqüentemente, antes da vigência do Dec. n. 1.475, de 30/3/1995, que majorou o imposto de importação de 32% para 70%. Diante do exposto, a Turma proveu o recurso da importadora. Precedentes citados do STF: EDcl no RE 91.309-2-SP, DJ 12/3/1980; ADin 1.293-DF, DJ 16/6/1995; do STJ: REsp 250.379-PE, DJ 9/9/2002, e REsp 670.658-RN, DJ 14/9/2006. **REsp 1.000.829-ES, Rel. Min. Luiz Fux, julgado em 9/12/2008.** (Inform. STJ 380)

REDUÇÃO. ALÍQUOTA. IMPOSTO. IMPORTAÇÃO.

A questão diz respeito à possibilidade de aplicação de lei posterior mais benéfica ao contribuinte, a fim de reduzir de 30% para 3% o percentual do imposto de importação incidente na operação, em decorrência da redução contida no Sexto Protocolo Adicional do Acordo Comercial n. 15, no setor da indústria química farmacêutica dos países membros da Associação Latino-Americana de Integração (Aladi). A recorrida importou 20 quilos da substância cianocobalamina (cobamina, vitamina B-12) em 31/5/1988. Na ocasião, as autoridades alfandegárias exigiram, para o desembaraço do item, um termo de responsabilidade assinado pelo importador, liberando o produto pela tarifa dos referidos 3%. Para o Min. Relator, o art. 3º do mencionado protocolo, incorporado ao ordenamento jurídico interno mediante o Dec. n. 99.044/1990, prevê a redução do percentual do imposto de importação sobre produtos químicos farmacêuticos de 30% para 3% a partir de 1º de janeiro de 1988. Muito embora esse decreto reze, em seu art. 1º, que o referido protocolo adicional será executado e cumprido tão inteiramente como nele se contém, inclusive quanto à sua vigência, referido dispositivo conflita com o ditame insculpido no CTN, que, por se tratar de lei complementar, deve prevalecer sobre aquele. Dessa forma, o art. 106, II, c, do CTN, que dispõe que a lei mais benéfica ao contribuinte, aplica-se a ato ou fato pretérito, desde que não tenha sido definitivamente julgado, aplica-se tão-somente para as penalidades, o que não é o caso dos presentes autos. **REsp 640.584-RJ, Rel. Min. Humberto Martins, julgado em 21/8/2008.** (Inform. STJ 364)

IMPOSTO. EXPORTAÇÃO. FATO GERADOR.

Considera-se ocorrido o fato gerador do imposto de exportação no momento em que é efetivado o registro de exportação (RE) no Sistema Integrado de Comércio Exterior (Siscomex), ou seja, no momento em que a empresa obtém o RE. O registro no Siscomex é o conjunto de informações de natureza comercial, financeira cambial e fiscal que caracterizam a operação de exportação de uma mercadoria e definem seu enquadramento legal. Note-se que, com a instituição do Siscomex, as guias de exportação e importação foram substituídas pelo registro de exportação (RE) e registro de importação (RI), também foram criados outros blocos de informações das diversas etapas como: registro de venda (RV), registro de operação de crédito (RC). Ao final desses procedimentos é expedido o comprovante de exportação (CE) – que é o documento oficial emitido pelo Siscomex, relacionando todos os registros de exportação objeto de um mesmo despacho aduaneiro. Portanto o registro de exportação (RE) é o único registro indispensável para a efetivação de todas as operações de comércio, em torno dele gravitam as demais etapas. No caso dos autos, o registro de exportação no Siscomex foi posterior à vigência da Res. do Bacen n. 2.136/1995, portanto o imposto deve ser calculado com alíquota de 40%, como estabelecido nessa resolução. Dessa forma, pouco importa considerações sobre a data da obtenção do registro de venda. Isso posto, a Turma, ao prosseguir o julgamento, conheceu em parte o recurso do contribuinte e, nessa parte, negou-lhe provimento. Precedente citado: EDcl no REsp 225.730-PR, DJ 19/2/2001. REsp 964.151-PR, Rel. Min. José Delgado, julgado em 22/4/2008. (Inform. STJ 353)

7.2. IMPOSTO DE RENDA

IR E CSLL: LUCROS ORIUNDOS DO EXTERIOR - 8

O Plenário retomou julgamento de ação direta de inconstitucionalidade ajuizada pela Confederação Nacional da Indústria - CNI contra o § 2º do art. 43 do CTN, acrescentado pela LC 104/2001, que delega à lei ordinária a fixação das condições e do momento em que se dará a disponibilidade econômica de receitas ou de rendimentos oriundos do exterior para fins de incidência do imposto de renda, e o art. 74, *caput* e parágrafo único, da Medida Provisória 2.158-35/2001, que, com o objetivo de determinar a base de cálculo do IRPJ e da CSLL, considera disponibilizados, para a controladora ou coligada no Brasil, os lucros auferidos por controlada ou coligada no exterior, na data do balanço no qual tiverem sido apurados — v. Informativos 296, 373, 442 e 485. Em voto-vista, o Min. Ayres Britto julgou o pleito improcedente. Rejeitou, inicialmente, as preliminares de ilegitimidade ativa e de ausência dos pressupostos formais de edição da medida provisória em questão. ADI 2588/DF, rel. Min. Ellen Gracie, 17.8.2011. (ADI-2588)

IR E CSLL: LUCROS ORIUNDOS DO EXTERIOR - 9

No mérito, enfatizou que a discussão envolveria a constitucionalidade, ou não, do art. 74 da Medida Provisória 2.158-35/2001, preceito que faria as vezes da lei ordinária a que se refere o § 2º do art. 43 do CTN, de modo a se determinar o momento da ocorrência do fato gerador do IRPJ e da CSLL. Assinalou que se trataria de norma inserida no âmbito das chamadas "regras CFC" (*controlled foreign corporation*) e que não haveria como desconhecer que os lucros obtidos pelas controladas e coligadas estrangeiras repercutiriam positivamente na empresa brasileira que as controlasse ou que com elas fosse coligada, a gerar-lhes empíricos acréscimos patrimoniais. Nesse contexto, entendeu que seria razoável considerar os lucros apurados fora do país como disponibilizados, para a coligada brasileira, na data do balanço. Enfatizou que o *caput* do art. 74 da medida provisória adversada determinara a migração de um sistema de tributação em bases universais com utilização de regime de caixa para outro sistema, também de tributação em bases universais, porém com o uso do regime de competência. Consignou, no ponto, a inexistência de novidade nessa opção, dado que, desde o advento da Lei 9.532/97, os lucros das filiais e sucursais de empresas brasileiras situadas no exterior já se submetiam ao mencionado regime de competência. Concluiu que o preceito impugnado não instituíra nem majorara tributo, mas apenas disciplinara o momento em que ocorrido o fato gerador de tributos instituídos, qual seja, o exercício seguinte àquele em que editada a medida provisória. Logo, não teria apanhado fato gerador pretérito e, tampouco, cobrado tributo no mesmo exercício financeiro em que instituída a norma. De igual modo, aduziu que o princípio da noventena, para a cobrança da CSLL, fora observado. ADI 2588/DF, rel. Min. Ellen Gracie, 17.8.2011. (ADI-2588)

IR E CSLL: LUCROS ORIUNDOS DO EXTERIOR - 10

Na seqüência, o Min. Celso de Mello acolheu a pretensão de inconstitucionalidade do art. 74 e de seu parágrafo único da medida provisória impugnada e deu interpretação conforme a Constituição ao § 2º do art. 43 do CTN, em ordem a excluir qualquer possibilidade interpretativa que resulte na desconsideração da efetiva aquisição de disponibilidade econômica ou jurídica da renda para fins de incidência do respectivo imposto. Rechaçou as preliminares suscitadas. No tocante ao mérito, repisou, em síntese, que as empresas controladas ou coligadas no exterior possuiriam personalidade jurídica autônoma, distinta daquela assumida pelas controladoras ou coligadas, sediadas no Brasil, que a elas estariam juridicamente vinculadas acerca da distribuição dos lucros, conforme disposto, de um lado, por seus estatutos sociais e, de outro, pelo próprio ordenamento positivo do lugar em que domiciliadas. Registrou, ainda, que o parágrafo único do art. 74 da Medida Provisória 2.158-35/2001 ofenderia a cláusula de reserva constitucional de lei complementar, uma vez que, por meio da espécie legislativa em tela, veiculara-se tratamento normativo que a Constituição expressamente submetera ao domínio normativo de lei complementar. Assentou, por fim, a transgressão aos postulados constitucionais da não-retroatividade e da anterioridade da lei tributária. ADI 2588/DF, rel. Min. Ellen Gracie, 17.8.2011. (ADI-2588)

IR E CSLL: LUCROS ORIUNDOS DO EXTERIOR - 11

Por sua vez, o Min. Cezar Peluso, Presidente, julgou o pedido improcedente para dar interpretação conforme ao art. 74 da Medida Provisória 2.158-35/2001, no sentido de restringir sua incidência apenas em relação aos investimentos considerados relevantes, nos termos dos artigos 247, 248 e seguintes da Lei 6.404/76, e como tais, sujeitos ao método de avaliação pela equivalência patrimonial. Isso porque existente elemento de conexão entre o eventual lucro produzido no exterior e a pessoa jurídica situada no Brasil submetida à tributação pelo IRPJ. Entretanto, advertiu que, por envolver outras contas do patrimônio líquido e até variações cambiais ativas e passivas decorrentes de diferenças de câmbios no período, não seria todo o resultado ganho oriundo de avaliação por equivalência patrimonial que poderia ser incluído na base de cálculo do IRPJ, mas somente aquele advindo especificamente do lucro produzido no exterior. Salientou, em suma, que o art. 74 da medida provisória em apreço deslocara a ocorrência do fato gerador para o fechamento do balanço no exterior. Apontou que, como o lucro produzido no exterior pela controlada/coligada repercutiria no resultado da controladora/coligada no Brasil, aumentando-lhe o patrimônio, atender-se-ia, ainda, ao princípio da capacidade contributiva. Esclareceu que, relativamente às medidas unilaterais e bilaterais tendentes a evitar dupla tributação internacional sobre o rendimento produzido no exterior, as regras por aplicar continuariam as mesmas, sendo alterado o momento da incidência: do pagamento para o da apuração do registro, ou seja, do regime de caixa para o de competência. Arrematou que os lucros auferidos pelas controladas/coligadas no exterior, sujeitas ao método de avaliação de investimento pela equivalência patrimonial, seriam tributados nos termos da Medida Provisória 2.158-35/2001 a partir de 1º.1.2002, quanto ao IRPJ, e após 24.11.2001, no que concerne à CSLL. De outro lado, os fatos havidos antes desses períodos submeter-se-iam à legislação anterior. Após, o julgamento foi suspenso para se colher o voto do Min. Joaquim Barbosa, licenciado. ADI 2588/DF, rel. Min. Ellen Gracie, 17.8.2011. (ADI-2588) (Inform. STF 636)

IRPF E VALORES RECEBIDOS ACUMULADAMENTE - 1

O Plenário iniciou julgamento de recurso extraordinário interposto de acórdão que declarara a inconstitucionalidade do art. 12 da Lei 7.713/88 ("*No caso de rendimentos recebidos acumuladamente, o imposto incidirá, no mês do recebimento ou crédito, sobre o total dos rendimentos, diminuídos do valor das despesas com ação judicial necessárias ao seu recebimento, inclusive de advogados, se tiverem sido pagas pelo contribuinte, sem indenização*"). A União alega que as parcelas percebidas possuiriam natureza remuneratória, que não sofreria modificação pelo atraso no pagamento. Assim, a tributação do acréscimo patrimonial, no mês de recebimento, não afrontaria os princípios da capacidade contributiva (CF, art. 145, § 1º), da isonomia (CF, art. 150, II) ou da progressividade do imposto de renda (CF, art. 153, § 2º, I). A Min. Ellen Gracie, relatora, por reputar constitucional o dispositivo questionado, proveu o recurso e julgou improcedente a pretensão de submeter, sem previsão legal, os rendimentos percebidos acumuladamente ao regime de competência. De início, aduziu que a regra do art. 12 da Lei 7.713/88 constituiria mero desdobramento da sistemática de tributação adotada pelo legislador quanto ao imposto de renda das pessoas físicas: o regime de caixa. Em passo seguinte, ressaltou que esse regime e o de competência — este aplicável às pessoas jurídicas — corresponderiam aos tipos de disponibilidade de renda que ensejariam a instituição do imposto. Asseverou que pelo regime de caixa adotado não seria possível a aplicação das tabelas vigentes na época das competências a que aludiriam os pagamentos, porquanto o fato gerador sequer ocorrera nos meses e nos anos em que não teriam sido percebidos os rendimentos. Assim, inexistiria direito adquirido à observância dessas tabelas por ocasião do surgimento da pretensão aos rendimentos. RE 614406/RS, rel. Min. Ellen Gracie, 25.5.2011. (RE-614406)

IRPF E VALORES RECEBIDOS ACUMULADAMENTE - 2

Considerou que o preceito em foco não violaria o princípio da capacidade contributiva. Enfatizou que o regime de caixa seria o que melhor aferiria a possibilidade de contribuir, uma vez que exigiria o pagamento do imposto à luz dos rendimentos efetivamente percebidos, independentemente do momento em que surgido o direito a eles. Desse modo, apenas seria tributado o que, de fato, ingressaria para o contribuinte e o que incluído na sua disponibilidade econômica. De igual modo, entendeu que o dispositivo não afastaria o critério da progressividade gradual, de há muito utilizado para o imposto de renda da pessoa física. Apontou que quanto maior a disponibilidade econômica, maior a tributação, opção legítima do legislador por ocasião da instituição do imposto de renda. No que concerne à isonomia, assinalou que o art. 12 da Lei 7.713/88 não estabelecera distinção entre contribuintes, mas explicitara a sujeição, também dos pagamentos acumulados, ao regime de caixa. Frisou que ocorreria o contrário, já que alguns contribuintes pretenderiam tratamento diferenciado por se considerarem injustamente onerados em virtude da incidência da exação sobre valores elevados percebidos de uma só vez. Enfatizou que a circunstância de o pagamento acumulado implicar tributação possivelmente superior à que aconteceria se o pagamento tivesse sido realizado na época oportuna não seria suficiente para obstar a incidência da norma e tampouco justificaria a criação de solução híbrida, mediante a combinação de regimes, sem amparo legal. Ponderou que a adoção do regime de competência para a tributação de valores recebidos acumuladamente exigiria o refazimento de todas as declarações de renda correspondentes às competências abrangidas, em procedimento complexo e, por vezes, impossível. Salientou que o acórdão recorrido não observara a existência de outro dispositivo legal que determinava a utilização da tabela vigente no mês de pagamento (Lei 8.541/92, art. 46). Concluiu que, ao inexistir inconstitucionalidade na adoção do regime de caixa, não poderia o intérprete e aplicador da lei afastá-la. Por fim, afirmou que o advento da Lei 12.350/2010 (art. 12-A) não afetaria a incidência da legislação vigente relativamente aos valores recebidos até o ano base de 2009. RE 614406/RS, rel. Min. Ellen Gracie, 25.5.2011. (RE-614406)

IRPF E VALORES RECEBIDOS ACUMULADAMENTE - 3

Em divergência, o Min. Marco Aurélio assentou a inconstitucionalidade do art. 12 da Lei 7.713/88. Afirmou que o sistema não poderia apenar o contribuinte duas vezes. Explicou que esse fenômeno ocorreria, já que o contribuinte, ao não receber as parcelas na época própria, deveria ingressar em juízo e, ao fazê-lo, seria posteriormente tributado com uma alíquota superior de imposto de renda em virtude da junção do que percebido. Isso porque a exação em foco teria como fato gerador a disponibilidade econômica e jurídica da renda. Salientou que a novel Lei 12.350/2010, embora não faça alusão expressa ao regime de competência, teria implicado a adoção deste mediante inserção de cálculos que direcionariam à consideração do que apontou como "épocas próprias", tendo em conta o surgimento, em si, da disponibilidade econômica. Desse modo, reputou transgredidos os princípios da isonomia e da capacidade contributiva e, desprezados estes, ressaltou que se caminharia para verdadeiro confisco e majoração da alíquota do imposto de renda. Após o voto do Min. Dias Toffoli, que seguiu a divergência, pediu vista a Min. Cármen Lúcia. RE 614406/RS, rel. Min. Ellen Gracie, 25.5.2011. (RE-614406) (Inform. STF 628)

REPERCUSSÃO GERAL EM RE N. 607.886-RJ
RELATOR: MIN. MARCO AURÉLIO

CAPACIDADE TRIBUTÁRIA ATIVA – IMPOSTO DE RENDA – ALCANCE DO ARTIGO 157, INCISO I, DA CONSTITUIÇÃO FEDERAL – DEPÓSITOS – TITULARIDADE. Possui repercussão geral a controvérsia acerca de a quem compete a capacidade tributária ativa no tocante ao Imposto de Renda sobre proventos de qualquer natureza satisfeitos por Estado, pelo Distrito Federal e por autarquias e fundações vinculadas a esses entes. (Inform. STF 623)

IRPJ: REGIME DE ESTIMATIVA E CONSOLIDAÇÃO DE RESULTADOS SEMESTRAIS - 4

Em conclusão, o Plenário, por maioria, desproveu recurso extraordinário em que discutida a constitucionalidade do art. 86, § 2º, da Lei 8.383/91 — que impede que as pessoas jurídicas que apresentaram prejuízo fiscal no período-base de 1991 optem pelo pagamento do imposto de renda pelo regime de estimativa no exercício de 1992 — e da Portaria 441/92, do Ministério da Fazenda, que faculta, aos contribuintes optantes pelo regime de estimativa, a substituição da consolidação de resultados mensais pela de resultados semestrais na declaração de ajuste anual do ano-base de 1992 — v. Informativos 426 e 592. Na espécie, tratava-se de recurso extraordinário interposto contra acórdão que negara à recorrente, que apurara prejuízo no ano-base de 1991, o direito de substituir a consolidação de resultados mensais pela consolidação de resultados semestrais, na declaração de ajuste anual para a apuração do imposto de renda de pessoa jurídica, relativa ao ano-base de 1992. RE 231924/PR, rel. orig. Min. Marco Aurélio, red. p/ o acórdão Min. Ricardo Lewandowski, 6.4.2011. (RE-231924)

IRPJ: REGIME DE ESTIMATIVA E CONSOLIDAÇÃO DE RESULTADOS SEMESTRAIS - 5

Salientou-se, inicialmente, que a proibição contida no § 2º do art. 86 da Lei 8.383/91 teria explicação lógica, já que, se a pessoa jurídica que apurara prejuízo no ano de 1991 pudesse optar pelo cálculo do imposto por estimativa, a base de cálculo do imposto de renda, calculado também por estimativa, no ano seguinte seria igual a zero. Entendeu-se, em seguida, que o Ministro da Economia, Fazenda e Planejamento teria agido corretamente — e dentro da legalidade, ante a existência de expressa autorização legal para a prática do ato —, ao limitar, mediante a Portaria 441/92, a possibilidade de apuração semestral dos resultados apenas às pessoas jurídicas que optaram pelo cálculo por estimativa, visto que somente elas poderiam respeitar o calendário de pagamento do imposto estabelecido na Lei 8.383/91. Aduziu-se que, caso fosse permitido à recorrente a consolidação semestral, não teria ela como cumprir o cronograma legal de pagamento por manifesta impossibilidade de calcular-se o imposto devido. Ressaltou o Min. Joaquim Barbosa, também, que o Poder Judiciário não poderia estender o calendário de recolhimento do imposto estabelecido para as pessoas jurídicas submetidas ao cálculo por estimativa às demais, visto que isso implicaria invasão da seara reservada ao Poder Legislativo. Reputou-se que o mesmo raciocínio aplicar-se-ia à impossibilidade de extensão da faculdade estabelecida na Portaria 441/92 a outras pessoas jurídicas, para permitir-lhes substituir a consolidação dos resultados mensais pela de resultados semestrais, e que, de igual modo, nesse aspecto o Judiciário atuaria como legislador positivo. Observou-se, por fim, que, em razão de a recorrente não se encontrar na mesma situação dos contribuintes abrangidos pela Portaria 441/92, porque impossibilitada de optar pelo cálculo do imposto por estimativa, não se poderia falar em ofensa ao princípio da isonomia em matéria tributária, tendo em vista, inclusive, a possibilidade de concessão de moratória de 6 meses a essa classe de contribuintes, se aplicado entendimento contrário.Vencido o Min. Marco Aurélio, relator, que dava provimento ao recurso para, assentando a inconstitucionalidade da cláusula restritiva da Portaria 441/92, assegurar à recorrente o direito de optar, independentemente do sistema por estimativa, pela feitura dos balanços semestrais. RE 231924/PR, rel. orig. Min. Marco Aurélio, red. p/ o acórdão Min. Ricardo Lewandowski, 6.4.2011. (RE-231924) (Inform. STF 622)

REPERCUSSÃO GERAL POR QO EM AG. REG. NO RE N.614.232-RS
RELATORA: MIN. ELLEN GRACIE

TRIBUTÁRIO. REPERCUSSÃO GERAL DE RECURSO EXTRAORDINÁRIO. IMPOSTO DE RENDA SOBRE VALORES RECEBIDOS ACUMULADAMENTE. ART. 12 DA LEI 7.713/88. ANTERIOR NEGATIVA DE REPERCUSSÃO. MODIFICAÇÃO DA POSIÇÃO EM FACE DA SUPERVENIENTE DECLARAÇÃO DE INCONSTITUCIONALIDADE DA LEI FEDERAL POR TRIBUNAL REGIONAL FEDERAL.

1.A questão relativa ao modo de cálculo do imposto de renda sobre pagamentos acumulados – se por regime de caixa ou de competência – vinha sendo considerada por esta Corte como matéria infraconstitucional, tendo sido negada a sua repercussão geral.

2. A interposição do recurso extraordinário com fundamento no art. 102, III, *b*, da Constituição Federal, em razão do reconhecimento da inconstitucionalidade parcial do art. 12 da Lei 7.713/88 por Tribunal Regional Federal, constitui circunstância nova suficiente para justificar, agora, seu caráter constitucional e o reconhecimento da repercussão geral da matéria.

3.Reconhecida a relevância jurídica da questão, tendo em conta os princípios constitucionais tributários da isonomia e da uniformidade geográfica.

4. Questão de ordem acolhida para: a) tornar sem efeito a decisão monocrática da relatora que negava seguimento ao recurso extraordinário com suporte no entendimento anterior desta Corte; b) reconhecer a repercussão geral da questão constitucional; e c) determinar o sobrestamento, na origem, dos recursos extraordinários sobre a matéria, bem como dos respectivos agravos de instrumento, nos termos do art. 543-B, § 1º, do CPC. (Inform. STF 618)

(Comentário: ver Informtivo STF 628 – continuação do julgamento)

REPERCUSSÃO GERAL EM RE N. 545.796 (ELETRÔNICO)-RJ
RELATOR: MIN. GILMAR MENDES

Recurso extraordinário. Tributário. Correção Monetária. Demonstrações financeiras. Balanço patrimonial. Pessoas jurídicas. Compensação. Diferimento no tempo. Lei 8.200/91. Repercussão geral reconhecida. (Inform. STF 613)

REPERCUSSÃO GERAL EM RE N. 592.396-SP
RELATOR: MIN. RICARDO LEWANDOWSKI

EMENTA: CONSTITUCIONAL. TRIBUTÁRIO. IMPOSTO DE RENDA SOBRE EXPORTACÕES INCENTIVADAS. MAJORACÃO DE ALÍQUOTA. PRINCÍPIOS DA ANTERIORIDADE E DA IRRETROATIVIDADE DA LEI TRIBUTÁRIA. RECURSO EXTRAORDINARIO 183.130/PR, REL. MIN. CARLOS VELLOSO, QUE TRATA DA MESMA MATÉRIA E CUJO JULGAMENTO JÁ FOI INICIADO PELO PLENARIO. EXISTÊNCIA DE REPERCUSSÃO GERAL. (Inform. STF 551)

COMPENSAÇÃO DE PREJUÍZOS E LEI 8.981/95 - 1

Em conclusão de julgamento, o Tribunal, por maioria, desproveu recurso extraordinário interposto contra acórdão do TRF da 4ª Região, que reconhecera a validade da limitação da compensação incidente sobre o lucro real, bem como da limitação da compensação para determinação da base de cálculo da contribuição social, conforme estabelecem os artigos 42 e 58 da Medida Provisória 812/94, posteriormente convertida na Lei 8.981/95 (*"Art. 42. A partir de 1º de janeiro de 1995, para efeito de determinar o lucro real, o lucro líquido ajustado pelas adições e exclusões previstas ou autorizadas pela legislação do Imposto de Renda, poderá ser reduzido em, no máximo, trinta por cento. ... Art. 58. Para efeito de determinação da base de cálculo da contribuição social sobre o lucro, o lucro líquido ajustado poderá ser reduzido por compensação da base de cálculo negativa, apurada em períodos-base anteriores em, no máximo, trinta por cento."*) — v. Informativo 369. Entendeu-se que a lei em exame veio assegurar às empresas um benefício fiscal que viabilizou a compensação de prejuízos apurados em exercícios anteriores. **RE 344994/PR, rel. orig. Min. Marco Aurélio, rel. p/ o acórdão Min. Eros Grau, 25.3.2009**. (RE-344994)

COMPENSAÇÃO DE PREJUÍZOS E LEI 8.981/95 - 2

A Min. Ellen Gracie, em voto-vista, acrescentou tratar-se, na espécie, de utilização dos prejuízos acumulados até 31.12.94 e não de dedução de prejuízos correspondentes ao exercício corrente. Observou que, em relação aos prejuízos verificados no ano-base/91, haveria possibilidade de compensação em até 4 anos-calendário subseqüentes (Decreto-lei 1.598/77); no ano-base/92, sem fixação de prazo (Lei 8.383/91); no ano-base/93, em até 4 anos-calendário subseqüentes (Lei 8.541/92), não tendo sido alterada essa estrutura pela Lei 8.981/95, que apenas impôs restrição à proporção com que os prejuízos poderiam ser apropriados a cada apuração do lucro real. Salientou que, em matéria de imposto de renda, a lei aplicável é a vigente na data do encerramento do exercício fiscal e que os recorrentes tiveram modificada pela Lei 8.981/95 uma mera expectativa de direito. Asseverou que o conceito de lucro é o que a lei define, não necessariamente o que corresponde às perspectivas societárias ou econômicas. Assim, o Regulamento do Imposto de Renda - RIR, que antes permitia o desconto de 100% dos prejuízos fiscais, para efeito de apuração do lucro real, passou, com a Lei 8.981/95, a limitar essas compensações a 30% do lucro real apurado no exercício correspondente. Aduziu ser somente por benesse da política fiscal que se estabelecem mecanismos como o ora analisado, por meio dos quais se autoriza o abatimento de prejuízos verificados, mais além do exercício social em que constatados. Frisou que, como todo favor fiscal, ele se limita às condições fixadas em lei, a qual definirá se o benefício será calculado sobre totalidade, ou não, do lucro líquido. Em razão disso, até que encerrado o exercício fiscal, ao longo do qual se forma e se conforma o fato gerador do imposto de renda, o contribuinte possui mera expectativa de direito quanto à manutenção dos patamares fixados pela legislação que regia os exercícios anteriores. Considerou não se estar diante, portanto, de qualquer alteração de base de cálculo do tributo, a exigir lei complementar, nem de empréstimo compulsório, não havendo ofensa aos princípios da irretroatividade ou do direito adquirido. Concluiu que a Lei 8.981/95 não incide sobre fatos geradores ocorridos antes do início de sua vigência e que os prejuízos havidos em exercícios anteriores não são fato gerador algum, mas meras deduções cuja projeção para exercícios futuros foi autorizada nos termos da lei, a qual poderá ampliar ou reduzir a proporção de seu aproveitamento. Vencido o Min. Marco Aurélio, relator, que dava provimento ao recurso, para declarar a inconstitucionalidade do art. 42 da citada lei, no que postergou a compensação dos prejuízos. **RE 344994/PR, rel. orig. Min. Marco Aurélio, rel. p/ o acórdão Min. Eros Grau, 25.3.2009.** (RE-344994) (Inform. STF 540)

DEVOLUÇÃO DE DESCONTO INDEVIDO DE IMPOSTO DE RENDA E DÚVIDA PLAUSÍVEL NA INTERPRETAÇÃO DE PRECEITOS - 1

O Tribunal concedeu mandado de segurança impetrado por magistrados para anular acórdão do TCU no ponto em que determinara a restituição dos valores pagos aos impetrantes a título de "Devolução de Desconto Indevido de Imposto de Renda". Na espécie, o TRT da 1ª Região, analisando pedido formulado pela Associação dos Magistrados da Justiça do Trabalho da 1ª Região – AMATRA, procedera à devolução de valores retidos na fonte a título de imposto de renda, calculados sobre os juros moratórios devidos em virtude de atualização da URV nos vencimentos dos magistrados, por considerar, com base em decisões proferidas em casos análogos, que o art. 46, § 1º, I, da Lei 8.541/92 exclui os juros de mora da hipótese de incidência do imposto de renda. O TCU, julgando as contas do TRT da 1ª Região, determinara a devolução dos valores ressarcidos, asseverando que o mencionado tribunal invadira a competência da Secretaria da Receita Federal - SRF ao efetuar a restituição. MS 25641/DF, rel. Min. Eros Grau, 22.11.2007. (MS-25641)

DEVOLUÇÃO DE DESCONTO INDEVIDO DE IMPOSTO DE RENDA E DÚVIDA PLAUSÍVEL NA INTERPRETAÇÃO DE PRECEITOS - 2

Preliminarmente, não se conheceu do *writ* quanto ao Presidente do TRT da 1ª Região, por ilegitimidade passiva, e declarou-se extinto o processo em relação a um dos impetrantes, ressalvando, quanto aos sucessores deste, as vias ordinárias. No mérito, entendeu-se que o TRT da 1ª Região poderia ter devolvido os valores aos impetrantes, ajustando as retenções posteriores repassadas ao Fisco, tendo em conta a existência de dúvida plausível sobre a interpretação dos preceitos que impõem a incidência do imposto de renda sobre valores percebidos pelos impetrantes a título de juros de mora decorrentes de atraso no pagamento de vencimentos (Decreto 3.000/99, art. 43, § 3º; Lei 4.506/64, art. 16, parágrafo único). Considerou-se, no ponto, que a jurisprudência do TST não seria pacífica quanto à matéria, o que levara a unidade pagadora a optar pela interpretação que lhe parecera mais razoável, e que os valores teriam sido recebidos de boa-fé pelos impetrantes. MS 25641/DF, rel. Min. Eros Grau, 22.11.2007. (MS-25641) (Inform. STF 489)

IR E CSLL: LUCROS ORIUNDOS DO EXTERIOR - 7

O Tribunal retomou julgamento de mérito de ação direta ajuizada pela Confederação Nacional da Indústria - CNI contra o § 2º do art. 43 do CTN, acrescentado pela LC 104/2001, que delega à lei ordinária a fixação das condições e do momento em que se dará a disponibilidade econômica de receitas ou de rendimentos oriundos do exterior para fins de incidência do imposto de renda, e o art. 74, *caput* e parágrafo único da Medida Provisória 2.158-35/2001, que, para fim de determinação da base de cálculo do imposto de renda e da CSLL, considera disponibilizados, para a controladora ou coligada no Brasil, os lucros auferidos por controlada ou coligada no exterior, na data do balanço no qual tiverem sido apurados — v. Informativos 296, 373 e 442. Após o voto do Min. Ricardo Lewandowski que, na linha dos votos dos Ministros Marco Aurélio e Sepúlveda Pertence, julgava procedente o pedido para dar interpretação conforme ao art. 43, § 2º, do CTN, de forma a excluir do seu alcance qualquer interpretação que resulte no desprezo da disponibilidade econômica ou jurídica da renda para efeito de incidência do imposto, e declarava a inconstitucionalidade do art. 74, seu parágrafo único, da Medida Provisória 2.158-35/2001, e do voto do Min. Eros Grau que, acompanhando a linha do voto do Min. Nelson Jobim, julgava improcedente o pedido, também para dar interpretação conforme à Constituição, pediu vista dos autos o Min. Carlos Britto. ADI 2588/DF, rel. Min. Ellen Gracie, 25.10.2007. (ADI-2588) (Inform. STF 485)

(Comentário: ver Informativo STF 636 – continuação do julgamento)

IR DE PESSOA JURÍDICA: FATO GERADOR - 4

O Tribunal retomou julgamento de recurso extraordinário interposto pela União em que se discute a constitucionalidade do art. 1º, I, da Lei 7.988, de 28.12.89, que elevou de 6% para 18% a alíquota do imposto de renda aplicável ao lucro decorrente de exportações incentivadas, apurado no ano-base de 1989 — v. Informativos 111 e 419. O Min. Eros Grau, em voto-vista, abrindo divergência, conheceu do recurso e deu-lhe provimento, por entender, com base no Enunciado da Súmula 584 do STF ("*Ao imposto de renda calculado sobre os rendimentos do ano-base, aplica-se a lei vigente no exercício financeiro em que deve ser apresentada a declaração*"), constitucional a cobrança do imposto de renda pela alíquota majorada. Após o voto do Min. Menezes Direito, que acompanhava o Min. Eros Grau, e do voto do Min. Joaquim Barbosa, acompanhando o relator, pediu vista dos autos o Min. Cezar Peluso. RE 183130/PR, rel. Min. Carlos Velloso, 25.10.2007. (RE-183130) (Inform. STF 485)

DIREITO TRIBUTÁRIO. IMPOSTO DE RENDA. ABONO DE PERMANÊNCIA.

Incide IR sobre os rendimentos recebidos a título de abono de permanência a que se referem os arts. 40, § 19, da CF; 2º, § 5º, e 3º, § 1º, da EC n. 41⁄2003; e 7º da Lei n. 10.887⁄2004. O abono possui natureza remuneratória e confere acréscimo patrimonial ao beneficiário, não havendo lei que autorize a isenção. Precedente citado: REsp 1.192.556-PE, DJe 6⁄9⁄2010. **AREsp 225.144-DF, Rel. Min. Herman Benjamin, julgado em 6/11/2012.(Inform. STJ 508)**

REPETITIVO. IR. JUROS MORATÓRIOS.

Trata-se de REsp sob o regime do art. 543-C do CPC e Res. n. 8/2008-STJ, em que se discute a incidência de imposto de renda (IR) sobre os juros moratórios pagos em decorrência de decisão judicial devidos no contexto de rescisão de contrato de trabalho. A Seção, ao prosseguir o julgamento, por maioria, negou provimento ao recurso por entender não incidir IR sobre os juros moratórios, isso porque o valor deles decorrente não representa necessariamente renda e, muito menos, renda tributável. O caso, assim, é de não incidência tributária, sendo irrelevante a natureza do valor principal. Consignou-se, ainda, entre outros fundamentos, que as indenizações por perdas e danos inerentes aos juros de mora devem ser entendidas em sentido mais amplo. A evolução jurisprudencial, legislativa e doutrinária pertinente à proteção dos direitos, sobretudo personalíssimos, impõe que tais indenizações, para serem completas, abarquem os bens materiais e imateriais. Com isso, deve-se considerar que o conteúdo indenizatório de tais juros previstos no CC em vigor (art. 407) abarca não só a reparação do período de tempo em que o credor, com profunda insatisfação, permaneceu privado da posse do bem que lhe seria devido por direito, mas também os possíveis e eventuais danos morais, ainda que remotos, os quais não precisam sequer ser alegados, tampouco comprovados. Enfim, abrangendo os mencionados juros, em tese, de forma abstrata e heterogênea, eventuais danos materiais, ou apenas imateriais, que não precisam ser discriminados ou provados, não se pode conceber que aqueles representem simples renda ou acréscimo patrimonial, não se enquadrando na norma do art. 43 do CTN. Registrou-se, ademais, que mesmo se esses juros se resumissem a simples renda, essa não seria, necessariamente, tributável. Assim, sendo os juros em debate um substituto (indenizatório) da renda que não se pôde auferir diante da inadimplência do devedor, a cobrança do IR dependeria da clara e induvidosa identificação do tipo de rendimento que estaria sendo substituído (indenizado) pelos juros moratórios. **REsp 1.227.133-RS, Rel. originário Min. Teori Albino Zavascki, Rel. para acórdão Min. Cesar Asfor Rocha, julgado em 28/9/2011.** (Inform. STJ 484)

(Observação: ao julgar os Embargos de Declaração, a Primeira Seção esclareceu que esse entendimento se aplica apenas ao IR sobre juros de mora relativos a verbas trabalhistas reconhecidas em decisão judicial).

RESTITUIÇÃO. IR. DEPENDENTE. INSCRIÇÃO. PREVIDÊNCIA SOCIAL.

A questão cinge-se a determinar quem pode levantar a restituição de imposto de renda não recebida pelo falecido em vida, quando não há outros bens ou direitos a inventariar: se se vão considerar os dependentes habilitados na Previdência Social ou se se deve obedecer à ordem prevista no CC/2002. A Turma entendeu que os referidos valores devem ser levantados pelos dependentes habilitados na Previdência Social nos termos dos arts. 1º e 2º da Lei n. 6.858/1980. Somente na ausência de dependentes é que os demais herdeiros poderão fazê-lo. Os valores não recebidos em vida pelo falecido não justificariam a instauração de processo judicial para levantamento, tampouco a discussão sobre questões sucessórias, privilegiando-se, assim, aqueles que, por vontade manifestada em vida pelo falecido, eram merecedores de especial proteção, os dependentes. Precedente citado: CC 36.332-SP, DJ 30/11/2005. **REsp 1.085.140-SP, Rel. Min. Luis Felipe Salomão, julgado em 7/6/2011.** (Inform. STJ 476)

PDV. IR. ISENÇÃO. SÚM. N. 343-STF.

Segundo consta dos autos, o contribuinte impetrou mandado de segurança que objetivava o afastamento da incidência de imposto de renda (IR) sobre a verba denominada "indenização compensatória", recebida por ocasião de seu desligamento do cargo de diretor de companhia. O juízo singular denegou a segurança ao fundamento de que o contribuinte não era empregado, mas diretor-presidente, e que, por isso, não aderiu ao plano de demissão voluntária (PDV). Em apelação, tal sentença foi reformada sob o entendimento de que a indenização por ele recebida era análoga à dos empregados dispensados no contexto de PDV, garantindo-lhe o direito pleiteado. Assim, ante o não conhecimento de recurso neste Superior Tribunal e o trânsito em julgado da sentença de mérito, a Fazenda Nacional ajuizou ação rescisória (AR), que veio a ser extinta pelo tribunal *a quo*, sem resolução de mérito (art. 267, VI, do CPC), em razão da constatação de que o acórdão rescindendo observou a então jurisprudência do STJ sobre a matéria. Nos aclaratórios, aquele tribunal manteve o julgado, sustentando que o acórdão rescindendo partiu de uma interpretação razoável de que os valores recebidos tinham idêntica natureza à do PDV. Dessa forma, a Fazenda Nacional interpôs recurso especial contra o acórdão que extinguiu a AR sem resolução de mérito ao fundamento de que o acórdão rescindendo observou a orientação jurisprudencial do STJ até então existente (Súm. n. 343-STF) e que a fundamentação utilizada foi razoável, não sendo o caso de configurar literal violação de lei (art. 485, V, do CPC). Inicialmente salientou o Min. Relator que, embora a jurisprudência do STJ à época oscilasse quanto à exigibilidade de IR sobre as indenizações concedidas por ocasião da rescisão do contrato de trabalho, visto que, em alguns casos, se estendia o reconhecimento da inexigibilidade do tributo (Súm. n. 215-STJ) também para os empregados despedidos sem justa causa, ou seja, fora do âmbito de PDV, que recebiam gratificações alcançadas por mera liberalidade do empregador, o ponto em comum residia no caráter indenizatório do valor recebido pela perda do emprego. No entanto, ressaltou que, embora tal entendimento jurisprudencial esteja superado, o caso dos autos não comporta a aplicação da Súm. n. 343-STF, pois, nos antigos julgados, considerava-se a reparação pela quebra do vínculo empregatício e, na espécie, o contribuinte não foi empregado, mas sim diretor-presidente. Não há falar, portanto, em rescisão de contrato de trabalho e, consequentemente, em indenização pela perda do emprego, seja com ou sem PDV. Destacou ainda que a situação apreciada pelo acórdão rescindendo não se encaixa entre aquelas ordinariamente até então analisadas pelo Judiciário, relativas ao PDV, mas de julgado singular não amparado em eventual tese controvertida no âmbito dos tribunais. Considerou que a interpretação dada pelo acórdão rescindendo tampouco foi razoável, na medida em que se estendeu um benefício fiscal dedicado a trabalhadores, no contexto de demissão, à pessoa que nem sequer era empregada da empresa, mas apenas seu colaborador a título de prestação de serviços de gestão. Ademais, visto que a legislação tributária exige interpretação literal para outorga de isenção (art. 111, II, do CTN), torna-se inviável sua concessão mediante emprego de analogia ou equidade (art. 108, § 2º, do mesmo *Codex*) como foi utilizado pelo tribunal *a quo* para estender os efeitos da benesse contida no art. 6º, V, da Lei n. 7.713/1988, voltada às rescisões trabalhistas, à pessoa sem vínculo empregatício. Dessarte, concluiu que a AR não poderia ter sido extinta, seja por não se tratar de aplicação da Súm. n. 343-STF, seja por não ter sido razoável a interpretação dada pelo acórdão rescindendo. Diante do exposto, a Turma deu provimento ao recurso para afastar a aplicação da Súm. n. 343-STF e determinou o retorno dos autos à origem, a fim de que se proceda ao exame de mérito da AR. **REsp 1.089.952-RJ, Rel. Min. Benedito Gonçalves, julgado em 5/4/2011.** (Inform. STJ 468)

IRPJ. CSLL. EMPRESAS CONTROLADAS E COLIGADAS. EXTERIOR. EQUIVALÊNCIA PATRIMONIAL.

A Turma, ao prosseguir o julgamento, negou provimento ao recurso da Fazenda Nacional: preliminarmente, considerou-o tempestivo (art. 184 e §§ do CPC) e, no mérito, entendeu ser ilícita a tributação a título de imposto de renda da pessoa jurídica (IRPJ) e de contribuição social sobre o lucro líquido (CSLL) pelo resultado positivo da equivalência patrimonial, registrado na contabilidade da empresa brasileira (empresa investidora), referente ao investimento existente em empresa controlada ou coligada no exterior (empresa investida), tal como previsto no art. 7º, § 1º, da IN n. 213/2002-SRF, somente no que exceder a proporção a que faz jus a empresa investidora no lucro auferido pela empresa investida, na forma do art. 1º, § 4º, da referida IN. Considerou ilegal o art. 7º da mesma IN naquilo que a tributação pela variação do valor do investimento exceder a tributação dos lucros auferidos pela empresa investidora que também sejam lucros obtidos pela empresa investida situada no exterior, na forma do art. 1º, § 4º, da IN. Explicou o Min. Relator que, para a apuração do valor do investimento, foi adotado pela legislação em vigor o chamado "método da equivalência patrimonial", que consiste em atualizar o valor contábil do investimento ao valor equivalente à participação societária da sociedade investidora no patrimônio líquido da sociedade investida e no reconhecimento dos seus efeitos na demonstração do resultado do exercício. O valor do investimento, portanto, seria determinado mediante aplicação da porcentagem de participação no capital social sobre o patrimônio líquido de cada sociedade coligada ou controlada e sobre os lucros auferidos de empresas coligadas e controladas situadas no exterior (empresas investidas) por empresas brasileiras controladoras e coligadas (empresas investidoras). Assevera que, embora a tributação de todo o resultado positivo da equivalência patrimonial fosse, em tese, possível, ela estaria vedada pelo disposto no art. 23, *caput* e parágrafo único, do DL n. 1.598/1977 para o IRPJ e pelo art. 2º, § 1º, **c**, 4, da Lei n. 7.689/1988 para a CSLL, o que, mediante artifício contábil, eliminou o impacto do resultado da equivalência patrimonial na determinação do lucro real (base de cálculo do IRPJ) e na apuração da base de cálculo da CSLL, não tendo essa legislação sido revogada pelo art. 25 da Lei n. 9.249/1995, nem pelos arts. 1º da MP n. 1.602/1997 (convertida na Lei n. 9.532/1997), 21 da MP n. 1.858-7/1999, 35 da MP n. 1.991-15/2000 e 74 da MP n. 2.158-34/2001 (todas foram edições anteriores da atual MP n. 2.158-35/2001). Sendo assim, para o Min. Relator, a sistemática da legislação em vigor não permite a tributação pela variação do valor do investimento que exceder aquilo que, além de ser considerado lucro da empresa investidora, também seja considerado lucro da empresa investida situada no exterior, devendo, portanto, ser tido por ilegal o art. 7º da IN n. 213/2002. **REsp 1.211.882-RJ, Rel. Min. Mauro Campbell Marques, julgado em 5/4/2011.** (Inform. STJ 468)

REPETITIVO. BENEFÍCIO FISCAL. BASE. CÁLCULO.

Em julgamento de recurso especial submetido ao regime do art. 543-C do CPC c/c a Res. n. 8/2008-STJ, a Seção decidiu que o art. 4º do DL n. 2.462/1988 não alterou a base de cálculo do benefício fiscal denominado depósito para reinvestimento, que continua sendo apurado com base no imposto de renda calculado sobre o lucro da exploração, a teor do que dispõe o art. 19, § 6º, do DL n. 1.598/1977, incluído pelo DL n. 1.730/1979. **Precedentes citados: REsp 92.917-PE, DJ 26/5/2006; REsp 689.878-PE, DJ 24/10/2005; AgRg no REsp 667.526-CE, DJ 14/3/2005; REsp 410.504-PE, DJ 13/5/2002, e REsp 207.946-PE, DJ 6/9/1999. REsp 1.201.850-PE, Rel. Min. Mauro Campbell Marques, julgado em 24/11/2010.** (Inform. STJ 457)

LEGITIMIDADE. PREVIDÊNCIA PRIVADA. RETENÇÃO. IR.

A Turma negou provimento ao recurso, reiterando o entendimento de que o fundo de previdência privada é o responsável tributário pela retenção do imposto de renda referente à complementação de aposentadoria, devendo repassá-lo aos cofres públicos (art. 121, parágrafo único, II, c/c art. 45, parágrafo único, do CTN). Assim, visto que tem a incumbência legal de efetuar a retenção do tributo na fonte, é parte legítima para integrar o polo passivo de ação que objetiva o depósito judicial das parcelas vincendas de imposto de renda incidente sobre os valores percebidos a título de complementação de aposentadoria, até o julgamento da ação de repetição de indébito, como no caso. **Precedentes citados: REsp 1.152.707-RS, DJe 18/2/2010; REsp 825.885-RJ, DJe 14/5/2008; REsp 1.059.355-SP, DJe 1º/9/2008; REsp 664.503-DF, DJ 28/2/2005 , e EDcl no Ag 508.274-DF, DJ 22/3/2004. REsp 1.083.005-PB, Rel. Min. Luiz Fux, julgado em 18/11/2010.** (Inform. STJ 456)

VEÍCULOS USADOS. REVENDA. OPERAÇÃO MERCANTIL.

A Turma negou provimento ao recurso especial sob o entendimento de que as atividades de compra de veículos usados para revenda e de recebimento de automóvel como parte de pagamento consistem em operação mercantil, e não prestação de serviços, motivo pelo qual não se aplica a base de cálculo do IRPJ e CSLL disposta no art. 15, § 1º, III, da Lei n. 9.249/1995. Asseverou o Min. Relator que o art. 5º da Lei n. 9.716/1998, ao estabelecer a faculdade de equiparar tais atividades às de venda por consignação, teria seu sentido esvaziado caso essa equiparação resultasse na majoração do custo tributário das operações. Ressaltou, ademais, ser inconcebível considerá-las como prestação de serviços para fins de base de cálculo de IRPJ e CSLL quando, nas hipóteses de incidência de PIS e Cofins, são consideradas como operação mercantil. **Precedentes citados: REsp 945.040-AL, DJ 30/8/2007; EDcl no AgRg no REsp 707.243-DF, DJ 17/8/2006, e REsp 739.201-RS, DJ 13/6/2005. REsp 1.201.298-SC, Rel. Min. Herman Benjamin, julgado em 16/11/2010.** (Inform. STJ 456)

IR. CONTRIBUIÇÃO. PREVIDÊNCIA PRIVADA. PENSÃO. MORTE.

A Seção, ao julgar o recurso sob o regime do art. 543-C do CPC c/c a Res. n. 8/2008-STJ, entendeu que, apenas sob a égide do art. 6º, VII, a, da Lei n. 7.713/1988, não sofre a incidência de imposto de renda a complementação da pensão recebida de entidades de previdência privada, em decorrência da morte do participante ou contribuinte do fundo de assistência, quer a título de benefício quer de seguro. A Lei n. 9.250/1995, que revogou o mencionado artigo, retornou ao regime anterior, que previa a incidência do imposto de renda no momento da percepção do benefício. Assim, três são os regimes jurídicos de Direito público a regerem os benefícios recebidos dos fundos de previdência privada: sob a égide da Lei n. 4.506/1964, que impunha a incidência do imposto de renda no momento do recebimento da pensão ou aposentadoria complementar; sob o pálio da Lei n. 7.713/1988, que previa a não incidência da exação no momento do recebimento, em razão da tributação por ocasião do aporte; após a vigência da Lei n. 9.250/1995, que, retornando à sistemática da Lei n. 4.506/1964, admite a não incidência do tributo apenas sobre o valor do benefício de complementação de aposentadoria e o do resgate de contribuições que, proporcionalmente, corresponderem às parcelas de contribuições efetuadas no período de 1º/1/1989 a 31/12/1995 cujo ônus tenha sido exclusivamente do participante do plano de previdência privada. Logo, a Seção deu provimento ao recurso. **Precedentes citados: AgRg no Ag 1.210.220-PR, DJe 2/2/2010; REsp 1.120.206-PR, DJe 28/6/2010; REsp 1.091.057-PR, DJe 18/2/2010; AgRg no REsp 1.099.392-RS, DJe 15/5/2009; REsp 974.660-SC, DJ 11/10/2007; REsp 599.836-RN, DJ 13/12/2004, e REsp 1.012.903-RJ, DJe 13/10/2008. REsp 1.086.492-PR, Rel. Min. Luiz Fux, julgado em 13/10/2010**. (Inform. STJ 451)

IRPJ. CSLL. INVESTIMENTO. EXTERIOR.

Discutiu-se o cômputo dos prejuízos e lucros na base de cálculo do IRPJ e da CSLL apurados em empresas controladas e coligadas situadas no exterior. Alega o contribuinte que o art. 74 da MP n. 2.158-35/2001 teria revogado parcialmente o art. 25, § 5º, da Lei n. 9.249/1995, ao permitir que os lucros porventura auferidos pela empresa controlada ou coligada no exterior passassem a ser considerados disponibilizados para a controladora ou coligada no Brasil na data do balanço em que apurados. A seu ver, a modificação introduzida pela MP teria reflexo no critério material da hipótese de incidência dos referidos tributos, pois permitira a tributação em razão de um lucro ou dividendo ainda não distribuído à controladora, sem exaurir os prejuízos apurados no exterior, visto que a legislação deixara de considerar os rendimentos produzidos pelas empresas controladas e coligadas como rendimento de terceiros (dividendos), tributáveis pela empresa nacional apenas quando efetivamente adquirida a disponibilidade jurídica ou econômica, e passou a considerá-los como se produzidos pela própria empresa nacional (critério de "bases universais"). Assim, alega poder deduzir diretamente da base de cálculo do IRPJ e da CSLL devidos pela investidora os prejuízos fiscais e bases de cálculo negativas apurados pelas empresas coligadas ou controladas, diante da revogação tácita da vedação constante do § 5º do art. 25 da Lei n. 9.249/1995. Sucede que a empresa investidora, a coligada e a controladora estão submetidas a relações jurídico-tributárias distintas, visto que cada qual é tributada pelos aludidos tributos ao se considerar sua própria base de cálculo, apurada conforme os lucros e prejuízos de cada uma no período. Contudo, a investidora, por empregar capital nas outras duas, pode ter lucro que lhe é próprio decorrente da lucratividade que o capital empregado proporcionou-lhe em razão do bom desempenho das coligadas e controladas das quais é sócia. Nessa hipótese, as bases de cálculo de IRPJ e da CSLL são influenciadas por essa lucratividade. A lei apenas disciplina o momento em que apurado o lucro e ocorrido esse impacto, antecipada essa data do momento da distribuição dos dividendos da coligada ou controlada para o momento da apuração do lucro em seus balanços (art. 74 da citada MP). Não se trata, assim, de mera ficção legal, mas de constatação, no plano material, de que a posterior destinação dos lucros auferidos pelas coligadas e controladas está diretamente sob o controle da investidora (no caso de controlada) ou do grupo empresarial a que pertence a investidora (no caso de coligada). Dessarte, havendo a disponibilidade econômica ou jurídica da renda, seu valor mostra-se apto a compor a base de cálculo do IRPJ (*vide* art. 43, *caput* e parágrafos, do CTN). Todavia, se houver prejuízos e perdas, é possível a compensação ser feita pela investidora, o que se dá no limite dos lucros auferidos no exterior das respectivas coligadas e controladas, nos respectivos balanços. Se os lucros são considerados disponibilizados na data do balanço, os eventuais prejuízos já foram contabilizados nos próprios balanços das coligadas e controladas; pois, se assim não fosse, não haveria como apurar a ocorrência de lucro. Anote-se, por último, não se desconhecer que o STF está analisando a constitucionalidade do § 2º do art. 43 do CTN (acrescido pela LC n. 104/2001) e do art. 74, *caput* e parágrafo único, da MP n. 2.158-35/2001 (ver ADin 2.588-DF). Mas, diante da constatação de que não há concessão de liminar, essas normas permanecem em vigor. **Precedentes citados: REsp 983.134-RS, DJe 17/4/2008, e REsp 907.404-PR, DJ 13/11/2007. REsp 1.161.003-RS, Rel. Min. Mauro Campbell Marques, julgado em 7/10/2010**. (Inform. STJ 450) *(Comentário: ver Informativo STF 636 – ADI 2.588/DF – análise da constitucionalidade do art. 43, § 2º, do CTN e do art. 74 da MP 2.158/2001)*

IR. MULTA. JUROS MORATÓRIOS.

Restringe-se a polêmica à possibilidade de aplicar a multa prevista no art. 4º, I, da Lei n. 8.218/1990 e juros moratórios no caso em que o contribuinte, equivocadamente, lança determinado valor no campo das rendas não tributáveis e, por consequência, paga o imposto de renda com atraso. O Min. Relator explicitou que, no que diz respeito à sanção (multa), a norma jurídica deve ser interpretada restritivamente sob pena de violação do princípio da legalidade estrita. Nesse contexto, mister divisar as três hipóteses mencionadas no dispositivo legal mencionado: a falta de recolhimento da exação na fonte pelo substituto tributário (fonte pagadora), ainda que acarrete a responsabilidade do retentor omisso, não exclui a obrigação do contribuinte de oferecer o rendimento à tributação, como deveria suceder se tivesse ocorrido o desconto na fonte; a falta de declaração do fato gerador do tributo e, por fim, a declaração substancialmente inexata, que abarca as hipóteses em que o sujeito passivo informa de maneira inexata o valor ou a origem da quantia declarada. Para o Min. Relator, o mero erro do contribuinte de classificação no preenchimento do formulário da declaração de ajuste não se subsume a nenhuma das hipóteses legais mencionadas, visto que o sujeito passivo não omitiu o fato gerador do tributo, não falseou a origem ou o valor do rendimento declarado, sequer eximiu-se do recolhimento da exação na fonte, uma vez que, cabendo a responsabilidade tributária à fonte pagadora, ignorava seu inadimplemento. Assim, a divergência entre o contribuinte e a Fazenda relacionada aos critérios de classificação dos rendimentos declarados não enseja a imposição da multa, porquanto é fato jurídico que não se subsume à hipótese legal. Não obstante, em virtude do equivocado enquadramento do rendimento tributável, é incontroverso que o crédito tributário não foi extinto no tempo aprazado, atraindo a incidência dos juros moratórios automaticamente, por ser consequência legal. Com essas considerações, a Turma deu parcial provimento ao recurso para determinar a incidência dos juros moratórios. **Precedentes citados: REsp 383.309-SC, DJ 7/4/2006; REsp 419.590-SC, DJ 23/5/2005; REsp 456.923-SC, DJ 11/4/2005; AgRg no REsp 433.421-SC, DJ 24/11/2003, e REsp 411.428-SC, DJ 21/10/2002. REsp 1.183.124-PB, Rel. Min. Luiz Fux, julgado em 2/9/2010**. (Inform. STJ 445)

REPETITIVO. IR. VERBAS TRABALHISTAS. CARÁTER REMUNERATÓRIO.

A Seção, ao julgar o recurso sob o regime do art. 543-C do CPC c/c a Res. n. 8/2008-STJ, entendeu que os valores a serem pagos em razão de decisão judicial trabalhista que determina a reintegração do ex-empregado assumem a natureza de verba remuneratória, atraindo a incidência de imposto sobre a renda. Isso porque são percebidos a título de salários vencidos, como se o empregado estivesse no pleno exercício de seu vínculo empregatício. Contudo, o tribunal *a quo* entendeu ser a reintegração inviável (arts. 493, 495 e 497 da CLT). Assim, os valores a serem percebidos pelo empregado amoldam-se à indenização prevista no art. 7º, I, da CF/1988, em razão da natureza eminentemente indenizatória, não dando azo a qualquer acréscimo patrimonial ou geração de renda, uma vez que isso não enseja riqueza nova disponível, afastando-se a incidência do imposto de renda. No caso, porém, o tribunal *a quo* consignou a ausência de comprovação de que a decisão proferida pela Justiça do Trabalho reconheceu a inviabilidade da reintegração do recorrente no emprego (o autor não juntou cópia da sentença), única hipótese em que a verba percebida assumiria a natureza indenizatória. **Precedentes citados: EREsp 903.019-DF, DJe 6/4/2009; REsp 1.073.113-PR, DJe 16/12/2008; REsp 933.923-SP, DJ 8/2/2008; REsp 356.740-RS, DJ 6/4/2006; REsp 625.780-RS, DJ 31/5/2004, e REsp 850.091-RN, DJe 1º/12/2008. REsp 1.142.177-RS, Rel. Min. Luiz Fux, julgado em 9/8/2010**. (Inform. STJ 442)

REPETITIVO. IR. INDENIZAÇÃO. DANO MORAL.

O imposto de renda não incide sobre o valor recebido a título de dano moral, visto inexistir qualquer acréscimo patrimonial em seu percebimento. Essa verba tem natureza indenizatória, de reparação do sofrimento e da dor causados pela lesão de direito e sentidos pela vítima ou seus parentes. Com a reiteração desse entendimento, a Seção negou provimento ao especial sujeito ao regramento contido no art. 543-C do CPC (recurso representativo de controvérsia). Na hipótese, a indenização adveio de reclamação trabalhista. **Precedentes citados: REsp 686.920-MS, DJe 19/10/2009; AgRg no Ag 1.021.368-RS, DJe 25/6/2009; REsp 865.693-RS, DJe 4/2/2009; AgRg no REsp 1.017.901-RS, DJe 12/11/2008; REsp 963.387-RS, DJe 5/3/2009; REsp 402.035-RN, DJ 17/5/2004, e REsp 410.347-SC, DJ 17/2/2003. REsp 1.152.764-CE, Rel. Min. Luiz Fux, julgado em 23/6/2010**. (Inform. STJ 440)

IR/1990. DEPÓSITO. LANÇAMENTO.
Na hipótese, o contribuinte depositou judicialmente o valor devido a título do imposto de renda (IR) questionado e referente ao ano base de 1990. Diante disso, a Seção, após o voto desempate do Min. Luiz Fux, entendeu que esse depósito torna dispensável o ato formal de lançamento por parte do Fisco, sendo irrelevante aferir se o crédito constituiu-se mediante lançamento por homologação ou por declaração, ou se dependeria de decisão final. **Precedentes citados: REsp 901.052-SP, DJe 3/3/2008; EREsp 572.603-PR, DJ 5/9/2005; EREsp 464.343-DF, DJ 29/10/2007, e REsp 757.311-SC, DJe 18/6/2008. EREsp 671.773-RJ, Rel. Min. Teori Albino Zavascki, julgados em 23/6/2010.** (Inform. STJ 440)

IR. CONTRIBUIÇÃO PREVIDENCIÁRIA. CONVERSÃO. URV/REAL.
A Turma reafirmou o entendimento de que as verbas recebidas por servidores públicos resultantes da diferença apurada na conversão de sua remuneração de URV para real têm natureza salarial, razão pela qual estão sujeitas à incidência de imposto de renda (IR) e de contribuição previdenciária. Ademais, a Resolução n. 245/2002-STF é inaplicável ao caso, pois se refere, especificamente, às diferenças da URV relativas ao abono variável concedido aos magistrados pela Lei n. 9.655/1998, sendo certo o reconhecimento da natureza indenizatória da aludida verba pela mencionada resolução. **Precedentes citados: EDcl no RMS 27.336-RS, DJe 14/4/2009; RMS 27.338-RS, DJe 19/3/2009; RMS 28.241-RS, DJe 18/2/2009; AgRg no RMS 27.614-RS, DJe 13/3/2009; AgRg no RMS 27.577-RS, DJe 11/2/2009, e RMS 19.088-DF, DJ 20/4/2007. RMS 27.617-RS, Rel. Min. Luiz Fux, julgado em 22/6/2010.** (Inform. STJ 440)

IR. PESSOA FÍSICA. RENDIMENTOS. CONVERSÃO. UFIR.
A Turma negou provimento ao recurso por entender que o valor da Ufir utilizado para conversão dos rendimentos do contribuinte (arts. 5º e 13 da Lei n. 8.383/1991), para apuração do imposto de renda de pessoa física retido na fonte referente ao ano-base de 1993, é aquele apurado na data do efetivo recebimento dos vencimentos – momento em que se verifica a disponibilidade da verba remuneratória –, e não o valor da Ufir no primeiro dia do mês referente à remuneração. Dessa forma, a data da conversão dos rendimentos pela Ufir compreende o momento da aquisição da disponibilidade da renda e proventos, *ex vi* do disposto no art. 43 do CTN, correspondendo à data efetiva do recebimento da remuneração pelo contribuinte. **Precedente citado: REsp 854.762-SC, DJ 5/10/2006. REsp 960.767-SC, Rel. Min. Luiz Fux, julgado em 15/6/2010.** (Inform. STJ 439)

REPETITIVO. IRPJ. LUCRO REAL. DEPÓSITO JUDICIAL.
A Seção, ao apreciar recurso representativo de controvérsia (art. 543-C e Res. n. 8/2008-STJ), reafirmou que os arts. 7º e 8º da Lei n. 8.541/1992– que impedem a dedução de provisões designadas para pagamento de impostos e contribuições como despesas, para fins de apuração do lucro real e do imposto de renda (IR) devido – compatibilizam-se com o ordenamento jurídico de regência. Ademais, essas deduções não contrariam as disposições do CTN, por isso os depósitos judiciais, como depósitos, não podem ser considerados despesas dedutíveis do lucro real apurado para fins de IR. No caso dos autos, explica a Min. Relatora que o inconformismo da empresa é contra o sistema de tributação do imposto de renda da pessoa jurídica (IRPJ), que, a partir das Leis ns. 8.383/1991 e 8.541/1992, adotou o sistema de tributação mensal ou de bases correntes, pelo qual o IRPJ passou a ser pago a cada mês sobre o lucro real estimado ou presumido. Entretanto, a tese da recorrente não logrou êxito nos tribunais, porquanto não houve alteração do fato gerador ou da base de cálculo. Alterou-se unicamente o sistema de cálculo e de pagamento que passou a ser feito, primeiro, por trimestre e, depois, por mês, para acertamento final em 31 de dezembro, quando findo o ano tributário e encerrado o balanço, sem alterar o conceito de renda ou de lucro. **Precedentes citados: AgRg no Ag 1.195.640-SP, DJe 2/2/2010; AgRg no Ag 1.110.028-SP, DJe 1º/7/2009, e AgRg no Ag 1.116.415-SP, DJe 21/8/2009. REsp 1.168.038-SP, Rel. Min. Eliana Calmon, julgado em 9/6/2010.** (Inform. STJ 438)

IR. RECLAMAÇÃO TRABALHISTA. ACORDO.
Na reclamação trabalhista, a ex-empregadora foi condenada ao pagamento das verbas rescisórias de contrato de trabalho, algumas referentes a valores passíveis de incidência de imposto de renda (IR), outras abrangidas por norma de isenção. Posteriormente, resolveram firmar acordo, que foi homologado pela Justiça Trabalhista, em que se determinou o pagamento de um montante global, sem que se especificasse o valor de cada verba paga. Dessarte, houve o recolhimento do IR, a cuja restituição visa o autor da ação. Diante disso, é correta a incidência do IR sobre a totalidade, visto que é impossível separar o valor no tocante a cada verba, para aferir-lhe o caráter indenizatório. A isenção de imposto decorre de lei expressa, que reclama interpretação literal e restritiva (art. 111, II, do CTN), sendo vedada sua instituição por vontade das partes, mediante negócio jurídico (art. 123 do mesmo *codex*). **Precedentes citados: AgRg no REsp 1.093.720-RJ, DJe 4/5/2009, e REsp 1.059.290-AL, DJe 1º/12/2008. REsp 958.736-SP, Rel. Min. Luiz Fux, julgado em 6/5/2010.** (Inform. STJ 433)

IR. ALIENAÇÃO. AÇÕES SOCIETÁRIAS.
Discute-se o reconhecimento do direito adquirido à isenção de imposto de renda (IR) sobre o lucro auferido na alienação de ações societárias, nos termos do DL n. 1.510/1976, revogado pela Lei n. 7.713/1988. O contribuinte recorrente alega que, entre a aquisição das ações (dezembro de 1983) e o início da vigência da citada lei (janeiro de 1989), houve o transcurso dos cinco anos estabelecidos no referido DL como condição para obter a isenção do imposto, não havendo revogação do benefício, mesmo que a venda das ações tenha ocorrido depois da revogação da regra de isenção. Diante disso, a Min. Relatora, ao enumerar precedentes deste Superior Tribunal quanto ao direito adquirido, reconheceu a pleiteada isenção. Sucede que o Min. Herman Benjamin, em voto vista, divergiu ao consignar que o art. 178 do CTN apenas atribui caráter irrevogável àquelas isenções que observarem, concomitantemente, os requisitos do prazo certo e onerosidade. Assim, na hipótese, como o benefício fiscal foi deferido por prazo indeterminado, entendeu que seria lícita sua revogação por aquela lei. Por sua vez, o Min. Castro Meira, em seu voto vista, apesar de reconhecer ponderáveis as razões do voto divergente, acompanhou a Min. Relatora, ressaltando a peculiaridade de que a própria Fazenda Nacional, mediante pronunciamentos de seu Conselho Superior de Recursos Fiscais, tem reconhecido o direito adquirido dos contribuintes em casos semelhantes ao julgado; dessarte, negar a isenção seria afrontar a segurança jurídica e o princípio da isonomia. Assim, a Turma, ao prosseguir o julgamento, por maioria, deu provimento ao recurso especial do contribuinte. **Precedentes citados: REsp 656.222-RS, DJ 21/11/2005, e REsp 723.508-RS, DJ 30/5/2005. REsp 1.126.773-RS, Rel. Min. Eliana Calmon, julgado em 4/5/2010.** (Inform. STJ 433)

IR. ISENÇÃO. RESERVA REMUNERADA.
Trata-se de REsp em que o ente federado recorrente sustentava não ser possível o reconhecimento da isenção de IR sobre os valores recebidos pelo militar a título de reserva remunerada, uma vez que a legislação de regência trata apenas de proventos de aposentadoria e reforma. Alegava, ainda, omissão do tribunal *a quo* quanto à doença do recorrido, que fora erradicada após intervenção cirúrgica, argumentando que a possibilidade de recidiva da doença não seria motivo de seu enquadramento na norma isentiva. Questionava, também, o recorrente, o fato de que o laudo apresentado pelo recorrido não atendia aos requisitos legais exigidos pelo art. 30, § 1º, da Lei n. 9.250/1995, para o gozo do benefício fiscal da isenção, visto que não constava o respectivo prazo de validade exigido no caso de doenças passíveis de controle, tal como no caso. Inicialmente, observou-se que, efetivamente, não houve menção no acórdão à circunstância de a enfermidade (neoplasia maligna) ter sido erradicada, ou de o laudo médico não ter indicado prazo de validade. Tal omissão, contudo, entendeu-se irrelevante para o deslinde da questão, em razão da natureza da moléstia acometida ao particular, ora recorrido, isso porque, segundo a jurisprudência deste Superior Tribunal, em se tratando de neoplasia maligna, não se exige a demonstração da contemporaneidade dos sintomas nem a indicação de validade do laudo pericial ou a comprovação de recidiva da enfermidade, para que o contribuinte faça jus à isenção de IR prevista no art. 6º, XIV, da Lei n. 7.713/1988. Diante disso, a Turma entendeu haver similitude entre os efeitos decorrentes da reforma e da reserva remunerada (passagem para a inatividade), não cabendo fazer distinção para efeitos de concessão da isenção do IR. Desse modo, assentou que a reserva remunerada equivale à condição de inatividade, situação contemplada no referido artigo 6º, XIV da Lei n. 7.713/1988, de maneira que são considerados isentos os proventos percebidos pelo militar nessa condição. Ademais, destacou-se que a adoção desse entendimento, em que se buscou o real significado, sentido e alcance do benefício fiscal, não importa em ofensa ao art. 111 do CTN. **Precedentes citados: REsp 981.593-PR, DJe 5/8/2009; REsp 1.088.379-DF, DJe 29/10/2008; REsp 967.693-DF, DJ 18/9/2007; REsp 734.541-SP, DJ 20/2/2006, e REsp 192.531-RS, DJ 16/5/2005. REsp 1.125.064-DF, Rel. Min. Eliana Calmon, julgado em 6/4/2010.** (Inform. STJ 429)

IR. JETOM.

Não estão sujeitos ao imposto de renda os valores percebidos pelos parlamentares a título de ajuda de custo pelo comparecimento às convocações extraordinárias e pelos gastos de início e fim de sessão legislativa. Essas verbas têm natureza jurídica indenizatória e não se enquadram no conceito de fato gerador do referido imposto. **Precedentes citados: REsp 952.038-PE, DJe 18/6/2008; REsp 672.723-CE, DJ 11/4/2005; REsp 641.243-PE, DJ 27/9/2004, e REsp 689.052-AL, DJ 6/6/2005. REsp 1.141.761-CE, Rel. Min. Mauro Campbell Marques, julgado em 9/2/2010.** (Inform. STJ 422)

RECURSO REPETITIVO. IR. LEGITIMIDADE. ESTADO.

No recurso representativo de controvérsia (art. 543-C do CPC e Res. n. 8/2008-STJ), a Seção negou provimento ao recurso, reiterando que os estados da Federação têm legitimidade passiva para figurar nas ações propostas por servidores públicos estaduais a fim de reconhecer o direito à isenção ou à repetição do indébito de imposto de renda retido na fonte. **Precedentes citados: AgRg no REsp 1.045.709-RS, DJe 21/9/2009; REsp 818.709-RO, DJe 11/3/2009; AgRg no Ag 430.959-PE, DJe 15/5/2008; REsp 694.087-RJ, DJ 21/8/2007; REsp 874.759-SE, DJ 23/11/2006; REsp 477.520-MG, DJ 21/3/2005, e REsp 594.689-MG, DJ 5/9/2005. REsp 989.419-RS, Rel. Min. Luiz Fux, julgado em 25/11/2009.** (Inform. STJ 417)

RECURSO REPETITIVO. IR. PREVIDÊNCIA PRIVADA.

No recurso representativo de controvérsia (art. 543-C do CPC e Res. n. 8/2008-STJ), a Seção reiterou que, conforme a Súm. n. 343-STF, não cabe ação rescisória por ofensa a literal disposição de lei, quando a decisão rescindenda for baseada em texto legal de interpretação controvertida nos tribunais. Caberia, no caso, se à época do julgamento houvesse cessado a divergência, hipótese em que o julgado divergente, ao revés de afrontar a jurisprudência, violaria a lei que confere fundamento jurídico ao pedido. Ademais, quando da prolação da decisão rescindenda (2003), este Superior Tribunal entendia que, sobre as contribuições recolhidas sob a égide da Lei n. 7.713/1988, para a formação do fundo de aposentadoria, cujo ônus fosse exclusivamente do participante, não incidia o imposto de renda quando já tributadas na fonte, com a realização das mencionadas contribuições. Outrossim, tratando-se da percepção de benefícios de aposentadoria complementar e do resgate de contribuições com o desligamento do associado do plano de previdência privada, há que se perquirir a qual regime estavam sujeitas as contribuições efetuadas. Destarte, no caso, pela inequívoca violação do art. 485, V, do CPC e com a negativa de vigência do art. 6º, VI, **b**, da Lei n. 7.713/1988, os autores têm direito à isenção pretendida, pois o acórdão regional assentou ter havido incidência do imposto de renda na fonte na contribuição para a formação do fundo de aposentadoria. E, mesmo que o autor tenha contribuído para o regime de previdência privada parcialmente, na vigência do dispositivo legal revogado pela Lei n. 9.250/1995, cabe excluir da incidência do imposto de renda o valor do benefício que, proporcionalmente, corresponde às parcelas de contribuições efetuadas no período de 1º/1/1989 a 31/12/1995, em que o ônus foi exclusivamente do participante. **Precedentes citados: AgRg nos EREsp 879.580-DF, DJe 25/5/2009; EREsp 946.771-DF, DJe 25/4/2008; EREsp 911.891-DF, DJe 25/4/2008; AgRg nos EREsp 908.227-RJ, DJ 3/12/2007, e REsp 772.233-RS, DJ 12/4/2007. REsp 1.001.779-DF, Rel. Min. Luiz Fux, julgado em 25/11/2009.** (Inform. STJ 417)

DOAÇÃO. MUNICÍPIO. IR.

A Turma decidiu que, referente a uma doação de imóvel (terreno) feita por município à pessoa física de direito privado, com fins de construção e instalação de parque industrial, a partir da interpretação do sistema tributário nacional em vigor à época dos fatos (fevereiro de 1975), sob a égide da CF/1967, tal doação não estava no campo de incidência do imposto de renda, porquanto o tratamento constitucional vigente a colocava no âmbito da competência tributária dos estados e do Distrito Federal. Nesse contexto, o extinto TFR adotou o entendimento de que a doação recebida por pessoa jurídica não era de ser considerada na determinação do lucro real para o cálculo do Imposto de Renda, mesmo antes da edição do DL n. 1.598/1977. **Precedente citado do TFR: AC 103.510-SP, DJ 14/3/1989. REsp 869.804-SP, Rel. Min. Denise Arruda, julgado em 24/11/2009.** (Inform. STJ 417)

RECURSO REPETITIVO. CSSL. DEDUÇÃO. IRPJ.

Neste recurso representativo de controvérsia (art. 543-C do CPC), a Seção negou provimento ao REsp, reafirmando a jurisprudência consolidada de que o art. 1º, parágrafo único, da Lei n. 9.316/1996 não tem qualquer ilegalidade/inconstitucionalidade, nem vulnera o conceito de renda disposto no art. 43 do CTN, ao vedar a dedução do valor referente à contribuição social sobre o lucro líquido (CSSL) para apuração do lucro real, bem como para a identificação de sua própria base de cálculo. Note-se que essa vedação implicou a inclusão do aludido valor nas bases de cálculo do imposto de renda da pessoa jurídica (IRPJ) e da própria contribuição social. Antes da MP n. 1.516, de 29/8/1996, que se converteu na Lei n. 9.316/1996, calculava-se a contribuição sobre o lucro contábil e se entendia como lucro líquido ou lucro contábil o resultado positivado do exercício com as deduções das despesas, inclusive as tributárias. Daí surgirem inúmeras ações questionando a ilegalidade da indedutibilidade trazida pela citada lei. Explica o Min. Relator que não existe qualquer empecilho legal para a vedação imposta na lei em comento, pois a renda real, arbitrada ou presumida, que compreende a base de cálculo do IRPJ, foi deixada a critério do legislador ordinário. Assim, a Lei n. 9.316/1996, ao explicitar que, na base de cálculo da contribuição, não seriam deduzidos os gastos com a contribuição social, não criou, elevou ou extinguiu a exação, apenas, o legislador ordinário, no exercício da sua competência legislativa, estipulou limites à dedução de despesas do lucro auferido pelas pessoas jurídicas. Ressaltou ainda o Min. Relator que o valor pago a título de CSSL não caracteriza despesa operacional da empresa, mas sim parcela de lucro destinado ao custeio da seguridade social, o que certamente se encontra inserido no conceito de renda estabelecido no art. 43 do CTN (produto do capital, do trabalho ou da combinação de ambos). Por último, destacou que o reconhecimento da legalidade/constitucionalidade do mencionado dispositivo legal não importa em violação da cláusula de reserva de plenário consoante se depreende da súmula vinculante n. 10 do STF. **Precedentes citados: AgRg no REsp 1.028.133-SP, DJe 1º/6/2009; REsp 1.010.333-SP, DJe 5/3/2009; AgRg no REsp 883.654-SP, DJe 13/3/2009; AgRg no REsp 948.040-RS, DJe 16/5/2008; AgRg no Ag 879.174-SP, DJ 20/8/2007; REsp 670.079-SC, DJ 16/3/2007, e REsp 814.165-SC, DJ 2/3/2007. REsp 1.113.159-AM, Rel. Min. Luiz Fux, julgado em 11/11/2009.** (Inform. STJ 415)

MS. ANISTIADOS. IR. LEGITIMIDADE.

O Supremo Tribunal Federal, em julgamento realizado no pleno daquela Corte, decidiu que o ministro da Defesa e os comandantes das Forças Armadas têm legitimidade para figurar no polo passivo do *mandamus* sobre desconto do Imposto de Renda (IR) em proventos e pensões percebidos por anistiados políticos militares ou seus sucessores (Lei n. 10.559/2002) e determinou a remessa dos autos para a análise de mérito. Note-se que a Seção havia julgado extinto esse *mandamus* de acordo com a orientação jurisprudencial que considerava ilegítimas as autoridades apontadas como coatoras, uma vez que entendia caber ao ministro da Justiça decidir a respeito dos requerimentos fundados no art. 10 da Lei n. 10.559/2002. Superadas as questões preliminares, considerando a legitimidade passiva do ministro da Defesa e dos comandantes das Forças Armadas, a Seção concedeu a segurança reafirmando a jurisprudência no sentido de que, nos termos da Lei n. 10.559/2002 c/c o art. 1º, § 1º, do Dec. n. 4.897/2003, o imposto de renda e a contribuição previdenciária não incidem sobre os proventos de aposentadoria e de pensão de anistiados políticos. **Precedentes citados: RMS 28.320-GO, DJe 21/8/2009; EDcl nos EDcl no AgRg no REsp 888.844-RJ, DJ 20/2/2008; AgRg no MS 11.297-DF, DJ 14/8/2006, e MS 9.591-DF, DJ 28/2/2005. MS 11.253-DF, Rel. Min. Luiz Fux, julgado em 11/11/2009.** (Inform. STJ 415)

IR. COMPLEMENTAÇÃO. APOSENTADORIA. PREVIDÊNCIA PRIVADA.

In casu, a ora recorrente impetrou, na origem, mandado de segurança para assegurar a dedução, de uma só vez e imediatamente, no cálculo do lucro real, da soma devida a título de complementação de aposentadoria a seus empregados em decorrência de negociação coletiva na Justiça do Trabalho. Destarte, em suma, discute-se qual seria o tratamento jurídico-tributário que deveria ser conferido a esses valores. A recorrente objetivava o reconhecimento de que o enquadramento jurídico-tributário adequado seria aquele previsto na exceção constante da parte final do art. 13, I, da Lei n. 9.249/1995 – provisão técnica de entidade de previdência privada – que lhe garantiria o pleito. Por outro lado, o Fisco argumentou que a classificação jurídica correta para a hipótese seria aquela prevista no inciso V do mesmo dispositivo legal, vedando-se a livre dedução, atraindo os limites percentuais estabelecidos pelo art. 11, § 2º, da Lei n. 9.532/1997. Nesse contexto, a Turma conheceu em parte do recurso e lhe negou provimento, por entender que a parte final do art. 13, I, da Lei n. 9.249/1995 ressalvou categoricamente as provisões técnicas das entidades de previdência privada cuja constituição é exigida pela legislação especial a elas aplicável, tendo em vista que a recorrente não se reveste da especial condição estipulada pela referida norma, pois sua natureza é de sociedade anônima de capital aberto que, em regime de concessão, desempenha atividade de distribuição de energia elétrica, e não entidade de previdência privada em sentido estrito. Ressaltou-se que a hipótese em questão rege-se pelo art. 13, V, da Lei n. 9.249/1995, surgindo, como consectário, a incidência das limitações percentual e temporal à dedução instituída pelo art. 11, § 2º, da Lei n. 9.532/1997. **REsp 1.128.327-RS, Rel. Min. Castro Meira, julgado em 5/11/2009.** (Inform. STJ 414)

RECURSO REPETITIVO. SERVIÇOS HOSPITALARES. IRPJ. CSLL.
Para redução da alíquota do IRPJ e da CSLL, a expressão "serviços hospitalares" constante do art. 15º, § 1º, III, **a**, da Lei n. 9.249/1995 (na redação anterior à vigência da Lei n. 11.727/2008) deve ser interpretada de forma objetiva, sob a perspectiva da atividade realizada pelo contribuinte, porquanto a lei, ao conceder aquele benefício fiscal, não considerou a característica ou a estrutura do contribuinte em si (critérios subjetivos), mas sim a natureza do próprio serviço prestado, a assistência à saúde. Portanto, os regulamentos da Receita Federal sobre o citado dispositivo legal mostram-se irrelevantes, porque, para a obtenção do benefício, não podem exigir dos contribuintes requisitos que não estão na lei, tal como a manutenção de estrutura que permita internações. Vê-se, então, que essa dispensa da capacidade de internação deriva da própria lei. Dessa forma, são considerados serviços hospitalares aqueles que se vinculam às atividades desenvolvidas pelos hospitais voltados diretamente à promoção da saúde. Em regra, mas não necessariamente, são prestados no interior de estabelecimentos hospitalares. Porém, estão excluídas as simples consultas médicas, pois elas são atividades que não se identificam com as prestadas no âmbito hospitalar, igualando-se àquelas exercidas nos consultórios médicos. Anote-se, contudo, que o citado benefício não se refere a toda receita bruta do contribuinte, mas apenas àquela parcela que provenha unicamente da atividade específica que está sujeita ao benefício (art. 15, § 2º, da referida lei). Já as modificações trazidas pela Lei n. 11.727/2008 à Lei n. 9.249/1995 não se aplicam às demandas decididas anteriormente à sua vigência, não possuindo efeito retroativo. Esse entendimento, já adotado pela Seção desde o julgamento do REsp 951.251-PR (DJe 3/6/2009), foi confirmado por maioria no julgamento de REsp sujeito ao procedimento do art. 543-C do CPC. No caso, as instâncias ordinárias firmaram que a sociedade empresária recorrida presta serviços laboratoriais, de todo ligados à promoção da saúde, que demandam maquinário específico, podem ser realizados em ambientes hospitalares ou não e não se assemelham a simples consultas médicas. Daí ela fazer jus ao benefício da redução de alíquotas. O Min. Hamilton Carvalhido, vencido, entendia que equiparar a prestação de serviços médicos laboratoriais aos hospitalares é dar um elastério muito grande à interpretação daquela expressão. **Precedentes citados: REsp 939.321-SC, DJe 4/6/2009; EREsp 956.122-RS, DJe 1º/10/2009, e REsp 955.753-RS, DJe 31/8/2009. REsp 1.116.399-BA, Rel. Min. Benedito Gonçalves, julgado em 28/10/2009.** (Inform. STJ 413)

REPETITIVO. IR. COMPLEMENTAÇÃO. APOSENTADORIA.
A Seção deu provimento ao recurso, entendendo que não incide imposto de renda sobre a complementação de aposentadoria referente às contribuições recolhidas para entidade de previdência privada no período de 1º/1/1989 a 31/12/1995, *ex vi* do art. 6º, VII, **b**, da Lei n. 7.713/1988. Ademais, tampouco incide, na hipótese em que é conferida ao beneficiário a antecipação de parte do percentual da reserva matemática (10%) do fundo de previdência privada, sobre parcela recebida a partir de janeiro de 1996. **Precedentes citados: EREsp 380.011-RS, DJ 2/5/2005; REsp 1.012.903-RJ, DJe 13/10/2008; REsp 1.020.923-RS, DJe 18/9/2008; REsp 960.029-SC, DJ 19/11/2007, e REsp 835.550-MG, DJe 12/3/2008. REsp 1.111.177-MG, Rel. Min. Benedito Gonçalves, julgado em 23/9/2009.** (Inform. STJ 408)

REPETITIVO. IR. PDV.
A Seção proveu em parte o recurso quanto à incidência de IR sobre a "gratificação não eventual" por não integrar o programa de demissão voluntária (PDV), já que tal verba constitui uma liberalidade do empregador sem caráter indenizatório. Por outro lado, determinou a não incidência do mesmo tributo sobre a verba recebida a título de "compensação espontânea" paga no contexto do PDV (Súm. n. 215-STJ). **Precedentes citados: EREsp 769.118-SP, DJ 15/10/2007; EREsp 775.701-SP, DJ 1º/8/2006; EREsp 515.148-RS, DJ 20/2/2006; AgRg nos EREsp 860.888-SP, DJe 9/12/2008; EREsp 830.991-SP, DJe 7/4/2008, e REsp 940.759-SP, DJe 20/4/2009. REsp 1.112.745-SP, Rel. Min. Mauro Campbell Marques, julgado em 23/9/2009.** (Inform. STJ 408)

IR. CSLL. SERVIÇOS HOSPITALARES. ANESTESIOLOGIA.
In casu, o acórdão recorrido entendeu que o benefício fiscal da alíquota reduzida relativamente ao Imposto de Renda de Pessoas Jurídicas (IRPJ) e à Contribuição Social sobre o Lucro Líquido (CSLL) justifica-se apenas se a instituição for organizada e estruturada com a finalidade de prestar atendimento e realizar internação de pacientes. Afirmou que a empresa, ora recorrente, presta serviços médicos de anestesiologia, atividade que é realizada em ambientes hospitalares ou similares, não se assemelhando, portanto, às simples consultas médicas, envolvendo, inclusive, procedimentos médicos terapêuticos de alto risco, exigindo recursos emergenciais caso haja alguma intercorrência. Diante disso, tendo em vista o novo entendimento da Primeira Seção deste Superior Tribunal quanto à forma de interpretação do conceito da expressão "serviços hospitalares", ou seja, os que se vinculam às atividades desenvolvidas pelos hospitais e voltadas diretamente à promoção da saúde, aqueles que, em regra, mas não necessariamente, são prestados no interior do estabelecimento hospitalar, a Turma deu parcial provimento ao recurso, para reconhecer a incidência dos percentuais de 8%, no caso do IRPJ, e de 12%, no caso de CSLL, sobre a receita bruta auferida pela atividade específica de prestação de serviços de anestesiologia e determinar que o Tribunal *a quo* aprecie as demais questões correlatas, entre as quais a forma de compensação e a atualização monetária de eventual indébito, como entender de direito. **Precedentes citados: REsp 951.251-PR, DJe 3/6/2009, e REsp 939.321-SC, DJe 4/6/2009. REsp 955.753-RS, Rel. Min. Benedito Gonçalves, julgado em 18/8/2009.** (Inform. STJ 403)

IR. PETROBRAS. IHT.
A Seção, ao julgar o recurso repetitivo de controvérsia (art. 543-c do CPC e Res. n. 8/2008-STJ) reiterou o entendimento de que a verba intitulada "indenização por horas trabalhadas" (IHT), paga aos funcionários da Petrobras, malgrado fundada em acordo coletivo, tem caráter remuneratório e configura acréscimo patrimonial, o que enseja a incidência do imposto de renda. **Precedentes citados: EREsp 939.974-RN, DJe 10/11/2008, e EREsp 979.765-SE, DJe 1º/09/2008. REsp 1.049.748-RN, Rel. Min. Luiz Fux, julgado em 24/6/2009.** (Inform. STJ 400)

IRPJ. APLICAÇÕES FINANCEIRAS. RENDA FIXA E VARIÁVEL.
A Seção, ao julgar recurso repetitivo de controvérsia (art. 543-c do CPC e Res. n. 8/2008-STJ), assentou que a tributação isolada e autônoma do imposto de renda sobre os rendimentos auferidos pelas pessoas jurídicas em aplicações financeiras de renda fixa e sobre os ganhos líquidos em operações realizadas nas bolsas de valores de mercadorias, de futuros e assemelhados, à luz dos arts. 29 e 36 da Lei n. 8.541/1992, é legítimo e complementar ao conceito de renda delineado no art. 43 do CTN, uma vez que as aludidas entradas financeiras não fazem parte da atividade fim das empresas. **Precedentes citados: REsp 415.753-MG, DJ 3/5/2002, e REsp 921.658-RJ, DJe 8/2/2008. REsp 939.527-MG, Rel. Min. Luiz Fux, julgado em 24/6/2009.** (Inform. STJ 400)

IR. DANOS MORAIS E MATERIAIS.
A Turma reafirmou o entendimento de que os valores recebidos a título de danos morais e materiais não constituem acréscimo patrimonial e, por isso, não estão sujeitos à incidência de imposto de renda. Entendeu ainda que o dano moral e material ocasionam uma indenização, o que não aumenta o patrimônio lesado, sendo voltado à reparação, por meio da substituição monetária, da situação em que a vítima encontrava-se antes do evento danoso. Se é indenização, não pode haver incidência de imposto de renda. Para incidir imposto de renda, o fato gerador deve ser proveniente do trabalho ou da aplicação de capital ou de ambos. É necessário que haja efetiva geração de riqueza. Assim, a Turma negou provimento ao recurso. **REsp 1.068.456-PE, Rel. Min. Eliana Calmon, julgado em 18/6/2009.** (Inform. STJ 399)

INDENIZAÇÃO. DESGASTE ORGÂNICO. INCIDÊNCIA. IMPOSTO DE RENDA.
Trata-se de recurso especial interposto com objetivo de ver reconhecida a incidência de imposto de renda sobre as verbas recebidas pelo autor, ora recorrido, durante a vigência de seu contrato de trabalho, a título de "indenização por desgaste orgânico". O recorrido, sobre a natureza das verbas, salientou, na petição inicial, que recebe salário-base da categoria profissional com os adicionais legalmente previstos. Quando em exercício de determinado mergulho, dito saturado, recebe, ainda, uma indenização denominada, com justo motivo, indenização por desgaste orgânico (IDO), conforme previsto nas convenções coletivas de trabalho. Assim, quando

se indeniza dano efetivamente verificado no patrimônio material (dano emergente), o pagamento em dinheiro simplesmente reconstitui a perda patrimonial ocorrida em virtude da lesão, portanto não acarreta qualquer aumento de patrimônio. Todavia, ocorre acréscimo patrimonial quando a indenização ultrapassar o valor do dano material verificado (dano emergente), ou destinar-se a compensar o ganho que deixou de ser auferido (lucro cessante), ou referir-se a dano causado a bem do patrimônio imaterial (dano que não importou redução do patrimônio material). Logo, o pagamento feito pelo empregador a seu empregado a título de indenização por desgaste orgânico, na vigência do contrato de trabalho, está sujeito à tributação do imposto de renda, uma vez que importou acréscimo ao patrimônio material (art. 43 do CTN) e não está beneficiado por quaisquer das hipóteses de isenção previstas em lei (art. 39 do RIR, aprovado pelo Dec. n. 3000/1999). Isso posto, a Turma, ao prosseguir o julgamento, deu provimento ao recurso. **Precedentes citados: REsp 782.646-PR, DJ 5/12/2005, e REsp 706.817-RJ, DJ 28/11/2005. REsp 928.561-RJ, Rel. Min. Teori Zavascki, julgado em 2/6/2009.** (Inform. STJ 397)

RECURSO REPETITIVO. IR. FÉRIAS.
A Seção, ao julgar recurso representativo de controvérsia (art. 543-C do CPC e Resolução n. 8/2008 do STJ), reafirmou que os valores recebidos a título de férias proporcionais e o respectivo terço constitucional são indenizações isentas de pagamento do imposto de renda. **Precedentes citados: REsp 896.720-SP, DJ 1º/3/2007; REsp 1.010.509-SP, DJ 28/4/2008; AgRg no REsp 1.057.542-PE, DJ 1º/9/2008; Pet 6.243-SP, DJ 13/10/2008, e AgRg nos EREsp 916.304-SP, DJ 8/10/2007. REsp 1.111.223-SP, Rel. Min. Castro Meira, julgado em 22/4/2009.** (Inform. STJ 391)

RECURSO REPETITIVO. IR. PESSOA FÍSICA. EXECUÇÃO. EXCESSO.
No recurso submetido ao regime do art. 543-C do CPC e art. 6º da Res. n. 8/2008-STJ, a Seção assentou que configura excesso de execução (art. 741, V, do CPC) a repetição de indébito que desconsidera a restituição de imposto de renda não abatida do *quantum* supostamente exequendo. Outrossim, não há que se falar em excesso quando a quantia que se pretende executar for superior à dívida. Na hipótese, é possível a compensação de valores de IR indevidamente retidos na fonte com valores apurados na declaração de ajuste anual (sem ofensa ao instituto da preclusão), mormente com fundamento no art. 741, VI, do CPC. São passíveis de embargos à execução questões de natureza impeditiva, modificativa ou extintiva de direito do autor, quando supervenientes à sentença, não excluída a apuração de *quantum debeatur* na fase de liquidação. **Precedentes citados: EDcl nos EREsp 963.216-DF, DJe 8/9/2008; EREsp 786.888-SC, DJe 9/9/2008; EREsp 829.182-DF, DJ 14/5/2007; EREsp 848.669-DF, DJe 1º/9/2008, e REsp 155.037-RJ, DJ 30/3/1998. REsp 1.001.655-DF, Rel. Min. Luiz Fux, julgado em 11/3/2009.** (Inform. STJ 386)

IR. CONSULTOR. ONU. PNUD.
A Turma, ao prosseguir o julgamento, entendeu, por maioria, que, no caso, incide imposto de renda sobre os rendimentos percebidos pelo recorrido, consultor contratado para prestar serviços ao Programa das Nações Unidas para o Desenvolvimento (PNUD), visto que não faz jus à isenção concedida aos funcionários da ONU (prevista no art. V, Seção 18, b, da Convenção sobre Privilégios e Imunidades das Nações Unidas, aprovada pelo Dec. Legislativo n. 4/1948 e ratificada pelo Dec. de Promulgação n. 27.784/1950). O recorrido não pode ser classificado como funcionário internacional, pois foi contratado sob o ônus do Governo brasileiro e não pela própria organização internacional (com situação jurídica estatutária). O PNUD não é uma agência especializada da ONU, mas sim um programa, o que afasta a aplicação do art. V, b, do Acordo Básico de Assistência Técnica com a ONU, suas Agências Especializadas e a AIEA (promulgado pelo Dec. n. 59.308/1966), anotado que, em regra, os técnicos contratados pela Organização não gozam da aludida isenção (art. VI, Seção 22, da retrocitada convenção). **REsp 1.031.259-DF, Rel. Min. Francisco Falcão, julgado em 3/3/2009.** (Inform. STJ 385)

DÉBITO FISCAL. PROFISSIONAL LIBERAL. DEDUÇÕES.
A Turma proveu o recurso da Fazenda Nacional, entendendo que a recorrida, profissional liberal, autora da ação anulatória do débito fiscal, não faz jus ao postulado regime especial quanto às deduções de despesas relacionadas à atividade profissional previstas no art. 48, § 1º, b, do RIR/1980, acima de 20% do seu rendimento bruto, mormente pela falta de registro da escrituração em livro caixa oficial do total de rendimentos e deduções feitas, formalidade não observada pela recorrida. **REsp 1.085.810-SP, Rel. Min. Francisco Falcão, julgado em 10/2/2009.** (Inform. STJ 383)

IRPJ. CORREÇÃO MONETÁRIA. UFIR. ANO-BASE 1994.
A Turma reiterou o entendimento de que o IRPJ ano-base 1994 (fato gerador ocorrido em 31/12/1994) tem o seu vencimento em 31/5/1995, portanto não está abrangido pelo disposto no art. 36 da MP n. 1.004/1994 – que determinou a interrupção da atualização da UFIR tão-somente para o período de 1º/7/1994 a 31/12/1994 –, mas se sujeita à regra geral elencada no art. 55, § 1º, dessa mesma MP. **Precedentes citados: REsp 502.204-RS, DJ 5/9/2005, e REsp 262.698-RS, DJ 7/10/2002. REsp 579.377-RS, Rel. Min. Herman Benjamin, julgado em 10/2/2009.** (Inform. STJ 383)

RECURSO REPETITIVO. PREVIDÊNCIA PRIVADA. RATEIO. IR.
Trata-se de recurso repetitivo submetido ao regime do art. 543-C do CPC e da Res. n. 8/2008 do STJ, em que a Primeira Seção deste Superior Tribunal reiterou seu entendimento de que, por força da isenção concedida pelo art. 6º, VII, b, da Lei n. 7.713/1988, na redação anterior à que lhe foi dada pela Lei n. 9.250/1995, é indevida a cobrança de imposto de renda sobre o valor da complementação de aposentadoria e do resgate de contribuições correspondentes a recolhimentos para entidade de previdência privada ocorridos no período de 1º/1/1989 a 31/12/1995. Firmou, ainda, que a quantia que couber por rateio a cada participante e que seja superior ao valor das respectivas contribuições constitui acréscimo patrimonial (CTN, art. 43) e, como tal, atrai a incidência de imposto de renda. **Precedentes citados: AgRg nos EREsp 433.937-AL, DJe 19/5/2008, e AgRg nos EREsp 530.883-MG, DJ 16/10/2006. REsp 760.246-PR, Rel. Min. Teori Albino Zavascki, julgado em 10/12/2008.** (Inform. STJ 380)

QO. REMESSA. SEÇÃO. IR. JUROS.
Em questão de ordem, a Turma resolveu remeter à Primeira Seção os autos em que se discute a incidência de imposto de renda em juros moratórios recebidos pelo autor decorrentes de decisão judicial proferida em reclamação trabalhista. **REsp 1.002.665-RS, Rel. Min. Denise Arruda, em 9/12/2008.** (Inform. STJ 380)

IR. HONORÁRIOS. ADVOCATÍCIOS. ALVARÁ. PRECATÓRIO.
O art. 15, § 3º, da Lei n. 8.906/1994 (Estatuto da Advocacia) determina que o advogado pode receber procuração e indicar a sociedade à qual pertence. 1153
Assim, se não indicar a sociedade, presume-se que tenha sido contratado individualmente e não como membro da sociedade. Conseqüentemente, se a procuração não contém nenhuma referência à sociedade de advogados, torna-se impossível aferir se houve, efetivamente, sua participação nos serviços prestados, o que impede que o levantamento de verba honorária seja em seu nome, com efeitos tributários diversos de quando é recebida pelo advogado. Outrossim, a titularidade do crédito advocatício tributável, sobre pertencer à pessoa jurídica ou a seus sócios, não pode ser presumida por troca de correspondências, decorre da forma do dispositivo legal citado ou em cessão de crédito, somente aferível pelas instâncias ordinárias, ante os óbices das Súmulas ns. 5 e 7 do STJ. Dessa forma, o regime fiscal do imposto de renda na fonte decorre do que consta na procuração, se indica a sociedade, pertencem os honorários a ela; se não indicá-la, ao advogado individualmente. Com esse entendimento, a Turma negou provimento ao recurso, citando recente decisão da Corte Especial no mesmo sentido. Precedente citado: AgRg no Prc 749-DF, DJ 7/11/2008. **REsp 1.013.458-SC, Rel. Min. Luiz Fux, julgado em 9/12/2008 (ver Informativo n. 378).** (Inform. STJ 380)

IR. GRATIFICAÇÕES ESPECIAIS. INCIDÊNCIA.
Provido em parte o pedido para reconhecer a incidência de imposto de renda sobre gratificações especiais, não obstante se trate de pagamento por liberalidade, em razão de extinção de contrato de trabalho. Tal verba, ainda que fosse de natureza indenizatória, sujeita-se à tributação, em que pese a isenção nas demais indenizações resultantes de rescisão contratual trabalhista (art. 6º, V, da Lei n. 7.713/1988; art. 39, XX, do RIR/1999, e Súm. n. 215/STJ, que não se aplicam ao caso *sub judice*). **Precedentes citados: EREsp 770.078-SP, DJ 11/9/2006; EREsp 686.109-RJ, DJ 22/5/2006, e EREsp 515.148-RS, DJ 20/2/2006. REsp 977.207-SP, Rel. Min. Teori Albino Zavascki, julgado em 4/12/2008.** (Inform. STJ 379)

RECURSO REPETITIVO. IR. COMPLEMENTAÇÃO. APOSENTADORIA.
No julgamento de recurso repetitivo (Lei n. 11.672/2008 e Res. n. 8/2008-STJ), confirmou-se a pacificação da jurisprudência da Primeira Seção deste Superior Tribunal no sentido de que, por força da isenção concedida pelo art. 6º, VII, b, da Lei n. 7.713/1988, na redação anterior à que lhe foi dada pela Lei n. 9.250/1995, é indevida a cobrança de imposto de renda sobre o

valor da complementação de aposentadoria e do resgate de contribuições correspondentes a recolhimentos para entidade de previdência privada ocorridos no período de 1º/1/1989 a 31/12/1995. Confirmou-se também que, na repetição de indébito tributário, a correção monetária é calculada segundo os índices indicados no Manual de Orientação de Procedimentos para os Cálculos da Justiça Federal, aprovado pela Res. n. 561/2007-CJF: a ORTN de 1964 a fevereiro de 1989; a OTN de março de 1986 a dezembro de 1988; o IPC de janeiro e fevereiro de 1989 e de março de 1990 a fevereiro de 1991; o INPC de março a novembro de 1991; o IPCA (série especial) em dezembro de 1991; a UFIR de janeiro de 1992 a dezembro de 1995, e a Taxa Selic a partir de janeiro de 1996. Destacou o Min. Relator que o recurso é o do art. 543-C do CPC, assim, daqui para frente, poder-se-á julgar, monocraticamente, os casos semelhantes e, em relação aos casos que não estão distribuídos, a própria Presidência do Tribunal poderá julgar dentro dessa linha. **Precedentes citados: EREsp 643.691-DF, DJ 20/3/2006; EREsp 662.414-SC, DJ 13/8/2007; EREsp 500.148-SE, DJ 1º/10/2007; EREsp 380.011-RS, DJ 2/5/2005; EREsp 912.359-MG, DJ 3/12/2007, e EREsp 500,148-SE, DJ 1º/10/2007. REsp 1.012.903-RJ, Rel. Min. Teori Albino Zavascki, julgado em 8/10/2008.** (Inform. STJ 371)

IR. CONVENÇÃO TRABALHISTA.

A Turma reiterou que os direitos trabalhistas remuneratórios resultantes de convenções coletivas, por meio de acordo trabalhista na constância do contrato de trabalho, a título de indenização decorrente da extinção de benefícios como licença-prêmio e salário-família que os converteu em pecúnia não têm natureza indenizatória, sujeitando-se à incidência do imposto de renda, mormente por tratar-se de acréscimo patrimonial (art. 43 do CTN e art. 39 do RIR, aprovado pelo Dec. n. 3.000/1999). **Precedente citado: REsp 669.012-CE, DJ 27/6/2005. REsp 911.015-RJ, Rel. Min. Teori Albino Zavascki, julgado em 7/10/2008.** (Inform. STJ 371)

IR. JUROS MORATÓRIOS. RECLAMAÇÃO TRABALHISTA.

Após a entrada em vigor do CC/2002, os valores recebidos pelo contribuinte a título de juros de mora oriundos do pagamento de verbas provenientes de condenação em reclamação trabalhista têm natureza jurídica indenizatória. Assim, sobre eles não incide imposto de renda. Precedente citado: **REsp 1.039.452-SC, DJ 10/6/2008. AgRg no REsp 1.066.949-PR, Rel. Min. Humberto Martins, julgado em 7/10/2008.** (Inform. STJ 371)

ADVOGADOS. CEF. IR. HORAS EXTRAS.

A Turma reiterou que, não obstante a natureza jurídica da verba decorrente de horas extras, não se afasta a incidência de imposto de renda nos valores percebidos a esse título pelos advogados da CEF, em que pese o caráter indenizatório do *quantum,* condicionado à renúncia de diversos direitos firmada em acordo coletivo. **Precedentes citados: EREsp 695.499-RJ, DJ 24/9/2007, e AgRg nos EREsp 650.610-CE, Dje 7/4/2008. REsp 1.073.153-RS, Rel. Min. Castro Meira, julgado em 23/9/2008.** (Inform. STJ 369)

IR. ADMINISTRADOR. SOCIEDADE. PARTICIPAÇÃO. LUCROS.

Trata-se de REsp em que a Fazenda Nacional insurge-se contra o acórdão que entendeu não incidir imposto de renda sobre verbas pagas aos administradores da empresa ora recorrida a título de participação nos lucros. Diante disso, a Turma proveu parcialmente o recurso ao entendimento de que não se aplica o disposto no art. 10 da Lei n. 9.249/1995 (não-incidência do imposto de renda sobre os lucros distribuídos) à participação atribuída a administrador com base no lucro apurado pela pessoa jurídica, pois isso caracteriza participação nos resultados, portanto tributável nos termos do parágrafo único do art. 2° do DL n. 1.814/1980. Vale ressaltar que, no caso, não existe *bis in idem*, visto que empresa e administrador são pessoas distintas, podendo, muito bem, ser simultaneamente tributados pelo mesmo imposto quando da ocorrência de fatos geradores distintos, isto é, obtenção de renda pela sociedade e obtenção de renda pelo administrador. **REsp 884.999-BA, Rel. Min. Mauro Campbell Marques, julgado em 16/9/2008.** (Inform. STJ 368)

IR. AUXÍLIO-CONDUÇÃO. OFICIAL DE JUSTIÇA.

Na espécie, a servidora pública estadual ocupante do cargo de oficial de justiça ajuizou ação contra a Fazenda com objetivo de não-incidência do imposto de renda (IR) sobre a verba indenizatória denominada auxílio-condução. Explica o Min. Relator que a incidência do IR tem como fato gerador o acréscimo patrimonial, daí ser necessário analisar a natureza jurídica da verba paga a fim de verificar se há efetivamente criação de riqueza nova: se indenizatória, via de regra não retrata hipótese de exação do IR, ou, se remuneratória, enseja tributação. É cediço que a incidência do IR sobre a renda e proventos de qualquer natureza encontra-se disposta no art. 43 do CTN. Entretanto, o auxílio-condução pago aos oficiais de justiça pela utilização de veículo próprio para o exercício de suas atribuições não constitui acréscimo patrimonial nos termos do citado artigo, uma vez que visa recompor o prejuízo sofrido pelo funcionário em razão do desgaste de seu veículo para a execução de suas funções, logo constitui apenas compensação de caráter indenizatório para recompor patrimônio material. Com esse entendimento, a Turma negou provimento ao recurso da Fazenda. **Precedentes citados: REsp 731.883-RS, DJ 3/4/2006; REsp 852.572-RS, DJ 15/9/2006; REsp 840.634-RS, DJ 1º/9/2006, e REsp 851.677-RS, DJ 25/9/2006. REsp 995.572-RS, Rel. Min. Luiz Fux, julgado em 9/9/2008.** (Inform. STJ 367)

REPETIÇÃO. INDÉBITO. IR. PESSOA JURÍDICA.

O Tribunal *a quo* julgou improcedente ação de repetição de indébito fundamentada em que, como os saldos de provisão de créditos são diferentes para cada empresa, a empresa, quando entrega a declaração de imposto de renda, tem a faculdade de provisionar, a título de créditos de liquidação duvidosa, um saldo até o limite legal. Se não procedeu assim, tal conduta só poderia ser entendida como ato discricionário da empresa, que não verificou a necessidade de provisionar um saldo maior por ausência de expectativa de uma perda tão significativa de seus créditos. Uma vez transcorrido o prazo para apresentar a declaração retificadora, não há mais possibilidade de a empresa reclamar que deduziu valor a menor, por não ter considerado a totalidade de seus créditos. E, por último, a ausência de provisão de créditos de liquidação duvidosa ou sua constituição a menor não frustram a dedução dos prejuízos nem caracterizam a tributação indevida sobre a renda ou patrimônio da empresa, porque, no balanço final do exercício, os créditos que não foram liquidados serão levados à conta de despesas operacionais, impedindo a tributação sobre a renda ou disponibilidade não-adquirida. A empresa recorrente, por sua vez, deixou de rebater alguns desses argumentos, o que, por si só, mantém o julgado, incidindo, assim, a Súm. n. 283 do STF. Conforme o exposto, a Turma não conheceu o recurso. **REsp 840.002-MG, Rel. Min. Eliana Calmon, julgado em 2/9/2008.** (Inform. STJ 366)

IR. LUCRO IMOBILIÁRIO. HERANÇA.

A Turma reiterou o entendimento de não-incidência do imposto de renda sobre venda de imóvel havido por herança, mormente se fundamentado na Portaria n. 80/1979- MF, ademais declarada ilegal por esta Corte, pois não poderia fixar tal cálculo de imposto por ser matéria submetida à reserva legal. **Precedentes citados: EREsp 23.999-RJ, DJ 19/12/1997, e REsp 57.415-RJ, DJ 10/4/1995. REsp 1.042.739-RJ, Rel. Min. Castro Meira, julgado em 26/8/2008.** (Inform. STJ 365)

COMPETÊNCIA. SERVIDOR PÚBLICO. IR.

A Seção reafirmou que a Justiça comum estadual é competente para processar e julgar a ação em que o servidor público estadual busca a isenção ou não-incidência do Imposto de Renda Retido na Fonte. Cabe aos estados a retenção, e esses entes são os destinatários do referido tributo (art. 157, I, da CF/1988). **Precedentes citados: REsp 729.130-RS, DJ 6/3/2006; EDcl no AgRg no REsp 710.439-MG, DJ 10/4/2006, e AgRg no Ag 567.354-PE, DJ 19/9/2005. AgRg no Ag 937.798-RS, Rel. Min. Castro Meira, julgado em 12/8/2008.** (Inform. STJ 363)

IR. OPERAÇÕES. SWAP. COBERTURA. HEDGE.

Discute-se a legalidade da incidência do imposto de renda (IR), conseqüentemente a retenção na fonte, sobre a cobertura de *hedge*, por meio de operações *swap*, nos termos do art. 5º da Lei n. 9.779/1999. Explica o Min. Relator que as operações *swap* com cobertura *hedge* representam aplicação de determinada quantia em moeda nacional cuja rentabilidade leva em conta uma moeda estrangeira, o que evita prejuízos para a empresa contratante (*hedge*) que possui dívidas em moeda estrangeira, ficando sujeita à oscilação, não só para os riscos da taxa cambial flutuante, mas também se presta à especulação financeira quando da elevação da moeda estrangeira. A questão relevante é saber o momento do fato gerador do IR. A operação de *swap* é ensejadora de fato gerador simples do IR no momento em que apresenta acréscimo patrimonial obtido na troca de financiamentos em taxas diversas, o qual pode ser tributado na fonte de acordo com a legislação vigente (Lei n. 9.779/1999, arts. 43 e 105,

CTN). Outrossim ressaltou que a MP n. 1.788/1998, convertida na Lei n. 9.779/1999, é aplicável ao presente contrato *swap*, embora firmado sob vigência das anteriores Leis ns. 8.981/1995 e 9.065/1995, que excluíam o rendimento obtido nessas operações da tributação na fonte porque a obrigação tributária surge com o fato gerador. Ademais, conclui não haver violação do princípio da anterioridade (art. 104 do CTN) porquanto, embora a Lei n. 9.779 tenha sido publicada em 1999, teve sua eficácia plena em dezembro de 1998 com a edição da MP n. 1.788/1998, de 29/12/1998. **REsp 908.226-RJ, Rel. Min. Luiz Fux, julgado em 10/6/2008**. (Inform. STJ 359)

IMPOSTO DE RENDA. INCORPORAÇÃO. BENS. SÓCIOS.
Incide imposto de renda sobre o negócio jurídico que resulta na incorporação de bens de sócios para aumentar o capital da pessoa jurídica. **Precedentes citados: REsp 41.314-RS, DJ 13/5/2002; REsp 260.499-RS, DJ 13/12/2004, e REsp 142.853-SC, DJ 17/11/1997. REsp 1.027.799-CE, Rel. Min. José Delgado, julgado em 3/6/2008**. (Inform. STJ 358)

INCIDÊNCIA. IR. HORAS EXTRAS.
A Seção reiterou seu entendimento de que incide imposto de renda nas verbas pagas pela Petrobrás a título de "indenização por horas trabalhadas" por força de convenção coletiva de trabalho, pois corresponde ao pagamento de horas extras, constituindo, assim, um acréscimo patrimonial. Precedente citado: EREsp 695.499-RJ, DJ 24/9/2007. **EREsp 670.514-RN, Rel. Min. José Delgado, julgados em 28/5/2008**. (Inform. STJ 357)

IR. TÉCNICO. FUTEBOL. CONTRATO. EXTERIOR.
A Turma, prosseguindo o julgamento, por maioria, entendeu incabível a bitributação de renda por serviço prestado por técnico de futebol contratado no exterior (Japão), mormente por já ter sido tributado lá na fonte, país com o qual o Brasil estabeleceu acordo bilateral (art. 8º da Lei n. 7.713/1988). **REsp 882.785-RS, Rel. originário Min. Castro Meira, Rel. para acórdão Min. Herman Benjamin, julgado em 27/5/2008**. (Inform. STJ 357)

RMS. IR. CSLL. PESSOA JURÍDICA. SERVIÇOS MÉDICOS.
Sem a prova pericial nos autos, não há o direito líquido e certo alegado, para demonstrar que a recorrida efetivamente proporciona serviços hospitalares, o que denota a inadequação da via eleita. Dessa forma, a Turma deu provimento ao recurso da Fazenda para julgar o processo extinto sem resolução do mérito (CPC, art. 267, VI). **REsp 810.632-SC, Rel. Min. Luiz Fux, julgado em 17/4/2008**. (Inform. STJ 352)

IR. JUROS MORATÓRIOS. INDENIZAÇÃO.
A Turma reiterou o entendimento de que descabe a incidência de imposto de renda na hipótese em que os juros moratórios são oriundos de pagamento de verbas indenizatórias provenientes de condenação em reclamação trabalhista. O IR somente incidiria sobre tais juros moratórios caso o principal fosse sujeito à tributação, pois o acessório segue o principal. **Precedentes citados: REsp 615.625-MT, DJ 7/11/2006; REsp 727.944-SE, DJ 26/4/2006; REsp 675.639-SE, DJ 13/2/2006, e REsp 651.899-RJ, DJ 3/11/2004. REsp 1.023.447-SC, Rel. Min. Eliana Calmon, julgado em 1º/4/2008**. (Inform. STJ 350)

LEADING CASE. **IR. CONTRIBUIÇÃO SOCIAL.**
Discute-se o critério temporal, ou seja, o momento em que se considera disponibilizada a renda para a empresa controladora ou coligada no Brasil para a incidência das exações: se seria o da publicação do balanço patrimonial positivo auferido por empresa coligada ou controlada no exterior, conforme a determinação do art. 7º da INSRF n. 213/2002. Ultrapassada a preliminar de conhecimento de que não há fundamento constitucional autônomo e suficiente para incidir a Súm. n. 126-STJ, ressalta o Min. Relator que, sob o ponto de vista infraconstitucional, o art. 43, § 2º, do CTN (acrescentado pela LC n. 104/2001) c/c o art. 74, *caput*, parágrafo único, da MP n. 2.158-35/2001 prevê que o fato gerador do imposto de renda se considera ocorrido desde a publicação do balanço patrimonial da empresa coligada ou controlada no exterior; assim, não há razões que justifiquem declarar a ilegalidade do art. 7º da INSRF n. 213/2002. Diante dessas normas, não é necessário que a renda torne-se efetivamente disponível (disponibilidade financeira) para que se considere ocorrido o fato gerador do imposto de renda, limitando-se a lei a exigir a verificação de acréscimo patrimonial (disponibilidade econômica). Entretanto o STF está examinando a tese de inconstitucionalidade dos citados artigos do CTN e da MP na ADIN 2.588-DF proposta pela Confederação Nacional da Indústria (CNI). Como os dispositivos citados não foram retirados do ordenamento jurídico nem suspensos por liminar do STF e o REsp é, tão-somente, para exame da ilegalidade do citado artigo da INSRF, a Turma deu provimento ao recurso da Fazenda Nacional. **REsp 983.134-RS, Rel. Min. Castro Meira, julgado em 3/4/2008**. (Inform. STJ 350)

IR. CONTRATOS. HEDGE. SWAP.
A Turma reiterou o entendimento de que incide o imposto de renda e a sua retenção na fonte nos rendimentos auferidos em contratos de *swap* para fins de *hedge* (art. 5º da Lei n. 9.779/1999) porque, na referida exação, ocorre fato gerador. **Precedentes citados: AgRg no Ag 932.996-SP, DJ 29/11/2007, e AgRg no REsp 695.585-RJ, DJ 19/12/2007. AgRg no Ag 951.447-SP, Rel. Min. Herman Benjamin, julgado em 4/3/2008**. (Inform. STJ 347)

IR. ISENÇÃO. MOLÉSTIA GRAVE. LAUDO PERICIAL.
O art. 30 da Lei n. 9.250/1995 dispõe que a existência de laudo pericial emitido por serviço médico oficial e comprobatório da moléstia grave é condição do reconhecimento da isenção de imposto de renda prevista no art. 6º, XIV e XXI, da Lei n. 7.713/1988. Contudo, isso não vincula o juiz, que é livre para apreciar as provas acostadas aos autos pelas partes (arts. 131 e 436 do CPC). No caso, o Tribunal *a quo* entendeu comprovada a neoplasia maligna contraída pelo recorrido por outros elementos probatórios carreados durante a instrução, daí que a Turma negou provimento ao recurso da Fazenda Nacional. Precedentes citados: REsp 749.100-PE, DJ 28/11/2005; REsp 894.721-RS, DJ 28/2/2007, e REsp 673.741-PB, DJ 9/5/2005. **REsp 951.360-AL, Rel. Min. Teori Albino Zavascki, julgado em 27/11/2007.** (Inform. STJ 340)

IR. NÃO-INCIDÊNCIA. VERBA INDENIZATÓRIA.
A Turma reiterou o entendimento de que não incide imposto de renda sobre verbas indenizatórias tais como plano de demissão voluntária, plano de aposentadoria incentivada, abono pecuniário de férias, indenização especial (gratificação); bem como sobre a conversão em pecúnia dos seguintes direitos não gozados: férias (inclusive quando houver demissão sem justa causa), folgas, licença-prêmio e ausências permitidas ao trabalho para tratar de assuntos particulares (APIP). No caso, o Tribunal *a quo* entendeu que a verba recebida sob a denominação de "indenização especial" não caracterizaria acréscimo patrimonial, uma vez que visava compensar financeiramente o empregado demitido sem justa causa. Para este Superior Tribunal chegar a conclusão diversa, seria necessário revolver o contexto fático-probatório, o que é vedado pela Súm. n. 7-STJ. Precedentes citados: REsp 652.220-SP, DJ 18/4/2005; REsp 669.135-SC, DJ 14/2/2005, e REsp 286.750-SC, DJ 26/5/2003. **AgRg no REsp 841.486-SP, Rel. Min. Eliana Calmon, julgado em 4/10/2007.** (Inform. STJ 334)

IMPOSTO. RENDA. BOLSA. ESTUDO.
Cinge-se a questão na pretensão da Fazenda Nacional em ver reconhecida a incidência de imposto de renda sobre as verbas recebidas a título de bolsa de estudo para a participação em curso de formação de delegado da Polícia Civil. Para o Min. Relator, no caso dos autos, quanto à quantia recebida pelos participantes em curso de formação, candidatos aprovados em concurso público para ingresso em cargo de delegado da Polícia Civil, o art. 14 da Lei n. 9.624/1998 afirma que o participante pode optar pela percepção do vencimento e das vantagens de seu cargo efetivo em substituição ao auxílio financeiro, o que demonstra sua natureza salarial, passível de incidência do imposto de renda, pois não consiste em verbas destinadas exclusivamente para proceder a estudos ou pesquisas nos termos do art. 26 da Lei n. 9.250/1995, a qual prevê essa isenção fiscal. Com esse entendimento, a Turma deu provimento ao recurso. **REsp 640.281-RN, Rel. Min. Herman Benjamin, julgado em 19/6/2007.** (Inform. STJ 324)

IR. ATIVIDADES HOSPITALARES. INTERNAÇÃO.
Para fins de base de cálculo do imposto de renda, aplica-se restritivamente o art. 15, § 1º, III, a, da Lei n. 9.249/1995 aos próprios hospitais, incluindo-se, além desses, apenas os estabelecimentos que dispõem de estrutura material e de pessoal que prestam serviços de internação. Precedente citado: REsp 786.569-RS, DJ 30/10/2006. **REsp 922.795-RS, Rel. Min. Castro Meira, julgado em 12/6/2007.** (Inform. STJ 323)

IR. CONTRIBUIÇÃO SOCIAL. LABORATÓRIO. ANÁLISES CLÍNICAS.
A Turma decidiu que o laboratório de microbiologia e análises clínicas em geral, no caso concreto, não se enquadra na concepção de serviços hospitalares prevista no art. 15, § 1º, III, **a**, segunda parte, da Lei n. 9.249/1995, que estabelece base de cálculo do imposto de renda de pessoa jurídica pelo regime do lucro presumido, também aplicável à base de cálculo da contribuição social sobre o lucro líquido, por força do art. 20 da citada lei, porquanto os favores fiscais não comportam interpretação analógica. Precedente citado: REsp 786.569-RS, DJ 30/10/2006. **REsp 925.175-SC, Rel. Min. Castro Meira, julgado em 15/5/2007.** (Inform. STJ 320)

IR. PAGAMENTO. ACORDO. HORAS EXTRAS.
Trata-se de saber se há incidência no imposto de renda (IR) sobre as verbas recebidas em decorrência de acordo firmado entre a Caixa Econômica Federal (CEF) e a Associação Nacional de Advogados da CEF. Esse acordo coletivo estabeleceu a renúncia quanto à duração da jornada de trabalho estabelecida no art. 20 da Lei n. 8.906/1994 (Estatuto da Advocacia) por meio de compensação pecuniária. Note-se que, de acordo com a jurisprudência firmada, o pagamento de indenização pode ou não acarretar acréscimo patrimonial, dependendo da natureza do bem jurídico a que se refere, se meramente indenizatória ou remuneratória. No presente caso, a Segunda Turma entende que os valores recebidos pelos advogados da CEF têm natureza indenizatória por ser quantia reparadora fixa compensatória, não incidindo o IR. E a Primeira Turma entende que esse acordo não tem natureza indenizatória porque se trata de acréscimo patrimonial, incidindo o IR. Para o Min. Relator, a cláusula objeto da discussão é de natureza remuneratória e não configura mera recomposição material, pois se trata de verba recebida em virtude de horas extras que se deseja compensar e deixou de ser auferida (lucro cessante que não importou em redução patrimonial), logo acarretou acréscimo patrimonial, incidindo o IR. Explica, ainda, que o simples fato de verba ser classificada como indenizatória ou de seu pagamento ser fruto de acordo não a retira do âmbito da incidência do IR, *ex vi* do art. 43 do CTN e da Lei n. 7.713/1988 (lei que excetua algumas indenizações da incidência do IR). Com esse entendimento, a Seção, por maioria, negou provimento aos embargos de divergência. **EREsp 695.499-RJ, Rel. Min. Herman Benjamin, julgados em 9/5/2007.** (Inform. STJ 319)

IR. NÃO-INCIDÊNCIA. FÉRIAS. TERÇO CONSTITUCIONAL.
Os valores recebidos em razão da aposentadoria a título de férias não-gozadas acrescidos do terço constitucional (art. 7º, XVII, da CF/1988), sejam simples, em dobro ou proporcionais, bem como os relativos à licença-prêmio em aquisição são de caráter indenizatório, não constituindo acréscimo patrimonial, o que afasta a incidência do imposto de renda. Assim, a Turma deu provimento ao recurso. Precedentes citados: REsp 775.323-PR, DJ 6/3/2006, e Edcl no REsp 298.350-SP, DJ 21/3/2005. **REsp 914.666-SC, Rel. Min. João Otávio de Noronha, julgado em 19/4/2007.** (Inform. STJ 317)

IMPOSTO DE RENDA. PESSOA JURÍDICA. RECEITA BRUTA. HEMODIÁLISE. ENQUADRAMENTO. SERVIÇO HOSPITALAR.
Trata-se, originariamente, de mandado de segurança no qual se pleiteia que, na apuração do IRPJ, utilize-se, como base de cálculo, o percentual de oito por cento da receita bruta auferida mensalmente, de acordo com o art. 15, § 1º, III, **e**, da Lei n. 9.249/1995 por entender a ora recorrida que presta "serviços hospitalares". No caso, a recorrida é empresa prestadora de serviços de hemodiálise. Tal atividade é exercida em instalações que estejam obrigatoriamente junto a um hospital ou em cujo interior existam equipamentos similares, pois envolve procedimentos, medidas terapêuticas de alto risco, exigindo recursos emergenciais caso haja uma intercorrência. Logo o recorrido é a pessoa jurídica que, conceitualmente, enquadra-se como entidade hospitalar, fazendo jus ao benefício de 8% para o IRPJ. Assim, a Turma conheceu do recurso e negou-lhe provimento. Precedentes citados: REsp 380.116-RS, DJ 8/4/2002, e REsp 831.731-RS, DJ 16/6/2006. **REsp 898.913-SC, Rel. Min. José Delgado, julgado em 6/3/2007.** (Inform. STJ 312)

IMPOSTO DE RENDA. PESSOA JURÍDICA. CONTRIBUIÇÃO SOCIAL SOBRE O LUCRO. RECEITA BRUTA. SERVIÇO DE ANESTESIOLOGIA. ENQUADRAMENTO. CONCEITO. SERVIÇO HOSPITALAR.
A pessoa jurídica que presta serviço de anestesiologia (anestesia geral, bloqueios peridural, sub-aracnóideo – raqui, inter escalênico – plexo braquial, axilar – plexo braquial –, intravenoso regional – BIER –, digital, peribulbar e de nervos periféricos) enquadra-se no conceito de "serviços hospitalares" disposto no art. 15, § 1º, III, **a**, segunda parte, da Lei n. 9.249/1995, incidindo, pois, a alíquota de oito por cento e doze por cento sobre a receita bruta mensal a título de IRPJ e CSLL, respectivamente. Assim, a Turma conheceu do recurso e deu-lhe provimento. **REsp 901.150-SC, Rel. Min. José Delgado, julgado em 6/3/2007.** (Inform. STJ 312)

IR. FÉRIAS ANTIGÜIDADE. PRÊMIO APOSENTADORIA E JUBILEU.
A jurisprudência do STJ é pacífica no sentido de incidir Imposto de Renda sobre as verbas recebidas a título de indenização especial quando da rescisão do contrato de trabalho, tais como as férias antigüidade, o prêmio aposentadoria e o prêmio jubileu. **REsp 731.840-RS, Rel. Min. João Otávio de Noronha, julgado em 1º/3/2007.** (Inform. STJ 311)

SÚMULA STF Nº 587

Incide Imposto de Renda sobre o pagamento de serviços técnicos contratados no exterior e prestados no Brasil.

SÚMULA STF Nº 586

Incide o Imposto de Renda sobre os juros remetidos para o exterior, com base em contrato de mútuo.

SÚMULA STF Nº 584

Ao Imposto de Renda calculado sobre os rendimentos do ano-base, aplica-se a lei vigente no exercício financeiro em que deve ser apresentada a declaração.

SÚMULA STJ Nº 498

Não incide imposto de renda sobre a indenização por danos morais.

SÚMULA STJ Nº 463

Incide imposto de renda sobre os valores percebidos a título de indenização por horas extraordinárias trabalhadas, ainda que decorrentes de acordo coletivo.

SÚMULA STJ Nº 386

São isentas de imposto de renda as indenizações de férias proporcionais e o respectivo adicional.

SÚMULA STJ Nº 215

A indenização recebida pela adesão ao programa de incentivo à demissão voluntária não está sujeita à incidência do imposto de renda.

SÚMULA STJ Nº 136

O pagamento de licença-prêmio não gozada por necessidade do serviço não está sujeito ao Imposto de Renda.

SÚMULA STJ Nº 125

O pagamento de férias não gozadas por necessidade de serviço não está sujeito à incidência do Imposto de Renda.

SÚMULA TFR Nº 264

As cooperativas não estão sujeitas à tributação do Imposto de Renda por excesso de retirada de seus dirigentes.

SÚMULA TFR Nº 182

É ilegítimo o lançamento do Imposto de Renda arbitrado com base apenas em extratos ou depósitos bancários.

SÚMULA TFR Nº 130

No cálculo do Imposto de Renda, não se inclui o ágio cambial pago na aquisição da moeda estrangeira a ser remetida ao Exterior a título de juros devidos.

SÚMULA TFR Nº 101

As multas fiscais não são dedutíveis como despesas operacionais, para fins do Imposto de Renda.

SÚMULA TFR Nº 76

Em tema de Imposto de Renda, a desclassificação da escrita somente se legitima na ausência de elementos concretos que permitam a apuração do lucro real da empresa, não a justificando o simples atraso na escrita.

SÚMULA TFR Nº 39

Não está sujeita ao Imposto de Renda a indenização recebida por pessoa jurídica em decorrência de desapropriação amigável ou judicial.

7.3. IPI

ED: CRÉDITO-PRÊMIO DO IPI E DECLARAÇÃO DE INCONSTITUCIONALIDADE

O Plenário iniciou julgamento de embargos declaratórios em que contribuintes, ora embargantes, alegam a existência de contradição entre o que decidido na conclusão do recurso extraordinário e o que registrado, posteriormente, em sua proclamação. Na ocasião, o Colegiado examinara a constitucionalidade do art. 1º do Decreto-lei 1.724/79 — v. Informativo 374. O Min. Marco Aurélio, relator, acolheu os embargos para elucidar que a declaração de inconstitucionalidade do aludido preceito restringir-se-ia à delegação conferida ao Ministro de Estado para alterar, em prejuízo dos contribuintes, o previsto nos artigos 1º e 5º do Decreto-lei 491/69, em termos de incentivos fiscais. Esclareceu que a celeuma decorrera da circunstância de adotar-se como parte dispositiva do acórdão a proclamação feita, que constara do extrato de ata, no momento em que encerrada a análise do extraordinário. Em síntese, o que consignado quanto à inconstitucionalidade não se coadunara quer com as balizas do processo — revelador de ação ordinária ajuizada pelos ora recorrentes —, quer com o voto condutor do julgamento e a maioria então formada. Após o voto do Min. Luiz Fux, que acompanhou o relator, pediu vista dos autos o Min. Dias Toffoli. RE 208260 ED/RS, rel. Min. Marco Aurélio, 17.11.2011. (RE-208260) (Inform. STF 648)

MAJORAÇÃO DE ALÍQUOTA DE IPI E PRINCÍPIO DA ANTERIORIDADE NONAGESIMAL - 1

O Plenário deferiu pedido de medida liminar em ação direta de inconstitucionalidade, ajuizada pelo partido político Democratas - DEM, para suspender o art. 16 do Decreto 7.567/2011, que confere vigência imediata à alteração da Tabela de Incidência do IPI - TIPI, na qual se majoraram alíquotas sobre operações envolvendo veículos automotores ("*Art. 16. Esse Decreto entra em vigor na data de sua publicação*"). Consignou-se que a reforma tributária promovida pelo constituinte derivado, com a promulgação da Emenda Constitucional 42/2003, alargara o âmbito de proteção dos contribuintes e estabelecera nova restrição ao poder de tributar da União, dos Estados-membros e dos Municípios. Aduziu-se que fora acrescentada a alínea c ao inciso III do art. 150 da CF, com ampliação da incidência do princípio da anterioridade nonagesimal, antes restrita à cobrança das contribuições sociais (CF, art. 195, § 6º). No tocante ao IPI, o tratamento teria sido singular. Na redação conferida ao art. 150, § 1º, da CF, continuara o imposto excepcionado da incidência do princípio da anterioridade anual, mas não da anterioridade nonagesimal. ["*Art. 150. Sem prejuízo de outras garantias asseguradas ao contribuinte, é vedado à União, aos Estados, ao Distrito Federal e aos Municípios: ... III - cobrar tributos: ... b) no mesmo exercício financeiro em que haja sido publicada a lei que os instituiu ou aumentou; c) antes de decorridos noventa dias da data em que haja sido publicada a lei que os instituiu ou aumentou, observado o disposto na alínea b; ... § 1º A vedação do inciso III, b, não se aplica aos tributos previstos nos arts. 148, I, 153, I, II, IV e V; e 154, II; e a vedação do inciso III, c, não se aplica aos tributos previstos nos arts. 148, I, 153, I, II, III e V; e 154, II, nem à fixação da base de cálculo dos impostos previstos nos arts. 155, III, e 156, I. ... Art. 153. Compete à União instituir impostos sobre: ... IV - produtos industrializados; ... § 1º - É facultado ao Poder Executivo, atendidas as condições e os limites estabelecidos em lei, alterar as alíquotas dos impostos enumerados nos incisos I, II, IV e V*"]. ADI 4661 MC/DF, rel. Min. Marco Aurélio, 20.10.2011. (ADI-4661)

MAJORAÇÃO DE ALÍQUOTA DE IPI E PRINCÍPIO DA ANTERIORIDADE NONAGESIMAL - 2

Asseverou-se que o princípio da anterioridade representaria garantia constitucional estabelecida em favor do contribuinte perante o Poder Público, norma voltada a preservar a segurança e a possibilitar um mínimo de previsibilidade às relações jurídico-tributárias. Mencionou-se que o referido princípio destinar-se-ia a assegurar o transcurso de lapso temporal razoável a fim de que o contribuinte pudesse elaborar novo planejamento e adequar-se à realidade tributária mais gravosa. Assim, o art. 16 do Decreto 7.567/2011, ao prever a imediata entrada em vigor de norma que implicara aumento da alíquota de IPI contrariara o art. 150, III, c, da CF. Deste modo, a possibilidade de acréscimo da alíquota do IPI mediante ato do Poder Executivo, em exceção ao princípio da legalidade (CF, art. 153, § 1º), não afastaria a necessidade de observância ao postulado da anterioridade nonagesimal. Por revelar garantia do contribuinte contra o poder de tributar, esse princípio somente poderia ser mitigado mediante disposição constitucional expressa, o que não ocorreria em relação ao IPI. ADI 4661 MC/DF, rel. Min. Marco Aurélio, 20.10.2011. (ADI-4661)

MAJORAÇÃO DE ALÍQUOTA DE IPI E PRINCÍPIO DA ANTERIORIDADE NONAGESIMAL - 3

Reputou-se que a Constituição deveria ser interpretada de forma sistemática. Dessa maneira, o permissivo por meio do qual se autorizaria o uso de ato infralegal para a modificação da alíquota não conferiria ao Executivo poderes mais amplos do que os atribuídos ao Congresso Nacional, até mesmo porque, nos termos do art. 153, § 1º, da CF, os poderes seriam exercidos nas condições e limites estabelecidos em lei. Apesar do inegável aspecto extrafiscal do IPI, a atividade do contribuinte seria desenvolvida levando em conta a tributação existente em dado momento, motivo pelo qual a majoração do tributo, ainda mais quando poderia efetivar-se em até trinta pontos percentuais, deveria obedecer aos postulados da segurança jurídica e da não-surpresa. Os Ministros Gilmar Mendes, Celso de Mello e Cezar Peluso, Presidente, destacaram que o princípio da anterioridade nonagesimal constituiria direito fundamental deslocado do art. 5º da CF, destinado a salvaguardar o contribuinte do arbítrio destrutivo ou dos excessos gravosos do Estado. Dessa forma, nem mesmo o Poder Constituinte derivado poderia mutilá-lo e, muito menos, extingui-lo. Por fim, deliberou-se conferir efeitos *ex tunc* à medida liminar. Vencido, nesta parte, o relator, que atribuía efeitos *ex nunc* à decisão. ADI 4661 MC/DF, rel. Min. Marco Aurélio, 20.10.2011. (ADI-4661) (Inform. STF 645)

AG. REG. NA RCL N. 6.882-MG
RELATORA: MIN. CÁRMEN LÚCIA
EMENTA: AGRAVO REGIMENTAL NA RECLAMAÇÃO. TRIBUTÁRIO. CRÉDITO-PRÊMIO DE IMPOSTO SOBRE PRODUTOS INDUSTRIALIZADOS – IPI. ALEGAÇÃO DE USURPAÇÃO DA COMPETÊNCIA DO SUPREMO TRIBUNAL FEDERAL PELO SUPERIOR TRIBUNAL DE JUSTIÇA NOS AUTOS DO RECURSO ESPECIAL N. 1.039.822. AGRAVO REGIMENTAL AO QUAL SE NEGA PROVIMENTO.

1. O Superior Tribunal de Justiça pode exercer o controle difuso de constitucionalidade para, cotejando o art. 41, § 1º, do Ato das Disposições Constitucionais Transitórias com as demais normas infraconstitucionais supostamente aplicáveis à espécie vertente, decidir pela inconstitucionalidade daquelas que indevidamente beneficiariam a ora Agravante.

2. O reconhecimento de repercussão geral no Recurso Extraordinário n. 577.302 não significa que o Superior Tribunal de Justiça está impedido de julgar, observando os limites de sua competência, o recurso especial interposto simultaneamente ao recurso extraordinário.

3. Agravo regimental ao qual se nega seguimento. (Inform. STF 623)

IPI E "LEASING" INTERNACIONAL - 1

A 2ª Turma desproveu recurso extraordinário em que discutida a incidência do Imposto de Importação – II e do Imposto sobre Produtos Industrializados – IPI sobre operação de importação amparada por arrendamento mercantil financeiro (*leasing*). A recorrente sustentava: a) insubmissão do arrendamento mercantil, que seria um serviço, ao fato gerador do imposto de importação; b) violação do princípio da isonomia, na medida em que seria proibida a adoção do regime de admissão temporária para as operações amparadas por arrendamento mercantil; c) contrariedade à regra da legalidade, uma vez que a alíquota do imposto de importação teria sido definida por decreto e não por lei em sentido estrito; e d) vilipêndio ao dever fundamental de prestação de serviços de saúde, pois o bem tributado seria equipamento médico. RE 429306/PR, rel. Min. Joaquim Barbosa, 1º.2.2011. (RE-429306)

IPI E "LEASING" INTERNACIONAL - 2

Aduziu-se, inicialmente, que a importação de produto mediante contrato de arrendamento mercantil implicaria tanto prestação de serviço (*leasing*) quanto a própria importação, de maneira que a incidência de tributos diferentes não significaria bitributação. Ademais, entendeu-se não ter sido violado o princípio da isonomia, uma vez que o objetivo da tributação do arrendamento mercantil seria não torná-lo mais atrativo que as operações de compra e venda financiada apenas por vantagens fiscais. Nesse sentido, operações idênticas ou bastante semelhantes deveriam gerar cargas tributárias muito próximas, independentemente da formatação do negócio jurídico. Além disso, reputou-se ausente ofensa à regra da legalidade, pois a Constituição, no § 1º do seu art. 153, permitiria expressamente que as alíquotas do imposto de importação fossem definidas pelo Poder Executivo, observados os limites estabelecidos em lei. Por fim, reconheceu-se não haver transgressão ao dever fundamental de prestação de serviços de saúde, pois, embora o princípio da seletividade impusesse que a carga tributária fosse graduada conforme a essencialidade da operação ou do produto, não haveria imunidade, considerados os princípios da capacidade contributiva, da concorrência, da livre iniciativa e da solidariedade no custeio das atividades estatais. RE 429306/PR, rel. Min. Joaquim Barbosa, 1º.2.2011. (RE-429306) (Inform. STF 614)

IPI E CREDITAMENTO: INSUMOS ISENTOS, NÃO TRIBUTADOS OU SUJEITOS À ALÍQUOTA ZERO - 4

Em conclusão de julgamento, o Tribunal desproveu recurso extraordinário interposto contra acórdão do TRF da 4ª Região que negara a contribuinte do IPI o direito de creditar-se do valor do tributo incidente sobre insumos adquiridos sob regime de isenção, não tributados ou sujeitos à alíquota zero. Sustentava-se ofensa ao princípio da não-cumulatividade (CF, art. 153, § 3º, II) — v. Informativos 554 e 591. Inicialmente, consignou-se que o STF, ao apreciar os recursos extraordinários 353657/PR (DJE de 6.3.2008) e 370682/SC (DJE de 19.12.2007), referentes à aquisição de insumos não tributados ou sujeitos à alíquota zero, aprovara o entendimento de que o direito ao crédito pressupõe recolhimento anterior do tributo, cobrança implementada pelo Fisco. Enfatizou-se que tal raciocínio seria próprio tanto no caso de insumo sujeito à alíquota zero ou não tributado quanto no de insumo isento, tema não examinado nos precedentes citados. Contudo, julgou-se inexistir dado específico a conduzir ao tratamento diferenciado. No tocante à definição técnica-constitucional do princípio da não-cumulatividade, afirmou-se que esse princípio seria observado compensando-se o que devido em cada operação com o montante cobrado nas anteriores, ante o que não se poderia cogitar de direito a crédito quando o insumo entra na indústria considerada a alíquota zero. **RE 566819/RS, rel. Min. Marco Aurélio, 29.9.2010.** (RE-566819)

IPI E CREDITAMENTO: INSUMOS ISENTOS, NÃO TRIBUTADOS OU SUJEITOS À ALÍQUOTA ZERO - 5

Relativamente à questão alusiva ao valor do crédito e do imposto final, asseverou-se que a pretensão da recorrente colocaria em plano secundário a sistemática pertinente ao IPI, no que voltada a evitar a cumulatividade, o tributo seqüencial. Ressaltando a seletividade do IPI, expôs-se que, uma vez adquirido o insumo mediante incidência do tributo com certa alíquota, o creditamento far-se-ia diante do que realmente recolhido, gerando a saída final do produto novo cálculo e, então, como já ocorrido o creditamento quanto ao que recolhido na aquisição do insumo, a incidência da alíquota dar-se-ia sobre o preço (valor total). Mencionou-se que não se comunicariam as operações a serem realizadas, deixando-se de individualizar insumos e produtos, pois, se assim não fosse, instalar-se-ia um pandemônio escritural. Assinalou-se que o sistema consagrador do princípio da não-cumulatividade, presente quer o IPI quer o ICMS, implica crédito e débito em conta única e que o argumento desenvolvido a respeito do que se denomina crédito do IPI presumido, considerada a entrada de insumo, resultaria em subversão do sistema nacional de cobrança do tributo, partindo-se para a adoção do critério referente ao valor agregado. Dessa forma, reputou-se que isso potencializaria a seletividade, a qual geraria vantagem, à margem de previsão, para o contribuinte, que passaria a contar com um crédito inicial, presente a entrada do insumo tributado, e, posteriormente, haveria a apuração do que agregado para se estipular valor que não seria o do produto final. Considerou-se que esse raciocínio revelaria desprezo pelo sistema pátrio de cobrança do tributo, assim como discreparia das balizas próprias à preservação dos princípios da não-cumulatividade, que direcionam, no concernente ao produto final, à aplicação da alíquota levando-se em conta o valor respectivo, porquanto já escriturado o crédito decorrente da satisfação do tributo com relação ao insumo. Concluiu-se que, em última análise, ante o critério seletivo, com o tributo final menor, passar-se-ia a ter jus a uma segunda diferença relativa ao que recolhido a maior anteriormente e já objeto do creditamento. Por fim, deu-se por prejudicada a discussão referente à prescrição, dado que esta somente teria utilidade se o recurso viesse a ser provido, o mesmo ocorrendo com a atualização monetária. Vencido o Min. Cezar Peluso, Presidente, que provia o recurso. **RE 566819/RS, rel. Min. Marco Aurélio, 29.9.2010.** (RE-566819) (Inform. STF 602)

IPI E CREDITAMENTO: INSUMOS ISENTOS, NÃO TRIBUTADOS OU SUJEITOS À ALÍQUOTA ZERO - 3

O Tribunal retomou julgamento de recurso extraordinário interposto contra acórdão do TRF da 4ª Região que negara a contribuinte do IPI o direito de creditar-se do valor do tributo incidente sobre insumos adquiridos sob regime de isenção, não tributados ou sujeitos à alíquota zero — v. Informativo 554. A Min. Cármen Lúcia, em voto-vista, acompanhou o voto do relator, Min. Marco Aurélio, no sentido de desprover o recurso. Após, pediu vista dos autos a Min. Ellen Gracie. **RE 566819/RS, rel. Min. Marco Aurélio, 16.6.2010.** (RE-566819) (Inform. STF 591)

RE N. 475.551-PR

RELATORA P/ O ACÓRDÃO: MIN. CÁRMEN LÚCIA

EMENTA: IMPOSTO SOBRE PRODUTOS INDUSTRIALIZADOS – IPI. INSUMOS OU MATÉRIAS PRIMAS TRIBUTADOS. SAÍDA ISENTA OU SUJEITA À ALÍQUOTA ZERO. ART. 153, § 3º, INC. II, DA CONSTITUIÇÃO DA REPÚBLICA. ART. 11 DA LEI N. 9.779/1999. PRINCÍPIO DA NÃO CUMULATIVIDADE. DIREITO AO CREDITAMENTO: INEXISTÊNCIA. RECURSO EXTRAORDINÁRIO PROVIDO. 1. Direito ao creditamento do montante de Imposto sobre Produtos Industrializados pago na aquisição de insumos ou matérias primas tributados e utilizados na industrialização de produtos cuja saída do estabelecimento industrial é isenta ou sujeita à alíquota zero.

2. A compensação prevista na Constituição da República, para fins da não cumulatividade, depende do cotejo de valores apurados entre o que foi cobrado na entrada e o que foi devido na saída: o crédito do adquirente se dará em função do montante cobrado do vendedor do insumo e o débito do adquirente existirá quando o produto industrializado é vendido a terceiro, dentro da cadeia produtiva. 3. Embora a isenção e a alíquota zero tenham naturezas jurídicas diferentes, a consequência é a mesma, em razão da desoneração do tributo. 4. O regime constitucional do Imposto sobre Produtos Industrializados determina a compensação do que for devido em cada operação com o montante cobrado nas operações anteriores, esta a substância jurídica do princípio da não cumulatividade, não aperfeiçoada quando não houver produto onerado na saída, pois o ciclo não se completa. 5. Com o advento do art. 11 da Lei n. 9.779/1999 é que o regime jurídico do Imposto sobre Produtos Industrializados se completou, apenas a partir do início de sua vigência se tendo o direito ao crédito tributário decorrente da aquisição de insumos ou matérias primas tributadas e utilizadas na industrialização de produtos isentos ou submetidos à alíquota zero. 6. Recurso extraordinário provido. * noticiado no Informativo 545 (Inform. STF 567)

RE N. 562.980-SC

RELATOR P/ O ACÓRDÃO: MIN. MARCO AURÉLIO

IPI - CREDITAMENTO - ISENÇÃO - OPERAÇÃO ANTERIOR À LEI Nº 9.779/99. A ficção jurídica prevista no artigo 11 da Lei nº 9.779/99 não alcança situação reveladora de isenção do Imposto sobre Produtos Industrializados - IPI que a antecedeu. (Inform. STF 558)

CRÉDITO-PRÊMIO DO IPI E EXTINÇÃO - 1

O Tribunal desproveu dois recursos extraordinários em que se discutia o termo final de vigência do crédito-prêmio do IPI - Imposto sobre Produtos Industrializados, instituído pelo Decreto-Lei 491/69. Prevaleceu o voto do Min. Ricardo Lewandowski, relator, que entendeu que o aludido incentivo fiscal teria vigorado até 5.10.90, a teor do disposto no art. 41, § 1º, do ADCT ("*Art. 41. Os Poderes Executivos da União, dos Estados, do Distrito Federal e dos Municípios reavaliarão todos os incentivos fiscais de natureza setorial ora em vigor, propondo aos Poderes Legislativos respectivos as medidas cabíveis. § 1º - Considerar-se-ão revogados após dois anos, a partir da data da promulgação da Constituição, os incentivos que não forem confirmados por lei.*"). O relator, inicialmente, fez um breve histórico sobre a evolução do crédito-prêmio em nosso ordenamento jurídico. Asseverou que o IPI foi instituído pela Lei 4.502/64, tendo o Governo, a fim de estimular as exportações, editado, em seguida, o Decreto-Lei 491/69, que permitiu, às empresas fabricantes e exportadoras de produtos manufaturados, "a título de estímulo fiscal", por prazo indeterminado, o ressarcimento de tributos pagos internamente mediante a constituição de créditos tributários sobre suas vendas ao exterior, incentivo esse denominado "crédito-prêmio". **RE 577348/RS, rel. Min. Ricardo Lewandowski, 13.8.2009. (RE-577348) RE 561485/RS, rel. Min. Ricardo Lewandowski, 13.8.2009.** (RE-561485)

CRÉDITO-PRÊMIO DO IPI E EXTINÇÃO - 2

Aduziu o relator que, depois, o Decreto-Lei 1.248/72 ampliou o incentivo para incluir as operações nas quais o industrial vendesse a sua produção no mercado interno a empresa comercial exportadora (produtor-vendedor), desde que destinada ao exterior, mas que o Decreto-Lei 1.894/81 acabou excluindo esse produtor-vendedor do conjunto de beneficiários. Quanto às normas concernentes à vigência temporal do crédito-prêmio do IPI, registrou que foi editado o Decreto-Lei 1.658/79, que reduziu gradualmente o crédito-prêmio até a sua extinção definitiva em 30.6.83, porém, antes de sobrevir o termo final por ele estabelecido, outros diplomas teriam sido editados, dispondo sobre o prazo de vigência do aludido incentivo. No ponto, citou o Decreto-Lei 1.722/79, que autorizou o Ministro de Estado da Fazenda a reduzir, paulatinamente, o incentivo fiscal, até 30.6.83, o Decreto-Lei 1.724/79, que, promovendo nova alteração na sistemática, revogou as disposições em contrário e delegou ao Ministro de Estado da Fazenda a atribuição de fixar a data de extinção do incentivo, e o Decreto-Lei 1.894/81, que restabeleceu o estímulo fiscal sem prazo de vigência, estendendo-o às empresas exportadoras de produtos de fabricação nacional, adquiridos no mercado interno, delegando, novamente, ao Ministro da Fazenda poderes para extingui-lo. Com base nessas autorizações, disse que o Ministro da Fazenda editou diversas Portarias, tratando do crédito-prêmio do IPI, dentre as quais se destacaria a Portaria 176/84, a qual determinou a extinção definitiva do referido incentivo em 1º.5.85. Afirmou, ainda, que, de 1985 até a promulgação da CF/88 (art. 41, § 1º, do ADCT), nenhuma outra norma teria sido editada tratando expressamente da vigência do crédito-prêmio do IPI, havendo, entretanto, o Decreto-Lei 2.413, de 10.2.88, reconhecido, implicitamente, que o incentivo fiscal teria se mantido íntegro até aquela data. **RE 577348/RS, rel. Min. Ricardo Lewandowski, 13.8.2009. (RE-577348) RE 561485/RS, rel. Min. Ricardo Lewandowski, 13.8.2009.** (RE-561485)

CRÉDITO-PRÊMIO DO IPI E EXTINÇÃO - 3

O relator informou, em seguida, que o Supremo teria declarado a inconstitucionalidade parcial do art. 1º do referido Decreto-Lei 1.724/79 e do inciso I do art. 3º do Decreto-Lei 1.894/81, por considerar que a delegação de atribuições ao Ministro da Fazenda para reduzir, suspender ou extinguir o incentivo em questão afrontaria o art. 6º da CF/67, alterada pela EC 1/69 (RE 186623/RS, DJU de 12.4.2002; RE 186359/RS, DJU de 10.5.2002; RE 180828/RS, DJU de 14.3.2003), o que teria levado o Senado Federal a editar a Resolução 71/2005, a qual suspendeu a execução das expressões declaradas inconstitucionais. Ante a profusão de normas relativas ao crédito-prêmio e a superveniente declaração de inconstitucionalidade parcial dos aludidos dispositivos, três soluções diferentes teriam passado a ser defendidas e adotadas pelos especialistas e tribunais: 1) o crédito-prêmio teria sido revogado em 30.6.83 pelo Decreto-Lei 1.658/79; 2) o crédito-prêmio teria sido extinto em 5.10.90, nos termos do art. 41 do ADCT, em especial diante de seu caráter setorial; 3) o crédito-prêmio continuaria em vigor até hoje, haja vista que, por não possuir natureza setorial, não teria sido abrangido pelo art. 41 do ADCT. Para o relator, ao declarar inconstitucional apenas a delegação de atribuições ao Ministro da Fazenda para promover a redução, suspensão ou extinção do crédito-prêmio, as decisões do Supremo teriam preservado a competência daquele para aumentar o incentivo, bem como a norma que o instituiu sem prazo definido de vigência (DL 491/69). Assim, com fundamento no princípio da conservação dos atos jurídicos, essa declaração parcial de inconstitucionalidade não só não teria expungido o crédito-prêmio do ordenamento jurídico, como teria tornado indeterminado o seu termo final de vigência, condicionado, no entanto, ao disposto no art. 41, § 1º, do ADCT. RE 577348/RS, rel. Min. **Ricardo Lewandowski, 13.8.2009. (RE-577348) RE 561485/RS, rel. Min. Ricardo Lewandowski, 13.8.2009.** (RE-561485)

CRÉDITO-PRÊMIO DO IPI E EXTINÇÃO - 4

Em seguida, o Min. Ricardo Lewandowski, tendo em conta o disposto na norma transitória, e asseverando que incentivos ou estímulos fiscais são todas as normas jurídicas ditadas com finalidades extrafiscais de promoção do desenvolvimento econômico e social que excluem total ou parcialmente o crédito tributário, afirmou que a natureza de estímulo fiscal do crédito-prêmio estaria claramente evidenciada tanto por essa definição quanto pela terminologia utilizada pelos sucessivos textos normativos que trataram do tema, desde o Decreto-Lei 491/69. Ressaltou, ademais, o fato de o crédito-prêmio ter sido criado com o objetivo de promover o desenvolvimento de um setor determinado da economia, qual seja, o setor industrial, por meio do incentivo à exportação de produtos manufaturados. Aduziu que, ao elaborar o art. 41 do ADCT, os legisladores constituintes teriam pretendido rever todos os incentivos fiscais vigentes à época, com exceção dos de natureza regional. Concluiu o relator que, por ser um incentivo fiscal de cunho setorial, o crédito-prêmio do IPI, para continuar vigorando, deveria ter sido confirmado, portanto, por lei superveniente no prazo de dois após a publicação da CF/88, e que, como isso não ocorreu, teria sido extinto, inexoravelmente, em 5.10.90. Por fim, o Tribunal deliberou no sentido de adotar as regras do art. 543-B do CPC. **RE 577348/RS, rel. Min. Ricardo Lewandowski, 13.8.2009. (RE-577348) RE 561485/RS, rel. Min. Ricardo Lewandowski, 13.8.2009.** (RE-561485) (Inform. STF 555)

IPI: ISENÇÃO OU ALÍQUOTA ZERO E COMPENSAÇÃO DE CRÉDITOS - 1

O Tribunal iniciou julgamento de recurso extraordinário interposto pela União contra acórdão do TRF da 4ª Região em que se discute a possibilidade de o contribuinte creditar-se ou compensar-se do IPI quando há incidência do tributo sobre os insumos ou matérias-primas utilizados na industrialização de produtos isentos ou tributados com alíquota zero. Na espécie, o acórdão impugnado reconhecera o direito de a empresa recorrida compensar os créditos do IPI, até dezembro 1998, superando a limitação estabelecida no art. 174 do Decreto 2.637/98, com base no princípio da não-cumulatividade, e ao fundamento de que, a partir de 1º.1.99, com o advento da Lei 9.779/99, isso teria se tornado possível, mediante requerimento à Receita Federal. O Min. Ricardo Lewandowski, relator, negou provimento ao recurso. Salientou, inicialmente, estar-se diante de hipótese diversa da examinada anteriormente pela Corte (RE 370682/SC e RE 353657/PR, j. em 25.6.2007), em que assentada a impossibilidade do creditamento do IPI nas operações realizadas com insumos ou matérias-primas isentos ou tributados com alíquota zero. **RE 562980/SC, rel. Min. Ricardo Lewandowski, 18.6.2008.** (RE-562980)

IPI: ISENÇÃO OU ALÍQUOTA ZERO E COMPENSAÇÃO DE CRÉDITOS - 2

Teceu considerações a respeito da natureza jurídica do IPI e ressaltou que esse tributo é seletivo em função da essencialidade do produto e rege-se pelo princípio da não-cumulatividade que visa, em última análise, impedir que se repasse, ao consumidor, integralmente, a carga tributária incidente em cada etapa necessária à fabricação do produto. Aduziu que esse princípio encontra expressão no art. 153, § 3º, II, da CF e no art. 49 do Código Tributário Nacional - CTN, sendo abrigado também pelo art. 146, do Regulamento do IPI - RIPI (Decreto 2.637/98). Afirmou que, diversamente do que ocorre com o ICMS, não há previsão quanto a condição ou limite à compensação do IPI pago nas operações antecedentes, não sendo a este aplicável a vedação prevista no art. 155, § 2º, II, b, da CF, inserida pela EC 23/83. No ponto, asseverou que o fato de não ter sido essa vedação incorporada ao regime constitucional do IPI deveria ser interpretado não como omissão do constituinte derivado, mas como "silêncio eloqüente" do legislador. **RE 562980/SC, rel. Min. Ricardo Lewandowski, 18.6.2008.** (RE-562980)

IPI: ISENÇÃO OU ALÍQUOTA ZERO E COMPENSAÇÃO DE CRÉDITOS - 3

Em seguida, afastou a alegação de ofensa ao art. 155, § 2º, da CF, haja vista não se tratar, no caso, da outorga de subsídio ou isenção, redução de base de cálculo, concessão de crédito presumido, anistia ou remissão, sem a correspondente autorização legislativa. Considerou estar-se a analisar se o dispositivo regulamentar impugnado impede ou não a realização do princípio da não-cumulatividade, ao que concluiu positivamente. Tal preceito violaria tanto a CF quanto o CTN, impedindo a concretização não só daquele princípio, mas também o da própria seletividade. Para o relator, o acórdão recorrido teria corretamente reputado inconstitucional o art. 174 do Decreto 2.637/98 ao fundamento de que a vedação do creditamento, na hipótese, transformaria o contribuinte de direito em contribuinte de fato, uma vez que os encargos fiscais do IPI dirigem-se unicamente ao consumidor, destinatário último da cadeia de produção, bem como tornaria o IPI um autêntico imposto direto e cumulativo em relação ao industrial, inviabilizando a concessão de isenções durante todo o processo. **RE 562980/SC, rel. Min. Ricardo Lewandowski, 18.6.2008.** (RE-562980)

IPI: ISENÇÃO OU ALÍQUOTA ZERO E COMPENSAÇÃO DE CRÉDITOS - 4

O relator assentou que o art. 11 da Lei 9.779/99 acabou por acolher o entendimento predominante na doutrina e na jurisprudência no tocante à matéria em questão, ensejando o aproveitamento dos créditos do IPI, mediante compensação com outros tributos devidos e administrados pela Secretaria da Receita Federal, nos termos dos artigos 73 e 74 da Lei 9.430/96. Entendeu ser patente que o direito ao aproveitamento de créditos decorrentes de insumos tributados, no caso de produtos isentos ou tributados à alíquota zero, não teria surgido apenas com a promulgação da Lei 9.779/99, já que derivado diretamente do princípio da não-cumulatividade, previsto na CF/88 e em Cartas anteriores, sendo inadmissível que lei ordinária ou simples regulamento pudessem obstaculizá-lo. Ressaltou que a retroação dos efeitos da Lei 9.779/99 estaria implícita, porque esse diploma configuraria verdadeira "lei interpretativa", visto não criar direito novo, mas apenas explicitar as conseqüências advindas do princípio constitucional da não-cumulatividade, revestindo-se, pois, de um caráter eminentemente declaratório (CTN, art. 106, I). Rejeitou, de igual modo, a assertiva de que o contribuinte deveria ter comprovado que não repassara o tributo, tendo em conta não se estar diante de restituição de indébito, não se aplicando à espécie o art. 166 do CTN, concluindo que, se sobre o produto final não incide o IPI, seria de se presumir nada ter sido repassado ao seu adquirente, invertendo-se, assim, o ônus da prova. Por fim, reportando-se ao que decidido no RE 282120/PR (DJU de 6.12.2002), acrescentou que, em casos como o presente, o Supremo estaria admitindo a correção monetária, tendo em conta que o contribuinte estaria sendo obrigado a recorrer ao Judiciário ante a resistência do Fisco em permitir o creditamento de valores, fundado em norma inconstitucional e ilegal. **RE 562980/SC, rel. Min. Ricardo Lewandowski, 18.6.2008.** (RE-562980)

IPI: ISENÇÃO OU ALÍQUOTA ZERO E COMPENSAÇÃO DE CRÉDITOS – 5

Em divergência, o Min. Marco Aurélio deu provimento ao recurso para, reformando o acórdão recorrido, limitar o creditamento, com as conseqüências próprias, ao período posterior à vigência da Lei 9.779/99. Afirmou que, presente o princípio da não-cumulatividade, do qual só se poderia falar quando houvesse a dupla incidência, sobreposição, o direito do contribuinte ao crédito, no caso, somente teria surgido com a edição da Lei 9.779/99, a qual não implicaria mera explicitação de um direito. Após, pediu vista dos autos o Min. Eros Grau. **RE 562980/SC, rel. Min. Ricardo Lewandowski, 18.6.2008.** (RE-562980)

IPI: ISENÇÃO OU ALÍQUOTA ZERO E COMPENSAÇÃO DE CRÉDITOS - 6

Antes da vigência da Lei 9.779/99, não era possível o contribuinte se creditar ou se compensar do IPI quando incidente o tributo sobre os insumos ou matérias-primas utilizados na industrialização de produtos isentos ou tributados com alíquota zero. Essa foi a orientação firmada pela maioria do Tribunal ao prover dois recursos extraordinários interpostos pela União contra acórdãos do TRF da 4ª Região que reconheceram o direito de compensação dos créditos do IPI em período anterior ao advento da referida lei — v. Informativo 511. Prevaleceu o voto do Min. Marco Aurélio, relator. Observou o relator que, ante a sucessividade de operações versadas nos autos, perceber-se-ia o não envolvimento do princípio da não-cumulatividade, conclusão essa que decorreria da circunstância de o inciso II do § 3º do art. 153 da CF surgir pedagógico ao revelar que a compensação a ser feita levará em conta o que devido e recolhido nas operações anteriores com o cobrado na subseqüente. Para ele, atentando-se apenas para o princípio da não-cumulatividade, se o ingresso da matéria-prima ocorre com incidência do tributo, há a obrigatoriedade do recolhimento, mas, se na operação final verifica-se a isenção, não existirá compensação do que recolhido anteriormente em face da ausência de objeto. Frisou que o que o aludido dispositivo constitucional contempla é a compensação, considerando os valores devidos, ou seja, o que recolhido anteriormente e o que é cobrado na operação subseqüente. Asseverou, ademais, salientando mostrar-se uno o sistema tributário, a necessidade de se levar em conta que, no tocante ao ICMS, a Constituição Federal seria explícita ao prever que a isenção ou não-incidência, salvo determinação em contrário da legislação, não implicará crédito para compensação com o montante devido nas operações ou prestações seguintes (CF, art. 155, § 2º, II, a). Em razão desse contexto a revelar o sistema, somente em 1999, até mesmo em observância à exigência instrumental do § 6º do art. 150 da CF, teria vindo à balha a Lei 9.779/99, estabelecendo o que seria a compensação, com outros tributos, considerada a mesma pessoa jurídica, de possível crédito, e remetendo à Lei 9.430/96. Daí, antes da Lei 9.779/99 não haveria base, quer sob aspecto interpretativo em virtude do princípio da não-cumulatividade, quer sob o aspecto legal expresso, para concluir-se pela procedência do direito ao creditamento, tendo em conta a isenção. Em síntese, presente o princípio da não-cumulatividade — do qual só se poderia falar quando houvesse a dupla incidência, sobreposição —, a possibilidade de o contribuinte se creditar, na situação analisada, somente teria surgido com a edição da Lei 9.779/99. Vencidos os Ministros Ricardo Lewandowski, relator, e Cezar Peluso, que desproviam o recurso. Vencido, em parte, o Min. Eros Grau que lhe provia parcialmente, ao fundamento de que apenas no caso da isenção, que é benefício fiscal, e não no da alíquota zero, técnica fiscal, seria justificável, no período anterior à vigência da Lei 9.779/99, a manutenção do crédito discutido. **RE 460785/RS, rel. Min. Marco Aurélio, 6.5 2009. (RE-460785) RE 562980/SC, rel. orig. Min. Ricardo Lewandowski, red. p/ o acórdão Min. Marco Aurélio, 6.5 2009.** (RE-562980) (Inform. STF 545)

PRINCÍPIO DA NÃO-CUMULATIVIDADE: IPI E PRODUTOS ISENTOS OU TRIBUTADOS À ALÍQUOTA ZERO - 1

O Tribunal iniciou julgamento de recurso extraordinário interposto pela União contra acórdão do TRF da 4ª Região que reconheceu a possibilidade de manutenção de créditos decorrentes da aquisição de insumos e matérias primas tributados, empregados no fabrico de produtos cuja saída é isenta ou tem alíquota zero. Inicialmente, o relator registrou ser diversa da dos presentes autos a matéria examinada no RE 353657/PR (DJE de 7.3.2008) e no RE 370682/SC (DJE de 19.12.2007), nos quais se tratava da existência de crédito presumido, decorrente da aquisição de produtos não tributados ou sujeitos à alíquota zero, com subseqüente venda de produto tributado. Asseverou cuidar-se, aqui, da questão da desoneração de IPI na saída e dos seus efeitos sobre a manutenção dos créditos, reais e não fictos, obtidos nas aquisições tributadas. Em seguida, reputou ser imprescindível assentar que o nascimento do crédito na entrada não está sujeito à realização do fato gerador tributado na saída, isto a significar que o direito ao crédito pelos insumos entrados no estabelecimento industrial não se subordina nem vincula a saída tributada, tendo o contribuinte direito ao crédito por força da só aquisição de insumos tributados, não obstante precise, para dele fruir, da realização de operação integrante da classe típica de incidência do IPI, conquanto não necessariamente tributada pelo IPI. Assim, afirmou ser suficiente que a empresa, cujas saídas sejam exoneradas, realize operações com produtos industrializados (CF, art. 153, IV), para que lhe seja assegurado o creditamento relativo às aquisições, pouco se dando a modalidade do tratamento normativo-tributário reservado às vendas, isto é, tributação, não-tributação, alíquota zero ou isenção. **RE 475551/PR, rel. Min. Cezar Peluso, 1º.10.2008.** (RE-475551)

PRINCÍPIO DA NÃO-CUMULATIVIDADE: IPI E PRODUTOS ISENTOS OU TRIBUTADOS À ALÍQUOTA ZERO - 2

O relator considerou que a própria concepção dogmática do instituto da não-cumulatividade torna claro que, ocorrido o pagamento de tributo na entrada dos insumos e de material similar, não há lugar para dúvida acerca do nascimento dos créditos oriundos dessa operação ou operações, pois apenas a compensação total dos impostos pagos na aquisição de insumos, produtos intermediários, viabiliza a não-cumulação, a competitividade nos preços e a desoneração total do produtor ou comerciante. Esclareceu que, se a empresa comprou matéria-prima, com incidência do IPI, industrializou o produto final, mas não o vendeu, ou vendeu apenas parte da produção, disso não resulta que perde o crédito adquirido em razão da compra, nem que o perde se vende produtos industrializados desonerados. Ressaltou que não se lhe pode negar, em nenhum caso, direito, de raiz constitucional, ao crédito, que será compensado, na forma da legislação vigente. No ponto, afirmou que lei futura pode até admitir negociação e venda dos créditos a terceiros, mas a lei não tem competência para, à margem da norma constitucional, vedar a própria formação de créditos ou deixar de prever alguma forma para sua fruição. Para o relator apenas uma limitação é concebível ao propósito, qual seja, a empresa não pode utilizar o crédito, de cujo direito já se tornou titular, até que promova saída da produção, realizando operação característica do regime de IPI, quando uma de duas situações pode configurar-se: (a) empregará o crédito que acumulou para abater do imposto devido na saída, o que se dá ordinariamente, porque a tributação na saída é a regra; ou (b) havendo desoneração na saída, como no caso, poderá compensá-lo com outros tributos, cedê-los a terceiros, ou utilizá-los de outra maneira, consentânea com o princípio da não-cumulatividade. Assim, em nenhuma hipótese, pode a empresa ser condenada a acumulá-los inútil e indefinidamente, ser compelida a abdicar os créditos, ou suportar-lhes anulação prática, já que nasceram de imposição constitucional. Dessa forma, a despeito da distinção conceitual e técnica entre geração de créditos, no primeiro momento da aquisição de insumos tributados, e sua fruição em momento ulterior, substanciada, via de regra, no abatimento do valor de tributos por recolher, a desoneração da saída não se propõe nunca como óbice ao total aproveitamento dos créditos adquiridos pelo contribuinte. **RE 475551/PR, rel. Min. Cezar Peluso, 1º.10.2008.** (RE-475551)

PRINCÍPIO DA NÃO-CUMULATIVIDADE: IPI E PRODUTOS ISENTOS OU TRIBUTADOS À ALÍQUOTA ZERO - 3

Enfatizou, ademais, que, ainda que a Lei 9.799/99 não tivesse permitido o aproveitamento do crédito acumulado, mediante compensação, isso não repercutiria sobre o momento anterior, o da geração dos créditos, nem retiraria o ônus do legislador de prever meios para a fruição dos valores correlatos. Aduziu que o que importa é só que se dê operação típica de IPI, sendo suficiente à fruição dos créditos que a empresa realize a operação com o produto industrializado, e que esse é o cerne da norma que autoriza a instituição do imposto (CF, art. 153, IV), independentemente do tratamento tributário que a lei reserve à saída, haja vista que a não-cumulatividade exige a possibilidade de manutenção dos créditos tributários, decorrentes da aquisição de matérias-primas, produtos intermediários e materiais de embalagem, independentemente da forma de tributação a incidir no resultado do processo produtivo. Expôs, em seqüência, as razões pelas quais entende que nenhuma espécie desonerativa pode implicar anulação dos créditos oriundos de entradas tributadas. Disse que, na saída com isenção ou alíquota zero, é manifesta a ocorrência de operação típica de IPI. Em ambas, ocorre a venda de produto industrializado, mas, por técnicas diferentes, não há imposto por pagar, sendo evidente que, em relação à não-cumulatividade, tanto a isenção quanto a alíquota zero produzem o mesmo efeito jurídico e prático, não se justificando, pois, a idéia de tratamentos diferenciados. Ademais, a supressão de algum aspecto da regra-matriz da incidência ou a nulificação do elemento quantitativo não subtraem a operação concreta à categoria das ações em tese submissas à incidência do IPI. Asseverou que se dá o mesmo em quase todas as hipóteses de não-tributação, que se manifesta de maneiras distintas. **RE 475551/PR, rel. Min. Cezar Peluso, 1º.10.2008.** (RE-475551)

PRINCÍPIO DA NÃO-CUMULATIVIDADE: IPI E PRODUTOS ISENTOS OU TRIBUTADOS À ALÍQUOTA ZERO - 4

Reportou-se aos fundamentos que expendeu no julgamento do RE 353657/PR, no sentido de que, em relação aos produtos não tributados, embora o resultado prático seja o mesmo, isto é, o não pagamento do tributo, é preciso identificar e distinguir três situações teóricas possíveis: i) produtos não tributados por ausência de competência tributária (imunidade ou ausência de competência por exclusão lógico-residual da norma atributiva); ii) produtos não tributados por não estarem incluídos na lei que fixa o âmbito de incidência, mas estarem incluídos no da competência; iii) produtos não tributados por expressa disposição legal (dentro do âmbito de competência e dentro do âmbito de incidência). Estas duas últimas situações equiparam-se às da isenção e da alíquota zero por subtraírem à regra-matriz de incidência determinado aspecto, no caso, o material (o fato gerador), podendo ser adotadas pelo Poder Legislativo como instrumento de política fiscal. Por estarem no âmbito de competência do tributo, permitem a incidência da norma da não-cumulatividade e autorizam o contribuinte a creditar-se do valor relativo à aquisição de produto, atendendo à finalidade inerente à mesma norma. Já em relação à primeira situação, a regra da não-cumulatividade não enseja direito a crédito, porque alheio ao ciclo econômico tomado como pressuposto de fato do imposto (não se trata de produto industrializado). Tendo isso em conta, e aprofundando tais afirmações, concluiu que o verdadeiro fator desencadeante da regra da não-cumulatividade não é a competência *stricto sensu*, mas a existência do pressuposto de fato legitimador da competência para instituição do IPI e que é a existência de um produto industrializado (CF, art. 153, IV). **RE 475551/PR, rel. Min. Cezar Peluso, 1º.10.2008.** (RE-475551)

PRINCÍPIO DA NÃO-CUMULATIVIDADE: IPI E PRODUTOS ISENTOS OU TRIBUTADOS À ALÍQUOTA ZERO - 5

Prosseguindo, o relator reconheceu, daí, haver grande diferença entre imunidade e falta de competência por exclusão lógico-residual. No primeiro caso, afirmou ser induvidosa ocorrência do pressuposto de fato, devendo-se cindir a categoria "i", em duas classes distintas: (i.a) nas situações imunes, a operação com produto industrializado ocorre, a despeito da norma de incompetência veiculada pela imunidade. Opção constitucional expressa, a norma imunizante que prevê a não-tributação tem por finalidade o estabelecimento de benefício fiscal que seria frustrado se fora negado direito ao creditamento. Somente na segunda hipótese (i.b), de exclusão lógico-residual, em que não se cuida de operação com produto industrializado, é que quadra cogitar de fato alheio ao ciclo econômico tomado como pressuposto de fato do imposto (pois não se trata de produto industrializado). Não há direito a crédito, porque se trata de bem (mercadoria ou produto) que não pertence ao universo factual pressuposto à disciplina do IPI. Assim, embora retire a competência para instituição de IPI sobre certa situação ou posição jurídica, a imunidade não elide a existência do pressuposto de fato do tributo, cuja presença invoca a não-cumulatividade. Essa situação, aliada a uma interpretação teleológica e sistemática, permite discernir as duas espécies de não-tributação por incompetência: uma, de imunidade, autoriza a manutenção dos créditos pelas entradas, que só podem ser anulados na outra, e exclusiva, hipótese de falta de competência por exclusão lógico-residual, ou seja, nos casos em que se não realizem operações com produtos industrializados. Por isso, deve-se garantir sempre o aproveitamento de créditos na isenção, na não-incidência, na alíquota zero e, também, na não-tributação, salvo nos casos restritos que não envolvam produtos industrializados, porque seu estorno, anulação ou não-aproveitamento tornariam o imposto cumulativo. **RE 475551/PR, rel. Min. Cezar Peluso, 1º.10.2008.** (RE-475551)

PRINCÍPIO DA NÃO-CUMULATIVIDADE: IPI E PRODUTOS ISENTOS OU TRIBUTADOS À ALÍQUOTA ZERO - 6

Por fim, o Min. Cezar Peluso realçou que geração e utilização de créditos derivam, pois, diretamente da Constituição, que agasalha, no ponto, norma de eficácia plena e incidência imediata, a todos oponível, não sendo possível interpretá-la à luz de normas subalternas. Daí, a geração de créditos não pode ser impedida por norma infraconstitucional, nem pode seu aproveitamento ser obviado, tendo em conta a própria natureza da não-cumulatividade. Em suma, entendeu o relator que acertou o acórdão recorrido, ao reconhecer, embora sob fundamento de natureza diversa, o direito de o contribuinte manter créditos decorrentes da aquisição de *inputs* tributados, ainda na hipótese em que se dedique à fabricação de produtos desonerados (isentos, sujeitos a alíquota zero ou não-tributados), pelas seguintes razões: (a) a natureza exclusivamente constitucional e ilimitada do princípio da não-cumulatividade do IPI; (b) a existência de efetiva incidência de tributo na aquisição de insumos (onerados); (c) a autonomia entre os momentos de geração do crédito e de seu aproveitamento; (d) a ocorrência de operação de saída inserta no âmbito daquelas típicas do IPI e reveladora do pressuposto de fato da competência (venda de produto industrializado); (e) a insignificância jurídico-constitucional, para fins de creditamento, da disciplina tributária da saída dos produtos industrializados (imunidade, não-tributação, isenção, alíquota zero, não-incidência); (f) a possibilidade de aproveitamento de créditos, na forma prevista em lei (compensação com outros tributos, ou meios diversos de fruição que venham a ser estabelecidos); e (g) a inviabilidade jurídica de, sob qualquer pretexto, anular ou estornar créditos, ou permitir-lhes acumulação indefinida, em razão da desoneração das saídas. Após, pediu vista dos autos o Min. Menezes Direito. **RE 475551/PR, rel. Min. Cezar Peluso, 1º.10.2008.** (RE-475551)

PRINCÍPIO DA NÃO-CUMULATIVIDADE: IPI E PRODUTOS ISENTOS OU TRIBUTADOS À ALÍQUOTA ZERO - 7

Na mesma linha da orientação acima fixada, o Tribunal, por maioria, proveu recurso extraordinário em que também se discutia a possibilidade de o contribuinte se compensar dos créditos do IPI quando incidente o tributo sobre os insumos ou matérias-primas utilizados na industrialização de produtos tributados com alíquota zero — v. Informativo 522. Vencidos os Ministros Ricardo Lewandowski, relator, e Cezar Peluso, que desproviam o recurso. RE 475551/PR, rel. orig. Min. Cezar Peluso, red. p/ o acórdão Min. Menezes Direito, 6.5.2009. (RE-475551) (Inform. STF 545)

REPERCUSSÃO GERAL EM RE N. 590.809-RS

RELATOR: MIN. MARCO AURÉLIO

IPI - CREDITAMENTO - ALÍQUOTA ZERO - PRODUTO NÃO TRIBUTADO E ISENÇÃO - RESCISÓRIA - ADMISSIBILIDADE NA ORIGEM. Possui repercussão geral controvérsia envolvendo a rescisão de julgado fundamentado em corrente jurisprudencial majoritária existente à época da formalização do acórdão rescindendo, em razão de entendimento posteriormente firmado pelo Supremo, bem como a relativa ao creditamento no caso de insumos isentos, não tributados ou sujeitos à alíquota zero. (Inform. STF 538)

RAÇÃO. CÃES. GATOS. TIPI. ENQUADRAMENTO.

Na hipótese dos autos, a recorrente busca que os produtos por ela industrializados – alimentos para cães e gatos – sejam classificados na Tabela de Incidência do Imposto sobre Produtos Industrializados (TIPI), no código NCM n. 2309.90.10 (sujeito à incidência de IPI à alíquota zero) e não no código NCM n. 2309.10.00 (cuja alíquota é de 10%), ao argumento, entre outros, de que o produto enquadrar-se-ia no conceito de alimentos compostos completos, devendo, portanto, ser classificado como "preparações destinadas a fornecer ao animal a totalidade dos elementos nutritivos necessários para uma alimentação diária racional e equilibrada", visto que tal classificação contém maior especificidade. Nesse contexto, a Turma negou provimento ao recurso por entender que os produtos industrializados pela recorrente têm enquadramento próprio e específico na TIPI (código n. 2309.10.00), razão pela qual é inadequada a sua inclusão em código genérico, de caráter residual. Ressaltou-se que o código no qual objetivava a recorrente enquadrar seus produtos (2309.90.10) é oriundo da subposição "2309.90 – Outras", a qual, por possuir caráter residual, abarcaria alimentos que não aqueles destinados a cães e gatos acondicionados para venda a retalho, já compreendidos no item anterior. Dessa forma, o código pleiteado pela recorrente referir-se-ia a todos os alimentos compostos completos que não os reservados àquelas espécies animais. Consignou-se, ainda, que, tanto o código indicado como correto pela Fazenda (2309.10.00) como o requerido pela recorrente (2309.90.10), por terem idêntico número de subdivisões numéricas, possuem o mesmo grau de especialização, razão pela qual não procede a argumentação de que o último contém maior especificidade. Destacou-se, ademais, que, tendo em vista o IPI ser regido pelo princípio da seletividade (art. 153, § 3º, I, da CF/1988), pois suas alíquotas são reduzidas em função da essencialidade do produto e majoradas em razão da superfluidade deste, deve-se sopesar, quanto à fixação da alíquota e enquadramento da exação, mais do que qualidades intrínsecas e composição do produto, a própria destinação ou o fim a que se presta, o qual permite identificar se um material de consumo serve à própria manutenção da vida humana ou ao simples prazer e satisfação individual. Nesse sentido, fê-lo a tabela de incidência do IPI, ao estabelecer um item específico aos alimentos para cães e gatos, dirigindo-lhes uma alíquota de 10%. *In casu*, exsurge a dispensabilidade do produto, pois se destina ao sustento de animais domésticos de estimação, reservados, em geral, ao mero deleite de seus donos. Por fim, destacou-se que conferir diferenciação tributária entre duas espécies do mesmo gênero de produtos implicaria distinguir, de forma desproporcional, duas composições (completas ou especiais) para cães e gatos que, embora com peculiares constituições nutricionais, são relativamente similares, possuindo custos de produção, destinação e público-alvo semelhantes. Assim, concluiu-se pela manutenção do acórdão regional, porquanto os produtos industrializados pela recorrente nada mais são do que alimentos para cães e gatos acondicionados para venda a retalho, encontrando-se perfeitamente adequados ao código n. 2309.10.00, cuja alíquota é de 10%. **REsp 1.087.925-PR, Rel. Min. Teori Albino Zavascki, julgado em 21/6/2011.** (Inform. STJ 478)

IPI. FATO GERADOR. ROUBO.

É consabido que o fato gerador do IPI é a saída do produto industrializado do estabelecimento industrial ou equiparado, seja qual for o título jurídico de que decorra (art. 46, II, do CTN; art. 2º, II e § 2º, da Lei n. 4.502/1964, e art. 32, II, do Dec. n. 2.637/1998 – RIPI). Dessa forma, o roubo ou furto da mercadoria depois da saída (implemento do fato gerador do IPI) não afasta a tributação; pois sem aplicação o contido no art. 174, V, do RIPI/1998. O roubo ou furto são riscos inerentes à atividade industrial, logo o prejuízo sofrido individualmente e decorrente do exercício da atividade econômica não pode ser transferido para a sociedade sob o manto do não pagamento do tributo devido. Esse entendimento foi acolhido pela maioria dos componentes da Turma após o prosseguimento do julgamento do recurso. Precedentes citados do STF: RE 562.980-SC, DJe 19/12/2010; do STJ: REsp 860.369-PE, DJe 18/12/2009. **REsp 734.403-RS, Rel. Min. Mauro Campbell Marques, julgado em 22/6/2010.** (Inform. STJ 440)

REPETITIVO. IPI. INSUMOS ISENTOS. ALÍQUOTA ZERO.

Trata-se de REsp submetido ao regime do recurso representativo de controvérsia (art. 543-C do CPC e Res. n. 8/2008-STJ) e remetido à Primeira Seção em que o recorrente busca o direito de creditamento de IPI no momento da saída de produto tributado do estabelecimento industrial, no que se refere às operações de aquisição de matéria-prima ou insumo não tributado ou sujeito à alíquota zero. Entretanto, ressaltou o Min. Relator, o STF já fixou o entendimento jurisprudencial de que a aquisição de matéria-prima e/ou insumo não tributados ou sujeitos à alíquota zero utilizados na industrialização de produto tributado pelo IPI não enseja direito ao creditamento do tributo pago na saída do estabelecimento industrial, exegese que se coaduna com o princípio constitucional da não cumulatividade (art. 153, § 3º, II, da CF/1988). Segundo explica o Min. Relator, isso se deve ao fato de que a compensação, à luz do referido princípio, dar-se-á somente com o que foi anteriormente cobrado; assim, nada há a compensar se nada foi cobrado na operação anterior. Observa ainda que, quanto às operações de aquisição de matéria-prima ou insumo não tributado ou sujeito à alíquota zero, é mister a submissão do STJ à exegese consolidada pelo STF, como técnica de uniformização jurisprudencial, instrumento oriundo do sistema da *Common Law* que tem como desígnio a consagração da isonomia fiscal. Assim, afirma pendente no STF a discussão acerca da aplicabilidade da orientação sobre operações não tributadas e/ou sujeitas à alíquota zero ou da manutenção da tese, firmada em decisões anteriores. Precedentes citados do STF: RE 590.809-RS, DJe 13/3/2009; RE 370.682-SC, DJ 19/12/2007, e RE 353.657-PR. REsp 1.134.903-SP, Rel. Min. Luiz Fux, julgado em 9/6/2010. (Inform. STJ 438)

DIREITO TRIBUTÁRIO. CRÉDITO TRIBUTÁRIO. IPI. NÃO-CUMULATIVIDADE. POSSIBILIDADE DE CORREÇÃO MONETÁRIA.

É devida a correção monetária de créditos de IPI decorrentes do princípio constitucional da não-cumulatividade (créditos escriturais) nos casos em que a Fazenda Pública resista injustificadamente ao aproveitamento pelo contribuinte. A atualização dos créditos justifica-se pela demora no reconhecimento do direito que será pleiteado judicialmente, dada a tramitação normal dos feitos judiciais. Não autorizar a correção monetária nessa circunstância geraria o enriquecimento indevido do Fisco. Precedentes citados: REsp 1.035.847-RS, DJe 3/8/2009; EREsp 490.547-PR, DJ 10/10/2005, e EREsp 605.921-RS, DJe 24/11/2008. **AgRg no AREsp 85.538-BA, Rel. Min. Benedito Gonçalves, julgado em 4/10/2012.(Inform. STJ 506)**

DIREITO TRIBUTÁRIO. IPI. IMPORTAÇÃO DE VEÍCULO AUTOMOTOR POR PESSOA FÍSICA PARA USO PRÓPRIO. NÃO INCIDÊNCIA.

O IPI não incide sobre a importação por pessoa física de veículo automotor para uso próprio. O princípio da não-cumulatividade seria violado em virtude da impossibilidade de compensação posterior, porquanto o particular não é contribuinte da exação. Além disso, o fato gerador do IPI é uma operação de natureza mercantil ou assemelhada. Precedentes do STF: AgRg no RE 550.170-SP, DJe 3/8/2011; AgRg no RE 255.090-RS, DJe 7/10/2010; do STJ: AgRg no AREsp 172.520-RS, DJe 28/8/2012; REsp 848.339-SP, DJe 1º/12/2008; REsp 1.314.339-SP, DJe 18/9/2012, e AREsp 229.743-RS, DJe 17/9/2012. **AgRg no AREsp 204.994-PR, Rel. Min. Napoleão Nunes Maia Filho, julgado em 9/10/2012.(Inform. STJ 506)**

DIREITO TRIBUTÁRIO. INCLUSÃO DO CRÉDITO-PRÊMIO DE IPI NA BASE DE CÁLCULO DO IMPOSTO DE RENDA.

O crédito-prêmio de IPI gera acréscimo patrimonial, devendo, portanto, compor a base de cálculo do IR. O Imposto de Renda (IR), amparado no princípio da universalidade (art. 153, § 2º, I, da CF), incide na totalidade do resultado positivo da empresa, observadas as adições e subtrações autorizadas por lei. O crédito-prêmio de Imposto sobre Produtos Industrializados (IPI), como todo benefício fiscal, acaba por diminuir a carga tributária, majorando, indiretamente, o lucro da empresa. Com efeito, o benefício fiscal, ao reduzir o prejuízo, aumenta indiretamente o resultado da empresa, repercutindo na base de cálculo do IR. Nessas situações, o imposto incide sobre o lucro da empresa, que é, direta ou indiretamente, influenciado por todas as receitas, créditos, benefícios, despesas, etc. Assim, como o crédito-prêmio de IPI representa inegável acréscimo patrimonial, e não há autorização legal expressa de dedução ou subtração desses valores, eles devem compor a base de cálculo do imposto de renda. **REsp 957.153-PE, Rel. Min. Castro Meira, julgado em 4/10/2012.(Inform. STJ 506)**

REPETITIVO. IPI. DESCONTO INCONDICIONAL. COMPENSAÇÃO.

Trata-se de recurso representativo de controvérsia (art. 543-C e Res. n. 8/2008-STJ) no qual a sociedade empresária recorrente, distribuidora de bebidas, discute a possibilidade de excluir os descontos incondicionais da base de cálculo do IPI e consequentemente ter o direito de compensar eventuais valores recolhidos indevidamente. Explica a Min. Relatora ser cediço que a base de cálculo do IPI, nos termos do art. 47, II, a do CTN é o valor da operação (preço) que ocorre com a saída da mercadoria. Sucede que a Lei n. 7.798/1989 ao conferir nova redação ao § 2º, do art. 14 da Lei n. 4.502/1964 (RIPI), impediu a dedução dos descontos, permitindo a incidência da exação sobre a base de cálculo, o que não corresponde ao valor da operação, em flagrante contrariedade à disposição contida no art. 47, II, a do CTN. Entretanto, como os descontos incondicionais (descontos promocionais) não compõem a real expressão econômica da operação tributada, por isso este Superior Tribunal já declarou por diversas vezes a possibilidade de dedução desses descontos da base de cálculo do IPI. Porém, destaca que a hipótese dos autos apresenta uma peculiaridade apontada pelo tribunal de origem: haverá situações em que o valor médio previamente fixado de acordo com levantamentos periódicos do Ministério da Fazenda será muito inferior ao real valor da operação (preço efetivamente praticado), o qual decorre da saída de cada mercadoria do estabelecimento em que foi industrializada (base de cálculo prevista no art. 47, II, a, do CTN). Assim, a pretendida dedução dos descontos incondicionais na tributação do IPI só faz sentido se considerada a aplicação da alíquota do tributo sobre o real valor (concreto) da operação. Logo, não há repetição de indébito, pois a tributação por valor fixo não impõe o recolhimento a maior do tributo, se comparada com a incidência da alíquota do IPI sobre o valor concreto da operação de fornecimento, já considerado o desconto incondicional. Dessa forma, conclui a Min. Relatora, a dedução dos descontos incondicionais não é permitida quando a incidência do tributo dá-se sobre valor previamente fixado, nos moldes da Lei n. 7.798/1989 (que instituiu o regime de preços fixos), a não ser se o resultado dessa operação for idêntico àquele a que se chegaria com a incidência do imposto sobre o valor efetivo da operação, depois de realizadas as deduções pertinentes. Para a Min. Relatora, a pretensão da recorrente não pode ser acolhida, visto que pretende deduzir os descontos incondicionais sem afastar o regime de tributação que adota preços fixos, fazendo com que a exação incida sobre base de cálculo inferior ao valor da efetiva operação. Ressalta, também, a Min. Relatora, que, em julgado referente a recurso repetitivo, este Superior Tribunal alterou sua jurisprudência ao considerar que a distribuidora de bebidas, intitulada contribuinte de fato, não tem direito de pleitear repetição de indébito, porque, nesses casos, ela não tem relação jurídica tributária com o Estado. Com esse entendimento, a Seção negou provimento ao recurso. Precedente citado: REsp 903.394-AL, DJe 26/4/2010. REsp 1.149.424-BA, Rel. Min. Eliana Calmon, julgado em 28/4/2010. (Inform. STJ 432)

REPETITIVO. CRÉDITO-PRÊMIO. IPI. CERTIDÃO. REGULARIDADE FISCAL.

Trata-se de recurso representativo de controvérsia, sob o regime do art. 543-C do CPC e Res. n. 8/2008-STJ, em que somente se discute se a declaração de compensação relativa ao crédito-prêmio do IPI suspende a exigibilidade do crédito para efeitos de emissão de certidão positiva com efeitos de negativa. Ressaltou o Min. Relator que, após a edição da LC n. 104/2001 e das Leis ns. 10.637/2002, 10.833/2003 e 11.051/2004, modificou-se substancialmente a Lei n. 9.430/1996, impondo ao seu art. 74 novos dispositivos, que restringiram a compensação de acordo com a natureza do crédito, por exemplo, quando se tratar de créditos decorrentes de decisão judicial ainda não transitada em julgado, de créditos de terceiros ou do crédito-prêmio de IPI. Assim, por expressa disposição do § 12 do art. 74 da Lei n. 9.430/1996, não se admite a compensação quando o crédito referir-se ao crédito-prêmio do IPI. Já o § 13, ao fazer remissão ao § 11, deixa claro não ser aplicável o art. 151, III, do CTN à declaração de compensação relativa ao crédito-prêmio de IPI. Observa, ainda, que, apesar de o novo regramento não alterar a jurisprudência deste Superior Tribunal, continua válido o entendimento de que as impugnações e os recursos interpostos no curso do procedimento fiscal em que se postula a compensação tributária suspendem a exigibilidade do crédito tributário, a menos que ele esteja no rol dos créditos não declaráveis, previsto expressamente nos §§ 3º e 12 do art. 74 da citada lei. Ante o exposto, a Seção decidiu que a Fazenda Nacional pode recusar-se a emitir a certidão de regularidade fiscal, porquanto há previsão inequívoca disposta no art. 74 da Lei n. 9.430/1996 de que a simples declaração de compensação relativa ao crédito-prêmio de IPI não suspende a exigibilidade do crédito tributário que se pretende extinguir pela compensação. **REsp 1.157.847-PE, Rel. Min. Castro Meira, julgado em 24/3/2010.** (Inform. STJ 428)

RECURSO REPETITIVO. IPI. EMBALAGEM.
No recurso representativo de controvérsia (art. 543-C do CPC e Res. n. 8/2008-STJ), a Seção reiterou que o direito ao crédito de IPI, fundado no princípio da não cumulatividade, decorrente da aquisição de matéria-prima, produto intermediário e material de embalagem utilizados na fabricação de produtos isentos ou sujeitos ao regime de alíquota zero, exsurgiu apenas com a vigência do art. 11 da Lei n. 9.779/1999. No caso, cuida-se de estabelecimento industrial que pretende seja reconhecido o direito de aproveitar créditos de IPI decorrentes da aquisição de matéria-prima, material de embalagem e insumos destinados à industrialização de produto sujeito à alíquota zero, apurados no período de janeiro de 1995 a dezembro de 1998, razão pela qual merece reforma o acórdão regional que deferiu o creditamento. Precedentes citados do STF: RE 562.980-SC, DJe 4/9/2009, e RE 460.785-RS, DJe 11/9/2009. **REsp 860.369-PE, Rel. Min. Luiz Fux, julgado em 25/11/2009.** (Inform. STJ 417)

MS. CRÉDITO. PRÊMIO. IPI. CORREÇÃO.
É cabível a incidência da correção monetária sobre os saldos de créditos escriturais de IPI não atingidos pela prescrição no caso de a sociedade empresária não ter aproveitado esses incentivos fiscais no tempo próprio, uma vez que peticionou na via administrativa (ainda pendente de decisão) o direito de compensá-los com tributos vencidos ou o direito de restituição. Ademais, o *mandamus* preventivo reconheceu seu direito ao creditamento e, por consequência, considerou ilegítimo o Ato Declaratório n. 31/1999 da SRF. Dessa forma, a correção monetária sobre os saldos escriturais incide no período compreendido entre o óbice do Fisco, data da publicação do citado ato declaratório, até o trânsito em julgado do *decisum* que afastou o impedimento. Nesse contexto, ao prosseguir o julgamento, a Turma deu provimento, na parte conhecida, ao recurso da sociedade empresária, porém, negou provimento ao REsp da Fazenda Nacional em razão de o acórdão recorrido, com base nas provas apresentadas, ter concedido a segurança sob enfoque constitucional (art. 41, § 2º, do ADCT), diferentemente dos inúmeros casos julgados neste Superior Tribunal, além de incidir a Súm. n. 7-STJ. **REsp 897.297-ES, Rel. Min. Denise Arruda, julgado em 3/11/2009.** (Inform. STJ 414)

ENERGIA ELÉTRICA. CREDITAMENTO. IPI.
Não se considera a energia elétrica utilizada na indústria como produto intermediário para creditamento (sistemática da não cumulatividade), pois sequer é produto no sentido jurídico-tributário do termo, quanto mais se considerada a assertiva de que o tributo em questão, o IPI, não incide sobre o consumo. Anote-se não se desconhecerem julgados da Primeira Turma e da Primeira Seção que acolhem a possibilidade de creditamento da energia elétrica como insumo (REsp 904.082-SC, DJe 25/3/2009, e EREsp 899.485-RS, DJe 15/9/2008), porém esse entendimento baseia-se na constatação de que o IPI, e o ICMS estão sujeitos à não cumulatividade, o que, em razão da substancial distinção entre ambos, não pode ser aceito. Como é consabido, o ICMS incide sobre a circulação de mercadoria e o IPI sobre a circulação de produtos industrializados. Contudo, a energia elétrica, apesar de ser mercadoria, jamais será produto intermediário, ou mesmo produto, porque não resulta de processo de produção, mas, sim, de processo de extração. Quanto à correção monetária de crédito escritural, a jurisprudência do STJ a permite quando há óbice ilegítimo do Fisco ao creditamento, o que não ocorreu na hipótese. Todavia, no caso, somente o contribuinte recorreu, daí se mostrar inviável a reforma do acórdão quanto ao ponto, por força do princípio que veda a reforma para pior (*non reformatio in pejus*). **Precedentes citados: REsp 782.699-RS, DJ 25/5/2006; REsp 638.745-SC, DJ 26/9/2005, e REsp 1.035.847-RS, DJe 3/8/2009. REsp 749.466-PR, Rel. Min. Eliana Calmon, julgado em 3/11/2009.** (Inform. STJ 414)

REPETITIVO. IPI. BENS. ATIVO PERMANENTE. INSUMOS.
A Seção desproveu o recurso quanto à impossibilidade de creditamento do IPI na aquisição de bens que integram o ativo permanente da empresa ou de insumos que não se incorporam ao produto final, ou sofrem desgaste durante o processo de industrialização, conforme o art. 164, I, do Dec. n. 4.544/2002. Com efeito, trata-se, no caso, de estabelecimento comercial que adquire produtos que não são consumidos no processo de industrialização, mas são componentes do maquinário que se desgastam indiretamente no processo de produção e cujo preço já integra a planilha de custos do produto final. **Precedentes citados: AgRg no REsp 1.082.522-SP, DJe 4/2/2009; AgRg no REsp 1.063.630-RJ, DJe 29/9/2008; REsp 886.249-SC, DJ 15/10/2007; REsp 608.181-SC, DJ 8/6/2006, e REsp 497.187-SC, DJ 8/9/2003. REsp 1.075.508-SC, Rel. Min. Luiz Fux, julgado em 23/9/2009.** (Inform. STJ 408)

REPETITIVO. IPI. CORREÇÃO MONETÁRIA.
A Seção, ao julgar o recurso repetitivo de controvérsia (art. 543-c do CPC e Res. n. 8/2008-STJ) reiterou o entendimento de que a correção monetária não incide sobre os créditos de IPI decorrentes do princípio constitucional da não cumulatividade (créditos escriturais), por ausência de previsão legal. A oposição constante de ato estatal, administrativo ou normativo, que impede a utilização do direito de crédito oriundo da aplicação do princípio da não cumulatividade descaracteriza o referido crédito como escritural, assim considerado aquele oportunamente lançado pelo contribuinte em sua escrita contábil. Destarte, a vedação legal ao aproveitamento do crédito impele o contribuinte a socorrer-se do Judiciário, circunstância que acarreta demora
no reconhecimento do direito pleiteado, dada a tramitação normal dos feitos judiciais. Consectariamente, ocorrendo a vedação ao aproveitamento desses créditos, com o consequente ingresso no Judiciário, posterga-se o reconhecimento do direito pleiteado exsurgindo legítima a necessidade de atualizá-los monetariamente, sob pena de enriquecimento sem causa do Fisco. **Precedentes citados: EREsp 605.921-RS, DJe 24/11/2008, e EREsp 430.498-RS, DJe 7/4/2008. REsp 1.035.847-RS, Rel. Min. Luiz Fux, julgado em 24/6/2009.** (Inform. STJ 400)

IPI. EMBARCAÇÃO. MONTAGEM.
A Turma desproveu o recurso ao entendimento de que não incide IPI sobre o acoplamento de motor à lancha, porquanto não se trata de um processo industrial que modifique ou aperfeiçoe a natureza do bem, não se configurando produto novo ou unidade autônoma. Na hipótese, para concluir acerca da incidência ou não do IPI para fins de conceituação do que seja produto industrializado (critério material de incidência), são aplicáveis os arts. 46, *caput* e parágrafo único, do CTN e 3º da Lei n. 4.502/1964, bem como o art. 3º do Dec. n. 87.981/1982. **REsp 931.031-RS, Rel. Min. Denise Arruda, julgado em 21/5/2009.** (Inform. STJ 395)

CRÉDITO PRESUMIDO. EMPRESA COMERCIAL.
Não tem direito ao benefício fiscal previsto no art. 1º da Lei n. 9.363/1996 (crédito presumido do IPI) a empresa comercial que adquire produto acabado no mercado interno, não o fabricando ou fornecendo insumos para que terceiro fabrique o bem a ser exportado (mercadoria produzida por terceiro, por conta da empresa). **Precedente citado: REsp 436.625-RS, DJ 25/8/2006. REsp 546.491-RS, Rel. Min. Herman Benjamin, julgado em 23/4/2009.** (Inform. STJ 391)

CRÉDITO-PRÊMIO IPI. INEXISTÊNCIA.
Em ação com o objetivo de reconhecer direito ao crédito-prêmio do IPI julgada procedente nas instâncias ordinárias, homologada a conta de liquidação, não houve impugnação da Fazenda Nacional, apesar de regularmente citada. Pago o precatório, a autora requereu, em precatório complementar, a inclusão de expurgos inflacionários. Só então a Fazenda Nacional compareceu, alegando que a sociedade empresarial não teria

direito ao crédito-prêmio de IPI porque a alíquota do produto exportado por ela à época era de 0%. Em liquidação, foi indeferido o pedido de inclusão dos expurgos inflacionários e o juiz extinguiu o processo ao argumento de que a execução não poderia prosseguir, uma vez que a sentença exeqüenda teria natureza meramente declaratória. Houve apelação das partes, o Tribunal *a quo* desproveu a apelação da autora e deu parcial provimento à da Fazenda, condenando a sociedade autora a restituir os valores recebidos por precatório, e ambas interpuseram recurso especial. Isso posto, para o Min. Relator, a liquidação de sentença pode ensejar a denominada "liquidação zero", quando não há o que pagar, bem como o vício da inexigibilidade do título é passível de ser invocado em processo de execução, sede própria para a alegação, ainda que ultrapassada a liquidação. Ademais, ressaltou que o título executivo de crédito inexistente equipara-se à obrigação inexigível, matéria alegável *ex officio*, em qualquer tempo e grau de jurisdição, porquanto pressuposto do processo satisfativo. Entretanto, a restituição dos valores pagos mediante precatório é inviável nesta sede, máxime em razão de aquele pedido (inclusão de expurgos inflacionários) ser da parte autora, em que a ação não é de natureza dúplice e não houve pedido reconvencional. Com essas considerações, a Turma deu provimento ao recurso da Fazenda e negou provimento ao recurso da sociedade. **REsp 802.011-DF, Rel. Min. Luiz Fux, julgado em 9/12/2008**. (Inform. STJ 380)

IMPORTAÇÃO. VINHO.
A Turma deu provimento ao recurso da União, reconhecendo que o art. 26, § 3º, da Lei n. 7.678/1988 é taxativo quanto à proibição de importação e comercialização de vinho sem ser em recipiente original e acondicionado em vasilhame com capacidade superior a um litro. Comparou que, apesar de a Lei n. 7.798/1989, que alterou a legislação do Imposto sobre Produtos Industrializados (IPI), trazer listagem no anexo I, que prevê a incidência desse imposto sobre bebidas alcoólicas acondicionadas em recipientes com capacidade superior a um litro, de forma alguma se pode considerar revogadas por essa mera previsão, em tese, às disposições relativas à Lei n. 7.678/1988. Observou-se que são diplomas legais distintos, a Lei n. 7.678/1988 é norma de natureza tributária, aplicável tão-somente ao vinho e seus derivados de procedência estrangeira, enquanto a Lei n. 7.798/1989 é norma geral aplicável a diversas espécies de bebidas alcoólicas, a qual disciplina, de forma completa, a produção, a circulação e a comercialização de bebidas alcoólicas, entre elas o vinho, em todo o território nacional. **Precedentes citados: REsp 492.009-PR, DJ 18/10/2004, e REsp 529.939-RS, DJ 30/11/2006. REsp 870.982-PR, Rel. Min. Luiz Fux, julgado em 9/12/2008**. (Inform. STJ 380)

CRÉDITOS. IPI. CONSTRUÇÃO CIVIL.
A Turma reiterou que, na atividade de construção civil, não há incidência do IPI, uma vez que a edificação de imóveis refoge ao conceito de industrialização nos termos do Dec. n. 4.544/2002, sendo o construtor o consumidor final dessas mercadorias. Por essa razão, o recorrente não tem direito ao creditamento do imposto pago na aquisição de matérias-primas e insumos utilizados na edificação dos imóveis. **Precedente citado: REsp 998.487-SC, DJ 6/6/2008. REsp 766.490-SC, Rel. Min. Teori Albino Zavascki, julgado em 14/10/2008**. (Inform. STJ 372)

IPI. CRÉDITO PRESUMIDO. EXPORTAÇÃO. CANA-DE-AÇÚCAR.
Trata-se de mandado de segurança contra ato de delegado da Receita Federal, tendo por objetivo o benefício do crédito presumido do IPI como previsto no art. 42 da Lei n. 9.532/1997, no mercado externo e interno, sem as limitações na base de cálculo impostas pelo Dec. n. 2.501/1998. Ressalta o Min. Relator que, em observância ao princípio da legalidade, não há como compensar crédito presumido do IPI sobre os valores relativos à exportação porque, nessa operação, não há incidência do IPI por expressa determinação constitucional (art. 153, § 3º, III, da CF/1988), o que por si só tem o condão de afastar esse benefício fiscal. Por outro lado, também não prevaleceria uma interpretação mais flexível uma vez que a CF/1988 exonera a incidência da exação na exportação e a citada lei reporta-se à operação no mercado interno, uma vez que as normas isentivas no sentido lato, consoante o disposto no art. 111 do CTN, devem ser interpretadas literalmente. Com esses argumentos, a Turma negou provimento ao recurso. Precedente citado: REsp 879.536-AL, DJ 11/6/2007. REsp 849.957-PE, Rel. Min. Luiz Fux, julgado em 14/10/2008. (Inform. STJ 372)

IPI. CONSTRUTORA. IMÓVEIS.
A Turma reiterou que a empresa de construção civil está excluída do IPI (art. 5º do Dec. n. 4.544/2002) e, nesse caso, não se aplica o princípio da não-cumulatividade, até porque não é contribuinte dele. Daí, inviável o direito ao creditamento do IPI pleiteado pela construtora recorrente. **Precedentes citados: REsp 941.847-RJ, DJ 26/11/2007, e AgRg no AgRg no REsp 868.434-SE, DJ 8/3/2007. REsp 948.497-RS, Rel. Min. Herman Benjamin, julgado em 27/5/2008**. (Inform. STJ 357)

SELO. CONTROLE. IPI. NATUREZA JURÍDICA. TAXA.
O recurso aborda interessante questão que corresponde à investigação da natureza jurídica do pagamento efetuado pela impressão do selo especial de controle do IPI exigido para determinados produtos, com vista ao controle quantitativo de sua fabricação. Após ampla abordagem, a Min. Relatora destaca que a jurisprudência, ao longo dos anos, nos pouquíssimos precedentes encontrados, identifica o pagamento do selo como taxa. Noticia que, recentemente, a Primeira Turma, examinando o tema discutido nos autos, decidiu que o selo do IPI tem natureza de obrigação acessória, porque o desiderato da obrigação, embora apresente um custo para o contribuinte, amolda-se ao teor do art. 113, § 2º, do CTN (REsp 836.277-PR). Estabeleceu, também, que a imposição discutida difere das taxas, assim como do preço público. A Min. Relatora não compartilhou, entretanto, desse entendimento. Em resumo, definiu que: 1) a exigência da aposição do selo de controle do IPI tem natureza jurídica de obrigação acessória; 2) o pagamento devido em razão da impressão de selos de controle de IPI corresponde a uma taxa devida em razão da prestação de um serviço público; 3) a obrigação acessória de selar determinados produtos não se confunde com a obrigação de pagar o custo advindo da impressão dos selos. O ressarcimento dos custos e demais encargos pelo fornecimento dos selos de controle do IPI corresponde, portanto, a uma taxa devida em razão da prestação de um serviço público. É tributo que atende a todos os pressupostos jurídicos para sua instituição. Assim, entre outras colocações, entende a Min. Relatora, que é devida a cobrança da taxa pelo fornecimento dos selos de controle do IPI, porque legalmente instituída a exação, no que foi seguida pela Turma. **REsp 637.756-RS, Rel. Min. Eliana Calmon, julgado em 17/4/2008**. (Inform. STJ 352)
(Comentário: ver Informativo STJ 390 – REsp 732.617/MG – a Primeira Turma entendeu que o valor pago pelo selo do IPI não tem natureza tributária, razão pela qual integra a base de cálculo do ICMS)

IPI. CRÉDITOS APROVEITÁVEIS. PRODUTOS GRÁFICOS. ISENÇÃO.
A Turma decidiu que, considerando o teor do art. 11 da Lei n. 9.779/1999 e o pedido da requerente – pessoa jurídica de direito privado que tem por objeto a industrialização, comercialização de produtos gráficos e embalagens em geral, comércio de papelaria, material de escritório, livraria e artigos de presente, material escolar, técnico de engenharia, similares, inclusive exportação e importação –, é cabível determinar que seja excluído do rol de créditos aproveitáveis o creditamento de IPI de tais bens sujeitos à alíquota zero, como no caso, envolvendo a industrialização de produtos não-tributados. Precedente citado: AgRg no REsp 863.277-RS, DJ 7/2/2008. **REsp 1.019.047-SC, Rel. Min. José Delgado, julgado em 8/4/2008**. (Inform. STJ 351)

CRÉDITO-PRÊMIO. IPI. COMPENSAÇÃO.
Cuida-se de recurso contra acórdãos de TRF, alegando violação do art. 567, II, do CPC. As recorrentes defendem que a melhor interpretação do aludido artigo é no sentido de que, em se tratando de processo de execução, a aplicação das regras do processo de conhecimento só tem lugar na hipótese de não conflitar com o rito procedimental daquele; e a norma subsidiária constante no art. 42, § 1º, do CPC não se aplica ao processo de execução pelo simples fato de já se encontrar definida, no processo de cognição, a obrigação patrimonial da parte vencida. Destacou o Min. Relator, em conformidade com o acórdão recorrido, que a formação de litisconsórcio posterior excepciona o princípio da *perpetuatio legitimationis*, sendo admissível somente quando se tratar de litisconsórcio necessário. Esse existe quando, por disposição legal ou pela natureza da relação jurídica de direito material, o juiz tiver que decidir a lide de modo uniforme para todas as partes, nos termos do art. 47, *caput*, 1ª parte, do CPC. Para o Min. Relator, o crédito-prêmio de IPI possui natureza escritural e legislação específica que disciplina a sua constituição, reconhecimento e eventual utilização de forma muito mais restrita que os demais créditos obrigacionais, o que resulta na impossibilidade de constituírem objeto de cessão de crédito. A compensação de créditos tributários só pode ser realizada pela empresa que obteve a certificação judicial do crédito-prêmio, não por aquele que os adquiriu de terceiros, sendo necessária a concordância

da Fazenda Nacional para que as cessionárias integrem o pólo ativo da execução. Isso posto, a Turma, ao prosseguir o julgamento, por maioria, negou provimento ao recurso. **Precedentes citados: REsp 331.369-SP, DJ 5/11/2001, e REsp 962.096-RS, DJ 29/10/2007. REsp 870.482-RS, Rel. Min. José Delgado, julgado em 6/3/2008.** (Inform. STJ 347)

IPI. CORREÇÃO MONETÁRIA. DEVOLUÇÃO.

A Turma reiterou o entendimento de que, na devolução de tributo, incide a correção monetária segundo os índices adotados pela Fazenda Pública e cobrados em seus créditos (Ncz$ 6,92) para a conversão da OTN em BTN (art. 1º da Lei n. 7.691/1988) relativamente ao IPI. Quanto aos juros de mora, esses são devidos a partir do trânsito em julgado da decisão definitiva que reconheceu o direito à restituição, descabendo o fracionamento da sentença (Súm. n. 188-STJ). Afastada a preclusão do direito da Fazenda discutir sobre a validade das guias de exportação, bem como sobre a exclusão da base de cálculo do crédito-prêmio de IPI de valores a título de *drawback* (Portaria n. 182/1972). **Precedentes citados: AgRg no REsp 742.117-DF, DJ 28/11/2005; REsp 512.558-DF, DJ 13/6/2005; EREsp 404.777-DF, DJ 11/4/2005, e REsp 855.073-SC, DJ 28/6/2007. REsp 722.335-DF, Rel. Min. Herman Benjamin, julgado em 4/3/2008.** (Inform. STJ 347)

IPI. ART. 170-A, DO CTN. INAPLICABILIDADE. ART. 166, CTN.

Trata-se de recurso interposto contra o acórdão de TRF que concluiu pela inaplicabilidade do art. 166 do CTN, sob o fundamento de que o caso versa sobre creditamento extemporâneo de IPI. Refutou, ainda, a incidência do art. 170-A do CTN, sustentando que o referido dispositivo somente encontra aplicação nos casos de compensação do indébito. Destacou a Min. Relatora que a Primeira Seção deste Superior Tribunal firmou o entendimento de que, com o advento da restrição imposta pela art. 170-A do CTN, a compensação tributária somente pode ocorrer após o trânsito em julgado da decisão que a autorizou. No que tange à questão do art. 166 do CTN, verificou-se que não se trata de repetição de indébito, o que afasta a aplicação do mencionado dispositivo, específico para a hipótese de pagamento indevido. Não houve, ainda, pagamento antecedente algum, porque se reclama do crédito escritural de um IPI que não foi pago, porque isento, inexistindo contribuinte antecedente à aquisição da matéria-prima ou de insumos. Não ocorreu sequer recolhimento do imposto. Diante disso, a Turma deu parcial provimento ao recurso. Precedentes citados: REsp 449.304-PR, DJ 14/6/2006, e AgRg no REsp 673.441-SC, DJ 12/12/2005. **REsp 757.203-RS, Rel. Min. Eliana Calmon, julgado em 20/9/2007.** (Inform. STJ 332)

IPI. IMPOSTO. IMPORTAÇÃO. ISENÇÃO. DL N. 8.031/1945.

A Turma entendeu que, com a vigência da Lei n. 8.032/1990, – a isenção do IPI, bem como do imposto de importação sobre equipamentos importados para integrar o ativo fixo da Companhia Hidrelétrica do São Francisco (CHESF) –, ficou revogado o art. 8º do DL n. 8.031/1945, pois a isenção concedida por esse artigo é por prazo indeterminado, o que autoriza a aplicação do art. 178 do CTN. Os requisitos mencionados nesse artigo, quais sejam, "prazo certo" e "em função de determinadas condições", são cumulativos. O Min. Relator asseverou que se "admitir a irrevogabilidade de uma isenção concedida por prazo indeterminado é aceitar que o legislador de 1945 pudesse suprimir a competência legislativa de todas as legislaturas futuras com relação à matéria, o que, a toda evidência, infringe princípios básicos da democracia representativa e do Estado republicano". **REsp 575.806-PE, Rel. Min. Herman Benjamin, julgado em 11/9/2007.** (Inform. STJ 331)

IPI. CRÉDITO-PRÊMIO. EXTINÇÃO. MODULAÇÃO TEMPORAL.

Trata-se de discussão sobre o crédito-prêmio IPI em que a empresa reivindica o seu benefício de 1998 a 2003 para futuras compensações tributárias, em ação proposta no ano 2003. As instâncias ordinárias consideram improcedente o pedido. Isso posto, o Min. Relator, apoiado em decisões da Seção, reafirmou que o crédito do IPI, previsto no art. 1º do DL n. 491/1969, não se aplica às vendas para o exterior realizadas após 4/10/1990, só se aplica àquelas realizadas entre 30/6/1983 e 4/10/1990 e negou provimento aos embargos. Mas, após voto-vista do Min. Herman Benjamin, embora sustentando que o benefício fiscal em exame foi extinto em 30/6/1988, no prazo previsto na legislação instituidora, ou, se assim não se entendendo, seu término teria ocorrido em 1990, nos termos do § 1º do art. 41 do ADCT, teceu considerações sobre o cabimento, em hipóteses excepcionais, da modulação temporal de efeitos prospectivos das decisões judiciais a respeito do tema. Em razão das discussões que se seguiram, o Min. Relator, após pedido de vista dos autos, entendeu quanto a essa questão que, salvo nas hipóteses excepcionais previstas no art. 27 da Lei n. 9.868/1999, é incabível ao Judiciário, sob pena de usurpação da atividade legislativa, promover a modulação temporal das suas decisões para o efeito de dar eficácia prospectiva a preceitos normativos reconhecidamente revogados. Destacou ainda decisão do STF no mesmo sentido proferida em questão de ordem no RE 353.657-5-PR, segundo a qual aplicação da modulação temporal de efeitos prospectivos a julgamento é situação excepcional e só cabível no caso da declaração de inconstitucionalidade. Com esse entendimento, a Seção, ao prosseguir o julgamento, por maioria, preliminarmente rejeitou a proposta de modulação dos efeitos prospectivos da decisão e, no mérito, também por maioria, negou provimento aos embargos. Precedentes citados: REsp 652.379-RS, DJ 1º/8/2006, e EREsp 396.836-RS, DJ 5/6/2006. **EREsp 738.689-PR, Rel. Min. Teori Albino Zavascki, julgados em 27/6/2007.** (Inform. STJ 325)

SÚMULA STJ Nº 495

A aquisição de bens integrantes do ativo permanente da empresa não gera direito a creditamento de IPI.

SÚMULA STJ Nº 494

O benefício fiscal do ressarcimento do crédito presumido do IPI relativo às exportações incide mesmo quando as matérias-primas ou os insumos sejam adquiridos de pessoa física ou jurídica não contribuinte do PIS/PASEP.

SÚMULA STJ Nº 411

É devida a correção monetária ao creditamento do IPI quando há oposição ao seu aproveitamento decorrente de resistência ilegítima do Fisco. *(Comentário: se não houve oposição do fisco, é inviável a correção monetária dos créditos do IPI e do ICMS, por conta de sua natureza escritural)*

SÚMULA TFR Nº 161

Não se inclui na base de cálculo do PIS a parcela relativa ao IPI. *(Comentário: entendimento ultrapassado pelo STJ, que entende inviável a exclusão do IPI da base de cálculo do PIS/COFINS, exceto no caso de crédito presumido de IPI. Ademais, o STF entende que a matéria é mesmo da competência do STJ)*

SÚMULA TFR Nº 106

A seguradora não tem direito à restituição do Imposto sobre Produtos Industrializados, no caso de sinistro ocorrido com mercadoria, após a sua saída do estabelecimento produtor.

SÚMULA TFR Nº 81

Mármores e granitos afeiçoados ao emprego final, mediante processo de industrialização, estão sujeitos ao Imposto sobre Produtos Industrializados.

7.4. ITR

ITR. ISENÇÃO. RESERVA LEGAL. AVERBAÇÃO.

A questão está em saber se há necessidade de prévia averbação em cartório de área de reserva legal para não incidir o imposto territorial rural (ITR). Como consabido, a área de reserva legal é isenta da incidência do ITR (art. 10, § 1º, II, a, da Lei n. 9.393/1996). Dessa forma, diante dessa proteção legal, torna-se ilegítimo condicionar o reconhecimento do referido benefício à prévia averbação dessa área no registro de imóveis. Ademais, a Lei n. 11.428/2006 reafirmou tal benefício, reiterando a exclusão da área de reserva legal de incidência da exação. Com efeito, a isenção não pode ser afastada por força de interpretação, pois o art. 111, II, do CTN prevê que a lei tributária de isenção deve ser interpretada literalmente, não comportando interpretação extensiva quanto à sua incidência ou afastamento. No caso dos autos, embora não houvesse a averbação da área demarcada como reserva legal na época do fato gerador (1998), o que só ocorreu em 2002, deve ser promovida a subtração da referida área da base de cálculo do ITR; pois, mesmo enquanto não averbada, já havia a proteção legal sobre o limite mínimo de 20% da área rural (Lei n. 4.771/1965, art. 16). Diante do exposto, a Turma negou provimento ao recurso da Fazenda Nacional. **Precedentes citados: REsp 1.060.886-PR, DJe 18/12/2009, e REsp 665.123-PR, DJ 5/2/2007. REsp 969.091-SC, Rel. Min. Luiz Fux, julgado em 15/6/2010.** (Inform. STJ 439)

EFEITOS. DECRETO. CALAMIDADE. ITR.
O ato de decretação de calamidade pública só se dá após a ocorrência do desastre e com efeito meramente declaratório.Nele a administração pública reconhece a existência de um infortúnio decorrente de fato da natureza, envidando esforços para minorar os prejuízos daí decorrentes. Na espécie, o fato gerador ocorreu em janeiro de 1998, quando os efeitos da seca já eram enormes, o que ensejou a edição do Decreto n. 19.631/1998 no mês de abril. Assim, o Tribunal *a quo* destacou que, como o reconhecimento do estado de calamidade pública é decorrência do prolongamento no tempo de estiagem que abrange o período necessariamente pretérito ao seu reconhecimento formal pelas autoridades públicas, não se poderia afastar a incidência do benefício previsto no art. 10, § 6º, I, da Lei n. 9.393/1996, pois a seca não se traduz automaticamente em um estado de destruição que abrange grande porção geográfica, mas uma calamidade que impede o imóvel rural de se prestar aos fins econômicos a que se destina, legitimando o abrandamento do imposto. Não se deve adotar o entendimento sustentado pelo recorrente de que o referido benefício só se aplica aos fatos geradores do ITR que se aperfeiçoaram após o decreto de calamidade pública; pois, se assim fosse, haveria grande injustiça para aqueles que, embora sujeitos aos mesmos fenômenos climáticos, já haviam se consolidado no momento da edição do decreto do estado de calamidade. **REsp 1.150.496-PB, Rel. Min. Eliana Calmon, julgado em 4/2/2010**. (Inform. STJ 421)

RECURSO REPETITIVO. ITR. TAXA SELIC.
No recurso representativo de controvérsia (art. 543-C do CPC e Res. n. 8/2008-STJ), a Seção reiterou que o imposto sobre a propriedade territorial rural (ITR), de competência da União, sob o ângulo material da regra matriz, incide sobre a propriedade, o domínio útil ou a posse de imóvel, por natureza, como definido na lei civil, localizado fora da zona urbana do município (arts. 29 do CTN e 1º da Lei n. 9.393/1996). Desse modo, a obrigação tributária, quanto ao IPTU e ao ITR, acompanha o imóvel em todas as suas mutações subjetivas, ainda que se refira a fatos imponíveis anteriores à alteração da titularidade do imóvel, exegese reforçada na hipótese de responsabilidade tributária por sucessão prevista nos arts.

130 e 131, I, do CTN. Outrossim, nas hipóteses em que verificada a "contemporaneidade" do exercício da posse direta e da propriedade (e não a efetiva sucessão do direito real de propriedade, tendo em vista a inexistência de registro do compromisso de compra e venda no cartório competente), o imposto sobre o patrimônio poderá ser exigido de qualquer um dos sujeitos passivos "coexistentes", entendimento aplicável à espécie. Consequentemente, não se vislumbra a carência da ação executiva ajuizada em face do promitente vendedor, para cobrança de débitos tributários atinentes ao ITR, máxime à luz da assertiva de que inexiste, nos autos, a comprovação da translação do domínio ao promitente comprador através do registro no cartório competente. Ademais, a taxa SELIC é legítima como índice de correção monetária e de juros de mora na atualização dos débitos tributários pagos em atraso (art. 13 da Lei n. 9.065/1995). **Precedentes citados: REsp 947.920-SC, DJe 21/8/2009; AgRg no Ag 1.108.940-RS, DJe 27/8/2009; REsp 743.122-MG, DJe 30/4/2008, e EREsp 265.005-PR, DJ 12/9/2005. REsp 1.073.846-SP, Rel. Min. Luiz Fux, julgado em 25/11/2009.** (Inform. STJ 417)

ITR. IMÓVEL. INVASÃO. MOVIMENTO "SEM-TERRA".
Cinge-se a questão em verificar se é devido o ITR pelo proprietário que teve sua propriedade esbulhada pelo movimento dos "sem terra". Para o Min. Relator, no caso, houve a efetiva violação do dever constitucional do Estado em garantir a propriedade da impetrante, configurando-se uma grave omissão do seu dever de garantir a observância dos direitos fundamentais da Constituição. Há uma verdadeira iniquidade consubstanciada na possibilidade de o Estado, aproveitando-se da sua própria inércia, tributar propriedade que, devido à sua própria omissão em prover segurança, ocasionou a perda das faculdades inerentes ao direito de propriedade da recorrida. Em que pese ser a propriedade um dos fatos geradores do ITR, ela não é plena quando o imóvel encontra-se invadido (art. 1.228 do CC/2002). Com a invasão, seu direito ficou tolhido de praticamente todos seus elementos: não há mais posse, possibilidade de uso ou fruição do bem; consequentemente, não havendo a exploração do imóvel, não há, a partir dele, qualquer tipo de geração de renda ou de benefícios para a proprietária. Entendeu o Min. Relator que se espera, no mínimo, que o Estado reconheça que, diante da sua própria omissão e da dramaticidade dos conflitos agrários no País, aquele que não tem mais direito algum não possa ser tributado por algo que, somente em razão de uma ficção jurídica, detém sobre o bem o título de propriedade. Ofende o princípio da razoabilidade, o da boa-fé objetiva e o próprio bom-senso o Estado utilizar-se da aparência desse direito ou do resquício que ele deixou, para cobrar tributos que pressupõem a incolumidade e a existência nos planos jurídicos (formal) e fáticos (material) dos direitos inerentes à propriedade. Na peculiar situação do caso, ao considerar-se a privação antecipada da posse e o esvaziamento dos elementos de propriedade sem o devido êxito do processo de desapropriação, é inexigível o ITR diante do desaparecimento da base material do fato gerador e da violação dos referidos princípios da propriedade, da função social e da proporcionalidade. Isso posto, a Turma negou provimento ao recurso da União. **REsp 1.144.982-PR, Rel. Min. Mauro Campbell Marques, julgado em 13/10/2009.** (Inform. STJ 411)

ITR. INVASÃO. SEM-TERRAS.
A propriedade rural em questão foi invadida por 80 famílias de sem-terras e o Poder Público não cumpre, há 14 anos, a decisão judicial que determinou a reintegração de posse ao legítimo proprietário, ora falecido (há até pleito de intervenção deferido pelo TJ). Daí a ação declaratória de inexistência da relação jurídico-tributária ajuizada pelo espólio do proprietário contra a União, na busca de eximir-se do pagamento de débitos referentes ao ITR. Dessarte, não havia legitimidade passiva para o proprietário do imóvel responder pelo referido imposto. Com a invasão, o direito de propriedade ficou tolhido de praticamente todos seus elementos: não há mais posse, possibilidade de uso ou fruição do bem (não há a exploração do imóvel nem, a partir dela, a geração de renda). Ressalte-se que, quanto ao *ius abutendi*, poder-se-ia dizer que a disposição do imóvel só não ficou tolhida porque se encontra em trâmite, no Incra, processo para a aquisição do imóvel. Nesses moldes, deixa de haver direito de propriedade, pois agora há sim uma formalidade legal negada pela realidade dos fatos, uma "casca sem conteúdo". Diante dos fatos acima narrados, espera-se, no mínimo, que o Estado reconheça que, diante da própria omissão estatal e da dramaticidade dos conflitos agrários no País, aquele que não tem mais direito algum não pode ser tributado por algo que só por ficção ainda é de seu domínio. Ofende o princípio da razoabilidade, o da boa-fé objetiva e o próprio bom senso o Estado utilizar-se da aparência desse direito ou do resquício que ele deixou, para cobrar tributos que pressupõem incolumidade e existência nos planos jurídicos (formal) e fáticos (material). Anote-se ser irrelevante que a omissão estatal amolde-se a esferas diferentes da Administração Pública, pois seus entes são partes de um todo maior que é o Estado brasileiro: ao final, é esse que responde pela garantia dos direitos individuais e sociais e pela razoabilidade da conduta de seus entes (em que se divide e organiza), aí se incluindo a própria autoridade tributária. Assim, na peculiar situação dos autos, ao considerar-se a privação antecipada da posse e o esvaziamento dos elementos de propriedade sem o devido processo de desapropriação, é inexigível o ITR diante do desaparecimento da base material do fato gerador e da violação dos referidos princípios. Porém, deu-se parcial provimento ao recurso da Fazenda apenas para reconhecer a aplicação da prescrição quinquenal prevista no Dec. n. 20.910/1932, aplicável à presente demanda declaratória, que busca, na verdade, a desconstituição do lançamento tributário (caráter constitutivo negativo da demanda). **Precedentes citados: REsp 748.966-RJ, DJ 26/3/2007; REsp 617.918-SP, DJ 2/8/2007, e REsp 755.882-RJ, DJ 18/12/2006. REsp 963.499-PR, Rel. Min. Herman Benjamin, julgado em 19/3/2009.** (Inform. STJ 387)

ITR. ÁREA. PRESERVAÇÃO PERMANENTE. IBAMA.
A Turma reiterou o entendimento de que o imposto territorial rural (ITR) é tributo sujeito a lançamento por homologação e que o art. 10, § 7º, da Lei n. 9.393/1996 permite a exclusão da área de preservação permanente da base de cálculo do referido imposto, sem necessidade de ato declaratório ambiental do Ibama. **Precedentes citados: REsp 812.104-AL, DJ 10/12/2007, e REsp 587.429-AL, DJ 2/8/2004. REsp 898.537-GO, Rel. Min. Eliana Calmon, julgado em 6/11/2008.** (Inform. STJ 375)

SÚMULA STJ Nº 139

Cabe à Procuradoria da Fazenda Nacional propor execução fiscal para cobrança do crédito relativo ao ITR. *(Comentário: a atual redação do art. 153, § 4º, III, da CF permite a fiscalização e cobrança do ITR pelos Municípios que assim optarem, na forma da lei).*

7.5. IOF

IOF. ALTERAÇÃO. ALÍQUOTA.

A Turma, por maioria, reiterou o entendimento de que é possível ser alterada a alíquota de IOF por meio de portarias ministeriais (art. 6º do Dec. n. 2.219/1997). Precedente citado: **REsp 552.651-CE, DJ 3/11/2003. REsp 1.123.249-RJ, Rel. Min. Eliana Calmon, julgado 17/11/2009.** (Inform. STJ 416)

FALÊNCIA. REDIRECIONAMENTO. EXECUÇÃO. CDA.

Trata-se de sociedade empresária que entrou em regime de falência e se extinguiu, sem que seu patrimônio cobrisse os débitos. No REsp, o INSS busca o redirecionamento da execução fiscal para os sócios-gerentes. Aponta o instituto existir divergência jurisprudencial quanto à presunção de legitimidade da CDA, o que justificaria o provimento para prosseguir na execução fiscal contra os sócios-gerentes. Para a Min. Relatora originária, isso não seria possível, porque a empresa entrou em regime falimentar e se extinguiu com o aval da Justiça, ou seja, a sentença ratificou a informação do síndico sobre a inexistência de bens para quitação do passivo, assim não se poderia imputar aos sócios a responsabilidade pessoal após a quebra. Após haver empate na votação, coube ao Min. Mauro Campbell o desempate, e o voto proferido pelo Min. Herman Benjamin foi o condutor do acórdão. Observou *a priori* o Min. Herman Benjamin que o art. 13 da Lei n. 8.620/1993 (agora revogado pela Lei n. 11.941/2009), não foi apreciado porque o Tribunal *a quo* decretou sua inconstitucionalidade, nos termos da legislação em vigor, logo o fundamento constitucional utilizado torna inviável a controvérsia no REsp. Asseverou também que, quanto ao fato de a ação falimentar estar encerrada por sentença, não incide o art. 40 da Lei n. 6.830/1980. Assim, explicou que está consolidado o entendimento jurisprudencial de que a mera inadimplência da obrigação tributária é insuficiente para viabilizar o redirecionamento da execução fiscal. Em tal hipótese, para a aplicação do art. 135 do CTN, deve a Fazenda Pública comprovar a prática de atos de infração à lei ou de violação do contrato social. Porém, se o nome do sócio constar da CDA, segundo a jurisprudência consolidada na Primeira Seção deste Superior Tribunal, a presunção de liquidez e certeza do título executivo faz com que o ônus da prova seja transferido ao gestor da sociedade. Para o Min. Herman Benjamin, embora a falência seja um meio de dissolução previsto em lei e submetido ao Poder Judiciário, isso não significa que seu encerramento acarrete a automática liquidação de todos os débitos da sociedade empresarial. Nesse sentido, afirma que tanto a antiga (art. 134 do DL n. 7.661/1945) como a atual lei que disciplina a falência (art. 157 da Lei n. 11.101/2005) estipulam que o prazo prescricional para a extinção das obrigações do falido tem como termo inicial justamente o trânsito em julgado da sentença que extingue a demanda falimentar. Por fim, entre outras colocações, conclui que a sentença extintiva da falência não pode ser invocada como justificativa para indeferir o pedido de redirecionamento na execução fiscal, se o nome do sócio-gerente estiver incluído na CDA, dada a presunção de legitimidade desse título executivo extrajudicial (arts. 2º, § 5º, I e IV, e 3º da Lei n. 6.830/1980) e a ausência de discussão dessa matéria na ação falimentar. E, no caso de o nome do sócio não constar da CDA, a Fazenda Pública, tão logo tenha conhecimento da decretação da falência, deve diligenciar a comprovação de uma das situações em que pode ser admitido o redirecionamento: prática de atos de infração da lei ou do contrato social, sob pena de, com o encerramento da ação falimentar por inexistência de bens, extinguir a execução fiscal por carência superveniente da ação. Diante do exposto, a Turma deu parcial provimento ao recurso. **Precedentes citados: REsp 736.046-SP, DJ 23/11/2007; AgRg no Ag 729.695-ES, DJ 28/9/2006; EREsp 702.232-RS, DJ 26/9/2005; REsp 866.222-RJ, DJ 9/2/2007; REsp 860.047-PE, DJ 16/10/2006; REsp 824.914-RS, DJ 10/12/2007, e AgRg no REsp 572.175-PR, DJ 5/11/2007. REsp 904.131-RS, Rel. originária Min. Eliana Calmon, Rel. para acórdão Min. Herman Benjamin, julgado em 19/11/2009.** (Inform. STJ 416)

SÚMULA STF Nº 664

É inconstitucional o inciso V do art. 1º da Lei 8.033/1990, que instituiu a incidência do imposto nas operações de crédito, câmbio e seguros - IOF sobre saques efetuados em caderneta de poupança.

SÚMULA STJ Nº 185

Nos depósitos judiciais, não incide o Imposto sobre Operações Financeiras.

7.6. ICMS

7.6.1. ICMS: INCIDÊNCIA, CONFLITOS DE COMPETÊNCIA

ATIVIDADE GRÁFICA: FABRICAÇÃO DE EMBALAGENS E TRIBUTAÇÃO - 4

O Plenário retomou julgamento de medidas cautelares em ações diretas de inconstitucionalidade propostas, respectivamente, pela Associação Brasileira de Embalagem – ABRE e pela Confederação Nacional da Indústria – CNI contra o art. 1º, *caput* e § 2º, da Lei Complementar 116/2003, bem como do subitem 13.05 da lista de serviços a ela anexa. Os preceitos impugnados prevêem a tributação pelo ISS da atividade de composição gráfica, fotocomposição, clicheria, zincografia, litografia, fotolitografia — v. Informativo 614. Em voto-vista, a Min. Ellen Gracie ressalvou que o pedido contido na ação ajuizada pela CNI (ADI 4413 MC/DF) seria mais amplo do que o requerido pela ABRE (ADI 4389 MC/DF), pois, por meio daquela demanda, pretender-se-ia afastar a incidência de ISS sobre atividades gráficas sempre que produzidos bens destinados a operações industriais ou comerciais posteriores — o que incluiria manuais de instrução, bulas, dentre outros produtos. Reputou que a pretensão da ABRE, por sua vez, seria o reconhecimento da incidência do ICMS sobre as embalagens, apenas. No que se refere à ação proposta pela CNI, deferiu, em parte, o pleito de medida cautelar para determinar a incidência do ICMS sobre as embalagens em questão. Aduziu que a competência tributária, entre Estados-membros e municípios, relativamente à incidência de ICMS ou ISS, respectivamente, seria definida pela Constituição e que, sobre operações mistas, a agregar mercadorias e serviços, incidiria o imposto municipal sempre que o serviço agregado à mercadoria estivesse compreendido na lista constante da referida Lei Complementar. Em seguida, distinguiu operações mistas daquelas em que a prestação de serviço seria somente uma etapa do processo produtivo e afirmou que, nos casos de o serviço prestado ser a atividade-fim, incidiria ISS. Considerou que o contrato entre produtor e indústria gráfica, para a produção de material inteiramente destacado e independente do produto final, como manuais, adesivos e bulas, teria natureza de prestação de serviços, a determinar a incidência de ISS. Após, o Min. Joaquim Barbosa, relator, indicou adiamento da apreciação dessa medida cautelar e o julgamento prosseguiu no tocante ao pedido requerido pela ABRE. ADI 4389 MC/DF, rel. Min. Joaquim Barbosa, 13.4.2011. (ADI-4389) ADI 4413 MC/DF, rel. Min. Joaquim Barbosa, 13.4.2011. (ADI-4413)

ATIVIDADE GRÁFICA: FABRICAÇÃO DE EMBALAGENS E TRIBUTAÇÃO - 5

Feita essa delimitação, concedeu-se a medida cautelar pleiteada para dar interpretação conforme à Constituição ao art. 1º, *caput* e § 2º, da LC 116/2003 e ao subitem 13.05 da lista de serviços anexa a fim de reconhecer que o ISS não incidiria sobre operações de industrialização por encomenda de embalagens destinadas à integração ou à utilização direta em processo subseqüente de industrialização ou de circulação de mercadoria, por se tratar de típico insumo. Destacou-se que a alíquota média do ICMS (18%) seria superior à alíquota máxima do ISS (5%) e que, se o primeiro imposto incidisse, o valor cobrado poderia ser usado para calibrar o tributo devido na operação subseqüente, nos termos da regra constitucional da não-cumulatividade, compensação esta inviável para o ISS. Concluiu-se que, presentes os requisitos constitucionais e legais, incidiria o ICMS. O Min. Celso de Mello enfatizou, quanto à modulação de efeitos da decisão, que a medida deveria produzir eficácia somente quanto aos fatos geradores ocorridos posteriormente ao julgamento. ADI 4389 MC/DF, rel. Min. Joaquim Barbosa, 13.4.2011. (ADI-4389) (Inform. STF 623)

ATIVIDADE GRÁFICA: FABRICAÇÃO DE EMBALAGENS E TRIBUTAÇÃO - 1

O Plenário iniciou julgamento de medidas cautelares em ações diretas de inconstitucionalidade propostas, respectivamente, pela Associação Brasileira de Embalagem – ABRE e pela Confederação Nacional da Indústria – CNI contra o art. 1º, *caput* e § 2º, da Lei Complementar 116/2003, bem como do subitem 13.05 da lista de serviços a ela anexa. Os preceitos impugnados prevêem a tributação pelo ISS da atividade de composição gráfica, fotocomposição, clicheria, zincografia, litografia, fotolitografia. Preliminarmente, admitiu-se o Estado de São Paulo como *amicus curiae*, permitindo-lhe a realização de sustentação oral. Salientou-se que se estaria em sede de medida cautelar e que o processo passaria por nova instrução para o exame de fundo da controvérsia. ADI 4389 MC/DF, rel. Min. Joaquim Barbosa, 3.2.2011. (ADI-4389) ADI 4413 MC/DF, rel. Min. Joaquim Barbosa, 3.2.2011. (ADI-4413)

ATIVIDADE GRÁFICA: FABRICAÇÃO DE EMBALAGENS E TRIBUTAÇÃO - 2

No mérito, o Min. Joaquim Barbosa, relator, concedeu as medidas liminares pleiteadas e deu interpretação conforme à Constituição ao art. 1º, *caput* e § 2º, da LC 116/2003 e ao subitem 13.05 da lista de serviços anexa para reconhecer que o ISS não incidiria sobre operações de industrialização por encomenda de embalagens destinadas à integração ou à utilização direta em processo subseqüente de industrialização ou de circulação de mercadoria. Enfatizou que o STF tem sido constantemente provocado a se manifestar sobre a repartição de competência tributária como salvaguarda imanente da autonomia dos entes federados. Observou que a diferença entre prestação de serviços e operação de circulação de mercadorias seria sutil e que, no caso, nenhuma qualidade intrínseca à produção de embalagens resolveria o impasse relativamente ao aparente conflito entre o ISS e o ICMS nos serviços gráficos. Asseverou que a solução estaria no papel que a atividade questionada teria no ciclo produtivo. Destacou que, consoante se depreenderia dos autos, as embalagens teriam função técnica na industrialização ao permitirem a conservação das propriedades físico-químicas dos produtos, assim como o transporte, manuseio e armazenamento dos produtos. Acrescentou que, por força da legislação, tais embalagens poderiam exibir, ainda, informações relevantes aos consumidores. Em razão disso, entendeu se tratar de típico insumo. ADI 4389 MC/DF, rel. Min. Joaquim Barbosa, 3.2.2011. (ADI-4389) ADI 4413 MC/DF, rel. Min. Joaquim Barbosa, 3.2.2011. (ADI-4413)

ATIVIDADE GRÁFICA: FABRICAÇÃO DE EMBALAGENS E TRIBUTAÇÃO - 3

Tendo isso em conta, o relator reputou plausível a caracterização desse tipo de atividade como circulação de mercadorias (venda), ainda que as embalagens sejam fabricadas de acordo com especificações do cliente e não como contratação de serviços. Aduziu que, diante da crescente complexidade técnica das atividades econômicas e da legislação regulatória, não seria razoável esperar que todos os tipos de invólucros fossem produzidos de antemão e postos indistintamente à disposição das partes para eventual aquisição. De igual forma, também não seria adequado pretender que as atividades econômicas passassem a ser verticalizadas, de modo a levar os agentes de mercado a absorver todas as etapas do ciclo produtivo. Assim, não haveria como equiparar a produção gráfica personalizada e encomendada para uso pontual, pessoal ou empresarial e a produção personalizada para fazer parte de complexo processo produtivo destinado a colocar bens no comércio. Destacou, por fim, que a alíquota média do ICMS (18%) seria superior à alíquota máxima do ISS (5%) e que, se o primeiro imposto incidisse, o valor cobrado poderia ser usado para calibrar o tributo devido na operação subseqüente, nos termos da regra constitucional da não-cumulatividade, compensação esta inviável para o ISS. Concluiu que, presentes os requisitos constitucionais e legais, incidiria o ICMS. Após, pediu vista a Min. Ellen Gracie. ADI 4389 MC/DF, rel. Min. Joaquim Barbosa, 3.2.2011. (ADI-4389) ADI 4413 MC/DF, rel. Min. Joaquim Barbosa, 3.2.2011. (ADI-4413) (Inform. STF 614)

(Comentário: ver Informativo STF 623 – conclusão do julgamento)

ICMS. ISS. SERVIÇOS. PROVEDOR. *INTERNET*.

A Turma, por unanimidade, entendeu que o serviço prestado pelos provedores de acesso à *internet* não estão sujeitos à incidência de ICMS (Súm n. 334-STJ) e, por maioria, que tais serviços também não estão sujeitos à incidência de ISS, pois não há previsão no DL n. 406/1968, com suas alterações posteriores, que não os incluiu na lista anexa, nem na LC n. 116/2003. **Precedentes citados: EREsp 456.650-PR, DJ 20/3/2006; REsp 711.299-RS, DJ 11/3/2005, e REsp 745.534-RS, DJ 27/3/2006. REsp 674.188-PR, Rel. Min. Denise Arruda, julgado em 25/3/2008.** (Inform. STJ 349)

SÚMULA STF Nº 662

É legítima a incidência do ICMS na comercialização de exemplares de obras cinematográficas, gravados em fitas de videocassete.

SÚMULA STF Nº 579

A cal virgem e a hidratada estão sujeitas ao Imposto de Circulação de Mercadorias.

SÚMULA STJ Nº 163

O fornecimento de mercadorias com a simultânea prestação de serviços em bares, restaurantes e estabelecimentos similares constitui fato gerador do ICMS a incidir sobre o valor total da operação.

7.6.2. ICMS: NÃO-INCIDÊNCIA

ICMS E FORNECIMENTO DE ÁGUA ENCANADA - 1

O Plenário iniciou julgamento de recurso extraordinário, interposto pelo Estado do Rio de Janeiro, em que se discute, à luz do art. 155, II, da CF, a constitucionalidade, ou não, da incidência de ICMS sobre o fornecimento de água encanada por empresa concessionária. Ao ratificar jurisprudência do STF, o Min. Dias Toffoli, relator, desproveu o recurso. Aduziu que o tema fora objeto de análise na ADI 567 MC (DJU de 4.10.91), com decisão unânime pela suspensão liminar do ICMS sobre o fornecimento de água no Estado de Minas Gerais. Ressaltou, ainda, que, no julgamento da ADI 2224/DF (DJU de 13.6.2003) — embora não conhecida, na discussão do mérito, por questões processuais —, o Supremo acenara a tese da não-tributação, pelo citado imposto, da água fornecida como serviço público. Na seqüência, apontou que, nos autos, foram impugnados tanto o Convênio 98/99, que concedera a isenção, como o Convênio Confaz 77/95, ratificado pelo Governador daquele ente federado por meio do Decreto 21.845/95, além das Resoluções 2.679/96 e 3.526/99, ambas da Secretaria Estadual de Fazenda, que determinaram a exação adversada sobre os serviços de fornecimento de água canalizada na aludida unidade da Federação. Na esteira dos precedentes desta Corte, entendeu que a incidência do ICMS prevista na legislação fluminense geraria uma situação eivada de inconstitucionalidade, a destoar da materialidade deste tributo, inserta no art. 155, II, da CF (*"Art. 155. Compete aos Estados e ao Distrito Federal instituir impostos sobre: ... II - operações relativas à circulação de mercadorias e sobre prestações de serviços de transporte interestadual e intermunicipal e de comunicação, ainda que as operações e as prestações se iniciem no exterior"*). Observou que, conquanto o fato gerador estivesse descrito na lei instituidora, o legislador infraconstitucional sujeitar-se-ia aos limites da hipótese de incidência estabelecida na Constituição. Concluiu, no ponto, que analisar a extensão dessa hipótese seria indispensável para identificar o que constitui, ou não, fato gerador do imposto em questão. RE 607056/RJ, rel. Min. Dias Toffoli, 1º.9.2011. (RE-607056)

ICMS E FORNECIMENTO DE ÁGUA ENCANADA - 2

No que concerne à noção de mercadoria, para fins dessa tributação, enfatizou que se trataria de bem móvel sujeito à mercancia ou, conforme a preferência, objeto de atividade mercantil. Consignou que as águas públicas derivadas de rios ou mananciais são qualificadas juridicamente como bem de uso comum do povo, consoante os artigos 20, III, e 26, I, da CF, não equiparáveis a uma espécie de mercadoria, sobre a qual incidiria o ICMS. Dessa forma, o tratamento químico necessário ao consumo não teria o condão de descaracterizar a água como um bem público de uso comum de todos. Assinalou que os conceitos de "operação", "circulação" e "mercadoria" permaneceriam umbilicalmente ligados. No caso, reputou ausentes os elementos que adjetivariam o aspecto material da hipótese de incidência do ICMS, quais sejam: "circulação" e "mercadoria", na medida em que as concessionárias — promotoras da operação de fornecimento de água — não deteriam poderes jurídicos de disposição sobre ela, tampouco poderiam lhe dar destinação comercial, dada a sua natureza de bem público. Afirmou, então, que esse entendimento seria corroborado pelo art. 18 da Lei 9.433/97, que "institui a Política Nacional de Recursos Hídricos", ao deixar claro que a concessão do serviço público de distribuição de água canalizada constituiria mera outorga dos direitos de uso, sem implicar a alienação das águas, uma vez que se trata de bem de uso comum do povo, inalienável. No mesmo sentido, o Código de Águas (Decreto 24.643/34, art. 46: "*concessão não importa, nunca, a alienação parcial das águas públicas, que são inalienáveis, mas no simples direito ao uso destas águas*"). RE 607056/RJ, rel. Min. Dias Toffoli, 1º.9.2011. (RE-607056)

ICMS E FORNECIMENTO DE ÁGUA ENCANADA - 3

Asseverou que, ao tributar o fornecimento de água potável, estar-se-ia a conferir interpretação inadequada ao conceito de mercadoria, conduzindo, erroneamente, à classificação de água canalizada como bem de comércio. Salientou que a água natural encanada, ao contrário do que aconteceria com a água envasada, não seria objeto de comercialização, e sim de prestação de serviço público. Inexistiria, portanto, uma operação relativa à circulação de água, como mercadoria. Destacou que, em verdade, os concessionários detentores do direito ao uso desse bem prestariam serviços públicos essenciais de competência estatal, mediante a captação, o tratamento e o abastecimento de água – os quais compreenderiam um conjunto de serviços que visariam assegurar a universalidade e a qualidade de seu consumo, promovendo, desse modo, a saúde pública. Frisou que a doutrina abalizada não destoaria desse posicionamento. Registrou a jurisprudência consolidada nesta Corte no sentido de que o serviço de fornecimento de água é submetido ao regime de preço público e não de taxa, como manifesto no RE 54491 ED/PE (DJU de 16.6.65); RE

85268/PR (DJU de 1º.7.77) e RE 77162/SP (DJU de 9.8.77). Sublinhou que, no entanto, essa discussão seria irrelevante, pois incontroverso que se cuidaria de um serviço público posto à disposição da população, o qual, independentemente do regime jurídico remuneratório, não estaria sujeito à tributação. Além disso, considerou, por fim, que a incidência do ICMS sobre o serviço de água tratada não atenderia ao interesse público; ao contrário, poderia, inclusive, prejudicar políticas públicas de universalização do acesso a esse serviço. Após, pediu vista dos autos o Min. Luiz Fux. RE 607056/RJ, rel. Min. Dias Toffoli, 1º.9.2011. (RE-607056) (Inform. STF 638)

RE N. 588.149-SP
RELATOR: MIN. GILMAR MENDES

RECURSO EXTRAORDINÁRIO. MATÉRIA CONSTITUCIONAL COM REPERCUSSÃO GERAL RECONHECIDA. TRIBUTÁRIO. ICMS. INCIDÊNCIA. SEGURADORAS. VENDA DE VEÍCULOS SALVADOS. INCONSTITUCIONALIDADE. OFENSA AOS ARTIGOS 22, VII E 153, V, DA CONSTITUIÇÃO FEDERAL. PRECEDENTES. RECURSO EXTRAORDINÁRIO CONHECIDO E PROVIDO.

1. O art. 7º, § 1º, item 4, da Lei paulista 6.374, de 1.3.89, previu a incidência de ICMS sobre as operações de vendas, por seguradoras, de veículos envolvidos em sinistros. 2. Vendas que se integram à própria operação de seguro, constituindo recuperação de receitas e não atividade mercantil. 3. Recurso extraordinário conhecido e provido. (Inform. STF 630) *noticiado no Informativo 616

(Comentário: Ver Súmula Vinculante 32/STF)

REPERCUSSÃO GERAL EM RE N. 607.056-RJ
RELATOR: MIN. DIAS TOFFOLI

EMENTA

TRIBUTÁRIO – ICMS - ÁGUA CANALIZADA - ART. 155, II, CF. REPERCUSSÃO GERAL - EXISTÊNCIA.

Ultrapassa os interesses subjetivos das partes a controvérsia relativa à possibilidade de incidência do ICMS sobre o fornecimento de água canalizada. Análise dos conceitos de mercadoria e de serviço público essencial e específico.

Repercussão geral reconhecida. (Inform. STF 617)

(Comentário: ver Informativo STF 638 – continuação do julgamento)

ICMS E SALVADOS - 4

Em conclusão, o Plenário, por maioria, julgou parcialmente procedente pedido formulado em ação direta ajuizada pela Confederação Nacional do Comércio para declarar a inconstitucionalidade da expressão *"e a seguradora"*, constante do inciso IV do art. 15 da Lei 6.763/75, na redação dada pelo art. 1º da Lei 9.758/89, ambas do Estado de Minas Gerais (*"Art. 15 Incluem-se entre os contribuintes do imposto: ... IV - a instituição financeira e a seguradora"*) — v. Informativos 283, 419 e 478. Entendeu-se que as vendas de salvados pelas companhias seguradoras constituiriam atividade integrante das operações de seguro, cuja tributação se sujeitaria à competência da União (CF, art. 153, V), não se enquadrando tais vendas, ainda, no conceito de operações relativas à circulação de mercadorias. Vencidos os Ministros Nelson Jobim, Ricardo Lewandowski, Joaquim Barbosa e Ayres Britto que julgavam o pleito improcedente. Reformularam os votos proferidos anteriormente os Ministros Joaquim Barbosa e Ayres Britto. ADI 1648/MG, rel. Min. Gilmar Mendes, 16.2.2011. (ADI-1648) (Inform. STF 616)

(Comentário: ver Súmula Vinculante 32/STF)

ICMS E ALIENAÇÃO DE SALVADOS DE SINISTROS - 1

O ICMS não incide sobre a alienação de salvados de sinistros pelas seguradoras. Esse o teor da Súmula Vinculante 32 cuja edição foi aprovada pelo Plenário após dar provimento, por maioria, a recurso extraordinário interposto contra acórdão que, com base na Súmula 152 do Superior Tribunal de Justiça - STJ, reputara cabível essa incidência. Deliberou-se, ainda, que os Ministros decidam monocraticamente os casos idênticos. Na mesma linha do que firmado no julgamento da ADI 1648/MG, anteriormente relatada, reconheceu-se a inconstitucionalidade da expressão *"e a seguradora"*, constante do antigo item 4 do § 1º do art. 7º da Lei 6.374/89, do Estado de São Paulo. Prevaleceu o voto do relator, Min. Gilmar Mendes, que salientou, de início, que o STF há muito possuiria jurisprudência contrária ao acórdão recorrido (ADI 1332 MC/RJ, DJU de 11.4.97), segundo a qual não competiria aos Estados, mas à União, tributar a alienação de salvados, que se integraria à operação de seguros (CF, art. 153, V). RE 588149/SP, rel. Min. Gilmar Mendes, 16.2.2011. (RE-588149)

ICMS E ALIENAÇÃO DE SALVADOS DE SINISTROS - 2

Observou que, em razão de ser vedada às sociedades seguradoras, nos termos do art. 73 do Decreto-lei 73/66, a exploração de qualquer outro ramo de comércio ou indústria, elas não seriam e nem poderiam ser comerciantes de sucata. Acrescentou que, por disposição contratual, as seguradoras receberiam por ato unilateral a propriedade do bem nas hipóteses em que, em decorrência de sinistro, tivesse este perdido mais de 75% do valor do segurado. Asseverou que as companhias de seguro seriam obrigadas a pagar ao segurado 100% do valor do bem e que a posterior venda, por elas, dos salvados teria, no máximo, o condão de recuperar parte da indenização que houvesse superado o dano ocorrido. Enfatizou que, por isso, não haveria finalidade de obter lucro, nem, portanto, intenção comercial. Registrou ser esse o sentido da jurisprudência da Corte, conforme depreendido do Enunciado 541 da sua Súmula (*"O imposto sobre vendas e consignações não incide sobre a venda ocasional de veículos e equipamentos usados, que não se insere na atividade profissional do vendedor, e não é realizada com o fim de lucro, sem caráter, pois, de comercialidade"*). RE 588149/SP, rel. Min. Gilmar Mendes, 16.2.2011. (RE-588149)

ICMS E ALIENAÇÃO DE SALVADOS DE SINISTROS - 3

Concluiu que o objeto das operações das seguradoras seria o seguro e que a eventual venda dos salvados não os tornaria mercadorias, porquanto as companhias seguradoras não possuiriam por objeto social a circulação de mercadorias, constituindo a referida alienação um elemento da própria operação de seguro. Mencionou, também, que o STJ teria cancelado o Enunciado 152 de sua Súmula, o que demonstraria adesão ao entendimento do STF. Além disso, afirmou que a Lei paulista 9.399/96 teria dado nova redação à Lei estadual 6.374/89, para excluir a expressão *"e a seguradora"* de seu item 4 do § 1º do art. 7º, razão pela qual teria havido perda de objeto da ADI 1390/SP (DJU de 6.2.2002). Tal fato permitiria, ainda, deduzir que o Estado de São Paulo de igual modo aderira às razões expendidas pela jurisprudência do STF. Vencidos os Ministros Ricardo Lewandowski, Joaquim Barbosa e Ayres Britto que negavam provimento ao recurso. RE 588149/SP, rel. Min. Gilmar Mendes, 16.2.2011. (RE-588149) (Inform. STF 616)

REPERCUSSÃO GERAL EM RE N. 588.149-SP

RELATOR: MIN. CEZAR PELUSO

EMENTA: RECURSO. Extraordinário. ICMS. Incidência. Veículos salvados de sinistros. Venda. Repercussão geral reconhecida. Apresenta repercussão geral o recurso extraordinário que verse sobre a questão da incidência, ou não, de ICMS sobre a venda de veículos salvados de sinistros. (Inform. STF 568)

ICMS E SALVADOS - 3

O Tribunal retomou julgamento de ação direta ajuizada pela Confederação Nacional do Comércio contra a expressão *"e a seguradora"*, constante do inciso IV do art. 15 da Lei 6.763/75, na redação dada pelo art. 1º da Lei 9.758/89, ambas do Estado de Minas Gerais, bem como do art. 14, e da expressão *"o comerciante"*, constante do inciso I do art. 15, todos da citada Lei 6.763/75, em que se pretende ver declarada a inconstitucionalidade da incidência de ICMS sobre a alienação, por parte das empresas seguradoras, de salvados de sinistro — v. Informativos 283 e 419. Preliminarmente, o Tribunal, tendo em vista já ter sido proferido voto por Ministro que está aposentado, rejeitou pedido de renovação do julgamento feito pela requerente, em face da recomposição da Corte. Em seguida, o Min. Gilmar Mendes, que indicara adiamento na sessão anterior, reiterou seu voto pela procedência parcial do pedido formulado, para declarar a inconstitucionalidade da expressão *"e a seguradora"*, contida no inciso IV do art. 15 da Lei 6.763/75. Por sua vez, o Min. Menezes Direito deu pela parcial procedência do pedido, para, sem redução de texto, dar interpretação conforme, no sentido de excluir a tributabilidade, mediante ICMS, das operações de alienação, por seguradoras, de salvados de sinistro. Entendeu que a retirada da expressão *"e a seguradora"* implicaria a exclusão completa das seguradoras, prestadoras de serviços, do sistema tributário estadual, já que o *caput* do art. 14 da lei em questão estaria definindo os contribuintes do imposto. Considerou, ademais, que a operação realizada com os salvados seria mera conseqüência da restituição do patrimônio da própria seguradora em decorrência da sua atividade securitária, não configurando, tecnicamente, uma circulação de mercadoria, razão pela qual não haveria incidir sobre ela o ICMS. Após os votos dos Ministros Joaquim Barbosa, Eros Grau e Carlos Ayres Britto, que acompanhavam o voto do Min. Menezes Direito, pediu vista dos autos o Min. Cezar Peluso. ADI 1648/MG, rel. Min. Gilmar Mendes, 6.9.2007. (ADI-1648) (Inform. STF 478)

(Comentário: ver Informativo STF 616 – conclusão do julgamento – Súmula Vinculante 32/STF)

REPETITIVO. ICMS. FATO GERADOR.
Ao julgar recurso repetitivo (art. 543-C do CPC e Res. n. 8/2008-STJ), a Seção reiterou o entendimento de que o deslocamento de bens ou mercadorias entre estabelecimentos de uma mesma empresa não se subsume à hipótese de incidência do ICMS, porquanto, para a ocorrência do fato imponível é imprescindível a circulação jurídica da mercadoria com a transferência da propriedade. Assim, não constitui fato gerador do referido tributo o simples deslocamento de mercadoria de um para outro estabelecimento do mesmo contribuinte (Súm. n. 166-STJ). **Precedentes citados do STF: AgRg no AI 618.947-MG, DJe 25/3/2010; AgRg no AI 693.714-RJ, DJe 21/8/2009; do STJ: AgRg nos EDcl no REsp 1.127.106-RJ, DJe 17/5/2010; AgRg no Ag 1.068.651-SC, DJe 2/4/2009; AgRg no AgRg no Ag 992.603-RJ, DJe 4/3/2009; AgRg no REsp 809.752-RJ, DJe 6/10/2008, e REsp 919.363-DF, DJe 7/8/2008. REsp 1.125.133-SP, Rel. Min. Luiz Fux, julgado em 25/8/2010.** (Inform. STJ 444)

ICMS. TV A CABO. "TAXA". ADESÃO.
A transmissão de sinal pelas sociedades empresariais de TV a cabo, quando realizada de forma onerosa, é considerada serviço de comunicação (art. 2º da LC n. 87/1996), a submeter-se à tributação estadual. Porém, o ICMS não incide sobre os serviços preparatórios e acessórios àquela transmissão, tais como a adesão, habilitação e instalação de equipamentos. Daí que, no caso, a "taxa" de adesão deve ser excluída da base de cálculo daquele imposto. **Precedentes citados: REsp 710.774-MG, DJ 6/3/2006, e REsp 418.594-PR, DJ 21/3/2005. AgRg no REsp 1.064.596-SP, Rel. Min. Herman Benjamin, julgado em 14/10/2008.** (Inform. STJ 372)

ICMS. PRODUÇÃO. TV A CABO. COMERCIAL.
A Turma reiterou que não incide ICMS sobre a prestação de serviços de produção de programas de televisão a cabo e comerciais quando a própria sociedade não transmite os sinais de TV, por falta de enquadramento de sua atividade no fato gerador daquele tributo (art. 2º, III, da LC n. 87/1996). **Precedentes citados: REsp 763. 431-MG, DJ 4/10/2007, e REsp 726.103-MG, DJ 8/8/2007. REsp 799.927-MG, Rel. Min. Francisco Falcão, julgado em 11/3/2008.** (Inform. STJ 348)

ICMS. SÚM. N. 166-STJ. INABITUALIDADE. BENS. ATIVO FIXO.
A recorrente, por questões de planejamento, transferiu toda sua atividade de indústria para o Estado do Espírito Santo, mas, freqüentemente, deslocava, mediante a expedição de notas fiscais, máquinas, equipamentos e peças de reposição (para consertos e serviços) a seu outro estabelecimento no Rio de Janeiro. Questionou-se, então, a incidência da Súm. n. 166-STJ, pois o acórdão recorrido ajuntava à referida súmula a necessidade de haver prova de tratar-se de bens de ativo fixo, bem como não haver habitualidade. Diante disso, a Turma entendeu, primeiro, não incidir no caso o disposto na Súm. n. 7-STJ, visto que se está no trato de teses jurídicas e não de reexame de prova. Entendeu, também, que a Súm. n. 166-STJ tem sua aplicação ao caso, independente da qualificação de ativo fixo que é dada aos bens, afastada, também, a exigência quanto à inabitualidade. **REsp 756.612-RJ, Rel. Min. João Otávio de Noronha, julgado em 18/9/2007.** (Inform. STJ 332)

ICMS. PRODUTORA. PROGRAMA. TV. CABO.
As produtoras de programas para TV a cabo ou comerciais que efetivamente não distribuem tais programas por nenhum meio físico ao público em geral, mas apenas contratam com a operadora/distribuidora de sinais de TV não estão sujeitas à incidência do ICMS, uma vez que os serviços que prestam não estão previstos na LC n. 87/1996. Os serviços de comunicação a que essa lei se refere nos arts. 2º, III, e 12, VII, são os de transmissão e recepção de sinais de TV. A Lei n. 8.977/1995, ao dispor sobre os serviços de TV a cabo, define-os como distribuição de sinais de vídeo e/ou rádio, mediante transporte por meio físico, o que exclui do conceito a produção da programação. Essa mesma lei (art. 5º, V e VI) fez distinção entre a operadora/distribuidora e a chamada programadora (produtora). Com esse entendimento, a Turma, ao prosseguir o julgamento, deu provimento ao recurso da produtora. O Min. Herman Benjamin acentuou que a hipótese refere-se apenas às atividades de produção *stricto sensu* (produção "puro-sangue"). **REsp 726.103-MG, Rel. Min. João Otávio de Noronha, julgado em 26/6/2007.** (Inform. STJ 325)

SÚMULA VINCULANTE 32/STF

O ICMS não incide sobre alienação de salvados de sinistro pelas seguradoras.

SÚMULA STF Nº 573

Não constitui fato gerador do Imposto de Circulação de Mercadorias a saída física de máquinas, utensílios e implementos a título de comodato.

SÚMULA STJ Nº 166

Não constitui fato gerador do ICMS o simples deslocamento de mercadoria de um para outro estabelecimento do mesmo contribuinte.

SÚMULA STJ Nº 152

Na venda pelo segurador, de bens salvados de sinistros, incide o ICMS. *(CANCELADA – atualmente, o STJ entende pela não-incidência do ICMS, neste caso – ver Súmula Vinculante 32/STF)*

SÚMULA STJ Nº 135

O ICMS não incide na gravação e distribuição de filmes e videoteipes.

7.6.3. ICMS: IMUNIDADES

ICMS: IMUNIDADE TRIBUTÁRIA E ESTORNO DE CRÉDITO - 1
A Turma referendou decisão proferida pelo Min. Celso de Mello em ação cautelar, da qual relator, que deferira a medida cautelar para outorgar efeito suspensivo a recurso extraordinário em que se discute a exigibilidade, ou não, do estorno de créditos de ICMS relativos a operações que antecedem a prática de atos imunes — fornecimento de material para produção de papel destinado à impressão de livros, jornais, periódicos (CF, art. 150, VI, d). Salientou-se que não se trataria, no caso, nem de isenção nem de não-incidência tributária e que a controvérsia constitucional suscitada na causa poria em evidência discussão em torno da abrangência normativa da imunidade tributária em exame. Asseverou-se que a imunidade de natureza política destina-se a conferir efetividade e atribuir concreção a determinados direitos e garantias fundamentais reconhecidos e assegurados às pessoas e às instituições. Assentou-se que o instituto da imunidade tributária em comento representa um poderoso fator de contenção do arbítrio do Estado, qualificando-se como instrumento de proteção constitucional vocacionado a preservar direitos fundamentais — como a liberdade de informar, a liberdade de acesso à cultura e o direito do cidadão de ser informado — em ordem a evitar uma situação de perigosa submissão tributária ao poder impositivo do Estado. **AC 2559 Referendo-MC/RJ, rel. Min. Celso de Mello, 14.6.2010.** (AC-2559)

ICMS: IMUNIDADE TRIBUTÁRIA E ESTORNO DE CRÉDITO - 2
Consignou-se que, embora a jurisprudência desta Corte tenha revelado tendência restritiva ao interpretar o alcance da mencionada norma, a situação versada nos autos diferiria dos precedentes, sustentando-se, por conseguinte, a possibilidade de interpretação extensiva do postulado da imunidade tributária na hipótese prevista no art. 150, VI, d, da CF. Aduziu-se, portanto, que a exegese que elasteça a incidência da cláusula inscrita no art. 155, § 2º, II, da CF — efetuada com o objetivo de fazer subsumir, à noção de não-incidência, o próprio conceito de imunidade — tenderia a neutralizar, mediante indevida redução teleológica, o sentido tutelar de que se acha impregnada a garantia constitucional da imunidade tributária. Registrou-se que tal perspectiva fundar-se-ia no entendimento de que a efetiva – e plena – realização do instituto da imunidade tributária, em contextos como o ora em exame, somente se completaria com a manutenção dos créditos, pois a impossibilidade de utilização dos créditos resultantes das operações de compra de insumos vinculados à produção de papel — com a conseqüente exigência fiscal de estorno dos créditos referentes a matérias-primas e a outros insumos utilizados na fabricação de papel destinado à impressão de livros, jornais e periódicos — frustraria, indevidamente, por completo, a concretização da tutela constitucional propiciada por essa limitação ao poder de tributar do Estado. Assim, reputou-se caracterizada a plausibilidade jurídica da pretensão, tendo em conta que a presente situação, à primeira vista, revelaria desrespeito à abrangência normativa da imunidade tributária prevista. Por fim, sustou-se, em conseqüência, o prosseguimento da execução fiscal decorrente da autuação lavrada por não ter sido estornado o imposto creditado na entrada da mercadoria no estabelecimento industrial da autora. **AC 2559 Referendo-MC/RJ, rel. Min. Celso de Mello, 14.6.2010.** (AC-2559) (Inform. STF 591)

IMUNIDADE: ICMS E SERVIÇO SOCIAL AUTÔNOMO - 1
A Turma desproveu recurso extraordinário em que o Serviço Social da Indústria - SESI sustentava ser imune à tributação pela incidência de impostos (CF, 150, VI, c) ao argumento de que a extensão da proteção constitucional às operações de venda de mercadorias diretamente ao consumidor permitiria a venda de produtos a preços mais acessíveis, auxiliando na melhoria do padrão de vida de seus filiados. Na espécie, o tribunal local

assentara que o ICMS não gravaria o patrimônio, nem as rendas, nem os serviços do SESI, uma vez que ele recairia sobre a comercialização de bens de consumo, sendo, na verdade, pago pelo consumidor. Inicialmente, reputou-se desnecessária, conforme sugerido pela Procuradoria Geral da República, a submissão do feito ao Plenário do STF, dado que não haveria pedido de declaração incidental de inconstitucionalidade de norma estadual, bem como seria pacífica a jurisprudência da Corte pertinente à matéria. **RE 202987/SP, rel. Min. Joaquim Barbosa, 30.6.2009.** (RE-202987)

IMUNIDADE: ICMS E SERVIÇO SOCIAL AUTÔNOMO - 2

Observou-se que — não obstante as partes tivessem centrado sua atenção na caracterização, ou não, do SESI como entidade imune e de suas operações como beneficiadas pela garantia constitucional — haveria uma questão subjacente a qual deveria ser apreciada, sob pena de o eventual provimento do recurso extraordinário violar, por outro modo, o art. 150, VI, c, da CF (*"Art. 150. Sem prejuízo de outras garantias asseguradas ao contribuinte, é vedado à União, aos Estados, ao Distrito Federal e aos Municípios: ... VI - instituir impostos sobre: ... c) patrimônio, renda ou serviços dos partidos políticos, inclusive suas fundações, das entidades sindicais dos trabalhadores, das instituições de educação e de assistência social, sem fins lucrativos, atendidos os requisitos da lei;"*). Asseverou-se que a controvérsia de fundo estaria em se saber se a imunidade tributária se aplicaria às relações jurídicas formadas com fundamento na responsabilidade tributária ou na substituição tributária, que levariam à sujeição passiva indireta. Tendo em conta que o citado dispositivo constitucional refere-se somente às operações realizadas pela entidade imune, aduziu-se que o Estado não poderia colocar o SESI como contribuinte de imposto que grave o seu patrimônio, sua renda ou seus serviços, desde que imanentes às funções institucionais que lhe são atribuídas pela Constituição e pela legislação de regência. Ressaltou-se que a sujeição passiva tributária compreenderia os sujeitos passivos diretos — chamados pela legislação tributária de contribuintes — e os sujeitos passivos indiretos — os quais poderiam ser substitutos ou responsáveis tributários. Esclareceu-se que, nos termos do art. 121, parágrafo único, I, do CTN, somente poderia ser considerado contribuinte a pessoa que estivesse em relação pessoal e direta com a situação que constituiria o fato gerador e, da leitura conjunta dos artigos 121, parágrafo único, I e 128 do CTN, extrair-se-ia que a legislação tributária justificaria a sujeição passiva indireta, em termos econômicos, derivada da circunstância de o terceiro que for chamado a responder pela obrigação tributária estar ligado — economicamente ou por outro tipo de nexo causal — ao fato jurídico tributário. Consignou-se que, na hipótese versada nos autos, a operação tributada consistiria na venda de feijão — por contribuinte localizado no Estado de São Paulo — ao SESI. Acrescentou-se que a legislação vigente à época estabelecia que, em tais operações de circulação de mercadoria, a cobrança do tributo seria diferida para o momento da entrada do bem no estabelecimento varejista adquirente. Aduziu-se que, no diferimento, a cobrança do tributo seria postergada para uma etapa posterior do ciclo produtivo, sem, contudo, acarretar mudança do referencial fático da tributação. Destarte, registrou-se que, em razão do uso da técnica de tributação mencionada, a entidade recorrente fora apontada como substituta pelo pagamento do valor devido originalmente pelo contribuinte. **RE 202987/SP, rel. Min. Joaquim Barbosa, 30.6.2009.** (RE-202987)

IMUNIDADE: ICMS E SERVIÇO SOCIAL AUTÔNOMO - 3

Concluiu-se que, seja na substituição, seja na responsabilidade tributária, não haveria o deslocamento da sujeição tributária passiva direta, eis que os substitutos e os responsáveis não seriam, nem passariam a ser, contribuintes do tributo. Asseverou-se que responsabilidade e substituição tributária versariam normas voltadas a garantir a máxima efetividade do crédito tributário, mediante a eleição de outros sujeitos passivos para garantir o recolhimento do valor devido a título de tributo. Assim, o responsável ou o substituto responderiam por obrigação própria, mas totalmente dependente da existência, ou possibilidade de existência, e da validade, da relação jurídica tributária pertinente ao contribuinte. Assentou-se que a imunidade tributária não alcançaria a entidade na hipótese de ser ela eleita responsável ou substituta tributária, porquanto, em ambas as hipóteses, a entidade não seria contribuinte do tributo, pois não seriam suas operações que se sujeitariam à tributação. Enfatizou-se que os fatos jurídicos tributários referir-se-iam a outras pessoas, contribuintes, como o produtor-vendedor, no caso dos autos, e que, se tais pessoas não gozarem da imunidade, descaberia estender-lhes a salvaguarda constitucional. Afirmou-se não se tratar, também, de investigar quem suportaria a carga tributária para estabelecer o alcance da imunidade, pois, no quadro ora examinado, a busca pelo contribuinte de fato seria irrelevante, na medida em que existiria um contribuinte de direito, que seria o produtor-vendedor, descabendo estender-lhe o benefício, se ele não gozar da imunidade. **RE 202987/SP, rel. Min. Joaquim Barbosa, 30.6.2009.** (RE-202987) (Inform. STF 553)

7.6.4. ALÍQUOTAS E BASE DE CÁLCULO

Alíquota de ICMS e resolução do Senado - 3

Em conclusão de julgamento, o Plenário não conheceu de embargos de divergência em que discutida a incidência, ou não, de ICMS na saída de produtos semi-elaborados remetidos ao exterior entre 1º.3.89 a 31.5.89 — v. Informativo 603. Aduziu-se que, desde a instância ordinária, a questão fora decidida com base em fundamento diverso daquele utilizado no aresto paradigma. Ressaltou-se que a rejeição do pedido do contribuinte ocorrera com supedâneo no art. 34, § 5º, da CF, ao passo que esse mesmo dispositivo constitucional não fora debatido na decisão apontada como divergente, porquanto não prequestionado. Reputou-se que não haveria, pois, dissenso entre o acórdão modelo e o ora hostilizado. O Ministro Luiz Fux acrescentou que a tese objeto do recurso também já fora pacificada no sentido do acórdão vergastado. Os Ministros relator e Dias Toffoli reformularam seus votos proferidos anteriormente. RE 208277 EDv/SP, rel. Min. Ricardo Lewandowski, 1º.8.2011. (RE-208277) (Inform. STF 634)

ICMS E OPERAÇÕES DE FRETE SOB O REGIME DE PREÇO CIF

A 2ª Turma desproveu agravo regimental interposto de decisão da Min. Ellen Gracie, em que negado seguimento a recurso extraordinário, do qual relatora, com base nos Enunciados 279, 282 e 356 da Súmula do STF. No caso, a empresa recorrente pretendia creditar-se do ICMS advindo de operações de frete de mercadorias ou produtos do seu estabelecimento para o do comprador sob o regime de preço CIF (*cost, insurance and freight*). Salientou-se que, mesmo superada a ausência de prequestionamento, não seria incontroversa a inexistência de ressarcimento dos valores de ICMS incidentes sobre o frete. Destacou-se que, da leitura do acórdão recorrido, se depreenderia que o tribunal *a quo*, soberano na apreciação dos fatos e provas da causa, concluíra que a ora agravante já se ressarcira da importância relativa ao ICMS incidente sobre a carga transportada de objetos sujeitos à mercancia, realizado sob a cláusula CIF. RE 538599 AgR/MT, rel. Min. Ellen Gracie, 14.6.2011. (RE-538599) (Inform. STF 631)

ICMS E "CÁLCULO POR DENTRO" - 1

A inclusão de Imposto sobre Circulação de Mercadorias e Serviços - ICMS em sua própria base de cálculo é constitucional. Essa a conclusão do Plenário ao, por maioria, desprover recurso extraordinário no qual sociedade empresária, contribuinte do tributo, sustentava, em síntese: a) a ocorrência de dupla tributação e afronta ao princípio da não-cumulatividade; b) o não-cablmento da taxa Selic na atualização do débito tributário, sob pena de majoração do imposto; e c) a natureza confiscatória da multa moratória fixada em 20% sobre o valor do débito. Preliminarmente, também por votação majoritária, conheceu-se do recurso, vencidos os Ministros Cármen Lúcia e Dias Toffoli, no que se refere à utilização da taxa Selic, ao fundamento de que a matéria restringir-se-ia ao âmbito infraconstitucional. No mérito, quanto a esse respeito, ressaltou-se que — não obstante a existência de precedentes desta Corte no sentido manifestado pelos Ministros acima referidos — estar-se-ia diante de recurso com repercussão geral reconhecida. Assim, reputou-se legítima a incidência da Selic como índice de atualização dos débitos tributários pagos em atraso. O Min. Gilmar Mendes, relator, aduziu que a questão poderia ser suscitada à luz do princípio da isonomia, bem como da legalidade, consoante já declarado pelo STJ sob a sistemática dos recursos repetitivos. No tocante ao método de cálculo "por dentro" da exação, reafirmou-se orientação fixada no julgamento do RE 212209/RS (DJU de 14.2.2003), segundo a qual a quantia relativa ao ICMS faz parte do conjunto que representa a viabilização jurídica da operação e, por isso, integra a sua própria base de cálculo. Por outro lado, tendo em conta a razoabilidade do importe da multa moratória, rechaçou-se a alegação de eventual caráter confiscatório. RE 582461/SP, rel. Min. Gilmar Mendes, 18.5.2011. (RE-582461)

ICMS E "CÁLCULO POR DENTRO" - 2

Vencidos os Ministros Marco Aurélio e Celso de Mello que proviam o recurso. Este aduzia ser incompatível com o ordenamento constitucional a consideração de valores estranhos à materialidade da hipótese de incidência do ICMS, bem como extensível às obrigações acessórias o princípio da não-confiscatoriedade. Aquele assentava que o cálculo "por dentro", no que o vendedor não fatura o ICMS, discreparia do modelo constitucional, em transgressão ao princípio da não-cumulatividade. Consignava, ademais, que essa forma de cálculo, uma vez afirmada relativamente ao ICMS, poderia vir a ser transportada para qualquer outro tributo. Salientou também que se teria um confisco, ante a inexistência de móvel para essa cobrança. Por fim, o Min. Cezar Peluso, Presidente, apresentou proposta de redação de súmula vinculante, a ser encaminhada à Comissão de Jurisprudência, com o seguinte teor: "É constitucional a inclusão do valor do Imposto sobre Circulação de Mercadorias e Serviços - ICMS na sua própria base de cálculo". RE 582461/SP, rel. Min. Gilmar Mendes, 18.5.2011. (RE-582461) (Inform. STF 627)

ALÍQUOTA DE ICMS E RESOLUÇÃO DO SENADO - 1

O Tribunal iniciou julgamento de embargos de divergência em que se discute a incidência, ou não, de ICMS na saída de produtos semi-elaborados remetidos para o exterior entre 1º.3.89 a 31.5.89. Trata-se, na espécie, de embargos opostos contra acórdão da 1ª Turma, que não conhecera de recurso extraordinário da empresa contribuinte, ora embargante. Reputara que, ante a falta de fixação de alíquota do referido imposto pelo Senado Federal, a partir do advento da CF/88, o Estado de São Paulo poderia fazê-lo (Lei 6.374/89), com base na Resolução 129/79, do Senado Federal, vigente ao tempo da CF/69 que estabelecia competir àquela Casa Legislativa a fixação de alíquotas máximas para as operações do ICMS. Invoca-se como paradigma o acórdão proferido pela 2ª Turma no RE 145491/SP (DJU de 20.2.98), em que assentada a não-incidência do ICMS na saída de tais produtos no aludido período até a edição da Resolução 22/89, também do Senado Federal, que fixou as alíquotas aplicáveis às operações de exportação em cumprimento à norma constitucional (CF/88, art. 155, § 2º, IV). O Min. Ricardo Lewandowski, relator, acolheu os embargos de divergência para prover o recurso extraordinário. Aduziu que o cerne da questão seria saber se os efeitos da Resolução 129/79 perdurariam até a edição da Resolução 22/89, a teor do que dispõe o § 5º do art. 34 do ADCT, ou se ela deixaria de ter incidência após o primeiro dia do quinto mês seguinte ao da promulgação da Constituição, conforme estatui o *caput* do mesmo dispositivo constitucional (ADCT: "*Art. 34. O sistema tributário nacional entrará em vigor a partir do primeiro dia do quinto mês seguinte ao da promulgação da Constituição, mantido, até então, o da Constituição de 1967, com a redação dada pela Emenda nº 1, de 1969, e pelas posteriores. ... § 5º - Vigente o novo sistema tributário nacional, fica assegurada a aplicação da legislação anterior, no que não seja incompatível com ele e com a legislação referida nos § 3º e § 4º.*"). **RE 208277 EDv/SP, rel. Min. Ricardo Lewandowski, 6.10.2010**. (RE-208277)

ALÍQUOTA DE ICMS E RESOLUÇÃO DO SENADO - 2

Considerou que o mencionado art. 155, § 2º, IV, da CF/88 ("*Art. 155. Compete aos Estados e ao Distrito Federal instituir impostos sobre: ... II - operações relativas à circulação de mercadorias e sobre prestações de serviços de transporte interestadual e intermunicipal e de comunicação, ainda que as operações e as prestações se iniciem no exterior; ... § 2.º O imposto previsto no inciso II atenderá ao seguinte: ... IV - resolução do Senado Federal, de iniciativa do Presidente da República ou de um terço dos Senadores, aprovada pela maioria absoluta de seus membros, estabelecerá as alíquotas aplicáveis às operações e prestações, interestaduais e de exportação;*") instituiu um poder-dever ao Senado Federal de estabelecer as alíquotas aplicáveis às operações de exportação, distinto daquele definido pelo regime constitucional anterior, consistente em apenas fixar a alíquota máxima para essas atividades. Desse modo, enfatizou que o próprio Senado, ao editar a Resolução 22/89 — para determinar como alíquota do ICMS nas exportações o teto adotado pela Resolução 129/79 —, implicitamente reformara o ato editado sob o regime anterior, reconhecendo que ele não fora recepcionado pela atual Constituição. Concluiu, dessarte, que o acórdão invocado como paradigma pela embargante melhor atenderia ao modelo constitucional instituído em 1988. Em divergência, o Min. Dias Toffoli rejeitou os embargos e manteve a decisão embargada. De início, assinalou que, na vigência da Carta pretérita, competiria ao Senado estabelecer a alíquota máxima do ICMS incidente nas exportações (art. 23, § 5º), ficando a cargo dos Estados-membros a fixação da alíquota em concreto. Em seguida, salientou que, com o advento da CF/88, o Senado teria competência para estabelecer alíquotas de incidência aplicáveis a operações de exportação e não mais o seu teto. Entendeu que, por força do art. 34, § 5º, do ADCT, no período questionado, a Resolução 129/79 continuara validando a incidência do ICMS nas operações de exportação em harmonia com o art. 155, § 2º, IV, da CF/88. Dessa forma, asseverou que, na situação sob análise, a Lei paulista 6.374/89, a qual entrara em vigor exatamente em 1º.3.89, dispusera ser cabível a alíquota de 13%, a mesma prevista na Resolução 129/79, até que o Senado viesse a exercer a competência dada pela nova Constituição. Após, pediu vista a Min. Ellen Gracie. **RE 208277 EDv/SP, rel. Min. Ricardo Lewandowski, 6.10.2010**. (RE-208277) (Inform. STF 603)

(Comentário: ver Informativo STF 634 – conclusão do julgamento)

ICMS: SOFTWARE E TRANSFERÊNCIA ELETRÔNICA - 3

Em conclusão, o Tribunal, por maioria, indeferiu medida cautelar em ação direta de inconstitucionalidade ajuizada pelo Partido do Movimento Democrático Brasileiro-PMDB contra dispositivos da Lei 7.098/98, do Estado do Mato Grosso, que trata da consolidação das normas referentes ao ICMS — v. Informativos 146 e 421. Na linha do voto divergente do Min. Nelson Jobim, entendeu-se que o ICMS pode incidir sobre softwares adquiridos por meio de transferência eletrônica de dados, e reputou-se constitucional, em princípio, o art. 2º, § 1º, VI, e o art. 6º, § 6º, da Lei 7.098/98 ("*Art. 2º. ... § 1º. O imposto incide também: ... VI - sobre as operações com programa de computador – software –, ainda que realizadas por transferência eletrônica de dados. ... Art. 6º. ... § 6º - Integra a base de cálculo do ICMS, nas operações realizadas com programa de computador – software – qualquer outra parcela debitada ao destinatário, inclusive o suporte informático, independentemente de sua denominação.*"). Esclareceu-se que, se o fato de ser o bem incorpóreo fosse ressalva à incidência do ICMS, não poderia, da mesma forma, ser cobrado o imposto na aquisição de programa de computador de prateleira, visto que, nesse caso, estar-se-ia adquirindo não um disquete, CD ou DVD, a caixa ou o livreto de manual, mas também e principalmente a mercadoria virtual gravada no instrumento de transmissão. Assim, se o argumento é de que o bem incorpóreo não pode ser objeto de incidência do ICMS, a assertiva haveria de valer para o caso de bens incorpóreos vendidos por meio de bens materiais. Considerou-se, ainda, a conveniência política de se indeferir a cautelar, tendo em conta o fato de a lei estar vigente há mais de dez anos. Vencidos os Ministros Octavio Gallotti, relator, Ricardo Lewandowski, Marco Aurélio e Celso de Mello que deferiam em parte a cautelar. **ADI 1945 MC/MT, rel. orig. Min. Octavio Gallotti, red. p/ o acórdão Min. Gilmar Mendes, 26.5.2010**. (ADI-1945) (Inform. STF 588)

ICMS. BASE DE CÁLCULO. SUBSTITUIÇÃO TRIBUTÁRIA PROGRESSIVA.

O preço final a consumidor sugerido e divulgado pelo fabricante em revista especializada (ABCFARMA) pode figurar como base de cálculo do ICMS a ser pago pelo contribuinte sujeito ao regime de substituição tributária progressiva nos termos do art. 8º, § 3º, da LC n. 87/1996. Isso não se confunde com a cobrança de ICMS mediante pauta fiscal vedada pela Súm. n. 431-STJ. **Precedentes citados do STF: RE 213.396-SP, DJ 1º/12/2000; RE 194.382-SP, DJ 25/4/2003; do STJ: REsp 1.192.409-SE, DJe 1º/7/2010, e RMS 21.844-SE, DJ 1º/2/2007. RMS 24.172-SE, Rel. Min. Luiz Fux, julgado em 10/8/2010.** (Inform. STJ 442)

RECURSO REPETITIVO. ICMS. MERCADORIA. BONIFICAÇÃO.

A Seção, ao julgar o recurso sob regime do art. 543-C do CPC c/c a Resolução n. 8/2008-STJ, entendeu que os valores das mercadorias dadas em bonificação (entrega de uma maior quantidade de produto vendido em vez de conceder uma redução no valor da venda) ou com descontos incondicionais não integram a base de cálculo do ICMS. A literalidade do art. 13 da LC n. 87/1996 é suficiente para concluir que a base de cálculo do ICMS, nas operações mercantis, é aquela efetivamente realizada, não se incluindo os "descontos concedidos incondicionais". Anote-se que, na espécie, não se discutiu sobre a mercadoria dada em bonificação nas operações mercantis que envolvam o regime da substituição tributária. **Precedentes citados: AgRg no REsp 1.075.076-RS, DJe 17/12/2008; REsp 975.373-MG, DJe 16/6/2008, e EDcl no REsp 1.085.542-SP, DJe 29/4/2009. REsp 1.111.156-SP, Rel. Min. Humberto Martins, julgado em 14/10/2009.** (Inform. STJ 411)

REPETITIVO. ICMS. VENDA A PRAZO.

A Seção conheceu em parte do recurso e nessa parte desproveu-o, admitindo a incidência de ICMS sobre encargos financeiros nas vendas a prazo (negócio jurídico único) em que o financiamento foi feito pelo próprio vendedor (ver Súm. n. 395-STJ). **Precedentes citados: REsp 1.087.230-RS, DJe 20/8/2009; AgRg no REsp 743.717-SP, DJe 18/3/2008; EREsp 215.849-SP, DJe 13/8/2008; AgRg no REsp 848.723-RS, DJe 10/11/2008, e REsp 677.870-PR, DJ 28/2/2005. REsp 1.106.462-SP, Rel. Min. Luiz Fux, julgado em 23/9/2009.** (Inform. STJ 408)

ICMS. BASE. CÁLCULO. SELO. CONTROLE. IPI.

Trata-se de saber se, na base de cálculo para incidência do ICMS, incluem-se os custos para aquisição do selo de controle do IPI. A Turma entendeu que a aquisição do referido selo tem natureza jurídica de obrigação acessória, porquanto visa a facilitar a fiscalização e arrecadação do tributo principal, conforme prevê o art. 113, § 2º, do CTN. A cobrança pela confecção e fornecimento dos selos, amparada pelo DL n. 1.437/1975, nada mais é do que o ressarcimento aos cofres públicos do seu custo, não

configurando taxa ou preço público. Portanto, o custo com a aquisição dos selos de controle do IPI integra o preço final da mercadoria comercializada e, dessa forma, está compreendido no "valor da operação", que vem a ser a base de cálculo do ICMS, nos termos do art. 13, § 1º, da LC n. 87/1996. Assim, o recurso foi parcialmente conhecido e lhe foi negado provimento. Precedente citado: REsp 836.277-PR, DJ 20/9/2007. **REsp 732.617-MG, Rel. Min. Teori Albino Zavascki, julgado em 14/4/2009.** (Inform. STJ 390)
(Comentário: ver Informativo 352/STJ – REsp 637.756/RS – a Segunda Turma entendeu que o valor pago pelo selo do IPI tem natureza de taxa)

ICMS. EXPORTAÇÃO. MERCADORIAS.
A matéria versa sobre a fixação da base de cálculo do ICMS na exportação de mercadorias. O valor da operação deve ser entendido como o do câmbio do dia do fechamento do contrato e recebimento do numerário, e não como o valor do câmbio no dia da saída da mercadoria. Ajustado o preço, esta é a base de cálculo do tributo. Incabível a correção cambial para o dia da saída do produto, porque constitui apropriação da variação cambial pelo Fisco. **Precedentes citados: REsp 652.504-RS, DJ 20/3/2006, e AgRg no REsp 675.248-DF, DJ 5/12/2005. AgRg no REsp 925.231-RS, Rel. Min. Humberto Martins, julgado em 20/11/2008.** (Inform. STJ 377)
(Comentário: atualmente, qualquer operação de exportação é imune ao ICMS – art. 155, § 2º, X, a, da CF)

ICMS. DESCONTOS INCONDICIONAIS. BONIFICAÇÃO. BASE DE CÁLCULO.
Com relação à exigência do ICMS sobre descontos incondicionais/bonificação, a jurisprudência deste Superior Tribunal assentou entendimento de que os descontos incondicionais concedidos nas operações mercantis, assim entendidos os abatimentos que não se condicionam a evento futuro e incerto, podem ser excluídos da base de cálculo do ICMS, pois implicam a redução do preço final da operação de saída da mercadoria. O valor referente aos descontos incondicionais deve ser excluído da base de cálculo do ICMS, sendo que os descontos condicionais a evento futuro não acarretam a redução da exação. Consoante explicita o art. 47 do CTN, a base de cálculo do IPI é o valor da operação consubstanciado no preço final da operação de saída da mercadoria do estabelecimento. O Direito Tributário vale-se dos conceitos privatísticos sem contudo afastá-los, por isso o valor da operação é o preço, e esse é o *quantum* final ajustado consensualmente entre comprador e vendedor, que pode ser o resultado da tabela com seus descontos incondicionais. Revela *contraditio in terminis* ostentar a lei complementar que a base de cálculo do imposto é o valor da operação da qual decorre a saída da mercadoria e, a um só tempo, fazer integrar ao preço os descontos incondicionais. Essa é a *ratio essendi* dos precedentes quer quanto ao IPI quer quanto ao ICMS. A base de cálculo do ICMS é o valor da operação, o que é definido no momento em que se concretiza a operação. O desconto incondicional não integra a base de cálculo do aludido imposto. Isso posto, a Turma conheceu do recurso e deu-lhe provimento para reconhecer que os descontos incondicionais não devem ser incluídos na base de cálculo do ICMS, até mesmo no regime de substituição tributária. **REsp 873.203-RJ, Rel. Min. José Delgado, julgado em 17/4/2007.** (Inform. STJ 317)

SÚMULA STF Nº 572

No cálculo do Imposto sobre Circulação de Mercadorias devido na saída de mercadorias para o exterior, não se incluem fretes pagos a terceiros, seguros e despesas de embarque.

SÚMULA STJ Nº 457

Os descontos incondicionais nas operações mercantis não se incluem na base de cálculo do ICMS.

SÚMULA STJ Nº 431

É ilegal a cobrança de ICMS com base no valor da mercadoria submetido ao regime de pauta fiscal.

SÚMULA STJ Nº 395

O ICMS incide sobre o valor da venda a prazo constante da nota fiscal.

SÚMULA STJ Nº 391

O ICMS incide sobre o valor da tarifa de energia elétrica correspondente à demanda de potência efetivamente utilizada.

SÚMULA STJ Nº 237

Nas operações com cartão de crédito, os encargos relativos ao financiamento não são considerados no cálculo do ICMS.

7.6.5. ICMS: NÃO-CUMULATIVIDADE, CRÉDITO

RE N. 437.006-RJ
RELATOR: MIN. MARCO AURÉLIO
ICMS – CRÉDITO – VENDA SUBSIDIADA DO PRODUTO – SERVIÇOS – FIDELIZAÇÃO. A pretensão de ter-se crédito relativo ao Imposto sobre Circulação de Mercadorias e Serviços ante a venda do produto por preço inferior ao da compra não encontra respaldo no figurino constitucional. (Inform. STF 621)

REPERCUSSÃO GERAL EM RE N. 601.967-RS
RELATOR: MIN. MARCO AURÉLIO
IMPOSTO SOBRE CIRCULAÇÃO DE MERCADORIAS E SERVIÇOS – DIREITO DE CRÉDITO – PRINCÍPIO DA ANTERIORIDADE – LEI COMPLEMENTAR Nº 122/2006. Possui repercussão geral a controvérsia sobre caber ou não a lei complementar – no caso, a nº 122/06 – dispor sobre o direito à compensação de créditos do Imposto sobre Circulação de Mercadorias e Serviços. (Inform. STF 618)

REPERCUSSÃO GERAL EM RE N. 588.954-SC
RELATOR: MIN. CEZAR PELUSO
EMENTA: RECURSO. Extraordinário. Tributo. Imposto sobre Circulação de Mercadorias e Serviços - ICMS. Creditamento. Direito não reconhecido na origem. Aquisição de energia elétrica por supermercado. Exercício de atividade industrial. Processamento de alimentos. Questão da ofensa ao princípio constitucional da não-cumulatividade. Relevância. Repercussão geral reconhecida. Apresenta repercussão geral o recurso extraordinário que verse sobre a admissibilidade de se considerar como atividade industrial o processamento de alimentos realizado por supermercado, para fins de crédito de ICMS. (Inform. STF 567)

COMPENSAÇÃO DE CRÉDITOS DE ICMS - 3
Em conclusão de julgamento, o Tribunal, por maioria, desproveu recurso extraordinário em que se discutia se filial de empresa localizada em Duque de Caxias-RJ, contribuinte de ICMS, poderia abater, do valor do imposto devido pela venda de produto acabado (óleo lubrificante), os créditos decorrentes das operações de outra filial, situada em São Cristóvão-RJ, quando da aquisição de insumos. Cuidava-se, na espécie, de recurso extraordinário interposto contra acórdão do Tribunal de Justiça do Estado do Rio de Janeiro que, mantendo a sentença proferida pelo juízo de primeiro grau, cancelara os créditos de ICMS obtidos na compra de insumos, ao fundamento de que nas operações realizadas entre os estabelecimentos da recorrente não incidiria o imposto, razão por que aplicável o disposto no art. 155, § 2º, II, b, da CF (*"II - a isenção ou não incidência, salvo determinação em contrário da legislação: ... b) acarretará a anulação do crédito relativo às operações anteriores;"*) — v. Informativos 241 e 413. Salientou-se que os insumos adquiridos pela filial de São Cristóvão serviriam para preparar o óleo lubrificante que seria vendido pela filial de Duque de Caxias tanto no mercado interno quanto no interestadual, sendo que haveria incidência do ICMS somente no primeiro caso. O Min. Carlos Velloso, tendo em conta que o crédito decorrente da aquisição de tais insumos somente poderia ser aproveitado se o produto acabado fosse vendido exclusivamente no mercado interno, entendeu que o acórdão impugnado deveria ser mantido, porque, apesar do recolhimento com lançamento do crédito, quando da entrada dos insumos, a recorrente, não teria comprovado, na saída do produto final, quais os créditos desses insumos utilizados num e noutro caso. O Min. Celso de Mello o acompanhou quanto a esse fundamento. O Min. Marco Aurélio se baseou no auto de infração que anulara os créditos provenientes da compra de insumos, haja vista que, a recorrente, como contribuinte de direito, na saída do produto final, nada teria recolhido. Tal contexto, portanto, atrairia o previsto na alínea b do inciso II do § 2º do art. 155 da CF. Vencidos os Ministros Nelson Jobim, Carlos Britto, Cezar Peluso e Gilmar Mendes, que davam provimento ao recurso, por considerar que não teria havido isenção ou não-incidência, mas substituição tributária, com diferimento da cobrança do imposto, motivo pelo qual o acórdão recorrido, ao vedar a compensação dos créditos obtidos pela recorrente, teria violado o princípio constitucional da não-cumulatividade (CF, art. 155, § 2º, I). O Min. Joaquim Barbosa reformulou seu voto para acompanhar a divergência iniciada pelo Min. Maurício Corrêa. **RE 199147/RJ, rel. orig. Min. Nelson Jobim, rel. p/ o acórdão Min. Marco Aurélio, 16.4.2008.** (RE-199147) (Inform. STF 504)

ICMS. CRÉDITOS PARCELADOS. BENS. ATIVO FIXO. SÚMULA VINCULANTE N. 10-STF.

A Turma, ao prosseguir o julgamento, deu provimento ao recurso para impor a devolução dos autos ao TJ por entender que, na hipótese, não podia o órgão fracionário do tribunal *a quo* deixar de aplicar a Lei estadual n. 3.188/1999 – que autoriza o creditamento do ICMS em relação a bens destinados ao ativo fixo de modo proporcional à vida útil do bem – sob o fundamento de que tal norma seria incompatível com a LC n. 87/1996, sem observar as regras contidas nos arts. 480 a 482 do CPC, ou seja, sem suscitar o incidente de declaração de inconstitucionalidade nos termos da Súmula Vinculante n. 10-STF. Destacou o Min. Relator que viola a cláusula de reserva de plenário a decisão que afasta a aplicação de determinada lei ordinária por ser essa norma incompatível com lei complementar, levando em consideração o princípio da hierarquia das leis. Ressaltou, também, que os entendimentos consagrados em súmula vinculante vinculam o próprio Superior Tribunal de Justiça. Por isso, a jurisprudência mais atual deste Superior Tribunal tem admitido o exame de eventual ofensa à cláusula de reserva de plenário com base nos arts. 480 a 482 do CPC em recurso especial. Assim, quando o STJ, em recurso especial, examina eventual ofensa à cláusula de reserva de plenário com base nos referidos artigos e os interpreta na forma da Súmula Vinculante n. 10-STF, além de cumprir sua função principal — zelar pela observância da legislação federal infraconstitucional e uniformizar sua interpretação —, dá eficácia ao entendimento consagrado na mencionada súmula. Precedentes citados do STF: AgRg no RE 480.145-SC, DJ 24/11/2006; do STJ: AR 3.572-BA, DJe 1º/2/2010; AR 3.761-PR, DJe 1º/12/2008; AR 3.551-SC, DJe 22/3/2010; AgRg no REsp 899.302-SP, DJe 8/10/2009; EREsp 291.090-DF, DJe 5/3/2009; REsp 1.149.198-AM, DJe 22/3/2010; REsp 1.120.335-BA, DJe 27/5/2010, e REsp 619.860-RS, DJe 17/5/2010. **REsp 938.839-RJ, Rel. Min. Mauro Campbell Marques, julgado em 5/4/2011.** (Inform. STJ 468)

QO. REMESSA. PRIMEIRA SEÇÃO. ICMS. CREDITAMENTO. ENERGIA ELÉTRICA. TELECOMUNICAÇÕES.

A Turma, em questão de ordem, remeteu o julgamento do especial à Primeira Seção. Trata-se da possibilidade de creditamento do ICMS na aquisição da energia elétrica como insumo dos serviços de telecomunicações. **REsp 842.270-RS, Rel. Min. Luiz Fux, em 17/6/2010.** (Inform. STJ 439)

RECURSO REPETITIVO. ICMS. ENERGIA ELÉTRICA.

No recurso representativo de controvérsia (art. 543-C do CPC e Res. n. 8/2008-STJ), a Seção reiterou que descabe ao contribuinte o creditamento do ICMS recolhido em razão de operações de consumo de energia elétrica na vigência do Convênio ICMS n. 66/1988, mormente tendo em vista a irretroatividade da LC n. 87/1996, que, na redação original, previa seu aproveitamento imediato no caso de uso ou consumo no estabelecimento, o que foi alterado pelas LCs ns. 102/2000, 114/2002 e 122/2006. Com efeito, à época da ocorrência do fato imponível ensejador do ICMS (dezembro de 1994), anterior à vigência da LC n. 87/1996, portanto sob a égide do Convênio ICMS n. 66/1988, não ostentava o direito ao creditamento em razão de operações de consumo de energia elétrica ou de utilização de serviços de comunicação ou, ainda, de aquisição de bens destinados ao ativo fixo e de materiais de uso e consumo. **Precedentes citados do STF: RE 545.845-SP, DJe 1º/8/2008; AI 456.013-RS, DJ 3/2/2006, e RE 200.168-RJ, DJ 22/11/1996. REsp 977.090-ES, Rel. Min. Luiz Fux, julgado em 25/11/2009.** (Inform. STJ 417)

ICMS. CREDITAMENTO. MERCADORIAS. REFORMA.

Descabe o creditamento de ICMS de valores sobre materiais utilizados em obras de construção ou reforma da sede da recorrida, diante das exceções previstas no art. 20, § 1º, da LC n. 87/1996, entre elas a aquisição de mercadorias alheias à atividade do estabelecimento, tal como no caso *sub judice*. **Precedentes citados: REsp 860.701-MG, DJ 17/5/2007; REsp 1.077.242-MG, DJe 12/2/2009, e REsp 1.051.080-MG, DJe 12/2/2009. REsp 1.062.839-RS, Rel. Min. Denise Arruda, julgado em 10/2/2009.** (Inform. STJ 383)

ICMS. CREDITAMENTO. MATERIAL. CONSTRUÇÃO.

A Turma reiterou seu entendimento de que, quanto ao valor do material (estrutura metálica) adquirido para a construção do galpão onde funcionaria a empresa de galvanização, não há direito ao creditamento do ICMS, uma vez que a construção é alheia à finalidade da empresa, situação prevista na parte final do art. 20, § 1º, da LC n. 87/1996. Precedente citado: REsp 860.701-MG, DJ 17/5/2007. **REsp 1.077.242-MG, Rel. Min. Denise Arruda, julgado em 16/12/2008.** (Inform. STJ 381)

TELECOMUNICAÇÕES. CREDITAMENTO. ICMS. ENERGIA ELÉTRICA.

O Estado-membro recorrente aponta ofensa ao art. 33 da LC n. 87/1996, com a redação dada pela LC n. 102/2000, que veda o aproveitamento de crédito relativo à energia elétrica no caso de consumidor não-industrial. Ademais, a empresa de telecomunicações não pode ser equiparada à indústria, sendo inaplicável, na hipótese, o Dec. n. 640/1962. Diante disso, a Turma deu provimento ao recurso ao entendimento de que, em matéria tributária, a definição de atividade industrial é dada pelo CTN (art. 46, parágrafo único), lei posterior ao citado decreto. Por sua vez, o art. 4º do regulamento do IPI detalha a atividade industrial nos limites fixados pelo CTN. Assim, prestação de serviço não se confunde com atividade industrial. As empresas de telecomunicações prestam serviços (art. 1º da Lei Geral de Telecomunicações). Essa acepção é a adotada pela CF/1988 ao definir a competência tributária relativa ao ICMS (art. 155, II). Os serviços de telecomunicações submetem-se exclusivamente ao ICMS e não ao IPI. Dessa forma, é inviável o creditamento de ICMS relativo à aquisição de energia elétrica pelas concessionárias de telecomunicações, nos termos do art. 33, II, b, da LC n. 87/1996. **REsp 984.880-TO, Rel. Min. Herman Benjamin, julgado em 18/12/2008.** (Inform. STJ 381)

ICMS. ENERGIA ELÉTRICA. TELECOMUNICAÇÕES.

Prosseguindo o julgamento, a Seção, acolhendo os embargos, reiterou, no mérito, a tese do acórdão embargado, i. e., da possibilidade do creditamento do ICMS de energia elétrica e serviços de telecomunicações por estabelecimentos comerciais e industriais, se provada a utilização da energia no processo de industrialização e de serviços de telecomunicações na execução de serviços da mesma natureza (LC n. 87/96, art. 33, b, IV). **EREsp 899.485-RS, Rel. Min. Humberto Martins, julgados em 13/8/2008.** (Inform. STJ 363)

ICMS. CREDITAMENTO. BENS EM USO.

Tratam os autos de ação para o reconhecimento do direito ao cerditamento de créditos extemporâneos de ICMS advindos da entrada ou aquisição de materiais intermediários que se integram ao produto final ou se desgastam durante o processo produtivo (apurados e definidos mediante prova pericial). Quanto aos bens intermediários, definição dada pela recorrente, o laudo da perícia técnica concluiu, em síntese, haver desgaste de bens de uso como tratores, guindaste, material de laboratório, não só pela idade dos equipamentos, mas devido à corrosão, alta pressão e temperatura a que é submetido o aço. Explica o Min. Relator que o creditamento do ICMS só pode ser feito nas hipóteses elencadas no § 1º do art. 20 da LC n. 87/1996, da entrada de mercadorias que façam parte da produção. Logo impossível haver o direito ao creditamento do ICMS pago anteriormente de bens intermediários que não se incorporam ao produto final, nem são consumidos no processo de industrialização. Diante desse entendimento, a Turma negou provimento ao recurso. **REsp 889.414-RJ, Rel. Min. Luiz Fux, julgado em 17/4/2008.** (Inform. STJ 352)

EXECUÇÃO FISCAL. ICMS. CREDITAMENTO. ÓLEO COMBUSTÍVEL.

A questão consiste em saber se o óleo combustível utilizado para movimentar o carro torpedo que, por sua vez, transporta ferro-gusa (produto intermediário) de uma seção para outra do mesmo estabelecimento (altos-fornos e aciarias), onde se transforma em aço (produto final), é ou não consumido de forma integral e imediata na produção para efeito de creditamento do ICMS, por se equiparar a produto intermediário. Explicou a Min. Relatora que, para os fatos geradores ocorridos antes da LC n. 87/1996, não assiste direito à empresa ao creditamento do ICMS durante a vigência do DL n. 406/1968 e do Convênio n. 66/1988 (previsão expressa do art. 31, III). Só com a LC n. 87/1996 (Lei Kandir), reconheceu-se o direito ao crédito do ICMS relativo à aquisição de bens destinados ao uso, consumo e serviço de transporte. No caso concreto, a legalidade do aproveitamento de crédito do ICMS sobre aquisição de óleo diesel consumido no processo produtivo deu-se a partir de 1º/1/1998, de acordo com o art. 33 da LC n. 87/1996 (redação original). Com essas considerações, a Turma deu parcial provimento ao recurso da empresa e não conheceu do recurso da Fazenda estadual. Precedentes citados: REsp 392.535-MG, DJ 6/4/2006, e REsp 621.557-RS, DJ 19/9/2005. **REsp 850.362-MG, Rel. Min. Eliana Calmon, julgado em 15/2/2007.** (Inform. STJ 310)

SÚMULA STJ Nº 334

O ICMS não incide no serviço dos provedores de acesso à Internet.

7.6.6. SUJEIÇÃO PASSIVA, RESPONSABILIDADE, SUBSTITUIÇÃO TRIBUTÁRIA

SUBSTITUIÇÃO TRIBUTÁRIA E RESTITUIÇÃO - 14

O Tribunal retomou julgamento de duas ações diretas de inconstitucionalidade ajuizadas pelos Governadores dos Estados de Pernambuco e de São Paulo contra o art. 19 da Lei 11.408/96 e art. 66-B, II, da Lei 6.374/89, com a redação dada pela Lei 9.176/95, respectivamente dos referidos Estados, que asseguram a restituição do ICMS pago antecipadamente no regime de substituição tributária, nas hipóteses em que a base de cálculo da operação for inferior à presumida — v. Informativos 331, 332, 397 e 443. O Min. Cezar Peluso, em relação à ADI 2675/PE, também votou pela improcedência do pedido, reiterando os fundamentos de seu voto na ADI 2777/SP. Em seguida, após o voto-vista do Min. Eros Grau e dos votos dos Ministros Gilmar Mendes, Sepúlveda Pertence e Ellen Gracie, acompanhando a divergência iniciada pelo Min. Nelson Jobim, pela procedência dos pedidos formulados em ambas as ações diretas, e, ainda, dos votos dos Ministros Joaquim Barbosa, Marco Aurélio e Celso de Mello, que acompanhavam o voto dos relatores pela improcedência dos pedidos, o julgamento foi suspenso para colher o voto de desempate do Min. Carlos Britto. Não vota, na ADI 2675/PE, o Min. Ricardo Lewandowski, por suceder ao Min. Carlos Velloso, e não vota, em ambas as ações diretas, a Min. Cármen Lúcia, por suceder ao Min. Nelson Jobim. ADI 2675/PE, rel. Min. Carlos Velloso, 7.2.2007. (ADI-2675) ADI 2777/SP, rel. Min. Cezar Peluso, 7.2.2007. (ADI-2777) (Inform. STF 455)

ICMS. SUBSTITUIÇÃO TRIBUTÁRIA. BONIFICAÇÃO.

Trata-se, no caso, da base de cálculo a ser considerada em regime de substituição tributária quando o contribuinte substituto concede descontos incondicionais em sua própria operação. A Turma, ao prosseguir o julgamento, por maioria, manteve seu entendimento de que, embora as mercadorias dadas em forma de bônus não integrem a base de cálculo do tributo, considera-se devido o ICMS no regime de substituição tributária, já que não se pode presumir a perpetuação da bonificação na cadeia de circulação no sentido de beneficiar igualmente o consumidor final. Na hipótese de bonificação – concessão de mais mercadorias pelo mesmo preço –, há favorecimento tão somente ao partícipe imediato da cadeia de circulação (próximo contribuinte na cadeia), a não ser que a bonificação seja estendida a toda a cadeia até atingir o consumidor final, o que demandaria prova da repercussão. O mesmo se pode dizer da existência do desconto incondicionado na operação por conta do próprio substituto. Precedente citado: **REsp 993.409-MG, DJe 21/5/2008. REsp 1.167.564-MG, Rel. Min. Eliana Calmon, julgado em 5/8/2010**. (Inform. STJ 441)

RECURSO REPETITIVO. ICMS. SUBSTITUIÇÃO TRIBUTÁRIA. PECULIARIDADE.

A Seção, ao apreciar o especial submetido ao regime do art. 543-C do CPC, na forma da Res. n. 8/2008-STJ, deu provimento ao recurso para declarar a inexigibilidade da cobrança de complementação da base de cálculo do ICMS da concessionária de veículos, invertendo os ônus da sucumbência. Reiterou seu entendimento de que o valor do frete (referente ao transporte do veículo entre a montadora/fabricante e a concessionária/revendedora) integra a base de cálculo do ICMS incidente sobre a circulação da mercadoria, para fins da substituição tributária progressiva ("para frente"), à luz do art. 8º, II, **b**, da LC n. 87/1996. Porém, nos casos em que a substituta tributária (a montadora/fabricante de veículos) não efetua o transporte, nem o engendra por sua conta e ordem, o valor do frete não deve ser incluído na base de cálculo do imposto (art. 13, § 1º, II, **b**, da referida LC). Com efeito, o valor do frete deverá compor a base de cálculo do ICMS recolhido sob o regime de substituição tributária, somente quando o substituto encontra-se vinculado ao contrato de transporte da mercadoria, uma vez que, nessa hipótese, a despesa efetivamente realizada poderá ser repassada ao substituído tributário (adquirente/destinatário). Ao revés, no caso em que o transporte é contratado pelo próprio adquirente (concessionária de veículos), inexiste controle, ingerência ou conhecimento prévio do valor do frete por parte do substituto, razão pela qual a aludida parcela não pode integrar a base de cálculo do imposto. O art. 128 do CTN impõe, então, uma interpretação estrita. Impende ainda ressaltar que a transportadora não tem qualquer vinculação com o fato gerador do ICMS incidente sobre a comercialização de veículos, o que reforça a tese de que não subsiste qualquer saldo de imposto a ser cobrado da concessionária que contratou o serviço de transporte. **REsp 931.727-RS, Rel. Min. Luiz Fux, julgado em 26/8/2009.** (Inform. STJ 404)

ICMS. FRETE. TRANSPORTE. VEÍCULOS. CONCESSIONÁRIA.

Prosseguindo o julgamento, a Turma proveu o recurso ao entendimento de que, a *contrario sensu* do que dispõe o art. 13, § 1º, II, **b**, da LC n. 87/1996 e sob pena de violação do art. 128 do CTN, não é devida a cobrança de ICMS pelo regime da substituição tributária, em hipóteses em que a substituta (montadora de veículos) não tem vinculação com o fato gerador, pois, no caso, o elemento do fato refere-se a frete contratado entre transportadora e concessionária de veículos. É cabível a isenção mormente porque o frete não resta incluído na base de cálculo por parte da montadora (substituta tributária), no caso em que não foi ela quem efetuou o transporte, nem esse foi feito por sua conta e ordem. **REsp 865.792-RS, Rel. Min. Luiz Fux, julgado em 23/4/2009.** (Inform. STJ 391)

ICMS. SUBSTITUIÇÃO TRIBUTÁRIA "PARA FRENTE".

A controvérsia consubstancia-se na pretensão da recorrida de que o Estado proceda à restituição, sob a forma de compensação de créditos, da diferença entre o que pagou a maior a título de ICMS antecipado, por compra de veículos automotores, e o valor pelo qual, de fato, comercializou as referidas mercadorias. O Tribunal *a quo*, invocando a orientação jurisprudencial deste Superior Tribunal, julgou procedente a ação mandamental e assegurou à recorrida o direito à restituição dos valores pagos a título de ICMS proveniente da venda de veículos por preço inferior ao de tabela. O Min. Relator esclareceu que tal orientação admitia que o contribuinte do ICMS sujeito ao regime de substituição tributária "para frente" compensasse, em sua escrita fiscal, os valores pagos a maior, nas hipóteses em que a base de cálculo tivesse sido inferior à anteriormente arbitrada. Entretanto o STF, no julgamento da ADI 1.851-AL, interpretando o art. 150, § 7º, da CF/1988, definiu que a compensação do ICMS somente é possível nos casos de não-realização do fato gerador. Assim, o Min. Relator reviu a anterior compreensão acerca da matéria para fins de adotar a nova diretriz estatuída pelo STF, até porque a norma legal apontada como violada no presente caso, o art. 10 da LC n. 87/1996, tem o mesmo teor do preceito contido no art. 150, § 7º, da CF/1988. Precedentes citados: AgRg no Ag 455.386-SP, DJ 4/8/2003; REsp 469.506-PB, DJ 28/4/2003; REsp 245.694-MG, DJ 11/9/2000; REsp 436.019-SP, DJ 10/3/2003, e RMS 13.915-MG, DJ 24/6/2002. **REsp 552.123-GO, Rel. Min. João Otávio de Noronha, julgado em 3/5/2007.** (Inform. STJ 319)

7.6.7. ICMS: OPERAÇÕES INTERESTADUAIS, DIFERENCIAL DE ALÍQUOTAS

ICMS: DIFERENÇA ENTRE ALÍQUOTAS INTERNA E INTERESTADUAL E COBRANÇA

As empresas de construção civil que adquirem material em Estado-membro que cobra alíquota mais favorável de Imposto sobre Circulação de Mercadorias e Serviços - ICMS não estão compelidas, uma vez empregadas as mercadorias em obra daquela pessoa jurídica, ao recolhimento da diferença em virtude de alíquota maior do Estado-membro destinatário. Com base nesse entendimento, a 1ª Turma desproveu, com imposição de multa, agravo regimental interposto de decisão do Min. Marco Aurélio, proferida nos autos de embargos de declaração em recurso extraordinário, do qual relator, opostos pelo Estado do Ceará. Destacou-se que, nos termos do art. 155, § 2º, VII, da CF, as construtoras seriam, de regra, contribuintes do Imposto sobre Serviços - ISS. RE 248830 AgR-ED/CE, rel. Min. Marco Aurélio, 7.6.2011. (RE-248830) (Inform. STF 630)

AQUISIÇÃO INTERESTADUAL DE MERCADORIAS E ANTECIPAÇÃO DE ICMS - 1

O Tribunal conheceu, em parte, de ação direta ajuizada pela Confederação Nacional do Comércio - CNC, e, na parte conhecida, julgou, por maioria, improcedente o pedido, nela formulado, de declaração de inconstitucionalidade do art. 12-A — que estabelece que, nas aquisições interestaduais de mercadoria para fins de comercialização, será exigida antecipação parcial do ICMS, a ser efetuada pelo próprio adquirente, independentemente do regime de apuração adotado —, e, por arrastamento, dos §§ 1º, I, II, III, e 2º desse artigo, do inciso III do art. 23 e do § 6º do art. 26, todos acrescentados à Lei estadual 7.014/96 (lei básica do ICMS baiano), pela Lei estadual 8.967/2003. Não se conheceu da ação relativamente ao § 4º do art. 16 da Lei estadual 7.014/96, acrescentado pela Lei estadual 8.967/2003, ao fundamento de que a matéria nele disciplinada nada tem a ver com a antecipação parcial instituída pelo art. 12-A, objeto da ação, o que impediria a aplicação da inconstitucionalidade por arrastamento pleiteada. ADI 3426/BA, rel. Min. Sepúlveda Pertence, 22.3.2007. (ADI-3426)

AQUISIÇÃO INTERESTADUAL DE MERCADORIAS E ANTECIPAÇÃO DE ICMS - 2

Quanto aos demais artigos impugnados, entendeu-se se tratar, na espécie, de substituição tributária para frente, reputada legítima pelo Tribunal. Asseverou-se que o Estado-membro, no exercício de sua competência para disciplinar e cobrar o ICMS (CF, art. 155, II), dispôs a respeito do momento da exigência desse tributo, e que a antecipação parcial do ICMS no momento das aquisições interestaduais para fins de comercialização é situação expressamente autorizada pelo § 7º do art. 150 da CF. Afastou-se a alegação de ofensa ao art. 150, V, da CF, porquanto a antecipação parcial do imposto objetivou alterar a data de vencimento da obrigação e não onerar o ingresso de aquisições originárias de outros estados. Além disso, ressaltou-se que, posteriormente, o crédito será escriturado, observando o princípio da não-cumulatividade, não havendo afronta aos artigos 150, IV e 152, da CF. Rejeitou-se, também, a apontada violação ao princípio da livre iniciativa e da livre concorrência, por não se verificar restrição às operações mercantis, bem como aos artigos 22, VIII e 155, § 2º, VI, da CF, pois em nenhum momento se regulou o comércio ou se fez restrição ao comércio interestadual, nem se fixou nova alíquota incidente sobre operações e prestações interestaduais, sendo aplicáveis as mesmas alíquotas referidas pela Resolução 22/99, do Senado Federal. Por fim, não se vislumbrou agressão aos artigos 170, IX, e 179, da CF, uma vez que observado o tratamento favorecido às empresas de pequeno porte e às microempresas. Vencido, parcialmente, o Min. Marco Aurélio, que julgava o pedido procedente relativamente ao referido art. 12-A da lei impugnada, por considerar que, ao estabelecer tratamento diferenciado, tendo em conta apenas a origem da mercadoria, o dispositivo estaria em conflito com a Constituição, por solapar a própria federação, privilegiando o que produzido no Estado da Bahia em detrimento da produção e comercialização de bens em outras unidades da federação. ADI 3426/BA, rel. Min. Sepúlveda Pertence, 22.3.2007. (ADI-3426) (Inform. STF 460)

ICMS. OPERAÇÃO INTERESTADUAL. CRÉDITO PRESUMIDO. LIMITE. IMPOSTO. ESTADO DE DESTINO.

Trata-se de mandado de segurança impetrado, na origem, contra ato do secretário de estado da Fazenda para afastar a exigência do Fisco com base no Dec. estadual n. 4.504/2004 em limitar o creditamento de ICMS, em decorrência de incentivos ou benefícios fiscais concedidos pelo estado membro de origem da mercadoria. Para o Min. Relator, no caso, a ação mandamental revela-se adequada para tutelar o pleito do impetrante, porquanto não se trata de impugnação de lei em tese, mas dos efeitos concretos derivados do ato normativo, o qual restringe o direito de o contribuinte efetuar o creditamento de ICMS. Destaca, inicialmente, que a discussão travada na lide não diz respeito à regularidade do crédito concedido na origem, mas à possibilidade de o ente estatal de destino obstar diretamente esse creditamento, autuando o contribuinte que agiu de acordo com a legislação do outro ente federativo. Explica ser cediço que, nos termos do art. 155, § 2º, I, da CF/1988, o ICMS será não cumulativo, devendo ser compensado o que for devido em cada operação com o montante cobrado nas anteriores pelo mesmo ou outro estado membro ou pelo Distrito Federal. Sucede que, no caso, houve a incidência do imposto na etapa anterior e, ainda que não tenha sido efetivamente recolhido, somente será creditado na etapa seguinte. Observa o Min. Relator que o benefício fiscal concedido pelo estado de origem não altera o cálculo do imposto devido, apenas resulta em recolhimento a menor em razão da concessão de crédito presumido; assim, deveria ser autorizado o creditamento devido ao estado destinatário. Explica que, nesses casos, o STF entende ser a ADI o único meio judicial de que deve valer-se o estado lesado para obter a declaração de inconstitucionalidade da lei de outro estado que concede benefício fiscal do ICMS sem autorização do Confaz, e não simplesmente autuar os contribuintes sediados em seu território. Quanto à compensação, afirma não ser possível acolher a pretensão recursal ante a inexistência de lei editada pelo ente tributante que autorize a aplicação desse instituto. Diante do exposto, a Turma, ao renovar o julgamento após empate, por maioria, deu provimento, em parte, ao recurso. Precedentes citados do STF: MC na ADI 3.936-PR, DJ 9/11/2007; ADI 3.312-MT, DJ 9/3/2007; MC na ADI 3.389-RJ, DJ 23/6/2006; ADI 2.377-MG, DJ 7/11/2003; ADI 2.439-MS, DJ 21/2/2003; do STJ: AgRg no RMS 30.340-PR, DJe 30/3/2010; AgRg no Ag 1.278.580-RS, DJe 9/6/2010; AgRg no RMS 31.592-PR, DJe 27/8/2010, e REsp 1.118.011-SC, DJe 31/8/2010. **RMS 31.714-MT, Rel. Min. Castro Meira, julgado em 3/5/2011.** (Inform. STJ 471)

ICMS. CONSTRUÇÃO CIVIL. MATERIAL.

A incapacidade processual ou a irregularidade na representação advinda da ausência de juntada do contrato social ou dos atos constitutivos da empresa construtora possibilitam a suspensão do processo para que seja concedido à parte prazo para reparar o defeito (art. 13 do CPC, cuja aplicação é de rigor, inclusive em MS). Aplica-se à hipótese de RMS a teoria da causa madura (art. 515, § 3º, do CPC), viabilizando a análise do mérito do *mandamus*, em segundo grau, uma vez sanado o defeito na representação processual, mediante a juntada do estatuto social da empresa. No caso, a controvérsia cinge-se à possibilidade de exigir pagamento de diferencial de alíquota de ICMS das empresas atuantes em construção civil que realizam operações interestaduais de aquisição de insumos para utilização em sua atividade fim. A Primeira Seção deste Superior Tribunal já decidiu, em recurso repetitivo, que descabe a cobrança de diferencial de alíquota de ICMS sobre operações interestaduais realizadas por empresa de construção civil na aquisição de material a ser empregado na obra que executa (Informativo n. 419). Assim, tais empresas, quando adquirem bens necessários ao desenvolvimento de sua atividade fim, não são contribuintes do ICMS. A Turma deu provimento ao recurso para, reformando o acórdão regional, conceder a segurança, determinando que a autoridade coatora abstenha-se de exigir o recolhimento do diferencial de alíquota de ICMS nas operações interestaduais de aquisição de insumos para utilização na atividade fim da empresa de construção civil. **Precedentes citados: RMS 19.311-PB, DJe 23/11/2009; REsp 437.552-PE, DJ 1º/7/2005; RMS 6.274-AM, DJ 23/9/2002; RMS 12.633-TO, DJ 13/8/2001; REsp 1.135.489-AL, DJe 1º/2/2010, e EREsp 149.946-MS, DJ 20/3/2000. RMS 23.799-PE, Rel. Min. Luiz Fux, julgado em 16/11/2010.** (Inform. STJ 456)

SÚMULA STJ Nº 432

As empresas de construção civil não estão obrigadas a pagar ICMS sobre mercadorias adquiridas como insumos em operações interestaduais.

7.6.7. ICMS: BENEFÍCIOS FISCAIS, CONVÊNIOS INTERESTADUAIS

ICMS E REVOGAÇÃO DE DECRETO

O Plenário julgou extinta, sem resolução de mérito, ação direta ajuizada pelo Governador do Estado de Minas Gerais para declarar a inconstitucionalidade do Decreto 153-R/2000, editado pelo Chefe do Poder Executivo daquela unidade da federação, em que concedido crédito presumido de ICMS nas operações internas e interestaduais com mercadoria ou bem destinados às atividades de pesquisa e de lavra de jazidas de petróleo e gás natural enquadrados no Repetro, equivalente a 100% do imposto devido sobre a respectiva saída. Inicialmente, registrou-se a concessão de medida cautelar nesta ação em 19.12.2000. Na seqüência, asseverou-se que o diploma atacado não mais subsistiria, porquanto revogado. Salientou-se, no ponto, que o aludido ente federativo estabelecera uma nova regulamentação do ICMS. ADI 2352/ES, rel. Min. Dias Toffoli, 1º.6.2011. (ADI-2352) (Inform. STF 629)

ISENÇÃO DE ICMS: "FREE SHOP" E RATIFICAÇÃO TÁCITA - 4

Em conclusão de julgamento, a Turma desproveu recurso extraordinário interposto pelo Estado do Rio Grande do Sul contra acórdão da Corte local que anulara débito fiscal de ICMS incidente sobre a venda de mercadorias importadas efetuada por loja franca instalada no aeroporto internacional daquela unidade federativa (*free shop*) — v. Informativo 562. No caso, o Tribunal *a quo* entendera que a contribuinte estaria favorecida por isenção fiscal decorrente da celebração do Convênio CONFAZ 91/91 — que autoriza os Estados-membros a isentarem do ICMS determinadas operações — e de sua ratificação tácita prevista na Lei estadual 8.820/89, a qual instituíra o referido imposto. Inicialmente, afirmou-se que o Convênio ICMS 91/91 permitiu aos Estados e ao Distrito Federal isentar deste tributo as operações de saídas promovidas por lojas *free shop* localizadas nas zonas primárias dos aeroportos de categoria internacional e autorizadas pelo órgão competente do Governo Federal. Em seguida, mencionou-se que o ICMS, nos termos do art. 155, § 2º, g, da CF, deve se submeter a regramento específico previsto em lei complementar, regulando a forma como aqueles entes federativos concederão tais isenções e que a Lei Complementar 24/75 — cuja recepção pela Constituição fora admitida pelo STF — teria sido instrumento normativo que viera estabelecer regramentos à celebração de convênios para a concessão de isenções do ICMS. Consignou-se, ainda, que a Constituição do Estado do Rio Grande do Sul, promulgada em 1989, determina que a concessão de anistia, remissão, isenção, benefícios e incentivos fiscais só ocorrerá mediante autorização legislativa e quando for objeto de convênios celebrados entre o Estado e as demais unidades da federação, bem como que essa concessão somente terá eficácia após ratificação pela Assembléia Legislativa. **RE 539130/RS, rel. Min. Ellen Gracie, 4.12.2009.** (RE-539130)

ISENÇÃO DE ICMS: "FREE SHOP" E RATIFICAÇÃO TÁCITA - 5
Enfatizou-se que, nesse contexto, fora promulgada a Lei estadual 8.820/89, a qual prevê que os convênios referentes à concessão ou revogação de isenções, incentivos e benefícios fiscais que forem celebrados por aquele Estado-membro devem ser submetidos à apreciação da Assembléia Legislativa para deliberação e publicação de Decreto Legislativo (art. 28, § 1º) e que, caso não haja deliberação dessa Casa Legislativa no prazo previsto, consideram-se ratificados os convênios celebrados (art. 28, § 2º). Assinalou-se, ademais, a promulgação do Decreto Legislativo 6.591/92, com o objetivo de cumprir o disposto nessa legislação estadual. Dessa forma, reputou-se que o princípio da estrita legalidade (CF, art. 150, § 6º) teria sido observado pelas seguintes razões: 1) a existência de ratificação do convênio pelo órgão competente (CONFAZ), em obediência à LC 24/75; 2) a edição da Lei estadual 8.820/89, ato jurídico-normativo concreto, específico e 3) o advento do Decreto Legislativo 6.591/92, norma que consolida e viabiliza a benesse fiscal em discussão. O Min. Joaquim Barbosa, tendo em conta a regra da legalidade tributária estrita, ressaltou em seu voto-vista que admitir a ratificação tácita de convênios elaborados com a participação somente de representantes do Poder Executivo (CONFAZ) implicaria supor-se válida a própria concessão de benefício por ato oriundo apenas do chefe de tal poder. **RE 539130/RS, rel. Min. Ellen Gracie, 4.12.2009.** (RE-539130) (Inform. STF 570)

ICMS: REDUÇÃO DA BASE DE CÁLCULO E ESTORNO DE CRÉDITO
Aplicando o precedente firmado no RE 174478/SP (DJU de 30.9.2005), no sentido de que a redução na base de cálculo configura isenção fiscal parcial que autoriza o estorno proporcional do crédito do ICMS, a Turma, por maioria, reformou acórdão do Tribunal de Justiça do Estado de São Paulo. A Corte de origem rejeitara a possibilidade de estorno da parcela correspondente à redução proporcional pela circunstância de não haver verificado, no caso, a ocorrência da hipótese prevista no inciso IV do art. 41 da Lei estadual 6.374/89 ("*Artigo 41 - O contribuinte deve proceder ao estorno do imposto de que se tenha creditado, sempre que o serviço tomado ou a mercadoria entrada no estabelecimento:... IV - venha a ser utilizada em fim alheio à atividade do estabelecimento;*"), bem como pelo fato de a ora recorrente haver optado pela redução da base de cálculo, o que afastaria o aproveitamento de quaisquer créditos. Considerou-se que, caracterizada a isenção parcial, não seria razoável vedar-se o estorno proporcional com base nas exceções postas pelo acórdão impugnado, a tanto equivalendo malferir-se o princípio da não-cumulatividade. RE provido para autorizar o estorno proporcional. Vencido o Min. Marco Aurélio que negava provimento ao recurso por não reputar possível o estorno de parte do crédito, considerada a operação anterior com tributação normal. **RE 205262/SP, rel. Min. Menezes Direito, 20.5.2008.** (RE-205262) (Inform. STF 507)

VINCULAÇÃO DE RECEITA DE ICMS E CONVÊNIO
O Tribunal julgou procedente pedido formulado em ação direta ajuizada pelo Governador do Estado do Paraná para declarar a inconstitucionalidade dos artigos 4º e 6º da Lei estadual 13.133/2001, que cria o Programa Estadual de Incentivo à Cultura, que contará com recursos do "Fundo Estadual de Cultura" e do "Incentivo Fiscal - Mecenato", constituídos por parte do produto da arrecadação do ICMS. Relativamente ao art. 4º da lei impugnada, que estabelece a vinculação de determinados percentuais da receita proveniente da cobrança de ICMS ao referido fundo estadual e ao "Mecenato", entendeu-se caracterizada a afronta ao inciso IV do art. 167 da CF — que veda a vinculação de receitas de impostos a órgão, fundo ou despesa. Asseverou-se, no ponto, que o dispositivo questionado não se enquadraria nas permissões constitucionalmente admitidas de vinculação. No que se refere ao art. 6º dessa mesma lei, que prevê corresponder o incentivo fiscal à dedução no pagamento do ICMS, considerou-se violado o art. 155, § 2º, XII, g, da CF, que exige, em se tratando desse imposto, a celebração de convênio entre os Estados e o DF para a concessão de isenções, incentivos e benefícios fiscais. Precedentes citados: ADI 1848/RO (DJU de 13.11.2002); ADI 1750 MC/DF (DJU de 27.10.2006); ADI 2349 MC/ES (DJU de 27.10.2005); ADI 1587/DF (DJU de 9.2.2001). ADI 2529/PR, rel. Min. Gilmar Mendes, 14.6.2007. (ADI-2529) (Inform. STF 471)

ICMS: INCENTIVOS FISCAIS E CONVÊNIO
Por vislumbrar ofensa ao art. 155, § 2º, XII, g, da CF, que exige prévia celebração de convênio entre os Estados-membros e o DF, nos termos de lei complementar, para concessão de isenções, incentivos e benefícios fiscais relativos a crédito do ICMS, o Tribunal julgou procedente pedido formulado em ação direta ajuizada pelo Governador do Estado do Espírito Santo para declarar a inconstitucionalidade da Lei capixaba 8.366/2006, que estabelece incentivo fiscal para as empresas que contratarem apenados e egressos no território daquela unidade federativa. Preliminarmente, rejeitou-se a alegação de vício formal, ao fundamento de que a lei impugnada não possui caráter orçamentário, mas dispõe sobre matéria tributária, cuja iniciativa é comum ou concorrente. Precedentes citados: ADI 3205/MS (DJU de 17.11.2006); ADI 2659/SC (DJU de 6.2.2004); ADI 2548/PR (DJU de 15.6.2007); ADI 3312/MT (DJU de 23.3.2007). ADI 3809/ES, rel. Min. Eros Grau, 14.6.2007. (ADI-3809) (Inform. STF 471)

ICMS. REDUÇÃO. BASE. CÁLCULO. ISENÇÃO PARCIAL.
In casu, o impetrante busca a correção de estorno proporcional dos créditos de ICMS em razão de saída de mercadorias de seu estabelecimento com base de cálculo reduzida, conforme o estabelecido pela Lei n. 2.657/1996 do Estado do Rio de Janeiro, ao alegar, entre outros temas, violação do princípio da não cumulatividade. Conforme destacou o Min. Relator, quando o legislador retirou a hipótese de creditamento do ICMS das operações isentas ou sujeitas à não incidência, aduzindo que essas desonerações não implicariam débito na saída do produto e anulariam os créditos gerados na entrada tributada (art. 155, § 2º, II, **a** e **b**, da CF/1988), deixou claro que referido creditamento somente teria lugar na mesma proporção, de forma equânime ao desembolso que tivesse de ser efetuado pelo contribuinte na outra fase da cadeia mercantil. Portanto, não havendo desembolso ou ainda existindo dispêndio a menor, não há lugar para a manutenção de eventual crédito precedente e sua proporção primitiva. Aduziu, ainda, que o estorno proporcional do crédito do ICMS decorrente de operações anteriores impede o enriquecimento ilícito do contribuinte, visto que o creditamento integral proporcionar-lhe-ia duplo benefício fiscal – o recolhimento de alíquota inferior quando da saída das mercadorias e a manutenção do crédito pelo tributo pago a maior. Dessarte, o benefício fiscal da redução da base de cálculo corresponde à isenção parcial, sendo devido o estorno proporcional do crédito de ICMS, nos termos da alínea **b** do referido dispositivo constitucional, razão pela qual tal prática tributária não ofende o princípio da não cumulatividade, pois configura uma das duas exceções previstas na CF/1988. Com essas considerações, a Turma negou provimento ao recurso. Precedentes citados do STF: RE 174.478-SP, DJ 30/9/2005; RE 559.671-RS, DJe 23/4/2010; AI 661.957-RS, DJe 29/10/2009, e AgRg no AI 526.737-RS, DJe 1º/8/2008. **RMS 29.366-RJ, Rel. Min. Luiz Fux, julgado em 3/2/2011.** (Inform. STJ 461)

RECURSO REPETITIVO. SÚM. N. 71-STJ. LIMITES.
No recurso submetido ao regime do art. 543-C do CPC e art. 6º da Res. n. 8/2008-STJ, a Seção assentou que, quanto ao que se subsume dos efeitos da Súmula n. 71-STJ, a isenção de ICMS sobre as operações de importação de bacalhau de país signatário do GATT alcança somente aquelas negociações realizadas até 30/4/1999, data do Convênio Interestadual n. 60/1991, que estabeleceu termo final para os estados membros concederem a mencionada isenção. Precedente citado. **REsp 302.190-RJ, DJe 25/4/2008. REsp 871.760-BA, Rel. Min. Luiz Fux, julgado em 11/3/2009.** (Inform. STJ 386)

VENDA. VEÍCULOS NOVOS. ISENÇÃO FISCAL PARCIAL.
O objeto da segurança foi o Convênio n. 50/1999, regulamentado à época pelo Dec. n. 2.872/2001, que estabelecia a redução da alíquota para a aquisição de veículos novos. A questão é saber se a redução da base de cálculo concedida pelo Estado equivale a uma isenção fiscal parcial. A Min. Relatora esclareceu que, a partir do julgamento do RE 174.478-SP pelo Supremo Tribunal Federal, firmou-se o entendimento de que a redução de base de cálculo de tributo equivale à isenção fiscal parcial, tendo aplicação, pois, a regra do art. 155, § 2º, II, b, da CF/1988, que determina a anulação do crédito relativo às operações anteriores quando se tratar de isenção. Portanto, legítima a exigência de renúncia à utilização de créditos fiscais relativos às operações realizadas nos termos do Convênio n. 50/1999. Nesse ponto, a Min. Relatora ressalvou seu ponto de vista (REsp 466.832-RS). Viola o princípio da não-cumulatividade (art. 19 da LC n. 87/1996 e art. 155, § 2º, I, da CF/1988) o Dec. n. 2.872/2001, ao exigir a renúncia ao aproveitamento de qualquer crédito fiscal e efetuar qualquer transferência de crédito a outro estabelecimento, inclusive ao substituto tributário, independentemente do evento que lhe deu origem, além de extrapolar os ditames do citado convênio (cláusula 2ª, § 2º, segundo a qual a renúncia ao crédito fiscal dizia respeito tão-somente às operações acobertadas pelo benefício). Diante disso, a Turma deu parcial provimento ao recurso para conceder, em parte, a segurança, ou seja: afastar a exigência do art. 52, § 1º, I, d, das Disposições Transitórias do Regulamento do ICMS (com a redação dada pelo Dec. n. 2.872/2001) quanto às operações não realizadas com base no Convênio n. 50/1999. **RMS 26.497-MT, Rel. Min. Eliana Calmon, julgado em 18/9/2008.** (Inform. STJ 368)

ICMS. TRANSPORTE. MERCADORIA. EXPORTAÇÃO.

A Seção entendeu que não incide o ICMS na operação de transporte interestadual de produto destinado ao exterior, conforme dispõe a LC n. 87/1996, art. 3º. Assim, ao prosseguir o julgamento, conheceu dos embargos e deu-lhes provimento. **Precedentes citados: REsp 418.957-MT, DJ 26/8/2002; RMS 15.194-MT, DJ 29/3/2004, e AgRg no Ag 308.752-MG, DJ 30/10/2000. EREsp 710.260-RO, Rel. Min. Eliana Calmon, julgados em 27/2/2008.** (Inform. STJ 346)

CONVÊNIO. ICMS N. 115/1996. SERVIÇO. RADIOCHAMADA.

Trata-se de recurso contra o acórdão de Tribunal de Justiça que decidiu que o benefício da redução da base de cálculo do ICMS, previsto no Convênio n. 115/1996, aplica-se apenas aos serviços de radiochamada, de modo que, somente sobre esses serviços, o contribuinte fica proibido de aproveitar os créditos respectivos, não tendo incidência a vedação nas operações de venda de aparelhos utilizados no serviço. Aponta o Estado violação do parágrafo único da cláusula segunda do Convênio ICMS n. 115/1996, alegando que a recorrida, ao optar pela redução da base de cálculo do ICMS, não poderia aproveitar quaisquer créditos fiscais da exação, sejam aqueles relativos ao serviço de radiochamada, seja qualquer crédito oriundo do ICMS, independentemente de ter sido gerado pela venda dos aparelhos ou pelos serviços em si. Aduz que, apesar de os fatos geradores dos serviços de radiochamada e da venda de aparelhos serem diferentes, é inegável que ambas as atividades são correlatas e dependentes. A Min. Relatora observou que, embora a prestação de serviço de radiochamada seja feita por meio da utilização do aparelho conhecido como *pager*, deflui-se que as atividades desempenhadas pela recorrida possuem naturezas distintas, estando sujeitas, portanto, a regras tributárias diferentes. O parágrafo único da cláusula segunda do Convênio n. 115/1996 não pode ser interpretado com tamanha elasticidade, sob pena de modificar os fins buscados com a realização do convênio. O convênio examinado foi elaborado com o escopo de autorizar os Estados e o DF a conceder redução de base de cálculo do ICMS tão-somente nas prestações de serviços de radiochamada. A recorrida, além de prestar serviços de radiochamada, realiza, ainda, a comercialização dos aparelhos (*pagers*), atividade que também constitui fato gerador do ICMS. Depreende-se, portanto, que, caso se entendesse que o contribuinte, ao optar pela redução da base de cálculo do ICMS devido nos serviços de radiochamada, estaria abrindo mão de quaisquer créditos ou benefícios fiscais da mencionada exação que não estivessem relacionados com o citado serviço, conclui-se que o princípio da não-cumulatividade cairia por terra, fato que implicaria ofensa ao art. 155, § 2°, I, da CF/ 1988. A norma prevista no parágrafo único da cláusula segunda do Convênio retrocitado não detém o alcance pretendido pelo recorrente, devendo, portanto, a vedação da utilização de créditos estar relacionada apenas com o ICMS devido nas operações de radiochamada. **REsp 805.795-RJ, Rel. Min. Eliana Calmon, julgado em 20/9/2007.** (Inform. STJ 332)

7.6.8. ICMS: TELECOMUNICAÇÕES

ICMS E HABILITAÇÃO DE CELULAR - 1

O Plenário iniciou julgamento de recurso extraordinário no qual se questiona a possibilidade, ou não, de cobrança de ICMS sobre serviço de habilitação de telefone celular. Na situação dos autos, a empresa, vencida no âmbito de tribunal de justiça, interpusera recursos especial e extraordinário. No STF, o apelo extremo fora julgado prejudicado, monocraticamente, haja vista o provimento do especial na outra Corte. Daquele acórdão, o Distrito Federal opusera embargos declaratórios, rejeitados no STJ. Na seqüência, interpusera, sucessivamente, recurso extraordinário, lá inadmitido, e agravo de instrumento, que, por decisão do Min. Marco Aurélio, relator, fora convertido no presente extraordinário. Preliminarmente, por maioria, conheceu-se do recurso, vencido, nesta parte, o Min. Luiz Fux, que considerava ser reflexa a ofensa à Constituição. O Colegiado constatou que, embora o tribunal de justiça tivesse enfrentado questão constitucional, o STJ avaliara tão-somente matéria infraconstitucional. Anotou-se, ainda, que este deveria tê-la apreciado *incidenter tantum*. O Min. Marco Aurélio acentuou que não se poderia cogitar de inércia do DF no que não interpusera extraordinário da decisão formalizada pela Corte local. Isso porque a mencionada unidade não possuiria interesse em recorrer, uma vez que o entendimento ser-lhe-ia favorável. O Min. Ricardo Lewandowski realçou que, na espécie, a própria relatora no Superior Tribunal mencionara que o tema teria matriz constitucional. RE 572020/DF, rel. Min. Marco Aurélio, 5.10.2011. (RE-572020)

ICMS E HABILITAÇÃO DE CELULAR - 2

No mérito, o relator proveu o extraordinário. Registrou que o tribunal de justiça não declarara, por atuação de órgão fracionário, inconstitucionalidade de ato normativo abstrato e autônomo. Desta feita, não infringira o princípio da reserva de Plenário. Ademais, assinalou que a Corte local, simplesmente, interpretara o que versaria a lei complementar. Aduziu que o inciso II do art. 155 da CF estabelece a incidência do ICMS não só sobre as operações relativas à circulação de mercadorias como também sobre as prestações de serviços de transporte interestadual e intermunicipal e de comunicação, mesmo que as operações e prestações se iniciem no exterior. Sublinhou que o preceito não encerraria qualquer distinção de comunicação *stricto sensu* ou *lato sensu*. Assim, ao se referir a fato gerador, que seria a prestação de serviços de comunicação, ter-se-ia a gama destes, bastando, para tanto, a existência de elo e a cobrança de valor pela empresa de telefonia. Esta, ao habilitar o telefone móvel celular, exigiria o pagamento de certa quantia por esse serviço, indispensável à comunicação efetiva entre aquele que viesse a acionar o aparelho e o titular do aparelho receptor. Por fim, assinalou descaber inferir pela ausência de enquadramento do ato do Estado-membro no inciso II do art. 155 da CF, sob pena de esta tornar-se flexível a ponto de decisões judiciais distinguirem onde o texto não o fez. RE 572020/DF, rel. Min. Marco Aurélio, 5.10.2011. (RE-572020)

ICMS E HABILITAÇÃO DE CELULAR - 3

Em divergência, o Min. Luiz Fux desproveu o recurso. Manteve o posicionamento do STJ segundo o qual os serviços de habilitação, instalação, disponibilidade, assinatura (como sinônimo de contratação de serviços de comunicação), cadastro de usuário e equipamento, entre outros, que configurassem atividade-meio ou serviços suplementares, não sofreriam a incidência do ICMS. Desse modo, ressaltou que, ao analisar o Convênio 69/98, aquela Corte concluíra, em síntese, que a interpretação conjunta dos artigos 2º, III, e 12, VI, da Lei Complementar 87/96 (Lei Kandir), levaria à compreensão de que o ICMS somente poderia recair sobre os serviços de comunicação propriamente ditos no momento em que fossem prestados, ou seja, apenas sobre atividade-fim, que seria o serviço de comunicação, e não sobre atividade-meio. Esclareceu que esta última seria considerada preparatória para a consumação daquele ato. Consignou ser inexigível o tributo sobre o procedimento de habilitação de telefonia móvel celular. Ato contínuo, apontou que essa atividade não se incluiria na descrição de serviços de telecomunicação constante do art. 2º, III, da indicada lei complementar, por corresponder a procedimento tipicamente protocolar, cuja finalidade prender-se-ia a aspecto preparatório. Ademais, destacou que, no ato de habilitação, não ocorreria qualquer serviço efetivo de telecomunicação, salvo de sua disponibilização, de sorte a assegurar ao usuário a possibilidade de sua fruição. Após, pediu vista dos autos o Min. Dias Toffoli. RE 572020/DF, rel. Min. Marco Aurélio, 5.10.2011. (RE-572020) (Inform. STF 643)

DIREITO TRIBUTÁRIO. ICMS. SERVIÇOS SUPLEMENTARES AO DE COMUNICAÇÃO.

Não incide ICMS sobre a prestação de serviços acessórios ao de comunicação. A incidência do ICMS, no que se refere à prestação dos serviços de comunicação, deve ser extraída da CF e da LC n. 87/1996, incidindo o tributo sobre os serviços de comunicação prestados de forma onerosa, através de qualquer meio, inclusive a geração, a emissão, a recepção, a transmissão, a retransmissão, a repetição e a ampliação de comunicação de qualquer natureza (art. 2º, III, da LC n. 87/1996). A prestação de serviços conexos ao de comunicação por meio da telefonia móvel (que são preparatórios, acessórios ou intermediários da comunicação) não se confunde com a prestação da atividade fim; processo de transmissão (emissão ou recepção) de informações de qualquer natureza;, esta sim, passível de incidência do ICMS. Exemplos de serviços acessórios são a troca de titularidade de aparelho celular, conta detalhada, troca de aparelho, troca de número, mudança de endereço de cobrança de conta telefônica, troca de área de registro, troca de plano de serviço, bloqueio de DDD e DDI, habilitação e religação. Desse modo, a despeito de alguns deles serem essenciais à efetiva prestação do serviço de comunicação e admitirem a cobrança de tarifa pela prestadora do serviço (concessionária de serviço público), por assumirem o caráter de atividade meio, não constituem, efetivamente, serviços de comunicação, razão pela qual não é possível a incidência do ICMS. Ressalte-se que, nesse sentido, é a orientação consolidada na Súm. n. 350/STJ, que dispõe que "o ICMS não incide sobre o serviço de habilitação de telefone celular". Precedentes citados: REsp 1.022.257-RS, DJe 17/3/2008, e RMS 11.368-MT, DJ 9/2/2005. **REsp 1.176.753-RJ, Rel. originário Min. Napoleão Nunes Maia Filho, Rel. para acórdão Min. Mauro Campbell Marques, julgado em 28/11/2012. (Inform. STJ 510)**

ICMS. TELEFONIA MÓVEL. OPERAÇÕES ROAMING.

Cinge-se a questão ao pagamento de ICMS sobre os serviços de telefonia móvel prestados na modalidade *roaming*. A recorrente busca eximir-se do aludido imposto, ao sustentar que ele é devido no local onde é cobrado o serviço, e não onde instalada a estação telefônica. Nesta instância especial, entendeu-se que o fato de a sociedade empresária contratada pelo usuário ser a responsável pelo faturamento e recebimento do serviço prestado não a torna contribuinte do tributo ou responsável por ele, devendo a obrigação tributária recair sobre a sociedade empresária que efetivamente viabilizou a chamada telefônica, que, nas operações denominadas *roaming*, é a operadora com cobertura na área de onde partiu a ligação do usuário do sistema. Ressaltou-se que o serviço de *roaming* ocorre quando um usuário de linha móvel celular realiza uma chamada a partir de território que não está abrangido pela concessionária por ele contratada, sendo que essas ligações são feitas (transmitidas) pela concessionária local, ou operadora visitada, a qual é remunerada, mediante repasse, pela concessionária que disponibilizou a linha ao usuário. Observou-se que esse serviço torna-se complexo na medida em que pressupõe a realização de dois negócios jurídicos simultâneos para viabilizar o serviço de comunicação pretendido: um entre o usuário e a sua operadora original, pela qual foi disponibilizada a linha, e outro entre essa sociedade empresária titular do contrato e aquela que efetivamente realiza a comunicação (operadora visitada). Consignou-se, ainda, que, da relação jurídica existente entre as concessionárias, resultam os valores cobrados pela operadora local mediante repasse registrado no documento de declaração de tráfego e prestação de serviços (DETRAF), pela efetiva prestação de serviço de comunicação, razão pela qual há a incidência do ICMS sobre tais valores. *In casu*, visto que, nas operações denominadas *roaming*, a obrigação tributária deve recair sobre a empresa que viabilizou a chamada telefônica, qual seja, a operadora com cobertura na área de onde partiu a ligação do usuário do sistema, a recorrente é a verdadeira contribuinte da exação em comento. Com essas, entre outras considerações, a Turma conheceu parcialmente do recurso e, nessa parte, negou-lhe provimento. Precedentes citados: AgRg no REsp 1.157.106-MT, DJe 5/8/2011; REsp 996.752-RJ, DJe 19/2/2009, e REsp 589.631-MG, DJ 27/2/2007. **REsp 1.202.437-MT, Rel. Min. Benedito Gonçalves, julgado em 8/11/2011.** (Inform. STJ 487)

SERVIÇO. CELULAR. FRUTO. CLONAGEM.

A questão posta no REsp cinge-se à possibilidade de compensação tributária em operações mercantis de serviços de telefonia móvel (celular) nas quais ocorreram inadimplência de usuário ou furto de comunicação por clonagem. A Turma entendeu que inexiste previsão legal a amparar a tese da recorrente de que teria direito à compensação e suspensão da exigibilidade tributária em operações mercantis de serviços de telefonia móvel nas quais ocorreu inadimplência do usuário ou furto por clonagem. Observou-se que o fato gerador do ICMS na telefonia é a disponibilidade da linha em favor do usuário que contrata, onerosamente, os serviços de comunicação da operadora. Observou-se, ainda, que a inadimplência e o furto por clonagem fazem parte dos riscos da atividade econômica, não podendo estes ser transferidos ao Estado. Portanto, nos termos do art. 118 do CTN, o descumprimento da operação de compra e venda mercantil não afasta a ocorrência do fato gerador do referido tributo. Diante disso, negou-se provimento ao recurso. **Precedentes citados: AgRg no REsp 1.132.852-SP, DJe 6/4/2010; AgRg no REsp 956.583-SC, DJe 4/5/2009; AgRg no REsp 987.299-RS, DJe 29/10/2008; REsp 956.842-RS, DJ 12/12/2007, e REsp 953.011-PR, DJ 8/10/2007. REsp 1.189.924-MG, Rel. Min. Humberto Martins, julgado em 25/5/2010.** (Inform. STJ 436)

ICMS. CARTÃO TELEFÔNICO.

Buscava-se definir a que Estado-membro pertence o ICMS-comunicação incidente sobre o fornecimento de fichas ou cartões telefônicos, isso quando o estabelecimento revendedor está situado em Estado-membro diverso daquele em que se localiza a sede da concessionária fornecedora dos cartões. Entre outras funções, deve a lei complementar (LC) fixar o critério espacial da obrigação tributária decorrente da incidência do ICMS (art. 155, § 2º, XII, d, da CF/1988), o que permite definir a que unidade federada deverá ser recolhido o imposto (sujeição ativa) e qual estabelecimento da empresa será responsável por seu pagamento (sujeição passiva). Por sua vez, o art. 11, III, b, da LC n. 87/1996 determina que, para os serviços de comunicação prestados mediante o fornecimento de fichas, cartões ou assemelhados, o ICMS será devido ao ente federativo no qual se encontra o estabelecimento da empresa que forneça tais instrumentos. A escolha desse elemento espacial (sede do estabelecimento da concessionária) fundamenta-se nas próprias características dessa peculiar operação. Os cartões ou fichas telefônicas são títulos de legitimação que conferem ao portador o direito à fruição do serviço telefônico dentro da franquia de minutos contratada. São passíveis de utilização (integral ou de forma fracionada) em qualquer localidade do país, desde que o local esteja coberto pela concessionária de telefonia responsável pelo fornecimento. Esses cartões telefônicos podem ser adquiridos em um Estado-membro e utilizados integralmente em outro. É possível, também, que um mesmo cartão seja utilizado em mais de uma unidade da Federação. Desse modo, quando do fornecimento dos cartões, fichas ou assemelhados, não é possível saber qual será o efetivo local da prestação do serviço de telecomunicação, razão pela qual o legislador complementar, ciente dessas dificuldades, fixou, como elemento espacial da operação, a referida sede do estabelecimento da concessionária que os fornece e afastou o critério do local da efetiva prestação do serviço. Como as fichas e cartões são utilizados em terminais públicos e, em regra, há a pulverização de usuários e locais de uso, a citada LC preferiu eleger um evento preciso ligado exclusivamente ao prestador, e não uma infinidade de pontos esparsos pelo território nacional. Outro elemento que foi desprezado pelo legislador complementar foi o do domicílio do usuário, até porque esse critério apresenta-se de pouca ou nenhuma valia, pois o tomador poderá utilizar o serviço distante de seu domicílio (é o que geralmente ocorre). Já o fato de os cartões telefônicos serem revendidos por terceiros a usuário final não altera o referido critério espacial escolhido pela LC n. 87/1996, pois o contribuinte do ICMS, nesse caso, é a própria concessionária, que não tem qualquer controle sobre posteriores vendas realizadas por revendedores, visto que nada os impede de revender os cartões a terceiras empresas situadas em outra unidade da Federação, em vez de negociar diretamente com os usuários. Não há, portanto, qualquer critério seguro que permita à concessionária fixar com precisão o local em que será revendido o cartão telefônico ao usuário final. Como o fato gerador ocorre no momento do fornecimento da ficha, cartão ou assemelhado (art. 12, § 1º, da LC n. 87/1996) e como, nesse momento, ainda não houve revenda, estaria a concessionária impossibilitada de fazer o recolhimento do ICMS incidente sobre a operação, justamente por não ser possível definir o local da revenda e, consequentemente, o ente federado titular da imposição tributária. Vê-se, outrossim, que o Convênio ICMS n. 126/1998 explicitou a regra do art. 11, III, b, da LC n. 87/1996 ao deixar claro que o imposto incide por ocasião do fornecimento da ficha, cartão ou assemelhado, ainda que a venda seja para terceiro intermediário e não para o usuário final. Já o Convênio ICMS n. 55/2005 adotou regra expressa no sentido de determinar que o pagamento do imposto deve ser feito ao Estado-membro no qual se localiza a concessionária de telefonia fornecedora do cartão telefônico, ainda que o fornecimento seja para terceiros intermediários situados em unidade federativa diversa. Mesmo que a concessionária não entregue o cartão diretamente ao usuário, mas a revendedor terceirizado localizado em unidade federada diversa, o que é muito comum para facilitar e otimizar a distribuição, ainda assim, deverá o imposto ser recolhido ao Estado-membro no qual tem sede a sociedade empresária de telefonia. A única exceção a essa regra ocorreria na hipótese em que a empresa de telefonia distribui as fichas e cartões não por revendedores terceirizados, mas mediante filiais localizadas em outros Estados-membros. Somente nesse caso, a concessionária, para efeito de definição do ente tributante a quem se deve recolher o imposto, será a filial, e não a matriz. A hipótese dos autos é a de venda por distribuidores independentes situados em outros estados. Daí a razão de não se aplicar a referida exceção, mas sim a regra geral de o imposto ser recolhido integralmente no Estado-membro onde situada a concessionária emitente e fornecedora das fichas e cartões telefônicos. Precedente citado: **AgRg no REsp 601.140-MG, DJ 10/4/2006. REsp 1.119.517-MG, Rel. Min. Castro Meira, julgado em 9/2/2010.** (Inform. STJ 422)

ICMS. TELEFONIA. SERVIÇOS. HABILITAÇÃO.

A Seção, prosseguindo o julgamento, por maioria, afastou a incidência do ICMS sobre o procedimento de habilitação de telefonia móvel celular, porquanto os serviços acessórios ou suplementares ao serviço de comunicação (locação de aparelhos, manutenção das estações rádio-base, das torres de transmissão, dos *softwares* de gerenciamento e outros serviços similares) têm a função de proporcionar as condições materiais necessárias à implementação do serviço de comunicação e a sua manutenção. Desse modo, tais serviços, por si sós, não possibilitam a emissão, transmissão ou receptação de informações e, por isso, não se enquadram no conceito de serviço de comunicação, por se constituírem em atos preparatórios ou posteriores à atividade tributada, conforme o art. 22, III, da LC n. 87/1996. **Precedentes citados: REsp 703.695-PR, DJ 10/10/2005; REsp 622.208-RJ, DJ 17/5/2006; REsp 418.594-PR, DJ 21/3/2005; RMS 11.368-MT, DJ 9/2/2005; REsp 402.047-MG, DJ 9/12/2003, e EDcl no AgRg no REsp 330.130-DF, DJ 16/11/2004. REsp 760.230-MG, Rel. Min. Luiz Fux, julgado em 27/5/2009.** (Inform. STJ 396)

(Comentário: ver Informativo STF 643 – RE 572.020/DF)

TELEFONIA MÓVEL CELULAR. ICMS.

A Seção, no mérito, conheceu parcialmente do recurso principal da empresa de telefonia móvel celular ao entendimento de que os serviços de habilitação e locação de telefones móveis celulares e de assinatura (como sinônimo de contratação do serviço de comunicação) não sofrem a incidência do ICMS. O convênio ICMS n. 69/1998, ao determinar a incidência do mencionado tributo sobre a habilitação de telefone celular, empreendeu verdadeira analogia extensiva do âmbito material de incidência do tributo, em flagrante violação do art. 108, § 1°, do CTN. Esse tributo incide sobre a prestação dos serviços de comunicação (atividade fim), não sobre os atos que a ela conduzem (atividade meio). A simples disponibilização aos usuários dos meios materiais necessários à comunicação entre eles ainda não tipifica a prestação do serviço, mas simples etapa de sua implementação. Assim, quando alguém contrata um serviço e passa a ser dele um novo usuário, não sendo hipótese de incidência da regra matriz do ICMS-comunicação. *In casu,* à míngua de detalhamento, nas decisões prolatadas na instância de origem, sobre os serviços inseridos no amplo conceito de facilidades adicionais, não cabe a este Superior Tribunal o exame da questão, porquanto escapa à competência do STJ averiguar os serviços, que se encaixam no conceito pressuposto de comunicação, porque a isso equivaleria análise fática, vedada pela Súm. n. 7-STJ. Quanto ao recurso interposto contra o acórdão do agravo regimental quanto à impossibilidade de levantamento do depósito judicial antes do trânsito em julgado da decisão, também a Seção conheceu parcialmente do recurso e lhe deu provimento, por entender que, no caso, essa não transitou em julgado, o que tem o condão de afastar a possibilidade de levantamento das quantias depositadas. Destarte, merece reforma o aresto recorrido que autorizou o levantamento da quantia depositada, na ausência de qualquer intimação à parte adversa. **REsp 945.037-AM, Rel. Min. Luiz Fux, julgado em 13/5/2009.** (Inform. STJ 394)

SERVIÇO. *PAGER*. ICMS.

A Turma negou provimento ao recurso e reiterou o entendimento de que, na prestação do serviço de *pager* ou rádio-chamada, incide o ICMS e não o ISSQN. **Precedentes citados: REsp 601.056-BA, DJ 3/4/2006; REsp 848.490-RJ, DJ 21/10/2008, e REsp 883.254-MG, DJ 28/2/2008. REsp 1.088.913-SP, Rel. Min. Luiz Fux, julgado em 16/4/2009.** (Inform. STJ 390)

ASSINATURA. TELEFONIA. ICMS.

Tratando-se de simples assinatura sem inclusão de franquia mínima de pulsos telefônicos, deve ser reconhecida a ilegalidade da incidência de ICMS sobre os valores cobrados a esse título, porque diante de serviço preparatório e atividade-meio, que não se confunde com o próprio serviço de comunicação, esse sim tributado por aquele imposto. **EDcl no REsp 1.022.257-RS, Rel. Min. Castro Meira, julgados em 9/12/2008.** (Inform. STJ 380)

SERVIÇO. RADIOCHAMADA. LOCAÇÃO. *PAGERS*.

Cinge-se a questão em saber se, na prestação de serviços de radiochamadas mediante a locação de *pagers* e a utilização de serviços de secretariado, deve incidir o ICMS sobre a totalidade do valor desses serviços ou, ao contrário, deve incidir o ISS sobre os serviços de secretaria e sobre a locação. O estado-membro pretende que ocorra apenas a incidência do ICMS sobre a totalidade das operações, enquanto o município, que a tributação dê-se sobre a locação dos equipamentos e sobre os serviços de secretaria. Diante disso, a Turma reiterou o entendimento de que a lei só contempla a incidência do ICMS sobre os serviços de comunicação strictu sensu, não sendo possível, pela tipicidade fechada do direito tributário, estender-se a outros serviços meramente acessórios ou preparatórios àqueles e, tampouco, aos não-essenciais à prestação do serviço, como é o caso da locação de aparelhos (*pagers*) e do serviço de secretariado. Assim, independente de figurar no item 29 da lista de serviços anexa ao DL n. 406/1968, com a redação dada pela LC n. 56/1987, o serviço de secretaria, por ser atividade-meio à prestação dos serviços de radiochamada, não deve sofrer a incidência do ISS. Ressalte-se que os REsps visam apenas alterar a destinação da tributação na espécie dos autos e o estado teve reconhecido o direito ao ICMS sobre as demais operações, com exceção da locação dos *pagers*. Não é possível, no caso, a aplicação da jurisprudência do STF sob pena de piorar, também, o direito já reconhecido ao município. Por fim, não se pode, na hipótese, aplicar o princípio da preponderância, a fim de tributar todas as operações apenas pelo ICMS, pois tal princípio pressupõe a sobreposição de atividades ou a existência de atividades mistas, o que não é o caso. Isso posto, negou-se provimento a ambos os recursos. **Precedentes citados: REsp 1.022.257-RS, DJ 17/3/2008; REsp 796.177-MG, DJ 8/2/2008; REsp 617.107-SP, DJ 29/8/2005; REsp 612.490-MA, DJ 4/8/2008, e REsp 883.254-MG, DJ 28/2/2008. REsp 848.490-RJ, Rel. Min. Eliana Calmon, julgado em 16/9/2008.** (Inform. STJ 368)

ICMS. INSTALAÇÃO. LINHAS TELEFÔNICAS.

Não incide ICMS nas atividades meramente preparatórias ou de acesso aos serviços de comunicação, tais como os serviços de instalação de linha telefônica fixa. **Precedentes citados: REsp 451.166-DF, DJ 20/4/2006, e REsp 601.056-BA, DJ 3/4/2006. AgRg no REsp 1.054.543-RJ, Rel. Min. Humberto Martins, julgado em 21/8/2008.** (Inform. STJ 364)

SÚMULA STJ Nº 350

O ICMS não incide sobre o serviço de habilitação de telefone celular.

7.6.9. ICMS: ENERGIA ELÉTRICA E COMBUSTÍVEIS

ICMS: SUBSTITUIÇÃO TRIBUTÁRIA E MERCADO LIVRE DE ENERGIA ELÉTRICA - 1

O Plenário iniciou julgamento de ação direta de inconstitucionalidade, ajuizada pela Associação Brasileira dos Agentes Comercializadores de Energia Elétrica - Abraceel, contra a alínea b do inciso I e os §§ 2º e 3º do art. 425 do Decreto paulista 45.490/2000 — Regulamento do Imposto sobre Operações Relativas à Circulação de Mercadorias e sobre Prestação de Serviços de Transporte do Estado de São Paulo —, com a redação dada pelo Decreto 54.177/ 2009, dessa mesma unidade federativa. Preliminarmente, a Min. Ellen Gracie, relatora, reconheceu a legitimidade ativa da requerente, por ser a única entidade representante dos agentes comercializadores de energia elétrica. Salientou que, embora não representado todo o Setor Elétrico brasileiro, mesmo porque este abrangeria outros agentes com atuação complementar, haveria ampla representatividade da classe dos agentes comercializadores, pois seus associados estariam em 7 dos 8 Estados em que ocorre comercialização e representariam 40 das 62 empresas registradas na Câmara de Comercialização de Energia Elétrica. ADI 4281/SP, rel. Min. Ellen Gracie, 3.8.2011. (ADI-4281)

ICMS: SUBSTITUIÇÃO TRIBUTÁRIA E MERCADO LIVRE DE ENERGIA ELÉTRICA - 2

No mérito, a relatora julgou procedente o pleito, para declarar a inconstitucionalidade dos preceitos atacados. Inicialmente, diferenciou os ambientes de contratação de serviços de geração, transmissão, distribuição e comercialização de energia elétrica no Brasil: o ambiente de contratação regulada e o ambiente de contratação livre. Destacou que, no primeiro caso, a energia seria comercializada pelas concessionárias distribuidoras perante os consumidores cativos, obrigados a adquiri-la dessa forma. Na segunda hipótese, por sua vez, os consumidores estariam autorizados a negociar diretamente com as geradoras ou comercializadoras, por meio de negócios jurídicos distintos. Afirmou que o decreto adversado teria colocado a distribuidora como substituta tributária porque apenas ela teria a possibilidade de medir a energia efetivamente consumida, daí a obrigação de recolher o ICMS sobre o valor das diversas operações que viabilizam o fornecimento de energia para o consumidor livre. Frisou, entretanto, a exigência de lei para obrigar um terceiro ao pagamento do tributo devido pelo contribuinte, fundada nos artigos 150, I, e 5º, II, ambos da CF; bem como nos artigos 121 e 128, ambos do CTN. ADI 4281/SP, rel. Min. Ellen Gracie, 3.8.2011. (ADI-4281)

ICMS: SUBSTITUIÇÃO TRIBUTÁRIA E MERCADO LIVRE DE ENERGIA ELÉTRICA - 3

Destacou que, conquanto haja normas que tratem de substituição tributária para o caso específico do ICMS, como a LC 87/96, o Convênio ICMS 83/2000 e a Lei estadual 6.374/89, elas não poderiam ser consideradas como suportes para o decreto em discussão. A citada lei estadual não estabeleceria nenhuma hipótese de substituição tributária em particular, apenas fixaria que as empresas que comercializam energia são substitutas tributárias relativamente às operações anteriores e posteriores, sem especificar em que circunstâncias. Seria, portanto, incompleta. Ademais, seria inaplicável à espécie, pois o decreto em questão teria inovado, ao colocar como substituta empresa que não é comercializadora de energia perante os consumidores livres. Por outro lado, a operação da substituição tributária pelo sistema de retenções a que faz referência o Convênio ICMS 83/2000 seria inviável, pois esta norma pressuporia operações sucessivas e não paralelas ou concomitantes. Assim, reputou que se o legislador desejasse estabelecer substituição tributária para o caso, teria de fazer referência específica às circunstâncias próprias do ambiente de mercado livre, o que não ocorrera. Aduziu que a Lei estadual 13.918/2009, posterior ao decreto impugnado, que referiu as operações concomitantes na substituição relativa à energia elétrica, não legitimaria a exigência do tributo, pois não promovera alteração quanto aos possíveis substitutos tributários, vinculados à noção de comercialização. Além disso, não se admitiria repristinação, ou seja, lei posterior não legitimaria decreto inválido editado anteriormente. Por fim, considerou que o vício formal — insuficiência do instrumento legislativo necessário para disciplinar a matéria — seria fundamento suficiente para reconhecer a inconstitucionalidade suscitada. Consignou que ela diria respeito à substituição tributária e não ao imposto em si, razão pela qual considerou insubsistente o decreto a contar da publicação do acórdão. Após, pediu vista a Min. Cármen Lúcia. ADI 4281/SP, rel. Min. Ellen Gracie, 3.8.2011. (ADI-4281) (Inform. STF 634)

ICMS: COMBUSTÍVEIS E BITRIBUTAÇÃO - 1

O Plenário iniciou julgamento de ação direta de inconstitucionalidade, proposta pela Confederação Nacional do Comércio, contra os §§ 10 e 11 da Cláusula Vigésima Primeira do Convênio ICMS 110/2007, com a redação dada pelo Convênio 101/2008 e, mediante aditamento, também com a redação dada pelo Convênio 136/2008. A Min. Ellen Gracie, relatora, julgou o pedido procedente, para declarar a inconstitucionalidade dos dispositivos impugnados, por considerar violados os artigos 145, § 1º, 155, § 2º, I, e § 5º, I, ambos da CF. Afirmou, inicialmente, que, no caso de produção de combustíveis de origem mineral, a refinaria sofreria tributação de ICMS como substituta tributária e o valor recolhido seria destinado ao Estado-membro de consumo do produto final. Na hipótese dos combustíveis de origem vegetal, o tratamento do ICMS seria comum, com a alíquota interestadual de 12%. A distribuidora, responsável pela mistura dos 2 tipos de combustíveis, por sua vez, repassaria aos postos de combustíveis, que podem ser do mesmo Estado-membro ou de outro. Explicou que, em relação à tributação do combustível fóssil, haveria substituição tributária para frente, ou seja, antecipar-se-ia o pagamento devido na venda final, na qual incluído o combustível não proveniente da refinaria, mas presente na mistura. O tributo, então, seria calculado a partir de uma média ponderada que estimaria o preço futuro do produto. A refinaria, a seguir, promoveria o recolhimento e repassaria ao Estado-membro de destino do combustível final. Explicitou, porém, que, no que diz respeito ao combustível de origem vegetal, o ICMS, devido pela alíquota de 12%, seria diferido, destacado na nota fiscal quando da transferência do produto à distribuidora. O pagamento do imposto seria postergado e a distribuidora informaria à refinaria de combustível mineral a quantidade de combustível vegetal adquirida. Assim, a refinaria deduziria o montante de imposto devido ao Estado-membro em que localizada a usina para aquele em que será vendida a mistura para consumo final. Aduziu que, nessa sistemática, o Estado em que atuante a refinaria não receberia nada, além de ser onerado com o montante repassado à unidade federativa em que situada a usina. Frisou que o ICMS embutido no preço dos biocombustíveis seria pago pela distribuidora, impossibilitada de repassá-lo nas vendas interestaduais, devido à isenção constitucional. Dessa forma, ao receber os 2 tipos de combustível, a distribuidora já teria pago o imposto e comunicaria à refinaria que efetuara a venda da mistura em algum Estado-membro, que não o mesmo da distribuidora. Reputou que a refinaria, então, obrigar-se-ia a deduzir esse valor do montante a ser repassado ao Estado de destino da mistura. Afirmou que este valor seria, então, recolhido ao ente da federação em que produzido o biocombustível. Por essa razão, concluiu que, se a refinaria houver pago ao Estado produtor do combustível de origem vegetal o que já pago pela distribuidora, haveria bitributação. Por fim, destacou eventual prejuízo aos Estados-sedes das distribuidoras que não sejam, ao mesmo tempo, sede das usinas e local de consumo do combustível final, caso seu entendimento prevaleça. Então, propôs a modulação temporal dos efeitos da declaração de inconstitucionalidade, para que tenha efeitos a partir de seis meses da publicação do acórdão. ADI 4171/DF, rel. Min. Ellen Gracie, 3.8.2011. (ADI-4171)

ICMS: COMBUSTÍVEIS E BITRIBUTAÇÃO - 2

Em divergência, o Min. Luiz Fux, no que foi acompanhado pela Min. Cármen Lúcia, julgou improcedente o pedido. Afirmou que o Convênio ICMS 110/2007 teria definido a refinaria de petróleo como a câmara de compensação do ICMS, a ser recolhido nas operações de circulação de combustíveis derivados do petróleo por um sistema de repasse de deduções. Apontou que caberia, então, à refinaria o recolhimento do tributo aos Estados-membros em que situado o destinatário da mercadoria em operações interestaduais. O ICMS seria, então, regido pela regra da tributação integral de destino. No que concerne aos biocombustíveis, a lógica seria diferente. Caberia à distribuidora 3 papéis relevantes. O primeiro consistiria em ser substituta tributária para trás com relação à incidência do tributo em operações de circulação do produto adquirido na usina, que passaria a ser tributado com a distribuição da mistura de combustível para os postos. Haveria, então, o destaque do percentual de álcool utilizado na mistura, para que fosse recolhido o ICMS incidente sobre a operação de circulação da usina para a distribuidora. O segundo papel seria distribuir a mistura de combustíveis para outros Estados, de modo a praticar, em tese, outro fato gerador de ICMS. Entretanto, destacou que a referida operação gozaria de imunidade tributária (CF, art. 155, § 2º, X, b), de modo que deveria haver estorno do crédito relativo ao recolhimento do ICMS, no regime de substituição tributária, quanto ao álcool adquirido junto à usina. O terceiro papel seria o de substituição tributária para frente, relativamente às operações até o consumidor final. Em razão da referida imunidade, aduziu que a distribuidora deveria proceder o estorno do crédito concernente ao ICMS recolhido no momento da produção. Assim, considerou que, embora o recolhimento do tributo, pela distribuidora, seja feito em um único momento, não poderiam ser ignorados seus 3 distintos papéis, de modo que o estorno não incorreria em violação à legalidade tributária, por não criar novo fato gerador, mas apenas impedir a utilização do crédito anterior na operação seguinte, em virtude da imunidade. Da mesma forma, concluiu não haver violação ao princípio da não-cumulatividade. Em seguida, pediu vista o Min. Ricardo Lewandowski. ADI 4171/DF, rel. Min. Ellen Gracie, 3.8.2011. (ADI-4171) (Inform. STF 634)

REPERCUSSÃO GERAL EM RE N. 593.824-SC

RELATOR: MIN. RICARDO LEWANDOWSKI

EMENTA: CONSTITUCIONAL. TRIBUTÁRIO. ICMS. INCIDÊNCIA. OPERAÇÕES RELATIVAS A ENERGIA ELÉTRICA. BASE DE CÁLCULO. VALOR COBRADO A TÍTULO DE DEMANDA CONTRATADA (DEMANDA DE POTÊNCIA). RELEVÂNCIA JURÍDICA E ECONÔMICA DA QUESTÃO CONSTITUCIONAL. EXISTÊNCIA DE REPERCUSSÃO GERAL. (Inform. STF 557)

A energia furtada antes da entrega ao consumidor final não pode ser objeto de incidência do ICMS, tomando por base de cálculo o valor da última operação realizada entre a empresa produtora e a que distribui e comercializa a eletricidade. O fato gerador do ICMS é o consumo de energia elétrica, portanto o momento do consumo é o elemento temporal da obrigação tributária, sendo o aspecto espacial o local onde ela é consumida, logo o estado de destino é que recolhe o imposto. Dessa forma, o ICMS deve incidir sobre o valor da energia efetivamente consumida. Portanto, embora a base de cálculo do ICMS inclua as operações de produção e distribuição, conforme determinam os arts. 34, § 9º, do ADCT e 9º da LC n. 87/1996, essas fases não configuram isoladamente hipótese de incidência do mencionado imposto. Assim, a energia elétrica furtada nas operações de transmissão e distribuição não sofre incidência de ICMS por absoluta "intributabilidade" em face da não ocorrência do fato gerador. Precedente citado: REsp 960.476-SC, DJe 13/5/2009. **REsp 1.306.356-PA, Rel. Min. Castro Meira, julgado em 28/8/2012.(Inform. STJ 503)**

ICMS. ENERGIA ELÉTRICA. TELECOMUNICAÇÕES. DEMANDA CONTRATADA.

A Turma não conheceu do RMS em que a recorrente é parte ilegítima para discutir a incidência do ICMS sobre a demanda contratada ou para pleitear a repetição desse tributo. Isso porque se trata de pessoa jurídica de direito privado que utiliza serviço de energia elétrica fornecido pela respectiva concessionária de serviço público e, em se tratando de ICMS, o conceito de contribuinte (de direito) deve ser extraído do art. 4º da LC n. 87/1996, ou seja, contribuinte é aquele que, nas operações internas, promove a saída da mercadoria ou a prestação do serviço. Logo, não se confundem as figuras do contribuinte de direito, legalmente prevista, e do usuário do serviço (consumidor em operação interna). Somente o contribuinte de direito tem legitimidade ativa *ad causam* para ajuizar demanda relativa ao tributo indireto (orientação fixada em recurso repetitivo). Precedentes citados: RMS 31.786-CE, DJe 1º/7/2010; RMS 28.227-GO, DJe 20/4/2009; RMS 32.425-ES, DJe 4/3/2011, e REsp 1.119.872-RJ, DJe 20/10/2010. **RMS 29.428-BA, Rel. Min. Mauro Campbell Marques, julgado em 24/5/2011.** (Inform. STJ 474)

ICMS. LANÇAMENTO. CIRCULAÇÃO. COMBUSTÍVEL.

A autoridade fazendária apreendeu diversos documentos na sede da sociedade empresária recorrente (produtora de solventes): planilhas de controle de produção, livros relatórios de turnos e comprovantes de saída de carga especial. Eles evidenciaram a ocorrência de várias irregularidades, tais como, saída de mercadoria sem documentação fiscal, reaproveitamento de notas fiscais, saída para destinatários falsos, venda de mercadorias falsificadas com ou sem notas fiscais e omissão de registros das saídas. Assim, segundo consta do acórdão recorrido, a autoridade fazendária efetuou o lançamento pela circulação de combustível embasada nos documentos e depoimentos acostados aos autos, servindo-se de pareceres técnicos firmados por engenheiro químico (alega-se que ele não teria registro no Conselho Regional de Química) apenas como auxiliares da autuação e não como cerne para o lançamento. Nesse contexto, a exclusão dos pareceres não causaria, por si só, o afastamento da exigibilidade do lançamento efetuado, pois o acórdão revelou, como dito, tratar-se de apenas um dos elementos de convicção da autoridade fiscal para a feitura do ato administrativo; modificar essa conclusão demandaria não só o revolvimento do acervo fático-probatório, mas também a mensuração da importância dos pareceres diante dos outros elementos da prova, o que é expressamente vedado pela Súm. n. 7-STJ. Não prospera, também, o argumento de que o acórdão recorrido violou o art. 142 do CTN por desconsiderar que a planta industrial da recorrente não poderia produzir gasolina; pois, ao final, aquele aresto concluiu, com lastro na prova, que o fato gerador do ICMS não se limitou à circulação de gasolina tipo A, visto que se refere à circulação de petróleo ou combustível, e a modificação dessa conclusão incidiria também no óbice da Súm. n. 7-STJ. Precedentes citados: REsp 1.085.466-SC, DJe 4/6/2009, e REsp 3.707-CE, DJ 18/8/1997. **REsp 1.224.019-RS, Rel. Min. Humberto Martins, julgado em 15/3/2011.** (Inform. STJ 466)

RECURSO REPETITIVO. ICMS. ENERGIA ELÉTRICA. DEMANDA CONTRATADA.

No recurso submetido ao regime do art. 543-C do CPC e art. 6º da Res. n. 8/2008-STJ, a Seção assentou, por maioria, que, levando-se em conta o fato gerador e não a política tarifária fixada pelo art. 2º, XII, da Res. ANEEL n. 456/2000, bem como por se tratar de mercadoria e não de um serviço, não há que se falar em incidência de ICMS no fornecimento de energia elétrica no caso de demanda contratada, mas apenas sobre o consumo, a ser calculado tomando-se por base a demanda da potência elétrica com efeito utilizada, afastadas, ademais, as alegações de ofensa aos arts. 2º, VI, e 19 do Convênio n. 66/1988; arts. 2º, I, 12, I, e 13, I, da LC n. 87/1996 e art. 116, II, do CTN. **Precedentes citados: REsp 222.810-MG, DJ 15/5/2000; REsp 586.120-MG; AgRg no REsp 797.826-MT, DJ 21/6/2007; AgRg no Ag 828.282-SC, DJ 25/4/2007; REsp 840.285-MT, DJ 16/10/2006; AgRg no REsp 855.929-SC, DJ 16/10/2006; REsp 838.542-MT, DJ 25/8/2006; REsp 343.952-MG, DJ 17/6/2002; REsp 972.843-RJ, DJ 11/10/2007, e REsp 579.416-ES, DJ 29/3/2007. REsp 960.476-SC, Rel. Min. Teori Albino Zavascki, julgado em 11/3/2009.** (Inform. STJ 386)

7.6.10. ICMS: GUERRA FISCAL, DISTINÇÕES INCONSTITUCIONAIS

ICMS E GUERRA FISCAL

Por ofensa ao art. 155, § 2º, XII, g, da CF — que exige, relativamente ao ICMS, a celebração de convênio entre os Estados-membros e o Distrito Federal para a concessão de isenções, incentivos e benefícios fiscais —, o Plenário julgou procedente pedido formulado em ação direta, proposta pelo Governador do Estado de Santa Catarina, para declarar a inconstitucionalidade da Lei 11.393/2000, daquele ente da Federação. A norma adversada cancelou notificações fiscais emitidas com base na declaração de informações econômico-fiscais – DIEF, ano base de 1998 e determinou a restituição dos valores eventualmente recolhidos. ADI 2345/SC, rel. Min. Cezar Peluso, 30.6.2011. (ADI-2345) (Inform. STF 633)

MED. CAUT. EM ADI N. 4.565-PI
RELATOR: MIN. JOAQUIM BARBOSA

EMENTA: CONSTITUCIONAL TRIBUTÁRIO. IMPOSTO SOBRE OPERAÇÕES DE CIRCULAÇÃO DE MERCADORIAS E PRESTAÇÃO DE SERVIÇOS DE COMUNICAÇÃO E DE TRANSPORTE INTERESTADUAL E INTERMUNICIPAL. LEI 6.041/2010 DO ESTADO DO PIAUÍ. LIBERDADE DE TRÁFEGO DE BENS E PESSOAS (ARTS. 150, V E 152 DA CONSTITUIÇÃO). DUPLICIDADE DE INCIDÊNCIA (BITRIBUTAÇÃO – ART. 155, § 2º, VII, B DA CONSTITUIÇÃO). GUERRA FISCAL VEDADA (ART. 155, § 2º, VI DA CONSTITUIÇÃO). MEDIDA CAUTELAR DEFERIDA.

Tem densa plausibilidade o juízo de inconstitucionalidade de norma criada unilateralmente por ente federado que estabeleça tributação diferenciada de bens provenientes de outros estados da Federação, pois: (a) Há reserva de resolução do Senado Federal para determinar as alíquotas do ICMS para operações interestaduais; (b) O perfil constitucional do ICMS exige a ocorrência de operação de circulação de mercadorias (ou serviços) para que ocorra a incidência e, portanto, o tributo não pode ser cobrado sobre operações apenas porque elas têm por objeto "bens", ou nas quais fique descaracterizada atividade mercantil-comercial; (c) No caso, a Constituição adotou como critério de partilha da competência tributária o estado de origem das mercadorias, de modo que o deslocamento da sujeição ativa para o estado de destino depende de alteração do próprio texto constitucional (reforma tributária). Opção política legítima que não pode ser substituída pelo Judiciário. Medida liminar concedida para suspender a eficácia prospectiva e retrospectiva (*ex tunc*) da Lei estadual 6.041/2010. (Inform. STF 633) *noticiado no Informativo 622

ADI N. 3.674-RJ
RELATOR: MIN. MARCO AURÉLIO

AÇÃO DIRETA DE INCONSTITUCIONALIDADE – TRATAMENTO TRIBUTÁRIO PREFERENCIAL – AUSÊNCIA DE CONSENSO DAS UNIDADES DA FEDERAÇÃO – ADEQUAÇÃO. Mostra-se adequada a ação direta de inconstitucionalidade quando há tratamento tributário diferenciado em lei da unidade da Federação, sem remissão a consenso entre os demais Estados. TRIBUTO – PRINCÍPIO DA LEGALIDADE – DELEGAÇÃO AO PODER EXECUTIVO – ALÍQUOTA – IMPROPRIEDADE. Surge discrepante da Constituição Federal lei por meio da qual se delega ao Poder Executivo fixação de alíquota de Imposto sobre Circulação de Mercadorias e Serviços – ICMS, pouco importando a previsão, na norma, de teto relativo à redução. PROCESSO OBJETIVO – AÇÃO DIRETA DE INCONSTITUCIONALIDADE – ATUAÇÃO DO ADVOGADO-GERAL DA UNIÃO. Consoante dispõe a norma imperativa do § 3º do artigo 103 da Constituição Federal, incumbe ao Advogado-Geral da União a defesa do ato ou texto impugnado na ação direta de inconstitucionalidade, não lhe cabendo emissão de simples parecer, a ponto de vir a concluir pela pecha de inconstitucionalidade.

TRIBUTO – "GUERRA FISCAL". Consubstancia "guerra fiscal" o fato de a unidade da Federação reduzir a alíquota do ICMS sem a existência de consenso, mediante convênio, entre os demais Estados. (Inform. STF 633) *noticiado no Informativo 629

ICMS E GUERRA FISCAL - 1

Por ofensa ao art. 155, § 2º, XII, g, da CF — que exige, relativamente ao ICMS, a celebração de convênio entre os Estados-membros e o Distrito Federal para a concessão de isenções, incentivos e benefícios fiscais —, o Plenário julgou procedente pedido formulado em ação direta ajuizada pelo Governador do Estado de São Paulo para declarar a inconstitucionalidade da Lei fluminense 3.394/2000, regulamentada pelo Decreto 26.273, editado na mesma data. O diploma questionado regulariza a situação das empresas que tiveram suspenso o benefício de prazo especial de pagamento do ICMS concedido com base na Lei 2.273/94 e dá outras providências. Rejeitaram-se as preliminares suscitadas. Quanto à formalização da inicial, aduziu-se que, ainda que inexistisse a subscrição pelo Chefe do Poder Executivo, esse fato não acarretaria irregularidade, ante a circunstância de o Procurador-Geral deter poderes para atuar na defesa daquela unidade federativa. Reconheceu-se, também, a legitimidade de um Estado-membro para impugnar tratamento tributário preferencial concedido por outro ente da federação. Destacou-se, ainda, o caráter abstrato da norma em comento, o que permitiria o controle concentrado de constitucionalidade. Tendo isso em conta, assinalou-se que, julgada inconstitucional a lei, deixaria de haver objeto para a regulamentação por decreto. No mérito, considerou-se que o presente diploma teria implicado drible à decisão liminar desta Corte, que anteriormente já assentara o descompasso da Lei 2.273/94 com a Constituição. ADI 2906/RJ, rel. Min. Marco Aurélio, 1º.6.2011. (ADI-2906)

ICMS E GUERRA FISCAL – 2

Com o mesmo fundamento acima aludido, o Plenário julgou procedente pedido formulado em ação direta proposta pelo Governador do Estado de Minas Gerais para declarar a inconstitucionalidade do Decreto 26.005/2000, editado pelo Governador do Estado do Rio de Janeiro. A norma impugnada desonera do pagamento do ICMS as operações internas com insumos, materiais, máquinas e equipamentos destinados a emprego em plataformas de petróleo e as embarcações utilizadas na prestação de serviços marítimos e de navegação. ADI 2376/RJ, rel. Min. Marco Aurélio, 1º.6.2011. (ADI-2376)

ICMS E GUERRA FISCAL – 3

Ao aplicar a orientação firmada na ADI 2906/RJ, o Plenário julgou procedente pedido formulado em ação direta ajuizada pela Governadora do Estado do Rio Grande do Norte em exercício para declarar a inconstitucionalidade do § 5º do art. 12 da Lei 4.181/2003, regulamentado pelo Decreto 36.454/2004, ambos do Estado do Rio de Janeiro. O preceito adversado institui o Programa de Desenvolvimento do Setor Aeronáutico naquela unidade federativa — Rioaerotec — e seu decreto regulamentador dispõe sobre o ICMS nas operações internas com querosene de aviação e dá outras providências. ADI 3674/RJ, rel. Min. Marco Aurélio, 1º.6.2011. (ADI-3674)

ICMS E GUERRA FISCAL – 4

Ao aplicar a orientação firmada na ADI 2906/RJ, o Plenário julgou procedente pedido formulado em ação direta ajuizada pela Associação Brasileira da Indústria de Máquinas e Equipamentos – Abimaq para declarar a inconstitucionalidade da Lei fluminense 4.163/2003, regulamentada pelo Decreto 35.011/2004. A lei refutada dispõe sobre a concessão de incentivos fiscais para a importação de equipamentos esportivos de caráter olímpico nos casos que especifica e dá outras providências. ADI 3413/RJ, rel. Min. Marco Aurélio, 1º.6.2011. (ADI-3413)

ICMS E GUERRA FISCAL – 5

Ao aplicar a orientação firmada na ADI 2906/RJ, o Plenário julgou procedente pedido formulado em ação direta ajuizada pelo Governador do Estado do Paraná para declarar a inconstitucionalidade do Decreto 42.241/2010, do Estado do Rio de Janeiro. A norma contestada dispõe sobre a redução da base de cálculo do ICMS, na operação de saída de ônibus de entrada baixa ("*low entry*"), para empresas estabelecidas no Estado do Rio de Janeiro, concessionárias de serviço público de transporte terrestre coletivo de passageiros de linhas urbanas. ADI 4457/PR, rel. Min. Marco Aurélio, 1º.6.2011. (ADI-4457)

ICMS E GUERRA FISCAL – 6

Ao aplicar a orientação firmada na ADI 2906/RJ, o Plenário julgou parcialmente procedente pedido formulado em ação direta ajuizada pelo Governador do Estado do Paraná para declarar a inconstitucionalidade dos artigos 6º, 7º e 8º da Lei Complementar 93/2001, do Estado do Mato Grosso do Sul. Os preceitos em comento instituem benefícios de natureza fiscal, extra fiscal e financeiro-fiscal, consistentes em redução do saldo devedor do ICMS, aplicáveis especialmente aos empreendimentos industriais, pelo prazo de 5 anos. Consignou-se que o primeiro dispositivo disporia sobre a concessão de benefícios fiscais e financeiros-fiscais e os demais permitiriam a outorga de incentivos e benefícios atrelados ao ICMS sem amparo em convênio interestadual. ADI 3794/PR, rel. Min. Joaquim Barbosa, 1º.6.2011. (ADI-3794)

ICMS E GUERRA FISCAL – 7

O Plenário julgou procedente pedido formulado em ação direta proposta pelo Governador do Estado do Paraná para declarar a inconstitucionalidade da Lei 13.561/2002, desse mesmo ente federativo, que autoriza o Poder Executivo estadual a conceder auxílio-transporte aos integrantes das polícias civil e militar, da ativa e da inativa. Reputou-se que, ao permitir que a isenção fosse conferida por decreto, o diploma questionado não observara a necessidade de reserva de lei em sentido formal para a outorga da benesse, em afronta ao art. 150, § 6º, da CF. Além disso, asseverou-se que a norma em tela também ofenderia o disposto no art. 155, § 2º, XII, g, da CF, porquanto autorizaria a concessão de benefício fiscal sem o amparo em convênio interestadual. O Min. Marco Aurélio apontou que faltaria razoabilidade à lei, pois, mediante subterfúgio, chegar-se-ia a uma isenção, dado que o referido auxílio transporte, nos termos do diploma impugnado, consistiria "na isenção da incidência do ICMS na aquisição de um veículo popular para cada policial, zero quilômetro de fabricação nacional". Precedentes citados: ADI 3462 MC/PA (DJU de 21.10.2005) e ADI 1247 MC/PA (DJU de 8.9.95). ADI 2688/PR, rel. Min. Joaquim Barbosa, 1º.6.2011. (ADI-2688)

ICMS E GUERRA FISCAL – 8

Por reputar caracterizada ofensa aos artigos 150, § 6º, e 155, § 2º, XII, g, da CF, o Plenário julgou parcialmente procedente pedido formulado em ação direta ajuizada pelo Procurador-Geral da República para declarar a inconstitucionalidade do caput do art. 12 da Lei 5.780/93, do Estado do Pará ["Fica o Poder Executivo autorizado, nos casos em que identificar notória necessidade de defender a Economia do Estado e a capacidade competitiva de empreendimentos locais, a conceder, provisoriamente, independentemente de deliberação do Conselho Nacional de Política Fazendária (CONFAZ), benefícios fiscais ou financeiros, que poderão importar em redução ou exclusão do ICMS"], bem assim da expressão "*sem prejuízo do disposto no 'caput' deste artigo*" contida no parágrafo único do referido dispositivo. Reiteraram-se, para tanto, os fundamentos expendidos quando da apreciação da medida cautelar. ADI 1247/PA, rel. Min. Dias Toffoli, 1º.6.2011. (ADI-1247)

ICMS E GUERRA FISCAL – 9

Com o mesmo fundamento acima aludido, o Plenário julgou procedente pedido formulado em ação direta ajuizada pela Associação Brasileira da Indústria de Máquinas e Equipamentos – Abimaq para declarar a inconstitucionalidade do Decreto 1.542-R/2005, editado pelo Governador do Estado do Espírito Santo. A norma questionada dispõe sobre diferimento de ICMS incidente nas importações, do exterior, de máquinas e equipamentos realizadas por estabelecimentos avicultores, suinocultores ou pelas cooperativas de produtores que atuam nestes segmentos, desde que destinadas à instalação de unidades de beneficiamento industrial, ou à ampliação, modernização ou recuperação de instalações agropecuárias industriais, relacionados às suas atividades, para o momento de sua desincorporação do ativo permanente. Em preliminar, reconheceu-se a legitimidade ativa da associação ante seu caráter nacional. Assentou-se, ainda, que o decreto adversado teria autonomia suficiente e abstratividade para figurar como objeto de ação de controle concentrado de constitucionalidade. Por fim, considerou-se que, de fato, o decreto daria imunidade enquanto o bem ficasse incorporado ao patrimônio da empresa, a revestir um incentivo que estaria, também, dentro da chamada guerra fiscal. ADI 3702/ES, rel. Min. Dias Toffoli, 1º.6.2011. (ADI-3702)

ICMS E GUERRA FISCAL –10

Por entender caracterizada ofensa aos artigos 150, § 6º; 155, § 2º, XII, g e 152, todos da Constituição, o Plenário julgou procedente pedido formulado em ação direta ajuizada pelo Governador do Estado do Paraná para declarar a inconstitucionalidade dos dispositivos constantes do Decreto paulista 52.381/2007, com as alterações dadas pelos Decretos 52.586/2007 e 52.824/2008. A norma impugnada outorga benefícios fiscais a estabelecimentos fabricantes de leite esterilizado (longa vida) e laticínios a produtores de leite situados no Estado de São Paulo, ao reduzir em 100% a base de cálculo de ICMS nas saídas internas desses produtos fabricados naquele ente federativo. Ademais, concede crédito presumido de 1% do valor correspondente às aquisições de leite cru, desde que provenientes de seus produtores. Aduziu-se que a concessão de incentivos tributários em matéria de ICMS deveria, por imperativo constitucional, ser precedida da celebração de convênio entre todos os Estados-membros e o Distrito Federal, vedado aos Poderes Executivos estaduais valer-se de outras figuras legislativas. ADI 4152/SP, rel. Min. Cezar Peluso, 1º.6.2011. (ADI-4152)

ICMS E GUERRA FISCAL –11

Ao aplicar o mesmo entendimento acima mencionado, o Plenário julgou outros dois pedidos formulados, respectivamente, em ações diretas ajuizadas pelo Governador do Estado do Paraná contra o Decreto 27.427/2000, alterado pelo Decreto 28.104/2001, do Estado do Rio de Janeiro, e contra a Lei 15.182/2006, do Estado do Paraná. No decreto, há a redução de 2% do ICMS e a concessão de crédito presumido também sem convênio do Confaz, no que foi declarado inconstitucional. Em relação à lei, embora tivesse aduzido benefícios previstos em convênio, inexistiria essa disposição no parágrafo único do seu art. 1º, pelo que se julgou parcialmente procedente o pleito. ADI 3664/RJ, rel. Min. Cezar Peluso, 1º.6.2011. (ADI-3664) ADI 3803/PR, rel. Min. Cezar Peluso, 1º.6.2011. (ADI-3803)

ICMS E GUERRA FISCAL –12

O Plenário conheceu parcialmente de pedido formulado em ação direta — proposta pelo Governador do Estado de São Paulo contra as Leis distritais 2.427/99 e 2.483/99, bem como os Decretos 20.957/2000, 21.077/2000, 21.082/2000 e 21.107/2000, que dispõem sobre o Programa de Promoção do Desenvolvimento Econômico Integrado e Sustentável do Distrito Federal (PRÓ-DF) — e o julgou parcialmente procedente para declarar inconstitucionais os artigos 2º, I e §§ 2º e 3º; 5º, I a III, e parágrafo único, I; 6º; e 7º, §§ 2º e 3º, todos da Lei 2.483/99. Inicialmente, afastou-se, por maioria, preliminar de inépcia da inicial em virtude da ausência de indicação dos dispositivos legais impugnados. Afirmou-se que o autor teria deixado claro que todas as leis atacadas seriam, na sua integralidade, violadoras do ordenamento constitucional. Vencido, no ponto, o Min. Marco Aurélio, que reputava necessário, considerada a teoria da substanciação, que se versassem, na petição inicial, os pedidos, de forma específica, tendo em conta cada artigo. Acolheu-se, por outro lado, preliminar atinente à ilegitimidade do requerente para questionar a Lei 2.427/99, que se refere a benefícios fiscais ligados a tributos municipais. No mérito, entendeu-se que a inconstitucionalidade dos dispositivos citados residiria no fato de que, à guisa de se dar um empréstimo às empresas favorecidas pelo PRÓ-DF, estar-se-ia a conceder-lhes incentivo fiscal, no que diz respeito ao ICMS. Essa prática seria proibida pela Constituição, porquanto inexistiria convênio celebrado entre todos os Estados-membros e o Distrito Federal e regulamentado por lei complementar. ADI 2549/DF, rel. Min. Ricardo Lewandowski, 1º.6.2011. (ADI-2549) (Inform. STF 629)

TRATAMENTO TRIBUTÁRIO DIFERENCIADO E ORIGEM DA MERCADORIA - 1

O Plenário deferiu pedido de medida cautelar em ação direta de inconstitucionalidade ajuizada pelo Conselho Federal da Ordem dos Advogados do Brasil para suspender os efeitos da Lei 6.041/2010, do Estado do Piauí. A norma impugnada dispõe sobre hipótese de incidência do ICMS ["*Art. 1º Imposto sobre Operações Relativas à Circulação de Mercadorias e Prestações de Serviços de Transporte Interestadual e Intermunicipal e de Comunicação – ICMS, de que trata a Lei nº 4.257, de 06 de janeiro de 1989, incidirá sobre as entradas neste Estado, de mercadorias ou bens oriundos de outras unidades da Federação destinados a pessoa física ou jurídica não inscrita no Cadastro de Contribuintes do Estado do Piauí – CAGEP, independentemente de quantidade, valor ou habitualidade que caracterize ato comercial. Parágrafo único. O valor do ICMS, a ser exigido na hipótese de que trata o caput, corresponderá a uma carga tributária líquida entre 4,5% (quatro e meio por cento) e 10% (dez por cento) aplicada sobre o valor da operação constante no respectivo documento fiscal, conforme disposto em regulamento. Art. 2º Ato do poder Executivo regulamentará a aplicação do disposto nesta Lei. Art. 3º Esta Lei entra em vigor na data de sua publicação*"]. ADI 4565 MC/PI, rel. Min. Joaquim Barbosa, 7.4.2011. (ADI-4565)

TRATAMENTO TRIBUTÁRIO DIFERENCIADO E ORIGEM DA MERCADORIA - 2

Entendeu-se que, à primeira vista, o texto violaria a reserva de resolução senatorial para a fixação das alíquotas interestaduais do ICMS. Destacou-se que a Constituição permitiria a instituição e a cobrança desse tributo sobre operações de circulação de mercadorias, nas quais houvesse circulação jurídica, mercantil e comercial. Assim, aduziu-se a inviabilidade da cobrança de tal imposto relativamente a operações que resultassem de isolada transferência de propriedade de bens móveis. Registrou-se que o art. 1º da lei questionada teria instituído tributo não previsto na competência constitucional outorgada aos Estados-membros e ao Distrito Federal. Vislumbrou-se, ainda, aparente ofensa ao pacto federativo e à proibição de tratamento discriminatório entre os entes federados (CF, artigos 150, V, e 152). Assinalou-se que o constituinte originário optara por um modelo híbrido de partilha e que, nos termos do art. 155, VII, da CF, o Estado de origem da mercadoria fora adotado como critério padrão para as operações especificadas em tal dispositivo. Dessa forma, afirmou-se que, nas operações interestaduais, aplicar-se-ia a regra da tributação exclusiva pelo Estado de destino, se a mercadoria fosse combustível ou lubrificante, e o critério de origem, nos demais casos em que o consumidor final também fosse contribuinte do imposto. No caso, reputou-se presente o *periculum in mora*, pois este tipo de ação unilateral realizada pelo Estado do Piauí fomentaria outras ações unilaterais, a incentivar a chamada guerra fiscal. Por fim, atribuiu-se à decisão eficácia *ex tunc*, desde a sua edição, vencido o Min. Marco Aurélio por considerar que o deferimento da liminar deveria surtir efeitos a partir do julgamento.

ADI 4565 MC/PI, rel. Min. Joaquim Barbosa, 7.4.2011. (ADI-4565) (Inform. STF 622)

GUERRA FISCAL: BENEFÍCIOS FISCAIS E CONVÊNIO INTERESTADUAL

O Tribunal deferiu medida cautelar em ação direta de inconstitucionalidade ajuizada pelo Governador do Estado do Amazonas para suspender a vigência das normas contidas no art. 2º da Lei 10.689/93 ("*Havendo concessão, por qualquer outro Estado ou pelo Distrito Federal, de benefício fiscal ou eliminação direta ou indireta da respectiva carga tributária, com inobservância da legislação federal que regula a celebração de acordos exigidos para tal fim, e sem que haja aplicação das sanções nela previstas, fica o Poder Executivo autorizado a adotar medidas similares de proteção à economia paranaense*"), e nos incisos XXXII e XXIII, e §§ 36, 37 e 38 do art. 50 do Decreto 5.141/2001 (Regulamento do ICMS), acrescentados pelo Decreto 986/2007, que cria benefícios e incentivos fiscais, todos do Estado do Paraná. Salientando que o dispositivo da referida lei estadual traduz, em verdade, permissão para que o Estado do Paraná, por meio do Poder Executivo, desencadeie a denominada "guerra fiscal", repelida por ampla jurisprudência da Corte, entendeu-se caracterizada, em princípio, a ofensa ao disposto no art. 155, § 2º, XII, g, da CF, que exige prévia celebração de convênio entre os Estados-membros e o DF, nos termos de lei complementar, para concessão de isenções, incentivos e benefícios fiscais relativos a crédito do ICMS, e no art. 155, § 2º, IV, V, e VI, da CF, que veda aos Estados e ao Distrito Federal a fixação de alíquotas internas em patamar inferior àquele instituído pelo Senado para a alíquota interestadual. Precedentes citados: ADI 1247 MC/PA (DJU de 8.9.95); ADI 2021 MC/SP (DJU de 25.5.2001). ADI 3936 MC/PR, rel. Min. Gilmar Mendes, 19.9.2007. (ADI-3936) (Inform. STF 480)

7.6.11. ICMS: IMPORTAÇÃO, *LEASING* INTERNACIONAL

ICMS E "LEASING" INTERNACIONAL – 1

O Plenário iniciou julgamento de recurso extraordinário em que se discute, à luz do art. 155, II e § 2º, IX e XII, a e d, da CF, a constitucionalidade, ou não, da incidência de ICMS sobre operações de importação de mercadorias, sob o regime de arrendamento mercantil internacional. O Min. Gilmar Mendes, relator, proveu o recurso para declarar a incidência do ICMS na importação de bens mediante operações de leasing financeiro com o exterior. Inicialmente, salientou que esta Corte teria posicionamentos divergentes sobre o tema. Em seguida, aduziu que, na vigência da redação original do art. 155, § 2º, IX, a, da CF ("§ 2º - O imposto previsto no inciso I, b, atenderá ao seguinte: ... IX - incidirá também: a) sobre a entrada de mercadoria importada do exterior, ainda quando se tratar de bem destinado a consumo ou ativo fixo do estabelecimento, assim como sobre serviço prestado no exterior, cabendo o imposto ao Estado onde estiver situado o estabelecimento destinatário da mercadoria ou do serviço"), o STF afirmara a não-incidência do tributo em comento nas importações de bens realizadas por pessoa física para uso próprio, o que culminara na edição do Enunciado 660 de sua súmula ("Não incide ICMS na importação de bens por pessoa física ou jurídica que não seja contribuinte do imposto"). Ocorre que o constituinte derivado editara a EC 33/2001, que alterara a redação do aludido dispositivo constitucional ("§ 2.º O imposto previsto no inciso *II atenderá ao seguinte: ... IX - incidirá também: a) sobre a entrada de bem ou mercadoria importados do exterior por pessoa física ou jurídica, ainda que não seja contribuinte habitual do imposto, qualquer que seja a sua finalidade, assim como sobre o serviço prestado no exterior, cabendo o imposto ao Estado onde estiver situado o domicílio ou o estabelecimento do destinatário da mercadoria, bem ou serviço*"), em típico caso de tentativa de corrigenda da interpretação conferida. Assim, apontou que o constituinte, ao ampliar a base econômica do ICMS, objetivara deixar claro que qualquer pessoa física ou jurídica poderia ser contribuinte da exação, ainda que não fosse contribuinte habitual do imposto. Nesse contexto, destacou que não haveria como subsistir a orientação fixada no RE 461968/SP (DJU de 24.8.2007), no sentido de que o ICMS incide nas hipóteses em que o bem ou a mercadoria importados por meio de arrendamento mercantil internacional tivessem a propriedade transferida para o arrendatário. Isso porque esse entendimento convolar-se-ia em obstáculo à teleologia da norma constitucional. RE 540829/SP, rel. Min. Gilmar Mendes, 1º.6.2011. (RE-540829)

ICMS E "LEASING" INTERNACIONAL – 2

Explicou que, no leasing financeiro, o arrendatário possuiria, ao término do contrato, as opções de devolução ou compra do bem e de renovação do ajuste. Por esse motivo, a Constituição previra a incidência de ICMS na importação — na entrada do bem ou da mercadoria —, pois, de outra maneira, a exação ficaria à disposição do particular, a depender apenas do tipo de avença que desejasse celebrar. Ressaltou que isso permitiria elisão fiscal, com graves repercussões a partir do negócio jurídico entabulado. Concluiu que a situação em apreço apresentaria as seguintes possibilidades: 1) se determinado bem for adquirido por contrato de compra e venda internacional, incide ICMS, pois haverá a circulação de mercadoria, a qual será transferida ao patrimônio do adquirente; 2) se bem da mesma espécie for adquirido por contrato de compra e venda interno, incide ICMS; 3) se o mesmo bem for objeto de operação de arrendamento mercantil, *leasing* financeiro interno, incide ISS, consoante jurisprudência pacificada neste Tribunal (RE 592905/SC, DJe de 5.3.2010) e 4) se bem similar for objeto de importação mediante arrendamento mercantil internacional em que não seja feita a escolha de compra, a posição que vem se formando no STF impedirá a incidência do ICMS na importação — e tampouco do ISS. Diante desse quadro, notadamente da última hipótese, asseverou a ofensa ao princípio da isonomia, haja vista a concessão de vantagens não estendidas àquelas operações realizadas em âmbito interno. Ademais, reputou-se que, se adotada a mencionada tese, o poder de tributar do Estado ficaria à disposição do contribuinte. Tendo em conta todos esses motivos, asseverou que os fundamentos firmados no RE 206069/SP (DJU de 1º.9.2006), deveriam ser acolhidos, de modo a garantir a incidência do ICMS na importação de bem ou de mercadoria provenientes do exterior, independentemente da natureza do contrato internacional celebrado. RE 540829/SP, rel. Min. Gilmar Mendes, 1º.6.2011. (RE-540829)

ICMS E "LEASING" INTERNACIONAL – 3

Em divergência, o Min. Luiz Fux desproveu o recurso para manter a jurisprudência decenária desta Corte, segundo a qual a exegese desse novel preceito constitucional pressupõe a entrada e a posterior circulação desse bem para a incidência do ICMS, a fim de não transmudá-lo em imposto de importação. Afirmou que a Constituição delegara à lei complementar o estabelecimento de normas gerais em matéria tributária e o CTN dispusera, como regra de exegese, que na aplicação do direito tributário seriam obedecidos os conceitos de direito privado. Assinalou que o art. 155, II, da

CF determinaria que o ICMS seria imposto derivado de uma operação de circulação de mercadoria e que presumiria uma compra e venda. Assim, incabível desnaturarem-se os vínculos de direito privado, de forma a equiparar o *leasing* à compra e venda. Observou que se tentara empreender interpretação teleológica à espécie para que a entrada da mercadoria fosse fato gerador do ICMS. No ponto, reiterou que, conforme realçado no RE 461968/SP (DJU de 24.8.2007), para não haver a transfiguração do ICMS em imposto de importação, aquele apenas incidiria se o ingresso se desse a título de circulação da mercadoria, sob pena de violação não só ao art. 146, III, da CF, como também, à luz dessa interpretação teleológica, do art. 155, § 2º, IX, a, da CF. Enfatizou, ainda, que em nível infraconstitucional, o STJ, em julgamento de recurso especial representativo da controvérsia, assentara que o referido imposto incidiria sobre a entrada de bem ou de mercadoria importados do exterior, desde que atinentes à operação relativa à circulação desses por pessoa física ou jurídica, ainda que não contribuinte habitual do tributo, qualquer que seja a finalidade. Por fim, esclareceu que os conceitos de direito privado não poderiam ser desnaturados pelo direito tributário, assim como, por analogia, seria indevida a criação de tributo inexistente. Após, pediu vista a Min. Cármen Lúcia. RE 540829/SP, rel. Min. Gilmar Mendes, 1º.6.2011. (RE-540829) (Inform. STF 629)
(Comentário – ver Informativo STF 614 – julgamento do RE 429.306/PR, relativo a II e IPI incidentes sobre operação de leasing internacional)

ICMS E IMPORTADORA - 1

A 1ª Turma iniciou julgamento de agravo regimental interposto contra decisão que negara seguimento a agravo de instrumento, no qual se objetivava a subida de recurso extraordinário inadmitido por tribunal de justiça local, ao fundamento de a questão ter sido dirimida com base em provas. Na origem, a empresa agravante ajuizara ação anulatória de débito fiscal contra a Fazenda Pública do Estado de Minas Gerais, em que pleiteava a anulação de auto de infração. A recorrente, com sede em São Paulo, importara da Alemanha equipamentos desembaraçados em Santos. A Corte mineira concluíra que a importação se dera em virtude de pedido expresso de outra empresa situada no Estado de Minas Gerais, e que, por isso, o ICMS seria devido a este Estado. AI 792467 AgR/MG, rel. Min. Ricardo Lewandowski, 15.2.2011. (AI-792467)

ICMS E IMPORTADORA - 2

O Min. Ricardo Lewandowski, relator, negou provimento ao regimental. Ressaltou que, para dissentir do acórdão recorrido quanto ao destinatário dos produtos, seria necessário o reexame de conjunto fático-probatório, o que, nos termos do Enunciado 279 da Súmula do STF, inviabilizaria o recurso extraordinário. Observou, ainda, que, de acordo com precedentes do STF, o sujeito ativo da relação jurídico-tributária do ICMS seria o Estado onde situado o domicílio ou estabelecimento do destinatário jurídico da mercadoria, pouco importando o local do desembaraço aduaneiro. O Min. Marco Aurélio, em divergência, proveu o regimental para que o extraordinário venha a julgamento. Após, pediu vista dos autos o Min. Dias Toffoli. AI 792467 AgR/MG, rel. Min. Ricardo Lewandowski, 15.2.2011. (AI-792467) (Inform. STF 616)

ICMS: IMPORTAÇÃO E EC 33/2001 - 5

O Plenário retomou julgamento de 2 recursos extraordinários em que se discute a constitucionalidade, ou não, da incidência do ICMS sobre operações de importação de bens realizadas, por pessoas jurídicas que não se dedicam habitualmente ao comércio, durante a vigência da EC 33/2001, a qual deu nova redação ao art. 155, § 2º, IX, a, da CF, que prevê a incidência do aludido tributo *"sobre a entrada de bem ou mercadoria importados do exterior por pessoa física ou jurídica, ainda que não seja contribuinte habitual do imposto, qualquer que seja a sua finalidade, assim como sobre o serviço prestado no exterior, cabendo o imposto ao Estado onde estiver situado o domicílio ou o estabelecimento do destinatário da mercadoria, bem ou serviço"* — v. Informativos 436 e 569. Em voto-vista, o Min. Dias Toffoli negou provimento ao recurso interposto pelo Estado do Rio Grande do Sul e proveu o do contribuinte. Concordou, de início, com o posicionamento do relator no tocante à constitucionalidade, em tese, da cobrança do ICMS na importação, por empresas prestadoras de serviços médicos, de aparelhos destinados a integrar seu ativo fixo relativamente a fatos geradores ocorridos depois da vigência da EC 33/2001. Destacou que a nova redação do preceito em comento fora concebida para alcançar situações como a dos autos, uma vez que a jurisprudência da Corte era pacífica no sentido da impossibilidade de tributação das importações de bens destinados ao consumo ou ativo de sociedades civis (Enunciado 660: *"Não incide ICMS na importação de bens por pessoa física ou jurídica que não seja contribuinte do imposto."*). Aduziu que a mencionada norma alcançaria a pessoa natural ou física, bem como a sociedade ou associação civil de fins não econômicos, desde que realizassem o fato imponível, ou seja, a importação de bens do exterior, mesmo que tal negócio jurídico não se destinasse à atividade comercial ou industrial. Observou, ainda, que a materialidade do tributo deveria envolver operações de circulação de bens ou mercadorias, ou seja, a prática de um negócio jurídico que configurasse a transferência de domínio. RE 439796/PR, rel. Min. Joaquim Barbosa, 16.12.2010. (RE-439796) RE 474.267/RS, rel. Min. Joaquim Barbosa, 16.12.2010. (RE-474267)

ICMS: IMPORTAÇÃO E EC 33/2001 - 6

Em seguida, divergiu do relator — que reputara a questão de índole infraconstitucional — no que concerne à alegada violação da reserva de lei de normas gerais em matéria tributária para dispor sobre a nova modalidade de tributação causada pela ausência ou insuficiência da legislação federal ou da legislação local para dar concreção à ampliada competência tributária. Asseverou que a própria Constituição faria menção à exigência de lei complementar para disciplinar a cobrança do referido tributo, a afastar a conclusão sobre a necessidade de se proceder à interpretação de normas infraconstitucionais. Assinalou que se deveria examinar se a LC 87/96 seria compatível com a ampliação da hipótese de incidência do ICMS na importação veiculada pela EC 33/2001 e se haveria legislação regional integradora apta a viabilizar a cobrança do imposto nas operações de importação de bens efetuadas por pessoas físicas ou jurídicas não comerciantes. Entendeu que, somente com o advento da LC 114/2002 — mais de 1 ano após a entrada em vigor da EC 33/2001 —, teriam sido definidos os aspectos da hipótese de incidência do ICMS, a recair também sobre os bens importados, seja qual for sua finalidade, reconhecendo, ainda, a qualidade de contribuinte a qualquer pessoa que importe bem, mesmo sem habitualidade ou intuito comercial. Dessa forma, enfatizou que, entre a edição da EC 33/2001 e a LC 114/2002, o ICMS incidente sobre a importação permanecera sob a regência da redação primitiva da LC 87/96, a qual previa a incidência do imposto sobre a importação de mercadorias por contribuinte por intermédio de seus estabelecimentos comerciais. Registrou que, na espécie, as operações teriam sido efetuadas em data anterior à modificação da LC 87/96 pela LC 114/2002, o que tornariam insubsistentes as exações. Rejeitou, também, a possibilidade de utilização das normas estaduais anteriormente editadas sobre o tema, porquanto possuiriam como fundamento de validade a LC 87/96. Assim, considerou que o tributo fora lançado em desconformidade com os princípios aplicáveis à tributação vigente no país. Após, o relator indicou adiamento. RE 439796/PR, rel. Min. Joaquim Barbosa, 16.12.2010. (RE-439796) RE 474.267/RS, rel. Min. Joaquim Barbosa, 16.12.2010. (RE-474267) (Inform. STF 613)

ICMS NA IMPORTAÇÃO E IMPORTADOR DA MERCADORIA - 1

A Turma proveu recurso extraordinário no qual se discutia a competência tributária quanto ao sujeito ativo do ICMS, no caso de importação de mercadoria, por estabelecimento localizado em determinado Estado-membro, que ingressa no território nacional em outra unidade federativa e é entregue a outro estabelecimento do importador situado em município diverso de onde fora desembarcada. Tratava-se, na espécie, de recurso extraordinário interposto pela contribuinte contra acórdão do tribunal de justiça local que entendera que — não obstante situado em Curitiba/PR o estabelecimento importador —, tendo a mercadoria sido desembarcada em Santos/SP e remetida diretamente a outro estabelecimento do importador situado em São Paulo/SP, o ICMS seria devido ao Estado-membro da destinação física do produto, qual seja, São Paulo. Inicialmente, aduziu-se que se deveria interpretar a expressão "destinatário da mercadoria, bem ou serviço" contida na parte final do art. 155, § 2º, IX, a, da CF (*"Art. 155. Compete aos Estados e ao Distrito Federal instituir impostos sobre: ... II - operações relativas à circulação de mercadorias e sobre prestações de serviços de transporte interestadual e intermunicipal e de comunicação, ainda que as operações e as prestações se iniciem no exterior; ... § 2.º O imposto previsto no inciso II atenderá ao seguinte: ... IX - incidirá também: a) sobre a entrada de bem ou mercadoria importados do exterior por pessoa física ou jurídica, ainda que não seja contribuinte habitual do imposto, qualquer que seja a sua finalidade, assim como sobre o serviço prestado no exterior, cabendo o imposto ao Estado onde estiver situado o domicílio ou o estabelecimento do destinatário da mercadoria, bem ou serviço;"*). Como a hipótese de incidência do ICMS, nessa modalidade, é a operação de circulação amparada por importação, considerou-se que o destinatário a que alude o referido dispositivo constitucional seria o jurídico, em contraposição ao destinatário da mera remessa física do bem. **RE 405457/SP, rel. Min. Joaquim Barbosa, 4.12.2009.** (RE-405457)

ICMS NA IMPORTAÇÃO E IMPORTADOR DA MERCADORIA - 2

Na seqüência, asseverou-se que o destinatário jurídico seria aquele que receberia a operação de circulação, sofrendo seu patrimônio a mutação causada pelo pagamento de valor e pela aquisição do bem importado. Assinalou-se que o critério constitucional para identificação do sujeito ativo do ICMS na importação tem assento na expressão econômica que grava o ato de importação do bem e a função que ele terá para seu destinatário. Na presente situação, mencionou-se que o acórdão impugnado afirmara que a mercadoria não circulara pelo Estado do Paraná, embora lá estivesse o estabelecimento importador, e que os bens foram desembaraçados no Porto de Santos e enviados diretamente para o estabelecimento sediado em São Paulo. Reputou-se que tanto o desembaraço aduaneiro quanto a ausência de circulação de mercadoria no território do Estado onde localizado o importador seriam irrelevantes para o desate da questão. O que se deveria indagar é quem teria sido o importador, pessoa efetivamente responsável pelo negócio jurídico que subsidiara a operação que trouxera os produtos ao território nacional. Desse modo, a entrada física dos bens em estabelecimento de pessoa jurídica ou física não seria critério decisivo na identificação do sujeito ativo. Por fim, esclareceu-se que as operações de importação foram realizadas pelo estabelecimento da recorrente localizado no Estado do Paraná e que não haveria indicação que este tivesse atuado como mero intermediário da operação ou como consignatário das mercadorias. **RE 405457/SP, rel. Min. Joaquim Barbosa, 4.12.2009.** (RE-405457) (Inform. STF 570)

REPERCUSSÃO GERAL EM RE N. 594.996-RS

RELATOR: MIN. EROS GRAU

EMENTA: RECURSO EXTRAORDINÁRIO. REPERCUSSÃO GERAL RECONHECIDA. ICMS. EC 33/2001. O debate travado nos presentes autos diz com a incidência de ICMS na importação de equipamento médico por sociedade civil não-contribuinte do imposto, após a Emenda Constitucional n. 33/2001, que conferiu nova redação ao disposto no artigo 155, § 2º, IX, alínea "a", da Constituição do Brasil. Repercussão Geral reconhecida. (Inform. STF 554)

"LEASING" E INCIDÊNCIA DE ICMS

O Tribunal iniciou julgamento de recurso extraordinário, afetado ao Pleno pela 1ª Turma, em que se discute a constitucionalidade, ou não, da incidência do ICMS na importação de bem móvel realizada mediante operação de arrendamento mercantil (*leasing*). O recurso impugna acórdão do Tribunal de Justiça do Estado de São Paulo, que reputara indevido o recolhimento do referido imposto, quando do desembaraço aduaneiro, ao fundamento de que o contrato de *leasing* é complexo e, no caso, não fora exercida a opção de compra, não se cuidando, dessa forma, de operação que envolvesse circulação de mercadoria, mas prevalecendo a prestação de serviços consoante previsão da Lei Complementar 56/87. A Min. Ellen Gracie, relatora, deu provimento ao recurso, e reportou-se à orientação fixada no julgamento do RE 206069/SP (DJU de 1º.9.2006), de sua relatoria, no sentido de reconhecer a constitucionalidade da incidência do ICMS sobre a entrada de mercadoria importada, qualquer que seja a natureza do ajuste internacional motivador da importação. Asseverou, inicialmente, que o Constituinte de 1988 conferiu tratamento especialíssimo à incidência de ICMS sobre itens importados (CF, art. 155, § 2º, IX, a), e que a análise desse dispositivo revela que, nessa circunstância, a imposição de ICMS prescinde da verificação da natureza do negócio jurídico motivador da importação. Esclareceu que se elegeu o elemento fático "entrada de mercadoria importada" como caracterizador da circulação jurídica da mercadoria ou do bem, e se dispensaram indagações sobre os contornos do negócio jurídico realizado no exterior. Ressaltou que o legislador constituinte assim o fez porque, de outra forma, não seria possível a tributação do negócio jurídico que ensejou a importação por não estar ele ao alcance do fisco brasileiro, nem ter sido pautado pelas leis brasileiras, já que realizado no exterior. Por isso, ante a impossibilidade de tributar o próprio ajuste — a teor da regra das transações internas, em que o vendedor é o contribuinte do ICMS — ele optou por sujeitar ao ICMS o resultado do ajuste, consubstanciado na entrada da mercadoria importada. Daí, em contraponto ao sistema da incidência genérica sobre a circulação econômica, o imposto será recolhido pelo utilizador do bem que seja contribuinte do ICMS. Além disso, frisou que a Lei 6.099/74, que rege a matéria, ao tratar do *leasing* internacional (art. 17), teria objetivado proteger o mercado interno e evitar a elisão fiscal. Considerou, ainda, que o disposto no inciso VIII do art. 3º da Lei Complementar 87/96, que prevê a incidência do ICMS apenas na hipótese do exercício da opção de compra pelo arrendatário, só se aplicaria nas operações internas, eis que a opção de compra constante do contrato internacional não está no âmbito da incidência do ICMS e o arrendador sediado no exterior não é dele contribuinte. Por fim, observou que a isenção pretendida pela recorrida ocasionaria uma inevitável situação de privilégio em prejuízo aos bens e mercadorias nacionais objetos de *leasing*. Após, antecipou pedido de vista dos autos o Min. Eros Grau. **RE 226899/SP, rel. Min. Ellen Gracie, 4.2.2009.** (RE-226899)
(Comentário: ver Informativo STF 629 – RE 540.839/SP – ICMS em leasing *internacional)*

ICMS E "LEASING" INTERNACIONAL - 2

O ICMS incide sobre qualquer entrada de bem ou mercadoria importadas do exterior — desde que atinente a operação relativa à circulação desse mesmo bem ou mercadoria — por pessoa física ou jurídica, ainda que não seja contribuinte habitual do imposto (CF, art. 155, § 2º, IX, a). Com base nesse entendimento, o Tribunal desproveu recurso extraordinário interposto pelo Estado de São Paulo contra acórdão do Superior Tribunal de Justiça que considerara que a importação de mercadorias por meio de contrato de arrendamento mercantil (*leasing*) não caracteriza fato gerador do ICMS — v. Informativo 455. Asseverou-se ser pressuposto da incidência do tributo a circulação de mercadoria, ou seja, a circulação econômica, envolvendo transferência de domínio. Tendo isso em conta, concluiu-se que, no caso concreto — arrendamento mercantil contratado pela indústria aeronáutica de grande porte para viabilizar o uso, pelas companhias de navegação aérea, de aeronaves por ela construídas —, não havia operação relativa à circulação de mercadoria sujeita à incidência do ICMS. Ressaltou-se, ademais, não se aplicar à hipótese dos autos o precedente do RE 206069/SP (DJU de 1º.9.2006), no qual o Tribunal verificara a circulação mercantil, haja vista se tratar, naquele caso, de importação de equipamento destinado ao ativo fixo de empresa, situação em que a opção do arrendatário pela compra do bem ao arrendador era mesmo necessária. Registrou-se, por fim, que as importações realizadas pela empresa aérea ora recorrida seriam anteriores às alterações introduzidas no art. 155, § 2º, IX, a, da CF pela EC 33/2001, não se destinando, os equipamentos importados, ao seu consumo ou ativo fixo. Leia o inteiro teor do voto do relator na seção Transcrições deste Informativo. RE 461968/SP, rel. Min. Eros Grau, 30.5.2007. (RE-461968) (Inform. STF 469)
(Comentário: ver Informativo STF 629 – RE 540.839/SP – ICMS em leasing *internacional)*

DIREITO TRIBUTÁRIO. ICMS SOBRE BEM OBJETO DE CONTRATO DE LEASING INTERNACIONAL.

Incide o ICMS sobre bem objeto de contrato de leasing internacional quando o bem importado for destinado ao ativo fixo da empresa. Inicialmente, segundo jurisprudência do STF, o disposto no art. 3º, VIII, da LC n. 87/1996, que prevê a não incidência do ICMS nas operações de arrendamento mercantil, aplica-se exclusivamente às operações internas de *leasing*. Assim, verificando que se trata de *leasing* internacional, para definir a incidência de ICMS ou não, deve-se verificar se o bem importado integrará o ativo fixo do contratante. Para tanto se utiliza como parâmetro o art. 179, IV, da Lei n. 6.404/1976, com redação dada pela Lei n. 11.638/2007, segundo o qual ativo fixo compreende "os direitos que tenham por objeto bens corpóreos destinados à manutenção das atividades da companhia ou empresa ou exercidos com essa finalidade, inclusive os decorrentes de operações que transfiram à companhia benefícios, riscos e controle desses bens". Restado comprovado que o bem importado compõe o ativo fixo, tratando-se de *leasing* internacional, há presunção constitucional de circulação jurídica do bem (art. 155, § 2º, IX, **a**, da CF) e passa-se a ser devido o pagamento do ICMS pelo contratante. Por fim, deverá considerar como fato gerador a entrada do bem importado no território nacional. Precedentes citados do STF: RE 206.069-SP, DJ 1º/9/2006; RE 461.968-SP, DJ 24/8/2007; do STJ: EREsp 783.814-RJ, DJe 15/9/2008; REsp 1.131.718-SP, DJe 9/4/2010 (RECURSO REPETITIVO), e AgRg no REsp 1.205.993-SP, DJe 5/11/2010. **AgRg no AREsp 83.402-SP, Rel. Min. Benedito Gonçalves, julgado em 4/10/2012.(Inform. STJ 506)**

IMPORTAÇÃO INDIRETA. ICMS. DESTINATÁRIO FINAL.

Cinge-se a controvérsia em saber se o destinatário dos bens importados para o fim de recolhimento de ICMS é o Estado onde serão utilizados ou o Estado onde está sediada a matriz que contratou a importação dos bens. O Min. Relator ressaltou que a Primeira Seção do STJ sedimentou o entendimento de que, nos casos de importação indireta, o ICMS deverá ser recolhido no Estado onde se localiza o destinatário final da mercadoria, a despeito de ter sido desembaraçada por estabelecimento intermediário sediado em outra unidade da Federação. Explicitou, ainda, que, em se tratando de ICMS sobre importação, é de somenos importância se a intermediação para o recebimento da mercadoria foi realizada por terceiro ou por empresa do mesmo grupo, como no caso. Isso porque se deve levar em consideração o Estado do destinatário final para fins de arrecadação tributária e cumprimento da política fiscal, principalmente no caso dos Estados menos favorecidos. No entanto, o recurso não foi conhecido por demandar o revolvimento do contexto fático-probatório dos autos, em face do óbice da Súm. n. 7-STJ. **Precedentes citados: EREsp 835.537-MG, DJe 30/11/2009; EDcl no REsp 1.036.396-MG, DJe 19/8/2009; EDcl no AgRg no Ag 825.553-MG, DJe 20/8/2009, e REsp 835.537-MG, DJe 17/2/2009. REsp 1.190.705-MG, Rel. Min. Luiz Fux, julgado em 28/9/2010.** (Inform. STJ 449)

REPETITIVO. ICMS. ***LEASING*****. AVIÃO.**
A Seção, ao apreciar recurso representativo de controvérsia (art. 543-C do CPC e Res. n. 8-2008-STJ), reiterou a jurisprudência deste Superior Tribunal com base no art. 3º, VIII, da LC n. 87/1996 quanto à não incidência de ICMS sobre operação de *leasing* em que não se efetivou a transferência de titularidade do bem. A incidência do ICMS pressupõe circulação de mercadoria (transferência da titularidade do bem) quer o bem arrendado provenha do exterior quer não. No caso dos autos, trata-se de importação de aeronave mediante contrato de arrendamento mercantil (*leasing*). Com esse entendimento, deu-se provimento ao recurso especial adesivo da companhia aérea, julgando prejudicado o recurso principal interposto pela Fazenda estadual. **Precedentes citados do STF: RE 461.968-SP, DJ 24/8/2007; do STJ: AgRg no Ag 791.761-RS, DJe 9/3/2009; AgRg no REsp 969.880-SP, DJe 29/9/2008; REsp 337.433-PR, DJ 1º/12/2003; REsp 264.954-SE, DJ 20/8/2001; REsp 93.537-SP, DJ 16/2/1998, e AgRg nos EDcl no REsp 851.386-MG, DJ 1º/2/2007. REsp 1.131.718-SP, Rel. Min. Luiz Fux, julgado em 24/3/2010.** (Inform. STJ 428)

ICMS. AERONAVE. IMPORTAÇÃO. ***LEASING*****.**
A Turma, prosseguindo o julgamento, por maioria, consignou a tese de que, presente o indício da operação de importação de aeronave sob a simulação de arrendamento mercantil operacional sem opção de compra, tratando-se, na verdade, de compra e venda financiada, inexiste direito líquido e certo de não recolhimento do ICMS, sem ofensa à Súm. n. 293-STJ. **Precedentes citados do STF: RE 206.069-1-SP, DJ 15/8/2008; do STJ: REsp 692.945-SP, DJ 11/9/2006. REsp 959.387-RJ, Rel. originária Min. Denise Arruda, Rel. para acórdão Min. Luiz Fux, julgado em 18/6/2009.** (Inform. STJ 399)

COMPETÊNCIA. ICMS. MERCADORIAS IMPORTADAS.
É competente para a cobrança do ICMS na operação de importação o ente federado em que estiver localizado o estabelecimento para o qual se destina fisicamente a mercadoria ou o bem importado, sendo irrelevante que seu ingresso no território nacional tenha-se dado mediante estabelecimento localizado em outro estado. Com esse fundamento, entre outros, a Turma conheceu em parte do REsp e, nessa parte, negou-lhe provimento. **Precedentes citados: AgRg no REsp 782.060-MG, DJ 18/12/2006; AgRg nos EDcl no REsp 1.046.148-MG, DJ 25/8/2008; REsp 1.021.448-MG, DJ 15/4/2008, e RMS 25.839-MA, DJ 21/10/2008. REsp 835.537-MG, Rel. Min. Eliana Calmon, julgado em 16/12/2008.** (Inform. STJ 381)

ICMS. IMPORTAÇÃO.
Discute-se, nos autos, qual Estado-membro é o titular do ICMS quando a importação foi realizada por sociedade empresarial intermediária que atua na aquisição de bens importados e depois entrega as mercadorias a outra sociedade empresarial, ora recorrente, em outro Estado-membro. O Tribunal *a quo* reconheceu que a recorrente era, na realidade, a destinatária das mercadorias importadas, ou seja, a empresa que efetivamente realizou a importação embora por intermédio de outra pessoa jurídica. Dessa forma, a Turma negou provimento ao recurso, mantendo a decisão recorrida de que o ICMS deve ser recolhido ao Estado-membro onde se localiza o estabelecimento do importador, que é aquele a quem se destinam as mercadorias importadas a despeito de a entrada física dessas mercadorias ter ocorrido em estabelecimento localizado em outro Estado-membro. **Precedentes citados: REsp 749.364-RJ, DJ 21/6/2007; REsp 376.918-RJ, DJ 25/4/2006, e EDcl no AgRg no REsp 282.262-RJ, DJ 8/4/2002. REsp 941.930-BA, Rel. Min. Teori Albino Zavascki, julgado em 9/12/2008.** (Inform. STJ 380)

SÚMULA STF Nº 661

Na entrada de mercadoria importada do exterior, é legítima a cobrança do ICMS por ocasião do desembaraço aduaneiro.

SÚMULA STF Nº 660

Não incide ICMS na importação de bens por pessoa física ou jurídica que não seja contribuinte do imposto. *(Comentário: entendimento ultrapassado pela atual redação do art. 155, § 2º, IX, "a" da CF/88)*

SÚMULA STF Nº 577

Na importação de mercadoria do exterior, o fato gerador do Imposto de Circulação de Mercadorias ocorre no momento de sua entrada no estabelecimento do importador.

SÚMULA STF Nº 575

É lícita a cobrança do Imposto de Circulação de Mercadorias sobre produtos importados sobre regime de alíquota zero.

SÚMULA STJ Nº 198

Na importação de veículo por pessoa física, destinado a uso próprio, incide o ICMS.

SÚMULA STJ Nº 155

O ICMS incide na importação de aeronave, por pessoa física, para uso próprio.

SÚMULA STJ Nº 71

O bacalhau importado de país signatário do GATT é isento do ICM. *(Comentário: ver Informativo STJ 386 – Resp 871.760/BA repetitivo – atualmente, o STJ analisa os convênios interestaduais e, inexistindo isenção para o pescado nacional, afasta o benefício em relação ao similar importado)*

SÚMULA STJ Nº 20

A mercadoria importada de país signatário do GATT é isenta do ICM, quando contemplado com esse favor o similar nacional. *(Comentário: ver Informativo STJ 386 – Resp 871.760/BA repetitivo – atualmente, o STJ analisa os convênios interestaduais e, inexistindo isenção para o pescado nacional, afasta o benefício em relação ao similar importado)*

7.6.12. ICMS: DISTRIBUIÇÃO DA RECEITA, VALOR ADICIONADO

CÁLCULO DO VALOR ADICIONADO E RESERVA DE LEI COMPLEMENTAR
O Tribunal iniciou julgamento de ação direta de inconstitucionalidade ajuizada pelo Procurador-Geral da República contra a Lei 13.249/2004, do Estado de Santa Catarina, que dispõe sobre o cálculo do valor adicionado, para fins de partilha do produto arrecadado com a incidência do Imposto sobre Circulação de Mercadorias e Serviços - ICMS, relativo à energia elétrica. O Min. Joaquim Barbosa, relator, na linha de precedentes da Corte [(RE 253906/MG (DJU de 18.2.2005); ADI 3262/MT (DJU de 4.3.2005); ADI 2728/AM (DJU de 2.2.2004); ADI 1423/SP (DJU de 8.6.2007)], julgou procedente o pedido formulado por entender caracterizada a ofensa ao art. 161, I, da CF, que reserva à lei complementar a definição do valor adicionado para fins do disposto no art. 158, parágrafo único, I, da CF. Asseverou que a lei impugnada opta por metodologia e critérios próprios para a repartição das receitas previstas no art. 158, IV, e parágrafo único, I, da CF (*"Art. 158.... IV... parágrafo único... I - três quartos, no mínimo, na proporção do valor adicionado nas operações relativas à circulação de mercadorias e nas prestações de serviços, realizadas em seus territórios;"*), critérios esses que se manifestam na fórmula que determina o cálculo do valor adicionado na operação de geração e distribuição de energia elétrica com base em frações diferenciadas, relativas à proporção de extensão territorial em que se encontram dois tipos de instalações de uma mesma usina hidrelétrica: o reservatório de água e as demais instalações. Após os votos dos Ministros Menezes Direito, Cármen Lúcia, Eros Grau, Carlos Britto, Cezar Peluso e Ellen Gracie, que acompanhavam o voto do relator, pediu vista dos autos o Min. Marco Aurélio. **ADI 3726/SC, rel. Min. Joaquim Barbosa, 8.10.2008.** (ADI-3726) (Inform. STF 523)

ICMS: REPASSE AOS MUNICÍPIOS E INCENTIVOS FISCAIS - 1
O Tribunal negou provimento a recurso extraordinário interposto pelo Estado de Santa Catarina contra acórdão do tribunal de justiça local que provera apelação do Município de Timbó, no qual se sustentava ser lícito ao Estado postergar o repasse da parcela do imposto a que se refere o art. 158, IV, da CF (*"vinte e cinco por cento do produto da arrecadação do imposto do Estado sobre operações relativas à circulação de mercadorias e sobre prestações de serviços de transporte interestadual e intermunicipal e de comunicação."*), em virtude da concessão de incentivos fiscais a particulares. Considerou-se, inicialmente, que, a fim de que a autonomia política conferida aos entes federados pela Constituição seja real, efetiva, e não virtual, é imprescindível que sua autonomia financeira seja preservada, não se permitindo, quanto à repartição de receitas tributárias, condicionamento arbitrário por parte do ente responsável pelos repasses a que eles têm direito. **RE 572762/SC, rel. Min. Ricardo Lewandowski, 18.6.2008.** (RE-572762)

ICMS: REPASSE AOS MUNICÍPIOS E INCENTIVOS FISCAIS - 2

No que respeita à titularidade dos impostos compartilhados, esclareceu-se que o tributo já nasce, por expressa determinação constitucional, com dois titulares no que tange ao produto de sua arrecadação, e que o fato de o Estado-membro possuir competência tributária em relação ao ICMS não lhe confere superioridade hierárquica relativamente ao Município quanto à participação de cada entidade no produto de arrecadação desse imposto. Afastou-se, ademais, a alegação de que o direito do Município estaria condicionado ao efetivo ingresso do tributo no erário estadual, haja vista que somente nesse momento é que passaria a existir como receita pública. Após salientar que receita pública é a entrada que, integrando-se no patrimônio público sem quaisquer reservas, condições ou correspondência no passivo, vem acrescer o seu vulto, como elemento novo e positivo, concluiu-se que a parcela do ICMS prevista no art. 158, IV, da CF, embora arrecadada pelo Estado, integra de pleno direito o patrimônio do Município, não podendo o ente maior dela dispor ao seu arbítrio, sob pena de grave ofensa ao pacto federativo, sanável mediante o emprego do instituto da intervenção federal (CF, art. 34, V, b). Por fim, entendeu-se que a lei em questão ainda viola o disposto no art. 155, § 2º, g, da CF. **Precedentes citados: ADI 2405 MC/RS (DJU de 17.2.2006); ADI 1179/SP (DJU de 19.12.2002); ADI 2376 MC/RJ (DJU de 4.5.2001); ADI 2377 MC/MG (DJU de 7.11.2003). RE 572762/SC, rel. Min. Ricardo Lewandowski, 18.6.2008.** (RE-572762) (Inform. STF 511)

ICMS: REPASSE DE RECURSOS E EXCLUSÃO DE MUNICÍPIO

O Tribunal deu provimento a recurso extraordinário interposto pelo Município do Rio de Janeiro contra acórdão que reputara constitucionais a Lei estadual 2.664/96 — que fixa critérios para o repasse de 1/4 dos 25% do produto da arrecadação do ICMS, pertencentes aos Municípios — e seus anexos I e II. Entendeu-se que os referidos anexos violam o art. 158, IV, e parágrafo único, II, da CF, haja vista que, ao atribuírem valor zero aos critérios de população, área, receita própria, cota mínima ou ajuste econômico, eleitos pela lei estadual, excluem o Município do Rio de Janeiro da partilha nele prevista ("*Art. 158. Pertencem aos Municípios:... IV - vinte e cinco por cento do produto da arrecadação do imposto do Estado sobre operações relativas à circulação de mercadorias e sobre prestações de serviços de transporte interestadual e intermunicipal e de comunicação. Parágrafo único. As parcelas de receita pertencentes aos Municípios, mencionadas no inciso IV, serão creditadas conforme os seguintes critérios:... II - até um quarto, de acordo com o que dispuser lei estadual ou, no caso dos Territórios, lei federal.*"). Asseverou-se que, não obstante a utilização de critérios sociais, econômicos e regionais, para definir a partilha do valor arrecadado com o ICMS, possa, eventualmente, gerar valores inexpressivos, é vedado, à legislação estadual, a pretexto de resolver as desigualdades sociais e regionais, alijar, completamente, um Município da participação desses recursos. RE provido para, declarando-se a inconstitucionalidade dos anexos I e II da Lei estadual 2.664/96, determinar-se que sejam refeitas todas as alíneas desses anexos para se atribuir, ao Município do Rio de Janeiro, sua cota desde o início de vigência da lei, prevendo-se, quanto aos atrasados, uma compensação e um parcelamento em condições tais que não aniquilem as cotas futuras dos demais Municípios. RE 401953/RJ, rel. Min. Joaquim Barbosa, 16.5.2007. (RE-401953) (Inform. STF 467)

ICMS: CRITÉRIO DE DISTRIBUIÇÃO DE PARCELA E VALOR ADICIONADO

Por entender caracterizada a ofensa ao art. 161, I, da CF, que reserva à lei complementar a definição do valor adicionado para fins do disposto no art. 158, parágrafo único, I, o Tribunal julgou procedente pedido formulado em ação direta ajuizada pelo Procurador-Geral da República para declarar a inconstitucionalidade da Lei 9.332/95, do Estado de São Paulo, que modifica os critérios para o cálculo do valor adicionado para distribuição municipal dos valores arrecadados com o ICMS incidente nas operações de geração e distribuição de energia hidrelétrica. Asseverou-se que a lei impugnada opta por metodologia e critérios próprios para a repartição das receitas previstas no art. 158, IV, parágrafo único, I, da CF ("*Art. 158.... IV... parágrafo único... I - três quartos, no mínimo, na proporção do valor adicionado nas operações relativas à circulação de mercadorias e nas prestações de serviços, realizadas em seus territórios;*"), critérios esses que se manifestam na fórmula que determina o cálculo do valor adicionado na operação de geração e distribuição de energia elétrica com base em frações fixas, relativas aos territórios em que se encontram dois tipos de instalações de uma mesma usina hidrelétrica: o reservatório de água e as demais instalações. Precedentes citados: RE 253906/MG (DJU de 18.2.2005); ADI 3262/MT (DJU de 4.3.2005); ADI 2728/AM (DJU de 2.2.2004). ADI 1423/SP, rel. Min. Joaquim Barbosa, 16.5.2007. (ADI-1423) (Inform. STF 467)

ICMS. EXTRAÇÃO DE MINERAL. MUNICÍPIOS CONTÍGUOS. VALOR ADICIONADO.

A Turma decidiu, por maioria, que se destina ao município onde são realizadas as operações de entrada e saída de mercadoria o direito de receber as parcelas integrais do valor adicionado decorrente do ICMS arrecadado em seu território. *In casu*, a Companhia Vale do Rio Doce extrai potássio dos subsolos de dois municípios, entretanto a "boca da mina" encontra-se localizada no território do recorrente, onde é beneficiado e comercializado, ocorrendo, portanto, nesta localidade o fato gerador do ICMS. Precedentes citados: RMS 4.354-MG, DJ 14/8/1995, e RMS 14.238-MG, DJ 16/9/2002. **RMS 32.423-SE, Rel. Min. Cesar Asfor Rocha, julgado em 15/3/2012. (Inform. STJ 493)**

ICMS DIFERIDO. INCLUSÃO. VALOR ADICIONADO.

Discute-se a inclusão do ICMS diferido no cálculo do valor adicionado para a determinação da parcela da receita distribuída ao município. A LC n. 63/1990 assegura ao município produtor o recebimento do ICMS proporcionalmente ao valor adicionado produzido em seu território, mas não prevê a inclusão na Declaração para Apuração dos Índices de Participação dos Municípios (Dipam) do valor do ICMS a ser recolhido pelo município onde se situa o distribuidor do produto (álcool carburante), como decorrência do mecanismo de substituição tributária que acarreta o pagamento diferido do imposto. **Precedentes citados: REsp 402.434-SP, DJ 28/10/2003; REsp 471.906-SP, DJ 3/8/2006; REsp 309.751-SP, DJ 18/3/2002; REsp 284.023-SP, DJ 30/6/2003, e REsp 336.592-SP, DJ 19/8/2002. REsp 1.042.844-SP, Rel. Min. Luiz Fux, julgado em 2/12/2010.** (Inform. STJ 458)

ICMS. ENERGIA ELÉTRICA. VALOR ADICIONADO. MUNICÍPIO.

Conhecido e provido em parte o recurso, reconhecendo-se ao município recorrente o direito de obter, de modo exclusivo, o repasse de ICMS, calculado com base no valor adicionado fiscal (VAF), pois somente no local onde se situa o gerador da usina de energia elétrica ocorre a materialização da hipótese de incidência da exação, conforme os critérios legais adotados para fins do cálculo do VAF (art. 158, IV, da CF/1988, art. 27, I, **b**, do Convenio n. 66/1988, arts. 11 e 12 da LC n. 87/1996 e art. 53 do Dec. n. 41.019/1957). Com efeito, o fato gerador do ICMS aperfeiçoa-se somente com a circulação econômica da mercadoria – energia elétrica – após sua geração e saída do lugar onde se situa o equipamento utilizado para produzi-la (gerador). Nesse local, ocorre a adição do VAF, que serve de referência para apuração da parcela conferida aos municípios. No caso, tal equipamento encontra-se no município ora recorrente. **REsp 811.712-SP, Rel. Min. Castro Meira, julgado em 17/11/2009.** (Inform. STJ 416)

MS. ICMS. VAF. HIDROELÉTRICA.

O município impetrante busca receber integralmente o crédito do valor adicionado fiscal (VAF) gerado por usina hidroelétrica localizada na divisa de dois estados, isso porque nele supostamente estaria situada toda a transmissão da matriz energética. É certo que a CF/1988 assegura aos municípios o recebimento de 25% do ICMS arrecadado no estado: três quartos, no mínimo, devem ser creditados na proporção do VAF relativa às operações de circulação de mercadorias e prestações de serviços realizadas em seus territórios e até um quarto deve ser repartido de acordo com a legislação estadual (art. 158, IV, da CF/1988). Daí se concluir que a Constituição adota o critério da territorialidade do VAF na distribuição do ICMS entre os municípios: cada um fica com o VAF que é produzido em seu território. Porém, as declarações anuais de movimento econômico e financeiro da empresa que explora a usina em questão apontam que o município já recebe 100% do VAF relativo à sua participação na matriz energética, sendo verdadeiro afirmar que obtém 50%, se considerarmos o VAF total (a soma das quotas dos dois municípios que sediam a usina hidrelétrica, um em cada estado). Anote-se, também, não haver prova de que toda a transmissão de energia elétrica gerada é feita através do município impetrante, ora recorrente, o que nos leva a concluir que ambos têm participação no VAF discutido. Outra conclusão exigiria a produção de prova técnica, inadmissível na via eleita e implicaria concluir que o outro estado não faria jus ao ICMS pago pela referida empresa, o que levaria à inviabilidade da via eleita, bem como à necessidade de integrá-lo no pólo passivo da lide, a determinar a competência originária do STF, dado o potencial conflito federativo entre estados e municípios (art. 102, I, da CF/1988). Com esse entendimento, a Turma, ao prosseguir o julgamento, após o voto-vista do Min. Teori Albino Zavascki, negou provimento ao RMS por maioria de votos. **RMS 19.106-MG, Rel. Min. Denise Arruda, julgado em 21/8/2008.** (Inform. STJ 364)

VAF. ICMS. ENERGIA. HIDROELÉTRICA. MUNICÍPIO. SEDE.
O mandado de segurança buscava a declaração do direito do município impetrante à percepção de 50% do Valor Adicionado Fiscal (VAF) sobre ICMS originado pela geração de energia de conhecida usina hidroelétrica. O Estado impetrado alegava haver a coisa julgada em razão da anterior prolação de sentença já transitada em julgado, que impedia a percepção do VAF por municípios alagados que não fossem sede da hidroelétrica. Sucede que o *mandamus* foi impetrado em razão de ter-se reconhecido, por laudo, que a usina está localizada em dois municípios, um deles o impetrante, o que afastaria a coisa julgada diante da natureza diversa do que julgado em sentença e o pretendido pela impetrante no MS. Além do que já foi editada lei estadual que reconhece a repartição do VAF nesses casos. Daí o direito da impetrante ao recebimento do VAF nos moldes como requerido, menos quanto à retroação do direito e o recálculo das parcelas vencidas, que se devem limitar à data da impetração do *mandamus*. **RMS 23.169-MG, Rel. Min. José Delgado, julgado em 12/6/2007.** (Inform. STJ 323)

7.6.13. ICMS: RESTITUIÇÃO, COMPENSAÇÃO, CREDITAMENTO

DIREITO TRIBUTÁRIO. ICMS. DIREITO DE CRÉDITO. LIMITAÇÃO TEMPORAL DA LC N. 87/1996.
São legítimas as restrições impostas pela LC n. 87/1996, inclusive a limitação temporal prevista no art. 33, para o aproveitamento dos créditos de ICMS em relação à aquisição de bens destinados ao uso e consumo ou ao ativo permanente do estabelecimento contribuinte. O princípio constitucional da não cumulatividade, por si só, não permite o amplo e irrestrito creditamento relativo a material de uso e consumo ou a bens destinados ao ativo permanente das empresas. Precedentes citados do STF: RE-AgR 545.845-SP; do STJ: RMS 20.454-RJ, DJ 31/5/2007, e REsp 1.105.151-SP, DJe 13/5/2009. **AgRg no AREsp 186.016-PE, Rel. Min. Herman Benjamin, julgado em 18/10/2012.(Inform. STJ 508)**

DIREITO TRIBUTÁRIO. APROVEITAMENTO DE CRÉDITO. ICMS SOBRE PRODUTOS INTERMEDIÁRIOS. NECESSIDADE DE PROVA PERICIAL.
O enquadramento de uma mercadoria como produto intermediário com a finalidade de aproveitamento de créditos do ICMS depende de prova pericial. São produtos intermediários aqueles que integram o processo produtivo e se agregam à mercadoria para posterior circulação. Para a sua identificação, exige-se conhecimento técnico especializado, porquanto a prova do fato é complexa diante da diversificação da atividade empresarial. Precedentes citados: REsp 324.481-SP, DJ 3/11/2003, e REsp 1.114.628-SP, DJe 8/2/2010. **AgRg no AREsp 224.082-RS, Rel. Min. Humberto Martins, julgado em 18/10/2012.(Inform. STJ 507)**

ICMS. CRÉDITO PRESUMIDO. ESTABELECIMENTO EXPORTADOR. CAPACIDADE CONTRIBUTIVA.
Trata-se de mandado de segurança impetrado, na origem, contra ato do governador de estado para afastar a exigência do Fisco com base no § 1º do art. 13-A do Decreto estadual n. 12.056/2006 e suas prorrogações, que restringiu o direito de estabelecimento frigorífico exportador ao benefício fiscal de crédito presumido de ICMS. Para o Min. Relator, a ação mandamental revela-se adequada para tutelar o pleito da impetrante, porquanto não se trata de impugnação de lei em tese, mas dos efeitos concretos derivados do ato normativo que faz restrição expressa à condição da empresa impetrante como frigorífero exportador, existindo situação individual e concreta a ser tutelada. Destacou, inicialmente, que, segundo o parágrafo primeiro daquele artigo, somente farão jus ao crédito presumido os estabelecimentos que não realizem operações de exportação ou de saída com o fim específico de exportação, durante o período de vigência do aludido benefício. Cuida-se, portanto, de obrigações acessórias a serem cumpridas, não sendo tal benefício um direito absoluto dos contribuintes. Nesse sentido, salientou que o princípio da igualdade, defendido pela recorrente, deve ser relativizado pelo princípio da capacidade contributiva, de modo que seja atribuído a cada sujeito passivo tratamento adequado à sua condição, para minimizar desigualdades naturais. Assim, o ente tributante pode conceder benefícios fiscais como o crédito presumido, para equilibrar determinadas situações fático-jurídicas, obstando discriminações e extinguindo privilégios, de modo a tributar, de forma mais justa, determinada hipótese de incidência tributária. Dessarte, consignou que não se mostra razoável e proporcional a concessão do benefício fiscal pleiteado; pois, caso a postura extrafiscal do Estado não fosse permitida, a recorrente teria direito ao aludido benefício fiscal e passaria a ter uma situação de maior vantagem em relação às demais pequenas empresas do setor de carnes. Ademais, os grandes frigoríferos exportadores do regime diferenciado do crédito presumido já contam com isenção de ICMS nas exportações, devido à previsão constitucional. Precedente citado do STF: RE 388.312-MG, DJe 11/10/2011. **RMS 37.652-MS, Rel. Min. Humberto Martins, julgado em 26/6/2012.(Inform. STJ 500)**

ICMS. COMPENSAÇÃO TRIBUTÁRIA. VALOR PAGO A MAIOR.
Trata-se, originariamente, de mandado de segurança (MS) impetrado em face de omissão da Fazenda Pública estadual na análise do pedido de compensação tributária. Sustenta a impetrante, ora recorrente, que seu crédito decorre da comercialização de mercadorias por valor inferior àquele considerado para efeito da tributação, de modo que a base de cálculo real é inferior à presumida. A Turma reiterou ser cabível o pedido de compensação tributária de ICMS cuja base de cálculo seja superior ao valor da efetiva comercialização, tendo em vista que o estado federado, ora recorrido, não é signatário do Convênio ICMS n. 13/1997, bem como possui legislação que assegura ao contribuinte a restituição do ICMS pago antecipadamente no regime de substituição tributária. Portanto, não se aplica à hipótese o entendimento do STF exposto na ADI 1.851-4/AL. Consignou-se, todavia, que, no caso, a recorrente não se desincumbiu do ônus da prova – cuja produção em MS se reconhece como naturalmente difícil – a respeito da comercialização dos produtos por valores inferiores aos considerados para fins de tributação, limitando-se a colacionar planilhas elaboradas unilateralmente. Na verdade, cumpria-lhe acostar as notas fiscais representativas das aquisições e subsequentes vendas dos combustíveis e lubrificantes, documentos imprescindíveis à comprovação da liquidez e certeza do direito pleiteado. Diante disso, deu-se parcial provimento ao recurso para conceder a segurança com o efeito de determinar à autoridade impetrada que decida, no prazo de sessenta dias, sobre os pedidos administrativamente formulados pela recorrente. Precedentes citados: REsp 1.111.164-BA, DJe 25/5/2009; EREsp 773.213-SP, DJ 20/11/2006; AgRg no RMS 30.500-PE, DJe 18/10/2010, e RMS 30.379-PE, DJe 18/2/2010. **RMS 32.725-PE, Rel. Min. Teori Albino Zavascki, julgado em 27/9/2011 (ver Informativo n. 394).** (Inform. STJ 484)

ICMS. SERVIÇO. TRANSPORTE ÁEREO.
A recorrente alega, entre outras coisas, que o Tribunal *a quo* deixou de analisar todos os argumentos trazidos em contra-razões e desconsiderou, ao aplicar o art. 166 do CTN, que, em nenhum momento, houve a transferência do ônus do ICMS aos consumidores finais. Enfatiza que os valores das passagens aéreas não tinham, em sua composição, parcela de ICMS. Diante disso, a Turma, por maioria, ao prosseguir o julgamento, negou provimento ao recurso, entendeu que o acórdão ora impugnado decidiu, com razões suficientes, todas as questões suscitadas, asseverando, no que interessa ao caso, a impossibilidade jurídica do pedido de repetição formulado, pois a autora, ora recorrente, deixou de provar não ter incluído, no preço cobrado, o ônus ou encargo financeiro respectivo, ou, tendo-o feito, estar expressamente autorizado, pelo adquirente, a requerer sua restituição. Ressaltou-se, também, que as empresas aéreas estavam autorizadas a incluir o ICMS no cálculo da tarifa com base na alíquota média de 8,5%, tendo em vista o estabelecido no Convênio-ICMS n. 92/1991. Afirmou-se, ainda, que o imposto foi pago pelo consumidor de serviço e sobre ele é que incidiu o impacto financeiro, como contribuinte de fato, cabendo à companhia aérea, como agente cobrador do Poder Público, a obrigação do repasse como contribuinte de direito. **REsp 898.192-RS, Rel. Min. Teori Albino Zavascki, julgado em 23/9/2008.** (Inform. STJ 369)

ICMS. CREDITAMENTO. ART. 166 DO CTN.
Enquanto se busca o creditamento referente a tributo indevidamente exigido nas operações de saída, o que se equipara à restituição, o contribuinte realiza a operação mercantil (por exemplo, a circulação de mercadoria), mas aplica indevidamente a legislação (por erro, ou como nos autos, pela conhecida hipótese referente à inconstitucionalidade de parcela do ICMS paulista), recolhendo indevidamente o ICMS, cujo ônus é repassado ao adquirente. Nessa situação, é indiscutível a aplicação do art. 166 do CTN no momento da repetição do indébito. Conforme a legislação, o contribuinte ainda pode, em vez de receber o crédito decorrente do indébito mediante precatório, optar por compensá-lo com débitos posteriores em sua escrita fiscal. Dessarte, nessa hipótese, a compensação ou o creditamento do indébito tem o mesmo efeito da simples restituição do montante indevidamente recolhido, a justificar a aplicação, sem distinção, do art. 166 do CTN. Em uma segunda situação de creditamento, o contribuinte aproveita, de forma extemporânea, créditos relativos à aquisição de mercadorias ou à correção de seus valores. É o caso do creditamento extemporâneo de ICMS relativo à aquisição de bens destinados ao ativo fixo, ou mesmo à

correção monetária de créditos não-aproveitados tempestivamente em razão de oposição do Fisco. Não contabilizar esses créditos, na época correta, apesar da autorização da legislação aplicável, não corresponde a um incorreto cálculo de ICMS incidente nas operações de saída, não há qualquer repasse de valores indevidos ao adquirente das mercadorias vendidas pelo contribuinte, isso dentro da sistemática da não-cumulatividade. Assim, o creditamento a menor na escrita fiscal redunda num recolhimento a maior ao final do período de apuração, sem que haja relação direta com os valores cobrados pelo contribuinte ao realizar suas operações de saída. Visto que nessa hipótese não há repasse direto do indébito, dentro da sistemática da não-cumulatividade, não há que se falar em aplicação do art. 166 do CTN. **Precedentes citados: AgRg no EREsp 728.325-SP, DJe 26/5/2008; REsp 766.682-SP, DJe 30/5/2008; EDcl no AgRg no Ag 853.712-SP, DJe 25/6/2008; EREsp 710.240-SC, DJ 12/6/2006, e REsp 818.710-BA, DJ 10/4/2006. EREsp 938.367-SP, Rel. Min. Herman Benjamin, julgados em 10/9/2008**. (Inform. STJ 367)

7.6.14. ICMS: OUTRAS MATÉRIAS

MED. CAUT. EM ADI N. 1.945-MT
RED. P/ O ACÓRDÃO: MIN. GILMAR MENDES
Ação Direta de Inconstitucionalidade. Direito Tributário. ICMS. **2.** Lei Estadual 7.098, de 30 de dezembro de 1998, do Estado de Mato Grosso. Inconstitucionalidade formal. Matéria reservada à disciplina de lei complementar. Inexistência. Lei complementar federal (não estadual) é a exigida pela Constituição (arts. 146, III, e 155, § 2º, XII) como elo indispensável entre os princípios nela contidos e as normas de direito local. **3.** Competência do Supremo Tribunal para realizar controle abstrato de constitucionalidade. Lei que dá efetividade a comando da Constituição Federal pela disciplina de normas específicas para o Estado-membro. **4.** Restituição de valores cobrados em substituição tributária e fixação de critérios para o cálculo do imposto (arts. 13, § 4º, e 22, par. Único, da Lei impugnada). Delegação a decreto de matérias albergadas sob o manto da reserva legal. Existência de *fumus boni iuris*. **5.** Discriminação do pagamento antecipado a determinado setor produtivo (art. 3º, § 3º, da Lei impugnada). Razoabilidade do critério objetivo em que repousa a distinção. Inexistência de violação ao princípio da isonomia. **6.** Previsão de incidência do ICMS sobre *"prestações onerosas de serviços de comunicações, por qualquer meio"* (art. 2º, § 2º, da Lei impugnada). Dispositivo cuja redação pouco destoa da determinação constitucional (art. 155, II). Ausência de relevância jurídica na fundamentação para o deferimento da liminar. **7.** Previsão de incidência de ICMS sobre serviço de comunicação *"iniciado fora do território mato-grossense"* (arts. 16, § 2º, e 2º, § 3º, da Lei impugnada). Inexistência, em juízo preliminar, de interpretação extensiva a violar o regime constitucional de competências. **8.** ICMS. Incidência sobre *softwares* adquiridos por meio de transferência eletrônica de dados (art. 2º, § 1º, item 6, e art. 6º, § 6º, ambos da Lei impugnada). Possibilidade. Inexistência de bem corpóreo ou mercadoria em sentido estrito. Irrelevância. O Tribunal não pode se furtar a abarcar situações novas, consequências concretas do mundo real, com base em premissas jurídicas que não são mais totalmente corretas. O apego a tais diretrizes jurídicas acaba por enfraquecer o texto constitucional, pois não permite que a abertura dos dispositivos da Constituição possa se adaptar aos novos tempos, antes imprevisíveis. **9.** Medida liminar **parcialmente deferida**, para suspender a expressão *"observados os demais critérios determinados pelo regulamento"*, presente no parágrafo 4º do art. 13, assim como o inteiro teor do parágrafo único do art. 22, ambos da Lei 7.098/98, do Estado de Mato Grosso. (Inform. STF 619) *noticiado no Informativo 588

ICMS E TRANSPORTE RODOVIÁRIO DE PASSAGEIROS - 2
O Tribunal retomou julgamento de ação direta de inconstitucionalidade ajuizada pela Confederação Nacional do Transporte - CNT contra os artigos 4º; 11, II, a e c; 12, V e XIII, da Lei Complementar 87/96 (Lei Kandir), que, ao dispor sobre o imposto dos Estados e do Distrito Federal sobre operações relativas à circulação de mercadorias e sobre prestações de serviços de transporte interestadual e intermunicipal e de comunicação, elenca os contribuintes do ICMS, estabelece o local da operação ou da prestação de serviço de transporte, para os efeitos da cobrança do imposto e definição do estabelecimento responsável, bem como fixa o momento de ocorrência da hipótese de incidência do tributo — v. Informativo 415. Pleiteia a requerente, em suma, a extensão da orientação firmada no julgamento da ADI 1600/DF (DJU de 20.6.2003), sobre transporte aéreo de passageiros, para evitar a incidência de ICMS também sobre o transporte terrestre. O Min. Gilmar Mendes, em voto-vista, acompanhou o voto do Min. Nelson Jobim, relator, no sentido de julgar procedente o pedido formulado, para declarar a inconstitucionalidade da instituição do ICMS sobre a prestação de serviços de transporte terrestre de passageiros, por entender, na linha do que decidido no julgamento da ADI 1600/DF, que a norma impugnada apresenta insuficiência de identificação dos elementos fundamentais da relação tributária, o que impede a aplicação dos princípios constitucionais relativos ao ICMS. **ADI 2669/DF, rel. Min. Nelson Jobim, 1º.10.2008**. (ADI-2669)

ICMS E TRANSPORTE RODOVIÁRIO DE PASSAGEIROS - 3
O Min. Gilmar Mendes ainda acompanhou o relator quanto à modulação dos efeitos, ressalvando apenas a aplicação da eficácia *ex tunc* aos casos concretos *sub judice* em período anterior à conclusão do julgamento da presente ADI. No ponto, tendo em conta que há vários anos os Estados-membros têm exigido ICMS sobre transporte terrestre de passageiros, mesmo antes da edição da LC 87/96, e que, em mais de uma oportunidade, o Tribunal sinalizou a inconstitucionalidade da instituição do ICMS enquanto insuficientes as indispensáveis regras para prevenção de controvérsias entre os Estados federados, asseverou ser preciso, a um só tempo, em homenagem ao princípio da segurança jurídica, resguardar as situações consolidadas e garantir aos contribuintes que não se quedaram inertes, mas se insurgiram contra a imposição fiscal inadequada, a viabilidade de suas pretensões. Em divergência, o Min. Marco Aurélio julgou improcedente o pleito. Considerou que a situação ligada ao transporte aéreo, examinada no julgamento da ADI 1600/DF, foi excepcionalíssima, presente a quadra vivenciada pelas empresas de transporte, mas que não há, no caso, uma justificativa socialmente aceitável para fulminar-se o tributo em questão, desaguando essa postura no afastamento da incidência de qualquer tributo, porque, por força da Constituição, não incide, nos termos do seu art. 156, III, o ISS, que é da competência dos Municípios. Após, pediu vista dos autos o Min. Joaquim Barbosa. **ADI 2669/DF, rel. Min. Nelson Jobim, 1º.10.2008**. (ADI-2669) (Inform. STF 522)

REPERCUSSÃO GERAL E ART. 7º, I, DA LEI 10.865/2004
O Tribunal, resolvendo questão de ordem suscitada em recurso extraordinário, reconheceu a repercussão geral da matéria versada no recurso quanto à declaração de inconstitucionalidade, constante do acórdão impugnado proferido pelo Tribunal Regional Federal da 4ª Região, da expressão *"acrescido do valor do Imposto sobre Operações Relativas à Circulação de Mercadorias e sobre Prestação de Serviços de Transporte Interestadual e Intermunicipal e de Comunicação - ICMS incidente no desembaraço aduaneiro e do valor das próprias contribuições"*, contida no inciso I do art. 7º da Lei 10.865/2004, considerada a letra a do inciso III do § 2º do art. 149 da CF. Determinou-se a devolução à origem de todos os demais recursos idênticos, que tenham sido interpostos na vigência do sistema da repercussão geral, e a comunicação da decisão aos presidentes do Superior Tribunal de Justiça, dos Tribunais Regionais Federais, da Turma Nacional de Uniformização da Jurisprudência dos Juizados Especiais Federais, e dos coordenadores das Turmas Recursais, para que suspendam o envio ao Supremo Tribunal Federal dos recursos que versem a matéria, sobrestando-os. RE 559607 QO/SC, rel. Min. Marco Aurélio, 26.9.2007. (RE-559607) (Inform. STF 481)

ADI E CONDIÇÃO PARA DIFERIMENTO DE ICMS
O Tribunal, por maioria, julgou improcedente pedido formulado em ação direta ajuizada pela Confederação Nacional da Agricultura - CNA contra os artigos 9º, 10, 11 e 22 da Lei 1.963/99, do Estado do Mato Grosso do Sul, que criou o fundo de desenvolvimento do sistema rodoviário estadual - FUNDERSUL e condicionou o diferimento do ICMS de produtos agropecuários a que os produtores rurais remetentes das mercadorias contribuam para a construção, manutenção, recuperação e melhoramento das rodovias estaduais. Entendeu-se que a contribuição criada pela lei impugnada não possui natureza tributária, porquanto despida de compulsoriedade (CTN, art. 3º), razão por que não se submete aos limites constitucionais ao poder de tributar, não se podendo falar em ofensa aos princípios da não-cumulatividade, da igualdade, da anterioridade e da vedação à bitributação. Asseverou-se, também, que o diferimento, pelo qual se transfere o momento do recolhimento do tributo cujo fato gerador já ocorreu, não se confunde com a isenção ou com a imunidade e, por isso, quanto ao ICMS, pode ser disciplinado pela legislação estadual sem a prévia celebração de convênio, não havendo, assim, afronta aos artigos 150, § 6º, e 155, § 2º, XII, g, todos da CF. Vencido o Min. Marco Aurélio, que, por considerar tratar-se, na espécie, de imposto, julgava procedente o pleito, reputando violados os artigos 155 e 167, IV, ambos da CF. ADI 2056/MS, rel. Min. Gilmar Mendes, 30.5.2007. (ADI-2056) (Inform. STF 469)

ICMS. DEPÓSITO ADMINISTRATIVO. LEVANTAMENTO. LEGITIMAÇÃO SUBJETIVA ATIVA.

Cuida-se, na espécie, do levantamento de valores depositados administrativamente relativos à cobrança de ICMS sobre serviços de instalação de linhas telefônicas. A Turma, prosseguindo o julgamento, por maioria, deu provimento ao agravo; assim, afastou-se o levantamento do depósito administrativo pela empresa de telefonia, por se entender que somente o contribuinte de fato (o que suporta efetivamente o ônus financeiro do tributo) é que está legitimado para o pedido de repetição de valores indevidamente pagos ao Fisco. *In casu*, o valor depositado foi repassado para o consumidor final, ou seja, o usuário do serviço de telefonia. Assim, apenas o usuário do serviço tem legitimidade subjetiva ativa para requerer o levantamento do depósito em função de haver suportado o ônus indevido (art. 166 do CTN e Súm. n. 546-STF). Ademais, consignou-se que o depósito realizado pela empresa de telefonia não diminuiu seu patrimônio, tendo em vista que essa quantia foi repassada ao contribuinte, sendo que o levantamento pleiteado acabaria por beneficiar indevidamente pessoa que não sofreu o encargo, caracterizando enriquecimento ilícito. Outrossim, anotou-se que o recurso especial do estado-membro agravante será oportunamente julgado. Precedentes citados: REsp 554.203-RS, DJ 24/5/2004, e REsp 906.405-SC, DJe 12/6/2008. **AgRg no Ag 1.365.535-MG, Rel. originário Min. Benedito Gonçalves, Rel. para acórdão Min. Napoleão Nunes Maia Filho, julgado em 7/2/2012.(Inform. STJ 490)**

COBRANÇA. ICMS. ANTECIPAÇÃO TRIBUTÁRIA.

É legítima a cobrança antecipada do ICMS pelo regime normal de tributação (sem substituição tributária), nos termos do art. 150, § 7º, da CF/1988, desde que prevista em legislação local autorizativa, tal como na hipótese da Lei n. 3.796/1996 de Sergipe. Contudo, anote-se que a apuração da base de cálculo com lastro no valor da mercadoria submetido ao regime de pauta fiscal é ilegal (Súm. n. 431-STJ). **Precedentes citados: AgRg no Ag 1.215.709-MA, DJe 24/5/2010; REsp 1.160.372-RS, DJe 11/5/2010; AgRg no REsp 1.139.380-RS, DJe 23/4/2010; AgRg no Ag 1.002.073-RS, DJe 4/3/2009; AgRg no REsp 713.520-RS, DJe 13/3/2009; RMS 17.303-SE, DJ 13/9/2004; RMS 21.118-SE, DJe 29/6/2009; RMS 17.511-SE, DJ 22/8/2005; RMS 15.095-SE, DJ 1º/9/2003; RMS 14.618-SE, DJ 30/9/2002; AgRg no RMS 23.272-SE, DJ 7/5/2007, e EDcl no RMS 18.844-SE, DJ 27/3/2006. RMS 22.968-SE, Rel. Min. Luiz Fux, julgado em 10/8/2010.** (Inform. STJ 442)

REPETITIVO. ICMS. NOTAS INIDÔNEAS.

A Seção, ao julgar o recurso sob o regime do art. 543-C do CPC, c/c a Res. n. 8/2008-STJ, reiterou o entendimento de que o comerciante de boa-fé que adquire mercadoria cuja nota fiscal, emitida pela empresa vendedora, seja declarada inidônea pode aproveitar o crédito do ICMS pelo princípio da não cumulatividade, uma vez que demonstrada a veracidade da compra e venda, porquanto o ato declaratório de inidoneidade somente produz efeitos a partir de sua publicação. A responsabilidade do adquirente de boa-fé reside na exigência, no momento da celebração do negócio jurídico, da documentação pertinente à assunção da regularidade do alienante, cuja verificação de idoneidade cabe ao Fisco, razão pela qual não incide o art. 136 do CTN, aplicável ao alienante. A boa-fé do adquirente em relação às notas fiscais declaradas inidôneas após a celebração do negócio jurídico realizado, uma vez que caracterizada, legitima o aproveitamento dos créditos do ICMS. Assim, a Seção negou provimento ao recurso. **Precedentes citados: REsp 737.135-MG, DJ 23/8/2007; REsp 623.335-PR, DJ 10/9/2007; REsp 556.850-MG, DJ 23/5/2005, e REsp 246.134-MG, DJ 13/3/2006. REsp 1.148.444-MG, Rel. Min. Luiz Fux, julgado em 14/4/2010.** (Inform. STJ 430)

SÚMULA STF Nº 615

O princípio constitucional da anualidade (§ 29 do art. 153 da CF) não se aplica à revogação de isenção do ICM.

SÚMULA STF Nº 574

Sem lei estadual que a estabeleça é ilegítima a cobrança do Imposto sobre Circulação de Mercadorias sobre o fornecimento de alimentação e bebidas em restaurante ou estabelecimento similar.

SÚMULA STF Nº 569

É inconstitucional a discriminação de alíquotas do Imposto de Circulação de Mercadorias nas operações interestaduais, em razão de o destinatário ser, ou não, contribuinte. *(Comentário: entendimento ultrapassado pela atual redação constitucional)*

SÚMULA STJ Nº 433

O produto semi-elaborado, para fins de incidência de ICMS, é aquele que preenche cumulativamente os três requisitos do art. 1º da Lei Complementar n. 65/1991.

SÚMULA STJ Nº 129

O exportador adquire o direito de transferência de crédito do ICMS quando realiza a exportação do produto e não ao estocar a matéria-prima.

SÚMULA STJ Nº 95

A redução da alíquota do Imposto sobre Produtos Industrializados não implica redução do ICMS.

SÚMULA STJ Nº 94

A parcela relativa ao ICMS inclui-se na base de cálculo do FINSOCIAL.

SÚMULA STJ Nº 68

A parcela relativa ao ICM inclui-se na base de cálculo do PIS. *(Comentário: a matéria vem sendo reexaminada pelo STF)*

SÚMULA TFR Nº 258

Inclui-se na base de cálculo do PIS a parcela relativa ao ICM. *(Comentário: a matéria vem sendo reexaminada pelo STF)*

7.7. ITCMD

ITCD E ALÍQUOTAS PROGRESSIVAS - 3

O Plenário retomou julgamento de recurso extraordinário, interposto pelo Estado do Rio Grande do Sul, em que se discute a constitucionalidade do art. 18 da Lei gaúcha 8.821/89, que prevê sistema progressivo de alíquotas para o imposto sobre a transmissão causa mortis e doação - ITCMD — v. Informativos 510 e 520. O Min. Ayres Britto, em voto-vista, seguiu a divergência iniciada pelo Min. Eros Grau e proveu o recurso para assentar a constitucionalidade do dispositivo questionado. Preliminarmente, registrou que a alteração do preceito impugnado pelo art. 1º, III, da Lei gaúcha 13.337/2009 não implicaria perda de objeto do extraordinário. Salientou que, embora a novel regra tenha reintroduzido alíquota única, não beneficiara os contribuintes que estariam sujeitos a alíquotas progressivamente estabelecidas em patamar igual ou inferior àquele disposto na lei adversada, bem como não previra restituição ou compensação no que concerne ao recolhimento superior, de modo que o interesse jurídico permaneceria. No mérito, asseverou que a progressividade de alíquotas do Imposto em comento não teria como descambar para o confisco, porquanto haveria o controle do teto das alíquotas pelo Senado Federal (CF, art. 155, § 1º, IV). Ademais, assinalou inexistir incompatibilidade com o Enunciado 668 da Súmula do STF. Por derradeiro, esclareceu que, diferentemente do que ocorreria com o IPTU, no âmbito do ITCMD não haveria a necessidade de emenda constitucional para que o imposto fosse progressivo. Após o voto da Min. Ellen Gracie, que proveu o recurso, pediu vista o Min. Marco Aurélio. RE 562045/RS, rel. Min. Ricardo Lewandowski, 4.8.2011. (RE-562045) (Inform. STF 634)

ITCD E ALÍQUOTAS PROGRESSIVAS

O Tribunal iniciou julgamento de recurso extraordinário interposto pelo Estado do Rio Grande do Sul em que se discute a constitucionalidade do art. 18 da Lei 8.821/89, daquele Estado-membro, que prevê sistema progressivo de alíquotas para o imposto sobre a transmissão *causa mortis* e doação - ITCD. O Min. Ricardo Lewandowski, relator, desproveu o recurso por entender que, apesar de consubstanciar instrumento para a obtenção de efeitos extrafiscais, a progressividade, no caso de impostos reais, em nosso ordenamento legal, só pode ser adotada se houver expressa previsão constitucional, e desde que não se baseie, direta ou exclusivamente, na capacidade econômica do contribuinte. Asseverou, em suma, que a vedação da progressividade dos impostos de natureza real, constante do art. 145, § 1º, da CF, ao lado dos princípios da legalidade, da irretroatividade, da anterioridade, da isonomia e da proibição do confisco, configura garantia constitucional e direito individual do contribuinte, que não podem ser afastados por lei ordinária estadual. Após, pediu vista dos autos o Min. Eros Grau. **RE 562045/RS, rel.Min. Ricardo Lewandowski, 12.6.2008.** (RE-562045)

ITCD E ALÍQUOTAS PROGRESSIVAS - 2

O Tribunal retomou julgamento de recurso extraordinário interposto pelo Estado do Rio Grande do Sul em que se discute a constitucionalidade do art. 18 da Lei 8.821/89, daquele Estado-membro, que prevê sistema progressivo de alíquotas para o imposto sobre a transmissão *causa mortis* e doação - ITCD — v. Informativo 510. O Min. Eros Grau, em voto-vista, abriu divergência, e deu provimento ao recurso para declarar a constitucionalidade do dispositivo questionado. Salientou, inicialmente, que o entendimento de que a progressividade das alíquotas do ITCD é inconstitucional decorre da suposição de que o § 1º do art. 145 da CF a admite exclusivamente para os impostos de caráter pessoal. Afirmou, entretanto, que todos os impostos estão sujeitos ao princípio da capacidade contributiva, mesmo os que não tenham caráter pessoal, e que o que esse dispositivo estabelece é que os impostos, sempre que possível, deverão ter caráter pessoal. Ou seja, a Constituição prescreve como devem ser os impostos, todos eles, e não somente alguns. Assim, todos os impostos, independentemente de sua classificação como de caráter real ou pessoal, podem e devem guardar relação com a capacidade contributiva do sujeito passivo. Aduziu, também, ser possível se aferir a capacidade contributiva do sujeito passivo do ITCD, pois, tratando-se de imposto direto, a sua incidência poderá expressar, em diversas circunstâncias, progressividade ou regressividade direta. Após os votos dos Ministros Menezes Direito, Cármen Lúcia e Joaquim Barbosa, que acompanhavam a divergência, pediu vista dos autos o Min. Carlos Britto. **RE 562045/RS, rel.Min. Ricardo Lewandowski, 17.9.2008.** (RE-562045) (Inform. STF 520)

TERMO INICIAL. PRESCRIÇÃO. REPETIÇÃO DE INDÉBITO. ITCMD.

O cerne da controvérsia diz respeito ao *dies a quo* da prescrição para a ação de repetição de indébito de imposto (ITCMD) sobre a transmissão de bem imóvel mediante doação. Na espécie, o contribuinte, em razão de acordo de separação judicial, prometeu doar nua-propriedade de bem imóvel às filhas. Para isso, recolheu, em 29/12/1998, o imposto de transmissão correspondente. Todavia, em razão de ação proposta pela ex-esposa, a promessa de doação foi declarada ineficaz por decisão transitada em julgado em 8/8/2002, com o consequente registro imobiliário do bem em nome da ex-esposa. Daí, o recorrente requereu a repetição de indébito administrativamente, em 17/11/2006, a qual foi negada em 30/7/2007, dando ensejo à demanda judicial ajuizada em 15/8/2007. O fato gerador do imposto de transmissão (art. 35, I, do CTN) é a transferência da propriedade imobiliária, que apenas se opera mediante o registro do negócio jurídico no ofício competente. O recolhimento do ITCMD, via de regra, ocorre antes da realização do fato gerador, porquanto o prévio pagamento do imposto é, normalmente, exigido como condição para o registro da transmissão do domínio. Assim, *in casu*, não é possível afirmar que o pagamento antecipado pelo contribuinte, ao tempo de seu recolhimento, foi indevido, porquanto realizado para satisfazer requisito indispensável para o cumprimento da promessa de doação declarada em acordo de separação judicial. Considerando, portanto, que é devido o recolhimento antecipado do ITCMD para fins de consecução do fato gerador, não se mostra possível aplicar o art. 168, I, do CTN, porquanto esse dispositivo dispõe sobre o direito de ação para reaver tributo não devido. Deve, portanto, na espécie, ser mantido o entendimento do acórdão *a quo* de que o direito de ação para o contribuinte reaver a exação recolhida nasceu (*actio nata*) com o trânsito em julgado da decisão judicial do juízo de família (de anulação do acordo de promessa de doação) e o consequente registro imobiliário (em nome exclusivo da ex-esposa) que impediram a realização do negócio jurídico prometido, na medida em que, somente a partir desse momento, configurou-se o indébito tributário (*lato sensu*) pelo não aproveitamento do imposto recolhido. Assim, na hipótese, aplica-se, por analogia, o disposto no art. 168, II, do CTN. Precedentes citados: REsp 771.781-SP, DJ 29/6/2007, e AgRg no AgRg no REsp 764.808-MG, DJ 12/4/2007. **REsp 1.236.816-DF, Rel. Min. Benedito Gonçalves, julgado em 15/3/2012. (Inform. STJ 493)**

REPETITIVO. ARROLAMENTO SUMÁRIO. RECONHECIMENTO JUDICIAL. ISENÇÃO. ITCMD.

A abertura de sucessão reclama a observância do procedimento especial de jurisdição contenciosa denominado inventário e partilha, o qual apresenta dois ritos distintos: um completo, que é o inventário propriamente dito, e outro, sumário ou simplificado, que é o arrolamento (arts. 1.031 a 1.038 do CPC). Assim, no âmbito do inventário propriamente dito, compete ao juiz apreciar o pedido de isenção de imposto de transmissão *causa mortis*, a despeito da competência administrativa atribuída à autoridade fiscal pelo art. 179 do CTN. Porém, nos inventários processados sob a modalidade de arrolamento sumário (nos quais não cabe conhecimento ou apreciação de questões relativas ao lançamento, pagamento ou quitação do tributo de trasmissão *causa mortis*, tendo em vista, a ausência de intervenção da Fazenda até a prolação da sentença de homologação de partilha ou a adjudicação), revela-se incompetente o juízo do inventário para reconhecer a isenção do ITCMD (Imposto sobre Transmissão *Causa Mortis* e Doação de quaisquer Bens ou Direitos), por força do art. 179 do CTN, que confere à autoridade administrativa atribuição para aferir o direito do contribuinte à isenção não concedido em caráter geral. Assim, a Seção, ao julgar o recurso sob o regime do art. 543-C do CPC c/c a Res. n. 8/2008-STJ, entendeu que, falecendo competência ao juízo do inventário (na modalidade de arrolamento sumário) para apreciar pedido de reconhecimento de isenção do ITCMD, impõe-se o sobrestamento do feito até a resolução da questão na seara administrativa, o que viabilizará à adjudicatória futura juntado de certidão de isenção aos autos. **Precedentes citados: REsp 138.843-RJ, DJ 13/6/2005; REsp 173.505-RJ, DJ 23/9/2002; REsp 238.161-SP, DJ 9/10/2000, e REsp 114.461-RJ, DJ 18/8/1997. REsp 1.150.356-SP, Rel. Min. Luiz Fux, julgado em 9/8/2010.** (Inform. STJ 442)

TRIBUTAÇÃO. IMPOSTO. DOAÇÃO. TRANSMISSÃO *CAUSA MORTIS*.

Na hipótese, a proprietária de imóvel rural pretendia dividi-lo e beneficiar seus únicos herdeiros, um casal de filhos. Para isso, formalizou contrato de compra e venda de 50% do imóvel, ajustando o valor de R$ 3.146.000,00. No mesmo instrumento, doou à filha os direitos relativos ao valor da venda a título de adiantamento da legítima, com a concordância do outro filho. Ocorre que a genitora faleceu antes da conclusão da divisão do imóvel. A alíquota estadual sobre doações é de 2%, e a incidente sobre transmissão *causa mortis* é de 4% (questão incontroversa). Inicialmente, destacou o Min. Relator que há, na espécie, duas metades de um mesmo imóvel, sendo que o tratamento tributário dado pelo TJ a cada uma delas foi distinto pelas circunstâncias peculiares do caso: a filha teria recebido sua metade por doação, incidindo a alíquota de 2% sobre o valor da venda realizada antes do falecimento da mãe, qual seja: R$ 3.146.000,00; o filho recebeu sua metade por transmissão *causa mortis*, de modo que incidiu a alíquota de 4% sobre o valor de preenchimento da guia, qual seja R$ 1.464.196,82. Quanto aos arts. 108 e 2.017 do CC/2002 e art. 1.031, § 2º, do CPC, há a incidência da Súm. n. 211-STJ. Quanto à alíquota aplicável à metade do imóvel pertencente à filha, caberia aferir se houve doação em vida da mãe ou transmissão *causa mortis*. No primeiro caso, a alíquota é de 2% (como entendeu o TJ); no segundo caso, a alíquota é de 4% (como pretende o Estado). O TJ analisou a venda de 50% do imóvel e reconheceu que houve efetivamente doação à filha com adiantamento da legítima. Mas, na revisão desse entendimento, incidiriam as Súmulas ns. 5 e 7-STJ. Quanto à base de cálculo relativa ao imposto devido pelo filho, a matéria é estritamente de direito. O TJ afastou o pleito do Estado, pois considerou que o valor de R$ 1.464.196,82 foi atribuído pelo próprio Fisco estadual. Para o Min. Relator, isso não impede sua revisão pela administração tributária. O vício quanto à valoração do imóvel é erro de fato que pode ser revisto durante o prazo decadencial, nos termos do art. 149, VIII, do CTN. Se, após a avaliação inicial em R$ 1.464.196,82, a autoridade administrativa soube que houve alienação da outra metade do imóvel por mais que o dobro do preço (R$ 3.146.000,00), nada impede que o Fisco retifique o lançamento caso já tenha sido efetuado e exija o recolhimento do tributo sobre o valor real do bem. Trata-se de erro de fato quanto à valoração do imóvel. Enquanto o erro de direito não permite, em princípio, a revisão do lançamento (art. 146 do CTN e Súm. n. 227/TFR), o erro de fato admite o reexame (art. 149, VIII, do CTN). Nesse ponto, entende o Min. Relator que o acórdão deve ser reformado. Não há como este Superior Tribunal afirmar que o valor suscitado pelo Fisco para a parcela do imóvel herdada pelo filho esteja correto. Assim, os autos devem retornar à origem para que, admitindo o reexame da base de cálculo do Imposto sobre Transmissão *Causa Mortis* em relação ao filho, o TJ avalie, efetivamente, os valores apresentados pelo Estado e decida a respeito. Diante disso, a Turma conheceu parcialmente do recurso e, nessa parte, deu-lhe provimento. **REsp 1.143.625-MS, Rel. Min. Herman Benjamin, julgado em 10/11/2009.** (Inform. STJ 415)

SÚMULA STF Nº 590

Calcula-se o Imposto de Transmissão *Causa Mortis* sobre o saldo credor da promessa de compra e venda, no momento da abertura da sucessão do promitente comprador.

SÚMULA STF Nº 435

O Imposto de Transmissão *causa mortis* pela transferência de ações é devido ao Estado em que tem sede a companhia.

SÚMULA STF Nº 331

É legítima a incidência do Imposto de Transmissão *Causa Mortis* no inventário por morte presumida.

SÚMULA STF Nº 114

O Imposto de Transmissão *Causa Mortis* não é exigível antes da homologação do cálculo.

SÚMULA STF Nº 113

O Imposto de Transmissão *Causa Mortis* é calculado sobre o valor dos bens na data da avaliação.

SÚMULA STF Nº 112

O Imposto de Transmissão *Causa Mortis* é devido pela alíquota vigente ao tempo da abertura da sucessão.

7.8. IPVA

IPVA. RESPONSABILIDADE TRIBUTÁRIA.

No REsp, o Estado membro discute a existência de responsabilidade solidária entre o antigo e o atual proprietário de automóvel, em relação aos débitos tributários do Imposto de Propriedade de Veículo Automotor (IPVA) quando a transferência não é comunicada ao órgão de trânsito. Para isso, alegou violação do art. 134 do CTB, o qual dispõe sobre a incumbência do antigo proprietário de comunicar ao Detran a transferência do veículo em trinta dias, sob pena de responder solidariamente por eventuais infrações penais. Note-se que, segundo a doutrina, o texto da lei unicamente exige do antigo proprietário as penalidades (multas). Dessa forma, observa o Min. Relator que o citado artigo, como se refere à infração de trânsito, não se aplica aos débitos tributários relativos ao pagamento de IPVA. Ademais, destaca que, no caso dos autos, o Tribunal *a quo* reconheceu a prescrição dos títulos relativos aos exercícios de 1997 e 1998, reconhecendo, também, a ausência de responsabilidade quanto ao exercício de 2000, visto que a transferência do veículo deu-se em 4/2/1999. Diante do exposto, a Turma negou provimento ao recurso. Precedente citado: REsp 938.553-DF, DJe 8/6/2009. **REsp 1.116.937-PR, Rel. Min. Benedito Gonçalves, julgado em 1º/10/2009.** (Inform. STJ 409)

IPVA E EMBARCAÇÕES - 2

É inconstitucional a incidência do IPVA sobre embarcações. Com base nesse entendimento, o Tribunal, por maioria, proveu recurso extraordinário para declarar a não-recepção do inciso II do art. 5º da Lei 948/85, do Estado do Rio de Janeiro — v. Informativo 441. Adotou-se a orientação fixada pela Corte no julgamento do RE 134509/AM (DJU de 13.9.2002), no sentido de que o IPVA é sucedâneo da antiga Taxa Rodoviária Única - TRU, cujo campo de incidência não inclui embarcações e aeronaves. Vencidos os Ministros Joaquim Barbosa e Marco Aurélio que negavam provimento ao recurso por considerar que o IPVA incide também sobre embarcações. RE 379572/RJ, rel. Min. Gilmar Mendes, 11.4.2007. (RE-379572) (Inform. STF 462

7.9. IPTU

IPTU: alíquota progressiva e EC 29/2000

Ao aplicar o Enunciado 668 da Súmula do Supremo ("É inconstitucional a lei municipal que tenha estabelecido, antes da Emenda Constitucional 29/2000, alíquotas progressivas para o IPTU, salvo se destinada a assegurar o cumprimento da função social da propriedade urbana"), o Plenário proveu recurso extraordinário, afetado pela 2ª Turma, para que subsista, no período de vigência da lei municipal objeto do recurso, a tributação em alíquota única e mínima. Na situação em comento, norma municipal anterior à EC 29/2000 concedera isenções parciais de IPTU inversamente proporcionais ao valor venal de imóveis. Reputou-se configurado o estabelecimento, por vias transversas, de alíquotas progressivas do referido tributo. Salientou-se que a progressividade reservar-se-ia aos tributos de cunho pessoal, nos quais se pode aferir subjetivamente a atual e efetiva capacidade contributiva do cidadão, na forma do art. 145, § 1º, da CF ("Art. 145. A União, os Estados, o Distrito Federal e os Municípios poderão instituir os seguintes tributos: ... § 1º - Sempre que possível, os impostos terão caráter pessoal e serão graduados segundo a capacidade econômica do contribuinte, facultado à administração tributária, especialmente para conferir efetividade a esses objetivos, identificar, respeitados os direitos individuais e nos termos da lei, o patrimônio, os rendimentos e as atividades econômicas do contribuinte"). Por fim, aduziu-se que a aplicação da progressividade à espécie somente fora autorizada após a EC 29/2000. RE 355046/SP, rel. Min. Ellen Gracie, 1º.8.2011. (RE-355046) (Inform. STF 634)

IPTU: PROGRESSIVIDADE E EC 29/2000 - 2

Em conclusão, o Plenário proveu recurso extraordinário interposto pelo Município de São Paulo e reconheceu a constitucionalidade da EC 29/2000 e da Lei municipal 6.989/66, na redação dada pela Lei municipal 13.250/2001, que estabeleceu alíquotas progressivas para o IPTU tendo em conta o valor venal e a destinação do imóvel. O recurso impugnava acórdão o qual provera apelação em mandado de segurança e declarara a inconstitucionalidade da referida Lei municipal 13.250/2001 por vislumbrar ofensa aos princípios da isonomia e da capacidade contributiva, e ao art. 60, § 4º, IV, da CF — v. Informativo 433. Após mencionar os diversos enfoques dados pela Corte em relação à progressividade do IPTU, em período anterior à EC 29/2000, concluiu-se, ante a interpretação sistemática da Constituição Federal, com o cotejo do § 1º do seu art. 156 com o § 1º do seu art. 145, que essa emenda teria repelido as premissas que levaram a Corte a ter como imprópria a progressividade do IPTU. Enfatizou-se que a EC 29/2000 veio apenas aclarar o real significado do que disposto anteriormente sobre a graduação dos tributos, não tendo abolido nenhum direito ou garantia individual, visto que a redação original da CF já versava a progressividade dos impostos e a consideração da capacidade econômica do contribuinte, não se tratando, assim, de inovação apta a afastar algo que pudesse ser tido como integrado a patrimônio. **RE 423768/SP, rel. Min. Marco Aurélio, 1º.12.2010.** (RE-423768)

IPTU: PROGRESSIVIDADE E EC 29/2000 - 3

Ressaltou-se que o § 1º do art. 145 possuiria cunho social da maior valia, tendo como objetivo único, sem limitação do alcance do que nele estaria contido, o estabelecimento de uma gradação que promovesse justiça tributária, onerando os que tivessem maior capacidade para pagamento do imposto. Asseverou-se, no ponto, que o texto constitucional homenagearia a individualização, determinando que se atentasse à capacidade econômica do contribuinte, a qual haveria de ser aferida sob os mais diversos ângulos, inclusive o valor, em si, do imóvel. Observou-se ser necessário emprestar aos vocábulos da norma constitucional o sentido próprio, não se podendo confundir a referência à capacidade econômica com a capacidade financeira, cedendo a tradicional dicotomia entre tributo pessoal e real ao texto da Carta da República. Frisou-se que essa premissa nortearia a solução de conflitos de interesse ligados à disciplina da progressividade, buscando-se, com isso, alcançar o objetivo da República, a existência de uma sociedade livre, justa e solidária. Aduziu-se que a lei impugnada, por sua vez, teria sido editada em face da competência do Município e com base no § 1º do art. 156 da CF, na redação dada pela EC 29/2000, concretizando, portanto, a previsão constitucional. Salientou-se que o texto primitivo desse dispositivo não se referia ao valor do imóvel e à localização e ao uso respectivos, mas previa a progressividade como meio de se assegurar o cumprimento da função social da propriedade. **RE 423768/SP, rel. Min. Marco Aurélio, 1º.12.2010.** (RE-423768)

IPTU: PROGRESSIVIDADE E EC 29/2000 - 4

Nesta assentada, o Min. Celso de Mello registrou haver atualmente um modelo de progressividade que não mais se qualificaria como a simples progressividade-sanção em virtude exatamente da específica vinculação do instituto da progressividade tributária, em tema de IPI, ao cumprimento da função social da propriedade urbana, notadamente quando analisada em face das exigências públicas de adequada ordenação do solo urbano. Reputou que a pretensão de inconstitucionalidade, no presente caso, seria afastada precisamente pelo conteúdo inequívoco do próprio discurso normativo que se encerraria no texto da EC 29/2000, portanto, não mais apenas a progressividade-sanção, mas também, agora, o instituto da progressividade como medida de isonomia, como medida de justiça fiscal. Concluiu que, em face da EC 29/2000, o conteúdo de que se mostraria impregnada a Súmula 668 do STF poderia ser então superada, tendo em vista o fato de que se mostraria plenamente legítimo e possível ao Município adequar o seu modelo pertinente ao IPTU à clausula da progressividade, tal como prevista no § 1º do art. 156 da CF. **Alguns precedentes citados: RE 153771/MG (DJU de 27.11.96); RE 234105/SP (DJU de 31.3.2000). RE 423768/SP, rel. Min. Marco Aurélio, 1º.12.2010.** (RE-423768) (Inform. STF 611)

REPERCUSSÃO GERAL EM RE N. 602.347-MG

RELATOR: MIN. RICARDO LEWANDOWSKI

EMENTA: CONSTITUCIONAL. TRIBUTÁRIO. IPTU. PROGRESSIVIDADE ANTERIOR À EC 29/2000. INCONSTITUCIONALIDADE. COBRANÇA COM BASE NA ALÍQUOTA MÍNIMA. RELEVÂNCIA JURÍDICA E ECONÔMICA DA QUESTÃO CONSTITUCIONAL. EXISTÊNCIA DE REPERCUSSÃO GERAL. (Inform. STF 568)

REPERCUSSÃO GERAL EM RE N. 592.321-RJ

RELATOR: MIN. CEZAR PELUSO

EMENTA: RECURSO. Extraordinário. Inadmissibilidade. Tributo. IPTU. Taxas de Iluminação Pública e de Coleta de Lixo e Limpeza Pública. Alíquotas progressivas. Inconstitucionalidade reconhecida. Atribuição de efeitos prospectivos à decisão. Ausência de repercussão geral. Recurso não conhecido. Não apresenta repercussão geral recurso tendente a atribuir efeitos prospectivos (*ex nunc*) a declaração incidental de inconstitucionalidade. (Inform. STF 562)

REPERCUSSÃO GERAL POR QUEST. ORD. EM AI N. 712.743-SP

RELATORA: MIN. ELLEN GRACIE

QUESTÃO DE ORDEM. AGRAVO DE INSTRUMENTO. CONVERSÃO EM RECURSO EXTRAORDINÁRIO (CPC, ART. 544, PARÁGRAFOS 3º E 4º). IPTU. INCIDÊNCIA DE ALÍQUOTAS PROGRESSIVAS ATÉ A EC 29/2000. RELEVÂNCIA ECONÔMICA, SOCIAL E JURÍDICA DA CONTROVÉRSIA. RECONHECIMENTO DA EXISTÊNCIA DE REPERCUSSÃO GERAL DA QUESTÃO DEDUZIDA NO APELO EXTREMO INTERPOSTO. PRECEDENTES DESTA CORTE A RESPEITO DA INCONSTITUCIONALIDADE DA COBRANÇA PROGRESSIVA DO IPTU ANTES DA CITADA EMENDA. SÚMULA 668 DESTE TRIBUNAL. RATIFICAÇÃO DO ENTENDIMENTO. POSSIBILIDADE DE APLICAÇÃO DOS PROCEDIMENTOS DA REPERCUSSÃO GERAL (CPC, ART. 543-B). 1. Mostram-se atendidos todos os pressupostos de admissibilidade, inclusive quanto à formal e expressa defesa pela repercussão geral da matéria submetida a esta Corte Suprema. Da mesma forma, o instrumento formado traz consigo todos os subsídios necessários ao perfeito exame do mérito da controvérsia. Conveniência da conversão dos autos em recurso extraordinário. 2. A cobrança progressiva de IPTU antes da EC 29/2000 – assunto de indiscutível relevância econômica, social e jurídica – já teve a sua inconstitucionalidade reconhecida por esta Corte, tendo sido, inclusive, editada a Súmula 668 deste Tribunal. 3. Ratificado o entendimento firmado por este Supremo Tribunal Federal, aplicam-se aos recursos extraordinários os mecanismos previstos no parágrafo 1º do art. 543-B, do CPC. 4. Questão de ordem resolvida, com a conversão do agravo de instrumento em recurso extraordinário, o reconhecimento da existência da repercussão geral da questão constitucional nele discutida, bem como ratificada a jurisprudência desta Corte a respeito da matéria, a fim de possibilitar a aplicação do art. 543-B, do CPC. (Inform. STF 545)

PROGRESSIVIDADE DO IPTU E PERÍODO ANTERIOR À EC 29/2000

O Tribunal, ao dar provimento a agravo de instrumento e convertê-lo em recurso extraordinário (CPC, art. 544, §§ 3º e 4º), resolveu questão de ordem no sentido de reconhecer a existência de repercussão geral da matéria discutida no apelo extremo — progressividade do IPTU antes da EC 29/2000 — e ratificar o entendimento firmado na Corte sobre o tema, a fim de que sejam adotadas as disposições do art. 543-B do CPC. Ressaltou-se que, em relação ao período posterior à citada emenda constitucional, houve o reconhecimento da repercussão geral no RE 586693/SP (DJE de 12.9.2008), e que a matéria está sendo apreciada no Plenário no RE 423768/SP. Quanto ao período anterior, objeto do presente recurso, observou-se que a questão constitucional já foi examinada pela Corte e gerou a edição da Súmula 668 ("*É inconstitucional a lei municipal que tenha estabelecido, antes da emenda constitucional 29/2000, alíquotas progressivas para o IPTU, salvo se destinada a assegurar o cumprimento da função social da propriedade urbana.*"), orientação consolidada que continua a ser aplicada por ambas as Turmas do Tribunal. **AI 712743 QO/SP, rel. Min Ellen Gracie, 12.3.2009**. (AI-712743) (Inform. STF 538) *(Comentário: ver Informativo STF 611 – RE 423.768/SP – IPTU progressivo em relação à base de cálculo no período posterior à EC 29/2000)*

IPTU: VALOR DA ALÍQUOTA E PROGRESSIVIDADE

A Turma deliberou submeter ao Plenário julgamento de agravos regimentais em recursos extraordinários nos quais se discute o valor da alíquota a ser observado nas situações em que declarada inconstitucional lei municipal que estabelecia, antes da EC 29/2000, alíquotas progressivas para o IPTU, em razão do valor venal do imóvel. Trata-se, na espécie, de agravo regimental contra decisão monocrática do Min. Eros Grau que desprovera os recursos extraordinários, dos quais relator, e determinara a aplicação da alíquota básica prevista legislação anterior àquela declarada inconstitucional pelo STF (RE 179273/RS, DJU de 11.9.98 e RE 175535/RS, DJU de 13.8.99), por considerar, com base em precedentes da Corte, que o vício de inconstitucionalidade atingiria o sistema de alíquotas progressivas como um todo, não havendo que se falar na utilização da menor delas. O contribuinte alega que a decisão agravada não poderia ser mantida, porquanto a legislação revogada (LC 7/73, do Município de Porto Alegre, art. 5º) também contemplava indevida progressividade e, sendo anterior à CF/88 e com ela incompatível, não teria sido recepcionada. RE 391091 AgR/RS, rel. Min. Eros Grau, 9.10.2007. (RE-391091) RE 416895 AgR/RS, rel. Min. Eros Grau, 9.10.2007. (RE-416895) RE 466400 AgR/RS, rel. Min. Eros Grau, 9.10.2007. (RE-466400) RE 496995 AgR/RS, rel. Min. Eros Grau, 9.10.2007. (RE-496995) (Inform. STF 483)

DIREITO TRIBUTÁRIO. IPTU. CESSIONÁRIA DE IMÓVEL DA UNIÃO.

O IPTU é exigível de cessionária de imóvel pertencente à União, salvo quando aquela detém a posse mediante relação pessoal, sem animus domini. Precedentes citados: AgRg no REsp 1.121.332-RJ, DJe 29/10/2009; AgRg no REsp 885.353-RJ, DJe 6/8/2009; AgRg no Ag 1.129.472-SP, DJe 1º/7/2009; AgRg no Ag 878.938-RJ, DJ 18/10/2007; REsp 696.888-RJ, DJ 16/5/2005, e REsp 325.489-SP, DJ 24/2/2003. **AgRg no REsp 1.337.903-MG, Rel. Min. Rel. Min. Castro Meira, julgado em 9/10/2012.(Inform. STJ 506)**

REPETIÇÃO. INDÉBITO. IPTU. DÉBITO PRESCRITO.

O recorrente sustenta que o IPTU exigido na execução fiscal foi pago, contudo estava prescrito, não mais existindo o direito do município contra o embargante. Aduz que o pagamento efetuado por este, compulsoriamente, foi, sem qualquer sombra de dúvidas, indevido, transparecendo cristalino o direito do embargante à repetição desse valor pago indevidamente. Inicialmente, esclareceu o Min. Relator que a prescrição em matéria tributária não é regulada pelo CC, mas sim pelo CTN. Segundo o art. 156, V, do CTN, a prescrição enseja a extinção da ação e do próprio crédito tributário. Assim, verifica-se que, a partir de uma interpretação conjunta dos arts. 156, V (que considera a prescrição como uma das formas de extinção do crédito tributário), e 165, I (que trata da restituição de tributo), ambos do CTN, há o direito do contribuinte à repetição do indébito, uma vez que o montante pago foi em razão de um crédito tributário prescrito, ou seja, inexistente. Diante disso, a Turma deu provimento ao recurso. **REsp 646.328-RS, Rel. Min. Mauro Campbell Marques, julgado em 4/6/2009.** (Inform. STJ 397)

IPTU. ÔNUS. NOTIFICAÇÃO.

A Turma não conheceu o recurso, estando caracterizado que o ônus da prova da ausência de notificação pessoal do IPTU é do contribuinte e não da Fazenda exequente, pois, conforme assentou o Tribunal de origem, existe nos autos uma notificação do contribuinte realizada por edital, nos termos do art. 21 da Lei municipal n. 1.310/1966, pela qual a comunicação do lançamento pode ser pessoal e diretamente por edital, "a critério da administração". Outrossim, vedado o reexame da questão, *ex vi* da Súm. n. 280 do STF. **REsp 1.084.874-MG, Rel. Min. Eliana Calmon, julgado em 5/3/2009.** (Inform. STJ 385)

IPTU. PRESCRIÇÃO. LC N. 118/2005.

Na hipótese em questão, ajuizada a execução fiscal antes da vigência da LC n. 118/2005, vale a regra antiga, isto é, a interrupção da prescrição ocorre somente com a citação válida, e não com o despacho judicial ordenando a citação. Assim, tendo em vista que se discute, nos autos, a cobrança do IPTU do ano de 1998 e que, na linha da jurisprudência firmada pelo STJ, o termo inicial do prazo prescricional deu-se em 1º/1/1998 e o final, em 31/12/2002 e que o próprio despacho que ordenou a citação só foi proferido em 6/1/2003, encontra-se correto o acórdão recorrido que reconheceu a prescrição. Vale ressaltar que, com o advento da LC n. 118/2005, houve inovação na regra de índole processual contida no art. 174 do CTN, no sentido de antecipar o momento de interrupção da citação para o despacho do juiz que a ordena. Contudo, essa nova regra, segundo a jurisprudência do STJ, deve ser aplicada apenas às execuções ajuizadas após a entrada em vigor da referida LC, que teve *vacatio legis* de 120 dias. Diante disso, a Turma negou provimento ao REsp. **Precedentes citados: REsp 1.006.192-RS, DJ 23/6/2008; REsp 762.892-MG, DJ 3/3/2008; REsp 854.953-RR, DJ 25/9/2006; REsp 713.831-SP, DJ 1º/8/2005; EREsp 85.144-RJ, DJ 2/4/2001; REsp 938.901-RS, DJ 12/11/2007; REsp 974.700-RS, DJ 19/10/2007, e REsp 966.989-RS, DJ 20/9/2007. REsp 1.030.759-RS, Rel. Min. Eliana Calmon, julgado em 16/12/2008.** (Inform. STJ 381)

IPTU. LOCAÇÃO. EMPRESA PÚBLICA.

O município pretendia ver incidir IPTU sobre área aeroportuária dada em aluguel ou concessão de uso pela Infraero. Quanto a isso, o acórdão recorrido concluiu que é do município o ônus da prova, partindo da premissa de haver imunidade daquela empresa pública (que é vedação ao poder de tributar) e por força do art. 3º da Lei n. 5.862/1972, que revela a existência da presunção relativa de que a Infraero, como empresa pública, tem como uma de suas finalidades, justamente, promover a captação de recursos em fontes internas ou externas, a fim de administrar, manter, expandir e aprimorar a infra-estrutura aeroportuária. Anotou, também, haver a ilegitimidade da cobrança do IPTU em razão da ausência de elementos nos autos que possam esclarecer a destinação da renda auferida com o aluguel ou cessão de uso. Daí, a Turma negou provimento ao especial do município. **REsp 1.070.715-RJ, Rel. Min. Castro Meira, julgado em 9/12/2008.** (Inform. STJ 380)

EXECUÇÃO FISCAL. IPTU. PRESCRIÇÃO.

A Turma reiterou a jurisprudência no sentido de que o prazo prescricional disposto no art. 174 do CTN (cinco anos) tem como marco inicial, para constituição definitiva do crédito do IPTU, a entrega do carnê de cobrança no endereço do contribuinte, por entender ser o meio juridicamente eficiente para notificá-lo da constituição do crédito tributário. **AgRg no Ag 1.051.731-RJ, Rel. Min. Mauro Campbell Marques, julgado em 2/10/2008.** (Inform. STJ 370)

INCLUSÃO. NOVEL PROPRIETÁRIO. SUBSTITUIÇÃO. CDA.

O Min. Relator salientou que a obrigação tributária real é *propter rem*, por isso o IPTU incide sobre o imóvel (art. 130 do CTN). Ainda que alienada a coisa litigiosa, é lícita a substituição das partes (art. 42 do CPC), preceito que se aplica à execução fiscal, em cujo procedimento há regra expressa de alteração da inicial, qual a de que é lícito substituir a CDA antes do advento da sentença. O IPTU tem como contribuinte o novo proprietário (art. 34 do CTN), porquanto se consubstanciou a responsabilidade tributária por sucessão, em que a relação jurídico-tributária deslocou-se do predecessor ao adquirente do bem. Por isso impedir a substituição da CDA pode ensejar que as partes dificultem ao Fisco, até a notícia da alienação, a exigibilidade judicial do crédito sujeito à prescrição. *In casu*, não houve a citação da referida empresa, tendo a Fazenda Pública requerido a substituição da CDA e a citação do atual proprietário do imóvel. Conseqüentemente, descoberto o novo proprietário, fica manifesta a possibilidade de que, na forma do art. 2º da Lei n. 6.830/1980, a Fazenda Pública substitua a CDA antes da sentença de mérito, impedindo que as partes, por negócio privado, infirmem as pretensões tributárias. **REsp 840.623-BA, Rel. Min. Luiz Fux, julgado em 6/9/2007.** (Inform. STJ 330)

SÚMULA STF Nº 668

É inconstitucional a lei municipal que tenha estabelecido, antes da Emenda Constitucional 29/2000,alíquotas progressivas para o IPTU, salvo se destinada a assegurar o cumprimento da função social da propriedade urbana.

SÚMULA STF Nº 589

É inconstitucional a fixação de adicional progressivo do Imposto Predial e Territorial Urbano em função do número de imóveis do contribuinte.

SÚMULA STF Nº 583

Promitente-comprador de imóvel residencial transcrito em nome de autarquia é contribuinte do Imposto Predial e Territorial Urbano.

SÚMULA STF Nº 539

É constitucional a lei do Município que reduz o Imposto Predial Urbano sobre imóvel ocupado pela residência do proprietário, que não possua outro.

SÚMULA STJ Nº 399

Cabe à legislação municipal estabelecer o sujeito passivo do IPTU.

SÚMULA STJ Nº 397

O contribuinte do IPTU é notificado do lançamento pelo envio do carnê ao seu endereço.

SÚMULA STJ Nº 160

É defeso, ao Município, atualizar o IPTU, mediante decreto, em percentual superior ao índice oficial de correção monetária.

7.10. ISS

REPERCUSSÃO GERAL EM RE N. 605.552-RS
RELATOR: MIN. DIAS TOFFOLI
EMENTA: Tributário. ISS. ICMS. Farmácias de manipulação. Fornecimento de medicamentos manipulados. Hipótese de incidência. Repercussão geral.

1. Os fatos geradores do ISS e do ICMS nas operações mistas de manipulação e fornecimento de medicamentos por farmácias de manipulação dão margem a inúmeros conflitos por sobreposição de âmbitos de incidência. Trata-se, portanto, de matéria de grande densidade constitucional.
2. Repercussão geral reconhecida. (Inform. STF 627)

ISS E CESSÃO DE DIREITO SOBRE USO DE MARCA

A 2ª Turma negou provimento a agravo regimental em reclamação na qual se alegava não ser devido o Imposto sobre Prestação de Serviço – ISS sobre contratos de locação de bens móveis. Reputou-se que a decisão paradigma invocada na reclamação não abrangeria o auto de infração cuja manutenção e inscrição na dívida ativa seria o ato reclamado. Ademais, concluiu-se que se trataria de cessão de direito sobre uso de marca, que não poderia ser considerada locação de bens móveis, mas serviço autônomo, como previsto na Lei Complementar 116/2003. Assim, não haveria a incidência da Súmula Vinculante 31 ("*É inconstitucional a incidência do imposto sobre serviços de qualquer natureza – ISS sobre operações de locação de bens móveis.*") Rcl 8623 AgR/RJ, rel. Min. Gilmar Mendes, 22.2.2011. (RCL-8623) (Inform. STF 617)

ISS E OPERAÇÕES DE LOCAÇÃO DE BENS MÓVEIS

Ao aplicar a Súmula Vinculante 31 ("*É inconstitucional a incidência do Imposto sobre Serviços de Qualquer Natureza – ISS sobre operações de locação de bem móveis.*"), o Tribunal desproveu recurso extraordinário interposto contra acórdão de tribunal estadual que reputara descabida a incidência de ISS sobre operações de locação de bens móveis, filmes cinematográficos, videoteipes, cartuchos para *video games* e assemelhados. A municipalidade sustentava que a Constituição, em seu art. 156, II, utilizara a expressão "*serviços de qualquer natureza*" para ampliar o conceito jurídico de serviços, de forma a incluir operações de locação de bens móveis. Asseverou-se que o acórdão recorrido estaria em consonância com a orientação desta Corte. Salientou-se, ainda, que a situação em apreço não trataria de prestação de serviço ou operação mista (que envolve tanto a prestação de serviço quanto a locação). **RE 626706/SP, rel. Min. Gilmar Mendes, 8.9.2010.** (RE-626706) (Inform. STF 599)

"LEASING" E INCIDÊNCIA DO ISS - 1

O Tribunal iniciou julgamento de dois recursos extraordinários em que se discute a constitucionalidade, ou não, da incidência do Imposto sobre Serviços de qualquer Natureza - ISS sobre operações de arrendamento mercantil (*leasing*). O Min. Eros Grau, relator, deu provimento ao RE 547245/SC, interposto pelo Município de Itajaí, e negou provimento ao RE 592905/SC, interposto por instituição financeira. O relatou afirmou, inicialmente, quanto ao caráter jurídico do contrato de arrendamento mercantil, que ele é contrato autônomo que compreende 3 modalidades: 1) o *leasing* operacional; 2) o *leasing* financeiro e 3) o chamado *lease-back* (Resolução 2.309/96 do BACEN, artigos 5º, 6º e 23, e Lei 6.099/74, art. 9º, na redação dada pela Lei 7.132/83). Asseverou que, no primeiro caso, há locação, e, nos outros dois, serviço. Ressaltou que o *leasing* financeiro é modalidade clássica ou pura de *leasing* e, na prática, a mais utilizada, sendo a espécie tratada nos recursos examinados. Esclareceu que, nessa modalidade, a arrendadora adquire bens de um fabricante ou fornecedor e entrega seu uso e gozo ao arrendatário, mediante pagamento de uma contraprestação periódica, ao final da locação abrindo-se a este a possibilidade de devolver o bem à arrendadora, renovar a locação ou adquiri-lo pelo preço residual combinado no contrato. Observou que prepondera, no *leasing* financeiro, portanto, o caráter de financiamento e nele a arrendadora, que desempenha função de locadora, surge como intermediária entre o fornecedor e arrendatário. Após salientar que a lei complementar não define o que é serviço, mas apenas o declara, para os fins do inciso III do art. 156 da CF, concluiu que, no arrendamento mercantil (*leasing* financeiro) — contrato autônomo que não é contrato misto, cujo núcleo é o financiamento e não uma prestação de dar —, por ser financiamento serviço, pode sobre ele incidir o ISS, resultando irrelevante a existência de uma compra. Em seguida, em relação ao RE 547245/SC, pediu vista dos autos o Min. Joaquim Barbosa, e suspendeu-se o julgamento do RE 592905/SC, por nele estar impedido o Min. Joaquim Barbosa de votar. **RE 547245/SC, rel. Min. Eros Grau, 4.2.2009. (RE-547245) RE 592905/SC, rel. Min. Eros Grau, 4.2.2009.** (RE-592905)

"LEASING" E INCIDÊNCIA DO ISS - 2

O Tribunal concluiu julgamento de dois recursos extraordinários em que se discutia a constitucionalidade, ou não, da incidência do Imposto sobre Serviços de qualquer Natureza - ISS sobre operações de arrendamento mercantil (*leasing*) — v. Informativo 534. Deu-se provimento ao RE 547245/SC, interposto pelo Município de Itajaí, e negou-se provimento ao RE 592905/SC, interposto por instituição financeira. Afirmou-se, quanto ao caráter jurídico do contrato de arrendamento mercantil, que ele seria contrato autônomo que compreenderia 3 modalidades: 1) o *leasing* operacional; 2) o *leasing* financeiro e 3) o chamado *lease-back* (Resolução 2.309/96 do BACEN, artigos 5º, 6º e 23, e Lei 6.099/74, art. 9º, na redação dada pela Lei 7.132/83). Asseverou-se que, no primeiro caso, haveria locação, e, nos outros dois, serviço. Ressaltou-se que o *leasing* financeiro seria modalidade clássica ou pura de *leasing* e, na prática, a mais utilizada, sendo a espécie tratada nos recursos examinados. Esclareceu-se que, nessa modalidade, a arrendadora adquire bens de um fabricante ou fornecedor e entrega seu uso e gozo ao arrendatário, mediante pagamento de uma contraprestação periódica, ao final da locação abrindo-se a este a possibilidade de devolver o bem à arrendadora, renovar a locação ou adquiri-lo pelo preço residual combinado no contrato. Observou-se que preponderaria, no *leasing* financeiro, portanto, o caráter de financiamento e nele a arrendadora, que desempenha função de locadora, surgiria como intermediária entre o fornecedor e arrendatário. Após salientar que a lei complementar não define o que é serviço, mas apenas o declara, para os fins do inciso III do art. 156 da CF, concluiu-se que, no arrendamento mercantil (*leasing* financeiro) — contrato autônomo que não é contrato misto, cujo núcleo é o financiamento e não uma prestação de dar —, por ser financiamento serviço, poderia sobre ele incidir o ISS, resultando irrelevante a existência de uma compra. Vencido o Min. Marco Aurélio, que, por reputar que locação gênero não é serviço, considerava inconstitucional a incidência do tributo, reportando-se ao voto que proferira no julgamento do **RE 116121/SP (DJU de 25.5.2001). RE 547245/SC, rel. Min. Eros Grau, 2.12.2009. (RE-547245) RE 592905/SC, rel. Min. Eros Grau, 2.12.2009. (RE-592905)** (Inform. STF 570)

SERVIÇOS NOTARIAIS E DE REGISTRO E IMUNIDADE - 3

Em conclusão de julgamento, o Tribunal, por maioria, julgou improcedente pedido formulado em ação direta proposta pela Associação dos Notários e Registradores do Brasil - ANOREG/BR para declarar a inconstitucionalidade dos itens 21 e 21.01 da lista de serviços anexa à Lei Complementar federal 116/2003, que autorizam os Municípios a instituírem o ISS sobre os serviços de registros públicos, cartorários e notariais — v. Informativos 441 e 464. Entendeu-se tratar-se, no caso, de atividade estatal delegada, tal como a exploração de serviços públicos essenciais, mas que, enquanto exercida em caráter privado, seria serviço sobre o qual incidiria o ISS. Vencido o Min. Carlos Britto, relator, que, salientando que os serviços notariais e de registro seriam típicas atividades estatais, mas não serviços públicos, propriamente, julgava o pedido procedente por entender que os atos normativos hostilizados afrontariam o art. 150, VI, a, da CF, que veda que a União, os Estados, o Distrito Federal e os Municípios instituam impostos sobre patrimônio, renda ou serviços, uns dos outros. **ADI 3089/DF, rel. orig. Min. Carlos Britto, rel. p/ o acórdão Min. Joaquim Barbosa, 13.2.2008.** (ADI-3089) (Inform. STF 494)

CÁLCULO DE ISS: DEDUÇÃO DAS SUBEMPREITADAS - 2

Em conclusão de julgamento, a Turma não conheceu de recurso extraordinário interposto pelo Município de Curitiba contra acórdão do extinto Tribunal de Alçada do Estado do Paraná que concluíra pela legitimidade da dedução, no cálculo de ISS devido por empresa de construção civil, do valor das subempreitadas já tributadas, nos termos do art. 9º, § 2º, b, do DL 406/68 ("*Art. 9º. A base de cálculo do imposto é o preço do serviço. ... § 2º Na prestação dos serviços a que se referem os itens 19 e 20 da lista anexa o imposto será calculado sobre o preço deduzido das parcelas correspondentes: ... b) ao valor das subempreitadas já tributadas pelo imposto.*"). Alegava-se, na espécie, ofensa aos artigos 150, II, e 151, III, ambos da CF/88 — v. Informativo 216. Manteve-se o acórdão recorrido ao entendimento de que o mencionado decreto-lei, recebido como lei complementar pela CF/88, apenas se limitou a definir a base de cálculo do imposto de forma a evitar a tributação em *bis in idem*. Considerou-se, ademais, não demonstrada a alegação de ofensa ao princípio da isonomia (CF, art. 150, II). RE 262598/PR, rel. Min. Ilmar Galvão, 14.8.2007. (RE-262598) (Inform. STF 476)

(Comentário: ver RE 599.582 AgR/RJ-STF)

SERVIÇOS NOTARIAIS E DE REGISTRO E IMUNIDADE - 2

O Tribunal retomou julgamento de ação direta de inconstitucionalidade proposta pela Associação dos Notários e Registradores do Brasil - ANOREG/BR contra os itens 21 e 21.01 da lista de serviços anexa à Lei Complementar federal 116/2003, que autorizam os Municípios a instituírem o ISS sobre os serviços de registros públicos, cartorários e notariais — v. Informativo 441. Após os votos dos Ministros Joaquim Barbosa, Cármen Lúcia, Ricardo Lewandowski, Eros Grau, Cezar Peluso e Gilmar Mendes, que acompanhavam a divergência iniciada pelo Min. Sepúlveda Pertence, pediu vista dos autos o Min. Marco Aurélio. ADI 3089/DF, rel. Min. Carlos Britto, 26.4.2007. (ADI-3089) (Inform. STF 464)

(Comentário: ver Informativo STF 494 – conclusão do julgamento)

DIREITO TRIBUTÁRIO. COMPETÊNCIA PARA COBRANÇA DE ISS. DEC.-LEI N. 406/1968. LC N. 116/2003. ARRENDAMENTO MERCANTIL. RECURSO REPETITIVO (ART. 543-C DO CPC E RES. N. 8/2008-STJ).

O Município competente para a cobrança de ISS sobre operações de arrendamento mercantil, na vigência do Dec.-Lei n. 406/1968, é o do local onde sediado o estabelecimento prestador (art. 12), e, a partir da LC n. 116/2003, é aquele onde o serviço é efetivamente prestado (art. 3º). A LC n. 116/2003 adotou um sistema misto, considerando o imposto devido no local do estabelecimento prestador, ou, na sua falta, no local do domicílio do prestador e, para outras hipóteses definidas, o local da prestação do serviço, do estabelecimento do tomador ou do intermediário (art. 3º). Vê-se, assim, que nem mesmo a LC n. 116/2003, que sucedeu o Dec.-Lei n. 406/1968, prestigiou em sua integralidade o entendimento externado pelo STJ, de modo que não se considera como competente para a arrecadação do tributo, em todos os casos, o Município em que efetivamente prestado o serviço. Ademais, ao definir estabelecimento prestador emprestou-lhe alcance bastante amplo, quando assinalou, em seu art. 4º, que "considera-se estabelecimento prestador o local onde o contribuinte desenvolva a atividade de prestar serviços, de modo permanente ou temporário, e que configure unidade econômica ou profissional, sendo irrelevantes para caracterizá-lo as denominações de sede, filial, agência, posto de atendimento, sucursal, escritório de representação ou contato ou quaisquer outras que venham a ser utilizadas". Dessa forma, somente após a vigência da LC n. 116/2003 é que se poderá afirmar que, existindo unidade econômica ou profissional do estabelecimento prestador do serviço no Município onde a prestação do serviço é perfectibilizada, ou seja, onde ocorrido o fato gerador tributário, ali deverá ser recolhido o tributo. É certo que a opção legislativa representa um potente duto de esvaziamento das finanças das localidades periféricas do sistema bancário nacional, ou seja, através dessa modalidade contratual se instala um mecanismo altamente perverso de descapitalização dos Municípios de pequeno porte, onde se faz a captação da proposta de contrato bancário, para depois drenar para os grandes centros financeiros do País os recursos assim recolhidos, teria esse mecanismo um forte impacto sobre o ideal federalista descentralizador. No entanto, a interpretação do mandamento legal leva a conclusão de ter sido privilegiada a segurança jurídica do sujeito passivo da obrigação tributária, para evitar dúvidas e cobranças de impostos em duplicata, sendo certo que eventuais fraudes (como a manutenção de sedes fictícias) devem ser combatidas por meio da fiscalização e não do afastamento da norma legal, o que seria verdadeira quebra do princípio da legalidade. **REsp 1.060.210-SC, Rel. Min. Napoleão Nunes Maia Filho, julgado em 28/11/2012. (Inform. STJ 510)**

Obs. do organizador: essa informação baseou-se no voto inicial do relator, bastante modificado no curso dos debates, até a conclusão do julgamento. Sugerimos que o leitor busque o acórdão no site do STJ.

DIREITO TRIBUTÁRIO. ISS. BASE DE CÁLCULO. PREÇO DO SERVIÇO. VALOR TOTAL DA OPERAÇÃO CONTRATADA. RECURSO REPETITIVO (ART. 543-C DO CPC E RES. N. 8/2008-STJ).

A base de cálculo do ISS, no caso de arrendamento mercantil financeiro, abrange o valor total da operação contratada, inclusive para os casos de lançamento por homologação. Tanto o art. 9º da Dec.-Lei n. 406/1968 como o art. 7º da atual LC n. 116/2003 estabelecem que a base de cálculo do tributo é o preço do serviço, que, no caso de arrendamento mercantil financeiro, só pode ser entendido como tudo aquilo que o arrendatário paga ao arrendador em troca da disponibilização e fruição do bem objeto do contrato. A complexidade do contrato de arrendamento mercantil, destacada pelo STF no julgamento do RE 592. 905-SC, não permite pinçar partes dele para o fim de definir o serviço prestado e, consequentemente, a sua base de cálculo, ainda que sua nota característica seja o financiamento. A operação engloba diversas fases e procedimentos, mas em essência, é una, única, e assim deve ser entendida para o fim de se definir a base de cálculo do tributo. Como explicitado no referido julgado do STF, sobressai o aspecto financeiro da operação. Assim sendo, não há como excluir o valor do financiamento da base de cálculo do ISS. O legislador ordinário não excepcionou, para fins de estabelecimento da base de cálculo do ISS sobre o arrendamento mercantil financeiro, qualquer parcela, como fez quando tratou da exclusão do valor dos materiais fornecidos pelo prestador de serviços de empreitada, subempreitada ou construção civil. Precedentes citados do STF: RE 592.905-SC, DJE 5/3/2010; do STJ: AgRg no REsp 853.281-SC, DJE 16/9/2008; AgRg nos EDcl no REsp 982.956-RS, DJE de 6/8/2009; AgRg nos EDcl no REsp 982.956-RS, DJe 6/8/2009; AgRg nos EDcl no Ag 855.164-SC, DJ 23/8/2007, e AgRg no AgRg nos EDcl no REsp 979.670-SC, DJe 26/2/2009. **REsp 1.060.210-SC, Rel. Min. Napoleão Nunes Maia Filho, julgado em 28/11/2012. (Inform. STJ 510)**

Obs. do organizador: essa informação baseou-se no voto inicial do relator, bastante modificado no curso dos debates, até a conclusão do julgamento. Esse ponto, por exemplo (base de cálculo), acabou não sendo apreciado pelo colegiado, tendo sido excluído do acórdão. Sugerimos que o leitor busque o acórdão no site do STJ.

DIREITO TRIBUTÁRIO. ISS. SERVIÇO DE MARKETING. BASE DE CÁLCULO. VALOR GLOBAL COBRADO PELO SERVIÇO.

A base de cálculo do ISS, na prestação de serviços de marketing, é o valor global cobrado pelos serviços, não sendo legítima a dedução dos valores recebidos a título de reembolso por ausência de previsão legal. Precedentes citados: REsp 1.293.162-RS, DJe 3/8/2012; AgRg no AREsp 211.232-SC, DJe 17/9/2012; e AgRg no REsp 1.141.557-SP, DJe 24/8/2012. **AREsp 227.724-SP, Rel. Min. Benedito Gonçalves, julgado em 20/11/2012. (Inform. STJ 510)**

DIREITO TRIBUTÁRIO. ISS. CONSTRUÇÃO CIVIL. BASE DE CÁLCULO. ABATIMENTO DOS MATERIAIS EMPREGADOS E DAS SUBEMPREITADAS. POSSIBILIDADE.

É possível a dedução da base de cálculo do ISS dos valores das subempreitadas e dos materiais utilizados em construção civil. O STF, ao julgar o RE 603.497-MG, no rito do art. 543-B do CPC, entendeu ser possível, mesmo na vigência da LC n. 116/2003, a dedução da base de cálculo do ISS do material empregado na construção civil. No mesmo sentido, no RE 599.497-RJ, concluiu-se que a orientação adotada no recurso acima é aplicável aos valores das subempreitadas, pois o art. 9º do Dec.-Lei n. 406/1968 foi recepcionado pela CF. Precedentes citados: REsp 976.486-RS, DJe 10/8/2011; AgRg no AgRg no REsp 1.228.175-MG, DJe 1º/9/2011, e AgRg no Ag 1.410.608-RS, DJe 21/10/2011. **REsp 1.327.755-RJ, Rel. Min. Herman Benjamin, julgado em 18/10/2012.(Inform. STJ 508)**

DIREITO TRIBUTÁRIO. ISS. INDUSTRIALIZAÇÃO POR ENCOMENDA.

A industrialização por encomenda está sujeita à incidência de ISS, e não de ICMS. A prestação de serviço personalizado feita em conformidade com o interesse exclusivo do cliente, distinto dos serviços destinados ao público em geral, caracteriza espécie de prestação de serviço que está elencada na lista de serviços da LC n. 116/2003. Precedentes citados: AgRg no REsp 1.280.329-MG, DJe 13/4/2012; AgRg no Ag 1.362.310-RS, DJe 6/9/2011; REsp 1.097.249-ES, DJe 26/11/2009. **AgRg no AREsp 207.589-RS, Rel. Min. Humberto Martins, julgado em 6/11/2012.(Inform. STJ 508)**

DIREITO TRIBUTÁRIO. TRANSPORTE COLETIVO. VENDA ANTECIPADA DE PASSAGEM. REAJUSTE. ISS. BASE DE CÁLCULO.

A **base de cálculo do ISS incidente sobre a prestação de serviço de transporte coletivo de passageiros é o preço efetivamente pago pelo usuário no ato da compra e venda dos bilhetes (seja vale-transporte ou passagem escolar), não o vigente no momento posterior em que se dá a efetiva prestação.** Assim, mostra-se indevido o recolhimento do tributo sobre a diferença verificada quando da majoração da tarifa de transporte ocorrida entre a compra do bilhete antecipado e a efetiva prestação do serviço, pois o momento da incidência do fato gerador é o da compra das passagens. Precedentes citados: AgRg no AREsp 89.695-RS, DJe 8/3/2012; AgRg no REsp 1.172.322-RS, DJe 5/10/2010, e REsp 922.239-MG, DJe 3/3/2008. **AgRg no AREsp 112.288-RS, Rel. Min. Benedito Gonçalves, julgado em 20/9/2012.(Inform. STJ 505)**

ISS. BASE. CÁLCULO. SERVIÇO. PLANO. SAÚDE.

A Turma, ao prosseguir o julgamento, por maioria, negou provimento ao recurso especial e afirmou que, nos serviços de plano de saúde, a base de cálculo do ISS é o valor líquido recebido (mensalidade paga pelo associado à empresa gestora do plano, deduzidas as quantias repassadas aos terceiros credenciados que prestam o atendimento médico). De acordo com o Min. Relator, o imposto já recai sobre os serviços prestados pelos profissionais, de modo que caracterizaria dupla tributação a nova incidência sobre o valor destinado a remunerar esses serviços. Precedentes citados: AgRg no Ag 1.288.850-ES, DJe 6/12/2010; REsp 783.022-MG, DJe 16/3/2009; REsp 1.041.127-RS, DJe 17/12/2008, e EDcl no REsp 227.293-RJ, DJ 19/9/2005. **REsp 1.137.234-RS, Rel. Min. Mauro Campbell Marques, julgado em 14/6/2011.** (Inform. STJ 477)

ISS. EMPRESA PRESTADORA DE TRABALHO TEMPORÁRIO.

A demanda foi ajuizada para que o ISS de empresa prestadora de trabalho temporário não incidisse sobre os valores correspondentes aos salários e demais encargos, mas apenas sobre o preço da intermediação, não obstante a empresa recorrida seja responsável pelo pagamento de tais verbas. Segundo o Min. Relator, o tribunal *a quo*, no acórdão recorrido, equivocou-se quanto à condição da empresa prestadora de mão de obra ao invocar o art. 4º da Lei n. 6.019/1974, que qualifica a empresa como de trabalho temporário – cuja atividade consiste em colocar à disposição de outras empresas, temporariamente, trabalhadores devidamente qualificados, por elas remunerados e assistidos –; entretanto, com base no contrato social da empresa, entendeu que ela prestaria serviço de intermediação de mão de obra. Explica o Min. Relator que, se os serviços são prestados na forma da Lei n. 6.019/1974 (trabalhadores contratados e remunerados pela empresa de mão de obra), não é possível designá-la como mera prestadora de serviço de intermediação entre o contratante da mão de obra e o terceiro que é colocado no mercado; portanto, trata-se de prestadora de trabalho temporário, o que é incontroverso nos autos, porque se utiliza de empregados por ela contratados. Assim, no caso, o ISS deve incidir sobre o preço do serviço: intermediação, salários e demais encargos. Diante do exposto, a Turma, ao prosseguir o julgamento, por maioria, deu parcial provimento ao recurso do município. Precedentes citados: REsp 1.138.205-PR, DJe 1º/2/2010, e AgRg nos EREsp 982.952-RS, DJe 6/9/2010. **REsp 1.185.275-PR, Rel. Min. Mauro Campbell Marques, julgado em 5/4/2011.** (Inform. STJ 468)

REPETIÇÃO. INDÉBITO. ISS.

Trata-se de REsp em que o cerne da questão é a repetição dos valores pagos a maior a título de ISS no período compreendido entre janeiro de 2001 e maio de 2004, dado o direito de a recorrente, por ser sociedade simples uniprofissional, recolher o tributo por quota fixa anual. A Turma, embora não conhecendo do recurso, reiterou que a repetição do tributo pago indevidamente sujeita-se à regra prevista no art. 166 do CTN, ou seja, é necessária a comprovação de que não houve repasse do referido encargo. Consoante os autos, ainda que em exame superficial, não se verificou tal comprovação, de modo que a repetição pleiteada não se mostra possível. Reiterou, ainda, que a alíquota fixa do ISS somente é devida às sociedades unipessoais integradas por profissionais que atuam com responsabilidade pessoal, não alcançando as sociedades empresariais, como as sociedades por quotas, cuja responsabilidade é limitada ao capital social. Precedentes citados: AgRg no Ag 1.349.283-RO, DJe 14/12/2010, e EREsp 873.616-PR, DJe 1º/2/2011. **REsp 1.221.027-SP, Rel. Min. Mauro Campbell Marques, julgado em 22/2/2011.** (Inform. STJ 464)

ISS. LOCAÇÃO. SERVIÇOS.

Cuida-se de mandado de segurança impetrado por sociedade empresária, com objetivo de afastar a incidência de ISS sobre locação de bens móveis. O tribunal *a quo* confirmou a sentença, pela denegação da ordem, ao fundamento de que não se trata de simples locação de máquinas copiadoras, impressoras e outros equipamentos, pois o contrato firmado entre a sociedade empresária e o município também englobaria serviços de assistência técnica para manutenção das máquinas. Assim, por causa da prestação desse serviço, entendeu aquele tribunal tornar-se obrigatória a exação sobre o valor total da operação, adotando o critério da preponderância do serviço prestado. Para Min. Relatora, tal circunstância não justifica a incidência do ISS sobre a parcela referente à operação de locação "pura" de bem móvel, apenas permite a tributação sobre os serviços em questão, visto que não se aplica mais o critério da preponderância do serviço para definir a exação devida. Ademais, a partir do advento da Súmula Vinculante n. 31-STF, é inconstitucional a cobrança de ISS pelo Fisco sobre a totalidade do contrato de locação de bens móveis. Destacou que sempre há dúvida nos casos em que não se individualiza o *quantum* remuneratório para cada atividade, ou seja, não se delimita o valor da operação relativa à locação e à quantia devida a título de serviços de manutenção. Mas o STF ainda não tem solução definitiva para as situações de conjugação de locação de bens móveis e serviços. Dessa forma, assevera merecer reforma o acórdão recorrido, sob pena de ofensa direta ao referido enunciado vinculante, devendo a autoridade fiscal (o município) proceder à apuração do *quantum* devido apenas a título dos serviços de assistência técnica prestados, por meio do procedimento administrativo próprio ou retificação do auto infracional, respeitando-se o prazo decadencial do débito tributário. Com essas considerações, a Turma deu provimento ao recurso. **REsp 1.194.999-RJ, Rel. Min. Eliana Calmon, julgado em 26/8/2010.** (Inform. STJ 444)

ISS. SERVIÇOS DE REGISTROS PÚBLICOS, CARTORÁRIOS E NOTARIAIS.

O art. 9º, § 1º, do DL n. 406/1968 (que dispõe sobre o regime de tributação fixa do ISS) não se aplica aos serviços de registros públicos, cartorários e notariais, por não se tratar de prestação de serviços sob a forma de trabalho pessoal do próprio contribuinte, mas de atividade empresarial. Embora tais serviços sejam exercidos em caráter privado por delegação do Poder Público (art. 236 da CF/1988), e esta seja feita em caráter pessoal, intransferível e haja responsabilidade pessoal dos titulares de serviços notariais e de registro, isso, por si só, não autoriza concluir que tais atividades sejam prestadas pessoalmente por eles, uma vez que têm a faculdade legal de contratar, para o desempenho de suas funções, escreventes, dentre eles escolhendo os substitutos, e auxiliares, como empregados (art. 20 da Lei n. 8.935/1994). Por essas razões, não se mostra razoável conferir a benesse do § 1º do art. 9º do DL n. 406/1968 aos serviços cartorários. **REsp 1.185.119-SP, Rel. Min. Benedito Gonçalves, julgado em 10/8/2010.** (Inform. STJ 442)

ISSQN. SERVIÇO. CONCRETAGEM.

A Turma reiterou seu entendimento de que o custo total do serviço de concretagem é a base de cálculo do ISSQN, não sendo possível a dedução do valor dos materiais utilizados na produção do concreto pela prestadora dos serviços. Sujeita-se essa empresa à tributação exclusiva do referido imposto, conforme a Súm. n. 167-STJ. Precedente citado: AgRg nos EDcl no REsp 1.109.522-RS, DJe 18/12/2009. **REsp 1.190.335-MG, Rel. Min. Eliana Calmon, julgado em 5/8/2010.** (Inform. STJ 441)

ISS. INCORPORAÇÃO DIRETA.

Na incorporação direta (art. 41 da Lei n. 4.591/1964), o incorporador não presta serviço (de construção civil) ao adquirente, mas para si próprio, pois constrói em seu terreno, por sua conta e risco, com o objetivo final de vender as unidades autônomas por preço "global" (cota de terreno e construção). Assim, não há como incidir o ISSQN nessa modalidade de incorporação. REsp 1.166.039-RN, Rel. Min. Castro Meira, julgado em 1º/6/2010. (Inform. STJ 437)

RESERVA. PLENÁRIO. ISS.

O órgão fracionário do tribunal de origem afastou a incidência de LC municipal que instituía ISS sobre serviços relativos a parques de diversões, sob o fundamento da incompetência tributária do município (art. 156, III, da CF/1988), visto que a LC n. 56/1987, que alterou a lista de serviços anexa ao DL n. 406/1968, suprimiu a expressão "parque de diversões" dos serviços de diversões públicas. Assim, esse julgamento violou a cláusula de reserva de plenário, pois a declaração de inconstitucionalidade exercida por meio difuso pelos tribunais está atrelada à observância dos arts. 480 e 481 do CPC. Por isso, a emissão do juízo de incompatibilidade de preceito normativo com a CF/1988 é reservada somente a órgão especial ou a plenário, exceção feita apenas nos casos em que já houver pronunciamento sobre a questão constitucional do órgão competente do tribunal *a quo* ou do próprio plenário do STF. Anote-se a edição, pelo STF, da Súmula vinculante n. 10, justamente sobre a necessidade de observância da reserva de plenário. **Precedentes citados: AgRg no REsp 899.302-SP, DJe 8/10/2009, e REsp 619.860-RS, DJ 17/5/2007. REsp 976.549-SP, Rel. Min. Luiz Fux, julgado em 23/3/2010.** (Inform. STJ 428)

ISS. AFRETAMENTO. EMBARCAÇÃO.

Trata-se de REsp em que se discute a incidência do ISS nos casos de contrato de afretamento de embarcação. A Turma entendeu ser ilegítima a incidência do ISS sobre o referido contrato, em relação às três espécies examinadas nos autos, quais sejam: afretamento a casco nu, contrato em que o afretador tem a posse, o uso e o controle da embarcação, por tempo determinado, incluindo o direito de designar o comandante e a tripulação; afretamento por tempo, contrato no qual o afretador recebe a embarcação armada e tripulada, ou parte dela, para operá-la por tempo determinado; e afretamento por viagem, em que o fretador obriga-se a colocar toda ou parte de uma embarcação, com tripulação, à disposição do afretador para efetuar transporte em uma ou mais viagens (art. 2º da Lei n. 9.432/1997). De fato, na primeira espécie, há mera locação da embarcação sem prestação de serviço, o que não constitui fato gerador do ISS. Quanto às duas outras espécies, são contratos complexos, visto que, além da locação de embarcação, com a transferência do bem, há a prestação de uma diversidade de serviços, dentre os quais se inclui a cessão de mão de obra, de modo que não podem ser desmembrados para efeitos fiscais e são impassíveis da incidência do referido imposto. Nesse contexto, deu-se provimento ao recurso. **Precedentes citados do STF: RE 116.121-SP, DJ 28/5/2001; do STJ: REsp 792.444-RJ, DJ 26/9/2007; REsp 222.246-MG, DJ 4/9/2000, e REsp 189.225-RJ, DJ 3/6/2002. REsp 1.054.144-RJ, Rel. Min. Denise Arruda, julgado em 17/11/2009.** (Inform. STJ 416)

RECURSO REPETITIVO. ISSQN. ENGENHARIA CONSULTIVA.

A Seção, ao julgar o recurso sob regime do art. 543-C do CPC c/c a Resolução n. 8/2008-STJ, entendeu que, seja sob a égide do DL n. 406/1968 seja com o advento da LC n. 116/2003, o ISSQN incidente sobre os serviços de engenharia consultiva necessária à realização da obra na construção civil, obedecendo-se à unidade da obra, deve ser recolhido no local da construção. Não importa se o contrato tenha estabelecido o valor total da obra sem discriminar onde seria cada etapa, porque o fato relevante a ser considerado é o local onde será realizada a obra e para onde se direcionam todos os esforços e trabalhos, mesmo que alguns tenham sido realizados intelectual ou materialmente na sede da empresa, sendo certo que a obra deve ser vista como uma unidade. **REsp 1.117.121-SP, Rel. Min. Eliana Calmon, julgado em 14/10/2009.** (Inform. STJ 411)

ISS. SERVIÇOS BANCÁRIOS.

Quanto à incidência do ISS sobre serviços bancários, a jurisprudência do STJ já se consolidou no sentido de que a lista de serviços anexa ao DL n. 406/1968 é taxativa, mas admite uma leitura extensiva de cada item com o escopo de enquadrar serviços correlatos àqueles previstos expressamente. Se assim não fosse, a simples mudança de nomenclatura de um serviço determinaria a não incidência do referido imposto. Sucede que aferir a natureza de cada um dos serviços prestados pelo banco recorrente pelo confronto com as previsões constantes da retrocitada lista resultaria no reexame das provas, expressamente vedado na sede especial pela Súm. n. 7-STJ. **Precedente citado: AgRg no Ag 577.068-GO, DJ 28/8/2006. AgRg no Ag 1.082.014-PB, Rel. Min. Herman Benjamin, julgado em 1º/9/2009.** (Inform. STJ 405)

ISSQN. GRANITO. MÁRMORE.

A recorrida foi contratada por uma sociedade empresária para prestar serviços relacionados ao corte, recorte e polimento de granito e mármore. Assim, vê-se que a mercadoria pertencia à contratante, que a entregou exclusivamente para seu beneficiamento, e que o trabalho executado representa a atividade-fim da recorrida, pois, uma vez concluído, extinta está a relação obrigacional entre os contratantes. Daí esse serviço (prestado sob encomenda) estar sujeito à incidência do ISSQN, por amoldar-se ao item 14.05 do anexo à LC n. 116/2003. **Precedente citado: REsp 888.852-ES, DJe 1º/12/2008. REsp 959.258-ES, Rel. Min. Herman Benjamim, julgado em 23/6/2009.** (Inform. STJ 400)

ISSQN. ISENÇÃO. REMISSÃO.

Quanto à restituição de valores pagos a título de ISSQN, discutiu-se, à luz do CTN, o sentido e o alcance dos institutos da remissão e isenção constantes de lei municipal. É certo que o pagamento de tributo de que é isento o contribuinte dá ensejo à repetição do indébito. Porém, isso não é permitido quando há o pagamento de tributo que é sujeito posteriormente a uma norma remissiva (arts. 156, I e IV, e 175, I, do CTN). A lei tributária que trata da isenção deve ser interpretada literalmente (art. 111, II, do CTN). A exação em questão (ISSQN em serviços de indústria cinematográfica) era devida ao tempo do pagamento, pois, como já dito, só depois foi objeto de remissão. Dessa forma, o caso dos autos não é um dos elencados no art. 165 do CTN que permitem a restituição do tributo. **REsp 1.113.366-RJ, Rel. Min. Mauro Campbell Marques, julgado em 23/6/2009.** (Inform. STJ 400)

ISS. COBRANÇA. DOIS MUNICÍPIOS.

A recorrente recolheu o ISS a determinado município, local em que prestou serviços de engenharia, porém foi surpreendida com a cobrança, por outro município, do ISS referente à mesma atividade desempenhada. Diante disso, a recorrente ajuizou ação anulatória de débito tributário em desfavor do segundo município, com pedido sucessivo de repetição de indébito contra o primeiro. Nesse contexto, vê-se que ambas as demandas ostentam causa de pedir comum: a prestação de serviços que desencadearam a obrigação de recolher o ISS, daí configurada a conexão a autorizar o litisconsórcio passivo (art. 46, III, do CPC). Da interpretação do art. 289 do CPC, jungida às características do litisconsórcio eventual, não há como vislumbrar incompatibilidade dos pedidos formulados em virtude do caráter sucessivo que lhes conferiu a petição inicial: esse escalonamento contorna pretensa falta de harmonia entre os pleitos. O conflito de interesses instaurado entre os municípios não é empecilho à inclusão de ambos na demanda, sendo certo que essa situação de antagonismo é própria do litisconsórcio eventual. Assim, é viável o ajuizamento conjunto de ações conexas pela causa de pedir com pedidos sucessivos contra réus diversos (litisconsórcio eventual), desde que atendidos os requisitos genéricos do art. 46 do CPC e não haja incompatibilidade absoluta de competência e procedimentos. Desse modo, há que reintegrar ao pólo passivo da demanda o município indevidamente excluído pelo juízo e devolver os autos a ele para que dê continuidade ao feito. **Precedente citado: REsp 639.565-SC, DJ 17/12/2004. REsp 727.233-SP, Rel. Min. Castro Meira, julgado em 19/3/2009.** (Inform. STJ 387)

RECURSO REPETITIVO. ISSQN. SÚM. N. 156-STJ.

No recurso submetido ao regime do art. 543-C do CPC e art. 6º da Res. n. 8/2008-STJ, a Seção assentou que prevalece a Súmula n. 156-STJ para fins de incidência de ISSQN e não de ICMS sobre embalagens e afins, produtos feitos sob encomenda, já que, mesmo considerada como uma operação mista por envolver tanto a prestação de serviço como o fornecimento de mercadoria acabada, tal atividade está compreendida na Lista Anexa ao DL n. 406/1968 (Item 77) e na LC n. 116/2003 (Item 13.05). Nos demais casos de serviço agregado não previsto na referida lista, incidirá o ICMS (art. 155, II, da CF/1988). **Precedentes citados: REsp 542.242-SP, DJ 8/11/2007; AgRg no REsp 713.471-PE, DJe 1º/10/2008; REsp 913.694-SP, DJe 1º/9/2008; AgRg no Ag 933.118-SP, DJ 30/4/2008, e AgRg no REsp 937.803-SP, DJ 12/3/2008. REsp 1.092.206-SP, Rel. Min. Teori Albino Zavascki, julgado em 11/3/2009.** (Inform. STJ 386)

QO. REMESSA. SEÇÃO. RECURSO REPETITIVO. PREÇO. TRABALHO TEMPORÁRIO.

A Turma, em consonância com o art. 2º, § 1º, da Res. n. 8/2008 do STJ, entendeu remeter à Primeira Seção o julgamento do REsp no qual se questiona a abrangência do “preço do serviço” referente às empresas prestadoras de trabalho temporário, para efeito de incidência de ISS. **Precedentes citados: EREsp 613.709-PR, DJ 17/12/2007 , e REsp 982.952-RS, DJ 16/10/2008. QO no REsp 847.641-RS, Rel. Min. Luiz Fux, julgada em 5/3/2009.** (Inform. STJ 385)

ISS. EXECUÇÃO FISCAL. GRUPO ECONÔMICO. SOLIDARIEDADE.

As recorrentes interpuseram agravo de instrumento contra decisão proferida em execução fiscal contra empresa de arrendamento mercantil determinando a inclusão do banco no feito. O banco agravante pleiteou a sua exclusão da lide, haja vista a ausência de solidariedade entre ele e a empresa do mesmo grupo econômico, na forma do art. 124, I, do CTN, por não ser, *in casu,* o prestador do serviço, conforme a definição do art. 10 do DL n. 406/1968. Esclareceu o Min. Relator que, em matéria tributária, a presunção de solidariedade opera inversamente àquela do Direito Civil: sempre que, numa mesma relação jurídica, houver duas ou mais pessoas caracterizadas como contribuinte, cada uma delas estará obrigada pelo pagamento integral da dívida, perfazendo-se o instituto da solidariedade passiva. A LC n. 116/2003 define o sujeito passivo da regra-matriz de incidência tributária do ISS. Nesse segmento, conquanto a expressão “interesse comum” encarte um conceito indeterminado, é mister proceder-se a uma interpretação sistemática das normas tributárias de modo a alcançar a *ratio essendi* do referido dispositivo legal. Nesse diapasão, o interesse comum na situação que constitua o fato gerador da obrigação principal implica que as pessoas solidariamente obrigadas sejam sujeitos da relação jurídica que deu azo à ocorrência do fato imponível. Isso porque feriria a lógica jurídico-tributária a integração, no polo passivo da relação jurídica, de alguém que não tenha tido qualquer participação na ocorrência do fato gerador da obrigação. Destarte, a situação que evidencia a solidariedade, no condizente ao ISS, é a existência de duas ou mais pessoas na condição de prestadoras de apenas um único serviço para o mesmo tomador, integrando, desse modo, o pólo passivo da relação. Forçoso concluir, portanto, que o interesse qualificado pela lei não há de ser o interesse econômico no resultado ou no proveito da situação que constitui o fato gerador da obrigação principal, mas o interesse jurídico, vinculado à atuação comum ou conjunta da situação que constitui o fato imponível. *In casu,* verifica-se que o banco não integra o pólo passivo da execução tão-somente pela presunção de solidariedade decorrente do fato de pertencer ao mesmo grupo econômico da empresa de arrendamento mercantil. Portanto, há que se considerar, necessariamente, que são pessoas jurídicas distintas e que o referido banco não ostenta a condição de contribuinte, uma vez que a prestação de serviço decorrente de operações de *leasing* deu-se entre o tomador e a empresa arrendadora. Diante disso, a Turma deu provimento ao recurso para excluir o banco do pólo passivo da execução. Precedente citado: **REsp 834.044-RS, DJe 15/12/2008. REsp 884.845-SC, Rel. Min. Luiz Fux, julgado em 5/2/2009.** (Inform. STJ 382)

ISS. LISTA. SERVIÇOS. REBOCAGEM.

Cinge-se a controvérsia à incidência de ISS sobre o serviço de reboque de navios, ainda que não previsto na lista do DL n. 406/1968. Inicialmente, esclareceu o Min. Relator que, tanto neste Superior Tribunal quanto no STF, é taxativa a mencionada lista de serviços, o que não impede que, à luz de cada serviço enumerado, proceda-se à interpretação do dispositivo. É que determinado serviço tem as suas derivações as quais, se praticadas por entidade autônoma com repercussão econômica destas, tornam incidente a exação. A Resolução Sunamam n. 8.574/1985, inciso IX, item II, conceitua como serviço de rebocagem aquele executado por rebocadores cadastrados para a navegação de porto e especificamente autorizados para cumprir as seguintes manobras: de atracação, de desatracação, de assistência de reboque, de mudança de atracação e a de escoteio. Os serviços de rebocagem funcionam como auxílio no desempenho da atracação e desatracação. É serviço meio para a consecução da atividade fim, encartado por força de interpretação nos serviços tributários, máxime porque exercido por empresa diversa daquela que empreende o serviço final. E concluiu o Min. Relator que, na hipótese vertente, tratando-se de serviços de atracação e desatracação de embarcações, a esse gênero pertence a espécie de rebocagem, que é o quanto basta para fazer incidir o imposto sobre serviços. **REsp 887.360-BA, Rel. Min. Luiz Fux, julgado em 4/11/2008.** (Inform. STJ 375)

SERVIÇO. FARMÁCIA. MANUPULAÇÃO.

Trata-se de REsp em que o cerne da questão é saber se incide o ICMS ou o ISS sobre os serviços prestados por farmácia de manipulação. A Turma deu provimento ao recurso por entender que, no caso das farmácias de manipulação, que preparam e fornecem medicamentos sob encomenda conforme a receita apresentada pelo consumidor, há incidência exclusiva do ISS, visto que se trata de serviço previsto expressamente na legislação federal (item 4.07 da lista anexa à LC n. 116/2003). **Precedente citado: REsp 881.035-RS, DJ 26/3/2008. REsp 975.105-RS, Rel. Min. Herman Benjamin, julgado em 16/10/2008.** (Inform. STJ 372)

(Comentário – ver Informativo STF 627 – RE 605.552/RS)

DELIMITAÇÃO. COMPETÊNCIA. ESTADOS. MUNICÍPIOS. ICMS. ISSQN.

Trata-se de recurso contra acórdão de TJ que, em mandado de segurança visando à não-inscrição da recorrida em dívida ativa, decidiu pela não--incidência do ISS sobre a produção de cartões telefônicos para uso em telefones públicos. Para o Min. Relator, no caso concreto, fica afastada a incidência de ISSQN, sendo inviável o reexame em recurso especial dos fatos da causa. Esclareceu que, segundo decorre do sistema normativo específico (arts. 155, II, § 2º, IX, b, 156, III, ambos da CF/1988; 2º, IV, da LC n. 87/1996 e 1º, § 2º, da LC n. 116/2003), a delimitação dos campos de competência tributária entre estados e municípios, relativamente à incidência de ICMS e de ISSQN, está submetida aos seguintes critérios: (a) sobre operações de circulação de mercadoria e sobre serviços de transporte interestadual e internacional e de comunicações incide ICMS; (b) sobre operações de prestação de serviços compreendidos na lista de que trata a LC n. 116/2003 (que sucedeu ao DL n. 406/1968), incide ISSQN; e (c) sobre operações mistas, assim entendidas as que agregam mercadorias e serviços, incide o ISSQN sempre que o serviço agregado estiver compreendido na lista de que trata a LC n. 116/2003 e incide ICMS sempre que o serviço agregado não estiver previsto na referida lista. Diante disso, a Turma, ao prosseguir o julgamento, deu parcial provimento ao recurso. **Precedentes citados do STF: RE 144.795-SP, DJ 12/11/1993, e RE 129.877-SP, DJ 27/11/1992. REsp 650.687-RJ, Rel. Min. Teori Albino Zavascki, julgado em 2/9/2008.** (Inform. STJ 366)

ISS. CONTRATO. SEGURO. PLANO. SAÚDE.

Discute-se a incidência e a extensão da cobrança do imposto sobre serviços (ISS) em empresa de plano de saúde. Para o Min. Francisco Falcão, que proferiu o voto condutor do acórdão, a atividade da recorrente é definida como fator gerador do ISS, não obstante a inegável natureza de intermediação. Restaria apreciar, assim, a ocorrência de bitributação conforme alegado no REsp, pois as operações aptas a ensejar a cobrança de ISS são divididas em duas etapas: a contratação e o recebimento pela empresa dos valores contratados pelo segurado, bem como a efetivação da prestação de serviços propriamente dita relativa a atendimento médico. Assim, não se poderia impor a cobrança do ISS tendo como base o valor pago pelo segurado e, igualmente, os valores recebidos pelos profissionais da saúde, hospitais e laboratórios. Dessa forma, há uma dupla tributação, fazendo-se necessária a exclusão dos valores que foram repassados pela empresa de seguro-saúde aos terceiros, garantindo-lhe que a base de cálculo do ISS abranja apenas a parte que ficou como receita para a recorrente. A quantia referente aos terceiros será incluída no cálculo do ISS devido por eles (os profissionais, laboratórios e hospitais). Com esse entendimento, ao prosseguir o julgamento, a Turma, por maioria, deu parcial provimento ao recurso. **Precedentes citados: REsp 196.187-PE, DJ 3/5/1999, e EDcl no REsp 227.293-RJ, DJ 19/9/2005. REsp 1.002.704-DF, Rel. originário Min. José Delgado, Rel. para acórdão Min. Francisco Falcão, julgado em 12/8/2008.** (Inform. STJ 363)

ISS. INCIDÊNCIA. FRANQUIA. MATÉRIA CONSTITUCIONAL.

Trata-se da incidência ou não de Imposto sobre Serviços de Qualquer Natureza (ISSQN) sobre a atividade de franquia. Explica o Min. Relator, entre outros argumentos, que a mera inserção de franquia no rol de serviços constantes de lista anexa à LC n. 116/2003 não possui o condão de transmudar a natureza jurídica complexa do instituto, composto por um plexo indissociável de obrigações de dar, fazer e não-fazer. Destarte, a operação de franquia não constitui prestação de serviço (obrigação de fazer), por isso escapa da esfera da tributação do ISS pelos municípios. Destacou ainda que, na lista de serviços anexa ao DL n. 406/1968 (com a redação dada pela LC n. 56/1987), o contrato de franquia não estava listado como serviço, mas atividade de agenciamento, corretagem ou intermediação. Entretanto, esse conceito foi modificado pela LC n. 116/2003, que revogou os arts. 8º, 10, 11 e 12 do DL n. 406/1968, bem como a LC n. 56/1987. A franquia como prestação de serviço e a proposição recursal demonstram que há inequívoca inconstitucionalidade na lista anexa à LC n. 116/2003, a conspirar para a incompetência deste Superior Tribunal, sendo o STF o competente para julgar o recurso. Note-se que essa mesma competência foi exercida pelo STF na análise dos conceitos de faturamento, administradores e autônomos, para aferir hipóteses de incidência tributária, o que torna imprescindível a manifestação daquela Corte. Dessa forma, a Turma não conheceu o recurso especial. **Precedentes citados: REsp 912.036-RS, DJ 8/10/2007; AgRg no Ag 757.416-SC, DJ 3/8/2006; AgRg no Ag 748.334-SP, DJ 30/6/2006, e AgRg no REsp 658.392-DF, DJ 2/3/2005. REsp 885.530-RJ, Rel. Min. Luiz Fux, julgado em 12/8/2008.** (Inform. STJ 363)

ISS. COOPERATIVA. SERVIÇOS MÉDICOS. ATOS NÃO-COOPERADOS. TAXA. ADMINISTRAÇÃO.

A Turma, ao prosseguir o julgamento, conheceu parcialmente do recurso e, nessa parte, deu-lhe parcial provimento para afastar a incidência do ISS sobre os atos cooperados praticados pela recorrente, bem como para determinar a incidência da exação, no que tange aos atos não-cooperados, tão-somente sobre a taxa de administração, excluindo-se os valores pagos ou reembolsados aos associados. Argumentou o Min. Relator que o ISS não incide sobre os atos praticados pelas cooperativas médicas consistentes no exercício de atividades em prol dos associados que prestam serviços médicos a terceiros (atos cooperados). Os atos não-cooperados, aqueles decorrentes de relação jurídica negocial advinda da venda de planos de saúde a terceiros, sujeitam-se à incidência do ISS, tendo como base de cálculo, tão-somente, a receita advinda da cobrança da taxa de administração. Isso porque a receita tributável não abrange o valor pago ou reembolsado aos cooperados, haja vista não constituir parte do patrimônio da cooperativa (art. 79 da Lei n. 5.764/1971, c/c os arts. 86 e 87 do mesmo diploma legal). O eventual inadimplemento quanto ao pagamento de ISS em relação à taxa de administração de alguns contratos é matéria que se encarta no óbice da Súm. n. 7-STJ. O Min. Relator ressalvou seu posicionamento no sentido de que essas entidades não exercem nenhuma espécie de serviço ou fornecimento de mão-de-obra, mercê de não visarem ao fim lucrativo ensejador da incidência. A forma de associação corporativa implica impor a obrigação tributária aos médicos cooperativados pelos serviços que prestam. Caso as cooperativas empreendam a venda de planos de saúde com o intuito de lucro, devem pagar IOF, excluído, portanto, o ISS, pela ausência de tipicidade do fato gerador e pela interdição de que o mesmo fato possa sustentar duas exações. Precedentes citados: REsp 727.091-RJ, DJ 17/10/2005; REsp 487.854-SP, DJ 23/8/2004, e REsp 254.549-CE, DJ 18/9/2000. **REsp 875.388-SP, Rel. Min. Luiz Fux, julgado em 2/10/2007.** (Inform. STJ 334)

ISS. DESPESAS. REEMBOLSO. TERCEIROS. CONSULTORIA EMPRESARIAL.

Prosseguindo o julgamento, a Turma entendeu que não cabe a inclusão, na base de cálculo do ISS, de importâncias decorrentes de reembolso de despesas por serviços de consultoria empresarial prestados por terceiros (art. 9º do DL n. 406/1968). Precedentes citados: REsp 411.580-SP, DJ 16/12/2002; REsp 618.772-RS, DJ 19/12/2005, e REsp 224.813-SP, DJ 28/2/2000. **REsp 621.067-SP, Rel. Min. João Otávio de Noronha, julgado em 10/4/2007.** (Inform. STJ 316)

SÚMULA VINCULANTE STF 31

É inconstitucional a incidência do imposto sobre serviços de qualquer natureza – ISS sobre operações de locação de bens móveis.

SÚMULA STF Nº 663

Os §§ 1º e 3º do art. 9º do DL 406/68 foram recebidos pela Constituição. *(Comentário: o STJ entende que a tributação fixa do ISS não foi afastada pela LC 116/2003)*

SÚMULA STF Nº 588

O Imposto sobre Serviços não incide sobre os depósitos, as comissões e taxas de desconto, cobrados pelos estabelecimentos bancário. (antes da LC 116-03)

SÚMULA STJ Nº 424

É legítima a incidência de ISS sobre os serviços bancários congêneres da lista anexa ao DL n. 406/1968 e à LC n. 56/1987.

SÚMULA STJ Nº 274

O ISS incide sobre o valor dos serviços de assistência médica, incluindo-se neles as refeições, os medicamentos e as diárias hospitalares.

SÚMULA STJ Nº 167

O fornecimento de concreto, por empreiteira, para construção civil, preparado no trajeto até a obra em betoneiras acopladas a caminhões, é prestação de serviço, sujeitando-se apenas à incidência do ISS.

SÚMULA STJ Nº 156

A prestação do serviço de composição gráfica, personalizada e sob encomenda, ainda que envolva fornecimento de mercadorias, está sujeita, apenas, ao ISS.

SÚMULA STJ Nº 138

O ISS incide na operação de arrendamento mercantil de coisas móveis.

7.11. ITBI

ITBI. ARREMATAÇÃO. BASE. CÁLCULO.

A Turma conheceu parcialmente do recurso e, nessa parte, deu-lhe provimento por entender que a base de cálculo do Imposto de Transmissão de Bens Imóveis *Inter Vivos* (ITBI), em arrematação judicial, é o valor alcançado na hasta pública. No caso, segundo o tribunal *a quo,* na base de cálculo do ITBI, não deveria prevalecer o preço obtido em hasta pública, porquanto foi inferior ao estimado em lei municipal. Segundo consubstancia o art. 38 do CTN, a base de cálculo do imposto mencionado é o valor venal dos bens ou direitos transmitidos. Tendo em vista que a arrematação representa a aquisição do bem alienado judicialmente, deve-se considerar como valor venal do imóvel aquele atingido em hasta pública, que pode ser inferior ao da avaliação. Além disso, o fato gerador do ITBI só se aperfeiçoa com o registro da transmissão do bem imóvel, o que não ocorre quando da avaliação judicial. Dessarte, feita a arrematação, toma-se por base para o cálculo do referido imposto o valor obtido na venda pública. **Precedentes citados: REsp 863.893-PR, DJ 7/11/2006, e REsp 2.525-PR, DJ 25/6/1990. REsp 1.188.655-RS, Rel. Min. Luiz Fux, julgado em 20/5/2010.** (Inform. STJ 435)

ITBI. CONDOMÍNIO. DESFAZIMENTO. BENS INDIVISÍVEIS.
A Turma entendeu incidir o ITBI no caso de adjudicação de quatro imóveis a uma única pessoa, nos termos do art. 632 do CC/1916. Os recorrentes, ao todo, quatro coproprietários de seis imóveis urbanos edificados, resolveram extinguir parcialmente a copropriedade, apenas de quatro apartamentos, mantendo o condomínio em relação aos outros dois prédios restantes. Diferentemente do entendimento do Tribunal de origem, não se aplica à hipótese o art. 631 do CC/1916 para afastar a incidência do ITBI, uma vez que se trata de condomínio de apartamentos edilícios, em que cada um dos quatro impetrantes, antes coproprietários de cada um dos imóveis, a serem considerados individualmente, com o acordo passou a ser único proprietário de um dos seis imóveis, ou seja, adquiriu dos outros coproprietários 75% do bem de que já possuía 25%. Assim, sobre a transmissão dos 75%, cabível a incidência do ITBI, e afastada em relação aos outros dois imóveis restantes do condomínio, mormente por não haver alienação onerosa quanto a estes, como ocorre em relação à parcela dos 75%. Ademais, os impostos ditos reais (IPTU e ITBI, em especial) referem-se a bens autonomamente considerados. **REsp 722.752-RJ, Rel. Min. Herman Benjamin, julgado em 5/3/2009.** (Inform. STJ 385)

SÚMULA STF Nº 656

É inconstitucional a lei que estabelece alíquotas progressivas para o imposto de transmissão inter vivos de bens imóveis - ITBI com base no valor venal do imóvel.

SÚMULA STF Nº 470

O Imposto de Transmissão *Inter Vivos* não incide sobre a construção, ou parte dela, realizada, inequivocamente, pelo promitente-comprador, mas sobre o valor do que tiver sido construído antes da promessa de venda.

SÚMULA STF Nº 329

O Imposto de Transmissão *Inter Vivos* não incide sobre a transferência de ações de sociedade imobiliária.

SÚMULA STF Nº 326

É legítima a incidência do Imposto de Transmissão *Inter Vivos* sobre a transferência do domínio útil.

SÚMULA STF Nº 111

É legítima a incidência do Imposto de Transmissão *Inter Vivos* sobre a restituição, ao antigo proprietário, de imóvel que deixou de servir à finalidade da sua desapropriação.

SÚMULA STF Nº 110

O Imposto de Transmissão *Inter Vivos* não incide sobre a construção, ou parte dela, realizada pelo adquirente, mas sobre o que tiver sido construído ao tempo da alienação do terreno.

SÚMULA STF Nº 108

É legítima a incidência do Imposto de Transmissão *Inter Vivos* sobre o valor do imóvel ao tempo da alienação, e não da promessa, na conformidade da legislação local.

SÚMULA STF Nº 82

São inconstitucionais o Imposto de Cessão e a taxa sobre inscrição de promessa de venda de imóvel, substitutos do Imposto de Transmissão, por incidirem sobre ato que não transfere o domínio.

SÚMULA STF Nº 75

Sendo vendedora uma autarquia, a sua imunidade fiscal não compreende o Imposto de Transmissão *Inter Vivos*, que é encargo do comprador.

8. CONTRIBUIÇÕES EM ESPÉCIE

8.1. Pis, Pasep, Cofins e Finsocial

PIS E COFINS: VENDAS A PRAZO INADIMPLIDAS - 1
A contribuição ao Programa de Integração Social - PIS e a Contribuição para o Financiamento da Seguridade Social - COFINS são exigíveis no que se refere a vendas a prazo inadimplidas, ou seja, cujos valores faturados não tenham sido recebidos. Essa a conclusão do Plenário ao, por maioria, negar provimento a recurso extraordinário em que se argumentava, em síntese, que para o recolhimento mensal das aludidas contribuições, como regra geral, as empresas seriam obrigadas a escriturar como receitas o total das vendas faturadas, independentemente de seu efetivo recebimento, o que as vincularia, em face do regime contábil adotado, ao pagamento do PIS e da COFINS também sobre valores não ingressados em suas contas, como na hipótese de vendas inadimplidas. Nesses casos, portanto, não haveria demonstração de capacidade contributiva efetiva, vedada a tributação de parcelas que não exteriorizassem a riqueza do contribuinte, por inexistir substrato econômico. RE 586482/RS, rel. Min. Dias Toffoli, 23.11.2011. (RE-586482)

PIS E COFINS: VENDAS A PRAZO INADIMPLIDAS - 2
Inicialmente, constatou-se que a Corte teria firmado entendimento no sentido de que os fatos geradores do PIS e da COFINS seriam as operações econômicas exteriorizadas no faturamento (sua base de cálculo). Ademais, consideraria que "faturamento" envolveria não só "emitir faturas", mas também o resultado das operações empresariais do agente econômico, assim compreendido como receita bruta das vendas de mercadorias e serviços de qualquer natureza. Reputou-se que o Sistema Tributário Nacional fixara o regime de competência como regra geral para apuração dos resultados da empresa, e não o regime de caixa. Pelo primeiro, haveria o reconhecimento simultâneo das receitas e das despesas realizadas, como conseqüência natural do princípio da competência do exercício, considerando-se realizadas as receitas e incorridas as despesas no momento da transferência dos bens e da fruição dos serviços prestados, independentemente do recebimento do valor correspondente. Afirmou-se que essa sistemática seria confirmada pelos artigos 177 e 187, § 1º, a, da Lei 6.404/76, bem como pelo art. 9º da Resolução 750/93, do Conselho Federal de Contabilidade. Nesse contexto, aduziu-se que as mutações patrimoniais decorreriam de relações jurídicas integrantes do ativo ou do passivo da pessoa jurídica, representativas, respectivamente, de direitos ou de obrigações para com terceiros. Ocorreriam, pois, quando o vendedor fizesse a entrega para o comprador, passando, então, a ter *jus* ao recebimento do respectivo preço. Esse evento deveria ser vertido em linguagem competente, registrado o direito de crédito que o vendedor passaria a deter em face do comprador, equivalente ao preço estipulado quando da celebração do contrato. Frisou-se ser esse o momento em que nasceria a relação jurídica, juntamente com a ocorrência do fato jurídico tributário. RE 586482/RS, rel. Min. Dias Toffoli, 23.11.2011. (RE-586482)

PIS E COFINS: VENDAS A PRAZO INADIMPLIDAS - 3
Quanto ao aspecto temporal da hipótese de incidência da COFINS e da contribuição para o PIS, ter-se-ia, desse modo, que o fato gerador da obrigação ocorreria com o aperfeiçoamento do contrato de compra e venda, e não com o recebimento do preço acordado, isto é, com a disponibilidade jurídica da receita, que passaria a compor o aspecto material da hipótese de incidência das contribuições em questão. Salientou-se, nesse aspecto, que o STF teria firmado orientação do sentido de que a disponibilidade jurídica é presumida por força de lei, que definiria como fato gerador do imposto a aquisição virtual, e não efetiva, do poder de dispor. Além disso, a disponibilidade jurídica ou econômica da receita, para as pessoas jurídicas, não poderia ser limitada pelo efetivo recebimento de moeda ou dinheiro, diferenciando-se a disponibilidade econômica — patrimônio economicamente acrescido de um direito ou de um elemento material identificável como receita — da disponibilidade financeira — efetiva existência dos recursos financeiros. Assim, a primeira não pressuporia o repasse físico dos recursos para o patrimônio do contribuinte, bastando o acréscimo, mesmo que contábil, desses recursos no patrimônio da pessoa jurídica. RE 586482/RS, rel. Min. Dias Toffoli, 23.11.2011. (RE-586482)

PIS E COFINS: VENDAS A PRAZO INADIMPLIDAS - 4
Sublinhou-se inexistir disposição legislativa a permitir a exclusão das chamadas vendas inadimplidas da base de cálculo das contribuições em discussão. Haveria, por outro lado, normas a definir que não integrariam renda e receita as vendas canceladas, devolvidas e os descontos incondicionais (Decretos-lei 1.940/82, art. 1º, § 4º e 1.598/77, art. 12, § 1º; Leis 9.718/98, 10.637/2002 e 10.833/2004). Sob esse prisma, as situações excludentes do crédito tributário contempladas na legislação do PIS e da COFINS ocorreriam apenas quando fato superveniente viesse a anular o fato gerador do tributo, nunca quando ele subsistisse perfeito e acabado, como ocorreria nas vendas inadimplidas. Asseverou-se que as vendas canceladas não poderiam equiparar-se às inadimplidas porque, diferentemente dos casos de cancelamento de vendas, em que o negócio jurídico seria desfeito, extinguindo-se, assim, as obrigações do credor e do devedor, as vendas inadimplidas — a despeito de poderem resultar no cancelamento e na devolução da mercadoria —, enquanto não efetivamente canceladas, implicariam crédito para o vendedor oponível ao comprador. Permaneceria, portanto, o fato imponível. Destacou-se que o mesmo ocorreria com os descontos incondicionais, parcelas redutoras do preço de venda quando constantes da nota fiscal de venda dos bens ou da fatura de serviços e

independentes de evento posterior à emissão desses documentos. Não caberia ao intérprete, assim, excluir as vendas inadimplidas da base de cálculo da contribuição ao PIS e da COFINS, sob a alegação de isonomia, por resultar hipótese de exclusão de crédito tributário, cuja interpretação deveria ser restritiva, a teor do art. 111 do CTN. O Min. Ricardo Lewandowski destacou que, quando uma empresa vende a prazo, assumiria os riscos da inadimplência, e a legislação preveria a denominada provisão para devedores duvidosos, a permitir que determinada empresa, ao fim de cada exercício social, pudesse lançar como perda do período eventuais vendas atingidas por insolvências.Vencidos os Ministros Celso de Mello e Marco Aurélio, que proviam o recurso. Este asseverava que receita auferida seria somente a que ingressara na contabilidade da empresa, sujeito passivo dos tributos. Ademais, verificado o inadimplemento, o autor do negócio jurídico teria duplo prejuízo: não receberia e teria, ainda, de recolher o tributo. Assim, a capacidade contributiva não se faria presente. O Min. Celso de Mello consignava que o Fisco não poderia apropriar-se de parcelas a serem recolhidas com base em mera presunção de receita, visto que valores não recebidos seriam inábeis a compor a base de cálculo. RE 586482/RS, rel. Min. Dias Toffoli, 23.11.2011. (RE-586482) (Inform. STF 649)

REPERCUSSÃO GERAL EM RE N. 635.443-ES
RELATOR : MIN. DIAS TOFFOLI

EMENTA: PIS/COFINS - OPERAÇÃO DE IMPORTAÇÃO - SISTEMA FUNDAP/ES (Fundo de Desenvolvimento de Atividades Portuárias) - INCIDÊNCIA SOBRE O VALOR DA PRESTAÇÃO DO SERVIÇO (MP nº 2.158-35/01: IMPORTAÇÃO POR CONTA E ORDEM DE TERCEIROS) OU SOBRE O VALOR DA IMPORTAÇÃO (FATURAMENTO). (Inform. STF 630)

REPERCUSSÃO GERAL EM RE N. 609.096-RS
RELATOR: MIN. RICARDO LEWANDOWSKI

EMENTA: CONSTITUCIONAL. TRIBUTÁRIO. COFINS E CONTRIBUIÇÃO PARA O PIS. INCIDÊNCIA. RECEITAS FINANCEIRAS DAS INSTITUIÇÕES FINANCEIRAS. CONCEITO DE FATURAMENTO. EXISTÊNCIA DE REPERCUSSÃO GERAL. (Inform. STF 625)

RE N. 379.154-RS
1202 **RED. P/O ACÓRDÃO: MIN. JOAQUIM BARBOSA**

Ementa: TRIBUTÁRIO. PASEP. AMPLIAÇÃO DOS SUJEITOS PASSIVOS POR DECRETO-LEI. INCONSTITUCIONALIDADE.
LC 08/1977. ART. 14, VI DO DECRETO-LEI 2.052/1983. ART. 55, II DA CONSTITUIÇÃO DE 1967 (EC 01/1969).
1. Segundo orientação firmada por esta Corte, a Contribuição ao Pasep deixou de ter natureza tributária com a publicação da EC 08/1977.
2. Por não versar sobre matéria tributária, nem sobre direito financeiro, o regramento da contribuição não poderia ser definido ou modificado por decreto-lei.
3. O art. 14 do Decreto-lei 2.052/1983 ampliou os sujeitos passivos da contribuição para incorporar *"quaisquer outras entidades controladas, direta ou indiretamente, pelo Poder Público"* e, portanto, já era inconstitucional nos termos do art. 55, II da Constituição de 1967, tal como emendada em 1969.
Ressalva de entendimento pessoal feita pelo Ministro Carlos Velloso, relator, acerca da natureza tributária da Contribuição ao PIS e ao Pasep, ainda que sob a regência da EC 08/1977 (RTJ 150/888 e AC 63.656/TFR). Recurso extraordinário ao qual se dá provimento. (Inform. STF 621)
** noticiado no Informativo 617*

DECRETO-LEI 2.052/83 E CONTRIBUINTES DO PASEP - 2

Em conclusão de julgamento, o Plenário, ao prover recurso extraordinário, declarou a inconstitucionalidade do art. 14, VI, do Decreto-lei 2.052/83, que inclui, como contribuintes do PASEP, *"quaisquer outras entidades controladas, direta ou indiretamente, pelo Poder Público"*. Na espécie, companhia de seguros questionava acórdão que decidira pelo seu enquadramento como contribuinte do PASEP, por ser ela controlada pelo Poder Público — v. Informativo 402. Preliminarmente, por maioria, conheceu-se do recurso, vencido, no ponto, o Min. Marco Aurélio, que entendia haver questão relativa ao próprio sistema, a exigir, em primeiro lugar, o pronunciamento do STJ para, após, ser julgado, se não prejudicado pela decisão daquele tribunal, o extraordinário simultaneamente interposto. No mérito, reputou-se que o PIS e, da mesma forma, o PASEP — por ter perdido a natureza tributária a partir da EC 8/77 e não se inserir no âmbito das finanças públicas — não poderia ser alterado por decreto-lei. RE 379154/RS, rel. orig. Min. Carlos Velloso, red. p/ o acórdão Min. Joaquim Barbosa, 23.2.2011. (RE-379154) (Inform. STF 617)

REPERCUSSÃO GERAL EM RE N. 599.362-RJ
RELATOR: MIN. DIAS TOFFOLI

EMENTA: TRIBUTÁRIO – PIS - COOPERATIVA DE TRABALHO - MP Nº. 2.158-35/2001 LEIS Nº. 9.715/1998 E 9.718/1998 - INCIDÊNCIA SOBRE OS ATOS COOPERATIVOS – REPERCUSSÃO GERAL - EXISTÊNCIA.
A controvérsia atinente à possibilidade da incidência da contribuição para o PIS sobre os atos cooperativos, tendo em vista o disposto na Medida Provisória nº 2.158-33, originariamente editada sob o nº 1.858-6, e nas Leis nºs 9.715 e 9.718, ambas de 1998, ultrapassa os interesses subjetivos das partes. Repercussão geral reconhecida. (Inform. STF 613)

REPERCUSSÃO GERAL EM RE N. 607.642-RJ
RELATOR: MIN. DIAS TOFFOLI

EMENTA: TRIBUTÁRIO - PIS - EMPRESA PRESTADORA DE SERVIÇOS - MP 66/2002, CONVERTIDA NA LEI Nº. 10.637/2002 – MAJORAÇÃO DE ALÍQUOTA – NÃO CUMULATIVIDADE – APROVEITAMENTO DE CRÉDITOS - REPERCUSSÃO GERAL – EXISTÊNCIA.
A controvérsia atinente a constitucionalidade da Medida Provisória nº 66/02, convertida na Lei nº 10.637/02, a qual inaugurou a sistemática da não cumulatividade da contribuição para o PIS, incidente sobre o faturamento das pessoas jurídicas prestadoras de serviços, com a consequente majoração da alíquota da referida contribuição associada à possibilidade de aproveitamento de créditos compensáveis para a apuração do valor efetivamente devido, ultrapassa os limites subjetivos da causa. Repercussão geral reconhecida. (Inform. STF 613)

PIS E COFINS INCIDENTES SOBRE A IMPORTAÇÃO E BASE DE CÁLCULO - 1

O Plenário iniciou julgamento de recurso extraordinário em que se discute a constitucionalidade, ou não, do art. 7º, I, da Lei 10.865/2004, que determinou que a base de cálculo do PIS e da COFINS incidentes sobre a importação *"será o valor aduaneiro, assim entendido, para os efeitos desta Lei, o valor que servir ou que serviria de base para o cálculo do imposto de importação, acrescido do valor do Imposto sobre Operações Relativas à Circulação de Mercadorias e sobre Prestação de Serviços de Transporte Interestadual e Intermunicipal e de Comunicação - ICMS incidente no desembaraço aduaneiro e do valor das próprias contribuições, na hipótese do inciso I do caput do art. 3º desta Lei"*. A Min. Ellen Gracie, relatora, negou provimento ao recurso e, por vislumbrar afronta ao art. 149, § 2º, III, a, da CF, introduzido pela EC 33/2001, reconheceu a inconstitucionalidade da parte do citado art. 7º, I, da Lei 10.865/2004 que diz *"acrescido do valor do Imposto sobre Operações Relativas à Circulação de Mercadorias e sobre Prestação de Serviços de Transporte Interestadual e Intermunicipal e de Comunicação - ICMS incidente no desembaraço aduaneiro e do valor das próprias contribuições"*. **RE 559937/RS, rel. Min. Ellen Gracie, 20.10.2010.** (RE-559937)

PIS E COFINS INCIDENTES SOBRE A IMPORTAÇÃO E BASE DE CÁLCULO - 2

Asseverou, inicialmente, que as contribuições questionadas no presente recurso, PIS/PASEP-Importação e COFINS-Importação, teriam sido instituídas com fundamento nos artigos 149, § 2º, II e 195, IV, da CF. Afirmou que a semelhança delas com as contribuições PIS/PASEP e COFINS limitar-se-ia à identidade de finalidades e à possibilidade de apuração de crédito para fins de compensação no regime não-cumulativo. Observou, entretanto, que essa identidade de finalidades permitiria, por si só, que se classificassem as contribuições PIS/PASEP e COFINS sobre a importação como contribuições de seguridade social. Salientou, ainda, que a Lei 10.865/2004 teria dado um tratamento unitário para ambas, relativamente à não-incidência, ao fato gerador, ao sujeito passivo, à base de cálculo e à isenção, fazendo distinção apenas no que se refere às suas alíquotas (1,65% para o PIS/PASEP-Importação e 7,6% para a COFINS-Importação). Tal tratamento, bem como a simultaneidade da instituição dessas contribuições, faria com que, na prática, elas configurassem quase que uma única contribuição cujo percentual seria bipartido, de modo que cada parte recebesse destinação específica, não sendo impróprio, inclusive, que fossem denominadas simplesmente contribuições de PIS/COFINS-Importação. **RE 559937/RS, rel. Min. Ellen Gracie, 20.10.2010**. (RE-559937)

PIS E COFINS INCIDENTES SOBRE A IMPORTAÇÃO E BASE DE CÁLCULO - 3

Aduziu que a instituição simultânea dessas contribuições não estaria em confronto com a vedação de *bis in idem*, com invocação do art. 195, § 4º, da CF. Explicou que, se na instituição de novas contribuições de seguridade social haveria de ser observada a exigência de lei complementar, de não-cumulatividade e a proibição de que tenham fato gerador ou base de cálculo próprios dos discriminados nos incisos do art. 195, não se haveria de falar sobre invalidade da instituição originária e simultânea de contribuições idênticas com fundamento no inciso IV do art. 195, com alíquotas apartadas para fins exclusivos de destinação. Justificou que exatamente por constituírem contribuições cuja instituição fora devidamente prevista e autorizada, de modo expresso, em um dos incisos do art. 195 da CF, elas poderiam ser instituídas validamente por lei ordinária. Dessa forma, tratando-se de contribuições ordinárias de financiamento da seguridade social, com base no art. 195, IV, da CF, estaria afastada qualquer violação ao § 4º do mesmo preceito, o qual se limitaria a regular o exercício da competência residual, somente para tanto exigindo lei complementar, não cumulatividade e fato gerador e base de cálculo distintos das contribuições ordinárias. Portanto, sendo inaplicável o art. 195, § 4º, da CF, não se haveria de concluir que as contribuições em questão deveriam ser necessariamente não-cumulativas. Ademais, ressaltou que o fato de não admitirem crédito senão para as empresas sujeitas à apuração do PIS e da COFINS pelo regime não-cumulativo não implicaria ofensa à isonomia, de modo a fulminar o tributo. A sujeição ao regime do lucro presumido, que ensejaria submissão ao regime cumulativo, seria opcional, razão pela qual não se vislumbraria, também, afronta ao art. 150, II, da CF. **RE 559937/RS, rel. Min. Ellen Gracie, 20.10.2010.** (RE-559937)

PIS E COFINS INCIDENTES SOBRE A IMPORTAÇÃO E BASE DE CÁLCULO - 4

A Min. Ellen Gracie registrou que os dispositivos do art. 195 da CF seriam normas especiais que não afastariam a aplicação das normas gerais do art. 149 no que não fossem incompatíveis, havendo entre elas, portanto, uma relação de complementaridade. No que respeita à contribuição de seguridade social do importador, disse que ela teria como suportes diretos os artigos 149, II, e 195, IV, da CF, e se submeteria, ainda, ao art. 149, § 2º, III, da CF, acrescido pela EC 33/2001. Com a combinação desses dispositivos, ter-se-ia que a União seria competente para instituir contribuição do importador ou equiparado, para fins de custeio da seguridade social (art. 195, IV), com alíquota específica (art. 149, § 2º, III, b) ou *ad valorem*, esta tendo por base o valor aduaneiro (art. 149, § 2º, III, a). Disse não haver dúvida de que as contribuições caracterizar-se-iam, principalmente, por impor a um certo grupo de contribuintes — ou, até mesmo, a toda a sociedade, no que se refere às contribuições de seguridade social — o custeio de atividades públicas voltadas à realização de fins constitucionalmente fixados, e que não haveria, no texto originário da Constituição, uma pré-definição das bases a serem tributadas, salvo para fins de custeio da seguridade, no art. 195. Salientou que o critério da finalidade seria marca essencial das respectivas normas de competência, mas que ele não seria o único usado pelo constituinte para definir a competência tributária relativa à instituição de contribuições, visto que ele também teria se valido já no texto original da Constituição, quanto a contribuições de seguridade social, da enunciação de bases econômicas ou materialidades (art. 195, I a III). Portanto, a Constituição teria combinado os critérios da finalidade e da base econômica para delimitar a competência tributária concernente à instituição de contribuições de seguridade social. **RE 559937/RS, rel. Min. Ellen Gracie, 20.10.2010.** (RE-559937)

PIS E COFINS INCIDENTES SOBRE A IMPORTAÇÃO E BASE DE CÁLCULO - 5

Realçou que, com o advento da EC 33/2001, a enunciação das bases econômicas passou a figurar como critério quase que onipresente nas normas de competência relativas a contribuições, haja vista o § 2º do inciso III do art. 149 ter feito com que a possibilidade de instituição de quaisquer contribuições sociais ou interventivas ficasse circunscrita a certas bases ou materialidades, reduzindo o campo de discricionariedade do legislador na eleição do fato gerador e da base de cálculo desses tributos. Daí, no que tange à importação, ter estabelecido que a contribuição poderá possuir alíquota *ad valorem*, tendo por base o valor aduaneiro, ou específica, tendo por base a unidade de medida adotada. Frisou, no ponto, que o termo "poderão", contido nesse preceito, não enunciaria mera alternativa de tributação em rol meramente exemplificativo. Dessa forma, a redação do art. 149, § 2º, III, a, da CF, ao circunscrever a tributação ao faturamento, à receita bruta e ao valor da operação ou, no caso de importação, ao valor aduaneiro, possuiria o efeito de impedir a pulverização de contribuições sobre bases de cálculo não previstas, e evitar, com isso, por exemplo, efeitos extrafiscais inesperados e adversos que poderiam resultar da eventual sobrecarga da folha de salários, reservada que ficou esta base ao custeio da seguridade social (art. 195, I, a), não ensejando, mais, a instituição de outras contribuições sociais e interventivas. Também não seria razoável, para a relatora, interpretar a referência às bases econômicas como meras sugestões de tributação, por não caber à Constituição sugerir, mas sim outorgar competências e traçar os seus limites. De igual modo, não seria correto entender que o art. 149, § 2º, III, a, da CF teria sobrevindo apenas para autorizar o *bis in idem* ou a bitributação, sendo certo que esse dispositivo efetivamente afastaria a possível argumentação de que as bases a que se refere, quando já gravadas anteriormente por outra contribuição ou por imposto, não poderiam ser objeto de nova contribuição social ou interventiva. **RE 559937/RS, rel. Min. Ellen Gracie, 20.10.2010.** (RE-559937)

PIS E COFINS INCIDENTES SOBRE A IMPORTAÇÃO E BASE DE CÁLCULO - 6

Prosseguindo, a relatora destacou que o constituinte derivado, ao estabelecer que as contribuições sociais e interventivas poderão ter alíquotas *ad valorem*, tendo por base o faturamento, a receita bruta ou o valor da operação e, no caso de importação, o valor aduaneiro, teria inovado por circunscrever a tais bases a respectiva competência, sem prejuízo do já previsto no art. 195 da CF. Assentou que as contribuições sobre a importação, portanto, não poderiam extrapolar a base do valor aduaneiro, sob pena de inconstitucionalidade por violação à norma de competência no ponto constante do art. 149, § 2º, III, a, da CF. Ao salientar a desnecessidade de aprofundamento da análise do alcance da expressão "valor aduaneiro", asseverou que a Lei 10.865/2004, ao instituir o PIS/PASEP-Importação e a COFINS-Importação, não teria alargado propriamente o conceito de valor aduaneiro de modo a abarcar outras grandezas nele não contidas, para fins de apuração de tais contribuições, mas desconsiderado a imposição constitucional de que as contribuições sociais sobre a importação, quando tivessem alíquota *ad valorem*, fossem calculadas com base apenas no valor aduaneiro. Ou seja, a lei impugnada teria determinado que as contribuições fossem calculadas sobre esse valor e também sobre o valor do ICMS-Importação e o das próprias contribuições instituídas. Haveria, assim, expressa extrapolação da base permitida pela Constituição e que condicionava o exercício da competência legislativa. **RE 559937/RS, rel. Min. Ellen Gracie, 20.10.2010.** (RE-559937)

PIS E COFINS INCIDENTES SOBRE A IMPORTAÇÃO E BASE DE CÁLCULO - 7

Por fim, a relatora rejeitou a alegação de que a lei impugnada teria como escopo atender ao princípio da isonomia, ao conferir tratamento tributário igual aos bens produzidos e serviços prestados no país, e que sofrem a incidência do PIS e da COFINS para o financiamento da seguridade social, e aos bens e serviços importados de residentes ou domiciliados no exterior. Considerou que, no caso em questão, não haveria parâmetro de comparação adequado que permitisse conclusão no sentido de que a circunscrição das contribuições sobre a importação à base valor aduaneiro violasse a isonomia e que, de outro lado, a inserção do ICMS-Importação e das próprias contribuições PIS/PASEP-Importação e COFINS-Importação na base de cálculo destas últimas fosse um imperativo constitucional de isonomia tributária. Ressaltou que a ofensa à isonomia identificar-se-ia apenas quando fossem tratados diversamente contribuintes que se encontrassem em situação equivalente e sem que o tratamento diferenciado estivesse alicerçado em critério justificável de discriminação ou sem que a diferenciação levasse ao resultado que a fundamentasse. Observou que, na espécie, não haveria como equiparar de modo absoluto a tributação da importação com a tributação das operações internas. Após, pediu vista dos autos o Min. Dias Toffoli. **RE 559937/RS, rel. Min. Ellen Gracie, 20.10.2010.** (RE-559937) (Inform. STF 605)

REPERCUSSÃO GERAL EM RE N. 587.108-RS

RELATOR: MIN. RICARDO LEWANDOWSKI

EMENTA: CONSTITUCIONAL. TRIBUTÁRIO. PIS E COFINS. NÃO CUMULATIVIDADE. BENS EM ESTOQUE. CRÉDITO. ALÍQUOTA. LEI 10.637/2002, ART. 11, § 1º, E LEI 10.833/2003, ART. 12, § 1º. RELEVÂNCIA JURÍDICA E ECONÔMICA DA QUESTÃO CONSTITUCIONAL. EXISTÊNCIA DE REPERCUSSÃO GERAL. (Inform. STF 557)

AÇÃO RESCISÓRIA: FINSOCIAL E LITISCONSÓRCIO NECESSÁRIO

Em conclusão, o Tribunal, por maioria, extinguiu, sem julgamento de mérito, ação rescisória ajuizada pela União, com fundamento no art. 485, V, do CPC, em que pleiteada a desconstituição de acórdão proferido pela 2ª Turma no RE 168300/SC (DJU de 21.10.94) — relativamente a 3 das 25 empresas impetrantes de mandado de segurança —, com a integração decorrente do julgamento de embargos declaratórios, por força dos quais lhes teria sido assegurado, na condição de exclusivamente prestadoras de serviços, o recolhimento da contribuição para o FINSOCIAL, prevista no art. 28 da Lei 7.738/89, à alíquota simples de 0,5% sobre a receita bruta, afastadas as majorações implementadas pelo art. 7º da Lei 7.787/89, pelo art. 1º da Lei 7.894/89 e pelo art. 1º da Lei 8.147/90, consideradas inconstitucionais no julgamento do RE 150764/PE (DJU de 2.3.93). Alegava a União que essa orientação teria sido revista, estando agora pacificada em sentido contrário, conforme decidido no RE 187436/RS (DJU de 31.10.97) — v. Informativo 307. Entendeu-se que seria imprescindível a formação do litisconsórcio passivo necessário entre todas as empresas impetrantes do mandado de segurança originário, destinatárias em potencial da decisão rescindenda. Considerou-se que a coisa julgada teria definido, de forma genérica, os parâmetros jurídicos de aplicação das regras legais concernentes ao FINSOCIAL, e que ficaria para o juízo da execução a individualização da situação específica de cada uma das impetrantes. Asseverou-se que não se poderia afirmar que somente as ora rés teriam sido atingidas pela fração do acórdão que se pretendia rescindir, por refletir simples alegação da parte autora sem base em fatos concretos acerca do que decidido. O Min. Menezes Direito, em seu voto-vista, observou que, de fato, a impetração objetivou a declaração de que todas as impetrantes não estavam sujeitas ao pagamento do FINSOCIAL no percentual de 1%, em face da inconstitucionalidade do próprio FINSOCIAL, não tendo havido qualquer discriminação sobre a natureza jurídica das mesmas. Aduziu, ainda, que o litisconsórcio que se formou era facultativo e que a distinção somente teria surgido nos embargos de declaração, cujo acórdão, entretanto, limitara-se a esclarecer, sem efeitos modificativos, que, no caso das empresas exclusivamente prestadoras de serviço, a alíquota seria de 0,5% até a Lei Complementar 70/91. Assim, não haveria nenhum exame de que todas as impetrantes estavam, ou não, na mesma situação, não valendo a mera indicação da Fazenda, contestada pelas 3 empresas rés na rescisória. Afirmou que, se não fosse assim, eventual procedência da rescisória, sem que as demais impetrantes tivessem oportunidade de discutir a sua natureza jurídica, implicaria violação ao princípio do contraditório. Vencidos os Ministros Ilmar Galvão, relator, e Marco Aurélio. Os Ministros Cezar Peluso e Cármen Lúcia acompanharam o Min. Menezes Direito, tendo em conta o fato de ter ficado explícito no dispositivo que as situações concretas de cada empresa poderão ser discriminadas na execução do mandado de segurança. **AR 1519/SC, rel. orig. Min. Ilmar Galvão, red. p/ o acórdão Min. Menezes Direito, 13.5.2009.** (AR-1519) (Inform. STF 546)

EMBARGOS DE DECLARAÇÃO EM EMBARGOS DE DIVERGÊNCIA E RECONHECIMENTO DA NATUREZA DE EMPRESA - 1

Salientando os reflexos práticos da decisão, o Tribunal, por maioria, acolheu embargos de declaração opostos contra acórdão da 2ª Turma que recebera embargos de divergência para adotar os fundamentos deduzidos no RE 187436/RS (DJU de 31.10.97), em que se declarara a constitucionalidade do art. 7º da Lei 7.787/89, do art. 1º da Lei 7.894/89 e do art. 1º da Lei 8.147/90, com relação às empresas exclusivamente prestadoras de serviços, restabelecendo o acórdão proferido pelo TRF da 4ª Região. Alegavam as embargantes a existência de contradição, haja vista que o acórdão regional não estaria em consonância com a jurisprudência do STF por ter concluído pela aplicabilidade das majorações de alíquotas relativamente às empresas prestadoras de serviços e não com relação às empresas exclusivamente prestadoras de serviços. Sustentavam, ainda, que algumas das empresas recorrentes não se qualificariam como exclusivamente prestadoras de serviços, mas instituições financeiras e entidades a elas equiparadas que praticam atividades consideradas mercantis. Observou-se, inicialmente, que o dispositivo do acórdão proferido pelo TRF da 4ª Região, ao prover em parte a apelação das empresas comerciais e desprover a das empresas prestadoras de serviço, listara cada impetrante na sua categoria correspondente, não distinguindo, no entanto, dentre as empresas prestadoras de serviços, as instituições financeiras e as sociedades seguradoras. Em seguida, asseverou-se que o Supremo deveria evitar a adoção de soluções contraditórias, especialmente no que concerne a matérias exaustivamente discutidas por seu Plenário, a fim de não comprometer a segurança jurídica, haja vista que isso provocaria nos jurisdicionados inaceitável dúvida quanto à adequada interpretação da matéria a ele submetida. Registrou-se, que, na hipótese dos autos, haveria uma especificidade, qual seja, o caráter inegável de instituição financeira das empresas embargantes, que dispensaria a verificação de qualquer documento ou fato para atestá-la. Tendo isso em conta, afastou-se a condição de empresa prestadora de serviços a elas dada pelo tribunal *a quo* para assentar a sua condição de instituição financeira ou sociedade seguradora, ressaltando não se estar atentando contra a Súmula 279 do STF. **RE 198604 ED-Ediv/PR, rel. orig. Min. Cezar Peluso, rel. p/o acórdão Min. Ellen Gracie, 26.3.2009.** (RE-198604)

EMBARGOS DE DECLARAÇÃO EM EMBARGOS DE DIVERGÊNCIA E RECONHECIMENTO DA NATUREZA DE EMPRESA - 2

Em seqüência, apontando a existência de precedentes do Pleno no sentido de que as instituições financeiras, seguradoras e empresas mistas não estão sujeitas aos mencionados aumentos de alíquotas do FINSOCIAL, acolheram-se os embargos de declaração para, dando-lhes efeitos modificativos, conhecer, tão-somente quanto às ora embargantes, do recurso extraordinário e, nesta parte, dar-lhe provimento, mantido o acórdão regional quanto às demais empresas recorrentes. A Min. Ellen Gracie fez considerações, ainda, no sentido de que a solução por ela proposta teria por objetivo mais amplo o de uniformizar a jurisprudência sobre a matéria, já que, por ser vacilante, durante algum tempo, a manifestação do STF relativamente ao tipo de empresa que deveria ter a alíquota majorada, isso acarretara o litisconsórcio passivo de empresas de diversas naturezas, tendo o TRF imposto a majoração da alíquota a todas. Vencidos, integralmente, os Ministros Cezar Peluso, relator, Menezes Direito e Cármen Lúcia, que rejeitavam os declaratórios, ao fundamento de que o acórdão teria sido proferido em embargos de divergência, onde se discutem teses, não sendo possível o exame de questões de fato sobre a natureza das empresas. Vencido, em parte, o Min. Marco Aurélio, que acolhia os embargos de declaração para assentar que os embargos de divergência não tinham condição de ser conhecidos, visto que a 2ª Turma, para provê-los, partira de uma premissa estranha ao acórdão embargado, qual seja, o envolvimento, na espécie, de partes que seriam exclusivamente prestadoras de serviços. Outros precedentes citados: **AR 1713/SP (DJU de 19.12.2003); RE 222874 AgR-ED/SP (DJU de 30.4.2004); RE 150764/PE (DJU de 2.4.93); RE 150755/PE (DJU de 20.8.93). RE 198604 ED-Ediv/PR, rel. orig. Min. Cezar Peluso, rel. p/o acórdão Min. Ellen Gracie, 26.3.2009.** (RE-198604) (Inform. STF 540)

EFEITO SUSPENSIVO A RE E REPERCUSSÃO GERAL

A Turma, ante a peculiaridade do caso, referendou decisão proferida pelo Min. Celso de Mello em ação cautelar, da qual relator, que deferira liminar para conceder efeito suspensivo a recurso extraordinário em que se discute a suposta inconstitucionalidade da majoração, para 3%, da alíquota da COFINS, instituída pelo art. 8º da Lei 9.718/98. Na espécie, o recurso extraordinário tivera seu processamento sobrestado na origem, tendo em conta a existência de repercussão geral da controvérsia constitucional nele veiculada, nos moldes do que dispõe o § 1º do art. 543-B do CPC, reconhecida no AI 715423/RS, o qual trata de matéria idêntica (CPC: "*Art. 543-B. Quando houver multiplicidade de recursos com fundamento em idêntica controvérsia, a análise da repercussão geral será processada nos termos do Regimento Interno do Supremo Tribunal Federal, observado o disposto neste artigo. § 1º Caberá ao Tribunal de origem selecionar um ou mais recursos representativos da controvérsia e encaminhá-los ao Supremo Tribunal Federal, sobrestando os demais até o pronunciamento definitivo da Corte.*"). Em decorrência disso, a empresa contribuinte tivera frustrada a possibilidade de obter, nos termos do Enunciado 635 da Súmula do STF, perante o Tribunal de origem, a tutela de urgência por ela postulada. Enfatizou-se a possibilidade, em situações excepcionais, de acesso imediato à jurisdição cautelar do Supremo, mesmo que ausente o juízo de admissibilidade do recurso ou sendo este negativo. Aduziu-se que a hipótese versada — sobrestamento do recurso extraordinário, sem a formulação de juízo de admissibilidade e o indeferimento, pela Corte de Origem, do pedido de tutela de urgência que lhe fora submetido — faria instaurar a situação configuradora de dano iminente e grave, capaz de comprometer o próprio direito material vindicado pela contribuinte, a legitimar, por isso mesmo, o exercício, ainda que excepcional, pelo STF, do seu poder geral de cautela. Salientou-se, ademais, que a pretensão de direito material deduzida pela empresa ainda será apreciada pelo Plenário da Suprema Corte, no julgamento do referido agravo de instrumento, valendo observar que esta Turma já deferira medida cautelar em favor de empresa contribuinte a propósito de mesmo tema, tudo a sugerir a plausibilidade jurídica da pretensão cautelar ora deduzida. Por fim, assinalou-se que a eficácia do presente provimento cautelar subsistirá até o julgamento final do AI 715423/RS. **Precedentes citados: AC 1810-QO/DF (DJU de 31.10.2007); AC 1550 MC/RO (DJU de 18.5.2007); AC 2019 MC/PR (DJE de 2.5.2008). AC 2168 Referendo - MC/SP, rel. Min. Celso de Mello, 4.11.2008.** (AC-2168) (Inform. STF 527)

ISENÇÃO DE COFINS E REVOGAÇÃO POR LEI ORDINÁRIA - 4

Em conclusão, o Tribunal, por maioria, desproveu dois recursos extraordinários, e declarou legítima a revogação da isenção do recolhimento da Contribuição para o Financiamento da Seguridade Social sobre as sociedades civis de prestação de serviços de profissão legalmente regulamentada, prevista no art. 6º, II, da LC 70/91, pelo art. 56 da Lei 9.430/96 ("*Art. 56. As sociedades civis de prestação de serviços de profissão legalmente regulamentada passam a contribuir para a seguridade social com base na receita bruta da prestação de serviços, observadas as normas da Lei Complementar nº 70, de 30 de dezembro de 1991.*") — v. Informativos 436, 452 e 459. Considerou-se a orientação fixada pelo STF no julgamento da ADC 1/DF (DJU de 16.6.95), no sentido de: a) inexistência de hierarquia constitucional entre lei complementar e lei ordinária, espécies normativas formalmente distintas exclusivamente tendo em vista a matéria eventualmente reservada à primeira pela própria CF; b) inexigibilidade de lei complementar para disciplina dos elementos próprios à hipótese de incidência das contribuições desde logo previstas no texto constitucional. Com base nisso, afirmou-se que o conflito aparente entre o art. 56 da Lei 9.430/96 e o art. 6º, II, da LC 70/91 não se resolve por critérios hierárquicos, mas, sim, constitucionais quanto à materialidade própria a cada uma dessas espécies normativas. No ponto, ressaltou-se que o art. 56 da Lei 9.430/96 é dispositivo legitimamente veiculado por legislação ordinária (CF, art. 146, III, b, *a contrario sensu*, e art. 150, § 6º) que importou na revogação de dispositivo inserto em norma materialmente ordinária (LC 70/91, art. 6º, II). Concluiu-se não haver, no caso, instituição, direta ou indireta, de nova contribuição social a exigir a intervenção de legislação complementar (CF, art. 195, § 4º). Vencidos os Ministros Eros Grau e Marco Aurélio que davam provimento aos recursos, para que fosse mantida a isenção estabelecida no art. 6º, II, da LC 70/91. Em seguida, o Tribunal, por maioria, rejeitou pedido de modulação de efeitos. Vencidos, no ponto, os Ministros Menezes Direito, Eros Grau, Celso de Mello, Carlos Britto e Ricardo Lewandowski, que deferiam a modulação, aplicando, por analogia, o disposto no art. 27 da Lei 9.868/99. O Tribunal também rejeitou questão de ordem que determinava a baixa do processo ao STJ, pela eventual falta da prestação jurisdicional, vencidos o Min. Marco Aurélio, que a suscitara, e o Min. Eros Grau. Por fim, o Tribunal acolheu questão de ordem suscitada pelo Min. Gilmar Mendes, relator, para permitir a aplicação do art. 543-B do CPC, vencido o Min. Marco Aurélio. Não participou da votação nas questões de ordem o Min. Joaquim Barbosa, ausente naquele momento. **RE 377457/PR, rel. Min. Gilmar Mendes, 17.9.2008. (RE-377457) RE 381964/MG, rel. Min. Gilmar Mendes, 17.9.2008.** (RE-381964) (Inform. STF 520)

BASE DE CÁLCULO DA COFINS E INCONSTITUCIONALIDADE DO ART. 3º, § 1º, DA LEI 9.718/98

O Tribunal resolveu questão de ordem no sentido de reconhecer a existência de repercussão geral da questão constitucional, reafirmar a jurisprudência da Corte acerca da inconstitucionalidade do § 1º do art. 3º da Lei 9.718/98, que ampliou a base de cálculo da Contribuição para Financiamento da Seguridade Social - COFINS, e negar provimento a recurso extraordinário interposto pela União. Vencido, parcialmente, o Min. Marco Aurélio, que entendia ser necessária a inclusão do processo em pauta. Em seguida, o Tribunal, por maioria, aprovou proposta do Min. Cezar Peluso, relator, para edição de súmula vinculante sobre o tema, e cujo teor será deliberado nas próximas sessões. Vencido, também nesse ponto, o Min. Marco Aurélio, que se manifestava no sentido da necessidade de encaminhar a proposta à Comissão de Jurisprudência. **RE 585235 QO/MG, rel. Min. Cezar Peluso, 10.9.2008.** (RE-585235) (Inform. STF 519)

ADC E ICMS NA BASE DE CÁLCULO DA COFINS E DO PIS/PASEP - 2

O Tribunal retomou julgamento de ação declaratória de constitucionalidade proposta pelo Presidente da República que tem por objeto o art. 3º, § 2º, I, da Lei 9.718/98 ("*Art. 3º O faturamento a que se refere o artigo anterior corresponde à receita bruta da pessoa jurídica. ... § 2º Para fins de determinação da base de cálculo das contribuições a que se refere o art. 2º, excluem-se da receita bruta: I – as vendas canceladas, os descontos incondicionais concedidos, o Imposto sobre Produtos Industrializados – IPI e o Imposto sobre Operações relativas à Circulação de Mercadorias e sobre Prestações de Serviços de Transporte Interestadual e Intermunicipal e de Comunicação - ICMS, quando cobrado pelo vendedor dos bens ou prestador dos serviços na condição de substituto tributário.*"). Pretende-se, na espécie, com essa declaração, legitimar-se a inclusão, na base de cálculo da COFINS e do PIS/PASEP, dos valores pagos a título de ICMS e repassados aos consumidores no preço dos produtos e serviços, desde que não se trate de substituição tributária — v. Informativo 506. O Tribunal, após rejeitar todas as preliminares suscitadas, deferiu, por maioria, a medida cautelar para determinar que juízos e tribunais suspendam o julgamento dos processos em trâmite, aí não incluídos os processos em andamento nesta Corte, que envolvam a aplicação do art. 3º, § 2º, I, da Lei 9.718/98. Reconheceu-se haver uma clara divergência de interpretação quanto ao dispositivo em questão em todo o território nacional, o que recomendaria, por uma questão de segurança jurídica, a paralisação das demandas em curso que tratam do tema. Vencidos os Ministros Marco Aurélio e Celso de Mello que indeferiam a cautelar. **ADC 18 MC/DF, rel. Min. Menezes Direito, 13.8.2008.** (ADC-18) (Inform. STF 515)

COFINS E MAJORAÇÃO DE ALÍQUOTA

O Tribunal acolheu questão de ordem, suscitada pela Min. Ellen Gracie em agravo de instrumento, do qual relatora, para reconhecer a existência de repercussão geral da matéria debatida em recurso extraordinário interposto contra acórdão proferido pelo Tribunal Regional Federal da 4ª Região que declarara a constitucionalidade do art. 8º da Lei 9.718/98, que elevou de dois para três por cento a alíquota da COFINS. Preliminarmente, reputando atendidos os pressupostos de admissibilidade, deu-se provimento ao agravo, convertendo-o, de imediato, em recurso extraordinário, com base no art. 544, §§ 3º e 4º do CPC, uma vez que presentes, nos autos, todos os subsídios necessários ao exame da controvérsia, salientando que o agravante teria cumprido, na inicial do apelo extremo, a exigência processual da formal e expressa defesa da repercussão geral da matéria. Entendeu-se, no mais, indiscutível a existência de repercussão geral do tema, diante da sua relevância econômica, social e jurídica, asseverando ser fato público e notório a expectativa, por grande parcela do segmento empresarial brasileiro, de um claro e definitivo pronunciamento da atual composição da Corte sobre o impasse quanto à alíquota a ser considerada no cálculo da COFINS. Ademais, considerou-se que a noção de abrangência do tema estaria reforçada em face da recente afetação da controvérsia ao Plenário, pela 2ª Turma, no **RE 527602 AgR/SP (v. Informativo 486). AI 715423 QO/RS, rel. Min. Ellen Gracie, 11.6.2008.** (AI-715423) (Inform. STF 510)

ADC E ICMS NA BASE DE CÁLCULO DA COFINS E DO PIS/PASEP

O Tribunal iniciou julgamento de ação declaratória de constitucionalidade proposta pelo Presidente da República que tem por objeto o art. 3º, § 2º, I, da Lei 9.718/98 ("*Art. 3º O faturamento a que se refere o artigo anterior corresponde à receita bruta da pessoa jurídica. ... § 2º Para fins de determinação da base de cálculo das contribuições a que se refere o art. 2º, excluem-se da receita bruta: I – as vendas canceladas, os descontos incondicionais concedidos, o Imposto sobre Produtos Industrializados – IPI e o Imposto sobre Operações relativas à Circulação de Mercadorias e sobre Prestações de Serviços de Transporte Interestadual e Intermunicipal e de Comunicação - ICMS, quando cobrado pelo vendedor dos bens ou prestador dos serviços na condição de substituto tributário.*"). Pretende-se, na espécie, com essa declaração, legitimar-se a inclusão, na base de cálculo da COFINS e do PIS/PASEP, dos valores pagos a título de ICMS e repassados aos consumidores no preço dos produtos e serviços, desde que não se trate de substituição tributária. Inicialmente, resolvendo a questão de ordem suscitada pelo Min. Marco Aurélio no sentido de se prosseguir com o julgamento do RE 240785/MG (v. Informativo 437), e não de se iniciar o da ADC, tendo em conta o disposto no art. 138 do RISTF ("*Preferirá aos demais, na sua classe, o processo, em mesa, cujo julgamento tenha sido iniciado.*"), o Tribunal, por maioria, considerando que o referido dispositivo regimental faz menção à preferência entre processos de mesma classe, deliberou pela precedência do julgamento da ADC. O Min. Celso de Mello, no ponto, ressaltou que o caráter objetivo do processo de fiscalização abstrata imporia e justificaria a precedência do julgamento da ADC em face de um processo de índole meramente subjetiva, sobretudo se considerada a natureza, a extensão e a vinculatividade da decisão que emerge dos processos de controle normativo abstrato. Vencidos, no ponto, o suscitante e os Ministros Ricardo Lewandowski e Cezar Peluso, que o acompanhavam. Em seguida, o Min. Menezes Direito rejeitou a preliminar de não-conhecimento da ação, alegada ao fundamento de inconstitucionalidade superveniente ante a modificação substancial da redação original do art. 195, da CF, pela EC 20/98. O relator entendeu não ter havido alteração substancial do parâmetro de controle de constitucionalidade, no que foi acompanhado pelos Ministros Cármen Lúcia, Ricardo Lewandowski, Eros Grau, Joaquim Barbosa, Carlos Britto, Cezar Peluso e Ellen Gracie. Após, pediu vista dos autos o Min. Marco Aurélio. **ADC 18 MC/DF, rel. Min. Menezes Direito, 14.5.2008.** (ADC-18) (Inform. STF 506)

COFINS: BASE DE CÁLCULO E SEGURADORAS

A Turma decidiu afetar ao Plenário julgamento de embargos de declaração em agravo regimental em recurso extraordinário em que seguradora sustenta que as receitas de prêmios não integram a base de cálculo da COFINS, porquanto o contrato de seguro não envolve venda de mercadorias ou prestação de serviços. No caso, pleiteia-se a atribuição de efeitos modificativos à decisão monocrática do Min. Cezar Peluso que, ante a falta de razões novas, negara provimento ao agravo regimental do qual relator. No mérito, alega-se que a orientação firmada pela Corte no RE 346084/PR (DJU de 17.8.2006) — em que declarado inconstitucional o § 1º do art. 3º da Lei 9.718/98, que ampliou o conceito de receita bruta para toda e qualquer receita, em ofensa à noção de faturamento pressuposta no art. 195, I, b, da CF, na sua redação original, que equivaleria ao de receita bruta das vendas de mercadorias, de mercadorias e serviços e de serviços de qualquer natureza — resultou na isenção das empresas seguradoras das contribuições para PIS e COFINS, haja vista não apresentarem nenhuma dessas receitas. RE 400479 ED-AgR/RJ, rel. Min. Cezar Peluso, 25.9.2007. (RE-400479) (Inform. STF 481)

DIREITO TRIBUTÁRIO. CRÉDITO PRESUMIDO. ICMS. IMPOSSIBILIDADE DE INCLUSÃO NA BASE DE CÁLCULO DO PIS E DA COFINS.
Não é possível a inclusão do crédito presumido de ICMS na base de cálculo da contribuição do PIS e da Cofins. O crédito-presumido do ICMS configura incentivo voltado à redução de custos, com a finalidade de proporcionar maior competitividade no mercado para as empresas de um determinado Estado-membro, não assumindo natureza de receita ou faturamento. Assim, não se tratando de receita, não há que se falar em incidência do crédito presumido do ICMS na base de cálculo do PIS e da Cofins. Precedentes citados: AgRg no REsp 1.229.134-SC, DJe 3/5/2011, e AgRg no REsp 1.165.316-SC, DJe 14/11/2011. **AgRg no REsp 1.329.781-RS, Rel. Min. Arnaldo Esteves Lima, julgado em 27/11/2012. (Inform. STJ 510)**

DIREITO TRIBUTÁRIO. PIS E COFINS. BASE DE CÁLCULO. INCLUSÃO DO ICMS.
O ICMS está incluído na base de cálculo do PIS e da Cofins. A jurisprudência do STJ cristalizou o entendimento de que o ICMS está incluído no cálculo do PIS e da Cofins nas Súm. ns. 68 e 94, respectivamente. Precedente citado: AgRg no REsp 1.212.949-SP, DJe 10/5/2012. **AgRg no AREsp 186.811-SC, Rel. Min. Arnaldo Esteves Lima, julgado em 4/10/2012. (Inform. STJ 506)**

DIREITO TRIBUTÁRIO. PIS E COFINS. ATOS NÃO COOPERATIVOS. INCIDÊNCIA.
A contribuição ao PIS e à Cofins incide sobre os atos praticados por cooperativa com terceiros. As receitas resultantes da prática de atos cooperativos – que são aqueles que a cooperativa realiza com os seus cooperados ou com outras cooperativas (art. 79 da Lei n. 5.764/1971) – estão isentas do pagamento de tributos, inclusive de contribuições de natureza previdenciária. Por outro lado, estão submetidas à tributação aquelas decorrentes da prática de atos da cooperativa com não associados. Assim, não se pode concluir que esteja vedada a tributação de toda e qualquer operação praticada pelas cooperativas. O fato de o art. 146, III, **c**, da CF prever o adequado tratamento tributário do ato cooperativo não significa isenção ou imunidade tributária ampla e irrestrita às cooperativas, com a desoneração do recolhimento de contribuições previdenciárias. Até porque, segundo os princípios da universalidade e da solidariedade social, em que se fundamentam os arts. 194 e 195 da CF, a expansão e manutenção do sistema de seguridade social serão financiadas por toda a sociedade, direta ou indiretamente. Precedentes citados: REsp 1.192.187-SP, DJe 17/8/2010, e AgRg no REsp 911.778-RN, DJe 24/4/2008. **AgRg no AREsp 170.608-MG, Rel. Min. Arnaldo Esteves Lima, julgado em 9/10/2012. (Inform. STJ 506)**

DIREITO TRIBUTÁRIO. PIS. HONORÁRIOS DE SUCUMBÊNCIA. PRESTAÇÃO DE SERVIÇOS POR SOCIEDADE DE ADVOGADOS.
Incide contribuição ao PIS sobre as receitas decorrentes da prestação de serviços advocatícios de sociedade de advogados. A partilha dos resultados da atividade econômica é condição intrínseca ao contrato de sociedade nos termos do art. 981 do CC. Conforme dispõe a Lei n. 8.906/1994, a sociedade civil de advogados, uma vez atendidas as formalidades legais, adquire personalidade jurídica (art. 15, § 1°), devendo as procurações ser outorgadas individualmente aos advogados e indicar a sociedade de que façam parte (art. 15, § 3°), sendo que a sociedade responde em caráter principal pelos danos causados aos clientes por ação ou omissão no exercício da advocacia, enquanto o sócio responde de forma subsidiária (art. 17). Nesse contexto, o art. 22 da Lei n. 8.906/1994, que estabelece que a prestação de serviço profissional assegura aos inscritos na OAB o direito aos honorários convencionados, aos fixados por arbitramento judicial e aos de sucumbência, deve ser interpretado de forma sistemática com o regime que disciplina a sociedade de advogados. Portanto, se o serviço é prestado pela sociedade, com indicação a respeito na procuração, ela tem legitimidade para levantar o valor dos honorários, operando-se os efeitos tributários daí decorrentes. Precedente citado: AgRg nos EREsp 1.114.785-SP, DJe 19/11/2010. **REsp 1.283.410-PE, Rel. Min. Herman Benjamin, julgado em 20/9/2012.(Inform. STJ 505)**

ISENÇÃO. PIS. COFINS. TRANSPORTE DE MERCADORIAS.
O transporte interno de mercadorias entre o estabelecimento produtor e o porto ou aeroporto alfandegado, ainda que posteriormente exportadas, não configura transporte internacional de cargas de molde a afastar a regra de isenção do PIS e da Cofins prevista no art. 14 da MP n. 2.158-35/2001. **REsp 1.251.162-MG, Rel. Min. Castro Meira, julgado em 8/5/2012. (Inform. STJ 497)**

PIS. COFINS. ABATIMENTO NÃO CUMULATIVO. IRPJ. CSLL.
Discute-se nos autos se os créditos de contribuição para o Programa de Integração Social (PIS) e a Contribuição para o Financiamento da Seguridade Social (Cofins) do regime não cumulativo podem ser excluídos da base de cálculo do Imposto de Renda das Pessoas Jurídicas (IRPJ) e da Contribuição Social sobre o Lucro Líquido (CSLL). No REsp, a sociedade empresária (recorrente) argumenta que a regra do art. 3º, § 10, da Lei n. 10.833/2003 é genérica quando determina que os créditos de PIS e Cofins decorrentes do sistema não cumulativo não constituem receita bruta da pessoa jurídica, de modo que se aplica indistintamente a qualquer tributo, incluindo o IRPJ e a CSLL, e que a inclusão dos créditos de PIS e Cofins na base de cálculo do IRPJ e da CSLL atenuaria, a seu ver, os efeitos da não cumulatividade pretendidos claramente pelo legislador. Para o Min. Relator, o primeiro argumento não subsiste, pois o dispositivo em comento visa preservar a integridade do benefício de forma a impossibilitar nova incidência do PIS e da Cofins sobre os créditos gerados pelas deduções do sistema não cumulativo. Esses créditos não constituem receita bruta da sociedade empresária e somente serão utilizados para dedução do valor devido das contribuições ao PIS e à Cofins, conforme está disposto no art. 3º, § 10, da Lei n. 10.833/2003. Quanto ao segundo argumento, assevera que também não prospera, visto que a citada lei instituiu a não cumulatividade para o PIS e para a Cofins, e não para o IRPJ ou para a CSLL. Expõe que o fato de os créditos não serem contabilizados como receita bruta para fins de calcular o valor dessas contribuições em nada interfere na valoração do IR ou da CSLL em razão de não haver previsão legal específica nesse sentido. Conclui, assim, que a norma citada, como lei específica, não poderia alcançar outras situações não previstas, como a dedução da base de cálculo do IRPJ e da CSLL, pois afrontaria o art. 111 do CTN – o qual determina que as exclusões tributárias devem ser expressas. Diante do exposto, a Turma, invocando entendimento anterior, negou provimento ao recurso. Precedentes citados: REsp 1.088.802-RS, DJe 7/12/2009; REsp 1.128.206-PR, DJe 21/10/2010, e REsp 1.118.274-PR, DJe 4/2/2011. **REsp 1.210.647-SC, Rel. Min. Castro Meira, julgado em 3/5/2011.** (Inform. STJ 471)

PIS. COFINS. OBJETO SOCIETÁRIO.
Trata-se, no caso, de saber se há a incidência da contribuição para o PIS e da Cofins sobre as receitas obtidas com locação de imóveis por sociedade empresária cuja finalidade social não é a locatícia, ou seja, em operações que não compõem seu objeto social. A Turma, por maioria, entendeu que a circunstância de se tratar de receita decorrente de operação não prevista no objeto societário da contribuinte não é determinante ou suficiente para, por si só, excluí-la da incidência das contribuições. Observou-se que, embora seja pacífico o entendimento, neste Superior Tribunal, de que tais receitas integram a base de cálculo da contribuição para o PIS e da Cofins, não se faz, entretanto, distinção entre operações próprias do objeto societário e operações a ele estranhas para considerar se as correspondentes receitas são faturamento. Salientou-se, ademais, que essa distinção não está prevista nos preceitos normativos de regência da matéria (art. 195, I, b, da CF; EC n. 20/1998; LC n. 7/1970 e LC n. 70/1991), bem como no regime infraconstitucional em vigor (art. 1º da Lei n. 10.637/2002 e art. 1º da Lei n. 10.833/2003). Ressaltou-se que, nesses diplomas, há disposições sobre receitas que não integram a base de incidência ou dela são excluídas, não havendo, portanto, qualquer referência ou autorização para excluir da incidência receitas só pelo fato de serem decorrentes de operações que não constituam objeto societário da contribuinte. Assim, a Turma, ao prosseguir o julgamento, por maioria, deu provimento ao recurso. REsp 1.210.655-SC, Rel. originário Min. Benedito Gonçalves, Rel. para acórdão Min. Teori Albino Zavascki, julgado em 26/4/2011. (Inform. STJ 470)

CORREÇÃO MONETÁRIA. CRÉDITO ESCRITURAL. PIS. COFINS.
Em relação aos créditos de PIS e Cofins apurados sob a forma do art. 3º das Leis ns. 10.637/2002 e 10.833/2003, só há permissão para que sejam deduzidos do montante a ser pago referente à respectiva contribuição. Contudo, se apurado saldo credor acumulado ao final do trimestre, há a possibilidade de compensação com outras espécies de tributo que sejam administradas pela Receita Federal (art. 16 da Lei n. 11.116/2005). Já quanto à correção monetária de créditos escriturais do IPI, é certo que a Primeira Seção, em recurso repetitivo, assentou que ela é somente devida se o direito ao crédito não foi exercido em momento oportuno. Sucede que esse mesmo raciocínio pode ser estendido aos créditos escriturais de PIS e Cofins, sujeitos ao art. 3º das Leis ns. 10.637/2002 e 10.833/2003, visto que, também nesses casos, não há previsão legal que permita a correção monetária. **Precedente citado: REsp 1.035.847-RS, DJe 3/8/2009. REsp 1.203.802-RS, Rel. Min. Herman Benjamin, julgado em 9/11/2010.** (Inform. STJ 455)

REPETITIVO. CONCESSIONÁRIA. ENERGIA ELÉTRICA. REPASSE. PIS. COFINS. CONSUMIDOR.

A Seção, ao julgar recurso submetido ao regime do art. 543-C e Res. n. 8/2008-STJ suscitado pelo tribunal *a quo*, negou provimento ao recurso, entendendo que é legítimo repassar às faturas de energia elétrica a serem pagas pelo consumidor o valor correspondente ao pagamento da contribuição ao programa de integração social (PIS) e da contribuição para financiamento da Seguridade Social (Cofins) devidas pela concessionária. No REsp, o recorrente buscava o reconhecimento da ilegalidade desse repasse às faturas de consumo de energia elétrica do custo correspondente ao recolhimento do PIS e à Cofins, bem como almejava repetição de indébito. Destacou o Min. Relator que a tese defendida pelo recorrente foi encampada pelo Instituto Brasileiro de Defesa do Consumidor (IDEC) e pelo Ministério Público, entretanto parte de um pressuposto manifestamente equivocado: atribuir à controvérsia uma natureza tributária. Observa que, na relação jurídica que se estabelece entre concessionária e consumidor de energia elétrica, não existe relação tributária, em que os partícipes necessários são o Fisco e o contribuinte, mas há relação de consumo de serviço público, cujas fontes normativas são próprias, especiais e distintas das que regem as relações tributárias. Anotou-se ainda que o PIS e a Cofins, cobrados em decorrência da edição das Leis ns. 10.637/2002, 10.833/2003 e 10.865/2004, alteraram a forma de cobrança, mas trouxeram a possibilidade de que seus valores sejam fiscalizados não apenas pela Aneel, mas pelos consumidores de energia elétrica individualmente, visto que passaram a ser cobrados de forma destacada nas faturas, a exemplo do que ocorre com o ICMS. **REsp 1.185.070-RS, Rel. Min. Teori Albino Zavascki, julgado em 22/9/2010.** (Inform. STJ 448)

REPETITIVO. PIS. COFINS. SERVIÇOS.TELEFONIA.

Trata-se, na origem, de ação de repetição de indébito ajuizada por consumidor em desfavor da empresa prestadora de serviços de telefonia, objetivando a repetição dos valores atinentes ao repasse das contribuições sociais (PIS e Cofins) incidentes sobre a fatura dos serviços de telefonia. Desse modo, cinge-se a controvérsia a resolver a lide acerca da legalidade ou não do repasse econômico do PIS e da Cofins nas tarifas telefônicas. A Seção, ao prosseguir o julgamento de recurso repetitivo (art. 543-C do CPC e Res. n. 8/2008-STJ), por maioria, fixou entendimento no sentido de que o repasse econômico do PIS e da Cofins, nos moldes realizados pela empresa concessionária de serviços de telefonia, revela prática legal e condizente com as regras de economia e de mercado, sob o ângulo do direito do consumidor, com espeque no art. 9º, § 3º, da Lei n. 8.987/1995 e no art. 108, § 4º, da Lei n. 9.472/1997. Em razão da dicção dos mencionados dispositivos legais, dessume-se que é juridicamente possível o repasse de encargos, que pressupõe alteração da tarifa em função da criação ou extinção de tributos, consoante se infere da legislação *in foco*. Assentou-se que a legalidade da tarifa e do repasse econômico do custo tributário encartado nela exclui a antijuridicidade da transferência do ônus relativo ao PIS e à Cofins, tanto mais que, consoante reiterada jurisprudência desta Corte Superior, a abusividade prevista no CDC pressupõe cobrança ilícita, excessiva, que possibilita vantagem desproporcional e incompatível com os princípios da boa-fé e da equidade, que não ocorrem no caso. **Precedentes citados do STF: ADI 2.733-ES, DJ 3/2/2006; do STJ: EREsp 692.204-RJ, DJe 4/9/2009; REsp 1.099.539-MG, DJe 13/8/2009; REsp 979.500-BA, DJ 5/10/2007; AgRg no Ag 819.677-RJ, DJ 14/6/2007; REsp 804.444-RS, DJ 29/10/2007; REsp 555.081-MG, DJ 28/9/2006; REsp 1.062.975-RS, DJe 29/10/2008; REsp 994.144-RS, DJe 3/4/2008; REsp 1.036.589-MG, DJe 5/6/2008; REsp 961.376-RS, DJe 22/9/2008; AgRg no Ag 1.034.962-SP, DJe 17/11/2008; REsp 994.144-RS, DJe 3/4/2008; REsp 1.036.589-MG, DJe 5/6/2008, e AgRg na SS 1.424-RJ, DJ 6/6/2005. REsp 976.836-RS, Rel. Min. Luiz Fux, julgado em 25/8/2010**. (Inform. STJ 444)

PIS. COFINS. IMPORTAÇÃO. REGISTRO ANTECIPADO.

Na espécie, a recorrente busca o reconhecimento da inexigibilidade da multa de ofício aplicada pelo atraso no pagamento do PIS/Cofins-importação, sustentando que a Lei n. 10.865/2004, que instituiu tais contribuições, entrou em vigor em data posterior ao registro de suas declarações de importação. Alegava, ainda, que, como os fatos geradores teriam ocorrido anteriormente à vigência da mencionada lei, não se caracterizaria o pagamento dos tributos como extemporâneo, sendo, portanto, inexigível a multa de ofício imputada. É cediço que o fato gerador das contribuições para o PIS/Cofins-Importação ocorre com a entrada dos bens estrangeiros no território nacional (art. 3º da Lei n. 10.865/2004). No entanto, para efeito de cálculo dessas contribuições, a lei estabeleceu como elemento temporal do fato gerador a data do registro da declaração de importação (art. 4º, I, da mencionada lei), em função da dificuldade na aferição do exato momento em que se realiza a entrada dos bens no território nacional. Como o lançamento reporta-se à data da ocorrência do fato gerador da obrigação e rege-se pela lei então vigente, ainda que posteriormente modificada ou revogada (art. 144 do CTN), considerando-se ocorrido o fato gerador das contribuições na data do registro da declaração de importação, a lei vigente nesse momento é a que será aplicada ao lançamento. Contudo, na hipótese dos autos, os registros foram efetuados na modalidade de despacho antecipado, ou seja, houve o registro antecipado da declaração de importação, anteriormente à ocorrência do fato gerador das contribuições. Ressalte-se que tal registro antecipado é um benefício concedido pela autoridade fiscal ao importador (sob a condição de recolhimento de eventual diferença tributária por ocasião da ocorrência do fato gerador), com o fim de, tão-somente, propiciar a descarga direta de cargas a granel, não tendo como efeito alterar o momento da ocorrência do fato gerador. *In casu*, o registro antecipado das declarações de importação foi realizado em 28, 29 e 30 de abril de 2004. Logo, os fatos geradores ocorreram após o início da vigência da Lei n. 10.865/2004 (1º/5/2004) sendo portanto, devidos os tributos e a multa por atraso no recolhimento. Diante do exposto, a Turma negou provimento ao recurso. **REsp 1.118.815-RS, Rel. Min. Luiz Fux, julgado em 24/8/2010**. (Inform. STJ 444)

REPETITIVO. PIS. SEMESTRALIDADE. BASE DE CÁLCULO.

A Seção, ao julgar o recurso sob o regime do art. 543-C do CPC c/c a Res. n. 8/2008-STJ, quanto à interpretação do art. 6º da LC n. 7/1970 e seu parágrafo único, até a edição da MP n. 1.212/1995, reiterou o entendimento de que, em benefício do contribuinte, o legislador estabeleceu como base de cálculo o faturamento do sexto mês anterior ao recolhimento. **Precedentes citados: REsp 144.708-RS, DJ 8/10/2001; REsp 862.996-RN, DJe 7/8/2008; REsp 935.207-SP, DJ 10/9/2007; REsp 702.999-SP, DJ 2/8/2007, e REsp 748.297-SP, DJ 12/12/2005. REsp 1.127.713-SP, Rel. Min. Herman Benjamin, julgado em 9/8/2010**. (Inform. STJ 442)

REPETITIVO. COFINS. SOCIEDADES. PRESTAÇÃO. SERVIÇO. ISENÇÃO.

A Seção, ao apreciar recurso repetitivo (art. 543-C e Res. n. 8/2008-STJ), reafirmou que a contribuição para financiamento da seguridade social (Cofins) incide sobre o faturamento das sociedades civis de prestação de serviços de profissão legalmente regulamentada, de que trata o art. 1º do DL n. 2.397/1987, tendo em vista que a isenção prevista no art. 6º, II, da LC n. 70/1991 foi revogada pelo art. 56 da Lei n. 9.430/1996. Destacou o Min. Relator que o Plenário do STF, no RE submetido ao regime de repercussão geral (art. 543-B do CPC), consolidou a tese de que a isenção prevista no art. 6º, II, da LC n. 70/1991 foi validamente revogada pelo art. 56 da Lei n. 9.430/1996. Também, ressaltou que esse mesmo Plenário, em vista do disposto no art. 27 da Lei n. 9.868/1999, rejeitou o pedido de modulação dos efeitos da decisão proferida no RE 377.457-PR, a qual consolidou a tese em comento. Outrossim, em questão de ordem, a Seção indeferiu o pedido de sustentação oral de representante de escritório de advocacia, terceiro interessado, como *amicus curiae*, por entender que essa figura deve ser preenchida por órgão representativo do interesse debatido, sem prejuízo da repercussão social do tema. **REsp 826.428-MG, Rel. Min. Luiz Fux, julgado em 9/6/2010**. (Inform. STJ 438)

LOCAÇÃO. MÃO DE OBRA. PIS. COFINS. IRPJ. CSLL.

A Turma reafirmou que a base de cálculo do PIS e da Cofins, independentemente do regime normativo aplicável (LCs ns. 7/1970 e 70/1991 ou Leis ns. 10.637/2002 e 10.833/2003), abrange os valores recebidos pelas sociedades empresárias prestadoras de serviços de locação de mão de obra temporária (Lei n. 6.019/1974 e Dec. n. 73.841/1974) a título de pagamento de salários e encargos sociais de trabalhadores temporários. Também, firmou que esses valores não podem ser excluídos da base de cálculo do IRPJ e da CSLL. **Precedentes citados: REsp 1.141.065-SC, DJe 1º/2/2010, e REsp 1.088.802-RS, DJe 7/12/2009. REsp 1.176.749-PR, Rel. Min. Luiz Fux, julgado em 20/4/2010**. (Inform. STJ 431)

PIS. COFINS. ALÍQUOTA ZERO. ONCOCLÍNICA.

A Turma, no mérito, entendeu que descabe excluir da base de cálculo do PIS e da Cofins, com a aplicação da alíquota zero sobre o faturamento da prestação de serviços de clínicas médicas, hospitais, prontos-socorros, odontologia, fisioterapia, fonoaudiologia, laboratórios de anatomia patológica, citológica ou de análises clínicas, conforme o art. 2º da Lei n. 10.147/2000, prevista para as pessoas jurídicas que não ostentam a qualidade de importadores ou fabricantes de produtos nela referidos. Assim, inexiste ofensa ao princípio da legalidade, consoante os limites do citado dispositivo, no art. 2º, parágrafo único, do Ato Declaratório Interpretativo n. 26/2004, expedido pela Secretaria da Receita Federal, vedando a utilização de alíquota zero das contribuições sobre parcelas da receita bruta relativa à prestação de serviços que consomem medicamentos como insumos indispensáveis para o desempenho das atividades, de modo que o custo dos serviços dessas entidades hospitalares e clínicas engloba o valor dos remédios. **REsp 1.133.895-RN, Rel. Min. Benedito Gonçalves, julgado em 9/3/2010.** (Inform. STJ 426)

REPETIÇÃO. INDÉBITO. PASEP.
Trata-se de REsp em que se pretende desconstituir acórdão que, em demanda visando à repetição de indébito dos valores pagos a maior no período de julho de 1987 a setembro de 1996 ao Pasep, em decorrência da inclusão, na base de cálculo da contribuição, dos valores recebidos da União a título de subvenção, o referido aresto decidiu, entre outras questões, que somente com o advento da MP n. 1.495-12/1996, surgiu o direito de o contribuinte excluir, na apuração da sua receita bruta, os repasses orçamentários recebidos da União. A Turma conheceu parcialmente do recurso, mas lhe negou provimento por entender que, efetivamente, foi com o advento da referida MP que surgiu o direito ora alegado pelo contribuinte, isso porque, anteriormente, não havia qualquer base legal para a pretensão de excluir subvenções da base de cálculo do Pasep. Correto, pois, o entendimento da entidade tributante ao restituir os valores recolhidos a maior a título de Pasep somente a contar de novembro de 1996, momento em que surgiu o dispositivo legal que afastou as subvenções da tributação. **REsp 856.157-RS, Rel. Min. Teori Albino Zavascki, julgado em 2/3/2010.** (Inform. STJ 425)

RECURSO REPETITIVO. PIS. BASE DE CÁLCULO. SEMESTRALIDADE.
No recurso representativo de controvérsia (art. 543-C do CPC e Res. n. 8/2008-STJ), a Seção reiterou que o recurso de apelação devolve, em profundidade, o conhecimento da matéria impugnada, ainda que não resolvida pela sentença, nos termos dos parágrafos 1º e 2º do art. 515 do CPC, aplicável a regra *iura novit cúria,* que se coaduna, inclusive, com a regra do julgamento *extra petita* (arts. 128 e 460 do CPC). Assim, o Tribunal *a quo* pode manifestar-se acerca da base de cálculo e do regime da semestralidade do PIS, máxime em face da declaração de inconstitucionalidade dos DLs ns. 2.445/1988 e 2.249/1988. **Precedentes citados: REsp 939.057-DF, DJe 22/9/2009; REsp 873.496-SP, DJe 17/12/2008; REsp 846.753-RS, DJe 23/10/2008; REsp 759.213-PR, DJe 15/9/2008, e REsp 939.335-GO, DJ 3/9/2007. REsp 1.030.817-DF, Rel. Min. Luiz Fux, julgado em 25/11/2009.** (Inform. STJ 417)

COFINS. *FACTORING*.
Em mandado de segurança impetrado por empresa de fomento comercial (*factoring*), discute-se sua sujeição ou não à incidência da Contribuição para Financiamento da Seguridade Social (Cofins) sobre a diferença do valor de face e o valor de aquisição de direitos creditórios impostos pelos itens I, **c**, e II do Ato Declaratório (Normativo) Cosit n. 31/1997, segundo os quais a base de cálculo da Cofins devida pelas empresas de fomento comercial (*factoring*) é o valor do faturamento mensal, compreendida, entre outras, a receita bruta advinda da prestação cumulativa e contínua de serviços de aquisição de direitos creditórios resultantes das vendas mercantis a prazo ou de prestação de serviços, computando-se como receita a diferença entre o valor de aquisição e o de face do título ou direito adquirido. Destacou o Min. Relator que a Lei n. 9.249/1995 (que revogou, entre outros, o art. 28 da Lei n. 8.981/1995), ao tratar da apuração da base de cálculo do imposto das pessoas jurídicas, definiu a atividade de *factoring* no art. 15, § 1º, III, **d**, como a prestação cumulativa e contínua de vários serviços, ou seja, o *factoring* realiza atividade mista atípica, entre as quais, a aquisição de direitos creditórios, auferindo vantagens financeiras resultantes das operações realizadas. Dessa forma, não se revela coerente a dissociação dessas atividades empresariais para efeito de determinação da receita bruta tributável. Assim, a Cofins, sob a égide da definição de faturamento mensal/receita bruta dada pela LC n. 70/1991 incide sobre a soma das receitas oriundas do exercício da atividade empresarial de *factoring*, razão pela qual se revelam hígidos os itens I, **c**, e II do Ato Declaratório (normativo) Cosit n. 31/1997. Com essas considerações, a Seção negou provimento ao recurso. **REsp 776.705-RJ, Rel. Min. Luiz Fux, julgado em 11/11/2009.** (Inform. STJ 415)

QO. REMESSA. PRIMEIRA SEÇÃO. FACTORING. [COFINS]
A Turma, em questão de ordem, decidiu remeter o julgamento do feito à Primeira Seção, pois se trata de contratos de *factoring* e ainda não há uma definição de qual seja a base de cálculo do faturamento de uma empresa dessa natureza: se é tudo o que adquire, ou se é sua margem de lucro. **REsp 776.705-RJ, Rel. Min. Luiz Fux, em 15/10/2009.** (Inform. STJ 411)

REPETITIVO. COFINS. MÓVEIS. LOCAÇÃO.
A Seção conheceu em parte do recurso e nessa parte desproveu-o, admitindo a incidência da Cofins sobre as receitas provenientes das operações de locação de bens móveis por constituírem resultado da atividade econômica da empresa. **Precedentes citados: AgRg no Ag 1.136.371-PR, DJe 27/8/2009; AgRg no Ag 1.067.748-RS, DJe 1º/6/2009; REsp 1.010.388-PR, DJe 11/2/2009, e AgRg no Ag 846.958-MG, DJ 29/6/2007. REsp 929.521-SP, Rel. Min. Luiz Fux, julgado em 23/9/2009.** (Inform. STJ 408)

PIS. COFINS. TRABALHO TEMPORÁRIO.
A Turma decidiu que os valores recolhidos a título de pagamento de salários e respectivos encargos trabalhistas de empresas prestadoras de trabalho temporário (Lei n. 6.019/1974 e Dec. n. 73.841/1974) não podem ser excluídos da base de cálculo do PIS e da Cofins. Precedente citado: **REsp 847.641-RS, DJe 20/4/2009. REsp 813.434-PR, Rel. Min. Teori Albino Zavascki, julgado em 25/8/2009.** (Inform. STJ 404)

RCL. CONSTITUCIONALIDADE. COFINS.
Trata-se de reclamação contra provimento jurisdicional de juiz federal que julgou improcedente ação ordinária de repetição do indébito movida pelos reclamantes com o escopo de obter a compensação do valor cobrado pela Fazenda Nacional a título de Cofins, nos últimos cinco anos. Os reclamantes afirmam que, antes do ajuizamento da citada ação ordinária, impetraram mandado de segurança contra ato da Fazenda Nacional, com o objetivo de ver reconhecido o direito à isenção da Cofins, pretensão que foi acolhida por acórdão transitado em julgado do STJ. Alegam que, após o trânsito em julgado do aresto prolatado pelo STJ, ajuizaram ação ordinária com o escopo de ver reconhecido o direito das empresas à compensação dos valores indevidamente recolhidos a esse título. O juiz, por seu turno, julgou improcedente a demanda sob o fundamento de que o STF reconheceu a constitucionalidade da citada exação, fato que, segundo seu entendimento, legitima a aplicação do art. 741, parágrafo único, do CPC, autorizando-o a desconsiderar a coisa julgada. Para a Min. Relatora, o juízo utilizou dispositivo que não encontra aplicabilidade na fase processual em que se encontra a demanda ajuizada pelas reclamantes, já que o mencionado artigo somente incide em relação aos processos que se encontram em fase de execução contra a Fazenda Pública e não na fase de conhecimento, como ocorre *in casu.* No caso dos autos, o aresto prolatado pelo STJ transitou em julgado em 12/2/2007, antes dos julgamentos realizados pelo STF em sede de controle difuso (RE 377.457-PR e RE 381.964-MG, julgados em 17/9/2008), fato que corrobora a inaplicabilidade do retrocitado artigo do CPC. Verificou-se que o STF, em sede da ADC n. 1-DF, concluiu que, no conflito aparente entre lei complementar e lei ordinária, não há que se falar em hierarquia das leis, mas no fato de ser a matéria reservada à disciplina por uma ou por outra espécie legislativa. Restou consignado que tanto o art. 6°, II, da LC n. 70/1991, quanto o art. 56 da Lei n. 9.430/1996 veicularam matéria constitucionalmente reservada à lei ordinária, o que legitimou a revogação de um dispositivo pelo outro. Concluiu a Min. Relatora que assegurar o cumprimento de decisão do STJ que se mostra incompatível com o entendimento exposto pela Suprema Corte, em sede de controle concentrado de constitucionalidade, implicaria contrassenso, indo de encontro aos princípios constitucionais da duração razoável do processo e da força normativa da Constituição. **Rcl 3.327-SP, Rel. Min. Eliana Calmon, julgada em 13/5/2009.** (Inform. STJ 394)

PIS. COFINS. EMPRESAS PRESTADORAS. TRABALHO TEMPORÁRIO.
Trata-se de demanda com o objetivo de reconhecer o direito de recolher PIS e Cofins apenas sobre os valores relativos às receitas da própria empresa, e não sobre os valores pagos a empregados como salários e encargos trabalhistas. No caso dos autos, a empresa não é agenciadora de mão-de-obra, mas prestadora de trabalho temporário que se utiliza de empregados por ela própria contratados pelo regime trabalhista. Isso posto, explicou-se que, diante da ausência de previsão legal, os salários e os encargos sociais que a empresa locadora de mão-obra desembolsa

em razão das pessoas que coloca à disposição do tomador de serviço não podem ser excluídos do âmbito de incidência das citadas contribuições sociais que incidem sobre o faturamento mensal total da empresa, independentemente de sua denominação ou classificação contábil (Leis ns. 10.637/2002 e 10.833/2003). Com essas considerações, a Turma, por maioria, deu provimento ao recurso da Fazenda. **Precedente citado: REsp 954.719-SC, DJ 17/3/2008. REsp 958.292-RS, Rel. Min. Francisco Falcão, julgado em 11/11/2008.** (Inform. STJ 376)

QO. SUSPENSÃO. JULGAMENTO. LEI N. 9.718/1998.
O Min. Castro Meira, na qualidade de Presidente da Turma, comunicou aos demais Ministros que a compõem o recebimento de memorando do STF que determina a suspensão dos julgamentos de processos em trâmite neste Superior Tribunal referentes à aplicação do art. 3º, § 2º, item I, da Lei n. 9.718/1998 (base de cálculo das contribuições ao PIS/Pasep e Cofins), em razão do deferimento, por maioria, de Medida Cautelar na Ação Declaratória de Constitucionalidade 18-DF pelo Pleno da Suprema Corte. Questão de Ordem Especial, Min. Castro Meira, em 14/10/2008. (Inform. STJ 372)

REMESSA. PRIMEIRA SEÇÃO. REVISÃO. SÚM. N. 276-STJ.
A Turma, em atenção ao art. 125, § 2º, do RISTJ, remeteu o feito para julgamento na Primeira Seção, já colhido o parecer do MP, para rever o enunciado n. 276 da Súmula do STJ, que diz: as sociedades civis de prestação de serviços profissionais são isentas da Cofins, irrelevante o regime tributário adotado. **REsp 982.023-AL, Rel. Min. Eliana Calmon, em 7/10/2008.** (Inform. STJ 371)

INCIDÊNCIA. COFINS. LOCAÇÃO. LOJAS. SHOPPING CENTER.
A Turma, mesmo com a ressalva da Min. Relatora, por unanimidade, adotou o entendimento da Primeira Seção, que assentou incidir a Cofins e o PIS sobre as receitas oriundas da locação de lojas em *shopping center*, mesmo quando o valor do aluguel seja em percentual sobre o faturamento do lojista locatário. **Precedentes citados: EREsp 727.245-PE, DJ 6/8/2007; EREsp 662.978-PE, DJ 5/3/2007, e EREsp 712.080-PR, DJ 16/6/2008. AgRg no REsp 748.260-RS, Rel. Min. Eliana Calmon, julgado em 4/9/2008.** (Inform. STJ 366)

PIS. COFINS. VENDAS INADIMPLIDAS. ENERGIA ELÉTRICA.
Os valores relativos ao fornecimento de energia elétrica que, mesmo faturados, não ingressaram efetivamente no caixa da empresa, devido à inadimplência dos consumidores são computados na base de cálculo da Cofins e do PIS. O inadimplemento do consumidor não equivale ao cancelamento da compra e venda para efeito de aplicação do art. 3º, § 2º, I, da Lei n. 9.718/1998. A "venda inadimplida", caso não cancelada, leva ao crédito em favor do vendedor, subsistindo o fato imponível das contribuições referidas, ou seja, o faturamento está configurado, uma vez que a pessoa jurídica realiza uma operação e apura o valor dela como faturado. A energia elétrica não pode ser devolvida em hipótese alguma, pois é consumida instantaneamente, sendo impossível falar em venda cancelada. A analogia não pode levar à exclusão do crédito tributário, uma vez que a criação ou a extinção de tributo pertence ao campo da legalidade (art. 111 do CTN). **Precedentes citados do STF: RE 357.950-RS, DJ 15/8/2006, e RE 346.084-PR, DJ 4/10/2006; do STJ: REsp 956.842-RS, DJ 27/11/2007, e REsp 953.011-PR, DJ 25/9/2007. REsp 1.029.434-CE, Rel. Min. Luiz Fux, julgado em 20/5/2008.** (Inform. STJ 356)
(Comentário: ver Informativo STF 649 – RE 586.482/RS – PIS/Cofins sobre vendas a prazo inadimplidas)

PIS. COFINS. COOPERATIVA.
A Turma reiterou que não incide o PIS/Cofins sobre os atos próprios da sociedade cooperativa que tem por objeto a prestação direta de serviço aos seus cooperados, na defesa dos seus interesses, na melhoria econômica e social, na orientação e gerenciamento de atividades executadas a terceiros pelos seus cooperados, a fim de aproximar o sócio-cooperado das fontes de trabalho, para que este possa melhor executá-lo, de acordo com a competência e capacidade de cada um, *ex vi* do art. 79 da Lei n. 5.764/1971. **Precedentes citados: AgRg no REsp 211.236-RS, DJ 10/3/2003; REsp 171.800-RS, DJ 31/5/1999, e REsp 170.371-RS, DJ 14/6/1999. REsp 903.699-RJ, Rel. Min. Eliana Calmon, julgado em 22/4/2008.** (Inform. STJ 353)

DISTRIBUIDORA. FILME. COFINS.
Os valores que são recebidos pelas distribuidoras de filmes em razão da venda e prestação de serviços aos exibidores ingressam em seu caixa por direito próprio, pelo exercício de seu objeto social, o que corresponde a seu faturamento para fins de incidência da Cofins. Assim, a parcela que elas repassam aos produtores da película, devido à falta de previsão legal, não pode ser excluída da aplicação da referida contribuição, que, justamente, incide sobre o faturamento. **REsp 1.018.177-RJ, Rel. Min. Herman Benjamin, julgado em 15/4/2008.** (Inform. STJ 352)

COFINS. PRESCRIÇÃO. IMPUTAÇÃO. PAGAMENTO. COMPENSAÇÃO.
A Turma reiterou o entendimento de que, quando o tributo está sujeito ao "autolançamento", o Fisco pode homologá-lo expressa ou tacitamente. Não estipulado pela lei um prazo para homologação, ela será de até cinco anos, tendo como termo *a quo* a ocorrência do fato gerador (art. 150, § 4º, CTN). A extinção do crédito tributário ocorrerá não com o pagamento antecipado, mas com a homologação e, a partir daí, fluirá o prazo de cinco anos para a prescrição (art. 168, I, CTN). Quanto à questão da imputação de pagamento, a Min. Relatora asseverou que essa não pode ser aplicada, pois é própria do Direito Civil e só poderia ser aplicada em matéria tributária se houvesse lei especial autorizadora. Os precedentes do STJ (REsp 951.608-SC, DJ 29/8/2007, e REsp 665.871-SC, DJ 19/12/2005) que afirmam ser pertinente imputar-se o pagamento conforme as regras do Código Civil aos precatórios não servem como paradigmas, pois não se confunde a imputação de pagamento para efeito de precatório com a imputação de pagamento em matéria de compensação, como é o caso abordado. Assim, a Turma determinou que se proceda à compensação, conforme o art. 74 da Lei n. 9.430/1996, com a redação dada pelas leis posteriores. **Precedentes citados: REsp 206.503-SP, DJ 2/8/1999; EREsp 435.835-SC, DJ 26/10/2006; EREsp 644.736-PE, DJ 30/5/2005; REsp 905.337-SP, DJ 24/9/2007, e REsp 968.717-SP, DJ 22/10/2007. REsp 987.943-SC, Rel. Min. Eliana Calmon, julgado em 19/2/2008.** (Inform. STJ 345)

PIS. COFINS. BASE DE CÁLCULO. CORREÇÃO MONETÁRIA. VENDA A PRAZO. INCIDÊNCIA.
Incidem o PIS e a Cofins nos valores referentes ao acréscimo financeiro consubstanciado na correção monetária agregada ao preço da mercadoria comercializada a prazo. Compondo o preço da contraprestação dado pelo comprador, os referidos valores integram o preço bruto da mercadoria e, por isso, compõem a base de cálculo do PIS e Cofins. Precedentes citados do STF: RE 435.842-SC, DJ 24/11/2004; e do STJ: EREsp 234.500-SP, DJ 5/12/2005. **REsp 674.445-PR, Rel. Min. Herman Benjamin, julgado em 17/5/2007.** (Inform. STJ 320)

PIS. RECEITA BRUTA. FATURAMENTO. LEI N. 9.718/1998.
Na espécie, o Tribunal *a quo* manteve a sentença de improcedência do pedido de inexigibilidade do recolhimento do PIS nos moldes da Lei n. 9.718/1998 sobre a atividade de compra e venda de imóveis. Destacou o Min. Relator ser entendimento pacífico neste Superior Tribunal que o PIS e a Cofins incidem sobre o faturamento resultante da comercialização de imóveis, em sentido contrário, portanto, à pretensão dos recorrentes. Entretanto não se podem desconsiderar as decisões do Plenário do STF, que julgou uma série de recursos extraordinários em que se questionava a constitucionalidade das alterações promovidas na Lei n. 9.718/1998, que ampliou a base de cálculo da Cofins e do PIS. Aquela Corte deu-lhes provimento para declarar a inconstitucionalidade do § 1º do art. 3º da Lei n. 9.718/1998 - entendeu-se que esse dispositivo, ao ampliar o conceito de receita bruta para toda e qualquer receita, violou a noção de faturamento pressuposta no art. 195, I, b, da CF/1988. Sendo assim, afastada a incidência do citado dispositivo, é ilegítima a exação tributária de sua aplicação. Conseqüentemente, explica o Min. Relator, a base de cálculo das contribuições PIS/Pasep e Cofins continua sendo a definida pela legislação anterior (LC n. 70/1991, art. 2º). Por outro lado, afirmada a constitucionalidade da majoração de alíquota operada pelo art. 8º, caput, da Lei n. 9.718/1998, devem ser consideradas legítimas as exações tributárias correspondentes. Na espécie, o acórdão recorrido decidiu pela cobrança do PIS nos termos da Lei n. 9.718/1998. Assim, deverá ser reformulado em parte. Ressaltou o Min. Relator, ainda, que, no caso dos autos, não se está declarando a inconstitucionalidade do referido dispositivo legal, mas aplicando a decisão do STF sobre a questão, o que dispensa a instauração de incidente de inconstitucionalidade como requerido pela recorrida Fazenda Nacional. Precedentes citados do STF: RE 346.084-PR, DJ 1º/9/2006; RE 357.950-RS, DJ 15/8/2006; RE 358.273-RS, DJ 15/8/2006, e RE 390.840-MG, DJ 15/8/2007. **REsp 911.897-SP, Rel. Min. Teori Albino Zavaski, julgado em 27/3/2007.** (Inform. STJ 315)

SÚMULA STF Nº 659

É legítima a cobrança da COFINS, do PIS e do FINSOCIAL sobre as operações relativas a energia elétrica, serviços de telecomunicações, derivados de petróleo, combustíveis e minerais do País.

SÚMULA STJ Nº 468

A base de cálculo do PIS, até a edição da MP n. 1.212/1995, era o faturamento ocorrido no sexto mês anterior ao do fato gerador.

SÚMULA STJ Nº 423

A Contribuição para Financiamento da Seguridade Social – Cofins incide sobre as receitas provenientes das operações de locação de bens móveis.

SÚMULA STJ Nº 276

As sociedades civis de prestação de serviços profissionais são isentas da Cofins, irrelevante o regime tributário adotado. *(a partir do entendimento do STF, o STJ cancelou esta súmula para reconhecer a inexistência de isenção)*

8.2. CSLL

REPERCUSSÃO GERAL EM AI N 803.140-RS
RELATOR: MIN. GILMAR MENDES

Tributário. 2. Exceção prevista no artigo 15, §1º, inciso III, alínea "a", da Lei 9.249/95, que prescreve os sujeitos passivos da Contribuição Social sobre o Lucro Líquido (CSLL) e do Imposto de Renda Pessoa Jurídica (IRPJ) com bases de cálculo, respectivamente, de 12% e de 8% sobre receita bruta. Definição de serviços hospitalares e afins. 3. Discussão que se circunscreve ao âmbito normativo infraconstitucional, bem como que demanda o reexame dos aspectos fático-probatórios subjacentes aos requisitos do enquadramento pretendido. 4. Ausência de contencioso constitucional. Repercussão geral rejeitada. (Inform. STF 629)

CONTRIBUIÇÃO SOCIAL SOBRE O LUCRO E COMPENSAÇÃO DE PREJUÍZOS FISCAIS

Aplicando, quanto à contribuição social sobre o lucro, o mesmo entendimento fixado no julgamento do RE 344994/PR (DJE de 28.8.2009), em que analisada a constitucionalidade do critério relativo ao cômputo de prejuízos exclusivamente em relação ao imposto de renda, o Tribunal, por maioria, desproveu recurso extraordinário interposto contra acórdão do Tribunal Regional da 3ª Região que reconhecera a constitucionalidade dos artigos 42 e 58 da Lei 8.981/95 ("*Art. 42. A partir de 1º de janeiro de 1995, para efeito de determinar o lucro real, o lucro líquido ajustado pelas adições e exclusões previstas ou autorizadas pela legislação do Imposto de Renda, poderá ser reduzido em, no máximo, trinta por cento. ... Art. 58. Para efeito de determinação da base de cálculo da contribuição social sobre o lucro, o lucro líquido ajustado poderá ser reduzido por compensação da base de cálculo negativa, apurada em períodos-base anteriores em, no máximo, trinta por cento.*"). Entendeu-se que também no que se refere à contribuição social sobre o lucro incidiria a orientação segundo a qual a Lei 8.981/95 veio assegurar às empresas um benefício fiscal que viabilizou a compensação de prejuízos apurados em exercícios anteriores, não havendo se falar em ofensa ao princípio da anterioridade ou da irretroatividade. Vencido o Min. Marco Aurélio que, reportando-se aos fundamentos de seu voto naquele precedente, dava provimento ao recurso para, declarando a inconstitucionalidade dos artigos 42 e 58 da Lei 8.981/95, no que postergada no tempo a compensação dos prejuízos, conceder a segurança e reconhecer o direito da impetrante a compensar os prejuízos fiscais acumulados nos períodos-base anteriores a 1995, sem a limitação imposta pelos dispositivos legais, a partir do mês de junho de 1995. **RE 545308/SP, rel. orig. Min. Marco Aurélio, red. p/ o acórdão Min. Cármen Lúcia, 8.10.2009.** (RE-545308) (Inform. STF 562)

RE N. 377.409-PR

RELATOR: MIN. CEZAR PELUSO

EMENTA: Tributo. Contribuição Social sobre o Lucro Líquido – CSLL. Adicional instituído por meio de medida provisória. Admissibilidade. Violação ao art. 246 da CF. Não ocorrência. Tributo instituído e regulamentado pela Lei nº 7.689/88. Mero aumento da alíquota pela MP nº 1.807/99. Recurso extraordinário não provido. A Medida Provisória nº 1.807/99 não instituiu, nem regulamentou a Contribuição Social Sobre o Lucro Líquido – CSLL, mas apenas lhe aumentou a alíquota. Noticiado no Informativo 556(Inform. STF 558)

DEDUÇÃO DO VALOR DA CSLL E BASE DE CÁLCULO DO IRPJ - 1

O Tribunal iniciou julgamento de recurso extraordinário contra acórdão do Tribunal Regional Federal da 3ª Região, que decidira pela impossibilidade da dedução do valor equivalente à contribuição social sobre o lucro líquido - CSLL da base de cálculo do imposto sobre a renda e proventos de qualquer natureza devido pela pessoa jurídica - IRPJ, dada a legalidade do art. 1º, parágrafo único, da Lei 9.316/96 ("*Art. 1º O valor da contribuição social sobre o lucro líqüido não poderá ser deduzido para efeito de determinação do lucro real, nem de sua própria base de cálculo. Parágrafo único. Os valores da contribuição social a que se refere este artigo, registrados como custo ou despesa, deverão ser adicionados ao lucro líqüido do respectivo período de apuração para efeito de determinação do lucro real e de sua própria base de cálculo.*"). Sustenta-se, na espécie, transgressão aos artigos 145, § 1º; 146, III, a e 153, III, todos da CF. O Min. Joaquim Barbosa, relator, negou provimento ao recurso. Afastou, inicialmente, a alegada violação do conceito constitucional de renda (CF, art. 153, III). Asseverou que a CF/88 permite a tributação da renda e dos proventos de qualquer natureza sem estipular, expressamente, um conceito para renda ou proventos, que são as bases de cálculo constitucionais do tributo, mas que, por outro lado, não há um conceito ontológico para renda, de dimensões absolutas, caráter imutável e existente independentemente da linguagem, que possa ser violado pelo legislador complementar ou ordinário, haja vista se estar diante de um objeto cultural. Considerou que, nos quadrantes do sistema constitucional tributário, o conceito de renda pode ser estipulado apenas a partir de uma série de influxos oriundos do sistema jurídico, como a proteção ao mínimo existencial, o direito ao amplo acesso à saúde, a capacidade contributiva, a proteção à livre iniciativa e à atividade econômica, e de outros sistemas com os quais o Direito possui ligações, como o econômico e o contábil. Tendo isso em conta, afirmou que, para análise das questões postas no recurso, seria suficiente considerar quatro aspectos para a definição da base de cálculo possível do imposto sobre a renda: a) acréscimo patrimonial resultante do cômputo de certos b) ingressos e de certas c) saídas, ao longo de um dado d) período de tempo, e que esses critérios poderiam ser deduzidos das normas gerais em matéria tributária construídas a partir do CTN (artigos 43 e 44). **RE 582525/SP, rel. Min. Joaquim Barbosa, 22.10.2008**. (RE-582525)

DEDUÇÃO DO VALOR DA CSLL E BASE DE CÁLCULO DO IRPJ - 2

Em seguida, o relator aduziu que o valor devido a título de CSLL não deveria, nos termos da CF, ser tratado como uma despesa operacional ou necessária para fins de apuração do IRPJ e, portanto, dedutível. Ressaltou que nem todas as despesas são relevantes à apuração do IR, pois a despesa operacional ou a necessária devem estar direta, intrínseca ou intimamente ligadas à atividade empresarial, ou seja, despesas relacionadas às atividades ou aos materiais que servem de pressupostos ao processo produtivo. Realçou que o valor devido a título de CSLL, por sua vez, corresponde a uma parcela do lucro do contribuinte, destinada aos cofres públicos em razão de seu dever fundamental de pagar tributos, e não consiste, assim, em despesa necessária ou operacional à realização da operação ou do negócio que antecedem o fato jurídico tributário, que é auferir renda. Frisou que auferir renda é pressuposto da tributação pela incidência do imposto sobre a renda, critério material que deve ser confirmado pela base de cálculo homônima, e que a incidência do IRPJ ou da CSLL não antecede as operações empresariais que servirão de base aos fatos jurídicos tributários, mas, pelo contrário, toma-as como pressuposto. Concluiu que as obrigações tributárias resultantes da incidência de tributos calculados com base no lucro real ou grandezas semelhantes não são despesas essenciais à manutenção das atividades econômicas, mas conseqüências dessas atividades, ou seja, o tributo não é insumo da cadeia produtiva. **RE 582525/SP, rel. Min. Joaquim Barbosa, 22.10.2008**. (RE-582525)

DEDUÇÃO DO VALOR DA CSLL E BASE DE CÁLCULO DO IRPJ - 3

O Min. Joaquim Barbosa rejeitou a alegação de que a proibição da dedução implicaria cálculo do tributo sobre valor que efetivamente não corresponde à renda. Esclareceu que, para a formação da renda, de modo a atrair a incidência do IRPJ, é irrelevante tanto a circunstância de o acréscimo patrimonial ou o saldo positivo ter sido consumido ou não, antes ou depois da apuração, como a circunstância de parte da renda tornar-se vinculada ao adimplemento de uma dada obrigação, de forma a fixar destinação específica para o montante. Assentou que o IRPJ incidirá no momento em que verificada a aquisição da disponibilidade econômica ou jurídica de renda ou proventos, sem que se cogite, em qualquer hipótese, do destino que posteriormente será dado aos valores. Salientou que o quadro em exame é marcado por dois momentos distintos: no primeiro, o contribuinte recebe um fluxo de novas riquezas que, depois da devida apuração, representará ou não renda; no segundo, se confirmada a existência do lucro real e em razão da incidência das regras-matrizes do IRPJ e da CSLL, uma parte daquele valor terá de ser destinada aos cofres públicos. Daí, se entre esses momentos o contribuinte der destinação aos valores, nem por isso deixará de haver renda ou lucro. Reafirmando que somente as despesas operacionais ou necessárias, ligadas diretamente à manutenção da atividade econômica são relevantes para infirmar o saldo positivo que caracteriza o lucro real, base de cálculo do IRPJ, concluiu não haver dupla tributação ou incidência do IRPJ sobre a CSLL, haja vista que o valor que deve ser pago a título de CSLL não deixa de ser lucro ou renda para o contribuinte, em razão da destinação que por ele lhe será dada após a apuração de ambas as exações. **RE 582525/SP, rel. Min. Joaquim Barbosa, 22.10.2008.** (RE-582525)

DEDUÇÃO DO VALOR DA CSLL E BASE DE CÁLCULO DO IRPJ - 4

Pelas mesmas razões, o relator não vislumbrou a apontada ofensa à reserva de lei complementar para dispor sobre normas gerais em matéria de IR (CF, art. 146, III, a), porquanto os artigos 43 e 44 do CTN não especificam o que se deve entender por lucro real, na extensão pretendida pela recorrente, nem conceituam renda, tomado o mesmo parâmetro, nada havendo nesses dispositivos que viabilize a identificação dos valores pagos a título de CSLL como despesa operacional ou necessária à atividade empresarial, para fins de tornar obrigatório o cômputo dos gastos na apuração do IRPJ. Repeliu, de igual modo, a mencionada afronta ao princípio da capacidade contributiva (CF, art. 145, §1º), na sua acepção objetiva ou subjetiva, visto que a vedação da dedução do valor da CSLL na apuração do IRPJ não leva inexoravelmente à tributação do patrimônio ou de qualquer outra grandeza que não seja renda. Asseverou que, independentemente de ser alocado à extinção do crédito tributário, o valor pago a título de CSLL também representa renda para o contribuinte, podendo ser incluído no cálculo da obrigação tributária referente ao IRPJ. Aduziu, ademais, não haver indicação de que a ausência da dedução pretendida exaspere demasiadamente a carga tributária, de modo a torná-la desproporcional, proibitiva ou punitiva da atividade econômica. **RE 582525/SP, rel. Min. Joaquim Barbosa, 22.10.2008.** (RE-582525)

DEDUÇÃO DO VALOR DA CSLL E BASE DE CÁLCULO DO IRPJ - 5

Por fim, o relator reputou improcedente a assertiva de desrespeito à regra da anterioridade. Considerou que o prazo previsto pela regra da anterioridade especial, aplicável à CSLL (CF, art. 195, § 7º), não se soma à regra da anterioridade tradicional (CF, art. 150, III, b), aplicável ao IR, e que a circunstância de qualquer aumento pertinente à CSLL somente ser exigível após noventa dias da data de publicação da respectiva lei que o determinar não afeta a contagem do prazo de anterioridade para tributo da espécie imposto, como é o caso do IR. Além disso, afirmou que, porque o IR é um tributo da espécie imposto, qualquer majoração somente poderia ser exigida no exercício subseqüente ao da publicação da respectiva lei. Salientou que a Lei 9.316/96 é oriunda da MP 1.516/96, e que, se se considerar que a vedação consistiu em verdadeiro aumento do tributo, a exigência somente poderia ter efeito a partir do ano de 1997. Tendo em conta que o período discutido nos autos do mandado de segurança impetrado pela ora recorrente se limita ao ano-base de 1997, e que a obrigação tributária deveria ser solvida em 30.3.98, concluiu que, independentemente de se considerar relevante para a incidência da regra de anterioridade o momento em que ocorre o fato gerador ou o momento em que o tributo é apurado, o período discutido pelo contribuinte já extrapolava o prazo de anterioridade previsto no art. 150, III, a, da **CF. RE 582525/SP, rel. Min. Joaquim Barbosa, 22.10.2008.** (RE-582525)

DEDUÇÃO DO VALOR DA CSLL E BASE DE CÁLCULO DO IRPJ - 6

Em divergência, o Min. Marco Aurélio deu provimento ao recurso. Apontou, inicialmente, vício formal, ao fundamento de que a inovação deveria ter vindo à luz mediante lei complementar, que alterasse o CTN, mais especificamente o que previsto em seu art. 43. Asseverou que, ultrapassado esse vício, não se estaria, de toda forma, diante de algo que se enquadrasse no figurino constitucional do tributo, haja vista que a pessoa jurídica tem, considerada a CSLL, um ônus e não uma vantagem, não sendo possível entender que um ônus signifique, ao mesmo tempo, ônus e renda para quem quer que seja. Ademais, aduziu, quanto à questão relativa à capacidade econômica do contribuinte, não ser concebível que, em se tratando de um ônus, essa capacidade fosse aumentada para que o contribuinte viesse a arcar com a incidência do tributo e, especificamente, do imposto que o é sobre a renda. Após, pediu vista dos autos o Min. Cezar Peluso. **RE 582525/SP, rel. Min. Joaquim Barbosa, 22.10.2008.** (RE-582525) (Inform. STF 525)

EFEITO SUSPENSIVO A RE: BASE DE CÁLCULO DA CSLL E REPERCUSSÃO GERAL

O Tribunal referendou decisão proferida pelo Min. Celso de Mello em ação cautelar, da qual relator, que deferira liminar para conceder efeito suspensivo a recurso extraordinário em que se discute a constitucionalidade ou não da inclusão, na base de cálculo das Contribuições Sociais sobre o Lucro Líquido - CSLL, das receitas oriundas das operações de exportação, tendo em conta o disposto no inciso I do § 2º do art. 149 da CF, incluído pela EC 33/2001 (*"Art. 149. ... § 2º. As contribuições sociais e de intervenção no domínio econômico de que trata o 'caput' deste artigo... I - não incidirão sobre as receitas decorrentes de exportação;"*). Salientou-se o reconhecimento da existência da repercussão geral da matéria, no âmbito do RE 564413/SC (DJE de 14.12.2007), e consideraram-se precedentes da Corte no mesmo sentido da decisão submetida a referendo. Alguns precedentes citados: **AC 1738 MC/SP (DJE de 19.10.2007); AC 1890 MC/SC (DJE de 12.12.2007); AC 1891 MC/SC (DJE de 22.2.2008); AC 1951 MC/PR (DJE de 3.3.2008). AC 2073 QO/ES, rel. Min. Celso de Mello, 26.6.2008.** (AC-2073) (Inform. STF 512)

8.3. Contribuições ao regime geral de previdência social (empregadores, empregados e equiparados)

REPERCUSSÃO GERAL EM RE N. 569.441-RS

RELATOR: MIN. DIAS TOFFOLI

EMENTA: Tributário. Contribuição previdenciária. Participação nos lucros da empresa. Art. 7º, inciso XI, CF. Medida Provisória 794/94. Repercussão geral.

1. A controvérsia envolvendo debate acerca da incidência da contribuição previdenciária sobre a parcela denominada participação nos lucros concernente a período posterior à Constituição Federal de 1988 e anterior à Medida Provisória nº 794/94, à luz do art. 7º, inciso XI, da Constituição Federal, possui densidade constitucional suficiente para ensejar o exame da matéria pelo Pleno da Corte.

2. Repercussão geral reconhecida. (Inform. STF 621)

CONTRIBUIÇÃO PREVIDENCIÁRIA E VALE-TRANSPORTE - 1

O Tribunal, por maioria, proveu recurso extraordinário, afetado ao Pleno pela 2ª Turma, no qual instituição financeira discutia a constitucionalidade da cobrança de contribuição previdenciária sobre o valor pago, em dinheiro, a título de vales-transporte aos seus empregados, por força de acordo trabalhista — v. Informativo 552. Inicialmente, enfatizou-se que a questão constitucional envolvida ultrapassaria os interesses subjetivos da causa. Em seguida, salientou-se que o art. 2º da Lei 7.418/85, a qual instituiu o vale-transporte, estabelece que o benefício: 1) não tem natureza salarial, nem incorpora à remuneração para quaisquer efeitos; 2) não constitui base de incidência de contribuição previdenciária ou de Fundo de Garantia por Tempo de Serviço; e 3) não se configura como rendimento tributável do trabalhador. No ponto, aduziu-se que a referida exação não incide sobre o montante correspondente à benesse quando esta é concedida ao empregado mediante a entrega de vales-transporte, devendo-se perquirir se a sua substituição por dinheiro teria o condão de atribuir ao benefício caráter salarial. **RE 478410/SP, rel. Min. Eros Grau, 10.3.2010.** (RE-478410)

CONTRIBUIÇÃO PREVIDENCIÁRIA E VALE-TRANSPORTE - 2

Asseverou-se, desse modo, que o deslinde da causa importaria necessária consideração sobre o conceito de moeda, conceito jurídico — não conceito específico da Ciência Econômica —, haja vista as funções por ela desempenhadas na intermediação de trocas e como instrumento de reserva de valor e padrão de valor. Após digressão sobre o tema, concluiu-se que, pago o benefício em vale-transporte ou em moeda, isso não afetaria o caráter não salarial do auxílio. Tendo isso em conta, reputou-se que a cobrança de contribuição previdenciária sobre o valor pago, em pecúnia, a título de vales-transporte pelo recorrente aos seus empregados afrontaria a Constituição em sua totalidade normativa. Consignou-se, ademais, que a autarquia previdenciária buscava fazer incidir pretensão de natureza tributária sobre a concessão de benefício, parcela esta que teria caráter indenizatório. Vencidos os Ministros Joaquim Barbosa e Marco Aurélio que desproviam o recurso ao fundamento de que o valor configuraria vantagem remuneratória e, portanto, se enquadraria no gênero "ganhos habituais do empregado", integrando a remuneração (CF, art. 201, § 11). O Min. Marco Aurélio afirmava, ainda, não se estar diante do vale-transporte tal como definido pela lei, porquanto esse não poderia ser pago em pecúnia. **RE 478410/SP, rel. Min. Eros Grau, 10.3.2010.** (RE-478410) (Inform. STF 578)

REPERCUSSÃO GERAL EM RE N. 596.177-RS

RELATOR: MIN. RICARDO LEWANDOWSKI

EMENTA: CONSTITUCIONAL. TRIBUTÁRIO. CONTRIBUIÇÃO SOCIAL PREVIDENCIÁRIA. EMPREGADOR RURAL PESSOA FÍSICA. INCIDÊNCIA SOBRE A COMERCIALIZAÇÃO DA PRODUÇÃO. ART. 25 DA LEI 8.212/91, NA REDAÇÃO DADA A PARTIR DA LEI 8.540/92. RE 363.852/MG, REL. MIN. MARCO AURÉLIO, QUE TRATA DA MESMA MATÉRIA E CUJO JULGAMENTO JÁ FOI INICIADO PELO PLENÁRIO. EXISTÊNCIA DE REPERCUSSÃO GERAL. (Inform. STF 562)

REPERCUSSÃO GERAL EM RE N. 598.572-SP

RELATOR: MIN. RICARDO LEWANDOWSKI

EMENTA: CONSTITUCIONAL. TRIBUTÁRIO. CONTRIBUIÇÃO ADICIONAL DE 2,5%. LEI 8.212/91, ART. 22, § 1º. DIFERENCIAÇÃO DE ALÍQUOTAS (ART. 195, § 9º, CF). CRITÉRIO. ATIVIDADE DESENVOLVIDA. RELEVÂNCIA JURÍDICA E ECONÔMICA. EXISTÊNCIA DE REPERCUSSÃO GERAL. (Inform. STF 562)

CONTRIBUIÇÃO PREVIDENCIÁRIA E VALE-TRANSPORTE

A Turma deliberou afetar ao Plenário julgamento de recurso extraordinário em que o Unibanco questiona a constitucionalidade da cobrança de contribuição previdenciária sobre o valor pago, em dinheiro, a título de vales-transportes aos seus empregados. **RE 478410/SP, rel. Min. Eros Grau, 23.6.2009.** (RE-478410)

CONTRIBUIÇÃO PREVIDENCIÁRIA. PARTICIPAÇÃO. LUCROS.

A *quaestio juris* consiste em determinar a incidência da contribuição previdenciária sobre valores pagos pela empresa recorrida a seus funcionários a título de participação nos lucros, no mês de janeiro dos anos de 1995 a 2000. O INSS (recorrente) sustentou que a não incidência da mencionada contribuição depende da observância da legislação que determina o arquivamento, no sindicato dos trabalhadores, de acordo celebrado entre eles e a empresa. Aduziu que, no caso dos autos, a regulamentação da participação nos lucros foi feita de modo unilateral pela empregadora, inexistindo instrumento de acordo entre as partes. Conforme destacou o Min. Relator, a intervenção do sindicato na negociação tem por finalidade tutelar os interesses dos empregados. Ressaltou que, uma vez atendidos os demais requisitos da legislação que tornem possível a caracterização dos pagamentos como participação nos resultados, a ausência de intervenção do sindicato nas negociações e a falta de registro do acordo apenas afastam a vinculação dos empregados a seus termos. Assim, o registro do acordo no sindicato é modo de comprovar as formas de participação, possibilitando a exigência do cumprimento nos termos acordados. Explicitou, ainda, que a ausência de homologação de acordo no sindicato, por si só, não descaracteriza a participação nos lucros da empresa, a ensejar a incidência da contribuição previdenciária, pois não afeta a natureza dos pagamentos, mas pode interferir na forma de participação e no montante a ser distribuído, fatos irrelevantes para a tributação sobre a folha de salários. No caso dos autos, o tribunal *a quo* entendeu que a natureza dos pagamentos aos empregados foi caracterizada como participação nos resultados, que não integra a remuneração e, por isso, não incide contribuição previdenciária. No entanto, neste Superior Tribunal, o recurso não foi conhecido, pois, para examinar se os pagamentos aos empregados correspondem à participação nos lucros da empresa, seria necessário o reexame do conjunto fático-probatório constante dos autos, o que é inviável, tendo em vista o óbice da Súm. n. 7-STJ. **Precedentes citados: AgRg no REsp 1.180.167-RS, DJe 7/6/2010; AgRg no REsp 675.114-RS, DJe 21/10/2008; AgRg no Ag 733.398-RS, DJ 25/4/2007, e REsp 675.433-RS, DJ 26/10/2006. REsp 865.489-RS, Rel. Min. Luiz Fux, julgado em 26/10/2010.** (Inform. STJ 453)

(Comentário: ver Informativo STF 621 – RE 569.441/RS)

DIREITO TRIBUTÁRIO. CONTRIBUIÇÃO PREVIDENCIÁRIA SOBRE VALORES REPASSADOS PELAS OPERADORAS DE PLANO DE SAÚDE AOS MÉDICOS CREDENCIADOS.

Não incide contribuição previdenciária sobre os valores repassados pelas operadoras de plano de saúde aos médicos credenciados. Precedentes citados: REsp 874.179-RJ, DJe 14/9/2010, e REsp 987.342-PR, DJe 12/5/2011. **AgRg no AREsp 176.420-MG, Rel. Min. Napoleão Nunes Maia Filho, julgado em 13/11/2012. (Inform. STJ 509)**

DIREITO TRIBUTÁRIO. CONTRIBUIÇÕES PREVIDENCIÁRIAS. CONTRATAÇÃO DE MÃO DE OBRA TERCEIRIZADA. RESPONSABILIDADE DA EMPRESA TOMADORA DO SERVIÇO.

A partir da redação do art. 31 da Lei n. 8.212/1991 dada pela Lei n. 9.711/1998, a empresa contratante é responsável, com exclusividade, pelo recolhimento da contribuição previdenciária por ela retida do valor bruto da nota fiscal ou fatura de prestação de serviços, afastada, em relação ao montante retido, a responsabilidade supletiva da empresa prestadora cedente de mão de obra. Em consonância com o exposto pela Primeira Seção desta Corte no julgamento do REsp 1.131.047-MA, DJe 2/12/2010, representativo de controvérsia, a responsabilidade pelo recolhimento da contribuição previdenciária retida na fonte incidente sobre a mão de obra utilizada na prestação de serviços contratados é exclusiva do tomador do serviço, nos termos do art. 33, § 5º, da Lei n. 8.212/1991, não havendo falar em responsabilidade supletiva da empresa cedente. **AgRg no AgRg no REsp 721.866-SE, Rel. Min. Arnaldo Esteves Lima, julgado em 20/9/2012.(Inform. STJ 505)**

CONTRIBUIÇÃO PREVIDENCIÁRIA. AVISO PRÉVIO INDENIZADO.

O valor pago a título de indenização em razão da ausência de aviso prévio tem o intuito de reparar o dano causado ao trabalhador que não fora comunicado sobre a futura rescisão de seu contrato de trabalho com a antecedência mínima estipulada na CLT, bem como não pôde usufruir da redução na jornada de trabalho a que teria direito (arts. 487 e seguintes da CLT). Assim, por não se tratar de verba salarial, não incide contribuição previdenciária sobre os valores pagos a título de aviso prévio indenizado. **REsp 1.198.964-PR, Rel. Min. Mauro Campbell Marques, julgado em 2/9/2010.** (Inform. STJ 445)

CONTRIBUIÇÃO SOCIAL. LC N. 84/1996.

A questão diz respeito à incidência da contribuição prevista na LC n. 84/1996 sobre as comissões pagas pelas seguradoras aos corretores de seguro. A Turma negou provimento ao recurso por entender estar correto o acórdão recorrido, o qual assentou, entre outras coisas, que os tributos instituídos pela LC n. 84/1996 são caracterizados como contribuições sociais destinadas ao financiamento da seguridade social. No contrato de seguro, o fato de o corretor, profissional autônomo, prestar serviço ao segurado não implica reconhecer que não tenha prestado serviço à seguradora, justificando-se, por isso, a comissão de corretagem, sobre a qual deva incidir a contribuição social "prolabore" de que trata o art. 1º, I, da LC n. 84/1996. Ressalte-se que o fato de existir prestação de serviço ao segurado não exclui a sua existência em relação à seguradora. Desse modo, configura-se a ocorrência do fato gerador da referida contribuição. **Precedentes citados: REsp 993.599-RJ, DJ 6/8/2008; REsp 259.675-MG, DJ 7/8/2008, e REsp 600.215-RJ, DJ 1º/8/2006. REsp 720.725-RJ, Rel. Min. Luiz Fux, julgado em 14/4/2009.** (Inform. STJ 390)

RECURSO REPETITIVO. CONTRIBUIÇÃO PREVIDENCIÁRIA. SUBSTITUIÇÃO TRIBUTÁRIA.

A Seção, conforme o art. 543-C do CPC e art. 6º da Res. n. 8/2008-STJ, assentou que, referente à retenção em favor do INSS de 11% sobre os valores brutos de faturas de contratos de prestação de serviços por empresas prestadoras de serviços, a Lei n. 9.711/1998, que alterou o art. 31 da Lei n. 8.212/1991, não criou nova contribuição sobre o faturamento, nem alterou a alíquota ou a base de cálculo da contribuição previdenciária sobre a folha de pagamento, somente fixou um novo sistema de arrecadação, a fim de responsabilizar as empresas tomadoras de serviço pela forma de substituição tributária. **Precedentes citados: REsp 884.936-RJ, DJe 20/8/2008; AgRg no Ag 906.813-SP, DJe 23/10/2008; AgRg no Ag 965.911-SP, DJe 21/5/2008; EDcl no REsp 806.226-RJ, DJe 26/3/2008, e AgRg no Ag 795.758-SP, DJ 9/8/2007. REsp 1.036.375-SP, Rel. Min. Luiz Fux, julgado em 11/3/2009.** (Inform. STJ 386)

CONTRIBUIÇÃO PREVIDENCIÁRIA. SEGURO DE VIDA EM GRUPO.

A Turma negou provimento aos recursos especiais e reiterou que não incide a contribuição previdenciária sobre os valores repassados à sociedade empresarial – seguradora – a título de seguro de vida dos empregados da sociedade empresarial contribuinte, em razão da expressa referência legal disposta no art. 28, § 9º, p, da Lei n. 8.212/1991, com a redação dada pela Lei n. 9.528/1997, revelando-se, também, inaplicável o art. 111 do CTN. Destacou-se que, mesmo que a cobrança seja anterior à citada lei, independentemente dessa exclusão legal, por força da interpretação teleológica do primitivo art. 28, I, da Lei n. 8.212/1991, poderia concluir-se que o empregado nada usufrui pelo seguro de vida em grupo, o que descarta a possibilidade de considerar-se valor pago, se generalizado para todos os empregados, como sendo salário-utilidade. Por outro lado, não tem direito a sociedade empresarial à majoração da verba honorária; inviável, em princípio, aquilatar aspectos fáticos nos termos do art. 20, §§ 3º e 4º, do CPC. **Precedentes citados: REsp 441.096-RS, DJ 4/10/2004; REsp 881.051-RS, DJ 31/5/2007, e REsp 701.802-RS, DJ 22/2/2007. REsp 839.153-SC, Rel. Min. Luiz Fux, julgado em 9/12/2008.** (Inform. STJ 380)

CONTRIBUIÇÃO PREVIDENCIÁRIA. AJUDA DE CUSTO. DESLOCAMENTO NOTURNO. ALUGUEL.

A autarquia federal argumenta que, nos tributos sujeitos a lançamento por homologação, inexistindo pagamento, o prazo decadencial é de dez anos, e não de cinco, conforme concluiu o acórdão recorrido. Mas a Min. Relatora entendeu não assistir razão ao recorrente, uma vez que, na hipótese, não houve pagamento antecipado pelo contribuinte. Aplica-se a orientação deste Superior Tribunal no sentido de que, em se tratando de tributo sujeito a lançamento por homologação cujo pagamento não foi antecipado pelo contribuinte, incide a regra do art. 173, I, do CTN. Ressaltou a Min. Relatora que, no julgamento da Argüição de Inconstitucionalidade no REsp 616.348-MG, DJ 15/10/2007, reconheceu-se a inconstitucionalidade do art. 45 da Lei n. 8.212/1991, o qual previa o prazo decadencial de dez anos para o INSS apurar e constituir seus créditos. Isso porque as contribuições sociais, inclusive as que se destinam a financiar a seguridade social, possuem natureza tributária, de maneira que deve ser observado o disposto no art. 146, III, b, da CF/1988, no sentido de que as normas gerais da legislação tributária acerca de prescrição e decadência devem ser reguladas por lei complementar. No que tange ao auxílio-creche, ele não integra o salário-de-contribuição. Conseqüentemente, é indevida a incidência da contribuição previdenciária sobre valores pagos a tal título. Quanto às ajudas de custo relativas ao deslocamento noturno e aluguel, elas integram o salário-de-contribuição, deve, portanto, incidir contribuição previdenciária sobre tais parcelas. Finalmente, em relação à ajuda de custo denominada de desenvolvimento de supervisor de contas, a jurisprudência deste Superior Tribunal é no sentido de que as verbas pagas pelo empregador diretamente à instituição de ensino para custeio de cursos não integram a remuneração do empregado; não compõem, portanto, o salário-de-contribuição, para fins de incidência da contribuição previdenciária prevista no art. 28 da Lei n. 8.212/1991. Assim, é indevida a incidência de contribuição previdenciária sobre tal ajuda de custo. Diante disso, a Turma, conheceu parcialmente do recurso e, nessa parte, deu-lhe provimento apenas para determinar a incidência de contribuição previdenciária sobre as ajudas de custo relativas ao deslocamento noturno e ao aluguel. **REsp 439.133-SC, Rel. Min. Denise Arruda, julgado em 2/9/2008.** (Inform. STJ 366)

CONTRIBUIÇÃO SOCIAL. CORRETORES DE SEGURO.

Incide a contribuição social sobre a remuneração percebida pelo corretor pela venda de seguro na prestação de serviço autônomo, conforme prevista no art. 1º da LC n. 84/1996. **Precedente citado: REsp 600.215-RJ, DJ 1º/8/2006. REsp 993.599-RJ, Rel. Min. Francisco Falcão, julgado em 3/6/2006.** (Inform. STJ 358)

CONTRIBUIÇÃO PREVIDENCIÁRIA. CORRETOR. SEGURO.

A Seção, por maioria, pacificou seu entendimento, antes divergente entre a Primeira e a Segunda Turma, no sentido de ser devida a cobrança das empresas de seguro referente à contribuição previdenciária incidente sobre o valor da comissão que as seguradoras pagam aos corretores por prestarem serviços de intermediação no contrato de seguro, independentemente de existir ou não contrato de trabalho vinculando o corretor àquelas empresas, tendo em vista o disposto na LC n. 84/1996, que exige o recolhimento da exação sobre a remuneração dos trabalhadores autônomos. A tese vencida defendia que não seria possível estabelecer uma exação por interpretação analógica da lei, uma vez que cabe apenas ao legislador definir o tributo. **Precedentes citados: REsp 600.215-RJ, DJ 1º/8/2006, e REsp 413.825-PR, DJ 30/8/2007. REsp 519.260-RJ, Rel. Min. Herman Benjamin, julgado em 9/4/2008.** (Inform. STJ 351)

HONORÁRIOS. CONTRIBUIÇÃO PREVIDENCIÁRIA.

Os honorários conferidos aos procuradores da CEF decorrentes de verbas sucumbenciais não integram a base de cálculo da contribuição previdenciária, porquanto não se constitui remuneração paga pela empregadora. Tais valores percebidos por esses profissionais em decorrência da representação judicial da CEF são pagos pela parte vencida, embora a Caixa detenha o poder de gerência e repasse do montante da verba. **Precedentes citados: EREsp 413.265-SC, DJ 30/10/2006; REsp 746.858-RS, DJ 10/4/2006; REsp 625.326-SP, DJ 31/5/2004, e EDcl no REsp 278.727-DF, DJ 9/12/2002. REsp 802.408-PR, Rel. Min. Castro Meira, julgado em 26/2/2008.** (Inform. STJ 346)

SÚMULA STF Nº 732

É constitucional a cobrança da contribuição do salário-educação, seja sob a Carta de 1969, seja sob a Constituição Federal de 1988, e no regime da Lei 9.424/1996.

SÚMULA STJ Nº 425

A retenção da contribuição para a seguridade social pelo tomador do serviço não se aplica às empresas optantes pelo Simples.

SÚMULA STJ Nº 351

A alíquota de contribuição para o Seguro de Acidente do Trabalho (SAT) é aferida pelo grau de risco desenvolvido em cada empresa, individualizada pelo seu CNPJ, ou pelo grau de risco da atividade preponderante quando houver apenas um registro.

8.4. Contribuições para regimes próprios de servidores, fundos de saúde

CONTRIBUIÇÃO PREVIDENCIÁRIA DE INATIVOS E PENSIONISTAS: PERÍODO COMPREENDIDO ENTRE A EC 20/98 E A EC 41/2003

O Plenário resolveu questão de ordem suscitada em recurso extraordinário no sentido de: a) reconhecer a repercussão geral da questão constitucional nele debatida — repetição de contribuição previdenciária (e afins) cobrados de servidor civil inativo ou pensionista no período referente à vigência da EC 20/98 até a publicação da EC 41/2003; b) reafirmar a jurisprudência da Corte segundo a qual é devida a devolução aos pensionistas e inativos, perante o competente Juízo da execução, da contribuição previdenciária indevidamente recolhida no aludido período, sob pena de caracterização de enriquecimento ilícito; e c) negar provimento ao recurso. Leia o inteiro teor do voto do relator na seção "Transcrições" deste Informativo. **RE 580871 QO/SP, rel. Min. Gilmar Mendes, 17.11.2010.** (RE-580871) (Inform. STF 609)

SERVIDOR PÚBLICO: CONTRIBUIÇÃO PARA O CUSTEIO DE ASSISTÊNCIA MÉDICO-HOSPITALAR E ADESÃO VOLUNTÁRIA

Na linha do entendimento firmado no julgamento da ADI 3106/MG, anteriormente relatado, o Tribunal negou provimento a recurso extraordinário interposto pelo Estado de Minas Gerais e pelo Instituto de Previdência dos Servidores do Estado de Minas Gerais - IPSEMG contra acórdão do tribunal de justiça local que entendera que, por força do art. 149, § 1º, da CF, os Estados não teriam legitimidade para cobrar contribuição destinada à saúde, de forma compulsória, de seus servidores, e determinara que fossem extirpados os descontos efetuados nos contracheques dos servidores que, expressamente, não se interessaram pelo beneficiamento dos serviços médico-hospitalares prestados pelo IPSEMG. **RE 573540/MG, rel. Min. Gilmar Mendes, 14.4.2010.** (RE-573540) (Inform. STF 582)

REPERCUSSÃO GERAL EM RE N. 586.620-RJ

RELATORA: MIN. ELLEN GRACIE

MILITAR. CONTRIBUIÇÃO PARA O FUNDO DE SAÚDE. EXIGIBILIDADE. APLICAÇÃO DOS EFEITOS DA AUSÊNCIA DE REPERCUSSÃO GERAL TENDO EM VISTA TRATAR-SE DE DIVERGÊNCIA SOLUCIONÁVEL PELA APLICAÇÃO DA LEGISLAÇÃO FEDERAL. INEXISTÊNCIA DE REPERCUSSÃO GERAL. (Inform. STF 570)

REPERCUSSÃO GERAL EM RE N. 593.068-SC

RELATOR: MIN. JOAQUIM BARBOSA

EMENTA: CONSTITUCIONAL. REPERCUSSÃO GERAL. TRIBUTÁRIO. SERVIDOR PÚBLICO FEDERAL. REGIME PREVIDENCIÁRIO. CONTRIBUIÇÃO. BASE DE CÁLCULO. TERÇO CONSTITUCIONAL DE FÉRIAS. GRATIFICAÇÃO NATALINA (DÉCIMO-TERCEIRO SALÁRIO). HORAS EXTRAS. OUTROS PAGAMENTOS DE CARÁTER TRANSITÓRIO. LEIS 9.783/1999 E 10.887/2004.

CARACTERIZAÇÃO DOS VALORES COMO REMUNERAÇÃO (BASE DE CÁLCULO DO TRIBUTO). ACÓRDÃO QUE CONCLUI PELA PRESENÇA DE PROPÓSITO ATUARIAL NA INCLUSÃO DOS VALORES NA BASE DE CÁLCULO DO TRIBUTO (SOLIDARIEDADE DO SISTEMA DE CUSTEIO). 1. Recurso extraordinário em que se discute a exigibilidade da contribuição previdenciária incidente sobre adicionais e gratificações temporárias, tais como 'terço de férias', 'serviços extraordinários', 'adicional noturno', e 'adicional de insalubridade'. Discussão sobre a caracterização dos valores como remuneração, e, portanto, insertos ou não na base de cálculo do tributo. Alegada impossibilidade de criação de fonte de custeio sem contrapartida de benefício direto ao contribuinte. Alcance do sistema previdenciário solidário e submetido ao equilíbrio atuarial e financeiro (arts. 40, 150, IV e 195, § 5º da Constituição). 2. Encaminhamento da questão pela existência de repercussão geral da matéria constitucional controvertida. (Inform. STF 547)

DIREITO TRIBUTÁRIO. CONTRIBUIÇÃO PREVIDENCIÁRIA INCIDENTE SOBRE VALORES RECEBIDOS EM EXECUÇÃO JUDICIAL.

É devida a retenção na fonte da contribuição do Plano de Seguridade do Servidor Público – PSS, incidente sobre valores pagos em cumprimento de decisão judicial, independentemente de condenação ou de prévia autorização no título executivo. Isso porque o desconto na fonte, realizada nos termos do art. 16-A da Lei n. 10.887/2004, constitui obrigação *ex lege*. Precedentes citados: REsp 1.196.777-RS, DJe 4/11/2010, e REsp 1.196.778-RS, DJe 4/11/2010. **EDcl no AgRg no REsp 1.266.616-RS, Rel. Min. Humberto Martins, julgado em 20/11/2012. (Inform. STJ 510)**

REPETIÇÃO DE INDÉBITO. CONTRIBUIÇÃO PARA CUSTEIO DE SAÚDE.

Cuida-se de repetição de indébito fundada na declaração de inconstitucionalidade da cobrança de contribuição para custeio de serviços de saúde criada por lei estadual a qual determinava a adesão compulsória dos servidores do estado ao Fundo de Assistência à Saúde – FAS. O tribunal de origem reconheceu a inconstitucionalidade da filiação obrigatória, mas negou o pedido de repetição de indébito ao argumento de que a devolução das contribuições recolhidas só seria devida depois do pedido formal de desligamento do FAS. Além disso, o tribunal *a quo* consignou que a servidora teve a seu dispor o serviço de saúde e poderia ter usufruído dos serviços mantidos pelo instituto de previdência estadual. Nesse contexto, a Turma determinou a restituição de todas as contribuições indevidamente recolhidas, considerando irrelevante a afirmação de que a autora da ação teve ao seu dispor o serviço de saúde, bem como o de eventual utilização deste, pois o que define a possibilidade de repetição do indébito é a cobrança indevida do tributo (art. 165 do CTN). Precedentes citados: AgRg no REsp 1.183.371-MG, DJe 2/2/2011; AgRg no REsp 1.194.641-MG, DJe 21/10/2010, e REsp 1.059.771-MG, DJe 19/6/2009. **REsp 1.294.775-RS, Rel. Min. Castro Meira, julgado em 16/2/2012. (Inform. STJ 491)**

REPETITIVO. RETENÇÃO. PSS. EXECUÇÃO. SENTENÇA.

É certo que a contribuição do plano de seguridade do servidor público (PSS) incide sobre os valores pagos em cumprimento de decisão judicial, ainda que decorrentes de acordo (art. 16-A da Lei n. 10.887/2004). Porém, o PSS deve ser retido na fonte independentemente de condenação ou de prévia autorização no título executivo, visto que constitui uma obrigação *ex lege*. A Seção firmou esse entendimento no julgamento deste recurso especial, sujeito aos ditames do art. 543-C do CPC (recurso repetitivo). Precedente citado: **REsp 999.444-RN, DJe 3/11/2008. REsp 1.196.777-RS, Rel. Min. Teori Albino Zavascki, julgado em 27/10/2010.** (Inform. STJ 453)

FUSEX. PRESCRIÇÃO.

A Turma proveu em parte o recurso quanto à prescrição quinquenal (art. 168, I, do CTN) de valores recolhidos ao Fundo de Saúde do Exército (Fusex), contribuição compulsória de natureza tributária, de assistência médico-hospitalar custeada pelos próprios militares e seus dependentes. Tal contribuição sujeita-se à incidência das limitações constitucionais e normas gerais tributárias, motivo pelo qual descabe a fixação de sua alíquota por meio de instrução normativa ou portaria, sob pena de ferir o princípio da legalidade tributária. **Precedentes citados: REsp 900.015-RS, DJe 1º/12/2008, e REsp 1.068.895-RS, DJe 20/10/2008. REsp 1.101.853-RS, Rel. Min. Teori Albino Zavascki, julgado em 21/5/2009.** (Inform. STJ 395)

8.5. Contribuição sindical

CENTRAIS SINDICAIS E CONTRIBUIÇÃO SINDICAL - 6

O Tribunal retomou julgamento de ação direta de inconstitucionalidade proposta pelo Partido Democratas - DEM contra os artigos 1º, II, e 3º, da Lei 11.648/2008, bem como os artigos 589, II, b e seus §§ 1º e 2º e 593 da CLT, na redação dada pela referida lei, a qual dispõe sobre o reconhecimento formal das centrais sindicais para os fins que especifica, e dá outras providências — v. Informativo 552. O Min. Eros Grau, em voto-vista, acompanhou o relator tão-somente quanto à interpretação que conferiu ao art. 1º, *caput*, e inciso II, da Lei 11.648/2008, seguindo, quanto ao mais, a divergência instalada pela Min. Marco Aurélio. Asseverou, inicialmente, serem duas as questões debatidas: 1) a possibilidade de as centrais sindicais tomarem parte em debates e negociações travados nos espaços de diálogo social de composição tripartite, em defesa do interesse geral dos trabalhadores; 2) a inclusão das centrais sindicais no elenco das entidades que figuram como sujeitos ativos da contribuição social. Quanto à primeira questão, em face do que disposto no art. 10 da CF e da afirmação da liberdade de associação (CF, art. 5º, XVII, e 8º, *caput*), reputou não ser possível negar às centrais sindicais legitimidade para participar dos referidos espaços de diálogo e deliberação. Registrou, no ponto, que as centrais sindicais excederiam o sistema sindical precisamente para instrumentar tentativa de superação de situações nas quais eventualmente se opõem interesses particulares de uma e outra categoria profissional, de modo a dividi-las, enfraquecendo a representação de classe. Acrescentou que elas cumprem importante função ideológica e política, estando voltadas para a defesa de interesses do trabalho em um plano mais elevado, para além de particularismos. Dessa forma, as centrais sindicais estariam voltadas não à defesa dos direitos e interesses coletivos ou individuais de categorias, e sim à defesa de interesses de classe, interesses do trabalho. No que se refere à segunda questão, asseverou que o "imposto sindical", instituído pelo Decreto-lei 5.452/43 - CLT, passou a ser chamado de "contribuição sindical", por força do disposto no Decreto-lei 27/66, tendo sido a exação recebida pela CF/88. Aduziu que do nome "contribuição sindical" não se poderia tirar significado incompatível com o regime de liberdade de associação profissional e sindical contemplado no art. 8º, *caput*, da CF/88. Frisou que sujeito passivo da "contribuição sindical" não seria o sindicalizado, mas qualquer empregado, trabalhador autônomo, profissional liberal ou empregador (CLT, art. 580). **Após, o julgamento foi suspenso. ADI 4067/DF, rel. Min. Joaquim Barbosa, 3.3.2010**. (ADI-4067)

CENTRAIS SINDICAIS E CONTRIBUIÇÃO SINDICAL - 7

O Tribunal retomou julgamento de ação direta de inconstitucionalidade proposta pelo Partido Democratas - DEM contra os artigos 1º, II, e 3º, da Lei 11.648/2008, bem como os artigos 589, II, b e seus §§ 1º e 2º e 593 da CLT, na redação dada pela referida lei, a qual dispõe sobre o reconhecimento formal das centrais sindicais para os fins que especifica, e dá outras providências — v. Informativos 552 e 577. O Min. Joaquim Barbosa, relator, de início, negou provimento a agravo regimental interposto por sindicato — que ingressara como *amicus curiae* quando os autos já se encontravam no gabinete do Min. Eros Grau com pedido de vista —, no que foi acompanhado pelos demais Ministros da Corte. Em seguida, o relator reiterou o voto que proferira anteriormente, rememorando os fundamentos expendidos no ponto relativo à possibilidade de as centrais sindicais serem sujeitos ativos da contribuição social. O Min. Marco Aurélio, por sua vez, tendo em conta que a interpretação conforme dada ao art. 1º, *caput*, e inciso II, e ao art. 3º, da Lei 11.648/2008, seria apenas no sentido de a representação pelas centrais não excluírem a representação pelas entidades que estão na pirâmide sindical, reajustou seu voto, para aderir à posição externada pelos Ministros Cármen Lúcia e Eros Grau. Explicou o Min. Marco Aurélio que, no voto que proferira, já estava embutida essa visão, ou seja, o fato de não se afastar do campo da representação nos diversos órgãos aquelas entidades que integram a pirâmide sindical. Acrescentou que, no tocante à contribuição, não se teria na Carta da República preceito algum que, interpretado e aplicado, levasse à exclusão das centrais quanto ao rateio dessa mesma contribuição. Após, pediu vista dos autos o Min. Ayres Britto. **ADI 4067/DF, rel. Min. Joaquim Barbosa, 10.3.2010.** (ADI-4067) (Inform. STF 578)

CONTRIBUIÇÃO SINDICAL PATRONAL E ISENÇÃO - 3

Tendo em conta a superveniência do art. 89 da Lei Complementar 123/2006, que revogou expressamente toda a Lei 9.317/96 a partir de 1º.7.2007, o Tribunal, resolvendo questão de ordem apresentada pelo Min. Carlos Britto, julgou prejudicada ação direta de inconstitucionalidade proposta pela Confederação Nacional do Comércio - CNC contra o § 4º do art. 3º da referida Lei 9.317/96, e contra a expressão *"e a Contribuição Sindical Patronal"*, contida no § 6º do art. 3º da Instrução Normativa SRF 9/99, que dispensam do pagamento das demais contribuições instituídas pela União as microempresas e empresas de pequeno porte inscritas no SIMPLES - Sistema de Impostos e Contribuições das Microempresas e Empresas de Pequeno Porte — v. Informativos 379 e 457. ADI 2006/DF, rel. Min. Eros Grau, 22.11.2007. (ADI-2006) (Inform. STF 489)

CONTRIBUIÇÃO SINDICAL PATRONAL E ISENÇÃO - 2

O Tribunal retomou julgamento de ação direta de inconstitucionalidade proposta pela Confederação Nacional do Comércio - CNC contra o § 4º do art. 3º da Lei 9.317/96, e contra a expressão *"e a Contribuição Sindical Patronal"*, contida no § 6º do art. 3º da Instrução Normativa SRF 9/99, que dispensam as microempresas e empresas de pequeno porte inscritas no SIMPLES - Sistema de Impostos e Contribuições das Microempresas e Empresas de Pequeno Porte do pagamento das demais contribuições instituídas pela União — v. Informativo 379. Inicialmente, o Tribunal resolveu questão de ordem no sentido de rejeitar a alegação de que, em razão da superveniência de lei alterando o texto impugnado, teria havido perda de objeto da ação, tendo em conta que, nos termos da nova legislação, a Lei 9.317/96 só estará revogada no mês de julho de 2007. Em seguida, o Min. Marco Aurélio, em voto-vista, divergiu do relator para julgar procedente o pedido, conferindo ao § 4º do art. 3º da Lei 9.317/96, sem redução de texto, o sentido de não alcançar a contribuição sindical prevista no art. 589 da CLT. Salientou estar de acordo com o relator no que respeita à existência tanto da contribuição confederativa, prevista no art. 8º, IV, da CF, quanto da contribuição sindical, tratada no art. 589, da CLT. Entendeu, entretanto, que o afastamento da contribuição social, mediante interpretação do § 4º do art 3º da lei impugnada, inviabiliza a própria organização da categoria econômica, haja vista ser essa contribuição a base maior da manutenção da pirâmide sindical, ou seja, a fonte viabilizadora da existência das entidades sindicais. Asseverou, ademais, que a aludida interpretação gera paradoxo, porquanto as microempresas e as empresas de pequeno porte nada contribuirão para a manutenção da estrutura sindical, sendo que os prestadores de serviços a elas integrados, presumidamente de menor capacidade econômico-financeira, continuarão a fazê-lo. Após, pediu vista dos autos o Min. Carlos Britto. ADI 2006/DF, rel. Min. Eros Grau, 1º.3.2007. (ADI-2006) (Inform. STF 457)

CONTRIBUIÇÃO SINDICAL. INATIVOS.

A jurisprudência deste Superior Tribunal afirma que a contribuição sindical, disposta no art. 578 e seguintes da CLT, é devida por todos os trabalhadores de determinada categoria, inclusive pelos servidores civis, independentemente do regime jurídico que estabelece o vínculo, celetista ou estatutário. Contudo a referida contribuição não atinge os inativos, pois eles não integram a mencionada categoria em razão de inexistência de vínculo com a administração pública federal, estadual e municipal, direta e indireta. O inativo somente está vinculado com o regime previdenciário. Precedentes citados: MS 15.146-DF, DJe 4/10/2010; REsp 1.192.321-RS, DJe 8/9/2010, e RMS 30.930-PR, DJe 17/6/2010. **REsp 1.225.944-RS, Rel. Min. Mauro Campbell Marques, julgado em 5/5/2011.** (Inform. STJ 471)

JUROS MORATÓRIOS. CONTRIBUIÇÃO SINDICAL RURAL.

A Turma, entre outras questões, qual seja, a julgada no REsp 902.349-PR, DJe 3/8/2009 (recurso repetitivo), entendeu que o início da contagem dos juros moratórios, quando recolhida a destempo a contribuição sindical rural, é o vencimento da obrigação; pois, conforme a sentença consignou, trata-se de uma obrigação líquida. **Precedentes citados: REsp 902.349-PR, DJe 3/8/2009, e REsp 402.423-RO, DJ 20/2/2006. REsp 1.167.269-PR, Rel. Min. Eliana Calmon, julgado em 17/6/2010.** (Inform. STJ 439)

CONTRIBUIÇÃO SINDICAL. SERVIDOR PÚBLICO.

A contribuição sindical compulsória, também denominada de "imposto sindical" (art. 578 e seguintes da CLT), não se confunde com a contribuição sindical associativa (contribuição assistencial) e pode ser arrecadada entre os funcionários públicos, conforme já declarou o STF, observadas a unicidade sindical (art. 8º, II, da CF/1988) e a desnecessidade de filiação. Assim, seu desconto pode ser pleiteado por qualquer das entidades constantes do rol de beneficiários da arrecadação contido no art. 589 da CLT. No caso, há legitimidade para a confederação dos servidores públicos exigir o desconto da contribuição, mesmo não existindo, no Estado-membro, a respectiva federação. **Precedentes citados do STF: RMS 21.758-DF, DJ 4/11/1994; do STJ: RMS 24.321-SP, DJe 30/6/2008; RMS 24.917-MS, DJe 26/3/2009; REsp 612.842-RS, DJ 11/4/2005, e REsp 933.703-SC, DJe 4/8/2008. RMS 30.930-PR, Rel. Min. Eliana Calmon, julgado em 1º/6/2010.** (Inform. STJ 437)

SINDICATO. REGISTRO. MTE.

Cuida-se de mandado de segurança impetrado por sindicato dos trabalhadores em atividades, policiamento e fiscalização de trânsito de empresas e autarquias contra ato supostamente ilegal de secretário de estado que suspendeu o repasse mensal da contribuição facultativa descontada do salário de seus filiados, em razão de o impetrante não estar registrado no Ministério de Trabalho e Emprego (MTE). O TJ denegou a ordem; daí o RMS. Ressalta o Min. Relator que, conforme a orientação jurisprudencial deste Superior Tribunal, o sindicato impetrante não pode receber as contribuições facultativas descontadas de seus filiados enquanto não for registrado, ainda que provisoriamente, no MTE, pois não se sabe se ele é o único sindicato a representar a categoria. Esse registro visa preservar o princípio da unicidade sindical, que não será observado se as entidades sindicais se registrarem somente nos cartórios civis de pessoa jurídica. Ademais, sem registro do sindicato no MTE, ele não pode ingressar em juízo na defesa de seus filiados. Diante do exposto, a Turma não proveu o recurso. **Precedentes citados do STF: MS 22.167-RJ, DJ 19/10/2001; MS 23.182-PI, DJ 3/3/2000; MI 144-SP, DJ 28/5/1993; do STJ: EREsp 510.323-BA, DJ 20/3/2006; REsp 524.997-PB, DJ 7/3/2005; REsp 584.474-BA, DJ 11/10/2004; REsp 545.663-BA, DJ 19/12/2003, e AgRg no REsp 510.607-AC, DJ 15/9/2003. RMS 31.070-DF, Rel. Min. Castro Meira, julgado em 13/4/2010.** (Inform. STJ 430)

REPETITIVO. CONTRIBUIÇÃO SINDICAL RURAL. JUROS. MORA. MULTA.

A Seção, ao julgar recurso repetitivo de controvérsia (art. 543-c do CPC e Res. n. 8/2008-STJ), reafirmou que a Lei n. 8.022/1990 transferiu para a Secretaria da Receita Federal a competência de administração das receitas até então arrecadadas pelo Incra (art. 1º), entre elas, portanto, a contribuição sindical rural. A mesma lei estabeleceu, relativamente a essas receitas, que o seu pagamento a destempo acarreta a incidência de multa moratória equivalente a 20% sobre o valor atualizado e juros de mora de 1% ao mês (art. 21). Essas disposições normativas revogaram, por incompatibilidade, o artigo 9º do DL n. 1.666/1971, que determinou a aplicação da multa prevista no art. 600 da CLT para a mora no pagamento da contribuição rural. A superviniente alteração da competência para a administração do tributo, promovida pelo art. 24, I, da Lei n. 8.847/1994, não comprometeu o regime de encargos por mora previsto no art. 2º da Lei n. 8.022/1990, seja porque não dispôs a respeito, seja porque não se opera, em nosso sistema, a repristinação tácita das normas revogadas (art. 2º, § 3º, da LICC). **Precedentes citados: REsp 861.358-PR, DJ 26/11/2007, REsp 731.175-SP, DJe 6/3/2008. REsp 902.349-PR, Rel. Min. Luiz Fux, julgado em 24/6/2009.** (Inform. STJ 400)

8.6. CIDE

CIDE. *ROYALTIES*. PATENTES. MARCAS.

É cediço que a contribuição de intervenção econômica (Cide) foi instituída pela Lei n. 10.168/2000 e alterada pela Lei n. 10.332/2001, incidente sobre pagamento de *royalties*, serviços técnicos, assistência administrativa e semelhantes. Essa exação teria por finalidade estimular o desenvolvimento tecnológico brasileiro, mediante programas de pesquisa científica e tecnológica cooperativa entre universidades, centros de pesquisa e o setor produtivo (art. 1º da citada lei). Trata-se de contribuição que é devida pela pessoa jurídica detentora de licença de uso ou adquirente de conhecimentos tecnológicos, bem como aquela signatária de contratos que impliquem transferência de tecnologia, firmados com residentes ou domiciliados no exterior (art. 2º da citada lei). Isso posto, destaca o Min. Relator que, no REsp, busca-se definir se o crédito estabelecido na MP n. 2.159-70/2001, relativo à Cide, tem origem a partir do surgimento do dever de pagar essa contribuição ou apenas quando há o seu efetivo pagamento. Explica ainda que, apesar de esse tributo ter nítido intuito de fomentar o desenvolvimento tecnológico nacional, o legislador reduziu temporariamente o montante da carga tributária devida, por meio da instituição de crédito relativo à Cide, criado pela MP n. 2.159-70/2001. Esses créditos seriam aferidos a partir do cálculo do pagamento da exação e apurados em períodos pretéritos ao que se pretende utilizar em percentuais definidos na lei. Dessa forma, o crédito surge apenas com o efetivo recolhimento da Cide paga no mês, aproveitando-se os períodos subsequentes. Diante do exposto, a Turma negou provimento ao recurso. REsp 1.186.160-SP, Rel. Min. Mauro Campbell Marques, julgado em 26/8/2010. (Inform. STJ 444)

CIDE. FUST. FUNTTEL.

Foi impetrado, na origem, mandado de segurança para afastar a incidência da Contribuição de Intervenção no Domínio Econômico (Cide), instituída pela Lei n. 10.168/2000, para estimular o desenvolvimento tecnológico brasileiro mediante programas de pesquisa científica e tecnológica cooperativa entre universidades, centros de pesquisa e o setor produtivo. Alega a recorrente que a referida contribuição é inconstitucional e ilegal. Essa ilegalidade consistiria na ofensa aos ditames das Leis ns. 9.998/2000 e 10.052/2000, que instituíram, respectivamente, as contribuições denominadas Fust e Funttel. No mérito, o fundamento principal do recurso é a alegação de que na cobrança da Cide, há *bis in idem*, ou seja, dupla tributação pelo mesmo ente público. Mas a Turma negou provimento ao recurso ao argumento de que a Lei n. 9.998/2000 traz a norma jurídica tributária do Fust: tem como fato gerador a prestação de serviço de telecomunicação pública ou privada; por base de cálculo a receita operacional bruta, excluídos o ICMS, o PIS e a COFINS , e a alíquota no percentual de 1% (art. 6º, VI, da referida lei). A finalidade do Fust é proporcionar recursos destinados a cobrir a parcela de custo exclusivamente atribuível ao cumprimento das obrigações de universalização de serviços de telecomunicações que não possa ser recuperada com a exploração eficiente do serviço, nos termos do disposto no inciso II do art. 81 da Lei n. 9.472/1997 (art. 1º) e destinar recursos aos estabelecimentos públicos de ensino (art. 5º, § 2º). Já a Lei n. 10.052/2000 instituiu o Funttel, cujo fato gerador é ser prestador de serviço de telecomunicação pública ou privada, base de cálculo a receita operacional bruta, excluídos o ICMS, o PIS e a COFINS, e alíquota de 0,5% (art. 4º, III). Sua finalidade é estimular o processo de inovação tecnológica, incentivar a capacitação de recursos humanos, fomentar a geração de empregos e promover o acesso de pequenas e médias empresas a recursos de capital, de modo a ampliar a competitividade da indústria brasileira de telecomunicações, nos termos do art. 77 da Lei n. 9.472/1997 (art. 1º). A recorrente realiza diretamente as atividades econômicas que estão tipificadas na norma tributária em exame, encontrando-se na zona de incidência da exação, não ostentando como requisito de validade a obtenção de um benefício específico a ela diretamente ligado. Portanto, inexiste coincidência entre os elementos estruturais das normas jurídica de incidência das contribuições em tela, de modo que é válida a contribuição interventiva instituída pela Lei n. 10.168/2000, com a redação da Lei n. 10.332/2001, nos moldes em que declarado pelo acórdão recorrido. **REsp 894.129-RS, Rel. Min. Eliana Calmon, julgado em 8/9/2009.** (Inform. STJ 406)

8.7. Contribuição para custeio do serviço de iluminação pública – COSIP

RE N. 573.675-SC

RELATOR: MIN. RICARDO LEWANDOWSKI

EMENTA: CONSTITUCIONAL. TRIBUTÁRIO. RE INTERPOSTO CONTRA DECISÃO PROFERIDA EM AÇÃO DIRETA DE INCONSTITUCIONALIDADE ESTADUAL. CONTRIBUIÇÃO PARA O CUSTEIO DO SERVIÇO DE ILUMINAÇÃO PÚBLICA - COSIP. ART. 149-A DA CONSTITUIÇÃO FEDERAL. LEI COMPLEMENTAR 7/2002, DO MUNICÍPIO DE SÃO JOSÉ, SANTA CATARINA. COBRANÇA REALIZADA NA FATURA DE ENERGIA ELÉTRICA. UNIVERSO DE CONTRIBUINTES QUE NÃO COINCIDE COM O DE BENEFICIÁRIOS DO SERVIÇO. BASE DE CÁLCULO QUE LEVA EM CONSIDERAÇÃO O CUSTO DA ILUMINAÇÃO PÚBLICA E O CONSUMO DE ENERGIA. PROGRESSIVIDADE DA ALÍQUOTA QUE EXPRESSA O RATEIO DAS DESPESAS INCORRIDAS PELO MUNICÍPIO. OFENSA AOS PRINCÍPIOS DA ISONOMIA E DA CAPACIDADE CONTRIBUTIVA. INOCORRÊNCIA. EXAÇÃO QUE RESPEITA OS PRINCÍPIOS DA RAZOABILIDADE E PROPORCIONALIDADE. RECURSO EXTRAORDINÁRIO IMPROVIDO. I – Lei que restringe os contribuintes da COSIP aos consumidores de energia elétrica do município não ofende o princípio da isonomia, ante a impossibilidade de se identificar e tributar todos os beneficiários do serviço de iluminação pública. II – A progressividade da alíquota, que resulta do rateio do custo da iluminação pública entre os consumidores de energia elétrica, não afronta o princípio da capacidade contributiva. III – Tributo de caráter *sui generis*, que não se confunde com um imposto, porque sua receita se destina a finalidade específica, nem com uma taxa, por não exigir a contraprestação individualizada de um serviço ao contribuinte. IV – Exação que, ademais, se amolda aos princípios da razoabilidade e da proporcionalidade. V – Recurso extraordinário conhecido e improvido. Noticiado no Informativo 540 (Inform. STF 547)

COSIP E PRINCÍPIOS DA ISONOMIA E DA CAPACIDADE CONTRIBUTIVA - 1

O Tribunal, por maioria, desproveu recurso extraordinário interposto pelo Ministério Público do Estado de Santa Catarina contra acórdão do tribunal de justiça local que, em ação direta de inconstitucionalidade estadual, declarara a constitucionalidade da Lei Complementar 7/2002, editada pelo Município de São José, que instituiu Contribuição para o Custeio dos Serviços de Iluminação Pública - COSIP. Alegava o recorrente, em síntese, que por ser a hipótese de incidência do tributo o consumo de energia elétrica, restringindo o sujeito passivo da obrigação aos respectivos consumidores, haveria ofensa ao princípio da isonomia, uma vez que o serviço de iluminação pública seria prestado indistintamente a todos os cidadãos. Sustentava, ainda, que o fato de um contribuinte consumir mais ou menos energia elétrica não significaria que ele seria mais ou menos beneficiado pela iluminação pública, inexistindo, portanto, relação entre o que a lei chamou de "níveis individuais de consumo mensal de energia elétrica" e o custo de serviço de iluminação pública. Entendeu-se que a COSIP constitui um novo tipo de contribuição que refoge aos padrões estabelecidos nos artigos 149 e 195 da CF, ou seja, é uma exação subordinada a disciplina própria (CF, art. 149-A), sujeita, contudo, aos princípios constitucionais tributários, haja vista enquadrar-se inequivocamente no gênero tributo. Ressaltou-se que, de fato, como a COSIP ostenta características comuns a várias espécies de tributos, não haveria como deixar de reconhecer que os princípios aos quais estes estão submetidos também se aplicam, *modus in rebus*, a ela. Destarte, salientou-se que, apesar de o art. 149-A da CF referir-se apenas aos incisos I e III do art. 150 da CF, o legislador infraconstitucional, ao instituir a contribuição em análise, considerada a natureza tributária da exação, estaria jungido aos princípios gerais que regem o gênero, especialmente o da isonomia (art. 150, II) e o da capacidade contributiva (art. 145, § 1º). **RE 573675/SC, rel. Min. Ricardo Lewandowski, 25.3.2009.** (RE-573675)

COSIP E PRINCÍPIOS DA ISONOMIA E DA CAPACIDADE CONTRIBUTIVA - 2

Considerou-se, entretanto, que, uma vez admitida a constitucionalidade do art. 149-A da CF, que previu a possibilidade da contribuição para o custeio de iluminação pública na própria fatura de energia elétrica, o art. 1º da Lei Complementar 7/2002 — ao eleger como contribuintes da COSIP os consumidores residenciais e não residenciais de energia elétrica, situados na área urbana e na área rural do Município de São José — não teria ofendido o princípio da isonomia, o qual, em razão das particularidades da exação em tela, haveria de ser aplicado com o devido temperamento. Afirmou-se, ainda, que, atendidos os demais princípios tributários e os critérios de razoabilidade e proporcionalidade, nada haveria de inconstitucionalidade em se identificarem os sujeitos passivos da obrigação em função de seu consumo de energia elétrica, tendo sido, inclusive, essa a intenção do constituinte derivado ao criar o novo tributo, conforme relatório da PEC 559/2002. Explicou-se que, por ser a iluminação pública um serviço público *uti universi*, isto é, de caráter geral e indivisível, prestado a todos os cidadãos, indistintamente, não seria possível, sob o aspecto material, incluir todos os seus beneficiários no pólo passivo da obrigação tributária. Observou-se que, de toda sorte, os principais beneficiários do serviço sempre seriam aqueles que residem ou exercem as suas atividades no âmbito do Município ou do Distrito Federal, ou seja, pessoas físicas ou jurídicas, públicas ou privadas, identificáveis por meio das respectivas faturas de energia elétrica. **RE 573675/SC, rel. Min. Ricardo Lewandowski, 25.3.2009.** (RE-573675)

COSIP E PRINCÍPIOS DA ISONOMIA E DA CAPACIDADE CONTRIBUTIVA - 3

Aduziu-se, também, que a lei complementar em questão instituiu um sistema progressivo de alíquotas ao estabelecer, em seu art. 2º, como base de cálculo da contribuição o valor da Tarifa de Iluminação Pública — apurado mensalmente e correspondente ao custo mensal do serviço de iluminação pública, variando as alíquotas conforme a qualidade dos consumidores de energia elétrica e quantidade de seu consumo —, mas o teria feito com respeito aos princípios da isonomia e da capacidade contributiva dos sujeitos passivos. Asseverou-se que a igualdade, no direito tributário, deve ser compreendida no sentido de proporcionalidade, pois constituiria um verdadeiro absurdo pretender-se que todos pagassem o mesmo tributo, ou seja, quanto à aplicabilidade do postulado da isonomia às contribuições, elas estariam submetidas ao princípio da igualdade geral, que, todavia, não incidiria no momento de sua instituição, mas na forma de rateio do respectivo encargo financeiro. Frisou-se a plausibilidade da alegação de que não haveria critério seguro de discriminação para se conferir a determinado contribuinte uma carga maior, mas reputou-se — diante do silêncio da Constituição Federal no que concerne à hipótese de incidência da contribuição de iluminação pública, liberando o legislador local a eleger a melhor forma de cobrança do tributo, e tendo em conta o caráter *sui generis* da exação — razoáveis e proporcionais os critérios escolhidos pelo diploma legal impugnado para estabelecer a sua base de cálculo, discriminar os seus contribuintes e fixar as alíquotas a que estão sujeitos. Concluiu-se que o Município de São José, ao empregar o consumo mensal de energia elétrica de cada imóvel, como parâmetro para ratear entre os contribuintes o gasto com a prestação do serviço de iluminação pública, buscou realizar, na prática, a almejada justiça fiscal, que consiste, precisamente, na materialização, no plano da realidade fática, dos princípios da isonomia tributária e da capacidade contributiva, porquanto seria lícito supor que quem tem um consumo maior tem condições de pagar mais. Rejeitou-se, por fim, a argumento de que a base de cálculo da COSIP se confundiria com a do ICMS, já que a contribuição em exame não incidiria propriamente sobre o consumo de energia elétrica, mas corresponderia ao rateio do custo do serviço municipal de iluminação pública entre contribuintes selecionados segundo critérios objetivos, pelo legislador local, com amparo na faculdade que lhe conferiu a EC 39/2002. Vencido o Min. Marco Aurélio, que provia o recurso, declarando incidentalmente a inconstitucionalidade da norma, ao fundamento de que esta teria criado uma taxa de iluminação pública. **RE 573675/SC, rel. Min. Ricardo Lewandowski, 25.3.2009.** (RE-573675) (Inform. STF 540)

8.8. CPMF

CPMF. RESGATE DE APLICAÇÕES FINANCEIRAS DA INCORPORADA PELA INCORPORADORA.
A Turma entendeu ser devida a cobrança de contribuição provisória sobre movimentação ou transmissão de valores e de créditos e direitos de natureza financeira – CPMF – na operação promovida pela empresa incorporadora para resgate de investimentos realizados pela empresa incorporada antes da incorporação. A decisão baseia-se no fato de que, segundo o art. 227, § 3º, da Lei n. 6.404/1976, a sociedade incorporada extingue-se com a incorporação. Assim, as aplicações financeiras realizadas pela incorporada, quando são resgatadas pela incorporadora, caracterizam transação equiparada à movimentação financeira entre contas-correntes de diferentes titularidades, fato gerador de CPMF segundo interpretação dos arts. 2º, VI, e 4º, V, da Lei n. 9.311/1996. Caso fosse outro o entendimento, isso estimularia aplicações financeiras de sociedades que estão prestes a ser incorporadas para posterior resgate da incorporadora, criando mecanismo elisivo já afastado pela legislação de regência ao tratar igualmente movimentações financeiras equivalentes (art. 2º, VI, da Lei n. 9.311/1996). **REsp 1.237.340-PR, Rel. Min. Herman Benjamin, julgado em 13/3/2012. (Inform. STJ 493)**

REPETITIVO. CPMF. OPERAÇÕES SIMBÓLICAS.
Cuida-se de REsp submetido ao regime do recurso representativo de controvérsia (art. 543-C do CPC e Res. n. 8/2008-STJ) em que a recorrente objetiva o reconhecimento da inexigibilidade da contribuição provisória sobre movimentação ou transmissão de valores e de créditos e direitos de natureza financeira (CPMF) sobre a conversão em investimento de empréstimo externo registrado no Bacen (operação simbólica de câmbio). Isso posto, a Seção reafirmou que a CPMF, enquanto vigente, incidia sobre a conversão de crédito decorrente de empréstimo em investimento externo direto (contrato de câmbio simbólico), uma vez que a tributação aperfeiçoava-se mesmo diante de operação unicamente escritural. Portanto, explica o Min. Relator que o fato jurídico ensejador da tributação pela CPMF, instituída pela Lei n. 9.311/1996, abarcava qualquer operação liquidada ou lançamento realizado por instituições financeiras que representasse circulação escritural ou física de moeda, quer resultasse quer não em transferência da titularidade dos valores, créditos ou direitos, conforme disposto no seu art. 1º, parágrafo único; já o art. 2º enumerava as hipóteses de incidência da aludida contribuição destinada ao custeio da seguridade social; o art. 3º enumerava as hipóteses de isenção; por sua vez, as hipóteses de alíquota zero encontravam-se disciplinadas no art. 8º da citada lei. Observa, ainda, que realmente a conversão do passivo (decorrente de empréstimo) da empresa domiciliada no Brasil em investimento externo direto no seu capital social reclamava a realização de procedimentos cambiais traçados pelo Bacen (Circular n. 2.997/2000- Bacen) com o intuito de garantir a fiscalização e controle da origem e natureza dos capitais que ingressam no País. Dessa forma, a conversão dos créditos (oriundos de empréstimo) em investimento externo direto concretizava-se mediante a realização de operações simultâneas de compra e venda de moeda estrangeira (sem expedição de ordem de pagamento do ou para o exterior) consubstanciadas em lançamentos fictícios de entrada e saída de recursos. Nesses casos, a jurisprudência deste Superior Tribunal consolidou-se no sentido de que as operações simbólicas de câmbio são sujeitas à incidência de CPMF. **Precedentes citados: AgRg no Ag 1.197.348-RJ, DJe 25/11/2009; AgRg no Ag 1.119.315-SP, DJe 16/11/2009; AgRg no REsp 1.127.882-RS, DJe 30/9/2009; AgRg no REsp 1.092.768-SP, DJe 15/12/2008; REsp 856.570-RJ, DJe 3/12/2008, e REsp 796.888-PR, DJ 31/5/2007. REsp 1.129.335-SP, Rel. Min. Luiz Fux, julgado em 9/6/2010.** (Inform. STJ 438)

CPMF. CRIAÇÃO. SOCIEDADE. PREVIDÊNCIA. SEGURO.
Diante das determinações da LC n. 109/2001, a sociedade que antes operava com seguros em geral (tais como o de vida), planos privados de pecúlio e rendas de previdência aberta entendeu criar uma nova, voltada exclusivamente para a exploração do ramo de seguro de vida e planos de previdência complementar aberta. Daí que transferirá à nova sociedade a totalidade dos recursos referentes aos planos de previdência complementar que antes administrava. Diante disso, discutem-se, no presente mandado de segurança, os valores referentes à CPMF incidente sobre essa transferência. Isso posto, a Turma, por maioria, entendeu que não havia a obrigatoriedade de constituir-se nova sociedade para adequar-se aos ditames da novel legislação; o que ficou demonstrado foi a realização de um negócio jurídico, ato voluntário, sem que essa exigência fosse compulsória diante da lei. Bastaria adequar-se ao novo sistema e não criar uma nova sociedade, muito menos com movimentação dos recursos, que impõe a incidência da CPMF, pois se caracteriza como fato gerador desse imposto, sem que se encaixe em qualquer hipótese de exclusão do crédito tributário. **REsp 822.881-PR, Rel. Min. José Delgado, julgado em 12/6/2007.** (Inform. STJ 323)

LEASING. CPMF. ALÍQUOTA ZERO. DEMAIS OPERAÇÕES.
É certo que a jurisprudência deste Superior Tribunal já se firmou quanto a reconhecer o benefício da alíquota zero de CPMF às sociedades de *leasing* quando em operações de arrendamento mercantil na qualidade de arrendadoras. Porém, ao julgar o REsp remetido pela Primeira Turma, a Seção, por maioria, entendeu que essas sociedades também têm direito àquele benefício quando na prática das demais operações listadas no art. 3º das Portarias ns. 6/1997 e 134/1999 do Ministro de Estado da Fazenda, pois, para todos os efeitos, são as sociedades de arrendamento mercantil equiparadas às instituições financeiras (art. 8º, III, da Lei n. 9.311/1996). Os votos vencidos entendem faltar àquelas sociedades dois requisitos para a obtenção do benefício tal como pretendido: serem realmente instituições financeiras e não apenas equiparadas e as demais operações listadas constituírem seus objetos sociais específicos (art. 8º, § 3º, do mesmo dispositivo). Precedente citado: REsp 411.586-PR, DJ 16/11/2006. **REsp 826.075-SP, Rel. originário Min. Teori Albino Zavascki, Rel. para acórdão Min. Humberto Martins, julgado em 14/2/2007.** (Inform. STJ 310)

8.9. FUNRURAL E INCRA

LEI 8.540/92 - FUNRURAL E INCIDÊNCIA SOBRE RECEITA BRUTA DA COMERCIALIZAÇÃO DA PRODUÇÃO - 3
Em conclusão, o Tribunal deu provimento a recurso extraordinário para desobrigar os recorrentes da retenção e do recolhimento da contribuição social ou do seu recolhimento por sub-rogação sobre a "receita bruta proveniente da comercialização da produção rural" de empregadores, pessoas naturais, fornecedores de bovinos para abate, declarando a inconstitucionalidade do art. 1º da Lei 8.540/92, que deu nova redação aos artigos 12, V e VII, 25, I e II, e 30, IV, da Lei 8.212/91, com a redação atualizada até a Lei 9.528/97, até que legislação nova, arrimada na Emenda Constitucional 20/98, venha a instituir a contribuição. Na espécie, os recorrentes, empresas adquirentes de bovinos de produtores rurais, impugnavam acórdão do TRF da 1ª Região que, com base na referida legislação, reputara válida a incidência da citada contribuição. Sustentavam ofensa aos artigos 146, III; 154, I; e 195, I, e §§ 4º e 8º, da CF — v. Informativos 409 e 450. Entendeu-se ter havido bitributação, ofensa ao princípio da isonomia e criação de nova fonte de custeio sem lei complementar. Considerando as exceções à unicidade de incidência de contribuição previstas nos artigos 239 e 240 das Disposições Constitucionais Gerais, concluiu-se que se estaria exigindo do empregador rural, pessoa natural, a contribuição social sobre a folha de salários, como também, tendo em conta o faturamento, da COFINS, e sobre o valor comercializado de produtos rurais (Lei 8.212/91, art. 25), quando o produtor rural,

sem empregados, que exerça atividades em regime de economia familiar, só contribui, por força do disposto no art. 195, § 8º, da CF, sobre o resultado da comercialização da produção. Além disso, reputou-se que a incidência da contribuição sobre a receita bruta proveniente da comercialização pelo empregador rural, pessoa natural, constituiria nova fonte de custeio criada sem observância do art. 195, § 4º, da CF, uma vez que referida base de cálculo difere do conceito de faturamento e do de receita. O relator, nesta assentada, apresentou petição da União no sentido de modular os efeitos da decisão, que foi rejeitada por maioria, ficando vencida, no ponto, a Min. Ellen Gracie. **RE 363852/MG, rel. Min. Marco Aurélio, 3.2.2010.** (RE-363852) (Inform. STF 573)

FUNRURAL. LEGITIMIDADE. DEVOLUÇÃO. ORIGEM.

O acórdão embargado afastou a ilegitimidade ativa do ora embargante ao afirmar que os adquirentes de produtos agrícolas têm legitimidade para postular a declaração de inexigibilidade da contribuição para o Funrural, mas não para a restituição ou compensação do tributo. Contudo, não determinou a remessa dos autos à origem para que prosseguisse no julgamento das questões lá tidas por prejudicadas. No caso, a devolução dos autos à origem para apreciação do mérito da causa constitui consequência lógico-processual da decisão proferida no recurso especial, independentemente de pedido expresso do recorrente, pois o STJ, em sede de especial, não está autorizado a analisar o mérito da causa, uma vez que não esgotada a instância quanto à integralidade da lide (art. 105, III, da CF/1988). Assim, a Seção deu provimento aos embargos e determinou o retorno dos autos ao tribunal de origem para que se pronuncie sobre as demais questões ventiladas no recurso de apelação. **Precedente citado: EREsp 501.248-RS, DJe 30/11/2009. EREsp 810.168-RS, Rel. Min. Luiz Fux, julgados em 13/10/2010.** (Inform. STJ 451)

AR. CONTRIBUIÇÃO. INCRA.

A ação rescisória (AR) fundamenta-se na recepção pelo atual texto constitucional da Lei n. 2.613/1955 e suas alterações, ao indicar violação dos arts. 149 e 195 da CF/1988. É certo que a decisão que interpreta norma em sentido contrário ao texto constitucional, divergindo da jurisprudência do STF, dá ensejo à AR e afasta o óbice da Súm. n. 343-STF em razão da necessidade de preservar a supremacia da CF/1988, bem como a autoridade das decisões daquele tribunal. Contudo, a hipótese reclama a aplicação do veto contido na súmula, porque o STF já se posicionou no sentido de que é de cunho infraconstitucional a questão da exigibilidade da contribuição destinada ao Incra após as Leis ns. 7.787/1989 e 8.212/1991; pois, se existente ofensa à CF/1988, ela seria indireta ou reflexa. Ressalta-se, também, que a decisão rescindenda foi prolatada ao tempo em que a questão era controvertida na Seção, visto que, só após o julgamento dos EREsp 770.451-SC em 2006, dirimiu-se a controvérsia neste Superior Tribunal, ao adotar o entendimento de que a exação não foi extinta pelas referidas leis, subsistindo até os dias atuais. **Precedentes citados do STF: AgRg no AI 612.433-PR, DJe 23/10/2009; do STJ: EREsp 770.451-SC, DJ 11/6/2007, e AR 3.509-PR, DJ 25/9/2006. AR 4.283-PR, Rel. Min. Mauro Campbell Marques, julgada em 12/5/2010.** (Inform. STJ 434)

RECURSO REPETITIVO. CONTRIBUIÇÃO ADICIONAL. INCRA.

A Seção, ao julgar recurso repetitivo (art. 543-C do CPC), decidiu considerar inequívoca a higidez da contribuição adicional de 0,2% destinada ao Incra, uma vez que não foi extinta pelas Leis ns. 7.787/1989 e 8.213/1991, tal como anteriormente entendia a jurisprudência deste Superior Tribunal, mormente pela aplicação do art. 150, I, da CF/1988 c/c o art. 97 do CTN. **REsp 977.058-RS, Rel. Min. Luiz Fux, julgado em 22/10/2008.** (Inform. STJ 373)

CONTRIBUIÇÃO. INCRA. COMPENSAÇÃO. TRIBUTOS. INSS.

A Seção proveu os embargos ao argumento de que, tendo em conta a diferença de natureza entre a contribuição vertida ao Incra (intervenção no domínio econômico) e as demais recolhidas pelo INSS (contribuições para a seguridade social), é impossível a compensação, por simples inteligência do art. 66 da Lei n. 8.383/1991. **Precedentes citados: EREsp 749.430-PR, DJ 18/12/2006; AgRg nos EREsp 935.325-PR, DJ 10/3/2008, e AgRg na Pet 6.367-PR, DJ 9/6/2008. EREsp 675.787-SC, Rel. Min. Mauro Campbell Marques, julgados em 8/10/2008.** (Inform. STJ 371)

FUNRURAL. MERCADORIA. ENTREGA. ASSOCIAÇÃO.

A Turma reiterou que a mera entrega da mercadoria pelo produtor rural associado à cooperativa não constitui fato gerador do Funrural, visto que não há que se confundir a entrega do produto a ser ainda comercializado com a comercialização propriamente dita. **Precedentes citados: REsp 585.175-TO, DJ 18/10/2006; REsp 735.883-MG, DJ 22/5/2006; REsp 382.291-RS, DJ 17/11/2003, e REsp 248.073-RS, DJ 18/11/2002. REsp 730.894-PR, Rel. Min. Denise Arruda, julgado em 13/5/2008.** (Inform. STJ 355)

INCRA. CIDE. COBRANÇA. LEGITIMIDADE.

A Turma reiterou o entendimento de que é legítima a cobrança da Cide por ser contribuição especial atípica (CF/1967, CF/1969 e CF/1988, art. 149), destinada ao INCRA (Lei n. 2.613/1955, art. 6º, § 4º), uma vez que as Leis ns. 7.789/1989, 8.212/1991 e 8.213/1991 não a extinguiram, mormente porque o produto de sua arrecadação destina-se aos programas e projetos da Reforma Agrária e suas atividades complementares, descabendo também sua compensação. Precedente citado: EREsp 749.430-PR, DJ 18/12/2006. **REsp 883.959-RS, Rel. Min. Humberto Martins, julgado em 25/9/2007.** (Inform. STJ 333)

CONTRIBUIÇÃO SOCIAL. INCRA. SOLIDARIEDADE. INSS.

A contribuição social para o Incra, destinada aos programas e projetos relativos à reforma agrária, não se enquadra no gênero seguridade (saúde, previdência ou assistência social). Nesses casos, o INSS apenas é responsável pelo lançamento, arrecadação e fiscalização dessa contribuição, não se caracteriza como destinatário final e não se afigura como responsável solidário na restituição do indébito, quando não mais cabível a discussão acerca da exigibilidade. Precedente citado: AgRg no EREsp 805.166-PR, DJ 20/8/2007. **REsp 957.707-PR, Rel. Min. Humberto Martins, julgado em 18/9/2007.** (Inform. STJ 332)

CONTRIBUIÇÃO. INCRA. EMPRESAS URBANAS.

O Min. Relator, em decisão monocrática, negou seguimento aos recursos interpostos pelo INSS e pelo Incra, e os agravos regimentais foram tidos como não-providos. Porém o Min. José Delgado, divergindo do Min. Relator, salientou que a pretensão da impetrante foi formulada em 13/12/2002, objetivando, a partir dessa data, não recolher a contribuição para o Incra, não só por a exação não ter sido recepcionada pela Carta Magna, mas também por ser empresa urbana. Aduziu que, sobre o tema, a jurisprudência acena de modo uniforme no sentido de que as empresas urbanas devem, também, contribuir para o Incra. Idem que a referida contribuição foi extinta pela Lei n. 7.787/1989. Acrescentou que esse pensamento jurisprudencial está sendo revisado pela Primeira Seção deste Superior Tribunal. Anotou que há corrente defendendo, com votos já proferidos, que a mencionada contribuição, por ter natureza de intervenção no domínio econômico, não foi extinta. Outrossim, concluiu que os efeitos do mandado de segurança não podem retroagir para se determinar compensação tributária de parcelas pagas há dez anos. Em razão disso, a Turma, ao prosseguir o julgamento, por maioria, deu provimento ao agravo para desconstituir a decisão monocrática e determinar seja o recurso colocado em pauta para exame do colegiado. **AgRg no REsp 717.592-PE, Rel. originário Min. Francisco Falcão, Rel. para acórdão Min. José Delgado, julgado em 15/2/2007.** (Inform. STJ 310)

9. TAXAS

SUFRAMA E NATUREZA JURÍDICA DA REMUNERAÇÃO POR SERVIÇOS PRESTADOS - 1

O parágrafo único do art. 24 do Decreto-lei 288/67 ("*Art 24. A SUFRAMA poderá cobrar taxas por utilização de suas instalações e emolumentos por serviços prestados a particular. Parágrafo único. As taxas e emolumentos de que tratam êste artigo serão fixadas pelo Superintendente depois de aprovadas pêlo Conselho Técnico*") é incompatível com a CF/88. Essa a conclusão do Plenário ao desprover recurso extraordinário, afetado pela 1ª Turma, em que a Superintendência da Zona Franca de Manaus – Suframa impugnava acórdão que lhe impusera obrigação de restituir indébito ao fundamento de que a cobrança por ela realizada teria natureza jurídica de taxa, e não de preço público. Alegava a recorrente ofensa aos artigos 145, II, § 2º e 150, I, da CF. Assinalou-se que a controvérsia diria respeito à natureza jurídica do valor recolhido pela empresa recorrida a título de remuneração pela anuência aos pedidos de guias de importação de insumos e de bens de capital, pela anuência aos pedidos de desembaraço aduaneiro e pelo controle dos internamentos na Zona Franca de Manaus. RE 556854/AM, rel. Min. Cármen Lúcia, 30.6.2011. (RE-556854)

SUFRAMA E NATUREZA JURÍDICA DA REMUNERAÇÃO POR SERVIÇOS PRESTADOS - 2

De início, registrou-se que a Suframa seria uma autarquia vinculada ao Ministério do Desenvolvimento, Indústria e Comércio Exterior, sendo responsável pela administração das instalações e dos serviços da Zona Franca de Manaus (Decreto-lei 288/67, art. 1°). Na seqüência, asseverou-se que, ao contrário do que sustentado, as cobranças efetuadas pela recorrente não seriam de pagamento facultativo a quem pretendesse fazer uso dos benefícios daquela zona franca. Enfatizou-se que a atividade por ela exercida seria afeta ao Estado (Decreto-lei 288/67, art. 10), razão pela qual deveria ser cobrada por meio de taxa. Destacou-se, por conseguinte, que a exações em comento estariam sujeitas à observância dos princípios constitucionais relativos aos tributos, dentre eles, o postulado da legalidade, o qual dispõe que as taxas devem ser instituídas por lei e não por portarias, atos infralegais. Concluiu-se que a Suframa não poderia, com base no referido parágrafo único do art. 24 do Decreto-lei 288/67, ter estabelecido, por meio de portarias, a cobrança questionada, sob pena de transgressão ao princípio da legalidade tributária. Por fim, consignou-se que, atualmente, esses tributos são cobrados pela Suframa por meio de taxas de serviços administrativos (Lei 9.960/2000, art. 1°). RE 556854/AM, rel. Min. Cármen Lúcia, 30.6.2011. (RE-556854) (Inform. STF 633)

ADI N. 2.078-PB
RELATOR: MIN. GILMAR MENDES

Ação direta de inconstitucionalidade. 2. Valor da taxa judiciária e das custas judiciais estaduais. Utilização do valor da causa como base de cálculo. Possibilidade. Precedentes. 3. Estipulação de valores máximos a serem despendidos pelas partes. Razoabilidade. 4. Inexistência de ofensa aos princípios do livre acesso ao Poder Judiciário, da vedação ao confisco, da proibição do *bis in idem* e da proporcionalidade. Precedentes. 5. Ação julgada improcedente. (Inform. STF 623) *noticiado no Informativo 619

TAXA DE CLASSIFICAÇÃO DE PRODUTOS VEGETAIS E RECEPÇÃO

A 1ª Turma, acolhendo proposta da Min. Cármen Lúcia, afetou ao Plenário o julgamento de agravos regimentais em recursos extraordinários, nos quais se discute a constitucionalidade, ou não, da Taxa de Classificação de Produtos Vegetais a que se referem o Decreto-Lei 1.899/81 e a Portaria Interministerial 531/94. Trata-se, na espécie, de saber se teria havido a prorrogação, no tempo certo, do dispositivo previsto no art. 25 do ADCT da CF/88 ["*Art. 25. Ficam revogados, a partir de cento e oitenta dias da promulgação da Constituição, sujeito este prazo a prorrogação por lei, todos os dispositivos legais que atribuam ou deleguem a órgão do Poder Executivo competência assinalada pela Constituição ao Congresso Nacional ...*"]. Segundo os agravantes, a decisão que entendera válida a mencionada taxa afrontaria os artigos 48, I, e 150, I, da CF. **RE 358221 AgR/RS, rel. Min. Ayres Britto, 30.11.2010. (RE-358221) AI 726144 AgR/AL, rel. Min. Ayres Britto, 30.11.2010**. (AI-726144) (Inform. STF 611)

TAXA DE RENOVAÇÃO DE ALVARÁ DE LOCALIZAÇÃO E FUNCIONAMENTO E EFETIVO PODER DE POLÍCIA

É constitucional taxa de renovação de funcionamento e localização municipal, desde que efetivo o exercício do poder de polícia, demonstrado pela existência de órgão e estrutura competente para o respectivo exercício. Com esse entendimento, o Tribunal, por maioria, desproveu recurso extraordinário no qual se alegava a inconstitucionalidade da cobrança da taxa de renovação de localização e funcionamento cobrada pelo Município de Porto Velho, por ausência de comprovação do efetivo exercício do poder de polícia. Afirmou-se que, à luz da jurisprudência do STF, a existência do órgão administrativo não seria condição para o reconhecimento da constitucionalidade da cobrança da taxa de localização e fiscalização, mas constituiria um dos elementos admitidos para se inferir o efetivo exercício do poder de polícia, exigido constitucionalmente. Verificou-se que, na espécie, o Município de Porto Velho seria dotado de aparato fiscal necessário ao exercício do poder de polícia. Vencido o Min. Marco Aurélio, que provia o recurso. **RE 588322/RO, rel. Min. Gilmar Mendes, 16.6.2010**. (RE-588322) (Inform. STF 591)

TAXA DE OCUPAÇÃO DO SOLO E ESPAÇO AÉREO POR POSTE DE TRANSMISSÃO DE ENERGIA ELÉTRICA - 1

O Tribunal negou provimento a recurso extraordinário interposto contra acórdão do Tribunal de Justiça do Estado de Rondônia, e, por vislumbrar usurpação da competência exclusiva da União para explorar os serviços e instalações de energia elétrica e da sua competência privativa para legislar sobre o assunto (CF, artigos 21, XII, b e 22, IV), declarou incidentalmente a inconstitucionalidade da Lei municipal 1.199/2002, de Ji-Paraná/RO, que instituiu taxa de uso e ocupação do solo e espaço aéreo em relação à atividade de extensão de rede de transmissão e de distribuição de energia elétrica. Prevaleceu o voto do Min. Eros Grau, relator, que salientou que às empresas prestadoras de serviços de geração, transmissão, distribuição e comercialização de energia elétrica incumbe o dever-poder de prestar o serviço público de que se trata e que, para tal mister, é-lhes atribuído, pelo poder concedente, o também dever-poder de usar o domínio público necessário à execução desse serviço, assim como promover desapropriações e constituir servidões de áreas por ele, poder concedente, declaradas de utilidade pública. Portanto, à entidade administrativa incumbiria o dever-poder de gerir a *res publica*. No desempenho da função administrativa, a autoridade pública estaria abrangida por um vínculo imposto a sua vontade. O dever jurídico consubstanciaria uma vinculação imposta à vontade de quem estivesse por ela alcançado, e, no caso da função administrativa, vinculação imposta à vontade da autoridade pública em razão de interesse alheio, ou seja, do todo social. **RE 581947/RO, rel. Min. Eros Grau, 27.5.2010.** (RE-597362)

TAXA DE OCUPAÇÃO DE SOLO E ESPAÇO AÉREO POR POSTE DE TRANSMISSÃO DE ENERGIA ELÉTRICA - 2

Ressaltou que a concessionária da prestação de serviço público recorrida faria uso fundamentalmente, a fim de prestar o serviço, do espaço sobre o solo de faixas de domínio público de vias públicas, no qual instalaria equipamentos necessários à prestação de serviços de transmissão e distribuição de energia elétrica. Explicou que essas faixas de domínio público de vias públicas constituiriam bem público, inserido na categoria dos bens de uso comum do povo. Asseverou que os bens públicos, de uso comum do povo, de uso especial e dominicais integrariam, todos eles, o patrimônio público, mas os bens de uso comum do povo seriam modernamente entendidos como propriedade pública. Observou que, no entanto, tamanha seria a intensidade da participação do bem de uso comum do povo na atividade administrativa que ele constituiria, em si, o próprio serviço público prestado pela Administração. Aduziu que, ainda que os bens do domínio público e do patrimônio administrativo não tolerem o gravame das servidões, sujeitar-se-iam, na situação a que respeitam os autos, aos efeitos da restrição decorrente da instalação, no solo, de equipamentos necessários à prestação de serviço público. Não conduzindo, a imposição dessa restrição, à extinção de direitos, não acarretaria o dever de indenizar, salvo disposição legal expressa em contrário, no caso inexistente. **RE 581947/RO, rel. Min. Eros Grau, 27.5.2010.** (RE-597362)

TAXA DE OCUPAÇÃO DE SOLO E ESPAÇO AÉREO POR POSTE DE TRANSMISSÃO DE ENERGIA ELÉTRICA - 3

Por fim, registrou que, além de a instalação dos equipamentos de que se trata não comprometerem o uso comum dos bens públicos em questão, também não haveria prejuízo que justificasse o recebimento, pelo Município, de qualquer indenização pelo uso do bem público de uso comum. Concluiu que haveria, na ocupação do solo e do espaço aéreo dos bens de uso comum de que se cuida, um direito restritivo em benefício do prestador de serviço público, que lhe viabilizaria, instrumentando sua atuação, o pleno cumprimento do dever-poder, que o vincula, de prestar o serviço. O Min. Ricardo Lewandowski acompanhou as conclusões do relator no sentido de negar provimento ao recurso, mas por diverso fundamento, isto é, o de que a cobrança teria como pretexto o exercício do poder de polícia, mas a Lei municipal evidenciaria que o fato gerador seria o uso e ocupação do solo e do espaço aéreo por postes, o qual incompatível com a natureza das taxas. **RE 581947/RO, rel. Min. Eros Grau, 27.5.2010** (RE-597362) (Inform. STF 588)

TAXA DE COLETA DE LIXO E BASE DE CÁLCULO

O Tribunal resolveu questão de ordem em recurso extraordinário interposto contra acórdão que julgara inconstitucional a taxa de coleta, remoção e destinação de lixo instituída pelo Município de Campinas, para: a) reconhecer a existência de repercussão geral relativamente à questão constitucional versada no recurso; b) ratificar o entendimento firmado pelo Tribunal sobre o tema; c) denegar a distribuição dos demais processos que versem sobre a matéria, determinando a devolução dos autos à origem para a adoção dos procedimentos previstos no art. 543-B, § 3°, do CPC. Quanto ao mérito, por maioria, o Tribunal deu provimento ao recurso. Reportou-se à jurisprudência da Corte segundo a qual as taxas cobradas em razão exclusivamente dos serviços públicos de coleta, remoção e tratamento ou destinação de lixo ou resíduos provenientes de imóveis são constitucionais, ao passo que é inconstitucional a cobrança de valores tidos como taxa em razão de serviços de conservação e limpeza de logradouros e bens públicos. Citou-se, ademais, a orientação fixada no sentido de que a taxa que, na apuração do montante devido, adote um ou mais dos elementos que compõem a base de cálculo própria de determinado imposto, desde que

não se verifique identidade integral entre uma base e a outra, não ofende o § 2º do art. 145 da CF. Vencidos os Ministros Carlos Britto e Marco Aurélio que o desproviam. O relator, em seguida, apresentou proposta de novas súmulas vinculantes e a remeteu à Comissão de Jurisprudência. Alguns precedentes citados: **RE 579431 QO/RS (DJE de 24.10.2008); RE 582650 QO/BA (DJE de 24.10.2008); RE 580108 QO/SP (j. em 11.6.2008); RE 591068 QO/PR (j. em 7.8.2008); RE 585235 QO/MG (j. em 10.9.2008); RE 256588 ED-Edv/RJ (DJU de 3.10.2003); AI 460195 AgR/MG (DJU de 9.12.2005); RE 440992 AgR/RN (DJU de 17.11.2006); AI 684607 AgR/SP (DJE de 19.9.2008); RE 232393/SP (DJU de 4.5.2002); RE 346695 AgR/MG (DJU de 19.12.2003). RE 576321 QO/SP, rel. Min. Ricardo Lewandowski, 4.12.2008.** (RE-576321) (Inform. STF 531)
(Comentário: ver Súmulas Vinculantes 19 e 29/STF)

PSV: TAXA E ELEMENTOS DA BASE DE CÁLCULO PRÓPRIA DE IMPOSTO
O Tribunal, por maioria, acolheu proposta de edição de Súmula Vinculante com o seguinte teor: "*É constitucional a adoção, no cálculo do valor de taxa, de um ou mais elementos da base de cálculo própria de determinado imposto, desde que não haja integral identidade entre uma base e outra.*". Vencidos os Ministros Marco Aurélio e Eros Grau, que não a acolhiam. **PSV 39/DF, 3.2.2010.** (PSV-39) (Inform. STF 573)

TAXA. SAÚDE SUPLEMENTAR. REGISTRO. PRODUTO.
O fato gerador referente à taxa de saúde suplementar por registro de produto (art. 20, II, da Lei n. 9.961/2000) é o momento do protocolo do requerimento (§ 3º do mencionado artigo). Dessarte, não há falar em fato gerador que se alastra no tempo até a outorga definitiva (fato gerador pendente) ou mesmo em incidência do art. 105 do CTN. Então, em razão do art. 22 da citada lei, essa taxa só poderá ser cobrada dos registros protocolizados após 1º/1/2000. Com esse entendimento, a Turma, ao prosseguir o julgamento, deu parcial provimento ao recurso. Precedentes citados: REsp 1.064.236-RJ, DJe 13/2/2009, e EDcl no REsp 1.064.236-RJ, DJe 21/8/2009. **REsp 1.162.283-RJ, Rel. Min. Humberto Martins, julgado em 15/3/2011.** (Inform. STJ 466)

REPETITIVO. TAXA. LICENÇA. FUNCIONAMENTO.
A Seção, ao julgar recurso repetitivo (art. 543-C do CPC), reafirmou que o envio ao endereço do contribuinte da guia de cobrança (carnê) da taxa de licença para funcionamento configura notificação presumida do lançamento do tributo, que pode ser ilidida pelo contribuinte, a quem cabe a prova de que não recebeu a guia. Aplica-se, por analogia, o entendimento da Primeira Seção firmado em recurso repetitivo referente ao ônus da prova do recebimento do carnê de IPTU (Súm. n. 397-STJ). **Precedente citado: REsp 1.111.124-PR, DJe 4/5/2009. REsp 1.114.780-SC, Rel. Min. Luiz Fux, julgado em 12/5/2010.** (Inform. STJ 434)

CONSELHO REGIONAL. QUÍMICA. TAXA. AFT.
Na hipótese dos autos, o Conselho Regional de Química (CRQ) insurge-se contra o acórdão que, em embargos à execução, entendeu ser indevida a cobrança de anuidades de filial de companhia estadual de águas e saneamento (embargante e ora recorrida), bem como considerou indevida a cobrança da taxa de anotação de função técnica (AFT), mas manteve a multa pela não inscrição no CRQ de profissional na área de química na condição de responsável técnico. Para a Min. Relatora, não ficou demonstrado, nos autos, segundo o acórdão recorrido, que a filial (em outro município) possuísse autonomia financeira e mantivesse registros contábeis separados de sua matriz na capital para ensejar, nos termos do § 4º do art. 1º do Dec. n. 88.147/1983, o pagamento das anuidades cobradas e, concluir de maneira diversa encontra óbice na Súm. n. 7 deste Superior Tribunal. Mas reconheceu a legalidade da cobrança da taxa AFT prevista no art. 26 da Lei n. 2.800/1956, pois, no seu entendimento, essa exigência legal está vinculada à atividade básica ou à natureza dos serviços prestados pela empresa, logo a empresa explora serviços de água e esgoto, atividade que demanda procedimentos químicos. Dessa forma, como o registro no órgão fiscalizador (CRQ) é obrigatório (tanto que o TJ manteve a multa por descumprimento do registro profissional na área de Química), também é obrigatório o pagamento da mencionada taxa (AFT). Portanto, ressalta não proceder a decisão do TJ de que, como não há registro do profissional de química, não haveria a expedição da certidão da AFT e, logo, seria indevida a cobrança da respectiva taxa. Com esse entendimento, a Turma conheceu parcialmente do recurso e, nessa parte, deu-lhe parcial provimento. **REsp 1.110.152-SC, Rel. Min. Eliana Calmon, julgado em 20/8/2009.** (Inform. STJ 403)

EXECUÇÃO. TAXA. CVM. REGISTRO.
Questiona-se a possibilidade de ser cobrada a taxa de fiscalização e registro de hotel, ora recorrido, na comissão de valores mobiliários (CVM), ainda que os incentivos fiscais tenham sido recebidos em data anterior à Lei n. 7.940/1989, a qual instituiu a referida taxa. Observa o Min. Relator que, com efeito, a taxa de fiscalização da CVM tem por fato gerador o exercício do poder de polícia que lhe foi atribuído pela citada lei. Mas, no caso dos autos, as instâncias ordinárias reconheceram que o ora recorrido recebeu os incentivos fiscais em anos anteriores à mencionada lei, não havendo provas de que continue a recebê-los (nos termos do art. 3º da mesma lei), daí concluírem que não há como multá-lo por não ter promovido seu registro junto à CVM ou executá-lo por não recolher a taxa de fiscalização. Dessa forma, explica o Min. Relator, entender em sentido contrário levaria à incidência da Súm. n. 7-STJ. Diante do exposto, a Turma conheceu parcialmente do recurso da CVM e, nessa parte, negou-lhe provimento. **Precedente citado: EDcl no REsp 1.014.448-RS, DJ 23/6/2008. REsp 1.002.584-RS, Rel. Min. Luiz Fux, julgado em 26/5/2009.** (Inform. STJ 396)

RECURSO REPETITIVO. TAXA. ILUMINAÇÃO PÚBLICA. REPETIÇÃO. INDÉBITO.
de repetição de indébito, os documentos indispensáveis mencionados pelo art. 283 do CPC são aqueles hábeis a comprovar a legitimidade ativa *ad causam* do contribuinte que arcou com o pagamento indevido da exação. Dessa forma, conclui-se desnecessária, para fins de reconhecer o direito alegado pelo autor, a juntada de todos os comprovantes de recolhimento do tributo, providência que deverá ser levada a termo quando da apuração do montante que se pretende restituir, em sede de liquidação do título executivo judicial. **REsp 1.111.003-PR, Rel. Min. Humberto Martins, julgado em 13/5/2009.** (Inform. STJ 394)

TAXA. ILUMINAÇÃO PÚBLICA. ILEGALIDADE.
A jurisprudência deste Superior Tribunal já firmou entendimento no sentido de que o serviço de iluminação pública não pode ser exigido mediante taxa por não atender aos requisitos da divisibilidade e da especificidade. **REsp 1.073.519-SP, Rel. Min. Eliana Calmon, julgado em 2/10/2008.** (Inform. STJ 370)
(Comentário: ver Súmula 670/STF)

TAXA. UTILIZAÇÃO. SUBSOLO. FERROVIA.
A concessionária de transporte ferroviário não tem capacidade tributária ativa a ponto de instituir a cobrança de tributo (taxa) pela utilização do subsolo (permissão de passagem de gasodutos) da faixa territorial cujo domínio detém. Porém se permite a cobrança de tarifa pela prestação de serviço de transporte de pessoas ou cargas, o que não veio à discussão nos autos. **REsp 954.067-RJ, Rel. Min. José Delgado, julgado em 27/5/2008.** (Inform. STJ 357)

ESGOTO SANITÁRIO. CONDOMÍNIO. "TAXA".
A Turma entendeu incabível a cobrança de "taxa" (CTN, art. 77) por uso potencial de sistema público de esgoto sanitário, porquanto, na hipótese, a companhia de esgoto não dispõe de sistema de tratamento que atenda o imóvel da autora, cujo condomínio tem estação própria de tratamento de esgoto, de acordo com os padrões ambientais da fundação estadual responsável pela disciplina da engenharia de meio ambiente. **REsp 1.032.975-RJ, Rel. Min. Castro Meira, julgado em 1º/4/2008.** (Inform. STJ 350)

SÚMULA VINCULANTE STF 29

É constitucional a adoção, no cálculo do valor de taxa, de um ou mais elementos da base de cálculo própria de determinado imposto, desde que não haja integral identidade entre uma base e outra.

SÚMULA VINCULANTE STF 19

A taxa cobrada exclusivamente em razão dos serviços públicos de coleta, remoção e tratamento ou destinação de lixo ou resíduos provenientes de imóveis, não viola o artigo 145, II, da constituição federal.

SÚMULA STF Nº 670

O serviço de iluminação pública não pode ser remunerado mediante taxa. *(Comentário: os Municípios e o DF podem cobrar a contribuição do art. 149-A da CF)*

SÚMULA STF Nº 665

É constitucional a Taxa de Fiscalização dos Mercados de Títulos e Valores Mobiliários instituída pela Lei 7.940/1989.

SÚMULA STF Nº 545

Preços de serviços públicos e taxas não se confundem, porque estas, diferentemente daqueles, são compulsórias e têm sua cobrança condicionada à prévia autorização orçamentária, em relação à lei que as instituiu.

SÚMULA STJ Nº 412

A ação de repetição de indébito de tarifas de água e esgoto sujeita-se ao prazo prescricional estabelecido no Código Civil. *(Comentário: STJ adotou o entendimento de que tarifa de água e esgoto não tem natureza tributária, independentemente de ser cobrada por concessionária ou autarquia)*

10. EMPRÉSTIMOS COMPULSÓRIOS

EMPRÉSTIMO COMPULSÓRIO. ENERGIA ELÉTRICA.
Em embargos de declaração, a companhia de eletricidade aponta contradição no acórdão do julgamento de recurso repetitivo sobre empréstimo compulsório de energia elétrica quanto ao termo inicial da prescrição relativa à correção monetária sobre os juros remuneratórios e sobre os chamados juros remuneratórios "reflexos". Esses juros "reflexos" surgiram sobre a diferença de correção monetária paga a menor pela companhia, por ocasião do vencimento da obrigação ou da conversão dos títulos em ações. Esclareceu a Min. Relatora que o termo inicial da prescrição para requerer a correção monetária sobre os juros pagos anualmente (período compreendido entre 31 de dezembro, data da apuração, e julho do ano seguinte, quando se deu o efetivo pagamento) é julho de cada ano, uma vez que, a cada pagamento de juros a menor – feito mediante compensação nas contas de energia elétrica –, o contribuinte já tinha conhecimento da lesão ao seu direito (princípio da *actio nata*). Isso porque o valor creditado nas contas de energia elétrica correspondia justamente a 6% da soma das importâncias compulsoriamente recolhidas no ano anterior até 31 de dezembro, mas somente era creditado em julho de cada ano, sem correção durante esses seis meses. Quanto à pretensão de correção monetária sobre o principal e os juros remuneratórios dela decorrentes, a lesão ao direito do consumidor só ocorreu no momento da restituição do empréstimo a menor, com o vencimento do título, ou por meio de conversão dos créditos em ações da companhia, o que ocorreu nas assembléias gerais extraordinárias (AGEs) de 20/4/1988, 26/4/1990 e 30/6/2005. Assim, o termo inicial da prescrição quanto à correção monetária sobre o valor principal, bem como dos juros remuneratórios "reflexos", é a data do vencimento da obrigação ou da conversão do título nas AGEs. Diante do exposto, a Seção, ao prosseguir o julgamento, por maioria, rejeitou os embargos. **EDcl no REsp 1.028.592-RS, Rel. Min. Eliana Calmon, julgados em 24/3/2010.** (Inform. STJ 428)

RECURSO REPETITIVO. EMPRÉSTIMO COMPULSÓRIO. ENERGIA ELÉTRICA.
Nos feitos em que se discute o empréstimo compulsório sobre energia elétrica, a jurisprudência deste Superior Tribunal firmou-se no sentido de que a competência da Justiça Federal é definida em razão das partes litigantes, e não da matéria em discussão. Isso posto, no caso, o REsp submetido ao regime previsto no art. 543-C do CPC refere-se ao empréstimo compulsório de energia elétrica em ação proposta unicamente contra a Eletrobrás perante a Justiça estadual, na hipótese em que a União, somente após a sentença de primeiro grau, requereu o seu ingresso no feito com fundamento no art. 5º da Lei n. 9.469/1997 e art. 50 do CPC. A Seção, nesse contexto, deu parcial provimento ao recurso, reafirmando o entendimento jurisprudencial de que o pedido da intervenção da União no feito, após a prolação da sentença, enseja tão somente o deslocamento do processo para o TRF, a fim de que se examine o requerimento de ingresso da União, sem a automática anulação da sentença proferida pelo juiz estadual e, se aceito, aprecie as apelações interpostas. **Precedentes citados: REsp 1.041.279-RJ, DJe 27/8/2008; REsp 1.052.625-PE, DJe 10/9/2008; CC 54.762-RS, DJ 9/4/2007; AgRg no CC 38.531-RS, DJ 15/3/2004, e CC 38.790-RS, DJ 10/11/2003. REsp 1.111.159-RJ, Rel. Min. Benedito Gonçalves, julgado em 11/11/2009.** (Inform. STJ 415)

RECURSO REPETITIVO. EMPRÉSTIMO COMPULSÓRIO. ENERGIA ELÉTRICA.
Este Superior Tribunal já decidiu que a ação visando obter a correção monetária e os respectivos juros sobre os valores recolhidos a título do empréstimo compulsório de energia elétrica sujeita-se à prescrição quinquenal prevista no art. 1º do Dec. n. 20.910/1932, que deve ser contada a partir da lesão (o termo inicial do prazo prescricional, em razão da *actio nata*). Quanto à correção monetária sobre os juros, é correto afirmar que a lesão ocorreu, efetivamente, em julho de cada ano vencido, quando, então, a Eletrobrás realizava seu pagamento por compensação dos valores na conta de energia elétrica. Pagava, porém, a menor, pois apurava o valor dos juros em 31/12 de cada ano para só compensá-los seis meses depois, sem fazer qualquer correção. Daí que o termo *a quo* da prescrição, nesse caso, é o mês de julho de cada ano. Já a correção monetária incidente sobre o valor do principal e o reflexo dos juros remuneratórios sobre essa diferença de correção não podem ter esse mesmo termo inicial para a prescrição. A lesão decorrente do cômputo a menor da correção monetária sobre o principal somente seria aferível no momento do vencimento da obrigação, porque, enquanto não ocorrido o pagamento, seja em dinheiro ou mesmo nos casos de antecipação mediante conversão em ações (art. 3º do DL n. 1.512/1976), existiria apenas ameaça de lesão ao direito. Assim, de regra, o termo inicial da prescrição seria o vencimento do título, que ocorreria vinte anos após a aquisição compulsória das obrigações. Porém, nos casos em que esse vencimento foi antecipado, melhor se mostra considerar como início da contagem do prazo prescricional as datas das três assembléias gerais extraordinárias realizadas para a homologação da conversão dos créditos em ações (20/4/1988, 26/4/1990 e 30/6/2005), nas quais se garantiu aos titulares dos créditos o direito a dividendos decorrentes das ações em substituição aos juros remuneratórios que, até então, eram creditados nas contas de energia elétrica, pois, daí, foi reconhecida a qualidade de acionistas dos credores. Foi nesse momento também que a Eletrobrás disponibilizou, automaticamente, o número de ações correspondentes aos créditos, apesar de ainda não poder identificar cada um dos novos acionistas. Anote-se que o fato de algumas ações sofrerem o gravame da cláusula de inalienabilidade em nada influi na fixação do termo *a quo* da prescrição, pois isso não impede que o credor questione os valores. No que diz respeito à diferença da correção monetária apurada sobre o principal (computada da data do recolhimento do empréstimo até o 1º dia do ano subsequente, somada aos eventuais expurgos inflacionários ocorridos entre a referida data e 31/12 do ano anterior à conversão em ações) devem incidir juros remuneratórios de 6% ao ano, diferença que pode ser restituída em dinheiro ou na forma de ações, tal qual foi feito com o principal. Quanto à diferença a ser paga em dinheiro do saldo não convertido em número inteiro de ações, deverá sobre essa incidir correção monetária plena (incluídos aí os expurgos inflacionários) e juros remuneratórios de 31/12 do ano anterior à conversão até seu efetivo pagamento. Os índices de correção monetária devem ser os adotados no manual de cálculo da Justiça Federal e na jurisprudência do STJ. Anote-se, contudo, que a taxa Selic não tem aplicação como índice de correção monetária, por simples falta de amparo legal, pois sua aplicação é restrita aos casos de compensação e restituição de tributos federais, dentre os quais não está incluído o empréstimo compulsório, crédito público comum por natureza na fase de restituição. Anote-se, por último, que o entendimento acima transcrito, após o prosseguimento do julgamento, foi acolhido pela maioria dos integrantes da Seção e foi tomado no julgamento de recurso repetitivo (art. 543-C do CPC e Res. n. 8/2008-STJ). O Min. Teori Albino Zavascki, ao acompanhar esse entendimento, ressaltou que é inquestionável a ocorrência da prescrição quanto aos créditos convertidos nas duas primeiras assembléias. **Precedentes citados: REsp 714.211-SC, DJe 16/6/2008; REsp 773.876-RS, DJe 29/9/2008; REsp 182.804-SC, DJ 2/8/1999; REsp 86.226-RJ, DJ 11/3/1996; REsp 227.180-SC, DJ 28/2/2000; AgRg no Ag 585.704-RS, DJ 29/11/2004; AgRg no REsp 647.889-RS, DJ 26/9/2005, e AgRg no Ag 604.636-RS, DJ 13/12/2004. REsp 1.003.955-RS, Rel. Min. Eliana Calmon, julgado em 12/8/2009.** (Inform. STJ 402)

EMPRÉSTIMO COMPULSÓRIO. COMBUSTÍVEIS.
A Turma negou provimento ao agravo por entender que se extingue o direito de pleitear a restituição de tributo sujeito a lançamento por homologação, não sendo essa expressa, somente após o transcurso do prazo de cinco anos contados da ocorrência do fato gerador, acrescido de mais cinco anos contados da data em que se deu a homologação tácita. Destacou o Min. Relator que a Corte Especial deste Superior Tribunal acolheu a arguição de inconstitucionalidade da expressão *"observado, quanto ao art. 3º, o disposto no art. 106, I, do CTN"*, constante do art. 4º, segunda parte, da LC n. 118/2005. Naquela assentada, firmou-se ainda o entendimento de que, com o advento da LC 118/2005, a prescrição, do ponto de vista prático, deve ser contada da seguinte forma: relativamente aos pagamentos

efetuados a partir da sua vigência (que ocorreu em 9/6/2005), o prazo para a ação de repetição de indébito é de cinco anos a contar da data do pagamento; relativamente aos pagamentos anteriores, a prescrição obedece ao regime previsto no sistema anterior, limitada, porém, ao prazo máximo de cinco anos a contar da vigência da lei nova. **Precedentes citados: EREsp 435.835-SC, DJ 4/6/2007, e EREsp 644.736-PE, DJ 29/8/2005. AgRg no Ag 1.105.057-SP, Rel. Min. Castro Meira, julgado em 7/5/2009.** (Inform. STJ 393)

(Comentário: ver Informativo STF 634 – RE 566.621/RS – o Supremo Tribunal Federal reformou parcialmente o entendimento do STJ, decidindo que a contagem do prazo prescricional de 5 anos a partir do pagamento indevido, para a repetição do indébito, aplica-se apenas às ações ajuizadas após o término da vacatio legis*, ou seja, apenas para ações propostas a partir de 9.6.2005).*

QO. EMPRÉSTIMO COMPULSÓRIO. ENERGIA ELÉTRICA.
Em questão de ordem, a Turma remeteu à Primeira Seção agravo regimental interposto contra a decisão que negou seguimento ao REsp, aplicando entendimento firmado naquele colegiado de que as obrigações ao portador emitidas pela Eletrobrás não são debêntures e que o direito ao resgate é potestativo, portanto o prazo de que trata o art. 4º, § 11, da Lei n. 4.156/1962 é decadencial, e não prescricional. **QO no AgRg no REsp 1.025.220-RS, Rel. Min. Eliana Calmon, em 10/3/2009.** (Inform. STJ 386)

QO. EMPRÉSTIMO COMPULSÓRIO. ENERGIA ELÉTRICA.
Em questão de ordem, a Turma remeteu à Primeira Seção autos em que os embargos declaratórios questionam omissão em matéria de empréstimo compulsório sobre energia elétrica, em obrigações ao portador emitidas pela Eletrobrás, visto que, a teor do art. 44 da Lei n. 4.728/1965, obrigações e debêntures são sinônimos e a jurisprudência do STJ permite a penhora de debêntures. No caso, as debêntures emitidas foram inscritas no registro de imóveis e a Eletrobrás não providenciou a baixa dos títulos. **QO nos EDcl no REsp 1.049.576-RJ, Rel. Min. Eliana Calmon, em 10/3/2009.** (Inform. STJ 386)

COMPETÊNCIA. EMPRÉSTIMO COMPULSÓRIO. ELETROBRÁS.
É da Eletrobrás a legitimidade para a discussão e devolução do empréstimo compulsório de energia elétrica. Assim, a competência para dirimir controvérsias, em regra, é da Justiça estadual. Porém, excepcionalmente, a União pode ingressar no feito (art. 5º da Lei n. 9.469/1997), hipótese que desloca a competência para a Justiça Federal, tal como no caso. Daí que se deve anular o feito *ab initio* e remeter os autos àquela Justiça, em prejuízo da análise das demais questões constantes do recurso. **REsp 1.098.184-RJ, Rel. Min. Eliana Calmon, julgado em 9/12/2008.** (Inform. STJ 380)

ENERGIA ELÉTRICA. EMPRÉSTIMO COMPULSÓRIO. DECADÊNCIA.
Relativamente ao prazo-limite para resgate de obrigações aplicável às relações entre a Eletrobrás e consumidores de energia elétrica, titulares de créditos decorrentes de empréstimo compulsório não-convertido em ações (considerado obrigação ao portador e não debêntures), a Seção decidiu que não há prescrição, mas, sim, decadência das obrigações ao portador emitidas em 22/4/1965 (com o resgate em 29/10/1970), ocorrida em 29/10/1975 (art. 4º, § 11, da Lei n. 4.156/1962). Precedente citado: REsp 992.021-RS, DJ 13/10/2008. **REsp 983.998-RS, Rel. Min. Eliana Calmon, julgado em 22/10/2008.** (Inform. STJ 373)

QO. REMESSA. PRIMEIRA SEÇÃO. EMPRÉSTIMO COMPULSÓRIO. ENERGIA ELÉTRICA.
A Turma entendeu remeter à Primeira Seção o julgamento do recurso referente a empréstimo compulsório de energia elétrica. **QO no REsp 983.998-RS, Rel. Min. Eliana Calmon, em 14/10/2008.** (Inform. STJ 372)

EMPRÉSTIMO COMPULSÓRIO. ENERGIA. PRESCRIÇÃO.
A Turma reiterou, referentemente a empréstimo compulsório tomado no período de 1964 a 1977, restituído mediante a entrega de obrigações emitidas pela Eletrobrás, que a ação para haver o pagamento dessas obrigações ou de eventuais diferenças prescreve em cinco anos a partir da data do respectivo vencimento. Esse prazo é o mesmo previsto de modo específico para resgate da obrigação em face da Eletrobrás (art. 1º do Dec. n. 20.910/1932 e art. 5º, § 11, do DL n. 644/1969). **Precedentes citados:** REsp 443.439-RS, DJ 28/10/2002; AgRg no Ag 696.910-RS, DJ 1º/2/2006; **REsp 612.218-SC, DJ 13/2/2006, e REsp 424.048-RS, DJ 13/6/2005. REsp 1.029.514-RJ, Rel. Min. Teori Albino Zavascki, julgado em 7/10/2008.** (Inform. STJ 371)

EMPRÉSTIMO COMPULSÓRIO. ENERGIA ELÉTRICA. PRESCRIÇÃO.
Quanto à prescrição referente aos valores de correção monetária do empréstimo compulsório sobre energia elétrica, a Seção, ao prosseguir o julgamento e por maioria, deu provimento ao recurso da Eletrobrás e julgou prejudicado o recurso da Fazenda Nacional. A Min. Relatora entendia que a prescrição de cinco anos deveria ser contada a partir da data em que a credora tomou conhecimento da conversão dos créditos em ações ou da data prevista em lei para resgate do crédito. O Min. Luiz Fux divergiu da Min. Relatora entendendo que, no caso, não se contesta ou discute a conversão em ações ou a sua comunicação, mas sim a prescrição como um todo. Nesse aspecto, a prescrição tem início no fato gerador da lesão, no caso, a correção monetária do crédito considerada insuficiente. Como o último crédito ocorreu em 1994, a prescrição ocorreu em 2000, respeitado o prazo prescricional do Dec. n. 20.910/1932, ou do art. 168 do CTN, norma que rege a matéria tributária. **REsp 714.211-GO, Rel. originária Min. Eliana Calmon, Rel. para acórdão Min. Luiz Fux, julgado em 26/3/2008.** (Inform. STJ 349)

EMPRÉSTIMO COMPULSÓRIO. ENERGIA ELÉTRICA.
A relação jurídica decorrente do empréstimo compulsório é única, dotada de natureza tributária, quer sob a perspectiva do pagamento quer sob o ângulo da devolução, devendo observância a todas as garantias próprias dos créditos dessa natureza. A prestação que o Estado percebe do contribuinte por força do empréstimo compulsório é tributo, como já reconheceu a Suprema Corte em diversas oportunidades. Da mesma forma, o crédito que o contribuinte recebe do Estado em devolução também tem natureza tributária. O art. 15 do CTN estabelece que a lei que instituir o empréstimo compulsório fixará, obrigatoriamente, o prazo do empréstimo e as condições de seu resgate, devendo ser observadas, no que for aplicável, as disposições do CTN. Em obediência ao art. 15 do CTN, à Lei n. 5.073/1966 e, posteriormente, ao Dec. n. 1.512/1976, estipulou-se fórmula específica de incidência de correção monetária e de vencimento de juros de mora. Incabível, portanto, a aplicação da taxa Selic sobre os créditos em discussão, já que o art. 39, § 4º, da Lei n. 9.250/1995 é norma geral. Diante de antinomia aparente de normas, na impossibilidade da invocação dos princípios da hierarquia e da anterioridade, deve ser aplicado o da especialidade, segundo o qual a norma especial prefere à norma geral. Ao final, conclui-se que a taxa Selic não se aplica ao empréstimo compulsório sobre energia elétrica instituído pela Lei n. 4.156/62, já que existem regras específicas disciplinando a incidência de juros e de correção monetária. Isso posto, a Seção, ao renovar o julgamento, por maioria, deu provimento aos embargos de divergência. **EREsp 692.708-RS, Rel. Min. Castro Meira, julgados em 26/3/2008.** (Inform. STJ 349)

EMPRÉSTIMO COMPULSÓRIO. ENERGIA ELÉTRICA. TAXA SELIC.
A taxa Selic não se aplica ao empréstimo compulsório sobre energia elétrica instituído pela Lei n. 4.156/1962, já que, na hipótese, existem regras específicas disciplinando a incidência de juros e de correção monetária. Precedente citado: REsp 694.051-SC, DJ 9/5/2005. **REsp 719.990-PR, Rel. Min. Castro Meira, julgado em 6/3/2007.** (Inform. STJ 312)

11. CONTRIBUIÇÃO DE MELHORIA

BASE. CÁLCULO. CONTRIBUIÇÃO. MELHORIA.
In casu, a cobrança da contribuição de melhoria estabelecida em virtude da pavimentação asfáltica de via pública considerou apenas o valor total da obra sem atentar para a valorização imobiliária. É uníssono o entendimento jurisprudencial neste Superior Tribunal de que a base de cálculo da contribuição de melhoria é a efetiva valorização imobiliária, a qual é aferida mediante a diferença entre o valor do imóvel antes do início da obra e após a sua conclusão, sendo inadmissível a sua cobrança com base somente no custo da obra pública realizada. **Precedentes citados: REsp 1.075.101-RS, DJe 2/4/2009; REsp 1.137.794-RS, DJe 15/10/2009; REsp 671.560-RS, DJ 11/6/2007; AgRg no REsp 1.079.924-RS, DJe 12/11/2008; AgRg no REsp 613.244-RS, DJe 2/6/2008; REsp 629.471-RS, DJ 5/3/2007; REsp 647.134-SP, DJ 1º/2/2007; REsp 280.248-SP, DJ 28/10/2002, e REsp 615.495-RS, DJ 17/5/2004. REsp 1.076.948-RS, Rel. Min. Luiz Fux, julgado em 4/11/2010.** (Inform. STJ 454)

CONTRIBUIÇÃO DE MELHORIA. CUSTO. OBRA. IMÓVEL. VALORIZAÇÃO. FATO GERADOR.
A Turma decidiu que não basta o custo da obra pública realizada para fins de base de cálculo da contribuição de melhoria, porquanto o fato gerador dela é a valorização do imóvel. Precedentes citados: REsp 651.790-RS, DJ 5/4/2006, e REsp 615.495-RS, DJ 17/5/2004. **REsp 629.471-RS, Rel. Min. João Otávio de Noronha, julgado em 13/2/2007.** (Inform. STJ 310)

12. ADMINISTRAÇÃO TRIBUTÁRIA, FISCALIZAÇÃO, CERTIDÕES, DÍVIDA ATIVA, CADIN

RE N.389.808-PR
RELATOR: MIN. MARCO AURÉLIO
SIGILO DE DADOS – AFASTAMENTO. Conforme disposto no inciso XII do artigo 5º da Constituição Federal, a regra é a privacidade quanto à correspondência, às comunicações telegráficas, aos dados e às comunicações, ficando a exceção – a quebra do sigilo – submetida ao crivo de órgão equidistante – o Judiciário – e, mesmo assim, para efeito de investigação criminal ou instrução processual penal.
SIGILO DE DADOS BANCÁRIOS – RECEITA FEDERAL. Conflita com a Carta da República norma legal atribuindo à Receita Federal – parte na relação jurídico-tributária – o afastamento do sigilo de dados relativos ao contribuinte. (Inform. STF 626) *noticiado no Informativo 613

QUEBRA DE SIGILO BANCÁRIO PELA RECEITA FEDERAL - 1
O Plenário, por maioria, proveu recurso extraordinário para afastar a possibilidade de a Receita Federal ter acesso direto a dados bancários da empresa recorrente. Na espécie, questionavam-se disposições legais que autorizariam a requisição e a utilização de informações bancárias pela referida entidade, diretamente às instituições financeiras, para instauração e instrução de processo administrativo fiscal (LC 105/2001, regulamentada pelo Decreto 3.724/2001). Inicialmente, salientou-se que a República Federativa do Brasil teria como fundamento a dignidade da pessoa humana (CF, art. 1º, III) e que a vida gregária pressuporia a segurança e a estabilidade, mas não a surpresa. Enfatizou-se, também, figurar no rol das garantias constitucionais a inviolabilidade do sigilo da correspondência e das comunicações telegráficas, de dados e das comunicações telefônicas (art. 5º, XII), bem como o acesso ao Poder Judiciário visando a afastar lesão ou ameaça de lesão a direito (art. 5º, XXXV). Aduziu-se, em seguida, que a regra seria assegurar a privacidade das correspondências, das comunicações telegráficas, de dados e telefônicas, sendo possível a mitigação por ordem judicial, para fins de investigação criminal ou de instrução processual penal. Observou-se que o motivo seria o de resguardar o cidadão de atos extravagantes que pudessem, de alguma forma, alcançá-lo na dignidade, de modo que o afastamento do sigilo apenas seria permitido mediante ato de órgão eqüidistante (Estado-juiz). Assinalou-se que idêntica premissa poderia ser assentada relativamente às comissões parlamentares de inquérito, consoante já afirmado pela jurisprudência do STF. RE 389808/PR, rel. Min. Marco Aurélio, 15.12.2010. (RE-389808)

QUEBRA DE SIGILO BANCÁRIO PELA RECEITA FEDERAL - 2
Asseverou-se que, na situação em apreço, estariam envolvidas questões referentes: 1) à supremacia da Constituição, tendo em conta que ato normativo abstrato autônomo haveria de respeitar o que nela se contém; 2) ao primado do Judiciário, porquanto não se poderia transferir a sua atuação, reservada com exclusividade por cláusula constitucional, a outros órgãos, sejam da Administração federal, estadual ou municipal e 3) à prerrogativa de foro, haja vista que seu detentor somente poderia ter o sigilo afastado ante a atuação fundamentada do órgão judiciário competente. Destacou-se, ademais, que a decretação da quebra do sigilo bancário não poderia converter-se em instrumento de indiscriminada e ordinária devassa da vida financeira das pessoas em geral e que inexistiria embaraço resultante do controle judicial prévio de tais pedidos. Reputou-se, assim, que os dispositivos legais atinentes ao sigilo de dados bancários mereceriam sempre interpretação harmônica com a Constituição. O Min. Marco Aurélio, relator, conferiu à legislação de regência interpretação conforme à Constituição, tendo como conflitante com esta a que implique afastamento do sigilo bancário do cidadão, pessoa natural ou jurídica, sem ordem emanada do Judiciário. RE 389808/PR, rel. Min. Marco Aurélio, 15.12.2010. (RE-389808)

QUEBRA DE SIGILO BANCÁRIO PELA RECEITA FEDERAL - 3
Vencidos os Ministros Dias Toffoli, Cármen Lúcia, Ayres Britto e Ellen Gracie que, ao reiterar os votos proferidos no julgamento da AC 33 MC/PR (v. Informativo 610), desproviam o recurso extraordinário. Consignavam que, no caso, não se trataria de quebra de sigilo ou da privacidade, mas sim de transferência de dados sigilosos de um órgão, que tem o dever de sigilo, para outro, o qual deverá manter essa mesma obrigação, sob pena de responsabilização na hipótese de eventual divulgação desses dados. Indagavam que, se a Receita Federal teria acesso à declaração do patrimônio total de bens dos contribuintes, conjunto maior, qual seria a razão de negá-lo quanto à atividade econômica, à movimentação bancária, que seria um conjunto menor. Concluíam, tendo em conta o que previsto no art. 145, § 1º, da CF ("*Art. 145. ... § 1º ..., facultado à administração tributária, especialmente para conferir efetividade a esses objetivos, identificar, respeitados os direitos individuais e nos termos da lei, o patrimônio, os rendimentos e as atividades econômicas do contribuinte.*"), que a lei que normatizara a aludida transferência respeitaria os direitos e garantias fundamentais. RE 389808/PR, rel. Min. Marco Aurélio, 15.12.2010. (RE-389808) (Inform. STF 613)

COMPARTILHAMENTO DE DADOS SIGILOSOS E ÓRGÃOS ADMINISTRATIVOS FISCAIS
O Plenário desproveu agravo regimental interposto contra decisão monocrática do Min. Ricardo Lewandowski que, em inquérito do qual relator, indeferira pleito de compartilhamento com a Receita Federal de informações obtidas por meio de quebra de sigilo bancário do investigado, as quais constariam dos presentes autos. Entendeu-se que tais dados deveriam permanecer adstritos ao objeto da investigação, notadamente quando estivesse em cena persecução penal. Realçou-se que a apuração de possíveis ilícitos penais tributários, supostamente praticados pelo investigado, não comporiam o âmago deste inquérito. Ademais, ressaltou-se que estariam mais distantes do objeto principal das investigações criminais as alegadas irregularidades fiscais, despidas, num primeiro momento, de caráter de ilícito penal. Concluiu-se que o compartilhamento requerido para compor a instrução de procedimento administrativo fiscal feriria a cláusula constitucional do devido processo legal, que poderia implicar nulidade de eventual crédito tributário que viesse a ser constituído. Registrou-se, por fim, que, ainda que a remessa das informações bancárias do investigado à Receita Federal pudesse agilizar a solução do procedimento fiscal instaurado contra ele, a obtenção das provas deveria necessariamente obedecer ao que determina o art. 6º da LC 105/2001 ("*As autoridades e os agentes fiscais tributários da União, dos Estados, do Distrito Federal e dos Municípios somente poderão examinar documentos, livros e registros de instituições financeiras, inclusive os referentes a contas de depósitos e aplicações financeiras, quando houver processo administrativo instaurado ou procedimento fiscal em curso e tais exames sejam considerados indispensáveis pela autoridade administrativa competente.*"). **Inq 2593 AgR/DF, rel. Min. Ricardo Lewandowski, 9.12.2010**. (Inq-2593) (Inform. STF 612)

QUEBRA DE SIGILO BANCÁRIO PELA RECEITA FEDERAL - 3
O Tribunal retomou julgamento de medida cautelar em ação cautelar, em que se pretende a concessão de efeito suspensivo a recurso extraordinário, já admitido para esta Corte, no qual se sustenta a inconstitucionalidade das disposições legais que autorizam a requisição e a utilização de informações bancárias pela Receita Federal, diretamente às instituições financeiras, para instauração e instrução de processo administrativo fiscal (Lei Complementar 105/2001, regulamentada pelo Decreto 3.724/2001) — v. Informativos 322, 332 e 335. Após os votos dos Ministros Gilmar Mendes, Presidente, Dias Toffoli e Cármen Lúcia, que acompanhavam a divergência inaugurada pelos Ministros Joaquim Barbosa e Carlos Britto, no sentido de não referendar a decisão que concedera efeito suspensivo ativo ao recurso extraordinário, e do voto do Min. Ricardo Lewandowski, que seguia o voto do relator, para referendá-la, pediu vista dos autos a Min. **Ellen Gracie. AC 33 MC/PR, rel. Min. Marco Aurélio, 18.12.2009**. (AC-33)

QUEBRA DE SIGILO BANCÁRIO PELA RECEITA FEDERAL - 4
Em conclusão, o Plenário negou referendo a medida cautelar em ação cautelar, em que pretendida a concessão de efeito suspensivo a recurso extraordinário, já admitido para esta Corte, no qual sustentada a inconstitucionalidade das disposições legais que autorizam a requisição e a utilização de informações bancárias pela Receita Federal, diretamente às instituições financeiras, para instauração e instrução de processo administrativo fiscal (Lei Complementar 105/2001, regulamentada pelo Decreto 3.724/2001) — v. Informativos 322, 332, 335 e 572. Prevaleceu o voto do Min. Joaquim Barbosa que se reportou a precedentes no sentido de que, nas hipóteses em que as decisões proferidas nas instâncias inferiores fossem desfavoráveis ao requerente, como no caso, o pedido de cautelar identificar-se-ia como de concessão de tutela antecipada, para a qual o deferimento exigiria, além da existência de prova inequívoca, o convencimento do juiz acerca da verossimilhança da alegação. Considerou que, em razão da ausência de decisão do STF nos autos das ações diretas em que se questiona a constitucionalidade das leis que autorizam a requisição de informações

bancárias pela Receita Federal (ADI 2386/DF, ADI 2390/DF e ADI 2397/DF), não haveria a caracterização da verossimilhança da alegação. Ressaltou, também, o princípio da presunção da constitucionalidade das leis. Reputou afastado, ademais, o *periculum in mora*, haja vista que o requerente ajuizara a medida cautelar após quase dois anos da data em que a Receita Federal tivera acesso as suas informações bancárias. Vencidos os Ministros Marco Aurélio, relator, Cezar Peluso, Ricardo Lewandowski e Celso de Mello, que referendavam a liminar. AC 33 MC/PR, rel. orig. Min. Marco (Aurélio, red. p/ o acórdão Min. Joaquim Barbosa, 24.11.2010. (AC-33) (Inform. STF 610) *(Comentário: ver Informativo STF 613 – o Supremo Tribunal Federal, posteriormente, julgou o RE 389.808/PR (rel. Min. Marco Aurélio, j. 15/12/2010), em relação ao mesmo contribuinte, para AFASTAR A POSSIBILIDADE DE QUEBRA DO SIGILO BANCÁRIO DIRETAMENTE PELO FISCO. Assim, o entendimento atual do STF é de que a quebra somente é possível por meio de ORDEM JUDICIAL.)*

COMPROVAÇÃO DE QUITAÇÃO DE DÉBITOS TRIBUTÁRIOS E SANÇÃO POLÍTICA

O Tribunal conheceu parcialmente de duas ações diretas ajuizadas pela Confederação Nacional da Indústria - CNI e pelo Conselho Federal da Ordem dos Advogados do Brasil e, na parte conhecida, julgou procedente o pedido nelas formulado para declarar a inconstitucionalidade do art. 1º, I, III e IV, e §§ 1º, 2º e 3º da Lei 7.711/88, que obriga a comprovação de regularidade fiscal na hipótese de transferência de domicílio para o exterior, vincula o registro ou arquivamento de contrato social e atos similares à quitação de créditos tributários, e dispõe sobre a realização de convênios entre os entes federados para fiscalização do cumprimento das restrições. Preliminarmente, o Tribunal assentou a perda do interesse processual no prosseguimento do controle concentrado e abstrato de constitucionalidade em relação ao Decreto 97.834/89, em razão de sua revogação pelo Decreto 99.476/90. Também declarou a perda do objeto relativamente ao inciso II do art. 1º do referido diploma legal, no que concerne à regularidade fiscal, ante sua revogação pela Lei 8.666/93. No ponto, esclareceu-se que aquela norma obrigava a comprovação da quitação de créditos tributários exigíveis, para que fosse permitida a participação do contribuinte em processo de habilitação ou licitação promovida por órgão da Administração Direta, e que, atualmente, a Lei 8.666/93 possui norma semelhante (art. 27, IV), que exige dos interessados à habilitação em licitação a comprovação de regularidade fiscal. No mérito, aplicou-se a orientação firmada em vários precedentes, e constante dos Enunciados 70, 323, 547, da Súmula do STF, no sentido da proibição constitucional às sanções políticas, sob pena de ofensa ao direito ao exercício de atividades econômicas e profissionais lícitas (CF, art. 170, parágrafo único), ao *substantive due process of law* (ante a falta de proporcionalidade e razoabilidade de medidas gravosas que se predispõem a substituir os mecanismos de cobrança de créditos tributários) e ao devido processo legal, manifestado na garantia de acesso aos órgãos do Executivo ou do Judiciário tanto para controle da validade dos créditos tributários quanto para controle do próprio ato que culmina na restrição. **Precedentes citados: RE 413782/SC (DJU de 3.6.2005); RE 434987/RS (DJU de 14.12.2004); 424061/RS (DJU de 31.8.2004); RE 409956/RS (DJU de 31.8.2004); RE 414714/RS (DJU de 11.1.2004); RE 409958/RS (DJU de 5.11.2004). ADI 173/DF, rel. Min. Joaquim Barbosa, 25.9.2008. (ADI-173) ADI 394/DF, rel. Min. Joaquim Barbosa, 25.9.2008.** (ADI-394) (Inform. STF 521)

INDÚSTRIA DE CIGARROS: CANCELAMENTO DE REGISTRO ESPECIAL E OBRIGAÇÃO TRIBUTÁRIA - 1

O Tribunal iniciou julgamento de mérito de recurso extraordinário interposto por indústria de cigarros no qual se discute a validade de norma que prevê interdição de estabelecimento, por meio de cancelamento de registro especial, em caso do não cumprimento de obrigações tributárias (Decreto-lei 1.593/77). Trata-se de recurso interposto contra acórdão do Tribunal Regional Federal da 2ª Região que entendera que o rigor fiscal se ampararia nas características da indústria do cigarro, dentre as quais a circunstância de a tributação ter papel extrafiscal no arrefecimento do consumo e no aparelhamento do Estado para combater a nocividade do produto à saúde pública. Alega a recorrente que o art. 2º, II, do referido decreto consubstanciaria uma sanção política não recepcionada pela Constituição, por contrariedade ao direito à liberdade de trabalho, de comércio e indústria e aos princípios da razoabilidade e da proporcionalidade (CF, artigos 5º, XIII e LIV, e 170). O Min. Joaquim Barbosa, relator, conheceu do recurso, mas lhe negou provimento. Salientou, inicialmente, que a Corte tem confirmado e garantido a proibição constitucional às sanções políticas, invocando o direito ao exercício de atividades econômicas e profissionais lícitas, a violação do *substantive due process of law* (a falta de proporcionalidade e razoabilidade de medidas gravosas que se predispõem a substituir os mecanismos de cobrança de créditos tributários) e a violação do devido processo legal manifestado no direito de acesso aos órgãos do Executivo ou do Judiciário tanto para controle da validade dos créditos tributários quanto para controle do próprio ato que culmina na restrição. Asseverou que essa orientação não serviria, entretanto, de escusa ao deliberado e temerário desrespeito à legislação tributária, não havendo se falar em sanção política se as restrições à prática de atividade econômica combatessem estruturas empresariais que se utilizassem da inadimplência tributária para obter maior vantagem concorrencial. Assim, para ser reputada inconstitucional, a restrição ao exercício de atividade econômica deveria ser desproporcional e não-razoável. **RE 550769/RJ, rel. Min. Joaquim Barbosa, 7.5.2008.** (RE-550769)

INDÚSTRIA DE CIGARROS: CANCELAMENTO DE REGISTRO ESPECIAL E OBRIGAÇÃO TRIBUTÁRIA - 2

O relator aduziu que o desate do caso seria, no entanto, mais sutil do que o reconhecimento, pura e simplesmente, do art. 2º, II, do Decreto-lei 1.593/77 como sanção política ou como salvaguarda da saúde pública e do equilíbrio concorrencial. Ou seja, a questão de fundo consistiria em saber se a interpretação específica adotada pelas autoridades fiscais, no caso concreto, caracterizaria sanção política, dada a ambigüidade do texto normativo em questão. Tendo em conta essa ambigüidade e a conseqüente falta de calibração expressa, a norma extraída a partir da interpretação do aludido dispositivo legal seria inconstitucional se atentasse contra um dos 3 parâmetros constitucionais: 1) a relevância do valor dos créditos tributários em aberto, cujo não pagamento implicaria a restrição ao funcionamento da empresa; 2) manutenção proporcional e razoável do devido processo legal de controle do ato de aplicação da penalidade; 3) manutenção proporcional e razoável do devido processo legal de controle de validade dos créditos tributários cujo não-pagamento importaria na cassação do registro especial. O relator julgou atendidas essas 3 salvaguardas constitucionais, e concluiu que a interpretação dada pela Secretaria da Receita Federal não reduziria a norma ao *status* de sanção política. **RE 550769/RJ, rel. Min. Joaquim Barbosa, 7.5.2008.** (RE-550769)

INDÚSTRIA DE CIGARROS: CANCELAMENTO DE REGISTRO ESPECIAL E OBRIGAÇÃO TRIBUTÁRIA - 3

Ressaltou que seriam relevantes tanto o montante dos créditos cuja compensação não fora homologada quanto o montante total do débito tributário atribuído à empresa. Além disso, o risco à efetividade da tutela jurisdicional relativa à cassação do registro especial, existente por ocasião do julgamento da AC 1657 MC/SP (DJU de 11.5.2007), enfraqueceria com o julgamento de mérito da questão, já que, realizado o controle de constitucionalidade incidental da norma, não haveria mais expectativa juridicamente relevante de reversão da penalidade. Ademais, não restaria demonstrado o risco à efetividade da tutela jurisdicional, no que se refere ao controle de validade dos créditos tributários cujo não-pagamento levaria à cassação do registro especial. Considerou, ainda, ausente a plausibilidade da tese que defenderia a possibilidade de compensação de créditos referentes às antigas obrigações do Estado, cujos títulos foram denominados “moeda podre”, em virtude de sua duvidosa liquidez e de restrições postas pela legislação ordinária. Enfatizou pesarem, também, alegações gravíssimas contra a recorrente. Para o relator, diante do contexto excepcional, a parte deveria ter demonstrado com precisão os motivos que a levaram à sistemática e contumaz inobservância das normas de tributação, não bastando apontar a inconstitucionalidade absoluta do dispositivo analisado. Por fim, reputou que a assertiva imprecisa da existência de discussão sobre o sistema de tributação da indústria do cigarro com o IPI, encapsulada na suposta inconstitucionalidade da tributação via pautas de preços fixos, não teria sido parte do quadro apresentado ao tribunal de origem, não podendo o argumento ser usado para confirmar a plausibilidade da tese que sustenta a violação do direito ao livre exercício de atividade econômica lícita. Após, pediu vista dos autos o Min. Ricardo Lewandowski. **RE 550769/RJ, rel. Min. Joaquim Barbosa, 7.5.2008.** (RE-550769) (Inform. STF 505)

FABRICANTE DE CIGARROS: DECRETO-LEI 1.593/77 E CANCELAMENTO DE REGISTRO ESPECIAL - 1

O Tribunal, por maioria, indeferiu medida cautelar em ação cautelar proposta contra a União por empresa fabricante de cigarros, na qual visava à atribuição de efeito suspensivo a recurso extraordinário por ela interposto em face de acórdão proferido pelo TRF da 2ª Região que, ao dar provimento à apelação da União, declarara a constitucionalidade do art. 2º, II, do Decreto-lei 1.593/77, com a redação dada pela Lei 9.822/99, que autoriza a Secretaria da Receita Federal a cancelar, a qualquer tempo, o registro especial para o exercício, por empresa do setor tabagista, de atividade de fabricação e comercialização de produtos do tabaco, ante o descumprimento de obrigação tributária. Tendo em conta a singularidade factual e normativa do caso, entendeu-se faltar razoabilidade jurídica ao pedido, salientando-se que poderia haver *periculum in mora* inverso, consistente na exposição dos consumidores, da sociedade em geral e, em particular, da condição objetiva da livre concorrência, ao risco da continuidade do funcionamento de empresa para tanto inabilitada. AC 1657 MC/RJ, rel. orig. Min. Joaquim Barbosa, rel. p/ o acórdão Min. Cezar Peluso, 27.6.2007. (AC-1657)

FABRICANTE DE CIGARROS: DECRETO-LEI 1.593/77 E CANCELAMENTO DE REGISTRO ESPECIAL - 2

Aduziu-se que o Decreto-lei 1.593/77 impôs como condição inafastável para o exercício da atividade econômica em questão um conjunto de requisitos que, não atendidos, acarretam a ilicitude da produção, e que haveria justificativa extrafiscal para a exigência da regularidade tributária, que, em princípio, à vista das características do mercado concentrado da indústria de cigarros, seria proporcional e razoável. Afirmou-se que o IPI - Imposto sobre Produtos Industrializados é rubrica preponderante no processo de formação do preço do cigarro, produto extremamente gravoso à saúde e tributado pela mais alta alíquota desse imposto, e que a diferença a menor no seu recolhimento tem reflexo superlativo na definição do lucro da empresa. Considerou-se, diante das características do mercado de cigarros, que tem na tributação dirigida um dos fatores determinantes do preço do produto, ser compatível com o ordenamento limitar a liberdade de iniciativa em prol de outras finalidades jurídicas tão ou mais relevantes, como a defesa da livre concorrência e o exercício da vigilância estatal sobre setor particularmente crítico para a saúde pública, não havendo se falar em lesão a direito subjetivo da autora, mas em ato administrativo regular que impediu a continuidade de uma situação ilegal. AC 1657 MC/RJ, rel. orig. Min. Joaquim Barbosa, rel. p/ o acórdão Min. Cezar Peluso, 27.6.2007. (AC-1657)

FABRICANTE DE CIGARROS: DECRETO-LEI 1.593/77 E CANCELAMENTO DE REGISTRO ESPECIAL - 3

Registrou-se, ainda, que a empresa não estaria se recusando a pagar tributo controvertido, nem teria apresentado justificativas convincentes contra a argüição de inadimplemento, revelando, na verdade, adotar estratégia de não recolhimento sistemático de tributos como meio de obter vantagens competitivas indevidas, e figurando, inclusive, como uma das maiores sonegadoras de tributos do país. Concluiu-se não estar configurado caso de sanção política tendente a compelir contribuinte inadimplente a pagar tributo, diante da finalidade jurídica autônoma de que se reveste a norma, em resguardo da livre concorrência, e também de sua razoabilidade, e de não se aplicarem, à espécie, o precedente invocado pela recorrente (RE 415015/RS, DJU de 15.4.2005) e os Enunciados das Súmulas 70, 323 e 547, do STF. Vencidos os Ministros Joaquim Barbosa, relator, Marco Aurélio, Celso de Mello e Sepúlveda Pertence que deferiam a cautelar, para preservar o resultado útil do processo, dada a gravidade da sanção imposta à empresa e a possível irreversibilidade dos efeitos dela decorrentes. AC 1657 MC/RJ, rel. orig. Min. Joaquim Barbosa, rel. p/ o acórdão Min. Cezar Peluso, 27.6.2007. (AC-1657) (Inform. STF 473)

(Comentário: ver Informativo STF 505 – RE 550.769/RJ)

CADIN - 2

O Tribunal julgou prejudicada ação direta ajuizada pela Confederação Nacional da Indústria - CNI na parte em que sustentava a inconstitucionalidade do art. 7º da Medida Provisória 1.442/96 e suas sucessivas reedições, que tornou obrigatória a consulta prévia ao Cadastro Informativo dos créditos não quitados de órgãos e entidades federais - CADIN pelos órgãos da Administração Pública Federal para a concessão de incentivos fiscais e financeiros, a realização de operações de crédito e a celebração de convênios, acordos, ajustes ou contratos que envolvessem a utilização de recursos públicos — v. Informativo 193. Concluiu-se pela superveniente perda do objeto da ação relativamente ao mencionado dispositivo, porquanto ele fora substancialmente alterado por reedições da medida provisória examinada, convertida na Lei 10.522/2002. ADI 1454/DF, rel. Min. Ellen Gracie, 20.6.2007. (ADI-1454) (Inform. STF 472)

DIREITO TRIBUTÁRIO. POSSIBILIDADE DE EXPEDIÇÃO DE CERTIDÃO POSITIVA COM EFEITOS DE NEGATIVA EM NOME DE ESTABELECIMENTO QUE TENHA CNPJ INDIVIDUAL.

É possível a expedição de certidões negativas de débito ou positivas com efeitos de negativas em nome de filial de grupo econômico, ainda que existam pendências tributárias da matriz ou de outras filiais, desde que possuam números de CNPJ distintos. O art. 127, I, do CTN consagra o princípio da autonomia de cada estabelecimento da empresa que tenha o respectivo CNPJ. Efetivamente, cada empresa é identificada como contribuinte pelo número de sua inscrição no CNPJ, que "compreende as informações cadastrais de entidades de interesse das administrações tributárias da União, dos Estados, do Distrito Federal e dos Municípios". Ainda que se afirme que o conjunto de filiais e a matriz façam parte de um todo indissolúvel denominado "pessoa jurídica", a existência de registros de CNPJ diferentes caracteriza a autonomia patrimonial, administrativa e jurídica de cada um dos estabelecimentos, fato que justifica a expedição do documento de modo individual. Precedentes citados: AgRg no REsp 1.235.407-RJ, DJe 19/4/2011; AgRg no REsp 961.422-SC, DJe 15/6/2009, e AgRg no REsp 1.114.696-AM, DJe 20/10/2009. **AgRg no AREsp 192.658-AM, Rel. Min. Castro Meira, julgado em 23/10/2012.(Inform. STJ 508)**

QUEBRA. SIGILO FISCAL. FUNDAMENTAÇÃO.

Discutiu-se a requisição de informações à Receita Federal sobre as declarações de tributos da sociedade empresária recorrente protegidas pelo sigilo fiscal com o escopo de auxiliar na apuração do efetivo preço de venda de cotas de sociedade empresária de sua propriedade e, assim, propiciar eventual exercício de direito de preferência da recorrida na aquisição. Contudo, vê-se do próprio pedido inicial que a obtenção desses dados sigilosos só seria necessária caso não fossem apresentados documentos referentes à transferência das cotas, mostrando-se condicional o pedido à Receita, sob pena de haver a diligência supérflua de quebrar o sigilo sem delinear uma real utilidade para os documentos apurados. Conquanto viável a determinação judicial de quebra do sigilo fiscal em razão do preponderante interesse público, essa medida mostra-se excepcional, visto o disposto no art. 5º, X, da CF, a ponto de impor a declinação de requisitos que a justifiquem de forma consistente, tal como apregoam a jurisprudência do STJ e o art. 165 do CPC, o que não ocorreu no caso. Anote-se que a recorrente informou recentemente ao STJ ter sido proferida sentença condenatória, o que revela, também, a desnecessidade da quebra do sigilo fiscal, só não se tendo o REsp por prejudicado porque havia uma pendência dos autos. Precedentes citados: RMS 25.174-RJ, DJe 14/4/2008; RMS 20.892-RJ, DJe 15/12/2008; REsp 576.149-SP, DJ 1º/7/2005; RMS 24.632-SP, DJe 26/9/2008; RMS 20.350-MS, DJ 8/3/2007; RMS 15.511-SP, DJ 28/4/2003; RMS 15.809-MG, DJ 3/4/2006, e RMS 15.085-MG, DJ 10/2/2003. **REsp 1.220.307-SP, Rel. Min. Aldir Passarinho Junior, julgado em 17/3/2011.** (Inform. STJ 466)

REPETITIVO. CPD-EN. ALEGAÇÃO. PAGAMENTO INTEGRAL.

A Seção, ao julgar o recurso sob o regime do art. 543-C do CPC c/c a Res. n. 8/2008-STJ, entendeu que a recusa, por parte da Administração Fazendária Federal, em fornecer certidão positiva de débito com efeitos de negativa (CPD-EN), no período de 30/12/2004 a 30/12/2005, revela-se ilegítima quando demonstrada pendência superior a trinta dias do pedido de revisão administrativa formulado pelo contribuinte e lastreado na alegação de pagamento integral do débito fiscal, antes de sua inscrição na dívida ativa, conforme disposto no art. 13 da Lei n. 11.051/2004. **REsp 1.122.959-SP, Rel. Min. Luiz Fux, julgado em 9/8/2010.** (Inform. STJ 442)

REPETITIVO. CND. GFIP.

A Seção, ao julgar recurso repetitivo (art. 543-C do CPC), entendeu que a recusa de fornecer certidão negativa de débito (CND) porque descumprida a obrigação acessória de entregar a guia de recolhimento do FGTS e informações à Previdência Social (GFIP) deriva do art. 32, IV e § 10, da Lei n. 8.212/1991 (na redação que lhe deu a Lei n. 9.528/1997). Considerou, ainda, que afastar essa lei violaria a Súmula vinculante n. 10 do STF. Na hipótese, segundo a Seção, também impediu conceder a referida certidão a divergência constatada nas instâncias ordinárias entre os valores declarados em várias GFIPs e os efetivamente recolhidos, pois já estavam constituídos os créditos tributários, bastando inscrevê-los na dívida ativa. **REsp 1.042.585-RJ, Rel. Min. Luiz Fux, julgado em 12/5/2010.** (Inform. STJ 434)

DIMOB. MULTA. IN. SRF.

Trata-se de verificar a legalidade da Instrução Normativa (IN) n. 304/2003 diante da previsão contida no art. 57 da MP n. 2.158-35/2001. Consta, na IN questionada, a obrigatoriedade de apresentação à Secretaria da Receita Federal (SRF) da declaração de informações sobre atividades imobiliárias (Dimob), com a finalidade de fornecer ao Fisco meios para fiscalizar aqueles que vendem ou adquirem imóveis ou, ainda, pagam ou recebem aluguéis. As informações a serem prestadas para a SRF mediante a Dimob devem ser feitas anualmente, levando-se em conta o ano-calendário anterior. A entrega intempestiva dessas informações ou, quando tempestiva a entrega, incorretas as informações, acarreta para a sociedade empresária multa pecuniária. Além disso, a referida IN tipifica como crime contra a ordem tributária o preenchimento da Dimob com omissão ou falsidade de informações. Vale ressaltar que a mencionada IN tem como suporte, justamente, o disposto no art. 16 da Lei n. 9.779/1999 e no referido art. 57 da MP n. 2.158-35/2001. Na hipótese dos autos, informa a recorrente que, no ano de 2007, constatou não ter apresentado as informações referentes ao ano de 2003 e 2004, de modo que, espontaneamente, entregou-as à SRF. Esse procedimento, contudo, não afastou a aplicação da multa por atraso na entrega da Dimob, que foi fixada em R$ 350 mil. Irresignada, impetrou mandado de segurança, mas o pleito não foi acolhido nas instâncias ordinárias. Daí adveio o REsp em que a recorrente fundamenta seu inconformismo no art. 97 do CTN, pois somente a lei tem a força de cominar penalidades para ações ou omissões contrárias a seus dispositivos. Alega que as penalidades impostas pela IN n. 304/2003 extrapolam aquelas previstas no art. 57 da MP n. 2.158-35/2001, uma vez que, enquanto esse diploma normativo prevê a possibilidade de multa pecuniária no caso de o contribuinte negar-se a prestar a informação solicitada, a IN aplica a pena pecuniária na hipótese de falta de entrega da declaração ou entrega a destempo. Alega, ainda, ser ilegal a multa pecuniária que lhe foi aplicada. Nesta instância especial, ao apreciar o REsp, observou-se que a questão enfrentada diz respeito à instituição de pena pecuniária por instrução normativa expedida em decorrência de uma delegação outorgada em lei formal, ou seja, a Lei n 9.779/1999. Tal pena, contudo, não foi instituída pela IN e sim pela MP 2.158-35/2001. Desse modo, entendeu-se, entre outras questões, que tanto a exigência da Dimob pela SRF como a aplicação da multa em razão da entrega intempestiva das informações sobre as transações imobiliárias são legais. Registrou-se que ambos os instrumentos normativos cuidam de obrigação acessória consistente em o contribuinte prestar informações ao Fisco sobre as atividades e transações imobiliárias de outrem, tudo devidamente estabelecido na medida provisória, considerada lei em sentido formal e material. Diante disso, a Turma negou provimento ao recurso. **REsp 1.145.525-SC, Rel. Min. Eliana Calmon, julgado em 6/5/2010**. (Inform. STJ 433)

REPETITIVO. SUSPENSÃO. REGISTRO. CADIN.

A Seção, ao julgar o recurso sob o regime do art. 543-C do CPC, c/c a Res. n. 8/2008-STJ, reiterou o entendimento de que a mera existência de uma demanda judicial não autoriza, por si só, a suspensão do registro do devedor no Cadin, uma vez que a exigência do art. 7º da Lei n. 10.522/2002 condiciona essa eficácia suspensiva a dois requisitos comprováveis pelo devedor, quais sejam, que ele tenha ajuizado ação com o objetivo de discutir a natureza da obrigação ou seu valor, com o oferecimento de garantia idônea e suficiente ao juízo, na forma da lei, bem como esteja suspensa a exigibilidade do crédito objeto do registro nos termos da lei. Na espécie, as instâncias ordinárias consignaram não haver garantia suficiente. Assim, a Seção deu provimento ao recurso, pois a discussão da dívida sem garantia idônea ou suspensão da exigibilidade do crédito, nos termos do art. 151 do CTN, não obsta a inclusão do nome do devedor no Cadin. **Precedentes citados: AgRg no Ag 1.143.007-RJ, DJe 16/9/2009; AgRg no REsp 911.354-RS, DJe 24/9/2009; REsp 980.732-SP, DJe 17/12/2008, e AgRg no REsp 670.807-RJ, DJ 4/4/2005. REsp 1.137.497-CE, Rel. Min. Luiz Fux, julgado em 14/4/2010.** (Inform. STJ 430)

RECURSO REPETITIVO. SIGILO BANCÁRIO. AUTORIZAÇÃO.

No recurso representativo de controvérsia (art. 543-C do CPC e Res. n. 8/2008-STJ), a Seção reiterou que a quebra do sigilo bancário sem prévia autorização judicial, para fins de constituição de crédito tributário não extinto, é autorizada pela Lei n. 8.021/1990 e pela LC n. 105/2001, normas procedimentais de aplicação imediata. Com efeito, o art. 145, § 1º, da CF/1988 faculta à administração tributária, nos termos da lei, criar instrumentos ou mecanismos que lhe possibilitem identificar o patrimônio, os rendimentos e as atividades econômicas do contribuinte, respeitados os direitos individuais, especialmente para conferir efetividade aos princípios da pessoalidade e da capacidade contributiva. Destarte, o sigilo bancário não tem caráter absoluto, cedendo ao princípio da moralidade, aplicável, de forma absoluta, às relações de direito público e privado e, ainda, devendo ser mitigado nas hipóteses em que as transações bancárias denotam ilicitude, porquanto não pode o cidadão, sob o alegado manto de garantias fundamentais, cometer ilícitos. Em que pese o direito adquirido de obstar a fiscalização tributária, ele não subsiste frente ao dever vinculativo de a autoridade fiscal proceder ao lançamento de crédito tributário não extinto. No caso, a autoridade fiscal pretende utilizar dados da CPMF para apuração do imposto de renda (1998), tendo instaurado procedimento administrativo, razão pela qual merece reforma o acórdão regional. **Precedentes citados: EREsp 806.753-RS, DJe 1º/9/2008; EREsp 726.778-PR, DJ 5/3/2007; EREsp 608.053-RS, DJ 4/9/2006; AgRg nos EREsp 863.702-RN, DJe 27/5/2009; AgRg no Ag 1.087.650-SP, DJe 31/8/2009; AgRg no REsp 1.078.878-SP, DJe 6/8/2009; AgRg no REsp 1.084.194-SP, DJe 26/2/2009; EDcl no AgRg nos EDcl no AgRg no REsp 805.223-RS, DJe 24/11/2008; EDcl no AgRg no REsp 950.637-MG, DJe 21/5/2008, e AgRg nos EDcl no REsp 970.580-RN, DJe 29/9/2008. REsp 1.134.665-SP, Rel. Min. Luiz Fux, julgado em 25/11/2009.** (Inform. STJ 417)

RECURSO REPETITIVO. CERTIDÃO POSITIVA. EFEITOS.

No recurso representativo de controvérsia (art. 543-C do CPC e Res. n. 8/2008-STJ), a Seção reiterou que a entrega da declaração de débitos e créditos tributários federais (DCTF) constitui o crédito tributário, dispensada a Fazenda Pública de qualquer outra providência, habilitando-a para ajuizar a execução fiscal. Assim, nos tributos sujeitos a lançamento por homologação, o crédito tributário nasce, por força de lei, com o fato gerador, e sua exigibilidade não se condiciona a ato prévio levado a efeito pela autoridade fazendária, perfazendo-se com a mera declaração efetuada pelo contribuinte, razão pela qual, em caso do não pagamento do tributo declarado, afigura-se legítima a recusa de expedição da certidão negativa ou positiva com efeitos de negativa. Ao revés, declarado o débito e efetuado o pagamento, ainda que a menor, não se afigura legítima a recusa de expedição de certidão negativa de débito (CND) antes da apuração prévia, pela autoridade fazendária, do montante a ser recolhido. Isso porque, conforme dispõe a legislação tributária, o valor remanescente não pago pelo contribuinte deve ser objeto de lançamento supletivo de ofício. Outrossim, quando suspensa a exigibilidade do crédito tributário, em razão da pendência de recurso administrativo contestando os débitos lançados, também não resta caracterizada causa impeditiva à emissão da certidão de regularidade fiscal, porquanto, somente quando do exaurimento da instância administrativa, é que se configura a constituição definitiva do crédito fiscal. Na hipótese em que o contribuinte apresenta a DCTF ao Fisco, confessando a existência de débito, e não tendo sido efetuado o correspondente pagamento, é legítimo negar a expedição da certidão pleiteada. **Precedentes citados: AgRg no REsp 1.070.969-SP, DJe 25/5/2009; REsp 1.131.051-SP, DJe 19/10/2009; AgRg no Ag 937.706-MG, DJe 4/3/2009; REsp 1.050.947-MG, DJe 21/5/2008; REsp 603.448-PE, DJ 4/12/2006, e REsp 651.985-RS, DJ 16/5/2005. REsp 1.123.557-RS, Rel. Min. Luiz Fux, julgado em 25/11/2009.** (Inform. STJ 417)

RECURSO REPETITIVO. DRAWBACK. CND.

Drawback é a operação na qual a matéria-prima ingressa em território nacional com isenção ou suspensão de impostos, mas é reexportada após beneficiamento. É negócio jurídico único, de efeito diferido, que se aperfeiçoa em um ato complexo. Já o art. 60 da Lei n. 9.069/1995 pugna que a concessão ou reconhecimento de incentivos ou benefícios fiscais referentes a tributos ou contribuições administrados pela Receita Federal fica condicionada à comprovação de quitação. Desse modo, não é lícito exigir uma nova certidão negativa de débitos (CND) para o desembaraço aduaneiro da importação, se a comprovação da quitação dos tributos já foi apresentada quando da concessão do benefício fiscal de *drawback*. Ao reafirmar esse entendimento, a Seção negou provimento ao REsp sujeito ao procedimento do art. 543-C do CPC e da Res. n. 8/2008-STJ (recurso repetitivo). **Precedentes citados: REsp 859.119-SP, DJe 20/5/2008, e REsp 385.634-BA, DJ 29/3/2006. REsp 1.041.237-SP, Rel. Min. Luiz Fux, julgado em 28/10/2009.** (Inform. STJ 413)

DIMOB. INTIMAÇÃO.

Cuida-se da exigência de as construtoras, incorporadoras, imobiliárias e administradoras de imóveis realizarem a declaração de informações sobre atividades imobiliárias (Dimob), nos termos da instrução normativa (IN) n. 304/2003 da Secretaria da Receita Federal (SRF). Na Dimob, prestam-se informações anualmente a respeito de operações de compra e venda e de aluguéis de imóveis. Quanto a isso, o art. 16 da Lei n. 9.779/1999 prevê a instituição de obrigações acessórias pela SRF, norma que deve ser interpretada tendo em conta o art. 197 do CTN, o qual, justamente, autoriza a requisição de informações que sejam necessárias à fiscalização tributária. Assim, não há falar em inexistência do dever de prestar aquelas informações se há lei que impõe a obrigação aos administradores de bens e corretores (art. 197, III e IV, do CTN), situação em que se encontram as administradoras, imobiliárias, corretoras, construtoras e incorporadoras quando atuam como intermediárias dos negócios referentes à compra e venda e ao aluguel. Diante da necessidade de interpretar a norma à luz de seu tempo, seria inadequado entender o disposto no art. 197 do CTN no sentido de que a SRF deveria solicitar essas informações individualmente, mediante intimações feitas em papel, enquanto, no mundo atual, o meio eletrônico (a rede mundial de computadores) é reiteradamente utilizado para envio das declarações fiscais. Dessarte, o art. 2º da IN n. 304/2003-SRF, ao exigir que as informações sejam entregues pelo próprio intermediário da operação realizada, mediante o uso de sistema informatizado disponibilizado pela própria Receita, bem atende à diretriz de que a Administração deve pautar sua atuação no princípio da eficiência, além de afastar a necessidade de milhares de intimações pessoais. Anote-se que essas informações nem sequer são sigilosas, visto que a compra e venda de imóveis é lançada no registro imobiliário, que é público e acessível a todos, assim, a referida instrução apenas tornou mais eficiente sua fiscalização. Quanto à alegação de que houve ofensa ao art. 1.227 do CC/2002 (transmissão dos direitos reais com o registro imobiliário), ela não prospera, pois essa questão é totalmente estranha à da fiscalização tributária. **REsp 1.105.947-PR, Rel. Min. Herman Benjamim, julgado em 23/6/2009.** (Inform. STJ 400)

PIS. CDA. ADEQUAÇÃO.

A Fazenda Nacional discute a possibilidade do aproveitamento de certidão de dívida ativa (CDA) diante da necessidade de adequação da base de cálculo do tributo por força da declaração de inconstitucionalidade, proferida pelo STF (RE 357.950-RS, DJ 15/8/2006) relativa ao art. 3º, § 1º, da Lei n. 9.718/1998, referente ao conceito de faturamento do PIS. A Min. Relatora retificou seu voto após o voto vista do Min. Castro Meira e depois de pedir vista regimental dos autos. Aponta que, após seu primeiro voto, documentos foram acostados em memoriais pela Procuradoria da Fazenda dando conta de que a Receita Federal emitiu a nota n. 124 em 10/6/2009, demonstrando ser possível, em operação aritmética simples, expurgar da CDA as parcelas abrangidas pela declaração de inconstitucionalidade do STF. A Min. Relatora também ponderou que a exclusão da incidência do PIS/Cofins, respaldada na decisão do STF, referiu-se a outras receitas tributáveis estranhas às atividades peculiares das empresas, o que significa que, se a empresa não teve receitas outras que não derivadas da própria atividade, não poderia beneficiar-se da decisão de inconstitucionalidade. Isso ocorreu em relação à empresa recorrida que segundo informou a Procuradoria da Fazenda Nacional, a Receita Federal, ao reexaminar os cálculos de cada empresa, concluiu, no caso dos autos, não haver valores a serem expurgados – a demonstrar que a decisão agravada foi precipitada ao extinguir a execução. Diante dessa realidade incontestável, reposicionou-se a Min. Relatora, deixando claro que é possível fazer-se o decote na dívida da empresa com a Fazenda Pública em relação ao PIS/Cofins das parcelas fora da incidência do tributo. Pelo exposto, ao prosseguir o julgamento, a Turma deu provimento ao recurso. **REsp 1.103.666-PE, Rel. Min. Eliana Calmon, julgado em 20/8/2009.** (Inform. STJ 403)

MULTA. TITULAR. CARTÓRIO. CND.

No caso, foi imposta multa a oficial titular de cartório de notas em função da lavratura da escritura de alienação de imóvel de pessoa jurídica porque a certidão negativa de débito (CND) indicava finalidade diversa. A questão que se discute nos autos é quanto à possibilidade dessa certidão negativa de débito, expedida exclusivamente com a finalidade de contratação com o Poder Público, instruir pedido de registro de alienação do bem imóvel. O Min. Castro Meira explica, em seu voto vista, que cabe ao interessado em contratar com o Poder Público ou receber benefício ou incentivo fiscal ou creditício apresentar CND ou comprovar que, embora em débito, ainda não venceu o crédito tributário, porque está em curso a cobrança com penhora ou sua exigibilidade está suspensa, isso para fim de obtenção de certidão positiva de débito, com efeito de negativa (CPD-EN), conforme disposto nos arts. 205 e 206 do CTN. A Lei n. 8.212/1991, em seu art. 47, I, **b**, § 4º, e o Dec. n. 612/1992, em seus arts. 84, 85 e 87, disciplinam a forma específica de prova de existência de débito relativa às contribuições sociais. Essa previsão normativa deve ser interpretada de forma literal, uma vez que constitui exceção à regra da prescindibilidade de indicação da finalidade para qual a certidão foi expedida. O acolhimento de tese contrária importaria na desconsideração dos termos em que a norma regulamentar excepcionou a concessão de CND, impedindo a alienação da garantia em favor da Previdência Social. Nesse contexto, não poderia ser desconsiderada a indicação específica na CND para o registro de bem imóvel; sendo, portanto, na espécie pertinente a multa imposta ao titular do cartório de notas. Diante do exposto, a Turma negou provimento ao recurso. **REsp 746.930-MG, Rel. Min. Herman Benjamin, julgado em 19/5/2009.** (Inform. STJ 395)

DÉBITO TRIBUTÁRIO. CND. RECUSA.

A Turma reiterou que é ilegítima a recusa da autoridade fiscal em expedir a CND, pois, no caso, inexistindo o lançamento de eventual débito remanescente, não há que se falar em crédito tributário constituído e vencido. Outrossim, na instância ordinária, assentou-se que a presente hipótese não trata de compensação autorizada administrativa ou judicialmente, mas efetuada por conta própria pelo contribuinte, de tributo sujeito a lançamento por homologação. **Precedentes citados: REsp 842.444-PR, DJe 7/10/2008; REsp 667.337-RS, DJe 3/3/2008; AgRg no REsp 781.900-PR, DJ 15/3/2007, e EREsp 576.661-RS, DJ 16/10/2006. REsp 1.074.284-MG, Rel. Min. Luiz Fux, julgado em 17/3/2009.** (Inform. STJ 387)

ATACADISTAS. ICMS. TRANSMISSÃO ELETRÔNICA. DADOS.

A impetrante, associação que congrega supermercados, impugna a exigência de transferência eletrônica de dados relativos ao ICMS para o Fisco. Argumenta que houve ofensa aos princípios da legalidade e da razoabilidade, além de possibilidade de violação do sigilo fiscal. Ademais, impugna benefício fiscal concedido apenas a empresas preponderantemente atacadistas, o que seria anti-isonômico. Para o Min. Relator, o dever de registrar e prestar informações ao Fisco relativas às operações comerciais tributadas no Estado em questão é previsto expressamente pela Lei estadual n. 12.670/1996, que delegou ao regulamento a forma e o meio para sua realização. O Dec. n. 24.569/1997 (com a redação dada pelo Dec. n. 25.562/1999) simplesmente esclareceu como a escrita fiscal seria apresentada ao Fisco (transferência eletrônica). Dessa forma, inexiste ofensa ao princípio da legalidade. O regulamento deixa claro que a obrigação de transferir dados eletronicamente aplica-se apenas ao contribuinte que emitir documentos fiscais ou escriturar livros fiscais em equipamento que utilize ou tenha condição de utilizar arquivo magnético ou equivalente (art. 285, § 1º, do Dec. n. 24.569/1997). Assim, o pequeno estabelecimento varejista que, à época, não utilizava computadores para escriturar sua movimentação mercantil não seria compelido a cumprir a norma impugnada. O envio de dados eletronicamente, mediante programas de computador fornecidos pelo próprio Fisco, é muito mais célere e menos oneroso que a entrega de livros e documentos em papel. Eventuais dificuldades na utilização do programa pelos contribuintes noticiadas genericamente pela impetrante não podem ser aferidas no âmbito do MS, pois é impossível dilação probatória. Na espécie, não há que se falar em onerosidade ou complexidade a ofender o princípio da razoabilidade. O direito ao sigilo fiscal deve ser sempre garantido, qualquer que seja o meio pelo qual os dados fiscais são fornecidos pelo contribuinte (em papel ou por meio eletrônico). Há a ausência de relação entre a forma de entrega das informações e o direito invocado. Também inexiste prova de que o direito ao sigilo fiscal tenha sido desrespeitado. A Lei estadual n. 13.025/2000 previu redução de base de cálculo às empresas preponderantemente atacadistas que aderirem ao Sistema Informatizado estadual (SISIF). O ônus econômico do tributo estadual é transferido aos adquirentes das mercadorias, até o consumidor final. A diminuição do tributo cobrado dos atacadistas reduz o preço da mercadoria vendida ao varejista. Em compensação, faz decrescer também o crédito a ser apropriado pelo supermercado. Diminuir a tributação no meio da cadeia mercantil (na venda do atacadista para o varejista) implica simples diferimento do ICMS, que será majorado nas etapas seguintes. Isso porque, quando o supermercado vende a mercadoria ao consumidor final, recolherá o montante de ICMS correspondente à redução conferida à operação anterior (venda do atacadista para o varejista), já que o seu crédito foi reduzido. Por fim, a redução da base de cálculo em favor apenas do atacadista em nada alterará a tributação global do ICMS. O consumidor final será onerado da mesma forma, com ou sem o diferimento do tributo estadual, não havendo ofensa ao princípio da isonomia. **RMS 15.597-CE, Rel. Min. Herman Benjamin, julgado em 3/3/2009.** (Inform. STJ 385)

RMS. ATUALIZAÇÃO. CADASTRO. CONTRIBUINTE.

O indeferimento de inscrição de pessoa jurídica no cadastro de contribuintes estadual deu-se com base em regulamento local do ICMS (art. 152 do RICMS) porque um dos sócios da sociedade empresarial era sócio cotista de outra sociedade que encerrara suas atividades de forma irregular. Ademais, noticiam os autos haver indícios, segundo as instâncias ordinárias, de que haveria manobra ao se inscrever no cadastro fechar uma empresa para abrir outra no lugar e o Fisco estadual obstou essa prática ao verificar que a troca de sócio seria criar outra sociedade com os sócios de sociedade anterior em débito com o Fisco. Dessa forma, a Turma negou provimento ao RMS que, além de obedecer ao princípio da legalidade, não possui a liquidez e certeza exigíveis pelo *writ*. **RMS 24.171-SE, Rel. Min. Luiz Fux, julgado em 9/12/2008.** (Inform. STJ 380)

CERTIDÃO. COMPENSAÇÃO. PEDIDO ADMINISTRATIVO.

A alegação de compensação é verdadeira causa extintiva do direito do Fisco. Ela pode ser alegada pelo contribuinte na esfera judicial ou na administrativa. Na última, tem o efeito de suspender a exigibilidade do tributo (art. 151, III, do CTN). Assim, enquanto pendente a análise daquele pedido administrativo, suspende-se a exigibilidade do tributo, hipótese em que não há como negar a expedição de certidão positiva de débitos com efeito de negativa (art. 206 do CTN). **REsp 980.017-SP, Rel. Min. Eliana Calmon, julgado em 9/12/2008**. (Inform. STJ 380)

INSCRIÇÃO. CADIN. PODER. CAUTELA.
Trata-se de recurso que decidiu ser possível excluir o nome da executada do Cadin em razão da suspensão do curso da execução fiscal por motivo de dúvida sobre a certeza e exigibilidade do crédito inscrito na dívida ativa. O Min. Relator entendeu que, tratando-se de medida cautelar fundada no art. 798 do CPC, tendo em vista a relevância do direito a colocar em dúvida a própria dívida, não se poderiam considerar violados os arts. 2º e 7º da Lei n. 10.522/2002, o art. 3º da Lei n. 6.830/1980 e art. 151, III, do CTN, assim, negou provimento ao recurso. Mas o Min. Luiz Fux, divergindo do Min. Relator, em seu voto-vista, entendeu que a execução fiscal em curso não autoriza a retirada do nome do executado do Cadin, mesmo que suspensa, porquanto a hipótese não se encaixa em nenhuma daquelas enumeradas na Lei n. 10.522/2002, o que conjura o *fumus boni juris* da medida adotada em sede cautelar. A inscrição no Cadin e a expedição de certidão negativa (art. 206 do CTN) guardam afinidade no que concerne à proteção de terceiros, por isso a exigência da garantia prevista naquele dispositivo legal. O poder geral de cautela reclama os mesmos requisitos do poder cautelar específico, razão pela qual ausente o *fumus boni juris*, visto que ilegal a pretensão da parte, impõe-se cassar a medida deferida. Para o Min. Luiz Fux, a suspensão da inscrição no Cadin, com fulcro no art. 798 do CPC (poder geral de cautela), em razão da incerteza quanto à existência do débito, confronta-se com a previsão constante no art. 3.º da Lei n. 6.830/1980, que estabelece a presunção de liquidez e certeza da certidão de dívida ativa (CDA), somente elidida por prova inequívoca. **REsp 977.704-SP, Rel. originário Min. Teori Albino Zavascki, Rel. para acórdão Min. Luiz Fux, julgado em 2/12/2008**. (Inform. STJ 379)

MS. IMPORTAÇÃO IRREGULAR. MERCADORIAS.
Busca-se impedir o leilão de bens apreendidos por importação irregular até a decisão final acerca do pedido administrativo de relevação da pena de perdimento, argumentando o impetrante a ilegalidade da sanção aplicada ante a ausência de lavratura do auto de infração. Porém, a Seção extinguiu o mandado de segurança sem resolução do mérito, julgando prejudicado o agravo regimental por entender que, entre os requisitos específicos da ação mandamental, está a comprovação, mediante prova pré-constituída, do direito subjetivo líquido e certo do impetrante, o que não se verificou no caso dos autos, pois não houve juntada de cópia integral do procedimento administrativo no qual se decretou a pena de perdimento, imprescindível à aferição da veracidade da alegação de ausência de lavratura ao auto de infração, bem como das razões que levaram à aplicação da referida penalidade. Evidencia-se, ademais, a ilegitimidade passiva do ministro de Estado, porquanto não se encontra diretamente na sua esfera de atribuições suspender o leilão de mercadorias apreendidas. **MS 13.534-DF, Rel. Min. Teori Albino Zavascki, julgado em 24/9/2008**. (Inform. STJ 369)

CADIN. INSCRIÇÃO. DÉBITO EM DISCUSSÃO.
A Turma, prosseguindo o julgamento, decidiu que é inviável a inscrição de inadimplente no Cadin enquanto o débito for objeto de discussão judicial. Precedentes citados: REsp 642.835-RS, DJ 8/5/2006; REsp 611.375-PB, DJ 7/3/2005, e AgRg no REsp 698.261-AL, DJ 25/4/2005. **REsp 575.872-PB, Rel. Min. João Otávio de Noronha, julgado em 13/2/2007.** (Inform. STJ 310)

SÚMULA STF Nº 473

A administração pode anular seus próprios atos, quando eivados de vícios que os tronam ilegais, porque deles não se originam direitos; ou revogá-los, por motivo de conveniência e oportunidade, respeitados os direitos adquiridos, e ressalvada, em todos os casos, a apreciação judicial.

SÚMULA STF Nº 346

A administração pública pode declarar a nulidade dos seus próprios atos.

SÚMULA STJ Nº 446

Declarado e não pago o débito tributário pelo contribuinte, é legítima a recusa de expedição de certidão negativa ou positiva com efeito de negativa.

SÚMULA STJ Nº 439

Estão sujeitos á fiscalização tributária, ou previdenciária, quaisquer livros comerciais, limitado o exame aos pontos objeto da investigação.

SÚMULA TFR Nº 38

Os certificados de quitação e de regularidade de situação não podem ser negados, se o débito estiver garantido por penhora regular (Código Tributário Nacional, art. 206).

SÚMULA TFR Nº 29

Os certificados de quitação e de regularidade não podem ser negados, enquanto pendente de decisão, na via administrativa, o débito levantado.

13. AÇÕES TRIBUTÁRIAS, PROCESSUAL TRIBUTÁRIO

13.1. Execução Fiscal: citação, competência, penhora, fiança, depósito, substituição, reforço, levantamento

DIREITO PROCESSUAL CIVIL E TRIBUTÁRIO. CITAÇÃO POSTAL. IPTU. PRESCRIÇÃO. INTERRUPÇÃO.
A citação encaminhada ao endereço do imóvel para cobrança de crédito relativo ao IPTU é considerada válida e atende a finalidade de interromper a prescrição do crédito tributário, na redação anterior à LC n. 118/2005. Precedentes citados: REsp 1.168.621-RS, DJe 26/4/2012, e AgRg no Ag 1.140.052-RJ, DJe 2/3/2010. **REsp 1.276.120-RJ, Rel. Min. Diva Malerbi (Desembargadora convocada do TRF da 3ª Região), julgado em 13/11/2012. (Inform. STJ 510)**

DIREITO TRIBUTÁRIO. INDISPONIBILIDADE DE BENS DO DEVEDOR TRIBUTÁRIO. EXAURIMENTO DAS DILIGÊNCIAS.
É necessária a comprovação do esgotamento de diligências destinadas à localização de bens do devedor para a determinação de indisponibilidade de bens e direitos prevista no art. 185-A do CTN. A medida de decretação da indisponibilidade geral dos bens, com fundamento no mencionado dispositivo do CTN, a qual é mais gravosa do que a simples penhora *on line* dos valores executados, exige o prévio esgotamento de todas as diligências possíveis tendentes à localização de bens do devedor. No AgRg no Ag 1.429.330-BA, a Primeira Seção conceituou o esgotamento das diligências para localização de bens como o "uso dos meios ordinários que possibilitam o encontro de bens e direitos de titularidade da parte executada, como, por exemplo, o acionamento do sistema Bacen Jud e a expedição de ofícios aos registros públicos de bens para que informem se há patrimônio em nome do devedor". Precedentes citados: REsp 1.184.765-PA, DJe 3/12/2010 (Repetitivo); AgRg no Ag 1.164.948-SP, DJe 2/2/2011, e AgRg no Ag 1.429.330-BA, DJe 3/9/2012. **AgRg no REsp 1.329.012-SC, Rel. Min. Benedito Gonçalves, julgado em 13/11/2012.(Inform. STJ 509)**

DIREITO TRIBUTÁRIO. RESTRIÇÃO DA INDISPONIBILIDADE DE BENS AO DEVEDOR TRIBUTÁRIO.
Não é possível a decretação de indisponibilidade de bens prevista no art. 185-A do CTN aos feitos executivos decorrentes de dívida não tributária. A classificação de origem da dívida ativa é questão relevante para determinar o regramento normativo aplicado ao caso, sendo indevida a aplicação de institutos previstos no CTN a dívidas de natureza não tributária. O fato de a LEF afirmar que os débitos de natureza não tributária compõem a dívida ativa da Fazenda Pública não faz que tais débitos passem a ter natureza tributária apenas em razão de sua inscrição na dívida ativa. O art. 185-A do CTN aplica-se apenas às execuções fiscais de dívidas tributárias, já que o *caput* faz referência ao devedor tributário, ou seja, àquele que figura na execução fiscal como devedor de tributo ao Fisco. Precedentes citados: REsp 1.279.941-MT, DJe 24/10/2011; REsp 1.018.060-RS, DJe 21/5/2008, e REsp 1.073.094-PR, DJe 23/9/2009. **REsp 1.347.317-PR, Rel. Min. Humberto Martins, julgado em 6/11/2012.(Inform. STJ 508)**

EXECUÇÃO FISCAL. SUBSTITUIÇÃO. PAGAMENTO. DINHEIRO. FIANÇA BANCÁRIA.

O REsp busca definir a possibilidade de substituir a fiança bancária por dinheiro tendo em vista a pretensão da executada de distribuir lucros (dividendos) aos acionistas da sociedade empresária. Afirmou a recorrente que a Fazenda Nacional não poderia pleitear a penhora dos dividendos, pois a sua distribuição somente é vedada quando o juízo não estiver garantido; pois, no caso, a carta de fiança correspondia a montante superior ao total do débito, tendo a sua regularidade formal aceita pelo procurador fazendário. Observa o voto-vista vencedor que não se discutiu se a carta de fiança atende os requisitos formais normalmente exigidos pela Fazenda Pública, mas debateu-se a inalterabilidade do meio de garantia do juízo. Anotou que o tribunal *a quo* apreciou a controvérsia exclusivamente com base no exame do princípio da menor onerosidade (art. 620 do CPC), da ordem preferencial para constrição de bens (art. 11 da Lei n. 6.830/1980 – LEF) e quanto à vedação de dividendos (art. 32 da Lei n. 4.357/1964). Para o Min. Relator, a substituição só seria cabível se houvesse razão para afastar a fiança bancária ou se existisse dúvida sobre a capacidade da instituição financeira. No entanto, a tese vencedora afirma haver equívoco da recorrente ao alegar que, depois de aceita a fiança pela autoridade fazendária, seria vedado pleitear a sua substituição por penhora em dinheiro, uma vez que o art. 15, II, da Lei n. 6.830/1980 faculta ao ente público credor o pedido de reforço ou de substituição de penhora. A limitação de substituição por dinheiro ou fiança bancária só é aplicável ao devedor quando pretende alterar a garantia do juízo. Quando a iniciativa é da Fazenda Pública credora, dar-se-á a substituição conforme seu requerimento e conveniência (pode ser feita conforme o art. 11 da LEF). Assim, esclarece o voto-vista que, se a lei permite, não há necessidade de analisar se a fiança bancária na época foi adequada. Ademais, anota que a Primeira Seção uniformizou orientação jurisprudencial de que a penhora de dinheiro e a fiança bancária não possuem o mesmo *status*, de modo que a constrição sobre a primeira não pode ser livremente substituída pela garantia fidejussória. Observa ainda que, no art 9º, § 4º, da LEF, houve diferenciação quanto ao depósito em dinheiro. Assevera que, no caso dos autos, a premissa fática adotada pelo tribunal *a quo* é que estava caracterizada a disponibilidade em dinheiro, não existindo ofensa ao princípio da menor onerosidade, pois a quantia da devedora é de R$ 67 milhões e a distribuição dos dividendos, de R$ 3 bilhões. Com esses argumentos, entre outros, a Turma, ao prosseguir o julgamento, por maioria, conheceu parcialmente do recurso, negando-lhe provimento. Precedente citado: EREsp 1.077.039-RJ, DJe 12/4/2011. **REsp 1.163.553-RJ, Rel. originário Min. Castro Meira, Rel. para acórdão Min. Herman Benjamin, julgado em 3/5/2011 (ver Informativo n. 462). (Inform. STJ 471)**

REPETITIVO. REFORÇO. PENHORA.

Em julgamento de recurso especial submetido ao regime do art. 543-C do CPC c/c a Res. n. 8/2008-STJ, a Seção entendeu que o reforço da penhora não pode ser determinado de ofício pelo juízo, visto ser imprescindível o requerimento do interessado, nos termos dos arts. 15, II, da Lei n. 6.830/1980 (Lei de Execuções Fiscais) e 685 do CPC. **Precedentes citados: REsp 958.383-PR, DJe 17/12/2008; REsp 413.274-SC, DJ 3/8/2006; REsp 394.523-SC, DJ 25/5/2006; REsp 475.693-RS, DJ 24/3/2003; REsp 396.292-SC, DJ 3/6/2002; REsp 53.652-SP, DJ 13/3/1995, e REsp 53.844-SP, DJ 12/12/1994. REsp 1.127.815-SP, Rel. Min. Luiz Fux, julgado em 24/11/2010**. (Inform. STJ 457)

EXECUÇÃO FISCAL. GARANTIA. DEPÓSITO. DINHEIRO.

In casu, trata-se de embargos de divergência em que a embargante, entre outras alegações, sustentou que, conforme o art. 32, § 2º, da Lei n. 6.830/1980 (Lei de Execuções Fiscais – LEF), os depósitos em dinheiro somente serão convertidos em renda após o trânsito em julgado da decisão dos embargos à execução. Afirmou ser imperativo o referido diploma legal, não deixando margem para que outra atitude fosse praticada senão a de preservar intactos os valores depositados a título de garantia do crédito exequendo, sob pena de violação do princípio constitucional da legalidade. O embargado, por sua vez, alegou que a previsão do art. 32 da LEF, embora norma de caráter especial, não exclui a aplicação do art. 587 do CPC, pois, querendo, pode a Fazenda Pública assumir o risco à continuidade da execução. Assim, como existe a possibilidade de aplicar o comando do mencionado dispositivo da lei adjetiva civil às execuções fiscais e porque a alteração advinda com a Lei n. 11.382/2006 em nada conflita com a jurisprudência formada à época da deflagração da demanda, pugnou fosse mantida a decisão que deferiu a conversão do depósito em renda a favor da Fazenda Pública. A Seção reiterou o entendimento de que, por força da regra contida no art. 32, § 2º, da LEF, o levantamento de depósito judicial ou a sua conversão em renda da Fazenda Pública sujeita-se ao trânsito em julgado da decisão que reconheceu ou afastou a legitimidade da exação. Ressaltou-se tratar o supracitado dispositivo legal de norma especial que deve prevalecer sobre o disposto no art. 587 do CPC, redação anterior à vigência da Lei n. 11.382/2006. Observou-se que, em decorrência desse caráter especial da norma, não há falar, no caso, na aplicação da Súm. n. 317-STJ. Diante disso, deu-se provimento ao recurso para que, somente após o trânsito em julgado da decisão proferida nos embargos à execução fiscal, ocorra o levantamento dos valores depositados em juízo ou a sua conversão em renda da Fazenda Pública. **Precedentes citados: EREsp 215.589-RJ, DJ 5/11/2007; AgRg no REsp 817.815-SP, DJe 5/8/2010; REsp 862.711-RJ, DJ 14/12/2006, e REsp 891.616-RJ, DJe 17/8/2010. EREsp 734.831-MG, Rel. Min. Mauro Campbell Marques, julgados em 10/11/2010.** (Inform. STJ 455)

AG. DEPÓSITO JUDICIAL. INTIMAÇÃO. FAZENDA.

Na espécie, a Fazenda Nacional (recorrente) interpôs agravo de instrumento contra a decisão interlocutória que autorizou o levantamento de depósito judicial efetuado por contribuinte e relativo a tributo federal, ao argumento de ter ocorrido cerceamento de defesa em decorrência da inobservância de obrigatória intimação prévia e pessoal da Fazenda. Sustentou, ainda, a impossibilidade de levantamento integral dos depósitos, tendo em vista que a recorrida somente obteve parcial êxito na demanda. Sucede que o tribunal *a quo* julgou prejudicado o referido agravo, por entender que houve a perda de seu objeto, visto que foi proferida sentença de mérito no processo que lhe deu origem, a qual determinava o levantamento do depósito em questão. Portanto, a controvérsia estava na preservação do interesse recursal (formulado por meio de agravo de instrumento) contra decisão que autorizou o levantamento de depósito judicial efetivado. Nesse contexto, destacou o Min. Relator que a mera possibilidade de reversão ao *statu quo ante* não torna prejudicado o agravo pelo simples fato da prática do ato que se pretendia evitar, pois o raciocínio inverso implicaria interpretar como aceitação tácita da decisão ato incompatível com a vontade de anuir. Ademais, a recorrida foi parcialmente vencedora na demanda, surgindo, assim, o interesse em recorrer da decisão em função do benefício prático que o recurso pode proporcionar à recorrente, no caso, a restituição das quantias levantadas pelo contribuinte, a fim de restabelecer o *statu quo ante*. Com essas considerações, a Turma deu provimento ao recurso, determinando o retorno dos autos à instância de origem, a fim de que seja apreciado o agravo de instrumento interposto pela Fazenda Nacional. **REsp 829.218-MG, Rel. Min. Luiz Fux, julgado em 9/11/2010**. (Inform. STJ 455)

REPETITIVO. EXECUÇÃO FISCAL. PENHORA. PREFERÊNCIA.

A Seção, ao julgar o recurso sob o regime do art. 543-C do CPC c/c a Res. n. 8/2008-STJ, reafirmou o entendimento de que, verificada a pluralidade de penhora sobre o mesmo bem em executivos fiscais ajuizados por diferentes entidades garantidas com o privilégio do concurso de preferência, consagra-se a prelação do pagamento dos créditos tributários da União e suas autarquias em detrimento dos créditos fiscais dos estados e destes em relação aos municípios, conforme a dicção do art. 187, parágrafo único, do CTN c/c o art. 29 da Lei n. 6.830/1980. **Precedentes citados: REsp 8.338-SP, DJ 8/11/1993; REsp 131.564-SP, DJ 25/10/2004; EREsp 167.381-SP, DJ 16/9/2002; REsp 1.175.518-SP, DJe 2/3/2010, e REsp 1.122.484-PR, DJe 18/12/2009. REsp 957.836-SP, Rel. Min. Luiz Fux, julgado em 13/10/2010.** (Inform. STJ 451)

PENHORA. SUBSTITUIÇÃO. CARTA. FIANÇA.

Na execução fiscal, embora seja admissível a substituição da penhora por depósito em dinheiro ou fiança bancária (art. 15, I, da Lei n. 6.830/1980), quando for garantida por penhora sobre o dinheiro, torna-se inviável a substituição do bem por fiança bancária, tendo em vista que aquela confere maior liquidez ao processo executivo. Com efeito, o poder de substituição concedido ao devedor só pode ser exercido para melhorar a liquidez da garantia, não sendo 2009possível que uma garantia privilegiada por expressa disposição legal, e líquida por excelência, seja substituída por outra menos benéfica ao credor. Assim, uma vez realizada a penhora em dinheiro, como na hipótese dos autos, torna-se incabível sua substituição por outro bem, ainda que por fiança bancária, porquanto a execução fiscal tem seu regime jurídico próprio com prerrogativa fazendária *pro populo*. Com essas considerações, entre outras, a Turma negou provimento ao recurso. **Precedentes citados: REsp 1.089.888-SC, DJe 21/5/2009; AgRg no REsp 1.046.930-ES, DJe 25/3/2009, e REsp 801.550-RJ, DJ 8/6/2006. REsp 1.049.760-RJ, Rel. Min. Luiz Fux, julgado em 1º/6/2010**. (Inform. STJ 437)

PENHORA. CRÉDITO. PRECATÓRIO. COMPENSAÇÃO.
Trata-se de oferecimento à penhora de crédito de precatório adquirido pelo devedor de terceiros. Sucede que, com a EC n. 62/2009, criou-se um mercado de precatório em que é possível ceder seu crédito e a própria Fazenda, quando devedora de precatório, poderá fazer uma espécie de leilão em que os adquirentes pagam os precatórios por valor com deságio. Para o Min. Relator, a penhora de crédito transforma-se em pagamento apenas de dois modos: pela sub-rogação ou alienação em hasta pública (art. 673 do CPC). Como, nessa última modalidade, é indispensável a avaliação, afirma não se poder imaginar que alguém se proponha a adquirir, em hasta pública, um crédito de precatório por seu valor nominal em troca de futuro recebimento da mesma quantia em data incerta. Observa, ainda, que, no caso dos autos, o próprio executado que ofereceu o crédito de precatório à penhora não é o credor original, visto que só se tornou credor do precatório por escritura de cessão de crédito e o pagou com deságio. Por outro lado, o ente público exeqüente, também, não é o que figura como devedor do precatório, o que inviabiliza imaginar a hipótese de compensação do crédito fiscal com o título de crédito de precatório. **REsp 1.059.881-RS, Rel. originário Min. Luiz Fux, Rel. para acórdão Min. Teori Albino Zavascki, julgado em 27/4/2010.** (Inform. STJ 432)

DEPÓSITO JUDICIAL. JUROS MORATÓRIOS.
Discute-se no REsp a incidência de juros moratórios nos valores depositados em garantia do juízo até a data do efetivo pagamento. Ressaltou o Min. Relator que, nos termos do art. 151, II, do CTN, o depósito integral suspende a exigibilidade de crédito tributário e, havendo o levantamento dos valores pelo autor vencedor da lide, não cabe a incidência de juros moratórios, porquanto não existe inadimplência. Outrossim, a instituição financeira depositária é responsável pelo pagamento da correção monetária (Súm. n. 179-STJ). Com esse entendimento, a Turma deu provimento ao recurso. **Precedentes citados: REsp 1.097.892-PR, DJe 29/6/2009, e EDcl no REsp 392.879-RS, DJ 17/3/2003. REsp 1.122.017-PR, Rel. Min. Luiz Fux, julgado em 3/12/2009.** (Inform. STJ 418)

RECURSO REPETITIVO. PENHORA. PRECATÓRIO. SUBSTITUIÇÃO.

Na execução fiscal, é possível penhorar crédito representado por precatório, mesmo que a entidade tida por devedora dele não seja a própria exequente. A situação, portanto, enquadra-se na hipótese do art. 655, XI, do CPC, por constituir direito de crédito. É certo que, em qualquer fase do processo e independentemente da aquiescência da Fazenda Pública, o executado pode substituir os bens penhorados, mas, tão somente, por depósito em dinheiro ou fiança bancária (art. 15, I, da Lei n. 6.830/1980). Porém, a penhora de precatório equivale à de crédito e não à de dinheiro; assim, pode a Fazenda Pública recusar a substituição por qualquer das causas previstas no art. 656 do CPC ou nos arts. 11 e 15 da LEF. Com esse entendimento, a Seção negou provimento ao especial sujeito à disciplina do art. 543-C do CPC e na Res. n. 8/2008-STJ (recurso repetitivo). **Precedentes citados: EREsp 881.014-RS, DJe 17/3/2008; AgRg no REsp 935.593-SP, DJ 29/11/2007; AgRg no Ag 1.108.499-SP, DJe 27/4/2009; AgRg no Ag 1.093.104-SP, DJe 29/4/2009; AgRg no REsp 646.647-SP, DJe 17/3/2009; REsp 939.853-SP, DJe 12/12/2008; AgRg no REsp 983.227-RS, DJe 12/11/2008; AgRg no REsp 1.051.540-RS, DJe 27/8/2008; AgRg no REsp 825.990-RS, DJe 10/9/2008, e EREsp 870.428-RS, DJ 13/8/2007. REsp 1.090.898-SP, Rel. Min. Castro Meira, julgado em 12/8/2009.** (Inform. STJ 402)

INDISPONIBILIDADE. BENS. CONSTRIÇÃO.
É certo que o art. 185-A do CTN prevê a indisponibilidade de bens quando, após a devida citação, o devedor não paga, não apresenta bens à penhora no prazo legal e não são encontrados bens penhoráveis. Na hipótese, a União pretende ver declarada a indisponibilidade dos bens do executado sem que haja qualquer constrição sobre eles ou mesmo demonstração de sua inexistência ou alienação. Dessa forma, é impossível falar em fraude ou indisponibilidade, quanto mais se a existência de bens foi expressamente afirmada pelo acórdão recorrido. Diante disso, as questões trazidas no recurso demandariam o revolvimento do conjunto fático-probatório, a impor a incidência da Súm. n. 7-STJ. **Precedentes citados: REsp 504.364-RS, DJ 15/9/2003; REsp 489.629-PR, DJ 2/6/2003; AgRg no REsp 251.115-SP, DJ 30/6/2003; EREsp 31.321-SP, DJ 16/11/1999; AgRg no Ag 458.716-SP, DJ 19/12/2002; REsp 171.259-SP, DJ 11/3/2002; REsp 110.365-SP, DJ 23/9/2002, e REsp 246.625-MG, DJ 28/8/2000. AgRg no Ag 1.085.296-RJ, Rel. Min. Luiz Fux, julgado em 4/6/2009.** (Inform. STJ 397)

LEVANTAMENTO. FIANÇA BANCÁRIA.
O levantamento da fiança bancária oferecida como garantia da execução fiscal fica condicionado ao trânsito em julgado da respectiva ação. No caso dos autos, os embargos à execução fiscal com oferecimento de carta de fiança para garantia do juízo foram julgados improcedentes pelo Tribunal *a quo*, e o estado membro requereu a liquidação dos valores garantidos pela carta de fiança. Explica o Min. Relator que, a teor dos arts. 1º, 9º, § 3º, e 15 da LEF (Lei n. 6.830/1980), verifica-se que o legislador também equiparou a fiança bancária ao depósito judicial como forma de garantia da execução. Também, esse é o entendimento da jurisprudência deste Superior Tribunal. Assim, o levantamento de depósito em dinheiro só ocorre após o trânsito em julgado da sentença, conforme dispõe o art. 32, § 2º, da LEF. **Precedentes citados: REsp 643.097-RS, DJ 18/4/2006; REsp 543.442-PI, DJ 21/6/2004, e EREsp 479.725-BA, DJ 26/9/2005. REsp 1.033.545-RJ, Rel. Min. Luiz Fux, julgado em 28/4/2009.** (Inform. STJ 392)

POUPANÇA. EXTENSÃO. IMPENHORABILIDADE. BEM DE FAMÍLIA.
A Turma confirmou a decisão recorrida que negou provimento ao recurso de estado-membro que, para saldar crédito referente a débito de ICMS, pleiteava o bloqueio de conta de poupança vinculada a financiamento para a aquisição do imóvel de moradia. Esclareceu o Min. Relator que o TJ não afirmou, em momento algum, que o dinheiro aplicado em poupança constitui bem impenhorável. No caso concreto, o dinheiro aplicado na poupança estava vinculado à cláusula contratual (DL n. 70/1966) para aquisição do bem de família, logo a autorização da penhora do dinheiro acarretaria a perda do único imóvel de moradia da família. Daí se pode afirmar, segundo o Min. Relator, ter ocorrido, na hipótese dos autos, a extensão do benefício da impenhorabilidade do bem de família para o dinheiro da poupança que garante a aquisição do imóvel de moradia familiar. Precedente citado: REsp 515.770-RS, DJ 27/3/2009. **REsp 707.623-RS, Rel. Min. Herman Benjamin, julgado em 16/4/2009.** (Inform. STJ 390)

EXECUÇÃO FISCAL. PENHORA. TÍTULOS. ELETROBRÁS.
Na execução fiscal, quanto à nomeação à penhora de títulos da Eletrobrás, as obrigações ao portador são títulos prescritos, inexigíveis e sem cotação na Bolsa, não se prestando a garantir a execução, enquanto as debêntures têm baixa liquidez, apesar de terem cotação na Bolsa, sendo lícito à Fazenda recusá-los por conta do art. 11 da Lei n. 6.830/1980. AgRg **no REsp 1.044.849-RS, Rel. Min. Mauro Campbell Marques, julgado em 9/12/2008**. (Inform. STJ 380)

EXECUÇÃO FISCAL. PENHORA *ONLINE*.
Na espécie, recusado o bem imóvel oferecido à penhora, foi determinada a penhora *online* nos termos do art. 655-A do CPC, com a redação dada pela Lei n. 11.382/2006. O Min. Relator ressaltou não desconhecer que, no julgamento dos EREsp 791.231-SP (DJ 19/12/2005), decidiu-se que o rol dos bens penhoráveis estabelecido no CPC não se encontra graduado de modo absoluto e inflexível, bem como a penhora em dinheiro é medida excepcional. Entretanto, no processo de execução, hoje o devedor não só alega, mas tem que comprovar de modo irrefutável que a penhora em dinheiro pode acarretar a quebra da empresa ou o grave e irreparável dano e, simultaneamente, demonstrar que a constrição de outro bem pode satisfazer o crédito. Dessa forma, não pode alegar o devedor a violação de modo genérico e singelo, o que não afasta a carência dos recursos financeiros devidos e não pagos suportados pelo credor, titular de crédito líquido, certo e exigível. Diante do exposto, a Turma negou provimento ao agravo regimental. **AgRg no REsp 1.051.276-RJ, Rel. Min. Herman Benjamin, julgado em 2/12/2008**. (Inform. STJ 379)

EXECUÇÃO FISCAL. PENHORA. DINHEIRO.
A Seção reiterou que, referentemente à penhora de valores anteriores à Lei n. 11.382/2006 (a qual não está em causa), somente em casos excepcionais é devedor por parte do expossível a penhora em dinheiro, esgotados todos os meios de localização de bens do eqüente. **Precedentes citados: EREsp 791.231-SP, DJe 7/4/2008; REsp 904.385-MT, DJ 22/3/2007; AgRg no REsp 734.265-SP, DJ 26/2/2007, e REsp 797.928-RS, DJ 21/3/2006. EREsp 779.952-RJ, Rel. Min. Castro Meira, julgados em 22/10/2008.** (Inform. STJ 373)

EXECUÇÃO FISCAL. PENHORA. FALÊNCIA.
Uma vez que os créditos trabalhistas têm preferência sobre os créditos tributários, o produto da arrematação realizada na execução fiscal deve ser colocado à disposição do juízo falimentar para garantir a quitação dos

créditos trabalhistas. Por sua vez, na espécie, a Fazenda não pleiteia o leilão do bem, mas sua adjudicação. Assim, a satisfação do crédito tributário dar-se-á com a própria incorporação do bem ao patrimônio público, não havendo, portanto, o que oferecer para adimplir os créditos trabalhistas. Neste caso, não caberá a adjudicação pela Fazenda no feito executivo, mas somente a venda do bem na esfera do juízo falimentar, garantindo-se a ordem de preferência dos créditos. **REsp 695.167-MS, Rel. Min. Mauro Campbell Marques, julgado em 7/10/2008**. (Inform. STJ 371)

EXECUÇÃO FISCAL. BLOQUEIO. ATIVOS FINANCEIROS. BACEN JUD.
Trata-se de recurso especial interposto contra agravo de instrumento que entendeu que o bloqueio de ativos financeiros via Bacen Jud somente pode ser efetuado após a realização de todos os esforços na busca de outros bens passíveis de penhora. A Turma entendeu que, numa interpretação sistemática das normas pertinentes, deve-se coadunar o art. 185-A do CTN com o art. 11 da Lei n. 6.830/1980 e arts. 655 e 655-A do CPC para viabilizar a penhora de dinheiro em depósito ou aplicação financeira, independentemente do esgotamento de diligências para encontrar outros bens penhoráveis. Logo, para decisões proferidas a partir de 20/1/2007 (data de entrada em vigor da Lei n. 11.038/2006), em execução fiscal por crédito tributário ou não, aplica-se o disposto no art. 655-A do CPC, uma vez que compatível com o art. 185-A do CTN. Na aplicação de tal entendimento, deve-se observar a nova redação do art. 649, IV, do CPC, que estabelece a impenhorabilidade dos valores referentes aos vencimentos, subsídios, soldos, salários, remunerações, proventos de aposentadoria, pensões, pecúlios, montepios, quantias recebidas por liberalidade de terceiro e destinadas ao sustento do devedor e sua família, ganhos do trabalhador autônomo e honorários de profissional liberal. Deve-se também observar o princípio da proporcionalidade na execução (art. 620 do CPC), sem se desviar de sua finalidade (art. 612 do mesmo código), no intuito de viabilizar o exercício da atividade empresarial. Assim, a Turma conheceu em parte do recurso e, nessa parte, deu-lhe provimento. **REsp 1.074.228-MG, Rel. Min. Mauro Campbell Marques, julgado em 7/10/2008**. (Inform. STJ 371)

PENHORA ONLINE. ILEGALIDADE. FIANÇA BANCÁRIA.
A Turma reiterou ser ilegal a penhora *online*, pois a inércia do devedor na apresentação de bens à penhora não a justifica; é necessário exaurir todos os meios de levantamento de dados na via extrajudicial (art. 185-A do CTN). Outrossim, no caso, foi oferecida garantia de fiança bancária pela executada, *ex vi* do art. 15, I, da Lei n. 6.830/1980. **Precedentes citados: AgRg no REsp 779.128-RS, DJ 1º/8/2008; REsp 824.488-RS, DJ 18/5/2006; REsp 660.288-RJ, DJ 10/10/2005, e REsp 849.757-RJ, DJ 20/11/2006. REsp 1.067.630-RJ, Rel. Min. Humberto Martins, julgado em 23/9/2008**. (Inform. STJ 369)

EXECUÇÃO FISCAL. OFÍCIO. BACEN. PENHORA.
Segundo entendeu o Tribunal *a quo,* a recorrente não comprovou que tentara encontrar bens do devedor antes de ingressar na via judicial. Porém, o Min. Relator esclareceu que este Superior Tribunal admite a expedição de ofício ao Bacen para obter informações sobre a existência de ativos financeiros do devedor, desde que o exeqüente comprove ter exaurido todos os meios de levantamento de dados na via extrajudicial. No caso concreto, a decisão indeferitória da medida executiva requerida ocorreu depois do advento da Lei n. 11.382/2006, a qual alterou o CPC para incluir os depósitos e aplicações em instituições financeiras como bens preferenciais na ordem de penhora, equiparando-os a dinheiro em espécie (art. 655, I) e permitir a realização da constrição por meio eletrônico (art. 655-A). Desse modo, o recurso especial deve ser analisado à luz do novel regime normativo. Para o Min. Relator, de qualquer modo, há necessidade de observância da relação dos bens absolutamente impenhoráveis, previstos no art. 649 do CPC, especialmente os recursos públicos recebidos por instituições privadas para aplicação compulsória em educação, saúde ou assistência social (inciso VIII), bem como a quantia depositada em caderneta de poupança até o limite de quarenta salários mínimos (inciso X). Diante disso, a Turma deu provimento ao recurso. **Precedentes citados: REsp 649.535-SP, DJ 14/6/2007; REsp 903.717-MS, DJ 26/3/2007, e AgRg no REsp 609.068-RS, DJ 1º/7/2005. REsp 1.070.308-RS, Rel. Min. Castro Meira, julgado em 18/9/2008**. (Inform. STJ 368)

EXECUÇÃO FISCAL. PENHORA. OFÍCIO. BC.
É cediço que só se admite a requisição de dados financeiros ao Banco Central após esgotadas as possibilidades de obtenção de outras informações sobre os bens penhoráveis pelas vias administrativa e extrajudicial. Explica o Min. Relator que verificar se a recorrente (Fazenda Nacional) esgotou essas possibilidades revolveria, necessariamente, matéria fático-probatória (Súm. n. 7-STJ), de acordo com precedentes da Turma. Outrossim, registrou que as inovações trazidas pela Lei n. 11.382/2006, que alterou a redação do art. 655 e acrescentou o art. 655-A ao CPC, em momento algum foram suscitadas pela recorrente nas razões do recurso, além de padecer de prequestionamento. Ante o exposto, a Turma negou provimento ao agravo regimental. **AgRg no REsp 1.028.880-PE, Rel. Min. Castro Meira, julgado em 2/9/2008**. (Inform. STJ 366)

PENHORA. FATURAMENTO. FIANÇA BANCÁRIA.
É certo que a substituição da penhora em sede de execução fiscal, independentemente da anuência da parte exeqüente, só é possível mediante depósito em dinheiro ou fiança bancária, tal como se deu no caso. Sucede que o Tribunal *a quo* já se manifestou pela inidoneidade da fiança bancária ofertada, visto que concedida por prazo determinado e, alterada posteriormente, não seguiu os requisitos estabelecidos em decisão do juízo. Alterar essa conclusão demandaria analisar matéria fático-probatória, o que, sabidamente, é obstado pela Súm. n. 7-STJ. Anote-se que a penhora de faturamento não é sinônimo de penhora sobre dinheiro e que, no caso, até mesmo em prol da satisfação do crédito exeqüendo, ela deve sobrepor-se à garantia fidejussória. Com esse entendimento, a Turma não conheceu do recurso ao prosseguir o julgamento após o voto do Min. Teori Albino Zavascki. **Precedentes citados: REsp 926.176-RJ, DJ 21/6/2007; REsp 801.871-SP, DJ 19/10/2006; AgRg no REsp 645.402-PR, DJ 16/11/2004; REsp 446.028-RS, DJ 3/2/2003; AgRg no Ag 790.080-SP, DJ 14/5/2007; MC 8.911-RJ, DJ 28/11/2005, e REsp 753.540-RJ, DJ 24/10/2005. REsp 912.228-RJ, Rel. Min. Luiz Fux, julgado em 27/5/2008.** (Inform. STJ 357)

CAUÇÃO. LEVANTAMENTO. EXECUÇÃO.
A execução foi fundada em sentença com trânsito em julgado e os respectivos embargos à arrematação foram tidos por improcedentes, aceita a apelação apenas no efeito devolutivo. Mesmo assim, o juízo condicionou o levantamento do produto da arrematação à prestação de caução. Diante das controvérsias quanto ao direito da parte que pretende esse levantamento, não é ilegal a exigência de caução. Trata-se do exercício do poder geral de cautela dado ao juízo. Anote-se que a decisão da Turma que anulou os atos executórios, pendente do julgamento de EREsp, sequer noticiados nos autos, não causa a suspensão do julgamento deste especial. **REsp 617.715-DF, Rel. Min. José Delgado, julgado em 4/3/2008** (Inform. STJ 347)

PENHORA. TÍTULOS. DUVIDOSA LIQUIDAÇÃO.
Em sede de execução fiscal movida pela Fazenda Nacional em desfavor da empresa recorrente, o juiz indeferiu o pedido de suspensão do executivo fiscal e reconheceu como ineficaz a indicação à penhora de títulos da Eletrobrás. O Min. Relator esclareceu que o crédito tributário, por ser privilegiado, ostenta a presunção de sua veracidade e legitimidade (art. 204, CTN). A decorrência lógica da referida presunção é que o crédito tributário só pode ter sua exibilidade suspensa na ocorrência de uma das hipóteses estabelecidas no art. 151 do mesmo diploma legal. O ajuizamento de ação anulatória de débito fiscal desacompanhada de depósito no montante integral não tem o condão de suspender o curso de execução fiscal já proposta. Entendeu o Min. Relator que os títulos que consubstanciam obrigações da Eletrobrás revelam-se impróprios à garantia do processo de execução, visto que de liquidação duvidosa. No caso, a empresa executada pretendeu substituir a penhora não por debêntures, mas por títulos que consubstanciam obrigações ao portador emitidas pela Eletrobrás, pelo que não está a exeqüente obrigada a aceitá-los, visto se revelarem impróprios à garantia do processo de execução em razão de sua liquidação duvidosa. **Precedentes citados: REsp 216.318-SP, DJ 7/11/2005; REsp 747.389-RS, DJ 19/9/2005; REsp 764.612-SP, DJ 12/9/2005; AgRg no Ag 606.886-SP, DJ 11/4/2005; REsp 677.741-RS, DJ 7/3/2005; REsp 969.099-RS, DJ 5/12/2007; AgRg no REsp 669.458-RS, DJ 16/5/2005; REsp 885.062-RS, DJ 29/3/2007, e REsp 776.538-RS, DJ 19/12/2005. REsp 842.903-RS, Rel. Min. Luiz Fux, julgado em 12/2/2008**. (Inform. STJ 344)

EXECUÇÃO FISCAL. PENHORA. SUBSÍDIOS.
Na espécie, o Tribunal *a quo* deferiu o bloqueio imediato do subsídio referente ao Programa de Equalização dos Custos da Cana-de-açúcar pertencente à executada. Para o Min. Relator, a decretação de indisponibilidade de créditos securitizados de tal programa não viola o art. 4º, § 1º, da Lei n. 8.397/1992 se a empresa executada deixou de indicar bens que garantam suficientemente o crédito fazendário. Embora aparentemente os créditos do referido programa ofertado pela União tenham a finalidade de

subvencionar a atividade industrial da cana-de-açúcar e, assim, estejam a salvo de eventual penhora e indisponibilidade, convém reconhecer a legitimidade e o interesse público presentes na pretensão executiva da Fazenda, atuando em nome do próprio Estado e de sua população. Assim, a legitimidade do crédito tributário, a supremacia do interesse público e o princípio de que a execução por quantia certa deve ser em benefício do credor justificam que, no caso, sejam indisponibilizados os bens do ativo não-permanentes. Outrossim, concluiu, como é cediço, a apreciação da aptidão do bem para satisfação do crédito exeqüendo encerra matéria fática (Súm. n. 7-STJ). **REsp 841.173-PB, Rel. Min. Luiz Fux, julgado em 18/9/2007.** (Inform. STJ 332)

EXECUÇÃO FISCAL. PENHORA. RECUSA. CREDOR. NOVOS BENS. Trata-se de execução fiscal em que a Fazenda estadual recusou os bens oferecidos à penhora ao argumento de que seriam de difícil comercialização e também de que não encontrados outros bens. O Tribunal *a quo* considerou obrigatória, na hipótese, a indicação de outros bens passíveis de penhora pelo executado, considerando seu interesse na satisfação do débito. Destacou a Min. Relatora que, no caso dos autos, não há qualquer das hipóteses previstas no art. 600 do CPC e, muito embora não tenha ocorrido a aplicação da pena prevista no art. 601 do CPC pelo acórdão, houve menção a essa possibilidade para o caso da não-indicação. Para a Min. Relatora, não há como considerar obrigatória a indicação de bens pelo executado nessa hipótese, isso porque o executado se desincumbiu do seu dever de oferecer bem à penhora. Por outro lado, a Fazenda estadual também exercitou o seu direito de recusa do bem oferecido à penhora, nessa situação, não há como renovar a obrigação de o executado oferecer novos bens à penhora. A Min. Relatora considera prudente, nesse caso, que o juiz determine a intimação do executado para que se lhe ofereça a oportunidade de nova indicação de bens, como uma faculdade a ser por ele exercida, considerando seu interesse em pôr fim ao processo de execução, mas não como obrigação sujeita às penas dos arts. 600 e 601 do CPC. Ressalta, ainda, a Min. Relatora que, embora não esteja obrigado a oferecer novos bens, ao não fazê-lo, estará atraindo para si esse ônus; há a possibilidade de adoção de medidas mais drásticas como quebra de sigilo fiscal da empresa ou mesmo penhora do seu faturamento, hipótese excepcional permitida pela jurisprudência. Com esse entendimento, a Turma conheceu parcialmente o recurso e nessa parte o proveu. **REsp 787.339-SP, Rel. Min. Eliana Calmon, julgado em 19/6/2007.** (Inform. STJ 324)

EXECUÇÃO FISCAL. PENHORA. PRECATÓRIO. TITULARIDADE. A penhora pode recair sobre precatório cuja devedora não seja a própria exeqüente, e sim outra entidade pública. A penhora de precatório corresponde à penhora de crédito em que o devedor é terceiro e está expressamente prevista no art. 671 do CPC. A recusa, por parte do exeqüente, da nomeação feita pelo executado da penhora de crédito prevista em precatório devido por terceiro pode ser justificada por quaisquer das causas previstas no art. 656 do CPC, mas não pela alegação de impenhorabilidade do bem oferecido. Assim, a Seção negou provimento aos embargos. Precedentes citados: AgRg no Ag 782.996-RS, DJ 14/12/2006, e REsp 888.032-ES, DJ 22/2/2007. **EREsp 834.956-RS, Rel. Min. Humberto Martins, julgados em 11/4/2007.** (Inform. STJ 316)

SÚMULA STJ Nº 452

A extinção das ações de pequeno valor é faculdade da Administração Federal, vedada a atuação judicial de ofício.

SÚMULA STJ Nº 451

É legítima a penhora da sede do estabelecimento comercial.

SÚMULA STJ Nº 429

A citação postal, quando autorizada por lei, exige o aviso de recebimento.

SÚMULA STJ Nº 414

A citação por edital na execução fiscal é cabível quando frustradas as demais modalidades.

SÚMULA STJ Nº 406

A Fazenda Pública pode recusar a substituição do bem penhorado por precatório.

SÚMULA STJ Nº 400

O encargo de 20% previsto no DL n. 1.025/1969 é exigível na execução fiscal proposta contra a massa falida.

SÚMULA STJ Nº 375

O reconhecimento da fraude à execução depende do registro da penhora do bem alienado ou da prova de má-fé do terceiro adquirente.

SÚMULA STJ Nº 190

Na execução fiscal, processada perante a Justiça Estadual, cumpre à Fazenda Pública antecipar o numerário destinado ao custeio das despesas com o transporte dos oficiais de justiça.

SÚMULA STJ Nº 189.

É desnecessária a intervenção do Ministério Público nas execuções fiscais.

SÚMULA STJ Nº 128

Na execução fiscal haverá segundo leilão, se no primeiro não houver lanço superior à avaliação.

SÚMULA STJ Nº 121

Na execução fiscal o devedor deverá ser intimado, pessoalmente, do dia e hora da realização do leilão.

SÚMULA STJ Nº 58

Proposta a execução fiscal, a posterior mudança de domicílio do executado não desloca a competência já fixada.

SÚMULA TFR Nº 224

O fato de não serem adjudicados bens que, levados a leilão, deixaram de ser arrematados, não acarreta a extinção do processo de execução.

SÚMULA TFR Nº 210

Na execução fiscal, não sendo encontrado o devedor, nem bens arrestáveis, é cabível a citação editalícia.

SÚMULA TFR Nº 209

Nas execuções fiscais da Fazenda Nacional é legítima a cobrança cumulativa de juros de mora e multa moratória.

SÚMULA TFR Nº 190

A intimação pessoal da penhora ao executado torna dispensável a publicação de que trata o art. 12 da Lei das Execuções Fiscais.

SÚMULA TFR Nº 189

Proposta a execução fiscal, a posterior mudança de domicílio do executado não desloca a competência já fixada.

SÚMULA TFR Nº 99

A Fazenda Pública, nas execuções fiscais, não está sujeita a prévio depósito para custear despesas do avaliador.

SÚMULA TFR Nº 44

Ajuizada a execução fiscal anteriormente à falência, com penhora realizada antes desta, não ficam os bens penhorados sujeitos à arrecadação no juízo falimentar; proposta a execução fiscal contra a massa falida, a penhora far-se-á no rosto dos autos do processo de quebra, citando-se o síndico.

13.2. Execução Fiscal: redirecionamento, responsabilidade

DIREITO TRIBUTÁRIO. FRAUDE À EXECUÇÃO. EXECUÇÃO FISCAL. Não se aplica a Súm. n. 375/STJ em execução fiscal de crédito de natureza tributária. Dispõe a Súm. n. 375/STJ que "o reconhecimento da fraude à execução depende do registro da penhora do bem alienado ou da prova de má-fé do terceiro adquirente". O art. 185 do CTN, seja em sua redação original seja na redação dada pela LC n. 118/2005, presume a ocorrência de fraude à execução quando, no primeiro caso, a alienação se dá após a citação do devedor na execução fiscal e, no segundo caso (após a LC n. 118/2005), quando a alienação é posterior à inscrição do débito tributário em dívida ativa. Precedente citado: REsp 1.141.990-PR (Repetitivo), DJe 19/11/2010. **REsp 1.341.624-SC, Rel. Min. Arnaldo Esteves Lima, julgado em 6/11/2012.(Inform. STJ 508)**

EXECUÇÃO FISCAL. REDIRECIONAMENTO. SÓCIO NÃO GERENTE. QUALIFICAÇÃO JURÍDICA DOS FATOS.

A Turma reiterou o entendimento do STJ sobre a hipótese de redirecionamento da execução fiscal contra sócio-gerente, que depende de comprovação de conduta com excesso de mandato ou infringência da lei, contrato social ou estatuto, não bastando a simples inadimplência no recolhimento de tributos. Ademais, para haver o redirecionamento na hipótese de dissolução irregular da sociedade, exige-se a permanência do sócio na administração no momento da irregularidade. No caso, o ex-sócio não exerceu nenhuma atividade de gerência na sociedade e foi excluído desta antes da dissolução irregular, razão pela qual não é possível o redirecionamento da execução fiscal contra ele. Para decidir a questão, o Min. Relator afastou o óbice do enunciado da Súm. n. 7/STJ com base na possibilidade de o STJ analisar a qualificação jurídica dos fatos quando errônea a interpretação ou a capitulação destes, hipóteses em que consequentemente haverá aplicação incorreta da lei. Precedentes citados: REsp 1.035.260-RS, DJe 13/5/2009; AgRg no Ag 1.005.938-RS, DJe 12/4/2010, e EAg 1.105.993-RJ, DJe 1º/2/2011. **AgRg no REsp 1.279.422-SP, Rel. Min. Humberto Martins, julgado em 13/3/2012. (Inform. STJ 493)**

EXECUÇÃO FISCAL. DEVEDOR FALECIDO.

Trata-se de REsp em que se discute a possibilidade de alteração do polo passivo da relação processual, tendo em vista que o feito executivo foi apresentado contra o devedor e não contra o espólio, sendo que aquele já havia falecido à data do ajuizamento da ação executiva. A Turma, ao prosseguir o julgamento, por maioria, negou provimento ao recurso sob o fundamento, entre outros, de que, sendo o espólio responsável tributário na forma do art. 131, III, do CTN, a demanda originalmente ajuizada contra o devedor com citação válida pode ser redirecionada àquele quando a morte ocorre no curso do processo de execução, o que não é o caso, visto que, à data em que foi proposta a ação executiva, o devedor já havia falecido. Assim, não foi preenchido o requisito da legitimidade passiva. Dessarte, não há falar em substituição da certidão de dívida ativa, haja vista a carência de ação que implica a extinção do feito sem resolução do mérito nos termos do art. 267, VI, do CPC. Ademais, o redirecionamento pressupõe correta a propositura da ação, o que, como visto, não ocorreu na hipótese. Precedentes citados: AgRg no REsp 1.056.606-RJ, DJe 19/5/2010; REsp 1.157.778-RJ, DJe 18/12/2009, e AgRg no Ag 865.187-BA, DJ 12/2/2008. **REsp 1.222.561-RS, Rel. Min. Mauro Campbell Marques, julgado em 26/4/2011.** (Inform. STJ 470)

EXECUÇÃO FISCAL. PENHORA. EMPRESA. REDIRECIONAMENTO. EMBARGOS.

In casu, em ação de execução fiscal, a demanda foi redirecionada aos sócios gerentes sob o fundamento de dissolução irregular da sociedade. Eles opuseram embargos à execução, que foram extintos pelo juiz ao argumento de que, por não haver penhora de bens particulares dos sócios, mas somente de bens da empresa executada, aqueles não poderiam opor os referidos embargos, ao entender não existir solidariedade entre a pessoa jurídica e os sócios, de modo que a garantia não poderia ser estendida a todos. Portanto, no especial, os recorrentes apontam violação dos arts. 535 e 736 do CPC, entre outros, ao fundamento de ser possível o oferecimento dos embargos à execução fiscal quando ela está garantida por penhora efetuada nos bens da empresa. Destacou o Min. Relator que, embora a legislação processual aplicável à época dos fatos determinasse, como requisito de admissibilidade dos embargos à execução, a efetivação da segurança do juízo, a Lei n. 11.382/2006, ao revogar o art. 737 do CPC, estabeleceu que o executado, independentemente de penhora, depósito ou caução, poderá opor-se à execução por meio de embargos. Dessa forma, a jurisprudência deste Superior Tribunal tem mitigado a regra da imprescindibilidade de garantia do juízo, admitindo os embargos nas hipóteses de insuficiência da penhora, desde que ela venha a ser suprida posteriormente. Na espécie, os embargos à execução fiscal foram ofertados pelo sócio gerente em 26/2/1997, devido ao redirecionamento da execução. A penhora foi suficientemente realizada em 23/12/1996 e gravou bens da empresa executada em momento anterior à integração dos recorridos no polo passivo da execução. Assim, os recorridos podem se utilizar da garantia do juízo para manejar os embargos à execução, principalmente por tratar-se de responsabilidade subsidiária. Ressalte-se que o bem penhorado suficiente à garantia propicia a execução de forma menos onerosa para os demais. Dessarte, as garantias do acesso à Justiça e da ampla defesa possibilitam que o sócio gerente que teve contra si redirecionada a execução fiscal oponha embargos à execução quando a demanda esteja garantida pela penhora sobre os bens da empresa. Com essas considerações, a Turma deu provimento ao recurso, determinando o retorno dos autos para julgamento dos embargos à execução. **Precedentes citados: REsp 865.336-RS, DJe 27/4/2009, e REsp 97.991-MG, DJ 1º/6/1998. REsp 1.023.309-RS, Rel. Min. Luiz Fux, julgado em 21/9/2010.** (Inform. STJ 448)

QO. REMESSA. SEÇÃO. CDA. NOME. SÓCIO.

A Turma entendeu remeter o julgamento do especial à Primeira Seção. O recurso cuida da responsabilidade de sócio cujo nome consta da certidão de dívida ativa (CDA). **QO no REsp 1.182.462-AM, Rel. Min. Eliana Calmon, em 1º/6/2010.** (Inform. STJ 437)

EXECUÇÃO FISCAL. REDIRECIONAMENTO.

Trata-se de REsp em que se discute a dissolução da empresa ora recorrida pelo fato de ela não funcionar no endereço indicado, sendo tal fato atestado por oficial de justiça. Discute-se, também, a questão da responsabilidade do sócio-gerente (redirecionamento da execução fiscal). A Turma deu provimento ao recurso ao entendimento de que uma empresa não pode funcionar sem que o endereço de sua sede ou do eventual estabelecimento encontre-se atualizado na junta comercial e no órgão competente da administração tributária, sob pena de macular-se o direito de eventuais credores, *in casu*, a Fazenda Pública, que se verá impedida de localizar a empresa devedora para cobrança de seus débitos tributários. Isso porque o art. 127 do CTN impõe ao contribuinte como obrigação acessória, o dever de informar ao Fisco seu domicílio tributário, que, no caso das pessoas jurídicas de direito privado, é, via de regra, o lugar da sua sede. Assim, presume-se dissolvida irregularmente a empresa que deixa de funcionar em seu domicílio fiscal, sem comunicação aos órgãos competentes (comercial e tributário), cabendo a responsabilização do sócio-gerente, o qual pode provar não ter agido com dolo, culpa, fraude ou excesso de poder ou, ainda, efetivamente não ter ocorrido a dissolução irregular. Ressalta-se que a Jurisprudência deste Superior Tribunal é firme no sentido de que nessa hipótese, não há que se exigir comprovação da atuação dolosa, com fraude ou excesso de poderes, por parte dos sócios para autorizar o redirecionamento da execução fiscal. **Precedentes citados: AgRg no AgRg no REsp 865.951-RS, DJ 26/9/2007; e AgRg no AgRg no REsp 898.474-SP, DJ 28/5/2007. REsp 1.129.244-PR, Rel. Min. Eliana Calmon, julgado em 5/11/2009.** (Inform. STJ 414)

(Comentário: ver Súmula 435/STJ)

EXECUÇÃO FISCAL. INCLUSÃO. SÓCIO. AGRAVO.

A Turma deu provimento ao recurso para excluir a multa prevista no art. 538, parágrafo único, do CPC e determinar o retorno dos autos ao Tribunal *a quo*, para que aprecie o mérito do agravo de instrumento; pois, ao contrário do exposto no acórdão recorrido, a decisão que deferiu a inclusão do recorrente no polo passivo da execução por força do art. 135 do CTN não é mero despacho de expediente, mas decisão interlocutória com carga decisória (art. 162, §§ 1º e 2º, CPC) já que, no intuito de solucionar incidente de execução fiscal, ocasiona gravame ao ora recorrente, pois o seu patrimônio pessoal será alcançado pela execução fiscal da sociedade empresária da qual é sócio. **REsp 1.100.394-PR, Rel. Min. Luiz Fux, julgado em 1º/10/2009.** (Inform. STJ 409)

RECURSO REPETITIVO. EXCEÇÃO. PRÉ-EXECUTIVIDADE. SÓCIO. GERENTE. CDA.

Foi discutido o cabimento da exceção de pré-executividade com o fim de excluir o sócio que consta da CDA do polo passivo da execução fiscal movida contra a sociedade empresarial. Quanto a isso, é certo que a exceção de pré-executividade é cabível quando atendidos dois requisitos, um de ordem material e outro formal: a matéria ser suscetível de conhecimento de ofício pelo juiz e não haver necessidade de dilação probatória. Na hipótese, é atendido o primeiro requisito, de ordem material, pois a legitimidade da parte é tema passível de conhecimento de ofício. Porém, quanto ao requisito de ordem formal, a Seção já decidiu (inclusive em anterior recurso repetitivo) que a presunção de legitimidade da CDA impõe ao executado que figura no título o ônus de demonstrar que inexiste sua responsabilidade, o que demanda prova, a inviabilizar o manejo da referida exceção. Correto seria promover a demonstração no âmbito de embargos à execução. Dessarte, esse entendimento foi reafirmado pela Seção no julgamento de recurso representativo de controvérsia ora em comento (art. 543-C do CPC e Resolução n. 8/2008 do STJ). **Precedentes citados: REsp 1.104.900-ES, DJ 17/2/2009; EREsp 702.232-RS, DJ 26/9/2005; REsp 900.371-SP, DJ 2/6/2008; REsp 750.581-RJ, DJ 7/11/2005; AgRg no REsp 987.231-SP, DJ 26/2/2009; AgRg no REsp 778.467-SP, DJe 6/2/2009; AgRg no Ag 1.060.318-SC, DJ 17/12/2008, e AgRg no REsp 1.049.954-MG, DJ 27/8/2008. REsp 1.110.925-SP, Rel. Min. Teori Albino Zavascki, julgado em 22/4/2009.** (Inform. STJ 391)

RECURSO REPETITIVO. EXECUÇÃO FISCAL. REPRESENTANTES. EMBARGOS.

Ao julgar o recurso de acordo com o art. 543-C do CPC e o art. 6º da Res. n. 8/2008-STJ, a Seção entendeu que, se a execução foi ajuizada apenas contra a pessoa jurídica, mas o nome do sócio consta da CDA, cabe a ele o ônus de provar que não ocorreu nenhuma das circunstâncias previstas no art. 135 do CTN, ou seja, não houve a prática de atos com excesso de poderes ou com infração de lei, contrato social ou estatutos. Contudo, apesar de serem os embargos à execução o meio de defesa próprio contra a execução fiscal, a Seção admitiu a exceção de pré-executividade nas situações em que não se faz necessária dilação probatória ou em que as questões possam ser conhecidas de ofício pelo magistrado, tal como as condições da ação, os pressupostos processuais, a decadência, a prescrição, entre outras. No caso, o exame de responsabilidade dos representantes da empresa executada requer dilação probatória, o que levaria a questão a ser aduzida em embargos à execução e não mediante o incidente referido. **Precedentes citados: EREsp 702.232-RS, DJ 26/9/2005; REsp 900.371-SP, DJe 2/6/2008; REsp 704.014-RS, DJ 3/10/2005; AgRg no REsp 987.231-SP, DJe 26/2/2009, e AgRg no REsp 1.049.954-MG, DJ 27/8/2008. REsp 1.104.900-ES, Rel. Min. Denise Arruda, julgado em 25/3/2009.** (Inform. STJ 388)

EXECUÇÃO FISCAL. REDIRECIONAMENTO. PRESCRIÇÃO.

O Tribunal de origem reconheceu, *in casu*, que a Fazenda Pública sempre

promoveu o andamento do feito e que, somente após seis anos da citação da empresa, consolidou-se a pretensão do redirecionamento, daí reiniciando o prazo prescricional. Assim, ainda que a citação do sócio-gerente tenha sido realizada após o transcurso de prazo superior a cinco anos, contados da citação da empresa, não houve prescrição, aplicando-se ao caso o princípio da *actio nata*. **Precedentes citados: REsp 996.409-SC, DJ 11/3/2008, e REsp 844.914-SP, DJ 18/10/2007. AgRg no REsp 1.062.571-RS, Rel. Min. Herman Benjamin, julgado em 20/11/2008.** (Inform. STJ 377)

(Comentário: ver REsp 1.201.993/SP - repetitivo)

EXECUÇÃO FISCAL. SÓCIO-GERENTE.

A divergência, na espécie, é no tocante à natureza da responsabilidade do sócio-gerente na hipótese de não-recolhimento de tributos. Esclareceu o Min. Relator que é pacífico, neste Superior Tribunal, o entendimento acerca da responsabilidade subjetiva daquele em relação aos débitos da sociedade. A responsabilidade fiscal dos sócios restringe-se à prática de atos que configurem abuso de poder ou infração de lei, contrato social ou estatutos da sociedade (art. 135, CTN). O sócio deve responder pelos débitos fiscais do período em que exerceu a administração da sociedade apenas se ficar provado que agiu com dolo ou fraude e que a sociedade, em razão de dificuldade econômica decorrente desse ato, não pôde cumprir o débito fiscal. O mero inadimplemento tributário não enseja o redirecionamento da execução fiscal. Isso posto, a Seção deu provimento aos embargos. **Precedentes citados: REsp 908.995-PR, DJ 25/3/2008, e AgRg no REsp 961.846-RS, DJ 16/10/2007. EAG 494.887-RS, Rel. Min. Humberto Martins, julgados em 23/4/2008.** (Inform. STJ 353)

(Comentário: ver Súmula 430/STJ)

SÚMULA STJ Nº 435

Presume-se dissolvida irregularmente a empresa que deixar de funcionar no seu domicílio fi scal, sem comunicação aos órgãos competentes, legitimando o redirecionamento da execução fi scal para o sócio-gerente.

SÚMULA STJ Nº 430

O inadimplemento da obrigação tributária pela sociedade não gera, por si só, a responsabilidade solidária do sócio-gerente.

SÚMULA STJ Nº 251

A meação só responde pelo ato ilícito quando o credor, na execução fiscal, provar que o enriquecimento dele resultante aproveitou ao casal.

SÚMULA TFR Nº 112

Em execução fiscal, a responsabilidade pessoal do sócio-gerente de sociedade por quotas, decorrente de violação da lei ou excesso de mandato, não atinge a meação de sua mulher.

13.3. Execução Fiscal: prescrição, prazos

EXECUÇÃO FISCAL. PRESCRIÇÃO. CITAÇÃO. RETROAÇÃO. PROPOSITURA DA AÇÃO.

A Turma, em conformidade com o exposto pela Primeira Seção deste Superior Tribunal no julgamento do REsp 1.120.295-SP, DJe 21/5/2010, representativo de controvérsia, reafirmou o entendimento de que o art. 174 do CTN deve ser interpretado em conjunto com o disposto no art. 219, § 1º, do CPC, de modo que o marco interruptivo atinente à prolação do despacho que ordena a citação do executado retroage à data do ajuizamento do feito executivo, a qual deve ser empreendida no prazo prescricional. Dessarte, a propositura da ação constitui o *dies ad quem* do prazo prescricional e, simultaneamente, o termo inicial para sua recontagem sujeita às causas interruptivas previstas no art. 174, parágrafo único, do CTN. **AgRg no REsp 1.293.997-SE, Rel. Min. Humberto Martins, julgado em 20/3/2012. (Inform. STJ 493)**

INCONSTITUCIONALIDADE PARCIAL. PRESCRIÇÃO TRIBUTÁRIA. RESERVA. LC.

Trata-se de incidente de inconstitucionalidade dos arts. 2º, § 3º, e 8º, § 2º, da Lei n. 6.830/1980 (Lei de Execuções Fiscais – LEF) suscitado em decorrência de decisão do STF. A Fazenda Nacional, invocando a Súmula Vinculante n. 10-STF, interpôs recurso extraordinário (RE) contra acórdão deste Superior Tribunal, alegando, essencialmente, a negativa de aplicação do art. 8º, § 2º, da LEF sem declarar a sua inconstitucionalidade, o que constitui ofensa ao art. 97 da CF/1988. O STF deu provimento ao recurso da Fazenda para anular o acórdão e determinou, em consequência, que fosse apreciada a controvérsia constitucional suscitada na causa, fazendo-o, no entanto, com estrita observância do que dispõe o art. 97 da CF/1988. Portanto, coube definir, nesse julgamento, a questão da constitucionalidade formal do § 2º do art. 8º da LEF, bem como, dada a sua estreita relação com o tema, do § 3º do art. 2º da mesma lei, na parte que dispõe sobre matéria prescricional. Essa definição teve como pressuposto investigar se, na data em que foram editados os citados dispositivos (1980), a Constituição mantinha a matéria neles tratada (prescrição tributária) sob reserva de lei complementar (LC). Ressaltou, *a priori*, o Min. Relator que a recente alteração do art. 174 do CTN, promovida pela LC n. 118/2005, é inaplicável à hipótese dos autos, visto que o despacho que ordenou a citação do executado deu-se antes da entrada em vigor da modificação legislativa, incidindo ao fato o art. 174 do CTN na sua redação originária. Observou, também, ser jurisprudência pacífica deste Superior Tribunal que o art. 8º, § 2º, da LEF, por ser lei ordinária, não revogou o inciso I do parágrafo único do art. 174 do CTN, por ostentar esse dispositivo, já à época, natureza de LC. Assim, o citado art. 8º, § 2º, da LEF tem aplicação restrita às execuções de dívidas não tributárias. Explicou que a mesma orientação é adotada em relação ao art. 2º, § 3º, da LEF, o qual, pela mesma linha de argumentação, ou seja, de que lei ordinária não era apta a dispor sobre matéria de prescrição tributária, é aplicável apenas a inscrições de dívida ativa não tributária. Também apontou ser jurisprudência pacificada no STJ que tem respaldo em recentes precedentes do STF em casos análogos, segundo a qual, já no regime constitucional de 1967 (EC n. 1/1969), a prescrição e a decadência tributária eram matérias reservadas à lei complementar. Asseverou, ainda, que, justamente com base nesse entendimento, o STF julgou inconstitucional o parágrafo único do art. 5º do DL n. 1.569/1977, editado na vigência da referida EC, tratando de suspensão de prazo prescricional de créditos tributários (Súmula Vinculante n. 8-STF). Dessa forma, concluiu que as mesmas razões adotadas pelo STF para declarar a inconstitucionalidade do citado parágrafo único determinam a inconstitucionalidade, em relação aos créditos tributários, do § 2º do art. 8º da LEF (que cria hipótese de interrupção da prescrição), bem como do § 3º do art. 2º da mesma lei (no que se refere à hipótese de suspensão da prescrição). Ressaltou, por fim, que o reconhecimento da inconstitucionalidade deve ser parcial, sem redução de texto, visto que tais dispositivos preservam sua validade e eficácia em relação a créditos não tributários objeto de execução fiscal e, com isso, reafirmou a jurisprudência do STJ sobre a matéria. Ante o exposto, a Corte Especial, ao prosseguir o julgamento, acolheu, por maioria, o incidente para reconhecer a inconstitucionalidade parcial dos arts. 2º, § 3º, e 8º, § 2º, da Lei n. 6.830/1980, sem redução de texto. Os votos vencidos acolhiam o incidente de inconstitucionalidade em maior extensão. Precedentes citados do STF: RE 106.217-SP, DJ 12/9/1986; RE 556.664-RS, DJe 14/11/2008; RE 559.882-RS, DJe 14/11/2008; RE 560.626-RS, DJe 5/12/2008; do STJ: REsp 667.810-PR, DJ 5/10/2006; REsp 611.536-AL, DJ 14/7/2007; REsp 673.162-RJ, DJ 16/5/2005; AgRg no REsp 740.125-SP, DJ 29/8/2005; REsp 199.020-SP, DJ 16/5/2005; EREsp 36.855-SP, DJ 19/6/1995; REsp 721.467-SP, DJ 23/5/2005; EDcl no AgRg no REsp 250.723-RJ, DJ 21/3/2005; REsp 112.126-RS, DJ 4/4/2005, e AgRg nos EDcl no REsp 623.104-RJ, DJ 6/12/2004. **AI no Ag 1.037.765-SP, Rel. Min. Teori Albino Zavascki, julgada em 2/3/2011.** (Inform. STJ 465)

EXECUÇÃO FISCAL. CRÉDITO TRIBUTÁRIO. PRESCRIÇÃO.

No REsp, a recorrente alega a decadência do crédito tributário em função de o auto de infração ter sido lavrado em 23/5/1986, e o lançamento, efetivado pela inscrição do débito na dívida ativa, ter ocorrido em 16/5/1995. Afirma, ainda, violação dos arts. 142 e 173 do CTN pelo fato de o julgamento, na esfera administrativa, ter perdurado por seis anos e nove meses. É cediço que a constituição definitiva do crédito tributário, sujeita à decadência, inaugura o decurso do prazo prescricional de cinco anos para o Fisco cobrá-lo judicialmente. Nos casos em que o Fisco constitui o crédito tributário mediante lançamento, inexistindo quaisquer causas de suspensão da exigibilidade ou de interrupção da prescrição, o prazo prescricional conta-se da data em que o contribuinte for regularmente notificado do lançamento tributário (arts. 145 e 174 do CTN). Entretanto, sobrevindo causa de suspensão de exigibilidade antes do vencimento do prazo para pagamento do crédito tributário formalizado pelo contribuinte (em se tratando de tributos sujeitos a lançamento por homologação) ou lançado pelo Fisco, não tendo sido reiniciado o prazo *ex vi* do parágrafo único do art. 174 do CTN, o *dies a quo* da regra da prescrição desloca-se para a data do desaparecimento jurídico do obstáculo à exigibilidade. *In casu*, foi lavrado auto de infração em 23/5/1986 referente a fatos geradores ocorridos de 1983 a 1985. Com a lavratura do auto, concretizou-se o lançamento do crédito tributário (art. 142 do CTN), não se consumando, desde logo, a decadência tributária, porquanto a autuação do contribuinte foi efetivada antes do término do prazo de cinco anos. Como, na hipótese, a decisão administrativa final ocorreu em 24/4/1993, data a partir da qual desapareceu o obstáculo jurídico à exigibilidade do crédito tributário, iniciou-se a contagem do prazo prescricional previsto no art. 174 do CTN. Nessa perspectiva, não se implementou a prescrição diante do ajuizamento da execução fiscal pela Fazenda Pública em 17/7/1995. Destarte, não há falar da decadência ou prescrição do crédito tributário. **Precedentes citados: REsp 613.594-RS, DJ 2/5/2005; REsp 674.074-SE, DJ 13/12/2004; REsp 955.950-SC, DJ 2/10/2007; EDcl no REsp 645.430-DF, DJ 17/12/2004; REsp 88.578-SP, DJ 13/12/2004, e AgRg no REsp 448.348-SP, DJ 22/3/2004. REsp 1.107.339-SP, Rel. Min. Luiz Fux, julgado em 1º/6/2010.** (Inform. STJ 437)

EXECUÇÃO FISCAL. ANULATÓRIA. PRAZO. EMBARGOS.

Cuida-se de recurso especial em que o município recorrente aponta ser inadmissível o executado ajuizar ação anulatória após o transcurso do prazo para oposição dos embargos à execução e ser impossível a aplicação da teoria da causa "madura" porque a controvérsia dos autos demanda a análise de matéria de prova. Explica o Min. Relator que o ajuizamento da ação anulatória de lançamento fiscal é direito do devedor (direito de ação) insuscetível, portanto, de restrição, podendo ser exercido antes ou depois da propositura da ação exacional, não obstante o rito previsto nesses casos ser o da ação de embargos do devedor como instrumento hábil à desconstituição da obrigação tributária, cuja exigência já é exercida judicialmente pela Fazenda. Aponta que a diferença entre a ação anulatória e a de embargos à execução é a possibilidade de suspensão dos atos executivos até seu julgamento. Assim, na ação anulatória, para que haja suspensão do executivo fiscal, assumindo a mesma natureza dos embargos à execução, é necessário o depósito do valor integral do débito exequendo (art. 151 do CTN). Nesse caso, ostenta o crédito tributário o privilégio da presunção de sua legitimidade (art. 204 do CTN). Ressalta ainda que, no caso dos autos, o pedido de ação anulatória não teve a pretensão de suspender a exigibilidade do crédito tributário, mas de desconstituir lançamentos tributários eivados de ilegalidade. Daí haver lícito exercício do direito subjetivo de ação. Por fim, o Min. Relator considerou que, quanto à controvérsia sobre a necessidade de produção probatória, que inviabiliza a aplicação do art. 515, § 3º, do CPC, ela encontra óbice na Súm. n. 7-STJ. Diante do exposto, a Turma conheceu parcialmente do recurso e, nessa parte, negou-lhe provimento. **Precedentes citados: REsp 854.942-RJ, DJ 26/3/2007; AgRg no REsp 701.729-SP, DJe 19/3/2009; REsp 747.389-RS, DJ 19/9/2005; REsp 764.612-SP, DJ 12/9/2005, e REsp 677.741-RS, DJ 7/3/2005. REsp 1.136.282-SP, Rel. Min. Luiz Fux, julgado em 3/12/2009.** (Inform. STJ 418)

RECURSO REPETITIVO. EXECUÇÃO FISCAL. PRESCRIÇÃO.

A Seção, ao julgar recurso representativo de controvérsia (art. 543-C do CPC e Resolução n. 8/2008-STJ) afirmou, na linha da jurisprudência, que, em execução fiscal, a prescrição ocorrida antes da propositura da ação pode ser decretada de ofício, com base no art. 219, § 5º, do CPC (redação dada pela Lei n. 11.280/2006), o que independe de ser ouvida previamente a Fazenda. Observou-se que somente o regime disposto no § 4º do art. 40 da Lei n. 6.830/1980 exige a oitiva prévia da Fazenda e isso somente se aplica às hipóteses de prescrição intercorrente indicada nessa mesma lei, ou seja, na prescrição intercorrente aplicada à Fazenda na execução fiscal arquivada com base no § 2º do mesmo artigo, quando não localizado o devedor ou não encontrados bens penhoráveis. Nos demais casos, a prescrição a favor ou contra a Fazenda Pública pode ser decretada de ofício. **Precedentes citados: REsp 1.034.191-RJ, DJ 26/5/2008; REsp 843.557-RS, DJ 20/11/2006; REsp 1.036.756-RJ, DJ 2/4/2008; REsp 1.028.694-RS, DJ 17/3/2008; REsp 1.024.548-RS, DJ 13/3/2008; REsp 1.042.940-RJ, DJe 3/9/2008; AgRg no REsp 1.002.435-RS, DJe 12/12/2008; REsp 1.061.301-RS, DJe 11/12/2008; REsp 1.089.924-RJ, DJe 4/5/2009, e REsp 733.286-RS, DJe 22/8/2000. REsp 1.100.156-RJ, Rel. Min. Teori Albino Zavascki, julgado em 10/6/2009.** (Inform. STJ 398)

RECURSO REPETITIVO. EXECUÇÃO FISCAL. PRESCRIÇÃO. VALOR IRRISÓRIO.

A Seção, ao julgar recurso representativo de controvérsia (art. 543-C do CPC e Res. n. 8/2008 do STJ), desproveu-o, reiterando o entendimento de que incide a regra da prescrição intercorrente (art. 40, § 4º, da Lei n. 6.830/1980) na hipótese de execução fiscal de valor irrisório (prevista no art. 20 da Lei n. 10.522/2002, anterior à Lei n. 11.033/2004), normas que fixam o arquivamento e limite do valor sem baixa na distribuição. Ademais, independente de outros casos de arquivamento de execuções fiscais previstas em lei, nada impede a prescrição intercorrente do § 4º do art. 40 da LEF, considerando que não há incompatibilidade na aplicação das regras citadas, quando não há localização do devedor ou de bens passíveis de penhora, e paralisadas por mais de cinco anos contados a partir da decisão que determinou o arquivamento. Tal exegese impõe-se, sobretudo, pelo princípio da segurança jurídica, o de haver um limite temporal para o desarquivamento de ações de cobrança, evitando a sua perpetuação e imprescritibilidade, sujeitas à discricionariedade da Fazenda Pública ou de seus órgãos administrativos. **Precedentes citados: REsp 1.081.546-PE, DJe 24/11/2008; REsp 1.042.587-RS, DJe 7/5/2008; AgRg no REsp 970.220-SC, DJe 4/11/2008; REsp 1.057.477-RN, DJe 2/10/2008, e REsp 980.369-RS, DJ 18/10/2007. REsp 1.102.554-MG, Rel. Min. Castro Meira, julgado em 27/5/2009.** (Inform. STJ 396)

RECURSO REPETITIVO. CITAÇÃO. EDITAL. INTERRUPÇÃO. PRESCRIÇÃO.

A Seção, ao apreciar o REsp (Res. n. 8/2008-STJ e art. 543-C do CPC), deu provimento ao recurso, determinando o retorno dos autos à instância de origem, para prosseguimento do executivo fiscal. Restou firmado que a LC n. 118/2005 (vigência a partir de 9/6/2005) alterou o art. 174 do CTN para atribuir ao despacho do juiz que ordenar a citação o efeito interruptivo da prescrição. Destarte, consubstanciando norma processual, a referida LC é aplicada imediatamente aos processos em curso, o que tem como consectário lógico que a data da propositura da ação pode ser anterior à sua vigência. Todavia, a data do despacho que ordenar a citação deve ser posterior à sua entrada em vigor, sob pena de retroação da novel legislação. Conforme a jurisprudência deste Superior Tribunal, a Lei de Execução Fiscal (LEF) prevê, em seu art. 8º, III, que, não se encontrando o devedor, seja feita a citação por edital, que tem o condão de interromper o lapso prescricional. *In casu*, o executivo fiscal foi proposto em 29/8/1995, cujo despacho ordinatório da citação ocorreu anteriormente à vigência da referida LC, para a execução dos créditos tributários constituídos em 2/3/1995, tendo a citação por edital ocorrido em 3/12/1999. Assim, é inequívoco que não ocorreu a prescrição relativamente aos lançamentos efetuados em 2/3/1995, porquanto não ultrapassado o lapso temporal quinquenal entre a constituição do crédito tributário e a citação editalícia, que consubstancia marco interruptivo da prescrição. **Precedentes citados: REsp 860.128-RS, DJ 1º/2/2007; REsp 782.867-SP, DJ 20/10/2006;**

REsp 708.186-SP, DJ 3/4/2006; REsp 1.103.050-BA, DJ 6/4/2009; AgRg no REsp 1.095.316-SP, DJe 12/3/2009; AgRg no REsp 953.024-RS, DJe 15/12/2008; REsp 968.525-RS, DJ 18/8/2008; REsp 1.059.830-RS, DJ 25/8/2008, e REsp 1.032.357-RS, DJ 28/5/2008. REsp 999.901-RS, Rel. Min. Luiz Fux, julgado em 13/5/2009. (Inform. STJ 394)

INDISPONIBILIDADE. BENS. PRAZO. EXECUÇÃO FISCAL.

O Tribunal *a quo,* nos autos de ação cautelar preparatória, entendeu que o prazo de sessenta dias, contados da data do trânsito em julgado na esfera administrativa, para a interposição da execução fiscal, importa, na prática, em deixar ao alvedrio da Administração Pública a duração do decreto de indisponibilidade concedido naquela cautelar. Assim, julgou parcialmente provido o recurso da Fazenda para estabelecer um prazo de seis meses para a conclusão do processo administrativo e o ajuizamento da correspondente execução fiscal. O prazo para a propositura da ação fiscal não se confunde com o lapso temporal para a conclusão do procedimento administrativo constitutivo do débito tributário. O art. 11 da Lei n. 8.397/1992 é claro ao determinar que, em sede de medida cautelar fiscal preparatória, a Fazenda Pública dispõe do prazo de sessenta dias para a propositura da execução fiscal, a contar do trânsito em julgado da decisão no procedimento administrativo, o que somente ocorreria no caso dos autos após o exame de recurso administrativo na Câmara Superior de Recursos Fiscais. Outrossim, concluindo o aresto *a quo* acerca da extensão da indisponibilidade, não é lícito a este Tribunal sindicá-la à luz da Súm. n. 7-STJ. REsp 1.026.474-RS, Rel. Min. Francisco Falcão, julgado em 2/10/2008. (Inform. STJ 370)

PRESCRIÇÃO INTERCORRENTE. OBRIGATORIEDADE. INTIMAÇÃO. FAZENDA.

É cediço que a Lei n. 11.051/2004 deu nova redação ao art. 219, § 5º, do CPC – "o juiz pronunciará, de ofício, a prescrição" – e acrescentou o § 4º ao art. 40 da Lei n. 6.830/1980 (Lei de Execução Fiscal), admitindo a decretação de ofício da prescrição intercorrente, após a prévia oitiva da Fazenda para se manifestar sobre a ocorrência ou não de tal prescrição. Note-se que a jurisprudência firmou-se no sentido de que o § 4º do art. 40 da citada lei, por ser norma de natureza processual, tem aplicação imediata alcançando, inclusive, os processos em curso (REsp 853.767-RS). Ademais, por determinação expressa do art. 40, § 4º, da Lei n. 6.830, nos termos do EREsp 699.016-PE, a Primeira Seção, que analisou as duas normas em comento, decidiu que, antes de decidir pela prescrição, o magistrado deve intimar a Fazenda, oportunizando-lhe alegar qualquer fato impeditivo ou suspensivo à prescrição. Assim, é inviável decretar desde logo a prescrição sem prejuízo da aplicação da Lei n. 6.830/1980. Entretanto, explica a Min. Relatora, que, no REsp 1.016.560-RJ, julgado em 4/3/2008, da relatoria do Min. Castro Meira, a Segunda Turma concluiu que haveria preclusão da nulidade quando, em apelação, a Fazenda não alegasse qualquer causa suspensiva ou interruptiva da prescrição. Tal entendimento, contudo, destoa da posição da Primeira Seção e, nesse julgamento, após meditar melhor, a Min. Relatora acolhe a jurisprudência já firmada na Primeira Seção. A Turma aderiu por unanimidade, apenas com a ressalva do ponto de vista do Min. Castro Meira. **REsp 963.317-RS, Rel. Min. Eliana Calmon, julgado em 5/8/2008**. (Inform. STJ 362)

EXECUÇÃO FISCAL. IPTU. PRESCRIÇÃO.

A jurisprudência deste Superior Tribunal era pacífica no sentido de que a aplicação do § 4º do art. 40 da Lei n. 6.830/1980, introduzido pela Lei n. 11.051/2004 (o qual passou a admitir a decretação, de ofício, da prescrição intercorrente, após oitiva da Fazenda Pública), não podia sobrepor-se ao art. 174 do CTN, por ser norma de hierarquia inferior. Entretanto, a LC n. 118/2005 alterou o art. 174 do CTN para atribuir efeito interruptivo da prescrição ao despacho do juiz que ordenar a citação. Essa última norma, de cunho processual, tem aplicação imediata aos processos em curso, desde que o despacho que ordenou a citação seja posterior a sua entrada em vigor, ou seja, em 9/6/2005. No caso dos autos, conforme anotado pelo Tribunal *a quo*, o despacho determinando a citação ocorreu em 6/6/2005, anterior, portanto, à vigência da LC n. 118/2005, bem como à citação por edital em 24/1/2007. Assim, houve a prescrição em relação aos créditos tributários constituídos em 3/1/2002 (exercício de 2001) e 3/1/2003 (exercício de 2002) porquanto decorrido o prazo prescricional qüinqüenal entre a data da efetivação da citação e a data da constituição dos créditos tributários, nos termos do art. 174, parágrafo único, I, do CTN. Com esse entendimento, a Turma negou provimento ao recurso. **Precedentes citados: REsp 764.827-RS, DJ 28/9/2006, e REsp 839.820-RS, DJ 28/8/2006. REsp 1.015.061-RS, Rel. Min. Luiz Fux, julgado em 15/5/2008**. (Inform. STJ 355)

PRESCRIÇÃO. DECRETAÇÃO. CRÉDITOS FISCAIS.

Discute-se a possibilidade de o juiz extinguir o executivo fiscal liminarmente, sem ouvir o exeqüente e sem citar o executado, sob o fundamento de que os créditos tributários (IPTU) já se encontravam prescritos, sendo, portanto, inexigíveis. Note-se que o Tribunal *a quo* confirmou a decisão do juiz. Observa o Min. Relator que, para a jurisprudência deste Superior Tribunal, era defeso ao juízo decretar de ofício a consumação da prescrição em se tratando de direitos patrimoniais (art. 219, § 5º, do CPC). Porém a Lei n. 11.051/2004 acrescentou ao art. 40 da Lei de Execuções Fiscais o § 4º, possibilitando ao juízo da execução decretar de ofício a prescrição intercorrente, desde que ouvida a Fazenda Pública e, como norma de natureza processual, sua aplicação é imediata, até em processos em curso. Isso posto, explica o Min. Relator que, no caso, a hipótese é diversa por não se tratar de prescrição intercorrente, mas também cabe ao juiz de execução decidir por analogia, na hipótese dos autos, em que a certidão da dívida ativa (CDA) carece do requisito da exigibilidade por já estarem prescritos os créditos fiscais antes do ajuizamento da ação, esse fato autoriza o magistrado a extinguir o processo *in limine,* nos termos do art. 269, IV, do CPC. Dessa forma, falta ao título executivo a condição específica ao exercício do direito da ação executiva fiscal; afigura-se, portanto, inócua a oitiva do exeqüente, por consubstanciar matéria exclusivamente de direito, insuscetível de saneamento por parte da Fazenda municipal. Com esse entendimento, a Turma negou provimento ao recurso. **REsp 987.257-RJ, Rel. Min. Luiz Fux, julgado em 15/4/2008.** (Inform. STJ 352)

SÚMULA STJ Nº 314

Em execução fiscal, não localizados bens penhoráveis, suspende-se o processo por um ano, findo o qual se inicia o prazo da prescrição qüinqüenal intercorrente.

13.4. Execução Fiscal: CDA

CDA. LANÇAMENTO. VÍCIO. SUBSTITUIÇÃO.

Cinge-se a controvérsia à possibilidade de substituir certidão de dívida ativa (CDA), a fim de alterar o sujeito passivo da obrigação tributária, uma vez que houve erro no procedimento de lançamento. A Turma negou provimento ao recurso por entender que a emenda ou substituição da CDA é admitida diante da existência de erro material ou formal, não sendo possível, entretanto, quando os vícios decorrerem do próprio lançamento e/ou da inscrição. Na espécie, o devedor constante da CDA faleceu em 6/5/1999 e a inscrição em dívida ativa ocorreu em 28/7/2003, ou seja, em data posterior ao falecimento do sujeito passivo. Note-se que, embora o falecimento do contribuinte não obste ao Fisco prosseguir na execução dos seus créditos, ainda que na fase do processo administrativo para lançamento do crédito tributário, deverá o espólio ser o responsável pelos tributos devidos pelo *de cujus* (art. 131, II e III, do CTN). Nesses casos, torna-se indispensável a notificação do espólio (na pessoa do seu representante legal), bem como sua indicação diretamente como devedor no ato da inscrição da dívida ativa e na CDA que lhe corresponde, o que não ocorreu na hipótese. Ressalte-se que, embora haja a possibilidade de substituição da CDA até a prolação da sentença de embargos, essa se limita a corrigir erro material ou formal, tornando-se inviável a alteração do sujeito passivo da execução (Súm. n. 392-STJ), pois isso representaria a modificação do próprio lançamento. **Precedentes citados: AgRg no Ag 771.386-BA, DJ 1º/2/2007; AgRg no Ag 884.384-BA, DJ 22/10/2007, e AgRg no Ag 553.612-MG, DJ 16/8/2004. REsp 1.073.494-RJ, Rel. Min. Luiz Fux, julgado em 14/9/2010**. (Inform. STJ 447)

EXECUÇÃO EXTINTA. CDA. PRESCRIÇÃO.

No caso dos autos, a controvérsia está em determinar se houve a prescrição tributária, tendo em vista que houve anterior executivo fiscal extinto sem julgamento de mérito, devido à nulidade da certidão de dívida ativa (CDA), sendo ajuizada nova ação executiva lastreada no mesmo débito, transcorridos mais de cinco anos da ocorrência do fato gerador. É cediço que a constituição definitiva do crédito tributário, sujeita à decadência, inaugura o decurso do prazo prescricional de cinco anos para o Fisco cobrar judicialmente o crédito tributário. Também, como consabido, são arrolados como marcos interruptivos da prescrição o despacho ordenador da citação do devedor em execução fiscal, o protesto judicial, qualquer ato judicial que constitua em mora o devedor e qualquer ato inequívoco, ainda que extrajudicial, que importe em reconhecimento do débito pelo devedor (art. 174, parágrafo único, do CTN). Todavia, conforme explicitou o Min. Relator, o surgimento do fato jurídico prescricional pressupõe o decurso do intervalo de tempo prescrito em lei associado à inércia do titular do direito de ação pelo seu não exercício (desde que inexistente fato ou ato a cujo curso prescricional a lei atribua eficácia impeditiva, suspensiva ou interruptiva). Assim, o prazo prescricional do direito de o Fisco cobrar o crédito tributário finda-se se não houver o exercício do direito de ação no lapso quinquenal, o que não se verificou na hipótese dos autos. Sendo exercido o direito de ação pelo Fisco, diante do ajuizamento da execução fiscal, encerrou-se a inação do credor, revelando-se incoerente a interpretação de que o prazo prescricional continuaria a fluir desde a constituição definitiva do crédito tributário até a data em que ocorresse o despacho da citação do devedor (parágrafo único do art. 174 do CTN). Dessa forma, a citação válida em processo extinto sem julgamento do mérito, excepcionando-se as causas de inação do autor, interrompe a prescrição. Destarte, o prazo prescricional interrompido pela citação válida somente reinicia seu curso após o trânsito em julgado do processo extinto sem julgamento do mérito; pois, se assim não o fosse, a segunda ação também seria extinta por força da litispendência. *In casu*, o trânsito em julgado da sentença da primeira ação executiva proposta, extinta sem julgamento do mérito, efetivou-se em 12/7/2002, sendo a segunda demanda, lastreada no mesmo lançamento, ajuizada em 7/7/2003. Portanto, o crédito tributário não foi atingido pela prescrição quinquenal. **Precedentes citados: REsp 934.736-RS, DJe 1º/12/2008; REsp 865.266-MG, DJ 5/11/2007, e EDcl no REsp 511.121-MG, DJ 30/5/2005. REsp 1.165.458-RS, Rel. Min. Luiz Fux, julgado em 15/6/2010.** (Inform. STJ 439)

RECURSO REPETITIVO. CDA. SÚM. N. 392-STJ.

A Seção, ao apreciar REsp submetido ao regime do art. 543-C do CPC e da Res. n. 8/2008-STJ, reiterou seu entendimento já cristalizado na Súm. n. 392 deste Superior Tribunal, quanto à Fazenda Pública poder substituir a certidão de dívida ativa (CDA) até a prolação da sentença de embargos, quando se tratar de correção de erro material ou formal, vedada a modificação do sujeito passivo da execução. É que, quando houver equívocos no próprio lançamento ou na inscrição em dívida, fazendo-se necessária alteração de fundamento legal ou do sujeito passivo, nova apuração do tributo com aferição de base de cálculo por outros critérios, imputação de pagamento anterior à inscrição etc., será indispensável que o próprio lançamento seja revisado, se ainda viável em face do prazo decadencial, oportunizando-se ao contribuinte o direito à impugnação, e que seja revisada a inscrição, de modo que não se viabilizará a correção do vício apenas na certidão de dívida. A certidão é um espelho da inscrição que, por sua vez, reproduz os termos do lançamento. Não é possível corrigir, na certidão, vícios do lançamento e/ou da inscrição. Nestes casos, será inviável, simplesmente, substituir-se a CDA. **Precedentes citados: REsp 891.509-AL, DJe 1º/12/2008; AgRg no Ag 992.425-BA, DJe 16/6/2008; AgRg no Ag 987.095-BA, DJe 23/6/2008; AgRg no Ag 884.384-BA, DJ 22/10/2007; REsp 773.640-BA, DJe 11/2/2008; REsp 750.248-BA, DJ 29/6/2007; REsp 705.793-SP, DJe 7/8/2008, e AgRg no Ag 771.386-BA, DJ 1º/2/2007. REsp 1.045.472-BA, Rel. Min. Luiz Fux, julgado em 25/11/2009.** (Inform. STJ 417)

EXECUÇÃO FISCAL. CDA. NULIDADE.

A possibilidade ou não de substituição da CDA não foi discutida no acórdão recorrido, que, por sinal, está em sintonia com a jurisprudência deste Superior Tribunal, ao afirmar que a liquidez e certeza da CDA está adstrita à observância dos arts. 2º, § 5º, da LEF e 202 do CTN. Logo, não poderia a CDA reunir em um único valor os débitos de IPTU de exercícios distintos, impossibilitando ao exeqüente a compreensão exata do *quantum* objeto da execução. Diante do exposto, a Turma negou provimento ao agravo. **Precedentes citados: REsp 871.902-RS, DJ 16/11/2006; REsp 879.065-RS, DJ 22/6/2007, e REsp 821.606-RS, DJ 8/5/2006. AgRg no REsp 832.796-SP, Rel. Min. Mauro Campbell Marques, julgado em 2/12/2008.** (Inform. STJ 379)

EXECUÇÃO FISCAL. CDA. DESCRIÇÃO. FATO.

A questão está em saber se é válida uma CDA para cobrança de tributo que não discrimina o fato gerador (pressuposto de fato) que levou à aplicação da multa. Para a Min. Relatora, a omissão da descrição do fato constitutivo da infração representa causa de nulidade da CDA por dificultar a ampla defesa do executado. Não se trata de mera formalidade, sendo, portanto, nulo o título. A CDA é título formal, cujos elementos devem estar bem delineados, a fim de dar efetividade ao princípio constitucional da ampla defesa do executado. Diante disso, torna-se obrigatória a descrição do fato constitutivo da infração, não sendo suficiente a menção genérica à multa de "postura geral", como origem do débito a que se refere o art. 2º, § 5º, III, da Lei n. 6.830/1980. **REsp 965.223-SP, Rel. Min. Eliana Calmon, julgado em 18/9/2008.** (Inform. STJ 368)

CDA. SUBSTITUIÇÃO. REQUISITO ESSENCIAL.

A jurisprudência deste Superior Tribunal entende que é possível a substituição da CDA antes da prolação da sentença se houver erro material ou formal. Contudo, na espécie, não se trata de erro material, mas da ausência de requisitos essenciais a convalidar a CDA: origem especificada da dívida, o exercício a que se refere a dívida que lhe dá origem (IPVA) e a especificação do veículo (não consta nem o número da placa). Logo, o Fisco está impossibilitado de substituir o título executivo, pois não há tutela na Lei n. 6.830/1980 nem no CTN para esse mister. Assim, a Turma negou provimento ao agravo regimental interposto pela Fazenda estadual. Precedente citado: AgRg no REsp 932.402-RS, DJ 26/6/2007. **AgRg no REsp 942.982-RS, Rel. Min. José Delgado, julgado em 20/9/2007.** (Inform. STJ 332)

(Comentário: ver Súmula 392/STJ)

CDA. ICMS. EXCLUSÃO. CONTRIBUIÇÃO. IAA.

A questão consistiu em saber se pode ser considerada válida à certidão de dívida ativa (CDA) em que houve a inclusão da contribuição para o Instituto do Açúcar e do Álcool (IAA) que fora considerada inconstitucional pelo STF. Assim, no que concerne à exclusão dessas parcelas da base de cálculo do ICMS, se poderia ser realizada por simples operação aritmética, ou seria necessário novo lançamento. Destacou o Min. Relator que a jurisprudência deste Superior Tribunal tem entendido que as alterações que possam ocorrer na CDA por simples operação aritmética não ensejam sua nulidade, fazendo-se no título que instrui a execução fiscal o decote da majoração indevida. Entretanto o presente caso não comporta um simples recorte no valor da CDA, requer um novo lançamento, nova apuração da base de cálculo do imposto, com a desconstituição de quase toda a escrita fiscal no período, inclusive anulando-se todas as notas fiscais do período para reconstituir o correto cálculo do ICMS sem as parcelas consideradas inconstitucionais. Com esse entendimento, a Seção, ao prosseguir o julgamento, por maioria, deu provimento aos embargos a fim de declarar que a CDA objurgada não possui certeza e liquidez, uniformizando a jurisprudência quanto à questão. Precedente citado: REsp 196.663-SP, DJ 13/3/2000. **EREsp 602.002-SP, Rel. Min. Humberto Martins, julgados em 27/6/2007.** (Inform. STJ 325)

SÚMULA STJ Nº 392

A Fazenda Pública pode substituir a certidão de dívida ativa (CDA) até a prolação da sentença de embargos, quando se tratar de correção de erro material ou formal, vedada a modificação do sujeito passivo da execução.

13.5. Execução Fiscal: embargos e exceção de pré-executividade

EMBARGOS. EXECUÇÃO. TERMO A QUO.

O STJ já decidiu, em recurso repetitivo, que o termo *a quo* para opor embargos à execução fiscal é contado a partir da data da efetiva intimação da penhora, o que não afasta a proposição de que a fluência do aludido prazo reclama a confirmação de que foi efetivamente garantido o juízo. No entanto, o § 1º do art. 16 da Lei n. 6.830/1980 (Lei de Execuções Fiscais – LEF) preceitua que não são admissíveis embargos do executado antes de garantida a execução. Assim, no caso, havendo pendência judicial acerca da efetivação da penhora por discordância sobre a *res* passível de constrição, fica impedida a inauguração do termo *a quo* do prazo para embargos, justificando-se a fluência do prazo para embargar a partir da intimação da decisão que aceitou o seguro-garantia em substituição à penhora de créditos do devedor, por caracterizar a data em que se considerou efetivada a penhora e, *a fortiori*, garantida a execução. Com essas ponderações, a Turma manteve o acórdão recorrido que entendeu pela tempestividade dos embargos opostos no trintídio posterior à intimação da referida decisão. Precedente citado: REsp 1.112.416-MG, DJe 9/9/2009. **REsp 1.126.307-MT, Rel. Min. Luiz Fux, julgado em 1º/3/2011.** (Inform. STJ 465)

EXCEÇÃO. PRÉ-EXECUTIVIDADE. HONORÁRIOS ADVOCATÍCIOS. COMPENSAÇÃO.

Na hipótese, tendo sido provido incidente de exceção de pré-executividade que resultou na extinção parcial da execução fiscal, o recorrente tenciona executar os honorários advocatícios fixados em decisão que transitou em julgado, formando título executivo judicial. Ocorre que o juízo de primeiro grau determinou a suspensão da execução dos honorários até o julgamento final da ação principal de execução fiscal, argumentando a possibilidade superveniente de compensação dos honorários. Quanto a isso, o STJ firmou o entendimento de que a condenação em honorários advocatícios é cabível nos casos em que a exceção de pré-executividade é julgada procedente mesmo que parcialmente e de que os honorários sucumbenciais fixados por força do acolhimento da exceção de pré-executividade transitada em julgado admitem sua imediata execução. O Min. Relator concluiu que o julgamento parcial da lide, com decisão transitada em julgado, inclusive na parte relativa a honorários, não permite a suspensão da execução sob o fundamento de eventual compensação das verbas sucumbenciais. Assim, a exceção de pré-executividade, acolhida integralmente, resultando a extinção quase total da execução fiscal promovida pela Fazenda Nacional, não enseja cogitar de sucumbência recíproca (art. 21 do CPC), o que supostamente possibilitaria a compensação proposta. Com essas reflexões, a Turma deu provimento ao recurso. **Precedentes citados: EREsp 1.084.875-PR, DJe 9/4/2010; REsp 1.198.481-PR, DJe 16/9/2010, e REsp 1.106.152-RS, DJe 10/9/2010. REsp 948.412-PR, Rel. Min. Luiz Fux, julgado em 21/10/2010.** (Inform. STJ 452)

REPETITIVO. EXCEÇÃO. PRÉ-EXECUTIVIDADE. HONORÁRIOS.
Em julgamento de recurso especial submetido ao regime do art. 543-C do CPC c/c a Res. n. 8/2008-STJ, a Seção assentou o entendimento de que, uma vez acolhida a exceção de pré-executividade para extinguir execução fiscal, é cabível a condenação da Fazenda Pública em honorários advocatícios. **Precedentes citados: REsp 1.192.177-PR, DJe 22/6/2010; AgRg no REsp 1.134.076-SP, DJe 29/10/2009; AgRg no REsp 1.115.404-SP, DJe 24/2/2010; EDcl no AgRg no Ag 1.030.023-SP, DJe 22/2/2010, e EREsp 1.048.043-SP, DJe 29/6/2009. REsp 1.185.036-PE, Rel. Min. Herman Benjamin, julgado em 8/9/2010.** (Inform. STJ 446)

RECURSO REPETITIVO. EXECUÇÃO FISCAL. EMBARGOS.
A Seção, ao julgar recurso representativo de controvérsia (art. 543-C do CPC e Res. n. 8/2008 do STJ), proveu-o em parte, reiterando que o termo *a quo* para opor embargos à execução fiscal é contado a partir da data da intimação da penhora, e não da juntada aos autos do cumprimento do mandado (art. 16, III, da Lei n. 6.830/1980). **Precedentes citados: AgRg no Ag 771.476-RJ, DJ 2/4/2007, e REsp 810.051-RS, DJ 25/5/2006. REsp 1.112.416-MG, Rel. Min. Herman Benjamin, julgado em 27/5/2009.** (Inform. STJ 396)

PRAZO. EMBARGOS. EXECUÇÃO. INTIMAÇÃO. DEPÓSITO.
Prosseguindo o julgamento, a Corte Especial proveu os EREsp no sentido de que, efetuado o depósito em garantia, a contagem do prazo para os embargos à execução começa a fluir a contar da data de intimação pessoal do devedor (art. 16, II, da LEF). **Precedentes citados: REsp 5.859-SP, DJ 9/5/1994; REsp 17.585-MG, DJ 20/9/1993, e EREsp 767.505-RJ, DJe 29/9/2008. EREsp 1.062.537-RJ, Rel. Min. Eliana Calmon, julgados em 2/2/2009.** (Inform. STJ 382)

REMESSA. CORTE ESPECIAL. EMBARGOS. EXECUÇÃO FISCAL.
A Seção decidiu remeter à Corte Especial matéria referente ao início do prazo para o oferecimento dos embargos da execução fiscal, se eles seriam contados do depósito ou da intimação do depósito. **EREsp 1.062.537-RJ, Rel. Min. Eliana Calmon, julgados em 10/12/2008.** (Inform. STJ 380)

EXECUÇÃO. PRAZO. EMBARGOS. DEPÓSITO.
Na execução fiscal, é certo que, garantido o juízo mediante depósito efetuado pelo devedor, sua formalização é necessária. Dessarte, o prazo para a oposição de embargos deve ser contado da intimação do depósito. Com esse entendimento, a Seção, por maioria, negou provimento aos embargos de divergência. **Precedentes citados: REsp 664.925-SC, DJ 5/5/2006; REsp 830.026-RJ, DJ 29/5/2006, e REsp 806.087-MG, DJ 3/9/2008. EREsp 767.505-RJ, Rel. Min. Denise Arruda, julgados em 10/9/2008.** (Inform. STJ 367)

EXCEÇÃO. PRE-EXECUTIVIDADE. ACOLHIDA.
A decisão que acolhe exceção de pré-executividade põe fim à execução, por isso o recurso cabível para impugná-la é a apelação, e não o agravo de instrumento, sendo ainda inaplicável o princípio da fungibilidade recursal. Entretanto, se a execução fiscal prossegue porque houve a exclusão apenas de uma das partes, o recurso cabível é o agravo de instrumento. **REsp 889.082-RS, Rel. Min. Eliana Calmon, julgado em 3/6/2008.** (Inform. STJ 358)

EXECUÇÃO FISCAL. EMBARGOS. PRAZO. ARREMATAÇÃO. FAZENDA ESTADUAL.
O termo inicial do prazo para o oferecimento dos embargos à arrematação é o dia em que se faz perfeita e irretratável a adjudicação pela Fazenda Pública, ou seja, após os 30 dias de que trata o art. 24, II, b, da Lei n. 6.830/1980, e não a partir da assinatura do auto de arrematação do art. 694 do CPC, que é a regra geral. No caso dos autos, o auto de arrematação foi lavrado em 30/5/2000; a Fazenda estadual teria até o dia 29/6/2000 para adjudicar o bem e, somente a partir do dia 30/6/2000, teria início o prazo de dez dias para oferecimento dos embargos à arrematação, como fez a recorrente, portanto tempestivos os embargos. Ressalta a Min. Relatora que o prazo de 10 dias estabelecido pelo art. 738 c/c art. 746 do CPC vigorou até o advento da Lei n. 11.382/2006, que alterou a redação do art. 746, reduzindo-o para cinco dias. Com esses fundamentos, a Turma deu provimento ao recurso da recorrente. **REsp 872.722-SP, Rel. Min. Eliana Calmon, julgado em 3/6/2008.** (Inform. STJ 358)

EXECUÇÃO FISCAL. APLICAÇÃO. ART. 739-A, CPC.
A Turma reiterou seu entendimento de que se aplica o art. 739-A do CPC aos executivos fiscais regidos pela Lei n. 6.830/1980. **REsp 1.024.128-PR, Rel. Min. Herman Benjamin, julgado em 13/5/2008.** (Inform. STJ 355)

COMPENSAÇÃO. ARGÜIÇÃO. EXECUÇÃO FISCAL.
A Seção, em agravo regimental nos embargos de divergência, reafirmou ser admissível a discussão quanto à compensação da quantia objeto da restituição do indébito tributário com os valores recolhidos em período anterior sob o mesmo título, em execução fundada em título judicial (interpretação do art. 741, VI, do CPC). Precedentes citados: REsp 395.448-PR, DJ 16/2/2004; REsp 328.616-RS, DJ 14/6/2004; EREsp 797.365-SC, DJ 11/9/2006, e EREsp 779.917-DF, DJ 1º/8/2006. **AgRg nos EREsp 884.283-DF, Rel. Min. Eliana Calmon, julgado em 26/9/2007.** (Inform. STJ 333)

SÚMULA STJ Nº 394

É admissível, em embargos à execução, compensar os valores de imposto de renda retidos indevidamente na fonte com os valores restituídos apurados na declaração anual.

SÚMULA STJ Nº 393

A exceção de pré-executividade é admissível na execução fiscal relativamente às matérias conhecíveis de ofício que não demandem dilação probatória.

SÚMULA STJ Nº 153

A desistência da execução fiscal, após o oferecimento dos embargos, não exime o exequente dos encargos da sucumbência.

SÚMULA TFR Nº 184

Em execução movida contra sociedade por quotas, o sócio-gerente, citado em nome próprio, não tem legitimidade para opor embargos de terceiro, visando livrar da constrição judicial seus bens particulares.

13.6. Execução Fiscal: outros temas

REPERCUSSÃO GERAL EM AI N. 812.687-MG
RELATOR: MIN. GILMAR MENDES
Constitucional. Tributário. Penhora de bens da extinta FEPASA, realizada anteriormente a sua sucessão pela União. Prosseguimento da execução mediante precatório (art. 100, *caput* e § 1º, da Constituição Federal. Repercussão Geral reconhecida. (Inform. STF 627)

EXTINÇÃO DE EXECUÇÃO FISCAL DE PEQUENO VALOR: AUTONOMIA MUNICIPAL E ACESSO À JURISDIÇÃO - 1
O Plenário deu provimento a recurso extraordinário para anular sentença e determinar o prosseguimento da execução fiscal de IPTU, movida por Município do Estado de São Paulo, a qual extinta por falta de interesse de agir, em razão de seu pequeno valor. A decisão impugnada invocara

a Lei paulista 4.468/84 que autoriza o Poder Executivo a não executar os débitos com valor igual ou inferior a 30% do Maior Valor de Referência (MVR). Asseverou-se, de início, que, como instrumento para as autonomias administrativa e política, a competência tributária de cada ente federado seria indelegável (CTN, art. 7º), e que o titular dessa competência teria, com exclusividade, a competência legislativa plena tanto para a instituição do tributo, observado o art. 150, I, da CF, como para eventuais desonerações, conforme disposto no art. 150, § 6º, da CF. Dessa forma, não se admitiria qualquer interferência de um ente político relativamente à competência tributária alheia. Ressaltou que o art. 156, I, da CF, ao conferir ao Município a competência para instituir imposto sobre a propriedade predial e territorial urbana, teria concedido apenas a ele, de modo exclusivo, a possibilidade de legislar sobre os aspectos da respectiva norma tributária impositiva, sobre eventuais desonerações, parcelamentos, moratórias e qualquer outro aspecto que tivesse repercussão na sua cobrança. Salientou-se que somente o Município, por lei municipal, poderia dispensar a inscrição em dívida e o ajuizamento dos seus créditos de pequeno valor, o que não se dera na espécie. Nem mesmo poder-se-ia aplicar, por analogia, legislação federal ou estadual, haja vista que a limitação das inscrições em dívida ativa e do ajuizamento de ações de créditos de pequeno valor implicaria disposição sobre esses ativos. Assim, a Lei 4.468/84 do Estado de São Paulo só poderia ser aplicada aos débitos correspondentes a créditos do próprio Estado de São Paulo, sob pena de violação à competência tributária outorgada ao Município pelo art. 156, I, da CF, fundamento, no caso, suficiente para prover o recurso. **RE 591033/SP, rel. Min. Ellen Gracie, 17.11.2010**. (RE-591033)

EXTINÇÃO DE EXECUÇÃO FISCAL DE PEQUENO VALOR: AUTONOMIA MUNICIPAL E ACESSO À JURISDIÇÃO - 2

Além disso, considerou-se que a extinção da execução sob análise infringiria, ainda, o art. 5º, XXXV, da CF. Explicou-se que todo o movimento do Judiciário brasileiro seria no sentido de ampliar o acesso à jurisdição em observância ao mandamento inscrito nesse preceito. Aduziu-se que, no sistema brasileiro, em que não é dado ao Executivo proceder à chamada "execução administrativa", a fase de cobrança extrajudicial restringir-se-ia à notificação do contribuinte para pagar voluntariamente seu débitos, inexistindo instrumentos de expropriação à disposição do Fisco, razão por que a via da execução fiscal seria a desejável e deveria ser a ele assegurada. Acrescentou-se que, tendo sido atribuído ao Poder Judiciário somente o dever de distribuir justiça, não sendo outorgada, sequer ao próprio Estado, a possibilidade de buscar autotutela, impor-se-ia que se garantisse, de modo efetivo, também a quaisquer entes federados, a concretização da garantia constitucional de que nenhuma lesão ou ameaça a direito será excluída da apreciação do Poder Judiciário. No que se refere à alegação do magistrado *a quo* de que as execuções seriam, via de regra, infrutíferas, frisou-se que isso não justificaria a negativa do acesso do credor ao Judiciário, e que, se a Justiça é ineficaz, caberia ao próprio Judiciário atuar no sentido de encontrar procedimentos mais efetivos, utilizando-se de meios mais ágeis. Registrou-se, no ponto, que para isso o Conselho Nacional de Justiça teria fixado metas a serem alcançadas pelos órgãos jurisdicionais. Concluiu-se que o magistrado em questão, ao entender pela ausência de interesse processual, o teria confundido com o resultado econômico da ação. **RE 591033/SP, rel. Min. Ellen Gracie, 17.11.2010**. (RE-591033) (Inform. STF 609)

PROCESSO FISCAL: UTILIZAÇÃO SIMULTÂNEA DAS VIAS ADMINISTRATIVA E JUDICIAL - 3

Em conclusão de julgamento, o Tribunal, por maioria, negou provimento a recurso extraordinário em que se discutia a constitucionalidade do parágrafo único do art. 38 da Lei 6.830/80 ("*Art 38. A discussão judicial da Dívida Ativa da Fazenda Pública só é admissível em execução, na forma desta Lei, salvo as hipóteses de mandado de segurança, ação de repetição do indébito ou ação anulatória do ato declarativo da dívida, esta precedida do depósito preparatório do valor do débito, monetariamente corrigido e acrescido dos juros e multa de mora e demais encargos. Parágrafo único. A propositura, pelo contribuinte, da ação prevista neste artigo importa em renúncia ao poder de recorrer na esfera administrativa e desistência do recurso acaso interposto.*"). Tratava-se, na espécie, de recurso interposto contra acórdão do Tribunal de Justiça do Estado do Rio de Janeiro, que negara provimento à apelação da recorrente e confirmara sentença que indeferira mandado de segurança preventivo por ela impetrado, sob o fundamento de impossibilidade da utilização simultânea das vias administrativa e judicial para discussão da mesma matéria — v. Informativos 349 e 387. Entendeu-se que o art. 38, da Lei 6.830/80 apenas veio a conferir mera alternativa de escolha de uma das vias processuais. RE 233582/RJ, rel. orig. Min. Marco Aurélio, rel. p/ o acórdão Min. Joaquim Barbosa, 16.8.2007. (RE-233582)

PROCESSO FISCAL: UTILIZAÇÃO SIMULTÂNEA DAS VIAS ADMINISTRATIVA E JUDICIAL - 4

Nesta assentada, o Min. Sepúlveda Pertence, em voto-vista, acompanhou a divergência, no sentido de negar provimento ao recurso. Asseverou que a presunção de renúncia ao poder de recorrer ou de desistência do recurso na esfera administrativa não implica afronta à garantia constitucional da jurisdição, uma vez que o efeito coercivo que o dispositivo questionado possa conter apenas se efetiva se e quando o contribuinte previa o acolhimento de sua pretensão na esfera administrativa. Assim, somente haverá receio de provocar o Judiciário e ter extinto o processo administrativo, se este se mostrar mais eficiente que aquele. Neste caso, se houver uma solução administrativa imprevista ou contrária a seus interesses, ainda aí estará resguardado o direito de provocar o Judiciário. Por outro lado, na situação inversa, se o contribuinte não esperar resultado positivo do processo administrativo, não hesitará em provocar o Judiciário tão logo possa, e já não se interessará mais pelo que se vier a decidir na esfera administrativa, salvo no caso de eventual sucumbência jurisdicional. Afastou, também, a alegada ofensa ao direito de petição, uma vez que este já teria sido exercido pelo contribuinte, tanto que haveria um processo administrativo em curso. Concluiu que o dispositivo atacado encerra preceito de economia processual que rege tanto o processo judicial quanto o administrativo. Por fim, registrou que já se admitia, no campo do processo civil, que a prática de atos incompatíveis com a vontade de recorrer implica renúncia a esse direito de recorrer ou prejuízo do recurso interposto, a teor do que dispõe o art. 503, *caput*, e parágrafo único, do CPC, nunca tendo se levantado qualquer dúvida acerca da constitucionalidade dessas normas. Vencidos os Ministros Marco Aurélio, relator, e Carlos Britto que davam provimento ao recurso para declarar a inconstitucionalidade do dispositivo em análise, por vislumbrarem ofensa ao direito de livre acesso ao Judiciário e ao direito de petição. RE 233582/RJ, rel. orig. Min. Marco Aurélio, rel. p/ o acórdão Min. Joaquim Barbosa, 16.8.2007. (RE-233582) (Inform. STF 476)

CÉDULA DE CRÉDITO BANCÁRIO. TÍTULO EXECUTIVO EXTRAJUDICIAL. REQUISITOS LEGAIS.

A cédula de crédito bancário, de acordo com o novo diploma legal (Lei n.10.931/2004), é título executivo extrajudicial, representativo de operações de crédito de qualquer natureza, que autoriza sua emissão para documentar a abertura de crédito em conta-corrente, nas modalidades crédito rotativo ou cheque especial. Para tanto, a cártula deve vir acompanhada de claro demonstrativo acerca dos valores utilizados pelo cliente, consoante as exigências legais enumeradas nos incisos I e II do § 2º do art. 28 da lei mencionada – de modo a lhe conferir liquidez e exequibilidade. Com base nesse entendimento, a Turma deu provimento ao recurso para que, uma vez reconhecida a executividade do título em questão, o tribunal *a quo* prossiga no julgamento da apelação e analise as demais alegações trazidas no recurso. **REsp 1.103.523-PR, Rel. Min. Luis Felipe Salomão, julgado em 10/4/2012. (Inform. STJ 495)**

EXECUÇÃO FISCAL. APELAÇÃO. EFEITO TRANSLATIVO.

Cuida-se de embargos à execução fiscal em que se apontou mais de um fundamento para a nulidade da execução, mas, na sentença, foi acolhido apenas um deles para anular a certidão de dívida ativa (CDA). Ocorre que, na apelação interposta pela Fazenda estadual, julgada procedente, o tribunal *a quo* limitou-se a analisar o fundamento adotado pela sentença, deixando de examinar as demais questões arguidas pela embargante em sua inicial e reiteradas nas contrarrazões da apelação. Opostos os declaratórios objetivando suprir tal omissão, eles foram rejeitados ao entendimento, entre outros temas, de ser necessária a interposição de apelo próprio para devolver ao tribunal as questões não apreciadas pelo juízo. No REsp, a recorrente alega, entre outras questões, violação do art. 535, II, do CPC. Para o Min. Relator, por força do efeito translativo, o tribunal de apelação, ao afastar o fundamento adotado pela sentença apelada, está autorizado a examinar os demais fundamentos invocados pela parte para sustentar a procedência ou não da demanda (§ 2º do art. 515 do CPC). Portanto, na espécie, quando os embargos à execução fiscal trouxeram mais de um fundamento para a nulidade da sentença e o juiz só acolheu um deles para julgá-los procedentes, a apelação interposta pela Fazenda estadual devolveu ao tribunal *a quo* os demais argumentos do contribuinte formulados desde o início do processo. Assim, ainda que fosse julgada procedente a apelação da Fazenda, como no caso, aquele tribunal não poderia deixar de apreciar os demais fundamentos do contribuinte. Ademais, o exame desses fundamentos independe de recurso próprio ou de pedido específico formulado em contrarrazões. Dessarte, concluiu que a omissão da análise dos demais fundamentos invocados pela parte embargante, aptos a sustentar a procedência dos embargos e a extinção da execução fiscal, importou violação do art. 535 do CPC. Com essas considerações, a Turma deu provimento ao recurso para anular o acórdão que apreciou os embargos de declaração, determinando o retorno dos autos ao tribunal de origem para que sejam analisadas as questões. Precedente citado: REsp 493.940-PR, DJ 20/6/2005. **REsp 1.201.359-AC, Rel. Min. Teori Albino Zavascki, julgado em 5/4/2011.** (Inform. STJ 468)

EXECUÇÃO FISCAL. ARREMATAÇÃO.

In casu, conforme o acórdão recorrido, a penhora sobre o bem ofertado pela executada serviu de garantia a quatro execuções fiscais. O tribunal *a quo* reconheceu a prescrição somente de uma delas, servindo a arrematação do bem dado em garantia para o pagamento dos demais processos executivos. A recorrente, contudo, alega que o reconhecimento da prescrição da execução fiscal traz, como consequência, a nulidade do leilão e da arrematação do bem dado em garantia. A Turma negou provimento ao recurso, consignando que, sendo o bem ofertado para garantia de diversos processos executivos e estando apenas um título executivo alcançado pela prescrição, este não tem o condão de ilidir a arrematação efetuada, pois esta subsiste em relação aos demais títulos executivos. Assim, na hipótese, não há falar em nulidade da arrematação, visto que a prescrição de um único título não tinha o condão de suspender a execução dos atos constritivos, entre os quais a penhora, o leilão ou a arrematação decorrentes dos demais títulos executivos garantidos pelo bem penhorado. Precedentes citados: AgRg no REsp 1.017.319-PE, DJe 26/8/2009; AgRg no Ag 990.124-RS, DJe 11/12/2008; REsp 397.637-RS, DJ 23/6/2003; REsp 687.476-SP, DJ 23/4/2007, e REsp 244.702-MG, DJ 10/9/2001. **REsp 1.221.167-RS, Rel. Min. Humberto Martins, julgado em 22/3/2011.** (Inform. STJ 467)

EXECUÇÃO FISCAL. EFEITO TRANSLATIVO. APELAÇÃO.

Em embargos à execução fiscal, a autora (recorrente) apontou mais de um fundamento para a nulidade da execução, mas a sentença, ao julgá-los, só se baseou em um deles para anular a certidão de dívida ativa. Agora, no REsp, a recorrente alega que, como houve apelação da Fazenda estadual julgada procedente, o TJ deveria ter apreciado todos os pedidos e as questões suscitadas nos autos, ainda que não apontados nas contrarrazões. Para o Min. Relator, não se pode exigir que todas as matérias sejam abordadas em contrarrazões de apelação, visto existirem determinadas situações em que há falta de interesse para a parte impugná-las expressamente, como no caso dos autos, cujos embargos à execução fiscal foram julgados procedentes em primeiro grau de jurisdição. Ademais, em função do efeito translativo dos recursos, a apelação devolve obrigatoriamente ao tribunal o conhecimento de todos os fundamentos do pedido, ainda que eles não tenham sido deduzidos nas contrarrazões. A translação ocorre em relação às matérias de ordem pública, bem como nas hipóteses autorizadas pelo art. 515, §§ 1º e 2º, do CPC. Por conta desse efeito é que, no caso, quando os embargos à execução fiscal trouxeram mais de um fundamento para sua nulidade e o juiz só acolheu um deles para julgá-los procedentes, a apelação interposta pela Fazenda Pública devolveu ao tribunal *a quo* todos os argumentos do contribuinte formulados desde o início do processo. Assim, ainda que aquele tribunal julgue procedente a apelação da Fazenda Pública, não poderia deixar de apreciar também os fundamentos do contribuinte. Diante do exposto, a Turma deu provimento ao recurso do contribuinte para determinar que o tribunal *a quo* proceda a novo julgamento da apelação nos termos do art. 515, §§ 1º e 2º, do CPC. Precedentes citados: REsp 246.776-SP, DJ 26/6/2000; REsp 232.116-SP, DJ 15/10/2001, e REsp 824.430-PR, DJ 1º/2/2007. **REsp 1.125.039-RS, Rel. Min. Humberto Martins, julgado em 1º/3/2011.** (Inform. STJ 465)

EMBARGOS. EXECUÇÃO. ERRO. CONVERSÃO. CRUZADO NOVO.

Cuida-se de embargos à execução opostos pela União em que questiona erro quanto à conversão da moeda corrente (de cruzado para cruzado novo). O tribunal *a quo* afirmou que a Fazenda havia concordado com o valor e, após, mudou de posição. A Turma entendeu ser demasiado rigoroso considerar que a Fazenda Nacional, ao concordar equivocadamente com os cálculos de liquidação, não pudesse retratar-se, principalmente fundada em planilha de valores que anexou aos autos, por meio da qual apontou erros nos cálculos de liquidação que acarretavam enorme disparidade entre os valores. Por esse motivo, determinou o retorno dos autos para novo julgamento, suprindo a omissão referente ao corte dos zeros na conversão da moeda. **REsp 1.195.106-DF, Rel. Min. Humberto Martins, julgado em 22/2/2011.** (Inform. STJ 464)

EXECUÇÃO FISCAL. VIÚVA MEEIRA. POLO PASSIVO.

Discute-se a possibilidade de incluir viúva meeira no polo passivo da ação de execução fiscal de créditos de IPTU na condição de contribuinte (coproprietária do imóvel), após o falecimento do cônjuge. É sabido que o falecimento do contribuinte não obsta o Fisco de prosseguir na execução de seus créditos, sendo certo que, na abertura da sucessão, o espólio é o responsável pelos tributos devidos pelo *de cujus* nos termos do art. 131, III, do CTN. É verdade que o cônjuge meeiro deve ser incluído no lançamento do crédito tributário e, *a fortiori*, na CDA, para viabilizar sua *letigimatio ad causam* passiva para a execução fiscal. No entanto, o falecimento de um dos cônjuges no curso da execução fiscal, com base em lançamento feito somente em nome do *de cujus*, por si só, não permite a execução direta contra o cônjuge sobrevivente. Pois, conforme é cediço no STJ, o cônjuge supérstite não é sucessor do cônjuge falecido, mas sim titular da metade do imóvel. Além disso, sumulou-se o entendimento de que a Fazenda Pública pode substituir a CDA até a prolação da sentença de embargos, quando se tratar de correção de erro material ou formal, vedada a modificação do sujeito passivo da execução (Súm. n. 392-STJ). No caso, a viúva meeira é coproprietária do imóvel tributado, sendo irrefutável que os lançamentos de ofício do IPTU e da TLCVLP foram feitos tão somente em nome do *de cujus* por opção do Fisco, que poderia tê-los realizados em nome dos coproprietários. Com essas considerações, entre outras, a Turma deu provimento ao recurso. **Precedente citado: REsp 1.045.472-BA, DJe 18/12/2009. REsp 1.124.685-RJ, Rel. Min. Luiz Fux, julgado em 21/10/2010.** (Inform. STJ 452)

RECUPERAÇÃO JUDICIAL. SUSPENSÃO. EXECUTIVO FISCAL.

Não se suspende a execução fiscal em razão do deferimento de recuperação judicial, pois isso só afeta os atos de alienação, naquele executivo, até que o devedor possa aproveitar o benefício constante do art. 6º, § 7º, da Lei n. 11.101/2005 (parcelamento). Contudo, se essa ação prosseguir (inércia da devedora já beneficiária da recuperação em requerer o parcelamento administrativo do débito fiscal ou indeferimento desse pedido), é vedada a prática de atos que possam comprometer o patrimônio do devedor ou que excluam parte dele do processo de recuperação. **Precedentes citados: CC 104.638-SP, DJe 27/4/2009; AgRg no CC 81.922-RJ, DJ 4/6/2007, e CC 11.958-RJ, DJ 29/5/1995. AgRg no CC 107.065-RJ, Rel. Min. Luis Felipe Salomão, julgado em 13/10/2010.** (Inform. STJ 451)

REPETITIVO. EXECUÇÕES FISCAIS. REUNIÃO. FACULDADE.

Em julgamento de recurso especial submetido ao regime do art. 543-C do CPC c/c a Res. n. 8/2008-STJ, a Seção asseverou que a reunião de demandas executivas fiscais contra o mesmo devedor constitui uma faculdade do magistrado, não um dever, conforme dispõe o art. 28 da Lei n. 6.830/1980 (Lei de Execução Fiscal – LEF). Consignou-se que essa cumulação superveniente, para que possa ocorrer, deve preencher tanto os requisitos do mencionado dispositivo da LEF quanto aqueles dispostos no art. 573 do CPC, a saber: identidade das partes, requerimento da medida por, pelo menos, uma delas, competência do juízo e feitos em fases processuais análogas. Observou o Min. Relator que tal situação difere da chamada cumulação inicial de pedidos, que consiste no direito subjetivo do exequente de reunir, em uma única ação executiva fiscal, diversas certidões de dívida ativa. **Precedentes citados: REsp 1.110.488-SP, DJe 9/9/2009; REsp 988.397-SP, DJe 1º/9/2008; REsp 871.617-SP, DJe 14/4/2008; REsp 1.125.387-SP, DJe 8/10/2009; AgRg no REsp 859.661-RS, DJ 16/10/2007; REsp 399.657-SP, DJ 22/3/2006; AgRg no REsp 609.066-PR, DJ 19/10/2006; AgRg no Ag 288.003-SP, DJ 1º/8/2000, e REsp 62.762-RS, DJ 16/12/1996. REsp 1.158.766-RJ, Rel. Min. Luiz Fux, julgado em 8/9/2010.** (Inform. STJ 446)

REPETITIVO. EXECUÇÃO FISCAL. PARCELAMENTO.

Trata-se, na origem, de ação executiva proposta pelo INSS, ora recorrente, em 23/9/2003, objetivando a cobrança de débitos inscritos na dívida ativa. A executada, ora recorrida, havia requerido o parcelamento de seu débito em 31/7/2003. A Seção, ao julgar o recurso sob o regime do art. 543-C do CPC c/c a Res. n. 8/2008-STJ, entendeu que, conforme o disposto no art. 151, VI, do CTN, o parcelamento fiscal, concedido na forma e condições estabelecidas em lei específica, é causa suspensiva de exigibilidade do crédito tributário, condicionando os efeitos dessa suspensão à homologação expressa ou tácita do pedido formulado. A Lei n. 10.522/2002, em sua redação primitiva (vigente até a MP n. 449/2008, convertida na Lei n. 11.941/2009), considerava haver deferimento tácito do pedido de adesão ao parcelamento formulado pelo contribuinte, quando decorrido o prazo de 90 dias contados da protocolização do pedido sem manifestação da autoridade fazendária, desde que efetuado o recolhimento das parcelas estabelecidas. Na espécie, por ocasião do ajuizamento da execução, inexistia homologação expressa ou tácita do parcelamento (PAES). Deve-se, então, reformar a decisão que extinguiu o feito com base nos arts. 267, VI, e 618, I, do CPC, pois a suspensão da exigibilidade do crédito tributário, aperfeiçoada após a propositura da ação, apenas obsta o curso do feito executivo e não o extingue. Não se pode confundir a hipótese do art. 174, IV, do CTN (curso interruptivo do prazo prescricional) com as modalidades suspensivas da exigibilidade do crédito tributário (art. 151 do CTN). **Precedentes citados: REsp 911.360-RS, DJe 4/3/2009; REsp 608.149-PR, DJ 29/11/2004, e REsp 430.585-RS, DJ 20/9/2004. REsp 957.509-RS, Rel. Min. Luiz Fux, julgado em 9/8/2010.** (Inform. STJ 442)

ARQUIVAMENTO. DÍVIDA. PEQUENO VALOR. PRESCRIÇÃO.
A Fazenda Nacional sustenta, no especial, que o arquivamento das execuções fiscais de valor inferior a R$ 10 mil (art. 20 da Lei n. 10.522/2002), enquanto atende ao princípio da economicidade, não seria igual ao arquivamento determinado pelo art. 40 da Lei de Execuções Fiscais (LEF), que se refere à não localização do devedor ou bens passíveis de penhora; pois, no primeiro, os débitos executados podem ser normalmente cobrados se alcançarem o valor de alçada. Assim, busca o reconhecimento da imprescritibilidade dos créditos tributários e não tributários de sua titularidade ao fundamento de que é incerta a data quando as execuções fiscais ajuizadas alcançarão o valor estipulado no mencionado art. 20. Contudo, este Superior Tribunal, inúmeras vezes, já rechaçou a tese da imprescritibilidade da dívida ativa seja ao aplicar o art. 40 da LEF em conjunto com o art. 174 do CTN, seja ao aplicar o princípio da simetria à dívida ativa de natureza não tributária. Ademais, conforme o CTN, só há suspensão de exigibilidade do crédito nas hipóteses previstas em seu art. 141, o que exclui a possibilidade de qualquer das hipóteses elencadas no art. 20 da Lei n. 10.522/2002 configurar mais uma modalidade de suspensão da prescrição. Conclui-se que a regra do art. 40 da LEF é aplicável a todos os casos de arquivamento da execução fiscal, entendimento até firmado por este Superior Tribunal em recurso repetitivo (art. 543-C do CPC). Quanto à prescrição decenal, anote-se a edição da Súmula vinculante n. 8 do STF, que veio consagrar o entendimento há muito esposado no STJ de que a prescrição e a decadência tributárias são matérias reservadas à lei complementar, além de declarar a inconstitucionalidade do parágrafo único do art. 5º do DL n. 1.569/1977 e dos arts. 45 e 46 da Lei n. 8.212/1991, que disciplinavam a matéria. Precedente citado: REsp 1.102.554-MG, DJe 8/6/2009. **REsp 1.120.406-SP, Rel. Min. Eliana Calmon, julgado em 20/5/2010.** (Inform. STJ 435)

REPETITIVO. HONORÁRIOS ADVOCATÍCIOS. ADESÃO. PARCELAMENTO.
A Seção, ao julgar recurso sujeito ao art. 543-C do CPC (recurso repetitivo), reafirmou que descabe a condenação a honorários advocatícios nos casos de desistência de embargos à execução fiscal de créditos da Fazenda Nacional determinada pela adesão do contribuinte a programa de parcelamento fiscal, porque esses honorários já estão incluídos no débito consolidado, por força do encargo de 20% determinado pelo art. 1º do DL n. 1.025/1969, que os abrange (art. 3º da Lei n. 7.711/1988). Anotou que esse entendimento já constava da Súm. n. 168 do extinto TFR e deve ser aplicado mesmo ao considerar-se a Lei n. 10.684/2003. **Precedentes citados: EREsp 475.820-PR, DJ 15/12/2003; EREsp 412.409-RS, DJ 7/6/2004; EREsp 252.360-RJ, DJ 1º/10/2007; EREsp 608.119-RS, DJ 24/9/2007; REsp 1.006.682-RJ, DJe 22/9/2008; AgRg no REsp 940.863-SP, DJe 23/6/2008; REsp 678.916-RS, DJe 5/5/2008; REsp 963.294-RS, DJ 22/10/2007, e REsp 940.469-SP, DJ 25/9/2007. REsp 1.143.320-RS, Rel. Min. Luiz Fux, julgado em 12/5/2010.** (Inform. STJ 434)

REPETITIVO. EXECUÇÃO FISCAL. DESPESA. TRANSPORTE.
É consabido caber à Justiça Federal, diante da fundamentada conveniência do ato, a expedição de carta precatória a ser cumprida pelo juízo estadual (art. 1.213 do CPC e arts. 15, parágrafo único, e 42 da Lei n. 5.010/1966). Também se sabe que a União e suas autarquias estão isentas do pagamento de custas e emolumentos, além de se postergar o custeio das despesas dos atos processuais quando efetuados a seu pedido (art. 39 da Lei n. 6.830/1980 e art. 27 do CPC). Porém, esses privilégios não dispensam o pagamento antecipado da despesa com o transporte de oficial de Justiça (Súm. n. 190-STJ), ainda que ela sirva ao cumprimento de diligência (carta precatória) determinada em execução fiscal ajuizada na Justiça Federal (o que afasta o art. 1º, § 1º, da Lei n. 9.289/1996). Apesar de integrar o corpo funcional do Poder Judiciário, o oficial de Justiça, terceiro estranho à relação jurídica processual, seria onerado na falta do depósito prévio do valor de seu deslocamento, necessário ao cumprimento do ato judicial, o que não se coaduna com o princípio constitucional da legalidade (art. 5º, II, da CF/1988). A Seção, ao acolher o entendimento exposto, negou provimento ao especial sujeito ao rito do art. 543-C do CPC (recurso representativo de controvérsia). **Precedentes citados: EREsp 22.661-SP, DJ 18/4/1994; EREsp 23.337-SP, DJ 16/8/1993; REsp 113.194-SP, DJ 22/4/1997; REsp 114.666-SC, DJ 28/4/1997; REsp 126.131-PR, DJ 4/8/1997; REsp 109.580-PR, DJ 16/6/1997; REsp 366.005-RS, DJ 10/3/2003; AgRg no Ag 482.778-RJ, DJ 17/11/2003; AgRg no REsp 653.135-SC, DJ 14/3/2007; REsp 705.833-SC, DJe 22/8/2008; REsp 821.462-SC, DJe 29/10/2008; REsp 933.189-PB, DJe 17/12/2008; REsp 250.903-SP, DJ 31/3/2003; REsp 35.541-SP, DJ 4/10/1993; REsp 36.914-SP, DJ 22/11/1993, e REsp 50.966-SP, DJ 12/9/1994. REsp 1.144.687-RS, Rel. Min. Luiz Fux, julgado em 12/5/2010.** (Inform. STJ 434)

EXECUÇÃO FISCAL. CRÉDITO RURAL.
Cuida-se da prescrição referente ao crédito rural adquirido pela União (MP n. 2.196-3/2001). Nesse contexto, vê-se que o art. 70 da Lei Uniforme de Genebra, aprovada pelo Dec. n. 57.663/1966, fixa em três anos a prescrição do título cambial. Já a prescrição da ação cambiariforme não fulmina o próprio crédito, que poderá ser perseguido por outras vias. Na hipótese, a União, cessionária do crédito rural, não está a executar a cédula de crédito rural (de natureza cambiária), mas sim a dívida originada no contrato, razão pela qual pode valer-se do disposto no art. 39, § 2º, da Lei n. 4.320/1964 e, após efetuar a inscrição em sua dívida ativa, buscar a satisfação do crédito por meio de execução fiscal, nos termos da Lei n. 6.830/1980. Anote-se que, recentemente, a Primeira Seção deste Superior Tribunal já se posicionou, em recurso repetitivo, no sentido da viabilidade da execução fiscal para a cobrança do crédito rural. Dessarte, por não se tratar de execução de título cambial, mas de dívida ativa da Fazenda Pública de natureza não tributária, o prazo prescricional previsto no art. 1º do Dec. n. 20.910/1932 deve incidir na hipótese, conforme precedentes. Ainda que se cogite do prazo trienal, deve-se prestigiar o entendimento pacificado na jurisprudência do STJ de que a inadimplência de parcela do contrato não antecipa o prazo prescricional, pois prevalece a data de vencimento contratualmente estabelecida. **Precedentes citados: REsp 1.123.539-RS, DJe 1º/2/2010; EREsp 961.064-CE, DJe 31/8/2009; AgRg no REsp 628.723-RS, DJ 16/4/2007, e AgRg no REsp 439.427-SP, DJ 30/10/2006. REsp 1.169.666-RS, Rel. Min. Herman Benjamin, julgado em 18/2/2010.** (Inform. STJ 423)

EXECUÇÃO FISCAL. DEPOSITÁRIO. SUBSTITUIÇÃO.
A jurisprudência deste Superior Tribunal, com a edição da Súm. n. 316-STJ, flexibilizou a possibilidade de haver recusa expressa do depositário nomeado compulsoriamente contra sua vontade, com base no art. 5º, II, da CF/1988, o qual consagra que ninguém será obrigado a fazer ou deixar de fazer alguma coisa senão em virtude de lei. Por essa razão, o mesmo tratamento deve ser conferido ao depositário que assume o encargo, mas, posteriormente, de forma justificada, explica que não pode mais arcar com tal ônus. Ademais, no caso dos autos, o próprio acórdão recorrido reconhece ser justificada sua exoneração do encargo de depositário. **REsp 1.120.403-SP, Rel. Min. Luiz Fux, julgado em 3/12/2009.** (Inform. STJ 418)

EXECUÇÃO FISCAL. FALÊNCIA. EXECUTADO.
O recorrente alega que o produto da arrematação do bem imóvel da massa falida deve ir para o juízo falimentar. A questão cinge-se à destinação do produto da arrematação, quando esta sobreveio em data anterior à decretação da falência. Isso posto, a Turma deu provimento ao recurso, por entender que o produto arrecadado com a alienação de bem penhorado em execução fiscal, antes da decretação da quebra, deve ser entregue ao juízo universal da falência. A falência superveniente do devedor não tem o condão de paralisar o processo de execução fiscal, nem de desconstituir a penhora realizada anteriormente à quebra. Outrossim, o produto da alienação judicial dos bens penhorados deve ser repassado ao juízo universal da falência para apuração das preferências. **REsp 1.013.252-RS, Rel. Min. Luiz Fux, julgado em 19/11/2009.** (Inform. STJ 416)

EXECUÇÃO FISCAL. FRAUDE. RENÚNCIA. USUFRUTO.
A recorrente aponta violação dos arts. 593, II, do CPC e 185 do CTN, sob o argumento de que houve fraude à execução fiscal, porquanto já havia ajuizamento de execução fiscal contra as empresas devedoras, configurando o ato de renúncia ao usufruto evidente tentativa de frustrar a execução, bastando o conhecimento do devedor de que o bem se encontrava na iminência de ser constrito. Para o Min. Relator, a renúncia ao usufruto não

importa em fraude à execução, porquanto, a despeito de os frutos serem penhoráveis, o usufruto é direito impenhorável e inalienável, salvo para o nu-proprietário. **Precedentes citados: REsp 242.031-SP, DJ 29/3/2004, e REsp 1.095.644-SP, DJe 24/8/2009. REsp 1.098.620-SP, Rel. Min. Luiz Fux, julgado em 19/11/2009.** (Inform. STJ 416)

SUSPENSÃO. EXECUTIVO FISCAL. LIQUIDAÇÃO. INSTITUIÇÃO FINANCEIRA.

A questão diz respeito à possibilidade de suspender o processo de execução fiscal contra débitos de instituição financeira em procedimento de liquidação extrajudicial. Para o Min. Relator, a Lei de Execução Fiscal (Lei n. 6.830/1980) é lei especial em relação àquela de Liquidação Extrajudicial das Instituições Financeiras (Lei n. 6.024/1974), por isso não há suspensão do executivo fiscal em razão de liquidação legal dos bancos, nos termos do art. 29 da LEF (*lex specialis derogat generali*). **Precedentes citados: EREsp 757.576-PR, DJe 9/12/2008; Ag 1.101.675-PR, DJe 27/5/2009; REsp 798.953-BA, DJe 14/3/2008; REsp 903.401-PR, DJ 25/2/2008; REsp 902.771-RS, DJ 18/9/2007, e REsp 698.951-BA, DJ 7/11/2005. REsp 1.032.814-RS, Rel. Min. Luiz Fux, julgado em 20/10/2009.** (Inform. STJ 412)

RECURSO. TERCEIRO PREJUDICADO. ARREMATANTE.

O TRF deu provimento ao recurso reconhecendo a legitimidade dos autores e determinou a nulidade da arrematação devido à ausência de intimação do cônjuge do executado. O recorrente sustenta a nulidade absoluta daquela ação que anulou a ação executiva e, por consequência, da arrematação, por não ter sido citado como litisconsorte necessário, visto ser o arrematante do imóvel levado à praça. Para o Min. Relator, o terceiro prejudicado legitimado a recorrer, cuja relação jurídica é atingida de forma reflexiva, por força do nexo de interdependência judicial (art. 499, § 1º, do CPC), é aquele que sofre um prejuízo na sua relação jurídica em razão da sentença. O litisconsórcio é compulsório, vale dizer, necessário, quando a eficácia da decisão depender da citação de todos os sujeitos que sofrerão nas suas esferas jurídicas, sob pena de a sentença ser considerada *inutiliter data*, por isso, se o terceiro não for convocado para o processo, legitima-se à impugnação recursal (art. 499, § 1º, do CPC). O arrematante é litisconsórcio necessário na ação de nulidade da arrematação, porquanto o seu direito sofrerá influência da sentença que nulifica o ato culminante da expropriação judicial. A ação anulatória de arrematação, conforme a orientação deste Superior Tribunal, reclama a participação de interessados na controvérsia (arrematante, exequente e executado), que ostentam manifesto interesse jurídico no resultado da demanda cuja finalidade é desconstituir o ato judicial que favorece o ora recorrente, terceiro prejudicado. **REsp 927.334-RS, Rel. Min. Luiz Fux, julgado em 20/10/2009.** (Inform. STJ 412)

EXECUÇÃO FISCAL. HONORÁRIOS ADVOCATÍCIOS.

Discute-se a possibilidade de que honorários advocatícios de sucumbência fixados em favor da União em execução fiscal já transitada em julgado possam ser inscritos pela Fazenda Nacional, em sua dívida ativa, como novo título, agora extrajudicial (certidão de dívida ativa). Para o acórdão recorrido, o proceder da Fazenda Nacional não se mostra razoável. No REsp, a Fazenda Nacional defende a tese de que os honorários advocatícios de sucumbência arbitrados em seu favor constituem dívida ativa de natureza não tributária, passíveis de inscrição e execução, de acordo com o rito da Lei n. 6.830/1980 (LEF). Ressalta o Min. Relator que, ainda que ausentes de prequestionamento os dispositivos legais mencionados pela recorrente, é incontroverso que, na linha de defesa adotada nas razões recursais, ela atacou o fundamento do acórdão recorrido, a viabilizar a edição de provimento jurisdicional meritório. Observa que o termo de "inscrição em dívida ativa", bem como a certidão que dele se extrai, dá origem ao título extrajudicial, porque a lei atribui ao Poder Público a possibilidade de constituí-lo unilateralmente, independentemente de um pronunciamento jurisdicional. Logo, nas hipóteses em que o crédito decorre de sentença judicial, torna-se desnecessária a inscrição em dívida ativa, porque o Poder Judiciário já atuou na lide, tornando incontroversa a existência da dívida. Aponta que o ordenamento jurídico deve ser interpretado sistematicamente e a Lei n. 11.232/2005 extinguiu o processo de execução de título, instaurando o prosseguimento da demanda por meio da fase denominada cumprimento de sentença. Dessa forma, a tese defendida pela Fazenda Nacional não tem motivo lógico ou jurídico e deve ser rechaçada; pois, além de estar na contramão das reformas processuais, homenagearia ultrapassada visão burocrata e ineficiente das atividades estatais que sobrecarregaria desnecessariamente o Poder Judiciário. Finalizou, destacando que, conforme foi registrado no voto condutor do acórdão recorrido e não rebatido no recurso, a inscrição em dívida ativa, por força de lei, implicaria a inclusão de encargos (Selic, nos termos do art. 84, § 8º, da Lei n. 8.981/1995), o que afrontaria os limites objetivos da coisa julgada, pois o título executivo não os contemplou. Diante do exposto, a Turma conheceu parcialmente o recurso e, nessa parte, negou-lhe provimento. **REsp 1.126.631-PR, Rel. Min. Herman Benjamin, julgado em 20/10/2009.** (Inform. STJ 412)

EXECUÇÃO FISCAL. LEGITIMIDADE.

Trata-se de REsp em que se discute a possibilidade de a União cobrar, via execução fiscal, créditos cedidos por instituição privada. Para a Min. Relatora, não há qualquer mácula na cobrança de tais créditos por intermédio da execução fiscal, visto que, diversamente do entendimento do recorrente, tal execução é instrumento de cobrança das entidades referidas no art. 1º da Lei n. 6.830/1980, não importando a natureza pública ou privada dos créditos. Ressaltou que, se o crédito é titularizado pela União, evidentemente, sua cobrança é atribuição da Procuradoria da Fazenda Nacional. Por fim, destacou que, embora o Superior Tribunal de Justiça, como qualquer instância judicial, possa declarar a inconstitucionalidade de ato normativo, não há qualquer mácula na MP n. 2.196-3, de 24 de agosto de 2001, ainda quando se cogita que ela se encontra em vigor por força da EC n. 32, de 11 de setembro de 2001. Com esses argumentos, entre outros, a Turma negou provimento ao recurso. **Precedentes citados: REsp 688.689-SP, DJ 15/8/2005; REsp 1.077.363-RS, DJe 29/10/2008, e REsp 1.015.297-PE, DJe 21/5/2008. REsp 1.126.491-RS, Rel. Min. Eliana Calmon, julgado em 6/10/2009.** (Inform. STJ 410)

REPETITIVO. EXECUÇÃO FISCAL. DCTF. ERRO.

A Seção conheceu em parte do recurso e nessa parte desproveu-o quanto à condenação da Fazenda Pública em honorários advocatícios, no caso da extinção de execução fiscal fundada no art. 26 da Lei n. 6.830/1980, pelo cancelamento de débito, diante do pagamento integral antes do ajuizamento da ação. Com efeito, caberia ao contribuinte o ônus dos honorários advocatícios em razão do preenchimento errôneo da declaração de débitos e créditos tributários federais (DCTF); no entanto, tendo protocolado o documento de retificação a tempo de evitar a execução fiscal, descabe tal penalidade, pois a demora foi da Administração em analisar seu pedido. **Precedentes citados: EDcl no AgRg no Ag 1.112.581-SP, DJe 6/8/2009; REsp 991.458-SP, DJe 27/4/2009; REsp 626.084-SC, DJ 6/9/2007; AgRg no REsp 818.522-MG, DJ 21/8/2006, e AgRg no REsp 635.971-RS, DJ 16/11/2004. REsp 1.111.002-SP, Rel. Min. Mauro Campbell Marques, julgado em 23/9/2009.** (Inform. STJ 408)

EXECUÇÃO FISCAL. SÓCIO. CITAÇÃO. EQUÍVOCO CARTORÁRIO.

Cinge-se a questão à possibilidade de impor, à autarquia previdenciária o pagamento de honorários advocatícios em razão da sucumbência em ação de embargos do devedor, devido à citação equivocada do sócio da empresa executada. Para o Min. Relator, nas execuções, quer sejam fundadas em título extrajudicial quer em título judicial, ainda que não impugnadas ou embargadas, são devidos honorários advocatícios, por consubstanciarem ações autônomas. Assim, impõe-se à autarquia previdenciária, no caso *sub judice*, o pagamento dos honorários, uma vez que a parte não pode ser prejudicada por ato imputável à referida autarquia, sob o argumento de que a citação do sócio da empresa executada deu-se por equívoco de outro órgão, também pertencente ao Estado. A Fazenda exequente é representada pelo complexo de seus órgãos, por isso não pode pretender eximir-se de suas responsabilidades judiciais ou extrajudiciais, fragmentando sua unidade perante o particular. *In casu*, assevera a recorrente que, sem qualquer requerimento expresso, o cartório procedeu à citação do sócio da empresa executada cujo nome constava da inicial e da CDA, em hipótese de responsabilidade subsidiária, ausente qualquer causa de redirecionamento da execução, razão pela qual pretende escusar-se de pagar honorários resultantes de embargos procedentes, sob a alegação de que outro órgão da Administração Pública, sem personalidade jurídica própria, procedera ao ato processual equivocado. Nesse diapasão, vencida a exequente em embargos, cumpre pagar os honorários, até mesmo porque a citação de executado constante da CDA impõe à exequente o ônus decorrente do ingresso do legitimado passivo em juízo. **REsp 970.086-PR, Rel. Min. Luiz Fux, julgado em 17/9/2009.** (Inform. STJ 407)

EXECUÇÃO FISCAL. CRÉDITO. NATUREZA NÃO TRIBUTÁRIA.

A recorrente aduz que o aresto recorrido não analisou o questionamento acerca da legislação aplicável ao caso concreto, especificamente os arts. 1º e 2º, § 2º, da LEF e o art. 39 da Lei n. 4.320/1964. Afirma ainda ser incorreto o entendimento de que o art. 185-A do CTN, que possibilita a declaração da indisponibilidade dos bens e direitos do executado nas circunstâncias que especifica, aplica-se apenas às execuções de débitos de natureza tributária. Argumenta que a dívida ativa, tributária ou não tributária, é crédito da Fazenda Pública, logo não há respaldo legal para afastar a incidência do art. 185-A do CTN à execução de dívidas de origem não tributária, como no caso, cujo crédito é oriundo de multa. Para o Min. Relator, não se aplica o art. 185-A do CTN nas execuções fiscais que têm por objeto débitos de natureza não tributária. A leitura do mencionado artigo evidencia que apenas o devedor tributário pode ter a indisponibilidade de seus bens decretada. O fato de a Lei de Execuções Fiscais (Lei n. 6.830/1980) afirmar que os débitos de natureza não tributária compõem a dívida ativa da Fazenda Pública não faz com que tais débitos passem, apenas em razão de sua inscrição na dívida ativa, a ter natureza tributária. Isso, simplesmente, porque são oriundos de relações outras, diversas daquelas travadas entre o Estado, na condição de arrecadador, e o contribuinte, na qualidade de sujeito passivo da obrigação tributária. Os débitos que não advêm do inadimplemento de tributos, como é o caso, não se submetem ao regime tributário previsto nas disposições do CTN, porquanto essas apenas se aplicam a dívidas tributárias, ou seja, que se enquadrem na definição de tributo constante no art. 3º do CTN. Diante disso, a Turma negou provimento ao recurso. **Precedentes citados: AgRg no REsp 981.480-SP, DJe 13/3/2009, e REsp 1.055.259-SC, DJe 26/3/2009. REsp 1.073.094-PR, Rel. Min. Benedito Gonçalves, julgado em 17/9/2009.** (Inform. STJ 407)

EXECUÇÃO FISCAL. REUNIÃO. MESMO DEVEDOR.

É simples faculdade e não dever do juiz a reunião de processos contra um mesmo devedor por conta da conveniência da unidade de garantia da execução fiscal (art. 28 da Lei n. 6.830/1980). O sistema processual brasileiro aceita esse poder judicial de avaliação da cumulação de ações, tal qual demonstram o litisconsórcio recusável (art. 46, parágrafo único, do CPC) e a cumulação de pedidos (art. 292 do mesmo código). **Precedentes citados: AgRg no REsp 609.066-PR, DJ 19/10/2006; AgRg no Ag 288.003-SP, DJ 1º/8/2000, e REsp 62.762-RS, DJ 16/12/1996. REsp 1.125.387-SP, Rel. Min. Luiz Fux, julgado em 8/9/2009.** (Inform. STJ 406)

RECURSO REPETITIVO. CITAÇÃO POR EDITAL. EXECUÇÃO FISCAL. REQUISITOS.

A Seção, ao julgar o recurso admitido na origem sob o regime do art. 543-C do CPC e da Res. n. 8/2008 do STJ, entendeu que, na execução fiscal, só é cabível a citação por edital quando sem êxito as outras modalidades de citação previstas no art. 8º da Lei n. 6.830/1980, quais sejam, a citação pelos Correios e a citação por oficial de justiça. **Precedentes citados: REsp 927.999-PE, DJe 25/11/2008; REsp 930.059-PE, DJ 2/8/2007; AgRg no REsp 781.933-MG, DJe 10/11/2008, e AgRg no REsp 1.054.410-SP, DJe 1º/9/2008. REsp 1.103.050-BA, Rel. Min. Teori Albino Zavascki, julgado em 25/3/2009.** (Inform. STJ 388)

AG. ÔNUS. AGRAVADO.

Na espécie, conforme os autos, o agravante (município) não cumpriu o disposto no art. 526 do CPC (providências quanto ao rol de peças a serem juntadas). Embora tal fato não tenha sido suscitado pelo agravado em contrarrazões, foi arguido em petição posterior porque os autos encontravam-se em poder da procuradoria do município. Portanto, o agravado cumpriu o ônus imposto no parágrafo único do artigo em comento, comprovando-o em tempo, na primeira oportunidade que lhe foi possível falar nos autos. Diante do exposto, a Turma conheceu em parte o REsp e, nessa parte, negou-lhe provimento. **Precedentes citados: REsp 577.655-RJ, DJ 22/11/2004, e REsp 328.018-RJ, DJ 29/11/2004. REsp 1.091.167-RJ, Rel. Min. Luiz Fux, julgado em 19/3/2009.** (Inform. STJ 387)

FAZENDA. ISENÇÃO. POSTAGEM.

Na origem, cuidava-se de agravo de instrumento interposto da decisão que, em execução fiscal ajuizada na Justiça estadual, determinou a intimação da exequente (União) para proceder ao pagamento de custas relativas à citação postal, de acordo com lei estadual, sob pena de cancelamento da distribuição. Diante disso, a Turma deu provimento ao REsp, reafirmando que a Fazenda Nacional não está obrigada ao pagamento das custas e despesas processuais. Portanto, não há que se exigir o adimplemento do *quantum* equivalente à postagem de carta citatória. **Precedentes citados: REsp 1.028.103-SP, DJ 21/8/2008; EREsp 506.618-RS, DJ 13/2/2008, e REsp 1.036.656-SP. REsp 1.076.914-SE, Rel. Min. Luiz Fux, julgado em 19/3/2009.** (Inform. STJ 387)

FAZENDA NACIONAL. EXECUÇÃO FISCAL. CUSTAS. EMOLUMENTOS.

A Seção proveu parcialmente o recurso da Fazenda Nacional, rejeitando completamente a tese de sua isenção do pagamento de custas e emolumentos, no caso, cópia dos atos constitutivos de empresa constantes do cartório de registro de títulos e documentos e civil de pessoa jurídica, porquanto, se vencida, ao final deve pagar nas execuções fiscais, sem ofensa ao art. 39 da Lei n. 6.830/1980 c/c os arts. 27 e 1.212 do CPC. **Precedentes citados: RMS 10.349-RS, DJ 20/11/2000; REsp 109.580-PR, DJ 16/6/1997; REsp 253.203-SC, DJ 9/4/2002; REsp 366.005-RS, DJ 10/3/2003, e AgRg no REsp 984.286-SP, DJ 19/12/2007. REsp 1.036.656-SP, Rel. Min. Eliana Calmon, julgado em 16/2/2009.** (Inform. STJ 384)

EXECUÇÃO. LEI N. 11.232/2005. APLICAÇÃO.

Trata-se de embargos à execução interpostos antes da entrada em vigor da Lei n. 11.232/2005 e rejeitados por sentença prolatada em 15/10/2006 e publicada em 20/11/2006, quando já vigia a mencionada lei. A Turma reiterou o entendimento manifestado pela Corte Especial e afirmou que, reconhecida a existência de dúvida objetiva e ausência de erro grosseiro na interposição do agravo em vez de apelação, deve-se aplicar o princípio da fungibilidade. Assim, cassou o acórdão recorrido e determinou que o Tribunal de origem aprecie o agravo de instrumento. Precedente citado: **REsp 1.044.693-MG. REsp 1.033.447-PB, Rel. Min. Eliana Calmon, julgado em 10/2/2009.** (Inform. STJ 383)

AÇÃO CIVIL PÚBLICA. EXECUÇÃO NÃO-EMBARGADA. FAZENDA NACIONAL. HONORÁRIOS ADVOCATÍCIOS.

Na espécie, a Corte Especial entendeu que, conhecidos os embargos de divergência, a decisão a ser proferida pode não se restringir às teses adotadas nos arestos em discordância – recorrido e paradigma –, sendo possível aplicar uma terceira tese, pois cabe às Seções ou à própria Corte Especial aplicar o direito à espécie. No caso, a tese jurídica diz respeito ao cabimento de honorários advocatícios contra a Fazenda Nacional em execução não-embargada de título judicial, em razão do disposto no art. 1º-D da Lei n. 9.494/1997, com a alteração inserida pelo art. 4º da MP n. 2.180/2001. Também entendeu cabível a fixação de honorários advocatícios nas execuções individuais de sentença proferida em ação civil pública, mesmo quando não-embargada. Na hipótese, não se aplica a referida legislação. **Precedentes citados: EREsp 144.575-MG, DJ 26/5/2003; EREsp 475.566-PR, DJ 13/9/2004, e EREsp 130.605-DF, DJ 23/4/2001. EREsp 513.608-RS, Rel. Min. João Otávio de Noronha, julgados em 5/11/2008.** (Inform. STJ 375)

EXECUÇÃO. EMBARGOS. HONORÁRIOS ADVOCATÍCIOS. DL N. 1.025/1969. TAXA SELIC.

A Turma excluiu a condenação em honorários advocatícios nos embargos à execução, reiterando a impossibilidade de cumulação desses honorários com o encargo previsto no DL n. 1.025/1969, mormente após a destinação dada pela Lei n. 7.711/1988, referente às despesas associadas à arrecadação de dívida ativa federal. Também, quanto à questão da CDA, entende ser desnecessário que nela conste detalhadamente a discriminação de todos os acréscimos de correção monetária, multa e juros de mora, bastando seja indicada a fundamentação legal a partir da qual se calculam os débitos e acréscimos devidos. Reiterou-se, ainda, que aos débitos pagos com atraso é aplicável a Taxa Selic (art. 13 da Lei n. 9.065/1995). **Precedentes citados: REsp 641.193-PR, DJ 5/9/2005; REsp 663.200-PR, DJ 29/8/2005; REsp 531.874-RS, DJ 15/8/2005; AgRg no REsp 657.778-AL, DJ 30/5/2005; REsp 766.050-PR, DJ 25/2/2008; AgRg no Ag 629.856-PR, DJ 14/3/2005; AgRg no Ag 602.384-PR, DJ 14/2/2005; REsp 586.708-MG, DJ 17/5/2004, e REsp 522.184-PR, DJ 29/9/2003. REsp 1.034.623-AL, Rel. Min. Eliana Calmon, julgado em 28/10/2008.** (Inform. STJ 374)

EXECUÇÃO FISCAL. SUSPENSÃO. HASTA PÚBLICA.

Em execução fiscal, houve agravo de instrumento da decisão do juiz que indeferiu o pedido da executada de extinguir o executivo fiscal ou suspender a hasta pública diante da concessão de mandado de segurança para compensação de créditos tributários e processo administrativo em tramitação junto à Secretaria da Fazenda estadual com pedido de compensação de precatório. Diante de tais fatos, o Tribunal *a quo* suspendeu a hasta pública designada pelo juiz até o final do processo administrativo. Insurge-se o Estado-membro, alegando julgamento *extra petita* e inobservância de dispositivos do CPC. Isso posto, explica o Min. Relator que só ocorre julgamento *extra petita* quando a decisão contempla questão não incluída no *litiscontestatio* (arts. 128 e 460 do CPC). Observa ainda que o poder geral de cautela conferido ao juiz autoriza-lhe determinar medidas, como no caso suspender a hasta pública, quando houver receio, antes do julgamento da lide, de dano, lesão grave de difícil reparação a uma das partes (arts. 798 e 799 do CPC). Na hipótese, em virtude da concessão de mandado de segurança, o acórdão recorrido autorizou a compensação de créditos tributários até que se resolva o processo administrativo. Isso porque poderia vir a prejudicar terceiros caso arrematassem o bem penhorado. Outrossim, conforme assegurou o acórdão recorrido: o exeqüente não será prejudicado uma vez que o bem já está constrito e sua venda apenas está adiada. Quanto às demais ofensas, incidiu a Súm. n. 284-STF. **REsp 827.932-GO, Rel. Min. Luiz Fux, julgado em 9/9/2008**. (Inform. STJ 367)

COMPETÊNCIA. EXECUÇÃO FISCAL.

Trata-se da definição do juízo competente para apreciação da execução fiscal na hipótese em que houve mudança de domicílio da empresa executada antes do ajuizamento da ação. O Tribunal *a quo* decidiu, com base no art. 578 do CPC, que a Fazenda tem a prerrogativa de escolher o foro para a propositura da ação de execução fiscal, podendo, inclusive, a ação ser proposta no foro do lugar em que se praticou o ato que deu origem à dívida. Para o Min. Relator, a alteração do local da sede da empresa antes da propositura do executivo fiscal impõe a aplicação da regra do *caput* do art. 578 do CPC, que, nesse caso, tem prevalência sobre o parágrafo único do citado artigo, pois o art. 578, *caput*, tem como objetivo viabilizar o melhor desempenho da defesa do executado e o seu parágrafo único só incide quando inaplicável o *caput* do artigo (regra básica de hermenêutica). Além disso, na execução fiscal, para efeito de aplicação da regra de competência do art. 578 do CPC, ante a inexistência de norma especial na Lei n. 6.830/1980, prevalece a data da propositura da ação fiscal (art. 87 do CPC) sobre a data do lançamento de crédito. Ademais, a Súm. n. 58-STJ afirma que, em sede de execução fiscal, a competência jurisdicional é fixada pela propositura da ação, sendo irrelevante a mudança posterior do domicílio do réu. Sendo assim, a Turma reconheceu a competência do juízo do novo domicílio da executada para apreciar o executivo fiscal intentado pela Fazenda depois da mudança de domicílio. **REsp 818.435-RS, Rel. Min. Luiz Fux, julgado em 9/9/2008**. (Inform. STJ 367)

EXECUÇÃO FISCAL. AÇÃO CAUTELAR. EXPEDIÇÃO. CERTIDÃO POSITIVA. EFEITOS NEGATIVOS.

A Turma reiterou o entendimento de que, antes da ação de execução fiscal, pode o contribuinte interpor ação cautelar para garantir o juízo de forma antecipada (oferecimento de caução), para o fim de obter certidão positiva com efeito negativo. Contudo, na espécie, o executivo fiscal já havia sido proposto pelo INSS. Logo, necessária a comprovação dos requisitos do art. 206 do CTN, quais sejam: a efetivação da penhora nos autos da ação executiva fiscal ou a suspensão da exigibilidade do crédito tributário, nos termos do art. 151 do CTN, hipótese em que não se enquadra a cautelar da caução. **Precedentes citados: EREsp 815.629-RS, DJ 6/11/2006; REsp 889.770-RS, DJ 17/5/2007, e REsp 883.459-SC, DJ 7/5/2007. REsp 912.710-RN, Rel. Min. Luiz Fux, julgado em 19/6/2008**. (Inform. STJ 360)

EXECUÇÃO FISCAL. ADJUDICAÇÃO. BENS. FACULDADE.

Consta dos autos que há petição em conjunto do procurador da Fazenda e do patrono da empresa executada, informando o interesse de solucionar a lide com a adjudicação dos bens penhorados, bem como a reunião e suspensão das execuções. Mas o acórdão recorrido consignou que, apesar desse interesse, a Fazenda estadual não a requereu expressamente e permaneceu inerte, mesmo sendo intimada a se manifestar no agravo de instrumento contra decisão que reconsiderou posição anterior, determinando o leilão dos bens penhorados. Destacou o Min. Relator que, nas contra-razões do presente REsp, há expressa recusa da Fazenda, circunstância que mostra o acerto do Tribunal *a quo*, além de não haver embasamento jurídico para uma decisão judicial que obrigasse o poder público a adjudicar bens sujeitos à execução. O art. 24 da Lei n. 6.830/1980 (Lei de Execuções Fiscais) é claro: a Fazenda Pública poderá adjudicar os bens penhorados. Portanto é uma faculdade processual, não está obrigada a Fazenda Pública a fazê-lo, condiciona-se ao eventual interesse da Administração dentro de seu poder discricionário. Ante o exposto, a Turma conheceu em parte o recurso e nessa parte negou-lhe provimento. Precedente citado: REsp 800.228-MG, DJ 31/5/2007. **REsp 557.106-SE, Rel. Min. Castro Meira, julgado em 6/5/2008**. (Inform. STJ 354)

EXECUÇÃO FISCAL. DESPESAS. CARTÓRIO. FAZENDA.

Discute-se a obrigatoriedade de a Fazenda efetuar pagamentos antecipados de valores referentes aos atos constitutivos da empresa executada junto ao Cartório de Registro de Pessoas Jurídicas. Observa o Min. Relator que a matéria enseja controvérsias e há correntes divergentes, mas se pacificou, na Primeira Seção, no sentido de que o sistema processual exonera a Fazenda de arcar com quaisquer despesas, *pro domo sua*, quando litiga em juízo, suportando apenas as verbas decorrentes da sucumbência, *ex vi* arts. 27 e 1.212, parágrafo único, do CPC. Assim, de acordo com o disposto no parágrafo único do art. 39 da Lei n. 6.830/1980, a Fazenda, se vencida, fica obrigada a ressarcir a parte vencedora no que houver adiantado a título de custas, o que se junta ao disposto no art. 27 do CPC. Portanto, não há risco de prejuízos à parte adversa com a concessão do benefício dado à Fazenda. **REsp 988.570-SP, Rel. Min. Luiz Fux, julgado em 17/4/2008**. (Inform. STJ 352)

DEPÓSITO JUDICIAL. ATUALIZAÇÃO. ERRO. GUIA.

Como consabido, a Lei n. 9.703/1998 regula os depósitos judiciais referentes a tributos e contribuições federais. Determina que sejam feitos na Caixa Econômica Federal (CEF) mediante o preenchimento de documento de arrecadação de receitas federais (DARF). Isso posto, aquela instituição financeira é responsável pela atualização do depósito pela taxa Selic, mesmo no caso de ele ser ultimado por guia de depósito inadequada à operação (no caso, guia de depósito judicial à ordem da Justiça Federal). Com esse entendimento, a Turma, por maioria, negou provimento ao agravo da CEF. **AgRg no RMS 19.800-AM, Rel. Min. Humberto Martins, julgado em 15/4/2008**. (Inform. STJ 352)

EXECUÇÃO FISCAL. ÔNUS. PERÍCIA.

Se a executada ora recorrente não se conformou com a avaliação feita pelo oficial de justiça, somente a ela aproveitaria uma nova perícia, não havendo razão para que se transfira esse ônus ao exeqüente. Com a recusa, tem-se como implícito um pedido por sua realização, e é ela, a executada, quem assume o encargo pelo pagamento dos honorários periciais nos exatos ditames do art. 33 do CPC. Precedentes citados: REsp 130.500-RS, DJ 29/11/1999, e REsp 611.970-SP, DJ 18/4/2005. **REsp 729.712-SP, Rel. Min. Eliana Calmon, julgado em 26/6/2007.** (Inform. STJ 325)

BENS IMPORTADOS. ADMISSÃO TEMPORÁRIA. TERMO. RESPONSABILIDADE.

O termo de responsabilidade firmado quando da admissão temporária de bens importados faz as vezes de um reconhecimento explícito do débito acaso não seja engendrada a prorrogação prevista. Superado o prazo sem prorrogação tempestiva, incidem os consectários previstos no termo passível de ensejar o lançamento e conseqüente execução fiscal, excluídas as multas não contempladas, porquanto, do contrário, haveria infração ao *due process of law*. *In casu*, os tributos exigidos no executivo fiscal são previstos em lei, de cujo conhecimento não é dado ao contribuinte escusar-se sob a alegação de ignorância, mercê de contemplados no termo de responsabilidade imperscrutável por esta Corte Superior, na via especial (Súmulas n. 5 e 7 do STJ), mas aferido na instância *a quo*, tanto que nessa foram excluídas as sanções não previstas. O ônus do excesso de execução é da parte embargante executada, pelo que ilegítimo exigir-se da Fazenda, que obedece ao princípio da legalidade – o qual vale *pro et* e contra o contribuinte –, manifestação acerca do porquê de cada débito consagrado na lei e no termo. O aresto recorrido funda-se na suficiência do termo de responsabilidade, respondendo à indagação da parte acerca do rito seguido para alcançar-se *o quantum debeatur* exigido. **REsp 750.142-PR, Rel. Min. Luiz Fux, julgado em 19/4/2007.** (Inform. STJ 317)

POSTAGEM. FAZENDA PÚBLICA.

A jurisprudência deste Superior Tribunal firmou que "*custas e emolumentos, quanto à natureza jurídica, não se confundem com despesas para custeio de atos decorrentes do caminhamento processual*". No caso das despesas com a postagem, a responsabilidade pelo seu pagamento é de quem se aproveita do ato, ou seja, a Fazenda Nacional. Dessa forma, não existindo verba à disposição da Justiça para essa finalidade, tal despesa não deve ser suportada pelo serventuário do cartório ou funcionário da secretaria. Precedentes citados do STF: RE 108.845-SP, DJ 25/11/1988; do STJ: EREsp 22.661-SP, DJ 18/4/1994, e REsp 366.005-RS, DJ 10/3/2003. **REsp 884.574-ES, Rel. Min. Humberto Martins, julgado em 6/2/2007.** (Inform. STJ 309)

(Comentário: ver Informativo STJ 387 – EREsp 506.618/RS)

13.7. Mandado de segurança

DIREITO TRIBUTÁRIO. MANDADO DE SEGURANÇA. INTERRUPÇÃO E SUSPENSÃO DO PRAZO PRESCRICIONAL.
O ajuizamento de mandado de segurança interrompe e suspende o fluxo do prazo prescricional de ação de cobrança de parcelas pretéritas à impetração, somente se reiniciando após o trânsito em julgado do mandamus. Precedentes citados: AgRg no Ag 1.344.634-GO, DJe 17/3/2011, e AgRg no REsp 1.161.472-SC, DJe 29/11/2010. **AgRg no REsp 1.294.191-GO, Rel. Min. Diva Malerbi (Desembargadora convocada do TRF da 3ª Região, julgado em 13/11/2012.(Inform. STJ 509)**

MS. TEORIA DA ENCAMPAÇÃO.
Trata-se de mandado de segurança coletivo impetrado contra o secretário da fazenda estadual que apontou inferior hierárquico como o responsável pelo ato de aplicação da lei ao caso particular (expedição de norma individual e concreta). Dessarte, é inaplicável ao caso a teoria da encampação porque, embora o secretário tenha defendido o mérito do ato, sua indicação como autoridade coatora implica alteração na competência jurisdicional, ao passo que compete originariamente ao TJ o julgamento de MS contra secretário de Estado, prerrogativa de foro não extensível ao servidor responsável pelo lançamento tributário ou pela expedição da certidão de regularidade fiscal. Para que a teoria da encampação seja aplicável ao MS, é mister o preenchimento dos seguintes requisitos: existência de vínculo hierárquico entre a autoridade que prestou informações e a que ordenou a prática do ato impugnado, ausência de modificação de competência estabelecida na CF/1988 e manifestação a respeito do mérito nas informações prestadas. Assim, a Turma negou provimento ao recurso, mantendo a denegação do MS por carência da ação, extinguindo o feito sem resolução do mérito. **Precedente citado: MS 12.779-DF, DJe 3/3/2008. RMS 21.775-RJ, Rel. Min. Luiz Fux, julgado em 16/11/2010.** (Inform. STJ 456)

RMS. INICIAL. INÉPCIA.
A Turma deu provimento ao recurso para, reformando o acórdão regional, afastar a inépcia da inicial e determinar o retorno dos autos à origem para o devido prosseguimento do feito. Na espécie, a petição inicial mostrou-se apta a revelar o que a parte pretendia obter na prestação jurisdicional: a não incidência do ICMS sobre o valor cobrado do contribuinte a título de "demanda reservada de potência", dentre outros. Dessarte, estando presentes, na peça vestibular, a existência de pedido juridicamente possível, a causa de pedir, a conclusão lógica dos fatos narrados e a inexistência de pedidos incompatíveis entre si, como no caso, não há que se falar em inépcia da inicial. Porém, a teoria da causa "madura" revela-se inaplicável à hipótese, pois, como a peça inicial do *mandamus* foi indeferida com base nos arts. 267, I, e 295, I, do CPC, não houve sequer o cumprimento das determinações contidas no art. 7º da Lei n. 12.016/2009. **Precedentes citados: RMS 22.304-SC, DJe 15/12/2008, e RMS 11.805-PI, DJ 18/2/2002. RMS 28.289-MT, Rel. Min. Luiz Fux, julgado em 24/8/2010.** (Inform. STJ 444)

MS. CONTAGEM. PRAZO PRESCRICIONAL.
No caso, o recorrente (estado-membro) insurge-se contra a decretação de intempestividade de seu recurso de apelação em que o acórdão recorrido afirmou que a contagem do prazo recursal iniciou-se no dia seguinte à publicação da sentença. É cediço que, segundo a jurisprudência deste Superior Tribunal com relação à União e à Fazenda Nacional, em mandado de segurança, a partir da sentença, a intimação dos atos processuais deve ser endereçada à pessoa jurídica de direito público a quem está vinculada a autoridade impetrada, tendo início o prazo recursal a partir da juntada da intimação pessoal do representante da pessoa jurídica de direito público. Já com relação aos estados-membros e municípios, a jurisprudência anterior entendia que o prazo recursal iniciava-se a partir da publicação da sentença, não se exigindo a intimação pessoal do procurador estadual. Todavia, este Superior Tribunal modificou esse posicionamento quanto ao município e ao estado-membro, passando a decidir conforme a legislação específica do mandado de segurança, que, também para a Fazenda estadual o prazo recursal somente começa a fluir da intimação pessoal da sentença concessiva da segurança, e não da simples publicação da decisão. No caso dos autos, aplica-se o art. 3º da Lei n. 4.348/1968 vigente à época. Assim, observada a data do mandado de intimação pessoal da procuradora estadual juntado aos autos, contado o prazo em dobro (art. 188 do CPC), é tempestiva a apelação do estado. Diante do exposto, a Turma, deu provimento ao recurso para afastar a intempestividade do recurso de apelação. **Precedentes citados: AgRg nos EDcl no Ag 972.960-DF, DJe 13/10/2008; REsp 664.154-RS, DJ 2/3/2007; REsp 785.991-RJ, DJe 7/5/2008, e REsp 984.880-TO, DJe 13/3/2009. REsp 1.186.726-MG, Rel. Min. Eliana Calmon, julgado em 11/5/2010.** (Inform. STJ 434)

MS COLETIVO E PREVENTIVO. MATÉRIA TRIBUTÁRIA.
Cuida-se de MS coletivo impetrado por associação de exportadores com o fim, entre outros, de que não sejam impostas a seus filiados as restrições previstas nos arts. 4º e 7º do Dec. n. 11.803/2005 do Estado do Mato Grosso do Sul, que estariam a limitar a imunidade tributária referente ao ICMS concedida por lei federal à exportação de produtos primários. Apesar de ainda existir polêmica na doutrina quanto à impetração de *mandamus* preventivo em matéria tributária, anote-se que, tal qual prelecionava Pontes de Miranda, "a ameaça, se houver, não determina o início do prazo preclusivo para as ameaças futuras". Assim, no caso, há que afastar a alegação de decadência e reafirmar que as obrigações acessórias instituídas no referido decreto estadual objetivavam tornar eficaz o procedimento de fiscalização das exportações, em nada impedindo ou afastando a aplicação da isenção de ICMS. **Precedentes citados: RMS 27.476-MS, DJe 17/11/2008; RMS 27.107-MS, DJe 24/9/2008, e RMS 21.789-MS, DJ 26/10/2006. RMS 30.161-MS, Rel. Min. Eliana Calmon, julgado em 1º/12/2009.** (Inform. STJ 418)

RECURSO REPETITIVO. FINSOCIAL. COMPENSAÇÃO. MS.
No recurso representativo de controvérsia (art. 543-C do CPC e Res. n. 8/2008-STJ), a Seção reiterou que o mandado de segurança é a via adequada à declaração do direito de compensação de tributos indevidamente pagos (Súm. n. 213-STJ). Ao revés, não cabe ao Judiciário, na via estreita do *mandamus*, convalidar a compensação tributária, de iniciativa exclusiva do contribuinte, pois é necessária a dilação probatória. Outrossim, cabe à Administração Pública fiscalizar a existência de créditos a ser compensados, o procedimento, os valores a compensar e a conformidade do procedimento adotado com a legislação pertinente, descabendo o provimento jurisdicional substitutivo da homologação da autoridade administrativa que atribua eficácia extintiva, desde logo, à compensação efetuada. **Precedentes citados: AgRg no REsp 1.044.989-RS, DJe 25/8/2009; EDcl no REsp 1.027.591-SP, DJe 25/6/2009; RMS 13.933-MT, DJ 31/8/2007; REsp 579.488-SP, DJ 23/5/2007; AgRg no REsp 903.020-SP, DJ 26/4/2007; RMS 20.523-RO, DJ 8/3/2007; EDcl nos EDcl no REsp 1.027.591-SP, DJe 21/9/2009; REsp 1.040.245-SP, DJe 30/3/2009; AgRg no REsp 725.451-SP, DJe 12/2/2009; AgRg no REsp 728.686-SP, DJe 25/11/2008; REsp 900.986-SP, DJ 15/3/2007, e REsp 881.169-SP, DJ 9/11/2006. REsp 1.124.537-SP, Rel. Min. Luiz Fux, julgado em 25/11/2009.** (Inform. STJ 417)

FGTS. MOVIMENTAÇÃO. TERCEIRA PESSOA.
O MS foi impetrado preventivamente por patronos de fundistas que, não obstante possuíssem procuração outorgada com poderes específicos para promover a movimentação dos saldos das contas vinculadas ao FGTS, temiam que a autoridade coatora obstasse o referido exercício quando se desse o trânsito em julgado das demandas em que buscavam a incidência de expurgos inflacionários sobre tais valores. Nesta sede, para o Min. Relator, o Tribunal *a quo*, acertadamente, concluiu inexistir direito líquido e certo nessa impetração, uma vez que o levantamento dos saldos relativos ao FGTS fundado no trânsito em julgado de decisão judicial pendente não se enquadraria no disposto no § 18 do art. 20 da Lei n. 8.036/1990, que prevê as hipóteses de saques, porquanto inocorrente qualquer hipótese ameaçadora de lesão a futuro direito. A interpretação teleológico-sistêmica do referido artigo de lei conduz à exegese de que os saques dos valores depositados em conta vinculada ao FGTS podem ser feitos por terceira pessoa, desde que munida de procuração especialmente outorgada para tal finalidade, com o escopo de resguardar o direito do fundista da ocorrência de possíveis fraudes. O julgador deve preservar o alcance social da limitação prevista no mencionado artigo, interpretando-o de forma extensiva para possibilitar os saques de procuradores legal e especificamente constituídos para tal mister, quando ocorrentes fortes empecilhos que obstaculizem o comparecimento do fundista na agência bancária. **Precedente citado: REsp 803.610-PR, DJ 10/9/2007. REsp 872.594-RJ, Rel. Min. Luiz Fux, julgado em 20/10/2009.** (Inform. STJ 412)

MS. PRECLUSÃO.
A recorrente impetrou mandado de segurança com o fim de que se reconheça excesso no pagamento que fez a título de Cofins e PIS referentes à aquisição de combustíveis. Houve um primeiro *writ*, que foi extinto sem resolução do mérito por ilegitimidade ativa de parte (art. 267, VI, do CPC).

Porém, a extinção do processo condiciona-se mesmo ao conteúdo da decisão, pois sem importância a denominação que lhe emprestou o juízo (se com resolução do mérito ou não). Então, feita a leitura da decisão em questão, afere-se que foi negado à parte o próprio direito material, o que gera eficácia preclusiva ao julgado. **REsp 915.907-SC, Rel. Min. Luiz Fux, julgado em 8/9/2009.** (Inform. STJ 406)

RECURSO REPETITIVO. MS. COMPENSAÇÃO TRIBUTÁRIA. PROVA PRÉ-CONSTITUÍDA.

A Seção, ao apreciar o REsp como recurso repetitivo (Res. n. 8/2008-STJ e art. 543-C do CPC), reiterou o entendimento de que, no que se refere a mandado de segurança sobre compensação tributária, a extensão do âmbito probatório está intimamente relacionada com os limites da pretensão nele deduzida. Tratando-se de impetração que se limita, com base na Súm. n. 213-STJ, a ver reconhecido o direito de compensar (que tem como pressuposto um ato da autoridade de negar a compensabilidade), mas sem fazer juízo específico sobre os elementos concretos da própria compensação, a prova exigida é a da condição de credora tributária. Todavia, será indispensável prova pré-constituída específica quando à declaração de compensabilidade a impetração agrega pedido de juízo sobre os elementos da própria compensação (reconhecimento do indébito tributário que serve de base para a operação de compensação, acréscimos de juros e correção monetária sobre ele incidentes, inexistência de prescrição do direito de compensar), ou pedido de outra medida executiva que tem como pressuposto a efetiva realização da compensação (expedição de certidão negativa, suspensão da exigibilidade dos créditos tributários contra os quais se opera a compensação). Nesse caso, o reconhecimento da liquidez e certeza do direito afirmado depende da comprovação dos elementos concretos da operação realizada ou que o impetrante pretende realizar. No caso, foram deduzidas pretensões que supõem a efetiva realização da compensação (suspensão da exigibilidade dos créditos tributários abrangidos pela compensação, até o limite do crédito da impetrante e expedição de certidões negativas), o que torna imprescindível, para o reconhecimento da liquidez e certeza do direito afirmado, a pré-constituição da prova dos recolhimentos indevidos. **Precedentes citados: EREsp 116.183-SP, DJ 27/4/1998, e EREsp 903.367-SP, DJe 22/9/2008. REsp 1.111.164-BA, Rel. Min. Teori Albino Zavascki, julgado em 13/5/2009.** (Inform. STJ 394)

RMS. ART. 515, § 3º, CPC.

Trata-se de mandado de segurança impetrado pelo Estado-membro que se sentiu atingido pela sentença que isentou de IPVA a instituição financeira, em ação de busca e apreensão na qual o credor fiduciário pleiteia a recuperação de veículo alienado a devedor fiduciante, pois deixou de pagar as prestações de operação de compra e venda com alienação fiduciária em garantia. A Turma entendeu que, não intimado do acórdão, não se poderia exigir do Estado o conhecimento da referida ação e, consequentemente, a interposição de recurso contra a sentença. Logo, aplica-se o Súm. n. 202 do STJ. Entendeu, ainda, que, quanto ao mandado de segurança devidamente instruído e extinto sem julgamento de mérito, não pode este Superior Tribunal, após afastar a extinção, continuar a julgar a causa e apreciar o mérito da ação mandamental, pois, se assim o fizesse, atrairia para si a competência do Tribunal estadual, uma vez que compete a ele processar e julgar o mandado de segurança contra ato tido por ilegal do juiz de primeiro grau. Assim, não se aplica o art. 515, § 3º, do CPC ao recurso ordinário em mandado de segurança, pois se trata de competência constitucional. Precedente citado do STF: EDcl no RMS 24.309-DF, DJ 30/4/2004. **RMS 27.368-PE, Rel. Min. Eliana Calmon, julgado em 17/3/2009.** (Inform. STJ 387)

MS PREVENTIVO. INSCRIÇÃO. DÍVIDA ATIVA.

O Tribunal *a quo* afastou o cabimento da ação mandamental contra potencial inscrição do débito em dívida ativa, ao argumento de já haver o transcurso do prazo decadencial para fins da impetração, porquanto decorrido período superior a cento e vinte dias. O Min. Relator entendeu revelar-se justo o receio do contribuinte nos termos do art. 1º da Lei n. 1.533/1951, para fins de impetração de mandado de segurança preventivo, por considerar ilegal o débito na iminência de ser inscrito em dívida ativa e, posteriormente, passível de ser cobrado, via execução fiscal, pela entidade tributante. A atividade vinculada da administração tributária, sujeita à responsabilidade funcional, torna iminente a inscrição em dívida ativa e o ajuizamento da competente execução fiscal para satisfação do débito inscrito e, *a fortiori*, justifica o *writ* preventivo. Esclareceu o Min. Relator que o mandado de segurança preventivo, em regra, não se subsume ao prazo decadencial de cento e vinte dias, conforme a jurisprudência deste Superior Tribunal, porquanto o "justo receio" renova-se enquanto o ato inquinado de ilegal pode vir a ser perpetrado. Com efeito, a causa *petendi* eleita indica o termo inicial do prazo decadencial, *in casu*, o temor do lançamento vinculativo (CTN, art. 142) de ICMS, com escopo em fato gerador não legitimado pela jurisprudência deste Superior Tribunal, qual seja, a transferência de bens da mesma pessoa jurídica para outro estabelecimento. Diante disso, a Turma deu provimento ao recurso para determinar o retorno dos autos ao Tribunal de origem para apreciação do mérito da demanda, por ser inaplicável o art. 515, § 3º, do CPC nesta sede. Precedentes citados: REsp 539.826-RS, DJ 11/10/2004; REsp 485.581-RS, DJ 23/6/2003; REsp 228.736-RJ, DJ 15/4/2002, e RMS 11.351-RN, DJ 20/8/2001. **REsp 768.523-RJ, Rel. Min. Luiz Fux, julgado em 2/10/2007.** (Inform. STJ 334)

SÚMULA STF Nº 625

Controvérsia sobre matéria de direito não impede concessão de mandado de segurança.

SÚMULA STF Nº 512

Não cabe condenação em honorários de advogado na ação de mandado de segurança.

SÚMULA STF Nº 510

Praticado o ato por autoridade, no exercício de competência delegada, contra ela cabe o mandado de segurança ou a medida judicial.

SÚMULA STF Nº 460

É incabível o mandado de segurança para convalidar a compensação tributária realizada pelo contribuinte.

SÚMULA STF Nº 405

Denegado o mandado de segurança pela sentença, ou no julgamento do agravo, dela interposto, fica sem efeito a liminar concedida, retroagindo os efeitos da decisão contrária.

SÚMULA STF Nº 304

Decisão denegatória de mandado de segurança, não fazendo coisa julgada contra o impetrante, não impede o uso da ação própria.

SÚMULA STF Nº 271

Concessão de mandado de segurança não produz efeitos patrimoniais em relação a período pretérito, os quais devem ser reclamados administrativamente ou pela via judicial própria.

SÚMULA STF Nº 269

O mandado de segurança não é substitutivo da ação de cobrança.

SÚMULA STF Nº 267

Não cabe mandado de segurança contra decisão judicial com trânsito em julgado.

SÚMULA STF Nº 266

Não cabe mandado de segurança contra lei em tese.

SÚMULA STJ Nº 213

O mandado de segurança constitui ação adequada para a declaração do direito à compensação tributária.

SÚMULA STJ Nº 212

A compensação de créditos tributários não pode ser deferida por medida liminar.

SÚMULA STJ Nº 169

São inadmissíveis embargos infringentes no processo de mandado de segurança.

SÚMULA STJ Nº 105

Na ação de mandado de segurança não se admite condenação em honorários advocatícios.

SÚMULA TFR Nº 145

Extingue-se o processo de mandado de segurança, se o autor não promover, no prazo assinado, a citação do litisconsorte necessário.

SÚMULA TFR Nº 59

A autoridade fiscal de primeiro grau que expede a notificação para pagamento do tributo está legitimada passivamente para a ação de segurança, ainda que sobre a controvérsia haja decisão, em grau de recurso, de conselho de contribuintes.

13.8. Repetição, compensação, anulatória, declaratória

PRAZO PARA REPETIÇÃO OU COMPENSAÇÃO DE INDÉBITO TRIBUTÁRIO E ART. 4º DA LC 118/2005 - 5

É inconstitucional o art. 4º, segunda parte, da Lei Complementar 118/2005 ["Art. 3º Para efeito de interpretação do inciso I do art. 168 da Lei no 5.172, de 25 de outubro de 1966 - Código Tributário Nacional, a extinção do crédito tributário ocorre, no caso de tributo sujeito a lançamento por homologação, no momento do pagamento antecipado de que trata o § 1º do art. 150 da referida Lei. Art. 4º Esta Lei entra em vigor 120 (cento e vinte) dias após sua publicação, observado, quanto ao art. 3º, o disposto no art. 106, inciso I, da Lei no 5.172, de 25 de outubro de 1966 - Código Tributário Nacional"; CTN: "Art. 106. A lei aplica-se a ato ou fato pretérito: I - em qualquer caso, quando seja expressamente interpretativa, excluída a aplicação de penalidade à infração dos dispositivos interpretados"]. Esse o consenso do Plenário que, em conclusão de julgamento, desproveu, por maioria, recurso extraordinário interposto de decisão que reputara inconstitucional o citado preceito — v. Informativo 585. Prevaleceu o voto proferido pela Min. Ellen Gracie, relatora, que, em suma, assentara a ofensa ao princípio da segurança jurídica — nos seus conteúdos de proteção da confiança e de acesso à Justiça, com suporte implícito e expresso nos artigos 1º e 5º, XXXV, da CF — e considerara válida a aplicação do novo prazo de 5 anos tão-somente às ações ajuizadas após o decurso da vacatio legis de 120 dias, ou seja, a partir de 9.6.2005. Os Ministros Celso de Mello e Luiz Fux, por sua vez, dissentiram apenas no tocante ao art. 3º da LC 118/2005 e afirmaram que ele seria aplicável aos próprios fatos (pagamento indevido) ocorridos após o término do período de vacatio legis. Vencidos os Ministros Marco Aurélio, Dias Toffoli, Cármen Lúcia e Gilmar Mendes, que davam provimento ao recurso. RE 566621/RS, rel. Min. Ellen Gracie, 4.8.2011. (RE-566621) (Inform. STF 634)

PRAZO PARA REPETIÇÃO OU COMPENSAÇÃO DE INDÉBITO TRIBUTÁRIO E ART. 4º DA LC 118/2005 - 1

O Tribunal iniciou julgamento de recurso extraordinário interposto pela União contra decisão do TRF da 4ª Região que reputara inconstitucional o art. 4º da Lei Complementar 118/2005 na parte em que determinaria a aplicação retroativa do novo prazo para repetição ou compensação do indébito tributário [LC 118/2005: "*Art. 3o Para efeito de interpretação do inciso I do art. 168 da Lei no 5.172, de 25 de outubro de 1966 - Código Tributário Nacional, a extinção do crédito tributário ocorre, no caso de tributo sujeito a lançamento por homologação, no momento do pagamento antecipado de que trata o § 1o do art. 150 da referida Lei. Art. 4o Esta Lei entra em vigor 120 (cento e vinto) dias após sua publicação, observado, quanto ao art. 3o, o disposto no art. 106, inciso I, da Lei no 5.172, de 25 de outubro de 1966 - Código Tributário Nacional.*"; CTN: "*Art. 106. A lei aplica-se a ato ou fato pretérito: I - em qualquer caso, quando seja expressamente interpretativa, excluída a aplicação de penalidade à infração dos dispositivos interpretados;*"]. A Min. Ellen Gracie, relatora, reconhecendo a inconstitucionalidade do art. 4º, segunda parte, da LC 118/2005, por violação ao princípio da segurança jurídica, nos seus conteúdos de proteção da confiança e de acesso à Justiça, com suporte implícito e expresso nos artigos 1º e 5º, XXXV, da CF, e considerando válida a aplicação do novo prazo de 5 anos tão-somente às ações ajuizadas após o decurso da *vacatio legis* de 120 dias, ou seja, a partir de 9.6.2005, desproveu o recurso. Asseverou, inicialmente, que a Lei Complementar 118/2005, não obstante expressamente se autoproclamar interpretativa, não seria uma lei materialmente interpretativa, mas constituiria lei nova, haja vista que a interpretação por ela imposta implicara redução do prazo de 10 anos — jurisprudencialmente fixado pelo STJ para repetição ou compensação de indébito tributário, e contados do fato gerador quando se tratasse de tributo sujeito a lançamento por homologação — para 5 anos, estando sujeita, assim, ao controle judicial. **RE 566621/RS, rel. Min. Ellen Gracie, 5.5.2010**. (RE-566621)

PRAZO PARA REPETIÇÃO OU COMPENSAÇÃO DE INDÉBITO TRIBUTÁRIO E ART. 4º DA LC 118/2005 - 2

Em seguida, reputou que a retroatividade determinada pela lei em questão não seria válida. Afirmou que a alteração de prazos não ofenderia direito adquirido, por inexistir direito adquirido a regime jurídico, conforme reiterada jurisprudência da Corte. Em razão disso, não haveria como se advogar suposto direito de quem pagou indevidamente um tributo a poder buscar ressarcimento no prazo estabelecido pelo CTN por ocasião do indébito. Ressaltou, contudo, que a redução de prazo não poderia retroagir para fulminar, de imediato, pretensões que ainda poderiam ser deduzidas no prazo vigente quando da modificação legislativa. Ou seja, não se poderia entender que o legislador pudesse determinar que pretensões já ajuizadas ou por ajuizar estivessem submetidas, de imediato, ao prazo reduzido, sem qualquer regra de transição, sob pena de ofensa a conteúdos do princípio da segurança jurídica. Explicou que, se, de um lado, não haveria dúvida de que a proteção das situações jurídicas consolidadas em ato jurídico perfeito, direito adquirido ou coisa julgada constituiria imperativo de segurança jurídica, concretizando o valor inerente a tal princípio, de outro, também seria certo que teria este abrangência maior e que implicaria resguardo da certeza do direito, da estabilidade das situações jurídicas, da confiança no tráfego jurídico e do acesso à Justiça. Assim, o julgamento de preliminar de prescrição relativamente a ações já ajuizadas, tendo como referência novo prazo reduzido por lei posterior, sem qualquer regra de transição, atentaria, indiscutivelmente, contra, ao menos, dois desses conteúdos, quais sejam: a confiança no tráfego jurídico e o acesso à Justiça. Frisou que, estando um direito sujeito a exercício em determinado prazo, seja mediante requerimento administrativo ou, se necessário, ajuizamento de ação judicial, haver-se-ia de reconhecer eficácia à iniciativa tempestiva tomada pelo seu titular nesse sentido, pois tal restaria resguardado pela proteção à confiança. De igual modo, não seria possível fulminar, de imediato, prazos então em curso, sob pena de patente e direta violação à garantia de acesso ao Judiciário. **RE 566621/RS, rel. Min. Ellen Gracie, 5.5.2010**. (RE-566621) (Inform. STF 585)

PRAZO PARA REPETIÇÃO OU COMPENSAÇÃO DE INDÉBITO TRIBUTÁRIO E ART. 4º DA LC 118/2005 - 3

Considerou, diante do reconhecimento da inconstitucionalidade, que o novo prazo só poderia ser validamente aplicado após o decurso da *vacatio legis* de 120 dias. Reportou-se ao Enunciado da Súmula 445 do STF ["*A Lei nº 2.437, de 7-3-55, que reduz prazo prescricional, é aplicável às prescrições em curso na data de sua vigência (1º-1-56), salvo quanto aos processos então pendentes*"], e relembrou que, nos precedentes que lhe deram origem, a Corte entendera que, tendo havido uma *vacatio legis* alargada, de 10 meses entre a publicação da lei e a vigência do novo prazo, tal fato teria dado oportunidade aos interessados para ajuizarem suas ações, interrompendo os prazos prescricionais em curso, sendo certo que, a partir da vigência, em 1º.1.56, o novo prazo seria aplicável a qualquer caso ainda não ajuizado. Tal solução deveria ser a mesma para o presente caso, a despeito da existência do art. 2.028 do Código Civil - CC, haja vista que este seria regra interna daquela codificação, limitando-se a resolver os conflitos no tempo relativos às reduções de prazos impostas pelo novo CC de 2002 relativamente aos prazos maiores constantes do CC de 1916. Registrou que o legislador, ao aprovar a LC 118/2005 não teria pretendido aderir à regra de transição do art. 2.028 do CC. Somente se tivesse estabelecido o novo prazo para repetição e compensação de tributos sem determinar sua aplicação retroativa, quedando silente no ponto, é que seria permitida a aplicação do art. 2.028 do CC por analogia. Afirmou que, ainda que a *vacatio legis* estabelecida pela LC 118/2005 fosse menor do que a prevista na Lei 2.437/55, objeto da Súmula 445, ter-se-ia de levar em conta a facilidade de acesso, nos dias de hoje, à informação quanto às inovações legislativas e repercussões, sobretudo, via internet. Por fim, citou a LC 95/98 que dispõe sobre a elaboração, a redação, a alteração e a consolidação das leis, nos termos do art. 59 da CF, cujo art. 8º prevê que a lei deve contemplar prazo razoável para que dela se tenha amplo conhecimento, reservada a cláusula "entra em vigor na data de sua publicação" para as leis de pequena repercussão. Concluiu que o art. 4º da LC 118/2005, na parte que em estabeleceu *vacatio legis* alargada de 120 dias teria cumprido com essa função, concedendo prazo suficiente para que os contribuintes tomassem conhecimento do novo prazo e pudessem agir, ajuizando ações necessárias à tutela dos seus direitos. Assim, vencida a *vacatio legis* de 120 dias, seria válida a aplicação do prazo de 5 anos às ações ajuizadas a partir de então, restando inconstitucional apenas sua aplicação às ações ajuizadas anteriormente a essa data. No caso concreto, reputou correta a aplicação, pelo tribunal de origem, do prazo de 10 anos anteriormente vigente, por ter sido a ação ajuizada antes da vigência da LC 118/2005. **RE 566621/RS, rel. Min. Ellen Gracie, 5.5.2010**. (RE-566621)

PRAZO PARA REPETIÇÃO OU COMPENSAÇÃO DE INDÉBITO TRIBUTÁRIO E ART. 4º DA LC 118/2005 - 4

Os Ministros Ricardo Lewandowski, Ayres Britto, Celso de Mello e Cezar Peluso acompanharam a relatora, tendo o Min. Celso de Mello dissentido apenas num ponto, qual seja, o de que o art. 3º da LC 118/2005 só seria aplicável não às ações ajuizadas posteriormente ao término do período de *vacatio legis*, mas, na verdade, aos próprios fatos ocorridos após esse momento. Em divergência, o Min. Marco Aurélio deu provimento ao recurso, no que foi acompanhado pelos Ministros Dias Toffoli, Cármen Lúcia e Gilmar Mendes. Entendeu que o art. 3º não inovou, mas repetiu rigorosamente o que contido no Código Tributário Nacional. Afirmou se tratar de dispositivo meramente interpretativo, que buscou redirecionar a jurisprudência equivocada do STJ. O Min. Dias Toffoli, por sua vez, acrescentou não vislumbrar na lei atentado contra o direito adquirido, o ato jurídico perfeito, ou a coisa julgada. Observou que a lei pode retroagir, respeitando esses princípios. Em seguida, o julgamento foi suspenso para aguardar-se o voto do Min. Eros Grau. **RE 566621/RS, rel. Min. Ellen Gracie, 5.5.2010**. (RE-566621) (Inform. STF 585)

(Comentário: ver Informativo STF 634 – conclusão do julgamento – o Supremo Tribunal Federal reformou parcialmente o entendimento do STJ, decidindo que a contagem do prazo prescricional de 5 anos a partir do pagamento indevido, para a repetição do indébito, aplica-se apenas às ações ajuizadas após o término da vacatio legis, *ou seja, apenas para ações propostas a partir de 9.6.2005).*

AÇÃO CIVIL PÚBLICA EM DEFESA DA ORDEM TRIBUTÁRIA E LEGITIMIDADE DO MINISTÉRIO PÚBLICO

O Tribunal, por maioria, acolheu questão de ordem, suscitada pelo Min. Ricardo Lewandowski em recurso extraordinário do qual relator, para sobrestar as causas relativas ao Termo de Acordo de Regime Especial - TARE em curso no STJ e no TJDFT até o deslinde da matéria pelo Plenário do STF, comunicando-se àquelas Cortes o teor da presente decisão. Inicialmente, o Tribunal assentou que os sobrestamentos podem ser determinados pelo relator, monocraticamente, com base no art. 328 do RISTF, na redação dada pela Emenda Regimental 21/2007 (*"Protocolado ou distribuído recurso cuja questão for suscetível de reproduzir-se em múltiplos feitos, a Presidência do Tribunal ou o(a) Relator(a), de ofício ou a requerimento da parte interessada, comunicará o fato aos tribunais ou turmas de juizado especial, a fim de que observem o disposto no art. 543-B do Código de Processo Civil, podendo pedir-lhes informações, que deverão ser prestadas em 5 (cinco) dias, e sobrestar todas as demais causas com questão idêntica."*). Quanto ao mérito, entendeu-se haver relação de prejudicialidade entre o que vier a ser decidido no presente recurso e os processos que versam sobre matéria idêntica em trâmite nas instâncias inferiores. Considerou-se, ademais, o fato de existirem mais de 700 feitos em curso e precedente da Corte no sentido da suspensão processual em situação análoga (RE 556644 QO/RS, j. em 11.7.2007). Vencido o Min. Marco Aurélio que rejeitava a questão de ordem ao fundamento de que não se poderia, simplesmente, em processo subjetivo, afirmar que as partes que estão litigando na origem, sem serem ouvidas, ficariam com os processos dos quais participam sobrestados, não dando o Estado a seqüência que é própria à garantia de acesso ao Judiciário. **RE 576155 QO/DF, rel. Min. Ricardo Lewandowski, 11.6.2008**. (RE-576155) (Inform. STF 510)

DIREITO TRIBUTÁRIO. REPETIÇÃO DE INDÉBITO. IPTU. LEGITIMIDADE ATIVA.

Apenas o proprietário do imóvel tem legitimidade ativa para propor ação de repetição de indébito de IPTU. A relação tributária estabelecida entre a Fazenda e o proprietário do imóvel (art. 34 do CTN) prevalece sobre qualquer estipulação contratual que determine que terceiro arcará com o pagamento de IPTU, pois a referida avença não é oponível à Fazenda. Segundo o art. 123 do CTN, convenções particulares relativas à responsabilidade pelo pagamento de tributos não modificam a definição legal do sujeito passivo das obrigações tributárias correspondentes. Precedente citado: AgRg no REsp 836.089-SP, DJe 26/4/2011. **AgRg no AgRg no AREsp 143.631-RJ, Rel. Min. Benedito Gonçalves, julgado em 4/10/2012.(Inform. STJ 506)**

CONTRIBUIÇÃO. SERVIÇOS. SAÚDE. REPETIÇÃO. INDÉBITO.

Cinge-se a controvérsia quanto à possibilidade de repetição de indébito de contribuição para custeio de serviços de saúde, instituída por lei complementar estadual. Os recorrentes apontam ofensa aos arts. 165 e 167 do CTN, sustentando que, sendo declarada a inconstitucionalidade da cobrança do tributo, exsurge o direito de repetição aos contribuintes. Ao analisar a natureza da exação, o STF concluiu que a contribuição para o custeio dos serviços de assistência médica, hospitalar, odontológica e farmacêutica, instituída pelo art. 85 da LC n. 64/2002 do Estado de Minas Gerais, tem natureza tributária, haja vista a compulsoriedade de sua cobrança, declarando, ademais, sua inconstitucionalidade (ADI 3.106-MG e RE 573.540-MG, DJe 11/6/2010). Nesse contexto, a Turma entendeu que, de acordo com o disposto no art. 165 do CTN, havendo recolhimento indevido de tributo, imperiosa se faz a restituição ao contribuinte. Contudo, quanto à repetição dos valores recolhidos, é irrelevante o fato de os contribuintes terem ou não usufruído do serviço de saúde prestado, pois tal circunstância não retira a natureza indevida da exação cobrada, visto que o único pressuposto para a repetição do indébito é a cobrança indevida de tributo (art. 165 do CTN). Com essas considerações, a Turma conheceu em parte do recurso e, nessa parte, deu-lhe provimento. **Precedentes citados: AgRg no REsp 1.186.727-MG, DJe 3/8/2010, e REsp 1.059.771-MG, DJe 19/6/2009. REsp 1.194.981-MG, Rel. Min. Luiz Fux, julgado em 24/8/2010**. (Inform. STJ 444)

REPETITIVO. COMPENSAÇÃO. PRESCRIÇÃO.

Trata-se de recurso representativo de controvérsia (art. 543-C do CPC e Res. n. 8/2008-STJ) em que a recorrente, pessoa jurídica optante pela tributação do imposto de renda com base no lucro presumido, impetrou mandado de segurança na origem, em 26/8/2005, pretendendo a declaração de inexigibilidade da Cofins nos moldes da ampliação da base de cálculo e majoração da alíquota previstas nos arts. 3º, §§ 1º e 8º, da Lei n. 9.718/1998, com o reconhecimento do direito à compensação dos valores recolhidos indevidamente a esse título, corrigidos monetariamente. Então, nas razões recursais, pugnou pelo reconhecimento do prazo prescricional decenal, visto que o tribunal de origem entendeu ser aplicável à espécie o prazo quinquenal, bem como buscou a aplicação das regras de imputação do pagamento previstas no CC/2002. É cediço que a Seção, em recurso repetitivo, já assentou que o advento da LC n. 118/2005 e suas consequências sobre a prescrição, do ponto de vista prático, implica dever ser contada da seguinte forma: relativamente aos pagamentos efetuados a partir da sua vigência (que ocorreu em 9/6/2005), o prazo para a repetição do indébito é de cinco anos a contar da data do pagamento; e, relativamente aos pagamentos anteriores, a prescrição obedece ao regime previsto no sistema anterior, limitada, porém, ao prazo máximo de cinco anos a contar da vigência da lei nova. Assim, explica o Min. Relator que, quanto ao prazo prescricional decenal, assiste razão à recorrente, pois não houve prescrição dos pagamentos efetuados nos dez anos anteriores ao julgamento da ação. Ademais, o princípio da irretroatividade implica a incidência da LC n. 118/2005 aos pagamentos indevidos realizados após a sua vigência, e não às ações propostas após a referida lei, visto que essa norma concerne à extinção da obrigação e não ao aspecto processual da ação. Entretanto, assevera ainda que, quanto à segunda questão controvertida no REsp, qual seja, a possibilidade de aplicação à matéria tributária do instituto da imputação do pagamento tal qual disciplinada no CC/2002, não pode prosperar a pretensão. Isso porque este Superior Tribunal já pacificou o entendimento de que a regra de imputação de pagamentos estabelecida nos arts. 354 e 379 do CC/2002 é inaplicável aos débitos de natureza tributária, visto que a compensação tributária rege-se por normas próprias e específicas, não sendo possível aplicar subsidiariamente as regras do CC/2002. Também aponta não haver lacuna na legislação tributária, em matéria de imputação de créditos nas compensações tributárias, que autorize a sua integração pela aplicação da lei civil. **Precedentes citados: REsp 1.002.932-SP, DJe 18/12/2009; EREsp 644.736-PE, DJ 17/12/2007; REsp 1.130.033-SC, DJe 16/12/2009; AgRg no Ag 1.005.061-SC, DJe 3/9/2009; AgRg no REsp 1.024.138-RS, DJe 4/2/2009; AgRg no REsp 995.166-SC, DJe 24/3/2009; REsp 970.678-SC, DJe 11/12/2008; REsp 987.943-SC, DJe 28/2/2008, e AgRg no REsp 971.016-SC, DJe 28/11/2008. REsp 960.239-SC, Rel. Min. Luiz Fux, julgado em 9/6/2010**. (Inform. STJ 438)

(Comentário: ver Informativo STF 634 – RE 566.621/RS – o Supremo Tribunal Federal reformou parcialmente o entendimento do STJ, decidindo que a contagem do prazo prescricional de 5 anos a partir do pagamento indevido, para a repetição do indébito, aplica-se apenas às ações ajuizadas *após o término da* vacatio legis, *ou seja, apenas para ações propostas a partir de 9.6.2005).*

REPETITIVO. CONTRIBUIÇÃO SOCIAL. COMPENSAÇÃO.

A recorrida busca a restituição, por meio da compensação, dos valores indevidamente recolhidos a título de contribuição social criada pelo art. 3º, I, da Lei n. 7.789/1989 e mantida pela Lei n. 8.212/1991. Diante disso, a Seção, ao julgar o recurso sob o regime do art. 543-C do CPC, c/c a Res. n. 8/2008-STJ, reiterou o entendimento de que, na repetição de indébito de tributo direto, é desnecessária a comprovação de não ter havido repasse do encargo ao consumidor final, o que torna a recorrida parte legítima para pleitear restituição à Fazenda Pública. Na espécie, não há declaração de inconstitucionalidade do art. 89, § 1º, da Lei n. 8.212/1991 nem violação da súmula vinculante n. 10-STF, pois a restrição contida no referido artigo não constitui óbice à restituição do indébito em debate, uma vez que as contribuições previdenciárias têm natureza de tributo direto, ou seja, não admitem transferência de ordem jurídica do respectivo encargo e, na parte final do § 1º em referência, está expresso que a obrigatoriedade da comprovação do repasse a terceiros é exigida quando a contribuição, por sua natureza, não tenha sido transferida ao custo do bem ou serviço oferecido à sociedade. Ademais, o art. 89, § 1º, da Lei n. 8.212/1991, acrescentado pela Lei n. 9.032/1995, foi revogado pela

Lei n. 11.941/2009. Assim, a Seção negou provimento ao recurso. **Precedentes citados: REsp 1.072.261-SP, DJe 16/3/2009; REsp 700.273-SP, DJ 18/9/2006; REsp 126.167-RS, DJ 14/2/2005, e REsp 233.608-PR, DJ 8/3/2000. REsp 1.125.550-SP, Rel. Min. Mauro Campbell Marques, julgado em 14/4/2010.** (Inform. STJ 430)

REPETITIVO. SENTENÇA DECLARATÓRIA. INDÉBITO TRIBUTÁRIO. EFICÁCIA EXECUTIVA.
A Seção, ao julgar o recurso sob o regime do art. 543-C do CPC c/c a Res. n. 8/2008-STJ (recurso repetitivo), reafirmou seu entendimento de que a sentença declaratória que, para fins de compensação tributária, certifica o direito de crédito do contribuinte que recolheu indevidamente o tributo contém juízo de certeza e de definição exaustiva a respeito de todos os elementos da relação jurídica questionada e, como tal, é título executivo para a ação visando à satisfação, em dinheiro, do valor devido. Assim, cabe ao contribuinte fazer a opção entre a compensação, o recebimento do crédito por precatório ou a requisição de pequeno valor do indébito tributário, uma vez que todas as modalidades constituem formas de execução do julgado colocadas à disposição da parte quando procedente a ação que declarou o indébito. **Precedentes citados: REsp 796.064-RJ, DJe 10/11/2008; EREsp 502.618-RS, DJ 1º/7/2005; EREsp 609.266-RS, DJ 11/9/2006, e REsp 614.577-SC, DJ 3/5/2004. REsp 1.114.404-MG, Rel. Min. Mauro Campbell Marques, julgado em 10/2/2010.** (Inform. STJ 422)

RECURSO REPETITIVO. ANULATÓRIA. DEPÓSITO.
No recurso representativo de controvérsia (art. 543-C do CPC e Res. n. 8/2008-STJ), a Seção reiterou que a propositura de ação anulatória de débito fiscal não está condicionada à realização do depósito prévio previsto no art. 38 da Lei de Execuções Fiscais (LEF), visto não ter sido tal dispositivo legal recepcionado pela CF/1988, em virtude de incompatibilidade material com o art. 5º, XXXV, da carta magna. Com efeito, o referido depósito não é condição de procedibilidade da ação anulatória, apenas uma mera faculdade do autor para a suspensão da exigibilidade do crédito tributário (art. 151 do CTN), inibindo, dessa forma, o ajuizamento da ação executiva fiscal. **Precedentes citados: AgRg nos EDcl no Ag 1.107.172-PR, DJe 11/9/2009; REsp 183.969-SP, DJ 22/5/2000; REsp 60.064-SP, DJ 15/5/1995, e REsp 2.772-RJ, DJ 24/4/1995. REsp 962.838-BA, Rel. Min. Luiz Fux, julgado em 25/11/2009.** (Inform. STJ 417)

ANULATÓRIA. DÉBITO FISCAL. FAZENDA MUNICIPAL.
Em ação anulatória de crédito fiscal proposta contra município, pessoa jurídica de direito público não sujeita à penhora, é cabível a expedição da certidão positiva de débitos com efeitos negativos, independente da prestação de garantia. **Precedentes citados: Ag 1.150.803-PR, DJe 5/8/2009; REsp 1.074.253-MG, DJe 10/3/2009; REsp 601.313-RS, DJ 20/9/2004; REsp 381.459-SC DJ 17/11/2003; REsp 443.024-RS, DJ 2/12/2002, e REsp 376.341-SC, DJ 21/10/2002. REsp 1.115.458-BA, Rel. Min. Luiz Fux, julgado em 24/11/2009.** (Inform. STJ 417)

AÇÃO ANULATÓRIA. EXECUÇÃO FISCAL.
É de direito constitucional do devedor (direito de ação) o ajuizamento da ação anulatória do lançamento fiscal. Esse direito pode ser exercido antes ou depois da propositura do executivo fiscal, não obstante o rito da execução prever a ação de embargos do devedor como hábil a desconstituir a obrigação tributária exigida judicialmente pela Fazenda. Os embargos à execução não são o único meio de insurgência contra a pretensão fiscal na via judicial, pois existe também a via ordinária, as ações declaratórias e anulatórias, bem como a via mandamental. Porém, se a ação anulatória busca suspender a execução fiscal ao assumir o papel dos embargos, é necessário que seja acompanhada do depósito integral do montante do débito exequendo, pois, ao ostentar presunção de veracidade e legitimidade (art. 204 do CTN), o crédito tributário tem sua exigibilidade suspensa nos limites do art. 151 do referido código. **Precedentes citados: REsp 854.942-RJ, DJ 26/3/2007; REsp 557.080-DF, DJ 7/3/2005; REsp 937.416-RJ, DJe 16/6/2008; AgRg no REsp 701.729-SP, DJe 19/3/2009; REsp 747.389-RS, DJ 19/9/2005; REsp 764.612-SP, DJ 12/9/2005, e REsp 677.741-RS, DJ 7/3/2005. REsp 1.030.631-SP, Rel, Min. Luiz Fux, julgado em 8/9/2009.** (Inform. STJ 406)

REPETIÇÃO. INDÉBITO. LEGITIMIDADE. BACEN.
Trata-se de REsp em que se discute a legitimidade do Bacen para figurar no polo passivo de processo em que se pleiteia a repetição de indébito relativo a imposto de exportação. A Turma deu provimento ao recurso ao entendimento de que o ente que detém a competência tributária, na forma do art. 23 do CTN, possui também a qualidade de sujeito ativo do imposto de exportação. Assim, cabe à União o dever de restituir o tributo indevidamente pago. Ressalte-se que os valores arrecadados com o imposto de exportação somavam-se a outras receitas que compunham a denominada "reserva monetária" e o Bacen era apenas depositário dessas quantias, o que não induz sua legitimidade para a repetição do indébito. Precedente citado do TFR: AC 0081092-MG, DJ 17/10/1988. **REsp 742.481-MG, Rel. Min. Herman Benjamin, julgado em 4/8/2009.** (Inform. STJ 401)

INCIDENTE. UNIFORMIZAÇÃO. TURMA RECURSAL. PRESCRIÇÃO. INDÉBITO. REPETIÇÃO.
O art. 14, § 4º, da Lei n. 10.259/2001 (lei que institui os juizados especiais no âmbito da Justiça Federal) disciplina o incidente de uniformização da lei federal que, no presente caso, foi analisado, visto que há manifesta divergência entre a jurisprudência dominante no STJ e a orientação acolhida na Turma Nacional de Uniformização no pertinente à questão do termo inicial do prazo prescricional quinquenal para o ajuizamento da ação de repetição de indébito tributário, tratando-se de tributos sujeitos a lançamento por homologação. Quanto a isso, a Corte Especial, há muito, declarou a inconstitucionalidade da parte final do art. 4º da LC n. 118/2005, a prevalecer que o referido termo inicial, quanto aos recolhimentos efetuados em período anterior à vigência da retrocitada LC, é a data em que ocorrida a homologação tácita ou expressa. **Precedentes citados: AI no EREsp 644.736-PE, DJ 27/8/2007, e Pet 6.012-SC, DJ 15/9/2008. Pet 6.013-SC, Rel. Min. Denise Arruda, julgada em 22/4/2009.** (Inform. STJ 391)
(Comentário: ver Informativo STF 634 – RE 566.621/RS – o Supremo Tribunal Federal reformou parcialmente o entendimento do STJ, decidindo que a contagem do prazo prescricional de 5 anos a partir do pagamento indevido, para a repetição do indébito, aplica-se apenas às ações ajuizadas *após o término da* vacatio legis*, ou seja, apenas para ações propostas a partir de 9.6.2005).*

COMPENSAÇÃO. MULTA MORATÓRIA INDEVIDA. TRIBUTO.
A Seção reiterou seu entendimento de que é possível a compensação de valor indevidamente pago a título de crédito tributário de multa com tributos administrados pela Secretaria da Receita Federal. **Precedentes citados: EREsp 831.278-PR, DJ 3/12/2007, e EREsp 760.290-PR, DJ 19/5/2008. EREsp 792.628-RS, Rel. Min. Denise Arruda, julgados em 27/8/2008.** (Inform. STJ 365)

MC. SUSPENSÃO. EXIGIBILIDADE. CRÉDITO. PRECATÓRIO.
Em agravo regimental contra decisão que, em medida cautelar, deferiu pedido de concessão de efeito suspensivo a recurso ordinário em mandado de segurança no qual se pretendeu garantir a compensação de créditos de precatório judicial decorrente de cessão de crédito com terceiro e com débitos do DARE ICMS, alega o agravante (estado-membro) que não foram demonstrados os requisitos indispensáveis para a concessão do provimento cautelar. Destacou o Min. Relator que não assiste razão ao agravante, pois a decisão concessiva do provimento cautelar postulado limitou-se a determinar a imediata suspensão da exigibilidade dos créditos tributários da ora agravada relativos ao ICMS, sem haver autorização de compensação de créditos em sede de liminar devido ao óbice previsto no art. 1º, § 5º, da Lei n. 8.437/1992 e na jurisprudência firmada neste Superior Tribunal. Outrossim, a Primeira Seção já decidiu que o pedido administrativo de compensação tem o condão de suspender a exigibilidade do tributo por se enquadrar na hipótese do art. 151, III, do CTN. No caso, além de o débito de ICMS ser objeto de compensação em processo administrativo, está ainda sendo discutido no RMS no qual se pretende o reconhecimento do direito do ora agravado de utilizar crédito correspondente a precatório (R$ 100.000,00) pendente de pagamento na data da EC n. 30/2000, que se enquadra no art. 78, § 2º, do ADCT. Com esses fundamentos, a Turma negou provimento ao agravo regimental. **Precedente citado: REsp 774.179-SC, DJ 10/12/2007. AgRg na MC 13.915-GO, Rel. Min. Teori Albino Zavascki, julgado em 12/8/2008.** (Inform. STJ 363)

MS. DEPÓSITO CONVERTIDO EM RENDA.
Na espécie, a empresa antes de ajuizar o *mandamus* – contra ato do gerente Regional de Arrecadação e Fiscalização do INSS que lavrou a NFLD impondo-lhe o pagamento de débito tributário na qualidade de sucessora comercial –, defendeu-se administrativamente. Como não logrou êxito, interpôs recurso hierárquico depositando o valor relativo à NFLD. Esgotadas as instâncias administrativas e antes de concedida a liminar no mandado

de segurança, a autarquia converteu o depósito em renda, passando o depósito a integrar o patrimônio do INSS. Diante desses fatos, o juiz julgou extinto o processo sem apreciação de mérito. Com efeito, sendo o depósito convertido em renda, a empresa interessada pode utilizar-se dos institutos da repetição de indébito ou da compensação, pois o mandado de segurança é via imprópria para a cobrança (Súm. n. 269-STF). Com esses fundamentos, a Turma negou provimento ao agravo regimental. **AgRg no REsp 757.175-PR, Rel. Min. Humberto Martins, julgado em 5/8/2008.** (Inform. STJ 362)

AÇÃO DECLARATÓRIA. RELAÇÃO TRIBUTÁRIA FUTURA.
Descabe a ação para declarar a inexistência de relação jurídica tributária que, no caso, obrigue a autora ao recolhimento de multa moratória de tributos da SRF e INSS (art. 67 da Lei n. 9.430/1996 e 35 da Lei n. 8.212/1991), ainda que sob a alegação de que tais dispositivos não poderiam ser confrontados com o benefício da denúncia espontânea (art. 138 do CTN). A Turma entendeu que somente é possível a via declaratória quando há delimitação objetiva da questão e não sobre a suposta existência de futura relação jurídico-tributária. **Precedentes citados: AgRg no REsp 891.182-RJ, DJ 6/8/2007; REsp 72.417-RJ, DJ 22/3/1999; REsp 91.640-RJ, DJ 24/2/1997, e REsp 37.762-MS, DJ 11/9/1995. REsp 963.950-DF, Rel. Min. José Delgado, julgado em 8/4/2008.** (Inform. STJ 351)

ART. 166 DO CTN. CONDIÇÃO. AÇÃO. JUNTADA POSTERIOR.
O art. 166 do CTN legitima o contribuinte de direito a postular a repetição de indébito se estiver autorizado por quem tenha assumido o encargo financeiro do tributo. Essa autorização, embora encartada na lei como uma verdadeira condição da ação de repetição de indébito, pode ser trazida aos autos após o oferecimento da inicial se o autor, oportunamente, protestar por sua juntada posterior e se forem razoáveis os argumentos apresentados como justificativa à impossibilidade de apresentação imediata. **REsp 962.909-BA, Rel. Min. Castro Meira, julgado em 20/9/2007.** (Inform. STJ 332)

RESTITUIÇÃO. INDÉBITO. PROVA. RECOLHIMENTOS.

A recorrente aduz que a eventual restituição, se cabível, haveria de ser respaldada em prova documental, acostada na inicial, dos valores efetivamente pagos com as devidas comprovações de recolhimento, e ante tal incerteza não pode ser a União condenada à restituição dos valores postulados (pela via da compensação), sob pena de infração ao princípio do enriquecimento sem causa. Isso posto, a Turma deu provimento ao recurso ao argumento de que o pressuposto fático do direito de compensar é a existência do indébito. Sem prova desse pressuposto, a sentença teria caráter apenas normativo, condicionada à futura comprovação de um fato. **REsp 924.550-SC, Rel. Min. Teori Albino Zavascki, julgado em 15/5/2007.** (Inform. STJ 320)

SÚMULA STF Nº 546

Cabe restituição do tributo pago indevidamente, quando reconhecido, por decisão, que o contribuinte *de jure* não recuperou do contribuinte *de facto* o *quantum* respectivo.

SÚMULA STF Nº 383

A prescrição em favor da Fazenda Pública recomeça a correr, por 2 (dois) anos e meio, a partir do ato interruptivo, mas não fica reduzida aquém de 5 (cinco) anos, emora o titular do direito a interrompa durante a primeira metade do prazo.

SÚMULA STF Nº 262

Não cabe medida possessória liminar para liberação alfandegária de automóveis.

SÚMULA STF Nº 239

Decisão que declara indevida a cobrança do imposto em determinado exercício não faz coisa julgada em relação aos posteriores.

SÚMULA STF Nº 150

Prescreve a execução no mesmo prazo de prescrição da ação.

SÚMULA STJ Nº 461

O contribuinte pode optar por receber, por meio de precatório ou por compensação, o indébito tributário certificado por sentença declaratória transitada em julgado.

SÚMULA STJ Nº 447

Os Estados e o Distrito Federal são partes legítimas na ação de restituição de imposto de renda retido na fonte proposta por seus servidores.

SÚMULA STJ Nº 232

A Fazenda Pública, quando parte no processo, fica sujeita à exigência do depósito prévio dos honorários do perito.

SÚMULA STJ Nº 188

Os juros moratórios, na repetição de indébito tributário, são devidos a partir do trânsito em julgado da sentença.

SÚMULA STJ Nº 162

Na repetição de indébito tributário, a correção monetária incide a partir do pagamento indevido.

SÚMULA STJ Nº 162

Na repetição de indébito tributário, a correção monetária incide a partir do pagamento indevido.

SÚMULA STJ Nº 106

Proposta a ação no prazo fixado para o seu exercício, a demora na citação, por motivos inerentes ao mecanismo da Justiça, não justifica o acolhimento da arguição de prescrição ou decadência.

SÚMULA TFR Nº 247

Não constitui pressuposto da ação anulatória do débito fi scal o depósito de que cuida o art. 38 da Lei 6.830, de 1980.

SÚMULA TFR Nº 213.

O exaurimento da via administrativa não é condição para a propositura de ação de natureza previdenciária.

SÚMULA TFR Nº 47

Cancelado o débito fi scal, a correção monetária, relativa à restituição da importância depositada em garantia de instância, incide a partir da data da efetivação do depósito.

SÚMULA TFR Nº 46

Nos casos de devolução do depósito efetuado em garantia de instância e de repetição do indébito tributário, a correção monetária é calculada desde a data do depósito ou do pagamento indevido e incide até o efetivo recebimento da importância reclamada.

13.9. Outros temas de processo tributário

RCL N. 6.205-PI

RELATOR: MIN. AYRES BRITTO
EMENTA: RECLAMAÇÃO CONSTITUCIONAL. DECISÃO ANTECIPATÓRIA DE TUTELA. ALEGAÇÃO DE DESRESPEITO À ADC 4. MATÉRIA PREVIDENCIÁRIA. NÃO-OCORRÊNCIA. 1. A ação de origem trata de matéria previdenciária; mais especificamente, cuida de devolução de contribuições pagas por servidor a montepio militar. Conforme a Súmula 729 do STF, *"a decisão na Ação Direta de Constitucionalidade 4 não se aplica à antecipação de tutela em causa de natureza previdenciária"*. 2. Reclamação que se julga improcedente. (Inform. STF 610)

CONCESSÃO DE EFEITO SUSPENSIVO E SITUAÇÃO EXCEPCIONAL
O Tribunal concedeu medida cautelar em ação cautelar ajuizada pela Companhia de Águas e Esgotos de Rondônia - CAERD para suspender os efeitos de acórdão proferido pelo Tribunal de Justiça do referido Estado-membro em apelação, até julgamento de agravo de instrumento interposto contra decisão que não admitira recurso extraordinário da empresa no qual pretende seja reconhecido seu direito à imunidade recíproca incidente sobre o fato gerador do IPTU (CF, art. 150, VI, a). Entendeu-se que, em situações excepcionais, nas quais são patentes a plausibilidade jurídica do pedido — decorrente do fato de a decisão recorrida contrariar jurisprudência ou súmula do STF — e o perigo de dano irreparável ou de difícil reparação — consubstanciado pela execução do acórdão recorrido —, o Tribunal poderá deferir a medida cautelar mesmo que o recurso extraordinário tenha sido objeto de juízo negativo de admissibilidade e o agravo de instrumento interposto contra essa decisão ainda não se encontre sob a jurisdição do STF. Considerou-se que, no caso, o acórdão objeto do recurso extraordinário parece afrontar jurisprudência da Corte firmada no julgamento do RE

407099/RS (DJU de 6.8.2004), tendo em conta que a CAERD é sociedade de economia mista prestadora do serviço público obrigatório de saneamento básico, portanto, abrangida pela aludida imunidade tributária. Além disso, ressaltou-se ser manifesta a urgência da pretensão cautelar, porquanto, com a execução do acórdão recorrido, a companhia será obrigada a pagar os débitos tributários em discussão, gerando a inscrição em dívida ativa e as conseqüências oriundas desse fato. AC 1550 MC/RO, rel. Min. Gilmar Mendes, 6.2.2007. (AC-1550) (Inform. STF 455)

DIREITO TRIBUTÁRIO. CONTRIBUIÇÃO PREVIDENCIÁRIA RETIDA NA FONTE.

A determinação de retenção na fonte da contribuição previdenciária, na forma e pelo modo estabelecido no art. 16-A da Lei n. 10.887/2004, nada mais representa do que uma providência de arrecadação do tributo, não traduzindo juízo de certeza quanto à legitimidade ou não da exação tributária ou do respectivo valor. Com isso, o contribuinte não fica inibido de promover, contra a entidade credora, ação própria de repetição de indébito ou outra que for adequada para, se for o caso, obter a devida tutela jurisdicional a respeito. Precedente citado: EDcl no REsp 1.196.778-RS, DJe 7/6/2011. **EDcl no AgRg no REsp 1.266.616-RS, Rel. Min. Humberto Martins, julgado em 20/11/2012. (Inform. STJ 510)**

COMPETÊNCIA. MEDIDA CAUTELAR FISCAL. COMARCA SEM VARA FEDERAL. INTERESSE DE AGIR. EXIGIBILIDADE DO CRÉDITO. PARCELAMENTO POSTERIOR À CONSTRIÇÃO.

Em preliminar, a Turma decidiu que a incompetência relativa para julgamento de medida cautelar fiscal deve ser arguida por meio de exceção, no prazo da resposta, sob pena de a matéria ficar preclusa. No caso, a cautelar foi ajuizada na Justiça Federal com competência territorial sobre a comarca da sede da empresa. Por força do disposto no art. 109, § 3º, da CF e art. 15, I, da Lei n. 5.010/1966, a Justiça estadual também seria competente, por delegação, para apreciar a ação. Em outras palavras, por tratar-se de competência federal delegada à Justiça estadual, os dois juízos teriam competência para apreciar a matéria. Nesse contexto, se o contribuinte tivesse o interesse de ser a ação processada no seu domicílio, deveria apresentar exceção para que a incompetência territorial fosse reconhecida. Como a arguição da incompetência foi feita fora do prazo da resposta, ficou perpetuada a competência do juízo federal. Em outra preliminar, a Turma entendeu que o parcelamento requerido após a realização de constrição patrimonial e ajuizamento da execução fiscal não afeta o interesse de agir do fisco. Assim, se a suspensão da exigibilidade do crédito em razão do parcelamento for posterior à constrição, ou a garantia permanece na medida cautelar fiscal, ou se transfere para a execução fiscal, na qual poderá ser pleiteada a sua substituição, conforme a ordem prevista no art. 655 do CPC. O que não pode ocorrer é o crédito tributário ficar sem garantia alguma, já que a constrição foi realizada antes mesmo do pedido de parcelamento e já havia execução fiscal em curso. **REsp 1.272.414-SC, Rel. Min. Mauro Campbell Marques, julgado em 24/4/2012.(Inform. STJ 496)**

MEDIDA CAUTELAR FISCAL. TERCEIROS.

A Turma, ao prosseguir o julgamento, por maioria, asseverou que o art. 4º, § 2º, da Lei n. 8.397/1992 autoriza o requerimento da medida cautelar fiscal para tornar indisponível o patrimônio de terceiro, desde que ele tenha adquirido bens do sujeito passivo (contribuinte ou responsável) em condições que sejam capazes de frustrar a satisfação do crédito pretendido. Para o Min. Relator, essas condições podem ser visualizadas em duas hipóteses, a saber: fraude à execução tributária nos termos do art. 185 do CTN com a nova redação dada pela LC n. 118/2005 e fraude contra credores, desde que, nesse último caso, a cautelar esteja atrelada a uma ação pauliana ou revocatória – ajuizada no prazo do art. 11 da Lei n. 8.397/1992 – que declare o vício do negócio jurídico. **REsp 962.023-DF, Rel. Min. Mauro Campbell Marques, julgado em 17/5/2011.** (Inform. STJ 473)

QO. MC. CASSAÇÃO. ACÓRDÃO.

Trata-se de medida cautelar (MC) visando à cassação de acórdão proferido pela Primeira Turma do STJ ou, alternativamente, seu deferimento para expedição de certidão positiva de débito com efeitos de negativa, por ser absolutamente necessária à manutenção da requerente (pagamento de salários dos componentes do time de futebol em questão), até o julgamento do recurso extraordinário pelo STF. O Min. Relator esclareceu que as medidas cautelares são admissíveis para atribuir efeito suspensivo a recurso de competência deste Superior Tribunal, bem como em recursos extraordinários pendentes de juízo de admissibilidade (art. 288 do RISTJ e Súm. n. 635-STF). *In casu*, a MC tem como objeto a cassação de acórdão proferido pelo STJ, finalidade que só poderá ser alcançada por via recursal. Com essas considerações, a Turma, em questão de ordem suscitada pelo Min. Relator, indeferiu liminarmente a MC. **QO na MC 17.464-DF, Rel. Min. Teori Albino Zavascki, julgada em 23/11/2010.** (Inform. STJ 457)

REPETITIVO. CONFISSÃO. DÍVIDA. REVISÃO JUDICIAL. LIMITES.

Trata-se de recurso especial contra acórdão que entendeu ser possível a exclusão de estagiários da base de cálculo para o pagamento de ISS, anulando os autos de infração lavrados com base na discrepância entre os pagamentos efetuados e os dados constantes da Relação Anual de Informações Sociais (RAIS), na qual constavam tais estagiários erroneamente designados como advogados, embora, posteriormente, tenha havido a confissão e o parcelamento do débito. A Seção, ao julgar o recurso sob o regime do art. 543-C do CPC c/c a Res. n. 8/2008-STJ, por maioria, negou-lhe provimento por entender que a confissão de dívida não inibe o questionamento judicial da obrigação tributária, no que se refere aos seus aspectos jurídicos. Quanto aos aspectos fáticos sobre os quais incide a norma tributária, a regra é que não se pode rever judicialmente a confissão de dívida efetivada com a finalidade de obter parcelamento de débito tributário. Porém, como no caso, a matéria de fato constante da confissão de dívida pode ser invalidada quando ocorrer defeito causador de nulidade de ato jurídico. A confissão de dívida, para fins de parcelamento, não tem efeitos absolutos, não podendo reavivar crédito tributário já extinto ou fazer nascer crédito tributário de maneira discrepante de seu fato gerador. **Precedentes citados: REsp 927.097-RS, DJ 31/5/2007; REsp 948.094-PE, DJ 4/10/2007; REsp 947.233-RJ, DJe 10/8/2009; REsp 1.074.186-RS, DJe 9/12/2009, e REsp 1.065.940-SP, DJe 6/10/2008. REsp 1.133.027-SP, Rel. originário Min. Luiz Fux, Rel. para acórdão Min. Mauro Campbell Marques, julgado em 13/10/2010.** (Inform. STJ 451)

CONTRIBUIÇÕES PREVIDENCIÁRIAS. MASSA FALIDA. RESTITUIÇÃO.

É pacífico, no STJ, que as contribuições previdenciárias descontadas dos salários dos empregados pela massa falida e não repassadas aos cofres previdenciários devem ser restituídas antes do pagamento de qualquer crédito, inclusive trabalhista, porque a quantia relativa às referidas contribuições não integra o patrimônio do falido, incidindo, na espécie, a Súm. n. 417-STF. Além disso, o art. 76 da antiga Lei de Falências (DL n. 7.661/1945), vigente à época dos fatos, autoriza a restituição de coisa arrecadada. Já o *caput* do art. 51 da Lei n. 8.212/1991 anuncia o privilégio dos créditos do INSS, equiparando-os aos créditos da União, e esclarece que os valores descontados dos empregados pertencem à autarquia previdenciária, que poderá reivindicá-los. **Precedentes citados: REsp 780.971-RS, DJ 21/6/2007; REsp 769.174-RS, DJ 6/3/2006; REsp 686.122-RS, DJ 28/11/2005; REsp 511.356-RS, DJ 4/4/2005; REsp 631.529-RS, DJ 30/8/2004; REsp 557.373-RS, DJ 28/4/2004, e REsp 284.276-PR, DJ 11/6/2001. REsp 1.183.383-RS, Rel. Min. Luiz Fux, julgado em 5/10/2010.** (Inform. STJ 450)

QO. REPETITIVO. ANULAÇÃO. NOVA SUBMISSÃO.

Em questão de ordem, a Seção anulou a decisão proferida neste recurso especial, o qual havia sido submetido ao regime dos recursos repetitivos. Na espécie, verificou-se que o recorrente, cerca de oito meses após ter seu apelo inadmitido pelo tribunal *a quo* e esta Corte Superior não ter conhecido do agravo de instrumento manejado, protocolou pedido de reconsideração daquela decisão denegatória, o que lhe garantiu a subida do recurso. A anulação fundamentou-se na impossibilidade jurídica do juízo de retratação e na ofensa à preclusão ocasionada pela prolação do *decisum* no agravo, resultando no não conhecimento do apelo especial e na aplicação de multa por litigância de má-fé. Ressaltou o Min. Relator que novo recurso com a mesma temática, qual seja, a incidência do ICMS sobre serviços suplementares ao serviço de comunicação, já foi submetido à sistemática do art. 543-C do CPC (REsp 1.176.753-RJ). **QO no REsp 816.512-PI, Rel. Min. Luiz Fux, julgada em 8/9/2010.** (Inform. STJ 446)

ACP. LEGITIMIDADE. MPF. ENTIDADE FILANTRÓPICA.

Na hipótese dos autos, foi ajuizada ação civil pública (ACP) pelo *parquet* federal (recorrido) contra associação educacional (recorrente), objetivando, entre outros temas, a declaração judicial de nulidade do registro do certificado de entidade filantrópica, tendo em vista a suposta distribuição de lucros. Liminarmente, foi determinada a suspensão da eficácia do referido certificado e de sua imunidade tributária. O primeiro grau de jurisdição entendeu pela extinção do processo sem julgamento de mérito, com base na ilegitimidade ativa *ad causam* do Ministério Público Federal (MPF), em razão da natureza fiscal do direito controvertido. Tal decisão foi reformada pelo tribunal *a quo*, o qual determinou o prosseguimento da ACP. No REsp, a recorrente sustenta, entre outras alegações, violação dos arts. 3º e 267, VI, do CPC. Portanto, cinge-se a questão à análise da legitimidade ativa *ad causam* do MPF e da existência de legítimo interesse a justificar o ajuizamento da mencionada ACP. Nesta instância especial, observou-se que, no caso, a pretensão recursal excede os limites de tutela do interesse tributário do Estado, atingindo o próprio interesse social que as entidades filantrópicas visam promover. Ressalte-se que tais entidades, por desenvolverem um trabalho de complementação das atividades essenciais do Estado, possuem um patrimônio social com características públicas, uma vez que é de uso comum, mas relacionado com o uso da própria sociedade. Assim, o patrimônio público investido na entidade assistencial, decorrente da isenção tributária concedida, deve ser revertido em proveito das atividades assistenciais promovidas, dada a nítida função social que a entidade propõe-se a prestar. O não cumprimento dessas atividades, por desvio de finalidade, caracterizaria agressão à moralidade administrativa, visto que refletiria na consecução da própria finalidade social (no caso, na prestação dos serviços de educação aos seus respectivos alunos – que pagam uma mensalidade subsidiada em razão de concessão da isenção tributária – e na prestação de atividades filantrópicas à comunidade). Dessarte, a emissão indevida do certificado de entidade de fins filantrópicos poderia afetar o interesse social como um todo, ofendendo não só o patrimônio público, bem como a legítima expectativa de que a entidade filantrópica reverteria em proveito da sociedade os subsídios tributários concedidos, até porque eles caracterizam investimento indireto do Estado. Dessa forma, à semelhança de recente entendimento do STF em repercussão geral (*vide* Informativo do STF n. 595) – o *parquet* possui legitimidade ativa *ad causam* para propor a referida ACP, uma vez que configurada grave ofensa ao patrimônio público, ao interesse social e à moralidade administrativa –, estando assim, plenamente legitimado para atuar na defesa do interesse coletivo, por evitar que uma entidade que se apresente como assistencial faça jus a uma isenção tributária indevida. Nesse panorama, o Min. Teori Albino Zavascki destacou que a restrição estabelecida no art. 1º, parágrafo único, da Lei n. 7.347/1985 não alcança ação visando à anulação de atos administrativos concessivos de benefícios fiscais, alegadamente ilegítimos e prejudiciais ao patrimônio público, cujo ajuizamento pelo MP decorre de sua função institucional estabelecida pelo art. 129, III, da CF/1988 e art. 5º, III, b, da LC n. 75/1993, de que trata a Súm. n. 329-STJ. Com essas considerações, a Turma conheceu parcialmente do recurso e, nessa parte, negou-lhe provimento. **Precedentes citados do STF: RE 576.155-DF; do STJ: REsp 1.120.376-SP, DJe 21/10/2009; REsp 776.549-MG, DJ 31/5/2007; REsp 610.235-DF, DJ 23/4/2007, e REsp 417.804-PR, DJ 16/5/2005. REsp 1.101.808-SP, Rel. Min. Hamilton Carvalhido, julgado em 17/8/2010**. (Inform. STJ 443)

EXCEÇÃO. INCOMPETÊNCIA. MULTA. LITIGÂNCIA. MA-FÉ.

A Seção rejeitou a arguição de exceção de incompetência absoluta com aplicação de multa de 10% sobre o valor atualizado da causa (art. 14, parágrafo único, do CPC). Os excipientes alegaram a incompetência absoluta da Primeira Seção e Turmas que a compõem para julgar matéria relativa ao direito de correção monetária sobre empréstimo compulsório de energia elétrica, por se tratar, segundo afirmam, de matéria de natureza privada. A Min. Relatora rejeitou a arguição por vários motivos, entre eles, o de que o art. 9º, § 1º, do RISTJ é taxativo em fixar a competência da Primeira Seção para julgar empréstimo compulsório. Explica que, no mesmo sentido, já se posicionou a Segunda Turma no AgRg no REsp 949.645-SC, DJe 9/6/2010. Também aponta que a Seção julga a matéria desde 1989, a partir do julgamento do CC 692-DF, DJ 6/11/1989. Por último, afirma causar perplexidade o fato de a presente arguição ter sido formulada por representante judicial de escritório advocatício que milita em outros processos sobre a matéria na Primeira Seção; sendo assim, considerou a arguição de incompetência absolutamente descabida. **Pet no REsp 1.050.199-RJ, Rel. Min. Eliana Calmon, julgada em 9/6/2010**. (Inform. STJ 438)

ICMS. LEGITIMIDADE ATIVA AD CAUSAM.

Discute-se, no REsp, a incidência do ICMS sobre a demanda contratada de energia elétrica e sobre os encargos previstos no art. 1º da Lei n. 10.438/2002 (encargo de capacidade emergencial ou seguro "apagão"), além de debater a legitimidade ativa do consumidor de eletricidade. Ressaltou o Min. Relator haver inúmeros precedentes em que a jurisprudência vinha reconhecendo a legitimidade ativa do consumidor final para questionar a cobrança de ICMS quanto à demanda contratada de energia elétrica. Sucede que, com o REsp 903.394-AL, julgado sob o regime de recurso repetitivo (art. 543-C do CPC e Res. n. 8/2008-STJ) na Primeira Seção, a jurisprudência passou a ser a de que somente o contribuinte de direito pode demandar judicialmente, não o contribuinte de fato – apesar de, naquela ocasião, o REsp discutir a legitimidade ativa *ad causam* para os pleitos relativos ao IPI incidente nas bebidas –, aquela decisão atinge, também, os casos de ICMS. Dessa forma, para o Min. Relator, deve-se distinguir o contribuinte de direito, que é sempre aquele determinado por lei (art. 121, parágrafo único, I, do CTN), do contribuinte de fato, aquele que suporta o ônus econômico do tributo, visto que o pagamento da exação é normalmente repassado ao consumidor final. Explica que, no caso da energia elétrica, embora o consumidor final possa ser considerado contribuinte de fato, jamais será contribuinte de direito, visto que não existe lei que inclua o consumidor no polo passivo da relação tributária, além de não competir a ele recolher o imposto ao Fisco estadual, nem promover a saída da mercadoria, o que torna impossível classificá-lo como contribuinte de direito. Quanto ao ICMS sobre energia elétrica, o contribuinte de direito, nas operações internas, é quem fornece a energia elétrica de acordo com o art. 4º, *caput*, da LC n. 87/1996 e CF/1988. Nas operações interestaduais, há imunidade nos termos do art. 155, § 2º, X, da CF/1988. Essa imunidade é peculiar, pois se refere exclusivamente à operação interestadual, e não à operação interna subsequente, afasta-se a tributação em relação ao estado de origem, mas não a aproveita o consumidor final. Segundo o Min. Relator, só há uma hipótese em que o adquirente de energia elétrica na operação interestadual é consumidor final, qual seja, quando não a revende ou a emprega industrialmente; nesse caso, deverá recolher o ICMS integralmente ao Fisco do seu estado (destino) na condição de contribuinte (art. 4º, parágrafo único, IV, da LC n. 87/1996). No caso dos autos, trata-se de operações internas de energia elétrica, daí a empresa adquirente da energia não ser contribuinte do ICMS, por isso a Turma reconheceu sua ilegitimidade ativa *ad causam* e deu provimento ao recurso. **REsp 928.875-MT, Rel. Min. Herman Benjamin, julgado em 11/5/2010**. (Inform. STJ 434)

REPETITIVO. HONORÁRIOS. INDÉBITO TRIBUTÁRIO.

A Seção, ao apreciar o recurso representativo de controvérsia (art. 543-C do CPC e Res. n. 8/2008-STJ), reafirmou que, vencida a Fazenda Pública, a fixação dos honorários não está adstrita aos limites percentuais de 10% e 20%, podendo ser adotado como base de cálculo o valor dado à causa ou à condenação nos termos do art. 20, § 4º, do CPC ou mesmo um valor fixo, segundo o critério de equidade. Nas demandas de cunho declaratório, até por inexistir condenação pecuniária que possa servir de base de cálculo, os honorários devem ser fixados com referência no valor da causa ou em montante fixo. Tratando-se de ação ordinária promovida pelo contribuinte para obter a declaração judicial de seu direito à compensação tributária segundo os critérios definidos na sentença – não havendo condenação em valor certo, já que o procedimento deverá ser efetivado perante a autoridade administrativa e sob os seus cuidados –, devem ser fixados os honorários de acordo com a apreciação equitativa do juiz, não se impondo a adoção do valor da causa ou da condenação, seja porque a Fazenda Pública foi vencida, seja porque a demanda ostenta feição nitidamente declaratória. Diante disso, a Seção negou provimento ao recurso. **Precedentes citados: EREsp 644.736-PE, DJ 17/12/2007; REsp 1.002.932-SP, DJe 18/12/2009; EREsp 747.013-MG, DJe 3/3/2008; REsp 1.118.774-RS, DJe 10/2/2010; REsp 1.000.106-MG, DJe 11/11/2009; REsp 779.524-DF, DJ 6/4/2006; REsp 726.442-RJ, DJ 6/3/2006; AgRg nos EDcl no REsp 724.092-PR, DJ 1º/2/2006; REsp 1.117.685-MT, DJe 11/2/2010; AgRg no REsp 844.572-DF, DJe 18/11/2009; REsp 1.137.738-SP, DJ 1º/2/2010; REsp 707.795-RS, DJe 16/11/2009; REsp 1.000.106-MG, DJe 11/11/2009, e REsp 857.942-SP, DJe 28/10/2009. REsp 1.155.125-MG, Rel. Min. Castro Meira, julgado em 10/3/2010**. (Inform. STJ 426)

HONORÁRIOS ADVOCATÍCIOS. SUCUMBÊNCIA.

O advento de *lex mitior* tributária que deu resultado mais benéfico ao devedor em ação de execução fiscal para cobrança de ICMS não tem o condão de impor à Fazenda estadual ônus sucumbencial em honorários de advogados, uma vez que a demanda foi proposta com base em outra norma em vigor à época da execução. Consequentemente, o princípio da causalidade referente à sucumbência há de ser aplicado levando-se em conta o quadro normativo vigente à data da propositura da ação. Com esse entendimento, a Turma deu provimento ao recurso da Fazenda. Note-se que, no caso dos autos, somente durante a tramitação da execução fiscal, depois da oposição dos embargos do devedor, foi expedida nova norma estadual que reduziu em 50% a aplicação da multa moratória, no entanto o Tribunal *a quo*, em razão do princípio da causalidade, no acórdão recorrido, afirmou que responde pela verba honorária não só quem sucumbiu, mas também aquele que deu causa ao processo, impondo à Fazenda parte do ônus da verba honorária. **REsp 1.119.475-MG, Rel. Min. Luiz Fux, julgado em 9/2/2010**. (Inform. STJ 422)

FAZENDA. MULTA. RECURSO.

No REsp, discute-se a possibilidade de impor à Fazenda Pública a sanção processual prevista no art. 557, § 2º, do CPC diante do disposto no art. 1º-A da Lei n. 9.494/1997, com a redação dada pela MP n. 2.180-35/2001 e também a possibilidade de conceder antecipação da tutela em face da Fazenda Pública. Isso posto, explicou-se que a dispensa do depósito prévio para interposição de recurso aplica-se aos recursos previstos no processo civil, que tem, como exigência, o depósito prévio previsto no § 2º do art. 557 do CPC. Há outra exigência de depósito prévio para cobrir eventual multa, mas em ação rescisória (art. 488, parágrafo único, do CPC). Ademais, é pacífico, na jurisprudência deste Superior Tribunal, que a multa do art. 557, § 2º, do CPC tem a mesma natureza da multa prevista no art. 488 do mesmo código, da qual está isento o Poder Público. Por outro lado, a Corte Especial, em situação análoga, entendeu que a norma disposta no art. 1º-A da Lei n. 9.494/1997 é perfeitamente aplicável à multa de que trata o art. 557, § 2º, do CPC, razão pela qual não se nega seguimento a recurso interposto pela Fazenda Pública sob o fundamento de ela não ter previamente efetuado o depósito da referida multa. Outrossim, este Superior Tribunal tem decidido pela possibilidade de conceder antecipação de tutela em desfavor da Fazenda Pública quando a situação não está inserida na regra proibitiva do art. 1º da Lei n. 9.494/1997. Diante do exposto, a Turma deu provimento ao recurso tão somente para afastar a necessidade do prévio recolhimento da multa prevista no art. 557, § 2º, do CPC. **Precedentes citados: EREsp 695.001-RJ, DJ 2/4/2007; EREsp 808.525-PR, DJ 22/10/2007; REsp 945.775-DF, DJe 16/2/2009; AgRg no REsp 726.697-PE, DJe 18/12/2008; AgRg no Ag 892.406-PI, DJ 17/12/200, e AgRg no REsp 944.771-MA, DJe 31/10/2008. REsp 1.070.897-SP, Rel. Min. Luiz Fux, julgado em 3/12/2009.** (Inform. STJ 418)

RECURSO REPETITIVO. PRAZO PRESCRICIONAL. LC N. 118/2005.

No recurso representativo de controvérsia (art. 543-C do CPC e Res. n. 8/2008-STJ), a Seção reiterou que, pelo princípio da irretroatividade, impõe-se a aplicação da LC n. 118/2005 aos pagamentos indevidos realizados após sua vigência e não às ações propostas posteriormente ao referido diploma legal, visto ser norma referente à extinção da obrigação e não ao aspecto processual da ação correspectiva. Assim, tratando-se de pagamentos indevidos antes da entrada em vigor da LC n. 118/2005 (9/6/2005), o prazo prescricional para o contribuinte pleitear a restituição do indébito, nos casos dos tributos sujeitos a lançamento por homologação, continua observando a tese dos "cinco mais cinco", desde que, na data da vigência da novel lei complementar, sobejem, no máximo, cinco anos da contagem do lapso temporal, regra que se coaduna com o disposto no art. 2.028 do CC/2002. Desta sorte, ocorrido o pagamento antecipado do tributo após a vigência da aludida norma jurídica, o *dies a quo* do prazo prescricional para a repetição/compensação é a data do recolhimento indevido. No caso, insurge-se o recorrente contra a prescrição quinquenal determinada pelo Tribunal *a quo*, pleiteando a reforma da decisão para que seja determinada a prescrição decenal, sendo certo que não houve menção, nas instâncias ordinárias, acerca da data em que se efetivaram os recolhimentos indevidos, mercê de a propositura da ação ter ocorrido em 27/11/2002, razão pela qual se conclui que os recolhimentos indevidos ocorreram antes do advento da LC n. 118/2005. Daí a tese aplicável ser a que considera os cinco anos de decadência da homologação para a constituição do crédito tributário acrescidos de mais cinco anos referentes à prescrição da ação. Outrossim, destaque-se que, conquanto as instâncias ordinárias não mencionem expressamente as datas em que ocorreram os pagamentos indevidos, é certo que foram efetuados sob a égide da LC n. 70/1991, uma vez que a Lei n. 9.430/1996, vigente a partir de 31/3/1997, revogou a isenção concedida pelo art. 6º, II, da referida lei complementar às sociedades civis de prestação de serviços, tornando legítimo o pagamento da Cofins. **Precedente citado: AgRg nos ERESP 644.736-PE, DJ 27/8/2007. REsp 1.002.932-SP, Rel. Min. Luiz Fux, julgado em 25/11/2009.** (Inform. STJ 417)

(Comentário: ver Informativo STF 634 – RE 566.621/RS – o Supremo Tribunal Federal reformou parcialmente o entendimento do STJ, decidindo que a contagem do prazo prescricional de 5 anos a partir do pagamento indevido, para a repetição do indébito, aplica-se apenas às ações ajuizadas após o término da vacatio legis, *ou seja, apenas para ações propostas a partir de 9.6.2005).*

RECURSO REPETITIVO. EDCL PROCRASTINATÓRIOS. MULTA.

A Seção, por unanimidade, rejeitou os embargos e condenou a embargante ao pagamento de 1% a título de multa pelo seu caráter procrastinatório (art. 538, parágrafo único, do CPC), em face da impugnação de questão meritória submetida ao rito do art. 543-C do CPC (recurso repetitivo). Inicialmente, destacou o Min. Relator, o inconformismo, que tem como real escopo reformar o *decisum*, não pode prosperar, porquanto inocorrentes as hipóteses de omissão, contradição, obscuridade ou erro material, sendo inadmissível a revisão em embargos de declaração, devido aos estreitos limites do art. 535 do CPC. A revisão do julgado, em manifesta pretensão infringente, revela-se inadmissível, nos embargos, quando o aresto recorrido assentou que a correção monetária não incide sobre os créditos de IPI decorrentes do princípio constitucional da não cumulatividade (créditos escriturais), por ausência de previsão legal. A oposição constante de ato estatal, administrativo ou normativo, que impeça a utilização do direito de crédito oriundo do princípio da não cumulatividade descaracteriza o referido crédito como escritural, assim considerado aquele oportunamente lançado pelo contribuinte em sua escrita contábil. Destarte, a vedação legal ao aproveitamento do crédito impele o contribuinte a socorrer-se do Judiciário, circunstância que acarreta demora no reconhecimento do direito pleiteado, dada a tramitação normal dos feitos judiciais. Consectariamente, ocorrendo a vedação ao aproveitamento desses créditos, com o consequente ingresso no Judiciário, posterga-se o reconhecimento do direito pleiteado, exsurgindo legítima a necessidade de atualizá-los monetariamente, sob pena de enriquecimento sem causa do Fisco. A Fazenda Nacional, nos presentes embargos de declaração, suscitou preliminar no sentido de que o acórdão embargado não teria atentado para a novel jurisprudência do STF firmada por ocasião do julgamento dos REs 353.657-PR e 370.682-SC, que concluiu pela ausência de direito ao creditamento de IPI quando da aquisição de insumos favorecidos pela alíquota zero e pela não tributação, cujo consectário lógico seria o afastamento do direito à correção monetária. Nada obstante, nos embargos de declaração manejados na instância ordinária, bem como no âmbito do recurso especial eleito como representativo de controvérsia, a Fazenda Nacional, pugnando pela ausência de previsão legal de correção monetária de créditos escriturais, assinalou que a questão versa sobre o reconhecimento do direito do contribuinte à correção monetária de crédito escritural de IPI decorrente da aquisição de matéria-prima, produto intermediário e material de embalagem aplicados na industrialização, inclusive de produto isento ou tributado à alíquota zero que o contribuinte não pôde compensar com o IPI devido na saída de outros produtos, ao realizar a compensação do referido crédito com outros tributos, nos termos do art. 11 da Lei n. 9.779/1999. Consequentemente, a preliminar ventilada pela embargante, além de destoar das razões esposadas nos embargos de declaração e no recurso especial fazendários (donde se poderia inferir aparente litigância de má-fé), constitui inovação argumentativa, vedada na instância extraordinária, notadamente em virtude do inarredável requisito do prequestionamento e tendo em vista o óbice inserto na Súm. n. 7-STJ. **Precedente citado: QO no REsp 1.025.220-RS, DJe 20/4/2009. EDcl no REsp 1.035.847-RS, Rel. Min. Luiz Fux, julgados em 25/11/2009.** (Inform. STJ 417)

RECURSO REPETITIVO. FACULDADE. EXTINÇÃO. COBRANÇA. PEQUENO VALOR.

O art. 1º da Lei n. 9.469/1997 concede uma faculdade à Administração ao permitir ao advogado-geral da União e a outros dirigentes autorizar requerimento de extinção das ações em curso ou desistir dos recursos judiciais referentes à cobrança de créditos de pequeno valor. Assim, não se pode extrair desse comando normativo a virtualidade de extinguir a obrigação, nem de autorizar o juiz a, sem o consentimento do credor, indeferir a demanda executória. Esse entendimento foi reafirmado pela Seção quando proveu o especial sujeito ao procedimento do art. 543-C do CPC (recurso repetitivo). **REsp 1.125.627-PE, Rel. Min. Teori Albino Zavascki, julgado em 28/10/2009.** (Inform. STJ 413)

CAUTELAR FISCAL. FORO. AJUIZAMENTO.

Não se nega a incidência do princípio da autonomia dos estabelecimentos tributários para fins fiscais. Porém, cabe ao Fisco escolher dentre os domicílios tributários do devedor o foro no qual vai ajuizar a ação cautelar fiscal. Para essa escolha, há balizas postas na legislação (art. 578, parágrafo único, do CPC; art. 5º da Lei n. 8.397/1992 e art. 5º da LEF). **Precedentes citados: REsp 787.977-SE, DJ 19/12/2005, e REsp 665.739-MG, DJ 25/4/2005. REsp 1.128.139-MS, Rel. Min. Eliana Calmon, julgado em 1º/10/2009.** (Inform. STJ 409)

SÚMULA N. 398-STJ.

A prescrição da ação para pleitear os juros progressivos sobre os saldos de conta vinculada do FGTS não atinge o fundo de direito, limitando-se às parcelas vencidas. **Rel. Min. Eliana Calmon, em 23/9/2009.** (Inform. STJ 408)

LIQUIDAÇÃO. ARTIGOS. INDÉBITO.
A Turma reiterou o entendimento de que as guias DARF são aptas para a comprovação do recolhimento indevido de PIS (art. 283 do CPC), dispensando-se a análise de documentos fiscais e contábeis. A apuração do indébito do PIS pode ser efetuada pelo simples cálculo aritmético (art. 475-B do CPC), pois inexiste fato novo a ser provado. **Precedentes citados: REsp 942.369-RS, DJe 5/9/2008, e REsp 780.238-RS, DJ 6/3/2006. REsp 965.199-RS, Rel. Min. Eliana Calmon, julgado em 18/8/2009.** (Inform. STJ 403)

CPMF. CASSAÇÃO. LIMINAR.
Discute-se, no REsp, a incidência de juros de mora e multa em decorrência de pagamento, a destempo, da contribuição provisória sobre movimentação ou transmissão de valores e de créditos e de direitos de natureza financeira (CPMF), cuja retenção dá-se pela instituição financeira depositária, e no caso, o contribuinte estava acobertado por decisão liminar favorável que, depois, foi cassada. Explica o Min. Relator que, cassada a medida liminar, impõe-se ao contribuinte o adimplemento da exação com todos os consectários legais exigidos em decorrência do atraso ocasionado pela suspensão, cuja cassação tem eficácia *ex tunc*. Assim, não pode o contribuinte eximir-se do recolhimento do tributo acrescido da correção, multa e juros de mora (Selic), diferentemente do que ocorre no caso do depósito disposto no art. 151, II, do CTN. Ademais, prevalece o art. 46, III, da MP n. 2.037-22/2000 (reeditada sob o n. 2.158-35/2001, em vigor na forma da EC n. 32/2001), que, ao dispor sobre o recolhimento da CPMF no caso de revogação de liminar ou antecipação que suspendeu a retenção, determinou a cobrança de juros de mora e multa moratória. Devido ao princípio da especialidade, afasta-se a aplicação do disposto no art. 63, §§ 1º e 2º, da Lei n. 9.430/1996, que exclui a multa moratória quando a exigibilidade do tributo houver sido suspensa na forma do art. 151, IV, do CTN. Diante do exposto, a Turma conheceu em parte o recurso da Fazenda Nacional e, nessa parte, deu-lhe provimento. **Precedentes citados: AgRg no REsp 742.280-MG, DJe 19/12/2008; REsp 676.101-MG, DJe 17/12/2008; REsp 674.877-MG, DJ 28/2/2005; REsp 586.883-MG, DJ 9/3/2004, e REsp 503.697-MG, DJ 29/9/2003. REsp 1.011.609-MG, Rel. Min. Luiz Fux, julgado em 23/6/2009.** (Inform. STJ 400)

RESP. PREQUESTIONAMENTO.
Não se desconhece o fato de que o STF, ao julgar RE, prestigiou o enunciado n. 356 de sua súmula, ao considerar prequestionada matéria constitucional pela simples interposição de EDcl (prequestionamento ficto). Sucede que, como consabido, o STJ possui entendimento diverso, pois tem como satisfeito o prequestionamento quando o tribunal *a quo* emite juízo de valor a respeito da tese defendida no especial. Assim, aqui é imprescindível a demonstração de que aquele tribunal apreciou a tese à luz da legislação federal enumerada no especial, quanto mais se opostos embargos de declaração. Daí que, se o tribunal *a quo* rejeita os embargos sem apreciar a tese, o respectivo especial deve necessariamente indicar como violado o art. 535 do CPC, com a especificação objetiva do que é omisso, contraditório ou obscuro sob pena de aplicação da Súm. n. 211-STJ. Com a reiteração desse entendimento, a Turma não conheceu do REsp, apesar de o advogado, da tribuna, trazer a alegação de que, no caso, há matéria de ordem pública (a inexistência de citação) não sujeita à preclusão, de acordo com recente precedente da Corte Especial. Anote-se que o Min. Mauro Campbell Marques acompanhou a Turma com a ressalva de seu entendimento. **Precedentes citados do STF: RE 219.934-SP, DJ 16/2/2001; do STJ: EREsp 978.782-RS, DJe 15/6/2009; REsp 1.095.793-SP, DJe 9/2/2009, e REsp 866.482-RJ, DJ 2/9/2008. REsp 866.299-SC, Rel. Min. Eliana Calmon, julgado em 23/6/2009** (ver Informativo n. 395). (Inform. STJ 400)

PIS. COISA JULGADA.
Este Superior Tribunal já consolidou a tese da legalidade do cancelamento da inscrição em dívida ativa da União na hipótese de decisão judicial já transitada em julgado que encampa a constitucionalidade da exação (contribuição ao PIS) com lastro nos DLs. ns. 2.445 e 2.449, ambos de 1988. No caso, a coisa julgada mantém intacta a exação, porém sua cobrança, por força de lei, não pode sobreviver (art. 18 da Lei n. 10.522/2002). Daí ser aplicável a Súm. n. 83 do STJ, pois o acórdão recorrido não destoou dessa orientação, enunciado que se aplica, também, aos especiais interpostos com fundamento na alínea **a** do permissivo constitucional. **Precedentes citados: REsp 530.229-RS, DJ 30/5/2005; REsp 705.369-RS, DJ 6/3/2006; REsp 837.553-RS, DJ 17/12/2008; AgRg no Ag 921.314-RJ, DJ 15/4/2008, e AgRg no Ag 958.448-MG, DJ 10/3/2008. AgRg no REsp 1.091.146-RS, Rel. Min. Humberto Martins, julgado em 28/4/2009.** (Inform. STJ 392)

ANTECIPAÇÃO. TUTELA. NULIDADE. PROCESSO.
Nos autos, município questionou erro no índice utilizado no cálculo de repasse de ICMS e obteve êxito. Todavia, cumprida a sentença, outro município ingressou no feito, sentindo-se prejudicado com a perda no repasse do ICMS, e apelou sob a alegação de nulidade do processo por falta de citação de litisconsórcio necessário. O TJ confirmou a sentença em reexame necessário, reconheceu-o como terceiro prejudicado e negou provimento à apelação. Em REsp, a Turma decidiu que, como o município recorrente fora atingido pela decisão judicial por ser concorrente no produto de arrecadação do ICMS, sobressai a figura do litisconsórcio necessário e a obrigação da citação de todos os municípios afetados, consequentemente, anulou o processo para citação dos litisconsortes necessários. Agora, em embargos de declaração, o município autor da demanda alega, entre outras coisas, a omissão quanto ao limite a ser alcançado pela nulidade, diante da existência da tutela antecipada concedida *inaudita altera pars* anterior ao momento da citação no procedimento. Para a Min. Eliana Calmon, que conduziu a tese vencedora, no momento em que o STJ afirma que a relação processual está defeituosa pela falta de presença na lide de litisconsortes necessários, há imprescindivelmente necessidade de renovar o juízo de valor feito pelo juiz em tutela antecipada. Outrossim, a relação processual muda significativamente, e a falta da presença dos litisconsortes necessários alcança a relação jurídica no nascedouro, anulando, inclusive, a possibilidade de dar continuidade a uma tutela concedida antecedentemente sem a presença desses entes, embora o magistrado possa imediatamente tornar a examinar e dar a mesma tutela sem quase solução de continuidade. O Min. Herman Benjamin, acompanhando a tese vencedora, ponderou que, mesmo reconhecendo que a decisão foi concedida *inaudita altera pars*, é bem possível que o juiz, ao conhecer a determinação e orientação do STJ sobre o rol daqueles que necessariamente devem integrar a lide, faça um juízo sobre os requisitos e os pressupostos de sua decisão, especialmente o *fumus boni juris* de modo inverso. Para o Min. Relator (vencido), a tutela antecipada concedida não foi atingida pelo julgamento do REsp, embora a decisão da tutela poderia ser revista pelo próprio juízo ou ser impugnada por meio de recurso pelos novos litisconsórcios necessários que ocuparão o polo passivo da demanda. Diante do exposto, a Turma, por maioria, acolheu os embargos, atribuindo-lhes efeitos modificativos. **EDcl no REsp 1.063.123-AM, Rel. originário Min. Castro Meira, Rel. para acórdão Min. Eliana Calmon, julgados em 10/3/2009.** (Inform. STJ 386)

LITISCONSÓRCIO NECESSÁRIO. UNIÃO.
A Turma entendeu, por maioria, correto o acórdão recorrido que anulou a sentença proferida pelo juízo de Direito e reconheceu, de ofício, a competência da Justiça Federal, em vista da existência de litisconsórcio passivo necessário ditado por lei (art. 47 do CPC), entre o banco de desenvolvimento estadual em questão e a União na ação que envolve determinado fundo de incentivos fiscais. Os votos vencidos entendiam que, antes de sua remessa ao juízo federal, os autos deveriam retornar ao juiz de Direito para que intimasse o autor a promover a citação do litisconsorte, sob pena de extinção do processo (parágrafo único do citado artigo). **AgRg no REsp 1.088.533-ES, Rel. Min. Francisco Falcão, julgado em 3/3/2009.** (Inform. STJ 385)

IMPORTAÇÃO. ICMS. COISA JULGADA.
A coisa julgada e sua eficácia, quando dependentes da análise de matéria probatória, interditam a cognição do recurso especial por suposta violação dos arts. 468, 471 e 472 do CPC. Impor à parte repetir a demanda quando a matéria já se encontrava pacificada no STF implica negar a efetividade processual e a vigente cláusula da duração razoável dos processos. É que, no mérito, a questão jurídica discutida nos autos – incidência do ICMS na importação de bens em comodato – já não suscita qualquer questionamento, reconhecendo o Estado que o tributo não recai sobre a citada operação. Nesse sentido, corroboram o entendimento precedente do Supremo Tribunal Federal, bem como a manifestação expressa do sujeito ativo tributário de que não mais recorrerá quanto à referida tese. Com esse entendimento, a Turma, por maioria, determinou a conversão do Ag em REsp e lhe deu provimento. **Precedentes citados do STF: RE 461.968-7-SP, DJ 24/8/2007; do STJ: REsp 791.491-MG, DJ 7/11/2006. AgRg no Ag 988.098-RJ, Rel. originário Min. Teori Albino Zavascki, Rel. para acórdão Min. Luiz Fux, julgado em 4/11/2008.** (Inform. STJ 375)

EXECUÇÃO FISCAL. PAGAMENTO. CÓPIAS.
O art. 39 da Lei n. 6.830/1980 isenta a Fazenda Pública do pagamento da prática dos atos processuais, e não das despesas para a remuneração de terceiras pessoas que são acionadas pelos serventuários da Justiça. Nesse conceito de despesa, também devem ser incluídas as cópias reprográfi-

cas requeridas pela Fazenda Pública ao cartório de registro de títulos e documentos e civil de pessoas jurídicas, referentes aos atos constitutivos da sociedade empresarial executada. Precedentes citados do STF: RE 108. 845-SP, DJ 25/11/1988; do STJ: REsp 366.005-RS, DJ 10/3/2003; REsp 253.203-SC, DJ 9/4/2002; RMS 10.349-RS, DJ 20/11/2000; REsp 109.580-PR, DJ 16/6/1997; AgRg no REsp 984.286-SP, DJ 19/12/2007, e REsp 126.669-PR, DJ 15/12/1997. **REsp 1.073.026-SP, Rel. Min. Eliana Calmon, julgado em 14/10/2008.** (Inform. STJ 372)

AR. SÚM. N. 343-STF. SEGURANÇA JURÍDICA.
Cuida-se de ação rescisória em que os autores manifestam seu inconformismo com o julgamento que proclamou a incidência do imposto de renda sobre as verbas recebidas a título de resgate das contribuições recolhidas à previdência privada no período de vigência da Lei n. 7.713/1988 (1º/1/1989 a 31/12/1995). No período, os contribuintes estavam autorizados a descontar do IR os valores pagos a título de contribuição à previdência privada, alterando-se a situação com a vigência da Lei n. 9.250/1995. Para a Min. Relatora, não houve a alegada violação à literal disposição de lei. A Primeira Seção deste Superior Tribunal, em uma única oportunidade (EREsp 946.771-DF, DJ 25/4/2008), entendeu pertinente afastar a aplicação da Súm. n. 343-STF. A posição adotada, entretanto, se por um lado privilegia o princípio da eqüidade, deixa sem segurança centenas de julgados, os quais podem ser atacados na via da ação rescisória, o que é de absoluta inconveniência. Adotar ação rescisória para alinhar a jurisprudência antiga à nova, mais recente, é inserir mais um inciso ao art. 485 do CPC, criando, assim, uma modalidade de impugnação à decisão transitada em julgado. Assim, em nome da segurança jurídica, entende a Min. Relatora que deve ser mantido o julgado. Diante disso, a Seção, ao prosseguir o julgamento, por maioria, inadmitiu a ação rescisória com base no enunciado da Súm. n. 343-STF, extinguindo o processo sem resolução de mérito. **AR 3.525-DF, Rel. Min. Eliana Calmon, julgada em 8/10/2008.** (Inform. STJ 371)

AR. JULGAMENTO. MÉRITO. TRIBUNAL *A QUO*.
A Seção entendeu extinguir a ação rescisória sem julgamento do mérito, pois o acórdão tido por rescindendo deste Superior Tribunal não adentrou o mérito, o que foi feito quando do julgamento no Tribunal *a quo*. **AR 3.556-DF, Rel. Min. Eliana Calmon, julgada em 10/9/2008.** (Inform. STJ 367)

EXECUÇÃO. SENTENÇA. REMESSA. OFÍCIO. CONTADORIA JUDICIAL.
A Fazenda Nacional discute a possibilidade de o magistrado determinar de ofício a remessa dos autos ao contador judicial, uma vez que a exeqüente não é beneficiária da assistência gratuita. Note-se que a medida judicial deu-se antes de entrar em vigor a Lei n. 11.232/2005, que alterou o CPC para estabelecer a fase de cumprimento das sentenças no processo de conhecimento, além de revogar dispositivos relativos à execução fundada em título judicial, entre eles, o art. 604. Expõe o Min. Relator ser cediço, neste Superior Tribunal, que o magistrado pode, mesmo de ofício, remeter os autos à contadoria judicial para certificar-se dos valores apresentados pelo credor se entender necessário, independentemente de ser o exeqüente beneficiário ou não da Justiça gratuita. Desse modo, a Turma negou provimento ao recurso. **Precedentes citados: REsp 615.548-RS, DJ 28/3/2007; REsp 884.916-PB, DJ 1º/10/2007; REsp 719.792-RS, DJ 13/2/2006, e REsp 755.644-RS, DJ 5/9/2008. REsp 804.382-RS, Rel. Min. Luiz Fux, julgado em 9/9/2008.** (Inform. STJ 367)

ANATEL. LEGITIMIDADE. EMBRATEL. LITISCONSÓRCIO. ICMS. PIS. COFINS.
A Turma reiterou que a Anatel não é parte legítima nas ações contra a Embratel, inexistindo o litisconsórcio facultativo e muito menos necessário. No caso, também, não há vínculo contratual com o usuário do serviço de telefonia, visto ser apenas concedente do serviço público, além de não fazer parte da relação jurídica entre a concessionária e os seus usuários. **Precedentes citados: REsp 995.182-PB, DJ 16/4/2008, e REsp 904.534-RS, DJ 1º/3/2007. REsp 625.767-RJ, Rel. Min. Humberto Martins, julgado em 27/5/2008.** (Inform. STJ 357)

EXTINÇÃO. PROCESSO. ICMS. EXECUÇÃO.
A Turma, prosseguindo o julgamento, reiterou que, existindo duas ações, ambas com as mesmas partes, causa de pedir e pedido, extingue-se o processo sem julgamento de mérito (arts. 267, V, e 301, §§ 1º e 2º, do CPC), mormente pela ocorrência da coisa julgada. *In casu*, em embargos declaratórios, foi declarada inexistente a tal relação jurídica com a Fazenda, para o recolhimento de ICMS sobre exportações de produtos semi-elaborados (LC n. 65/1991). Desse modo, incabível discutir a cobrança do ICMS em sede de execução fiscal nas mesmas posições da NBM/SH (CPC, art. 467), em face de uma mesma norma, presentes as mesmas partes, pelo inconformismo com a coisa julgada. **Precedentes citados: REsp 913.797-MG, DJ 2/8/2007, e REsp 747.306-MG, DJ 7/11/2005. REsp 1.015.840-MG, Rel Min. José Delgado, julgado em 13/5/2008.** (Inform. STJ 355)

MP. AÇÃO CIVIL PÚBLICA. BENEFÍCIO FISCAL.
O Ministério Público não tem legitimidade para propor ação civil pública objetivando ver declarada nula portaria da Secretaria da Fazenda que autoriza banco estatal a contratar financiamento com empresa de telefonia, concedendo benefícios fiscais, representados por créditos presumidos de ICMS. O art. 1º, parágrafo único, da Lei n. 7.347/1985 veda ao *parquet* promover ação civil pública com o objetivo de deduzir pretensão em matéria tributária quando os interesses individuais forem identificados. **Precedentes citados: REsp 855.691-DF, DJ 24/11/2006; REsp 701.913-DF, DJ 27/8/2007, e REsp 882.332-DF, DJ 26/4/2007. REsp 878.312-DF, Rel. Min. Castro Meira, julgado em 13/5/2008.** (Inform. STJ 355)

RCL. ATO ADMINISTRATIVO.
Inicialmente, no tocante ao cabimento da reclamação em face de ato administrativo, este Superior Tribunal já decidiu que, para esse fim, é irrelevante se a autoridade que está desrespeitando julgado desta Corte é judiciária ou administrativa. Quanto à assertiva de inadequação da via eleita, bem destacou o MP que a suspensão da exigibilidade dos créditos tributários seria conseqüência imediata do provimento da reclamação, não havendo violação do art. 151 do CTN. No mérito, entendeu o Min. Presidente, o Relator, que a reclamação não merece prosperar, uma vez que o ato administrativo contra o qual se insurge a reclamante foi praticado em 7/1/2005, antes da decisão prolatada por este Superior Tribunal, datada de 1º/6/2005. Com efeito, a deliberação administrativa não poderia estar descumprindo julgado desta Corte, mesmo porque esse último sequer existia à época em que fora determinada a cobrança dos créditos tributários em exame. Aliás, como salientado pelo MP, à evidência, a antecedência cronológica (em relação ao ato administrativo atacado) da decisão cuja autoridade pretende-se robustecer por intermédio do provimento da reclamação é requisito essencial para o próprio conhecimento desta. Isso posto, a Corte Especial julgou improcedente a reclamação. **Precedente citado do STF: Rcl 879-RS, DJ 7/2/2003. Rcl 2.559-ES, Rel. Min. Barros Monteiro, julgada em 2/4/2008.** (Inform. STJ 350)

SÚMULA STJ Nº 447

Os Estados e o Distrito Federal são partes legítimas na ação de restituição de Imposto de renda retido na fonte proposta por seus servidores.

SÚMULA STJ Nº 345

São devidos honorários advocatícios pela Fazenda Pública nas execuções individuais de sentença proferida em ações coletivas, ainda que não embargadas.

SÚMULA STJ Nº 317

É definitiva a execução de título extrajudicial, ainda que pendente apelação contra sentença que julgue improcedentes os embargos.

SÚMULA STJ Nº 162

Na repetição de indébito tributário, a correção monetária incide a partir do pagamento indevido.

SÚMULA STJ Nº 66

Compete à Justiça Federal processar e julgar execução fiscal movida por Conselho de fiscalização profissional.

SÚMULA STJ Nº 55

Tribunal Regional Federal não é competente para julgar recurso de decisão proferida por juiz estadual não investido de jurisdição federal.

SÚMULA STJ Nº 3

Compete ao Tribunal Regional Federal dirimir conflito de competência verificado, na respectiva Região, entre Juiz Federal e Juiz Estadual investido de jurisdição federal.

14. PROGRAMAS DE PARCELAMENTO, REFIS, PAES

REFIS: EXCLUSÃO POR INADIMPLÊNCIA E AUSÊNCIA DE NOTIFICAÇÃO PRÉVIA

A Turma, por considerar que a matéria encontra-se restrita ao âmbito infraconstitucional, não conheceu, por maioria, de recurso extraordinário em que contribuinte inadimplente sustentava ofensa às garantias constitucionais da ampla defesa e do contraditório (CF, art. 5º, LV), porquanto fora excluído, sem oitiva prévia, do Programa de Recuperação Fiscal - REFIS. Asseverou-se que a questão restara decidida com base na legislação infraconstitucional (Lei 9.964/2000) e que eventual ofensa à Constituição, se ocorrente, seria indireta. Assim, para se concluir de forma diversa da adotada pela Corte de origem, seria necessário o reexame do conjunto probatório dos autos, incabível na via eleita. Salientou-se, ainda, que o contribuinte em débito com a Fazenda Pública, ao optar pelo refinanciamento de sua dívida e aderir ao REFIS, faz uma confissão irretratável dos débitos que ele mesmo reconhece, aceitando, desse modo, as condições estabelecidas na aludida Lei 9.964/2000. Vencidos os Ministros Marco Aurélio, relator, e Menezes Direito que, por reputar que essa adesão não implicaria renúncia ao devido processo legal, conheciam e proviam o extraordinário para restabelecer o entendimento sufragado pelo juízo, que concedera a segurança com fim de determinar a reinclusão do contribuinte no REFIS, para que novo processo administrativo seja desenvolvido com observância da garantia do exercício da defesa e do contraditório efetivos e prévios ao ato de exclusão. **RE 560477/DF, rel. orig. Min. Marco Aurélio, rel. p/ o acórdão Min. Ricardo Lewandowski, 4.11.2008.** (RE-560477) (Inform. STF 527)

DIREITO TRIBUTÁRIO. PARCELAMENTO ESPECIAL (LEI N. 10.684/2003). DÉBITOS POSTERIORES A 28/2/2003.

É possível a cumulação do parcelamento previsto na Lei n. 10.684/2003 (PAES) com outra modalidade de parcelamento, desde que os débitos tenham vencimento posterior a 28/2/2003. Segundo jurisprudência pacificada do STJ, a vedação de concessão de outros parcelamentos prevista no art. 1º, § 10, da Lei n. 10.684/2003 somente é aplicável aos débitos com vencimento até o dia 28/2/2003, e não aos débitos posteriores à referida data. Precedentes citados: AgRg no REsp 1.255.366-RS, DJe 10/8/2011, e AgRg no Ag 1.369.550-RJ, DJe 30/3/2011. **AgRg no REsp 1.313.079-RS, Rel. Min. Napoleão Nunes Maia Filho, julgado em 13/11/2012. (Inform. STJ 510)**

PARCELAMENTO TRIBUTÁRIO. CANCELAMENTO. ARROLAMENTO DE BENS.

O parcelamento tributário que prevê a redução de alguns encargos de mora, reduzindo o montante original do crédito tributário, não constitui motivo para o cancelamento do arrolamento de bens que foi efetuado pela Receita Federal, nos termos do art. 64 da Lei n. 9.532/1997, em razão de o débito fiscal atingir em 2001 valor superior a R$ 500 mil, o que, *in casu*, representaria mais de 30% do patrimônio conhecido do devedor. **REsp 1.236.077-RS, Rel. Min. Benedito Gonçalves, julgado em 22/5/2012. (Inform. STJ 498)**

REFIS. PROCESSO ADMINISTRATIVO PENDENTE.

Cinge-se a controvérsia em saber se a ausência de formalização do pedido de desistência de processo administrativo fiscal constitui causa legal para a exclusão do contribuinte do Programa de Recuperação Fiscal (Refis). Ocorre que, embora o art. 5º da Lei n. 9.964/2000 estabeleça as hipóteses de exclusão da pessoa jurídica que aderiu ao mencionado programa, não contemplou a situação de verificação superveniente de pendência de recurso administrativo concernente ao crédito tributário incluído no programa. Igualmente, a INRF n. 43/2000, que instituiu a declaração Refis, a ser apresentada pelas pessoas jurídicas optantes do referido programa, previu o modo de formalização do pedido de desistência do contencioso administrativo, mas não estabeleceu sanção de exclusão do programa pela ausência de requerimento formal de desistência de todos os recursos administrativos referentes a crédito tributário parcelado. De fato, o deferimento da inclusão dos débitos tributários no Refis pressupõe a aferição da autoridade fiscal atinente aos requisitos necessários, como o pedido de desistência de recurso administrativo, operando-se a preclusão. Assim, a superveniente demonstração de ausência do requerimento formal de desistência não tem respaldo legal para motivar a exclusão do parcelamento do crédito tributário do programa (arts. 7º e 8º da Lei n. 10.684/2003). **Precedentes citados: REsp 1.038.724-RJ, DJe 25/3/2009; EDcl no AgRg no REsp 730.190-PR, DJe 2/6/2010; AgRg nos EDcl no REsp 786.604-RS, DJe 5/5/2010, e REsp 958.585-PR, DJ 17/9/2007. REsp 1.127.103-PR, Rel. Min. Luiz Fux, julgado em 23/11/2010.** (Inform. STJ 457)

REFIS. GARANTIA. ANTICRESE. PROVA. PROPRIEDADE.

A Turma, entre outras questões, manteve o entendimento do tribunal *a quo* que reconhecia o indeferimento do pedido de adesão ao Programa de Recuperação Fiscal (Refis), por não terem sido satisfeitas as exigências do art. 11 do Dec. n. 3.431/2000, no que se refere à qualidade de titular do domínio pleno de bem imóvel, em anticrese ofertada como garantia. É que o mencionado artigo, ao admitir a anticrese como modalidade de garantia necessária à adesão ao acordo de parcelamento de débitos tributários, condicionou-a à apresentação pelo interessado de prova da propriedade dos bens juntamente com a certidão de inexistência de ônus reais, bem como de laudo circunstanciado para atestar a produtividade do bem imóvel (frutos e rendimentos). *In casu*, o recorrente é titular apenas do direito de ocupação do imóvel ofertado em anticrese, não atendendo, portanto, aos requisitos legais, que devem ser interpretados literalmente, nos termos do art. 111 do CTN, visto tratar-se de hipótese de suspensão do crédito tributário (art. 151, VI, do CTN). **REsp 1.103.639-PE, Rel. Min. Luiz Fux, julgado em 18/11/2010.** (Inform. STJ 456)

REFIS. SUBSTITUIÇÃO. PENHORA. EXECUÇÃO.

No decorrer da execução fiscal, o recorrente ingressou no Programa de Recuperação Fiscal (Refis), fazendo a opção pelo arrolamento de bens patrimoniais. Após o arrolamento, pleiteou a substituição da penhora efetuada (imóveis por outros imóveis), sendo denegado o pedido. Nesta instância especial, destacou o Min. Relator que a constrição judicial tem como objetivo garantir a dívida cobrada na ação de execução fiscal, assegurando ao credor a satisfação do crédito tributário em caso de insuficiência de bens. Dessarte, uma vez que assegurada a dívida por arrolamento de bens e cumpridas as obrigações do programa de parcelamento, não há que impor óbices à substituição, no processo de execução, da penhora de bens que queira dispor, visto que isso estaria garantindo duplamente a dívida. Ademais, o pedido de substituição, ou mesmo desconstituição, da penhora após o arrolamento constitui direito subjetivo do executado. Se lhe é permitido o próprio levantamento do bem penhorado, é de lhe conceder, também, a substituição do bem constrito. Assim, cumpridas as obrigações assumidas, nada impede que seja desconstituída a ulterior penhora sob pena de, como dito, garantir duplamente o mesmo débito fiscal. Com essas considerações, entre outras, a Turma conheceu do recurso e lhe deu provimento para possibilitar a substituição dos bens penhorados no processo de execução. **Precedentes citados: REsp 945.891-SC, DJe 23/4/2008; REsp 462.333-MG, DJ 18/8/2006, e AgRg no REsp 719.946-PR, DJ 13/9/2007. REsp 1.049.234-CE, Rel. Min. Luiz Fux, julgado em 18/5/2010.** (Inform. STJ 435)

QO. REMESSA. PRIMEIRA SEÇÃO. DUPLA GARANTIA. REFIS.

A Turma remeteu o julgamento do especial à Primeira Seção. O recurso cuida da dupla garantia (judicial e administrativa) dada por sociedade empresária que aderiu ao Refis. **QO no REsp 1.144.596-RS, Rel. Min. Herman Benjamin, em 20/4/2010.** (Inform. STJ 431)

EMPRESA PEQUENO PORTE. PARCELAMENTO.

A Turma negou provimento ao recurso por entender ser prematura a conduta administrativa de exclusão imediata do PAES lastreada em suposto pagamento a menor efetuado por empresa de pequeno porte e fundado em seu desenquadramento, por ter ultrapassado o limite da receita bruta anual fixado no art. 7º da Lei n. 9.841/1999, quando não observado o prazo estabelecido no art. 8º, § 2º, do mesmo diploma (dois anos consecutivos ou três alternados). **REsp 1.121.842-PR, Rel. Min. Luiz Fux, julgado em 6/4/2010.** (Inform. STJ 429)

REPETITIVO. MANUTENÇÃO. PAES.

Em recurso representativo de controvérsia (art. 543-C e Res. n. 8/2008-STJ), a Seção afirmou que a exclusão do contribuinte do programa de parcelamento especial (PAES) em razão da extemporaneidade do cumprimento da sua desistência de impugnação administrativa afigura-se ilegítima, na hipótese em que ficou tácito o deferimento da adesão (à luz do art. 11, § 4º, da Lei n. 10.522/2002 c/c art. 4º, II, da Lei n. 10.684/2003) e adimplidas as prestações mensais estabelecidas por mais de quatro anos, sem qualquer oposição do Fisco. Outrossim, esclareceu que a falta de desistência das demandas (judiciais ou administrativas), embora possa impedir o deferimento do PAES, caso ultrapassada essa fase, não serve mais para motivar sua exclusão do parcelamento, por não se enquadrar nas hipóteses de exclusão do programa, previstas nos arts. 7º e 8º, § 4º, da Lei n. 10.684/2003 (inadimplência por três meses consecutivos ou seis alterados). **Precedentes citados: REsp 958.585-PR, DJ 17/9/2007, e REsp 1.038.724-RJ, DJe 25/3/2009. REsp 1.143.216-RS, Rel. Min. Luiz Fux, julgado em 24/3/2010.** (Inform. STJ 428)

REFIS. PARCELAS NÃO PAGAS. PAES.

O recorrente quer anular a portaria que, com base no art. 2º, § 6º, da Lei n. 10.189/2001, excluiu-o do Programa de Recuperação Fiscal (Refis) ao fundamento de que não houve sua inadimplência em razão de os débitos não pagos terem sido incluídos no posterior Parcelamento Especial (Paes). Na hipótese, é incontroverso não haver o pagamento integral das seis parcelas do Refis, de forma que se caracterizou o fato justificador da aplicação da referida norma. O art. 4º, parágrafo único, da Resolução n. 29/2003-CG/Refis é expresso no sentido de que, se a pessoa jurídica, no parcelamento referente ao Paes, incluir débitos relativos ao art. 2º, § 6º, da Lei n. 10.189/2001, deverá ser excluída do Refis, salvo se houver requerido desistência desse programa. Assim, ao integrar o Paes, o recorrente aceitou, de forma plena e irretratável, todas as condições estabelecidas. Dessarte, ao considerar a origem do débito do recorrente, é impossível conceber sua permanência concomitante no Refis e no Paes, daí se negar provimento ao recurso do contribuinte. **REsp 1.165.536-DF, Rel. Min. Castro Meira, julgado em 16/3/2010.** (Inform. STJ 427)

RECURSO REPETITIVO. REFIS. HOMOLOGAÇÃO.

A Seção negou provimento ao recurso representativo de controvérsia (art. 543-C do CPC e Res. n. 8/2008-STJ), reiterando que a Lei n. 9.964/2000, que instituiu o Programa de Recuperação Fiscal (Refis), estabelece duas espécies de tratamento às empresas que optam pelo parcelamento do débito mediante adesão ao referido programa, a saber: quanto às empresas que optam pelo Simples ou cujo débito consolidado seja inferior a R$ 500 mil, a homologação tácita da opção, *de per si*, automaticamente suspende a exigibilidade do crédito tributário, não sendo necessário o oferecimento de garantia ou arrolamento de bens; quanto às empresas com débitos superiores ao limite supracitado, a homologação da adesão ao Refis deve ser realizada expressamente pelo comitê gestor, com a devida suspensão da exigibilidade do crédito tributário, uma vez que prestada a garantia suficiente ou, facultativamente, a critério da pessoa jurídica, feito o arrolamento dos bens integrantes do seu patrimônio (art. 64 da Lei n. 9.532/1997). Na hipótese, não foi comprovado o arrolamento de bens suficientes à garantia do débito tributário, não havendo prova de sua averbação, nos termos do art. 4º da IN n. 26/2001. **Precedentes citados: EREsp 447.184-PR, DJ 2/8/2004; EREsp 715.759-SC, DJ 8/10/2007; AgRg nos EREsp 388.570-SC, DJ 6/3/2006; EDcl no AgRg nos EREsp 415.587-SC, DJ 3/11/2004, e EREsp 449.292-RS, DJ 19/12/2003. REsp 1.133.710-GO, Rel. Min. Luiz Fux, julgado em 25/11/2009.** (Inform. STJ 417)

RECURSO REPETITIVO. PAES. RENÚNCIA.

No recurso representativo de controvérsia (art. 543-C do CPC e Res. n. 8/2008-STJ), a Seção reiterou que o art. 4º, II, da Lei n. 10.684/2003 destina-se aos autores das ações relativas aos créditos submetidos ao Parcelamento Especial (PAES), estabelecendo a expressa desistência da ação judicial como condição à inclusão da pessoa jurídica no referido programa. O contribuinte que adere ao parcelamento de dívida na esfera administrativa não pode continuar discutindo em juízo parcelas do débito. A existência de pedido expresso de renúncia do direito discutido nos autos é *conditio iuris* para a extinção do processo com julgamento do mérito por provocação do próprio autor, residindo o ato em sua esfera de disponibilidade e interesse, não se podendo admitir tácita ou presumidamente (art. 269, V, do CPC). No caso, a ora recorrente requereu sua adesão ao PAES, confessando a existência da dívida tributária nos moldes da referida lei, mas não houve menção à existência de requerimento expresso de renúncia. Por sua vez, a Fazenda Pública manifestou-se no feito, concordando com os pedidos da recorrente – salvo quanto à questão relativa aos honorários advocatícios – e pleiteando a extinção do feito com julgamento de mérito, o que ressalta a procedência do pedido da ora recorrente. **Precedentes citados: REsp 963.420-RS, DJe 25/11/2008; AgRg no REsp 878.140-PR, DJe 18/6/2008; REsp 720.888-RS, DJe 6/11/2008; REsp 1.042.129-RS, DJe 16/6/2008; REsp 1.037.486-RS, DJe 24/4/2008, e REsp 1.086.990-SP, DJe 17/8/2009. REsp 1.124.420-MG, Rel. Min. Luiz Fux, julgado em 25/11/2009.** (Inform. STJ 417)

REFIS. RETROATIVIDADE.

A Turma desproveu o recurso, reiterando o entendimento quanto à aplicação do art. 15 da Lei n. 9.964/2000, nos termos do art. 5º, XL, da CF/1988 e do art. 2º, parágrafo único, do Código Penal, retroativamente às hipóteses de adesão ao Refis em data posterior ao recebimento da denúncia, não obstante a propositura da ação penal (*persecutio criminis in iudicio*) iniciada antes da vigência da lei instituidora do programa. **Precedentes citados: EREsp 659.081-SP, DJ 30/10/2006; AgRg no REsp 697.072-SP, DJe 8/9/2009, e HC 46.648-SC, DJe 15/9/2008. REsp 699.218-SP, Rel. Min. Maria Thereza de Assis Moura, julgado em 10/11/2009.** (Inform. STJ 415)

ADESÃO. REFIS. DISCUSSÃO. NULIDADE. DÉBITO FISCAL.

Trata-se de ação de nulidade do débito fiscal que foi julgada improcedente, visto ter o contribuinte assinado termo de confissão de dívida com o fim de aderir ao Refis estadual. Isso posto, primeiro se faz necessário distinguir alguns institutos. A desistência da ação somente pode ser deferida até a prolação da sentença, mas, se já houver citação, dá-se apenas com a anuência do réu ou, se ele não anuir sem motivo justificado, ao critério do juízo. Ela tem natureza eminentemente processual, acarreta a extinção do processo sem julgamento do mérito, de modo que a demanda pode ser novamente proposta. Já a desistência do recurso somente pode ser formulada até o julgamento da irresignação, cabe só ao recorrente (art. 501 do CPC) e prescinde de anuência do recorrido ou litisconsortes. Aplicada, faz prevalecer a decisão imediatamente anterior e acarreta a extinção do feito com julgamento do mérito (art. 269, I, do CPC). A renúncia, por sua vez, é ato privativo do autor, pode ser exercida em qualquer tempo ou grau de jurisdição, independe de anuência da parte contrária, causa a extinção do feito com julgamento do mérito (art. 269, V, do CPC) e impede a propositura de qualquer ação sobre esse mesmo direito. Assim, cuida-se de instituto de direito material cujos efeitos são os mesmos da improcedência da ação. Numa análise do acórdão recorrido, que se valeu da remissão a artigos de lei estadual, fica claro que o pedido de parcelamento implica, no caso, expressa renúncia. Dessarte, não é possível que, após a assinatura do parcelamento, haja espaço para a discussão judicial sobre a obrigação tributária; pois, pela peculiaridade constante na lei estadual e do acórdão recorrido, está-se diante de renúncia a direitos, não simples desistência da ação. Daí não se aplicarem os precedentes que aceitam a discussão da obrigação tributária confessada mesmo diante da adesão ao Refis. Esse entendimento foi acolhido, por maioria, pela Turma quando da continuação do julgamento. **Precedente citado: REsp 948.825-SP, DJ 22/2/2008. AgRg no Ag 1.131.013-MG, Rel. Min. Eliana Calmon, julgado em 3/11/2009.** (Inform. STJ 414)

PARCELAMENTO. DESISTÊNCIA. AÇÃO. EXECUÇÃO FISCAL.

A Turma, ao prosseguir o julgamento, por maioria, entendeu que não é admissível o parcelamento previsto no art. 11 da MP n. 38/2000 relativo a débitos fiscais que não são questionados em juízo pelo contribuinte, mas apenas aos cobrados em execução fiscal. **REsp 761.419-SC, Rel. originário Min. Mauro Campbell Marques, Rel. para acórdão Min. Castro Meira, julgado em 27/10/2009.** (Inform. STJ 413)

PARCELAMENTO TRIBUTÁRIO. EXIGÊNCIA. DÉBITO. CONTA-CORRENTE. IMPOSSIBILIDADE.

A Turma, por maioria, entendeu que o art. 10 e seguintes da Lei n. 10.522/2002 prevê a possibilidade de parcelamento dos débitos existentes junto à Fazenda Nacional, não se referindo à obrigatoriedade de débito automático em conta-corrente das parcelas acertadas para a quitação. O débito em conta-corrente como condição imposta pela Fazenda Nacional para deferir o parcelamento do débito tributário não encontra respaldo legal. Assim, o art. 20 da Portaria PGFN/SRF n. 2/2002, ao criar óbices ao instituto do parcelamento, acabou por violar o princípio da reserva legal. **Precedentes citados: REsp 133.586-RS, DJ 16/2/1998; REsp 1.042.739-RJ, DJe 25/9/2008, e REsp 969.343-SP, DJe 1º/9/2008. REsp 1.085.907-RS, Rel. Min. Luiz Fux, julgado em 5/5/2009.** (Inform. STJ 393)

EMPRESA. PEQUENO PORTE. PAES.

É possível o parcelamento especial (PAES) da dívida tributária de contribuinte enquadrado no regime jurídico de empresa de pequeno porte (EPP) em mais de 180 parcelas (art. 1º, § 4º, da Lei n. 10.684/2003). A Portaria Conjunta n. 1/2003 da PGFN e da SRF veio corroborar e explicitar esse mesmo entendimento, sua posterior revogação por outra (Portaria Conjunta PGFN/SRF n. 3/2004) pouco importa, pois o entendimento deriva da simples interpretação da referida lei, quanto mais se, no caso, o parcelamento especial foi requerido antes da edição da nova portaria. Logo, a sociedade empresarial recorrida deve ser mantida no PAES, sob o regime jurídico de pagamento com base em 0,3% incidente sobre a receita bruta, ainda que o débito exceda a 180 parcelas mensais (art. 4º, II, § 6º, da Portaria Conjunta n. 1/2003-PGFN/SRF). Com esse entendimento, ao continuar o julgamento, a Turma negou provimento ao recurso da Fazenda Nacional. **REsp 893.351-SC, Rel. Min. Denise Arruda, julgado em 7/5/2009.** (Inform. STJ 393)

REFIS. EXCLUSÃO. AUSÊNCIA. NORMA.

Discute-se se a falta de desistência de recurso administrativo interposto pelo contribuinte, o que é causa de impedimento para o ingresso no Regime Especial de Consolidação e Parcelamento de Débitos Fiscais (Refis), pode motivar sua exclusão do programa nos termos da IN n. 43/2000 da Receita Federal (editada com base no art. 113, § 2º, do CTN). Noticiam as instâncias ordinárias que o contribuinte, antes de sua inclusão no Refis, confessou todos os débitos, inclusive aqueles cuja exigibilidade estava suspensa em razão de processo administrativo, e, mesmo assim, o ingresso naquele programa foi-lhe deferido pelo Fisco. Explica o Min. Relator que, de acordo com o art. 50 da IN n. 43/2000, a desistência do recurso administrativo tem caráter indicativo, o que não significa ser medida para a exclusão do contribuinte do Refis. Ademais, a inclusão foi deferida pela própria autoridade sem auditoria dos débitos fiscais passíveis de adesão ao Refis, e a sua verificação a destempo não autoriza a exclusão do contribuinte do programa. Afirma, ainda, que ao Fisco careceria competência para interpretar a citada norma de forma prejudicial ao contribuinte, já que somente a lei ordinária pode estabelecer obrigações e penalidades ao contribuinte. Por fim, observa que as obrigações acessórias previstas no art. 113 do CTN não representam uma outorga ampla às normas infralegais, a permitir que sejam produzidas obrigações acessórias e até punitivas ao arrepio da lei. Com essas considerações, a Turma negou provimento ao recurso da Fazenda Nacional. Precedente citado: REsp 958.585-PR, DJ 17/9/2007. **REsp 1.038.724-RJ, Rel. Min. Luiz Fux, julgado em 17/2/2009.** (Inform. STJ 384)

RECURSO REPETITIVO. NOTIFICAÇÃO. REFIS.

Trata-se de recurso repetitivo submetido ao regime do art. 543-C do CPC e da Resolução n. 8/2008 do STJ em que a Seção reafirmou a jurisprudência no sentido de que a intimação do ato que exclui o contribuinte do Regime Especial de Consolidação e Parcelamento dos Débitos Fiscais (Refis) pode ser feita por meio de publicação no Diário Oficial ou da *Internet*. Note-se que esse também é o enunciado da Súm. n. 355-STJ. Explica o Min. Relator que, conforme os arts. 2º e 3º, IV, da Lei n. 9.964/2000 (legislação do Refis), o contribuinte adere ao regime mediante aceitação plena e irretratável de todas as condições. Há previsão de notificação da exclusão do devedor por meio do Diário Oficial e da *Internet* (art. 9º, III, da referida lei, c/c art. 5º da Resolução n. 20/2001 do Comitê Gestor). Ademais, a Lei n. 9.784/1999, que regula o processo administrativo na Administração Pública Federal, em seu art. 69, prevê que suas normas somente se aplicam subsidiariamente nos procedimentos regulados por lei específica, obedecida a máxima de que a *lex specialis derrogat lex generalis*. Com esse entendimento, a Seção deu provimento ao recurso da Fazenda Nacional. **Precedentes citados: REsp 791.310-DF, DJ 6/2/2006; REsp 790.788-DF, DJ 1º/2/2006, e REsp 738.227-DF, DJ 10/10/2005. REsp 1.046.376-DF, Rel. Min. Luiz Fux, julgado em 11/2/2009.** (Inform. STJ 383)

ADESÃO. PAES. AUSÊNCIA. DESISTÊNCIA. AÇÃO.

No caso dos autos, não houve pedido de desistência expresso nem implícito ou mesmo renúncia dos embargos do devedor, embora a empresa executada tenha formulado pedido de adesão em programa de recuperação fiscal. Por não haver tal pedido, o Tribunal *a quo* decidiu que o processo não poderia ser extinto e examinou a prescrição do crédito exeqüendo. Daí a irresignação recursal da Fazenda Nacional. Explica o Min. Relator que a extinção dos embargos do devedor, com ou sem resolução de mérito, tem que ser buscada nos próprios autos do processo, não na legislação que rege a homologação do pedido de inclusão em programa de recuperação fiscal (Paes ou Refis). Outrossim, se a ausência de pedido da desistência da ação inviabiliza ou não o ingresso da executada nesses programas, é questão a ser decidida na esfera administrativa com base nas regras que regem a homologação do pedido de adesão do contribuinte. **REsp 1.042.129-RS, Rel. Castro Meira, julgado em 3/6/2008.** (Inform. STJ 358)

REFIS. DO. NOTIFICAÇÃO. INTERNET.

A Turma reiterou o entendimento de que a *internet* e o Diário Oficial são meios legítimos para intimar o contribuinte de sua exclusão do REFIS (art. 2º da Lei n. 9.964/2000 c/c art. 5º da Res. n. 20/2001 do comitê gestor daquele programa). **Precedentes citados: REsp 544.449-DF, DJ 9/10/2006; REsp 875.114-MG, DJ 29/3/2007, e REsp 894.545-DF, DJ 12/4/2007. AgRg no REsp 900.130-DF, Rel. Min. Humberto Martins, julgado em 22/4/2008.** (Inform. STJ 353)

DEPÓSITO. VALOR CONTROVERTIDO. REFIS.

O acórdão recorrido dá notícia de que o depósito judicial do valor controvertido não poderia ser levantado, porque esse valor estaria incluído na integralidade da obrigação tributária quando da adesão do contribuinte ao Programa de Parcelamento de Débitos (Refis). Para o Min. Relator, determinar tal conversão em renda em favor da Fazenda implicaria *bis in idem*, caracterizando enriquecimento ilícito. Outrossim, rever a decisão recorrida a respeito de haver ou não *bis in idem* seria discussão fático-probatória (Súm. n. 7-STJ). Dessa forma, a Turma negou provimento ao recurso. **AgRg no REsp 827.375-SP, Rel. Min. Humberto Martins, julgado em 6/3/2008.** (Inform. STJ 347)

SALÁRIO-EDUCAÇÃO. REFIS. INCLUSÃO.

A Turma decidiu que é possível a inclusão dos débitos de salário-educação no Programa de Recuperação Fiscal – Refis, por se tratar de uma contribuição social arrecadada e fiscalizada pelo INSS. Precedente citado: REsp 490.685-PR, DJ 24/11/2003. **REsp 530.905-DF, Rel. Min. João Otávio de Noronha, julgado em 13/2/2007.** (Inform. STJ 310)

SÚMULA STJ Nº 437

A suspensão da exigibilidade do crédito tributário superior a quinhentos mil reais para opção pelo Refis pressupõe a homologação expressa do comitê gestor e a constituição de garantia por meio do arrolamento de bens.

SÚMULA STJ Nº 355

É válida a notificação do ato de exclusão do programa de recuperação fiscal do Refis pelo Diário Oficial ou pela Internet.

15. SISTEMAS SIMPLIFICADOS DE TRIBUTAÇÃO, SIMPLES

REPERCUSSÃO GERAL EM RE N. 627.543-RS
RELATOR: MIN. DIAS TOFFOLI

TRIBUTÁRIO. MICROEMPRESA E EMPRESA DE PEQUENO PORTE TRATAMENTO DIFERENCIADO. SIMPLES NACIONAL. ADESÃO - DÉBITOS FISCAIS PENDENTES LC nº 123/06.

A controvérsia relativa à constitucionalidade das normas contidas no inciso V do artigo 17 da LC nº 123/06 as quais impedem o recolhimento de impostos e contribuições na forma do Simples Nacional a microempresa ou empresa de pequeno porte que possua débito com o Instituto do Seguro Social (INSS) ou com as fazendas públicas federal, estadual ou municipal, cuja exigibilidade não esteja suspensa - possui densidade constitucional e extrapola os limites subjetivos das partes.

Existência de repercussão geral. (Inform. STF 632)

ADI N. 4.033-DF
RELATOR: MIN. JOAQUIM BARBOSA
EMENTA: AÇÃO DIRETA DE INCONSTITUCIONALIDADE.

CONSTITUCIONAL. TRIBUTÁRIO. CONTRIBUIÇÃO SINDICAL PATRONAL. ISENÇÃO CONCEDIDA ÀS MICROEMPRESAS E EMPRESAS DE PEQUENO PORTE. SIMPLES NACIONAL ("SUPERSIMPLES"). LEI COMPLEMENTAR 123/2006, ART. 13, § 3º.

ALEGADA VIOLAÇÃO DOS ARTS. 3º, III, 5º, *CAPUT*, 8º, IV, 146, III, D, E 150, § 6º DA CONSTITUIÇÃO.

1. Ação direta de inconstitucionalidade ajuizada contra o art. 13, § 3º da LC 123/2006, que isentou as microempresas e empresas de pequeno porte optantes pelo Regime Especial Unificado de Arrecadação de Tributos e Contribuições devidos pelas Microempresas e Empresas de Pequeno Porte – Simples Nacional ("Supersimples").
2. Rejeitada a alegação de violação da reserva de lei específica para dispor sobre isenção (art. 150, § 6º da Constituição), uma vez que há pertinência temática entre o benefício fiscal e a instituição de regime diferenciado de tributação. Ademais, ficou comprovado que o Congresso Nacional não ignorou a existência da norma de isenção durante o processo legislativo.
3. A isenção concedida não viola o art. 146, III, *d*, da Constituição, pois a

lista de tributos prevista no texto legal que define o campo de reserva da lei complementar é exemplificativa e não taxativa. Leitura do art. 146, III, *d*, juntamente com o art. 170, IX da Constituição.

3.1. O fomento da micro e da pequena empresa foi elevado à condição de princípio constitucional, de modo a orientar todos os entes federados a conferir tratamento favorecido aos empreendedores que contam com menos recursos para fazer frente à concorrência. Por tal motivo, a literalidade da complexa legislação tributária deve ceder à interpretação mais adequada e harmônica com a finalidade de assegurar equivalência de condições para as empresas de menor porte.

4. Risco à autonomia sindical afastado, na medida em que o benefício em exame poderá tanto elevar o número de empresas a patamar superior ao da faixa de isenção quanto fomentar a atividade econômica e o consumo para as empresas de médio ou de grande porte, ao incentivar a regularização de empreendimentos.

5. Não há violação da isonomia ou da igualdade, uma vez que não ficou demonstrada a inexistência de diferenciação relevante entre os sindicatos patronais e os sindicatos de representação de trabalhadores, no que se refere ao potencial das fontes de custeio.

6. Ação direta de inconstitucionalidade conhecida, mas julgada improcedente. (Inform. STF 615) (também Inform. STF 614) * noticiado no Informativo 600

EMPRESAS OPTANTES DO SIMPLES NACIONAL E ISENÇÃO DE CONTRIBUIÇÕES - 5

O Tribunal, por maioria, julgou improcedente pedido formulado em ação direta de inconstitucionalidade ajuizada pela Confederação Nacional do Comércio - CNC contra o art. 13, § 3º, da Lei Complementar 123/2006, que concede isenção às microempresas e empresas de pequeno porte optantes do Simples Nacional - Supersimples, quanto ao pagamento das contribuições instituídas pela União, inclusive aquelas devidas às entidades privadas de serviço social e de formação profissional vinculadas ao sistema sindical (CF, art. 240) — v. Informativo 524. Afastou-se, inicialmente, a alegada ofensa ao art. 150, § 6º, da CF. Após registrar haver pertinência entre a isenção e o tema geral que foi objeto da Lei Complementar 123/2006, e que a contribuição sindical é tributo cuja instituição está na esfera de competência da União (CF, artigos 8º, IV, 149 e 240), considerou-se não ser estranha à lei destinada a instituir o Estatuto Nacional da Microempresa e da Empresa de Pequeno Porte a matéria relativa à tributação destas mesmas entidades. Asseverou-se que dispor sobre o assunto, de maneira global, seria insuficiente para ocultar ou escamotear o igualmente relevante tema da exoneração tributária. **ADI 4033/DF, rel. Min. Joaquim Barbosa, 15.9.2010**. (ADI-4033)

EMPRESAS OPTANTES DO SIMPLES NACIONAL E ISENÇÃO DE CONTRIBUIÇÕES - 6

Quanto à apontada afronta ao art. 146, III, d, da CF, citou-se o que disposto no art. 170, IX, da CF, e aduziu-se que o fomento da atividade das empresas de pequeno porte e das microempresas é objetivo que deve ser alcançado, nos termos da Constituição, na maior medida possível diante do quadro fático e jurídico a que estiverem submetidas. Assinalou-se que, dentre as medidas que poderiam ser adotadas pelo Estado, estaria a elaboração de regime tributário diferenciado, que tomasse por premissa a circunstância de as empresas com menor receita não terem potencial competitivo tão desenvolvido como as empresas de maior porte. Realçou-se que, a fim de alcançar tais objetivos e ainda atender ao princípio da capacidade contributiva, não seria adequado afirmar que o regime tributário diferenciado deveria se limitar a certos tributos. Assim, tendo em conta que a proposta de limitação do regime tributário diferenciado a espécies tributárias específicas poderia amesquinhar ou mesmo aniquilar o propósito da instituição de tal regime, concluiu-se que se haveria de dar ao texto do art. 146, III, d, da CF caráter exemplificativo e não taxativo, no que se refere aos tributos que poderão ter o alcance modulado em função de o contribuinte ser empresa de pequeno porte. No ponto, ressaltou-se que aqui o Sistema Tributário se subordinaria ao objetivo que o Sistema Econômico e o Social demarcariam no campo jurídico, ou seja, o fomento da atividade das pessoas jurídicas submetidas à Lei Complementar 123/2006 teria primazia ou prioridade sobre a literalidade das disposições específicas sobre matéria tributária. **ADI 4033/DF, rel. Min. Joaquim Barbosa, 15.9.2010**. (ADI-4033)

EMPRESAS OPTANTES DO SIMPLES NACIONAL E ISENÇÃO DE CONTRIBUIÇÕES - 7

Em seguida, repeliu-se o argumento de violação ao art. 8º da CF. Não obstante reputando ser relevante a alegação acerca do risco de enfraquecimento das entidades de representação patronal no campo das relações do trabalho, considerou-se o fato de que o benefício fiscal contestado não seria novo, e reportou-se ao julgamento da ADI 2006 MC/DF (DJU de 1º.12.2000), em que se fixara orientação no sentido de que a finalidade extrafiscal da isenção da contribuição sindical patronal prevalecia, em termos, sobre a autonomia e a liberdade sindical. Ponderou-se, ademais, ser necessário observar o trânsito da situação a que estariam atualmente submetidas as microempresas e empresas de pequeno porte, para o quadro incentivado pela exoneração, de modo a confirmar se a influência da norma impugnada seria ou não perniciosa. No ponto, aduziu-se que, se o objetivo previsto com a concessão do benefício for obtido — fomento da pequena empresa — duas conseqüências advirão, em maior ou menor grau: o fortalecimento de tais empresas, que poderão passar à condição de empresas de maior porte e, portanto, superar a faixa de isenção, e o incentivo à regularização das empresas ditas informais melhorará o perfil dos consumidores, o que será benéfico às atividades das empresas comerciais de maior porte. Enfatizou-se que a competência para instituir as contribuições de interesse de categorias profissionais ou econômicas seria da União, nada impedindo que tais tributos também atendessem à função extrafiscal estabelecida nos termos da CF, e que a circunstância de o tributo ser parafiscal não modificaria o quadro. Salientou-se que, se a política econômica pede por sacrifícios proporcionais em matéria de arrecadação — como forma de estímulo e desenvolvimento das atividades das micro e pequenas empresas, bem como do aumento das condições propícias à oferta de empregos —, as entidades parafiscais não poderiam alegar uma espécie de titularidade absoluta ou de direito adquirido ao valor potencialmente arrecadável com o tributo. Concluiu-se que situação diversa se configuraria se a exoneração fosse tão intensa a ponto de forçar situação de grave e irreversível desequilíbrio, apta a inviabilizar completamente a atuação da entidade paraestatal, sendo, mesmo em tais casos, indispensável questionar se a entidade paraestatal não teria, ou não deveria ter, outras fontes de custeio. **ADI 4033/DF, rel. Min. Joaquim Barbosa, 15.9.2010.** (ADI-4033)

EMPRESAS OPTANTES DO SIMPLES NACIONAL E ISENÇÃO DE CONTRIBUIÇÕES - 8

Por fim, não se vislumbrou a mencionada infringência à isonomia e à igualdade. Apesar de julgar ser indiscutível a assertiva da requerente quanto à relevância que as entidades sindicais patronais possuiriam no sistema das relações do trabalho, bem como a contribuição por elas dada à indispensável liberdade sindical, entendeu-se que a premissa apresentada seria insuficiente para afastar a inexistência de especificidade que justificasse a aplicação de regimes diferenciados no campo da tributação às entidades patronais e às entidades de representação dos trabalhadores. Após mencionar ser diverso o contexto da presente situação do daquela analisada no julgamento do RE 217355/MG (DJU de 2.2.2001), considerou-se que seria relevante para o desate da questão saber se a exoneração concedida às empresas de pequeno porte teria a mesma carga de benefício fiscal concedido aos trabalhadores de baixa renda. Observou-se não haver argumentação nesse sentido, não tendo a requerente explorado a eventual simetria ou discrepância entre o potencial de custeio das entidades sindicais. Assim, ausentes tais dados, não seria possível confirmar a assertiva quanto às violações apontadas. Vencido o Min. Marco Aurélio que, ao se reportar ao voto proferido na ADI 2006/DF (DJE de 10.10.2008), julgava o pleito procedente, conferindo ao preceito, sem redução de texto, o sentido de não alcançar a contribuição sindical prevista no art. 589 da CLT. ADI 4033/DF, rel. Min. Joaquim Barbosa, 15.9.2010. (ADI-4033) (Inform. STF 600)

EMPRESAS OPTANTES DO SIMPLES NACIONAL E ISENÇÃO DE CONTRIBUIÇÕES - 1

O Tribunal iniciou julgamento de ação direta ajuizada pela Confederação Nacional do Comércio - CNC em que se objetiva a declaração de inconstitucionalidade do art. 13, § 3º, da Lei Complementar 123/2006, que concede isenção às microempresas e empresas de pequeno porte optantes pelo Simples Nacional - Supersimples quanto ao pagamento das contribuições instituídas pela União, inclusive aquelas devidas às entidades privadas de serviço social e de formação profissional vinculadas ao sistema sindical (CF, art. 240). Sustenta-se, na espécie, violação dos artigos 150, § 6º; 146, III, d; 8º, I e IV, e 150, II, todos da CF. O Min. Joaquim Barbosa, relator, julgou improcedente o pedido. Afastou, inicialmente, a alegada ofensa ao art. 150, § 6º, da CF. Após registrar haver pertinência entre a isenção e o tema geral que foi objeto da Lei Complementar 123/2006, e que a contribuição sindical é tributo cuja instituição está na esfera de competência da União (CF, artigos 8º, IV, 149 e 240), considerou não ser estranha à lei destinada a instituir o Estatuto Nacional da Microempresa e da Empresa de Pequeno Porte a matéria relativa à tributação destas mesmas entidades. Asseverou que dispor sobre o assunto, de maneira global, seria insuficiente para ocultar ou escamotear o igualmente relevante tema da exoneração tributária. **ADI 4033/DF, rel. Min. Joaquim Barbosa, 15.10.2008**. (ADI-4033)

EMPRESAS OPTANTES DO SIMPLES NACIONAL E ISENÇÃO DE CONTRIBUIÇÕES - 2

Quanto à apontada afronta ao art. 146, III, d, da CF, o relator citou o que disposto no art. 170, IX, da CF, e aduziu que o fomento da atividade das empresas de pequeno porte e das microempresas é objetivo que deve ser alcançado, nos termos da Constituição, na maior medida possível diante do quadro fático e jurídico a que estiverem submetidas, e que, dentre as medidas que podem ser adotadas pelo Estado, está a elaboração de regime tributário diferenciado, que tome por premissa a circunstância de as empresas com menor receita não terem potencial competitivo tão desenvolvido como as empresas de maior porte. Para o relator, a fim de alcançar tais objetivos e ainda atender ao princípio da capacidade contributiva, não seria adequado afirmar que o regime tributário diferenciado deve se limitar a certos tributos. Assim, tendo em conta que a proposta de limitação do regime tributário diferenciado a espécies tributárias específicas poderia amesquinhar ou mesmo aniquilar o propósito da instituição de tal regime, concluiu que se haveria de dar ao texto do art. 146, III, d da CF caráter exemplificativo e não taxativo, no que se refere aos tributos que poderão ter o alcance modulado em função de o contribuinte ser empresa de pequeno porte. No ponto, ressaltou que aqui o Sistema Tributário se subordina ao objetivo que o Sistema Econômico e o Social demarcam no campo jurídico, ou seja, o fomento da atividade das pessoas jurídicas submetidas à Lei Complementar 123/2006 tem primazia ou prioridade sobre a literalidade das disposições específicas sobre matéria tributária. **ADI 4033/DF, rel. Min. Joaquim Barbosa, 15.10.2008.** (ADI-4033)

EMPRESAS OPTANTES DO SIMPLES NACIONAL E ISENÇÃO DE CONTRIBUIÇÕES - 3

O relator, em seguida, repeliu o argumento de violação ao art. 8º da CF. Não obstante reputando ser relevante a alegação acerca do risco de enfraquecimento das entidades de representação patronal no campo das relações do trabalho, considerou o fato de que o benefício fiscal contestado não seria novo, e reportou-se ao julgamento da ADI 2006 MC/DF (DJU de 1º.12.2000), em que se fixara orientação no sentido de que a finalidade extrafiscal da isenção da contribuição sindical patronal prevalecia, em termos, sobre a autonomia e a liberdade sindical. Ponderou, ademais, ser necessário observar o trânsito da situação a que estariam atualmente submetidas as microempresas e empresas de pequeno porte, para o quadro incentivado pela exoneração, de modo a confirmar se a influência da norma impugnada seria ou não perniciosa. No ponto, aduziu que, se o objetivo previsto com a concessão do benefício for obtido — fomento da pequena empresa — duas conseqüências advirão, em maior ou menor grau: o fortalecimento de tais empresas, que poderão passar à condição de empresas de maior porte e, portanto, superar a faixa de isenção, e o incentivo à regularização das empresas ditas informais melhorará o perfil dos consumidores, o que será benéfico às atividades das empresas comerciais de maior porte. Realçou que a competência para instituir as contribuições de interesse de categorias profissionais ou econômicas seria da União, nada impedindo que tais tributos também atendessem à função extrafiscal estabelecida nos termos da CF, e que a circunstância de o tributo ser parafiscal, não modificaria o quadro. Salientou que, se a política econômica pede por sacrifícios proporcionais em matéria de arrecadação — como forma de estímulo e desenvolvimento das atividades das micro e pequenas empresas, bem como do aumento das condições propícias à oferta de empregos — as entidades parafiscais não podem alegar uma espécie de titularidade absoluta ou de direito adquirido ao valor potencialmente arrecadável com o tributo. Concluiu que situação diversa se configuraria se a exoneração fosse tão intensa a ponto de forçar situação de grave e irreversível desequilíbrio, apta a inviabilizar completamente a atuação da entidade paraestatal, sendo, mesmo em tais casos, indispensável questionar se a entidade paraestatal não teria, ou não deveria ter, outras fontes de custeio. **ADI 4033/DF, rel. Min. Joaquim Barbosa, 15.10.2008.** (ADI-4033)

EMPRESAS OPTANTES DO SIMPLES NACIONAL E ISENÇÃO DE CONTRIBUIÇÕES - 4

Por fim, o relator não vislumbrou a mencionada infringência à isonomia e à igualdade. Apesar de julgar ser indiscutível a assertiva da requerente quanto à relevância que as entidades sindicais patronais possuem no sistema das relações do trabalho, bem como a contribuição por elas dada à indispensável liberdade sindical, o relator entendeu que a premissa apresentada seria insuficiente para afastar a inexistência de especificidade que justificasse a aplicação de regimes diferenciados no campo da tributação às entidades patronais e às entidades de representação dos trabalhadores. Após mencionar ser diverso o contexto da presente situação do daquela analisada no julgamento do RE 217355/MG (DJU de 2.2.2001), considerou que seria relevante para o desate da questão saber se a exoneração concedida às empresas de pequeno porte teria a mesma carga de benefício fiscal concedido aos trabalhadores de baixa renda. Ocorre que não haveria argumentação nesse sentido, não tendo a requerente explorado a eventual simetria ou discrepância entre o potencial de custeio das entidades sindicais. Assim, ausentes tais dados, não seria possível confirmar a assertiva quanto às violações apontadas. Após, pediu vista dos autos o Min. Marco Aurélio. **ADI 4033/DF, rel. Min. Joaquim Barbosa, 15.10.2008.** (ADI-4033)

EMPRESAS OPTANTES DO SIMPLES NACIONAL E ISENÇÃO DE CONTRIBUIÇÕES - 5

O Tribunal, por maioria, julgou improcedente pedido formulado em ação direta de inconstitucionalidade ajuizada pela Confederação Nacional do Comércio - CNC contra o art. 13, § 3º, da Lei Complementar 123/2006, que concede isenção às microempresas e empresas de pequeno porte optantes do Simples Nacional - Supersimples, quanto ao pagamento das contribuições instituídas pela União, inclusive aquelas devidas às entidades privadas de serviço social e de formação profissional vinculadas ao sistema sindical (CF, art. 240) — v. Informativo 524. Afastou-se, inicialmente, a alegada ofensa ao art. 150, § 6º, da CF. Após registrar haver pertinência entre a isenção e o tema geral que foi objeto da Lei Complementar 123/2006, e que a contribuição sindical é tributo cuja instituição está na esfera de competência da União (CF, artigos 8º, IV, 149 e 240), considerou-se não ser estranha à lei destinada a instituir o Estatuto Nacional da Microempresa e da Empresa de Pequeno Porte a matéria relativa à tributação destas mesmas entidades. Asseverou-se que dispor sobre o assunto, de maneira global, seria insuficiente para ocultar ou escamotear o igualmente relevante tema da exoneração tributária. **ADI 4033/DF, rel. Min. Joaquim Barbosa, 15.9.2010.** (ADI-4033)

EMPRESAS OPTANTES DO SIMPLES NACIONAL E ISENÇÃO DE CONTRIBUIÇÕES - 6

Quanto à apontada afronta ao art. 146, III, d, da CF, citou-se o que disposto no art. 170, IX, da CF, e aduziu-se que o fomento da atividade das empresas de pequeno porte e das microempresas é objetivo que deve ser alcançado, nos termos da Constituição, na maior medida possível diante do quadro fático e jurídico a que estiverem submetidas. Assinalou-se que, dentre as medidas que poderiam ser adotadas pelo Estado, estaria a elaboração de regime tributário diferenciado, que tomasse por premissa a circunstância de as empresas com menor receita não terem potencial competitivo tão desenvolvido como as empresas de maior porte. Realçou-se que, a fim de alcançar tais objetivos e ainda atender ao princípio da capacidade contributiva, não seria adequado afirmar que o regime tributário diferenciado deveria se limitar a certos tributos. Assim, tendo em conta que a proposta de limitação do regime tributário diferenciado a espécies tributárias específicas poderia amesquinhar ou mesmo aniquilar o propósito da instituição de tal regime, concluiu-se que se haveria de dar ao texto do art. 146, III, d, da CF caráter exemplificativo e não taxativo, no que se refere aos tributos que poderão ter o alcance modulado em função de o contribuinte ser empresa de pequeno porte. No ponto, ressaltou-se que aqui o Sistema Tributário se subordinaria ao objetivo que o Sistema Econômico e o Social demarcariam no campo jurídico, ou seja, o fomento da atividade das pessoas jurídicas submetidas à Lei Complementar 123/2006 teria primazia ou prioridade sobre a literalidade das disposições específicas sobre matéria tributária. **ADI 4033/DF, rel. Min. Joaquim Barbosa, 15.9.2010.** (ADI-4033)

EMPRESAS OPTANTES DO SIMPLES NACIONAL E ISENÇÃO DE CONTRIBUIÇÕES - 7

Em seguida, repeliu-se o argumento de violação ao art. 8º da CF. Não obstante reputando ser relevante a alegação acerca do risco de enfraquecimento das entidades de representação patronal no campo das relações do trabalho, considerou-se o fato de que o benefício fiscal contestado não seria novo, e reportou-se ao julgamento da ADI 2006 MC/DF (DJU de 1º.12.2000), em que se fixara orientação no sentido de que a finalidade extrafiscal da isenção da contribuição sindical patronal prevalecia, em termos, sobre a autonomia e a liberdade sindical. Ponderou-se, ademais, ser necessário observar o trânsito da situação a que estariam atualmente submetidas as microempresas e empresas de pequeno porte, para o quadro incentivado pela exoneração, de modo a confirmar se a influência da norma impugnada seria ou não perniciosa. No ponto, aduziu-se que, se o objetivo previsto com a concessão do benefício for obtido — fomento da pequena empresa — duas conseqüências advirão, em maior ou menor grau: o fortalecimento de tais empresas, que poderão passar à condição de empresas de maior porte e, portanto, superar a faixa de isenção, e o incentivo à regularização das empresas ditas informais melhorará o perfil dos consumidores, o que será benéfico às atividades das empresas comerciais de maior porte. Enfatizou-se que a competência para instituir as contribuições de interesse de categorias profissionais ou econômicas seria da União, nada impedindo que tais tributos também atendessem à função extrafiscal estabelecida nos termos da CF, e que a circunstância de o tributo ser parafiscal não modificaria o quadro. Salientou-se que, se a política econômica pede por sacrifícios proporcionais em matéria de arrecadação — como forma de estímulo e desenvolvimento das atividades das micro e pequenas empresas, bem como do aumento das condições propícias à oferta de empregos —, as entidades parafiscais não poderiam alegar uma espécie de titularidade absoluta ou de direito adquirido ao valor potencialmente arrecadável com o tributo. Concluiu-se que situação diversa se configuraria se a exoneração fosse tão intensa a ponto de forçar situação de grave e irreversível desequilíbrio, apta a inviabilizar completamente a atuação da entidade paraestatal, sendo, mesmo em tais casos, indispensável questionar se a entidade paraestatal não teria, ou não deveria ter, outras fontes de custeio. **ADI 4033/DF, rel. Min. Joaquim Barbosa, 15.9.2010.** (ADI-4033)

EMPRESAS OPTANTES DO SIMPLES NACIONAL E ISENÇÃO DE CONTRIBUIÇÕES - 8

Por fim, não se vislumbrou a mencionada infringência à isonomia e à igualdade. Apesar de julgar ser indiscutível a assertiva da requerente quanto à relevância que as entidades sindicais patronais possuiriam no sistema das relações do trabalho, bem como a contribuição por elas dada à indispensável liberdade sindical, entendeu-se que a premissa apresentada seria insuficiente para afastar a inexistência de especificidade que justificasse a aplicação de regimes diferenciados no campo da tributação às entidades patronais e às entidades de representação dos trabalhadores. Após mencionar ser diverso o contexto da presente situação do daquela analisada no julgamento do RE 217355/MG (DJU de 2.2.2001), considerou-se que seria relevante para o desate da questão saber se a exoneração concedida às empresas de pequeno porte teria a mesma carga de benefício fiscal concedido aos trabalhadores de baixa renda. Observou-se não haver argumentação nesse sentido, não tendo a requerente explorado a eventual simetria ou discrepância entre o potencial de custeio das entidades sindicais. Assim, ausentes tais dados, não seria possível confirmar a assertiva quanto às violações apontadas. Vencido o Min. Marco Aurélio que, ao se reportar ao voto proferido na ADI 2006/DF (DJE de 10.10.2008), julgava o pleito procedente, conferindo ao preceito, sem redução de texto, o sentido de não alcançar a contribuição sindical prevista no art. 589 da CLT. **ADI 4033/DF, rel. Min. Joaquim Barbosa, 15.9.2010.** (ADI-4033) (Inform. STF 600)

DIREITO TRIBUTÁRIO. REGIME TRIBUTÁRIO DO SIMPLES. IMPOSSIBILIDADE DE INCLUSÃO DA TCFA.

Não é possível a inclusão da TCFA no regime tributário do Simples. A Taxa de Controle e Fiscalização Ambiental (TCFA), instituída pela Lei n. 6.938⁄1981 e alterada pela Lei n. 10.165⁄2000, decorre da fiscalização de atividades poluidoras e utilizadoras de recursos ambientais, ou seja, remunera o exercício do poder de polícia exercido pelo Ibama. O Sistema Integrado de Recolhimento de Tributos (Simples) engloba o recolhimento exclusivo de tributos e contribuições expressamente elencados na Lei n. 9.317⁄1996 e LC n. 123⁄2006, não sendo possível abranger, por ausência de previsão legal, a TCFA. Precedentes citados do STF: RE 416.601-DF, DJ 30/9/2005; do STJ: AgRg no Ag 1.419.767-MG, DJe 1º/8/2012, e REsp 695.368-RJ, DJ 11/4/2005. **REsp 1.242.940-PR, Rel. Min. Benedito Gonçalves, julgado em 23/10/2012.(Inform. STJ 508)**

DIREITO TRIBUTÁRIO. SERVIÇO DE CALL CENTER. INCLUSÃO NO REGIME DO SIMPLES.

É possível o enquadramento de sociedade empresária que exerce atividade de call center no regime tributário do Simples. O art. 9°, XIII, da Lei n. 9.317/1996 veda o ingresso de representante comercial no regime simplificado. Porém, o serviço de *call center* não se assemelha à representação comercial, considerando que busca atrair consumidores, destinatários finais dos bens e serviços oferecidos no mercado de consumo, mediante recursos de telefonia e demais meios de telecomunicações. Na representação comercial, por outro lado, a mediação realizada pelo representante visa à celebração de negócios mercantis, os quais não possuem natureza civil, mas empresarial (art. 1° da Lei n. 4.886/1965). Além disso, o STJ possui orientação no sentido de que, para a incidência da vedação imposta pelo art. 9°, XIII, da Lei n. 9.317/1996 é necessária não só a semelhança das atividades àquelas listadas no dispositivo, como também a exigência de habilitação profissional para seu desempenho, não prevista em lei para a prestação de serviços de *call center*. Precedente citado: REsp 969.799-SC, DJ 25/9/2007. **REsp 1.301.231-ES, Herman Benjamin, julgado em 2/10/2012.(Inform. STJ 506)**

PARCELAMENTO ESPECIAL. LEI N. 11.941/2009. SIMPLES NACIONAL.

Trata-se de REsp em que se discute a legalidade do § 3º do art. 1º da Portaria Conjunta n. 6/2009-PGFN/RFB, que regulamentou a Lei n. 11.941/2009, tendo em vista a mencionada portaria restringir a adesão de sociedade empresária que participe do Simples Nacional ao parcelamento especial previsto na referida lei. A Turma negou provimento ao recurso, consignando, entre outros fundamentos, que a exegese do art. 1º da Lei n. 11.941/2009 não alcança os débitos do Simples Nacional diante do que dispõe o art. 146 da CF, ou seja, a reserva de lei complementar, e a própria LC n. 123/2006, que cuida da matéria, não previu qualquer hipótese de parcelamento. Ademais, consoante a redação do art. 155-A do CTN, o parcelamento será concedido na forma e condição estabelecida em lei específica, e a lei concessiva do parcelamento não contemplou os débitos do Simples Nacional. Dessarte, considerando que este abrange tributos administrados por todos os entes políticos, não há qualquer ilegalidade na vedação constante da portaria para adesão ao parcelamento da Lei n. 11.941/2009, que se refere tão somente a tributos administrados pela Secretaria da Receita Federal do Brasil. Precedentes citados: RMS 30.777-BA, DJe 30/11/2010, e REsp 1.157.687-SP, DJe 10/9/2010. **REsp 1.236.488-RS, Rel. Min. Humberto Martins, julgado em 26/4/2011.** (Inform. STJ 470)

INSCRIÇÃO. SIMPLES. DÉBITOS TRIBUTÁRIOS.

A recorrente (empresa de confecções e artigos de vestuário), por ter seu pedido administrativo de ingresso no Simples nacional indeferido pela secretaria da fazenda estadual em razão de possuir débitos tributários junto à Fazenda Nacional sem exigibilidade suspensa, impetrou MS, alegando inconstitucionalidade e ilegalidade da vedação prevista no art. 17, V, da LC n. 123/2006. O tribunal *a quo* negou a segurança por não vislumbrar qualquer inconstitucionalidade ou ilegalidade na lei mencionada. Embora as microempresas e as empresas de pequeno porte, à luz da CF/1988 (arts. 146, III, d, e 179), ostentem tratamento jurídico diferenciado quanto à simplificação de suas obrigações administrativas, tributárias, previdenciárias e creditícias, a inscrição no Simples nacional submete-se à aferição de inexistência de débitos com o INSS ou com as fazendas públicas estaduais ou municipais federal ou ainda com a federal (art. 17, V, da LC n. 123/2006), sem configurar, para tanto, ofensa aos princípios da isonomia, da livre iniciativa e livre concorrência. É que tal tratamento não exonera as microempresas e as empresas de pequeno porte do dever de adimplir as suas obrigações tributárias. É certo que a exigência de regularidade fiscal do interessado em optar pelo Simples não encerra ato discriminatório, já que é imposto a todos os contribuintes, não apenas às micro e pequenas empresas. *In casu*, a impetrante não preencheu o requisito concernente à regularidade fiscal, impossibilitando a concessão do benefício tributário. Com essas, entre outras razões, a Turma negou provimento ao recurso. **Precedentes citados: RMS 27.376-SE, DJe 15/6/2009, e REsp 1.115.142-RS, DJe 19/8/2009. RMS 30.777-BA, Rel. Min. Luiz Fux, julgado em 16/11/2010.** (Inform. STJ 456)

IR. GANHOS. CAPITAL. ALIENAÇÃO. EMPRESA. SIMPLES.

Incide imposto de renda sobre os ganhos de capital decorrentes de alienação de bens do ativo permanente das pessoas jurídicas, ainda que se trate de empresa optante pelo Sistema Integrado de Pagamento de Impostos e Contribuições das Microempresas e das Empresas de Pequeno Porte (Simples), nos termos do art. 3º, § 2º, d, da Lei n. 9.317/1996 (atual art. 13, § 1º, VI, da LC n. 123/2006). **REsp 972.264-SC, Rel. Min. Luiz Fux, julgado em 18/11/2010.** (Inform. STJ 456)

SIMPLES. AQUISIÇÃO INTERESTADUAL. DIFERENCIAL. ALÍQUOTAS.

A empresa é contribuinte optante pelo Simples nacional e adquiriu mercadorias em outros estados da Federação. Insurge-se contra a exigência, por lei de seu Estado, do diferencial entre a alíquota interestadual (menor) e a interna (maior). O tribunal *a quo* entendeu ser indevida a aplicação automática do art. 13, § 1º, XIII, g, da LC n. 123/2006, pois a lei estadual não prevê compensação posterior. A Turma deu provimento ao recurso por entender que a legislação estadual não prevê a compensação do ICMS recolhido na entrada (diferencial da alíquota) pela simples razão de que isso é expressamente vedado pelo art. 23, *caput*, da referida lei. Caso a empresa entenda conveniente usufruir da sistemática da não cumulatividade, basta retirar-se do Simples nacional. O que não se admite é a adesão parcial à sistemática simplificada com o recolhimento unificado em valores reduzidos e, ao mesmo tempo, a recusa em recolher o diferencial de alíquota ou pretensão de aproveitamento dos créditos para redução ainda maior do ICMS devido sobre as saídas de mercadorias. **REsp 1.193.911-MG, Rel. Min. Herman Benjamin, julgado em 4/11/2010.** (Inform. STJ 454)

SIMPLES. LIMITE ANUAL. TEMPUS REGIT ACTUM.

A Seção deu provimento ao recurso especial a fim de excluir a recorrida do Simples, por entender ultrapassado o limite anual de receita bruta estipulado pela legislação às empresas de pequeno porte. Segundo o Min. Relator, não obstante o Dec. n. 5.028/2004, mediante autorização expressa no § 3º do art. 2º da Lei n. 9.841/1999 (Estatuto da Microempresa e da Empresa de Pequeno Porte), ter estabelecido novos patamares para o enquadramento da pessoa jurídica no sistema tributário em questão, o princípio *tempus regit actum* exige a aplicação do diploma legal vigente à época da ocorrência dos fatos, que se deu no exercício de 2002. Logo, devem ser considerados os limites fixados pelo estatuto, sem a nova redação determinada pelo aludido decreto. **REsp 961.117-RS, Rel. Min. Luiz Fux, julgado em 8/9/2010.** (Inform. STJ 446)

REPETITIVO. SIMPLES. HOSPITAL.
Os hospitais não são prestadores de serviços médicos e de enfermagem, mas dedicam-se a atividades que dependem de profissionais que os prestam. Nesse caso, os médicos e enfermeiros não atuam como profissionais liberais, mas fazem parte de um sistema voltado à prestação do serviço público de assistência à saúde, mantendo com os hospitais relação empregatícia não societária. Assim, os hospitais de pequeno porte podem optar pelo Sistema Integrado de Pagamento de Impostos e Contribuições (Simples), sem impedimento legal. Esse entendimento foi acolhido pela Seção no julgamento de recurso sujeito aos ditames do art. 543-C do CPC (repetitivo). **Precedentes citados: REsp 968.510-PR, DJe 25/3/2008, e REsp 653.149-RS, DJ 28/11/2005. REsp 1.127.564-PR, Rel. Min. Luiz Fux, julgado em 9/8/2010.** (Inform. STJ 442)

REPETITIVO. EXCLUSÃO. SIMPLES.
A Seção, ao julgar recurso representativo de controvérsia (art. 543-C do CPC e Res. n. 8/2008-STJ), reafirmou que a exclusão da sociedade empresária do Sistema Integrado de Pagamento de Impostos e Contribuições das Micro e Pequenas Empresas (Simples) na circunstância que a lei prevê como impeditiva ao ingresso ou permanência nesse sistema (art. 9º, III a XIV e XVII a XIX, da Lei n. 9.317/1996) seus efeitos são produzidos a partir do mês subsequente à data em que acontecer a situação excludente (art. 15, II, da mesma lei). Explicou-se que, ocorrendo uma das circunstâncias impeditivas de ingresso ou de permanência no sistema, a pessoa jurídica sabedora do impedimento deve comunicar sua exclusão do regime, mas, se não o fizer, é dado ao Fisco o direito de proceder à sua exclusão de ofício, no momento em que detectar a ocorrência da situação excludente. Esse ato de exclusão de ofício do Fisco, segundo a lei, é meramente declaratório e permite a retroação de seus efeitos à data da ocorrência da situação que originou a exclusão. No caso dos autos, a exclusão da sociedade empresária foi motivada pelo fato de um dos seus sócios ter participação societária superior a 10% do capital de outra empresa , com receita bruta global que ultrapassa o limite legal para ingresso no Simples. **Precedentes citados: AgRg no REsp 791.832-MG, DJe 4/2/2010; AgRg no Ag 1.133.791-RS, DJe 27/8/2009; AgRg no REsp 1.085.392-MG, DJe 16/3/2009; REsp 1.039.973-RS, DJe 27/8/2008; REsp 929.342-AL, DJe 7/5/2008, e REsp 1.021.095-RS, DJe 31/3/2009. REsp 1.124.507-MG, Rel. Min. Benedito Gonçalves, julgado em 28/4/2010.** (Inform. STJ 432)

RECURSO REPETITIVO. SIMPLES. ENSINO.
No recurso representativo de controvérsia (art. 543-C do CPC e Res. n. 8/2008-STJ), a Seção reiterou a irretroatividade da Lei n. 10.034/2000, excluiu as pessoas jurídicas dedicadas às atividades de creche, pré-escola e ensino fundamental das restrições à opção pelo Simples impostas pelo art. 9º da Lei n. 9.317/1996. No caso, à data da impetração do mandado de segurança (7/7/1999), bem assim da prolação da sentença (11/10/1999), não estava em vigor a Lei n. 10.034/2000, cuja irretroatividade reveste de legalidade o procedimento administrativo que inadmitiu a opção do Simples pela escola recorrida. **Precedentes citados: REsp 1.056.956-MG, DJe 1º/7/2009; AgRg no REsp 1.043.154-SP, DJe 16/2/2009; AgRg no REsp 611.294-PB, DJe 19/12/2008; REsp 1.042.793-RJ, DJe 21/5/2008; REsp 829.059-RJ, DJ 7/2/2008, e REsp 721.675-ES, DJ 19/9/2005. REsp 1.021.263-SP, Rel. Min. Luiz Fux, julgado em 25/11/2009.** (Inform. STJ 417)

RECURSO REPETITIVO. SIMPLES. SUBSTITUIÇÃO TRIBUTÁRIA.
A Lei n. 9.317/1996 veio a instituir tratamento diferenciado às microempresas e às de pequeno porte, ao simplificar sobremaneira o adimplemento de suas obrigações administrativas, tributárias e previdenciárias, isso mediante a opção pelo Sistema Integrado de Pagamento de Impostos e Contribuições (Simples). Nesse regime, faz-se um pagamento único relativo a vários tributos federais que tem por base de cálculo o faturamento, sobre o qual incide alíquota única. A empresa, então, fica dispensada do pagamento das demais contribuições instituídas pela União. Sucede que esse sistema de arrecadação é incompatível com o regime de substituição tributária contido no art. 31 da Lei n. 8.212/1991 (com as alterações da Lei n. 9.711/1998), que trouxe nova sistemática de recolhimento da contribuição destinada à seguridade social. Assim, se o tomador de serviço retém a contribuição sobre o mesmo título e com a mesma finalidade, na forma prevista no citado art. 31, fica suprimido seu benefício ao referido pagamento unificado. Cuida-se, pois, da aplicação do princípio da especialidade, visto que existe incompatibilidade técnica entre o regime do Simples da Lei n. 9.317/1996 e o sistema de arrecadação da contribuição previdenciária criado pela Lei n. 9.711/1998 (as empresas tomadoras de serviço são as responsáveis tributárias pela retenção de 11% sobre o valor bruto da nota fiscal). Com o entendimento acima exposto, a Seção negou provimento ao especial submetido ao regime do art. 543-C do CPC e Res. n. 8/2008-STJ. **Precedentes citados: EREsp 511.001-MG, DJ 11/4/2005; REsp 974.707-PE, DJe 17/12/2008; REsp 826.180-MG, DJ 28/2/2007, e EDcl no REsp 806.226-RJ, DJe 26/3/2008. REsp 1.112.467-DF, Rel. Min. Teori Albino Zavascki, julgado em 12/8/2009.** (Inform. STJ 402)

ADESÃO. SIMPLES. ESCOLA.
Discute-se a possibilidade de a recorrida, estabelecimento de ensino (creche, pré-escola e ensino fundamental), aderir ao Sistema Integrado de Pagamento de Impostos e Contribuições das Microempresas de Pequeno Porte (Simples). No caso, o estabelecimento impetrou mandado de segurança para obter a declaração de seu direito de optar pelo Simples, negado na esfera administrativa, postulando ainda a inconstitucionalidade do art. 9º, XIII, da Lei n. 9.317/1996, que excetuava sua atividade, entre outras, da adesão ao Simples. Observa o Min. Relator que o STF reconheceu a constitucionalidade dos citados dispositivos da referida lei, considerando não haver ofensa do princípio da isonomia tributária, isso porque a lei tributária pode discriminar, por motivo extrafiscal, entre os ramos de atividade econômica, desde que a distinção seja razoável, aplicando-se, no caso, a todas as pessoas de uma classe ou categoria. Explica ainda que, com a edição da Lei n. 10.034/2000, alteraram-se os dispositivos de exclusão do Simples, previstos na Lei n. 9.317/1996. Mas as Turmas de Direito Público deste Superior Tribunal consolidaram o entendimento da irretroatividade desta lei, uma vez que inexiste a subsunção a qualquer das hipóteses previstas no art. 106 do CTN. Assim, a opção pelo Simples, nesses casos, somente pode ser exercida a partir da vigência da Lei n. 10.034, em 25/10/2000. Diante desse contexto, a Turma deu provimento ao recurso da Fazenda Nacional, reconhecendo a legalidade do procedimento administrativo que inadmitiu a adesão da recorrida ao Simples em período anterior a 25/10/2000. **Precedentes citados: REsp 722.307-SC, DJ 16/5/2005, e REsp 829.059-RJ, DJ 7/2/2008. REsp 1.056.956-MG, Rel. Min. Luiz Fux, julgado em 26/5/2009.** (Inform. STJ 396)

HOSPITAL. PEQUENO PORTE. OPÇÃO. SIMPLES.
A opção pelo Sistema Integrado de Pagamento de Impostos e Contribuições (Simples), instituído pela Lei n. 9.317/1996 em consonância com o art. 179 da CF/1988, tem como finalidade propiciar ao contribuinte simplificação dos procedimentos burocráticos. Dessa forma, esse benefício deve ser estendido aos hospitais de pequeno porte que desfrutam da qualidade de pessoa jurídica que, ao lado do estado-membro (PR), prestam à comunidade serviço de assistência à saúde. Com essas considerações, a Turma negou provimento ao recurso da Fazenda Nacional. **Precedentes citados: REsp 653.149-RS, DJ 28/11/2005, e AgRg no REsp 709.631-RS, DJ 5/10/2007. REsp 968.510-PR, Rel. Min. Eliana Calmon, julgado em 6/3/2008.** (Inform. STJ 347)

PARCELAMENTO. DÉBITO. EMPRESA. SIMPLES.
A Turma, ao prosseguir o julgamento, por maioria, negou provimento ao recurso ao argumento de que o § 2º do art. 6º da Lei n. 9.317/1996, segundo o qual "os impostos e contribuições devidos pelas pessoas jurídicas inscritas no Simples não poderão ser objeto de parcelamento", não se aplica aos débitos anteriores à opção do contribuinte pelo referido regime. Tal dispositivo, situado na Seção III da lei, que trata "da data e forma de pagamento", diz respeito, à toda evidência, aos débitos relativos ao próprio regime do Simples, não a débitos anteriores à opção do contribuinte por tal regime de arrecadação. Não se pode imaginar que, ao aderir ao simples, regime estabelecido para favorecê-lo, fique o contribuinte, contraditoriamente, sujeito a uma limitação que antes não o atingia e que inexiste para os não-optantes. **REsp 668.845-PE, Rel. Min. Teori Albino Zavascki, julgado em 17/4/2007.** (Inform. STJ 317)

SÚMULA STJ Nº 448

A opção pelo Simples de estabelecimentos dedicados às atividades de creche, pré-escola e ensino fundamental é admitida somente a partir de 24/10/2000, data de vigência da Lei n. 10.034/2000.

16. ÍNDICES, SELIC

REPERCUSSÃO GERAL EM RE N. 242.689-PR
RELATOR: MIN. GILMAR MENDES
Recurso Extraordinário. Tributário. Correção Monetária. Demostrações Financeiras. Pessoas Jurídicas. Índice a ser utilizado. IPC ou BTN Fiscal. Lei 7.799/89. Repercussão Geral reconhecida. (Inform. STF 617)

CRIAÇÃO DE ÍNDICE DE CORREÇÃO MONETÁRIA DE CRÉDITOS FISCAIS E COMPETÊNCIA LEGISLATIVA
O Tribunal, por maioria, julgou parcialmente procedente pedido formulado em ação direta ajuizada pelo Procurador-Geral da República para conferir interpretação conforme ao art. 113 da Lei 6.374/89, do Estado de São Paulo — que cria a Unidade Fiscal do Estado de São Paulo - UFESP como fator de atualização dos créditos tributários daquela unidade federativa —, de modo que o valor da UFESP não exceda o valor do índice de correção dos tributos federais. Considerou-se a jurisprudência da Corte no sentido de que, apesar de as unidades federadas não serem competentes para fixar índices de correção monetária de créditos fiscais em percentuais superiores aos fixados pela União para o mesmo fim, podem fixá-los em patamares inferiores (CF, art. 24, I). Vencido o Min. Marco Aurélio que julgava o pleito improcedente. **Precedentes citados: RE 183907/SP (DJU de 16.4.2004); RE 140189/SP (DJU de 27.9.86). ADI 442/SP, rel. Min. Eros Grau, 14.4.2010**. (ADI-442) (Inform. STF 582)

DIREITO TRIBUTÁRIO. IRPJ E CSSL. BASE DE CÁLCULO. ANO-BASE DE 1990. CORREÇÃO MONETÁRIA DAS DEMONSTRAÇÃO FINANCEIRA PELA BTNF.
Aplica-se o BTN Fiscal na correção monetária das demonstrações financeiras do período-base de 1990, para fins de apuração da base de cálculo do Imposto de Renda da Pessoa Jurídica - IRPJ e da Contribuição Social sobre o Lucro - CSSL. Precedentes citados do STF: RE 201.465-MG, DJ 17/10/2003; do STJ: AgRg no EREsp 636.275-RJ, DJe 8/9/2008, e EREsp 210.261-ES, DJe 23/6/2008. **AgRg nos EAg 427.916-PR, Rel. Min. Arnaldo Esteves Lima, julgado em 14/11/2012. (Inform. STJ 510)**

DIREITO TRIBUTÁRIO. INCIDÊNCIA DA TAXA SELIC SOBRE RECOLHIMENTO ANTECIPADO DO IRPJ.
Não incide a taxa Selic sobre valores referentes ao recolhimento antecipado, por estimativa, do IRPJ, com base no art. 2º da Lei n. 9.430/1996. A antecipação do pagamento do imposto de renda pessoa jurídica (IRPJ) não configura pagamento indevido à Fazenda Pública que justifique a correção monetária e a incidência de juros moratórios. O regime de antecipação mensal não é imposição, mas opção oferecida pela Lei n. 9.430/1996. Precedentes citados: AgRg no REsp 889.076-CE, DJ 3/12/2007; REsp 611.628-SC, DJ 3/10/2005, e REsp 492.865-RS, DJ 25/4/2005. **AgRg no AREsp 205.566-CE, Rel. Min. Herman Benjamin, julgado em 18/10/2012.(Inform. STJ 508)**

CORREÇÃO MONETÁRIA. ÍNDICES NEGATIVOS. APLICAÇÃO.
O cerne da questão é a aplicação de índices negativos (IGP-M) de correção monetária para fins de cálculo de atualização do montante da execução nos períodos deflacionários. No caso, a agravante alega que não houve dúvidas quanto à inclusão da correção monetária a ser aplicada (na decisão transitada em julgado na ação de conhecimento), todavia não foi feita nenhuma ressalva quanto à exclusão de índices negativos, de modo que excluí-los na fase de execução afronta a coisa julgada. Entende o STJ que a correção monetária possui a função de manter o poder aquisitivo da moeda e recompor seu valor originário corroído pela inflação, sob pena de redução do débito judicialmente apurado. No entanto, não deve representar, por si só, nem um *plus* nem um *minus* em sua substância. De modo que, *in casu*, os índices negativos de correção monetária (deflação) verificados no curso do período a ser corrigido devem ser considerados no cálculo de atualização do montante da execução. Contudo, ressaltou-se que, se, no cálculo final, a atualização implicar redução do principal, deve prevalecer o valor nominal. Precedente citado: REsp 1.265.580-RS, DJe 18/4/2012. **AgRg no REsp 1.300.928-RS, Rel. Min. Maria Isabel Gallotti, julgado em 5/6/2012. (Inform. STJ 499)**

CPMF. SUSPENSÃO. EXIGIBILIDADE. LEVANTAMENTO. DIFERENÇAS. TAXA SELIC. TJLP. INEXISTÊNCIA.
Os recorrentes ajuizaram mandado de segurança para não pagar CPMF. Efetuaram os depósitos judiciais dos valores devidos na data do vencimento do tributo, sem os acréscimos correspondentes à multa e aos juros moratórios. Se o pedido fosse julgado procedente, o contribuinte teria direito à devolução dos valores acrescidos da remuneração pela taxa Selic. No curso do processo, foi publicada lei federal que beneficiou os contribuintes inadimplentes com o Fisco. A benesse possibilitou o pagamento de tributos federais com dispensa de multa e incidência de juros pela TJLP. Contudo, o *mandamus* foi julgado improcedente, tendo sido o imposto declarado constitucional. Portanto, o recorrente não pode se beneficiar de lei que dispense, relativamente aos débitos, multa e juros moratórios, para apropriar-se da diferença de valores postos à disposição do juízo até o trânsito em julgado da sentença, como se vencedor fosse da ação, sob pena de transformar o benefício concedido na lei em instrumento de especulação ou planejamento tributário. **REsp 1.235.353-PR, Min. Rel. Herman Benjamin, julgado em 14/9/2011.** (Inform. STJ 483)

REPETITIVO. CORREÇÃO MONETÁRIA.
O tema da correção monetária classifica-se como matéria de ordem pública e integra o pedido de forma implícita. Por isso, não caracteriza julgamento *extra* ou *ultra petita* sua inclusão *ex officio* no *decisum* feita pelo juiz ou tribunal; pois, nessa hipótese, conforme precedentes, é prescindível aplicar o princípio da congruência (entre o pedido e a decisão judicial). Anote-se que a correção monetária plena busca apenas recompor a efetiva desvalorização da moeda, com o fim de preservar seu poder aquisitivo original: não é *plus*, mas um *minus* que se evita. A Primeira Seção já divulgou, em recurso repetitivo, tabela única que enumera os vários índices oficiais e expurgos inflacionários a ser aplicada nas ações de compensação ou repetição dos indébitos tributários, relação que condensa o Manual de Cálculos da Justiça Federal e jurisprudência deste Superior Tribunal sobre o tema de correção monetária (*vide* REsp 1.012.903-RJ, Informativo n. 371). Ressalte-se que a aplicação desses índices independe da vontade da Fazenda Nacional, mesmo que ela alegue não incluí-los por liberalidade em seus créditos. Outrossim, conforme o julgamento de outro repetitivo na Primeira Seção (*vide* REsp 1.002.932-SP, Informativo n. 417), o pleito de restituição do indébito de tributo sujeito a lançamento por homologação referente a pagamento indevido efetuado antes da LC n. 118/2005 (9/6/2005) continua a sujeitar-se ao prazo prescricional na sistemática dos "cinco mais cinco", desde que, naquela data, sobejem, no máximo, cinco anos da contagem do lapso temporal (art. 2.028 do CC/2002). **Precedentes citados: AgRg no REsp 895.102-SP, DJe 23/10/2009; REsp 1.023.763-CE, DJe 23/6/2009; AgRg no REsp 841.942-RJ, DJe 16/6/2008; AgRg no Ag 958.978-RJ, DJe 16/6/2008; EDcl no REsp 1.004.556-SC, DJe 15/5/2009; AgRg no Ag 1.089.985-BA, DJe 13/4/2009; AgRg na MC 14.046-RJ, DJe 5/8/2008; REsp 724.602-RS, DJ 31/8/2007; REsp 726.903-CE, DJ 25/4/2007; AgRg no REsp 729.068-RS, DJ 5/9/2005; REsp 1.012.903-RJ, DJe 13/10/2008; EDcl no AgRg nos EREsp 517.209-PB, DJe 15/12/2008; REsp 66.733-DF, DJ 4/9/1995, e REsp 1.002.932-SP, DJe 18/12/2009. REsp 1.112.524-DF, Rel. Min. Luiz Fux, julgado em 1º/9/2010**. (Inform. STJ 445)

REPETITIVO. VALOR. ALÇADA. ORTN.
Em recurso submetido ao regime do art. 543-C do CPC e da Res. n. 8/2008-STJ (repetitivo), tratou-se de determinar o valor que representa 50 obrigações reajustáveis do Tesouro Nacional (ORTN), visto que, segundo o art. 34 da Lei n. 6.830/1980 (LEF), é cabível apelação das execuções fiscais nas hipóteses em que o valor exceda, na data da propositura da ação, 50 ORTNs (valor de alçada). Conforme o julgado no REsp 607.930-DF, DJ 17/5/2004, que enfrentou a questão no âmbito deste Superior Tribunal, com a extinção da ORTN, o valor de alçada deve ser encontrado a partir da interpretação da norma que extinguiu o índice e o substituiu por outro, mantendo-se a paridade das unidades de referência, sem efetuar a conversão para moeda corrente a fim de evitar a perda do valor aquisitivo. Assim, 50 ORTN = 50 OTN = 308,50 BTN = 308,50 UFIR = R$ 328,27 a partir de janeiro/2001, quando foi extinta a UFIR e desindexada a economia. Dessa forma, o valor de alçada deve ser auferido, observada a paridade com a ORTN, no momento da propositura da execução, levando em conta o valor da causa. Ademais, tal procedimento está em harmonia com a sistemática adotada pelo Manual de Cálculos da Justiça Federal. Também se leva em conta a jurisprudência deste Superior Tribunal que assenta: extinta a UFIR pela MP n. 1.973/2000, convertida na Lei n. 10.552/2002, o índice substitutivo utilizado para a atualização monetária dos créditos do contribuinte com a Fazenda passa a ser o IPCA-E, divulgado pelo IBGE (Res.

n. 242/2001-CJF). **Precedentes citados: AgRg no Ag 965.535-PR, DJe 6/11/2008; AgRg no Ag 952.119-PR, DJe 28/2/2008; AgRg 952.119-PR, DJe 28/2/2008; REsp 602.179-SC, DJ 27/3/2006, e REsp 761.319-RS, DJ 20/3/2006. REsp 1.168.625-MG, Rel. Min. Luiz Fux, julgado em 9/6/2010.** (Inform. STJ 438)

REPETITIVO. FGTS. ÍNDICES. CORREÇÃO.

A Seção, no julgamento de recurso repetitivo (art. 543-C do CPC), reafirmou que devem ser aplicados os seguintes índices na correção monetária das contas vinculadas ao FGTS: 10,14% (IPC) em fevereiro de 1989; 9,61% (BTN) em junho de 1990; 10,79% (BTN) em julho de 1990; 13,69% (IPC) em janeiro de 1991 e 8,5% (TR) em março de 1991. **Precedentes citados: REsp 43.055-SP, DJ 18/12/1995; EDcl nos EREsp 352.411-PR, DJ 12/6/2006; REsp 883.241-SP, DJe 10/6/2008; REsp 1.110.683-ES, DJe 23/4/2009; AgRg no REsp 1.097.077-RJ, DJe 1º/7/2009, e REsp 876.452-RJ, DJe 30/3/2009. REsp 1.111.201-PE, Rel. Min. Benedito Gonçalves, julgado em 24/2/2010.** (Inform. STJ 424)

RECURSO REPETITIVO. EXECUÇÃO FISCAL. FGTS. CORREÇÃO. TR.

A Seção, ao julgar o recurso sob o regime do art. 543-C do CPC c/c a Res. n. 8/2008-STJ, reafirmou, com base na jurisprudência deste Superior Tribunal, que a Taxa Referencial (TR) é índice aplicável a título de correção monetária aos débitos do FGTS decorrentes dos valores recolhidos pelos fundistas e não repassados ao Fundo. Observou o Min. Relator que a taxa Selic não tem aplicação nas contribuições do FGTS por não possuírem natureza tributária. Consectariamente, os débitos referentes ao FGTS possuem disciplina própria de atualização monetária e cobrança de juros moratórios (Lei n. 8.036/1990), quando o empregador não efetua os respectivos depósitos. **Precedentes citados: REsp 992.415-SC, DJe 5/3/2008; REsp 654.365-SC, DJ 1º/10/2007, e REsp 830.495-RS, DJ 23/11/2006. REsp 1.032.606-DF, Rel. Min. Luiz Fux, julgado em 11/11/2009.** (Inform. STJ 415)

RECURSO REPETITIVO. TAXA SELIC. JUROS. CORREÇÃO MONETÁRIA. ICMS.

A Seção, ao julgar o recurso sob o regime do art. 543-C do CPC c/c a Res. n. 8/2008-STJ, deu provimento ao REsp, reafirmando que é legítima a taxa Selic como índice de correção monetária e de juros de mora na atualização dos débitos tributários pagos em atraso, diante da existência de lei estadual que determina a adoção dos mesmos critérios para a correção dos débitos fiscais federais. Lembrou o Min. Relator que o STF, em 22/10/2009, reconheceu a repercussão geral (art. 543-B do CPC), mas esse reconhecimento não tem o condão, em regra, de sobrestar o julgamento de recursos especiais. Destarte, o sobrestamento, nesses casos, configura questão a ser apreciada no momento da admissibilidade de eventual apelo ao STF contra decisão deste Superior Tribunal. **Precedentes citados: REsp 803.059-MG, DJe 24/6/2009; REsp 1.098.029-SP, DJe 29/6/2009; AgRg no Ag 1.107.556-SP, DJe 1º/7/2009, e AgRg no Ag 961.746-SP, DJe 21/8/2009. REsp 879.844-MG, Rel. Min. Luiz Fux, julgado em 11/11/2009.** (Inform. STJ 415)

RECURSO REPETITIVO. TAXA SELIC. REPETIÇÃO. INDÉBITO.

A Seção, ao julgar recurso representativo de controvérsia (art. 543-C do CPC e Resolução n. 8/2008-STJ) reiterou aplicar-se a taxa Selic a partir de 1º/1/1996 (vigência da Lei n. 9.250/1995) na atualização monetária do indébito tributário, não podendo a Taxa Selic ser acumulada com outro índice, já que o seu cálculo abrange, além dos juros, a inflação do período. Observou-se, também, que, se os pagamentos forem efetuados após 1º/1/1996, o termo inicial para a incidência da Taxa Selic será a data do pagamento indevido. No entanto, se houver pagamentos anteriores à data da vigência da mencionada lei, a Taxa Selic terá como termo inicial da data de 1º/1/1996. **Precedentes citados: EREsp 291.257-SC, DJ 6/9/2004; EREsp 399.497-SC, DJ 7/3/2005; EREsp 425.709-SP, DJ 7/3/2005; REsp 431.755-RS, DJ 5/3/2004; REsp 462.710-PR, DJ 9/6/2003; REsp 397.556-RJ, DJ 15/12/2003, e REsp 524.143-MG, DJ 15/9/2003. REsp 1.111.175-SP, Rel. Min. Denise Arruda, julgado em 10/6/2009** (ver Informativo n. 394). (Inform. STJ 398)

RECURSO REPETITIVO. TRIBUTO ESTADUAL. REPETIÇÃO. INDÉBITO. TAXA SELIC.

A Seção, ao apreciar o REsp como recurso repetitivo (Res. n. 8/2008-STJ e art. 543-C do CPC), deu a ele provimento e reiterou que, relativamente a tributos federais, a sua jurisprudência está assentada no seguinte entendimento: na restituição de tributos, seja por repetição em pecúnia seja por compensação, são devidos juros de mora a partir do trânsito em julgado, nos termos do art. 167, parágrafo único, do CTN e da Súm. n. 188-STJ, sendo que os juros de 1% ao mês incidem sobre os valores reconhecidos em sentenças cujo trânsito em julgado ocorreu em data anterior a 1º/1/1996. A partir de então, passou a ser aplicável apenas a taxa Selic, instituída pela Lei n. 9.250/1995, desde cada recolhimento indevido. Relativamente a tributos estaduais ou municipais, a matéria continua submetida ao princípio geral adotado pelo STF e pelo STJ, segundo o qual, em face da lacuna do art. 167, parágrafo único, do CTN, a taxa dos juros de mora na repetição de indébito deve, por analogia e isonomia, ser igual à que incide sobre os correspondentes débitos tributários estaduais ou municipais pagos com atraso. E a taxa de juros incidente sobre esses débitos deve ser de 1% ao mês, a não ser que o legislador, utilizando a reserva de competência prevista no § 1º do art. 161 do CTN, disponha de modo diverso. Nessa linha de entendimento, a jurisprudência deste Superior Tribunal considera incidente a taxa Selic na repetição de indébito de tributos estaduais a partir da data de vigência da lei estadual que prevê a incidência de tal encargo sobre o pagamento atrasado de seus tributos. No Estado de São Paulo, o art. 1º da Lei estadual n. 10.175/1998 prevê a aplicação da taxa Selic sobre impostos estaduais pagos com atraso, o que impõe a adoção da mesma taxa na repetição do indébito. **Precedentes citados: EREsp 399.497-SC, DJ 7/3/2005; EREsp 225.300-PR, DJ 28/1-/2003; EREsp 291.257-SC, DJ 6/9/2004 e EREsp 610.351-SP, DJ 1º/7/2005. REsp 1.111.189-SP, Rel. Min. Teori Albino Zavascki, julgado em 13/5/2009.** (Inform. STJ 394)

EXECUÇÃO. ÍNDICE. CORREÇÃO MONETÁRIA. REPETIÇÃO. TRIBUTO.

A Turma, reiterando jurisprudência da Primeira Seção, entendeu que os índices a serem utilizados na repetição ou compensação de indébito tributário são os seguintes: IPC, em janeiro e fevereiro de 1989 e de março de 1990 a fevereiro de 1991; INPC, de março a dezembro de 1991; UFIR, de janeiro de 1992 a dezembro de 1995; Taxa Selic, exclusivamente, a partir de janeiro de 1996, com adoção dos seguintes índices: janeiro de 1989, 42,72%; fevereiro de 1989, 10,14%; março de 1990, 84,32%; abril de 1990, 44,80%; maio de 1990, 7,87%; e fevereiro de 1991, 21,87%. Assim, a Turma conheceu em parte do recurso e nessa parte negou-lhe provimento. Precedentes citados: EREsp 548.711-PE, DJ 28/5/2007, e REsp 912.142-MG, DJ 23/4/2007. **REsp 930.524-MG, Rel. Min. Teori Albino Zavascki, julgado em 2/8/2007.** (Inform. STJ 326)

COMPENSAÇÃO. CORREÇÃO MONETÁRIA. IPC.

A Seção conheceu dos embargos da Fazenda Nacional, mas lhes negou provimento, reafirmando que é devido, nos cálculos de atualização de débitos judiciais, com aplicação dos percentuais da inflação expurgada pelos planos econômicos governamentais, em qualquer situação, o índice que melhor reflita a realidade inflacionária do período, independentemente das determinações oficiais. Assegura, contudo, o percentual apurado por entidade de absoluta credibilidade que merecia credenciamento do Poder Público, no caso, o IPC apurado pelo IBGE, e a partir de 1º/1/1996, aplica-se a taxa Selic (Lei n. 9.250/1995). Até porque, na cobrança de seus débitos, aplicam-se tais índices de atualização. **EREsp 584.183-PB, Rel. Min. José Delgado, julgados em 9/5/2007.** (Inform. STJ 319)

17. CRIMES TRIBUTÁRIOS

PROPOSTA DE SÚMULA VINCULANTE: CRIME MATERIAL CONTRA A ORDEM TRIBUTÁRIA E LANÇAMENTO DEFINITIVO DO TRIBUTO

O Tribunal, por maioria, acolheu a proposta de edição da Súmula Vinculante 29 com o seguinte teor: "*Não se tipifica crime material contra a ordem tributária, previsto no artigo 1º, inciso I, da Lei nº 8.137/90, antes do lançamento definitivo do tributo*". Vencidos os Ministros Joaquim Barbosa, Ellen Gracie e Marco Aurélio, que não aprovavam a proposta por entender que o tema tratado não estaria cristalizado o bastante na Corte para ser objeto de Súmula Vinculante. **PSV 29/DF, 2.12.2009.** (PSV-29) (Inform. STF 570)

QUADRILHA E CRIMES CONTRA A ORDEM TRIBUTÁRIA: AUTONOMIA - 4

Em conclusão de julgamento, a Turma, por maioria, indeferiu *habeas corpus* impetrado contra ato do STJ que denegara igual medida, em que se pretendia o trancamento de ação penal instaurada contra denunciados pela suposta prática de crimes contra a ordem tributária (Lei 8.137/90, art.

1º, c/c o art. 12), em concurso formal impróprio e de forma continuada, bem como por infringência do art. 288, do CP (*"Associarem-se mais de três pessoas, em quadrilha ou bando, para o fim de cometer crimes:..."*) — v. Informativos 355, 358 e 476. Asseverou-se que, nessa fase de simples recebimento da denúncia, poder-se-ia extrair dessa inicial fartura de detalhes caracterizadores do *fumus comissi delicti*, autorizador da persecução penal em relação ao delito de quadrilha. Salientou-se que a jurisprudência do STF admite excepcionalmente o trancamento da ação penal por *habeas corpus* quando ausente qualquer situação de iliquidez ou de dúvida objetiva quanto aos fatos subjacentes à acusação penal, inocorrentes na espécie. Considerou-se improcedente a assertiva de que inexistiria o elemento subjetivo do tipo do art. 288, do CP, tendo em conta que o fato de os pacientes estarem na gerência da empresa não impediria que, nessa condição, viessem a se associar para o fim de cometer crimes. Por fim, com base no entendimento da Corte no sentido de que o crime de quadrilha ou bando, por ser delito autônomo e formal, se consuma no momento em que se concretiza a convergência de vontades e independe da realização ulterior do fim visado, concluiu-se que a suspensão da ação penal pelo crime de sonegação fiscal, decorrente da adesão a programa de recuperação fiscal, não implicaria falta de justa causa para acusação pelo crime de quadrilha. Vencido o Min. Cezar Peluso que deferia parcialmente a ordem para determinar o trancamento da ação penal quanto à acusação de formação de quadrilha ou bando. O Min. Eros Grau retomou os fundamentos do seu voto originário. **HC 84223/RS, rel. Min. Eros Grau, 3.6.2008.** (HC-84223) (Inform. STF 509)

DIREITO TRIBUTÁRIO. PENA DE PERDIMENTO. VEÍCULO UTILIZADO EM CONTRABANDO OU DESCAMINHO.

A pena de perdimento de veículo utilizado em contrabando ou descaminho somente é aplicada se demonstrada a responsabilidade do proprietário na prática do delito. Para a aplicação da Súm. n. 138/TFR, ainda que o proprietário do veículo transportador ou um preposto seu não esteja presente no momento da autuação, é possível a aplicação da pena de perdimento sempre que for comprovado, pelas mais diversas formas de prova, que sua conduta (comissiva ou omissiva) concorreu para a prática delituosa ou, de alguma forma, trouxe-lhe algum benefício (art. 95 do Decreto-Lei n. 37/1966). **REsp 1.342.505-PR , Rel. Min. Eliana Calmon, julgado em 18/10/2012.(Inform. STJ 508)**

DIREITO TRIBUTÁRIO. PENA DE PERDIMENTO DE VEÍCULO. PROPORCIONALIDADE DA PENA.

Para a aplicação da pena de perdimento de veículo utilizado para a prática de contrabando ou descaminho, pode-se considerar não só a proporcionalidade entre o valor dos bens apreendidos e do automóvel, mas também a habitualidade da conduta. A proporcionalidade da punição deve ser entendida axiologicamente, tendo-se em consideração a finalidade da sanção, que tem por objetivo impedir a habitualidade do descaminho. Comprovada a habitualidade, o valor resultante dos bens apreendidos não é o único parâmetro para aplicação da sanção, já que não se podem mensurar os danos anteriormente concretizados. **REsp 1.342.505-PR, Rel. Min. Eliana Calmon, julgado em 18/10/2012. (Inform. STJ 508)**

USO DE RECIBOS IDEOLOGICAMENTE FALSOS. DECLARAÇÃO DE IRPF. TIPIFICAÇÃO.

Constitui mero exaurimento do delito de sonegação fiscal a apresentação de recibo ideologicamente falso à autoridade fazendária, no bojo de ação fiscal, como forma de comprovar a dedução de despesas para a redução da base de cálculo do imposto de renda de pessoa física (IRPF), (Lei n. 8.137/1990). Na espécie, o paciente, em procedimento fiscal instaurado contra terceira pessoa (psicóloga), teria apresentado recibo referente a tratamento não realizado, para justificar declaração anterior prestada à Receita Federal por ocasião do recolhimento do seu IRPF. Segundo se afirmou, o falso teria sido cometido única e exclusivamente com o objetivo de reduzir ou suprimir o pagamento do imposto de renda. Assim, em consonância com o enunciado da Súm. n. 17 desta Corte, exaurida a potencialidade lesiva do documento para a prática de outros crimes, a conduta do falso ficaria absorvida pelo crime de sonegação fiscal. Noticiou-se, por fim, o adimplemento do débito fiscal, oriundo da referida sonegação, na esfera administrativa. Nesse contexto, a Turma determinou o trancamento da ação penal – por falta de justa causa – instaurada contra o paciente com fulcro nos arts. 299 e 304 ambos do CP. **HC 131.787-PE, Rel. Min. Marco Aurélio Bellizze, julgado em 14/8/2012.(Inform. STJ 502)**

MEDIDAS INVESTIGATÓRIAS. DELITOS CONEXOS A CRIMES CONTRA A ORDEM TRIBUTÁRIA. AUSÊNCIA DE LANÇAMENTO DEFINITIVO.

Não há nulidade na decretação de medidas investigatórias para apurar crimes autônomos conexos ao crime de sonegação fiscal quando o crédito tributário ainda pende de lançamento definitivo. Conforme a jurisprudência do STF, à qual esta Corte vem aderindo, não há justa causa para a persecução penal do crime de sonegação fiscal antes do lançamento do crédito tributário, sendo este condição objetiva de punibilidade. No caso, foram decretadas medidas investigatórias (interceptação telefônica, busca e apreensão e quebra de sigilo bancário e fiscal) antes do lançamento do crédito tributário. Porém, buscava-se apurar não apenas crimes contra a ordem tributária, mas também os de formação de quadrilha e falsidade ideológica. Portanto, não há ilegalidade na autorização das medidas investigatórias, visto que foram decretadas para apurar outros crimes nos quais não há necessidade de instauração de processo administrativo-tributário. Nesse caso, incumbe ao juízo criminal investigar o esquema criminoso, cabendo à autoridade administrativo-fiscal averiguar o montante de tributo que não foi pago. Assim, a Turma entendeu que não são nulas as medidas decretadas, pois atenderam os pressupostos e fundamentos de cautelaridade, sobretudo porque, quando do oferecimento da denúncia, os créditos tributários já tinham sido definitivamente lançados. Precedentes do STF: HC 81.611-DF, DJ 13/5/2005, e do STJ: RHC 24.049-SP, DJe 7/2/2011. **HC 148.829-RS, Rel. Min. Laurita Vaz, julgado em 21/8/2012.(Inform. STJ 502)**

CONTRIBUIÇÃO PREVIDENCIÁRIA. APROPRIAÇÃO.

A Turma, prosseguindo o julgamento, proveu o agravo, entendendo que, no crime de apropriação indébita de contribuição previdenciária, a conduta omissiva delimitada no art. 13, § 2º, do CP deve vir pautada pelo desvalor do resultado, por inexistir o dolo na conduta não intencional, como a que não se realizou por circunstância fora das condições do empresário. Na hipótese, a vontade de se apropriar dos valores descontados dos salários dos empregados sem motivo justo deve ser discutido já com a imputação da denúncia, sob pena de aceitar a prática do crime, mesmo diante da impossibilidade de efetuar o recolhimento. Desse modo, no caso de empresa acometida de grave crise financeira, comprovada a sua impossibilidade de agir, cabível o reconhecimento da atipicidade diante da falta de prova da responsabilidade subjetiva. Cabe, portanto, exigir que a denúncia demonstre o dolo específico, não configurado na espécie. **Precedentes citados: REsp 63.986-PR, DJ 28/8/1995, e REsp 866.394-RJ, DJe 22/4/2008.** 1265
AgRg no REsp 695.487-CE, Rel. Min. Maria Thereza de Assis Moura, julgado em 10/11/2009. (Inform. STJ 415)

SONEGAÇÃO FISCAL. DECADÊNCIA. LANÇAMENTO.

A consumação dos crimes insertos no art. 1º da Lei n. 8.137/1990 depende do lançamento definitivo do crédito tributário. Esses são tidos por crimes de resultado ou materiais. Logo, é de se concluir que a ausência de lançamento do crédito fiscal pela Administração, por força da fluência do prazo decadencial qüinqüenal (art. 150, § 4º, do CTN) contado do fato gerador do tributo, impede a condenação pela prática do crime de sonegação fiscal. Com esse entendimento, a Turma, ao prosseguir o julgamento, concedeu a ordem de *habeas corpus*. Precedentes citados do STF: HC 81.611-DF, DJ 20/5/2005; HC 84.262-DF, DJ 29/4/2005; do STJ: REsp 747.829-PR, DJ 1º/2/2006; AgRg no REsp 762.144-PR, DJ 13/3/2006, e HC 56.799-SP, DJ 16/4/2007. **HC 77.986-MS, Rel. Min. Arnaldo Esteves Lima, julgado em 13/9/2007.** (Inform. STJ 331)

SÚMULA VINCULANTE STF 24

Não se tipifica crime material contra a ordem tributária, previsto no art. 1º, incisos I a IV, da lei nº 8.137/90, antes do lançamento definitivo do tributo.

18. OUTRAS MATÉRIAS

SUFRAMA E COBRANÇA PARA EXPEDIÇÃO DE GUIAS

A 1ª Turma resolveu questão de ordem para declinar ao Plenário julgamento de recurso extraordinário interposto de acórdão que, ao considerar como taxa, e não tarifa, a natureza jurídica da cobrança realizada pela recorrente, Superintendência da Zona Franca de Manaus - Suframa, impusera-lhe obrigação de restituir indébito. Alega-se violação aos artigos 145, II, § 2º e 150, I, da CF. Sustenta-se que a cobrança para anuência ao pedido de emissão de guias de importação e internação de mercadorias e insumos não seria incompatível com a Constituição, nem com o CTN, porquanto não consubstanciaria espécie de tributo, mas de preço público. RE 556854/AM, rel. Min. Cármen Lúcia, 17.5.2011. (RE-556854) (Inform. STF 627)

PROCESSO LEGISLATIVO - MATÉRIA TRIBUTÁRIA - INICIATIVA PARLAMENTAR - POSSIBILIDADE

EMENTA: PROCESSO LEGISLATIVO. MATÉRIA TRIBUTÁRIA. INEXISTÊNCIA DE RESERVA DE INICIATIVA. PREVALÊNCIA DA REGRA GERAL DA INICIATIVA CONCORRENTE QUANTO À INSTAURAÇÃO DO PROCESSO DE FORMAÇÃO DAS LEIS. LEGITIMIDADE CONSTITUCIONAL DA INICIATIVA PARLAMENTAR. RE CONHECIDO E PROVIDO. - Sob a égide da Constituição republicana de 1988, também o membro do Poder Legislativo dispõe de legitimidade ativa para iniciar o processo de formação das leis, quando se tratar de matéria de índole tributária, não mais subsistindo, em conseqüência, a restrição que prevaleceu ao longo da Carta Federal de 1969. Precedentes. **RE 328896/SP. RELATOR: MIN. CELSO DE MELLO** (Inform. STF 570)

REPERCUSSÃO GERAL EM RE N. 596.832-RJ

RELATOR: MIN. MARCO AURÉLIO

PIS E COFINS – SUBSTITUIÇÃO TRIBUTÁRIA – ARTIGO 150, § 7º, DA CONSTITUIÇÃO FEDERAL – RECOLHIMENTO A MAIOR – DEVOLUÇÃO – ADINS Nº 2.675-5/PE E 2.777-8/SP – VOTAÇÃO EMPATADA – RECURSO EXTRAORDINÁRIO EM PROCESSO SUBJETIVO - Possui repercussão geral a controvérsia sobre o cabimento da restituição dos valores recolhidos a maior a título de PIS e COFINS quando a base de cálculo inicialmente estimada for superior à base de cálculo real, considerado o regime de substituição tributária. (Inform. STF 568)

REPERCUSSÃO GERAL EM RE N. 593.849-MG

RELATOR: MIN. RICARDO LEWANDOWSKI

EMENTA: CONSTITUCIONAL. TRIBUTÁRIO. ICMS. RESTITUIÇÃO DA DIFERENÇA DO IMPOSTO PAGO A MAIS NO REGIME DE SUBSTITUIÇÃO TRIBUTÁRIA. BASE DE CÁLCULO PRESUMIDA E BASE DE CÁLCULO REAL. ART. 150, § 7º, DA CF. ADI 2.675/PE, REL. MIN. CARLOS VELLOSO E ADI 2.777/SP, REL. MIN. CEZAR PELUSO, QUE TRATAM DA MESMA MATÉRIA E CUJO JULGAMENTO JÁ FOI INICIADO PELO PLENÁRIO. EXISTÊNCIA DE REPERCUSSÃO GERAL. (Inform. STF 562)

REPERCUSSÃO GERAL EM RE N. 595.107-PR

RELATOR: MIN. MENEZES DIREITO

EMENTA: DIREITO TRIBUTÁRIO. DEMONSTRAÇÕES FINANCEIRAS. CORREÇÃO MONETÁRIA. JULHO E AGOSTO DE 1994. CONSTITUCIONALIDADE DO ARTIGO 38 DA LEI Nº 8.880/94. MATÉRIA OBJETO DA ADPF Nº 77. EXISTÊNCIA DE REPERCUSSÃO GERAL. (Inform. STF 557)

REPERCUSSÃO GERAL EM RE N. 598.085-RJ

RELATOR: MIN. EROS GRAU

EMENTA: RECURSO EXTRAORDINÁRIO. DIREITO TRIBUTÁRIO. CONTRIBUIÇÕES SOCIAIS. COOPERATIVAS. MP N. 1.858/99. ATOS COOPERATIVOS. REPERCUSSÃO GERAL. EXISTÊNCIA. A questão posta nos autos — constitucionalidade das alterações introduzidas pela Medida Provisória n. 1.858/99, que revogou a isenção da Contribuição para o PIS e COFINS concedida pela Lei Complementar n. 70/91 às sociedades cooperativas — ultrapassa os interesses subjetivos da causa. Repercussão Geral reconhecida. (Inform. STF 556)

RE N. 541.511-RS

RELATOR: MIN. RICARDO LEWANDOWSKI

EMENTA: TRIBUTÁRIO. ENERGIA ELÉTRICA. ENCARGOS CRIADOS PELA LEI 10.438/02. NATUREZA JURÍDICA CORRESPONDENTE A PREÇO PÚBLICO OU TARIFA. INAPLICABILIDADE DO REGIME TRIBUTÁRIO. AUSÊNCIA DE COMPULSORIEDADE NA FRUIÇÃO DOS SERVIÇOS. RECEITA ORIGINÁRIA E PRIVADA DESTINADA A REMUNERAR CONCESSIONÁRIAS, PERMISSIONÁRIAS E AUTORIZADAS INTEGRANTES DO SISTEMA INTERLIGADO NACIONAL. RE IMPROVIDO. I – Os encargos de capacidade emergencial, de aquisição de energia elétrica emergencial e de energia livre adquirida no MAE, instituídos pela Lei 10.438/02, não possuem natureza tributária. II – Encargos destituídos de compulsoriedade, razão pela qual correspondem a tarifas ou preços públicos. III – Verbas que constituem receita originária e privada, destinada a remunerar concessionárias, permissionárias e autorizadas pelos custos do serviço, incluindo sua manutenção, melhora e expansão, e medidas para prevenir momentos de escassez. IV – O art. 175, III, da CF autoriza a subordinação dos referidos encargos à política tarifária governamental. V – Inocorrência de afronta aos princípios da legalidade, da não-afetação, da moralidade, da isonomia, da proporcionalidade e da razoabilidade. IV – Recurso extraordinário conhecido, ao qual se nega provimento. Noticiado no Informativo 543 (Inform. STF 552)

REPERCUSSÃO GERAL EM RE N. 593.919-RS

RELATOR: MIN. RICARDO LEWANDOWSKI

EMENTA: CONSTITUCIONAL. CONTRIBUIÇÃO SOCIAL. COOPERATIVAS DE TRABALHO. ART. 1º, II, DA LC 84/96. QUESTÃO RESTRITA AO INTERESSE DAS PARTES. INEXISTÊNCIA DE REPERCUSSÃO GERAL. (Inform. STF 548)

RE N. 226.942-SC

RELATOR: MIN. MENEZES DIREITO

Tributário. Parcela do solo criado: Lei municipal nº 3.338/89. Natureza jurídica. 1. Não é tributo a chamada parcela do solo criado que representa remuneração ao Município pela utilização de área além do limite da área de edificação. Trata-se de forma de compensação financeira pelo ônus causado em decorrência da sobrecarga da aglomeração urbana. 2. Recurso extraordinário a que se nega provimento. Noticiado no Informativo 525 (Inform. STF 546)

REPERCUSSÃO GERAL EM RE N. 583.747-RJ

RELATOR :MIN. MENEZES DIREITO

DIREITO TRIBUTÁRIO. EXECUÇÃO FISCAL. PRESCRIÇÃO. DECRETAÇÃO DE OFÍCIO. AUSÊNCIA DE INTIMAÇÃO DA FAZENDA PÚBLICA. MATÉRIA INFRACONSTITUCIONAL. INEXISTÊNCIA DE REPERCUSSÃO GERAL. (Inform. STF 544)

TEMPESTIVIDADE DE RECURSO: NECESSIDADE DE INGRESSO NO PROTOCOLO DA SECRETARIA DO SUPREMO

A data considerada para se aferir a tempestividade do recurso é aquela do efetivo ingresso da petição no protocolo da Secretaria do Supremo Tribunal Federal. Com base nesse entendimento, o Tribunal, por maioria, desproveu agravo regimental interposto contra decisão que não admitira embargos de divergência opostos de acórdão que negara provimento a agravo regimental em recurso extraordinário. Na espécie, os agravantes sustentavam que a decisão agravada deveria ser reformada, ao fundamento de que os embargos de divergência seriam tempestivos. Considerou-se o fato de que os embargos de divergência teriam sido opostos, por meio eletrônico, em 17.3.2008, e os originais apresentados no Gabinete do Min. Gilmar Mendes, Presidente, no dia 24.3.2008, sendo que, somente em 10.4.2008, teriam sido apresentados perante a seção de protocolo de petições, após, portanto, o decurso do prazo previsto no art. 2º, da Lei 9.800/99, c/c o art. 5º da Resolução 179/99 do STF. Vencido o Min. Marco Aurélio que, ante a peculiaridade do caso concreto, provia o agravo, reputando válida a chegada do postado com o original do recurso, embora o envelope não estivesse subscrito à Secretária da Judiciária, mas ao Presidente da Corte, no prazo de 5 dias, tendo como termo inicial a data em que recebido o fac-símile. Alguns **precedentes citados: AI 419006 ED-ED/BA (DJU de 10.9.2004); AI 368200 AgR/SP DJU de 2.8.2002); AI 708869 ED/RJ (DJE de 30.5.2008); AI 656417 AgR-ED-AgR/RS (DJE de 14.11.2008). RE 436029 AgR-EDv-AgR/RS, rel. Min. Ricardo Lewandowski,15.4.2009.** (RE-436029) (Inform. STF 542)

PROCEDIMENTO DE VOTAÇÃO NO PLENÁRIO VIRTUAL E FUNDAMENTAÇÃO DA CORRENTE VENCEDORA

O Tribunal, resolvendo questão de ordem, aprovou proposta do Min. Gilmar Mendes, Presidente, no sentido de que o primeiro Ministro que vier a divergir, no julgamento do Plenário Virtual, produza, desde logo, via sistema, as razões de sua divergência. Na espécie, a União formulara pedido de reconsideração da decisão do Plenário Virtual que, por maioria, vencidos os Ministros Marco Aurélio, relator, e Ellen Gracie, recusara recurso extraordinário, ante a ausência de repercussão geral da questão constitucional suscitada, qual seja, a recepção, ou não, pela Constituição Federal, do art. 3º do Decreto-lei 1.437/75, que delegou competência ao Ministro da Fazenda para instituir taxa destinada ao ressarcimento de custos de selo de controle do IPI. A requerente insistia na existência da repercussão geral. Por sua vez, o Min. Marco Aurélio, relator, reafirmando a irrecorribilidade da decisão que nega a repercussão geral, e tendo lavrado a ementa do acórdão, explicitara que os pronunciamentos que resultaram vencedores não teriam sido acompanhados de fundamentação para que fossem juntados aos autos, nos termos do art. 325 do RISTF ["*O(A) Relator(a) juntará cópia das manifestações aos autos, quando não se tratar de processo informatizado, e, uma vez definida a existência da repercussão geral, julgará o recurso ou pedirá dia para seu julgamento, após vista ao Procurador-Geral, se necessária; negada a existência, formalizará e subscreverá decisão de recusa do recurso.*". Ao encaminhar o processo à Presidência, informara, ainda, que vem lançando sempre, de forma expressa, as razões de seus votos no Plenário Virtual, e propusera que, caso se persistisse na desnecessidade de cada qual justificar sua óptica, que se registrasse a fundamentação consignada por aquele que capitaneara a corrente vencedora. Considerando ser preciso uniformizar o procedimento de votação no Plenário Virtual, apontou-se a dificuldade surgida, pela sistemática atual de votação, quando o Ministro que diverge do relator deixa de encaminhar aos demais os fundamentos de sua manifestação e essa manifestação divergente resulta vencedora, visto que não há registro das razões da divergência e, segundo disciplinado no RISTF, o relator, ainda que vencido, permanece responsável por lavrar o acórdão. Em seguida, determinou-se o encaminhamento do presente recurso extraordinário ao Min. Menezes Direito, primeiro que divergira do relator, para os fins propostos na questão de ordem, e julgou-se prejudicado o pedido de reconsideração. Vencido o Min. Menezes Direito que entendia não haver necessidade de o primeiro a votar na divergência, desde logo, mandar sua manifestação, mas somente ao final da votação, no caso de prevalência desse voto divergente. **RE 559994 QO/RS, rel. Min. Marco Aurélio, 26.3.2009**. (RE-559994) (Inform. STF 540)

"PARCELA DO SOLO CRIADO" E LEI MUNICIPAL

A Turma, por maioria, desproveu recurso extraordinário em que questionada a exigência do pagamento da remuneração alusiva à "parcela do solo criado", instituída pela Lei 3.338/89, do Município de Florianópolis. Sustentava-se, na espécie, tratar-se de imposto criado sem base constitucional, o que ofenderia os artigos 5º, XXII; 156 e 182, § 2º, todos da CF. Inicialmente, em votação majoritária, assentou-se a competência da Turma para apreciar o presente recurso, porquanto envolvida apenas discussão sobre a natureza jurídica dessa exação. Vencido, no ponto, o Min. Marco Aurélio que, tendo em conta a alegação de inconstitucionalidade da referida lei, suscitava questão de ordem no sentido de submeter ao Plenário o julgamento do caso. No mérito, entendeu-se que a parcela impugnada não atenta contra o direito de propriedade, uma vez que seu alcance é a remuneração, ao Município, pelo proprietário da edificação em decorrência da utilização de área superior ao coeficiente único não oneroso de aproveitamento. Com base nessa mesma orientação, afastou-se, ainda, o argumento de que a "parcela do solo criado" configuraria tributo. Reiterou-se que se cuida de compensação financeira pelo ônus causado em decorrência da sobrecarga da aglomeração urbana, destinada à formação de um Fundo de Obras Urbanas, sendo dispensada em hipóteses próprias. Dessa forma, concluiu-se pela impossibilidade de sua identificação com qualquer figura tributária a impor uma disciplina legal específica. Vencido o Min. Marco Aurélio que, por considerar que as posturas municipais estabelecem um gabarito para construções verticais, as quais não poderiam ser colocadas em plano secundário com o pagamento efetuado pelo proprietário, provia o extraordinário e declarava a inconstitucionalidade da lei municipal. Precedente citado: RE 387047/SC (DJE de 2.5.2008). **RE 226942/SC, rel. Min. Menezes Direito, 21.10.2008**. (RE-226942) (Inform. STF 525)

EMOLUMENTOS E VALOR DO IMÓVEL

O Tribunal, por maioria, julgou improcedente pedido formulado em ação direta de inconstitucionalidade proposta pelo Conselho Federal da Ordem dos Advogados do Brasil contra os incisos II e III do art. 7º da Lei 11.331/2002, do Estado de São Paulo, que dispõe sobre os emolumentos relativos aos atos praticados pelos serviços notariais e de registro, em face das disposições da Lei federal 10.169/2000 ("*Art. 7º. O valor da base de cálculo a ser considerado para fins de enquadramento nas tabelas de que trata o art. 4º, relativamente aos atos classificados na alínea 'b' do inciso III do art. 5º, ambos desta lei, será determinado pelos parâmetros a seguir, prevalecendo o que for maior.... II - o valor tributário do imóvel...; III - a base de cálculo utilizada para o recolhimento do imposto de transmissão 'intervivos' de bens imóveis*"). Entendeu-se que os dispositivos impugnados indicam referências que não se confundem com identidade capaz de atrair a vedação do art. 145, § 2º, da CF. Asseverou-se que a variação do valor da taxa (emolumento), em função dos padrões levados em conta nesses preceitos, não significa que o valor do imóvel seja sua base de cálculo. Afirmou-se que o preço do imóvel é utilizado apenas como parâmetro para determinação do valor daquela espécie de tributo. Concluiu-se, portanto, tratar-se de taxa, não se confundindo com imposto porque não estabelece base de cálculo específica. Vencidos os Ministros Marco Aurélio e Carlos Britto que julgavam o pleito procedente por reputarem violado o aludido dispositivo constitucional. **Precedente citado: ADI 1948/RS (DJU de 7.2.2003). ADI 3887/SP, rel. Min. Menezes Direito, 15.10.2008**. (ADI-3887) (Inform. STF 524)

ADI. PARCELAMENTO DE IPVA. RESERVA DE INICIATIVA - 2

O Tribunal julgou improcedente pedido formulado em ação direta de inconstitucionalidade ajuizada pela Governadora do Estado do Amapá contra a Lei 553/2000, promulgada pelo Presidente da Assembléia Legislativa desse Estado, que, alterando o art. 106 do Código Tributário dessa unidade da Federação (Lei 194/94, com as alterações introduzidas pela Lei 400/97), concede desconto de 20% sobre o valor do IPVA para o pagamento antecipado do tributo em cota única e estabelece a possibilidade de parcelamento do valor devido, em até 6 quotas iguais e sem acréscimo de juros, para o IPVA do ano-exercício, e, em 10 parcelas iguais e com juros de 1% ao mês, para os débitos relativos aos anos anteriores — v. Informativos 272 e 367. Entendeu-se que a norma impugnada não afronta o art. 61, § 1º, II, b, da CF, já que esse dispositivo se restringe às matérias de iniciativa privativa do Chefe do Poder Executivo na órbita exclusiva dos territórios federais, nem viola o art. 165, II, da CF, porquanto o desconto para pagamento antecipado de imposto em quota única e a fixação de programa de parcelamento para a quitação de débitos tributários constituem benefícios de ordem fiscal, isto é, matéria de direito tributário estranha aos temas legisláveis relativos ao orçamento estadual. (CF: "*Art. 61.... § 1º - São de iniciativa privativa do Presidente da República as leis que:... II - disponham sobre:... b) organização administrativa e judiciária, matéria tributária e orçamentária, serviços públicos e pessoal da administração dos Territórios... Art. 165. Leis de iniciativa do Poder Executivo estabelecerão:... II - as diretrizes orçamentárias;*"). ADI 2464/AP, rel. Min. Ellen Gracie, 11.4.2007. (ADI-2464) (Inform. STF 462)

AFRMM. MERCADORIAS. SAÍDA. PORTOS NACIONAIS. ZONA FRANCA. MANAUS.

A Turma negou provimento ao recurso por entender que a remessa de mercadorias de origem nacional para a Zona Franca de Manaus equivale a uma exportação para o estrangeiro, para todos os efeitos fiscais. Portanto, não há a incidência do adicional ao frete para renovação da Marinha Mercante (AFRMM) nos termos do art. 4º do DL n. 288/1967, e art. 54 da Lei n. 5.025/1966. **Precedentes citados do STF: RE 94.553-RJ, DJ 2/12/1983; RE 91.584-PE, DJ 5/12/1979; RE 91.481-PE, DJ 15/10/1979; RE 87.206-SP, DJ 16/10/1978, e RE 87.193-CE, DJ 3/7/1981. REsp 1.012.494-SP, Rel. Min. Luiz Fux, julgado em 26/10/2010**. (Inform. STJ 453)

DIREITO TRIBUTÁRIO. COBRANÇA DE LAUDÊMIO. TRANSFERÊNCIA DE DIREITOS SOBRE BENFEITORIAS CONSTRUÍDAS EM TERRENO DE MARINHA.

É cabível a cobrança de laudêmio quando o ocupante transfere a terceiros direitos sobre benfeitorias construídas em terreno de marinha, conforme previsto no art. 3º do Dec.-lei n. 2.398/1987. Precedente citado: REsp 1.214.683-SC, DJe 4/3/2011. **EDcl nos EDcl nos EDcl no Ag 1.405.978-SC, Rel. Min. Herman Benjamin, julgados em 18/10/2012. (Inform. STJ 508)**

PRECLUSÃO. CÉDULA DE CRÉDITO COMERCIAL. CAPITALIZAÇÃO. JUROS.

Na espécie, ante a demora do banco ora recorrido em apresentar a documentação necessária à realização de perícia contábil, o juízo *a quo* determinou que eventuais custas remanescentes fossem quitadas e os autos, a ele conclusos para sentença. Intimados dessa decisão, não se opuseram os recorrentes, depositando as quantias devidas à escrivania, o que levou à conclusão irrefutável de desistência tácita da produção de provas então oportunizada. Embora os recorrentes aleguem jamais ter desistido da prova pericial, não informam por que não agravaram da decisão que determinou o julgamento antecipado do processo, tampouco por que recolheram o devido preparo. Assim, improcedente a alegação de cerceamento de defesa, quer por ausência de recurso conveniente se contrapondo ao julgamento antecipado (preclusão temporal), quer por pagamento das custas processuais imprescindíveis ao julgamento (preclusão lógica), ou seja, a prática de ato incompatível com a mencionada alegação, uma vez que transcorreu *in albis* o momento para os recorrentes se insurgirem contra a dispensa da realização da prova pericial. Quanto à oposição dos recorrentes à capitalização mensal dos juros, é assente o entendimento do STJ de que essa capitalização nas cédulas de crédito comercial, como no caso, é permitida desde que emitidas a partir da publicação da MP n. 1.963-17/2000 e pactuada a capitalização. Ocorre que, nessa demanda, o próprio recorrido admite que a cédula de crédito comercial foi emitida em 24/8/1998, não podendo ser ela alcançada pelos efeitos da supradita MP, publicada em 31/3/2000. Portanto, a capitalização dos juros, na hipótese, será semestral nos termos do art. 5º do DL n. 413/1969, cujas disposições são aplicáveis às cédulas de crédito comercial por força da Lei n. 6.840/1980. Com essas razões, a Turma conheceu parcialmente do recurso e, nessa parte, deu-lhe parcial provimento apenas para limitar a capitalização dos juros à periodicidade semestral. Precedentes citados: AgRg no REsp 645.990-RS, DJe 9/6/2011; AgRg nos EDcl no Ag 1.106.028-MT, DJe 9/12/2011, e AgRg no REsp 911.100-MS, DJe 6/9/2011. **REsp 1.134.955-PR, Rel. Min. Nancy Andrighi, julgado em 13/3/2012. (Inform. STJ 493)**

PETRÓLEO. EMBARQUE. DESEMBARQUE.ROYALTIES.

In casu, trata-se de dois recursos especiais nos quais se objetiva desconstituir acórdão que julgou devido o pagamento de *royalties* ao município ora recorrido. Em ambos os recursos, entre outras alegações, sustenta-se o afastamento daquele município como beneficiário dos *royalties*, uma vez que suas instalações não se amoldam ao conceito de instalações terrestres de embarque ou desembarque de óleo bruto ou gás natural. Assim, a questão a ser dirimida trata do conceito de "pontos de embarque e desembarque terrestre", regulados pelo Dec. n. 1/1991, como condição necessária para aferir o direito dos municípios de receber *royalties*, e de saber se o município envolvido teria esse direito. A Turma reiterou o entendimento, exposto recentemente, de que os *royalties* configuram uma recompensa financeira à exploração e produção de petróleo, sendo indevida uma interpretação extensiva a ponto de atingir outras etapas da cadeia econômica. Desse modo, ressaltou-se que o município recorrido tem apenas uma base de apoio onde se localiza a infraestrutura necessária às operações principais, que se realizam nas monobóias localizadas no município vizinho, daí porque não se subsume ao conceito legal de embarque ou desembarque de óleo bruto, nos termos do art. 19, parágrafo único, do Dec. n. 1/1991. Observou-se não haver ilegalidade no referido decreto, no seu poder regulamentar, porquanto o critério a ser atendido para o pagamento de *royalties* é o da destinação dos equipamentos, os quais devem ser direta e primariamente voltados à extração do petróleo, e não à distribuição e refino. Quanto ao município, um dos ora recorrentes, entendeu-se que justificou seu pedido de inclusão no feito unicamente em razão da perda financeira decorrente da divisão dos *royalties* entre os municípios. Contudo, a relação jurídica existente no caso é entre a autarquia, a outra recorrente, e o município diretamente interessado, isto é, o recorrido, logo é de se reconhecer a ilegitimidade do município recorrente para a causa em questão. **Precedentes citados: REsp 1.119.643-RS, DJe 29/4/2010, e REsp 1.182.123-PE, DJe 21/5/2010. REsp 1.169.806-RJ, Rel. Min. Humberto Martins, julgado em 21/9/2010**. (Inform. STJ 448)

CELULARES. TRANSCEPTORES. ALÍQUOTAS.

A Turma desafetou o recurso do rito do art. 543-C do CPC (repetitivo), por falta de processos similares quanto à matéria específica. No caso, entendeu-se que o Ato Declaratório Normativo (ADN) n. 28/1994, da Coordenação-Geral do Sistema de Tributação (COSIT), com efeito, tem caráter interpretativo (art. 106, I, do CTN), ao dispor que o aparelho celular (alíquota 20%) difere do sistema de transceptores (alíquota zero), tal como o julgamento da apelação. O referido ADN não instituiu ou majorou tributo, apenas confere interpretação técnica, por isso retroage para alcançar fato pretérito, quanto à incidência do art. 106 do CTN, respaldado mormente em entendimento do Poder Judiciário, por ser guardião e intérprete dos enunciados normativos produzidos pelo legislador. **REsp 1.157.097-AM, Rel. Min. Benedito Gonçalves, julgado em 9/3/2010**. (Inform. STJ 426)

REPETITIVO. FGTS. CUSTAS. CEF.

A CEF está isenta do pagamento de custas, emolumentos e demais taxas judiciárias nas ações em que representa o FGTS (art. 24-A, parágrafo único, da Lei n. 9.028/1995). Porém, isso não a desobriga de, quando sucumbente, reembolsar as custas adiantadas pela parte vencedora. Esse entendimento foi reiterado pela Seção em sede de recurso especial sujeito ao procedimento do art. 543-C do CPC (repetitivo). **Precedentes citados: REsp 902.100-PB, DJ 29/11/2007; REsp 725.595-PB, DJ 14/2/2007, e REsp 806.558-RJ, DJe 28/9/2009. REsp 1.151.364-PE, Rel. Min. Teori Albino Zavascki, julgado em 24/2/2010**. (Inform. STJ 424)

REPETITIVO. FGTS. CORREÇÃO MONETÁRIA.

A Seção conheceu em parte do recurso e nessa parte desproveu-o, entendendo que, nos autos de embargos à execução de sentença que determinou a aplicação dos expurgos inflacionários no cálculo da correção monetária dos saldos de conta vinculada do FGTS, não há excesso de execução, porquanto o valor devido deve ser atualizado a partir da data em que deveriam ter sido pagas as diferenças cobradas. Com efeito, o termo inicial de incidência da correção monetária deve ser fixado no momento em que se origina o débito, a saber, a contar da data em que os expurgos inflacionários deveriam ter sido aplicados no cálculo de atualização monetária dos saldos das contas vinculadas do FGTS, e não a partir da citação da ação de conhecimento. **Precedentes citados: REsp 713.793-RJ, DJ 16/5/2005, e REsp 641.490-RJ, DJ 11/4/2005. REsp 1.112.413-AL, Rel. Min. Mauro Campbell Marques, julgado em 23/9/2009.** (Inform. STJ 408)

RECURSO REPETITIVO. FGTS. TERMO. ADESÃO. EXTINÇÃO. PROCESSO.

A juntada do termo de adesão ao acordo previsto no art. 4º, I, da LC n. 110/2001 é imprescindível à validade da extinção do processo em que se discute complementação de correção monetária nas contas vinculadas ao FGTS. A renúncia ao direito deve ser expressa e é interpretada restritivamente (art. 114 do CC/2002). Assim, não se pode presumir que os saques efetuados pelo titular na conta vinculada configuram anuência à forma e ao modo previstos no art. 6º da referida LC para o pagamento do direito à correção monetária. Anote-se, por último, que a Súm. Vinculante n. 1-STF prestigia, justamente, a validade daquele instrumento. Com esse entendimento, a Seção proveu o REsp submetido ao ditames do art. 543-C do CPC e da Res. n. 8/2008-STJ (recurso repetitivo). **Precedentes citados: REsp 947.470-PE, DJe 7/10/2008; REsp 664.199-PB, DJe 10/3/2008; RMS 20.683-SP, DJ 21/2/2008; REsp 953.695-RS, DJ 21/11/2007, e RMS 17.760-MA, DJ 18/2/2008. REsp 1.107.460-PE, Rel. Min. Eliana Calmon, julgado em 12/8/2009.** (Inform. STJ 402)

CEFF. RENOVAÇÃO. TERMO INICIAL.

Trata-se de demanda com objetivo de declarar a inexistência de obrigação jurídica de requerer a renovação do certificado de entidade de fins filantrópicos (CEFF), bem como afastar eventual solução de continuidade em sua qualificação como entidade filantrópica. O Min. Relator ressaltou constar dos autos que, embora a autora (ora recorrente) tenha requerido o recadastramento em 25/7/1994, somente obteve a primeira renovação de seu certificado em 26/8/1996, e a ocorrência desse fato deve-se à falta de clareza do art. 55, II, da Lei n. 8.212/1991, que alterou a disciplina de concessão da CEFF (estabelecendo a exigência de renovação a cada três anos). Por outro lado, essa demora na renovação suscita dúvidas quanto ao momento exato da contagem de prazo para a continuidade da isenção no intervalo entre o requerimento e a efetiva renovação. Observa, ainda, que o acórdão recorrido manteve a sentença e, dada a relevância do ato de renovação para efeitos fiscais, definiu que a eficácia desse ato deveria retroagir à data do requerimento, ou seja, no que concerne à isenção da contribuição previdenciária, deve tomar-se por base a data do requerimento administrativo. Conclui estar essa solução em consenso com a jurisprudência do STJ, que, com base em precedente do STF, entende que o certificado que reconhece a entidade como de fins filantrópicos de utilidade pública tem efeito *ex tunc* por se tratar de um ato declaratório. Destaca que o regulamento da Previdência Social também reconhece a eficácia declaratória do ato de renovação da CEFF (§ 2º do art. 208 do Dec n. 3.048/1999). Diante do exposto, a Turma negou provimento ao recurso, confirmando o acórdão recorrido. **Precedentes citados do STF: RE 115.510-RJ, DJ 11/11/1998; do STJ: REsp 1.025.577-MG, DJe 13/3/2009; AgRg no REsp 752.101-RS, DJe 14/4/2008, e REsp 478.239-RS, DJ 28/11/2005. REsp 768.889-DF, Rel. Min. Teori Albino Zavascki, julgado em 23/6/2009.** (Inform. STJ 400)

FALÊNCIA. APRESENTAÇÃO. CRÉDITO TRIBUTÁRIO.

Os arts. 187 do CTN e 29 da Lei n. 6.830/1980 não representam óbice à habilitação de créditos tributários no concurso de credores da falência; tratam, na verdade, de prerrogativa da entidade pública em poder optar entre o pagamento do crédito pelo rito da execução fiscal ou mediante habilitação. Escolhendo um rito, ocorre a renúncia da utilização do outro, não se admitindo uma dúplice garantia. O fato de permitir a habilitação do crédito tributário em processo de falência não significa admitir o requerimento de quebra por parte da Fazenda Pública. No caso, busca-se o pagamento de créditos da União representados por onze inscrições em dívida ativa que, em sua maioria, não foram objeto de execução fiscal em razão de seu valor. Diante dessa circunstância, seria desarrazoado exigir que a Fazenda Nacional extraísse as competentes CDAs e promovesse as respectivas execuções fiscais para cobrar valores que, por razões de política fiscal, não são ajuizáveis (Lei n. 10.522/2002, art. 20), ainda mais quando o processo já se encontra na fase de prestação de contas pelo síndico. Nesse contexto, a Turma determinou o retorno dos autos ao Tribunal de origem para verificação da suficiência e validade da documentação acostada pela Procuradoria da Fazenda Nacional a fim de fazer prova de seu pretenso crédito. **Precedentes citados: REsp 402.254-RJ, DJe 30/6/2008; REsp 988.468-RS, DJ 29/11/2007; REsp 185.838-SP, DJ 12/11/2001, e REsp 287.824-MG, DJ 20/2/2006. REsp 1.103.405-MG, Rel. Min. Castro Meira, julgado em 2/4/2009.** (Inform. STJ 389)

ECA. ISENÇÃO. CUSTAS. EMOLUMENTOS.

Sociedade empresarial de entretenimento foi autuada várias vezes por comissário de juízo de menores e condenada a pagar multa em cada autuação. Apelou, mas o recurso foi considerado deserto diante da ausência de recolhimento do preparo. No REsp, a sociedade alega que seguiu orientação do setor encarregado do TJ para não efetuar o recolhimento. Isso posto, a Turma negou provimento ao recurso, reafirmando a jurisprudência de que a isenção de custas e emolumentos da Lei n. 8.069/1990 deferida às crianças e adolescentes na qualidade de autoras e rés perante os juizados da infância e da juventude não são extensíveis aos demais sujeitos processuais que eventualmente figurarem no feito. **Precedentes citados: REsp 701.964-ES, DJ 4/2/2009; REsp 1.040.944-RJ, DJ 15/5/2008; AgRg no Ag 955.493-RJ, DJ 5/6/2008; REsp 995.038-RJ, DJ 22/4/2008, e REsp 701.969-ES, DJ 22/3/2006. REsp 982.728-RJ, Rel. Min. Luiz Fux, julgado em 19/3/2009.** (Inform. STJ 387)

AÇÃO CIVIL PÚBLICA. ÁGUA E ESGOTO. PREÇO PÚBLICO.

A Turma, em atenção à jurisprudência do STF, entendeu que a quantia recolhida a título de prestação de serviço de água e esgoto é preço público (tarifa) e não taxa. Consequentemente, é aplicável o CDC em casos de aumento de tarifa, inexistindo empecilho à defesa da usuária via ação civil pública, cuja legitimação é do MP, autorizada por lei. **Precedentes citados: REsp 586.565-DF, DJ 7/2/2008; REsp 856.272-RS, DJ 29/11/2009, e REsp 417.804-PR, DJ 16/5/2005. AgRg no REsp 856.378-MG, Rel. Min. Mauro Campbell Marques, julgado em 17/3/2009.** (Inform. STJ 387)

TDAS. RESGATE. TERMO INICIAL.

A Turma entendeu, conforme precedentes da Primeira Turma, que o prazo para resgate dos TDAs complementares expedidos para o pagamento de diferença apurada entre o preço do imóvel fixado na sentença e o valor ofertado na inicial pelo expropriante tem como termo *a quo* a data da imissão provisória na posse, de acordo com o dispositivo constitucional que estabelece o prazo máximo de vinte anos para pagamento da indenização (art. 184 da CF/1988). Assim, uma vez que insuficiente o valor ofertado, não seria razoável que o valor remanescente, considerado justo, seja pago por meio de títulos emitidos com data atual a serem resgatados após vinte anos, impondo-se ônus excessivo ao expropriado, violando-se, por via transversa, o princípio da justa indenização. **Precedentes citados: REsp 849.815-PA, DJ 6/9/2007; REsp 845.026-MT, DJ 18/10/2007, e REsp 1.025.809-PR, DJ 12/11/2008. REsp 931.083-MT, Rel. Min. Mauro Campbell Marques, julgado em 17/3/2009.** (Inform. STJ 387)

RECURSO REPETITIVO. TELEFONIA. LEGITIMIDADE. TARIFA BÁSICA. ANATEL.

A Seção, ao julgar recurso repetitivo (art. 543-C do CPC), reiterou ser legítima a cobrança de tarifa básica pelo uso dos serviços de telefonia (Súm. n. 356-STJ). Tampouco cabe o litisconsórcio passivo da Anatel, na condição de concedente, nas demandas relativas à legitimidade da cobrança de tais tarifas, movidas entre os usuários e a concessionária de serviços de telefonia. **Precedentes citados: REsp 911.802-RS, DJ 1º/9/2008, e REsp 979.292-PB, DJ 3/12/2007. REsp 1.068.944-PB, Rel. Min. Teori Albino Zavascki, julgado em 22/10/2008.** (Inform. STJ 373)

RECURSO REPETITIVO. DEPÓSITO PRÉVIO. CRÉDITO PREVIDENCIÁRIO.

A Seção, ao julgar recurso repetitivo (art. 543-C do CPC), entendeu que, em razão do direito da ampla defesa, garantido constitucionalmente, é desnecessária a exigibilidade do depósito prévio como requisito de admissibilidade do recurso administrativo para discutir crédito previdenciário, mormente diante da declaração de inconstitucionalidade pelo STF dos §§ 1º e 2º, do art. 126, da Lei n. 8.213/1991, com a redação da MP n. 1.608-14/1998, convertida na Lei n. 9.639/1998. **REsp 894.060-SP, Rel. Min. Luiz Fux, julgado em 22/10/2008.** (Inform. STJ 373)
(Comentário: ver Súmula Vinculante 21/STF e Súmula 373/STJ)

FGTS. EXECUÇÃO FISCAL. MULTA. MASSA FALIDA.

A jurisprudência dos tribunais superiores consolidou-se no sentido de que é descabida a cobrança de multa moratória da massa falida em execução fiscal, haja vista seu caráter administrativo. Contudo, no caso dos autos, a controvérsia é referente à multa prevista no art. 22 da Lei n. 8.036/1990. Tal multa remonta à teoria geral da prestação pecuniária legal ou convencional imposta pelo descumprimento da obrigação com fins cominatórios ou compensatórios. A multa em comento decorre de imperativo legal, as partes envolvidas naquela relação jurídica não podem afastar ou modificar o seu modo de incidência. A jurisprudência da Primeira Seção deste Superior Tribunal é firme no sentido de que a relação jurídica existente entre o FGTS e o empregador decorre da lei, e não da relação de trabalho. Ressaltou a Min. Relatora que o beneficiário da multa é o próprio fundo (sistema do FGTS), e não o trabalhador. Por essas razões ela não pode ser excluída. Outrossim, a multa decorrente das infrações previstas no art. 23 da Lei n. 8.036/1990 é de natureza administrativa que se constitui em sanção e está adstrita a um processo administrativo; impõe-se, portanto, o seu afastamento do crédito habilitado na falência, tendo em vista a hipótese de exclusão prevista no art. 23, parágrafo único, III, do DL n. 7.661/1945. Com esse entendimento, a Seção negou provimento ao recurso. **REsp 882.545-RS, Rel. Min. Denise Arruda, julgado em 8/10/2008.** (Inform. STJ 371)

SUDENE. INCENTIVO FISCAL. PESSOA JURÍDICA.

Discute-se a isenção fiscal concedida às sociedades empresariais (industriais e agrícolas) que se instalaram na área de abrangência da Superintendência de Desenvolvimento do Nordeste (Sudene). A recorrente, Fazenda Nacional, alega inexistir direito adquirido à manutenção da isenção parcial instituída pela Lei n. 4.329/1963 e prorrogada até o exercício financeiro de 2001 pela Lei n. 8.874/1994, pois a Lei n. 9.532/1997 remodelou o regime do benefício fiscal concedido, que deve ser aplicado aos fatos ocorridos em sua vigência. A Turma deu provimento ao recurso da Fazenda. Invocou precedente da Primeira Turma, considerando, no caso, que as isenções concedidas são especiais (favorecem apenas um grupo restrito de pessoas) e não-condicionadas ou não-onerosas (porque não têm vinculação a qualquer espécie de contraprestação de condição ou ônus por parte do contribuinte), portanto consubstanciaram favor fiscal que pode ser reduzido ou suprimido a qualquer tempo (art. 178 do CTN). Assim, não se aplica, nessa hipótese, a Súm. n. 544-STF (em que as isenções tributárias concedidas sob condição onerosa não podem ser livremente suprimidas). **Precedente citado: REsp 605.719-PE, DJ 5/10/2006. REsp 893.145-PB, Rel. Min. Eliana Calmon, julgado em 2/10/2008.** (Inform. STJ 370)

PLANO CRUZADO. ENERGIA ELÉTRICA. RESIDÊNCIA.

A Portaria n. 18 do Departamento Nacional de Águas e Energia Elétrica (DNAEE), de 29/1/1986, fixou tarifa de energia elétrica para consumidores residenciais. Veio, então, o Plano Cruzado (DLs ns. 2.283 e 2.284, ambos de 1986), que determinou um "congelamento" geral de preços, inclusive da citada tarifa. Porém, o DNAEE, mediante a expedição da Portaria n. 38, de 27/2/1986, majorou as tarifas referentes a todas as categorias de consumidores (residenciais, industriais, comerciais e rurais). Constatado o equívoco, editou a Portaria n. 45, de 4/3/1986 (seis dias após a de n. 38), que restabeleceu a tarifa antes cobrada dos consumidores residenciais, conforme os ditames da Portaria DNAEE n. 18/1986, apenas lhe alterando o padrão monetário. Manteve aumento somente quanto à tarifa cobrada dos consumidores da classe industrial (20%). Vê-se, então, que o aumento previsto na Portaria DNAEE n. 38/1986 sequer produziu efeitos, visto que não vigorou por prazo superior a trinta dias. Há que se considerar, tal como o fez o acórdão recorrido, o fato de que as faturas são mensais e não diárias, quanto mais se não há provas de que houve a prática desses reajustes naquele curto período. Daí que, em relação aos consumidores residenciais, não há que se falar em qualquer repetição de indébito. Com esse entendimento, a Seção reviu sua jurisprudência para negar provimento ao REsp do consumidor residencial. **REsp 1.054.629-SC, Rel. Min. Eliana Calmon, julgado em 10/9/2008 (ver Informativo n. 364).** (Inform. STJ 367)

IMPORTAÇÃO. PNEUMÁTICOS USADOS. RESTRIÇÕES.

Na espécie, o acórdão combatido pela Fazenda Nacional firma-se na suposta recusa da Corte de origem em pronunciar-se sobre a circunstância de que a importação de pneu usado destinava-se à comercialização e não à recauchutagem – e essa comercialização estava proibida pela Portaria Decex n. 8/1981, vigente à época da emissão da guia de importação. Também não se manifestou sobre o fato de que o embarque das mercadorias deu-se depois da emissão do termo aditivo da guia de importação, data em que já estava em vigor a Portaria Decex n. 1/1992 (que restringiu a importação de pneus usados). Observa o Min. Relator que as alegações da Fazenda foram deduzidas de modo claro e preciso, apontando passagem colhida em voto-vencido na apreciação da remessa necessária. Mas o Tribunal de origem limitou-se a afirmar que, como a licença de importação já havia sido emitida, a impetrante adquirira o direito à importação, não sendo possível norma posterior retroagir para impedir o exercício desse direito. Sendo assim, como o Tribunal *a quo* deixou de pronunciar-se, caracterizando vício de omissão, a Turma deu provimento ao recurso, determinando o retorno dos autos ao Tribunal *a quo*. **REsp 943.096-SP, Rel. Min. Castro Meira, julgado em 2/9/2008.** (Inform. STJ 366)

AVOCATÓRIA. CONSELHO. CONTRIBUINTES.

É pacífico o entendimento de que é constitucional e legal a norma estadual que estabelece a possibilidade de o secretário de fazenda rever decisão do conselho de contribuintes estadual. No caso, o secretário fez uso regular da avocatória para revisar decisão que reconhecera a decadência do crédito tributário, pois esse tema insere-se no genérico conceito presente na norma autorizadora da avocação, o art. 124, II, do Dec. estadual n. 2.473/1979 (resguardar interesse de ordem pública e a estrita observância da Justiça Fiscal e da legalidade dos atos). Guardaria, também, compatibilidade com o art. 266, § 2º, do Código Tributário estadual, que condiciona as decisões administrativas desfavoráveis à fazenda pública ao crivo daquele secretário. Ressalvou-se o uso da ação judicial própria. Com esse entendimento, a Turma negou provimento ao recurso, no que foi acompanhada, apenas quanto ao resultado, pelo Min. Carlos Fernando Mathias (juiz convocado do TRF da 1ª Região), pois entendia não haver prova pré-constituída devido à falta nos autos de documento essencial. **RMS 26.228-RJ, Rel. Min. Castro Meira, julgado em 15/4/2008.** (Inform. STJ 352)

CONTRIBUIÇÕES SESC/SENAC. EMPRESAS PRESTADORAS DE SERVIÇO.

A Primeira Seção reiterou o seu entendimento e considerou legítimo o recolhimento das contribuições sociais do SESC e SENAC pelas empresas prestadoras de serviço. A Min. Relatora afirmou que modernamente o conceito de empresa comercial é amplo, devendo, pois, abarcar todas as empresas que fazem comércio, seja de bens, seja de serviços. Assim, a Seção negou provimento ao recurso. Precedentes citados: RESp 431.347-SC, DJ 25/11/2002; REsp 719.146-RS, DJ 2/5/2005; REsp 705.924-RJ, DJ 21/3/2005, e REsp 446.502-RS, DJ 11/4/2005. **REsp 895.878-SP, Rel. Min. Eliana Calmon, julgado em 8/8/2007.** (Inform. STJ 326)

FUNDEF. REPASSE. EC N. 14/1996. LEI N. 9.424/1996.

Para o Min. Relator, não fere o princípio federativo e a autonomia municipal o desconto do Fundo de Manutenção e Desenvolvimento do Ensino Fundamental e Valorização do Magistério – Fundef no repasse de ¾ do valor apurado na proporção do valor adicionado das operações de ICMS realizadas nos territórios dos municípios recorrentes. Não há supressão da receita, mas modificação do repasse aos entes federativos, há somente destinação a um fundo específico, sujeito a maior controle financeiro e contábil que permite a prestação de serviço público de educação para que estados e municípios arquem com suas obrigações constitucionais nesse setor. Assim, houve apenas redistribuição de receita. Outrossim, o STF, na ADI 1.749-DF, DJ 15/4/2006, dispôs sobre a constitucionalidade da EC n. 14/1996 e da Lei n. 9.424/1996, que regulamentou o art. 60 do ADCT. Com essas considerações, a Turma negou provimento ao recurso ordinário. Precedente citado: RMS 17.238-MG, DJ 27/3/2006. **RMS 16.663-MG, Rel. Min. Humberto Martins, julgado em 17/4/2007.** (Inform. STJ 317)

ANISTIA FISCAL. MP N. 1.858-6/1999. SENTENÇA TRANSITADA EM JULGADO.

A questão requer definição sobre a possibilidade de, após o trânsito em julgado de sentença desfavorável ao contribuinte, conceder-lhe o benefício da anistia fiscal previsto no art. 11 da MP n. 1.858/1999 (pagamento de débitos tributários com a dispensa de acréscimos legais - multa e juros de mora). Destacou o Min. Relator que, no caso dos autos, a sentença da ação declaratória na qual se considerou legítimo o débito questionado pela empresa contribuinte transitou em julgado e o pedido de conversão parcial dos depósitos em renda, bem como o levantamento do remanescente, foi formulado dois anos após esse trânsito em julgado. Sendo assim, inviabilizou-se essa pretensão nos próprios autos, pois, coberta a sentença pela coisa julgada, não há como deferir-se o pedido de desistência da ação. Após o trânsito em julgado, essa benesse deve ser requerida na esfera administrativa. Outrossim, lembrou que a Segunda Turma, em feitos semelhantes, tem decidido que, se não há êxito nas instâncias ordinárias, não está o contribuinte ao abrigo do art. 17 da Lei n. 9.779/1999, *caput*, o que também o exclui da situação retratada nos parágrafos. Isso porque a exclusão de juros e multas sobre débito fiscal da citada lei refere-se aos casos em que o STF tenha declarado a inconstitucionalidade de lei em prejuízo do contribuinte amparado por decisão que o exonerava da obrigação tributária com base em inconstitucionalidade. Precedentes citados: REsp 665.928-PR, DJ 2/5/2005; REsp 554.314-PR, DJ 19/12/2003; REsp 443.968-PR, DJ 18/8/2006, e REsp 542.627-RJ, DJ 20/2/2006. **REsp 885.262-RS, Rel. Min. José Delgado, julgado em 27/3/2007.** (Inform. STJ 315)

COBRANÇA INDEVIDA. CREDOR. PROVA. MÁ-FÉ. TRIBUTO PAGO.

Cabe ao credor a prova da má-fé, dolo ou malícia de cobrança em dobro por dívida já paga ou pagamento equivalente a valor superior do que é devido. Precedentes citados: REsp 184.822-SP, DJ 13/12/1999; REsp 697.133-SP, DJ 7/11/2005; REsp 550.922-SE, DJ 27/11/2006, e AgRg no Ag 501.952-SC, DJ 12/4/2004. **REsp 446.724-DF, Rel. Min. Denise Arruda, julgado em 20/3/2007.** (Inform. STJ 314)

ALGODÃO. PLUMA. TAXA. CLASSIFICAÇÃO. PRODUTOS. VEGETAIS.

Os produtos vegetais em estado bruto, assim como os produtos ou subprodutos deles resultantes após processo de industrialização – no caso, algodão em pluma destinado à fabricação de fios e tecidos – sujeitam-se à incidência da Taxa de Classificação de Produtos Vegetais, instituída pelo art. 1º da Lei n. 6.305/1975. O procedimento utilizado para a cobrança da referida exação não descaracteriza o serviço objeto de tributação, o qual, sendo específico e divisível, atende as exigências previstas no CTN. **REsp 614.009-PB, Rel. Min. João Otávio de Noronha, julgado em 6/2/2007.** (Inform. STJ 309)

SÚMULA STF Nº 473

A administração pode anular seus próprios atos, quando eivados de vícios que os tronam ilegais, porque deles não se originam direitos; ou revogá-los, por motivo de conveniência e oportunidade, respeitados os direitos adquiridos, e ressalvada, em todos os casos, a apreciação judicial.

SÚMULA STF Nº 400

Decisão que deu razoável interpretação à lei, ainda que não seja a melhor, não autoriza recurso extraordinário, pela letra *a* do art. 101, III, da Constituição Federal.

SÚMULA STJ Nº 353

As disposições do Código Tributário Nacional não se aplicam às contribuições para o FGTS. *(Comentário: contribuições ao FGTS não têm natureza tributária)*

SÚMULA STF Nº 346

A administração pública pode declarar a nulidade dos seus próprios atos.

SÚMULA STJ Nº 345

São devidos honorários advocatícios pela Fazenda Pública nas execuções individuais de sentença proferida em ações coletivas, ainda que não embargadas.

SÚMULA STJ Nº 317

É definitiva a execução de título extrajudicial, ainda que pendente apelação contra sentença que julgue improcedentes os embargos.

SÚMULA TFR Nº 47

Cancelado o débito fiscal, a correção monetária, relativa à restituição da importância depositada em garantia de instância, incide a partir da data da efetivação do depósito.

SÚMULA TFR Nº 46

Nos casos de devolução do depósito efetuado em garantia de instância e de repetição do indébito tributário, a correção monetária é calculada desde a data do depósito ou do pagamento indevido e incide até o efetivo recebimento da importância reclamada.

8. DIREITO EMPRESARIAL

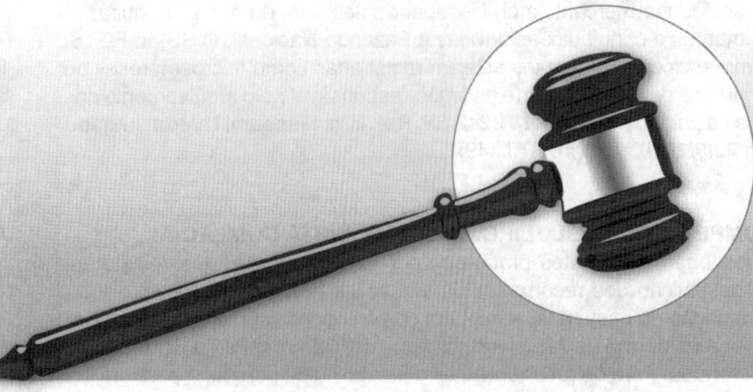

1. NOME EMPRESARIAL

NOME COMERCIAL. REGISTRO. CONFUSÃO.

Trata-se de REsp em que se pretende o reconhecimento do uso exclusivo do nome comercial e da marca formada pelo vocábulo Fiorella, alegando-se, para tanto, que o termo foi devidamente registrado, em momento anterior, como marca e parte do nome empresarial da recorrente, circunstância suficiente para elidir seu uso pela recorrida, tendo em vista o caráter absoluto da proteção conferida pelo registro. A Turma entendeu que, no caso, conquanto haja um vocábulo idêntico na formação dos dois nomes empresariais, não se verifica seu emprego indevido, tendo em vista as premissas estabelecidas pelo tribunal de origem ao analisar colidências, tais como, ausência de possibilidade de confusão entre consumidores e atuação empresarial em atividades diversas e inconfundíveis. Desse modo, não obstante a existência de registro anterior da recorrente, esse não tem a capacidade de elidir, de forma absoluta, o uso do referido vocábulo pela recorrida, visto que, na hipótese, não se vislumbra infringência às finalidades ensejadoras da proteção ao nome empresarial, porquanto as atividades econômicas das empresas dão-se em campos distintos. Some-se a isso a utilização da palavra "Têxteis" no nome da recorrente, circunstância que manifesta distinção entre as espécies e obsta eventual confusão. Destarte, a tutela do nome comercial deve ser entendida de modo relativo, pois o registro mais antigo gera a proteção no ramo de atuação da empresa que o detém, mas não impede a utilização do nome em segmento diverso, sobretudo quando não se verifica qualquer confusão, prejuízo ou vantagem indevida em seu emprego. Diante disso, negou-se provimento ao recurso. **Precedente citado do STF: RE 115.820-RJ, DJ 19/2/1993. REsp 262.643-SP, Rel. Min. Vasco Della Giustina (Desembargador convocado do TJ-RS), julgado em 9/3/2010.** (Inform. STJ 426)

EMPRESA. MARCA. NOME GEOGRÁFICO.

Discute-se se o registro anterior do nome empresarial e da marca com utilização de termo que remete à localização geográfica "Arábia" (que tem a função de sugerir a produção e venda de comida árabe) garante direito de uso exclusivo dessa expressão em favor dos recorrentes, o que impediria a utilização do vocábulo "Areibian" no nome empresarial e na marca do concorrente, ora recorrido. Destaca a Min. Relatora que, na hipótese dos autos, o nome geográfico enquadra-se em uma das exceções ao direito de uso exclusivo de nome empresarial anteriormente registrado, que não é absoluto nos termos do art. 9º da Instrução Normativa n. 104/2007 do Departamento Nacional de Registro do Comércio (DNRC) – órgão integrante do Ministério do Desenvolvimento, Indústria e Comércio Exterior. Segundo o art. 4º, VI, da Lei n. 8.934/1994, esse órgão possui a função de orientar, supervisionar e normatizar, no âmbito do sistema nacional de registro de empresas mercantis (Sirem), a maneira de proceder no caso de pedidos de registro de nomes empresariais idênticos ou semelhantes a outros anteriormente registrados. É cediço que a proteção conferida à marca na Lei de Proteção Industrial (LPI, arts. 129 e 131) não se limita a assegurar direitos meramente individuais ao seu proprietário, mas também ao público consumidor (art. 4º do CDC). E, para que haja violação do art. 129 da LPI, é necessário que exista risco de dúvida, erro ou confusão no mercado entre os produtos ou serviços do mesmo ramo. No caso dos autos, o Tribunal *a quo* entendeu que, apesar da semelhança dos vocábulos, não há similitude a ponto de confundir o consumidor. Por essas razões, entre outras, a Turma negou provimento ao recurso. **REsp 989.105-PR, Rel. Min. Nancy Andrighi, julgado em 8/9/2009.** (Inform. STJ 406)

2. INSCRIÇÃO E REGISTRO PÚBLICO

REGISTRO DE EMPRESA: APRESENTAÇÃO DE CND E DÉBITO DE SÓCIO

Transgride o que assegurado no art. 5º, XIII, da CF (*"é livre o exercício de qualquer trabalho, ofício ou profissão, atendidas as qualificações profissionais que a lei estabelecer;"*) exigir que os sócios estejam em dia com o Fisco para poderem constituir sociedade. Com base nesse entendimento, a Turma, por maioria, proveu recurso extraordinário interposto por empresa contribuinte em face do Estado de Minas Gerais que impunha a apresentação de Certidão Negativa de Débito - CND perante a fazenda dessa unidade da federação para o registro de empresa da qual sócio inadimplente, pessoa natural, faria parte. Reputou-se, no caso, abusiva a exigência de se condicionar a criação de empresa, com a participação de sócio devedor, à liquidação do débito. Assentou-se que essa conduta configuraria coação política e que eventual inadimplência com o Fisco poderia ser cobrada por intermédio de sanções apropriadas. Vencido o Min. Menezes Direito, relator, que negava provimento ao recurso por considerar que essa exigência não ofenderia o aludido preceito constitucional. **RE 207946/MG. rel. orig. Min. Menezes Direito, rel. p/ o acórdão Min. Marco Aurélio, 20.5.2008.** (RE-207946) (Inform. STF 507)

REGISTRO. ALTERAÇÃO CONTRATUAL. DOCUMENTOS EXIGIDOS.

É ilegal a exigência de certidão de regularidade fiscal estadual para o registro de alteração contratual perante a Junta Comercial por não estar prevista na lei de regência (Lei n. 8.934/1994) nem no decreto federal que a regulamentou (Dec. n. 1.800/1996), mas em decreto estadual que sequer possui lei estadual correspondente. É que o parágrafo único do art. 37 da lei supradita dispõe claramente que, além dos documentos alistados nesse artigo, nenhum outro documento será exigido das firmas individuais e sociedades referidas nas alíneas **a**, **b** e **d** do inciso II do art. 32. E o decreto que a regulamentou esclarece, em seu art. 34, parágrafo único, que outros documentos só podem ser exigidos se houver expressa determinação legal. Assim, é ilegítima a exigência de apresentação de documento prevista apenas em decreto estadual. **REsp 724.015-PE, Rel. Min. Antonio Carlos Ferreira, julgado em 15/5/2012. (Inform. STJ 497)**

MICROEMPRESA. BAIXA. REGISTRO.

Discutiu-se a interpretação do termo "enquadrável" constante do art. 35 da revogada Lei n. 9.841/1999 (Estatuto da Microempresa e da Empresa de Pequeno Porte). Para tanto, ressaltou-se que a microempresa e a empresa de pequeno porte gozam de regime jurídico diferenciado (art. 179 da CF/1988), fixado com o intuito de desenvolvê-las mediante a simplificação e eliminação de exigências burocráticas (trabalhistas e previdenciárias), bem como por meio de incentivos fiscais e favorecimento a créditos. Para esse fim, o art. 2º da referida lei prevê parâmetros para que a pessoa jurídica e a firma mercantil individual façam jus a esse programa. Todavia, não basta que preencham esses requisitos da lei, é necessário haver a comunicação desse fato ao órgão responsável pelo registro dos atos societários, exigência que advém da interpretação sistemática do referido estatuto e do Dec. n. 3.474/2000, que o regulamenta. Assim, o termo "enquadrável" deve compreender a firma mercantil individual e a sociedade mercantil e civil que preencham os requisitos do art. 2º da referida lei e que comuniquem ou registrem esse fato na junta comercial ou registro civil de pessoas jurídicas. Dessarte, para a baixa da firma mercantil individual e da sociedade mercantil e civil independentemente da prova de quitação de tributos e contribuições devidas à Fazenda Nacional, INSS ou FGTS, é imprescindível que antes estejam registradas como microempresas ou empresas de pequeno porte no órgão responsável pelo arquivamento dos atos societários. **REsp 1.141.242-SP, Rel. Min. Massami Uyeda, julgado em 28/9/2010**. (Inform. STJ 449)

COMPETÊNCIA. LEILOEIRO. PUNIÇÃO. JUNTA COMERCIAL.
Questionam-se os atos praticados por junta comercial que resultaram na destituição dos recorrentes da função de preposto de leiloeiro e na cominação de multa a leiloeiro, bem como o ato do secretário adjunto de política comercial do Ministério da Indústria, Comércio e Turismo que os referendou. Para os recorrentes, os atos são nulos porque, a partir da Lei n. 8.934/1994, as juntas comerciais perderam esses poderes. Explica o Min. Relator que a profissão de leiloeiro está regulamentada pelo Dec. n. 21.981/1932, que atribui às juntas comerciais a competência de fiscalizar a atuação desses profissionais e impor as penalidades e multas, de acordo com os arts. 16, 17 e 18 da citada lei. Esses dispositivos estão vigentes, porquanto não foram revogados pela Lei n. 8.934/1994, que surgiu para disciplinar o registro público de empresas e atividades afins sem sequer tratar da carreira de leiloeiro. Portanto, tanto o Dec. n. 21.981/1932 como a Lei n. 4.726/1965 reconheceram a competência sancionatória da junta comercial; assim, no caso, foi obedecido o princípio da legalidade. Logo, decidiu com acerto o Tribunal *a quo* ao afirmar que, se a tese dos autores (recorrentes) fosse aceita, não teria norma a regulamentar a função de leiloeiro, o que resultaria no fim dessa carreira. Ademais, aplica-se ao caso a eficácia da lei no tempo, as regras do art. 2º da Lei de Introdução ao Código Civil (DL n. 4.657/1942). Com esse entendimento, a Turma negou provimento ao recurso. **REsp 840.535-DF, Rel. Min. Luiz Fux, julgado em 15/4/2008**. (Inform. STJ 352)

3. DESCONSIDERAÇÃO DA PERSONALIDADE

DESCONSIDERAÇÃO DA PERSONALIDADE JURÍDICA. INTIMAÇÃO DO SÓCIO.
A Turma, por maioria, entendeu pela desnecessidade da citação do sócio para compor o polo passivo da relação processual, na qual o autor/recorrido pediu a aplicação da teoria da desconsideração da personalidade jurídica da empresa, haja vista o uso abusivo da sua personalidade e a ausência de bens para serem penhorados. *In casu*, o recorrido entabulou contrato particular de compromisso de compra e venda de imóvel com a construtora recorrente, porém, apesar de cumprir a sua parte no contrato, não recebeu a contraprestação. No entendimento da douta maioria, é suficiente a intimação do sócio da empresa, ocasião em que será oportunizada a sua defesa, ainda mais quando o processo encontra-se na fase de cumprimento de sentença, onde o recorrente fará jus à ampla defesa e ao contraditório, pois, poderá impugnar o pedido ou oferecer exceção de pré-executividade. **REsp 1.096.604-DF, Rel. Luis Felipe Salomão, julgado em 2/8/2012. (Inform. STJ 501)**

DESCONSIDERAÇÃO. PERSONALIDADE JURÍDICA. PROCESSO FALIMENTAR.
Trata-se de REsp em que o recorrente, entre outras alegações, pretende a declaração da decadência do direito de requerer a desconsideração da personalidade jurídica da sociedade empresária falida, bem como da necessidade de ação própria para a responsabilização dos seus ex-sócios. A Turma conheceu parcialmente do recurso, mas lhe negou provimento, consignando, entre outros fundamentos, que, no caso, a desconsideração da personalidade jurídica é apenas mais uma hipótese em que não há prazo – decadencial, se existisse – para o exercício desse direito potestativo. À míngua de previsão legal, o pedido de desconsideração da personalidade jurídica, quando preenchidos os requisitos da medida, poderá ser realizado a qualquer momento. Ressaltou-se que o próprio projeto do novo CPC, que, de forma inédita, disciplina um incidente para a medida, parece ter mantido a mesma lógica e não prevê prazo para o exercício do pedido. Ao contrário, enuncia que a medida é cabível em todas as fases do processo de conhecimento, no cumprimento de sentença e também na execução fundada em título executivo extrajudicial (art. 77, parágrafo único, II, do PL n. 166/2010). Ademais, inexiste a alegada exigência de ação própria para a desconsideração da personalidade jurídica, visto que a superação da pessoa jurídica afirma-se como incidente processual, e não como processo incidente, razão pela qual pode ser deferida nos próprios autos da falência. Registrou-se ainda que, na espécie, a decisão que desconsiderou a personalidade jurídica atinge os bens daqueles ex-sócios indicados, não podendo, por óbvio, prejudicar terceiros de boa-fé. Precedentes citados: REsp 881.330-SP, DJe 10/11/2008; REsp 418.385-SP, DJ 3/9/2007, e REsp 1.036.398-RS, DJe 3/2/2009. **REsp 1.180.191-RJ, Rel. Min. Luis Felipe Salomão, julgado em 5/4/2011.** (Inform. STJ 468)

COMPETÊNCIA. EMPRESA. RECUPERAÇÃO JUDICIAL.
A Seção negou provimento ao agravo regimental, reiterando o entendimento de que não há conflito de competência quando a execução promovida pela Justiça trabalhista recai sobre o patrimônio dos sócios da empresa em recuperação judicial. Salientou-se, contudo, ser exceção a essa regra a hipótese de o juízo da recuperação igualmente decretar a desconsideração da personalidade jurídica para atingir os mesmos bens e pessoas, ainda que posteriormente – o que limitaria a aplicação, pelo juízo laboral, da *disregard doctrine* aos sócios de empresas pertencentes ao mesmo grupo econômico –, caso em que prevalece a competência do juízo da recuperação. **Precedentes citados: AgRg no CC 86.096-MG, DJ 23/8/2007; EDcl no AgRg no CC 53.215-SP, DJ 2/8/2007; AgRg no AgRg no CC 57.649-SP, DJe 18/8/2008; CC 94.439-MT, DJe 17/6/2008; CC 57.523-PE, DJ 8/3/2007; AgRg no CC 103.437-SP, DJe 3/6/2009; CC 30.813-PR, DJ 5/3/2001, e AgRg no CC 99.582-RJ, DJe 1º/10/2009. AgRg no CC 113.280-MT, Rel. Min. Luis Felipe Salomão, julgado em 27/10/2010**. (Inform. STJ 453)

DESCONSIDERAÇÃO. PERSONALIDADE JURÍDICA.
A controvérsia está a determinar se a simples inexistência de bens de propriedade da empresa executada constitui motivo apto à desconsideração da personalidade jurídica – o que, como é cediço, permite a constrição do patrimônio de seus sócios ou administradores. Explica a Min. Relatora que são duas as principais teorias adotadas no ordenamento jurídico pátrio: a teoria maior da desconsideração (consagrada no art. 50 do CC/ 2002) – é a mais usada –, nela mera demonstração da insolvência da pessoa jurídica não constitui motivo suficiente para a desconsideração da personalidade jurídica, pois se exige a prova de insolvência ou a demonstração de desvio de finalidade (ato intencional dos sócios fraudar terceiros) ou a demonstração de confusão patrimonial (confusão quando não há separação do patrimônio da pessoa jurídica e de seus sócios). Já na outra, a teoria menor da desconsideração, justifica-se a desconsideração pela simples comprovação da insolvência de pessoa jurídica, e os prejuízos são suportados pelos sócios, mesmo que não exista qualquer prova a identificar a conduta culposa ou dolosa dos sócios ou administradores. Essa teoria tem-se restringido apenas às situações excepcionalíssimas. Na hipótese dos autos, a desconsideração jurídica determinada pelo TJ baseou-se na aparente insolvência da empresa recorrente, pelo fato de ela não mais exercer suas atividades no endereço em que estava sediada, sem, contudo, demonstrar a confusão patrimonial nem desvio de finalidade. Por isso, tal entendimento não pode prosperar, sendo de rigor afastar a desconsideração da personalidade jurídica da recorrente. Diante do exposto, a Turma deu provimento ao recurso especial. **REsp 970.635-SP, Rel. Min. Nancy Andrighi, julgado em 10/11/2009.** (Inform. STJ 415)

COMPETÊNCIA. AUSÊNCIA. CONFLITO.
A Seção não conheceu do conflito ao entendimento de que a execução trabalhista em trâmite no juízo suscitado foi redirecionada em vista da desconsideração da personalidade jurídica da falida, para atingir bens dos sócios, entre eles o suscitante. Nesse contexto, conquanto a falida permaneça no polo passivo da demanda, seus bens não são objeto de constrição na Justiça Trabalhista, o que denota a inexistência de conflito de competência na hipótese, porquanto não há dois juízes decidindo acerca do destino do mesmo patrimônio. Destacou o Min. Relator que o juízo da vara de falências e recuperações judiciais informou que a questão enfocada pelo suscitante não interessa, em princípio, à massa falida, pois atinge bens de terceira pessoa. **Precedentes citados: AgRg no CC 86.094-MG, DJ 20/8/2007; AgRg no CC 57.177-SP, DJ 26/6/2006, e AgRg no CC 99.583-RJ, DJe 17/8/2009. CC 103.437-SP, Rel. Min. Fernando Gonçalves, julgado em 23/9/2009.** (Inform. STJ 408)

COMPETÊNCIA. RECUPERAÇÃO JUDICIAL.
A Seção, ao prosseguir o julgamento, reiterou seu entendimento de que não há conflito de competência quando a Justiça Trabalhista desconsidera a personalidade jurídica da empresa devedora cuja recuperação judicial tramita na Justiça comum. Tal regra deve ser excepcionada somente quando o juízo universal estender aos mesmos bens e pessoas os efeitos da recuperação, quando cabível. **AgRg no CC 99.582-RJ, Rel. Min. Aldir Passarinho Junior, julgado em 26/8/2009.** (Inform. STJ 404)

COMPETÊNCIA. FALÊNCIA. BENS. SÓCIOS.

Se o patrimônio da falida (sociedade por quota de responsabilidade limitada) não foi objeto de constrição no juízo trabalhista, mas só os bens de seus sócios, não há, na espécie, competência do juízo falimentar para a execução do crédito reclamado. A execução trabalhista, no caso dos autos, foi redirecionada aos sócios em razão da desconsideração da personalidade jurídica da executada. Portanto, trata-se de penhora de bens particulares de sócios que não foram arrecadados no juízo falimentar. De modo que a permanência da falida no polo passivo da demanda na condição de executada não é suficiente para determinar a competência do juízo falimentar para prosseguir no julgamento do feito, devido à inexistência de constrição do patrimônio da sociedade falida. Diante do exposto, a Seção negou provimento ao agravo regimental. Precedente citado: CC 61.903-ES, DJ 23/5/2006. **AgRg no CC 103.437-SP, Rel. Min. Fernando Gonçalves, julgado em 27/5/2009.** (Inform. STJ 396)

FALÊNCIA. DESCONSIDERAÇÃO. PERSONALIDADE JURÍDICA.

Na espécie, a sentença decretou a falência de empresa, nomeando síndico, que requereu a extensão dos efeitos da falência às demais empresas do grupo. O juízo, em despacho, acolheu a desconstituição da personalidade jurídica de todas elas, com vistas a alcançar também seus respectivos sócios e acionistas. O Tribunal *a quo* apenas proveu o recurso para afastar a agravante com base no art. 34 da Lei de Falência. Assim, a questão versa em determinar se foi legítima a extensão dos efeitos da falência à recorrente e a uma das empresas do grupo. Isso posto, a Turma, prosseguindo na renovação do julgamento, por maioria, deu provimento ao recurso para afastar a recorrente das conseqüências da decisão extensiva dos efeitos da falência. A recorrente, que detém cotas de participações das empresas, não poderia assumir dívidas de sociedades em que não figurou como administradora, na ausência de ato abusivo ou excesso de poder. **Precedentes citados: REsp 211.619-SP, DJ 23/4/2001; REsp 170.034-SP, DJ 23/10/2000, e RMS 14.168-SP, DJ 5/8/2002. REsp 786.345-SP, Rel. Min. originário Humberto Gomes de Barros, Rel. para acórdão Min. Ari Pargendler, julgado em 21/8/2008.** (Inform. STJ 364)

4. SOCIEDADE LIMITADA

DISSOLUÇÃO. SOCIEDADE. INCLUSÃO. FUNDO DE COMÉRCIO.

A Turma reiterou o entendimento de que o fundo de comércio também chamado de estabelecimento empresarial (art. 1.142 do CC/2002) integra o patrimônio da sociedade e, por isso, deve ser considerado na apuração de haveres do sócio minoritário excluído de sociedade limitada. O fundo de comércio é o conjunto de bens materiais (imóveis, bens, equipamentos, utensílios etc) e imateriais (marcas registradas, invenções patenteadas etc), utilizados por empresário individual ou sociedade empresária no exercício de sua atividade empresarial. O fato de a sociedade ter apresentado resultados negativos nos anos anteriores à exclusão do sócio não significa que ela não tenha fundo de comércio. Precedentes citados: REsp 52.094-SP, DJ 21/8/2000; REsp 271.930-SP, DJ 25/3/2002; REsp 564.711-RS, DJ 20/3/2006, e REsp 130.617-AM, DJ 14/11/2005. **REsp 907.014-MS, Rel. Min. Antônio Carlos Ferreira, julgado em 11/10/2011.** (Inform. STJ 485)

VIOLAÇÃO. PRINCÍPIOS CONSTITUCIONAIS. IMPOSSIBILIDADE. LITISCONSÓRCIO. EMPRESA. DESNECESSIDADE.

Trata-se na origem de ação de dissolução parcial de sociedade proposta pelo sócio minoritário contra os dois outros sócios. Estes ofereceram contestação e, na reconvenção, alegaram a prática de atos irregulares por todos os sócios. Houve sucumbência recíproca, tendo o acórdão proferido nos embargos infringentes restabelecido a sentença do juiz de primeiro grau que consignou a culpa concorrente de todos os sócios na gestão ruinosa da sociedade comercial. Em recurso especial, o sócio majoritário alegou a nulidade absoluta da ação de dissolução parcial, haja vista a pessoa jurídica, empresa comercial, não ter sido citada para compor o polo passivo da ação. Quanto a este pedido, o Min. Relator asseverou que há jurisprudência cristalizada no STJ quanto à desnecessidade da citação da pessoa jurídica quando todos os seus sócios forem citados na ação. Em relação ao pedido de violação dos princípios da razoabilidade e proporcionalidade, naturalmente vagos e imprecisos, a Turma não conheceu do recurso, entendendo que, somente quando os princípios jurídicos se apresentam como norma de direito positivo, é que se abre espaço para o conhecimento do recurso constitucional fundamentado na violação da lei que os obriga. O sócio minoritário também interpôs recurso especial aduzindo a culpa exclusiva dos demais sócios na gestão ruinosa na administração da empresa, enquanto ele teria sido o único responsável pela sua recuperação. Contudo, para decidir de forma contrária ao acórdão recorrido, seria necessário proceder ao reexame do conjunto fático-probatório dos autos, o que faz incidir a Súmula 7-STJ. Precedentes citados: AgRg no REsp 751.625-RN, DJe 24/3/2008; REsp 735.207-BA, DJ 7/8/2006, e EREsp 332.650-RJ, DJ 9/6/2003. **REsp 1.121.530-RN, Rel. originário Min. João Otávio de Noronha, Rel. para acórdão Min. Marco Buzzi, julgado em 13/9/2011 (art. 52, IV, A do RISTJ).** (Inform. STJ 483)

RESPONSABILIDADE CIVIL. ATO ILÍCITO. SÓCIOS ADMINISTRADORES.

Discute-se no REsp se o reconhecimento da divisibilidade da obrigação de reparar os prejuízos decorrentes de ato ilícito desnatura a solidariedade dos sócios administradores de sociedade limitada para responderem por comprovados prejuízos causados à própria sociedade em virtude de má administração. Na hipótese, a Turma entendeu ficar comprovado que todos os onze sócios eram administradores e realizaram uma má gestão da sociedade autora, acarretando-lhe prejuízos de ordem material e não haver incompatibilidade qualquer entre a solidariedade passiva e as obrigações divisíveis, estando o credor autorizado a exigir de qualquer dos devedores o cumprimento integral da obrigação, cuja satisfação não extingue os deveres dos coobrigados, os quais podem ser demandados em ação regressiva. As obrigações solidárias e indivisíveis têm consequência prática semelhante, qual seja, a impossibilidade de serem pagas por partes, mas são obrigações diferentes, porquanto a indivisibilidade resulta da natureza da prestação (art. 258 do CPC), enquanto a solidariedade decorre de contrato ou da lei (art. 265 do CC/2002). Nada obsta a existência de obrigação solidária de coisa divisível, tal como ocorre com uma condenação em dinheiro, de modo que todos os devedores vão responder integralmente pela dívida. Em regra, o administrador não tem responsabilidade pessoal pelas obrigações que contrair em nome da sociedade e em decorrência de regulares atos de gestão. Todavia, os administradores serão obrigados pessoalmente e solidariamente pelo ressarcimento do dano, na forma da responsabilidade civil por ato ilícito, perante a sociedade e terceiros prejudicados quando, dentro de suas atribuições e poderes, agirem de forma culposa. Precedente citado: REsp 1.119.458-RO, DJe 29/4/2010. **REsp 1.087.142-MG, Rel. Min. Nancy Andrighi, julgado em 18/8/2011.** (Inform. STJ 481)

EXCLUSÃO. SÓCIO. QUEBRA. AFFECTIO SOCIETATIS.

A Turma negou provimento ao recurso especial por entender que, no pedido de dissolução parcial de sociedade por cotas de responsabilidade limitada, a alegação de quebra da *affectio societatis* não é suficiente para a exclusão de sócios. De acordo com a Min. Relatora, deve ser demonstrada a justa causa, ou seja, os motivos que ocasionaram essa quebra, comprovando-se o inadimplemento do dever de colaboração social e especificando-se os atos que teriam prejudicado a consecução do fim social da sociedade empresária. **REsp 1.129.222-PR, Rel. Min. Nancy Andrighi, julgado em 28/6/2011.** (Inform. STJ 479)

AÇÃO. ADMINISTRADOR. REUNIÃO. QUOTISTAS.

A sociedade limitada em questão é composta por apenas dois sócios (50% das quotas sociais para cada um), mas o ato lesivo à sociedade praticado com violação da lei e do contrato social é imputado a apenas um deles, acompanhado de terceiros. Nesse contexto, ao considerar o sistema informal que rege a sociedade por quotas, não é razoável impor a realização de reunião dos quotistas para deliberar sobre o ajuizamento da ação de responsabilidade contra o sócio administrador (arts. 10 e 11 do Dec. n. 3.708/1919 c/c arts. 158 e 159 da Lei n. 6.404/1976). **Precedente citado: REsp 736.189-RS, DJ 18/12/2007. REsp 1.138.101-RS, Rel. Min. Luis Felipe Salomão, julgado em 6/10/2009.** (Inform. STJ 410)

SOCIEDADE. EXCLUSÃO. DEVIDO PROCESSO LEGAL.

Nove sócios compunham a sociedade por quotas de responsabilidade limitada. Eles, em assembléia, deliberaram, à unanimidade, extingui-la, em razão de várias dívidas e problemas financeiros, inclusive determinando a venda dos imóveis pertencentes à pessoa jurídica. Porém, antes de concretizada a extinção, um dos sócios, utilizando-se de procurações outorgadas por quatro deles para aquela determinada finalidade, promoveu uma alteração social para, sob o fundamento da perda da *affectio societatis*, excluí-los da sociedade, transferindo suas quotas sociais a outros (que antes não a integravam), mediante o pagamento do que achou devido, assim formando um novo quadro social. Diante disso, o Min. Fernando Gonçalves (relator originário) deu provimento ao especial ao fundamento de que, conforme a jurisprudência e a doutrina, aquela perda justifica a exclusão de sócios pela decisão da maioria, mesmo que inexista previsão contratual nesse sentido, aduzindo que, na hipótese, não se discutia apuração de haveres. Sucede que o Min. Aldir Passarinho Junior divergiu ao entender que é possível tal dissolução parcial de sociedade, mas não como foi efetivada no caso, em claro desvirtuamento do mandato concedido, inteiramente à margem do que era o consenso e o acordo entre os sócios, sem que houvesse oportunidade de defesa do direito dos minoritários. Destacou, tal qual o acórdão recorrido, haver a necessidade de respeitar-se o devido processo legal, além do fato de que a controvérsia guarda forte contexto fático contratual. Ao prosseguir-se o julgamento, após seguidos votos vistas, esse último entendimento foi acolhido pelos demais integrantes da Turma, que concluiu por não conhecer do recurso. **Precedentes citados do STF: RE 76.710-AM, DJ 28/6/1974; do STJ: REsp 33.670-SP, DJ 27/9/1993; REsp 66.530-SP, DJ 2/2/1998, e REsp 813.430-SC, DJ 20/8/2007. REsp 683.126-DF, Rel. originário Min. Fernando Gonçalves, Rel. para acórdão Min. Aldir Passarinho Junior, julgado em 5/5/2009.** (Inform. STJ 393)

SOCIEDADE LIMITADA. DISSOLUÇÃO PARCIAL.

Trata-se de dissolução parcial de sociedade em que o sócio descontente veio a juízo requerer sua exclusão do quadro social e buscar recebimento da justa parte do patrimônio social. Os réus, ora recorrentes não se conformam com a decisão *a quo* e buscam o direito de nomear liquidante para apuração dos haveres, apontam ausência de interesse recursal do autor para impugnar os honorários arbitrados na sentença se o pedido foi genérico e se há existência de sucumbência na ação de dissolução parcial. Observa o Min. Relator que a dissolução parcial da sociedade é uma construção da doutrina e da jurisprudência, na qual se aplicam, no que couber, as normas relativas à dissolução total da empresa (arts. 655 a 674 do CPC). Explica que o cargo de liquidante judicial não se compatibiliza com o procedimento de dissolução parcial em que não se pretende a liquidação da sociedade, mas, tão-somente, a apuração dos haveres do sócio excluído. Para tanto, basta o procedimento ordinário de liquidação e cumprimento da sentença, quando o magistrado indica técnico habilitado à realização de perícia contábil para determinar a quota-parte devida ao ex-sócio, o que ocorreu no caso. Quanto à carência de interesse recursal do autor pelos honorários advocatícios com pedido genérico, demonstra também que não tem razão o recorrente diante da Súm. n. 256-STF e do próprio CPC, que remete sua apuração para o final do processo (art. 20, § 3º, daquele código). Por fim, quanto ao descabimento de sucumbência, ficou evidente que há o litígio e a contestação sobre os haveres, registrado nos autos, que, por diversas vezes, o autor notificou os demais sócios, insistindo para promoverem a apuração dos haveres, mas eles resistiram à dissolução extrajudicial, portanto respondem pelas verbas da sucumbência. Pelo exposto, a Turma não conheceu o recurso, mantendo a decisão *a quo*. **Precedentes citados: REsp 315.915-SP, DJ 4/2/2002; REsp 406.775-SP, DJ 1º/7/2005; REsp 330.256-MG, DJ 30/9/2002, e REsp 77.122-PR, DJ 8/4/1996. REsp 242.603-SC, Rel. Min. Luís Felipe Salomão, julgado em 4/12/2008.** (Inform. STJ 379)

DISSOLUÇÃO IRREGULAR. SOCIEDADE. DEVOLUÇÃO. CARTA CITATÓRIA.

A Turma reiterou o entendimento lastreado no art. 135, II, do CTN de que, no caso das sociedades limitadas, os administradores respondem solidariamente somente quando agirem com culpa no desempenho de suas funções. Reiterou bastar que haja indícios de dissolução irregular que atestem ter a empresa encerrado irregularmente suas atividades para que ocorra o redirecionamento da execução fiscal. Porém, o fato de a carta citatória ser devolvida pelos Correios não faz presumir o encerramento irregular da sociedade. Uma vez que não concretizada a citação pelos Correios, deve a Fazenda Nacional requerer a citação por oficial de justiça ou por edital (art. 8º, III, da Lei n. 6.830/1980), antes de presumir que houve dissolução irregular da sociedade. **Precedentes citados: REsp 264.116-SP, DJ 9/4/2001, e REsp 736.879-SP, DJ 19/12/2005. REsp 1.017.588-SP, Rel. Min. Humberto Martins, julgado em 6/11/2008.** (Inform. STJ 375)

SOCIEDADE. LTDA. RECOMPOSIÇÃO. QUOTISTA.

A Turma entendeu que, no âmbito da sociedade por quotas de responsabilidade limitada, a proporcionalidade das quotas é estabelecida e alterada exclusivamente pela via contratual, de forma consensual. Descabível o pedido de recomposição da participação de um cotista (espólio autor) no capital social da empresa recorrida (diminuída em razão de alterações contratuais efetuadas pelos demais sócios), porquanto se traduziria em pedido cominatório de adjudicação compulsória de quotas sociais. A pretensão do recorrido seria possível com a anulação da alteração contratual tida por inválida, ação essa já prescrita (art. 177 do CC/1916). Outrossim, ressalte-se que não há intervenção na liberdade dos acionistas de definir a proporcionalidade das cotas pelos sócios, que não se modifica com a incorporação da reserva (correção monetária) ao capital social. Descabe, ainda, o direito do recorrido à recomposição via sentença mandamental de efeito constitutivo ou pelo suprimento de assinatura dos sócios no contrato de alteração societária, pois ninguém pode ser obrigado a contratar e a cessão de cotas é somente por meio de contrato. Entretanto, o lesado pode proceder à anulação das alterações do contrato social, ou pedir, em ação, a reparação pelos danos sofridos com a modificação impugnada, descabendo, no caso, a anulação de contratos. **REsp 714.147-SP, Rel. Min. Fernando Gonçalves, julgado em 4/11/2008.** (Inform. STJ 375)

PRESCRIÇÃO. ANULAÇÃO. ALTERAÇÃO CONTRATUAL. SOCIEDADE LIMITADA.

O art. 286 da Lei das Sociedades Anônimas, que fixa o prazo de dois anos para a anulação das deliberações tomadas pela assembléia geral ou especial, não tem aplicação no trato de ação anulatória de alteração do contrato social da sociedade limitada ajuizada pela inobservância de preferência na aquisição de quotas. Isso porque essa ação tem natureza pessoal, sujeita ao prazo prescricional de vinte anos, na forma do art. 177 do CC/1916 vigente à época. Note-se também não ter incidência o art. 442 do Código Comercial, pois se cuida de anulação de ato meramente civil (a alteração do contrato social), e não de ato de comércio. **REsp 848.058-PR, Rel. Min. Humberto Gomes de Barros, julgado em 4/12/2007.** (Inform. STJ 341)

5. SOCIEDADE ANÔNIMA

INDENIZAÇÃO. LEGALIDADE. PRIVATIZAÇÃO.

Trata-se, na espécie, de ação proposta pelo acionista minoritário (recorrido) em que se busca condenar a empresa controladora (recorrente) a indenizar a empresa controlada por supostos prejuízos que lhe teria causado quando das privatizações dos seus ativos. Preliminarmente, sustentou-se a legitimidade ativa de qualquer acionista – independentemente da natureza de suas ações – para propor ação de indenização, desde que preste caução pelas custas e honorários de advogados devidos no caso de a ação vir ser julgada improcedente, nos termos do art. 246, § 1º, **b**, da Lei n. 6.404/1976. Em relação à suposta necessidade de correção do polo passivo, esta Corte, no exame do Ag 80.928-RJ, já se manifestou no sentido da ilegitimidade da União para figurar como ré, decisão transitada em julgado. Quanto ao mérito, diante da notícia de fato novo – a incorporação da empresa controlada pela empresa controladora –, a Turma julgou improcedente a ação originária com resolução de mérito (art. 269, I, do CPC), uma vez que caracterizada a confusão entre credor e devedor, nos termos do art. 381 e seguintes do CC. Segundo se argumentou, eventuais créditos da empresa controlada (suposta credora), assim como eventuais obrigações, passaram a ser créditos ou obrigações da própria controladora. Operada a confusão entre credor e devedor, não há possibilidade jurídica para o prosseguimento da demanda. Considerou, ainda, o Min. Relator não ter ocorrido nenhum tipo de abuso de poder por parte da empresa controladora, que apenas cumpriu o determinado na Lei n. 8.031/1990, na qual, inclusive, existia autorização, como uma das formas de pagamento – das ações alienadas da empresa controlada – de títulos da dívida pública emitidos pelo Tesouro Nacional (art. 16 da referida lei). Concluiu-se, por fim, que dadas as circunstâncias dos autos, não há condenação, vencido ou vencedor. Assim, cada parte arcará com os honorários advocatícios de seus patronos e responderá por metade das custas e despesas processuais, não sendo devido o pagamento do prêmio previsto no § 2º do art. 246 da Lei n. 6.404/1976, liberando-se o levantamento da caução pela ora recorrida. **REsp 745.739-RJ, Rel. Min. Massami Uyeda, julgado em 28/8/2012.(Inform. STJ 503)**

SOCIEDADE ANÔNIMA. RESPONSABILIDADE DOS ADMINISTRADORES. CONTAS APROVADAS PELA AGO.

A aprovação das contas sem reservas pela assembleia geral ordinária (AGO), salvo se anulada, exonera os administradores e diretores de quaisquer responsabilidades (art. 134, § 3º, da Lei n. 6.404/1976 – Lei das Sociedades Anônimas). Na espécie, a empresa recorrente ajuizou ação indenizatória para obter do recorrido (diretor financeiro da empresa) reparação correspondente ao valor das operações (derivativos) que realizou sem consentimento e que geraram prejuízos em razão da disparidade cambial. Todavia, a regra do art. 134, § 3º, da lei supradita é especial em relação ao art. 159 do referido diploma legal, de modo que, no caso de aprovação de contas, não bastaria a prévia deliberação da assembleia geral para a propositura da ação de responsabilidade civil, como ocorreu na hipótese, mas, mister, antes de tal propositura ou concomitantemente a ela, o ajuizamento da ação de anulação da assembleia que aprovou as contas da sociedade (art. 286 da mencionada lei). Salientou-se ainda que, somente após o trânsito em julgado da sentença que acolher a anulatória (pela ocorrência de erro, dolo, fraude ou simulação), será possível ajuizar a ação de responsabilidade pertinente. *In casu*, não é cabível ação de responsabilidade civil contra quem dela, por força de lei e do ato jurídico perfeito, foi exonerado. Precedentes citados: AgRg no Ag 640.050-RS, DJe 1º/6/2009; AgRg no Ag 950.104-DF, DJe 30/3/2009, e REsp 257.573-DF, DJ 25/6/2001. **REsp 1.313.725-SP, Rel. Min. Ricardo Villas Bôas Cueva, julgado em 26/6/2012.(Inform. STJ 500)**

CISÃO PARCIAL DA EMPRESA. CITAÇÃO DA SUCESSORA.

A Turma, em preliminar, aplicou os princípios da economia processual, da instrumentalidade das formas e aquele de que não há nulidade sem prejuízo, para confirmar decisão monocrática que julgou liminarmente o mérito do agravo de instrumento, com base no art. 527 do CPC, antes de intimada a parte contrária. Para o douto colegiado, não houve prejuízo para o direito de defesa da parte, haja vista ter impugnado a decisão unipessoal mediante agravo interno, devolvendo a apreciação da matéria ao tribunal *a quo*, com posterior manejo dos recursos processualmente admissíveis, até trazer a controvérsia à apreciação do STJ. No mérito, a Turma decidiu que a empresa cindenda pode ser citada para substituir a empresa parcialmente cindida na relação processual em que a vítima de acidente automobilístico pleiteia indenização por danos morais, apesar da estabilização da demanda. Para a Min. Relatora, se há sucessão das empresas, consoante dispõe a legislação societária, a sucessora não pode ser considerada, no processo, como um terceiro a quem não se estende a sentença judicial, desde que o juiz considere, analisando a situação concreta, que as obrigações em litígio estão abrangidas pelo regime de sucessão disposto na lei das sociedades anônimas. A análise da responsabilidade da sucessora pelos atos praticados pela companhia cindida é matéria que se confunde com o mérito da ação, momento em que o protocolo da operação será analisado, os bens sucedidos serão individualizados e a responsabilidade pelo acidente, definida. **REsp 1.294.960-RJ, Rel. Min. Nancy Andrighi, julgado em 17/4/2012. (Inform. STJ 495)**

SOCIEDADE ANÔNIMA. CAPITAL FECHADO. DISSOLUÇÃO PARCIAL. POSSIBILIDADE.

Trata-se, na origem, de ação para dissolver parcialmente sociedade anônima com a apuração de haveres ou a exclusão dos acionistas ora recorridos. Na espécie, a sociedade anônima apresenta estrutura de sociedade familiar, na qual as ações permanecem em poder dos membros de uma mesma família, não sendo, portanto, negociadas no mercado de capitais. O instituto da dissolução parcial é, a princípio, voltado às sociedades contratuais e personalíssimas, contudo deve-se observar que atualmente, a complexa realidade das relações negociais potencializa a extensão daquele instituto às sociedades "circunstancialmente" anônimas. A jurisprudência deste Superior Tribunal é que, para a exclusão judicial do sócio, não basta a alegação de quebra da *affectio societatis*, mas a demonstração de justa causa, ou seja, dos motivos que ocasionaram essa quebra. No caso, a sentença, ao apreciar o conjunto fático-probatório, consignou uma série de fatos a configurar a justa causa: o recorrente reeleito pela assembleia geral para o cargo de diretor não pode exercê-lo nem sequer conferir livros e documentos sociais em razão de óbice imposto pelos recorridos, a não distribuição de dividendos aos recorrentes e os recorridos exercerem a diretoria de forma ilegítima, são os únicos a perceber rendimentos mensais. Daí, ante a caracterização do justo motivo, deve-se concluir pela exclusão dos recorridos da sociedade anônima com estrutura de sociedade familiar. Precedentes citados: EREsp 111.294-PR, DJ 10/9/2007, e REsp 1.129.222-PR, DJe 1º/8/2011. **REsp 917.531-RS, Rel. Min. Luis Felipe Salomão, julgado em 17/11/2011.** (Inform. STJ 487)

S/A. AUMENTO. CAPITAL. PARTICIPAÇÃO ACIONÁRIA. DIMINUIÇÃO.

Trata-se de REsp em que o recorrente pretende anular as deliberações para aumento de capital da companhia da qual é sócio minoritário, uma vez que, segundo alega, os atos causaram diluição injustificada de sua participação acionária na sociedade recorrida, o que não seria permitido em face do § 1º do art. 170 da Lei n. 6.404/1976 (Lei das Sociedades Anônimas – S/A). A Turma negou provimento ao recurso pelos fundamentos, entre outros, de que a não observância da norma insculpida no referido dispositivo legal na fixação do preço de emissão da ação ou a escolha de critério diferente, na hipótese de aumento de capital, não tornam o ato deliberativo nulo, mesmo porque esse dispositivo não prevê tal consequência. A suposta má escolha do critério de fixação do preço de emissão das ações, se comprovada, poderá ensejar hipótese de responsabilidade civil dos controladores, que se resolve em perdas e danos, e não em declaração de nulidade de assembleia (art. 117 da mesma lei). Ademais, tal como salientou o acórdão recorrido, a pretensão autoral choca-se com o princípio da preservação da empresa, pois a anulação da deliberação da assembleia inviabilizaria o próprio funcionamento da companhia, além de causar imensuráveis transtornos aos demais acionistas e a terceiros. **REsp 1.190.755-RJ, Rel. Min. Luis Felipe Salomão, julgado em 21/6/2011.** (Inform. STJ 478)

DIVIDENDO. AÇÕES. INCENTIVOS FISCAIS.

O § 2º do art. 8º do DL n. 1.376/1974 tratou do incentivo fiscal dado à subscrição de ações de companhias que possuíssem projetos aprovados em programas de desenvolvimento regional. Para tanto, estatuiu que as ações subscritas conforme esse dispositivo poderiam ser ordinárias ou preferenciais, sendo que essas últimas teriam participação integral nos resultados. Esse dispositivo, se aplicado ao caso, afastaria as restrições quanto à distribuição de dividendos que sofreram as ações subscritas pelo recorrente (na ordem de 8%). Contudo, o art. 1º do DL n. 1.419/1975 alterou justamente essa regra, criando-lhe exceção, ao dispor que não seria sempre obrigatória a participação integral nos resultados, visto que, para projetos aprovados antes de 12/12/1974 (data de vigência do DL n. 1.376/1974), era assegurada às subscrições de ações preferenciais, entre outros, a prioridade na distribuição de dividendos mínimos. Na hipótese, as ações preferenciais subscritas diziam respeito a projetos anteriores à data acima citada e o recorrente sustentava que o conceito de dividendo mínimo constante desse artigo não poderia ser interpretado de maneira restritiva, o que impediria o estatuto de transformá-lo em espécie de dividendo fixo. Diante disso, a Turma, ao continuar o julgamento, entre outros temas, entendeu que as regras estabelecidas pelo DL n. 1.419/1975 dão ao estatuto a liberdade de fixar a modalidade de rendimento que será atribuída às ações preferenciais adquiridas em razão de incentivos fiscais a projetos anteriores a 12/12/1974, apesar de esse diploma aludir à prioridade na distribuição de dividendo mínimo. Anotou-se que impedir o estatuto de atribuir dividendos fixos a esses casos seria o mesmo que lhes conceder dividendos com participação integral, o que a lei só permitiu em relação aos projetos posteriores. **REsp 851.462-BA, Rel. Min. Nancy Andrighi, julgado em 24/8/2010**. (Inform. STJ 444)

CONTRATO. PARTICIPAÇÃO FINANCEIRA. BALANCETES.

A Seção reiterou seu entendimento de que os balancetes apresentados pela Brasil Telecom sucessora da Companhia Riograndense de Telecomunicações (CRT) constituem documentos válidos e aptos à apuração do valor patrimonial da ação (VPA) para efeito de cálculo das diferenças de ações a que a parte autora faz jus na data da respectiva integralização. Não é necessária a apresentação de outros documentos contábeis autênticos, como erroneamente exigido no acórdão recorrido, sendo suficiente o balancete do mês da integralização. Assim, a Seção deu provimento ao recurso e considerou válidos os balancetes mensais acostados aos autos. Precedentes citados: **REsp 975.834-RS, DJ 26/11/2007, e REsp 1.033.241-RS, DJe 5/11/2008. REsp 1.191.340-RS, Rel. Min. Aldir Passarinho Junior, julgado em 9/6/2010**. (Inform. STJ 438)

REPETITIVO. LEGITIMIDADE. DIVIDENDOS. TELEFONIA.

Trata-se de recurso submetido ao regime do art. 543-C do CPC c/c Res. 8/2008-STJ no qual a Seção entendeu que a Brasil Telecom S/A, como sucessora, por incorporação, da Companhia Riograndense de Telecomunicações (CRT), tem legitimidade passiva para responder pela complementação acionária decorrente de contrato de participação financeira celebrado entre adquirente de linha telefônica e a incorporada. Salientou, ainda, que a legitimidade da referida empresa para responder pela dobra acionária no que tange às ações da Celular CRT Participações S/A decorre do protocolo e da justificativa de cisão parcial da CRT, premissa fática que, no caso de recurso especial, não pode ser examinada em razão das Súmulas ns. 5 e 7 do STJ. Por fim, reiterou que é devida a indenização a título de dividendos ao adquirente de linha telefônica como decorrência lógica da procedência do pedido de complementação das ações da CRT e da Celular CRT Participações S/A, a contar do ano da integralização do capital. Assim, a Seção negou provimento ao recurso. **Precedentes citados: REsp 1.112.717-RS, DJe 11/12/2009; REsp 1.037.208-RS, DJe 20/8/2008; AgRg no EDcl no REsp 787.254-RS, DJ 13/8/2007, e AgRg no EDcl no REsp 794.106-RS, DJ 28/5/2007. REsp 1.034.255-RS, Rel. Min. Luis Felipe Salomão, julgado em 28/4/2010**. (Inform. STJ 432)

REPETITIVO. DIVIDENDOS. TELEFONIA. PRESCRIÇÃO.
Trata-se de recurso submetido ao regime do art. 543-C do CPC c/c Res. 8/2008-STJ no qual a Seção, entre outras questões, reiterou que a pretensão de cobrar indenização decorrente de dividendos relativos à subscrição complementar das ações da CRT e Celular CRT Participações S/A prescreve em três anos, nos termos do art. 206, § 3º, III, do CC/2002, começando a fluir o referido prazo somente após o reconhecimento do direito à complementação acionária. Assim, a Seção conheceu em parte do recurso e, nessa parte, deu-lhe provimento apenas para determinar que o valor patrimonial da ação seja apurado com base no balancete do mês da respectiva integralização. **Precedentes citados: EDcl no AgRg no Ag 711.871-RS, DJ 18/6/2007; AgRg no EDcl no AgRg no Ag 578.820-RS, DJ 1º/8/2005; REsp 1.112.717-RS, DJe 11/12/2009, e AgRg no REsp 1.038.699-RS, DJe 3/9/2008. REsp 1.112.474-RS, Rel. Min. Luis Felipe Salomão, julgado em 28/4/2010**. (Inform. STJ 432)

SA. ASSEMBLÉIA-GERAL.
A recorrente, sociedade empresária industrial, alega que o acórdão recorrido violou os arts. 143, IV, 144, *caput* e parágrafo único, e 159 da Lei n. 6.404/1976, ao não considerar a existência de legitimidade ativa para a propositura da ação ordinária de indenização por ato ilícito movida contra os recorridos. Afirma que o estatuto da companhia outorga ao diretor-presidente todos os poderes necessários para gerir a empresa e adotar as ações cabíveis na esfera administrativa e judicial na defesa dos seus interesses. Aduz, ainda, que os requeridos não eram administradores da companhia, o que dispensaria a necessidade de prévia autorização da assembléia-geral para a propositura da ação de indenização por ato ilícito. Porém, o Min. Relator destacou que o art. 159 da mencionada lei estabelece, com clareza, em seu *caput*, a necessidade de prévia autorização da assembléia-geral para que a companhia possa mover ação contra um de seus administradores. O fato de o requerido ter-se, segundo a requerente, indevidamente, intitulado diretor-presidente, quando era somente diretor-tesoureiro, e outorgado procuração para venda de bem da empresa, não retira a necessidade de prévia deliberação da assembléia-geral autorizando a companhia a ingressar com ação contra ele. Não havendo prova de tal autorização por parte da assembléia-geral, o Min. Relator entendeu correta a decisão do tribunal *a quo* ao extinguir o feito sem julgamento do mérito, por ausência de legitimidade ativa (art. 267, VI, do CPC). Diante disso, a Turma negou provimento ao recurso. **REsp 882.782-RN, Rel. Min. Massami Uyeda, julgado em 20/4/2010**. (Inform. STJ 431)

VPA. DIVIDENDOS. INTIMAÇÃO. HONORÁRIOS ADVOCATÍCIOS.
A Turma decidiu que o acionista investidor recebe os dividendos a partir da data da integralização do capital, como se dá com os demais acionistas, porquanto suas ações têm os mesmos direitos e obrigações das ações da mesma natureza. Dessa forma, é devido ao novo acionista o valor distribuído aos demais com ações da mesma natureza, proporcionalmente à quantidade delas em seu nome. O termo inicial ou a obrigação do pagamento ocorre na mesma data em que os dividendos foram pagos aos outros acionistas. Quanto ao valor patrimonial da ação (VPA), não obstante a jurisprudência reiterada neste Superior Tribunal no sentido de tomar como base os dados do VPA segundo o balancete do mês da respectiva integralização (o que deve ser obedecido em cada processo, conforme o que transitou em julgado), no caso em questão, o título judicial transitou em julgado, determinando que o VPA deve ser o aprovado na assembléia geral ordinária imediatamente anterior, não havendo como alterar essa regra na execução, sob pena de ofensa à coisa julgada. Outrossim, referente ao cumprimento de sentença, não é necessário intimar o devedor para iniciar a contagem dos 15 dias para o pagamento, visto que o prazo flui do trânsito em julgado da sentença da qual o devedor já foi intimado, quando de sua publicação, na pessoa de seu advogado, conforme o art. 475-J do CPC, no caso de quantia certa, que não requer liquidação de sentença, perícia ou outro trabalho técnico de elevada complexidade. Cabível, pois, a multa tal como aplicada. Por sua vez, são devidos os honorários advocatícios também no cumprimento de sentença, nas situações em que o devedor optou por não efetuar o pagamento dentro dos 15 dias estipulados no referido artigo e resolveu impugnar ou continuar obstando o pagamento da dívida, com a necessidade de participação nos autos de advogado do credor. **Precedentes citados: AgRg no Ag 1.210.428-RS, DJe 25/11/2009; AgRg no REsp 1.134.345-RS, DJe 9/11/2009; AgRg no Ag 1.108.238-RS, DJe 30/6/2009, e AgRg no Ag 1.174.877-RS, DJe 6/11/2009. REsp 1.136.370-RS, Rel. Min. Massami Uyeda, julgado em 18/2/2010**. (Inform. STJ 423)

S.A. RENDA MENSAL VITALÍCIA. ASSEMBLEIA GERAL.
Cuida-se de ação de cobrança de renda mensal vitalícia (RMV), instituída em favor de ex-diretores e ex-conselheiros, em razão de excepcional dedicação profissional, ajuizada contra sociedade anônima. Sustenta a recorrente que a RMV constitui complemento de aposentadoria devido a quem foi empregado da ré, exercendo cargo de diretor ou conselheiro e está aposentado, recebendo benefício das previdências oficial e privada. Sustenta que a cessação do pagamento do benefício, feito por mais de cinco anos, depende da desconstituição do instrumento particular de assunção de obrigações firmado pelas partes, ato jurídico perfeito, gerador de direito adquirido. Porém, a Turma não conheceu do recurso por entender que, para concluir que a RMV é benefício diverso da remuneração, seria necessário revolver material fático-probatório, vedado nos termos da Súm. n. 7-STJ. Assim, tomada a RMV como remuneração, não há como afastar a incidência da regra do art. 152 da Lei das Sociedades Anônimas, no sentido de que sua fixação depende de ato da assembleia geral. Assinalou o Min. Relator que o referido artigo foi modificado pela Lei n. 9.457/1997, tendo sua nova redação ampliado a competência da assembleia, que passou a ser responsável pela fixação de benefícios de qualquer natureza. Conquanto a alteração tenha-se dado em momento posterior ao da instituição da vantagem ora questionada, sinaliza o sentido amplo dado pela lei ao termo remuneração. Por fim, conforme iterativa jurisprudência deste Superior Tribunal, a matéria contida no art. 6º da LICC, relativa à preservação do ato jurídico perfeito, tem índole nitidamente constitucional, razão pela qual sua apreciação desborda dos lindes do recurso especial. **Precedentes citados: REsp 704.975-SP, DJe 8/9/2008; AgRg nos EDcl no Ag 823.553-RJ, DJ 12/11/2007; AgRg no Ag 489.676-RS, DJ 13/3/2006, e REsp 512.054-RS, DJ 11/5/2007. REsp 976.587-SP, Rel. Min. Fernando Gonçalves, julgado em 17/11/2009.** (Inform. STJ 416)

SOCIEDADE. DISSOLUÇÃO.
A Turma negou provimento ao agravo regimental, reafirmando que é possível a dissolução de sociedade anônima familiar quando ausente a afinidade entre os sócios. Nesse caso, a distribuição de resultados ficou relegada ao plano de mera consequência da dissolução, pois não considerada condicionante para o deferimento da dissolução. **Precedentes citados: EREsp 111.294-PR, DJ 10/9/2007, e EREsp 419.174-SP, DJe 4/8/2008. AgRg no REsp 1.079.763-SP, Rel. Min. Aldir Passarinho Junior, julgado em 25/8/2009.** (Inform. STJ 404)
(Comentário: ver Informativo STJ 487 □ REsp 917.531/RN - não basta a alegação de quebra da affectio societatis*, mas a demonstração de justa causa, ou seja, dos motivos que ocasionaram essa quebra)*

SOCIEDADE ANÔNIMA. DISSOLUÇÃO. LEGITIMIDADE PASSIVA.
Trata-se, no caso, de legitimidade passiva nas ações de dissolução de sociedade anônima. Por se tratar de uma sociedade de capital, a participação do acionista na companhia, tanto em direitos quanto em obrigações, é proporcional ao montante integralizado. Assim, a influência do acionista individual sobre os rumos da sociedade é geralmente muito limitada, ficando a direção (Conselho de Administração) e o Conselho Fiscal com a responsabilidade na condução da companhia. Contudo, mesmo que a lei tenha assegurado ao acionista o direito de participar do acervo da companhia, em caso de liquidação, não se pode reconhecer a sua legitimidade passiva no processo de dissolução da sociedade anônima. Isso poderia conferir prerrogativas exorbitantes aos acionistas simples; pois, mesmo não possuindo capacidade de direção na sociedade, poderia obstar sua dissolução. Logo, somente a Diretoria, como representante da companhia e, por conseguinte, dos acionistas, é que responderá, em nome da sociedade, às demandas que objetivem sua dissolução. O acionista poderá ingressar como assistente simples no polo passivo da lide (art. 50 do CPC), uma vez que sujeito aos efeitos da sentença. Precedente citado: REsp 6.473-SP, DJ 26/8/1991. **REsp 467.085-PR, Rel. Min. Luis Felipe Salomão, julgado em 28/4/2009.** (Inform. STJ 392)

PRESCRIÇÃO BIENAL. LEI. SOCIEDADES ANÔNIMAS.
Trata-se de litígio entre irmãos, reclamando as autoras da alteração contratual realizada em sociedade comercial no ano de 1992. O aumento do capital mediante a incorporação de conta de correção monetária e ingresso em moeda corrente não teria observado a correta participação proporcional de cada sócio, lesando, mais tarde, o espólio do qual as recorridas são herdeiras. Quanto à prescrição, os recorrentes alegam ser de dois anos, pela aplicação do art. 286 da Lei de Sociedade Anônimas, de incidência subsidiária às sociedades limitadas, por força do princípio que defendem, da incidência subsidiária da legislação comercial. O Min. Relator entende que, na espécie, na falta de preceito específico sobre prescrição na Lei das

Sociedades Limitadas, nem se cogitando que isso pudesse ser tratado no contrato social, há que se observar, supletivamente, a Lei das Sociedades Anônimas ante a interpretação harmônica e conjugada do art. 291 da Lei n. 556/1850 e do art. 18 do Dec. n. 3.708/1919. Importa o princípio instituído na legislação sobre qual a fonte supletiva, e ela é de natureza comercial, não civil. Para o Min. Relator, a matéria enquadra-se perfeitamente na previsão da Lei das Sociedades Anônimas (art. 286). E se, no caso não houve erro ou simulação, mas dolo ou fraude, igualmente estão na referida lei a mesma previsão e prazo prescricional bienal. A natureza da sociedade é comercial, a alteração questionada diz respeito a mecanismos próprios de contabilidade empresarial societária e, mais importante, o que está em disputa não é uma mera contenda patrimonial entre os sócios, mas a recomposição da participação societária, que pode ter reflexos na gestão da empresa, registrando-se que o sócio falecido possuía, originariamente, 75% das cotas, e são justamente essas que constituiriam o objeto da sucessão. Diante disso, a Turma conheceu em parte do recurso e, nessa parte, deu-lhe provimento para reconhecer a prescrição bienal, julgando extinta a ação nos moldes do art. 269, IV, do CPC. O Min. João Otávio de Noronha ressaltou que hoje a questão encontra-se disciplinada no CC/2002. Precedente citado: **REsp 48.027-SP, DJ 27/5/1996. REsp 687.351-MG, Rel. Min. Aldir Passarinho Junior, julgado em 5/3/2009.** (Inform. STJ 385)

LEGITIMIDADE. ACIONISTA MINORITÁRIO. DANOS. SOCIEDADE.

Constituem danos diretos que, em regra, têm reflexos indiretos a todos os acionistas os causados à sociedade empresarial que são estes segundo a inicial: a utilização de recurso da sociedade para realizar negócios estranhos ao seu objeto social, a transferência de empregados de outras empresas para o quadro da sociedade empresarial da qual o recorrente é sócio minoritário, acarretando a ela os ônus trabalhistas e previdenciários, o impedimento, pelos ora recorridos, da instalação de um conselho fiscal para apurar irregularidades, retiradas de dinheiro, uso indevido de veículo de propriedade da sociedade e ausência na distribuição de dividendos aos acionistas há mais de trinta anos. Ressarcindo-se os prejuízos à companhia, espera-se que as perdas dos acionistas sejam recompostas. Logo, se os danos não foram causados diretamente aos acionistas minoritários, não possuem eles legitimidade ativa para propositura da ação individual, com base no art. 159, § 7º, da Lei das Sociedades por Ações (Lei n. 6.404/1976). **Precedente citado: REsp 1.014.496-SC, DJ 1º/4/2008. REsp 1.002.055-SC, Rel. Min. Aldir Passarinho Junior, julgado em 9/12/2008.** (Inform. STJ 380)

ILEGITIMIDADE. SÓCIOS MINORITÁRIOS. DANOS.

Os recorrentes, sócios minoritários, ajuizaram, com base no art. 159, § 7º, da LSA, ação indenizatória contra administradores na qual sustentam haver negligência na elaboração das demonstrações financeiras da empresa, pois havia desvio de receita do caixa da empresa. Ora, os danos narrados na inicial não foram diretamente causados aos recorrentes. Há lesão à sociedade, que teve sua receita desviada; indiretamente, todos os acionistas foram atingidos com a ausência de lucro e desvalorização das ações. Assim, se os danos sofridos não foram causados diretamente aos acionistas minoritários, não têm eles legitimidade ativa para propor a ação individual lastreada no art. 159, § 7º, da LSA. Logo, a Turma não conheceu do recurso. **REsp 1.014.496-SC, Rel. Min. Nancy Andrighi, julgado em 4/3/2008.** (Inform. STJ 347)

DISSOLUÇÃO PARCIAL. HAVERES. AÇÕES.

A sociedade cuja parcial dissolução se pretende é uma *holding* que detém o controle acionário de duas sociedades anônimas. A sócia retirante pretende receber seus haveres sociais pela entrega de ações de uma das sociedades anônimas, isso em desacordo com o estatuto social, que prevê o pagamento parcelado em dinheiro. Diante disso, verifica-se que o comando inserto no art. 668 do CPC de 1939, vigorado no art. 1.218, VII, do atual CPC, prevê a alternância de três comandos distintos para a apuração dos haveres, aplicado um na falta do outro, e o primeiro deles é justamente o previsto em contrato social. No caso, o estatuto prevê o referido pagamento em trinta e seis parcelas mensais e sucessivas, atualizadas monetariamente. Assim, não há como tachar de absurdo ou lesivo o critério adotado no estatuto a justificar uma excepcional interferência do Judiciário, pois o pagamento parcelado vem atenuar, justamente, o impacto causado pela descapitalização da sociedade a sofrer dissolução e, se corrigido monetariamente, não tem o condão de causar o enriquecimento injustificado do sócio remanescente. Tal entendimento é também corroborado pela jurisprudência do STJ. Anote-se que, em dissolução parcial, não se fracionam os bens da sociedade a determinar, no caso, a entrega material das pretendidas ações, pois o resultado prático disso seria a extensão da dissolução parcial também às outras sociedades. Precedentes citados: REsp 87.731-SP, DJ 13/10/1997; REsp 83.031-RS, DJ 13/12/1999, e REsp 450.129-MG, DJ 16/12/2002. **REsp 302.366-SP, Rel. Min. Aldir Passarinho Junior, julgado em 5/6/2007.** (Inform. STJ 322)

DISSOLUÇÃO. SOCIEDADE. PRINCÍPIO DE SAISINE.

Com o falecimento, a propriedade e posse dos bens do *de cujus* é transmitida imediatamente aos seus herdeiros legítimos. Assim, na espécie, sem a partilha dos bens, todos os herdeiros, em condomínio, são detentores das ações deixadas pelo acionista falecido e possuem eles legitimidade para postular a dissolução da sociedade familiar, pois alegam que esta não cumpre o seu fim social. Não é necessário que as ações tenham sido escrituradas individualmente a cada um dos herdeiros para que atendam ao percentual de 5% estipulado no art. 206, b, da Lei n. 6.404/1976 (Lei das Sociedades Anônimas). Pelo princípio de *saisine*, eles são possuidores e proprietários do montante de ações deixadas pelo *de cujus*, que, no caso, representa mais de 5% do capital social da empresa. Concluindo, a Turma conheceu em parte do recurso e, nesta parte, deu-lhe provimento para afastar a carência da ação e determinar o retorno dos autos à vara de origem para prosseguir no exame da causa como entender de direito. **REsp 650.821-AM, Rel. Min. Cesar Asfor Rocha, julgado em 27/3/2007.** (Inform. STJ 315)

RESPONSABILIDADE CIVIL. PREJUÍZOS. CONTROLADORES. CONGLOMERADO. EMPRESA.

Trata-se do pedido de ressarcimento dos prejuízos sofridos por acionistas minoritários em razão da ciência dos ilícitos atribuídos aos acionistas controladores e aos administradores do banco, ocorridos a partir do exercício de 1995 a 30 de outubro de 1998, a ser apurado em perícia. Para a Min. Nancy Andrighi, que lavrará o acórdão, na caracterização do abuso de poder de que trata o art. 117 da Lei das Sociedades por Ações, é indispensável a prova do dano, ainda que desnecessária a prova da intenção subjetiva do acionista controlador em prejudicar a companhia ou os minoritários. Entretanto, se não for possível fixá-lo já no processo de conhecimento, essa fixação poderá ser deixada para liquidação de sentença, de acordo com a jurisprudência deste Superior Tribunal. Nesse contexto, a inicial dos recorrentes alega que os acionistas controladores e os administradores do banco praticaram vários atos ilícitos que lhes causaram prejuízos, cuja extenção deverá ser apurada em perícia nos livros e demais documentos societários. Porquanto apontaram as irregularidades, mas não tiveram acesso à documentação completa para fixar o prejuízo, o que é possível nos termos do art. 286, II, do CPC e na esteira da decisão da Quarta Turma no REsp 162.194-SP, DJ 20/3/2000. Outrossim, tais fatos foram amplamente rebatidos pelos recorridos, por isso não poderia ser indeferida a ação por inépcia da petição inicial. Com esses argumentos da Min. Nancy Andrighi, a Turma, por maioria, ao prosseguir o julgamento, deu provimento ao recurso para reformar o acórdão recorrido e anular a sentença, determinando a remessa dos autos à vara de origem, seguindo-se o devido processo legal. Precedentes citados: REsp 10.836-SP, DJ 23/3/1992; REsp 193.100-RS, DJ 4/2/2002, e REsp 265.120-RJ, DJ 10/10/2000. **REsp 790.204-SP, Rel. originário Min. Carlos Alberto Menezes Direito, Rel. para acórdão Min. Nancy Andrighi, julgado em 6/2/2007.** (Inform. STJ 309)

6. SOCIEDADE COOPERATIVA

LEGITIMIDADE. COOPERATIVA. SUBSTITUIÇÃO PROCESSUAL.

As cooperativas são sociedades de pessoas que se caracterizam pela prestação de assistência a seus associados (art. 4º, X, da Lei n. 5.764/1971). Desse modo, elas podem prestar assistência jurídica a eles, o que não extrapola seus objetivos. Contudo, em juízo, a cooperativa não pode litigar em nome próprio na defesa de direito de seus associados (substituição processual), pois constata-se inexistir lei que preveja tal atuação, mesmo que se utilize da interpretação sistêmica entre o art. 83 e os demais dispositivos da Lei n. 5.764/1971. **REsp 901.782-RS, Rel. Min. Luis Felipe Salomão, julgado em 14/6/2011.** (Inform. STJ 477)

COOPERATIVA. ADESÃO.

Trata-se da conveniência do ingresso em cooperativa de trabalho médico de novos profissionais de determinada especialidade, em vista do número dos que lá atuam. A Turma reiterou que a limitação de novos associados somente se condiciona à impossibilidade técnica do profissional para exercer o serviço (Lei n. 5.764/1971, arts. 4º, I, e 29); pois, ao revés, tal impedimento não se coaduna com os arts. 5º, XIII, e 170, IV e V, da CF/1988. **Precedente citado: REsp 151.858-MG, DJ 8/9/1998. REsp 1.124.273-CE, Rel. Min. Luis Felipe Salomão, julgado em 4/3/2010.** (Inform. STJ 425)

COOPERATIVA. MÉDICOS. PACTO. EXCLUSIVIDADE.
Trata-se de cooperativa médica que exige fidelidade em pacto cooperativo, com cláusula de exclusividade de serviços médicos e, por essa razão, foi multada pela Agência Nacional de Saúde Suplementar (ANS). Observa o Min. Relator que a relação entre a cooperativa e o profissional é de cunho privado, uma vez que a atuação dos profissionais dá-se em regime de colaboração e o filiado adere às normas estipuladas, podendo desvincular-se a qualquer tempo. Ressalta, ainda, que, embora a Lei n. 5.764/1971 (que rege as cooperativas) admita a imposição de cláusula de exclusividade, essa norma deve ser interpretada em harmonia com a CF/1988, de índole pós-positivista, cujos princípios consagrados atentam para a livre concorrência e iniciativa, a defesa do consumidor, a liberdade de contratação e associação, como fundamentos do Estado Democrático de Direito. Afirmou ainda que, em atenção a essa novel Constituição, editou-se a Lei n. 9.656/1998, norma posterior e especial que afastou a possibilidade do contrato de exclusividade, ao estabelecer as regras de planos e seguros privados de assistência à saúde, independentemente da forma jurídica de sua constituição. Além disso, o direito pleiteado pela cooperativa compromete, por via oblíqua, os direitos à saúde (CF/1988, art. 196) porque a exclusividade dos serviços médicos prestados à cooperativa cerceia o acesso a esses profissionais. E concluiu que, não obstante haja a tutela dos interesses privados, esses não podem sobrepor-se ao interesse público amparados constitucionalmente. Com esse entendimento, a Turma negou provimento ao recurso. **REsp 768.118-SC, Rel. Min. Luiz Fux, julgado em 11/3/2008.** (Inform. STJ 348)

COOPERATIVA. LIQUIDAÇÃO. SUSPENSÃO. EXECUÇÃO.
A prerrogativa da suspensão de ações judiciais prevista no art. 76 da Lei n. 5.764/1971 destina-se exclusivamente às cooperativas em liquidação. Essa benesse não pode ser estendida aos demais litisconsortes, no caso, fiadores. **REsp 1.025.358-RS, Rel. Min. Nancy Andrighi, julgado em 13/4/2010.** (Inform. STJ 430)

7. FALÊNCIA

7.1. Falência: princípios, normas gerais

ADI E NOVA LEI DE FALÊNCIAS - 1
O Tribunal, por maioria, julgou improcedente pedido formulado em ação direta de inconstitucionalidade proposta pelo Partido Democrático Trabalhista - PDT contra os artigos 60, parágrafo único, 83, I e IV, c, e 141, II, da Lei 11.101/2005, que regula a recuperação judicial, a extrajudicial e a falência do empresário e da sociedade empresária. Sustentava o requerente ofensa aos artigos 1º, III e IV, 6º, 7º, I, e 170, VIII, da CF. Afastou-se, inicialmente, a alegada inconstitucionalidade formal dos dispositivos legais impugnados, por afronta à reserva constitucional de lei complementar. Asseverou-se que, nos termos do art. 22, I, da CF, compete privativamente à União legislar sobre direito do trabalho, a qual não está obrigada a utilizar-se de lei complementar para disciplinar a matéria, o que somente é exigido, de acordo com o art. 7º, I, da CF, para regrar a dispensa imotivada, assunto, entretanto, que não constituiria objeto da Lei 11.101/2005. No ponto, salientou-se que, não obstante a eventual recuperação ou falência de certa empresa ou a venda de seus ativos implique indiretamente a extinção de contratos de trabalho, esse efeito subsidiário nada teria a ver com a despedida arbitrária ou sem justa causa, que decorre sempre de ato volitivo e unilateral do empregador. **ADI 3934/DF, rel. Min. Ricardo Lewandowski, 27.5.2009.** (ADI-3934)

ADI E NOVA LEI DE FALÊNCIAS - 2
Rejeitou-se, em seguida, a alegação de que os artigos 60, parágrafo único, e 141, II, da lei em questão seriam inconstitucionais por estabelecerem que o arrematante das empresas em recuperação judicial não responderia pelas obrigações do devedor, em especial as derivadas da legislação do trabalho. Considerou-se que a Constituição Federal não abrigaria nenhuma regra expressa sobre o eventual direito de cobrança de créditos trabalhistas em face daquele que adquire ativos de empresa em processo de recuperação judicial ou cuja falência tenha sido decretada. Além disso, não haveria ofensa direta a quaisquer valores implícita ou explicitamente protegidos pela Constituição Federal, podendo ocorrer, no máximo, uma colisão entre diferentes princípios constitucionais, sendo que, ainda assim, não se poderia falar em declaração de invalidade de um deles ou de instituição de uma cláusula de exceção, já que o legislador ordinário teria apenas estabelecido relações de precedência condicionada. Registrou-se que, no caso, o papel do legislador infraconstitucional teria se restringido a escolher dentre os distintos valores e princípios constitucionais, igualmente aplicáveis à espécie, aqueles que reputara mais idôneos para disciplinar a recuperação judicial e a falência das empresas, de forma a garantir-lhes a maior expansão possível, tendo em conta o contexto fático e jurídico com o que se defrontara. No ponto, observou-se que a Lei 11.101/2005 resultou de amplo debate com os setores socais diretamente afetados por ela, tendo surgido, também, da necessidade de se preservar o sistema produtivo nacional inserido em uma ordem econômica mundial caracterizada pela concorrência predatória entre seus principais agentes e pela eclosão de crises globais cíclicas altamente desagregadoras. Destarte, nesse contexto, o legislador teria optado por estabelecer que adquirentes de empresas alienadas judicialmente não assumiriam os débitos trabalhistas, por sucessão, porquanto isso não ensejaria prejuízo aos trabalhadores, já que a exclusão da sucessão tornaria mais interessante a compra da empresa e tenderia a estimular maiores ofertas pelos interessados na aquisição, o que aumentaria a garantia dos trabalhadores, em razão de o valor pago ficar à disposição do juízo da falência e ser utilizado para pagar prioritariamente os créditos trabalhistas. Além do mais, a venda em bloco da empresa possibilitaria a continuação da atividade empresarial, preservando empregos. **ADI 3934/DF, rel. Min. Ricardo Lewandowski, 27.5.2009.** (ADI-3934)

ADI E NOVA LEI DE FALÊNCIAS - 3
Aduziu-se que, do ponto de vista teleológico, o diploma em questão teria procurado garantir a sobrevivência das empresas em dificuldades, permitindo a alienação de seus ativos, considerada, especialmente, a função social que esses complexos patrimoniais exercem, nos termos do disposto no art. 170, III, da CF. Afirmou-se que o processo falimentar, nele abrangida a recuperação das empresas em dificuldades, visaria, em última análise, saldar o seu passivo por meio da realização do respectivo patrimônio, sendo reunidos todos os credores, segundo uma ordem pré-determinada, em consonância com a natureza do crédito de que são detentores. Assim, o referido processo teria como escopo, além de contribuir para que a empresa pudesse superar a crise econômica ou financeira, preservar, o máximo possível, os vínculos trabalhistas e a cadeia de fornecedores com os quais ela guardaria verdadeira relação simbiótica (Lei 11.101/2005, art. 47). Dessa forma, os artigos 60, parágrafo único, e 141, II, da lei impugnada seriam constitucionalmente hígidos, mormente porque o legislador, ao concebê-los, teria optado por dar concreção a determinados valores constitucionais, quais sejam, a livre iniciativa e a função social da propriedade em detrimento de outros, com mesma densidade axiológica, por julgá-los mais adequados ao tratamento da matéria. **ADI 3934/DF, rel. Min. Ricardo Lewandowski, 27.5.2009.** (ADI-3934)

ADI E NOVA LEI DE FALÊNCIAS - 4
Também repeliu-se a apontada inconstitucionalidade do art. 83 da Lei 11.101/2005, por ofensa aos artigos 5º, XXXVI e 7º, IV, da CF, na qualificação, como quirografários, dos créditos trabalhistas derivados da legislação do trabalho que ultrapassem 150 salários mínimos. Frisou-se não haver perda de direitos por parte dos trabalhadores, haja vista que, independentemente da categoria em que tais créditos fossem classificados, não deixariam de existir nem se tornariam inexigíveis, deixando de ter apenas caráter preferencial. Observou-se que o estabelecimento de um limite quantitativo para a inserção dos créditos trabalhistas na categoria de preferenciais, do ponto de vista histórico, implicou uma ruptura com a concepção doutrinária que dava suporte ao modelo abrigado no Decreto-lei 7.661/45, que tinha como enfoque principal a proteção do credor e não a preservação da empresa como fonte geradora de bens econômicos e sociais. Destacou-se, ainda, que a própria legislação internacional de proteção ao trabalhador (Convenção 173 da Organização Internacional do Trabalho - OIT) prevê a possibilidade do estabelecimento de limites legais aos créditos de natureza trabalhista, desde que preservado o mínimo essencial à sobrevivência do empregado. Considerou-se que, apesar de ainda não ter havido ratificação dessa Convenção pelo Brasil, poder-se-ia afirmar que os limites eleitos para a garantia dos créditos trabalhistas, na hipótese de falência ou recuperação judicial de empresas, teriam respaldo nas normas adotadas no âmbito da OIT. Nesse sentido, as disposições da Lei 11.101/2005 demonstrariam uma preocupação de caráter distributivo, fixando um critério razoável e proporcional, o mais possível equitativo no que diz respeito ao concurso de credores, ou seja, ao estabelecer um limite máximo para que os créditos trabalhistas tivessem um tratamento preferencial, teria buscado garantir que essa proteção alcançasse o maior número de trabalhadores, isto é, exatamente os que ganham os menores salários. Concluiu-se que o limite de conversão dos créditos trabalhistas em quirografários, portanto, não afrontaria a Constituição Federal, visto que teria por objetivo a proteção do patrimônio dos trabalhadores, especial-

mente os mais necessitados do ponto de vista econômico. Por fim, não se vislumbrou, de igual modo, nenhum vício na fixação do limite dos créditos trabalhistas, para o efeito de classificá-los como quirografários, em salários mínimos, ao fundamento de que o que a Constituição proíbe é a utilização do salário mínimo como indexador de prestações periódicas e não como parâmetro de indenizações ou condenações. Vencidos os Ministros Carlos Britto e Marco Aurélio, que julgavam parcialmente procedente o pedido formulado. **Precedentes citados: RE 449420/PA (DJU de 14.10.2005); ADI 789/DF (DJU de 19.12.94). ADI 3934/DF, rel. Min. Ricardo Lewandowski, 27.5.2009.** (ADI-3934) (Inform. STF 548)

EXTENSÃO. EFEITO. FALÊNCIA. SOCIEDADE.

A Turma entendeu ser possível estender os efeitos da falência de uma empresa a outra, por decisão incidentalmente proferida, sem a oitiva da interessada, na hipótese em que não há vínculo societário direto entre as empresas, mas em que há suspeitas de realização de operações societárias para desvio de patrimônio da falida nos anos anteriores à quebra, inclusive com a constituição de sociedades empresárias conjuntas para esse fim. A análise da regularidade desse procedimento não pode desprender-se das peculiaridades do caso. Assim, não é possível, no processo civil moderno, apreciar uma causa baseando-se exclusivamente nas regras processuais, sem considerar, em cada hipótese, as suas especificidades e, muitas vezes, a evidência com que se descortina o direito material por detrás do processo. Hoje, tanto na doutrina como na jurisprudência, está claro que as regras processuais devem estar a serviço do direito material, nunca o contrário. A cadeia societária descrita no caso demonstra a existência de um *modus operandi* que evidencia a influência de um grupo de sociedades sobre o outro, seja ele ou não integrante do mais amplo. Logo, é possível coibir esse modo de atuação mediante o emprego da técnica da desconsideração da personalidade jurídica, ainda que para isso lhe deva dar nova roupagem. A jurisprudência tem que dar resposta a um anseio social, encontrando novos mecanismos para a atuação do direito, tendo a desconsideração da personalidade jurídica que se encontrar em constante evolução para acompanhar todas as mudanças do tecido social e coibir, de maneira eficaz, todas as novas formas de fraude mediante abuso da personalidade jurídica. A Turma reafirmou ainda que se pode estender o efeito do decreto de falência a sociedades coligadas do falido sem a necessidade de ação autônoma. **REsp 1.259.020-SP, Rel. Min. Nancy Andrighi, julgado em 9/8/2011.** (Inform. STJ 480)

FALÊNCIA. LEGITIMIDADE. MORATÓRIA.

É certo que não se pode confundir massa falida com o próprio falido (aquele contra quem foi proferida a sentença de quebra). Contudo, após a decretação da falência, ele não é mero espectador no processo falimentar, pois pode praticar atos processuais em defesa de seus interesses, mas não em nome da massa, que possui representante próprio: o síndico nomeado. Isso é o que apregoa a nova lei de falências (Lei n. 11.101/2005), a qual, em seu art. 103 (*caput* e parágrafo único), expressamente admite essa legitimidade. Na hipótese, apesar de o agravo de instrumento em questão ter sido interposto em nome da sociedade empresária, o que em verdade discutia era o dia do trânsito em julgado da quebra para efeito de instrução da ação rescisória ajuizada, daí presente a legitimidade do sócio falido para tal, porque se encontra a defender seu interesse de ver rescindida a sentença de quebra que lhe foi desfavorável. Quanto ao síndico da massa falida, não existe sua prerrogativa de intimação pessoal para contraminutar aquele agravo (art. 206, § 1º, do DL n. 7.661/1945). Anote-se que, no caso, a autora requereu o sobrestamento do feito diante da perspectiva de composição amigável. Porém, ao receber cheque desprovido de fundos, entendeu descumprido o acordo e requereu o prosseguimento do feito, o que, atendido, resultou na decretação da falência com fulcro na revelia, sem que houvesse qualquer intimação dando conta da retomada do curso da ação, tampouco da quebra. Assim, vê-se que o juízo julgou procedente o pedido de falência sem se aperceber que lhe faltavam as condições de procedibilidade do art. 267, IV, do CPC, pois é assente que o pedido de sobrestamento ou suspensão do processo formulado unilateralmente pelo credor com o fim de buscar composição amigável configura moratória, que desnatura a impontualidade do devedor, a impedir o processamento do pedido de falência (arts. 1º e 4º, VIII, do referido DL). Dessarte, correto o acórdão do tribunal *a quo* que, de ofício, tornou nula a sentença declaratória da falência, quanto mais se sopesado o baixo valor do título em questão. **Precedentes citados: REsp 660.263-RS, DJ 10/5/2006; REsp 101.088-RS, DJ 13/12/1999; REsp 701.927-SP, DJ 12/6/2006; REsp 757.874-SP, DJ 1º/8/2006; REsp 191.535-SP, DJ 5/8/2002, e REsp 237.345-MG, DJ 28/8/2000. REsp 702.835-PR, Rel. Min. Luis Felipe Salomão, julgado em 16/9/2010.** (Inform. STJ 447)

7.2. Falência: competência jurisdicional

FALÊNCIA. INCOMPETÊNCIA ABSOLUTA REQUERIDA COMO RELATIVA. MOMENTO OPORTUNO.

Não há nulidade na sentença declaratória de falência proferida antes de apreciada a exceção de incompetência relativa, quando, na realidade, a pretensão do excipiente era ver declarada a incompetência absoluta da Justiça comum em face do suposto interesse do Banco Central do Brasil – Bacen na lide, o que atrairia a competência da Justiça Federal. A alegação do recorrente de que o processo foi suspenso posteriormente à decisão de quebra da empresa, e não antes, no momento do recebimento da exceção, não tem o condão de macular a decisão impugnada, pois, *in casu*, a exceção de incompetência era absoluta, devendo ser requerida como preliminar da contestação nos próprios autos da ação principal, e não via exceção de incompetência, instrumento adequado para os casos de incompetência relativa, em que há a suspensão do processo, em conformidade com o art. 306 do CPC. Quanto à competência para processar e julgar o pedido de falência de empresa em liquidação extrajudicial, ou seja, sob intervenção do Bacen, a Turma decidiu que é da Justiça estadual. Precedentes citados: REsp 931.134-MA, DJe 3/4/2009, e CC 43.128-SP, DJ 1º/2/2006. **REsp 1.162.469-PR, Rel. Min. Paulo de Tarso Sanseverino, julgado em 12/4/2012. (Inform. STJ 495)**

FALÊNCIA. JUÍZO UNIVERSAL. DIREITO INTERTEMPORAL.

Na hipótese dos autos, a discussão cinge-se à seguinte questão de direito intertemporal: qual a lei aplicável, tendo em conta que a arrematação do bem, na execução individual, ocorreu sob a égide do DL n. 7.661/1945, mas antes que pudesse ser efetivado o levantamento do valor pelo exequente foi decretada a quebra da empresa executada, já na vigência da Lei n. 11.101/2005. A propositura da ação de execução, a alienação judicial do bem da recorrente, o pedido de levantamento da quantia depositada e o pedido de falência da executada ocorreram na vigência do DL n. 7.665/1945. A sentença que decretou a quebra da recorrente, por sua vez, ocorreu sob a égide da Lei n. 11.101/2005, que revogou expressamente, no seu art. 200, a antiga Lei de Falências. Inicialmente, consignou a Min. Relatora, faz-se necessária a identificação da norma aplicável à execução da recorrida ao valor apurado com a alienação do bem. Isso porque, enquanto a lei nova determina que ele deve ser revertido em favor da massa e o credor deverá habilitar seu crédito na falência, a lei antiga permite primeiro a satisfação do credor, revertendo em favor da massa apenas o eventual remanescente. A Lei n. 11.101/2005 tratou de especificar que, tendo sido decretada a falência da empresa na vigência da lei nova, são os dispositivos desta que deverão ser aplicados (art. 194, *caput*), feita uma ressalva, contudo. Naquelas hipóteses em que a decretação da quebra ocorrera sob a vigência da Lei n. 11.101/2005, mas o pedido de falência foi feito sob a égide do DL n. 7.661/1945, de acordo com o art. 194, § 4º, da nova lei, até a decretação da falência deverão ser aplicadas as disposições da lei anterior. Assim, forçoso concluir que, na hipótese analisada, deverão ser aplicadas as disposições do DL n. 7.661/1945 até a data da decretação da falência da recorrente. Considerando que a alienação judicial do bem ocorreu antes do decreto de quebra, o valor apurado deverá ser destinado, primeiramente, à satisfação do crédito do recorrido e, após, se houver remanescente, reverterá em favor da massa. Diante desses argumentos, entre outros, a Turma negou provimento ao recurso. **REsp 1.063.081-RJ, Rel. Min. Nancy Andrighi, julgado em 4/10/2011.** (Inform. STJ 484)

COMPETÊNCIA. ARRECADAÇÃO. IMÓVEIS. FALÊNCIA. ALUGUÉIS.

A Seção conheceu do conflito e declarou competente o juízo falimentar para decidir o destino dos aluguéis referentes aos imóveis arrecadados na falência. *In casu*, os valores das locações estavam depositados em nome da falida em ações que tramitam no juízo trabalhista. Para o Min. Relator, busca-se evitar a prolação de decisões conflitantes e o beneficiamento de alguns credores em detrimento dos demais, sobretudo pelo fato de estar em curso, no juízo universal, ação revocatória proposta pela massa falida para anular os atos de alienação dos referidos bens. Precedente citado: CC 84.752-RN, DJ 1º/8/2007. **CC 112.697-SP, Rel. Min. Raul Araújo Filho, julgado em 22/6/2011.** (Inform. STJ 478)

COMPETÊNCIA. FALÊNCIA. REDIRECIONAMENTO. GRUPO ECONÔMICO.

O redirecionamento da execução trabalhista com o fim de atingir pessoa jurídica do mesmo grupo econômico de que faz parte a sociedade em regime falimentar não configura conflito positivo de competência com o juízo universal da falência, porque os bens objeto de constrição na

Justiça trabalhista não integram o patrimônio pertencente à massa falida. No âmbito da legislação trabalhista de regência, nada impede que haja a referida constrição, que não transgride a Lei n. 11.101/2005 nem implica exercício indevido de atribuições do juízo falimentar. Por fim, a decisão do juízo laboral que entendeu ser a suscitante integrante do grupo econômico não pode ser revista em conflito de competência. **Precedentes citados: EDcl no CC 65.405-RJ, DJe 6/4/2009; CC 103.437-SP, DJe 30/9/2009, e CC 103.711-RJ, DJe 24/9/2009. CC 107.896-MG, Rel. Min. João Otávio de Noronha, julgado em 26/5/2010.** (Inform. STJ 436)

COMPETÊNCIA. MONITÓRIA. MASSA FALIDA.

Discute-se, no REsp, se o juízo da falência exerce a *vis attractiva* em ação monitória proposta pela massa falida. Nesses casos de demandas atípicas não previstas na Lei de Falência, não ocorre atração para o foro onde tramita a falência até porque não existe qualquer prejuízo a afetar os interesses da massa, incidindo o disposto no art. 7º, § 3º, do DL n. 7.661/1945. Com esse entendimento, a Turma não conheceu o recurso por não merecer reparos a decisão recorrida que considerou competente o foro do domicílio dos réus. Precedentes citados: CC 20.740-SP, DJ 8/2/1999; CC 92.417-DF, DJe 1º/4/2008, e REsp 172.356-PR, DJ 5/3/2001. **REsp 715.289-MG, Rel. Min. Luis Felipe Salomão, julgado em 25/8/2009.** (Inform. STJ 404)

COMPETÊNCIA. BENS. FALÊNCIA. CRIME. RESPONSABILIDADE CIVIL.

A intervenção do Bacen na instituição financeira em questão foi determinada em fevereiro de 2004 e, em fevereiro de 2005, na ação penal movida contra os administradores daquela instituição, o juízo criminal determinou o sequestro de bens. Já em agosto de 2005, o MP estadual ajuizou, perante o juízo falimentar, ação de responsabilidade civil contra esses administradores, o que culminou na decretação do arresto de seus bens. Naquele mesmo mês, o juízo falimentar decretou a falência da instituição financeira e, em janeiro de 2006, a quebra das sociedades empresariais coligadas a ela, seguida de determinação de arrecadação provisória dos bens sequestrados pelo juízo criminal. Sobreveio, em dezembro de 2006, sentença penal condenatória que infligiu penas à maioria dos réus e determinou a perda em favor da União dos bens do principal administrador e das sociedades envolvidas no crime, a dar-se após o trânsito em julgado (art. 91, II, **b**, do CP). Irresignada, a massa falida suscitou o conflito de competência sob o fundamento de que o juízo criminal invadiu a competência do juízo falimentar, ao buscar bens que estão submissos à falência para o pagamento dos credores da massa. Anote-se, por último, que, em julho de 2007, ao confirmar a arrecadação provisória, o juízo falimentar deferiu a extensão da falência às sociedades empresariais ligadas à instituição financeira. Nesse contexto, tem-se como certo que a decretação da quebra traz ao juízo universal da falência a competência para distribuir o patrimônio da massa falida aos credores, ao utilizar as regras da lei falimentar referentes ao concurso. Por essa razão, é inviável o prosseguimento de atos de expropriação patrimonial contra a falida em outros juízos. Quis, assim, o ordenamento jurídico reservar a único juízo a atribuição de gerenciar e decidir acerca dos bens sob a titularidade e posse da massa falida, dispondo eventuais terceiros prejudicados dos mecanismos previstos na legislação falimentar (habilitação de crédito, pedido de restituição etc.). Dessarte, diante do conflito de competência instaurado, deverá ser prestigiada a *vis attractiva* do foro da falência (o idôneo distribuidor do acervo da massa falida). Note-se que, após o trânsito em julgado da sentença penal condenatória (ainda pendente por força de apelação), momento em que se aperfeiçoará o decreto de perda de bens em favor da União, cumprirá ao juízo falimentar (mediante provocação) indicar quem são os terceiros de boa-fé que, à luz do que dispõe o art. 91, II, do CP, não poderão ser prejudicados pelo confisco (efeito da condenação penal). Entender de modo diverso é desmerecer a universalidade e a indivisibilidade do juízo falimentar, a permitir a criação de dois concursos coletivos de credores: um perante o foro da falência e outro, junto ao juízo criminal, a quem afluiriam aqueles para avocar a condição de terceiros de boa-fé, afora a própria especialização da jurisdição criminal, tal como preconizado no art. 120, § 4º, do CPP. Já a ação de responsabilidade civil prevista na Lei n. 6.024/1974 (Lei de Intervenção e de Liquidação das Instituições Financeiras) tem notória interconexão com o feito falimentar, pois lhes são coincidentes o foro competente (art. 46), a legitimidade ativa do administrador da massa falida (art. 47) e o claro desiderato de incrementar o acervo patrimonial da massa falida em prol do pagamento dos credores da instituição financeira (art. 49), isso mediante a condenação dos administradores. A acentuada proximidade da referida ação ao feito falimentar permite que o princípio da universalidade do foro da falência seja, no que couber, aplicado ao caso. Desse modo, à semelhança do que ocorre no caso da falência, diante de sentença penal posterior à ação de responsabilidade a qual determine, após o trânsito em julgado, a perda dos bens dos ex-administradores em proveito da União, será do juízo falimentar a competência para custodiar esses bens e avaliar se o confisco está prejudicando os terceiros de boa-fé. Ressalta-se não ser influente o fato de o sequestro de bens na esfera penal ser anterior à propositura da ação de responsabilidade civil ou ao decreto de quebra, pois, como visto, é a *vis attractiva* do juízo falimentar que prevalece sobre ocasionais medidas de índole cautelar no âmbito penal. Esses fundamentos, constantes do voto do Min. Massami Uyeda, o Relator, foram acolhidos pela Seção, que declarou a competência do juízo de Direito de falências e recuperações judiciais para quaisquer atos que envolvam a disposição ou conservação dos bens do principal administrador e das sociedades coligadas. O Min. João Otávio de Noronha aduziu que o sequestro e o arresto (meros atos de apreensão de natureza conservativa) têm o propósito de evitar que o devedor venha a dilapidar o patrimônio e essa hipótese desaparece com a arrecadação, em que o devedor é despojado da posse dos bens, pois eles agora são confiados à administração da própria Justiça, na pessoa do síndico nomeado. **Precedentes citados: CC 92.417-DF, DJ 1º/4/2008; AgRg no CC 98.498-RJ, DJ 27/3/2009; AgRg no CC 88.620-MG, DJe 8/8/2008; CC 56.347-PR, DJ 8/2/2006, e CC 37.680-PR, DJ 7/3/2005. CC 76.740-SP, Rel. Min. Massami Uyeda, julgado em 13/5/2009.** (Inform. STJ 394)

7.3. Falência: pressupostos, requerimento, depósito elisivo

FALÊNCIA. EMPRESA. DÉBITO. VALOR ÍNFIMO.

A Turma negou provimento ao recurso em caso no qual foram aplicadas as regras pertinentes à antiga Lei de Falências (DL n. 7.661/1945). Segundo o Min. Relator, em razão do princípio da preservação da empresa, o qual inspirou a doutrina, a jurisprudência e o art. 94 da nova Lei de Recuperação Judicial, Extrajudicial e Falência (Lei n. 11.101/2005), reafirmou-se não bastar haver impontualidade do devedor para que o ajuizamento do pedido de falência seja aceito e decretada a quebra da sociedade empresária, antes se devem levar em consideração os sinais de sua insolvência, como bem delineou o acórdão recorrido. Ademais, a jurisprudência deste Superior Tribunal entende que, apesar de o art. 1º do DL n. 7.661/1945 ser omisso quanto ao valor do pedido, não seria razoável, nem se coadunaria com a sistemática do próprio decreto, que valores insignificantes, como no caso dos autos, provocassem a quebra de uma empresa. Precedentes citados: REsp 959.695-SP, DJe 10/3/2009, e AgRg no REsp 1.089.092-SP, DJe 29/4/2009. **REsp 920.140-MT, Rel. Min. Aldir Passarinho Junior, julgado em 8/2/2011.** (Inform. STJ 462)

EXECUÇÃO INDIVIDUAL. FALÊNCIA. PENHORA.

A Turma decidiu que a nomeação extemporânea de bens à penhora, no juízo de execução individual, impede o prosseguimento do pedido de falência (art. 652 do CPC e art. 2º, I, da antiga Lei de Quebra, DL n. 7.661/1945). Com efeito, conforme a melhor exegese dos supracitados dispositivos legais, a falência não pode ser requerida antes do cumprimento do prazo processual para pagamento, o que não significa que, esgotado o prazo, impõe-se a decretação da falência de quem não se manteve de todo inerte na execução individual. Precedente citado: REsp 136.565-RS, DJ 14/6/1999. **REsp 741.053-SP, Rel. Min. Luis Felipe Salomão, julgado em 20/10/2009.** (Inform. STJ 412)

FALÊNCIA. EMPRESA AÉREA. DEPÓSITO ELISIVO.

Ainda que previamente ajuizada ação anulatória do título que lastreia o pedido de falência, se inexiste depósito elisivo e não houve garantia do juízo, não há de se cogitar a suspensão do processo de falência, cuja natureza processual de execução coletiva, de cognição sumária, permite a aplicação analógica do art. 585, § 1º, do CPC. O procedimento estabelecido pelo DL n. 7.661/1945 previa, para a fase pré-falimentar, uma instrução sumária, própria das ações executórias, de sorte que, não havendo depósito elisivo e não sendo requerida a concessão do prazo previsto no art. 11, § 3º, do referido decreto, o Tribunal, após afastar os argumentos da defesa, podia de plano decretar a quebra. Não havia, no DL n. 7.661/1945, um único dispositivo que determinasse a intervenção do Ministério Público no processo pré-falimentar. A análise sistemática do art. 15, II, daquele mesmo decreto permite concluir que o Ministério Público somente deveria ter ciência do pedido de falência após a prolação da respectiva decisão de quebra. O art. 188 do Código Brasileiro de Aeronáutica veicula mera faculdade do Poder Público de intervir em empresas aéreas, faculdade que não poderia embaraçar a efetividade do DL n. 7.661/1945, que não impunha nenhum empecilho à decretação da falência de empresas aéreas. O contrato de confissão de dívida é título executivo, podendo executar-se a nota promissória a ele vinculado. Não havendo a criação de uma obrigação nova para substituir a antiga, não há de se falar em novação. Na sistemática do retrocitado DL, a nomeação do síndico faz parte do próprio conteúdo da declaração de falência. Nos termos do § 2º do art. 201 desse mesmo decreto, a falta ou demora da nomeação do fiscal não prejudica o andamento do processo da falência. Com esses fundamentos, a Turma, ao prosseguir o julgamento, por maioria, negou provimento aos recursos. **REsp 867.128-SP, Rel. Min. Nancy Andrighi, julgado em 1º/10/2009.** (Inform. STJ 409)

FALÊNCIA. PROTESTO ESPECIAL.

É cediço que a tentativa de notificação do protesto deve ser feita pessoalmente no endereço fornecido pelo apresentante e, para o caso de futuro requerimento de falência, deve constar a identificação de quem recebeu a intimação (Súm. n. 361-STJ). No caso dos autos, houve a recusa do recebimento de intimação no endereço fornecido, mas não houve a intimação por edital, tal como nesses casos apregoa expressamente o art. 15 da Lei n. 9.492/1997. Dessa forma, aponta o Min. Relator que, como não consta do instrumento de protesto a individualização de quem se recusou a assinar a carta registrada, é inviável reputar o protesto realizado como credenciado a amparar o pedido de falência e, ainda, diante da falta da intimação editalícia, também é forçoso reconhecer que, sem o protesto especial, assiste razão nesse ponto ao recorrente. Ademais, explica que o pedido de falência deve demonstrar que o devedor ostenta alguns sinais indicativos de insolvência previstos na legislação falimentar, pois a falência não pode ser tomada como simples ação de cobrança. Por outro lado, o Min. Relator observou ser incensurável a decisão *a quo* que reputou como irrelevante o fato de a empresa credora requerer a falência apresentando apenas uma das 4 duplicatas (no valor de R$ 16.583,79) constitutivas da dívida, visto que poderá ser feita a investigação de sinais indicativos de falência pelo julgador, após o decote de eventual excesso no valor inadimplido, portanto não há iliquidez nessa hipótese. Ainda ressaltou que, se o devedor optar por afastar o pleito falimentar, poderá promover o depósito do valor que entender devido e questionar a quantia excedente (art. 98, parágrafo único, da Lei n. 11.101/2005). Isso posto, a Turma conheceu em parte o recurso e, nessa parte, deu-lhe provimento. **REsp 1.052.495-RS, Rel. Min. Massami Uyeda, julgado em 8/9/2009.** (Inform. STJ 406)

FALÊNCIA. VALOR MÍNIMO.

A Turma negou provimento ao recurso, reiterando o entendimento de que não é razoável deferir pedido de falência provocado por valor inferior a quarenta vezes o salário mínimo vigente ao tempo da propositura da ação. Em casos tais como o dos autos, aplica-se o princípio da preservação da empresa, apesar de o art. 1º do DL n. 7.661/1945 ser omisso quanto ao valor da dívida como requisito para a decretação da quebra. Precedentes citados: REsp 959.695-SP, DJe 10/3/2009, e AgRg no REsp 1.089.092-SP, DJe 29/4/2009. **REsp 943.595-SP, Rel. Min. Sidnei Beneti, julgado em 3/9/2009.** (Inform. STJ 405)

(Comentário: ver Informativo STJ 462 □ REsp 920.140/MT)

FALÊNCIA. CREDOR. GARANTIA REAL.

A massa falida de um banco, insatisfeita com a impontualidade no pagamento de nota promissória vencida e protestada vinculada a uma dívida garantida por hipoteca, pediu a falência de uma companhia (art. 1º do DL n. 7.661/1945). Sucede que houve a celebração de acordo entre as partes, o que levou o juiz a extinguir o processo (art. 269, III, do CPC). Note-se que o valor da transação foi depositado. Então, o sócio majoritário do banco falido recorreu da sentença, ao fundamento de que, por má gestão do liquidante, o valor da transação tornou-se ínfimo, a causar prejuízos. Porém, o TJ, ao averiguar que o pedido de falência veio lastreado em título garantido por hipoteca, reconheceu, de ofício, que o pedido da falência era descabido, diante do que dispõe o art. 9º, III, **b**, do DL n. 7.661/1945, e indeferiu a inicial pela impossibilidade jurídica do pedido (art. 295, parágrafo único, III, do CPC), daí o recurso especial. Nesse contexto, em razão da jurisprudência deste Superior Tribunal, não há como reconhecer que houve renúncia tácita ao privilégio em razão do requerimento de falência do devedor, pois ela há que ser sempre expressa. Anote-se que a falência é instituto reservado a credores quirografários em busca da partilha, em rateio, dos bens do devedor, para a satisfação, mesmo que reduzida, de seus créditos. Assim, de acordo com volumosa doutrina, a beneficiária de hipoteca, que notadamente não é credora quirografária, não pode requerer a falência se não desistir dessa garantia ou provar, em procedimento prévio, que o bem em questão não é suficiente à satisfação do crédito. É certo, também, que matéria de ordem pública referente à falta de condição da ação, tal qual a constante dos autos (impossibilidade jurídica do pedido), pode ser conhecida a qualquer tempo e grau de jurisdição (art. 267, § 3º, do CPC). Dessarte, revela-se irretocável o acórdão recorrido quando declara a inépcia da inicial. Por último, vê-se que há, nos autos, pedido de levantamento do numerário depositado, o que melhor será apreciado pelo juízo singular com o retorno dos autos, visto que há que se preservar a possibilidade de invocação do duplo grau de jurisdição. **Precedentes citados: REsp 117.110-MG, DJ 19/8/2002, e REsp 118.042-SP, DJ 11/10/1999. REsp 930.044-RJ, Rel. Min. Sidnei Beneti, julgado em 16/6/2009.** (Inform. STJ 399)

FALÊNCIA. EMPRESA COIRMÃ. DEPÓSITO.

A Turma não conheceu o recurso, considerando inócua a alegação da recorrente de que houve violação do art. 52 do DL n. 7.661/1945, insurgindo-se contra a decisão judicial que remeteu ao juízo falimentar depósito elisivo efetuado por pessoa jurídica que, à época dos fatos, já se encontrava sob os efeitos de falência decretada em processo envolvendo outra empresa coirmã pertencente ao mesmo grupo. Ressaltou o Min. Relator que tal decisão foi expedida levando-se em conta os efeitos decorrentes da quebra em processo diverso, e não apenas a condição individual da empresa devedora. **REsp 538.815-SP, Rel. Min. João Otávio de Noronha, julgado em 19/5/2009.** (Inform. STJ 395)

FALÊNCIA. DÍVIDA. PEQUENO VALOR.

A recorrente requereu a falência da sociedade empresária de arquitetura e engenharia com base no DL n. 7.661/1945, porque não foram pagas três notas promissórias no total de quatro mil e quinhentos reais. Cinge-se a controvérsia em analisar a possibilidade de falência sob a égide do mencionado decreto, quando o pedido é fundado em dívida de pequeno valor. Sustenta que o Tribunal de origem fez retroagir a lei posterior (a nova Lei de Falências), para evitar a falência do devedor impontual. Porém, a Turma negou provimento ao recurso, por entender que, onde a recorrente pretende ver a retroação ilegal de uma norma, há apenas a prevalência de um princípio já contido na legislação aplicável, ao qual o TJ passou a dar maior eficácia a partir da recente decisão do legislador em editar toda uma nova lei, tendo como preocupação maior, justamente, a preservação da empresa. A atividade jurisdicional do TJ, fiel à impossibilidade de fazer retroagir as disposições da nova lei, sendo aplicável ao caso apenas o art. 1º do DL n. 7.661/1945, dirigiu-se, então, a definir a melhor interpretação desse último dispositivo. Para a Min. Relatora, há, assim, uma pequena, mas relevante alteração de perspectiva. Embora, no início, a questão aparentemente se referisse à retroação da nova lei, na verdade ela fica melhor enquadrada como um problema de interpretação da lei antiga. Em outras palavras, trata-se de problema estritamente relacionado à hermenêutica do mencionado DL, aos seus princípios, suas normas e finalidades, inclusive em uma perspectiva histórico-progressista que se tornou possível apenas a partir da edição da nova lei. A hermenêutica é atividade naturalmente dinâmica, e a alteração dos entendimentos jurisprudenciais decorre, muitas vezes, justamente da necessidade de adaptar o sentido de uma lei à mudança dos tempos. Assim, em princípio, nenhum erro existe em buscar uma interpretação para o art. 1º do DL n. 7.661/1945, aplicável ainda depois de sessenta anos, que seja mais adequada ao atual estado de desenvolvimento do capitalismo brasileiro, privilegiando-se a manutenção da unidade produtiva em vez da satisfação duvidosa de uma dívida, pelo sistema do concurso de credores. Não há que censurar o órgão jurisdicional por ter, eventualmente, alterado uma posição jurisprudencial em face da evolução das instituições e das novas necessidades da sociedade. O TJ, referindo-se expressamente àquele artigo, sustenta que a falência deve ser afastada quando o pedido é fundado em dívida de pequeno valor porque esse não era o objetivo do legislador ao sinalizar a presunção de estar falido o comerciante pelo não pagamento de obrigação líquida constante de título executivo. Com isso, o TJ afirma encontrar também, no cerne do próprio DL, o princípio da preservação da empresa que é tão caro à Lei n. 11.101/2005. É com base nesse princípio que a presente falência deixou de ser declarada; note-se, aliás, que muito embora a recorrente sustente ter havido retroação de uma específica norma que vedava a quebra por menos de quarenta salários mínimos, em nenhum momento o acórdão adota esse parâmetro ou mesmo define qualquer outro. Sustenta o TJ que, apesar de o referido artigo ser omisso quanto ao valor do pedido, não é razoável, nem se coaduna com a sistemática do próprio decreto, que valores insignificantes provoquem a quebra de uma empresa. **REsp 870.509-SP, Rel. Min. Nancy Andrighi, julgado em 17/2/2009.** (Inform. STJ 384)

(Comentário: ver Informativos STJ 462 e 405 – REsp 920.140/MT e REsp 943.595/SP, respectivamente)

FALÊNCIA. INTIMAÇÃO. PROTESTO. VIA POSTAL. IDENTIFICAÇÃO. EXTINÇÃO. PROCESSO.

Na espécie, houve pedido de falência fundado em cheques de sociedade devolvidos pelo banco por insuficiência de fundos, com protesto simples das cártulas. Na intimação do protesto pelos Correios, não consta o nome da pessoa intimada, pois feita a pessoa cujo nome não pode ser identificado visto que ilegível, além de não guardar similitude com o do único representante legal da empresa. Note-se que a lide foi julgada antecipadamente, sobreveio agravo de instrumento, foi negado efeito suspensivo e confirmada a falência em segunda instância. Por força de agravo de instrumento, subiu o REsp, que concluiu pela regularidade da intimação do protesto. Enquanto isso, prosseguiu a falência, houve venda do estabelecimento do falido e pagamento dos credores. Ainda está em curso agravo de instrumento do MP com o objetivo de desfazimento da venda do imóvel, por alegada alienação por preço vil. Isso posto, no exame destes embargos de divergência, o Min. Relator destacou que o recurso não perdeu o objeto com o encerramento da falência. Quanto à higidez da intimação do protesto dos cheques para fins de decretação da falência, o cerne da questão, afirmou que a regularidade do protesto é essencial, notadamente na falência, em que as conseqüências são drásticas, gerando efeitos danosos e imediatos contra a empresa requerida. Logo, a segurança e a certeza de que a notificação foi bem feita são imprescindíveis ao sustento do pedido de quebra e, no caso dos autos, é indiscutível o vício. Sendo assim, é inválido o protesto cuja intimação foi feita no endereço da devedora sem que a pessoa fosse identificada, pois constitui tal ato pressuposto indispensável ao pedido falencial e carece o pedido de possibilidade jurídica, autorizando a extinção do processo com base no art. 267, VI, do CPC. Ao prosseguir o julgamento, após voto-vista de desempate da Min. Nancy Andrighi, a Seção, por maioria, conheceu dos embargos de divergência e lhes deu provimento nos termos do voto do Min. Relator. Precedentes citados: REsp 172.847-SC, DJ 24/5/1999; REsp 157.637-SC, DJ 13/10/1998; REsp 448.627-GO, DJ 3/10/2005, e REsp 208.780-SC, DJ 30/6/2003. **EREsp 248.143-PR, Rel. Min. Aldir Passarinho Junior, julgados em 13/6/2007.** (Inform. STJ 323)

SÚMULA STJ Nº 361

A notificação do protesto, para requerimento de falência da empresa devedora, exige a identificação da pessoa que a recebeu.

SÚMULA STJ Nº 248

Comprovada a prestação dos serviços, a duplicata não aceita, mas protestada, é título hábil para instruir pedido de falência.

SÚMULA STJ Nº 29

No pagamento em juízo para elidir falência, são devidos correção monetária, juros e honorários de advogado.

7.4. Falência: créditos, habilitação, preferências, extraconcursais, restituição

FALÊNCIA. HABILITAÇÃO. CRÉDITO. CONTRIBUIÇÃO PARAFISCAL. SENAI.

Trata-se, na origem, de pedido de habilitação de crédito parafiscal em processo de falência formulado pelo Serviço Nacional de Aprendizagem Industrial – Senai. A Turma aplicou o entendimento consolidado em relação aos créditos fiscais – de que o ente público pode optar entre o ajuizamento da execução fiscal e a habilitação de créditos na falência – também para os créditos parafiscais, entre os quais estão incluídas as contribuições devidas ao Senai. Por sua vez, escolhida uma via judicial, ocorre a renúncia em relação à outra, pois não se admite a dupla garantia. Logo, como o Senai optou por habilitar seu crédito no processo falimentar, é irrelevante o fato de ele poder, em tese, cobrar tal crédito por meio de execução fiscal, uma vez que a opção pela habilitação implicou renúncia ao rito da Lei n. 6.830/1980. Ademais este Superior Tribunal não considera a possibilidade de propositura da execução fiscal como um impeditivo à habilitação do crédito no processo de falência. Precedente citado: AgRg no Ag 713.217-RS, DJe 1º/12/2009. **REsp 874.065-RS, Rel. Min. Antonio Carlos Ferreira, julgado em 17/11/2011.** (Inform. STJ 487)

HONORÁRIOS. SUCUMBÊNCIA. HABILITAÇÃO. FALÊNCIA.

É pacífica a jurisprudência do STF e do STJ de que os honorários advocatícios contratuais ou sucumbenciais têm natureza alimentar. Apesar disso, o crédito oriundo da verba honorária sucumbencial não equivale a crédito trabalhista para efeito de habilitação em processo falimentar, pois esses honorários integram sim a classe de créditos com privilégio geral. Não se desconhece haver precedentes contrários a esse entendimento decorrentes de julgados da Terceira Turma e da Corte Especial deste Superior Tribunal, mas há também outros recentes, da Quarta e da Segunda Turma, acordes com ele. Esse entendimento apoia-se, entre outros, no nítido caráter social de proteção ao empregado, que imbuiu o legislador ao instituir o privilégio especial aos créditos trabalhistas, ao constatar haver, entre empregado e empregador, relação de dependência e hipossuficiência, o que inexiste entre advogado e constituinte. Ressalta-se, outrossim, ser impossível utilizar interpretação extensiva na legislação em comento a ponto de conceder o privilégio almejado àqueles honorários. **Precedentes citados: REsp 293.552-SP, DJe 23/6/2008; REsp 1.068.838-PR, DJe 4/2/2010, e REsp 874.309-PR, DJe 27/5/2010. REsp 1.077.528-RS, Rel. Min. Luis Felipe Salomão, julgado em 19/10/2010.** (Inform. STJ 452)

CONTRIBUIÇÕES PREVIDENCIÁRIAS. MASSA FALIDA. RESTITUIÇÃO.

É pacífico, no STJ, que as contribuições previdenciárias descontadas dos salários dos empregados pela massa falida e não repassadas aos cofres previdenciários devem ser restituídas antes do pagamento de qualquer crédito, inclusive trabalhista, porque a quantia relativa às referidas contribuições não integra o patrimônio do falido, incidindo, na espécie, a Súm. n. 417-STF. Além disso, o art. 76 da antiga Lei de Falências (DL n. 7.661/1945), vigente à época dos fatos, autoriza a restituição de coisa arrecadada. Já o *caput* do art. 51 da Lei n. 8.212/1991 anuncia o privilégio dos créditos do INSS, equiparando-os aos créditos da União, e esclarece que os valores descontados dos empregados pertencem à autarquia previdenciária, que poderá reivindicá-los. **Precedentes citados: REsp 780.971-RS, DJ 21/6/2007; REsp 769.174-RS, DJ 6/3/2006; REsp 686.122-RS, DJ 28/11/2005; REsp 511.356-RS, DJ 4/4/2005; REsp 631.529-RS, DJ 30/8/2004; REsp 557.373-RS, DJ 28/4/2004, e REsp 284.276-PR, DJ 11/6/2001. REsp 1.183.383-RS, Rel. Min. Luiz Fux, julgado em 5/10/2010.** (Inform. STJ 450)

FALÊNCIA. HABILITAÇÃO. MULTA TRABALHISTA.

Trata-se de REsp em que se pugna pela exclusão de multa trabalhista de natureza indenizatória da habitação de crédito em decorrência da decretação de falência. Nesse caso específico, a recorrente celebrou acordo judicial com seu ex-empregado em 2/12/1998, com vencimento da primeira parcela em 19/1/1999, vencendo as seguintes a cada 30 dias, com previsão de multa de 30% em caso de inadimplemento. Ocorre que a decretação da falência deu-se em 14/12/1998, ou seja, antes do vencimento da primeira parcela. Diante disso, verifica-se que não se trata nem de dívida vencida ao tempo da falência, nem, tampouco, de ato moratório da empresa falida. Assim, a Turma deu provimento ao recurso para excluir do crédito habilitado o valor da mencionada penalidade, não obstante inexistirem dúvidas acerca da natureza indenizatória da referida multa de cunho trabalhista. **REsp 569.217-SP, Rel. Min. Aldir Passarinho Junior, julgado em 10/11/2009.** (Inform. STJ 415)

FALÊNCIA. HABILITAÇÃO. NOTA PROMISSÓRIA.

A recorrente é massa falida de uma sociedade empresária que exercia a atividade de *factoring*, mas captava recursos de forma ilícita junto à população, dando em garantia apenas notas promissórias que sequer eram registradas em seus livros contábeis. Com lastro em uma dessas notas, a recorrida pretendeu a habilitação de crédito sob a égide do DL n. 7.661/1945. Porém, o art. 82 desse mesmo DL dispõe ser indispensável o credor do falido demonstrar a exata importância de seu crédito, bem como sua própria origem. Entende-se por origem do crédito o negócio, o fato ou as circunstâncias que geraram a obrigação do falido. Essa exigência tem por fim possibilitar a verificação da legitimidade dos créditos para evitar fraudes e abusos contra os verdadeiros credores da falida, não se tratando de mero formalismo. A jurisprudência do STJ entende imprescindível o cumprimento dessa exigência, mesmo nos casos em que título de crédito dotado de autonomia e abstração lastrear o valor pretendido. Dessa forma, a simples declaração de que o crédito é consubstanciado na nota promissória apresentada, tal como se deu no caso, não atende as exigências impostas ao credor na referida lei falimentar. Apesar da hipótese narrada nos autos, em que é notória a ocorrência de condutas ilícitas, a lei tem que ser respeitada, justamente para beneficiar aqueles que, comprovadamente e de boa-fé, contrataram com a falida. **Precedentes citados: REsp 556.032-SP, DJ 20/9/2004; REsp 10.208-SP, DJ 28/10/1991, e REsp 18.995-SP, DJ 3/11/1992. REsp 890.518-SC, Rel. Min. Nancy Andrighi, julgado em 20/10/2009.** (Inform. STJ 412)

FALÊNCIA. CRÉDITO TRABALHISTA.

É cediço que, tanto na doutrina quanto na jurisprudência, o crédito trabalhista tem natureza alimentar e, como tal, constitui crédito superprivilegiado frente aos demais créditos reconhecidos pelo ordenamento jurídico pátrio, preferido, inclusive, ao crédito de natureza fiscal. Assim, pode-se conceituar o crédito trabalhista como todo crédito de caráter econômico-financeiro devido ao empregado oriundo da relação de trabalho regida pela CLT e passível de eventual reconhecimento judicial. Dessa forma, para o Min. Relator, o Tribunal *a quo* violou o art. 449, § 1º, da CLT, ao decidir que as verbas indenizatórias, como multas e horas extras, não possuem natureza salarial, portanto devem ser classificadas como crédito privilegiado no quadro geral dos credores no processo de falência porque o que o certo é classificá-los como crédito prioritário trabalhista, pois o *caput* do citado dispositivo fala em direitos sem quaisquer restrições, envolvendo, por conseguinte, verbas salariais e indenizatórias. Além disso, ressalta ainda que há precedente da Turma de relatoria da Min. Nancy Andrighi segundo o qual, em razão de sua natureza indenizatória, a multa prevista no art. 477, § 8º, da CLT em favor do empregado não deve ser excluída do crédito trabalhista objeto de habilitação no processo falimentar. Observa, ainda, no entanto, a título ilustrativo, por não se aplicar ao caso dos autos afeto à lei anterior, que, na legislação de falência em vigor (Lei n. 11.101/2005), o crédito trabalhista subsiste com privilégio sobre todos os demais, porém limitado a 150 salários mínimos. Porém o que exceder esse valor é crédito quirografário sem qualquer preferência, só se situando acima dos créditos subordinados subquirografários instituídos pela nova legislação. Isso posto, a Turma conheceu do recurso e deu provimento a ele para determinar a inclusão das verbas indenizatórias como crédito prioritário trabalhista no processo falimentar. **REsp 1.051.590-GO, Rel. Min. Sidnei Beneti, julgado em 8/9/2009.** (Inform. STJ 406)

FALÊNCIA. DUPLICATA. EXECUÇÃO. SUSPENSÃO.

A Turma não conheceu o recurso em que a recorrente pretendia o reconhecimento de seu crédito (duplicata protestada de serviços de comissão pela venda de imóveis), com anterior ação de sustação do citado protesto, caução equivalente ao valor do título e com garantia real para fins de afastar rateio no juízo falimentar. No caso, por todos os ângulos em que a questão foi analisada, não merece reparos a decisão do Tribunal *a quo* que determinou a suspensão da execução, remetendo o credor ao juízo falimentar. A natureza "real" da caução prestada em ação cautelar de sustação do protesto é apenas uma contraposição à natureza fidejussória, pelo que o crédito até então quirografário não se transmuda em crédito com garantia real, pois o domínio dos valores caucionados não foi transferido ao credor. Ademais, a garantia é oferecida ao juízo, os valores, então, não são transferidos a crédito do requerido, motivo pelo qual sem razão o pretendido crédito com garantia real. Por outro lado, pela antiga Lei de Falências (art. 24, § 2º, I), a regra geral é que somente as ações individuais e execuções ajuizadas antes da falência ficam suspensas, desde que o crédito não esteja sujeito a rateio. No caso, contudo, mesmo que a ação cautelar de arresto tenha sido ajuizada anteriormente à quebra, o crédito exequendo com garantia real estará sujeito a rateio, sujeito à regra do art. 102 da Lei Falimentar e do art. 186 do CTN, referente à preferência aos créditos decorrentes da legislação do trabalho, devendo, assim, ser habilitado junto ao juízo universal da falência. **Precedentes citados: REsp 34.899-SP, DJ 13/3/1995; REsp 68.201-SP, DJ 15/8/2005; REsp 802.288-SC, DJ 14/5/2007, e REsp 594.491-RS, DJ 8/8/2005. AgRg no REsp 274.580-SP, Rel. Min. Luis Felipe Salomão, julgado em 19/5/2009.** (Inform. STJ 395)

FALÊNCIA. APRESENTAÇÃO. CRÉDITO TRIBUTÁRIO.

Os arts. 187 do CTN e 29 da Lei n. 6.830/1980 não representam óbice à habilitação de créditos tributários no concurso de credores da falência; tratam, na verdade, de prerrogativa da entidade pública em poder optar entre o pagamento do crédito pelo rito da execução fiscal ou mediante habilitação. Escolhendo um rito, ocorre a renúncia da utilização do outro, não se admitindo uma dúplice garantia. O fato de permitir a habilitação do crédito tributário em processo de falência não significa admitir o requerimento de quebra por parte da Fazenda Pública. No caso, busca-se o pagamento de créditos da União representados por onze inscrições em dívida ativa que, em sua maioria, não foram objeto de execução fiscal em razão de seu valor. Diante dessa circunstância, seria desarrazoado exigir que a Fazenda Nacional extraísse as competentes CDAs e promovesse as respectivas execuções fiscais para cobrar valores que, por razões de política fiscal, não são ajuizáveis (Lei n. 10.522/2002, art. 20), ainda mais quando o processo já se encontra na fase de prestação de contas pelo síndico. Nesse contexto, a Turma determinou o retorno dos autos ao Tribunal de origem para verificação da suficiência e validade da documentação acostada pela Procuradoria da Fazenda Nacional a fim de fazer prova de seu pretenso crédito. Precedentes citados: REsp 402.254-RJ, DJe 30/6/2008; REsp 988.468-RS, DJ 29/11/2007; REsp 185.838-SP, DJ 12/11/2001, e REsp 287.824-MG, DJ 20/2/2006. **REsp 1.103.405-MG, Rel. Min. Castro Meira, julgado em 2/4/2009.** (Inform. STJ 389)

FALÊNCIA. CRÉDITO. PARCELAS. HONORÁRIOS ADVOCATÍCIOS.

A Turma entendeu que, tendo a empresa falida direito ao recebimento de crédito decorrente de ação judicial com o valor da condenação sujeito a pagamento parcelado em dez vezes, via precatório, cabível a restituição da primeira parcela ao advogado a título de honorários fixados em 10% do valor atualizado do débito, com a devida correção monetária e juros legais (art. 20, *caput*, CPC). **RMS 24.010-SP, Rel. Min. Nancy Andrighi, julgado em 4/9/2008.** (Inform. STJ 366)

MASSA FALIDA. CRÉDITO PRIVILEGIADO. HONORÁRIOS. SOCIEDADE. ADVOGADOS.

Discute-se a existência ou não de crédito privilegiado em relação a honorários de sociedade dos advogados ora recorridos, contratados pela empresa, hoje falida, para defendê-la quanto às majorações indevidas de Finsocial. Destacou o Min. Relator que a única matéria prequestionada no REsp é quanto ao art. 24 do atual Estatuto da OAB, que está inserido no Capítulo VI e não distingue o titular da verba advocatícia. Afirma também que a interpretação do citado art. 24 deve ser feita em conjunto com outros artigos do mesmo estatuto. O art. 15 permite a reunião de advogados em sociedade civil sob a forma de pessoa jurídica, mas, na origem, são profissionais individuais. Impõe-lhes, ainda, submissão ao Código de Ética e Disciplina e estabelece, entre outras colocações, que as procurações devem ser outorgadas individualmente a indicar de que sociedade façam parte, assim lhes emprestam uma natureza peculiar. Ressaltou o art. 16, o qual estabelece restrições a essas sociedades, como lhes coibir desvirtuamentos que não sejam prestação de serviço. Por fim, mencionou o art. 17 do mesmo Estatuto, que prevê responsabilidade cumulativa entre a pessoa jurídica e os sócios. Sendo assim, no dizer do Min. Relator, afigura-se induvidoso o enquadramento da natureza de crédito privilegiado aos honorários advocatícios pela impossibilidade de distinção entre honorários devidos a advogados pessoas físicas e jurídicas, pois essas sociedades de advogados revestem-se de forma diferente e peculiar de outras sociedades. Com esse entendimento, a Turma não conheceu o recurso, confirmando o acórdão recorrido. Precedentes citados; REsp 457.559-SP, DJ 13/12/2004, e REsp 651.157-SP, DJ 24/2/2005. **REsp 293.552-SP, Rel. Min. Aldir Passarinho Junior, julgado em 6/12/2007.** (Inform. STJ 341)

(Comentário – ver Informativo STJ 452 – REsp 1.077.528/RS, no sentido de que os honorários advocatícios, contratuais ou sucumbenciais, não são equiparados a crédito trabalhista para fins de habilitação na falência, embora tenham natureza alimentar, pertencendo à classe dos créditos com privilégio geral)

SÚMULA STF Nº 565

A multa fiscal moratória constitui pena administrativa, não se incluindo no crédito habilitado em falência. *(Comentário: atualmente, o art. 83, VII, da Lei 11.101/2005 prevê as multas tributárias como créditos oponíveis à massa. Ademais, a habilitação do crédito tributário no processo de falência é uma prerrogativa do fisco – ver Informativo STJ 389 – REsp 1.103.405/MG)*

SÚMULA STF Nº 495

A restituição em dinheiro da coisa vendida a crédito, entregue nos quinze dias anteriores ao pedido de falência ou de concordata, cabe, quando, ainda que consumida ou transformada, não faça o devedor prova de haver sido alienada a terceiro. (comentário: lembre-se que a legislação atual não prevê concordata, mas apenas recuperação judicial ou extrajudicial)

SÚMULA STF Nº 417

Pode ser objeto de restituição, na falência, dinheiro em poder do falido, recebido em nome de outrem, ou do qual, por Lei ou contrato, não tivesse ele a disponibilidade.

SÚMULA STF Nº 192

Não se inclui no crédito habilitado em falência a multa fiscal com efeito de pena administrativa. *(Comentário: atualmente, o art. 83, VII, da Lei 11.101/2005 prevê as multas tributárias como créditos oponíveis à massa. Ademais, a habilitação do crédito tributário no processo de falência é uma prerrogativa do fisco – ver Informativo STJ 389 – REsp 1.103.405/MG)*

SÚMULA STJ Nº 307

A restituição de adiantamento de contrato de câmbio, na falência, deve ser atendida antes de qualquer crédito.

SÚMULA STJ Nº 219

Os créditos decorrentes de serviços prestados à massa falida, inclusive a remuneração do síndico, gozam dos privilégios próprios dos trabalhistas. *(Comentário: ver art. 84 da Lei 11.101/2005 – créditos extraconcursais)*

SÚMULA STJ Nº 36

A correção monetária integra o valor da restituição, em caso de adiantamento de câmbio, requerida em concordata ou falência.

7.5. Falência: processo

PROCESSO FALIMENTAR. SUCUMBÊNCIA DE CREDOR HABILITANTE. ASSISTÊNCIA LITISCONSORCIAL. HONORÁRIOS ADVOCATÍCIOS.

Na espécie, a *quaestio juris* está em saber se cabem honorários advocatícios sucumbenciais em favor do falido no caso de habilitação parcial de crédito em processo falimentar regido pela revogada Lei de Falências (Dec.-lei n. 7.661/1945). Como consabido, no processo falimentar, o falido exerce, a um só tempo, dever de auxílio e também direito de fiscalizar a administração da massa, podendo, no último caso, intervir como assistente nos feitos em que a massa seja parte ou interessada (art. 36 do mencionado decreto). Portanto, é a própria Lei de Falências revogada que delineia a atuação do falido no processo falimentar, franqueando-lhe a possibilidade de, como assistente, pleitear providências necessárias à conservação dos seus direitos (Lei n. 11.101/2005, arts. 103 e 104). *In casu*, o falido defende interesse próprio em controvérsia instalada em habilitação de crédito incidental à falência, portanto sua posição se assemelha à de assistente litisconsorcial. Trata-se de uma espécie de assistência litisconsorcial *sui generis* porque, muito embora a massa falida subjetiva seja a comunhão de interesses dos credores, representada pelo síndico/administrador, em não raras vezes os interesses da coletividade altercam-se com os interesses individuais do falido, hipóteses em que não se pode falar que ele mantém
1284 relação de auxílio com a massa. Assim, aplica-se a regra do art. 52 do CPC, em que o assistente sujeita-se aos mesmos ônus processuais que o assistido, não lhe podendo ser negados, em contrapartida, os consectários benéficos de sua atuação. Ademais, sendo o assistente qualificado (ou litisconsorcial) considerado verdadeiro litisconsorte (art. 54 do CPC), as regras de sucumbência aplicáveis devem ser as mesmas destinadas às partes principais, mormente a que enuncia que, concorrendo diversos autores ou diversos réus, os vencidos respondem pelas despesas e honorários em proporção (art. 23 do CPC). Dessa forma, uma vez reconhecida a sucumbência exclusiva do credor habilitante em decisão transitada em julgado, impende o arbitramento de honorários em favor do advogado do falido, a teor do § 4º do art. 20 do CPC, além do fato de ter ele impugnado, de forma substancial, os créditos cuja habilitação se pleiteava. Precedente citado: REsp 443.867-RS, DJ 17/2/2003. **REsp 1.003.359-RS, Rel. Min. Luis Felipe Salomão, julgado em 6/9/2012.(Inform. STJ 503)**

FALÊNCIA. CREDOR. ASSISTÊNCIA.

A primeira recorrida ajuizou ação contra a segunda recorrida (massa falida), buscando anular e adjudicar os registros de marca comercial, razão pela qual a recorrente, credora da massa, requereu sua intervenção como assistente simples. É consabido que a concessão da assistência (art. 50 do CPC) depende de o interveniente ter interesse jurídico na lide alheia: pode pleitear sua admissão quando a sentença a ser proferida puder interferir, mesmo que de forma reflexa, em sua situação jurídica. À primeira vista, poder-se-ia classificar o interesse do recorrente como eminentemente econômico, não fosse o fato de a segunda recorrida compor processo falimentar, pois a declaração de falência faz nascer para os credores o interesse jurídico de preservar e arrecadar todo e qualquer patrimônio que possa integrar a massa falida. Não é por outra razão que a Lei de Falências (tanto a nova quanto a antiga) reconhece a legitimidade *ad causam* para o credor propor a ação revocatória, contestar e apelar da sentença que julgar procedente pedido de restituição ou embargos de terceiro. Dessarte, há interesse jurídico do credor do falido (devidamente habilitado na ação falimentar) de intervir como assistente da massa falida nos autos em que ela atuar como parte, tal como no caso. Precedentes citados: AgRg no Ag 428.669-RJ, DJe 30/6/2008; AgRg no REsp 1.080.709-RS, DJe 10/9/2010, e REsp 241.418-SP, DJe 3/12/2010. **REsp 1.025.633-RJ, Rel. Min. Massami Uyeda, julgado em 24/5/2011.** (Inform. STJ 474)

FALÊNCIA. AÇÃO MONITÓRIA. AVALISTAS.

Na espécie, há duas questões a serem decididas. A primeira, saber se cabe ajuizar ação monitória depois da falência do devedor cuja sentença declaratória não foi publicada; a segunda, se podem os avalistas figurar no polo passivo, em razão da prescrição dos títulos. Para o Min. Relator, levando-se em consideração um detalhe, qual seja, o de que a monitória foi embargada e não há crédito algum a habilitar na falência, pois a sua constituição ainda pende de julgamento, a rigor, tem-se uma ação de conhecimento cujo crédito somente será habilitável depois de regularmente definido, por isso mesmo não tem força para quebrar a universalidade do juízo falimentar, cuja existência tem por finalidade manter hígida a *par condicium creditorum*, ou seja, a paridade entre os diversos credores, dentro das regras específicas de pagamento na lei falimentar. Não há, na espécie, quebra desse princípio básico, pois não há crédito a pagar e muito menos a habilitar, existindo, efetivamente, embargos à monitória.Assim o rito é o ordinário, somente podendo se falar em valor (crédito) exigível no final do processo. O fato é que não há prevalência do juízo falimentar. Para todos os efeitos, não havia falência. Se não havia falência, a monitória era possível e cabível. Há de ser considerado que a monitória foi proposta antes da quebra, dada a não publicação formal da sentença, conforme os ditames legais. Dada a prescrição dos títulos, não há crédito a habilitar na falência. Quanto à legitimidade passiva dos avalistas, que figuram como demandados, há, no caso, omissão no julgado. É que, conforme a jurisprudência deste Superior Tribunal, perde eficácia o aval se estiver prescrito o título de crédito, não respondendo o garante pela dívida, salvo se comprovado ter-se beneficiado com o crédito. No caso, sobre essa particularidade, não houve pronunciamento. Diante do exposto, a Turma conheceu do recurso para reconhecer a possibilidade de ajuizamento da monitória e, identificando omissão no julgado combatido, determinar a remessa dos autos à origem para que seja suprida a falta. **Precedentes citados: REsp 222.937-SP, DJ 2/2/2004; AgRg no Ag 653.421-SP, DJ 29/10/2007; REsp 467.516-MT, DJ 20/3/2006; REsp 243.385-SP, DJ 26/8/2002, e REsp 1.022.068-SP, DJe 2/2/2009. REsp 896.543-MG, Rel. Min. Fernando Gonçalves, julgado em 13/4/2010.** (Inform. STJ 430)

EMBARGOS. TERCEIRO. DEFESA. POSSE.

Trata-se de recurso contra acórdão de TJ que acolheu embargos de terceiro ao entendimento de que os efeitos da sentença proferida em ação revocatória ajuizada pela massa contra o comprador de imóvel não abrangem direito de terceiros que, de boa-fé, adquiriram unidades desse comprador antes da declaração da falência. A recorrente, massa falida, alega que a decisão violou os arts. 52, VII, 54 do DL n. 7.661/1945 e 215 da Lei n. 6.015/1973. O Min. Relator conhecia e dava provimento ao recurso para julgar improcedentes os embargos de terceiro, entendendo ter sido violado o art. 52 da Lei de Falências, que preleciona a ineficácia, em relação à massa, dos atos de disposição de bens da falida ou de constituição de ônus real, mormente se a venda pretérita foi tida por ineficaz em sentença transitada em julgado, como no caso. O Min. Aldir Passarinho Junior, em seu voto vista, acolhia o entendimento esposado no parecer ministerial de que o art. 52, VII, da Lei Falimentar somente será aplicado quando se tratar de transferência efetivada após a decretação do sequestro ou da quebra; não, se operada durante o período suspeito da falência. No caso, os recorridos embargantes adquiriram os imóveis em 29/11/1991 e em 5/8/1993. A falência foi decretada em 19/12/1994 e o termo legal foi fixado na data de 16/11/1991. Enfatizou, ainda, o reconhecimento da boa-fé dos terceiros embargantes, que adquiriram as unidades residenciais de uma outra construtora, para a qual a posterior falida vendera os imóveis quase três anos antes da quebra. Para o Min. Aldir Passarinho Junior, o uso dos embargos de terceiro é possível, a teor da Súm. n. 84-STJ, em defesa da posse, e os recorridos não participaram da ação revocatória, de sorte que a coisa julgada apenas se formou entre os litigantes. Assim, a Turma, por maioria, não conheceu do recurso. **Precedentes citados: REsp 168.401-RS, DJ 17/2/2003; REsp 246.689-SP, DJ 2/4/2001, e REsp 42.201-SP, DJ 1º/8/2000. REsp 533.656-RJ, Rel. originário Min. Luis Felipe Salomão, Rel. para acórdão Min. Aldir Passarinho Junior, julgado em 6/4/2010.** (Inform. STJ 429)

RECURSO REPETITIVO. MASSA FALIDA. HONORÁRIOS.

A Seção, ao julgar recurso representativo de controvérsia (art. 543-C do CPC e Resolução n. 8/2008-STJ), reafirmou o entendimento jurisprudencial de ser exigível a cobrança do encargo de 20% previsto no art. 1º do DL n. 1.205/1969 nos autos de execução fiscal proposta contra a massa falida, tendo em vista o disposto do art. 208, § 2º, da antiga Lei de Falências (DL 7.661/1945). Esclareceu-se, ainda, que tal encargo, imposto no art. 1º do DL n. 1.205/1969, foi alterado pela Lei n. 7.711/1988 (*ex vi* arts. 3º e 4º) não destina-se unicamente a substituir a condenação em honorários advocatícios, mas custear despesas que não abrangem só honorários. Observou-se, também, o exame do disposto no art. 21 da Lei n. 4.439/1964 e do art. 1º, II, da Lei n. 5.421/1968. **Precedentes citados: EREsp 668.253-PR, DJ 24/9/2007; EREsp 637.943-PR, DJ 3/4/2006; EREsp 448.115-PR, DJ 5/12/2005; REsp 446.301-PR, DJ 20/9/2002; AgRg no REsp 1.006.243-PR, DJe 23/4/2009, e AgRg no REsp 641.610-PR, DJe 13/2/2009. REsp 1.110.924-SP, Rel. Min. Benedito Gonçalves, julgado em 10/6/2009.** (Inform. STJ 398)

FALÊNCIA. EXCEÇÃO. PRÉ-EXECUTIVIDADE. MULTA. JUROS.
No processo falimentar, a aplicação de multa fiscal e juros moratórios é passível de ser questionada mediante exceção de pré-executividade. Os juros moratórios anteriores à decretação da quebra são devidos pela massa independentemente de haver saldo para o pagamento do principal, porém, depois da quebra, a exigibilidade fica condicionada à suficiência do ativo. A multa moratória, no entanto, não incide na execução fiscal movida contra a massa falida (Súmulas ns. 192 e 565 do STF e art. 23, parágrafo único, III, do DL n. 7.661/1945). Precedentes citados: REsp 868.739-MG, DJ 23/4/2007; AgRg no REsp 693.195-MG, DJ 24/10/2005; REsp 447.385-RS, DJ 2/8/2006, e EDcl no REsp 408.720-PR, DJ 30/9/2002. **REsp 949.319-MG, Rel. Min. Luiz Fux, julgado em 14/11/2007.** (Inform. STJ 339)

FALÊNCIA. MEDIDA CAUTELAR. SUSTAÇÃO. PROTESTO. PRAZO PRESCRICIONAL.
Cuida-se de recurso contra acórdão do TJ que acolheu os embargos infringentes opostos pela recorrida e restabeleceu a sentença que julgou improcedente o pedido de falência nos termos do art. 4º, II, do DL n. 7.661/1945. Dessarte, a Turma conheceu do recurso e lhe deu provimento para afastar a alegada prescrição, restabelecendo o acórdão primitivo que reformara a sentença e declarara aberta a falência da recorrida. O Min. Relator entendeu que, no caso, ainda que a ação anulatória de título tenha sido julgada improcedente, com a cassação da liminar anteriormente concedida – que determinava a sustação do protesto –, é de se ter por interrompido o prazo prescricional, durante o lapso em que produziu efeito a determinação judicial. Esse prazo, com a improcedência da demanda principal e conseqüente cassação da liminar, foi restituído *in totum* ao recorrente, que, então, ajuizou o pedido de quebra. Frisou o Min. Relator ser impossível, durante o período de sustação do protesto, o pedido de quebra, porquanto ausente título autorizador da respectiva pretensão. Assim, conforme precedente, considerando que os protestos dos títulos são imperativos para o ajuizamento da ação de falência, a sustação judicial dos protestos em decorrência de liminar em ação cautelar interrompe o prazo da prescrição, não se podendo aplicar em tal cenário os paradigmas sobre a prescrição quando se trate de ajuizamento de ação de execução. Precedente citado: REsp 674.125-GO, DJ 12/3/2007. **REsp 251.678-SP, Rel. Min. Hélio Quaglia Barbosa, julgado em 4/9/2007.** (Inform. STJ 330)

ANTECIPAÇÃO. CUSTAS. EMPRESA. FALÊNCIA. ENCARGOS. MASSA.
No recurso, discute-se a antecipação de custas por empresa requerente de falência, em que se aponta violação do art. 23, parágrafo único, II, c/c art. 124, § 1º, I, da Lei de Quebras e o art. 19, § 1º, do CPC. O Min. Relator destacou que, com a sentença que decreta a falência, já é nomeado o síndico (art. 14, IV, do DL n. 7.661/1945), de sorte que, a partir daí, compete a ele prosseguir no feito, tomando as providências necessárias ao custeio do processo falimentar, não mais à requerente, apenas responsável pelas diligências anteriores. O edital de publicação da sentença já não tem seu custeio atribuível à requerente (art. 16 do mesmo diploma legal). Assim, não lhe cabe antecipar as despesas pertinentes às custas iniciais e à diligência do oficial de justiça, não lhe competindo adiantar verbas alusivas a editais etc. ulteriores à decretação; conforme as normas da Lei Falencial, os gastos não serão reembolsados e, na verdade, compreendem encargos da massa, e não da requerente. Ante o exposto, a Turma conheceu do recurso e lhe deu provimento, para prover o agravo, dispensando a recorrente de antecipar as custas alusivas a eventuais atos ulteriores à decretação da quebra. **REsp 399.877-MG, Rel. Min. Aldir Passarinho Junior, julgado em 10/4/2007.** (Inform. STJ 316)

SÚMULA STF Nº 265

Na apuração de haveres não prevalece o balanço não aprovado pelo sócio falecido, excluído ou que se retirou.

SÚMULA STJ Nº 88

São admissíveis embargos infringentes em processo falimentar.

SÚMULA STJ Nº 25

Nas ações da lei de falências o prazo para a interposição de recurso conta-se da intimação da parte.

7.6. Falência: revocatória, ineficácia de atos perante a massa, período suspeito

FALÊNCIA. REVOCATÓRIA. TERMO LEGAL.
Os critérios de fixação do termo legal da falência não podem ser revistos na ação revocatória, pois qualquer ilegalidade em sua fixação deve ser alegada no momento oportuno (art. 22, parágrafo único, do DL n. 7.661/1945 – antiga lei de quebras). **Precedente citado: REsp 604.315-SP, DJe 8/6/2010. REsp 623.434-RS, Rel. Min. Luis Felipe Salomão, julgado em 16/11/2010.** (Inform. STJ 456)

FALÊNCIA. VENDA. ESTOQUE. TERMO LEGAL.
Trata-se de REsp em que a questão cinge-se em determinar a validade da operação de venda de mercadoria realizada por empresa durante o termo legal da falência e em saber se tal venda caracteriza a alienação ou transferência do estabelecimento. Inicialmente, ressaltou a Min. Relatora que, no caso, a ação revocatória ajuizada na origem abrange a alienação de um único veículo realizada por uma empresa cujo objeto social era justamente a revenda de automóveis. Desse modo, a venda regular de mercadoria integrante do estoque não pode ser vista como venda ou transferência do estabelecimento na acepção do art. 52, VIII, do DL n. 7.661/1945 (atualmente art. 129, VI, da Lei n. 11.101/2005). Trata-se, na realidade, de mero desenvolvimento da atividade econômica da empresa, ainda que realizada numa situação pré-falimentar. Ressaltou, ainda, que uma venda regular praticada pela empresa não implica prejuízo aos credores, ao contrário, a operação lhes traz vantagens, na medida em que, para a mercadoria que baixa do estoque, haverá uma contrapartida em dinheiro, em valor que corresponderá não apenas ao custo dessa mercadoria, mas também ao lucro auferido com o negócio. Assim, a venda individual de componentes do estabelecimento sem a desestruturação desse é providência que a empresa pode adotar legitimamente, mesmo às vésperas da falência, como meio de levantar recursos para a quitação de dívidas, até para tentar evitar a própria quebra. Contudo, esse entendimento não se aplica às alienações realizadas de má-fé, em que há desvio de numerário e/ou a dilapidação do patrimônio da empresa com o fito de prejudicar credores, o que, conforme os autos, não ocorreu na hipótese. Observou, ademais, que a jurisprudência deste Superior Tribunal tem-se posicionado no sentido de que a revogação do ato de alienação do bem realizado no termo legal da falência e antes de decretada a quebra depende de prova da fraude. Diante desses fundamentos, a Turma deu provimento ao recurso. **Precedentes citados: REsp 681.798-PR, DJ 22/8/2005; REsp 252.350-SP, DJ 18/12/2000; AgRg no Ag 946.358-SP, DJe 1º/12/2008; REsp 302.558-RJ, DJ 23/4/2007; REsp 510.404-SP, DJ 29/3/2007, e REsp 246.667-SP, DJ 14/4/2003. REsp 1.079.781-RS, Rel. Min. Nancy Andrighi, julgado em 14/9/2010.** (Inform. STJ 447)

REVOCATÓRIA. RETIFICAÇÃO. PERÍODO SUSPEITO.
A ação revocatória não comporta a discussão a respeito do período suspeito da falência. O recorrente deveria ter-se insurgido no momento oportuno contra a retificação (a pedido do síndico) do termo legal da falência tal qual preceitua o art. 22, parágrafo único, da revogada Lei de Quebras (DL n. 7.661/1945), e, porque se quedou inerte, operou-se a preclusão. Assim, a dação em pagamento que realizou com o falido durante o termo é objetivamente ineficaz perante a massa (art. 52, II, do referido DL). Anote-se ter natureza de direito material o prazo referente ao período suspeito, daí a revogada Lei de Quebras determinar sua contagem de forma peremptória e contínua (art. 204). Vê-se, também, que a sentença falimentar ou a interlocutória que fixa o termo legal da quebra atinge a todos que celebraram negócios jurídicos com o falido na condição de credor ou devedor. **Precedente citado: REsp 207.116-SP, DJ 29/5/2006. REsp 604.315-SP, Rel. Min. Luis Felipe Salomão, julgado em 25/5/2010.** (Inform. STJ 436)

AÇÃO REVOCATÓRIA. FALIDO.
A massa falida ajuizou ação revocatória de contrato de locação, mas a inicial foi aditada com o fito de incluir a sociedade empresária falida no polo passivo, o que foi acolhido pelo juízo. Sucede que, com a decretação

da quebra, há a perda da legitimidade ativa e passiva do falido como consequência lógica de não poder dispor de seus bens e os administrar, visto que os interesses patrimoniais passam a ser geridos e representados pelo síndico da massa falida, com o fim precípuo de pagar os credores. Assim, é inútil a presença do falido no polo passivo da revocatória, devendo ser excluído da lide. **REsp 764.815-RJ, Rel. Min. João Otávio de Noronha, julgado em 5/11/2009.** (Inform. STJ 414)

MASSA FALIDA. IMÓVEL. TRANSFERÊNCIA.
A transferência de estabelecimento comercial durante o termo legal de falência não tem eficácia em relação à massa falida. No caso, foi ajuizada ação revocatória para declarar a ineficácia da dação em pagamento, a fim de tornar sem efeito a transferência de propriedade de imóveis e cancelar as transcrições das respectivas escrituras, com a restituição deles à massa falida. Precedentes citados: **REsp 628.860-SP, DJ 7/6/2004, e REsp 56.985-SP, DJ 8/5/1995. REsp 827.182-PR, Rel. Min. Fernando Gonçalves, julgado em 16/6/2009.** (Inform. STJ 399)

INTERVENÇÃO. EMPRESA. REVOCATÓRIA. BENS. MASSA FALIDA. FRAUDE. CREDORES.
Trata-se de revocatória ajuizada pelo liquidante de empresa, ora recorrida, à época em liquidação extrajudicial e, hoje massa falida, com objetivos de revogação de sentença homologatória de partilha dos bens, então pertencentes à recorrente e seu esposo (administrador da empresa, já falecido, e representado por seu espólio), bem como a revogação da confissão de dívida celebrada entre o casal. Note-se que restou apurado, nos autos, que a empresa encontrava-se insolvente desde 1986, sem bens suficientes para responder por seus débitos, que o dinheiro em caixa dos consorciados servia para cobrir os gastos pessoais do casal, adquirir bens, tanto móveis como imóveis, em nome deles. Consta ainda que, para manter o patrimônio usurpado da empresa, o casal arquitetou o plano de se separar judicialmente, estabelecendo, na partilha, que todos os imóveis, exceto um, ficariam com a ex-esposa. Para tanto, reduziram o valor dos bens atribuídos a ela em relação ao que ficou com o ex-marido, a fim de criar uma dívida em favor dela, confessada mediante escritura de confissão de dívida. Isso posto, a controvérsia, nesses autos, está em determinar se os atos da recorrente e de seu falecido ex-marido caracterizaram fraude contra os credores da empresa falida, bem como se esses atos são passíveis de revogação. Ressalta a Min. Relatora que, mesmo ante o trânsito em julgado de acórdão proferido no âmbito de ação civil pública, seus efeitos somente afastaram a responsabilidade da recorrente pela administração da empresa. Logo, não comprometem nem colidem com a decisão proferida nessa revocatória, a qual decide se a recorrente em coluio com o ex-marido fraudou os direitos dos credores da massa falida. De acordo com o acórdão recorrido, calcado nas provas dos autos, todo o patrimônio do casal foi adquirido com dinheiro dos consorciados, além de restar demonstrada a ação fraudulenta do casal, no sentido de esvaziar o patrimônio do ex-administrador para burlar a lei, a fim de contornar a indisponibilidade dos bens. Sendo assim, afirma a Min. Relatora que não há como livrá-los da constrição ou tachá-la como injusta, portanto inconteste a possibilidade de, na hipótese, revogarem-se os atos praticados pela recorrente e seu falecido ex-consorte com fulcro no art. 53 da revogada Lei de Falências. Outrossim, destaca que, se a recorrente quisesse combater a indisponibilidade dos bens, deveria tê-lo feito em ação autônoma para anulação do ato administrativo que determinou a indisponibilidade. Anotou, ainda, que tal indisponibilidade não tem nenhuma relevância no deslinde dessa ação revocatória, que se assenta na comprovação de desvio de recurso da empresa em benefício dos réus. Com esse entendimento, a Turma não conheceu do recurso. **REsp 518.678-RJ, Rel. Min. Nancy Andrighi, julgado em 16/10/2007.** (Inform. STJ 336)

FALÊNCIA. PERSONALIDADE JURÍDICA. DESCONSIDERAÇÃO. AÇÃO REVOCATÓRIA.
A Turma desproveu o recurso, entendendo não ser cabível ação revocatória autônoma tão-só para decretar a desconsideração de personalidade jurídica em processo de falência de duas empresas, a fim de arrecadar bens transferidos por dação a terceiros. E, em situação de fraude, possível reverter a decisão pelos meios processuais adequados perante o juízo falimentar, com a inversão do ônus da prova. Precedentes citados: RMS 16.105-GO, DJ 22/9/2003; REsp 332.763-SP, DJ 24/6/2002; REsp 228.357-SP, DJ 2/2/2004, e REsp 63.652-SP, DJ 21/8/2000. **REsp 418.385-SP, Rel. Min. Aldir Passarinho Junior, julgado em 19/6/2007.** (Inform. STJ 324)

7.7. Falência: outros temas

LEI. FALÊNCIAS. INSOLVÊNCIA CIVIL.
A Turma negou provimento ao recurso da União por entender que a Lei de Falências (arts. 23, parágrafo único, III, e 26, ambos do DL n. 7.661/1945) aplica-se analogicamente à insolvência civil no tocante à multa moratória e aos juros, pois o CPC, quanto a isso, é omisso, porquanto *ubi eadem ratio ibi eadem dispositio*. Conforme corroborado por abalizada doutrina, os dois institutos se alicerçam no estado patrimonial deficitário, tendo em vista a realização de todo o patrimônio do devedor para rateio entre todos os credores do insolvente. Assim, declarada a insolvência, cria-se uma universalidade do juízo concursal, ocorrendo a intervenção do administrador da massa, situação semelhante à produzida quando da decretação de falência, vislumbrando-se identidade dos institutos em relação à sua causa e finalidade. **Precedente citado: REsp 21.255-PR, DJ 21/11/1994. REsp 1.108.831-PR, Rel. Min. Luiz Fux, julgado em 23/11/2010.** (Inform. STJ 457)

FALÊNCIA. CESSAÇÃO. EXERCÍCIO. COMÉRCIO.
O acórdão recorrido entendeu haver a cessação das atividades comerciais da sociedade empresária recorrida para efeito de obstar a falência (art. 4º, VII, do DL n. 7.661/1945). Lastreou-se na prova produzida principalmente em certidão do registro comercial de que houve paralisação temporária daquelas atividades há mais de dois anos. É certo que essa paralisação temporária não resulta necessariamente na cessação do exercício do comércio, nem sempre equivale à dissolução irregular da sociedade ou tem objetivo de fraudar os direitos dos credores. Contudo, se essa situação perdura por tempo superior a dois anos, torna-se razoável pressupor a cessação de que trata o referido artigo. Tem-se, também, que se torna irrelevante para tal a ausência de inscrição do distrato social ou cancelamento da firma no competente registro público de empresas mercantis se comprovada por outras vias a inatividade da sociedade por mais de dois anos contados do requerimento da falência. Anote-se, contudo, que a regularidade da sociedade empresária não é pressuposto objetivo para a abertura da falência e que a decretação da quebra visa, também, a afastar, da atividade mercantil, as sociedades que se mostrem economicamente inviáveis (*vide* art. 75 da Lei n. 11.101/2005). Dessarte, a expressão "documento hábil do registro do comércio" contida no art. 4º, VII, do DL n. 7.661/1945 não é restritiva a ponto de tornar a certidão expedida pela junta comercial a única prova possível de cessação do exercício do comércio, pois somente revela presunção relativa de veracidade sobre a situação de inatividade do comerciante. Assim, a melhor interpretação desse artigo leva à conclusão de que a referida cessação pode ser comprovada por quaisquer circunstâncias indicativas da inatividade mercantil. Porém, embora não seja viável a decretação da falência na hipótese, é possível punir os responsáveis pela sociedade no caso de sua liquidação irregular. **REsp 1.107.937-MT, Rel. Min. Nancy Andrighi, julgado em 28/9/2010.** (Inform. STJ 449)

FALÊNCIA. AVAL. SÓCIO.
Pretende-se anular atos judiciais (penhora e arrematação de imóvel) ocorridos na execução ajuizada unicamente em desfavor do avalista de título de crédito que vem a ser sócio na sociedade avalizada ora falida. Quanto a isso, faz-se necessário destacar que o aval é dotado de autonomia substancial: sua existência, validade e eficácia não estão jungidas à obrigação avalizada. Desse modo, eventuais direitos que beneficiem o avalizado não se estendem ao avalista: a falência em questão em nada afeta a obrigação do aval, pois o avalista não pode opor em seu favor qualquer dos efeitos decorrentes da quebra do avalizado (nesse caso, a exceção pessoal). Por outro lado, não há que se falar em suspensão da execução contra sócio em razão da quebra da sociedade, visto que, nos termos do art. 24 do DL n. 7.661/1945 (vigente à época), a dívida posta em execução dever ser de natureza particular do sócio solidariamente responsável pelas obrigações sociais (tais como os das sociedades em nome coletivo, irregulares ou de fato) e, no caso, cuida-se de sociedade por quotas de responsabilidade limitada, sem que houvesse desvio de finalidade ou confusão patrimonial que pudesse ampliá-la. Precedente citado: REsp 1.747-PR, DJ 11/6/1990. **REsp 883.859-SC, Rel. Min. Nancy Andrighi, julgado em 10/3/2009.** (Inform. STJ 386)

FALÊNCIA. INDENIZAÇÃO. SÚM. N. 207-STJ.
O banco, lastreado em duas notas promissórias, declarava-se credor da importância de duzentos mil dólares e requereu a falência da companhia industrial tida por devedora. O juízo singular acabou por afastar a liquidez e certeza desse crédito e exarou sentença de improcedência do pleito falimentar, condenando o banco ao pagamento de indenização (atualmente em quatrocentos milhões de reais) a título de perdas e danos (art. 20 do DL

n. 7.661/1945). Ambas as partes apelaram e o TJ, por maioria, reformou parcialmente a sentença para afastar a condenação imposta e majorar os honorários advocatícios. Opostos embargos de declaração por ambas as partes, os da companhia foram rejeitados por unanimidade, enquanto os do banco também o foram, mas por maioria. No acórdão, um dos desembargadores (voto divergente), modificava completamente seu entendimento (firmado quando da apelação), para ter como improcedente o pedido inicial. Novos aclaratórios foram ajuizados pelo banco. Esses também tiveram o mesmo destino, a negativa de provimento, mas com a aplicação da multa de 10% sobre o valor da causa, dado seu caráter protelatório. Daí o REsp do banco, que só subiu por força de provimento a agravo de instrumento. Diante disso, em preliminar, vê-se que o condicionamento da interposição de recurso ao pagamento de multa (art. 538, parágrafo único, do CPC) é admitido quando da oposição dos segundos declaratórios tidos por protelatórios, o que não é o caso dos autos, apesar de o banco ter depositado a referida quantia. Verifica-se, também, a preclusão da decisão do Ag que determinou a subida do REsp. Por outro lado, não se aplica ao caso a Súmula n. 207-STJ, visto que os aclaratórios em questão não receberam efeitos infringentes, pois foram improvidos, apesar da modificação do posicionamento de um dos desembargadores (sem efeito integrativo), como já dito, não existindo qualquer alteração no julgamento unânime proferido anteriormente; sequer se supriu omissão, obscuridade ou contradição. Dessarte, a fundamentação do acórdão embargado permaneceu hígida, daí não se mostrarem necessários ou mesmo cabíveis os infringentes. Entender viável a interposição de infringentes do julgamento não-unânime dos declaratórios pela simples existência de divergência é conferir interpretação extensiva à lei processual e criar óbice não previsto por ela à abertura da instância especial. Outrossim, não se deve exigir do banco a alegação de violação do art. 535 do CPC, pois o voto divergente foi-lhe favorável, a revelar sua falta de interesse. Quanto ao mérito, é consabido que o parágrafo único do art. 20 do DL n. 7.661/1945 exige a configuração de culpa ou abuso para a respectiva condenação e que o art. 159 do CC/1916 permitia entrever serem necessárias as demonstrações do elemento subjetivo e do nexo de causalidade, a afastar o simples ajuizamento de pedido de falência ou a mera improcedência do pleito como fundamentos à referida indenização. No caso, o desembargador relator do acórdão recorrido, sem estabelecer a devida pertinência lógica entre seus fundamentos e sua conclusão, acabou por reconhecer haver nexo de causalidade e culpa. Contudo, vê-se constar dos autos, nas premissas firmadas de forma coerente nas instâncias ordinárias, a inexistência de culpa, dolo ou nexo causal, o que impediria o acolhimento do pedido indenizatório. Com esse entendimento, a Turma, por maioria, ao prosseguir o julgamento após sua renovação, conheceu parcialmente do recurso e, nessa parte, deu-lhe provimento, para julgar improcedente o pedido indenizatório e condenar a companhia ao pagamento de custas e honorários advocatícios (art. 20, § 4º, do CPC) no valor de cinco mil reais, corrigidos até o pagamento. **Precedentes citados do STF: RE 64.706-RJ, DJ 29/10/1968; EDcl no AgRg no AI 653.882-SP, DJ 19/9/2008; do STJ: REsp 710.207-PR, DJ 20/6/2008; AgRg no Ag 76.653-DF, DJ 30/10/1995; EDcl no AgRg no Ag 837.439-SP, DJ 3/11/2008; EDcl no RMS 26.340-MS, DJ 20/10/2008; REsp 132.349-SP, DJ 3/11/1998; REsp 226.030-SP, DJ 16/11/1999, e EDcl no REsp 665.561-GO, DJ 26/9/2005. REsp 512.399-PE, Rel. originário Min. Cesar Asfor Rocha, Rel. para acórdão Min. Luís Felipe Salomão, julgado em 18/11/2008**. (Inform. STJ 377)

MS. FALÊNCIA. EMPRESA DE "FACHADA".

A recorrente alega que, declarada a falência de outra empresa, houve a lacração do imóvel sede da impetrante, impedindo-a de exercer suas atividades comerciais; que o ato que decretou a quebra daquela empresa nunca cogitou dessa; que após a impetração do *writ* houve concessão de liminar, mas, a segurança foi denegada ao fundamento de existência de indícios de que se cuidava de empresa de "fachada" daquela. Requer seja deslacrada a sede social da impetrante, permitindo seu regular funcionamento e impedir ou remover a afixação da sentença de falência de suas portas, para evitar danos motivados por notícias enganosas e injustificáveis. Para o Min. Relator, o recurso não prospera, visto que a matéria foi enfrentada à luz de situação fática específica, tendo-se que, na compreensão do Tribunal *a quo*, a empresa impetrante seria, na verdade, administrada pelo mesmo sócio-gerente da falida, e foi criada concomitantemente com o processo de quebra da outra, como espécie de "fachada", em verdadeira fraude aos credores e às obrigações assumidas. Assim, dentro dessas circunstâncias, impossível o deslinde da controvérsia para verificação da existência de direito líquido e certo, sem recair em exame e delação probatória, absolutamente incompatível com a via excepcional escolhida. Precedentes citados: RMS 23.030-MS, DJ 16/4/2007; RMS 19.526-RJ, DJ 26/4/2007, e RMS 12.873-SP, DJ 19/12/2003. **RMS 15.383-MG, Rel. Min. Aldir Passarinho Junior, julgado em 22/4/2008**. (Inform. STJ 353)

FALÊNCIA. APREENSÃO. PASSAPORTE.

No caso, os pacientes retiraram-se da sociedade três anos antes de decretada a falência; porém, após desconsideração da personalidade jurídica, arrecadação de seus bens e apreensão de seus passaportes, foram proibidos de se ausentar sem autorização expressa do juízo (art. 34, III, do DL n. 7.661/1945), isso ao fundamento de que causaram a quebra. Diante disso, nota-se que essa proibição, também prevista de forma mais branda no art. 104, III, da Lei n. 11.101/2005 (que exige comunicação ao juízo e não autorização desse), é imposta unicamente ao falido (e não aos ex-sócios), no intuito de resguardar os interesses econômicos dos credores. Na hipótese, não há qualquer prejuízo, visto que já arrecadados bens para esse fim. A hipotética prática de crime falimentar deve ser, então, apurada na esfera penal, sem efeitos nas outras esferas enquanto não resolvida no juízo criminal. Daí que, com esse entendimento, a Turma, ao prosseguir o julgamento, por maioria, ordenou a devolução dos passaportes e a retirada dos nomes dos pacientes do Sistema Nacional de Procurados e Impedidos, porém com a expressa determinação de que, ao se ausentarem do país, façam a devida comunicação. **HC 92.327-RJ, Rel. originário Min. Massami Uyeda, Rel. para acórdão Min. João Otávio de Noronha, julgado em 25/3/2008**. (Inform. STJ 349)

SÚMULA STJ Nº 305

É descabida a prisão civil do depositário quando, decretada a falência da empresa, sobrevém a arrecadação do bem pelo síndico.

8. RECUPERAÇÃO JUDICIAL E EXTRAJUDICIAL

RECUPERAÇÃO JUDICIAL: EXECUÇÃO DE CRÉDITOS TRABALHISTAS E COMPETÊNCIA DA JUSTIÇA COMUM - 1

Compete à Justiça Comum o julgamento de execução de créditos trabalhistas contra empresas em processo falimentar ou em recuperação judicial. Com base nesse entendimento, o Tribunal, por maioria, desproveu recurso extraordinário interposto contra acórdão do Superior Tribunal de Justiça que mantivera decisão, proferida em conflito de competência entre a Justiça do Trabalho e a Justiça Estadual Comum, que reputara ser da 1ª Vara Empresarial da Comarca do Rio de Janeiro a competência para julgar ação proposta pelo Sindicato Nacional dos Aeronautas - SNA e associações de comissários, mecânicos de vôo e pilotos das empresas Varig e Nordeste Linhas Aéreas. Alegava-se, na espécie, ofensa aos incisos I a IX do art. 114 da CF. Preliminarmente, asseverou-se que o debate relativo às condições de admissibilidade do recurso e à existência de repercussão geral estaria superado, ante o pronunciamento da Corte quanto à relevância constitucional do tema sob análise. Afirmou-se, ainda, não caber ao Supremo examinar — em recurso extraordinário em que se discute a exegese do art. 114 da CF, na redação que lhe deu a EC 45/2004 —, se o art. 60 da Lei 11.101/2005 estabeleceria, ou não, a sucessão de créditos trabalhistas, haja vista tratar-se de matéria totalmente estranha aos autos. Acrescentou-se, no ponto, que, no julgamento da ADI 3934/DF, acima relatado, a Corte já teria declarado a constitucionalidade do referido dispositivo. **RE 583955/RJ, rel. Min. Ricardo Lewandowski, 28.5.2009**. (RE-583955)

RECUPERAÇÃO JUDICIAL: EXECUÇÃO DE CRÉDITOS TRABALHISTAS E COMPETÊNCIA DA JUSTIÇA COMUM - 2

Quanto à questão de fundo, salientou-se que, no âmbito infraconstitucional, o assunto seria atualmente disciplinado pelos §§ 1º e 2º do art. 6º da Lei 11.101/2005, os quais complementados pelo art. 76, e seu parágrafo único, do mesmo diploma legal ("*Art. 6o A decretação da falência ou o deferimento do processamento da recuperação judicial suspende o curso da prescrição e de todas as ações e execuções em face do devedor, inclusive aquelas dos credores particulares do sócio solidário. § 1o Terá prosseguimento no juízo no qual estiver se processando a ação que demandar quantia ilíquida. § 2o É permitido pleitear, perante o administrador judicial, habilitação, exclusão ou modificação de créditos derivados da relação de trabalho, mas as ações de natureza trabalhista, inclusive as impugnações a que se refere o art. 8o desta Lei, serão processadas perante a justiça especializada até a apuração do respectivo crédito, que será inscrito no quadro-geral de credores pelo valor determinado em sentença ... Art. 76. O juízo da falência é indivisível e competente para conhecer todas as ações sobre bens, interesses e negócios do falido, ressalvadas as causas trabalhistas, fiscais e aquelas não reguladas nesta Lei em que o falido figurar como autor ou litisconsorte ativo.*"). Observou-se que, tanto no regime anterior (Decreto-lei 7.661/45, artigos 7º, §§ 2º e 3º, e 23) quanto no atual, o legislador ordinário teria adotado o entendimento no sentido de que, decretada a falência — e agora deferida a recuperação judicial —, a execução de todos os créditos, inclusive os de natureza trabalhista, deveria ser processada no juízo falimentar.

Afirmou-se que tais regras consagrariam o princípio da universalidade do juízo falimentar, que exerce uma *vis attractiva* sobre todas as ações de interesse da massa falida, caracterizando a sua individualidade. **RE 583955/RJ, rel. Min. Ricardo Lewandowski, 28.5.2009.** (RE-583955)

RECUPERAÇÃO JUDICIAL: EXECUÇÃO DE CRÉDITOS TRABALHISTAS E COMPETÊNCIA DA JUSTIÇA COMUM - 3

Explicou-se que, num processo falimentar, o patrimônio da empresa nem sempre corresponde ao montante de suas dívidas, razão por que a regra da individualidade na execução dos créditos poderia ensejar a obtenção de vantagem indevida por certos credores em prejuízo dos demais. Dessa forma, estaria afastada a regra da execução individual dos créditos, instaurando-se, em substituição, o concurso de credores, a permitir a concretização do princípio da *par condicio creditorum*, que garante tratamento isonômico a todos os credores de uma mesma categoria na percepção do que lhes é devido. Dessa maneira, instalar-se-ia, no processo de falência, o denominado juízo universal, a atrair todas as ações aptas a afetar o patrimônio da empresa em processo de quebra ou recuperação judicial. Registrou-se que o juízo universal da falência atrairia apenas os créditos consolidados, estando excluídas, portanto, as ações que demandam quantia ilíquida, as trabalhistas e as de natureza fiscal, as quais terão prosseguimento nos juízos especializados (Lei 11.101/2005, art. 6º, §§ 1º, 2º e 7º). Aduziu-se, também, que, de acordo com o art. 83, I e VI, c, da Lei 11.101/2005, os créditos de até 150 salários mínimos teriam tratamento preferencial, sendo transformados em quirografários os que superassem esse valor. Mencionou-se, ainda, o disposto no art. 54 do aludido diploma legal, segundo o qual, o plano de recuperação judicial, aprovado pelo juízo da falência, não poderia prever prazo superior a 1 ano para pagamento dos créditos derivados da legislação do trabalho ou decorrentes de acidentes de trabalho, anteriormente vencidos, e nem prazo superior a 30 dias para o pagamento, até o limite de 5 salários mínimos por trabalhador, dos créditos de natureza estritamente salarial, vencidos nos 3 meses anteriores ao pedido. Assim, a Lei 11.101/2005 teria se mantido fiel ao princípio da *par condicio creditorum* no tocante aos créditos trabalhistas, contemplados com a devida precedência sobre os demais, em decorrência de sua natureza alimentar. Por sua vez, a Justiça do Trabalho teria conservado a jurisdição cognitiva sobre tais créditos cuja execução, quando líquidos, ficariam a cargo da Justiça Comum, uma vez instaurado o processo falimentar. O novo diploma teria ampliado a possibilidade de os empregados receberam o que lhes é devido, ao inserir no ordenamento jurídico o instituto da recuperação judicial, o qual teria por escopo manter em atividade as empresas que estivessem passando por dificuldades de caráter conjuntural, tendo em conta a função social que exercem. Por fim, após afastar qualquer violação aos incisos I a IX do art. 114 da CF, esclareceu-se, quanto a esse último inciso, que ele teria apenas outorgado ao legislador ordinário a faculdade de submeter à competência da Justiça do Trabalho outras controvérsias, além das taxativamente previstas nos incisos anteriores, desde que oriundas da relação de trabalho. Vencidos os Ministros Marco Aurélio e Carlos Britto, que davam provimento ao recurso. **Precedentes citados: AI 584049 AgR/RJ (DJU de 8.8.2006) e AI 585407 AgR/RJ (DJU de 1º.12.2006). RE 583955/RJ, rel. Min. Ricardo Lewandowski, 28.5.2009.** (RE-583955) (Inform. STF 548)

DIREITO EMPRESARIAL. RECUPERAÇÃO JUDICIAL. NOVAÇÃO DE DÍVIDA TRABALHISTA ILÍQUIDA.

O crédito trabalhista só estará sujeito à novação imposta pelo plano de recuperação judicial quando já estiver consolidado ao tempo da propositura do pedido de recuperação. Conforme art. 59 da Lei n. 11.101/2005, o plano de recuperação judicial implica novação dos créditos anteriores ao pedido. De acordo com o art. 6º, § 1º, da referida lei, estão excluídas da *vis attractiva* do juízo falimentar e do efeito suspensivo dos pedidos de falência e recuperação as ações nas quais se demandem quantias ilíquidas (não consolidadas). O § 2º desse mesmo artigo acrescenta que as ações de natureza trabalhista serão processadas perante a justiça especializada até a apuração do respectivo crédito, que será inscrito no quadro-geral de credores pelo valor determinado em sentença. Dessa forma, na sistemática introduzida pela Lei de Falências, se ao tempo do pedido de recuperação o valor ainda estiver sendo apurado em ação trabalhista, esta seguirá o seu curso normal e o valor que nela se apurar será incluído nominalmente no quadro-geral de credores, não havendo novação. **REsp 1.321.288-MT, Rel. Min. Sidnei Beneti, julgado em 27/11/2012. (Inform. STJ 510)**

DIREITO PROCESSUAL CIVIL E EMPRESARIAL. SOCIEDADE AVALIZADA EM RECUPERAÇÃO JUDICIAL. PROSSEGUIMENTO DE EXECUÇÃO CONTRA AVALISTA.

Não se suspendem as execuções individuais direcionadas aos avalistas de título cujo devedor principal (avalizado) é sociedade em recuperação judicial. Dispõe o *caput* do art. 6º da Lei n. 11.101/2005 que "a decretação da falência ou o deferimento do processamento da recuperação judicial suspende o curso da prescrição e de todas as ações e execuções em face do devedor, inclusive aquelas dos credores particulares do sócio solidário". A suspensão alcança apenas os sócios solidários presentes naqueles tipos societários em que a responsabilidade pessoal dos consorciados não é limitada às suas respectivas quotas/ações, como é o caso, por exemplo, da sociedade em nome coletivo (art. 1.039 do CC) e da sociedade em comandita simples, no que concerne aos sócios comanditados (art. 1.045 do CC). A razão de ser da norma que determina a suspensão das ações, ainda que de credores particulares dos sócios solidários, é simples, pois, na eventualidade de decretação da falência da sociedade os efeitos da quebra estendem-se àqueles, conforme dispõe o art. 81 da Lei n. 11.101/2005. Situação diversa, por outro lado, ocupam os devedores solidários ou coobrigados. Para eles, a disciplina é exatamente inversa, considerando que o art. 49, § 1º, da Lei n. 11.101/2005 estabelece que "os credores do devedor em recuperação judicial conservam seus direitos e privilégios contra os coobrigados, fiadores e obrigados de regresso". Nesse sentido, na recente I Jornada de Direito Comercial realizada pelo CJF/STJ foi aprovado o Enunciado n. 43, segundo o qual "[a] suspensão das ações e execuções previstas no art. 6º da Lei n. 11.101/2005 não se estende aos coobrigados do devedor". Precedentes citados: EAg 1.179.654-SP, DJe 13/4/2012, e REsp 1.095.352-SP, DJe 25/11/2010. **REsp 1.269.703-MG, Rel. Min. Luis Felipe Salomão, julgado em 13/11/2012. (Inform. STJ 510)**

RECUPERAÇÃO JUDICIAL. PARQUE INDUSTRIAL. ARRENDAMENTO. NOVA EMPRESA.

Trata-se de conflito em que o cerne da controvérsia é saber qual o juízo competente para deliberar sobre os bens abrangidos por plano de recuperação judicial aprovado em juízo. *In casu*, tendo em vista que a sociedade empresária recuperanda não conseguiu cumprir o plano de recuperação judicial inicialmente proposto pelo administrador judicial, a sociedade, em conjunto com seus credores, decidiu pelo arrendamento de seu parque industrial, devidamente homologado em juízo. Dessa forma, autorizada por contrato, a arrendatária constituiu nova sociedade empresária para operar o parque industrial arrendado. Posteriormente, em reclamação trabalhista, o juízo laboral responsabilizou a nova sociedade por débitos trabalhistas da empresa em recuperação. Assim, a discussão se estabeleceu quanto à possibilidade de vincular ao adimplemento de débitos trabalhistas a sociedade que sucedeu a recuperanda na operação de seu parque industrial. Nesse contexto, a Seção ressaltou que o objetivo maior de preservação da sociedade empresária que orientou a regra do art. 60, parágrafo único, da Lei n. 11.101/2005 foi implementar a ideia de que a flexibilização de algumas garantias de determinados credores pode significar ganhos sociais mais efetivos, na medida em que a manutenção do empreendimento poderia implicar a preservação de empregos, geração de postos de trabalho, movimentação da economia, manutenção da saúde financeira de fornecedores, entre outros ganhos. No entanto, frisou-se que, para a implementação eficaz desse objetivo, é imprescindível que seja atribuída a um único juízo a competência não apenas para executar o patrimônio de sociedades falidas ou em recuperação judicial, mas também para decidir sobre as responsabilidades inerentes às sociedades que participarem dos esforços de recuperação de um empreendimento. Assim, consignou-se que, como, na espécie, um dos mecanismos utilizados para a recuperação judicial da sociedade empresária foi o de autorizar a alienação do estabelecimento industrial e, no contrato pelo qual se promoveu a medida, optou-se pela transferência do bem mediante arrendamento, as consequências jurídicas dessa operação, no que diz respeito aos bens envolvidos no processo de recuperação judicial, devem ser avaliadas e decididas pelo juízo perante o qual a recuperação se processa. Dessarte, concluiu-se que o julgamento de reclamação trabalhista no qual se reconhece a existência de sucessão trabalhista, responsabilizando-se a nova sociedade constituída pelos débitos da arrendante do parque industrial, implica invasão da competência do juízo da recuperação judicial. Diante do exposto, a Seção conheceu do conflito e estabeleceu como competente o juízo da recuperação, declarando nulos os atos praticados pela vara trabalhista. **CC 118.183-MG, Rel. Min. Nancy Andrighi, julgado em 9/11/2011.** (Inform. STJ 487)

COMPETÊNCIA. RECUPERAÇÃO JUDICIAL. EXECUÇÃO FISCAL.

A Seção rejeitou os embargos declaratórios opostos pela União, mantendo a decisão que deferiu parcialmente a liminar para determinar o sobrestamento da execução fiscal por ela proposta – em trâmite na Justiça do Trabalho – até que o conflito de competência seja julgado. Na oportunidade, foi nomeado o juízo da vara de falências e recuperações judiciais para solucionar as medidas urgentes em caráter provisório. Esse conflito foi suscitado por sociedade empresária em recuperação judicial, a qual pleiteia sejam suspensos os atos de constrição determinados pelo juízo trabalhista e seja declarada a competência do juízo da recuperação para decidir sobre seu patrimônio. Na espécie, ressaltou-se a orientação deste Superior Tribunal de que as execuções de natureza fiscal não são suspensas em razão do deferimento da recuperação judicial, mas nelas é vedado ao juiz praticar atos que comprometam o patrimônio do devedor ou excluam parte dele do processo de recuperação. Ademais, consignou o Min. Relator que, caso o executivo fiscal prossiga, a sociedade empresária em recuperação não poderá valer-se do benefício do parcelamento – modalidade que suspende a exigibilidade do crédito tributário – nos termos dos arts. 155-A, §§ 3º e 4º, do CTN e 6º, § 7º, da Lei n. 11.101/2005. Salientou que a concessão desse incentivo não viola o art. 187 do CTN, porquanto o crédito não perde seus privilégios, apenas passa a ser recolhido de modo diferido a fim de que a sociedade empresária possa adimplir a obrigação tributária de forma íntegra. Concluiu, portanto, que a doutrina e a legislação atuais entendem que às sociedades empresárias, mesmo em recuperação judicial, deve ser assegurado o direito de acesso aos planos de parcelamento fiscal, mantendo, com isso, seu ciclo produtivo, os empregos gerados e a satisfação de interesses econômicos e de consumo da comunidade. Precedentes citados: CC 104.638-SP, DJe 28/4/2010; CC 61.272-RJ, DJ 19/4/2007, e CC 81.922-RJ, DJ 4/6/2007. **EDcl no AgRg no CC 110.764-DF, Rel. Min. Luis Felipe Salomão, julgados em 11/5/2011.** (Inform. STJ 472)

COMPETÊNCIA. JUÍZOS FALIMENTAR E TRABALHISTA. EXECUÇÃO.

A Seção reiterou que compete ao juízo no qual se processa a recuperação judicial julgar as causas que envolvam interesses e bens da empresa que teve deferido o processamento da sua recuperação judicial, inclusive para o prosseguimento dos atos de execução que tenham origem em créditos trabalhistas. Uma vez realizada a praça no juízo laboral, a totalidade do preço deve ser transferida ao juízo falimentar. Assim, a Seção conheceu do conflito, declarando competente o juízo da recuperação para o qual deverá ser remetida a importância arrecadada com a alienação judicial do imóvel da massa falida na execução trabalhista. Precedentes citados: CC 19.468-SP, DJ 7/6/1999; CC 90.160-RJ, DJe 5/6/2009; CC 90.504-SP, DJe 1º/7/2008, e CC 86.065-MG, DJe 16/12/2010. **CC 112.390-PA, Rel. Min. Sidnei Beneti, julgado em 23/3/2011.** (Inform. STJ 467)

CONCORDATA. VALORES DESPOSITADOS. LEVANTAMENTO. ANALOGIA. LEI N. 11.101/2005.

Trata-se de REsp em que se discute a possibilidade de a empresa recorrente fazer o levantamento de valores depositados à disposição de credores não habilitados em concordata preventiva ajuizada sob a égide do DL n. 7.661/1945 e encerrada por sentença que a considerou cumprida. Inicialmente, ressaltou a Min. Relatora que, embora o art. 192 da Lei n. 11.101/2005 (nova Lei de Falência e Recuperação Judicial) determine que ela não se aplica aos processos de falência ou de concordata ajuizados anteriormente à sua vigência, que serão concluídos nos termos do DL n. 7.661/1945, nada impede a utilização analógica daquela norma para o deslinde da questão em causa. Isso porque, além de conter os mesmos princípios gerais e regular as mesmas situações fáticas, a solicitação de resgate dos depósitos judiciais que originou a decisão recorrida foi apresentada pela recorrente somente após a extinção (conclusão) da concordata em 6/4/2006. Assim, destacou o art. 153 da nova lei, que outorga à empresa falida ou em recuperação judicial a possibilidade de levantar o saldo eventualmente existente em seu favor após o pagamento de todos os credores. À vista disso, consignou que não há qualquer impedimento ao levantamento dos valores depositados pela recorrente, os quais somente não foram levantados pelos respectivos credores porque o paradeiro deles é desconhecido. A indisponibilidade eterna do numerário, a aguardar por evento futuro e incerto, é uma cautela injustificável. O Direito repele as situações pendentes, de maneira que a melhor resposta à indagação trazida pela recorrente é a fixação de um prazo legal compatível com os dispositivos já existentes, de modo a impedir a existência de uma verdadeira execução *sine die*, indefinidamente suspensa, à espera de credores que talvez jamais venham a reivindicar seus créditos. Com essas considerações, entre outras, a Turma conheceu parcialmente do especial e, na parte conhecida, deu-lhe provimento a fim de estabelecer o prazo de um ano como limite para o período no qual os depósitos efetuados devem continuar à disposição do juízo da concordata. Transcorrido esse período sem manifestação dos credores, o numerário correspondente deverá ser colocado à disposição da recorrente. **REsp 1.172.387-RS, Rel. Min. Nancy Andrighi, julgado em 15/2/2011.** (Inform. STJ 463)

RECUPERAÇÃO JUDICIAL. PESSOA JURÍDICA. EXECUÇÃO. PROSSEGUIMENTO. AVALISTAS.

In casu, a recorrida ajuizou uma execução por título extrajudicial em desfavor dos recorrentes. Com o deferimento do processamento do pedido de recuperação judicial da executada (pessoa jurídica), foi determinada a suspensão da execução com relação a ela, autorizando-se o regular prosseguimento contra os executados avalistas. Portanto, a controvérsia no REsp dizia respeito à extensão da suspensão do curso da execução aos sócios avalistas, devedores solidários da pessoa jurídica, em razão do deferimento do processamento da recuperação judicial. A Turma entendeu, entre outras questões, que, conforme o art. 6º da Lei n. 11.101/2005 (nova Lei de Falência), existindo ações e execuções movidas contra a falida ou a recuperanda por credores particulares de seus sócios solidários, tais demandas devem ser suspensas. Porém, não significa que eventuais coobrigados solidários em um título cambial possam beneficiar-se com a suspensão da execução contra eles promovida. Registrou-se que, em razão da autonomia das obrigações assumidas no título de crédito exequendo, não prospera a tese de que o disposto no referido dispositivo legal abarque as execuções movidas em prejuízo dos devedores solidários. De fato, quem está em recuperação judicial é a pessoa jurídica, devedora principal, não seus sócios ou coobrigados. De forma que, no caso, a situação ou *status* da empresa aérea (recuperanda) não configura impedimento, em princípio, ao prosseguimento da execução movida em desfavor de seus sócios. Assim, ao prosseguir o julgamento, o recurso foi parcialmente conhecido, mas foi-lhe negado provimento. **Precedentes citados: REsp 883.859-SC, DJe 23/3/2009, e REsp 642.456-MT, DJ 16/4/2007. REsp 1.095.352-SP, Rel. Min. Massami Uyeda, julgado em 9/11/2010.** (Inform. STJ 455)

RECUPERAÇÃO JUDICIAL. SUSPENSÃO. EXECUTIVO FISCAL.

Não se suspende a execução fiscal em razão do deferimento de recuperação judicial, pois isso só afeta os atos de alienação, naquele executivo, até que o devedor possa aproveitar o benefício constante do art. 6º, § 7º, da Lei n. 11.101/2005 (parcelamento). Contudo, se essa ação prosseguir (inércia da devedora já beneficiária da recuperação em requerer o parcelamento administrativo do débito fiscal ou indeferimento desse pedido), é vedada a prática de atos que possam comprometer o patrimônio do devedor ou que excluam parte dele do processo de recuperação. **Precedentes citados: CC 104.638-SP, DJe 27/4/2009; AgRg no CC 81.922-RJ, DJ 4/6/2007, e CC 11.958-RJ, DJ 29/5/1995. AgRg no CC 107.065-RJ, Rel. Min. Luis Felipe Salomão, julgado em 13/10/2010.** (Inform. STJ 451)

RECUPERAÇÃO JUDICIAL. PLANO ESPECÍFICO.

In casu, a questão centra-se em saber se o recorrente possui direito líquido e certo de obter da empresa em recuperação judicial um plano específico que contemple a forma de pagamento de seus créditos (privilegiados), dentro das limitações legais impostas pelo Conselho Monetário Nacional, o qual deverá ser submetido à aprovação da Secretaria de Previdência Complementar e, posteriormente, dos demais credores, em uma assembleia geral, devendo, enquanto não aprovado o referido plano, ser mantida a determinação de vedação de alienação de todo e qualquer ativo da recuperanda. A Turma entendeu, entre outras questões, que, ao contrário do que pretende o ora recorrente, a natureza de seu crédito, seja ele privilegiado ou não, não lhe confere a prerrogativa de obter um plano que contemple individualmente seus créditos. Observou-se que tal pretensão, se admitida, teria o condão de subverter o processo de recuperação judicial, já que o plano de reorganização da empresa deve, para seu êxito, contemplar, conjuntamente, todos os débitos da recuperanda. Asseverou-se que o fato de a empresa beneficiada não implementar aquilo que ficou aprovado no plano de recuperação judicial tem como consequência a legitimação do credor para pedir a falência, e não, como pretende o recorrente, obrigar a recuperanda a apresentar um plano específico para proceder ao pagamento de seus créditos. Assim, inexistindo direito líquido e certo do recorrente de obter um plano que contemple individualmente seus créditos, carece, igualmente, de fundamento legal a pretensão de obstar, sob qualquer modalidade, a alienação dos bens e ativos da recuperanda. Diante disso, negou-se provimento ao recurso. **RMS 30.686-SP, Rel. Min. Massami Uyeda, julgado em 7/10/2010.** (Inform. STJ 450)

RECUPERAÇÃO JUDICIAL. EMPRESA. SUSPENSÃO. EXECUÇÃO ANTERIOR.

Trata-se de ação de indenização em que, na origem, foi interposto agravo de instrumento contra decisão de juiz que deferiu o levantamento de valores depositados, em fase de execução de carta de sentença, sob a alegação de a empresa encontrar-se em recuperação judicial. O tribunal *a quo* reformou a decisão de primeiro grau, argumentando que, embora os créditos fossem anteriores à recuperação judicial, nos termos do art. 59 da Lei n. 11.101/2005, o plano de recuperação judicial implica novação. Para o Min. Relator, o REsp não pode ser provido, pois este Superior Tribunal entende que, salvo as exceções legais, o deferimento da recuperação judicial suspende as execuções, ainda que elas sejam iniciadas anteriormente ao pedido de recuperação, em homenagem ao princípio que privilegia a continuidade da sociedade empresária. Ressalta, também, que, no STJ, em razão do citado princípio, a jurisprudência tem interpretado a Lei n. 11.101/2005 sistematicamente, e não pela mera literalidade da norma invocada, por entender que, no estágio de recuperação judicial, não é razoável a retomada das execuções individuais após o simples decurso do prazo legal de 180 dias, conforme previsto no art. 6º, § 4º, da citada lei, sobretudo se a empresa em recuperação não tem qualquer culpa na demora da aprovação do referido plano. Por fim, assevera que não procede a alegação dos recorrentes credores de que a empresa em recuperação judicial não teria comprovado se o crédito deles faria parte do plano da recuperação, visto que os recorrentes poderão requerer a habilitação de seu crédito em juízo, nos termos dos arts. 7º, § 1º, e 52, § 1º, da Lei n. 11.101/2005. Diante do exposto, a Turma negou provimento ao recurso. **Precedentes citados: CC 79.170-SP, DJe 19/9/2008; CC 68.173-SP, DJe 4/12/2008, e AgRg no CC 110.287-SP, DJe 29/3/2010. REsp 1.193.480-SP, Rel. Min. Aldir Passarinho Junior, julgado em 5/10/2010.** (Inform. STJ 450)

COMPETÊNCIA. CRÉDITO TRABALHISTA. RECUPERAÇÃO JUDICIAL.
A Seção reiterou o entendimento de que as execuções trabalhistas propostas contra empresas em recuperação judicial devem prosseguir no juízo em que processado o plano de recuperação, em obediência aos princípios da indivisibilidade e da universalidade. **Precedentes citados: CC 56.347-PR, DJ 8/2/2006; CC 73.380-SP, DJe 21/11/2008, e CC 90.504-SP, DJe 1º/7/2008. CC 95.870-MT, Rel. Min. Massami Uyeda, julgado em 22/9/2010.** (Inform. STJ 448)

RECUPERAÇÃO JUDICIAL. SUSPENSÃO. EXECUÇÃO.
Trata-se de conflito de competência suscitado por companhia aérea em recuperação judicial, a fim de definir a competência entre o juízo de direito da vara de falências e recuperações judiciais e o juízo trabalhista, diante do disposto no art. 6º, §§ 4º e 5º, da Lei n. 11.101/2005. Para o Min. Relator, apesar das divergências na doutrina, este Superior Tribunal tem estabelecido que, aprovado e homologado o plano de recuperação judicial da sociedade empresária, os créditos serão satisfeitos de acordo com as condições ali estipuladas. Dessa forma, mostra-se incabível o prosseguimento das execuções individuais. Diante do exposto, a Seção declarou competente o juízo de direito da vara de falências e recuperações judiciais. **Precedentes citados: CC 73.380-SP, DJe 21/11/2008, e CC 88.661-SP, DJe 3/6/2008. CC 108.141-SP, Rel. Min. Fernando Gonçalves, julgado em 10/2/2010.** (Inform. STJ 422)

EXECUÇÃO TRABALHISTA. EMPRESA. RECUPERAÇÃO JUDICIAL.
A Seção deu provimento ao agravo regimental para não conhecer do conflito de competência. Essa decisão possibilita que prossiga a execução de dívidas trabalhistas de empresa em recuperação judicial fora do juízo da falência e recuperações judiciais. No caso dos autos, trata-se de execução referente à fazenda adjudicada em reclamação trabalhista para indenizar ex-funcionários de sociedade empresária de aviação comercial em recuperação judicial. O Min. Relator acolheu argumento do Ministério Público do Trabalho (agravante), afirmando que, ultrapassado o prazo de 180 dias previstos no art. 6º, §§ 4º e 5º, da Lei n. 11.101/2005 (Lei de Recuperação Judicial, Extrajudicial e Falências), caso não tenha sido aprovado o plano de recuperação, deve ser restabelecido o direito de os credores prosseguirem nas execuções contra a sociedade empresária devedora. Dessa forma, apesar de o juízo da recuperação judicial ser competente para decidir sobre o patrimônio de sociedade devedora em recuperação, mesmo quando já realizada a penhora de bens no juízo trabalhista, na hipótese de os bens terem sido adjudicados em data anterior (em 27/8/2008) ao deferimento do processamento de recuperação judicial (em 13/11/2008) e de o prazo de 180 dias previsto na citada lei ter-se esgotado em 11/5/2008, a execução deve prosseguir na Justiça trabalhista. **AgRg no CC 105.345-DF, Rel. Min. Fernando Gonçalves, julgado em 28/10/2009.** (Inform. STJ 413)

CONCORDATA SUSPENSIVA. FAZENDA PÚBLICA.
A Turma, por maioria, entendeu cabível a flexibilização da incidência do art. 191 do CTN com a concessão da concordata suspensiva, no caso de a empresa recorrida já ter quitado seus débitos trabalhistas, apresentando bom fluxo de caixa e situação patrimonial promissora suficientes para manter a atividade produtiva e viabilizar sua recuperação. Com efeito, uma vez concedida a concordata, a empresa continua a funcionar normalmente, podendo a Fazenda Nacional, na via executiva, proceder à cobrança dos créditos fiscais, com a prova de quitação dos tributos devidos. Ademais, o Fisco não está sujeito a eventual concurso de credores ou liquidação (art. 29 da Lei n. 6.830/1980). **Precedente citado: REsp 614.005-SC, DJ 19/9/2005. REsp 723.082-RJ, Rel. Min. João Otávio de Noronha, julgado em 20/10/2009.** (Inform. STJ 412)

COMPETÊNCIA. RECUPERAÇÃO JUDICIAL.
Na hipótese, a companhia têxtil viu deferida sua recuperação judicial. A esse deferimento, apresentou, no plano de recuperação, os direitos trabalhistas de seus empregados, estando tais créditos contemplados no referido plano. Os empregados propuseram ação trabalhista e a Justiça obreira proferiu decisão, julgando procedentes as reclamatórias, entendendo existir um grupo econômico pelo fato de a empresa ora suscitante ter, no seu corpo de diretores, alguns sócios pertencentes à companhia têxtil. Assim, o juízo trabalhista redirecionou a execução, agora contra a suscitante, e promoveu o início da execução desses créditos trabalhistas. Para o Min. Relator, se ficar reconhecido que não existe conflito, estar-se-á possibilitando que uma empresa saudável, financeira e empresarialmente, com essa penhora *on line*, que é a iniciação da execução trabalhista, torne-se combalida. Ao invés de prestigiar o espírito da Lei de Recuperação, que é promover a recuperação daquela que está combalida, possibilitar-se-á à que está em estado econômico saudável também vir a sofrer, permitir-se-á que esses créditos trabalhistas saiam da esfera do plano de recuperação, adquiram um *status* de privilégio, do qual eles já gozam, e faça também com que a característica da *par conditio creditorum* seja quebrada; simultaneamente, estar-se-ia violando, sobre todos os pontos de vista, a lei e princípios. Concluiu o Min. Relator que, nessas hipóteses, há um conflito positivo relativo a esse crédito trabalhista e que a execução deve prosseguir perante o juízo da recuperação judicial, não dando essa autonomia que pretendeu dar a Justiça do Trabalho. Porém, o Min. Sidnei Beneti entendeu que, no caso, não há conflito. O que há é uma questão trabalhista em que o juízo trabalhista resolveu atingir o patrimônio de outra empresa por entender que faz parte do grupo econômico e lá se resolve à luz das relações trabalhistas. Ao se entender que essa empresa deve, no juízo trabalhista, sustentar que estão sendo atingidos bens de terceiros (dela), defender-se-á por intermédio dos embargos de terceiro. Não há dois atos jurisdicionais contrastantes, não há dois juízos afirmando a jurisdição de tal maneira que um deles deva prevalecer, mas mera alegação da parte. Se os juízes não afirmaram a própria competência, não há conflito positivo. Diante disso, a Seção, por maioria, não conheceu do conflito e revogou a liminar. **CC 103.711-RJ, Rel. originário Min. Massami Uyeda, Rel. para acórdão Min. Sidnei Beneti, julgado em 10/6/2009.** (Inform. STJ 398)

COMPETÊNCIA. FALÊNCIA. RECUPERAÇÃO JUDICIAL.
A Seção entendeu que a competência para decidir todas as questões a respeito do patrimônio da sociedade empresarial recuperanda é do juízo que deferiu o processamento da recuperação, tal como a eventual extensão dos efeitos e da responsabilidade dos sócios, mormente após a aprovação do plano de recuperação, de acordo com o art. 45 da Lei n. 11.101/2005. Outrossim, ao juízo trabalhista compete, tão-somente, a análise da matéria referente à relação de trabalho, ficando a cargo do juízo da recuperação judicial todo o questionamento a respeito da satisfação do respectivo crédito (execução). **Precedentes citados: CC 88.661-SP, DJ 3/6/2008; CC 92.005-SP, DJe 21/8/2008; CC 79.170-SP, DJe 19/9/2008; CC 73.380-SP, DJe 21/11/2008, e CC 61.272-RJ, DJ 25/6/2007. CC 68.173-SP, Rel. Min. Luís Felipe Salomão, julgado em 26/11/2008.** (Inform. STJ 378)

RECUPERAÇÃO JUDICIAL. BLOQUEIO *ONLINE*. EXECUÇÃO.
A Seção julgou procedente a reclamação, a fim de cassar a decisão do juízo cível que, a despeito da liminar concedida à reclamante por esta Corte, determinou o prosseguimento da execução com o bloqueio *online* de numerário da empresa. Ressalte-se que a Segunda Seção fixou a tese da impossibilidade de retomada das execuções individuais após o decurso do prazo legal de 180 dias (Lei n. 11.101/2005), porquanto as penhoras eventuais poriam a reclamante sob o risco de não-cumprimento do plano de recuperação, com a inevitável decretação de falência que, na atração de todos os créditos e no prosseguir das execuções trabalhistas individuais comprometeria o pretendido plano de recuperação judicial, sem nenhum benefício para quem quer que seja. **Precedentes citados: MC 12.327-SP, DJ 28/11/2008, e CC 68.173-SP. Rcl 2.699-SP, Rel. Min. Luís Felipe Salomão, julgada em 26/11/2008.** (Inform. STJ 378)

MPFT. ASSISTÊNCIA. COMPETÊNCIA. AÇÃO. RECUPERAÇÃO JUDICIAL.

A Seção, em questão de ordem, admitiu, por maioria, o Ministério Público do Trabalho como assistente na ação proposta por sindicato de aeronautas e outros contra conhecida companhia de aviação. Também referente à ação paralela de recuperação judicial dessa companhia, em conflito suscitado em que dois juízes com jurisdição em diferentes ramos do Poder Judiciário decidiram de modos diversos sobre a destinação do patrimônio alienado da companhia, envolvendo créditos de natureza alimentar, a Seção declarou competente o juízo de Direito de vara empresarial estadual. E evitando, assim, o comprometimento do êxito da tal ação de recuperação judicial da sociedade falida, diante da Lei n. 11.101/2005 (Lei de Falências), sob pena de restar prejudicada se os bens dela pudessem ser arrestados pela Justiça Trabalhista. Deve-se, portanto, concentrar as ações propostas no juízo da ação de recuperação judicial. **AgRg no CC 61.272-RJ, Rel. Min. Ari Pargendler, julgado em 25/4/2007.** (Inform. STJ 318)

CONCORDATA. CORREÇÃO MONETÁRIA. IMPUGNAÇÃO. VALORES.

A sentença deu por cumprida a concordata, mas deixaram os credores de impugnar os valores apurados na conta, consoante o edital publicado (art. 155, § 1º, DL n. 7.661/1945). É certo que havia a determinação expressa para a inclusão da correção monetária, porém nosso sistema legal determina que constitui ônus dos credores objetar o pedido, o que não fizeram no momento adequado, levando à preclusão. Uma convalidação dessa anterior omissão levaria a um retrocesso, o que é vedado, sob tais condições. Precedentes citados: REsp 64.078-RS, DJ 19/6/1995, e AgRg no Ag 29.099-RS, DJ 2/8/1993. **REsp 296.475-ES, Rel. Min. Aldir Passarinho Junior, julgado em 6/2/2007.** (Inform. STJ 309)

SÚMULA STJ Nº 480

O juízo da recuperação judicial não é competente para decidir sobre a constrição de bens não abrangidos pelo plano de recuperação da empresa.

SÚMULA STJ Nº 264

É irrecorrível o ato judicial que apenas manda processar a concordata preventiva. (comentário: lembre-se que a legislação atual não prevê concordata, mas apenas recuperação judicial ou extrajudicial)

SÚMULA STJ Nº 250

É legítima a cobrança de multa fiscal de empresa em regime de concordata.

SÚMULA STJ Nº 133

A restituição da importância adiantada, a conta de contrato de câmbio, independe de ter sido a antecipação efetuada nos quinze dias anteriores ao requerimento da concordata.

SÚMULA STJ Nº 8

Aplica-se a correção monetária aos créditos habilitados em concordata preventiva, salvo durante o período compreendido entre as datas de vigência da lei 7.274, de 10-12-84, e do decreto-lei 2.283, de 27-02-86.

9. INTERVENÇÃO E LIQUIDAÇÃO EXTRAJUDICIAL

LIQUIDAÇÃO EXTRAJUDICIAL. SUSPENSÃO. AÇÃO CONSIGNATÓRIA.

A decretação da liquidação extrajudicial produz de imediato a suspensão das ações e das execuções iniciadas sobre direitos e interesses relativos ao acervo da entidade liquidanda (art. 18 da Lei n. 6.024/1974). Porém, é cediço neste Superior Tribunal que não se deve conferir ao supradito dispositivo legal absoluta e inadequada literalidade. É que a norma em análise não tem por intento privilegiar práticas que resultem na frustração de direitos comprovados e legítimos. Até porque a norma legal que regula a liquidação extrajudicial das instituições financeiras visa à preservação do patrimônio da empresa no interesse de seus credores e do próprio sistema financeiro. Assim, concluiu-se que a propositura de ação consignatória em desfavor da liquidanda com a finalidade de efetivar o cumprimento de prestação jurisdicional obtida em mandado de segurança impetrado para corrigir equívoco no critério de reajuste de prestações avençadas em contrato de mútuo habitacional não enseja ofensa à coisa julgada que, no caso, operou-se quanto à delimitação da escorreita aplicação, à espécie, do plano de equivalência salarial. **Precedentes citados: REsp 727.076-PE, DJ 21/9/2006; REsp 717.166-PE, DJ 21/11/2005; REsp 601.766-PE, DJ 31/5/2004; REsp 313.778-PE, DJ 5/11/2001, e REsp 256.707-PE, DJ 2/4/2001. REsp 696.976-PE, Rel. Min. Luiz Fux, julgado em 4/11/2010.** (Inform. STJ 454)

LEGITIMIDADE. FALÊNCIA. SÓCIO. LIQUIDANTE.

O recurso especial em questão foi interposto nos autos de ação de responsabilidade civil ajuizada pelos ex-administradores de instituição financeira (banco) ora em liquidação em desfavor do Bacen e de outra instituição, diante de supostas irregularidades constantes de instrumento particular lavrado entre essa última e a liquidanda quanto à assunção de obrigações previdenciárias. Nesse contexto, há a legitimidade ativa para os ex-administradores ajuizarem a ação, porque, primeiro, há nítido conflito de interesses entre eles, sócios, e o liquidante, que atua em nome e por conta do Bacen, a justificar a legitimidade para pleitear a nomeação de curador especial diante de potencial confronto entre representante e representado. Segundo, existe a legitimação extraordinária a amparar os sócios na busca da indenização em benefício da massa liquidanda, desde que os atos sob ataque tenham causado efetivo prejuízo a seus direitos e interesses, quanto mais se, com a aplicação, no que couber, das regras da liquidação extrajudicial ao decreto falimentar, respondem solidariamente pelos prejuízos causados à instituição e podem ser beneficiados em caso de rateio pelo aumento do acervo da instituição liquidanda; também justifica a legitimação extraordinária dos ex-administradores a permissão de os sócios ajuizarem ação de responsabilidade civil contra os administradores da sociedade devido às supostas irregularidades (arts. 6º do CPC; 34 e 39 da Lei n. 6.024/1974; 36 e 128, I, do DL n. 7.661/1945, e 159, § 7º, da Lei n. 6.404/1976). **REsp 1.021.919-PR, Rel. Min. Castro Meira, julgado em 22/6/2010.** (Inform. STJ 440)

LIQUIDAÇÃO EXTRAJUDICIAL. INSTITUIÇÃO FINANCEIRA.

Trata-se, na origem, de ação de responsabilidade civil precedida de cautelar de arresto e ajuizada pelo MP estadual contra os ora recorrentes, objetivando declarar suas responsabilidades pelos supostos prejuízos que, como administradores, causaram à gestão de instituição financeira. A Turma entendeu que o MP tem legitimidade para propor ação de responsabilidade de ex-administradores pelas obrigações assumidas durante o período no qual exerciam a gestão de instituição financeira em liquidação. O art. 45 e seguintes da Lei n. 6.024/1974 não fazem qualquer referencia à disponibilidade ou indisponibilidade dos direitos neles tutelados. A natureza do prejuízo, se individual ou coletivo, é indiferente na discussão da legitimidade do MP. Ainda entendeu a Turma que o simples encerramento do regime de liquidação extrajudicial não retira, automaticamente, o caráter coletivo dos direitos tutelados pela ação de responsabilidade contra os controladores e administradores da instituição financeira sob regime de liquidação extrajudicial. Logo, não há que se falar em extinção da ação por perda de objeto. Quanto ao termo inicial do prazo decadencial para a propositura da ação de responsabilidade, afirmou que a data do decreto de indisponibilidade dos bens dos administradores da instituição financeira em liquidação extrajudicial não se presta para tal fim, pois o art. 46, parágrafo único, da Lei n. 6.024/1974 afirma ser do arresto, cumprido integralmente, o início do referido prazo. Assim, a Turma negou provimento ao recurso. **Precedentes citados: REsp 69.870-SP, DJ 18/12/1995; REsp 489.392-RO, DJe 31/3/2008; REsp 480.310-RJ, DJ 16/10/2006, e REsp 55.925-SP, DJ 12/6/1995. REsp 909.459-MG, Rel. Min. Nancy Andrighi, julgado em 6/5/2010.** (Inform. STJ 433)

CAT. DESTITUIÇÃO TEMPORÁRIA. PRESIDENTE. BANCO.

O juízo, em tutela antecipatória, determinou, com fulcro no art. 461 do CPC, que o presidente do banco fosse temporariamente substituído por funcionário do Bacen com o objetivo de que cumprisse o imediato pagamento de indenização. Sucede que essa determinação é completamente ilegal e extrapola os limites legais para a execução dos julgados. Não há sequer previsão legal para esse tipo de intervenção nesses casos. Além do mais, a execução da tutela antecipatória feita nesses moldes não somente extravasa os poderes do magistrado, mas adentra a esfera de atribuições da autoridade administrativa a quem compete nomear e demitir aquele presidente, no caso, o próprio presidente da República, a determinar a procedência do conflito de atribuições suscitado. Acrescente-se, por último, que o referido artigo do CPC não tem aplicação ao caso, que se refere a uma obrigação de dar, e não a uma obrigação de fazer. **Precedente citado: Pet 734-CE, DJ 25/11/1996. CAt 51-DF, Rel. Min. Massami Uyeda, julgado em 11/11/2009.** (Inform. STJ 415)

LIQUIDAÇÃO EXTRAJUDICIAL. INSOLVÊNCIA.
Desprovido o recurso porquanto, ainda que não fique caracterizada a completa insolvência da empresa, é cabível a liquidação extrajudicial quando restar comprovado grave desrespeito às normas de regência das instituições financeiras e das determinações regulamentares dos órgãos competentes, assim como a eventual insolvência da instituição gera a liquidação (art. 15, I, **a** e **b**, da Lei n. 6.024/1974). **REsp 1.116.845-RJ, Rel. Min. Castro Meira, julgado em 15/10/2009.** (Inform. STJ 411)

COMPETÊNCIA. PREVIDÊNCIA. LIQUIDAÇÃO.
Compete ao juízo do foro do domicílio do consumidor processar e julgar ação de repetição de valores pagos à entidade de previdência privada em liquidação extrajudicial, bem como a indenização por danos morais. Não obstante as disposições das Leis ns. 10.190/2001, 6.024/1974 e 11.101/2005 (Lei de Falência), aplicáveis, no que couber, às entidades de previdência privada, quanto à liquidação extrajudicial, no caso, não se concluiu necessariamente pela fixação da competência em razão do juízo universal, por se entender que prevalece o art. 101, I, do CDC, coerente com a Súm. n. 321/STJ. **Precedente citado: REsp 930.970-SP, DJe 3/11/2008. CC 102.960-SP, Rel. Min. Paulo Furtado, julgado em 24/6/2009.** (Inform. STJ 400)

LIQUIDAÇÃO EXTRAJUDICIAL. LEGITIMIDADE EXTRAORDINÁRIA. SÓCIOS. AÇÃO.
Na liquidação extrajudicial, não só o liquidante nomeado pelo Banco Central para representar a massa está legitimado para ajuizar ações com o objetivo de beneficiá-la, mas também aqueles que, eventualmente, tenham sofrido prejuízos patrimoniais em razão da liquidação judicial. Ressalta o Min. Relator que este Superior Tribunal já assentou a tese da legitimidade extraordinária dos sócios de instituição financeira para ingressar com ação de indenização em benefício da massa liquidanda, desde que os atos impugnados tenham causado efetivo prejuízo a seus direitos e interesses, em razão do disposto no art. 6º do CPC, art. 36 do DL n. 7.661/1945 e art. 159, § 7º, da Lei n. 6.024/1974. Noticiam os autos que os recorrentes, acionistas, propuseram ação de indenização por perdas e danos e lucros cessantes contra o Bacen porque, ao apreciarem documentos referentes à intervenção obtidos em ação judicial e em CPI no Congresso Nacional, verificaram que a transferência de passivos e ativos do banco em liquidação extrajudicial não ocorreu em conformidade com os preceitos legais. Esses interesses contrapostos entre o liquidante e os autores da ação justificam o interesse jurídico e a legitimidade ativa *ad causam*, a teor do art. 3º do CPC. Com esse entendimento, a Turma, ao prosseguir o julgamento, conheceu parcialmente do recurso e, nessa parte, deu-lhe provimento. **Precedentes citados: REsp 957.783-PE, DJ 11/4/2008, e REsp 546.111-RJ, DJ 18/9/2007. REsp 973.467-PR, Rel. Min. Luiz Fux, julgado em 28/4/2009.** (Inform. STJ 392)

ADMINISTRADOR. CONSTRIÇÃO ILEGAL. BENS.
O recorrente impetrou mandado de segurança contra a decisão do TJ-RS que determinou a indisponibilidade de bens do impetrante na qualidade de membro da administração da empresa falida. No mérito, pugnou pela inaplicabilidade do art. 36 da Lei n. 6.024/1974 ao argumento de que não era mais, ao tempo da quebra, administrador da falida. Inicialmente, a Min. Relatora verificou que o recorrente não era, à época da liquidação extrajudicial decretada pelo Bacen, administrador da empresa falida. Observou, também, que o recorrente não se enquadra na hipótese prevista no art. 36 da mencionada lei, que dispõe sobre a indisponibilidade dos bens dos administradores das instituições financeiras em intervenção, em liquidação extrajudicial ou em falência, tendo em vista que se retirou da sociedade no mês de novembro de 1998, e a liquidação foi decretada em 28/3/2001, evidenciando-se, assim, o lapso temporal de 28 meses. O § 1º do art. 36 da Lei n. 6.024/1974 estabelece que a indisponibilidade prevista no *caput* atinge apenas aqueles que estiveram no exercício de suas funções sob intervenção nos doze meses anteriores ao ato que decretou a intervenção, a liquidação ou a falência. Assim, cotejando-se os fatos apresentados aos comandos legais anteriormente declinados, vê-se a incongruência entre a hipótese legal e a moldura fática, o que desautoriza a constrição aplicada aos bens do recorrente. Acrescentou a Min. Relatora que o acórdão recorrido transbordou os limites legais impostos para a análise de mandado de segurança, ao adentrar na seara do direito material perquirido. Isso posto, a Turma, ao prosseguir na renovação do julgamento, por maioria, conheceu do recurso e lhe deu provimento para reformar o acórdão recorrido, concedendo a ordem para determinar o levantamento da constrição efetuada sobre os bens do recorrente. **RMS 16.880-RS, Rel. Min. Nancy Andrighi, julgado em 19/2/2008.** (Inform. STJ 345)

PATRIMÔNIO. SÓCIO. ENTIDADE SOB LIQUIDAÇÃO. INDISPONIBILIDADE. PENHORA. EXECUÇÃO.
A jurisprudência deste Superior Tribunal quanto à admissibilidade do recurso especial firmou-se no sentido de que no processo de dúvida em matéria de registro imobiliário, havendo contraditório entre os proprietários e o Ministério Público sobre a dúvida suscitada pelo oficial de Registro de Imóveis configura-se causa no sentido constitucional, e do acórdão proferido pelo Tribunal de Justiça cabe recurso especial. No mérito, a Turma deu provimento ao recurso, por entender que a indisponibilidade prevista no art. 36 da Lei n. 6.024/1974 não obsta a penhora de bens do patrimônio do devedor em execução movida por credor, uma vez que a vedação ali contida refere-se exclusivamente aos atos de alienação de iniciativa do próprio ex-administrador da sociedade alvo de liquidação extrajudicial. Precedentes citados no STJ: REsp 204.668-MG, DJ 29/4/2002; REsp 249.533-SP, DJ 28/8/2000; REsp 757.598-MG, DJ 31/5/2007, e REsp 121.792-MG, DJ 4/2/2002. **REsp 783.039-SP, Rel. Min. Nancy Andrighi, julgado em 25/9/2007.** (Inform. STJ 333)

10. CONTRATOS EMPRESARIAIS

10.1. Alienação Fiduciária

alienação fiduciária em garantia. DECRETO-LEI N° 911/69. EQUIPAÇÃO DO DEVEDOR-FIDUCIANTE AO DEPOSITÁRIO. Prisão civil do devedor-fiduciante em face do princípio da proporcionalidade. A prisão civil do devedor-fiduciante no âmbito do contrato de alienação fiduciária em garantia viola o princípio da proporcionalidade, visto que: a) o ordenamento jurídico prevê outros meios processuais-executórios postos à disposição do credor-fiduciário para a garantia do crédito, de forma que a prisão civil, como medida extrema de coerção do devedor inadimplente, não passa no exame da proporcionalidade como proibição de excesso, em sua tríplice configuração: adequação, necessidade e proporcionalidade em sentido estrito; e b) o Decreto-Lei n° 911/69, ao instituir uma ficção jurídica, equiparando o devedor-fiduciante ao depositário, para todos os efeitos previstos nas leis civis e penais, criou uma figura atípica de depósito, transbordando os limites do conteúdo semântico da expressão "depositário infiel" insculpida no art. 5º, inciso LXVII, da Constituição e, dessa forma, desfigurando o instituto do depósito em sua conformação constitucional, o que perfaz a violação ao princípio da reserva legal proporcional. recurso extraordinário conhecido e não provido. **RE N. 349.703-RS. RELATOR P/ O ACÓRDÃO: MIN. GILMAR MENDES.** (Inform. STF 549)

CREDOR FIDUCIÁRIO. RESPONSABILIDADE.
Trata-se, no caso, de saber se o credor fiduciário pode ser responsabilizado pelo pagamento das despesas decorrentes da guarda e conservação de veículo em pátio de propriedade privada, tendo em vista a retomada da posse direta do bem em decorrência da efetivação de liminar deferida em ação de busca e apreensão do automóvel. A Turma negou provimento ao recurso sob o entendimento de que o credor fiduciário é o responsável final pelo pagamento das despesas com a estadia do automóvel junto ao pátio privado. Observou-se que as despesas com a remoção e a guarda do veículo alienado estão vinculadas ao bem e a seu proprietário, o recorrente/titular da propriedade fiduciária resolúvel (obrigação *propter rem)*, enquanto o devedor fiduciante detém apenas a posse indireta do bem. Contudo, nada impede que o recorrente possa reaver esses valores por meio de ação regressiva a ser ajuizada contra a recorrida, que supostamente deu causa à retenção do bem. Consignou-se, todavia, que dispensar o recorrente do pagamento de tais despesas implica amparar judicialmente o locupletamento indevido do credor fiduciário, legítimo proprietário do bem depositado. Precedente citado: REsp 881.270-RS, DJe 19/3/2010. **REsp 1.045.857-SP, Rel. Min. Nancy Andrighi, julgado em 12/4/2011.** (Inform. STJ 469)
(Comentário: ver Informativo STJ 470 – REsp 1.114.406/SP, acerca do arrendamento mercantil)

ALIENAÇÃO FIDUCIÁRIA. BUSCA. APREENSÃO. NOTIFICAÇÃO EXTRAJUDICIAL.
A Turma, ao prosseguir o julgamento, entendeu ser válida a notificação extrajudicial efetivada por via postal no endereço do devedor por cartório de títulos e documentos de comarca diversa daquela em que ele é domiciliado. *In casu*, trata-se da notificação necessária à comprovação da mora do recorrido para que o banco recorrente proponha a ação de busca e

apreensão pelo inadimplemento do contrato de financiamento de automóvel garantido por alienação fiduciária. Inicialmente, ressaltou o Min. Relator ser inaplicável ao caso dos autos o precedente da Terceira Turma deste Superior Tribunal que consignou não ser válido o ato do tabelião praticado fora do município para o qual recebeu delegação, conforme estabelecido pelos arts. 8º, 9º e 12 da Lei n. 8.935/1994, por entender que esses dispositivos referem-se apenas aos tabelionatos de notas e aos registros de imóveis e civis das pessoas naturais. Afirmou, portanto, não haver norma federal que limite territorialmente a prática dos atos registrais dos ofícios de títulos e documentos, não cabendo ao STJ conferir interpretação mais ampla àquele diploma legal – até porque, na notificação extrajudicial por via postal, não há necessidade de deslocamento do oficial do cartório. Asseverou, ademais, que o art. 130 da Lei n. 6.015/1973 – o qual prevê o princípio da territorialidade – não alcança a notificação extrajudicial por não se tratar de ato tendente a dar conhecimento a terceiros e por ela não estar incluída no rol do art. 129 do mesmo diploma legal, dispositivo que enumera os atos sujeitos a registro no domicílio dos contratantes. Precedentes citados: AgRg no REsp 1.041.543-RS, DJe 28/5/2008; REsp 692.237-MG, DJ 11/4/2005, e REsp 810.717-RS, DJ 4/9/2006. **REsp 1.237.699-SC, Rel. Min. Luis Felipe Salomão, julgado em 22/3/2011.** (Inform. STJ 467)

RESPONSABILIDADE. FIADOR. ALIENAÇÃO FIDUCIÁRIA. VENDA EXTRAJUDICIAL. BEM.

In casu, a administradora de consórcio recorrida ajuizou, na origem, ação de cobrança em desfavor do consorciado inadimplente e do seu fiador sob a alegação de que, após terem sido promovidas a busca e apreensão do veículo e, em seguida, sua venda, ainda remanescia uma parcela do débito. Nesse contexto, a Turma, na parte conhecida, deu provimento ao recurso especial para afirmar que, após a alienação extrajudicial do bem, fica afastada a responsabilidade do fiador na hipótese em que ele não é cientificado dessa venda, sendo do devedor principal a obrigação de pagar o saldo restante. Precedentes citados: REsp 533.733-RS, DJ 28/10/2003; EREsp 49.086-MG, DJ 10/11/1997; REsp 140.894-PR, DJ 19/3/2001; REsp 178.255-PR, DJ 28/8/2000, e REsp 254.408-MG, DJ 4/6/2001. **REsp 749.199-SP, Rel. Min. Luis Felipe Salomão, julgado em 22/3/2011.** (Inform. STJ 467)

ALIENAÇÃO FIDUCIÁRIA. TERMO INICIAL. PURGA. MORA.

Trata-se de ação de busca e apreensão de veículo automotor devido ao inadimplemento de contrato de financiamento com alienação fiduciária em garantia. O cerne da *quaestio* é saber se o termo inicial do prazo de cinco dias para o pagamento da integralidade da dívida pelo devedor, conforme disposto no art. 3º, § 1º, do DL n. 911/1969, é o da data da execução da liminar da busca e apreensão ou a data da juntada aos autos do mandado cumprido (art. 241 do CPC). No caso dos autos, o Tribunal *a quo* considerou a data da juntada do mandado cumprido como o termo inicial. Ressalta o Min. Relator que, com a vigência do art. 56 da Lei n. 10.931/2004, a nova redação atribuída ao DL n. 911/1969 prevê, no art. 3º, §§ 1º e 2º, que o prazo para o pagamento integral da dívida pelo devedor inicia-se a partir da efetivação da decisão liminar na ação de busca e apreensão, visto que, cinco dias após executada a medida, consolidar-se-ão a propriedade e a posse plena e exclusiva do bem no patrimônio do credor fiduciário. Explica que a efetivação da liminar de busca e apreensão possui dois objetivos: resguardar os direitos do credor e cientificar o devedor de que, no prazo de cinco dias contados da efetivação da medida, ele poderá pagar a integralidade da dívida (que inclui as prestações vencidas e as vincendas por antecipação). Mas, se quitadas, será restituído o bem livre de ônus. Aponta que a alteração promovida pela citada lei antecipou a consolidação da propriedade no patrimônio do credor fiduciário, uma vez que, no procedimento anterior, a propriedade só se consolidava após o trânsito em julgado da sentença de procedência. Destaca, ainda, que o art. 3º e parágrafos do DL n. 911/1969, cuja constitucionalidade já foi reconhecida pelo STF e por este Superior Tribunal em uniformização jurisprudencial, não ofende os princípios do contraditório e da ampla defesa, porém propicia mais celeridade e segurança jurídica. Na hipótese dos autos, o pagamento deu-se de forma intempestiva, visto que a purga da mora deu-se quase um mês depois. Entretanto, o credor alienante fiduciário tem a posse do bem e à sua disposição o montante da purga da mora. Dessa forma, a Turma deu provimento ao recurso do banco (credor fiduciário) para consolidar a posse e a propriedade do veículo e determinar a reversão dos valores pagos pela devedora a título de purgação da mora, ressalvada a eventual existência de saldo credor em favor da instituição financeira, o qual deverá ser abatido do montante a ser restituído. **Precedentes citados: REsp 151.272-SP, DJ 10/12/2002, e REsp 678.039-SC, DJ 14/3/2005. REsp 986.517-RS, Rel. Min. Massami Uyeda, julgado em 4/5/2010.** (Inform. STJ 433)

USUCAPIÃO. VEÍCULO. ALIENAÇÃO FIDUCIÁRIA.

A autora ajuizou contra o banco ação de usucapião de bem móvel, no caso um veículo adquirido em 1995 de um terceiro que o adquiriu mediante alienação fiduciária em garantia prestada em favor do banco réu. Desde a aquisição do bem, a autora exercia posse tranquila e de boa-fé como se fosse dona. Diante da inércia da instituição financeira, pleiteou o domínio do automóvel mediante declaração de prescrição aquisitiva. Em contestação, o réu alegou a impossibilidade da usucapião, tendo em vista que, sobre o automóvel, incide gravame de alienação fiduciária e remanesce, ainda, débito de aproximadamente R$ 40 mil. Então, o cerne da questão é saber se o automóvel que conta com gravame de alienação fiduciária em garantia e transferido a terceiro pode ser adquirido por usucapião. Para o Min. Relator, a transferência a terceiro de veículo gravado como propriedade fiduciária, à revelia do proprietário (credor), constitui ato de clandestinidade, incapaz de induzir posse (art. 1.208 do CC/2002), sendo, por isso mesmo, impossível a aquisição do bem por usucapião. De fato, em contratos com alienação fiduciária em garantia, sendo inerentes ao próprio contrato o desdobramento da posse e a possibilidade de busca e apreensão do bem, conclui-se que a transferência da posse direta a terceiros – porque modifica a essência do contrato, bem como a garantia do credor fiduciário – deve ser precedida de autorização. Diante disso, a Turma conheceu do recurso e lhe deu provimento para julgar improcedente o pedido deduzido na inicial. **Precedente citado: REsp 844.098-MG, DJe 6/4/2009. REsp 881.270-RS, Rel. Min. Luis Felipe Salomão, julgado em 2/3/2010.** (Inform. STJ 425)

FINANCIAMENTO. ALIENAÇÃO FIDUCIÁRIA. ARREPENDIMENTO.

Trata-se de REsp em que se discute, em síntese, o direito de arrependimento, previsto no art. 49 do Código de Defesa do Consumidor (CDC), como cláusula de resolução de contrato de financiamento com alienação fiduciária em garantia. Na hipótese em questão, o recorrente assinou dois contratos, um de compra e venda com a concessionária de veículos e outro de financiamento com o banco recorrido. Após a assinatura do contrato de financiamento, ocorrido em lugar diverso do estabelecimento comercial do recorrido, o recorrente arrependeu-se e enviou notificação a este no sexto dia seguinte à celebração do negócio. Diante disso, a Turma entendeu que é facultado ao consumidor desistir do contrato no prazo de sete dias a contar da assinatura, quando a contratação ocorrer fora do estabelecimento comercial, nos termos do referido dispositivo legal. Assim, notificado o vendedor, a
cláusula de arrependimento, implícita no contrato de financiamento realizado em local diverso do estabelecimento comercial da instituição financeira, deve ser interpretada como causa de resolução tácita do contrato, cuja consequência é restabelecer as partes ao *status quo ante*. Ademais, não prospera a argumentação do recorrido de que não é possível o exercício do direito de arrependimento, porque o valor referente ao contrato de empréstimo foi repassado para a concessionária de veículos antes da manifestação do recorrente. Pois, como visto, este, ao exercer o direito de arrependimento, agiu em exercício regular de direito amparado pelo referido art. 49 do CDC. Outrossim, o eventual arrogo na posse do valor referente ao contrato de empréstimo pela concessionária de veículos não pode ser imputado ao recorrente nem dele ser exigido, uma vez que o contrato de compra e venda celebrado entre ele e a concessionária não se perfectibilizou; na verdade, sequer houve imissão na posse do bem. Ressalte-se que, nos termos do art. 2º do DL n. 911/1969, a ação de busca e apreensão é fundamentada com o inadimplemento ou mora nas obrigações contratuais. Todavia, no caso, ocorreu a resolução do contrato pelo exercício do direito de arrependimento e não houve formação nem ajuste de obrigações contratuais. Nesse contexto, deu-se provimento ao recurso. **REsp 930.351-SP, Rel. Min. Nancy Andrighi, julgado em 27/10/2009.** (Inform. STJ 413)

ALIENAÇÃO FIDUCIÁRIA. GARANTE.

O autor sustenta que o acórdão, ao endossar a decisão do juiz, conferiu interpretação equivocada ao dispositivo legal contido no art. 66 de Lei n. 4.728/1965, porquanto nele não consta nenhuma proibição de que terceiro interveniente dê, em alienação fiduciária, bem de sua propriedade. Para o Min. Relator, pela análise do referido artigo, que disciplina o mercado de capitais e estabelece medidas para seu desenvolvimento, seja de sua redação originária seja também da atual, conferida pelas alterações introduzidas pela Lei n. 10.931/2004, de fato, não consta nenhuma proibição de que o terceiro interveniente (garantidor) dê em alienação fiduciária, bem de sua propriedade. Na espécie, a instituição financeira aceitou a alienação fiduciária em garantia conferida por terceiro, sem qualquer contra prestação. O Tribunal de origem entendeu que não poderia haver alienação fiduciária de bem do garante, considerando haver, na realidade, uma garantia pela obrigação pecuniária contraída e não paga pelo devedor, não tendo o garantidor anuído com as modificações contratuais. Com efeito, uma das principais características da alienação fiduciária é a onerosidade, uma vez que beneficia ambos os contratantes, proporcionando instrumento creditício ao alienante e assecuratório ao adquirente. Nesse sentido, inexistindo a indispensável onerosidade no negócio jurídico entabulado entre as partes (banco e garante), outro não poderia ser o entendimento que não o do desvirtuamento da alienação fiduciária. Assim, o acórdão, ao não admitir a alienação fiduciária em garantia, entendeu corretamente, porquanto terceiros podem ser garantes, mas não alienantes fiduciários. Essa posição somente pode ser exercida pelo devedor. Entendeu o Tribunal *a quo* que, no caso, constitui uma "alienação fiduciária desnaturada de sua função social", motivo pelo qual não poderia o Judiciário chancelar o procedimento praticado pela instituição financeira ou compactuar com ele. Para o Min. Relator, a conclusão a que chegou o Tribunal *a quo* decorreu da convicção formada em face dos elementos existentes nos autos, da interpretação dos contratos, das diversas renegociações e da análise das demais provas existentes. Rever a decisão recorrida importaria no vedado reexame de provas e na interpretação contratual (Súmulas. ns. 5 e 7 do STJ). **REsp 866.300-BA, Rel. Min. Luis Felipe Salomão, julgado em 15/10/2009.** (Inform. STJ 411)

ALIENAÇÃO FIDUCIÁRIA. MULTAS.
Por haver a concessão de financiamento com cláusula de alienação fiduciária em garantia para a aquisição de veículo, tem-se a existência de dois negócios jurídicos autônomos: o de compra e venda, firmado entre o alienante e o adquirente, e o de mútuo com alienação fiduciária em garantia, celebrado entre o adquirente e a instituição financeira. Ante a autonomia dos negócios, não há qualquer vínculo jurídico entre o alienante e a instituição financeira a autorizar a inclusão desta no polo passivo da demanda destinada a cobrar o pagamento das multas e tributos incidentes sobre o veículo posteriormente à alienação. É desinfluente a ausência de registro no Detran da transferência do veículo ou da garantia fiduciária, pois esses atos jurídicos nasceram de relações jurídicas das quais jamais foram, concomitantemente, partes a instituição financeira e o alienante. Dessarte, o banco que, com garantia de alienação fiduciária, financia a aquisição de um veículo sem o registro da transferência e da propriedade fiduciária no Detran não é parte legítima para ação movida pelo antigo proprietário que busca o pagamento dos débitos fiscais e de multas contraídos após a venda. Assim, a Turma deu provimento ao recurso. **REsp 1.025.928-RS, Rel. Min. Massami Uyeda, julgado em 26/5/2009.** (Inform. STJ 396)

ALIENAÇÃO FIDUCIÁRIA. VENDA EXTRAJUDICIAL. SALDO REMANESCENTE.
A Turma decidiu que, na alienação fiduciária, não se há de reconhecer certeza e liquidez de saldo remanescente apurado com a venda extrajudicial do bem feita à revelia do crivo do Poder Judiciário e sem o consentimento do consumidor, pelo que inaplicável ao caso o art. 5º do DL n. 911/1969. Isso porque não se quer dizer que, após a venda extrajudicial, poderá o credor preferir a via executiva para obter o saldo devedor remanescente. Ao contrário, tal norma concede ao credor apenas a faculdade de optar pela via executiva ou pela busca e apreensão. Se tiver optado pela última, descabe a via executiva por inexistir título a embasá-la. **Precedente citado: REsp 2.432-CE, DJ 17/12/1990. REsp 265.256-SP, Rel. Min. Luís Felipe Salomão, julgado em 5/2/2009.** (Inform. STJ 382)

VEÍCULO. ALIENAÇÃO FIDUCIÁRIA. REGISTRO. CARTÓRIO.
Mesmo diante do disposto no § 1º do art. 1.361 do CC/2002, o registro do contrato de alienação fiduciária de veículo automotor no cartório de títulos e documentos (art. 129, inciso 5º, da Lei n. 6.015/1973) não é condição para a transferência da propriedade do bem ou requisito de validade do negócio jurídico, apenas lhe empresta certa publicidade e, posteriormente, efeito *erga omnes* (sua ausência chega até a poder causar a ineficácia do contrato perante o terceiro de boa-fé). Nesse contexto, a Súm. n. 92-STJ tem como essência a constatação de que a anotação da alienação no licenciamento do veículo é mais eficaz do que o registro do contrato no referido cartório. Sequer do Código de Trânsito Brasileiro (Lei n. 9.503/1997), no ponto em que disciplina a expedição do certificado de registro de veículo (arts. 122 e 124), consta como peça obrigatória a apresentação de tal contrato registrado. Então, conclui-se que a anotação da alienação fiduciária pela repartição competente para o licenciamento é suficiente para se ver cumprido o requisito da publicidade. Anote-se, outrossim, que, no caso, a questão quanto à inconstitucionalidade do art. 1.361, § 1º, do CC/2002 só foi formulada perante o Tribunal *a quo* em memoriais, na sustentação oral e, após, em embargos de declaração, daí não se configurar a alegada omissão (art. 535 do CPC). Precedentes citados: REsp 770.315-AL, DJ 15/5/2006, e REsp 278.993-SP, DJ 16/12/2002. **REsp 686.932-PR, Rel. Min. Luiz Fux, julgado em 1º/4/2008.** (Inform. STJ 350)

ALIENAÇÃO FIDUCIÁRIA. BUSCA E APREENSÃO. CONVERSÃO. DEPÓSITO.
O Tribunal *a quo* entendeu que, encontrando-se o bem em estado de sucata e o credor recusando-se a recuperá-lo por entender sem valor econômico, houve perda do objeto e, por conseqüência, perece a ação de depósito em razão do desaparecimento da responsabilidade depositária, sem prejuízo da responsabilidade do devedor pelo débito. A Turma, ao prosseguir o julgamento, por maioria, conheceu do recurso e deu provimento a ele, concluindo que a localização do bem dado em garantia em estado de sucata pode ser equiparada à situação de não-localização, o que autoriza, por conseqüência, a conversão da ação de busca e apreensão em ação de depósito. O credor fiduciário, para obter a satisfação de um crédito, pode requerer a conversão do pedido de busca e apreensão, nos mesmos autos, em ação de depósito quando o bem dado em garantia for considerado sucata. Precedentes citados do STF: RE 102.242-MG, DJ 1°/7/1988; do STJ: REsp 51.522-MT, DJ 7/11/1994. **REsp 654.741-SP, Rel. Min. Nancy Andrighi, julgado em 13/2/2007.** (Inform. STJ 310)

SÚMULA VINCULANTE STF 25

É ilícita a prisão civil de depositário infiel, qualquer que seja a modalidade do depósito.

SÚMULA STJ Nº 419

Descabe a prisão civil do depositário judicial infiel.

SÚMULA STJ Nº 384

Cabe ação monitória para haver saldo remanescente oriundo de venda extrajudicial de bem alienado fiduciariamente em garantia.

SÚMULA STJ Nº 284

A purga da mora, nos contratos de alienação fiduciária, só é permitida quando já pagos pelo menos 40% (quarenta por cento) do valor financiado.

SÚMULA STJ Nº 245

A notificação destinada a comprovar a mora nas dívidas garantidas por alienação fiduciária dispensa a indicação do valor do débito.

SÚMULA STJ Nº 92

A terceiro de boa-fé não e oponível a alienação fiduciária não anotada no certificado de registro do veiculo automotor.

SÚMULA STJ Nº 72

A comprovação da mora é imprescindível na busca e apreensão do bem alienado fiduciariamente.

SÚMULA STJ Nº 28

O contrato de alienação fiduciária em garantia pode ter por objeto bem que já integrava o patrimônio do devedor.

10.2. Leasing

ARRENDAMENTO MERCANTIL. RESTITUIÇÃO DO VALOR RESIDUAL GARANTIDO. PRAZO PRESCRICIONAL GERAL.
Trata-se de recurso especial no qual se discute a definição do prazo prescricional para a propositura de ação visando à restituição do valor residual garantido (VRG) em contrato de arrendamento mercantil: se o prazo trienal previsto no art. 206, § 3º, IV, do CC/2002 ou se aquele geral decenal do art. 205 do mesmo diploma legal. A Min. Relatora fez ponderações sobre a natureza do VRG, que deve ser entendido como o adiantamento da quantia que seria devida ao final do contrato, na hipótese de o arrendatário pretender adquirir o bem. Isto é, além do arrendamento já pago durante a vigência do contrato, o arrendatário deveria pagar mais essa importância previamente ajustada se pretendesse ficar com a propriedade do bem arrendado, capitalizando-se de modo a tornar menos onerosa a opção de adquirir o bem no termo final do contrato. Caso o arrendatário não pretenda ficar com o bem, desfeito o arrendamento mercantil, e não importa a causa, nada justificaria a manutenção com a arrendadora do valor residual garantido e pago por antecipação, devendo ser devolvidos os valores recebidos pelo arrendador a título de VRG. Ressaltou, ainda, que, não se tratando de pedido fundado no princípio que veda o enriquecimento sem causa, mas de restituição de quantias em razão do desfazimento do arrendamento mercantil, cuja natureza contratual já basta para conferir caráter pessoal às obrigações dele decorrentes, o prazo prescricional para esta ação é o geral

(de dez anos, previsto no art. 205 do CC/2002 ou vintenário, conforme regra prevista no art. 177 do CC/1916 para as ações pessoais). Considerando as datas dos fatos discutidos nos autos, a Min. Relatora entendeu correta a utilização pelo Tribunal de origem da regra de transição do art. 2.028 do CC/2002 para afastar a prescrição, já que não se havia encerrado o prazo estipulado no art. 205 do CC/2002. **REsp 1.174.760-PR, Rel. Min. Nancy Andrighi, julgado em 1º/12/2011.** (Inform. STJ 488)

LEASING. ADIMPLEMENTO SUBSTANCIAL.
Trata-se de REsp oriundo de ação de reintegração de posse ajuizada pela ora recorrente em desfavor do ora recorrido por inadimplemento de contrato de arrendamento mercantil (*leasing*). A Turma, ao prosseguir o julgamento, por maioria, entendeu, entre outras questões, que, diante do substancial adimplemento do contrato, ou seja, foram pagas 31 das 36 prestações, mostra-se desproporcional a pretendida reintegração de posse e contraria princípios basilares do Direito Civil, como a função social do contrato e a boa-fé objetiva. Consignou-se que a regra que permite tal reintegração em caso de mora do devedor e consequentemente, a resolução do contrato, no caso, deve sucumbir diante dos aludidos princípios. Observou-se que o meio de realização do crédito pelo qual optou a instituição financeira recorrente não se mostra consentâneo com a extensão do inadimplemento nem com o CC/2002. Ressaltou-se, ainda, que o recorrido pode, certamente, valer-se de meios menos gravosos e proporcionalmente mais adequados à persecução do crédito remanescente, por exemplo, a execução do título. Precedentes citados: REsp 272.739-MG, DJ 2/4/2001; REsp 469.577-SC, DJ 5/5/2003, e REsp 914.087-RJ, DJ 29/10/2007. **REsp 1.051.270-RS, Rel. Min. Luis Felipe Salomão, julgado em 4/8/2011.** (Inform. STJ 480)

REPETITIVO. ARRENDAMENTO MERCANTIL. GUARDA. VEÍCULO.
Os proprietários e condutores de veículos são solidariamente responsáveis pelas infrações de trânsito: o proprietário é responsável por aquelas que dizem respeito à regularização e ao preenchimento das condições exigidas para o trânsito do veículo; o condutor, por aquelas referentes aos atos praticados na direção do veículo. Nas hipóteses em que a responsabilidade recai sobre o condutor, o proprietário é incumbido de identificá-lo, sob pena de ser considerado o responsável pela infração. Em caso de apreensão decorrente da penalidade aplicada, o veículo permanece sob custódia e responsabilidade do órgão ou entidade que o apreendeu a expensas de seu proprietário. Tudo isso decorre da interpretação dada aos arts. 262 e 257 do Código de Trânsito Brasileiro. Sucede que, em se tratando de arrendamento mercantil (*vide* Res. n. 149/2003 do Contran), as despesas relativas à remoção, guarda e conservação do veículo arrendado, independentemente da natureza da infração cometida, não são da sociedade empresária arrendante, mas sim do arrendatário, pois ele se equipara ao proprietário durante a vigência do contrato. Dessarte, mesmo diante da posterior retomada da posse do bem (ação de busca e apreensão), as referidas despesas havidas durante a vigência do contrato são de responsabilidade do arrendatário. Esse entendimento foi acolhido pela Seção no julgamento de recurso repetitivo (art. 543-C do CPC). Precedentes citados: AgRg no Ag 1.292.471-SP, DJe 11/6/2010; AgRg no Ag 1.280.117-SP, DJe 19/5/2010; AgRg no Ag 1.192.657-SP, DJe 10/2/2010, e AgRg no REsp 1.022.571-SP, DJe 13/10/2008. **REsp 1.114.406-SP, Rel. Min. Hamilton Carvalhido, julgado em 27/4/2011.** (Inform. STJ 470)
(Comentário: ver Informativo STJ 469 – REsp 1.045.857/SP, acerca da alienação fiduciária em garantia)

***LEASING*. SEGURO. ABUSIVIDADE.**
Trata-se, fundamentalmente, de saber se, diante da natureza jurídica do contrato de arrendamento mercantil, a previsão de que o arrendatário deva contratar seguro do bem arrendado em favor da arrendadora constitui imposição iníqua e excessivamente onerosa àquele em contrapartida ao indevido locupletamento dela. Nesta instância especial, ao apreciar o REsp, entendeu-se que, no contrato de arrendamento mercantil (*leasing*), a arrendadora é proprietária do bem até que se dê a efetiva quitação do contrato e o arrendatário faça a opção pela compra daquele bem. Sendo assim, não configura onerosidade excessiva ao consumidor a previsão de que contrate seguro para o objeto da avença em favor da arrendadora. Destacou-se que sustentar o contrário leva a uma incorreta interpretação da finalidade última da proteção consumerista e a uma indevida ingerência na liberdade de iniciativa, princípio e fundamento, respectivamente, da ordem econômica nos termos do art. 170 da CF/1988. Dessarte, tendo em vista a dinâmica do *leasing*, a existência de cláusula que preveja a contratação pelo arrendatário de seguro do bem em favor da arrendante não representa, de antemão, uma violação das normas de proteção ao consumo. Só haveria que se falar em abusividade, atentando-se, inclusive, contra a livre concorrência, se houvesse a vinculação do arrendamento à contratação do seguro com instituição específica. Dessa forma, a cláusula que obriga o arrendatário a contratar seguro em nome da arrendante não é abusiva, pois aquele possui dever de conservação do bem, usufruindo a coisa como se dono fosse, suportando, em razão disso, riscos e encargos inerentes à sua obrigação. Observou-se que o seguro, nessas circunstâncias, é garantia para o cumprimento da avença, protegendo o patrimônio do arrendante, bem como o indivíduo de infortúnios. Ressaltou-se, ainda, que a cláusula de seguro questionada não atinge interesses externos à estrutura contratual, mas sim a benefícios às partes contratantes simultaneamente, o que a torna legítima. Registrou-se, por fim, não se legitimar a "venda casada", essa sim repudiada pela proteção consumerista, visto que, na hipótese, não se convencionou qual seguradora deveria ser contratada pelo arrendatário, podendo ele contratar aquela de sua conveniência ou confiança. Diante disso, a Turma conheceu parcialmente do recurso e, na parte conhecida, deu-lhe provimento. **REsp 1.060.515-DF, Rel. Min. Honildo Amaral de Mello Castro (Desembargador convocado do TJ-AP), julgado em 4/5/2010.** (Inform. STJ 433)

***LEASING*. DECLARATÓRIA. COISA JULGADA.**
O REsp trata de vários temas derivados de ações de revisão de contrato de *leasing* e de reintegração de posse de dois veículos. Por outro lado, a ofensa à coisa julgada foi rejeitada nas instâncias ordinárias. O acórdão recorrido consignou que, anteriormente, houve ações aforadas e cada qual tinha por objeto um veículo: na primeira, foi proferida sentença de improcedência, com trânsito em julgado e, apesar de, um dia após, o juízo do feito deferir a petição de suspensão do processo, não se impediu o trânsito em julgado. Já na segunda, não foi proferida sentença; pois, antes veio aos autos requerimento com a notícia de acordo entre as partes, consequentemente ocasionando a homologação do acordo com trânsito em julgado. Mas, como nos dois feitos existe requerimento firmado pelas partes de que não havia intenção de novar os contratos originais, as instâncias ordinárias admitiram a discussão mesmo em vista de sua extinção. Nesse contexto, para o Min. Relator, é inquestionável que os acordos foram celebrados com a finalidade de compor as lides envolvendo os primitivos contratos de arrendamento mercantil, os quais, submetidos ao crivo judicial, foram devidamente homologados judicialmente, e que só são rescindíveis nos casos dispostos no art. 1.030 do CC/1916, que, na hipótese, sequer foi cogitado. Sendo assim, explica que, na existência de pressuposto processual negativo da coisa julgada, está obstado o conhecimento do mérito da causa. Ademais, é absolutamente impossível, em via transversa, desconstituir a coisa julgada ao argumento de que a pretensão seria apenas para revisar contrato findo, pois o contrato não existe mais, o que existe é a decisão transitada em julgado homologada de uma transação sobre a qual não há nulidade formal apontada. Ante o exposto, a Turma conheceu em parte do recurso, dando-lhe provimento para reconhecer a coisa julgada, julgar improcedente a ação declaratória com pedido de restituição de indébito proposta pela sociedade empresária e julgar procedente o pedido de reintegração de posse da companhia de arrendamento mercantil, ficando prejudicadas as demais questões. **Precedentes citados: REsp 656.172-RS, DJ 14/2/2005, e REsp 513.776-RS, DJ 2/2/2004. REsp 682.046-RS, Rel. Min. Aldir Passarinho Junior, julgado em 4/2/2010.** (Inform. STJ 421)

REVISÃO. CONTRATUAL. VARIAÇÃO CAMBIAL.
Trata-se de REsp em que se alega a omissão do Tribunal *a quo* relativa a dois aspectos postos como causa de pedir, isto é, o desequilíbrio contratual não foi causado apenas pela desvalorização cambial de janeiro de 1999, e sim pelas subsequentes, ao longo daquele ano e de 2000, elevando as parcelas a patamares estratosféricos, bem como o que se refere à impossibilidade de indexação em moeda americana, sem comprovação da captação de recursos no exterior, invocando o CDC como norma protetiva. É cediço que a jurisprudência do STJ consolidou-se no sentido de que a elevação abrupta do dólar norte-americano no mês de janeiro de 1999 representa fato superveniente capaz de ensejar a revisão contratual, devendo o ônus correspondente ser repartido entre credor e devedor e que não é possível a indexação em moeda americana, sem comprovação da captação de recursos no exterior. Contudo, para o Min. João Otávio de Noronha, a prova de captação de recursos no exterior não é necessária, visto que os contratos de *leasing* cujos bens são adquiridos com recursos externos sempre fazem menção à captação de recursos em dólar sem indicar precisamente a fonte ou sua vinculação contábil, pois se trata de captação de um determinado montante para distribuição no varejo. Mesmo assim, *in casu*, a arrendadora juntou contratos de repasse de empréstimos externos nos quais há indicação de efetiva captação de recursos no exterior. Portanto, fez a prova que lhe competia. Ressalte-se que o arrendamento mercantil indexado ao dólar é apenas uma das modalidades ofertadas no mercado. A instituição não tem por que indexar em dólar recursos nacionais,

sendo que disponibiliza tais recursos a preço de mercado interno, muitas vezes mais dispendiosos. Na hipótese em questão, vale destacar que o recorrente, quando subscreveu o contrato de financiamento, aceitou (na verdade, optou) expressamente que os recursos financeiros eram provenientes do exterior, tanto que chegou a honrar 29 prestações das 36 que devia. Portanto, não se pode dizer que o arrendatário tenha deixado de assumir o risco de sua operação, pois contratou em junho de 1999, quando a desvalorização do real frente ao dólar já era acontecimento concretizado e somente com o inadimplemento é que alardeou a necessidade de revisão contratual. A ação de revisão tem por objeto ajuste de cláusulas contratuais, não há cobrança, daí ser despicienda a prova da origem dos recursos. A fiscalização da entrada no País de moeda estrangeira, que lastreia o financiamento em moeda nacional, é tarefa exclusiva do Banco Central do Brasil, conforme dispõe a Lei n. 4.595/1964, e não do Poder Judiciário no exame de cada processo. Diante disso, a Turma, ao prosseguir o julgamento, por maioria, não conheceu do recurso. **REsp 897.591-PB, Rel. originário Min. Aldir Passarinho Junior, Rel. para acórdão Min. João Otávio de Noronha, julgado em 6/8/2009.** (Inform. STJ 401)

***LEASING*. LEGITIMIDADE. BEM. USO INDEVIDO.**

A Turma reiterou que a empresa de arrendamento mercantil é parte ilegítima para figurar no pólo passivo da demanda advinda do uso indevido do bem pelo arrendatário. No caso, cuidava-se da execução da multa administrativa por transporte irregular de passageiros. **Precedentes citados: AgRg no Ag 909.245-SP, DJ 7/5/2008, e REsp 787.429-SP, DJ 4/5/2006. REsp 1.066.087-SP, Rel. Min. Teori Albino Zavascki, julgado em 21/8/2008.** (Inform. STJ 364)

***LEASING*. DESCARACTERIZAÇÃO. COMPRA E VENDA.VRG.**

Em retificação à notícia do julgamento do REsp 321.026-GO (ver Informativo n. 320), leia-se: A Turma entendeu que, no contrato de *leasing*, conquanto o art. 6º da Lei n. 8.880/1996 excepcione a vinculação do reajuste de prestações pela variação cambial (dólar), visto que, no caso, malgrado o fundamento inatacado, é inviável a análise de tal questão, mormente por não se tratar de arrendamento mercantil, mas de compra e venda. Ademais, em preliminar, rejeitou-se a alegada violação dos arts. 128 e 460 do CPC, de
1296 julgamento *extra petita* quanto à decisão meritória de *leasing* descaracterizado para compra e venda, por força da antecipação do VRG, como mera conseqüência da pretensão exordial. Outrossim, no contrato de *leasing* não incide a limitação de taxa de 12% ao ano dos juros remuneratórios, *ex vi* dos arts. 4º, incisos VI e IX, da Lei n. 4.595/1964, e 1º, *caput*, e § 3º do Dec. n. 22.626/1933. Precedentes citados: AgRg no REsp 872.027-RS, DJ 5/3/2007, e REsp 541.153-RS, DJ 14/9/2005. **REsp 321.026-GO, Rel. Min. Aldir Passarinho Junior, julgado em 15/5/2007.** (Inform. STJ 321) *(Comentário: o STJ entende que a antecipação o valor residual garantido – VRG não descaracteriza, por si só, o contrato de arrendamento mercantil, pois é possível, ainda assim, a devolução do bem ou a prorrogação do contrato – ver Súmula 293/STJ e Informativo STJ 488, REsp 1.174.760/PR)*

ARRENDAMENTO MERCANTIL. RESPONSÁVEL SOLIDÁRIO. IPVA.

A questão consiste em saber sobre a legitimidade da recorrente (empresa arrendante de veículos automotores) como responsável solidária pelo adimplemento da obrigação tributária concernente ao IPVA. Destacou o Min. Relator que, em caso análogo, interpretando o art. 1º, § 7º, da Lei n. 7.431/1995, entendeu-se ser a arrendante solidária pelo pagamento do IPVA nas hipóteses de arrendamento mercantil, por ser ela a possuidora indireta do bem arrendado e conservar a propriedade até o final do pacto. Por implicar reexame de prova, deixou de analisar as violações dos arts. 121, 127, II e § 1º, do CTN; art. 4º da LEF e art. 7º, II, do Dec. n. 16.099/1994, relativas ao fato de os veículos, objeto de cobrança, terem sido transferidos a terceiros (Súm. n. 7-STJ). Com esse entendimento, a Turma conheceu em parte o recurso e, nessa parte, negou-lhe provimento. Precedente citado: REsp 868.246-DF, DJ 18/12/2006. **REsp 897.205-DF, Rel. Min. Humberto Martins, julgado em 15/3/2007.** (Inform. STJ 313)

SÚMULA STJ Nº 369

No contrato de arrendamento mercantil (leasing), ainda que haja cláusula resolutiva expressa, é necessária a notificação prévia do arrendatário para constituí-lo em mora.

SÚMULA STJ Nº 293

A cobrança antecipada do valor residual garantido (VRG) não descaracteriza o contrato de arrendamento mercantil.

10.3. Consórcio

TAXA. ADMINISTRAÇÃO. CONSÓRCIO. LIVRE PACTUAÇÃO.

A Seção, lastreada em entendimento da Corte Especial, acolheu os embargos ao entender que as administradoras de consórcio podem fixar a respectiva taxa de administração de bens móveis a ser pactuada no momento da celebração do contrato, conforme dispõe o art. 33 da Lei n. 8.777/1991 e da Circular n. 2.766/1997 do Bacen. Consequentemente, não considerou ilegal ou abusiva a taxa fixada em 13%. **Precedente citado: EREsp 927.379-RS, DJe 19/12/2008. EREsp 992.740-RS, Rel. Min. Luis Felipe Salomão, julgados em 9/6/2010.** (Inform. STJ 438)

AGRG. PRECEDENTE. TRÂNSITO EM JULGADO.

A Turma negou provimento ao agravo e reiterou seu entendimento de que as administradoras de consórcio possuem liberdade para fixar a respectiva taxa de administração nos termos do art. 33 da Lei n. 8.177/1991, não sendo consideradas ilegais ou abusivas, portanto, as taxas fixadas em percentual superior a 10%, desde que não seja sobejamente demonstrada a exorbitância do encargo em relação às taxas cobradas no mercado. Quanto à alegação de que o precedente utilizado para respaldar a decisão ainda não transitou em julgado, há julgados consignando que o fato de não ter sido ainda publicado o acórdão referido na decisão agravada não lhe retira o poder de servir de fundamento para que o relator conheça do recurso especial e lhe dê provimento com base no art. 557, § 1º-A, do CPC, sobretudo quando a mesma matéria é discutida em diversos recursos, com pleno conhecimento da parte agravante. Assim, não há de ser acolhido o argumento de que não se poderia ter utilizado o precedente que serviu de fundamento para a decisão ora recorrida. **Precedentes citados do STF: RE 216.259-CE, DJ 19/5/2000, e AgRg no RE 328.646-PR, DJ 23/8/2002; do STJ: AgRg no REsp 522.342-MG, DJ 17/12/2004, e AgRg nos EDcl no REsp 976.609-RS, DJe 6/6/2008. AgRg no Ag 1.110.168-DF, Rel. Min. Massami Uyeda, julgado em 23/6/2009.** (Inform. STJ 400)

ACP. CONSÓRCIO. DESISTÊNCIA.

A Turma conheceu do recurso e nessa parte deu-lhe provimento para estender os efeitos da sentença aos contratos firmados após a revogação da Portaria n. 190/1989 do Ministério da Fazenda, ao fundamento de que, em contrato de consórcio, quanto aos consorciados excluídos ou desistentes, após o término do grupo, é devida a devolução integral das parcelas pagas, com juros e correção monetária. A questão, no âmbito da ação civil pública, não se restringe à invalidade da cláusula que previa a devolução dos valores pagos sem correção monetária e juros, conforme previa a referida portaria, mas vai além, descrevendo a prática ilegal mediante a qual a empresa negava-se a devolver qualquer valor, seja em contratos anteriores ou posteriores à mencionada portaria. O Tribunal de origem restringiu a análise da questão ao não pagamento dos juros e da correção monetária das parcelas a serem devolvidas, no período em que vigia a retrocitada portaria, apesar de esse ponto não constar da inicial. Diante disso, vê-se que a nova regulamentação dos consórcios, estipulada pelo Bacen, embora tenha revogado essa portaria, inserindo a obrigação de que a devolução dos valores seja realizada com correção monetária e excluindo dos novos contratos a cláusula abusiva que os torna inválidos, não foi capaz de alterar a prática da empresa de se recusar a devolver as quantias desembolsadas pelos desistentes ou excluídos. Assim sendo, persiste a obrigação da empresa de devolver tais quantias, seja nos contratos firmados enquanto vigorava a portaria seja nos contratos firmados posteriormente. Restringir esse direito a determinado período ao arrepio do que foi pretendido na inicial viola os arts. 95 e 103 do CDC, pois trata, de maneira diferente, situações idênticas. A condenação genérica busca apenas identificar a lesão a direito e os danos causados por essa. O dano efetivamente sofrido pelas vítimas individualmente será apurado em liquidação de sentença a ser realizada depois. **REsp 702.976-SP, Rel. Min. Luis Felipe Salomão, julgado em 9/6/2009.** (Inform. STJ 398)

SÚMULA STJ Nº 35

Incide correção monetária sobre as prestações pagas, quando de sua restituição, em virtude da retirada ou exclusão do participante de plano de consórcio.

10.4. Mútuo

LIQUIDAÇÃO ANTECIPADA. CONTRATO. MÚTUO. FCVS.

Na espécie, o mutuário ajuizou ação declaratória de quitação de contrato habitacional contra a CEF nos termos da Lei n. 10.150/2000, que dispõe sobre a novação de dívidas e responsabilidades do Fundo de Compensação de Variações Salariais (FCVS), visando à liquidação antecipada de seu contrato de mútuo, celebrado em 1º/7/1987. O juízo monocrático julgou improcedente o pedido sob o argumento de que o decurso do prazo contratual ajustado implica a imputação do saldo devedor ao FCVS, desde que pagas todas as prestações ajustadas pelo liame, o que não ocorreu no caso. Manejado recurso de apelação, o tribunal *a quo* modificou em parte a sentença, para declarar o direito de quitação do contrato, mediante atribuição do saldo devedor residual ao FCVS, após quitadas as parcelas com vencimento até setembro de 2000. Irresignada, a CEF opôs embargos de declaração, apontando que o acórdão recorrido desconsiderou o fato de haver prestações inadimplidas desde setembro de 1997. Sendo rejeitados os embargos, a recorrente interpôs recurso especial, sustentando que a cobertura pelo referido fundo não engloba as parcelas sob responsabilidade do próprio mutuário. Segundo a jurisprudência deste Superior Tribunal, o saldo devedor ao encargo do FCVS necessita do pagamento de todas as parcelas do débito para cumprir sua finalidade de quitação das obrigações. As benesses da Lei n. 10.150/2000, no tocante à novação do montante de 100%, referem-se ao saldo devedor, não incluídas as parcelas inadimplidas. Ademais, a liquidação antecipada com desconto integral do saldo devedor é cabível nos contratos de financiamentos imobiliários regidos pelo Sistema Financeiro da Habitação (SFH), desde que contenham cláusula de cobertura pelo FCVS e tenham sido firmados até 31/12/1987, *ex vi* do art. 2º, § 3º, da referida lei. Desse modo, é inequívoco que o mutuário não cumpriu os requisitos para a liquidação antecipada do seu contrato, que reclama o pagamento de todas as parcelas do débito (obrigações do mutuário). **Precedentes citados: REsp 1.014.030-SC, DJe 21/5/2009; AgRg no REsp 961.690-RS, DJe 7/11/2008; REsp 956.524-RS, DJ 21/11/2007, e REsp 1.075.284-MG, DJe 4/11/2008. REsp 1.146.184-RS, Rel. Min. Luiz Fux, julgado em 28/9/2010.** (Inform. STJ 449)

REVISAO. CONTRATO. CONGLOMERADO FINANCEIRO.

Cinge-se a questão em definir se uma empresa líder de conglomerado financeiro detém legitimidade passiva para figurar no polo de ação de revisão de cláusula de contrato de mútuos feneratícios entabulado entre o recorrente e uma das empresas componentes do grupo financeiro liderado pelo banco recorrido. Para a Min. Relatora, nada impede que um conglomerado financeiro composto de várias pessoas jurídicas opere em conjunto com a oferta de serviços e produtos ao público em geral, situação que, inclusive, não raras vezes reflete-se em comodidade para o próprio consumidor, que tem, à sua disposição, inúmeros serviços e conveniências que, de outro modo, demandariam deslocamento e repetidas exigências burocráticas. Igualmente inafastável, porém, é a conclusão de que a situação acima descrita induz o consumidor a pensar que está a contratar com uma única pessoa jurídica – o banco líder do conglomerado. Tanto assim que o faz nas instalações do banco, utiliza-se do cadastro pré-existente e de possíveis prerrogativas que detém como correntista. A situação descrita perfaz verdadeira intermediação do banco recorrido na consumação dos contratos estabelecidos em sua agência, não apenas por dar suporte fático às operações (instalações e pessoal), mas, principalmente, ao referendar, perante o consumidor, a transação financeira, vale dizer, avalizar e estimular a realização do contrato com fatores imateriais: como a sua solidez, a existência de prévio relacionamento comercial com o consumidor ou, ainda, por meio da publicidade do conglomerado. Assim, embora do ponto de vista técnico-jurídico, a instituição contratante e o banco recorrido sejam pessoas jurídicas diversas, na visão dos consumidores que realizam diversas operações financeiras no mesmo local (agência do banco), existe apenas uma instituição financeira com a qual celebram todos os contratos. Sob esse prisma, inafastável é a apreciação da questão à luz dos princípios que regem as relações de consumo, notadamente a teoria da aparência, tradução aplicada da boa-fé contratual, pela qual se busca valorizar o estado de fato e reconhecer as circunstâncias efetivamente presentes na relação contratual. Nesse aspecto, a prática realizada pelo banco, conquanto lícita, pode trazer danos ao consumidor, na medida em que impede a correta verificação da empresa com a qual efetivamente contrata, circunstância que dificulta ou mesmo obstrui a defesa de seus direitos em juízo. Assim, o banco líder de conglomerado financeiro é parte legítima para responder à ação de revisão de cláusulas de contrato de mútuo feneratício realizado em suas instalações, com pessoa jurídica diversa, mas integrante do mesmo grupo econômico, aplicando-se ao caso a teoria da aparência. **Precedentes citados: REsp 316.449-SP, DJ 12/4/2004; REsp 434.865-RO, DJ 10/10/2005, e REsp 139.400-MG, DJ 25/9/2000. REsp 879.113-DF, Rel. Min. Nancy Andrighi, julgado em 1º/9/2009.** (Inform. STJ 405)

CONTRATO BANCÁRIO. DESCARACTERIZAÇÃO. MORA. COMISSÃO. PERMANÊNCIA.

Nesse julgamento, procurou-se definir se é possível afastar a caracterização da mora com fundamento de encargos ilegais na hipótese em que tais encargos somente são cobrados após a inadimplência do devedor. Note-se que essa questão não foi enfrentada pelo acórdão ora embargado por ocasião do julgamento do agravo regimental. Explicou a Min. Nancy Andrighi, em voto-vista, que, com efeito, existe a descaracterização da mora em razão da exigência de encargos abusivos no contrato, admitida pela jurisprudência deste Superior Tribunal (EREsp 163.884-RS, DJ 24/9/2001). Entretanto essa jurisprudência deve ser analisada com base nos encargos contratuais do chamado período de normalidade, ou seja, em relação à taxa de juros remuneratórios e à capitalização de juros. Se, durante o período de normalidade do contrato, antes do vencimento, todos os encargos cobrados pelo banco forem reputados como legais de fato, a instituição financeira credora caracterizou a mora do devedor. Destaca ser cediço que a comissão de permanência é um encargo que incide após a configuração da mora e apenas em razão desta. Assim, para a Min. Nancy Andrighi, eventual excesso na exigência da comissão de permanência com outros encargos moratórios devem ser extirpados, mas sem que, com isso, haja reflexos na própria caracterização da mora, pois tal circunstância, conquanto sustentáculo da comissão de permanência, não sofre dela influxo inverso, ou seja, não se afeta por eventual ilegalidade na cobrança do encargo que lhe é posterior. O Min. Relator, após retificação do voto anterior, pelos mesmos fundamentos, acolheu os embargos declaratórios com efeitos infringentes para afastar a descaracterização da mora, declarando exigível a comissão de permanência, sem cumulação com outros encargos moratórios desde a data do vencimento do mútuo. Com esse entendimento, a Turma, ao prosseguir o julgamento, acolheu os embargos com efeito infringente. **EDcl no AgRg no REsp 869.717-RS, Rel. Min. Humberto Gomes de Barros, julgados em 28/8/2007.** (Inform. STJ 329)

CONTRATO BANCÁRIO. MORA. ENCARGO REMUNERATÓRIO.

No contrato bancário, a cobrança pelo credor de encargos remuneratórios ilegais descaracteriza a mora do devedor. Já a cobrança de indevidos encargos moratórios não tem esse condão. **REsp 899.662-RS, Rel. Min. Humberto Gomes de Barros, julgado em 14/8/2007.** (Inform. STJ 327)

AÇÃO REVISIONAL. CONTRATO BANCÁRIO. COMISSÃO DE PERMANÊNCIA. ACUMULAÇÃO. ENCARGOS MORATÓRIOS.

A Seção, por unanimidade, reiterou seu entendimento sobre a incidência de comissão de permanência após o vencimento da dívida. Reafirmou a jurisprudência adotada desde o *leading case* (AgRg no REsp 706.368-RS, DJ 8/8/2005), que em sua ementa dispõe: "É admitida a incidência de comissão de permanência após o vencimento da dívida, desde que não cumulada com juros remuneratórios, juros moratórios, correção monetária e ou multa contratual". Assim, a Seção não conheceu do recurso especial. **REsp 863.887-SP, Rel. Min. Ari Pargendler, julgado em 14/3/2007.** (Inform. STJ 313)

SÚMULA VINCULANTE STF 7

A norma do §3º do artigo 192 da Constituição, revogada pela Emenda Constitucional nº 40/2003, que limitava a taxa de juros reais a 12% ao ano, tinha sua aplicação condicionada à edição de lei complementar.

SÚMULA STF Nº 596

As disposições do Decreto 22.626/1933 não se aplicam às taxas de juros e aos outros encargos cobrados nas operações realizadas por instituições públicas ou privadas, que integram o sistema financeiro nacional.

SÚMULA STJ Nº 382

A estipulação de juros remuneratórios superiores a 12% ao ano, por si só, não indica abusividade.

SÚMULA STJ Nº 381

Nos contratos bancários, é vedado ao julgador conhecer, de ofício, da abusividade das cláusulas.

SÚMULA STJ Nº 379

Nos contratos bancários não regidos por legislação específica, os juros moratórios poderão ser convencionados até o limite de 1% ao mês.

SÚMULA STJ Nº 328

Na execução contra instituição financeira, é penhorável o numerário disponível, excluídas as reservas bancárias mantidas no Banco Central.

SÚMULA STJ Nº 297

O Código de Defesa do Consumidor é aplicável às instituições financeiras.

SÚMULA STJ Nº 296

Os juros remuneratórios, não cumuláveis com a comissão de permanência, são devidos no período de inadimplência, à taxa média de mercado estipulada pelo Banco Central do Brasil, limitada ao percentual contratado.

SÚMULA STJ Nº 295

A Taxa Referencial (TR) é indexador válido para contratos posteriores à Lei n. 8.177/91, desde que pactuada.

SÚMULA STJ Nº 294

Não é potestativa a cláusula contratual que prevê a comissão de permanência, calculada pela taxa média de mercado apurada pelo Banco Central do Brasil, limitada à taxa do contrato.

SÚMULA STJ Nº 288

A Taxa de Juros de Longo Prazo (TJLP) pode ser utilizada como indexador de correção monetária nos contratos bancários.

SÚMULA STJ Nº 287

A Taxa Básica Financeira (TBF) não pode ser utilizada como indexador de correção monetária nos contratos bancários.

SÚMULA STJ Nº 286

A renegociação de contrato bancário ou a confissão da dívida não impede a possibilidade de discussão sobre eventuais ilegalidades dos contratos anteriores.

SÚMULA STJ Nº 285

Nos contratos bancários posteriores ao Código de Defesa do Consumidor incide a multa moratória nele prevista.

SÚMULA STJ Nº 283

As empresas administradoras de cartão de crédito são instituições financeiras e, por isso, os juros remuneratórios por elas cobrados não sofrem as limitações da Lei de Usura.

SÚMULA STJ Nº 271

A correção monetária dos depósitos judiciais independe de ação específica contra o banco depositário.

SÚMULA STJ Nº 259

A ação de prestação de contas pode ser proposta pelo titular de conta-corrente bancária.

SÚMULA STJ Nº 258

A nota promissória vinculada a contrato de abertura de crédito não goza de autonomia em razão da iliquidez do título que a originou.

SÚMULA STJ Nº 247

O contrato de abertura de crédito em conta-corrente, acompanhado do demonstrativo de débito, constitui documento hábil para o ajuizamento da ação monitória.

SÚMULA STJ Nº 233

O contrato de abertura de crédito, ainda que acompanhado de extrato da conta-corrente, não é título executivo.

SÚMULA STJ Nº 79

Os bancos comerciais não estão sujeitos a registro nos conselhos regionais de economia.

SÚMULA STJ Nº 30

A comissão de permanência e a correção monetária são inacumuláveis.

SÚMULA STJ Nº 26

O avalista do título de crédito vinculado a contrato de mútuo também responde pelas obrigações pactuadas, quando no contrato figurar como devedor solidário.

10.5. Fiança bancária

FIANÇA BANCÁRIA. DIRETOR-PRESIDENTE. PODERES.
O acórdão recorrido considerou nula a fiança dada por extinto banco federal que impediu a cobrança de dívida não honrada por repartição pública porque a o diretor-presidente não teria competência estatutária para prestar fiança em nome de terceiro. Ressalta o Min. Relator que, segundo o voto condutor do acórdão, a recorrente, sendo instituição financeira regida pela mesma legislação principal (Lei n. 6.404/1976, art. 142, VIII), não poderia alegar desconhecimento de que a carta de fiança teria que ser firmada pela diretoria do extinto banco e não somente pelo diretor-presidente. Ademais, conclusão diversa, somente com reexame de fatos (Súm. n. 7-STJ). Além de que o recurso não reúne condições de admissibilidade; por esse motivo não foi conhecido. **REsp 505.751-DF, Rel. Min. Aldir Passarinho Junior, julgado em 12/6/2008.** (Inform. STJ 359)

SÚMULA STJ Nº 332

A fiança prestada sem autorização de um dos cônjuges implica a ineficácia total da garantia.

10.6. Distribuição, representação e concessão comercial

CONTRATO. DISTRIBUIÇÃO. FORMA VERBAL. ADMISSIBILIDADE.
Trata-se, na origem, de ação de indenização por danos materiais e morais ajuizada por sociedade empresária em razão de rescisão unilateral de contrato verbal de distribuição. A Turma, entre outras questões, entendeu que, conforme os arts. 124 do Código Comercial e 129 do CC/1916 (cuja essência foi mantida pelo art. 107 do CC/2002), não havendo exigência legal quanto à forma, o contrato pode ser verbal ou escrito. Assim, quanto ao contrato de distribuição, pelo menos até a entrada em vigor do CC/2002, cuidava-se de contrato atípico, ou seja, sem regulamentação específica em lei, tendo sua formalização na regra geral, caracterizando-se, em princípio, como um negócio não solene. Consequentemente a existência do contrato de distribuição pode ser provada por qualquer meio previsto em lei. Logo o art. 122 do Código Comercial, vigente à época dos fatos, admitia expressamente a utilização de correspondência, livros comerciais e testemunhas, entre outras. As alegações que amparam o recurso sustentam que a complexidade da relação de distribuição tornaria impraticável o emprego da forma verbal, na medida em que inúmeras condições hão de integrar o conteúdo do contrato, tais como especificação dos produtos, demarcação de área e o quanto mensal da compra. Contudo, tais assertivas levam a concluir ser extremamente difícil, não impossível, a celebração verbal de um contrato de distribuição, dada a complexidade da relação. Porém, sendo possível extrair todas as condições essenciais do negócio, não haveria empecilho à admissão de um contrato não escrito. No caso, o tribunal *a quo*, com base no conjunto fático-probatório, extraiu todos os elementos necessários à análise da relação comercial entre as partes e, para apreciar as alegações do recorrente, seria necessário revolver as provas, o que é vedado pelo enunciado n. 7 da Súmula do STJ. Assim, o tribunal *a quo* fundamentou o dever de indenizar da recorrente no estratagema por ela arquitetado para assumir a carteira de clientes da recorrida, conduta desleal e abusiva, violadora dos princípios da boa-fé objetiva, da função social do contrato e da responsabilidade pós-contratual. Quanto ao valor da indenização a título de dano moral e ao valor dos honorários advocatícios, somente poderão ser revisados na via do recurso especial quando se mostrarem exagerados ou irrisórios. Daí, a Turma negou provimento ao recurso. **REsp 1.255.315-SP, Rel. Min. Nancy Andrighi, julgado em 13/9/2011.** (Inform. STJ 483)

REPRESENTAÇÃO COMERCIAL. EXCLUSIVIDADE. CONTRATO VERBAL.
A leitura do art. 31 da Lei n. 4.886/1965, com a redação que lhe deu a Lei n. 8.420/1992, denota que a cláusula de exclusividade em contratos de representação comercial deve ser expressamente pactuada entre as partes. Contudo, não se exige a obrigatoriedade da forma escrita para tal.

Dessarte, é possível demonstrar, mediante quaisquer meios de prova admitidos em direito, a existência da cláusula de exclusividade nos contratos de representação comercial firmados verbalmente, ajustes que não são vedados, apesar de o art. 27 da Lei n. 4.886/1965 (também alterado pela Lei n. 8.420/1992) enumerar elementos obrigatórios do contrato escrito de representação comercial. Na hipótese, o acórdão atacado reconheceu vigorar a referida cláusula, confirmada mediante prova testemunhal, daí ser inarredável a conclusão de que houve rescisão imotivada do contrato em razão da contratação de um novo representante para atuar na mesma zona em que agia a sociedade empresária recorrida. Por fim, é de regra a aplicação, ao caso, das Súmulas ns. 5 e 7 do STJ. Precedente citado: REsp 229.761-ES, DJ 9/4/2001. **REsp 846.543-RS, Rel. Min. Paulo de Tarso Sanseverino, julgado em 5/4/2011.** (Inform. STJ 468)

DISTRIBUIÇÃO. BEBIDAS. RENOVAÇÃO. ATO ILÍCITO.

A Turma reiterou o entendimento de que não se aplicam analogicamente as Leis ns. 4.886/1965 e 6.729/1976, que disciplinam, respectivamente, os contratos de representação comercial e as relações entre os produtores e distribuidores de veículos aos contratos de concessão comercial, no caso, de contrato de distribuição de bebidas por prazo determinado. Na espécie, uma vez que respeitados os termos pactuados pelas partes (rescisão do contrato mediante aviso prévio), aplicam-se as normas gerais de direito civil. **Precedentes citados: REsp 766.012-RS, DJ 7/11/2005; REsp 681.100-PR, DJ 14/8/2006, e REsp 493.159-SP, DJ 13/11/2006. REsp 513.048-DF, Rel. Min. Aldir Passarinho Junior, julgado em 16/3/2010.** (Inform. STJ 427)

REPRESENTAÇÃO COMERCIAL. LEI N. 8.420/1992.

Busca-se a definição dos valores devidos ao representante comercial autônomo em razão da rescisão imotivada do contrato pela representada após cerca de 30 anos de representação. Nessa seara, constata-se que a aplicação intertemporal da Lei n. 8.420/1992 tem dado azo a certa confusão. Há duas situações possíveis: as partes contrataram antes da vigência da referida lei e nenhuma alteração sobreveio, não se aplicando a novel legislação, ou elas iniciaram a relação antes da citada lei e, já em sua vigência, ocorreu modificação contratual a adaptar o negócio jurídico à nova ordem legal. Na última hipótese, não há que falar em retroatividade da lei nova, mas, como já dito, em adaptação da relação contratual à nova lei. Anote-se que a Lei n. 8.420/1992 foi publicada em 11/5/1992 e trouxe, em seu art. 4º, a peculiaridade da vigência imediata. No caso, o último instrumento negocial pactuado data de 10/9/1992 e dele consta cláusula que impõe o respeito à Lei n. 4.886/1965 quanto às indenizações devidas por rescisão imotivada. Sucede que, àquele tempo, a antiga lei, nos artigos pertinentes, já sofrera a alteração da lei nova. Além disso, não há como ater-se isoladamente a cada um dos negócios jurídicos celebrados, pois os diversos instrumentos pactuados ao cabo do longo relacionamento comercial denotam não haver solução de continuidade, tal qual admitido pelo Tribunal *a quo*, a impor que o novo contrato não quita as obrigações anteriores. Assim, se queria eximir-se dos efeitos da Lei n. 8.420/1992, a recorrente, naquele ano, deveria ter resolvido o contrato vigente com o pagamento das verbas devidas e iniciado outro. Conclui-se disso tudo não haver violação dos arts. 1º e 6º da LICC. Quanto à prescrição das verbas rescisórias (art. 27, j, da Lei n. 4.886/1965), o direito e a pretensão de recebê-las só surgiram com a resolução injustificada do contrato de representação em 1995, mas a ação foi ajuizada meses depois, a afastar a alegação de prescrição, pois respeitado o prazo quinquenal (art. 44, parágrafo único, dessa mesma lei). Porém, a prescrição referente às comissões pagas a menor e a que regula a indenização por quebra de exclusividade devem ter termo inicial diverso, frente ao disposto no art. 32, *caput* e § 1º, da Lei de 1965: a primeira conta-se do não pagamento no prazo legal (cada mês em que pagas a menor) e a segunda da efetiva quebra da exclusividade (a cada venda efetuada por terceiros na área de exclusividade). Daí que, se o pedido inicial aponta setembro de 1992 como data em que as diferenças das comissões surgiram, época em que já vigia a prescrição quinquenal estipulada na Lei n. 8.420/1992, a limitar a cobrança de valores até setembro de 1997, não há que cogitar em prescrição enquanto a ação foi proposta em data anterior. No que diz respeito à quebra de exclusividade, a inicial busca indenização devida desde 1990, época em que não vigia a Lei n. 8.420/1992, mas sim o art. 177 do CC/1916 e seu prazo vintenário: um dia antes da nova lei, a recorrida disporia de quase 18 anos para pleitear a indenização. Contudo, é certo que não há direito adquirido à prescrição em curso e que o legislador não deixou parâmetros para a solução de conflitos referentes à aplicação daquela nova lei no tempo. Dessa forma, melhor se mostra aplicar a solução aventada no art. 2.028 do CC/2002, aqui aplicado por analogia, a considerar o novo prazo prescricional quinquenal porque só parcela ínfima do antigo havia transcorrido. No entanto, seu termo inicial, em respeito à segurança jurídica e a precedentes, não pode retroagir a data anterior, mas deve ser contado da vigência da nova lei, o que impõe reconhecer que a pretensão, no particular, não está atingida pela prescrição. Por último, conforme a jurisprudência, aplica-se o INPC (e não o IGP-M) como fator de correção monetária a partir de março de 1991, vigência da Lei n. 8.177/1991. **Precedentes citados do STF: RE 79.327-5, DJ 7/11/1978; RE 51.706, DJ 25/7/1963; do STJ: REsp 659.573-RS, DJ 23/4/2007; REsp 813.293-RN, DJ 29/5/2006; REsp 717.457-PR, DJ 21/5/2007; REsp 156.162-SP, DJ 1º/3/1999, e REsp 200.267-RS, DJ 20/11/2000. REsp 1.085.903-RS, Rel. Min. Nancy Andrighi, julgado em 20/8/2009.** (Inform. STJ 403)

CONCESSÃO COMERCIAL. RESCISÃO. CONTRATO.

A recorrida, concessionária de veículos, propôs ação cautelar para manter o contrato com a recorrente, sustentando que a ruptura ocorrerá sem observância das formalidades previstas na lei e no contrato, e obteve liminar em primeiro grau, confirmada pelo Tribunal *a quo* em agravo de instrumento. Conforme precedentes deste Superior Tribunal, em situações semelhantes, se uma das partes manifestou seu desejo de romper o contrato, não pode ser forçada a sustentar o vínculo, porquanto isso feriria a autonomia da vontade. Sendo assim, é descabida a concessão de liminar nesse sentido, pois haveria carência do *fumus boni juris*. Se houve ruptura abrupta, sem observância das formalidades exigidas, a questão deve ser resolvida em perdas e danos a serem discutidos em ação própria. Destarte, ausente o *fumus boni juris* e demonstrado que existe previsão legal para a rescisão unilateral de contrato por prazo indeterminado, incabível manter liminar que obrigue as partes a perpetuarem vínculo contratual não mais desejado por uma delas. **Precedentes citados: REsp 534.105-MT, DJ 19/12/2003, e REsp 200.856-SE, DJ 4/6/2001. AgRg no Ag 988.736-SP, Rel. Min. Aldir Passarinho Junior, julgado em 23/9/2008.** (Inform. STJ 369)

REPRESENTAÇÃO COMERCIAL. FORO. ELEIÇÃO.

É relativa a competência do foro do representante comercial para o julgamento das controvérsias surgidas entre ele e o representado (art. 39 da Lei n. 4.886/1965). Essa competência pode ser alterada pelas partes mesmo em contrato de adesão, desde que não haja hipossuficiência entre elas ou que tal mudança da competência não se transforme em obstáculo ao acesso do representante à Justiça. A referida lei, modificada pela Lei n. 8.420/1992, apesar de concebida para abarcar a realidade vivenciada pelo representante comercial, comporta exceções. Deve ser interpretada e aplicada com temperamentos para que não se transforme em instrumento voltado ao indevido benefício do representante em detrimento do representado. Precedentes citados: REsp 533.230-RS, DJ 3/11/2003, e CC 19.849-PR, DJ 13/4/1998. **EREsp 579.324-SC, Rel. Min. Nancy Andrighi, julgados em 12/3/2008.** (Inform. STJ 348)

10.7. Outros contratos empresariais

CONTRATO. DISSOLUÇÃO ANTECIPADA. JOINT VENTURE.

In casu, cuidou-se originariamente de ação de dissolução de sociedade e contrato de parceria, para pôr fim a contrato de *joint venture* por intermédio do qual as partes criaram sociedade empresarial. O juízo singular indeferiu o pedido de antecipação de tutela que buscava a imediata dissolução da empresa. Já o tribunal *a quo* antecipou os efeitos da tutela e determinou a sua dissolução. Portanto, a *quaestio juris* está em saber se é possível antecipar os efeitos da tutela e determinar a dissolução de empresa constituída a partir de contrato de *joint venture*. Nesse panorama, destacou a Min. Relatora que é facultado à parte lesada pelo inadimplemento contratual pedir a resolução do contrato, se não preferir exigir-lhe o cumprimento, cabendo, em qualquer dos casos, indenização por perdas e danos (art. 475 do CC). Entretanto, ressaltou que a exegese da norma não pode ser isolada, mas deve ser feita de forma sistemática, à luz dos demais preceitos e princípios consagrados pelo Codex Civil, em que devem ser sopesadas todas as regras de conduta aplicáveis à relação contratual, a fim de eleger a solução que melhor conciliar os diversos direitos envolvidos e trouxer menor prejuízo às partes. Dessa forma, consignou que, no caso, diante da indefinição quanto à parte que primeiro teria inadimplido o contrato, bem como em face dos riscos decorrentes da perpetuação do vínculo contratual, torna-se razoável mitigar parcialmente os efeitos do art. 475 do CC, rescindindo o contrato e deixando que eventuais prejuízos sejam compensados mediante indenização. Ademais, frisou que o pleno exercício da liberdade de contratar pressupõe um acordo que cumpra determinada função econômica e social, sem a qual não se pode falar em legítima manifestação de vontade. Assim, na espécie, não se mostra razoável impor a uma das partes a obrigação de se manter subordinada ao contrato se ele não cumprir nenhuma função social e/ou econômica. Pois, embora o comportamento exigido dos contratantes deva pautar-se pela boa-fé contratual, tal diretriz não obriga as partes a manter-se vinculadas contratualmente *ad aeternum*, mas indica que as controvérsias nas quais o direito ao rompimento contratual tenha sido exercido de forma desmotivada, imoderada ou anormal resolvem-se, se for o caso, em perdas e danos. Dessarte, concluiu que a rescisão do acordo de *joint venture* é a medida que melhor harmoniza os interesses de todas as partes direta ou indiretamente envolvidas no contrato, contemplando a sua função social e o princípio da boa-fé objetiva, bem como a melhor forma de os arts. 474 e 475 do CC incidirem na espécie. Com essas considerações, a Turma negou provimento ao recurso. **REsp 1.250.596-SP, Rel. Min. Nancy Andrighi, julgado em 3/11/2011.** (Inform. STJ 486)

SFH. CONTRATO DE GAVETA. REVISÃO CONTRATUAL.
Trata-se de REsp em que a recorrente, terceira adquirente de imóvel, alega violação do art. 20 da Lei n. 10.150/2000, ao argumento de se considerar parte legítima para ajuizar ação em que objetivava a revisão de contrato de financiamento de imóvel adquirido sem o consentimento do agente financiador do contrato primitivo, bem como o depósito das respectivas prestações. *In casu*, o contrato de mútuo foi celebrado sem a cobertura do Fundo de Compensação de Variação Salarial (FCVS), ocorrendo sua transferência em 27/5/2000, quando o mutuário originário celebrou contrato particular de compra e venda com a ora recorrente, sem a interveniência da CEF. Inicialmente, destacou a Min. Relatora que, com a edição da referida lei, foi expressamente prevista a regularização dos contratos celebrados sem a interveniência da instituição financeira até 25/10/1996. Entretanto, tratando-se de contrato garantido pelo FCVS, a transferência dar-se-á mediante simples substituição do devedor, mantidas para o novo mutuário as mesmas condições e obrigações do contrato original (art. 2º da Lei n. 8.004/1990, com a redação dada pela Lei n. 10.150/2000, e art. 22 da Lei n. 10.150/2000), hipótese em que o cessionário equipara-se ao mutuário, ou seja, tem legitimidade ativa para todos os efeitos inerentes aos atos necessários à liquidação e habilitação junto ao FCVS, inclusive o ajuizamento de ação, em nome próprio, com essa finalidade. Por outro lado, no caso de contrato sem cobertura do FCVS, a transferência ocorrerá a critério da instituição financeira, estabelecendo-se novas condições financeiras para o ajuste (art. 3º da Lei n. 8.004/1990, com a redação dada pela Lei n. 10.150/2000, e art. 23 da Lei n. 10.150/2000). Ressaltou, ainda, que a existência de tal tratamento diferenciado ocorre porque, nos contratos com cobertura pelo FCVS, o risco imposto à instituição financeira é apenas relacionado ao pagamento das prestações pelo novo mutuário, ao qual o contrato foi transferido sem a sua interveniência, sendo o saldo devedor residual garantido pelo fundo. Já nos contratos sem cobertura pelo FCVS, a lei confere à instituição financeira a possibilidade de aceitar a transferência, segundo seu critério e mediante novas condições financeiras. Frisou, ademais, que a Lei n. 10.150/2000 somente autoriza a equiparação do terceiro adquirente, que obteve a cessão do financiamento sem a concordância do agente financeiro, ao mutuário originário, para todos os efeitos inerentes aos atos necessários à liquidação e habilitação junto ao FCVS, não se estendendo tal direito aos contratos sem cobertura pelo mencionado fundo, os quais se regem pelo art. 23 da referida lei. Assim, concluiu que, como na espécie o contrato de mútuo foi celebrado sem a cobertura do FCVS e sua transferência irregular ocorreu em 27/5/2000, ou seja, em data posterior à 25/10/1996, impõe-se o reconhecimento da ilegitimidade *ad causam* da recorrente para pleitear a revisão do referido contrato ou o depósito das respectivas prestações. Precedentes citados: REsp 783.389-RO, DJe 30/10/2008; EREsp 891.799-RJ, DJe 12/5/2010, e AgRg no Ag 984.431-SC, DJe 2/12/2009. **REsp 1.171.845-RJ, Rel. Min. Maria Isabel Gallotti, julgado em 18/10/2011.** (Inform. STJ 485)

SEGURO. TRANSPORTE. MERCADORIA. RELAÇÃO MERCANTIL. INAPLICABILIDADE. CDC.
Trata-se, na origem, de ação de reparação de danos contra seguradora e empresa de transporte, na qual a autora (também seguradora) afirma que celebrou com sociedade empresária contrato de seguro de transporte de mercadoria por ela vendida e que no curso do trajeto o veículo transportador da ré tombou, espalhando a carga na pista. Argumenta, ainda, que diante da sub-rogação do direito de sua segurada (sociedade empresária), está habilitada a promover em relação à empresa de transporte (ré) e sua seguradora (corré), a cobrança dos prejuízos ocasionados. No caso, trata-se de relação comercial entre a seguradora e a transportadora, na qual celebraram contrato de transporte rodoviário de mercadoria a ser entregue a cliente, não existindo relação de consumo, conforme o disposto no art. 2º do CDC. A relação jurídica existente entre seguradora e transportadora é de caráter mercantil, não podendo, em regra, serem aplicadas as normas inerentes às relações de consumo, pois as mercadorias não tinham como destinatária final qualquer das partes da relação contratual. Ademais, conforme as instâncias ordinárias, a seguradora utilizou a prestação do serviço da ré transportadora como insumo dentro do processo de transformação, comercialização ou na prestação de serviço a terceiros, não se coadunando, assim, com o conceito de consumidor propriamente dito, mas tão somente a exploração de atividade econômica visando o lucro. No transporte rodoviário de carga realizado sob a égide do CC/1916, ausente relação de consumo, afasta-se o CDC e se aplica o Código Comercial e legislação especial. Logo, conforme o art. 9º, do Dec. n. 2.681/1912, o prazo prescricional aplicável ao caso é ânuo. Daí a Turma não conheceu do recurso. Precedentes citados do STF: RE 90.265-SP, DJ 11/12/1978; RE 31.922-DF, DJ 16/11/1956; do STJ: REsp 1.196.541-RJ, DJe 15/3/2011, e REsp 1.038.645-RS, DJe 24/11/2010. **REsp 982.492-SP, Rel. Min. Luis Felipe Salomão, julgado em 27/9/2011.** (Inform. STJ 484)

PROTESTO. CONTRATO. LOCAÇÃO.
A Turma, ao prosseguir o julgamento, por maioria, negou provimento ao RMS, consignando que o contrato de locação não se sujeita a protesto por não lhe preexistirem as delimitações acerca da certeza, liquidez e exigibilidade. Na espécie, a recorrente impetrou, na origem, mandado de segurança a fim de anular o ato do corregedor-geral de Justiça estadual que tornou sem efeito a permissão anteriormente concedida aos tabeliães de protestos de letras e títulos da comarca da capital para que lavrassem protestos de contratos locatícios, cancelando aqueles protestos que haviam sido efetuados na vigência dessa permissão. Precedente citado: REsp 750.805-RS, DJe 16/6/2009. **RMS 17.400-SP, Rel. originária Min. Laurita Vaz, Rel. para acórdão Min. Adilson Vieira Macabu (Desembargador convocado do TJ-RJ), julgado em 21/6/2011.** (Inform. STJ 478)

LEGITIMIDADE. SÓCIO. *JOINT VENTURE*. INDENIZAÇÃO. PREJUÍZO.
A multinacional recorrente e a sociedade empresária recorrida firmaram acordo para a exploração no Brasil dos produtos da marca detida pela multinacional. Para tanto, foram criadas duas outras sociedades empresárias. A primeira, detentora dos direitos de uso da marca, fabricava os produtos e a segunda apenas os comercializava. Anote-se que a recorrida era sócia da primeira sociedade empresária e, na origem, alegava existir prejuízo decorrente do cancelamento do acordo de associação e da decisão de a multinacional importar e comercializar os produtos em questão. Sucede ser consabido que a personalidade jurídica da sociedade não se confunde com a dos sócios, pois são pessoas distintas, tais quais seus direitos e obrigações, além de que ninguém pode pleitear em nome próprio direito alheio, salvo quando autorizado em lei. Por isso, o sócio que tem interesse meramente econômico não tem legitimidade para figurar no polo ativo da demanda que busca indenização para os prejuízos eventualmente causados à sociedade a qual integra, o que é plenamente aplicável à hipótese. Assim, a Turma julgou extinto o processo sem julgamento de mérito, devido à ilegitimidade da parte. **REsp 1.188.151-AM, Rel. Min. João Otávio de Noronha, julgado em 14/6/2011.** (Inform. STJ 477)

CONTRATO. CÂMBIO. DESÁGIO. BONIFICAÇÃO.
Nos contratos de câmbio, o deságio equivale à cobrança de juros remuneratórios. Assim, conforme a jurisprudência do STJ, ele não está adstrito ao patamar de 12% ao ano (*vide* Súm. n. 596-STF). Já a chamada bonificação equipara-se à pena convencional (multa contratual), por isso, conforme precedentes, ela é limitada a 10% do valor da dívida (art. 9º do Dec. n. 22.626/1933). Precedentes citados: REsp 440.151-RS, DJ 26/4/2004; REsp 551.871-RS, DJ 25/2/2004; AgRg no REsp 595.136-RS, DJ 19/4/2004, e AgRg no Ag 88.294-RS, DJ 18/3/1996. **EDcl nos EDcl no REsp 714.152-RS, Rel. Min. Maria Isabel Gallotti, julgados em 17/5/2011.** (Inform. STJ 473)

CARTÃO. CRÉDITO. RECEBIMENTO ANTECIPADO. VENDAS.
A embargante capta, transmite, processa e liquida as transações de estabelecimentos por ela credenciados a operar com cartões de débito e crédito, funcionando como espécie de intermediária entre a administradora dos cartões (que os emite) e esses estabelecimentos. Por contrato, põe à disposição deles a opção de receber o adiantamento dos valores referentes à venda parcelada com cartão de crédito (sistema de recebimento antecipado de vendas – RAV). Para tanto, cobra uma taxa que muito se assemelha à de desconto cobrada pelas instituições bancárias. Na origem, tem-se, justamente, uma ação de repetição de indébito ajuizada

pela sociedade empresária embargada com o propósito de obter a restituição desses valores pagos a título de encargos financeiros. O acórdão embargado negou provimento ao especial sob o fundamento de que não se aplicam as regras do CDC à hipótese, visto que o contrato em questão é utilizado na facilitação das atividades comerciais da embargada (*vide* teoria finalista), não se podendo falar em cláusula abusiva e potestativa; que a taxa cobrada pelo adiantamento corresponde a juros compensatórios e que, conforme as instâncias ordinárias, a embargante não é instituição financeira, não podendo valer-se de juros superiores a 12% ao ano (Súm. n. 596-STF). Agora, no julgamento dos embargos de declaração, o Min. Relator não vislumbrou incongruência intrínseca no julgado a ponto de revelar obscuridade, contradição ou omissão (art. 535, I e II, do CPC), no que foi acompanhado pela Turma. O Min. Vasco Della Giustina (Desembargador convocado do TJ-RS), em seu voto-vista, aduziu que a operação realizada não pode ser considerada como mútuo clássico, pois os valores adiantados eram, em verdade, créditos futuros próprios da embargada, o que, contudo, não tem influência na regência dos juros cobrados, que se vale mesmo do fato de a embargante não ser instituição financeira para justificar a limitação, assemelhando-se a hipótese à das sociedades empresárias de *factoring*. Precedentes citados: CC 92.519-SP, DJe 4/3/2009; REsp 773.927-MG, DJe 14/12/2009; EDcl no AgRg no Ag 723.162-SP, DJe 3/3/2008; EDcl no REsp 770.746-RJ, DJ 11/12/2006; EDcl nos EREsp 318.242-SP, DJ 1º/8/2006; AgRg no REsp 1.093.000-MS, DJe 22/2/2011; AgRg nos EDcl no Ag 887.676-SP, DJe 27/5/2010; REsp 1.048.341-RS, DJe 9/3/2009, e REsp 330.845-RS, DJ 15/9/2003. **EDcl no REsp 910.799-RS, Rel. Min. Sidnei Beneti, julgados em 3/5/2011.** (Inform. STJ 471)

MORA. PAGAMENTO. EXTERIOR.

A sociedade empresária recorrida tem sede na Itália e foi contratada para prestar serviços relativos à atualização de uma usina termelétrica no Brasil. No contrato, há a determinação do pagamento em liras italianas, mas nada consta quanto à regularização da situação da recorrida no Banco Central do Brasil (BC). Essa instituição exigia, para a remessa do numerário ao exterior, a apresentação de documentos dos funcionários que prestaram o serviço (cópia de passaportes, declarações de renda), fato que atrasou o envio de determinadas parcelas. Discutiu-se, no especial, quem seria o responsável pela demora nos pagamentos e, por consequência, quem arcaria com os efeitos da mora relativamente aos juros moratórios e à correção monetária. Nesse contexto, essa determinação passa pelo crivo da boa-fé objetiva, que impõe deveres acessórios, princípio consagrado pelo Direito alemão (*Treu and Glauben*), implícito no CC/1916 e expresso no art. 422 do CC/2002. Na hipótese, em razão de a exigência do BC dizer respeito aos funcionários da recorrida, faz-se necessário reconhecer que a ela pertence essa obrigação de regularizar sua situação (dever acessório de cooperação), apesar da omissão contratual. Assim, não tendo desempenhado a contento aquele dever, que constitui ônus jurídico a afastar a necessidade de culpa do credor para sua caracterização, fica a recorrida sujeita à mora *creditoris*, cuja eficácia liberatória eximiu a recorrente devedora até o momento da purgação da mora (art. 958 do CC/1916, atual art. 400 do CC/2002) da qual se incumbiu a recorrida, não se podendo imputar à recorrente a obrigação de consignar o pagamento. Anote-se que a variação cambial da moeda estrangeira, desde que autorizada sua utilização, atua como índice de correção monetária quando convertida para a moeda nacional na data do pagamento, momento em que sua cotação dimensionará o valor do crédito devido. Sucede que, no caso, o contrato celebrado alinha-se com a exceção prevista no art. 2º, IV, do DL n. 857/1969, que permite o pagamento em moeda estrangeira se o credor ou devedor seja residente e domiciliado no exterior. Não sendo necessária a conversão da moeda, não se pode conceber a utilização de variação cambial como índice de correção monetária, quanto mais se não há previsão legal que discipline o modo como se deva dar essa atualização. Assim, mostra-se razoável permitir o cálculo do montante devido com a correção monetária pelo INPC. Para esse efeito, deverá a obrigação ser convertida para valores da moeda nacional na data em que deveria ter sido cumprida, tal qual decidido pelo tribunal *a quo*. Com esse entendimento, a Turma deu parcial provimento ao especial para reconhecer a mora da recorrida e afastar a cobrança dos juros moratórios. Precedentes citados: AgRg no REsp 716.187-RS, DJ 6/6/2005, e REsp 1.112.524-DF, DJe 30/9/2010. **REsp 857.299-SC, Rel. Min. Paulo de Tarso Sanseverino, julgado em 3/5/2011.** (Inform. STJ 471)

CARTÃO DE CRÉDITO. CAPITALIZAÇÃO ANUAL. JUROS.

Trata-se de embargos de divergência no recurso especial nos quais se discute a possibilidade da capitalização anual de juros em contratos de cartão de crédito e se pede o afastamento da multa prevista no art. 557, § 2º, do CPC fixada no acórdão embargado. Alega o embargante haver paradigma divergente no qual se deu ao art. 4º do Dec. n. 22.626/1933 interpretação que admite a capitalização anual de juros, diferentemente do acórdão embargado. Explica o Min. Relator que a evolução jurisprudencial desta Seção acabou por reconhecer mais adequado o entendimento do acórdão paradigma. Observa que, em diversos julgados, firmou-se que, não sendo os casos previstos na Súm. n. 93-STJ, a capitalização mensal é vedada, mas a anual é permitida. Só depois, a partir do ano 2000, passou a prevalecer o entendimento de que mesmo a capitalização mensal era autorizada, desde que pactuada nos contratos celebrados após a edição da MP n. 1.963-17/2000. Diante do exposto, a Seção acolheu os embargos, prevalecendo a possibilidade da capitalização anual dos juros e, por consequência, afastou a multa aplicada. Precedentes citados: REsp 441.932-RS, DJ 13/10/2003; AgRg no REsp 860.382-RJ, DJe 17/11/2010; AgRg no Ag 635.957-RJ, DJe 31/8/2009, e REsp 917.570-RS, DJ 28/5/2007. **EREsp 932.303-MG, Rel. Min. Sidnei Beneti, julgados em 23/2/2011.** (Inform. STJ 464)

TRANSPORTE MARÍTIMO. SEGURADORA. REGRESSIVA.

A Turma desproveu o recurso, entendendo cabível a ação regressiva proposta pela seguradora contra entidade portuária, em razão de transporte de mercadorias avariadas. Contrariamente do que sustentou a entidade portuária, a falta da lavratura imediata do termo de avaria não a isenta da responsabilidade pela respectiva indenização dos danos (arts. 2º e 3º do DL n. 116/1967 c/c arts. 468 a 470 do Dec. n. 91.030/1985 e Dec. n. 6.759/2009 – regulamentos aduaneiros antigo e atual, respectivamente). **REsp 958.956-ES, Rel. Min. Nancy Andrighi, julgado em 5/11/2009.** (Inform. STJ 414)

CONTRATO. COMBUSTÍVEL. NATUREZA JURÍDICA.

Trata-se de REsp em que se discute, entre outras questões, a natureza jurídica do contrato celebrado entre distribuidora e revendedor de combustível, bem como a prescindibilidade de caução na execução provisória em virtude da ação de despejo. A recorrente alega ser incabível, na hipótese, tal ação e não ter havido a prestação da referida caução. A Turma entendeu que o contrato celebrado entre empresa distribuidora de combustíveis e posto de abastecimento de automóveis em que há pactos adjacentes ao aluguel do imóvel onde se desenvolverá a atividade comercial possui natureza jurídica de locação, de modo que as relações negociais decorrentes da avença devem ser regidas pela Lei n. 8.245/1991. Assim, a ação de despejo é o instrumento adequado para o locador reaver o imóvel da posse direta do locatário e a execução provisória da referida ação não prescinde de caução, visto que, na espécie, trata-se de descumprimento de cláusula contratual. Diante disso, a Turma deu parcial provimento ao recurso, tão somente para afastar a multa prevista no art. 538, parágrafo único, do CPC aplicada ao recorrente. **Precedentes citados: REsp 440.398-GO, DJ 4/4/2005, e REsp 688.280-DF, DJ 26/9/2005. REsp 839.147-PR, Rel. Min. Maria Thereza de Assis Moura, julgado em 23/6/2009.** (Inform. STJ 400)

***FACTORING*. LIMITAÇÃO. TAXA. JUROS.**

Em ação revisional de contrato de *factoring*, a apelação não pleiteou a descaracterização do contrato, limitou-se ao inconformismo quanto aos juros remuneratórios. Diante disso, o Min. Relator considerou que o julgamento do Tribunal *a quo* quanto à descaracterização do contrato foi *extra petita*, sendo vedada a análise de ofício pelo órgão julgador de questão patrimonial. Quanto aos juros remuneratórios, observou, citando a jurisprudência do STJ e doutrina, que, como a *factoring* não integra o Sistema Financeiro Nacional, a taxa de juros obedece à limitação de 12% ao ano prevista no Dec. n. 22.626/1933, não se incluindo na exceção prevista na moderna regra da Lei de Usura (*ex vi* MP n. 2.172/2001 e MP 1.820/1999, arts. 1º e 4º). Ressaltou ainda que, embora as *factoring* desempenhem algumas atividades também desenvolvidas pelas instituições financeiras, delas se distinguiram, pois não há operação de risco, nem para seu funcionamento exige-se autorização do Banco Central. Com essas considerações, a Turma deu provimento ao recurso apenas para excluir o tema enfrentado de ofício e reconhecer a natureza do contrato como *factoring*. **Precedentes citados: REsp 330.845-RS, DJ 15/9/2003; REsp 489.658-RS, DJ 13/6/2005, e REsp 623.691-RS, DJ 28/11/2005. REsp 1.048.341-RS, Rel. Min. Aldir Passarinho Junior, julgado em 10/2/2009.** (Inform. STJ 383)

CONTRATO. TELEFONIA. INDENIZAÇÃO.

A Seção reiterou seu entendimento e afirmou que o valor patrimonial da ação (art. 170, § 1º, II, da Lei n. 6.404/1976) é o da data em que efetuada sua integralização constatada segundo o balancete mensal correspondente. Esse valor deve ser considerado para a chamada dobra acionária (direito dos acionistas da CRT ao recebimento de idêntico número de ações da então criada Celular CRT Participações S/A) a fazer-se de acordo com o valor das ações, e não simplesmente pelo número delas. Com relação à prescrição, o direito à complementação de ações subscritas decorrentes de contrato firmado com sociedade anônima é de natureza pessoal e, conseqüentemente, prescreve no prazo previsto no art. 177 do CC/1916 (art. 205 do CC/2002), ou seja, 10 anos. **Precedentes citados: REsp 537.146-RS, DJ 14/8/2006; Ag 803.539-RS, DJ 27/10/2006; REsp 829.835-RS, DJ 21/8/2006; REsp 822.914-RS, DJ 19/6/2006; REsp 975.834-RS, DJ 26/11/2007, e EDcl no REsp 975.834-RS, DJ 13/3/2008. REsp 1.037.208-RS, Rel. Min. Sidnei Beneti, julgado em 25/6/2008.** (Inform. STJ 361)

TELEFONIA. AÇÕES. VALOR PATRIMONIAL. INTEGRALIZAÇÃO.
Cuida-se de processo remetido da Quarta Turma à Segunda Seção deste Superior Tribunal em que a empresa telefônica insurge-se contra acórdão proferido pelo Tribunal de Justiça em demanda que envolve contratos de participação financeira, atrelados à aquisição pelos autores de linhas telefônicas da Companhia de Telecomunicações. A recorrente pugna pela correta adequação do valor patrimonial das ações, na data da integralização, no que se refere aos arts. 3º e 4º da Lei n. 7.799/1989 e 170, § 1º, II, da Lei n. 6.404/1976. Salientou o Min. Relator que, nos contratos de participação financeira, não incide a prescrição prevista no art. 287, II, g, da Lei n. 6.404/1976. O valor patrimonial da ação, nos mencionados contratos, deve ser o fixado no mês da integralização (pagamento do preço correspondente, com base no balancete mensal aprovado). Nos casos de parcelamento do desembolso, para fins de apuração da quantidade de ações a que tem direito o consumidor, o valor patrimonial será definido com base no balancete do mês do pagamento da primeira parcela. Precedentes citados: AgRg no Ag 782.314-RS, DJ 23/4/2007, e AgRg nos EDcl no Ag 660.525-RS, DJ 27/8/2007. **REsp 975.834-RS, Rel. Min. Hélio Quaglia Barbosa, julgado em 24/10/2007.** (Inform. STJ 337)

TELEFONIA. AÇÃO. EXIBIÇÃO. DOCUMENTOS. PAGAMENTO. "TAXA". CERTIDÃO.
A Turma reafirmou o recente entendimento adotado pela Segunda Seção no sentido de que a sociedade anônima de telecomunicações, pelo teor do art. 100, § 1º, da Lei n. 6.404/1976, na redação dada pela Lei n. 9.457/1997, pode exigir o prévio pagamento do valor referente à "taxa de serviço" para fornecer certidões a respeito de documentos. Aquela mesma legislação também prevê, para a defesa do acionista, recurso administrativo à Comissão de Valores Mobiliários (CVM). Assim, vê-se que a legislação, além de legitimar a cobrança da "taxa", fornece meios para resguardar os interesses dos acionistas de modo objetivo, sem que se recorra ao Judiciário em uma ação de exibição de documentos, à primeira vista, desnecessária. Precedentes citados: REsp 958.882-RS, REsp 924.226-RS e REsp 943.532-RS. **REsp 939.337-RS, Rel. Min. Aldir Passarinho Junior, julgado em 16/10/2007 (ver Informativo n. 335).** (Inform. STJ 336)

TELEFONIA. AÇÃO. EXIBIÇÃO. DOCUMENTOS. PAGAMENTO. TAXA. CERTIDÃO.
O ora recorrente ajuizou, contra a sociedade anônima de telecomunicações, ação de exibição de documentos referentes a contrato de participação financeira, com o fito de embasar posterior ação judicial. Alegava que pedido administrativo nesse mesmo sentido fora formulado junto à sociedade e findara inatendido. Contudo, já na apelação, houve a extinção do processo sem o julgamento do mérito por falta de interesse de agir, ao fundamento de que o recorrente não cuidara de instruir os autos com as cópias daquele seu pedido administrativo e nem do comprovante de pagamento da respectiva "taxa de serviço". O recorrente alegava, no especial, que comprovara tal pedido administrativo, porém, quanto à "taxa", dispora-se a efetuar o pagamento, mas desconhecia seu valor, a forma de cobrança e a quem pagar, dúvidas não solvidas pela sociedade. Diante disso, a Quarta Turma deste Superior Tribunal entendeu, em preliminar, remeter o julgamento do recurso à Segunda Seção, que dele não conheceu. Constatou-se que a cobrança da aludida "taxa" pela sociedade para fornecimento de certidões tem amparo no art. 100, § 1º, da Lei n. 6.404/1976, na redação que lhe deu o art. 1º da Lei n. 9.457/1997. Dessarte, a sociedade pode exigir o prévio pagamento daquele valor para atender o pedido. Pagamento que, conforme o acórdão recorrido, não foi comprovado pelo recorrente (Súm. n. 7-STJ). Aquela mesma legislação também prevê, para a defesa do acionista, recurso administrativo à Comissão de Valores Mobiliários (CVM). Assim, vê-se que a legislação, além de legitimar a cobrança da "taxa", fornece meios para resguardar os interesses dos acionistas de modo objetivo, sem que se recorra ao Judiciário em um processo, à primeira vista, desnecessário. Quanto à afirmação de desconhecimento do valor da "taxa", anotou-se que o próprio recorrente, na inicial, declina seu valor de vinte reais. A análise dos arts. 1º e 2º da Lei n. 9.507/1997, carente do indispensável prequestionamento, também não socorreria o recorrente, porque o cumprimento dos prazos lá estabelecidos só poderia ser reclamado após a anexação do comprovante de recolhimento da referida contraprestação. Precedentes citados: REsp 958.882-RS e REsp 924.226-RS. **REsp 943.532-RS, Rel. Min. Aldir Passarinho Junior, julgado em 10/10/2007.** (Inform. STJ 335)

TELEFONIA. SUBSCRIÇÃO. AÇÕES. INDENIZAÇÃO. PRESCRIÇÃO.
A recorrida firmou contrato com sociedade anônima de telecomunicações no qual prevista a subscrição de ações mediante aporte de determinado valor. Sucede que não se conformou com a quantidade de ações ao final recebidas e ajuizou ação, tal qual milhares de pessoas. Pediu, primeiro, a subscrição de outras ações referentes ao valor que entendia dissonante ou, secundariamente, a reparação dos danos que alega sofrer. Nesta instância especial, a sociedade requereu que seu recurso fosse submetido à apreciação da Segunda Seção, no que foi atendida. Naquela Seção, o Min. Relator aduziu que o julgamento do recurso não serviria ao intento de se firmar a jurisprudência em um *leading case*, pois a discussão a respeito do termo inicial da contagem da prescrição, um dos principais temas controvertidos, não se mostrava às claras, nem na sentença, nem no acórdão, não se podendo precisar sequer a data de entrega efetiva das ações, a qual o Min. Relator, nesses casos, reputa por termo inicial, visto que só dali se tem o prejuízo. Dessarte, o recurso não foi sequer conhecido pela Seção. Mesmo assim, o Min. Relator esclareceu que o pedido principal, de subscrição, diz respeito ao próprio cumprimento do contrato, revelando sua natureza de obrigação contratual, pessoal, sujeita ao prazo prescricional de dez anos. Quanto ao secundário, classificou-o como de reparação de danos, sujeito ao prazo prescricional de três anos, porque é uma reparação de ato ilícito e, pelo novo Código Civil, não se pode distinguir o ilícito absoluto do ilícito contratual, sob pena de favorecer o delinqüente em detrimento do contratante, daí o prazo idêntico. Firmou que a alegação de o pedido de subscrições ser juridicamente impossível, a afastar a prescrição decenal e prevalecer o pedido secundário e seu respectivo prazo prescricional menor, não pode ser analisado nesta sede pela aludida falta de prequestionamento, mesmo ao extremo de aceitá-la como questão de ordem pública, só examinável se conhecido o recurso. Entendeu que afastar o pedido principal, nesses termos, importaria antecipação de uma decisão de mérito a ser definida na sentença (o que não se deu no caso, pois houve a condenação à subscrição) ou por ocasião de seu cumprimento na execução. Assim, considerou prevalecer, nesses casos, o pedido principal para a definição do prazo prescricional, que, pela contagem da regra de transição aposta no novo Código Civil, não transcorreu. Precedente citado: REsp 822.914-RS, DJ 19/6/2006. **REsp 976.968-RS, Rel. Min. Ari Pargendler, julgado em 10/10/2007.** (Inform. STJ 335)

SÚMULA STJ Nº 469

Aplica-se o Código de Defesa do Consumidor aos contratos de plano de saúde.

SÚMULA STJ Nº 465

Ressalvada a hipótese de efetivo agravamento do risco, a seguradora não se exime do dever de indenizar em razão da transferência do veículo sem a sua prévia comunicação.

SÚMULA STJ Nº 402

O contrato de seguro por danos pessoais compreende os danos morais, salvo cláusula expressa de exclusão.

SÚMULA STJ Nº 371

Nos contratos de participação financeira para a aquisição de linha telefônica, o Valor Patrimonial da Ação (VPA) é apurado com base no balancete do mês da integralização.

SÚMULA STJ Nº 335

Nos contratos de locação, é válida a cláusula de renúncia à indenização das benfeitorias e ao direito de retenção.

SÚMULA STJ Nº 326

Na ação de indenização por dano moral, a condenação em montante inferior ao postulado na inicial não implica sucumbência recíproca.

SÚMULA STJ Nº 308

A hipoteca firmada entre a construtora e o agente financeiro, anterior ou posterior à celebração da promessa de compra e venda, não tem eficácia perante os adquirentes do imóvel.

SÚMULA STJ Nº 294

Não é potestativa a cláusula contratual que prevê a comissão de permanência, calculada pela taxa média de mercado apurada pelo Banco Central do Brasil, limitada à taxa do contrato.

SÚMULA STJ Nº 291

A ação de cobrança de parcelas de complementação de aposentadoria pela previdência privada prescreve em cinco anos.

SÚMULA STJ Nº 290

Nos planos de previdência privada, não cabe ao beneficiário a devolução da contribuição efetuada pelo patrocinador.

SÚMULA STJ Nº 289

A restituição das parcelas pagas a plano de previdência privada deve ser objeto de correção plena, por índice que recomponha a efetiva desvalorização da moeda.

SÚMULA STJ Nº 239

O direito à adjudicação compulsória não se condiciona ao registro do compromisso de compra e venda no cartório de imóveis.

SÚMULA STJ Nº 229

O pedido do pagamento de indenização à seguradora suspende o prazo de prescrição até que o segurado tenha ciência da decisão.

SÚMULA STJ Nº 76

A falta de registro do compromisso de compra e venda de imóvel não dispensa a prévia interpelação para constituir em mora o devedor.

SÚMULA STJ Nº 61

O seguro de vida cobre o suicídio não premeditado.

SÚMULA STJ Nº 60

É nula a obrigação cambial assumida por procurador do mutuário vinculado ao mutuante, no exclusivo interesse deste.

11. TÍTULOS DE CRÉDITO

11.1. Aspectos gerais

SÚMULA STJ Nº 476

O endossatário de título de crédito por endosso-mandato só responde por danos decorrentes de protesto indevido se extrapolar os poderes de mandatário.

SÚMULA STJ Nº 475

Responde pelos danos decorrentes de protesto indevido o endossatário que recebe por endosso translativo título de crédito contendo vício formal extrínseco ou intrínseco, ficando ressalvado seu direito de regresso contra os endossantes e avalistas.

11.2. Nota promissória e letra de câmbio

EXECUÇÃO. NOTA PROMISSÓRIA EM BRANCO.

É cediço que a cambial emitida ou aceita com omissões ou em branco pode ser completada pelo credor de boa-fé até a cobrança ou o protesto (Súm. n. 387-STF). Sucede que, no caso, o credor propôs a execução de nota promissória da qual faltava o preenchimento da data da emissão e dos nomes da emitente, do beneficiário e da cidade onde foi sacada. Contudo, houve a extinção da execução em razão de sua desistência. Assim, não pode o credor, após o preenchimento dos claros, ajuizar nova execução, pois só resta a via ordinária. Precedentes citados: REsp 573.650-PR, DJ 25/4/2005, e EDcl no REsp 1.158.175-RS, DJe 3/5/2011. **REsp 870.704-SC, Rel. Min. Luis Felipe Salomão, julgado em 14/6/2011.** (Inform. STJ 477) *(Comentário: ver informativo STJ 409 – REsp 988.328/MG)*

MONITÓRIA. NOTAS PROMISSÓRIAS PRESCRITAS. JUROS. MORA. TERMO INICIAL. OBRIGAÇÃO.

Trata-se de ação monitória com base em notas promissórias prescritas referentes a acordos firmados pelas partes quanto às mensalidades escolares devidas e com previsão de pagamento para os meses do ano escolar. Nas razões recursais, o recorrente afirma não ser possível incidirem juros moratórios de obrigação prescrita conforme decidido no acórdão recorrido, por haver divergência com a jurisprudência deste Superior Tribunal, segundo a qual os juros devem ser contados a partir da citação. Para o Min. Relator, como se trata de obrigação positiva e líquida (notas promissórias regulares), a natureza da ação, se de cobrança ou monitória, não tem relevância para o julgamento em debate. Observa que a questão deve ser dirimida com base no art. 960 do CC/1916 e, em se tratando de obrigação líquida representada por notas promissórias prescritas, o exame consiste em definir desde quando devem incidir os juros de mora legais e se há necessidade de constituição em mora do devedor. Argumenta, apontando a doutrina, que a questão é singela, visto ser o devedor sabedor da data em que deve adimplir a obrigação líquida, isso porque essa data decorre do próprio título de crédito. Assim, descaberia qualquer advertência complementar por parte do credor, aplicando-se à espécie o brocardo *dies interpellat pro homine* (o termo interpela no lugar do credor). Dessa forma, explica que, havendo obrigação líquida e exigível a determinado termo, desde que não seja daquelas em que a própria lei afasta a constituição de mora automática, o inadimplemento ocorre no vencimento de cada parcela em atraso, independentemente de interpelação. Por outro lado, expõe ser consabido que a jurisprudência deste Superior Tribunal afirma ser a ação monitória cabível para cobrança de valores relativos a título de crédito prescrito. Consequentemente, conclui que a perda da eficácia executiva das notas promissórias, como no caso dos autos, não obstaculizaria a exigência dos juros de mora, os quais incidem a partir do vencimento da obrigação. Anota, ainda, que se trata de precedente novo. Diante do exposto, a Turma negou provimento ao AgRg do devedor. Precedentes citados: REsp 762.799-RS, DJe 23/9/2010; REsp 1.189.168-AC, DJe 12/8/2010; REsp 437.136-MS, DJe 9/6/2008; REsp 365.061-MG, DJ 20/3/2006; REsp 26.826-ES, DJ 26/10/1992, e REsp 19.719-MG, DJ 7/2/1994. **AgRg no REsp 740.362-MS, Rel. Min. Luis Felipe Salomão, julgado em 8/2/2011.** (Inform. STJ 462)

EXECUÇÃO. NOTA PROMISSÓRIA. FOTOCÓPIA.

Trata-se de REsp em que a recorrente insurge-se contra execução proposta pelo recorrido, alegando que tal execução foi aparelhada por contrato de cessão de crédito garantido por nota promissória juntada aos autos apenas por fotocópia. Sustenta que, além da invalidade de se instruir uma execução com título de crédito exibido por cópia, o contrato de cessão continha condição cujo advento não foi comprovado pelo credor. A Turma, ao prosseguir na renovação do julgamento, não conheceu do recurso, pois entendeu, por maioria, não haver, na hipótese, prejuízo algum ao recorrente em razão de a execução ter sido instruída por cópia da nota promissória, porque todas as alegações que firmou no sentido de obstaculizar o pagamento ao recorrido estão sustentadas no contrato de cessão de crédito, do qual o referido título é acessório. Portanto, estando a nota promissória açambarcada pela prescrição, mantendo sua cambialidade apenas entre as partes e não havendo nenhum prejuízo ao recorrente, a sua juntada por cópia não representa nenhuma afronta à legislação pátria. **REsp 820.121-ES, Rel. originário Min. Humberto Gomes de Barros, Rel. para o acórdão Min. Sidnei Beneti, julgado em 10/8/2010.** (Inform. STJ 442)

AÇÃO MONITÓRIA. AVAL. BORDERÔ.

In casu, a cooperativa de crédito rural ajuizou ação monitória em razão de borderô de desconto de nota promissória oriundo de crédito em conta corrente, e o avalista na operação de crédito opôs embargos à monitória. Destaca o Min. Relator que, no caso dos autos, a nota promissória não foi anexada e o autor pretende impor ao avalista a obrigação solidária com base em borderô de desconto, o que é inviável segundo a jurisprudência deste Superior Tribunal. Explica que o aval é instrumento exclusivo de direito cambiário, não subsistindo fora do título de crédito ou cambiariforme ou, ainda, em folha anexa a ele. Dessa forma, inexistindo título cambial, o aval não pode prevalecer, subsistindo a dívida apenas em relação ao devedor principal. Por outro lado, o TJ decotou encargos, incidindo, na espécie, a Súm. n. 381-STJ. Diante do exposto, a Turma conheceu parcialmente do recurso e lhe deu provimento. **Precedentes citados: REsp 896.543-MG, DJe 26/4/2010, e REsp 457.556-SP, DJ 16/12/2002. REsp 707.979-MG, Rel. Min. Luis Felipe Salomão, julgado em 17/6/2010.** (Inform. STJ 439)

ALIENAÇÃO FIDUCIÁRIA. NOTA PROMISSÓRIA.
Em contrato de alienação fiduciária em garantia, o credor não pode promover ação de busca e apreensão concomitante com a execução da nota promissória também firmada no negócio. A mora do devedor pode ser comprovada mediante notificação extrajudicial ou protesto do título, ainda que realizado por edital. **Precedentes citados: EDcl no REsp 316.047-SP, DJ 7/10/2002; REsp 408.863-RS, DJ 7/4/2003, e AgRg no Ag 1.229.026-PR, DJe 12/2/2010. REsp 576.081-SP, Rel. Min. Luis Felipe Salomão, julgado em 25/5/2010**. (Inform. STJ 436)

NOTA PROMISSÓRIA. PROTESTO. PRESCRIÇÃO.
Discute-se a prescrição de nota promissória arguida em preliminar nos embargos à execução, visto que, emitida em 1º/7/1996, com vencimento para 29/7/1996, foi levada a protesto em 5/4/1999 e, à época dos fatos, incidiam as regras do CC/1916. Alega o recorrente que houve renúncia ao prazo prescricional, porquanto caberia à recorrida alegar a prescrição no primeiro momento em que lhe coubesse falar nos autos, bem como, para ele, a indicação de bens à penhora denotaria renúncia tácita. Para o Min. Relator, por um lado, segundo o art. 162 do CC/1916 (correspondente ao art. 193 do CC/2002), a prejudicial de prescrição pode ser suscitada em qualquer grau de jurisdição. Por outro lado, observa que, a rigor, o primeiro momento em que cabe ao executado falar nos autos é o dos embargos à execução, os quais, no CC/1916, só eram aceitos após assegurado o juízo com a penhora ou depósito. Em relação à alegação da indicação de bens à penhora tomada pelo recorrente como renúncia tácita, o Min. Relator ressalta que somente se reconhece renúncia tácita pela prática de ato inequívoco de reconhecimento do direito pelo prescribente (aquele que invoca a prescrição em seu benefício). Na hipótese, a indicação de penhora pelo devedor no processo executivo não pode ser considerada ato de renúncia tácita à prescrição, visto que era condição para o recebimento dos embargos à execução. Também não interrompe o prazo de prescrição o protesto cambial (Súm. n. 153-STF). O protesto cambial, somente com o art. 202, III, do CC/2002, passou a ser causa de interrupção da prescrição. Diante do exposto, a Turma negou provimento ao recurso. **REsp 694.766-RS, Rel. Min. Luis Felipe Salomão, julgado em 6/5/2010**. (Inform. STJ 433)

NOTA PROMISSÓRIA. NULIDADE.
A nota promissória emitida com duas datas de vencimento distintas é nula, não se aplicando, por analogia, o art. 126 do CPC, uma vez que ela somente será aplicada quando houver lacuna na lei. No presente caso, há lei específica sobre o tema, qual seja, o art. 55, parágrafo único, do Dec. n. 2.044/1908, bem como o art. 77 c/c o 33 do Dec. n. 57.663/1966. **REsp 751.878-MG, Rel. Min. Aldir Passarinho Junior, julgado em 20/4/2010.** (Inform. STJ 431)

ASSINATURA. CONTRATO. CAMBIAL.
A falta de assinatura de duas testemunhas no contrato de mútuo não retira da cambial (no caso, nota promissória emitida em garantia do ajuste) sua eficácia executiva. Anote-se que, no plano da validade, não há nada a macular a emissão da nota promissória e que há o princípio da liberdade quanto à forma a impor que as convenções concluem-se por simples acordo de vontades (art. 107 do CC/2002). Só excepcionalmente se exige instrumento escrito como requisito de validade do contrato (arts. 108 e 541 do CC/2002) e se mostra ainda mais rara a exigência de subscrição de duas testemunhas (arts. 215, § 5º, e 1.525, III, do mesmo código). Em decorrência disso, o contrato escrito, quase sempre, cumpre apenas o papel de prova da celebração do ajuste. Então, a falta de assinatura das testemunhas somente retira dele a eficácia de título executivo (art. 585, II, do CPC), e não a prova quanto ao ajuste de vontades. Se válido o contrato, também o é a nota promissória que o garante. Por sua vez, a invocação da Súm. n. 258-STJ não se mostra pertinente na hipótese, pois se está diante de contrato celebrado por valor fixo, de modo que o consentimento do devedor abrange todos os elementos da obrigação, quanto mais se a cártula foi emitida no valor previamente consignado no instrumento. Daí a nota ser apta a aparelhar a execução, mesmo não havendo a assinatura das testemunhas no contrato. **REsp 999.577-MG, Rel. Min. Nancy Andrighi, julgado em 4/3/2010**. (Inform. STJ 425)

NOTA PROMISSÓRIA. NULIDADE. TÍTULO EXECUTIVO.
A jurisprudência pacífica deste Superior Tribunal entende que a ausência da indicação expressa da data de emissão descaracteriza a nota promissória como título executivo. Contudo, na espécie, a falta foi suprida pela própria recorrente, que afirma expressamente a data em que foi emitida. Assim, não há qualquer dúvida quanto à data de vencimento, caracterizando-se um exagero formal declarar a nulidade da nota promissória no caso. Logo, a Turma não conheceu do recurso. **REsp 988.328-MG, Rel. Min. Fernando Gonçalves, julgado em 1º/10/2009.** (Inform. STJ 409)
(Comentário: ver informativo STJ 477 – REsp 870.704/SC)

NOTA PROMISSÓRIA. TÍTULO EXECUTIVO.
O instrumento particular de confissão de dívida assinado pelo devedor e duas testemunhas (art. 585, II, do CPC), independentemente da juntada das notas promissórias a ele vinculadas, é eficaz como título executivo extrajudicial. Ademais, inquestionável o não endosso das cártulas, hoje passíveis de prescrição. **Precedentes citados: REsp 198.767-RJ, DJ 8/3/2000, e REsp 202.815-RJ, DJ 24/5/1999. REsp 235.973-SP, Rel. Min. Luis Felipe Salomão, julgado em 16/6/2009.** (Inform. STJ 399)

LETRA DE CÂMBIO. PROTESTO. FALTA. ACEITE.
É cabível o saque de letra de câmbio representativa de crédito, em razão de contrato firmado entre sacada e sacador, podendo o portador levá-la a protesto por falta de aceite. Precedentes citados: RMS 2.603-SP, DJ 23/5/1994; REsp 191.560-MG, DJ 19/12/2003, e REsp 141.941-MG, DJ 8/9/2003. **REsp 900.005-SP, Rel. Min. Humberto Gomes de Barros, julgado em 27/3/2007.** (Inform. STJ 315)

SÚMULA STF Nº 387

A cambial emitida ou aceita com omissões, ou em branco, pode ser completada pelo credor de boa-fé antes da cobrança ou do protesto.

SÚMULA STJ Nº 258

A nota promissória vinculada a contrato de abertura de crédito não goza de autonomia em razão da iliquidez do título que a originou.

11.3. Cheque

MONITÓRIA. CHEQUE PRESCRITO. MENÇÃO. CAUSA SUBJACENTE.
Trata-se de REsp em que se discute a possibilidade de admitir ajuizamento de ação monitória embasada em cheque prescrito há mais de dois anos, sem menção à causa subjacente. A Turma deu provimento ao recurso ao entendimento de que, se o portador do cheque opta pela ação monitória, tal como no caso, o prazo prescricional será quinquenal, conforme disposto no art. 206, § 5º, I, do CC e não haverá necessidade de descrição da *causa debendi*. Registrou-se, todavia, que, em tal hipótese, nada impede que o requerido oponha embargos à monitória, discutindo o negócio jurídico subjacente, inclusive a sua eventual prescrição, pois o cheque, em decorrência do lapso temporal, já não mais ostenta os caracteres cambiários inerentes ao título de crédito. Precedentes citados: AgRg no REsp 873.879-SC, DJ 12/12/2007; REsp 1.038.104-SP, DJe 18/6/2009; AgRg no Ag 1.401.202-DF, DJe 16/8/2011; AgRg no Ag 965.195-SP, DJe 23/6/2008; AgRg no Ag 1.376.537-SC, DJe 30/3/2011; EDcl no AgRg no Ag 893.383-MG, DJe 17/12/2010; AgRg no Ag 1.153.022-SP, DJe 25/5/2011, e REsp 555.308-MG, DJ 19/11/2007. **REsp 926.312-SP, Rel. Min. Luís Felipe Salomão, julgado em 20/9/2011.** (Inform. STJ 483)

CHEQUE PÓS-DATADO. PRESCRIÇÃO. AÇÃO EXECUTIVA. DATA CONSIGNADA NA CÁRTULA.
A Seção entendeu que a emissão de cheques pós-datados, ainda que seja prática costumeira, não encontra previsão legal, pois admitir que do acordo extracartular decorra a dilação do prazo prescricional importaria na alteração da natureza do cheque como ordem de pagamento à vista e na infringência do art. 192 do CC, além de violação dos princípios da literalidade e abstração. Assim, para a contagem do prazo prescricional de cheque pós-datado, prevalece a data nele regularmente consignada, ou seja, aquela oposta no espaço reservado para a data de emissão. Precedentes citados: REsp 875.161-SC, DJe 22/08/2011, e AgRg no Ag 1.159.272-DF, DJe 27/04/2010. **REsp 1.068.513-DF, Rel. Min. Nancy Andrighi, julgado em 14/9/2011.** (Inform. STJ 483)

CHEQUE. BENEFICIÁRIA. DOMICÍLIO. EXTERIOR. COBRANÇA.
Cinge-se a questão à possibilidade de, admitindo-se que os cheques sejam de praça diversa da agência pagadora do sacado pelo fato de a tomadora ser empresa estrangeira, reconhecer-se que houve o oportuno ajuizamento da ação de locupletamento ilícito, de natureza cambial. No caso, cuidou-se,

na origem, de ação de cobrança de cheques no total de R$ 126 mil, não depositados diante da afirmação do emitente de inexistirem fundos em sua conta. No REsp, a recorrente sustenta, entre outros temas, violação dos arts. 33, 59 e 61 da Lei n. 7.357/1985, alegando que os cheques continuam sendo títulos de crédito, pois foram emitidos em praça diversa, tendo em vista tratar-se de empresa estrangeira. Inicialmente, destacou o Min. Relator que, sendo o cheque título de crédito, submete-se aos princípios cambiários da cartularidade, literalidade, abstração, autonomia das obrigações cambiais e inoponibilidade das exceções pessoais a terceiros de boa-fé, por isso deve ser considerado como local de emissão o indicado no título. Ademais, o art. 33 da referida lei prevê que o cheque possa ser emitido no exterior; não pode, portanto, servir de justificativa a alegação de que o local consignado na cártula diverge daquele em que ela foi efetivamente emitida, pelo fato de a beneficiária não ter domicílio no Brasil. Até porque, o fato de a tomadora ter domicílio no estrangeiro não elide, por si só, a possibilidade de o cheque ter sido recebido na praça constante da cártula, ainda que por um representante ou preposto da tomadora. Ressaltou, ainda, que o cheque é ordem de pagamento à vista, sendo de seis meses o lapso prescricional para a execução do cheque após o prazo de apresentação, que é de 30 dias a contar da emissão se da mesma praça ou de 60 dias, também a contar da emissão, se consta no título como sacado em praça diversa, isto é, município distinto daquele em que se situa a agência pagadora. Registrou, ademais, que, uma vez prescrito o prazo para a execução do cheque, o art. 61 da Lei n. 7.357/1985 prevê, no prazo de dois anos a contar da prescrição, a possibilidade de ajuizamento de ação de locupletamento ilícito, que, por ostentar natureza cambial, prescinde da descrição do negócio jurídico subjacente. No entanto, expirado o prazo para ajuizamento da ação por enriquecimento sem causa, o art. 62 da mesma lei ressalva a possibilidade de ajuizamento de ação fundada na relação causal, a exigir, portanto, menção ao negócio jurídico que ensejou a emissão do cheque. *In casu*, os cheques que embasaram a ação foram emitidos em 6/12/1998 e 6/1/1999, na mesma praça de pagamento, de modo que o prazo de apresentação era de apenas 30 dias, após o qual fluiu o prazo para execução de seis meses, no entanto a ação de natureza cambial de locupletamento ilícito foi proposta em 3/8/2001, ou seja, mais de dois anos após a prescrição dos cheques emitidos em dezembro de 1998; após, portanto, o prazo legal previsto (art. 61 da Lei n. 7.357/1985). Assim, concluiu que não era cabível a utilização da mencionada ação, sendo imprescindível a menção ao negócio jurídico subjacente, conforme previsto no art. 62 da aludida lei. Com essas, entre outras considerações, a Turma negou provimento ao recurso. Precedentes citados: REsp 875.161-SC, DJe 22/8/2011, e REsp 237.419-PR, DJ 1º/7/2004. **REsp 1.190.037-SP, Rel. Min. Luis Felipe Salomão, julgado em 6/9/2011.** (Inform. STJ 482)

CHEQUE SUSTADO. DEVOLUÇÃO. CREDOR. DANO MORAL.

No caso, a instituição bancária recorrente alega que devolveu os cheques sustados à Administração Pública (devedora) em razão de ordem do governo estadual; eles tinham sido inicialmente depositados na conta-corrente da autora recorrida para pagamento de convênio celebrado. Porém, tal assertiva não ficou explicitada pelo tribunal *a quo*. Logo, a Turma entendeu que o banco, ao entregar os cheques sustados ao devedor em vez de fazê-lo ao credor, impediu o exercício de direitos cambiários inerentes ao título e, assim, cometeu ato ilícito com consequente indenização pelo dano moral sofrido pelo credor. **REsp 896.867-PB, Rel. Min. Luis Felipe Salomão, julgado em 10/5/2011.** (Inform. STJ 472)

CHEQUE. IRREGULARIDADE. ENDOSSO.

Trata-se de REsp oriundo de ação indenizatória ajuizada pelo recorrente em desfavor do banco recorrido sob o fundamento de que este agiu com negligência, não impedindo uma operação fraudulenta, ao aceitar o endosso de dois cheques administrativos e nominais a uma prefeitura municipal sem verificar a legitimidade dos signatários do endosso. No caso, o recorrente, ao renovar as certidões de débito de IPTU pago naquele banco, constatou que os pagamentos não foram concretizados porque tais cheques teriam sido supostamente endossados pela própria municipalidade, indo parar na conta particular de terceiras pessoas. A Turma reafirmou o entendimento de que é obrigação da instituição bancária conferir a regularidade formal dos endossos, aí incluída a legitimidade do endossante. Ressaltou-se não haver situação mais incomum que a da hipótese em questão, em que a municipalidade endossa cheque para depósito na conta poupança de particulares. Assim, falhou o banco depositante em não verificar o endosso no cheque. Diante disso, deu-se parcial provimento ao recurso. Precedente citado: EREsp 280.285-SP, DJ 28/6/2004. **REsp 989.076-SP, Rel. Min. Aldir Passarinho Junior, julgado em 1º/3/2011.** (Inform. STJ 465)

RESPONSABILIDADE CIVIL. BANCO. CHEQUES. ENDOSSO.

De acordo com o TJ, a empresa realizou quatro operações bancárias de aplicação financeira: duas mediante cheques TB (transferência bancária de valores) e duas mediante cheques administrativos, mas depois não pôde resgatar as aplicações. Os prejuízos suportados pela recorrida foram expressamente mencionados no acórdão recorrido a partir das provas dos autos, totalizando o desfalque no valor de R$1.500.000 desviados pelos bancos recorrentes para a conta de terceiro. A subtração deu-se em endossos apostos nos cheques, sacados em dois dos bancos envolvidos e depositados em um terceiro banco, tendo sido devidamente compensados. Também ficou claro que, apesar da suposta participação na fraude de prepostos, de ambas as partes, a causa principal do evento danoso foi a desídia dos bancos no desconto e na compensação dos cheques, aliada à informação, prestada por um dos bancos envolvidos, de que os valores tinham sido aplicados, impedindo a recorrida de evitar o desvio do numerário. Nessa específica hipótese, os serviços prestados pelos bancos recorrentes e utilizados pela recorrida denotam claramente a existência de relação de consumo, sendo aplicável ao caso o CDC, nos termos da Súm. n. 297-STJ. No que diz respeito à hipossuficiência, como se trata de empresa de equipamentos de informática, sua condição não tem posição de igualdade em relação aos bancos. Além disso, encontra-se pacificado, neste Superior Tribunal, o entendimento de que o art. 2º do CDC abarca expressamente a possibilidade de as pessoas jurídicas figurarem como consumidores, sendo relevante saber se a pessoa, física ou jurídica, é destinatária final do produto ou serviço. Assim, a responsabilidade objetiva prevista no art. 14 do CDC é perfeitamente aplicável à hipótese dos autos. Também é indiscutível que o desvio de valores envolveu a prestação defeituosa de serviços bancários, obrigando os fornecedores a responder, independentemente da existência de culpa, pela reparação dos danos causados ao consumidor. Logo, a responsabilidade deve ser apurada a partir da existência de atos comissivos ou omissivos legítimos das partes que tenham concorrido, ainda que indiretamente, para o desfalque, nos termos do art. 159 do CC/1916. Destarte, o endosso dos cheques que deram suporte ao desvio dos valores não pode ser tido como ato legítimo da recorrida. Nesse aspecto, o tribunal *a quo* registrou o cuidado adotado pela recorrida para que os cheques por ela emitidos fossem subscritos por duas pessoas, o que foi informado aos bancos recorrentes. No entanto, eles não demonstraram igual cautela, tendo conferido a seus prepostos poderes suficientes para praticar atos que resultaram em prejuízo para sua correntista. Dessa forma, não se pode cogitar a ilegitimidade nos atos praticados pelos bancos, por intermédio de seus prepostos, visto que eles agiram dentro dos limites dos poderes que lhes foram outorgados, caracterizando, na realidade, culpa por fato de terceiro, prevista no art. 1.521 do CC/1916, que consagra as culpas *in eligendo* e *in vigilando*. Em razão de a recorrida confiar o depósito de dinheiro aos cuidados desses bancos, formalizaram-se contratos equiparados aos de mútuo, nos quais, de acordo com o art. 1.257 do CC/1916, transfere-se o domínio da coisa emprestada ao mutuário, por cuja conta correm todos os riscos desde a tradição. Daí decorre a concorrência de culpas, que na verdade consubstancia concorrência de causas para o evento danoso, mas que só deve ser admitida em casos excepcionais. Quanto aos cheques TB, eles não admitem endosso, de modo que somente podiam ser depositados em conta bancária de titularidade do próprio emitente, no caso a recorrida. Já quanto à verificação dos endossos, o entendimento consolidado neste Superior Tribunal é que o banco apresentante do cheque à câmara de compensação tem o dever de verificar a regularidade da sucessão dos endossos. Deve, pois, tomar a cautela de exigir provas da legitimidade do endossante, como, por exemplo, cópia do contrato social da empresa, quando o título for nominal à pessoa jurídica. Dessarte, ainda que pelos atos culposos, os três bancos recorrentes deverão responder solidariamente pela indenização, nos termos da lei. Diante do exposto, a Turma negou provimento ao recurso. Precedentes citados: REsp 814.060-RJ, DJe 13/4/2010; REsp 1.080.719-MG, DJe 17/8/2009; REsp 1.084.291-RS, DJe 4/8/2009; REsp 206.039-RJ, DJ 15/8/2005; REsp 1.092.720-PR, DJe 13/11/2009, e REsp 874.372-RR, DJe 30/11/2009. **REsp 1.007.692-RS, Rel. Min. Nancy Andrighi, em 17/8/2010.** (Inform. STJ 443)

REPETITIVO. CHEQUE ESPECIAL. JUROS REMUNERATÓRIOS.

A Seção, ao julgar recurso representativo de controvérsia (art. 543-C e Res. n. 8/2008-STJ) sobre a legalidade da cobrança de juros remuneratórios decorrente do contrato bancário, quando não há prova da taxa pactuada ou quando a cláusula ajustada entre as partes não tenha indicado o percentual a ser observado, reafirmou a jurisprudência deste Superior Tribunal de que, quando não pactuada a taxa, o juiz deve limitar os juros remuneratórios à taxa média de mercado divulgada pelo Banco Central (Bacen), salvo se menor a taxa cobrada pelo próprio banco (mais vantajosa para o cliente). Anotou-se que o caso dos autos é uma ação de revisão de cláusula de contrato de cheque especial combinada com repetição de indébito em que o tribunal *a quo* constatou não haver, no contrato firmado, o percentual da taxa para a cobrança dos juros remuneratórios, apesar de eles estarem previstos em uma das cláusulas do contrato. **Precedentes citados: REsp 715.894-PR, DJ 19/3/2007; AgRg no REsp 1.068.221-PR, DJe 24/11/2008; AgRg no REsp 1.003.938-RS, DJe 18/12/2008; AgRg no REsp 1.071.291-PR, DJe 23/3/2009; REsp 1.039.878-RS, DJe 20/6/2008; AgRg no REsp 1.050.605-RS, DJe 5/8/2008; AgRg no Ag 761.303-PR, DJe 4/8/2009; AgRg no REsp 1.015.238-PR, DJe 7/5/2008; EDcl no Ag 841.712-PR, DJe 28/8/2009, e AgRg no REsp 1.043.101-RS, DJe 17/11/2008. REsp 1.112.879-PR, Rel. Min. Nancy Andrighi, julgado em 12/5/2010.** (Inform. STJ 434)

DANO MORAL. CONTA CONJUNTA. CHEQUE.
É ativa a solidariedade decorrente da abertura de conta-corrente conjunta, pois cada correntista movimenta livremente a conta. Ademais, o cheque sujeita-se aos princípios gerais do direito cambial, especialmente, ao princípio da literalidade, e o art. 1º, VI, da Lei n. 7.357/1985 estabelece, como requisito do cheque, a assinatura do emitente sacador. Assim, a responsabilidade pela emissão de cheque sem provisão de fundos é exclusiva daquele que opôs sua assinatura na cártula. Dessa forma, o cotitular da conta-corrente que não emitiu o cheque sem provisão de fundos é estranho ao título, por isso não pode ser penalizado com a negativação, como inadimplente, de seu nome nos cadastros de proteção ao crédito. Consequentemente, para a jurisprudência deste Superior Tribunal, a inscrição indevida nos cadastros de proteção ao crédito ocasiona dano moral. Com esse entendimento, a Turma julgou procedente o pedido de compensação por danos morais, bem como da retirada do nome da recorrente dos cadastros de proteção ao crédito. **REsp 981.081-RS, Rel. Min. Nancy Andrighi, julgado em 23/3/2010.** (Inform. STJ 428)

DANO MORAL. RECUSA. CHEQUE.
Discute-se, no REsp, se há configuração de danos morais na recusa de cheque por preposto de sociedade empresária com base em informação de órgão competente de consulta de que o cheque não tinha provisão de fundos, na hipótese de o consumidor, por isso, ter pago a mercadoria de outra forma, mediante cartão de débito. Para a Min. Relatora, embora o cheque não seja título de crédito de aceitação compulsória no exercício da atividade empresarial, como o próprio estabelecimento, a princípio, possibilitou o pagamento com cheque, nesse momento, renunciou a sua faculdade de aceitação e se obrigou a demonstrar justa causa na recusa do cheque, sob pena de violação do princípio da boa-fé objetiva, tanto que anotou no verso do cheque o motivo da recusa. Aponta, ainda, que, apesar de a sentença e o acórdão recorrido não reconhecerem o dano moral, descreveram que não foi demonstrada a justa causa para a recusa, sobretudo por afirmarem que, na data da emissão do cheque, havia provisão de fundos na conta-corrente, tanto que a mercadoria foi paga com cartão de débito, além de o nome do recorrente não estar inscrito em cadastros de proteção ao crédito. Explica que o próprio pagamento por meio de cartão de débito, em conta-corrente, comprova a falta de justa causa para a recusa do cheque, e que essa outra forma de pagamento e a posterior realização do negócio jurídico não ilidiram a conduta ilícita já consumada. Sendo assim, nessas hipóteses, a jurisprudência tem entendido que a devolução indevida de cheque sob falsa alegação de falta de provisão de fundos ocasiona danos morais. Diante do exposto, a Turma, ao prosseguir o julgamento, por maioria, deu provimento ao recurso do consumidor recorrente. **Precedentes citados: REsp 440.417-RJ, DJ 19/4/2004; REsp 713.228-PB, DJ 23/5/2005, e REsp 745.807-RN, DJ 26/2/2007. REsp 981.583-PR, Rel. Min. Nancy Andrighi, julgado em 23/3/2010.** (Inform. STJ 428)

CAUTELAR. SUSTAÇÃO. PROTESTO. CHEQUE.
O REsp busca saber se é viável a arguição de prescrição do título em ação voltada contra esse protesto e ainda discute a possibilidade de revigoração do protesto sustado liminarmente, em virtude da prestação de contracautela consistente no depósito do valor consignado no cheque protestado. Para o Min. Relator, não há óbice para que o devedor, ao se servir de ação destinada a obter a declaração de inexistência de relação jurídica e, consequentemente, o cancelamento do protesto, argua, a qualquer momento, a ocorrência de prescrição da própria dívida em proveito da sua pretensão. Observa que, com a prescrição da própria dívida, o crédito desveste-se da sua exigibilidade jurídica. Entretanto destaca que a eventual perda do atributo de executividade do cheque não importa o cancelamento do protesto (art. 1º da Lei n. 9.492/1997). A exigibilidade da dívida mencionada no título permanece, e a satisfação poderá ser buscada por outra via. Por outro lado, aponta ser inviável suscitar, na ação declaratória de inexigibilidade de relação jurídica e da sustação do protesto, a arguição de prescrição cambial. Outrossim, a improcedência do pleito de sustação de protesto e da declaração de inexigibilidade de relação jurídica não autoriza que a caução (valor do cheque) possa ser considerada como pagamento integral e idônea a coibir a restauração do protesto sustado liminarmente, pois o montante é bem maior (art. 19 da citada lei). Com esses argumentos, entre outros, a Turma negou provimento ao recurso. **Precedente citado: REsp 671.486-PE, DJ 25/4/2005. REsp 369.470-SP, Rel. Min. Massami Uyeda, julgado em 10/11/2009.** (Inform. STJ 415)

AVAL. CHEQUE NOMINATIVO.
No caso dos autos, houve a emissão de cheque nominativo por empresa, tendo como beneficiário o então exeqüente e ora recorrido. No verso desse cheque, houve assinatura do ora recorrente, que é o executado que interpôs os embargos à execução. O Tribunal *a quo* reformou a sentença que havia provido os embargos, impedindo a cobrança da dívida do recorrente, mas o reconheceu como avalista do cheque emitido por terceiro. Daí o recurso especial em que a questão de mérito é definir a legitimidade do recorrente para figurar no pólo passivo da ação de execução na qualidade de devedor solidário do título executivo, especificamente se questiona se a assinatura aposta no verso do cheque tem o condão de conferir-lhe a condição de endossante ou avalista. Note-se que, embora o recorrente tenha assinado no verso do cheque, não há assinatura do beneficiário e, assim, não se pode considerar ter havido endosso no título. Se o cheque fosse ao portador, não haveria dúvida de que era endosso. Sendo assim, para o Min. Fernando Gonçalves, o recorrente pode ser avalista do emitente do cheque e o beneficiário pode executar o emitente e o recorrente que tem legitimidade para figurar no pólo passivo da ação de execução porque o título não tem endosso. Destaca que a assinatura no verso do cheque não pode ser inútil, porquanto, no caso, é uma forma de aval. Note-se que essa foi a posição vencedora, também adotada pelo Min. Luís Felipe Salomão, ambos não conheceram do recurso. Para o Min. Relator originário, não poderia ser endosso pelas razões já expostas, nem poderia ser aval sem que a assinatura estivesse seguida da expressão "por aval" ou equivalente, como dispõe o art. 30 da Lei n. 7.357/1985. Por outro lado, o Min. João Otávio de Noronha também não conheceu do recurso por outro fundamento, concluiu que a assinatura do recorrente aposta no verso do cheque nominativo e não ao portador mostra-se hábil e adequada a perfazer o instituto do endosso, portanto conferiu ao recorrente todas as responsabilidades inerentes ao endossatário. Diante do exposto, a Turma, ao prosseguir o julgamento, por maioria, não conheceu o recurso. **Precedente citado: REsp 39.037-SP, DJ 12/6/1995. REsp 493.861-MG, Rel. originário Min. Aldir Passarinho Junior, Rel. para acórdão Min. Fernando Gonçalves, julgado em 4/9/2008.** (Inform. STJ 366)

PRESCRIÇÃO. CHEQUE PRÉ-DATADO. CONTAGEM.
A Seção entendeu que interrompe o prazo de prescrição de cheques pré-datados a entrada da petição inicial da execução no protocolo do Tribunal, salvo se for considerada inepta ou for atribuída ao exeqüente a demora na distribuição ou citação. Ademais, o termo *a quo* para a contagem do prazo prescricional no tocante ao cheque pré-datado é o dia especificamente contratado para sua apresentação e não a data da sua emissão. Assim, a Seção conheceu em parte dos embargos de divergência e, nessa parte, deu-lhes provimento. **EREsp 620.218-GO, Rel. Min. Fernando Gonçalves, julgados em 26/9/2007.** (Inform. STJ 333)
(Comentário: ver Informativo STJ 483 – REsp 1.068.513/DF – a Segunda Seção do STJ entendeu, mais recentemente, que o prazo prescricional para cobrança do cheque pós-datado começa a correr a partir do dia indicado no espaço reservado para a data de emissão, e não do dia contratado para sua apresentação)

AÇÃO MONITÓRIA. CHEQUE PRESCRITO. PROVA. CAUSA DEBENDI.
A jurisprudência assente deste Superior Tribunal admite que o cheque prescrito pode ser usado como prova hábil a embasar a ação monitória, pouco importando a causa de sua emissão. Contudo, com a oposição de embargos, abre-se o contraditório. O Tribunal *a quo*, ao examinar as provas, descaracterizou o crédito, esvaziando o título até para fins de ação monitória. Assim, a Turma aplicou a Súm. n. 7-STJ e não conheceu do recurso. Precedentes citados: REsp 471.392-RS, DJ 2/6/2003, e REsp 402.699-DF, DJ 16/9/2002. **REsp 555.308-MG, Rel. Min. Aldir Passarinho Junior, julgado em 18/9/2007.** (Inform. STJ 332)

DANO MORAL. CHEQUE. DEVOLUÇÃO.

O banco recorrente, ao fundamento de suposta falta de fundos, devolveu indevidamente dois cheques (valor total de R$ 926,33) emitidos pela correntista ora recorrida, sociedade dedicada ao comércio de peças de bicicletas. Essa devolução acarretou a inscrição da dívida nos órgãos de proteção ao crédito, além de outros transtornos de ordem moral. O banco, então, foi condenado, nas instâncias ordinárias, à indenização dos danos morais no valor de R$ 50.000,00, porém, nesta sede, a Turma, ao verificar a exorbitância desse valor, reduziu-o ao patamar de R$ 3.000,00. Precedente citado: REsp 564.552-RS, DJ 16/2/2004. **REsp 737.875-CE, Rel. Min. Jorge Scartezzini, julgado em 6/2/2007.** (Inform. STJ 309)

SÚMULA STF Nº 600

Cabe ação executiva contra o emitente e seus avalistas, ainda que não apresentado o cheque ao sacado no prazo legal, desde que não prescrita a ação cambiária.

SÚMULA STF Nº 28

O estabelecimento bancário é responsável pelo pagamento de cheque falso, ressalvadas as hipóteses de culpa exclusiva ou concorrente do correntista.

SÚMULA STJ Nº 388

A simples devolução indevida de cheque caracteriza dano moral.

SÚMULA STJ Nº 370

Caracteriza dano moral a apresentação antecipada de cheque pré-datado.

SÚMULA STJ Nº 299

É admissível a ação monitória fundada em cheque prescrito.

11.4. Duplicata

REPETITIVO. DUPLICATA. ENDOSSO-MANDATO. PROTESTO. RESPONSABILIDADE.

Trata-se de REsp sob o regime do art. 543 C do CPC e Res. n. 8/2008-STJ, no qual a Seção entendeu que só responde por danos materiais e morais o endossatário que recebe título de crédito por endosso-mandato e o leva a protesto, extrapolando os poderes do mandatário em razão de ato culposo próprio, como no caso de apontamento depois da ciência acerca do pagamento anterior ou da falta de higidez da cártula. Precedentes citados: AgRg no Ag 552.667-RJ, DJ 23/8/2004; AgRg no Ag 1.161.507-RS, DJe 21/3/2011; AgRg no Ag 1.127.336-RJ, DJe 13/5/2011; AgRg no REsp 902.622-AL, DJe 26/11/2008; AgRg no REsp 866.748-PR, DJe 1º/12/2010, e AgRg no Ag 1.101.072-SP, DJe 12/8/2011. **REsp 1.063.474-RS, Rel. Min. Luis Felipe Salomão, julgado em 28/9/2011.** (Inform. STJ 484)

REPETITIVO. DUPLICATA. ENDOSSO TRANSLATIVO. VÍCIO FORMAL. PROTESTO. RESPONSABILIDADE.

Trata-se de REsp sob o regime do art. 543-C do CPC e Res. n. 8/2008-STJ, no qual a Seção entendeu que o endossatário que recebe, por endosso translativo, título de crédito contendo vício formal, por não existir a causa para conferir lastro a emissão de duplicata, responde pelos danos causados diante de protesto indevido, ressalvado seu direito de regresso contra os endossantes e avalistas. Precedentes citados: AgRg no Ag 1.380.089-SP, DJe 26/4/2011; AgRg no Ag 1.211.212-SP, DJe 4/3/2011; AgRg no Ag 777.258-SP, DJe 8/6/2009; REsp 976.591-ES, DJ 10/12/2007, e AgRg no Ag 415.005-SP, DJe 12/8/2011. **REsp 1.213.256-RS, Rel. Min. Luis Felipe Salomão, julgado em 28/9/2011.** (Inform. STJ 484)

DUPLICATA SIMULADA. OPOSIÇÃO. TERCEIRO. BOA-FÉ.

A Turma negou provimento ao recurso especial, consignando que o sacado pode opor ao endossatário, ainda que terceiro de boa-fé, vício formal intrínseco que conduza à inexigibilidade do título de crédito emitido. *In casu*, a recorrida foi vítima da emissão de duplicata simulada (título "causal" sem lastro em compra e venda mercantil ou prestação de serviços e sem aceite). O banco recorrente, que recebeu a cártula por meio de endosso, levou-a para protesto – sem sequer comprovar o negócio jurídico subjacente –, mesmo advertido pela sacada de que o valor nela cobrado era indevido. Ressaltou o Min. Relator, entretanto, que o referido vício não pode ser oposto pelo endossante, devendo o endossatário ter resguardado seu direito de regresso. Salientou que o ordenamento jurídico veda, em regra, a oposição de exceções pessoais a terceiro que porta de boa-fé o título, situação que não configura a hipótese dos autos. Precedentes citados: REsp 774.304-MT, DJe 14/10/2010; REsp 770.403-RS, DJ 15/5/2006; AgRg no Ag 1.234.304-RS, DJe 23/11/2010, e REsp 549.766-RS, DJ 6/9/2004. **REsp 830.657-RS, Rel. Min. Luis Felipe Salomão, julgado em 19/5/2011.** (Inform. STJ 473)

EXECUÇÃO. DUPLICATA VIRTUAL. BOLETO BANCÁRIO.

As duplicatas virtuais – emitidas por meio magnético ou de geração eletrônica – podem ser protestadas por indicação (art. 13 da Lei n. 5.474/1968), não se exigindo, para o ajuizamento da execução judicial, a exibição do título. Logo, se o boleto bancário que serviu de indicativo para o protesto retratar fielmente os elementos da duplicata virtual, estiver acompanhado do comprovante de entrega das mercadorias ou da prestação dos serviços e não tiver seu aceite justificadamente recusado pelo sacado, poderá suprir a ausência física do título cambiário eletrônico e, em princípio, constituir título executivo extrajudicial. Assim, a Turma negou provimento ao recurso. **REsp 1.024.691-PR, Rel. Min. Nancy Andrighi, julgado em 22/3/2011.** (Inform. STJ 467)

EXECUÇÃO. DUPLICATA. ACEITE.

Trata-se de REsp contra acórdão que confirmou extinção de execução promovida pelo ora recorrente, ao fundamento de que a duplicata que embasava a cobrança não tinha aceite nem era acompanhada de comprovante de entrega de mercadorias. Aduz o recorrente que o acórdão atacado contrariou o art. 15, § 1º, da Lei n. 5.474/1968, pois a execução é direcionada contra a endossante e o avalista da cártula, o que não se confunde com as condições exigidas para a cobrança do sacado, quando, aí sim, exige-se o aceite e o comprovante de entrega das mercadorias. A Turma conheceu do recurso e lhe deu provimento ao entendimento de que, contra a própria emitente da cártula e seu garante, é cabível a execução seguida do protesto, independentemente de aceite ou de comprovante de entrega de mercadorias, em razão do fato de terem sido eles mesmos os responsáveis pela geração da duplicata, de sorte que não podem alegar vícios relativos ao reconhecimento da dívida ou à prova da realização efetiva do negócio jurídico que ela representa. Acentuou-se que, com o endosso translativo ao banco, que, por sua vez, descontou a duplicata, aqueles se tornaram responsáveis pelo pagamento da dívida, independentemente do aceite pela sacada ou do comprovante de entrega das mercadorias, pois os vícios apontados não podem ser por eles opostos. Precedente citado: REsp 250.568-MS, DJ 18/12/2000. **REsp 598.215-PR, Rel. Min. Aldir Passarinho Junior, julgado 23/11/2010.** (Inform. STJ 457)

PERDAS E DANOS. PROTESTO. DUPLICATAS.

Trata-se de ação anulatória de duplicatas cumulada com cancelamento de protestos e indenização por perdas e danos ajuizada ao argumento de inexistir qualquer transação comercial que autorizasse a emissão dos títulos indicados a protesto. Por sua vez, alegou a ré que as duplicatas levadas a protesto provinham de contrato de permuta e de antecipação da legítima relacionados a débitos tributários existentes quando o autor ainda era sócio da sociedade empresária. O juiz julgou parcialmente procedente o pedido para declarar nulas as duplicatas e determinar o cancelamento dos protestos, condenando a ré ao pagamento de 40 salários mínimos a título de danos morais. Interposta a apelação da ré, a sentença foi mantida, tendo o acórdão recorrido consignado que os títulos (duplicatas) que se pretende anular existem e foram indevidamente protestados, porquanto emitidos em contrariedade aos dispositivos legais que regem as duplicatas mercantis, uma vez que, para sua emissão, exige-se relação de compra e venda ou prestação de serviço e, na hipótese dos autos, elas foram emitidas por força de contrato particular de permuta e antecipação de legítima pactuado entre os contendores. Diante disso, para o Min. Relator, a discussão sobre a existência de duplicatas mercantis, quando o próprio cartório de notas certificou sua existência, bem como sobre se as provas requeridas (testemunhal e pericial) eram essenciais adstringe-se ao convencimento motivado do juiz (arts. 130 e 131 do CPC) e revê-las faz incidir a Súm. n. 7-STJ. Também assevera não merecer acolhida o pedido de redução ou condenação alternativa aos danos morais e só merecer reparos o acórdão recorrido quanto ao arbitramento dos honorários advocatícios. Como houve condenação, aplica-se o § 3º do art. 20 do CPC, pouco importando se há pedido declaratório ou constitutivo na inicial. Ademais, explica que, como, na hipótese, o autor sucumbiu em parte significativa, com relação ao pedido dos danos materiais, redimensionou o rateio dos honorários e custas para 75% devidos ao autor (recorrido) e 25% ao réu (recorrente), levando-se em conta 10% do valor da condenação em honorários advocatícios. Diante do exposto, a Turma conheceu em parte do recurso e, nessa parte, deu-lhe provimento. **Precedentes citados: REsp 967.644-MA, DJe 5/5/2008; REsp 844.778-SP, DJ 26/3/2007; REsp 570.026-RJ, DJe 8/3/2010, e AgRg no REsp 731.758-SP, DJ 21/9/2006. REsp 469.557-MT, Rel. Min. Luis Felipe Salomão, julgado em 6/5/2010.** (Inform. STJ 433)

TRIPLICATA. REQUISITOS FORMAIS.
As instâncias ordinárias entenderam constituir título líquido, certo e exigível a triplicata, ainda que desacompanhada de qualquer documento comprobatório do recebimento das mercadorias. Para o Min. Relator, nesse ponto, o acórdão estadual encontra-se em dissonância com a jurisprudência deste Superior Tribunal, que defende a necessidade de a triplicata vir acompanhada de documento que faça prova da entrega e recebimento de mercadoria para que seja considerada apta a embasar a ação executiva. Não se trata de excesso de formalismo, e sim de cumprimento dos requisitos legais para a exigibilidade dos títulos de crédito. Assim, perdem a força executiva as triplicatas que não atendem aos requisitos previstos no art. 15 da Lei n. 5.474/1968. Diante disso, a Turma conheceu do recurso e lhe deu parcial provimento para considerar nulos os títulos que embasam a execução que estiverem desacompanhados dos comprovantes de entrega de mercadorias. **Precedentes citados: REsp 115.767-MT, DJ 4/2/1999; REsp 46.261-MG, DJ 13/6/1994, e AgRg no Ag 1.061.757-MG, DJe 24/8/2009. REsp 801.477-RS, Rel. Min. Aldir Passarinho Junior, julgado em 15/10/2009.** (Inform. STJ 411)

ENDOSSO. MANDATO. PROTESTO. LEGITIMIDADE PASSIVA. ENDOSSATÁRIO.
Trata-se de recurso em que se discute a legitimidade de instituição de crédito que levou a protesto duplicata não paga na data do seu vencimento, transferida a ela por meio de endosso. Durante a ação declaratória de inexistência de débito cumulada com anulatória de título cambial, foi declarada a ausência da relação jurídica entre o emitente das cártulas e a suposta devedora, uma vez que julgada procedente a cautelar de sustação do protesto. Se a instituição financeira desconhecia que a carta não refletia a realidade e não foi avisada por ninguém e atempadamente que o título era ilegítimo, agindo em absoluta boa-fé, ela não pode ser responsabilizada, muito embora seja parte legítima para figurar no polo passivo da ação. Não era mesmo dado investigar, de antemão, se o título transferido por endosso aparentemente sem vício formal era hígido ou não. E para sua completa isenção não pode a referida instituição no curso da ação ter resistido ao mérito do pedido. Assim, configurada a boa-fé e a ausência de resistência ao pedido, deve ela figurar na ação, porém não será condenada a indenizar – somente a emitente da cártula – nem arcar com a verba sucumbencial. **Precedentes citados: REsp 549.733-RS, DJ 13/9/2004, e REsp 322.813-MG, DJ 27/6/2005. REsp 853.361-RS, Rel. Min. Aldir Passarinho Junior, julgado em 26/5/2009.** (Inform. STJ 396)

DUPLICATA SEM ACEITE. PRESCRIÇÃO. SUSTAÇÃO. PROTESTO.
O recorrente alega que o ajuizamento de ação declaratória de inexistência do título e de cautelar de sustação do protesto propostas por ele e julgadas improcedentes não interrompem o prazo prescricional para cobrança do título de crédito. Afirma que a execução da cártula foi promovida somente após transcorrido o prazo de três anos estabelecido no art. 18, I, da Lei de Duplicatas. O Min. Relator ressaltou que foi concedida liminar em ação promovida pelo devedor relativa ao título de crédito, para obstar o protesto da duplicata mercantil emitida em negócio jurídico firmado entre os litigantes. Para o Min. Relator, a prescrição só pode fluir na inércia do titular de determinado direito em reivindicá-lo. Na hipótese, o credor promoveu todas as medidas que lhe cabiam para cobrança da dívida, mas teve seu direito de ação restringido por decisão judicial. Ausente o título de crédito, que permanecia sob custódia judicial, estava impedido de exercer seu direito cambiário e promover a execução. O embargado não poderá ser apenado com a extinção do direito pela prescrição, quando se encontrava impossibilitado de promover a cobrança judicial de seu crédito, seja mediante a execução do título, que se encontrava retido em juízo, seja por intermédio de ação de cobrança, porquanto a existência da dívida estava sob análise em ação declaratória proposta pelo devedor. Assim, a duplicata sem aceite só se constitui em título executivo após seu devido protesto, quando se torna exigível e possibilita ao credor manejar as ações cambiárias. Dessa forma, antes da formação do título, não há que se falar em prescrição da pretensão executiva. A sustação de protesto deferida em medida proposta pelo devedor, por ocasionar a custódia judicial do título de crédito, impede que o credor promova a execução da dívida e, por conseguinte, interrompe a fluência do prazo prescricional. **REsp 257.595-SP, Rel. Min. Luis Felipe Salomão, julgado em 5/3/2009.** (Inform. STJ 385)

DUPLICATA. VALIDADE. VALORES. OCORRÊNCIA. DANOS.
A jurisprudência assente deste Superior Tribunal afirma: para valer como documento hábil à instauração do processo executivo, a duplicata deve conter o aceite do devedor; a falta deste, desde que protestado o título, pode ser contornada com documento que comprove a efetiva prestação do serviço e o vínculo contratual que o autorizou. Contudo, na espécie, a duplicata não teve origem válida, pois a emitente, além dos serviços contratados (locação de veículos), acrescentou, no título, a quantia referente ao reparo do automóvel em decorrência de acidente de trânsito. Assim, além de extrapolar o pactuado, tal atitude unilateral por parte da credora impede que o devedor acompanhe a real extensão do dano, tornando a duplicata inválida de pleno direito. **Precedentes citados: REsp 40.720-MT, DJ 14/11/1994, e REsp 327.720-SP, DJ 18/2/2002. REsp 190.735-RO, Rel. Min. Luís Felipe Salomão, julgado em 14/10/2008.** (Inform. STJ 372)

DUPLICATA. NULIDADE. VENIRE CONTRA FACTUM PROPRIUM.
Atento à vedação de *venire contra factum proprium*, não há como se acolher a nulidade, por falta de lastro, de duplicata endossada e posta em circulação sem aceite, enquanto a emitente e a sacada, não obstante serem pessoas jurídicas diversas, são administradas por um mesmo sócio cotista, responsável tanto pela emissão quanto pelo aceite. **Precedente citado: REsp 296.064-RJ, DJ 29/3/2004. REsp 957.769-PE, Rel. Min. João Otávio de Noronha, julgado em 16/9/2008.** (Inform. STJ 368)

DUPLICATA. NULIDADE. DATA. EMISSÃO.
O equívoco na indicação da data de emissão da duplicata não a torna nula, tanto mais quando o erro material está comprovado pelo exame da respectiva nota fiscal. **REsp 985.083-RS, Rel. Min. Humberto Gomes de Barros, julgado em 4/12/2007.** (Inform. STJ 341)

DANO MORAL. PROTESTO INDEVIDO. DUPLICATA.
Nas instâncias ordinárias, o banco recorrente foi condenado à indenização dos danos morais causados pelo indevido envio de duplicata a protesto. Diante disso, a Turma aduziu que, em casos de endosso-mandato, a responsabilidade do mandatário que recebe a cártula com o fito de efetuar a cobrança e a remete a protesto surge quando há a identificação concreta de seu agir culposo, visto não ser possível lhe atribuir a ilicitude pelo estrito cumprimento das obrigações relativas à exigibilidade do pagamento. Firmou, todavia, que, no caso, há a responsabilidade do banco réu, pois o pagamento da duplicata fez-se perante aquela própria instituição bancária. Anotou que não acolhida pelo acórdão estadual recorrido a alegação de que é a sacadora, mediante comando eletrônico, quem dá a ordem da cobrança, além de se afigurar irrelevante tal postulação, posto que a imperfeição do sistema é fato alheio ao direito da sacada, cabendo ação regressiva do banco contra a sacadora. **REsp 297.430-MG, Rel. Min. Aldir Passarinho Junior, julgado 6/2/2007.** (Inform. STJ 309)
(Comentário: ver Informativo STJ 484 – REsp 1.213.256/RS repetitivo, atinente ao endosso translativo)

SÚMULA STJ Nº 248
Comprovada a prestação dos serviços, a duplicata não aceita, mas protestada, é título hábil para instruir pedido de falência.

11.5. Cédula de crédito rural, Cédula de Produto Rural

CPR. LIQUIDAÇÃO FINANCEIRA.
Trata-se, originariamente, de ação de cobrança ajuizada pelo banco recorrido em desfavor do ora recorrente, com base em Cédula de Produto Rural (CPR). Em decisão interlocutória, o juiz de primeiro grau deferiu o pedido de antecipação de tutela, para condenar o recorrente ao pagamento do valor cobrado pela instituição financeira e, a título de medida cautelar incidental, deferiu o sequestro de grãos, em quantidade suficiente para garantir o total da dívida cobrada, decisão parcialmente mantida pelo tribunal *a quo* em agravo de instrumento. Assim, cinge-se a controvérsia em definir se as instâncias ordinárias agiram corretamente ao deferir a tutela cautelar pleiteada, bem como se a CPR comporta liquidação financeira, se o credor é obrigado a utilizar a via executiva para cobrança da CPR e a possibilidade de formulação de pedido de tutela cautelar no âmbito da própria ação

principal. A Turma negou provimento ao recurso por entender, entre outras questões, absolutamente escorreita a decisão de primeiro grau, referendada pelo tribunal *a quo*, de acolher o pedido de tutela cautelar formulado incidentalmente no âmbito da ação de cobrança. Consignou-se, ainda, haver autorização legal expressa para liquidação financeira das CPRs, desde que preenchidos os requisitos previstos no art. 4º-A, I, II e III, da Lei n. 8.929/1994. Outrossim, o § 2º do referido dispositivo autoriza o uso da via executiva para cobrança da CPR, porém não veda a utilização de outras medidas legais postas à disposição do credor, como a ação de cobrança. Observou-se que a opção do banco por tal ação se mostrou mais favorável ao próprio recorrente, na medida em que lhe conferiu um direito de defesa mais amplo do que aquele existente na execução. Ademais, o § 7º do art. 273 do CPC permite que seja incidentalmente concedida tutela cautelar no âmbito do processo principal. Precedente citado: REsp 206.222-SP, DJ 13/2/2006. **REsp 1.087.170-GO, Rel. Min. Nancy Andrighi, julgado em 11/10/2011.** (Inform. STJ 485)

CPR. PRÉVIO PAGAMENTO.

A Turma entendeu inexistentes os requisitos do art. 544, § 4º, I, do CPC (manifestamente inadmissível ou que não tenha atacado os fundamentos da decisão agravada) e, ao conhecer do agravo, passou a analisar o REsp. Nesse, a Turma dele conheceu e o proveu, reiterando o entendimento de que a Lei n. 8.929/1994 não impõe como requisito essencial para a emissão de cédula de produto rural (CPR) o prévio pagamento pela aquisição dos produtos agrícolas nela representados. Precedentes citados: REsp 910.537-GO, DJe 7/6/2010; REsp 858.785-GO, DJe 3/8/2010, e REsp 1.023.083-GO, 1º/7/2010. **AREsp 2.259-GO, Rel. Min. Nancy Andrighi, julgado em 19/5/2011.** (Inform. STJ 473)

CPR. EXECUÇÃO EXTRAJUDICIAL. ILEGITIMIDADE. ENDOSSANTE.

Cuida-se de REsp decorrente de ação executória promovida pela recorrente em desfavor da recorrida e do emitente da cédula de produto rural (CPR) nos termos do art. 15 da Lei n. 8.929/1994 na qual pretende a entrega do produto rural representado no título. A recorrida, por sua vez, em embargos à execução, alega não ser responsável pela entrega do produto rural, tendo em vista que endossou a referida cédula à recorrente e que, consoante o art. 10, II, da referida lei, os endossantes não respondem pela entrega do produto, mas tão somente pela existência da obrigação. A sentença considerou procedentes os embargos para declarar a inexigibilidade da obrigação de entregar coisa incerta em relação à recorrida, decisão confirmada em grau de apelação. A recorrente, nas razões do especial, entre outras alegações, sustenta que, conforme o art. 622 do CPC, o depósito da coisa é requisito para a admissibilidade dos embargos à execução. Assim, a questão está em saber se a segurança do juízo é condição de admissibilidade para a oposição dos embargos na execução extrajudicial para entrega de coisa e se o endossatário da CPR pode ajuizar ação de execução para entrega de coisa incerta contra o endossante. A Turma negou provimento ao recurso, consignando que, embora os arts. 621 e 622 do CPC determinem a necessidade de depósito da coisa para apresentação dos embargos à execução, no atual quadro jurídico, introduzido pela Lei n. 11.382/2006, a segurança do juízo não é mais pressuposto para o ajuizamento desses embargos, configurando apenas um dos requisitos para atribuição de efeito suspensivo. Observou-se que o procedimento da execução para entrega de coisa fundada em título extrajudicial deve ser interpretado à luz das modificações feitas pela mencionada lei, porquanto o juiz deve conferir unidade ao ordenamento jurídico. Registrou-se, ainda, que, na CPR, os endossantes não respondem pela entrega do produto rural descrito na cártula, mas apenas pela existência da obrigação (art. 10, II, da Lei n. 8.929/1994). Logo, na hipótese, a endossante, recorrida, é ilegítima passiva para responder ao processo de execução sob o rito para a entrega de coisa. **REsp 1.177.968-MG, Rel. Min. Nancy Andrighi, julgado em 12/4/2011.** (Inform. STJ 469)

SUSPENSÃO. EXECUÇÃO. DÍVIDA RURAL.

Trata-se de agravo regimental interposto por banco contra decisão monocrática que acatou pedido de suspensão de execução oriunda de crédito rural, enquanto pendente de julgamento ação em que se busca o alongamento da dívida rural. Observa o Min. Relator que, anteriormente, em medida cautelar, a Turma tinha deferido liminar para suspender a alienação forçada dos bens que garantiam a execução diante da existência de ação de securitização da dívida. Ainda noticia que, em relação jurídica semelhante e com as mesmas partes, a Turma também reconheceu o direito dos devedores à securitização da dívida rural, ficando prejudicada a execução movida pelo banco (Ag 481.637-SP, DJ 3/9/2004). Aponta, por fim, que, segundo informações colhidas na *Internet*, a apelação dos executados em ação declaratória foi provida, reconhecendo-lhes o direito ao alongamento da dívida desde que comprovados os requisitos exigidos na Lei n. 9.138/1995, a ser analisados pelo juiz na origem. Nesse contexto, a Turma manteve a decisão agravada, suspendendo a execução até que nova sentença seja proferida na ação declaratória. **AgRg no REsp 435.341-SP, Rel. Min. Raul Araújo Filho, julgado em 17/6/2010.** (Inform. STJ 439)

CÉDULA. PRODUTO RURAL. PREÇO FUTURO. LEGALIDADE.

Não é requisito essencial para a emissão de cédula de produto rural (CPR) o pagamento antecipado pela aquisição dos produtos nela representados. A emissão do referido título pode acontecer para financiar a safra, com o prévio pagamento de preço, mas também pode ocorrer uma operação de *hedge*, na qual o produtor, independentemente do recebimento antecipado do preço, deseja somente se proteger dos riscos de flutuação do valor do produto no mercado futuro. A CPR, para que possa exercer sua função de fomento agrícola, tem que conferir segurança ao negócio, garantindo que, no seu vencimento, os produtos por ela representados sejam efetivamente entregues. O pagamento pelos produtos representados na cártula pode ser prévio, parcelado ou, até mesmo, posterior à sua entrega. Poderá ele estar disciplinado no próprio título, por meio de inclusão de cláusulas especiais com esse fim, como preconiza o art. 9º da referida lei, ou poderá constar de contrato autônomo ao qual a CPR servirá como garantia. Não há abuso na assinatura de promessa de compra e venda que envolva safra agrícola com fixação futura de preço. Uma vez que, na hipótese, era dado ao produtor optar pela data que melhor lhe conviesse para o fechamento da operação, não há condição potestativa com a determinação do preço em data futura. Tal prática representa sim um instrumento à disposição do agricultor para que planeje sua safra, disponibilizando-lhe mecanismos para proteger-se contra as variações exacerbadas de preço. **Precedente citado: REsp 1.023.083-GO. REsp 910.537-GO, Rel. Min. Nancy Andrighi, julgado em 25/5/2010** (ver Informativo n. 430). (Inform. STJ 436)

CPR. PAGAMENTO ANTECIPADO. INEXIGIBILIDADE.

In casu, a controvérsia cingiu-se em saber se, pelo sistema das cédulas de produto rural (CPR), é necessário que o comprador adiante ao produtor o valor dos bens adquiridos para entrega futura, bem como em definir a quem cabe o ônus de comprovar esse pagamento. Ao apreciar o REsp e negar-lhe provimento, a Turma assentou que a Lei n. 8.929/1994 não impõe como requisito essencial para a emissão de uma CPR o prévio pagamento pela aquisição dos produtos agrícolas nela representados. Desse modo, a emissão desse título pode dar-se para financiamento da safra com pagamento antecipado do preço, mas também pode ocorrer numa operação de *hedge*, na qual o agricultor, independentemente do recebimento antecipado do pagamento, pretende apenas se proteger contra os riscos de flutuação de preços no mercado futuro. Observou-se que a CPR é um título de crédito e, como tal, é regulada por princípios como o da cartularidade e da literalidade, consubstanciando um título representativo de mercadoria, e, para que possa desempenhar seu papel de fomento agrícola, é importante que confira segurança ao negócio, garantindo que, no vencimento da cártula, os produtos por ela representados sejam efetivamente entregues. Destacou-se que o pagamento pela safra representada no título pode dar-se antecipadamente, parceladamente ou mesmo após a entrega dos produtos. Isso poderá constar na própria CPR, mediante cláusulas especiais com esse fim, conforme autoriza o art. 9º da referida lei, ou poderá constar de contrato autônomo em relação ao qual esse título funcionará como mera garantia. Destacou-se, ainda, que a inexistência da obrigação de antecipar o preço não implica a desnecessidade de seu pagamento. Isso porque é possível a emissão de uma CPR para pagamento futuro e o posterior inadimplemento do sacado e, sendo assim, deve ser possível ao emitente levantar essa questão. Nessas situações, se o título não circulou, pode o emitente discutir a matéria em embargos à execução e, nas hipóteses em que tenha circulado a cártula, a obrigação cambial deve ser cumprida, e a discussão quanto ao preço deve se travar mediante ação autônoma, entre as partes do negócio originário. Quanto ao ônus de comprovar a ausência de pagamento, em princípio, cabe ao emitente da CPR. Contudo, em determinadas circunstâncias, se o juiz verificar a impossibilidade dessa comprovação, poderá, mediante aplicação da teoria da distribuição dinâmica do ônus da prova, imputar ao sacado a obrigação de demonstrá-lo, caso constate que para ele a prova é possível. Assim, diante desses fundamentos e tudo mais verificado nos autos, entendeu-se não haver o que reparar no acórdão recorrido. **REsp 1.023.083-GO, Rel. Min. Nancy Andrighi, julgado em 15/4/2010.** (Inform. STJ 430)

CÉDULA. CRÉDITO RURAL. JUROS.
É certo que a capitalização mensal de juros na cédula de crédito rural é permitida desde que pactuada (Súm. n. 93-STJ), contudo sua cobrança, na hipótese, é afastada em razão da falta de manifestação das instâncias ordinárias quanto ao tema; pois, nesta instância especial, sua verificação é obstada pelas Súmulas ns. 5 e 7, ambas do STJ. **Precedentes citados: AgRg no REsp 1.050.747-RS, DJe 5/8/2008, e REsp 1.036.474-RS, DJe 20/6/2008. REsp 302.265-RS, Rel. Min. Luis Felipe Salomão, julgado em 18/3/2010.** (Inform. STJ 427)

CÉDULA. CRÉDITO RURAL. NATUREZA CAMBIAL.
A Turma reiterou o entendimento de que a cédula de crédito rural possui natureza cambiariforme, conforme disposto no art. 60 do DL n. 1.671/1967, por isso é cabível a ação anulatória para satisfazer a obrigação dela resultante, quando do seu extravio. **REsp 747.805-RS, Rel. Min. Paulo Furtado (Desembargador convocado do TJ-BA), julgado em 2/3/2010.** (Inform. STJ 425)

REMESSA. SEGUNDA SEÇÃO. CÉDULAS. CRÉDITO RURAL. JUROS.
A Turma, em questão de ordem, remeteu à Segunda Seção o julgamento da seguinte matéria se, nas cédulas de crédito rural, sobre as quais a jurisprudência firmou entendimento de não incidir a comissão de permanência, os juros remuneratórios, que integram a comissão de permanência, deixariam também de incidir. **AgRg nos EDcl no REsp 889.378-SP, Rel. Min. Ari Pargendler, em 25/3/2008.** (Inform. STJ 349)

HC. CONCESSÃO. PENHOR MERCANTIL.
O paciente, em seu favor, impetrou a presente ordem contra acórdão do TJ que considerou viável o decreto de prisão nos autos de execução de cédula de crédito rural, movida pelo banco, em razão do não-cumprimento dos encargos de fiel depositário de 60 toneladas de café, bens dados em garantia de cédula de crédito rural. Diante disso, a Turma concedeu a ordem. Este Superior Tribunal sedimentou o entendimento de que descabe a prisão civil em caso de penhor mercantil em garantia de contrato de mútuo ou assemelhados. *In casu*, em se tratando de penhor mercantil, que nada mais é que um acessório da obrigação creditícia consubstanciada em cédula de crédito rural, não se identificando o instituto do depósito propriamente dito. **HC 88.413-MG, Rel. Min. Aldir Passarinho Junior, julgado em 18/10/2007.** (Inform. STJ 336)

EMBARGOS À EXECUÇÃO. CÉDULA. CRÉDITO RURAL. FCO. CONTRATO. MÚTUO. OMISSÃO. ACÓRDÃO.
Trata-se de embargos à execução de cédula rural pignoratícia emitida em 1995 com recursos captados por meio do Fundão Constitucional de Financiamento do Centro-Oeste – FCO, destinado ao fomento da piscicultura. Consta dos autos que, devido às chuvas torrenciais fora de parâmetros normais, advieram os prejuízos e a conseqüente inadimplência dos embargantes. Alega-se, ainda, que o seguro oferecido pelo banco não abrangia o empreendimento e o embargante deveria ter providenciado outro seguro. Entretanto, para o Min. Relator, não foi desafiado pelo acórdão *a quo* tema para o julgamento do recurso, embora provocado por embargos de declaração, impõe-se seja feita sua integração. Com esse entendimento, a Turma deu provimento, por violação do art. 535 do CPC, para determinar que o Tribunal de origem, como pedido pelo Banco do Brasil, examine exatamente esse aspecto, ou seja, enfrente a questão vinculada à disciplina do contrato de mútuo, tal e qual pediu o banco, nos termos dos arts. 928, 1.256 e 1.257 do CC de 1916 (código de regência nesta matéria). **REsp 706.427-MT, Rel. Min. Carlos Alberto Menezes Direito, julgado em 5/6/2007.** (Inform. STJ 322)

SÚMULA STJ Nº 298

O alongamento de dívida originada de crédito rural não constitui faculdade da instituição financeira, mas, direito do devedor nos termos da lei.

SÚMULA STJ Nº 93

A legislação sobre cédulas de crédito rural, comercial e industrial admite o pacto de capitalização de juros.

SÚMULA STJ Nº 16

A legislação ordinária sobre crédito rural não veda a incidência da correção monetária.

11.6. Cédulas de crédito comercial e industrial

CÉDULA. CRÉDITO COMERCIAL. ENCARGOS.
O banco pretende com o REsp a cobrança de encargos contratados até a liquidação da cédula de crédito comercial, e não apenas até o ajuizamento da execução. Este Superior Tribunal já firmou a jurisprudência de que, quando há inadimplência, o termo final para a cobrança dos encargos contratados não é o ajuizamento da ação executiva, mas o efetivo pagamento do débito. Dessa forma, a Turma conheceu em parte do recurso e, nessa parte, deu-lhe provimento, admitindo a cobrança dos juros contratados até o efetivo pagamento do débito. **REsp 402.425-SP, Rel. Min. Luis Felipe Salomão, julgado em 9/3/2010.** (Inform. STJ 426)

EMPRÉSTIMO. DESVIO. FINALIDADE. AVALISTA.
Cuida-se de recurso contra acórdão de TJ que, reputando descaracterizada a cédula de crédito industrial dado que o valor nela descrito não foi colocado à disposição da mutuária, mas utilizado pelo credor para quitação de outras dívidas anteriores, sustenta não guardar o título liquidez, certeza e exigibilidade a ensejar o manejo do processo de execução tanto em relação à contratante quanto em relação aos avalistas, pois a existência do vício no negócio alcança tanto um quanto o outro. O recurso do banco parte da premissa da não-subsistência do aval dado em garantia de um contrato descaracterizado pelo desvio de finalidade de seu objeto. O acórdão decidiu que, insubsistente o título, não vinga a garantia que, com ele, perde a eficácia. Para o Min. Relator, o desvio da finalidade do empréstimo não exime de responsabilidade os avalistas (art. 52 do DL n. 413/1969 e do art. 32 da Lei Uniforme de Genebra). Em nenhum momento, o Tribunal de origem refere-se à falta de requisito essencial da cédula de crédito industrial avalizada. Assim, a responsabilidade do avalista subsiste, ainda que nula a obrigação daquele a quem se equipara, a menos que a nulidade decorra de vício de forma. A posição ocupada pelo avalista faz com que a garantia que ele oferece à declaração unilateral produzida pelo avalizado possua autonomia em relação ao negócio que a originar, dele guardando independência e se abstraindo; a garantia é do ato unilateral, não do negócio a ele subjacente, a envolver seu avalizado e o credor. A obrigação do avalista, considerada em si mesma, é distinta da obrigação do avalizado. **Precedentes citados: REsp 94.291-RJ, DJ 28/6/1999, e REsp 43.922-MG, DJ 5/8/1996. REsp 981.317-PE, Rel. Min. Fernando Gonçalves, julgado em 26/8/2008.** (Inform. STJ 365)

CÉDULA DE CRÉDITO COMERCIAL. VARIAÇÃO CAMBIAL.
Trata-se de REsp em que se discute revisão de cláusulas de contrato de mútuo (cédula de crédito comercial) vinculado à variação do dólar norte-americano. É cediço que a jurisprudência do Superior Tribunal de Justiça é no sentido de ser incabível a vinculação, em cédula de crédito comercial, da variação à moeda estrangeira, pois fora das hipóteses legais em que aquela é permitida. Além disso, entendeu o Tribunal estadual que, no caso, não houve prova da captação de recursos no exterior, o que não pode ser revisto pelo STJ (Súmulas ns. 5 e 7 do STJ). Quanto à sucumbência, ela foi fixada em 10% sobre o valor da causa, feita, igualmente, uma compensação ante a derrota, ainda que mínima, da autora, conforme entendimento da Corte *a quo*, de modo que alterar a equação que atribuiu 80% de êxito para a recorrida e 20% ao recorrente demandaria reexame fático, impossível de ser feito nesta instância especial. Com esses argumentos, a Turma não conheceu do recurso. **Precedente citado: REsp 303.258-PR, DJ 17/3/2003. REsp 694.764-PR, Rel. Min. Aldir Passarinho Junior, julgado em 21/8/2008.** (Inform. STJ 364)

EXECUÇÃO. CÉDULA. CRÉDITO COMERCIAL. RENEGOCIAÇÃO.
Na espécie, houve desvio de finalidade, porquanto a própria instituição bancária confessou que a cédula de crédito comercial foi originária de dívida decorrente de contrato de abertura de crédito, só depois reformulada e reconstituída sob essa forma a título de renegociação. Outrossim, esse fundamento só foi atacado no segundo recurso especial interposto, o qual não foi admitido. O primeiro recurso especial foi interposto só da parte "dita unânime", a parte "vencida" foram opostos embargos infringentes, que não foram aceitos porquanto só havia divergência de fundamento e não de conclusão. Esse REsp versava sobre a suficiência do demonstrativo de evolução da dívida matéria de fato. Explicou o Min. Relator que há prejudicialidade quanto ao primeiro especial, pois, ainda que viesse a lograr êxito, não seria mais possível a alteração sob outro argumento. Assim sendo, a Turma não conheceu do recurso. **REsp 431.433-SC, Rel. Min. Aldir Passarinho Junior, julgado em 11/9/2007.** (Inform. STJ 331)

EXECUÇÃO. AVAL. LITIGÂNCIA. MÁ-FÉ.
Trata-se de ação de execução de título extrajudicial, cédula de crédito comercial com garantia de hipoteca cedular. Os executados ajuizaram embargos, os quais restaram julgados procedentes, a sentença afirmou com base nas alegações da própria instituição financeira que as embargantes foram incluídas na execução por lamentável equívoco, porque excluídas do aval. Sendo assim, para o Min. Relator, não é pertinente o Tribunal *a quo* reformar a sentença nesse sentido. Outrossim, se a instituição financeira reconhece que incluiu indevidamente o nome das embargantes na execução, impõe-se a aplicação da pena por litigância de má-fé. Ademais, a indenização do art. 1.531 do CC de 1916 é inaplicável nas circunstâncias dos autos. Com esse entendimento, a Turma deu provimento ao recurso para afastar as embargantes da execução, restabelecendo a sentença. **REsp 678.364-AM, Rel. Min. Carlos Alberto Menezes Direito, julgado em 5/6/2007.** (Inform. STJ 322)

SÚMULA STJ Nº 93

A legislação sobre cédulas de crédito rural, comercial e industrial admite o pacto de capitalização de juros.

12. PROPRIEDADE INDUSTRIAL

12.1. Marca

DIREITO EMPRESARIAL. PROTEÇÃO DE MARCA NOTÓRIA. EFEITOS *EX NUNC*.
A proteção de marca notória registrada no INPI produz efeitos ex nunc, não atingindo registros regularmente constituídos em data anterior. O direito de exclusividade ao uso da marca em decorrência do registro no INPI, excetuadas as hipóteses de marcas notórias, é limitado à classe para a qual foi deferido, não abrangendo produtos não similares, enquadrados em outras classes. O registro da marca como notória, ao afastar o princípio da especialidade, confere ao seu titular proteção puramente defensiva e acautelatória, a fim de impedir futuros registros ou uso por terceiros de outras marcas iguais ou parecidas, não retroagindo para atingir registros anteriores. Precedente citado: REsp 246.652-RJ, DJ 16/4/2007. **AgRg no REsp 1.163.909-RJ, Rel. Min. Massami Uyeda, julgado em 2/10/2012. (Inform. STJ 505)**

USO. MARCA. RAMOS COMERCIAIS DISTINTOS. POSSIBILIDADE.
Trata-se, na origem, de ação indenizatória por perdas e danos objetivando, em síntese, a abstenção de uso de marca comercial em razão da ocorrência de prática de concorrência desleal. Nas instâncias ordinárias não houve comprovação de que a marca detinha proteção especial por ser de alto renome, uma vez inexistente manifestação do INPI nesse sentido. Assim, qualquer conclusão que contrarie tal entendimento demandaria o reexame de provas, o que é vedado pela Súm. n. 7 deste Superior Tribunal. No caso, a marca foi registrada por sociedade empresária cujo objeto social é gestão de planos de saúde e hospitais bem como por sociedade empresária para fazer referência a produtos de higiene doméstica, tais como sabão em pó, detergente, alvejante de roupa, dentre outros. Os ramos comerciais em que atuam são, portanto, distintos. Logo, como a utilização da marca refere-se a diferentes classes de produtos, a Turma entendeu que não há colidência de marcas capaz de gerar dúvida no consumidor, motivo que leva a convivência pacífica do uso da marca pelas duas sociedades empresárias. Precedente citado: REsp 550.092-SP, DJ 11/4/2005. **REsp 1.262.118-RJ, Rel. Min. Massami Uyeda, julgado em 4/10/2011.** (Inform. STJ 484)

PROPRIEDADE INDUSTRIAL. USO. MARCA. CÓDIGO TELEFÔNICO.
A *quaestio juris* consiste em saber se a propriedade da marca "Disque Amizade 145", devidamente registrada no INPI, confere a seu titular, ora recorrente, o direito de obstar que a ora recorrida (concessionária dos serviços de telecomunicações) altere o código telefônico "145" de acesso ao serviço oferecido pela recorrente. *In casu*, esta foi impedida de usar esse código telefônico por determinação da Anatel, a qual especificava que os códigos de três dígitos deveriam ser destinados exclusivamente aos serviços de utilidade pública. Assim, no REsp, a recorrente alega violação dos arts. 2º, III, e 42, I e II, da Lei n. 9.279/1996. Inicialmente, destacou o Min. Relator que os mencionados dispositivos legais não se aplicam ao caso, na medida em que a recorrente é titular da marca "Disque Amizade 145", esta sim objeto de invenção patenteada, porém o número de acesso (código telefônico 145) não integra a garantia marcária. Ressaltou, também, que a proteção decorrente do registro da marca "Disque Amizade 145" e da patente sobre a correlata invenção (serviço oferecido) no INPI tem o condão de propiciar ao seu titular o direito de exploração exclusiva da aludida marca do serviço e do serviço respectivamente. Entretanto, a proteção à propriedade industrial dos referidos bens não atribui ao seu titular o direito sobre o código telefônico "145", de acesso ao serviço. Consignou, ademais, que a alteração do mencionado código telefônico consubstancia matéria exclusivamente afeta aos termos do contrato de concessão entabulado entre as partes, bem como às normas regulatórias do setor de telecomunicações expedidas pela Anatel, não importando afronta à utilização exclusiva da marca "Disque Amizade 145" e da correlata invenção. Dessarte, concluiu que a alteração do código telefônico (de acesso ao serviço oferecido pela recorrente), por si só, não infringe qualquer direito protegido pela propriedade industrial. **REsp 1.102.190-SP, Rel. Min. Massami Uyeda, julgado em 1º/9/2011.** (Inform. STJ 482)

MARCA. DEPÓSITO. INPI. PENDÊNCIA. REGISTRO.
Discute-se no REsp se o depósito de marca junto ao INPI confere ao depositante o direito à sua proteção independentemente do registro. Na espécie, a recorrente propôs contra a recorrida ação de busca e apreensão de produtos com sua marca – na qualidade de detentora de seu depósito, pendente de registro no INPI –, aduzindo utilização indevida e desautorizada. O tribunal *a quo* extinguiu o processo sem resolução do mérito, por ausência de interesse processual decorrente da falta de registro da marca no INPI. A Turma entendeu que o acórdão recorrido violou o art. 130, III, da Lei n. 9.279/1996, que é expresso em conferir também ao depositante – e não apenas ao titular do registro da marca – o direito de "zelar pela sua integridade material ou reputação". E que, de fato, o art. 129 da citada lei, invocado pelo acórdão recorrido, subordina o direito de uso exclusivo da marca ao seu efetivo registro no INPI, que confere ao titular o direito real de propriedade sobre ela. Mas a demora na outorga do registro não pode andar a favor do contrafator. Assim, não apenas ao titular do registro, mas também ao depositante é assegurado o direito de zelar pela integridade material ou reputação da marca, conforme o disposto no citado artigo, configurando-se o interesse processual. **REsp 1.032.104-RS, Rel. Min. Nancy Andrighi, julgado em 18/8/2011.** (Inform. STJ 481)

DIREITO MARCÁRIO. IMPORTAÇÃO PARALELA.
Trata-se, na origem, de ação indenizatória cumulada com preceito cominatório em que sociedade empresária alega que outra empresa vem importando e fazendo o recondicionamento das partes ou peças defeituosas de máquinas copiadoras usadas e acessórios com sua marca, para revenda no mercado brasileiro, adquiridos no mercado internacional. Aduz ainda que a recuperação das máquinas é ilícita, por não ser autorizada, realizada fora dos padrões de qualidade necessária, o que fere seu direito de exclusividade. O tribunal *a quo* reconheceu a existência de danos advindos de conduta da recorrida, todavia ressalva que não se sabe a exata extensão dos prejuízos da recorrente, julgando improcedente o pedido de indenização por lucros cessantes e danos emergentes. Contudo, a Turma, entre outras questões, entendeu que a extensão dos danos pode ser apurada em liquidação de sentença por artigos. Aduz ainda que tolerar que se possam recondicionar produtos, sem submissão ao controle e aos padrões adotados pelo titular da marca – que também comercializa o produto no mercado –, significaria admitir a inequívoca confusão ocasionada ao consumidor que, ao adquirir produto da marca, espera obter bem de consumo que atenda a determinado padrão de qualidade e confiabilidade que associa ao signo. **REsp 1.207.952-AM, Rel. Min. Luis Felipe Salomão, julgado em 23/8/2011.** (Inform. STJ 481)

MARCA. REGISTRO. CADUCIDADE. EFEITOS.
Trata-se de embargos de divergência em que a questão é definir quais os efeitos do cancelamento de registro de marca industrial por ausência de uso (caducidade), nos termos do art. 142, III, da Lei n. 9.279/1996. A Seção, ao prosseguir o julgamento, por maioria, acolheu os embargos ao reconhecer os efeitos prospectivos (*ex nunc*) da declaração de caducidade do registro da marca industrial. Entre outros fundamentos, consignou-se que, se uma marca for cedida/licenciada a diversas empresas em cadeia sucessória e a última cessionária/licenciada não exercer qualquer dos poderes inerentes à propriedade da marca, tem-se uma situação que põe termo à circulação de riquezas. Enquanto, se fossem os efeitos da declaração de caducidade *ex tunc,* na hipótese de um terceiro interessado apropriar-se daquela marca, esse estaria legitimado a pedir lucros cessantes referentes a todos os antigos proprietários. Consectário disso seria o início de uma reação em cadeia de ações de regresso até que o penúltimo prejudicado pela inércia consiga cobrar do último o prejuízo decorrente da abstenção

de uso, gozo ou fruição do sinal industrial. Assim, o registro de marcas e patentes, ao invés de oferecer segurança jurídica ao seu proprietário e eventuais cessionários/licenciados, demonstraria um risco *ad eternum* para quem se aventurasse a adquirir direitos sobre a marca. Precedente citado do STF: ADI 2.240-BA, DJ 3/8/2007; do STJ: REsp 330.175-PR, DJ 1º/4/2002. **EREsp 964.780-SP, Rel. Min. Nancy Andrighi, julgados em 10/8/2011.** (Inform. STJ 480)

INPI. LIMITAÇÃO. REGISTRO. MARCA INDUTRIAL MISTA.
A recorrente ajuizou, na origem, ação de anulação parcial do ato administrativo do Instituto Nacional de Propriedade Industrial (INPI) que concedeu o registro de marca industrial com a observação de que o concedia como marca mista sem exclusividade de uso dos elementos nominativos isoladamente. Isso porque a marca industrial, além do elemento figurativo, contém as palavras comuns, corriqueiras e genéricas "porta" e "pronta", sendo que a primeira palavra em linha superior e a segunda palavra na segunda linha, iniciando-se da letra "p" da primeira palavra. As instâncias ordinárias julgaram improcedente o pedido e, no REsp, a recorrente insiste na anulação parcial do registro concedido pelo recorrido (INPI). Após a análise doutrinária da questão, no caso dos autos, o Min. Relator esclarece que a recorrente pretende obter exclusividade sobre o uso da marca de palavras comuns desprovido de origem que, isolada ou conjuntamente, descreve o produto comercializado. Assim, o acolhimento de tal pretensão acabaria por criar monopólio indevido, pois os concorrentes ficariam impedidos de anunciar a comercialização de portas prontas, o que é vedado pelo art. 124 da Lei n. 9.279/1996. Diante do exposto, a Turma negou provimento ao recurso. Precedente citado: REsp 1.166.498-RJ, DJe 30/3/2011. **REsp 1.039.011-RJ, Rel. Min. Sidnei Beneti, julgado em 14/6/2011.** (Inform. STJ 477)

REGISTRO. MARCA. MEDICAMENTO.
Trata-se de REsp em que a questão está em definir se o registro anterior da marca com a utilização de um termo que remete ao princípio ativo do medicamento, qual seja "Sor" (cloreto de sódio, popularmente conhecido como soro), garante o direito de uso exclusivo dessa expressão em favor do laboratório recorrente, o que impediria a utilização do mesmo radical

1312 "Sor" na marca da recorrida. Na hipótese, consoante os autos, a recorrente registrou no INPI a marca nominativa simples "Sorine", composta de radical designativo do componente principal do medicamento ("Sor"), qual seja, cloreto de sódio, acrescido do sufixo "ine". Portanto, para a Min. Relatora, a recorrente tem exclusividade na utilização da marca "Sorine", mas não a tem na utilização do radical considerado comum. Observou que o art. 124, VI, da Lei n. 9.279/1996, também chamada Lei da Propriedade Industrial (LPI), não autoriza como marca sinal de caráter genérico, necessário, comum, vulgar ou simplesmente descritivo, quando tiver relação com o produto ou serviço a distinguir, ou aquele empregado comumente para designar uma característica do produto ou serviço, quanto à natureza, nacionalidade, peso, valor, qualidade e época de produção ou de prestação do serviço, salvo quando revestidos de suficiente forma distintiva. Consignou que, nesses casos, não se pode falar em colidência porque, em regra, inexiste a possibilidade de uso exclusivo desse sinal por qualquer sociedade empresária. Assim, frisou que admitir a exclusividade no uso isolado do radical evocativo "Sor" assemelha-se a assegurar verdadeiro monopólio ao titular do registro mais antigo de utilizar em sua marca a referência à substância principal do produto. Isso seria incoerente com a essência da LPI, que, para além da repressão à concorrência desleal, objetiva, por meio das cláusulas impeditivas de registro, tutelar a livre concorrência. Asseverou, ademais, que, não sendo possível vislumbrar identidade entre as referidas marcas apta a ensejar confusão e captação indevida de consumidores, não há falar, no caso, em ofensa ao art. 195 da referida lei ante a inexistência de concorrência desleal. Diante dessas considerações, entre outras, a Turma negou provimento ao recurso. **REsp 1.105.422-MG, Rel. Min. Nancy Andrighi, julgado em 10/5/2011.** (Inform. STJ 472)

USO. MARCA. CONFUSÃO INEXISTENTE.
A Turma negou provimento ao recurso por entender que a fixação do nome de um condomínio fechado, tal como ocorre com o nome de edifício, não viola os direitos de propriedade industrial inerentes a uma marca registrada e protegida, ainda que seja no ramo de serviços de locação, loteamento, incorporação e venda de imóveis (classe 40.10 do INPI). Adota-se tal posicionamento porque os nomes de edifícios ou de condomínios fechados não são marcas nem são atos da vida comercial, mas sim atos da vida civil, pois individualizam a coisa, não podendo ser enquadrados como serviços ou, ainda, produtos, mesmo porque, nos últimos, a marca serve para distinguir séries de mercadorias e não objetos singulares. Para o exame da colisão de marcas, não só se faz necessária a aferição do ramo da atividade comercial das sociedades empresárias, mas se deve apreciar também a composição marcária como um todo. Ademais, no caso, o tribunal *a quo*, lastreado na prova dos autos, concluiu pela ausência de risco de erro, engano ou confusão entre as marcas, pois se destinam a consumidores de classes econômicas distintas, não havendo qualquer ato de concorrência desleal praticado pela recorrida, sendo inexistente a má-fé. Precedentes citados: REsp 863.975-RJ, DJe 16/11/2010; REsp 900.568-PR, DJe 3/11/2010, e REsp 1.114.745-RJ, DJe 21/9/2010. **REsp 862.067-RJ, Rel. Min. Vasco Della Giustina (Desembargador convocado do TJ-RS), julgado em 26/4/2011.** (Inform. STJ 470)

ABSTENÇÃO. USO. MARCA.
A Turma entendeu que a expressão "Creme de Rosas" para designar um desodorante pode ser compreendida como uma variação do conhecido "Leite de Rosas". Ponderou que "Leite de Rosas" e "Creme de Rosas", ambos apostos em embalagens de desodorante na mesma cor rosa forte e com dizeres igualmente da mesma cor, parecem se referir a variantes do mesmo produto. Entendeu, ainda, evidente a má-fé da recorrida, pois ficou comprovado que fazia embalagens muito semelhantes às da recorrente, o que, a toda evidência, visava iludir o consumidor ao usufruir do respeito que já era inerente à marca dessa última. Assim, a Turma deu provimento ao recurso e determinou à recorrida que se abstenha de utilizar a marca "Creme de Rosas". **REsp 929.604-SP, Rel. Min. Sidnei Beneti, julgado em 22/3/2011.** (Inform. STJ 467)

PROPRIEDADE INDUSTRIAL. MARCA FRACA OU EVOCATIVA.
Trata-se de REsp oriundo de ação de nulidade de registro de marca proposta pela recorrente em desfavor da recorrida, com o fim de obter a nulidade do registro de marca comercial que entendia colidir com a que já utilizava há aproximadamente 22 anos. A pretensão foi acolhida em primeiro grau com fundamento no art. 124, XIX, da Lei n. 9.279/1996 (nova Lei de Propriedade Industrial – LPI), o qual teria sido violado ao ser aceito o referido registro no Instituto Nacional de Propriedade Industrial (INPI). A sentença, contudo, foi reformada pelo tribunal *a quo*, que entendeu, entre outras questões, ser possível a convivência pacífica entre as marcas. A Turma negou provimento ao recurso sob o entendimento de que marcas fracas ou evocativas, que constituem expressão de uso comum, de pouca originalidade ou de forte atividade criativa podem coexistir harmonicamente, sendo descabida qualquer alegação de notoriedade ou anterioridade de registro, com o intuito de assegurar o uso exclusivo da expressão de menor vigor inventivo. Consignou-se, ainda, que marcas de convivência possível não podem se tornar oligopólios, patrimônios exclusivos de um restrito grupo empresarial, devendo o Judiciário reprimir a utilização indevida da exclusividade conferida ao registro quando esse privilégio implicar a intimidação da concorrência, de modo a impedi-la de exercer suas atividades industriais e explorar o mesmo segmento mercadológico. Registrou-se, por fim, que o tribunal *a quo*, ao confirmar a tese de que não é possível conferir exclusividade ao titular de registro de marca fraca ou evocativa, não divergiu da jurisprudência deste Superior Tribunal sobre a matéria, valendo ressaltar que o reconhecimento de violação de literal disposição de lei somente se dá quando dela se extrai interpretação desarrazoada, o que não ocorreu no caso. **REsp 1.166.498-RJ, Rel. Min. Nancy Andrighi, julgado em 15/3/2011.** (Inform. STJ 466)

NULIDADE. REGISTRO. MARCA.
Trata-se de REsp em que se busca o reconhecimento da validade do registro de determinada marca no Instituto Nacional de Propriedade Industrial (INPI), alegando-se, para tanto, a inexistência de similaridade ou confusão com outra marca de propriedade da recorrida. A Turma negou provimento ao recurso por entender ser, na hipótese, de clareza evidente a semelhança gráfica e fonética entre as marcas, motivo pelo qual não é admissível a coexistência de ambas no mesmo ramo de atividade comercial, sob pena de gerar indesejável confusão mercadológica. Outrossim, as instâncias ordinárias consignaram que os dois signos foram registrados na mesma classe, ou seja, destinam-se a produtos idênticos, semelhantes ou afins, razão por que a expressão mais moderna deve ter seu registro invalidado em face da anterioridade do depósito da outra marca. Precedentes citados: REsp 401.105-RJ, DJe 3/11/2009; REsp 995.112-RJ, DJe 28/9/2009, e REsp 949.514-RJ, DJ 22/10/2007. **REsp 1.235.494-RJ, Rel. Min. Vasco Della Giustina (Desembargador convocado do TJ-RS), julgado em 15/3/2011.** (Inform. STJ 466)

COLIDÊNCIA. MARCA. NOME COMERCIAL. LEI N. 9.276/1996.

A Turma reiterou o entendimento de que, para a aferição de eventual colidência entre denominação e marca, não se deve ater apenas à análise do critério da anterioridade, mas também levar em consideração outros dois princípios básicos do direito pátrio das marcas: o princípio da territorialidade, correspondente ao âmbito geográfico da proteção, e o princípio da especificidade, segundo o qual a proteção da marca, salvo quando declarado pelo INPI de alto renome ou notória, está diretamente vinculada ao tipo de produto ou serviço, como pressuposto de necessidade de evitar erro, dúvida ou confusão entre os usuários. Hodiernamente a proteção ao nome comercial se circunscreve à unidade federativa de jurisdição da junta comercial em que registrados os atos constitutivos da empresa, podendo ser estendida a todo o território nacional se for feito pedido complementar de arquivamento nas demais juntas comerciais. Entendeu, ainda, que a melhor exegese do art. 124, V, da LPI (Lei n. 9.276/1996) para compatibilização com os institutos da marca e do nome comercial é que, para que a reprodução ou imitação de elemento característico ou diferenciado de nome empresarial de terceiros constitua óbice ao registro da marca, que possui proteção nacional, é necessário nesta ordem: que a proteção ou nome empresarial não goze de tutela restrita a alguns estados, mas detenha a exclusividade sobre o uso do nome em todo território nacional e que a reprodução ou imitação sejam suscetíveis de causar confusão ou associação com esses sinais distintivos. Assim, a Turma deu provimento ao recurso e denegou a segurança. Precedente citado: REsp 971.026-RS. **REsp 1.204.488-RS, Rel. Min. Nancy Andrighi, julgado em 22/2/2011.** (Inform. STJ 464)

ANULAÇÃO. REGISTRO. MARCA. COLIDÊNCIA.

Trata-se de REsp decorrente de ação proposta na origem pela recorrente a fim de anular registro posterior ao seu no Instituto Nacional de Propriedade Industrial (INPI) de determinada marca comercial feito por sociedade que opera no mesmo segmento de mercado, ou seja, prestação de serviços de ensino, educação e afins. Em grau de apelação, assentou-se não ter razão a recorrente sob o fundamento, entre outros, de não existir colidência entre as marcas. A Turma deu provimento ao recurso por entender que o direito decorrente do registro da marca exclui seu emprego por qualquer outra empresa do mesmo ramo de atividade, por acarretar prejuízo à sua legítima detentora, como também aos consumidores que ficam sujeitos à confusão em face da identidade de marcas para atividades idênticas desenvolvidas por pessoas jurídicas distintas na mesma região. Salientou-se que a recorrente tem seu nome e título de estabelecimento registrado desde 16/3/1971, o que ocorreu sob a vigência da Lei n. 5.772 daquele mesmo ano (antiga lei da propriedade industrial – LPI), razão por que a pretensão de obter a anulação do registro da recorrida ainda mais se impõe nos termos do art. 65 do referido diploma legal. Consignou-se, ademais, que, além do registro do seus atos constitutivos em 1971, a recorrente solicitou sua marca no INPI em 1994, obtendo a referida concessão de exclusividade no uso da expressão questionada em 28/6/1996, aplicando-se, assim, o art. 124, V, da Lei n. 9.279/1996 (nova LPI). Desse modo, não viceja a afirmativa do tribunal de origem de inexistir colidência pelo fato de a recorrente prestar serviços de ensino fundamental e a recorrida, de ensino universitário, uma vez que nada impede, no futuro, que aquela venha a expandir-se no segmento de mercado em que atua, passando também a prestar serviços educacionais de nível superior. Precedentes citados: REsp 62.770-RJ, DJ 4/8/1997; REsp 40.190-RJ, DJ 29/9/1997, e REsp 142.954-SP, DJ 13/12/1999. **REsp 887.686-RJ, Rel. Min. Luis Felipe Salomão, julgado em 23/11/2010.** (Inform. STJ 457)

MARCA. REGISTRO. COLIDÊNCIA.

A Turma conheceu parcialmente do recurso especial e, nessa extensão, negou-lhe provimento ao entendimento de que o registro conferido à marca da empresa recorrida, ainda que posterior ao concedido à marca da empresa recorrente, não importa ofensa ao art. 124, XIX, da Lei n. 9.279/1996 (Código de Propriedade Industrial), por se tratar aquela de marca notoriamente conhecida, nos termos do art. 126, *caput*, do mesmo diploma legal. Segundo o Min. Relator, esse código objetiva evitar a concorrência desleal e a possibilidade de confusão entre os consumidores. Na espécie, afirmou-se que, embora ambas as marcas pertençam à mesma classe de produtos, o ramo comercial em que atuam é distinto: enquanto a recorrente comercializa roupas, acessórios e calçados na linha esporte fino, a recorrida fornece roupas, acessórios e calçados de uso esportivo. Por tais razões, concluiu-se pela inexistência de colidência entre as marcas. Em voto-vista no qual acompanha integralmente o Min. Relator, a Min. Nancy Andrighi reforça importante distinção trazida pelo mencionado código entre os conceitos de marca de alto renome (art. 125) e marca notoriamente conhecida (art. 126). O primeiro é exceção ao princípio da especificidade e possui proteção absoluta em todas as classes, conquanto seja registrada no país, já que seu reconhecimento ultrapassa o ramo de atividade em que atua. O segundo, por sua vez, é exceção ao princípio da territorialidade e possui proteção restrita à classe em que adquiriu notoriedade, independentemente de prévio depósito ou registro no país. **Precedentes citados: REsp 658.702-RJ, DJ 21/8/2006, e REsp 550.092-SP, DJ 11/4/2005. REsp 1.114.745-RJ, Rel. Min. Massami Uyeda, julgado em 2/9/2010.** (Inform. STJ 445)

REGISTRO. INPI. MARCA. DUPLICIDADE.

Trata-se de ação anulatória de registro de marca, com pedido de antecipação de tutela, proposta pela recorrida. No recurso especial, a recorrente sustenta que a recorrida somente ajuizou a ação após ultrapassado o prazo decadencial de cinco anos e também afirma ter a prevalência do registro da marca pela anterioridade de sua concessão. Na hipótese dos autos, ambas as empresas prestam serviços de consultoria e estudos na área de geologia, além de comercializarem produtos e derivados de minerais. Porém, anotou-se, nos autos, que o Instituto Nacional de Propriedade Industrial (INPI) verificou que, embora tenha concedido o registro da recorrente em 5/8/1991, portanto antes do registro da recorrida, feito em 25/8/1998, durante o procedimento administrativo, não foi observado que já existia, desde 26/5/1989, pedido de registro de marca idêntica solicitado pela recorrida. Nesses casos, é de rigor o sobrestamento do procedimento que se iniciou por último, até que o pedido anterior seja julgado. Por outro lado, quando um pedido de registro de marca é apresentado ao INPI e eventuais conflitos surgem, a jurisprudência tem resolvido esses casos pela prevalência do registro mais antigo. No caso dos autos, a ação anulatória de registro foi proposta em 18/12/2000, dentro do prazo legal e, enquanto pendente processo administrativo, não flui o prazo prescricional. Por isso, o Min. Relator afastou a preliminar de prescrição quinquenal. Ponderou ser a função primordial da marca identificar um produto de um serviço, distinguindo-o de outros iguais ou similares existentes no mercado, de modo a evitar que os consumidores confundam serviços afins da concorrência. É que o Brasil adota o sistema atributivo, segundo o qual somente com o registro da marca no INPI é que se garante o direito de propriedade e de uso exclusivo a seu titular, a não ser que se trate de marca notoriamente conhecida. Dessa forma, para o Min. Relator, foge à lógica do razoável que um pedido de registro posterior seja examinado e deferido sem que houvesse finalização do procedimento administrativo daquele que iniciou primeiro. Diante do exposto, a Turma, prosseguindo no julgamento, negou provimento ao recurso. **Precedentes citados: AgRg no Ag 964.524-SE, DJe 1º/2/2010, e REsp 30.636-SC, DJ 11/10/1993. REsp 899.839-RJ, Rel. Min. Massami Uyeda, julgado em 17/8/2010.** (Inform. STJ 443)

DIREITO. MARCA. EXCLUSIVIDADE. CLASSES DIVERSAS.

Trata-se, na origem, de ação em que a ora recorrida buscava a anulação de registro de marca do ora recorrente no INPI. Foi concedido à recorrente registro para laticínios, classe 31, subitem 10, em 18/7/1986, enquanto, para a recorrida em datas anteriores, foram concedidos registros para massas alimentícias em geral, farinha e fermentos em geral, classes 32.10 e 32.20. No caso, os elementos distintivos da marca, bem como o fato de tratar-se de produtos de classes diferentes, são suficientes para que o consumidor exerça adequadamente seu direito de compra, sem se confundir. O simples fato de se tratar de gêneros alimentícios não é suficiente para presumir a confusão. Assim, a Turma deu provimento ao recurso ao entender que o direito à exclusividade do uso da marca, em razão de seu registro no INPI, limita-se à classe para a qual foi concedido, não alcançando outros produtos, não similares, enquadrados em classes diversas, excetuados os casos de marcas "notórias". Precedente citado: REsp 14.367-PR, DJ 21/9/1992. **REsp 863.975-RJ, Rel. Min. Sidnei Beneti, julgado em 19/8/2010.** (Inform. STJ 443)

MARCAS. ALTO RENOME. REGISTRO.

Trata-se de REsp em que o cerne da questão está em saber se é possível a aplicação do princípio da especialidade às marcas de alto renome, citadas no art. 125 da Lei n. 9.279/1996, quando se reconhecer a ausência de confusão dos consumidores. A Turma negou provimento ao recurso ao entendimento de que não se aplica o princípio da especialidade à marca considerada de alto renome, sendo irrelevante discutir a possibilidade de confusão do consumidor. Ressaltou-se que, na hipótese, não houve renovação do registro das recorrentes como marca notória nos termos do art. 67 da Lei n. 5.772/1971 nem aquisição de registro de "alto renome", de acordo com o art. 125 da Lei n. 9.279/1996, no Instituto Nacional de Propriedade Industrial (INPI). Conforme se depreende do último dispositivo legal, que é uma reminiscência do mencionado art. 67 da Lei n. 5.772/1971, verifica-se que é necessário, para o reconhecimento do alto renome da marca, procedimento administrativo junto ao INPI, que, inclusive editou a Resolução n. 121/2005 para tal finalidade, procedimento que não ocorreu no caso. Assim, em face da ausência de declaração do INPI reconhecendo a marca das recorrentes como de alto renome, não é possível a proteção conferida pelo art. 125 da Lei n. 9.279/1996. **Precedente citado: REsp 658.702-RJ, DJ 21/8/2006. REsp 951.583-MG, Rel. Min. Nancy Andrighi, julgado em 27/10/2009.** (Inform. STJ 413)

PROPRIEDADE INDUSTRIAL. MARCA. IMPORTAÇÃO.

A Turma decidiu que, referente ao pedido da recorrente, não procede a pretensão de impedir a importação e comercialização de produtos na forma do art. 132, III, da Lei n. 9.279/1996, por falta de autorização expressa para utilização de marca por seu titular e pela distribuidora exclusiva no Brasil, porquanto, ainda que se trate de importação paralela, realizada licitamente no país, a proibição absoluta de tal comércio é incompatível com a livre iniciativa, *ex vi* dos arts. 1º e 170 da CF/1988. Também, a análise de eventual ilicitude na importação e distribuição de produtos originais demanda exame fático-probatório (Súm. n. 7-STJ). **REsp 609.047-SP, Rel. Min. Luis Felipe Salomão, julgado em 20/10/2009.** (Inform. STJ 412)

REGISTRO. MARCA. IDIOMA ESTRANGEIRO.

Na espécie, a empresa requereu ao INPI o registro da sua marca, sendo indeferido administrativamente tal registro pelo fato de que a expressão traduzida significa "marca inigualável", constituindo, embora em outra língua, menção genérica pertencente ao patrimônio comum. Isso posto, a Turma conheceu do recurso e lhe deu provimento ao entendimento de que a vedação legal ao registro de marca cujo nome é genérico ou comum visa emprestar a ela singularidade suficiente para destacá-la do domínio comum, do uso corriqueiro. Isso porque a razão imediata da existência do direito sobre marca é a distintividade, de sorte que não se pode conceder direito de registro quando outra pessoa, natural ou jurídica, já possui sobre o nome direito de uso, ou mesmo quando a coletividade possui direito de uso sobre o mesmo objeto, o qual, por sua vulgaridade ou desvalor jurídico, já se encontra no domínio público. Porém, o caráter genérico ou vulgar da marca deve ser aferido segundo os usos e costumes nacionais, ou seja, deve-se analisar se, muito embora em outra língua, o nome cujo registro se pretende é de uso comum, tal como grafado. Assim, conquanto traduzido o nome, revele ele expressão genérica, não há óbice no registro da marca se, analisada a expressão em sua literalidade, nada disser ao homem médio brasileiro. **REsp 605.738-RJ, Rel. Min. Luis Felipe Salomão, julgado em 15/10/2009.** (Inform. STJ 411)

EMPRESA. MARCA. NOME GEOGRÁFICO.

Discute-se se o registro anterior do nome empresarial e da marca com utilização de termo que remete à localização geográfica "Arábia" (que tem a função de sugerir a produção e venda de comida árabe) garante direito de uso exclusivo dessa expressão em favor dos recorrentes, o que impediria a utilização do vocábulo "Areibian" no nome empresarial e na marca do concorrente, ora recorrido. Destaca a Min. Relatora que, na hipótese dos autos, o nome geográfico enquadra-se em uma das exceções ao direito de uso exclusivo de nome empresarial anteriormente registrado, que não é absoluto nos termos do art. 9º da Instrução Normativa n. 104/2007 do Departamento Nacional de Registro do Comércio (DNRC) – órgão integrante do Ministério do Desenvolvimento, Indústria e Comércio Exterior. Segundo o art. 4º, VI, da Lei n. 8.934/1994, esse órgão possui a função de orientar, supervisionar e normatizar, no âmbito do sistema nacional de registro de empresas mercantis (Sirem), a maneira de proceder no caso de pedidos de registro de nomes empresariais idênticos ou semelhantes a outros anteriormente registrados. É cediço que a proteção conferida à marca na Lei de Proteção Industrial (LPI, arts. 129 e 131) não se limita a assegurar direitos meramente individuais ao seu proprietário, mas também ao público consumidor (art. 4º do CDC). E, para que haja violação do art. 129 da LPI, é necessário que exista risco de dúvida, erro ou confusão no mercado entre os produtos ou serviços do mesmo ramo. No caso dos autos, o Tribunal *a quo* entendeu que, apesar da semelhança dos vocábulos, não há similitude a ponto de confundir o consumidor. Por essas razões, entre outras, a Turma negou provimento ao recurso. **REsp 989.105-PR, Rel. Min. Nancy Andrighi, julgado em 8/9/2009.** (Inform. STJ 406)

MARCA. REGISTRO. ATIVIDADES DISTINTAS.

A Turma decidiu que, no caso da pretendida anulação do ato administrativo que indeferiu o pedido de registro de marca, não se vislumbra ocorrência de confusão, pois as empresas requerente e requerida desenvolvem atividades distintas e seus produtos são de classes diversas, não havendo possibilidade de concorrência desleal ou usurpação pela aplicação do princípio da especialidade, como também pela notoriedade da marca principal. Precedentes citados: REsp 14.367-PR, DJ 21/9/1992; REsp 550.092-SP, DJ 11/4/2005, e REsp 142.954-SP, DJ 13/12/1999. **REsp 995.112-RJ, Rel. Min. Fernando Gonçalves, julgado em 20/8/2009.** (Inform. STJ 403)

MARCA. DESUSO. FORÇA MAIOR. CADUCIDADE.

A proibição de importação de produtos gera uma barreira que pode inviabilizar a comercialização deles no Brasil, ademais, como medida inesperada, configura motivo de força maior (art. 94 da Lei n. 5.772/1971), vigente à época dos fatos, apto a impedir a caducidade por desuso de marcas registradas no INPI. Outrossim, é necessário se determinem as alternativas para minimizar a impossibilidade de uso das marcas capazes de afastar a força maior. Nesse caso, cabível a análise dos elementos constitutivos da força maior: a inevitabilidade e a imprevisibilidade. A cessão de uso das marcas pode afetar a estratégia de posicionamento da empresa no mercado, por isso não pode ser imposta como solução para promover o uso de marcas. Por sua vez, os fatos levam a crer que tais marcas eram utilizadas, contrariamente ao que foi afirmado pelo recorrente, tanto que não houve pedido ou processo anterior para declarar a caducidade delas. **Precedente citado: REsp 649.261-RJ, DJ 16/4/2007. REsp 1.071.622-RJ, Rel. Min. Nancy Andrighi, julgado em 16/12/2008.** (Inform. STJ 381)

USO. MARCA. PROPRIEDADE. OBRA ARTÍSTICA.

Trata-se de indenizatória por danos morais e materiais por reivindicação de paternidade de obra artística usada como logomarca de empresa, bem como a cassação desse registro no INPI e Escola de Belas Artes-RJ. Relatam os autos que o autor e o primeiro réu fundaram a empresa e aquele, o autor e sócio, fez o desenho estilizado que passou a integrar a marca da empresa. Posteriormente, retirou-se da empresa e recebeu seus haveres, contudo sem ter dado autorização expressa para a utilização daquele desenho, tendo os réus efetivado registro no INPI e na Escola de Belas Artes-RJ. A sentença julgou parcialmente o pedido: reconhecendo a paternidade de obra artística, e só anulou o registro na Escola de Belas Artes-RJ, deferindo a reparação por danos materiais. A apelação foi desprovida, mantendo a indenização. Isso posto, para o Min. Relator, há equívoco nas decisões das instâncias ordinárias ao deferir a indenização material pelo uso do desenho por ser ele integrante da marca da empresa protegida por registro no INPI (desde 1984) hígido e eficaz (conforme o art. 59 da Lei n. 5.772/1971 e o art. 129 da Lei n. 9.279/1996). Não há como reconhecer o registro da marca no INPI e, ao mesmo tempo, obrigar o titular da empresa a pagar indenização pelo seu uso; uma conclusão exclui a outra. O reconhecimento da autoria intelectual do desenho deveria ter sido dirimida na esfera contratual entre os sócios da empresa. Diante do exposto, a Turma deu provimento ao recurso para julgar improcedente o pedido indenizatório, invertendo os ônus de sucumbência. **Precedentes citados: REsp 136.812-SP, DJ 2/4/2007; REsp 9.415-SP, DJ 1º/7/1991, e REsp 57.556-RS, DJ 22/4/1997. REsp 843.774-SP, Rel. Min. Fernando Gonçalves, julgado em 12/6/2008.** (Inform. STJ 359)

ANULAÇÃO. ATO ADMINISTRATIVO. REGISTRO. MARCA.

Trata-se de registro negado pelo Instituto Nacional de Propriedade Industrial (INPI) por anterioridade de marca impeditiva, pertencendo à mesma classe, fonética igual, grafia semelhante, além de os produtos serem afins – tintas e resinas – (art. 65, item 17, do CPI). Na espécie, a embargante alegava que a firma detentora da marca anterior (titular do registro) consentira que ela tivesse esse registro da marca. Isso posto, ressaltou o Min. Relator que o INPI tem competência exclusiva no território nacional para a concessão de privilégios e sua respectiva exploração nos termos do CPI, não podendo acordos privados se sobreporem às determinações desse órgão oficial. Observou ainda que tanto o antigo CPI quanto a vigente Lei n. 9.279/1996 requerem instauração de processo administrativo originário do próprio INPI para qualquer procedimento e com a devida decisão fundamentada. Logo é obrigatória a participação da referida autarquia em eventual transferência do uso de marca. Outrossim, destacou que a conclusão do aresto recorrido, quanto à confusão ou induzimento a erro do consumidor, se registrada a marca, incide no enunciado da Súm. n. 7-STJ e que não houve o cotejo analítico entre os julgados tidos como divergentes. Com esses argumentos, a Turma não conheceu do REsp. Precedentes citados: REsp 142.954-SP, DJ 13/12/1999; REsp 284.742-SP, DJ 8/10/2001; REsp 30.751-SP, DJ 1º/8/1994, e REsp 325.158-SP, DJ 9/10/2006. **REsp 256.442-RJ, Rel. Min. Massami Uyeda, julgado em 19/4/2007.** (Inform. STJ 317)

MARCA. DECLARAÇÃO. CADUCIDADE. AUSÊNCIA. USO.
Trata-se de ação de restauração de registro de marca para anular a decisão administrativa que declarou a caducidade dos registros daquela marca. Destacou o Min. Relator que, se consta da inicial que o contrato, além de transferência de tecnologia e assistência técnica, previa a licença para uso de marca, fica desbastada, no plano infraconstitucional, a necessidade de sua averbação no órgão competente, antigamente o Departamento Nacional de Propriedade Industrial (INPI). Outrossim, o art. 94 do Código de Propriedade Industrial autoriza o INPI a declarar de ofício a caducidade da marca por falta de uso. Além de que o acórdão *a quo* explicitou que o deferimento da marca não foi para produtos importados e que havia outros meios para que a marca não ficasse inativa, não se sustentando o argumento da força maior diante da vedação da importação de produtos que seria objeto dos registros da recorrente. Com esses argumentos, a Turma, ao prosseguir o julgamento, não conheceu do recurso. **REsp 649.261-RJ, Rel. Min. Carlos Alberto Menezes Direito, julgado em 6/3/2007.** (Inform. STJ 312)

SÚMULA STJ Nº 143

Prescreve em cinco anos a ação de perdas e danos pelo uso de marca comercial.

12.2. Patente

PROPRIEDADE INDUSTRIAL. *PIPELINE*. PRAZO.
Não há previsão legal para que eventuais modificações supervenientes de legislação estrangeira do país onde foi realizado o depósito da patente possam implicar prorrogação do prazo de patente *pipeline* no Brasil. Tal procedimento, se adotado, segundo o Min. Relator, geraria insegurança jurídica e violaria o princípio da independência das patentes e a própria soberania do país. É cediço que as patentes *pipelines,* com plena vigência no art. 230 da Lei n. 9.279/1996, são transitórias e equivalem a uma revalidação no Brasil das patentes de produtos em desenvolvimento concedidas no exterior, observados os requisitos impostos no país de origem no momento do depósito da revalidação. Destacou que o § 1º do art. 230 da referida lei exige que o interessado indique a data do primeiro depósito no exterior para garantir que a proteção seja estabelecida àquele que primeiro requereu o registro da invenção no exterior. Esclareceu, ainda, que o TRIPs e o CUPs não tratam das patentes *pipelines* nem as regulam, visto que o sistema implementado no Brasil resulta do direito interno com características de sistemas similares implementados em outros países. Anotou, ainda, que o *amicus curiae*, embora venha sendo admitido no processo, não possui legitimidade para recorrer, nem suas informações vinculam o juízo, por isso sua admissão não acarreta prejuízos às partes. Com esses argumentos, entre outros, a Turma negou provimento ao recurso na parte conhecida. Precedentes citados: AgRg nos EREsp 827.194-SC, DJe 18/9/2009; EDcl no REsp 1.110.549-RS, DJe 30/4/2010; REsp 1.145.637-RJ, DJe 8/2/2010, e SEC 911-GB, DJ 13/8/2007. **REsp 1.165.845-RJ, Rel. Min. Luis Felipe Salomão, julgado em 8/2/2011.** (Inform. STJ 462)

PEDIDO. PATENTE. VIGÊNCIA. ACORDO. TRIPS.
A Turma reiterou a jurisprudência deste Superior Tribunal de que o acordo TRIPS é aplicável no Brasil a partir de 1º/1/2000. Assim, no caso, é incabível a análise do pedido de patente da recorrente, pois depositado em 1992 e indeferido em 1999. Mesmo que se considerasse a aplicação imediata do referido ato internacional, não se poderia dar provimento ao pedido da recorrente com base nessa regra, pois o acordo não gera obrigações em relação a atos constituídos antes de sua vigência. A Lei n. 9.279/1996 não é aplicável ao pedido depositado em 1992 pela recorrente, uma vez que realizado sob a égide da Lei n. 5.772/1971, a qual não permitia a patente nos termos requeridos pela recorrente. Assim, a Turma conheceu em parte do recurso ao aplicar a Súm. n. 98-STJ e lhe deu parcial provimento, apenas para afastar a multa lastreada no art. 538, parágrafo único, do CPC. **REsp 1.096.434-RJ, Rel. Min. Luis Felipe Salomão, julgado em 9/11/2010.** (Inform. STJ 455)

LPI. VIGÊNCIA. PRAZO. DEPÓSITO. PATENTE PIPELINE.
A *quaestio juris* consiste em determinar a tempestividade dos pedidos de patentes *pipeline* depositados pela indústria farmacêutica recorrida. Explica a Min. Relatora que cumpre estabelecer, no REsp, a data em que a Lei de Propriedade Industrial (Lei n. 9.279/1996 – LPI) entrou em vigor, diante da peculiaridade prevista no seu art. 243, que excepcionou a vigência da lei quanto aos arts. 230, 231, 232 e 239, ao estabelecê-la expressamente a partir da data da sua publicação. Diferentemente da regra geral – em que o legislador determina que toda a lei, salvo disposição contrária, entra em vigor na data de sua publicação, não deixando dúvida quanto ao *dies a quo* –, a LPI prevê que parte dos seus dispositivos (arts. 230, 231, 232 e 239) tem vigência imediata em 15/5/1996, data da sua publicação, e outra parte dos dispositivos, quanto aos prazos tanto de vacância como para o depósito de patentes *pipeline*, previsto em um ano (§ 1º do art. 230 e o § 1º do art. 231), tem vigência a partir da publicação da citada lei quando se inicia sua contagem, em 15/5/1996, encerrando-se após um ano, em 15/5/1997, e o restante da lei entra em vigor em 16/5/1997, após um ano, contando-se um dia após a sua publicação. Desse modo, para a Min. Relatora, após análises feitas com base no art. 125 do CPC vigente à época e no art. 1º da LICC (cuja essência foi mantida no CC/2002), o prazo de um ano para o depósito de patente *pipeline* foi cumprido pela recorrida, pois protocolizados em 15/5/1997, no último dia, uma vez que devem ser contados a partir da vigência da LPI, que é a data da sua publicação na imprensa oficial, e o encerramento em 15/5/1997, conforme excepciona seu art. 243. Anotou, ainda, que a LPI, por ser anterior (editada em 1996), não pode sujeitar-se às regras da LC n. 95/1998, na qual se exige a fixação da *vacatio legis* em número de dias, contudo se deve acatar a previsão do art. 1º da Lei n. 810/1949, que define o ano como sendo o período de doze meses contados do dia do início da vigência, no mesmo dia e mês correspondentes do ano seguinte, portanto em 15/5/1997. Com esse entendimento, a Turma negou provimento ao recurso, confirmando a tempestividade dos pedidos de patentes *pipeline* depositados pela recorrida de acordo com a decisão do TRF, mas por fundamento diverso. **REsp 1.038.032-RJ, Rel. Min. Nancy Andrighi, julgado em 19/10/2010**. (Inform. STJ 452)

PRAZO. VALIDADE. TERMO INICIAL. PATENTE. *PIPELINE*.
A Turma reafirmou o entendimento de que, quando se tratar da vigência de patente *pipeline*, o termo inicial de contagem do prazo remanescente à correspondente estrangeira, a incidir a partir da data do pedido de revalidação no Brasil, é o dia em que foi realizado o depósito no sistema de concessão original, ou seja, o primeiro depósito no exterior, ainda que abandonado, visto que, a partir de tal fato, já surgiu proteção ao invento. O primeiro depósito realizado no exterior, mesmo não resultando na concessão da patente, já assegura proteção ao invento, reconhecendo ao seu inventor, por exemplo, a prioridade unionista prevista no art. 4º da Convenção da União de Paris (CUP). Assim, a Turma deu provimento ao recurso. **Precedentes citados: REsp 1.145.637-RJ, DJe 8/2/2010, e REsp 731.101-RJ, DJe 19/5/2010. REsp 1.092.139-RJ, Rel. Min. Paulo de Tarso Sanseverino, julgado em 21/10/2010**. (Inform. STJ 452)

TRIPS. PRAZO MAIOR. PATENTE INTELECTUAL.
Discute-se, nos autos, a possibilidade da aplicação, no ordenamento jurídico, do tratado internacional TRIPS (*Agreement on Trade-Related Aspects of Intellectual Property Rights*), ratificado pelo Congresso Nacional por meio do Dec. n. 1.355/1994. Esse tratado prorrogou o prazo de patente de 10 anos previsto na Lei n. 5.772/1971 para 15 anos. Ressaltou o Min. Relator que houve mudança nas decisões firmadas nos primeiros julgamentos sobre o tema neste Superior Tribunal. Em precedente mais recente da Turma, passou-se a considerar que o TRIPS não é uma lei uniforme, ou seja, não é tratado editado de forma a propiciar automática e literal aplicação às relações jurídicas de direito privado em cada Estado que adere a ele, pois necessita ser recepcionado por instrumento próprio (no caso do Brasil, foi o citado decreto). Ressalta o Min. Relator que o TRIPS não pode gerar obrigações e direitos às pessoas de direito privado, nem suas obrigações podem ser reclamadas no prazo de vigência concedido na legislação anterior. Também explicita que não se pode pretender aplicação do prazo previsto no art. 65.4 do TRIPS por falta de manifestação legislativa adequada nesse sentido. Entretanto, o afastamento desse prazo não abrange o prazo genérico previsto em seu art. 65.2, por ser ele um direito concedido ao Brasil e, nessa qualidade, não pode sofrer os efeitos de uma pretensa omissão de manifestação de vontade. Quanto a esse prazo, não existe dispositivo no tratado que obrigue o país a manifestar interesse nesse ponto, como condição de eficácia de seu direito. Com esse entendimento, entre outras considerações, a Turma deu provimento ao recurso do INPI para restabelecer a sentença que julgou improcedente o pedido de extensão de patente com base no citado decreto. **Precedentes citados: REsp 960.728-RJ, DJe 15/4/2009, e REsp 729.376-RJ, DJe 18/12/2009. REsp 775.778-RJ, Min. Sidnei Beneti, julgado em 17/8/2010 (ver Informativo n. 432).** (Inform. STJ 443)

PATENTE. PRAZO. VALIDADE. EXTENSÃO.

Na espécie, discutem-se as normas dispostas no Acordo sobre Aspectos dos Direitos de Propriedade Intelectual Relacionados ao Comércio (TRIPs ou ADPICs), ratificado pelo Congresso Nacional por meio do Decreto Legislativo n. 30 de 15/12/1994, com a correspondente promulgação pelo Decreto Presidencial n. 1.355 de 30/12/1995. Especificamente, a *quaestio juris* diz respeito ao prazo de vigência de patente, objeto de depósito sob a égide da Lei n. 5.772/1971 – que previa o prazo de 15 anos para o privilégio de invenção (art. 24) –, se poderia estendê-lo para 20 anos, em razão do art. 33 do acordo TRIPs e art. 40 da Lei n. 9.279/1996. Nessa hipótese, a Seção entendeu que, mesmo vigente o TRIPs desde 1°/1/1995, conforme sua ratificação e promulgação, a regra contida em seu art. 65, II, por constituir uma ressalva concedida ao Brasil, sintetiza direito norteador ao reconhecimento de que a entrada em vigor do acordo ocorreu apenas em 1°/1/2000, logo inibindo sua plena incidência a partir da publicação oficial. Assim, não se aplica o TRIPs a privilégio de invenção anteriormente depositado, uma vez que não estava presente nenhum propósito de autoaplicabilidade ou de aptidão para abarcar relações jurídicas afora aquelas que somente convergem para seus membros, nem há qualquer comando que estenda o prazo de vigência da patente deferida com suporte na Lei n. 5.772/1971. Daí concluiu que não há suporte legal nem obrigação do Brasil de garantir às patentes de invenção depositadas em data anterior a 1°/1/2000 a prorrogação por cinco anos do prazo de validade, originalmente estabelecido em 15 anos, mediante a aplicabilidade direta e sem reservas do ADPICs. **Precedente citado: 960.728-RJ, DJe 15/4/2009. REsp 642.213-RJ, Rel. Min. João Otávio de Noronha, julgado em 28/4/2010.** (Inform. STJ 432)

PATENTE *PIPELINE*. PROTEÇÃO. PRAZO REMANESCENTE.

A Seção, ao prosseguir o julgamento, por maioria, entendeu que a interpretação do art. 230, § 4°, c/c o art. 40 da Lei n. 9.279/1996 deve ser restritiva e sistemática, a considerar o Acordo Sobre Aspectos de Direitos de Propriedade Intelectual Relacionados ao Comércio (TRIPs) e com a Convenção de Paris para Proteção da Propriedade Industrial (CUP), internalizada pelo Dec. n. 635/1992. Assim, a proteção oferecida às patentes estrangeiras chamadas *pipeline* vigora pelo prazo remanescente de proteção no país onde foi depositado o primeiro pedido até o prazo máximo de proteção concedido no Brasil (20 anos), a contar do primeiro depósito no exterior, ainda que posteriormente abandonado, visto que, a partir de tal data, já surgiu proteção ao invento. **Precedente citado: REsp 1.145.637-RJ, DJe 8/2/2010. REsp 731.101-RJ, Rel. Min. João Otávio de Noronha, julgado em 28/4/2010.** (Inform. STJ 432)

LEGITIMIDADE. PROPRIEDADE INDUSTRIAL.

O prejudicado que possui a legitimidade necessária para intentar ação com o fim de proteger direitos relativos à propriedade industrial incidentes sobre produtos criados é quem efetivamente os levou ao registro no órgão competente (arts. 207 a 209 da Lei n. 9.279/1996 – LPI). **REsp 833.098-PR, Rel. Min. João Otávio de Noronha, julgado em 18/2/2010.** (Inform. STJ 423)

ASSISTÊNCIA. PRORROGAÇÃO. PATENTE.

O interesse jurídico que permite a assistência (art. 50 do CPC) surge quando o resultado do processo pode afetar a existência ou inexistência de algum direito ou obrigação daquele que pretende intervir como assistente. Assim, o deferimento da assistência prescinde da efetiva relação jurídica entre o assistente e o assistido. Note-se haver casos em que esse interesse jurídico vem acompanhado de alguma repercussão econômica, mas essa circunstância não terá, necessariamente, o condão de desnaturá-lo. Na hipótese, a recorrida é uma associação de indústrias dedicadas ao fabrico de medicamentos genéricos e busca auxiliar o INPI a evitar que se prorrogue o prazo de patente (*pipeline*) da recorrente, laboratório farmacêutico. Com isso, pretende facultar a seus associados a produção do medicamento objeto da patente destinado ao tratamento de trombose arterial. Constatado que a titularidade da patente impõe aos outros a obrigação de não fazer, somente contornada com a concessão de licença pelo titular (art. 42 da Lei n. 9.279/1996), é certo que a associação recorrida detém interesse jurídico a ponto de permitir-lhe a assistência, pois a decisão a ser proferida no processo sem dúvida pode causar prejuízo juridicamente relevante a seus associados. Vê-se não prosperar a alegação de que é meramente econômico o interesse da recorrida, pois o que está em discussão é a prerrogativa da livre produção do medicamento, questão eminentemente jurídica. **Precedente citado: AgRg no Ag 428.669-RJ, DJe 30/6/2008. REsp 1.128.789-RJ, Rel. Min. Nancy Andrighi, julgado em 2/2/2010.** (Inform. STJ 421)

CONCORRÊNCIA DESLEAL. DANO MATERIAL.

Em conflito de nome comercial e a marca utilizada em produtos de empresas que atuam no mesmo mercado e atividade, as instâncias ordinárias reconheceram a prática de concorrência desleal e o desvio de clientela, resultando na condenação da recorrente para abster-se do uso da marca e pagar os danos materiais a serem apurados em liquidação. No REsp, entre outros questionamentos, discute-se a identificação dos elementos necessários à caracterização dos danos materiais na hipótese de prática dos atos de concorrência desleal e desvio de clientela. Para a Min. Relatora, o tema não pode ser tratado isoladamente à luz do CC/2002, devido à existência de lei específica a respeito, ou seja, a Lei n. 9.279/1996, cujo art. 209 autoriza a reparação material pela constatação do ato de concorrência desleal e pelo desvio de clientela, por gerar dúvidas entre os consumidores pela confusão entre estabelecimentos e os produtos adquiridos, muitas vezes, um pelo outro. Concluiu que, como o citado artigo não apresenta nenhuma condicionante, autoriza a reparação do dano material pela ocorrência do ato de concorrência desleal, dispensando a comprovação do dano, assim, como o prejuízo é presumido, o seu valor será determinado em liquidação de sentença. Diante do exposto, a Turma negou provimento ao recurso. **REsp 978.200-PR, Rel. Min. Nancy Andrighi, julgado em 10/11/2009.** (Inform. STJ 415)

PATENTE. LATAS METÁLICAS.

A ora recorrida é sociedade dedicada ao fabrico de embalagens metálicas e ajuizou ação indenizatória contra a recorrente ao alegar que ela, sem autorização, passou a comercializar latas que utilizavam o sistema de abertura e fechamento cuja patente é de sua titularidade. O acórdão recorrido, efetivamente, condenou a recorrente a abster-se de, sob pena de multa diária, violar a referida patente. Quanto a isso, vê-se, primeiramente, que os documentos juntados aos autos pela recorrida consistentes de reportagens e artigos jornalísticos, apesar da alegação de que não são novos para efeito de aplicação dos arts. 397, 398 e 517 do CPC, nem sequer foram aproveitados na formação da convicção posta no acórdão recorrido, que se lastreou mesmo em prova pericial produzida e aceita pelo Tribunal *a quo*. Anote-se que os retrocitados artigos não podem ter interpretação desassociada do art. 249, § 1°, do CPC (há que se demonstrar o prejuízo para a decretação de nulidade). Quanto às *astreintes*, é certo que o art. 461 do CPC admite a concessão de tutela específica para o cumprimento da obrigação de fazer ou não fazer e que essa condenação sujeita-se ao reforço mediante meios indiretos de execução, tal como a cominação da referida multa diária. Embora jungida a critérios de adequação, compatibilidade e necessidade, além de possível sua revisão (art. 461, § 6°, do CPC), admite-se que ela possa ser precedida de sucinta fundamentação, a rechaçar repetições desnecessárias, porquanto os motivos que a justificam são os mesmos que levam à condenação. Na hipótese, essa multa foi fixada em dez mil reais, o que não se mostra exagerado dada a peculiaridade da atividade industrial desenvolvida pela recorrente, rotineiramente a exigir grandes investimentos de capital. Pesa o fato de que ela deixou de demonstrar por que não poderia suportar tal imposição ou mesmo em que consiste a alegada desproporcionalidade, além da constatação de que não é necessário arcar nem sequer com um dia de multa desde que logo cumprisse a ordem judicial. Daí não se reconhecer qualquer nulidade do processo quanto a isso. Tem-se, também, como aceito especial pela errônea valoração da prova, que pressupõe a contrariedade a princípio ou regra jurídica no campo probatório. Portanto, não se mostra errônea a valoração quando o julgador, lastreado no princípio do livre convencimento racional, considera as provas mais relevantes para o deslinde da controvérsia. Dentro dessa diferenciação, a recorrente alegou erro de direito, especialmente quanto à prova testemunhal, que, ao seu ver, demonstraria que a invenção em questão já era largamente empregada na fabricação de latas antes mesmo do pedido de patente, a incidir o art. 45 da Lei n. 9.279/1996 (a continuidade da exploração de quem, de boa fé, antes do depósito ou prioridade do pedido de patente já se utilizava de seu objeto no país). Porém, a prova testemunhal mostra-se deveras fraca, a ponto de inviabilizar qualquer pleito de nulidade, quanto mais se o referido artigo requer a prova de que a recorrente, por si mesma, já utilizava a invenção no passado, mas os testemunhos só apontam o uso de terceiros. Dessarte, o que se tem não é erro na valoração probatória, mas sim a tentativa de atribuir ao conjunto probatório novo peso em busca de uma conclusão que seja favorável à recorrente, daí a incidência da Súm. n 7-STJ. Precedente citado: REsp 695.000-RJ, DJ 21/5/2007. **REsp 1.096.598-MG, Rel. Min. Nancy Andrighi, julgado em 20/8/2009.** (Inform. STJ 403)

LEGITIMIDADE ATIVA. AÇÃO INDENIZATÓRIA. VIOLAÇÃO. PROPRIEDADE INDUSTRIAL.
Trata-se de ação objetivando impedir que o ora recorrido produza e comercialize produtos derivados de desenho industrial patenteado, bem como obter indenização pelo seu uso indevido. No caso, a ora recorrente tem como sócio majoritário o titular da patente, e foi ele próprio quem, pela empresa, outorgou procuração aos patronos da causa. Quem está a explorar concretamente a patente é a empresa autora, dirigida pelo proprietário da patente, que tem a maioria do capital social. A Turma conheceu do recurso e deu-lhe provimento por entender que a sociedade empresária fabricante de produto, cujo registro do desenho industrial foi feito em nome do sócio majoritário, tem legitimidade para pleitear indenização por danos materiais e morais contra aquele que imita ilicitamente o modelo registrado. Precedente citado: REsp 466.360-SP, DJ 20/10/2003. **REsp 590.645-SC, Rel. Min. Aldir Passarinho Junior, julgado em 26/5/2009.** (Inform. STJ 396)

12.3. Desenho industrial

ANTECIPAÇÃO DA TUTELA. VALIDADE. REGISTRO. DESENHO INDUSTRIAL.
A discussão gira em torno da possibilidade de o juiz ou o tribunal estadual, ao apreciar um pedido de antecipação de tutela, negar a proteção a uma marca, patente ou desenho industrial registrados, ainda que diante de notória semelhança, com fundamento apenas na aparente invalidade do registro não declarada pela Justiça Federal. Embora a LPI preveja, em seu art. 56, § 1º, a possibilidade de alegação de nulidade do registro como matéria de defesa, a melhor interpretação desse dispositivo indica que ele deve estar inserido numa ação que discuta, na Justiça Federal, a nulidade do registro. Isso porque não seria razoável que, para o reconhecimento da nulidade pela via principal, seja prevista uma regra especial de competência e a indispensável participação do INPI, mas, para o mero reconhecimento incidental da invalidade do registro, não se imponha cautela alguma. Isso conferiria ao registro no INPI uma eficácia meramente formal e administrativa. Autorizar que o produto seja comercializado e, apenas depois, em matéria de defesa numa ação de abstenção, seja alegada a nulidade pelo suposto contrafator implica inverter a ordem das coisas. O peso do demonstrar os requisitos da medida liminar recairia sobre o titular da marca e cria-se, em favor do suposto contrafator, um poderoso fato consumado: eventualmente o prejuízo que ele experimentaria com a interrupção de um ato que sequer deveria ter se iniciado pode impedir a concessão da medida liminar em favor do titular do direito. Assim, a validade de um registro de marca, patente ou desenho industrial, nos moldes da lei supradita, tem de ser travada administrativamente ou, caso a parte opte por recorrer ao Judiciário, deve ser proposta ação de nulidade na Justiça Federal, com a participação do INPI na demanda. Sem isso, os registros emitidos por esse órgão devem ser reputados válidos e produtores de todos os efeitos do direito. Dessarte, ao reconhecer a invalidade de um registro incidentalmente, o tribunal de origem violou a regra do art. 57 da LPI. Precedentes citados: REsp 325.158-SP, DJ 9/10/2006; REsp 242.083-RJ, DJ 5/2/2001, REsp 57.556-RS, DJ 22/4/1997, REsp 11.767-SP, DJ 24/8/1992 e, REsp 36.898-SP, DJ 28/3/1994. **REsp 1.132.449-PR, Rel. Min. Nancy Andrighi, julgado em 13/3/2012. (Inform. STJ 493)**

13. AÇÕES, PROCESSO CIVIL

EXECUÇÃO EXTRAJUDICIAL DE CRÉDITO HIPOTECÁRIO E DEVIDO PROCESSO LEGAL - 2
O Plenário retomou julgamento de recurso extraordinário em que se discute, nos termos dos artigos 30, parte final, e 31 a 38 do Decreto-lei 70/66, a compatibilidade, ou não, de execução extrajudicial de crédito hipotecário com o novo ordenamento constitucional — v. Informativo 628. Em voto-vista, o Min. Dias Toffoli, ao reafirmar a pacífica jurisprudência da Corte no sentido da recepção, pela CF/88, das normas do aludido diploma, proveu o recurso, sendo acompanhado pelo Min. Ricardo Lewandowski. Em divergência, os Ministros Cármen Lúcia e Ayres Britto negaram provimento ao extraordinário por reputarem que os preceitos impugnados afrontariam o princípio constitucional do devido processo legal (art. 5º, LIV). Após, pediu vista o Min. Gilmar Mendes. RE 556520/SP, rel. Min. Marco Aurélio, 18.8.2011. (RE-556520) (Inform. STF 636)

SEC. COMPETÊNCIA. CONTRATO. JOINT VENTURE.
A Corte Especial, ao prosseguir o julgamento, por maioria, deferiu parcialmente a homologação da sentença arbitral estrangeira contestada (SEC). Assentou que sendo lícito o negócio jurídico realizado no Brasil, por partes de legítimo contrato de *joint venture*, não se lhe pode extrair as consequências jurídicas da quebra do acordado. Consignou-se, ainda, não se poder afastar a convenção arbitral nele instituída por meio de cláusula compromissória ampla, em que se regulou o juízo competente para resolver todas as controvérsias das partes, incluindo a extensão dos temas debatidos, sob a alegação de renúncia tácita ou de suposta substituição do avençado. Assim, uma vez expressada a vontade de estatuir, em contrato, cláusula compromissória ampla, a sua destituição deve vir por meio de igual declaração expressa das partes, não servindo, para tanto, mera alusão a atos ou a acordos que não tenham o condão de afastar a referida convenção. Frisou-se que o próprio sentido do contrato de *joint venture* assinado pelas partes supera o argumento de que uma delas quis abdicar da instituição de juízo arbitral no estrangeiro, bem como não importa a revelia em falta de citação, mas, ao contrário, a pressupõe. Ademais, o laudo arbitral lavrado por corte previamente prevista na cláusula compromissória obedece aos requisitos para sua internalização em território pátrio, máxime porque não ofende os ditames dos arts. 3º, 5º e 6º da Res. n. 9/2005 deste Superior Tribunal. Por fim, havendo a justiça brasileira, definitivamente, resolvido controvérsia quanto a um dos temas do pedido de homologação da sentença arbitral, deve a pretensão ser negada quanto a isso por obediência à coisa julgada. **SEC 1-EX, Rel. Min. Maria Thereza de Assis Moura, julgada em 19/10/2011.** (Inform. STJ 485)

HABILITAÇÃO. CRÉDITO. EXECUÇÃO POSTERIOR. MESMO TÍTULO.
In casu, o banco, ora recorrente, com lastro na escritura pública de confissão de dívida com garantia de hipoteca e fiança outorgada pelos devedores, entre os quais a ora recorrida, requereu, em 3/9/2003, a habilitação do respectivo crédito nos autos do inventário do codevedor, o que teve, de plano, a concordância do espólio. Não obstante, em 2/8/2005, o recorrente promoveu ação de execução, também com lastro no referido título executivo, contra a recorrida. Portanto, a controvérsia centra-se em saber se, a despeito da habilitação de crédito oriundo da escritura pública de confissão de dívida com garantia de hipoteca e fiança outorgada pelos devedores, nos autos do inventário do primeiro devedor, ao credor é conferida a possibilidade de ajuizar, posteriormente, execução com lastro no referido título executivo, agora, em face do cônjuge supérstite, codevedora. Inicialmente, salientou o Min. Relator que a habilitação de crédito não contém carga litigiosa, já que fica condicionada à concordância do espólio. Trata-se, na verdade, de mero procedimento incidental, nos autos do inventário, cuja iniciativa consiste numa faculdade do credor. Contudo, ressaltou que, uma vez eleita essa via judicial pelo credor, com a efetiva habilitação do crédito no bojo do inventário, não é dado a ele a possibilidade de se valer de nova via judicial para obter o mesmo crédito, seja em relação ao próprio espólio, seja em relação ao codevedor, pois, em ambos os casos, a habilitação de crédito anteriormente intentada e judicialmente homologada já atingiu tal finalidade, tornando a adoção de outra medida judicial (seja executória ou de cobrança), por conseguinte, absolutamente inócua, e, mesmo, desnecessária. Observou que isso redundaria, na prática, na existência de duas execuções concomitantes para cobrar a mesma dívida, o que não se afigura lícito, e ainda ter-se-ia duplicidade de penhora para satisfazer o mesmo débito, bem como de condenações às verbas sucumbenciais, o que, inequivocamente, onera em demasia o devedor, contrariando o art. 620 do CPC. Assim, é de se reconhecer, na hipótese, a carência da ação executiva, ante a ausência de interesse de agir, na modalidade necessidade. Diante disso, a Turma negou provimento ao recurso. Precedentes citados: REsp. 921.603-SC, DJe 26/10/2009, e REsp 615.077-SC, DJe 7/2/2011. **REsp 1.167.031-RS, Rel. Min. Massami Uyeda, julgado em 6/10/2011.** (Inform. STJ 484)

SÚM. N. 313-STJ. CONSTITUIÇÃO. CAPITAL. SUBSTITUIÇÃO. FOLHA. PAGAMENTO.
A Turma, entre outras questões, entendeu que a Súm. n. 313-STJ deve ser interpretada em conformidade com o art. 475-Q do CPC, incluído pela Lei n. 11.232/2005 (posterior à edição do enunciado). Assim, consignou-se que, nas ações indenizatórias que incluem prestação de alimentos, é facultado ao juiz substituir a determinação de constituição de capital para inclusão dos beneficiários na folha de pagamentos da sociedade empresária que apresente notória capacidade econômica. Na espécie, a recorrida, concessionária de distribuição de energia elétrica, foi condenada a indenizar os recorrentes pelos danos morais e materiais decorrentes do falecimento do marido e pai em acidente de trabalho. **REsp 860.221-RJ, Rel. Min. Luis Felipe Salomão, julgado em 19/5/2011.** (Inform. STJ 473)

AÇÃO. LOCUPLETAMENTO. JUROS MORATÓRIOS.
Quando a cártula é atingida pela prescrição, ela não pode ser mais exigida pela via executiva, contudo o ordenamento jurídico garante a seu portador o manuseio da ação de locupletamento, com a possibilidade de reaver o que supõe devido a fim de que não haja o enriquecimento sem causa do devedor. Naquela ação, a discussão é restrita ao dano sofrido e ao ganho indevido sem que se perquiram os efeitos cambiais ordinários da cártula, pois o valor devido será apurado na própria ação. Daí não se poder falar em obrigação líquida e vencida, pois o título de crédito passa a ser, no procedimento ordinário, a prova indiciária da existência do prejuízo. Dessarte, os respectivos juros moratórios devem ser contados a partir da citação, tal como ocorre no procedimento monitório. Precedentes citados: REsp 554.694-RS, DJ 24/10/2005; AgRg no REsp 1.040.815-GO, DJe 10/6/2009; AgRg no Ag 979.066-RJ, DJe 19/8/2010, e AgRg no Ag 1.276.521-MG, DJe 25/6/2010. **REsp 299.827-RJ, Rel. Min. Vasco Della Giustina (Desembargador convocado do TJ-RS), julgado em 1º/3/2011.** (Inform. STJ 465)

SÓCIO AVALISTA. INTERESSE RECURSAL.
A Turma deu provimento ao recurso especial por entender violado o art. 499, § 1º, do CPC, declarando a falta de interesse recursal do ora recorrido para interpor apelação contra a sentença prolatada na origem. Na espécie, o ora recorrente assumiu dívida de financiamento bancário da empresa autora, o qual fora garantido pelo ora recorrido (sócio avalista da autora). A empresa havia proposto ação de rescisão contratual, reintegração de posse e indenização, e os pedidos foram julgados improcedentes. Dessa decisão, interpôs apelação que foi julgada deserta, no entanto o sócio avalista também apresentou apelação (idêntica à da empresa), a qual foi provida pelo tribunal *a quo*, que o considerou terceiro interessado. Para o Min. Relator, o recurso interposto pelo avalista foi genérico, não demonstrou as implicações jurídicas da sua presença nos negócios efetuados, não explicitou a extensão do aval prestado e não especificou qualquer particularidade da garantia que permitisse a discussão de alguma exceção causal, o que poderia autorizar sua participação no processo como terceiro interessado. Salientou, ademais, que a aceitação do recurso de avalistas – em que se discute o negócio jurídico em evidência – em substituição ao apelo das partes vencidas garantiria àqueles a possibilidade de permanecer à espreita da sentença para, após esgotado o prazo recursal da parte sem que ela tenha se manifestado, recolocar em julgamento a matéria preclusa e, com isso, prolongar o desfecho dos litígios. Ressaltou que a matéria versada nesse caso é diversa de outros julgados. **REsp 1.141.745-BA, Rel. Min. Sidnei Beneti, julgado em 8/2/2011.** (Inform. STJ 462)

EXECUÇÃO. SFH. INTIMAÇÃO. EDITAL.
Trata-se de REsp em que a recorrente alega violação dos arts. 31, § 2º, e 32, § 1º, do DL n. 70/1966 ao argumento de que não houve o esgotamento dos meios para sua intimação pessoal antes da realização de sua intimação por edital, além de divergência jurisprudencial em relação à necessidade de prévia avaliação do bem a ser leiloado nos casos de execução extrajudicial de imóveis adquiridos pelo Sistema Financeiro da Habitação (SFH). A recorrida, por sua vez, em contrarrazões, aduz, entre outras questões, que ficou assentado, no acórdão recorrido, o cumprimento das formalidades prescritas no DL n. 70/1966, que estabelece procedimento especial de execução, com o qual manifestou concordância o mutuário quando da assinatura do contrato levado a efeito por terceiro devidamente credenciado pelo Bacen, o agente fiduciário. Argumenta, ainda, que esse procedimento visa manter o fluxo de retorno dos recursos emprestados no âmbito do SFH e que, embora possibilite a execução extrajudicial do contrato, a imissão de posse depende de decisão em processo no Poder Judiciário em cujo âmbito será possível amplo contraditório. Nesta instância especial, asseverou-se que o posicionamento adotado pelo tribunal *a quo* encontra-se inteiramente de acordo com o entendimento desta Corte Superior segundo o qual, nos termos estabelecidos pelo § 1º do art. 31 do DL n. 70/1966, a notificação pessoal do devedor, por intermédio do cartório de títulos e documentos, é a forma normal de cientificá-lo na execução extrajudicial do imóvel hipotecado. Todavia, frustrada essa forma de notificação, é cabível aquela por edital, nos termos do § 2º do mesmo artigo, inclusive para a realização do leilão. Frisou-se que, *in casu*, o acórdão recorrido, com base na análise dos documentos constantes dos autos, considerou que foi promovida a intimação pessoal para a purgação da mora e também a intimação por meio de edital para o primeiro e o segundo leilão após a recorrente se haver recusado a assinar a intimação a ela dirigida, incidindo, assim, o verbete sumular n. 83-STJ em relação a esse tópico. No que se refere ao argumento de suposta ausência de avaliação do imóvel leiloado, observou-se não assistir melhor sorte à recorrente em razão de o tribunal de origem ter firmado o entendimento de que a recorrida utilizou-se de prerrogativa conferida pela própria norma jurídica (DL n. 70/1966) e também pelo instrumento contratual firmado com a mutuária, não havendo qualquer ilegalidade no ato executório, motivos pelos quais não existiriam elementos capazes de anular o leilão do imóvel em apreço, haja vista que não foi comprovada nenhuma irregularidade da instituição financeira ao proceder a tal execução. Por fim, asseverou-se que o rito da execução extrajudicial disciplinado pelo DL n. 70/1966 já foi reiteradamente proclamado compatível com a CF/1988 tanto por este Superior Tribunal quanto pelo STF. Com esses fundamentos, a Turma conheceu em parte do recurso e, nessa extensão, negou-lhe provimento. **Precedentes citados: EAg 1.140.124-SP, DJe 21/6/2010, e REsp 480.475-RS, DJ 5/6/2006. REsp 1.147.713-PB, Rel. Min. Maria Isabel Gallotti, julgado 23/11/2010.** (Inform. STJ 457)

EDCL. JULGAMENTO CITRA PETITA. ANULAÇÃO.
Alegam os embargantes deter ações preferenciais de um banco que foi incorporado a outro e ter sofrido prejuízos advindos do tratamento preferencial dado aos acionistas controladores da S.A. (ações ordinárias) quanto ao preço pago por suas ações (oferta pública). Assim, no REsp, pleiteavam o pagamento dessa diferença de preço entre as ações ou do valor de rateio dos bens intangíveis à época da transferência do controle acionário. Contudo, a Quarta Turma negou provimento ao REsp, julgamento contra o qual foram oferecidos embargos de declaração, que reputavam omisso seu acórdão quanto ao dito pedido subsidiário. Então, ao prosseguir o julgamento dos EDcl, após o voto de desempate proferido pelo Min. Massami Uyeda, convocado da Terceira Turma para tal, a Quarta Turma, por maioria, entendeu rejeitar os embargos. Os votos divergentes, mas vencedores, capitaneados pelo Min. João Otávio de Noronha, primeiramente, entenderam desnecessário declarar a nulidade do acórdão embargado, com a consequente reinclusão do recurso na pauta, caso ocorrido o julgamento *citra petita*, pois a função primordial dos embargos diante da omissão é, justamente, a integração do julgado (sua complementação). Outrossim, entenderam não existir sequer omissão a ser sanada, pois a questão referente ao pedido sucessivo não foi suscitada nas razões do REsp, dele só constando seu requerimento sem o devido fundamento. Anotaram, por último, que o tribunal *a quo* também não resolveu a questão sobre esse rateio dos intangíveis. **EDcl no REsp 710.648-MG, Rel. originário Min. Luis Felipe Salomão, Rel. para acórdão Min. João Otávio de Noronha, julgado em 16/11/2010.** (Inform. STJ 456)

PENHORA. BEM DE FAMÍLIA. CONTRATO BANCÁRIO.
Em execução ajuizada por banco para cobrança de dívida de devedor e avalista representada por nota promissória, realizada a penhora, os embargos à execução informaram que, após partilha de bens em processo de separação judicial, o bem constrito passou a pertencer exclusivamente ao devedor, constituindo bem de família nos termos da Lei n. 8.009/1990. Para o Min. Relator, realizada a partilha no processo judicial de separação devidamente homologado por juiz competente, independentemente de registro, o formal de partilha considera-se documento público capaz de comprovar que o devedor foi aquinhoado com o imóvel, portanto não cabe a penhora do bem. Também este Superior Tribunal, conforme a Súm. n. 364-STJ, entende que conceito de bem de família pode ser estendido ao imóvel no qual resida o devedor solteiro. Por outro lado, destaca que não procede a alegação de inaplicabilidade do CDC, visto que a Súm. n. 297-STJ afirma aplicar-se o CDC às instituições financeiras. Também observa que o acordo entre as partes firmado nos autos de execução, quanto ao pagamento do débito, não tem o condão de extinguir o feito, mas de suspendê-lo até o adimplemento da obrigação, porém, findo o prazo, retomado o curso do processo de execução, não há motivo para alegar a impossibilidade de revisão do contrato firmado (Súm. n. 286-STJ). Quanto aos outros questionamentos formulados, aplicaram-se as Súmulas ns. 30-STJ e 296-STJ. Ante o exposto, a Turma conheceu em parte o recurso e, nessa parte, deu-lhe provimento para afastar a limitação dos juros remuneratórios (Súm. n. 596-STF). **Precedentes citados: REsp 848.070-GO, DJe 25/3/2009, e REsp 1.112.143-RJ, DJe 9/11/2009. REsp 471.903-RS, Rel. Min. Luis Felipe Salomão, julgado em 6/5/2010.** (Inform. STJ 433)

GARANTIA. PATRIMÔNIO. S/A. SÓCIO.
O crédito penhorado em ação em que se litiga a respeito da sobrepartilha de bens de um dos acionistas da sociedade anônima pertence, exclusivamente, a ela; consequentemente, não pode servir de garantia ao pagamento de dívida do sócio acionista, uma vez que as responsabilidades e patrimônios não se confundem. **RMS 19.149-GO, Rel. Min. Luis Felipe Salomão, julgado em 20/4/2010.** (Inform. STJ 431)

APELAÇÃO. EFEITO DEVOLUTIVO. BUSCA. APREENSÃO.
Em sede de ação de busca e apreensão, após a alteração do art. 3º, § 5º, do DL n. 911/1969 pela Lei n. 10.931/2004, a apelação interposta contra sentença que julga improcedente o pedido ou extingue o processo sem resolução de mérito é também recebida apenas no efeito devolutivo, o que impõe a cassação de liminar anteriormente concedida. A alteração veio em resguardo do princípio da igualdade entre os litigantes, pois a anterior redação, de recebê-la no duplo efeito nesses casos, levava à preterição do devedor porque ele não recuperava a posse do bem mesmo com a cassação da liminar pela sentença de improcedência ou da extinção sem resolução de mérito, havendo apelação do credor. **REsp 1.046.050-PR, Rel. Min. Nancy Andrighi, julgado em 17/9/2009.** (Inform. STJ 407)

COMPETÊNCIA. AÇÃO. EXECUÇÃO. DESCONSIDERAÇÃO. PERSONALIDADE JURÍDICA.
Trata-se de ação de execução fundada em títulos extrajudiciais (cheques) na qual o juiz suscitado desconsiderou a personalidade jurídica da empresa executada e remeteu os autos ao juiz suscitante, pois os sócios da devedora residiam no local onde o suscitante tem competência. Porém, o critério que determina a competência é o *ratione loci*, consequentemente a competência é relativa. Assim, o foro inicial da ação é determinado pelo exequente, não podendo ser mudado posteriormente, ressalvadas as hipóteses do art. 87 do CPC (quando suprimirem o órgão judiciário ou alterarem a competência em razão da matéria ou de hierarquia), o que não ocorreu no caso. Logo, a desconsideração da personalidade jurídica da empresa para alcançar bens dos sócios, por si só, não é suficiente para deslocar a competência, notadamente porque os pretensos devedores ainda não foram sequer citados e poderão arguir exceção. **CC 102.283-BA, Rel. Min. Fernando Gonçalves, julgado em 22/4/2009.** (Inform. STJ 391)

COMPETÊNCIA. CONTRATO. REPRESENTAÇÃO COMERCIAL.
A Seção reiterou o seu entendimento e afirmou ser competente a Justiça comum estadual para processar e julgar as causas que envolvam contratos de representação comercial, mesmo após o início da vigência da EC n. 45/2004. Isso ocorre em razão de, na representação comercial, não haver subordinação, que é um dos elementos da relação de emprego. Precedente citado: CC 60.814-MG, DJ 13/10/2006. **CC 96.851-SC, Rel. Min. Carlos Fernando Mathias (Desembargador convocado do TRF 1ª Região), julgado em 11/2/2009.** (Inform. STJ 383)

MS. EFEITO SUSPENSIVO. ADMINISTRADOR. AFASTAMENTO. HOSPITAL.
A Turma admitiu o cabimento do *writ* contra decisão que, não obstante deixar de converter em retido o agravo interposto por instrumento, ao final denegou o pedido de efeito suspensivo formulado. No caso, o *writ* buscava manter decisão do Tribunal *a quo* para afastar da administração da sociedade sócio detentor de 70% do capital social, em favor daquele detentor de 30%. Diante da Lei n. 11.187/2005, discute-se o cabimento do *writ* contra decisões que a lei reputa irrecorríveis no novo regime do agravo de instrumento. Na hipótese, não se trata de decisão que converteu o agravo de instrumento em agravo retido, mas de decisão que admite a interposição do recurso por instrumento, denegando o pleiteado efeito suspensivo (art. 527, II, do CPC). O Poder Judiciário, com base no art. 1.019 do CC/2002, pode afastar o administrador, embora não possa nomear outro em seu lugar, quando a ele se reputa a prática de atos lesivos à sociedade. Por isso, entendeu-se que a melhor solução é manter a decisão do Tribunal *a quo*, dado que a impetração do *writ* contra decisões judiciais só é admissível na hipótese de teratologia do ato impugnado, mas o afastamento do requerente da administração do hospital não é teratológico. Ademais, o afastamento de um dos sócios da administração da empresa não lhe retira os poderes inerentes à sua qualidade de sócio. Assim, bastou ao juízo afastar o administrador pela prática de atos lesivos à sociedade para manter no encargo o outro sócio, também nomeado pelo contrato social. Ademais, até que seja definida a partilha de bens do casal, todo o patrimônio permanece *pro indiviso*, cabendo à ex-esposa a detenção, no momento, da fração ideal correspondente a 50% das cotas sociais detidas pela requerente. **Precedente citado: RMS 22.847-MT, DJ 26/3/2007. MC 14.561-BA, Rel. Min. Nancy Andrighi, julgada em 16/9/2008.** (Inform. STJ 368)

RECURSOS REPETITIVOS. TELEFONIA. "TAXA". SERVIÇO. DOCUMENTOS
No âmbito da ação de exibição de documentos relativos a contratos de participação financeira com subscrição de ações firmados com empresa de telefonia, a Seção, ao julgar o recurso conforme o art. 543-C do CPC e a Resolução n. 8-STJ, confirmou o entendimento de que é cabível a exigência de prévio requerimento formal de obtenção desses documentos societários pela via administrativa, bem como que é devido o pagamento dos custos correspondentes à emissão ("taxa de serviço"), de acordo com a permissão dada pelo art. 100, § 1º, da Lei n. 6.404/1976. **REsp 982.133-RS, Rel. Min. Aldir Passarinho Junior, julgado em 10/9/2008 (ver Informativo n. 363).** (Inform. STJ 367)

SÚMULA STJ Nº 451

É legítima a penhora da sede do estabelecimento comercial.

SÚMULA STJ Nº 389

A comprovação do pagamento do "custo do serviço" referente ao fornecimento de certidão de assentamentos constantes dos livros da companhia é requisito de procedibilidade da ação de exibição de documentos ajuizada em face da sociedade anônima.

SÚMULA STJ Nº 384

Cabe ação monitória para haver saldo remanescente oriundo de venda extrajudicial de bem alienado fiduciariamente em garantia.

SÚMULA STJ Nº 380

A simples propositura da ação de revisão de contrato não inibe a caracterização da mora do autor.

SÚMULA STJ Nº 375

O reconhecimento da fraude à execução depende do registro da penhora do bem alienado ou da prova de má-fé do terceiro adquirente.

SÚMULA STJ Nº 372

Na ação de exibição de documentos, não cabe a aplicação de multa cominatória.

SÚMULA STJ Nº 322

Para a repetição de indébito, nos contratos de abertura de crédito em conta-corrente, não se exige a prova do erro.

SÚMULA STJ Nº 300

O instrumento de confissão de dívida, ainda que originário de contrato de abertura de crédito, constitui título executivo extrajudicial.

SÚMULA STJ Nº 299

É admissível a ação monitória fundada em cheque prescrito.

SÚMULA STJ Nº 270

O protesto pela preferência de crédito, apresentado por ente federal em execução que tramita na Justiça Estadual, não desloca a competência para a Justiça Federal.

SÚMULA STJ Nº 199

Na execução hipotecária de crédito vinculado ao sistema financeiro da habitação, nos termos da lei n. 5.741/71, a petição inicial deve ser instruída com, pelo menos, dois avisos de cobrança.

SÚMULA STJ Nº 143

Prescreve em cinco anos a ação de perdas e danos pelo uso de marca comercial.

SÚMULA STJ Nº 39

Prescreve em vinte anos a ação para haver indenização, por responsabilidade civil, de sociedade de economia mista.

14. OUTROS TEMAS DE DIREITO EMPRESARIAL

CONTRAFAÇÃO. CONTRATO. DISTRIBUIÇÃO EXCLUSIVA.
Trata-se de REsp proveniente de ação ajuizada na origem pelas recorrentes com o fim de impedir que produtos de sua marca fossem comercializados pela recorrida. Para tanto, alegou-se contrafação e desrespeito a contrato de exclusividade segundo o qual uma das recorrentes teria o direito exclusivo de distribuir, no Brasil, os charutos cubanos fabricados pela outra recorrente. A sentença, desfavorável às recorrentes, considerou insuficientes as provas da contrafação, o que foi mantido em grau de apelação. A Turma negou provimento ao recurso, consignando, entre outros fundamentos, que, no caso, não se verifica desrespeito aos princípios da ordem econômica e

também não está nem mesmo delineada hipótese de ofensa ao contrato de distribuição exclusiva. Isso porque não há provas de que seja a recorrida quem tenha feito a introdução, no território nacional, do produto fabricado pelas recorrentes, sendo certo que apenas os comprou de quem os importou. **REsp 930.491-SP, Rel. Min. Sidnei Beneti, julgado em 12/4/2011.** (Inform. STJ 469)

RESPONSABILIDADE. SÓCIOS. SOCIEDADE SIMPLES. NEGÓCIO JURÍDICO. PROVA TESTEMUNHAL.

In casu, a sociedade empresária recorrida ajuizou, na origem, ação de cobrança e ressarcimento em desfavor das recorrentes sob a alegação de que o contrato de prestação de serviços celebrado com a sociedade civil da qual elas eram sócias – extinta pelo decurso do prazo – não foi cumprido. Esse contrato previa a elaboração pela recorrida do *marketing* do texto que seria entregue ao comitê olímpico quando da apresentação da candidatura de cidade brasileira para sediar os jogos olímpicos de 2004. Nos recursos especiais, as sócias sustentaram, entre outras questões, sua ilegitimidade passiva *ad causam*, a irregularidade da desconsideração da personalidade jurídica e a impossibilidade de se comprovar a prestação do serviço por prova exclusivamente testemunhal. Nesse contexto, a Turma negou-lhes provimento por entender que, nas sociedades cuja responsabilidade dos sócios é ilimitada – como na hipótese, em que se trata de sociedade simples –, uma vez exaurido o patrimônio da pessoa jurídica, não é necessário desconsiderar sua personalidade para que se atinjam os bens dos sócios, conforme o art. 1.023 do CC/2002, o que evidencia a legitimidade das recorrentes para figurar na demanda. Ressaltou-se ainda que a vedação para utilizar prova exclusivamente testemunhal descrita nos arts. 401 do CPC e 227 do CC/2002 restringe-se à demonstração da existência do negócio jurídico em si, não alcançando a verificação dos fatos e circunstâncias atinentes ao contrato. Precedente citado: EREsp 263.387-PE, DJ 17/3/2003. **REsp 895.792-RJ, Rel. Min. Paulo de Tarso Sanseverino, julgado em 7/4/2011.** (Inform. STJ 468)

SOCIEDADES EMPRESÁRIAS. MESMO GRUPO ECONÔMICO. COMPENSAÇÃO TRIBUTÁRIA.

Discute-se, no REsp, a possibilidade de compensação tributária entre

sociedades empresárias do mesmo grupo econômico. A Turma negou provimento ao recurso sob o fundamento, entre outros, de que inexiste lei que autorize a compensação pretendida, não podendo o Judiciário imiscuir-se na tarefa de legislador para criar uma nova forma de compensação de tributos. Precedente citado: AgRg no REsp 1.077.445-RS, DJe 8/5/2009. **REsp 1.232.968-SC, Rel. Min. Humberto Martins, julgado em 22/3/2011.** (Inform. STJ 467)

RESPONSABILIDADE. ADMINISTRADORA. SHOPPING POPULAR.

A Turma, ao prosseguir o julgamento, por maioria, entendeu que, no caso, a administradora (recorrente) de *shopping* popular é responsável pelos atos ilícitos praticados pelos lojistas locatários dos espaços localizados no aludido centro comercial – comercialização de produtos falsificados das marcas recorridas. Segundo o Min. Relator, a base fática do acórdão recorrido evidenciou não se tratar de atividade normal de *shopping center*: a recorrente não atuava como mera administradora, mas permitia e incentivava a prática ilícita, fornecendo condições para o prosseguimento e desenvolvimento da contrafação; daí, portanto, decorreria sua culpa *in omittendo* e *in vigilando*. **REsp 1.125.739-SP, Rel. Min. Sidnei Beneti, julgado em 3/3/2011.** (Inform. STJ 465)

PREVIDÊNCIA PRIVADA. IDADE.

Discutiu-se a legalidade do Dec. n. 81.240/1978 e, por consequência, do regulamento do plano de benefícios da entidade de previdência privada em questão, que estabeleceu a idade de 55 anos como a mínima necessária a obter complementação de aposentadoria. Anote-se, primeiramente, que, apesar de o STJ ter entendimento contrário, o STF já se pronunciou quanto ao fato de os questionamentos relativos a esse decreto regulamentar e seu âmbito de incidência serem matérias de ordem infraconstitucional sujeitas ao exame deste Superior Tribunal. Nesse contexto, vê-se que a Lei n. 6.435/1977 prevê que são possíveis períodos de carência para a concessão de benefícios (art. 42, II) e não veda a instituição de limitador de idade à suplementação de aposentadoria. Assim, não houve obstáculos a que o art. 31, IV, do referido decreto impusesse tal requisito em razão da natureza do plano (privado, de caráter complementar e adesão facultativa) e do devido respeito à preservação do equilíbrio atuarial, quanto mais se o limite etário é razoável e está amparado em poder discricionário. Dessarte, tanto o decreto quanto o regulamento do plano não extrapolaram os limites de discricionariedade concedidos pela lei, mostrando-se, portanto, legais. Anote-se, por último, que o ingresso dos autores no fundo de pensão deu-se após a instituição do referido limite de idade, destacando que o próprio decreto ressalvou a situação de participantes que aderiram ao plano de benefícios antes de 1º/1/1978. **Precedentes citados do STF: ADi 2.387-0-DF, DJ 5/12/2003, e AI 686.423-RJ, DJe 23/8/2010. REsp 1.125.913-RS, Rel. Min. Luis Felipe Salomão, julgado em 19/10/2010.** (Inform. STJ 452)

INVESTIMENTOS. FUNDOS DERIVATIVOS. ALTO RISCO.

Na hipótese em questão, os recorrentes ajuizaram ação indenizatória por danos materiais e morais contra os recorridos, sob o argumento de que sofreram prejuízos de até 95% dos valores investidos, em razão da propaganda enganosa veiculada por um deles (a instituição financeira), bem como da ausência do dever de informação acerca dos riscos do negócio, da prática de atos ilícitos e, também, da má gestão do fundo de investimentos. A sentença julgou procedente o pedido, decisão que foi reformada pelo tribunal *a quo*. Nesse contexto, a Turma entendeu, entre outras questões, que, nos investimentos em fundos derivativos, principalmente os vinculados ao dólar americano, é ínsito o alto grau de risco, tanto para grandes ganhos, quanto para perdas consideráveis. Assim, aqueles que se encorajam a investir em fundos arrojados estão cientes dos riscos do negócio, caso contrário, depositariam suas reservas em investimentos mais conservadores, como, por exemplo, a caderneta de poupança. Observou-se não se poder olvidar, ainda, que, nos idos de 1999, a economia nacional passava por profundas transformações, o que, por si só, ressalta o conhecimento por parte dos consumidores dos riscos desse tipo de aplicação financeira. Ademais, os investidores foram informados dos riscos dos investimentos, pois isso consta do acórdão recorrido quando consigna que o material informativo lhes foi entregue. Destarte, sendo do conhecimento do consumidor-padrão o alto risco dos investimentos em fundos derivativos, além do fato de os investidores tomarem ciência dos termos da aplicação financeira, não há falar em ofensa ao direito de informação. Diante disso, negou-se provimento ao recurso. Precedente citado: REsp 747.149-RJ, DJ 5/12/2005. **REsp 1.003.893-RJ, Rel. Min. Massami Uyeda, julgado em 10/8/2010.** (Inform. STJ 442)

SISTEMA HIPOTECÁRIO. PES.

Trata-se de REsp em que se discute, entre outras questões, a aplicabilidade do Plano de Equivalência Salarial (PES) nos reajustes das prestações de imóveis financiados pelo sistema hipotecário. A Turma deu parcial provimento ao recurso, reafirmando que, no caso de financiamento do imóvel pelo sistema hipotecário, é incabível a pretensão de vincular o reajuste do saldo devedor ao PES, que é aplicável apenas à indexação das prestações do mútuo. Em sendo assim, o reajuste das parcelas deve ser realizado conforme o índice previsto no contrato. **Precedentes citados: REsp 643.273-SC, DJe 16/11/2009; REsp 542.628-SC, DJ 19/4/2004; REsp 495.019-DF, DJ 6/6/2005, e REsp 260.636-PR, DJ 26/8/2002. REsp 421.906-DF, Rel. Min. Luis Felipe Salomão, julgado em 4/5/2010.** (Inform. STJ 433)

RESPONSABILIDADE. SHOPPING CENTER.

Trata-se de REsp em que se discute a responsabilidade e, consequentemente, o dever do *shopping* ora recorrente de indenizar em decorrência de disparos de arma de fogo na sala de um cinema daquele *shopping*, fato que levou à morte várias pessoas, entre as quais, o filho do ora recorrido. A Turma entendeu que, para chegar à configuração do dever de indenizar, não basta que o ofendido demonstre sua dor, visto que somente ocorrerá a responsabilidade civil se reunidos todos os seus elementos essenciais, tais como dano, ilicitude e nexo causal. Em sendo assim, não há como deferir qualquer pretensão indenizatória se não foi comprovado, ao curso da instrução, nas instâncias ordinárias, o nexo de causalidade entre os tiros desferidos e a responsabilidade do *shopping* onde se situava o cinema. Desse modo, rompido o nexo causal da obrigação de indenizar, não há falar em direito à percepção de indenização por danos morais e materiais. Diante disso, deu-se provimento ao recurso. **REsp 1.164.889-SP, Rel. Min. Honildo Amaral de Mello Castro (Desembargador convocado do TJ-AP), julgado em 4/5/2010.** (Inform. STJ 433)

ENFITEUSE. LAUDÊMIO. CAPITAL SOCIAL.

Por não se tratar de operação onerosa, é indevida a cobrança de laudêmio na transferência do domínio útil de imóvel situado em terreno de marinha com o fim de integralizar capital social de sociedade empresária (art. 3º do DL n. 2.398/1987). **Precedentes citados: REsp 1.086.018-PB, DJe 26/2/2009; REsp 856.657-RJ, DJe 29/10/2008; AgRg no Ag 1.042.173-SC,**

DJe 6/10/2008; REsp 720.610-PE, DJ 23/8/2007, e REsp 862.356-RS, DJe 6/5/2009. REsp 1.104.363-PE, Rel. Min. Castro Meira, julgado em 1º/10/2009. (Inform. STJ 409)

IF. IMISSÃO. POSSE. MASSA FALIDA.

A Corte Especial, por maioria, indeferiu pedido de intervenção federal (IF) em Estado-membro requerida pela massa falida por não haver o governador da unidade federativa atendido requisição de força policial do juízo de falências e concordatas para dar cumprimento a mandado de reintegração de posse em área de 492.403 m² que, após invasão, tornou-se bairro residencial. Note-se que o pedido de intervenção é apenas para desocupação da área em litígio e, nas informações prestadas, o governador alega que existem 3.000 pessoas residindo em 1.027 habitações de alvenaria, tornando-se impossível a desocupação da área sem graves consequências. Diante da relevância da situação, com possibilidade real de danos de difícil reparação, consta dos autos que foi solicitada a interferência do Ministério das Cidades por requerimento do MPF, sem êxito, pois a transação entre o Estado-membro, o município e a massa falida deixou de ser homologada judicialmente. Nesse contexto, a tese vencedora do Min. Relator indeferindo-a, teve por base o princípio da proporcionalidade, pois o caso encerra um conflito de valores: de um lado, o direito à vida, à liberdade, à inviolabilidade domiciliar e a própria dignidade da pessoa humana e, do outro, o direito à propriedade, que não poderia sobrepor-se àqueles referentes à vida e ao interesse social. Assim, no caso concreto, o emprego de força policial não seria adequado quando existem outros meios de compor a propriedade privada da credora, pela desapropriação ou ainda se resolvendo por perdas e danos. O Min. Relator ainda observou que, no mesmo sentido, foi o parecer do MPF. A tese vencida deferia a intervenção, embora reconhecendo ser indiscutível a dificuldade intransponível de fazer cumprir a desocupação, mas nesse momento, não caberia discutir a justiça ou injustiça da decisão judicial ou, ainda, examinar se existia outro modo de cumpri-la, pois só o juiz competente poderia mudar sua decisão; assim, atinha-se apenas ao descumprimento de uma decisão judicial e se arrimava em precedentes de decisões análogas deste Superior Tribunal. **IF 92-MT, Rel. Min. Fernando Gonçalves, julgada em 5/8/2009.** (Inform. STJ 401)

SOCIEDADES EMPRESARIAIS. LAUDÊMIO. INCORPORAÇÃO.

A Turma negou provimento ao recurso, reafirmando que a transferência de domínio útil de terreno de marinha em razão de incorporação de sociedade enfiteuta não comporta a exigibilidade do pagamento de laudêmio, porque ausente a onerosidade da operação societária. Nessas incorporações, explica o Min. Relator, duas ou mais sociedades são absorvidas por outra que lhas sucede em todos os direitos e obrigações, mediante a integração dos patrimônios societários, com a extinção de uma delas e, conforme dispõe o art. 1.116 do CC/2002, não enseja a realização de negócio oneroso. **Precedentes citados: REsp 856.657-RJ, DJ 29/10/2008; REsp 948.311-RJ, DJ 12/12/2007, e REsp 871.148-SE, DJ 30/10/2007. REsp 1.072.529-PE, Rel. Min. Luiz Fux, julgado em 26/5/2009.** (Inform. STJ 396)

SEGREDO. JUSTIÇA. RELAÇÕES COMERCIAIS.

A relação das hipóteses sujeitas ao segredo de Justiça constante do art. 155 do CPC não é taxativa. No caso, é incontestável que a lide envolve informações de natureza confidencial, conforme está consignado no contrato de *joint venture* firmado entre as partes. Nele, há a previsão de fornecimento de dados relativos a todas e quaisquer relações comerciais ou contratos firmados com a clientela que possam estar relacionados ao negócio, informações de caráter estratégico que, se reveladas a terceiros, especialmente aos concorrentes, podem causar sérios prejuízos. Diante disso, a hipótese dos autos pode ser amparada pela proteção conferida pelo retrocitado artigo. Anote-se que o pedido de a ação principal tramitar em segredo de Justiça foi indeferido pelo juízo singular (decisão que não se submeteu a recurso), porém esse mesmo pleito foi deferido no âmbito de ação indenizatória ajuizada entre as mesmas partes, processo que envolve a mesma base fática e a mesma relação contratual objetada nos autos. Esse entendimento foi acolhido pela Turma, porém o Min. Sidnei Beneti aceitou-o com ressalvas. **Precedente citado: REsp 605.687-AM, DJ 20/6/2005. AgRg na MC 14.949-SP, Rel. Min. Nancy Andrighi, julgado em 19/5/2009.** (Inform. STJ 395)

EDCL. TELECOM. AÇÕES. DIFERENÇA.

A Seção reiterou o seu entendimento manifestado no *leading case* REsp 975.834-RS, DJ 26/11/2007, de que "o pagamento resultante da diferença de ações devido em razão do contrato de participação financeira celebrado entre as partes seja baseado no valor patrimonial da ação (VPA) apurado pelo balancete do mês da respectiva integralização". Asseverou, ainda, que o termo "aprovação" não tem o sentido que lhe quer dar a parte autora, pois o voto do Relator no recurso acima citado determinou como critério os balancetes dos meses correspondentes à data da integralização, os quais não se lhes poderia imputar manipulação de dados ou suspeita de maquiagem, seja por serem eles originários de exercícios já longínquos, seja porque, à época, como a CRT fazia parte da administração indireta, estaria ela sujeita a ter seu balanço e balancete submetidos ao controle de órgãos fiscalizadores, entre os quais a CVM (Comissão de Valores Mobiliários) e o TCE (Tribunal de Contas do Estado do Rio Grande do Sul), com a participação do MP ali oficiante, a CAGE (Controladoria e Auditoria Geral do Estado), a auditoria externa e o seu próprio Conselho Fiscal. Logo não se trata de aprovação formal do balancete, mas apenas de critérios para que os ditos balancetes sirvam como base de apuração do VPA. **EDcl no REsp 1.033.241-RS, Rel. Min. Aldir Passarinho Junior, julgados em 11/2/2009.** (Inform. STJ 383)

BANCO. APLICAÇÃO. AUTORIZAÇÃO. CORRENTISTA.

O recorrido buscou indenização em razão de o banco recorrente ter aplicado vultosa quantia depositada na sua conta-corrente em um fundo de ações de alto risco, isso sem sua autorização ou conhecimento. Nos 15 meses em que o dinheiro ficou aplicado (sem oposição do correntista), o fundo registrou significativas perdas, o que causou a redução da quantia a menos da metade do que inicialmente aplicado. O banco argumentava que lhe foi dada autorização verbal e que, mesmo que comprovada a falta dessa autorização, o silêncio do correntista corresponderia à uma autorização tácita. Nas instâncias ordinárias, o banco foi condenado a devolver o montante dos prejuízos causados, acrescido de juros e correção monetária. Nessa instância especial, a Turma, por maioria, entendeu que, no acórdão recorrido, não houve violação dos arts. 458, I e II, e 535, II, do CPC, ou mesmo dos arts. 149 a 151 do CC/1916, mostrando-se suficientes seus fundamentos quanto a ser hipótese de mútuo o negócio jurídico consubstanciado no depósito bancário em conta-corrente (visto as peculiaridades que o envolvem), o que afastaria as regras relativas à gestão de negócio. Entendeu, também, que não caberia ratificação dos atos, pois é indispensável a autorização prévia para a movimentação em conta-corrente, reconhecida a responsabilidade objetiva. Anotou-se que a ratificação em questão diz respeito a atos anuláveis praticados por agente relativamente incapaz (art. 145 do CC/1916) e que esse instituto busca atribuir validade perante terceiros do ato praticado nessas condições, o que não é o caso. Ressaltou-se, ainda, que a discussão não foi trazida pela ótica do art. 1.296 do CC/1916, que cuida da ratificação de atos praticados sem autorização por mandatários, o que, mesmo assim, ainda levaria à aplicação da Súm. n. 7-STJ. REsp 526.570-AM, **Rel. Min. Nancy Andrighi, julgado em 3/2/2009.** (Inform. STJ 382)

ENERGIA. CONSUMO. TARIFA. SISTEMAS. DISTRIBUIÇÃO.

Trata-se de mandado de segurança impetrado por sociedades empresariais consumidoras livres para impedir a cobrança de novos encargos estipulados pelas Resoluções ns. 666/2002, 790/2002 e 152/2003 da Aneel nos termos do Dec. n. 4.652/2002, ao argumento de que apenas utilizam os serviços de distribuição/transmissão de energia porque produzem a energia que consomem e não precisam adquiri-la da fornecedora impetrada, conforme o § 6º do art. 15 da Lei n. 9.074/1995. *In casu,* o Tribunal de origem entendeu que a comprovação de que determinado custo não corresponderia ao valor do transporte e, por essa razão, o novo encargo tarifário não incidiria na prestação de serviço pelas recorrentes reclama a produção de prova técnica, entendendo o procedimento incompatível com a célere via do mandado de segurança. Outrossim, verificar a suficiência da prova é valorar os elementos de convicção existentes, o que é interditado pela Súm. n. 7-STJ. Aferir a dispensa de encargos de sociedades empresariais consumidoras de energia elétrica, bem como verificar se tal fato sobrecarregará ou não os consumidores residenciais e outros também "cativos" adstringe-se ao âmbito da política energética nacional, cuja discricionariedade administrativa não pode ser apreciada pelo Judiciário. Destarte, os atos regulatórios expedidos como consectários da lei presumem-se legítimos até a aferição de sua inconstitucionalidade, obedecida a reserva de plenário e o controle concentrado. Para o Min. Relator, dois são os defeitos gravíssimos: o mandado de segurança foi a via utilizada inadequadamente e tudo está amparado por ato regulatório que não foi declarado ainda inconstitucional. Assim, para não fazer coisa julgada material e não haver um prejuízo de essência da questão de fundo, a Turma conheceu em parte do recurso especial e, nessa parte, negou-lhe provimento. **REsp 859.388-RJ, Rel. Min. Luiz Fux, julgado em 2/10/2008**. (Inform. STJ 370)

ENFITEUSE. LAUDÊMIO. INCORPORAÇÃO SOCIETÁRIA.

É cediço que incide pagamento de laudêmio quando houver transferência onerosa de domínio útil de bem foreiro da União. Na hipótese dos autos, houve a transferência do direito do enfiteuta de terreno de Marinha resultante da incorporação de empresas em caráter não-oneroso, conforme reconhecido nas instâncias ordinárias – duas empresas realizaram operação econômica reconhecida juridicamente, com o intuito de reorganizar estruturas societárias sem finalidade comercialmente enquadrável em conceito de atividade lucrativa. Nesses casos, é incabível a cobrança de laudêmio. **Precedentes citados: REsp 948.311-RJ, DJ 12/12/2007; REsp 871.148-SE, DJ 30/10/2007, e REsp 968.283-PE, DJ 18/10/2007. REsp 1.066.297-SE, Rel. Min. Humberto Martins, julgado em 2/10/2008.** (Inform. STJ 370)

DEMONSTRAÇÕES FINANCEIRAS. CORREÇÃO MONETÁRIA.

A Primeira Seção deste Superior Tribunal entendia ser perfeitamente válida e legal a aplicação do IPC, em vez do IRVF e dos demais índices utilizados na atualização do BTN fiscal, para a correção monetária das demonstrações financeiras do ano-base 1990, exercício de 1991, por ser aquele o índice que refletiu a real inflação do período (REsp 133.069-SC, DJ 4/3/2002). Todavia, a partir do julgamento pelo STF do RE 201.465-MG, o entendimento desta Corte foi alterado para afastar a aplicação do referido índice no referido período. **REsp 895.844-MG, Rel. Min. Eliana Calmon, julgado em 21/8/2008.** (Inform. STJ 364)

INSTITUIÇÃO FINANCEIRA. APLICAÇÃO. CAPITAL.

O banco recorrente salienta que a decisão que determinou o pagamento aos autores de frutos da aplicação do capital por liquidação de sentença violou o art. 1.061 do CC/1916, extravasando a previsão legal para tal espécie de ressarcimento, qual seja, a reposição monetária plena e os juros moratórios: o aresto recorrido equiparou os autores às instituições financeiras no tocante aos lucros. O Min. Relator observou que o réu é uma instituição financeira que opera por regras específicas da legislação bancária, mediante autorização do Bacen e carta patente, o que não tem como ser aplicado a particulares como parâmetro algum de caráter ressarcitório. A peculiaridade dessa circunstância não permite que se possa atribuir a terceiros, por simetria, qualquer forma de rendimento derivado dessa atuação. Portanto não há como os autores, no caso, assumirem a figura do banco mandatário para fins de fruição reflexa do resultado de aplicações próprias e exclusivas de instituições financeiras. A questão é de ser resolvida à luz dos arts. 1.059 e 1.061 do CC/1916. É claro que os autores fazem jus a receber uma remuneração pelo seu capital, porém há que se fazer em observâncias às regras de ressarcimento pertinentes, na exegese e aplicação preponderante dos aludidos dispositivos legais. **REsp 781.471-RS, Rel. Min. Aldir Passarinho Junior, julgado em 22/4/2008.** (Inform. STJ 353)

CORREÇÃO MONETÁRIA. BALANÇO. ANO 1989. MS.

A Turma deu provimento ao recurso e reiterou o entendimento da Primeira Seção que afirma não incidir o prazo decadencial de 120 dias em mandado de segurança preventivo que objetiva o recolhimento do direito à dedução dos expurgos inflacionários de 1989 das demonstrações financeiras, para fins de apuração do valor devido a título de imposto de renda de pessoa jurídica e de contribuição social sobre o lucro. **Precedentes citados: EREsp 434.838-SP, DJ 11/9/2007; EREsp 467.653-MG, DJ 23/8/2004, e EREsp 546.259-PR, DJ 12/9/2005. REsp 617.587-MG, Rel. Min. Castro Meira, julgado em 11/3/2008.** (Inform. STJ 348)

IMPORTAÇÃO DE PNEUS USADOS E GRAVE LESÃO - 1

O Tribunal, por maioria, negou provimento a agravo regimental interposto contra decisão da Min. Ellen Gracie, Presidente, que deferira pedido de suspensão de decisão monocrática que, em antecipação de tutela recursal nos autos de apelação em trâmite perante o TRF da 2ª Região, assegurara a expedição, em favor da empresa recorrente, de licenças de importação de carcaças de pneumáticos usados, matéria-prima utilizada em processo de industrialização de pneus reformados. Por votação majoritária, o Tribunal rejeitou a preliminar de não-conhecimento do pedido suspensivo, com base na orientação fixada pela Corte no sentido de que o Presidente do Supremo pode suspender liminares deferidas por relatores, no âmbito dos tribunais de justiça, independentemente de interposição de agravo pelo Poder Público. Vencido, no ponto, o Min. Marco Aurélio que não conhecia do pedido suspensivo, ao fundamento de não caber, *per saltum*, vir-se ao Supremo para pleitear uma reforma que deveria ser alcançada pelo próprio tribunal a que integrado o autor do ato que se pretende lesivo ao meio ambiente. STA 118 AgR/RJ, rel. Min. Ellen Gracie, 12.12.2007. (STA-118)

IMPORTAÇÃO DE PNEUS USADOS E GRAVE LESÃO - 2

No mérito, entendeu-se que a decisão agravada deveria ser mantida, porquanto demonstradas, na espécie, as graves lesões previstas no art. 4º da Lei 8.427/92. Reputou-se objetivamente comprovada a grave lesão à ordem pública, considerada em termos de ordem administrativa, haja vista a proibição geral de importação de bens de consumo ou matéria-prima usada, bem como a ocorrência de grave lesão ao manifesto e inafastável interesse público decorrente da efetiva possibilidade de danos irreparáveis ao meio ambiente ecologicamente equilibrado e à saúde (CF, art. 225). Registrou-se que, à exceção do período compreendido entre as Portarias DECEX 1/92 e 18/92, desde a edição da Portaria DECEX 8/91, não é permitida a importação de bens de consumo usados. Asseverou-se que a proibição geral de importação de bens de consumo ou de matéria-prima usada vigorou até a edição da Portaria SECEX 2/2002, consolidada na Portaria SECEX 17/2003 e, mais recentemente, na Portaria SECEX 35/2006, que adequou a legislação nacional à decisão proferida pelo Tribunal Arbitral do Mercosul para reiterar a vedação, com exceção da importação de pneus recauchutados e usados remoldados originários de países integrantes do Mercosul. STA 118 AgR/RJ, rel. Min. Ellen Gracie, 12.12.2007. (STA-118)

IMPORTAÇÃO DE PNEUS USADOS E GRAVE LESÃO - 3

Afirmou-se que o debate que se desenvolve na origem ultrapassaria os interesses circunscritos à atividade de certo setor da economia, adquirindo dimensão maior em face do problema global de gestão de tratamento dos pneumáticos usados (resíduos sólidos), ressaltando, no ponto, que o exercício da atividade empresarial deve ser compatível com os demais princípios constitucionais, principalmente com os fundamentos inscritos no art. 170 da CF. Enfatizou-se o fato de se ter, além do expressivo passivo ambiental brasileiro produzido anualmente, a importação, *sub judice*, de milhões de pneus usados, sem que o país disponha de processo tecnológico de destinação final ambientalmente segura, eficaz e econômica, haja vista que os métodos ora adotados não decompõem esses resíduos, mas apenas os transformam, por incineração, o que provoca a emissão de substâncias extremamente tóxicas e mutagênicas, que causam severos efeitos à saúde e ao meio ambiente. Aduziu-se, também, que a importação de carcaças de pneumáticos usados interfere nos programas desenvolvidos pelo Poder Público para a redução e o controle desses resíduos sólidos produzidos no Brasil, o que ensejou, inclusive, a posterior inserção, pela Resolução CONAMA 301/2003, do art. 12-A à Resolução CONAMA 258/99, que estendeu as regras contidas nesta aos pneus usados que ingressarem em território nacional por força de decisão judicial. STA 118 AgR/RJ, rel. Min. Ellen Gracie, 12.12.2007. (STA-118)

IMPORTAÇÃO DE PNEUS USADOS E GRAVE LESÃO - 4

Acrescentou-se que os pneumáticos são notoriamente fontes de proliferação e disseminação de vetores, que possibilitam o desenvolvimento de muitas doenças graves. Observou-se, ainda, não haver no ordenamento jurídico brasileiro vedação ao exercício da atividade proposta pela agravante na industrialização de pneus remoldados, recauchutagem e vulcanização de pneumáticos, e que tanto o Poder Legislativo quanto o Executivo se empenham em promover o setor nacional de reaproveitamento dos resíduos e pneumáticos, para evitar a produção desnecessária de resíduos adicionais ao passivo ambiental nacional. Por fim, salientando não caber nos presentes autos o aprofundamento de todas questões apresentadas pela empresa recorrente a respeito da constitucionalidade do conjunto de normas em vigor — especialmente de ordem ambiental e de comércio exterior — que veda, especificamente, a importação de pneus usados, mencionou-se a existência de processos de controle concentrado de constitucionalidade, em trâmite perante a Corte, nos quais se busca discutir tal matéria. Vencidos os Ministros Ricardo Lewandowski, Eros Grau e Marco Aurélio, que davam provimento ao recurso. STA 118 AgR/RJ, rel. Min. Ellen Gracie, 12.12.2007. (STA-118) (Inform. STF 492)

LEILOEIRO. HASTAS NEGATIVAS. ADJUDICAÇÃO. COMISSÃO. EDITAL.

O Dec. n. 21.981/1932, regulador do exercício da atividade de leiloeiro, garante o ressarcimento da atividade desenvolvida mediante pagamento de comissão e de quantias que o leiloeiro tenha sido obrigado a desembolsar, em se tratando de mandato. Embora se vislumbre manifesta distinção entre os institutos da arrematação e da adjudicação, seus objetivos se assemelham na medida em que ambos buscam conduzir à satisfação do crédito perseguido pelo exeqüente. A exigência do pagamento da comissão no caso de haver a adjudicação constou do edital, tendo o recorrente ciência de todos os seus termos, oportunidade em que poderia tê-los impugnado, o que não ocorreu. Assim, é devida a comissão. Precedentes citados: REsp 310.798-RJ, DJ 17/3/2003, e REsp 185.656-DF, DJ 22/10/2001. **REsp 588.293-RJ, Rel. Min. Hélio Quaglia Barbosa, julgado em 28/8/2007.** (Inform. STJ 329)

BACEN. COBRANÇA. JUROS (TR). CONTRATOS. CRÉDITO. PROER.
Trata-se de ação ajuizada pela AMF Empreendimentos e Participações Ltda. e a Mercantil Empreendimentos e Participações S/A, acionistas do Banco Mercantil S/A, contra o Banco Central (Bacen), com objetivo de que fosse deixado de contabilizar, no patrimônio do Banco Mercantil, provisão para pagamento de juros capitalizados retroativamente à data da decretação da liquidação em 1996. Tais juros seriam relativos a dois contratos de abertura de crédito firmados entre o banco, já sob a intervenção, e o Bacen, dentro do denominado Proer (1995). Note-se que queriam substituir a correção da dívida com o Proer, que utiliza juros contratuais, pela TR, e a diferença ficaria com os acionistas. A sentença julgou procedente o pedido dos autores, decisão confirmada no Tribunal *a quo* ao julgar a remessa oficial e as apelações da União e do Bacen, só provendo o apelo do Bacen para eximi-lo do pagamento ao perito. Daí os presentes recursos especiais interpostos pelo Bacen e a União. Neste Superior Tribunal, a questão resume-se em definir se é legítima a cobrança da TR acrescida de juros de 8% ou 8,5% nos contratos de créditos rotativos firmados pelo Proer, ou se a prática constitui anatocismo, ou, ainda, se se aplica ao caso o que determina o art. 9º da Lei n. 8.177/1991 (que estabelece regras para a desindexação da economia). A Turma, preliminarmente, afastou a prescrição de cinco anos para que se reclame dívida de qualquer natureza contra a Fazenda Pública, prerrogativa estendida ao Bacen (por força do DL n. 4.597/1942 e pelo art. 50 da Lei n. 4.595/1964), considerando o termo inicial da alteração da atualização apontada na própria contestação do Bacen. No mérito, a Turma, em decisão unânime, deu provimento aos recursos, julgando improcedente a ação. Destacou a Min. Relatora que os contratos questionados foram firmados com observância das regras próprias do Proer, legitimamente previstas pelo Bacen nos limites de sua competência. As resoluções, portarias e demais atos do Bacen não estariam em testilha com o art. 9º da Lei n. 8.177/1991, que constitui regra geral, a qual se afasta pelo princípio da especialidade quando existentes regras específicas, em atenção ao art. 2º da LICC. Além de que há o poder regulamentar outorgado ao Conselho Monetário Nacional e ao Bacen pela Lei n. 4.595/1964 e a Lei n. 9.069/1995, para editar resoluções no desempenho das funções que lhes foram conferidas pelo legislador. Quanto à questão sobre se a cobrança da TR acrescida de juros constitui ou não anatocismo, para a Min. Relatora, deve-se reconhecer o interesse público do referido programa; não se pode perder de vista o risco da operação concedida às instituições em dificuldades, mormente os submetidos à intervenção. Tal situação legitima a existência de uma linha de crédito específica com regras próprias e especiais. Ressaltou, ainda, que este Superior Tribunal tem seguido a orientação do STF de que a TR, a partir do advento da Lei n. 8.177/1991, pode ser utilizada como índice de correção monetária, como também tem admitido a acumulação da TR com juros pactuados, restando afastada a hipótese de anatocismo. Ainda que assim não fosse, destacou que a jurisprudência possui entendimento de que o anatocismo em períodos anuais é admissível, o que se aplica à hipótese dos autos, ficando reconhecida no Tribunal de origem a ofensa ao art. 4º do Dec. n. 22.626/1933 (REsp 407.097-RS, DJ 29/9/2003, e REsp 420.111-RS, DJ 6/10/2003). E concluiu que, no caso, com a liquidação extrajudicial do Banco Mercantil S/A, ocorreu o vencimento antecipado da dívida consubstanciada nos contratos questionados de acordo com o art. 18, **b**, da Lei n. 6.024/1974 e com a cláusula nona do contrato. Assim, os juros não poderiam fluir apenas na hipótese de a massa não comportar pagamento do principal. Além de que, para a Min. Relatora, a norma não pretendeu beneficiar os dirigentes da instituição liquidanda, mas proteger os direitos dos credores. Logo, possível o pagamento do principal, não se cogita afastar o pagamento dos juros devidos. **REsp 914.617-PE, Rel. Min. Eliana Calmon, julgado em 15/5/2007.** (Inform. STJ 320)

CONTRATO. MOEDA ESTRANGEIRA. PAGAMENTO. CONVERSÃO. MOEDA NACIONAL.
A questão cinge-se à possibilidade ou não de contratação em moeda estrangeira, com pagamento a ser realizado pela conversão em moeda nacional e, como questão secundária, se a conversão em moeda nacional deve ocorrer no momento do ajuizamento da execução ou do efetivo pagamento da dívida. A Min. Relatora esclareceu que a discussão, nesse processo, não gira sob o foco da Lei do Plano Real e sim sob a égide do DL n. 857/1969. O art. 1º do referido DL veda quaisquer negócios jurídicos que estipulem pagamento em moeda estrangeira. E, por sua vez, o art. 27 da Lei n. 9.069/1995, ao fixar índice oficial de correção monetária, proíbe a indexação em moeda estrangeira. No que concerne ao momento em que se deve proceder à conversão da moeda estrangeira em nacional, os precedentes mais antigos deste Superior Tribunal são no sentido de que deve a conversão ocorrer na data da propositura da ação de execução, ao fundamento de que proceder de modo diverso implicaria negar o curso legal de nossa moeda. A jurisprudência mais recente adota posicionamento diverso (REsp 119.773-RS, DJ 15/3/1999). Sob essa ótica, extrai-se que respeitar o curso forçado da moeda nacional não significa proibir a vinculação de um débito à variação cambial, notadamente quando esse débito, como na hipótese, tem como parâmetro caixas de laranja, que são usualmente cotadas em dólares pelo mercado brasileiro (a própria Bolsa de Mercados Futuros da Bolsa de Valores de São Paulo – Bovespa faz suas cotações diárias de produtos agrícolas em dólares). A obediência ao curso forçado da moeda nacional implica, indiscutivelmente, a proibição de o credor recusar-se a receber o pagamento da dívida em reais e faz surgir a conclusão de que o momento da conversão em moeda nacional é o do pagamento da dívida, não o do ajuizamento da execução. Precedentes citados: REsp 402.071-CE, DJ 24/2/2003; REsp 239.238-RS, DJ 1º/8/2000, e REsp 83.752-RS, DJ 13/8/2001. **REsp 647.672-SP, Rel. Min. Nancy Andrighi, julgado em 14/2/2007.** (Inform. STJ 310)

SÚMULA STF Nº 646

Ofende o princípio da livre concorrência lei municipal que impede a instalação de estabelecimentos comerciais do mesmo ramo em determinada área.

SÚMULA STF Nº 645

É competente o município para fixar o horário de funcionamento de estabelecimento comercial.

SÚMULA STJ Nº 227

A pessoa jurídica pode sofrer dano moral.

9. DIREITO DO TRABALHO

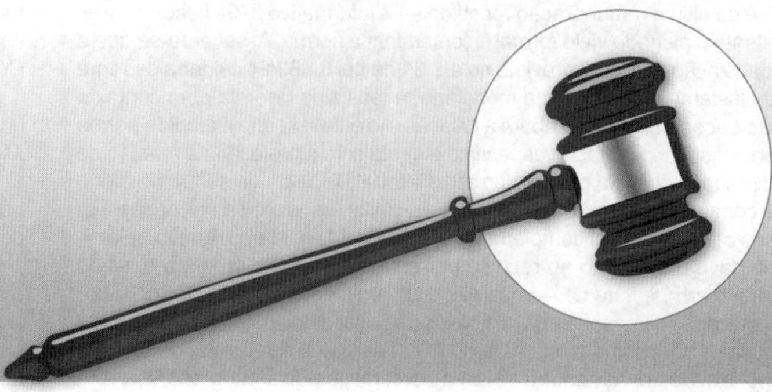

1. CONTRATO DE TRABALHO

REPERCUSSÃO GERAL EM RE N. 635.546-MG

RELATOR: MIN. MARCO AURÉLIO

ISONOMIA - PRESTAÇÃO DE SERVIÇO TERCEIRIZADO - EMPREGADOS DO QUADRO FUNCIONAL DA TOMADORA - ADMISSIBILIDADE DO TRATAMENTO IGUALITÁRIO NA ORIGEM - RECURSO EXTRAORDINÁRIO - REPERCUSSÃO GERAL CONFIGURADA. Possui repercussão geral a controvérsia acerca da possibilidade de se reconhecer aos empregados terceirizados os mesmos direitos conferidos aos trabalhadores contratados pela tomadora dos serviços e vinculados à Administração Pública, a teor do princípio da isonomia e da proibição preceituada no artigo 7º, inciso XXXII, da Carta Maior, no que tange à distinção laborativa. (Inform. STF 625)

DIREITO CIVIL. DANO MORAL. PRIVAÇÃO DO TRABALHO POR DANO AMBIENTAL.

A privação das condições de trabalho em decorrência de dano ambiental configura dano moral. Estando o trabalhador impossibilitado de trabalhar, revela-se patente seu sofrimento, angústia e aflição. O ócio indesejado imposto pelo acidente ambiental gera a incerteza quanto à viabilidade futura de sua atividade profissional e manutenção própria e de sua família. Precedente citado: REsp 1.114.398-PR, DJe 16/2/2012 (REPETITIVO). **REsp 1.346.430-PR, Rel. Min. Luis Felipe Salomão, julgado em 18/10/2012.(Inform. STJ 507)**

2. JORNADA DE TRABALHO

REPERCUSSÃO GERAL EM AI N. 825.675-SP

RELATOR: MIN. GILMAR MENDES

Redução do intervalo intrajornada. Majoração da jornada em turnos ininterruptos de revezamento. Convenção e acordo coletivo. Matéria restrita ao âmbito infraconstitucional. Inexistência de repercussão geral. (Inform. STF 620)

AUTUAÇÃO. INTERVALO. DESCANSO. ALIMENTAÇÃO.

A Turma proveu o recurso ao entendimento de que não há que se falar em duplicidade de autuações pelo fiscal do trabalho contra o empregador, pois o art. 71, *caput* e § 4º, da CLT prevê, como causas distintas de autorização, a supressão do intervalo intrajornada de, no mínimo, uma hora em qualquer trabalho contínuo que exceda seis horas e ainda a manutenção do empregado no labor no período destinado a repouso ou alimento. O descumprimento enseja a aplicação de multa como punição contra o empregador, ficando sujeito, nesse caso, a remunerar o período correspondente acrescido de 50%, no mínimo, sobre o valor da remuneração da hora normal de trabalho. **REsp 1.063.210-PR, Rel. Min. Castro Meira, julgado em 26/8/2008**. (Inform. STJ 365)

SÚMULA STF Nº 675

Os intervalos fixados para descanso e alimentação durante a jornada de seis horas não descaracterizam o sistema de turnos ininterruptos de revezamento para o efeito do art. 7º, XIV, da Constituição.

3. RESCISÃO DO CONTRATO DE TRABALHO

MANDADO DE INJUNÇÃO E AVISO PRÉVIO

O Plenário iniciou julgamento conjunto de mandados de injunção em que se alega omissão legislativa dos Presidentes da República e do Congresso Nacional, ante a ausência de regulamentação do art. 7º, XXI, da CF, relativamente ao aviso prévio proporcional ao tempo de serviço ("*Art. 7º São direitos dos trabalhadores urbanos e rurais, além de outros que visem à melhoria de sua condição social: ... XXI - aviso prévio proporcional ao tempo de serviço, sendo no mínimo de trinta dias, nos termos da lei;*"). Na espécie, os impetrantes, trabalhadores demitidos sem justa causa após mais de uma década de serviço, receberam de seu empregador apenas um salário mínimo a título de aviso prévio. O Min. Gilmar Mendes, relator, ao reconhecer a mora legislativa, julgou procedente o pedido. Inicialmente, fez um retrospecto sobre a evolução do Supremo quanto às decisões proferidas em sede de mandado de injunção: da simples comunicação da mora à solução normativa e concretizadora. Destacou que, no tocante ao aviso prévio proporcional ao tempo de serviço, o Min. Carlos Velloso, em voto vencido, construíra solução provisória fixando-o em "*10 dias por ano de serviço ou fração superior a 6 meses, observado o mínimo de 30 dias*". Aduziu, entretanto, que essa equação também poderia ser objeto de questionamento, porquanto careceria de amparo fático ou técnico, uma vez que a Constituição conferira ao Poder Legislativo a legitimidade democrática para resolver a lacuna. O Min. Luiz Fux acrescentou que o art. 8º da CLT admitiria como método de hetero-integração o direito comparado e citou como exemplos legislações da Alemanha, Dinamarca, Itália, Suíça, Bélgica, Argentina e outras. Apontou, ainda, uma recomendação da Organização Internacional do Trabalho – OIT sobre a extinção da relação trabalhista. Por sua vez, o Min. Marco Aurélio enfatizou que o critério a ser adotado deveria observar a proporcionalidade exigida pelo texto constitucional e propôs que também se cogitasse de um aviso prévio de 10 dias — respeitado o piso de 30 dias — por ano de serviço transcorrido. O Min. Cezar Peluso sugeriu como regra para a situação em comento que o benefício fosse estipulado em um salário mínimo a cada 5 anos de serviço. O Min. Ricardo Lewandowski, por seu turno, mencionou alguns projetos de lei em trâmite no Congresso Nacional. Diante desse panorama, o relator acentuou a existência de consenso da Corte quanto ao provimento do *writ* e à necessidade de uma decisão para o caso concreto, cujos efeitos, inevitavelmente, se projetariam para além da hipótese sob apreciação. Após salientar que a mudança jurisprudencial referente ao mandado de injunção não poderia retroceder e, tendo em conta a diversidade de parâmetros que poderiam ser adotados para o deslinde da controvérsia, indicou a suspensão do julgamento, o qual deverá prosseguir para a explicitação do dispositivo final. MI 943/DF, rel. Min. Gilmar Mendes, 22.6.2011. (MI-943) MI 1010/DF, rel. Min. Gilmar Mendes, 22.6.2011. (MI-1010) MI 1074/DF, rel. Min. Gilmar Mendes, 22.6.2011. (MI-1074) MI 1090/DF, rel. Min. Gilmar Mendes, 22.6.2011. (MI-1090) (Inform. STF 632)

LEI 8.880/94: DEMISSÃO SEM JUSTA CAUSA E INDENIZAÇÃO ADICIONAL - 2

Em conclusão, o Plenário, por maioria, desproveu recurso extraordinário interposto por sociedade anônima contra acórdão do TST, que mantivera decisão na qual se determinara o pagamento de indenização a obreiro, demitido sem justa causa, com base no art. 31 da Lei 8.880/94, que estabelece que a indenização adicional, nas demissões sem justa causa, durante o período de vigência da Unidade Real de Valor – URV, é equivalente a

50% da última remuneração recebida — v. Informativo 379. Julgou-se inexistente o alegado vício formal a contaminar a norma. Asseverou-se que a indenização adicional prevista no art. 31 da Lei 8.880/94 cuidaria de regra de ajustamento do sistema monetário, e teria sido inserida num contexto macroeconômico de combate à inflação. Ao enfatizar que a aludida norma não possuiria conotação específica e direta com a proteção da relação de emprego, exigência prevista no art. 7º, I, da CF, pelo que se teria matéria de competência legislativa privativa da União, concluiu-se ser desnecessária a adoção de lei complementar. Vencido o Min. Marco Aurélio, relator, que dava provimento ao recurso por entender que a norma em questão feriria o art. 7º, I, da CF — que exige lei complementar para dispor sobre indenização compensatória nos casos de despedida arbitrária ou sem justa causa — bem como o art. 10, I, do ADCT — que limita o valor da referida indenização em até quatro vezes a percentagem fixada no art. 6º, caput e § 1º, da Lei 5.107/66, isto é, 40% do saldo do FGTS. **RE 264434/MG, rel. orig. Min. Marco Aurélio, red. p/ o acórdão Min. Cármen Lúcia, 17.11.2010.** (RE-264434) (Inform. STF 609)

REPERCUSSÃO GERAL EM RE N. 590.415-SC

RELATOR: MIN. MENEZES DIREITO

EMENTA: DIREITO DO TRABALHO. PLANO DE DEMISSÃO VOLUNTÁRIA. ADESÃO. EFEITOS. MATÉRIA INFRACONSTITUCIONAL. EXISTÊNCIA DE REPERCUSSÃO GERAL. (Inform. STF 554)

RECLAMAÇÃO: APOSENTADORIA ESPONTÂNEA E EXTINÇÃO DO CONTRATO DE TRABALHO

O Tribunal, por maioria, julgou improcedente reclamação proposta contra ato do Tribunal Superior do Trabalho - TST, que, ao julgar procedente pedido formulado em ação rescisória, condenara a Companhia de Água e Esgotos da Paraíba - CAGEPA ao pagamento de diversas verbas de natureza trabalhista. Na espécie, a reclamante era empregada da CAGEPA e se aposentara voluntariamente em 23.6.95. Em 31.7.96, a empregadora dispensara a reclamante, em razão de sua aposentadoria, e ajuizara ação de consignação em pagamento, a qual fora julgada procedente pela Justiça do Trabalho. Em face dessa decisão, a reclamante propusera

ação rescisória, por haver o acórdão rescindendo acolhido a tese de que a aposentadoria espontânea extingue o contrato de trabalho, e requerera novo julgamento, para que se deferisse a reintegração no emprego ou o pagamento das parcelas decorrentes da dissolução imotivada do contrato de trabalho. Essa ação fora julgada improcedente pelo TST, o que ensejara a interposição de recurso extraordinário, provido para afastar do aresto recorrido a premissa de que a aposentadoria espontânea extingue o contrato de trabalho, e determinar o retorno dos autos ao TST para que prosseguisse no exame do feito como entendesse de direito, preservada a unicidade contratual entre o período anterior e posterior à aposentadoria. O TST, então, proferira o novo acórdão, ora impugnado, julgando procedente a ação rescisória, para desconstituir o acórdão rescindendo, e, em juízo rescisório, proferir novo julgamento, a fim de julgar improcedente a ação de consignação e parcialmente procedente a reconvenção proposta pela reclamante, condenando a CAGEPA ao pagamento das verbas aludidas. Alegava a reclamante desrespeito à decisão proferida pelo Supremo no julgamento do RE 460700/PB (DJU de 31.10.2006), haja vista que o novo acórdão do TST não lhe garantira a reintegração no emprego. Entendeu-se que o TST atendera à decisão proferida no RE 460700/PB, já que afastara a referida premissa e, em decorrência disso, reputara sem justa causa a dispensa da empregada, condenando a CAGEPA ao pagamento das verbas rescisórias. Asseverou-se, ademais, o fato de haver pedido alternativo na ação rescisória no sentido da reintegração da reclamante ou do pagamento das verbas rescisórias. Vencido o Min. Marco Aurélio que julgava o pleito procedente, ao fundamento de que só poderia o TST, sob pena de esvaziar a doutrina segundo a qual a aposentadoria espontânea não cessa o vínculo empregatício, determinar a conseqüência própria do afastamento do móvel da cessação, qual seja, a reintegração, até mesmo para que a empregadora, em passo seguinte, acionasse, se fosse o caso, o direito potestativo de fazer cessar a relação jurídica e implementasse a dispensa. **Rcl 5515/PB, rel. Min. Carlos Britto, 29.4.2009.** (Rcl-5515) (Inform. STF 544)

REPERCUSSÃO GERAL EM RE N. 584.608-SP

RELATORA: MIN. ELLEN GRACIE

Rescisão do contrato de trabalho. Diferença decorrente da incidência dos expurgos inflacionários reconhecidos pela LC 110/2001 na multa de 40% sobre os depósitos do FGTS. Responsabilidade do empregador. Prescrição. Matéria infraconstitucional. Precedentes. Inexistência de repercussão geral em face da impossibilidade de exame de alegação de ofensa indireta à Constituição Federal em recurso extraordinário. (Inform. STF 538)

MANDADO DE INJUNÇÃO E AVISO PRÉVIO PROPORCIONAL

O Tribunal julgou procedente pedido formulado em mandado de injunção para declarar a mora legislativa do Congresso Nacional na regulamentação do direito ao aviso prévio proporcional previsto no art. 7º, XXI, da CF, e para determinar a comunicação da decisão a esse órgão (CF: "*Art. 7º São direitos dos trabalhadores urbanos e rurais... XXI - aviso prévio proporcional ao tempo de serviço, sendo no mínimo de trinta dias, nos termos da lei;*"). Na espécie, tratava-se de mandado de injunção impetrado contra o Banco do Brasil por empregado que trabalhara por mais de 20 anos na empresa e que, dispensado sem justa causa, recebera apenas o pagamento de trinta dias. Ressaltou-se que a simples existência de projetos de lei referentes à matéria debatida não seria causa suficiente para afastar a mora. Reconheceu-se, ademais, que, não fosse o pedido da inicial, limitado a requer a comunicação ao órgão competente para a imediata regulamentação da norma, seria talvez a oportunidade de reexaminar a posição do Supremo em relação à natureza e à eficácia do mandado de injunção, nos termos do que vem sendo decidido no MI 670/ES (v. Informativo 430). MI 695/MA, rel. Min. Sepúlveda Pertence, 1º.3.2007. (MI-695) (Inform. STF 457)

HOMOLOGAÇÃO. RESCISÃO. CONTRATO. TRABALHO.

Trata-se de ação declaratória precedida de ação cautelar proposta por sindicatos em face da União, para impugnar a Instrução Normativa n. 001/1993/DRT/RS. Conforme os sindicatos autores, a mencionada instrução normativa contraria o art. 477, § 1º, da CLT, pois instrui os fiscais do trabalho a darem preferência a homologações de rescisões contratuais no caso daqueles empregados que não possuem representação sindical na localidade, devendo os demais ser encaminhados à assistência dos respectivos sindicatos, subtraindo das partes o direito de escolha do órgão homologador da rescisão. A sentença julgou procedentes os pedidos para declarar o direito de as empresas associadas aos sindicatos autores se verem assistidas pelo respectivo órgão do Ministério do Trabalho quando das rescisões de contratos de emprego, na forma do art. 477, § 1º, da CLT. Reconheceu também, a ilegalidade da citada instrução normativa. A União Federal, em seu recurso, alega que esse dispositivo da CLT não afasta a possibilidade de o recorrente estabelecer prioridade no processo de homologação das rescisões trabalhistas, não se autoriza que a escolha do órgão homologador seja de opção exclusiva da empresa interessada e não obriga o Ministério do Trabalho a proceder às homologações com exclusividade. Para o Min. Relator, a mencionada instrução normativa, ao conferir preferência às rescisões contratuais de empregados naqueles moldes, impede as partes interessadas de escolher livremente, conforme o art. 477, § 1º, da CLT, o órgão homologador da rescisão contratual. A DRT estadual diminuiu a amplitude do mencionado artigo, extrapolando seu poder regulamentar. Diante disso, a Turma não conheceu do recurso. **REsp 355.860-RS, Rel. Min. Luis Felipe Salomão, julgado em 5/3/2009.** (Inform. STJ 385)

4. REMUNERAÇÃO

SALÁRIO MÍNIMO E DECRETO PRESIDENCIAL - 1

Por reputar observado o princípio da reserva de lei para a fixação do salário mínimo (CF: "*Art. 7º São direitos dos trabalhadores urbanos e rurais, além de outros que visem à melhoria de sua condição social: ... IV – salário mínimo, fixado em lei, nacionalmente unificado, capaz de atender a suas necessidades vitais básicas e às de sua família com moradia, alimentação, educação, saúde, lazer, vestuário, higiene, transporte e previdência social, com reajustes periódicos que lhe preservem o poder aquisitivo, sendo vedada sua vinculação para qualquer fim*"), o Plenário, em votação majoritária, julgou improcedente pedido formulado em ação direta de inconstitucionalidade, proposta pelo Partido Popular Socialista - PPS, pelo Partido da Social Democracia Brasileira - PSDB e pelo Democratas - DEM, contra o art. 3º da Lei 12.382/2011 ("*Art. 3º Os reajustes e aumentos fixados na forma do art. 2º serão estabelecidos pelo Poder Executivo, por meio de decreto, nos termos desta Lei. Parágrafo único. O decreto do Poder Executivo a que se refere o caput divulgará a cada ano os valores mensal, diário e horário do salário mínimo decorrentes do disposto neste artigo, correspondendo o valor diário a um trinta avos e o valor horário a um duzentos e vinte avos do valor mensal*"). ADI 4568/DF, rel. Min. Cármen Lúcia, 3.11.2011. (ADI-4568)

SALÁRIO MÍNIMO E DECRETO PRESIDENCIAL - 2

Ressaltou-se que a lei em questão conteria a definição legal e formal do salário mínimo, a fixação do seu montante em 2011 (art. 1º) e a forma de sua valorização, no sentido de sua quantificação para períodos subseqüentes (até 2015). Aduziu-se que esse diploma não esgotara a sua preceituação e adotara critérios objetivos para valer no intervalo de 2012 a 2015, segundo índices estipulados pelo Congresso Nacional (variação do Índice Nacional de Preços ao Consumidor - INPC, calculado e divulgado pela Fundação Instituto Brasileiro de Geografia e Estatística - IBGE, acumulada nos 12 meses anteriores ao mês do reajuste). Registrou-se, também, que o legislador determinara que, na ausência de divulgação do INPC referente a um ou mais meses compreendidos no período do cálculo até o último dia útil imediatamente anterior à vigência do reajuste, os índices seriam estimados pelo Poder Executivo quanto aos meses não disponíveis (art. 2º, § 2º). No ponto, destacou-se que essa avaliação não seria arbitrária, mas, ao revés, conforme os parâmetros definidos. Assinalou-se que, se sobrevier a situação prevista no § 2º do art. 2º da Lei 12.382/2011, os "*índices estimados permanecerão válidos para os fins desta Lei, sem qualquer revisão, sendo os eventuais resíduos compensados no reajuste subseqüente, sem retroatividade*" (art. 2º, § 3º). Considerou-se que, ao assim estatuir, o legislador retirara do Presidente da República qualquer discricionariedade relativa à fórmula para apuração do *quantum* a ser adotado, bem como no que concerne à possibilidade de revisão ou de compensação de supostos resíduos. ADI 4568/DF, rel. Min. Cármen Lúcia, 3.11.2011. (ADI-4568)

SALÁRIO MÍNIMO E DECRETO PRESIDENCIAL - 3

Salientou-se, ainda, que o legislador estatuíra que o valor a prevalecer no lapso de 2012 a 2015 seria aquele determinado no art. 1º da lei em apreço mais o reajustamento conforme índice firmado nos §§ 1º e 2º do art. 2º, prevendo aumento real a ser conferido nos moldes dos índices definidos nos §§ 4º e 5º do mesmo preceito. Diante desse contexto, rejeitou-se o argumento de que a lei conteria delegação para que o Presidente da República fixasse o valor do salário mínimo. Reiterou-se que haveria mera aplicação aritmética, nos termos legalmente previstos, dos índices, fórmulas e periodicidade fixados pelo Congresso Nacional, a serem expostos por decreto presidencial, que não inovaria a ordem jurídica, sob pena de abuso do poder regulamentar, passível de fiscalização e controle pela via legislativa ou judicial. Dessa forma, frisou-se que a lei impusera ao Chefe do Poder Executivo apenas a divulgação do montante do salário mínimo, obtido pelo valor reajustado e aumentado consoante os índices fixados pelo Congresso Nacional na própria lei adversada. ADI 4568/DF, rel. Min. Cármen Lúcia, 3.11.2011. (ADI-4568)

SALÁRIO MÍNIMO E DECRETO PRESIDENCIAL - 4

Advertiu-se que, ainda que se retirasse do mundo jurídico a referência ao modo de se decretar a divulgação do quanto a vigorar como salário mínimo no interregno estipulado — mediante incidência dos índices dispostos no art. 2º da Lei 12.382/2011 —, isso não implicaria mudança na fixação de seu valor, que continuaria a ser o mesmo. Ademais, mencionou-se que o Congresso Nacional poderia revogar a lei quando entendesse conveniente e oportuno, sem interferência do Poder Executivo. O Min. Luiz Fux acrescentou que a espécie caracterizaria o fenômeno da deslegalização. Por sua vez, o Min. Gilmar Mendes, tendo em conta os postulados da reserva legal e do Parlamento, manifestou ressalvas acerca da possibilidade de se projetar para a legislatura seguinte (2015) esse modelo adotado pela lei em foco, haja vista o receio de essa decisão servir de estímulo para deixar o Congresso inativo. O Min. Celso de Mello aludiu que uma legislatura não pautaria a superveniente e realçou que a vinculação entre o que denominou "princípio da unidade de legislatura" e o tema pertinente à modificação do padrão de reajuste previsto no art. 3º da lei impugnada mereceria mais debate. Ademais, robusteceu a assertiva de que o decreto presidencial não constituiria situações novas, encontrando-se estritamente vinculado aos padrões estabelecidos pelo próprio legislador. ADI 4568/DF, rel. Min. Cármen Lúcia, 3.11.2011. (ADI-4568)

SALÁRIO MÍNIMO E DECRETO PRESIDENCIAL - 5

Vencidos os Ministros Ayres Britto e Marco Aurélio, que julgavam o pleito procedente ao fundamento de que a fixação do salário mínimo deveria ser feita por lei em sentido formal e material. Este enfatizava que os parâmetros determinados na lei e projetados no tempo — não se podendo cogitar de outros aspectos que estariam a direcionar a modificação desse quantitativo vital à sobrevivência do trabalhador e ao bem-estar mínimo da própria família — ocasionariam automaticidade, engessamento incompatível com a mobilidade encerrada no art. 7º, IV, da CF, bem como transferência a outro Poder do que a Constituição outorgara ao Congresso Nacional. Aquele afirmava que, ao se agregar ao salário mínimo vigente aumento ou reajuste, estabelecer-se-ia um novo salário e o precedente morreria, de maneira que passaria a vigorar um outro salário mínimo, o qual não poderia ser estatuído pelo Presidente da República, em sub-rogação da competência exclusiva do Congresso de quantificar, de monetarizar o salário mínimo, atualizando-o anualmente. ADI 4568/DF, rel. Min. Cármen Lúcia, 3.11.2011. (ADI-4568)

SALÁRIO MÍNIMO E DECRETO PRESIDENCIAL - 6

Por fim, não se conheceu, majoritariamente, de proposta suscitada pelo Min. Cezar Peluso, Presidente, no sentido do exame, independentemente de impugnação dos requerentes, da constitucionalidade do art. 2º, §§ 2º e 3º, da Lei 12.382/2011. Asseverou-se, à luz do princípio da demanda, que o objeto central da presente ação cingir-se-ia tão-somente ao art. 3º da lei. Esclareceu-se que tanto a Advocacia-Geral da União quanto a Procuradoria-Geral da República não teriam se pronunciado sobre os preceitos referidos. Os Ministros Dias Toffoli, Ricardo Lewandowski e Celso de Mello assentaram a constitucionalidade da norma, caso superado o requisito de cognoscibilidade. Vencidos o suscitante e os Ministros Ayres Britto e Marco Aurélio por entenderem que o Supremo não estaria adstrito aos limites expostos na petição inicial, notadamente quando o pedido maior — declaração de inconstitucionalidade da atuação do Executivo na hipótese de omissão da publicação dos dados (art. 2º, § 2º) — englobaria o menor — fixação por estimativa (art. 3º). ADI 4568/DF, rel. Min. Cármen Lúcia, 3.11.2011. (ADI-4568) (Inform. STF 646)

REPERCUSSÃO GERAL EM RE N. 597.124-PR

RELATOR: MIN. RICARDO LEWANDOWSKI

EMENTA: CONSTITUCIONAL. TRABALHISTA. ISONOMIA ENTRE TRABALHADOR AVULSO PORTUÁRIO E TRABALHADOR PORTUÁRIO COM VÍNCULO EMPREGATÍCIO PERMANENTE. EXTENSÃO DO ADICIONAL DE RISCO PORTUÁRIO (LEI 4.860/1965, ART. 14) AO TRABALHADOR AVULSO. ART. 7º, XXXIV, DA CONSTITUIÇÃO. RELEVÂNCIA JURÍDICA, ECONÔMICA E SOCIAL DA QUESTÃO CONSTITUCIONAL. EXISTÊNCIA DE REPERCUSSÃO GERAL. (Inform. STF 568)

ADICIONAL DE INSALUBRIDADE E VINCULAÇÃO AO SALÁRIO MÍNIMO

A aplicação do salário mínimo como base de cálculo do adicional de insalubridade viola o disposto no art. 7º, IV, da CF, que veda sua vinculação para qualquer fim. Com base nesse entendimento, a Turma conheceu e deu provimento a recurso extraordinário interposto contra acórdão do TST que reformara decisão do TRT de origem que determinara que, após a edição da CF/88, a remuneração do empregado seria a base de cálculo do adicional de insalubridade. Asseverou-se que o alcance do preceito constitucional é evitar que o atrelamento do salário mínimo a situações diversas iniba o legislador na necessária reposição do poder aquisitivo, isto objetivando o atendimento ao que nele previsto. Enfatizou-se que, no caso, o salário mínimo de referência fora desprezado, adotando-se, no período em discussão, fator vedado pela Constituição. RE provido para desvincular a base de cálculo do adicional e restabelecer o critério legal utilizado pelo TRT de origem para fixação da base de cálculo do adicional de insalubridade. RE 439035/ES, rel. Min. Gilmar Mendes, 11.12.2007. (RE-439035) (Inform. STF 492)

CONVENÇÃO COLETIVA E POLÍTICA SALARIAL - 5

O Tribunal iniciou julgamento de embargos de divergência opostos contra acórdão da 2ª Turma que, entendendo incorreta a premissa que integrara a *ratio decidendi* do julgamento de recurso extraordinário, concedera efeitos modificativos a embargos declaratórios para assentar a prevalência de lei federal, que instituiu nova sistemática de reajuste de salário, sobre cláusula de acordo coletivo que previu que o regime de reajuste de salários ali convencionado seria mantido, ainda que sobreviesse nova lei introduzindo política salarial menos favorável — v. Informativos 227, 294, 311 e 390. No julgamento do recurso extraordinário, a 2ª Turma fizera prevalecer a cláusula da convenção coletiva em detrimento da Lei 8.030/90, ao fundamento de que a espécie dos autos possuiria características diferentes da de outros precedentes do Tribunal, porquanto as partes teriam sido explícitas ao afastar a incidência do que viesse a ser estipulado normativamente, e de que teria havido ofensa ao ato jurídico perfeito (CF, art. 5º, XXXVI). No acórdão embargado, concluíra-se que a Turma adotara premissa incorreta quanto à distinção do caso em relação à jurisprudência da Corte sobre o tema. RE 194662 Ediv-ED-ED/BA, rel. Min. Sepúlveda Pertence, 28.06.2007. (RE-194662)

CONVENÇÃO COLETIVA E POLÍTICA SALARIAL - 6

O Min. Sepúlveda Pertence, relator, conheceu dos embargos de divergência e os recebeu para anular o acórdão embargado e restabelecer o acórdão primitivo do julgamento do recurso extraordinário. Entendeu que a premissa incorreta considerada no acórdão embargado seria um erro de julgamento, que não é suscetível de reforma em embargos de declaração, os quais não têm o condão de submeter o que decidido a novo julgamento. Asseverou que a diferenciação feita pelo relator do recurso extraordinário, e dos votos que o acompanharam, entre o caso concreto e os precedentes do Tribunal fora levada em conta e que, se essa diferenciação estava errada, isso constituiria erro de julgamento, haja vista que se teria aplicado erroneamente a jurisprudência do Tribunal sobre o assunto. Assim, o recurso idôneo contra essa decisão, a fim de se corrigir tal vício, seriam os embargos de divergência. Após, o julgamento foi suspenso com o pedido de vista do Min. Gilmar Mendes. RE 194662 Ediv-ED-ED/BA, rel. Min. Sepúlveda Pertence, 28.06.2007. (RE-194662)

CONVENÇÃO COLETIVA E POLÍTICA SALARIAL - 7

O Tribunal retomou julgamento de embargos de divergência opostos contra acórdão da 2ª Turma que, entendendo incorreta a premissa que integrara a *ratio decidendi* do julgamento de recurso extraordinário, concedera efeitos modificativos a embargos declaratórios para assentar a prevalência de lei federal, que instituiu nova sistemática de reajuste de salário, sobre cláusula de acordo coletivo que previu que o regime de reajuste de salários ali convencionado seria mantido, ainda que sobreviesse nova lei introduzindo política salarial menos favorável — v. Informativos 227, 294, 311, 390 e 473. No julgamento do recurso extraordinário, a 2ª Turma fizera prevalecer a cláusula da convenção coletiva em detrimento da Lei 8.030/90, ao fundamento de que a espécie dos autos possuiria características diferentes da de outros precedentes do Tribunal, porquanto as partes teriam sido explícitas ao afastar a incidência do que viesse a ser estipulado normativamente, e de que teria havido ofensa ao ato jurídico perfeito (CF, art. 5º, XXXVI). No acórdão embargado, concluíra-se que a Turma adotara premissa incorreta quanto à distinção do caso em relação à jurisprudência da Corte sobre o tema. RE 194662 Ediv-ED-ED/BA, rel. Min. Sepúlveda Pertence, 15.10.2007. (RE-194662)

CONVENÇÃO COLETIVA E POLÍTICA SALARIAL - 8

O Min. Gilmar Mendes, em voto-vista, não conheceu dos embargos por não vislumbrar a alegada divergência com os arestos paradigmas, já que os efeitos modificativos decorreram de imperiosa correção de premissa equivocada no aresto embargado, e não mera retificação de erro de julgamento, não restando configurada, assim, a identidade de bases fáticas entre as hipóteses confrontadas nem disparidade de conclusões. Distinguindo a premissa equivocada — que se refere a vícios na base, no suporte que fundamenta a decisão — do erro de julgamento — relativo a defeito na conclusão da controvérsia —, considerou que, na espécie, o equívoco no acórdão primitivo do recurso extraordinário concerniria à semelhança do caso concreto com a jurisprudência construída na Corte sobre o assunto, e que o impróprio afastamento dessa jurisprudência integrara a *ratio decidendi*, determinando exame pela Turma fora do contexto apropriado, mas que não se confundiria com a conclusão de privilegiar dispositivo de convenção coletiva em detrimento de superveniente norma que dispusesse sobre reajuste salarial. Afirmou, ademais, que o alerta nos votos vencidos não teria o condão de obstar o reconhecimento do equívoco manifesto nos embargos declaração (CPC, art. 463), eis que indispensável, apenas, que a premissa equivocada tivesse sido aceita como certa e integrado a *ratio decidendi* da maioria. Ressaltou, por fim, que o reconhecimento do equívoco como erro de julgamento e o restabelecimento do acórdão primitivo do recurso extraordinário levaria à oposição de novos embargos de divergência para fazer prevalecer a consolidada jurisprudência no sentido de que a aplicação imediata de leis que alteram o padrão monetário, a despeito de previsões contratuais de reajuste salarial, não implica ofensa ao direito adquirido e ao ato jurídico perfeito. Assim, o acolhimento dos embargos de divergência somente retardaria a resolução da controvérsia. Após, pediu vista dos autos o Min. Marco Aurélio. RE 194662 Ediv-ED-ED/BA, rel. Min. Sepúlveda Pertence, 15.10.2007. (RE-194662)

CONVENÇÃO COLETIVA E POLÍTICA SALARIAL - 9

O Tribunal retomou julgamento de embargos de divergência opostos contra acórdão da 2ª Turma que, entendendo incorreta a premissa que integrara a *ratio decidendi* do julgamento de recurso extraordinário, concedera efeitos modificativos a embargos declaratórios para assentar a prevalência de lei federal, que instituiu nova sistemática de reajuste de salário, sobre cláusula de acordo coletivo que previu que o regime de reajuste de salários ali convencionado seria mantido, ainda que sobreviesse nova lei introduzindo política salarial menos favorável — v. Informativos 227, 294, 311, 390, 473 e 484. No julgamento do recurso extraordinário, a 2ª Turma fizera prevalecer a cláusula da convenção coletiva em detrimento da Lei 8.030/90, ao fundamento de que a espécie dos autos possuiria características diferentes da de outros precedentes do Tribunal, porquanto as partes teriam sido explícitas ao afastar a incidência do que viesse a ser estipulado normativamente, e de que teria havido ofensa ao ato jurídico perfeito (CF, art. 5º, XXXVI). No acórdão embargado, concluíra-se que a Turma adotara premissa incorreta quanto à distinção do caso em relação à jurisprudência da Corte sobre o tema. O Min. Marco Aurélio, acompanhando o voto do Min. Sepúlveda Pertence, conheceu dos embargos de divergência e lhes deu provimento, para restabelecer o acórdão resultante da apreciação do extraordinário. Após, pediu vista dos autos o Min. Ricardo Lewandowski. RE 194662 Ediv-ED-ED/BA, rel. Min. Sepúlveda Pertence, 25.10.2007. (RE-194662) (Inform. STF 485)

MULTA. REGISTRO. EMPREGADO.

A Turma decidiu que, com efeito, no Direito do Trabalho, impera o princípio da proteção ao hipossuficiente, razão pela qual a interpretação extensiva ao art. 41 da CLT, quanto à expressão "demais circunstâncias que interessam à proteção do trabalhador", deve ter carga dotada de máxima efetividade, sendo inquestionável, na hipótese, que a atualização salarial (sem prejuízo da expressa previsão legal) é circunstância que interessa à proteção do trabalhador, pela qual se fiscaliza a retidão no cumprimento das obrigações trabalhistas reflexas e previdenciárias. Ademais, desnecessário demonstrar a impossibilidade de serem previstas, na lei, concreta e exaustivamente, todas as circunstâncias que interessam à proteção do trabalhador. Assim, inexistindo registro das alterações salariais que devem ser permanentemente atualizadas, aplicável o art. 47 da CLT para fins de imposição de multa pela falta no livro de registro de empregados de informações referentes às contribuições sindicais e às alterações nos salários a eles devidos. **REsp 922.996-SP, Rel. Min. Herman Benjamin, julgado em 5/3/2009.** (Inform. STJ 385)

DESVIO. FUNÇÃO. PRESCRIÇÃO.

O acórdão recorrido reconheceu a prescrição do pedido de reenquadramento para os autores admitidos pela CEF há mais de dois anos da propositura da ação, sendo-lhes deferida, porém, a pretensão ao recebimento de diferenças salariais em razão do desvio de função, com termo inicial fixado em setembro de 1984. A CEF afirma estar prescrito não somente o direito ao reenquadramento, como também às diferenças salariais, pois ambos decorrem de ato único do empregador, consumado há mais de dois anos da propositura da ação. O Min. Relator entende que a lesão decorrente do não pagamento das diferenças salariais em face do desvio de função renova-se mês a mês, períodos em que o termo inicial da prescrição reinicia-se. Assim, somente estão prescritas as diferenças salariais anteriores ao biênio que precede o ajuizamento da ação. Esclareceu o Min. Relator que a existência de quadro de pessoal organizado em carreira não implica impossibilidade do pagamento de diferenças salariais em decorrência do desvio de função (Súm. n. 223-TFR). Isso posto, a Turma, por maioria, não conheceu do recurso. Precedentes citados: REsp 213.549-RS, DJ 8/3/2000; AgRg no Ag 27.528-SP, DJ 14/11/1994; REsp 182.276-SP, DJ 1º/3/1999, e REsp 40.070-SP, DJ 10/3/1997. **REsp 729.924-RS, Rel. Min. Fernando Gonçalves, julgado em 5/3/2009.** (Inform. STJ 385)

5. SINDICATO E CIPA

DESMEMBRAMENTO SINDICAL: CONTADORES E TÉCNICOS EM CONTABILIDADE - 1

Ante as peculiaridades do caso e as premissas fáticas do acórdão impugnado, a 1ª Turma desproveu recurso extraordinário interposto, pela Federação dos Contabilistas do Estado do Rio Grande do Sul e outros, de acórdão que reconhecera ser o Sindicato dos Contadores do Estado do Rio Grande do Sul - Sindiconta/RS, ora recorrido, o representante sindical da categoria dos contadores dentro de sua base territorial. Sustentavam os recorrentes a ocorrência de: a) cerceamento de defesa, devido à falta de intimação para se manifestarem sobre documento apresentado pelos recorridos e de publicação de pauta para a continuidade do julgamento interrompido em virtude de pedido de vista; e b) inconstitucionalidade da criação do sindicato adversado, em face de o sindicato dos contabilistas abranger bacharéis e técnicos em contabilidade, bem assim de a Constituição estabelecer o princípio do sindicato por categoria e não por função. Afirmavam, ainda, descaber a possibilidade de os próprios substituídos virem a escolher a qual categoria pertenceriam. Além disso, argüiam não ser o princípio da liberdade sindical ilimitado e salientavam ter o STF firmado orientação no sentido de que o Ministério de Estado do Trabalho seria o órgão estatal competente para o registro que conferiria o caráter sindical, resultando inválido o mero registro civil. RE 291822/RS, rel. Min. Marco Aurélio, 29.11.2011. (RE-291822)

DESMEMBRAMENTO SINDICAL: CONTADORES E TÉCNICOS EM CONTABILIDADE - 2

Inicialmente, afastou-se a assertiva de que vulneraria o devido processo legal o fato de a seqüência do julgamento ter sido retomada sem nova publicação da pauta, após o interregno de aproximadamente 60 dias. No ponto, acentuou-se que o próprio regimento interno do tribunal local preveria a permanência em pauta de processo cujo exame fosse interrompido em razão de pedido de vista. No tocante à questionada juntada de documentos, assinalou-se que eles vieram aos autos após o voto do relator do recurso de apelação, não tendo influenciado a maioria formada na Corte estadual. Quanto à matéria de fundo, propriamente dita, ao observar a liberdade de associação (CF, art. 5º, XVII), anotou-se a mitigação do princípio da unicidade sindical (art. 8º, II). Frisou-se, ainda, que o art. 8º da Constituição revelaria a livre associação profissional ou sindical e encerraria a desnecessidade de autorização do Estado para criação de sindicato, remetendo ao registro no órgão competente, vedada a interferência e a intervenção do Poder Público. Reputou-se, dessa maneira, que a alusão a "*registro no órgão competente*" direcionaria àquele das pessoas jurídicas. Mencionou-se, então, que ficara consignada essa ocorrência no acórdão proferido. RE 291822/RS, rel. Min. Marco Aurélio, 29.11.2011. (RE-291822)

DESMEMBRAMENTO SINDICAL: CONTADORES E TÉCNICOS EM CONTABILIDADE - 3

Ato contínuo ressaltou-se que, no inciso II do art. 8º, haveria apenas obstáculo ao surgimento de mesmo sindicato em área geográfica representada por município. Apontou-se que, consoante o tribunal de justiça local — cuja premissa fática mostrar-se-ia inafastável —, na espécie, ocorrera o desdobramento de categorias profissionais afins. Antes, o Sindicato dos Contabilistas de Porto Alegre, o Sindicato dos Contabilistas de Canoas e o Sindicato dos Contabilistas de Pelotas, congregados sob a Federação dos Contabilistas do Rio Grande do Sul, representariam também os contadores. Esclareceu-se que, conforme a Corte *a qua*, viável seria o desdobramento com a criação de sindicato próprio aos contadores. Reportou-se a entendimento doutrinário segundo o qual presente a reunião de categorias em um sindicato, dar-se-ia a possibilidade de virem a implementar a dissociação. Explicitou-se que a origem da junção, prevista na Consolidação das Leis do Trabalho - CLT seria única: o somatório de forças considerados segmentos afins que não teriam, nos primórdios, como formarem isoladamente entidade sindical. Entendeu-se descaber evocar o que decidido quando do julgamento do RMS 21305/DF (DJU de 29.11.91), em que se cuidava de categoria diferenciada. Asseverou-se que a presente situação seria diversa, pois, inexistiria lei a disciplinar de forma una as categorias profissionais em debate, valendo perceber distinção substancial entre elas, haja vista que a dos contadores pressuporia integrantes com nível superior e a dos técnicos em contabilidade não. O Min. Luiz Fux destacou a inadmissibilidade de se exigir obediência às prescrições estatutárias de Federação mais antiga, tendo em vista a garantia da liberdade de instituição de nova entidade. Outro precedente citado: RE 217328/RS (DJU de 9.6.2000). RE 291822/RS, rel. Min. Marco Aurélio, 29.11.2011. (RE-291822) (Inform. STF 650)

RCL: AÇÃO CIVIL PÚBLICA E NORMAS TRABALHISTAS

O Tribunal julgou improcedente reclamação ajuizada pelo Estado do Piauí contra decisão proferida em ação civil pública promovida pelo Ministério Público do Trabalho, em que se alegava ofensa à autoridade da decisão tomada pelo Supremo na ADI 3395 MC/DF (DJU de 19.4.2006), na qual se fixara orientação no sentido de que o disposto no art. 114, I, da CF, não abrange as causas instauradas entre o Poder Público e servidor que lhe seja vinculado por relação jurídico-estatutária. Entendeu-se não contrariado o que decidido na referida ADI, haja vista que a ação civil pública em questão teria por objeto exigir o cumprimento, pelo Poder Público piauiense, das normas trabalhistas relativas à higiene, segurança e saúde dos trabalhadores, no âmbito do Instituto de Medicina Legal do Estado - IML (CF, art. 129, II c/c o art. 7º, XXII; Enunciado da Súmula 736 do STF: "*Compete à Justiça do Trabalho julgar as ações que tenham como causa de pedir o descumprimento de normas trabalhistas relativas à segurança, higiene e saúde dos trabalhadores.*"). Rcl 3303/PI, rel. Min. Carlos Britto, 19.11.2007. (Rcl-3303) (Inform. STF 489)

SINDICATO. OBRIGATORIEDADE. REGISTRO. MTE.

A questão consiste em saber se a aquisição de personalidade jurídica por parte da entidade sindical tem como pressuposto indispensável seu registro no Ministério do Trabalho e Emprego (MTE). O Min. Relator, no mesmo sentido do acórdão recorrido, entende indispensável tal registro, pois ele é ato vinculado que complementa e aperfeiçoa a existência legal da entidade sindical. Sem esse registro, o sindicato não é sujeito de direito e não lhe assiste o direito de ação em juízo por não ter representatividade da categoria. Ressalta que o inciso I do art. 8º da CF/1988, ao vedar a existência de autorização estatal para a fundação do sindicato, pôs a salvo a obrigatoriedade do registro em órgão competente, que é o MTE, de acordo com o art. 558 da CLT. Dessa forma, o efeito constitutivo do registro naquele ministério resulta em induvidosa condição legal da existência jurídica dos sindicatos, consoante o art. 18 do CC/1916. Além disso, a imprescindibilidade desse registro constitui meio eficaz para verificação da observância da unicidade sindical, uma vez que é o MTE detentor dessas informações. Ressalta que a Corte Especial já se pronunciou, também, no sentido da indispensabilidade do registro do sindicato no MTE. Outrossim, o STF, ao interpretar o art. 8º, I, CF/1988, afirmou que não ofende o texto constitucional a exigência do registro do sindicato no MTE. **REsp 711.624-MG, Rel. Min. Luiz Fux, julgado em 15/4/2008**. (Inform. STJ 352)

EQUIPAMENTO. PROTEÇÃO INDIVIDUAL. USO. OBRIGATORIEDADE.

A questão cinge-se à pretensão da recorrente em ver reconhecida a subsistência da autuação fiscal efetivada pela Delegacia Regional do Trabalho – DRT, que, ao inspecionar as instalações da recorrida, constatou a não-utilização de Equipamento de Proteção Individual – EPI, por parte de funcionário dela, aplicando-lhe sanção por "deixar de tornar obrigatório o uso de equipamentos de proteção individual adequados aos riscos". Argumenta a recorrente que restaram violados os arts. 19, § 1º, da Lei n. 8.213/1991; arts. 157, I, e 632, ambos da CLT, pois não bastaria à recorrida fornecer equipamentos de segurança a seus empregados, devendo, também, implementar e efetivamente fiscalizar o uso, bem como à autoridade administrativa decidir sobre a necessidade da produção de provas e diligências requeridas pelo autuado. O Min. Relator entende assistir razão à recorrente. Somente o empregador possui o necessário poder disciplinar e condições materiais para fiscalizar a efetiva utilização dos equipamentos de proteção. Assim, o empregado ao não usar, injustificadamente, EPI que lhe foi fornecido incorre, em tese, na prática de "ato faltoso", passível de ser transformado em "falta grave", a depender do agravamento das circunstâncias, de sua reiteração, da gravidade da falta, etc. O art. 158 da CLT prevê que cabe ao empregado "*observar as normas de segurança e medicina do trabalho*". Tal norma contudo não isenta o empregador de sua responsabilidade, sobretudo porque é curial que, em sede de responsabilidade penal e administrativa, eventual comportamento culposo da vítima (ou do co-obrigado) não exclui, nem mitiga, a reprovabilidade social da ação ou omissão do infrator. A aplicação da sanção administrativa não se deu, ao contrário do que pretende a empresa, sob bases de responsabilidade administrativa objetiva, mas diante de inegável *culpa in vigilando* do empregador. Finalmente, considerou adequada a decisão da autoridade administrativa que indeferiu o requerimento de produção de prova testemunhal. O indeferimento não equivale, como decidiu o Tribunal *a quo*, em não ter sido assegurado o exercício da ampla defesa à parte recorrida. Mesmo que comprovado o que pretendia a recorrida, tal situação não conduziria à invalidação do fato incontestável (tão incontestável que em nenhum momento foi negado pela empregadora) de que, no momento da fiscalização, o empregado não fazia uso de equipamento de segurança necessário à sua proteção contra os graves riscos da atividade que então desenvolvia (o empregado, ajudante de forjaria, trabalhava próximo a forno com intenso calor irradiante e sem proteção para os olhos). **REsp 171.927-SC, Rel. Min. Herman Benjamin, julgado em 6/2/2007**. (Inform. STJ 309)

SÚMULA STF Nº 677

Até que Lei venha a dispor a respeito, incumbe ao ministério do trabalho proceder ao registro das entidades sindicais e zelar pela observância do princípio da unicidade.

SÚMULA STF Nº 676

A garantia da estabilidade provisória prevista no art. 10, II, "a", do ato das disposições constitucionais transitórias, também se aplica ao suplente do cargo de direção de comissões internas de prevenção de acidentes (CIPA).

6. ACIDENTE DE TRABALHO

PROPOSTA DE SÚMULA VINCULANTE: INDENIZAÇÃO DECORRENTE DE ACIDENTE DE TRABALHO E COMPETÊNCIA

O Tribunal, por maioria, acolheu a proposta de edição da Súmula Vinculante 24 com o seguinte teor: "A Justiça do Trabalho é competente para processar e julgar as causas relativas a indenizações por danos morais e patrimoniais decorrentes de acidente de trabalho propostas por empregado contra empregador, alcançando-se, inclusive, as demandas que ainda não possuíam, quando da promulgação da EC nº 45/2004, sentença de mérito em primeiro grau.". Vencido, em parte, o Min. Marco Aurélio que propunha que se limitasse o verbete à primeira parte, até o vocábulo "empregador". Salientava que a segunda parte diria respeito às ações nas quais, ao tempo da edição da Súmula, ainda não havia sido proferida sentença de mérito em primeiro grau. Concluía tratar-se de situações residuais, de 2004, que já estariam ultrapassadas, e que o verbete, principalmente o vinculante, deveria ser algo que tivesse repercussão no quadro atual. **PSV 24/DF, 25.11.2009**. (PSV-24) (Inform. STF 570)

ACIDENTE DE TRABALHO. DANOS MORAIS. CULPA DE NATUREZA LEVE. AFASTAMENTO DA SÚM. N. 229/STF.

No caso, o recorrente processou a recorrida, empresa industrial, buscando indenização por danos morais, estéticos e emergentes cumulados com lucros cessantes decorrentes de acidente do trabalho. Alegou que, por não trabalhar com equipamentos de proteção, sofreu graves sequelas em acidente ocorrido em 1980. A sentença, proferida antes da EC n. 45/2004, reconheceu a culpa da recorrida e condenou-a a pagar quinhentos salários mínimos por danos morais, mais a diferença entre o valor recebido do INSS e seu último salário, até atingir 65 anos de idade. O acórdão recorrido deu provimento à apelação da recorrida, concluindo que, somente com o advento da CF/1988, é que passou a ser devida a parte da indenização pelo ato ilícito em dano causado por acidente ocorrido no trabalho, independentemente do grau da culpa. O Min. Relator asseverou que a jurisprudência da Terceira e da Quarta Turma firmou-se no sentido de que, desde a edição da Lei n. 6.367/1976, para a responsabilidade do empregador, basta a demonstração da culpa, ainda que de natureza leve, não sendo mais aplicável a Súm. n. 229/STF, que previa a responsabilização apenas em casos de dolo ou culpa grave. Uma vez reconhecida a culpa da recorrida, cumpre ao STJ aplicar o direito à espécie, nos termos do art. 257 do RISTJ e da Súm. n. 456/STF, por analogia. Assim, perfeitamente cabível a condenação em danos morais. Diante dessa e de outras considerações, a Turma deu parcial provimento ao recurso e fixou a indenização em R$ 250 mil, devendo a correção monetária ser contada a partir da publicação da presente decisão e os juros de mora a partir da data do evento danoso, nos termos da Súm. n. 54/STJ. Em acréscimo, deverá a recorrida pagar mensalmente ao recorrente a diferença salarial determinada pela sentença nos termos por ela fixados, até a data em que o recorrente completar 65 anos de idade. **REsp 406.815-MG, Rel. Min. Antonio Carlos Ferreira, julgado em 12/6/2012. (Inform. STJ 499)**

ACIDENTE. TRABALHO. INDENIZAÇÃO. DANO MORAL.

Na hipótese dos autos, o ora recorrente ajuizou contra o ora recorrido ação indenizatória por acidente de trabalho em decorrência de graves lesões sofridas – perda da acuidade visual do olho direito, tendões e nervos do braço direito rompidos – que lhe acarretaram perda da capacidade de movimento, dores constantes, várias cicatrizes e, em consequência, abalo psicológico, ficando constrangido de frequentar os meios sociais. Em primeiro grau, o recorrido foi condenado ao pagamento de 200 salários-mínimos a título de danos morais, mais acessórios. Na apelação, a sentença foi parcialmente reformada, reduzindo a indenização para R$ 9 mil. No REsp, o recorrente, entre outras alegações, sustenta que a indenização por danos morais fixada pelo acórdão recorrido é ínfima e avilta o sofrimento de que padece. Nesta instância especial, observou-se, inicialmente, que a indenização tem por objetivo compensar a dor causada à vítima e desestimular o ofensor de cometer atos da mesma natureza, pois não é razoável o arbitramento que importe em indenização irrisória, de pouco significado para o ofendido, nem indenização excessiva, de gravame demasiado ao ofensor. Assim, entendeu-se que o valor de R$ 9 mil, ainda que corrigido desde a data do acórdão recorrido, é irrisório para o caso em questão. Dessa forma, elevou-se a indenização para R$ 200 mil em valores da data da proclamação do julgamento, quantia que se aproxima mais daquela fixada na sentença e que cumpre, com razoabilidade, sua dupla finalidade: punir pelo ato ilícito cometido e reparar a vítima pelo sofrimento moral experimentado. Nesse contexto, a Turma deu provimento ao recurso. **Precedentes citados: REsp 345.831-DF, DJ 19/8/2002; AgRg no Ag 1.259.457-RJ, DJe 27/4/2010, e REsp 685.025-SC, DJ 5/2/2007. REsp 808.601-RS, Rel. Min. Sidnei Beneti, julgado em 12/8/2010**. (Inform. STJ 442)

DANO MORAL. ACIDENTE. TRABALHO.

Trata-se de ação de danos morais e patrimoniais decorrentes da morte de genitor ocorrida em 1977, durante o trabalho, devido à descarga elétrica sofrida, porque seu colega inadvertidamente eletrizou o sistema em que ele estava trabalhando. Noticiam os autos que a culpa do empregador deu-se em razão da ausência de comprovação de ter sido fornecido ao trabalhador vitimado o equipamento de proteção individual (EPI) e, ainda, se disponibilizado tal equipamento, não houve fiscalização do empregador quanto a seu uso. Anotou o Min. Relator que a sentença foi prolatada meses antes da EC n. 45/2004, daí a competência não ser da Justiça estadual, visto que, segundo a jurisprudência, nesses casos, prolatada a sentença antes da referida EC, permanece a competência da Justiça comum. Observou que, apesar de, na época dos fatos (a morte do genitor), a ordem vigente ser a da CF/1967, entendia-se também ser obrigação do empregador indenizar os familiares da vítima independentemente de eventual cobertura do sinistro por seguro ou pela previdência social, visto que tal indenização fundava-se no direito comum, dissociado de regras do direito previdenciário ou securitário (Súm. n. 229 do STF). Conclui que é devida a indenização por dano moral e material, além da pensão, sendo que o filho só a recebe até 25 anos. Por outro lado, assevera que a demora na busca da reparação (a morte ocorreu em 1977, e a ação só foi ajuizada em 2001) é fator influente na fixação do *quantum* indenizatório. No caso, foi mantido o valor dado nas instâncias ordinárias só quanto ao dano moral em valor fixo. Mereceu reparos somente a indenização quanto aos danos materiais, que deixou de ser arbitrada por conta de recebimento de pensão previdenciária. Diante do exposto, a Turma conheceu em parte do recurso e, nessa parte, deu-lhe provimento, para condenar a companhia de eletricidade ao pagamento de indenização por danos materiais equivalente ao valor mensal recebido por morte do genitor, acrescidos dos consectários legais e contratuais, como se estivesse no exercício profissional até o dia em que o filho completou 25 anos. **Precedentes citados: REsp 809.307-RS, DJ 14/5/2007; AgRg no Ag 691.994-SP, DJe 3/10/2008; REsp 133.527-RJ, DJ 24/2/2003; REsp 45.740-RJ, DJ 9/5/1994; REsp 503.618-RS, DJ 21/4/2005, e EREsp 526.299-PR, DJe 5/2/2009. REsp 900.367-PR, Rel. Min. Aldir Passarinho Junior, julgado em 6/5/2010**. (Inform. STJ 433)

ACIDENTE LABORAL. PENSÃO. DIREITO DE ACRESCER.

Trata-se de REsp em que se busca desconstituir acórdão que condenou a ora recorrente ao pagamento de pensão, além de danos morais, à ora recorrida em decorrência da morte do filho dessa que prestava serviço àquela como figurante de uma minissérie televisiva. Trata-se de morte por afogamento e, nas instâncias ordinárias, considerou-se não ter a recorrente prestado as devidas informações de segurança à vítima, na época com 18 anos, que, por sua vez, em intervalo intrajornada, adentrou o rio com forte correnteza, o que culminou no acidente fatal. Nesta instância especial, entendeu-se que a permissão para que o empregado, no intervalo das filmagens, ingressasse no rio sem a devida segurança oferecida pelo empregador e sem informação acerca da periculosidade do local acabou por criar um risco desnecessário, acarretando a morte da vítima, exatamente na contramão do preceito constitucional que prevê como direito do trabalhador a redução dos riscos inerentes ao trabalho (art. 7º, XXII, da CF/1988). Assinalou-se que é irrelevante o fato de o infortúnio ter ocorrido em intervalo intrajornada dedicado às refeições dos empregados, porquanto é dicção literal do art. 21, § 1º, da Lei n. 8.213/1991 a equiparação a acidentes do trabalho dos ocorridos nos períodos destinados à refeição ou descanso ou por ocasião da satisfação de outras necessidades fisiológicas, no local do trabalho ou durante este. Observou-se que, no caso, a autora, mãe da vítima, ajuizou ação de reparação de danos, sagrando-se vitoriosa no pleito, sem, contudo, deduzir nenhum pedido de que a indenização fosse paga, em caso do falecimento do filho, também ao esposo, que não figurou na lide como litisconsorte. Assim, foram violados os arts. 128 e 460 do CPC pelo acórdão ora atacado, quando concedeu o direito de acréscimo de pensão por ato ilícito, sem pedido nos autos, ao marido da autora, pois esse não é beneficiário da pensão porque não figurou no processo como litisconsorte ativo. Diante disso, a Turma deu parcial provimento ao recurso, apenas para afastar o direito de acrescer concedido de ofício na origem, mantido o restante do acórdão recorrido. **Precedentes citados: REsp 324.570-RJ, DJ 17/12/2004, e REsp 89.656-PR, DJ 7/2/2000. REsp 1.014.848-DF, Rel. Min. Luis Felipe Salomão, julgado em 23/3/2010**. (Inform. STJ 428)

ACIDENTE. RESPONSABILIDADE CIVIL. EMPREGADORA.
A Turma restabeleceu a sentença ao julgar procedente ação indenizatória de responsabilidade civil por acidente de trabalho movida por ex-empregada grávida que exercia a função de confeiteira: a cadeira de plástico em que sentava quebrou o pé e a fez cair, o que lhe causou o aborto. Explica o Min. Relator que o empregador deve zelar sempre pela segurança do ambiente de trabalho, no que se inclui manter as instalações e equipamentos de trabalho em bom estado de conservação, além de ter obrigação indeclinável de adquirir bens de qualidade que não ofendam a integridade física daqueles que trabalham e frequentam o local. Assim, se há quebra do equipamento com lesão ao empregado, há a responsabilidade do empregador por sua escolha, que, sob circunstância alguma, poderia apresentar defeito e ferir alguém. Observa ser notório que cadeiras plásticas de material barato são frágeis, sendo comum o uso delas uma sobre a outra para aumentar a resistência. Ressalta não estar interpretando fatos, visto que não se controverte nos autos a respeito do incidente em si. Assim, a Turma, a partir dos elementos postos nos autos, identificou a responsabilidade da autora, diferentemente do acórdão recorrido. **REsp 555.801-RJ, Rel. Min. Aldir Passarinho Junior, julgado em 22/9/2009.** (Inform. STJ 408)

TRABALHO. ACIDENTE. INDENIZAÇÃO. AMIANTO.
A Turma não conheceu do recurso, reiterando o entendimento de que, provada a redução da capacidade laboral, o empregado tem direito à indenização de direito comum pelos danos sofridos em razão de exercer trabalho exposto à poeira de amianto, independente do benefício previdenciário, que é de natureza diversa. Precedente citado: REsp 419.034-RJ, DJ 31/3/2003. **REsp 467.649-SP, Rel. Min. Luis Felipe Salomão, julgado em 17/9/2009.** (Inform. STJ 407)

INDENIZAÇÃO. ACIDENTE. TRABALHO. MERGULHADOR.
Trata-se de REsp contra acórdão que julgou parcialmente procedente ação indenizatória por acidente de trabalho movida pelo autor, ora recorrente, que exercia a função de mergulhador a serviço da ora recorrida, quando sofreu esmagamento da mão direita, gerando incapacidade laboral. A Turma entendeu que, se o recorrente ficou incapacitado para exercer a função de mergulhador (que era seu trabalho ao tempo do acidente) faz jus ao pensionamento de 100%, independentemente do exercício ou não de outro trabalho que lhe provenha rendimento igual ou mesmo superior. No que diz respeito à incidência da verba honorária sobre o capital constituído para a garantia das prestações vincendas, a jurisprudência do STJ já se consolidou em sentido contrário e, quanto aos juros moratórios, computam-se desde o evento danoso e não a partir da citação, em razão de tratar-se de ilícito extracontratual. Diante disso, deu-se parcial provimento ao recurso. **Precedentes citados: REsp 536.140-RS, DJ 17/4/2006; REsp 478.796-RJ, DJ 16/2/2004; EREsp 109.675-RJ, DJ 29/1/2002, e EREsp 146.398-RJ, DJ 11/6/2001. REsp 579.888-RJ, Rel. Min. Aldir Passarinho Junior, julgado em 6/8/2009.** (Inform. STJ 401)

INDENIZAÇÃO. ACIDENTE. TRABALHO. MENOR. 14 ANOS.
Cuida-se de ação de indenização por danos materiais e morais ajuizada pelo recorrente em razão de acidente de trabalho. Alega ter sido contratado aos 14 anos de idade para trabalhar na aplicação de herbicida e defensivos agrícolas em lavouras do recorrido, mas que, por ordem do gerente da fazenda, foi transferido de função, passando a despejar cereais em máquina elevadora, para carregamento de caminhões graneleiros. Aduz que, já no exercício dessa atividade, sofreu acidente, vindo a perder a mão e o antebraço esquerdo. O Min. Relator negava provimento ao recurso por entender que a pretensão recursal implicaria revolvimento do substrato fático-probatório (Súm. n. 7-STJ). Porém, a Min. Nancy Andrighi, em seu voto vista, divergindo do Min. Relator, entendeu que, nos acidentes de trabalho, cabe ao empregador provar que cumpriu seu dever contratual de preservar a integridade física do empregado, respeitando as normas de segurança e medicina do trabalho. Fica estabelecida a presunção relativa de culpa do empregador. Nessa circunstância, não se está a impor ao empregador a responsabilidade objetiva pelo acidente de trabalho, como outrora se fez em relação às atividades de risco. Aqui, o fundamento para sua responsabilização continua sendo a existência de culpa. Entretanto, o fato de a responsabilidade do empregador ser subjetiva não significa que não se possa presumir a sua culpa pelo acidente de trabalho. Por outro lado, não se trata de exigir do empregador a produção de prova negativa, tendo em vista que ele próprio detém – ou pelo menos deveria deter – elementos necessários à comprovação de que respeitou as normas de segurança e medicina do trabalho, por exemplo, documentos que evidenciem a realização de manutenção nas máquinas e a entrega de equipamentos de proteção individual. No particular, a existência do acidente de trabalho com sequelas drásticas para o recorrente é fato incontroverso. Todavia, o TJ, entendendo tratar-se de responsabilidade subjetiva, impôs ao empregado o ônus de provar a culpa do empregador. Entretanto, nos acidentes de trabalho em que seja aplicável a responsabilidade subjetiva do empregador, a culpa deste será presumida, impondo-lhe o ônus de provar a existência de causa excludente do dever de indenizar. O recorrido furtou-se desse ônus. Sendo assim, foi a própria desídia do recorrido, ao abrir mão de avançar na instrução probatória, que o impediu de, eventualmente, demonstrar a presença de causa que pudesse afastar o seu dever de indenizar. As circunstâncias específicas que circundaram o acidente em questão servem para reforçar a presunção de culpa do recorrido. Ainda que se queira argumentar que não houve ofensa a nenhuma norma específica de segurança do trabalho, fica evidenciada a culpa por violação do dever geral de cautela, isto é, a inobservância do dever fundamental do empregador de observar regras gerais de diligência e de adotar uma postura de cuidado permanente. A situação evidencia a omissão do recorrido em propiciar um ambiente de trabalho seguro, especialmente considerando o fato de que empregava menores de idade, a quem a CF/1988 (art. 7º, XXXIII) – e mesmo a CF/1967 (art. 165, X) – confere proteção especial. Seja como for, verifica-se que, sendo contratual a obrigação do empregador de garantir a segurança do local de trabalho, bem como sendo incontroversa a ocorrência do acidente envolvendo o recorrente, incumbia ao recorrido demonstrar a existência de causa excludente do seu dever de indenizar nos termos do art. 333, II, do CPC, ônus do qual não se desincumbiu, razão pela qual fica caracterizada a obrigação reparatória. O Min. Relator, então, reconsiderou seu voto para acompanhar a Min. Nancy Andrighi e, diante disso, a Turma deu provimento ao recurso para condenar o recorrido ao pagamento de indenização por danos materiais e morais. **REsp 1.067.738-GO, Rel. originário Min. Sidnei Beneti, Rel. para acórdão Min. Nancy Andrighi, julgado em 26/5/2009.** (Inform. STJ 396)

RESPONSABILIDADE. ESTIVADOR. ADMINISTRAÇÃO. PORTO.
O trabalhador portuário avulso era vinculado ao sindicato dos estivadores e foi designado para prestar o serviço de estiva (embarque de placas de aço) em um navio atracado nas dependências da companhia recorrente, a qual também administrava o porto. Sucede que o trabalhador, ao escorregar, caiu no porão do navio, o que o levou à morte. Daí a ação de indenização de danos morais e materiais proposta por sua viúva. A recorrente, entre outros temas, insurge-se contra a adoção do art. 33 da Lei n. 8.630/1993 como fundamento de sua condenação, visto que a citada lei somente foi editada anos após o acidente. Porém, o revogado art. 255, **b**, da CLT, vigente à época do acidente, sequer destoa da Lei n. 8.630/1993, quanto a responsabilizar a administradora do porto pelo fornecimento dos aparatos necessários à prevenção de acidentes do trabalho. Além disso, o referido artigo da CLT, em seu § 2º, **a**, também responsabiliza a administradora pelos serviços de estiva, o que esvazia a afirmativa da recorrente de que o interior da embarcação não seria área portuária. Anote-se que o Tribunal *a quo* foi enfático em afirmar que, se a vítima estivesse no uso dos mecanismos de segurança, não teria falecido no acidente. Assim, a responsabilidade da recorrida foi apreciada segundo o art. 159 do CC/1916, ficando estabelecida sua culpa no evento, pouco importando inferências sobre o caráter perigoso da atividade portuária: a conduta omissiva (negligente) da recorrente, em consonância com as regras que regulam a responsabilidade subjetiva, foi tida por suficiente para acarretar a morte do trabalhador. Por último, devem ser excluídos da indenização valores referentes ao 13º salário, porque é clara a ausência de relação de emprego. **Precedente citado: REsp 541.274-RJ, DJ 23/10/2006. REsp 813.979-ES, Rel. Min. Fernando Gonçalves, julgado em 19/2/2009.** (Inform. STJ 384)

INDENIZAÇÃO. ACIDENTE DE TRABALHO.
Trata-se de ação de responsabilidade civil por acidente de trabalho em montadora de automóvel julgada procedente nas instâncias ordinárias. A montadora alega nulidade da sentença concessiva de indenização referente ao período de estabilidade acidentária sem que haja postulação e afirma que o período relativo à indenização de estabilidade acidentária estaria ligado ao problema da competência e, segundo ela, caberia à Justiça do Trabalho pronunciar-se sobre o tema, daí a outra causa de nulidade

da sentença. Explica o Min. Relator que a sentença concede indenização pelo período de doze meses a partir da cessação do auxílio-acidente (nos termos do art. 118 da Lei n. 8.213/1991), pedido expressamente consagrado na petição inicial. Também a sentença acolheu o pedido e concedeu a estabilidade acidentária correspondente à última remuneração do recorrido. O que foi omitido pela empresa recorrente no recurso é que houve declinação de competência e a própria empresa interpôs agravo de instrumento e obteve a reversão do declínio de competência. Assim, não pode a recorrente argüir omissão no acórdão porque não fez uso, no momento adequado, dos embargos de declaração. Logo, a matéria, nesse ponto levantado no recurso especial, já se encontra decidida com trânsito em julgado no agravo em referência. Os outros temas suscitados, devidamente articulados na apelação, não foram examinados pelo acórdão recorrido nem mesmo nos embargos de declaração interpostos pela empresa de automóvel. Esse fato, entretanto, não conduz ao conhecimento do especial que deixou de declinar dispositivo violado, assim impedindo a realização do controle quanto à interpretação da lei. Diante do exposto, a Turma não conheceu o recurso. **Precedentes citados do STF: AgRg no Ag 595.866-RS, DJ 18/4/2008; AgRg no Ag 527.232-SP, DJ 23/9/2005; RE 145.931-SP, DJ 30/6/2006; do STJ: AgRg no Ag 761.998-RS, DJ 16/4/2007; AgRg no REsp 740.009-SP, DJ 16/4/2006; AgRg no Ag 622.993-RJ, DJ 21/3/2005, e AgRg nos EDcl no Ag 569.275-SP, DJ 6/12/2004. REsp 658.713-MG, Rel. Min. Fernando Gonçalves, julgado em 4/9/2008.** (Inform. STJ 366)

ACIDENTE DE TRABALHO. PENSÃO MENSAL. NASCITURO. DANO MORAL.

Prosseguindo o julgamento, a Turma decidiu ser incabível a redução da indenização por danos morais fixada em relação a nascituro filho de vítima de acidente fatal de trabalho, considerando, sobretudo, a impossibilidade de mensurar-se o sofrimento daquele que, muito mais que os outros irmãos vivos, foi privado do carinho, assim como de qualquer lembrança ou contato, ainda que remoto, de quem lhe proporcionou a vida. A dor, mesmo de nascituro, não pode ser mensurada, conforme os argumentos da ré, para diminuir o valor a pagar em relação aos irmãos vivos. **REsp 931.556-RS, Rel. Min. Nancy Andrighi, julgado em 17/6/2008.** (Inform. STJ 360)

INDENIZAÇÃO. ACIDENTE. TRABALHO. 65 ANOS.

Em razão de acidente de trabalho que causou a redução da capacidade laborativa do empregado acidentado, foi determinada uma indenização proporcional a essa perda, a ser paga mensalmente no valor de 60% de sua remuneração. Sucede que ele faleceu antes de completar a idade estipulada e sua viúva pleiteia, agora, que seus herdeiros percebam o restante da indenização mediante a habilitação do espólio, ora recorrente, na execução (que foi extinta pelo juízo singular). Diante disso, a Turma, ao prosseguir o julgamento, por maioria, não conheceu do recurso. A Min. Nancy Andrighi, Relatora para o acórdão, aduziu, em seu voto-vista que, com a morte do trabalhador, a diminuição da capacidade laborativa, sustentáculo da indenização, perde razão de ser porque, se ela continuasse a ser paga, não encontraria, em contrapartida, dano algum indenizável. Firmou que, na hipótese, o pagamento dessa indenização, que não é una, de montante determinado, deu-se mensalmente porque o dano decorrente não se produziu integralmente no momento do acidente, ao contrário, protraiu-se no tempo. Mês a mês, o acidentado investia-se no direito de receber a respectiva reparação, ciclo interrompido por sua morte. Daí se entender não mais se cogitar de perda da capacidade laborativa, em manifestação mensal do dano, porque ele não mais se verifica, a não permitir a habilitação do espólio na execução corretamente extinta. **REsp 997.056-RS, Rel. originário Min. Humberto Gomes de Barros, Rel. para acórdão Min. Nancy Andrighi, julgado em 3/4/2008.** (Inform. STJ 350)

SÚMULA VINCULANTE STF 22

A Justiça do Trabalho é competente para processar e julgar as ações de indenização por danos morais e patrimoniais decorrentes de acidente de trabalho propostas por empregado contra empregador, inclusive aquelas que ainda não possuíam sentença de mérito em primeiro grau quando da promulgação da Emenda Constitucional no 45/04.

SÚMULA STJ Nº 278

O termo inicial do prazo prescricional, na ação de indenização, é a data em que o segurado teve ciência inequívoca da incapacidade laboral.

7. FGTS

FGTS E PRESCRIÇÃO TRINTENÁRIA - 1

O Plenário iniciou julgamento de recurso extraordinário, interposto pelo Estado do Rio Grande do Norte, de acórdão do TST, que considerara ser de 30 anos o prazo para se exigir judicialmente, dos empregadores e tomadores de serviços, o depósito de valores relativos ao Fundo de Garantia do Tempo de Serviço – FGTS, ainda que depois da Constituição em vigor. O Min. Gilmar Mendes, relator, desproveu o extraordinário, com declaração de inconstitucionalidade dos artigos 23, § 5º, da Lei 8.036/90 e 55 do Decreto 99.684/90, atribuída eficácia ex nunc, de modo a alcançar apenas os processos ajuizados posteriormente à data deste julgamento (Lei 9.868/99, art. 27). Ressaltou que a questão constitucional versada na espécie seria distinta daquela que ensejara a interposição do RE 584608/SP (DJe de 13.3.2009), cuja repercussão geral fora negada pelo Supremo. Explicitou a gênese da tese segundo a qual o prazo para a cobrança, pelo empregado ou pelos órgãos públicos, das contribuições devidas ao FGTS seria — anteriormente e mesmo após a Constituição atual — de 30 anos. No ponto, especificou que o fundo fora criado, à época, em substituição à denominada estabilidade do emprego e que, em virtude do art. 20 da Lei 5.107/66, a cobrança judicial e administrativa dos valores a ele devidos deveria ocorrer de modo análogo à das contribuições previdenciárias, inclusive com os privilégios destas. RE 522897/RN, rel. Min. Gilmar Mendes, 4.8.2011. (RE-522897)

FGTS E PRESCRIÇÃO TRINTENÁRIA - 2

O relator assentou que, posteriormente à CF/88, fora promulgada a Lei 8.036/90, que deu nova disciplina ao FGTS e seu art. 23, § 5º, dispôs sobre o prazo prescricional (Lei 8.036/90: "Art. 23 ... § 5º O processo de fiscalização, de autuação e de imposição de multas reger-se-á pelo disposto no Título VII da CLT, respeitado o privilégio do FGTS à prescrição trintenária"). Registrou, na sequência, que o art. 55 do Decreto 99.684/90 possuiria idêntico teor. Consignou que, contudo, o art. 7º, III, da nova Carta da República, expressamente arrolara o FGTS como direito dos trabalhadores urbanos e rurais, a finalizar a celeuma doutrinária sobre sua natureza jurídica. Analisou que, desde então, tornar-se-iam desarrazoadas as teses anteriormente sustentadas de que o fundo teria natureza híbrida, tributária, previdenciária, de salário diferido, de indenização, dentre outras. Asseverou que, em verdade, cuidar-se-ia de direito dos trabalhadores brasileiros, não só dos empregados, consubstanciado na criação de um pecúlio permanente que poderia ser sacado por seus titulares em diversas circunstâncias legalmente definidas. Assim, não mais seria uma alternativa à estabilidade e, sim, um direito autônomo. Concluiu ser o FGTS um direito de índole social e trabalhista. RE 522897/RN, rel. Min. Gilmar Mendes, 4.8.2011. (RE-522897)

FGTS E PRESCRIÇÃO TRINTENÁRIA - 3

Destacou, ademais, que o tema, quanto ao prazo prescricional, deveria ser revisto à luz do que dispõe a ordem constitucional vigente, com o exame das conseqüências da constitucionalização do instituto levado a efeito apenas com a promulgação da nova Carta. Nesse contexto, observou que o art. 7º, XXIX, da CF conteria determinação expressa acerca do prazo de prescrição referente à propositura de ações atinentes a "créditos resultantes das relações de trabalho". Apontou que a aplicabilidade do que nele contido à cobrança judicial dos valores devidos ao FGTS fora, inclusive, reconhecida pelo TST, ao editar o Enunciado 362 ["É trintenária a prescrição do direito de reclamar contra o não-recolhimento da contribuição para o FGTS, observado o prazo de 2 (dois) anos após o término do contrato de trabalho"]. Frisou que, no entanto, o entendimento da Corte trabalhista, de ser aplicável apenas parte do dispositivo constitucional, mostrar-se-ia, além de contraditório, em dissonância com o postulado hermenêutico da máxima eficácia das normas constitucionais. Sinalizou que o prazo deveria ser o de 5 anos, previsto no incisoXXIX do art. 7º da CF. Em seguida, ponderou que, por mais de 20 anos, tanto o Supremo quanto o TST, mantiveram posicionamento de que o prazo prescricional do FGTS seria de 30 anos. Aludiu à possibilidade de se modular efeitos em sede de controle incidental. Por fim, assinalou que, no caso, o princípio da segurança jurídica recomendaria fosse mitigado o princípio da nulidade da lei inconstitucional, com a conseqüente modulação de efeitos da decisão, de forma a resguardar as legítimas expectativas dos trabalhadores brasileiros, que se pautavam em manifestações, até então inequívocas, do tribunal competente para dizer a última palavra sobre a interpretação da Constituição e da Corte responsável pela uniformização da legislação trabalhista. Após o voto da Min. Ellen Gracie, que acompanhou o relator, pediu vista dos autos o Min. Ayres Britto. RE 522897/RN, rel. Min. Gilmar Mendes, 4.8.2011. (RE-522897) (Inform. STF 634)

ADI N. 2.736-DF

RELATOR: MIN. CEZAR PELUSO

EMENTA: INCONSTITUCIONALIDADE. Ação direta. Art. 9.° da Medida Provisória n.° 2.164-41/2001. Introdução do art. 29-C na Lei n.° 8.036/1990. Edição de medida provisória. Sucumbência. Honorários advocatícios. Ações entre FGTS e titulares de contas vinculadas. Inexistência de relevância e de urgência. Matéria, ademais, típica de direito processual. Competência exclusiva do Poder Legislativo. Ofensa aos arts. 22, inc. I, e 62, *caput*, da CF. Precedentes. Ação julgada procedente. É inconstitucional a medida provisória que, alterando lei, suprime condenação em honorários advocatícios, por sucumbência, nas ações entre o Fundo de Garantia por Tempo de Serviço (FGTS) e titulares de contas vinculadas, bem como naquelas em que figurem os respectivos representantes ou substitutos processuais. (Inform. STF 621) * noticiado no Informativo 599

DIREITO PROCESSUAL CIVIL. MANDADO DE SEGURANÇA. LEGITIMIDADE ATIVA. CUMPRIMENTO DE SENTENÇA ARBITRAL.

A câmara arbitral ou o próprio árbitro não têm legitimidade ativa para impetrar MS com o objetivo de dar cumprimento à sentença arbitral em que reconhecido ao trabalhador despedido sem justa causa o direito de levantar o saldo da conta vinculada do FGTS. Nos termos do disposto no art. 6º do CPC, somente é permitido pleitear, em nome próprio, direito de outrem nos casos previstos em lei. Assim, cabe a cada um dos trabalhadores submetidos ao procedimento arbitral insurgir-se contra o ato que recusou a liberação do levantamento do FGTS assegurado na via arbitral. Precedente citado: AgRg no REsp 1.059.988-SP, DJe 24/9/2009. **REsp 1.290.811-RJ, Rel. Min. Eliana Calmon, julgado em 18/10/2012. (Inform. STJ 507)**

REPETITIVO. CEF. EXTRATOS. FGTS. *ASTREINTES*.

Em 28/10/2009, a Primeira Seção deste Superior Tribunal, em recurso repetitivo julgado com fulcro no art. 543-C do CPC c/c a Res. n. 8/2008-STJ, entendeu que a responsabilidade pela apresentação dos extratos bancários das contas vinculadas ao Fundo de Garantia por Tempo de Serviço (FGTS) é da Caixa Econômica Federal (CEF) na qualidade de gestora do fundo, que, por força de lei, tem total acesso aos documentos relacionados ao FGTS, mesmo nos períodos anteriores à centralização (arts. 4º, 10 e 11 da LC n. 110/2001 e art. 24 do Dec. n. 99.684/1990). Por esse motivo, deve fornecer as provas necessárias ao correto exame do pleiteado pelos fundistas, ainda que em período anterior a 1992 (REsp 1.108.034-RN, DJe 25/11/2009). Sucede que agora a hipótese dos autos é diversa, visto que cuidam da possibilidade de imposição de multa cominatória (*astreintes*) — prevista no art. 461 do CPC pelo não cumprimento da obrigação de fazer —, qual seja, o fornecimento de extratos das contas vinculadas ao FGTS. Para o Min. Relator, o juiz, de ofício ou a requerimento da parte, pode fixar as denominadas *astreintes* contra a empresa pública, com o objetivo de forçá-la ao adimplemento da obrigação de fazer no prazo estipulado, porém a sua aplicação deve nortear-se pelos princípios da proporcionalidade e da razoabilidade. Isso porque o objetivo da multa cominatória é desestimular a inércia injustificada do sujeito passivo em cumprir a determinação do juízo, mas é necessário também que essa medida não se converta em fonte de enriquecimento do autor ou exequente. No caso dos autos, destaca que se aplicam as *astreintes* apenas nas situações em que há recusa injustificada da CEF. Assim assevera que, quando impossível produzir as provas requeridas (apresentação dos extratos das contas vinculadas ao FGTS), devem-se buscar outros meios aptos a indicar o valor da conta vinculada, como prevê o art. 130 do CPC; pois, se for materialmente impossível a apresentação desses extratos pela CEF (*ad impossibilia nemo tenetur*) — o que, em caso de dúvida, pode ser atestado por perícia ou outra diligência judicial nos próprios registros da CEF —, pode o juiz determinar outros meios para comprovar os valores de recolhimento do FGTS. No entanto, explica o Min. Relator que, na hipótese em exame, a CEF argumentou apenas não dispor dos extratos de FGTS anteriores à centralização das contas vinculadas determinada pela Lei n. 8.036/1990 e tal argumento já foi rechaçado pelo citado repetitivo julgado pela Primeira Seção. Diante do exposto, a Seção negou provimento ao recurso da CEF, uma vez que está correta a fixação da multa cominatória pelo atraso injustificado no fornecimento dos extratos de contas vinculadas ao FGTS, podendo o juiz, no caso concreto, verificando a impossibilidade material do cumprimento da obrigação, determinar outros meios de prova nos termos do citado art. 130 do CPC. Precedentes citados: REsp 902.362-RS, DJ 16/4/2007, e REsp 1.108.034-RN, DJe 25/11/2009. **REsp 1.112.862-GO, Rel. Min. Humberto Martins, julgado em 13/4/2011.** (Inform. STJ 469)

REPETITIVO. CONCURSO. LEVANTAMENTO. FGTS.

A Seção, ao julgar o recurso repetitivo de controvérsia (art. 543-c do CPC e Res. n. 8/2008-STJ), reiterou o entendimento de que a declaração de nulidade do contrato de trabalho em razão da ocupação de cargo público sem a necessária aprovação em prévio concurso público, consoante previsto no art. 37, II, da CF/1988, equipara-se à ocorrência de culpa recíproca, gerando para o trabalhador o direito ao levantamento das quantias depositadas na sua conta vinculada ao FGTS. Não há litisconsórcio passivo entre o ex-empregador (o município) e a Caixa Econômica Federal (CEF), uma vez que, realizados os depósitos, o empregador não mais detém a titularidade sobre os valores depositados, que passam a integrar o patrimônio dos fundistas. Na qualidade de operadora do Fundo, somente a CEF tem legitimidade para integrar o polo passivo da relação processual, por ser a única responsável pela administração das contas vinculadas do FGTS, a teor da Súmula 82-STJ. Precedente citado: REsp 819.822-RN, DJ 29/6/2007. **REsp 1.110.848-RS, Rel. Min. Luiz Fux, julgado em 24/6/2009.** (Inform. STJ 400)

REPETITIVO. CONCURSO. LEVANTAMENTO. FGTS.

A Seção, ao julgar o recurso repetitivo de controvérsia (art. 543-c do CPC e Res. n. 8/2008-STJ), firmou o entendimento de que, para a apuração da sucumbência nas ações em que se objetiva a atualização monetária dos valores depositados em contas vinculadas ao FGTS, deve-se levar em consideração o quantitativo de pedidos (isoladamente considerados) que foram deferidos em contraposição aos indeferidos, sendo irrelevante o somatório dos índices. Precedentes citados REsp 1.073.780-DF, DJe 13/10/2008, e REsp 844.170-DF, DJ 6/2/2007. **REsp 1.112.747-DF, Rel. Min. Denise Arruda, julgado em 24/6/2009.** (Inform. STJ 400)

RECURSO REPETITIVO. FGTS. JUROS PROGRESSIVOS. PRESCRIÇÃO. FUNDO. DIREITO.

No julgamento do recurso representativo de controvérsia (art. 543-C do CPC e Resolução n. 8/2008 do STJ), a Seção considerou que os optantes pelo FGTS nos termos da Lei n. 5.958/1973 têm o direito à taxa progressiva de juros na forma do art. 4º da Lei n. 5.107/1966 (Súm. n. 154-STJ) e que infirmar a conclusão do Tribunal *a quo* de aplicar a referida taxa com fundamento na data da opção do empregado pelo FGTS demanda reexame de prova, obstado pela Súm. n. 7 STJ. Reafirmou, também, que não há prescrição do fundo de direito de pleitear a aplicação desses juros progressivos nos saldos das contas vinculadas ao FGTS. Assim, a prescrição só atinge as parcelas anteriores aos trinta anos que antecederam a propositura da ação. Outrossim, reiterou que, conforme sedimentado em recente julgamento de recurso repetitivo, o cálculo dos juros moratórios devidos na correção das contas vinculadas ao FGTS deve levar em conta a taxa legal prevista no art. 406 do CC/2002, que vem a ser a taxa Selic. Anotou-se, por último, que esses juros de mora devem incidir a partir da citação. **Precedentes citados: REsp 910.420-PE, DJ 14/5/2007; REsp 1.102.552-CE, DJ 6/4/2009; REsp 666.676-PR, DJ 6/6/2005; REsp 984.121-PE, DJe 29/5/2008; REsp 858.011-SP, DJe 26/5/2008, e REsp 813.056-PE, DJ 29/10/2007. REsp 1.110.547-PE, Rel. Min. Castro Meira, julgado em 22/4/2009.** (Inform. STJ 391)

RECURSO REPETITIVO. HONORÁRIOS ADVOCATÍCIOS. FGTS.

A Seção, ao julgar recurso representativo de controvérsia (art. 543-C do CPC e Resolução n. 8/2008 do STJ), reafirmou que o art. 29-C da Lei n. 8.036/1990 (introduzido pela MP 2.164-40/2001), que dispensa a condenação em honorários advocatícios nas demandas sobre FGTS, é norma especial em relação aos arts. 20 e 21 do CPC e só deve ser aplicado nas ações ajuizadas após sua vigência (em 27/7/2001). **Precedentes citados: EAg 599.012-PR, DJe 26/5/2008; AgRg no REsp 1.079.113-BA, DJe 3/2/2009; REsp 891.053-RJ, DJ 26/11/2007; REsp 813.056-PE, DJ 29/10/2007, e AgRg no Ag 832.714-BA, DJe 17/10/2008. REsp 1.111.157-PB, Rel. Min. Teori Albino Zavascki, julgado em 22/4/2009.** (Inform. STJ 391)

RECURSO REPETITIVO. FGTS. CORREÇÃO MONETÁRIA. SELIC.

A Seção, ao julgar o recurso admitido na origem sob o regime do art. 543-C do CPC e da Res. n. 8/2008 do STJ, entendeu que o art. 22 da Lei n. 8.036/1990 versa sobre a correção monetária e juros de mora a que está sujeito o empregador (e não a CEF) que não efetua os depósitos ao FGTS. Os créditos de correção monetária das contas vinculadas ao FGTS, quando não efetuados no devido tempo e pelo índice correto, têm seu cálculo, na falta de norma específica, regido pelo art. 406 do CC/2002. Assim, a taxa de juros moratórios a que se refere o mencionado artigo é a Selic, por ser a que incide como juros moratórios dos tributos federais. Contudo a incidência dos juros mencionados com base na variação da taxa Selic não pode ser cumulada com a aplicação de outros índices de atualização monetária, pois representaria um *bis in idem*. **Precedentes citados: REsp 926.140-DF, DJ 15/5/2008; REsp 1.008.203-SP, DJ 12/8/2008; REsp 875.093-SP, DJ 8/8/2008; EREsp 727.842-SP, DJ 20/11/2008, e REsp 858.011-SP, DJe 26/5/2008. REsp 1.102.552-CE, Rel. Min. Teori Albino Zavascki, julgado em 25/3/2009.** (Inform. STJ 388)

MS. CEF. ALVARÁ. FGTS.

Trata-se de pedido formulado pelos herdeiros em processo de inventário de levantamento dos valores relativos ao FGTS em virtude do falecimento do titular da conta. O juízo expediu o alvará e a CEF, como terceiro prejudicado, impetrou mandado de segurança contra a liberação do FGTS em parcela única. Com base em diversos precedentes, a Turma, por maioria, reafirmou que, interpretando-se em conjunto o disposto no art. 6º, II, da LC n. 110/2001 com o art. 1º da Lei n. 6.858/1980 e Lei n. 8.036/1990, é possível o levantamento, pelos sucessores do titular falecido, em uma única parcela, dos valores constantes da conta de FGTS, sendo desnecessária a existência de termo de adesão. Precedentes citados: RMS 22.663-SP, DJ 29/3/2007; AgRg no RMS 21.093-SP, DJ 25/5/2006, e RMS 17.617-SP, DJ 29/11/2004. **RMS 18.932-SP, Rel. Min. Denise Arruda, julgado em 18/9/2007.** (Inform. STJ 332)

FGTS. MULTA. NATUREZA ADMINISTRATIVA.

No trato de FGTS, a multa de que trata o art. 22 da Lei n. 8.036/1990 não possui natureza contratual, mas sim administrativa. Dessa forma, seu valor deve ser revertido ao Fundo, mesmo por força do art. 2º, § 1º, daquela mesma lei, que não deixa dúvidas de que ele não é só composto das contas vinculadas dos empregados, mas, também, das multas moratórias, como no caso. Com esse entendimento reafirmado pela Seção, deu-se provimento aos embargos de divergência. O Min. Castro Meira, por sua vez, anotou que, após o advento da LC n. 110/2001, dissipou-se qualquer discussão acerca da natureza administrativa da referida multa. Precedente citado: EREsp 385.771-RS, DJ 2/8/2004. **EREsp 378.606-RS, Rel. Min. Luiz Fux, julgados em 22/8/2007.** (Inform. STJ 328)

SÚMULA VINCULANTE STF 1

Ofende a garantia constitucional do ato jurídico perfeito a decisão que, sem ponderar as circunstâncias do caso concreto, desconsidera a validez e a eficácia de acordo constante de termo de adesão instituído pela Lei Complementar nº 110/2001.

SÚMULA STJ Nº 466

O titular da conta vinculada ao FGTS tem o direito de sacar o saldo respectivo quando declarado nulo seu contrato de trabalho por ausência de prévia aprovação em concurso público.

SÚMULA STJ Nº 459

A Taxa Referencial (TR) é o índice aplicável, a título de correção monetária, aos débitos com o FGTS recolhidos pelo empregador mas não repassados ao fundo.

SÚMULA STJ Nº 252

Os saldos das contas do FGTS, pela legislação infraconstitucional, são corrigidos em 42,72% (IPC) quanto às perdas de janeiro de 1989 e 44,80% (IPC) quanto às de abril de 1990, acolhidos pelo STJ os índices de 18,02% (LBC) quanto as perdas de junho de 1987, de 5,38% (BTN) para maio de 1990 e 7,00%(TR) para fevereiro de 1991, de acordo com o entendimento do STF (RE 226.855-7-RS).

SÚMULA STJ Nº 210

A ação de cobrança das contribuições para o FGTS prescreve em trinta (30) anos.

10. DIREITO PROCESSUAL DO TRABALHO

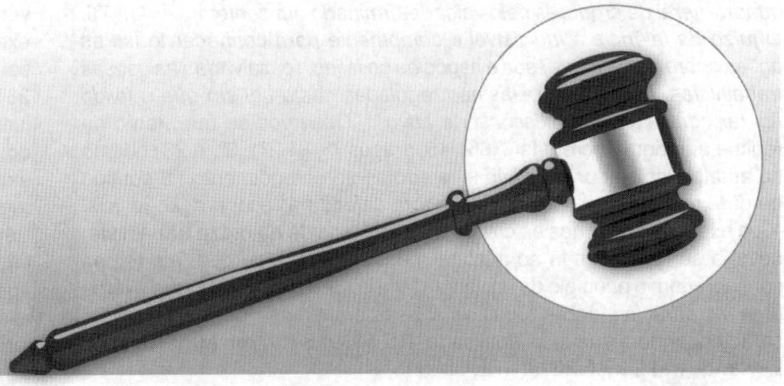

1. COMPETÊNCIA

COMPETÊNCIA TRABALHISTA E EXECUÇÃO DE CONTRIBUIÇÕES SOCIAIS

A competência da Justiça do Trabalho para execução de contribuições sociais pressupõe decisão condenatória em parcela trabalhista geradora da incidência da referida espécie tributária. Com fulcro nesse entendimento, a 1ª Turma desproveu agravos regimentais em decisões do Min. Marco Aurélio, que negara seguimento a recursos extraordinários, dos quais relator, em que o INSS pretendia estender à Justiça do Trabalho a competência para execução de acordo extrajudicial não baseada em título emanado por essa justiça especializada. Reputou-se que, no caso, a competência constitucional disposta no art. 114, VIII (*"Art. 114. Compete à Justiça do Trabalho processar e julgar: ... VIII - a execução, de ofício, das contribuições sociais previstas no art. 195, I, a , e II, e seus acréscimos legais, decorrentes das sentenças que proferir"*) estaria restrita às decisões prolatadas pela Justiça do Trabalho e que o tribunal *a quo* teria observado o Verbete 368 da Súmula do TST, no sentido de que a competência da justiça trabalhista, quanto à execução das contribuições previdenciárias, limitar-se-ia às sentenças condenatórias em pecúnia que proferir e aos valores, objeto de acordo homologado, que integrassem o salário de contribuição. RE 564424 AgR/PA, rel. Min. Marco Aurélio, 18.9.2012. (RE-564424),RE 565765 AgR/RS, rel. Min. Marco Aurélio, 18.9.2012. (RE-565765),RE 564526 AgR/PE, rel. Min. Marco Aurélio, 18.9.2012. (RE-564526) (Inform. STF 680)

INDENIZAÇÃO POR ACIDENTE DE TRABALHO E COMPETÊNCIA

Compete à justiça do trabalho processar e julgar, nos termos do art. 114, VI, da CF, as causas referentes à indenização por dano moral e material oriundas de acidente de trabalho. Com esse entendimento, o Plenário desproveu recurso extraordinário no qual pretendida a fixação da competência da justiça comum para julgar ação trabalhista proposta por sucessores de trabalhador falecido. Asseverou-se que a alteração da legitimidade ativa, no caso em tela, não deslocaria a competência daquela justiça especializada. RE 600091/MG, rel. Min. Dias Toffoli, 25.5.2011. (RE-600091) (Inform. STF 628)

REPERCUSSÃO GERAL EM AI N. 818.688-SP

RELATOR: MIN. GILMAR MENDES

Agravo de Instrumento contra inadmissão de recurso extraordinário. 1. Pedido de adicional de periculosidade. 2. Trabalho exercido em prédio vertical onde se encontra armazenado combustível em um de seus andares. 3. Matéria disciplinada pelo art. 193 da CLT e por normas regulamentadoras do Ministério do Trabalho. 4. Questão afeta à legislação infraconstitucional que comumente demanda a análise de provas. 5. Violação reflexa à Constituição Federal. 6. Inexistência de repercussão geral. (Inform. STF 625)

EMENTA: CONFLITO DE COMPETÊNCIA. CONSTITUCIONAL. JUÍZO ESTADUAL DE PRIMEIRA INSTÂNCIA E TRIBUNAL SUPERIOR. COMPETÊNCIA ORIGINÁRIA DO SUPREMO TRIBUNAL FEDERAL PARA SOLUÇÃO DO CONFLITO. ART. 102, I, "O", DA CB/88. JUSTIÇA COMUM E JUSTIÇA DO TRABALHO. COMPETÊNCIA PARA JULGAMENTO DA AÇÃO DE INDENIZAÇÃO POR DANOS MORAIS E MATERIAIS DECORRENTES DE ACIDENTE DO TRABALHO PROPOSTA PELOS SUCESSORES DO EMPREGADO FALECIDO. COMPETÊNCIA DA JUSTIÇA LABORAL. 1. Compete ao Supremo Tribunal Federal dirimir o conflito de competência entre Juízo Estadual de primeira instância e Tribunal Superior, nos termos do disposto no art. 102, I, "o", da Constituição do Brasil. Precedente [CC n. 7.027, Relator o Ministro CELSO DE MELLO, DJ de 1.9.95. 2. A competência para julgar ações de indenização por danos morais e materiais decorrentes de acidente de trabalho, após a edição da EC 45/04, é da Justiça do Trabalho. Precedentes [CC n. 7.204, Relator o Ministro CARLOS BRITTO, DJ de 9.12.05 e AgR-RE n. 509.352, Relator o Ministro MENEZES DIREITO, DJe de 1º.8.08]. 3. O ajuizamento da ação de indenização pelos sucessores não altera a competência da Justiça especializada. A transferência do direito patrimonial em decorrência do óbito do empregado é irrelevante. Precedentes. [ED-RE n. 509.353, Relator o Ministro SEPÚLVEDA PERTENCE, DJ de 17.8.07; ED-RE n. 482.797, Relator o Ministro RICARDO LEWANDOWSKI, DJe de 27.6.08 e ED-RE n. 541.755, Relator o Ministro CÉZAR PELUSO, DJ de 7.3.08]. Conflito negativo de competência conhecido para declarar a competência da Justiça do Trabalho. CC N. 7.545-SC RELATOR: MIN. EROS GRAU. Noticiado no Informativo 549 (Inform. STF 555)

RECUPERAÇÃO JUDICIAL: EXECUÇÃO DE CRÉDITOS TRABALHISTAS E COMPETÊNCIA DA JUSTIÇA COMUM - 1

Compete à Justiça Comum o julgamento de execução de créditos trabalhistas contra empresas em processo falimentar ou em recuperação judicial. Com base nesse entendimento, o Tribunal, por maioria, desproveu recurso extraordinário interposto contra acórdão do Superior Tribunal de Justiça que mantivera decisão, proferida em conflito de competência entre a Justiça do Trabalho e a Justiça Estadual Comum, que reputara ser da 1ª Vara Empresarial da Comarca do Rio de Janeiro a competência para julgar ação proposta pelo Sindicato Nacional dos Aeronautas - SNA e associações de comissários, mecânicos de vôo e pilotos das empresas Varig e Nordeste Linhas Aéreas. Alegava-se, na espécie, ofensa aos incisos I a IX do art. 114 da CF. Preliminarmente, asseverou-se que o debate relativo às condições de admissibilidade do recurso e à existência de repercussão geral estaria superado, ante o pronunciamento da Corte quanto à relevância constitucional do tema sob análise. Afirmou-se, ainda, não caber ao Supremo examinar — em recurso extraordinário em que se discute a exegese do art. 114 da CF, na redação que lhe deu a EC 45/2004 —, se o art. 60 da Lei 11.101/2005 estabeleceria, ou não, a sucessão de créditos trabalhistas, haja vista tratar-se de matéria totalmente estranha aos autos. Acrescentou-se, no ponto, que, no julgamento da ADI 3934/DF, acima relatado, a Corte já teria declarado a constitucionalidade do referido dispositivo. **RE 583955/RJ, rel. Min. Ricardo Lewandowski, 28.5.2009.** (RE-583955)

RECUPERAÇÃO JUDICIAL: EXECUÇÃO DE CRÉDITOS TRABALHISTAS E COMPETÊNCIA DA JUSTIÇA COMUM - 2

Quanto à questão de fundo, salientou-se que, no âmbito infraconstitucional, o assunto seria atualmente disciplinado pelos §§ 1º e 2º do art. 6º da Lei 11.101/2005, os quais complementados pelo art. 76, e seu parágrafo único, do mesmo diploma legal (*"Art. 6o A decretação da falência ou o deferimento do processamento da recuperação judicial suspende o curso da prescrição e de todas as ações e execuções em face do devedor, inclusive aquelas dos credores particulares do sócio solidário. § 1o Terá prosseguimento no juízo no qual estiver se processando a ação que demandar quantia ilíquida. § 2o É permitido pleitear, perante o administrador judicial, habilitação, exclusão ou modificação de créditos derivados da relação de trabalho, mas as ações de natureza trabalhista, inclusive as impugnações a que se refere o art. 8o desta Lei, serão processadas perante a justiça especializada até a apuração do respectivo crédito, que será inscrito no quadro-geral de credores pelo valor determinado em sentença ... Art. 76. O juízo da falência é indivisível e competente para conhecer todas as ações sobre bens, interesses e negócios do falido, ressalvadas as causas trabalhistas, fiscais e aquelas não reguladas nesta Lei em que o falido figurar como autor ou litisconsorte ativo.*"). Observou-se que, tanto no regime anterior (Decreto-lei 7.661/45, artigos 7º, §§ 2º e 3º, e 23) quanto no atual, o legislador ordinário teria adotado o entendimento no sentido de que, decretada a falência — e agora deferida a recuperação judicial —, a execução de todos os créditos, inclusive os de natureza trabalhista, deveria ser processada no juízo falimentar. Afirmou-se que tais regras consagrariam o princípio da universalidade do juízo falimentar, que exerce uma *vis attractiva* sobre todas as ações de interesse da massa falida, caracterizando a sua individualidade. **RE 583955/RJ, rel. Min. Ricardo Lewandowski, 28.5.2009.** (RE-583955)

RECUPERAÇÃO JUDICIAL: EXECUÇÃO DE CRÉDITOS TRABALHISTAS E COMPETÊNCIA DA JUSTIÇA COMUM - 3

Explicou-se que, num processo falimentar, o patrimônio da empresa nem sempre corresponde ao montante de suas dívidas, razão por que a regra da individualidade na execução dos créditos poderia ensejar a obtenção de vantagem indevida por certos credores em prejuízo dos demais. Dessa forma, estaria afastada a regra da execução individual dos créditos, instaurando-se, em substituição, o concurso de credores, a permitir a concretização do princípio da *par condicio creditorum*, que garante tratamento isonômico a todos os credores de uma mesma categoria na percepção do que lhes é devido. Dessa maneira, instalar-se-ia, no processo de falência, o denominado juízo universal, a atrair todas as ações aptas a afetar o patrimônio da empresa em processo de quebra ou recuperação judicial. Registrou-se que o juízo universal da falência atrairia apenas os créditos consolidados, estando excluídas, portanto, as ações que demandam quantia ilíquida, as trabalhistas e as de natureza fiscal, as quais terão prosseguimento nos juízos especializados (Lei 11.101/2005, art. 6º, §§ 1º, 2º e 7º). Aduziu-se, também, que, de acordo com o art. 83, I e VI, c, da Lei 11.101/2005, os créditos de até 150 salários mínimos teriam tratamento preferencial, sendo transformados em quirografários os que superassem esse valor. Mencionou-se, ainda, o disposto no art. 54 do aludido diploma legal, segundo o qual, o plano de recuperação judicial, aprovado pelo juízo da falência, não poderia prever prazo superior a 1 ano para pagamento dos créditos derivados da legislação do trabalho ou decorrentes de acidentes de trabalho, anteriormente vencidos, e nem prazo superior a 30 dias para o pagamento, até o limite de 5 salários mínimos por trabalhador, dos créditos de natureza estritamente salarial, vencidos nos 3 meses anteriores ao pedido. Assim, a Lei 11.101/2005 teria se mantido fiel ao princípio da *par condicio creditorum* no tocante aos créditos trabalhistas, contemplados com a devida precedência sobre os demais, em decorrência de sua natureza alimentar. Por sua vez, a Justiça do Trabalho teria conservado a jurisdição cognitiva sobre tais créditos cuja execução, quando líquidos, ficariam a cargo da Justiça Comum, uma vez instaurado o processo falimentar. O novo diploma teria ampliado a possibilidade de os empregados receberam o que lhes é devido, ao inserir no ordenamento jurídico o instituto da recuperação judicial, o qual teria por escopo manter em atividade as empresas que estivessem passando por dificuldades de caráter conjuntural, tendo em conta a função social que exercem. Por fim, após afastar qualquer violação aos incisos I a IX do art. 114 da CF, esclareceu-se, quanto a esse último inciso, que ele teria apenas outorgado ao legislador ordinário a faculdade de submeter à competência da Justiça do Trabalho outras controvérsias, além das taxativamente previstas nos incisos anteriores, desde que oriundas da relação de trabalho. Vencidos os Ministros Marco Aurélio e Carlos Britto, que davam provimento ao recurso. **Precedentes citados: AI 584049 AgR/RJ (DJU de 8.8.2006) e AI 585407 AgR/RJ (DJU de 1º.12.2006). RE 583955/RJ, rel. Min. Ricardo Lewandowski, 28.5.2009**. (RE-583955) (Inform. STF 548)

RECLAMAÇÃO TRABALHISTA CONTRA A ONU/PNUD: IMUNIDADE DE JURISDIÇÃO E EXECUÇÃO - 1

O Tribunal iniciou julgamento conjunto de recursos extraordinários interpostos pela Organização das Nações Unidas - ONU, por seu Programa para o Desenvolvimento - PNUD, e pela União nos quais se analisa a existência, ou não, de imunidade de jurisdição e de execução para as organizações internacionais. Na espécie, o juízo da 1ª Vara Federal do Trabalho de Cuiabá-MT, afastando a imunidade de jurisdição expressamente invocada pela ONU/PNUD, com base, dentre outros, na Seção 2 da Convenção sobre Privilégios e Imunidades das Nações Unidas, promulgada pelo Decreto 27.784/50, julgara procedente reclamação trabalhista contra ela ajuizada pelo ora recorrido — que para ela trabalhara em projeto desenvolvido no Estado do Mato Grosso - PRODEAGRO, na função de monitor técnico de licitações —, condenando-a ao pagamento de diversas verbas trabalhistas. A sentença, entretanto, reconhecera a imunidade de execução da reclamada e a necessidade da renúncia expressa para o seu afastamento. Interposto recurso ordinário pelo reclamante, o TRT da 23ª Região ratificara o entendimento pela inexistência de imunidade de jurisdição em causas trabalhistas e ainda afastara a imunidade à execução do julgado. Após o trânsito em julgado dessa decisão e o início da fase executória, a ONU/PNUD ajuizara ação rescisória perante aquela Corte regional, com fundamento no art. 485, V, do CPC, sustentando violação literal ao disposto na aludida Convenção. O pedido rescisório fora julgado improcedente, o que ensejara a interposição de recurso ordinário. Os apelos extremos impugnam o acórdão do TST que negara provimento a esse recurso ordinário, ao fundamento de que a Justiça do Trabalho, nos termos do que previsto no art. 114 da CF, seria competente para processar e julgar demandas envolvendo organismos internacionais, decorrentes de qualquer relação de trabalho. Alega a ONU/PNUD que a decisão recorrida ofende os artigos 5º, II, XXXV, LII e § 2º, e 114, *caput*, da CF, e declara a inconstitucionalidade da citada Convenção. Por sua vez, a União aponta afronta aos artigos 5º, LIV, § 2º, 49, I, 84, VIII, e 114, da CF. **RE 578543/MT, rel. Min. Ellen Gracie, 7.5.2009. (RE-578543). RE 597368/MT, rel. Min. Ellen Gracie, 7.5.2009.** (RE-597368)

RECLAMAÇÃO TRABALHISTA CONTRA A ONU/PNUD: IMUNIDADE DE JURISDIÇÃO E EXECUÇÃO - 2

A Min. Ellen Gracie, relatora, conheceu em parte dos recursos, e, na parte conhecida, a eles deu provimento para, reconhecendo a afronta à literal disposição contida na Seção 2 da Convenção sobre Privilégios e Imunidades das Nações Unidas, julgar procedente o pleito formulado na ação rescisória, a fim de desconstituir o acórdão do TRT da 23ª Região e reconhecer a imunidade de jurisdição e de execução da ONU/PNUD. Entendeu, em síntese, que o acórdão recorrido ofende tanto o art. 114 quanto o art. 5º, § 2º, ambos da CF, já que confere interpretação extravagante ao primeiro, no sentido de que ele tem o condão de afastar toda e qualquer norma de imunidade de jurisdição acaso existente em matéria trabalhista, bem como despreza o teor de tratados internacionais celebrados pelo Brasil que asseguram a imunidade de jurisdição e de execução da recorrente. Após, o julgamento foi suspenso com o pedido de vista da Min. Cármen Lúcia. Leia o inteiro teor do voto da relatora no RE 578543/MT na seção "Transcrições" deste Informativo. **RE 578543/MT, rel. Min. Ellen Gracie, 7.5.2009. (RE-578543). RE 597368/MT, rel. Min. Ellen Gracie, 7.5.2009.** (RE-597368) (Inform. STF 545)

AÇÃO TRABALHISTA: CONTRATAÇÃO DE SERVIDORES TEMPORÁRIOS E COMPETÊNCIA

O Tribunal iniciou julgamento de agravo regimental interposto contra decisão monocrática do Min. Marco Aurélio que negara seguimento a reclamação, da qual relator, ajuizada pelo Município de São Miguel do Guamá - PA, em que se pretende a suspensão de ações em trâmite na justiça trabalhista, formalizadas com o objetivo de anular contratações celebradas sem prévia aprovação em concurso público. Nesses processos trabalhistas são veiculados pedidos de anulação de contratos temporários administrativos com o reconhecimento de direitos trabalhistas, condenando o referido Município ao recolhimento de FGTS e de contribuições previdenciárias ao INSS, ao argumento de envolver trabalhadores comuns. O Min. Marco Aurélio, relator, naquela decisão, não vislumbrara pertinência entre o que pleiteado e a decisão proferida na ADI 3395/DF (DJU de 10.11.2006), cuja liminar ficara restrita ao afastamento da interpretação do inciso I do art. 114 da CF, na redação dada pela EC 45/2004, que implicasse reconhecimento da competência da justiça do trabalho para apreciar conflitos atinentes a regime especial, de caráter jurídico-administrativo. Asseverara que, no caso, os referidos conflitos trabalhistas apresentavam, como causa de pedir, a existência de vínculo celetista. No presente agravo, o Município sustenta que a declaração de nulidade da relação jurídica estatutária não atrai a competência da justiça do trabalho e que o regime estatutário, a que estavam submetidos os ex-servidores, seria de natureza administrativa, existindo lei municipal (Lei 170/90) autorizadora da contratação de servidores temporários para suprir a necessidade do ente federado. O agravante reiterou que os atos impugnados implicaram ofensa à autoridade do pronunciamento da Corte na mencionada ADI. O relator, considerando que a caracterização, ou não, da citada relação jurídica tem definição a cargo da jurisdição cível especializada, manteve a decisão agravada. Em divergência, o Min. Joaquim Barbosa deu provimento ao regimental por entender estar-se diante de relação jurídica de natureza administrativa, a envolver contratação realizada com base no art. 37, IX, da CF. Após, pediu vista a Min. Cármen Lúcia. Rcl 4489 AgR/PA, rel. Min. Marco Aurélio, 11.6.2007. (Rcl-4489) (Inform. STF 471)

INCOMPETÊNCIA DO STF E ARQUIVAMENTO DOS AUTOS - 1

O Tribunal iniciou julgamento de agravo regimental interposto contra decisão que, com base no art. 21, § 1º, do Regimento Interno do STF, negara seguimento a mandado de segurança impetrado contra acórdão de Turma do TST, em face da incompetência originária da Corte, e determinara o arquivamento dos autos. Insurge-se o agravante contra a não remessa dos autos ao juiz competente, nos termos do que disposto no art. 113, § 2º, do CPC ("§ 2º Declarada a incompetência absoluta, somente os atos decisórios serão nulos, remetendo-se os autos ao juiz competente."). O Min. Celso de Mello, relator, negou provimento ao recurso, invocando a jurisprudência do STF no sentido de que a referida norma regimental tem caráter especial e, por essa razão, prevalece no âmbito da Corte sobre a regra inscrita no art. 113, § 2º, do CPC, no que foi acompanhado pelos Ministros Cármen Lúcia e Ricardo Lewandowski. Em divergência, o Min. Marco Aurélio deu provimento ao recurso para determinar o encaminhamento dos autos ao TST, por considerar haver necessidade de declinação da competência. Após, o julgamento foi adiado em face do pedido de vista do Min. Eros Grau. MS 26006 AgR/DF, rel. Min. Celso de Mello, 23.8.2006. (MS-26006)

INCOMPETÊNCIA DO STF E ARQUIVAMENTO DOS AUTOS - 2

Em conclusão de julgamento, o Tribunal proveu agravo regimental em mandado de segurança para determinar o encaminhamento dos autos ao Tribunal Superior do Trabalho - TST. Na espécie, impugnava-se a decisão que, com base no art. 21, § 1º, do Regimento Interno do STF, negara seguimento ao mandado de segurança, impetrado contra ato de Turma do TST, em face da incompetência originária da Corte, e determinara o arquivamento dos autos. Insurgia-se o agravante contra a não remessa dos autos ao juiz competente, nos termos do que disposto no art. 113, § 2º, do CPC ("*§ 2º Declarada a incompetência absoluta, somente os atos decisórios serão nulos, remetendo-se os autos ao juiz competente.*") — v. Informativo 437. Considerou-se a recente orientação fixada pela Corte no MS 25087 ED/SP (j. em 21.9.2006) e reafirmada no MS 26244 AgR/DF (DJU de 23.2.2007) no sentido de que, reconhecida a incompetência do Tribunal, deve-se indicar o órgão jurisdicional competente para a apreciação do mandado de segurança originalmente impetrado ao Supremo. O Min. Celso de Mello, relator, reajustou seu voto, ressalvando seu entendimento de não caber ao Supremo a indicação do magistrado ou do Tribunal a quem possa incumbir o exercício da respectiva competência jurisdicional, tendo em conta os limites fixados naquele dispositivo regimental. O Min. Eros Grau fez ressalva nessa mesma linha. Os Ministros Cármen Lúcia e Ricardo Lewandowski também reajustaram seus votos. MS 26006 AgR/DF, rel. Min. Celso de Mello, 2.4.2007. (MS-26006) (Inform. STF 462)

AÇÃO TRABALHISTA: REGIME ESTATUTÁRIO E COMPETÊNCIA

A Turma julgou procedente reclamação ajuizada pela Agência Nacional de Telecomunicações - Anatel para determinar a remessa dos autos de ação trabalhista, em trâmite na 7ª Vara do Trabalho de Curitiba - PR, à Justiça Federal da Seção Judiciária do Distrito Federal. Salientou-se que, no caso, conforme a análise dos documentos juntados, o contrato firmado entre a ora reclamante e a autora da reclamação trabalhista possuiria natureza jurídica temporária e submeter-se-ia a regime jurídico administrativo. Assim, concluiu-se que a existência de regime administrativo próprio, especificado para ser aplicado na espécie, afastaria o caráter celetista do vínculo jurídico estabelecido entre as partes. Ademais, nos termos do que decidido na ADI 3395 MC/DF (j. em 5.4.2006), a justiça trabalhista é incompetente pra processar e julgar causas entre as entidades do Poder Público e os servidores vinculados por relação jurídico-administrativa, como ocorre na hipótese. Rcl 4762/PR, rel. Min. Cármen Lúcia, 2.3.2007. (Rcl-4762) (Inform. STF 457)

COMPETÊNCIA DA JUSTIÇA DO TRABALHO E MATÉRIA PENAL

O Tribunal deferiu pedido de liminar formulado em ação direta de inconstitucionalidade ajuizada pelo Procurador-Geral da República para, com efeito *ex tunc*, dar interpretação conforme à Constituição Federal aos incisos I, IV e IX do seu art. 114 no sentido de que neles a Constituição não atribuiu, por si sós, competência criminal genérica à Justiça do Trabalho (CF: "*Art. 114. Compete à Justiça do Trabalho processar e julgar:... I - as ações oriundas da relação de trabalho, abrangidos os entes de direito público externo e da administração pública direta e indireta da União, dos Estados, do Distrito Federal e dos Municípios;... IV - os mandados de segurança, habeas corpus e habeas data, quando o ato questionado envolver matéria sujeita à sua jurisdição;... IX - outras controvérsias decorrentes da relação de trabalho, na forma da lei.*"). Entendeu-se que seria incompatível com as garantias constitucionais da legalidade e do juiz natural inferir-se, por meio de interpretação arbitrária e expansiva, competência criminal genérica da Justiça do Trabalho, aos termos do art. 114, I, IV e IX da CF. Quanto ao alegado vício formal do art. 114, I, da CF, reportou-se à decisão proferida pelo Plenário na ADI 3395/DF (DJU de 19.4.2006), na qual se concluiu que a supressão do texto acrescido pelo Senado em nada alterou o âmbito semântico do texto definitivo, tendo em conta a interpretação conforme que lhe deu. ADI 3684 MC/DF, rel. Min. Cezar Peluso, 1º.2.2007. (ADI-3684) (Inform. STF 454)

JUIZ DE TRE E RECONDUÇÃO PARA SEGUNDO BIÊNIO

O Tribunal, por maioria, julgou procedente, em parte, reclamação proposta contra decisão do Tribunal Superior Eleitoral - TSE que, com base no art. 102 da LOMAN (LC 35/79), concedera liminar para suspender os efeitos de eleição realizada pelo Tribunal Regional Eleitoral da Bahia - TRE-BA (LOMAN: "*Art. 102 - Os Tribunais... elegerão dentre seus Juízes mais antigos, em número correspondente ao dos cargos de direção, os titulares destes, com mandato por dois anos, proibida a reeleição. Quem tiver exercido quaisquer cargos de direção por quatro anos, ou o de Presidente, não figurará mais entre os elegíveis, até que se esgotem todos os nomes, na ordem de antigüidade...*"). Na espécie, o TRE-BA, à vista da recusa à eleição para presidente da desembargadora vice-presidente, reelegera o seu presidente, que fora reconduzido pelo TJ do Estado para cumprir o segundo biênio naquele órgão da justiça eleitoral. Inicialmente, considerou-se o pedido improcedente relativamente à parte da decisão reclamada que afirmara a irreelegibilidade do presidente do TRE, em razão de nenhum dos acórdãos do STF invocados como paradigmas ter enfrentado a questão. De outro lado, entendeu-se que a aplicação ao caso do preceito da LOMAN em que se fundara o TSE violaria o § 2º do art. 121 da CF, segundo a leitura que lhe dera o STF numa das decisões paradigmas (ADI 2993/MG, DJU de 12.3.2004), quando nela se assentara ser inadmissível vedar-se a juiz de TRE a possibilidade da recondução para um segundo biênio (CF: "*Art. 121... § 2º - Os juízes dos tribunais eleitorais, salvo motivo justificado, servirão por dois anos, no mínimo, e nunca por mais de dois biênios consecutivos, sendo os substitutos escolhidos na mesma ocasião e pelo mesmo processo, em número igual para cada categoria.*"). Vencido o Min. Marco Aurélio, que julgava improcedente a reclamação. Rcl 4587/BA, rel. Min. Sepúlveda Pertence, 19.12.2006. (Rcl-4587) (Inform. STF 453)

DIREITO PROCESSUAL CIVIL. COMPETÊNCIA DA JUSTIÇA DO TRABALHO PARA JULGAR DEMANDA VISANDO AO RESSARCIMENTO DE DANOS CAUSADOS POR EMPREGADO A EMPREGADOR.

Compete à Justiça do Trabalho julgar ação por meio da qual ex-empregador objetiva o ressarcimento de valores supostamente apropriados de forma indevida pelo ex-empregado, a pretexto de pagamento de salário. Há precedentes do STJ no sentido de que demandas propostas por ex-empregador visando ao ressarcimento de danos causados pelo ex-empregado em decorrência da relação de emprego devem ser processadas e julgadas na Justiça do Trabalho. Tal competência tem por fundamento o art. 114 da CF, segundo o qual compete à Justiça do Trabalho processar e julgar "as ações oriundas da relação do trabalho" (caput), bem como "as ações de indenização por dano moral ou patrimonial, decorrentes da relação de trabalho" (inc. VI), não havendo distinção em razão de ser a ação de autoria do empregado ou do empregador. Precedentes citados: CC 89.023-SP, DJ 12/12/2007, e CC 80.365-RS, DJ 10/5/2007. CC 122.556-AM, Rel. Maria Min. Isabel Gallotti, julgado em 24/10/2012. (Inform. STJ 510)

COMPETÊNCIA. INDENIZAÇÃO. MENOR. REPRESENTAÇÃO. ACIDENTE. TRABALHO.

Trata-se de conflito negativo relativo à ação de responsabilidade civil aquiliana proposta por menores representados pela mãe em desfavor de empresa industrial. Os recorrentes alegam que a incapacidade parcial sofrida por sua genitora, ex-empregada da recorrida, acometida por patologias tendíneas nos membros superiores, causa-lhes danos materiais e morais. O juízo cível declinou da competência para a Justiça do Trabalho, tendo em vista que o cancelamento da Súm. n. 366-STJ revela que a matéria está relacionada ao vínculo trabalhista da mãe dos autores. Remetidos os autos para a Justiça Trabalhista, foi suscitado o presente conflito ao argumento de que o fato de a genitora ainda estar viva afasta a competência da Justiça Especializada, pois não existe relação de trabalho entre os menores e a empresa. A Seção entendeu, de acordo com jurisprudência já firmada no STF e no STJ, que deve ser observado como parâmetro objetivo a relação direta do pedido com o vínculo profissional, circunstância que se repete na hipótese dos autos. Ademais, da nova redação do art. 114 da CF não se pode mais inferir que as ações julgadas pela Justiça do Trabalho tenham necessariamente que ter como partes somente empregado e empregador, mas a lide que discute relação de trabalho, que é conceito mais amplo. Assim, no caso, a competência é da Justiça do Trabalho. Precedentes citados do STF: EDcl no RE 482.797-SP, DJe 27/6/2008; do STJ: CC 104.632-RJ, DJe 11/3/2010; CC 61.584-RS, DJ 1º/8/2006. **CC 114.407-SP, Rel. Min. Maria Isabel Gallotti, julgado em 14/9/2011.** (Inform. STJ 483)

COMPETÊNCIA. DANOS MATERIAIS E MORAIS. ACIDENTE. TRABALHO. ORGANISMO INTERNACIONAL.

Trata-se, na origem, de ação indenizatória contra organismo internacional pelos danos físicos e morais suportados em decorrência de acidente de trabalho. No recurso ordinário (RO), o recorrente sustenta que a imunidade de jurisdição dos organismos internacionais não é absoluta, mas sim relativa, sendo o Poder Judiciário brasileiro competente para julgar o litígio, que versa sobre atos de gestão praticados pelo organismo internacional demandado. Quando da proposição da ação, em junho de 2002, as ações de indenização decorrentes de acidente de trabalho não recebiam tratamento especializado do constituinte, incidindo, por conseguinte, na competência residual da Justiça comum. Em razão da EC n. 45/2004, a competência que até então era da Justiça comum (no caso, Federal, ante a presença de organismo internacional) passou a ser da Justiça Trabalho (especializada). *In casu*, a ação indenizatória pelos danos físicos e morais decorrentes de acidente de trabalho, até o momento, não teve seu mérito decidido, na medida em que o juízo federal, então competente, extinguiu o processo sem julgamento de mérito, o que, de acordo com a atual orientação jurisprudencial do STJ e do STF, autoriza o deslocamento dos autos à Justiça do Trabalho, *ut* Súmula Vinculante n. 22-STF. Definido que as ações de indenização por danos morais e patrimoniais decorrentes de acidente de trabalho propostas por empregado contra empregador são oriundas da relação de trabalho e, por isso, são da competência da Justiça especializada laboral, a presença, num dos polos da ação, de um ente de direito público externo robustece a compreensão de competir à Justiça do Trabalho o conhecimento do litígio e não se pode negar a prevalência do inciso I do art. 114 sobre o inciso II do art. 109, ambos da CF/1988. Assim, a Turma julgou prejudicado o conhecimento do RO, declarou, de ofício, a incompetência absoluta da Justiça comum e anulou os atos decisórios até então prolatados, mantendo, todavia, os instrutórios. Por último, determinou a remessa dos autos à Justiça trabalhista. **RO 89-BA, Rel. Min. Massami Uyeda, julgado em 16/8/2001.** (Inform. STJ 481)

COMPETÊNCIA. DANOS MORAIS. PRESTADOR. SERVIÇOS.

A Seção declarou competente a Justiça do Trabalho no conflito de competência instaurado entre o juízo trabalhista e o juízo federal na ação indenizatória por danos morais – decorrentes de injúria qualificada por preconceito racial – proposta em desfavor da instituição financeira em que a ofendida trabalhava como prestadora de serviços e da suposta ofensora (cliente do banco). Anote-se que, após esse fato, a ofendida foi demitida. Segundo o Min. Relator, não obstante haja duas relações subjacentes com naturezas jurídicas distintas (uma firmada com a ofensora e a outra, com a instituição tomadora dos serviços), vislumbra-se conexão imediata entre o dano suportado e a prestação do serviço. Ademais, salientou que, embora os alegados prejuízos não decorram de ato ilícito praticado por empregado da empresa pública, a ofendida, no momento em que a injúria foi proferida, estava prestando serviços na agência bancária. Asseverou, ainda, que o art. 114, VI, da CF/1988 não restringe a competência do juízo do trabalho às demandas estabelecidas entre empregado e empregador. Afirmou, de acordo com precedente do STJ, que, se o fato ocorreu em uma relação de trabalho, apenas a Justiça especializada pode decidir se o tomador dos serviços responde pelos danos sofridos pelo prestador terceirizado e se deve, inclusive, permanecer no polo passivo. Ressaltou que, na petição inicial, a autora conferiu à ação contornos típicos de questão trabalhista. Precedentes citados: AgRg no CC 82.432-BA, DJ 8/11/2007; CC 71.604-RJ, DJe 5/3/2008, e CC 78.145-SP, DJ 3/9/2007. **CC 97.458-SP, Rel. Min. Sidnei Beneti, julgado em 22/6/2011.** (Inform. STJ 478)

SÚMULA N. 366-STJ. CANCELAMENTO.

Trata-se de conflito negativo de competência estabelecido entre a Justiça do Trabalho e a Justiça estadual, em ação movida por viúva de empregado falecido em acidente de trabalho, pedindo indenização por danos materiais e morais sofridos em decorrência do fato. Com as alterações do art. 114 da CF/1988, introduzidas pela EC n. 45/2004, à Justiça do Trabalho foi atribuída competência para processar e julgar as ações de indenização por dano moral ou patrimonial decorrentes da relação de trabalho. Incluem-se, nessa competência, segundo a jurisprudência do STF, as demandas fundadas em acidente do trabalho. O caso concreto, entretanto, tem uma peculiaridade: embora se trate de demanda fundada em acidente do trabalho, ela foi proposta pela viúva do empregado acidentado, visando obter indenização de danos por ela sofridos. A jurisprudência do STJ sumulou, a propósito, o seguinte entendimento: Compete à Justiça estadual processar e julgar ação indenizatória proposta por viúva e filhos de empregado falecido em acidente de trabalho (Súm. n. 366-STJ). Na base desse entendimento, está a compreensão de que, por causa decorrente de acidente do trabalho, entende-se apenas aquela oriunda diretamente desse fato cujo objeto sejam prestações devidas ao próprio acidentado. Ocorre que o STF tem entendimento de que é de acidente do trabalho qualquer causa que tenha como origem essa espécie de acidente, razão pela qual é irrelevante, para a definição da competência jurisdicional da Justiça do Trabalho, que a ação de indenização não tenha sido proposta pelo empregado, mas por seus sucessores. Considerando que ao STF compete dar a palavra final sobre a interpretação da Constituição, e aqui a questão é tipicamente constitucional, pois envolve juízo sobre competência estabelecida no art. 114 da CF/1988, é importante a adoção do entendimento por ele assentado, até mesmo para evitar que a matéria acabe provocando recursos desnecessários, sendo indispensável, para isso, o cancelamento da Súm. n. 366-STJ. Assim, a Corte Especial, por unanimidade, conheceu do conflito, dando pela competência da Justiça do Trabalho, cancelando a Súm. n. 366-STJ. Precedente citado do STF: CC 7.204-MG, DJ 9/12/2005. **CC 101.977-SP, Rel. Min. Teori Albino Zavascki, julgado em 16/9/2009.** (Inform. STJ 407)

COMPETÊNCIA. ACIDENTE. TRABALHO. INDENIZAÇÃO. EC N. 45/2004.

A Seção decidiu que, não obstante o entendimento do Pretório Excelso, proclamando a competência da Justiça do Trabalho para processar e julgar ações de indenização por acidente de trabalho fundadas em direito comum após o advento da EC n. 45/2004, na hipótese *sub judice*, a competência é do juízo suscitado, vara cível da Justiça comum, mormente devido à força vinculante de coisa julgada, extratificada no presente *decisum*, não nulificado ou rescindido por um dos meios admitidos em Direito. **CC 102.528-SP, Rel. Min. Fernando Gonçalves, julgado em 25/3/2009.** (Inform. STJ 388)

COMPETÊNCIA. INDENIZAÇÃO. INSCRIÇÃO. PLANO. SAÚDE.

Os direitos previstos em acordo coletivo de trabalho (como no caso) guardam relação com o próprio contrato de trabalho. Daí que os questionamentos sobre esses direitos, mesmo após a inativação do obreiro, devem ser resolvidos na Justiça do Trabalho. Dessa forma, é competente aquela Justiça para o julgamento da ação de indenização por danos morais e materiais movida pelo ex-empregado contra a ex-empregadora (ECT). Essa última impediu-lhe a inscrição em plano de saúde instituído para seus empregados (aposentados e da ativa), sob o fundamento de que estaria limitada a adesão aos que foram jubilados a partir de determinada data. O autor alega que não consta tal restrição do acordo coletivo realizado com a categoria. **Precedente citado: AgRg no CC 38.650-SP, DJ 30/8/2004. CC 96.902-SP, Rel. Min. Aldir Passarinho Junior, julgado em 16/2/2009.** (Inform. STJ 384)

COMPETÊNCIA. AÇÃO TRABALHISTA. CONSULADO. LEGITIMIDADE PASSIVA.

A Turma entendeu que, na espécie, não obstante o ajuizamento da ação trabalhista ter-se dado originariamente na Justiça do Trabalho, a qual acolheu preliminar de incompetência absoluta por ser o reclamado entidade de Direito Público Internacional, compete à Justiça Federal o processo e julgamento da demanda. Outrossim, mesmo se tratando de matéria trabalhista, a falta de personalidade jurídica do demandado não o descaracteriza como empregador. Logo, o consulado estrangeiro no Brasil é parte legítima, devendo responder perante o reclamante, representado por seus agentes no polo passivo da reclamação trabalhista (art. 2º, § 1º, da CLT e art. 27, § 10, do ADCT c/c art. 125, II, da EC n. 1/1969). **REsp 202.991-RS, Rel. Min. Luís Felipe Salomão, julgado em 5/2/2009.** (Inform. STJ 382)

FGTS. CEF. COMPETÊNCIA. JUSTIÇA ESTADUAL.

Trata-se de mandado de segurança impetrado pela CEF contra ato de juiz de Direito que, em pedido de alvará judicial, determinou a liberação de complementos de atualização monetária de FGTS. Primeiramente, destacou o Min. Relator a inadequação do mandado de segurança contra ato judicial passível de recurso próprio porque, em se tratando de sentença proferida em feito de jurisdição voluntária, seria cabível o recurso de apelação (art. 1.110 do CPC). *In casu*, embora seja a CEF destinatária da ordem constante do alvará que autorizou o levantamento de quantia do FGTS, está caracterizada atividade de jurisdição voluntária, razão pela qual é competente a Justiça estadual (Lei n. 6.858/1980). Ademais, a CEF, como terceiro interessado, no momento em que intimada, poderia agravar, revelando-se o presente *writ* instrumento substitutivo de recurso, o que é repugnado pela jurisprudência do STF (Súm. n. 267-STF). Sob essa ótica, embora se trate de *writ*, o que arrastaria a competência da Justiça Federal *ratione personae*, a realidade é que o *mandamus* faz impropriamente as vezes do recurso. A decisão atacada pelo *writ* o foi como decorrência de ato judicial do juízo estadual no exercício de jurisdição ordinária. Nessas hipóteses, incide a Súmula n. 55-STJ. Do contrário, bastaria a utilização errônea ou dolosa do *writ* para deslocar a competência do juízo estadual. *In casu*, a inadmissão do *mandamus* revela-se patente em virtude de sua fisionomia recursal, por isso encontra-se estabelecida a competência do Tribunal estadual. Para o Min. Relator, ainda que ultrapassado o óbice erigido pela Súm. n. 267-STF, a pretensão do mandado de segurança *ab origine* esbarra em óbice intransponível, mormente porque, revelando seu exercício dependência de circunstâncias fáticas ainda indeterminadas, como sói ser a comprovação da alegada ausência de opção retroativa pelo FGTS na vigência do contrato de trabalho, o direito não enseja o uso da via da segurança, embora tutelado por outros meios judiciais. O Min. Teori Albino Zavascki (vencido) entende que, na espécie, a competência seria do TRF, em se tratando de mandado de segurança por ente federal contra ato de juiz de Direito. Ante o exposto, a Turma, por maioria, negou provimento ao recurso. **RMS 22.480-BA, Rel. Min. Luiz Fux, julgado em 2/12/2008**. (Inform. STJ 379)

COMPETÊNCIA. JT. CANCELAMENTO. REGISTRO. DELEGACIA.
Na espécie, não se trata de ação entre trabalhador portuário e o Órgão de Gestão de Mão-de-Obra (OGMO), mas de viúva de trabalhador portuário com objetivo de receber indenização decorrente do cancelamento de seu registro em delegacia de trabalho marítimo por meio de sindicato dos estivadores e dos trabalhadores em estiva de minérios, conforme o teor da Lei n. 8.630/1993. Note-se que o cancelamento do registro dá direito à indenização pleiteada, no entanto, no caso, foi requerido naquela delegacia antes do óbito do marido da autora, mas não foi paga. O Tribunal *a quo* declarou a incompetência da Justiça estadual de ofício, via embargos de declaração, determinando a remessa do feito à Justiça do Trabalho, mas manteve os atos decisórios, inclusive a sentença. Ressaltou-se também que, na hipótese, o juízo estadual não estava autorizado a atuar como órgão de administração da Justiça do Trabalho. Para o Min. Relator, a demanda deve ser solucionada na Justiça do Trabalho porque, em princípio, o possível direito à indenização decorre da relação de trabalho do trabalhador portuário e do OGMO, entretanto incide o § 2º do art. 113 do CPC, com subsistência apenas nos atos não-decisórios, pois os outros, inclusive a sentença, foram contaminados pela nulidade causada pela incompetência. Dessa forma, a Turma declarou a nulidade da sentença e a remessa dos autos à Justiça do Trabalho. **REsp 550.861-RS, Rel. Min. Fernando Gonçalves, julgado em 7/10/2008**. (Inform. STJ 371)

COMPETÊNCIA. DANO MORAL. CONTRATO DE TRABALHO.
Compete à Justiça comum estadual o processo e julgamento da ação de indenização por danos morais ajuizada em razão das ofensas dirigidas pelo ex-patrão ao ex-empregado e sua esposa quando da apresentação do montante das verbas rescisórias. Vê-se que o fundamento lógico da causa, o móvel que lhe dá ensejo, é de natureza eminentemente civil, a ofensa à honra. Não há, portanto, qualquer relação de trabalho a ser tutelada, até porque o contrato já se findara quando dos fatos que motivaram o pedido indenizatório. **Precedentes citados: CC 38.304-MG, DJ 18/10/2004, e CC 91.052-SP, DJ 5/3/2008. CC 95.325-SP, Rel. Min. Fernando Gonçalves, julgado em 13/8/2008**. (Inform. STJ 363)

COMPETÊNCIA. JUSTIÇA TRABALHISTA. MENOR. BOLSISTA.
A Seção entendeu que compete à Justiça do Trabalho processar e julgar ação indenizatória referente a acidente de trabalho e ajuizada por menor na condição de bolsista do programa de iniciação ao trabalho. Ele fora admitido por empresa participante do Programa do Bom Menino, instituído pelo Decreto n. 94.338/1987. Em que pese o caráter assistencial de tal projeto e a relação entre a empresa ré e o menor aprendiz, que se deu após a vigência do regime jurídico do decreto em questão, hão que ser reconhecidos os efeitos da EC n. 45/2004 para definir a competência em casos tais, visto que as ações de indenização por danos materiais e morais por acidente de trabalho atraem a competência da Justiça laboral. Outrossim, descabe perquirir a prolação ou não de sentença pelo juízo cível que, no caso, inexistiu, pois desde logo este se declarou incompetente em razão de controvérsia da matéria. **CC 88.403-RJ, Rel. Min. Nancy Andrighi, julgado em 28/5/2008**. (Inform. STJ 357)

COMPETÊNCIA. PRESTAÇÃO DE SERVIÇO. TRABALHISTA.
Trata-se de ação indenizatória regressiva promovida por indústria de calçados, objetivando o recebimento de valores que corresponderiam ao montante das indenizações trabalhistas por ela pagas a empregados que, segundo alega, seriam de responsabilidade da ré (microempresa), porque vinculados à empresa autora por ser contratada para a prestação de serviços. A Min. Relatora proferiu voto no sentido da competência da Justiça obreira, destacando o aspecto da irregular terceirização para mascarar uma relação de emprego e a natureza da causa de pedir da ação, que adviria de um acordo homologado na Justiça do Trabalho, não apenas de um contrato inadimplido de prestação de serviços. Para o Min. Aldir Passarinho Junior, a relação jurídica existente entre autora e ré nasceu de um contrato de prestação de serviços de natureza civil, sendo esse o elemento definidor da competência para o processamento e o julgamento da ação, ainda que a inadimplência da ré se tenha originado do descumprimento de obrigações trabalhistas suas perante o empregador, que refletiram na imposição desses encargos à empresa autora. Assim, a Seção, ao renovar o julgamento, conheceu do conflito e, por maioria, declarou competente o juízo estadual suscitado. **CC 87.358-SP, Rel. originário Min. Nancy Andrighi, Rel. para acórdão Min. Aldir Passarinho Junior, julgado em 27/2/2008**. (Inform. STJ 346)

COMPETÊNCIA. CONSELHO TUTELAR. VÍNCULO INSTITUCIONAL.
Na hipótese, o membro do conselho tutelar mantém com a municipalidade não um contrato trabalhista regido pela CLT, mas sim um vínculo de caráter institucional assemelhado ao regime jurídico estatutário. Disso exsurge a competência da Justiça comum estadual para o pleito de direitos relativos a esse tipo de vínculo, tal como preconizado, numa interpretação analógica, pela Súm. n. 137-STJ. Esse entendimento deve ser mantido mesmo após a alteração do art. 114, I, da CF/1988 promovida pela EC n. 45/2004, pois ainda persiste a orientação sumulada por força da concessão, pelo Pretório Excelso, da medida cautelar na ADI 3.395-DF, DJ 10/11/2006. Precedentes citados: CC 58.922-GO, DJ 4/9/2006, e CC 49.164-SP, DJ 22/5/2006. **CC 84.886-RS, Rel. Min. Thereza de Assis Moura, julgado em 12/12/2007.** (Inform. STJ 342)

COMPETÊNCIA. DANOS MATERIAIS. VÍNCULO TRABALHISTA.
Diante das peculiaridades da hipótese, a Seção entendeu que, por prevenção, compete ao juízo comum estadual, o primeiro a decidir sobre o pleito, o processo e julgamento da ação de indenização de danos materiais e morais movida pela genitora em razão de acidente de trabalho do filho, que veio a falecer, porquanto, no caso, não se trata de lide exclusivamente civil ou trabalhista. **CC 88.139-SP, Rel. Min. Fernando Gonçalves, julgado em 14/11/2007.** (Inform. STJ 339)

COMPETÊNCIA. INDENIZAÇÃO. HERDEIROS. ACIDENTE DE TRABALHO. JUSTIÇA COMUM.
Compete à Justiça estadual julgar pedido de indenização por danos materiais e morais, formulado em nome próprio por parentes de empregado morto em acidente de trabalho. No entanto a competência é da Justiça Federal sempre que a União, entidade autárquica ou empresa pública federal integrar a relação processual na qualidade de autora, ré, assistente ou oponente (art. 109, I, primeira parte, CF/1988). A expressão "acidentes de trabalho", contida na parte final do art. 109, I, da CF/1988, refere-se às chamadas ações acidentárias, ou seja, as ações em que se pleiteia indenização relativa a dano sofrido por empregado em acidente de trabalho. Com esse entendimento, a Seção declarou competente a Justiça Federal. Precedentes citados do STF: CC 7.204-MG, DJ 9/12/2005; do STJ: CC 58.982-SP, DJ 25/6/2007; CC 57.884-SP, DJ 9/4/2007; CC 54.210-RO, DJ 12/12/2005, e CC 40.618-MS, DJ 5/12/2003. **CC 87.077-MT, Rel. Min. Humberto Gomes de Barros, julgado em 24/10/2007.** (Inform. STJ 337)

COMPETÊNCIA. JUSTIÇA DO TRABALHO. COMPLEMENTAÇÃO. APOSENTADORIA.
Os agravantes insurgem-se contra a decisão que confirmou a declinação da competência em favor da Justiça trabalhista na ação em que aposentados pleiteiam o pagamento de diferenças devidas pelo banco empregador. Alegam que, a despeito de exigir-se do ex-empregador a prestação objeto dos autos, a relação não é de cunho trabalhista porquanto paga a título de complementação de aposentadoria, instituída sem contrapartida financeira

nos termos da Port. n. 966/1947. Porém o Min. Relator ressaltou que a edição da Port. n. 966/1947, resultante de acordo com a Confederação dos Bancários, representa aditamento ao contrato de trabalho, criando encargo para o empregador, com efeitos previstos para depois da aposentação. Para que se acolhesse a tese dos agravantes, necessário ainda seria, por ficção jurídica, converter o empregador em entidade de previdência privada, o que não se tem por factível, porquanto desvirtuaria a relação entre as partes, que não é simplesmente contratual, mas trabalhista. **AgRg no REsp 937.170-DF, Rel. Min. Aldir Passarinho Junior, julgado em 24/10/2007.** (Inform. STJ 337)

CC. JUSTIÇA COMUM ESTADUAL. EMPREITADA.

A Seção conheceu o conflito e declarou competente a Turma Recursal dos Juizados Especiais Cíveis e Criminais da comarca, o suscitado, ao argumento de que, mesmo antes da EC n. 45/2004, a Segunda Seção deste Superior Tribunal já havia decidido que compete às varas do trabalho conciliar e julgar os dissídios resultantes de contratos de empreitada em que o empreiteiro seja operário ou artífice (CLT, art. 652, a, III). Como a mencionada emenda constitucional veio para ampliar, não para reduzir a competência da Justiça obreira, não há razão que justifique seja alterado tal entendimento. Assim, se o contrato de empreitada não se enquadra na norma exceptiva do artigo acima mencionado, a competência continua a ser da Justiça comum estadual. Compete ao juízo do Trabalho decidir se o contrato de empreitada envolve ou não empreiteiro "operário ou artífice", a justificar a competência da Justiça Especializada. Assim, o empreiteiro, pessoa física, que contrata ajudantes para executar o serviço, transforma-se em tomador de serviços ou empregador, o que afasta a competência da Justiça do Trabalho para julgar a demanda envolvendo ele, empreiteiro, e quem o contratou. Precedente citado: CC 32.433-MA, DJ 29/10/2001. **CC 89.171-MG, Rel. Min. Humberto Gomes de Barros, julgado em 24/10/2007.** (Inform. STJ 337)

COMPETÊNCIA. JUSTIÇA DO TRABALHO.

A controvérsia consiste em saber qual a Justiça competente para processar e julgar ação contra empregador proposta por sindicato patronal na qual foram cumulados pedidos de cobrança de contribuições sindicais previstas no art. 578 da CLT e de contribuições confederativas e assistenciais estabelecidas em convenções coletivas, bem como suas respectivas multas convencionais. Explicou a Min. Relatora que esse conflito de competência enseja análise na Segunda Seção em razão de decisão anterior no CC 59.919-RS, DJ 5/10/2006, devido à cumulação de pedidos de contribuições sindicais e confederativas oriundas de convenções coletivas de trabalho, essas últimas ajuizadas na Justiça comum estadual antes do advento da EC n. 45/2004. Isso posto, a Seção declarou competente a Justiça do Trabalho para processar e julgar a presente demanda com base em precedentes jurisprudenciais. Precedentes citados: CC 45.333-RS, DJ 6/12/2004; CC 46.301-RS, DJ 13/12/2004, e CC 75.168-SP, DJ 5/3/2007. **CC 62.036-SP, Rel. Min. Nancy Andrighi, julgado em 12/9/2007.** (Inform. STJ 331)

RCL. COMPETÊNCIA. JUÍZOS TRABALHISTA E FALIMENTAR.

Trata-se de reclamação em que o juízo trabalhista, mesmo após a decisão do CC 33.628-GO, DJ 16/11/2001, em favor do juízo universal da falência, deu continuidade ao processo de execução trabalhista, culminando com a intimação da reclamante para praceamento de imóvel penhorado. Como cediço, a jurisprudência determina que os atos de execução devem ser praticados no juízo falimentar, mesmo quando realizada penhora de bens. Ressalta o Min. Relator que, diante desse contexto, a incidência do art. 105, I, **f**, da CF/1988 é de rigor para fazer valer a autoridade da decisão deste Superior Tribunal. Diante do exposto, a Seção julgou procedente a reclamação, cassando a decisão do juízo trabalhista para a realização da praça, consignando que todos os atos da execução deverão ficar a cargo do juízo falimentar, como anteriormente decidido. Precedentes citados: CC 19.468-SP, DJ 7/6/1999; CC 22.093-ES, DJ 29/11/1999; CC 26.918-SP, DJ 3/4/2000; CC 25.328-BA, DJ 6/9/1999; CC 21.162-PE, DJ 22/3/1999, e CC 22.293-RJ, DJ 17/5/1999. **Rcl 1.270-PA, Rel. Min. Fernando Gonçalves, julgada em 12/9/2007.** (Inform. STJ 331)

COMPETÊNCIA. IMPERÍCIA. PRESTAÇÃO. SERVIÇOS ADVOCATÍCIOS.

Trata-se de conflito de competência entre o Juízo do Trabalho e o Tribunal de Justiça em demanda em que o autor pleiteia perdas e danos diante da suposta imperícia na prestação de serviços advocatícios por parte do réu, em condução de anterior demanda de indenização por danos morais e materiais decorrentes de acidente de trabalho. Para o Min. Relator, aquele advogado não tem com o autor qualquer vínculo empregatício, mas apenas um liame obrigacional decorrente de prestação de serviço, firmado sob a égide do direito civil, o que afasta a competência da Justiça do Trabalho na hipótese. Outrossim, a jurisprudência da Segunda Seção é assente no sentido de que o pedido e a causa de pedir definem a natureza da lide e, nesse caso, a demanda não tem natureza trabalhista. Ante o exposto, a Seção declarou competente o TJ suscitado. Precedentes citados: CC 67.330-MG, DJ 1º/2/2007; CC 51.937-SP, DJ 19/12/2005, e CC 40.564-SE, DJ 25/4/2005. **CC 70.077-MG, Rel. Min. Fernando Gonçalves, julgado em 12/9/2007.** (Inform. STJ 331)

COMPETÊNCIA. RECLAMAÇÃO TRABALHISTA. CEF. MANUTENÇÃO. AUXÍLIO-ALIMENTAÇÃO. APOSENTADOS. PENSIONISTAS.

Trata-se de reclamação trabalhista ajuizada por aposentados da CEF para restabelecer o pagamento de auxílio-alimentação devido à circular normativa n. 83/1989, a qual lhes asseguraria direito de incorporá-la. No caso, estabeleceu-se o conflito de competência entre juízo federal e juízo trabalhista. A Min. Relatora ressalvou ponto de vista anterior no qual concluía pela competência da Justiça Federal, fundamentado no fato de que o auxílio-alimentação ou seu adicional não são garantidos em virtude de lei ou contrato de trabalho. Aduz ainda que a vantagem conferida aos atuais empregados da CEF teria natureza indenizatória e deveria decorrer da relação empregatícia. Contudo o auxílio-alimentação para ex-empregados aposentados e pensionistas vem a se confundir com verba complementar da aposentadoria ou pensão: além de não se revestir de caráter indenizatório (não compensa o numerário gasto com alimentação, porque não há período de trabalho), não decorre de convenção, mas de ato administrativo interno. Todavia, após o julgamento do CC 27.677-PE, DJ 31/3/2003, o qual reconheceu a competência da Justiça do Trabalho nesses casos, explica a Min. Relatora que passou a acompanhar a conclusão majoritária da Segunda Seção. Note-se que, no presente agravo regimental, a agravante noticia recente decisão do STF, versando sobre questão idêntica, em que o entendimento daquela Corte perfila-se na posição anteriormente adotada pela Min. Relatora. Entretanto, para a Min. Relatora, essas decisões são posições unipessoais, não se pode aceitá-las como posicionamento prevalecente daquele órgão. Há outros julgados do STF mais antigos que a decisão da Seção no citado conflito, de sorte que também não justificaria o reexame da questão. Com ressalva mais uma vez do posto de vista da Min. Relatora, a Seção negou provimento ao agravo. Precedentes citados do STF: AI 588.981-RJ, DJ 27/4/2006; RE 175.673-DF, DJ 5/11/1999; do STJ: CC 27.677-PE, DJ 31/3/2003. **AgRg no CC 39.903-RJ, Rel. Min. Nancy Andrighi, julgado em 12/9/2007.** (Inform. STJ 331)

COMPETÊNCIA. ALTERAÇÃO. EC N. 45/2004. SENTENÇA TERMINATIVA. ANULAÇÃO. STJ.

Este Superior Tribunal já pacificou seu entendimento sobre a competência para o julgamento de ações que visem à reparação de danos decorrentes de acidente do trabalho. Ficou estabelecido que, se o processo estiver sentenciado no momento em que passou a vigorar a EC n. 45/2004, a competência para o julgamento da causa permanece no juízo cível. Se não houver sentença nesse momento, os autos devem ser remetidos à Justiça do Trabalho (CC 51.712-SP, DJ 4/9/2005). Não há dúvidas de que, ao mencionar "sentença", o precedente refere-se apenas às sentenças de mérito. Resta, portanto, saber: não tendo havido sentença de mérito proferida pelo juízo cível, mas apenas uma sentença terminativa, o recurso interposto para sua revisão deve ser julgado pela Justiça do Trabalho ou pela Justiça Cível? A Min. Relatora esclareceu que há duas orientações quanto ao assunto no âmbito do STJ. A solução encontrada pela Segunda Seção deste Superior Tribunal foi a de anular, no próprio julgamento do conflito de competência, a sentença que extinguiu o processo e remeter os autos para uma das varas trabalhistas. A segunda orientação adotada pelo STJ provém da Primeira Seção, e a solução encontrada foi a de determinar que o recurso seja julgado pelo Tribunal ao qual está vinculado o juiz que proferiu a decisão para que esse Tribunal a anule. A Min. Relatora discorda do posicionamento adotado pela Primeira Seção deste Tribunal, não se alinhando ao entendimento de que a sentença terminativa proferida pelo juízo cível deva ser anulada pelo Tribunal ao qual ele está vinculado (CPC, art. 122), mas entende que a sentença terminativa proferida pelo juízo cível, objeto de recurso de apelação, pode perfeitamente ser decretada inválida desde já, remetendo-se os autos à Justiça do Trabalho para que julgue a causa com significativo ganho de tempo e de efetividade e sem qualquer agressão aos princípios orientadores do direito processual civil. Assim, a Seção conheceu do conflito, decretou a nulidade da sentença e declarou competente para o julgamento da causa o Tribunal Regional do Trabalho para que determine a distribuição do processo a uma das varas trabalhistas de sua jurisdição nos termos da lei. **CC 69.143-SP, Rel. Min. Nancy Andrighi, julgado em 9/5/2007.** (Inform. STJ 319)

COMPETÊNCIA. JUSTIÇA TRABALHISTA. PLANO DE SAÚDE. REAJUSTE. ACORDO COLETIVO.

Para a definição da competência, a matéria traz, de um lado, a discussão acerca do pagamento do prêmio devido pelo beneficiário de seguro-saúde. De outro lado, o fato de o direito ao referido plano estar disciplinado em acordo coletivo de trabalho. Quanto à cobrança de prêmios devidos em decorrência da contratação de seguro-saúde, a Segunda Seção deste Superior Tribunal já decidiu pela competência do juízo cível. Porém a matéria apresenta uma peculiaridade. Discute-se aqui um reajuste de plano de saúde oferecido pelo próprio banco em um sistema de auto-gestão, disciplinado por acordo coletivo de trabalho. A Min. Relatora esclareceu que, para se discutir a execução de cláusulas de uma convenção ou de um acordo coletivo de trabalho quando devidamente homologado, a competência é e sempre foi, mesmo antes da EC n. 45/2004, da Justiça laboral (art. 1º da Lei n. 8.984/1994). Assim, se há alegação de que os aumentos aplicáveis aos planos de saúde *sub judice* seguem o que ficou definido no acordo coletivo de trabalho, o processo tem de ser dirimido pela Justiça do Trabalho, a quem compete interpretar e aplicar corretamente as disposições constantes de tais negociações. **CC 76.953-SP, Rel. Min. Nancy Andrighi, julgado em 9/5/2007.** (Inform. STJ 319)

INDENIZAÇÃO. DANO MATERIAL. RECOLHIMENTO. INSS.

Cuida-se de ação de indenização movida pelo empregado contra seu ex-empregador decorrente do não-recolhimento de contribuições ao INSS, o que o impediu de receber o auxílio-doença a que tinha direito. Asseverou o Min. Relator ser inegável a competência da Justiça do Trabalho para o julgamento do presente feito, tendo em vista tratar-se de pedido de indenização por dano material decorrente diretamente da relação de trabalho. **CC 58.881-SP, Rel. Min. Carlos Alberto Menezes Direito, julgado em 9/5/2007.** (Inform. STJ 319)

JUSTIÇA TRABALHISTA. COMPETÊNCIA. AÇÃO PENAL.

É certo que a EC n. 45/2004 ampliou sobremaneira a competência da Justiça do Trabalho, ao possibilitar-lhe processar e julgar todas as ações decorrentes da relação de trabalho. Consabido, também, que a nova redação do art. 114 da CF/1988 permitiu-lhe processar e julgar certos *habeas corpus*. Porém disso não se pode concluir que lhe atribuiu competência para processar e julgar ações penais, tais como as do delito previsto no art. 203 do CP, pois se estaria a violar o princípio do juiz natural, tal como já apregoado pelo STF. Precedente citado do STF: ADI 3.684-DF, DJ 1º/2/2007. **CC 59.978-RS, Rel. Min. Laurita Vaz, julgado em 28/3/2007.** (Inform. STJ 315)

COMPETÊNCIA. SERVIDOR MUNICIPAL TEMPORÁRIO. CLT.

Compete à Justiça trabalhista processar e julgar ação de servidor municipal admitido sem concurso público ante a irregularidade da relação, de natureza administrativa, uma vez que a continuada prestação de serviços por 13 anos desnatura o primitivo contrato por tempo determinado. Precedentes citados: CC 65.825-BA, DJ 30/10/2006, e CC 33.841-SP, DJ 24/4/2006. **CC 70.226-PA, Rel. Min. Maria Thereza de Assis Moura, julgado em 14/3/2007.** (Inform. STJ 313)

SÚMULA VINCULANTE STF 23

A Justiça do Trabalho é competente para processar e julgar ação possessória ajuizada em decorrência do exercício do direito de greve pelos trabalhadores da iniciativa privada.

SÚMULA VINCULANTE STF 22

A Justiça do Trabalho é competente para processar e julgar as ações de indenização por danos morais e patrimoniais decorrentes de acidente de trabalho propostas por empregado contra empregador, inclusive aquelas que ainda não possuíam sentença de mérito em primeiro grau quando da promulgação da Emenda Constitucional nº 45/04.

SÚMULA STF Nº 736

Compete à justiça do trabalho julgar as ações que tenham como causa de pedir o descumprimento de normas trabalhistas relativas à segurança, higiene e saúde dos trabalhadores.

SÚMULA STJ Nº 236

Não compete ao Superior Tribunal de Justiça dirimir conflitos de competência entre juízes trabalhistas vinculados a Tribunais Regionais do Trabalho diversos.

SÚMULA STJ Nº 225

Compete ao Tribunal Regional do Trabalho apreciar recurso contra sentença proferida por órgão de primeiro grau da Justiça Trabalhista, ainda que para declarar-lhe a nulidade em virtude de incompetência.

SÚMULA STJ Nº 222

Compete à Justiça Comum processar e julgar as ações relativas à contribuição sindical prevista no art. 578 da CLT.

SÚMULA STJ Nº 180

Na lide trabalhista, compete ao tribunal regional do trabalho dirimir conflito de competência verificado, na respectiva região, entre juiz estadual e junta de conciliação e julgamento.

SÚMULA STJ Nº 170

Compete ao juízo onde primeiro for intentada a ação envolvendo acumulação de pedidos, trabalhista e estatutário, decidí-la nos limites da sua jurisdição, sem prejuízo do ajuizamento de nova causa, com o pedido remanescente, no juízo próprio.

SÚMULA STJ Nº 97

Compete à justiça do trabalho processar e julgar reclamação de servidor público relativamente a vantagens trabalhistas anteriores à instituição do regime jurídico único.

SÚMULA STJ Nº 82

Compete à justiça federal, excluídas as reclamações trabalhistas, processar e julgar os feitos relativos à movimentação do FGTS.

SÚMULA STJ Nº 10

Instalada a junta de conciliação e julgamento, cessa a competência do juiz de direito em matéria trabalhista, inclusive para a Execução das sentenças por ele proferidas.

2. AÇÕES RELATIVAS À GREVE

PROPOSTA DE SÚMULA VINCULANTE: AÇÕES POSSESSÓRIAS DECORRENTES DO EXERCÍCIO DE GREVE E COMPETÊNCIA

O Tribunal, por maioria, acolheu a proposta de edição da Súmula Vinculante 25 com o seguinte teor: "*É competente a Justiça do Trabalho para julgar ação possessória relacionada com o exercício do direito de greve de trabalhadores da iniciativa privada.*". Vencido, em parte, o Min. Marco Aurélio, que considerava que o verbete deveria ter ficado adstrito à expressão "interdito proibitório", objeto dos precedentes da Corte. **PSV 25/DF, 2.12.2009.** (PSV-25) (Inform. STF 570)

COMPETÊNCIA. BANCÁRIOS. INTERDITO PROIBITÓRIO.

A Seção decidiu que, em conformidade com o entendimento do Pretório Excelso, compete à Justiça do Trabalho o julgamento de interdito proibitório para garantir o livre acesso de funcionários e clientes às agências bancárias, sob o risco de interdição, devido ao movimento grevista. Precedente citado do STF: RE 579.648-MG, DJ 6/3/2008. **AgRg no CC 101.574-SP, Rel. Min. Fernando Gonçalves, julgado em 25/3/2009.** (Inform. STJ 388)

COMPETÊNCIA. GREVE. ATIVIDADE ESSENCIAL. PERCENTUAL MÍNIMO. ÔNIBUS.

A Justiça do Trabalho é competente para processar e julgar a ação em que se busca definir qual o percentual mínimo da frota de coletivos que deverá circular para servir à população durante a greve de rodoviários (art. 114, § 3º, II, da CF/1988). **CC 95.878-MG, Rel. Min. Aldir Passarinho Junior, julgado em 13/8/2008.** (Inform. STJ 363)

3. PROCEDIMENTOS, SENTENÇA, RECURSOS E EXECUÇÃO

EMENTA: CONSTITUCIONAL. RECLAMAÇÃO. AGRAVO REGIMENTAL. DECISÃO QUE NEGOU SEGUIMENTO AO PEDIDO. PRELIMINAR DE ILEGITIMIDADE ATIVA. A ENTIDADE DE CLASSE, QUANDO POSTULA EM JUÍZO DIREITOS DE SEUS FILIADOS, AGE COMO REPRESENTANTE PROCESSUAL. NECESSIDADE DE AUTORIZAÇÃO DE ASSEMBLÉIA GERAL. MÉRITO. ALEGAÇÃO DE AFRONTA ÀS DECISÕES DO SUPREMO TRIBUNAL FEDERAL NAS ADIs 1.721 E 1.770. INEXISTÊNCIA. DESPROVIMENTO DO AGRAVO REGIMENTAL. 1. A associação atua em Juízo, na defesa de direito de seus filiados, como *representante processual*. Para fazê-lo, necessita de autorização expressa (inciso XXI do art. 5º da CF). Na AO 152, o Supremo Tribunal Federal definiu que essa autorização bem pode ser conferida pela assembléia geral da entidade, não se exigindo procuração de cada um dos filiados. 2. O caso dos autos retrata associação que pretende atuar em Juízo, na defesa de alegado direito de seus filiados. Atuação fundada tão-somente em autorização constante de estatuto. Essa pretendida atuação é inviável, pois o STF, nesses casos, exige, além de autorização genérica do estatuto da entidade, uma autorização específica, dada pela Assembléia Geral dos filiados. 3. Quanto ao mérito, na ADI 1.770, o STF decidiu que é inconstitucional *o § 1º do art. 453 da CLT, que trata de readmissão de empregado público aposentado por empresa estatal*. Já na ADI 1.721 o STF declarou inconstitucional *o § 2º do art. 453 da CLT, que impõe automática ruptura do vínculo de empregado aposentado por tempo de contribuição proporcional*. 4. A recorrente pretende representar filiados que não são empregados de empresas estatais. Ademais, não houve demonstração de que esses filiados se aposentaram por tempo de contribuição proporcional. 5. Há, no caso concreto, ilegitimidade da associação recorrente para postular em nome dos seus filiados. Não há, de outro lado, identidade entre o conteúdo dos atos reclamados e o das decisões nas ADIs 1.721 e 1.770. 6. Agravo regimental desprovido. **AG.REG.NA Rcl. N. 5.215-SP. RELATOR: MIN. CARLOS BRITTO**. (Inform. STF 547)

CLT: PROCEDIMENTO SUMARÍSSIMO E COMISSÃO DE CONCILIAÇÃO PRÉVIA - 2

Por reputar caracterizada, em princípio, a ofensa ao princípio do livre acesso ao Judiciário (CF, art. 5º, XXXV), o Tribunal, por maioria, deferiu parcialmente medidas cautelares em duas ações diretas de inconstitucionalidade — ajuizadas pela Confederação Nacional dos Trabalhadores no Comércio - CNTC e pelo Partido Comunista do Brasil - PC do B, pelo Partido Socialista Brasileiro - PSB, pelo Partido dos Trabalhadores - PT e pelo Partido Democrático Trabalhista - PDT — para dar interpretação conforme a Constituição Federal relativamente ao art. 625-D, introduzido pelo art. 1º da Lei 9.958/2000 — que determina a submissão das demandas trabalhistas à Comissão de Conciliação Prévia — a fim de afastar o sentido da obrigatoriedade dessa submissão — v. Informativos 195 e 476. Vencidos os Ministros Octavio Gallotti, relator, e Cezar Peluso, que indeferiam a liminar. **ADI 2139 MC/DF, rel. orig. Min. Octávio Gallotti, red. p/ o acórdão Min. Marco Aurélio, 13.5.2009.** (ADI-2139). **ADI 2160 MC/DF, rel. orig. Min. Octávio Gallotti, red. p/ o acórdão Min. Marco Aurélio, 13.5.2009.** (ADI-2160) (Inform. STF 546)

JUSTIÇA DO TRABALHO: EXECUÇÃO DE OFÍCIO DE CONTRIBUIÇÕES PREVIDENCIÁRIAS E ALCANCE

A competência da Justiça do Trabalho, nos termos do disposto no art. 114, VIII, da CF, limita-se à execução, de ofício, das contribuições sociais previstas no art. 195, I, a, e II, e seus acréscimos legais, decorrentes das sentenças condenatórias em pecúnia que proferir e aos valores objeto de acordo homologado que integrem o salário de contribuição, não abrangendo, portanto, a execução de contribuições atinentes ao vínculo de trabalho reconhecido na decisão, mas sem condenação ou acordo quanto ao pagamento das verbas salariais que lhe possam servir como base de cálculo ("*Art. 114. ... VIII - a execução, de ofício, das contribuições sociais previstas no art. 195, I, a , e II, e seus acréscimos legais, decorrentes das sentenças que proferir;*"). Com base nesse entendimento, o Tribunal desproveu recurso extraordinário interposto pelo INSS em que sustentava a competência da Justiça especializada para executar, de ofício, as contribuições previdenciárias devidas, incidentes sobre todo o período de contrato de trabalho, quando houvesse o reconhecimento de serviços prestados, com ou sem vínculo trabalhista, e não apenas quando houvesse o efetivo pagamento de remunerações. Salientou-se que a decisão trabalhista que não dispõe sobre pagamento de salário, mas apenas se restringe a reconhecer a existência do vínculo empregatício não constitui título executivo no que se refere ao crédito de contribuições previdenciárias. Assim, considerou-se não ser possível admitir uma execução sem título executivo. Asseverou-se que, em relação à contribuição social referente ao salário cujo pagamento foi determinado em decisão trabalhista é fácil identificar o crédito exeqüendo e, por conseguinte, admitir a substituição das etapas tradicionais de sua constituição por ato típico, próprio, do magistrado. Ou seja, o lançamento, a notificação, a apuração são todos englobados pela intimação do devedor para o seu pagamento, porque a base de cálculo para essa contribuição é o valor mesmo do salário que foi objeto da condenação. Já a contribuição social referente ao salário cujo pagamento não foi objeto da sentença condenatória, e, portanto, não está no título exeqüendo, ou não foi objeto de algum acordo, dependeria, para ser executada, da constituição do crédito pelo magistrado sem que este tivesse determinado o pagamento do salário, que é exatamente a causa e a base da sua justificação. O Min. Ricardo Lewandowski, em acréscimo aos fundamentos do relator, aduziu que a execução de ofício de contribuição social antes da constituição do crédito, apenas com base em sentença trabalhista que reconhece o vínculo empregatício sem fixar quaisquer valores, viola também o direito ao contraditório e à ampla defesa. Em seguida, o Tribunal, por maioria, aprovou proposta do Min. Menezes Direito, relator, para edição de súmula vinculante sobre o tema, e cujo teor será deliberado nas próximas sessões. Vencido, no ponto, o Min. Marco Aurélio, que se manifestava no sentido da necessidade de encaminhamento da proposta à Comissão de Jurisprudência. **RE 569056/PR, rel. Min. Menezes Direito, 11.9.2008.** (RE-569056) (Inform. STF 519)

DIREITO PROCESSUAL CIVIL. EXECUÇÃO. TERMO INICIAL DA PRESCRIÇÃO. DÚVIDA SOBRE A LEGITIMIDADE DA ENTIDADE DE CLASSE.

Quando houver dúvida sobre a legitimidade de sindicato ou associação de classe para promover a execução de demanda coletiva, conta-se o prazo prescricional para o ajuizamento das execuções individuais pelos trabalhadores a partir da publicação da decisão sobre a legitimidade da entidade de classe. Enquanto não decidido o embate sobre a legitimidade do ente coletivo, não se pode falar em inércia por parte dos trabalhadores por ele representados. Essa só poderá ser reconhecida após o término do prazo prescricional contado a partir da publicação da decisão sobre a legitimidade da entidade. Precedentes citados: AgRg no AgRg no REsp 1.165.488-RS, DJe 30/5/2012; AgRg no REsp 1.171.508-RS, DJe 23/4/2012, e AgRg no Ag 1.367.397-RS, DJe 13/3/2012. **AgRg no REsp 1.240.333-RS, Rel. Min. Castro Meira, julgado em 18/10/2012. (Inform. STJ 507)**

DIREITO PROCESSUAL CIVIL. PREFERÊNCIA DO CRÉDITO TRABALHISTA SOBRE O TRIBUTÁRIO. EXECUÇÃO CONTRA DEVEDOR SOLVENTE.

A preferência dos créditos trabalhistas sobre os créditos tributários, prevista no art. 186 do CTN, não se limita ao concurso universal de credores, em razão de insolvência civil ou falência, aplicando-se, da mesma forma, aos casos de execução contra devedor solvente. A alegação de que a preferência prevista no art. 711 do CPC somente é aplicável ao devedor insolvente não encontra amparo na jurisprudência desta Corte, segundo a qual a preferência de direito material se sobrepõe à de direito processual, aplicando-se, da mesma forma, aos casos de execução contra devedor solvente. Raciocínio inverso conspiraria contra a *ratio essendi* do art. 186 do CTN, que visa resguardar a satisfação do crédito trabalhista, tendo em vista a natureza alimentar de referidas verbas, sendo irrelevante para a incidência do preceito a natureza jurídica da relação que originou a execução fiscal e se contra devedor solvente ou insolvente. Precedentes citados: REsp 871.190-SP, DJe 3/11/2008; REsp 280.871-SP, DJe 23/3/2009, e REsp 1.180.192-SC, DJe 24/3/2010. **AgRg no AREsp 215.749-SP, Rel. Min. Humberto Martins, julgado em 16/10/2012.(Inform. STJ 506)**

DEPÓSITO RECURSAL TRABALHISTA. MOVIMENTAÇÃO E ADMINISTRAÇÃO.

A Turma entendeu que a movimentação das contas de depósito recursal trabalhista regidas pelo art. 899, §§ 1º a 7º, da CLT é da alçada exclusiva do juízo laboral e que ele não detém autonomia para dispor dos depósitos recursais efetivados por empresa cuja quebra venha a ser decretada. A destinação do numerário, inclusive em observância da *par conditio creditorum*, há de ser dada pelo juízo universal da falência. Assim, o acesso aos depósitos realizados nas contas recursais trabalhistas não se dá de forma direta, mas mediante expedição de ofício ao respectivo juízo laboral para que, oportunamente – isto é, após o trânsito em julgado da reclamação trabalhista –, transfira o valor consignado para conta judicial à disposição do juízo falimentar, essa sim de sua livre movimentação. **RMS 32.864-SP, Min. Rel. Nancy Andrighi, julgado em 28/2/2012. (Inform. STJ 492)**

CC. SÚMULA VINCULANTE. TRÂNSITO EM JULGADO.

Cuida-se de ação de indenização por danos materiais e morais ajuizada contra o empregador pela mãe de empregado falecido em acidente de trabalho. Quanto a essa mesma ação, o STJ, lastreado no entendimento jurisprudencial vigorante à época, resolveu anterior conflito, excluindo a competência da Justiça laboral, acórdão que transitou em julgado. Contudo, o STF, em aresto posterior ao julgamento do conflito e com a edição de sua Súmula Vinculante n. 22, entendeu ser competente, em tais casos, a Justiça do Trabalho, o que foi posteriormente acolhido por julgados deste Superior Tribunal. Daí o novo conflito suscitado, agora para ver prevalecer a referida súmula vinculante. Quanto a isso, é certo que a Seção já decidiu ser possível o reexame da questão de competência diante de alteração do texto constitucional (em razão da EC n. 45/2004), todavia não se trata da hipótese, pois o que mudou foi a interpretação do tema. Dessarte, mesmo ao concluir que a Súm. Vinculante n. 22-STF abarcaria, em tese, a hipótese, nota-se que sua edição deu-se posteriormente ao julgamento do primevo conflito. Nesse mesmo contexto, julgado do STF entendeu que a falta de aplicação desse enunciado não importaria desrespeito ao art. 103-A da CF/1988. Tem-se, então, que há decisão já transitada em julgado deste Superior Tribunal acerca da competência proferida antes da edição da referida súmula vinculante, dentro do mesmo contexto constitucional em que suscitado o novo conflito, o que, em respeito à coisa julgada e ao princípio da segurança jurídica, determina não ser possível rever a competência. **Precedentes citados do STF: Rcl 10.119-SP, DJe 4/6/2010; do STJ: CC 101.977-SP, DJe 5/10/2009; CC 59.009-MG, DJ 26/6/2006; Rcl 2.923-SP, DJe 2/2/2009, e Rcl 1.859-MG, DJ 24/10/2005. CC 112.083-SC, Rel. Min. Raul Araújo Filho, julgado em 13/10/2010.** (Inform. STJ 451)

4. COMPOSIÇÃO DO TRT

COMPOSIÇÃO DE TRT: ELABORAÇÃO DE LISTA E COMPETÊNCIA DO SUPREMO

Aplicando o Enunciado da sua Súmula 627 ("*No mandado de segurança contra a nomeação de magistrado da competência do Presidente da República, este é considerado autoridade coatora, ainda que o fundamento da impetração seja nulidade ocorrida em fase anterior do procedimento*"), o Tribunal, por maioria, resolveu questão de ordem no sentido de reconhecer sua competência para julgamento de mandado de segurança impetrado contra ato do TRT da 1ª Região e da Ordem dos Advogados do Brasil - Seccional do Estado do Rio de Janeiro, e, preventivamente, contra ato do Presidente da República. Na espécie, o presidente do TRT da 1ª Região devolvera a primeira lista sêxtupla remetida pela OAB-RJ para preenchimento de vaga do cargo de juiz daquela Corte destinada à representação dos advogados. Contra tal ato, impetrara-se, perante o Supremo, um mandado de segurança, no qual se informara que o Conselho Plenário da OAB-RJ anulara todo o procedimento interno de elaboração da referida lista sêxtupla. Impetrara-se, ainda, um segundo mandado de segurança contra aquele ato e o da OAB-RJ por meio do qual se anulara a lista. Requereram, nesses *writs*, o deferimento da medida liminar para sustar todos os atos relativos ao processo eletivo em curso na OAB-RJ e para que se determinasse ao Presidente da República que não efetuasse qualquer nomeação de juízes para o TRT da 1ª Região relativamente à vaga em questão. O Supremo, resolvendo questão de ordem, entendera ser da competência do TRT da 1ª Região o julgamento desses mandados de segurança. Após esses fatos, impetrara-se, aqui, o presente mandado de segurança, questionando-se a continuidade da elaboração de nova lista sêxtupla pela OAB-RJ, independentemente do aguardo da decisão final naqueles *writs*, bem como a votação da lista tríplice pelo TRT da 1ª Região e seu envio ao TST, para posterior remessa ao Presidente da República. Pleiteiam no presente *writ* que se determine ao Presidente da República que se abstenha de examinar ou nomear a lista tríplice a ser enviada pelo TRT da 1ª Região e que se decrete tanto a nulidade dos atos da OAB-RJ referentes à elaboração da lista sêxtupla quanto os do próprio TRT. Considerou-se que, no presente caso, não obstante evidente que a legalidade da atuação primeira do então presidente do TRT ainda não tivesse sido apreciada pelo Judiciário, já existiria uma lista tríplice, enviada ao TST, a qual poderia ser remetida, a qualquer momento, ao Presidente da República. Assim, a iminente participação deste na composição do TRT da 1ª Região atrairia a competência do Supremo para o julgamento do feito. Vencido o Min. Marco Aurélio, que não conhecia da questão de ordem. **Precedentes citados: MS 24414/DF (DJU de 21.11.2003); MS 23972/DF (DJU de 21.9.2001). MS 27244 QO/DF, rel. Min. Joaquim Barbosa, 13.5.2009.** (MS-27244) (Inform. STF 546)

5. LEGITIMIDADE DO MINISTÉRIO PÚBLICO DO TRABALHO

MINISTÉRIO PÚBLICO DO TRABALHO E LEGITIMIDADE PARA ATUAR PERANTE O SUPREMO

O Tribunal iniciou julgamento de agravo regimental em agravo regimental em reclamação, no qual se discute se o Ministério Público do Trabalho tem, ou não, legitimidade para atuar perante esta Corte. Na espécie, o Min. Eros Grau, reportando-se ao que decidido na Rcl 4801 AgR/MT (DJE de 27.3.2009), negara seguimento ao primeiro agravo regimental interposto pelo *parquet* contra decisão do relator que julgara procedente reclamação ao fundamento de que o processamento de litígio entre servidores temporários e a Administração Pública perante a Justiça do Trabalho afrontaria a decisão prolatada pelo Supremo no julgamento da ADI 3395MC/DF (DJU de 10.11.2006). Alega o agravante que a interpretação literal do art. 159 do RISTF ("*Qualquer interessado poderá impugnar o pedido do reclamante.*") permitiria concluir que a legitimidade do Procurador-Geral da República não excluiria a de qualquer outro interessado, por não apresentar qualquer exceção à regra. O Min. Eros Grau não conheceu do recurso. Considerou que, a despeito da disposição do art. 159 do RISTF, já teria havido fixação pelo Plenário do entendimento segundo o qual o MPT não estaria legitimado a atuar perante esta Corte. Após, pediu vista dos autos o Min. Ayres Britto. **Rcl 6239 AgR-AgR/RO, rel. Min. Eros Grau, 6.5.2010.** (RCL-6239) (Inform. STF 585)

LEGITIMIDADE. MP.

Discute-se a legitimidade, se do Ministério Público estadual ou do Ministério Público do Trabalho, para propor ação civil pública com objetivo de cumprimento de normas atinentes à segurança e à medicina do trabalho pelas construtoras vencedoras de licitação estadual para contenção de enchentes. A sentença extinguiu a ação com base no art. 267, VI, c/c art. 295, II, ambos do CPC, e o Tribunal *a quo* proveu apelação, reconhecendo a legitimidade do MP estadual. No REsp, o Min. Luis Felipe Salomão, inaugurando a divergência, considerou ser inegável a legitimação do MP estadual para a ação civil pública em exame, além de observar a concorrência de atribuições entre os órgãos do MP, o que eventualmente garantiria a possibilidade de atuação conjunta na defesa do interesse público. Já conforme o voto vista do Min. João Otávio de Noronha, condutor da tese vencedora, a legitimidade para a propositura da ação é do Ministério Público estadual. Aponta que, à época da propositura da ação (1997), a jurisprudência neste Superior Tribunal era no sentido de que compete à Justiça comum o conhecimento e julgamento de ações que envolvem acidente do trabalho, consequentemente, essa Justiça também é competente para julgar a ação civil pública quando destinada a prevenir acidente do trabalho. Outrossim, ressalta que a LC n. 75/1993 atrelou a legitimidade *ad causam* do MP à competência do órgão julgador, ou seja, só atua o *parquet* especializado nas ações judiciais que tramitam na Justiça do Trabalho e o Tribunal *a quo* reconheceu a legitimidade do MP estadual. Por outro lado, a tese vencida reconhecia a legitimidade do MP do Trabalho e extinguia o processo (art. 267, VI, do CPC), também com base em precedentes deste Superior Tribunal, empatando a votação. No voto de desempate, a Min. Nancy Andrighi acompanhou a divergência, ou seja, admitiu a legitimidade do MP estadual, mas também defendeu a atuação isolada ou integrada de ambas as instituições do MP, uma vez que reconhecia a legitimidade do MP do Trabalho para proteger os direitos sociais dos trabalhadores (arts. 83, III e 84, II, da LC n. 75/1993), e a legitimidade do MP estadual para atuar na defesa dos interesses difusos e coletivos relacionados com o meio ambiente do trabalho (art. 292, II, da LC estadual n. 734/1993). Isso posto, a Turma, por maioria, não conheceu do recurso. **Precedente citado: REsp 493.876-SP, DJ 12/8/2003. REsp 240.343-SP, Rel. originário Min. Aldir Passarinho Junior, Rel para acórdão Min. João Otávio de Noronha, julgado em 17/3/2009.** (Inform. STJ 387)

11. DIREITO DO CONSUMIDOR

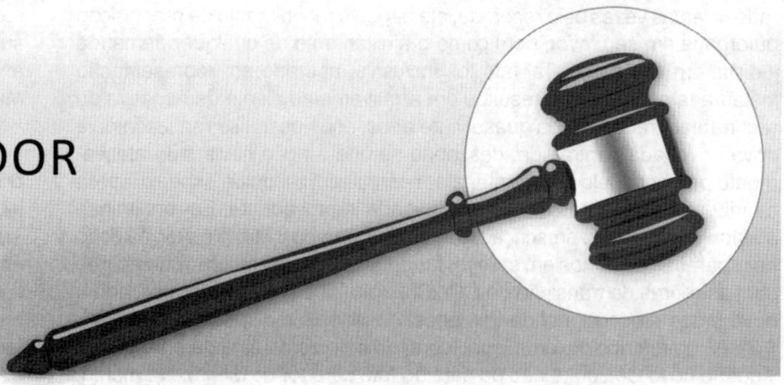

1. CONCEITO DE CONSUMIDOR E RELAÇÃO DE CONSUMO

EMENTA: RECURSO EXTRAORDINÁRIO. DANOS MORAIS DECORRENTES DE ATRASO OCORRIDO EM VOO INTERNACIONAL. APLICAÇÃO DO CÓDIGO DE DEFESA DO CONSUMIDOR. MATÉRIA INFRACONSTITUCIONAL. NÃO CONHECIMENTO.
1. O princípio da defesa do consumidor se aplica a todo o capítulo constitucional da atividade econômica. 2. Afastam-se as normas especiais do Código Brasileiro da Aeronáutica e da Convenção de Varsóvia quando implicarem retrocesso social ou vilipêndio aos direitos assegurados pelo Código de Defesa do Consumidor. 3. Não cabe discutir, na instância extraordinária, sobre a correta aplicação do Código de Defesa do Consumidor ou sobre a incidência, no caso concreto, de específicas normas de consumo veiculadas em legislação especial sobre o transporte aéreo internacional. Ofensa indireta à Constituição de República. 4. Recurso não conhecido. **RE N. 351.750-RJ. RELATOR P/ O ACÓRDÃO: MIN. CARLOS BRITTO.** (Inform. STF 560)

DIREITO DO CONSUMIDOR. CONSUMO INTERMEDIÁRIO. VULNERABILIDADE. FINALISMO APROFUNDADO.
Não ostenta a qualidade de consumidor a pessoa física ou jurídica que não é destinatária fática ou econômica do bem ou serviço, salvo se caracterizada a sua vulnerabilidade frente ao fornecedor. A determinação da qualidade de consumidor deve, em regra, ser feita mediante aplicação da teoria finalista, que, numa exegese restritiva do art. 2º do CDC, considera destinatário final tão somente o destinatário fático e econômico do bem ou serviço, seja ele pessoa física ou jurídica. Dessa forma, fica excluído da proteção do CDC o consumo intermediário, assim entendido como aquele cujo produto retorna para as cadeias de produção e distribuição, compondo o custo (e, portanto, o preço final) de um novo bem ou serviço. Vale dizer, só pode ser considerado consumidor, para fins de tutela pelo CDC, aquele que exaure a função econômica do bem ou serviço, excluindo-o de forma definitiva do mercado de consumo. Todavia, a jurisprudência do STJ, tomando por base o conceito de consumidor por equiparação previsto no art. 29 do CDC, tem evoluído para uma aplicação temperada da teoria finalista frente às pessoas jurídicas, num processo que a doutrina vem denominando "finalismo aprofundado". Assim, tem se admitido que, em determinadas hipóteses, a pessoa jurídica adquirente de um produto ou serviço possa ser equiparada à condição de consumidora, por apresentar frente ao fornecedor alguma vulnerabilidade, que constitui o princípio-motor da política nacional das relações de consumo, premissa expressamente fixada no art. 4º, I, do CDC, que legitima toda a proteção conferida ao consumidor. A doutrina tradicionalmente aponta a existência de três modalidades de vulnerabilidade: técnica (ausência de conhecimento específico acerca do produto ou serviço objeto de consumo), jurídica (falta de conhecimento jurídico, contábil ou econômico e de seus reflexos na relação de consumo) e fática (situações em que a insuficiência econômica, física ou até mesmo psicológica do consumidor o coloca em pé de desigualdade frente ao fornecedor). Mais recentemente, tem se incluído também a vulnerabilidade informacional (dados insuficientes sobre o produto ou serviço capazes de influenciar no processo decisório de compra). Além disso, a casuística poderá apresentar novas formas de vulnerabilidade aptas a atrair a incidência do CDC à relação de consumo. Numa relação interempresarial, para além das hipóteses de vulnerabilidade já consagradas pela doutrina e pela jurisprudência, a relação de dependência de uma das partes frente à outra pode, conforme o caso, caracterizar uma vulnerabilidade legitimadora da aplicação do CDC, mitigando os rigores da teoria finalista e autorizando a equiparação da pessoa jurídica compradora à condição de consumidora. Precedentes citados: REsp 1.196.951-PI, DJe 9/4/2012, e REsp 1.027.165-ES, DJe 14/6/2011. **REsp 1.195.642-RJ, Rel. Min. Nancy Andrighi, julgado em 13/11/2012. (Inform. STJ 510)**

FACTORING. OBTENÇÃO DE CAPITAL DE GIRO. CDC.
A atividade de *factoring* não se submete às regras do CDC quando não for evidente a situação de vulnerabilidade da pessoa jurídica contratante. Isso porque as empresas de *factoring* não são instituições financeiras nos termos do art. 17 da Lei n. 4.595/1964, pois os recursos envolvidos não foram captados de terceiros. Assim, ausente o trinômio inerente às atividades das instituições financeiras: coleta, intermediação e aplicação de recursos. Além disso, a empresa contratante não está em situação de vulnerabilidade, o que afasta a possibilidade de considerá-la consumidora por equiparação (art. 29 do CDC). Por fim, conforme a jurisprudência do STJ, a obtenção de capital de giro não está submetida às regras do CDC. Precedentes citados: REsp 836.823-PR, DJe 23/8/2010, AgRg no Ag 1.071.538-SP, DJe 18/2/2009; REsp 468.887-MG, DJe 17/5/2010; AgRg no Ag 1.316.667-RO, DJe 11/3/2011, e AgRg no REsp 956.201-SP, DJe 24/8/2011. **REsp 938.979-DF, Rel. Min. Luis Felipe Salomão, julgado em 19/6/2012.(Inform. STJ 500)**

CDC. RESPONSABILIDADE CIVIL. PROVEDOR DE INTERNET. ANÚNCIO ERÓTICO.
O recorrente ajuizou ação de indenização por danos morais contra a primeira recorrida por ter-se utilizado do seu sítio eletrônico, na rede mundial de computadores, para veicular anúncio erótico no qual aquele ofereceria serviços sexuais, constando para contato o seu nome e endereço de trabalho. A primeira recorrida, em contestação, alegou que não disseminou o anúncio, pois assinara contrato de fornecimento de conteúdo com a segunda recorrida, empresa de publicidade, no qual ficou estipulado que aquela hospedaria, no seu sítio eletrônico, o *site* desta, entabulando cláusula de isenção de responsabilidade sobre todas as informações divulgadas. Para a Turma, o recorrente deve ser considerado consumidor por equiparação, art. 17 do CDC, tendo em vista se tratar de terceiro atingido pela relação de consumo estabelecida entre o provedor de *internet* e os seus usuários. Segundo o CDC, existe solidariedade entre todos os fornecedores que participaram da cadeia de prestação de serviço, comprovando-se a responsabilidade da segunda recorrida, que divulgou o anúncio de cunho erótico e homossexual, também está configurada a responsabilidade da primeira recorrida, *site* hospedeiro, por imputação legal decorrente da cadeia de consumo ou pela culpa *in eligendo*, em razão da parceria comercial. Ademais, é inócua a limitação de responsabilidade civil prevista contratualmente, pois não possui força de revogar lei em sentido formal. **REsp 997.993-MG, Rel. Min. Luis Felipe Salomão, julgado em 21/6/2012.(Inform. STJ 500)**

RESPONSABILIDADE CIVIL. ADVOGADO. EXERCÍCIO DA PROFISSÃO.
A Turma manteve a condenação de advogado ora recorrente ao pagamento de indenização por danos morais ao cliente no valor de R$ 15 mil, em decorrência de sua conduta maliciosa no exercício da profissão. No caso em comento, o recorrente foi contratado para propor ação ordinária contra o Estado do Paraná, pleiteando diferenças salariais e gratificações. Procu-

rado diversas vezes pelo recorrido, ele negou o recebimento de procuração outorgada em seu favor, bem como o ajuizamento de qualquer demanda judicial em seu nome. Tal fato foi, inclusive, apurado em representação instaurada na OAB, que resultou em arquivamento diante da negativa do recorrente. Transcorridos quase vinte anos, após pesquisa realizada pela nova advogada contratada, descobriu-se que a ação havia sido efetivamente proposta pelo recorrente, até mesmo com recursos especiais para os tribunais superiores, tendo sido julgada improcedente. Em preliminar, afastou-se a alegada prescrição. Segundo observou o Min. Relator, na ação de reparação de danos em apreço, fundada no direito comum, e de acordo com as regras de transição do CC/2002 (art. 2.028), há de ser aplicado o novo prazo prescricional de três anos, consoante o disposto no art. 206, § 3º, IV, do referido diploma legal, contado o prazo da data da entrada em vigor do novo Código, e não da data do fato gerador do direito. No mérito, sustentou-se a inaplicabilidade do CDC nas relações contratuais entre clientes e advogados, que, de fato, são regidas pelo EOAB e pelo direito comum. Ao final, considerando o patente padecimento moral do recorrido diante das inverdades perpetradas pelo recorrente e da angústia de não saber o resultado da demanda, ainda que fosse negativa, manteve-se a responsabilização do advogado. **REsp 1.228.104-PR, Rel. Min. Sidnei Beneti, julgado em 15/3/2012. (Inform. STJ 493)**

DIREITO DO CONSUMIDOR. PESSOA JURÍDICA. INSUMOS. NÃO INCIDÊNCIA DAS NORMAS CONSUMERISTAS.

In casu, a recorrente, empresa fornecedora de gás, ajuizou na origem ação contra sociedade empresária do ramo industrial e comercial, ora recorrida, cobrando diferenças de valores oriundos de contrato de fornecimento de gás e cessão de equipamentos, em virtude de consumo inferior à cota mínima mensal obrigatória, ocasionando também a rescisão contratual mediante notificação. Sobreveio sentença de improcedência do pedido. O tribunal de justiça negou provimento à apelação. A recorrente interpôs recurso especial, sustentando que a relação jurídica entre as partes não poderia ser considerada como consumerista e que não é caso de equiparação a consumidores hipossuficientes, uma vez que a recorrida é detentora de conhecimentos técnicos, além de possuir fins lucrativos. A Turma entendeu que a recorrida não se insere em situação de vulnerabilidade, porquanto não se apresenta como sujeito mais fraco, com necessidade de proteção estatal, mas como sociedade empresária, sendo certo que não utiliza os produtos e serviços prestados pela recorrente como sua destinatária final, mas como insumos dos produtos que manufatura. Ademais, a sentença e o acórdão recorrido partiram do pressuposto de que todas as pessoas jurídicas são submetidas às regras consumeristas, razão pela qual entenderam ser abusiva a cláusula contratual que estipula o consumo mínimo, nada mencionando acerca de eventual vulnerabilidade – técnica, jurídica, fática, econômica ou informacional. O art. 2º do CDC abarca expressamente a possibilidade de as pessoas jurídicas figurarem como consumidores, sendo relevante saber se a pessoa – física ou jurídica – é “destinatária final” do produto ou serviço. Nesse passo, somente se desnatura a relação consumerista se o bem ou serviço passam a integrar a cadeia produtiva do adquirente, ou seja, tornam-se objeto de revenda ou de transformação por meio de beneficiamento ou montagem, ou, ainda, quando demonstrada sua vulnerabilidade técnica, jurídica ou econômica frente à outra parte, situação que não se aplica à recorrida. Diante dessa e de outras considerações, a Turma deu provimento ao recurso para reconhecer a não incidência das regras consumeristas, determinando o retorno dos autos ao tribunal de apelação, para que outro julgamento seja proferido. **REsp 932.557-SP, Rel. Min. Luis Felipe Salomão, julgado em 7/2/2012. (Inform. STJ 490)**

CDC. APLICAÇÃO. CONTRATO DE MÚTUO. COMPRA DE AÇÕES.

A Turma deu provimento ao recurso para aplicar o Código de Defesa do Consumidor à relação contratual de mútuo estabelecida pelos recorrentes com a instituição financeira para compra de ações da Copesul, com a consequente declaração de nulidade da cláusula de eleição de foro estabelecida no contrato firmado entre as partes. Para o Min. Relator o simples fato de os recorrentes, pessoas físicas, terem utilizado o financiamento obtido junto à instituição financeira para investimento em ações não desnatura a relação de consumo estabelecida entre as partes. O dinheiro é bem consumível, que encerra seu ciclo na cadeia de consumo quando da sua tradição a terceiros. Não é “devolvido” ao mercado, mas apenas serve como instrumento para viabilizar outros negócios jurídicos. Somente se afastaria a figura do destinatário final daquele que contrai mútuo com instituição financeira caso ele se dedicasse à atividade financeira, valendo-se da quantia obtida para reemprestá-la, cobrando juros de terceiros, o que, evidentemente, não é o caso dos autos. Portanto, deve-se afastar a validade da cláusula de eleição, prevalecendo o foro do domicílio do consumidor para processamento e julgamento da demanda em que se discute a validade do contrato de financiamento. **REsp. 1.194.627-RS, Rel. Min. Marco Buzzi, julgado em 1º/12/2011.** (Inform. STJ 488)

SEGURO. TRANSPORTE. MERCADORIA. RELAÇÃO MERCANTIL. INAPLICABILIDADE. CDC.

Trata-se, na origem, de ação de reparação de danos contra seguradora e empresa de transporte, na qual a autora (também seguradora) afirma que celebrou com sociedade empresária contrato de seguro de transporte de mercadoria por ela vendida e que no curso do trajeto o veículo transportador da ré tombou, espalhando a carga na pista. Argumenta, ainda, que diante da sub-rogação do direito de sua segurada (sociedade empresária), está habilitada a promover em relação à empresa de transporte (ré) e sua seguradora (corré), a cobrança dos prejuízos ocasionados. No caso, trata-se de relação comercial entre a seguradora e a transportadora, na qual celebraram contrato de transporte rodoviário de mercadoria a ser entregue a cliente, não existindo relação de consumo, conforme o disposto no art. 2º do CDC. A relação jurídica existente entre seguradora e transportadora é de caráter mercantil, não podendo, em regra, serem aplicadas as normas inerentes às relações de consumo, pois as mercadorias não tinham como destinatária final qualquer das partes da relação contratual. Ademais, conforme as instâncias ordinárias, a seguradora utilizou a prestação do serviço da ré transportadora como insumo dentro do processo de transformação, comercialização ou na prestação de serviço a terceiros, não se coadunando, assim, com o conceito de consumidor propriamente dito, mas tão somente a exploração de atividade econômica visando o lucro. No transporte rodoviário de carga realizado sob a égide do CC/1916, ausente relação de consumo, afasta-se o CDC e se aplica o Código Comercial e legislação especial. Logo, conforme o art. 9º, do Dec. n. 2.681/1912, o prazo prescricional aplicável ao caso é ânuo. Daí a Turma não conheceu do recurso. Precedentes citados do STF: RE 90.265-SP, DJ 11/12/1978; RE 31.922-DF, DJ 16/11/1956; do STJ: REsp 1.196.541-RJ, DJe 15/3/2011, e REsp 1.038.645-RS, DJe 24/11/2010. **REsp 982.492-SP, Rel. Min. Luis Felipe Salomão, julgado em 27/9/2011.** (Inform. STJ 484)

CDC. CEMITÉRIO PARTICULAR.

A recorrente administra um cemitério particular, comercializa jazigos ali existentes e disponibiliza aos titulares dos direitos de uso dos sepulcros outros serviços (traslado de corpos, exumação, floricultura, lanchonete etc.). Nesse contexto, vê-se que, conforme precedente, o MP tem legitimidade para ajuizar ação civil pública para o controle de cláusulas estipuladas nos contratos referentes àqueles jazigos. Há também a incidência do CDC nessas relações, pois não há dúvidas de que a recorrente disponibiliza os serviços mencionados e deles se valem aqueles titulares de forma não profissional, como destinatários finais fáticos e econômicos (teoria subjetiva), em especial situação de vulnerabilidade (o falecimento de amigo ou parente próximo). Anote-se não impedir a aplicação do CDC a natureza pública emprestada aos serviços funerários e cuidar-se aqui, como dito, de cemitério particular e não de cemitério público municipal, bem público de uso especial, sujeito não ao contrato, mas à outorga de concessão de uso pelo Poder Público, ato tipicamente administrativo. Dessarte, se incidente o CDC, os juros de mora devem limitar-se ao patamar de 2%, tal como imposto pelo § 1º do art. 52 daquele código, limitação aplicável tanto aos financiamentos diretos quanto aos indiretos, aí incluída a promessa de cessão de jazigos firmada pela recorrente. Contudo, a restituição da quantia indevidamente cobrada dos consumidores desses serviços a título de juros de mora deve ser efetivada de forma simples e não em dobro (art. 42, parágrafo único, do CDC), isso em razão do erro justificável, pois ainda inexiste posicionamento firme e reiterado sobre a aplicação do CDC às relações referentes aos jazigos em cemitérios particulares, e a cobrança da multa moratória em 10%, tal como se deu na hipótese, seria válida se incidente o CC/2002. Precedentes citados: REsp 440.617-SP, DJ 17/3/2003; REsp 622.101-RJ, DJe 17/5/2004; REsp 747.871-RS, DJe 18/11/2008, e REsp 476.649-SP, DJ 25/2/2004. **REsp 1.090.044-SP, Rel. Min. Paulo de Tarso Sanseverino, julgado em 21/6/2011.** (Inform. STJ 478)

CDC. CARACTERIZAÇÃO. CONSUMIDOR.

A sociedade empresária recorrida adquiriu da empresa recorrente uma retroescavadeira usada. Contudo, posteriormente, diante dos graves defeitos apresentados pela máquina, pleiteou a rescisão do contrato e a restituição dos valores pagos, o que foi admitido pelas instâncias ordinárias com lastro no CDC. Nesse contexto, atento à jurisprudência do Superior Tribunal de Justiça, não há como admitir a incidência do CDC à causa, haja vista estar expresso, no julgado combatido, que a recorrida, que se dedica à construção civil, adquiriu o maquinário para utilização dele na execução de suas atividades negociais, o que a desqualifica como consumidora para efeitos de submissão àquele *codex*. Daí ser necessária a remessa dos autos à primeira instância para novo julgamento da lide sob a ótica do CC/2002. Precedentes citados: REsp 541.867-BA, DJ 1º/12/2006; REsp 1.016.458-RS, DJe 8/3/2010; REsp 632.958-AL, DJe 29/3/2010; AgRg no Ag 900.563-PR, DJe 3/5/2010; REsp 836.823-PR, DJe 23/8/2010, e REsp 716.877-SP, DJ 23/4/2007. **REsp 863.895-PR, Rel. Min. Aldir Passarinho Junior, julgado em 16/11/2010.** (Inform. STJ 456)

CDC. EMPRESÁRIO RURAL.
A Turma deu parcial provimento ao recurso especial para afastar a aplicação do CDC à relação jurídica em discussão, qual seja, aquisição de insumos agrícolas por produtores rurais de grande porte para o implemento de sua atividade produtiva. Segundo o Min. Relator, o empresário rural que assim atua não o faz como destinatário final do produto (tal como ocorre nas hipóteses de agricultura de subsistência), o que descaracteriza a existência de uma relação consumerista. Precedentes citados: CC 64.524-MT, DJ 9/10/2006, e REsp 541.867-BA, DJ 16/5/2005. **REsp 914.384-MT, Rel. Min. Massami Uyeda, julgado em 2/9/2010.** (Inform. STJ 445)

CARTÃO. CRÉDITO. TAXA. DESCONTO.
Discutiu-se a respeito da "taxa de desconto" superior a 1% ao mês, cobrada pela recorrente (rede de cartão de crédito) nas operações de antecipação de pagamento de valores referentes a transações realizadas com cartões de crédito no estabelecimento da recorrida (sociedade empresária dedicada ao ramo de combustíveis). Primeiramente, ressalte-se não incidir o regramento do CDC à hipótese, visto este Superior Tribunal adotar a teoria finalista para a definição de consumidor: o destinatário final econômico do bem ou serviço adquirido. Verifica-se que o contrato em questão foi justamente firmado com o intuito de fomentar as atividades comerciais da recorrida, o que afasta a aplicação da legislação consumerista. Já os juros caracterizam-se como o "preço do dinheiro", a compensação ou indenização à parte que dispõe seu capital a outro, por tempo determinado. Com essa definição em mente, conclui-se que a "taxa de desconto" cobrada – juros incidentes sobre o capital emprestado em adiantamento a partir da data em que é disponibilizado até o momento em que ocorre a quitação do mútuo, a compensação entre o valor que foi emprestado e o que a sociedade tem a receber do mutuante – nada mais é do que juros compensatórios, limitados a 1% ao mês, tal como aventado pelas instâncias ordinárias. Com esse entendimento, a Turma, ao continuar o julgamento, negou provimento ao especial. Desse julgado dissentiu em parte a Min. Nancy Andrighi, pois entendia que a incidência daquele percentual deveria perdurar até o advento do CC/2002, para, a partir daí, fazer incidir a taxa Selic. **REsp 910.799-RS, Rel. Min. Sidnei Beneti, julgado em 24/8/2010.** (Inform. STJ 444)

ANÚNCIO. JORNAL. RESPONSABILIDADE.
Na origem, o ora recorrido ajuizou ação de reparação por danos materiais contra empresa jornalística, sob o argumento de ter sido vítima de estelionato cometido por meio de anúncio de venda de veículos publicado nos classificados de jornal. Neste Superior Tribunal, consignou-se, inicialmente, a inaplicabilidade do CDC ao caso em exame, tendo em vista que a empresa recorrente não participou do contrato celebrado entre o anunciante e o consumidor. Afastou-se, com isso, seu enquadramento no conceito de fornecedor, conforme dispõe o art. 3º do referido código. Ressaltou-se, ademais, inexistir responsabilidade por parte da recorrente, porquanto o dano experimentado pelo recorrido decorreu do pagamento efetuado ao anunciante, que deixou de entregar o objeto do contrato, e não da compra do periódico em que o anúncio foi veiculado. Segundo a Min. Relatora, não cabe à empresa de comunicação responder por eventuais abusos ou enganos praticados por seus anunciantes. Com base nesse entendimento, a Turma deu provimento ao recurso especial. Precedente citado: REsp 604.172-SP, DJ 21/5/2007. **REsp 1.046.241-SC, Rel. Min. Nancy Andrighi, julgado em 12/8/2010.** (Inform. STJ 442)

RELAÇÃO. CONSUMO. REVENDEDORA. TRANSPORTADORA.
A Turma negou provimento ao recurso especial, mantendo a decisão do tribunal *a quo,* que entendeu inexistir, na espécie, relação de consumo entre, de um lado, revendedora de máquinas e equipamentos e, do outro, transportadora. Cuidou-se, na origem, de ação indenizatória ajuizada pela ora recorrente sob a alegação de que um gerador de energia, objeto do contrato de transporte firmado com a empresa recorrida, teria sofrido avarias durante o trajeto. O STJ aplica ao caso a teoria finalista, segundo a qual se considera consumidor aquele que adquire ou utiliza produto ou serviço como destinatário final. Na espécie, ressaltou-se que o produto não seria destinado à recorrida, mas a cliente da revendedora, motivo pelo qual foi afastada a regra especial de competência do art. 101, I, do CDC para fazer incidir a do art. 100, IV, a, do CPC. **REsp 836.823-PR, Rel. Min. Sidnei Beneti, julgado em 12/8/2010.** (Inform. STJ 442)

CDC. CONSUMIDOR. PROFISSIONAL.
A jurisprudência do STJ adota o conceito subjetivo ou finalista de consumidor, restrito à pessoa física ou jurídica que adquire o produto no mercado a fim de consumi-lo. Contudo, a teoria finalista pode ser abrandada a ponto de autorizar a aplicação das regras do CDC para resguardar, como consumidores (art. 2º daquele código), determinados profissionais (microempresas e empresários individuais) que adquirem o bem para usá-lo no exercício de sua profissão. Para tanto, há que demonstrar sua vulnerabilidade técnica, jurídica ou econômica (hipossuficiência). No caso, cuida-se do contrato para a aquisição de uma máquina de bordar entabulado entre a empresa fabricante e a pessoa física que utiliza o bem para sua sobrevivência e de sua família, o que demonstra sua vulnerabilidade econômica. Dessarte, correta a aplicação das regras de proteção do consumidor, a impor a nulidade da cláusula de eleição de foro que dificulta o livre acesso do hipossuficiente ao Judiciário. Precedentes citados: REsp 541.867-BA, DJ 16/5/2005; REsp 1.080.719-MG, DJe 17/8/2009; REsp 660.026-RJ, DJ 27/6/2005; REsp 684.613-SP, DJ 1º/7/2005; REsp 669.990-CE, DJ 11/9/2006, e CC 48.647-RS, DJ 5/12/2005. **REsp 1.010.834-GO, Rel. Min. Nancy Andrighi, julgado em 3/8/2010.** (Inform. STJ 441)

INSUMOS. ATIVIDADE AGRÍCOLA. CDC.
A Turma reiterou o entendimento de que não configura relação de consumo a aquisição de bens ou a utilização de serviço por pessoa física ou jurídica com a finalidade de implementar ou incrementar sua atividade negocial. Para que haja relação de consumo, é necessário que aquele que contrata serviço ou adquire bens o faça como destinatário final, com o fito de atender a uma necessidade própria. Na espécie, o recorrente buscou, junto à recorrida, a obtenção de insumos para investir em sua atividade comercial, logo não se aplica o CDC. Assim, a Turma não conheceu do recurso. **REsp 1.016.458-RS, Rel. Min. Aldir Passarinho Junior, julgado em 9/2/2010.** (Inform. STJ 422)

CDC. COMPETÊNCIA. DANO MORAL. DOAÇÃO. SANGUE.
A recorrente alega que houve erro de diagnóstico do réu, que atestou ser ela portadora do vírus da hepatite tipo C, o que foi comunicado a todos os bancos de sangue do país, impedindo que ela doasse sangue. Promoveu ação de indenização de danos morais em seu domicílio, na qualidade de consumidora (art. 101, I, do CDC). Oposta exceção de incompetência, ela foi acolhida ao entendimento de não se cuidar de relação de consumo. Para o Min. Relator, o serviço traduz-se, exatamente, na retirada do sangue da doadora e, inegavelmente, ela toma o serviço como destinatária final no que se refere à relação exclusiva entre essas duas partes, relação que também integra uma outra entre o banco de sangue e aquele que irá utilizá-lo. É um caso atípico, mas, nem por isso, pode ser apartado da proteção consumerista. São dois os serviços prestados e relações de consumo, sendo que a primeira é uma em si mesma, a captação de sangue pelo banco, mas faz parte de uma segunda, o fornecimento de sangue pelo banco ao recebedor. A primeira tem um custeio, sim, mas indireto, visto que pela segunda o banco é remunerado de uma forma ou de outra. Dessa maneira, pode, efetivamente, considerar-se a doadora como partícipe de uma relação de consumo em que ela, cedendo seu sangue, usa os serviços da empresa ré, uma sociedade limitada, que, no próprio dizer do Tribunal recorrido, como receptora do sangue, vende ou doa. Na espécie, a captação de sangue é atividade contínua e permanente do hemocentro. É sua matéria-prima o sangue e seus derivados. Não se cuida de um serviço que foi prestado casual e esporadicamente, porém, na verdade, constante e indispensável ao comércio praticado pelo réu com a venda do sangue a hospitais e terceiros, gerando recursos e remunerando aquela coleta de sangue da autora que se fez, ainda que indiretamente. Nessas circunstâncias, enquadra-se a hipótese, adequadamente, no conceito do art. 2º do CDC, de sorte que o privilégio do foro do domicílio do consumidor, assegurado no art. 101, I, daquele código, é de ser aplicável ao caso. Diante disso, a Turma conheceu do recurso e lhe deu provimento, para declarar competente o foro da comarca onde originariamente ajuizada a demanda. **REsp 540.922-PR, Rel. Min. Aldir Passarinho Junior, julgado em 15/9/2009.** (Inform. STJ 407)

CONSUMIDOR. ÔNUS PROBATÓRIO. INVERSÃO.
Trata-se de recurso especial em que a controvérsia jurídica diz respeito à amplitude do conceito de consumidor, almejando-se a concessão do benefício da inversão do ônus da prova. A Turma entendeu que, no caso em questão, não há argumento nem teoria plausíveis para afastar a incidência do sistema garantista do consumidor à relação jurídica. O recorrente é pessoa natural que presta serviços de transporte e, para tanto, usa o único caminhão, diga-se, arrendado com opção de compra, encontrando-se vinculado ao contrato de arrendamento (meio usual disponível para pessoas que não podem adquirir um caminhão à vista), mas litiga contra uma pessoa jurídica que produz e vende caminhões. Desse modo, a disparidade econômica é evidente, havendo, portanto, nexo de sujeição e, em consequência, vulnerabilidade. Há dependência, ainda, frente à fornecedora, na medida em que o recorrente entende do transporte de coisas, não da mecânica de caminhão. A causa do vício do bem não lhe interessa, senão que o veículo mova-se, porque pagou por ele e conta com o seu perfeito funcionamento. Assim, constatado o vício do produto e a vulnerabilidade do recorrente, há de concluir-se que este é consumidor e, caracterizada a sua hipossuficiência, pode ser beneficiado pela inversão do ônus da prova. Precedentes citados: REsp 915.599-SP, DJ 5/9/2008. **REsp 1.080.719-MG, Rel. Min. Nancy Andrighi, julgado em 10/2/2009.** (Inform. STJ 383)

CORRETORA. SEGURO. SOLIDARIEDADE.
Trata-se de ação indenizatória proposta por beneficiários de seguro de vida por não terem recebido o valor acordado sob a alegação de doença preexistente do falecido. Na contestação, a ré, instituição financeira corretora, alegou contrato de representação e denunciou à lide a companhia seguradora para garantir direito de regresso. A sentença julgou extinto o feito sem resolução de mérito, por ilegitimidade passiva, asseverando que a ré participou do negócio jurídico apenas como estipulante e, formalizado o contrato, extinguiu-se sua obrigação. Assim, não pode assumir a responsabilidade pelo descumprimento do contrato de seguro de vida. Porém, o Tribunal *a quo* proveu o apelo dos beneficiários, anulou a sentença e determinou o retorno dos autos para o julgamento de mérito, reconhecendo, com base no CDC, a solidariedade da ré com a seguradora, uma vez que falha a prestação de serviço, por não fornecer ao consumidor as informações necessárias, levando-o a acreditar que estava contratando a instituição financeira. Inconformada, a ré interpôs recurso especial. Para o Min. Relator, como se cuida de prestação de serviço, a atividade da ré corretora está sujeita ao CDC (arts. 6º, III, 20, 31, 35 e 54, § 5º), consequentemente, há necessidade de transparência, clareza e dever de prestar todas as informações. Outrossim, após o Tribunal *a quo* ter reconhecido a solidariedade entre a corretora e a seguradora, rejeitando a denunciação à lide, não pode a ré agora no REsp chamar ao processo a co-devedora (seguradora), pois seria inovação à lide. Tal pedido deveria ser formulado na contestação (art. 78 do CPC). Afirma que, por essa razão, a pretensão do chamamento ao processo não ultrapassou a barreira do conhecimento, além de que quanto à conclusão do Tribunal de origem, reconhecendo falha na prestação de serviço e responsabilidade da corretora, incidem as Súmulas ns. 5 e 7 do STJ. Diante disso, a Turma não conheceu do recurso. Precedente citado: REsp 937.780-RJ, DJ 18/11/2008. **REsp 254.427-SE, Rel. Min. Luis Felipe Salomão, julgado em 10/2/2009.** (Inform. STJ 383)

INDENIZAÇÃO. AGRESSÃO. CASA NOTURNA. CDC. HONORÁRIOS ADVOCATÍCIOS.
Trata-se de agressão levada a efeito por jovens praticantes de lutas marciais que escolhiam e agrediam vítimas dentro da casa noturna. Ressaltou o Min. Relator que, no caso, há relação de consumo entre o cliente (que fora se divertir) e a casa noturna. Entretanto achou desnecessária a questão da responsabilidade objetiva prevista no CDC, porque o pedido veio também amparado na responsabilidade subjetiva e as instâncias ordinárias identificaram a negligência da casa noturna que ensejou o ato lesivo. Destacou ainda que a valoração da prova diz com o erro de direito quanto ao valor de determinada prova, abstratamente considerada, não sendo o caso dos autos em que houve exame detalhado de todas as provas produzidas, incluída a pericial. Outrossim, o fato de as testemunhas terem amizade com o autor não as desqualifica por si só, quando se sabe que também estavam no local em que ocorreu o evento danoso. Considerou também que não houve decisão *extra petita* quando o pedido, embora sem a melhor técnica, mencionou a perda da capacidade profissional da vítima, reconhecida nas instâncias ordinárias. Por fim, o Min. Relator conheceu do REsp e o proveu no que concerne aos arts. 20, § 3º, e 21 do CPC, porque houve, de fato, a exclusão dos lucros cessantes na condenação e, havendo essa exclusão, explicou: a jurisprudência assentada neste Superior Tribunal reconhece uma diminuição substancial com relação ao pedido. Por isso manteve a sucumbência parcial, fixando-a em 10% sobre o valor da condenação, além de repartir as custas judiciais, no que foi acompanhado pela Turma. **REsp 695.000-RJ, Rel. Min. Carlos Alberto Menezes Direito, julgado em 3/4/2007.** (Inform. STJ 316)

CONTRATO. SFH. FCVS. NÃO-APLICAÇÃO. CDC.
Nos contratos do Sistema Financeiro de Habitação com cláusula do Fundo de Compensação de Variação Salarial (FCVS), há a presença do Estado (CEF) que é o garante na quitação do saldo devedor. Assim, sua feição pública atrairá a incidência das normas contratadas pela natureza social da avença, sendo exceção as regras de direito contratual privado. Logo, nos contratos com a cobertura do FCVS, não deve ser aplicada a jurisprudência da Segunda Seção do STJ, que entende pertinente a aplicação do CDC aos contratos regidos pelo SFH. A Seção, ao prosseguir o julgamento, por maioria, afastou a aplicação do CDC nos contratos de financiamento da casa própria firmados sob as regras do SFH que possuam cobertura do FCVS. **REsp 489.701-SP, Rel. Min. Eliana Calmon, julgado em 28/2/2007.** (Inform. STJ 311)

SÚMULA STJ Nº 469

Aplica-se o Código de Defesa do Consumidor aos contratos de plano de saúde.

SÚMULA STJ Nº 321

O Código de Defesa do Consumidor é aplicável à relação jurídica entre a entidade de previdência privada e seus participantes.

SÚMULA STJ Nº 297

O Código de Defesa do Consumidor é aplicável às instituições financeiras.

2. PRINCÍPIOS E DIREITOS BÁSICOS

DIREITO CIVIL. RESPONSABILIDADE CIVIL. FALHA NO SERVIÇO POSTAL CONTRATADO.
É cabível a indenização por danos morais ao advogado que, em razão da entrega tardia da petição ao tribunal pela prestadora de serviços contratada, teve o recurso considerado intempestivo. O fato de a ECT inserir-se na categoria de prestadora de serviço público não a afasta das regras próprias do CDC quando é estabelecida relação de consumo com seus usuários. É direito básico do consumidor a adequada e eficaz prestação dos serviços públicos em geral, nos termos dos arts. 6º, X, e 22, *caput*, do CDC. As empresas públicas prestadoras de serviços públicos submetem-se ao regime de responsabilidade civil objetiva prevista no art. 14 do código supradito. Essa responsabilidade pelo risco administrativo (art. 37, § 6º, da CF) é confirmada e reforçada com a celebração de contrato de consumo, do qual emergem deveres próprios do microssistema erigido pela Lei n. 8.078/1990. Assim, a empresa fornecedora será responsável se o defeito ou a falha no serviço prestado for apto a gerar danos ao consumidor. A comprovação da gravidade do ato ilícito gera, *ipso facto*, o dever de indenizar em razão de uma presunção natural, que decorre da experiência comum, de que houve um abalo significativo à dignidade da pessoa. Portanto, o dano moral é *in re ipsa*, extraído não exatamente da prova de sua ocorrência, mas da análise da gravidade do ato ilícito em abstrato. **REsp 1.210.732-SC, Rel. Min. Luis Felipe Salomão, julgado em 2/10/2012.(Inform. STJ 505)**

CONTRATO DE SEGURO. CLÁUSULA ABUSIVA. NÃO OBSERVÂNCIA DO DEVER DE INFORMAR.
A Turma decidiu que, uma vez reconhecida a falha no dever geral de informação, direito básico do consumidor previsto no art. 6º, III, do CDC, é inválida cláusula securitária que exclui da cobertura de indenização o furto simples ocorrido no estabelecimento comercial contratante. A circunstância de o risco segurado ser limitado aos casos de furto qualificado (por arrombamento ou rompimento de obstáculo) exige, de plano, o conhecimento do aderente quanto às diferenças entre uma e outra espécie – qualificado e simples – conhecimento que, em razão da vulnerabilidade do consumidor, presumidamente ele não possui, ensejando, por isso, o vício no dever de informar. A condição exigida para cobertura do sinistro – ocorrência de furto qualificado –, por si só, apresenta conceituação específica da legislação penal, para cuja conceituação o próprio meio

técnico-jurídico encontra dificuldades, o que denota sua abusividade. **REsp 1.293.006-SP, Rel. Min. Massami Uyeda, julgado em 21/6/2012. (Inform. STJ 500)**

DEFEITO DE FABRICAÇÃO. RELAÇÃO DE CONSUMO. ÔNUS DA PROVA.

No caso, houve um acidente de trânsito causado pela quebra do banco do motorista, que reclinou, determinando a perda do controle do automóvel e a colisão com uma árvore. A fabricante alegou cerceamento de defesa, pois não foi possível uma perícia direta no automóvel para verificar o defeito de fabricação, em face da perda total do veículo e venda do casco pela seguradora. Para a Turma, o fato narrado amolda-se à regra do art. 12 do CDC, que contempla a responsabilidade pelo fato do produto. Assim, considerou-se correta a inversão do ônus da prova, atribuído pelo próprio legislador ao fabricante. Para afastar sua responsabilidade, a montadora deveria ter tentado, por outros meios, demonstrar a inexistência do defeito ou a culpa exclusiva do consumidor, já que outras provas confirmaram o defeito do banco do veículo e sua relação de causalidade com o evento danoso. Além disso, houve divulgação de *recall* pela empresa meses após o acidente, chamado que englobou, inclusive, o automóvel sinistrado, para a verificação de possível defeito na peça dos bancos dianteiros. Diante de todas as peculiaridades, o colegiado não reconheceu cerceamento de defesa pela impossibilidade de perícia direta no veículo sinistrado. Precedente citado: REsp 1.036.485-SC, DJe 5/3/2009. **REsp 1.168.775-RS, Rel. Min. Paulo de Tarso Sanseverino, julgado em 10/4/2012. (Inform. STJ 495)**

CONSUMIDOR. PLANO DE SAÚDE. REDE CONVENIADA. ALTERAÇÃO. INFORMAÇÃO.

Tendo em vista a importância que a rede conveniada assume para a continuidade do contrato, a operadora de plano de saúde somente cumprirá o dever de informar se comunicar individualmente a cada associado o descredenciamento de médicos e hospitais. Isso porque o direito à informação visa assegurar ao consumidor uma escolha consciente, permitindo que suas expectativas em relação ao produto ou serviço sejam de fato atingidas, manifestando o que vem sendo denominado de consentimento informado ou vontade qualificada. Diante disso, o comando do art. 6º, III, do CDC somente será efetivamente cumprido quando a informação for prestada ao consumidor de forma adequada, assim entendida como aquela que se apresenta simultaneamente completa, gratuita e útil, vedada, no último caso, a diluição da comunicação efetivamente relevante pelo uso de informações soltas, redundantes ou destituídas de qualquer serventia para o consumidor. Precedentes citados: REsp 418.572-SP, DJe 30/3/2009, e REsp 586.316-MG, DJe 19/3/2009. **REsp 1.144.840-SP, Rel. Min. Nancy Andrighi, julgado em 20/3/2012. (Inform. STJ 483)**

DANO MORAL COLETIVO. INSTITUIÇÃO FINANCEIRA. ATENDIMENTO PRIORITÁRIO.

A Turma negou provimento ao apelo especial e manteve a condenação do banco, em ação civil pública ajuizada pelo Ministério Público, ao pagamento de indenização por danos morais coletivos em decorrência do inadequado atendimento dos consumidores prioritários. No caso, o atendimento às pessoas idosas, com deficiência física, bem como àquelas com dificuldade de locomoção era realizado somente no segundo andar da agência bancária, após a locomoção dos consumidores por três lances de escada. Inicialmente, registrou o Min. Relator que a dicção do art. 6º, VI, do CDC é clara ao possibilitar o cabimento de indenização por danos morais aos consumidores tanto de ordem individual quanto coletivamente. Em seguida, observou que não é qualquer atentado aos interesses dos consumidores que pode acarretar dano moral difuso. É preciso que o fato transgressor seja de razoável significância e desborde dos limites da tolerabilidade. Ele deve ser grave o suficiente para produzir verdadeiros sofrimentos, intranquilidade social e alterações relevantes na ordem patrimonial coletiva. Na espécie, afirmou ser indubitável a ocorrência de dano moral coletivo apto a gerar indenização. Asseverou-se não ser razoável submeter aqueles que já possuem dificuldades de locomoção, seja pela idade seja por deficiência física seja por qualquer causa transitória, como as gestantes, à situação desgastante de subir escadas, exatos 23 degraus, em agência bancária que, inclusive, possui plena capacidade de propiciar melhor forma de atendimento aos consumidores prioritários. Destacou-se, ademais, o caráter propedêutico da indenização por dano moral, tendo como objetivo, além da reparação do dano, a pedagógica punição do infrator. Por fim, considerou-se adequado e proporcional o valor da indenização fixado (R$ 50.000,00). **REsp 1.221.756-RJ, Rel. Min. Massami Uyeda, julgado em 2/2/2012. (Inform. STJ 490)**

CONSÓRCIO. TRANSFERÊNCIA. CARTEIRA. TERCEIRO ADMINISTRADOR. CRIAÇÃO. TAXA ADICIONAL. RATEIO. PREJUÍZOS. CDC.

Trata-se de REsp em que a controvérsia cinge-se em estabelecer se é legítima a cobrança de taxa adicional para composição de prejuízos decorrentes de má administração de consórcio, na hipótese em que, por força de Regime Especial de Administração Temporária decretado pelo BACEN, a carteira de consórcios é transferida para outra administradora. No caso, o recorrido argumenta que aderiu a plano de consórcio. No curso dessa contratação, com a decretação de Regime Especial de Administração Temporária dessa empresa, participou de assembleia extraordinária, em que se aprovou a transferência da carteira de consórcios para outra administradora de consórcios, ora recorrente. Após tal transferência, o recorrido teria sido notificado da criação de um suposto débito decorrente de "taxa mensal de fundo extraordinário para rateio de prejuízos". A ação foi proposta para declaração da inexigibilidade desse débito, bem como para pleitear indenização pelo dano moral decorrente da inscrição do nome do recorrido em cadastros de inadimplentes. Tanto o acórdão que julgou o recurso de apelação quanto o acórdão que julgou os embargos infringentes aplicaram à relação jurídica mantida entre o recorrido e a administradora do grupo de consórcios, as disposições do CDC. Daí a impugnação do acórdão formulada pela recorrente com fundamento no disposto no art. 6º, V, desse diploma legal. A Turma negou provimento ao recurso da administradora de consórcio (recorrente), por entender que, tendo em vista as características do contrato associativo de consórcio, há dois feixes de relações jurídicas que podem ser autonomamente considerados: a relação entre os consorciados e a administradora, regulada pelo CDC, e a relação dos consorciados entre si, não regulada pela lei n. 8.078/90. O art. 6º, V, do CDC disciplina não uma obrigação, mas um direito do consumidor à modificação de cláusulas consideradas excessivamente onerosas ou desproporcionais. Assim, a referida norma não pode ser invocada pela administradora de consórcios para justificar a imposição de modificação no contrato que gere maiores prejuízos ao consumidor. **REsp 1.269.632-MG, Rel. Min. Nancy Andrighi, julgado em 18/10/2011.** (Inform. STJ 485)

RETENÇÃO. RESP. INVERSÃO. ÔNUS. PROVA PERICIAL.

Trata-se de agravo regimental interposto por fabricante de automóveis contra decisão da Min. Relatora que negou seguimento ao pedido em medida cautelar (MC) com a finalidade de afastar a retenção do REsp (art. 542, § 3º, do CPC) interposto contra decisão que deferiu a inversão do ônus da prova em ação de indenização nos termos do art. 6º, VIII, do CDC. A prova cuja inversão o TJ determinou seria a realização de perícia em projeto de veículo de fabricação do ora agravante e teria como finalidade apurar se houve eventual falha de fabricação que pudesse ter ocasionado a abertura das portas do veículo no acidente que vitimou o filho do agravado, lançando-o para fora do veículo, que, se confirmada, ensejaria ao fabricante o dever de indenizar. Destaca a Min. Relatora que o juiz, ao examinar os fatos, considerou ser a perícia o único meio de esclarecer a real causa da abertura das portas do veículo, requisito que, em regra, não está presente na generalidade dos casos de acidente de trânsito. Por outro lado, esclarece que o agravo de instrumento no qual se insurge a agravante contra o sobrestamento do especial restringiu-se à simples inversão do ônus da prova. No entanto, cabe ao fabricante custear a perícia ou se defender de outra forma, produzindo outros tipos de prova e assumindo o risco da avaliação judicial ao final da instrução, mas não implica a obrigatoriedade de arcar com as custas da prova, que devem ser suportadas pela parte que a requereu. Está demonstrado, também, serem diversas as questões submetidas à apreciação judicial em agravos de instrumento, tirados de processos também diversos (ação cautelar e ação ordinária), ficando afastada a alegação de preclusão. Pelo exposto, a Turma negou provimento ao agravo regimental. Precedentes citados: AgRg na Pet 1.977-SP, DJ 10/3/2003; AgRg na Pet 5.262-RJ, DJ 5/3/2007, e REsp 639.534-MT, DJ 13/2/2006. **AgRg na MC 17.695-PR, Rel. Min. Maria Isabel Gallotti, julgado em 5/5/2011.** (Inform. STJ 471)

INVERSÃO. ÔNUS. PROVA. CDC.

Trata-se de REsp em que a controvérsia consiste em definir qual o momento processual adequado para que o juiz, na responsabilidade por vício do produto (art. 18 do CDC), determine a inversão do ônus da prova prevista no art. 6º, VIII, do mesmo *codex*. No julgamento do especial, entre outras considerações, observou o Min. Relator que a distribuição do ônus da prova apresenta extrema relevância de ordem prática, norteando, como uma bússola, o comportamento processual das partes. Naturalmente, participará da instrução probatória com maior vigor, intensidade e interesse a parte sobre a qual recai o encargo probatório de determinado fato controvertido no processo. Dessarte, consignou que, influindo a distribuição do encargo probatório decisivamente na conduta processual das partes, devem elas possuir a exata ciência do ônus atribuído a cada uma delas para que possam produzir oportunamente as provas que entenderem necessárias. Ao contrário, permitida a distribuição ou a inversão do ônus probatório na sentença e inexistindo, com isso, a necessária certeza processual, haverá o risco de o julgamento ser proferido sob uma deficiente e desinteressada instrução probatória, na qual ambas as partes tenham atuado com base na confiança de que sobre elas não recairia o encargo da prova de determinado fato. Assim, entendeu que a inversão *ope judicis* do ônus da prova deve ocorrer preferencialmente no despacho saneador, ocasião em que o juiz decidirá as questões processuais pendentes e determinará as provas a serem produzidas, designando audiência de instrução e julgamento (art. 331, §§ 2º e 3º, do CPC). Desse modo, confere-se maior certeza às partes referente aos seus encargos processuais, evitando a insegurança. Com esse entendimento, a Seção, ao prosseguir o julgamento, por maioria, negou provimento ao recurso, mantendo o acórdão que desconstituiu a sentença, a qual determinara, nela própria, a inversão do ônus da prova. Precedentes citados: REsp 720.930-RS, DJe 9/11/2009, e REsp 881.651-BA, DJ 21/5/2007. **REsp 802.832-MG, Rel. Min. Paulo de Tarso Sanseverino, julgado em 13/4/2011.** (Inform. STJ 469)

RESPONSABILIDADE CIVIL. ERRO MÉDICO. INVERSÃO. ÔNUS. PROVA.

Cuida-se de REsp interposto contra acórdão em agravo de instrumento que, em ação de indenização ajuizada pela ora agravada, manteve a inversão do ônus da prova com fulcro no art. 6º, VIII, do CDC. Para a ação, alegou a agravada erro médico em procedimento cirúrgico realizado pelo médico (agravante), arrolado como réu ao lado do hospital onde foi realizada a cirurgia. Ressalta a Min. Relatora que, segundo a jurisprudência do STJ, a responsabilidade subjetiva do médico (art. 14, § 4º, do CDC) não exclui a possibilidade de inversão do ônus da prova, se presentes os requisitos do art. 6º, VIII, do CDC. Nesse caso, deve o profissional demonstrar ter agido com respeito às orientações técnicas aplicáveis e ter adotado as devidas cautelas. Igualmente, explica que a inversão do ônus da prova não implica procedência do pedido, mas significa apenas que o juízo de origem, em razão dos elementos de prova já trazidos aos autos e da situação das partes, considerou presentes os requisitos do art. 6º, VIII, do CDC (verossimilhança da alegação ou hipossuficiência), os quais não podem ser revistos em recurso especial (Súm n. 7-STJ). Diante do exposto, a Turma negou provimento ao agravo regimental. Precedentes citados: REsp 171.988-RS, DJ 28/6/1999, e REsp 696.284-RJ, DJe 18/12/2009. **AgRg no Ag 969.015-SC, Rel. Min. Maria Isabel Gallotti, julgado em 7/4/2011.** (Inform. STJ 468)

CONSUMIDOR. DIREITO À INFORMAÇÃO.

A questão posta no REsp cinge-se em saber se, a despeito de existir regulamento classificando como "sem álcool" cervejas que possuem teor alcoólico inferior a meio por cento em volume, seria dado à sociedade empresária recorrente comercializar seu produto, possuidor de 0,30g/100g e 0,37g/100g de álcool em sua composição, fazendo constar do seu rótulo a expressão "sem álcool". A Turma negou provimento ao recurso, consignando que, independentemente do fato de existir norma regulamentar que classifique como sendo "sem álcool" bebidas cujo teor alcoólico seja inferior a 0,5% por volume, não se afigura plausível a pretensão da fornecedora de levar ao mercado cerveja rotulada com a expressão "sem álcool", quando essa substância encontra-se presente no produto. Ao assim proceder, estaria ela induzindo o consumidor a erro e, eventualmente, levando-o ao uso de substância que acreditava inexistente na composição do produto e pode revelar-se potencialmente lesiva à sua saúde. Destarte, entendeu-se correto o tribunal *a quo*, ao decidir que a comercialização de cerveja com teor alcoólico, ainda que inferior a 0,5% em cada volume, com informação ao consumidor, no rótulo do produto, de que se trata de bebida sem álcool vulnera o disposto nos arts. 6º e 9º do CDC ante o risco à saúde de pessoas impedidas do consumo. **REsp 1.181.066-RS, Rel. Min. Vasco Della Giustina (Desembargador convocado do TJ-RS), julgado em 15/3/2011.** (Inform. STJ 466)

DANOS MORAIS. CONTRATO. PRESTAÇÃO. SERVIÇOS MÉDICOS.

Trata-se de pedido de indenização por danos materiais e morais devido à recusa da prestadora de plano de saúde de internar, em emergência, na UTI, a paciente conveniada. O recorrente afirma no REsp que a recusa deu-se pelo fato de sua esposa ter-se submetido, 48 horas antes do mal-estar, a uma cirurgia estética que não estava coberta pelo contrato. Contudo, alega ser injusta essa recusa, visto não haver relação de causa e efeito entre a cirurgia e o mal-estar do qual resultou o coma da esposa, conforme comprovou a perícia técnica. Na origem, a ação foi julgada procedente, mas o TJ, por maioria de votos, embora tenha reconhecido a inexistência de nexo de causalidade entre o coma e a cirurgia estética, reformou a sentença, afastando a indenização pelo dano moral ao fundamento de que houve mero descumprimento de cláusula contratual, o que não geraria indenização por dano moral. Destacou o Min. Relator serem fatos incontroversos nos autos o coma, a recusa da operadora do serviço de saúde recorrida de internar na UTI a conveniada, a venda de imóvel para cobrir os gastos com o hospital credor e a falta de relação de nexo de causalidade entre o coma e a cirurgia realizada. No entanto, consignou-se nos autos haver a obrigação de a recorrida prestar a cobertura do plano de saúde, ou seja, mesmo o plano não cobrindo a cirurgia estética, caberia à seguradora cobrir os males porventura advindos da cirurgia. Observa o Min. Relator ser verdade que a jurisprudência deste Superior Tribunal entende que o mero descumprimento de cláusula contratual, em princípio, não gera dano moral indenizável, mas é possível a condenação de dano moral quando há recusa infundada de cobertura de plano de saúde. Explica que o descumprimento de norma contratual que não inflige dano moral seria aquele que causa apenas desconforto ou aborrecimento superficial, por exemplo: atraso na realização de uma cirurgia de rotina. Contudo, no caso, o descumprimento do contrato ultrapassou o simples desconforto e mal-estar: a segurada corria risco de morrer, era uma situação de urgência. Nessas circunstâncias, a seguradora não poderia ter recusado a cobertura solicitada, nem infligir sofrimento e angústia aos familiares da segurada, que, inclusive, venderam um imóvel para cobrir as despesas hospitalares. Ressalta ainda o Min. Relator que o CDC estabelece normas de ordem pública e interesse social e, em seu art. 4º, consagra os princípios da boa-fé objetiva e da equidade e coíbe o abuso de direito, como na hipótese. Ademais, assevera que as cláusulas restritivas do direito do consumidor devem ser interpretadas da forma menos gravosa a ele, ou seja, mais benéficas, visto não ser razoável que o segurado de plano de saúde seja desamparado quando mais precise de tratamento médico e hospitalar. Por todo o exposto, a Turma deu provimento ao recurso. Precedentes citados: REsp 1.072.308-RS, DJe 10/6/2010; REsp 1.037.759-RJ, DJe 5/3/2010; AgRg no REsp 1.059.909-SP, DJe 2/9/2010; AgRg no Ag 884.832-RJ, DJe 9/11/2010, e Ag 661.853-SP, DJ 4/4/2005. **REsp 907.655-ES, Rel. Min. Luis Felipe Salomão, julgado em 2/12/2010.** (Inform. STJ 458)

DANO MORAL COLETIVO. TELEFONIA.

A Turma entendeu que não houve impugnação do recorrente, devendo-se aplicar analogicamente a Súm. n. 283-STF, quanto aos fundamentos do aresto recorrido de que a instalação de novos postos de atendimento ao usuário de telefonia é obrigação não prevista no contrato de concessão e de que não cabe ao Poder Judiciário definir quais localidades deverão ser atendidas, por ensejar incursão ao campo discricionário da Administração Pública. No que diz respeito ao dano moral coletivo, a Turma, nessa parte, negou provimento ao recurso, pois reiterou o entendimento de que é necessária a vinculação do dano moral com a noção de dor, sofrimento psíquico e de caráter individual, incompatível, assim, com a noção de transindividualidade – indeterminabilidade do sujeito passivo, indivisibilidade da ofensa e de reparação da lesão. Precedentes citados: REsp 598.281-MG, DJ 1/6/2006, e REsp 821.891-RS, DJe 12/5/2008. **REsp 971.844-RS, Rel. Min. Teori Albino Zavascki, julgado em 3/12/2009.** (Inform. STJ 418)

ADVERTÊNCIA. GLÚTEN. DOENÇA CELÍACA.

A Turma reiterou seu entendimento de que a simples expressão "contém glúten" é insuficiente para informar os consumidores sobre os prejuízos que o produto causa aos portadores da doença celíaca e, consequentemente, torna-se necessária a advertência quanto aos eventuais malefícios que o alimento pode causar àquelas pessoas. Precedente citado: REsp 586.316-MG, DJe 19/3/2009. **REsp 722.940-MG, Rel. Min. Castro Meira, julgado em 24/11/2009.** (Inform. STJ 417)

CDC. PASSAGEM AÉREA. VISTO.

A filha presenteou sua mãe com uma viagem de ambas à Europa. Para tanto adquiriu junto à companhia aérea recorrida as passagens com destino a Londres e, de lá, a Paris. Ambas compareceram, na data aprazada, ao guichê da recorrida, no Aeroporto Internacional de São Paulo, e realizaram os procedimentos de *check-in* sem contratempo. Já em solo inglês, foram surpreendidas com a informação de que a mãe não poderia embarcar rumo à França, pois, por ser boliviana, faltava-lhe necessário visto para ingresso no território francês, o que a forçou a retornar sozinha ao Brasil, pois a filha rumou a Paris por força de compromissos profissionais, daí a ação de indenização por danos morais e materiais. É impróprio o serviço (art. 20, § 2º, do CDC) que se mostra inadequado ao fim que razoavelmente dele se espera. Essa razoabilidade está intimamente ligada ao direito de informação do consumidor (art. 6º, III, do CDC). Além de clara e precisa, a informação prestada pelo fornecedor deve conter as advertências ao consumidor a respeito dos riscos que podem eventualmente frustrar a utilização do serviço contratado. A correta prestação de informação, além de ser direito básico do consumidor, demonstra a lealdade inerente à boa-fé objetiva e constitui ponto de partida para a perfeita coincidência entre o serviço oferecido e o efetivamente prestado. Isso posto, na hipótese, caberia à companhia aérea ter-se pronunciado de forma escorreita a respeito das medidas que deveriam ser tomadas pelas passageiras para que se viabilizasse o sucesso da viagem, o que engloba não só advertências quanto ao horário de *check-in*, como também o alerta acerca da necessidade de obtenção de prévio visto de ingresso no país estrangeiro. Com esse entendimento, a Turma fixou a indenização dos danos morais em R$ 20 mil. Anote-se que o pedido de indenização por danos materiais foi tido por improcedente pelas instâncias ordinárias, decisão da qual não houve recurso. **REsp 988.595-SP, Rel. Min. Nancy Andrighi, julgado em 19/11/2009.** (Inform. STJ 416)

PROVA. ÔNUS. INVERSÃO. PÍLULAS DE FARINHA.

A Turma proveu em parte o recurso, entendendo que, no mérito, quanto às exceções à regra geral acerca da inversão do ônus da prova (art. 333 do CPC), em se tratando de relações consumeristas, o art. 6º, VIII, do CDC não tem aplicação *ope legis*, mas *ope iudicis*, a saber, cabe ao juiz redistribuir a carga probatória conforme o caso concreto, pois não basta que a relação seja regida pelo CDC, é indispensável a verossimilhança das alegações do consumidor ou sua hipossuficiência. Doutrinariamente, é cabível tal inversão do ônus da prova para facilitar sua produção por quem detém melhores condições, diante da possibilidade de o réu produzir menos penosamente eventual prova desconstitutiva do direito do autor. Questionou-se se essa inversão realizada pelo Tribunal *a quo*, efetivamente, facilitou a elucidação dos fatos narrados pela consumidora, ou se, pela impossibilidade de sua comprovação, somente cabível por presunção, como no caso, significou a automática procedência do pedido. Entretanto, dada a controvertida gravidez da autora por ineficiência do uso das chamadas "pílulas de farinha" como anticoncepcional sem o princípio ativo, não é possível a pretendida inversão do ônus da prova, mormente em apelação, já que abrange somente os fatos narrados na inicial, sem o nexo de causalidade entre os fatos e o dano sofrido. Daí descabe atribuir à recorrente, por presunção e sem a devida comprovação, a responsabilidade por toda gravidez das usuárias de seus medicamentos, ainda que eficazes, sendo inafastável a improcedência do pedido. Precedentes citados: REsp 716.386-SP, DJe 15/9/2008; REsp 707.451-SP, DJ 11/12/2006; REsp 883.612-ES, DJe 21/9/2009; AgRg no REsp 1.095.663-RJ, DJe 17/8/2009, e REsp 881.651-BA, DJ 21/5/2007. **REsp 720.930-RS, Rel. Min. Luis Felipe Salomão, julgado em 20/10/2009.** (Inform. STJ 412)

CÓDIGO. BARRAS. ETIQUETA. PREÇO.

Com a entrada em vigor da Lei n. 10.962/2004, admitem-se várias maneiras de divulgar o preço e demais informações sobre os produtos postos à venda. Essa lei, apesar de superveniente, tem influência no julgamento da causa e deve ser considerada, mesmo de ofício, pelo STJ. Dessa forma, no caso, o supermercado recorrente não é mais obrigado a colocar etiquetas individuais informativas do preço em todos os produtos que vende, visto que adota o sistema de código de barras (art. 2º, II, parágrafo único, da referida lei). Precedentes citados: REsp 663.969-RJ, DJ 2/6/2006; REsp 614.771-DF, DJ 1º/2/2006, e REsp 688.151-MG, DJ 8/8/2005. **REsp 813.626-MG, Rel. Min. Eliana Calmon, julgado em 1º/10/2009.** (Inform. STJ 409)

CDC. INVERSÃO. ÔNUS. PROVA. MOMENTO.

O recorrido adquiriu uma garrafa de refrigerante em um posto de gasolina de uma cidade interiorana. Sucede que, ao abri-la, seu olho foi atingido violentamente pela tampinha, o que lhe causou a perda quase total da visão desse olho e o impediu de ser promovido em sua carreira de policial militar. Por isso, pediu, em juízo, indenização dos danos moral e material, ao indicar o fabricante local daquela marca de refrigerante como réu. O juízo singular julgou improcedentes os pedidos sob o fundamento de que, em apertada síntese, não provara o autor que o réu era o fabricante do refrigerante causador do acidente. Porém, o Tribunal *a quo* deu provimento à apelação do ora recorrido ao fundamento de que cabia à sociedade demonstrar que não fabricava ou distribuía tal refrigerante naquela região, o que faz entender que invertera o ônus da prova no segundo grau de jurisdição. Diante disso, no REsp, o fabricante alegava, dentre outras, a violação do art. 6º, VIII, do CDC, ao afirmar que a inversão do ônus da prova é regra de instrução processual e não de julgamento, razão pela qual o Tribunal *a quo* não poderia tê-la aplicado ao julgar a apelação. Ao iniciar-se o julgamento neste Superior Tribunal, o Min. Castro Filho, valendo-se de precedentes, conheceu e deu provimento ao recurso, ao entender que essa inversão é realmente regra de instrução e determinou o retorno dos autos para que o juízo se pronunciasse a respeito do direito do recorrente de fazer a prova. Por sua vez, a Min. Nancy Andrighi, em seu voto-vista, valendo-se da lição de vários doutrinadores, inclusive estrangeiros, posicionou-se no sentido inverso, o de que a regra do art. 6º, VIII, do CDC é de julgamento. Aludiu que, após o oferecimento e a valoração da prova produzida na fase instrutória, o juiz, diante do conjunto probatório, se ainda em dúvida para julgar a demanda, pode determinar a inversão em favor do consumidor, pois não há que se falar em surpresa ao fornecedor, visto que esse tem ciência de que, em tese, haverá a inversão, além do que é ele quem dispõe do material técnico do produto, certo que o consumidor é a parte vulnerável da relação e litigante eventual. O Min. Ari Pargendler, em seu voto-vista, acompanhou integralmente a divergência ao não conhecer do especial. Já o Min. Carlos Alberto Menezes Direito, apesar de entender que a inversão deve dar-se quando da produção da prova, acompanhou a divergência apenas quanto ao resultado, ao fundamento de que o acórdão destacara tratar-se de responsabilidade objetiva. Assim, entendeu que a hipótese é de aplicação do art. 14 do CDC, de inversão legal, e, incumbida a recorrente de provar a excludente de sua responsabilidade, não cuidou de prová-la. Ao concluir o julgamento, o Min. Humberto Gomes de Barros, em seu voto-vista, acompanhou o Min. Relator. Ao final, conclui-se que a tese quanto à inversão ou não do ônus ainda pende de definição na Turma. Precedente citado: REsp 241.831-RJ, DJ 3/2/2003. **REsp 422.778-SP, Rel. originário Min. Castro Filho, Rel. para acórdão Min. Nancy Andrighi, julgado em 19/6/2007.** (Inform. STJ 324)

SÚMULA STJ Nº 407

É legítima a cobrança da tarifa de água fixada de acordo com as categorias de usuários e as faixas de consumo.

3. RESPONSABILIDADE PELO FATO DO PRODUTO OU DO SERVIÇO

DIREITO DO CONSUMIDOR. DANOS MORAIS. DEVOLUÇÃO DE CHEQUE POR MOTIVO DIVERSO.

É cabível a indenização por danos morais pela instituição financeira quando cheque apresentado fora do prazo legal e já prescrito é devolvido sob o argumento de insuficiência de fundos. Considerando que a Lei n. 7.357/1985 diz que a "a existência de fundos disponíveis é verificada no momento da apresentação do cheque para pagamento" (art. 4º, § 1º) e, paralelamente, afirma que o título deve ser apresentado para pagamento em determinado prazo (art. 33), impõe-se ao sacador (emitente), de forma implícita, a obrigação de manter provisão de fundos somente durante o prazo de apresentação do cheque. Com isso, evita-se que o sacador fique obrigado em caráter perpétuo a manter dinheiro em conta para o seu pagamento. Por outro lado, a instituição financeira não está impedida de proceder à compensação do cheque após o prazo de apresentação se houver saldo em conta. Contudo, não poderá devolvê-lo por insuficiência de fundos se a apresentação tiver ocorrido após o prazo que a lei assinalou para a prática desse ato. Ademais, de acordo com o Manual Operacional da Compe (Centralizadora da Compensação de Cheques), o cheque deve ser devolvido pelo "motivo 11" quando, em primeira apresentação, não tiver fundos e, pelo "motivo 12", quando não tiver fundos em segunda apresentação. Dito isso, é preciso acrescentar que só será possível afirmar que o cheque foi devolvido por falta de fundos quando ele podia ser validamente apresentado. No mesmo passo, vale destacar que o referido Manual estabelece que o cheque sem fundos [motivos 11 e 12] somente pode ser devolvido pelo motivo correspondente. Diante disso, se a instituição financeira fundamentou a devolução de cheque em insuficiência de fundos, mas o motivo era outro, resta configurada uma clara hipótese de defeito na prestação do serviço bancário, visto que o banco recorrido não atendeu a regramento administrativo baixado de forma cogente pelo órgão regulador; configura-se, portanto, sua responsabilidade objetiva pelos danos deflagrados ao consumidor, nos termos do art. 14 da Lei n. 8.078/1990. Tal conclusão é reforçada quando, além de o cheque ter sido apresentado fora do prazo, ainda se consumou a prescrição. **REsp 1.297.353-SP, Rel. Min. Sidnei Beneti, julgado em 16/10/2012.(Inform. STJ 507)**

RESPONSABILIDADE CIVIL. GESTOR DO FUNDO DERIVATIVO.

A responsabilidade civil não pode ser imputada ao gestor do fundo derivativo (recorrente); pois, ainda que o CDC seja aplicável à relação jurídica estabelecida entre ele e o investidor (Súm. n. 297-STJ), não se pode falar em ofensa ao direito à informação (CDC, art. 8º), em publicidade enganosa (CDC, art. 37, § 1º) ou em defeito na prestação do serviço por parte do gestor de negócios (CDC, art. 14, § 1º, II). *In casu*, o recorrido é investidor habitual e experiente (analista financeiro), tendo ciência dos riscos e oscilações de investimento dessa natureza. Ademais, não se pode alegar defeito na prestação do serviço pelo gestor de negócios porque, embora remunerado pelo investidor (consumidor) para providenciar as aplicações mais rentáveis, não assumiu obrigação de resultado, vinculando-se a lucro certo, mas obrigação de meio, de bem gerir o investimento, visando à tentativa máxima de obtenção de lucro. Por outro lado, os fundos derivativos são investimentos agressivos, com alto risco, podendo proporcionar ganhos relevantes, mas também perdas substanciais. Dessarte, sendo a perda do investimento um risco que pode, razoavelmente, ser esperado pelo investidor desse tipo de fundo, não se pode alegar defeito no serviço, sem que haja culpa por parte do gestor do fundo. Também, não há como presumir má gestão do fundo, gestão fraudulenta ou propaganda enganosa, mormente quando as instituições financeiras são fiscalizadas pelo Bacen, inexistindo indícios de que tenham descumprido normas e obrigações estipuladas. Os prejuízos havidos devem ser atribuídos à desvalorização cambial efetivada pelo Governo Federal em janeiro de 1999, bem assim ao alto grau de risco ínsito às aplicações em fundos de investimento derivativo. Assim, concluiu-se que a desvalorização da moeda naquela época é evento equiparável a caso fortuito e força maior, que foge ao alcance do recorrente. Precedentes citados: REsp 1.003.893-RJ, DJe 8/9/2010; REsp 343.617-GO, DJ 16/9/2002, e RMS 15.154-PE, DJ 2/12/2002. **REsp 799.241-RJ, Rel. Min. Raul Araújo, julgado em 14/8/2012.(Inform. STJ 502)**

INTERNET. PROVEDOR DE PESQUISA. FILTRAGEM PRÉVIA. RESTRIÇÃO DOS RESULTADOS. DIREITO À INFORMAÇÃO.

A filtragem do conteúdo das pesquisas feitas por cada usuário não constitui atividade intrínseca ao serviço prestado pelos provedores de pesquisa, de modo que não se pode reputar defeituoso, nos termos do art. 14 do CDC, o *site* que não exerce esse controle sobre os resultados das buscas. Assim,

não é possível, sob o pretexto de dificultar a propagação de conteúdo ilícito ou ofensivo na *web*, reprimir o direito da coletividade à informação. Isso porque os provedores de pesquisa não podem ser obrigados a eliminar do seu sistema os resultados derivados da busca de determinado termo ou expressão, tampouco os resultados que apontem para uma foto ou texto específico, independentemente da indicação do URL da página onde este estiver inserido. Os provedores de pesquisa realizam suas buscas dentro de um universo virtual, cujo acesso é público e irrestrito, ou seja, seu papel restringe-se à identificação de páginas na *web* onde determinado dado ou informação, ainda que ilícito, estão sendo livremente veiculados. Dessa forma, ainda que seus mecanismos de busca facilitem o acesso e a consequente divulgação de páginas cujo conteúdo seja potencialmente ilegal, fato é que essas páginas são públicas e compõem a rede mundial de computadores e, por isso, aparecem no resultado dos *sites* de pesquisa. Além disso, sopesados os direitos envolvidos e o risco potencial de violação de cada um deles, deve sobrepor-se a garantia da liberdade de informação assegurada pelo art. 220, § 1º, da CF, sobretudo considerando que a *internet* representa importante veículo de comunicação social de massa. E, uma vez preenchidos os requisitos indispensáveis à exclusão da *web* de uma determinada página virtual sob a alegação de veicular conteúdo ilícito ou ofensivo – notadamente a identificação do URL dessa página –, a vítima carecerá de interesse de agir contra o provedor de pesquisa, por absoluta falta de utilidade da jurisdição. Se a vítima identificou, via URL, o autor do ato ilícito, não tem motivo para demandar contra aquele que apenas facilita o acesso a esse ato que, até então, encontra-se publicamente disponível na rede para divulgação. **REsp 1.316.921-RJ, Rel. Min. Nancy Andrighi, julgado em 26/6/2012.(Inform. STJ 500)**

QO. PEDIDO DE DESISTÊNCIA. INTERESSE COLETIVO. DANO MORAL. PROVEDOR DE CONTEÚDO.

Em questão de ordem, a Turma indeferiu o pedido de desistência, reconhecendo o interesse da coletividade na uniformização do entendimento sobre o tema. Assim, o pedido de desistência pode ser indeferido com fundamento na natureza nacional da jurisdição do STJ – orientadora da interpretação da legislação infraconstitucional – e na repercussão da tese adotada pelo Tribunal para toda a coletividade. No mérito, a Turma reconheceu a responsabilidade civil do provedor de conteúdo por dano moral na situação em que deixa de retirar material ofensivo da rede social de relacionamento via internet, mesmo depois de notificado pelo prejudicado. A Min. Relatora registrou que os serviços prestados por provedores de conteúdo, mesmo gratuitos para o usuário, estão submetidos às regras do CDC. Consignou, ainda, que esses provedores não respondem objetivamente pela inserção no *site*, por terceiros, de informações ilegais. Além disso, em razão do direito à inviolabilidade de correspondência (art. 5º, XII, da CF), bem como das limitações operacionais, os provedores não podem ser obrigados a exercer um controle prévio do conteúdo das informações postadas por seus usuários. A inexistência do controle prévio, contudo, não exime o provedor do dever de retirar imediatamente o conteúdo ofensivo assim que tiver conhecimento inequívoco da existência desses dados. Por último, o provedor deve manter sistema minimamente eficaz de identificação dos usuários, cuja efetividade será avaliada caso a caso. **REsp 1.308.830-RS, Rel. Min. Nancy Andrighi, julgado em 8/5/2012. (Inform. STJ 497)**

PRAZO PRESCRICIONAL. SEGURO. RESTITUIÇÃO. CONTRATO DE CORRETAGEM.

O prazo prescricional para corretora e administradora de seguros exigir da seguradora a restituição de valor pago à segurada em razão de sinistro é vintenário (art. 177 do CC/1916). É que, na espécie, além da relação de consumo entre o segurado e a seguradora, há também a relação jurídica firmada entre o corretor e a seguradora (decorrente do contrato de corretagem ou intermediação), em vínculo de caráter pessoal, a qual pode atrair a responsabilidade solidária daquele que intermediou o negócio perante o consumidor. Nessa hipótese, devido à atuação ostensiva do corretor como representante da seguradora, forma-se uma cadeia de fornecimento que torna solidários seus integrantes (arts. 14 e 18 do CDC). Assim, como o pagamento da corretora ocorreu em virtude da obrigação solidária existente entre ela e a seguradora, e não da relação exclusiva entre a seguradora e o segurado, o prazo prescricional aplicado à hipótese é o vintenário, sendo ainda possível a cobrança de quota do corretor referente ao valor pago à segurada nos termos do art. 913 do CC/1916, vigente à época dos fatos e do ajuizamento da ação. Com essas e outras considerações, a Turma deu parcial provimento ao recurso a fim de afastar a prescrição ânua e determinar o retorno dos autos ao tribunal de origem para que prossiga o julgamento da ação. **REsp 658.938-RJ, Rel. Min. Raul Araújo, julgado em 15/5/2012. (Inform. STJ 497)**

CDC. SEGURO AUTOMOTIVO. OFICINA CREDENCIADA. DANOS MATERIAIS E MORAIS.

A Turma, aplicando o Código de Defesa do Consumidor, decidiu que a seguradora tem responsabilidade objetiva e solidária pela qualidade dos serviços executados no automóvel do consumidor por oficina que indicou ou credenciou. Ao fazer tal indicação, a seguradora, como fornecedora de serviços, amplia a sua responsabilidade aos consertos realizados pela oficina credenciada. Quanto aos danos morais, a Turma entendeu que o simples inadimplemento contratual, má qualidade na prestação do serviço, não gera, em regra, danos morais por caracterizar mero aborrecimento, dissabor, envolvendo controvérsia possível de surgir em qualquer relação negocial, sendo fato comum e previsível na vida social, embora não desejável nos negócios contratados. Precedentes citados: REsp 723.729-RJ, DJ 30/10/2006, e REsp 1.129.881-RJ, DJe 19/12/2011. **REsp 827.833-MG, Rel. Min. Raul Araújo, julgado em 24/4/2012. (Inform. STJ 496)**

CIRURGIA ESTÉTICA. DANOS MORAIS.

Nos procedimentos cirúrgicos estéticos, a responsabilidade do médico é subjetiva com presunção de culpa. Esse é o entendimento da Turma que, ao não conhecer do apelo especial, manteve a condenação do recorrente – médico – pelos danos morais causados ao paciente. Inicialmente, destacou-se a vasta jurisprudência desta Corte no sentido de que é de resultado a obrigação nas cirurgias estéticas, comprometendo-se o profissional com o efeito embelezador prometido. Em seguida, sustentou-se que, conquanto a obrigação seja de resultado, a responsabilidade do médico permanece subjetiva, com inversão do ônus da prova, cabendo-lhe comprovar que os danos suportados pelo paciente advieram de fatores externos e alheios a sua atuação profissional. Vale dizer, a presunção de culpa do cirurgião por insucesso na cirurgia plástica pode ser afastada mediante prova contundente de ocorrência de fator imponderável, apto a eximi-lo do dever de indenizar. Considerou-se, ainda, que, apesar de não estarem expressamente previstos no CDC o caso fortuito e a força maior, eles podem ser invocados como causas excludentes de responsabilidade dos fornecedores de serviços. No caso, o tribunal *a quo*, amparado nos elementos fático-probatórios contidos nos autos, concluiu que o paciente não foi advertido dos riscos da cirurgia e também o médico não logrou êxito em provar a ocorrência do fortuito. Assim, rever os fundamentos do acórdão recorrido importaria necessariamente no reexame de provas, o que é defeso nesta fase recursal ante a incidência da Súm. n. 7/STJ. **REsp 985.888-SP, Min. Luis Felipe Salomão, julgado em 16/2/2012. (Inform. STJ 491)**

RESPONSABILIDADE CIVIL. ACIDENTE AÉREO. PRESCRIÇÃO. CONFLITO ENTRE O CBA E O CDC

In casu, busca-se saber qual o prazo de prescrição aplicável à pretensão daquele que alegadamente experimentou danos morais em razão de acidente aéreo ocorrido nas cercanias de sua residência. Em 2003, a recorrida ajuizou ação objetivando indenização por danos morais contra a companhia aérea ora recorrente, noticiando que, em 1996, o avião de propriedade desta caiu a poucos metros de sua casa. Alegou que o acidente acarretou-lhe incapacidade para continuar trabalhando em seus afazeres domésticos durante longo período, em razão do abalo psicológico gerado pelo acidente. O juízo singular julgou extinto o feito com resolução de mérito, ante o reconhecimento da prescrição, aplicando ao caso o prazo bienal previsto no art. 317, II, do Código Brasileiro de Aeronáutica (CBA). O tribunal de justiça aplicou a prescrição vintenária prevista no CC/1916, anulando a sentença e determinando novo julgamento. Sobreveio o REsp, no qual sustenta a recorrente, em síntese, omissão no acórdão recorrido e prescrição da pretensão indenizatória do autor, seja pela aplicação do prazo bienal previsto no CBA seja pela aplicação quinquenal prevista no CDC. A Turma entendeu que não se aplica o prazo geral prescricional do CC/1996, por existirem leis específicas a regular o caso, entendimento sufragado no REsp 489.895-SP. Apesar de o terceiro – vítima do acidente aéreo – e o transportador serem, respectivamente, consumidor por equiparação e fornecedor, o fato é que o CDC não é o único diploma a disciplinar a responsabilidade do transportador por danos causados pelo serviço prestado. O CBA disciplina também o transporte aéreo e confere especial atenção à responsabilidade civil do transportador por dano tanto a passageiros quanto a terceiros na superfície. Não obstante isso, para além da utilização de métodos clássicos para dirimir conflitos aparentes entre normas, busca-se a força normativa dada a cada norma pelo ordenamento constitucional vigente, para afirmar que a aplicação de determinada lei – e não de outra – ao caso concreto é a solução que melhor realiza as diretrizes insculpidas na lei fundamental. Por essa ótica hierarquicamente superior aos métodos hermenêuticos comuns, o conflito entre o CDC e o CBA – que é anterior à CF/88 e, por isso mesmo, não se harmoniza em diversos aspectos com a diretriz constitucional protetiva do consumidor – deve ser solucionado com prevalência daquele (CDC), porquanto é a norma que melhor materializa as perspectivas do constituinte no seu desígnio de conferir especial proteção ao polo hipossuficiente da relação consumerista. Assim, as vítimas de acidentes aéreos localizadas em superfície são consumidores por equiparação (*bystanders*), devendo ser a elas estendidas as normas do art. 17 do CDC, relativas a danos por fato do serviço. De qualquer modo, no caso em julgamento, a pretensão da autora está mesmo fulminada pela prescrição, ainda que se aplique o CDC em detrimento do CBA. É que os danos alegadamente suportados pela autora ocorreram em outubro de 1996, tendo sido a ação ajuizada somente em maio de 2003, depois de escoado o prazo de cinco anos a que se refere o art. 27 do CDC. Diante dessa e de outras considerações a Turma deu provimento ao recurso. Precedente citado: REsp 489.895-SP, DJe 23/4/2010. **REsp 1.281.090-SP, Rel. Min. Luis Felipe Salomão, julgado em 7/2/2012. (Inform. STJ 490)**

PRESCRIÇÃO. REPETIÇÃO. INDÉBITO. DISCIPLINA NÃO CURSADA. ENSINO SUPERIOR.

A Turma entendeu que a prescrição da ação de repetição de indébito referente ao valor pago por disciplina que não foi ministrada pela instituição de ensino superior é de três anos, de acordo com o art. 206, § 3º, IV, do CC/2002. A Min. Relatora, ao afastar a aplicação do art. 27 do CDC, afirmou que o caso é de pretensão de ressarcimento por enriquecimento sem causa, pois não teria sido prestado o serviço pago, e não de falha na prestação do serviço contratado, situação na qual seria aplicado o dispositivo da legislação consumerista. Ultrapassada a questão sobre qual seria o lapso prescricional, considerando a data inicial da contagem do prazo a colação de grau (ocorrida em julho de 2000), a Turma aplicou a regra de transição do art. 2.028 do CC/2002 para reconhecer o reinício do prazo a partir da vigência do novo Código Civil, bem como a ocorrência da prescrição da pretensão de repetição do indébito. **REsp 1.238.737-SC, Rel. Min. Nancy Andrighi, julgado em 8/11/2011.** (Inform. STJ 487)

TRATAMENTO ORTODÔNTICO. INDENIZAÇÃO.

Cinge-se a questão em saber se o ortodontista se obriga a alcançar o resultado estético e funcional, conforme pactuação firmada com o paciente e, neste caso, se é necessária a comprovação de sua culpa, ou se basta que fique demonstrado não ter sido atingido o objetivo avençado. No caso, a recorrida contratou os serviços do recorrente para a realização de tratamento ortodôntico, objetivando corrigir o desalinhamento de sua arcada dentária e problema de mordida cruzada. Entretanto, em razão do tratamento inadequado a que foi submetida, pois o profissional descumpriu o resultado prometido além de extrair-lhe dois dentes sadios cuja falta veio a lhe causar perda óssea, a recorrida ajuizou ação de indenização cumulada com ressarcimento de valores. Nesse contexto, o Min. Relator destacou que, embora as obrigações contratuais dos profissionais liberais, na maioria das vezes, sejam consideradas como de meio, sendo suficiente que o profissional atue com a diligência e técnica necessárias para obter o resultado esperado, há hipóteses em que o compromisso é com o resultado, tornando-se necessário o alcance do objetivo almejado para que se possa considerar cumprido o contrato. Nesse sentido, ressaltou que, nos procedimentos odontológicos, sobretudo os ortodônticos, os profissionais especializados nessa área, em regra, comprometem-se pelo resultado, visto que os objetivos relativos aos tratamentos de cunho estético e funcional podem ser atingidos com previsibilidade. *In casu*, consoante as instâncias ordinárias, a recorrida demonstrou que o profissional contratado não alcançou o objetivo prometido, esperado e contratado, pois o tratamento foi equivocado e causou-lhe danos físicos e estéticos, tanto que os dentes extraídos terão que ser recolocados. Assim, como no caso cuidou-se de obrigação de resultado, em que há presunção de culpa do profissional com a consequente inversão do ônus da prova, caberia ao réu demonstrar que não agiu com negligência, imprudência ou imperícia, ou mesmo que o insucesso se deu em decorrência de culpa exclusiva da paciente, o que não se efetuou na espécie, a confirmar a devida responsabilização imposta. Ademais, consignou-se que, mesmo que se tratasse de obrigação de meio, o recorrente, segundo as instâncias ordinárias, teria faltado com o dever de cuidado e de emprego da técnica adequada, o que imporia igualmente a sua responsabilidade. Com essas, entre outras considerações, a Turma negou provimento ao recurso. Precedente citado: REsp 236.708-MG, DJe 18/5/2009. **REsp 1.238.746-MS, Rel. Min. Luis Felipe Salomão, julgado em 18/10/2011.** (Inform. STJ 485)

CONSUMIDOR. EXTRAVIO. CARTÃO DE CRÉDITO.

A *quaestio iuris* consiste em determinar os limites da responsabilidade do titular e do banco pelo extravio de cartão de crédito. Na hipótese, o recorrente propôs, na origem, ação declaratória de inexistência parcial de débito cumulada com consignação em pagamento contra instituição financeira. O recorrente era titular de cartão de crédito disponibilizado pela recorrida (instituição financeira) tendo o utilizado pela última vez em 10/1/2004, para efetuar compra em loja de roupas. Cinco dias depois, tentou utilizar o cartão novamente, desta vez para aquisição de passagem aérea, momento em que constatou estar na posse de cartão de terceiro, inferindo que a troca só poderia ter ocorrido na loja de roupas. O recorrente afirma ter entrado em contato imediatamente com o banco recorrido, tendo sido informado de que seu cartão havia sido utilizado para compras no valor total de R$ 1.450,00. Alegou ter mantido entendimentos com a instituição financeira visando o cancelamento desses débitos, porém sem êxito, não lhe restando alternativa senão a adoção da via judicial. O tribunal *a quo* julgou improcedente o pedido para afastar a responsabilidade do banco recorrido pelo extravio do cartão de crédito, por entender que caberia ao titular guardá-lo de forma segura e, inclusive, checar se a loja, após o pagamento, o devolveu corretamente, acrescentando que somente seria possível responsabilizar a instituição financeira se tivessem ocorrido débitos após a comunicação de extravio. Quanto ao fato de a assinatura lançada no canhoto de compra não corresponder àquela existente no cartão, o tribunal *a quo* entendeu não ser possível responsabilizar solidariamente a instituição financeira, pois o procedimento de conferência seria uma obrigação exclusiva da loja. Inicialmente, a Min. Relatora observou que a melhor exegese dos arts. 14 e 18 do CDC indica que todos aqueles que participam da introdução do produto ou serviço no mercado devem responder solidariamente por eventual defeito ou vício, isto é, imputa-se a toda a cadeia de fornecimento a responsabilidade pela garantia de qualidade e adequação. No sistema do CDC, fica a critério do consumidor a escolha dos fornecedores solidários que irão integrar o polo passivo da ação. Poderá exercitar sua pretensão contra todos ou apenas contra alguns desses fornecedores, conforme sua comodidade e/ou conveniência. Dessa forma, não subsiste o argumento do tribunal *a quo*, de que somente a loja poderia ser responsabilizada pela falha na prestação do serviço. Ainda que a conferência da assinatura aposta no canhoto de compra seja uma obrigação imputável diretamente à loja, qualquer fornecedor que integre a cadeia de fornecimento do serviço pode ser demando por prejuízos decorrentes da inobservância deste procedimento de segurança. E que a circunstância de o uso irregular do cartão ter-se dado antes do titular comunicar o extravio não tem o condão de afastar a responsabilidade da instituição financeira, pois o aviso tardio de perda não pode ser considerado um fator decisivo no uso irregular do cartão. Até porque, independentemente da comunicação, se o fornecedor cumprisse sua obrigação de conferir a assinatura do titular no ato de utilização do cartão, a transação não teria sido concretizada. Concluiu que, conforme precedentes deste Superior Tribunal, são nulas as cláusulas contratuais que impõem exclusivamente ao consumidor a responsabilidade por compras realizadas com cartão de crédito furtado ou roubado, até o momento da comunicação do furto à administradora. Diante desses argumentos, entre outros, a Turma deu provimento ao recurso. Precedentes citados: REsp 348.343-SP, DJ 26/6/2006, e REsp 970.322-RJ, DJe 19/3/2010. **REsp 1.058.221-PR, Rel. Min. Nancy Andrighi, julgado em 4/10/2011.** (Inform. STJ 484)

INDENIZAÇÃO. SERVIÇO. PACOTE TURÍSTICO.

Trata-se, na origem, de ação de indenização por danos materiais e morais contra empresa de turismo, uma vez que os autores-recorrentes sofreram transtornos e aborrecimentos durante viagem internacional, face ao não cumprimento de termos do contrato de pacote turístico para assistir a Copa do Mundo de Futebol realizada na França. O tribunal *a quo* afastou a responsabilidade objetiva do fornecedor do serviço ao entender que haveria culpa exclusiva de terceiro quanto ao fornecimento dos ingressos para o jogo inaugural da seleção brasileira de futebol e, quanto aos demais fatos narrados na inicial, não caracterizariam dano moral, mas simples aborrecimentos, desconfortos insuscetíveis de indenização. Segundo as instâncias ordinárias, a recorrida deixou os recorrentes sem assistência e tendo que adotar providências eles próprios quando ocorreram transtornos na parte aérea do pacote em razão de greve dos aeroviários. Também houve mudança de itinerários e hospedagem em hotel de categoria inferior à contratada. A Turma, entre outras questões, assentou que a jurisprudência do Superior Tribunal é no sentido de que a agência de turismo que comercializa pacotes de viagem responde solidariamente, nos termos do art. 14, § 3º, II, do CDC, pelos defeitos na prestação dos serviços que integram o pacote. Assim, inquestionável o dano moral sofrido pelos autores recorrentes. A perda do jogo inaugural da seleção brasileira de futebol no

referido torneio, a mudança unilateral de roteiro, com troca de cidades e a hospedagem em hotéis de categoria inferior ao contratado – sendo os autores acomodados em hotel de beira de estrada – são circunstâncias que evidenciam a má prestação do serviço, situações que não se restringem a um simples aborrecimento de viagem, configurando, sim, um abalo psicológico ensejador de dano moral. Daí a Turma conheceu do recurso e deu-lhe parcial provimento para reconhecer a ocorrência de dano moral, fixando o valor de R$ 20.000,00 para cada um dos autores, com correção monetária e juros de mora incidindo a partir da data de julgamento neste Superior Tribunal, vencido parcialmente o Min. Luis Felipe Salomão, que fixava os juros a partir da citação. **REsp 888.751-BA, Rel. Min. Raul Araújo, julgado em 27/9/2011.** (Inform. STJ 484)

INDENIZAÇÃO. SOLIDARIEDADE. CONCESSIONÁRIA. FABRICANTE. VEÍCULO.

Noticiam os autos que a recorrente adquiriu veículo na concessionária representante de fábrica de automóveis, entretanto a aquisição não se consumou, tendo a concessionária deixado de funcionar e de entregar o veículo. O tribunal de origem deu provimento à apelação da fabricante, ora recorrida, e reformou a sentença por não reconhecer a responsabilidade solidária entre ela e a concessionária. Nesse contexto, conforme precedentes deste Superior Tribunal, é impossível afastar a solidariedade entre a fabricante e a concessionária, podendo ser a demanda ajuizada contra qualquer uma das coobrigadas, como no caso. Contudo, a existência de solidariedade não impede ser apurado o nexo de causalidade entre as condutas dos supostos responsáveis para concluir pela responsabilização de um só. Precedente citado: REsp 402.356-MA, DJ 23/6/2003. **REsp 1.155.730-SP, Rel. Min. Sidnei Beneti, julgado em 16/8/2011 (ver Informativo n. 452).** (Inform. STJ 481)

ERRO MÉDICO. INDENIZAÇÃO. DANOS MORAIS E MATERIAIS.

Trata-se, na origem, de ação movida pela ora recorrida (vítima) contra o ora interessado (hospital) postulando indenização por danos morais e materiais. A alegação central na ação é a ocorrência de suposto erro médico que teria ensejado o retardamento do parto da recorrida, causando-lhe lesões corporais, bem como encefalopatia hipóxica isquêmica em sua filha recém-nascida, ante a prolongada privação de oxigênio que provocou gravíssima lesão cerebral, tida por irreversível, fazendo com que a menor dependa de cuidados médicos especializados por toda a vida. Citado, o hospital apresentou contestação, denunciando à lide o médico responsável, o ora recorrente. A sentença julgou procedente a ação para condenar o hospital ao pagamento de indenização por danos morais no importe de 100 salários mínimos, além de danos físicos (materiais) no mesmo valor e de pensão mensal vitalícia para a recorrida e sua filha, no importe de um salário mínimo para cada uma. Julgou, ainda, procedente a denunciação da lide para condenar solidariamente o recorrente ao pagamento de indenização por danos morais no montante de 150 salários mínimos, além de danos físicos (materiais) no mesmo valor e de pensão mensal vitalícia para a recorrida e sua filha no importe de um salário mínimo para cada uma. O tribunal *a quo* manteve a decisão. O ora recorrente interpôs recurso especial, inadmitido pelo tribunal *a quo,* decisão objeto do agravo de instrumento provido pelo Min. Relator. No REsp, o recorrente, em síntese, alega negativa de vigência dos arts. 2º e 3º do CDC; 159 do CC/1916; 113, § 2º, 128, 131, 267, § 3º, 301, § 4º, 458, II, e 460 do CPC. Assevera o Min. Relator que a existência de resolução do tribunal de justiça que expressamente atribuiu ao juízo cível a competência para processar e julgar os litígios decorrentes das relações de consumo torna prejudicada a arguição de nulidade por incompetência absoluta. E que, aceita a denunciação da lide e apresentada a contestação quanto ao mérito da causa, o recorrente assume a condição de litisconsorte do réu, podendo, por conseguinte, ser condenado, direta e solidariamente com aquele, na mesma sentença, ao pagamento da indenização. O valor da indenização por dano moral somente pode ser revisto na instância especial nos casos de flagrante caráter irrisório ou exorbitante, o que não ocorre na hipótese. Finalmente, em relação à quantificação dos danos materiais e da pensão vitalícia, as conclusões a que chegaram as instâncias ordinárias pautaram-se em elementos fático-probatórios, cuja revisão é inviável nesta instância (Súm. n. 7-STJ). **REsp 1.195.656-BA. Rel. Min. Massami Uyeda, julgado em 16/8/2011.** (Inform. STJ 481)

PÓS-GRADUAÇÃO. CREDENCIAMENTO. MEC. AÇÃO INDENIZATÓRIA. PRESCRIÇÃO.

In casu, a universidade recorrente foi condenada, na origem, a indenizar os danos morais e materiais advindos da quebra da boa-fé objetiva ante o descumprimento do dever de informar que o curso de pós-graduação *lato sensu* a distância por ela ministrado e concluído pelas recorridas não era credenciado pelo MEC e tinha sua validade questionada em juízo. Nesse contexto, a Turma, entre outras questões, negou provimento ao recurso especial por entender que a hipótese dos autos atrai o prazo prescricional de cinco anos nos termos do art. 27 do CDC, por se tratar de ação indenizatória decorrente do inadimplemento absoluto da obrigação do fornecedor de produtos ou serviços. Precedente citado: REsp 773.994-MG, DJ 18/6/2007. **REsp 1.076.496-AL, Rel. Min. Massami Uyeda, julgado em 2/6/2011.** (Inform. STJ 475)

DANO MORAL. CONSUMIDOR. ALIMENTO. INGESTÃO. INSETO.

Trata-se de REsp em que a controvérsia reside em determinar a responsabilidade da recorrente pelos danos morais alegados pelo recorrido, que afirma ter encontrado uma barata no interior da lata de leite condensado por ela fabricado, bem como em verificar se tal fato é capaz de gerar abalo psicológico indenizável. A Turma entendeu, entre outras questões, ser incontroverso, conforme os autos, que havia uma barata dentro da lata de leite condensado adquirida pelo recorrido, já que o recipiente foi aberto na presença de testemunhas, funcionários do Procon, e o laudo pericial permite concluir que a barata não entrou espontaneamente pelos furos abertos na lata, tampouco foi através deles introduzida, não havendo, portanto, ofensa ao art. 12, § 3º, do CDC, notadamente porque não comprovada a existência de culpa exclusiva do recorrido, permanecendo hígida a responsabilidade objetiva da sociedade empresária fornecedora, ora recorrente. Por outro lado, consignou-se que a indenização de R$ 15 mil fixada pelo tribunal *a quo* não se mostra exorbitante. Considerou-se a sensação de náusea, asco e repugnância que acomete aquele que descobre ter ingerido alimento contaminado por um inseto morto, sobretudo uma barata, artrópode notadamente sujo, que vive nos esgotos e traz consigo o risco de inúmeras doenças. Note-se que, de acordo com a sentença, o recorrente já havia consumido parte do leite condensado, quando, por uma das pequenas aberturas feitas para sorver o produto chupando da própria lata, observou algo estranho saindo de uma delas, ou seja, houve contato direto com o inseto, o que aumenta a sensação de mal-estar. Além disso, não há dúvida de que essa sensação se protrai no tempo, causando incômodo durante longo período, vindo à tona sempre que se alimenta, em especial do produto que originou o problema, interferindo profundamente no cotidiano da pessoa. **REsp 1.239.060-MG, Rel. Min. Nancy Andrighi, julgado em 10/5/2011.** (Inform. STJ 472)

INDENIZAÇÃO. ERRO MÉDICO. RESPONSABILIDADE OBJETIVA. HOSPITAL.

Trata-se, na origem, de ação movida pelo ora recorrente, cônjuge da vítima falecida, contra a clínica, ora recorrida, fornecedora de serviços médico-hospitalares, postulando indenização por danos materiais e morais. A alegação central na ação, como causa de pedir, é a ocorrência de defeito na prestação de serviços consistente em sucessivos erros e omissões dos médicos prepostos da clínica por um período de quase dois meses, não chegando ao diagnóstico correto da doença de que era acometida a paciente, o que culminou em seu óbito. Em primeiro grau, foi indeferida a denunciação da lide dos médicos prepostos e deferida a inversão do ônus da prova, com base no art. 6º, VIII, do CDC. A recorrida interpôs agravo de instrumento ao qual foi dado parcial provimento pelo tribunal *a quo*, mantendo o indeferimento da denunciação da lide no caso dos médicos, mas afastando a inversão do ônus da prova com fundamento na regra do § 4º do art. 14 do mesmo diploma legal, por reconhecer como subjetiva a responsabilidade civil da demandada. No REsp, o recorrente pretende a aplicação da regra do § 3º do mencionado artigo e, consequentemente, o restabelecimento da sentença. Portanto, a questão centra-se em definir o regime jurídico aplicável à responsabilidade civil da clínica recorrida pelos atos praticados pelos seus prepostos que culminaram na morte da paciente, esposa do recorrente. A Turma deu provimento ao recurso por entender que a regra geral do CDC para a responsabilidade pelo fato do serviço, traçada pelo *caput* do seu art. 14, é que se trata de responsabilidade objetiva, ou seja, independente de culpa do fornecedor, como consignado no próprio enunciado normativo. Observou-se que a incidência da regra de exceção do § 4º do art. 14 do CDC restringe-se à responsabilidade civil dos profissionais liberais, não se estendendo aos demais fornecedores, inclusive aos hospitais e clínicas médicas, a quem se aplica a regra geral da responsabilidade objetiva, dispensando a comprovação de culpa. Desse modo, na hipótese, o ônus da prova da inexistência de defeito na prestação do serviço, por imposição do próprio legislador, é da clínica recorrida, que, no entanto, poderá excluir a sua responsabilidade civil mediante a comprovação de que inexistiu defeito na prestação de serviço, demonstrando ter adimplido corretamente as suas obrigações em relação à paciente falecida. Ressaltou-se que não havia necessidade sequer de ser determinada, como fez o magistrado de primeiro grau, a inversão do ônus da prova com base no art. 6º, VIII, do CDC, pois essa inversão já fora feita pelo próprio legislador ao estatuir o § 3º do art. 14 do mesmo *codex*. Trata-se da distinção respectivamente entre a inversão *ope judicis* e a operada diretamente pela própria lei (*ope legis*). Assim, entendeu-se ter o acórdão recorrido violado texto expresso em lei, pois a responsabilidade da clínica é objetiva (independentemente da culpa de seus prepostos no evento), sendo dela o ônus da prova da inexistência de defeito na prestação dos serviços médicos. Precedente citado: REsp 696.284-RJ, DJe 18/12/2009. **REsp 986.648-PR, Rel. Min. Paulo de Tarso Sanseverino, julgado em 10/5/2011 (ver Informativo n. 418).** (Inform. STJ 472)

RESPONSABILIDADE CIVIL. BANCO. CHEQUES. ENDOSSO.

De acordo com o TJ, a empresa realizou quatro operações bancárias de aplicação financeira: duas mediante cheques TB (transferência bancária de valores) e duas mediante cheques administrativos, mas depois não pôde resgatar as aplicações. Os prejuízos suportados pela recorrida foram expressamente mencionados no acórdão recorrido a partir das provas dos autos, totalizando o desfalque no valor de R$1.500.000 desviados pelos bancos recorrentes para a conta de terceiro. A subtração deu-se em endossos apostos nos cheques, sacados em dois dos bancos envolvidos e depositados em um terceiro banco, tendo sido devidamente compensados. Também ficou claro que, apesar da suposta participação na fraude de prepostos, de ambas as partes, a causa principal do evento danoso foi a desídia dos bancos no desconto e na compensação dos cheques, aliada à informação, prestada por um dos bancos envolvidos, de que os valores tinham sido aplicados, impedindo a recorrida de evitar o desvio do numerário. Nessa específica hipótese, os serviços prestados pelos bancos recorrentes e utilizados pela recorrida denotam claramente a existência de relação de consumo, sendo aplicável ao caso o CDC, nos termos da Súm. n. 297-STJ. No que diz respeito à hipossuficiência, como se trata de empresa de equipamentos de informática, sua condição não tem posição de igualdade em relação aos bancos. Além disso, encontra-se pacificado, neste Superior Tribunal, o entendimento de que o art. 2º do CDC abarca expressamente a possibilidade de as pessoas jurídicas figurarem como consumidores, sendo relevante saber se a pessoa, física ou jurídica, é destinatária final do produto ou serviço. Assim, a responsabilidade objetiva prevista no art. 14 do CDC é perfeitamente aplicável à hipótese dos autos. Também é indiscutível que o desvio de valores envolveu a prestação defeituosa de serviços bancários, obrigando os fornecedores a responder, independentemente da existência de culpa, pela reparação dos danos causados ao consumidor. Logo, a responsabilidade deve ser apurada a partir da existência de atos comissivos ou omissivos legítimos das partes que tenham concorrido, ainda que indiretamente, para o desfalque, nos termos do art. 159 do CC/1916. Destarte, o endosso dos cheques que deram suporte ao desvio dos valores não pode ser tido como ato legítimo da recorrida. Nesse aspecto, o tribunal *a quo* registrou o cuidado adotado pela recorrida para que os cheques por ela emitidos fossem subscritos por duas pessoas, o que foi informado aos bancos recorrentes. No entanto, eles não demonstraram igual cautela, tendo conferido a seus prepostos poderes suficientes para praticar atos que resultaram em prejuízo para sua correntista. Dessa forma, não se pode cogitar a ilegitimidade nos atos praticados pelos bancos, por intermédio de seus prepostos, visto que eles agiram dentro dos limites dos poderes que lhes foram outorgados, caracterizando, na realidade, culpa por fato de terceiro, prevista no art. 1.521 do CC/1916, que consagra as culpas *in eligendo* e *in vigilando*. Em razão de a recorrida confiar o depósito de dinheiro aos cuidados desses bancos, formalizaram-se contratos equiparados aos de mútuo, nos quais, de acordo com o art. 1.257 do CC/1916, transfere-se o domínio da coisa emprestada ao mutuário, por cuja conta correm todos os riscos desde a tradição. Daí decorre a concorrência de culpas, que na verdade consubstancia concorrência de causas para o evento danoso, mas que só deve ser admitida em casos excepcionais. Quanto aos cheques TB, eles não admitem endosso, de modo que somente podiam ser depositados em conta bancária de titularidade do próprio emitente, no caso a recorrida. Já quanto à verificação dos endossos, o entendimento consolidado neste Superior Tribunal é que o banco apresentante do cheque à câmara de compensação tem o dever de verificar a regularidade da sucessão dos endossos. Deve, pois, tomar a cautela de exigir provas da legitimidade do endossante, como, por exemplo, cópia do contrato social da empresa, quando o título for nominal à pessoa jurídica. Dessarte, ainda que pelos atos culposos, os três bancos recorrentes deverão responder solidariamente pela indenização, nos termos da lei. Diante do exposto, a Turma negou provimento ao recurso. Precedentes citados: REsp 814.060-RJ, DJe 13/4/2010; REsp 1.080.719-MG, DJe 17/8/2009; REsp 1.084.291-RS, DJe 4/8/2009; REsp 206.039-RJ, DJ 15/8/2005; REsp 1.092.720-PR, DJe 13/11/2009, e REsp 874.372-RR, DJe 30/11/2009. **REsp 1.007.692-RS, Rel. Min. Nancy Andrighi, em 17/8/2010.** (Inform. STJ 443)

PRESCRIÇÃO. CDC. CC/1916. DANO MORAL.

A recorrente ajuizou ação de indenização por danos morais com lastro tanto no CC/1916 quanto no CDC, ao fundamento de que o preposto do hospital recorrido aplicou-lhe injeção de fármaco no braço em franca contrariedade ao que advertia a bula do medicamento, o que ocasionou necrose nos tecidos da região e a necessidade de submeter-se a várias cirurgias na tentativa de recuperar a função motora daquele membro. Nesse contexto, entende-se aplicável a prescrição vintenária constante do art. 177 do CC/1916, então vigente, em detrimento da quinquenal prevista no art. 27 do CDC, visto que o julgador não está adstrito aos argumentos trazidos pela parte, podendo adotar fundamentação jurídica diversa. Há que aplicar o princípio *jura novit curia* e o da ampla reparação dos danos resultantes de atos ilícitos. Então, a qualificação jurídica dada aos fatos pela recorrente (acidente de consumo) não é tão essencial ao deslinde da causa. Assim, a excepcionalidade da questão debatida e a menção pela recorrente dos princípios que regem a responsabilidade civil do empregador por ato culposo de seu preposto possibilitam a aplicação das regras do CC/1916, quanto mais se sobreposto o sentimento de justiça (*Rechtsgefühl*), pelo qual se deve buscar a conclusão mais justa ou mais favorável à parte mais fraca, sem perder de vista os preceitos de ordem pública ou social. Com esse entendimento, a Turma, por maioria, deu provimento ao especial para afastar a prescrição e determinar o retorno dos autos à origem. Precedente citado: AgRg no Ag 5.540-MG, DJ 11/3/1991. **REsp 841.051-RS, Rel. Min. Nancy Andrighi, julgado em 3/8/2010.** (Inform. STJ 441)

RESPONSABILIDADE. HOSPITAL. CULPA. PLANTONISTA.

O tribunal *a quo*, com base no conjunto fático-probatório, concluiu que houve erro do médico plantonista, na modalidade culposa, em razão de sua negligência por omissão de providências aptas, em tese, a impedir a produção do dano. Assim, nesse ponto, aplica-se a Súm. n. 7-STJ. No caso, a responsabilidade do hospital é objetiva quanto à atividade de seu profissional plantonista (art. 14 do CDC), não sendo necessário demonstrar a culpa do hospital relativamente a atos lesivos decorrentes de culpa de médico integrante de seu corpo clínico no atendimento. Com relação ao valor arbitrado como indenização, deve ser mantida a quantia de R$ 83 mil, visto que a jurisprudência assente deste Superior Tribunal é no sentido de que, apenas quando irrisório ou exorbitante, faz-se necessária sua intervenção no *quantum* arbitrado pelas instâncias ordinárias. Assim, a Turma negou provimento ao recurso. Precedente citado: REsp 696.284-RJ, DJe 18/12/2009. **REsp 1.184.128-MS, Rel. Min. Sidnei Beneti, julgado em 8/6/2010.** (Inform. STJ 438)

RESPONSABILIDADE CIVIL. CIGARRO.

O falecido, tabagista desde a adolescência (meados de 1950), foi diagnosticado como portador de doença broncopulmonar obstrutiva crônica e de enfisema pulmonar em 1998. Após anos de tratamento, faleceu em decorrência de adenocarcinoma pulmonar no ano de 2001. Então, seus familiares (a esposa, filhos e netos) ajuizaram ação de reparação dos danos morais contra o fabricante de cigarros, com lastro na suposta informação inadequada prestada por ele durante décadas, que omitia os males possivelmente decorrentes do fumo, e no incentivo a seu consumo mediante a prática de propaganda tida por enganosa, além de enxergar a existência de nexo de causalidade entre a morte decorrente do câncer e os vícios do produto, que alegam ser de conhecimento do fabricante desde muitas décadas. Nesse contexto, há que se esclarecer que a pretensão de ressarcimento dos autores da ação em razão dos danos morais, diferentemente da pretensão do próprio fumante, surgiu com a morte dele, momento a partir do qual eles tinham ação exercitável a ajuizar (*actio nata*) com o objetivo de compensar o dano que lhes é próprio, daí não se poder falar em prescrição, porque foi respeitado o prazo prescricional de cinco anos do art. 27 do CDC. Note-se que o cigarro classifica-se como produto de periculosidade inerente (art. 9º do CDC) de ser, tal como o álcool, fator de risco de diversas enfermidades. Não se revela como produto defeituoso (art. 12, § 1º, do mesmo código) ou de alto grau de nocividade ou periculosidade à saúde ou segurança, esse último de comercialização proibida (art. 10 do mesmo diploma). O art. 220, § 4º, da CF/1988 chancela a comercialização do cigarro, apenas lhe restringe a propaganda, ciente o legislador constituinte dos riscos de seu consumo. Já o CDC considera defeito a falha que se desvia da normalidade, capaz de gerar frustração no consumidor, que passa a não experimentar a segurança que se espera do produto ou serviço. Dessarte, diz respeito a algo que escapa do razoável, que discrepa do padrão do produto ou de congêneres, e não à capacidade inerente a todas as unidades produzidas de o produto gerar danos, tal como no caso do cigarro. Frise-se que, antes da CF/1988 (gênese das limitações impostas ao tabaco) e das legislações restritivas do consumo e publicidade que a seguiram (notadamente, o CDC e a Lei n. 9.294/1996), não existia o dever jurídico de informação que determinasse à indústria do fumo conduta diversa daquela que, por décadas, praticou. Não há como aceitar a tese da existência de anterior dever de informação, mesmo a partir de um ângulo principiológico, visto que a boa-fé (inerente à criação desse dever acessório) não possui conteúdo *per se*, mas, necessariamente, insere-se em um conteúdo contextual, afeito à carga histórico-social. Ao se considerarem os fatores legais, históricos e culturais vigentes nas décadas de cinquenta a oitenta do século anterior, não há como cogitar o princípio da boa-fé de forma fluida, sem conteúdo substancial e contrário aos usos e costumes por séculos preexistentes, para concluir que era exigível, àquela época, o dever jurídico de informação. De fato, não havia norma advinda de lei, princípio geral de direito ou costume que impusesse tal comportamento. Esses fundamentos, por si sós, seriam suficientes para negar a indenização pleiteada, mas se soma a eles o fato de que, ao considerar a teoria do dano direto e imediato acolhida no direito civil brasileiro (art. 403 do CC/2002 e art. 1.060 do CC/1916), constata-se que ainda não está comprovada pela Medicina a causalidade necessária, direta e exclusiva entre o tabaco e câncer, pois ela se limita a afirmar a existência de fator de risco entre eles, tal como outros fatores, como a alimentação, o álcool e o modo de vida sedentário ou estressante. Se fosse possível, na hipótese, determinar o quanto foi relevante o cigarro para o falecimento (a proporção causal existente entre eles), poder-se-ia cogitar o nexo causal juridicamente satisfatório. Apesar de reconhecidamente robustas, somente as estatísticas não podem dar lastro à responsabilidade civil em casos concretos de morte supostamente associada ao tabagismo, sem que se investigue, episodicamente, o preenchimento dos requisitos legais. Precedentes citados do STF: RE 130.764-PR, DJ 19/5/1995; do STJ: REsp 489.895-SP, DJe 23/4/2010; REsp 967.623-RJ, DJe 29/6/2009; REsp 1.112.796-PR, DJ 5/12/2007, e REsp 719.738-RS, DJe 22/9/2008. **REsp 1.113.804-RS, Rel. Min. Luis Felipe Salomão, julgado em 27/4/2010.** (Inform. STJ 432)

RESPONSABILIDADE. CIGARRO.

Cuidava-se de ação de indenização por dano material e moral decorrente das sequelas causadas pelo uso de cigarro ajuizada em 2004, já sob a égide do CDC. Nesse contexto, de acidente de consumo perfeitamente tipificado no art. 12 daquele código, tal qual entendeu o Min. Luis Felipe Salomão (convocado da Quarta Turma para desempatar a votação), não se mostra razoável conceder ao autor a disponibilidade sobre o diploma legal que deve ser aplicado à sua pretensão. Prevaleceu o entendimento, antes esposado pelo Min. Massami Uyeda, de que deve incidir, no caso, a prescrição quinquenal do art. 27 do CDC, que não é afastada pelo disposto no art. 7º desse mesmo *codex*. Apesar de esse artigo prever a abertura do microssistema para outras normas que possam dispor sobre a defesa de consumidores, ainda que insertas em diplomas que não cuidam especificamente da proteção do consumidor, a prescrição vintenária do art. 177 do CC/1916, que se pretendia fazer incidir, caracteriza-se pela generalidade e vai de encontro ao regido especificamente na legislação consumerista. Anotou-se que o disposto no art. 2º, § 2º, da LICC também determina a aplicação do art. 27 do CDC ao caso. Isso posto, mediante a reconsideração dos votos vencidos, com a ressalva da Min. Nancy Andrighi quanto a seu entendimento, a Turma, por unanimidade, acolheu esse entendimento, recentemente consolidado pela Segunda Seção, e extinguiu o feito com a resolução do mérito; pois, afirmado pelo autor que ele tomou conhecimento do dano em meados de 1997, o ajuizamento da ação estaria restrito até 2002 por força da aplicação da prescrição quinquenal. Precedentes citados: REsp 489.895-SP; REsp 304.724-RJ, DJ 22/8/2005; REsp 1.036.230-SP, DJe 12/8/2009, e REsp 810.353-ES, DJe 11/5/2009. **REsp 1.009.591-RS, Rel. Min. Nancy Andrighi, julgado em 13/4/2010.** (Inform. STJ 430)

PRESCRIÇÃO. CDC. CONSUMO. CIGARRO.

O recorrido propôs ação de indenização por danos morais e materiais contra conhecida companhia fabricante de cigarros, ao fundamento de que, por ser fumante desde os 15 anos de idade, hoje, sexagenário, é portador de várias doenças decorrentes dessa conduta (carcinoma, enfisema, infecção e fibrose pulmonares). Alega que o consumo do tabaco sempre foi alimentado pela publicidade abusiva e enganosa da recorrente, que incentivava o uso de cigarro sem sequer esclarecer sobre o potencial viciante da nicotina e os possíveis danos que seu uso contínuo acarreta à saúde dos usuários. Vê-se, então, que a questão circunscreve-se ao Código de Defesa do Consumidor (CDC), enquanto esse *codex* cuida especificamente dos vícios de segurança e de informação, nos quais se apoia a pretensão do autor. Ambos os vícios determinam a responsabilidade pelo fato do produto (art. 12 do CDC) e a aplicação do prazo prescricional quinquenal à ação que visa seu reconhecimento (art. 27 do mesmo código). Tem-se, desse contexto, que, como há essa legislação especial a regular a prescrição relativa à matéria, não há como cogitar aplicar o prazo prescricional geral do Código Civil, tal qual já decidiu este Superior Tribunal. Da interpretação do referido art. 27 do CDC extrai-se que o prazo prescricional começa a fluir do conhecimento do dano. No caso, o próprio autor afirma que, em 1994, por padecer de cansaço, buscou ajuda médica, momento em que foi aconselhado a parar de fumar sob pena de reduzir sua expectativa de vida. Daí que a ação, de 2000, foi atingida pela prescrição. Com esse entendimento, a Seção, ao prosseguir o julgamento, deu provimento ao recurso remetido, mediante questão de ordem, pela Quarta Turma. A Min. Nancy Andrighi (vencida) negou provimento ao recurso ao fundamento de que a definição do prazo prescricional a incidir no caso deve atentar para o mandamento constitucional do direito à saúde e, por isso, considerar o chamado diálogo das fontes apregoado pela doutrina consumerista. **REsp 489.895-SP, Rel. Min. Fernando Gonçalves, julgado em 10/3/2010.** (Inform. STJ 426)

DANO MORAL. INSETO. REFRIGERANTE.

O dano moral não é pertinente pela simples aquisição de refrigerante com inseto, sem que seu conteúdo tenha sido ingerido, por se encontrar no âmbito dos dissabores da sociedade de consumo, sem abalo à honra, ausente situação que produza no consumidor humilhação ou represente sofrimento em sua dignidade. Com esse entendimento, a Turma deu provimento ao recurso da sociedade empresarial, invertendo o ônus da sucumbência. Precedentes citados: AgRg no Ag 276.671-SP, DJ 8/5/2000; AgRg no Ag 550.722-DF, DJ 3/5/2004, e AgRg no AgRg no Ag 775.948-RJ, DJe 3/3/2008. **REsp 747.396-DF, Rel. Min. Fernando Gonçalves, julgado em 9/3/2010.** (Inform. STJ 426)

FURTO. CARTÃO. CRÉDITO. RESPONSABILIDADE.

Cuida-se de ação declaratória de inexistência de débito cumulada com indenização por danos morais em que a autora alega o furto de seu cartão de crédito e, apesar de avisar a administradora do cartão no mesmo dia, os valores das compras realizadas no comércio mediante assinatura falsa entre o momento do furto e a comunicação não foram assumidos pela instituição financeira. Por essa razão, teve seu nome inscrito no cadastro de proteção ao crédito. Para o Min. Relator, o consumidor não pode ser responsabilizado por despesas realizadas mediante falsificação de sua assinatura. Ademais, o acórdão recorrido, ao afastar a responsabilidade da administradora de cartões pela falta de tempo hábil para providenciar o cancelamento dos cartões, em realidade, acabou por imputar à consumidora a culpa pela agilidade dos falsificadores, transformando-a de vítima em responsável, esquecendo o risco da atividade exercida pela administradora de cartões. Dessarte, cabe à administradora de cartões, em parceria com a rede credenciada, a idoneidade das compras realizadas e o uso de meios que dificultem ou impossibilitem fraudes e transações realizadas por estranhos em nome do cliente, tudo isso, independentemente de qualquer ato do consumidor, tenha ou não ocorrido furto. Outrossim, embora existam precedentes que entendam que a demora em ajuizar a ação de indenização pode amenizar o dano moral, essa demora, para o Min. Relator, não possui qualquer relevância na fixação do dano, pois a ação não deve ser intentada sem que o lesado, como ocorreu no caso, procure composição amigável junto à ré. Com esse entendimento, a Turma restabeleceu a sentença. Precedentes citados: REsp 348.343-SP, DJ 26/6/2006, e REsp 237.724-SP, DJ 8/5/2000. **REsp 970.322-RJ, Rel. Min. Luis Felipe Salomão, julgado em 9/3/2010.** (Inform. STJ 426)

SEGURADORA. SUBROGAÇÃO.
A Turma entendeu que o contrato firmado entre o segurado e o causador do dano (fabricante de produto defeituoso) se caracteriza como de consumo, para fins de pagamento da indenização securitária, razão pela qual a seguradora subroga-se nos direitos e ações que caberiam ao segurado contra o autor do sinistro nos limites do contrato de seguro (art. 12, § 3º, do CDC). Precedente citado: EDcl no REsp 257.833-SP, DJ 4/6/2001. **REsp 802.442-SP, Rel. Min. Luis Felipe Salomão, julgado em 2/2/2010.** (Inform. STJ 421)

RESPONSABILIDADE. HOSPITAL. MÉDICO. DIAGNÓSTICO.
A Turma negou provimento ao recurso, reiterando o entendimento de que se aplica o CDC no que se refere à responsabilidade médica e hospitalar, cabendo ao hospital, por vício do serviço, a responsabilidade objetiva (art. 14 daquele código), no caso de dano material e moral causado a paciente que escolhe o hospital (emergência) e é atendido por profissional médico integrante, a qualquer título, de seu corpo clínico, prestando atendimento inadequado, causador de morte (erro de diagnóstico). Outrossim, responde por culpa subjetiva o médico, aplicando-se, porém, a inversão do ônus da prova (art. 5º, VII, do mencionado código). Precedentes citados: REsp 519.310-SP, DJ 24/5/2004; REsp 258.389-SP, DJ 22/8/2005; REsp 908.359-SC, DJe 17/12/2008, e REsp 880.349-MG, DJ 24/9/2007. **REsp 696.284-RJ, Rel. Min. Sidnei Beneti, julgado em 3/12/2009.** (Inform. STJ 418)

CARTÃO. CRÉDITO. BLOQUEIO. ADMINISTRADORA.
Trata-se de ação de indenização por danos morais interposta pelo recorrido contra o banco, em razão dos constrangimentos decorrentes da impossibilidade de usar seu cartão de crédito pelo bloqueio efetivado pela administradora. Em seu recurso, a instituição financeira sustenta que a culpa é exclusiva do consumidor por encontrar-se em atraso no pagamento da fatura, sendo perfeitamente legal a cláusula que prevê seu bloqueio. Assim, a questão cinge-se em saber se há vantagem exagerada à administradora do cartão com a cláusula contratual que permite o bloqueio temporário em razão do não pagamento da fatura mensal. Para o Min. Relator, não se verifica a potestatividade apontada pelo Tribunal de origem na citada cláusula contratual. A cláusula, em verdade, não permite à administradora bloquear o cartão de crédito do consumidor ao seu exclusivo talante, mas apenas em razão do descumprimento das obrigações assumidas pelo consumidor no contrato assinado, especialmente diante do não pagamento da fatura mensal com as despesas efetuadas no período. Desse modo, a permissão de bloqueio temporário do cartão após a verificação de descumprimento contratual pelo consumidor, não o coloca em sujeição ao puro arbítrio da administradora (art. 122 do CC/2002). O bloqueio só ocorrerá regularmente se o consumidor não cumprir suas obrigações contratuais. Afasta-se, portanto, a alegação de abusividade da cláusula do contrato celebrado entre as partes e, assim, reconhece-se a regularidade do bloqueio temporário do cartão do consumidor, uma vez que se encontrava inadimplente. Outro ponto a ser considerado para a verificação da liceidade da conduta da administradora diz respeito ao tempo decorrido entre o pagamento da fatura até o desbloqueio do cartão. O pagamento da fatura, inclusive com os valores atrasados e encargos, foi efetuado em uma sexta-feira, sendo que o cartão foi liberado para uso na quarta-feira seguinte, isto é, no terceiro dia útil, uma vez que o contrato prevê o prazo de até cinco dias para tal. Prospera, portanto, a tese da administradora recorrente de que agiu no exercício regular de um direito (art. 188, I, do CC/2002), pois pautou sua conduta dentro das previsões contratuais e de que os danos decorridos do bloqueio e a impossibilidade de uso do cartão ocorreram por culpa exclusiva do consumidor (art. 14, § 3º, do CPC), já que se encontrava inadimplente e é razoável o tempo gasto para regularização do uso do cartão após o pagamento efetuado. **REsp 770.053-MA, Rel. Min. Sidnei Beneti, julgado em 3/11/2009.** (Inform. STJ 414)

RESPONSABILIDADE CIVIL. ACIDENTE.
É cediço que, segundo a jurisprudência deste Superior Tribunal, as concessionárias de serviços rodoviários, nas suas relações com os usuários da estrada, estão subordinadas ao CDC. Dessa forma, a presença de animal na pista coloca em risco a segurança dos usuários da rodovia, devendo a concessionária responder, de forma objetiva, pela morte de motociclista que se chocou com animal na rodovia. Com esse entendimento, a Turma não conheceu do recurso da concessionária, no qual se defendia a denunciação à lide do DNER para reparação dos danos, afirmando ser da autarquia a responsabilidade de patrulhar a rodovia para apreensão de animais soltos, e confirmou o acórdão recorrido que decidiu descaber a denunciação à lide. Precedentes citados: REsp 647.710-RJ, DJ 30/6/2006; AgRg no Ag 522.022-RJ, DJ 5/4/2004, e REsp 467.883-RJ, DJ 1º/9/2003. **REsp 573.260-RS, Rel. Min. Aldir Passarinho Junior, julgado em 27/10/2009.** (Inform. STJ 413)

FURTO. SUPERMERCADO. INVERSÃO. PROVA.
A questão em causa cinge-se em determinar se há possibilidade de inverter o ônus da prova em hipótese de alegação de ocorrência de furto de bolsa da consumidora, ora recorrente, em interior de supermercado e se há responsabilidade pelos danos materiais e morais. Ela sustenta ser cabível tal inversão, com espeque no art. 6º, VIII, do CDC, razão pela qual incumbiria ao supermercado recorrido demonstrar que não houve o corte de sua bolsa e o consequente furto no interior do estabelecimento comercial. O Tribunal *a quo* deixou de inverter o ônus da prova sob o fundamento de que o juiz não deve impor à parte o ônus de produção de prova negativa ou impossível. Contudo, para a Min. Relatora, tal fundamento não prospera, visto que, atualmente, a máxima de que as negativas são isentas de prova não é verdadeira, porquanto dizem respeito tão-somente às negativas indefinidas, ou seja, não abarcam aquelas relativas, suscetíveis de prova. Ressaltou ainda que, caso se considere a prova negativa como impossível de ser produzida, o art. 14, § 3º, I, do CDC, por prever uma hipótese de prova negativa, não teria razão de existir, já que dispõe que o fornecedor de serviços só não será responsabilizado quando provar que, tendo prestado o serviço, o defeito inexiste. Assim, contatada a ausência de prova por parte do recorrido de que a recorrente não foi furtada e em razão de seu estado de choque, bem como do descaso dos funcionários daquele estabelecimento diante da comunicação do ocorrido, a única conclusão plausível é a procedência do pedido de indenização pelos danos materiais e morais tal como formulado. Aplica-se, portanto, a responsabilização do fornecedor pelo fato do serviço (art. 14 do CDC), em razão dos defeitos na prestação desse, ao não fornecer ao consumidor a segurança que ele legitimamente esperava, fato que causou danos à recorrente. É de salientar também que o ônus da prova das excludentes da responsabilidade do fornecedor de serviços, previstas no § 3º do art. 14 do CDC, é do fornecedor por força do art. 12, § 3º, do mesmo código. Isso posto, a Turma deu provimento ao recurso para condenar o recorrido ao pagamento da quantia de R$ 50,00 a título de indenização por danos materiais e de R$ 3.000,00 a título de compensação por danos morais, em favor da recorrente. Precedentes citados: REsp 422.778-SP, DJ 27/8/2007, e REsp 685.662-RJ, DJ 5/12/2005. **REsp 1.050.554-RJ, Rel. Min. Nancy Andrighi, julgado em 25/8/2009.** (Inform. STJ 404)

CDC. DEFEITO. CARRO. BANCO.
Trata-se de ação de rescisão contratual cumulada com indenização por danos materiais e morais em desfavor de banco e da sociedade empresarial revendedora de veículo. A recorrida (autora) adquiriu veículo automotor usado que apresentou vícios redibitórios, tornando-o imprestável ao uso, fato incontroverso nos autos. No REsp, o banco suscita violação dos arts. 14 e 18 do CDC, inconformado por ter sido condenado no Tribunal *a quo* solidariamente com a empresa vendedora do veículo. Note-se que são dois contratos distintos, um de compra e venda do veículo e outro de mútuo garantido com alienação fiduciária. Isso posto, ao prosseguir o julgamento, a Turma, por maioria, conheceu do recurso e lhe deu provimento. Considerou-se que, na espécie, a instituição financeira não poderia ser reconhecida como fornecedora do veículo nem solidariamente responsável por eventuais defeitos ocultos que impedissem seu uso. O banco, no caso, é fornecedor, mas do serviço de crédito e de tudo que se relaciona a ele. Observou-se, todavia, que o pleito indenizatório, como o próprio interesse de agir da autora,

legitima-se pelo defeito oculto no produto de exclusiva responsabilidade, no caso dos autos, de quem vendeu e lhe deu garantias. Assim, o causador dos danos materiais e morais (revendedora do veículo) deve responder perante a consumidora e essa responsabilidade deve abranger todas as características do negócio jurídico realizado. **REsp 1.014.547-DF, Rel. Min. João Otávio de Noronha, julgado em 25/8/2009.** (Inform. STJ 404)

CARTÃO. CRÉDITO. CANCELAMENTO INDEVIDO.
Provido em parte o recurso ao entendimento de terem sido violados os arts. 14 e 25, § 1º, do CDC, 3º e 267, VI, do CPC, mormente quanto à ilegitimidade passiva de uma das recorrentes na ação de indenização por danos materiais e morais movida contra a administradora e a empresa de cartões de crédito, por irregularidade na inclusão do número do cartão da cliente recorrida em "boletim de cancelamento", sem que tenha sido revidado em nenhum momento pelas recorrentes. Afora outros argumentos prejudicados, irrelevante para o julgamento da lide a invocação do art. 333, II, do CPC, já que os fatos narrados pela autora constituíram prova suficiente da inclusão indevida e, ainda que esporádicos os transtornos sofridos, não afastam reparação devida, pois, sob a égide do CDC, a responsabilidade do fornecedor, por se fundamentar no risco, prescinde da análise de culpa. **REsp 866.359-ES, Rel. Min. Nancy Andrighi, julgado em 5/5/2009.** (Inform. STJ 393)

RESPONSABILIDADE. FABRICANTE. PRODUTO. VALIDADE VENCIDA.
O produto alimentício utilizado no preparo de mingaus e papas foi adquirido do comerciante já com o prazo de validade vencido há mais de um ano. Deteriorado, foi ingerido por dois bebês, o que lhes causou gastroenterite aguda e hospitalização (vício de insegurança). Daí a ação de indenização dos danos materiais e morais sofridos ajuizada em desfavor do fabricante do produto. Ele, por sua vez, defende não poder ser responsabilizado, tendo em vista existir culpa exclusiva de terceiro (art. 12, § 3º, III, do CDC): foi o comerciante quem colocou a mercadoria com a validade expirada em exposição. Diante disso, a Turma, por maioria, acolheu o entendimento aceito pela doutrina de que o comerciante não pode ser considerado um terceiro estranho à relação de consumo, pois ele está inserido na própria cadeia de produção e distribuição, o que afasta a aplicação da mencionada excludente de responsabilidade. Assim, no caso, firmou-se que o fabricante pode ser responsabilizado pelos danos sofridos, cabendo-lhe, se for o caso, a posterior ação de regresso contra o comerciante. **REsp 980.860-SP, Rel. Min. Nancy Andrighi, julgado em 16/4/2009.** (Inform. STJ 390)

RESTITUIÇÃO. VALORES INDEVIDOS. PRESCRIÇÃO.
Trata-se de REsp em que a questão cinge-se em determinar se o prazo prescricional do art. 27 do CDC é ou não aplicável na hipótese em que consumidor pleiteia a restituição de valores cobrados indevidamente por fornecedor de serviços e se o deferimento do pedido de devolução em dobro de tais valores depende ou não da verificação da má-fé do fornecedor. O tribunal *a quo*, considerando que o art. 27 do CDC seria aplicável à espécie, entendeu que a restituição de valores pleiteada pelo recorrente somente poderia alcançar os cinco anos que antecederam a propositura da ação. Para a Min. Relatora, contudo, não se trata, no caso, de reparação de danos causados por fato do produto ou do serviço, requisito essencial para incidir a regra de prescrição prevista no mencionado dispositivo legal. O que se tem em discussão é a cobrança de valores indevidos por parte do fornecedor, circunstância que, inequivocamente, não se insere no âmbito de aplicação da mencionada regra específica da legislação consumerista. Logo, diante da ausência de disposições no CDC acerca do prazo prescricional aplicável à prática comercial indevida de cobrança excessiva, incide na espécie a prescrição vintenária do CC/1916, conforme a regra prevista no art. 2.028 do CC/2002. No que concerne ao pleito de repetição em dobro do indébito, o acórdão recorrido assentou que, afastado o reconhecimento da má-fé da recorrida, a restituição dos valores cobrados indevidamente somente poderia dar-se na forma simples, o que está em harmonia com a jurisprudência do STJ. Assim, a Turma, ao prosseguir o julgamento, por maioria, deu parcial provimento ao recurso. Precedentes citados: REsp 761.114-RS, DJ 14/8/2006; REsp 200.827-SP, DJ 9/12/2002; REsp 401.589-RJ, DJ 4/10/2004; AgRg no Ag 947.169-RJ, DJ 12/12/2007, e REsp 505.734-MA, DJ 23/6/2003. **REsp 1.032.952-SP, Rel. Min. Nancy Andrighi, julgado em 17/3/2009.** (Inform. STJ 387)

ANTICONCEPCIONAL. PLACEBO. DANO MORAL. CONSUMIDOR.
Cuidou-se de ação civil pública intentada pelo estado-membro e pelo órgão estadual de defesa do consumidor contra laboratório farmacêutico, objetivando o pagamento de danos morais causados à coletividade, visto que colocara, no mercado, anticoncepcional produzido sem o princípio ativo (placebo), do que decorreu a gravidez de várias consumidoras desse medicamento. Neste Superior Tribunal, a Turma, ao prosseguir o julgamento, não conheceu do recurso. Dentre outros temas, entendeu haver a responsabilidade do laboratório como fornecedor, pois a simples suposição de que houvera a participação de terceiros no derramamento do medicamento ineficaz no mercado é relevada pela constatação da prova carreada aos autos de que o laboratório produziu e deu essencial colaboração para que fosse consumido e de que houve dano aos consumidores, o que afasta a cogitação de aplicar-se a excludente de responsabilidade objetiva (art. 12, § 3º, I, do CDC). Sua responsabilidade exsurge, sobretudo, do fato de ter produzido manufatura perigosa sem adotar medidas eficazes para garantir que tal produto fosse afastado de circulação. O Min. Castro Filho, em seu voto vista, adentra a questão da legitimidade do órgão de defesa para a proteção dos interesses individuais homogêneos, apesar de a Min. Relatora haver aplicado a Súm. n. 284-STF, a impedir o exame da questão. **REsp 866.636-SP, Rel. Min. Nancy Andrighi, julgado em 29/11/2007.** (Inform. STJ 340)

AÇÃO. INDENIZAÇÃO. ACIDENTE AÉREO. PRESCRIÇÃO. CDC.
O Min. Relator anotou que o acidente aéreo ocorreu no dia 11/11/1991 e a ação indenizatória só foi ajuizada em 6/4/1994. Entendeu que o prazo da prescrição da pretensão indenizatória é bienal, contado na forma do art. 317 do CBA. Assim, segundo ele, efetivamente, mediaram mais de dois anos entre o dano e o ajuizamento da ação, operando-se a prescrição. O Min. Ari Pargendler, divergindo do Min. Relator, acrescentou que o transporte aéreo de pessoas constitui uma relação de consumo e, sendo doméstico, está disciplinado pelo Código de Defesa do Consumidor – CDC. A reparação de danos resultantes da má prestação do serviço pode, por conseguinte, ser pleiteada no prazo de cinco anos. Aduziu que a Convenção de Varsóvia é irrelevante para esse efeito, porque dispõe sobre o transporte aéreo internacional. Essa tem sido a jurisprudência deste Superior Tribunal, que não conflita com a do STF, tal como se depreende do acórdão proferido no RE 297.901-RN, DJ 11/11/1999. Assim, ocorrido o acidente em 11/11/1991, os lesados tinham o prazo de cinco anos para propor a ação visando à reparação do dano. Ajuizaram a demanda antes disso, em 6/4/1994, tempestivamente, portanto. Com essas considerações, a Turma, ao prosseguir o julgamento, por maioria, não conheceu do recurso. **REsp 742.447-AL, Rel. originário Min. Humberto Gomes de Barros, Rel. para acórdão Min. Ari Pargendler, julgado em 20/3/2007.** (Inform. STJ 314)

SÚMULA STF Nº 28

O estabelecimento bancário é responsável pelo pagamento de cheque falso, ressalvadas as hipóteses de culpa exclusiva ou concorrente do correntista.

SÚMULA STJ Nº 479

As instituições financeiras respondem objetivamente pelos danos gerados por fortuito interno relativo a fraudes e delitos praticados por terceiros no âmbito de operações bancárias.

SÚMULA STJ Nº 388

A simples devolução indevida de cheque caracteriza dano moral.

SÚMULA STJ Nº 387

É lícita a cumulação das indenizações de dano estético e dano moral.

SÚMULA STJ Nº 370

Caracteriza dano moral a apresentação antecipada de cheque pré-datado.

SÚMULA STJ Nº 362

A correção monetária do valor da indenização do dano moral incide desde a data do arbitramento.

SÚMULA STJ Nº 281

A indenização por dano moral não está sujeita à tarifação prevista na Lei de Imprensa.

SÚMULA STJ Nº 227

A pessoa jurídica pode sofrer dano moral.

SÚMULA STJ Nº 186

Nas indenizações por ato ilícito, os juros compostos somente são devidos por aquele que praticou o crime.

SÚMULA STJ Nº 130

A empresa responde, perante o cliente, pela reparação de dano ou furto de veículo ocorridos em seu estacionamento.

SÚMULA STJ Nº 54

Os juros moratórios fluem a partir do evento danoso, em caso de responsabilidade extracontratual.

SÚMULA STJ Nº 43

Incide correção monetária sobre dívida por ato ilícito a partir da data do efetivo prejuízo.

SÚMULA STJ Nº 37

São cumuláveis as indenizações por dano material e dano moral oriundos do mesmo fato.

4. RESPONSABILIDADE POR VÍCIO DO PRODUTO OU DO SERVIÇO

DIREITO DO CONSUMIDOR. VÍCIO OCULTO. DEFEITO MANIFESTADO APÓS O TÉRMINO DA GARANTIA CONTRATUAL. OBSERVÂNCIA DA VIDA ÚTIL DO PRODUTO.

O fornecedor responde por vício oculto de produto durável decorrente da própria fabricação e não do desgaste natural gerado pela fruição ordinária, desde que haja reclamação dentro do prazo decadencial de noventa dias após evidenciado o defeito, ainda que o vício se manifeste somente após o término do prazo de garantia contratual, devendo ser observado como limite temporal para o surgimento do defeito o critério de vida útil do bem. O fornecedor não é, *ad aeternum*, responsável pelos produtos colocados em circulação, mas sua responsabilidade não se limita, pura e simplesmente, ao prazo contratual de garantia, o qual é estipulado unilateralmente por ele próprio. Cumpre ressaltar que, mesmo na hipótese de existência de prazo legal de garantia, causaria estranheza afirmar que o fornecedor estaria sempre isento de responsabilidade em relação aos vícios que se tornaram evidentes depois desse interregno. Basta dizer, por exemplo, que, embora o construtor responda pela solidez e segurança da obra pelo prazo legal de cinco anos nos termos do art. 618 do CC, não seria admissível que o empreendimento pudesse desabar no sexto ano e por nada respondesse o construtor. Com mais razão, o mesmo raciocínio pode ser utilizado para a hipótese de garantia contratual. Deve ser considerada, para a aferição da responsabilidade do fornecedor, a natureza do vício que inquinou o produto, mesmo que tenha ele se manifestado somente ao término da garantia. Os prazos de garantia, sejam eles legais ou contratuais, visam a acautelar o adquirente de produtos contra defeitos relacionados ao desgaste natural da coisa, são um intervalo mínimo de tempo no qual não se espera que haja deterioração do objeto. Depois desse prazo, tolera-se que, em virtude do uso ordinário do produto, algum desgaste possa mesmo surgir. Coisa diversa é o vício intrínseco do produto, existente desde sempre, mas que somente vem a se manifestar depois de expirada a garantia. Nessa categoria de vício intrínseco, certamente se inserem os defeitos de fabricação relativos a projeto, cálculo estrutural, resistência de materiais, entre outros, os quais, em não raras vezes, somente se tornam conhecidos depois de algum tempo de uso, todavia não decorrem diretamente da fruição do bem, e sim de uma característica oculta que esteve latente até então. Cuidando-se de vício aparente, é certo que o consumidor deve exigir a reparação no prazo de noventa dias, em se tratando de produtos duráveis, iniciando a contagem a partir da entrega efetiva do bem e não fluindo o citado prazo durante a garantia contratual. Porém, em se tratando de vício oculto não decorrente do desgaste natural gerado pela fruição ordinária do produto, mas da própria fabricação, o prazo para reclamar a reparação se inicia no momento em que ficar evidenciado o defeito, mesmo depois de expirado o prazo contratual de garantia, devendo ter-se sempre em vista o critério da vida útil do bem, que se pretende "durável". A doutrina consumerista – sem desconsiderar a existência de entendimento contrário – tem entendido que o CDC, no § 3º do art. 26, no que concerne à disciplina do vício oculto, adotou o critério da vida útil do bem, e não o critério da garantia, podendo o fornecedor se responsabilizar pelo vício em um espaço largo de tempo, mesmo depois de expirada a garantia contratual. Assim, independentemente do prazo contratual de garantia, a venda de um bem tido por durável com vida útil inferior àquela que legitimamente se esperava, além de configurar um defeito de adequação (art. 18 do CDC), evidencia uma quebra da boa-fé objetiva, que deve nortear as relações contratuais, sejam elas de consumo, sejam elas regidas pelo direito comum. Constitui, em outras palavras, descumprimento do dever de informação e a não realização do próprio objeto do contrato, que era a compra de um bem cujo ciclo vital se esperava, de forma legítima e razoável, fosse mais longo. Os deveres anexos, como o de informação, revelam-se como uma das faces de atuação ou operatividade; do princípio da boa-fé objetiva, sendo quebrados com o perecimento ou a danificação de bem durável de forma prematura e causada por vício de fabricação. Precedente citado: REsp 1.123.004-DF, DJe 9/12/2011. **REsp 984.106-SC, Rel. Min. Luis Felipe Salomão, julgado em 4/10/2012.(Inform. STJ 506)**

DIREITO CIVIL. VÍCIO DO PRODUTO. AQUISIÇÃO DE VEÍCULO ZERO QUILÔMETRO PARA USO PROFISSIONAL. RESPONSABILIDADE SOLIDÁRIA.

Há responsabilidade solidária da concessionária (fornecedor) e do fabricante por vício em veículo zero quilômetro. A aquisição de veículo zero quilômetro para uso profissional como táxi, por si só, não afasta a possibilidade de aplicação das normas protetivas do CDC. Todos os que participam da introdução do produto ou serviço no mercado respondem solidariamente por eventual vício do produto ou de adequação, ou seja, imputa-se a toda a cadeia de fornecimento a responsabilidade pela garantia de qualidade e adequação do referido produto ou serviço (arts. 14 e 18 do CDC). Ao contrário do que ocorre na responsabilidade pelo fato do produto, no vício do produto a responsabilidade é solidária entre todos os fornecedores, inclusive o comerciante, a teor do que preconiza o art. 18 do mencionado *codex*. **REsp 611.872-RJ, Rel. Min. Antonio Carlos Ferreira, julgado em 2/10/2012.(Inform. STJ 505)**

COMPRA E VENDA DE IMÓVEL. RESCISÃO CONTRATUAL. CULPA DA CONSTRUTORA. PAGAMENTO DE ALUGUÉIS. RECIPROCIDADE DE CLÁUSULAS ENTRE FORNECEDOR E CONSUMIDOR.

A Turma firmou o entendimento de que, no caso de rescisão de contrato de compra e venda de imóvel ainda que motivada por culpa da construtora – que o entregara fora do prazo e com defeitos –, é devido pelo adquirente (consumidor) o pagamento de aluguéis referente ao período em que ocupou o bem. Segundo afirmou o Min. Relator, a retribuição pelo uso do imóvel está amparada em imperativo legal que veda o enriquecimento sem causa. Embora o descumprimento contratual da construtora acarrete a ela penalidades e perdas e danos a serem compensados, o comprador não está isento de ressarcir os benefícios auferidos durante o período em que usufruiu do imóvel. Decidiu-se, em seguida, ser extensível à construtora a multa moratória prevista – exclusivamente – em desfavor do adquirente no instrumento contratual avençado. Em observância aos princípios gerais do direito, ou pela principiologia adotada no CDC, ou por imperativo de equidade, sustentou-se que deve haver reciprocidade entre as penalidades impostas tanto ao consumidor quanto ao fornecedor. Assim, prevendo o contrato a incidência de multa moratória para o caso de descumprimento contratual por parte do consumidor, a mesma multa deverá incidir em desfavor do fornecedor, caso seja deste a mora ou o inadimplemento. Por fim, consignou-se que não cabe à construtora, vencida na demanda, ressarcir o adquirente dos gastos com o laudo de vistoria confeccionado extrajudicialmente, pois não se trata de despesa "endoprocessual", ou em razão do processo, afastada, assim, a regra da sucumbência, consoante interpretação sistemática dos arts. 20, § 2º, e 19 do CPC. **REsp 955.134-SC, Rel. Min. Luis Felipe Salomão, julgado em 16/8/2012.(Inform. STJ 502)**

RESPONSABILIDADE. INCORPORAÇÃO IMOBILIÁRIA. CONSTRUÇÃO.

O incorporador, como impulsionador do empreendimento imobiliário em condomínio, atrai para si a responsabilidade pelos danos que possam advir da inexecução ou da má execução do contrato de incorporação, abarcando-se os danos resultantes de construção defeituosa (art. 31, §§ 2º e 3º, da Lei n. 4.591/1964). Ainda que o incorporador não seja o executor direto da construção do empreendimento imobiliário, mas contrate construtor, permanece responsável juntamente com ele pela solidez e segurança da edificação (art. 618 do CC). *In casu*, trata-se de obrigação de garantia assumida solidariamente com o construtor. Por conseguinte, o incorporador é o principal garantidor do empreendimento no seu todo, solidariamente responsável com outros envolvidos nas diversas etapas da incorporação. Essa solidariedade decorre da natureza da relação jurídica estabelecida entre o incorporador e o adquirente de unidades autônomas e também de previsão legal, não podendo ser presumida (art. 942, *caput*, do CC; art. 25, § 1º, do CDC e arts. 31 e 43 da Lei n. 4.591/1964). Conclui-se, assim, que o incorporador e o construtor são solidariamente responsáveis por eventuais vícios e defeitos de construção surgidos no empreendimento imobiliário, sendo que o incorporador responde mesmo que não tenha assumido diretamente a execução da obra. **REsp 884.367-DF, Rel. Min. Raul Araújo, julgado em 6/3/2012. (Inform. STJ 492)**

CONSUMIDOR. DEFEITO. VEÍCULO. TROCA.
Trata-se, na origem, de ação cominatória cumulada com reparação por danos morais contra revendedora de veículo e montadora de automóvel na qual o autor alega que o veículo adquirido apresentou defeito de pintura, além de pontos de ferrugem e que não obteve sucesso para a solução dos problemas, razão pela qual pretende a troca por outro veículo similar, zero quilômetro e em perfeitas condições de uso. O art. 18, § 1º do CDC confere ao consumidor a opção de substituição do produto caso os vícios de qualidade descritos no *caput* do dispositivo não sejam sanados no prazo de 30 dias, dentre eles o que diminui o valor do bem, não exigindo que o vício apresentado impeça o uso do produto. Assim, caso o consumidor opte, deve ser realizada a troca do veículo. Porém, quando da prolação da sentença, não havia veículo semelhante ao do autor nos estoques das recorridas, devendo incidir o disposto no art. 18, § 4º do Estatuto Consumerista. Daí, no caso, deve-se ter por base o valor pago pelo consumidor no momento da compra e sobre ele incidir correção monetária até a data da efetiva entrega do bem, descontando-se daquela quantia o valor médio de mercado do veículo que deveria ser devolvido para substituição, resultando dessa operação o crédito que o autor-recorrente tem perante os recorridos, que pode ser trocado por outro bem ou recebido diretamente em pecúnia, de acordo com a parte final do art. 18 do CDC (sem prejuízo do disposto nos incisos I e II, § 1º deste artigo). Destaca-se que não incidem juros, haja vista o consumidor ter usufruído do bem durante o período anterior à troca. **REsp 1.016.519-PR, Rel. Min. Raul Araújo, julgado em 11/10/2011.** (Inform. STJ 485)

PRAZO. DECADÊNCIA. RECLAMAÇÃO. VÍCIOS. PRODUTO.
A Turma reiterou a jurisprudência deste Superior Tribunal e entendeu que o termo *a quo* do prazo de decadência para as reclamações de vícios no produto (art. 26 do CDC), no caso, um veículo automotor, dá-se após a garantia contratual. Isso acontece em razão de que o adiamento do início do referido prazo, em tais casos, justifica-se pela possibilidade contratualmente estabelecida de que seja sanado o defeito apresentado durante a garantia. Precedente citado: REsp 1.021.261-RS, DJe 6/5/2010. **REsp 547.794-PR, Rel. Min. Maria Isabel Gallotti, julgado em 15/2/2011.** (Inform. STJ 463)

SOLIDARIEDADE. DEFEITO. AUTOMÓVEL.
O veículo foi adquirido na concessionária representante da fábrica de automóveis, mas logo passou a apresentar defeito persistente no sistema de ar condicionado, que não foi solucionado. Buscou-se, então, sem sucesso, a troca do veículo ou o desfazimento do negócio. Vem daí o ajuizamento da ação de obrigação de fazer cumulada com a reparação de danos contra a concessionária. Nesse contexto, conforme precedentes deste Superior Tribunal, vê-se incidir não os arts. 12 e 13 do CDC, mas sim o art. 18 do mesmo código, mostrando-se impossível afastar a solidariedade entre o fabricante e o fornecedor nesses casos, podendo ser a demanda ajuizada contra qualquer dos co-obrigados, como no caso. Contudo, de acordo com os julgados, a existência de solidariedade não impede ser apurado o nexo de causalidade entre as condutas dos supostos responsáveis para concluir pela responsabilização de um só. Precedentes citados: REsp 185.836-SP, DJ 22/3/1999; REsp 195.659-SP, DJ 12/6/2000; REsp 445.804-RJ, DJ 19/5/2003; REsp 402.356-MA, DJ 23/6/2003; REsp 286.202-RJ, DJ 19/11/2001, e REsp 554.876-RJ, DJ 3/5/2004. **REsp 821.624-RJ, Rel. Min. Aldir Passarinho Junior, julgado em 19/10/2010.** (Inform. STJ 452)

AQUISIÇÃO. VEÍCULO. ERRO. MODELO.
O autor alega que era um satisfeito proprietário de um automóvel ano 1995, por isso trocou-o por um novo da mesma marca e modelo, ano 2001. Contudo, insatisfeito com a compra, entendeu que o novo veículo não atendeu às suas expectativas. A peculiaridade do caso é que não se reclama por defeito apresentado pelo carro, mas pelo fato de que o consumidor adquiriu um automóvel intermediário, mas, segundo alega, pensava adquirir o modelo mais luxuoso. Assim, discute-se se o prazo de decadência, nessa hipótese, é contado apenas após o término da garantia; se há vício do produto ou do serviço ou fato do produto ou do serviço em decorrência do descumprimento do dever de informação pelo vendedor; e, por fim, se estariam presentes as condições necessárias para a inversão do ônus da prova. Para a Min. Relatora, a contagem do prazo de decadência para a reclamação de vícios do produto (art. 26 do CDC) inicia-se após o encerramento da garantia contratual. A postergação do início da contagem desse prazo, contudo, justifica-se pela possibilidade, contratualmente estabelecida, de que seja sanado o defeito apresentado durante a garantia. Na hipótese em que o consumidor não adquire bem propriamente defeituoso, mas alega ter-se enganado quanto ao objeto adquirido, comprando o automóvel intermediário em vez do mais luxuoso, não há, necessariamente, qualquer defeito a ser corrigido durante o prazo de garantia. No caso, o que houve foi erro do consumidor quanto ao objeto que adquiriu. A decadência para pleitear a devolução da mercadoria, a troca do produto ou o abatimento do preço, portanto, conta-se, sendo aparente a diferença entre os modelos, da data da compra. No tocante à inversão do ônus da prova, ela pressupõe hipossuficiência (técnica, jurídica ou econômica) ou verossimilhança das alegações feitas pelo consumidor. Os costumes comerciais indicam que a parte interessada, na aquisição de um automóvel de luxo, costuma buscar, ao menos, as informações quanto aos modelos existentes. A prática também indica que todos os modelos disponíveis, notadamente os mais caros, são apresentados ao comprador. Não há, portanto, verossimilhança na alegação de que a concessionária omitiu do consumidor a informação sobre o modelo luxuoso. Também não há hipossuficiência do consumidor, uma vez que não é economicamente fraca a parte que adquire automóvel de luxo, e não há desequilíbrio técnico ou jurídico se o comprador adquire o automóvel pelo convênio mantido entre a montadora e uma associação. Isso posto, a Turma negou provimento ao recurso. **REsp 1.021.261-RS, Rel. Min. Nancy Andrighi, julgado em 20/4/2010.** (Inform. STJ 431)

INDENIZAÇÃO. VÍCIOS. SERVIÇOS. PRESCRIÇÃO.
Cuida-se, na espécie, da ação indenizatória por danos morais e materiais na qual a autora, ora recorrente, alega que os serviços de reparo realizados pelas recorridas, seguradora e oficina, não foram feitos a contento. O tribunal *a quo* entendeu aplicável o prazo de 90 dias previsto no art. 26, II, do CDC para a reclamação por vício na prestação do serviço. Contudo, a Turma deu provimento ao recurso por entender que o prazo decadencial aludido no referido artigo é aplicável na hipótese de reclamação pelo defeito no serviço prestado, o que não ocorreu na espécie. O que se pretende é a indenização por danos materiais e morais decorrentes da má prestação do serviço, demanda de natureza condenatória, sequer sujeita a prazo decadencial, mas sim prescricional. Logo, aplica-se o art. 27 do CDC, que estipula prazo de cinco anos para a hipótese. Precedentes citados: REsp 742.447-AL, DJ 16/4/2007; REsp 782.433-MG, DJe 20/11/2008, e ArRg no Ag 771.737-MG, DJ 11/12/2006. **REsp 683.809-RS, Rel. Min. Luis Felipe Salomão, julgado em 20/4/2010.** (Inform. STJ 431)

INDENIZAÇÃO. CDC. GARANTIA CONTRATUAL.
O recorrente adquiriu um automóvel utilitário (zero quilômetro), mas, quando da retirada, logo notou pontos de corrosão na carroceria. Reclamou 11 meses depois; contudo, apesar da realização de vários reparos pela concessionária, a corrosão alastrou-se por grande parte do veículo, o que levou ao ajuizamento da ação de indenização por danos morais e materiais em desfavor da concessionária e da montadora. No caso, está-se diante de vício de inadequação (art. 12 do CDC), pois as imperfeições apresentadas no produto impediram que o recorrente o utilizasse da forma esperada, porém sem colocar em risco sua segurança ou a de terceiros, daí que, tratando-se de bem durável e de vício de fácil percepção, impõe aplicar-se o prazo decadencial de 90 dias para deduzir a reclamação, contados, em regra, da entrega efetiva do bem (art. 26, § 1º, do mesmo código). Sucede que existe a peculiaridade de que a montadora concedera ao veículo a garantia (contratual) de um ano, que é complementar à legal (art. 50 da citada legislação). Diferentemente da garantia legal, a lei não fixou prazo de reclamação para a garantia contratual, todavia a interpretação teleológica e sistemática do CDC permite estender à garantia contratual os mesmos prazos de reclamação referentes à garantia legal, a impor que, no caso, após o término da garantia contratual, o consumidor tinha 90 dias (bem durável) para reclamar do vício de inadequação, o que não foi extrapolado. Dessarte, a Turma, ao renovar o julgamento, aderiu, por maioria, a esse entendimento. O voto vencido não conhecia do especial por falta de prequestionamento. Precedentes citados: REsp 442.368-MT, DJ 14/2/2005; REsp 575.469-RJ, DJ 6/12/2004, e REsp 114.473-RJ, DJ 5/5/1997. **REsp 967.623-RJ, Rel. Min. Nancy Andrighi, julgado em 16/4/2009.** (Inform. STJ 390)

VEÍCULO. DEFEITOS. FABRICAÇÃO. ALIENAÇÃO FIDUCIÁRIA. CONTRATO. RESOLUÇÃO. CONSIGNAÇÃO EM PAGAMENTO. PRESTAÇÕES PAGAS. DEVOLUÇÃO.
A Turma entendeu que não assiste razão à recorrente, da forma como proposta a ação, sob a alegação de vício no veículo, adquirido mediante

contrato de alienação fiduciária, pretendendo atribuir a responsabilidade ao banco por não ter providenciado a substituição do veículo, uma vez que, no caso, a culpa é do fabricante ou concessionária vendedora (art. 18, CDC). **REsp 444.699-MA, Rel. Min. Aldir Passarinho Junior, julgado em 23/10/2007.** (Inform. STJ 337)

SÚMULA STJ Nº 477

A decadência do art. 26 do CDC não é aplicável à prestação de contas para obter esclarecimentos sobre cobrança de taxas, tarifas e encargos bancários.

5. DESCONSIDERAÇÃO DA PERSONALIDADE JURÍDICA. RESPONSABILIDADE EM CASO DE GRUPO DE EMPRESAS. SOLIDARIEDADE

DANOS MORAIS. RESPONSABILIDADE SOLIDÁRIA. CDC.

Trata-se de ação indenizatória por danos materiais e morais ajuizada pelos pais em decorrência da morte de filho (seis anos), atacado e morto por leões durante espetáculo de circo instalado na área contígua a *shopping center*. O menor fora tirar fotos com cavalos acompanhado por prepostos do circo quando os leões que aguardavam em jaula precária para participar do espetáculo o puxaram entre as grades. Para as instâncias ordinárias, a locação do espaço para a instalação do circo firmada pelas empresas locadoras rés, ora recorrentes (integrantes do mesmo grupo societário do *shopping*), teve a motivação de atrair o público consumidor e elevar os lucros, caracterizando uma relação de consumo; daí se reconhecer a legitimidade das empresas locadoras para responderem à ação solidariamente, visto que consentiram na instalação do circo com total falta de segurança, de recursos humanos e físicos (segundo apurou o laudo da Secretaria de Defesa Social). Isso porque o contrato de locação foi firmado em papel timbrado com logotipo do *shopping* em que as empresas figuravam como locadoras e o circo se obrigava, entre outras coisas, a fornecer 500 convites para os espetáculos e obedecer às normas do *shopping center*, os aluguéis e encargos eram pagos na administração do condomínio do *shopping*, tudo a indicar que havia ligação administrativa e financeira entre o *shopping* e as empresas locadoras. Agora, no REsp, discute-se a extensão da responsabilidade das empresas locadoras pelo evento danoso e o *quantum* da indenização fixado pelas instâncias ordinárias em R$ 1 milhão. Para o Min. Relator, diante das peculiaridades do caso concreto analisadas no tribunal *a quo*, não cabe falar em ilegitimidade *ad causam* das litisconsortes passivas (empresas locadoras recorrentes). Assim, examinou as razões do TJ para condená-las por equiparação a consumidor nos termos do art. 17 do CDC. Explicou o Min. Relator que o citado artigo estende o conceito de consumidor àqueles que, mesmo não sendo consumidores diretos, acabam sofrendo as consequências do acidente de consumo, ou seja, as vítimas do evento (*bystanders*). Na hipótese, as recorrentes não conseguiram provas de que a locação do circo não representava serviço que o condomínio do *shopping*, sócio das empresas recorrentes, pôs à disposição dos frequentadores. Dessa forma, nesse caso, o ônus da prova caberia ao fornecedor. Asseverou que o novo Código Civil, no art. 927, parágrafo único, admite a responsabilidade sem culpa pelo exercício de atividade que, por sua natureza, representa risco ao direito de outrem. Observou, ainda, que a responsabilidade indireta, no caso dos autos, vem do risco da própria atividade (apresentação de animais selvagens), sendo inerente a obrigação de zelar pela guarda dos frequentadores e consumidores, o que garante à vítima ser indenizada (art. 93 do CC/2002 e Súm. n. 130-STJ). Já o *quantum* foi reduzido a R$ 275 mil, com correção monetária a contar desse julgamento e juros contados da data do evento danoso. Diante do exposto, a Turma, por maioria, deu parcial provimento ao recurso. Precedentes citados: REsp 476.428-SC, DJ 9/5/2005; REsp 181.580-SP, DJ 22/3/2004; REsp 7.134-SP, DJ 8/4/1991, e REsp 437.649-SP, DJ 24/2/2003. **REsp 1.100.571-PE, Rel. Min. Luis Felipe Salomão, julgado em 7/4/2011.** (Inform. STJ 468)

DANOS MORAIS. SOLIDARIEDADE. BANCO. CARTÃO. CRÉDITO.

O recorrido ajuizou ação de compensação por danos morais contra o banco e a administradora de cartões de crédito, alegando que pretendeu pagar despesas de hospedagem no exterior valendo-se de seu cartão de crédito e teve a autorização indevidamente negada. Tentou resolver o problema junto ao banco e à recorrente, não obtendo êxito. A recorrente alegou que não é parte legítima para figurar no polo passivo da ação porque não administra cartões de crédito, que não é parte no contrato firmado entre as partes e que não procedeu ao bloqueio do cartão. Mas a Turma negou provimento ao recurso ao argumento de que o art. 14 do CDC estabelece regra de responsabilidade solidária entre os fornecedores de uma mesma cadeia de serviços, razão pela qual as "bandeiras"/marcas de cartão de crédito respondem solidariamente com os bancos e as administradoras de cartão de crédito pelos danos decorrentes da má prestação de serviços. A recorrente alega que o valor arbitrado em R$ 16.500,00 a título de reparação por danos morais revela-se elevado, merecendo a devida redução. Porém, este Superior Tribunal orienta-se no sentido de que a alteração do valor fixado a título de compensação por danos morais somente é possível, em recurso especial, nas hipóteses em que a quantia estipulada pelo tribunal de origem seja irrisória ou exagerada. Na hipótese, não há exagero na sua fixação, uma vez que o recorrido sujeitou-se a constrangimentos indevidos em país estrangeiro, requereu solução para o problema e não foi atendido. Precedente citado: REsp 259.816-RJ, DJ 27/11/2000. **REsp 1.029.454-RJ, Rel. Min. Nancy Andrighi, julgado em 1º/10/2009.** (Inform. STJ 409)

DANO MORAL. ANÚNCIO. *INTERNET*.

Trata-se de ação de indenização por danos morais devido a anúncio em página da *internet* de conteúdo ofensivo à imagem e à honra da autora, oferecendo programa sexual com fotos atribuídas a ela. O juiz deferiu liminar determinando que o provedor retirasse a página, sob pena de multa diária de R$ 200,00. Contra essa decisão, o provedor opôs agravo de instrumento, argüindo a impossibilidade técnica e jurídica para cumprir a obrigação por serem necessários procedimentos imputados à empresa controladora estrangeira, uma vez que o *site* foi criado por usuário, utilizando-se de ferramenta oferecida pela empresa controladora. Apesar desses argumentos, o Tribunal *a quo* manteve a liminar com base no art. 28 do CDC, com amparo na Teoria da Aparência. Assim, o cerne da questão cinge-se à possibilidade da aplicação dessa teoria, tendo em vista que o CDC somente fala em responsabilidade subsidiária de participante do mesmo grupo econômico, e não em responsabilidade direta. Concluiu o Min. Relator que, como o provedor no Brasil apresenta-se com a mesma logomarca da empresa estrangeira e que, ao acessá-la na rede mundial, abre-se o endereço na página do provedor no Brasil. Isso faz o consumidor não distinguir com clareza a divisa entre as duas empresas, uma aparenta ser a outra, portanto deve responder pelos riscos. Além de que tem o consumidor direito à facilitação da defesa de seus direitos, bem como à efetiva reparação dos danos morais experimentados. A empresa nacional, portanto, tem legitimidade passiva para responder à ordem judicial, não sendo razoável impor à autora o ônus de demandar contra a empresa internacional, mormente pela demora que acarretaria, a agravar-lhe o sofrimento moral. Ressaltou ainda que o juízo *a quo* facultou, na impossibilidade técnica, que o provedor adotasse procedimentos na sua controladora, uma vez que pertencem ao mesmo grupo econômico. Com esse entendimento, a Turma não conheceu do recurso, mantendo a decisão recorrida. **REsp 1.021.987-RN, Rel. Min. Fernando Gonçalves, julgado em 7/10/2008.** (Inform. STJ 371)

6. PRÁTICAS COMERCIAIS

DIREITO CIVIL. CLÁUSULA DE CONTRATO BANCÁRIO. PESQUISA, DIVULGAÇÃO E INFORMAÇÃO AO CRC.

A cláusula contratual que dispõe sobre a autorização para consultar, pesquisar e divulgar informações à Central de Risco de Crédito do Banco Central do Brasil – CRC pela instituição financeira não viola o direito à intimidade e ao sigilo bancário. A Res. n. 2.724/2000-Bacen, que substituiu a Res. n. 2.390/1997-Bacen, regulamentou fornecimento de informações ao CRC, dispondo que as instituições financeiras nela discriminadas devem prestar informações acerca dos débitos e responsabilidades por garantias de clientes. Inicialmente, cabe registrar que o CRC não constitui um serviço restritivo ou negativo. As informações nele constantes referem-se às operações e aos títulos de crédito no âmbito do Sistema Financeiro Nacional, bem como às respectivas garantias contratadas, tanto por pessoas físicas quanto jurídicas perante às instituições financeiras. Seu desiderato é a monitoração de todos os bancos e instituições congêneres com vistas à manutenção da estabilidade do sistema bancário e, por conseguinte, do próprio sistema de crédito mediante a proteção dos recursos depositados pelos cidadãos nas referidas instituições. A mencionada resolução também determinou que o acesso às informações do CRC só é possível mediante autorização do cliente pesquisado. Assim, por estar redigida de acordo com a legislação vigente, a cláusula contratual em questão não importa numa fragilização da proteção dada ao consumidor de serviços bancários. As informações a serem divulgadas, pesquisadas e consultadas, segundo a cláusula, são consolidadas, ou seja, são informações seguras e precisas. Ademais, as instituições financeiras são responsáveis pelos danos causados pelo lançamento incorreto ou indevido que venha a causar prejuízo ao consumidor. Precedentes citados: REsp 786.239-SP, DJe 13/5/2009, e REsp 994.253-RS, DJe 24/11/2008. **REsp 1.346.050-SP, Rel. Min. Sidnei Beneti, julgado em 20/11/2012. (Inform. STJ 510)**

DIREITO CIVIL E CONSUMIDOR. ILICITUDE NA NEGATIVA DE CONTRATAR SEGURO DE VIDA.

A negativa pura e simples de contratar seguro de vida é ilícita, violando a regra do art. 39, IX, do CDC. Diversas opções poderiam substituir a simples negativa de contratar, como a formulação de prêmio mais alto ou ainda a redução de cobertura securitária, excluindo-se os sinistros relacionados à doença preexistente, mas não poderia negar ao consumidor a prestação de serviços. As normas expedidas pela Susep para regulação de seguros devem ser interpretadas em consonância com o mencionado dispositivo. Ainda que o ramo securitário consubstancie atividade de alta complexidade técnica, regulada por órgão específico, a contratação de seguros está inserida no âmbito das relações de consumo, portanto tem necessariamente de respeitar as disposições do CDC. A recusa da contratação é possível, como previsto na Circular Susep n. 251/2004, mas apenas em hipóteses realmente excepcionais. **REsp 1.300.116-SP, Rel. Min. Nancy Andrighi, julgado em 23/10/2012. (Inform. STJ 507)**

PROTESTO DE TÍTULO. CANCELAMENTO APÓS PAGAMENTO. RESPONSABILIDADE DO DEVEDOR.

A Turma, por maioria, firmou o entendimento de que, no caso de protesto regularmente lavrado, não é do credor a responsabilidade pela baixa do registro após a quitação da dívida. Nos termos do art. 26 da Lei n. 9.492/1997, o cancelamento do registro de protesto pode ser solicitado pelo devedor ou qualquer garante da dívida que detenham a posse do título protestado ou da carta de anuência do credor, não importando se a relação que deu origem à cártula é de consumo. A Min. Maria Isabel Gallotti destacou que não se confunde o registro de dados de maus pagadores previsto no art. 43 do CDC com o de protesto de títulos. O caráter público por assemelhação conferido pelo § 4º do referido artigo a tais cadastros não os equipara, em natureza e finalidade, aos cartórios extrajudiciais, delegatários de atividade pública, sujeitos a rígida disciplina e fiscalização estatal. A atividade dos cartórios é pública por natureza e de caráter essencial ao regime legal dos títulos de crédito, não se alterando a disciplina dos atos concernentes ao protesto conforme esteja o título protestado vinculado ou não à relação de consumo subjacente. Assim, diante da existência de legislação específica, não há como transpor a disciplina do art. 43 do CDC para a atividade dos cartórios extrajudiciais. Diante dessas considerações, deu-se provimento ao recurso especial para restabelecer a sentença que julgou improcedente o pedido de condenação do credor por danos morais decorrente da manutenção do nome do devedor no cartório de protesto de título, mesmo após o pagamento do débito. **REsp 1.195.668-RS, Rel. originário Min. Luis Felipe Salomão, Rel. para acórdão Min. Maria Isabel Gallotti, julgado em 11/9/2012.(Inform. STJ 504)**

CADASTRO DE INADIMPLENTES. BAIXA DA INSCRIÇÃO. RESPONSABILIDADE. PRAZO.

O credor é responsável pelo pedido de baixa da inscrição do devedor em cadastro de inadimplentes no prazo de cinco dias úteis, contados da efetiva quitação do débito, sob pena de incorrer em negligência e consequente responsabilização por danos morais. Isso porque o credor tem o dever de manter os cadastros dos serviços de proteção ao crédito atualizados. Quanto ao prazo, a Min. Relatora definiu-o pela aplicação analógica do art. 43, § 3º, do CDC, segundo o qual o consumidor, sempre que encontrar inexatidão nos seus dados e cadastros, poderá exigir sua imediata correção, devendo o arquivista, no prazo de cinco dias úteis, comunicar a alteração aos eventuais destinatários das informações incorretas. O termo inicial para a contagem do prazo para baixa no registro deverá ser do efetivo pagamento da dívida. Assim, as quitações realizadas mediante cheque, boleto bancário, transferência interbancária ou outro meio sujeito a confirmação, dependerão do efetivo ingresso do numerário na esfera de disponibilidade do credor. A Min. Relatora ressalvou a possibilidade de estipulação de outro prazo entre as partes, desde que não seja abusivo, especialmente por tratar-se de contratos de adesão. Precedentes citados: REsp 255.269-PR, DJ 16/4/2001; REsp 437.234-PB, DJ 29/9/2003; AgRg no Ag 1.094.459-SP, DJe 1º/6/2009, e AgRg no REsp 957.880-SP, DJe 14/3/2012. **REsp 1.149.998-RS, Rel. Min. Nancy Andrighi, julgado em 7/8/2012.(Inform. STJ 501)**

RESPONSABILIDADE CIVIL. BEBIDA ALCOÓLICA.

Trata-se, na origem, de ação indenizatória por danos morais e materiais promovida pelo ora recorrido em desfavor da ora recorrente, companhia de bebidas ao fundamento de que, ao consumir, por diversos anos, conhecida marca de cachaça, tornou-se alcoólatra, circunstância que motivou a degradação de sua vida pessoal e profissional, vindo a falecer no curso da presente ação. Sustentou, nesse contexto, que a publicidade do produto da recorrente violou as disposições do CDC, notadamente quanto à correta informação sobre os malefícios decorrentes do uso de bebida alcoólica. O juiz antecipou o exame da controvérsia e julgou improcedente o pedido. Interposto recurso de apelação, o tribunal de origem, por maioria de votos, deu-lhe provimento, ao reconhecer cerceamento de defesa e, ato contínuo, anulou a sentença, determinando, por conseguinte, a produção de prova técnica médica concernente à comprovação da dependência química do recorrido. No especial, a Turma, ao prosseguir o julgamento, por maioria, deu provimento ao recurso e entendeu, entre outras questões, que, embora notórios os malefícios do consumo excessivo de bebidas alcoólicas, tal atividade é exercida dentro da legalidade, adaptando-se às recomendações da Lei n. 9.294/1996, que modificou a forma de oferecimento ao mercado consumidor de bebidas alcoólicas e não alcoólicas, ao determinar, quanto às primeiras, a necessidade de ressalva sobre os riscos do consumo exagerado do produto. Ademais, aquele que, por livre e espontânea vontade, inicia-se no consumo de bebidas alcoólicas, propagando tal hábito durante certo período de tempo, não pode, doravante, pretender atribuir responsabilidade de sua conduta ao fabricante do produto, que exerce atividade lícita e regulamentada pelo poder público. Assim, decidiu que o tribunal *a quo* não poderia reconhecer de ofício o cerceamento de defesa sem a prévia manifestação da parte interessada no recurso de apelação, sendo vencida, nesse ponto, a Min. Nancy Andrighi, a qual entendeu que não é possível julgar o mérito sem antes cumprir toda a escada processual. Precedente citado: REsp 886.347-RS, DJe 8/6/2010. **REsp 1.261.943-SP, Rel. Min. Massami Uyeda, julgado em 22/11/2011.** (Inform. STJ 488)

CONSUMIDOR. FRAUDE. PAGAMENTO. MEIO ELETRÔNICO.

A Turma julgou procedente recurso do consumidor que assinara contrato de gestão de pagamento com a empresa Mercado Livre. No acordo, ficou formalmente estipulado que a empresa intermediadora se comprometeria a notificar a recepção dos valores ao comprador e ao vendedor do produto dentro do prazo referido na página do *site* Mercado Pago. A empresa enviaria mensagens eletrônicas comunicando a venda ou a compra de itens levados ao leilão eletrônico. Sabedor disso, um terceiro demonstrou interesse em adquirir o produto posto à venda e, pouco após, fazendo-se passar pela empresa intermediadora, utilizou seu correio eletrônico para enviar *e-mail* ao vendedor no qual informou falsamente que o valor referente à compra do bem já se encontrava à disposição e que o bem já poderia ser enviado ao comprador. Apesar de o consumidor não ter seguido rigorosamente o procedimento sugerido no *site* quanto à confirmação do depósito, mediante verificação na conta respectiva constante em página do *site* antes de enviar o produto, agiu de boa-fé, certo de que o pagamento já estaria de posse do serviço de intermediação do negócio e de que lhe seria disponibilizado assim que o comprador acusasse o recebimento do produto vendido. Destarte, tal exigência de confirmação da veracidade do *e-mail,* recebido em nome do *site* não constava do contrato de adesão. Em seu voto, a Min. Relatora ressaltou que o objetivo da contratação do serviço de intermediação é exatamente proporcionar segurança ao comprador e ao vendedor quanto ao recebimento da prestação estipulada. Sob essa perspectiva, o descumprimento pelo consumidor da aludida providência, a qual sequer consta do contrato de adesão, não é suficiente para eximir o recorrido da responsabilidade pela segurança do sistema por ele implementado, sob pena de transferência ilegal de um ônus próprio da atividade empresarial por ele explorada. Trata-se, portanto, de estipulação de cláusula exoneratória ou atenuante de responsabilidade, terminantemente vedada pelo Código de Defesa do Consumidor. Não se justifica, pois, que procedimentos fundamentais à segurança de sistema de mediação eletrônica de pagamentos explorados por empresa comercial sejam atribuídos à responsabilidade exclusiva do usuário do serviço. E, complementando o voto, a Min. Relatora arrematou que a ausência de mecanismo de autenticação digital de mensagens consentâneo com as exigências das modernas atividades empresariais que se desenvolvem no ambiente virtual configura grave falha de segurança que não deve ser imputada ou suportada pelo consumidor, mas pela empresa que assume o risco da atividade econômica. **REsp 1.107.024-DF, Rel. Min. Maria Isabel Gallotti, julgado em 1º/12/2011.** (Inform. STJ 488)

INDENIZAÇÃO. INSCRIÇÃO INDEVIDA. CADASTRO DESABONADOR. NOVAÇÃO.

Trata-se de REsp em que a controvérsia diz respeito ao prazo prescricional para o ajuizamento de ação de indenização por inscrição desabonadora em cadastro de crédito realizada por banco, sobretudo quando decorre de relação contratual. Inicialmente, ressaltou o Min. Relator, o defeito do serviço que resultou na negativação indevida do nome do cliente da instituição bancária ora recorrente não se confunde com o fato do serviço, que pressupõe um risco à segurança do consumidor, cujo prazo prescricional é definido no art. 27 do CDC. Assim, consignou que, no caso, o vínculo é contratual, tendo as partes, antes da inscrição indevida, pactuado novação, extinguindo a obrigação, justamente a de que dá conta o cadastramento desabonador. Registrou que a ilicitude do ato decorre do fato de ter sido celebrada novação, pois a instituição financeira recorrente não observou os deveres anexos à pactuação firmada e procedeu à negativação por débito que fora extinto pelo último contrato firmado pelas partes. Destarte, entendeu que, tendo em vista tratar-se de dano oriundo de inobservância de dever contratual, não é aplicável o prazo de prescrição previsto no art. 206, § 3º, V, do CC, mas sim o prazo de dez anos constante do art. 205 do mencionado diploma legal, visto que a hipótese não se amolda a nenhum dos prazos específicos indicados na lei substantiva civil. Diante desses fundamentos, entre outros, a Turma negou provimento ao recurso. **REsp 1.276.311-RS, Rel. Min. Luis Felipe Salomão, julgado em 20/9/2011.** (Inform. STJ 483)

ATENDIMENTO EMERGENCIAL HOSPITALAR. DESNECESSIDADE. PRÉVIO ORÇAMENTO.

O conjunto fático-probatório colhido nas instâncias ordinárias demonstra que o recorrido passeava com sua filha quando ela teve convulsões e, após parar em um posto de gasolina, ambos foram conduzidos por policiais a um hospital privado que prestou atendimento emergencial. Não há qualquer dúvida de que houve a prestação do serviço médico-hospitalar e de que o caso guarda peculiaridades importantes, suficientes para o afastamento, em proveito do consumidor, da necessidade de prévia apresentação de orçamento prevista no art. 40 do CDC, uma vez que incompatível com a situação médica emergencial. Também é inequívoca a existência de pactuação tácita entre o hospital e o pai da menor, que, inclusive, acompanhou-a quando da internação. Assim, não se pode afirmar que não houve contratação apenas por não existir documentação formal da pactuação. A exigência de que o serviço médico-hospitalar fosse previamente orçado colocaria o hospital em posição desvantajosa; pois, se assim fosse, em razão da situação emergencial da paciente, o hospital e seus prepostos estariam sujeitos à responsabilização civil e criminal, pois não havia escolha que não fosse a imediata prestação do socorro médico. Assim, a Turma deu parcial provimento ao recurso especial para anular o acórdão e a sentença, determinando o retorno dos autos à primeira instância para análise dos pleitos formulados na inicial, avaliando a necessidade de produção probatória, dando, todavia, por superado o entendimento de que, no caso, não cabe retribuição pecuniária pelos serviços prestados diante da falta de orçamento prévio e pactuação documentada. **REsp 1.256.703-SP, Rel. Min. Luis Felipe Salomão, julgado em 6/9/2011.** (Inform. STJ 482)

INSCRIÇÃO. CADASTRO. PRÉVIA EXECUÇÃO.

O tribunal *a quo* justificou a condenação do banco a indenizar o recorrido pela inscrição em cadastro de inadimplência no fato de haver garantia da dívida e no dever do credor de promover a satisfação do crédito antes da inscrição, afora a falta de comunicação prévia a um dos devedores (art. 43, § 2º, do CDC). Contudo, não há como cogitar a obrigação de o credor promover primeiramente a execução para só então efetivar o cadastro do devedor, pois a relação jurídica constituída pela garantia do débito, embora acessória, é distinta da relação jurídica principal da obrigação de crédito e seu respectivo vencimento: o crédito e o vencimento não ficam suspensos pela existência de um bem gravado que dê suporte fiduciário à relação jurídica. Não cumprida a obrigação em seu termo, constitui-se em mora o devedor, sendo daí possível a inscrição nos cadastros de inadimplência. Ilógico seria ultimar a execução para só então inscrever o devedor. Havendo inadimplência, a inscrição pode dar-se antes, durante ou depois da cobrança. Reitere-se a jurisprudência do STJ de que, ainda que se discuta o débito mediante ação, não está afastado o direito à inscrição. Por último, anote-se que, conforme julgados do STJ, é do órgão cadastral a obrigação de notificação prévia do devedor sobre o cadastramento (Súm. n. 359-STJ). Precedentes citados: AgRg no REsp 897.713-RS, DJe 24/11/2010, e REsp 1.061.134-RS, DJe 1º/4/2009. **REsp 1.092.765-MT, Rel. Min. Aldir Passarinho Junior, julgado em 17/3/2011.** (Inform. STJ 466)

PRÁTICA ABUSIVA. CONFERÊNCIA. MERCADORIAS PAGAS.

Trata-se de REsp em que a controvérsia centra-se em definir se constitui prática abusiva a conferência das compras já pagas na saída do estabelecimento, mediante o confronto entre o que leva o consumidor e as respectivas notas fiscais. A Turma entendeu que a mera vistoria das mercadorias na saída do estabelecimento não configura ofensa automática à boa-fé do consumidor. Tampouco é capaz de impor-lhe desvantagem desmedida nem representa desrespeito à sua vulnerabilidade, desde que, evidentemente, essa conferência não atinja bens de uso pessoal, por exemplo, bolsas e casacos, nem envolva contato físico. A revista deve ser restrita às mercadorias adquiridas no estabelecimento e não pode ultrapassar os limites da urbanidade e civilidade; na hipótese, não se depreendeu dos autos qualquer informação de que o recorrido tenha deixado de observar essas condições. Cuida-se, portanto, de um mero desconforto a que os consumidores hodiernamente se submetem. Assim, negou-se provimento ao recurso. Precedente citado: REsp 604.620-PR, DJ 13/3/2006. **REsp 1.120.113-SP, Rel. Min. Nancy Andrighi, julgado em 15/2/2011.** (Inform. STJ 463)

MENSALIDADE. UNIVERSIDADE. COLAÇÃO. GRAU.

A universidade recorrida e os recorrentes, seus alunos, celebraram contrato de prestação de serviços para que ela lhes ministrasse aulas correspondentes a determinado número de créditos. Todavia, constatou-se, em certo período do curso, que a recorrida não cumpriu o avençado. Por isso, deve a universidade restituir aos recorrentes o que indevidamente recebeu a mais, em razão da caracterização do enriquecimento ilícito. O simples fato de já ter ocorrido a colação de grau não denota anuência dos recorrentes com o ilícito ou a aplicação do art. 971 do CC/1916, quanto mais se tanto pela via administrativa quanto pela judicial buscaram reconhecer seu direito à repetição, o que afasta cogitar de remissão ou renúncia. Contudo, visto que a universidade não realizou qualquer cobrança ofensiva ou vexatória que possa ter exposto os recorrentes ao ridículo, não há que falar de repetição em dobro nos moldes do art. 42, parágrafo único, do CDC. Precedentes citados: REsp 893.648-SC, DJe 15/10/2008; AgRg no Ag 925.130-SC, DJe 19/3/2009; REsp 871.825-RJ, DJe 23/8/2010, e REsp 872.666-AL, DJ 5/2/2007. **REsp 895.480-SC, Rel. Min. Luis Felipe Salomão, julgado em 16/11/2010.** (Inform. STJ 456)

INSCRIÇÃO. SISBACEN. CADASTRO. INADIMPLENTES.

Trata-se de REsp em que o cerne da questão está em saber se o Sistema de Informação do Banco Central (Sisbacen) se equipara às instituições restritivas ao crédito, como o Serasa e o SPC, de modo que a abstenção de negativação junto àquele órgão também esteja abrangida no deferimento da liminar na ação revisional proposta na origem pela recorrida em desfavor do recorrente. Inicialmente, observou a Min. Relatora que o Sisbacen, conforme consta de seu regulamento, divulgado pela Circular n. 3.232/2004 do Banco Central (Bacen), é um conjunto de recursos de tecnologia de informação interligados em rede utilizado pelo Bacen na condução de seus processos de trabalho. A fim de possibilitar sua finalidade regulamentar, o Sisbacen desmembra-se em outros sistemas de informação ou cadastros de menor porte, entre os quais se destacam o Cadastro de Emitentes de Cheques sem Fundos (CCF), o Cadastro Informativo de Créditos não Quitados do Setor Público Federal (Cadin) e o Sistema de Informações de Crédito do Banco Central (SCR), o último de especial relevância para a solução da controvérsia em foco. Assinalou que a peculiaridade do banco de dados mantido pelo Bacen, que o faz diferir, em parte, dos demais bancos de dados, sejam públicos ou privados, é que aquele é alimentado tanto por informações positivas quanto negativas, o que o caracteriza como um sistema múltiplo, enquanto a maioria dos demais somente armazenam informações negativas. Desse modo, como um cadastro de negativação, o Sisbacen, no âmbito das instituições bancárias, por meio de seu SCR, age da mesma forma dos demais órgãos restritivos de crédito, como uma central de risco, cuja finalidade é avaliar o risco de crédito com vistas à idoneidade financeira dos consumidores, ou seja, avaliar a probabilidade de que o valor emprestado para consumidor de serviços bancários seja recebido de volta pelo banco mutuante. Nesse contexto, ressaltou a Min. Relatora, entre outras questões, que nada obsta que as instituições bancárias e financeiras, entre outras, informem a situação de inadimplemento ocorrida nos negócios realizados com pessoas físicas ou jurídicas com elas contratantes. Todavia, na espécie, a autora, ora recorrida, moveu ação revisional na qual a certeza e a liquidez do débito foram postas em dúvida e, além disso, sua pretensão estava amparada por decisão judicial que deferiu a tutela antecipada, mormente a existência de resolução do Bacen obrigando-o a promover o registro do débito. Assim, conforme jurisprudência já firmada na Segunda Seção deste Superior Tribunal, a proibição da inscrição da recorrida em órgãos de proteção ao crédito, aos quais é o SCR equiparado, tem caráter mandamental e se sobrepõe a ordens contidas em portarias e circulares do Poder Executivo que obrigam as instituições financeiras a prestar informações mensalmente sobre os clientes. Não há, portanto, justificativa para o descumprimento da liminar obstativa da inscrição do nome da recorrida no Sisbacen. Diante disso, a Turma negou provimento ao recurso. Precedente citado: REsp 527.618-RS, DJ 24/11/2003. **REsp 1.099.527-MG, Rel. Min. Nancy Andrighi, julgado em 14/9/2010.** (Inform. STJ 447)

CDC. REPETIÇÃO. INDÉBITO.

Cuida-se, na origem, de ação ordinária de restituição de tarifas relativas ao fornecimento de água e esgoto ajuizada pela ora agravante (*Shopping*) em razão de cobrança equivocada da companhia de saneamento no período de agosto de 1983 a dezembro de 1996, lapso em que vigente o Dec. estadual n. 21.123/1983. O tribunal *a quo* determinou a devolução do *quantum* pago indevidamente e afastou a repetição do indébito em dobro. A agravante sustenta ofensa ao art. 42, parágrafo único, do CDC, almejando a revisão do julgado quanto à devolução dos valores cobrados erroneamente a maior, que lhe seriam devidos em dobro. Dessa forma, a insurgência do *Shopping* está na restituição simples, pois o tribunal *a quo* afastou o pagamento em dobro, sob o fundamento de ser erro justificável por parte da concessionária de serviço público. Para o Min. Relator, não há como reexaminar a existência de culpa da concessionária. Entretanto, destacou que, mesmo se vencido esse óbice, era caso de se negar seguimento ao REsp, visto que somente se justifica a aplicação do parágrafo único do art. 42 da Lei n. 8.078/1990, quando ocorre erro injustificável do prestador de serviços, na cobrança dos débitos. No caso dos autos, não foi comprovada a ocorrência de erro injustificável do prestador do serviço público, uma vez que a questão referente ao enquadramento de imóveis comerciais do chamado "regime de economias" ensejou a aplicação de interpretações divergentes dos dispositivos do Dec. estadual n. 21.123/1983. Dessarte, não há falar em erro injustificável se a cobrança resulta da adesão do Poder Público à jurisprudência dos tribunais, ainda mais quando submetida à controvérsia, hipótese que em nada se identifica com a ocorrência de fato de terceiro ou a ausência de cautela. Por isso, a Turma negou provimento ao agravo. Precedentes citados: REsp 528.186-RS, DJ 22/3/2004; REsp 606.360-PR, DJ 1º/2/2006; REsp 710.183-PR, DJ 2/5/2006; AgRg no REsp 932.894-RS, DJe 13/10/2008; REsp 756.973-RS, DJ 16/4/2007; REsp 895.366-RS, DJ 7/5/2007, e REsp 1.090.398-RS, DJe 11/2/2009. **AgRg no REsp 1.155.827-SP, Rel. Min. Hamilton Carvalhido, julgado em 22/6/2010.** (Inform. STJ 440)

PREÇO DIFERENCIADO. VENDA. COMBUSTÍVEL.

Cinge-se a questão em saber se a cobrança de preços diferenciados pela mesma mercadoria (combustível) para o pagamento em espécie e para aquele efetuado por cartão de crédito constitui prática consumerista reputada abusiva. Para o Min. Relator, a análise da matéria recai, especificamente, sobre a relação jurídica que se estabelece entre o cliente (consumidor) e o estabelecimento comercial (fornecedor). Nessa relação, constata-se que o estabelecimento comercial, ao disponibilizar a consumidores o pagamento mediante cartão de crédito, cada vez mais utilizado, agrega ao seu negócio um diferencial, um valor que tem o condão de aumentar o fluxo de clientes e, por consequência, majorar seus lucros. O pagamento por cartão de crédito garante ao estabelecimento comercial o efetivo adimplemento, já que a administradora do cartão responsabiliza-se pela compra do consumidor, assumindo o risco de crédito e de eventual fraude. Nesse ponto, com essa modalidade de pagamento (que só se dará a partir da autorização da emissora), o consumidor exonera-se, de imediato, de qualquer obrigação ou vinculação perante o fornecedor, que deverá conferir àquele plena quitação. Está-se, portanto, diante de uma forma de pagamento à vista e, ainda *pro soluto* (que enseja a imediata extinção da obrigação). O custo pela disponibilização dessa forma de pagamento é inerente à própria atividade econômica desenvolvida pelo empresário e destinada à obtenção de lucro, em nada se referindo ao preço de venda do produto final. Imputar mais esse custo ao consumidor equivaleria a atribuir a ele a divisão de gastos advindo do próprio risco do negócio (de responsabilidade exclusiva do empresário), o que, além de refugir da razoabilidade, destoa dos ditames legais, em especial, do sistema protecionista do consumidor. Pela utilização do cartão de crédito, o consumidor já paga à administradora e emissora do cartão de crédito taxa pelo serviço (taxa de administração). Atribuir-lhe ainda o referido custo pela disponibilização importa em onerá-lo duplamente (*in bis idem*) e, por isso, em prática de consumo que se revela abusiva. Assim, por qualquer aspecto que se aborde a questão, inexistem razões plausíveis para a diferenciação de preços para o pagamento em pecúnia, por meio de cheque e de cartão de crédito, constituindo prática de consumo abusiva nos termos dos arts. 39, X, e 51, X, ambos do CDC. **REsp 1.133.410-RS, Rel. Min. Massami Uyeda, julgado em 16/3/2010.** (Inform. STJ 427)

CORRIDA. CAVALOS. APOSTA. EMPRÉSTIMO.

O cerne da questão do REsp cinge-se à possibilidade de exigir dívida resultante de empréstimo da própria banca exploradora do jogo para apostas em corridas de cavalos, sendo que, no caso, a aposta foi efetuada mediante contato telefônico entre o recorrente e o recorrido. Inicialmente, observou-se que, a despeito da previsão de não obrigatoriedade de pagamento das dívidas de jogo, contida nos arts. 1.477 e 1.478 do CC/1916 (correspondentes aos arts. 814, § 1º, e 815 do CC/2002), tais dispositivos não se aplicam a jogos legalmente permitidos. Na hipótese, trata-se de aposta em corrida de cavalos, atividade regulamentada pela Lei n. 7.291/1984 e pelo Dec. n. 96.993/1988, não incidindo, pois, as vedações contidas na lei substantiva civil a esse tipo de jogo. Diante disso, ao prosseguir o julgamento, a Turma, por maioria, entendeu que inexiste nulidade de título extrajudicial na execução promovida pelo recorrido, porquanto, embora os referidos diplomas legais prevejam a realização de apostas em dinheiro nas dependências do hipódromo, em nenhum momento eles proíbem a realização delas por telefone e mediante o empréstimo de dinheiro da banca exploradora ao apostador. O entendimento de ser abusiva tal prática levaria ao enriquecimento ilícito do apostador e violaria o princípio da autonomia da vontade, que permeia as relações de Direito Privado, no qual, ao contrário do Direito Público, é possível fazer tudo aquilo que a lei não proíbe. Assentou-se, por fim, que as instâncias ordinárias concluíram que inexistiam provas de que as apostas deixaram de ser efetuadas em dinheiro; o valor das apostas feitas pelo recorrente integrou o rateio dos páreos em que ele apostou; as apostas realizadas por telefone foram confirmadas pelo próprio recorrente quanto à sua realização; o título que fundamentou o ajuizamento da ação de execução foi assinado pelo recorrente e o contrato e as notas promissórias tiveram valor certo e determinado. Assim, tais constatações corroboram que não houve qualquer vício no procedimento das apostas. Todavia, a Min. Relatora, entre os fundamentos de seu voto vencido, destacou que a concessão de empréstimo ao jogador por aquela banca de apostas é uma prática claramente abusiva, que toma a fraqueza do apostador como oportunidade de lucro, sendo vedada nos termos do art. 39, IV, do CDC. Observou que o próprio art. 1.478 do CC/1916 (art. 815 do CC/2002) revela muito sobre a questão, ao estipular que não se pode exigir reembolso do que se emprestou para jogo ou aposta no ato de apostar ou jogar. Destarte, não se trata de premiar a má-fé do jogador que toma o empréstimo e se recusa ao pagamento, mas simplesmente de reconhecer que a banca de apostas não poderia conceder empréstimos e, se quisesse obter a tutela jurisdicional, deveria também demonstrar a lisura de sua conduta. Assim, constatado pelo tribunal *a quo* que houve mútuo, é certo que o valor cobrado não se inclui entre as dívidas lícitas de jogo. **REsp 1.070.316-SP, Rel. originária Min. Nancy Andrighi, Rel. para acórdão Min. Massami Uyeda, julgado em 9/3/2010.** (Inform. STJ 426)

INSCRIÇÃO INDEVIDA. SPC. PRESCRIÇÃO.

Na espécie, discute-se o direito de o autor ser indenizado em razão da indevida inscrição de seu nome em órgãos de restrição ao crédito, decorrente de um vício de adequação do serviço realizado pelos bancos. Alega o autor que, em 1994, pagou parte da fatura do cartão de crédito no valor de R$ 200. Após o pagamento, foi informado pelo banco de que houvera equívoco na operação, tendo sido creditado o valor integral da fatura R$ 379,18, razão pela qual o autor teve de efetuar o pagamento complementar do valor. Contudo, apesar de quitado integralmente o débito, o banco continuou cobrando do autor a mesma importância. Embora tenha apresentado os documentos comprobatórios da quitação, teve seu crédito cancelado e foi incluído no cadastro dos inadimplentes. Para o Min. Relator, o caso presente não se coaduna com a aplicação do art. 27 do CDC, restrito aos casos em que se configura fato do produto ou do serviço, conforme o art. 14 do CDC. Assim, o defeito do serviço que deu causa à negativação indevida do nome do consumidor, ato ilícito que caracteriza, também, infração administrativa (art. 56 do CDC c/c o art. 13, XIII, do Dec. n. 2.181/1997) e ilícito penal (arts. 72 e 73 do CDC), gerando direito à indenização por danos morais, não se confunde com o fato do serviço, que pressupõe um risco à segurança do consumidor, cujo prazo prescricional é definido no art. 27 do CDC. Diante disso, embora aplicável o CDC às relações entre clientes/consumidores e bancos, a pretensão, no caso, de caráter personalíssimo, foi acertadamente formulada com base no direito civil; pois, inexistindo norma específica quanto ao prazo prescricional aplicável ao caso, é de rigor a incidência da norma relativa à prescrição insculpida no Código Civil, qual seja, o art. 177 do CC/1916. Destacou o Min. Relator que a inscrição indevida do nome do autor em cadastros de inadimplência deu-se em 1997. Portanto, ainda que fosse aplicável o art. 27 do CDC, o prazo prescricional não estaria consumado, visto que a ação indenizatória foi ajuizada em 2001. Diante disso, a Turma não conheceu do recurso. **REsp 740.061-MG, Rel. Min. Luis Felipe Salomão, julgado em 2/3/2010.** (Inform. STJ 425)

ACP. BOLETO BANCÁRIO.

Cuida-se de ação civil pública (ACP) ajuizada pelo Ministério Público estadual contra vários bancos, ora recorrentes, ao fundamento de que, não obstante a edição da Res. n. 2.303/1996-Bacen, que disciplina a cobrança de tarifas pela prestação de serviços por parte das instituições financeiras, os bancos continuaram a cobrar tarifa indevida e abusiva pelo recebimento, em suas agências, de boletos bancários ou fichas de compensação, de tal forma que o consumidor, além de pagar a obrigação constante do título, mais encargos moratórios eventualmente existentes, é compelido a pagar, também, aquele valor adicional para que o título possa ser quitado na agência bancária. Vê-se, daí, que, malgrado a controvérsia acerca da natureza jurídica dos interesses em questão, pelas circunstâncias do caso identificadas pelo Tribunal de origem e pela leitura atenta da peça inaugural, parece claro que o autor visa à proteção de interesses individuais homogêneos (art. 81, III, do CDC), sendo indiscutível sua legitimação para intentar a ACP (art. 82, I, do mesmo código). Anote-se, como consabido, estar inclusa, entre as finalidades primordiais do MP, justamente a defesa do consumidor (arts. 127 da CF/1988 e 21 da Lei n. 7.347/1985). No tocante à alegada violação dos arts. 2° e 3° do CDC, conforme decidiu o STF em ADI (que, quanto aos serviços de natureza bancária, confirmou a constitucionalidade do art. 3°, § 2°, daquele *codex*), a relação jurídica existente entre o contratante ou usuário de serviços bancários e a instituição financeira deve ser disciplinada pelo CDC. Já no que diz respeito à alegada violação do art. 51 também do CDC, visto que os serviços prestados pelos bancos são remunerados pela chamada tarifa interbancária (criada por protocolo assinado pela Febraban e outros entes), tal qual referido pelo tribunal de origem, a cobrança de tarifa dos consumidores pelo pagamento mediante boleto ou ficha de compensação constitui enriquecimento sem causa das instituições financeiras, pois há uma dupla remuneração pelo mesmo serviço, o que denota vantagem exagerada dos bancos em detrimento dos consumidores. Assim, cabe ao consumidor apenas o pagamento da prestação que assumiu junto a seu credor, não sendo razoável que seja responsabilizado pela remuneração de serviço com o qual não se obrigou, nem tampouco contratou, mas lhe é imposto como condição para quitar a fatura recebida seja em relação a terceiro seja do próprio banco. Há, também, desequilíbrio entre as partes, decorrente do fato de que ao consumidor não resta senão se submeter à cobrança, pois não lhe é fornecido outro meio para adimplir suas obrigações. Diante disso tudo, conclui-se ser abusiva a cobrança da tarifa pela emissão do boleto bancário nos termos dos arts. 39, V, e 51, § 1°, I e III, todos do CDC. Contudo, no tocante à pretensão de devolução em dobro dos valores pagos em razão da cobrança de emissão de boleto bancário, prosperam os recursos dos bancos; pois, como bem referido pelo juízo de primeira instância, o pedido de indenização, seja de forma simples seja em dobro, não é cabível visto que a ACP busca a proteção dos interesses individuais homogêneos de caráter indivisível. O requerimento de devolução dos valores indevidamente cobrados tem caráter subjetivo individual, por isso deve ser postulado por seus próprios titulares em ações próprias. Por fim, a indenização prevista nos arts. 97 a 100 do CDC não se confunde, como querem fazer entender os recorrentes, com a multa cominada pelo não cumprimento da obrigação de não fazer determinada pelo tribunal de origem, consubstanciada na abstenção da cobrança da tarifa de emissão do boleto bancário. A indenização, segundo já dito, deve ser requerida em ação própria, pois passível de liquidação e execução da sentença de modo individual, motivo pelo qual não se fala, na hipótese dos autos, em indenização autônoma, tampouco em destinação dessa indenização ao Fundo de Direitos Difusos. Todavia, a multa cominatória em caso de descumprimento da obrigação de não fazer, por outro lado, será destinada ao fundo indicado pelo MP (art. 13 da Lei n. 7.347/1985), uma vez que não é possível determinar a quantidade de consumidores lesados pela cobrança indevida da tarifa sob a emissão de boleto bancário. Precedentes citados do STF: ADI 2.591-DF, DJ 13/4/2007; do STJ: REsp 168.859-RJ, DJ 23/8/1999; REsp 117.965-PR, DJ 26/5/1997; REsp 1.014.547-DF, DJe 7/12/2009; REsp 537.652-RJ, DJe 21/9/2009; REsp 1.021.161-RS, DJe 5/5/2008; REsp 894.385-RS, DJ 16/4/2007; REsp 799.669-RJ, DJ 18/2/2008; REsp 762.839-SP, DJ 7/11/2005; REsp 727.092-RJ, DJ 14/6/2007, e REsp 706.449-PR, DJe 9/6/2008. **REsp 794.752-MA, Rel. Min. Luis Felipe Salomão, julgado em 18/2/2010.** (Inform. STJ 423)

DANOS MORAIS. ***SPAM.***

Trata-se de ação de obrigação de fazer cumulada com pedido de indenização por danos morais em que o autor alega receber *e-mails* (*spam* com mulheres de biquíni) de restaurante que tem show de *streaptease* e, mesmo tendo solicitado, por duas vezes, que seu endereço eletrônico fosse retirado da lista de *e-mail* do réu (recorrido), eles continuaram a ser enviados. Entre os usuários de *internet,* é denominada *spam* ou *spammers* mensagem eletrônica comercial com propaganda não solicitada de fornecedor de produto ou serviço. A sentença julgou procedente o pedido e deferiu tutela antecipada para que o restaurante se abstivesse do envio da propaganda comercial sob pena de multa diária, condenando-o a pagar, a título de danos morais, o valor de R$ 5 mil corrigidos pelo IPC a partir da data do julgamento, acrescidos de juros de mora, contados a partir do evento lesivo. Entretanto, o TJ proveu apelação do estabelecimento e reformou a sentença, considerando que o simples envio de *e-mails* não solicitados, ainda que dotados de conotação comercial, não configuraria propaganda enganosa ou abusiva para incidir o CDC e não haveria dano moral a ressarcir, porquanto não demonstrada a violação da intimidade, da vida privada, da honra e da imagem. Para o Min. Relator, que ficou vencido, o envio de mensagens com propaganda, quando não autorizada expressamente pelo consumidor, constitui atividade nociva que pode, além de outras consequências, gerar um colapso no próprio sistema de *internet,* tendo em vista um grande número de informações transmitidas na rede, além de que o *spam* teria um custo elevado para sociedade. Observou que não há legislação específica para o caso de abusos, embora existam projetos de lei em tramitação no Congresso. Daí se aplicar por analogia o CDC. Após várias reflexões sobre o tema, reconheceu a ocorrência do dano e a obrigação de o restaurante retirar o autor de sua lista de envio de propaganda, e a invasão à privacidade do autor, por isso restabeleceu a sentença. Para a tese vencedora, inaugurada pelo Min. Honildo de Mello Castro, não há o dever de indenizar, porque existem meios de o remetente bloquear o *spam* indesejado, aliados às ferramentas disponibilizadas pelos serviços de *e-mail* da *internet* e *softwares* específicos, assim manteve a decisão do Tribunal *a quo*. Diante do exposto, a Turma por maioria não conheceu do recurso. **REsp 844.736-DF, Rel. originário Min. Luis Felipe Salomão, Rel. para acórdão Min. Honildo de Mello Castro (Desembargador convocado do TJ-AP), julgado em 27/10/2009.** (Inform. STJ 413)

REPETITIVO. CADASTRO. CRÉDITO. AR.

Os órgãos mantenedores de cadastros de proteção ao crédito cumprem o dever estabelecido no art. 43, § 2°, do CDC (notificação prévia da inscrição) pela comprovação do envio de correspondência ao devedor no endereço fornecido pelo credor, sem que seja necessária a prova do efetivo recebimento da carta mediante aviso de recebimento (AR). Esse entendimento foi reafirmado pela Seção no julgamento de recurso repetitivo (art. 543-C do CPC). Precedentes citados: AgRg no Ag 1.019.370-RJ, DJe 23/6/2008; AgRg no Ag 833.769-RS, DJ 12/12/2007; REsp 893.069-RS, DJ 31/10/2007; REsp 1.065.096-RS, DJe 23/9/2008, e AgRg no Ag 727.440-RJ, DJe 17/6/2009. **REsp 1.083.291-RS, Rel. Min. Nancy Andrighi, julgado em 9/9/2009.** (Inform. STJ 406)

CDC. REPETIÇÃO. INDÉBITO.

Cuida-se de ação declaratória com pedido de restituição de tarifas relativas ao fornecimento de água e esgoto ajuizada pela recorrente, tendo em vista a cobrança equivocada, por parte da Companhia de Saneamento Básico, de tarifas no período de agosto de 1983 a dezembro de 1996, época em que vigia o Dec. estadual n. 21.123/1983. O Tribunal *a quo* reformou parcialmente a sentença para determinar a devolução do *quantum* pago indevidamente e afastou a repetição do indébito. A recorrente sustenta ofensa ao art. 42, parágrafo único, do CDC, almejando a revisão do julgado quanto à devolução dos valores cobrados erroneamente a maior, que lhe seriam devidos em dobro. Para o Min. Relator, assiste razão à recorrente, uma vez que, da norma citada, depreende-se que a repetição do indébito é devida ao consumidor que, em cobrança extrajudicial, é demandado em quantia imprópria, sendo-lhe cabível a restituição em dobro do valor pago a maior. Ressalva-se, no entanto, a hipótese de engano justificável, oportunidade em que cabe o ressarcimento simples do *quantum*. A questão cinge-se à configuração dessa hipótese e à aplicação da regra contida no art. 42 do CDC. Salientou o Min. Relator que este Superior Tribunal firmou entendimento inverso do Tribunal de origem, de que basta a configuração de culpa para o cabimento da devolução em dobro dos valores pagos indevidamente pelo consumidor. Destacou que tanto a má-fé como a culpa (imprudência, negligência e imperícia) dão ensejo à punição tratada no dispositivo em comento. Assim, concluiu que o engano é justificável quando não decorre de dolo ou culpa. *In casu*, a recorrida não se desincumbiu de demonstrar a ausência de dolo ou culpa na errônea cobrança da tarifa de água e esgoto. Portanto, vislumbrando-se que a cobrança indevida deu-se por culpa da Companhia, que incorreu em erro no cadastramento das unidades submetidas ao regime de economias, aplica-se a regra do art. 42, parágrafo único, do CDC, com a devolução em dobro dos valores pagos indevidamente após a vigência do citado diploma legal. **REsp 1.079.064-SP, Rel. Min. Herman Benjamin, julgado em 2/4/2009.** (Inform. STJ 389)

INSCRIÇÃO. NOME. BANCO DE DADOS. AUSÊNCIA. COMUNICAÇÃO.
A recorrente alega que, nos termos do art. 43, § 2º, do CDC, não comprovou a ré a prévia comunicação da negativação no banco de dados a que estava obrigada, motivo pelo qual estaria configurado o dano moral. O Min. Relator esclareceu que, constatada a irregularidade, a mencionada negativação deve ser comunicada à inscrita, o que não aconteceu. Porém a autora não questionou, quando da inicial, a existência da dívida. Não bastasse isso, o acórdão recorrido também reconhece a existência de várias outras anotações negativas. Também, a autora não demonstrou, ao longo da ação, haver quitado a dívida, o que corrobora a suposição de que a prévia comunicação sobre sua existência teria tido algum efeito útil. Em tais excepcionais circunstâncias, não vê o Min. Relator como se possa indenizar a autora por ofensa moral, apenas pela falta de notificação. Destarte, bastante que se determine o cancelamento da inscrição até que haja a comunicação formal à devedora sobre aquela, mas dano moral nessa situação não é de ser reconhecido à autora. Isso posto, a Turma conheceu do recurso e lhe deu parcial provimento para improver o pleito de indenização por dano moral, determinando, contudo, o cancelamento dos registros requeridos pela empresa até que haja o cumprimento da formalidade da comunicação. Precedente citado: REsp 752.135-RS, DJ 5/9/2005. **REsp 986.913-RS, Rel. Min. Aldir Passarinho Junior, julgado em 27/11/2007.** (Inform. STJ 340)

INSCRIÇÃO. NOME. SERASA/SPC. RETIRADA. RESTRIÇÃO. ÔNUS. CREDOR. DEVEDOR.
Pretende a recorrente seja restabelecida a sentença que condenou a recorrida ao pagamento de sete mil, quatrocentos e vinte e quatro reais por danos morais, em virtude de a credora não haver providenciado a baixa em cadastro de devedores e do cartório de protestos. O Min. Relator, inicialmente, entendeu ser preciso distinguir duas situações: uma quando, por iniciativa do credor, o registro negativo consta em cartório de protesto de títulos e outra, no caso de inclusão em órgãos cadastrais (Serasa, SPC, etc). Na primeira situação, quando se tratar de protesto de títulos, que é necessário para cobrança judicial da cártula, a responsabilidade de dar baixa no cartório é do devedor, não do credor. De acordo com o art. 26, §§ 1º e 2º, da Lei n. 9.492/1997, qualquer interessado poderia promover a baixa do protesto cuja dívida já estivesse quitada. A segunda é diversa. Conforme a jurisprudência deste Superior Tribunal, a responsabilidade pela retirada do nome do devedor de cadastro de inadimplentes é do credor, se a ele deu causa, ou seja, se teve a iniciativa de promover a inscrição no órgão cadastral. Assim, se, após o pagamento, o banco não comunica o fato aos cadastros de crédito, fazendo perdurar a negativação além do tempo devido, deve por isso responder civilmente, em face da sua induvidosa negligência. Se tem o direito de apresentar a restrição – isso é verdadeiro –, não menos verdadeira é a sua obrigação de dar-lhe baixa após cessado o motivo que a instaurou. Precedentes citados: REsp 665.311-RS, DJ 3/10/2005; REsp 842.092-MG, DJ 28/5/2007; REsp 473.970-MG, DJ 9/10/2006, e REsp 746.817-SC, DJ 18/9/2006. **REsp 880.199-SP, Rel. Min. Aldir Passarinho Junior, julgado em 25/9/2007.** (Inform. STJ 333)

DANOS MORAIS. INSCRIÇÃO. NOME. AUTOR. BANCO. DADOS. INADIMPLENTES.
Trata-se de recurso contra acórdão do Tribunal de Alçada que julgou procedente, em parte, ação indenizatória para condenar o ora recorrente por danos morais, ante a inscrição indevida do nome do autor em banco de dados de inadimplentes. Porém o Min. Relator salientou que o fato de haver dívida, inclusive já em execução, autoriza a inscrição, porque ela não está solvida. Os processos judiciais de cobrança estavam em curso regular, portanto o débito permanecia. Nem a penhora nem a oferta de dação em pagamento constituem quitação. Ademais, pelo princípio da publicidade imanente, que se reconhece hígido neste Superior Tribunal, o próprio banco de dados poderia, autonomamente, proceder à inscrição, pois se cuida de informação constante do cartório de distribuição de feitos judiciais, de ampla publicidade. As distribuições são publicadas no Diário de Justiça. Então, se o banco poderia fazer a inscrição à luz dos dados publicados, também poderia o credor promover o registro no órgão cadastral. Registrou o Min. Relator que não consta ter sido pedida ou deferida qualquer ordem judicial cautelar ou em tutela antecipatória para que ficasse o banco impedido de proceder à negativação. Portanto era lícito ao banco inscrever o autor, nada sendo devido a título indenizatório. **REsp 556.448-SP, Rel. Min. Aldir Passarinho Junior, julgado em 4/9/2007.** (Inform. STJ 330)

DANOS MORAIS. INSCRIÇÃO. CADASTRO. INADIMPLEMENTES. COMUNICAÇÃO.
Conforme o art. 43, § 2º, do CDC, o devedor será comunicado previamente pelo banco de dados ou entidade cadastral sobre sua inscrição no cadastro de inadimplentes, sendo exclusivamente responsável pela comunicação o órgão responsável pela manutenção do cadastro. Contudo, em momento algum, o autor, ora recorrente, afirmou inexistirem fundamentos de fato para que ocorresse a inscrição. Logo, no caso, ante as peculiaridades, não cabe à recorrida ré indenizar o recorrente autor por ofensa moral, apenas pela falta de notificação. Assim, a Turma, ao prosseguir o julgamento, deu parcial provimento ao recurso para cancelar a inscrição até que haja comunicação formal ao devedor sobre ela, mas sem a condenação em dano moral. Precedentes citados: REsp 471.091-RJ, DJ 23/6/2003, e REsp 442.483-RS, DJ 12/5/2003. **REsp 965.207-RS, Rel. Min. Aldir Passarinho Junior, julgado em 21/8/2007.** (Inform. STJ 328)

INSCRIÇÃO. CADASTRO. INADIMPLENTES. COMUNICAÇÃO PRÉVIA.
O devedor deve ser comunicado sobre a inscrição de seu nome no cadastro de restrição ao crédito pelo órgão responsável por sua manutenção, e não pelo credor, que apenas informa a existência da dívida. A falta dessa prévia comunicação poderá acarretar a responsabilidade da entidade que administra o banco de dados. Enquanto não observada aquela formalidade, deve-se retirar a inscrição do nome do devedor do cadastro de inadimplentes. Precedentes citados: REsp 471.091-RJ, DJ 23/6/2003; REsp 442.483-RS, DJ 12/5/2003; REsp 285.401-SP, DJ 11/6/2001, e REsp 345.674-PR, DJ 18/3/2002. **REsp 954.904-RS, Rel. Min. Aldir Passarinho Junior, julgado em 26/6/2007.** (Inform. STJ 325)

DANOS MORAIS. SERVIÇOS TELEFÔNICOS NÃO-UTILIZADOS. CADASTRO DE INADIMPLENTES.
A Turma decidiu que, ainda que fiada nos atos praticados por operadora local prestadora de serviços de telefonia fixa de longa distância, a Embratel responde pela inclusão indevida do nome do consumidor em órgão restritivo de crédito, por dívida referente a acidente de consumo gerado por suposto uso de serviços telefônicos que o recorrente não solicitou ou mesmo utilizou-se. Em que pese a "má prestação de serviços" da operadora local no repasse das informações à empresa Embratel, não exime esta de sua responsabilidade pelos danos morais sofridos. No caso, não há como atribuir culpa a terceiro (operadora local), já que a inscrição indevida no cadastro de inadimplentes foi por iniciativa da Embratel, conforme provado o nexo causal, prevalecendo a responsabilidade civil desta perante o consumidor-vítima, que ademais sequer foi notificado previamente pelo ente do cadastro de inadimplentes. Precedentes citados: REsp 820.381-DF, DJ 2/5/2006; AgRg no Ag 703.852-MS, DJ 7/8/2006, e REsp 749.566-RO, DJ 8/5/2006. **REsp 790.992-RO, Rel. Min. Nancy Andrighi, julgado em 24/4/2007.** (Inform. STJ 318)

INDENIZAÇÃO. COMUNICAÇÃO. INSCRIÇÃO. CADASTRO. INADIMPLENTES. DANOS MORAIS.
A jurisprudência remansosa das Turmas componentes da Segunda Seção deste Superior Tribunal afirma que a comunicação da inscrição do devedor em cadastro de inadimplentes é obrigação exclusiva da entidade responsável pela manutenção do cadastro e sua falta poderá acarretar indenização por danos morais. Contudo, na espécie, o autor, na inicial, não questionou a existência da dívida. A decisão impugnada entendeu que o autor é devedor e que está inserido no cadastro da ré pela devolução de 54 cheques por segunda apresentação sem provisão de fundos. Assim, ante as peculiaridades do caso, a Turma entendeu que não há razão para indenizar o autor por ofensa moral, apenas por não ser notificado. Determinou que se cancele a inscrição até que haja comunicação formal ao devedor sobre a mesma, mas dano moral, nesta situação, não há que ser reconhecido. Precedentes citados: REsp 752.135-RS, DJ 5/9/2005; REsp 345.674-PR, DJ 18/3/2002; REsp 442.483-RS, DJ 12/5/2003, e REsp 285.401-SP, DJ 11/6/2001. **REsp 901.204-RS, Rel. Min. Aldir Passarinho Junior, julgado em 24/4/2007.** (Inform. STJ 318)

ENERGIA ELÉTRICA. MEDIDOR. QUESTIONAMENTO. CONSUMIDOR. DESCABIMENTO. CORTE.
A Turma, prosseguindo o julgamento, decidiu que, na falta de pagamento de valores referentes a diferenças apuradas e contestadas pelo usuário alegando irregularidades no medidor, descabe o corte no fornecimento da energia elétrica, uma vez que o débito contestado refere-se a valores cobrados em fatura mensal do que foi utilizado efetivamente e do que ficou constando do medidor irregular. Outrossim, configura constrangimento o corte do fornecimento de energia elétrica enquanto pendente a discussão da apuração irregular contestada pelo usuário. Precedentes citados: REsp 793.422-RS, DJ 17/8/2006, e REsp 834.954-MG, DJ 7/8/2006. **REsp 633.722-RJ, Rel. Min. Herman Benjamin, julgado em 13/2/2007.** (Inform. STJ 310)

ENERGIA ELÉTRICA. COBRANÇA. VALORES ANTIGOS.
Na espécie, o Tribunal *a quo* não autorizou o corte do fornecimento de energia elétrica, por entender configurada a cobrança de valores pretéritos (1994), pois, por não serem contemporâneos, não estariam sujeitos à prévia notificação. Assim, nesses casos, a companhia elétrica deveria buscar o adimplemento de seu crédito por meio das vias ordinárias de cobrança sem cortar o fornecimento de luz. Para o Min. Relator, correta a posição daquele Tribunal, porquanto o corte de energia elétrica pressupõe o inadimplemento de conta regular relativa ao mês de consumo, sendo inviável a suspensão do abastecimento de energia elétrica em razão de débitos antigos. Assim, embora a Primeira Seção tenha pacificado o entendimento segundo o qual a companhia pode interromper o fornecimento de energia elétrica se, após aviso prévio, o usuário permanecer inadimplente, no caso dos autos, de débitos pretéritos, não deve haver a suspensão da energia. Lembrou ainda que, quanto aos débitos antigos, o art. 42 do CDC não admite constrangimento nem ameaças ao consumidor. Com esse entendimento, ao prosseguir o julgamento, a Turma negou provimento ao recurso da companhia estadual de energia elétrica. Precedentes citados: REsp 772.486-RS, DJ 6/3/2006, e REsp 756.591-DF, DJ 18/5/2006. **REsp 631.736-RS, Rel. Min. Humberto Martins, julgado em 15/2/2007.** (Inform. STJ 310)

SÚMULA STJ Nº 404

É dispensável o aviso de recebimento (AR) na carta de comunicação ao consumidor sobre a negativação de seu nome em bancos de dados e cadastros.

SÚMULA STJ Nº 385

Da anotação irregular em cadastro de proteção ao crédito, não cabe indenização por dano moral, quando preexistente legítima inscrição, ressalvado o direito ao cancelamento.

SÚMULA STJ Nº 359

Cabe ao órgão mantenedor do Cadastro de Proteção ao Crédito a notificação do devedor antes de proceder à inscrição.

SÚMULA STJ Nº 356

É legítima a cobrança da tarifa básica pelo uso dos serviços de telefonia fixa.

SÚMULA STJ Nº 323

A inscrição do nome do devedor pode ser mantida nos serviços de proteção ao crédito até o prazo máximo de cinco anos, independentemente da prescrição da execução.

7. PROTEÇÃO CONTRATUAL

DIREITO PROCESSUAL CIVIL E DO CONSUMIDOR. CONVENÇÃO DE ARBITRAGEM. NULIDADE DA CLÁUSULA.
É nula a cláusula que determine a utilização compulsória da arbitragem em contrato que envolva relação de consumo, ainda que de compra e venda de imóvel, salvo se houver posterior concordância de ambas as partes. A Lei de Arbitragem dispõe que a pactuação do compromisso e da cláusula arbitral constitui hipótese de extinção do processo sem julgamento do mérito, obrigando a observância da arbitragem quando pactuada pelas partes com derrogação da jurisdição estatal. Tratando-se de contratos de adesão genéricos, a mencionada lei restringe a eficácia da cláusula compromissória, permitindo-a na hipótese em que o aderente tome a iniciativa de instituir a arbitragem ou de concordar expressamente com a sua instituição (art. 4º, § 2º, da Lei n. 9.307/1996). O art. 51, VII, do CDC estabelece serem nulas as cláusulas contratuais que determinem a utilização compulsória da arbitragem. Porém, o CDC veda apenas a adoção prévia e compulsória da arbitragem no momento da celebração do contrato, mas não impede que, posteriormente, diante de eventual litígio, havendo consenso entre as partes (em especial a aquiescência do consumidor), seja instaurado o procedimento arbitral. Portanto, não há conflito entre as regras dos arts. 51, VII, do CDC e 4º, § 2º, da Lei n. 9.307/1996; pois, havendo contrato de adesão que regule uma relação de consumo, deve-se aplicar a regra específica do CDC, inclusive nos contratos de compra e venda de imóvel. Assim, o ajuizamento da ação judicial evidencia, ainda que de forma implícita, a discordância do autor em se submeter ao procedimento arbitral. Precedente citado: REsp 819.519-PE, DJ 5/11/2007. **REsp 1.169.841-RJ, Rel. Min. Nancy Andrighi, julgado em 6/11/2012.(Inform. STJ 508)**

DIREITO CIVIL. CONTRATO DE SEGURO DE VEÍCULO. PREVISÃO DE COBERTURA DE CRIME DE ROUBO. ABRANGÊNCIA DO CRIME DE EXTORSÃO.
É devido o pagamento de indenização por seguradora em razão dos prejuízos financeiros sofridos por vítima de crime de extorsão constrangida a entregar o veículo segurado a terceiro, ainda que a cláusula contratual delimitadora dos riscos cobertos somente preveja as hipóteses de colisão, incêndio, furto e roubo. Em que pese ser de rigor a interpretação restritiva em matéria de direito penal, especialmente ao se aferir o espectro de abrangência de determinado tipo incriminador, isso por força do princípio da tipicidade fechada ou estrita legalidade (CF, art. 5º, XXXIX; e CP, art. 1º), tal viés é reservado à seara punitivo-preventiva (geral e especial) inerente ao Direito Penal, cabendo ao aplicador do Direito Civil emprestar aos institutos de direito privado o efeito jurídico próprio, especialmente à luz dos princípios da boa-fé objetiva e da conservação dos contratos. A restrição legal do art. 757 do CC encerra vedação de interpretação extensiva somente quando a cláusula delimitadora de riscos cobertos estiver redigida de modo claro e insusceptível de dúvidas. Assim, é possível afastar terminologias empregadas na construção de cláusulas contratuais que redundem na total subtração de efeitos de determinada avença, desde que presente um sentido interpretativo que se revele apto a preservar a utilidade econômica e social do ajuste. Além disso, havendo relação de consumo, devem ser observadas as diretrizes hermenêuticas de interpretação mais favorável ao consumidor (art. 47, CDC), da nulidade de cláusulas que atenuem a responsabilidade do fornecedor, ou redundem em renúncia ou disposição de direitos pelo consumidor (art. 51, I, CDC), ou desvirtuem direitos fundamentais inerentes à natureza do contrato (art. 51, § 1º, II, CDC). A proximidade entre os crimes de roubo e extorsão não é meramente topológico-geográfica, mas também conceitual, uma vez que, entre um e outro, o que essencialmente os difere é a extensão da ação do agente criminoso e a forçada participação da vítima. A distinção é muito sutil já que, no roubo, o réu desapossa, retira violentamente o bem da vítima; na extorsão, com o mesmo método, obriga a entrega. Dessa forma, a singela vinculação da cláusula que prevê os riscos cobertos a conceitos de direito penal está aquém daquilo que se supõe de clareza razoável no âmbito das relações consumeristas, sobretudo diante da carga limitativa que o dispositivo do ajuste encerra, pois a peculiar e estreitíssima diferenciação entre roubo e extorsão perpassa o entendimento do homem médio, mormente em se tratando de consumidor, não lhe sendo exigível a capacidade de diferenciar tipos penais. Trata-se de situação distinta daquela apreciada pela Quarta Turma, na qual se assentou que a cobertura securitária estabelecida para furto e roubo não abrangia hipóteses de apropriação indébita (REsp n. 1.177.479-PR). Precedente citado: REsp 814.060-RJ, DJe 13/4/2010. **REsp 1.106.827-SP, Rel. Min. Marco Buzzi, julgado em 16/10/2012.(Inform. STJ 506)**

SEGURO DE SAÚDE. CARÊNCIA. ATENDIMENTO EMERGENCIAL. SITUAÇÃO-LIMITE.
A questão consiste em saber se, em seguro de assistência à saúde, é possível a seguradora invocar prazo de carência contratual para restringir o custeio dos procedimentos de emergência de que depende o beneficiário do seguro ao período concernente às doze primeiras horas de atendimento médico-hospitalar, a contar da internação. No caso, o recorrente ajuizou ação de obrigação de fazer em face da seguradora ora recorrida, sustentando ser beneficiário do seguro de assistência à saúde firmado com a recorrida. Aduz que, ao ser atendido no hospital, foi diagnosticada a existência de tumor cerebral maligno, com quadro médico grave e risco de morte, razão pela qual foi imediatamente internado para posterior intervenção neurocirúrgica. Apesar do caráter emergencial do exame de ressonância magnética nuclear, foi negada, pela recorrida, a sua cobertura ao argumento de que o contrato do recorrente estaria sujeito ao prazo de

carência de 180 dias a partir da adesão ao seguro. E que, diante dessa situação, foi sua genitora quem custeou os exames. O juiz *a quo* julgou procedentes os pedidos formulados na inicial, obrigando a recorrida a custear todos os procedimentos necessários até a cessação e extirpação da moléstia, sob pena de arcar com multa diária de R$ 1 mil, determinando, também, o reembolso dos valores despendidos. Interposta apelação, o tribunal de justiça deu parcial provimento ao recurso da recorrida para limitar o período da cobertura. O recorrente interpôs recurso especial, que foi admitido. A Turma entendeu que, diante do disposto no art. 12 da Lei n. 9.656/1998, é possível a estipulação contratual de prazo de carência, todavia o inciso V, "c", do mesmo dispositivo estabelece o prazo máximo de 24 horas para cobertura dos casos de urgência e emergência. Os contratos de seguro e assistência à saúde são pactos de cooperação e solidariedade, cativos e de longa duração, informados pelos princípios consumeristas da boa-fé objetiva e função social, tendo o objetivo precípuo de assegurar ao consumidor, no que tange aos riscos inerentes à saúde, tratamento e segurança para amparo necessário de seu parceiro contratual. Os artigos 18, § 6º, III, e 20, § 2º, do CDC preveem a necessidade da adequação dos produtos e serviços à legítima expectativa do consumidor de, em caso de pactuação de contrato oneroso de seguro de assistência à saúde, não ficar desamparado no que tange a procedimento médico premente e essencial à preservação de sua vida. Como se trata de situação limite em que há nítida possibilidade de violação de direito fundamental à vida, não é possível a seguradora invocar prazo de carência contratual para restringir o custeio dos procedimentos de emergência relativos ao tratamento de tumor cerebral que aflige o beneficiário do seguro. Precedente citado do STF: RE 201819, DJ 27/10/2006; do STJ: REsp 590.336-SC, DJ 21/2/2005, e REsp 466.667-SP, DJ 17/12/2007. **REsp 962.980-SP, Rel. Min. Luis Felipe Salomão, julgado em 13/3/2012. (Inform. STJ 493)**

BANCÁRIO. PERMANÊNCIA. PLANO DE SAÚDE. DEMISSÃO SEM JUSTA CAUSA.

O cerne da *quaestio* é saber se o recorrido (ex-empregado bancário) faz jus ao direito de permanecer no plano de saúde que possuía no momento da demissão sem justa causa com as mesmas condições de cobertura assistencial de que gozava quando da vigência de seu contrato laboral, bem como se há delimitação de tempo para essa permanência. O art. 30 da Lei n. 9.656/1998 confere tal direito após o término do vínculo empregatício, desde que o empregado assuma o pagamento integral da contribuição. *In casu*, o recorrido despenderia pelo pagamento integral o valor total de R$ 276,68. Mas, com a alteração unilateral do plano pela recorrente (caixa de assistência dos funcionários do banco) e o argumento de que, nos termos do seu estatuto, só é possível a manutenção no Plano Associado enquanto perdurar o vínculo empregatício do titular com o banco, o recorrido foi obrigado a aderir a plano mais oneroso (no valor de R$ 592,92) e menos benéfico, com limitações ao atendimento de seus dependentes. Assim, a recorrente faltou com os deveres anexos, instrumentais, secundários ou acessórios que se revelam como uma das faces de operatividade do princípio da boa-fé objetiva, notadamente os de lealdade, de não agravar a situação do parceiro contratual, esclarecimento, informação e consideração para com os legítimos interesses dele. Além do mais, a legislação (arts. 6º, III, IV, V, 46, 51, I, IV, XV, §§ 1º e 2º, do CDC e 16, IX, da Lei n. 9.656/1998) impõe o reconhecimento do direito do recorrido de permanecer no plano de saúde em que se enquadrava com iguais condições e cobertura assistencial, no período subsequente ao rompimento de seu vínculo empregatício com o banco. Porém, como o § 1º do art. 30 da Lei n. 9.656/1998 impõe a manutenção do ex-empregado como beneficiário do plano de saúde contanto que assuma o pagamento integral, pelo período máximo de 24 meses e, no caso, por força de antecipação dos efeitos da tutela, o recorrido permaneceu no Plano Associado desde 2003, não pode mais ser imposto à recorrente a manutenção do recorrido naquele plano. Prosseguindo o julgamento, com essas e outras fundamentações, a Turma deu parcial provimento ao recurso apenas para reconhecer que a manutenção do recorrido naquele plano não pode ser imposta à recorrente, pois vencido o prazo fixado em lei. Quanto aos demais pontos, manteve o acórdão *a quo*, inclusive os ônus sucumbenciais. Precedentes citados: REsp 820.379-DF, DJ 6/8/2007, e REsp 1.078.991-DF, DJe 16/6/2009. **REsp 925.313-DF, Rel. Min. Luis Felipe Salomão, julgado em 6/3/2012. (Inform. STJ 492)**

CONTRATO. PLANO. SAÚDE. CLÁUSULA ABUSIVA.

O cerne da questão cinge-se à análise da existência de abuso na cláusula do contrato de plano de saúde que prevê limite de valor para cobertura de tratamento médico-hospitalar. *In casu*, a beneficiária de plano de saúde foi internada em hospital conveniado, em razão de moléstia grave e permaneceu em UTI. Todavia, quando atingido o limite financeiro (R$ 6.500,00) do custo de tratamento previsto no contrato celebrado entre as partes, a recorrida (mantenedora do plano de saúde) negou-se a cobrir as despesas médico-hospitalares excedentes. De fato, o sistema normativo vigente permite às seguradoras fazer constar da apólice de plano de saúde privado cláusulas limitativas de riscos adicionais relacionados com o objeto da contratação, de modo a responder pelos riscos somente na extensão contratada. No entanto, tais cláusulas limitativas não se confundem com as cláusulas que visam afastar a responsabilidade da seguradora pelo próprio objeto nuclear da contratação. Na espécie, a seguradora de plano de saúde assumiu o risco de cobrir o tratamento da moléstia que acometeu a segurada. Porém, por meio de cláusula limitativa e abusiva, reduziu os efeitos jurídicos dessa cobertura ao estabelecer um valor máximo para as despesas hospitalares, tornando, assim, inócuo o próprio objeto do contrato. É que tal cláusula não é meramente limitativa de extensão de risco porque excludente da própria essência do risco assumido. O Min. Relator ressaltou que não se pode equiparar o seguro-saúde a um seguro patrimonial, no qual é possível e fácil aferir o valor do bem segurado, criando limites de reembolso/indenização. Pois, quem segura a saúde de outrem está garantindo o custeio de tratamento de doenças que, por sua própria natureza, são imprevisíveis, sendo essa uma das razões que leva a pessoa a contratar seguro de saúde. Assim, seja por violação das normas do CDC (arts. 4º, 6º, 51) ou do disposto na Lei n. 9.656/1998 e no DL n. 73/1966, deve ser considerada abusiva a cláusula contratual de seguro-saúde que crie limitação de valor para o custeio de tratamento de saúde ou de internação hospitalar de segurado ou beneficiário. Com efeito, em observância à função social dos contratos, à boa-fé objetiva e à proteção à dignidade humana, deve ser reconhecida a nulidade de tal cláusula. Com essas e outras considerações, a Turma deu provimento ao recurso para, julgando procedente a ação e improcedente a reconvenção, condenar a seguradora ao pagamento das despesas médico-hospitalares (deduzindo-se as já suportadas pela recorrida) a título de danos materiais e dos danos morais decorrentes da cláusula abusiva e da injusta recusa da cobertura securitária pela operadora do plano de saúde, o que causou aflição à segurada (acometida de moléstia grave que levaria a estado terminal) que necessitava dar continuidade à sua internação em UTI e ao tratamento médico hospitalar adequado. Precedente citado: REsp 326.147-SP, DJe 8/6/2009. **REsp 735.750-SP, Rel. Min. Raul Araújo, julgado em 14/2/2012. (Inform. STJ 491)**

ACP. TÍTULOS. CAPITALIZAÇÃO. CLÁUSULA. PRAZO. CARÊNCIA.

Em ação civil pública (ACP) promovida pela Associação Nacional de Defesa da Cidadania e do Consumidor (Anadec) contra instituição financeira (banco recorrente), discute-se a legalidade de cláusula dos contratos de capitalização negociados pela recorrente com seus clientes nos quais institui prazo de carência de 12 meses para devolução da importância recolhida pelo aplicador que desiste do plano de capitalização. O tribunal *a quo* deu provimento ao recurso de apelação, reformando a sentença de improcedência ao argumento de que a cláusula estipula desvantagem excessiva ao consumidor, impondo dupla penalidade ao desistente: a redução do valor a restituir e o prazo para essa finalidade. Para o Min. Relator, com relação à incidência da Súm. n. 5-STJ, embora utilizada para inadmissão do REsp, no caso, não se discute a simples interpretação de cláusula contratual, circunstância que atrairia a incidência daquele enunciado, mas como há vinte anos, de igual modo, já decidira o Min. Eduardo Ribeiro: a questão não está em saber o alcance do que as partes pactuaram, mas de sua validade em face da lei. Assim, registra o Min. Relator que, se há norma jurídica permitindo a celebração de cláusula de carência de até 24 meses para devolução dos valores investidos, não se pode anular por abusiva aquela que prevê prazo inferior, de 12 meses, para a devolução de valores aplicados, sem que haja a evidência de que o investidor tivesse sido levado a erro quanto a essa circunstância. Considera perfeitamente possível, sem desrespeitar os princípios do CDC, harmonizá-los com outras normas legais que reconhecem a validade da cláusula nos contratos de capitalização por meio da qual se estipula prazo de carência para devolução dos valores investidos a quem desiste do plano a que aderiu. Deve, a seu ver, ser utilizada a técnica do "diálogo das fontes" para harmonizar a aplicação concomitante de dois diplomas legais ao mesmo negócio jurídico, tal como na hipótese: as normas específicas que regulam os títulos de capitalização (DL n. 261/1967) e o CDC, o qual assegura aos investidores a transparência e as informações necessárias ao perfeito conhecimento do produto. Logo, assevera que não se pode, em ACP, buscar, de forma genérica e preventivamente, impedir a livre estipulação de cláusulas contratuais expressamente admitidas pelo ordenamento jurídico pátrio sob o pretexto de proteção da sociedade, visto que, numa democracia, as pessoas devem ter liberdade de escolha e assumir as consequências daí advindas. Com esse entendimento, a Turma deu provimento ao recurso para julgar improcedente a ACP proposta pela Anadec, isenta do pagamento dos ônus de sucumbência nos termos do art. 18 da Lei n. 7.347/1985. Precedente citado: REsp 4.930-SP, DJ 4/3/1991. **REsp 1.216.673-SP, Rel. Min. João Otávio de Noronha, julgado em 2/6/2011.** (Inform. STJ 475)

DANOS MORAIS. RECONHECIMENTO. CURSO SUPERIOR. CRF.

Trata-se, na origem, de ação de indenização por danos morais, visto que a faculdade (ré e recorrente) deixou de providenciar o reconhecimento de curso de enfermagem junto ao Ministério da Educação e Cultura (MEC) e, por esse atraso da ré, a recorrida (autora), ao colar grau, não conseguiu obter o registro profissional no Conselho Regional de Farmácia (CRF), consequentemente não pôde exercer a profissão. Para o Min. Relator, a discussão a respeito da possibilidade de inscrição no CRF só com a apresentação do certificado de conclusão do curso superior, ainda que possível, não poderia servir como matéria válida de defesa da recorrente diante dos fatos: após quatro anos, a instituição de ensino ainda não havia providenciado o reconhecimento do curso no MEC; por esse motivo a estudante, só depois de concluir o curso de Farmácia, foi surpreendida com a notícia de que não poderia inscrever-se no CRF nem exercer a profissão para a qual se graduou. Nesse contexto, afirma não ser possível deixar de reconhecer que há dano, inclusive moral, pelo retardamento das providências necessárias ao reconhecimento do curso no MEC, o que é de responsabilidade exclusiva da instituição de ensino; não cabe, assim, atribuir o ônus ao estudante. Segundo o Min. Relator, também foge ao razoável a alegação da recorrente de que não existe prazo para envio de requerimento para o reconhecimento de curso pelo MEC depois de esperar mais de quatro anos para fazê-lo. Assim, manteve a decisão do TJ quanto ao valor do dano moral em 25 salários mínimos e a sucumbência recíproca, que foi estabelecida em 50% devido ao afastamento dos danos materiais, parte em que o recurso da autora, segundo os autos, não foi admitido. Com esse entendimento, a Turma negou provimento ao recurso. **REsp 1.034.289-SP, Rel. Min. Sidnei Beneti, julgado em 17/5/2011.** (Inform. STJ 473)

DANO MORAL. RECUSA INJUSTA. PLANO. SAÚDE.

Turma, ao prosseguir o julgamento, por maioria, entendeu, entre outras questões, que dá ensejo à indenização por dano moral a injusta recusa da cobertura securitária por plano de saúde, uma vez que a conduta agrava a situação de aflição psicológica e de angústia no espírito do segurado, o qual, ao pedir a autorização da seguradora, já se encontra em situação de dor, de abalo psicológico e com a saúde debilitada. Precedentes citados: REsp 1.067.719-CE, DJe 5/8/2010, e REsp 918.392-RN, DJe 1º/4/2008. **REsp 1.190.880-RS, Rel. Min. Nancy Andrighi, julgado em 19/5/2011.** (Inform. STJ 473)

PLANO DE SAÚDE. GASTROPLASTIA.

Discute-se, no REsp, a obrigatoriedade de o plano de saúde da recorrida cobrir gastos com gastroplastia indicada ao tratamento de obesidade mórbida e outras complicações dela decorrentes. No julgamento do especial, observou o Min. Relator que as instâncias ordinárias mostraram ser a diversidade das consequências da doença apontada no laudo médico trazido aos autos indicadora de riscos iminentes à vida da paciente, considerada a cirurgia indispensável à sua sobrevida. Assim, consignou que, efetivamente, a gastroplastia indicada como tratamento para obesidade mórbida, longe de ser um procedimento estético ou mero tratamento emagrecedor, revela-se como cirurgia por vezes essencial à sobrevida do segurado, vocacionada, ademais, ao tratamento das outras tantas comorbidades que acompanham a obesidade em grau severo. Nessa hipótese, mostra-se ilegítima a negativa do plano de saúde em cobrir as despesas da intervenção cirúrgica. Registrou, ainda, que, havendo, por um lado, cláusula contratual excludente de tratamento para emagrecimento ou ganho de peso e, por outro lado, cláusula de cobertura de procedimentos cirúrgicos de endocrinologia e gastroenterologia, o conflito interpretativo soluciona-se em benefício do consumidor, mercê do disposto no art. 49 do CDC. Com esse entendimento, a Turma negou provimento ao recurso. Precedente citado: REsp 1.106.789-RJ, DJe 18/11/2009. **REsp 1.175.616-MT, Rel. Min. Luis Felipe Salomão, julgado em 1º/3/2011.** (Inform. STJ 465)

CLÁUSULA LIMITATIVA. COBERTURA. SEGURO. VALIDADE.

Foi celebrado contrato de seguro de vida e, apenas quando da entrega do manual, enviado após a assinatura da proposta, é que foi informada ao segurado a cláusula restritiva de direito. Assim, a Turma deu provimento ao recurso por entender afrontado o art. 54, § 4º, do CDC, uma vez que a cláusula restritiva de direitos deveria ter sido informada de forma clara e precisa, no momento da contratação. É inegável que a conduta da recorrida malferiu o princípio da boa-fé contratual consignado não apenas no CDC, mas também no CC/2002. Precedente citado: REsp 485.760-RJ, DJ 1º/3/2004. **REsp 1.219.406-MG, Rel. Min. Luis Felipe Salomão, julgado em 15/2/2011.** (Inform. STJ 463)

PLANO DE SAÚDE. CLÁUSULA LIMITATIVA. FORNECIMENTO. PRÓTESE.

A Turma deu provimento ao recurso e restabeleceu a sentença por reconhecer que a jurisprudência entende não ter validade a limitação imposta por cláusula de plano de saúde que veda o fornecimento de prótese, quando a colocação dela for considerada providência comprovada e necessária ao sucesso de intervenção cirúrgica. No caso dos autos, apesar de o associado do plano de saúde ter sofrido acidente e ter firmado contrato desde abril de 1993, há mais de dez anos, o hospital conveniado não pôde iniciar sua cirurgia diante da negativa de autorização da seguradora ao argumento de que o contrato não previa cobertura para fornecer prótese considerada indispensável para o êxito da cirurgia de fratura de tíbia e maléolo. Para o Min. Relator, essa recusa fere o art. 51, IV, do CDC (Lei n. 8.078/1990), bem como a exigência de comportamento pautado pela boa-fé objetiva por conferir ao hipossuficiente desvantagem desproporcional. Ainda, tem a cláusula limitativa alcance bem maior daquele inicialmente imaginado pelo segurado, pois atinge, inclusive, os procedimentos cobertos pelo plano ou seguro (explica que essas últimas colocações eram vigentes antes mesmo da edição do CDC). Precedentes citados: REsp 811.867-SP, DJe 22/4/2010; REsp 735.168-RJ, DJe 26/3/2008, e REsp 519.940-SP, DJ 1º/9/2003. **REsp 873.226-ES, Rel. Min. Luis Felipe Salomão, julgado em 8/2/2011.** (Inform. STJ 462)

SEGURO. INDENIZAÇÃO. CORRETORA.

A inicial, após narrar que a seguradora não honrou a cobertura securitária, pede a condenação dela e da corretora ao pagamento da indenização. Assim, não há que se falar em responsabilidade por fato do serviço e em consequente responsabilidade solidária da corretora (arts. 7º, parágrafo único, 14 e 25, § 1º, do CDC), pois o que se busca é a própria prestação contratual, o pagamento do seguro diante da ocorrência de sinistro, e não a indenização de danos causados ao consumidor porventura decorrentes de conduta culposa da corretora. Precedentes citados: REsp 149.977-RJ, DJ 29/6/1998; REsp 202.613-ES, DJ 12/6/2000, e REsp 476.472-SC, DJ 26/4/2004. **REsp 1.190.772-RJ, Rel. Min. Luis Felipe Salomão, julgado em 19/10/2010.** (Inform. STJ 452)

CDC. SEGURO SAÚDE. RESCISÃO. REAJUSTE.

A sociedade empresária recorrente firmou com a sociedade empresária recorrida (seguradora) contrato de seguro coletivo para reembolso de despesas derivadas de assistência médica e hospitalar em benefício de seus empregados (beneficiários). Sucede que a recorrida externou sua intenção de cancelar unilateralmente o contrato com lastro em cláusula resolutória expressa. Diante disso, com suporte no CDC, a recorrente ajuizou ação pleiteando a declaração de nulidade da cláusula que autoriza o reajuste do prêmio mensal em face do aumento da sinistralidade e da que permite a rescisão unilateral pela recorrida. Ressalte-se, primeiramente, tratar-se de contrato entabulado pela sociedade empresária em benefício de seus empregados como parte dos atrativos da relação de trabalho, daí não se cogitar da figura do hipossuficiente nesse tipo de relação. Contudo, por se cuidar de contrato cativo, de longa duração, não faz sentido poder a seguradora, *ad nutum*, rescindi-lo. Daí ser nula a cláusula permissiva desse tipo de rescisão, pois há a necessidade de motivá-la mediante apresentação de cálculos atuariais. Já quanto ao aumento do valor das contribuições, ele é justificável pelo aumento de sinistralidade em razão de maior utilização do serviço decorrente do incremento de idade dos beneficiários, o que também pode ser demonstrado em cálculos atuariais. Esse entendimento foi acolhido pela maioria dos integrantes da Turma. Porém, em substancioso voto, divergiu a Min. Nancy Andrighi, relatora originária, quanto a não reputar abusiva, no caso, a cláusula de reajuste das mensalidades decorrentes do aumento da sinistralidade; pois, em suma, ela não se coaduna com qualquer forma de majoração prevista para as modalidades de plano de saúde (individual ou coletivo) pela Agência Nacional de Saúde (ANS) e descaracteriza a própria natureza desse contrato (seguro), sujeito à álea, não se prestando, sequer, a equilibrá-lo. **REsp 1.102.848-SP, Rel. originária Min. Nancy Andrighi, Rel. para acórdão Min. Massami Uyeda, julgado em 3/8/2010.** (Inform. STJ 441)

PROMESSA. COMPRA E VENDA. CLÁUSULA ABUSIVA.
A questão a ser dirimida no REsp está em saber se, rescindido o contrato de promessa de compra e venda de imóvel celebrado diretamente com a construtora/incorporadora, as parcelas pagas devem ser restituídas de imediato, proclamando-se a nulidade da cláusula que determina a devolução de tais parcelas somente ao término da obra. A Turma entendeu que é abusiva, por ofensa ao art. 51, II e IV, do CDC, a cláusula contratual que determina, em caso de rescisão de promessa de compra e venda de imóvel, a restituição das parcelas somente ao término da obra, haja vista que poderá o promitente vendedor, uma vez mais, revender o imóvel a terceiros e, a um só tempo, auferir vantagem com os valores retidos. Ademais, se não concluída a obra, o consumidor preterido ficará ao sabor da conveniência do contratante inadimplente para receber o que pagou indevidamente. Nesse caso, o comportamento do fornecedor revela potestatividade, considerado abusivo tanto pelo CDC (art. 51, IX) quanto pelo CC/2002 (art. 122). Observou-se que, no caso, o acórdão recorrido, embora faça alusão ao contrato, não deixa explicitado se as arras têm natureza confirmatória ou penitencial, tampouco o recorrente opôs embargos de declaração para aclarar tal ponto. Diante disso, negou-se provimento ao recurso. Precedentes citados: REsp 633.793-SC, DJ 27/6/2005; REsp 745.079-RJ, DJ 10/12/2007, e REsp 110.528-MG, DJ 1º/2/1999. **REsp 877.980-SC, Rel. Min. Luis Felipe Salomão, julgado em 3/8/2010.** (Inform. STJ 441)

SERVIÇOS EDUCACIONAIS. FREQUÊNCIA. AULAS.
É devida a cobrança por serviços educacionais contratados e disponibilizados ao educando mesmo que ele não frequente as aulas. Não há que se falar em onerosidade ou abusividade e, consequentemente, na violação do art. 51, IV e XV, do CDC, pois a instituição educacional cumpriu a obrigação que lhe competia no contrato. **REsp 726.417-RJ, Rel. Min. João Otávio de Noronha, julgado em 5/11/2009.** (Inform. STJ 414)

FINANCIAMENTO. ALIENAÇÃO FIDUCIÁRIA. ARREPENDIMENTO.
Trata-se de REsp em que se discute, em síntese, o direito de arrependimento, previsto no art. 49 do Código de Defesa do Consumidor (CDC), como cláusula de resolução de contrato de financiamento com alienação fiduciária em garantia. Na hipótese em questão, o recorrente assinou dois contratos, um de compra e venda com a concessionária de veículos e outro de financiamento com o banco recorrido. Após a assinatura do contrato de financiamento, ocorrido em lugar diverso do estabelecimento comercial do recorrido, o recorrente arrependeu-se e enviou notificação a este no sexto dia seguinte à celebração do negócio. Diante disso, a Turma entendeu que é facultado ao consumidor desistir do contrato no prazo de sete dias a contar da assinatura, quando a contratação ocorrer fora do estabelecimento comercial, nos termos do referido dispositivo legal. Assim, notificado o vendedor, a cláusula de arrependimento, implícita no contrato de financiamento realizado em local diverso do estabelecimento comercial da instituição financeira, deve ser interpretada como causa de resolução tácita do contrato, cuja consequência é restabelecer as partes ao *status quo ante*. Ademais, não prospera a argumentação do recorrido de que não é possível o exercício do direito de arrependimento, porque o valor referente ao contrato de empréstimo foi repassado para a concessionária de veículos antes da manifestação do recorrente. Pois, como visto, este, ao exercer o direito de arrependimento, agiu em exercício regular de direito amparado pelo referido art. 49 do CDC. Outrossim, o eventual arrogo na posse do valor referente ao contrato de empréstimo pela concessionária de veículos não pode ser imputado ao recorrente nem dele ser exigido, uma vez que o contrato de compra e venda celebrado entre ele e a concessionária não se perfectibilizou; na verdade, sequer houve imissão na posse do bem. Ressalte-se que, nos termos do art. 2º do DL n. 911/1969, a ação de busca e apreensão é fundamentada com o inadimplemento ou mora nas obrigações contratuais. Todavia, no caso, ocorreu a resolução do contrato pelo exercício do direito de arrependimento e não houve formação nem ajuste de obrigações contratuais. Nesse contexto, deu-se provimento ao recurso. **REsp 930.351-SP, Rel. Min. Nancy Andrighi, julgado em 27/10/2009.** (Inform. STJ 413)

BANCO. CLÁUSULA ABUSIVA. ACP. MP.
Trata-se de REsp em que se discute, entre outras questões, a validade de cláusulas existentes em contrato de adesão firmado entre o banco, ora recorrente, e seus clientes, bem como a possibilidade de fiscalização por parte do Ministério Público (MP) das operações realizadas pelo referido banco, visto que tal encargo caberia, tão somente, ao Banco Central do Brasil (Bacen) e, ainda, a aplicabilidade do Código de Defesa do Consumidor (CDC) nas operações realizadas pelas instituições financeiras. Para o Min. Relator, a questão suscitada pelo recorrente, qual seja, não caber ao MP fiscalizar a atuação das instituições financeiras, por ser tal competência privativa do Bacen, não foi objeto de debate no acórdão recorrido, mas destacou que o MP, por tutelar interesses coletivos, possui legitimidade para propor ACP, tutelando direitos coletivos de correntistas que, na qualidade de consumidores, firmam contrato de abertura de crédito com instituições financeiras e são submetidos a cláusulas abusivas. Ademais, é cediço que a jurisprudência do STJ já se consolidou no sentido de que são aplicáveis as normas dispostas no CDC às instituições financeiras (Súm. n. 297-STJ). Quanto à validade das cláusulas contratuais, ressaltou que a competência para a fixação de honorários advocatícios é privativa do magistrado, constituindo-se em cláusula abusiva a que prevê tal providência por parte das instituições financeiras. Além do mais, é nula a cláusula na qual o banco exige a assinatura de uma cambial em branco pelo cliente quando da abertura de sua conta, uma vez que configura típica "cláusula mandato", sendo que o devedor não pode autorizar o credor a sacar uma cambial representativa de quantias atrasadas, entendimento já preconizado na Súm. n. 60-STJ. Por fim, ressaltou que, na hipótese em que figure, num dos polos da relação jurídica, pessoa hipossuficiente deve prevalecer a regra mais benigna a ela, devendo, portanto, ser aplicado o disposto no art. 94 do CPC. Com esses argumentos, entre outros, a Turma não conheceu do recurso. Precedentes citados: AgRg no REsp 677.851-PR, DJe 11/5/2009; AgRg no REsp 808.603-RS, DJ 29/5/2006; REsp 292.636-RJ, DJ 16/9/2002; CC 32.868-SC, DJ 11/3/2002; AgRg no Ag 296.516-SP, DJ 5/2/2001, e REsp 190.860-MG, DJ 18/12/2000. **REsp 537.652-RJ, Rel. Min. João Otávio de Noronha, julgado em 8/9/2009.** (Inform. STJ 406)

SFH. REVISÃO CONTRATUAL. PLANO GRADIENTE.
Trata-se de REsp contra acórdão que julgou improcedente ação revisional de contrato gerido pelo Sistema Financeiro de Habitação (SFH). Alegam os recorrentes que, entre outras coisas, a decisão contrariou as normas protetivas dos arts. 2º, 3º, §§ 1º e 2º, e 52 da Lei n. 8.078/1990 (CDC), que enquadram as operações creditícias como de natureza consumerista, entre as quais se devem incluir as próprias do SFH. Assim, prosseguem incidentes ao caso dos autos, além dos acima citados, vários outros artigos do CDC que resguardam os contratantes consumidores da onerosidade excessiva da utilização da TR, do sistema "em série gradiente" e prêmios de seguro, normas que asseguram a inversão do ônus da prova e que dizem ser vedada a aplicação de fórmula ou de índice de reajuste diverso do legal ou contratual. A Turma não conheceu do recurso pelo fundamento de que, entre outros já consolidados na jurisprudência, o Plano Gradiente não se revela abusivo ou desfavorável, apenas representa um critério de amortização que inicia por suavizar as prestações iniciais do mútuo, compensando-se nas demais, com o qual anuiu o mutuário. Contudo, verifica-se que não foi identificado pelo Tribunal *a quo* excesso ou abusividade na cobrança da prestação, conclusão que não poderia, de outro lado, ser desconstituída em sede especial, por exigir o reexame do quadro probatório, obstado pela Súm. n. 7-STJ. Precedente citado: REsp 739.530-PE, DJ 30/5/2005. **REsp 501.134-SC, Rel. Min. Aldir Passarinho Junior, julgado em 4/6/2009.** (Inform. STJ 397)

IMÓVEL. DEVOLUÇÃO. FRUIÇÃO.
Os recorridos firmaram com a construtora recorrente o compromisso de compra e venda de um imóvel. Após seis anos de habitação, devolveram-no espontaneamente e pleitearam a resolução do contrato com a restituição das quantias pagas. Anote-se que, após a devolução, a construtora vendeu o imóvel a terceiro. Discute-se, nesta sede, a indenização pelo período de fruição. Primeiro, cabe dizer que não há óbice em admitir o REsp que se refira ao CC/2002 em lides vinculadas ao CC/1916 quando é patente a similitude entre os dispositivos atuais e revogados citados (no caso, o art. 475 do novo código e o art. 1.092, parágrafo único, do antigo). Quanto ao mais, a jurisprudência deste Superior Tribunal admite que se retenha, além da multa contratual, um valor pela fruição do imóvel. Todavia, o montante varia em cada hipótese: ele não pode implicar a perda total do valor pago pelo consumidor, pois isso violaria o art. 53 do CDC. No caso, dadas as peculiaridades, mostra-se correta a retenção de 20% a título de despesas administrativas, somada a outros 30% referentes à indenização da fruição, de modo que a retenção total não ultrapasse 50% do valor pago. Dessa forma, renovado o julgamento, esse entendimento foi adotado pela maioria dos componentes da Turma, enquanto o voto divergente remetia a apuração do montante à liquidação por artigos. Precedente citado: REsp 1.030.565-RS. **REsp 1.067.141-SP, Rel. Min. Nancy Andrighi, julgado em 16/4/2009.** (Inform. STJ 390)

CONTRATO. ALTERAÇÃO UNILATERAL. PLANO. SAÚDE.
A Turma reiterou ser abusiva e nula de pleno direito, além de inadmissível, qualquer alteração unilateral posterior sem anuência do consumidor nos planos de saúde, porquanto as obrigações assumidas devem ser mantidas, mormente quanto à livre escolha de médico e hospital, tal como previsto no plano de saúde do recorrente que, desde 2/8/1978, cumpria suas obrigações contratuais regularmente e, não obstante, em 30/3/1983, por decisão unilateral da empresa ré de seguro de saúde, teve seu plano de saúde transferido para outro, com regras diferentes do contrato original, descaracterizando-se a prestação de assistência médico-hospitalar avençada. Assim, para os serviços não inclusos entre os conveniados, o associado passou a pagar as despesas, sujeitando-se ao reembolso por tabela diversa (AMB). No caso, o recorrente precisou de tratamento de tumor maligno no pâncreas, mas a empresa negou o ressarcimento pleno das despesas, alegando que, pelo novo plano do recorrente, o hospital onde se internou não era credenciado, ainda que fosse para outros tipos de planos. Daí, está configurado o desequilíbrio da relação contratual de seguro-saúde em detrimento do consumidor. Precedentes citados: REsp 889.406-RJ, DJe 17/3/2008, e REsp 735.168-RJ, DJe 26/3/2008. **REsp 418.572-SP, Rel. Min. Luis Felipe Salomão, julgado em 10/3/2009.** (Inform. STJ 386)

CONTRATO. SEGURO. SAÚDE. EMPRESA.
A pessoa jurídica firmou contrato de seguro de saúde por tempo indeterminado para a cobertura de seus empregados. Sucede que a sociedade prestadora do serviço, ao utilizar-se da previsão contida em cláusula contratual, resiliu unilateralmente o contrato. Nesse contexto, a Turma, ao renovar o julgamento, entendeu, por maioria, ser possível a resilição diante da peculiaridade de se estar numa relação contratual entre pessoas jurídicas em que afastada a hipótese de aplicação do art. 13, parágrafo único, II, da Lei n. 9.656/1998 (só incidente aos planos individuais) e do CDC, sobretudo se o ordenamento jurídico nacional abomina a perpetuidade dos contratos. O voto divergente do Min. Hélio Quaglia Barbosa entendia haver manifesta abusividade da cláusula, de acordo com o contido no CDC, independentemente da limitação prevista no referido artigo, aliás superveniente ao acerto, visto que, conquanto firmado o contrato entre as pessoas jurídicas, não há como se relevar a evidência de que os destinatários finais da assistência médica são os empregados, consumidores finais. **REsp 889.406-RJ, Rel. Min. Massami Uyeda, julgado em 20/11/2007.** (Inform. STJ 339)

ASSINATURA BÁSICA. TELEFONIA. LEGITIMIDADE.
A tarifa mensal de assinatura básica, incluindo o direito do consumidor a uma franquia de 90 pulsos, além de ser legal e contratual, justifica-se pela necessidade de a concessionária manter disponibilizado, de modo contínuo e ininterrupto, o serviço de telefonia ao assinante, o que lhe exige dispêndios financeiros para garantir sua eficiência. Assim, a Seção, ao prosseguir o julgamento, por maioria, deu provimento ao recurso para reconhecer legítima a cobrança de assinatura básica. **REsp 911.802-RS, Rel. Min. José Delgado, julgado em 24/10/2007.** (Inform. STJ 337)

SEGURADORA. CONTRATO. AFASTAMENTO. CLÁUSULA ABUSIVA.
O autor ajuizou ação contra a seguradora requerendo o pagamento de cobertura em razão de haver causado acidente envolvendo, além de seu caminhão, outros dois automóveis, um deles com perda total. Alegou o autor que foi o responsável pelo sinistro, pois o veículo não era anteriormente equipado com o freio estático. A Companhia Seguradora, no mérito, alega ofensa aos arts. 1.434 e 1.460 do CC/1916. O Min. Relator considerou que, no entender do acórdão recorrido, não restou caracterizada nem falsidade em declarações do segurado, nem, tampouco, ressalva da seguradora quanto à ausência do equipamento mencionado, que, portanto, aceitou a cobertura nas condições apresentadas pelo veículo quando da contratação do seguro. Mas a essas conclusões, a toda evidência, recaem, no exame do quadro fático e contratual, as Súm. ns. 5 e 7-STJ. E entende assistir razão ainda ao TJ quando afasta cláusula tida como abusiva, referente a defeitos mecânicos, à luz da vedação contida no art. 51, § 1º, do CDC, absolutamente contrária à própria natureza do contrato, que busca, em essência, cobrir as adversidades em geral pela terceirização do risco mediante o pagamento de um prêmio, tendo aliado a já apontada aprovação, pela seguradora, do caminhão para cobertura, o que se dá por vistoria prévia que não apontou defeitos ou falta de equipamento que inviabilizasse a avença. Assim, a Turma não conheceu do recurso. **REsp 442.382-PB, Rel. Min. Aldir Passarinho Junior, julgado em 25/9/2007.** (Inform. STJ 333)

CDC. COBRANÇA. DESPESAS MÉDICO-HOSPITALARES. AUSÊNCIA. IMPUGNAÇÃO. DÍVIDA.
Cuida-se de cobrança pela prestação de serviços médico-hospitalares em decorrência de parto. Sustenta o recorrente que o CDC, nos arts. 30, IV, e 40, veda a celebração de contrato sem que seja previamente estipulado o preço do serviço para evitar abusos. Para o Min. Relator, ainda que, no caso dos autos, o hospital não tenha cumprido o dever de informar previamente o valor dos serviços, o consumidor, em momento algum, argüiu abusividade ou exagero do valor da dívida, só que era acima da sua capacidade econômica. Sendo assim, se deixou de impugnar o valor da dívida, não pode alegar abusividade do fornecedor mesmo quando ausente o orçamento prévio ou autorização expressa para prestação do serviço, cuja execução satisfatória restou incontroversa. Quanto à alegada coação para saldar a dívida, incide a Súm. n. 7-STJ. Outrossim, não comporta conhecimento o recurso quanto à ofensa dos arts. 3º e 4º da Lei n. 1.060/1950 porque ausente o prequestionamento. Com esse entendimento, a Turma não conheceu o recurso. **REsp 285.241-RJ, Rel. Min. Hélio Quaglia Barbosa, julgado em 11/9/2007.** (Inform. STJ 331)

CONCESSÃO. SERVIÇO PÚBLICO. TELECOMUNICAÇÃO. DISCRIMINAÇÃO. PULSOS. LIGAÇÕES. TELEFONE FIXO. CELULAR.
A Corte Especial deste Superior Tribunal, na questão de ordem no Ag 845.784-DF, resolveu, em 18/4/2007, que, em se tratando de ações relativas à cobrança mensal de "assinatura básica residencial" e de "pulsos excedentes" em serviços de telefonia, por serem preços públicos, a competência para processar e julgar os feitos é da Primeira Seção deste Superior Tribunal, independentemente de a Anatel participar ou não da lide. Nesse aspecto, fica prejudicada a análise do agravo regimental de autoria da concessionária de telefonia por haver definição superveniente sobre a competência para julgamento da matéria no mesmo sentido do pleiteado. Esclareceu o Min. Relator que a Primeira Turma, apreciando a matéria "discriminação de pulsos excedentes e ligações de telefone fixo para celular", exarou o entendimento de que as empresas que exploram os serviços concedidos de telecomunicações não estavam obrigadas a discriminar todos os pulsos nas contas telefônicas, especialmente os além da franquia, bem como as ligações de telefone fixo para celular, até o dia 1º de janeiro de 2006, quando entrou em vigor o art. 7º do Decreto n. 4.733/2003. A partir dessa data, o detalhamento só é obrigatório quando haja pedido do consumidor com custo sob sua responsabilidade. Salientou o Min. Relator que não está caracterizada lesão a direito do consumidor e não há violação do art. 6º, III, da Lei n. 8.078/1990 (Código de Defesa do Consumidor). **REsp 900.097-MG, Rel. Min. José Delgado, julgado em 6/9/2007.** (Inform. STJ 330)

***LEASING*. DESCARACTERIZAÇÃO. COMPRA E VENDA.VRG.**
Em retificação à notícia do julgamento do REsp 321.026-GO (ver Informativo n. 320), leia-se: A Turma entendeu que, no contrato de *leasing*, conquanto o art. 6º da Lei n. 8.880/1996 excepcione a vinculação do reajuste de prestações pela variação cambial (dólar), visto que, no caso, malgrado o fundamento inatacado, é inviável a análise de tal questão, mormente por não se tratar de arrendamento mercantil, mas de compra e venda. Ademais, em preliminar, rejeitou-se a alegada violação dos arts. 128 e 460 do CPC, de julgamento *extra petita* quanto à decisão meritória de *leasing* descaracterizado para compra e venda, por força da antecipação do VRG, como mera conseqüência da pretensão exordial. Outrossim, no contrato de *leasing* não incide a limitação de taxa de 12% ao ano dos juros remuneratórios, *ex vi* dos arts. 4º, incisos VI e IX, da Lei n. 4.595/1964, e 1º, *caput*, e § 3º do Dec. n. 22.626/1933. Precedentes citados: AgRg no REsp 872.027-RS, DJ 5/3/2007, e REsp 541.153-RS, DJ 14/9/2005. **REsp 321.026-GO, Rel. Min. Aldir Passarinho Junior, julgado em 15/5/2007.** (Inform. STJ 321)

SÚMULA VINCULANTE STF 25

É ilícita a prisão civil de depositário infiel, qualquer que seja a modalidade do depósito.

SÚMULA STJ Nº 465

Ressalvada a hipótese de efetivo agravamento do risco, a seguradora não se exime do dever de indenizar em razão da transferência do veículo sem a sua prévia comunicação.

SÚMULA STJ Nº 454

Pactuada a correção monetária nos contratos do SFH pelo mesmo índice aplicável à caderneta de poupança, incide a taxa referencial (TR) a partir da vigência da Lei n. 8.177/1991.

SÚMULA STJ Nº 450

Nos contratos vinculados ao SFH, a atualização do saldo devedor antecede sua amortização pelo pagamento da prestação.

SÚMULA STJ Nº 422

O art. 6º, e, da Lei n. 4.380/1964 não estabelece limitação aos juros remuneratórios nos contratos vinculados ao SFH.

SÚMULA STJ Nº 419

Descabe a prisão civil do depositário judicial infiel.

SÚMULA STJ Nº 412

A ação de repetição de indébito de tarifas de água e esgoto sujeita-se ao prazo prescricional estabelecido no Código Civil.

SÚMULA STJ Nº 405

A ação de cobrança do seguro obrigatório (DPVAT) prescreve em três anos.

SÚMULA STJ Nº 402

O contrato de seguro por danos pessoais compreende os danos morais, salvo cláusula expressa de exclusão.

SÚMULA STJ Nº 382

A estipulação de juros remuneratórios superiores a 12% ao ano, por si só, não indica abusividade.

SÚMULA STJ Nº 381

Nos contratos bancários, é vedado ao julgador conhecer, de ofício, da abusividade das cláusulas.

SÚMULA STJ Nº 380

A simples propositura da ação de revisão de contrato não inibe a caracterização da mora do autor.

SÚMULA STJ Nº 379

Nos contratos bancários não regidos por legislação específica, os juros moratórios poderão ser convencionados até o limite de 1% ao mês.

SÚMULA STJ Nº 369

No contrato de arrendamento mercantil (leasing), ainda que haja cláusula resolutiva expressa, é necessária a notificação prévia do arrendatário para constituí-lo em mora.

SÚMULA STJ Nº 308

A hipoteca firmada entre a construtora e o agente financeiro, anterior ou posterior à celebração da promessa de compra e venda, não tem eficácia perante os adquirentes do imóvel.

SÚMULA STJ Nº 302

É abusiva a cláusula contratual de plano de saúde que limita no tempo a internação hospitalar do segurado.

SÚMULA STJ Nº 296

Os juros remuneratórios, não cumuláveis com a comissão de permanência, são devidos no período de inadimplência, à taxa média de mercado estipulada pelo Banco Central do Brasil, limitada ao percentual contratado.

SÚMULA STJ Nº 295

A Taxa Referencial (TR) é indexador válido para contratos posteriores à Lei n. 8.177/91, desde que pactuada.

SÚMULA STJ Nº 294

Não é potestativa a cláusula contratual que prevê a comissão de permanência, calculada pela taxa média de mercado apurada pelo Banco Central do Brasil, limitada à taxa do contrato.

SÚMULA STJ Nº 293

A cobrança antecipada do valor residual garantido (VRG) não descaracteriza o contrato de arrendamento mercantil.

SÚMULA STJ Nº 291

A ação de cobrança de parcelas de complementação de aposentadoria pela previdência privada prescreve em cinco anos.

SÚMULA STJ Nº 290

Nos planos de previdência privada, não cabe ao beneficiário a devolução da contribuição efetuada pelo patrocinador.

SÚMULA STJ Nº 289

A restituição das parcelas pagas a plano de previdência privada deve ser objeto de correção plena, por índice que recomponha a efetiva desvalorização da moeda.

SÚMULA STJ Nº 288

A Taxa de Juros de Longo Prazo (TJLP) pode ser utilizada como indexador de correção monetária nos contratos bancários.

SÚMULA STJ Nº 287

A Taxa Básica Financeira (TBF) não pode ser utilizada como indexador de correção monetária nos contratos bancários.

SÚMULA STJ Nº 286

A renegociação de contrato bancário ou a confissão da dívida não impede a possibilidade de discussão sobre eventuais ilegalidades dos contratos anteriores.

SÚMULA STJ Nº 285

Nos contratos bancários posteriores ao Código de Defesa do Consumidor incide a multa moratória nele prevista.

SÚMULA STJ Nº 284

A purga da mora, nos contratos de alienação fiduciária, só é permitida quando já pagos pelo menos 40% (quarenta por cento) do valor financiado.

SÚMULA STJ Nº 283

As empresas administradoras de cartão de crédito são instituições financeiras e, por isso, os juros remuneratórios por elas cobrados não sofrem as limitações da Lei de Usura.

SÚMULA STJ Nº 257

A falta de pagamento do prêmio do seguro obrigatório de Danos Pessoais Causados por Veículos Automotores de Vias Terrestres (DPVAT) não é motivo para a recusa do pagamento da indenização.

SÚMULA STJ Nº 245

A notificação destinada a comprovar a mora nas dívidas garantidas por alienação fiduciária dispensa a indicação do valor do débito.

SÚMULA STJ Nº 229

O pedido do pagamento de indenização à seguradora suspende o prazo de prescrição até que o segurado tenha ciência da decisão.

SÚMULA STJ Nº 176

É nula a clausula contratual que sujeita o devedor a taxa de juros divulgada pela Anbid/Cetip.

SÚMULA STJ Nº 92

A terceiro de boa-fé não é oponível a alienação fiduciária não anotada no certificado de registro do veiculo automotor.

SÚMULA STJ Nº 72

A comprovação da mora é imprescindível na busca e apreensão do bem alienado fiduciariamente.

SÚMULA STJ Nº 61

O seguro de vida cobre o suicídio não premeditado.

SÚMULA STJ Nº 60

É nula a obrigação cambial assumida por procurador do mutuário vinculado ao mutuante, no exclusivo interesse deste.

SÚMULA STJ Nº 35

Incide correção monetária sobre as prestações pagas, quando de sua restituição, em virtude da retirada ou exclusão do participante de plano de consórcio.

SÚMULA STJ Nº 31

A aquisição, pelo segurado, de mais de um imóvel financiado pelo Sistema Financeiro da Habitação, situados na mesma localidade, não exime a seguradora da obrigação de pagamento dos seguros.

SÚMULA STJ Nº 30

A comissão de permanência e a correção monetária são acumuláveis.

SÚMULA STJ Nº 28

O contrato de alienação fiduciária em garantia pode ter por objeto bem que já integrava o patrimônio do devedor.

8. RESPONSABILIDADE ADMINISTRATIVA

DEFESA DO CONSUMIDOR E FIXAÇÃO DE PREÇOS DIRETAMENTE NOS PRODUTOS - 1

A Turma negou provimento a recurso ordinário em mandado de segurança no qual o Sindicato dos Supermercados e Atacados de Auto Serviços do Estado da Bahia - SINDSUPER impugnava acórdão do STJ que declarara legal ato do Ministro da Justiça que determinara a fixação de etiquetas indicativas de preços diretamente nos produtos expostos à venda. Sustentava o recorrente a nulidade do ato da autoridade apontada como coatora, por inconstitucional, tendo em vista a violação aos artigos 1º, IV, 5º, II, XII e LV, 37, *caput*, 24, V e VIII e 170, II e IV, e parágrafo único, todos da CF. Ressaltou-se, de início, que a atual regência da matéria, Lei 10.962/2004, regulamentada pelo Decreto 5.903/2006 — que dispõe sobre a oferta e a as formas de afixação de preços de produtos e serviços para o consumidor —, não implicaria perda de objeto deste recurso, uma vez que o ato do Ministro da Justiça surtira efeitos, como a lavratura de autos de infração pelo PROCON/BA. Em seguida, assentou-se a competência do Departamento de Proteção e Defesa do Consumidor- DPDC para a adoção de medidas com a finalidade de facilitar e automatizar a identificação dos produtos e dos respectivos preços (CDC, art. 106). Registrou-se que, a partir da constatação, à época, de uma série de irregularidades no uso do sistema de códigos de barras, o DPDC considerara transgredidas as normas constantes dos artigos 6º, III, e 31 do CDC, propondo a expedição de ato normativo o qual estabelecera a obrigatoriedade de fixação de preços diretamente nos produtos, a fim de proteger o consumidor em face de possíveis equívocos no pagamento de mercadorias. A determinação fora discutida em procedimento administrativo e referendada pelo Ministro da Justiça por meio do ato questionado pelo impetrante. RMS 23732/DF, rel. Min. Gilmar Mendes, 17.11.2009. (RMS-23732)

DEFESA DO CONSUMIDOR E FIXAÇÃO DE PREÇOS DIRETAMENTE NOS PRODUTOS - 2

Dessa forma, entendeu-se que o ato do Ministro da Justiça não ofendera qualquer dispositivo constitucional. Ao contrário, observara o previsto nos artigos 5º, XXXII, e 170, V, ambos da CF. Constatou-se, ademais, que o mencionado ato também não invadira a competência dos Estados para regular a matéria, porquanto se cuidaria de competência concorrente da União, dos Estados-membros e do Distrito Federal (CF, art. 24, V, e VIII). Rejeitou-se, ainda, a alegação de afronta ao devido processo legal nos autos do procedimento administrativo, tendo em vista que a decisão nele formalizada gerara ato normativo da Administração Pública, cuja regra de competência encontra previsão no Decreto 2.181/97, amparado pelo texto constitucional (artigos 84, IV, e 87, parágrafo único, II e IV). Rejeitou-se, de igual modo, a alegada ofensa ao princípio da proporcionalidade, pois o ato impugnado mostrara-se adequado e necessário, atingindo sua finalidade de proteção e defesa do consumidor. Por fim, asseverou-se que, mesmo se admitindo que a regulamentação administrativa da matéria tivesse excedido seus limites legais, não seria o caso de reconhecer-lhe a inconstitucionalidade. **RMS 23732/DF, rel. Min. Gilmar Mendes, 17.11.2009. (RMS-23732)** (Inform. STF 568)

PROCON. MULTA. RELAÇÃO ADMINISTRATIVA.

Trata-se de RMS interposto por editora contratada por secretaria municipal para prestar serviço de publicidade. Sucede que a contratante, alegando vício no contrato, fez reclamação ao Procon, que, ao reconhecer o vício do contrato, multou a editora. Destacou a Min. Relatora que a hipótese trata da aplicabilidade do CDC nas relações administrativas, em que o cerne da controvérsia estaria em determinar se há relação de consumo entre a editora e a contratada. Ressalta que o contrato, embora eivado de nulidades (falta de competência da pessoa que assinou; envio por fax e não informação ao órgão público das condições do contrato), tem nítida feição de contrato administrativo, em que a Administração detém supremacia justificada pelo interesse público. Para a Min. Relatora, não houve relação de consumo e, na espécie, devem incidir as normas do direito administrativo pertinentes à exclusão daquelas relativas ao direito privado, especialmente quando se trata de aplicação de penalidades. Observa saber que a doutrina admite a incidência do CDC nos contratos administrativos, mas somente em casos excepcionais, em que a Administração assume posição de vulnerabilidade técnica, científica, fática ou econômica perante o fornecedor, o que não ocorreu no caso, por consistir em simples contrato de prestação de publicidade. Dessa forma, aponta que o Procon não poderia multar a editora por lhe faltar competência para atuar em relação que não seja de consumo. Com essas considerações, a Turma deu provimento ao recurso para anular o ato administrativo que determinou a aplicação da multa e que a Administração abstenha-se de inscrever a impetrante na dívida ativa. **RMS 31.073-TO, Rel. Min. Eliana Calmon, julgado em 26/8/2010.** (Inform. STJ 444)

CDC. PENALIDADES. MESMO FATO. ÓRGÃOS. DEFESA.

Na espécie, a controvérsia está em determinar se houve a ocorrência de *bis in idem* na aplicação de penalidades decorrentes do mesmo fato por mais de um órgão de defesa do consumidor (esfera federal e estadual). *In casu*, a montadora de veículos sofreu sanções consistentes em multas impostas pelo Departamento de Proteção e Defesa do Consumidor (DPDC) no grau máximo e pelo Procon estadual devido à infração ao CDC, pelo fato de ela ter colocado, no mercado, veículos com defeito de fabricação, sendo que, posteriormente, promoveu convocação (*recall*), a fim de efetuar reparos nos cintos de segurança de dois modelos de automóveis por ela fabricados. Nesse contexto, a Turma entendeu que, segundo a inteligência do *caput* do art. 10 do CDC, pune-se, efetivamente, o fornecedor que, sabendo ou devendo saber da nocividade ou periculosidade do produto, coloca-o no mercado. Por sua vez, seu § 1º cuida daquele fornecedor que, vindo a saber da periculosidade do produto depois de colocá-lo no mercado, deixa de comunicar o fato às autoridades competentes e aos consumidores, o que não se verificou na hipótese dos autos. Destarte, situações que se excluem não coexistem; consequentemente, não podem sofrer, cumulativamente, sanções. Ressaltou-se que o fato de haver concorrência de competências administrativas para a tutela do consumidor tem como objetivo assegurar a eficiência da defesa consumerista. Ademais, de acordo com a *ratio essendi* do parágrafo único do art. 5º do Dec. n. 2.181/1997, não se mostra lícito nem razoável admitir que, pela mesma infração, todas as autoridades possam sancioná-la, pois raciocínio inverso conduziria à conclusão de que a ora recorrida poderia ser punida tantas vezes quantas fosse o número de órgãos de defesa do consumidor existentes no país. Com essas considerações, a Turma, ao prosseguir o julgamento, após o voto-vista do Min. Luiz Fux e a retificação do voto do Min. Relator, negou provimento ao recurso. **REsp 1.087.892-SP, Rel. Min. Benedito Gonçalves, julgado em 22/6/2010.** (Inform. STJ 440)

MULTA. PROCON. ACORDO JUDICIAL.

Trata-se de REsp em que se discute a validade da multa imposta por órgão de defesa do consumidor (Procon) à instituição de ensino que descumpriu o previsto na alínea k do art. 11 da Lei Delegada n. 4/1962, sendo que, no caso, houve composição civil em juízo entre as partes. A Turma entendeu que a composição civil entre o consumidor e o fornecedor e/ou prestador de serviços, ainda que realizada em juízo, não afasta a imposição de penalidade de multa aplicada por órgão de proteção e defesa do consumidor no exercício do poder sancionatório do Estado. Isso porque a multa prevista no art. 56 do CDC não visa à reparação do dano sofrido pelo consumidor, mas sim à punição pela infração às normas que tutelam as relações de consumo. Observou-se que o poder sancionatório do Estado pressupõe obediência ao princípio da legalidade e a sua *ratio essendi* é desestimular a prática daquelas condutas censuradas ou ilícitas, ou ainda forçar o cumprimento das obrigações. Por fim, argumentou-se, *obter dictum*, que a conduta imputada à instituição de ensino configura infração tipificada no art. 6º da Lei n. 9.870/1999. Precedentes citados: RMS 21.520-RN, DJ 17/8/2006; RMS 21.518-RN, DJ 19/10/2006, e RMS 22.241-RN, DJ 20/11/2006. **REsp 1.164.146-SP, Rel. Min. Luiz Fux, julgado em 2/3/2010.** (Inform. STJ 425)

PODER DE POLÍCIA. SUNAB. INFRAÇÃO CONTINUADA.

A Turma, ao prosseguir o julgamento, por maioria, negou provimento ao agravo, reiterando a tese de que configura continuidade delitiva administrativa a apuração de infrações múltiplas da mesma natureza em uma única autuação, cabendo a aplicação de multa singular. Outrossim, contrariamente ao que o recorrente afirma, tal orientação aplica-se ao caso, já que a instância ordinária constatou, em uma única ação fiscal, que a empresa recorrida havia oferecido serviços a diversos associados por preços superiores ao tabelado, o suficiente para caracterizar infração administrativa continuada. Ao revés, negar tal conclusão requer análise do conjunto fático-probatório, vedado pela Súm. n. 7-STJ. Precedentes citados: REsp 616.412-MA, DJ 29/11/2004, e REsp 131.644-PE, DJ 22/5/2000. **AgRg nos EDcl no REsp 868.479-PE, Rel. Min. Mauro Campbell Marques, julgado em 2/3/2010.** (Inform. STJ 425)

SEGURADORA. MULTA. RECUSA. INDENIZAÇÃO.

A Turma afastou a multa administrativa imposta à seguradora que se recusou a pagar indenização por roubo de veículo conduzido, principalmente, pelo filho do segurado que, no ato da contratação do seguro, omitiu tal informação influente para o cálculo correto do valor do prêmio a ser pago. Com efeito, descabida a aplicação da multa no exercício do poder de polícia, em que pese ao inconformismo do segurado, alegando violação dos arts. 6º, III, e 14, § 1º, do CDC c/c o art. 12, III e VI, do Dec. n. 2.181/1997 e arts. 5º, I e II, e 6º da Lei estadual n. 3.906/2002, ante a conduta da impetrante, de todo não prevista em lei, de modo abstrato, como infração. Precedente citado: RMS 19.510-GO, DJ 3/8/2006. **RMS 28.778-RJ, Rel. Min. Denise Arruda, julgado em 27/10/2009.** (Inform. STJ 413)

RECURSO REPETITIVO. ATOS NORMATIVOS. INMETRO. CONMETRO.

A Seção, ao julgar o recurso sob regime do art. 543-C do CPC c/c a Resolução n. 8/2008-STJ, entendeu que a imposição de multas por atos normativos baixados pelo Conmetro e Inmetro tem expressa previsão legal; sendo assim, não há qualquer ofensa ao princípio constitucional da reserva legal. Logo, torna-se obrigatório o cumprimento das normas expedidas pelo Conmetro e Inmetro, cujos objetivos são regulamentar a qualidade industrial e a conformidade de produtos colocados no mercado de consumo, uma vez que esses órgãos têm competência legal atribuída pelas Leis ns. 5.966/1973 e 9.933/1999 e porque seus atos tratam de interesse público e agregam proteção aos consumidores finais. Precedentes citados: REsp 423.274-PR, DJ 26/8/2002; REsp 597.275-PR, DJ 25/10/2004; REsp 273.803-SC, DJ 19/5/2003, e REsp 507.483-SP, DJ 19/3/2007. **REsp 1.102.578-MG, Rel. Min. Eliana Calmon, julgado em 14/10/2009.** (Inform. STJ 411)

MULTA. INMETRO. SOLIDARIEDADE. VENDEDOR.

A sociedade empresária recorrida foi autuada porque comprou massa de modelar sem a necessária rotulação (símbolo de identificação de certificação), sem falar na diferença de quantidade que o produto apresentava. Assim mesmo, vendeu a mercadoria aos consumidores com vício quantitativo e em franca violação do dever de informar o consumidor. Quanto a isso, anote-se que a violação do dever de informação e o vício de quantidade são ilícitos administrativos de consumo sujeitos à sanção pelo Inmetro (art. 4º da Lei n. 5.966/1973), agente regulador da atividade econômica que não detém atuação apenas pautada nas normas de Direito Administrativo, mas também na legislação de Direito Privado. Ambas as hipóteses (a violação e o vício) sujeitam os participantes da cadeia de consumo ao liame da responsabilidade solidária (art. 275 do CC/2002 e art. 18 do CDC), pois a responsabilidade civil nos ilícitos administrativos de consumo tem a mesma natureza ontológica da responsabilidade civil na relação jurídica de base de consumo, logo é, por disposição legal, solidária. Portanto, diante do fato de que a relação de consumo é una e sua repercussão nos outros ramos do Direito deve observar justamente sua natureza ontológica, conclui-se que o vendedor pode ser responsabilizado solidariamente por ilícitos administrativos, civis e penais de consumo. Por último, os argumentos de que o comerciante não fabricou o produto e de que quem o fabricou foi identificado não afastam sua responsabilidade administrativa, visto não incidir, no caso, o art. 18, § 5º, do CDC (conforme a sentença, não se trata de produto *in natura*). Precedente citado: MS 5.943-DF, DJ 27/3/2000. **REsp 1.118.302-SC, Rel. Min. Humberto Martins, julgado em 1º/10/2009.** (Inform. STJ 409)

MULTA. PROCON. COMPATIBILIDADE. ANATEL.

Trata-se de embargos à execução em que o ora recorrente pretende desconstituir título executivo extrajudicial correspondente à multa aplicada por Procon municipal à concessionária de serviço de telefonia. Conforme demonstram os autos, a referida multa resultou do descumprimento de determinação daquele órgão de defesa do consumidor que estipulou o prazo de 10 dias para a instalação de linha telefônica. Quando as condutas praticadas no mercado de consumo atingirem diretamente o interesse do consumidor, é legítima a atuação do Procon para aplicar as sanções administrativas previstas em lei, no regular exercício do poder de polícia que lhe foi conferido pelo sistema nacional de defesa do consumidor. Tal atuação não se confunde com a atividade regulatória setorial realizada pelas agências criadas por lei, cuja preocupação não se restringe à tutela particular do consumidor, mas abrange a execução do serviço público em seus vários aspectos, a exemplo da continuidade e universalização do serviço, da preservação do equilíbrio econômico-financeiro do contrato de concessão e da modicidade tarifária. Na espécie, a sanção aplicada não se referiu ao descumprimento do plano geral de metas traçado pela Anatel, mas tem relação com a qualidade dos serviços prestados pela empresa de telefonia que, mesmo após firmar compromisso, deixou de resolver a situação do consumidor prejudicado pela não instalação da linha telefônica. Assim, a atuação do Procon teve por finalidade imediata a proteção do consumidor, logo é legítima. **REsp 1.138.591-RJ, Rel. Min. Castro Meira, julgado em 22/9/2009.** (Inform. STJ 408)

PROCON. MULTA. EMPRESA PÚBLICA FEDERAL.

É possível o Procon aplicar multa à empresa pública federal. A proteção da relação de consumo pode e deve ser realizada pelo Sistema Nacional de Defesa do Consumidor (SNDC), conforme o disposto nos arts. 4º e 5º do CDC. Dessarte, diante dessa legislação, o Procon é competente para fiscalizar as operações, inclusive financeiras, realizadas pela empresa pública federal (CEF), no tocante às relações de consumo desenvolvidas com seus clientes. Precedentes citados: RMS 23.967-MS, DJe 30/4/2008, e RMS 25.115-BA, DJe 28/3/2008. **REsp 1.103.826-RN, Rel. Min. Mauro Campbell Marques, julgado em 23/6/2009.** (Inform. STJ 400)

PROCON. MULTA. SEGURADORA PRIVADA.

O Procon pode aplicar sanções administrativas (multas) às seguradoras privadas, pois à Susep cabe apenas a fiscalização e a normatização das operações de capitalização pura e simples, nos termos do Dec. n. 73/1966, não ocorrendo *bis in idem* ou enriquecimento ilícito dos estados. Precedentes citados: REsp 938.607-SP, DJ 8/10/2007, e RMS 26.397-BA, DJ 11/4/2008. **RMS 23.798-BA, Rel. Min. Humberto Martins, julgado em 4/9/2008.** (Inform. STJ 366)

9. DEFESA DO CONSUMIDOR EM JUÍZO

DIREITO PROCESSUAL CIVIL. ISENÇÃO DE TAXA JUDICIÁRIA PARA PROPOSITURA DE AÇÃO CIVIL PÚBLICA OU COLETIVA.

A inexistência de previsão no Código Tributário estadual de isenção de taxa judiciária para a propositura de ação civil pública ou de ação coletiva não retira a eficácia dos arts. 18 da LACP e 87 do CDC, que estabelecem a impossibilidade de adiantamento de custas, emolumentos, honorários periciais e quaisquer outras despesas. **REsp 1.288.997-RJ, Rel. Min. Nancy Andrighi, julgado em 16/10/2012.**(Inform. STJ 507)

DIREITO PROCESSUAL CIVIL. AÇÃO CIVIL PÚBLICA. ADIANTAMENTO DE DESPESAS.

Não é devido o recolhimento de quantia relativa à "taxa judiciária" para o ajuizamento de ação civil pública em defesa dos interesses coletivos de consumidores. As ações civis públicas, em sintonia com o disposto no artigo 6º, VIII, do CDC, ao propiciar a facilitação da tutela dos direitos individuais homogêneos dos consumidores, viabilizam a otimização da prestação jurisdicional, abrangendo toda uma coletividade atingida em seus direitos, dada a eficácia vinculante das suas sentenças. O legislador institui referidas ações partindo da premissa de que são, presumivelmente, propostas por legitimado ativo que se apresenta como representante idôneo de interesses sociais. As ações coletivas fazem parte de um arcabouço normativo próprio, constituindo microssistema com regras particulares, que devem ser compatibilizadas e integradas numa interpretação sistemática, sem se descuidar do inequívoco objetivo legal e constitucional de facilitação do acesso coletivo à Justiça. O art. 18 da Lei n. 7.347/1985 é norma processual especial que expressamente afastou a necessidade, por parte do legitimado extraordinário, de efetuar o adiantamento de custas, emolumentos, honorários periciais e quaisquer outras despesas para o ajuizamento de ação coletiva, que apenas serão recolhidos ao final pelo requerido, se for sucumbente, ou pela autora, quando manifesta a sua má-fé. Além disso, o art. 87 do CDC dispõe que, nas ações coletivas de defesa do consumidor, não haverá adiantamento de quaisquer despesas. **REsp 978.706-RJ, Rel. Min. Luis Felipe Salomão, julgado em 20/9/2012.**(Inform. STJ 505)

ACP. REPARAÇÃO FLUIDA (FLUID RECOVERY). FORMA DE LIQUIDAÇÃO. BENEFICIÁRIOS IDENTIFICADOS E OBRIGAÇÃO PASSÍVEL DE APURAÇÃO.

A liquidação do valor devido em execução de ação coletiva realizada com base no art. 100 do CDC – nos casos em que os beneficiários são identificados, e a obrigação objeto da decisão é passível de individualização – deve ser realizada por arbitramento, considerando cada um dos contratos. No caso, em ação civil pública, uma empresa de arrendamento mercantil foi condenada a restituir aos consumidores, em dobro, os valores referentes às multas cobradas em percentual superior a 2% decorrentes do inadimplemento contratual. De início, a Turma, por unanimidade, reconheceu a legitimidade do MP para a liquidação e execução de forma subsidiária, quando inertes os beneficiários da decisão em ação civil pública, conforme previsto no art. 100 do CDC. Quanto aos outros pontos, o Min. Antonio Carlos Ferreira, no voto-desempate, consignou que deve ser utilizado o instituto da reparação fluida (fluid recovery), diante da decisão judicial que pode ser individualmente executada, mas com a inércia dos interessados em liquidá-la. Caso isso não fosse possível, correria o risco de haver enriquecimento indevido do causador do dano. Quanto à forma de liquidação, registrou que há peculiaridades: todos os beneficiários da decisão são conhecidos e há possibilidade de apurar o valor efetivamente devido com base nos critérios fixados judicialmente. Nesse contexto, em respeito ao princípio da menor onerosidade da execução (art. 620 do CPC), havendo possibilidade de calcular com precisão o valor devido, a liquidação deve ser realizada por arbitramento (arts. 475-C, II, e 475-D, do CPC). Ademais, a liquidação com base em cada um dos contratos é a que prestigiará o decidido no título executivo. REsp 1.187.632-DF, Rel. originário Min. João Otávio de Noronha, Rel. para acórdão Min. Antonio Carlos Ferreira, julgado em 5/6/2012.(Inform. STJ 499)

LEGITIMIDADE. MP. LIQUIDAÇÃO E EXECUÇÃO DE SENTENÇA COLETIVA.

Não obstante ser ampla a legitimação para impulsionar a liquidação e a execução da sentença coletiva, admitindo-se que a promovam o próprio titular do direito material, seus sucessores ou um dos legitimados do art. 82 do CDC, o art. 97 impõe uma gradação de preferência que permite a legitimidade coletiva subsidiariamente, uma vez que, nessa fase, o ponto central é o dano pessoal sofrido pelas vítimas. Assim, no ressarcimento individual (arts. 97 e 98 do CDC), a liquidação e a execução serão obrigatoriamente personalizadas e divisíveis, devendo prioritariamente ser promovidas pelas vítimas ou seus sucessores de forma singular, uma vez que o próprio lesado tem melhores condições de demonstrar a existência do seu dano pessoal, o nexo etiológico com o dano globalmente reconhecido, bem como o montante equivalente à sua parcela. Todavia, para o cumprimento de sentença, o escopo é o ressarcimento do dano individualmente experimentado, de modo que a indivisibilidade do objeto cede lugar à sua individualização. O art. 98 do CDC preconiza que a execução coletiva terá lugar quando já houver sido fixado o valor da indenização devida em sentença de liquidação, a qual deve ser – em sede de direitos individuais homogêneos – promovida pelos próprios titulares ou sucessores. A legitimidade do Ministério Público para instaurar a execução exsurgirá, se for o caso, após o prazo de um ano do trânsito em julgado, se não houver a habilitação de interessados em número compatível com a gravidade do dano, nos termos do art. 100 do CDC. É que a hipótese versada nesse dispositivo encerra situação em que, por alguma razão, os consumidores lesados desinteressam-se do cumprimento individual da sentença, retornando a legitimação dos entes públicos indicados no art. 82 do CDC para requerer ao juízo a apuração dos danos globalmente causados e a reversão dos valores apurados para o Fundo de Defesa dos Direitos Difusos (art. 13 da LACP), com vistas a que a sentença não se torne inócua, liberando o fornecedor que atuou ilicitamente de arcar com a reparação dos danos causados. No caso, não se tem notícia da publicação de editais cientificando os interessados da sentença exequenda, o que constitui óbice à sua habilitação na liquidação, sendo certo que o prazo decadencial sequer iniciou o seu curso, não obstante já se tenham escoado quase treze anos do trânsito em julgado. Assim, conclui-se que, no momento em que se encontra o feito, o Ministério Público, a exemplo dos demais entes públicos indicados no art. 82 do CDC, carece de legitimidade para a liquidação da sentença genérica, haja vista a própria conformação constitucional deste órgão e o escopo precípuo dessa forma de execução, qual seja, a satisfação de interesses individuais personalizados que, apesar de se encontrarem circunstancialmente agrupados, não perdem sua natureza disponível. **REsp 869.583-DF, Rel. Min. Luis Felipe Salomão, julgado em 5/6/2012.(Inform. STJ 499)**

DENUNCIAÇÃO DA LIDE. CDC. DEFEITO NA PRESTAÇÃO DE SERVIÇO.

A Turma, ao rever orientação dominante desta Corte, assentou que é incabível a denunciação da lide nas ações indenizatórias decorrentes da relação de consumo seja no caso de responsabilidade pelo fato do produto, seja no caso de responsabilidade pelo fato do serviço (arts. 12 a 17 do CDC). Asseverou o Min. Relator que, segundo melhor exegese do enunciado normativo do art. 88 do CDC, a vedação ao direito de denunciação da lide não se restringiria exclusivamente à responsabilidade do comerciante pelo fato do produto (art. 13 do CDC), mas a todo e qualquer responsável (real, aparente ou presumido) que indenize os prejuízos sofridos pelo consumidor. Segundo afirmou, a proibição do direito de regresso na mesma ação objetiva evitar a procrastinação do feito, tendo em vista a dedução no processo de uma nova causa de pedir, com fundamento distinto da formulada pelo consumidor, qual seja, a discussão da responsabilidade subjetiva. Destacou-se, ainda, que a única hipótese na qual se admite a intervenção de terceiro nas ações que versem sobre relação de consumo é o caso de chamamento ao processo do segurador – nos contratos de seguro celebrado pelos fornecedores para garantir a sua responsabilidade pelo fato do produto ou do serviço (art. 101, II, do CDC). Com base nesse entendimento, a Turma negou provimento ao recurso especial para manter a exclusão de empresa prestadora de serviço da ação em que se pleiteia compensação por danos morais em razão de instalação indevida de linhas telefônicas em nome do autor e posterior inscrição de seu nome em cadastro de devedores de inadimplentes. **REsp 1.165.279-SP, Rel. Min. Paulo de Tarso Sanseverino, julgado em 22/5/2012.(Inform. STJ 498)**

ACP. LEGITIMIDADE DO MP. CONSUMIDOR. VALE-TRANSPORTE ELETRÔNICO. DIREITO À INFORMAÇÃO.

A Turma, por maioria, reiterou que o Ministério Público tem legitimidade para propor ação civil pública que trate da proteção de quaisquer direitos transindividuais, tais como definidos no art. 81 do CDC. Isso decorre da interpretação do art. 129, III, da CF em conjunto com o art. 21 da Lei n. 7.347/1985 e arts. 81 e 90 do CDC e protege todos os interesses transindividuais, sejam eles decorrentes de relações consumeristas ou não. Ressaltou a Min. Relatora que não se pode relegar a tutela de todos os direitos a instrumentos processuais individuais, sob pena de excluir do Estado e da democracia aqueles cidadãos que mais merecem sua proteção. Outro ponto decidido pelo colegiado foi de que viola o direito à plena informação do consumidor (art. 6º, III, do CDC) a conduta de não informar na roleta do ônibus o saldo do vale-transporte eletrônico. No caso, a operadora do sistema de vale-transporte deixou de informar o saldo do cartão para mostrar apenas um gráfico quando o usuário passava pela roleta. O saldo somente era exibido quando inferior a R$ 20,00. Caso o valor remanescente fosse superior, o portador deveria realizar a consulta na internet ou em "validadores" localizados em lojas e supermercados. Nessa situação, a Min. Relatora entendeu que a operadora do sistema de vale-transporte deve possibilitar ao usuário a consulta ao crédito remanescente durante o transporte, sendo insuficiente a disponibilização do serviço apenas na internet ou em poucos guichês espalhados pela região metropolitana. A informação incompleta, representada por gráficos disponibilizados no momento de uso do cartão, não supre o dever de prestar plena informação ao consumidor. Também ficou decidido que a indenização por danos sofridos pelos usuários do sistema de vale-transporte eletrônico deve ser aferida caso a caso. Após debater esses e outros assuntos, a Turma, por maioria, deu parcial provimento ao recurso somente para afastar a condenação genérica ao pagamento de reparação por danos materiais e morais fixada no tribunal de origem. Precedentes citados: do STF: RE 163.231-SP, 29/6/2001; do STJ: REsp 635.807-CE, DJ 20/6/2005; REsp 547.170-SP, DJ 10/2/2004, e REsp 509.654-MA, DJ 16/11/2004. **REsp 1.099.634-RJ, Rel. Min. Nancy Andrighi, julgado em 8/5/2012. (Inform. STJ 497)**

COMPETÊNCIA. CONSUMIDOR E ASSOCIAÇÃO DE POUPANÇA E EMPRÉSTIMO.

É da competência da Justiça estadual o julgamento de ação de consignação em pagamento ajuizada por mutuário contra a Associação de Poupança e Empréstimo Poupex. O entendimento baseia-se no fato de a referida associação ser entidade de direito privado (sociedade simples) e, na hipótese, não está em questão qualquer interesse da União, entidade autárquica ou empresa pública federal. Sabe-se que a Poupex é supervisionada por fundação pública (Fundação Habitacional do Exército – FHE), mas esta não participa da lide como ré, assistente ou oponente, razão pela qual não atrai o disposto no art. 109, I, da CF. Ademais, a lide não envolve discussão sobre o Fundo de Compensação de Variações Salariais – FCVS, o que também justifica a fixação da competência da Justiça estadual para apreciar o feito. Precedentes citados: REsp 481.965-DF, DJ 23/6/2003; CC 18.916-DF, DJ 28/4/1997, e CC 34.614-SP, DJ 2/9/2002. **REsp 948.482-RS, Rel. Min. Luis Felipe Salomão, julgado em 6/3/2012. (Inform. STJ 492)**

ACP. EXECUÇÃO. FUNDO PÚBLICO DE DEFESA DO CONSUMIDOR.

A Turma confirmou as decisões de primeiro e segundo graus acerca da legitimidade do Ministério Público para executar montante residual depositado em juízo – em razão de acordo extrajudicial firmado entre o *Parquet* e o réu em ACP – cujo objetivo seja a reparação de dano coletivo a consumidores. Isso se deve à previsão do art. 100 do CDC, segundo o qual, transcorrido um ano sem habilitação de número de interessados compatível com a extensão do dano, o *Parquet* pode requerer que os valores remanescentes sejam depositados no fundo criado pela Lei n. 7.347/1985. O Min. Relator registrou que a legitimidade do MP para a execução decorre de lei (art. 100 c/c art. 82 do CDC). Afirmou, ainda, não ser necessário que a possibilidade de destinação para o fundo seja pedida expressamente na inicial da ACP, já que tal hipótese é uma opção de execução, prevista em lei, somente possível caso os cidadãos lesados permaneçam inertes. **REsp 996.771-RN, Rel. Min. Luis Felipe Salomão, julgado em 6/3/2012. (Inform. STJ 492)**

CONSUMIDOR. ACP. DIREITO INDIVIDUAL HOMOGÊNEO.

A Turma manteve o entendimento das instâncias ordinárias que concluíram pela inépcia da exordial com fundamento nos arts. 267, I e VI, e 295, II, III e V, do CPC. É que, na hipótese dos autos, o instituto dedicado à proteção e defesa dos consumidores e cidadãos (recorrente), na exordial da ação civil pública, assevera defender direitos individuais homogêneos de consumidores, requerendo a revisão de contrato de compra e venda de imóvel celebrado entre consumidores e a imobiliária (recorrida). Alega, ainda, que a recorrida onera excessivamente os consumidores contratantes. Todavia, o recorrente apresentou um único contrato, assinado entre dois consumidores, de um lado, como adquirentes de um lote de terreno, e a recorrida, de outro, como vendedora, sendo que tal contrato não foi reconhecido como de adesão pelas instâncias ordinárias. É sabido que, para a configuração da legitimidade ativa de associação para a propositura de ação civil pública, é mister que o objeto da lide seja a defesa de direitos difusos, coletivos ou individuais homogêneos. Nesse contexto, a não caracterização desses direitos não só vicia a legitimidade ativa *ad causam,* mas também torna a ação coletiva instrumento inadequado por voltar-se para a tutela jurisdicional de direitos individuais, afastando o interesse processual do demandante. Isso porque a abrangência dos direitos defendidos na ação civil pública deve ser suficiente para atender à condição de interesses coletivos, tendo em vista o disposto no art. 81 do CDC. Assim, não se pode admitir o ajuizamento de tal ação sem haver, ao menos, indícios de que a situação tutelada é pertencente a um número razoável de consumidores. *In casu*, não foi comprovada a existência de vários consumidores que estivessem sendo lesados pelo mesmo tipo de contrato, deixando dúvidas quanto à existência de direito individual homogêneo, afirmada pela promovente com base em mera presunção. Desse modo, não é cabível o ajuizamento de ação coletiva para a defesa de direitos meramente individuais, o que resulta na carência da ação. Com essas e outras considerações, a Turma negou provimento ao recurso. **REsp 823.063-PR, Rel. Min. Raul Araújo, julgado em 14/2/2012. (Inform. STJ 491)**

PRAZO. PRESCRIÇÃO. EXECUÇÃO INDIVIDUAL. AÇÃO COLETIVA.

Trata-se, na origem, de pedido de cumprimento individual de sentença proferida em ação civil pública que condenou instituição financeira a pagar poupadores com contas iniciadas e/ou renovadas até 15/6/1987 e 15/1/1989, os expurgos inflacionários referentes aos meses de junho de 1987 a janeiro de 1989, e juros de 0,5% ao mês. O Min. Relator afirmou que para a análise da *quaestio juris* deve-se ater aos seguintes aspectos: I – na execução, não se deduz pretensão nova, mas aquela antes deduzida na fase de conhecimento, com o acréscimo de estar embasado por um título executivo judicial que viabiliza atos expropriatórios, consubstanciando a sentença marco interruptor do prazo prescricional, daí por que a execução deve ser ajuizada no mesmo prazo da ação (Súm. n. 150-STF); II – as ações coletivas fazem parte de um arcabouço normativo vocacionado a promover a facilitação da defesa do consumidor em juízo e o acesso pleno aos órgãos judiciários (art. 6º, VII e VIII, do CDC), levando sempre em consideração a vulnerabilidade do consumidor (art. 4º do CDC). Assim, o instrumento próprio de facilitação de defesa e de acesso do consumidor não pode voltar-se contra o destinatário de proteção, prejudicando sua situação jurídica; III – as ações coletivas inseridas em um microssistema próprio e com regras particulares, sendo que das diferenças substanciais entre tutela individual e coletiva mostra-se razoável a aplicação de regras diferenciadas entre os dois sistemas. Do exposto, concluiu que o prazo para o consumidor ajuizar ação individual de conhecimento, a partir do qual lhe poderá ser aberta a via da execução, independe do ajuizamento da ação coletiva, e não é por essa prejudicada, regendo-se por regras próprias e vinculadas ao tipo de cada pretensão deduzida. Porém, quando se tratar de execução individual de sentença proferida em ação coletiva, como no caso, o beneficiário se insere em microssistema diverso e com regras pertinentes, sendo necessária a observância do prazo próprio das ações coletivas, que é quinquenal, conforme já firmado no REsp 1.070.896-SC, DJe 4/8/2010, aplicando-se a Súm. n. 150-STF. Daí o beneficiário de ação coletiva teria cinco anos para o ajuizamento da execução individual, contados a partir do trânsito em julgado de sentença coletiva, e o prazo de 20 anos para o ajuizamento de ação de conhecimento individual, contados dos respectivos pagamentos a menor das correções monetárias em razão dos planos econômicos. **REsp 1.275.215-RS, Rel. Min. Luis Felipe Salomão, julgado em 27/9/2011.** (Inform. STJ 484)

REPETITIVO. CDC. AÇÃO. PRESTAÇÃO. CONTA.

Trata-se de REsp sob o regime do art. 543-C do CPC c/c art. 5º da Resolução n. 8/2008 do STJ em que a controvérsia cinge-se à verificação da incidência da regra estabelecida no art. 26, II, do CDC à ação de prestação de contas ajuizada pelo ora recorrente, cliente da instituição financeira ora recorrida, com o fim de obter esclarecimentos sobre cobrança de taxas, tarifas e/ou encargos, os quais reputa indevidos, em conta-corrente de sua titularidade. A Seção, ao prosseguir o julgamento, por maioria, proveu o recurso ao entendimento de que, tendo o consumidor dúvidas quanto à lisura dos lançamentos efetuados pelo banco, é cabível a ação de prestação de contas sujeita ao prazo de prescrição regulado pelo CC/2002. Assim, o prazo decadencial estabelecido no art. 26 do CDC não é aplicável a tal ação ajuizada com o escopo de obter esclarecimentos acerca da cobrança de taxas, tarifas e/ou encargos bancários, uma vez que essa não se confunde com a reclamação por vício do produto ou do serviço prevista no mencionado dispositivo legal. Precedentes citados: AgRg no REsp 1.021.221-PR, DJe 12/8/2010; AgRg no REsp 1.045.528-PR, DJe 5/9/2008, e REsp 1.094.270-PR, DJe 19/12/2008. **REsp 1.117.614-PR, Rel. Min. Maria Isabel Gallotti, julgado em 10/8/2011.** (Inform. STJ 480)

CONSUMIDOR. CAUÇÃO. SOCIEDADE EMPRESÁRIA ESTRANGEIRA.

Trata-se de REsp em que a recorrente alega, em síntese, ser a recorrida sociedade empresária estrangeira que não possui imóveis no Brasil e que o fato de ela ter filial no país não a dispensa de prestar a caução prevista no art. 835 do CPC. Sustenta, ainda, existir relação de consumo na hipótese, visto que a doutrina há muito tem reconhecido a figura do consumidor por equiparação e que a incidência do CDC impor-se-ia em razão da prática abusiva identificada no comportamento da recorrida e da posição de vulnerabilidade contratual ocupada pela recorrente. A Turma entendeu que o descumprimento da exigência de prestação de caução (art. 835 do CPC) não conduz, de imediato, à nulidade do processo, porquanto há de investigar se isso ocasionou algum prejuízo. Assim, ainda quando não fosse possível acolher os fundamentos do acórdão de que não há risco de ofensa à *mens legis* contida no referido dispositivo legal, tendo em vista a existência de filial proprietária de bem imóvel no Brasil, não se poderia anular o processo apenas por não haver o depósito da caução. Isso porque bastaria determinar que a recorrida efetuasse tal depósito. No entanto, considerando o resultado da demanda, não faria qualquer sentido essa determinação; pois, se a recorrida já pagou as taxas judiciais necessárias à prática dos atos que realizou e se a sentença lhe foi totalmente favorável, condenando a ora recorrente ao pagamento dos honorários e das custas processuais, não há por que exigir da recorrida o depósito de caução para fazer frente ao pagamento de despesas que, já se sabe, ficarão por conta da parte adversa. Quanto à aplicação do CDC, consignou-se que, no caso em testilha, embora haja de um lado da relação jurídica uma multinacional, não se tem do outro uma pessoa física ou uma microempresa em situação de absoluta hipossuficiência. Além disso, não se deve cogitar dessa aplicação nas relações jurídicas entabuladas por pessoas jurídicas não vulneráveis com vistas à aquisição de equipamentos médicos sofisticados. Com esses fundamentos, entre outros, negou-se provimento ao recurso. Precedentes citados: REsp 331.022-RJ, DJ 6/5/2002; REsp 27.116-SP, DJ 1º/2/1993; REsp 1.080.719-MG, DJe 17/8/2009; REsp 716.877-SP, DJ 23/4/2007, e CC 35.998-SP, DJ 19/12/2003. **REsp 1.027.165-ES, Rel. Min. Sidnei Beneti, julgado em 7/6/2011.** (Inform. STJ 476)

COMPETÊNCIA. ACP. DANO REGIONAL.

A Turma entendeu que compete ao foro da capital do estado processar e julgar a ação civil pública que se insurge contra danos que produzem efeitos em âmbito regional, conforme estabelece o art. 93, II, do CDC, tratando-se de competência absoluta. Frisou-se que, não obstante esse dispositivo situar-se no capítulo relativo às ações coletivas para a defesa de interesses individuais homogêneos, ele é aplicável também às ações coletivas para a defesa de direitos difusos e coletivos, não se limitando às demandas que envolvam relações de consumo. Precedente citado: REsp 448.470-RS, DJe 15/12/2009. **REsp 1.101.057-MT, Rel. Min. Nancy Andrighi, julgado em 7/4/2011.** (Inform. STJ 468)

ACP. LEGITIMIDADE. EFEITO *ERGA OMNES*.

A Turma reiterou o entendimento de que o Ministério Público tem legitimidade para demandar em ação civil pública (ACP) que busca a declaração de nulidade de cláusula contida em contrato padrão de instituição financeira – cobrança de comissão de permanência relativamente aos dias em atraso, calculada à taxa de mercado do dia do pagamento –, por se tratar de interesse individual homogêneo de usuários de serviços bancários (consumidores) nos termos do art. 127 da CF/1988 e dos arts. 81, parágrafo único, III, e 82, I, ambos do CDC. Reafirmou, ainda, a orientação do STJ de que a sentença proferida em ACP faz coisa julgada *erga omnes* nos limites da competência territorial do órgão prolator do *decisum*, conforme dispõe o art. 16 da Lei n. 7.347/1985, alterado pela Lei n. 9.494/1997. Precedentes citados do STF: RE 441.318-DF, DJ 24/2/2006; do STJ: REsp 794.752-MA, DJe 12/4/2010; REsp 537.652-RJ, DJe 21/9/2009; AgRg no REsp 441.999-DF, DJ 8/5/2006; AgRg no Ag 577.167-RS, DJ 25/10/2004; REsp 168.859-RJ, DJ 23/8/1999; EREsp 411.529-SP, DJe 24/3/2010; EREsp 293.407-SP, DJ 1º/8/2006, e AgRg nos EREsp 253.589-SP, DJe 1º/7/2008. **REsp 600.711-RS, Rel. Min. Luis Felipe Salomão, julgado em 18/11/2010.** (Inform. STJ 456)

EXECUÇÃO INDIVIDUAL. SENTENÇA. AÇÃO COLETIVA. DOMICÍLIO. CONSUMIDOR.

Trata-se, na origem, de execução de sentença que julgou parcialmente procedente ação coletiva cujo objeto era obrigar associação de ensino a abster-se de condicionar ao pagamento de renovação de matrícula o fornecimento de documentos necessários à transferência de alunos para outras instituições de ensino. A Turma deu provimento ao recurso por entender que a execução individual de sentença condenatória proferida em ação coletiva não segue a regra dos arts. 475-A e 575, II, do CPC, pois as decisões de mérito no julgamento daquela ação apresentam particularidades que tornam complexa a aplicação das regras contidas nos referidos artigos. Aquelas sentenças contêm alto grau de generalidade, uma vez que não podem estabelecer concretamente o direito de cada um dos substituídos processuais; essas decisões estão limitadas a declarar, de modo inespecífico, a obrigação de indenizar os danos causados aos consumidores ou outros lesados, abstratamente considerados. Logo a referida execução demonstrará ampla dose de cognição, pois cada substituído deverá comprovar a titularidade do direito cuja lesão foi reconhecida pela sentença de ação coletiva. Entendeu ainda que a interpretação analógica do art. 101, I, c/c o art. 98, § 2º, I, ambos do CDC, garante ao consumidor a prerrogativa processual do ajuizamento da execução individual derivada de decisão proferida no julgamento de ação coletiva no foro de seu domicílio. **REsp 1.098.242-GO, Rel. Min. Nancy Andrighi, julgado em 21/10/2010.** (Inform. STJ 452)

COMPETÊNCIA. DANO. CONSUMIDOR.

No caso dos autos, na Ação Civil Pública (ACP) foi alegado dano ao consumidor que comprou veículo automotor de determinada marca com cláusula de garantia supostamente abusiva, fato que é de âmbito nacional, porquanto a garantia de que se cogita é a fornecida pela fábrica, não por concessionária, por isso atinge um número indeterminado de consumidores em todos os estados da Federação. Daí se aplicar à espécie a interpretação dada em precedentes deste Superior Tribunal ao inciso II do art. 93 do CDC, no sentido de que, nesses casos, não há competência exclusiva do Distrito Federal para o julgamento de ações civis públicas quando a controvérsia referir-se a dano ao consumidor em escala nacional, podendo, assim, a demanda também ser proposta nas capitais dos estados da Federação. Dessa forma, distribuída a ação a uma vara cível do Distrito Federal, obtendo, inclusive, sentença de mérito, não poderia o tribunal *a quo*, de ofício, por ocasião do julgamento da apelação, declinar da sua competência, visto que o autor, a quem cabia a escolha do foro, conformou-se com a tramitação do processo no Distrito Federal. Diante do exposto, a Turma deu provimento ao recurso para afastar a incompetência suscitada, determinando o retorno dos autos para ser apreciado o recurso de apelação do MP. Precedentes citados: CC 26.842-DF, DJ 5/8/2002; CC17.532-DF, DJ 5/2/2001; CC 26.842-DF, DJ 5/8/2002; AgRg na MC 13.660-PR, DJe 17/3/2008, e CC 91.578-BA, DJe 3/6/2008. **REsp 712.006-DF, Rel. Luis Felipe Salomão, julgado em 5/8/2010.** (Inform. STJ 441)

AÇÃO COLETIVA. CLÁUSULA CONTRATUAL.

A matéria cinge-se em determinar se o recorrente (conhecido instituto de defesa do consumidor) possui legitimidade para propor ação coletiva em defesa dos direitos do consumidor e se o direito à devolução de valores referentes a contrato de consórcio é considerado individual homogêneo. Para a Min. Relatora, a pertinência subjetiva da entidade associativa de defesa do consumidor para ajuizar ação coletiva manifesta-se pela natureza dos interesses e direitos tutelados – individuais homogêneos. Tais direitos referem-se a um número de pessoas ainda não identificadas, mas passível de ser determinado em um momento posterior e derivam de uma origem comum, do que decorre sua homogeneidade. No caso, o referido instituto veio a juízo promover a defesa coletiva de interesses individuais, para declarar a nulidade de cláusula contratual que prevê a devolução das parcelas do contrato de consórcio após 30 dias de encerramento do grupo aos consorciados desistentes ou excluídos. Nessa hipótese, os direitos dos consorciados são caracterizados como individuais homogêneos, pois decorrem de origem comum, ou seja, a nulidade de cláusula contratual. Destarte, o instituto está legitimado para litigar na tutela dos interesses individuais homogêneos dos consumidores, assim como está configurada a possibilidade jurídica do pedido dada a natureza dos direitos que o fundamentam. Precedentes citados: REsp 681.872-RS, DJ 23/5/2005; REsp 132.502-RS, DJ 10/11/2003; REsp 226.803-SP, DJ 18/11/2002; REsp 313.364-SP, DJ 6/5/2002; REsp 140.097-SP, DJ 11/9/2000; REsp 157.713-RS, DJ 21/8/2000; REsp 41.457-RS, DJ 17/3/1997; REsp 139.400-MG, DJ 25/9/2000; REsp 79.083-SP, DJ 28/2/2000, e REsp 595.964-GO, DJ 4/4/2005. **REsp 987.382-SP, Rel. Min. Nancy Andrighi, julgado em 1º/12/2009.** (Inform. STJ 418)

IDEC. AÇÃO INDIVIDUAL. ILEGITIMIDADE.

Trata-se de ação civil pública na qual o Instituto Brasileiro de Defesa do Consumidor (IDEC) objetiva, em nome próprio, fazer com que os recorridos, colégios de primeiro e segundo graus, procedam aos descontos de matrícula e mensalidade dos filhos dos substituídos processuais. O Instituto recorrente embasou seu pedido nas disposições do DL n. 3.200/1941. O juiz julgou a ação procedente para determinar os descontos postulados. Interposta a apelação, o TJ reformou a sentença ao entendimento de que o IDEC não possui legitimidade ativa *ad causam* para postular em nome próprio direito alheio, exceto se por meio de ação coletiva, o que não é a hipótese. Ao recurso aviado pelo IDEC, o Min. Relator dava-lhe provimento, ao entendimento de que o Instituto tem legitimidade para propor ação coletiva para defender interesses individuais homogêneos. O Min. João Otávio de Noronha, em seu voto-vista, divergindo do Min. Relator, destacou que este Superior Tribunal já julgou ações, propostas pelo MP, cujo fundamento era o desconto de mensalidades escolares com base no DL n. 3.200/1941, tendo decidido pela improcedência da ação, visto que o art. 24 do referido decreto encontra-se revogado. Todavia, ressaltou que a hipótese contempla uma peculiaridade: a presente ação não é coletiva, mas individual. E a norma consumerista é específica ao conferir legitimidade a associações para postularem em nome próprio nas hipóteses em que a ação proposta seja coletiva (arts. 81, III, 82, IV, do CDC). Nessa norma percebe-se não haver previsão de substituição processual extraordinária para defesa de interesses particulares por meio de ações individuais, como ocorre no caso. Para o Min. João Otávio de Noronha, não se trata apenas de mero formalismo com o nome atribuído à presente ação, mas dos contornos a ela conferidos pelo autor, que sonegou a feição metaindividual ao feito. Mesmo que os interesses fossem considerados "individuais homogêneos", a legitimidade da associação estaria condicionada a que fossem também indisponíveis. *In casu*, havendo apenas a soma de interesses individuais de duas pessoas, interesses que parecem legítimos, mas não coletivos, não cabe à associação defendê-los. No caso, não há previsão de substituição processual. Já a hipótese de representação, não foi levantada pelo IDEC, que postulou em nome próprio, entendendo que fazia a defesa de direitos individuais homogêneos, conferindo ao presente feito a feição coletiva. Diante disso, a Turma, ao prosseguir o julgamento, por maioria, não conheceu do recurso. Precedentes citados: REsp 72.413-SP, DJ 22/4/1996, e REsp 168.339-SP, DJ 16/8/1999. **REsp 184.986-SP, Rel. originário Min. Luis Felipe Salomão, Rel. para acórdão Min. João Otávio de Noronha, julgado em 17/11/2009.** (Inform. STJ 416)

SERVIÇO. TELEFONIA. LEGITIMIDADE. MP.

Trata-se, na espécie, de recurso interposto contra agravo de instrumento manejado para combater decisão saneadora proferida em ação civil pública, proposta com o objetivo de afastar a cobrança relativa à denominada assinatura básica, reduzir a tarifa referente à mudança de endereço e impedir a disponibilização do serviço de valor adicionado sem prévia concordância do usuário. Assim, a Turma entendeu que a inclusão de débitos não autorizados na conta do consumidor e cobrados em razão do uso pelo consumidor ou por terceiros de serviço de valor adicionado legitimam o Ministério Público a propor ação com o objetivo de garantir a continuidade do serviço público essencial de telefonia fixa, conforme disposto na art. 22 do CDC. Quanto ao serviço de valor adicionado fornecido sem que haja solicitação prévia e expressa do consumidor, é desnecessária a participação dos provedores dos referidos serviços no polo passivo da demanda, pois o bloqueio e os eventuais desbloqueios a pedido do usuário e controle na cobrança dos referidos serviços não autorizados são de responsabilidade da concessionária. **REsp 605.755-PR, Rel. Min. Herman Benjamin, julgado em 22/9/2009.** (Inform. STJ 408)

MP. REQUISIÇÃO. INFORMAÇÃO. BANCO.

É lícito ao MP requisitar da instituição financeira documentos e dados que não estão protegidos pelo sigilo bancário e referentes a contrato de adesão, pois se está na defesa dos usuários dos serviços e produtos por ela ofertados. Ressalte-se que esses serviços e produtos são do gênero consumo. Precedentes citados: REsp 209.259-DF, DJ 5/3/2001; REsp 207.310-DF, DJ 20/11/2000, e HC 5.287-DF, DJ 5/5/1997. **REsp 1.094.770-DF, Rel. Min. Humberto Martins, julgado em 1º/9/2009.** (Inform. STJ 405)

REPRESENTAÇÃO. CONSUMIDOR. FORO COMPETENTE.

Trata-se de ação de nulidade de cláusulas contratuais abusivas cumulada com pedido de repetição de indébito e antecipação de tutela. O REsp busca definir se é possível o juízo de ofício declinar de sua competência para o julgamento em causa que envolve relação de consumo, e o consumidor, domiciliado em São Paulo, foi representado na ação por associação de consumidores domiciliada em Belo Horizonte e o réu também tem domicílio em São Paulo. Isso posto, para a Min. Relatora, em primeiro lugar, é necessário definir se é regular essa representação. No caso, a representação não busca a defesa de interesses coletivos, é mera representação individual, por isso não está amparada no âmbito do art. 5º, XXI, da CF/1988 ou nos arts. 81 e 82 do CDC, mas no art. 12 do CPC. Assim, a associação não poderia representar o consumidor, que teria de constituir um advogado. Ademais, a consequência do reconhecimento de que é irregular a representação seria a decretação da extinção do processo, sem resolução do mérito. No entanto, nos autos há uma particularidade, além da procuração outorgada pela associação à advogada, o próprio consumidor também outorgou procuração à mesma advogada, dando-lhe poderes para representá-lo. Dessa forma, é possível interpretar que o próprio consumidor também é autor da ação, tornando-se desnecessária qualquer interpretação de ilegitimidade, porquanto a menção à associação feita na inicial consubstancia mera irregularidade. Também é possível o juízo, na hipótese, declinar de sua competência pelo amplo poder que lhe foi conferido pelo art. 6º, VII, do CDC, de modo que não houve ofensa ao art. 121 do CPC. Por outro lado, não há notícia de que Belo Horizonte seja o foro de eleição. A regra do art. 94 do CPC estabelece a competência do foro do réu e o art. 101, I, do CDC, regra excepcional, estabelece o domicílio do consumidor, logo agiu corretamente o TJ ao confirmar a sentença. O CDC não confere ao consumidor o direito de escolher aleatoriamente o local onde deve propor sua ação, independentemente de conexão com seu domicílio ou de cláusula de eleição de foro. Com esse entendimento, a Turma negou provimento ao recurso. Precedente citado: CC 40.562-BA, DJ 10/10/2005. **REsp 1.084.036-MG, Rel. Min. Nancy Andrighi, julgado em 3/3/2009.** (Inform. STJ 385)

INDENIZAÇÃO. DANO MORAL. DENUNCIAÇÃO. LIDE.

Em ação de indenização por dano moral, houve a denunciação da lide pelo banco à empresa de segurança responsável pelo ato de seu empregado que travou as portas da agência bancária, constrangendo o cliente. Como é cediço, é vedada a denunciação da lide quando há relação de consumo, nas hipóteses do art. 13 do CDC, determinando o art. 88 do mesmo código que a ação de regresso poderá ser ajuizada em processo autônomo, facultada a possibilidade de prosseguir-se nos mesmos autos. Note-se que o art. 13 do CDC cuida da responsabilidade do comerciante, que não é o caso do fornecedor de serviços, alcançado pelo art. 14 desse código. Isso posto, o Min. Relator, com base em precedentes da Terceira Turma, entendeu que a vedação expressa à denunciação da lide contida no art. 88 do CDC não é exaustiva, nada impede seu exame à luz dos elementos da causa. Sendo assim, anulou o acórdão recorrido e determinou que o Tribunal *a quo* examine a questão, aferindo se é caso de ser deferida a denunciação da lide à luz das demais normas processuais (art. 70, III, CPC). Precedentes citados: REsp 464.466-MT, DJ 1º/9/2003, e REsp 741.898-RS, DJ 20/11/2006. **REsp 439.233-SP, Rel. Min. Aldir Passarinho Junior, julgado em 4/10/2007.** (Inform. STJ 334)

COMPRA E VENDA. VEÍCULO. DENUNCIAÇÃO À LIDE. APROVEITAMENTO. ATOS PRATICADOS.

A jurisprudência deste Superior Tribunal é firme no sentido de que o art. 88 do CDC veda a denunciação à lide nos processos nos quais se discute uma relação de consumo. Tal orientação, contudo, é restrita apenas às hipóteses de fornecimento de produtos previstos no art. 13 do CDC. Tal vedação não se estende às hipóteses de prestação de serviços reguladas pelo art. 14 do referido código. Na espécie, ficou comprovado que se trata de fornecimento de produto defeituoso, assim estaria vedada a litisdenunciação. Ocorre que o juízo de primeiro grau deferiu a denunciação, pois havia à época controvérsia acerca da aplicação do diploma consumerista. Logo, o processo desenvolveu-se com a citação e participação do litisdenunciado. A Turma entendeu que a denunciação à lide já produziu seus efeitos procrastinatórios e, interpretando o art. 88 do CDC teleologicamente, entendeu que este deveria ser aproveitado, pois não traria qualquer desvantagem ao consumidor, como não representaria restrição ao direito de defesa do litisdenunciado. Precedentes citados: REsp 660.113-RJ, DJ 6/12/2004, e REsp 782.919-SP, DJ 1º/2/2006. **REsp 972.766-SP, Rel. Min. Nancy Andrighi, julgado em 25/9/2007.** (Inform. STJ 333)

SÚMULA VINCULANTE STF 27

Compete à Justiça estadual julgar causas entre consumidor e concessionária de serviço público de telefonia, quando a ANATEL não seja litisconsorte passiva necessária, assistente, nem opoente.

SÚMULA STF Nº 643

O Ministério Público tem legitimidade para promover ação civil pública cujo fundamento seja a ilegalidade de reajuste de mensalidades escolares.

SÚMULA STJ Nº 470

O Ministério Público não tem legitimidade para pleitear, em ação civil pública, a indenização decorrente do DPVAT em benefício do segurado.

12. DIREITO AMBIENTAL

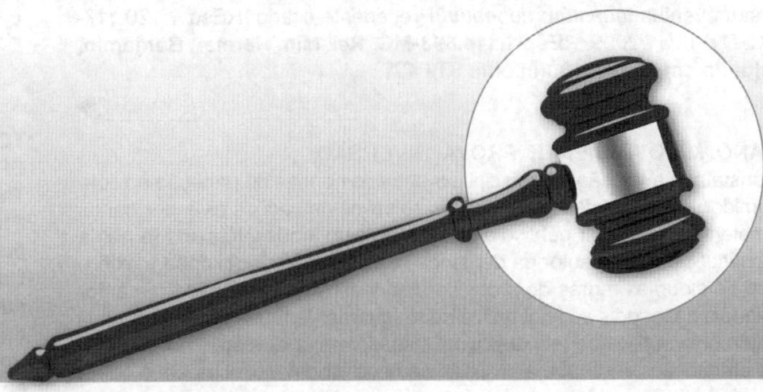

1. PATRIMÔNIO CULTURAL BRASILEIRO

DIREITO ADMINISTRATIVO. REPARAÇÃO DE IMÓVEL TOMBADO. ÔNUS DO PROPRIETÁRIO.

A responsabilidade de reparar e conservar o imóvel tombado é do proprietário, salvo quando demonstrado que ele não dispõe de recurso para proceder à reparação. Precedentes citados: REsp 666.842-RJ, DJe 28/10/2009; REsp 895.443-RJ, DJe 17/12/2008; REsp 1.013.008-MA, DJe 23/6/2008, e REsp 97.852-PR, DJ 8/6/1998. **AgRg no AREsp 176.140-BA, Rel. Min. Castro Meira, julgado em 18/10/2012.(Inform. STJ 507)**

ACP. PRESERVAÇÃO. CONJUNTO ARQUITETÔNICO.

A associação de moradores recorrente, mediante ação civil pública (ACP), busca o sequestro de importante conjunto arquitetônico incrustado em seu bairro, bem como o fim de qualquer atividade que lhe prede ou polua, além da proibição de construir nele anexos ou realizar obras em seu exterior ou interior. Nesse contexto, a legitimidade da referida associação para a ACP deriva de seu próprio estatuto, enquanto ele dispõe que um dos objetivos da associação é justamente zelar pela qualidade de vida no bairro, ao buscar a manutenção do ritmo e grau de sua ocupação e desenvolvimento, para que prevaleça sua feição de zona residencial. Sua legitimidade também condiz com a CF/1988, pois o *caput* de seu art. 225 expressamente vincula o meio ambiente à sadia qualidade de vida. Daí a conclusão de que a proteção ambiental correlaciona-se diretamente com a qualidade de vida dos moradores do bairro. Também a legislação federal agasalha essa hipótese, visto reconhecer que o conceito de meio ambiente encampa o de loteamento, paisagismo e estética urbana numa relação de continência. Destaca-se o teor do art. 3º, III, a e d, da Lei n. 6.938/1981, que dispõe ser poluição qualquer degradação ambiental oriunda de atividades que, direta ou indiretamente, prejudiquem a saúde e o bem-estar da população ou atinjam as condições estéticas do meio ambiente. Em suma, diante da legislação vigente, não há como invocar a falta de pertinência temática entre o objeto social da recorrente e o pleito desenvolvido na ação (art. 5º, V, b, da Lei n. 7.347/1985). **REsp 876.931-RJ, Rel. Min. Mauro Campbell Marques, julgado em 10/8/2010**. (Inform. STJ 442)

2. DIREITO AMBIENTAL CONSTITUCIONAL

ADPF E IMPORTAÇÃO DE PNEUS USADOS - 7

O Tribunal, por maioria, julgou parcialmente procedente pedido formulado em argüição de descumprimento de preceito fundamental, ajuizada pelo Presidente da República, e declarou inconstitucionais, com efeitos *ex tunc*, as interpretações, incluídas as judicialmente acolhidas, que permitiram ou permitem a importação de pneus usados de qualquer espécie, aí insertos os remoldados. Ficaram ressalvados os provimentos judiciais transitados em julgado, com teor já executado e objeto completamente exaurido — v. Informativo 538. Entendeu-se, em síntese, que, apesar da complexidade dos interesses e dos direitos envolvidos, a ponderação dos princípios constitucionais revelaria que as decisões que autorizaram a importação de pneus usados ou remoldados teriam afrontado os preceitos constitucionais da saúde e do meio ambiente ecologicamente equilibrado e, especificamente, os princípios que se expressam nos artigos 170, I e VI, e seu parágrafo único, 196 e 225, todos da CF ("*Art. 196. A saúde é direito de todos e dever do Estado, garantido mediante políticas sociais e econômicas que visem à redução do risco de doença e de outros agravos e ao acesso universal e igualitário às ações e serviços para sua promoção, proteção e recuperação. ... Art. 225. Todos têm direito ao meio ambiente ecologicamente equilibrado, bem de uso comum do povo e essencial à sadia qualidade de vida, impondo-se ao Poder Público e à coletividade o dever de defendê-lo e preservá-lo para as presentes e futuras gerações.*"). Vencido o Min. Marco Aurélio que julgava o pleito improcedente. **ADPF 101/DF, rel. Min. Cármen Lúcia, 24.6.2009**. (ADPF-101) (Inform. STF 552)

3. PRINCÍPIOS DO DIREITO AMBIENTAL

AGROTÓXICO IMPORTADO. APOSTILAMENTO.

O art. 3º da Lei n. 7.802/1989 prevê que os agrotóxicos, seus componentes e afins só poderão ser produzidos, exportados, importados, comercializados e utilizados após prévio registro em órgão federal. Já o art. 17 do Dec. n. 98.816/1990 (vigente à época) determinava o cancelamento desse registro acaso constatada a modificação não autorizada da fórmula, dosagem, condições de fabricação, indicação de aplicação e especificações constantes de rótulos, folhetos ou bulas dos agrotóxicos ou qualquer modificação em desacordo com o registro concedido. O parágrafo único desse mesmo artigo, contudo, especificava que essas alterações obrigariam o interessado a formular um novo pedido de registro. Por sua vez, o art. 29, § 6º, do decreto estabelecia que só alterações estatutárias ou contratuais das sociedades empresárias registrantes submeter-se-iam à averbação ou ao apostilamento no registro. Por tudo isso, conclui-se que a transferência da titularidade do registro em questão (de agrotóxicos produzidos no exterior e importados ao país para comercialização) deve sujeitar-se não a simples apostilamento, mas a um novo registro no Ministério da Agricultura, Pecuária e Abastecimento. Há que garantir medida eficaz ao exercício do poder de polícia, o que se inviabilizaria pela utilização do apostilamento no caso, pois ficaria tolhida a prévia avaliação dos setores competentes quanto ao lançamento, no mercado, de considerável quantidade de agrotóxicos. Anote-se que a necessidade de novo registro pactua com o sistema jurídico de proteção do meio ambiente, que se pauta pelos princípios da preservação e da precaução. **REsp 1.153.500-DF, Rel. Min. Mauro Campbell Marques, julgado em 7/12/2010.** (Inform. STJ 459)

MEIO AMBIENTE. REPARAÇÃO. INDENIZAÇÃO.

O princípio da reparação *in integrum* aplica-se ao dano ambiental. Com isso, a obrigação de recuperar o meio ambiente degradado é compatível com a indenização pecuniária por eventuais prejuízos, até sua restauração plena. Contudo, se quem degradou promoveu a restauração imediata e completa do bem lesado ao *status quo ante*, em regra, não se fala em indenização. Já os benefícios econômicos que aquele auferiu com a exploração ilegal do meio ambiente (bem de uso comum do povo, conforme o art. 225, *caput*, da CF/1988) devem reverter à coletividade, tal qual no caso, em que se explorou garimpo ilegal de ouro em área de preservação permanente sem qualquer licença ambiental de funcionamento ou autorização para desmatamento. Com esse entendimento, a Turma deu parcial provimento ao recurso para reconhecer, em tese, a possibilidade de cumulação de indenização pecuniária e obrigações de fazer voltadas à recomposição *in natura* do bem lesado, o que impõe a devolução dos autos ao tribunal de origem para que verifique existir dano indenizável e seu eventual *quantum debeatur*. Precedente citado: REsp 1.120.117-AC, Dje 19/11/2009. **REsp 1.114.893-MG, Rel. Min. Herman Benjamin, julgado em 16/3/2010.** (Inform. STJ 427)

DANO. MEIO AMBIENTE. PROVA. INVERSÃO.
Constatada a relação interdisciplinar entre as normas de proteção ao consumidor e as de defesa dos direitos coletivos nas ações civis por danos ambientais, o caráter público e coletivo do bem jurídico tutelado (e não a hipossuficiência do autor da demanda em relação ao réu) impõe a extensão de algumas regras de proteção dos direitos do consumidor ao autor daquela ação, pois ao final busca-se resguardar (e muitas vezes reparar) patrimônio público de uso coletivo. Dessa forma, a aplicação do princípio da precaução pressupõe a inversão do ônus probatório: compete a quem se imputa a pecha de ser, supostamente, o promotor do dano ambiental a comprovação de que não o causou ou de que não é potencialmente lesiva a substância lançada no ambiente. Por ser coerente com essa posição, é direito subjetivo do infrator a realização de perícia para comprovar a ineficácia poluente de sua conduta, não se mostrando suficientes para tornar essa prova prescindível simples informações obtidas em *site* da *Internet*. A perícia é sempre necessária quando a prova do fato depender de conhecimento técnico e se recomenda ainda mais na seara ambiental, visto a complexidade do bioma. Precedente citado: REsp 1.049.822-RS, DJe 18/5/2009. **REsp 1.060.753-SP, Rel. Min. Eliana Calmon, julgado em 1º/12/2009.** (Inform. STJ 418)

ACP. DANO AMBIENTAL. ÔNUS. PROVA.
Trata-se da inversão do ônus probatório em ação civil pública (ACP) que objetiva a reparação de dano ambiental. A Turma entendeu que, nas ações civis ambientais, o caráter público e coletivo do bem jurídico tutelado – e não eventual hipossuficiência do autor da demanda em relação ao réu – conduz à conclusão de que alguns direitos do consumidor também devem ser estendidos ao autor daquelas ações, pois essas buscam resguardar (e muitas vezes reparar) o patrimônio público coletivo consubstanciado no meio ambiente. A essas regras, soma-se o princípio da precaução. Esse preceitua que o meio ambiente deve ter em seu favor o benefício da dúvida no caso de incerteza (por falta de provas cientificamente relevantes) sobre o nexo causal entre determinada atividade e um efeito ambiental nocivo. Assim, ao interpretar o art. 6º, VIII, da Lei n. 8.078/1990 c/c o art. 21 da Lei n. 7.347/1985, conjugado com o princípio da precaução, justifica-se a inversão do ônus da prova, transferindo para o empreendedor da atividade potencialmente lesiva o ônus de demonstrar a segurança do empreendimento. Precedente citado: REsp 1.049.822-RS, DJe 18/5/2009. **REsp 972.902-RS, Rel. Min. Eliana Calmon, julgado em 25/8/2009.** (Inform. STJ 404)

4. COMPETÊNCIA EM MATÉRIA AMBIENTAL

MEIO AMBIENTE. LEGITIMIDADE PASSIVA. ESTADO.
A jurisprudência do STJ firmou-se no sentido de reconhecer a legitimidade passiva de pessoa jurídica de direito público (no caso, estado-membro) na ação que busca a responsabilidade pela degradação do meio ambiente, em razão da conduta omissiva quanto a seu dever de fiscalizá-lo. Essa orientação coaduna-se com o art. 23, VI, da CF/1988, que firma ser competência comum da União, estados, Distrito Federal e municípios a proteção do meio ambiente e o combate à poluição em qualquer de suas formas. Anote-se que o art. 225, *caput*, da CF/1988 prevê o direito de todos a um meio ambiente ecologicamente equilibrado, além de impor ao Poder Público e à coletividade o dever de defendê-lo e preservá-lo em benefício das presentes e futuras gerações. **AgRg no REsp 958.766-MS, Rel. Min. Mauro Campbell Marques, julgado em 16/3/2010.** (Inform. STJ 427)

COMPETÊNCIA. POLÍCIA MILITAR AMBIENTAL.
In casu, constatou-se dos autos que foi celebrado convênio entre o Ibama e a Polícia Militar Ambiental de estado-membro, tendo por objeto estabelecer um regime de mútua cooperação entre convenentes a fim de executar ações fiscalizatórias voltadas para a preservação e conservação do meio ambiente e dos recursos naturais renováveis, conforme prevê o art. 17-Q da Lei n. 6.938/1981, que trata da Política Nacional do Meio Ambiente. Diante disso, a Turma negou provimento ao recurso ao entendimento de que, sendo a Polícia Militar Ambiental órgão do Estado, atua em nome dele e, assim, é competente para a lavratura de auto de infração ambiental. **REsp 1.109.333-SC, Rel. Min. Francisco Falcão, julgado em 14/4/2009.** (Inform. STJ 390)

5. INSTRUMENTOS DA POLÍTICA NACIONAL DO MEIO AMBIENTE

TOMBAMENTO PROVISÓRIO. EQUIPARAÇÃO AO DEFINITIVO. EFICÁCIA.
Trata-se originariamente de ação civil pública ajuizada pelo Instituto do Patrimônio Histórico e Artístico Nacional (IPHAN), ora recorrente, contra proprietário de imóvel, ora recorrido, localizado no Centro Histórico de Cuiabá-MT, buscando a demolição e reconstrução de bem aviltado. O tribunal *a quo* considerou regular a demolição do bem imóvel ao fundamento de que somente o ato formal de tombamento inscrito no livro próprio do Poder Público competente e concretizado pela homologação realizada em 4/11/1992 é que estabeleceu a afetação do bem, momento em que já não mais existia o prédio de valor histórico, e sim um de características modernas. No REsp, insurge-se o IPHAN argumentando que o tombamento provisório tem o mesmo efeito de proteção que a restrição cabível ao definitivo. Assim, a controvérsia diz respeito à eficácia do tombamento provisório. A Turma entendeu, entre outras considerações, que o ato de tombamento, seja ele provisório ou definitivo, tem por finalidade preservar o bem identificado como de valor cultural, contrapondo-se, inclusive, aos interesses da propriedade privada, não só limitando o exercício dos direitos inerentes ao bem, mas também obrigando o proprietário a tomar as medidas necessárias à sua conservação. O tombamento provisório, portanto, possui caráter preventivo e assemelha-se ao definitivo quanto às limitações incidentes sobre a utilização do bem tutelado, nos termos do parágrafo único do art. 10 do DL n. 25/1937. O valor cultural do bem é anterior ao próprio tombamento. A diferença é que, não existindo qualquer ato do Poder Público que formalize a necessidade de protegê-lo, descaberia responsabilizar o particular pela não conservação do patrimônio. O tombamento provisório, portanto, serve como um reconhecimento público da valoração inerente ao bem. As coisas tombadas não poderão, nos termos do art. 17 do DL n. 25/1937, ser destruídas, demolidas ou mutiladas. O descumprimento do aludido preceito legal enseja, via de regra, o dever de restituir a coisa ao *status quo ante*. Excepcionalmente, sendo inviável o restabelecimento do bem ao seu formato original, autoriza-se a conversão da obrigação em perdas e danos. Assim, a Turma deu parcial provimento ao recurso, determinando a devolução dos autos ao tribunal *a quo* para que prossiga o exame da apelação do IPHAN. Precedente citado: RMS 8.252-SP, DJ 24/2/2003. **REsp 753.534-MT, Rel. Min. Castro Meira, julgado em 25/10/2011 (ver Informativo n. 152).** (Inform. STJ 486)

MS. LISTA. DESMATADORES. AMAZÔNIA.
O impetrante pretende a exclusão de seu nome da "lista dos 100 maiores desmatadores" da Floresta Amazônica publicada no *site* oficial do Ministério do Meio Ambiente. Sustenta, em suma, que a lista é flagrantemente falsa, pois não traz os cem maiores desmatadores, ela aponta, no máximo, os possíveis cem maiores autos de infração lavrados pelo Ibama; nem mesmo os autos de infração mencionados na lista tratam de desmatamento, e o ato impugnado viola os princípios constitucionais do devido processo legal, da ampla defesa, do contraditório e da presunção de inocência. Para o Min. Relator, analisar a veracidade ou não das informações contidas na referida lista, levando em consideração os critérios adotados em sua elaboração, demandaria dilação probatória, inviável em mandado de segurança, instrumento para tutela de direito líquido e certo. Ademais, no que tange à apontada violação do devido processo legal, entende o Min. Relator não assistir razão ao impetrante, tendo em vista que a inclusão de seu nome teve como fundamento auto de infração em relação ao qual lhe foi oportunizado o exercício do contraditório e da ampla defesa. O ato da autoridade impetrada tem suporte no art. 4º da Lei n. 10.650/2003. A circunstância de o auto de infração ainda não ter sido julgado definitivamente não é óbice para sua utilização na lista impugnada. No entanto, tal informação deve constar da divulgação por força do disposto no parágrafo único do art. 149 do Dec. n. 6.514/2008. Diante disso, a Seção concedeu parcialmente a segurança apenas para determinar à autoridade impetrada que inclua, na lista impugnada, as informações previstas no mencionado dispositivo legal. Precedentes citados: RMS 23.079-TO, DJ 28/5/2007; MS 13.921-DF, DJe 6/4/2009, e MS 13.934-DF, DJe 18/6/2009. **MS 13.935-DF, Rel. Min. Teori Albino Zavascki, julgado em 10/3/2010.** (Inform. STJ 426)

MEIO AMBIENTE. LIMITES. PARQUE NACIONAL.
A recorrida alega que, afastada a possibilidade de extração das árvores mortas, caídas e secas, seu direito de propriedade estaria malferido. Contudo, tal entendimento encontra resistência no art. 1.228, § 1º, do CC/2002. A preservação da flora, da fauna, das belezas naturais e do equilíbrio ecológico, na espécie, não depende da criação de parque nacional. A pro-

teção ao ecossistema é essencialmente pautada pela relevância da área pública ou privada a ser protegida. Se assim não fosse, a defesa do meio ambiente somente ocorreria em áreas públicas. A formalização de qualquer das modalidades de unidade de conservação de proteção integral invalida as licenças ambientais anteriormente concedidas. Ademais, no caso, a pretendida extração é danosa ao ecossistema do parque, o que impede a concessão de novas licenças. **REsp 1.122.909-SC, Rel. Min. Humberto Martins, julgado em 24/11/2009.** (Inform. STJ 417)

6. PROTEÇÃO DA FAUNA

"RINHA DE GALOS" E CRUELDADE CONTRA ANIMAIS

Por entender caracterizada ofensa ao art. 225, § 1º, VII, da CF, que veda práticas que submetam os animais a crueldade, o Plenário julgou procedente pedido formulado em ação direta ajuizada pelo Procurador-Geral da República para declarar a inconstitucionalidade da Lei fluminense 2.895/98. A norma impugnada autoriza a criação e a realização de exposições e competições entre aves das raças combatentes (fauna não silvestre). Rejeitaram-se as preliminares de inépcia da petição inicial e de necessidade de se refutar, artigo por artigo, o diploma legislativo invocado. Aduziu-se que o requerente questionara a validade constitucional da integridade da norma adversada, citara o parâmetro por ela alegadamente transgredido, estabelecera a situação de antagonismo entre a lei e a Constituição, bem como expusera as razões que fundamentariam sua pretensão. Ademais, destacou-se que a impugnação dirigir-se-ia a todo o complexo normativo com que disciplinadas as "rinhas de galo" naquela unidade federativa, qualificando-as como competições. Assim, despicienda a indicação de cada um dos seus vários artigos. No mérito, enfatizou-se que o constituinte objetivara assegurar a efetividade do direito fundamental à preservação da integridade do meio ambiente, que traduziria conceito amplo e abrangente das noções de meio ambiente natural, cultural, artificial (espaço urbano) e laboral. Salientou-se, de um lado, a íntima conexão entre o dever ético-jurídico de preservação da fauna e o de não-incidência em práticas de crueldade e, de outro, a subsistência do gênero humano em um meio ambiente ecologicamente equilibrado (direito de terceira geração). Assinalou-se que a proteção conferida aos animais pela parte final do art. 225, § 1º, VII, da CF teria, na Lei 9.605/98 (art. 32), o seu preceito incriminador, o qual pune, a título de crime ambiental, a inflição de maus-tratos contra animais. Frisou-se que tanto os animais silvestres, quanto os domésticos ou domesticados — aqui incluídos os galos utilizados em rinhas — estariam ao abrigo constitucional. Por fim, rejeitou-se o argumento de que a "briga de galos" qualificar-se-ia como atividade desportiva, prática cultural ou expressão folclórica, em tentativa de fraude à aplicação da regra constitucional de proteção à fauna. Os Ministros Marco Aurélio e Dias Toffoli assentaram apenas a inconstitucionalidade formal da norma. Precedentes citados: RE 153531/SC (DJU de 13.3.98); ADI 2514/SC (DJU de 3.8.2005); ADI 3776/RN (DJe de 29.6.2007). ADI 1856/RJ, rel. Min. Celso de Mello, 26.5.2011. (ADI-1856) (Inform. STF 628)

AMBIENTAL. PESCA SUBAQUÁTICA. ARBALETE.

Trata-se, na origem, de MS impetrado em razão de fundada ameaça de que a autoridade coatora adotasse medidas coercitivas para impedir que o impetrante, ora recorrente, realizasse pesca subaquática amadora com arbalete (arma disparadora de arpões), com base na Port. n. 35/1988-Sudepe. No RMS, sustenta-se, em síntese, que a pesca subaquática em apneia com arbalete, por ser amadora, não pode ser considerada predatória, portanto deve ser permitida. Inicialmente, observou o Min. Relator que, com base na Port. n. 20/2003-Ibama, o recorrente obteve licença para pesca subaquática amadora, inclusive com a utilização de arbalete. Assim, entre outros fundamentos, consignou que o fato de a referida portaria da Sudepe não ter feito menção àquele artefato ao livrar da proibição de pesca comercial os pescadores artesanais e amadores diz respeito unicamente à sua inexistência à época em que editada tal portaria, e não à real vontade regulamentadora de vedar a pesca subaquática amadora com o uso do arbalete. Não há, pois, caráter restritivo, apenas lacuna relativa a desenvolvimento técnico. Diante disso, a Turma deu provimento ao recurso. **RMS 33.562-RJ, Rel. Min. Mauro Campbell Marques, julgado em 16/8/2011.** (Inform. STJ 481)

CONTROLE. ZOONOSE. MEIO CRUEL.

Os centros dedicados ao controle de zoonoses (doenças que podem migrar de animais aos seres humanos) devem priorizar medidas que controlem a reprodução dos animais (injeção de hormônio ou esterilização), pois elas se mostram mais eficazes no combate dessas enfermidades (Informe Técnico n. 8 da OMS). Porém, há que se permitir o extermínio dos animais quando, em casos extremos, tal medida mostre-se imprescindível para o resguardo da saúde humana. No entanto, a utilização de meio cruel para esse fim está proibida sob pena de violação do art. 225 da CF/1988, do art. 3º da Declaração Universal dos Direitos dos Animais e do art. 32 da Lei n. 9.605/1998. Assim, o uso de gás asfixiante nesses centros é tido por medida de extrema crueldade que viola o sistema normativo de proteção aos animais. O uso do gás sequer se justifica pelo fundamento de que o administrador público está a exercer o dever discricionário. Não se pode acolher que, com base nessa discricionariedade, o administrador realize prática ilícita, certo que há liberdade na escolha do método a ser utilizado, caso haja meios que se equivalham entre os não cruéis, mas nunca o exercício da discricionariedade que implique violação da própria finalidade legal. **REsp 1.115.916-MG, Rel. Min. Humberto Martins, julgado em 1º/9/2009.** (Inform. STJ 405)

7. PROTEÇÃO DA FLORA

AMBIENTAL. RESTRIÇÃO À ATIVIDADE ECONÔMICA. MADEIREIRA EXPLORADORA DE MOGNO.

A edição de norma que suspende o transporte, a comercialização e a exportação de madeira, bem como as autorizações para exploração e desmatamento têm efeito sobre a madeira já derrubada, sob pena de esvaziar o comando normativo do ato protetivo. O Min. Relator asseverou que, caso a Instrução Normativa n. 3/1998 do Ibama – que restringiu a exploração de mogno – não pudesse ter o alcance por ela definido, deveria ser reconhecida sua parcial ilegalidade e inconstitucionalidade, pois o transporte, a comercialização e a exportação pressupõem logicamente que a madeira já esteja derrubada. Pelo contrário, a referida instrução normativa embasou-se no art. 14, **b**, da Lei n. 4.771/1965 e nos arts. 225, § 1º, V e VII, da CF. Ademais, os atos da Administração tendentes a proteger o ambiente, tal como a restrição à atividade econômica desenvolvida pela madeireira, devem ser plenamente aceitos, dada a previsão do art. 170, VI, da CF. **REsp 1.183.279-PA, Rel. Min. Humberto Martins, julgado em 16/8/2012.(Inform. STJ 502)**

ISENÇÃO. AVERBAÇÃO. RESERVA LEGAL.

Trata a controvérsia de prescindibilidade da averbação da reserva legal para fins de gozo da isenção fiscal prevista no art. 10, II, **a**, da Lei n. 9.393/1986. A Turma, por maioria, entendeu que a imposição da averbação para efeito de concessão do benefício fiscal poderia funcionar a favor do meio ambiente, ou seja, como mecanismo de incentivo à averbação e, via transversa, impediria a degradação ambiental. Apenas a determinação prévia da averbação (e não da prévia comprovação) seria útil aos fins tributário e ambiental. A prova da averbação de reserva legal é dispensada no momento da declaração tributária, mas não a existência da averbação em si. Assim, a Turma, por maioria, deu provimento ao recurso. **REsp 1.027.051-SC, Rel. originário Min. Humberto Martins, Rel. para acórdão Min. Mauro Campbell Marques, julgado em 7/4/2011.** (Inform. STJ 468)

PROTEÇÃO AMBIENTAL. DUNAS.

Não só a vegetação fixadora de dunas está sujeita à proteção ambiental, pois é certo que as próprias dunas, ao cabo, estão acolhidas no objetivo protetor da legislação. Destaque-se que é objetiva a responsabilidade decorrente dos danos ambientais. Precedentes citados: AgRg no Ag 928.652-RS, DJe 13/11/2009; REsp 115.599-RS, DJ 2/9/2002, e REsp 948.921-SP, DJe 11/11/2009. **REsp 1.069.155-SC, Rel. Min. Mauro Campbell Marques, julgado em 7/12/2010.** (Inform. STJ 459)

AUTORIZAÇÃO. QUEIMA. PALHA. CANA-DE-AÇÚCAR.

A palha da cana-de-açúcar está inclusa no regime previsto pelo art. 27 da Lei n. 4.771/1965 (Código Florestal), daí sua queima sujeitar-se à autorização dos órgãos ambientais competentes (parágrafo único do mencionado artigo de lei e do disposto no Dec. n. 2.661/1998), sem prejuízo de outras exigências inerentes à tutela ambiental decorrentes da constituição e das leis. Essa prática também proporciona a responsabilização civil por eventuais danos de qualquer natureza causados ao meio ambiente. A proibição de queima prevista no aludido artigo abrange todas as formas de vegetação, inclusive as culturas renováveis, tal qual a cana-de-açúcar decorrente da atividade agrícola. Anote-se não se tratar da palha recolhida no campo e transportada para a queima em forno ou equivalente equipamento, mas sim da queimada promovida no *habitat* natural, ao longo da lavoura, o que a caracteriza como qualquer outra vegetação. Conforme precedente, as queimadas, principalmente as promovidas pela atividade agrícola, são incompatíveis com os objetivos de proteção do meio ambiente estabelecidos pelo ordenamento jurídico, quanto mais em época de mudanças climáticas, quando qualquer exceção a essa proibição geral deve ser interpretada restritivamente pelo administrador e pelo juiz. Precedentes citados: REsp 1.000.731-RO, DJe 8/9/2009; AgRg no REsp 1.038.813-SP, DJe 10/9/2009; AgRg no REsp 738.031-SP, DJe 13/2/2009; REsp 439.456-SP, DJ 26/3/2007, e AgRg nos EDcl no REsp 1.094.873-SP, DJe 17/8/2009. **REsp 418.565-SP, Rel. Min. Teori Albino Zavascki, julgados em 29/9/2010.** (Inform. STJ 449)

DEMARCAÇÃO. RESERVA LEGAL. AVERBAÇÃO.

Na espécie, em ação civil pública (ACP), o tribunal *a quo* manteve sentença de procedência do pedido, determinando a demarcação e averbação de reserva legal, pois o fato de ter havido desmatamento, mesmo que realizado por antecessores, não afastaria a obrigação de instituir a reserva. No REsp, o recorrente aponta violação, entre outros temas, do art. 14, § 1º, da Lei n. 6.938/1981, alegando que não se poderia impor a obrigação de reparar dano ambiental a particular adquirente de imóvel já com o mencionado dano, porquanto ausente o nexo de causalidade, o que o isentaria da responsabilidade. Conforme explicitou o Min. Relator, em nosso sistema normativo (art. 16 e parágrafos da Lei n. 4.771/1965 – Código Florestal – e art. 99 da Lei n. 8.171/1991), a obrigação de demarcar, averbar e restaurar a área de reserva legal nas propriedades rurais constitui limitação administrativa ao uso da propriedade privada, a qual se destina a tutelar o meio ambiente, que deve ser defendido e preservado. Ademais, por ter como fonte a própria lei e por incidir sobre as propriedades em si, configura dever jurídico (obrigação *ex lege*) que se transfere automaticamente com a transferência do domínio (obrigação *propter rem*), podendo, em consequência, ser imediatamente exigível do proprietário atual independentemente de qualquer indagação a respeito da boa-fé do adquirente ou de outro nexo causal que não o que se estabelece pela titularidade do domínio. Ressaltou, ainda, que o percentual legal de reserva florestal tem por base a totalidade da área rural (art. 16 da Lei n. 4.771/1965), e não a parcela da área onde ainda existia vegetação. Nesse contexto, a Turma conheceu parcialmente do recurso e, nessa parte, negou-lhe provimento. Precedentes citados: RMS 18.301-MG, DJ 3/10/2005; REsp 865.309-MG, DJe 23/10/2008; REsp 821.083-MG, DJe 9/4/2008; REsp 343.741-PR, DJ 7/10/2002; REsp 1.087.370-PR, DJe 27/11/2009; REsp 453.875-PR, DJe 11/11/2009, e EREsp 218.781-PR. **REsp 1.179.316-SP, Rel. Min. Teori Albino Zavascki, julgado em 15/6/2010.** (Inform. STJ 439)

ÁREA. PRESERVAÇÃO PERMANENTE. RESTINGA.

Trata-se de ação civil pública ajuizada pelo MP cujo objetivo é preservar a vegetação de restinga em razão da degradação de uma praia. Assim, o Tribunal *a quo,* soberano na análise das provas constantes dos autos, concluiu que a área caracteriza-se como restinga, que existe, no local, vegetação de restinga e presente, ainda, vegetação fixadora de dunas. Daí, a Turma entendeu que o argumento da recorrente de que houve uma confusão na segunda instância quanto ao conceito de restinga e vegetação de restinga não é suficiente para infirmar o acórdão recorrido. O art. 2º, **f**, da Lei n. 4.771/1965 (Código Florestal) considera como de preservação permanente a vegetação situada em restingas como fixadoras de dunas ou estabilizadoras de mangues. Logo, a instância de origem aplicou o mencionado artigo em sua literalidade, pois afirmou que a área degradada caracteriza-se não só como restinga, mas possui vegetação fixadora de duna, o que é suficiente para caracterizar área de preservação permanente. Desse modo, a Turma negou provimento ao recurso. **REsp 945.898-SC, Rel. Min. Eliana Calmon, julgado em 24/11/2009.** (Inform. STJ 417)

AVERBAÇÃO. ÁREA FLORESTAL. IMÓVEL RURAL.

A questão resume-se em estabelecer se é necessária a averbação de área florestal em imóvel rural como pressuposto do pedido formulado pelo proprietário de retificação da respectiva área na matrícula do bem. Inicialmente, a Min. Relatora destacou que a matéria já foi analisada por este Superior Tribunal por ocasião do julgamento do RMS 18.301-MG, DJ de 3/10/2005, em que ficou decidido ser correta a interpretação do Código Florestal no sentido de considerar a averbação da reserva legal como condição da transcrição de títulos aquisitivos de propriedade. A norma do art. 1º da Lei n. 4.771/1965 foi plenamente recepcionada pela CF/1988. Sempre que uma lei comporta mais de uma interpretação, é necessário interpretá-la do modo mais coerente com o sistema no qual está inserida. A defesa do meio ambiente naturalmente implica restrição ao direito de propriedade. E a melhor forma de tornar efetiva essa obrigação é vincular qualquer modificação na matrícula do imóvel à averbação da reserva florestal. Interpretar a norma do art. 16 da Lei n. 4.771/1965 de outra maneira implicaria retirar do art. 212 da CF/1988 e de seus incisos parte de seu potencial de proteção ambiental. Diante disso, a Turma conheceu do recurso e deu provimento a ele, determinando que seja constituída área de reserva florestal no imóvel controvertido como condição à retificação de área pleiteada, nos termos do art. 16, § 8º, do Código Florestal. **REsp 831.212-MG, Rel. Min. Nancy Andrighi, julgado em 1º/9/2009.** (Inform. STJ 405)

ACP. QUEIMADAS. CANAVIAIS.

In casu, trata-se originariamente de ação civil pública (ACP) ajuizada pelo MP estadual com o fim de proibir queimada da palha de cana-de-açúcar como método preparatório da colheita desse insumo e de condenar os infratores ao pagamento de indenização da ordem de 4.936 litros de álcool por alqueire queimado. A sentença julgou procedentes todos os pedidos e foi mantida pelo Tribunal *a quo*. Nessa instância especial, alegou-se que houve ofensa ao art. 27 da Lei n. 4.771/1965 (Código Florestal Brasileiro), uma vez que a queimada é permitida em certos casos, e que a extinção da sua prática não deve ser imediata, mas gradativa, na forma estabelecida pela lei. A Turma negou provimento ao agravo regimental, assentando que estudos acadêmicos ilustram que a queima da palha da cana-de-açúcar causa grandes danos ambientais e que, considerando o desenvolvimento sustentado, há instrumentos e tecnologias modernos que podem substituir tal prática sem inviabilizar a atividade econômica. A exceção prevista no parágrafo único do art. 27 do referido diploma legal (peculiaridades locais ou regionais) tem como objetivo a compatibilização de dois valores protegidos na CF/1988: o meio ambiente e a cultura (modos de fazer). Assim, sua interpretação não pode abranger atividades agroindustriais ou agrícolas organizadas, diante da impossibilidade de prevalência do interesse econômico sobre a proteção ambiental, visto que há formas menos lesivas de exploração. Precedentes citados: REsp 161.433-SP, DJ 14/12/1998, e REsp 439.456-SP, DJ 26/3/2007. **AgRg nos EDcl no REsp 1.094.873-SP, Rel. Min. Humberto Martins, julgado em 4/8/2009.** (Inform. STJ 401)

***HABEAS CORPUS*. ACESSO. PROIBIÇÃO. LAZER E DESPORTO. ÁREA DE PROTEÇÃO AMBIENTAL.**

A Turma decidiu pelo descabimento do *writ* para fins de obtenção do direito de acesso ao reservatório da Barragem Passaúna – Área de Proteção Ambiental, onde é vedada a prática de lazer e desporto. Outrossim, há *mandamus* já impetrado anteriormente pela Associação de Windsurf. **HC 88.428-PR, Rel. Min. Eliana Calmon, julgado em 25/9/2007.** (Inform. STJ 333)

ÁREA TOMBADA. RESERVA FLORÍSTICA. INDENIZAÇÃO. AQUISIÇÃO. IMÓVEL.

Descabe ação de indenização na hipótese de aquisição de imóvel em área de preservação florestal posterior aos Decretos estaduais ns. 10.251/1977 e 19.448/1982, referentes à criação do Parque Estadual da Serra do Mar, visto que deveria ser esse fato do conhecimento dos compradores, até pelo preço irrisório (simbólico) em relação ao tamanho da gleba, quando acertado na compra e venda. Precedente citado: EREsp 254.246-SP, DJ 12/3/2007. **EREsp 209.297-SP, Rel. Min. Luiz Fux, julgados em 13/6/2007.** (Inform. STJ 323)

INDENIZAÇÃO. AVALIAÇÃO. COBERTURA FLORESTAL. RESERVA LEGAL.

A Turma, prosseguindo o julgamento, por maioria, proveu em parte o recurso, entendendo que à cobertura florestal compreendida na área de reserva legal atribui-se o valor separado da terra nua, conforme a sua utilização econômica apurada em liquidação de sentença (Lei n. 4.771/1965, art. 16, § 2º). **REsp 608.324-RN, Rel. originário Min. Peçanha Martins, Rel. para acórdão Min. João Otávio de Noronha, julgado em 12/6/2007.** (Inform. STJ 323)

DIREITO AMBIENTAL. QUEIMADA. CANA-DE-AÇÚCAR.

O legislador sempre buscou conciliar os interesses do segmento produtivo com os da população, que tem o direito ao equilíbrio do meio ambiente, mormente ao emprego do desenvolvimento sustentado. O art. 27 da Lei n. 4.771/1985 (Código Florestal), regulamentada pelo posterior Dec. n. 2.661/1998, proíbe o uso de fogo nas florestas e nas demais formas de vegetação, conceito que abrange todas as espécies, tanto culturas permanentes quanto renováveis. Aquela legislação ressalva, apenas, a possibilidade de obtenção de permissão do Poder Público para a prática de queimadas como integrante da atividade agropastoril e florestal, isso se as peculiaridades regionais assim o indicarem. Dessarte, visto que realizadas as queimadas da palha de cana-de-açúcar sem a respectiva licença ambiental, fato de ocorrência freqüente no país, e na certeza de que essas queimadas poluem a atmosfera, está evidenciada a ilicitude do ato a ponto de se impor condenação à abstenção dessa prática. **REsp 578.878-SP, Rel. Min. João Otávio de Noronha, julgado em 22/5/2007.** (Inform. STJ 321)

8. RESPONSABILIDADE CIVIL AMBIENTAL

DANO AMBIENTAL. INDENIZAÇÃO. COMPENSAÇÃO. *BIS IN IDEM*.

In casu, trata-se de dois recursos especiais em que os recorrentes, entre outras alegações, sustentam violação do art. 36, *caput* e parágrafos, da Lei n. 9.985/2000, isso porque, uma vez acordada a devida compensação ambiental, a condenação à indenização por danos ambientais pelo mesmo fato geraria a ocorrência de *bis in idem*. Portanto, a questão cinge-se à possibilidade de cumular a indenização com a compensação. A Turma, entre outras considerações, consignou que a compensação tem conteúdo reparatório, em que o empreendedor destina parte considerável de seus esforços às ações que sirvam para contrabalançar o uso dos recursos naturais indispensáveis à realização do empreendimento previsto no estudo de impacto ambiental e devidamente autorizado pelo órgão competente. Observou-se que o montante da compensação deve ater-se àqueles danos inevitáveis e imprescindíveis ao empreendimento constante do EIA-RIMA, não se incluindo os danos não previstos e os que possam ser objeto de medidas mitigadoras ou preventivas. Por outro lado, a indenização por dano ambiental tem assento no art. 225, § 3º, da CF/1988, que cuida da hipótese de dano já ocorrido, em que o autor terá a obrigação de repará-lo ou indenizar a coletividade. E não há como incluir nesse contexto aquele dano que foi previsto e autorizado pelos órgãos ambientais já devidamente compensado. Desse modo, os dois institutos têm natureza distinta, não havendo *bis in idem* na cobrança de indenização desde que nela não se inclua a compensação anteriormente realizada ainda na fase de implantação do projeto. Registrou-se, ademais, que a indenização fixada na hipótese já se justificaria pela existência dos danos ambientais gerados pela obra que não foram contemplados por medidas que os minorassem ou evitassem. Ressaltou-se, ainda, que o simples fato de o governo do ente federado, um dos recorrentes, gravar determinado espaço como área de conservação ambiental não lhe permite degradar como melhor lhe aprouver outra extensão da mesma unidade sem observar os princípios estabelecidos na Carta da República. Diante disso, negou-se provimento a ambos os recursos. **REsp 896.863-DF, Rel. Min. Castro Meira, julgado em 19/5/2011.** (Inform. STJ 473)

DANO AMBIENTAL. CASEBRE.

O paciente foi condenado pela prática do crime previsto no art. 40 da Lei n. 9.605/1998, pois em 1996 invadiu área de preservação ambiental e construiu uma moradia de madeirite de 22 m², depois convertida em outra, de barro. Nesse contexto, vê-se que o dano não deriva da construção da casa, mas sim da retirada da vegetação ali existente, ou seja, quando da construção, o dano já ocorrera, além do fato de que não havia a norma incriminadora à época. A reforma da casa nada acrescenta ao dano ambiental, visto não se poder dizer que o barro utilizado na obra consubstanciasse nova infração, pois isso não está na denúncia. Outrossim, a afirmativa feita pelo MP de que os danos também decorrem da permanência ilegal na área não se relacionam com o referido tipo penal, mas sim com a ocupação de área pública. Anote-se, também, que o depoimento do paciente nos autos bem mostra que não se cuida de dolo necessário ao tipo do art. 40 da Lei n. 9.605/1998, mas sim que o dolo era o de construir moradia para si e para sua família, mesmo ciente de que a área não lhe pertencia: trata-se de caso de política ambiental, não de política criminal. Por último, ressalte-se que a área degradada é diminuta, menor do que a admitida no programa "Minha Casa, Minha Vida", que a dimensão do dano causado à vegetação perde relevância diante do direito de morar, garantido, no art. 6º da CF/1988, como direito fundamental e que o paciente, reconhecidamente, tem baixo grau de instrução ou escolaridade. Com esses fundamentos, a Turma concedeu a ordem para restaurar a sentença absolutória. Precedentes citados: REsp 897.426-SP, DJe 28/4/2008, e HC 148.061-SC, DJe 23/8/2010. **HC 124.820-DF, Rel. Min. Celso Limongi (Desembargador convocado do TJ-SP), julgado em 5/5/2011.** (Inform. STJ 471)

DANO AMBIENTAL. MORTANDADE. PÁSSAROS.

O MP estadual, recorrido, ajuizou, na origem, ação civil pública em desfavor da empresa agrícola, recorrente, sob a alegação de que essa seria responsável por dano ambiental por uso de agrotóxico ilegal, o que teria causado grande mortandade de pássaros. A recorrente, em contestação, entre outras alegações, sustentou a descaracterização do mencionado dano, arguindo que pouco mais de trezentas aves teriam morrido, sem que tenha havido efetivo comprometimento do meio ambiente. A sentença julgou procedente a ação, condenando a recorrente a pagar a importância de R$ 150 mil em indenização a ser revertida para o meio ambiente local, em recomposição do dano ambiental causado com a morte de 1.300 pássaros da fauna silvestre, o que se manteve em grau de apelação. Nesta instância especial, ao apreciar a controvérsia, consignou o Min. Relator que a existência de um dano ambiental não só encerra a necessidade de reconstituição do meio ambiente no que for possível, com a necessária punição do poluidor (princípio do poluidor-pagador), mas também traz em seu bojo a necessidade de evitar que o fato venha a repetir-se, o que justifica medidas coercitivas e punições que terão, inclusive, natureza educativa. Observou não haver como fracionar o meio ambiente e, dessa forma, deve ser responsabilizado o agente pela morte dos pássaros em decorrência de sua ação poluidora. Quanto ao valor estabelecido na condenação, entendeu que o pleito da recorrente para que se tome como base de cálculo o valor unitário de cada pássaro não pode prosperar, já que a mensuração do dano ecológico não se exaure na simples recomposição numérica dos animais mortos, devendo-se também considerar os nefastos efeitos decorrentes do desequilíbrio ecológico em face da ação praticada pela recorrente. Diante desses fundamentos, entre outros, a Turma negou provimento ao recurso. Precedentes citados: REsp 1.120.117-AC, DJe 19/11/2009, e REsp 1.114.893-MG. **REsp 1.164.630-MG, Rel. Min. Castro Meira, julgado em 18/11/2010.** (Inform. STJ 456)

RESPONSABILIDADE. DANO AMBIENTAL.

Na ação civil pública ambiental, é possível cumular os pedidos de obrigação de fazer (reflorestar a área degradada) e de pagamento de indenização pecuniária em razão do dano material causado. As questões de direito ambiental são usualmente resolvidas nas Turmas que compõem a Primeira Seção deste Superior Tribunal. Contudo, quando a discussão limita-se à responsabilidade civil do particular pela reparação do dano ambiental, a competência para julgamento é das Turmas integrantes da Segunda Seção (art. 9º, § 2º, III, do RISTJ). Precedente citado: REsp 1.181.820-MG, DJe 20/10/2010. **REsp 1.173.272-MG, Rel. Min. Nancy Andrighi, julgado em 26/10/2010 (ver Informativo n. 450).** (Inform. STJ 453)

ACP. DANO AMBIENTAL. REFLORESTAMENTO.

Na origem, o MP estadual, ora recorrente, ajuizou ação civil pública (ACP) em desfavor do ora recorrido. Argumenta o MP que o recorrido desmatou área de um hectare de mata nativa de cerrado. Em função disso, pleiteia a sua condenação a pagar indenização, a reflorestar a área danificada, não mais proceder à intervenção da área e averbar a reserva legal na propriedade. A sentença julgou parcialmente procedentes os pedidos; não determinou, contudo, a indenização pecuniária pelo dano causado, o que também foi negado em sede de apelação. Daí, a questão dirimida no REsp estava em saber se é possível cumular ordem para que o responsável promova a recuperação de área desmatada e seja condenado a reparar, em dinheiro, o dano causado ao meio ambiente. Inicialmente, observou a Min. Relatora ser a Segunda Seção deste Superior Tribunal competente para processar e julgar causas nas quais se discute responsabilidade civil, salvo a do Estado. Desse modo, entendeu ser possível, em ACP ambiental, a cumulação de pedidos de condenação à obrigação de fazer (reflorestamento de área) e de pagamento pelo dano material causado. Assinalou que o mecanismo processual da ACP é adequado para que se pleiteiem, cumulativamente, a reparação pecuniária do dano causado e o cumprimento de obrigação de fazer tendente à recuperação da área atingida pelo desmatamento. Assim, tanto pelo ponto de vista do Direito processual, como do Direito material, entendeu ser cabível a reforma do acórdão recorrido. Diante disso, a Turma conheceu parcialmente do recurso e, na parte conhecida, deu-lhe provimento. Precedentes citados: REsp 625.249-PR, DJ 31/8/2006; REsp 605.323-MG, DJ 17/10/2005, e REsp 115.599-RS, DJ 2/9/2002. **REsp 1.181.820-MG, Rel. Min. Nancy Andrighi, julgado em 7/10/2010.** (Inform. STJ 450)

DANO AMBIENTAL. BREJO. LITISCONSÓRCIO.

Foi ajuizada ação civil pública contra a usina ora recorrida, pois se constatou que ela promovia a drenagem de um reservatório natural (brejo). Por sua vez, as instâncias ordinárias consideraram improcedente o pedido ao fundamento de que a usina só deu continuidade ao que o próprio Poder Público começou. Nesse panorama, afastou-se, preliminarmente, a necessidade de o órgão federal, também reputado degradador, integrar a lide; pois, mesmo havendo vários agentes poluidores, a jurisprudência do STJ é firme quanto a não ser obrigatória a formação de litisconsórcio, visto que a responsabilidade de reparação integral do dano ambiental é solidária (permite demandar qualquer um ou todos eles). Pela mesma razão, a jurisprudência deste Superior Tribunal entende que os envolvidos não podem alegar que não contribuíram de forma direta e própria para o dano ambiental, como forma de afastar a responsabilidade de reparar. Estão assentadas, no acórdão e na sentença, a premissa de que a usina continuou as atividades degradantes iniciadas pelo Poder Público, o que aumentou a lesão ao meio ambiente, e a de que sua atividade preservaria uma rodovia construída sobre aterro contíguo ao brejeiro. Contudo, não há dúvidas de que houve dano ambiental e contribuição da usina para tanto, mesmo que reconhecido pelas instâncias ordinárias ser o Poder Público, também, degradador. Assim, aplicam-se os arts. 3º, IV, e 4º, VII, da Lei n. 6.938/1981. Anote-se que a usina poderá, em outra ação, cobrar de quem considere cabível parte das despesas de recuperação. **REsp 880.160-RJ, Rel. Min. Mauro Campbell Marques, julgado em 4/5/2010.** (Inform. STJ 433)

ACP. DANOS AMBIENTAIS. PÁSSAROS SILVESTRES.

Trata-se de ação civil pública (ACP) ajuizada pelo MP estadual, ora recorrente, em desfavor do ora recorrido, aduzindo que ele vem impondo à coletividade degradação da qualidade ambiental com a captura e manutenção em cativeiro de seis exemplares da fauna brasileira (pássaros silvestres), sem autorização do Ibama. Em sede de apelação, o tribunal *a quo* confirmou a sentença pela improcedência da demanda. No REsp, o recorrente pretendia a desconstituição do acórdão recorrido sob o fundamento de que o dano perfaz-se com a manutenção dos pássaros silvestres em cativeiro, sem autorização do órgão ambiental. Para tanto, sustentava violação do art. 3º, III, a, e IV; art. 4º, VII, e art. 14, § 1º, todos da Lei n. 6.938/1981 (Política Nacional do Meio Ambiente). Nesta instância especial, entendeu-se que, tendo em conta todos os elementos dos autos, é inviável o acolhimento da pretensão do MP, que, com base em descumprimento de norma administrativa (necessidade de autorização do Ibama para manter em cativeiro aves silvestres), pleiteava a responsabilização civil sem a devida comprovação de efetivo dano ambiental. Isso porque, em se tratando de reparação civil, seria fundamental a comprovação de tal dano, o que não aconteceu na hipótese. **REsp 1.140.549-MG, Rel. Min. Eliana Calmon, julgado em 6/4/2010.** (Inform. STJ 429)

MEIO AMBIENTE. REPARAÇÃO. INDENIZAÇÃO.

O princípio da reparação *in integrum* aplica-se ao dano ambiental. Com isso, a obrigação de recuperar o meio ambiente degradado é compatível com a indenização pecuniária por eventuais prejuízos, até sua restauração plena. Contudo, se quem degradou promoveu a restauração imediata e completa do bem lesado ao *status quo ante*, em regra, não se fala em indenização. Já os benefícios econômicos que aquele auferiu com a exploração ilegal do meio ambiente (bem de uso comum do povo, conforme o art. 225, *caput*, da CF/1988) devem reverter à coletividade, tal qual no caso, em que se explorou garimpo ilegal de ouro em área de preservação permanente sem qualquer licença ambiental de funcionamento ou autorização para desmatamento. Com esse entendimento, a Turma deu parcial provimento ao recurso para reconhecer, em tese, a possibilidade de cumulação de indenização pecuniária e obrigações de fazer voltadas à recomposição *in natura* do bem lesado, o que impõe a devolução dos autos ao tribunal de origem para que verifique existir dano indenizável e seu eventual *quantum debeatur*. Precedente citado: REsp 1.120.117-AC, Dje 19/11/2009. **REsp 1.114.893-MG, Rel. Min. Herman Benjamin, julgado em 16/3/2010.** (Inform. STJ 427)

ACP. REPARAÇÃO. DANO AMBIENTAL.

Cuida-se, originariamente, de ação civil pública (ACP) com pedido de reparação dos prejuízos causados pelos ora recorrentes à comunidade indígena, tendo em vista os danos materiais e morais decorrentes da extração ilegal de madeira indígena. Os recorrentes alegam a incompetência da Justiça Federal para processar e julgar a causa, uma vez que caberia à Justiça estadual a competência para julgar as causas em que o local do dano experimentado não seja sede de vara da Justiça Federal. Porém a Min. Relatora entendeu que a Justiça Federal, segundo a jurisprudência deste Superior Tribunal e do STF, tem competência territorial e funcional nas ações civis públicas intentadas pela União ou contra ela, em razão de o município onde ocorreu o dano ambiental não integrar apenas o foro estadual da comarca local, mas também o das varas federais. Do ponto de vista do sujeito passivo (causador de eventual dano), a prescrição cria em seu favor a faculdade de articular (usar da ferramenta) exceção substancial peremptória. A prescrição tutela interesse privado, podendo ser compreendida como mecanismo de segurança jurídica e estabilidade. O dano ambiental refere-se àquele que oferece grande risco a toda humanidade e à coletividade, que é a titular do bem ambiental que constitui direito difuso. Destacou a Min. Relatora que a reparação civil do dano ambiental assumiu grande amplitude no Brasil, com profundas implicações, na espécie, de responsabilidade do degradador do meio ambiente, inclusive imputando-lhe responsabilidade objetiva, fundada no simples risco ou no simples fato da atividade danosa, independentemente da culpa do agente causador do dano. O direito ao pedido de reparação de danos ambientais, dentro da logicidade hermenêutica, também está protegido pelo manto da imprescritibilidade, por se tratar de direito inerente à vida, fundamental e essencial à afirmação dos povos, independentemente de estar expresso ou não em texto legal. No conflito entre estabelecer um prazo prescricional em favor do causador do dano ambiental, a fim de lhe atribuir segurança jurídica e estabilidade com natureza eminentemente privada, e tutelar de forma mais benéfica bem jurídico coletivo, indisponível, fundamental, que antecede todos os demais direitos – pois sem ele não há vida, nem saúde, nem trabalho, nem lazer – o último prevalece, por óbvio, concluindo pela imprescritibilidade do direito à reparação do dano ambiental. Mesmo que o pedido seja genérico, havendo elementos suficientes nos autos, pode o magistrado determinar, desde já, o montante da reparação. **REsp 1.120.117-AC, Rel. Min. Eliana Calmon, julgado em 10/11/2009.** (Inform. STJ 415)

ACP. DEPÓSITO. LIXO.

A matéria versa sobre ação civil pública (ACP) de improbidade ajuizada pelo MP estadual em desfavor de ex-prefeito, em razão de ter ordenado que o lixo coletado na cidade fosse depositado em área totalmente inadequada (situada nos fundos de uma escola municipal e de uma fábrica de pescados), de modo que tal ato, por acarretar grandes danos ao meio ambiente e à população das proximidades, reclama a responsabilização do agente público. O Tribunal de origem rejeitou liminarmente a ACP contra o prefeito que, a despeito de desatender a Lei estadual n. 1.117/1994 e o Código Florestal no que se refere ao adequado depósito de lixo urbano, administrativamente age como todos os demais prefeitos em face da insuficiência orçamentária das municipalidades e sob pena de malferir o princípio da razoabilidade. Para o Min. Relator, o simples fato de os prefeitos anteriores ou de outros prefeitos terem iniciado prática danosa ao meio ambiente não elide a responsabilização do recorrido, que adotou, quando de sua gestão (autônoma em relação a todas as outras), a mesma conduta (poluidora). Além disso, a mera alegação de que a verba orçamentária das municipalidades seria insuficiente para viabilizar a adequação do depósito de lixo às normas ambientais não tem o condão de afastar o interesse do MP de propor demanda na qual se objetive a responsabilização do agente da Administração Pública que atuou em desconformidade com a legislação protetora do meio ambiente. O § 1º do art. 14 da Lei n. 6.938/1981 preceitua que, sem obstar a aplicação das penalidades previstas naquele artigo, é o poluidor obrigado, independentemente da existência de culpa, a indenizar ou reparar os danos causados ao meio ambiente e a terceiros afetados por sua atividade. Dessa forma, o MP da União e os dos estados têm legitimidade para propor ação de responsabilidade civil e criminal por danos causados ao ambiente. **REsp 699.287-AC, Rel. Min. Mauro Campbell Marques, julgado em 13/10/2009.** (Inform. STJ 411)

ÁREA *NON AEDIFICANDI*. PROMONTÓRIO. PRESERVAÇÃO AMBIENTAL.

Trata-se de ação civil pública (ACP) proposta pela União com a finalidade de demolir a obra de hotel (construído em 1993) situada em terreno de marinha ante a lesividade ao patrimônio público e ao meio ambiente e anular o auto pelo qual o município autorizou a construção e a cassação do direito de ocupação da área. O Ministério Público Federal recorre adesivamente, sob o fundamento de que não foi observado o art. 14, § 1º, da Lei n. 6.938/1981. Afirma que a ausência de culpa não deve afastar a aplicação da responsabilidade, que, de qualquer modo deve recair sobre o causador do dano – o agente agressor –, ainda que se possa responsabilizar solidariamente o Estado pela conduta que permitiu a ação ilícita. Para o Min. Relator, é incontroverso que a obra foi construída em promontório, que pode ser conceituado como um acidente geográfico no litoral do continente. Conforme examinada pelo Tribunal de origem, a legislação veta a edificação de prédios ou construção de qualquer natureza em faixa de até dois mil metros de extensão a partir da ponta mais avançada do promontório; considera zona de preservação permanente as áreas destinadas à preservação das faixas de areia existentes em todo o município, bem como as áreas acrescidas de marinha natural ou artificialmente, pertencentes ao patrimônio da União e destinadas exclusivamente ao uso público. A licença prévia foi concedida ao arrepio da legislação e da Constituição federais. A área objeto do litígio está sujeita a licenciamento ambiental do Ibama, razão pela qual não pode ser ratificada ou servir de suporte para a manutenção de obra realizada sem estudo de impacto ambiental. Conforme o acórdão recorrido, o secretário de planejamento municipal e urbanismo que assinou o alvará de construção é o próprio engenheiro responsável pela obra. Entendeu o Min. Relator que, conforme disposição legal, o poluidor é obrigado, independentemente da existência de culpa, a indenizar ou reparar os danos causados ao meio ambiente e a terceiros afetados por sua atividade. Diante do exposto, a Turma negou provimento ao recurso do terceiro recorrente e proveu os recursos da União e do MPF. Precedentes citados: REsp 1.045.746-RS, DJe 4/8/2009; REsp 604.725-PR, DJ 22/8/2005; REsp 786.550-RS, DJ 5/12/2005; REsp 193.815-SP, DJ 19/9/2005; REsp 551.418-PR, DJ 22/3/2004; REsp 570.194-RS, DJ 12/11/2007; EDcl no AgRg no REsp 255.170-SP, DJ 22/4/2003; EDcl AgRg nos EDcl no CC 34.001-ES, DJ 29/11/2004, e REsp 745.363-PR, DJ 18/10/2007. **REsp 769.753-SC, Rel. Min. Herman Benjamin, julgado em 8/9/2009.** (Inform. STJ 406)

MEIO AMBIENTE. INDENIZAÇÃO. ADQUIRENTE.

Trata-se de ação civil pública (ACP) na qual o MP objetiva a recuperação de área degradada devido à construção de usina hidrelétrica, bem como indenização pelo dano causado ao meio ambiente. A Turma entendeu que a responsabilidade por danos ambientais é objetiva e, como tal, não exige a comprovação de culpa, bastando a constatação do dano e do nexo de causalidade. Contudo, não obstante a comprovação do nexo de causalidade ser a regra, em algumas situações dispensa-se tal necessidade em prol de uma efetiva proteção do bem jurídico tutelado. É isso que ocorre na esfera ambiental, nos casos em que o adquirente do imóvel é responsabilizado pelos danos ambientais causados na propriedade, independentemente de ter sido ele ou o dono anterior o real causador dos estragos. A responsabilidade por danos ao meio ambiente, além de objetiva, também é solidária. A possibilidade de responsabilizar o novo adquirente de imóvel já danificado apenas busca dar maior proteção ao meio ambiente, tendo em vista a extrema dificuldade de precisar qual foi a conduta poluente e quem foi seu autor. Assim, na espécie, conforme a análise das provas feitas pelo Tribunal *a quo*, foi possível verificar o real causador do desastre ambiental, ficando ele responsável por reparar o dano, ainda que solidariamente com o atual proprietário do imóvel danificado. Precedentes citados: REsp 185.675-SP, DJ 2/10/2000; REsp 843.036-PR, DJ 9/11/2006; REsp 263.383-PR, DJ 22/8/2005, e REsp 327.254-PR, DJ 19/12/2002. **REsp 1.056.540-GO, Rel Min. Eliana Calmon, julgado em 25/8/2009.** (Inform. STJ 404)

DANO AMBIENTAL. LOTEAMENTO IRREGULAR.

Em ação civil pública ajuizada contra o município e outros, por improbidade administrativa e parcelamento do solo em descordo com a legislação vigente, o que causou danos ao meio ambiente, a sentença excluiu o município por entender que ele atuou dentro da lei (aplicou multa e embargou a obra), logo não seria possível imputar-lhe responsabilidade. Por sua vez, o TJ manteve a sentença. Explica o Min. Relator que, apesar de o município aplicar multa e embargar a obra, não avocou para si a responsabilidade pela regularização do loteamento às expensas do loteador e dessa omissão resultou um dano ambiental. Observou, com base em precedentes, que o art. 40 da Lei n. 6.766/1979 confere ao município um dever-poder vinculado, consoante o disposto no art. 30, VIII, da CF/1988, consequentemente não há como a municipalidade eximir-se da responsabilidade de regularizar loteamento urbano, mesmo quando ocorrido de modo clandestino. Por isso, se o município não impede a consumação do dano ambiental, deve ser responsabilizado conjuntamente com o loteador pelos prejuízos daí advindos; entretanto, posteriormente, poderá acionar a próprio loteador regressivamente, porque, conforme o próprio artigo citado da Lei n. 6.766/1979, está obrigado a promover a regularização do loteamento às expensas do loteador, como já dito. Com esse entendimento, a Turma deu provimento ao recurso do MP. Precedentes citados: REsp 333.056-SP, DJ 6/2/2006; REsp 131.697-SP, DJ 13/6/2005; REsp 124.714-SP, DJ 25/9/2000, e REsp 259.982-SP, DJ 27/9/2004. **REsp 1.113.789-SP, Rel. Min. Castro Meira, julgado em 16/6/2009.** (Inform. STJ 399)

DANO. MEIO AMBIENTE. OMISSÃO. FISCALIZAÇÃO. UNIÃO.

Em ação civil pública proposta pelo Ministério Público Federal contra município e outros sete réus devido a dano ao meio ambiente por construções em restinga (que fixa as dunas), pleiteou-se, além de perdas e danos, a demolição das edificações irregulares. Nos termos do art. 5º, § 2º, da Lei n. 7.347/1985, consultada a União, ela requereu seu ingresso no polo ativo da demanda e o juiz o deferiu. Então o município, em agravo de instrumento, alegou a ilegitimidade da União porque ele detinha o domínio da área das construções. O Tribunal *a quo* acolheu o argumento do município, mas reconheceu também que a União foi omissa quanto a seu dever de fiscalizar e preservar o local e determinou que o *parquet* requeresse o ingresso da União no polo passivo da demanda, como litisconsórcio necessário. Contra esse litisconsórcio, insurge-se a União no REsp. Nesse contexto, observa o Min. Relator que a jurisprudência deste Superior Tribunal é no sentido de reconhecer a legitimidade passiva da pessoa jurídica de direito público para responder pelos danos causados ao meio ambiente em decorrência de sua conduta omissa quanto ao dever de fiscalizar. Assim, não se trata de determinar previamente a responsabilidade da União, mas alocá-la adequadamente no polo passivo da ação, diante da presunção de sua responsabilidade em concorrer com o dano ao meio ambiente e, caso exista prova superveniente a isentá-la, o feito deverá ser extinto em relação a ela. Diante do exposto, a Turma conheceu parcialmente do recurso e, nessa parte, negou-lhe provimento. Precedentes citados: AgRg no Ag 973.577-SP, DJ 19/12/2008, e AgRg no Ag 822.764-MG, DJ 2/8/2007. **REsp 529.027-SC, Rel. Min. Humberto Martins, julgado em 16/4/2009.** (Inform. STJ 390)

DANOS AMBIENTAIS. RESPONSABILIDADE SOLIDÁRIA.

A questão em causa diz respeito à responsabilização do Estado por danos ambientais causados pela invasão e construção, por particular, em unidade de conservação (parque estadual). A Turma entendeu haver responsabilidade solidária do Estado quando, devendo agir para evitar o dano ambiental, mantém-se inerte ou atua de forma deficiente. A responsabilização decorre da omissão ilícita, a exemplo da falta de fiscalização e de adoção de outras medidas preventivas inerentes ao poder de polícia, as quais, ao menos indiretamente, contribuem para provocar o dano, até porque o poder de polícia ambiental não se exaure com o embargo à obra, como ocorreu no caso. Há que ponderar, entretanto, que essa cláusula de solidariedade não pode implicar benefício para o particular que causou a degradação ambiental com sua ação, em detrimento do erário. Assim, sem prejuízo da responsabilidade solidária, deve o Estado – que não provocou diretamente o dano nem obteve proveito com sua omissão – buscar o ressarcimento dos valores despendidos do responsável direto, evitando, com isso, injusta oneração da sociedade. Com esses fundamentos, deu-se provimento ao recurso. Precedentes citados: AgRg no Ag 973.577-SP, DJ 19/12/2008, REsp 604.725-PR, DJ 22/8/2005; AgRg no Ag 822.764-MG, DJ 2/8/2007, e REsp 647.493-SC, DJ 22/10/2007. **REsp 1.071.741-SP, Rel. Min. Herman Benjamin, julgado em 24/3/2009.** (Inform. STJ 388)

AÇÃO CIVIL PÚBLICA. POLUIÇÃO AMBIENTAL. CARVÃO MINERAL. RESPONSABILIDADES.

Na espécie, restou firmada, nas instâncias ordinárias, a degradação ambiental decorrente das atividades extrativas de carvão mineral, poluição ocasionada no município de Criciúma e adjacências no Estado de Santa Catarina. Note-se que o Ministério Público Federal ajuizou a ação civil pública contra a União, contra as mineradoras e seus sócios com o objetivo de recuperação das áreas atingidas. A Companhia Siderúrgica Nacional (CSN) e o Estado de Santa Catarina passaram a compor o pólo passivo quando já transcorriam os trâmites processuais. Para o Min. Relator, no recurso da União que restou improvido, a primeira questão está afeta à responsabilidade civil do Estado por omissão, e o acórdão recorrido concluiu que a União foi omissa no dever de fiscalizar, permitindo às mineradoras o exercício de suas atividades sem nenhum controle ambiental. Destacou o Min. Relator que essa obrigação legal de administração, fiscalização e controle encontra-se no DL n. 227/1967, na Lei n. 7.805/1989 e na própria Constituição (art. 225, §§ 1º, 2º e 3º). Portanto, sendo dever do Estado a fiscalização, preservação e restauração do "processo ecológico", omitindo-se desse dever, aqui consubstanciado no poder-dever de polícia ambiental, exsurge de fato a obrigação de indenizar. Observou, ainda, que, se a lei impõe ao Estado o controle e a fiscalização da atividade mineradora, possibilitando aplicação de penalidade, não lhe compete optar por não fazê-lo, porquanto inexiste discricionariedade, mas obrigatoriedade de a União cumprir a conduta impositiva. Quanto à questão de que, no caso de a União arcar com a reparação, a sociedade estaria sendo penalizada, arcando com esses custos, lembra o Min. Relator que esse desiderato apresenta-se consetâneo com o princípio da eqüidade, uma vez que a atividade industrial responsável pela degradação ambiental gera divisas para o país e contribui com percentual significativo na geração de energia, o que beneficia como um todo a sociedade que, por outro, arca com esses custos porque se trata de diluição indireta efetivada via arrecadação tributária (o que já ocorre). Outrossim, a União tem o dever de exigir dos outros devedores que solvam quantias eventualmente por ela despendidas, pois há interesse público reclamando que o prejuízo ambiental seja ressarcido, primeiro por aqueles que, exercendo atividade poluidora, devem responder pelo risco de sua ação, mormente quando auferiram lucro no negócio explorado. Quanto à prescrição, aduz que é imprescritível o direito de ação coletiva em se tratando de pretensão que visa à recuperação de ambiente degradado, pois o dano apontado tem a característica de violação continuada. Registrou, ainda, que as providências que a União e as empresas mineradoras vêm tomando não exime do dever de indenizar (o objeto da ação cinge-se à poluição de época pretérita), mas terão impacto naquilo que forem coincidentes na fase de liquidação, minimizando-lhes o ônus ora imposto. O REsp da CNS não foi conhecido. Já o recurso das mineradoras, para algumas restou não conhecido porquanto os advogados indicados no recurso não o subscreveram. Quanto às demais mineradoras, foi reconhecida a obrigação de reconstituir todo o meio ambiente degradado de forma solidária, mas encontra limite na configuração do dano e no correlato dever de indenizar (art. 1.518 do CC/1916 e art. 942 do CC em vigor). Assim, cada mineradora será responsabilizada pela reparação ambiental da extensão de terras que houver poluído, direta ou indiretamente. Quanto à poluição das bacias hidrográficas, não foi objeto do recurso, permanecendo o decidido no acórdão recorrido. Quanto ao recurso do MP, reconheceu-se apenas a aplicação da desconsideração da pessoa jurídica com relação às mineradoras, para que seus sócios administradores respondam pela reparação ambiental em regime de responsabilidade subsidiária, apesar de a previsão legal de, em casos de danos ambiental, a responsabilidade ser solidária com suas administradas nos termos do art. 3º, parágrafo único, e art. 4º, § 1º, da Lei n. 9.605/1998 e art. 3º, IV, da Lei n. 6.938/1981, associado ao art. 14, § 1º, da mesma lei, mas ao caso aplica-se o benefício do art. 897 do CPC, conforme o DL n. 1.608/1939, que prevê que a responsabilidade dos sócios deve ser subsidiária. **REsp 647.493-SC, Rel. Min. João Otávio de Noronha, julgado em 15/5/2007.** (Inform. STJ 320)

9. RESPONSABILIDADE ADMINISTRATIVA AMBIENTAL

AMBIENTAL. PESCA. INFRAÇÃO. LEI N. 9.605/1998. CARACTERIZAÇÃO.

Trata-se, na origem, de ação ajuizada a fim de anular auto de infração lavrado com base nos arts. 34 e 35 da Lei n. 9.605/1998, uma vez que o recorrido largou uma rede em um rio, em época de piracema, por assustar-se com a presença de agentes. O Min. Relator asseverou que a Administração Pública é regida pelo princípio da legalidade e, em especial, no exercício de atividade sancionadora, da tipicidade/taxatividade, de modo que, se ela não comprova, na esfera judicial, que foi correta a qualificação jurídica feita no lançamento, a autuação não pode subsistir. Todavia, no caso, a autuação foi correta ao enquadrar a ação do infrator. O próprio legislador cuidou, no art. 36, de enunciar o que deve ser entendido como pesca: "ato tendente a retirar, extrair, coletar, apanhar, apreender ou capturar espécimes dos grupos dos peixes". Assim, ao analisar as condutas previstas nos arts. 34 e 35 e o conceito de pesca disposto no art. 36, a Turma concluiu que o recorrido, ao abandonar uma rede (material proibido e predatório) em um rio, em época de piracema, pescou, uma vez que, pela análise de todo o contexto apresentado no acórdão, houve a demonstração de prática de ato tendente a retirar peixe ou qualquer das outras espécies de seu *habitat* próprio elencadas no art. 36. **REsp 1.223.132-PR, Rel. Min. Mauro Campbell Marques, julgado em 5/6/2012.(Inform. STJ 499)**

REFLORESTAMENTO. OBRIGAÇÃO PROPTER REM.

In casu, o recorrente propôs, na origem, ação ordinária contra o Ibama com o objetivo de anular auto de infração e embargo devido ao cultivo (utilização econômica) de área de preservação permanente em parte do imóvel rural do qual é proprietário. O tribunal *a quo* entendeu ser legal o procedimento adotado pelo Ibama, mantendo a multa e o embargo na propriedade particular. Contudo, no especial, o recorrente alega, entre outras questões, que sua propriedade foi objeto de desmatamento nas décadas de 40 e 50 do século passado, muito antes da vigência do Código Florestal (Lei n. 4.771/1965). Ressalta o Min. Relator ser inconteste nos autos que o recorrente é o proprietário da região na qual se encontra a área de preservação permanente objeto do litígio. Explica que, conforme prevê o art. 1º, § 2º, II, do Código Florestal, se a área de preservação permanente estiver com a cobertura florestal nativa, o proprietário terá o dever de preservá-la; se não estiver, sua obrigação será restaurar ou, ao menos, recuperar a área degradada. Assim, o fato de a região não estar coberta por vegetação nativa não retira a condição de área de preservação permanente. Dessa forma, embora esteja a área há muito tempo desmatada, o proprietário é que tem a obrigação de recuperá-la, em vez de explorá-la economicamente, como vinha ocorrendo. Essa obrigação de recuperá-la independe do fato de ter sido o proprietário o autor da degradação ambiental, mas decorre de obrigação *propter rem*, que adere ao título de domínio ou posse. Para o Min. Relator, o reflorestamento é medida tão ou mais importante que a própria preservação da vegetação ainda existente, visto considerar a imensidão de áreas devastadas ao longo do processo de desenvolvimento do país. Assevera não ser por outro motivo que o Código Florestal, em seu art. 18, determina que, nas terras de propriedade privada onde seja necessário o florestamento ou o reflorestamento de área de preservação permanente, o poder público federal poderá fazê-lo sem desapropriá-las, se não o fizer o proprietário. Com isso, o citado artigo não retirou do particular a obrigação de recuperar a área desmatada, mas apenas autorizou ao poder público adiantar-se no processo de recuperação, mas com a transferência dos custos ao proprietário, que é o obrigado principal. Para o Min. Relator, ficou prejudicada a controvérsia no REsp a respeito da ocorrência da prescrição da pretensão indenizatória da área cultivada em razão de não existir direito à reparação dos danos no caso. Diante do exposto, a Turma negou provimento ao recurso. Precedente citado: AgRg no REsp 1.206.484-SP, DJe 29/3/2011. **REsp 1.237.071-PR, Rel. Min. Humberto Martins, julgado em 3/5/2011.** (Inform. STJ 471)

INDENIZAÇÃO. ATIVIDADE ILÍCITA. LICENÇA. DNPM.

A Turma, entre outras questões, entendeu que a ausência de autorização do Departamento Nacional de Produção Mineral (DNPM) para a atividade de exploração de areia e seixo não constitui apenas uma irregularidade administrativa passível de futura conformação, mas uma ilicitude (art. 55 da Lei n. 9.605/1998), sendo proibida sua realização sem a devida permissão, concessão ou licença. A referida atividade realizada indevidamente acarreta sanções tanto administrativas como penais, logo não cabe indenização decorrente da desativação das atividades extrativas minerais dos recorridos em razão de construção de reservatório de usina hidrelétrica. Assim, a Turma deu provimento ao recurso. Precedentes citados: REsp 1.021.556-TO, DJe 5/11/2010, e REsp 1.021.568-TO, DJe 5/6/2008. **REsp 1.188.683-TO, Rel. Min. Luis Felipe Salomão, julgado em 15/3/2011.** (Inform. STJ 466)

COMPETÊNCIA. INFRAÇÃO AMBIENTAL. AUTUAÇÃO.

A Turma, por maioria, manteve a decisão do tribunal de origem que concluiu pela nulidade do auto de infração ambiental lavrado por autarquia estadual. *In casu*, asseverou-se que o servidor responsável pela autuação não foi previamente designado para a atividade fiscalizatória, o que contraria o disposto nos arts. 70, § 1º, da Lei n. 9.605/1998 e 6º, parágrafo único, da Lei n. 10.410/2002. Ressaltou-se, ainda, que a ratificação de parecer que discutia apenas a competência do órgão ambiental para a referida prática, e não do agente público, não consistiu em convalidação do ato administrativo, já que não houve expressa manifestação da autoridade hierárquica superior com esse objetivo. Precedente citado: REsp 1.057.292-PR, DJe 18/8/2008. **REsp 1.166.487-MG, Rel. Min. Eliana Calmon, julgado em 17/8/2010.** (Inform. STJ 443)

REPETITIVO. PRESCRIÇÃO. MULTA. MEIO AMBIENTE.

Trata-se de recurso representativo de controvérsia (art. 543-C do CPC e Res. n. 8/2008-STJ) em que a questão em debate resume-se à definição do prazo prescricional para a cobrança de multa administrativa por infração à legislação federal, no caso, a Lei n. 9.873/1999 (com os acréscimos da Lei n. 11.941/2009), nos autos de execução fiscal ajuizada pelo Ibama para cobrança de débito inscrito em dívida ativa. Ressaltou o Min. Relator que a questão já foi debatida no REsp 1.112.577-SP, DJe 8/2/2010, também sob o regime dos recursos repetitivos, mas somente quando a multa administrativa decorria do poder de polícia ambiental exercido por entidade estadual, situação em que não seria pertinente a discussão sob as duas leis federais citadas. Agora, no caso, como a multa foi aplicada pelo Ibama, entidade federal de fiscalização e controle do meio ambiente, é possível discutir a incidência daquelas leis federais, o que foi feito nessa hipótese. Diante disso, a Seção entendeu incidente o prazo de cinco anos (art. 1º da citada lei) para que, no exercício do poder de polícia, a Administração Pública Federal (direta ou indireta) apure o cometimento da infração à legislação do meio ambiente. Esse prazo deve ser contado da data da prática do ato ou, no caso de infração permanente ou continuada, do dia em que houver cessado a infração. Observou que o art. 1º da Lei n. 9.873/2009 estabeleceu o prazo para a constituição do crédito, não para a cobrança judicial do crédito inadimplido. Ressaltou, ainda, que, antes da MP n. 1.708/1998, convertida na Lei n. 9.873/1999, não existia prazo decadencial para o exercício do poder de polícia por parte da Administração Pública Federal, por isso a penalidade aplicada, nesses casos, sujeita-se apenas ao prazo prescricional de cinco anos segundo a jurisprudência deste Superior Tribunal, em razão da aplicação analógica do art. 1º do Dec. n. 20.910/1932. Ademais, a jurisprudência também já assentou que, por se tratar de multa administrativa, não é aplicável a regra geral de prescrição do CC, seja o de 1916 ou o de 2002. **REsp 1.115.078-RS, Rel. Min. Castro Meira, julgado em 24/3/2010.** (Inform. STJ 428)

IBAMA. DEMOLIÇÃO. EDIFÍCIO IRREGULAR.
Versa o recurso sobre o interesse do Ibama em ajuizar ação civil pública para demolir edificação tida como irregular conforme as leis ambientais vigentes. A Turma deu provimento ao recurso, ao entender que, à luz do art. 72, VIII, da Lei n. 9.605/1998, não é dotada de auto executoriedade a demolição de obras já concluídas, mesmo como sanções administrativas de cunho ambiental. Ademais, a presente ação civil pública tem como objetivo, além da demolição, a recuperação de área degradada. Assim não há que falar em ausência de interesse de agir do Ibama. **REsp 789.640-PB, Rel. Min. Mauro Campbell Marques, julgado em 27/10/2009.** (Inform. STJ 413)

REFLORESTAMENTO. ATO ADMINISTRATIVO. DECADÊNCIA.
Trata-se de REsp em que se discute a decadência para a Administração anular ato administrativo que aprovara um projeto de reflorestamento. Tal ato, entre outras irregularidades, não teria atendido às manifestações técnicas produzidas pelo Ibama e, ainda, evidenciou-se um flagrante desrespeito ao meio ambiente, na medida em que houve plantio de bambu em áreas de encostas em diversos estágios de desenvolvimento vegetativo, bem como a utilização de áreas de preservação permanente. A Turma conheceu parcialmente do recurso, mas lhe negou provimento, tendo em vista que, no caso, o ato de aprovação do projeto de reflorestamento ocorreu em 15/10/1997 e sua nulidade foi declarada em 17/6/2003. Assim, há que afastar a alegação de decadência, porquanto ausente o decurso do prazo quinquenal a contar da vigência da Lei n. 9.784/1999. Precedentes citados: AgRg nos EREsp 644.736-PE, DJ 27/8/2007, e MS 9.157-DF, DJ 7/11/2005. **REsp 878.467-PE, Rel. Min. Teori Albino Zavascki, julgado em 15/9/2009.** (Inform. STJ 407)

IBAMA. FISCALIZAÇÃO. OMISSÃO. ORGÃO ESTADUAL.
O nosso pacto federativo atribuiu competência aos entes da Federação para a proteção do meio ambiente, o que se dá mediante o poder de polícia administrativa (art. 78 do CTN). Esse poder envolve vários aspectos, entre eles, o poder de permitir o desempenho de certa atividade (desde que acorde com as determinações normativas) e de sancionar as condutas contrárias à norma. Anote-se que a contrariedade à norma pode ser anterior ou superveniente à outorga da licença, portanto a aplicação da sanção não está necessariamente vinculada àquele ato administrativo. Isso posto, não há que se confundir a competência do Ibama de licenciar (*caput* do art. 10 da Lei n. 6.938/1981) com sua competência para fiscalizar (§ 3º do mesmo artigo). Assim, diante da omissão do órgão estadual de fiscalização, mesmo que outorgante da licença ambiental, o Ibama pode exercer seu poder de polícia administrativa, quanto mais se a atividade desenvolvida pode causar dano ambiental em bem da União. Precedente citado: REsp 588.022-SC, DJ 5/4/2004. **AgRg no REsp 711.405-PR, Rel. Min. Humberto Martins, julgado em 28/4/2009.** (Inform. STJ 392)

INFRAÇÃO ADMINISTRATIVA AMBIENTAL. PRINCÍPIO. LEGALIDADE.
Consta que foi lavrado, em desfavor do recorrido, auto de infração fundado no art. 46 da Lei n. 9.605/1998, em razão de ele ter recebido vários metros cúbicos de madeira serrada em pranchas desacompanhadas da licença expedida pelo órgão ambiental competente. O acórdão recorrido concluiu que esse artigo tipifica crime cometido contra o meio ambiente, e não infração administrativa. Desse modo, apenas o juiz criminal, em regular processo penal, poderia impor as penalidades previstas naquele dispositivo legal. Diante disso, é certo afirmar que a aplicação de sanção administrativa (exercício do poder de polícia) somente se torna legítima, em respeito ao princípio da legalidade, quando o ato praticado estiver definido em lei como infração administrativa. Porém, conquanto se refira a tipo penal, a norma em comento, combinada com o disposto no art. 70 da referida lei, o qual define a infração administrativa ambiental, confere toda a sustentação legal necessária à imposição da pena administrativa, sem dar azo à violação do princípio da legalidade estrita. **REsp 1.091.486-RO, Rel. Min. Denise Arruda, julgado em 2/4/2009.** (Inform. STJ 389)

VALIDADE. AUTO. INFRAÇÃO. TÉCNICO. AMBIENTAL.
A Lei n. 9.605/1998 confere a todos os funcionários dos órgãos ambientais integrantes do sistema nacional do meio ambiente (Sisnama) o poder de lavrar autos de infração e instaurar processos administrativos, desde que designados para as atividades de fiscalização, o que, na hipótese, foi realizado com a Portaria n. 1.273/1998. A Lei n. 11.516/2007, que acrescentou o parágrafo único ao art. 6º da Lei n. 10.410/2002, autoriza o exercício de fiscalização aos titulares do cargo de técnico ambiental desde que precedido de ato de designação próprio da autoridade ambiental. Assim, a Turma deu provimento ao recurso do Ibama e manteve válido o auto de infração decorrente da apreensão de envelopes de agrotóxicos originários do Paraguai na propriedade do impetrante. **REsp 1.057.292-PR, Rel. Min. Francisco Falcão, julgado em 17/6/2008.** (Inform. STJ 360)

SÚMULA STJ Nº 467

Prescreve em cinco anos, contados do término do processo administrativo, a pretensão da Administração Pública de promover a execução da multa por infração ambiental.

10. RESPONSABILIDADE PENAL AMBIENTAL

PRINCÍPIO DA INSIGNIFICÂNCIA E CRIME AMBIENTAL
A 2ª Turma, por maioria, concedeu *habeas corpus* para aplicar o princípio da insignificância em favor de condenado pelo delito descrito no art. 34, *caput*, parágrafo único, II, da Lei 9.605/98 ("*Art. 34: Pescar em período no qual a pesca seja proibida ou em lugares interditados por órgão competente: ... Parágrafo único. Incorre nas mesmas penas quem: ... II - pesca quantidades superiores às permitidas, ou mediante a utilização de aparelhos, petrechos, técnicas e métodos não permitidos*□). No caso, o paciente fora flagrado ao portar 12 camarões e rede de pesca fora das especificações da Portaria 84/2002 do IBAMA. Prevaleceu o voto do Min. Cezar Peluso, que reputou irrelevante a conduta em face do número de espécimes encontrados na posse do paciente. O Min. Gilmar Mendes acresceu ser evidente a desproporcionalidade da situação, porquanto se estaria diante de típico crime famélico. Asseverou que outros meios deveriam reprimir este tipo eventual de falta, pois não seria razoável a imposição de sanção penal à hipótese. Vencido o Min. Ricardo Lewandowski, que denegava a ordem, tendo em conta a objetividade da lei de defesa do meio ambiente. Esclarecia que, apesar do valor do bem ser insignificante, o dispositivo visaria preservar a época de reprodução da espécie que poderia estar em extinção. Ressaltava que o paciente teria reiterado essa prática, embora não houvesse antecedente específico nesse sentido. HC 112563/SC, rel. orig. Min. Ricardo Lewandowski, red. p/ o acórdão Min. Cezar Peluso, 21.8.2012. (HC-112563) (Inform. STF 676)

DANO AMBIENTAL E NEXO DE CAUSALIDADE
Em conclusão de julgamento, a 2ª Turma, por maioria, deferiu *habeas corpus* para determinar o trancamento de ação penal ajuizada contra proprietário de área localizada em parque estadual, denunciado por crime contra o meio ambiente. Na espécie, conforme escritura de compra e venda, o paciente adquirira gleba de terra na região e, no contrato estaria previsto o direito de os proprietários anteriores procederem à colheita do que fora por eles plantado. Ao verificar desmatamento naquela área de plantio, a fiscalização ambiental lavrara boletins de ocorrência que culminaram em ação civil pública contra o paciente pelos crimes dos artigos 38, 39, 40 e 48 da Lei 9.605/98 (Lei de Crimes Ambientais). No STJ, reconhecera-se excesso acusatório com parcial concessão da ordem e delimitara-se a imputação ao crime do art. 40 da Lei 9.605/98. Ressaltou-se não ser possível que intervenções legislativas apanhassem realidades constituídas e as transformassem em práticas ilícitas. Asseverou-se que: a) o mencionado parque ambiental fora criado em data posterior à aquisição da propriedade; b) o plantio de mandioca seria preexistente à aquisição da propriedade; c) o paciente substituíra o mandiocal por gramíneas; d) o dano não adviera do plantio de gramíneas, mas da supressão da vegetação para o plantio daqueles tubérculos; e e) a área em questão seria pouco significativa. Destacou-se que, por restringir-se a imputação ao delito de dano, não se verificaria nexo de causalidade entre a conduta imputada ao paciente e o malefício ambiental por ele supostamente causado. Frisou-se que o laudo técnico apontara para a regeneração natural da área, com indicação de medidas simples para o afastamento do dano, que poderiam ser obtidas pelas vias administrativas e cíveis. Reajustou o voto o Min. Ayres Britto, relator. Vencida a Min. Ellen Gracie, que denegava a ordem. HC 95154/SP, rel. Min. Ayres Britto, 27.3.2012. (HC-95154) (Inform. STF 660)

HC EM CRIME AMBIENTAL E REEXAME DE FATOS

A 2ª Turma iniciou julgamento de *habeas corpus* em que se pretende o trancamento de ação penal sob a alegação de prescrição da pretensão punitiva e atipicidade da conduta. Na espécie, o paciente fora condenado às penas de 6 meses e de 1 ano, ambas de reclusão, por ocupar clandestinamente área de propriedade do Governo do Distrito Federal (Lei 4.947/66, art. 20) e por ter impedido a regeneração das espécies vegetais que lá se desenvolviam (Lei 9.605/98, art. 48), respectivamente. O Min. Gilmar Mendes, relator, concedeu a ordem ao fundamento de ausência de nexo de causalidade entre a conduta e o suposto dano, haja vista que não obtidos vestígios materiais que permitissem esclarecer a autoria e, tampouco, quando se dera a substituição da vegetação nativa por gramíneas. Asseverou que a eventual retirada de árvores em área pública teria ocorrido antes da vigência da Lei 9.605/98. Frisou, ainda, a Lei distrital 1.519/97, que permitia o cercamento de área lindeira ao lote, desde que respeitado limite de altura para o alambrado. Em divergência, o Min. Ricardo Lewandowski denegou a ordem. Consignou não ser o *habeas corpus* meio adequado para revolver o contexto fático-probatório em que se teria dado a referida invasão, bem como se impedira, ou não, a regeneração das matas nativas. Após, pediu vista o Min. Celso de Mello. HC 105908/DF, rel. Min. Gilmar Mendes, 13.12.2011. (HC-105908) (Inform. STF 652)

ABSOLVIÇÃO DE PESSOA FÍSICA E CONDENAÇÃO PENAL DE PESSOA JURÍDICA

É possível a condenação de pessoa jurídica pela prática de crime ambiental, ainda que haja absolvição da pessoa física relativamente ao mesmo delito. Com base nesse entendimento, a 1ª Turma manteve decisão de turma recursal criminal que absolvera gerente administrativo financeiro, diante de sua falta de ingerência, da imputação da prática do crime de licenciamento de instalação de antena por pessoa jurídica sem autorização dos órgãos ambientais. Salientou-se que a conduta atribuída estaria contida no tipo penal previsto no art. 60 da Lei 9.605/98 ("*Construir, reformar, ampliar, instalar ou fazer funcionar, em qualquer parte do território nacional, estabelecimentos, obras ou serviços potencialmente poluidores, sem licença ou autorização dos órgãos ambientais competentes, ou contrariando as normas legais e regulamentares pertinentes: Pena - detenção, de um a seis meses, ou multa, ou ambas as penas cumulativamente*"). Reputou-se que a Constituição respaldaria a cisão da responsabilidade das pessoas física e jurídica para efeito penal ("*Art. 225. Todos têm direito ao meio ambiente ecologicamente equilibrado, bem de uso comum do povo e essencial à sadia qualidade de vida, impondo-se ao Poder Público e à coletividade o dever de defendê-lo e preservá- lo para as presentes e futuras gerações. ... § 3º - As condutas e atividades consideradas lesivas ao meio ambiente sujeitarão os infratores, pessoas físicas ou jurídicas, a sanções penais e administrativas, independentemente da obrigação de reparar os danos causados*"). RE 628582 AgR/RS rel. Min. Dias Toffoli, 6.9.2011. (RE-628582) (Inform. STF 639)

CONFLITO APARENTE DE NORMAS: LEI 8.176/91 E LEI 9.605/98

A Turma indeferiu *habeas corpus* em que denunciado pela suposta prática dos crimes previstos nos artigos 2º da Lei 8.176/91 e 55 da Lei 9.605/98 alegava conflito aparente de normas, ao argumento de que o mesmo fato — extrair minério sem a competente autorização ou licença — teria sido tipificado por dois dispositivos. Assentou-se que as assertivas da impetração não mereceriam prosperar, na medida em que os artigos 2º da Lei 8.176/91 e 55 da Lei 9.605/98 tutelariam bens jurídicos distintos, porquanto o primeiro teria por objetivo resguardar o patrimônio da Uni-ão e o segundo o meio ambiente (Lei 8.176/91, art. 2º: "*Constitui crime contra o patrimônio, na modalidade de usurpação, produzir bens ou explorar matéria-prima pertencentes à União, sem autorização legal ou em desacordo com as obrigações impostas pelo título autorizativo.*". Lei 9.605/98, art. 55: "*Executar pesquisa, lavra ou extração de recursos minerais sem a competente autorização, permissão, concessão ou licença, ou em desacordo com a obtida:*"). **HC 89878/SP, rel. Min. Eros Grau, 20.4.2010.** (Inform. STF 583)

CRIME AMBIENTAL: BEM DA UNIÃO E COMPETÊNCIA

Por considerar caracterizada imputação a revelar prejuízo de bem da União, a Turma deu provimento a recurso extraordinário a fim de assentar a competência da Justiça Federal para processar e julgar ação penal em que se apura crime praticado contra o meio ambiente. No caso, empresa fora denunciada por descartar resíduos tóxicos sobre rio que atravessa o Estado de Alagoas. O tribunal de justiça local reconhecera a competência da Justiça Estadual para processar o feito ao fundamento de que não se vislumbrara, nos autos, interesse público federal. Entendeu-se que, na espécie, teria sido potencializado o interesse da população local em detrimento do fato de a poluição alcançar bem público federal. Asseverou-se, destarte, pouco importar que se tivesse chegado ao comprometimento de açude, córregos e riachos locais, devendo prevalecer a circunstância de o dano apontado haver ocorrido em rio — o qual banha dois Estados- membros — que, pelo teor do inciso III do art. 20 da CF, consubstancia bem da União ("*São bens da União: ... os lagos, rios e quaisquer correntes de água em terrenos de seu domínio, ou que banhem mais de um Estado...*"). Concluiu-se que esse preceito e a premissa fática constante do acórdão impugnado atrairiam a incidência do inciso IV do art. 109 da CF. Por fim, estabeleceu-se ser competente para a propositura da ação penal o Ministério Público Federal. **RE 454740/AL, rel. Min. Marco Aurélio, 28.4.2009.** (RE-454740) (Inform. STF 544)

LOTEAMENTO CLANDESTINO E CRIME AMBIENTAL - 1

A Turma indeferiu *habeas corpus* em que condenado pelo delito de loteamento clandestino (Lei 6.766/79, art. 50) e por crime ambiental (Lei 9.605/98, art. 40) alegava a inépcia da denúncia, porque esta: a) não teria particularizado a sua conduta; b) não teria esclarecido se a conduta estaria tipificada na Lei 4.771/65 (Código Florestal) ou na Lei 9.605/98; c) teria afirmado que o local do loteamento seria área de conservação, quando o laudo oficial declarara o contrário; e d) não teria precisado a data do cometimento do crime ambiental. Afirmava a impetração que a área em que realizado o loteamento não seria Unidade de Conservação ao tempo dos fatos ou do oferecimento da denúncia, consoante demonstrado em laudo técnico, não sendo a Lei 9.605/98 aplicável ao caso, porquanto as condutas supostamente danosas teriam sido praticadas em 1996. No ponto, argumentava que somente com o advento do Decreto 4.340/2002 — que regulamentou a Lei 9.985/2000, que instituiu o Sistema Nacional de Unidades de Conservação (SNUC), em que estabelecidos critérios e normas para a criação, implantação e gestão das Unidades de Conservação —, poder-se-ia cogitar da existência de Unidade de Conservação. Pretendia, por fim, o reconhecimento de erro na dosimetria da pena. Inicialmente, afastou-se o argumento de inépcia da inicial acusatória, haja vista o preenchimento dos seus requisitos formais e a descrição satisfatória das condutas imputadas, mostrando a relação existente entre o paciente e os crimes tipificados, de modo a ensejar o pleno exercício de sua defesa. Registrou-se, também, que a suposta incompatibilidade entre o que apurado no laudo técnico e o declarado na denúncia não ensejaria, conforme pretendido pelo paciente, a anulação dos atos processuais, mas envolveria reapreciação do conjunto fático-probatório, inadmissível na via eleita. Ademais, ressaltou-se que, embora as condutas reputadas delituosas tenham se iniciado em 1996, elas avançaram, segundo o acórdão impugnado, até, pelo menos, 1999. HC 89735/SP, rel. Min. Menezes Direito, 20.11.2007. (HC-89735)

LOTEAMENTO CLANDESTINO E CRIME AMBIENTAL - 2

Quanto à questão da qualificação jurídica da área loteada, assinalou-se que não se poderia subordinar a vigência do art. 40 da Lei 9.605/98 à do Decreto 4.340/2002, que regulamentou a Lei 9.985/2000. Aduziu-se que aquele dispositivo visa tutelar as áreas que denomina de Unidades de Conservação ("*Art. 40. Causar dano direto ou indireto às Unidades de Conservação e às áreas de que trata o art. 27 do Decreto nº 99.274, de 6 de junho de 1990, independentemente de sua localização: § 1º Entende-se por Unidades de Conservação as Reservas Biológicas, Reservas Ecológicas, Estações Ecológicas, Parques Nacionais, Estaduais e Municipais, Florestas Nacionais, Estaduais e Municipais, Áreas de Proteção Ambiental, Áreas de Relevante Interesse Ecológico e Reservas Extrativistas ou outras a serem criadas pelo Poder Público.*"). Ocorre que, posteriormente, editara-se a Lei 9.985/2000, que modificou a redação original dos §§ 1º e 2º do art. 40 da Lei 9.605/98, além de inserir o art. 40-A, com três parágrafos, cujo *caput* fora vetado. Assim, as Unidades de Conservação dividiram-se em dois grupos, a saber: Unidades de Conservação de Proteção Integral e Unidades de Conservação de Uso Sustentável. Asseverou-se que, entretanto, a lei nova restara vetada também na parte em que propunha mudança na redação do *caput* do art. 40, o que implicaria a permanência do texto original desse preceito, que passa-ria a reger os parágrafos do art. 40-A ("*Art. 40. VETADO. § 1º Entende-se por Unidades de Conservação de Proteção Integral as Estações Ecológicas, as Reservas Biológicas, os Parques Nacionais, os Monumentos Naturais e os Refúgios de Vida Silvestre.*"; *Art. 40-A. VETADO. § 1º Entende-se por Unidades de Conservação de Uso Sustentável as Áreas de Proteção Ambiental, as Áreas de Relevante Interesse Ecológico, as Florestas Nacionais, as Reservas Extrativistas, as Reservas de Fauna, as Reservas de Desenvolvimento Sustentável e as Reservas Particulares do Patrimônio Natural.*"). Em conseqüência, a distinção feita entre os tipos de Unidade de Conservação não teria efeitos penais de ordem prática. Ademais, enfatizou-se que o § 1º do art. 40 e o § 1º do art. 40-A repetiram as hipóteses previstas na redação original do § 1º do art. 40. Dessa forma, considerou-se que a edição da Lei 9.985/2000 não teria o condão de subtrair o caráter delituoso da conduta que, anteriormente a sua edição, preenchia o tipo do art. 40 da Lei 9.605/98, texto este auto-aplicável, como advertira o acórdão recorrido. Concluiu-se, assim, não haver se falar em *abolitio criminis*, em ofensa ao princípio da irretroatividade com a incidência do art. 40 da Lei 9.605/98, ou, tampouco, em desclassificação para delito previsto na Lei 4.771/65. Relativamente à pena-base imposta, entendeu-se que a sua majoração acima do mínimo legal estaria lastreada em elementos diversos daqueles que compõem o tipo penal. HC 89735/SP, rel. Min. Menezes Direito, 20.11.2007. (HC-89735) (Inform. STF 489)

TRANCAMENTO DE AÇÃO PENAL: CRIME AMBIENTAL E PERIGO DE DANO GRAVE OU IRREVERSÍVEL

A Turma indeferiu *habeas corpus* em que pleiteado o trancamento de ação penal instaurada contra denunciada, juntamente com indústria química, pela suposta prática do crime previsto no art. 54, § 3º, da Lei 9.605/98 ("*Art. 54. Causar poluição de qualquer natureza em níveis tais que resultem ou possam resultar em danos à saúde humana, ou que provoquem a mortandade de animais ou a destruição significativa da flora:... § 3º Incorre nas mesmas penas previstas no parágrafo anterior quem deixar de adotar, quando assim o exigir a autoridade competente, medidas de precaução em caso de risco de dano ambiental ou irreversível.*"). Requeria-se, subsidiariamente, a anulação do processo, desde o início. Na espécie, em virtude da contaminação da área em que situada a empresa, fora ajuizada ação civil pública relativamente às atividades por ela desenvolvidas entre os anos de 1932 e 1986, cujo pedido fora julgado procedente. Desativada a unidade de produção por exigência de órgão ambiental, a empresa recebera auto de infração e advertência por armazenar produto poluente. Com o advento da Lei 9.605/98, as denunciadas foram acusadas de deixar de adotar as medidas de precaução exigidas pelas autoridades competentes, apesar do risco de dano ambiental grave ou irreversível. Entendeu-se que a inicial acusatória preencheria os requisitos formais do art. 41 do CPP, indicando minuciosamente as condutas criminosas em tese praticadas pela paciente, de modo a permitir o exercício do direito de ampla defesa. Rejeitou-se a alegação de que o dano ambiental que poderia decorrer da conduta da paciente já se teria produzido, não havendo que se falar na possibilidade de aplicação do aludido art. 54, § 3º, da Lei 9.605/98, destinado a evitar resultados danosos ao meio ambiente. Asseverou-se que os autos demonstrariam que o resultado que se almejaria resguardar, apto a caracterizar o risco tutelado pela regra jurídica, não seria a contaminação do terreno por produtos químicos poluentes, uma vez que esta, eventualmente, poderia até ter ocorrido. Enfatizou-se, no ponto, que as medidas de precaução impostas pelas autoridades competentes objetivavam impedir que tal poluição trouxesse maiores conseqüências para o meio ambiente e para as pessoas em geral. Ressaltou-se que, a partir da denúncia, seria possível verificar que, apesar de a área estar degradada desde data anterior à vigência daquele diploma legal, persistiria o risco de dano ambiental grave ou irreversível consistente no possível agravamento dos efeitos da poluição. Ademais, considerou-se que o crime capitulado no tipo penal em referência não deixa vestígios, não sendo viável, pois, o pretendido trancamento da ação penal ao argumento de que não teria sido realizado exame de corpo de delito. Não bastasse isso, aduziu-se haver registro de diversos documentos técnicos elaborados pela autoridade incumbida da fiscalização ambiental indicando, de forma expressa, o perigo de dano grave ou irreversível ao meio ambiente. HC 90023/SP, rel. Min. Menezes Direito, 6.11.2007. (HC-90023) (Inform. STF 487)

COMANDANTE. NAVIO. OBSTÁCULO. FISCALIZAÇÃO. IBAMA.

A Turma decidiu pela inexistência de constrangimento ilegal na deflagração da ação penal contra comandante de navio que impediu servidores do Ibama, por duas vezes, de subir a bordo e realizar o trabalho de fiscalização ambiental, sob a alegação de ser da competência da Capitania dos Portos a fiscalização das embarcações. No entendimento da maioria dos ministros da Turma, são atributos do ato administrativo a presunção de legitimidade, imperatividade, exigibilidade e executoriedade. Cabe a sua invalidação à Administração Pública ou ao Judiciário, portanto o particular deve obediência até que seja reconhecida a nulidade do ato impugnado. **HC 189.885-RJ, Rel. para acórdão Min. Og Fernandes, julgado em 4/8/2011.** (Inform. STJ 480)

COMPETÊNCIA. JF. CRIME AMBIENTAL. EXTRAÇÃO. CASCALHO.

Os recursos minerais, inclusive os do subsolo, são bens da União, assim, os delitos relativos a eles devem ser julgados na Justiça Federal nos termos do art. 109, IV, da CF/1988. Com esse entendimento, a Seção conheceu do conflito de competência e declarou competente o juízo federal suscitante para processar e julgar o suposto crime de extração de cascalho, bem da União, sem autorização do órgão ambiental em área particular (fazenda). No caso, o MPF, ao receber os autos do inquérito, manifestou-se pela competência da Justiça estadual ao argumento de que o ato supostamente delituoso teria sido praticado em propriedade particular, não havendo laudo ou constatação de a área estar próxima a ou localizada em faixa litorânea, terras ou rio cujo domínio estaria afeto à União; então, o juízo federal suscitou o conflito de competência. Destacou a Min. Relatora que, de acordo com a jurisprudência deste Superior Tribunal, não são todos os crimes ambientais que se sujeitam à competência da Justiça Federal, apesar de, na CF/1988, não haver determinação nesse sentido. Daí esclarecer que realmente não se pode entender a designação "patrimônio nacional" contida no art. 225, § 4º, da CF/1988 como sinônimo de bens da União, visto que, a seu ver, essa locução é uma espécie de proclamação concitando todos à defesa dos ecossistemas citados no mencionado artigo, até porque há casos em que o particular será dono de parcelas de trechos contidos nesses ecossistemas, como também dentro deles foram criados parques nacionais e municipais, o que irá determinar, conforme o caso concreto, a competência federal ou estadual. No entanto, observou não ser pacífica a jurisprudência quanto à fixação da competência para o julgamento do delito de extração de recursos minerais sem autorização. Assim, com esse julgamento, com base no voto da Min. Relatora, reafirmou-se o posicionamento de serem mais adequados perante a CF/1988 e a posição do STF os acórdãos do STJ segundo os quais, para definir a competência do julgamento, não basta analisar o local da prática dos crimes contra os recursos minerais (previstos no art. 55 da Lei n. 9.605/1998). Isso porque os recursos minerais, inclusive os do subsolo, são bens da União, como, expressamente e sem ressalva, prevê o inciso IX do art. 20 da CF/1988. Ademais, o art. 176, *caput*, da mesma Constituição dispõe serem as jazidas, em lavra ou não, e os demais recursos minerais propriedade distinta da do solo para efeito de exploração ou aproveitamento e pertencerem à União, garantida ao concessionário a propriedade do produto da lavra. Por essa razão, assevera só se poder concluir que os delitos relativos aos recursos minerais, por estes serem bens da União, são da competência da Justiça Federal. Precedentes citados do STF: AgRg no RE 140.254-SP, DJ 6/6/1997; do STJ: HC 23.286-SP, DJ 19/12/2003; CC 33.377-RJ, DJ 24/2/2003; CC 29.975-MG, DJ 20/11/2000; CC 30.042-MG, DJ 27/11/2000; CC 7.673-RJ, DJ 13/6/1994; CC 4.167-RJ, DJ 22/11/1993, e CC 99.294-RO, DJe 21/8/2009. **CC 116.447-MT, Rel. Min. Maria Thereza de Assis Moura, julgado em 25/5/2011.** (Inform. STJ 474)

CRIME AMBIENTAL. TRANSPORTE. PRODUTOS PERIGOSOS.

Em *habeas corpus*, busca-se o trancamento da ação penal a que o paciente responde por suposto crime ambiental, devido ter sido apreendido caminhão de sua empresa que transportava produto considerado perigoso (dióxido de carbono, NR ONU-2187, classe 2.2, grau de risco-22) sem licença do órgão ambiental estatal competente, em desacordo com o Dec. n. 96.044/1988, que regulamenta o transporte de produtos perigosos, e a Res. n. 420/2004 da Agência Nacional de Transportes Terrestres (ANTT). Narra-se, na impetração, que o paciente foi denunciado juntamente com outros diretores da empresa como incurso nos arts. 2º, 3º e 56, *caput*, todos da Lei n. 9.605/1998 e, mesmo após ter cumprido o termo de ajustamento de conduta (TAC), a denúncia foi aceita pelo juízo, também foi proposta a suspensão condicional do processo pelo MP estadual, contudo o paciente recusou-a por entender que, no caso, não existe crime. Diante dessas circunstâncias, aponta ausência de justa causa para a instauração da ação penal e argumenta que, lavrado o TAC, perdeu o sentido o ajuizamento de uma ação penal em razão de ilícito ambiental praticado e, por fim, alega a inépcia da denúncia, que reputa genérica por não individualizar a conduta dos acusados. Para a Min. Relatora, o TAC, conforme o disposto nos §§ 2º e 3º do art. 79-A da Lei n. 9.605/1998, surgiu em dado momento histórico, para ajuste de comportamentos potencialmente poluidores, inclusive com período delimitado na própria legislação para a suspensão das sanções administrativas, ou seja, empreendimentos em curso até 30/3/1998 e requerido por pessoas físicas e jurídicas interessadas até 31/12/1998. Assim, explica que, pelo princípio da subsidiariedade, como as sanções não penais encontravam-se suspensas, não seria razoável cobrar responsabilidade penal pelo mesmo comportamento no período de suspensão. Na hipótese dos autos, o TAC afasta-se dos requisitos dos citados parágrafos, apesar de ter logrado o arquivamento do inquérito civil público, além de alcançar o licenciamento tanto no âmbito estadual como federal, pois o termo de conduta foi firmado em 23/9/2008, depois de uma década das condições legais cronológicas para obtê-lo. Nesse contexto, assevera a Min. Relatora que a assinatura do TAC (concedido em esfera administrativa) e a reparação do dano ambiental não têm a extensão pretendida no âmbito penal, visto que não elidem a tipicidade penal, porém serão consideradas em caso de eventual condenação. No entanto, reconhece a inépcia formal da denúncia por ser extremamente sucinta e não haver a individualização da conduta criminosa dos acusados, o que impede o exercício da ampla defesa. Acrescenta que, nos casos de autoria coletiva, embora a jurisprudência do STJ não exija a descrição pormenorizada da conduta de cada denunciado, é imprescindível que o órgão acusatório estabeleça a mínima relação entre o denunciado e o delito que lhe é imputado. Com esse entendimento, a Turma conheceu em parte do *habeas corpus* e concedeu a ordem apenas para anular a ação penal a partir da denúncia, reconhecendo sua inépcia formal, sem prejuízo que outra seja oferecida, estendendo a concessão aos demais corréus (art. 580 do CPP). Precedentes citados: HC 82.911-MG, DJe 15/6/2009; RHC 21.469-SP, DJ 5/11/2007; RHC 24.239-ES, DJe 1º/7/2010; APn 561-MS, DJe 22/4/2010; HC 58.157-ES, DJe 8/9/2009; RHC 24.390-MS, DJe 16/3/2009; HC 117.945-SE, DJe 17/11/2008; HC 62.330-SP, DJ 29/6/2007; HC 69.240-MS, DJ 10/9/2007; PExt no HC 61.237-PB, DJe 12/4/2010, e PExt no HC 114.743-RJ, DJe 5/4/2010. **HC 187.043-RS, Rel. Min. Maria Thereza de Assis Moura, julgado em 22/3/2011.** (Inform. STJ 467)

COMPETÊNCIA. CRIME. FAUNA.

Trata-se de conflito negativo de competência para processar e julgar o crime tipificado no art. 29, § 1º, III, da Lei n. 9.605/1998 em razão de apreensão em residência de *oryzoborus angolensis* (curió), espécime que pertence à fauna silvestre. Sucede que o juízo de direito do juizado especial, suscitado, encaminhou os autos ao juizado especial federal com fulcro no enunciado da Súm. n. 91-STJ, que foi cancelada pela Terceira Seção deste Superior Tribunal em 8/11/2000, em razão da edição da Lei n. 9.605/1998, já que o entendimento sumulado tinha como base a Lei n. 5.197/1967, que até então tratava da proteção à fauna. Após o cancelamento da citada súmula, o STJ firmou o entendimento, em vários acórdãos, de que, quando não há evidente lesão a bens, serviços ou interesse da União, autarquias ou empresas públicas (art. 109 da CF), compete à Justiça estadual, de regra, processar e julgar crime contra a fauna, visto que a proteção ao meio ambiente constitui matéria de competência comum à União, aos estados, aos municípios e ao Distrito Federal (art. 23, VI e VII, da CF). Com esse entendimento, a Seção declarou competente o juízo suscitado. Precedentes citados: AgRg no CC 36.405-MG, DJ 26/9/2005; REsp 499.065-RS, DJ 13/10/2003; AgRg no CC 33.381-MS, DJ 7/4/2003; CC 34.081-MG, DJ 14/10/2002; CC 32.722-SP, DJ 4/2/2002, e CC 39.891-PR, DJ 15/12/2003. **CC 114.798-RJ, Rel. Min. Maria Thereza de Assis Moura, julgado em 14/3/2011.** (Inform. STJ 466)

CRIME PERMANENTE. MEIO AMBIENTE. TIPICIDADE.

O ato do paciente de impedir a regeneração natural de flora ao cercar e construir duas quadras esportivas em área pública estendeu-se no tempo, sendo constantemente violado o bem jurídico tutelado (meio ambiente). Assim, ainda que a vegetação tenha sido retirada quando a área não era considerada de preservação ambiental e antes da vigência da Lei do Meio Ambiente, a conduta acima descrita é típica (art. 48 da Lei n. 9.605/1998). Houve prorrogação do momento consumativo, pois o paciente poderia fazer cessar sua atividade delitiva, bastando retirar a cerca que anexa seu terreno à área pública de preservação permanente invadida quando foi notificado para tanto, e assim não o fez. Logo, a conduta narrada caracteriza-se como crime permanente, em que não é possível precisar o início da atividade delituosa, bastando apenas provar, a qualquer momento, que a conduta persiste. Assim, o lapso prescricional somente começa a fluir do momento em que cessa a permanência. Desse modo, a Turma denegou a ordem. Precedentes citados do STF: RHC 83.437-SP, DJe 18/4/2008; do STJ: RHC 16.171-SP, DJ 30/8/2004. **HC 116.088-DF, Rel. Min. Laurita Vaz, julgado em 16/9/2010.** (Inform. STJ 447)

CRIME. MEIO AMBIENTE. PESSOA JURÍDICA.

Conforme a jurisprudência deste Superior Tribunal, nos crimes que envolvem sociedades empresárias (nos quais a autoria nem sempre se mostra bem definida), a acusação tem que estabelecer, mesmo que minimamente, a ligação entre a empreitada criminosa e o denunciado. O simples fato de ser sócio, gerente ou administrador não permite a instauração da persecução penal pelos crimes praticados no âmbito da sociedade, se não se comprovar, ainda que mediante elemento a ser aprofundado no decorrer da ação penal, a relação de causa e efeito entre as imputações e a função do denunciado na sociedade, sob pena de acolher indevida responsabilidade penal objetiva. Na hipótese, foi denunciada, primeiramente, a pessoa jurídica e, por meio de aditamento, a pessoa física. Em relação a esta última, o MP, quando do aditamento à denúncia, não se preocupou em apontar o vínculo entre ela e a ação poluidora. Só isso bastaria para tachar de inepto o aditamento à denúncia. Contudo, soma-se a isso o fato de haver, nos autos, procuração pública que dá poderes para outrem gerir a sociedade. Daí que o aditamento não se sustenta ao incluir a recorrente apenas por sua qualidade de proprietária da sociedade. A inépcia do aditamento também contamina a denúncia como um todo, em razão de agora só figurar a pessoa jurídica como denunciada, o que é formalmente inviável, pois é impossível a responsabilização penal da pessoa jurídica dissociada da pessoa física, a qual age com elemento subjetivo próprio. Precedentes citados: RHC 19.734-RO, DJ 23/10/2006; HC 86.259-MG, DJe 18/8/2008, e REsp 800.817-SC, DJe 22/2/2010. **RHC 24.239-ES, Rel. Min. Og Fernandes, julgado em 10/6/2010.** (Inform. STJ 438)

COMPETÊNCIA. CRIME AMBIENTAL.

A Seção decidiu que compete ao juizado especial federal processar e julgar crime ambiental (art. 39 da Lei n. 9.605/1998) decorrente do corte de árvores (palmito) em floresta de preservação permanente sem autorização do IBAMA, que administra o Parque Nacional de Itatiaia, por ser área particular vizinha à unidade de conservação (art. 9º da Lei n. 4.771/1965). Precedente citado: CC 89.811-SC, DJe 3/4/2008. **CC 92.722-RJ, Rel. Min. Jorge Mussi, julgado em 24/3/2010.** (Inform. STJ 428)

EXTRAÇÃO ILEGAL. MADEIRA. INTERPRETAÇÃO. ART. 25, § 2º, DA LEI N. 9.605/1998.

Na espécie, discute-se a possibilidade de doação de toras de madeira apreendidas pelo Ibama (art. 25, § 2º, da Lei n. 9.605/1998) que, no caso, foram extraídas por invasores, sem qualquer contribuição dos proprietários do terreno. Houve crime ambiental (extração ilegal de madeira) e os criminosos não são os proprietários da plantação ou do terreno no qual esta foi erguida. No caso, há dúvida apenas quanto à propriedade do imóvel donde retirada a madeira. A Turma, ao prosseguir o julgamento, entendeu que, na busca de conciliar a mencionada norma com o direito de propriedade, em regra, aplica-se aquele dispositivo independentemente de autorização judicial. Contudo, havendo fundada dúvida sobre a dominialidade dos bens apreendidos e não sendo caso de os proprietários ou terceiros de boa-fé estarem diretamente envolvidos com a prática da infração (penal ou administrativa), a alienação deveria ser onerosa, com o depósito dos valores líquidos auferidos (descontadas as despesas de apreensão, transporte, armazenagem e processamento da venda) em conta bancária à disposição do juízo, cuja destinação final (se a União ou quem ela determinar, se os proprietários da terra) será auferida após incidente processual cabível. Na hipótese de inviabilidade (técnica, de fato ou por ausência de compradores) da alienação onerosa, o órgão ambiental poderá doar, de imediato, os bens apreendidos conforme disposto no art. 25, § 2º, da mencionada lei, garantindo-se aos prejudicados o direito de indenização contra os criminosos. **REsp 730.034-PA, Rel. Min. Mauro Campbell Marques, julgado em 9/3/2010.** (Inform. STJ 426)

HC. CRIME AMBIENTAL. EDIFICAÇÃO.

Sobre o paciente pesa a acusação da suposta prática dos crimes previstos no art. 40, *caput*, c/c o 40-A, § 1º, da Lei n. 9.605/1998 e no art. 20 da Lei n. 4.947/1966, pois teria ele ocupado, irregularmente, área às margens de um lago, além de ter realizado algumas edificações não permitidas. A defesa impetrou *habeas corpus*, buscando fosse reconhecida a extinção da punibilidade em decorrência da prescrição da pretensão punitiva, o que foi denegado pelo TJ. Neste *writ*, o defensor aduz que os atos imputados ao paciente foram praticados nos idos de 1997 e já foram alcançados pela prescrição da pretensão punitiva. Sustenta que a pena máxima abstrata seria de cinco anos, regulando-se a prescrição em 12 anos, mas tal prazo seria reduzido à metade por se tratar de pessoa septuagenária. Porém, o Min. Og Fernandes, Relator, entendeu que discutir se as edificações foram ou não, em toda sua extensão, construídas em período anterior a 1998 é matéria que inevitavelmente demanda a necessidade de amplo exame do acervo probatório, providência incompatível com a ação constitucional do *habeas corpus*. Ele ainda fez um cotejo entre a peça acusatória e trecho da inicial do processo movido na esfera cível, a partir do que se evidenciou a necessidade de se apurar a exata data em que todas as obras foram edificadas. É também pela indispensabilidade de se precisar a data do cometimento das infrações que, para o Min. Relator, não se pode apontar, de plano, a violação dos postulados constitucionais da anterioridade e da irretroatividade da norma penal. Daí a impossibilidade de extinguir a ação penal. Com base nesses fundamentos, a Turma, ao prosseguir o julgamento, por maioria, denegou a ordem. **HC 114.913-DF, Rel. Min. Og Fernandes, julgado em 3/12/2009.** (Inform. STJ 418)

INUNDAÇÃO. CRIME AMBIENTAL.
Trata-se de HC em que se alega, em favor dos ora pacientes, que as indústrias pertencentes a eles não eram mais proprietárias do imóvel onde ocorreu o delito ambiental, não podendo, dessa forma, agir para evitar o dano causado pelo rompimento da barragem de resíduos industriais, motivo por que se pretende o trancamento da ação penal pela ausência de justa causa. A Turma, ao prosseguir o julgamento, por maioria, concedeu a ordem ao entendimento de que, mesmo se encontrando presentes, na hipótese, o perigo para o bem jurídico tutelado e a posição de garantidor dos diretores da empresa, ora pacientes, no que se refere ao poder de agir, carece desse elemento para configurar a conduta omissiva deles. De fato, na época em que a propriedade inundada encontrava-se sob o domínio das indústrias pertencentes aos pacientes, poder-se-ia imputar a eles a omissão de desativar o reservatório que deu causa ao desastre ambiental, visto que, com a não realização da ação devida ou esperada, os diretores assumiram o risco da ocorrência do resultado (dolo eventual). Entretanto, na data em que ocorreu tal evento, a propriedade inundada já não pertencia ao grupo empresarial há mais de nove anos, motivo pelo qual os diretores não detinham mais o poder de agir para interromper o processo causal que levaria ao resultado, ou seja, evitar a ocorrência da inundação. Portanto, ausente um dos elementos objetivos – poder de agir – previstos no art. 13 do CP, falta efetivamente justa causa para o prosseguimento da ação penal, em face de atipicidade da conduta. **HC 94.543-RJ, Rel. originário Min. Napoleão Nunes Maia Filho, Rel. para o acórdão Min. Arnaldo Esteves Lima, julgado em 17/9/2009.** (Inform. STJ 407)

COMPETÊNCIA. JF. DANO. APA.
No caso, cuida-se de dano causado à Área de Preservação Ambiental (APA) do Cairuçu, criada pelo Decreto Federal nº 89.242/83, que consistiu no desmatamento de extensa área de floresta considerada de preservação permanente, com destruição de mata ciliar ou galeria, e utilização de toda vertente de um rio. Assim, como a área está sujeita à restrição administrativa ao uso da propriedade privada, subsiste interesse direto e específico da União, o que atrai a competência da Justiça Federal para julgamento do feito. Logo, a Seção, ao prosseguir o julgamento, declarou competente o Juízo Federal da 1ª Vara de Angra dos Reis./RJ. **CC 80.905-RJ, Rel. Min. Og Fernandes, julgado em 10/6/2009.** (Inform. STJ 398)

COMPETÊNCIA. JF. ANIMAL EXÓTICO.
É cediço que a edição da Lei n. 9.605/1998 desencadeou o cancelamento da Súm. n. 91-STJ. Porém a jurisprudência tem reservado a competência da Justiça Federal, nos crimes contra o meio ambiente, quando comprovada a lesão a bens ou interesses da União, de suas autarquias ou empresas públicas (art. 109, IV, da CF/1988), além da hipótese de o dano assumir contornos regionais ou nacionais. No caso, foi constatado, em laudo de vistoria, que o indiciado mantinha em cativeiro animais de fauna exótica (um babuíno e sete tigres-de-bengala) sem nenhuma marcação ou comprovação de origem, em desacordo com a Instrução Normativa n. 2/2001 do Ibama, o responsável pela expedição de autorização de ingresso e posse desse tipo de animal. Assim, diante da prática, em tese, do delito previsto no art. 31 da Lei n. 9.605/1998 (introdução sem licença de espécie no País) e do inegável interesse daquela autarquia federal, deve ser firmada a competência do juízo federal. Precedentes citados: CC 34.689-SP, DJ 17/6/2002, e CC 37.137-MG, DJ 14/4/2003. **CC 96.853-RS, Rel. Min. Og Fernandes, julgado em 8/10/2008.** (Inform. STJ 371)

CRIME AMBIENTAL. CULPA. OMISSÃO.
Trata-se de associação denunciada e autuada pela Polícia Ambiental por ter suprimido vegetação rasteira e arbustiva em área de preservação permanente, além de cortar oito árvores nativas isoladas. A pessoa jurídica (associação) e seu representante legal (presidente) pretendiam construir uma valeta para implantação de rede de esgoto, mas promoveram a intervenção na área de preservação permanente sem obter autorização para isso. Note-se que, neste *habeas corpus,* o presidente do conselho da associação, paciente, busca a suspensão e o trancamento da ação penal e alega que não foram denunciados os funcionários da empresa contratada que ocasionaram os fatos delituosos. Para o Min. Napoleão Nunes Maia Filho, condutor da tese vencedora, existem diversas modalidades de culpa em matéria ambiental de acordo com o art. 2º da Lei n. 9.605/1998. Há o dever de vigilância e também o de escolher quem trabalha em áreas de preservação. No caso, não há indícios de nenhuma conduta dolosa, mas há indício de culpa *in vigilando*, *in negligendo* e *in elegendo*, ao escolher para trabalhar pessoa que não tem aptidão de preservar floresta considerada de preservação permanente. Tal conduta pode ser sancionada, evidentemente, não com pena restritiva de liberdade, mas com sanção financeira, obrigação de repor as árvores ou condenação a plantar o dobro de árvores etc. Outrossim, o crime é sempre uma conduta e, no caso, há indícios de uma conduta de crime de omissão. Ademais, não é só a pessoa que pratica fisicamente que comete o crime. Na verdade, quem contrata, fornece os meios, remunera etc. também comete o crime ambiental. Nesses casos, também há a responsabilização penal da pessoa jurídica, o que não exclui a responsabilidade das pessoas físicas. Outrossim, como afirmou a Min. Laurita Vaz, a denúncia, pela descrição, é válida, o que possibilita tanto à entidade como ao seu presidente se defender. Com esse entendimento, a Turma, por maioria, denegou a ordem. **HC 92.822-SP, Rel. originário Min. Arnaldo Esteves Lima, Rel. para acórdão Min. Napoleão Nunes Maia Filho, julgado em 17/6/2008.** (Inform. STJ 360)

11. PROTEÇÃO JUDICIAL DO MEIO AMBIENTE

NULIDADE. INFRAÇÃO AMBIENTAL. MANIFESTAÇÃO. MPF.
Trata-se de ação ordinária com pedido de declaração de nulidade de auto de infração ambiental. Em primeiro grau, julgou-se procedente o pleito, sendo que o acórdão recorrido anulou de ofício a sentença ao fundamento de ser necessária a manifestação do Ministério Público Federal (MPF) na causa, o que não ocorreu. A Turma conheceu parcialmente do recurso, mas lhe negou provimento por entender, entre outras questões, que o MPF deve manifestar-se em causa na qual se discute nulidade de auto de infração ambiental porque, no mais das vezes, o interesse envolvido transcende o interesse meramente patrimonial no crédito gerado, abarcando discussões de cunho substancial que dizem respeito ao meio ambiente em si, tal como no caso. Para tanto, observou-se o disposto no art. 5º, III, **d**, entre outros, da LC n. 75/1993. **REsp 1.264.302-SC, Rel. Min. Mauro Campbell Marques, julgado em 8/11/2011.** (Inform. STJ 487)

ACP AMBIENTAL. JULGAMENTO *EXTRA* E *ULTRA PETITA*.
In casu, o recorrente alega violação do disposto nos arts. 128, 459, parágrafo único, e 460 do CPC, em razão de o tribunal *a quo* ter mantido a sentença do juízo singular a qual, segundo o recorrente, excedeu o pedido articulado na exordial, visto que a ação se refere à degradação da área de 180m² nos limites do Parque Estadual da Serra do Mar e aquele juízo, alicerçado nas informações da perícia, decidiu que a área objeto de degradação atingia 650m², sendo que o pedido inicial não se referiu às construções indicadas na sentença. Ocorre, porém, que a tutela ambiental é de natureza fungível, de modo que a área objeto da agressão ambiental pode ser de extensão maior do que a referida na inicial e, uma vez que verificada pelo conjunto probatório, não importa julgamento *ultra* ou *extra petita*. A decisão *extra petita* é aquela inaproveitável por conferir à parte providência diversa da ansiada, em virtude do deferimento de pedido diverso ou fundamentado em *causa petendi* não eleita. Consequentemente, não há tal decisão quando o juiz analisa o pedido e aplica o direito com fundamentos diversos dos expostos na inicial ou mesmo na apelação, desde que baseados em fatos ligados ao fato base. Na espécie, o juiz decidiu a *quaestio iuris* dentro dos limites postos pelas partes, pois a ação tratava de ocupação e supressão de vegetação nativa e construção de diversas edificações irregulares em área menor que a constatada pela perícia, sem aprovação dos órgãos competentes do município e do estado. Assim, a análise do pedido dentro dos limites postos pela parte não incide no vício *in procedendo* do julgamento *ultra* ou *extra petita*, afastando, portanto, a suposta ofensa aos arts. 460 e 461 do CPC. Com esses fundamentos, a Turma negou provimento ao recurso. Precedentes citados: AgRg no REsp 1.164.488-DF, DJe 7/6/2010; RMS 26.276-SP, DJe 19/10/2009; AgRg no AgRg no REsp 825.954-PR, DJe 15/12/2008; AgRg no Ag 1.038.295-RS, DJe 3/12/2008, e AgRg no Ag 668.909-SP, DJ 20/11/2006. **REsp 1.107.219-SP, Rel. Min. Luiz Fux, julgado em 2/9/2010.** (Inform. STJ 445)

ACP. DANO. MEIO AMBIENTE. PEDIDO.
Na espécie, o tribunal *a quo*, analisando o conjunto fático-probatório constante dos autos, concluiu haver agressão ao meio ambiente, com ofensa às leis ambientais. A Turma, entre outras questões, entendeu que não houve pedido inicial explícito do MP no sentido de que qualquer construção fosse demolida, nem mesmo de que fossem suspensas as atividades da ora recorrente, ao propor a ação civil pública (ACP) de responsabilidade por danos causados ao meio ambiente. Porém essa simples constatação não conduz à nulidade por desobediência do dever de adstrição ao pedido. A jurisprudência deste Superior Tribunal entende que o pedido não deve ser extraído apenas do capítulo da petição reservado aos requerimentos, mas da interpretação lógico-sistemática das questões apresentadas pela parte

ao longo da petição. No caso, os provimentos supostamente desvinculados do pedido, antes mesmo de guardar sintonia com os pedidos formulados pelo MP, constituem condição *sine qua non* do resultado almejado pela ACP ambiental. Assim, no contexto, encontra plena aplicação o princípio do poluidor pagador, a indicar que, fazendo-se necessária determinada medida à recuperação do meio ambiente, é lícito ao julgador determiná-la, mesmo que não tenha sido instado a tanto. Precedentes citados: AgRg no Ag 1.038.295-RS, DJe 3/12/2008, e REsp 971.285-PR, DJe 3/8/2009. **REsp 967.375-RJ, Rel. Min. Eliana Calmon, julgado em 2/9/2010.** (Inform. STJ 445)

ACP. MEIO AMBIENTE. LITISCONSÓRCIO.

O MP estadual propôs ação civil pública (ACP) contra o município, em busca da recuperação do meio ambiente danificado pela ocupação irregular da área. Busca, também, a condenação de agente público municipal por ato de improbidade. A municipalidade, por sua vez, alega a existência de litisconsórcio necessário com os proprietários da área (a União e outros). Sucede que a ACP tem por único objetivo obrigar o município a executar uma série de providências pelas quais é responsável, não em razão de eventual propriedade, mas sim por suas atribuições constitucionais. Assim, é irrelevante a discussão a respeito da propriedade da área, pois descabida a alegação de que a sentença atingirá a esfera jurídica da União ou de qualquer entidade autárquica federal. Daí não se verificarem os requisitos para a formação do litisconsórcio (art. 46 e 47 do CPC), que deve considerar a natureza da relação jurídica material. **REsp 1.132.744-RJ, Rel. Min. Eliana Calmon, julgado em 3/11/2009.** (Inform. STJ 414)

ACP. MEIO AMBIENTE. COMPETÊNCIA TERRITORIAL.

Trata-se originariamente de ação civil pública (ACP) ajuizada contra o decreto que criou o Parque Nacional de Ilha Grande, o qual abrange nove municípios divididos entre dois estados da Federação. No REsp, a recorrente alega, além da violação de vários dispositivos legais, a incompetência para o julgamento da ação da subseção judiciária do município localizado em um dos estados referidos. A Turma deu provimento ao recurso por entender que, diante da situação fática, a competência territorial para processar e julgar, em primeira instância, a mencionada ação é da seção judiciária de

uma das capitais dos respectivos estados ou do Distrito Federal, pois as questões resultantes da criação de parque nacional (criado pela União na forma do art. 11, § 4º, da Lei n. 9.985/2000, *a contrario sensu*) que abrange áreas de dois estados terá caráter nacional, na esteira do que dispõem os arts. 2º da Lei n. 7.347/1985 e 93, II, do CDC. **REsp 1.018.214-PR, Rel. Min. Mauro Campbell Marques, julgado em 2/6/2009.** (Inform. STJ 397)

AÇAO CIVIL PÚBLICA. DANO AMBIENTAL. PORTO. LEGITIMIDADE. MP.

Trata-se, originalmente, de ação civil pública proposta pelo MP, ora recorrido, com o fim de reparar dano ambiental consistente no vazamento de cerca de mil litros de óleo combustível em decorrência de rompimento de um dos dutos subterrâneos da ora recorrente. No REsp, a recorrente alega, entre outras coisas, que não se afigura, no caso, nenhuma das hipóteses enumeradas pelo art. 109 da CF/1988, para justificar o processamento e julgamento da referida ação na Justiça Federal. A Turma negou provimento ao recurso, por entender que, no caso, o acidente ambiental ocorreu em área de porto organizado, fato não negado pela recorrente. Ressaltou-se que o porto constitui uma universalidade, isto é, apresenta-se como realidade jurídica una, ainda que complexa; equipara-se, por isso, no seu conjunto, a bem público federal enquanto perdurar sua destinação específica, em nada enfraquecendo essa sua natureza o fato de haver imóveis privados no seu perímetro oficial ou mesmo o licenciamento pelo Estado ou até pelo município de algumas das unidades individuais que o integram. Além disso, o licenciamento ambiental pelo Ibama (ou por órgão estadual, mediante seu consentimento expresso ou tácito) de obra ou empreendimento em que ocorreu ou poderá ocorrer a degradação justifica, de plano, a legitimação para agir do MPF. Se há interesse da União a ponto de, na esfera administrativa, impor o licenciamento federal, seria contraditório negá-lo para fins de propositura de ação civil pública. Assim, não há como afastar a conclusão de que o MPF, como regra, tem legitimidade para agir nas hipóteses de dano ou risco de dano ambiental em porto marítimo, fluvial ou lacustre. Ademais, na hipótese em questão, o dano ambiental é de natureza transindividual indivisível (afinal, o meio ambiente ofendido é "bem de uso comum do povo" na expressão do art. 225, *caput*, da CF/1988); o local do dano (Lei n. 7.347/1985, art. 2º) coincide com o local do ato ou fato (CPC, art. 100, V, a) que o causou (derramamento de combustível e contaminação do solo estão ambos no mesmo município) e há, no referido município, tanto varas da Justiça estadual como varas federais instaladas e em pleno funcionamento. Todos esses aspectos conspiram contra a tese da recorrente de, pela aplicação do art. 2º da referida lei, levar a solução da demanda para o âmbito da Justiça estadual. **REsp 1.057.878-RS, Rel. Min. Herman Benjamin, julgado em 26/5/2009.** (Inform. STJ 396)

AÇÃO CIVIL PÚBLICA. DANO AMBIENTAL. LITISCONSÓRCIO FACULTATIVO.

A ação civil pública ou coletiva que objetiva a responsabilização por dano ambiental pode ser proposta contra o poluidor, pessoa física ou jurídica, de direito público ou privado, responsável direta ou indiretamente, por atividade causadora de degradação ambiental (art. 3º, IV, da Lei n. 6.898/1991), todos co-obrigados solidariamente à indenização, mediante litisconsórcio facultativo. A sua ausência não acarreta a nulidade do processo. Precedentes citados: REsp 604.725-PR, DJ 22/8/2005, e REsp 21.376-SP, DJ 15/4/1996. **REsp 884.150-MT, Rel. Min. Luiz Fux, julgado em 19/6/2008.** (Inform. STJ 360)

AÇÃO POPULAR. DESPEJO. ESGOTO. DANO. MEIO AMBIENTE.

A ação popular é o instrumento jurídico que qualquer cidadão pode utilizar para impugnar atos omissivos ou comissivos que possam causar dano ao meio ambiente. Assim, pode ser proposta para que o Estado promova condições para a melhoria da coleta de esgoto de uma penitenciária com a finalidade de que cesse o despejo de poluentes em um córrego, de modo a evitar dano ao meio ambiente. Se o juiz entender suficientes as provas trazidas aos autos, pode dispensar a prova pericial, mesmo que requerida pelas partes. Precedente citado: REsp 539.203-RS, DJ 29/8/2003. **REsp 889.766-SP, Rel. Min. Castro Meira, julgado em 4/10/2007.** (Inform. STJ 334)

13. DIREITO DA CRIANÇA E DO ADOLESCENTE

1. PRINCÍPIOS

EMENTA: CRIANÇAS E ADOLESCENTES VÍTIMAS DE ABUSO E/OU EXPLORAÇÃO SEXUAL. DEVER DE *PROTEÇÃO INTEGRAL* À INFÂNCIA E À JUVENTUDE. OBRIGAÇÃO CONSTITUCIONAL QUE SE IMPÕE AO PODER PÚBLICO. *PROGRAMA SENTINELA–PROJETO ACORDE*. INEXECUÇÃO, PELO MUNICÍPIO DE FLORIANÓPOLIS/SC, DE REFERIDO PROGRAMA DE AÇÃO SOCIAL CUJO ADIMPLEMENTO TRADUZ EXIGÊNCIA DE ORDEM CONSTITUCIONAL. CONFIGURAÇÃO, NO CASO, DE TÍPICA HIPÓTESE DE OMISSÃO INCONSTITUCIONAL IMPUTÁVEL AO MUNICÍPIO. DESRESPEITO À CONSTITUIÇÃO PROVOCADO POR INÉRCIA ESTATAL (RTJ 183/818-819). COMPORTAMENTO QUE TRANSGRIDE A AUTORIDADE DA LEI FUNDAMENTAL (RTJ 185/794-796). IMPOSSIBILIDADE DE INVOCAÇÃO, PELO PODER PÚBLICO, DA CLÁUSULA DA *RESERVA DO POSSÍVEL* SEMPRE QUE PUDER RESULTAR, DE SUA APLICAÇÃO, COMPROMETIMENTO DO NÚCLEO BÁSICO QUE QUALIFICA *O MÍNIMO EXISTENCIAL* (RTJ 200/191-197). CARÁTER COGENTE E VINCULANTE DAS NORMAS CONSTITUCIONAIS, INCLUSIVE DAQUELAS DE CONTEÚDO PROGRAMÁTICO, QUE VEICULAM DIRETRIZES DE POLÍTICAS PÚBLICAS. PLENA LEGITIMIDADE JURÍDICA DO CONTROLE DAS OMISSÕES ESTATAIS PELO PODER JUDICIÁRIO. A COLMATAÇÃO DE OMISSÕES INCONSTITUCIONAIS COMO NECESSIDADE INSTITUCIONAL FUNDADA EM COMPORTAMENTO AFIRMATIVO DOS JUÍZES E TRIBUNAIS E DE QUE RESULTA UMA POSITIVA CRIAÇÃO JURISPRUDENCIAL DO DIREITO. PRECEDENTES DO SUPREMO TRIBUNAL FEDERAL EM TEMA DE IMPLEMENTAÇÃO DE POLÍTICAS PÚBLICAS DELINEADAS NA CONSTITUIÇÃO DA REPÚBLICA (RTJ 174/687 - RTJ 175/1212-1213 - RTJ 199/1219-1220). RECURSO EXTRAORDINÁRIO DO MINISTÉRIO PÚBLICO ESTADUAL CONHECIDO E PROVIDO. **(RE 482611/SC, rel. Min. Celso de Mello)** (Inform. STF 581)

2. DIREITO À CONVIVÊNCIA FAMILIAR

DIREITO CIVIL. ADOÇÃO. CADASTRO DE ADOTANTES. ORDEM DE PREFERÊNCIA. OBSERVÂNCIA. EXCEÇÃO. MELHOR INTERESSE DO MENOR.

A observância, em processo de adoção, da ordem de preferência do cadastro de adotantes deverá ser excepcionada em prol do casal que, embora habilitado em data posterior à de outros adotantes, tenha exercido a guarda da criança pela maior parte da sua existência, ainda que a referida guarda tenha sido interrompida e posteriormente retomada pelo mesmo casal. O cadastro de adotantes preconizado pelo ECA visa à observância do interesse do menor, concedendo vantagens ao procedimento legal da adoção, uma comissão técnica multidisciplinar avalia previamente os pretensos adotantes, o que minimiza consideravelmente a possibilidade de eventual tráfico de crianças ou mesmo a adoção por intermédio de influências escusas, bem como propicia a igualdade de condições àqueles que pretendem adotar. Entretanto, sabe-se que não é absoluta a observância da ordem de preferência das pessoas cronologicamente cadastradas para adotar determinada criança. A regra legal deve ser excepcionada em prol do princípio do melhor interesse da criança, base de todo o sistema de proteção ao menor, evidente, por exemplo, diante da existência de vínculo afetivo entre a criança e o pretendente à adoção. Além disso, recorde-se que o art. 197-E, § 1º, do ECA afirma expressamente que a ordem cronológica das habilitações somente poderá deixar de ser observada pela autoridade judiciária nas hipóteses previstas no § 13 do art. 50 daquela lei, quando comprovado ser essa a melhor solução no interesse do adotando. Precedentes citados: REsp 1.172.067-MG, DJe 14/4/2010, e REsp 837.324-RS, DJ 31/10/2007. **REsp 1.347.228-SC, Rel. Min. Sidnei Beneti, julgado em 6/11/2012.(Inform. STJ 508)**

ADOÇÃO PÓSTUMA. FAMÍLIA ANAPARENTAL.

Para as adoções *post mortem*, vigem, como comprovação da inequívoca vontade do *de cujus* em adotar, as mesmas regras que comprovam a filiação socioafetiva, quais sejam, o tratamento do menor como se filho fosse e o conhecimento público dessa condição. Ademais, o § 6º do art. 42 do ECA (incluído pela Lei n. 12.010/2009) abriga a possibilidade de adoção póstuma na hipótese de óbito do adotante no curso do respectivo procedimento, com a constatação de que ele manifestou, em vida, de forma inequívoca, seu desejo de adotar. *In casu*, segundo as instâncias ordinárias, verificou-se a ocorrência de inequívoca manifestação de vontade de adotar, por força de laço socioafetivo preexistente entre adotante e adotando, construído desde quando o infante (portador de necessidade especial) tinha quatro anos de idade. Consignou-se, ademais, que, na chamada família anaparental – sem a presença de um ascendente –, quando constatados os vínculos subjetivos que remetem à família, merece o reconhecimento e igual *status* daqueles grupos familiares descritos no art. 42, § 2º, do ECA. Esses elementos subjetivos são extraídos da existência de laços afetivos – de quaisquer gêneros –, da congruência de interesses, do compartilhamento de ideias e ideais, da solidariedade psicológica, social e financeira e de outros fatores que, somados, demonstram o *animus* de viver como família e dão condições para se associar ao grupo assim construído a estabilidade reclamada pelo texto da lei. Dessa forma, os fins colimados pela norma são a existência de núcleo familiar estável e a consequente rede de proteção social que pode gerar para o adotando. Nesse tocante, o que informa e define um núcleo familiar estável são os elementos subjetivos, que podem ou não existir, independentemente do estado civil das partes. Sob esse prisma, ressaltou-se que o conceito de núcleo familiar estável não pode ficar restrito às fórmulas clássicas de família, mas pode, e deve, ser ampliado para abarcar a noção plena apreendida nas suas bases sociológicas. Na espécie, embora os adotantes fossem dois irmãos de sexos opostos, o fim expressamente assentado pelo texto legal – colocação do adotando em família estável – foi plenamente cumprido, pois os irmãos, que viveram sob o mesmo teto até o óbito de um deles, agiam como família que eram, tanto entre si como para o infante, e naquele grupo familiar o adotando se deparou com relações de afeto, construiu – nos limites de suas possibilidades – seus valores sociais, teve amparo nas horas de necessidade físicas e emocionais, encontrando naqueles que o adotaram a referência necessária para crescer, desenvolver-se e inserir-se no grupo social de que hoje faz parte. Dessarte, enfatizou-se que, se a lei tem como linha motivadora o princípio do melhor interesse do adotando, nada mais justo que a sua interpretação também se revista desse viés. **REsp 1.217.415-RS, Rel. Min. Nancy Andrighi, julgado em 19/6/2012.(Inform. STJ 500)**

ADOÇÃO. MELHOR INTERESSE. MENOR.

Cinge-se a questão em saber se uma vez abandonado pelo genitor, que se encontra em local incerto, é possível a adoção de menor com o consentimento de sua genitora, sem a prévia ação que objetiva a destituição do poder familiar do pai biológico. No caso, as instâncias ordinárias verificaram que a genitora casou-se com o adotante e concordou com a adoção, restando demonstrada a situação de abandono do menor adotando em relação ao genitor, que foi citado por edital. Diante desses fatos, desnecessária a prévia ação para destituição do pátrio poder paterno, uma vez que a adoção do menor, que desde tenra idade convive de maneira salutar e fraternal com o adotante há mais de dez anos, privilegiará o melhor interesse da criança. Precedentes citados: REsp 1.199.465-DF, DJe 21/6/2011; REsp 100.294-SP, DJ 19/11/2001, e SEC 259-EX, DJe 23/8/2010. REsp 1.207.185-MG, Rel. Min. Luis Felipe Salomão, julgado em 11/10/2011. (Inform. STJ 485)

ADOÇÃO. RETRATAÇÃO. ANUÊNCIA. GENITORA.

Trata-se da ação de adoção ajuizada pelos recorrentes que buscaram, em liminar, a guarda provisória da menor impúbere para sua posterior adoção. A criança é fruto de violência sexual presumida de padrasto (incesto), sendo que a mãe da infante era também menor impúbere quando deu a filha para adoção. Na primeira audiência, em 15/5/2003, a mãe biológica voluntariamente a entregou em adoção, com a anuência de seu genitor e representante legal; na ocasião, declarou que desejava entregá-la por não possuir condições socioeconômicas de criá-la e, a partir dessa audiência, os recorrentes passaram a deter a guarda provisória da menor. Houve relatório técnico favorável ao pedido de adoção, mas, como a adolescente afirmou ter consentido entregar a filha sob coação do seu pai, o MP requereu a anulação do processo de adoção e a designação de nova audiência. Em 28/8/2003, houve a retratação formal da mãe biológica e, em 19/11/2003, numa nova audiência com as partes e representantes legais, eles fizeram acordo para que a mãe biológica visitasse a filha. Então, novo relatório técnico sugeriu o indeferimento do pedido de adoção e um novo parecer do MP opinou pela procedência desse pedido, afirmando não haver prova cabal da coação alegada. Em 2007, o juiz julgou procedente o pedido de adoção da criança, contudo o TJ deu provimento à apelação interposta pela mãe biológica (ora recorrida), reconhecendo o vício de consentimento em relação à declaração inicial de que pretendia entregar sua filha para a adoção e afirmando, ainda, que o lapso temporal até então transcorrido não tinha o condão de elidir o direito da mãe biológica de criar sua filha. Anotou-se que os múltiplos mandados de busca e apreensão da menor, expedidos desde a publicação do acórdão recorrido, foram infrutíferos, pois a adotanda e os recorrentes não foram localizados nos endereços fornecidos nos autos. No REsp, busca-se definir se o constatado vício de consentimento da mãe biológica quanto à sua declaração de que pretendia entregar sua filha é elemento suficiente para determinar a improcedência do pedido de adoção formulado pelos recorrentes, que detêm a guarda da adotanda há quase nove anos. Para a Min. Relatora, embora reconheça as emoções que envolvem as questões de adoção, a constatação de vício no consentimento da mãe biológica, com relação à entrega de sua filha, não nulifica, por si só, a adoção já provisoriamente realizada, na qual é possível constatar a boa-fé dos adotantes. Observa que, entre os direitos materno-biológicos e os parentais-socioafetivos, deve ser assegurado primeiro o interesse da criança como elemento autorizador da adoção (arts. 6º e 43 do ECA), garantindo-se as condições básicas para o seu bem-estar e desenvolvimento sociopsicológico. Afirma não ignorar o sofrimento da mãe biológica da adotanda nem os direitos que lhe são inerentes, porém, a seu ver, nem aquele nem esses são esteio suficiente para fragmentar a única família de fato que a criança conhece, na qual convive desde a tenra idade; se ocorresse a separação, seria afastar a criança de suas únicas referências de amor, solidariedade, conforto e autoridade. Frisa que houve todo um ajuste pessoal da adotanda com os recorrentes, que, não obstante tenham três filhos comuns, dispuseram-se, já com certa idade, a assumir a condição de pais da criança, com a qual não nutrem laços consanguíneos. Por fim, entre outras considerações, registra que recolocar a adotanda na sua família biológica importaria a sofrida necessidade de uma readaptação de todos os valores e costumes construídos ao longo desses anos, além de que essa mudança se daria no conturbado período da pré-adolescência. Assim, entende, por todos esses motivos e peculiaridades do caso, que se deve manter íntegro o núcleo familiar dos recorrentes. Diante do exposto, a Turma deu provimento ao recurso para cassar o acórdão recorrido e restabelecer a sentença, concedendo aos recorrentes a adoção pleiteada. Precedente citado: REsp 100.294-SP, DJ 19/11/2001. REsp 1.199.465-DF, Rel. Min. Nancy Andrighi, julgado em 14/6/2011. (Inform. STJ 477)

GUARDA. AVÔ. CONSENTIMENTO. MÃE.

O avô materno, com o intuito de regularizar uma situação de fato, busca a guarda de seu neto, criança com quem convive há vários anos, desde o falecimento do pai do menor. Anote-se que a mãe também convive com eles e concorda com o pleito. Diante disso, aplica-se o entendimento de que, de forma excepcional (art. 33, § 1º, primeira parte, e § 2º desse mesmo artigo do ECA), é possível deferir guarda de infante aos avós que o mantêm e lhe proporcionam as melhores condições relativas à assistência material e afetiva, notadamente diante da existência de fortes laços de afeto e carinho entre eles e a criança, tal como comprovado, na espécie, por laudo elaborado pelo serviço social do TJ. Não se desconhece a censura dada por este Superior Tribunal à chamada guarda "previdenciária", que tem a exclusiva finalidade de proporcionar efeitos previdenciários. Contudo, esse, definitivamente, não é o caso dos autos, mostrando-se a questão previdenciária apenas como uma das implicações da guarda (art. 33, § 3º, do ECA). Por último, ressalte-se que a guarda concedida não é definitiva e não tem o efeito de imiscuir-se no poder familiar, sendo, portanto, plenamente reversível. Precedentes citados: REsp 97.069-MG, DJ 1º/9/1997; REsp 82.474-RJ, DJ 29/9/1997; REsp 993.458-MA, DJe 23/10/2008, e REsp 945.283-RN, DJe 28/9/2009. REsp 1.186.086-RO, Rel. Min. Massami Uyeda, julgado em 3/2/2011. (Inform. STJ 461)

MENORES. ADOÇÃO. UNIÃO HOMOAFETIVA.

Cuida-se da possibilidade de pessoa que mantém união homoafetiva adotar duas crianças (irmãos biológicos) já perfilhadas por sua companheira. É certo que o art. 1º da Lei n. 12.010/2009 e o art. 43 do ECA deixam claro que todas as crianças e adolescentes têm a garantia do direito à convivência familiar e que a adoção fundada em motivos legítimos pode ser deferida somente quando presentes reais vantagens a eles. Anote-se, então, ser imprescindível, na adoção, a prevalência dos interesses dos menores sobre quaisquer outros, até porque se discute o próprio direito de filiação, com consequências que se estendem por toda a vida. Decorre daí que, também no campo da adoção na união homoafetiva, a qual, como realidade fenomênica, o Judiciário não pode desprezar, há que se verificar qual a melhor solução a privilegiar a proteção aos direitos da criança. Frise-se inexistir aqui expressa previsão legal a permitir também a inclusão, como adotante, do nome da companheira de igual sexo nos registros de nascimento das crianças, o que já é aceito em vários países, tais como a Inglaterra, País de Gales, Países Baixos, e em algumas províncias da Espanha, lacuna que não se mostra como óbice à proteção proporcionada pelo Estado aos direitos dos infantes. Contudo, estudos científicos de respeitadas instituições (a Academia Americana de Pediatria e as universidades de Virgínia e Valência) apontam não haver qualquer inconveniente na adoção por companheiros em união homoafetiva, pois o que realmente importa é a qualidade do vínculo e do afeto presente no meio familiar que ligam as crianças a seus cuidadores. Na específica hipótese, há consistente relatório social lavrado por assistente social favorável à adoção e conclusivo da estabilidade da família, pois é incontroverso existirem fortes vínculos afetivos entre a requerente e as crianças. Assim, impõe-se deferir a adoção lastreada nos estudos científicos que afastam a possibilidade de prejuízo de qualquer natureza às crianças, visto que criadas com amor, quanto mais se verificado cuidar de situação fática consolidada, de dupla maternidade desde os nascimentos, e se ambas as companheiras são responsáveis pela criação e educação dos menores, a elas competindo, solidariamente, a responsabilidade. Mediante o deferimento da adoção, ficam consolidados os direitos relativos a alimentos, sucessão, convívio com a requerente em caso de separação ou falecimento da companheira e a inclusão dos menores em convênios de saúde, no ensino básico e superior, em razão da qualificação da requerente, professora universitária. Frise-se, por último, que, segundo estatística do CNJ, ao consultar-se o Cadastro Nacional de Adoção, poucos são os casos de perfiliação de dois irmãos biológicos, pois há preferência por adotar apenas uma criança. Assim, por qualquer ângulo que se analise a questão, chega-se à conclusão de que, na hipótese, a adoção proporciona mais do que vantagens aos menores (art. 43 do ECA) e seu indeferimento resultaria verdadeiro prejuízo a eles. **REsp 889.852-RS, Rel. Min. Luis Felipe Salomão, julgado em 27/4/2010**. (Inform. STJ 432)

GUARDA. MENOR. AVÓS. INTERESSE. CRIANÇA.

Cuida-se de guarda pleiteada pelos avós para regularização de situação de fato consolidada desde o nascimento do infante (16/1/1991), situação qualificada pela assistência material e afetiva prestada por eles, como se pais fossem. Assim, conforme delineado no acórdão recorrido, verifica-se uma convivência entre os autores e o menor perfeitamente apta a assegurar seu bem-estar físico e espiritual, não havendo, por outro lado, nenhum empecilho ao seu pleno desenvolvimento psicológico e social. Em tais casos, não se tratando de "guarda previdenciária", o Estatuto da Criança e do Adolescente deve ser aplicado, tendo em vista mais os princípios protetivos dos interesses da criança, notadamente porque o art. 33 está localizado em seção intitulada "Da Família Substituta" e, diante da expansão conceitual que hoje se opera sobre o termo "família", não se pode afirmar que, no caso, há, verdadeiramente, uma substituição familiar. O que deve balizar o conceito de "família" é, sobretudo, o princípio da afetividade, que fundamenta o direito de família na estabilidade das relações socioafetivas e na comunhão de vida, com primazia sobre as considerações de caráter patrimonial ou biológico. Isso posto, a Turma não conheceu do recurso do Ministério Público. Precedentes citados: REsp 469.914-RS, DJ 5/5/2003, e REsp 993.458-MA, DJe 23/20/2008. **REsp 945.283-RN, Rel. Min. Luis Felipe Salomão, julgado em 15/9/2009.** (Inform. STJ 407)

MENOR. GUARDA. AVÓ.

A questão em causa consiste em definir se há ou não o direito de a avó obter a regularização da situação de fato já existente e comprovada no processo, relativa à obtenção da guarda judicial de seu neto, com a peculiaridade de que os pais da criança com ela residem e manifestaram, nos autos, concordância com o deferimento do pedido. A Turma deu provimento ao recurso, ao entendimento de que, no interesse maior da criança, inclina-se para que o menor permaneça sob a guarda da avó, ora recorrente, de quem recebe afeto desde nascido e é fonte de seu sustento. Não há, nesse caso, nenhum indício de que o objetivo desta seria o de garantir o recebimento de benefício previdenciário para o menor, o que afasta a assertiva que obstaria o acolhimento do pleito em questão. Ressaltou-se que não remanesce dúvida, diante da descrição fática do processo dada pelo acórdão recorrido, de que a criança vive sob a guarda de fato da avó, que não é apenas a provedora material, pois mantém estreito laço afetivo com o neto. Há menção até mesmo de que a avó estaria fazendo o papel dos pais, visto a instabilidade financeira destes. Ressaltou-se, ainda, que o melhor interesse da criança deve ser a máxima a ser trilhada em processos desse jaez, e que resguardar a situação fática já existente, com o consentimento dos próprios pais no intuito de preservar o bem-estar do menor, de forma alguma atenta contra as diretrizes fixadas no Estatuto da Criança e do Adolescente (ECA), as quais são ditadas pela Constituição Federal. Ao contrário, coaduna-se perfeitamente com o disposto no art. 33, § 1º, do referido estatuto, de que a guarda destina-se a regularizar a posse de fato. Por fim, destacou-se que o deferimento da guarda não é definitivo, tampouco faz cessar o poder familiar, o que permite aos pais, futuramente, quando alcançarem estabilidade financeira, reverter a situação, se assim entenderem, na conformidade do art. 35 do ECA. **REsp 993.458-MA, Rel. Min. Nancy Andrighi, julgado em 7/10/2008.** (Inform. STJ 371)

ADOÇÃO PÓSTUMA. ÓBITO. ADOTANTE.

A Turma, prosseguindo o julgamento, decidiu que, falecendo o adotante antes de concluído o processo de adoção, com inequívoca manifestação de vontade de adotar, por força de laço de afetividade preexistente entre adotante e menor adotada, não há a violação dos arts. 28, § 2º, 42, § 5º, do ECA para impedir o reconhecimento da adoção póstuma. REsp 823.384-RJ, Rel. Min. Nancy Andrighi, julgado em 28/6/2007. (Inform. STJ 325)

ADOÇAO. DESTITUIÇÃO. PODER FAMILIAR.

Trata-se de adoção sem qualquer referência na petição inicial quanto à destituição do pátrio poder, fundada no fato de a mãe biológica ter entregue a criança um dia após o nascimento por falta de condições financeiras para sustentá-la e porque a adotanda, há mais de seis meses, está perfeitamente adaptada ao convívio dos autores, ora recorridos. A questão cinge-se em saber se, nas ações de adoção, é necessária a instauração de procedimento próprio para destituição do pátrio poder ou se, ao contrário, o pedido de destituição já estaria implícito, podendo o juiz deferi-lo incidentalmente, por ocasião da sentença. O Min. Relator, invocando precedente da Turma, destacou que o art. 45 do ECA elenca as situações em que a adoção pode ser deferida: mediante o consentimento dos pais ou representante legal do adotando; quando os pais forem desconhecidos, e, ainda, na hipótese de os pais terem sido destituídos do poder familiar. O próprio art. 24 desse estatuto afirma que a perda ou a suspensão do pátrio poder serão decretadas em procedimento contraditório, nos casos previstos na legislação civil, bem como na hipótese de descumprimento injustificado dos deveres e obrigações a que alude o art. 22. Assim, a perda ou suspensão do pátrio poder dependerá de decisão judicial, assegurado aos pais interessados valerem-se do princípio da ampla defesa, sem o qual não haveria o contraditório. Outrossim, o disposto no art. 156, III, do mesmo estatuto não comporta a existência de pedido implícito de destituição do pátrio poder só pelo fato de ter sido requerida a adoção, conseqüentemente a ausência desse pedido importa no indeferimento por inépcia da inicial. Com esses esclarecimentos, a Turma deu provimento ao recurso do MP estadual para julgar os autores carecedores do direito de ação por impossibilidade jurídica e processual do pedido, com a ressalva de que a situação da criança não será alterada, permanecendo ela na guarda dos recorridos. Precedente citado: REsp 283.092-SC, DJ 21/8/2006. REsp 476.382-SP, Rel. Min. Castro Filho, julgado em 8/3/2007. (Inform. STJ 312)

3. DIREITO À EDUCAÇÃO E À SAÚDE

EMENTA: **CRIANÇA** DE ATÉ CINCO ANOS DE IDADE. **ATENDIMENTO** EM CRECHE E EM PRÉ-ESCOLA. **SENTENÇA QUE OBRIGA** O MUNICÍPIO DE SÃO PAULO **A MATRICULAR** CRIANÇAS **EM UNIDADES** DE ENSINO INFANTIL **PRÓXIMAS** DE SUA RESIDÊNCIA **OU** DO ENDEREÇO DE TRABALHO DE SEUS RESPONSÁVEIS LEGAIS, SOB PENA DE MULTA DIÁRIA POR CRIANÇA NÃO ATENDIDA. **PLENA LEGITIMIDADE** DESSA DETERMINAÇÃO JUDICIAL. **INOCORRÊNCIA** DE TRANSGRESSÃO AO POSTULADO DA SEPARAÇÃO DE PODERES. OBRIGAÇÃO ESTATAL *DE RESPEITAR* OS DIREITOS DAS CRIANÇAS. **EDUCAÇÃO INFANTIL**. DIREITO **ASSEGURADO** PELO PRÓPRIO TEXTO CONSTITUCIONAL (CF, ART. 208, IV, NA REDAÇÃO DADA PELA EC Nº 53/2006). **COMPREENSÃO GLOBAL** DO DIREITO CONSTITUCIONAL À EDUCAÇÃO. **DEVER JURÍDICO** CUJA EXECUÇÃO SE IMPÕE AO PODER PÚBLICO, **NOTADAMENTE AO MUNICÍPIO** (**CF**, ART. 211, § 2º). **AGRAVO IMPROVIDO**.

- **A educação infantil** representa prerrogativa constitucional indisponível, que, **deferida** às crianças, **a estas assegura**, para efeito de seu desenvolvimento integral, **e como primeira etapa** do processo de educação básica, **o atendimento** em creche **e** o acesso à pré-escola (**CF**, art. 208, IV).
- **Essa prerrogativa jurídica**, em conseqüência, **impõe**, ao Estado, **por efeito** da alta significação social de que se reveste a educação infantil, **a obrigação constitucional** de criar condições objetivas **que possibilitem**, de maneira concreta, **em favor** das "crianças até 5 (cinco) anos de idade" (**CF**, art. 208, IV), **o efetivo** acesso **e** atendimento em creches e unidades de pré-escola, **sob pena de** configurar-se inaceitável omissão governamental, **apta a frustrar**, injustamente, **por inércia**, o integral adimplemento, pelo Poder Público, de prestação estatal que lhe impôs o próprio texto da Constituição Federal.
- **A educação infantil**, por qualificar-se como direito fundamental de toda criança, não se expõe, em seu processo de concretização, a avaliações meramente discricionárias da Administração Pública, nem se subordina a razões de puro pragmatismo governamental.
- **Os Municípios** – que atuarão, **prioritariamente**, no ensino fundamental **e na educação infantil** (CF, art. 211, § 2º) – **não poderão demitir-se do mandato constitucional**, juridicamente vinculante, que lhes foi outorgado pelo art. 208, IV, da Lei Fundamental da República, e que representa fator de limitação da discricionariedade político-administrativa dos entes municipais, cujas opções, tratando-se do atendimento das crianças em creche (CF, art. 208, IV), não podem ser exercidas *de modo a comprometer*, com apoio em juízo de simples conveniência ou de mera oportunidade, *a eficácia* desse direito básico de índole social.
- Embora inquestionável que resida, *primariamente*, nos Poderes Legislativo e Executivo, a prerrogativa de formular e executar políticas públicas, revela-se possível, no entanto, ao Poder Judiciário, *ainda que em bases excepcionais*, determinar, especialmente nas hipóteses de políticas públicas definidas pela própria Constituição, sejam estas implementadas, sempre que os órgãos estatais competentes, por descumprirem os encargos político-jurídicos que sobre eles incidem em caráter mandatório, vierem a comprometer, com a sua omissão, a eficácia e a integridade de direitos sociais e culturais impregnados de estatura constitucional. **A questão pertinente à** "***reserva do possível***". **Doutrina**. ARE 639337/SP. RELATOR: Min. Celso de Mello. DJ 29.06.11 (Inform. STF 632)

EMENTA: CRIANÇA DE ATÉ CINCO ANOS DE IDADE. ATENDIMENTO EM CRECHE E EM PRÉ-ESCOLA. EDUCAÇÃO INFANTIL. DIREITO ASSEGURADO PELO PRÓPRIO TEXTO CONSTITUCIONAL (CF, ART. 208, IV, NA REDAÇÃO DADA PELA EC Nº 53/2006). COMPREENSÃO GLOBAL DO DIREITO CONSTITUCIONAL À EDUCAÇÃO. DEVER JURÍDICO CUJA EXECUÇÃO SE IMPÕE AO PODER PÚBLICO, NOTADAMENTE AO MUNICÍPIO (CF, ART. 211, § 2º). AGRAVO IMPROVIDO.

- A educação infantil representa prerrogativa constitucional indisponível, que, deferida às crianças, a estas assegura, para efeito de seu desenvolvimento integral, e como primeira etapa do processo de educação básica, o atendimento em creche e o acesso à pré-escola (CF, art. 208, IV).
- Essa prerrogativa jurídica, em conseqüência, impõe, ao Estado, por efeito da alta significação social de que se reveste a educação infantil, a obrigação constitucional de criar condições objetivas que possibilitem, de maneira concreta, em favor das "*crianças até 5 (cinco) anos de idade*" (CF, art. 208, IV), o efetivo acesso e atendimento em creches e unidades de pré-escola, sob pena de configurar-se inaceitável omissão governamental, apta a frustrar, injustamente, por inércia, o integral adimplemento, pelo Poder Público, de prestação estatal que lhe impôs o próprio texto da Constituição Federal.

- A educação infantil, por qualificar-se como direito fundamental de toda criança, não se expõe, em seu processo de concretização, a avaliações meramente discricionárias da Administração Pública, nem se subordina a razões de puro pragmatismo governamental.
- Os Municípios – que atuarão, prioritariamente, no ensino fundamental e na educação infantil (CF, art. 211, § 2º) – não poderão demitir-se do mandato constitucional, juridicamente vinculante, que lhes foi outorgado pelo art. 208, IV, da Lei Fundamental da República, e que representa fator de limitação da discricionariedade político-administrativa dos entes municipais, cujas opções, tratando-se do atendimento das crianças em creche (CF, art. 208, IV), não podem ser exercidas de modo a comprometer, com apoio em juízo de simples conveniência ou de mera oportunidade, a eficácia desse direito básico de índole social.
- Embora inquestionável que resida, primariamente, nos Poderes Legislativo e Executivo, a prerrogativa de formular e executar políticas públicas, revela-se possível, no entanto, ao Poder Judiciário, ainda que em bases excepcionais, determinar, especialmente nas hipóteses de políticas públicas definidas pela própria Constituição, sejam estas implementadas, sempre que os órgãos estatais competentes, por descumprirem os encargos político-jurídicos que sobre eles incidem em caráter mandatório, vierem a comprometer, com a sua omissão, a eficácia e a integridade de direitos sociais e culturais impregnados de estatura constitucional. A questão pertinente à "*reserva do possível*". **Doutrina. (AI 677.274/SP, rel. Min. Celso de Mello, j. 18/09/08)** (Inform. STF 520)

MATRÍCULA. ESCOLA PÚBLICA. GEORREFERENCIAMENTO.
A Turma negou provimento ao recurso especial para manter a decisão do tribunal *a quo*, a qual afastou o critério de georreferenciamento e garantiu o direito de rematrícula da recorrida no estabelecimento público de ensino em que havia concluído o ano letivo. Segundo a Min. Relatora, a regra disposta no art. 53, V, do ECA, que garante à criança e ao adolescente o acesso à escola pública e gratuita próxima de sua residência, não constitui imposição, mas benefício. O referido dispositivo deve ser interpretado de acordo com as peculiaridades de cada caso, ponderando-se qual a solução mais favorável ao aluno: a proximidade da instituição ou a continuidade em escola mais distante, onde o menor, porém, já esteja ambientado. Ressalvou-se que tal concepção não tem o intuito de fazer que o estudante escolha livremente o local em que queira estudar, o que poderia inviabilizar a prestação do serviço. Pretende-se, de acordo com as circunstâncias da demanda ora em exame, buscar o entendimento que melhor se ajuste à real finalidade da lei, qual seja, facilitar o acesso à educação e, com isso, garantir o pleno desenvolvimento da criança. **REsp 1.194.905-PR, Rel. Min. Eliana Calmon, julgado em 17/8/2010**. (Inform. STJ 443)

MATRÍCULA. ESCOLA PÚBLICA.
Discute-se a interpretação dada ao art. 53, I e V, do ECA (Lei n. 8.069/1990), o qual assegura o direito de crianças e adolescentes estudarem em escola pública (gratuita) perto de sua residência. No caso dos autos, por conta do citado artigo, a secretaria de educação estadual impediu a matrícula dos menores na escola que já frequentavam. Ressalta a Min. Relatora que o art. 53, V, do ECA não constitui uma obrigação ou determinação, tal como entendeu o Estado-membro. Trata-se de um benefício; assim, essa regra não pode ser absoluta, o órgão público deve atentar para as peculiaridades de cada caso. Observa que a política de aproximação aluno/escola justifica-se em um país onde os menos favorecidos não têm sequer acesso a transporte satisfatório. Entretanto, às vezes, a manutenção do aluno na escola que frequentava mostra-se mais benéfica ao menor do que transferi-lo para escola pública próxima a sua residência somente em obediência à regra de aproximação disposta no ECA. Assevera que pensar de modo contrário seria não dar opções de escolha; por outro lado, também não pretende com esse entendimento deixar as escolhas por conta de cada aluno, o que poderia levar à inviabilidade da prestação do serviço pela impossibilidade de organização das escolas estaduais. Então, sempre se deve verificar o caso concreto com suas peculiaridades. Com esse entendimento, a Turma negou provimento ao recurso do Estado-membro. **REsp 1.175.445-PR, Rel. Min. Eliana Calmon, julgado em 4/3/2010**. (Inform. STJ 425)

DISPONIBILIZAÇÃO. VAGA. CRECHE.
Trata-se de ação civil pública ajuizada contra o município com o objetivo de assegurar às crianças de até três anos e onze meses o direito de frequentar creche mantida pela municipalidade. Inicialmente, o Min. Relator salientou não ter havido discordância quanto ao dever do município de assegurar o acesso das crianças em creches, tampouco se questiona a legitimidade do MP ou a inadequação da via eleita. O Min. Relator ateve-se à questão do ônus da prova da insuficiência orçamentária. Nos termos do art. 333 do CPC, cabe ao autor demonstrar a veracidade dos fatos constitutivos de seu direito (inciso I) e ao réu, invocar circunstância capaz de alterar ou eliminar as consequências jurídicas do fato aduzido pelo demandante (inciso II). Contudo, se porventura o réu apresenta defesa indireta na qual se sustenta fato impeditivo do direito da parte autora, a regra inverte-se; pois, ao aduzir fato impeditivo, o réu implicitamente admite como verídica a afirmação básica da petição inicial, que, posteriormente, veio a sofrer as consequências do evento superveniente levantado em contestação. Por conseguinte, as alegações trazidas pelo autor tornam-se incontroversas, dispensando, por isso, a respectiva prova (art. 334, II, do CPC). O direito de ingresso e permanência de crianças com até seis anos em creches e pré-escolas encontra respaldo no art. 208 da CF/1988. Por seu turno, a Lei de Diretrizes e Bases da Educação, em seu art. 11, V, bem como o ECA, em seu art. 54, IV, atribui ao ente público o dever de assegurar o atendimento de crianças de zero a seis anos de idade em creches e pré-escolas. Em se tratando de causa impeditiva do direito do autor, concernente à oferta de vagas para crianças com até três anos e onze meses em creches mantidas pela municipalidade, incumbe ao recorrente provar a suposta insuficiência orçamentária para tal finalidade, nos termos do art. 333, II, do CPC. Precedentes citados do STF: AgRg no RE 384.201-SP, DJe 3/8/2007; do STJ: REsp 575.280-SP, DJ 25/10/2004, e REsp 510.598-SP, DJ 13/2/2008. **REsp 474.361-SP, Rel. Min. Herman Benjamin, julgado em 4/6/2009.** (Inform. STJ 397)

MS. MENOR. DEFICIENTE FÍSICO. TRANSPORTE GRATUITO.
O Ministério Público estadual impetrou mandado de segurança para garantir a menor portador de síndrome de *down* e hipotiroidismo seu ingresso em programa de transporte municipal, especializado e gratuito, a fim de deslocar-se a centro de tratamento de reabilitação. As instâncias ordinárias constataram e reconheceram a deficiência física do menor, bem como a necessidade de locomoção para realizar-se o tratamento de saúde. Assim, está configurada a necessidade de ser atendida a pretensão à saúde do menor (direito legítimo e constitucionalmente garantido a todos, além de ser um dever do Estado). Diante do exposto, a Turma negou provimento ao recurso do município no qual sustentava que o menor não cumpriu todos os requisitos necessários à concessão do benefício. Precedentes citados: REsp 212.346-RS, DJ 4/2/2002; RMS 11.129-PR, DJ 18/2/2002, e REsp 325.337-RJ, DJ 3/9/2001. **REsp 937.310-SP, Rel. Min. Luiz Fux, julgado em 9/12/2008.** (Inform. STJ 380)

4. PREVENÇÃO

ECA: CLASSIFICAÇÃO INDICATIVA E LIBERDADE DE EXPRESSÃO - 1
O Plenário iniciou julgamento de ação direta de inconstitucionalidade ajuizada, pelo Partido Trabalhista Brasileiro - PTB, contra a expressão "em horário diverso do autorizado" contida no art. 254 do Estatuto da Criança e do Adolescente - ECA ("Transmitir, através de rádio ou televisão, espetáculo em horário diverso do autorizado ou sem aviso de sua classificação: Pena - multa de vinte a cem salários de referência; duplicada em caso de reincidência a autoridade judiciária poderá determinar a suspensão da programação da emissora por até dois dias"). O Min. Dias Toffoli, relator, acompanhado pelos Ministros Luiz Fux, Cármen Lúcia e Ayres Britto, julgou o pleito procedente, para declarar a inconstitucionalidade da mencionada expressão. Afirmou que tanto a liberdade de expressão nos meios de comunicação como a proteção da criança e do adolescente seriam axiomas de envergadura constitucional e que a própria Constituição teria delineado as regras de sopesamento entre esses valores. A respeito, rememorou o julgamento da ADPF 130/DF (DJe de 6.11.2009) por esta Corte, em que consignada a plenitude do exercício da liberdade de expressão como decorrência da dignidade da pessoa humana e como meio de reafirmação de outras liberdades constitucionais. Ademais, assentara-se, à época, a regulação estritamente constitucional do tema, a imunizar o direito de livre expressão contra tentativas de disciplina ou autorização prévias por parte de norma hierarquicamente inferior, a teor do art. 220 da CF. Asseverara-se, ainda, a existência de óbice constitucional ao controle prévio pelo Poder Público do conteúdo objeto de expressão sem, entretanto, retirar do emissor a responsabilidade por eventual desrespeito a direitos alheios, imputados à comunicação. ADI 2404/DF, rel. Min. Dias Toffoli, 30.11.2011. (ADI-2404)

ECA: CLASSIFICAÇÃO INDICATIVA E LIBERDADE DE EXPRESSÃO - 2
Reputou que o presente caso destacaria a liberdade de expressão na sua dimensão instrumental, ou seja, a forma como se daria a exteriorização da manifestação do pensamento. Nesse sentido, registrou que a

real consagração da liberdade de expressão, nos termos do art. 5º, IX, da CF, dependeria da liberdade de comunicação social, prevista no art. 220 da CF, de modo a garantir a livre circulação de idéias e de informações, a comunicação livre e pluralista, protegida da ingerência estatal. A respeito, anotou a liberdade de programação como uma das dimensões da liberdade de expressão em sentido amplo, essencial para construir e consolidar uma esfera de discurso público qualificada. Por outro lado, asseverou que a criança e o adolescente, pela posição de fragilidade em que se colocariam no corpo da sociedade, deveriam ser destinatários, tanto quanto possível, de normas e ações protetivas voltadas ao seu desenvolvimento pleno e à preservação contra situações potencialmente danosas a sua formação física, moral e mental. Nesse aspecto, sublinhou o art. 227 da CF ("É dever da família, da sociedade e do Estado assegurar à criança, ao adolescente e ao jovem, com absoluta prioridade, o direito à vida, à saúde, à alimentação, à educação, ao lazer, à profissionalização, à cultura, à dignidade, ao respeito, à liberdade e à convivência familiar e comunitária, além de colocá-los a salvo de toda forma de negligência, discriminação, exploração, violência, crueldade e opressão"). Frisou que o ECA concretizaria o valor de preservação insculpido na Constituição, ao estabelecer incentivos para que se alcançassem os objetivos almejados e ao fixar uma série de vedações às atividades a eles contrárias. ADI 2404/DF, rel. Min. Dias Toffoli, 30.11.2011. (ADI-2404)

ECA: CLASSIFICAÇÃO INDICATIVA E LIBERDADE DE EXPRESSÃO - 3

De modo a compatibilizar a defesa da criança e do adolescente contra a exposição a conteúdos inapropriados veiculados em diversões públicas e programas de rádio e de televisão, de um lado, e a garantia constitucional da liberdade de expressão, de outro, lembrou o art. 21, XVI, da CF ("Art. 21. Compete à União: ... XVI - exercer a classificação, para efeito indicativo, de diversões públicas e de programas de rádio e televisão"), bem como o art. 220, § 3º, I e II, do mesmo diploma ("Art. 220. A manifestação do pensamento, a criação, a expressão e a informação, sob qualquer forma, processo ou veículo não sofrerão qualquer restrição, observado o disposto nesta Constituição ... § 3º - Compete à lei federal: I - regular as diversões e espetáculos públicos, cabendo ao Poder Público informar sobre a natureza deles, as faixas etárias a que não se recomendem, locais e horários em que sua apresentação se mostre inadequada; II - estabelecer os meios legais que garantam à pessoa e à família a possibilidade de se defenderem de programas ou programações de rádio e televisão que contrariem o disposto no art. 221, bem como da propaganda de produtos, práticas e serviços que possam ser nocivos à saúde e ao meio ambiente"). Concluiu que a Constituição teria estabelecido mecanismo apto a oferecer aos telespectadores das diversões públicas e de programas de rádio e televisão as indicações, as informações e as recomendações necessárias acerca do conteúdo veiculado. O sistema de classificação indicativa seria, então, ponto de equilíbrio tênue adotado pela Constituição para compatibilizar os dois postulados, a fim de velar pela integridade das crianças e dos adolescentes sem deixar de lado a preocupação com a garantia da liberdade de expressão. ADI 2404/DF, rel. Min. Dias Toffoli, 30.11.2011. (ADI-2404)

ECA: CLASSIFICAÇÃO INDICATIVA E LIBERDADE DE EXPRESSÃO - 4

Destacou que a Constituição buscaria, em ultima ratio, conferir aos pais, como reflexo do exercício do poder familiar, o papel de supervisão efetiva sobre o conteúdo acessível aos filhos, enquanto não plenamente aptos a conviver com os influxos prejudiciais do meio social. Dessumiu que seriam muitos os fatores a pluralizar as concepções morais e comportamentais das famílias, fossem eles religiosos, econômicos, sociais ou culturais. Ressurtiu, porém, que teria sido resguardado o direito dos dirigentes da entidade familiar ao seu livre planejamento, respeitados os postulados da dignidade da pessoa humana e da paternidade responsável (CF, art. 226, § 7º). Dessa forma, a classificação dos produtos audiovisuais buscaria esclarecer, informar, indicar aos pais a existência de conteúdo inadequado para seus filhos. A classificação, desenvolvida pela União, possibilitaria que os pais, calcados na autoridade do poder familiar, decidissem se a criança ou o adolescente poderia ou não assistir a determinada programação. Não teria, assim, caráter impositivo. Citou a regulação do tema estabelecida pelo ECA (artigos 74 a 77) e a sanção administrativa para a hipótese de descumprimento da classificação efetuada pelo Poder Público, no mesmo diploma (art. 254). ADI 2404/DF, rel. Min. Dias Toffoli, 30.11.2011. (ADI-2404)

ECA: CLASSIFICAÇÃO INDICATIVA E LIBERDADE DE EXPRESSÃO - 5

Quanto à classificação indicativa, aludiu ser efetuada por órgão do Ministério de Estado da Justiça, o Departamento de Justiça, Classificação, Títulos e Qualificação, ao qual teria sido delegada a competência de monitorar programas de televisão e recomendar as faixas etárias e os seus horários (Decreto 6.061/2007, art. 10, III). Ademais, segundo o art. 3º da Lei 10.359/2001, a atividade de classificação indicativa seria exercida com a participação das entidades representativas das emissoras. Destacou que, atualmente, o procedimento administrativo de classificação seria regulamentado pela Portaria 1.220/2007, daquele Ministério. Demonstrou que, inclusive sob a óptica da regulamentação infralegal, a classificação seria dirigida aos pais ou responsáveis, e não às emissoras de radiodifusão. Anotou que, de acordo com a referida portaria, o procedimento adotado para a classificação seria o seguinte: o titular ou o representante legal da obra audiovisual apresentaria requerimento ao órgão ministerial responsável, com descrição fundamentada sobre o conteúdo e o tema do programa que se pretenderia veicular, abrangendo, ainda, a "autoclassificação" pretendida. O pedido de classificação ficaria, então, submetido a análise, podendo haver reclassificação, passível de recurso. Os programas jornalísticos ou noticiosos, esportivos, eleitorais e obras publicitárias em geral não estariam sujeitos à classificação indicativa. Já os programas exibidos ao vivo submeter-se-iam a atividade de monitoramento, podendo ser classificados quando constatada a presença reiterada de inadequações. A portaria disporia, também, sobre a classificação dos programas televisivos conforme as faixas etárias para as quais não se recomendariam e os horários em que sua apresentação se mostraria inadequada. ADI 2404/DF, rel. Min. Dias Toffoli, 30.11.2011. (ADI-2404)

ECA: CLASSIFICAÇÃO INDICATIVA E LIBERDADE DE EXPRESSÃO - 6

Acentuou que o sistema configuraria classificação eminentemente estatal, de regulação exclusivamente pública. Caberia, portanto, ao Estado estabelecer as normas e critérios gerais a serem seguidos na classificação, como também exercer a atividade classificatória, monitorar e fiscalizar o cumprimento das regras estabelecidas. Nesse contexto, considerado o passado não muito distante de censura institucionalizada no país, asseverou que, a fim de se evitar esse tipo de intervenção estatal, adotar-se-ia, no direito comparado, a sistemática de classificação indicativa calcada na auto-regulação e no autocontrole pelas próprias emissoras ou mediante co-regulação, a qual combinaria auto-regulação e regulação pública. Exemplificou experiências que ocorreriam nos EUA, Canadá, Espanha e Portugal. Anotou que o modelo de classificação eminentemente estatal, como ocorreria no Brasil, distanciar-se-ia das tendências dos marcos regulatórios de muitas democracias ocidentais, e que os outros modelos explicitados estimulariam as emissoras de radiodifusão a se envolverem de forma mais responsável na proteção do público infanto-juvenil, em face da sua programação, para apresentar e tornar públicas suas posições — o que seria monitorado pela sociedade e pelos próprios telespectadores — de forma que o Estado ofereceria apenas os parâmetros gerais de classificação e incentivaria a auto-regulamentação, por intermédio de órgãos, que somente atuariam nas situações de falhas ou abusos no sistema. ADI 2404/DF, rel. Min. Dias Toffoli, 30.11.2011. (ADI-2404)

ECA: CLASSIFICAÇÃO INDICATIVA E LIBERDADE DE EXPRESSÃO - 7

Pontuou que a competência da União para exercer a classificação indicativa somente se legitimaria por expressa disposição constitucional, e que essa incumbência não se confundiria com autorização, sequer poderia servir de anteparo para que se aplicassem sanções de natureza administrativa. Assim, o uso do verbo "autorizar", contido na expressão impugnada, revelaria sua ilegitimidade. Entendeu que a submissão de programa ao Ministério de Estado da Justiça não consistiria em condição para que pudesse ser exibido, pois não se trataria de licença ou de autorização estatal, vedadas pela Constituição. A submissão ocorreria, exclusivamente, com o fito de que a União exercesse sua competência administrativa para classificar, a título indicativo, as diversões públicas e os programas de rádio e televisão (CF, art. 21, XVI). Assim, o Estado não poderia determinar que a exibição da programação somente se desse em horários determinados, o que caracterizaria imposição, e não recomendação. Inexistiria dúvida de que a expressão questionada teria convertido a classificação indicativa em obrigatória, portanto. No compasso, recordou que os debates ocorridos durante a Assembléia Nacional Constituinte teriam ressaltado a importância da expressão "para efeito indicativo", contida no art. 21, XVI, da CF e que o diploma constitucional utilizaria o termo "indicativo" também ao tratar da ordem econômica (art. 174, caput). Enfatizou que o referido vocábulo seria utilizado no sentido de "facultativo, não obrigatório". ADI 2404/DF, rel. Min. Dias Toffoli, 30.11.2011. (ADI-2404)

ECA: CLASSIFICAÇÃO INDICATIVA E LIBERDADE DE EXPRESSÃO - 8

Aduziu que a Constituição conferira à União e ao legislador federal margem limitada de atuação no campo da classificação dos espetáculos e diversões públicas. A autorização constitucional seria para que aquele ente federativo classificasse, informasse, indicasse as faixas etárias e/ou horários não recomendados, e não que proibisse, vedasse ou censurasse. A classificação indicativa deveria, pois, ser entendida como aviso aos usuários acerca do conteúdo da programação, jamais como obrigação às emissoras de exibição em horários específicos, mormente sob pena de sanção administrativa. A respeito, concluiu que o dispositivo adversado, ao estabelecer punição às empresas do ramo por exibirem programa em horário diverso do autorizado, incorreria em abuso constitucional. Por outro lado, reputou que, embora a norma discutida não impedisse a veiculação de idéias, não impusesse cortes em obras audiovisuais, mas tão-somente exigisse que as emissoras veiculassem seus programas em horário adequado ao público--alvo, implicaria censura prévia, acompanhada de elemento repressor, de punição. Esse caráter não se harmonizaria com os artigos 5º, IX; 21, XVI; e 220, § 3º, I, todos da CF. Salientou não se poder pressupor que as emissoras, na escolha de sua programação, seriam, a priori, nocivas à população infanto-juvenil, a merecer tutela estatal. Ademais, afastou a idéia paternalista de que se justificaria a proibição diante da dificuldade de se ter a presença dos pais ao lado dos filhos, porquanto o Estado não deveria atuar como protagonista na escolha do que deveria ou não ser exibido em determinado horário. No ponto, dessumiu que os agentes administrativos seriam tão falíveis quanto as emissoras ao realizar a classificação indicativa. Ressurtiu que o Poder Público não deveria substituir os pais ao regular o conteúdo a que os filhos tivessem acesso, mas deveria dotar a sociedade de meios eficazes para o exercício desse controle de qualidade. Frisou que permaneceria o dever de as emissoras mostrarem ao público o aviso de classificação etária, de forma antecedente e concomitante com a veiculação do conteúdo (ECA, art. 76, parágrafo único). ADI 2404/DF, rel. Min. Dias Toffoli, 30.11.2011. (ADI-2404)

ECA: CLASSIFICAÇÃO INDICATIVA E LIBERDADE DE EXPRESSÃO - 9

Esclareceu que a exibição do aviso de classificação indicativa teria efeito pedagógico, a exigir reflexão por parte do espectador e dos responsáveis. Seria dever estatal, nesse ponto, conferir maior publicidade aos avisos de classificação, bem como desenvolver programas educativos acerca desse sistema. Lembrou que o controle parental poderia ser feito, inclusive, com o auxílio de meios eletrônicos de seleção e de restrição de acesso a determinados programas, como já feito em outros países. Evidenciou que a tecnologia seria de uso obrigatório no Brasil, apesar de ainda não adotada (Lei 10.359/2001). Destacou que a classificação indicativa desencadearia importante efeito auto-regulador por parte das próprias emissoras, pois sujeitas às susceptibilidades dos espectadores. Considerou, ademais, que seria sempre possível a responsabilização judicial das emissoras de radiodifusão por abusos ou danos à integridade de crianças e adolescentes, tendo em conta, inclusive, a recomendação do Ministério de Estado da Justiça em relação aos horários em que determinada programação seria adequada. Nesse aspecto, a liberdade de expressão exigiria igualmente responsabilidade no seu exercício. As emissoras deveriam observar na sua programação as cautelas necessárias às peculiaridades do público infanto-juvenil. Elas deveriam, não obstante, proceder ao enquadramento horário de sua programação, e não o Estado. Por fim, rejeitou o pedido de declaração de inconstitucionalidade, por arrastamento, da expressão "a autoridade judiciária poderá determinar a suspensão da programação da emissora por até dois dias", constante do parágrafo único do art. 254 do ECA e o de inconstitucionalidade parcial, sem redução de texto, do art. 76 do mesmo diploma. Ambas as pretensões teriam sido formuladas pela Associação Brasileira de Emissoras de Rádio e Televisão - Abert, na qualidade de amica curiae. A citada expressão também se aplicaria à conduta referida no caput do art. 254, a qual não teria sido objeto da presente ação direta. No tocante ao art. 76 do ECA, entendeu possuir vida própria, a afastar o fenômeno da inconstitucionalidade por arrastamento. ADI 2404/DF, rel. Min. Dias Toffoli, 30.11.2011. (ADI-2404)

ECA: CLASSIFICAÇÃO INDICATIVA E LIBERDADE DE EXPRESSÃO - 10

O Min. Luiz Fux acrescentou que a Constituição encontraria uma de suas expressões mais caras na preservação de uma imprensa livre e independente, que pudesse dar voz com desenvoltura às diversas manifestações populares, mesmo diante da atuação do Poder Público. Assinalou que seria claro o risco subjacente a qualquer forma de controle prévio pelo Poder Executivo do conteúdo a ser veiculado nos meios de comunicação, no sentido de ensejar abusos e arbitrariedades pelo corpo da burocracia administrativa, suscetível à influência das maiorias políticas ocasionais. Relatou situações pretéritas de manipulação e de inibição da imprensa em ditaduras latino-americanas, a ressaltar o caráter exclusivamente indicativo da atividade de classificação do conteúdo dos programas. Ponderou acerca da disciplina constitucional pormenorizada do tema, nos artigos 220 a 224 da CF, e da tônica pelo caráter indicativo da classificação estatal, a enfatizar o papel da própria pessoa e da família na tutela frente aos efeitos nocivos da infringência aos valores protegidos constitucionalmente. Realçou a confiança que o constituinte depositara no poder familiar, a quem caberia o zelo, em primeiro lugar, pela formação psicológica adequada da criança (CF, art. 227, caput). A classificação indicativa permitiria, portanto, que o Estado aconselhasse, sem tomar para si a função de oráculo moral da sociedade. Nesse sentido, a lógica que perpassaria o regime de liberdade de imprensa basear-se-ia, simultaneamente, na desconfiança quanto ao Poder Público e na confiança da atuação dos próprios agentes que atuariam no chamado "livre mercado de idéias". Referiu que, ao longo da história brasileira, os veículos de comunicação não demonstrariam descompromisso quanto aos valores sociais, a reforçar o papel da auto-regulação. Ressalvou a necessidade de serem impostos balizamentos no que concerne a essa regulação própria, em harmonia com o art. 221, IV, da CF. Resguardou, por derradeiro, ampla possibilidade de acesso ao Poder Judiciário para tutelar direitos eventualmente contrapostos à liberdade de imprensa. ADI 2404/DF, rel. Min. Dias Toffoli, 30.11.2011. (ADI-2404)

ECA: CLASSIFICAÇÃO INDICATIVA E LIBERDADE DE EXPRESSÃO - 11

A Min. Cármen Lúcia discorreu sobre as dificuldades de se consolidar a liberdade de expressão, mesmo em plena democracia, e que a questão seria de ameaça a esse valor. Dessa maneira, a censura não seria meio legal de garantia de defesa contra programações indesejadas, já que sequer se conheceria o conteúdo que não teria ido ao ar por impedimento prévio. Ressaiu que a internet exporia crianças e adolescentes a programas de toda sorte e que o Estado buscaria vedar o acesso ao que poderia ser verificado, sob ameaça de certas medidas punitivas, o que contrariaria a Constituição. O Min. Ayres Britto versou que esse diploma teria autorizado o Poder Público a emitir juízo negativo do que não fosse adequado, segundo critério discricionário. Isso não implicaria, entretanto, passar a dizer o que a emissora poderia fazer ou não. Inferiu que, no tocante aos valores éticos e sociais da pessoa e da família, o discurso constitucional seria totalmente aberto, de modo que a censura de conteúdo seria proibida, pois plena a liberdade de imprensa. Enumerou os conteúdos desse postulado, que seriam a liberdade de manifestação do pensamento, a de expressão e a de informação. Aduziu que a proteção constitucional à família seria no sentido de autotutela, e que o papel do Estado consistiria em mera classificação indicativa. Após, pediu vista o Min. Joaquim Barbosa. ADI 2404/DF, rel. Min. Dias Toffoli, 30.11.2011. (ADI-2404) (Inform. STF 650)

ECA. CLASSIFICAÇÃO INDICATIVA. ACESSO. ESPETÁCULO. DANO MORAL.

Trata-se de recurso especial no qual os autores pedem condenação por dano moral decorrente da negativa de acesso a espetáculo teatral – com base na classificação indicativa – à criança acompanhada pelos pais. A Min. Relatora registrou que a Portaria n. 796/2000 do Ministério da Justiça – que regulamentava, à época dos fatos, o art. 74 do ECA – tratava o tema de forma genérica e vaga, não contendo qualquer exceção ao que estava ali disposto. Somente com a Portaria n. 1.100/2006 daquele ministério esclareceu-se a questão, ao permitir que os pais autorizassem o acesso dos filhos a qualquer espetáculo, desde que não classificado para maiores de 18 anos. A Min. Relatora consignou, ainda, que a gravidade da sanção administrativa prevista no art. 258 do ECA reforçaria a ideia de que a classificação indicativa é impositiva. Dessa forma, a Turma entendeu que não configurou dano moral o erro escusável da sociedade empresária ao impedir a entrada do menor acompanhado pelos seus pais à peça de teatro, em observância à classificação indicativa. REsp 1.209.792-RJ, Rel. Min. Nancy Andrighi, julgado em 8/11/2011. (Inform. STJ 487)

TRANSMISSÃO. TV. HORÁRIO. VERÃO.

A Seção concedeu a ordem a fim de o Poder Público, por meio do Ministério da Justiça, em caráter permanente, exigir que as emissoras de rádio e televisão observem, na programação, a classificação indicativa por faixa etária, mesmo durante o horário de verão, em cumprimento à Portaria n. 1.220/2007. A *priori*, o MS foi impetrado pelo Ministério Público Federal (subprocurador-geral da República) contra ato do ministro da Justiça, que, no Aviso n. 1.616/GM-MT/2008, deu ciência ao impetrante da suspensão parcial, durante o período de horário de verão, do cumprimento da Portaria n. 1.220/2007 – que regulamenta as disposições dos arts. 74 e 76 do ECA, ou seja, permitiu que fosse transmitida programação de televisão sem observância de classificação indicativa por faixa etária, por causa do fuso horário diferenciado nos estados durante o horário de verão. No caso, atendeu pedido da litisconsorte passiva – Associação Brasileira de Emissoras de Rádio e Televisão (Abert). O impetrante, após emendar a inicial, questiona, unicamente, durante o horário de verão, a suspensão parcial do art. 19 da Portaria n. 1.220/2007 sustentando sua ilegalidade. Para o Min. Relator, não há qualquer vício formal ou processual no *mandamus*. A emenda da inicial foi motivada pela perda do objeto devido ao encerramento do horário de verão, mas, ao modificar o pedido, o MPF deu-lhe caráter preventivo com o objetivo de inibir decisão semelhante no próximo horário de verão. Explica que, nessas circunstâncias, o fundamento não é mais o ato praticado, mas a iminência de, próximo horário de verão, haver prática de ato semelhante, tido por ilegítimo. Ademais, destaca que a emenda da inicial foi submetida ao crivo do impetrado e de sua litisconsorte. No mérito, o Min. Relator reconheceu a inteira procedência do pedido por ser inquestionável a legitimidade e a força obrigatória do art. 19 da citada portaria mesmo durante o período de verão, em cumprimento ao art. 76 do ECA. Observa que a aplicação do art. 19 deve ser adaptada ao horário de verão nos estados abrangidos por esse horário (que, em termos práticos, seria retardar em uma hora a programação televisiva nesses estados). Ressalta, ainda, que, no aviso assinado pelo ministro da Justiça e nos argumentos apresentados pela Abert, deu-se prevalência aos interesses econômicos em detrimento dos interesses da tutela das crianças e dos adolescentes, quando, no nosso sistema constitucional, a prioridade é a proteção da infância e da adolescência, que prevalece sobre outros valores constitucionais como o da liberdade de expressão. Os preceitos constitucionais (arts. 21, XVI, 200, 221 e 227), apesar de não estarem em causa, autorizam restrições quanto à vinculação de programas audiovisuais por classificação indicativa de horário e faixa etária, em conformidade com o art. 76 do ECA. Bem como os compromissos assumidos pelo país, entre eles a convenção internacional dos direitos da criança. **MS 14.041-DF, Rel. Min. Teori Albino Zavascki, julgado em 9/9/2009.** (Inform. STJ 406)

5. POLÍTICA E ENTIDADES DE ATENDIMENTO

ACP. ABRIGO. CRIANÇAS E ADOLESCENTES.

O Ministério Público estadual ajuizou ação civil pública (ACP), objetivando compelir o município a promover a criação, instalação e manutenção de abrigo para crianças e adolescentes que necessitarem do serviço, de preferência em entidade mantida com o poder público municipal, bem como implementar a política de atendimento nos termos do art. 87, III, do Estatuto da Criança e do Adolescente (ECA). O juiz singular julgou procedente o pedido, condenando a fornecer, diretamente (em imóvel próprio ou alugado) ou mediante convênio com outra entidade, local apropriado para abrigo de crianças e adolescentes em situação de risco. O TJ deu provimento à remessa oficial, julgando prejudicado o apelo voluntário da municipalidade. Para o Min. Relator, o Tribunal *a quo* não emitiu juízo de valor acerca do disposto nos arts. 87, III, 101, VIII, e 208, VI, da Lei n. 8.069/1990, malgrado o recorrente tenha aviado embargos de declaração com o fim de vê-los examinados. A análise de eventual omissão, com a possibilidade de determinar o retorno dos autos à origem, só seria possível se houvesse fundamentação suficiente quanto à ofensa ao art. 535, II, do CPC, hipótese inexistente no caso. Some-se a isso o fato de que o acórdão impugnado, com base no princípio constitucional da separação dos poderes, consignou ser vedado ao Poder Judiciário interferir na formulação das políticas públicas, que constituam matéria sob reserva do governo. Diante disso, a Turma não conheceu do recurso. **REsp 1.140.992-MG, Rel. Min. Castro Meira, julgado em 10/11/2009.** (Inform. STJ 415)

6. MEDIDAS SÓCIO-EDUCATIVAS E ATO INFRACIONAL – DIREITO MATERIAL

PRINCÍPIO DA INSIGNIFICÂNCIA E ATO INFRACIONAL

Ante a incidência do princípio da insignificância, a 2ª Turma, por maioria, concedeu *habeas corpus* para trancar ação movida contra menor representado pela prática de ato infracional análogo ao crime de furto simples tentado (niqueleira contendo cerca de R$ 80,00). De início, esclareceu-se que o paciente, conforme depreender-se-ia dos autos, seria usuário de drogas e possuiria antecedentes pelo cometimento de outros atos infracionais. Em seguida, destacou-se a ausência de efetividade das medidas socioeducativas anteriormente impostas. Rememorou-se entendimento da Turma segundo o qual as medidas previstas no ECA teriam caráter educativo, preventivo e protetor, não podendo o Estado ficar impedido de aplicá-las (HC 98381/RS, DJe de 20.11.2009). Resolveu-se, no entanto, que incidiria o princípio da bagatela à espécie. Asseverou-se não ser razoável que o direito penal e todo o aparelho do Estado-polícia e do Estado-juiz movimentassem-se no sentido de atribuir relevância típica a furto tentado de pequena monta quando as circunstâncias do delito dessem conta de sua singeleza e miudez. Vencido o Min. Ricardo Lewandowski que, em face das peculiaridades do caso concreto, denegava a ordem. HC 112400/RS, rel. Min. Gilmar Mendes, 22.5.2012. **(HC-112400) (Inform. STF 667)**

PRESCRIÇÃO E ATO INFRACIONAL

O prazo de prescrição penal será reduzido à metade quando o autor do comportamento delituoso ou do ato infracional, ao tempo do fato, for menor de 21 anos de idade (CP, art. 115). Essa a conclusão da 2ª Turma ao conceder habeas corpus, de ofício, para reconhecer consumada a prescrição da pretensão punitiva do Estado (CP, art. 109, III, c/c o art. 115) e declarar extinta a punibilidade do paciente pela suposta prática de ato infracional equiparado ao crime de ameaça (CP, art. 147). No caso, salientou-se que o tribunal estadual divergira da orientação ora firmada, ao entender que o referido art. 115 do CP não se aplicaria a menor inimputável. HC 107200/RS, rel. Min. Celso de Mello, 28.6.2011. (HC-107200) (Inform. STF 633)

MEDIDA SÓCIO-EDUCATIVA: ADVENTO DA MAIORIDADE E CONVÍVIO FAMILIAR

Por reputar indevida a imposição de bom comportamento como condição para as atividades externas e para as visitas à família, a Turma deferiu, em parte, habeas corpus para permitir a paciente inserido no regime de semiliberdade a realização daquelas benesses, sem a imposição de qualquer condicionamento pelo Juízo da Vara da Infância e Juventude. Salientou-se que o Estado deve assegurar à criança e ao adolescente o direito à convivência familiar (CF, art. 227, caput) e que o Estatuto da Criança e do Adolescente - ECA tem por objetivo a proteção integral do menor, garantindo sua participação na vida familiar e comunitária. Consignou-se, ainda, que o art. 120 do ECA permite a realização de atividades externas, independentemente de autorização judicial, bem como que as restrições a direitos de adolescentes só devem ser aplicadas em casos extremos em decisões fundamentadas. De outro lado, rejeitou-se o pedido de extinção da medida sócio-educativa aplicada ao paciente que, durante seu cumprimento, atingira a maioridade penal. Asseverou-se que a projeção da medida sócio-educativa de semiliberdade para além dos 18 anos decorreria da remissão às disposições legais atinentes à internação. Ademais, aduziu-se que o ECA não determina, em nenhum dos seus preceitos, o fim da referida medida quando o adolescente completar 18 anos de idade. **HC 98518/RJ, rel. Min. Eros Grau, 25.5.2010.** (HC-98518) (Inform. STF 588)

PRINCÍPIO DA INSIGNIFICÂNCIA E APLICAÇÃO EM ATO INFRACIONAL - 1

Em face da peculiaridade do caso, a Turma indeferiu *habeas corpus* no qual se pleiteava a aplicação do princípio da insignificância a menor acusado pela prática de ato infracional equiparado ao delito tipificado no art. 155, § 4º, IV, do CP, consistente na subtração de uma ovelha no valor de R$ 90,00 (noventa reais). Na espécie, magistrada de primeira instância rejeitara a inicial da representação com base no citado princípio, tendo tal decisão, entretanto, sido cassada pelo tribunal local e mantida pelo STJ. Sustentava a impetração que a lesão econômica sofrida pela vítima seria insignificante, tomando-se por base o patrimônio desta, além de ressaltar que não houvera ameaça ou violência contra a pessoa. **HC 98381/RS, rel. Min. Ricardo Lewandowski, 20.10.2009.** (HC-98381)

PRINCÍPIO DA INSIGNIFICÂNCIA E APLICAÇÃO EM ATO INFRACIONAL - 2

Preliminarmente, observou-se que esta Turma já reconhecera a possibilidade de incidência do princípio da insignificância em se tratando de ato praticado por menor (HC 96520/RS, DJE de 24.4.2009). Na presente situação, assinalou-se que não se encontraria maior dificuldade em considerar satisfeitos os requisitos necessários à configuração do delito de bagatela, quais sejam, conduta minimamente ofensiva, ausência de periculosidade do agente, reduzido grau de reprovabilidade do comportamento e lesão jurídica inexpressiva. Mencionou-se, por outro lado, que o adolescente registraria antecedentes pela prática de outros atos infracionais, tendo sofrido medida sócio-educativa, além de ser usuário de substâncias entorpecentes. Tendo em conta o caráter educativo, protetor das medidas previstas no Estatuto da Criança e do Adolescente - ECA, asseverou-se que não pareceria desarrazoado o que fora decidido pela Corte de origem, ou seja, a aplicação de medida consistente na liberdade assistida, pelo prazo de seis meses — mínimo previsto pelo art. 188 do ECA —, além de sua inclusão em programa oficial ou comunitário de combate à dependência química **(ECA, art. 101, VI). HC 98381/RS, rel. Min. Ricardo Lewandowski, 20.10.2009. (HC-98381)** (Inform. STF 564)

MEDIDA SÓCIO-EDUCATIVA E ADVENTO DA MAIORIDADE

A Turma reafirmou jurisprudência da Corte no sentido de que o atingimento da maioridade não impede o cumprimento de medida sócio-educativa de semiliberdade e indeferiu *habeas corpus* em que se pleiteava a extinção dessa medida aplicada ao paciente que, durante o seu curso, atingira a maioridade penal. Sustentava a impetração constrangimento ilegal, dado que, como o paciente completara a maioridade civil — 18 anos —, e, portanto, alcançara a plena imputabilidade penal, não teria mais legitimação para sofrer a imposição dessa medida sócio-educativa. Asseverou-se, todavia, que, se eventualmente a medida sócio-educativa superar o limite etário dos 18 anos, ela poderá ser executada até os 21 anos de idade, quando a liberação tornar-se-á compulsória. Alguns precedentes citados: HC 91441/RJ (DJU de 29.6.2007); HC 91490/RJ (DJU de 15.6.2007) e HC 94938/RJ (DJE de 3.10.2008). **HC 96355/RJ, rel. Min. Celso de Mello, 19.5.2009. (HC-96355)** (Inform. STF 547)

ECA. REMISSÃO. CUMULAÇÃO. MEDIDA SOCIOEDUCATIVA.
A Turma entendeu ser possível cumular a remissão (art. 126 do ECA) com a aplicação de medida socioeducativa que não implique restrição à liberdade do menor infrator, nos termos do art. 127 do ECA. *In casu*, não se mostra incompatível a medida socioeducativa de liberdade assistida cumulada com a remissão concedida pelo *Parquet*, porquanto aquela não possui caráter de penalidade. Ademais, a remissão pode ser aplicada em qualquer fase do procedimento menorista, uma vez que prescinde de comprovação da materialidade e da autoria do ato infracional, nem implica reconhecimento de antecedentes infracionais. Dessa forma, não ocorre violação dos princípios do contraditório e da ampla defesa quando a proposta oferecida pelo Ministério Público é homologada antes da oitiva do adolescente, como na espécie. Precedentes citados do STF: RE 248.018-SP, DJe 20/6/2008; e RE 229.382-SP, DJ 31/10/2001; do STJ: HC 135.935-SP, DJe 28/9/2009; HC 112.621-MG, DJe 3/11/2008, e REsp 328.676-SP, DJ 22/4/2003. **HC 177.611-SP, Rel. Min. Og Fernandes, julgado em 1º/3/2012. (Inform. STJ 492)**

ECA. PRINCÍPIO. INSIGNIFICÂNCIA. REPROVABILIDADE. CONDUTA.
Na hipótese dos autos, foi aplicada ao paciente a medida socioeducativa de prestação de serviços à sociedade em razão da prática de ato infracional análogo ao delito previsto no art. 155, § 4º, I, do CP. No writ, pretende-se a aplicação do princípio da insignificância, pois a res furtiva foi de R$ 70,00. A Turma denegou a ordem por entender que, embora seja possível a incidência do mencionado princípio nos casos do ECA, entretanto, para sua aplicação, deve-se aferir a mínima ofensividade da conduta do agente, nenhuma periculosidade social da ação, o reduzidíssimo grau de reprovabilidade do comportamento, bem como a inexpressividade da lesão jurídica provocada. In casu, o paciente agiu com razoável periculosidade social, na medida em que arrombou a janela da residência da vítima, invadiu seu domicílio para subtrair a quantia de R$ 70,00. Assim, não há como reconhecer a mínima ofensividade, tampouco o reduzido grau de reprovabilidade da conduta aptos a possibilitar a aplicação do princípio da insignificância. Dessa forma, não obstante o valor subtraído, o modus operandi evidencia a necessidade de repressão da conduta. Precedentes citados do STF: HC 84.412-SP, DJ 19/11/2004; do STJ: REsp 1.184.003-RS, DJe 11/5/2011; HC 203.008-SP, DJe 28/6/2011; HC 195.178-MS, DJe 1º/7/2011, e AgRg no REsp 982.818-RS, DJe 8/6/2011. HC 205.730-RS, Rel Min. Haroldo Rodrigues (Desembargador convocado do TJ-CE), julgado em 23/8/2011. (Inform. STJ 481)

ECA. TRÁFICO. INTERNAÇÃO.
O ato infracional análogo ao tráfico de drogas, apesar de sua natureza eminentemente hedionda, não enseja, por si só, a aplicação da medida socioeducativa de internação, já que essa conduta não revela violência ou grave ameaça à pessoa (art. 122 do ECA). No caso, apesar de não estar justificada a internação, nos autos há suficientes elementos para a aplicação da medida de semiliberdade. Precedentes citados: HC 148.791-RJ, DJe 26/4/2010, e HC 136.253-SP, DJe 13/10/2009. **HC 165.704-SP, Rel. Min. Maria Thereza de Assis Moura, julgado em 2/9/2010.** (Inform. STJ 445)

ECA. PRINCÍPIO. INSIGNIFICÂNCIA.
A conduta do adolescente de furtar uma bicicleta no valor de R$ 120,00 não se insere no conceito de crime de bagatela, pois não se confundem bens de pequeno valor e de valor insignificante. Só o segundo exclui o crime pela falta de ofensa ao bem jurídico tutelado (princípio da insignificância). Precedentes citados: HC 107.779-RS, DJe 16/3/2009; HC 74.880-SP, DJ 24/9/2007, e HC 46.847-SP, DJ 27/3/2006. **HC 135.451-RS, Rel. Min. Laurita Vaz, julgado em 15/9/2009.** (Inform. STJ 407)

ADOLESCENTE. TRÁFICO. ENTORPECENTE.
Trata-se de adolescente representado pela prática de ato infracional equiparado ao delito de tráfico de entorpecente. Julgada procedente a representação, foi-lhe aplicada medida sócio-educativa de internação. Para o Min. Relator, o pedido comporta concessão, pois este Superior Tribunal já pacificou a orientação jurisprudencial de que a gravidade do ato infracional equiparado ao tráfico de entorpecente, por si só, não autoriza a aplicação da medida sócio-educativa de internação elencada no art. 122 do ECA. Na hipótese dos autos, não há qualquer indicação de aplicação anterior de medida sócio-educativa ao paciente. Ademais, ressaltou-se que a reiteração capaz de ensejar a incidência da medida sócio-educativa, a teor do inciso II do art. 122 do ECA, só ocorre quando praticados, no mínimo, três atos infracionais graves. Com esse entendimento, a Turma concedeu a ordem. Precedentes citados: HC 105.896-SP, DJe 15/12/2008; HC 99.542-SP, DJe 4/8/2008; HC 48.197-SP, DJ 6/3/2006; HC 37.895-RJ, DJ 6/2/2006; HC 62.294-RJ, DJ 12/3/2007, e HC 105.896-SP, DJe 15/12/2008. **HC 134.534-SP, Rel. Min. Felix Fischer, julgado em 13/8/2009.** (Inform. STJ 402)

SÚMULA STJ Nº 492

O ato infracional análogo ao tráfico de drogas, por si só, não conduz obrigatoriamente à imposição de medida socioeducativa de internação do adolescente.

7. ATO INFRACIONAL – DIREITO PROCESSUAL

REMISSÃO E NECESSIDADE DE OITIVA DO MINISTÉRIO PÚBLICO
É imprescindível a manifestação do Ministério Público para a concessão, pelo magistrado, de remissão extintiva em procedimento judicial de apuração de ato infracional. Com base nessa orientação, a Turma indeferiu *habeas corpus* no qual se sustentava a possibilidade de outorga desse benefício ao paciente sem a prévia oitiva do *parquet*. Asseverou-se que tal ausência implicaria nulidade do ato, conforme preceituam os artigos 186, § 1º, e 204, do ECA ("*Art. 186. Comparecendo o adolescente, seus pais ou responsável, a autoridade judiciária procederá à oitiva dos mesmos, podendo solicitar opinião de profissional qualificado. § 1º Se a autoridade judiciária entender adequada a remissão, ouvirá o representante do Ministério Público, proferindo decisão. ... Art. 204. A falta de intervenção do Ministério Público acarreta a nulidade do feito, que será declarada de ofício pelo juiz ou a requerimento de qualquer interessado*"). **HC 96659/MG, rel. Min. Gilmar Mendes, 28.9.2010.** (HC-96659) (Inform. STF 602)

ECA. ASSISTENTE DA ACUSAÇÃO. LEGITIMIDADE RECURSAL.
A questão cinge-se em saber se é possível o recurso da apelação do assistente da acusação no ECA. Consta dos autos que o menor foi representado pelo ato infracional análogo ao crime tipificado no art. 121, § 2º, II, do CP. A sentença julgou procedente a representação, aplicando-lhe medida socioeducativa de semiliberdade por prazo indeterminado e desclassificando a conduta para o ato infracional análogo ao crime tipificado no art. 129, § 3º, do CP. A defesa e o assistente de acusação interpuseram apelação, tendo o tribunal local negado provimento ao recurso do menor e dado provimento ao recurso do assistente de acusação para aplicar uma medida mais rigorosa: a internação. A defesa interpôs recurso especial, sustentando contrariedade aos arts. 118, 120, 121, § 5º, 122, § 2º, e 198 do ECA e 27 do CP. O recurso foi inadmitido na origem, subindo a esta Corte por meio de provimento dado a agravo de instrumento. A Turma entendeu que, na Lei n. 8.069/1990, a figura do assistente de acusação é estranha aos procedimentos recursais da Justiça da Infância e Adolescência. Assim, os recursos interpostos em processos de competência especializada devem seguir a sistemática do CPC, não havendo previsão legal para aplicação das normas previstas no CPP. Dessa forma, a disciplina estabelecida nos arts. 268 a 273 do CPP não tem aplicabilidade nos procedimentos regidos pelo ECA, que possui caráter especial, faltando, portanto, legitimidade ao apelo interposto por assistente de acusação, por manifesta ausência de previsão legal. Diante dessas e de outras considerações a Turma não conheceu do recurso e concedeu o *habeas corpus* de ofício, para anular o acórdão referente à apelação do assistente de acusação restabelecendo o *decisum* de primeiro grau. Precedentes citados: REsp 1.044.203-RS, DJe 16/3/2009, e REsp 605.025-MG, DJ 21/11/2005. **REsp 1.089.564-DF, Rel. Min. Sebastião Reis Júnior, julgado em 15/3/2012. (Inform. STJ 493)**

EMENTA: HABEAS CORPUS. ADOLESCENTE. INFRAÇÃO AOS ARTS. 12 E 14, DA LEI 6.368/76, E 16, DA LEI 10.826/03. INTERNAÇÃO. PROGRESSÃO PARA O REGIME DE SEMILIBERDADE. ATINGIMENTO DA MAIORIDADE. MANUTENÇÃO DA MEDIDA. POSSIBILIDADE. OFENSA AO ART. 121, § 5o, DO ECA NÃO CARACTERIZADA. ALEGAÇÃO DE INTERPRETAÇÃO EXTENSIVA OU ANALÓGICA IN PEJUS. INOCORRÊNCIA.

I – A aplicação do Estatuto da Criança e do Adolescente rege-se pela idade do infrator à época dos fatos.

II – O atingimento da maioridade não impede a permanência do infrator em regime de semiliberdade, visto que se trata de medida mais branda do que a internação.

III – Alegação de interpretação extensiva e analógica in pejus que não pode ser acolhida.

IV – Ordem denegada. (HC 90129/RJ, rel. Min. RICARDO LEWANDOWSKI) (Inform. STF 468)

MEDIDA SÓCIO-EDUCATIVA E ADVENTO DA MAIORIDADE

A Turma, por maioria, indeferiu habeas corpus em que se pleiteava a extinção da medida sócio-educativa de semiliberdade aplicada ao paciente que, durante seu cumprimento, atingira a maioridade penal. No caso, o paciente fora condenado ao cumprimento de internação por ofensa aos artigos 12 e 14 da Lei 6.368/76 e ao art. 16 da Lei 10.826/2003 e progredira para a semiliberdade, regime no qual completara 18 anos. Alegava-se, na espécie, que o paciente não estaria mais sujeito às normas do Estatuto da Criança e do Adolescente - ECA, por ter atingido a maioridade penal. Sustentava-se, com base no art. 121, § 5º, do ECA ("§ 5º - A liberação será compulsória aos 21 (vinte e um) anos de idade."), que não poderia ser imposta medida sócio-educativa aos maiores de 18 anos, salvo na hipótese de prosseguimento da internação. Inicialmente, ressaltou-se que a incidência do ECA dependerá da idade do agente no momento do fato e que o princípio da legalidade estrita não se aplica às medidas sócio-educativas, por não serem, tecnicamente, penas. Aduziu-se, também, que a medida de semiliberdade não comporta prazo determinado, aplicando-se, no que couber, as disposições relativas à internação, e que não poderá ter duração superior a 3 anos, implicando liberação compulsória quando o sócio-educando atingir a idade de 21 anos. Nesse sentido, asseverou-se que o ECA possui objetivos, estrutura e sistemática distintos do Código Penal e visa preservar a dignidade do menor infrator, protegendo-o dos rigores das sanções de natureza penal, e promover a sua reinserção no convívio social. Assim, em observância ao que prevê o art. 121 do ECA, bem como aos princípios da brevidade, excepcionalidade e respeito à condição peculiar de pessoa em desenvolvimento, que regem o instituto da internação, entendeu-se correta a manutenção do paciente no regime de semiliberdade, ainda que já tenha completado 18 anos. Vencido o Min. Marco Aurélio que deferia o writ por vislumbrar no art. 121, § 5º do ECA dispositivo consentâneo com Código Civil vigente à época em que editado o ECA, vindo a referência aos 21 anos de idade ser re-vogada com o advento do novo Código Civil, que reduziu a maioridade civil. HC 90129/RJ, rel. Min. Ricardo Lewandowski, 10.4.2007. (HC-90129) (Inform. STF 462)

MEDIDA SÓCIO-EDUCATIVA DE LIBERDADE E MAIORIDADE

A Turma denegou habeas corpus em que se pretendia a extinção de medida sócio-educativa de semiliberdade imposta ao paciente, sob a alegação de que, abstraída a internação, cuja duração tem como limite os 21 anos de idade, a medida sócio-educativa de liberdade não poderia ir além da maioridade penal — 18 anos, sob pena de afronta ao princípio da reserva legal estrita. Entendeu-se que, em razão de o Estatuto da Criança e do Adolescente - ECA não cominar abstratamente limite máximo de duração da medida sócio-educativa de semiliberdade (art. 120, § 2º) — com exceção do disposto no art. 121, § 3º e no art. 122, § 1º, quanto ao prazo máximo de internação —, independentemente de o adolescente atingir a maioridade civil, a medida de semiliberdade, assim como se dá no caso da internação, tem como limite temporal a data em que o adolescente completa 21 anos (art. 121, § 5º). Asseverou-se, no ponto, que, no caso de imposição de medida de internação, atingido o período máximo de 3 anos (art. 121, § 3º), o adolescente poderá ser transferido para o regime de semiliberdade, que pode perdurar até a liberação compulsória aos 21 anos. Considerou-se que a projeção da medida sócio-educativa de semiliberdade para além dos 18 anos decorre da remissão às disposições legais atinentes à internação. Ressaltou-se, ademais, não existir no ECA norma expressa no sentido da extinção da medida sócio-educativa de semiliberdade quando adolescente completa 18 anos. Salientou-se, por fim, que a aplicação dessa medida para além dos 18 anos decorre de texto normativo expresso, tendo em conta, principalmente, o fato de o legislador, no que se refere às medidas sócio-educativas (ECA, artigos 112 a 121), ter disciplinado de forma idêntica apenas as restritivas de liberdade (semiliberdade e internação). HC 90248/RJ, rel. Min. Eros Grau, 13.3.2007. (HC-90248) (Inform. STF 459)

ECA. INTERNAÇÃO. FUNDAMENTAÇÃO.

A necessidade imperiosa de aplicação da medida de internação provisória não foi motivadamente demonstrada no acórdão recorrido, que se limitou a afirmar a gravidade dos atos infracionais praticados (tráfico de drogas e porte ilegal de arma de fogo), o que afronta o disposto no art. 108, parágrafo único, do ECA. A prática daqueles atos, apesar de socialmente reprovável, não incorre em violência ou grave ameaça à pessoa, o que, junto das condições pessoais do adolescente, não autoriza a aplicação do art. 122 do ECA. Precedentes citados: HC 54.068-SP, DJ 4/9/2006; HC 50.716-SP, DJ 1º/8/2006, e HC 36.981-RJ, DJ 18/4/2005. HC 71.577-SP, Rel. Min. Laurita Vaz, julgado em 3/4/2007. (Inform. STJ 316)

SÚMULA STJ Nº 342

No procedimento para aplicação de medida sócio-educativa, é nula a desistência de outras provas em face da confissão do adolescente.

SÚMULA STJ Nº 338

A prescrição penal é aplicável nas medidas sócio-educativas.

SÚMULA STJ Nº 265

É necessária a oitiva do menor infrator antes de decretar-se a regressão da medida sócio-educativa.

SÚMULA STJ Nº 108

A aplicação de medidas sócio-educativas ao adolescente, pela pratica de ato infracional, é da competência exclusiva do juiz.

8. MINISTÉRIO PÚBLICO

ALIMENTOS. LEGITIMIDADE. MP.

O menor que necessita dos alimentos em questão reside com sua genitora em comarca não provida de defensoria pública. Contudo, é certo que o MP tem legitimidade para propor ações de alimentos em favor de criança ou adolescente, independentemente da situação em que se encontra ou mesmo se há representação por tutores ou genitores (art. 201, III, da Lei n. 8.069/1990 – ECA). Já o art. 141 desse mesmo diploma legal é expresso ao garantir o acesso da criança ou adolescente à defensoria, ao MP e ao Judiciário, o que leva à conclusão de que o MP, se não ajuizasse a ação, descumpriria uma de suas funções institucionais (a curadoria da infância e juventude). Anote-se que a Lei de Alimentos aceita a postulação verbal pela própria parte, por termo ou advogado constituído nos autos (art. 3º, § 1º, da Lei n. 5.478/1968), o que demonstra a preocupação do legislador em garantir aos necessitados a via judiciária. A legitimação do MP, na hipótese, também decorre do direito fundamental de acesso ao Judiciário (art. 5º, LXXIV, da CF/1988) ou mesmo do disposto no art. 201 do ECA, pois, ao admitir legitimação de terceiros para as ações cíveis em defesa dos direitos dos infantes, reafirma a legitimidade do MP para a proposição dessas mesmas medidas judiciais, quanto mais se vistas as incumbências dadas ao *parquet* pelo art. 127 da CF/1988. A alegação sobre a indisponibilidade do direito aos alimentos não toma relevo, visto não se tratar de interesses meramente patrimoniais, mas, sim, de direito fundamental de extrema importância. Precedentes citados: REsp 510.969-PR, DJ 6/3/2006, e RHC 3.716-PR, DJ 15/8/1994. **REsp 1.113.590-MG, Rel. Min. Nancy Andrighi, julgado em 24/8/2010.** (Inform. STJ 444)

9. ACESSO À JUSTIÇA

ECA. PODER NORMATIVO DA AUTORIDADE JUDICIÁRIA. LIMITES.

Nos termos do art. 149 do ECA (Lei n. 8.069/1990), a autoridade judiciária pode disciplinar, por portaria, a entrada e permanência de criança ou adolescente desacompanhados dos pais ou responsáveis nos locais e eventos discriminados no inciso I, devendo essas medidas ser fundamentadas, caso a caso, vedadas as determinações de caráter geral, *ex vi* do § 2º. **REsp 1.292.143-SP, Rel. Min. Teori Zavascki, julgado em 21/6/2012. (Inform. STJ 500)**

AÇÃO CIVIL PÚBLICA. TERMO DE AJUSTAMENTO DE CONDUTA. INEXISTÊNCIA DE DIREITO SUBJETIVO DO PARTICULAR.
A *quaestio juris* consiste em saber se o recorrente teria o direito subjetivo de firmar o compromisso de ajustamento de conduta previsto no ECA e na Lei da Ação Civil Pública, ou se dispõe o Ministério Público da faculdade de não assiná-lo sem sequer discutir suas cláusulas. A Turma entendeu que tanto o art. 5º, § 6º, da Lei n. 7.347/1985 (Lei da Ação Civil Pública) quanto o art. 211 do ECA dispõem que os legitimados para a propositura da ação civil pública poderão tomar dos interessados compromisso de ajustamento de sua conduta às exigências legais. Assim, do mesmo modo que o Ministério Público não pode obrigar qualquer pessoa física ou jurídica a assinar termo de cessação de conduta, também não é obrigado a aceitar a proposta de ajustamento formulada pelo particular. O compromisso de ajustamento de conduta é um acordo semelhante ao instituto da conciliação e, como tal, depende da convergência de vontades entre as partes. Ademais, não se pode obrigar o MP a aceitar uma proposta de acordo – ou mesmo exigir que ele apresente contrapropostas tantas vezes quantas necessárias – para que as partes possam compor seus interesses, sobretudo em situações como a discutida, em que as posições eram absolutamente antagônicas. **REsp 596.764-MG, Rel. Min. Antonio Carlos Ferreira, julgado em 17/5/2012. (Inform. STJ 497)**

ECA. MEDIDAS PROTETIVAS DETERMINADAS DE OFÍCIO.
A Turma entendeu que o magistrado de vara da infância e juventude tem o poder de determinar, mesmo de ofício, a realização de matrícula em estabelecimento de ensino, quando a criança ou o adolescente estiver em situação de risco, sem que isso importe em violação do princípio dispositivo. O Min. Relator, amparado na uníssona jurisprudência do STF e do STJ, registrou a possibilidade de haver ordem judicial mediante provocação. Quanto ao caso analisado, com base na doutrina sobre o tema e no acórdão recorrido, afirmou que a ordem de ofício dada pelo magistrado tem caráter administrativo-judicial (não jurisdicional) e submete-se a controle judicial quanto a sua juridicidade, especialmente quanto aos aspectos da necessidade e da proporcionalidade da medida. Com essas observações, entendeu-se que a municipalidade não tem direito líquido e certo de se opor ao cumprimento da ordem do juiz da vara da infância e juventude, mesmo que esta tenha sido dada de ofício. Precedentes citados do STF: AgRg no RE 410.715-SP, DJ 3/2/2006, e do STJ: REsp 1.185.474-SC, DJe 29/4/2010. **RMS 36.949-SP, Rel. Min. Humberto Martins, julgado em 13/3/2012. (Inform. STJ 493)**

COMPETÊNCIA. ADOÇÃO. GUARDA. INTERESSE. CRIANÇA.
No caso de disputa judicial que envolve a guarda ou mesmo a adoção de crianças ou adolescentes, deve-se levar em consideração o interesse deles para a determinação da competência, mesmo que para tal se flexibilizem outras normas. Logo, o princípio do juízo imediato, previsto no art. 147, I, do ECA, sobrepõe-se às regras gerais do CPC, desde que presente o interesse da criança e do adolescente. Assim, o art. 87 do CPC, que estabelece o princípio da *perpetuatio jurisdictionis*, deve ser afastado para que a solução do litígio seja mais ágil, segura e eficaz em relação à criança, permitindo a modificação da competência no curso do processo, mas sempre considerando as peculiaridades do caso. A aplicação do art. 87 do CPC em oposição ao art. 147, I, do ECA somente é possível quando haja mudança de domicílio da criança e seus responsáveis, após já iniciada a ação e, consequentemente, configurada a relação processual. Esse posicionamento tem o objetivo de evitar que uma das partes mude de residência e leve consigo o processo. **CC 111.130-SC, Rel. Min. Nancy Andrighi, julgado em 8/9/2010.** (Inform. STJ 446)

ECA. CUSTAS. JUSTO IMPEDIMENTO.
Ao tempo da apelação, ainda não estava pacificada no TJ a orientação de que devem ser recolhidas as custas para interposição de apelação ou agravo em procedimentos de alvará ou autos de infração relativos ao ECA. Este Superior Tribunal, por sua vez, também só posteriormente unificou seu entendimento quanto ao tema. Dessarte, está presente justo impedimento (art. 519, parágrafo único, do CPC) a permitir a abertura de prazo para que a parte faça o preparo. Com esse entendimento, acolhido por maioria, a Turma deu provimento aos embargos, conferindo-lhes efeitos modificativos. Nesse mesmo julgamento, foi decidido que lavrará o acórdão o primeiro Ministro a proferir voto divergente vencedor (no caso, logo depois de proferido o voto do Min. Relator originário, pediu-se vista antecipada e, proferido o voto vista, inaugurou-se a divergência). **EDcl no REsp 1.097.824-RJ, Rel. originário Min. Castro Meira, Rel. para acórdão Min. Mauro Campbell Marques, julgados em 23/6/2009.** (Inform. STJ 400)

10. INFRAÇÕES ADMINISTRATIVAS

INFRAÇÃO ADMINISTRATIVA. HOSPEDAGEM IRREGULAR. ADOLESCENTE.
Trata-se de auto de infração lavrado pelo comissariado da infância e juventude contra hotel, pelo fato de ter sido constatada a hospedagem irregular de adolescente desacompanhada dos pais e sem autorização deles, por infringência do art. 250 do ECA. No caso, questionou-se se pode a pessoa jurídica de Direito Privado responder por infração administrativa disposta no ECA. Para a Min. Relatora, a responsabilização das pessoas jurídicas tanto na esfera penal quanto na administrativa é perfeitamente compatível com o ordenamento jurídico vigente. Para tanto, observou, entre outras colocações, que a redação dada ao art. 250 do ECA demonstra claramente ter o legislador colocado a pessoa jurídica no polo passivo da infração administrativa, ao prever o fechamento do estabelecimento no caso de reincidência da infração, como pena acessória à multa. Destaca que, se a finalidade da citada norma é dar proteção integral à criança e ao adolescente, é fundamental que os estabelecimentos negligentes sejam responsabilizados, sem prejuízo da responsabilização direta das pessoas físicas envolvidas em cada caso. Por fim, observa que esse posicionamento promove uma maior conscientização dos empresários e dirigentes da iniciativa privada na busca do objetivo basilar disposto no art. 4º do ECA, cujo conteúdo é dever de todos. REsp 622.707-SC, Rel. Min. Eliana Calmon, julgado em 2/2/2010. (Inform. STJ 421)

ECA. INFRAÇÃO ADMINISTRATIVA. MULTA. PRESCRIÇÃO.
Noticiam os autos que a empresa, ora recorrida, foi denunciada, por meio de representação do MP estadual, ora recorrente, por ter aquela permitido o acesso de adolescentes em evento impróprio sem portar a necessária autorização dos pais ou responsáveis. Acolhida a representação pelo juiz de primeiro grau, aplicou-se à referida empresa a multa prevista no art. 258 do ECA. Em apelação, o TJ declarou prescrita a pretensão punitiva relativa à pena de multa aplicada, com base no art. 114, I, do CP, tendo em vista o disposto no art. 226 do ECA. Nesta sede, para a Min. Relatora, no que diz respeito às infrações administrativas disciplinadas a partir do art. 245 do ECA, não há qualquer referência à aplicação do CP. Assim, a penalidade imposta com amparo no art. 258 do ECA tem natureza administrativa, não se tratando de medida socioeducativa. Portanto, não há previsão de aplicação subsidiária do CP, como previsto no mencionado art. 226 do ECA. Desse modo, em se tratando de sanção administrativa, a multa imposta por força do art. 258 do ECA segue as regras do Direito Administrativo e não de Direito Penal, sendo de cinco anos o prazo para que ocorra a prescrição. Nesse contexto, a Turma deu provimento ao recurso, determinando o retorno dos autos ao Tribunal de origem para que seja julgada a apelação. Precedentes citados: REsp 849.184-RN, DJ 11/9/2007, e REsp 850.227-RN, DJ 27/2/2008. **REsp 898.568-RN, Rel. Min. Eliana Calmon, julgado em 5/5/2009.** (Inform. STJ 393)

CINEMA. CLASSIFICAÇÃO. MENOR. COMPANHIA. PAI.
Trata a questão de definir a legalidade da conduta de sociedade empresária que explora atividade de cinema e que retirou, de dentro da sala de exibição, um menor e seu pai que pretendiam assistir a filme não indicado para a idade daquele. Para a Min. Relatora, os fatos que deram ensejo à presente controvérsia ocorreram durante a vigência da Portaria n. 796/2000 do Ministério da Justiça. A referida portaria apenas enquadrava os espetáculos em cinco faixas distintas, a saber: livres ou inadequados para menores de 12 anos, inadequados para menores de 14 anos, inadequados para menores de 16 anos e inadequados para menores de 18 anos. Ademais, regulava o procedimento de classificação, impondo normas específicas para a sua divulgação. Não se tem notícia, por outro lado, de que a autoridade judiciária local tenha exercido o poder disciplinar estabelecido no art. 149 do ECA. Por isso, deve-se reconhecer que a regulamentação estatal era genérica até então, não estabelecendo solução para a hipótese dos autos. Do texto daquela portaria, não se extrai qualquer norma que indicasse a flexibilização da classificação a pedido dos pais e/ou responsáveis. Diante desse contexto, havia motivos para crer que a classificação era impositiva, pois o art. 255 do ECA estabelecia sanções administrativas severas a quem exibisse filme, trailer, peça, amostra ou congênere classificado pelo órgão competente como inadequado às crianças ou adolescentes admitidos ao espetáculo. A sanção poderia variar de 20 a 100 salários mínimos e, na reincidência,

poderia resultar na suspensão do espetáculo ou no fechamento do estabelecimento por até quinze dias. Não se afigura razoável exigir que a recorrente, à época, interpretasse o art. 255 do ECA, sopesando os princípios próprios desse microssistema jurídico, para concluir que poderia eximir-se de sanção administrativa porque crianças e adolescentes estivessem em exibições impróprias, mas acompanhados de seus pais ou responsáveis. Se a recorrente tivesse se aventurado em estabelecer conduta menos rigorosa do que aquela que parecia decorrer do art. 255 do ECA, teria corrido o risco de admitir, em suas salas, crianças acompanhadas de pais até mesmo quando a classificação indicasse restrição para menores de 18 anos. A superveniência da Portaria n. 1.100/2006 é realmente esclarecedora da hipótese. Ela revela que o recorrido estava errado na sua avaliação inicial, pois supunha que o pai teria a última palavra sobre o acesso de filhos menores a espetáculos públicos. Há limites para seu poder de flexibilizar a classificação indicativa e, mesmo que queira, não poderá acompanhar seu filho em espetáculo que exige idade mínima de 18 anos. Por tudo isso, a conduta da recorrente, diante de um cenário de lacuna regulamentar, revelou prudência e atenção ao princípio da prevenção especial, tomando as cautelas necessárias para evitar potenciais danos a crianças e adolescentes. Na pior das hipóteses, deve-se reconhecer que é absolutamente escusável o erro sobre o dever que lhe era imposto por lei e sobre a interpretação do art. 255 do ECA. Se a recorrente tinha razões para acreditar que estava sujeita a severas sanções, era justo que ela impedisse a entrada dos recorridos em suas salas de cinema. Para a Min. Relatora, não há maior relevância no fato de os recorridos terem entrado na sala de cinema, para, após, serem de lá retirados. Nada indica que a retirada tenha-se dado de forma grosseira, violenta ou abusiva. Conforme demonstrado, a conduta mostra-se justificável diante do cenário legal que à época existia. O acórdão afastou-se da interpretação que deveria ser dada, na hipótese, aos arts. 188, I, do CC/2002, 255 e 258 do ECA. Diante disso, a Turma deu provimento ao recurso especial para julgar improcedentes os pedidos formulados na inicial. **REsp 1.072.035-RJ, Rel. Min. Nancy Andrighi, julgado em 28/4/2009.** (Inform. STJ 392)

11. CRIMES

HC N. 103.787-MG

RELATOR: MIN. RICARDO LEWANDOWSKI

Ementa: *HABEAS CORPUS*. PENAL. PRÁTICA DA MENDICÂNCIA E CORRUPÇÃO DE MENOR. *ABOLITIO CRIMINIS*. ATIPICIDADE SUPERVENIENTE DOS FATOS ATRIBUÍDOS AO PACIENTE. ORDEM CONCEDIDA DE OFÍCIO PARA TRANCAR A AÇÃO PENAL. *WRIT* PREJUDICADO.

I – A alegada ocorrência da *abolitio criminis* da imputação feita ao paciente não foi examinada pelo STJ no acórdão ora atacado, não podendo esta Suprema Corte analisá-la, sob pena de indevida supressão de instância e de extravasamento dos limites de competência do STF descritos no art. 102 da Constituição Federal.

II – O caso, porém, apresenta peculiaridades que recomendam a concessão da ordem, de ofício.

III – A Lei 12.015/2009 revogou a Lei 2.252/1954, que tratava da corrupção de menores, todavia, inseriu o art. 244-B no Estatuto da Criança e do Adolescente (Lei 8.069/1990), cuja redação é a mesma da norma revogada.

IV – O art. 60 do Decreto-Lei 3.688/1941 (Lei das Contravenções Penais), por sua vez, foi revogado pela Lei 11.983/2009, descriminalizando, assim, a conduta antes descrita como mendicância.

V – Segundo o art. 244-B do ECA, pratica o crime de corrupção de menor quem corrompe ou facilita a corrupção de menor de dezoito anos, com ele praticando infração penal ou induzindo-o a praticá-la.

VI – O objetivo desse dispositivo é a proteção do menor em relação à influência negativa de adultos em uma fase de formação da personalidade, evitando, com isso, sua inserção precoce no mundo do crime.

VII – Deixando de ser a mendicância infração penal, desaparece, no caso sob exame, o objeto jurídico tutelado pelo ECA, uma vez que não mais existe a contravenção que os menores foram levados a praticar, ocorrendo, por consequência, a *abolitio criminis* em relação aos dois delitos imputados ao paciente.

VIII – Ordem concedida de ofício para, reconhecendo a atipicidade fatos atribuídos ao paciente, trancar a ação penal relativamente às duas imputações (mendicância e corrupção de menor).

IX - *Habeas corpus* prejudicado. (Inform. STF 609)

ART. 241 DO ECA, ANTES DA REDAÇÃO DADA PELA LEI N. 10.764/2003. REPRODUÇÃO FOTOGRÁFICA DE CRIANÇAS E ADOLESCENTES EM POSES ERÓTICAS. INTERNET.

A insurgência principal consiste em considerar, ou não, as fotos publicadas pelo paciente em sítio eletrônico de sua propriedade como o crime previsto no art. 241 do ECA, antes da redação dada pela Lei n. 10.764/2003, uma vez que o impetrante alega ter sido dada uma espécie de interpretação extensiva ao dispositivo, ao se considerar que as fotos, conforme tiradas, configuram pornografia, porquanto não possuem, segundo o impetrante, conotação sexual. O Min. Relator observou que as instâncias ordinárias se basearam em amplo conjunto fático-probatório e alcançar conclusão diversa no sentido de que a conduta imputada ao paciente não se amolda ao tipo penal previsto importaria no reexame fático-probatório dos autos, providência inviável na via estreita do *habeas corpus*. Ainda assim não fosse, inexiste no ordenamento jurídico uma norma penal não incriminadora explicativa que esclareça o conceito de pornografia infantil ou infanto-juvenil, razão pela qual a previsão contida no citado artigo antes da redação dada pelas Leis n. 10.764/2003 e 11.829/2008 não se limita à criminalização de condutas de publicar fotos de crianças e adolescentes totalmente despidas. Cabe ao intérprete da lei, buscando a melhor aplicação da norma ali contida, diante do caso concreto, analisar se a conduta praticada pelo paciente se amolda à prevista no dispositivo em questão, de modo que nada impede que se analise, além das fotos, isoladamente, o contexto em que elas estão inseridas. Ademais, segundo perícia realizada, foram publicadas fotos de crianças e adolescentes seminuas, algumas de roupas de banho, outras mostrando partes do corpo e outras em poses relativamente sensuais, em sítios de conteúdo pedófilo. Diante dessa e de outras considerações, a Turma denegou a ordem. **HC 168.610-BA, Rel. Min. Sebastião Reis Júnior, julgado em 19/4/2012. (Inform. STJ 495)**

HC. EXPLORAÇÃO SEXUAL. MENOR.

O impetrante busca o trancamento da ação penal ao argumento de ser o paciente apenas o proprietário do local utilizado para a exploração sexual de menor e de nem se encontrar no local na hora do fato criminoso. Porém, a Turma denegou a ordem, por entender que a inicial acusatória fundada nos indícios de autoria constantes dos autos demonstra, de forma suficiente para a deflagração da ação penal, que, em tese, o paciente contribuía para o crime de exploração sexual de menor, na condição de proprietário do hotel onde ocorria o crime, nos exatos termos do § 1º do art. 244-A, do ECA. Acolher a alegação de que o denunciado não tinha ciência de que a adolescente prostituía-se em seu estabelecimento demanda dilação probatória insuscetível de ser feita na via do *habeas corpus*. O exame da tese defensiva deve ser feito no momento próprio, pelo juízo ordinário, após necessária instrução criminal contraditória. **HC 94.423-CE, Rel. Min. Laurita Vaz, julgado em 21/5/2009.** (Inform. STJ 395)

COMPETÊNCIA. CRIMES. ***INTERNET*****.**

Discute-se a competência para processar e julgar diversos crimes veiculados em *sites* da *Internet*: divulgação de imagens pornográficas de crianças e adolescentes, estelionato, facilitação de prostituição e corrupção de menores. O juízo federal reconheceu como de sua competência o delito de divulgação de imagens pornográficas e suscitou o conflito de competência em relação aos demais delitos. Por outro lado, o parecer do Ministério Público Federal reconheceu a existência de conexão probatória ou instrumental (em que o vínculo é objetivo, pois as infrações nutrem relação de causa e efeito). Por esse motivo, todos os delitos deveriam ser apreciados pela Justiça Federal. Para a Min. Relatora, é imprescindível verificar se, entre os crimes de estelionato, facilitação de prostituição e corrupção de menores, haveria vínculo etiológico com o delito do art. 241 do ECA, esse último de competência da Justiça Federal. Assim, sob esse prisma, o delito contra o patrimônio perpetrado por meio de outro *site* não tem liame instrumental, relação de causa e efeito, para justificar a competência federal. Ademais, o fato de esse delito, em tese, ter extravasado limites estaduais não autoriza o reconhecimento de afetação de bens jurídicos da União, nem nas hipóteses elencadas no art. 109 da CF/1988. Já os crimes de facilitação de prostituição e corrupção de menores praticados no mesmo *site* do crime de divulgação de imagens pornográficas de crianças e adolescentes, em razão do reconhecimento da conexão instrumental ou probatória e à luz da Súm. n. 122-STJ, devem ser julgados na Justiça Federal. Com esse entendimento, a Seção declarou competente o juízo de Direito da vara criminal, o suscitado, para processar e julgar o crime de estelionato, e o juízo federal criminal e juizado especial, o suscitante, para julgar os demais crimes. **CC 101.306-PR, Rel. Min. Maria Thereza de Assis Moura, julgado em 16/2/2009.** (Inform. STJ 384)

COMPETÊNCIA. IMAGENS PORNOGRÁFICAS. ***INTERNET.***

Trata-se de conflito negativo de competência em que o juízo federal do RJ e o juízo federal do júri e das execuções penais de SP declararam-se incompetentes para presidir inquérito policial que apura delito tipificado no art. 241 da Lei n. 8.069/1990 supostamente praticado pelo paciente, enquanto teria vinculado imagens pornográficas de crianças e adolescentes na *Internet*. Explica o Min. Relator que, de acordo com o entendimento deste Superior Tribunal, o delito previsto no art. 241 do ECA ocorre no momento da publicação das imagens, ou seja, no lançamento das fotografias de pornografia infantil na *Internet*. Por isso, o local em que se encontra sediado o provedor de acesso ao ambiente virtual não é relevante para a fixação da competência. Diante do exposto, a Seção declarou competente o juízo do júri e das execuções penais de São Paulo, o suscitado, levando em conta ser o local do lançamento das fotos na *Internet*, de acordo com a documentação dos autos. Precedente citado: CC 29.886-SP, DJ 1º/2/2008. **CC 66.981-RJ, Rel. Min. Og Fernandes, julgado em 16/2/2009.** (Inform. STJ 384)

COMPETÊNCIA. PORNOGRAFIA. PEDOFILIA. INTERNET.

A consumação do crime previsto no art. 241 do ECA (publicar cena pornográfica que envolva criança ou adolescente), para fins de fixação de competência, dá-se no ato da publicação das imagens. Essa é solução que mais se coaduna com o espírito do legislador insculpido no art. 70 do CPP. Dessarte, é irrelevante, para tal fixação, a localização do provedor de acesso à Internet onde as imagens estavam armazenadas ou mesmo o local da efetiva visualização pelos usuários. CC 29.886-SP, Rel. Min. Maria Thereza de Assis Moura, julgado em 12/12/2007. (Inform. STJ 342)

14. DIREITO DO IDOSO

1. SAÚDE

PLANO. SAÚDE. AUMENTO. MENSALIDADE. MUDANÇA. FAIXA ETÁRIA.

Trata-se, na origem, de ação interposta por instituto de defesa do consumidor contra sociedade empresária de plano de saúde na qual se discute a validade de cláusula fixada em contrato de serviço médico-hospitalar que reajusta o valor da prestação em razão de mudança de faixa etária. A Turma, ao prosseguir o julgamento, por maioria, entendeu que não há como considerar violador do princípio da isonomia o reajuste autorizado por lei em razão de mudança de faixa etária, uma vez que há um incremento natural do risco que justifica a diferenciação, ademais quando já idoso o segurado. Conforme o disposto no art. 15, § 3º, da Lei n. 10.741/2003 (Estatuto do Idoso) e no art. 14 da Lei n. 9.656/1998, não é possível, por afrontar o princípio da igualdade, que as seguradoras, em flagrante abuso do exercício de tal direito e divorciadas da boa-fé contratual, aumentem sobremaneira a mensalidade dos planos de saúde, aplicando percentuais desarrazoados, que constituem verdadeira barreira à permanência do idoso no plano. Se assim fizessem as seguradoras, criariam fator de discriminação do idoso com o objetivo escuso e ilegal de usar a majoração para desencorajar o segurado a permanecer no plano, o que não pode ser tolerado. Para a validade dos reajustes em razão de mudança da faixa etária, devem ser atendidas as seguintes condições: previsão no instrumento negocial, respeito aos limites e demais requisitos estabelecidos na Lei n. 9.656/1998 e observância do princípio da boa-fé objetiva, que veda reajustes absurdos e aleatórios que onerem em demasia o segurado. Caso algum consumidor perceba abuso no aumento de sua mensalidade em razão de mudança de faixa etária, aí sim se poderá cogitar de ilegalidade, cujo reconhecimento autorizará o julgador a revisar o índice aplicado, seja em ação individual ou coletiva. Com esses fundamentos, a Turma, por maioria, deu provimento ao recurso. **REsp 866.840-SP, Rel. originário Min. Luis Felipe Salomão, Rel. para acórdão Min. Raul Araújo, julgado em 7/6/2011.** (Inform. STJ 476)

LEGITIMIDADE. PLANO. SAÚDE. IDOSO. REAJUSTE.

A Turma, por maioria, reconheceu, preliminarmente, a legitimidade da comissão de defesa do consumidor de assembleia legislativa estadual para ajuizar ação civil pública (ACP) em defesa dos interesses e direitos individuais homogêneos do consumidor – no caso, relativamente ao aumento efetuado pela recorrida das mensalidades de plano de saúde dos segurados com mais de 60 anos – nos termos dos arts. 81, parágrafo único, 82, III, e 83, todos do CDC, e 21 da Lei n. 7.347/1985. Para a Min. Relatora, o art. 82, III, do referido código apenas determina, como requisito de legitimação concorrente para o exercício da defesa coletiva, que o órgão atue em prol dos direitos dos consumidores, motivo pelo qual a exigência mencionada pelo tribunal *a quo* – de que o regimento interno da comissão recorrente deveria expressamente prever, à época da propositura da ACP, sua competência para demandar em juízo – constitui excesso de formalismo, a incidir a regra que dispõe: onde a lei não distingue, não cabe ao intérprete distinguir. No mérito, deu provimento ao recurso especial a fim de declarar ilegítimo o reajuste das mensalidades de plano de saúde em decorrência da mudança de faixa etária (maiores de 60 anos), independentemente da época em que o contrato do plano foi celebrado, em atenção ao preceito que veda a discriminação do idoso em razão da idade. De acordo com a Min. Relatora, o mencionado contrato, além de evidenciar a continuidade na prestação, também possui como característica a "catividade" consubstanciada no vínculo existente entre consumidor e fornecedor, baseado na manutenção do equilíbrio econômico, na qualidade do serviço prestado e no alcance da segurança e da estabilidade. Reafirmou que o art. 15 da Lei n. 9.656/1998 permite a variação das contraprestações pecuniárias estabelecidas nos contratos de planos de saúde em razão da idade do consumidor somente quando as faixas etárias e os percentuais de reajustes incidentes em cada uma delas estiverem previstos no contrato inicial, vedando tal variação, em seu parágrafo único, nos contratos daqueles com mais de 60 anos. Precedentes citados: REsp 809.329-RJ, DJe 11/4/2008, e REsp 989.380-RN, DJe 20/11/2008. **REsp 1.098.804-RJ, Rel. Min. Nancy Andrighi, julgado em 2/12/2010**. (Inform. STJ 458)

PLANO DE SAÚDE COLETIVO. IDOSO. MAJORAÇÃO ABUSIVA.

Os recorrentes aduzem que, por mais de dez anos, aderiram a plano de saúde coletivo de assistência médica e hospitalar e, agora, a seguradora estipulante à qual são associados informou-lhes, por correspondência, que a seguradora mantenedora do plano não mais renovaria as apólices coletivas sob a alegação de haver alto índice de sinistro no grupo decorrente de maior concentração de segurados nas faixas etárias mais avançadas. Também informou que, para permanecer associados, deveriam aderir à nova apólice de seguro, na qual o aumento é de quase 100%, sob pena da extinção da apólice anterior. Dessa forma, buscam os recorrentes, no REsp, manter a prestação de serviços de assistência médica nos termos convencionados. Por outro lado, a seguradora estipulante, em contrarrazões, alega sua ilegitimidade passiva para figurar na ação. A Min. Relatora afirma ser cediço que a jurisprudência das Turmas que compõem a Segunda Seção é que, nos contratos de seguro em grupo, o estipulante é mandatário dos segurados, sendo, portanto, parte ilegítima para figurar no polo passivo da ação. Porém, afirma ser ilegítima a rescisão de plano de saúde e o reajuste de sua mensalidade em razão da alta de sinistro do grupo caracterizada pela idade avançada dos segurados, visto ser vedada a discriminação de idosos, conforme previsto no art. 15, § 3º, do Estatuto do Idoso (Lei n. 10.741/2003), isso sem significar, entretanto, que não possa haver os ajustes permitidos em lei. Para a Min. Relatora, deve extrair-se da Lei n. 9.656/1998, que define plano privado de assistência à saúde, sua natureza jurídica de contrato de trato sucessivo, por prazo indeterminado, a envolver transferência onerosa de riscos que possam afetar futuramente a saúde do consumidor e seus dependentes. Dessa forma, os serviços prestados pela seguradora de saúde assumem indiscutível importância na sociedade de consumo, visto que o consumidor tem como objetivo principal garantir, no futuro, quando ele e sua família necessitarem, que será dada a cobertura do seguro nos termos do contrato e, por sua vez, a operadora pode ser acionada a qualquer momento, desde que receba mensalmente o valor estipulado. Com esse entendimento, a Turma, prosseguindo o julgamento, deu provimento ao recurso, invertendo os ônus de sucumbência fixados na sentença. Precedentes citados: REsp 426.860-RJ, DJ 24/2/2003; REsp 49.688-MG, DJ 5/9/1994, e REsp 1.045.616-DF, DJe 13/10/2008. **REsp 1.106.557-SP, Rel. Min. Nancy Andrighi, julgado em 16/9/2010 (ver Informativos ns. 441 e 445)**. (Inform. STJ 447)

SEGURO. SAÚDE. RESTRIÇÃO. VALOR.

Trata-se de ação declaratória cumulada com indenizatória proposta por espólio de segurado que objetiva afastar as cláusulas tidas como abusivas em contrato de seguro de saúde. Narram os autos que a seguradora não cobriu parte das despesas de internação após a alta do segurado que sofreu crise de hipertensão, sendo transferido para outro hospital em estado comatoso com diagnóstico de acidente vascular cerebral (AVC). A ação julgada procedente no juízo de 1º grau foi parcialmente reformada no Tribunal *a quo*, que considerou hígida a aplicação do valor limitador de despesas (apenas 2.895 Ufesp) previsto no contrato. Os herdeiros, no REsp, insurgem-se contra essa decisão. Nesta instância especial, ressalta o Min. Relator que, como não há recurso da seguradora, a controvérsia não diz mais respeito ao enquadramento da moléstia do segurado no contrato, isso porque ambas as instâncias ordinárias concluíram não haver nos autos precisão quanto ao diagnóstico que o levou à crise hipertensiva e à sua transferência de internação, daí porque não podia a seguradora escusar-se da cobertura. Observa, ainda, que a hipótese dos autos não é aquela já consolidada na Súm. n. 302-STJ (considera abusiva a cláusula contratual que limita o tempo de internação hospitalar do segurado). Destaca que a restrição de valor imposta na cláusula é mais abusiva do que a hipótese sumulada, embora comporte o mesmo tratamento ou até mais severo, uma vez que não seria lógico, nem jurídico, nem médico-científico determinar-se o tempo e a necessidade de recuperação do paciente contratualmente. Por isso, alertou o Min. Relator que o preceito do art. 13 do DL n. 73/1966 veda a cláusula de seguro que subtraia a sua eficácia e a validade além das situações previstas em lei (CDC). Por fim, trouxe trecho da sentença com relação à cláusula do limite de cobertura, apontando que, embora o segurado idoso (acima dos sessenta e cinco anos) tenha maiores custos, com uma sobretaxa de 15%, conforme previsto na apólice, o limite da cobertura não foi aumentado, o que indica um desequilíbrio entre a prestação do idoso e o teto da seguradora; assim, o segurado idoso paga mais por representar risco maior, mas o limite é único para todas as idades, o que representa um desvantagem exagerada a esse consumidor, tal como se deu nos autos. Diante do exposto, a Turma deu provimento ao recurso para restabelecer a sentença de primeiro grau. **REsp 326.147-SP, Rel. Min. Aldir Passarinho Junior, julgado 21/5/2009.** (Inform. STJ 395)

PLANO. SAÚDE. REAJUSTE. IDOSO.

Discute-se a aplicabilidade do Estatuto do Idoso (Lei n. 10.741/2003) aos contratos de plano de saúde firmados antes de sua vigência que continham cláusula autorizadora da majoração de mensalidade por mudança de faixa etária. Na espécie, ao completar 60 anos, a autora teve reajuste de 185%. Destaca a Min. Relatora, invocando o acórdão recorrido, que o Estatuto do Idoso contém dispositivo contrário à legislação (Lei n. 9.656/1998) que rege os planos de saúde, pois veda a discriminação do idoso com cobranças de valores diferenciados em razão da idade (art. 15, § 3º). A diretriz adotada no Tribunal *a quo*, ditada pelo princípio da aplicação imediata da lei, condicionou a incidência da cláusula de reajuste quando o usuário do plano de saúde atingisse a idade para o reajuste e não o momento da celebração do contrato. Isso posto, no caso em julgamento, a idade que confere à pessoa a condição jurídica de idosa realizou-se sob a égide do Estatuto do Idoso, por essa razão ela não está sujeita aos reajustes estipulados no contrato permitidos na lei velha. Outrossim, se a previsão de reajuste contida na cláusula só opera efeitos quando satisfeita a condição contratual e legal da idade, enquanto não atingir esse patamar, não há o ato jurídico perfeito nem se configura o direito adquirido de a empresa seguradora receber os valores reajustados predefinidos. Assim, a abusividade na variação das contraprestações pecuniárias deverá ser aferida em cada caso concreto, diante dos elementos que o Tribunal de origem dispuser, como se deu nesse processo. Ressalta ainda a Min. Relatora: no que não for reajuste decorrente de mudança de idade, o segurado submete-se às majorações normais dos planos de saúde. Prosseguindo o julgamento, após a renovação do julgamento, a Turma, por maioria, manteve a decisão *a quo*. **REsp 809.329-RJ, Rel. Min. Nancy Andrighi, julgado em 25/3/2008.** (Inform. STJ 349)

2. PREVIDÊNCIA E ASSISTÊNCIA SOCIAL

DIREITO PREVIDENCIÁRIO. EXCLUSÃO DE BENEFÍCIO DE VALOR MÍNIMO PERCEBIDO POR MAIOR DE 65 ANOS NA COMPOSIÇÃO DA RENDA FAMILIAR.

O benefício previdenciário de valor mínimo recebido por pessoa acima de 65 anos não deve ser considerado na composição da renda familiar, para fins de concessão do benefício assistencial a outro membro da família, conforme preconiza o art. 34, parágrafo único, da Lei n. 10.741/2003 (Estatuto do Idoso). Precedentes citados: Pet 7.203-PE, DJe 11/10/2011, AREsp 232.991-SC, DJe 25/9/2012; AgRg no Ag 1.394.595-SP, DJe 9/5/2012, e AgRg no REsp 1.247.868-RS, DJe 13/10/2011. **AgRg no AREsp 215.158-CE, Rel. Min. Mauro Campbell Marques, julgado em 18/10/2012.(Inform. STJ 507)**

DIREITO PREVIDENCIÁRIO. BENEFÍCIO ASSISTENCIAL. MEIOS DE PROVA DA CONDIÇÃO DE MISERABILIDADE.

O critério previsto no art. 20, § 3º, da Lei n. 8.742/1993 (renda mensal per capita inferior a ¼ **do salário mínimo) não impede a concessão do correspondente benefício assistencial, desde que comprovada, por outros meios, a miserabilidade do postulante.** A CF assegura um salário mínimo de benefício mensal à pessoa portadora de deficiência e ao idoso que comprovem não possuir meios de prover à própria manutenção ou de tê-la provida por sua família. A Lei n. 8.742/1993 dispõe que a concessão desse benefício será devido a quem não possua meios de prover sua manutenção ou cuja família possua renda mensal per capita inferior a ¼ do salário mínimo. No julgamento do REsp 1.112.557-MG, representativo de controvérsia, o STJ firmou o entendimento de que a limitação do valor da renda *per capita* familiar não deve ser considerada a única forma de comprovar que a pessoa não possui outros meios para prover a própria manutenção ou de tê-la provida por sua família, visto que esse critério é apenas um elemento objetivo para aferir a necessidade. Ademais, no âmbito judicial vige o princípio do livre convencimento motivado do juiz, não o sistema de tarifação legal de provas. Assim, essa delimitação do valor da renda familiar *per capita* não deve ser tida como único meio de prova da condição de miserabilidade do beneficiado, não podendo vincular o magistrado a um elemento probatório sob pena de cercear o seu direito de julgar. Precedente citado: REsp 1.112.557-MG, DJe 20/11/2009. **AgRg no AREsp 224.185-SP, Rel. Min. Teori Albino Zavascki, julgado em 2/10/2012.(Inform. STJ 505)**

BENEFÍCIO PREVIDENCIÁRIO. IDOSA. INTERVENÇÃO. MP.

Discute-se no REsp a obrigatoriedade de intervenção do Ministério Público (MP) em processos em que idosos capazes sejam parte e postulem direito individual disponível. Nos autos, a autora, que figura apenas como parte interessada no REsp, contando mais de 65 anos, ajuizou ação contra o Instituto Nacional do Seguro Social (INSS) para ver reconhecido exercício de atividade rural no período de 7/11/1946 a 31/3/1986. A sentença julgou improcedente o pedido e o TJ manteve esse entendimento. Sucede que, antes do julgamento da apelação, o MPF (recorrente), em parecer, requereu preliminar de anulação do processo a partir da sentença por falta de intimação e intervenção do *Parquet* ao argumento de ela ser, na hipótese, obrigatória, o que foi negado pelo TJ. Daí o REsp do MPF, em que alega ofensa aos arts. 84 do CPC e 75 da Lei n. 10.741/2003 (Estatuto do Idoso). Destacou o Min. Relator que, no caso dos autos, não se discute a legitimidade do MPF para propor ação civil pública em matéria previdenciária; essa legitimidade, inclusive, já foi reconhecida pelo STF e pelo STJ. Explica, na espécie, não ser possível a intervenção do MPF só porque a parte autora é idosa, pois ela é dotada de capacidade civil, não se encontra em situação de risco e está representada por advogado que interpôs os recursos cabíveis. Ressalta ainda que o direito à previdência social envolve direitos disponíveis dos segurados. Dessa forma, não se trata de direito individual indisponível, de grande relevância social ou de comprovada situação de risco a justificar a intervenção do MPF. Diante do exposto, a Turma negou provimento ao recurso. **REsp 1.235.375-PR, Rel. Min. Gilson Dipp, julgado em 12/4/2011.** (Inform. STJ 469)

ACP. LEGITIMIDADE ATIVA. MP. BENEFÍCIO PREVIDENCIÁRIO.

Ministério Público (MP) possui legitimidade para propor ação civil pública (ACP) com o objetivo de proteger os interesses de segurados de benefícios previdenciários. Ressalta a Min. Relatora que, com esse entendimento, foi restabelecida antiga jurisprudência, após os julgamentos sobre a matéria terem oscilado ultimamente; em várias decisões, inclusive na Terceira Seção, vinha-se recusando a legitimidade *ad causam* do MP em ACPs com o objetivo de discutir questões ligadas à seguridade social, como direitos relativos à concessão de benefício assistencial a idosos e portadores de deficiência, revisão de benefícios previdenciários e equiparação de menores sob guarda judicial a filhos de segurados para fins previdenciários. No entanto, segundo a Min. Relatora, deve haver nova reflexão sobre o tema em razão, sobretudo, do relevante interesse social envolvido no ajuizamento da ACP de natureza previdenciária, pois o reconhecimento da legitimidade do MP, além do interesse social, traz inegável economia processual, evitando-se a proliferação de demandas individuais idênticas com resultados divergentes e com o consequente acúmulo de feitos nas instâncias do Judiciário, o que, certamente, não contribui para uma prestação jurisdicional eficiente, célere e uniforme. Observa que o STF já vinha reconhecendo a legitimidade do MP para a ACP destinada à proteção de direitos sociais, tais como a moradia e a educação, e agora, em julgado mais recente, afirmou aquela Corte que certos direitos individuais homogêneos podem ser classificados como interesses ou direitos coletivos, ou identificar-se com interesses sociais e individuais indisponíveis, esclarecendo que, nesses casos, a ACP presta-se à defesa deles, legitimando o MP para a causa (art. 127, *caput*, e art. 129, III, da CF/1988). Desse modo, concluiu que o MP detém legitimidade para propor ACP na defesa de interesses individuais homogêneos (arts. 127, § 1º, e 129, II e III, da CF/1988). Assim, assevera a Min. Relatora, entre outras considerações, que, para fins de legitimidade do *Parquet* para a ACP quando se tratar de direitos individuais homogêneos, ainda que disponíveis, o que deve ser observado é a presença do relevante interesse social de que se reveste o direito a ser tutelado. Diante do exposto, a Turma negou provimento ao REsp interposto pelo Instituto Nacional do Seguro Social (INSS). No recurso, este buscava a extinção do feito sem julgamento do mérito, alegando a ilegitimidade do MPF para promover ACP pertinente a reajustes e revisões de benefícios previdenciários concedidos a partir de março de 1994, com inclusão da variação integral do IRSM de fevereiro de 1994 (39,67%) nos salários de contribuição integrantes do período básico de cálculo antes da conversão em URV. Anotou-se que o tribunal de origem entendeu ser cabível a revisão, confirmando a sentença de primeiro grau que também restringiu os efeitos do julgado à subseção judiciária em que proposta a ação, na forma do art. 16 da Lei n. 7.347/1985. Precedentes citados do STF: RE 163.231-SP, DJ 29/6/2001; RE 195.056-PR, DJ 30/5/2003; AgRg no RE 514.023-RJ, DJe 5/2/2010; RE 228.177-MG, DJe 5/3/2010; AgRg no RE 472.489-RS, DJe 29/8/2008; AgRg no AI 516.419-PR, DJe 30/11/2010; RE 613.044-SC, DJe 25/6/2010; do STJ: EREsp 644.821-PR, DJe 4/8/2008; AgRg nos EREsp 274.508-SP, DJ 10/4/2006; AgRg no REsp 938.951-DF, DJe 10/3/2010; REsp 413.986-PR, DJ 11/11/2002, e AgRg no AgRg no Ag 422.659-RS, DJ 5/8/2002. **REsp 1.142.630-PR, Rel. Min. Laurita Vaz, julgado em 7/12/2010.** (Inform. STJ 459)

3. TRANSPORTE

EMENTA: AÇÃO DIRETA DE INCONSTITUCIONALIDADE. ART. 39 DA LEI N. 10.741, DE 1º DE OUTUBRO DE 2003 (ESTATUTO DO IDOSO), QUE ASSEGURA GRATUIDADE DOS TRANSPORTES PÚBLICOS URBANOS E SEMI-URBANOS AOS QUE TÊM MAIS DE 65 (SESSENTA E CINCO) ANOS. DIREITO CONSTITUCIONAL. NORMA CONSTITUCIONAL DE EFICÁCIA PLENA E APLICABILIDADE IMEDIATO. NORMA LEGAL QUE REPETE A NORMA CONSTITUCIONAL GARANTIDORA DO DIREITO. IMPROCEDÊNCIA DA AÇÃO.

1. O art. 39 da Lei n. 10.741/2003 (Estatuto do Idoso) apenas repete o que dispõe o § 2º do art. 230 da Constituição do Brasil. A norma constitucional é de eficácia plena e aplicabilidade imediata, pelo que não há eiva de invalidade jurídica na norma legal que repete os seus termos e determina que se concretize o quanto constitucionalmente disposto.

2. Ação direta de inconstitucionalidade julgada improcedente. (ADI 3768/DF, rel. Min. Carmen Lúcia, DJU 26.10.2007) (Inform. STF 487)

TRANSPORTE GRATUITO PARA IDOSOS E GARANTIA CONSTITUCIONAL

O Tribunal, por maioria, julgou improcedente pedido formulado em ação direta de inconstitucionalidade ajuizada pela Associação Nacional das Empresas de Transportes Urbanos - NTU contra o art. 39, *caput*, da Lei 10.741/2003 (Estatuto do Idoso), que garante a gratuidade dos transportes coletivos públicos urbanos e semi-urbanos aos maiores de 65 anos. Salientando que a norma do § 2º do art. 230 da CF é de eficácia plena e aplicabilidade imediata, entendeu-se que o legislador ordinário nada mais fez que dotar de efetividade um dos direitos sociais do idoso (CF: "*Art. 230. A família, a sociedade e o Estado têm o dever de amparar as pessoas idosas, assegurando sua participação na comunidade, defendendo sua dignidade e bem-estar e garantindo-lhes o direito à vida. ... § 2º - Aos maiores de sessenta e cinco anos é garantida a gratuidade dos transportes coletivos urbanos.*"). Asseverou-se que o direito dos idosos ao transporte gratuito não é um fim em si mesmo, e que a facilidade de seu deslocamento físico pelo uso de transporte coletivo deve ser assegurada como garantia da qualidade digna de vida para os que não podem pagar ou já colaboraram com a sociedade em períodos pretéritos, de modo a lhes caber, nesta fase da vida, tal benefício, a ser custeado pela sociedade. Aduziu-se, também, que mesmo nos contratos de concessão ou permissão assinados antes da promulgação da Constituição, em respeito à garantia do equilíbrio econômico-financeiro dos contratos, os delegados dos serviços de transporte municipal e intermunicipal apenas poderiam requerer a alteração dos contratos para cobrir-se, financeiramente, com os ônus comprovados em planilha sobre o uso dos transportes delegados pelos idosos. Acrescentou-se que, após a promulgação da Constituição da República, todos os concessionários e permissionários estão submetidos às suas normas, não podendo, desde então, alegar que não sabiam do direito dos idosos ao transporte coletivo gratuito. Dessa forma, a compensação pela gratuidade de transporte coletivo urbano aos idosos, pleiteada pela requerente, além de não prevista na Constituição Federal, só seria admitida se fosse comprovado prejuízo real para as empresas em regime de concessão ou permissão, ante um desequilíbrio extraordinário e inesperado, o que não ocorrera, haja vista ser habitual, entre concessionários e permissionários, a previsão dos custos e dos lucros. Por fim, esclareceu-se que o direito dos idosos à gratuidade de transporte coletivo urbano não estaria incluído no rol de benefícios da seguridade social, razão por que as normas constitucionais a ela atinentes (CF, artigos 194 a 204) não se aplicariam à específica disciplina do direito dos idosos. Vencido, em parte, o Min. Marco Aurélio que emprestava interpretação conforme a Constituição à primeira parte do art. 39, da Lei 10.741/2003, excluindo toda interpretação que afastasse o ônus do próprio Estado e, no tocante ao seu § 2º, concluía pela inconstitucionalidade, por afronta ao art. 30, V, da CF. ADI 3768/DF, rel. Min. Cármen Lúcia, 19.9.2007. (ADI-3768) (Inform. STF 480)

DANO MORAL COLETIVO. PASSE LIVRE. IDOSO.

A concessionária do serviço de transporte público (recorrida) pretendia condicionar a utilização do benefício do acesso gratuito ao transporte coletivo (passe livre) ao prévio cadastramento dos idosos junto a ela, apesar de o art. 38 do Estatuto do Idoso ser expresso ao exigir apenas a apresentação de documento de identidade. Vem daí a ação civil pública que, entre outros pedidos, pleiteava a indenização do dano moral coletivo decorrente desse fato. Quanto ao tema, é certo que este Superior Tribunal tem precedentes no sentido de afastar a possibilidade de configurar-se tal dano à coletividade, ao restringi-lo às pessoas físicas individualmente consideradas, que seriam as únicas capazes de sofrer a dor e o abalo moral necessários à caracterização daquele dano. Porém, essa posição não pode mais ser aceita, pois o dano extrapatrimonial coletivo prescinde da prova da dor, sentimento ou abalo psicológico sofridos pelos indivíduos. Como transindividual, manifesta-se no prejuízo à imagem e moral coletivas e sua averiguação deve pautar-se nas características próprias aos interesses difusos e coletivos. Dessarte, o dano moral coletivo pode ser examinado e mensurado. Diante disso, a Turma deu parcial provimento ao recurso do MP estadual. **REsp 1.057.274-RS, Rel. Min. Eliana Calmon, julgado em 1º/12/2009.** (Inform. STJ 418)

TRANSPORTE COLETIVO. IDOSO. GRATUIDADE.

O Estatuto do Idoso reconhece como direito fundamental o acesso gratuito dos maiores de 65 anos a transportes coletivos urbanos, independentemente de qualquer condição (art. 39 da Lei n. 10.741/2003). Portanto, tal dispositivo, com assento constitucional no art. 230, § 2º, da CF/1988, concede aos idosos, de forma direta, a possibilidade de usufruírem do transporte coletivo sem qualquer ônus financeiro. Reconhece, ainda, que esse direito pode ser estendido às pessoas com faixa etária entre 60 e 65 anos, a critério do que dispuser a legislação local, tal como se deu no caso (Decreto Municipal n. 3.111/2004). Contudo, vale ressaltar que o Estatuto do Idoso não impôs a criação da fonte de custeio e, ainda, afastou a exigência de tal fonte. Diante disso, a Turma conheceu, em parte, do recurso, mas lhe negou provimento. Precedente citado: REsp 1.043.772- RJ, DJ 12/11/2008. **REsp 916.675- RJ, Rel. Min. Teori Albino Zavascki, julgado em 25/11/2008.** (Inform. STJ 378)

4. ENTIDADES DE ATENDIMENTO AO IDOSO

HC. INTERDIÇÃO. IDOSO.

A impetrante do *habeas corpus* alega que a paciente, sua mãe, com mais de noventa anos, estaria a sofrer maus-tratos no asilo em que se encontra albergada, a seu ver um verdadeiro cárcere privado. Requer, ao final, a remoção da paciente daquele local, com o fito de que venha a morar com ela, e a nomeação de outra pessoa para sua guarda distinta de seu irmão, atual responsável pela genitora, contra o qual disse pesar acusação de falta de lisura no trato dos bens da idosa. Porém, lê-se do teor do acórdão recorrido que a questão da interdição já está em discussão em processo específico, sede pertinente à defesa dos direitos da paciente. Daí que inviável o manejo de *habeas corpus*, também porque, nessa via estreita, é impossível a discussão probatória que se faz necessária na hipótese. Precedentes citados: RHC 19.186-BA, DJ 11/12/2006, e HC 20.791-SP, DJ 2/12/2002. **RHC 25.788-SP, Rel. Min. Aldir Passarinho Junior, julgado em 4/8/2009.** (Inform. STJ 401)

5. ACESSO À JUSTIÇA

PRESCRIÇÃO: MAIOR DE 70 ANOS E ESTATUTO DO IDOSO - 1

A Turma iniciou julgamento de *habeas corpus* impetrado em favor de condenado por crime de falsidade ideológica (CP, art. 299) e crime contra a ordem tributária (Lei 8.137/90, art. 1º, I), no qual se pretende a incidência da redução do prazo prescricional prevista no art. 115 do CP ("*São reduzidos de metade os prazos de prescrição quando o criminoso era, ao tempo do crime, menor de 21 (vinte e um) anos, ou, na data da sentença, maior de 70 (setenta) anos*"), ten-do em conta a circunstância de o paciente, à época do julgamento da apelação, contar setenta anos. O Min. Marco Aurélio, relator, concedeu a ordem para proclamar a prescrição da pretensão punitiva consideradas as penas concretizadas e impostas ao paciente. Inicialmente, afastou a alegação de que o mencionado dispositivo teria sido derrogado pela Lei 10.741/2003, que define como idoso aquele que possui idade igual ou superior a 60 anos, ao fundamento de ser completa a norma do CP, não remetendo à disciplina legal do que se entende por idoso, mas fixando os 70 anos como capazes de levar à diminuição do prazo prescricional. Em seguida, reportando-se ao que decidido na Ext 591/República Italiana (DJU de 22.9.95), afirmou que o art. 115 do CP, ao remeter à data da sentença, há de ser analisado de modo a apanhar como marco temporal — época a ser levada em conta, presente a idade do acusado — não a data do pronunciamento do Juízo, mas aquela em que o título executivo penal condenatório se torne imutável na via do recurso. Relativamente ao crime de falsidade ideológica, reconheceu que a prescrição já incidira na data do recebimento da denúncia. Após, o julgamento foi suspenso em virtude do pedido de vista do Min. Ricardo Lewandowski. HC 89969/RJ, rel. Min. Marco Aurélio, 13.3.2007. (HC-89969)

PRESCRIÇÃO: MAIOR DE 70 ANOS E ESTATUTO DO IDOSO - 2

Em conclusão de julgamento, a Turma, por maioria, ressaltando o fato de o paciente haver completado 70 anos em data anterior à publicação do acórdão que julgara embargos de declaração opostos em sede de apelação interposta contra a sentença condenatória, deferiu *habeas corpus* impetrado em favor de condenado por crime de falsidade ideológica (CP, art. 299) e crime contra a ordem tributária (Lei 8.137/90, art. 1º, I), para proclamar a prescrição da pretensão punitiva, ante a incidência do art. 115 do CP ("*São reduzidos de metade os prazos de prescrição quando o criminoso era,... na data da sentença, maior, de 70 anos (setenta) anos*") — v. Informativo 459. Inicialmente, afastou-se a alegação de que o mencionado dispositivo teria sido derrogado pelo Estatuto do Idoso (Lei 10.741/2003). No mérito, tendo em vista o que decidido na Ext 591/República Italiana (DJU de 22.9.95), asseverou-se que o art. 115 do CP, ao remeter à data da sentença, deve ser analisado de modo a conferir a tal expressão um sentido mais amplo. O Min. Marco Aurélio, relator, no ponto, salientou que esse vocábulo apanharia como marco temporal não a data do pronunciamento do Juízo, mas aquela em que o título executivo penal condenatório se tornou imutável na via do recurso. Vencido o Min. Carlos Britto por considerar que o termo em questão refere-se à sentença de 1º grau. HC 89969/RJ, rel. Min. Marco Aurélio, 26.6.2007. (HC-89969) (Inform. STF 473)

PRECATÓRIO ALIMENTAR. PREFERÊNCIA. IDOSO. INTERESSE. AGIR. ESTADO.

Trata-se, no caso, de pagamento de precatório alimentar a cidadão idoso (89 anos) e portador de enfermidade crônica. Entendeu o presidente do Tribunal de Justiça fazê-lo prioritariamente. A decisão do presidente do TJ fixou critérios pelo qual o idoso recebia seu crédito, o que não implicou aumento de despesa a ser suportado pelo Executivo, apenas fixou a ordem de pagamentos a serem realizados. O estado membro não preteriu os credores mais antigos, apenas obedeceu à ordem dada pela autoridade competente constitucionalmente para determinar o pagamento (art. 100, § 2º, da CF/1988), qual seja, o presidente do TJ. Assim, não há qualquer interesse do estado membro na demanda. Caso algum prejuízo tenha ocorrido, foi de algum credor preterido pela preferência dada ao idoso, aí cabe a ele, caso entender conveniente, exercer o direito de ação. Logo, a Turma negou provimento ao recurso do estado membro. **RMS 28.084-GO, Rel. Min. Herman Benjamin, julgado em 23/4/2009.** (Inform. STJ 391)

6. CRIMES

LEI 10.741/2003: CRIMES CONTRA IDOSOS E APLICAÇÃO DA LEI 9.099/95 - 1

O Tribunal iniciou julgamento de ação direta de inconstitucionalidade ajuizada pelo Procurador-Geral da República contra a expressão "exceto nos serviços seletivos e especiais, quando prestados paralelamente aos serviços regulares", constante do caput do art. 39, da Lei 10.741/2003 (Estatuto do Idoso), que assegura aos maiores de 65 anos a gratuidade dos transportes coletivos públicos e urbanos e semi-urbanos, e do art. 94, do mesmo diploma legal, que determina a aplicação, aos crimes tipificados nessa lei, cuja pena máxima privativa de liberdade não ultrapasse 4 anos, do procedimento previsto na Lei 9.099/95, e, subsidiariamente, no que couber, as disposições do Código Penal e do Código de Processo Penal. Preliminarmente, o Tribunal não conheceu da ação relativamente ao art. 39 da lei impugnada, por já ter se pronunciado pela constitucionalidade desse dispositivo quando do julgamento da ADI 3768/DF (DJE de 26.10.2007). Em seguida, a Min. Cármen Lúcia, relatora, julgou parcialmente procedente o pedido formulado para dar interpretação conforme a Constituição ao art. 94 da Lei 10.741/2003, no sentido de que, aos crimes previstos nessa lei, cuja pena máxima privativa de liberdade não ultrapasse 4 anos, aplica-se o procedimento sumaríssimo previsto na Lei 9.099/95, não se admitindo interpretação que permita aplicação benéfica ao autor do crime cuja vítima seja idoso. Asseverou que, se interpretada a norma no sentido de que seriam aplicáveis aos crimes cometidos contra os idosos os benefícios da Lei 9.099/95, a lei impugnada seria inconstitucional, haja vista a possibilidade de, em face de um único diferencial, qual seja, a idade da vítima do delito, ter-se, por exemplo, um agente respondendo perante o Sistema Judiciário Comum e outro com todos os benefícios da Lei dos Juizados Especiais, não obstante a prática de crimes da mesma gravidade (pena máxima não superior a 4 anos). Assim, estabelecendo que seria aplicável apenas o procedimento sumaríssimo previsto na Lei 9.099/95 aos crimes mencionados, o idoso seria, então, beneficiado com a celeridade processual, mas o autor do crime não seria beneficiado com eventual conciliação ou transação penal. Em divergência, o Min. Eros Grau julgou improcedente o pleito, por reputar, tendo em conta não ter sido apontada, na inicial, a violação a nenhum preceito constitucional, não caber ao Supremo o exercício do controle da razoabilidade e da proporcionalidade das leis. Após, pediu vista dos autos o Min. Carlos Britto. **ADI 3096/DF, rel. Min. Cármen Lúcia, 19.8.2009. (ADI-3096)**

LEI 10.741/2003: CRIMES CONTRA IDOSOS E APLICAÇÃO DA LEI 9.099/95 - 2

Em conclusão, o Tribunal julgou parcialmente procedente pedido formulado em ação direta de inconstitucionalidade ajuizada pelo Procurador-Geral da República para dar interpretação conforme ao art. 94 da Lei 10.741/2003 ["*Aos crimes previstos nesta Lei, cuja pena máxima privativa de liberdade não ultrapasse 4 (quatro) anos, aplica-se o procedimento previsto na Lei no 9.099, de 26 de setembro de 1995, e, subsidiariamente, no que couber, as disposições do Código Penal e do Código de Processo Penal.*"], no sentido de que aos crimes previstos nessa lei, cuja pena máxima privativa de liberdade não ultrapasse 4 anos, aplica-se a Lei 9.099/95 apenas nos aspectos estritamente processuais, não se admitindo, em favor do autor do crime, a incidência de qualquer medida despenalizadora — v. Informativo 556. Concluiu-se que, dessa forma, o idoso seria beneficiado com a celeridade processual, mas o autor do crime não seria beneficiado com eventual composição civil de danos, transação penal ou suspensão condicional do processo. Vencidos o Min. Eros Grau, que julgava improcedente o pleito, e o Min. Marco Aurélio, que o julgava totalmente procedente. **ADI 3096/DF, rel. Min. Cármen Lúcia, 16.6.2010. (ADI-3096)** (Inform. STF 591)

COMPETÊNCIA. JF. EMPREGADO. CEF.

A Seção, por maioria, entendeu que compete à Justiça Federal processar e julgar crime no qual empregado da Caixa Econômica Federal, em tese, teria, no exercício de suas funções, discriminado pessoa idosa que aguardava atendimento bancário, conduta que se subsume ao delito previsto no art. 96 da Lei n. 10.741/2003 (Estatuto do Idoso). **CC 97.995-SP, Rel. Min. Jorge Mussi, julgado em 10/6/2009.** (Inform. STJ 398)

15. DIREITO DA PESSOA COM DEFICIÊNCIA

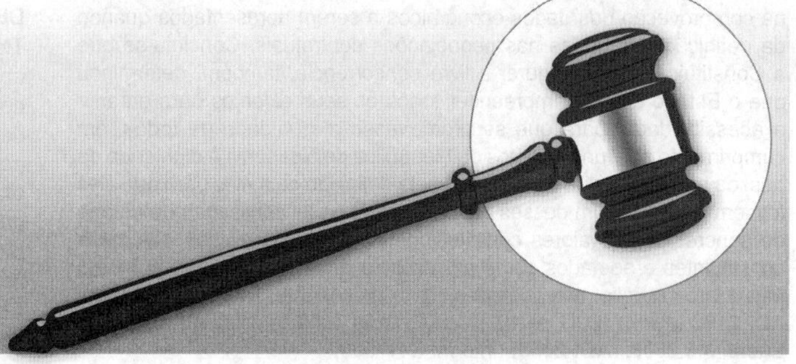

CONCURSO PÚBLICO E VAGAS DESTINADAS À CONCORRÊNCIA ESPECÍFICA - 1

Por reconhecer o direito líquido e certo do recorrente à nomeação em concurso público, a Turma proveu recurso ordinário em mandado de segurança para desconstituir ato do Ministro de Estado da Agricultura, Pecuária e Abastecimento, que nomeara indevidamente candidato aprovado em vaga reservada a portador de deficiência (concorrência específica) naquela destinada à concorrência ampla. No caso, o concurso público fora realizado de forma regionalizada e estruturado em duas turmas distintas de formação. Em ambas havia a previsão de que, para cada especialidade ou área, seriam reservados 5% das vagas aos portadores de necessidades especiais. Assim, destacaram-se, respectivamente, uma vaga para o primeiro curso e três para o segundo. A soma dos candidatos convocados para as turmas atingiram o número total de vagas disponíveis à época. Ocorre que, ao convocar 4 candidatos inscritos para as vagas de concorrência específica, a autoridade coatora teria extrapolado a quantidade legalmente reservada (3 vagas). **RMS 25666/DF, rel. Min. Joaquim Barbosa, 29.9.2009**. (RMS-25666)

CONCURSO PÚBLICO E VAGAS DESTINADAS À CONCORRÊNCIA ESPECÍFICA - 2

Aduziu-se, inicialmente, que, nos termos do art. 37, VIII, da CF, a reserva de vagas para concorrência específica de portadores de deficiência é requisito de validade para a realização de concurso público para a investidura em cargo ou emprego públicos. Nesse sentido, destacou-se que, consoante o disposto no art. 8º, § 2º, da Lei 8.112/90, 5% a 20% das vagas disponíveis devem ser reservadas à concorrência específica, em contraposição à ampla concorrência. Evidenciou-se, na espécie, a peculiaridade do certame, na medida em que as vagas oferecidas no concurso foram cindidas de acordo com cada turma de curso de formação que viesse a ser estipulado pelos responsáveis pelo processo seletivo. Ressaltou-se que, independentemente da quantidade de fases e da forma como elas venham a ser estruturadas, cada processo para preenchimento de cargos ou empregos públicos se revela uno e único e que o ponto de partida para o certame sempre será a existência de vagas ou a previsão de abertura de vagas relacionadas a cargo ou emprego públicos. Salientou-se que o concurso público em tela fora organizado de modo a dividir os candidatos aprovados em duas turmas do curso de formação e que o edital também alocara as vagas disponíveis de acordo com a cidade de lotação, de forma que os candidatos também deveriam optar pela localidade em que disponível a vaga no ato de inscrição. **RMS 25666/DF, rel. Min. Joaquim Barbosa, 29.9.2009.** (RMS-25666)

CONCURSO PÚBLICO E VAGAS DESTINADAS À CONCORRÊNCIA ESPECÍFICA - 3

Frisou-se que a base de cálculo dos limites de vagas destinadas à específica concorrência corresponderia ao número total de vagas disponíveis para cada especialidade. Destarte, asseverou-se que particularidades da estrutura do concurso que não afetem o número total de vagas disponíveis para cada nicho de concorrência não influirão na quantidade de vagas reservadas. Enfatizou-se que, na situação em exame, o deslocamento temporal entre as turmas do curso de formação nada dissera sobre a quantidade total de vagas a que concorriam os candidatos. Por conseguinte, assentou-se que o estabelecimento do número de vagas destinadas à específica concorrência — em função da quantidade de turmas do curso de formação — outorga à Administração a possibilidade de estabelecer, por vias oblíquas, os limites entre concorrência ampla e concorrência específica. Destacou-se que isso fica ainda mais nítido quando observado que a relação entre o total de vagas disponíveis e as vagas destinadas à específica concorrência é alterada mesmo com o número total de vagas permanecendo estático. Em sentido semelhante, mencionou-se que a proporção efetiva é modificada sem alteração do percentual de reserva estabelecido no início do certame. **RMS 25666/DF, rel. Min. Joaquim Barbosa, 29.9.2009. (RMS-25666)** (Inform. STF 561)

ADI E PASSE LIVRE A PORTADORES DE DEFICIÊNCIA CARENTES - 1

O Tribunal, por maioria, julgou improcedente pedido formulado em ação direta ajuizada pela Associação Brasileira das Empresas de Transporte Rodoviário Intermunicipal, Interestadual e Internacional de Passageiros - ABRATI contra a Lei nacional 8.899/94, que concede passe livre no sistema de transporte coletivo interestadual às pessoas portadoras de deficiência, comprovadamente carentes. Mencionando o contexto social e constitucional vigentes, destacou-se, inicialmente, a existência da Convenção sobre os Direitos das Pessoas com Deficiência, assinado pelo Brasil, na sede da ONU, em 30.3.2007, e em tramitação no Congresso Nacional, e os valores que norteiam a Constituição, contidos no seu preâmbulo. Asseverou-se que, na esteira desses valores, é que se afirmaria, nas normas constitucionais, o princípio da solidariedade, projetado no art. 3º. Ressaltou-se que, na linha dos princípios fundamentais da República, a Constituição teria acolhido como verdadeira situação, a ser alterada pela implementação de uma ordem jurídica que recriasse a organização social, a discriminação contra os deficientes, tendo em conta sua inegável dificuldade para superar, na vida em sociedade, os seus limites. **ADI 2649/DF, rel. Min. Cármen Lúcia, 8.5.2008.** (ADI-2649)

ADI E PASSE LIVRE A PORTADORES DE DEFICIÊNCIA CARENTES - 2

Afastou-se, em seguida, a alegação de ofensa ao art. 170, da CF. Afirmou-se, no ponto, que a livre iniciativa presta-se à garantia de liberdade empresarial para atividades desta natureza, sendo que para os concessionários e permissionários de serviço público o regime não seria de livre iniciativa, mas de iniciativa de liberdade regulada nos termos da lei, segundo as necessidades da sociedade. Tendo em conta o disposto no art. 175, parágrafo único, II, da CF (*"Art. 175. Incumbe ao poder público, na forma a lei, diretamente ou sob regime de concessão ou permissão,... a prestação de serviços públicos. Parágrafo único. A lei disporá... II - sobre os direitos dos usuários..."*), aduziu-se que a pessoa portadora de carências especiais haveria de ser considerada como um potencial usuário do serviço público de transporte coletivo interestadual, e tratando-se de titular de condição diferenciada, nesta condição haveria de ser cuidado pela lei, tal como se deu com o diploma questionado. Rejeitou-se, de igual modo, a apontada ofensa ao princípio da igualdade, ao fundamento de que a lei em questão teria dado forma justa ao direito do usuário que, pela sua diferença, haveria de ser tratado nesta condição desigual para se igualar nas oportunidades de ter acesso àquele serviço público. **ADI 2649/DF, rel. Min. Cármen Lúcia, 8.5.2008.** (ADI-2649)

ADI E PASSE LIVRE A PORTADORES DE DEFICIÊNCIA CARENTES - 3

Reputou-se, ademais, improcedente o argumento de que a norma combatida teria instituído uma "ação de assistência social", com inobservância ao art. 195, § 5º, da CF, haja vista que o passe livre não constituiria benefício ou serviço da seguridade social. Julgou-se insubsistente, também, a afirmação de que a lei impugnada consubstanciaria forma de confisco, porque o ônus das passagens usadas pelos portadores de deficiência seria assumido pelas empresas. Considerou-se que o que a requerente estaria querendo demonstrar seria que o direito reconhecido aos portadores de deficiência conduziriam ao desequilíbrio da equação econômico-financeira do contrato firmado pelas prestadoras do serviço com o poder concedente.

Salientou-se que eventual desequilíbrio nessa equação seria resolvido na comprovação dos dados econômicos a serem apresentados quando da definição das tarifas nas negociações contratuais. Concluiu-se que a Constituição, ao assegurar a livre concorrência, também, determinou que o Estado deveria empreender todos os seus esforços para garantir a acessibilidade, para que se promovesse a igualdade de todos, em cumprimento aos fundamentos da República de cidadania e dignidade da pessoa humana, o que se realizaria pela definição de meios para que eles fossem atingidos. Um desses meios se poria na lei analisada que dotaria de concretude os valores constitucionais percebidos e acolhidos pelos constituintes e adotados como princípios e regras da CF/88. Vencido o Min. Marco Aurélio, que julgava o pleito procedente. Precedente citado: ADI 2163 MC/RJ (DJU de 12.12.2003). **ADI 2649/DF, rel. Min. Cármen Lúcia, 8.5.2008. (ADI-2649)** (Inform. STF 505)

CONCURSO PÚBLICO. MÉDICO. TRABALHO. PORTADOR. DEFICIÊNCIA. MUDEZ.

Trata-se de REsp em que se discute o momento em que o candidato portador de deficiência física deve ser avaliado a respeito de sua capacidade em desenvolver as tarefas inerentes ao cargo público para o qual foi aprovado. *In casu,* o recorrente inscreveu-se em certame público nas vagas asseguradas aos deficientes físicos, para concorrer ao cargo de médico do trabalho. Aprovado na prova escrita, foi submetido a exame médico admissional que concluiu pela incompatibilidade entre as funções a serem desenvolvidas e a deficiência apresentada (mudez), sendo excluído do concurso. Inicialmente, ressaltou o Min. Relator, que a Lei n. 7.853/1989 estabelece as regras gerais sobre o apoio às pessoas portadoras de deficiência e sua integração social. Assim, conforme o referido diploma legal, o poder público assume a responsabilidade de fazer valer a determinação constitucional de desenvolvimento de políticas públicas voltadas ao portador de deficiência física, bem como é vedado qualquer tipo de discriminação ou preconceito. Registrou, ainda, que o Dec. n. 3.298/1999 o qual regulamentou a mencionada lei, ao dispor sobre a inserção do deficiente na Administração Pública, determinou que o exame da compatibilidade no desempenho das atribuições do cargo seja realizado por equipe multiprofissional durante o estágio probatório. Isso porque o poder público deve assegurar aos deficientes condições necessárias previstas em lei e na Constituição Federal, para que possam exercer suas atividades conforme as limitações que apresentam. Desse modo, entendeu não atender à determinação legal a avaliação realizada em exame médico admissional que, de forma superficial, atestou a impossibilidade do exercício da função pública pelo recorrente, sem observar os parâmetros estabelecidos no § 1º do art. 43 do citado decreto. Ademais, no estágio probatório, o recorrente poderá demonstrar sua adaptação ao exercício do cargo, pois é nesse período que a Administração deve observar assiduidade, disciplina, capacidade de iniciativa, produtividade e responsabilidade do servidor nos termos do art. 20 da Lei n. 8.112/1990, além de avaliar, de forma concreta, a adaptação ao serviço e as qualidades do agente aprovado em concurso público, após a sua investidura em cargo de provimento efetivo. Diante disso, a Turma deu parcial provimento ao recurso para afastar o óbice apresentado pela Administração e assegurar ao recorrente a permanência no certame para o cargo de médico do trabalho. **REsp 1.179.987-PR, Rel. Min. Jorge Mussi, julgado em 13/9/2011.** (Inform. STJ 483)

PORTADORA. DEFICIÊNCIA. ACESSO. SALA. AULA. IMPEDIMENTO. PROFESSORA.

In casu, trata-se de saber se a conduta praticada pela recorrente, na condição de professora, qual seja, impedir o acesso de aluna portadora de deficiência auditiva à sala de aula, preenche o comando incriminador descrito no art. 8º, I, da Lei n. 7.853/1989. A Turma entendeu que, na hipótese, não se demonstrou a conduta típica, pois, consoante os autos, não se verifica ter a recorrente recusado, suspendido, procrastinado, cancelado ou feito cessar, sem justa causa, a inscrição da aluna. Observou-se que em se tratando de professora, a menos que cumule também atividades de diretoria do estabelecimento educacional, o que não restou descrito, não teria a recorrente condições de praticar a conduta típica, a qual está intrinsecamente relacionada à inscrição da educanda. Portanto, não se demonstrou de nenhuma forma a prática da conduta típica, a possibilidade de a recorrente ser sujeito ativo do delito em questão, haja vista cuidar-se de crime próprio. Ademais, não se identificou eventual prejuízo à inscrição da aluna na escola. Assim, deu-se provimento ao recurso para restabelecer a decisão de 1º grau, que entendeu ser atípica a conduta da recorrente. **REsp 1.022.478-RN, Rel. Min. Maria Thereza de Assis Moura, julgado em 4/10/2011.** (Inform. STJ 484)

ACESSIBILIDADE. AUTOATENDIMENTO BANCÁRIO. PORTADOR. DEFICIÊNCIA.

Trata-se de REsp contra o acórdão que confirmou sentença impositiva de obrigação de fazer (em 30 dias) consistente na viabilidade da utilização dos caixas de autoatendimento, ou pelo menos um deles, aos portadores de deficiência locomotiva, como é o caso do autor, ora recorrido, isso sob pena de incidência de multa de R$ 500,00 por dia de atraso. Foi também o banco réu, ora recorrente, condenado ao pagamento de indenização por dano moral no valor de R$ 5 mil e ainda à multa prevista no art. 538, parágrafo único, do CPC. A Turma, ao prosseguir o julgamento, por maioria, deu provimento ao recurso. Entre outras considerações, consignou-se que o acórdão impugnado, ao confirmar a referida sentença, violou os arts. 2º, I e VI, da Lei n. 10.098/2000; 5o, § 3º, e 8o, I, do Dec. n. 5.296/2004, na medida em que estabeleceu obrigação não prevista nos referidos diplomas legais, normas regulamentadoras dos arts. 227 e 244 da CF/1988. Registrou-se que a plenitude do acesso dos deficientes (termo utilizado pelo Dec. n. 5.296/2004) aos serviços públicos e, no caso, aos serviços bancários tem como limite a reserva do possível em termos tecnológicos e financeiros e a realidade de cada deficiente, variável física e psicologicamente, dentro de um universo infinito de deficiências. Registrou-se, ainda, que os equipamentos e mobiliários de agências bancárias devem seguir as determinações da regulamentação infralegal, por questões relacionadas não apenas ao conforto dos usuários, mas também à segurança do sistema bancário. Ressaltou-se, ademais, que, na época do ajuizamento da ação e até a edição da norma técnica da ABNT 15250, não havia definição dos parâmetros técnicos para fabricação e instalação dos equipamentos de autoatendimento adaptados postulados pelo recorrido. Se não havia essa definição obrigatória, segundo o Dec. n. 5.296/2004, não havia equipamentos disponíveis, no mercado, para o réu, recorrente, adquirir. Assim, a desigualdade de acesso, na hipótese, não deriva de ato ilícito por ele praticado, mas de circunstâncias relacionadas às especificidades da deficiência física do recorrido e da limitação dos meios disponíveis para mitigá-la. Dessarte, não é jurídico obrigar o recorrente a instalar uma máquina de autoatendimento diversa daquela especificada por norma da ABNT já integrada à agência bancária do recorrido, que pudesse melhor atender às suas condições pessoais. Desse modo, entendeu-se não haver ato ilícito nem falta de serviço capaz de justificar a condenação ao pagamento de indenização por dano moral. **REsp 1.107.981-MG, Rel. originário Min. Luis Felipe Salomão, Rel. para o acórdão Min. Maria Isabel Gallotti, julgado em 3/5/2011.** (Inform. STJ 471)

CONSULTA PÚBLICA. DOCUMENTOS.

O ministro de Estado das Comunicações determinou a abertura de consulta pública para que fossem apresentadas sugestões quanto à implantação da audiodescrição: recurso tecnológico que permite a descrição de informações visuais não contidas em diálogos quando da prestação de serviços de radiodifusão de sons e imagens e de retransmissão de televisão, o que possibilita a inclusão de pessoas portadoras de deficiência visual mediante o acesso a meios de comunicação, notadamente aos programas de televisão. Todavia, os impetrantes (diversas associações de portadores de deficiência) não concordaram com a forma em que foram divulgados, na *Internet*, os documentos referentes à consulta: ora em língua estrangeira, ora em formato PDF (imagem), o que dificulta sobremaneira o acesso dos portadores de deficiência a essas informações e a própria proposição de sugestões, daí a impetração. Vê-se, contudo, que os documentos escritos fora do vernáculo dizem respeito a contribuições de terceiros consistentes em informações que ilustram o funcionamento da audiodescrição em outros países, não condizentes com a portaria que promoveu a consulta e meros subsídios ao Poder Público referentes à própria qualidade do serviço a ser implantado. Quanto aos documentos em PDF, já houve o deferimento de medida liminar para adequar a divulgação dos documentos ao formato de texto (TXT) e/ou áudio, além de reabrir o prazo para a apresentação de sugestões, o que exaure o objeto do mandado de segurança e determina a concessão parcial da ordem para tornar definitiva a liminar deferida. **MS 14.449-DF, Rel. Min. Hamilton Carvalhido, julgado em 23/6/2010.** (Inform. STJ 440)

CONCURSO PÚBLICO. PORTADOR. DEFICIÊNCIA.

O impetrante, ora recorrente, inscreveu-se em concurso público de professor nas vagas destinadas aos portadores de deficiência e, nessa qualidade, logrou a primeira posição no certame. Quando de sua posse, mediante perícia médica realizada pela Administração, não se reconheceu sua deficiência. Contudo, mesmo assim, ele faz jus à nomeação, respeitada a ordem de classificação geral do resultado (31º lugar), pois não foi demonstrada sua má-fé e sequer existe, no edital, disposição em contrário. **RMS 28.355-MG, Rel. Min. Arnaldo Esteves Lima, julgado em 17/6/2010.** (Inform. STJ 439)

RESP. VIOLAÇAO. CONVÊNIO TRIBUTÁRIO.

A Seção, em preliminar, decidiu, por maioria, que, em regra, o convênio tributário não se equipara à lei federal para efeito de cabimento do recurso especial, por infringência a seus dispositivos. Nesses casos, conforme explicou o Min. Hamilton Carvalhido, para saber se cabe recurso especial, o critério é verificar primeiro a natureza do convênio: se tem a Constituição Federal como fonte imediata ou apenas como fonte mediata, ou seja, também tem amparo na lei. De outro lado, explicitou-se que o convênio ICMS n. 66/1988 é uma exceção à regra, visto que sucedâneo da LC n. 24/1975, previsto no art. 34, § 8º, do ADCT. No mérito, também por maioria, não conheceu do REsp que discutia a interpretação da cláusula primeira do Convênio ICMS n.77/2004 – o qual autorizou os estados-membros a concederem isenção do tributo na aquisição de veículos automotores adaptados aos deficientes físicos. **REsp 1.137.441-MG, Rel. originária Min. Eliana Calmon, Rel. para acórdão Min. Castro Meira, julgado em 9/6/2010.** (Inform. STJ 438)

MS. MENOR. DEFICIENTE FÍSICO. TRANSPORTE GRATUITO.

O Ministério Público estadual impetrou mandado de segurança para garantir a menor portador de síndrome de *down* e hipotiroidismo seu ingresso em programa de transporte municipal, especializado e gratuito, a fim de deslocar-se a centro de tratamento de reabilitação. As instâncias ordinárias constataram e reconheceram a deficiência física do menor, bem como a necessidade de locomoção para realizar-se o tratamento de saúde. Assim, está configurada a necessidade de ser atendida a pretensão à saúde do menor (direito legítimo e constitucionalmente garantido a todos, além de ser um dever do Estado). Diante do exposto, a Turma negou provimento ao recurso do município no qual sustentava que o menor não cumpriu todos os requisitos necessários à concessão do benefício. Precedentes citados: REsp 212.346-RS, DJ 4/2/2002; RMS 11.129-PR, DJ 18/2/2002, e REsp 325.337-RJ, DJ 3/9/2001. **REsp 937.310-SP, Rel. Min. Luiz Fux, julgado em 9/12/2008.** (Inform. STJ 380)

REMESSA. PRIMEIRA SEÇÃO. AÇÃO CIVIL PÚBLICA.

Em questão de ordem, a Turma entendeu remeter o julgamento do especial à Primeira Seção, o qual trata da adequabilidade da ação civil pública intentada pelo MP na defesa de direito individual indisponível do portador de deficiência física. No caso, busca-se que o Estado forneça aparelho auditivo. **QO no REsp 931.513-RS, Rel. Min. Carlos Fernando Mathias (Juiz convocado do TRF da 1ª Região), em 15/5/2008.** (Inform. STJ 355)

SÚMULA STJ Nº 377

O portador de visão monocular tem direito de concorrer, em concurso público, às vagas reservadas aos deficientes.

16. DIREITO SANITÁRIO

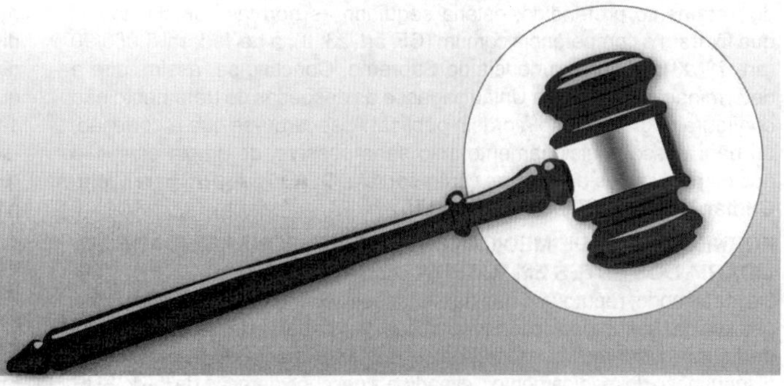

1. O DIREITO À SAÚDE NA ORDEM CONSTITUCIONAL

INTERNAÇÃO DE ALCOÓLATRA E LEGITIMIDADE DO MINISTÉRIO PÚBLICO

O Ministério Público não possui legitimidade para propor ação civil pública com o fim de obter internação compulsória, para tratamento de saúde, de portador de alcoolismo. Tendo em conta as peculiaridades do caso, entendeu-se que, nos termos do art. 127, *caput*, da CF, a situação dos autos não estaria incluída na competência do *parquet*, haja vista não se tratar de interesse social indisponível, de defesa da ordem pública ou do regime democrático. Enfatizou-se, ainda, a existência de defensoria pública na localidade, a qual competiria a tutela desse interesse. Vencido o Min. Marco Aurélio, relator, que, por reputar presente a proteção de direito individual indisponível, assentava a legitimação do órgão do Ministério Público para a ação intentada. **RE 496718/RS, rel. orig. Min. Marco Aurélio, rel. p/ o acórdão Min. Menezes Direito,12.8.2008. (RE-496718)** (Inform. STF 515)

2. FORNECIMENTO DE MEDICAMENTO E TRATAMENTO MÉDICO

FORNECIMENTO DE MEDICAMENTOS E ILEGITIMIDADE DE MINISTRO DE ESTADO

A 1ª Turma negou provimento a recurso ordinário em mandado de segurança interposto de decisão do STJ que extinguira ação originária, sem resolução de mérito, ao fundamento de que o Ministro da Saúde seria parte ilegítima para figurar no pólo passivo da demanda. Na espécie, a ora recorrente reiterava a alegação de necessidade urgente de certo medicamento de uso contínuo, o qual não possuiria condições para custear. Informava que o fármaco prescrito não integrava a cesta básica de medicamentos fornecidos pelo município onde reside e que este ente federativo não possuía recursos suficientes para atender à demanda. Sustentava ainda, que o Ministro da Saúde seria a autoridade competente para providenciar a correção da conduta, visto que, como gestor federal do SUS, poderia determinar a aquisição do remédio. Manteve-se o acórdão do STJ, pois o ato impugnado originar-se-ia de autoridade não prevista no permissivo constitucional — secretário municipal de saúde — a qual negara o fornecimento da medicação. Asseverou-se que quem não pratica ou ordena concreta e especificamente a execução ou inexecução de um ato não poderia figurar como autoridade coatora. Por fim, ressaltou-se não vislumbrados nos autos documentos que demonstrassem a prática de qualquer ato concreto ou omissivo do Ministro de Estado da Saúde que violasse direito da então impetrante. RMS 26211/DF, rel. Min. Luiz Fux, 27.9.2011. (RMS-26211) (Inform. STF 642)

FORNECIMENTO DE MEDICAMENTOS E RESPONSABILIDADE SOLIDÁRIA DOS ENTES EM MATÉRIA DE SAÚDE - 1

O Tribunal negou provimento a agravo regimental interposto pela União contra a decisão da Presidência do STF que, por não vislumbrar grave lesão à ordem, à economia e à saúde públicas, indeferira pedido de suspensão de tutela antecipada formulado pela agravante contra acórdão proferido pela 1ª Turma do Tribunal Regional Federal da 5ª Região. Na espécie, o TRF da 5ª Região determinara à União, ao Estado do Ceará e ao Município de Fortaleza que fornecessem a jovem portadora da patologia denominada Niemann-Pick tipo C certo medicamento que possibilitaria aumento de sobrevida e melhora da qualidade de vida, mas o qual a família da jovem não possuiria condições para custear. Alegava a agravante que a decisão objeto do pedido de suspensão violaria o princípio da separação de poderes e as normas e os regulamentos do Sistema Único de Saúde - SUS, bem como desconsideraria a função exclusiva da Administração em definir políticas públicas, caracterizando-se, nestes casos, a indevida interferência do Poder Judiciário nas diretrizes de políticas públicas. Sustentava, ainda, sua ilegitimidade passiva e ofensa ao sistema de repartição de competências, como a inexistência de responsabilidade solidária entre os integrantes do SUS, ante a ausência de previsão normativa. Argumentava que só deveria figurar no pólo passivo da ação o ente responsável pela dispensação do medicamento pleiteado e que a determinação de desembolso de considerável quantia para aquisição de medicamento de alto custo pela União implicaria grave lesão às finanças e à saúde públicas. **STA 175 AgR/CE, rel. Min. Gilmar Mendes, 17.3.2010. (STA-175).**

FORNECIMENTO DE MEDICAMENTOS E RESPONSABILIDADE SOLIDÁRIA DOS ENTES EM MATÉRIA DE SAÚDE - 2

Entendeu-se que a agravante não teria trazido novos elementos capazes de determinar a reforma da decisão agravada. Asseverou-se que a agravante teria repisado a alegação genérica de violação ao princípio da separação dos poderes, o que já afastado pela decisão impugnada ao fundamento de ser possível, em casos como o presente, o Poder Judiciário vir a garantir o direito à saúde, por meio do fornecimento de medicamento ou de tratamento imprescindível para o aumento de sobrevida e a melhoria da qualidade de vida da paciente. No ponto, registrou-se que a decisão impugnada teria informado a existência de provas suficientes quanto ao estado de saúde da paciente e a necessidade do medicamento indicado. Relativamente à possibilidade de intervenção do Poder Judiciário, reportou-se à decisão proferida na ADPF 45 MC/DF (DJU de 29.4.2004), acerca da legitimidade constitucional do controle e da intervenção do Poder Judiciário em tema de implementação de políticas públicas, quando configurada hipótese de injustificável inércia estatal ou de abusividade governamental. No que se refere à assertiva de que a decisão objeto desta suspensão invadiria competência administrativa da União e provocaria desordem em sua esfera, ao impor-lhe deveres que seriam do Estado e do Município, considerou-se que a decisão agravada teria deixado claro existirem casos na jurisprudência da Corte que afirmariam a responsabilidade solidária dos entes federados em matéria de saúde (RE 195192/RS, DJU de 31.3.2000 e RE 255627/RS, DJU de 23.2.2000). Salientou-se, ainda, que, quanto ao desenvolvimento prático desse tipo de responsabilidade solidária, deveria ser construído um modelo de cooperação e de coordenação de ações conjuntas por parte dos entes federativos. No ponto, observou-se que também será possível apreciar o tema da responsabilidade solidária no RE 566471/RN (DJE de 7.12.2007), que teve reconhecida a repercussão geral e no qual se discute a obrigatoriedade de o Poder Público fornecer medicamento de alto custo. Ademais, registrou-se estar em trâmite na Corte a Proposta de Súmula Vinculante 4, que propõe tornar vinculante o entendimento jurisprudencial a respeito da responsabilidade solidária dos entes da Federação no atendimento das ações de saúde. Ressaltou-se que, apesar da responsabilidade dos entes da Federação em matéria de direito à saúde suscitar questões delicadas, a decisão impugnada pelo pedido de suspensão, ao determinar a responsabilidade da União no fornecimento do tratamento pretendido, estaria seguindo as normas constitucionais que fixaram a competência comum (CF, art. 23, II), a Lei federal 8.080/90 (art. 7º, XI) e a jurisprudência do Supremo. Concluiu-se, assim, que a determinação para que a União pagasse as despesas do tratamento não configuraria grave lesão à ordem pública. Asseverou-se que a correção, ou não, desse posicionamento, não seria passível de ampla cognição nos estritos limites do juízo de contracautela. **STA 175 AgR/CE, rel. Min. Gilmar Mendes, 17.3.2010.** (STA-175)

FORNECIMENTO DE MEDICAMENTOS E RESPONSABILIDADE SOLIDÁRIA DOS ENTES EM MATÉRIA DE SAÚDE - 3

De igual modo, reputou-se que as alegações concernentes à ilegitimidade passiva da União, à violação de repartição de competências, à necessidade de figurar como réu na ação principal somente o ente responsável pela dispensação do medicamento pleiteado e à desconsideração da lei do SUS não seriam passíveis de ampla delibação no juízo do pedido de suspensão, por constituírem o mérito da ação, a ser debatido de forma exaustiva no exame do recurso cabível contra o provimento jurisdicional que ensejara a tutela antecipada. Aduziu, ademais, que, ante a natureza excepcional do pedido de contracautela, a sua eventual concessão no presente momento teria caráter nitidamente satisfativo, com efeitos deletérios à subsistência e ao regular desenvolvimento da saúde da paciente, a ensejar a ocorrência de possível dano inverso, tendo o pedido formulado, neste ponto, nítida natureza de recurso, o que contrário ao entendimento fixado pela Corte no sentido de ser inviável o pedido de suspensão como sucedâneo recursal. Afastaram-se, da mesma forma, os argumentos de grave lesão à economia e à saúde públicas, haja vista que a decisão agravada teria consignado, de forma expressa, que o alto custo de um tratamento ou de um medicamento que tem registro na ANVISA não seria suficiente para impedir o seu fornecimento pelo poder público. Por fim, julgou-se improcedente a alegação de temor de que esta decisão constituiria precedente negativo ao poder público, com a possibilidade de resultar no denominado efeito multiplicador, em razão de a análise de decisões dessa natureza dever ser feita caso a caso, tendo em conta todos os elementos normativos e fáticos da questão jurídica debatida. **STA 175 AgR/CE, rel. Min. Gilmar Mendes, 17.3.2010.** (STA-175). (Inform. STF 579)

LEGITIMIDADE DO MINISTÉRIO PÚBLICO: AÇÃO CIVIL PÚBLICA E FORNECIMENTO DE MEDICAMENTOS

O Ministério Público tem legitimidade para ajuizar ação civil pública objetivando o fornecimento de remédio pelo Estado. Com base nesse entendimento, a Turma proveu recurso extraordinário em que se questionava a obrigatoriedade de o Estado proporcionar a certa cidadã medicamentos indispensáveis à preservação de sua vida. No caso, tribunal local extinguira o processo sem julgamento de mérito, ante a mencionada ilegitimidade ativa *ad causam* do *parquet*, uma vez que se buscava, por meio da ação, proteção a direito individual, no caso, de pessoa idosa (Lei 8.842/94, art. 2º). Sustentava-se, na espécie, afronta aos artigos 127 e 129, II e III, da CF. Assentou-se que é função institucional do *parquet* zelar pelo efetivo respeito dos Poderes Públicos e dos serviços de relevância pública aos direitos assegurados na Constituição, promovendo medidas necessárias a sua garantia (CF, art. 129, II). **RE 407902/RS, rel. Min. Marco Aurélio, 26.5.2009. (RE-407902)** (Inform. STF 548)

TUTELA ANTECIPADA E RESPONSABILIDADE CIVIL OBJETIVA DO ESTADO - 1

O Tribunal, por maioria, deu provimento a agravo regimental interposto em suspensão de tutela antecipada para manter decisão interlocutória proferida por desembargador do Tribunal de Justiça do Estado de Pernambuco, que concedera parcialmente pedido formulado em ação de indenização por perdas e danos morais e materiais para determinar que o mencionado Estado-membro pagasse todas as despesas necessárias à realização de cirurgia de implante de Marcapasso Diafragmático Muscular - MDM no agravante, com o profissional por este requerido. Na espécie, o agravante, que teria ficado tetraplégico em decorrência de assalto ocorrido em via pública, ajuizara a ação indenizatória, em que objetiva a responsabilização do Estado de Pernambuco pelo custo decorrente da referida cirurgia, "*que devolverá ao autor a condição de respirar sem a dependência do respirador mecânico*". **STA 223 AgR/PE, rel. orig. Min. Ellen Gracie, rel. p/ o acórdão Min. Celso de Mello, 14.4.2008.** (STA-223)

TUTELA ANTECIPADA E RESPONSABILIDADE CIVIL OBJETIVA DO ESTADO - 2

Entendeu-se que restaria configurada uma grave omissão, permanente e reiterada, por parte do Estado de Pernambuco, por intermédio de suas corporações militares, notadamente por parte da polícia militar, em prestar o adequado serviço de policiamento ostensivo, nos locais notoriamente passíveis de práticas criminosas violentas, o que também ocorreria em diversos outros Estados da Federação. Em razão disso, o cidadão teria o direito de exigir do Estado, o qual não poderia se demitir das conseqüências que resultariam do cumprimento do seu dever constitucional de prover segurança pública, a contraprestação da falta desse serviço. Ressaltou-se que situações configuradoras de falta de serviço podem acarretar a responsabilidade civil objetiva do Poder Público, considerado o dever de prestação pelo Estado, a necessária existência de causa e efeito, ou seja, a omissão administrativa e o dano sofrido pela vítima, e que, no caso, estariam presentes todos os elementos que compõem a estrutura dessa responsabilidade. Além disso, aduziu-se que entre reconhecer o interesse secundário do Estado, em matéria de finanças públicas, e o interesse fundamental da pessoa, que é o direito à vida, não haveria opção possível para o Judiciário, senão de dar primazia ao último. Concluiu-se que a realidade da vida tão pulsante na espécie imporia o provimento do recurso, a fim de reconhecer ao agravante, que inclusive poderia correr risco de morte, o direito de buscar autonomia existencial, desvinculando-se de um respirador artificial que o mantém ligado a um leito hospitalar depois de meses em estado de coma, implementando-se, com isso, o direito à busca da felicidade, que é um consectário do princípio da dignidade da pessoa humana. **STA 223 AgR/PE, rel. orig. Min. Ellen Gracie, rel. p/ o acórdão Min. Celso de Mello, 14.4.2008.** (STA - 223)

TUTELA ANTECIPADA E RESPONSABILIDADE CIVIL OBJETIVA DO ESTADO - 3

Vencida a Min. Ellen Gracie, Presidente, que mantinha os fundamentos da decisão agravada, por reputar devidamente demonstrada, no caso, a ocorrência de grave lesão à ordem pública, considerada em termos de ordens jurídico-constitucional e jurídico-processual. A Ministra asseverava que a decisão em tela, ao determinar, monocrática e incidentalmente, o imediato pagamento da importância teria violado o que dispõe o art. 100 da CF, bem como estaria em confronto com o estabelecido pelo art. 2º-B da Lei 9.494/97, que proíbe a execução provisória de julgados contra o Poder Público. Aduzia, também, que a aludida decisão representaria grave lesão à ordem pública, considerada em termos de ordem administrativa, já que permitiria a realização de cirurgia de alto custo não contemplada no Sistema Único de Saúde, sem que tivesse ocorrido instauração de um procedimento administrativo ou avaliação médica credenciada para tanto. **STA 223 AgR/PE, rel. orig. Min. Ellen Gracie, rel. p/ o acórdão Min. Celso de Mello, 14.4.2008. (STA-223)** (Inform. STF 502)

RETINOSE PIGMENTAR. LIMINAR CASSADA.

Na espécie, a União ajuizou ação de restituição de valores contra os recorridos referente às verbas liberadas por força de liminar satisfativa concedida em MS cuja sentença, posteriormente, denegou a segurança. Importante assentar que, à época da concessão da liminar, a pretensão encontrava total amparo nos tribunais superiores, favoráveis ao custeio do tratamento de retinose pigmentar pelo erário quando indispensável para evitar a cegueira completa dos portadores, tendo em vista o direito líquido e certo à assistência integral de forma individual ou coletiva, consistente em ações e serviços preventivos e curativos das doenças em todos os níveis de complexidade. O Min. Relator ressaltou que, em razão do princípio da segurança jurídica e da aplicação da teoria do fato consumado, o paciente que, de boa-fé, consumou, em razão do deferimento de medida liminar em MS, o tratamento da retinose pigmentar no exterior por meio de repasse de verbas públicas não está obrigado à devolução do *quantum* repassado, ainda que denegada a ordem e cassada a liminar concedida. Além disso, a aplicação do princípio da boa-fé veda a repetição de valores remuneratórios recebidos indevidamente por servidores públicos em razão de seu caráter alimentar, tal como respaldado pela jurisprudência do STJ, situação que deve, por analogia, equiparar-se às verbas recebidas do SUS para tratamento no exterior, impondo sua irrepetibilidade. Também, após os recorridos terem feito o tratamento médico de urgência, não podem ficar ao alvedrio de posteriores oscilações jurisprudenciais sobre a matéria, o que não se coaduna com os postulados constitucionais do direito à saúde, segurança jurídica, estabilidade das relações sociais e dignidade da pessoa humana, próprios do Estado social. Com essas, entre outras ponderações, a Turma, por maioria, conheceu parcialmente do recurso e, nessa parte, negou-lhe provimento. Precedentes citados: AgRg no REsp 802.354-PE, DJe 10/5/2010; AgRg no REsp 691.012-RS, DJe 3/5/2010; REsp 1.113.682-SC, DJe 26/4/2010; REsp 353.147-DF, DJ 18/8/2003; REsp 944.325-RS, DJe 21/11/2008; REsp 955.969-DF, DJe 3/9/2008; REsp 1.031.356-DF, DJe 10/4/2008, e REsp 972.670-DF, DJe 2/9/2008. **REsp 950.382-DF, Rel. originário Min. Luiz Fux, Rel. para acórdão Min. Hamilton Carvalhido, julgado em 14/4/2011.** (Inform. STJ 469)

MEDICAMENTOS. FORNECIMENTO. SUS.

Cuida-se de saber se pessoa portadora de doença crônica tem direito líquido e certo a obter do Estado, gratuitamente, medicamentos de alto custo, quando não atende requisitos previstos no Protocolo Clínico e Diretrizes Terapêuticas do Ministério da Saúde. No caso, o paciente impetrou, na origem, mandado de segurança com pedido de liminar, objetivando o fornecimento de medicamentos (Interferon Peguilado e Ribavirina) para o tratamento da doença hepatite crônica do tipo C da qual é portador, sendo denegada a segurança, entre outros motivos, por ser portador do vírus com genótipo 3a, quando a Portaria n. 863/2002 do Ministério da Saúde restringe o fornecimento do medicamento apenas a portadores de vírus com genótipo 1, gerando o presente recurso interposto pelo *Parquet* estadual. É cediço que o mandado de segurança, representando instrumento processual de tutela de direito subjetivo público constitucional, goza de eminência ímpar, em que é possível a cognição profunda no *mandamus*. *In casu*, foi demonstrado o direito líquido e certo na via mandamental, pois o impetrante comprovou que sofre da enfermidade apontada mediante laudos e exames médicos realizados tanto em laboratório central do Estado como em laboratórios particulares. Também é consabido que a saúde é um direito de todos e um dever do Estado (art. 196 da CF/1988). Porém, conforme destacou o Min. Relator, na aplicação das normas constitucionais, a exegese deve partir dos princípios fundamentais para os setoriais, merecendo destaque a proteção à dignidade humana, valor influente sobre todas as demais questões. Assim, o Estado deverá propiciar aos necessitados não qualquer tratamento, mas o tratamento mais adequado e eficaz, capaz de ofertar ao enfermo maior dignidade e menor sofrimento. Dessarte, entendeu o Min. Relator que, nas situações limítrofes em que há risco para a saúde humana e uma alegada ineficiência do medicamento, como na hipótese, a resposta judicial não pode deixar a vida humana ao desabrigo, deve propender para a valorização da dignidade da vida humana. Muito embora sejam genótipos diferentes de hepatite e haja dúvida quanto sua eficácia, a solução deve ser pró-cidadão, há de superar quaisquer barreiras legais. No mesmo sentido, o parecer ministerial ressaltou que, embora a Portaria n. 863/2002 do Ministério da Saúde trace critérios objetivos para o fornecimento gratuito de medicamentos, não pode ela se sobrepor ao direito constitucional à saúde, sendo suficientes a comprovação de hipossuficiência e os laudos médicos indicando a urgência do tratamento. Já o Min. Hamilton Carvalhido observou que a ação do Judiciário mostra-se como um componente do Estado democrático de direito, não podendo ficar inerte diante de fatos de interesse geral, principalmente daqueles que tocam aos direitos fundamentais. Com essas considerações, entre outras, a Turma, ao prosseguir o julgamento, por maioria, deu provimento ao recurso para conceder a segurança. Precedente citado do STF: AgRg na STA 175-CE, DJe 30/4/2010. **RMS 24.197-PR, Rel. Min. Luiz Fux, julgado em 4/5/2010. (Inform. STJ 433)**

MP. LEGITIMIDADE. ACP. SAÚDE.

Prosseguindo o julgamento, a Turma, por maioria, decidiu que o *parquet* tem legitimidade ativa para propor ação civil pública (ACP) referente a direito indisponível, mesmo para tutelar direito à saúde de uma única pessoa física carente de atendimento médico-hospitalar para realização de cirurgia, tal como nos casos de fornecimento de medicamento de uso contínuo. Precedentes citados: REsp 688.052-RS, DJ 17/8/2006; REsp 819.010-SP, DJ 2/5/2006; REsp 699.599-RS, DJ 26/2/2007; EDcl no REsp 662.033-RS, DJ 13/6/2005, e REsp 830.904-RS. **REsp 716.712-RS, Rel. originária Min. Eliana Calmon, Rel. para acórdão Min. Herman Benjamin, julgado em 15/9/2009.** (Inform. STJ 407)

ACP. INDÍGENA. ASSISTÊNCIA. SAÚDE. LEGITIMIDADE.

In casu, o MPF propôs ação civil pública (ACP) fundada em procedimento administrativo no qual se apurou a recusa de atendimento odontológico a uma indígena por não mais residir na aldeia, pleiteando a condenação da União e da Funai, dentro do subsistema do SUS, a garantir à família dela o acesso às ações de assistência à saúde prestadas pela Funasa, aos demais indígenas independentemente do local de sua residência, bem como a todos os indígenas que estiverem residindo fora da reserva. O juízo de 1º grau julgou procedentes os pedidos e cominou multa diária em caso de descumprimento da sentença, decisão confirmada em grau de apelação, advindo daí os REsps da União e da Funasa. Para o Min. Relator, a alegação de ilegitimidade ativa do MP para a causa não prospera, ressaltou que a tutela buscada na ação não alcança apenas uma pessoa, mas assegura assistência médica e odontológica a todos os indígenas que se encontram na mesma situação constatada no caso concreto, que evidenciou a postura da Administração de limitá-la aos habitantes do aldeamento específico. Na verdade, conforme a legislação vigente, deve ser assegurada a assistência aos indígenas em todo o território nacional, coletiva ou individualmente, inexistindo respaldo jurídico para o critério excludente defendido pela União de que os serviços de saúde alcançam apenas os índios aldeados. Desse modo, é infundado o argumento de que o acórdão recorrido impõe uma obrigação desproporcional à União, priorizando os indígenas não aldeados (ou seja, já integrados à sociedade) em detrimento de outras tantas realidades mais carentes de proteção, isso porque a tutela judicial buscada pelo *Parquet,* assegurada na sentença e no acórdão, não acarreta prioridade alguma; ao contrário, impõe um tratamento igualitário dos indígenas, afastando-se o ilegítimo discrímen utilizado pela União e pela Funasa, para que o acesso ao serviço de saúde, que já vem sendo prestado, seja assegurado também aos que não residam no aldeamento. Quanto à multa diária, já está consolidado, na jurisprudência do STJ, o entendimento de que essa é cabível contra a Fazenda Pública e a aferição de sua necessidade, bem como eventual redução de valor competem às instâncias ordinárias. Com esses fundamentos, entre outros, a Turma conheceu em parte dos REsps, mas lhes negou provimento. Precedentes citados: AgRg no Ag 1.040.411-RS, DJe 19/12/2008; REsp 776.065-SP, DJe 25/9/2008, e REsp 987.280-SP, DJe 20/5/2009. **REsp 1.064.009-SC, Rel. Min. Herman Benjamin, julgado em 4/8/2009.** (Inform. STJ 401)

LEGITIMIDADE. MP. TRATAMENTO MÉDICO.

O Estado-membro recorrente pretende ver declarada a ilegitimidade *ad causam* do MP para a proteção dos direitos individuais indisponíveis. Alega, em síntese, que o MP está atuando como representante judicial, e não como substituto processual, como seria o seu mister. O Min. Relator João Otávio de Noronha entendia faltar ao MP legitimidade para pleitear em juízo o fornecimento pelo Estado de certo tratamento médico a pessoa determinada fora de seu domicílio, pois, apesar de a saúde constituir um direito indisponível, a presente situação não trata de interesses homogêneos. Isso porque, na presente ação civil pública, não se agiu em defesa de um grupo de pessoas ligadas por uma situação de origem comum, mas apenas de um indivíduo. O Min. Herman Benjamin concordava com o Min. Relator apenas no que tocava à indisponibilidade do direito protegido suscetível de proteção pelo Ministério Público. E, divergindo com relação ao enfoque dado ao direito tutelado, de que se trata de direito não homogêneo, motivo que implicaria a falta de legitimidade processual ao *parquet*, concluiu o Min. Herman Benjamin que o MP tem legitimidade para a defesa dos direitos indisponíveis, mesmo quando a ação vise à proteção de uma única pessoa. Diante disso, a Turma, por maioria, negou provimento ao recurso. Precedentes citados: REsp 688.052-RS, DJ 17/8/2006, REsp 716.512-RS, DJ 14/11/2005, e REsp 662.033-RS, DJ 13/6/2005. **REsp 830.904-MG, Rel. originário Min. João Otávio de Noronha, Rel. para acórdão Min. Herman Benjamin, julgado em 18/12/2008**. (Inform. STJ 381)

MS. MENOR. DEFICIENTE FÍSICO. TRANSPORTE GRATUITO.

O Ministério Público estadual impetrou mandado de segurança para garantir a menor portador de síndrome de *down* e hipotiroidismo seu ingresso em programa de transporte municipal, especializado e gratuito, a fim de deslocar-se a centro de tratamento de reabilitação. As instâncias ordinárias constataram e reconheceram a deficiência física do menor, bem como a necessidade de locomoção para realizar-se o tratamento de saúde. Assim, está configurada a necessidade de ser atendida a pretensão à saúde do menor (direito legítimo e constitucionalmente garantido a todos, além de ser um dever do Estado). Diante do exposto, a Turma negou provimento ao recurso do município no qual sustentava que o menor não cumpriu todos os requisitos necessários à concessão do benefício. Precedentes citados: REsp 212.346-RS, DJ 4/2/2002; RMS 11.129-PR, DJ 18/2/2002, e REsp 325.337-RJ, DJ 3/9/2001. **REsp 937.310-SP, Rel. Min. Luiz Fux, julgado em 9/12/2008**. (Inform. STJ 380)

MS. LIMINAR. TRATAMENTO MÉDICO. EXTERIOR.

Na espécie, a recorrida sofria de retinose pigmentar (patologia oftalmológica) e, como vários outros, buscou o Judiciário, obtendo liminar contra a União para que o SUS custeasse o tratamento em Cuba. Para tanto, recebeu R$ 25.443,43. Nessa época, a posição jurisprudencial concedia o custeio de tais tratamentos, mas se alterou diante do parecer técnico do Conselho de Oftalmologia Brasileiro, que levou o Ministério da Saúde a baixar a Portaria n. 763, proibindo o custeio do tratamento dessa doença no exterior pelo SUS. Então, a recusa do Poder Judiciário em confirmar a decisão liminar ensejou a União a mover ação de cobrança, que foi repudiada, nas instâncias ordinárias, ao argumento do fato consumado e da irreversibilidade do provimento. Isso posto, para o Min. Relator, o ponto central do aresto recorrido é o art. 7º da Lei n. 1.533/1951, que trata especialmente da liminar em mandado de segurança (MS). Ressalta que existe a Súm. n. 405-STF, que dá eficácia retroativa à revogação superveniente de liminar em MS. Entretanto, podem admitir-se, excepcionalmente, como no caso, os conceitos do fato consumado e da boa-fé objetiva no recebimento de valores pagos em caráter alimentar e essa postura tem sido adotada em julgados do próprio STF (como quando analisa devolução pecuniária recebida de boa-fé por servidores públicos e posteriormente declarada inconstitucional), também há decisões deste Superior Tribunal. Ademais, aplica-se ao caso o princípio da confiança assente no Código Civil alemão e constante do ordenamento jurídico brasileiro como cláusula geral, que ultrapassa os limites do CC/2002 (arts. 113, 187 e 422), o que influencia a interpretação do Direito Público e a ele chegando como subprincípio derivado da moralidade administrativa, o qual serve de fundamento à mantença do acórdão recorrido. Precedentes citados: REsp 353.147-DF, DJ 18/8/2003; MS 8.895-DF, DJ 7/6/2004; REsp 697.768-RS, DJ 21/3/2005; REsp 627.808-RS, DJ 14/11/2005; REsp 955.969-DF, DJ 3/9/2008, e REsp 1.031.356-DF, DJ 10/4/2008. **REsp 944.325-RS, Rel. Min. Humberto Martins, julgado em 4/11/2008.** (Inform. STJ 375)

MP. LEGITIMIDADE. AÇÃO CIVIL PÚBLICA. REMÉDIOS. FORNECIMENTO. DOENÇA GRAVE.

A Seção, por maioria, entendeu que o Ministério Público tem legitimidade para defesa de direitos individuais indisponíveis em favor de pessoa carente individualmente considerada, na tutela dos seus direitos à vida e à saúde (CF/1988, arts. 127 e 196). Precedentes citados: REsp 672.871-RS, DJ 1º/2/2006; REsp 710.715-RS, DJ 14/2/2007, e REsp 838.978-MG, DJ 14/12/2006. **EREsp 819.010-SP, Rel. originária Min. Eliana Calmon, Rel. para acórdão Min. Teori Albino Zavascki, julgados em 13/2/2008.** (Inform. STJ 344)

3. SUS

MÉDICO. SUS. HONORÁRIOS. COISA JULGADA.

Trata-se de pedido de indenização por danos materiais e morais combinado com o de repetição de indébito e cancelamento de protesto de cheque em
1416 razão de sua cobrança indevida por procedimento cirúrgico (bucomaxilofacial) no filho do autor, porquanto realizado em hospital público e pago pelo Sistema Único de Saúde (SUS). Noticiam os autos que, apesar de o médico ter recebido do SUS, cobrou em ação o cheque também dado em pagamento pelo autor. No REsp, o autor aduz violação da coisa julgada, isso porque, na ação ordinária de cobrança anteriormente ajuizada pelo réu, o tribunal *a quo* reconheceu que estava configurada a ilicitude da cobrança e, agora na ação de indenização, declarou a dívida existente e o protesto regular, pois, a seu ver, o autor deixou de comprovar a conduta antijurídica do médico. Para o Min. Relator, houve ofensa à coisa julgada (art. 472 do CPC), porquanto caberia ao juízo *a quo*, na ação de indenização, apenas verificar se a conduta ilícita descrita foi de responsabilidade do réu (art. 159 do CC/1916) e quantificar os danos suportados pelo autor. Explica que ficou comprovada a responsabilidade civil do réu pelo ato ilícito cujo reconhecimento transitou em julgado na ação de cobrança, bem como o dano sofrido pelo autor e o nexo de causalidade. Assim, conforme definido na sentença, é devida a indenização por danos materiais equivalente ao dobro do indevidamente cobrado na ação anteriormente ajuizada pelo réu e danos morais pela cobrança ilícita e protesto indevido. Ante o exposto, a Turma deu provimento em parte ao recurso para restabelecer a sentença. Precedentes citados: RMS 23.535-MT, DJ 22/6/2007; REsp 757.160-RS, DJe 18/12/2009, e REsp 1.057.808-PR, DJe 9/9/2009. **REsp 593.154-MG, Rel. Min. Luis Felipe Salomão, julgado em 9/3/2010**. (Inform. STJ 426)

ILEGITIMIDADE. UNIÃO. ERRO MÉDICO.

A União não possui legitimidade para figurar no pólo passivo de ação em que se objetiva a indenização por danos morais decorrentes de erro médico ocorrido em hospital da rede privada, durante atendimento custeado pelo SUS. A Lei n. 8.080/1990, no art. 18, I, II, V e XI, dispõe que compete aos municípios gerir e executar serviços públicos de saúde, celebrar contratos e convênios com entidades prestadoras de serviços privados de saúde, bem como controlar e avaliar sua execução e controlar e fiscalizar os procedimentos dos serviços privados de saúde. Assim, no caso, a Turma extinguiu a ação sem resolução do mérito por ilegitimidade passiva da União. Precedentes citados: REsp 513.660-RS, DJ 19/12/2003, e REsp 873.126-RS, DJ 20/10/2006. **REsp 717.800-RS, Rel. Min. Denise Arruda, julgado em 25/3/2008**. (Inform. STJ 349)

4. VIGILÂNCIA SANITÁRIA

AGENTE MARÍTIMO. EMBARCAÇÃO ESTRANGEIRA. INFRAÇÃO SANITÁRIA. RESPONSABILIDADE.

Cinge-se a controvérsia em definir se o agente marítimo é o responsável pelas infrações sanitárias cometidas no interior de embarcação estrangeira atracada em porto brasileiro. Na espécie, foi lavrado auto de infração contra agente marítimo (recorrente) pelo suposto descumprimento de regras e normas sanitárias, após realização de inspeção para controle sanitário em navio de bandeira estrangeira que escalou em porto brasileiro para operações normais de movimentação de carga. Este Superior Tribunal reiterou o entendimento de que a responsabilidade por infração sanitária cometida no interior de embarcação estrangeira atracada em porto no Brasil não pode ser imputada ao agente marítimo se inexistente o nexo de causalidade entre a conduta e o resultado danoso. Assim, torna-se indispensável, para a configuração do ilícito sanitário, que o agente tenha dado causa ou concorrido para a prática da infração como exige, explicitamente, o art. 3º da Lei n. 6.437/1977. Ademais, o agente marítimo é o representante do armador durante a estada do navio no porto, atuando como seu mandatário. Nessa condição, pode ser responsabilizado por infração sanitária decorrente de ato próprio. Não responde, porém, por ato não relacionado com o objeto de seu mandato e praticado por terceiro, como na hipótese. Ressalte-se que o princípio da legalidade, que rege o poder sancionador da Administração, impede a responsabilização do agente marítimo por infração sanitária apurada em decorrência do descumprimento de dever imposto por meio de lei ao armador ou proprietário do navio. Com essas considerações, entre outras, a Turma deu parcial provimento ao recurso para reconhecer a nulidade do auto de infração sanitário lavrado em desfavor do agente marítimo. Precedentes citados: AgRg no REsp 1.165.103-PR, DJe 26/2/2010; AgRg no REsp 1.042.703-ES, DJe 23/9/2009; AgRg no REsp 981.545-SP, DJe 27/8/2009; AgRg no Ag 1.039.595-SC, DJe 24/9/2008; AgRg no REsp 860.149-PB, DJ 6/11/2007; REsp 731.226-PE, DJ 2/10/2007; REsp 641.197-PE, DJ 4/9/2006, e REsp 640.895-PR, DJ 29/11/2004. **REsp 993.712-RJ, Rel. Min. Luiz Fux, julgado em 26/10/2010**. (Inform. STJ 453)

MS. OPTOMETRISTA. ALVARÁ SANITÁRIO.

Noticiaram os autos que o impetrante, optometrista devidamente registrado no conselho profissional da categoria, teve negada a expedição de alvará sanitário ao fundamento de que sua profissão não se encontrava regulamentada. Para o Min. Relator, criado o curso de optometria com o reconhecimento do Ministério da Educação, garantem-se a expedição e o registro do diploma aos alunos que cumpriram a integralidade do currículo universitário, ainda que posteriormente o curso venha a ser desativado ou a instituição descredenciada (art. 37 do Dec. n. 3.860/2001). Observou que não existem dúvidas quanto à legitimidade do exercício da atividade de optometrista, prevista desde 1932, no art. 3º do Dec. n. 20.931/1932, porquanto o superveniente art. 4º do Dec. n. 99.678/1990, que o revogou, foi suspenso pelo STF na ADin 533-2/MC por vício de inconstitucionalidade formal. Ressalta ainda que a valorização do trabalho humano e a liberdade profissional são princípios constitucionais que, à luz da exegese pós-positivista, influenciaram toda a legislação infraconstitucional do nosso ordenamento jurídico. O optometrista só não estaria habilitado para os misteres médicos (como diagnosticar e tratar doenças relativas ao globo ocular, receitar medicamentos, bem como fazer procedimentos cirúrgicos). O optometrista cuida apenas do ato visual, aplica testes com objetivo de avaliar e melhorar, quando necessário, a visão, conforme as atividades descritas na Classificação Brasileira de Ocupações (CBO), editada pelo Ministério do Trabalho e Emprego (Portaria n. 397/2002). Outrossim, a competência da vigilância sanitária para expedição de alvará apenas se limita à análise acerca da existência de habilitação e (ou) capacidade legal do profissional da saúde em respeito à legislação sanitária, de fiscalização estadual ou municipal. Pelo exposto, a Turma deu provimento ao recurso para o fim de expedição do alvará sanitário admitindo o ofício de optometria. Precedente citado: MS 9.469-DF, DJ 5/9/2005. **REsp 975.322-RS, Rel. Min. Luiz Fux, julgado em 14/10/2008**. (Inform. STJ 372)

SÚMULA STJ Nº 413

O farmacêutico pode acumular a responsabilidade técnica por uma farmácia e uma drogaria ou por duas drogarias.

SÚMULA STJ Nº 275

O auxiliar de farmácia não pode ser responsável técnico por farmácia ou drogaria.

SÚMULA STJ Nº 120

O oficial de farmácia, inscrito no conselho regional de farmácia, pode ser responsável técnico por drogaria.

5. PLANO DE SAÚDE

PLANO DE SAÚDE COLETIVO. MANUTENÇÃO APÓS APOSENTADORIA.

O trabalhador que participou de plano de saúde coletivo, decorrente do vínculo empregatício, por mais de dez anos tem direito à manutenção do benefício com a mesma cobertura, sem nenhuma carência, desde que assuma o pagamento integral da contribuição à operadora do plano de saúde. No caso, o trabalhador aposentou-se em 1.994, mas continuou como beneficiário do plano de saúde coletivo custeado pela empregadora, por liberalidade desta, por mais cinco anos após a aposentadoria. Assim, o trabalhador aposentado ainda era beneficiário de plano de saúde coletivo mantido em razão de vínculo empregatício quando do início da vigência da Lei n. 9.656/1998, o que atraiu a aplicação do disposto no art. 31 dessa lei, segundo o qual o aposentado tem direito à manutenção do benefício nas mesmas condições dos beneficiários da ativa. De acordo com a jurisprudência do STJ, o disposto no art. 31 da Lei n. 9.656/1998 é autoaplicável, ou seja, contém todos os elementos necessários ao exercício dos direitos que assegura. Dessa forma, a Res. n. 21/1999 do Conselho de Saúde Suplementar – CONSU, que limitou a aplicação do disposto no art. 31 a aposentadorias ocorridas após 2 de janeiro de 1.999, extrapolou o poder regulamentar e fez restrição não existente na mencionada lei. Quanto à aplicabilidade da norma no tempo, o Min. Relator afirmou ser certo que a Lei n. 9.656/1998 aplica-se a fatos ocorridos a partir de sua vigência, mas o diploma deve atingir também as relações de trato sucessivo, mesmo que constituídas anteriormente, tal como no caso examinado. Ademais, o art. 31 determina que o beneficiário deve assumir integralmente a mensalidade do plano de saúde, o que não gera desequilíbrio econômico-financeiro do contrato da apólice coletiva. Precedentes citados: REsp 650.400-SP, DJe de 5/8/2010; REsp 925.313-DF, DJe 26/3/2012; REsp 1.078.991-DF, DJe de 16/6/2009, e REsp 820.379-DF, DJ 6/8/2007. **REsp 531.370-SP, Rel. Min. Raul Araújo, julgado em 7/8/2012.(Inform. STJ 501)**

RESPONSABILIDADE. PLANO DE SAÚDE. PRESTAÇÃO. SERVIÇO.

Reiterando seu entendimento, a Turma decidiu que a operadora de plano de saúde é solidariamente responsável pela sua rede de serviços médico-hospitalar credenciada. Reconheceu-se sua legitimidade passiva para figurar na ação indenizatória movida por segurado, em razão da má prestação de serviço por profissional conveniado. Assim, ao selecionar médicos para prestar assistência em seu nome, o plano de saúde se compromete com o serviço, assumindo essa obrigação, e por isso tem responsabilidade objetiva perante os consumidores, podendo em ação regressiva averiguar a culpa do médico ou do hospital. Precedentes citados: AgRg no REsp 1.037.348-SP, DJe 17/8/2011; AgRg no REsp 1.029.043-SP, DJe 8/06/2009, e REsp 138.059-MG, DJ 11/6/2001. **REsp 866.371-RS, Rel. Min. Raul Araújo, julgado em 27/3/2012. (Inform. STJ 494)**

CONSUMIDOR. PLANO DE SAÚDE. REDE CONVENIADA. ALTERAÇÃO. INFORMAÇÃO.

Tendo em vista a importância que a rede conveniada assume para a continuidade do contrato, a operadora de plano de saúde somente cumprirá o dever de informar se comunicar individualmente a cada associado o descredenciamento de médicos e hospitais. Isso porque o direito à informação visa assegurar ao consumidor uma escolha consciente, permitindo que suas expectativas em relação ao produto ou serviço sejam de fato atingidas, manifestando o que vem sendo denominado de consentimento informado ou vontade qualificada. Diante disso, o comando do art. 6º, III, do CDC somente será efetivamente cumprido quando a informação for prestada ao consumidor de forma adequada, assim entendida como aquela que se apresenta simultaneamente completa, gratuita e útil, vedada, no último caso, a diluição da comunicação efetivamente relevante pelo uso de informações soltas, redundantes ou destituídas de qualquer serventia para o consumidor. Precedentes citados: REsp 418.572-SP, DJe 30/3/2009, e REsp 586.316-MG, DJe 19/3/2009. **REsp 1.144.840-SP, Rel. Min. Nancy Andrighi, julgado em 20/3/2012. (Inform. STJ 483)**

SEGURO DE SAÚDE. CARÊNCIA. ATENDIMENTO EMERGENCIAL. SITUAÇÃO-LIMITE.

A questão consiste em saber se, em seguro de assistência à saúde, é possível a seguradora invocar prazo de carência contratual para restringir o custeio dos procedimentos de emergência de que depende o beneficiário do seguro ao período concernente às doze primeiras horas de atendimento médico-hospitalar, a contar da internação. No caso, o recorrente ajuizou ação de obrigação de fazer em face da seguradora ora recorrida, sustentando ser beneficiário do seguro de assistência à saúde firmado com a recorrida. Aduz que, ao ser atendido no hospital, foi diagnosticada a existência de tumor cerebral maligno, com quadro médico grave e risco de morte, razão pela qual foi imediatamente internado para posterior intervenção neurocirúrgica. Apesar do caráter emergencial do exame de ressonância magnética nuclear, foi negada, pela recorrida, a sua cobertura ao argumento de que o contrato do recorrente estaria sujeito ao prazo de carência de 180 dias a partir da adesão ao seguro. E que, diante dessa situação, foi sua genitora quem custeou os exames. O juiz *a quo* julgou procedentes os pedidos formulados na inicial, obrigando a recorrida a custear todos os procedimentos necessários até a cessação e extirpação da moléstia, sob pena de arcar com multa diária de R$ 1 mil, determinando, também, o reembolso dos valores despendidos. Interposta apelação, o tribunal de justiça deu parcial provimento ao recurso da recorrida para limitar o período da cobertura. O recorrente interpôs recurso especial, que foi admitido. A Turma entendeu que, diante do disposto no art. 12 da Lei n. 9.656/1998, é possível a estipulação contratual de prazo de carência, todavia o inciso V, "**c**", do mesmo dispositivo estabelece o prazo máximo de 24 horas para cobertura dos casos de urgência e emergência. Os contratos de seguro e assistência à saúde são pactos de cooperação e solidariedade, cativos e de longa duração, informados pelos princípios consumeristas da boa-fé objetiva e função social, tendo o objetivo precípuo de assegurar ao consumidor, no que tange aos riscos inerentes à saúde, tratamento e segurança para amparo necessário de seu parceiro contratual. Os artigos 18, § 6º, III, e 20, § 2º, do CDC preveem a necessidade da adequação dos produtos e serviços à legítima expectativa do consumidor de, em caso de pactuação de contrato oneroso de seguro de assistência à saúde, não ficar desamparado no que tange a procedimento médico premente e essencial à preservação de sua vida. Como se trata de situação limite em que há nítida possibilidade de violação de direito fundamental à vida, não é possível a seguradora invocar prazo de carência contratual para restringir o custeio dos procedimentos de emergência relativos ao tratamento de tumor cerebral que aflige o beneficiário do seguro. Precedente citado do STF: RE 201819, DJ 27/10/2006; do STJ: REsp 590.336-SC, DJ 21/2/2005, e REsp 466.667-SP, DJ 17/12/2007. **REsp 962.980-SP, Rel. Min. Luis Felipe Salomão, julgado em 13/3/2012. (Inform. STJ 493)**

CONTRATO. PLANO. SAÚDE. CLÁUSULA ABUSIVA.

O cerne da questão cinge-se à análise da existência de abuso na cláusula do contrato de plano de saúde que prevê limite de valor para cobertura de tratamento médico-hospitalar. *In casu*, a beneficiária de plano de saúde foi internada em hospital conveniado, em razão de moléstia grave e permaneceu em UTI. Todavia, quando atingido o limite financeiro (R$ 6.500,00) do custo de tratamento previsto no contrato celebrado entre as partes, a recorrida (mantenedora do plano de saúde) negou-se a cobrir as despesas médico-hospitalares excedentes. De fato, o sistema normativo vigente permite às seguradoras fazer constar da apólice de plano de saúde privado cláusulas limitativas de riscos adicionais relacionados com o objeto da contratação, de modo a responder pelos riscos somente na extensão contratada. No entanto, tais cláusulas limitativas não se confundem com as cláusulas que visam afastar a responsabilidade da seguradora pelo próprio objeto nuclear da contratação. Na espécie, a seguradora de plano de saúde assumiu o risco de cobrir o tratamento da moléstia que acometeu a segurada. Porém, por meio de cláusula limitativa e abusiva, reduziu os efeitos jurídicos dessa cobertura ao estabelecer um valor máximo para as despesas hospitalares, tornando, assim, inócuo o próprio objeto do contrato. É que tal cláusula não é meramente limitativa de extensão de risco porque excludente da própria essência do risco assumido. O Min. Relator ressaltou que não se pode equiparar o seguro-saúde a um seguro patrimonial, no qual é possível e fácil aferir o valor do bem segurado, criando limites de reembolso/indenização. Pois, quem segura a saúde de outrem está garantindo o custeio de tratamento de doenças que, por sua própria natureza, são imprevisíveis, sendo essa uma das razões que leva a pessoa a contratar seguro de saúde. Assim, seja por violação das normas do CDC (arts. 4º, 6º, 51) ou do disposto na Lei n. 9.656/1998 e no DL n. 73/1966, deve ser considerada abusiva a cláusula contratual de seguro-saúde que crie limitação de valor para o custeio de tratamento de saúde ou de internação hospitalar de segurado ou beneficiário. Com efeito, em observância à função social dos contratos, à boa-fé objetiva e à proteção à dignidade humana, deve ser reconhecida a nulidade de tal cláusula. Com essas e outras considerações, a Turma deu provimento ao recurso para, julgando procedente a ação e improcedente a reconvenção, condenar a seguradora ao pagamento das despesas médico-hospitalares (deduzindo-se as já suportadas pela recorrida) a título de danos materiais e dos danos morais decorrentes da cláusula abusiva e da injusta recusa da cobertura securitária pela operadora do plano de saúde, o que causou aflição à segurada (acometida de moléstia grave que levaria a estado terminal) que necessitava dar continuidade à sua internação em UTI e ao tratamento médico hospitalar adequado. Precedente citado: REsp 326.147-SP, DJe 8/6/2009. **REsp 735.750-SP, Rel. Min. Raul Araújo, julgado em 14/2/2012. (Inform. STJ 491)**

PLANO DE SAÚDE. NOTIFICAÇÃO. RESCISÃO UNILATERAL.

Trata-se, na origem, de ação na qual a ora recorrida busca a nulidade da rescisão unilateral de contrato levada a efeito pela operadora de plano de saúde. A Turma entendeu que, desde que fique comprovado o atraso superior a 60 dias e seja feita a notificação do consumidor, é permitida a rescisão unilateral do contrato de plano de saúde nos termos do art. 13, parágrafo único, II, da Lei n. 9.656/1998. Assim, ao afirmar que não basta a notificação prevista na mencionada norma, sendo imprescindível a propositura de ação judicial, o tribunal *a quo* criou exigência não prevista em lei. Logo, configura medida descabida e sem qualquer razoabilidade exigir que as operadoras de plano de saúde ingressem em juízo para cancelar contratos de consumidores inadimplentes. **REsp 957.900-SP, Rel. Min. Antonio Carlos Ferreira, julgado em 17/11/2011.** (Inform. STJ 487)

PLANO. SAÚDE. AUMENTO. MENSALIDADE. MUDANÇA. FAIXA ETÁRIA.

Trata-se, na origem, de ação interposta por instituto de defesa do consumidor contra sociedade empresária de plano de saúde na qual se discute a validade de cláusula fixada em contrato de serviço médico-hospitalar que reajusta o valor da prestação em razão de mudança de faixa etária. A Turma, ao prosseguir o julgamento, por maioria, entendeu que não há como considerar violador do princípio da isonomia o reajuste autorizado por lei em razão de mudança de faixa etária, uma vez que há um incremento natural do risco que justifica a diferenciação, ademais quando já idoso o segurado. Conforme o disposto no art. 15, § 3º, da Lei n. 10.741/2003 (Estatuto do Idoso) e no art. 14 da Lei n. 9.656/1998, não é possível, por afrontar o princípio da igualdade, que as seguradoras, em flagrante abuso do exercício de tal direito e divorciadas da boa-fé contratual, aumentem sobremaneira a mensalidade dos planos de saúde, aplicando percentuais desarrazoados, que constituem verdadeira barreira à permanência do idoso no plano. Se assim fizessem as seguradoras, criariam fator de discriminação do idoso com o objetivo escuso e ilegal de usar a majoração para desencorajar o segurado a permanecer no plano, o que não pode ser tolerado. Para a validade dos reajustes em razão de mudança da faixa etária, devem ser atendidas as seguintes condições: previsão no instrumento negocial, respeito aos limites e demais requisitos estabelecidos na Lei n. 9.656/1998 e observância do princípio da boa-fé objetiva, que veda reajustes absurdos e aleatórios que onerem em demasia o segurado. Caso algum consumidor perceba abuso no aumento de sua mensalidade em razão de mudança de faixa etária, aí sim se poderá cogitar de ilegalidade, cujo reconhecimento autorizará o julgador a revisar o índice aplicado, seja em ação individual ou coletiva. Com esses fundamentos, a Turma, por maioria, deu provimento ao recurso. **REsp 866.840-SP, Rel. originário Min. Luis Felipe Salomão, Rel. para acórdão Min. Raul Araújo, julgado em 7/6/2011.** (Inform. STJ 476)

DANO MORAL. RECUSA INJUSTA. PLANO. SAÚDE.

Turma, ao prosseguir o julgamento, por maioria, entendeu, entre outras questões, que dá ensejo à indenização por dano moral a injusta recusa da cobertura securitária por plano de saúde, uma vez que a conduta agrava a situação de aflição psicológica e de angústia no espírito do segurado, o qual, ao pedir a autorização da seguradora, já se encontra em situação de dor, de abalo psicológico e com a saúde debilitada. Precedentes citados: REsp 1.067.719-CE, DJe 5/8/2010, e REsp 918.392-RN, DJe 1º/4/2008. **REsp 1.190.880-RS, Rel. Min. Nancy Andrighi, julgado em 19/5/2011.** (Inform. STJ 473)

PLANO DE SAÚDE. GASTROPLASTIA.

Discute-se, no REsp, a obrigatoriedade de o plano de saúde da recorrida cobrir gastos com gastroplastia indicada ao tratamento de obesidade mórbida e outras complicações dela decorrentes. No julgamento do especial, observou o Min. Relator que as instâncias ordinárias mostraram ser a diversidade das consequências da doença apontada no laudo médico trazido aos autos indicadora de riscos iminentes à vida da paciente, considerada a cirurgia indispensável à sua sobrevida. Assim, consignou que, efetivamente, a gastroplastia indicada como tratamento para obesidade mórbida, longe de ser um procedimento estético ou mero tratamento emagrecedor, revela-se como cirurgia por vezes essencial à sobrevida do segurado, vocacionada, ademais, ao tratamento das outras tantas comorbidades que acompanham a obesidade em grau severo. Nessa hipótese, mostra-se ilegítima a negativa do plano de saúde em cobrir as despesas da intervenção cirúrgica. Registrou, ainda, que, havendo, por um lado, cláusula contratual excludente de tratamento para emagrecimento ou ganho de peso e, por outro lado, cláusula de cobertura de procedimentos cirúrgicos de endocrinologia e gastroenterologia, o conflito interpretativo soluciona-se em benefício do consumidor, mercê do disposto no art. 49 do CDC. Com esse entendimento, a Turma negou provimento ao recurso. Precedente citado: REsp 1.106.789-RJ, DJe 18/11/2009. **REsp 1.175.616-MT, Rel. Min. Luis Felipe Salomão, julgado em 1º/3/2011.** (Inform. STJ 465)

PLANO DE SAÚDE. CLÁUSULA LIMITATIVA. FORNECIMENTO. PRÓTESE.

A Turma deu provimento ao recurso e restabeleceu a sentença por reconhecer que a jurisprudência entende não ter validade a limitação imposta por cláusula de plano de saúde que veda o fornecimento de prótese, quando a colocação dela for considerada providência comprovada e necessária ao sucesso de intervenção cirúrgica. No caso dos autos, apesar de o associado do plano de saúde ter sofrido acidente e ter firmado contrato desde abril de 1993, há mais de dez anos, o hospital conveniado não pôde iniciar sua cirurgia diante da negativa de autorização da seguradora ao argumento de que o contrato não previa cobertura para fornecer prótese considerada indispensável para o êxito da cirurgia de fratura de tíbia e maléolo. Para o Min. Relator, essa recusa fere o art. 51, IV, do CDC (Lei n. 8.078/1990), bem como a exigência de comportamento pautado pela boa-fé objetiva por conferir ao hipossuficiente desvantagem desproporcional. Ainda, tem a cláusula limitativa alcance bem maior daquele inicialmente imaginado pelo segurado, pois atinge, inclusive, os procedimentos cobertos pelo plano ou seguro (explica que essas últimas colocações eram vigentes antes mesmo da edição do CDC). Precedentes citados: REsp 811.867-SP, DJe 22/4/2010; REsp 735.168-RJ, DJe 26/3/2008, e REsp 519.940-SP, DJ 1º/9/2003. **REsp 873.226-ES, Rel. Min. Luis Felipe Salomão, julgado em 8/2/2011.** (Inform. STJ 462)

SEGURO. PLANO DE SAÚDE COLETIVO.

Trata a hipótese de saber se as recorrentes, operadoras de plano de saúde, têm a obrigação legal de oferecer à recorrida a contratação de plano de saúde individual nas mesmas condições que lhe eram oferecidas pelo plano de saúde coletivo do qual era beneficiária. O referido contrato coletivo foi celebrado entre as partes em razão do vínculo empregatício da recorrida com determinado órgão público, o qual firmou e posteriormente rescindiu o convênio que mantinha com as recorrentes. A Turma entendeu, entre outras questões, aceitar a continuidade da vinculação da recorrida a seguro-saúde coletivo que nem existe mais, mediante o recolhimento de verba simbólica, é providência que visivelmente impede a preservação do necessário equilíbrio contratual. Assim, embora, em algumas situações, o princípio da autonomia da vontade ceda lugar às disposições cogentes do CDC, não há como obrigar as recorrentes a manter um vínculo contratual que satisfaça somente os interesses da recorrida. Desse modo, por mais legítima que seja a pretensão da consumidora, que busca defender seu direito fundamental à saúde, não é possível afirmar haver direito adquirido dela à manutenção das condições previstas em contrato de seguro-saúde em grupo extinto por iniciativa do estipulante, seu empregador. Consignou-se, todavia, que a perspectiva seria completamente diferente se a recorrida estivesse pleiteando a contratação individual com o pagamento integral do prêmio e a liberação da carência. Quanto à pretensão da recorrida de realização da quimioterapia por meio da ingestão de comprimidos em sua casa, isso decorre da evolução da própria medicina e não influi na natureza do contrato de plano de saúde, cujo objetivo continua sendo conferir a seus usuários efetiva e completa assistência, dentro dos limites contratualmente e legalmente estipulados. Porém, destacou-se o fato de que todas as exceções de cobertura foram expressamente relacionadas no art. 10 da Lei n. 9.656/1998, sendo que nesse rol não se faz qualquer menção à quimioterapia realizada em regime domiciliar. Quanto aos danos morais, observou-se que a jurisprudência do STJ firmou-se em sentido contrário à tese propugnada pelo acórdão recorrido, pois o mero dissabor ocasionado pelo inadimplemento contratual não configura, em regra, ato lesivo a ensejar tais danos. No tocante a juros de mora, assinalou-se estar a decisão recorrida em consonância com o entendimento deste

Superior Tribunal, contudo sua análise ficou prejudicada em razão do descabimento, na espécie, de danos morais. Diante disso, o recurso foi parcialmente conhecido e, nessa extensão, foi-lhe dado provimento. Precedentes citados: REsp 668.216-SP, DJ 2/4/2007; REsp 712.469-PR, DJ 6/3/2006; REsp 762.426-AM, DJ 24/10/2005; REsp 661.421-CE, DJ 26/9/2005; REsp 338.162-MG, DJ 18/2/2002, e EREsp 727.842-SP, DJe 20/11/2008. **REsp 1.119.370-PE, Rel. Min. Nancy Andrighi, julgado em 7/12/2010**. (Inform. STJ 459)

INDENIZAÇÃO. DANO MORAL. PLANO. SAÚDE.

Este Superior Tribunal tem entendido que quem se compromete a prestar assistência médica é responsável pelos serviços dos profissionais indicados. No caso dos autos, a recorrente teve que se submeter a uma mastectomia bilateral radical, após um ano de ter-lhe sido designado, pelo plano de saúde médico, uma única opção de mastologista, profissional que, apesar de exame detectar nódulos no seio direito, deixou de tomar as providências cabíveis de investigação e marcou consulta de retorno da recorrente só para um ano depois. Ficou comprovado nos autos que, após ajuizada a ação indenizatória, o médico adulterou o prontuário da paciente para indicar o retorno em quatro meses e não um ano. Além disso, deixou de avisá-la quanto à cirurgia de mastectomia, visto que foi internada para exames e ainda submeteu ao vexame de ser examinada em público, no corredor do hospital, quando, então, levantou sua blusa para verificar o resultado da cirurgia. No REsp, a recorrente busca o reconhecimento da legitimidade passiva do plano de saúde, visto que ele foi excluído da demanda pelo tribunal *a quo*, bem como busca majorar o valor da indenização. Para o Min. Relator, a jurisprudência deste Superior Tribunal reconhece a solidariedade da seguradora para responder pelo dever de indenizar juntamente com o médico conveniado pelos danos por ele causados. Também deu provimento ao pedido de majoração do *quantum* fixado, reavaliando os critérios em razão das particularidades do caso. Ao acolher esse entendimento, a Turma deu provimento ao recurso na parte conhecida e, em razão da gravidade dos fatos, encaminhou cópia da decisão ao Conselho Regional de Medicina (CRM), para que tome ciência para o que for de direito. Precedentes citados: REsp 1.006.857-PR, DJe 25/8/2008; REsp 138.059-MG, DJ 11/6/2001; AgRg no Ag 495.306-DF, DJ 14/6/2004; REsp 686.146-RJ, DJe 27/10/2009, e REsp 1.029.043-SP, DJe 31/3/2009. **REsp 1.133.386-RS, Rel. Min. Honildo Amaral de Mello Castro (Desembargador convocado pelo TJ-AP), julgado em 17/6/2010**. (Inform. STJ 439)

PLANO. SAÚDE. QUEBRA. CARÊNCIA.

Cuida-se de ação de indenização por danos morais contra sociedade empresária de plano de saúde que se negou a custear serviços médicos emergenciais durante período de carência, bem como a ressarcir diversos procedimentos cirúrgicos, ambulatoriais e medicamentos. Condenada nas instâncias ordinárias, a sociedade busca, no REsp, a reforma do *decisum* e a revisão do *quantum* indenizatório. Na hipótese, a quebra de carência é exceção prevista no art. 35-C da Lei n. 9.656/1998 (redação dada pela Lei n. 11.935/2009). Ademais, a jurisprudência deste Superior Tribunal entende que o prazo de carência da ação, apesar de válido, não prevalece quando se tratar de casos excepcionais como a internação de urgência. Sendo assim, cumpria à sociedade honrar seu compromisso contratual de amparo médico hospitalar. Quanto à revisão do *quantum*, manteve a decisão recorrida. Com esse entendimento, a Turma, na parte conhecida do recurso, negou-lhe provimento. Precedentes citados: REsp 1.006.857-PR, DJe 25/8/2008; REsp 860.705-DF, DJ 16/11/2006, e REsp 466.667-SP, DJ 17/12/2007. **REsp 1.067.719-CE, Rel. Min. Honildo Amaral de Mello Castro (Desembargador convocado do TJ-AP), julgado em 17/6/2010**. (Inform. STJ 439)

SEGURADORA. SAÚDE. REGISTRO. CONSELHO.

Discute-se, no REsp, se as pessoas jurídicas operadoras de seguro privado de assistência à saúde devem estar inscritas nos Conselhos Regionais de Medicina e Odontologia para obter o registro de funcionamento perante a Agência Nacional de Saúde Suplementar (ANS). Explica a Min. Relatora que a redação original da Lei n. 9.656/1998, no art. 1º, § 1º, distinguia as operadoras de planos privados de assistência à saúde das operadoras de seguros. No entanto, a referida lei sofreu diversas alterações devido às reedições da MP n. 1.665/1998, atualmente reeditada como MP n. 2.177-44/2001, diploma que submeteu às suas disposições as pessoas jurídicas de direito privado que operam planos de assistência à saúde, abrangendo as duas modalidades: tanto as empresas que operam com planos de saúde como as que operam com seguros de assistência à saúde (art. 1º, I e II, da MP n. 2.177-44/2001). Esclarece, ainda, que, a Lei n. 10.185/2001, a qual resultou da conversão da MP n. 2.122/2001, ao tratar da necessidade de especialização das sociedades seguradoras de planos privados de assistência à saúde, prevê, para efeito da Lei n. 9.656/1998, que se enquadra o seguro saúde como plano privado de assistência à saúde e a sociedade seguradora especializada em saúde como operadora de plano de assistência à saúde. Também ressalta que, após a vigência da citada MP n. 2.177-44/2001, não restam dúvidas de que as operadoras de seguro-saúde estão contidas nas disposições da Lei n. 9.656/1998, entre as quais, o art. 8º, I, que exige, para obter a autorização de funcionamento, o registro nos Conselhos Regionais de Medicina e Odontologia. Diante do exposto, a Turma negou provimento ao recurso da seguradora. **REsp 1.183.537-RJ, Rel. Min. Eliana Calmon, julgado em 11/5/2010**. (Inform. STJ 434)

PLANO. SAÚDE. PRÓTESE.

O recorrente padecia de atrosia total de joelho bilateral e necessitava de próteses que substituíssem as funções dos tecidos corrompidos. Nesse contexto, não é razoável cláusula do contrato de plano de saúde que exclui a cobertura da colocação das próteses, tão necessárias ao restabelecimento da saúde do recorrente, mesmo diante do fato de a recorrida não fazer restrições à cirurgia em si. Sem a cobertura, o mal deixaria de ser tratado e a saúde do recorrente não seria restabelecida, levando à perda do objeto do contrato. Precedentes citados: REsp 1.046.355-RJ, DJe 5/8/2008, e REsp 735.168-RJ, DJe 26/3/2008. **REsp 811.867-SP, Rel. Min. Sidnei Beneti, julgado em 13/4/2010**. (Inform. STJ 430)

PADV. ASSISTÊNCIA MÉDICA. LEI N. 9.656/1998.

Trata-se de REsp em que a questão de fundo está em definir se a recorrida tem direito de continuar na condição de beneficiária do plano de saúde da recorrente, visto que aquela aderiu ao programa de apoio à demissão voluntária (PADV), o qual lhe conferiu, como um incentivo à sua adesão, a continuidade da utilização do citado plano pelo prazo de 24 meses após o rompimento de seu vínculo empregatício com a recorrente. Sucede que, nesse período, foi diagnosticada, na recorrida, uma moléstia grave (cistoadenocarcinoma mucinoso de ovário) cujo tratamento não poderia ser realizado dentro do referido prazo e sua interrupção acarretaria riscos à sua saúde. A Turma entendeu correto o acórdão recorrido, o qual assentou, entre outras questões, que o art. 30 da Lei n. 9.656/1998 permite à recorrida continuar na condição de beneficiária do plano de saúde no prazo previsto no § 1º do citado dispositivo (período de um terço do tempo que resulta da soma de tempo desde seu ingresso na empresa recorrente até dois anos após a adesão do PADV), desde que contribua com sua cota à entidade patronal. Contudo, isso não significa que a recorrida estará obrigada a reembolsar à recorrente ou ao plano de saúde todas as despesas médicas e hospitalares de que necessitar, porque isso seria, verdadeiramente, negar seu direito. Ela deverá reembolsar apenas a contribuição para manutenção do plano de seguro saúde, nada mais. Vale ressaltar que a recorrida já era portadora da aludida moléstia grave, a qual se manifestou antes de extinguir-se o prazo de vinculação ao plano de saúde, daí se inferir que a condição de beneficiária do plano não sofre solução de continuidade, desde que recolha contraprestação à entidade patronal, já que não pode ser privada do tratamento que iniciou, sob pena de colocar em risco sua saúde. Assim, conforme os autos, nesta instância especial, verificou-se que a Lei n. 9.656/1998 alcançou o cumprimento do plano de demissão voluntária estabelecido entre as partes. Ademais, a disciplina do período de manutenção da assistência médica foi garantida mediante o pagamento de contraprestação, o que cumpre o ordenamento das relações jurídicas entre as partes, impondo o regime de direitos e deveres, e promove a eficácia do mandamento legal. **REsp 583.130-RS, Rel. Min. Aldir Passarinho Junior, julgado em 23/3/2010**. (Inform. STJ 428)

PLANO. SAÚDE. SERVIÇOS MÉDICOS. EXCLUSIVIDADE.

In casu, ao julgar a apelação, o TJ reconheceu ser lícita a cláusula de exclusividade dos serviços médicos prestados à sociedade cooperativa, no âmbito de ação anulatória de procedimento administrativo ajuizada contra o Conselho Administrativo de Defesa Econômica (Cade). No REsp, o Cade (recorrente) defende que a cláusula de exclusividade impede a entrada de outros concorrentes no mercado geográfico, visto que outros agentes econômicos não conseguem manter um número aceitável de médicos conveniados. Preliminarmente, ressalta o Min. Relator que, no STJ, há acórdãos de turma de direito privado que consideram válida a cláusula de exclusividade entre a cooperativa e os médicos cooperados e outros arestos de turma de direito público que a reputam inválida. Explica daí haver a necessidade de esclarecimento acerca da causa de pedir, que é o fato gerador da relação jurídica, podendo ter natureza voluntária ou involuntária. O fato gerador da relação jurídica contratual entre o médico cooperado e a cooperativa é completamente diferente do fato gerador da relação concorrencial travada entre a cooperativa e a sociedade (que é o caso em exame). Pois, no primeiro caso, percebe-se a proteção de suposto direito privado ou interesse individual e, no segundo, a guarda de interesse difuso em direito público. Assim, observa que, embora a turma de direito privado tenha analisado a questão concorrencial em *obter dictum*, não tem competência para decidir, como objeto principal, a matéria concorrencial, conforme o disposto no inciso XI do § 1º do art. 9º do RISTJ. Isso posto, explica, ao médico cooperado que exerce seu labor como profissional liberal não se aplica a exigência de exclusividade disposta no § 4º do art. 29 da Lei n. 5.764/1971, salvo quando se tratar de agente de comércio ou empresário. Também assevera que a cláusula de exclusividade, como disposto na espécie, é vedada pelo inciso III do art. 18 da Lei n. 9.656/1998, a qual impede a imposição de exclusividade ou de restrição à atividade profissional, portanto essa primeira violação de lei já garantiria o provimento do REsp. Entretanto, ainda que fosse permitida sua utilização para evitar a livre concorrência por meio da cooptação de parte significativa da mão de obra, encontraria óbice nos arts. 20, I, II, IV e V, e 21, IV e V, da Lei n. 8.884/1994. Por fim, observa que os interesses privados não podem sobrepor-se ao interesse público. Diante do exposto, a Turma deu provimento ao recurso do Cade. Precedentes citados: REsp 768.118-SC, DJe 30/4/2008, e AgRg no REsp 179.711-SP, DJ 19/12/2005. **REsp 1.172.603-RS, Rel. Min. Humberto Martins, julgado em 4/3/2010**. (Inform. STJ 425)

PLANO. SAÚDE. OBESIDADE MÓRBIDA.

Em razão de o tratamento da obesidade mórbida encontrar-se acobertado pelo plano de saúde firmado (art. 10 da Lei n. 9.656/1998), a seguradora deve arcar com todos os tratamentos necessários à cura de tal patologia. Desse modo, não só a cirurgia bariátrica (ou outra pertinente) deve ser custeada pela seguradora, mas também as cirurgias destinadas à retirada do excesso de tecido epitelial (retirada do avental abdominal, mamoplas-tia redutora e a dermolipoctomia braçal), que lhes são subsequentes ou consequentes, tal como na hipótese, em que firmado não terem essas intervenções natureza estética (excluída da incidência do referido artigo de lei). Essas cirurgias são prescritas como tratamento contra infecções e outras manifestações propensas a ocorrer nas regiões em que a pele dobra sobre si mesma. Daí que ilegítima a recusa de cobrir essas cirurgias quando se revelam necessárias ao pleno restabelecimento do segurado acometido da obesidade mórbida acobertada pelo plano de saúde, sob pena de se frustrar a finalidade precípua do contrato. **REsp 1.136.475-RS, Rel. Min. Massami Uyeda, julgado em 4/3/2010**. (Inform. STJ 425)

SEGURO-SAÚDE. UTI AÉREA.

Trata-se de pedido de indenização devido à negativa de transporte em UTI aérea para hospital especializado. A Turma entendeu que há suporte nos arts. 34 e 46 da Lei n. 8.078/1990 quanto à responsabilidade da seguradora por atos de seus representantes, visto que a ré não pode se eximir dos atos praticados em razão de serviço oferecido pelo corretor, assegurada a ação regressiva. No caso, contudo, o contrato de seguro não abrangia o transporte aéreo, não havendo ilegalidade ou irregularidade formal das cláusulas restritivas, não estando, ademais, patenteada a indução da segurada em fazer jus à cobertura em questão. **REsp 613.775-BA, Rel. Min. Aldir Passarinho Junior, julgado em 4/3/2010.** (Inform. STJ 425)

DANO MORAL. VÍTIMA. TENRA IDADE.

In casu, segundo os autos, criança de três anos deixou de realizar, por recusa da clínica credenciada e pela ineficiência de seu plano de saúde, exames radiológicos prescritos por profissional habilitado com a finalidade de diagnosticar dores. A Turma deu provimento ao recurso da menor, representada por sua mãe, para reconhecer seu direito à indenização por dano moral. Observou-se que, embora a criança tenha percepção diferente e uma maneira peculiar de se expressar, está sujeita a medos, aflições e angústias, até mais prejudiciais do que as sentidas pelos adultos, pois, sem noção exata, percebe-os ao compartilhar a aflição da mãe. Ademais, a criança, mesmo de tenra idade, tem direito à proteção irrestrita dos direitos da personalidade, entre os quais se inclui o direito à integridade mental, o que lhe assegura indenização por dano moral decorrente de sua violação (arts. 5º, X, da CF/1988 e 12 do CC/2002). Mesmo nas hipóteses em que o prejuízo ao menor decorra de uma relação de consumo (art. 6º, VI, do CDC), é-lhe assegurada a efetiva reparação do dano. Portanto, pelo dano moral causado pelas recorridas, há o dever de reparação. Ressaltou-se, ainda, que o plano de saúde é responsável pela escolha de seus credenciados para que prestem um serviço adequado, sob pena de responder solidariamente, como no caso, pelos danos causados (arts. 7º, parágrafo único, e 25, § 1º, do CDC). **REsp 1.037.759-RJ, Rel. Min. Nancy Andrighi, julgado em 23/2/2010.** (Inform. STJ 424)

PLANO. SAÚDE. COBERTURA. GASTROPLASTIA REDUTORA.

A recorrente autora, na inicial, afirma que, em 1992, aderiu a plano de saúde, mantendo as mensalidades em dia. Em 2005, já portadora de obesidade mórbida, que colocaria em risco sua vida, recebeu indicação médica para se submeter a uma gastroplastia redutora, conhecida popularmente como cirurgia para redução de estômago. As instâncias ordinárias reconheceram, ao menos implicitamente, que o contrato previa a cobertura para a moléstia. O tratamento a ser aplicado, nessas condições, deve ser sempre o mais recomendado, nisso residindo o fundamento para que a cláusula contratual em questão, conquanto genérica, englobe a específica modalidade de tratamento referida acima. Quanto ao dano moral, esse é devido, pois evidente o sofrimento daquele que vê negada a cobertura médica em momento delicado de necessidade. Assim, a Turma, ao prosseguir o julgamento, por maioria, conheceu do recurso e deu provimento a ele, por entender que o plano de saúde deve proporcionar ao consumidor o tratamento mais moderno e adequado em substituição ao procedimento obsoleto previsto especificamente no contrato. Precedentes citados: REsp 311.509-SP, DJ 25/6/2001; REsp 668.216-SP, DJ 2/4/2007 e, REsp 519.940-SP, DJ 1º/9/2003. **REsp 1.106.789-RJ, Rel. Min. Nancy Andrighi, julgado em 15/10/2009.** (Inform. STJ 411)

PLANO. SAÚDE. BANCÁRIO. DEMISSÃO VOLUNTÁRIA.

A Turma proveu o recurso ao entendimento de que, pelo art. 30 da Lei n. 9.656/1998, ao ex-empregado bancário com pedido voluntário de rescisão de contrato de trabalho não assiste o direito a permanecer vinculado, juntamente com seus dependentes, em plano de saúde da Caixa de Assistência dos Funcionários do Banco do Brasil (Cassi). O direito de manter a condição como beneficiário nas mesmas condições de que o empregado gozava quando da vigência do contrato de trabalho somente está previsto nos casos em que o trabalhador é demitido ou exonerado sem justa causa. Precedente citado: REsp 820.379-DF, DJ 6/8/2007. **REsp 1.078.991-DF, Rel. Min. Massami Uyeda, julgado em 2/6/2009.** (Inform. STJ 397)

PLANO. SAÚDE. EXCLUSIVIDADE. MÉDICO.

A Turma entendeu desnecessária a interpretação do contrato firmado com a cooperativa prestadora de serviços médicos para aferir a validade de cláusula. Na hipótese, reiterou-se que o cooperado que adere à cooperativa médica deve submeter-se ao estatuto, podendo atuar livremente no atendimento aos pacientes, vedado, porém, vincular-se a outra concorrente congênere. O Min. Aldir Passarinho Junior ressalvou seu entendimento (acorde com a Primeira Turma), relativamente às disposições estatutárias dos planos de saúde, restrições impostas pelas cooperativas médicas (Lei n. 5.764/1971), que criam reserva de mercado, em violação do direito à saúde da população, do direito do consumidor e da livre escolha, favorecendo pretensões corporativas. Precedentes citados: REsp 261.155-SP, DJ 3/5/2004; REsp 126.391-SP, DJ 27/9/1999; REsp 83.713-RS, DJ 16/3/1998; REsp 367.627-SP, DJ 24/6/2002; AgRg no REsp 260.958-MG, DJ 25/10/2004, e REsp 431.106-SP, DJ 14/2/2005. **REsp 191.080-SP, Rel. Min. Luís Felipe Salomão, julgado em 4/11/2008**. (Inform. STJ 375)

PLANO. SAÚDE. EXCLUSIVIDADE. COOPERADOS.

Cinge-se a questão a examinar a legalidade de cláusula estatutária que impõe aos cooperados o dever de exclusividade. Sustentam os recorrentes que, tal como se depreende do art. 18, III, da Lei n. 9.656/1988, as operadoras de plano de saúde são impedidas de impor cláusulas de exclusividade ou de restrição à atividade profissional. Inicialmente, esclareceu a Min. Relatora que a matéria já foi, por diversas vezes, objeto de análise neste Superior Tribunal, oportunidades em que o enfoque dado ao problema foi essencialmente de direito concorrencial e societário. Em precedentes sobre o tema, todos os julgadores tinham em mente a redação original do art. 18, III, da Lei n. 9.656/1998, que, como ressaltado pela Min. Relatora, não fazia menção às cooperativas. A presente questão afasta-se daqueles precedentes justamente nesse particular. A ação foi ajuizada em dezembro de 1999, ou seja, quando a norma do art. 18, III, já abrangia as cooperativas. Assim, o mencionado dispositivo que veda às operadoras de plano de saúde a imposição de "contratos de exclusividade" aos médicos que consigo contratam é norma que vem passando por inúmeras alterações desde sua edição. A partir da vigência da MP n. 1.908-20, de 25/11/1999, incluiu-se ali uma referência expressa à situação dos cooperados. Portanto, na dicção atual do art. 18, III, da Lei n. 9.656/1998, assegura-se ao cooperado o direito de manter relacionamento não-exclusivo com operadoras de planos de saúde. A existência de norma legal expressa a vedar pactos de exclusividade em determinados segmentos econômicos afasta a atuação jurisdicional para avaliar, segundo a "regra da razão", a pertinência e a legalidade da convenção. Ao proibir as cláusulas de exclusividade, o art. 18, III, da referida lei, estabelece regras para a ampla concorrência no segmento específico dos planos de saúde. Tal norma integra o estatuto jurídico da concorrência. Não se pode, assim, reconhecer que a cooperativa tenha direito adquirido a uma concorrência limitada. O mencionado art. 18 tem aplicação imediata para regular os efeitos presentes e futuros do negócio jurídico pretérito, celebrado entre as partes. Precedentes citados: REsp 83.713-RS, DJ 16/3/1998; REsp 126.391-SP, DJ 27/9/1999; REsp 212.169-SP, DJ 13/8/2001, e REsp 261.155-SP, DJ 3/5/2004. **REsp 883.639-RS, Rel. Min. Nancy Andrighi, julgado em 14/10/2008.** (Inform. STJ 372)

SÚMULA STJ Nº 469

Aplica-se o Código de Defesa do Consumidor aos contratos de plano de saúde.

SÚMULA STJ Nº 302

É abusiva a cláusula contratual de plano de saúde que limita no tempo a internação hospitalar do segurado.

6. RESPONSABILIDADE DOS PROFISSIONAIS DA SAÚDE

DANO MORAL. EXAME CLÍNICO. HIV.

Trata-se, na origem, de ação de compensação por danos morais ajuizada pela recorrente contra o hospital ora recorrido pelo fato de o nosocômio ter emitido três exames de HIV com o resultado positivo equivocado. A Min. Relatora ressaltou que o defeito no fornecimento do serviço, com exame repetido e confirmado, ainda que com a ressalva do médico de que poderia ser necessário exame complementar, causa sofrimento à paciente, visto que o recorrido assumiu a obrigação de realizar exame com resultado veraz, o que não ocorreu. Nesse contexto, a Turma, por maioria, deu parcial provimento ao recurso, para condenar o recorrido a pagar a quantia de R$ 15 mil a título de danos morais. **REsp 1.291.576-RS, Rel. Min. Nancy Andrighi, julgado em 28/2/2012. (Inform. STJ 492)**

CIRURGIA ESTÉTICA. DANOS MORAIS.

Nos procedimentos cirúrgicos estéticos, a responsabilidade do médico é subjetiva com presunção de culpa. Esse é o entendimento da Turma que, ao não conhecer do apelo especial, manteve a condenação do recorrente – médico – pelos danos morais causados ao paciente. Inicialmente, destacou-se a vasta jurisprudência desta Corte no sentido de que é de resultado a obrigação nas cirurgias estéticas, comprometendo-se o profissional com o efeito embelezador prometido. Em seguida, sustentou-se que, conquanto a obrigação seja de resultado, a responsabilidade do médico permanece subjetiva, com inversão do ônus da prova, cabendo-lhe comprovar que os danos suportados pelo paciente advieram de fatores externos e alheios a sua atuação profissional. Vale dizer, a presunção de culpa do cirurgião por insucesso na cirurgia plástica pode ser afastada mediante prova contundente de ocorrência de fator imponderável, apto a eximi-lo do dever de indenizar. Considerou-se, ainda, que, apesar de não estarem expressamente previstos no CDC o caso fortuito e a força maior, eles podem ser invocados como causas excludentes de responsabilidade dos fornecedores de serviços. No caso, o tribunal *a quo*, amparado nos elementos fático-probatórios contidos nos autos, concluiu que o paciente não foi advertido dos riscos da cirurgia e também o médico não logrou êxito em provar a ocorrência do fortuito. Assim, rever os fundamentos do acórdão recorrido importaria necessariamente no reexame de provas, o que é defeso nesta fase recursal ante a incidência da Súm. n. 7/STJ. **REsp 985.888-SP, Min. Luis Felipe Salomão, julgado em 16/2/2012. (Inform. STJ 491)**

RESPONSABILIDADE CIVIL. MÉDICO. CIRURGIA ESTÉTICA E REPARADORA.

Na espécie, trata-se de ação de indenização por danos morais e materiais ajuizada pela recorrida em desfavor dos recorrentes. É que a recorrida, portadora de hipertrofia mamária bilateral, foi submetida à cirurgia para redução dos seios – operação realizada no hospital e pelo médico, ora recorrentes. Ocorre que, após a cirurgia, as mamas ficaram com tamanho desigual, com grosseiras e visíveis cicatrizes, além de ter havido retração do mamilo direito. O acórdão recorrido deixa claro que, no caso, o objetivo da cirurgia não era apenas livrar a paciente de incômodos físicos ligados à postura, mas também de resolver problemas de autoestima relacionados à sua insatisfação com a aparência. Assim, cinge-se a lide a determinar a extensão da obrigação do médico em cirurgia de natureza mista – estética e reparadora. Este Superior Tribunal já se manifestou acerca da relação médico-paciente, concluindo tratar-se de obrigação de meio, e não de resultado, salvo na hipótese de cirurgias estéticas. No entanto, no caso, trata-se de cirurgia de natureza mista estética e reparadora em que a responsabilidade do médico não pode ser generalizada, devendo ser analisada de forma fracionada, conforme cada finalidade da intervenção. Numa cirurgia assim, a responsabilidade do médico será de resultado em relação à parte estética da intervenção e de meio em relação à sua parte reparadora. A Turma, com essas e outras considerações, negou provimento ao recurso. **REsp 1.097.955-MG, Rel. Min. Nancy Andrighi, julgado em 27/9/2011.** (Inform. STJ 484)

ERRO MÉDICO. RESPONSABILIDADE SOLIDÁRIA. NÃO OCORRÊNCIA.

Nos embargos de divergência no recurso especial advindo de ação de indenização por danos materiais e morais por erro do anestesista durante cirurgia plástica, a Seção, por maioria, entendeu que, diante do desenvolvimento das especialidades médicas, não se pode atribuir ao cirurgião chefe a responsabilidade por tudo que ocorre na sala de cirurgia, especialmente quando comprovado, como no caso, que as complicações deram-se por erro exclusivo do anestesista, em relação às quais não competia ao cirurgião intervir. Assim, afastou a responsabilidade solidária do cirurgião chefe, porquanto não se lhe pode atribuir tal responsabilidade pela escolha de anestesista de renome e qualificado. Com esse entendimento, a Seção, por maioria, conheceu dos embargos do cirurgião chefe e deu-lhes provimento. Os embargos opostos pela clínica não foram conhecidos. **EREsp 605.435-RJ, Rel. originária Min. Nancy Andrighi, Rel. para acórdão Min. Raul Araújo Filho, julgados em 14/9/2011 (ver Informativo n. 408).** (Inform. STJ 483)

RESPONSABILIDADE CIVIL. HOSPITAL. DANO MATERIAL E MORAL.

In casu, os pais e a filha ajuizaram ação indenizatória por danos materiais e morais em decorrência de falta de prestação de socorro à mãe por ocasião do parto, o que ocasionou gravíssimas sequelas à filha recém-nascida (paralisia cerebral quadriplégica espástica, dificuldades de deglutição, entre outras). Noticiam os autos que, na ocasião do parto, as salas de cirurgia da maternidade estavam ocupadas, razão pela qual a parturiente teve que aguardar a desocupação de uma delas, além do que, na hora do parto, não havia pediatra na sala de cirurgia, tendo o próprio obstetra atendido a criança que nasceu apresentando circular dupla do cordão umbilical, o que lhe causou asfixia. Houve também demora no atendimento e socorro à criança em virtude da ausência do pediatra na sala de parto e da lotação do CTI. A Turma, ao prosseguir o julgamento, conheceu parcialmente do recurso especial interposto pela maternidade para, nessa parte, dar-lhe provimento, apenas para determinar, de acordo com a jurisprudência do STJ, que a incidência da correção monetária seja a partir da fixação do valor da indenização (Súm. n. 362-STJ). Em razão da sucumbência mínima da recorrida, preservou a condenação aos ônus sucumbenciais fixada pelo tribunal *a quo*. Confirmou-se a decisão recorrida quanto à responsabilidade objetiva da sociedade empresária do ramo da saúde, observando-se, ainda, que essa responsabilidade não equivale à imputação de uma obrigação de resultado; apenas lhe impõe o dever de indenizar quando o evento danoso proceder de defeito do serviço, sendo cediça a imprescindibilidade do nexo causal entre a conduta e o resultado. Ademais, nos termos do § 1º e § 4º do art. 14 do CDC, cabe ao hospital fornecedor demonstrar a segurança e a qualidade da prestação de seus serviços, devendo indenizar o paciente consumidor que for lesado em decorrência de falha naquela atividade. Precedentes citados: AgRg no REsp 1.190.831-ES, DJe 29/6/2010; AgRg no Ag 897.599-SP, DJe 1º/2/2011; REsp 1.127.484-SP, DJe 23/3/2011;

EDcl no Ag 1.370.593-RS, DJe 4/5/2011; AgRg no REsp 763.794-RJ, DJe 19/12/2008; REsp 1.148.514-SP, DJe 24/2/2010; REsp 1.044.416-RN, DJe 16/9/2009, e REsp 604.801-RS, DJ 7/3/2005. **REsp 1.145.728-MG, Rel. originário Min. João Otávio de Noronha, Rel. para acórdão Min. Luis Felipe Salomão, julgado em 28/6/2011.** (Inform. STJ 479)

DANOS MORAIS. INFECÇÃO HOSPITALAR. JUROS. MORA. TERMO INICIAL.
In casu, um dos recorrentes ajuizou ação indenizatória por danos materiais, morais, estéticos e psíquicos em desfavor do hospital, também ora recorrente, alegando ter sido vítima, em seus primeiros dias de vida, de infecção hospitalar que lhe causou as graves, permanentes e irreversíveis sequelas de que padece. O juízo de primeiro grau julgou parcialmente procedente o pedido do autor para condenar o hospital réu a pagar a importância de R$ 150 mil. O tribunal *a quo* negou provimento às apelações interpostas por ambos, sobrevindo, então, os dois recursos especiais em comento. Inicialmente, quanto ao REsp do hospital, entre outras considerações, salientou a Min. Relatora que, tendo o tribunal de origem baseado o seu convencimento nas provas dos autos, considerando que o autor não apresentava quadro clínico anterior ou do período gestacional que justificasse a infecção, tendo ela decorrido da internação, fica evidente a intenção do recorrente de reexame do contexto fático e probatório, o que atrai a incidência da Súm. n. 7-STJ. Ademais, em se tratando de infecção hospitalar, há responsabilidade contratual do hospital relativamente à incolumidade do paciente e essa responsabilidade somente pode ser excluída quando a causa da moléstia possa ser atribuída a evento específico e determinado. No que se refere ao REsp do autor, entre outras questões, observou a Min. Relatora que o acórdão recorrido reconheceu a redução da capacidade laboral dele, mas negou a pensão ao argumento de que ele não estava totalmente incapacitado para dedicar-se à atividade laboral. Contudo, conforme a jurisprudência do STJ, não exclui o pensionamento o só fato de se presumir que a vítima de ato ilícito portadora de limitações está capacitada para exercer algum trabalho, pois a experiência mostra que o deficiente mercado de trabalho brasileiro é restrito mesmo quando se trata de pessoa sem qualquer limitação física. Ainda, segundo o entendimento do STJ, com a redução da capacidade laborativa, mesmo que a vítima, no momento da redução, não exerça atividade remunerada por ser menor, tal como no caso, a pensão vitalícia é devida a partir da data em que ela completar 14 anos no valor mensal de um salário mínimo. Por fim, entendeu que, em se tratando de dano moral, os juros moratórios devem fluir, assim como a correção monetária, a partir da data do julgamento em que foi arbitrado em definitivo o valor da indenização. A data da sentença de mérito (setembro de 2004) é, pois, o termo inicial dos juros de mora e, no tocante aos danos materiais, mesmo ilíquidos, devem os juros incidir a partir da citação. Diante dessas razões, entre outras, a Turma conheceu parcialmente do recurso do hospital, mas, na parte conhecida, negou-lhe provimento e conheceu do recurso do autor, provendo-o parcialmente, vencido parcialmente o Min. Luis Felipe Salomão quanto ao termo inicial dos juros de mora, que considera ser a data do ato ilícito. **REsp 903.258-RS, Rel. Min. Maria Isabel Gallotti, julgado em 21/6/2011.** (Inform. STJ 478)

RESPONSABILIDADE CIVIL. ERRO MÉDICO. INVERSÃO. ÔNUS. PROVA.
Cuida-se de REsp interposto contra acórdão em agravo de instrumento que, em ação de indenização ajuizada pela ora agravada, manteve a inversão do ônus da prova com fulcro no art. 6º, VIII, do CDC. Para a ação, alegou a agravada erro médico em procedimento cirúrgico realizado pelo médico (agravante), arrolado como réu ao lado do hospital onde foi realizada a cirurgia. Ressalta a Min. Relatora que, segundo a jurisprudência do STJ, a responsabilidade subjetiva do médico (art. 14, § 4º, do CDC) não exclui a possibilidade de inversão do ônus da prova, se presentes os requisitos do art. 6º, VIII, do CDC. Nesse caso, deve o profissional demonstrar ter agido com respeito às orientações técnicas aplicáveis e ter adotado as devidas cautelas. Igualmente, explica que a inversão do ônus da prova não implica procedência do pedido, mas significa apenas que o juízo de origem, em razão dos elementos de prova já trazidos aos autos e da situação das partes, considerou presentes os requisitos do art. 6º, VIII, do CDC (verossimilhança da alegação ou hipossuficiência), os quais não podem ser revistos em recurso especial (Súm n. 7-STJ). Diante do exposto, a Turma negou provimento ao agravo regimental. Precedentes citados: REsp 171.988-RS, DJ 28/6/1999, e REsp 696.284-RJ, DJe 18/12/2009. **AgRg no Ag 969.015-SC, Rel. Min. Maria Isabel Gallotti, julgado em 7/4/2011.** (Inform. STJ 468)

DANOS MORAIS. CONTRATO. PRESTAÇÃO. SERVIÇOS MÉDICOS.
Trata-se de pedido de indenização por danos materiais e morais devido à recusa da prestadora de plano de saúde de internar, em emergência, na UTI, a paciente conveniada. O recorrente afirma no REsp que a recusa deu-se pelo fato de sua esposa ter-se submetido, 48 horas antes do mal-estar, a uma cirurgia estética que não estava coberta pelo contrato. Contudo, alega ser injusta essa recusa, visto não haver relação de causa e efeito entre a cirurgia e o mal-estar do qual resultou o coma da esposa, conforme comprovou a perícia técnica. Na origem, a ação foi julgada procedente, mas o TJ, por maioria de votos, embora tenha reconhecido a inexistência de nexo de causalidade entre o coma e a cirurgia estética, reformou a sentença, afastando a indenização pelo dano moral ao fundamento de que houve mero descumprimento de cláusula contratual, o que não geraria indenização por dano moral. Destacou o Min. Relator serem fatos incontroversos nos autos o coma, a recusa da operadora do serviço de saúde recorrida de internar na UTI a conveniada, a venda de imóvel para cobrir os gastos com o hospital credor e a falta de relação de nexo de causalidade entre o coma e a cirurgia realizada. No entanto, consignou-se nos autos haver a obrigação de a recorrida prestar a cobertura do plano de saúde, ou seja, mesmo o plano não cobrindo a cirurgia estética, caberia à seguradora cobrir os males porventura advindos da cirurgia. Observa o Min. Relator ser verdade que a jurisprudência deste Superior Tribunal entende que o mero descumprimento de cláusula contratual, em princípio, não gera dano moral indenizável, mas é possível a condenação de dano moral quando há recusa infundada de cobertura de plano de saúde. Explica que o descumprimento de norma contratual que não inflige dano moral seria aquele que causa apenas desconforto ou aborrecimento superficial, por exemplo: atraso na realização de uma cirurgia de rotina. Contudo, no caso, o descumprimento do contrato ultrapassou o simples desconforto e mal-estar: a segurada corria risco de morrer, era uma situação de urgência. Nessas circunstâncias, a seguradora não poderia ter recusado a cobertura solicitada, nem infligir sofrimento e angústia aos familiares da segurada, que, inclusive, venderam um imóvel para cobrir as despesas hospitalares. Ressalta ainda o Min. Relator que o CDC estabelece normas de ordem pública e interesse social e, em seu art. 4º, consagra os princípios da boa-fé objetiva e da equidade e coíbe o abuso de direito, como na hipótese. Ademais, assevera que as cláusulas restritivas do direito do consumidor devem ser interpretadas da forma menos gravosa a ele, ou seja, mais benéficas, visto não ser razoável que o segurado de plano de saúde seja desamparado quando mais precise de tratamento médico e hospitalar. Por todo o exposto, a Turma deu provimento ao recurso. Precedentes citados: REsp 1.072.308-RS, DJe 10/6/2010; REsp 1.037.759-RJ, DJe 5/3/2010; AgRg no REsp 1.059.909-SP, DJe 2/9/2010; AgRg no Ag 884.832-RJ, DJe 9/11/2010, e Ag 661.853-SP, DJ 4/4/2005. **REsp 907.655-ES, Rel. Min. Luis Felipe Salomão, julgado em 2/12/2010.** (Inform. STJ 458)

DANOS MORAIS E MATERIAIS. CIRURGIA.
Cuida-se de ação de reparação de danos materiais e morais decorrentes de procedimento cirúrgico para a colocação no cérebro do marido da recorrida de uma válvula de derivação ventrículo-peritonial (DVP). O tratamento cirúrgico foi oferecido como única opção para a melhora do paciente, com diagnóstico de hidrocefalia. No entanto, após a cirurgia, agravou-se a saúde do paciente, com a aceleração de seu estado de portador de Alzheimer. Agora, a cirurgia é tida pela recorrida como desnecessária. O tribunal *a quo* baseou-se, para condenar o cirurgião, apenas no descumprimento profissional do dever do médico de informar ao paciente ou seu familiar os riscos cirúrgicos do procedimento eleito. Para o Min. Relator, no caso dos autos, a condenação de médico tão somente pelo descumprimento do dever de informar, sem existir essa alegação na petição inicial, extrapolou os limites estabelecidos no pedido inicial, configurando a ocorrência de julgamento *extra petita*. De outro lado, também aponta que, apesar da condenação do cirurgião, o próprio acórdão recorrido afirma não haver erro médico nem existir nexo causal entre a realização da cirurgia e o agravamento da saúde do paciente. Assim, ao mesmo tempo em que o Tribunal absolve, condena o recorrente com base em causa de pedir diversa da constante da inicial, ou seja, adota a ausência de informação como causa de pedir. Nesse contexto, a Turma deu provimento, em parte, ao recurso para anular o acórdão recorrido e restabelecer a sentença absolutória de primeiro grau que julgou improcedente o pedido de reparação, ficando prejudicados os demais dispositivos que foram invocados como violados. **REsp 795.348-RS, Rel. Min. João Otávio de Noronha, julgado em 18/5/2010.** (Inform. STJ 435)

DANO MORAL. CIRURGIA BARIÁTRICA.

Prosseguindo o julgamento, a Turma entendeu ser cabível a condenação do dano moral pela recusa indevida de cobertura médica do plano de saúde da recorrente para efetuar procedimento cirúrgico bariátrico. Precedentes citados: REsp 993.876-DF, DJ 18/12/2007, e REsp 663.196-PR, DJ 21/3/2005. **REsp 1.054.856-RJ, Rel. Min. Nancy Andrighi, julgado em 5/11/2009.** (Inform. STJ 414)

ERRO MÉDICO. RESPONSABILIDADE SOLIDÁRIA.

No recurso especial advindo de ação de indenização por danos materiais e morais por erro do anestesista durante cirurgia plástica, a tese vencedora inaugurada pelo Min. Luis Felipe Salomão estabeleceu que, incontroversa, nos autos, a culpa do anestesista pelo erro médico, o que acarretou danos irreversíveis à paciente (hoje vive em estado vegetativo), essa culpa, durante a realização do ato cirúrgico, estende-se ao cirurgião chefe, que responde solidariamente com quem diretamente lhe está subordinado. Aponta que cabe ao cirurgião chefe a escolha dos profissionais que participam da sua equipe, podendo até se recusar a trabalhar com especialistas que não sejam de sua confiança. Consequentemente, explica que, no caso de equipes médicas formadas para realização de uma determinada intervenção cirúrgica, o cirurgião chefe, que realiza o procedimento principal, responde pelos atos de todos os participantes por ele escolhidos e subordinados a ele, independentemente da especialização, nos termos do art. 1.521, III, do CC/1916 e art. 932, III, do CC/2002 c/c com os arts. 25, § 1º, e 34 do CDC. Também ressalta que, uma vez caracterizada a culpa do médico que atua em determinado serviço disponibilizado por estabelecimento de saúde (art. 14, § 4º, do CDC), responde a clínica de forma objetiva e solidária pelos danos decorrentes do defeito no serviço prestado (art. 14, § 1º, do CDC). Destaca ainda que, em relação à responsabilidade da clínica no caso dos autos, não se aplica precedente da Segunda Seção (REsp 908.359-SC, DJe 17/12/2008) sobre a exclusão da responsabilidade dos hospitais por prestação de serviços defeituosos realizados por profissionais que nele atuam sem vínculo de emprego ou subordinação, apenas utilizando suas instalações para procedimentos cirúrgicos. Na espécie, o contrato de prestação de serviço foi firmado entre a autora, a clínica e o cirurgião, que é sócio majoritário da sociedade jurídica, sendo os danos decorrentes da prestação defeituosa do serviço contratado com a empresa, por isso responde solidariamente a clínica. Com esse entendimento, a Turma, por maioria, conheceu em parte do recurso e, nessa parte, deu-lhe provimento, condenando os recorridos, a clínica e o cirurgião, a pagar danos morais no valor de R$ 100.000,00, acrescidos de juros a partir do evento danoso e correção monetária a partir dessa data e a pagar os danos materiais, que devem ser apurados em liquidação de sentença por arbitramento, além de honorários advocatícios de 10% sobre o valor da condenação. Note-se que o anestesista não foi parte integrante da lide. A tese vencida defendida pelo Min. João Otávio de Noronha, o Relator originário, consiste em que, diante do desenvolvimento das especialidades médicas, não se pode atribuir ao cirurgião chefe a responsabilidade por tudo que ocorre na sala de cirurgia, especialmente quando comprovado, como no caso, que as complicações deram-se por erro exclusivo do anestesista, em relação às quais não competia ao cirurgião intervir, o também afasta a responsabilidade solidária do cirurgião chefe, porquanto não se pode atribuir responsabilidade solidária pela escolha de anestesista de renome e qualificado. Por outro lado, o Min. Aldir Passarinho Junior acompanhou a divergência com ressalvas quanto à tese da responsabilidade do cirurgião chefe em relação ao anestesista, pois depende de cada caso. Precedente citado: REsp 258.389-SP, DJ 22/8/2005. **REsp 605.435-RJ, Rel. originário Min. João Otávio de Noronha, Rel. para acórdão Min. Luis Felipe Salomão, julgado em 22/9/2009.** (Inform. STJ 408)

PLANO. SAÚDE. DANO MORAL.

Trata-se de ação de indenização em que o plano de saúde pagou cirurgia de remoção de tumor ósseo, mas se recusou a cobrir o valor do enxerto ósseo. As instâncias ordinárias reconheceram o dano material, porém negaram o dano moral ao argumento de não haver ato ilícito por parte da seguradora. A Turma, após voto vista da Min. Nancy Andrighi e a reformulação do voto do Min. Relator, deu provimento ao agravo regimental, reconhecendo a indenização pelo dano moral. Explicou o voto vista não ser possível utilizar dois critérios distintos de apuração quanto à ilicitude de uma conduta, para fins de avaliação do dano material e do dano moral. Se uma conduta é ilícita para fins de reparação do dano material, ela será ilícita também para a avaliação do dano moral; o que pode acontecer é que, apesar de ilícita, o mero descumprimento de uma cláusula contratual não gere para parte qualquer dano moral indenizável. Essa avaliação não se pauta, porém, na licitude ou ilicitude da conduta, mas na existência do dano. Observou o Min. Relator que a decisão nas instâncias ordinárias ficou contraditória: a mesma etimologia, o mesmo nexo causal, ficou apenas em um dos resultados, indenizatória do dano emergente. Mas, reconhecida a responsabilidade pelo fato, pela etimologia e pelo nexo causal, faltou uma consequência, que é a consequência moral, que foi realmente cobrada. **AgRg nos EDcl no REsp 1.096.560-SC, Rel. Min. Sidnei Beneti, julgado em 6/8/2009.** (Inform. STJ 401)

7. CRIMES CONTRA A SAÚDE PÚBLICA

REPASSE DE VERBAS FEDERAIS E COMPETÊNCIA

Compete à Justiça Federal o processamento de ação penal em que se apure eventual irregularidade no repasse de verbas pela União a unidade federativa por intermédio do Sistema Único de Saúde - SUS. Com base nesse entendimento, a Turma desproveu recurso ordinário em *habeas corpus* no qual Secretário de Saúde de Estado alegava a incompetência da Justiça Federal para processar e julgar o feito, haja vista que, em virtude do cargo exercido, o foro competente seria o tribunal de justiça local. Entendeu-se, todavia, ser evidente o interesse da União, a atrair a competência da Justiça Federal, dado que as verbas repassadas à unidade federativa em questão seriam oriundas do SUS, afetas, portanto, à fiscalização do Tribunal de Contas da União - TCU. Aduziu-se que, tendo em conta o envolvimento de Secretário de Estado, a competência seria atraída para o Tribunal Regional Federal. Precedentes citados: RE 464621/RN (DJE de 21.11.2008); RE 196982 (DJU de 27.6.97). **RHC 98564/DF, rel. Min. Eros Grau, 15.9.2009.** (RHC-98564) (Inform. STF 559)

COMPETÊNCIA. HOMICÍDIO. REMOÇÃO. ÓRGÃOS.

Nos autos, o fato imputado aos acusados é de homicídio qualificado contra menor – médicos e enfermeiros teriam cometido uma série de atos e omissões voluntários com intenção de forjar e documentar a morte do paciente, com o fim de fazê-lo doador de órgãos para transplante, em desacordo com a legislação vigente. Os autos foram remetidos, após o interrogatório dos acusados, ao juízo federal ao argumento da existência de conexão probatória ou instrumental entre os delitos de homicídio, de competência estadual, com os crimes de remoção de tecidos e órgãos, de competência federal, devido ao interesse da União, por ser ela gestora do Sistema Nacional de Transplante e organizadora da lista única nacional. Narram os autos, ainda, que, num primeiro momento, o juízo federal declarou-se competente, mas, depois, acolheu a preliminar da defesa de incompetência do juízo federal e remeteu os autos ao juízo estadual, que suscitou o conflito de competência. Isso posto, para o Min. Nilson Naves (Relator) não é pelo fato de o Ministério da Saúde exercer as funções de órgão central do Sistema Nacional de Transplante (art. 4º do Dec. n. 2.268/1997) que se requer, em todo e qualquer caso de remoção (tecidos, órgão e parte do corpo em desacordo com as disposições da citada lei), pronuncie-se a Justiça Federal. Ressalta, ainda, acolhendo os argumentos do juízo federal, que a remoção dos órgãos foi consequência da ação de homicídio, que é a ação principal, e, no caso, irá estabelecer a competência do juízo estadual. Com esse entendimento, a Seção declarou competente o juízo estadual. Precedente citado: CC 45.483-RJ, DJ 9/2/2005. **CC 103.599-MG, Rel. Min. Nilson Naves, julgado em 24/6/2009.** (Inform. STJ 400)

8. OUTROS TEMAS DE DIREITO SANITÁRIO

COOPERATIVA MÉDICA. FARMÁCIA PRIVATIVA. CRF. REGISTRO.

A Turma proveu o recurso para conceder a segurança, entendendo não haver ilícito ético na instalação de farmácia privativa em cooperativa médica para fornecimento de medicamentos a preço de custo a seus associados e conveniados de plano de saúde, descabendo, ademais, a vedação de registro de responsável técnico no CRF (art. 16, **g**, do Dec. n. 20.931/1932 e arts. 98 e 99 do Código de Ética Médica. Precedentes citados: AgRg no Ag 1.027.668-SP, DJe 9/3/2009; REsp 438.227-PR, DJ 2/8/2006; REsp 640.594-GO, DJ 27/3/2006, e REsp 709.006-TO, DJ 13/2/2006. **REsp 997.343-SP, Rel. Min. Eliana Calmon, julgado em 12/5/2009.** (Inform. STJ 394)

SÚMULA STF Nº 736

Compete à justiça do trabalho julgar as ações que tenham como causa de pedir o descumprimento de normas trabalhistas relativas à segurança, higiene e saúde dos trabalhadores.

17. DIREITO URBANÍSTICO

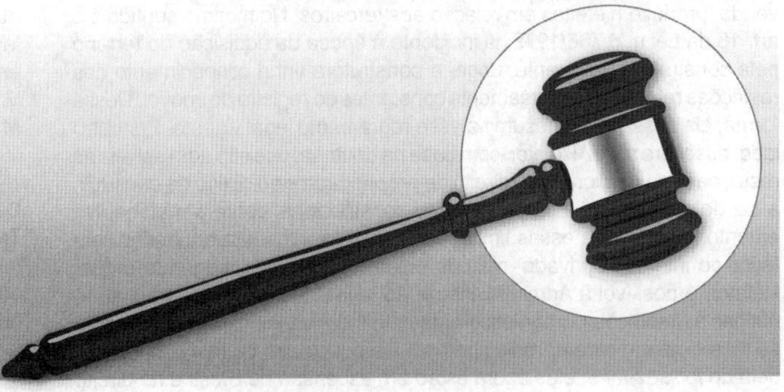

REPERCUSSÃO GERAL EM RE N. 607.940-DF

RELATOR: MIN. AYRES BRITTO

CONSTITUCIONAL. CRIAÇÃO DE PROJETOS URBANÍSTICOS OBRIGATORIEDADE DO PLANO DIRETOR COMO INSTRUMENTO DA POLÍTICA DE DESENVOLVIMENTO URBANO DOS MUNICÍPIOS.

Possui repercussão geral a questão constitucional atinente à obrigatoriedade do plano diretor como instrumento da política de ordenamento urbano. (Inform. STF 630)

USUCAPIÃO ESPECIAL URBANO E LEI MUNICIPAL

A Turma, por indicação do Min. Marco Aurélio, deliberou afetar ao Plenário julgamento de recurso extraordinário interposto contra acórdão do Tribunal de Justiça do Estado do Rio Grande do Sul que denegara pedido formulado em ação de usucapião especial urbano, ao fundamento de que a área requerida possuiria metragem inferior ao módulo definido por legislação municipal, sendo inaplicável ao caso o art. 183 da CF ("Aquele que possuir como sua área urbana de até duzentos e cinqüenta metros quadrados, por cinco anos, ininterruptamente e sem oposição, utilizando-a para sua moradia ou de sua família, adquirir-lhe-á o domínio, desde que não seja proprietário de outro imóvel urbano ou rural."). **RE 422349/RS, rel. MIn. Dias Toffoli, 27.4.2010. (RE-422349)** (Inform. STF 584)

DIREITO DE CONSTRUIR E LEI MUNICIPAL - 1

O Tribunal iniciou julgamento de recurso extraordinário, afetado ao Pleno pela 2ª Turma, interposto contra acórdão proferido pelo Tribunal de Justiça do Estado de Santa Catarina, que denegara mandado de segurança impetrado por empresa prestadora de serviços, contra ato do Prefeito e do seu Secretário de Finanças, consubstanciado na exigência do pagamento da remuneração alusiva à "parcela do solo criado", instituída pela Lei 3.338/89, do Município de Florianópolis, como condição à construção do imóvel de sua propriedade — v. Informativo 439. **RE 387047/SC, rel. Min. Eros Grau, 21.2.2008**. (RE-387047)

DIREITO DE CONSTRUIR E LEI MUNICIPAL - 2

O Min. Eros Grau, relator, negou provimento ao recurso. Asseverou que, no caso, estar-se-ia diante de um autêntico ônus, e não obrigação tributária, haja vista que a prestação de dar a que corresponde à chamada "parcela do solo criado" consubstanciaria um vínculo imposto à vontade de proprietário de imóvel, em razão do seu próprio interesse em construir além do coeficiente único não oneroso de aproveitamento. Ressaltou que o não cumprimento desse ônus não implicaria sanção jurídica, mas apenas a desvantagem de o proprietário do imóvel nele não construir além daquele coeficiente. Aduziu, por fim, que o instituto a que corresponde a chamada "parcela do solo criado" seria instrumento próprio à política de desenvolvimento urbano, cuja execução incumbiria ao Poder Público municipal (CF, art. 182), instrumento vocacionado à correção de distorções que o crescimento urbano desordenado ocasiona, adequado à promoção do pleno desenvolvimento das funções da cidade e a dar concreção ao princípio da função social da propriedade (CF, art. 170, III). Após, pediu vista dos autos o Min. Menezes Direito. **RE 387047/SC, rel. Min. Eros Grau, 21.2.2008**. (RE-387047)

DIREITO DE CONSTRUIR E LEI MUNICIPAL - 3

Em conclusão, o Tribunal negou provimento a recurso extraordinário, afetado ao Pleno pela 2ª Turma, interposto contra acórdão proferido pelo Tribunal de Justiça do Estado de Santa Catarina, que denegara mandado de segurança impetrado por empresa prestadora de serviços, contra ato do Prefeito e do seu Secretário de Finanças, consubstanciado na exigência do pagamento da remuneração alusiva à "parcela do solo criado", instituída pela Lei 3.338/89, do Município de Florianópolis, como condição à construção do imóvel de sua propriedade — v. Informativos 439 e 495. Asseverou-se que, no caso, estar-se-ia diante de um autêntico ônus, e não de obrigação tributária, haja vista que a prestação de dar a que corresponde a chamada "parcela do solo criado" consubstanciaria um vínculo imposto à vontade de proprietário de imóvel, em razão do seu próprio interesse em construir além do coeficiente único não oneroso de aproveitamento. Ressaltou-se que o não cumprimento desse ônus não implicaria sanção jurídica, mas apenas a desvantagem de o proprietário do imóvel nele não construir além daquele coeficiente. Aduziu-se, por fim, que o instituto a que corresponde a chamada "parcela do solo criado" seria instrumento próprio à política de desenvolvimento urbano, cuja execução incumbiria ao Poder Público municipal (CF, art. 182), instrumento vocacionado à correção de distorções que o crescimento urbano desordenado ocasiona, adequado à promoção do pleno desenvolvimento das funções da cidade e a dar concreção ao princípio da função social da propriedade (CF, art. 170, III). **RE 387047/SC, rel. Min. Eros Grau, 6.3. 2008**. (RE-387047) (Inform. STF 497)

ACP. CONEXÃO. NUNCIAÇÃO. OBRA NOVA.

In casu, a proprietária do lote contíguo à obra nunciada e a associação de moradores ajuizaram, na origem, ação de nunciação de obra nova cumulada com pedido de anulação de alvará de construção. Outra associação de defesa da cidade interpôs ação civil pública e, por conexão, ambas as ações foram reunidas e julgadas. O tribunal *a quo* manteve a ordem de demolição do prédio em construção por infringência das restrições convencionais, fixadas pelo loteador e devidamente registradas em cartório, uma vez que essas restrições deveriam ser observadas nas escrituras subsequentes. Para isso, baseou-se no art. 572 do CC/1916, com dupla fundamentação: uma de que as restrições convencionais devem ser observadas desde que mais rigorosas que as previstas pela legislação urbanística; o outro fundamento deu-se com a análise especifica do art. 39 da Lei municipal n. 8.001/1973 (com a redação dada pela Lei municipal n. 9.846/1985), bem como do art. 5º, XXII, da CF/1988, o qual fora sucintamente ventilado na apelação, mas com expressa manifestação daquele tribunal. A questão a ser dirimida no REsp está em saber se as restrições feitas pelo loteador, em convenção particular, quanto à utilização do solo, guardam consonância com o art. 572 do CC/1916, ou seja, em síntese, se as limitações dadas ao uso da propriedade introduzidas pelo particular prevalecem ou não sobre normas municipais, na interpretação dada pelo citado artigo. A matéria em debate, segundo destacado, tem importância fundamental na garantia dos espaços verdes, criação e desenvolvimento urbano dos municípios que por ventura venham a passar por situação semelhante. No caso, a questão tornou-se polêmica pelo fato de a obra ter obtido alvará de construção. Neste Superior Tribunal, houve empate no julgamento quanto ao conhecimento do REsp, o que foi resolvido com o voto de desempate do Min. Carlos Fernando Mathias pelo conhecimento. Depois, ocorreu outro empate, agora quanto ao mérito. Então, renovou-se o julgamento e o Min. Mauro Campbell Marques o desempatou ao acompanhar o voto do Min. Relator, destacando que se depreende dos autos que a real intenção do loteador era limitar o direito de construir dos promitentes compradores e de seus sucessores, vedando a construção de edifícios multifamiliares. Assim, com ou sem lei municipal, toda cadeia dominial está sujeita aos termos do contrato de compra e venda consignado no registro do imóvel, sendo essa cláusula dotada de eficácia *erga omnes.* Isso porque, de acordo com art. 135 do CC/1916, após registrados, os atos jurídicos, no caso a compra e venda, produzem efeitos em relação aos terceiros. No mesmo sentido é o art. 18 da Lei n. 6.766/1979, já incidente à época da aquisição do terreno pela construtora recorrente. Logo, a construtora tinha conhecimento das restrições referentes ao loteamento constantes do registro do imóvel. Dessa forma, ela passa a se subsumir a esse regramento legal vigente. Por outro lado, assevera o Min. Relator, com base na doutrina, que são admissíveis as restrições convencionais ao direito de propriedade e ao direito de construir, à luz do *jus variandi* e do regramento constitucional sobre a matéria. No entanto, explica que essas limitações convencionais não ocorreriam em favor do interesse privado, mas da coletividade. Ainda, segundo o Min. Relator, é possível à Administração e ao legislador municipal ampliar ou mitigar as restrições urbanístico-ambientais convencionais, embora hoje se lhes exija um caráter mais rigoroso. De pouco uso ou respeito no modelo do *laissez-faire*, elas agora estão em ascensão no Brasil e no direito comparado, como forma de, a um só tempo, estimular novo consenso de índole solidária e garantir em favor dos cidadãos espaços verdes e de convivência urbana, em que impere a qualidade de vida, a beleza estética e a redução dos impactos de desastres naturais, tal como enchentes. Entre outras considerações, observa que o tribunal *a quo* reconheceu a validade da restrição convencional do loteador, interpretando adequadamente o art. 572 do CC/1916; porém, quanto à lei local, este Superior Tribunal não pode pronunciar-se. Diante do exposto, ao prosseguir o julgamento, a Turma negou provimento ao recurso da construtora. **REsp 302.906-SP, Rel. Min. Herman Benjamin, julgado em 26/8/2010.** (Inform. STJ 444)

ACP. PRESERVAÇÃO. CONJUNTO ARQUITETÔNICO.

A associação de moradores recorrente, mediante ação civil pública (ACP), busca o sequestro de importante conjunto arquitetônico incrustado em seu bairro, bem como o fim de qualquer atividade que lhe prede ou polua, além da proibição de construir nele anexos ou realizar obras em seu exterior ou interior. Nesse contexto, a legitimidade da referida associação para a ACP deriva de seu próprio estatuto, enquanto ele dispõe que um dos objetivos da associação é justamente zelar pela qualidade de vida no bairro, ao buscar a manutenção do ritmo e grau de sua ocupação e desenvolvimento, para que prevaleça sua feição de zona residencial. Sua legitimidade também condiz com a CF/1988, pois o *caput* de seu art. 225 expressamente vincula o meio ambiente à sadia qualidade de vida. Daí a conclusão de que a proteção ambiental correlaciona-se diretamente com a qualidade de vida dos moradores do bairro. Também a legislação federal agasalha essa hipótese, visto reconhecer que o conceito de meio ambiente encampa o de loteamento, paisagismo e estética urbana numa relação de continência. Destaca-se o teor do art. 3º, III, **a** e **d**, da Lei n. 6.938/1981, que dispõe ser poluição qualquer degradação ambiental oriunda de atividades que, direta ou indiretamente, prejudiquem a saúde e o bem-estar da população ou atinjam as condições estéticas do meio ambiente. Em suma, diante da legislação vigente, não há como invocar a falta de pertinência temática entre o objeto social da recorrente e o pleito desenvolvido na ação (art. 5º, V, **b**, da Lei n. 7.347/1985). **REsp 876.931-RJ, Rel. Min. Mauro Campbell Marques, julgado em 10/8/2010.** (Inform. STJ 442)

DIREITO. PROTOCOLO. REGULAMENTAÇÃO. IMÓVEL.

Trata-se de pedido de regulamentação de imóvel feito sob a égide de leis municipais (Lei n. 13.558/2003 e Dec. n. 43.383/2003). Essa legislação, posteriormente, foi impugnada pelo Ministério Público (MP) em ação civil pública na qual se questionou sua legalidade e constitucionalidade, inclusive foi deferida liminar sustando a apreciação dos requerimentos apresentados na sua vigência. Em seguida, a municipalidade alterou essa legislação para atender a impugnação do MP, e a ação civil foi extinta sem resolução de mérito. Questiona-se a existência de direito adquirido a regime jurídico fundado em lei revogada, quando o suposto titular apresentara requerimento administrativo não-apreciado. Explica o Min. Relator que o recorrente, à época do requerimento, não possuía as condições necessárias para o implemento do direito à regularização imobiliária, pois necessitava, além de outros aspectos, da aprovação do órgão administrativo. Ademais, a lei nova impossibilitou a eficácia de sua pretensão, uma vez que impediu o preenchimento dos requisitos para o reconhecimento jurídico do pedido, tornando impossível a constituição do próprio direito. Logo, os fatores característicos do direito adquirido não ocorreram, houve uma mera expectativa jurídica que não avançou até a consolidação do direito. Assim, no caso, não há como resguardar o direito de protocolo, ou seja, o direito à aplicação, durante todo o processo administrativo, do regime jurídico existente no momento do protocolo da petição para regularizar o imóvel. Dessa forma, a Turma negou provimento ao RMS, pois a pretensão não encontra respaldo no ordenamento normativo e jurisprudencial. Precedente citado do STF: RE 235.736-MG, DJ 26/5/2000. **RMS 27.641-SP, Rel. Min. Humberto Martins, julgado em 2/10/2008.** (Inform. STJ 370)

REINTEGRAÇÃO. POSSE. USUCAPIÃO. PREJUDICIALIDADE.

Foi interposta primeiramente uma ação de reintegração de posse pela ora recorrente e, um dia depois, a ora recorrida interpôs uma ação de usucapião urbana. A Turma entendeu não haver prejudicialidade externa (art. 265, IV, a, do CPC) a justificar o sobrestamento da ação possessória ajuizada anteriormente, até que advenha juízo final sobre a propriedade que é discutida na ação de usucapião, pois a posse não depende da propriedade. Pode-se dar a tutela da posse mesmo contra a propriedade. **REsp 866.249-SP, Rel. Min. Nancy Andrighi, julgado em 17/4/2008.** (Inform. STJ 352)

18. DIREITO DA IMPROBIDADE ADMINISTRATIVA

1. SUJEITOS ATIVO E PASSIVO

ACP. IMPROBIDADE. SOCIEDADE. ECONOMIA MISTA.

O tribunal de origem concluiu que a ação de improbidade não deveria prosseguir, na medida em que só figuravam como réus particulares e uma sociedade de economia mista, no caso o banco. O Ministério Público defende a possibilidade do prosseguimento regular da ação contra os particulares e contra o banco, ainda que outros agentes públicos tenham sido excluídos do polo passivo da demanda. Diante disso, a Turma deu provimento ao recurso para que prossiga o feito em relação aos recorridos, ao entendimento de que os sujeitos ativos dos atos de improbidade administrativa não são apenas os servidores públicos, mas todos aqueles que estejam abarcados no conceito de agente público (arts. 1º a 3º da Lei n. 8.429/1992). A interpretação de tais dispositivos permite afirmar que o legislador adotou conceito de grande abrangência no tocante à qualificação de agentes públicos submetidos à referida legislação, a fim de incluir, na sua esfera de responsabilidade, todos os agentes públicos, servidores ou não, que incorram em ato de improbidade administrativa. Precedentes citados: REsp 1.081.098-DF, DJe 3/9/2009; REsp 277.045-PR, DJ 13/12/2004, e REsp 495.933-RS, DJ 19/4/2004. **REsp 1.138.523-DF, Rel. Min. Eliana Calmon, julgado em 23/2/2010.** (Inform. STJ 424)

ACP. PREFEITO. DL. N. 201/1967. LEI N. 8.429/1992.

Cuida-se de ação civil pública (ACP) ajuizada contra ex-prefeito pela falta de prestação de contas no prazo legal referente a recursos repassados pelo Ministério da Previdência e Assistência Social. Nesse panorama, constata-se não haver qualquer antinomia entre o DL n. 201/1967 (crimes de responsabilidade), que conduz o prefeito ou vereador a um julgamento político, e a Lei n. 8.429/1992 (Lei de Improbidade Administrativa – LIA), que os submete a julgamento pela via judicial pela prática dos mesmos fatos. Note-se não se desconhecer que o STF, ao julgar reclamação, afastou a aplicação da LIA a ministro de Estado, julgamento de efeito *inter pars*. Mas lá também ficou claro que apenas as poucas autoridades com foro de prerrogativa de função para o processo e julgamento por crime de responsabilidade, elencadas na Carta Magna (arts. 52, I e II; 96, III; 102, I, **c**; 105, I, **a**, e 108, I, **a**, todos da CF/1988), não estão sujeitas a julgamento também na Justiça cível comum pela prática da improbidade administrativa. Assim, o julgamento, por esses atos de improbidade, das autoridades excluídas da hipótese acima descrita, tal qual o prefeito, continua sujeito ao juiz cível de primeira instância. Desinfluente, dessarte, a condenação do ex-prefeito na esfera penal, pois, conforme precedente deste Superior Tribunal, isso não lhe assegura o direito de não responder pelos mesmos fatos nas esferas civil e administrativa. Por último, vê-se da leitura de precedentes que a falta da notificação constante do art. 17, § 7º, da LIA não invalida os atos processuais posteriores, a menos que ocorra efetivo prejuízo. No caso, houve a citação pessoal do réu, que não apresentou contestação, e entendeu o juiz ser prescindível a referida notificação. Portanto, sua falta não impediu o desenvolvimento regular do processo, pois houve oportunidade de o réu apresentar defesa, a qual não foi aproveitada. Precedentes citados do STF: Rcl 2.138-DF, DJe 18/4/2008; Rcl 4.767-CE, DJ 14/11/2006; HC 70.671-PI, DJ 19/5/1995; do STJ: EDcl no REsp 456.649-MG, DJ 20/11/2006; REsp 944.555-SC, DJe 20/4/2009; REsp 680.677-RS, DJ 2/2/2007; REsp 619.946-RS, DJ 2/8/2007, e REsp 799.339-RS, DJ 18/9/2006. **REsp 1.034.511-CE, Rel. Min. Eliana Calmon, julgado em 1º/9/2009.** (Inform. STJ 405)

EX-PREFEITO. DANO. ERÁRIO.

Trata-se de ação civil pública ajuizada pelo Ministério Público estadual contra ex-prefeito, em razão de ele ter praticado, no exercício do mandato eletivo, ato de improbidade administrativa que causou lesão ao erário e violou os princípios da Administração Pública ao reter indevidamente e não repassar a instituto de previdência e assistência municipal valores relativos a empréstimos simples contraídos por servidores públicos municipais e seus equiparados, descontados em folha de pagamento, além da utilização das mencionadas cifras para fim diverso daquele instituído por lei complementar. A Turma entendeu que o ex-prefeito não se enquadra entre aquelas autoridades que estão submetidas à Lei n. 1.079/1950, que trata dos crimes de responsabilidade, podendo responder por seus atos na ação civil pública de improbidade administrativa. O MP tem legitimidade para propor a ação civil pública em defesa de qualquer interesse difuso ou coletivo, incluindo-se nessa previsão a proteção ao patrimônio público. Na espécie, o Tribunal *a quo*, lastreado na prova dos autos, entendeu que a conduta estava prevista no art. 10 da Lei n. 8.429/1992 e estipulou as sanções como dispostas no art. 12, II, da referida lei, não podendo este Superior Tribunal rever o tema em razão da Súm. n. 7-STJ. **REsp 895.530-PR, Rel. Min. Luiz Fux, julgado em 18/11/2008.** (Inform. STJ 377)

2. MODALIDADES DE IMPROBIDADE E TIPIFICAÇÃO

DIREITO ADMINISTRATIVO. CONTRATAÇÃO DE SERVIDORES SEM CONCURSO. LEI LOCAL.

A contratação temporária de servidores e sua prorrogação sem concurso público amparadas em legislação local não traduz, por si só, ato de improbidade administrativa. Os atos fundamentados em lei local não caracterizam o dolo genérico, essencial para os casos de improbidade administrativa que atentam contra os princípios da Administração Pública (art. 11 da Lei n. 8.429/1992). Precedentes citados: REsp 1.231.150-MG, DJe 12/4/2012, e AgRg no Ag 1.324.212-MG, DJe 13/10/2010. **EDcl no AgRg no AgRg no AREsp 166.766-SE, Rel. Min. Humberto Martins, julgado em 23/10/2012.(Inform. STJ 508)**

DIREITO ADMINISTRATIVO. IMPROBIDADE ADMINISTRATIVA. LAUDO MÉDICO PARA SI PRÓPRIO.

Emitir laudo médico de sua competência em seu próprio benefício caracteriza ato de improbidade administrativa que atenta contra os princípios da Administração Pública (art. 11 da Lei n. 8.429/1992). Conforme jurisprudência desta corte, não se pode confundir improbidade com simples ilegalidade. A improbidade é ilegalidade tipificada e qualificada pelo elemento subjetivo da conduta do agente, sendo indispensável o dolo para caracterizá-la. No caso do art. 11 da lei de improbidade administrativa, o elemento subjetivo necessário é o dolo eventual ou genérico de realizar conduta que atente contra os princípios da Administração Pública. Assim, não se exige a presença de intenção específica para caracterizar o ato como ímprobo, pois a atuação deliberada em desrespeito às normas legais, cujo desconhecimento é inescusável, evidencia a presença do dolo. Dessa forma, não há como afastar o elemento subjetivo daquele que emite laudo médico para si mesmo. Precedentes citados: AIA 30-AM, DJe 28/9/2011, e AgRg no AREsp 8.937-MG, DJe 2/2/2012. **AgRg no AREsp 73.968-SP, Rel. Min. Benedito Gonçalves, julgado em 2/10/2012.(Inform. STJ 505)**

ATO DE IMPROBIDADE. PREFEITO. AQUISIÇÃO DE CAMINHÃO. VEÍCULO GRAVADO.

Comete ato de improbidade administrativa prefeita municipal que autoriza a compra de um caminhão de carga, sem examinar a existência de gravames que impossibilitam a sua transferência para o município. *In casu*, o veículo encontrava-se alienado fiduciariamente a uma financeira e penhorado pelo Banco do Brasil. Portanto, mostra-se evidenciado o dano ao patrimônio público e a culpa na atuação negligente da gestora pública, pois constitui seu dever legal a garantia e a proteção do patrimônio público, assegurando o efetivo e adequado cumprimento das obrigações do fornecedor contratado com relação à entrega do objeto, antes de liberar o pagamento devido. **REsp 1.151.884-SC, Rel. Min. Castro Meira, julgado em 15/5/2012. (Inform. STJ 497)**

IMPROBIDADE ADMINISTRATIVA. ART. 11, I, DA LIA. DOLO.

A Turma, por maioria, deu provimento ao recurso para afastar a condenação dos recorrentes nas sanções do art. 11, I, da Lei de Improbidade Administrativa (LIA) sob o entendimento de que não ficou evidenciada nos autos a conduta dolosa dos acusados. Segundo iterativa jurisprudência desta Corte, para que seja reconhecida a tipificação da conduta do agente como incurso nas previsões da LIA é necessária a demonstração do elemento subjetivo, consubstanciado pelo dolo para os tipos previstos nos arts. 9º (enriquecimento ilícito) e 11 (violação dos princípios da Administração Pública) e, ao menos, pela culpa nas hipóteses do art. 10º (prejuízo ao erário). No voto divergente, sustentou o Min. Relator Teori Zavascki que o reexame das razões fáticas apresentadas no édito condenatório pelo tribunal *a quo* esbarraria no óbice da Súm. n. 7 desta Corte, da mesma forma, a revisão da pena fixada com observância dos princípios da proporcionalidade e da razoabilidade. **REsp 1.192.056-DF, Rel. originário Min. Teori Albino Zavascki, Rel. para o acórdão Min. Benedito Gonçalves, julgado em 17/4/2012. (Inform. STJ 495)**

INOCORRÊNCIA. IMPROBIDADE ADMINISTRATIVA. CONTRATAÇÃO. ADVOGADO. AUSÊNCIA. LICITAÇÃO. DEVOLUÇÃO. VALORES RECEBIDOS. INVIABILIDADE.

A contratação sem licitação por inexigibilidade deve estar vinculada à notória especialização do prestador de serviço, de forma a evidenciar que o seu trabalho é o mais adequado para a satisfação do objeto contratado e, sendo assim, inviável a competição com outros profissionais. Na espécie, o MP ajuizou ação civil pública arguindo a nulidade da inexigibilidade de licitação para prestação de serviços advocatícios, a condenação dos réus à reparação do dano causado ao erário, a perda da função pública dos réus, o pagamento de multa civil e a proibição de contratar com o Poder Público. A Turma, ratificando o acórdão do tribunal a quo, entendeu inexistir lesão ao erário, sendo incabível a incidência da pena de multa, bem como o ressarcimento aos cofres públicos sob pena de enriquecimento ilícito do Poder Público. Precedentes citados: REsp 717.375-PR, DJ 8/5/2006; REsp 514.820-SP, DJ 5/9/2005, e REsp 861.566-GO, DJe 23/4/2008. **REsp 1.238.466-SP, Rel. Min. Mauro Campbell Marques, julgado em 6/9/2011.** (Inform. STJ 482)

IMPROBIDADE ADMINISTRATIVA. ELEMENTO SUBJETIVO.

Cuida-se, na origem, de ação civil pública (ACP) por ato de improbidade administrativa ajuizada em desfavor de ex-prefeito (recorrente) e empresa prestadora de serviços em razão da contratação da referida sociedade sem prévia licitação, para a prestação de serviços de consultoria financeira e orçamentária, com fundamento no art. 25, III, c/c art. 13, ambos da Lei n. 8.666/1993. O tribunal *a quo*, ao examinar as condutas supostamente ímprobas, manteve a condenação imposta pelo juízo singular, concluindo objetivamente pela prática de ato de improbidade administrativa (art. 10, VIII, da Lei n. 8.429/1992, Lei de Improbidade Administrativa – LIA). Nesse contexto, a Turma deu provimento ao recurso, reiterando que o elemento subjetivo é essencial à caracterização da improbidade administrativa, tendo em vista a natureza de sanção inerente à LIA. Ademais, o ato de improbidade exige, para sua configuração, necessariamente, o efetivo prejuízo ao erário (art. 10, *caput*, da LIA), diante da impossibilidade de condenação ao ressarcimento de dano hipotético ou presumido. Na hipótese dos autos, diante da ausência de má-fé dos demandados (elemento subjetivo), bem como da inexistência de dano ao patrimônio público, uma vez que o pagamento da quantia de cerca de R$ 50 mil ocorreu em função da prestação dos serviços pela empresa contratada em razão de notória especialização, revela-se *error in judicando* na análise do ilícito apenas sob o ângulo objetivo. Dessarte, visto que ausente no *decisum* a afirmação do elemento subjetivo, incabível a incidência de penalidades por improbidade administrativa. Precedentes citados: REsp 805.080-SP, DJe 6/8/2009; REsp 939.142-RJ, DJe 10/4/2008; REsp 678.115-RS, DJ 29/11/2007; REsp 285.305-DF, DJ 13/12/2007, e REsp 714.935-PR, DJ 8/5/2006. **REsp 1.038.777-SP, Rel. Min. Luiz Fux, julgado em 3/2/2011.** (Inform. STJ 461)

IMPROBIDADE. PERMISSÃO. IMÓVEL. ABRIGO. CRIANÇAS.

O município moveu ação de improbidade administrativa contra seu ex-prefeito, porque ele permitiu o uso de imóvel público (a título precário) sem que houvesse lei que assim autorizasse, contrariando, dessa forma, a lei orgânica municipal. O imóvel destinava-se a abrigar, sob a orientação de servidora municipal em trabalho voluntário, crianças sujeitas a abusos e maus-tratos, durante a noite e os fins de semana, pois à época não existia sequer conselho tutelar devidamente estruturado. Não se vislumbra que o acórdão recorrido, ao manter a improcedência do pedido, tenha violado o art. 10 e 11 da Lei n. 8.429/1992, visto que não há dano ao erário ou atentado a princípios administrativos. Para ele, mesmo contrário à referida lei orgânica, o ato foi praticado com o intuito de assegurar direito fundamental, absoluto e prioritário de as crianças e adolescentes obterem proteção especial, conforme apregoado no art. 227 da CF/1988. A eventual ilegalidade na formalização do ato é insuficiente para caracterizar a improbidade administrativa; pois, na situação delineada pelo acórdão recorrido, não há imoralidade, desídia, desvio ético ou desonestidade na conduta do ex-prefeito. **REsp 1.129.277-RS, Rel. Min. Herman Benjamin, julgado em 4/5/2010.** (Inform. STJ 433)

PREFEITA. IMPROBIDADE ADMINISTRATIVA.

No REsp, o MP estadual sustenta configurar ato de improbidade administrativa, nos termos do art. 9º, IV, da Lei n. 8.429/1992, a utilização de procuradores municipais para defender mandatária municipal candidata à reeleição perante a Justiça eleitoral. Por outro lado, afirma que os procuradores também incidiram em ato de improbidade por colaborar com a conduta ímproba como disposto nos arts. 10, XII e XIII, e 11, I, da citada lei. Para o Min. Relator, deve-se analisar, no caso concreto, se há interesse público que justifique a atuação dos procuradores municipais e, na hipótese, concluiu haver matéria de fundo secundária, ou seja, o contrato administrativo impugnado, o que autorizaria a atuação dos procuradores. Porém, a tese vencedora, inaugurada pelo Min. Mauro Campbell Marques, dissentiu, considerando o interesse privado da ação de investigação judicial no âmbito da Justiça eleitoral – que tem como objetivo apurar uso indevido de recursos públicos, abusos de poder de autoridade, de poder político e econômico em benefício próprio, cujos efeitos restringir-se-iam sempre à pessoa do candidato e às pessoas que tenham, de algum modo, contribuído para a infração. Assim, explica que não há como reconhecer a preponderância do interesse público quando o agente político defende-se em uma ação dessa natureza, por isso a conduta da prefeita configura improbidade administrativa, mas, em relação aos procuradores, manteve a decisão recorrida de que eles estavam exercendo o seu mister, cumprindo suas funções legais de defender o chefe de poder municipal, não podendo caracterizar improbidade administrativa. Diante do exposto, a Turma, ao prosseguir o julgamento, deu parcial provimento ao julgamento do recurso para reconhecer, por maioria, ato de improbidade na utilização da procuradoria municipal pela prefeita no período de eleições perante o TRE e determinou o retorno dos autos à origem para aplicação de eventuais sanções cabíveis. **REsp 908.790-RN, Rel. originário Min. Humberto Martins, Rel. para acórdão Min. Mauro Campbell Marques, julgado em 20/10/2009.** (Inform. STJ 412)

IMPROBIDADE. FUNCIONÁRIO FANTASMA.

A ação civil pública (ACP) ajuizada pelo MP estadual reputa como ato de improbidade administrativa o fato de o ex-prefeito contratar irregularmente filho de aliado político (vice-prefeito) que recebeu vencimentos por 18 meses, sem prestar serviço (funcionário "fantasma"), devido a cursar, em horário integral, faculdade de fisioterapia. Depois da denúncia, o contratado procurou a municipalidade e restituiu parte da quantia líquida recebida. No REsp, o MP busca o restabelecimento da sentença quanto às sanções dispostas no art. 12, I e II, da Lei n. 8.429/1992, pois o Tribunal *a quo* só manteve a condenação dos réus para que, solidariamente, restituíssem ao erário o resto da quantia recebida. Isso posto, ressalta o Min. Relator que, em tese, não infringe a citada legislação o acórdão que deixa de aplicar, cumulativamente, as penas cominadas para o ato de improbidade em que incorreu o acusado, pois cabe ao julgador, diante das peculiaridades do caso, avaliar a necessidade de aplicação cumulada das sanções. Porém, destaca que, em observância aos princípios da razoabilidade e da proporcionalidade, a irresignação do *parquet* procede. Assim, dadas as condutas dos acusados, deve ser restaurada a sentença quanto às sanções de suspensão dos direitos políticos por cinco anos ao ex-prefeito e de proibição de contratar com ente público ou receber benefícios ou incentivos fiscais por dez anos ao funcionário "fantasma" contratado. Observa que o contrário seria privilegiar comportamento que desrespeita os princípios da moralidade e da impessoalidade da Administração Pública. Diante do exposto, a Turma proveu o recurso. Precedentes citados: REsp 929.289-MG, DJ 28/2/2008, e REsp 664.440-MG, DJ 8/5/2006. **REsp 1.019.555-SP, Rel. Min. Castro Meira, julgado em 16/6/2009.** (Inform. STJ 399)

AÇÃO CIVIL. IMPROBIDADE. CULPA.

Na espécie, foi imputada ao procurador do Estado a prática de ato de improbidade administrativa previsto no art. 11, II, da Lei n. 8.429/1992. Mas a Turma deu provimento ao recurso, por entender que a configuração de qualquer ato de improbidade administrativa exige a presença do elemento subjetivo na conduta do agente público, pois não é admitida a responsabilidade objetiva em face do atual sistema jurídico brasileiro, principalmente considerando a gravidade das sanções contidas na Lei de Improbidade Administrativa (LIA). Assim, é indispensável a presença de conduta dolosa ou culposa do agente público ao praticar tal ato, especialmente pelo tipo previsto no art. 11 da Lei n. 8.429/1992, especificamente por lesão aos princípios da Administração Pública, que admite manifesta amplitude em sua aplicação. Por outro lado, é importante ressaltar que a forma culposa somente é admitida no ato de improbidade administrativa relacionado à lesão do erário (art. 10 da LIA), não sendo aplicável aos demais tipos (arts. 9º e 11 da LIA). No caso concreto, o Tribunal de origem qualificou equivocadamente a conduta do agente público, pois a desídia e a negligência, expressamente reconhecidas, no caso, não configuram dolo, tampouco dolo eventual, mas modalidade de culpa. Tal consideração afasta a configuração de ato de improbidade administrativa por violação de princípios da administração pública. Precedentes citados: REsp 734.984-SP, DJe 16/6/2008; REsp 658.415-RS, DJ 3/8/2006; REsp 604.151-RS, DJ 8/6/2006, e REsp 626.034-RS, DJ 5/6/2006. **REsp 875.163-RS, Rel. Min. Denise Arruda, julgado em 19/5/2009.** (Inform. STJ 395)

PRINCÍPIO. INSIGNIFICÂNCIA. IMPROBIDADE ADMINISTRATIVA.

O chefe de gabinete da prefeitura aproveitou-se da força de três servidores municipais, bem como de veículo pertencente à municipalidade, para transportar móveis de seu uso particular. Ele, ao admitir os fatos que lhe são imputados (são incontroversos e confessados), pediu exoneração do cargo e ressarciu aos cofres públicos a importância de quase nove reais referente ao combustível utilizado no deslocamento. Então, o MP, em ação civil pública, buscou imputar ao réu as condutas dos arts. 9º e 11 da Lei n. 8.429/1992. Por sua vez, o juízo singular reconheceu a configuração da improbidade administrativa e lhe cominou multa de mil e quinhentos reais, porém afastou a pretendida suspensão de direitos políticos e a proibição de contratar com o Poder Público. No recurso, o réu buscava afastar a multa imposta, mas o TJ, considerando o valor e o ressarcimento imediato do dano, bem como o pedido de exoneração acabou por julgar improcedente a ação civil pública. Para isso, aplicou à hipótese o princípio da insignificância em analogia com o Direito Penal: apesar de típica, a conduta não atingiria, de modo relevante, o bem jurídico protegido. Diante disso, vê-se que o bem jurídico que a Lei de Improbidade busca salvaguardar é, por excelência, a moralidade administrativa, que deve ser, objetivamente, considerada: ela não comporta relativização a ponto de permitir "só um pouco" de ofensa. Daí não se aplicar o princípio da insignificância às condutas judicialmente reconhecidas como ímprobas, pois não existe ofensa insignificante ao princípio da moralidade. Constata-se que, em nosso sistema jurídico, vige o princípio da indisponibilidade do interesse público, a que o Poder Judiciário também está jungido. Mesmo no âmbito do Direito Penal, o princípio da insignificância é aplicado com parcimônia, visto que o dano produzido não é avaliado apenas sob a ótica patrimonial, mas, sobretudo, pela social. Anote-se haver precedente deste Superior Tribunal quanto ao fato de o crime de responsabilidade praticado por prefeito não comportar a aplicação do princípio da insignificância ao fundamento de que, por sua condição, exige-se dele um comportamento adequado, do ponto de vista ético e moral. Se é assim no campo penal, com maior razão o será no âmbito da Lei de Improbidade Administrativa, de caráter civil. Com esse entendimento, a Turma deu provimento ao recurso especial do MP, afastando a aplicação do referido princípio. Precedente citado: REsp 769.317-AL, DJ 27/3/2006. **REsp 892.818-RS, Rel. Min. Herman Benjamin, julgado em 11/11/2008.** (Inform. STJ 376)

IMPROBIDADE ADMINISTRATIVA. EX-PREFEITO. CONSTRUÇÃO. CASA PRÓPRIA.

A Turma proveu em parte o recurso, configurada a existência do dano ao erário tipificado no art. 9º, IV, da Lei n. 8.429/1992, relativamente à utilização de serviços particulares durante seis meses, prestados por vinte funcionários municipais em horário de expediente, na edificação da casa de ex-prefeito. Ademais, o fato alegado contra o recorrente não foi sequer rebatido, havendo também incompatibilidade (pela diferença hierárquica) entre a Lei municipal n. 427/1992 e a Lei federal n. 8.429/1992 (Lei de Improbidade Administrativa) e mais o óbice da Súm. n. 282-STF. Quanto à responsabilidade do recorrente, incabível qualquer alegação de que o *an debeatur* teria sido relegado à liquidação da sentença. **REsp 867.146-SC, Rel. Min. Eliana Calmon, julgado em 28/10/2008.** (Inform. STJ 374)

IMPROBIDADE. EX-PREFEITO. CONTRATAÇÃO. ADVOGADO.

Trata-se de ação civil pública ajuizada pelo Ministério Público (MP) em razão de ex-prefeito (primeiro réu) ter contratado sem procedimento licitatório, para prestação de serviços jurídicos, seu ex-consultor jurídico municipal (segundo réu) após ele ter pedido exoneração do cargo, apesar da existência dos cargos de consultor e assessor jurídico nos quadros da Administração municipal. Além disso, houve ação cautelar de seqüestro de bens, em que vários incidentes processuais foram suscitados. Isso posto, ultrapassadas as preliminares, a irresignação recursal de mérito persistiu quanto à aplicação das sanções estabelecidas no art. 12, II e III, da Lei n. 8.429/1992. Ressalta o Min. Relator que, no caso dos autos, como os serviços contratados foram efetivamente prestados, não há lesividade, consoante a jurisprudência predominante deste Superior Tribunal. Observa que a exegese das regras insertas na lei em comento deve ser realizada *cum grano salis*, porque uma interpretação ampliativa pode acoimar de ímprobas condutas meramente irregulares, suscetíveis de correção administrativa. Ademais quando ausente a má-fé do administrador público, poder-se-ia ir além do que pretendeu o legislador. Com esse entendimento, a Turma deu parcial provimento ao recurso para afastar a condenação à devolução dos valores recebidos a título de honorários pelos serviços jurídicos prestados, bem como excluir a multa do art. 538, parágrafo único, do CPC. Precedentes citados: REsp 861.566-GO, DJ 23/4/2008; REsp 717.375-PR, DJ 8/5/2006, e REsp 514.820-SP, DJ 6/6/2005. **REsp 511.095-RS, Rel. Min. Luiz Fux, julgado em 14/10/2008.** (Inform. STJ 372)

SERVIDOR. CONTRATAÇÃO SEM CONCURSO PÚBLICO. IMPROBIDADE ADMINISTRATIVA.

Prosseguindo o julgamento, a Turma reiterou que configura ato de improbidade administrativa (art. 11 da Lei n. 8.429/1992) a contratação de servidor público sem a realização de concurso público, independente de dolo ou culpa na conduta do agente, bem como da prova da lesão ao erário, porquanto basta a ilicitude ou imorabilidade administrativa para configurar a improbidade. No caso, aplicável ao recorrido a perda de direitos políticos por três anos, pois, após a contratação, por oito anos postergou a eficácia do ato ímprobo, já que incabível a violação de princípios administrativos. Precedentes citados: REsp 737.279-PR, DJ 21/5/2008, e REsp 884.083-PR, Dje 16/4/2008. **REsp 915.322-MG, Rel. Min. Humberto Martins, julgado em 23/9/2008.** (Inform. STJ 369)

IMPROBIDADE ADMINISTRATIVA. PREFEITO. PNAE.

O Ministério Público ajuizou ação civil pública por supostos atos de improbidade administrativa de prefeito em relação aos recursos do Programa Nacional de Alimentação Escolar (PNAE). O Tribunal *a quo*, em preliminar, decidiu não receber a petição inicial visto que o suposto excesso de valor de mercado na aquisição de merenda era de aproximadamente 2%, o que, segundo aquele Tribunal, não seria hábil por si só a configurar o tipo do art. 10, XII, da Lei n. 8.429/1992. Neste Superior Tribunal, após vários pedidos de vista, a Turma, ao prosseguir o julgamento, por maioria, entendeu, no dizer do Min. Relator, que a atipicidade dos fatos à luz da prova produzida na fase de defesa prévia da ação de improbidade, decorrente da análise das atividades do prefeito, conducentes à rejeição da ação, interditam a cognição deste Superior Tribunal na forma da Súm. n. 7-STJ. Observou ainda o Min. Teori Albino Zavascki que o próprio debate estabelecido na Turma demonstra que o Tribunal *a quo* até pode ter errado ou ter havido uma irregularidade punível pelo Tribunal de Contas, mas, para se dar provimento ao recurso, haveria necessidade de um exame fático. **REsp 799.511-SE, Rel. Min. Luiz Fux, julgado em 9/9/2008.** (Inform. STJ 367)

IMPROBIDADE ADMINISTRATIVA. CONTRATAÇÕES IRREGULARES.
Trata-se de recurso especial em que o MP estadual alega que o acórdão recorrido violou os arts. 4º, 11 e 21, *caput* e I, da Lei n. 8.429/1992, uma vez que a incidência dessa lei independe da ocorrência de dano meramente econômico, aplicando-se à hipótese em que há dano à moralidade administrativa. Diante disso, a Turma negou provimento ao recurso ao entendimento de que, nas ações civis por ato de improbidade, o ressarcimento ao erário é cabível nos casos em que o administrador for desonesto, receber vantagem ilícita ou, ainda, causar prejuízo evidente aos cofres públicos. Contudo, inexistindo elemento de prova capaz de evidenciar a conduta lesiva dos agentes públicos (o enriquecimento ilícito) e, muito menos, o prejuízo para a Administração em decorrência das contratações irregulares (no caso, sem concurso público), não há falar na condenação prevista na Lei n. 8.429/1992. Precedentes citados: REsp 734.984-SP, DJ 16/6/2008, e REsp 939.142-RJ, DJ 10/4/2008. **REsp 1.055.022-MT, Rel. Min. Francisco Falcão, julgado em 26/8/2008.** (Inform. STJ 365)

CONTRATO. LIMPEZA PÚBLICA. ADITAMENTOS. AÇÃO CIVIL. IMPROBIDADE.
Após certame licitatório, firmou-se contrato referente aos serviços de limpeza pública do município. Contudo, foram feitos vários aditivos contratuais de elevado percentual, o que levou o Ministério Público estadual a propor ação civil pública. Diante disso, a Turma, entre outros temas, firmou ser legítimo o MP e perfeitamente cabível a referida ação, regida pela Lei n. 7.347/1985 (Lei da Ação Civil Pública), para buscar a reparação de danos causados ao erário pelos atos de improbidade administrativa tipificados na Lei n. 8.429/1992 (Lei de Improbidade Administrativa). Firmou, também, que pode o juízo, ao proferir a sentença, acolher argumentos das partes, de outros julgados e do parecer do MP, adotando-os como fundamentação. Que, no caso, não houve nulidade do julgamento por cerceamento de defesa em face do julgamento antecipado da lide, visto ser desnecessária a realização de nova perícia para verificar se os aditivos ultrapassaram o limite de 25% previsto na Lei n. 8.666/1993, pois a simples comparação do valor inicial do contrato e seu valor final determinado pelos aditivos expõe o aumento de 93,38% do valor do contrato, conforme apurado pelo TJ. Que o advento do Plano Real, na hipótese, não é circunstância superveniente, quanto mais se o contrato foi firmado após seu advento, constatado pelas instâncias ordinárias que os aditivos não se justificavam em supostos prejuízos dele advindos e que os vencedores do certame licitatório tinham a opção de não assinar o contrato (art. 64, § 2º, da Lei n. 8.666/1993). Que a interpretação do art. 65 da Lei n. 8.666/1993 revela que as limitações percentuais previstas nos parágrafos 1º e 2º daquele artigo (25% e 50%) aplicam-se tanto aos casos da alínea **a**, quanto aos da alínea **b** de seu inciso I, a se imporem, também, nas alterações dos contratos ditadas pelas mudanças qualitativas do serviço prestado. Que inútil essa discussão, dado que nenhum aumento é válido diante da falta de alteração das condições econômicas na execução do serviço, da ilegalidade da inclusão de serviços extras diante da falta de licitação e da ausência de fundamento a permitir o próprio incremento do serviço, tal como constante da sentença. Quanto ao ato de improbidade, a Turma reiterou que, para sua configuração, é necessária a presença do elemento subjetivo (dolo ou culpa), tal como identificado e explicitado pelas instâncias ordinárias, excepcionada apenas a hipótese do art. 11 da Lei de Improbidade Administrativa. Aduziu, também, que não houve qualquer ofensa ao art. 12 da lei acima citada enquanto o acórdão, ao aplicar as conseqüências da solidariedade (art. 1.518 do CC/1916), deixou para a execução a quantificação da pena pecuniária e do ressarcimento, determinando que será proporcional ao tamanho do dano causado por cada réu, daí a individualização das penas. Precedentes citados do TCU: Decisão 215, DO 21/5/1999; do STJ: REsp 861.566-GO, DJ 23/4/2008; REsp 944.295-SP, DJ 18/9/2007; REsp 737.972-PR, DJ 3/8/2007; REsp 199.478-MG, DJ 8/5/2000; REsp 226.863-GO, DJ 4/9/2000, e REsp 154.128-SC, DJ 18/12/1998. **REsp 1.021.851-SP, Rel. Min. Eliana Calmon, julgado em 12/8/2008.** (Inform. STJ 363)

CONTRATAÇÃO SEM CONCURSO PÚBLICO.
Em ação civil pública ajuizada pelo MP, discute-se se constitui ato de improbidade administrativa a contratação de servidores para trabalhar em banco estatal, sem concurso público, mediante manutenção de vários contratos de fornecimento de mão-de-obra, via terceirização de serviços. Expõe o Min. Relator que foi amplamente provado, nas instâncias ordinárias, que a conduta dos agentes públicos (gerente e vice-gerente) não resultou em lesão ao erário, uma vez que os contratados prestaram serviço, nem configurou o enriquecimento ilícito daqueles, portanto não se aplicam os arts. 9º e 10 da Lei n. 8.429/1992 (Lei de Improbidade). Mas o ato de improbidade, no caso, amolda-se à conduta prevista no art. 11 da citada lei, são atos que atentam contra os princípios da Administração Pública, os quais compreendem os princípios da impessoalidade e da moralidade administrativa, tendo em vista que houve a contratação de funcionários sem concurso público, com inobservância do art. 37 da CF/1988 e mediante a manutenção dos contratos como terceirização. Isso posto, a Turma, ao prosseguir o julgamento, deu parcial provimento ao recurso do MP para, com fulcro no art. 12, III, da Lei de Improbidade, impor aos recorridos a proibição de contratar com o poder público pelo prazo de três anos, uma vez que as sanções dessa lei não são acumulativas. **REsp 772.241-MG, Rel. Min. Luiz Fux, julgado em 15/4/2008.** (Inform. STJ 352)

PREFEITO. VERBA PÚBLICA. PROMOÇÃO PESSOAL.
O prefeito repassou ao hospital vultosa verba consignada no orçamento municipal em razão do incêndio que sofrera aquele nosocômio. Porém omitiu o caráter público de tal quantia e divulgou na imprensa tratar-se de sua doação particular. Por tal ato, foi condenado pela prática de improbidade administrativa (descrita no art. 11, I, da Lei n. 8.429/1992) à suspensão de seus direitos políticos por três anos e ao pagamento das custas processuais, sentença confirmada pelo Tribunal *a quo*. Neste Superior Tribunal, a Turma, ao prosseguir o julgamento, após o voto de desempate do Min. Francisco Falcão, entendeu que o Tribunal utilizou-se de detida análise do art. 37, § 1º, da CF/1988 para concluir pela prática da improbidade e que restou inatacado esse fundamento de natureza constitucional, o que leva à incidência da Súm. n. 126-STJ. Entendeu, também, que não há ilegalidade na aplicação da sanção de natureza pessoal – a suspensão dos direitos políticos – visto que autorizada pelo art. 12, III, da referida lei, diante da prática de conduta amoldada à hipótese de seu art. 11. Outrossim, afastou as alegações de desproporcionalidade e ausência de razoabilidade da sanção, aplicada em seu mínimo legal, anotando que, tanto a sentença quanto o acórdão ponderaram a inexistência de dano ao erário ou eventual proveito econômico para mitigar a condenação, quanto mais se a jurisprudência vem admitindo que, no trato do art. 11, de violação a princípios administrativos, não se exige prova de dano ao erário (art. 21, I). Os votos vencidos fundamentavam-se na ausência de tipicidade do ato praticado, na falta de razoabilidade e de proporção da condenação e em julgados no sentido de que a ação de improbidade não abarca os casos de inépcia do administrador. Precedentes citados: REsp 650.674-MG, DJ 1º/8/2006; REsp 604.151-RS, DJ 8/6/2006; REsp 717.375-PR, DJ 8/5/2006, e REsp 711.732-SP, DJ 10/4/2006. **REsp 884.083-PR, Rel. Min. José Delgado, julgado em 18/10/2007.** (Inform. STJ 336)

AÇÃO CIVIL PÚBLICA. NOTÍCIA PUBLICADA. IMPROBIDADE ADMINISTRATIVA.
Trata-se de ação civil pública movida pelo Ministério Público com objetivo de condenar autoridade municipal devido à publicidade de notícia considerada pessoal em que, às custas do erário, criticava atuação da Polícia Federal. A Turma, por maioria, deu provimento ao recurso por não concordar com a tese segundo a qual as hipóteses de improbidade do art. 11 da Lei n. 8.429/1992 independem de dolo ou culpa. Aduz o Min. Teori Albino Zavascki que essa tese consagraria a responsabilidade objetiva em matéria de improbidade, o que não é possível. Destacou, também, que somente o art. 10 da citada lei fala da hipótese de culpa e, ainda que fosse possível a tipificação com base na culpa, certamente essa culpa deveria ter sido demonstrada. Por outro lado, o Min. Luiz Fux, em voto no mesmo sentido, chama atenção de que a citada lei surgiu para impedir que uma autoridade, às custas do erário, tenha ganho político ou eleitoreiro, mas, no caso dos autos há peculiaridades; a notícia informava a instauração de inquérito que fora arquivado após serem ouvidas as testemunhas. Ressaltou, ainda, que a doutrina nacional e estrangeira considera que se pode publicar tudo sobre o homem público desde que as fontes sejam lícitas e os fatos não sejam falsos. **REsp 939.142-RJ, Rel. originário Min. Francisco Falcão, Rel. para acórdão Min. Luiz Fux, julgado em 21/8/2007.** (Inform. STJ 328)

IMPROBIDADE. REINTEGRAÇÃO. TEMPORÁRIO. DOENÇA INCURÁVEL.
Em 1990, um empregado temporário da prefeitura foi exonerado, juntamente com outros, em razão da falta de estabilidade. Em 1992, foi reintegrado provisoriamente mediante decreto do prefeito, lastreado em parecer técnico do procurador municipal, com a determinação do pagamento retroativo referente a dois anos de salários, período em que efetivamente não laborou o empregado. Sucedeu-se o ajuizamento da ação de improbidade com lastro nos arts. 10, *caput*, e 11, II, da Lei n. 8.429/1992. Já a sentença a julgou improcedente, visto que aquele empregado fora exonerado irregularmente, pois foi antes afastado do serviço em razão de doença grave e incurável, que o levou à morte pouco depois da reinte-

gração. Também justificou a improcedência fundando-se na ausência de dolo, culpa ou má-fé a lastrear o ato do prefeito. O TJ, por sua vez, julgou procedente a ação de improbidade pela ofensa aos princípios da legalidade, moralidade, impessoalidade por aquele ato, ao incidir-lhe, agora, apenas o art. 10, XII, da referida lei. Aquela corte entendeu limitada a reintegração a servidores estáveis diante de acidente de trabalho; existir, também, a responsabilidade do procurador municipal e aplicar ao edil as sanções de suspensão dos direitos políticos, proibição de contratação com o Poder Público, ressarcimento ao erário e pagamento de multa. Diante disso, a Min. Relatora entendeu inexistente, na espécie, a violação do princípio da congruência, pois a indicação do dispositivo da lei de improbidade na ação é meramente figurativa, importando-se o magistrado com a descrição da conduta. Anotou que o Tribunal, apesar de alterar a tipificação, manteve-a na mesma categorização, até melhorando a situação dos réus ao excluir a conduta do art. 11, I, do referido dispositivo. Porém aduziu que a configuração do art. 10, XII, da Lei n. 8.429/1992 só é pertinente em caso de comprovada demonstração, nos autos, do nexo de causalidade entre o enriquecimento de terceiro e o prejuízo da Administração. Firmou que a doutrina e a jurisprudência não admitem prescindir do elemento subjetivo e da demonstração do prejuízo para se aplicar as respectivas sanções relativas ao art. 10, tal como feito, no caso, pelo TJ, daí decidir restaurar a sentença de primeiro grau. Os demais integrantes da Turma acompanharam a Min. Relatora, porém com ressalvas. Anote-se que o Min. Castro Meira entendeu suficiente o argumento de que o prefeito baseou-se em parecer do serviço jurídico, agindo de absoluta boa-fé, mas o Min. João Otávio de Noronha afastou esse argumento, posto que o parecer não o vincula, pois a decisão final é do administrador. **REsp 842.428-ES, Rel. Min. Eliana Calmon, julgado em 24/4/2007.** (Inform. STJ 318)

3. SANÇÕES DE IMPROBIDADE ADMINISTRATIVA

DIREITO ADMINISTRATIVO. IMPROBIDADE ADMINISTRATIVA. INDISPONIBILIDADE DE BENS.

A decretação de indisponibilidade de bens em decorrência da apuração de atos de improbidade administrativa deve observar o teor do art. 7º, parágrafo único, da Lei n. 8.429/1992, limitando-se a constrição aos bens necessários ao ressarcimento integral do dano, ainda que adquiridos anteriormente ao suposto ato de improbidade, ou até mesmo ao início da vigência da referida lei. Precedentes citados: REsp 1.078.640-ES, DJe 23/3/2010, e REsp 1.040.254-CE, DJe 2/2/2010. **AgRg no REsp 1.191.497-RS, Rel. Min. Humberto Martins, julgado em 20/11/2012. (Inform. STJ 510)**

IMPROBIDADE ADMINISTRATIVA. PERDA. DIREITOS POLÍTICOS. FUNÇÃO PÚBLICA.

A Turma ratificou a decisão do tribunal de origem que, em caso de apelação, condenou professor da rede pública estadual à perda dos seus direitos políticos e da função pública que exercia na época dos fatos, pela prática de ato de improbidade administrativa na modalidade dolosa, por ter recebido sua remuneração sem ter exercido suas atividades e sem estar legalmente licenciado de suas funções. Para o Min. Relator, é impossível exercer a função pública quando suspensos os direitos políticos. **REsp 1.249.019-GO, Rel. Min. Cesar Asfor Rocha, julgado em 15/3/2012. (Inform. STJ 493)**

MS PREVENTIVO. ATO DE IMPROBIDADE. APLICAÇÃO DA PENA. AÇÃO JUDICIAL OU PROCESSO ADMINISTRATIVO DISCIPLINAR.

Trata-se de mandado de segurança (MS) preventivo com pedido liminar impetrado por servidor contra aplicação da pena de demissão conforme sugerida pela comissão processante em processo administrativo disciplinar (PAD) com base no art. 132, IV (improbidade administrativa), c/c os arts. 10 e 11 da Lei n. 8.429/1992 (atos de improbidade administrativa que causam prejuízo ao erário e atentam contra os princípios da Administração Pública). O impetrante respondeu a PAD porque, na qualidade de subsecretário de planejamento, orçamento e administração de Ministério, autorizou sem licitação a contratação de serviços de desenvolvimento de projeto de pesquisa com instituição privada, no valor de quase R$ 20 milhões. Esses fatos estão sendo apurados no procedimento administrativo, mas também em ação judicial de improbidade administrativa e em ação penal de iniciativa do Ministério Público. Discute-se aqui se a apuração e a sanção de atos de improbidade administrativa poderiam ser efetuadas pela via administrativa ou se exigiriam a via judicial, como defendeu o Min. Relator. Para o Min. Gilson Dipp, em voto-vista vencedor, a independência das instâncias civil, penal e administrativa permite que a Administração imponha ao servidor a pena de demissão em caso de improbidade administrativa, pois uma infração disciplinar tanto pode ser reconhecida como ato de improbidade na via administrativa quanto se sujeitar ao processo judicial correspondente. Assevera que o que distingue o ato de improbidade administrativa da infração disciplinar de improbidade, quando coincidente a hipótese de fato, é a natureza da infração, pois a lei funcional tutela a conduta funcional do servidor, enquanto a lei de improbidade dispõe sobre sanções aplicáveis a todos os agentes públicos, servidores ou não, principalmente no interesse da preservação e integridade do patrimônio público. Explica que, por essa razão, a CF/1988 dispôs, no art. 37, § 4º, com relação aos servidores, que os atos de improbidade poderão importar a suspensão dos direitos políticos, perda da função pública, indisponibilidade (e perda) de bens e ressarcimento ao erário. Embora a lei estatutária do servidor público também tenha previsto no art. 132, IV, como causa de demissão o ato de improbidade, isso não significa que ele e a infração disciplinar tenham uma só natureza, visto que submetem-se cada qual ao seu regime peculiar e, assim, não se excluem. Daí que mesmo as improbidades não previstas ou fora dos limites da Lei n. 8.429/1992 envolvendo servidores continuam sujeitas à lei estatutária. Com esse entendimento, a Seção, ao prosseguir o julgamento, por maioria, denegou a segurança e cassou a medida liminar. Precedentes citados do STF: RMS 24.699-DF, DJ 1º/7/2005; MS 21.310-DF, DJ 11/3/1994; MS 23.401-DF, DJ 12/4/2002; MS 22.534-PR, DJ 10/9/1999; MS 22.899-SP, DJ 16/5/2003, e do STJ: MS 12.735-DF, DJe 24/8/2010. **MS 15.054-DF, Rel. originário Min. Napoleão Nunes Maia Filho, Rel. para acórdão Min. Gilson Dipp, julgado em 25/5/2011.** (Inform. STJ 474)

ACP. IMPROBIDADE ADMINISTRATIVA. VEREADORES. REMUNERAÇÃO. ASSESSORES INFORMAIS.

Trata-se de REsp decorrente de ação civil pública (ACP) ajuizada, na origem, pelo MP estadual contra vereadores de um município, por eles terem exigido de seus assessores comissionados a entrega de percentual dos seus vencimentos para o pagamento de outros servidores não oficiais (assessores informais), bem como para o custeio de campanhas eleitorais e despesas do próprio gabinete. O TJ, ao negar provimento aos apelos dos vereadores, manteve a sentença que julgara procedente a ACP com base no art. 11, *caput* e I, da Lei de Improbidade Administrativa (LIA), aplicando-lhes, individualmente, as sanções do art. 12, III, do citado diploma legal. Contudo, deu provimento ao apelo do *Parquet* para acrescentar as penas de perda da função pública e de suspensão dos direitos políticos pelo prazo de três anos. Nesta instância especial, entendeu-se que os vereadores não se enquadram entre as autoridades submetidas à Lei n. 1.079/1950, que trata dos crimes de responsabilidade, podendo responder por seus atos em ACP de improbidade administrativa. Observou-se que o precedente do STF invocado pelos recorrentes (Rcl 2.138-DF, DJ 13/6/2007) em apoio à tese do descabimento da ação de improbidade em face de agente político de qualquer esfera dos Poderes da União, estados e municípios não se presta ao caso, porque o referido precedente cuida especificamente de ministros de Estado. Assentou-se que a entrega compulsória e o desconto em folha de pagamento de parte dos rendimentos dos assessores formais dos recorrentes destinados à manutenção de "caixinha" para gastos de campanha e de despesas dos respectivos gabinetes, bem como para a contratação de assessores particulares violam, expressamente, os princípios administrativos da moralidade, finalidade, legalidade e do interesse público, conduta dos parlamentares que se insere no *caput* e I do art. 11 da Lei n. 8.429/1992. Assinalou-se que os atos que não geram, ao menos aparentemente, desfalque aos cofres públicos e vantagens pecuniárias ao agente ímprobo, tal como ocorre quando há violação dos princípios da administração pública, nem por isso deixam de ser típicos, sendo inadmissível concluir pelo mero não sancionamento, sob pena de consagrar verdadeira impunidade. Destarte, as sanções aplicadas pelo tribunal *a quo* atendem ao princípio da proporcionalidade e aos fins sociais a que a LIA se propõe, tendo em vista a grave conduta praticada pelos edis. Ressalva-se, contudo, o equívoco na dosimetria da aplicação da pena de proibição de contratar com o Poder Público ou receber benefícios ou incentivos fiscais, pois o aresto recorrido, ao manter a incidência da referida sanção pelo prazo de 10 anos, conforme fixado na sentença, extrapolou o limite de três anos permitido em lei, nos termos dos arts. 11 e 12, III, da Lei de Improbidade. Diante desses fundamentos, entre outros, a Turma conheceu parcialmente do recurso e lhe deu parcial provimento. Precedentes citados: REsp 1.025.300-RS, DJe 2/6/2009; REsp 1.119.657-MG, DJe 30/9/2009; REsp 908.790-RN, DJe 2/2/2010, e REsp 892.818-RS, DJe 10/2/2010. **REsp 1.135.767-SP, Rel. Min. Castro Meira, julgado em 25/5/2010.** (Inform. STJ 436)

IMPROBIDADE. MULTA. RESSARCIMENTO.

Trata-se de ação civil pública ajuizada contra prefeito em razão da prática de improbidade administrativa consistente na contratação temporária de merendeiras sem o devido concurso público. É certo que, caracterizado o prejuízo ao erário, o ressarcimento não deve ser considerado como propriamente uma sanção, mas sim uma consequência imediata e necessária do próprio ato combatido. Desse modo, não há como excluí-lo a pretexto de resguardo à proporcionalidade das penas aplicadas apregoado no art. 12 da Lei n. 8.429/1992 (LIA). Esse mesmo artigo de lei prevê a aplicação concomitante de diversas sanções e do ressarcimento, que, pelo que se entende de "ressarcimento integral do dano", deve compreender unicamente os prejuízos efetivamente causados ao Poder Público, sendo providência de índole rígida, que sempre se impõe. Ao contrário, as sanções de caráter elástico podem levar em consideração outras coisas que não a própria extensão do dano, tais como a gravidade da conduta ou a forma pela qual foi praticado o ato ímprobo. Elas podem ou não ser aplicadas e, caso o sejam, expõem-se à mensuração. A única exceção feita à elasticidade das sanções é que pelo menos uma delas deve acompanhar o dever de ressarcimento. Essa diferenciação faz-se necessária porque, na seara da improbidade administrativa, há duas consequências que possuem cunho pecuniário: a multa e o ressarcimento. Enquanto a primeira sanciona o agente ímprobo, a segunda cauciona o prejuízo do ente público. No caso, a sentença impôs, entre outras sanções, a condenação à multa (com parâmetro no valor da remuneração percebida pelo agente), mas com o equivocado fim de ressarcir o erário. Já o Tribunal *a quo* apenas impôs o ressarcimento, considerando-o como tal, mas mantendo o parâmetro da remuneração para fixá-lo. Para a solução dessa confusão de conceitos, deve-se considerar que pelo menos o ressarcimento deve estar presente, visto que é medida imediata e necessária à condenação, ao contrário da multa civil, que é opcional. Daí que, tanto o acórdão quanto a sentença enganaram-se ao fixar o valor a ser ressarcido em montante superior ao dano efetivamente suportado. Diante disso, poder-se-ia até cogitar que haveria certo benefício ao recorrente, pois seria condenado apenas ao dever de ressarcir. Como isso não é aceito pelo art. 12 da LIA nem pela jurisprudência do STJ, mostra-se viável manter a condenação pecuniária total imposta (cinco vezes a remuneração do prefeito), entendendo-a como ressarcimento integral do dano, mas, se ele for menor que o montante fixado, o que restar de saldo deve ser considerado como condenação à multa civil. Precedentes citados: REsp 664.440-MG, DJ 8/5/2006, e REsp 1.019.555-SP, DJe 29/6/2009. **REsp 622.234-SP, Rel. Min. Mauro Campbell Marques, julgado em 1º/10/2009.** (Inform. STJ 409)

IMPROBIDADE. SUSPENSÃO. DIREITOS POLÍTICOS.

A Turma entendeu que a suspensão dos direitos políticos do administrador público pela utilização indevida do trabalho de servidores públicos municipais durante 31 horas, ato que merece irrefutável censura, não se molda aos princípios da proporcionalidade e da razoabilidade; deve, pois, ser afastada essa sanção. Contudo, manteve-se a condenação em ressarcir aos cofres públicos a importância equivalente às horas de serviço dos funcionários utilizados de forma indevida, além da multa civil fixada em duas vezes o acréscimo patrimonial decorrente da irregularidade. Precedente citado: REsp 875.425-RJ, DJ 11/2/2008. **REsp 1.055.644-GO, Rel. Min. Castro Meira, julgado em 21/5/2009.** (Inform. STJ 395)

SUSPENSÃO. DIREITOS POLÍTICOS. VEREADORES. FUNCIONÁRIOS "FANTASMAS".

O recorrente (MP) alega que o Tribunal *a quo* contrariou o art. 12, III, da Lei n. 8.429/1992 (Lei de Improbidade Administrativa), enquanto não aplicou, também, a pena de suspensão dos direitos políticos aos recorridos (vereadores), apesar de expressamente reconhecer a prática do ato de improbidade descrito no art. 11 da referida lei, consistente em permitir a funcionários (seus subordinados) receber salários sem qualquer labor. Isso posto, vê-se que o parágrafo único do referido artigo é expresso em não obrigar o juiz a aplicar cumulativamente todas as penas previstas, pois tem o dever de fixá-las e dosá-las ao considerar a natureza, a gravidade e as consequências do ato tido por ímprobo. Porém, isso não o impede de utilizar-se da cumulação das sanções. A hipótese em questão exige maior rigor do magistrado na dosimetria da sanção, sob pena de tornar inócuos os princípios que regem a Administração Pública, especialmente a moralidade administrativa. Anote-se que o acórdão recorrido delineou o contexto fático enquanto manteve a condenação dos recorridos, tal qual disposto na sentença, a permitir a este Superior Tribunal afastar a incidência da Súm. n. 7-STJ, examinar e concluir que a sanção aplicada não atende ao princípio da proporcionalidade, ou mesmo aos fins sociais a que se destina a referida legislação. O ocupante da função de vereador, de importante papel no amadurecimento da democracia de nosso país, assim como o prefeito, é a voz mais próxima do administrado e, nessa condição, deve velar para que sua atuação no trato dos bens, de pessoal e valores públicos sirva de exemplo aos integrantes da comunidade. Logo, os recorridos, em vez de serem coniventes, tinham o dever de não permitir fatos tais como o ocorrido, a lhes impor, também, a pena de suspensão de seus direitos políticos pelo prazo de três anos, *quantum* fixado ao considerar a primariedade noticiada nos autos. Precedentes citados: REsp 631.301-RS, DJ 25/9/2006, e REsp 825.673-MG, DJ 25/5/2006. **REsp 1.025.300-RS, Rel. Min. Eliana Calmon, julgado em 17/2/2009.** (Inform. STJ 384)

RESSARCIMENTO. ERÁRIO. IMPROBIDADE ADMINISTRATIVA. IRREGULARIDADE. TÍTULOS MUNICIPAIS.

Trata-se de ação de responsabilidade por improbidade administrativa em razão de operações irregulares com títulos municipais (Letras Financeiras do Tesouro Municipal – LFTM) emitidas para pagamento de vultosos precatórios judiciais. Esses títulos eram lançados no mercado financeiro sem leilão, em operações compromissadas com cláusulas de recompra pela municipalidade, com taxas de deságio muito acima das praticadas no mercado que os tornavam muito baratos para os primeiros compradores. Eram comprados e vendidos em operações diárias, sucessivas e recíprocas entre as mesmas corretoras e distribuidoras, até atingirem o valor real pago em operação com instituição que não pertencia àquele grupo de corretoras. A diferença entre o valor pago pelo comprador final dos títulos e o depreciado valor inicial (efetivamente recebido pelo Tesouro) era o lucro dessa cadeia de operações intermediárias entre as mesmas corretoras e distribuidoras. A sentença reconheceu a procedência da ação, e o Tribunal *a quo* reformou, em parte, a sentença, afirmando que a condenação deveria ser em valor proporcional a cada um dos envolvidos no dano causado em cada operação. Note-se que foram 13 recursos especiais admitidos. Ressalta a Min. Relatora, entre outros argumentos, que, em sede de recurso especial, não cabe rever as premissas ensejadoras do julgamento antecipado da lide. Essa análise é feita a partir da documentação juntada na inicial considerada e analisada pelas instâncias ordinárias, para tanto, o TJ individualizou a participação de cada um dos envolvidos. Sendo assim, de acordo com julgados precedentes deste Superior Tribunal, incide a Súm. n. 7-STJ. Outrossim, aponta a Min. Relatora que a apreciação das contas e dos contratos administrativos pelo Tribunal de Contas municipal, que as aprovou, não inibe a atuação do Poder Judiciário para exame de sua legalidade e constitucionalidade, pois as cortes de contas municipais não exercem jurisdição e não têm atribuição para anular atos lesivos ao patrimônio público, visto que exercem função auxiliar ao Legislativo (art. 5º, XXXV, c/c o art. 71, X, §§º 1º e 2º da CF/1988). Com esse entendimento, a Turma, ao prosseguir o julgamento, conheceu em parte do REsp e, nessa parte, negou-lhe provimento. Precedentes citados: REsp 472.399-AL, DJ 19/12/2002; REsp 591.965-RS, DJ 10/4/2006; REsp 255.307-SP, DJ 13/3/2006, e REsp 171.504-PR, DJ 21/11/2005. **REsp 593.522-SP, Rel. Min. Eliana Calmon, julgado em 23/10/2007.** (Inform. STJ 337)

IMPROBIDADE. PREFEITO. CASSAÇÃO. LICENÇA.

O prefeito, acompanhado de várias pessoas, dirigiu-se ao clube local com o intuito de participar de baile de carnaval de natureza privada. Sucede que o porteiro advertiu-lhe que apenas ele e seus familiares poderiam adentrar o recinto. Indignado, desferiu a ele e a outros uma série de impropérios e deixou o local, mesmo após a autorização dada pelo diretor social para o ingresso de todos. Não satisfeito, no seguinte dia, entendeu cassar a licença conferida ao clube e impedir suas festividades no último dia do carnaval, até mediante o expediente de cavar valetas nas ruas de acesso ao local. Por iniciativa do MP, respondeu à ação judicial lastreada na Lei n. 8.429/1992, pela prática da improbidade descrita em seu art. 11, *caput* e I, por não observar seu dever de imparcialidade. Ao final, foi condenado a ressarcir o gasto com a abertura das valetas, a pagar à municipalidade cinqüenta vezes o valor que percebia à frente da prefeitura e ficou proibido de contratar com o Poder Público por cinco anos. Nesta sede, a Turma afastou a alegação de cerceamento de defesa pela dispensa de produção de prova oral, pois as questões de fato estavam bem instruídas por documentos. Porém, em razão do princípio da razoabilidade, em vista do ato praticado, entendeu reduzir a multa civil para dez vezes a remuneração percebida pelo edil. **REsp 897.499-SP, Rel. Min. João Otávio de Noronha, julgado em 27/3/2007.** (Inform. STJ 315)

4. INDISPONIBILIDADE DE BENS

ACP. INDISPONIBILIDADE. BENS. IMPROBIDADE.

O tribunal *a quo*, apesar de reconhecer presentes os requisitos para o deferimento da medida liminar de indisponibilidade dos bens do agente tido por ímprobo, entendeu revogá-la, ao fundamento de que o juízo de piso não especificou a extensão da constrição. Este Superior Tribunal, quanto ao tema, entende que, se o ato de improbidade causar lesão ao patrimônio público ou enriquecimento ilícito, é possível a decretação da indisponibilidade de bens do agente tachado de ímprobo. Esta, contudo, está limitada ao ressarcimento integral do dano (art. 7º da LIA), somado à execução de eventual sanção pecuniária a ser imposta e qualquer outro encargo financeiro que possa decorrer da condenação. Dessa forma, caberia ao tribunal *a quo* não revogar, mas, sim, ao entender cabível a medida liminar, determinar seus limites ou devolver os autos ao juiz singular para tal intento. Com esse entendimento, a Turma deu provimento ao especial, visto que estão presentes o perigo da demora e a fumaça do bom direito, pela real possibilidade de dilapidação do patrimônio público, além de fixar como parâmetro a estimativa de dano integrante da inicial. Precedentes citados: REsp 817.557-ES, DJe 10/2/2010, e REsp 762.894-GO, DJe 4/8/2008. **REsp 1.161.631-SE, Rel. Min. Humberto Martins, julgado em 10/8/2010.** (Inform. STJ 442)

MC. IMPROBIDADE. INDISPONIBILIDADE. BENS.

A Turma decidiu que é lícita a concessão de liminar *inaudita altera parte* (art. 804 do CPC) em medida cautelar preparatória ou incidental, antes do recebimento da ACP, a fim de decretar a indisponibilidade e o sequestro de bens necessários adquiridos antes do ato de improbidade, inclusive o bloqueio de ativos do agente público ou de terceiro beneficiado (arts. 7º e 16 da Lei n. 8.429/1992). Tais medidas assecuratórias de resultado útil da tutela jurisdicional são para a reparação do dano ao erário ou restituição de bens e valores havidos ilicitamente por ato de improbidade, caracterizado o *fumus boni juris*. Precedentes citados: AgRg no Ag 1.144.682-SP, DJe 6/11/2009; REsp 1.003.148-RN, DJe 5/8/2009; REsp 535.967-RS, DJe 4/6/2009, e REsp 806.301-PR, DJe 3/3/2008. **REsp 1.078.640-ES, Rel. Min. Luiz Fux, julgado em 9/3/2010.** (Inform. STJ 426)

ACP. BENS. INDISPONIBILIDADE. MULTA.

A Turma decidiu que a indisponibilidade de bens decretada em ação civil pública (ACP) por ato de improbidade administrativa para assegurar o ressarcimento integral de danos causados ao erário pode abranger a multa civil, caso fixada na sentença condenatória (arts. 7º e 12 da Lei n. 8.429/1992). Precedentes citados: AgRg nos EDcl no Ag 587.748-PR, DJe 23/10/2009; AgRg no REsp 1.109.396-SC, DJe 24/9/2009; REsp 637.413-RS, DJe 21/8/2009; AgRg no REsp 1.042.800-MG, DJe 24/3/2009, e REsp 1.023.182-SC, DJe 23/10/2008. **REsp 957.766-PR, Rel. Min. Luiz Fux, julgado em 9/3/2010**. (Inform. STJ 426)

IMPROBIDADE ADMINISTRATIVA. EX-PREFEITO. BENS.

A Turma reiterou o entendimento de que ex-prefeito não está no rol das autoridades submetidas à Lei n. 1.079/1950, que versa sobre os crimes de responsabilidade; logo, poderá responder por seus atos na via da ação civil pública de improbidade administrativa. Quanto à indisponibilidade dos bens, para que se reveja a decisão do Tribunal *a quo*, necessário o reexame fático-probatório, vedado pela Súm. n. 7 deste Superior Tribunal. Precedentes citados: REsp 861.419-DF, DJ 11/2/2009, e AgRg no Ag 685.351-PR, DJ 21/11/2008. **REsp 949.452-SP, Rel. Min. Francisco Falcão, julgado em 24/3/2009.** (Inform. STJ 388)

AÇÃO CIVIL PÚBLICA. IMPROBIDADE ADMINISTRATIVA.

Cinge-se a questão à possibilidade de concessão de liminar *inaudita altera pars* em sede de ação civil pública ajuizada com supedâneo na Lei n. 8.429/1992, para decretar a indisponibilidade e o seqüestro de bens, assim como o afastamento *in limine* do agente público. Para o Min. Relator, é lícita a concessão de liminar *inaudita altera pars* (art. 804 do CPC) em sede de medida cautelar preparatória ou incidental, antes do recebimento da ação civil pública, para a decretação de indisponibilidade (art. 7º da Lei n. 8.429/1992) e de seqüestro de bens, incluído o bloqueio de ativos do agente público ou de terceiro beneficiado pelo ato de improbidade (art. 16 da Lei n. 8.429/1992). Isso porque são medidas assecuratórias do resultado útil da tutela jurisdicional, qual seja, a reparação do dano ao erário ou de restituição de bens e valores havidos ilicitamente por ato de improbidade. Segundo o art. 20, *caput*, da Lei n. 8.429/1992, a perda da função pública e a suspensão dos direitos políticos, como sanção à improbidade administrativa, só se efetivam com o trânsito em julgado da sentença condenatória. Assim, o afastamento cautelar do agente de seu cargo, previsto no parágrafo único, somente se legitima como medida excepcional, quando for manifesta sua indispensabilidade. A observância dessas exigências mostra-se ainda mais pertinente em casos de mandato eletivo, cuja suspensão, considerada a temporariedade do cargo e a natural demora na instrução de ações de improbidade, pode, na prática, acarretar a própria perda definitiva. Nesta hipótese, aquela situação de excepcionalidade configura-se, tão-somente, com a demonstração de um comportamento do agente público que, no exercício de suas funções públicas e em virtude delas, importe efetiva ameaça à instrução do processo. Diante disso, a Turma deu parcial provimento ao recurso, apenas para a decretação de indisponibilidade (art. 7º da Lei n. 8.429/1992) e de seqüestro de bens, incluído o bloqueio de ativos do agente público ou de terceiro beneficiado pelo ato de improbidade. **REsp 895.415-BA, Rel. Min. Luiz Fux, julgado 2/12/2008.** (Inform. STJ 379)

BEM DE FAMÍLIA. INDISPONIBILIDADE. AÇÃO. IMPROBIDADE.

No caso, o agravante afirma que o juiz e o Tribunal *a quo* deveriam ter examinado as provas que demonstrariam ser de família os bens declarados indisponíveis. Para o Min. Relator, o recurso não constitui medida processual adequada para a demonstração de que determinado bem se caracteriza como de família se os requisitos de fatos para tal conclusão ainda estão controvertidos na instância *a quo*. Somente após a instrução processual é que se verificará se o imóvel pode ser considerado como bem de família. Esse eventual caráter nada interfere na determinação de sua indisponibilidade. Não se trata de penhora, mas de impossibilidade de alienação. A Lei n. 8.009/1990 visa resguardar o lugar onde se estabelece o lar, impedindo a alienação do bem onde se estabelece a residência familiar. No caso, o perigo de alienação, para o agravante, não existe. A indisponibilidade objetiva justamente impedir que o imóvel seja alienado e, caso seja julgado procedente o pedido formulado contra o agravante na ação de improbidade, assegurar o ressarcimento dos danos que porventura tenham sido causados ao erário, pois esses estão, ao menos em tese, configurados, como demonstrado está o prejuízo causado aos cofres públicos. Entendou o julgador estarem evidenciados o requisito do *fumus boni iuris* e do *periculum in mora*, a ensejar o deferimento de liminar para a indisponibilidade dos bens do agravante. Concluiu o Min. Relator que em nada favorece ao agravante a demonstração de que os imóveis estavam sob a proteção da Lei n. 8.009/1990. **AgRg no REsp 956.039-PR, Rel. Min. Francisco Falcão, julgado em 3/6/2008.** (Inform. STJ 358)

AÇÃO CIVIL PÚBLICA. IMPROBIDADE ADMINISTRATIVA. INDISPONIBILIDADE. BENS.

A questão trata da indisponibilidade de bens da recorrente, decretada em sede de ação cautelar preparatória de ação civil pública e que encontra regência no art. 7º da Lei n. 8.429/1992 (Improbidade Administrativa). A recorrente alega que as disposições do mencionado artigo desta lei foram violadas eis que não evidenciado o *fumus boni iuris* e o *periculum in mora*, não havendo justificativa para a decretação da referida indisponibilidade de seus bens. Porém o Min. Relator esclareceu que a medida prevista no mencionado artigo é atinente ao poder geral de cautela do Juiz, previsto no art. 798 do Código de Processo Civil, pelo que seu deferimento exige a presença dos requisitos do *fumus boni iuris* e *periculum in mora*. O *periculum in mora* significa o fundado temor de que, enquanto se aguarda a tutela definitiva, venham a ocorrer fatos que prejudiquem a apreciação da ação principal. A hipótese de dano deve ser provável, no sentido de caminhar em direção à certeza, não bastando eventual possibilidade, assentada em meras conjecturas da parte interessada. Inexistindo fatos positivos que possam inspirar receio de prejuízos ao erário público ocasionados em virtude da execução de contrato realizado pela Caixa Econômica Federal e empresa estrangeira (com filial devidamente regulamentada no Brasil), a liminar de bloqueio dos bens da referida empresa deve ser cassada. É incabível recurso especial fundado na alínea c do permissivo constitucional quando não atendidos os requisitos indispensáveis à comprovação da divergência pretoriana, conforme prescrições do art. 541, parágrafo único, do CPC e do art. 255 do RISTJ. Isso posto, a Turma conheceu em parte do recurso e, nessa parte, deu-lhe provimento. **REsp 821.720-DF, Rel. Min. João Otávio de Noronha, julgado em 23/10/2007.** (Inform. STJ 337)

5. QUESTÕES PROCESSUAIS

Conflito de atribuições e Fundef -1

O Plenário iniciou julgamento de ações cíveis originárias em que se discute conflito negativo de atribuições entre o Ministério Público Federal e o Ministério Público do Estado de São Paulo para investigação de irregularidades concernentes à gestão e prestação de contas dos recursos oriundos do Fundo de Manutenção e Desenvolvimento do Ensino e Valorização do Magistério - Fundef, que passou a denominar-se Fundo de Manutenção e Desenvolvimento da Educação Básica e de Valorização da Educação - Fundeb. A Min. Ellen Gracie, relatora, reconheceu a atribuição do Ministério Público Federal para apurar eventual ocorrência de ilícito penal e a do Ministério Público do Estado de São Paulo para investigar hipóteses de improbidade administrativa (ação de responsabilidade civil). Após, pediu vista o Min. Luiz Fux. ACO 1109/SP, rel. Min. Ellen Gracie, 4.8.2011. (ACO-1109) ACO 1206/SP, rel. Min. Ellen Gracie, 4.8.2011. (ACO-1206) ACO 1241/SP, rel. Min. Ellen Gracie, 4.8.2011. (ACO-1241) ACO 1250/SP, rel. Min. Ellen Gracie, 4.8.2011. (ACO-1250)

CONFLITO DE ATRIBUIÇÕES E FUNDEF - 2

O Plenário concluiu julgamento de ações cíveis originárias em que discutido conflito negativo de atribuições entre o Ministério Público Federal e o Ministério Público do Estado de São Paulo, para investigação de irregularidades concernentes à gestão e à prestação de contas dos recursos oriundos do Fundo de Manutenção e Desenvolvimento do Ensino e Valorização do Magistério - Fundef, que passou a ser denominado Fundo de Manutenção e Desenvolvimento da Educação Básica e de Valorização da Educação - Fundeb — v. Informativo 634. Ao reafirmar diretriz jurisprudencial no sentido de que o STF é competente para dirimir conflito de atribuições entre o *parquet* da União e os dos Estados-membros, preliminarmente, por votação majoritária, conheceu-se do conflito. Vencidos, no ponto, os Ministros Luiz Fux e Celso de Mello, por entenderem não caber ao Supremo solucionar a presente divergência. No mérito, o Tribunal, também por maioria, reconheceu a atribuição do Ministério Público Federal para apurar eventual ocorrência de ilícito penal e a do Ministério Público do Estado de São Paulo para investigar hipóteses de improbidade administrativa (ação de responsabilidade civil). O Min. Luiz Fux acentuou que, em ação de improbidade, não haveria prejuízo de posterior deslocamento de compe-
1434
tência à Justiça Federal, em caso de superveniente intervenção da União ou de reconhecimento ulterior de lesão ao patrimônio nacional. Vencido o Min. Marco Aurélio, que reputava ser do *parquet* paulista a atribuição para as ações, porquanto não se teria, na espécie, o envolvimento de serviço público federal ou de recursos da própria União. ACO 1109/SP, rel. Min. Ellen Gracie, 5.10.2011. (ACO-1109) ACO 1206/SP, rel. Min. Ellen Gracie, 5.10.2011. (ACO-1206) ACO 1241/SP, rel. Min. Ellen Gracie, 5.10.2011. (ACO-1241) ACO 1250/SP, rel. Min. Ellen Gracie, 5.10.2011. (ACO-1250) (Inform. STF 643)

EMENTA: IMPROBIDADE ADMINISTRATIVA. AÇÃO CIVIL. LITISCONSORTE PASSIVO **QUE ERA**, À ÉPOCA DA INSTAURAÇÃO DO PROCESSO JUDICIAL, **JUIZ INTEGRANTE** DE TRIBUNAL REGIONAL DO TRABALHO. **PRETENDIDO RECONHECIMENTO** DA COMPETÊNCIA ORIGINÁRIA DO SUPERIOR TRIBUNAL DE JUSTIÇA, **POR EFEITO** DO QUE DISPÕE O ART. 105, I, "a", DA CONSTITUIÇÃO DA REPÚBLICA, **c/c** A LEI Nº 10.628/2002. **INADMISSIBILIDADE. DECLARAÇÃO DE INCONSTITUCIONALIDADE**, PELO SUPREMO TRIBUNAL FEDERAL, **EM SEDE** DE CONTROLE ABSTRATO, **DA LEI** Nº 10.628/2002 (**ADI** 2.797/DF). **COMPETÊNCIA** DE MAGISTRADO **DE PRIMEIRO** GRAU. RECURSO EXTRAORDINÁRIO CONHECIDO EM PARTE **E**, NESSA PARTE, IMPROVIDO.

– **Compete**, ao magistrado **de primeira** instância, processar e julgar **ação civil** de improbidade administrativa, **ainda** que ajuizada **contra** autoridade pública **que dispõe**, nas infrações penais comuns, **perante** qualquer Tribunal judiciário, **mesmo** que se trate de Tribunal Superior da União **ou** que se cuide **do próprio** Supremo Tribunal Federal, de prerrogativa de foro "ratione muneris". Doutrina. Precedentes. **(RE 439723/SP, rel. Min. Celso de Mello)** (Inform. STF 572)

AÇÃO DE IMPROBIDADE ADMINISTRATIVA: FALTA DE INTERESSE DA UNIÃO E ATRIBUIÇÃO DO PARQUET ESTADUAL

O Tribunal resolveu conflito negativo de atribuição entre o Ministério Público do Estado de São Paulo e o Ministério Público Federal, no sentido de reconhecer a atribuição do primeiro para propor ação de improbidade administrativa contra ex-Prefeito de cidade paulista a respeito de aplicação do Fundo de Manutenção e Desenvolvimento do Ensino Fundamental e de Valorização do Magistério – FUNDEF. Considerou-se que os recursos em questão, durante a gestão do citado ex-Prefeito, não continham complementação de verbas federais, mas somente de verbas do Estado e do Município, razão por que eventual ressarcimento não reverteria aos cofres da União, a qual, por conseguinte, não teria nenhum interesse específico no caso. **ACO 1156/SP, rel. Min. Cezar Peluso, 1º.7.2009. (ACO-1156)** (Inform. STF 553)

CONFLITO DE ATRIBUIÇÕES E ATOS DE IMPROBIDADE

Aplicando a orientação firmada no julgamento da ACO 1213/SP (DJE de 30.9.2008), o Tribunal, ao desprover agravo regimental, manteve decisão que, conhecendo de conflito de atribuições entre o Ministério Público Federal e o Ministério Público do Estado de São Paulo, declarara a atribuição deste último para funcionar na investigação de supostas irregularidades ocorridas na administração de sociedade de economia mista de capital majoritário da União — falta de definição de prazos em contratos de permissão de uso e utilização de critérios subjetivos para a prorrogação de contratos. Entendeu-se que a situação descrita não se enquadraria nas hipóteses de defesa do patrimônio nacional ou dos direitos constitucionais do cidadão, previstas na Lei Complementar 75/93 e capazes de justificar a atuação do Ministério Público Federal. **ACO 1213 AgR/SP, rel. Min. Menezes Direito, 15.4.2009. (ACO-1213)** (Inform. STF 542)

EMENTA: COMPETÊNCIA. RATIONE MUNERIS.

Foro especial, ou prerrogativa de foro. Perda superveniente. Ação de improbidade administrativa. Mandato eletivo. Ex-prefeito municipal. Cessação da investidura no curso do processo. Remessa dos autos ao juízo de primeiro grau. Ofensa à autoridade da decisão da Rcl nº 2.381. Não ocorrência. Fato ocorrido durante a gestão. Irrelevância. Reclamação julgada improcedente. Agravo improvido. Inconstitucionalidade dos §§ 1º e 2º do art. 84 do CPP, introduzidos pela Lei nº 10.628/2002. ADIs nº 2.797 e nº 2.860. Precedentes. A cessação do mandato eletivo, no curso do processo de ação de improbidade administrativa, implica perda automática da chamada prerrogativa de foro e deslocamento da causa ao juízo de primeiro grau, ainda que o fato que deu causa à demanda haja ocorrido durante o exercício da função pública. **AG. REG. NA Rcl. N. 3.021-SP. RELATOR: MIN. CEZAR PELUSO.** (Inform. STF 534)

IMPROBIDADE ADMINISTRATIVA: MINISTRO DO STF E COMPETÊNCIA

O Tribunal, por maioria, resolvendo questão de ordem suscitada em petição, firmou sua competência para julgar ação por ato de improbidade administrativa ajuizada contra atual Ministro do STF, à época Advogado-Geral da União, e outros, na qual se lhe imputam a suposta prática dos crimes previstos nos artigos 11, I e II, e 12, III, da Lei 8.429/92. Reportando-se à orientação fixada pela Corte na Rcl 2138/DF (pendente de publicação), entendeu-se que distribuir competência para juiz de 1º grau para julgamento de ministro da Corte quebraria o sistema judiciário como um todo. Os Ministros Cármen Lúcia, Ricardo Lewandowski e Celso de Mello fizeram ressalvas. Vencido, no ponto, o Min. Marco Aurélio, relator, que, na linha de seu voto na citada reclamação, e salientando estar definida a competência do Supremo de forma exaustiva na Constituição (art. 102), considerava ser do juízo da 9ª Vara da Seção Judiciária do Distrito Federal a competência para o processamento e julgamento da ação. Em seguida, o Tribunal, por maioria, determinou o arquivamento da petição, em relação ao referido Ministro desta Corte, haja vista o fato de ele não mais ocupar o cargo de Advogado-Geral da União, e a descida dos autos ao mencionado juízo de 1ª instância, relativamente aos demais acusados. Vencido, também nessa parte, o Min. Marco Aurélio que, asseverando tratar-se de ação de natureza cível, tendo em conta a ressalva contida no art. 37, § 4º, da CF, e reconhecendo a independência das esferas cível, penal e administrativa, não extinguia o feito quanto ao Ministro do STF. **Pet 3211 QO/DF, rel. Min. Marco Aurélio, 13.3.2008. (Pet-3211)** (Inform. STF 498)

IMPROBIDADE ADMINISTRATIVA E COMPETÊNCIA - 1

Iniciado o julgamento de reclamação na qual se alega ter havido a usurpação da competência originária do STF para o julgamento de crime de responsabilidade cometido por Ministro de Estado (CF, art. 102, I, c), por juiz federal de primeira instância, em razão de ter julgado procedente ação de improbidade administrativa contra o então Ministro-Chefe da Secretaria de Assuntos Estratégicos da Presidência da República. Preliminarmente, o Tribunal, por maioria, assentou a ilegitimidade da Procuradora da República, autora da ação de improbidade, e da Associação Nacional do Ministério Público para, na qualidade de interessados, impugnarem a reclamação porquanto o Ministério Público Federal perante o Supremo Tribunal Federal é representado pelo Procurador-Geral da República. Vencidos os Ministros Carlos Velloso, Celso de Mello, Ilmar Galvão,

Sepúlveda Pertence e Marco Aurélio que reconheciam a qualidade de interessada à Procuradora da República nos termos do art. 159 do RISTF, por entenderem que os Procuradores da República que subscrevem a petição inicial qualificam-se como órgãos agentes e não como fiscais da lei, não havendo identidade de posição processual na causa com o Procurador-Geral da República (RISTF, art. 159: "Qualquer interessado poderá impugnar o pedido do reclamante."). Rcl 2.138-DF, rel. Min. Nelson Jobim, 20.11.2002. (Rcl-2138)

IMPROBIDADE ADMINISTRATIVA E COMPETÊNCIA - 2

Em seguida, o Min. Nelson Jobim, relator, fazendo a distinção entre os regimes de responsabilidade político-administrativa previstos na CF, quais sejam, o previsto no art. 37, § 4º, e regulado pela Lei 8.429/92, e o regime de crime de responsabilidade fixado no art. 102, I, letra c, e disciplinado pela Lei 1.079/50, votou pela procedência do pedido formulado na reclamação por entender que os agentes políticos, por estarem regidos por normas especiais de responsabilidade, não respondem por improbidade administrativa com base na Lei 8.429/92, mas apenas por crime de responsabilidade em ação que somente pode ser proposta perante o STF nos termos do art. 102, I, c, da CF ("Art. 102. Compete ao Supremo Tribunal Federal, precipuamente, a guarda da Constituição, cabendo-lhe: I - processar e julgar, originariamente: ... c) nas infrações penais comuns e nos crimes de responsabilidade, os Ministros de Estado e os Comandantes da Marinha, do Exército e da Aeronáutica, ressalvado o disposto no art. 52, I, os membros dos Tribunais Superiores, os do Tribunal de Contas da União e os chefes de missão diplomática de caráter permanente;"). Em síntese, o Min. Nelson Jobim proferiu voto no sentido de julgar procedente a reclamação para assentar a competência do STF e declarar extinto o processo em curso na 14ª Vara da Seção Judiciária do Distrito Federal, que gerou a reclamação, no que foi acompanhado pelos Ministros Gilmar Mendes, Ellen Gracie, Maurício Corrêa e Ilmar Galvão. Após, o julgamento foi adiado em virtude do pedido de vista do Min. Carlos Velloso. Rcl 2.138-DF, rel. Min. Nelson Jobim, 20.11.2002. (Rcl-2138)

IMPROBIDADE ADMINISTRATIVA E COMPETÊNCIA - 3

Retomado julgamento de reclamação na qual se alega usurpação da competência originária do STF para o julgamento de crime de responsabilidade cometido por Ministro de Estado (CF, art. 102, I, c) — v. Informativo 291. Na espécie, o reclamante insurge-se contra sentença proferida por juiz federal de primeira instância que, julgando procedente pedido formulado em ação civil pública por improbidade administrativa, condenara o então Ministro-Chefe da Secretaria de Assuntos Estratégicos da Presidência da República nas penalidades do art. 12 da Lei 8.429/92 e do art. 37, § 4º, da CF, em virtude da solicitação e utilização indevidas de aeronaves da Força Aérea Brasileira - FAB, bem como da fruição de Hotel de Trânsito da Aeronáutica. Abrindo divergência, o Min. Carlos Velloso, em voto-vista, julgou improcedente a reclamação por considerar que, no caso, a competência é do juízo federal de 1º grau. Entendendo que os agentes políticos respondem pelos crimes de responsabilidade tipificados nas respectivas leis especiais (CF, art. 85, parágrafo único), mas, em relação ao que não estiver tipificado como crime de responsabilidade, e estiver definido como ato de improbidade, devem responder na forma da lei própria, qual seja, a Lei 8.429/92, aplicável a qualquer agente público, concluiu que, na hipótese dos autos, as tipificações da Lei 8.429/92, invocadas na ação civil pública, não se enquadram como crime de responsabilidade definido na Lei 1.079/50. Após o voto do Min. Cezar Peluso, que acompanhava o voto do Min. Nelson Jobim, relator, pediu vista dos autos o Min. Joaquim Barbosa. Rcl 2138/DF, rel. Min. Nelson Jobim, 14.12.2005. (Rcl-2138)

IMPROBIDADE ADMINISTRATIVA E COMPETÊNCIA - 4

Retomado julgamento de reclamação na qual se alega usurpação da competência originária do STF para o julgamento de crime de responsabilidade cometido por Ministro de Estado (CF, art. 102, I, c) — v. Informativos 291 e 413. Na espécie, o reclamante insurge-se contra sentença proferida por juiz federal de primeira instância que, julgando procedente pedido formulado em ação civil pública por improbidade administrativa, condenara o então Ministro-Chefe da Secretaria de Assuntos Estratégicos da Presidência da República nas penalidades do art. 12 da Lei 8.429/92 e do art. 37, § 4º, da CF, em virtude da solicitação e utilização indevidas de aeronaves da Força Aérea Brasileira - FAB, bem como da fruição de Hotel de Trânsito da Aeronáutica. Inicialmente, o Ministério Público Federal suscitou preliminar de não conhecimento, apontando a incompetência superveniente do Supremo para a apreciação da matéria em razão de ter ocorrido, depois do início do julgamento da reclamação, a cessação do exercício da função pública pelo interessado e o reconhecimento, na ADI 2797/DF (DJU de 19.12.2006), da inconstitucionalidade dos §§ 1º e 2º do art. 84 do CPP, com a redação dada pela Lei 10.628/2002. Após os votos dos Ministros Cármen Lúcia, Joaquim Barbosa — que também suscitava preliminar no sentido da perda do objeto da reclamação em face da cessação da investidura funcional motivadora da prerrogativa de foro —, Ricardo Lewandowski e Carlos Britto, todos acolhendo a preliminar argüida pelo Ministério Público Federal, pediu vista o Min. Eros Grau. Rcl 2138/DF, rel. Min. Nelson Jobim, 1º.3.2007. (Rcl-2138)

IMPROBIDADE ADMINISTRATIVA E COMPETÊNCIA - 5

O Tribunal concluiu julgamento de reclamação proposta pela União contra o Juiz Federal Substituto da 14ª Vara da Seção Judiciária do Distrito Federal e contra o relator da apelação interposta perante o TRF da 1ª Região, na qual se alegava usurpação da competência originária do STF para o julgamento de crime de responsabilidade cometido por Ministro de Estado (CF, art. 102, I, c) — v. Informativos 291, 413 e 457. Na espécie, o juízo federal de 1ª instância julgara procedente pedido formulado em ação civil pública por improbidade administrativa e condenara o então Ministro-Chefe da Secretaria de Assuntos Estratégicos da Presidência da República nas penalidades do art. 12 da Lei 8.429/92 e do art. 37, § 4º, da CF, em virtude da solicitação e utilização indevidas de aeronaves da Força Aérea Brasileira - FAB, bem como da fruição de Hotel de Trânsito da Aeronáutica. Rcl 2138/DF, rel. orig. Min. Nelson Jobim, rel. p/ o acórdão Min. Gilmar Mendes, 13.6.2007. (Rcl-2138)

IMPROBIDADE ADMINISTRATIVA E COMPETÊNCIA - 6

Inicialmente, o Tribunal, por maioria, rejeitou a preliminar de prejudicialidade, tendo em conta que o réu daquela ação, apesar de cessada sua investidura como Ministro de Estado, atualmente seria chefe de missão diplomática de caráter permanente, mantendo, por isso, a prerrogativa de ser julgado perante o Supremo, por força do disposto no art. 102, I, c, da CF (*"Art. 102. Compete ao Supremo Tribunal Federal...: I - processar e julgar, originariamente: ... c) nas infrações penais comuns e nos crimes de responsabilidade... os chefes de missão diplomática de caráter permanente;"*). Vencidos, no ponto, os Ministros Joaquim Barbosa, Carlos Britto, Celso de Mello e Sepúlveda Pertence, que acolhiam a preliminar, sob os fundamentos de au-sência de tipo legal relativamente a chefe de missão diplomática e de, considerada a jurisprudência do STF no sentido de que a legitimidade ativa para denúncia por crime de responsabilidade é do Ministério Público Federal, ter este sustentado a inexistência de crime de responsabilidade. Em seguida, o Tribunal, também por maioria, rejeitou a questão de ordem suscitada pelo Min. Marco Aurélio, no sentido de sobrestar o julgamento da reclamação para aguardar-se o pregão de outro processo em que se tivesse a possibilidade de participação do Colegiado atual. Vencidos, quanto a essa questão, os Ministros Marco Aurélio, Joaquim Barbosa e Celso de Mello. Rcl 2138/DF, rel. orig. Min. Nelson Jobim, rel. p/ o acórdão Min. Gilmar Mendes, 13.6.2007. (Rcl-2138)

IMPROBIDADE ADMINISTRATIVA E COMPETÊNCIA - 7

Quanto ao mérito, o Tribunal, por maioria, julgou procedente a reclamação para assentar a competência do STF para julgar o feito e declarar extinto o processo em curso no juízo reclamado. Após fazer distinção entre os regimes de responsabilidade político-administrativa previstos na CF, quais sejam, o do art. 37, § 4º, regulado pela Lei 8.429/92, e o regime de crime de responsabilidade fixado no art. 102, I, c, da CF e disciplinado pela Lei 1.079/50, entendeu-se que os agentes políticos, por estarem regidos por normas especiais de responsabilidade, não respondem por improbidade administrativa com base na Lei 8.429/92, mas apenas por crime de responsabilidade em ação que somente pode ser proposta perante o STF nos termos do art. 102, I, c, da CF. Vencidos, quanto ao mérito, por julgarem improcedente a reclamação, os Ministros Carlos Velloso, Marco Aurélio, Celso de Mello, estes acompanhando o primeiro, Sepúlveda Pertence, que se reportava ao voto que proferira na ADI 2797/DF (DJU de 19.12.2006), e Joaquim Barbosa. O Min. Carlos Velloso, tecendo considerações sobre a necessidade de preservar-se a observância do princípio da moralidade, e afirmando que os agentes políticos respondem pelos crimes de responsabilidade tipificados nas respectivas leis especiais (CF, art. 85, parágrafo único), mas, em relação ao que não estivesse tipificado como crime de responsabilidade, e estivesse definido como ato de improbidade, deveriam responder na forma da lei própria, isto é, a Lei 8.429/92, aplicável a qualquer agente público, concluía que, na hipótese dos autos, as tipificações da Lei 8.429/92, invocadas na ação civil pública, não se enquadravam como crime de responsabilidade definido na Lei 1.079/50 e que a competência para julgar a ação seria do juízo federal de 1º grau. Rcl 2138/DF, rel. orig. Min. Nelson Jobim, rel. p/ o acórdão Min. Gilmar Mendes, 13.6.2007. (Rcl-2138)

IMPROBIDADE ADMINISTRATIVA E COMPETÊNCIA - 8

O Min. Joaquim Barbosa acompanhou o voto vencido do Min. Carlos Velloso quanto à conclusão de que os fatos em razão dos quais o Ministério Público Federal ajuizara a ação de improbidade não se enquadravam nas tipificações da Lei 1.079/50 e de que não seria aplicável, portanto, o art. 102, I, c, da CF. Em acréscimo a esses fundamentos, asseverava, também, a existência, no Brasil, de disciplinas normativas diversas em matéria de improbidade, as quais, embora visando à preservação da moralidade na Administração Pública, possuiriam objetivos constitucionais diversos: a específica da Lei 8.429/92, que disciplina o art. 37, § 4º, da CF, de tipificação cerrada e de incidência sobre um amplo rol de possíveis acusados, incluindo até mesmo pessoas que não tenham vínculo funcional com a Administração Pública;

e a referente à exigência de probidade que a Constituição faz em relação aos agentes políticos, especialmente ao Chefe do Poder Executivo e aos Ministros de Estado (art. 85, V), a qual, no plano infraconstitucional, se completa com o art. 9º da Lei 1.079/1950. Esclarecia que o art. 37, § 4º, da CF traduziria concretização do princípio da moralidade administrativa inscrito no *caput* desse mesmo artigo, por meio do qual se teria buscado coibir a prática de atos desonestos e antiéticos, aplicando-se, aos acusados as várias e drásticas penas previstas na Lei 8.429/92. Já o tratamento jurídico da improbidade prevista no art. 85, V, da CF e na Lei 1.079/50, direcionada aos fins políticos, ou seja, de apuração da responsabilização política, assumiria outra roupagem, porque o objetivo constitucional visado seria o de lançar no ostracismo político o agente político faltoso, cujas ações configurassem um risco para o estado de Direito; a natureza política e os objetivos constitucionais pretendidos com esse instituto explicariam a razão da aplicação de apenas duas punições ao agente político: perda do cargo e inabilitação para o exercício de funções públicas por 8 anos. Dessa forma, estar-se-ia diante de entidades distintas que não se excluiriam e poderiam ser processadas separadamente, em procedimentos autônomos, com resultados diversos, não obstante desencadeados pelos mesmos fatos. Salientando que nosso ordenamento jurídico admitiria, em matéria de responsabilização dos agentes políticos, a coexistência de um regime político com um regime puramente penal, afirmava não haver razão para esse mesmo ordenamento impedir a coabitação entre responsabilização política e improbidade administrativa. Entendia que eximir os agentes políticos da ação de improbidade administrativa, além de gerar situação de perplexidade que violaria os princípios isonômico e republicano, seria um desastre para a Administração Pública, um retrocesso institucional. Por fim, considerava que a solução então preconizada pela maioria dos Ministros, ao criar nova hipótese de competência originária para o Supremo (CF, art. 102), estaria rompendo com a jurisprudência tradicional, segundo a qual a competência da Corte só poderia ser estabelecida mediante norma de estatura constitucional, sendo insuscetível de extensões a situações outras que não as previstas no próprio texto constitucional. Destarte, a ação proposta deveria ter seu curso normal perante as instâncias ordinárias. Rcl 2138/DF, rel. orig. Min. Nelson Jobim, rel. p/ o acórdão Min. Gilmar Mendes, 13.6.2007. (Rcl-2138) (Inform. STF 471)

IMPROBIDADE ADMINISTRATIVA: PARLAMENTAR E TRÂNSITO EM JULGADO

O Tribunal resolveu questão de ordem suscitada em petição no sentido de determinar o retorno dos autos ao juízo estadual de origem. Na espécie, o Ministério Público do Estado de São Paulo ajuizara ação civil pública contra o então prefeito de São Paulo e outros, objetivando a aplicação das sanções previstas na Lei 8.429/92 e o ressarcimento de prejuízos causados aos cofres do Município de São Paulo. Na fase de execução da sentença, um dos condenados peticionara ao juízo da execução, requerendo a extinção do processo sem julgamento do mérito e/ou a remessa dos autos ao Supremo, em razão da sua eleição para o cargo de Deputado Federal, sustentando a tese de que os agentes políticos que respondem pelos crimes de responsabilidade tipificados no Decreto-Lei 201/67 não se submeteriam à Lei de Improbidade (Lei 8.429/92), sob pena de ocorrência de *bis in idem*. O juízo da execução remetera os autos ao Supremo, por considerar que, com a eleição, teria sido deslocada para esta Corte a competência para a execução da sentença. Considerou-se que, além de a tese sustentada pelo parlamentar não poder prosperar, tendo em conta o entendimento no sentido de não existir crime de responsabilidade de parlamentar, em razão do trânsito em julgado da sentença condenatória, e não havendo a possibilidade de rediscussão da matéria apenas porque o requerido fora eleito Deputado Federal, não caberia ao Supremo a competência para meramente promover os atos de execução. O Min. Joaquim Barbosa, relator, reiterou, também, todos os fundamentos por ele expendidos no julgamento da Rcl 2138/DF, acima relatados, e, neste ponto, foi acompanhado somente pelos Ministros Ricardo Lewandowski, Carlos Britto e Celso de Mello. Pet 3923 QO/SP, rel. Min. Joaquim Barbosa, 13.6.2007. (Pet-3923) (Inform. STF 471)

DIREITO ADMINISTRATIVO. IMPROBIDADE ADMINISTRATIVA. DEVIDO PROCESSO LEGAL. REMESSA DOS AUTOS AO MP.

Não há nulidade processual pela simples remessa dos autos ao MP para manifestação após o oferecimento da defesa preliminar na ação de improbidade administrativa. A decretação da nulidade exige a demonstração do efetivo prejuízo pela parte, de sorte que, mesmo que tenha havido erro procedimental, deve o réu demonstrar em que amplitude tal equívoco lhe causou danos. Precedente citado: AgRg no AREsp 35.837-RS, DJe 26/4/2012. **AgRg no REsp 1.269.400-SE, Rel. Min. Humberto Martins, julgado em 23/10/2012.(Inform. STJ 507)**

IMPROBIDADE ADMINISTRATIVA. DEFESA PRÉVIA. NULIDADE.

A falta de notificação do acusado para apresentar defesa prévia nas ações submetidas ao rito da Lei de Improbidade Administrativa (art. 17, § 7º, da Lei n. 8.429/1992) é causa de nulidade relativa do feito, devendo ser alegada em momento oportuno e devidamente comprovado o prejuízo à parte. Com esse entendimento, a Turma negou provimento ao recurso, mantida a condenação do recorrente. Precedentes citados: REsp 1116932-SP, DJe 14/10/2009, e REsp 1.034.511-CE, DJe 22/9/2009. **EDcl no REsp 1.194.009-SP, Rel. Min. Arnaldo Esteves Lima, julgados em 17/5/2012. (Inform. STJ 497)**

ACP. IMPROBIDADE ADMINISTRATIVA. LITISCONSÓRCIO.

A Turma deu provimento ao recurso especial para afastar a incidência do art. 47 do CPC em ação civil pública (ACP) por improbidade administrativa. Na espécie, o tribunal *a quo* anulou a sentença que reconheceu o ato ímprobo dos agentes públicos por entender que as empresas supostamente envolvidas no esquema de pagamentos decorrentes de contratos fraudulentos, na condição de beneficiárias ou participantes (art. 3º da Lei n. 8.429/1992), deveriam compor o polo passivo da demanda como litisconsortes necessárias. Segundo o Min. Relator, além de o referido diploma legal não impor a formação do litisconsórcio, não há relação jurídica unitária entre as partes, já que a conduta do agente, pautada pelos deveres inerentes à sua função pública, é independente da responsabilização das pessoas jurídicas mencionadas. Precedentes citados: REsp 737.978-MG, DJe 27/3/2009; REsp 809.088-RJ, DJ 27/3/2006; AgRg no REsp 759.646-SP, DJe 30/3/2010, e REsp 1.155.992-PA, DJe 1º/7/2010. **REsp 896.044-PA, Rel. Min. Herman Benjamin, julgado em 16/9/2010.** (Inform. STJ 447)

COMPETÊNCIA. RCL. IMPROBIDADE ADMINISTRATIVA.

Na hipótese, o MPF propôs ação civil pública (ACP) de improbidade administrativa em desfavor da ora reclamante e outras três pessoas com o objetivo de condená-las nas penas do art. 12, II e III, da Lei n. 8.429/1992 ao argumento de que elas teriam concedido o afastamento indevido a servidor público para frequentar curso de aperfeiçoamento profissional (pós-graduação). Sustenta a reclamante que o STJ já decidiu ser da competência dele o julgamento de ação de improbidade administrativa em se tratando de magistrado de segundo grau, tal como no caso, razão pela qual a tramitação da ACP em foro diverso configuraria usurpação dessa competência pelo juízo reclamado. Entre outras considerações, ressaltou o Min. Relator que, embora o STJ já tivesse entendido, em outras oportunidades, que não mais prevaleceria a prerrogativa de foro para as ações de improbidade administrativa, o STF considerou que, em se tratando de magistrados, notadamente das cortes superiores do País, aquela sistemática deveria imperar, sob pena de permitir a desestruturação do regime escalonado da jurisdição brasileira. Assim, consignou que, pelo princípio da simetria, deverão competir exclusivamente ao STJ o processo e o julgamento de supostos atos de improbidade quando imputados a membros de TRT, desde que possam importar a perda do cargo público. Quanto à ação anulatória que também tramitava no mesmo juízo reclamado, entendeu que a competência do STJ não se estende, visto que, naqueles autos, são demandantes os próprios integrantes do TRT a questionar decisão do TCU, de modo que lá não há risco de perda do cargo público. Esse entendimento foi acompanhado pelos demais Ministros da Corte Especial, que, ao final, julgou parcialmente procedente a reclamação. Precedentes citados do STF: QO na Pet 3.211-DF, DJe 26/6/2008; do STJ: AgRg na Rcl 2.115-AM, DJe 16/12/2009. **Rcl 4.927-DF, Rel. Min. Felix Fischer, julgada em 15/6/2011.** (Inform. STJ 477)

IMPROBIDADE ADMINISTRATIVA. INTIMAÇÃO. AMPLA DEFESA.

Trata-se de REsp em que o recorrente, entre outras alegações, sustenta que os princípios do contraditório e da ampla defesa não foram observados quando o juiz de primeira instância não procedeu à sua intimação como réu para a audiência de oitiva de testemunha. Afirma, ainda, que a não observância do art. 331 do CPC representou-lhe um grande prejuízo, pois, assim, ficou impedido de se manifestar sobre a produção de provas importantes para o deslinde da lide. A Turma, ao prosseguir o julgamento, por maioria, negou provimento ao recurso por entender que, no caso, constata-se flagrante irregularidade processual, qual seja, ausência de intimação do recorrente para acompanhar a audiência da testemunha. Tal irregularidade, contudo, não lhe trouxe prejuízo, seja porque a prova produzida sem o contraditório não foi determinante na fundamentação da sentença, seja porque o fato sobre o qual a testemunha foi interrogada era incontroverso ante a ausência de impugnação. Consignou-se que tais circunstâncias elevam o peso dos princípios da instrumentalidade das formas e da economia processual; pois, não obstante a ausência de intimação do acusado para exercer o contraditório na oitiva da testemunha, esse vício, como dito, não o prejudicou. Ademais, o acórdão recorrido, ao condenar o agente público, assentou-se, exclusivamente, em elementos fáticos, o que não pode ser examinado em recurso especial. **REsp 1.201.317-GO, Rel. Min. Humberto Martins, julgado em 16/6/2011.** (Inform. STJ 477)

IMPROBIDADE. IURA NOVIT CURIA.

Trata-se, na origem, de ação que busca a condenação de ex-agente público por atos de improbidade e a consequente indenização pelo uso indevido de valores arrecadados para a campanha eleitoral depois de ter sido empossado no cargo público, configurando a influência do exercício do cargo como condição para o enriquecimento ilícito. Consta que, depois de ter sido eleito, foram-lhe entregues pelos seus colaboradores milhões em moeda corrente e outras vantagens a título de sobras de campanha. Na instância *a quo*, o TRF julgou improcedentes os pedidos formulados pelo MPF porque a invocada Lei n. 8.429/1992 não se aplicaria ao caso, visto que não poderia retroagir para alcançar os fatos anteriores à sua vigência. A União e o MPF alegam nos especiais, entre outros, a violação dos arts. 282, III, e 126 do CPC; 1º da Lei n. 3.502/1958 e 186 do CC/2002, ao argumento de que, ainda que invocada fundamentação legal não aplicável, não cumpre à parte apontar qual lei quer que proteja seu direito, mas sim como e por que ela quer seu direito protegido – o juiz buscará a lei porque dela conhece; de modo que, afastada a aplicação da Lei n. 8.429/1992, caberia ao tribunal *a quo* averiguar a existência de outros dispositivos legais aptos a sustentar os pedidos ou ao menos alguns deles. Ocorre, porém, que a viabilidade de o juiz decidir causa com base em preceito normativo não invocado pelas partes ou diferente do invocado (autorizada pela máxima *iura novit curia*) tem como pressuposto necessário a manutenção dos demais termos da demanda, sobretudo no que se refere ao pedido e à causa de pedir deduzidos na inicial (teoria da substanciação e arts. 128 e 460 do CPC). No caso, esse pressuposto não está configurado. A exordial deixa claro que o objeto da ação é aplicar as penalidades previstas no art. 37, § 4º, da CF/1988. Além disso, na causa de pedir não há alegação de dano causado à União. Pelo contrário, segundo sustenta o MPF nas razões de apelação, a ação visa obter sentença de reparação pelos danos causados ao bem jurídico imaterial, isto é, à moralidade administrativa. Dessarte, estabelecidos os fatos da causa e do pedido, não há como apreciá-los à luz de outras normas (tal qual a Lei n. 3.502/1958, que se pretende incidir na hipótese). No que tange aos ônus sucumbenciais, no sistema normativo pátrio, incluída a CF/1988, está consagrado o princípio do que, em ações que visam tutelar os interesses sociais dos cidadãos, os demandantes, salvo em caso de comprovada má-fé, não ficam sujeitos a tais ônus. Refletem esse princípio, entre outros dispositivos, o art. 5º, LXXIII e LXXVII, da CF/1988 e o art. 18 da Lei n. 7.347/1985. De modo que, ainda que não haja regra específica a respeito, justifica-se, em nome desse princípio, que também na ação de improbidade o autor sucumbente fique dispensado de pagar honorários, tal como no caso. Com essas, entre outras considerações, a Turma conheceu parcialmente dos recursos e, nessa parte, deu-lhes parcial provimento. **REsp 1.153.656-DF, Rel. Min. Teori Albino Zavascki, julgado em 10/5/2011.** (Inform. STJ 472)

CONVÊNIO. UNIÃO. MUNICÍPIO. ACP. IMPROBIDADE. LEGITIMIDADE.

É remansosa a jurisprudência deste Superior Tribunal no sentido de que, uma vez que incorporada ao patrimônio do município a verba proveniente de convênios firmados com a União, compete à Justiça estadual processar e julgar o feito. No caso, a questão diz respeito à legitimidade do município para ajuizar ação civil pública (ACP) em razão de improbidade administrativa do ex-prefeito, com o objetivo de obter o ressarcimento de valores referentes ao convênio que visava estabelecer condições para erradicação do mosquito da dengue. Assim, se os valores conveniados foram efetivamente repassados, constituem receitas correntes do município e seu gasto desvinculado dos termos do convênio pode causar dano ao erário municipal. Ademais, o município tem interesse em ver cumpridos os termos do convênio por ele firmado, mesmo que a verba não tenha sido incorporada a seu patrimônio. Sob essa ótica, a União também poderia ajuizar a ação por improbidade, pois lhe interessa saber se a parte a quem se vinculou no convênio cumpriu seus termos. Logo, tanto o município quanto a União são partes legítimas para propor a ACP; pois, no caso, o combate à proliferação do mosquito envolve medidas de cooperação entre os entes federados. REsp 1.070.067-RN, Rel. Min. Mauro Campbell Marques, julgado em 2/9/2010. (Inform. STJ 445)

MC. EFEITO SUSPENSIVO. RESP.

In casu, o Ministério Público propôs ação civil pública por ato de improbidade administrativa contra deputado estadual que, em 1998, como prefeito, contratou trabalhadores temporários sem respeitar o princípio do concurso público, visto não haver excepcional interesse público nem se tratar de contratações para cargos em comissão, evidenciando-se prejuízo ao erário. A sentença julgou procedente a ação, condenando o requerente à perda da função pública, suspensão dos direitos políticos por três anos, proibição de contratar com o Poder Público e receber benefícios por três anos, dentre outros. Por esses motivos, o requerente buscou, por medida cautelar, obter efeito suspensivo a recurso especial interposto contra acórdão de apelação que manteve a sentença de primeiro grau e, no especial, suspender a inelegibilidade decorrente da condenação. O Min. Relator reconheceu que a questão é excepcionalíssima e limítrofe ante os efeitos que a condenação por improbidade administrativa pode, de imediato, refletir no exercício da capacidade eleitoral passiva do requerente, especificamente quanto à suspensão dos seus direitos políticos. Dessarte, em tese, há plausibilidade nas alegações contidas no recurso especial bem como a possibilidade de êxito da irresignação concernente à imputação de conduta ímproba tipificada no art. 11 da Lei n. 8.429/1992, visto não ter sido apurado o elemento subjetivo (dolo) do agente. Para o Min. Relator, o art. 26-C da LC n. 64/1990, acrescentado pela LC n. 135/2010 ("Lei da Ficha Limpa"), prevê hipótese acautelatória que possibilita, ainda que em caráter precário, a suspensão dos efeitos de causa de inelegibilidade de candidato que, por meio de recurso pertinente, demonstre a plausibilidade de sua pretensão recursal tendente a anular ou a reformar a condenação judicial que impede o exercício de sua capacidade eleitoral passiva. Aduziu que a exegese desse artigo impõe reconhecer que é possível o STJ, mediante a concessão de efeito suspensivo a especial ou outro meio processual semelhante, suspender os efeitos da condenação de improbidade administrativa. Asseverou que, pela referida lei, não é qualquer condenação por improbidade que obstará a elegibilidade, mas apenas aquela resultante de ato doloso de agente público que, cumulativamente, importe em comprovado dano ao erário e correspondente enriquecimento ilícito. Ressaltou também que a decisão deste Superior Tribunal com base no supramencionado dispositivo legal não implica comando judicial que vincule a Justiça Eleitoral ao deferimento do registro da candidatura, mas importante ato jurídico a respaldar o deferimento dessa pretensão na Justiça Eleitoral ou, em última análise, no Supremo Tribunal Federal. Com essas considerações, a Turma, por maioria, referendou o deferimento da liminar. **MC 16.932-PE, Rel. Min. Benedito Gonçalves, julgada em 10/8/2010.** (Inform. STJ 442)

ACP. IMPROBIDADE ADMINISTRATIVA.

Trata-se de ação civil pública (ACP) ajuizada na origem pelo MP estadual por ato de improbidade na contratação de serviço de transporte público para alunos, de modo fracionado, em três períodos, quando já havia a dimensão do serviço por todo o ano letivo. Segundo a sentença condenatória, esse fracionamento em períodos sucessivos deu-se para haver dispensa da modalidade de licitação de tomada de preços e possibilitar a licitação por convite. Daí o juiz considerar nulas as licitações e condenar o ex-prefeito e demais corréus por prática de ato de improbidade, nos termos do art. 11, I, da Lei n. 8.429/1992 (LIA), aplicando-lhes ainda multa civil. No entanto, o tribunal *a quo* reformou essa decisão, excluindo os honorários advocatícios da condenação dos corréus, bem como afastou a multa ao fundamento de não haver pedido específico do MP. Para a Min. Relatora, esse fundamento não pode ser mantido, visto que, em se tratando de ACP por ato de improbidade administrativa, o magistrado não fica adstrito aos pedidos formulados pelo autor. Foi por esse mesmo motivo que o juiz tipificou as condutas dos agentes em dispositivo diverso daquele apontado pelo *Parquet*. Nesses casos, assevera que, segundo a jurisprudência, basta que o autor faça uma descrição genérica dos fatos e imputação dos réus, sem necessidade de descrever, em minúcias, os comportamentos e as sanções devidas de cada agente (*jura novit curia* e *da mihi factum dabo tibi ius*). Quanto às penas aplicadas aos agentes ímprobos, ressalta também a jurisprudência que o magistrado não está obrigado a aplicar cumulativamente todas as penas previstas no art. 12 da citada lei, podendo, mediante fundamentação, fixá-las e dosá-las segundo a natureza e as consequências da infração. Observa, outrossim, que, no caso dos autos, o tribunal *a quo* afirmou estar comprovada a existência do dano, o que não comporta reexame. Também afirma com base em precedentes da Turma que a falta da notificação prevista no art. 17, § 7º, da citada lei não invalida os atos processuais ulteriores, salvo se ocorrer efetivo prejuízo. Por essa razão, a Turma não proveu o recurso do ex-prefeito e proveu o recurso do MP apenas para restabelecer as multas civis. Precedentes citados: REsp 658.389-MG, DJ 3/8/2007; REsp 631.301-RS, DJ 25/9/2006; REsp 507.574-MG, DJ 8/5/2006; REsp 825.673-MG, DJ 25/5/2006; REsp 964.920-SP, DJe 13/3/2009; REsp 944.555-SC, DJe 20/4/2009; REsp 680.677-RS, DJ 2/2/2007, e REsp 619.946-RS, DJ 2/8/2007. **REsp 1.134.461-SP, Rel. Min. Eliana Calmon, julgado em 3/8/2010.** (Inform. STJ 441)

IMPROBIDADE. PROVA EMPRESTADA.

Na ação de responsabilidade por ato de improbidade administrativa, utilizou-se prova emprestada constante de inquérito civil público consistente de laudo pericial produzido administrativamente, sem a observância de contraditório e ampla defesa. Conforme precedentes, essa circunstância, por si só, não é capaz de nulificar a prova, pois se deve contrapô-la às demais postas nos autos. Sucede que esses outros elementos, com ênfase na prova testemunhal (genérica e sem convicção), não conduzem à conclusão de que possa haver prática de ato de improbidade pelos réus, solução também adotada pelo tribunal *a quo*, que não pode ser revista pelo STJ (Súm. n. 7-STJ). Precedentes citados: REsp 849.841-MG, DJ 11/9/2007, e HC 141.249-SP, DJe 3/5/2010. **REsp 1.189.192-GO, Rel. Min. Eliana Calmon, julgado em 22/6/2010.** (Inform. STJ 440)

ACP. LIMINAR. MANIFESTAÇÃO. PRAZO.

A questão controvertida refere-se à aplicação do prazo de 72 horas para manifestação acerca da concessão da liminar nos autos de ação civil pública (ACP), tendo em vista o disposto no art. 17, § 7º, da Lei n. 8.429/1992. *In casu,* foi interposto, na origem, agravo de instrumento contra decisão proferida, em liminar, por juiz singular nos autos de ACP por improbidade contra prefeito municipal. Por sua vez, o tribunal *a quo* determinou que o recorrente (prefeito) se manifestasse, no prazo de 72 horas, sobre o pedido liminar. Daí o especial interposto em que o recorrente alega que o prazo para a manifestação prévia, por escrito, em ACP seria de 15 dias, não de 72 horas. Esclareceu o Min. Relator haver diferença entre o prazo de 72 horas, que se destina à manifestação quanto à liminar a ser concedida em ACP, e o de 15 dias, concedido ao requerido para se manifestar, por escrito, quanto aos termos da ACP. Ressaltou que o prazo de 72 horas destina-se à manifestação do representante judicial da pessoa jurídica de direito público acerca da liminar nos autos de ACP por improbidade administrativa (art. 2º da Lei n. 8.437/1992), não se confundindo com aquele outro concernente à notificação prévia do requerido para o oferecimento de manifestação por escrito, que poderá ser instruída com documentos e justificações dentro de 15 dias (§ 7° do art. 17 da Lei n. 8.429/1992) e que se configura como contraditório preambular, possibilitando que o magistrado, em fase posterior, proceda ao recebimento da petição inicial ou à rejeição da ACP de improbidade (§§ 9º e 10 do art. 17 dessa última lei). Na hipótese dos autos, o prazo concedido de 72 horas não se destinou à notificação prévia do requerido quanto aos termos da ACP, mas sim ao pronunciamento quanto à concessão da liminar. Com essas considerações, a Turma negou provimento ao recurso. Precedentes citados: REsp 667.939-SC, DJ 13/8/2007; REsp 693.110-MG, DJ 22/5/2006, e REsp 705.586-SP, DJ 19/12/2005. **REsp 970.472-PB, Rel. Min. Luiz Fux, julgado em 15/6/2010.** (Inform. STJ 439)

ACP. EMBARGOS INFRINGENTES. RESP.

In casu, o *Parquet* estadual ajuizou ação civil pública (ACP) em face de registrador que, na condição de titular de cartório de registro, foi designado para compor comissão de concurso público, com o objetivo de elaborar prova prática para provimento do cargo de oficial de registros públicos. Sucede que, ao encarregar um funcionário do quadro de pessoal do seu cartório para a elaboração da prova, frustrou a licitude do certame, visto que detinha conhecimento de que ele era participante do mencionado concurso, vindo a ser beneficiado com a realização da prova por ele mesmo preparada, logrando o primeiro lugar no certame. O juízo singular reconheceu o ato de improbidade previsto no art. 11, V, da Lei n. 8.429/1992, condenando o demandado ao pagamento de multa civil (seis vezes o valor dos rendimentos líquidos do cartório de que é titular relativo ao mês de novembro de 1996). Por sua vez, o tribunal *a quo* deu parcial provimento ao recurso do Ministério Público estadual para majorar a multa civil imposta, tendo como base a média anual dos rendimentos referentes ao ano em curso. O réu, então, interpôs embargos infringentes, os quais foram inadmitidos ao argumento de que o parcial provimento não implicou a reforma da sentença no tocante ao mérito (apesar de haver certa discordância do voto vogal), razão pela qual o juízo de procedência da ação civil pública permaneceu inalterado. Interpostos recursos especiais, sustenta o *Parquet* estadual que a pena imposta pelo tribunal *a quo* (sanção de multa civil) foi desproporcional à conduta ímproba praticada pelo requerido, enquanto ele aduz ofensa ao art. 530 do CPC sob o argumento de que os embargos infringentes mereciam acolhimento. Nesse panorama, destacou o Min. Relator que, muito embora não tenha havido alteração quanto à espécie de provimento, já que o acórdão manteve a condenação, ocorreu mudança quantitativa do *decisum*, estando presentes todos os requisitos para a interposição de embargos infringentes: o fato de o acórdão ter reformado a sentença, em grau de apelação, fixando pena diversa da estipulada na sentença; também, o interesse da parte recorrente de ver prevalecer o voto vencido, no sentido de que a fixação da pena de multa não poderia ter considerado os valores da atualidade. Assim, a reforma quantitativa da resolução de mérito, ainda que parcial e por maioria, enseja cabimento de embargos infringentes. Porém, tendo em vista que os limites da devolução da matéria são aferidos a partir da diferença havida entre a conclusão dos votos vencedores e do vencido no julgamento da apelação ou da ação rescisória, a discussão deve limitar-se à conclusão da manifestação dissidente: a forma de aplicação da pena de multa. Com essas considerações, entre outras, a Turma deu provimento ao recurso do requerido para determinar o retorno dos autos ao tribunal de origem, a fim de que sejam analisados os embargos infringentes, limitando-se a discussão à conclusão da manifestação dissidente, bem como julgou prejudicado o recurso do MP estadual. Precedentes citados: REsp 983.010-MG, DJ 17/12/2007; REsp 808.439-RJ, DJe 6/3/2008; REsp 672.057-RS, DJe 26/6/2008; REsp 854.570-SP, DJ 19/10/2006, e REsp 148.652-SP, DJ 28/5/2001. **REsp 1.082.437-RS, Rel. Min. Luiz Fux, julgado em 18/5/2010.** (Inform. STJ 435)

MC. PRAZO. AÇÃO CAUTELAR.

No caso, de concessão de medida liminar para a decretação da indisponibilidade de bens e quebra de sigilo bancário, fiscal e telefônico, em medida cautelar proposta diante da suposta prática de atos de improbidade administrativa, a Turma reafirmou que o prazo para a propositura da ação principal será contado do primeiro ato constritivo, e não do momento em que se completaram todas as constrições. Precedente citado: REsp 1.115.370-SP, DJ 30/3/2010. **REsp 945.439-PR, Rel. Min. Teori Albino Zavascki, julgado em 27/4/2010.** (Inform. STJ 432)

REPETITIVO. IMPROBIDADE ADMINISTRATIVA. NOTIFICAÇÃO PRÉVIA.

A Seção, ao apreciar recurso representativo de controvérsia (art. 543-C do CPC e Res. n. 8/2008-STJ), decidiu que o especialíssimo procedimento estabelecido na Lei n. 8.429/1992 (Lei de Improbidade Administrativa), que prevê um juízo de delibação para recebimento da petição inicial conforme previsto no art. 17, §§ 8º e 9º, precedido de notificação do demandado, como disposto no art. 17, § 7º, somente é aplicável nas ações de improbidade administrativa típicas. No caso dos autos, a ação foi proposta como de responsabilidade civil contra prefeito com pedido no sentido de declarar nulas as concessões de adicionais de insalubridade, gratificações especiais, ajuda de custo e pagamento de horas extras a comissionados e diversos funcionários públicos municipais, bem como a indenização ao erário pela devolução atualizada dos benefícios percebidos pelos funcionários públicos. Anotou-se, também, que somente na apelação foi suscitada a impropriedade do rito pela inobservância do § 7º do art. 17 da citada lei, o qual prevê a notificação inicial do demandado. Entretanto, a apelação foi rejeitada pelo tribunal *a quo* ao argumento de ser cabível a dispensa da notificação, visto que a ação foi fundada em inquérito instaurado pelo *parquet* e que esse procedimento recolheu material probatório suficiente à instauração da demanda, tornando, assim, desnecessária uma defesa prévia. Para o Min. Relator, o acórdão deve ser confirmado, mas por outro fundamento, ou seja, por não se tratar de uma ação de improbidade típica. Explica que a instauração de inquérito civil no âmbito do qual se produz prova necessária à ação de improbidade é o procedimento padrão e normal em casos da espécie (arts. 14, § 3º, e 15 da lei em comento), mas nem por isso, proposta a ação, fica o juiz dispensado de promover o juízo de delibação para recebimento da inicial precedido da notificação prévia do demandado para se manifestar a respeito, conforme exige o art. 17, §§ 7º, 8º e 9º, da mesma lei. Observa que, no caso dos autos, a dispensa da notificação e a própria decisão delibatória sobre o recebimento da inicial não são atos processuais obrigatórios, porque não se trata de ação de improbidade administrativa típica, uma vez que não se pode confundi-la com uma simples ação de ressarcimento de danos ao erário, pois a ação em exame não contém pedido algum de aplicação ao infrator de quaisquer sanções político-civis, de caráter punitivo; há apenas o pedido de anulação de atos danosos ao erário e o de ressarcimento desses danos. **REsp 1.163.643-SP, Rel. Min. Teori Albino Zavascki, julgado em 24/3/2010.** (Inform. STJ 428)

MS. DECISÃO. TURMA. RESP. RATIFICAÇÃO.

Na origem, a ação civil pública (ACP) cumula pedidos para o primeiro réu, banco público, reparar os danos causados aos consumidores vinculados ao consórcio e à improbidade administrativa do segundo réu. A ACP foi julgada procedente em relação a ambos os réus, reconheceu a improbidade administrativa, condenando o segundo réu à perda do cargo público, pagamento de multa e suspensão do direito de contratar com o poder público ou receber benefícios fiscais ou creditícios. O banco foi condenado a indenizar os prejuízos causados aos consorciados. Os réus recorreram e o tribunal *a quo*, por maioria, deu parcial provimento a ambas as apelações. Quanto ao banco, reconheceu, também, em remessa oficial, sua responsabilidade parcial e subsidiária. Já a apelação do segundo réu foi parcialmente provida, apenas para reduzir o valor da multa. Seguiu-se a oposição de dois embargos de declaração do segundo réu: os primeiros foram rejeitados e os segundos acolhidos para fins de prequestionamento. Após a publicação dos últimos embargos, o segundo réu interpôs recurso especial e extraordinário, e o banco interpôs embargos infringentes. Como os embargos infringentes foram negados, o banco opôs embargos de declaração, que foram rejeitados. Só então, o banco interpôs recurso especial e extraordinário. Nesse contexto, o tribunal *a quo* não admitiu o recurso especial, interposto pelo segundo réu, ao argumento de ter sido protocolado antes do julgamento dos embargos infringentes e não foram ratificados. Por esse motivo, o segundo réu interpôs agravo de instrumento, que, neste Superior Tribunal, não foi conhecido em decisão monocrática, ao argumento de que, de acordo com o art. 498 do CPC, o prazo para o recurso especial fica sobrestado até a intimação da decisão dos embargos infringentes, confirmando que o recurso especial é intempestivo, pois não houve sua ratificação no prazo. Contra essa decisão, houve agravo regimental, mas a Turma não conheceu dele, e, antes do trânsito em julgado, o réu agravante impetrou mandado de segurança contra a decisão da Turma, sustentando que sua condenação é autônoma em relação à do banco, para efeito de interpor o recurso especial. Devido a essa particularidade, alegou que o especial não poderia ser intempestivo, nem haveria necessidade de ratificá-lo, pois não estaria obrigado a aguardar o julgamento dos embargos infringentes, daí a ilegalidade do acórdão da Turma. Ainda reforçou que não se trata de parte unânime ou não unânime para interposição dos referidos embargos. Para o Min. Relator,que ficou vencido, realmente foram diferentes os fundamentos de fato e de direito da sentença, as lides não se comunicam por serem diferentes. Isso significa, a seu ver, que os embargos infringentes de um dos réus não interferiram e não interferem na situação processual/procedimental do outro réu, ora agravante, e, por esse motivo, concedia em parte a segurança para, repelida a intempestividade, prosseguir o juízo de admissibilidade do REsp. O Min. Ari Pargendler, condutor da tese vencedora, ressaltou a impossibilidade de adentrar o mérito processual porquanto não é cabível utilizar o mandado de segurança contra decisão de órgão colegiado fracionário. Observou que o STF tem o mesmo entendimento. Destacou, ainda, que o caso pode ser de ação rescisória. A Corte Especial, por maioria, não conheceu do mandado de segurança. **MS 14.000-DF, Rel. originário Min. Nilson Naves, Rel. para acórdão Min. Ari Pargendler, julgado em 17/3/2010.** (Inform. STJ 427)

LIMINAR. TERMO INICIAL. AÇÃO PRINCIPAL.

Noticiam os autos que o MP ajuizou ação cautelar inominada, preparatória de ação de responsabilidade civil por atos de improbidade administrativa, com o objetivo de quebrar o sigilo bancário, telefônico e fiscal de agentes públicos municipais, bem como de obter a indisponibilidade de seus patrimônios. A liminar foi deferida, mas a sentença julgou extinto o processo cautelar sem julgamento de mérito, por falta do ajuizamento da ação principal. Por sua vez, o TJ deu provimento à apelação do MP e determinou o prosseguimento do feito por entender, nos termos do art. 806 do CPC, que o prazo de 30 dias para o ajuizamento da ação principal, quando precedida de liminar deferida em ação cautelar, é contado da data da efetivação total da medida liminar. Contra essa decisão, foram interpostos dois REsp pelos recorridos: um, a Turma conheceu em parte e, nessa parte, negou provimento, pois não havia ofensa ao art. 535 do CPC, não tendo sido prequestionados os dispositivos apontados como violados, além de consabido que este Superior Tribunal não confronta dispositivos constitucionais. Quanto ao segundo REsp, em que se discute o termo inicial para contagem do prazo de 30 dias (art. 806 do CPC), para o Min. Relator, pela peculiaridade do caso, o prazo deve ser contado da data da efetivação da medida, considerada como tal a data do primeiro ato constritivo, e não o momento em que se completariam todas as constrições. Isso porque a restrição do direito ocorre desde o momento em que se verifica o primeiro ato de execução material da medida, e não apenas por ocasião do último ato. Na espécie, também levou em consideração que a liminar foi deferida em 20/7/2000 e, passados mais de nove anos, o MP ainda não ajuizou a ação principal. Concluiu, entre outros argumentos, que se admitir a tese do MP de que a medida ainda não se efetivou mesmo passados vários anos seria permitir que a eficácia da cautelar alongue-se indefinidamente e esquecer seu caráter provisório. Diante do exposto, a Turma deu provimento ao segundo recurso. Precedentes citados: REsp 757.625-SC, DJ 13/11/2006; REsp 7.084-RS, DJ 15/4/1991; REsp 1.053.818-MT, DJe 4/3/2009, e REsp 528.525-RS, DJ 1º/2/2006. **REsp 1.115.370-SP, Rel. Min. Benedito Gonçalves, julgado em 16/3/2010.** (Inform. STJ 427)

ACP. MP ESTADUAL. LEGITIMIDADE.

A Turma proveu o recurso, reiterando o entendimento de que o *Parquet* estadual tem legitimidade para ajuizar ação civil pública (ACP) por atos de improbidade administrativa anteriores à CF/1988, em defesa do patrimônio público e social (art. 1º, IV, da Lei n. 7.347/1985). Precedentes citados: REsp 839.650-MG, DJe 27/11/2008; REsp 226.912-MG, DJ 12/5/2003; REsp 886.524-SP, DJ 13/11/2007; REsp 151.811-MG, DJ 12/2/2001; REsp 686.993-SP, DJ 25/5/2006; REsp 815.332-MG, DJ 8/5/2006, e REsp 631.408-GO, DJ 30/5/2005. **REsp 1.113.294-MG, Rel. Min. Luiz Fux, julgado em 9/3/2010.** (Inform. STJ 426)

COMPETÊNCIA. IMPROBIDADE. GOVERNADOR.

Trata-se de reclamação proposta por governador para extinguir, ante a suposta usurpação da competência deste Superior Tribunal, ação civil pública por improbidade administrativa referente a atos praticados durante sua gestão como prefeito. Sustenta que as condutas que lhe são atribuídas estão descritas no DL n. 201/1967 como crimes de responsabilidade de prefeito, que não cabe ação de improbidade tendente a aplicar sanções por atos que, como no caso, também configuram crimes de responsabilidade e, como atualmente ocupa o cargo de governador, a competência para apreciar os fatos que lhe são imputados é do STJ. Isso posto, a Corte Especial julgou a reclamação procedente em parte ao entendimento de que, excetuada a hipótese de atos de improbidade praticados pelo presidente da República (art. 85, V, da CF/1988), cujo julgamento se dá em regime especial pelo Senado Federal (art. 86 da mesma carta), não há norma constitucional alguma que imunize os agentes políticos, sujeitos a crime de responsabilidade, de qualquer das sanções por ato de improbidade previstas no art. 37, § 4º, da CF/1988. Seria incompatível com a Constituição eventual preceito normativo infraconstitucional que impusesse imunidade dessa natureza. O STF, em 13/3/2008, com apenas um voto contrário, declarou competir a ele julgar ação de improbidade contra seus membros (QO na Pet. 3.211-0, Rel. Min. Carlos Alberto Menezes Direito, DJe 27/6/2008). Considerou, para tanto, que a prerrogativa de foro, em casos tais, decorre diretamente do sistema de competências estabelecido na CF/1988, que assegura a seus ministros foro por prerrogativa de função tanto em crimes comuns, na própria Corte, quanto em crimes de responsabilidade, no Senado Federal. Por isso, seria absurdo ou o máximo do contrassenso conceber que ordem jurídica permita que um ministro possa ser julgado por outro órgão em ação diversa, entre cujas sanções está também a perda do cargo. Isso seria a desestruturação de todo o sistema que fundamenta a distribuição da competência. Esses mesmos fundamentos de natureza sistemática autorizam a concluir, por imposição lógica de coerência interpretativa, que uma norma infraconstitucional não pode atribuir a juiz de primeiro grau o julgamento de ação de improbidade administrativa – com possível aplicação da pena de perda do cargo – contra governador que, a exemplo dos ministros do STF, também tem assegurado foro por prerrogativa de função tanto em crimes comuns (no STJ) quanto em crimes de responsabilidade (na respectiva Assembléia Legislativa). É de se reconhecer que, por inafastável simetria com o que ocorre em relação aos crimes comuns (art. 105, I, **a**, CF/1988), há, em casos tais, competência implícita complementar do STJ. Precedentes citados do STF: ADI 2.860-DF, DJ 19/12/2006; do STJ: Rcl 591-DF, DJ 15/5/2000, Pet 2.588-RO, DJ 9/10/2006; Pet 2.639-RJ, DJ 25/9/2006; AgRg na MC 7.487-GO, DJ 17/4/2006; Pet 2.593-GO, DJ 6/11/2006, e Rcl 2.197-DF, DJe 9/3/2009. **Rcl 2.790-SC, Rel. Min. Teori Albino Zavascki, julgada em 2/12/2009.** (Inform. STJ 418)

IMPROBIDADE ADMINISTRATIVA. TCU.

Na espécie, o Tribunal de Contas da União (TCU) concluiu que a operação de financiamento pelo banco à empresa de sistema de transmissão foi regular e não resultou em nenhum prejuízo ao erário. Para o Min. Relator, o controle exercido pelo TCU não é jurisdicional, e não há, portanto, vinculação da decisão proferida pelo órgão de controle, nem possibilidade de ser o ato impugnado no âmbito de ação de improbidade administrativa, sujeita ao controle do Poder Judiciário, consoante expressa previsão do art. 21, II, da Lei n. 8.429/1992. A atividade do TCU denominada de controle externo – que auxilia o Congresso Nacional na fiscalização contábil, financeira, orçamentária, operacional e patrimonial da União e das entidades da administração direta e indireta, quanto à legalidade, legitimidade, economicidade, aplicação das subvenções e renúncia de receitas – é revestida de caráter opinativo, razão pela qual não vincula a atuação do sujeito ativo da ação civil de improbidade administrativa. Ressaltou o Min. Relator que a natureza do TCU é de órgão de controle auxiliar do Poder Legislativo. Decorre daí que sua atividade é meramente fiscalizadora e suas decisões têm caráter técnico-administrativo, não encerrando atividade judicante, o que resulta na impossibilidade de suas decisões produzirem coisa julgada. Por consequência, essas decisões não vinculam a atuação do Poder Judiciário, sendo passíveis de revisão por aquele Poder, máxime em face do princípio constitucional da inafastabilidade do controle jurisdicional, à luz do art. 5º, XXXV, da CF/1988. O Tribunal *a quo*, no caso *sub judice*, mediante cotejo das razões recursais e do contexto fático engendrado nos autos, vislumbrando a ocorrência de elementos de convicções hábeis ao prosseguimento da ação de improbidade administrativa e a necessidade de análise mais acurada dos fatos que ensejaram a ação de improbidade administrativa, entendeu pela manutenção da decisão que recebeu a inicial. Dessarte, a conclusão do Tribunal acerca da existência dos elementos essenciais à viabilidade da ação de improbidade administrativa, em agravo de instrumento, fundado no art. 17, § 10, da Lei n. 8.429/1992, decorre justamente da valoração da "relevância gravosa" dos atos praticados contra a Administração Pública, mormente porque os §§ 7º e 8º da mencionada legislação permitem o exame do próprio mérito da ação na fase preliminar, isto é, existência ou não de ato de improbidade administrativa, bem como fato impeditivo do exercício de um direito, como soem ser a decadência e a prescrição. **REsp 1.032.732-CE, Rel. Min. Luiz Fux, julgado em 19/11/2009.** (Inform. STJ 416)

ACP. FASES. JUÍZO PRELIMINAR.

Quanto à ação civil pública por ato de improbidade administrativa, na fase processual prevista no art. 17, § 8º, da Lei n. 8.429/1992 (LIA), o magistrado deve limitar-se à análise, em um juízo preliminar, da inexistência do ato de improbidade, improcedência da ação ou inadequação da via eleita com o fito de evitar lides temerárias. Assim, a apreciação de argumentos sobre o mérito da ação e sobre a real participação do ora recorrente nos atos tidos por ímprobos não é viável naquele momento processual. Esses temas deverão ser objeto de análise por ocasião do julgamento da demanda. **REsp 1.008.568-PR, Rel. Min. Eliana Calmon, julgado em 23/6/2009.** (Inform. STJ 400)

ACP. IMPROBIDADE ADMINISTRATIVA. AG.

A Turma, prosseguindo o julgamento, proveu em parte o recurso ao entendimento de que, conforme o art. 17, § 10, da Lei n. 8.429/1992, da decisão do juízo singular que rejeitou a manifestação do requerido e recebeu *a fortiori* a petição inicial a ação civil pública (ACP), cabe impugnação mediante interposição de agravo de instrumento perante o tribunal ao qual está vinculado o mencionado juízo singular, a fim de proceder à análise da existência ou não de ato de improbidade administrativa, improcedência da ação ou inadequação da via eleita, questões aventadas no contraditório preliminar. A viabilidade da ação de improbidade, em sede de agravo, subsume-se à valoração da "relevância gravosa" dos atos praticados contra a Administração Pública, pois é possível o exame do próprio mérito da ação na fase preliminar. Outrossim, compete ao juízo singular o processo e julgamento das ações propostas contra prefeitos. Precedentes citados: REsp 901.049-MG, DJ 18/2/2009, e REsp 718.248-SC, DJ 6/2/2006. **REsp 1.073.233-MG, Rel. Min. Luiz Fux, julgado em 18/6/2009.** (Inform. STJ 399)

DECISÕES. AGRAVO. MP.

Discute-se a regularidade de o MP estadual interpor agravo de instrumento para impugnar duas decisões proferidas em ação civil pública por improbidade administrativa, que acolheu as defesas prévias e excluiu da relação processual litisconsortes passivos distintos (ora recorrentes), por suposta ilegitimidade passiva *ad causam*. Para o Min. Relator, as recorrentes não sofreram prejuízo algum, pois foram intimadas regularmente, puderam exercer o contraditório e a ampla defesa, pugnando pelo descabimento do agravo e pela necessidade da manutenção das decisões interlocutórias. Observa que não há proibição legal e que, em última análise, haveria, no caso, apenas uma decisão sob o ponto de vista material, que pode ser desafiada por um único agravo de instrumento, ainda que o juiz tenha optado por fracionar formalmente sua rejeição, na ação de improbidade, em relação a cada um dos réus (art. 17, § 8º, da Lei n. 8.429/1992). Explica que essas decisões interlocutórias proferidas em primeiro grau representam um único pronunciamento jurisdicional, pois foram tomadas no mesmo dia, na mesma fase processual e com fundamentações assemelhadas (ausência de legitimidade passiva *ad causam*). Ressalta, por fim, que exigir do *parquet* a interposição de dois agravos atentaria contra os princípios da celeridade e da economia processual, deve ser privilegiado o princípio da instrumentalidade das formas. Diante do exposto, a Turma conheceu em parte dos recursos especiais e negou-lhes provimento. **REsp 907.603-PE, Rel. Min. Castro Meira, julgado em 16/6/2009.** (Inform. STJ 399)

COMPETÊNCIA. AÇÃO. IMPROBIDADE.

Em ação civil pública de improbidade administrativa ajuizada pelo Ministério Público contra ex-ministro do Poder Executivo, o Tribunal de origem decidiu que a competência para julgar a ação era do STF. Esclarece o Min. Relator que, mesmo se o ex-ministro fosse detentor de foro especial por prerrogativa de função perante o STF por infração penal comum (art. 102, I, **b**, da CF/1988), não seria possível a extensão desse foro especial às investigações por atos de improbidade administrativa prevista na Lei n. 8.429/1992, tendo em vista que as hipóteses de foro especial previstas na Constituição são taxativas. Ademais, as divergências quanto à novel redação conferida ao art. 84 do CPP pela Lei n. 10.628/2002, que acrescentou os §§ 1º e 2º ao citado artigo, já foram superadas neste Superior Tribunal, após a declaração de inconstitucionalidade dessa lei pelo STF. Isso posto, a Turma deu provimento ao REsp, determinando a remessa dos autos ao juiz federal de primeira instância, competente para julgar a ação de improbidade. Precedentes citados do STF: ADI 2.797-DF, DJ 26/9/2005; do STJ: HC 22.342-RJ, DJ 23/6/2003; REsp 718.248-SC, DJ 6/2/2006, e REsp 810.662-SP, DJ 29/11/2007. **REsp 896.516-DF, Rel. Min. Luiz Fux, julgado em 17/2/2009.** (Inform. STJ 384)

IMPROBIDADE. FORO ESPECIAL. LITISCONSÓRCIO.

Trata-se de recurso especial em que se alega, entre outras coisas, que o acórdão recorrido violou o art. 84, § 2º, do CPP, bem como o art. 47 do CPC, e ainda o art. 12, parágrafo único, da Lei n. 8.429/1992. A Turma entendeu que, diante do julgamento da ADI n. 2.797-DF, no qual o STF considerou inconstitucionais os §§ 1º e 2º do art. 84 do CPP, introduzidos pela Lei n. 10.628/2002, não há que se falar em foro especial por prerrogativa de função nas ações de improbidade administrativa. Não há que se falar, também, em litisconsórcio necessário entre o agente público e os terceiros que supostamente teriam colaborado para a prática do ato de improbidade ou dele se beneficiaram (na espécie, pessoas jurídicas que emitiram supostas notas fiscais adulteradas e o hospital que teria recebido subvenção), pois não existe dispositivo legal que determine a formação do litisconsórcio, tampouco se trata de relação jurídica unitária, não preenchidos, assim, os requisitos do art. 47 do CPC. Ademais, é inviável, em sede de recurso especial, rever conteúdo fático para afastar a condenação imposta. Precedentes citados: REsp 783.823-GO, DJ 26/5/2008; REsp 704.757-RS, DJ 6/3/2008; REsp 809.088-RJ, DJ 27/3/2006, e EDcl no AgRg no Ag 934.867-SP, DJ 26/5/2008. **REsp 737.978-MG, Rel. Min. Castro Meira, julgado em 19/2/2009.** (Inform. STJ 384)

IMPROBIDADE ADMINISTRATIVA. ACP. DEFESA PRÉVIA. NULIDADE.

Descabe a nulidade do procedimento administrativo intempestivo por ato de improbidade, se houve instrução prévia com a constatação de elementos sólidos no inquérito civil que levaram o juiz a decretar imediatamente a indisponibilidade de bens do ex-prefeito. Precedentes da Primeira Turma reiteram, com efeito, que, na ausência da defesa prévia na ação de improbidade, cabe a decretação de nulidade. No caso, contudo, além de ter havido o inquérito civil que instruiu a inicial, a instância de origem reconheceu que não houve prejuízo ao acusado, além de inequívoca existência das condições da ação. Também, foi reiterado o entendimento desta Corte quanto ao cabimento da ação civil pública relativa a ato de improbidade (art. 267, IV e VI, do CPC). Precedentes citados: REsp 965.340-AM, DJ 8/10/2007; REsp 619.946-RS, DJ 2/8/2007, e AgRg no Ag 969.454-RJ, DJe 21/8/2008. **REsp 944.555-SC, Rel. Min. Herman Benjamin, julgado em 25/11/2008.** (Inform. STJ 378)

STJ. COMPETÊNCIA. TCE. IMPROBIDADE.

Compete originariamente ao STJ o processo e julgamento dos membros dos Tribunais de Contas estaduais (art. 105, I, **a**, da CF/1988), adstritamente à persecução criminal, excetuados os atos de improbidade administrativa, a serem apurados em ação própria de natureza cível, tal como no caso, de suposta contratação irregular de parentes e de enriquecimento ilícito. Daí que a Corte Especial, por maioria, julgou improcedente a reclamação. Precedentes citados: AgRg na Rcl 2.217-RO, DJ 5/2/2007, e AgRg na Rcl 1.164-SP, DJ 27/3/2006. **Rcl 2.723-SP, Rel. Min. Laurita Vaz, julgada em 15/10/2008.** (Inform. STJ 372)

APELAÇÕES. PREPAROS INDEPENDENTES. MP. IMPROBIDADE ADMINISTRATIVA.

Os recorrentes buscam o afastamento da deserção do recurso de apelação interposto pelos agentes públicos e pela empresa de transporte, sob o argumento de que o preparo por eles recolhido para o seu recurso de apelação deve ser considerado também para o recurso de apelação dos litisconsortes, em virtude da condenação solidária a todos imposta. Para o Min. Relator, o tema deve ser tratado nos termos dos arts. 500 e 511 do CPC. O princípio da autonomia impõe que cada recurso atenda a seus requisitos de admissibilidade, independentemente dos demais recursos interpostos, inclusive no que se refere ao preparo correspondente, que é individual. Destacou também que o Ministério Público possui legitimidade ativa para a ação civil pública visando ao ressarcimento de dano ao erário por ato de improbidade administrativa. Os atos previstos no art. 11 da Lei n. 8.429/1992 configuram improbidade administrativa independentemente de dano material ao erário. No caso, ademais, as instâncias ordinárias atestaram a existência de prejuízo aos cofres públicos e ausência de boa-fé na atuação dos agentes. Por fim, a sanção por ato de improbidade deve ser ajustada ao princípio da razoabilidade. Precedente citado: REsp 82.576-SP, DJ 18/8/1997. **REsp 1.003.179-RO, Rel. Min. Teori Albino Zavascki, julgado em 5/8/2008.** (Inform. STJ 362)

AÇÃO. IMPROBIDADE. INICIAL. PROVA.

O ordenamento jurídico não exige uma prova pré-constituída para que se ajuíze ação de improbidade. Diante de indícios da materialidade e da autoria do ato de improbidade, deve o MP ajuizar a ação e deixar a produção de provas para a instrução. Dessarte, cerceia a defesa o Tribunal que, depois de negar ao autor a instrução probatória, considera como não provadas as alegações da inicial. **REsp 811.664-PE, Rel. Min. Eliana Calmon, julgado em 1º/3/2007.** (Inform. STJ 311)

SÚMULA STJ Nº 329

O Ministério Público tem legitimidade para propor ação civil pública em defesa do patrimônio público.

SÚMULA STJ Nº 209

Compete à justiça estadual processar e julgar prefeito por desvio de verba transferida e incorporada ao patrimônio municipal.

6. PRESCRIÇÃO

ACP. PLEITO RESSARCITÓRIO. IMPRESCRITIBILIDADE.

Na espécie, o tribunal *a quo* entendeu que, remanescendo, em ação civil pública por ato de improbidade administrativa, o pleito ressarcitório, este, por ser imprescritível, pode ser buscado em ação autônoma. É pacífico no STJ que as sanções previstas no art. 12 e incisos da Lei n. 8.429/1992 prescrevem em cinco anos, o que não ocorre com a reparação do dano ao erário por ser imprescritível a pretensão ressarcitória nos termos do art. 37, § 5º, da CF/1988. Assim, quando autorizada a cumulação do pedido condenatório e do ressarcitório em ação por improbidade administrativa, a rejeição do pedido condenatório abarcado pela prescrição não impede o prosseguimento da demanda quanto ao segundo pedido em razão de sua imprescritibilidade. Com essas considerações, a Turma deu provimento ao recurso do MPF para determinar o prosseguimento da ação civil pública por ato de improbidade no que se refere ao pleito de ressarcimento do danos ao erário. Precedentes citados: AgRg no REsp 1.038.103-SP, DJe 4/5/2009; REsp 1.067.561-AM, DJe 27/2/2009; REsp 801.846-AM, DJe 12/2/2009; REsp 902.166-SP, DJe 4/5/2009, e REsp 1.107.833-SP, DJe 18/9/2009. **REsp 1.089.492-RO, Rel. Min. Luiz Fux, julgado em 4/11/2010.** (Inform. STJ 454)

RESSARCIMENTO. PREFEITO. USO. ESTÁDIO.

In casu, a municipalidade busca o ressarcimento pelo fato de o então prefeito ter autorizado cessão gratuita de estádio, em janeiro de 1988, para que ali se realizasse *show* de cantora internacional. Por esse fato, não se imputou ao então prefeito crime de responsabilidade, mas responsabilidade administrativa pelo cometimento de falta na outorga gratuita de bem público (cessão de estádio público). O tribunal *a quo* confirmou a sentença que julgou procedente a ação e condenou o ex-prefeito e o ex-secretário municipal, solidariamente, ao pagamento de R$ 185.685,40 com correção monetária desde maio de 2001 e juros de mora a partir do evento. Para a Min. Relatora, na hipótese, há uma situação singular, porque, sem a oitiva dos envolvidos, sem a instauração de processo algum, sem qualquer explicação, chegou-se unilateralmente a valores estimados e, a partir daí, impôs-se uma estranha obrigação de pagar a um morto, transferindo-a para seu espólio, e a um ex-secretário municipal. Por outro lado, aponta que a ação só foi ajuizada em 7/5/2001, passados quase 14 anos, quando já ultrapassado o prazo prescricional em cinco anos. Ademais, no seu entender, o mais grave é que o ajuizamento da ação deu-se nove anos depois da morte de um dos réus, o ex-prefeito (em fevereiro de 1992). Daí ter sido chamado o espólio para responder pelo débito quando a ação já estava prescrita. Assim, como se trata de matéria de ordem pública, essa questão prescricional também alcança o litisconsorte, condenado solidariamente com o ex-prefeito. Esclarece ainda a Min. Relatora que, embora tenha entendimento jurisprudencial quanto à imprescritibilidade da ação de ressarcimento ao erário, mesmo quando decorre a imposição da Lei n. 8.429/1992 (Lei de Improbidade Administrativa), aplicada por força do art. 37, § 5º, da CF/1988, não se pode chamar a ação em questão de reparação de dano ao erário, por se tratar de ação de cobrança sujeita à prescrição. Com essas considerações, a Turma, ao prosseguir o julgamento, não conheceu do recurso do ex-secretário e deu provimento ao do espólio. Precedentes citados do STF: MS 26.210-DF, DJe 10/10/2008; do STJ: REsp 631.679-RS, DJe 9/3/2009; REsp 705.715-SP, DJe 14/5/2008, e REsp 403.153-SP, DJ 20/10/2003. **REsp 1.105.059-SP, Rel. Min. Eliana Calmon, julgado em 24/8/2010.** (Inform. STJ 444)

ACP. DANO. ERÁRIO. PRESCRIÇÃO.

É consabido que o caráter sancionador da Lei n. 8.429/1992 aplica-se aos agentes públicos que, por ação ou omissão, violem os deveres de honestidade, imparcialidade, legalidade, lealdade às instituições e, notadamente, importem em enriquecimento ilícito (art. 9º), causem prejuízo ao erário (art. 10) ou atentem contra os princípios da Administração Pública (art. 11), compreendida no último tópico a lesão à moralidade administrativa. Contudo, ao considerar a gravidade das sanções e restrições a serem impostas ao agente público, a exegese do art. 11 da referida lei deve ser tomada com temperamentos, pois uma interpretação ampliativa poderia ter por ímprobas condutas que são meramente irregulares, por isso susceptíveis de correção administrativa, visto que ausente a má-fé e preservada a moralidade pública, o que extrapolaria a real intenção do legislador. Assim, a má-fé torna-se premissa do ato ilegal e ímprobo: a ilegalidade só adquire o *status* de improbidade quando a conduta antijurídica ferir os princípios constitucionais da Administração Pública e se somar à má intenção do administrador. Em essência, conforme a doutrina, a improbidade administrativa seria uma imoralidade qualificada pelo dano ao erário e correspondente vantagem ao ímprobo ou a outrem. Todavia, falta esse elemento subjetivo na hipótese de contratação de servidores sem o devido concurso público, a determinar que, ausente o dano ao patrimônio e o enriquecimento ilícito dos demandados, conforme firmado pelas instâncias ordinárias (efetivamente o serviço foi prestado), a sanção imposta aos agentes é desproporcional (suspensão dos direitos políticos de todos por três anos e mais o pagamento de multa por um deles), procedendo com *erro in judicando* o tribunal *a quo* quando analisou o ilícito apenas pelo ângulo objetivo. Por último, a aplicação das sanções do art. 12 da citada lei e seus incisos submete-se ao prazo prescricional quinquenal, exceto quanto à reparação do dano ao erário, porque imprescritível a pretensão ressarcitória (art. 37, § 5º, da CF/1988), entendimento aceito pela jurisprudência do STJ, mas ressalvado pelo Min. Relator. Precedentes citados: AgRg no REsp 1.038.103-SP, DJe 4/5/2009; REsp 1.067.561-AM, DJe 27/2/2009; REsp 801.846-AM, DJe 12/2/2009; REsp 902.166-SP, DJe 4/5/2009, e REsp 1.107.833-SP, DJe 18/9/2009. **REsp 909.446-RN, Rel. Min. Luiz Fux, julgado em 6/4/2010.** (Inform. STJ 429)

IMPROBIDADE. PRESCRIÇÃO. CARGO EFETIVO. FUNÇÃO COMISSIONADA.

A matéria trata da definição da norma prescricional aplicável à espécie quando o agente, ocupante de cargo público a quem se imputou ato ímprobo, à ocasião dos fatos, ocupava cargo efetivo e, concomitantemente, exercia cargo em comissão. Para o ajuizamento da ação de improbidade administrativa, duas situações são bem definidas no tocante à contagem do prazo prescricional: se o ato ímprobo for imputado a agente público no exercício de mandato, de cargo em comissão ou de função de confiança, o prazo prescricional é de cinco anos, com termo *a quo* no primeiro dia após a cessação do vínculo. Em outro passo, sendo o agente público detentor de cargo efetivo ou emprego, havendo previsão para falta disciplinar punível com demissão, o prazo prescricional é o determinado na lei específica (art. 23 da Lei n. 8.429/1992). A Lei de Improbidade não cuida, no entanto, da hipótese de o mesmo agente praticar ato ímprobo no exercício cumulativo de cargo efetivo e de cargo comissionado. Por meio de interpretação teleológica da norma, verifica-se que a individualização do lapso prescricional é associada à natureza do vínculo jurídico mantido pelo agente público com o sujeito passivo em potencial. Partindo dessa premissa, o art. 23, I, da referida lei associa o início da contagem do prazo prescricional ao término de vínculo temporário. Ao mesmo tempo, o art. 23, II, da mesma legislação, no caso de vínculo definitivo, não considera, para fins de aferição do prazo prescricional, o exercício de funções intermédias – como as comissionadas – desempenhadas pelo agente, sendo determinante apenas o exercício de cargo efetivo. Portanto, exercendo cumulativamente cargo efetivo e cargo comissionado ao tempo do ato reputado ímprobo, há de prevalecer o primeiro para fins de contagem prescricional, pelo simples fato de o vínculo entre agente e Administração Pública não cessar com a exoneração do cargo em comissão, por esse ser temporário. **REsp 1.060.529-MG, Rel. Min. Mauro Campbell Marques, julgado em 8/9/2009.** (Inform. STJ 406)

ACP. IMPROBIDADE. EX-PREFEITO. REELEIÇÃO.

O ex-prefeito exerceu o primeiro mandato eletivo de 1º de janeiro de 1997 a 31 de dezembro de 2000 e foi reeleito para segundo mandato, de 1º de janeiro de 2001 a 31 de dezembro de 2004, sendo que o ato imputado como ímprobo foi perpetrado em maio de 1998, durante o primeiro mandato. O cerne da questão consiste na definição do termo *a quo* para a contagem do prazo prescricional para ajuizamento da ação de improbidade administrativa. Se tem início o lapso temporal com o fim do primeiro mandato ou quando do término do segundo mandato. Para o Min. Relator, A Lei de Improbidade Administrativa (LIA), promulgada antes da EC n. 16/1997, que deu nova redação ao § 5º do art. 14 da CF/1988, considerou como termo inicial da prescrição exatamente o final de mandato. No entanto, a EC n. 16/1997 possibilitou a reeleição dos chefes do Poder Executivo em todas as esferas administrativas, com o expresso objetivo de constituir corpos administrativos estáveis e cumprir metas governamentais de médio prazo, para o amadurecimento do processo democrático. A Lei de Improbidade associa, no art. 23, I, o início da contagem do prazo prescricional ao término de vínculo temporário, entre os quais o exercício de mandato eletivo. De acordo com a justificativa da PEC de que resultou a EC n. 16/1997, a reeleição, embora não prorrogue simplesmente o mandato, importa em fator de continuidade da gestão administrativa. Portanto, o vínculo com a Administração, sob o ponto de vista material, em caso de reeleição, não se desfaz no dia 31 de dezembro do último ano do primeiro mandato para se refazer no dia 1º de janeiro do ano inicial do segundo mandato. Em razão disso, o prazo prescricional deve ser contado a partir do fim do segundo mandato. O administrador, além de detentor do dever de consecução do interesse público, guiado pela moralidade – e por ela limitado –, é o responsável, perante o povo, pelos atos que, em sua gestão, em um ou dois mandatos, extrapolem tais parâmetros. A estabilidade da estrutura administrativa e a previsão de programas de execução duradoura possibilitam, com a reeleição, a satisfação, de forma mais concisa e eficiente, do interesse público. No entanto, o bem público é de titularidade do povo, a quem o administrador deve prestar contas. E se, por dois mandatos seguidos, pôde usufruir de uma estrutura mais bem planejada e de programas de governo mais consistentes, colhendo frutos ao longo dos dois mandatos – principalmente, no decorrer do segundo, quando os resultados concretos realmente aparecem – deve responder inexoravelmente perante o titular da *res publica* por todos os atos praticados durante os oito anos de administração, independente da data de sua realização. No que concerne à ação civil pública em que se busca a condenação por dano ao erário e o respectivo ressarcimento, este Superior Tribunal considera que tal pretensão é imprescritível, com base no que dispõe o art. 37, § 5º, da CF/1988. **REsp 1.107.833-SP, Rel. Min. Mauro Campbell Marques, julgado em 8/9/2009.** (Inform. STJ 406)

AÇÃO CIVIL PÚBLICA. IMPROBIDADE. LEGITIMIDADE. MP.

Trata-se de recurso especial em que se questiona a legitimidade do Ministério Público para a propositura de ação civil pública por ato de improbidade administrativa, bem como a imprescritibilidade do prazo para o ajuizamento de tal ação. A Turma reiterou o entendimento de que o Ministério Público é legítimo para ajuizar ação civil pública por ato de improbidade administrativa e, sendo essa ação de caráter ressarcitório, é imprescritível. Ressalte-se que a distinção entre interesse público primário e secundário não se aplica ao caso. O reconhecimento da legitimação ativa encarta-se no próprio bloco infraconstitucional de atores processuais a quem se delegou a tutela dos valores, princípios e bens ligados ao conceito republicano. Precedentes citados do STF: MS 26.210-DF, DJ 10/10/2008; do STJ: REsp 1.003.179-RO, DJ 18/8/2008; REsp 861.566-GO, DJ 23/4/2008; REsp 764.278-SP, DJ 28/5/2008; REsp 705.715-SP, DJ 14/5/2008, e REsp 730.264-RS. **REsp 1.069.723-SP, Rel. Min. Humberto Martins, julgado em 19/2/2009.** (Inform. STJ 384)

IMPROBIDADE ADMINISTRATIVA. SANÇÕES. PRESCRIÇÃO.

Em ação de improbidade administrativa cumulada com o pedido de ressarcimento de danos, a Turma deu provimento ao recurso do MP. Preliminarmente, em relação ao documento novo constituído de acórdão do Tribunal de Contas estadual, arquivando processo administrativo de tomada de conta especial, considerou-se a incidência do art. 21, II, da Lei n. 8.429/1992 – em que se aplicam as sanções ali previstas por ato de improbidade administrativa independentemente da aprovação ou rejeição das contas por aquele órgão de controle. No mérito, reconheceu a legalidade do pedido de ressarcimento de danos por ato de improbidade cumulado com o pedido das demais sanções do art. 12 da citada lei, bem como considerou que a prescrição quinquenal atinge os ilícitos administrativos dos agentes públicos, abrangidos o servidor público e o particular, os quais lhes deram causa (nos termos do art. 23 da mesma lei); entretanto, a ação de ressarcimento dos prejuízos causados ao erário é imprescritível, conforme estabelecido no art. 37, § 5º, da CF/1988. Ademais não há óbice para o ressarcimento dos danos ao erário na ação de improbidade administrativa. Precedentes citados do STF: MS 26.210-DF, DJ 10/10/2008; do STJ: REsp 199.478-MG, DJ 8/5/2000; REsp 434.661-MS, DJ 25/8/2003, e REsp 1.069.779-SP, DJ 18/9/2008. **REsp 1.067.561-AM, Rel. Min. Eliana Calmon, julgado em 5/2/2009.** (Inform. STJ 382)

AÇÃO CIVIL PÚBLICA. IMPROBIDADE ADMINISTRATIVA. PRESCRIÇÃO. CITAÇÃO.

Mesmo que inexistente a notificação prévia constante do art. 17, § 7º, da Lei n. 8.429/1992, a citação interrompe o prazo prescricional, retroagindo à data da propositura da ação (art. 219, § 1º, do CPC). O prazo prescricional para o exercício dessa pretensão, abstraindo-se os casos de ressarcimento ao erário, que são imprescritíveis, é de 5 anos, contados do término do exercício do mandato (art. 23, I, da Lei n. 8.429/1992). Assim, se o ex-prefeito teve seu mandato findado em 31/12/1996, a ação ajuizada em 20/12/2001 não está atingida pela prescrição. Logo, a Turma deu provimento ao recurso para afastar a prescrição e determinar o retorno dos autos à origem para que se decida o mérito da causa. Precedentes citados do STF: MS 26.210-DF, DJ 10/10/2008; do STJ: REsp 403.153-SP, DJ 20/10/2003; REsp 799.339-RS, DJ 18/9/2006, e REsp 750.187-RS, DJ 26/11/2006. **REsp 730.264-RS, Rel. Min. Herman Benjamin, julgado em 6/11/2008.** (Inform. STJ 375)

AÇÃO CIVIL PÚBLICA. PRESCRIÇÃO.

Tratam-se de dois recursos especiais interpostos contra o acórdão recorrido que, em ação civil pública com objetivo de anulação de ato administrativo, condenou os demandados a ressarcir o erário, mantendo sentença de parcial procedência do pedido. Para o Min. Relator, ressalvada a hipótese de ressarcimento de dano ao erário fundado em ato de improbidade, prescreve em cinco anos a ação civil pública (Lei n. 7.347/1985), uma vez que, no caso dos autos, a pretensão poderia ser formulada em ação popular. Observa que o pedido não está amparado em dano causado por atos de improbidade, até porque, à época dos fatos tidos por ilegais, não estava em vigor a Lei n. 8.429/1992. Assim, explica que, no âmbito próprio, no qual se identificam as ações popular e civil pública, elas devem ter tratamento uniforme e, quando necessário, aplicação analógica: é o caso do prazo prescricional previsto na ação popular como sendo de cinco anos (art. 21 da Lei n. 4.717/1965) e a lei da ação civil pública é silente, impondo-se sua aplicação analógica. Note-se que, no caso dos autos, o MP estadual ajuizou a ação civil pública em 1996 para apurar fatos ocorridos em 1985. Outrossim, em sede de ação civil pública, não cabe a condenação do MP em honorários advocatícios, salvo quando comprovada atuação de má-fé. Com esse entendimento, a Turma, ao prosseguir o julgamento, conheceu parcialmente o recurso do réu e, nessa parte, deu-lhe provimento, julgando prejudicado o da Fazenda estadual. Precedentes citados: REsp 250.980-SP, DJ 6/3/2006; REsp 439.599-SP, DJ 6/2/2006, e REsp 406.545-SP, DJ 9/12/2002. **REsp 764.278-SP, Rel. Min. Teori Albino Zavascki, julgado em 22/4/2008.** (Inform. STJ 353)

PRESCRIÇÃO. AÇÃO CIVIL. DANO. PATRIMÔNIO PÚBLICO.

A ação civil pública foi proposta pelo MP estadual em desfavor do ex-prefeito e de um co-réu diante de ato de improbidade administrativa referente à permuta de imóveis urbanos por outro localizado em zona rural, o que teria causado lesão ao erário e atentaria contra os princípios da Administração Pública. Nesse contexto, o Min. Relator aduziu que tanto a ação civil pública quanto a ação popular pertencem a um mesmo microssistema de tutela a direitos difusos, nos quais se encarta a moralidade administrativa. Assim, frente à falta de previsão legal, é possível, por analogia, utilizar-se o prazo qüinqüenal referente à prescrição da ação popular para regular a da ação civil pública. Dessarte, uma análise dos dispositivos legais atinentes a essa questão (MP n. 2.180-35/2001 e Leis ns. 8.429/1992, 9.494/1997 e 7.347/1985) conduz à conclusão de que o ajuizamento da ação de improbidade em desfavor de agentes públicos eleitos, ocupantes de cargos em comissão ou de função de confiança deve submeter-se ao referido prazo prescricional, cujo termo a quo é o término do mandato ou do exercício funcional (art. 23 da Lei n. 8.429/1992). Por outro lado, anotou o Min. Relator que, no caso, obteve-se aprovação legislativa, o que afasta o elemento subjetivo constante do dolo, de imperiosa presença nos delitos de improbidade. Os Ministros Teori Albino Zavascki e Denise Arruda acompanharam o Min. Relator apenas quanto à ausência de dolo. Precedentes citados: REsp 890.552-MG, DJ 22/3/2007, e REsp 406.545-SP, DJ 9/12/2002. **REsp 727.131-SP, Rel. Min. Luiz Fux, julgado em 11/3/2008.** (Inform. STJ 348)

19. DIREITOS HUMANOS

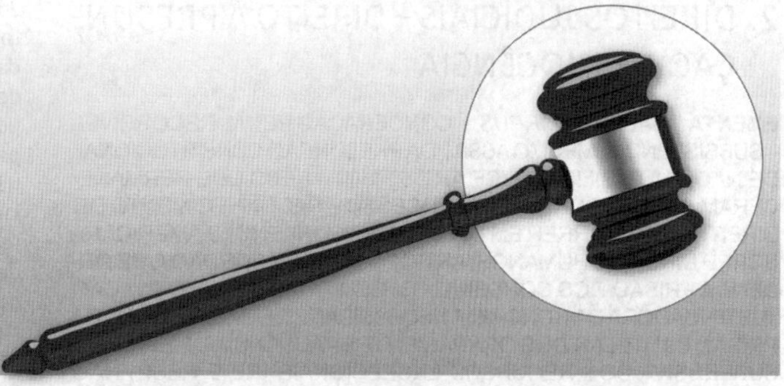

1. DIREITOS CIVIS – DIREITO AO SILÊNCIO

DIREITO AO SILÊNCIO - RECUSA EM COLABORAR COM AS AUTORIDADES PÚBLICAS - LEGITIMIDADE - DESCABIMENTO DE PRISÃO CAUTELAR

EMENTA: "HABEAS CORPUS". **DENEGAÇÃO DE MEDIDA LIMINAR. SÚMULA 691/STF. SITUAÇÃO EXCEPCIONAL QUE AFASTA**, NO CASO, **A RESTRIÇÃO SUMULAR. RETARDAMENTO EXCESSIVO** (UM ANO **E** 2 MESES) DO JULGAMENTO, PELO SUPERIOR TRIBUNAL DE JUSTIÇA, DO MÉRITO DO "WRIT" LÁ IMPETRADO. PRISÃO CAUTELAR DECRETADA **COM FUNDAMENTO NA GRAVIDADE OBJETIVA** DO CRIME **E NA RECUSA** DA PACIENTE **EM RESPONDER** AO INTERROGATÓRIO JUDICIAL A QUE FOI SUBMETIDA. **INCOMPATIBILIDADE** DESSES FUNDAMENTOS **COM OS CRITÉRIOS FIRMADOS** PELO SUPREMO TRIBUNAL FEDERAL **EM TEMA** DE PRIVAÇÃO **CAUTELAR** DA LIBERDADE INDIVIDUAL. **DIREITO** DO INDICIADO/RÉU AO SILÊNCIO. **DIREITO** – QUE **TAMBÉM** LHE ASSISTE – **DE NÃO SER** CONSTRANGIDO **A PRODUZIR** PROVAS **CONTRA** SI PRÓPRIO. **DECISÃO** QUE, **AO DESRESPEITAR** ESSA PRERROGATIVA CONSTITUCIONAL, **DECRETA** A PRISÃO PREVENTIVA DA ACUSADA. **INADMISSIBILIDADE. NECESSIDADE DE RESPEITO E OBSERVÂNCIA**, POR PARTE DE MAGISTRADOS, TRIBUNAIS **E** ÓRGÃOS DE PERSECUÇÃO PENAL, DOS DIREITOS **E** GARANTIAS FUNDAMENTAIS **ASSEGURADOS** A QUALQUER INVESTIGADO, INDICIADO **OU** RÉU. **MEDIDA CAUTELAR DEFERIDA**.

– **O direito ao julgamento sem** dilações indevidas **qualifica-se** como prerrogativa fundamental **que decorre** da garantia constitucional do "due process of law".

– **O réu** – especialmente aquele que se acha sujeito a medidas cautelares **de privação** da sua liberdade – **tem direito subjetivo** de ser julgado, pelo Poder Judiciário, **dentro** de prazo razoável, **sem** demora excessiva **nem** dilações indevidas. **Convenção Americana sobre Direitos Humanos** (Art. 7º, ns. 5 e 6). **Doutrina. Jurisprudência.**

– **O excesso de prazo**, quando **exclusivamente** imputável ao aparelho judiciário – **não derivando**, portanto, **de qualquer** fato procrastinatório causalmente atribuível ao réu – **traduz** situação anômala **que compromete** a efetividade do processo, **pois**, além de tornar evidente o desprezo estatal pela liberdade do cidadão, **frustra** um direito básico **que assiste** a qualquer pessoa: **o direito à resolução do litígio**, **sem** dilações indevidas, em tempo razoável **e com todas** as garantias reconhecidas pelo ordenamento constitucional. **Doutrina. Precedentes.**

– **A recusa em responder** ao interrogatório policial **e/ou** judicial **e a falta de cooperação** do indiciado **ou** do réu **com as autoridades** que o investigam **ou** que o processam **traduzem** comportamentos **que são inteiramente legitimados** pelo princípio constitucional **que protege** qualquer pessoa **contra** a auto-incriminação, **especialmente** a pessoa exposta a atos de persecução penal.

O Estado – **que não tem o direito** de tratar suspeitos, indiciados **ou** réus como se culpados fossem (**RTJ** 176/805-806) – **também não pode** constrangê-los a produzir provas **contra** si próprios (**RTJ** 141/512).

Aquele que sofre persecução penal **instaurada** pelo Estado **tem**, dentre outras prerrogativas básicas, **o direito** (a) **de permanecer** em silêncio, (**b**) **de não ser compelido** a produzir elementos de incriminação contra si próprio **nem constrangido** a apresentar provas que lhe comprometam a defesa **e** (**c**) **de se recusar** a participar, ativa **ou** passivamente, **de procedimentos probatórios** que lhe possam afetar a esfera jurídica, **tais como** a reprodução simulada do evento delituoso **e** o fornecimento de padrões gráficos **ou** de padrões vocais, para efeito de perícia criminal (**HC 96.219-MC/SP**, Rel. Min. CELSO DE MELLO, v.g.). **Precedentes.**

– **O exercício** do direito **contra** a auto-incriminação, **além** de inteiramente oponível **a qualquer** autoridade **ou** agente do Estado, **não legitima**, por efeito de sua natureza **eminentemente** constitucional, **a adoção** de medidas **que afetem ou restrinjam** a esfera jurídica **daquele** contra quem se instaurou a "persecutio criminis", **notadamente** a decretação de sua prisão cautelar.

– A prática **do direito ao silêncio**, que se revela **insuscetível** de **qualquer** censura policial **e/ou** judicial, **não pode** ser desrespeitada **nem** desconsiderada pelos órgãos **e** agentes da persecução penal, **porque** o exercício concreto dessa prerrogativa constitucional – **além de não importar** em confissão – **jamais poderá** ser interpretado em prejuízo da defesa. **Precedentes. Medida cautelar deferida. HC 99289-MC/RS. RELATOR: MIN. CELSO DE MELLO.** (Inform. STF 549)

CONFISSÃO ESPONTÂNEA EXTRAJUDICIAL E RETRATAÇÃO EM JUÍZO

Tendo em conta as peculiaridades do caso, a Turma, por maioria, deferiu *habeas corpus* para restabelecer acórdão do extinto Tribunal de Alçada do Paraná que, embora salientando a retratação do paciente em juízo, reduzira a pena a ele imposta diante do reconhecimento da atenuante da confissão extrajudicial. Considerou-se que, na espécie, nada obstante a mencionada retratação, as declarações do paciente na fase pré--processual, em conjunto com as provas apuradas sob o contraditório, embasaram a condenação. Assim, incidente a atenuante da confissão espontânea prevista na alínea **d** do inciso III do art. 65 do CP ("*Art. 65. São circunstâncias que sempre atenuam a pena: ... III – ter o agente: ... d) confessado espontaneamente, perante a autoridade, a autoria do crime;*"). Asseverou-se que a confissão extrajudicial deve ser avaliada conforme sua influência sobre o juízo da condenação e que, na situação dos autos, ajudara na própria investigação policial, bem como servira de auxílio para fundamentar a decisão judicial que afirmara a responsabilidade penal do paciente. Enfatizou-se, ainda, que são assegurados aos presos os direitos ao silêncio (CF, art. 5º, LXIII) e à não auto-incriminação (Pacto de São José da Costa Rica, art. 14, 3, **g**). Além disso, aduziu-se que constituiria ilegalidade a ser reparada na via eleita a premissa fixada no acórdão impugnado em que assentado que a confissão retratada reduziria a pena se fosse o único fundamento para a condenação. Entendeu-se que essa tese desvirtuaria o sistema processual brasileiro que impede condenações motivadas exclusivamente na confissão, quer judicial, quer extrajudicial. Vencido o Min. Menezes Direito que, aplicando a jurisprudência do STF no sentido de que o ato singular da retratação afastaria a atenuante, indeferia o *writ*. **HC 91654/PR, rel. Min. Carlos Britto, 8.4.2008. (HC-91654)** (Inform. STF 501)

2. DIREITOS JUDICIAIS – DIREITO À PRESUNÇÃO DE INOCÊNCIA

EMENTA: "*HABEAS CORPUS*" – CONDENAÇÃO PENAL RECORRÍVEL – SUBSISTÊNCIA, MESMO ASSIM, DA PRESUNÇÃO CONSTITUCIONAL DE NÃO-CULPABILIDADE (CF, ART. 5º, LVII) – RÉUS QUE PERMANECERAM SOLTOS DURANTE O PROCESSO – RECONHECIMENTO DO DIREITO DE RECORRER EM LIBERDADE – CONVENÇÃO AMERICANA SOBRE DIREITOS HUMANOS (ARTIGO 7º, Nº 2) – ACÓRDÃO QUE ORDENA A PRISÃO DOS CONDENADOS, SEM QUALQUER MOTIVAÇÃO JUSTIFICADORA DA CONCRETA NECESSIDADE DE DECRETAÇÃO DA PRISÃO CAUTELAR DOS ORA PACIENTES – AUSÊNCIA DE EFICÁCIA SUSPENSIVA DOS RECURSOS EXCEPCIONAIS (RE E RESP) NÃO OBSTA O EXERCÍCIO DO DIREITO DE RECORRER EM LIBERDADE – DECRETABILIDADE DA PRISÃO CAUTELAR – POSSIBILIDADE, DESDE QUE SATISFEITOS OS REQUISITOS MENCIONADOS NO ART. 312 DO CPP – NECESSIDADE DA VERIFICAÇÃO CONCRETA, EM CADA CASO, DA IMPRESCINDIBILIDADE DA ADOÇÃO DESSA MEDIDA EXTRAORDINÁRIA – SITUAÇÃO EXCEPCIONAL NÃO VERIFICADA NA ESPÉCIE – CONSTRANGIMENTO ILEGAL CARACTERIZADO – PEDIDO DEFERIDO.

A PRISÃO CAUTELAR CONSTITUI MEDIDA DE NATUREZA EXCEPCIONAL.

– A privação cautelar da liberdade individual reveste-se de caráter excepcional, somente devendo ser decretada em situações de absoluta necessidade. A prisão preventiva, para legitimar-se em face de nosso sistema jurídico, impõe – além da satisfação dos pressupostos a que se refere o art. 312 do CPP (prova da existência do crime e presença de indícios suficientes de autoria) – que se evidenciem, com fundamento em base empírica idônea, razões justificadoras da imprescindibilidade dessa extraordinária medida cautelar de privação da liberdade do indiciado ou do réu.

– A questão da decretabilidade da prisão cautelar. Possibilidade excepcional, desde que satisfeitos os requisitos mencionados no art. 312 do CPP. Necessidade da verificação concreta, em cada caso, da imprescindibilidade da adoção dessa medida extraordinária. Precedentes.

A PRISÃO PREVENTIVA – ENQUANTO MEDIDA DE NATUREZA CAUTELAR – NÃO PODE SER UTILIZADA COMO INSTRUMENTO DE PUNIÇÃO ANTECIPADA DO INDICIADO OU DO RÉU.

– A prisão preventiva não pode – e não deve – ser utilizada, pelo Poder Público, como instrumento de punição antecipada daquele a quem se imputou a prática do delito, pois, no sistema jurídico brasileiro, fundado em bases democráticas, prevalece o princípio da liberdade, incompatível com punições sem processo e inconciliável com condenações sem defesa prévia. A prisão preventiva – que não deve ser confundida com a prisão penal – não objetiva infligir punição àquele que sofre a sua decretação, mas destina-se, considerada a função cautelar que lhe é inerente, a atuar em benefício da atividade estatal desenvolvida no processo penal.

RECURSOS EXCEPCIONAIS (RE E RESP) – AUSÊNCIA DE EFICÁCIA SUSPENSIVA – CIRCUNSTÂNCIA QUE, SÓ POR SI, NÃO OBSTA O EXERCÍCIO DO DIREITO DE RECORRER EM LIBERDADE.

– A denegação, ao sentenciado, do direito de recorrer em liberdade depende, para legitimar-se, da ocorrência concreta de qualquer das hipóteses referidas no art. 312 do CPP, a significar, portanto, que, inexistindo fundamento autorizador da privação meramente processual da liberdade do réu, esse ato de constrição reputar-se-á ilegal, porque destituído, em referido contexto, da necessária cautelaridade. Precedentes.

– A prisão processual, de ordem meramente cautelar, ainda que fundada em decisão condenatória recorrível (cuja prolação não descaracteriza a presunção constitucional de não-culpabilidade), tem, como pressuposto legitimador, a existência de situação de real necessidade, apta a ensejar, ao Estado, quando efetivamente ocorrente, a adoção – sempre excepcional – dessa medida constritiva de caráter pessoal. Precedentes.

– Se o réu responder ao processo em liberdade, a prisão contra ele decretada – embora fundada em condenação penal recorrível (o que lhe atribui índole eminentemente cautelar) – somente se justificará, se, motivada por fato posterior, este se ajustar, concretamente, a qualquer das hipóteses referidas no art. 312 do CPP. Situação inocorrente no caso em exame. **HC N. 96.059-RJ. RELATOR: MIN. CELSO DE MELLO.** (Inform. STF 541)

DIREITO DE RECORRER EM LIBERDADE – 3

Iniciado o julgamento de recurso ordinário em habeas corpus interposto pelo Ministério Público Federal no qual se discute, em face do princípio da presunção de não-culpabilidade, a possibilidade de conhecimento do recurso de apelação interposto em favor de condenado foragido (CPP, art. 594: "O réu não poderá apelar sem recolher-se à prisão, ou prestar fiança, salvo se for primário e de bons antecedentes, assim reconhecido na sentença condenatória, ou condenado por crime de que se livre solto"). O Min. Joaquim Barbosa, relator, proferiu voto no sentido de dar provimento ao recurso, a fim de que o tribunal local profira novo juízo de admissibilidade da apelação, por entender que o princípio constitucional da presunção de inocência impõe, como regra, que o acusado recorra em liberdade, podendo-se determinar o seu recolhimento, se preenchidos os requisitos para a prisão cautelar. O Min. Joaquim Barbosa salientou, ainda, que o não-conhecimento da apelação pelo fato de o réu ter sido revel durante a instrução ofende o princípio que assegura a ampla defesa, bem como a regra do duplo grau de jurisdição prevista em pactos internacionais, como o de São José da Costa Rica, assinados pelo Brasil posteriormente à edição do Código de Processo Penal. Após os votos dos Ministros Carlos Britto, Cezar Peluso e Gilmar Mendes – que, na linha da tese defendida no voto por ele proferido na Rcl 2391 MC/PR, acima noticiada, emprestava efeitos ex nunc à decisão-, acompanhando o Min. Joaquim Barbosa, o julgamento foi adiado em face do pedido de vista da Ministra Ellen Gracie. **RHC 83810/RJ, rel. Min. Joaquim Barbosa, 17 e 18.12.2003 (RHC-83810)**

DIREITO DE RECORRER EM LIBERDADE – 4

O conhecimento de apelação da defesa independe do recolhimento do réu à prisão. Com base nesse entendimento, o Tribunal proveu recurso ordinário em *habeas corpus* interposto pelo Ministério Público Federal no qual se discutia, em face do princípio da presunção da não-culpabilidade, ser possível, ou não, o conhecimento do recurso de apelação interposto em favor de condenado foragido (CPP, art. 594: "*O réu não poderá apelar sem recolher-se à prisão, ou prestar fiança, salvo se for primário e de bons antecedentes, assim reconhecido na sentença condenatória, ou condenado por crime de que se livre solto*") — v. Informativo 334. Considerou-se que o princípio constitucional da presunção de inocência impõe, como regra, que o acusado recorra em liberdade, podendo-se determinar o seu recolhimento, se preenchidos os requisitos para a prisão cautelar. Salientou-se, ainda, que o não-conhecimento da apelação pelo fato de o réu ter sido revel durante a instrução ofende o princípio que assegura a ampla defesa, bem como a regra do duplo grau de jurisdição prevista em pactos internacionais, como o de São José da Costa Rica, assinados pelo Brasil posteriormente à edição do Código de Processo Penal. Enfatizou-se, ademais, que a Lei 11.719/2008 revogou expressamente o aludido art. 594 do CPP e introduziu o parágrafo único ao art. 387 desse mesmo código ("*O juiz decidirá, fundamentadamente, sobre a manutenção ou, se for o caso, imposição de prisão preventiva ou de outra medida cautelar, sem prejuízo do conhecimento da apelação que vier a ser interposta.*"). A Min. Ellen Gracie aduziu que o princípio do duplo grau de jurisdição não tem estatura constitucional, por isso não existiria a obrigatoriedade da existência de dois graus de jurisdição para todos os casos. RHC provido, a fim de que o tribunal local profira novo juízo de admissibilidade da apelação. **RHC 83810/RJ, rel. Min. Joaquim Barbosa, 5.3.2009. (RHC-83810)** (Inform. STF 537)

EMENTA: "HABEAS CORPUS". ESTRANGEIRO **NÃO DOMICILIADO** NO BRASIL. CONDIÇÃO JURÍDICA **QUE NÃO O DESQUALIFICA** COMO SUJEITO DE DIREITOS **E** TITULAR DE GARANTIAS CONSTITUCIONAIS E LEGAIS. **PLENITUDE DE ACESSO**, EM CONSEQÜÊNCIA, **AOS INSTRUMENTOS PROCESSUAIS** DE TUTELA DA LIBERDADE. **RESPEITO**, PELO PODER PÚBLICO, ÀS PRERROGATIVAS JURÍDICAS **QUE COMPÕEM** O PRÓPRIO ESTATUTO CONSTITUCIONAL DO DIREITO DE DEFESA. **VEDAÇÃO LEGAL** ABSOLUTA, EM CARÁTER APRIORÍSTICO, **DA CONCESSÃO** DE LIBERDADE PROVISÓRIA. **LEI DO CRIME ORGANIZADO** (ART. 7º). INCONSTITUCIONALIDADE. **OFENSA** AOS POSTULADOS CONSTITUCIONAIS DA PRESUNÇÃO DE INOCÊNCIA, DO "DUE PROCESS OF LAW", DA DIGNIDADE DA PESSOA HUMANA **E** DA PROPORCIONALIDADE. **O SIGNIFICADO** DO PRINCÍPIO DA PROPORCIONALIDADE, **VISTO SOB A PERSPECTIVA** DA "PROIBIÇÃO DO EXCESSO": **FATOR DE CONTENÇÃO E CONFORMAÇÃO** DA PRÓPRIA ATIVIDADE NORMATIVA DO ESTADO. ENTENDIMENTO **DE AUTORIZADO** MAGISTÉRIO DOUTRINÁRIO (LUIZ FLÁVIO GOMES, ALBERTO SILVA FRANCO, ROBERTO DELMANTO JUNIOR, GERALDO PRADO E WILLIAM DOUGLAS, "INTER ALIA"). **PRECEDENTE** DO SUPREMO TRIBUNAL FEDERAL: **ADI 3.112/DF** (ESTATUTO DO DESARMAMENTO, **ART. 21**). **CONVENÇÃO DE PALERMO** (CONVENÇÃO DAS NAÇÕES UNIDAS CONTRA O CRIME ORGANIZADO TRANSNACIONAL). **TRATADO MULTILATERAL**, DE ÂMBITO GLOBAL, **REVESTIDO** DE ALTÍSSIMO SIGNIFICADO, **DESTINADO** A PROMOVER A COOPERAÇÃO **PARA PREVENIR E REPRIMIR**, DE MODO MAIS EFICAZ, A MACRODELINQÜÊNCIA **E** AS ORGANIZAÇÕES CRIMINOSAS DE CARÁTER TRANSNACIONAL. CONVENÇÃO **INCORPORADA** AO ORDENAMENTO POSITIVO

INTERNO BRASILEIRO (**DECRETO** Nº 5.015/2004). **INADMISSIBILIDADE** DA INVOCAÇÃO **DO ART.** 11 DA CONVENÇÃO DE PALERMO **COMO SUPORTE** DE LEGITIMAÇÃO **E** REFORÇO **DO ART. 7º** DA LEI DO CRIME ORGANIZADO. **A SUBORDINAÇÃO HIERÁRQUICO-NORMATIVA**, À AUTORIDADE DA CONSTITUIÇÃO DA REPÚBLICA, DOS TRATADOS INTERNACIONAIS **QUE NÃO VERSEM** MATÉRIA DE DIREITOS HUMANOS. **JURISPRUDÊNCIA** (**STF**). **DOUTRINA**. **CARÁTER EXTRAORDINÁRIO** DA PRIVAÇÃO CAUTELAR DA LIBERDADE INDIVIDUAL. **INVIABILIDADE** DE SUA DECRETAÇÃO, **QUANDO FUNDADA** NA GRAVIDADE OBJETIVA DO DELITO, NA SUPOSTA OFENSA À CREDIBILIDADE DAS INSTITUIÇÕES, NO CLAMOR PÚBLICO **E** NA SUPOSIÇÃO DE QUE O RÉU POSSA INTERFERIR NAS PROVAS. **NÃO SE DECRETA** PRISÃO CAUTELAR, **SEM** QUE HAJA **REAL** NECESSIDADE DE SUA EFETIVAÇÃO, **SOB PENA** DE OFENSA AO "STATUS LIBERTATIS" DAQUELE QUE A SOFRE. **PRECEDENTES. MEDIDA CAUTELAR DEFERIDA. (HC 94.404 MC/SP, rel. Min. Celso de Mello, j. em 19/08/08)** (Inform. STF 516)

3. DIREITOS JUDICIAIS – DIREITO AO CONTRADITÓRIO E À PLENITUDE DE DEFESA

EXTRADIÇÃO E ART. 36 DA CONVENÇÃO DE VIENA

Por reputar devidamente preenchidos os requisitos estabelecidos na Lei 6.815/80, o Tribunal deferiu pedido de extradição formulado pelo Governo da República Federal da Alemanha, com base em promessa de reciprocidade, de nacional alemão acusado da suposta prática do crime de tráfico ilícito de drogas. Afastou-se, ademais, a alegação da defesa de que o pedido extradicional deveria ser indeferido porque fundado em depoimento do extraditando colhido ilegalmente por agentes da polícia federal alemã, os quais se teriam feito passar por agentes diplomáticos. No ponto, ressaltou-se que a Convenção de Viena sobre Relações Consulares, em seu art. 36, 1 (b), determina que a autoridade competente do Estado receptor — na hipótese, o Brasil — deverá, sem tardar, informar a repartição consular competente quando, em sua jurisdição, um estrangeiro for preso ou detido e também deverá comunicar imediatamente o interessado preso ou detido sobre esse direito. Asseverou-se que o escopo dessa norma é a de garantir que os estrangeiros detidos recebam o apoio consular, a fim de compreender seus direitos legais e tenham à disposição todos os meios para preparar uma defesa adequada, tendo em vista as eventuais dificuldades decorrentes da falta de conhecimento do idioma local e da natureza do procedimento criminal do Estado receptor. Verificou-se que, na espécie, as autoridades policiais brasileiras teriam preservado o direito do extraditando de se comunicar com os agentes consulares por ocasião de sua prisão em flagrante e de constituir à sua escolha um advogado para representá-lo, restando observada, assim, a mencionada norma. O Min. Celso de Mello salientou, quanto ao art. 36 da Convenção de Viena sobre Relações Consulares, que tal questão certamente deverá ser considerada por esta Corte em casos futuros se e quando ocorrer transgressão a essa norma de vital importância, a qual consubstancia uma prerrogativa que compõe hoje o universo conceitual dos direitos básicos da pessoa humana. Afirmou ter a impressão de que, em diversos procedimentos penais instaurados no Brasil contra súditos estrangeiros, as autoridades brasileiras não têm tido a percepção de que há uma obrigação imposta em tratado internacional multilateral, subscrito pelo Brasil e incorporado ao plano do direito positivo interno. Concluiu tratar-se, portanto, de uma matéria da qual o Tribunal deve se ocupar, especialmente no contexto da garantia do devido processo e da observância de direitos básicos que assistem a qualquer pessoa e, em particular, aos estrangeiros quando efetivada a sua prisão por autoridades brasileiras. **Ext 1126/República Federal da Alemanha, rel. Min. Joaquim Barbosa, 22.10.2009. (Ext-1126)** (Inform. STF 564)

ART. 118, § 3º, DO REGIMENTO INTERNO DO STM E LAVRATURA DE ACÓRDÃO

O Tribunal deu provimento a recurso extraordinário interposto contra decisão proferida pelo Superior Tribunal Militar – STM que, com base no art. 118, § 3º, de seu Regimento Interno (*"Art. 118, §3º, O resultado do julgamento será certificado nos autos pela Secretaria do Tribunal Pleno"*), deixara de lavrar acórdão relativo a agravo regimental e demais recursos que a ele se seguiram, registrando o julgamento dos mesmos por meio de certidões. Entendeu-se que a falta de formalização do acórdão, com base em norma regimental, configura ato atentatório à garantia constitucional da publicidade dos atos processuais, bem como afronta o direito consagrado no art. 93, IX, da CF, segundo o qual todas as decisões judiciais devem ser fundamentadas. Considerou-se não observada, também, a garantia prevista no art. 8º, 5, da Convenção Americana de Direitos Humanos, internalizada pelo Decreto 678/92, que estabelece que *"o processo penal deve ser público, salvo no que for necessário para preservar os interesses da justiça"*. Esclareceu-se, no ponto, que o Pacto de San José da Costa Rica ingressou no ordenamento legal pátrio como regra de caráter supralegal ou, até mesmo, como norma dotada de dignidade constitucional, segundo recente entendimento expressado por magistrados do Supremo (HC 87585/TO e RE 466343/SP, j. em 4.12.2008). Aduziu-se que o princípio da publicidade é garantia essencial de todo o cidadão, que integra o devido processo legal e dá efetividade aos princípios constitucionais da ampla defesa e do contraditório. Asseverou-se, ademais, que qualquer restrição aos direitos e garantias fundamentais, quando expressamente autorizada pelo texto constitucional, somente pode ser concretizada por meio de lei formal. Por fim, afirmou-se que, em razão de o dispositivo regimental questionado não vedar, em nenhum momento, a lavratura de acórdão da decisão colegiada em agravo regimental, não caberia falar em inconstitucionalidade da norma, pois o problema não estaria na lavratura da certidão, mas na falta de lavratura do acórdão, único documento hábil a tornar pública a vontade da Corte. RE provido para determinar seja lavrado o respectivo acórdão da decisão em comento. Vencido, parcialmente, o Min. Marco Aurélio, que dava provimento ao recurso e também declarava a inconstitucionalidade da norma questionada. Outros precedentes citados: RE 235487/RO (DJU de 21.6.2002); HC 71551/MA (DJU de 6.12.92); MI 284/DF (DJU de 26.6.92); RMS 23036/RJ (DJU de 25.8.2006); RE 540995/RJ (DJE de 2.5.2008). **RE 575144/DF, rel. Min. Ricardo Lewandowski, 11.12.2008. (RE-575144)** (Inform. STF 532)

FALHA NA CITAÇÃO E NÃO OCORRÊNCIA DE PRECLUSÃO

A ausência de citação escorreita para os atos do processo caracteriza vício insanável. Com base nesse entendimento, a Turma deferiu *habeas corpus* impetrado em favor de condenado pela prática do crime previsto no art. 157, § 2º, I e II, do CP que, em virtude de erro no endereço constante do mandado de citação, fora citado por edital. Considerou-se que a defesa do paciente restara prejudicada por falha do aparelho judiciário, haja vista ser plausível a hipótese de que, se procurado no endereço correto, poderia ter sido encontrado para o ato de chamamento à lide penal. Asseverou-se que, embora tal alegação só tivesse sido suscitada em sede de *habeas corpus*, quando já transitada em julgado a decisão condenatória e até mesmo ajuizada ação de revisão criminal, cujo pedido fora julgado improcedente, não haveria de se cogitar da preclusão. No ponto, enfatizou-se que a falta de citação pessoal causara prejuízo insanável ao paciente, o qual ficara impossibilitado de exercer a autodefesa e de escolher livremente o seu defensor, garantias, aliás, acolhidas no art. 8º, 2, **d**, da Convenção Interamericana de Direitos Humanos, adotada pelo Brasil por meio do Decreto 678/92. Por fim, com o acolhimento dessa pretensão, reputou-se superado o argumento de ausência de intimação da defensora pública para a sessão de julgamento do recurso de apelação. Ordem concedida para decretar, em relação ao paciente, a nulidade do processo a partir do ato de citação, nos termos do art. 573 do CPP. **HC 92569/MS, rel. Min. Ricardo Lewandowski, 11.3.2008. (HC-92569)** (Inform. STF 498)

EMENTA: A **GARANTIA CONSTITUCIONAL** DA PLENITUDE DE DEFESA: **UMA DAS PROJEÇÕES CONCRETIZADORAS** DA CLÁUSULA DO "DUE PROCESS OF LAW". **CARÁTER GLOBAL E ABRANGENTE** DA FUNÇÃO DEFENSIVA: **DEFESA TÉCNICA E AUTODEFESA** (DIREITO DE AUDIÊNCIA **E** DIREITO DE PRESENÇA). **PACTO INTERNACIONAL** SOBRE DIREITOS CIVIS E POLÍTICOS/ONU (ART. 14, N. 3, "D") **E CONVENÇÃO AMERICANA** DE DIREITOS HUMANOS/OEA (ART. 8º, § 2º, "D" E "F"). **DEVER DO ESTADO** DE ASSEGURAR, **AO RÉU PRESO**, O EXERCÍCIO DESSA PRERROGATIVA ESSENCIAL, **ESPECIALMENTE A DE COMPARECER** À AUDIÊNCIA DE INQUIRIÇÃO DAS TESTEMUNHAS, **AINDA** MAIS QUANDO ARROLADAS PELO MINISTÉRIO PÚBLICO. **RAZÕES** DE CONVENIÊNCIA ADMINISTRATIVA **OU** GOVERNAMENTAL **NÃO PODEM LEGITIMAR** O DESRESPEITO **NEM COMPROMETER** A EFICÁCIA **E** A OBSERVÂNCIA DESSA FRANQUIA CONSTITUCIONAL. **DOUTRINA**. **PRECEDENTES**. MEDIDA CAUTELAR **DEFERIDA**. **(HC 93.053 MC/SP, rel. Min. Celso de Mello, j. em 08/02/08) (Inform. STF 494)**

4. DIREITOS JUDICIAIS – EXCESSO DE PRAZO NA PRISÃO CAUTELAR

EMENTA: "HABEAS CORPUS". HOMICÍDIO QUALIFICADO. PRISÃO PREVENTIVA. DECISÃO DE PRONÚNCIA QUE MANTÉM A PRIVAÇÃO CAUTELAR DA LIBERDADE DO PACIENTE. **DURAÇÃO IRRAZOÁVEL** DA PRISÃO PROCESSUAL DO PACIENTE QUE SE PROLONGA, **SEM** QUE HAJA NOTÍCIA DA PROXIMIDADE DO JULGAMENTO PELO CONSELHO DE SENTENÇA, HÁ **MAIS** DE QUATRO (04) ANOS. **CONFIGURAÇÃO**, NA ESPÉCIE, **DE OFENSA EVIDENTE** AO "STATUS LIBERTATIS" DO PACIENTE. **INADMISSIBILIDADE. PRECEDENTES** DO SUPREMO TRIBUNAL FEDERAL. **MEDIDA LIMINAR DEFERIDA.**

– **O excesso de prazo**, mesmo tratando-se de delito hediondo (ou a este equiparado), **não pode** ser tolerado, **impondo-se**, ao Poder Judiciário, **em obséquio** aos princípios consagrados na Constituição da República, **a imediata revogação** da prisão cautelar do indiciado **ou** do réu.

– **A duração prolongada**, **abusiva e irrazoável** da prisão cautelar de alguém **ofende**, de modo frontal, **o postulado** da dignidade da pessoa humana, **que representa** – considerada a **centralidade** desse princípio essencial (CF, art. 1º, III) – **significativo** vetor interpretativo, **verdadeiro valor-fonte** que conforma e inspira todo o ordenamento constitucional vigente em nosso País e que traduz, de modo expressivo, um dos fundamentos em que se assenta, entre nós, a ordem republicana e democrática consagrada pelo sistema de direito constitucional positivo. Constituição Federal (Art. 5º, incisos LIV e LXXVIII). **EC** 45/2004. **Convenção Americana sobre Direitos Humanos** (Art. 7º, ns. 5 e 6). **Doutrina. Jurisprudência. (HC 101357 MC/SP, rel. Min. Celso de Mello)** (Inform. STF 579)

EMENTA: "HABEAS CORPUS" – PROCESSO PENAL – **PRISÃO CAUTELAR – EXCESSO DE PRAZO – INADMISSIBILIDADE – OFENSA** AO POSTULADO CONSTITUCIONAL DA DIGNIDADE DA PESSOA HUMANA (**CF**, ART. 1º, III) – **TRANSGRESSÃO** À GARANTIA DO DEVIDO PROCESSO LEGAL (**CF**, ART. 5º, LIV) – **CARÁTER EXTRAORDINÁRIO** DA PRIVAÇÃO CAUTELAR DA LIBERDADE INDIVIDUAL – **UTILIZAÇÃO**, PELO MAGISTRADO, **DE CRITÉRIOS INCOMPATÍVEIS** COM A JURISPRUDÊNCIA DO SUPREMO TRIBUNAL FEDERAL – SITUAÇÃO **DE INJUSTO** CONSTRANGIMENTO CONFIGURADA – **PEDIDO DEFERIDO**.

O EXCESSO DE PRAZO NÃO PODE SER TOLERADO, IMPONDO-SE, AO PODER JUDICIÁRIO, EM OBSÉQUIO AOS PRINCÍPIOS CONSAGRADOS NA CONSTITUIÇÃO DA REPÚBLICA, O IMEDIATO RELAXAMENTO DA PRISÃO CAUTELAR DO INDICIADO OU DO RÉU.

– **Nada pode justificar** a permanência de uma pessoa na prisão, **sem** culpa formada, **quando configurado excesso irrazoável** no tempo de sua segregação cautelar (**RTJ** 137/287 – **RTJ** 157/633 – **RTJ** 180/262-264 – **RTJ** 187/933-934), **considerada a excepcionalidade** de que se reveste, em nosso sistema jurídico, a prisão **meramente** processual do indiciado **ou** do réu.

– **O excesso de prazo**, quando **exclusivamente** imputável ao aparelho judiciário – **não derivando**, portanto, **de qualquer** fato procrastinatório causalmente atribuível ao réu – **traduz situação anômala** que compromete **a efetividade** do processo, pois, **além** de tornar evidente **o desprezo estatal** pela liberdade do cidadão, **frustra** um direito básico **que assiste** a qualquer pessoa: **o direito** à resolução do litígio, **sem** dilações indevidas (**CF**, art. 5º, LXXVIII) **e com todas as garantias** reconhecidas pelo ordenamento constitucional, **inclusive a de não sofrer** o arbítrio da coerção estatal **representado** pela privação cautelar da liberdade por tempo irrazoável ou superior àquele estabelecido em lei.

– **A duração prolongada**, **abusiva e irrazoável** da prisão cautelar de alguém **ofende**, de modo frontal, **o postulado** da dignidade da pessoa humana, **que representa** – considerada a **centralidade** desse princípio essencial (**CF**, art. 1º, III) – **significativo** vetor interpretativo, **verdadeiro valor-fonte** que conforma e inspira **todo** o ordenamento constitucional **vigente** em nosso País **e que traduz**, de modo expressivo, **um dos fundamentos** em que se assenta, **entre nós**, a ordem republicana e democrática **consagrada** pelo sistema de direito constitucional positivo. **Constituição Federal** (Art. 5º, **incisos** LIV e LXXVIII). **EC 45/2004. Convenção Americana sobre Direitos Humanos** (Art. 7º, ns. 5 e 6). **Doutrina. Jurisprudência.**

– O indiciado **e** o réu, **quando configurado excesso irrazoável** na duração de sua prisão cautelar, **não podem** permanecer expostos a tal situação **de evidente** abusividade, **sob pena** de o instrumento processual da tutela cautelar penal transmudar-se, **mediante subversão** dos fins que o legitimam, **em inaceitável** (e inconstitucional) **meio de antecipação executória** da própria sanção penal. **Precedentes.**

A PRISÃO CAUTELAR CONSTITUI MEDIDA DE NATUREZA EXCEPCIONAL.

– **A privação cautelar** da liberdade individual **reveste-se** de caráter excepcional, **somente** devendo ser decretada em situações **de absoluta** necessidade.

A prisão **decorrente** de decisão de pronúncia, **para legitimar-se** em face de nosso sistema jurídico, **impõe** – além da satisfação dos pressupostos a que se refere o art. 312 do CPP (**prova** da existência material do crime **e presença** de indícios suficientes de autoria) – que se evidenciem, **com fundamento** em base empírica idônea, razões justificadoras **da imprescindibilidade** dessa **extraordinária** medida cautelar de privação da liberdade do indiciado ou do réu.

– **A questão da decretabilidade** da prisão cautelar. **Possibilidade excepcional, desde que satisfeitos** os requisitos mencionados no art. 312 do CPP. **Necessidade da verificação concreta**, em cada caso, **da imprescindibilidade** da adoção dessa medida extraordinária. **Precedentes.**

A PRISÃO CAUTELAR NÃO PODE SER UTILIZADA COMO INSTRUMENTO DE PUNIÇÃO ANTECIPADA DO INDICIADO OU DO RÉU.

– A prisão cautelar **não pode – e não deve** – ser utilizada, pelo Poder Público, como instrumento **de punição antecipada** daquele a quem se imputou a prática do delito, **pois**, no sistema jurídico brasileiro, **fundado** em bases democráticas, **prevalece** o princípio da liberdade, **incompatível** com punições **sem** processo **e inconciliável** com condenações **sem** defesa prévia.

A prisão **decorrente** de decisão de pronúncia – **que não deve** ser confundida com a prisão penal – **não objetiva** infligir punição àquele que sofre a sua decretação, **mas destina-se**, considerada **a função cautelar** que lhe é inerente, **a atuar em benefício** da atividade estatal desenvolvida **no processo penal**.

A GRAVIDADE EM ABSTRATO DO CRIME NÃO CONSTITUI FATOR DE LEGITIMAÇÃO DA PRIVAÇÃO CAUTELAR DA LIBERDADE.

– **A natureza** da infração penal não constitui, **só por si**, fundamento justificador da decretação da prisão cautelar daquele que sofre a persecução criminal instaurada pelo Estado. **Precedentes.**

AUSÊNCIA DE DEMONSTRAÇÃO, NO CASO, **DA NECESSIDADE CONCRETA** DE DECRETAR-SE A PRISÃO CAUTELAR DO PACIENTE.

– **Sem** que se caracterize situação **de real** necessidade, **não se legitima** a privação cautelar da liberdade individual do indiciado **ou** do réu. **Ausentes** razões de necessidade, **revela-se incabível**, ante a sua excepcionalidade, a decretação **ou** a subsistência da prisão meramente processual.

PRISÃO CAUTELAR E POSSIBILIDADE DE EVASÃO DO DISTRITO DA CULPA.

– **A mera possibilidade de evasão** do distrito da culpa – **seja para evitar** a configuração do estado de flagrância, **seja**, ainda, **para questionar** a legalidade **e/ou** a validade **da própria** decisão de custódia cautelar – **não basta**, só por si, **para justificar** a decretação **ou** a manutenção **da medida excepcional** de privação cautelar da liberdade individual do indiciado ou do réu.

– **A prisão cautelar** – qualquer que seja a modalidade que ostente no ordenamento positivo brasileiro (**prisão** em flagrante, **prisão** temporária, **prisão** preventiva, **prisão** decorrente de decisão de pronúncia **ou prisão** motivada por condenação penal recorrível) -**somente** se legitima, **se** se comprovar, **com apoio** em base empírica idônea, **a real necessidade** da adoção, pelo Estado, **dessa extraordinária** medida de constrição do "status libertatis" do indiciado ou do réu. **Precedentes.** HC N. 95.464-SP RELATOR: MIN. CELSO DE MELLO.

5. DIREITOS CIVIS – DIREITO DE EXPRESSÃO

ART. 4º, V, DO DECRETO-LEI 972/69: EXIGÊNCIA DE CURSO DE JORNALISMO E NÃO-RECEPÇÃO – 1

A Constituição Federal de 1988 não recepcionou o art. 4º, V, do Decreto-lei 972/69, o qual exige o diploma de curso superior de jornalismo, registrado pelo Ministério da Educação, para o exercício da profissão de jornalista. Com base nesse entendimento, o Tribunal, por maioria, deu provimento a recursos extraordinários interpostos pelo Ministério Público Federal e pelo Sindicato das Empresas de Rádio e Televisão no Estado de São Paulo – SERTESP contra acórdão do Tribunal Regional Federal da 3ª Região que concluíra em sentido contrário. Entendeu-se que a norma impugnada seria incompatível com as liberdades de profissão, de expressão e de informação previstas nos artigos 5º, IX e XIII, e 220, da CF, bem como violaria o disposto no art. 13 da Convenção Americana de Direitos Humanos, denominado Pacto de San José da Costa Rica, ao qual o Brasil aderiu em 1992. **RE 511961/SP, rel. Min. Gilmar Mendes, 17.6.2009.** (RE-511961)

ART. 4º, V, DO DECRETO-LEI 972/69: EXIGÊNCIA DE CURSO DE JORNALISMO E NÃO-RECEPÇÃO – 2

Asseverou-se que o tema envolveria a delimitação do âmbito de proteção da liberdade de exercício profissional assegurada pelo art. 5º, XIII, da CF ("é livre o exercício de qualquer trabalho, ofício ou profissão, atendidas as qualificações profissionais que a lei estabelecer"), assim como a identificação das restrições e conformações legais constitucionalmente permitidas. Afirmou-se que se teria no citado preceito uma inequívoca reserva legal qualificada, ou seja, a Constituição remeteria à lei o estabelecimento das qualificações profissionais como restrições ao livre exercício profissional. Esse modelo de reserva legal qualificada estaria presente nas Constituições anteriores que prescreviam à lei a definição das "condições de capacidade" como condicionantes para o exercício profissional. Considerou-se que, no âmbito desse modelo de reserva legal qualificada, pairaria uma imanente questão constitucional quanto à razoabilidade e proporcionalidade das leis restritivas, especificamente das leis que disciplinam as qualificações profissionais como condicionantes do livre exercício das profissões e salientou-se que a reserva legal fixada pelo art. 5º, XIII, da CF não conferiria ao legislador o poder de restringir o exercício da liberdade a ponto de atingir o seu próprio núcleo essencial. Assim, ressaltou-se que seria preciso verificar se a lei restritiva da liberdade de exercício profissional, ao definir as qualificações profissionais, como autorizado pelo texto constitucional, transbordaria os limites da proporcionalidade, atingindo o próprio núcleo essencial dessa liberdade. Citou-se, a esse respeito, precedentes da Corte (RE 70563/SP, DJU de 22.4.71 e Rp 930/DF, DJU de 2.9.77), e registrou-se que, desde a Rp 930/DF, o Supremo teria firmado orientação no sentido de que as restrições legais à liberdade de exercício profissional somente poderiam ser levadas a efeito no que respeita às qualificações profissionais, devendo ser reputada inconstitucional a restrição legal desproporcional e que violasse o conteúdo essencial daquela liberdade. **RE 511961/SP, rel. Min. Gilmar Mendes, 17.6.2009.** (RE-511961)

ART. 4º, V, DO DECRETO-LEI 972/69: EXIGÊNCIA DE CURSO DE JORNALISMO E NÃO-RECEPÇÃO – 3

Tendo em conta essas ponderações, aduziu-se, relativamente ao inciso V do art. 4º do Decreto-lei 972/69, ser preciso aferir se o exercício da profissão de jornalista exigiria qualificações profissionais e capacidades técnicas específicas e especiais e se, dessa forma, estaria o Estado legitimado constitucionalmente a regulamentar a matéria em defesa do interesse da coletividade. Frisou-se que a doutrina constitucional consideraria que as qualificações profissionais a que se refere o art. 5º, XIII, da CF somente poderiam ser exigidas, pela lei, daquelas profissões que, de alguma forma, poderiam trazer perigo de dano à coletividade ou prejuízos diretos a direitos de terceiros, sem culpa das vítimas, como a medicina e as demais profissões ligadas à área da saúde, a engenharia, a advocacia e a magistratura, dentre outras. Dessa forma, a profissão de jornalista, por não implicar tais riscos, não poderia ser objeto de exigências quanto às condições de capacidade técnica para o seu exercício, sendo que eventuais riscos ou danos efetivos provocados por profissional do jornalismo a terceiros não seriam inerentes à atividade e, dessa forma, não seriam evitáveis pela exigência de um diploma de graduação. Tais entendimentos, que apreenderiam o sentido normativo do art. 5º, XIII, da CF, demonstrariam, portanto, a desproporcionalidade das medidas estatais que visam restringir o livre exercício do jornalismo mediante a exigência de registro em órgão público condicionado à comprovação de formação em curso superior de jornalismo. **RE 511961/SP, rel. Min. Gilmar Mendes, 17.6.2009.** (RE-511961)

ART. 4º, V, DO DECRETO-LEI 972/69: EXIGÊNCIA DE CURSO DE JORNALISMO E NÃO-RECEPÇÃO – 4

Afirmou-se que as violações à honra, à intimidade, à imagem ou a outros direitos da personalidade não constituiriam riscos inerentes ao exercício do jornalismo, mas sim o resultado do exercício abusivo e antiético dessa profissão. Depois de distinguir o jornalismo despreparado do abusivo, destacou-se que o último não estaria limitado aos profissionais despreparados ou que não freqüentaram um curso superior, e que as notícias falaciosas e inverídicas, a calúnia, a injúria e a difamação configurariam um grave desvio de conduta, passível de responsabilidade civil e penal, mas não solucionado na formação técnica do jornalista. No ponto, afastou-se qualquer suposição no sentido de que os cursos de graduação em jornalismo seriam desnecessários após a declaração de não-recepção do art. 4º, V, do Decreto-lei 972/69, bem como se demonstrou a importância desses cursos para o preparo técnico e ético dos profissionais. Apontou-se que o jornalismo seria uma profissão diferenciada por sua estreita vinculação ao pleno exercício das liberdades de expressão e informação, constituindo a própria manifestação e difusão do pensamento e da informação de forma contínua, profissional e remunerada, razão por que jornalismo e liberdade de expressão não poderiam ser pensadas e tratadas de forma separada. Por isso, a interpretação do art. 5º, XIII, da CF, na hipótese da profissão de jornalista, teria de ser feita, impreterivelmente, em conjunto com os preceitos do art. 5º, IV, IX, XIV, e do art. 220, da CF, os quais asseguram as liberdades de expressão, de informação e de comunicação em geral. **RE 511961/SP, rel. Min. Gilmar Mendes, 17.6.2009.** (RE-511961)

ART. 4º, V, DO DECRETO-LEI 972/69: EXIGÊNCIA DE CURSO DE JORNALISMO E NÃO-RECEPÇÃO – 5

Mencionou-se, também, o que decidido pela Corte no julgamento da ADPF 130/DF (DJE de 12.5.2009), no sentido de que as liberdades de expressão e de informação e, especificamente, a liberdade de imprensa, somente poderiam ser restringidas pela lei em casos excepcionalíssimos, sempre em razão da proteção de outros valores e interesses constitucionais igualmente relevantes, como os direitos à honra, à imagem, à privacidade e à personalidade em geral. Nesse sentido, aduziu-se que o constituinte de 1988 não concebeu a liberdade de expressão como direito absoluto, insuscetível de restrição pelo Judiciário ou pelo Legislativo, mas apenas estabeleceu ser inadmissível que a disciplina legal criasse embaraços à liberdade de informação. Assim, no caso da profissão de jornalista, a interpretação do art. 5º, XIII, em conjunto com os seus incisos IV, IX, XIV e o art. 220, da CF, levaria à conclusão de que a ordem constitucional somente admitiria a definição legal das qualificações profissionais na hipótese em que fossem elas fixadas para proteger, efetivar e reforçar o exercício profissional das liberdades de expressão e de informação por parte dos jornalistas. Disso se perceberia que a exigência de curso superior para a prática do jornalismo não estaria autorizada pela ordem constitucional, por consubstanciar uma restrição, um impedimento, uma verdadeira supressão do pleno, incondicionado e efetivo exercício da liberdade jornalística, expressamente proibido pelo art. 220, § 1º, da CF. Portanto, em se tratando de jornalismo, atividade intimamente ligada às liberdades de expressão e informação, o Estado não estaria legitimado a estabelecer condicionamentos e restrições quanto ao acesso à profissão e ao respectivo exercício profissional. **RE 511961/SP, rel. Min. Gilmar Mendes, 17.6.2009.** (RE-511961)

ART. 4º, V, DO DECRETO-LEI 972/69: EXIGÊNCIA DE CURSO DE JORNALISMO E NÃO-RECEPÇÃO – 6

Ressaltou-se, ademais, que a impossibilidade do estabelecimento de controles estatais sobre a profissão jornalística também levaria à conclusão de que não poderia o Estado criar uma ordem ou um conselho profissional (autarquia) para a fiscalização desse tipo de profissão e que o exercício do poder de polícia do Estado seria vedado nesse campo em que imperam as liberdades de expressão e de informação. Por outro lado, observou-se que a vedação constitucional a qualquer tipo de controle estatal prévio não desprezaria o elevado potencial da atividade jornalística para gerar riscos de danos ou danos efetivos à ordem, segurança, bem-estar da coletividade e a direitos de terceiros. Asseverou-se que, no Estado Democrático de Direito, a proteção da liberdade de imprensa também levaria em conta a proteção contra a própria imprensa, sendo que a Constituição garantiria as liberdades de expressão e de informação sem permitir, entretanto, violações à honra, à intimidade e à dignidade humana. Entendeu-se ser certo que o exercício abusivo do jornalismo ensejaria graves danos individuais e coletivos, mas que seria mais certo ainda que os danos causados pela atividade jornalística não poderiam ser evitados ou controlados por qualquer tipo de medida estatal de índole preventiva. Dessa forma, o abuso da liberdade de expressão não poderia ser objeto de controle prévio, mas de responsabilização civil e penal sempre *a posteriori*. Em decorrência disso, não haveria razão para se acreditar que a exigência de diploma de curso superior de jornalismo seria medida adequada e eficaz para impedir o exercício abusivo da profissão. Portanto, caracterizada essa exigência como típica forma de controle prévio das liberdades de expressão e de informação, e verificado o embaraço à plena liberdade jornalística, concluir-se-ia que ela não estaria autorizada constitucionalmente. **RE 511961/SP, rel. Min. Gilmar Mendes, 17.6.2009.** (RE-511961)

ART. 4º, V, DO DECRETO-LEI 972/69: EXIGÊNCIA DE CURSO DE JORNALISMO E NÃO-RECEPÇÃO – 7

Diante dessas considerações, julgou-se demonstrada a necessidade de proteção dos jornalistas não apenas em face do Estado, mas dos próprios meios de comunicação, ante seu poder quase incomensurável. Os direitos dos jornalistas, especificamente as garantias quanto ao seu estatuto profissional, deveriam ser assegurados em face do Estado, da imprensa e dos próprios jornalistas, sendo que a exigência de diploma comprovante da formatura em um curso de jornalismo não teria qualquer efeito nesse sentido. Reputou-se que, nesse campo de proteção dos direitos e prerrogativas profissionais dos jornalistas, a autoregulação seria a solução mais consentânea com a ordem constitucional e com as liberdades de expressão e de informação, solução esta aventada pela Corte para o campo da imprensa em geral no julgamento da citada ADPF 130/DF. Dessa forma, seriam os próprios meios de comunicação que deveriam estabelecer os mecanismos de controle quanto à contratação, avaliação, desempenho, conduta ética dos profissionais do jornalismo, podendo as empresas de comunicação estipular critérios de contratação, como a especialidade de determinado campo do conhecimento, e, ainda, a própria exigência de curso superior em jornalismo. Esse tipo de orientação regulatória, ao permitir a *autopoiesis* do sistema de comunicação social, ofereceria uma maior proteção das liberdades de expressão. Considerou-se que essa seria, portanto, a melhor interpretação dos artigos 5º, IX, XIII, e 220 da CF e a solução mais consentânea com a proteção das liberdades de profissão, de expressão e de informação na ordem constitucional brasileira. Destacou-se que tal interpretação também teria sido acolhida pela Corte Interamericana de Direitos Humanos que, em 13.11.85, declarou que a obrigatoriedade do diploma universitário e da inscrição em ordem profissional para o exercício da profissão de jornalista violaria o art. 13 da Convenção Americana de Direitos Humanos, que protege a liberdade de expressão em sentido amplo. Acrescentou-se que, nessa mesma linha, tem se manifestado a Organização dos Estados Americanos – OEA, por meio da Comissão Interamericana de Direitos Humanos. Por fim, constatou-se que o Decreto-lei 972/69 teria sido editado sob a égide do regime ditatorial instituído pelo Ato Institucional 5/68, restando patente que a exigência de diploma de curso superior em jornalismo para o exercício da profissão tinha por finalidade afastar dos meios de comunicação intelectuais, políticos e artistas que se opunham ao regime militar, atendendo a outros valores que não estariam mais vigentes em nosso Estado Democrático de Direito. Vencido o Min. Marco Aurélio que desprovia os recursos. **RE 511961/SP, rel. Min. Gilmar Mendes, 17.6.2009.** (RE-511961) (Inform. STF 551)

6. DIREITOS ECONÔMICOS – PROTEÇÃO À SAÚDE DO TRABALHADOR

MATERIAIS DE AMIANTO: PROIBIÇÃO E COMPETÊNCIA LEGISLATIVA – 1

O Tribunal iniciou julgamento de ação direta de inconstitucionalidade ajuizada pela Confederação Nacional dos Trabalhadores na Indústria - CNTI contra a Lei 12.684/2007, do Estado de São Paulo, que "proíbe o uso, no Estado de São Paulo, de produtos, materiais ou artefatos que contenham quaisquer tipos de amianto ou asbesto ou outros minerais que, acidentalmente, tenham fibras de amianto na sua composição". O Min. Marco Aurélio, relator, na linha do entendimento firmado no julgamento da ADI 2656/SP (DJU de 1º.8.2003), no sentido de que a competência para tratar da matéria seria da União (CF: "Art. 22. Compete privativamente à União legislar sobre:... VIII - comércio exterior e interestadual"), e de que teria havido extrapolação da competência concorrente prevista no inciso V do art. 24 da CF ("Art. 24. Compete à União, aos Estados e ao Distrito Federal legislar concorrentemente sobre:... V - produção e consumo;"), por existir norma federal regulando o tema (Lei 9.055/95), deferiu a liminar, no que foi acompanhado pelos Ministros Cármen Lúcia e Ricardo Lewandowski. Em divergência, o Min. Eros Grau, salientando sua tendência em evoluir quando retornar o debate da ADI 3356/PE (julgamento pendente de conclusão — v. Informativo 407) e de que matéria não pode ser examinada única e exclusivamente pelo ângulo formal, indeferiu a liminar, ao fundamento de que a Lei federal 9.055/95 é inconstitucional, na medida em que agride o preceito disposto no art. 196 da CF ("A saúde é direito de todos e dever do Estado, garantido mediante políticas sociais e econômicas que visem à redução do risco de doença e de outros agravos e ao acesso universal e igualitário às ações e serviços para sua promoção, proteção e recuperação."). Após, pediu vista dos autos o Min. Joaquim Barbosa. **ADI 3937 MC/SP, rel. Min. Marco Aurélio, 29.8.2007**. (ADI-3937)

MATERIAIS DE AMIANTO: PROIBIÇÃO E COMPETÊNCIA LEGISLATIVA – 2

Por votação majoritária, o Tribunal, em questão de ordem, negou referendo à decisão concessiva de liminar, proferida pelo Min. Marco Aurélio, e, julgando prejudicado agravo regimental, indeferiu a liminar pleiteada em ação direta de inconstitucionalidade, ajuizada pela Confederação Nacional dos Trabalhadores na Indústria – CNTI, em face da Lei 12.684/2007, do Estado de São Paulo, que *"proíbe o uso, no Estado de São Paulo, de produtos, materiais ou artefatos que contenham quaisquer tipos de amianto ou asbesto ou outros minerais que, acidentalmente, tenham fibras de amianto na sua composição"* — v. Informativo 477. Prevaleceram os votos dos Ministros Joaquim Barbosa e Eros Grau. **ADI 3937 QO-MC/SP, rel. Min. Marco Aurélio, 4.6.2008.** (ADI-3937)

MATERIAIS DE AMIANTO: PROIBIÇÃO E COMPETÊNCIA LEGISLATIVA – 3

O Min. Joaquim Barbosa salientou, inicialmente, os graves danos à saúde provocados pelo amianto, citando doenças relacionadas ao seu uso, e o que disposto na Resolução CONAMA 348/2004, no sentido de reconhecer, de acordo com critérios adotados pela Organização Mundial da Saúde, a inexistência de limites seguros para a exposição humana ao referido mineral. Considerou que, à primeira vista, a lei impugnada não seria inconstitucional por duas razões. Afirmou, no ponto, que haveria uma norma a respaldar a postura legislativa adotada pelo Estado-membro, qual seja, a Convenção 162 da OIT, promulgada por meio do Decreto 126/91. Essa Convenção seria um compromisso assumido pelo Brasil de desenvolver e implementar medidas para proteger o trabalhador exposto ao amianto, uma norma protetiva de direitos fundamentais, em especial o direito à saúde e o direito ao meio-ambiente equilibrado. Tendo em conta a coincidência principiológica entre o texto constitucional e a Convenção, afirmou que esta deveria ser um critério para se avaliar as normas estaduais, e conferiu às normas da Convenção, no mínimo, o *status* supralegal e infraconstitucional. Ressaltou que, se a União, no plano internacional, assumiu o compromisso de adotar medidas no sentido de substituir a utilização do amianto crisotila, conforme os artigos 3º e 10 da Convenção 162, esse compromisso deveria ser utilizado também no plano interno em face das unidades federativas. **ADI 3937 QO-MC/SP, rel. Min. Marco Aurélio, 4.6.2008.** (ADI-3937)

MATERIAIS DE AMIANTO: PROIBIÇÃO E COMPETÊNCIA LEGISLATIVA – 4

Além disso, o Min. Joaquim Barbosa se convenceu da legitimidade da lei estadual impugnada por reputar inadequado concluir que a lei federal excluiria a aplicação de qualquer outra norma ao caso. Esclareceu que a preexistência da Convenção impediria que se tentasse levar a lei ordinária federal ao *status* de norma geral. A Convenção é que possuiria tintas de generalidade nessa matéria, sendo a lei federal uma lei específica destinada, talvez, a permitir o crisotila no âmbito das relações federais. Acrescentou que essa distinção entre lei federal e lei específica seria inaplicável ao caso das leis sobre amianto, porque, em matéria de defesa da saúde, sobre a qual o Estado-membro tem competência, não seria razoável que a União exercesse uma opção permissiva no lugar do Estado, retirando-lhe a liberdade de atender, dentro dos limites razoáveis, aos interesses da sua comunidade, sob pena de, assim fazendo, esvaziar por completo o compromisso internacional, assumido pelo Brasil, na Convenção. **ADI 3937 QO-MC/SP, rel. Min. Marco Aurélio, 4.6.2008.** (ADI-3937)

MATERIAIS DE AMIANTO: PROIBIÇÃO E COMPETÊNCIA LEGISLATIVA – 5

Por sua vez, o Min. Eros Grau, salientando que o Tribunal não estaria vinculado às razões que fundamentam o pedido do requerente, e reputando imprescindível a análise da conformidade da lei federal com a Constituição, indeferiu a liminar por entender que a Lei 9.055/95 pareceria inconstitucional, na medida em que desrespeitaria o preceito disposto no art. 196 da CF (*"A saúde é direito de todos e dever do Estado, garantido mediante políticas sociais e econômicas que visem à redução do risco de doença e de outros agravos e ao acesso universal e igualitário às ações e serviços para sua promoção, proteção e recuperação."*), situação que viabilizaria o estado-membro a legislar sobre a matéria de forma ampla (CF, art. 24, § 3º). Vencidos os Ministros Marco Aurélio, relator, Menezes Direito e Ellen Gracie, que referendavam a decisão concessiva da liminar, por considerar que, em princípio, na linha de precedentes da Corte, a lei impugnada teria usurpado a competência da União para tratar da matéria (CF, art. 22, VIII), e extrapolado a competência concorrente prevista no inciso V do art. 24 da CF, por existir norma federal regulando o tema. Os Ministros Cármen Lúcia e Ricardo Lewandowski reajustaram seus votos. **ADI 3937 QO-MC/SP, rel. Min. Marco Aurélio, 4.6.2008. (ADI-3937)** (Inform. STF 509)

7. PRISÃO CIVIL

Depositário Infiel – Prisão Civil – Inadmissibilidade

EMENTA: *"HABEAS CORPUS"*. PRISÃO CIVIL. DEPOSITÁRIO JUDICIAL. A QUESTÃO DA INFIDELIDADE DEPOSITÁRIA. TRATADOS INTERNACIONAIS DE DIREITOS HUMANOS. A JURISPRUDÊNCIA CONSTITUCIONAL DO SUPREMO TRIBUNAL FEDERAL. ILEGITIMIDADE JURÍDICA DA DECRETAÇÃO DA PRISÃO CIVIL DO DEPOSITÁRIO INFIEL. MEDIDA CAUTELAR DEFERIDA.

– **Não mais subsiste**, no modelo normativo brasileiro, **a prisão civil** por infidelidade depositária, **independentemente** da modalidade de depósito, **trate-se** de depósito voluntário (convencional) **ou cuide-se** de depósito necessário, **como o é** o depósito judicial. **Incabível**, desse modo, no sistema constitucional vigente no Brasil, **a decretação** de prisão civil do depositário infiel **Doutrina**. **Precedentes**. **HC 98893 MC/SP. RELATOR: MIN. CELSO DE MELLO.** (Inform. STF 550)

Prisão civil do depositário infiel em face dos tratados internacionais de direitos humanos. Interpretação da parte final do inciso LXVII do art. 5º da Constituição brasileira de 1988. Posição hierárquico-normativa dos tratados internacionais de direitos humanos no ordenamento jurídico brasileiro. Desde a adesão do Brasil, sem qualquer reserva, ao Pacto Internacional dos Direitos Civis e Políticos (art. 11) e à Convenção Americana sobre Direitos Humanos – Pacto de San José da Costa Rica (art. 7º, 7), ambos no ano de 1992, não há mais base legal para prisão civil do depositário infiel, pois o caráter especial desses diplomas internacionais sobre direitos humanos lhes reserva lugar específico no ordenamento jurídico, estando abaixo da Constituição, porém acima da legislação interna. O *status* normativo *supralegal* dos tratados internacionais de direitos humanos subscritos pelo Brasil torna inaplicável a legislação infraconstitucional com ele conflitante, seja ela anterior ou posterior ao ato de adesão. Assim ocorreu com o art. 1.287 do Código Civil de 1916 e com o Decreto-Lei nº 911/69, assim como em relação ao art. 652 do Novo Código Civil (Lei nº 10.406/2002). alienação fiduciária em garantia. DECRETO-LEI Nº 911/69. EQUIPAÇÃO DO DEVEDOR-FIDUCIANTE AO DEPOSITÁRIO. Prisão civil do devedor-fiduciante em face do princípio da proporcionalidade. A prisão civil do devedor-fiduciante no âmbito do contrato de alienação fiduciária em garantia viola o princípio da proporcionalidade, visto que: a) o ordenamento jurídico prevê outros meios processuais-executórios postos à disposição do credor-fiduciário para a garantia do crédito, de forma que a prisão civil, como medida extrema de coerção do devedor inadimplente, não passa no exame da proporcionalidade como proibição de excesso, em sua tríplice configuração: adequação, necessidade e proporcionalidade em sentido estrito; e b) o Decreto-Lei nº 911/69, ao instituir uma ficção jurídica, equiparando o devedor-fiduciante ao depositário, para todos os efeitos previstos nas leis civis e penais, criou uma figura atípica de depósito, transbordando os limites do conteúdo semântico da expressão "depositário infiel" insculpida no art. 5º, inciso LXVII, da Constituição e, dessa forma, desfigurando o instituto do depósito em sua conformação constitucional, o que perfaz a violação ao princípio da reserva legal proporcional recurso extraordinário conhecido e não provido. RE N. 349.703-RS. RELATOR P/ O ACÓRDÃO: MIN. GILMAR MENDES. **Noticiado no Informativo 498** (Inform. STF 549)

HC N. 91.361-SP
RELATOR: MIN. CELSO DE MELLO
EMENTA: "*HABEAS CORPUS*" – PRISÃO CIVIL – DEPOSITÁRIO LEGAL (LEILOEIRO OFICIAL) – A QUESTÃO DA INFIDELIDADE DEPOSITÁRIA – CONVENÇÃO AMERICANA DE DIREITOS HUMANOS (ARTIGO 7º, n. 7) – HIERARQUIA CONSTITUCIONAL DOS TRATADOS INTERNACIONAIS DE DIREITOS HUMANOS – PEDIDO DEFERIDO.
ILEGITIMIDADE JURÍDICA DA DECRETAÇÃO DA PRISÃO CIVIL DO DEPOSITÁRIO INFIEL.
– Não mais subsiste, no sistema normativo brasileiro, a prisão civil por infidelidade depositária, independentemente da modalidade de depósito, trate-se de depósito voluntário (convencional) ou cuide-se de depósito necessário. Precedentes.
TRATADOS INTERNACIONAIS DE DIREITOS HUMANOS: AS SUAS RELAÇÕES COM O DIREITO INTERNO BRASILEIRO E A QUESTÃO DE SUA POSIÇÃO HIERÁRQUICA.
– A Convenção Americana sobre Direitos Humanos (Art. 7º, n. 7). Caráter subordinante dos tratados internacionais em matéria de direitos humanos e o sistema de proteção dos direitos básicos da pessoa humana.
– Relações entre o direito interno brasileiro e as convenções internacionais de direitos humanos (CF, art. 5º e §§ 2º e 3º). Precedentes.
– Posição hierárquica dos tratados internacionais de direitos humanos no ordenamento positivo interno do Brasil: natureza constitucional ou caráter de supralegalidade? – Entendimento do Relator, Min. CELSO DE MELLO, que atribui hierarquia constitucional às convenções internacionais em matéria de direitos humanos.
A INTERPRETAÇÃO JUDICIAL COMO INSTRUMENTO DE MUTAÇÃO INFORMAL DA CONSTITUIÇÃO.
– A questão dos processos informais de mutação constitucional e o papel do Poder Judiciário: a interpretação judicial como instrumento juridicamente idôneo de mudança informal da Constituição.
A legitimidade da adequação, mediante interpretação do Poder Judiciário, da própria Constituição da República, se e quando imperioso compatibilizá-la, mediante exegese atualizadora, com as novas exigências, necessidades e transformações resultantes dos processos sociais, econômicos e políticos que caracterizam, em seus múltiplos e complexos aspectos, a sociedade contemporânea.
HERMENÊUTICA E DIREITOS HUMANOS: A NORMA MAIS FAVORÁVEL COMO CRITÉRIO QUE DEVE REGER A INTERPRETAÇÃO DO PODER JUDICIÁRIO.
– Os magistrados e Tribunais, no exercício de sua atividade interpretativa, especialmente no âmbito dos tratados internacionais de direitos humanos, devem observar um princípio hermenêutico básico (tal como aquele proclamado no Artigo 29 da Convenção Americana de Direitos Humanos), consistente em atribuir primazia à norma que se revele mais favorável à pessoa humana, em ordem a dispensar-lhe a mais ampla proteção jurídica.
– O Poder Judiciário, nesse processo hermenêutico que prestigia o critério da norma mais favorável (que tanto pode ser aquela prevista no tratado internacional como a que se acha positivada no próprio direito interno do Estado), deverá extrair a máxima eficácia das declarações internacionais e das proclamações constitucionais de direitos, como forma de viabilizar o acesso dos indivíduos e dos grupos sociais, notadamente os mais vulneráveis, a sistemas institucionalizados de proteção aos direitos fundamentais da pessoa humana, sob pena de a liberdade, a tolerância e o respeito à alteridade humana tornarem-se palavras vãs.
– Aplicação, ao caso, do Artigo 7º, n. 7, c/c o Artigo 29, ambos da Convenção Americana de Direitos Humanos (Pacto de São José da Costa Rica): um caso típico de primazia da regra mais favorável à proteção efetiva do ser humano. **AG. REG. NO RE N. 477.814-SC. RELATOR: MIN. CELSO DE MELLO**. (Inform. STF 534)

PRISÃO CIVIL E DEPOSITÁRIO INFIEL – 1

A Turma decidiu afetar ao Plenário o julgamento de habeas corpus em que se questiona a legitimidade da ordem de prisão, por 60 dias, decretada em desfavor do paciente que, intimado a entregar o bem do qual depositário, não adimplira a obrigação contratual. Sustenta-se, na espécie, a insubsistência da custódia, sob a alegação de que esta contrariaria a EC 45/2004, no que endossados tratados e convenções internacionais sobre direitos humanos, haja vista que a subscrição, pelo Brasil, da Convenção Americana sobre Direitos Humanos – Pacto de São José da Costa Rica impossibilitaria a prisão do depositário infiel. HC 87585/TO, rel. Min. Marco Aurélio, 12.6.2007. (HC-87585)

PRISÃO CIVIL E DEPOSITÁRIO INFIEL – 2

O Tribunal iniciou julgamento de habeas corpus, afetado ao Plenário pela 1ª Turma, em que se questiona a legitimidade da ordem de prisão, por 60 dias, decretada em desfavor do paciente que, intimado a entregar o bem do qual depositário, não adimplira a obrigação contratual. Sustenta-se, na espécie, a insubsistência da custódia, sob a alegação de que esta contrariaria a EC 45/2004, no que endossados tratados e convenções internacionais sobre direitos humanos, haja vista que a subscrição, pelo Brasil, da Convenção Americana sobre Direitos Humanos - Pacto de São José da Costa Rica impossibilitaria a prisão do depositário infiel — v. Informativo 471. O Min. Marco Aurélio, relator, deferiu o writ para afastar do cenário jurídico a ordem de prisão decretada contra o paciente. Entendeu que a circunstância de o Brasil haver subscrito o Pacto de São José da Costa Rica, que restringe a prisão civil por dívida ao descumprimento inescusável de prestação alimentícia, conduziria à inexistência de balizas visando à eficácia do que previsto no art. 5º, LXVII, da CF, dispositivo este não auto-aplicável, porquanto dependente de regulamentação, por texto legal, acerca dessa prisão, inclusive quanto ao seu período. Concluiu, assim, que, com a introdução do aludido Pacto no ordenamento jurídico nacional, restaram derrogadas as normas estritamente legais definidoras da custódia do depositário infiel. Ademais, ressaltou que, no caso, o paciente não tentara furtar-se ao pagamento de seu débito, formulando, até mesmo, propostas de acordo com a credora, todas rejeitadas. Após, pediu vista dos autos o Min. Celso de Mello. HC 87585/TO, rel. Min. Marco Aurélio, 29.8.2007. (HC-87585)

PRISÃO CIVIL E DEPOSITÁRIO INFIEL – 3

O Tribunal retomou julgamento de habeas corpus, afetado ao Plenário pela 1ª Turma, em que se questiona a legitimidade da ordem de prisão, por 60 dias, decretada em desfavor do paciente que, intimado a entregar o bem do qual depositário, não adimplira a obrigação contratual — v. Informativos 471 e 477. O Min. Celso de Mello, em voto-vista, acompanhou o voto do relator para conceder a ordem. Adotando os fundamentos expendidos nos casos acima relatados, asseverou que o Decreto 1.102/1903, que institui regras para o estabelecimento de empresas de armazéns gerais, determinando os direitos e obrigações dessas empresas, não foi recebido, especificamente no que concerne à expressão "sob pena de serem presos os empresários, gerentes, superintendentes ou administradores sempre que não efetuarem aquela entrega dentro de 24 horas depois que judicialmente forem requeridos", constante do seu art. 11, nº 1, e, também, no que se refere à locução "sem prejuízo da pena de prisão de que trata o art. 11, nº 1", inscrita na parte final do art. 35, 4º. Em seguida, pediu vista dos autos o Min. Menezes Direito. HC 87585/TO, rel. Min. Marco Aurélio, 13.3.2008. (HC-87585)

PRISÃO CIVIL E DEPOSITÁRIO INFIEL – 4

Em conclusão de julgamento, o Tribunal concedeu *habeas corpus* em que se questionava a legitimidade da ordem de prisão, por 60 dias, decretada em desfavor do paciente que, intimado a entregar o bem do qual depositário, não adimplira a obrigação contratual — v. Informativos 471, 477 e 498. Entendeu-se que a circunstância de o Brasil haver subscrito o Pacto de São José da Costa Rica, que restringe a prisão civil por dívida ao descumprimento inescusável de prestação alimentícia (art. 7º, 7), conduz à inexistência de balizas visando à eficácia do que previsto no art. 5º, LXVII, da CF (*"não haverá prisão civil por dívida, salvo a do responsável pelo inadimplemento voluntário e inescusável de obrigação alimentícia e a do depositário infiel;"*). Concluiu-se, assim, que, com a introdução do aludido Pacto no ordenamento jurídico nacional, restaram derrogadas as normas estritamente legais definidoras da custódia do depositário infiel. Prevaleceu, no julgamento, por fim, a tese do *status* de supralegalidade da referida Convenção, inicialmente defendida pelo Min. Gilmar Mendes no julgamento do RE 466343/SP, abaixo relatado. Vencidos, no ponto, os Ministros Celso de Mello, Cezar Peluso, Ellen Gracie e Eros Grau, que a ela davam a qualificação constitucional, perfilhando o entendimento expendido pelo primeiro no voto que proferira nesse recurso. O Min. Marco Aurélio, relativamente a essa questão, se absteve de pronunciamento. **HC 87585/TO, rel. Min. Marco Aurélio, 3.12.2008. (HC-87585)** (Inform. STF 531)

REPETITIVO. PRISÃO CIVIL.

A Convenção Americana sobre Direitos Humanos, em seu art. 7º, § 7º, vedou a prisão civil do depositário infiel, ressalvada a hipótese do devedor de alimentos. Contudo, a jurisprudência pátria sempre admitiu a constitucionalidade do art. 5º, LXVII, da CF/1988, o qual prevê expressamente a prisão do depositário infiel. Isso em razão de o referido tratado internacional ter ingressado em nosso ordenamento jurídico na qualidade de norma infraconstitucional, porquanto, com a promulgação da Constituição de 1988, inadmissível seu recebimento com força de emenda constitucional. A edição da EC n. 45/2004 acresceu ao art. 5º da CF/1988 o § 3º, estabelecendo novo panorama nos acordos internacionais relativos a direitos humanos em território nacional. A CF/1988, de índole pós-positivista e fundamento de todo o ordenamento jurídico, expressa, como vontade popular, que a República Federativa do Brasil, formada pela união indissolúvel dos estados, municípios e do Distrito Federal, constitui-se em Estado democrático de direito e tem como um dos seus fundamentos a dignidade da pessoa humana como instrumento realizador de seu ideário de construção de uma sociedade justa e solidária. O Pretório Excelso, realizando interpretação sistemática dos direitos humanos fundamentais, promoveu considerável mudança acerca do tema em foco, assegurando os valores supremos do texto magno. O órgão pleno da Excelsa Corte, por ocasião do histórico julgamento do RE 466.343-SP, Relator Min. Cezar Peluso, reconheceu que os tratados de direitos humanos têm hierarquia superior à lei ordinária, ostentando *status* normativo supralegal, o que significa que toda lei antagônica às normas emanadas de tratados internacionais sobre direitos humanos é destituída de validade, máxime em face do efeito paralisante dos referidos tratados em relação às normas infralegais autorizadoras da custódia do depositário infiel. Dessa forma, no plano material, as regras provindas da Convenção Americana de Direitos Humanos, em relação às normas internas, são ampliativas do exercício do direito fundamental à liberdade, razão pela qual paralisam a eficácia normativa da regra interna em sentido contrário, haja vista que não se trata aqui de revogação, mas de invalidade. Precedentes citados do STF: RE 253.071-GO, DJ 29/6/2001; RE 206.482-SP, DJ 5/9/2003; HC 96.772-SP, DJe 21/8/2009; do STJ: RHC 26.120-SP, DJe 15/10/2009; HC 139.812-RS, DJe 14/9/2009; AgRg no Ag 1.135.369-SP, DJe 28/9/2009; RHC 25.071-RS, DJe 14/10/2009; EDcl no REsp 755.479-RS, DJe 11/5/2009; REsp 792.020-RS, DJe 19/2/2009, e HC 96.180-SP, DJe 9/2/2009. **REsp 914.253-SP, Rel. Min. Luiz Fux, julgado em 2/12/2009.** (Inform. STJ 418)

HC. DEPOSITÁRIO INFIEL. PRISÃO.

A prisão civil do depositário judicial infiel não encontra guarida no ordenamento jurídico (art. 5º, LXVII, da CF/1988), em quaisquer de suas modalidades, quais sejam, a legal e a contratual. Ela configura constrangimento ilegal, máxime quando há manifestação da Corte Suprema em vedar a sua decretação. Após a ratificação pelo Brasil, sem qualquer reserva, do Pacto Internacional dos Direitos Civis e Políticos (art. 11) e da Convenção Americana sobre Direitos Humanos (Pacto de *San José da Costa Rica*), art. 7º, § 7º, ambos do ano de 1992, não há mais base legal para prisão civil do depositário infiel. Isso porque o caráter especial desses diplomas internacionais sobre direitos humanos reserva-lhes lugar específico no ordenamento jurídico, estando abaixo da Constituição, porém acima da legislação infraconstitucional com ele conflitante, seja ela anterior ou posterior ao ato de ratificação. Assim, ocorreu com o art. 1.287 do CC/1916 e com o DL n. 911/1969, tal como em relação ao art. 652 do CC/2002. A CF/1988, de índole pós-positivista e fundamento de todo o ordenamento jurídico, expressa como vontade popular que a República Federativa do Brasil, formada pela união indissolúvel dos estados, municípios e do Distrito Federal, constitui-se em Estado democrático de direito e tem como um dos seus fundamentos a dignidade da pessoa humana como instrumento realizador de seu ideário de construção de uma sociedade justa e solidária. Por sua vez, o STF, realizando interpretação sistemática dos direitos humanos fundamentais, promoveu considerável mudança acerca do tema em foco, assegurando os valores supremos do texto magno. Ademais, o Pleno do STF retomou o julgamento do RE 466.343-SP, DJ 12/12/2008, concluindo, desse modo, pela inconstitucionalidade da prisão civil do depositário infiel. Diante disso, a Turma deu provimento ao recurso. **RHC 19.406-MG, Rel. originário Min. José Delgado, Rel. para acórdão Min. Luiz Fux (RISTJ, art. 52, IV, b), julgado em 5/2/2009.** (Inform. STJ 382)

PRISÃO CIVIL. DEPOSITÁRIO INFIEL. NOVO ENTENDIMENTO.

A Turma concedeu a ordem em face do julgamento pelo STF do HC 87.585-TO e dos REs 349.703-RS e 466.343-SP, ultimados no dia 3 de dezembro de 2008. O STF fixou o entendimento de que os tratados e convenções internacionais sobre direitos humanos aos quais o Brasil aderiu gozam de *status* de norma supralegal. Tal entendimento tem reflexo imediato nas discussões relativas à impossibilidade de prisão civil de depositário infiel. **HC 110.344-SP, Rel. Min. Nancy Andrighi, julgado em 9/12/2008.** (Inform. STJ 380)

SÚMULA VINCULANTE STF 25

É ilícita a prisão civil de depositário infiel, qualquer que seja a modalidade do depósito.

8. PROTEÇÃO CONTRA A TORTURA

EMENTA: EXTRADIÇÃO. GOVERNO DE ISRAEL. CRIMES DE "VIOLÊNCIA A MENOR OU PESSOA INCAPAZ", "ABUSO A MENOR OU PESSOA INCAPAZ", "INCITAMENTO A VIOLÊNCIA A MENOR OU PESSOA INCAPAZ", "INCITAMENTO A ABUSO A MENOR OU PESSOA INCAPAZ" E "CONSPIRAÇÃO PARA COMETER UM CRIME". PROMESSA DE RECIPROCIDADE. DUPLA TIPICIDADE. INOCORRÊNCIA DA PRESCRIÇÃO DA PRETENSÃO PUNITIVA. COMPETÊNCIA DO ESTADO ISRAELENSE PARA O AJUIZAMENTO DA EXTRADIÇÃO. CRIME OCORRIDO EM TERRITÓRIO REIVINDICADO PELA AUTORIDADE NACIONAL PALESTINA ("BEITAR ILLIT"), PORÉM OCUPADO POR ISRAEL. PRINCÍPIO DA EXTRATERRITORIALIDADE DA LEI PENAL. PRESENÇA PARCIAL DOS REQUISITOS LEGAIS PARA O DEFERIMENTO DO PEDIDO. AUSÊNCIA DE PREJUÍZO AO EXTRADITANDO. PEDIDO DE LIBERDADE PROVISÓRIA PREJUDICADO.

1. A figura típico-autônoma do crime de "Incitamento" (Seção 30 da Lei Penal israelense) equivale, no Brasil, à agravante do inciso I do artigo 62 do Código Penal brasileiro. Falta de atendimento ao requisito da dupla tipicidade penal, nos termos do inciso II do artigo 77 da Lei nº 6.815/80.
2. No tocante aos crimes de "Violência a menor ou pessoa incapaz" e "Abuso a menor ou pessoa incapaz", o pedido de extradição preenche o requisito da dupla tipicidade criminal (inciso II do art. 77 da Lei nº 6.815/80). Isto porque os referidos delitos são passíveis de enquadramento no crime de tortura, descrito no inciso II do artigo 1º da Lei nº 9.455/97 ("tortura-castigo"). Já o delito de "Conspiração" corresponde, em tese, ao crime de quadrilha (artigo 288 do CP), dado que ao extraditando é imputada a associação com mais de três pessoas, com a finalidade de cometer crimes.
3. Inocorrência da prescrição da pretensão punitiva, tanto pelos textos legais apresentados pelo Estado requerente quanto pela legislação penal brasileira (art. 109 do CP). Crimes supostamente ocorridos nos meses de fevereiro e março de 2008.
4. Competência do Estado requerente para o ajuizamento do pleito extradicional, seja porque o extraditando cometeu, em solo exclusivamente israelense, os mesmos crimes descritos no pedido inicial, seja porque o extraditando é de nacionalidade israelense. Além do que são de nacionalidade israelense as vítimas arroladas no pedido inicial. Incidência da regra

estabelecida no artigo 5º, combinado com o artigo 8º, ambos da "Convenção Contra a Tortura e Outros Tratamentos ou Penas Cruéis, Desumanos ou Degradantes". Documento ratificado assim pela República Federativa do Brasil (Decreto nº 40, de 15 de fevereiro de 1991) como pelo Estado de Israel, sem nenhuma ressalva que impeça o deferimento deste pedido de Extradição.
5. A própria natureza do crime de tortura autoriza a adoção do princípio da extraterritorialidade da lei incriminadora. Extraterritorialidade que também é autorizada tanto pelo artigo 14 do Direito Penal israelense quanto pelo artigo 7º do Código Penal brasileiro. Tudo combinado com a parte final do inciso I do artigo 78 do Estatuto do Estrangeiro, ao estabelecer, como condição para o deferimento da extradição, "serem aplicáveis ao extraditando as leis penais" do Estado requerente.
6. As informações prestadas pelo Ministério das Relações Exteriores e pelo Ministério Público Federal, assim como pelo Estado de Israel, apenas reforçaram a conclusão do voto inicialmente proferido. Diligências que foram deferidas pelo Plenário do Supremo Tribunal Federal (Sessão de 18/12/2008) e cujo conteúdo converge para a conclusão de que "o Poder Judiciário de Israel possui competência para julgar fatos ocorridos na área "C" do Acordo Provisório, que inclui a área onde Beitar Illit está localizada, haja vista se tratar de uma área na qual Israel possui jurisdição exclusiva em questões legais, administrativas e relativas à segurança".
7. Pedido deferido quanto aos crimes de "Violência a menor ou pessoa incapaz", "Abuso a menor ou pessoa incapaz" e "Conspiração para cometer um crime". Indeferido, portanto, o pedido no tocante aos delitos de "Incitamento a violência a menor ou pessoa incapaz" e de "Incitamento a abuso a menor ou pessoa incapaz", por ausência de tipicidade. **Ext N. 1.122-ESTADO DE ISRAEL. RELATOR: MIN. CARLOS BRITTO. Noticiado no Informativo 473.** (Inform. STF 557)

INDENIZAÇÃO. PRESO. REGIME MILITAR. TORTURA. IMPRESCRITIBILIDADE.

Trata-se de ação ordinária proposta com objetivo de reconhecimento dos efeitos previdenciários e trabalhistas, acrescidos de danos materiais e morais, em face do Estado, pela prática de atos ilegítimos decorrentes de perseguições políticas perpetradas por ocasião do golpe militar de 1964, que culminaram na prisão do autor, bem como em sua tortura, cujas conseqüências alega irreparáveis. Há prova inequívoca da perseguição política à vítima e de imposição, por via oblíqua, de sobrevivência clandestina, atentando contra a dignidade da pessoa humana, acrescida do fato de ter sido atingida sua capacidade laboral quando na prisão fora torturado, impedindo atualmente seu auto-sustento. A indenização pretendida tem amparo constitucional no art. 8º, § 3º, do ADCT. Deveras, a tortura e morte são os mais expressivos atentados à dignidade da pessoa humana, valor erigido como um dos fundamentos da República Federativa do Brasil. À luz das cláusulas pétreas constitucionais, é juridicamente sustentável assentar que a proteção da dignidade da pessoa humana perdura enquanto subsiste a República Federativa, posto seu fundamento. Consectariamente, não há falar em prescrição da ação que visa implementar um dos pilares da República, máxime porque a Constituição não estipulou lapso prescricional ao direito de agir, correspondente ao direito inalienável à dignidade. Outrossim, a Lei n. 9.140/1995, que criou as ações correspondentes às violações à dignidade humana perpetradas em período de supressão das liberdades públicas, previu a ação condenatória no art. 14, sem lhe estipular prazo prescricional, por isso que a *lex specialis* convive com a *lex generalis*, sendo incabível qualquer aplicação analógica do Código Civil no afã de superar a reparação de atentados aos direitos fundamentais da pessoa humana, como sói ser a dignidade retratada no respeito à integridade física do ser humano. Adjuntem-se à lei interna as inúmeras convenções internacionais firmadas pelo Brasil, a começar pela Declaração Universal da ONU, e demais convenções específicas sobre a tortura, tais como a convenção contra a tortura adotada pela Assembléia Geral da ONU, a Convenção Interamericana contra a Tortura, concluída em Cartagena, e a Convenção Americana sobre Direitos Humanos (Pacto de São José da Costa Rica). A dignidade humana violentada, *in casu*, decorreu do fato de ter sido o autor torturado, revelando flagrante atentado ao mais elementar dos direitos humanos, os quais, segundo os tratadistas, são inatos, universais, absolutos, inalienáveis e imprescritíveis. Inequívoco que foi produzida importante prova indiciária representada pelos comprovantes de tratamento e pelas declarações médicas que instruem os autos. Diante disso, a Turma, ao prosseguir o julgamento e por maioria, deu provimento ao recurso para para afastar, *in casu*, a aplicação da norma inserta no art. 1º do Decreto n. 20.910/1932, determinando o retorno dos autos à instância de origem para que dê prosseguimento ao feito. Precedentes citados do STF: HC 70.389-SP, DJ 10/8/2001; do STJ: REsp 449.000-PE, DJ 30/6/2003. **REsp 845.228-RJ, Rel. Min. Luiz Fux, julgado em 23/10/2007 (ver Informativo n. 316).** (Inform. STJ 337)

9. PROTEÇÃO DA CRIANÇA E ADOLESCENTE - CONVENÇÃO DE HAIA SOBRE OS ASPECTOS CIVIS DO SEQUESTRO IINTERNACIONAL DE CRIANÇAS

Guarda de menor e necessidade de oitiva

A 1ª Turma, por maioria, ao resolver questão de ordem, deliberou afetar ao Plenário julgamento conjunto de dois *habeas corpus* e recurso ordinário em medida de idêntica natureza nos quais se discute a necessidade de menor ser ouvido por autoridade judiciária brasileira, tendo em conta o disposto no art. 13 da Convenção de Haia ["*Sem prejuízo das disposições contidas no Artigo anterior, a autoridade judicial ou administrativa do Estado requerido não é obrigada a ordenar o retorno da criança se a pessoa, instituição ou organismo que se oponha a seu retorno provar: a) que a pessoa, instituição ou organismo que tinha a seu cuidado a pessoa da criança não exercia efetivamente o direito de guarda na época da transferência ou da retenção, ou que havia consentido ou concordado posteriormente com esta transferência ou retenção; ou b) que existe um risco grave de a criança, no seu retorno, ficar sujeita a perigos de ordem física ou psíquica, ou, de qualquer outro modo, ficar numa situação intolerável*"]. Alega-se que a decisão de entregar o menor ao Consulado Americano, sob a condução da polícia federal, corresponderia a banimento do território nacional, uma vez que os EUA o reconheceriam, exclusivamente, como cidadão norte-americano. Vencido o Min. Marco Aurélio, relator, que mantinha a competência da Turma, por não vislumbrar implicação maior no fato de a impetração ter como fundamento a referida convenção. RHC 102871/RJ, rel. Min. Marco Aurélio, 29.11.2011. (RHC-102871) HC 99945/RJ, rel. Min. Marco Aurélio, 29.11.2011. (HC-99945) HC 101985/RJ, rel. Min. Marco Aurélio, 29.11.2011. (HC-101985) (Inform. STF 650)

ADPF e Princípio da Subsidiariedade – 1

Por reputar incidente o princípio da subsidiariedade (Lei 9.882/99, art. 4º, § 1º), o Tribunal não conheceu de argüição de descumprimento de preceito fundamental e não referendou liminar nela concedida. A ADPF fora ajuizada pelo Partido Progressista – PP contra sentença proferida pelo Juízo da 16ª Vara Federal da Seção Judiciária do Rio de Janeiro que determinara a busca e apreensão de menor, de 9 anos de idade, e fixara hora e dia para sua apresentação ao Consulado dos Estados Unidos, na cidade do Rio de Janeiro, para fins de seu retorno a esse país. Na espécie, o menor, então com 4 anos de idade, fora trazido dos Estados Unidos, onde residia com a família, para o Brasil pela mãe, aqui permanecendo contra a vontade do pai, americano. O argüente alegava que a decisão hostilizada teria interpretado a Convenção da Haia, de 25.10.80, promulgada pelo Decreto Presidencial 3.413/2000, em detrimento de direitos e preceitos fundamentais da criança, bem como em dissonância com o que fora decidido em outros casos concretos. Quanto ao cabimento da presente ADPF, sustentava tratar-se de ato lesivo do Poder Público, temática que atingiria a gênese da Constituição, e não haver outro meio mais eficaz para sanar a lesividade. No que tange ao mérito, argumentava que houvera aplicação inconstitucional da Convenção da Haia, mitigação de um dos fundamentos da República (CF, art. 1º, III), desconsideração dos objetivos da República (CF, art. 3º, *caput* e IV); princípios que regem as relações internacionais violados (CF, art. 4º, *caput* e I e II); direitos fundamentais (CF, art. 5º, *caput* e X, XI, XV, XLI, XLVII, **a**, LI, LIV e LV e § 1º); direitos sociais previstos no art. 6º, *caput*, da CF; e, também, do dever de proteção à família, à criança e ao adolescente (CF, art. 227). Defendia, por fim, a necessidade de interpretação da Convenção da Haia conforme a Constituição. Asseverou-se existirem outros remédios jurídicos, dotados de eficácia, para sanar a lesividade apontada. Registrou-se, ainda, que, no caso, os interessados na ADPF já teriam impetrado *habeas corpus* e mandado de segurança, bem como ajuizado ação cautelar, visando reverter a decisão ora impugnada, tendo sido, inclusive, concedida liminar no citado mandado de segurança para que o período de transição — adaptação do menor à nova convivência — ocorra no Brasil e não nos Estados Unidos. **ADPF 172 Referendo em MC/RJ, rel. Min. Marco Aurélio, 10.6.2009.** (ADPF-172)

ADPF E PRINCÍPIO DA SUBSIDIARIEDADE – 2

A Min. Ellen Gracie, em seu voto, teceu considerações a respeito da Convenção da Haia e sua aplicação pelo Poder Judiciário brasileiro. Salientou estar-se diante de documento produzido no contexto de negociações multilaterais a que o Brasil, formalmente, teria aderido e ratificado. Disse que esses documentos, em que se incluem os tratados, as convenções e os acordos, pressupõem o cumprimento de boa-fé pelos Estados signatários ("*pacta sunt servanda*") e que a observância dessa prescrição é o que permite a coexistência e a cooperação entre nações soberanas cujos interesses nem sempre coincidem. Observou, também, que os tratados e outros acordos internacionais prevêem, em seu próprio texto, a possibilidade de denúncia, isto é, a retirada de uma das partes contratantes se e quando não mais que lhe convenha permanecer integrada no sistema de reciprocidade ali estabelecido. Em seguida, asseverou que, atualmente, a Convenção é compromisso internacional do Estado brasileiro em plena vigência e sua observância se impõe. Ressaltou, entretanto, que, apesar dos esforços havidos em esclarecer conteúdo e alcance deste texto, ainda não se faria claro, para a maioria dos aplicadores do Direito, o quê seria o cerne da Convenção. Aduziu que o compromisso assumido pelos Estados-membros nesse tratado multilateral foi o de estabelecer um regime internacional de cooperação, tanto administrativa, por meio de autoridades centrais, como judicial e que a Convenção estabelece uma regra processual de fixação de competência internacional que em nada colide com as normas brasileiras a respeito, previstas na Lei de Introdução ao Código Civil. Destacou que, verificando-se, como no caso, que um menor foi retirado de sua residência habitual, sem consentimento de um dos genitores, os Estados-partes definiram que as questões relativas à guarda serão resolvidas pela jurisdição de residência habitual do menor antes da subtração, ou seja, a sua jurisdição natural. Assim, o juiz do país de residência habitual da criança foi o escolhido pelos Estados-membros como o juiz natural para decidir as questões relativas a sua guarda. Acrescentou que a Convenção também recomenda que a tramitação judicial de tais pedidos se dê com extrema rapidez e em caráter de urgência a fim de causar o menor prejuízo possível ao bem-estar da criança. No ponto, frisou que tais recomendações não têm sido observadas e que o atraso ou a demora no cumprimento da Convenção por parte das autoridades administrativas e judiciais brasileiras tem gerado uma repercussão negativa no âmbito dos compromissos assumidos pelo Estado brasileiro, em razão do princípio da reciprocidade que informa o cumprimento dos tratados internacionais. Considerou que, em virtude do desconhecimento do texto da Convenção, a justiça estadual do Rio de Janeiro acabou por dispor sobre caso que lhe fugiria inteiramente à jurisdição e, que, com isso, e a seqüência de recursos e medidas defensivas, o caso estaria se alongando para além de todo o razoável. Concluiu que, para o Estado brasileiro, nos temos do compromisso internacional representado pela Convenção, a única decisão válida, porque proferida por juízo competente, será a da jurisdição original do menor, isto é, onde ambos os pais residiam anteriormente ao afastamento com ânimo definitivo e sem autorização paterna. **ADPF 172 Referendo em MC/RJ, rel. Min. Marco Aurélio, 10.6.2009. (ADPF-172)** (Inform. STF 550)

CONVENÇÃO DA HAIA. PROVA PERICIAL. AVALIAÇÃO PSICOLÓGICA DO MENOR.

Discute-se a aplicação da Convenção sobre os Aspectos Civis do Sequestro Internacional de Crianças (Convenção da Haia), promulgada no Brasil mediante o Dec. n. 3.413/2000. Trata-se, na origem, de ação de busca, apreensão e restituição ajuizada pela União contra a segunda recorrente, cidadã brasileira, com o propósito de compelir a entregar seu filho, primeiro recorrente, menor, nascido no estrangeiro e filho do ora assistente, cidadão estrangeiro, à autoridade central brasileira e, ato contínuo, à autoridade central estrangeira, para restituição. Postulam os recorrentes a anulação de todos os atos processuais praticados desde o julgamento antecipado da lide, a fim de que os autos retornem à primeira instância para a produção das provas, em especial a perícia psicológica. O Min. Relator observou que a Convenção da Haia, contundente na reprimenda ao sequestro e na determinação de retorno imediato do menor ilicitamente transferido, revela, de forma equilibrada, grande preocupação com o bem-estar deste, assegurando-lhe, sobretudo, o equilíbrio emocional e a integridade física. Consta dos autos uma única avaliação psicológica do menor, efetuada há mais de três anos, a partir de um único encontro entre a perita do juízo e a criança. A conclusão dessa avaliação não conduz à certeza de ausência de grave dano no retorno da criança ao estado estrangeiro. Assim, asseverou o Min. Relator, é imprescindível a realização da perícia psicológica requerida, pois o interesse do menor sobreleva qualquer outro. Diante dessa e de outras considerações, a Turma deu parcial provimento para anular os provimentos ordinários e determinar a realização apenas da perícia psicológica. **REsp 1.239.777- PE, Rel. Min. Cesar Asfor Rocha, julgado em 12/4/2012. (Inform. STJ 495)**

CONVENÇÃO DE HAIA. INTERESSE PREVALENTE. MENOR.

A questão de que ora se cuida não busca a definir a guarda do menor. Apenas cumpre decidir a respeito do retorno da criança para a residência de onde foi transferida, no caso, Estado de Nova Jersey, Estados Unidos da América. O menino, de dupla nacionalidade, está hoje com sete anos de idade. Vivia com os pais nos Estados Unidos e viajou com a mãe para o Brasil, estabelecendo residência no Rio de Janeiro, no ano de 2004. O pai postula o retorno do filho aos Estados Unidos, enquanto a mãe procura cercar a criança de todos os cuidados inerentes ao poder familiar, pugnando para que o filho aqui permaneça. O Tribunal de origem concluiu pela manutenção do menor na companhia da mãe, com base no delineamento fático do processo. A Min. Relatora ressaltou que não se pode olvidar que paira sobre a Convenção de Haia o viés do interesse prevalente do menor, até mesmo porque foi concebida para proteger de condutas ilícitas as crianças. E, exatamente seguindo a linha de proteção maior ao interesse da criança, a Convenção delimitou as hipóteses de retorno ao país de origem, mesmo diante da conduta ilícita do genitor em poder do menor, com exceções tais como as existentes nos arts. 12 e 13 do referido diploma legal. Dessa forma, quando for provado, como o foi neste processo, que a criança já se encontra integrada no seu novo meio, a autoridade judicial ou administrativa respectiva não deve ordenar o retorno da criança (art. 12), bem assim se existir risco de a criança, em seu retorno, ficar sujeita a danos de ordem psíquica (art. 13, **b**), como concluiu restar provado o acórdão recorrido, tudo isso tomando, na mais alta consideração, o interesse maior da criança. Com tal delineamento fático dado ao processo, a questão encontra-se solvida, porquanto é vedado, nesta via, o revolvimento do conjunto de fatos e provas apresentados pelas partes, tendo em vista que este Superior Tribunal toma em consideração os fatos tais como descritos pelo Tribunal de origem. Ressalte-se que, ao contrário do alegado pelo recorrente, as decisões, tanto a de primeiro quanto a de segundo grau de jurisdição, firmam-se fundamentalmente na Convenção de Haia sobre os Aspectos Civis do Seqüestro Internacional de Crianças, em estrita observância aos ditames constantes do tratado internacional no tocantes às exceções nele previstas, não preponderando a aduzida violação dos dispositivos legais nele insertos. Assim, a Min. Relatora concluiu que devem, pois, os genitores, na via judicial ou extrajudicial apropriada, chegar a um consenso, regulando guarda, visitas e todos os aspectos que possam envolver os interesses do menor, de forma a minimizar os efeitos nocivos causados pelo rompimento do casal. Isso posto, a Turma, por maioria, não conheceu do recurso. **REsp 900.262-RJ, Rel. Min. Nancy Andrighi, julgado em 21/6/2007.** (Inform. STJ 324)

10. GRAVE VIOLAÇÃO DE DIREITOS HUMANOS E O INCIDENTE DE DESLOCAMENTO DE COMPETÊNCIA PARA A JUSTIÇA FEDERAL

COMPETÊNCIA. DESLOCAMENTO. JUSTIÇA FEDERAL. HOMICÍDIO. GRUPOS DE EXTERMÍNIO.

Trata-se de incidente de deslocamento de competência suscitado pelo procurador-geral da República para transferir à Justiça Federal a investigação, o processamento e o julgamento do homicídio de advogado e vereador conhecido defensor dos direitos humanos que, durante toda a sua trajetória pública, vinha denunciando grupos de extermínio que agem impunes há mais de uma década em região nordestina. O vereador foi assassinado em 24/1/2009, depois de sofrer diversas ameaças e atentados por motivo torpe (vingança), supostamente em decorrência de sua atuação de enfrentamento e denúncias contra os grupos de extermínio. As ações desses grupos denunciados pelo vereador resultaram em cerca de duzentos homicídios com características de execução sumária e com suposta participação de particulares e autoridades estaduais, tendo, inclusive, assassinado testemunhas envolvidas. Segundo a Min. Relatora, tais fatos decorrem de grave violação de direitos humanos, o que acabou por atrair a atenção de organizações da sociedade civil, das autoridades municipais locais, das Secretarias de Segurança dos dois estados do Nordeste envolvidos, dos respectivos Ministérios Públicos e Tribunais de Justiça, do Senado Federal e da Câmara dos Deputados, do Ministério da Justiça e da Polícia Federal, da Comissão Interamericana de Direitos Humanos (OEA), da Ordem dos Advogados, passando pelo Ministério Público Federal, até a manifestação do então procurador-geral da República. Ressalta que a instauração de comissão parlamentar de inquérito na Câmara dos Deputados (CPI) para investigar a atuação desses grupos de extermínio deu-se, em 2005. Entretanto observa que desde 2002 já haviam sido feitas, na jurisdição internacional na OEA, recomendações para que fossem adotadas medidas cautelares destinadas à proteção integral de diversas pessoas envolvidas, entre elas o vereador, medidas as quais ou deixaram de ser cumpridas ou não foram efetivas. Para a Min. Relatora, os fatos que motivaram o pedido de deslocamento da competência nos moldes do § 5º do art. 109 da CF/1988 fundamentaram-se nos pressupostos exigidos para sua concessão: na existência de grave violação de direitos humanos, no risco de responsabilização internacional decorrente do descumprimento de obrigações jurídicas assumidas em tratados internacionais e na incapacidade das instâncias e autoridades locais de oferecer respostas efetivas como levantar provas, combater, reprimir ou punir as ações desses grupos de extermínio que deixaram de ser feitas, muitas vezes, pela impossibilidade de condições. Por outro lado, destaca que não foram trazidos elementos concretos em que se evidenciaria o envolvimento de membros do Judiciário ou do MP local ou ainda inércia em apurar os fatos. Também explica que não poderia acolher pedidos genéricos quanto ao desarquivamento de feitos ou outras investigações de fatos não especificados ou mesmo sem novas provas. Diante do exposto, a Seção, ao prosseguir o julgamento, acolheu em parte o incidente, deslocando a ação penal para a Justiça Federal da Paraíba, que designará a circunscrição competente sobre o local do crime e dos fatos a ele conexos, bem como determinando a comunicação deste julgamento ao ministro da Justiça e às Corregedorias dos Tribunais de Justiça dos estados nordestinos envolvidos. Precedente citado: IDC 1-PA, DJ 10/10/2005. **IDC 2-DF, Rel. Min. Laurita Vaz, julgado em 27/10/2010.** (Inform. STJ 453)

11. DIREITO DOS REFUGIADOS

EXTRADIÇÃO: REFUGIADO E INEXISTÊNCIA DE RAZÕES PARA A CONCESSÃO DO REFÚGIO

O Tribunal declarou extinto, sem resolução de mérito, processo de extradição formulado pelo Governo da Argentina em desfavor de nacional argentino, acusado, naquele país, da prática dos delitos de privação ilegítima da liberdade agravada e ameaças. Determinou-se, ainda, a imediata expedição de alvará de soltura em seu favor, se por outro motivo não estiver preso. Entendeu-se que o extraditando estaria acobertado pela sua condição de refugiado, devidamente comprovado pelo órgão competente — o Comitê Nacional para os Refugiados - CONARE —, não se enquadrando seu caso no rol das exceções autorizadoras da extradição de agente refugiado. Observou-se que, em razão de inexistirem nos autos os motivos determinantes do refúgio ao nacional argentino, e tendo em conta, conforme explicitado pelo Presidente do CONARE, que os refúgios concedidos anteriormente à entrada em vigor da Lei 9.474/97 — que define mecanismos para a implementação do Estatuto dos Refugiados de 1951, e determina outras providências — eram frutos das recomendações expedidas pelo Alto Comissariado das Nações Unidas para os Refugiados - ACNUR, depreendeu-se que a concessão do status de refugiado, no caso, ter-se-ia dado de forma legal e isenta de qualquer mácula que a invalidasse. Asseverou-se, no ponto, que o fundamento jurídico para a concessão, ou não, do refúgio, anteriormente à Lei 9.474/97, eram as recomendações do ACNUR e, portanto, o cotejo era formulado com base no amoldamento da situação concreta às referidas recomendações, resultando daí o deferimento, ou não, do pedido de refúgio. Não obstante, registrou-se que, mesmo detendo a condição de refugiado, existiriam hipóteses que autorizariam a extradição (Convenção sobre o Estatuto dos Refugiados de 1951, art. 33, § 2º), as quais, na espécie, entretanto, não se fariam presentes. **Ext 1170/República da Argentina, rel. Min. Ellen Gracie, 18.3.2010. (Ext-1170).** (Inform. STF 579)

EXTRADIÇÃO: REFUGIADO E ART. 33 DA LEI 9.474/97

Tendo em conta o disposto no art. 33 da Lei 9.474/97, que define mecanismos para a implementação do Estatuto dos Refugiados de 1951, o Tribunal, por maioria, não conheceu de pedido extradicional formulado pela República da Colômbia, de nacional colombiano, e, julgando extinto o processo, determinou a expedição de alvará de soltura em seu favor (Lei 9.474/97: "*Art. 33. O reconhecimento da condição de refugiado obstará o seguimento de qualquer pedido de extradição baseado nos fatos que fundamentaram a concessão de refúgio.*"). Na espécie, o Comitê Nacional para os Refugiados - CONARE reconhecera ao extraditando a condição de refugiado, sob caráter humanitário e com base no inciso I do art. 1º da Lei 9.474/97 ("*Art. 1º Será reconhecido como refugiado todo indivíduo que: I - devido a fundados temores de perseguição por motivos de raça, religião, nacionalidade, grupo social ou opiniões políticas encontre-se fora de seu país de nacionalidade e não possa ou não queira acolher-se à proteção de tal país;*"). Reportou-se ao voto proferido pelo Min. Sepúlveda Pertence no julgamento da Ext 785 QO-QO/ Estados Unidos Mexicanos (DJU de 14.11.2003), no qual se afastara afronta, pela Lei dos Refugiados, à competência do Supremo para julgar o processo de extradição. Asseverou-se que a competência, uma vez que lhe seja encaminhado pelo Poder Executivo o pedido de extradição para aferir débito da legalidade, é do Supremo. Esclareceu-se que nada vincula, entretanto, o Poder Executivo, condutor da política de relações internacionais do país, a submeter ao Tribunal um pedido de extradição que entenda, de logo, inadmissível, se concede refúgio ao extraditando. Vencido o Min. Gilmar Mendes, relator, que, não vislumbrando diferenças substanciais entre os institutos do asilo e do refúgio, e afirmando não estar o Supremo vinculado ao juízo formulado pelo Poder Executivo na concessão administrativa do benefício, na linha da orientação fixada pela Corte na Ext 232/República de Cuba (DJU de 17.12.62) e na Ext 524/ Governo do Paraguai (DJU de 8.3.91), conferia ao art. 33 da Lei 9.474/97 interpretação conforme a Constituição, no sentido de que só haveria óbice à extradição nos casos em que se imputasse ao extraditando crime político ou de opinião ou, ainda, quando as circunstâncias subjacentes à ação do Estado requerente demonstrassem a configuração de inaceitável extradição política disfarçada. Ext 1008/República da Colômbia, rel. orig. Min. Gilmar Mendes, rel. p/ o acórdão Min. Sepúlveda Pertence, 21.3.2007. (Ext-1008) (Inform. STF 460)

12. ANISTIA

ADPF E LEI DA ANISTIA – 1

A Lei 6.683/79 (Lei da Anistia) é compatível com a Constituição Federal de 1988 e a anistia por ela concedida foi ampla e geral, alcançando os crimes de qualquer natureza praticados pelos agentes da repressão no período compreendido entre 2.9.61 e 15.8.79. Com base nesse entendimento, o Tribunal, por maioria, julgou improcedente argüição de descumprimento de preceito fundamental ajuizada pelo Conselho Federal da Ordem dos Advogados do Brasil em que se pretendia fosse declarada a não recepção pela Constituição Federal de 1988 da Lei 6.683/79 ou conferido ao § 1º do seu art. 1º interpretação conforme a Constituição, "de modo a declarar, à luz dos seus preceitos fundamentais, que a anistia concedida pela citada lei aos crimes políticos ou conexos não se estende aos crimes comuns praticados pelos agentes da repressão contra opositores políticos, durante o regime militar (1964/1985)". Inicialmente, o Tribunal, por maioria, conheceu da ação, rejeitando todas as preliminares suscitadas. Vencido, no ponto, o Min. Marco Aurélio que assentava a inadequação da ação. **ADPF 153/DF, rel. Min. Eros Grau, 28.4.2010. (ADPF-153)** Continuação: **ADPF 153/ DF, rel. Min. Eros Grau, 29.4.2010. (ADPF-153).** (Inform. STF 584)

ADPF E LEI DA ANISTIA – 2

No mérito, afastou-se, primeiro, a alegação de que a Lei 6.683/79 não teria sido recebida pela CF/88 porque a conexão criminal que aproveitaria aos agentes políticos que praticaram crimes comuns contra opositores políticos, presos ou não, durante o regime militar ofenderia diversos preceitos fundamentais. Quanto à apontada afronta ao art. 5º, caput, da CF (isonomia em matéria de segurança) — em razão de ter sido estendida a anistia a classes absolutamente indefinidas de crimes —, afirmou-se, salientando a desigualdade entre a prática de crimes políticos e crimes conexos com eles, que a lei poderia, sem violar a isonomia, que consiste também em tratar desigualmente os desiguais, anistiá-los, ou não, desigualmente. No que se refere à ofensa ao art. 5º, XXXIII, da CF — em virtude de ter sido concedida anistia a pessoas indeterminadas, o que não permitiria o conhecimento da identidade dos responsáveis pelos crimes perpetrados contra as vítimas de torturas —, asseverou-se que a anistia teria como característica a objetividade, porque ligada a fatos, devendo ser mesmo concedida a pessoas indeterminadas. Ressaltou-se, no ponto, que a Lei da Anistia não impediria o acesso a informações relativas à atuação dos agentes da repressão no período compreendido entre 2.9.61 e 15.8.79, e que romper com a boa-fé dos atores sociais e os anseios das diversas classes e instituições políticas do final dos anos 70 que pugnaram por uma Lei de Anistia ampla, geral e irrestrita implicaria prejudicar o acesso à verdade histórica. Acrescentou-se estar pendente de julgamento na Corte a ADI 4077/DF, que questiona a constitucionalidade das Leis 8.159/91 e 11.111/2005, sensível para resolver a controvérsia político-jurídica sobre o acesso a documentos do regime anterior. No que respeita à citada agressão aos princípios democrático e republicano — ao fundamento de que para produzir o efeito de anistia de agentes públicos que cometeram crimes contra o povo, o diploma legal deveria ser legitimado, depois da entrada em vigor da CF/88, pelo órgão legislativo oriundo de eleições livres ou diretamente pelo povo soberano, mediante referendo —, enfatizou-se que o argumento adotado levaria não só ao afastamento do fenômeno da recepção do direito anterior à Constituição, mas ao reconhecimento de que toda a legislação anterior à ela seria, exclusivamente por força dela, formalmente inconstitucional. No que tange à assertiva de desrespeito à dignidade da pessoa humana e do povo brasileiro que não poderia ser negociada, e que, no suposto acordo político, a anistia aos responsáveis por delitos de opinião servira para encobrir a concessão de impunidade aos criminosos oficiais, tendo sido usada a dignidade das pessoas e do povo como moeda de troca para permitir a transição do regime militar ao Estado de Direito, reputou-se que se estaria a ignorar o momento talvez mais importante da luta pela redemocratização do país, o da batalha da anistia. Frisou-se que toda gente que conhece a história do Brasil saberia da existência desse acordo político que resultara no texto da Lei 6.683/79. Concluiu-se que, não obstante a dignidade não tenha preço, a indignidade que o cometimento de qualquer crime expressa não poderia ser retribuída com a proclamação de que o instituto da anistia violaria a dignidade humana. **ADPF 153/DF, rel. Min. Eros Grau, 28.4.2010. (ADPF-153) ADPF 153/DF, rel. Min. Eros Grau, 29.4.2010.** (ADPF-153). (Inform. STF 584)

ADPF E LEI DA ANISTIA - 3

Em seguida, repeliu-se a pretensa interpretação conforme a Constituição. Salientou-se, de início, que o § 1º do art. 1º da Lei da Anistia definiria os crimes conexos aos crimes políticos como os crimes de qualquer natureza relacionados com os crimes políticos ou praticados por motivação política, ou seja, seriam crimes comuns, porém com essa relação. Após citar a alusão a crimes conexos a crimes políticos existente na concessão de anistia por vários decretos, observou-se que a expressão crimes conexos a crimes políticos conotaria sentido a ser sindicado no momento histórico da sanção da lei. No ponto, aduziu-se que o legislador realmente teria procurado estender a conexão aos crimes praticados pelos agentes do Estado contra os que lutavam contra o Estado de exceção. Daí o caráter bilateral da anistia, ampla e geral, que só não fora irrestrita porque não abrangera os já condenados, com sentença transitada em julgado, pela prática de crimes de terrorismo, assalto, seqüestro e atentado pessoal. Salientou-se que se estaria diante de lei-medida, que disciplina diretamente determinados interesses, mostrando-se imediata e concreta, e que configura ato administrativo completável por agente da Administração, mas trazendo em si mesma o resultado específico pretendido, ao qual se dirige. Afirmou-se haver, portanto, necessidade de, no caso de lei-medida, interpretar-se, em conjunto com o seu texto, a realidade no e do momento histórico no qual editada, e não a realidade atual. Assim, seria a realidade histórico-social da migração da ditadura para a democracia política, da transição conciliada de 1979 que haveria de ser ponderada para poder se discernir o significado da expressão crimes conexos na Lei 6.683/79. Frisou-se que, nesse contexto, a Lei 6.683/79 teria veiculado uma decisão política assumida nesse momento de transição, sendo certo que o § 1º do seu art. 1º, ao definir o que se considerariam crimes conexos aos crimes políticos, teria o sentido indisfarçável de fazer compreender, no alcance da anistia, os delitos de qualquer natureza cometidos pelos agentes civis e militares da repressão. Mencionou-se a circunstância de a Lei da Anistia preceder a Convenção das Nações Unidas contra a Tortura e outros Tratamentos ou Penas Cruéis, Desumanos ou Degradantes e a Lei 9.455/97, que define o crime de tortura. Registrou-se, também, o fato de o preceito veiculado pelo art. 5º, XLIII, da CF, que declara insuscetíveis de graça e anistia a prática da tortura, entre outros crimes, não alcançar, por impossibilidade lógica, anistias consumadas anteriormente a sua vigência. Consignou-se que a Constituição não recebe leis em sentido material, abstratas e gerais, mas não afeta, por outro lado, leis-medida que a tenham precedido. **ADPF 153/DF, rel. Min. Eros Grau, 28.4.2010. (ADPF-153) ADPF 153/DF, rel. Min. Eros Grau, 29.4.2010**. (ADPF-153). (Inform. STF 584)

ADPF E LEI DA ANISTIA - 4

Destacou-se que, no Estado Democrático de Direito, o Poder Judiciário não estaria autorizado a alterar, a dar outra redação, diversa da nele contemplada, a texto normativo. Não incumbiria ao Supremo modificar, portanto, textos normativos concessivos de anistias, mas tão-somente apurar a sua compatibilidade com a Constituição. A revisão de lei de anistia, se mudanças do tempo e da sociedade a impuserem, haveria, ou não, de ser feita pelo Poder Legislativo. Atentou-se, ainda, para o que disposto no art. 4º da EC 26/85 ("Art. 4º É concedida anistia a todos os servidores públicos civis da administração direta e indireta e militares, punidos por atos de exceção, institucionais ou complementares. § 1º É concedida, igualmente, anistia aos autores de crimes políticos ou conexos, e aos dirigentes e representantes de organizações sindicais e estudantis, bem como aos servidores civis ou empregados que hajam sido demitidos ou dispensados por motivação exclusivamente política, com base em outros diplomas legais. § 2º A anistia abrange os que foram punidos ou processados pelos atos imputáveis previstos no 'caput' deste artigo, praticados no período compreendido entre 2 de setembro de 1961 e 15 de agosto de 1979."). Explicou-se que a EC 26/85, cujo art. 1º conferiu aos membros da Câmara dos Deputados e ao Senado Federal o poder de se reunirem unicameralmente em Assembléia Nacional Constituinte, livre e soberana, em 1º.2.87, na sede do Congresso Nacional, seria dotada de caráter constitutivo, instalando um novo sistema normativo. Destarte, a anistia da Lei 6.683/79 teria sido reafirmada, no texto da EC 26/85, pelo Poder Constituinte da Constituição de 1988. A emenda constitucional produzida pelo Poder Constituinte originário teria constitucionalizado a anistia. Assim, afirmada a integração da anistia de 1979 na nova ordem constitucional, ter-se-ia que sua adequação à Constituição de 1988 resultaria inquestionável. Assentou-se que se imporia o desembaraço dos mecanismos que ainda dificultam o conhecimento do quanto ocorrera durante o período em questão, o que deverá ocorrer quando do julgamento da citada ADI 4077/DF. Por fim, realçou-se ser necessário dizer, vigorosa e reiteradamente, que a decisão de improcedência não excluiria o repúdio a todas as modalidades de tortura, de ontem e de hoje, civis e militares, policiais ou delinqüentes. Vencidos os Ministros Ricardo Lewandowski e Ayres Britto, que julgavam parcialmente procedente o pedido. O primeiro dava interpretação conforme ao § 1º do art. 1º da Lei 6.683/79, de modo a que se entendesse que os agentes do Estado não estariam automaticamente abrangidos pela anistia contemplada no referido dispositivo legal, devendo o juiz ou tribunal, antes de admitir o desencadeamento da persecução penal contra estes, realizar uma abordagem caso a caso, mediante a adoção dos critérios da preponderância e da atrocidade dos meios, nos moldes da jurisprudência do Supremo, para o fim de caracterizar o eventual cometimento de crimes comuns com a conseqüente exclusão da prática de delitos políticos ou ilícitos considerados conexos. O segundo excluía da anistia os crimes previstos no art. 5º, XLIII, da CF. **ADPF 153/DF, rel. Min. Eros Grau, 28.4.2010. (ADPF-153) ADPF 153/DF, rel. Min. Eros Grau, 29.4.2010.** (ADPF-153). (Inform. STF 584)

SÚMULA STF Nº 674

A anistia prevista no art. 8º do ato das disposições constitucionais transitórias não alcança os militares expulsos com base em legislação disciplinar ordinária, ainda que em razão de atos praticados por motivação política.

20. DIREITO PROCESSUAL COLETIVO

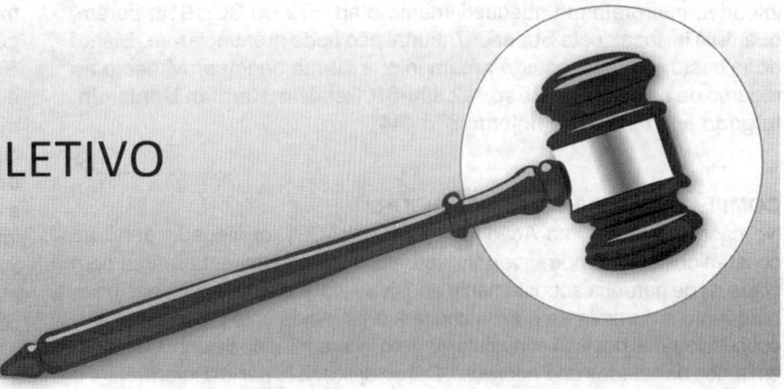

1. COMPETÊNCIA, CONEXÃO, CONTINÊNCIA E LITISPENDÊNCIA

RECLAMAÇÃO: AÇÃO CIVIL PÚBLICA E ART. 114, I, DA CF

O Tribunal negou provimento a agravo regimental interposto contra decisão que deferira medida liminar em reclamação — ajuizada pelo Município de Aracaju/SE em face de sentença proferida em ação civil pública que reconhecera a competência da Justiça do Trabalho para processar e julgar a referida ação, na qual se discute a exoneração de todos os ocupantes de cargo em comissão no âmbito da Guarda Municipal — para suspender a tramitação daquela ação civil pública perante a 3ª Vara do Trabalho de Aracaju/SE até o final do julgamento da reclamação. Entendeu-se que a mencionada sentença, em princípio, ofenderia a autoridade da decisão proferida pelo Supremo na ADI 3395 MC/DF (DJU de 4.2.2005), que suspendeu toda e qualquer interpretação conferida ao art. 114, I, da CF, na redação da EC 45/2004, que inclua, na competência da Justiça do Trabalho, a apreciação de causas que sejam instauradas entre o Poder Público e seus servidores, a ele vinculados por típica relação de ordem estatutária ou de caráter jurídico-administrativo. Asseverou-se, ademais, não se estar discutindo as pretensões de índole trabalhista, ou não, formuladas perante a Justiça do Trabalho, mas se o significado da expressão "relação jurídico-estatutária", presente na decisão da aludida ação direta de inconstitucionalidade, estaria restrita às relações originadas de investiduras regulares em cargos efetivos e em comissão. Concluiu-se que a resposta a essa questão seria negativa, e que o Tribunal não poderia, em sede de reclamação, adentrar a análise do próprio mérito do tema relativo à regularidade dos contratos firmados pelo Poder Público. **Rcl 4785 MC-AgR/SE, Min. Gilmar Mendes, 17.12.2007. (Rcl-4785)** (Inform. STF 493)

DIREITO ADMINISTRATIVO E PROCESSUAL CIVIL. COMPETÊNCIA. ACP. LOCAL DO DANO.

A competência para processar e julgar ação civil pública é absoluta e se dá em função do local onde ocorreu o dano. O art. 2º da Lei n. 7.347/1985, que disciplina a Ação Civil Pública (ACP), estabelece que as ações da referida norma serão propostas no foro do local onde ocorrer o dano, cujo juízo terá competência funcional para processar e julgar a causa. A *ratio legis* da utilização do local do dano como critério definidor da competência nas ações coletivas é proporcionar maior celeridade no processamento, na instrução e, por conseguinte, no julgamento do feito, dado que é muito mais fácil apurar o dano e suas provas no juízo em que os fatos ocorreram. Precedentes citado: CC 97.351-SP, DJe 10/6/2009. **AgRg nos EDcl no CC 113.788-DF, Rel. Min. Arnaldo Esteves Lima, julgado em 14/11/2012. (Inform. STJ 510)**

COMPETÊNCIA. ACP. DANO REGIONAL.

A Turma entendeu que compete ao foro da capital do estado processar e julgar a ação civil pública que se insurge contra danos que produzem efeitos em âmbito regional, conforme estabelece o art. 93, II, do CDC, tratando-se de competência absoluta. Frisou-se que, não obstante esse dispositivo situar-se no capítulo relativo às ações coletivas para a defesa de interesses individuais homogêneos, ele é aplicável também às ações coletivas para a defesa de direitos difusos e coletivos, não se limitando às demandas que envolvam relações de consumo. Precedente citado: REsp 448.470-RS, DJe 15/12/2009. **REsp 1.101.057-MT, Rel. Min. Nancy Andrighi, julgado em 7/4/2011.** (Inform. STJ 468)

ACP. CONEXÃO. NUNCIAÇÃO. OBRA NOVA.

In casu, a proprietária do lote contíguo à obra nunciada e a associação de moradores ajuizaram, na origem, ação de nunciação de obra nova cumulada com pedido de anulação de alvará de construção. Outra associação de defesa da cidade interpôs ação civil pública e, por conexão, ambas as ações foram reunidas e julgadas. O tribunal *a quo* manteve a ordem de demolição do prédio em construção por infringência das restrições convencionais, fixadas pelo loteador e devidamente registradas em cartório, uma vez que essas restrições deveriam ser observadas nas escrituras subsequentes. Para isso, baseou-se no art. 572 do CC/1916, com dupla fundamentação: uma de que as restrições convencionais devem ser observadas desde que mais rigorosas que as previstas pela legislação urbanística; o outro fundamento deu-se com a análise especifica do art. 39 da Lei municipal n. 8.001/1973 (com a redação dada pela Lei municipal n. 9.846/1985), bem como do art. 5º, XXII, da CF/1988, o qual fora sucintamente ventilado na apelação, mas com expressa manifestação daquele tribunal. A questão a ser dirimida no REsp está em saber se as restrições feitas pelo loteador, em convenção particular, quanto à utilização do solo, guardam consonância com o art. 572 do CC/1916, ou seja, em síntese, se as limitações dadas ao uso da propriedade introduzidas pelo particular prevalecem ou não sobre normas municipais, na interpretação dada pelo citado artigo. A matéria em debate, segundo destacado, tem importância fundamental na garantia dos espaços verdes, criação e desenvolvimento urbano dos municípios que por ventura venham a passar por situação semelhante. No caso, a questão tornou-se polêmica pelo fato de a obra ter obtido alvará de construção. Neste Superior Tribunal, houve empate no julgamento quanto ao conhecimento do REsp, o que foi resolvido com o voto de desempate do Min. Carlos Fernando Mathias pelo conhecimento. Depois, ocorreu outro empate, agora quanto ao mérito. Então, renovou-se o julgamento e o Min. Mauro Campbell Marques o desempatou ao acompanhar o voto do Min. Relator, destacando que se depreende dos autos que a real intenção do loteador era limitar o direito de construir dos promitentes compradores e de seus sucessores, vedando a construção de edifícios multifamiliares. Assim, com ou sem lei municipal, toda cadeia dominial está sujeita aos termos do contrato de compra e venda consignado no registro do imóvel, sendo essa cláusula dotada de eficácia *erga omnes*. Isso porque, de acordo com art. 135 do CC/1916, após registrados, os atos jurídicos, no caso a compra e venda, produzem efeitos em relação aos terceiros. No mesmo sentido é o art. 18 da Lei n. 6.766/1979, já incidente à época da aquisição do terreno pela construtora recorrente. Logo, a construtora tinha conhecimento das restrições referentes ao loteamento constantes do registro do imóvel. Dessa forma, ela passa a se subsumir a esse regramento legal vigente. Por outro lado, assevera o Min. Relator, com base na doutrina, que são admissíveis as restrições convencionais ao direito de propriedade e ao direito de construir, à luz do *jus variandi* e do regramento constitucional sobre a matéria. No entanto, explica que essas limitações convencionais não ocorreriam em favor do interesse privado, mas da coletividade. Ainda, segundo o Min. Relator, é possível à Administração e ao legislador municipal ampliar ou mitigar as restrições urbanístico-ambientais convencionais, embora hoje se lhes exija um caráter mais rigoroso. De pouco uso ou respeito no modelo do *laissez-faire*, elas agora estão em ascensão no Brasil e no direito comparado, como forma de, a um só tempo, estimular novo consenso de índole solidária e garantir em favor dos cidadãos espaços verdes e de convivência urbana, em que impere a qualidade de vida, a beleza estética e a redução dos impactos de desastres naturais, tal como enchentes. Entre outras considerações, observa que o tribunal *a quo* reconheceu a validade da restrição convencional do loteador, interpretando adequadamente o art. 572 do CC/1916; porém, quanto à lei local, este Superior Tribunal não pode pronunciar-se. Diante do exposto, ao prosseguir o julgamento, a Turma negou provimento ao recurso da construtora. **REsp 302.906-SP, Rel. Min. Herman Benjamin, julgado em 26/8/2010.** (Inform. STJ 444)

COMPETÊNCIA. DANO. CONSUMIDOR.
No caso dos autos, na Ação Civil Pública (ACP) foi alegado dano ao consumidor que comprou veículo automotor de determinada marca com cláusula de garantia supostamente abusiva, fato que é de âmbito nacional, porquanto a garantia de que se cogita é a fornecida pela fábrica, não por concessionária, por isso atinge um número indeterminado de consumidores em todos os estados da Federação. Daí se aplicar à espécie a interpretação dada em precedentes deste Superior Tribunal ao inciso II do art. 93 do CDC, no sentido de que, nesses casos, não há competência exclusiva do Distrito Federal para o julgamento de ações civis públicas quando a controvérsia referir-se a dano ao consumidor em escala nacional, podendo, assim, a demanda também ser proposta nas capitais dos estados da Federação. Dessa forma, distribuída a ação a uma vara cível do Distrito Federal, obtendo, inclusive, sentença de mérito, não poderia o tribunal *a quo*, de ofício, por ocasião do julgamento da apelação, declinar da sua competência, visto que o autor, a quem cabia a escolha do foro, conformou-se com a tramitação do processo no Distrito Federal. Diante do exposto, a Turma deu provimento ao recurso para afastar a incompetência suscitada, determinando o retorno dos autos para ser apreciado o recurso de apelação do MP. **Precedentes citados: CC 26.842-DF, DJ 5/8/2002; CC17.532-DF, DJ 5/2/2001; CC 26.842-DF, DJ 5/8/2002; AgRg na MC 13.660-PR, DJe 17/3/2008, e CC 91.578-BA, DJe 3/6/2008. REsp 712.006-DF, Rel. Luis Felipe Salomão, julgado em 5/8/2010.** (Inform. STJ 441)

ACP. PLANO. SAÚDE. COMPETÊNCIA. JUSTIÇA ESTADUAL.
O Min. Relator entendia que a União era parte legítima para figurar no polo ativo de ação civil pública (ACP) que se destinava à proteção de interesses ou direitos individuais homogêneos de consumidores associados de plano de saúde, nos termos do art. 82, II, c/c o art. 81, III, ambos do CDC, sendo possível formação de litisconsórcio passivo facultativo com o Ministério Público. O ente federativo não precisava demonstrar interesse econômico na causa, visto que, por sua condição no contexto jurídico-político, deve promover a tutela dos interesses sociais. O Min. Honildo Amaral de Mello Castro, divergindo do Min. Relator, não reconhece, na espécie, o interesse da União para legitimar o litisconsórcio passivo. O direito individual há que ser indisponível, a fim de dar ensejo à sua defesa pela via da ACP. Ainda que não se questione, no caso concreto, o exercício da ação que busca excluir cláusula de apólice de seguro como interesse difuso ou coletivo, o deslocamento da competência pelo pedido de ingresso da União nos autos sem nenhum interesse direto ou indireto se apresenta injustificável juridicamente, senão por interesse outro, qual seja, excluir a competência da Justiça estadual. A considerar-se que se trata de saúde, seu ingresso por interesse não ficaria restrito à espécie do direito em julgamento, mas em todo e qualquer processo que tratasse do tema saúde, porque o interesse jurídico estaria, diante da tese, exclusivamente condicionado à existência da Agência Nacional de Saúde (ANS). As responsabilidades constitucionais de saúde pública atribuídas à ANS não se atrelam à apólice de seguro entre entidades privadas, senão daqueles princípios fundamentais irradiados pelo art. 196 da CF/1988 não se ajustam à hipótese em exame. O autor da ação é o Ministério Público Federal, órgão da União. A assistência sem fundamento jurídico somente leva ao entendimento de que se busca alterar a competência não por fundamento jurídico do interesse, mas apenas para alterar-se a competência sem nenhuma base jurídica, senão o entendimento de busca de poder, pois que a matéria – cláusula de apólice de seguro – de interesse privado não atrai o interesse da ANS que é instituir políticas públicas, e não questões interpartes de direitos disponíveis. Admitir o interesse jurídico por simples e desfundamentada petição é outorgar ao Procurador da República a exclusiva competência de determinar onde processar o feito. **REsp 589.612-RJ, Rel. originário Min. João Otávio de Noronha, Rel. para acórdão Min. Honildo Amaral de Mello Castro (Desembargador convocado do TJ-AP), julgado em 15/9/2009.** (Inform. STJ 407)

COMPETÊNCIA. ACP. IMPROBIDADE. MILITARES.
Trata-se de conflito suscitado para definir a competência: se da Justiça estadual comum ou da militar para julgar agravo de instrumento interposto pelo MP estadual contra decisão cautelar do juízo estadual em ação civil pública (ACP), por improbidade administrativa proposta contra policiais militares, que supostamente praticaram agressões físicas e morais a menor infrator. Nela o MP requer, entre outras sanções, a perda da função pública dos policiais. Destacou o Min. Relator ser a primeira vez que o STJ enfrenta essa questão. Anota que o TJ determinou a remessa dos autos à Justiça estadual militar (que também se deu por incompetente), mas deixou de anular a decisão cautelar do juiz. Dessa forma, observa que se discute a competência para julgar o recurso e não a competência da causa, logo somente o TJ pode examiná-lo nem que seja para anular a decisão, remetendo-a para o juízo competente. Entretanto, assevera a importância da matéria após a EC n. 45/2004 (que alterou a jurisdição da Justiça Militar, passando, também, a julgar ações civis propostas contra atos disciplinares de militares). Além disso, na espécie, como coincide a competência para julgar o recurso com a competência para causa, explica o Min. Relator que teve de examinar, excepcionalmente, os limites da jurisdição da Justiça Militar e a desnecessidade de fracionar o julgamento da ação de improbidade. Quanto aos limites da jurisdição cível da Justiça Militar, a ação civil por ato de improbidade deve ser processada perante a Justiça estadual comum já que não se dirige contra a administração militar nem é consequência de atos disciplinares militares que tenham sido concretamente aplicados: volta-se a demanda contra o próprio militar, não se discute ato disciplinar, mas ato de indisciplina cometido por policiais militares no exercício de suas funções. Quanto à desnecessidade de fracionar o julgamento da ação de improbidade, ressalta a jurisprudência do STF, que editou a Súm. n. 673, a demonstrar que a parte final do art. 125, § 4º, da CF/1988 não impede a perda da graduação do militar mediante procedimento administrativo. Assim consequentemente com muito mais razão, não deve haver impedimento quanto à perda da patente ou graduação resultar de condenação transitada em julgado na Justiça estadual comum, em razão das garantias inerentes ao processo judicial. Tendo tudo isso em conta, concluiu que a perda do posto, da patente ou da graduação dos militares pode ser aplicada na Justiça estadual comum nos processos de sua jurisdição sem afronta ao disposto no referido artigo da CF/1988. Diante do exposto, a Seção declarou competente o TJ, o suscitado. **CC 100.682-MG, Rel. Min. Castro Meira, julgado em 10/6/2009.** (Inform. STJ 398)

REPRESENTAÇÃO. CONSUMIDOR. FORO COMPETENTE.
Trata-se de ação de nulidade de cláusulas contratuais abusivas cumulada com pedido de repetição de indébito e antecipação de tutela. O REsp busca definir se é possível o juízo de ofício declinar de sua competência para o julgamento em causa que envolve relação de consumo, e o consumidor, domiciliado em São Paulo, foi representado na ação por associação de consumidores domiciliada em Belo Horizonte e o réu também tem domicílio em São Paulo. Isso posto, para a Min. Relatora, em primeiro lugar, é necessário definir se é regular essa representação. No caso, a representação não busca a defesa de interesses coletivos, é mera representação individual, por isso não está amparada no âmbito do art. 5º, XXI, da CF/1988 ou nos arts. 81 e 82 do CDC, mas no art. 12 do CPC. Assim, a associação não poderia representar o consumidor, que teria de constituir um advogado. Ademais, a consequência do reconhecimento de que é irregular a representação seria a decretação da extinção do processo, sem resolução do mérito. No entanto, nos autos há uma particularidade, além da procuração outorgada pela associação à advogada, o próprio consumidor também outorgou procuração à mesma advogada, dando-lhe poderes para representá-lo. Dessa forma, é possível interpretar que o próprio consumidor também é autor da ação, tornando-se desnecessária qualquer interpretação de ilegitimidade, porquanto a menção à associação feita na inicial consubstancia mera irregularidade. Também é possível o juízo, na hipótese, declinar de sua competência pelo amplo poder que lhe foi conferido pelo art. 6º, VII, do CDC, de modo que não houve ofensa ao art. 121 do CPC. Por outro lado, não há notícia de que Belo Horizonte seja o foro de eleição. A regra do art. 94 do CPC estabelece a competência do foro do réu e o art. 101, I, do CDC, regra excepcional, estabelece o domicílio do consumidor, logo agiu corretamente o TJ ao confirmar a sentença. O CDC não confere ao consumidor o direito de escolher aleatoriamente o local onde deve propor sua ação, independentemente de conexão com seu domicílio ou de cláusula de eleição de foro. Com esse entendimento, a Turma negou provimento ao recurso. **Precedente citado: CC 40.562-BA, DJ 10/10/2005. REsp 1.084.036-MG, Rel. Min. Nancy Andrighi, julgado em 3/3/2009.** (Inform. STJ 385)

SÚMULA STJ Nº 489

Reconhecida a continência, devem ser reunidas na Justiça Federal as ações civis públicas propostas nesta e na Justiça estadual.

2. LEGITIMAÇÃO, LEGITIMADOS, MINISTÉRIO PÚBLICO

LEGITIMIDADE DO MINISTÉRIO PÚBLICO: AÇÃO CIVIL PÚBLICA E PONTUAÇÃO EM CONCURSO PÚBLICO - 1

A Turma iniciou julgamento de recurso extraordinário em que se debate a legitimidade, ou não, do Ministério Público para promover ação civil pública com o objetivo de questionar o estabelecimento de critérios de pontuação em concurso público. No caso, Ministério Público Estadual ajuizara ação civil pública em torno de certame para diversas categorias profissionais de determinada prefeitura, em que asseverara que a pontuação adotada privilegiava candidatos os quais já integravam o quadro da Administração Pública Municipal. O Min. Menezes Direito, relator, negou provimento ao recurso, para assentar que o tema relativo ao conceito de direito individual homogêneo estaria no plano infraconstitucional, escapando, assim, da abrangência do recurso extraordinário. Ressaltou, ademais, que o MPE afirma a sua legitimação com base na identificação de dano ao patrimônio público, por meio da invalidação de normas de edital de concurso público em desacordo com os princípios que regem a atuação da Administração Pública (CF, art. 37). Entendeu, todavia, que, na espécie, não se trataria de defender o patrimônio público — tendo em conta que a ação versaria sobre o regime de pontuação de certame municipal —, mas sim de tutelar interesses que seriam próprios dos candidatos. **RE 216443/MG, rel. Min. Menezes Direito, 5.5.2009. (RE-216443)**

LEGITIMIDADE DO MINISTÉRIO PÚBLICO: AÇÃO CIVIL PÚBLICA E PONTUAÇÃO EM CONCURSO PÚBLICO - 2

Em divergência, o Min. Marco Aurélio proveu o extraordinário, no que foi acompanho pelos Ministros Carlos Britto e Ricardo Lewandowski. De início, ressaltou que o STF possui entendimento no sentido de que é matéria constitucional a questão relativa ao exame da atribuição de pontos a candidatos em virtude de seu desempenho profissional anterior em atividade relacionada a concurso público. Quanto à legitimação do parquet, registrou a existência de tratamento diferenciado conforme se cuide de sua atuação na defesa da ordem jurídica (CF, art. 127) ou em inquérito civil e ação civil pública (CF, art. 129, III). Salientou que se teria, no caso, o interesse coletivo, na medida em que se conferira tratamento distinto a certos candidatos em detrimento dos demais, quando o concurso público objetiva a igualização. Frisou haver lesão a partir do momento em que abandonada tal premissa. Após, pediu vista a Min. Cármen Lúcia. **RE 216443/MG, rel. Min. Menezes Direito, 5.5.2009. (RE-216443)**

LEGITIMIDADE DO MINISTÉRIO PÚBLICO: AÇÃO CIVIL PÚBLICA E PONTUAÇÃO EM CONCURSO PÚBLICO - 3

O Ministério Público tem legitimidade para promover ação civil pública sobre direitos individuais homogêneos quando presente o interesse social. Essa a orientação da 1ª Turma que, em conclusão de julgamento e, por maioria, proveu recurso extraordinário no qual discutida a legitimidade ativa *ad causam* daquele órgão. No caso, Ministério Público estadual ajuizara ação civil pública em torno de certame para diversas categorias profissionais de determinada prefeitura, em que asseverara que a pontuação adotada privilegiaria candidatos os quais já integrariam o quadro da Administração Pública Municipal — v. Informativo 545. Salientou-se que a matéria cuidada na ação proposta teria a relevância exigida a justificar a legitimidade do Ministério Público estadual. Vencido o Min. Menezes Direito, que desprovia o recurso. RE 216443/MG, rel. orig. Min. Menezes Direito, red. p/ o acórdão Min. Marco Aurélio, 28.8.2012. (RE-216443) (Inform. STF 677)

LEGITIMIDADE DO MINISTÉRIO PÚBLICO: AÇÃO CIVIL PÚBLICA E PATRIMÔNIO PÚBLICO MUNICIPAL – 1

O Tribunal iniciou julgamento de recurso extraordinário, afetado ao Pleno pela 2ª Turma, em que se discute a legitimidade ativa *ad causam* do Ministério Público para promover ação civil pública em defesa do patrimônio público municipal, nos termos do art. 129, III, da CF (*"São funções institucionais do Ministério Público: ... III – promover o inquérito civil e a ação civil pública, para a proteção do patrimônio público e social, do meio ambiente e de outros interesses difusos e coletivos;"*) — v. Informativo 567. Na espécie, tribunal de justiça desprovera apelação interposta pelo *parquet* estadual para manter sentença que indeferira liminarmente petição inicial, por entender que o dispositivo constitucional em comento não dera à ação civil pública a amplitude pretendida pelo órgão ministerial. O Min. Eros Grau, relator, desproveu o recurso por entender que o Ministério Público não teria legitimidade para exigir, em ação civil pública, o que poderia vir a ser objeto de ação popular (CF, art. 5º, LXXIII). **RE 225777/MG, rel. Min. Eros Grau, 3.2.2010.** (RE-225777)

LEGITIMIDADE DO MINISTÉRIO PÚBLICO: AÇÃO CIVIL PÚBLICA E PATRIMÔNIO PÚBLICO MUNICIPAL – 2

Considerou, inicialmente, que a ação popular, proposta por qualquer do povo, desde que cidadão eleitor, objetivaria a tutela jurídico-processual de direitos subjetivos meta-individuais, assinalados na Lei 4.717/65. De modo diverso, observou que a ação civil pública respeitaria à tutela de interesses difusos e coletivos (proteção do patrimônio público e social, do meio ambiente e de outros interesses difusos e coletivos). Salientou que não haveria, no caso dos autos, interesse difuso e coletivo sendo protegido, na medida em que se objetivaria a anulação de contrato de compra de imóvel e a afirmação de pretenso direito ao ressarcimento de danos ao patrimônio público municipal. Enfatizou que a presente ação não visaria à salvaguarda de direitos difusos, mas à satisfação de interesses cujo titular seria o município. Ressaltou que a atuação do *parquet* haveria, porém, de estar restrita à defesa dos interesses indisponíveis da sociedade (CF, art. 127). Sustentou, no ponto, que os direitos os quais a Administração exerce ao celebrar contratos não poderiam ser concebidos como indisponíveis, visto que o ato de contratar, ainda quando por ela praticado — observada a forma da lei — seria exercido livremente. Asseverou, ademais, incumbir ao órgão ministerial exercer outras funções exclusivamente quando compatíveis com a sua finalidade, nos termos do que dispõe o art. 129, IX, da CF. Frisou que a atuação processual do Ministério Público resultaria juridicamente possível somente nas ações de responsabilidade por danos causados ao meio-ambiente, ao consumidor, a bens e direitos de valor artístico, estético, histórico, turístico e paisagístico, à ordem urbanística, a qualquer outro interesse difuso ou coletivo e por infração à ordem econômica e à economia popular. Destacou que, para a tutela do erário, a Constituição previu instrumento processual específico no seu art. 5º, LXXIII, qual seja, a ação popular. **RE 225777/ MG, rel. Min. Eros Grau, 3.2.2010.** (RE-225777)

LEGITIMIDADE DO MINISTÉRIO PÚBLICO: AÇÃO CIVIL PÚBLICA E PATRIMÔNIO PÚBLICO MUNICIPAL – 3

Afirmou, assim, encontrar duas razões a hostilizar irremediavelmente os argumentos de quantos admitam compatível com a Constituição ação civil pública análoga ou com o mesmo objetivo da ação popular. De início, assentou que os dois institutos, ação popular e ação civil pública, não se superporiam no plano constitucional, a primeira dizendo com os direitos e deveres individuais e coletivos (CF, art. 5º, LXXIII) — direitos subjetivos meta-individuais —, a segunda sendo desdobrada das funções do Ministério Público (CF, art. 129, III), atinentes a interesses difusos ou coletivos, indisponíveis e indisponíveis. De uma resultaria a restituição de pecúnia ao erário; de outra, a reversão da condenação em dinheiro a um fundo gerido por um Conselho Federal e por Conselhos Estaduais. Em seguida, consignou a circunstância de essa condenação em dinheiro (Lei 7.347/85, art. 13) não corresponder à restituição de pecúnia ao erário. Registrou que, no caso, se pretenderia, como se verifica do pedido formulado pelo *parquet*, algo que não seria próprio a uma ação civil pública. Após, pediu vista o Min. Dias Toffoli. **RE 225777/MG, rel. Min. Eros Grau, 3.2.2010. (RE-225777)**

LEGITIMIDADE DO MINISTÉRIO PÚBLICO: AÇÃO CIVIL PÚBLICA E PATRIMÔNIO PÚBLICO MUNICIPAL - 4

O Ministério Público possui legitimidade ativa ad causam para promover ação civil pública em defesa do patrimônio público, nos termos do art. 129, III, da CF. Essa a conclusão do Plenário ao prover, por maioria, recurso extraordinário, a ele afetado pela 2ª Turma, interposto contra acórdão que mantivera sentença que indeferira liminarmente petição inicial de parquet estadual, por entender que o dispositivo constitucional em comento não dera à ação civil pública a amplitude pretendida pelo órgão ministerial — v. Informativo 567. Considerou-se que haveria de ser mantida a jurisprudência do STF no sentido de que, depois da promulgação da Constituição Federal de 1988, especialmente em razão do alcance que deve ser conferido à norma contida em seu art. 129, III, o Ministério Público está legitimado para ajuizar ações civis públicas para a proteção do patrimônio público, podendo postular, inclusive, a reparação direta do dano eventualmente causado a ente da Administração Pública. O Min. Dias Toffoli destacou, em seu voto-vista, que seria extremamente relevante o reconhecimento da legitimidade do Ministério Público, sobretudo por não haver, na maioria dos Municípios, procuradoria de advocacia pública instituída. Asseverou, no ponto, que a Constituição Federal teria determinado a obrigatoriedade da advocacia pública federal e estadual, mas não a municipal, a qual poderia dar maiores condições para que os Municípios atuassem em juízo. Vencidos os Ministros Eros Grau, relator, e Cezar Peluso, Presidente, que desproviam o recurso, ao fundamento de que o Ministério Público não teria legitimidade para exigir, em ação civil pública, o que poderia vir a ser objeto de ação popular (CF, art. 5º, LXXIII). **RE 225777/MG, rel. orig. Min. Eros Grau, red. p/ o acórdão Min. Dias Toffoli, 24.2.2011. (RE-225777)** (Inform. STF 617)

AÇÃO CIVIL PÚBLICA E LEGITIMIDADE DO MINISTÉRIO PÚBLICO – 1

A Turma iniciou julgamento de recurso extraordinário em que se discute a legitimidade do Ministério Público estadual para propor ação civil pública para impugnar majoração supostamente abusiva da tarifa de transporte coletivo público. O Min. Gilmar Mendes, relator, deu provimento ao recurso e assentou o cabimento da ação civil pública, ajuizada pelo *parquet* com base nos artigos 127, *caput* e 129, III, ambos da CF, assim como da Lei 7.437/85 e na Lei 8.625/93, com o objetivo de impugnar a ilegalidade do reajuste de tarifas de transporte público urbano. Considerou que a mencionada ação estaria voltada à proteção dos usuários (consumidores) do transporte coletivo público, indeterminados, o que faria transparecer o interesse difuso em jogo, tal como definido pelo art. 81, I, do CDC. Ademais, esclareceu que não se estaria diante de tributo, mas de preço público cobrado como contraprestação ao serviço de transporte público urbano. De outro lado, rejeitou a tese utilizada no acórdão recorrido, de que o Poder Judiciário não poderia se pronunciar sobre o assunto. Enfatizou que, no caso, tratar-se-ia de controle da legalidade dos atos e contratos firmados pelo Poder Público municipal para a prestação à população dos serviços de transporte público urbano. Após, o julgamento foi suspenso em virtude do pedido de vista do Min. Eros Grau. **RE 228177/MG, rel. Min. Gilmar Mendes, 1º.4.2008.** (RE-228177)

AÇÃO CIVIL PÚBLICA E LEGITIMIDADE DO MINISTÉRIO PÚBLICO – 2

Em conclusão de julgamento, a Turma proveu recurso extraordinário para assentar a legitimidade do Ministério Público estadual para propor ação civil pública com o objetivo de impugnar majoração supostamente abusiva de tarifa de transporte coletivo público — v. Informativo 500. Considerou-se que a mencionada ação estaria voltada à proteção dos usuários (consumidores) do transporte coletivo público, indeterminados, o que faria transparecer o interesse difuso em jogo, tal como definido pelo art. 81, I, do CDC. Aduziu-se que, na situação em apreço, negar legitimidade ao *parquet* implicaria desfalcar a coletividade (usuários) de um meio de defesa contra o Poder Público e contra as concessionárias. Ademais, esclareceu-se que não se estaria diante de tributo, mas de preço público cobrado como contraprestação ao serviço de transporte público urbano. De outro lado, rejeitou-se a tese utilizada no acórdão recorrido de que o Poder Judiciário não poderia se pronunciar sobre o assunto. Enfatizou-se que, no caso, tratar-se-ia de controle da legalidade dos atos e contratos firmados pelo Poder Público municipal para a prestação à população dos serviços de transporte público urbano. **Precedente citado: RE 379495/SP (DJU de 20.4.2006). RE 228177/MG, rel. Min. Gilmar Mendes, 17.11.2009. (RE-228177)** (Inform. STF 568)

INTERNAÇÃO DE ALCOÓLATRA E LEGITIMIDADE DO MINISTÉRIO PÚBLICO

O Ministério Público não possui legitimidade para propor ação civil pública com o fim de obter internação compulsória, para tratamento de saúde, de portador de alcoolismo. Tendo em conta as peculiaridades do caso, entendeu-se que, nos termos do art. 127, *caput*, da CF, a situação dos autos não estaria incluída na competência do *parquet*, haja vista não se tratar de interesse social indisponível, de defesa da ordem pública ou do regime democrático. Enfatizou-se, ainda, a existência de defensoria pública na localidade, a qual competiria a tutela desse interesse. Vencido o Min. Marco Aurélio, relator, que, por reputar presente a proteção de direito individual indisponível, assentava a legitimação do órgão do Ministério Público para a ação intentada. **RE 496718/RS, rel. orig. Min. Marco Aurélio, rel. p/ o acórdão Min. Menezes Direito,12.8.2008. (RE-496718)** (Inform. STF 515)

AÇÃO CIVIL PÚBLICA E LEGITIMIDADE DO MINISTÉRIO PÚBLICO

O Ministério Público possui legitimidade para propor ação civil pública com o fim de obter certidão parcial do tempo de serviço que segurado tem averbado em seu favor. Com base nesse entendimento, a Turma negou provimento a agravo regimental em recurso extraordinário em que o Instituto Nacional do Seguro Social – INSS sustentava ofensa aos artigos 127 e 129, III, da CF. Considerou-se que o direito à certidão traduziria prerrogativa jurídica, de extração constitucional destinada a viabilizar, em favor do indivíduo ou de uma determinada coletividade (como a dos segurados do sistema de previdência social), a defesa (individual ou coletiva) de direitos ou o esclarecimento de situações, de tal modo que a injusta recusa estatal em fornecer certidões, não obstante presentes os pressupostos legitimadores dessa pretensão, autorizaria a utilização de instrumentos processuais adequados, como o mandado de segurança ou como a própria ação civil pública, esta, nos casos em que se configurasse a existência de direitos ou interesses de caráter transindividual, como os direitos difusos, coletivos e individuais homogêneos. Enfatizou-se que a existência, na espécie, de interesse social relevante, amparável mediante ação civil pública, restaria ainda mais evidenciada, ante a constatação de que os direitos individuais homogêneos ora em exame estariam revestidos, por efeito de sua natureza mesma, de índole eminentemente constitucional, a legitimar desse modo, a instauração, por iniciativa do *parquet*, de processo coletivo destinado a viabilizar a tutela jurisdicional de tais direitos. **RE 472489 AgR/RS, rel. Min. Celso de Mello, 29.4.2008. (RE-472489)** (Inform. STF 504)

ACP. INSTALAÇÃO DE LINHA TELEFÔNICA. AUTORIZAÇÃO EXPRESSA.

A Turma manteve decisão proferida em ACP ajuizada pelo MP em que se condenou a empresa de telefonia ora recorrente ao cumprimento de diversas obrigações de fazer e não fazer, entre elas, a de não prestar serviços de habilitação de linha telefônica sem autorização expressa, bem como a de excluir os nomes de todos os consumidores dos bancos de restrição de crédito em que não há prova escrita da solicitação do referido serviço, sob pena de pagamento de multa diária. Em preliminar, sustentou-se a regularidade da pretensão deduzida na inicial – o pedido de imposição de obrigação de fazer ou não fazer à empresa telefônica –, feita sem qualquer afronta ao ordenamento jurídico. Em seguida, considerou-se o MP como parte legítima *ad causam* para a propositura da ACP na defesa de interesses individuais homogêneos dos consumidores. No mérito, a Min. Relatora asseverou que não houve qualquer violação da legislação federal na análise do conjunto probatório uma vez que o *decisum* condenatório está amparado em vasta documentação juntada aos autos, em que se verifica que inúmeros consumidores tiveram linhas telefônicas instaladas em seus nomes, em estados diversos de seu domicílio, sem sua autorização, gerando, assim, cobranças indevidas pelo serviço e irregular inscrição em cadastro de inadimplentes. Esclareceu, ainda, que o acórdão recorrido, ao manter a sentença condenatória, em momento algum, restringiu o direito da empresa de atender as solicitações via *call center*, nem sequer se exigiu a formalidade da assinatura de contrato escrito. De fato, o que se impõe à empresa telefônica é o condicionamento da prestação do serviço à autorização escrita do consumidor de forma a evidenciar a sua concordância. Observou, ainda, a Min. Relatora que a rotina da empresa em nada será alterada; pois, conforme afirmado nas próprias razões recursais, os prepostos já são orientados para, quando da instalação da linha telefônica, conferir os dados do consumidor e colher sua assinatura no termo de aceitação dos serviços. **REsp 976.217-RO, Rel. Min. Maria Isabel Gallotti, julgado em 11/9/2012.(Inform. STJ 504)**

ASSOCIAÇÃO. MUNICÍPIOS. ILEGITIMIDADE.

Trata-se de demanda em que a relação jurídica litigiosa, de direito material, tem como figurantes, tanto no polo ativo quanto no polo passivo, pessoas jurídicas de direito público: de um lado, município; de outro, estado federado. Pretende-se o reconhecimento da ilegitimidade do ato praticado pelo estado que impôs a retenção de valores de repasses devidos a municípios, retenção decorrente de cumprimento de sentença transitada em julgado. Inicialmente, salientou o Min. Relator ser inquestionável que as entidades associativas em geral estão legitimadas a tutelar, em juízo, em nome próprio, direitos de seus associados (CF, art. 5º, XXI), inclusive por mandado de segurança coletivo (CF, art. 5º, LXX, *b*, e Lei n. 12.016/2009, art. 21). Todavia, ressaltou que essas normas de legitimação não podem ser interpretadas isoladamente, fora de um contexto sistemático e do cenário em que foram supostas pelo legislador. É preciso considerar que as entidades associativas são pessoas jurídicas de direito privado, cujos associados naturais são também pessoas físicas ou jurídicas de direito privado. Já a tutela em juízo dos direitos e interesses das pessoas de direito público tem regime próprio, revestido de garantias e privilégios de direito material e processual em face, justamente, da relevante circunstância de se tratar da tutela do patrimônio público. Nesse panorama, registrou ser absolutamente incompatível imaginar a viabilidade de delegação das atividades típicas de Estado à pessoa de direito privado sob forma de substituição processual por entidade associativa, abrindo-se mão dos privilégios e garantias processuais conferidos às pessoas de direito público em juízo, submetendo-as ao procedimento comum. Observou mostrar-se essa incompatibilidade ainda mais evidente quando se considera que o mandado de segurança coletivo, tal como instituído pelos arts. 21 e 22 da Lei n. 12.016/2009, criou um sistema de vinculação tácita e automática dos substituídos processuais (no caso, os associados da impetrante) ao processo coletivo, viabilizando os efeitos de coisa julgada material, inclusive em caso de denegação da ordem. Ademais, qualquer que seja a natureza dos direitos tutelados em mandado de segurança coletivo, é indispensável que guardem relação de pertinência e compatibilidade com a razão de ser (finalidades, programas, objetivo institucional) da pessoa jurídica impetrante. Contudo, o estatuto da associação autora, ora recorrente, não contempla nem poderia contemplar, entre seus objetivos, a defesa judicial dos municípios associados, o que leva à sua ilegitimidade. Diante desses fundamentos, entre outros, a Turma negou provimento ao recurso. **RMS 34.270-MG, Rel. Min. Teori Albino Zavascki, julgado em 25/10/2011.** (Inform. STJ 486)

ACP. INTERESSES PREDOMINANTEMENTE INDIVIDUAIS. ILEGITIMIDADE. MP.

In casu, o MP estadual, ora recorrido, ajuizou ação civil pública (ACP) em desfavor da associação ora recorrente por suposta simulação no negócio jurídico que resultou na venda do imóvel onde seria sua sede, razão pela qual pleiteia o MP a nulidade do ato e o consequente retorno à associação do título de propriedade do referido imóvel. Assim, no REsp, a recorrente, entre outras alegações, sustenta a ilegitimidade do MP para propor ACP, pois a relação existente com seus associados é meramente associativa, não de consumo. Assevera, ainda, não se discutir direito indisponível, nem sequer há a defesa impessoal da coletividade; o que se verifica é tão somente a insatisfação de alguns associados. A Turma deu provimento ao recurso sob o entendimento de que o MP não possui legitimidade ativa para propor ACP na qual busca a defesa de um pequeno grupo de pessoas, no caso, dos associados de um clube numa óptica predominantemente individual. Ressaltou-se que a proteção a um grupo isolado de pessoas, ainda que consumidores, não se confunde com a defesa coletiva de seus interesses. Esta, ao contrário da primeira, é sempre impessoal e tem como objetivo beneficiar a sociedade em sentido amplo. Desse modo, não se aplica à hipótese o disposto nos arts. 81 e 82, I, do CDC. Registrou-se, ademais, não ser cabível nem mesmo cogitar de interesses individuais homogêneos, isso porque a pleiteada proclamação da nulidade beneficiaria esse pequeno grupo de associados de maneira igual. Além disso, para a proteção de tais interesses, seria imprescindível a relevância social, o que não se configura na espécie. Contudo, entendeu-se que, ante a ausência de má-fé do recorrido no ajuizamento da ACP, não são devidos custas e honorários advocatícios nos termos do art. 18 da Lei n. 7.347/1985. Precedentes citados: REsp 294.759-RJ, DJe 9/12/2008; AgRg no REsp 710.337-SP, DJe 18/12/2009; REsp 613.493-DF, DJ 20/3/2006; AgRg nos EDcl no REsp 1.120.390-PE, DJe 22/11/2010, e EREsp 895.530-PR, DJe 18/12/2009. **REsp 1.109.335-SE, Rel. Min. Luis Felipe Salomão, julgado em 21/6/2011.** (Inform. STJ 478)

BENEFÍCIO PREVIDENCIÁRIO. IDOSA. INTERVENÇÃO. MP.

Discute-se no REsp a obrigatoriedade de intervenção do Ministério Público (MP) em processos em que idosos capazes sejam parte e postulem direito individual disponível. Nos autos, a autora, que figura apenas como parte interessada no REsp, contando mais de 65 anos, ajuizou ação contra o Instituto Nacional do Seguro Social (INSS) para ver reconhecido exercício de atividade rural no período de 7/11/1946 a 31/3/1986. A sentença julgou improcedente o pedido e o TJ manteve esse entendimento. Sucede que, antes do julgamento da apelação, o MPF (recorrente), em parecer, requereu preliminar de anulação do processo a partir da sentença por falta de intimação e intervenção do *Parquet* ao argumento de ela ser, na hipótese, obrigatória, o que foi negado pelo TJ. Daí o REsp do MPF, em que alega ofensa aos arts. 84 do CPC e 75 da Lei n. 10.741/2003 (Estatuto do Idoso). Destacou o Min. Relator que, no caso dos autos, não se discute a legitimidade do MPF para propor ação civil pública em matéria previdenciária; essa legitimidade, inclusive, já foi reconhecida pelo STF e pelo STJ. Explica, na espécie, não ser possível a intervenção do MPF só porque a parte autora é idosa, pois ela é dotada de capacidade civil, não se encontra em situação de risco e está representada por advogado que interpôs os recursos cabíveis. Ressalta ainda que o direito à previdência social envolve direitos disponíveis dos segurados. Dessa forma, não se trata de direito individual indisponível, de grande relevância social ou de comprovada situação de risco a justificar a intervenção do MPF. Diante do exposto, a Turma negou provimento ao recurso. **REsp 1.235.375-PR, Rel. Min. Gilson Dipp, julgado em 12/4/2011.** (Inform. STJ 469)

ACP. LEGITIMIDADE. CENTRO ACADÊMICO.

Trata-se de REsp em que se discute a legitimidade dos centros acadêmicos universitários, no caso, centro acadêmico de Direito, para propor ação civil pública (ACP) em defesa de interesse dos estudantes do respectivo curso. Inicialmente, ressaltou o Min. Relator que os centros acadêmicos universitários se inserem na categoria de associação civil, pessoa jurídica criada a partir da união de pessoas cujos objetivos comuns de natureza não econômica convergem. Assim, entendeu que o centro acadêmico de Direito, ora recorrente, na condição de associação civil, possui legitimidade para ajuizar ACP na defesa dos interesses dos estudantes do respectivo curso. Consignou que, na hipótese em questão, ao contrário do que foi assentado nas instâncias ordinárias, os direitos postos em juízo, por dizerem respeito a interesses individuais dos estudantes de Direito frente à instituição, são direitos individuais homogêneos, pois derivam de uma origem comum, qual seja, o regulamento da faculdade/universidade e os contratos de adesão celebrados entre a instituição de ensino e cada aluno. Desse modo, mostra-se viável a defesa coletiva de direitos pela referida entidade mediante ACP, mercê do que dispõe o art. 81, parágrafo único, III, do CDC. Registrou, ainda, que tanto o STF quanto o STJ entendem que, em se tratando de substituição processual, como no caso, não é de exigir-se autorização *ad hoc* dos associados para que a associação, regularmente constituída, ajuíze a ACP cabível. Ademais, na espécie, houve assembleia especificamente convocada para o ajuizamento das ações previstas na Lei n. 9.870/1999, sendo colhidas as respectivas assinaturas dos alunos, circunstância em si suficiente para afastar a ilegitimidade aventada pelo acórdão recorrido. Diante desses fundamentos, entre outros, a Turma deu provimento ao recurso. Precedentes citados do STF: RE 436.047-PR, DJ 13/5/2005; AI 650.404-SP, DJe 13/3/2008; AI 566.805-SP, DJ 19/12/2007; do STJ: AgRg nos EREsp 497.600-RS, DJ 16/4/2007; REsp 991.154-RS, DJe 15/12/2008; REsp 805.277-RS, DJe 8/10/2008; AgRg no Ag 1.153.516-GO, DJe 26/4/2010; REsp 132.906-MG, DJ 25/8/2003; REsp 880.385-SP, DJe 16/9/2008, e REsp 281.434-PR, DJ 29/4/2002. **REsp 1.189.273-SC, Rel. Min. Luis Felipe Salomão, julgado em 1º/3/2011.** (Inform. STJ 465)

ACP. LEGITIMIDADE ATIVA. MP. BENEFÍCIO PREVIDENCIÁRIO.

Ministério Público (MP) possui legitimidade para propor ação civil pública (ACP) com o objetivo de proteger os interesses de segurados de benefícios previdenciários. Ressalta a Min. Relatora que, com esse entendimento, foi restabelecida antiga jurisprudência, após os julgamentos sobre a matéria terem oscilado ultimamente; em várias decisões, inclusive na Terceira Seção, vinha-se recusando a legitimidade *ad causam* do MP em ACPs com o objetivo de discutir questões ligadas à seguridade social, como direitos relativos à concessão de benefício assistencial a idosos e portadores de deficiência, revisão de benefícios previdenciários e equiparação de menores sob guarda judicial a filhos de segurados para fins previdenciários. No entanto, segundo a Min. Relatora, deve haver nova reflexão sobre o tema em razão, sobretudo, do relevante interesse social envolvido no ajuizamento da ACP de natureza previdenciária, pois o reconhecimento da legitimidade do MP, além do interesse social, traz inegável economia processual, evitando-se a proliferação de demandas individuais idênticas com resultados divergentes e com o consequente acúmulo de feitos nas instâncias do Judiciário, o que, certamente, não contribui para uma prestação jurisdicional eficiente, célere e uniforme. Observa que o STF já vinha reconhecendo a legitimidade do MP para a ACP destinada à proteção de direitos sociais, tais como a moradia e a educação, e agora, em julgado mais recente, afirmou aquela Corte que certos direitos individuais homogêneos podem ser classificados como interesses ou direitos coletivos, ou identificar-se com interesses sociais e individuais indisponíveis, esclarecendo que, nesses casos, a ACP presta-se à defesa deles, legitimando o MP para a causa (art. 127, *caput*, e art. 129, III, da CF/1988). Desse modo, concluiu que o MP detém legitimidade para propor ACP na defesa de interesses individuais homogêneos (arts. 127, § 1º, e 129, II e III, da CF/1988). Assim, assevera a Min. Relatora, entre outras considerações, que, para fins de legitimidade do *Parquet* para a ACP quando se tratar de direitos individuais homogêneos, ainda que disponíveis, o que deve ser observado é a presença do relevante interesse social de que se reveste o direito a ser tutelado. Diante do exposto, a Turma negou provimento ao REsp interposto pelo Instituto Nacional do Seguro Social (INSS). No recurso, este buscava a extinção do feito sem julgamento do mérito, alegando a ilegitimidade do MPF para promover ACP pertinente a reajustes e revisões de benefícios previdenciários concedidos a partir de março de 1994, com inclusão da variação integral do IRSM de fevereiro de 1994 (39,67%) nos salários de contribuição integrantes do período básico de cálculo antes da conversão em URV. Anotou-se que o tribunal de origem entendeu ser cabível a revisão, confirmando a sentença de primeiro grau que também restringiu os efeitos do julgado à subseção judiciária em que proposta a ação, na forma do art. 16 da Lei n. 7.347/1985. **Precedentes citados do STF: RE 163.231-SP, DJ 29/6/2001; RE 195.056-PR, DJ 30/5/2003; AgRg no RE 514.023-RJ, DJe 5/2/2010; RE 228.177-MG, DJe 5/3/2010; AgRg no RE 472.489-RS, DJe 29/8/2008; AgRg no AI 516.419-PR, DJe 30/11/2010; RE 613.044-SC, DJe 25/6/2010; do STJ: EREsp 644.821-PR, DJe 4/8/2008; AgRg nos EREsp 274.508-SP, DJ 10/4/2006; AgRg no REsp 938.951-DF, DJe 10/3/2010; REsp 413.986-PR, DJ 11/11/2002, e AgRg no AgRg no Ag 422.659-RS, DJ 5/8/2002. REsp 1.142.630-PR, Rel. Min. Laurita Vaz, julgado em 7/12/2010.** (Inform. STJ 459)

ACP. LEGITIMIDADE. MP. ILUMINAÇÃO PÚBLICA. ENERGIA ELÉTRICA. COBRANÇA UNIFICADA.

In casu, concessionária de energia elétrica cobrava, na mesma fatura, a contribuição de iluminação pública com a tarifa de energia elétrica, englobando-as no mesmo código de leitura ótica, sem dar oportunidade ao administrado de optar pelo pagamento individual, o que gerou a propositura de ação civil pública (ACP) pelo *Parquet* estadual. A Turma conheceu em parte do recurso e, nessa extensão, negou-lhe provimento, reafirmando a *legitimatio ad causam* do Ministério Público para ajuizamento de ACP em defesa de direitos transindividuais, no caso, a emissão de faturas de consumo de energia elétrica com dois códigos de leitura ótica, informando, de forma clara e ostensiva, os valores correspondentes à contribuição de iluminação pública e à tarifa de energia elétrica. Na espécie, a pretensão intentada na ACP *ab origine* não revela hipótese de pretensão tributária, pois o que se pretende é resguardar interesses dos consumidores e não dos contribuintes, na medida em que se insurge contra a forma como a concessionária vem cobrando os serviços de energia elétrica e a contribuição de iluminação pública, o que afasta a vedação prevista no art. 1°, parágrafo único, da Lei n. 7.347/1985. Revela-se, assim, interesse nitidamente transindividual, pois o que se pretende alcança uma coletividade, representada por um grupo determinável, ligado pela mesma relação jurídica com a concessionária. Dessarte, o Ministério Público, por força do art. 129, III, da CF/1988, dos arts. 81 e 82 do CDC e do art. 1° da Lei n. 7.347/1985, é legitimado a promover ACP na defesa de direitos transindividuais, nesses incluídos os direitos dos consumidores de energia elétrica, como na hipótese. **Precedentes citados do STF: AgRg no RE 424.048-SC, DJ 25/11/2005; do STJ: REsp 435.465-MT, DJe 28/9/2009; REsp 806.304-RS, DJe 17/12/2008; REsp 520.548-MT, DJ 11/5/2006; REsp 799.669-RJ, DJe 18/2/2008; REsp 684.712-DF, DJ 23/11/2006, e AgRg no REsp 633.470-CE, DJ 19/12/2005. REsp 1.010.130-MG, Rel. Min. Luiz Fux, julgado em 9/11/2010.** (Inform. STJ 455)

ACP. LEGITIMIDADE. MPF. ENTIDADE FILANTRÓPICA.

Na hipótese dos autos, foi ajuizada ação civil pública (ACP) pelo *parquet* federal (recorrido) contra associação educacional (recorrente), objetivando, entre outros temas, a declaração judicial de nulidade do registro do certificado de entidade filantrópica, tendo em vista a suposta distribuição de lucros. Liminarmente, foi determinada a suspensão da eficácia do referido certificado e de sua imunidade tributária. O primeiro grau de jurisdição entendeu pela extinção do processo sem julgamento de mérito, com base na ilegitimidade ativa *ad causam* do Ministério Público Federal (MPF), em razão da natureza fiscal do direito controvertido. Tal decisão foi reformada pelo tribunal *a quo*, o qual determinou o prosseguimento da ACP. No REsp, a recorrente sustenta, entre outras alegações, violação dos arts. 3° e 267, VI, do CPC. Portanto, cinge-se a questão à análise da legitimidade ativa *ad causam* do MPF e da existência de legítimo interesse a justificar o ajuizamento da mencionada ACP. Nesta instância especial, observou-se que, no caso, a pretensão recursal excede os limites de tutela do interesse tributário do Estado, atingindo o próprio interesse social que as entidades filantrópicas visam promover. Ressalte-se que tais entidades, por desenvolverem um trabalho de complementação das atividades essenciais do Estado, possuem um patrimônio social com características públicas, uma vez que é de uso comum, mas relacionado com o uso da própria sociedade. Assim, o patrimônio público investido na entidade assistencial, decorrente da isenção tributária concedida, deve ser revertido em proveito das atividades assistenciais promovidas, dada a nítida função social que a entidade propõe-se a prestar. O não cumprimento dessas atividades, por desvio de finalidade, caracterizaria agressão à moralidade administrativa, visto que refletiria na consecução da própria finalidade social (no caso, na prestação dos serviços de educação aos seus respectivos alunos – que pagam uma mensalidade subsidiada em razão de concessão da isenção tributária – e na prestação de atividades filantrópicas à comunidade). Dessarte, a emissão indevida do certificado de entidade de fins filantrópicos poderia afetar o interesse social como um todo, ofendendo não só o patrimônio público, bem como a legítima expectativa de que a entidade filantrópica reverteria em proveito da sociedade os subsídios tributários concedidos, até porque eles caracterizam investimento indireto do Estado. Dessa forma, à semelhança de recente entendimento do STF em repercussão geral (*vide* Informativo do STF n. 595) – o *parquet* possui legitimidade ativa *ad causam* para propor a referida ACP, uma vez que configurada grave ofensa ao patrimônio público, ao interesse social e à moralidade administrativa –, estando assim, plenamente legitimado para atuar na defesa do interesse coletivo, por evitar que uma entidade que se apresente como assistencial faça jus a uma isenção tributária indevida. Nesse panorama, o Min. Teori Albino Zavascki destacou que a restrição estabelecida no art. 1°, parágrafo único, da Lei n. 7.347/1985 não alcança ação visando à anulação de atos administrativos concessivos de benefícios fiscais, alegadamente ilegítimos e prejudiciais ao patrimônio público, cujo ajuizamento pelo MP decorre de sua função institucional estabelecida pelo art. 129, III, da CF/1988 e art. 5°, III, **b**, da LC n. 75/1993, de que trata a Súm. n. 329-STJ. Com essas considerações, a Turma conheceu parcialmente do recurso e, nessa parte, negou-lhe provimento. **Precedentes citados do STF: RE 576.155-DF; do STJ: REsp 1.120.376-SP, DJe 21/10/2009; REsp 776.549-MG, DJ 31/5/2007; REsp 610.235-DF, DJ 23/4/2007, e REsp 417.804-PR, DJ 16/5/2005. REsp 1.101.808-SP, Rel. Min. Hamilton Carvalhido, julgado em 17/8/2010.** (Inform. STJ 443)

AÇÃO COLETIVA. CLÁUSULA CONTRATUAL.

A matéria cinge-se em determinar se o recorrente (conhecido instituto de defesa do consumidor) possui legitimidade para propor ação coletiva em defesa dos direitos do consumidor e se o direito à devolução de valores referentes a contrato de consórcio é considerado individual homogêneo. Para a Min. Relatora, a pertinência subjetiva da entidade associativa de defesa do consumidor para ajuizar ação coletiva manifesta-se pela natureza dos interesses e direitos tutelados – individuais homogêneos. Tais direitos referem-se a um número de pessoas ainda não identificadas, mas passível de ser determinado em um momento posterior e derivam de uma origem comum, do que decorre sua homogeneidade. No caso, o referido instituto veio a juízo promover a defesa coletiva de interesses individuais, para declarar a nulidade de cláusula contratual que prevê a devolução das parcelas do contrato de consórcio após 30 dias de encerramento do grupo aos consorciados desistentes ou excluídos. Nessa hipótese, os direitos dos consorciados são caracterizados como individuais homogêneos, pois decorrem de origem comum, ou seja, a nulidade de cláusula contratual. Destarte, o instituto está legitimado para litigar na tutela dos interesses individuais homogêneos dos consumidores, assim como está configurada a possibilidade jurídica do pedido dada a natureza dos direitos que o fundamentam. **Precedentes citados: REsp 681.872-RS, DJ 23/5/2005; REsp 132.502-RS, DJ 10/11/2003; REsp 226.803-SP, DJ 18/11/2002; REsp 313.364-SP, DJ 6/5/2002; REsp 140.097-SP, DJ 11/9/2000; REsp 157.713-RS, DJ 21/8/2000; REsp 41.457-RS, DJ 17/3/1997; REsp 139.400-MG, DJ 25/9/2000; REsp 79.083-SP, DJ 28/2/2000, e REsp 595.964-GO, DJ 4/4/2005. REsp 987.382-SP, Rel. Min. Nancy Andrighi, julgado em 1°/12/2009.** (Inform. STJ 418)

IDEC. AÇÃO INDIVIDUAL. ILEGITIMIDADE.

Trata-se de ação civil pública na qual o Instituto Brasileiro de Defesa do Consumidor (IDEC) objetiva, em nome próprio, fazer com que os recorridos, colégios de primeiro e segundo graus, procedam aos descontos de matrícula e mensalidade dos filhos dos substituídos processuais. O Instituto recorrente embasou seu pedido nas disposições do DL n. 3.200/1941. O juiz julgou a ação procedente para determinar os descontos postulados. Interposta a apelação, o TJ reformou a sentença ao entendimento de que o IDEC não possui legitimidade ativa *ad causam* para postular em nome próprio direito alheio, exceto se por meio de ação coletiva, o que não é a hipótese. Ao recurso aviado pelo IDEC, o Min. Relator dava-lhe provimento, ao entendimento de que o Instituto tem legitimidade para propor ação coletiva para defender interesses individuais homogêneos. O Min. João Otávio de Noronha, em seu voto-vista, divergindo do Min. Relator, destacou que este Superior Tribunal já julgou ações, propostas pelo MP, cujo fundamento era o desconto de mensalidades escolares com base no DL n. 3.200/1941, tendo decidido pela improcedência da ação, visto que o art. 24 do referido decreto encontra-se revogado. Todavia, ressaltou que a hipótese contempla uma peculiaridade: a presente ação não é coletiva, mas individual. E a norma consumerista é específica ao conferir legitimidade a associações para postularem em nome próprio nas hipóteses em que a ação proposta seja coletiva (arts. 81, III, 82, IV, do CDC). Nessa norma percebe-se não haver previsão de substituição processual extraordinária para defesa de interesses particulares por meio de ações individuais, como ocorre no caso. Para o Min. João Otávio de Noronha, não se trata apenas de mero formalismo com o nome atribuído à presente ação, mas dos contornos a ela conferidos pelo autor, que sonegou a feição metaindividual ao feito. Mesmo que os interesses fossem considerados "individuais homogêneos", a legitimidade da associação estaria condicionada a que fossem também indisponíveis. *In casu*, havendo apenas a soma de interesses individuais de duas pessoas, interesses que parecem legítimos, mas não coletivos, não cabe à associação defendê-los. No caso, não há previsão de substituição processual. Já a hipótese de representação, não foi levantada pelo IDEC, que postulou em nome próprio, entendendo que fazia a defesa de direitos individuais homogêneos, conferindo ao presente feito a feição coletiva. Diante disso, a Turma, ao prosseguir o julgamento, por maioria, não conheceu do recurso. **Precedentes citados: REsp 72.413-SP, DJ 22/4/1996, e REsp 168.339-SP, DJ 16/8/1999. REsp 184.986-SP, Rel. originário Min. Luis Felipe Salomão, Rel. para acórdão Min. João Otávio de Noronha, julgado em 17/11/2009.** (Inform. STJ 416)

ACP. LOCAÇÃO. CLÁUSULAS ABUSIVAS. ILEGITIMIDADE. MP.
Trata-se de REsp em que o recorrente, MP estadual, pretende a nulidade de cláusulas abusivas constantes de contratos de locação realizados com uma única administradora do ramo imobiliário. Sustenta que o art. 82, I, do CDC, os arts. 1º, II e IV, e 5° da Lei n. 7.347/1985 o legitimam a promover a ação civil pública (ACP), tal como feito na hipótese em questão. A Turma, ao prosseguir o julgamento, por maioria, reafirmou o entendimento de não ser possível o ajuizamento de ACP para postular direito individual que, apesar de indisponível, seja destituído do requisito da homogeneidade, indicativo da dimensão coletiva que deve caracterizar os interesses tutelados por meio de tais ações. Outrossim, segundo a jurisprudência deste Superior Tribunal, o CDC não é aplicável aos contratos locatícios, os quais são regulados por legislação própria. Assim, resta claro que o MP estadual não tem legitimidade para propor ACP nesse caso. Para os votos vencidos, contudo, não há inconveniência na propositura da ACP pelo MP estadual nessa hipótese, visto que se trata de uma ação visando alcançar ao mesmo tempo a pluralidade de locatários potencialmente vítimas de exploração. Ressaltou-se que as grandes administradoras têm uma carteira enorme de clientes, o contrato, em geral, é padronizado, basicamente, um contrato de adesão. Portanto, a ACP teria a utilidade de possibilitar o exame em uma única ação para dar lisura ou não às cláusulas postas no contrato. **Precedentes citados: REsp 984.430-RS, DJ 22/11/2007; REsp 294.759-RJ, DJe 9/12/2008; AgRg no Ag 590.802-RS, DJ 14/8/2006; REsp 442.822-RS, DJ 13/10/2003; REsp 893.218-RS, DJe 9/12/2008, e AgRg no Ag 660.449-MG, DJ 25/2/2008. REsp 605.295-MG, Rel. Min. Laurita Vaz, julgado em 20/10/2009.** (Inform. STJ 412)

SINDICATO. LEGITIMIDADE. ACP.
Cuida-se de ação civil pública (ACP) ajuizada pelo sindicato de empregados em estabelecimento bancário contra o banco e contra a corretora de seguros. Alega o autor que, obrigando os empregados/consumidores a aderir a novo plano de saúde, ambos realizaram alterações unilaterais no contrato firmado anteriormente com os funcionários, especialmente em relação às condições de custeio e manutenção de cobertura para os denominados "agregados". Mas a Turma não conheceu do recurso por entender que o sindicato só possui legitimidade para demandar em juízo a tutela de direitos subjetivos individuais de seus filiados como substituto processual, quando se cuidar de direitos homogêneos que tenham relação com seus fins institucionais, havendo previsão estatutária para tanto. No caso, verificar a existência desse requisito implica a análise do conjunto fático-probatório, especialmente do conteúdo dos atos constitutivos do sindicato, o que é defeso pelas Súmulas ns. 5 e 7 do STJ. **Precedente citado: AgRg no Ag 988.283-SC, DJe 1º/9/2008. REsp 617.194-RJ, Rel. Min. Luis Felipe Salomão, julgado em 15/10/2009.** (Inform. STJ 411)

MP. LEGITIMIDADE. AÇÃO CIVIL PÚBLICA.
O Ministério Público não tem legitimidade para interpor ação civil pública contra ex-dirigente de clube de futebol em razão da alegada prática de atos que teriam causado prejuízos de ordem moral e patrimonial à agremiação futebolística. Na espécie, não está evidenciada desordem na entidade privada que lese de forma direta o interesse público, logo não há que falar em legitimidade do *Parquet* para propor ação civil pública. **Precedentes citados: REsp 242.643-SC, DJ 18/12/2000; REsp 933.002-RJ, DJe 29/6/2009, e AgRg no REsp 336.599-SC, DJe 22/5/2009. REsp 1.041.765-MG, Rel. Min. Eliana Calmon, julgado 22/9/2009.** (Inform. STJ 408)

SERVIÇO. TELEFONIA. LEGITIMIDADE. MP.
Trata-se, na espécie, de recurso interposto contra agravo de instrumento manejado para combater decisão saneadora proferida em ação civil pública, proposta com o objetivo de afastar a cobrança relativa à denominada assinatura básica, reduzir a tarifa referente à mudança de endereço e impedir a disponibilização do serviço de valor adicionado sem prévia concordância do usuário. Assim, a Turma entendeu que a inclusão de débitos não autorizados na conta do consumidor e cobrados em razão do uso pelo consumidor ou por terceiros de serviço de valor adicionado legitimam o Ministério Público a propor ação com o objetivo de garantir a continuidade do serviço público essencial de telefonia fixa, conforme disposto na art. 22 do CDC. Quanto ao serviço de valor adicionado fornecido sem que haja solicitação prévia e expressa do consumidor, é desnecessária a participação dos provedores dos referidos serviços no polo passivo da demanda, pois o bloqueio e os eventuais desbloqueios a pedido do usuário e controle na cobrança dos referidos serviços não autorizados são de responsabilidade da concessionária. **REsp 605.755-PR, Rel. Min. Herman Benjamin, julgado em 22/9/2009. (Inform. STJ 408)**

LEGITIMIDADE. MPF. ACP. DIREITO. MUTUÁRIO. SFH.
O Ministério Público Federal (MPF) tem legitimidade para propor ação civil pública (ACP) com o objetivo de sobrestar processos de execuções extrajudiciais em tutela de direito e interesse de mutuários do Sistema Financeiro de Habitação (SFH), dado o caráter homogêneo deles e a repercussão social decorrente de sua ofensa. **Precedentes citados: REsp 586.307-MT, DJ 28/3/2005; REsp 613.480-PR, DJ 18/4/2005, e AgRg no AgRg no REsp 229.226-RS, DJ 7/6/2004. REsp 1.126.708-PB, Rel. Min. Eliana Calmon, julgado em 17/9/2009.** (Inform. STJ 407)

MP. LEGITIMIDADE. ACP. LOTEAMENTO IRREGULAR.
A Turma decidiu que, na ação civil pública (ACP) referente à execução de parcelamento de solo urbano com alienação de lotes irregulares, sem aprovação dos órgãos públicos competentes, o *parquet* tem legitimidade para formular pedido de indenização em favor dos adquirentes de tais lotes, seja em razão da prerrogativa conferida pelos arts. 1º, VI, e 5º, I, da Lei n. 7.347/1985, seja por versar sobre direitos individuais homogêneos que transbordam o mero caráter patrimonial, configurando, ademais, relação de consumo na forma dos arts. 81, parágrafo único, III, e 82, I, do CDC. **REsp 783.195-SP, Rel. Min. Mauro Campbell Marques, julgado em 15/9/2009.** (Inform. STJ 407)

MP. LEGITIMIDADE. ACP. SAÚDE.
Prosseguindo o julgamento, a Turma, por maioria, decidiu que o *parquet* tem legitimidade ativa para propor ação civil pública (ACP) referente a direito indisponível, mesmo para tutelar direito à saúde de uma única pessoa física carente de atendimento médico-hospitalar para realização de cirurgia, tal como nos casos de fornecimento de medicamento de uso contínuo. **Precedentes citados: REsp 688.052-RS, DJ 17/8/2006; REsp 819.010-SP, DJ 2/5/2006; REsp 699.599-RS, DJ 26/2/2007; EDcl no REsp 662.033-RS, DJ 13/6/2005, e REsp 830.904-RS. REsp 716.712-RS, Rel. originária Min. Eliana Calmon, Rel. para acórdão Min. Herman Benjamin, julgado em 15/9/2009.** (Inform. STJ 407)

ACP. LEGITIMIDADE. MP.
Trata-se de ação civil pública (ACP) ajuizada pelo Ministério Público Federal (MPF) com o objetivo de manter curso do ensino médio no período noturno de colégio custeado pela União o qual o diretor teria ilegalmente suprimido. A sentença, por sua vez, extinguiu o feito sem resolução de mérito, por considerar a ilegitimidade do MPF para figurar como parte ativa. Entretanto, o TRF deu provimento à apelação do MPF e anulou a sentença, ao argumento de tratar-se de direito coletivo e difuso que, nos termos do art. 81, I e II, da Lei n. 8.078/1990 (CDC), atrai a legitimidade do MPF. Para o Min. Relator, o direito à continuidade do curso noturno por um grupo de alunos matriculados não é passível de divisão, pois deriva de uma relação jurídica com o colégio e sua extinção acarretaria prejuízo a todos, sendo inviável sua quantificação individual. Observa que também se devem considerar os interesses daqueles que ainda não ingressaram no colégio, mas que eventualmente podem ser atingidos pela extinção do curso noturno. Eles formariam um grupo indeterminável de futuros alunos a titularizar direito difuso à manutenção do curso noturno. Além disso, o ECA estabelece expressamente a legitimidade do MP para ingressar com ações fundadas em interesses coletivos ou difusos para garantir direito à oferta de ensino regular noturno (art. 208, IV, e art. 210, I, ambos do ECA). Diante desse contexto, a Turma negou provimento ao recurso do colégio e confirmou a decisão *a quo*, ratificando a legitimidade do *parquet*, para determinar que os autos retornem e prossiga o feito no juízo de primeiro grau. **Precedentes citados: EREsp 141.491-SC, DJ 1º/8/2000, e REsp 913.356-RS, DJ 15/5/2007. REsp 933.002-RJ, Rel. Min. Castro Meira, julgado em 16/6/2009.** (Inform. STJ 399)

LEGITIMIDADE. MP.
Discute-se a legitimidade, se do Ministério Público estadual ou do Ministério Público do Trabalho, para propor ação civil pública com objetivo de cumprimento de normas atinentes à segurança e à medicina do trabalho pelas construtoras vencedoras de licitação estadual para contenção de enchentes. A sentença extinguiu a ação com base no art. 267, VI, c/c art.

295, II, ambos do CPC, e o Tribunal *a quo* proveu apelação, reconhecendo a legitimidade do MP estadual. No REsp, o Min. Luis Felipe Salomão, inaugurando a divergência, considerou ser inegável a legitimação do MP estadual para a ação civil pública em exame, além de observar a concorrência de atribuições entre os órgãos do MP, o que eventualmente garantiria a possibilidade de atuação conjunta na defesa do interesse público. Já conforme o voto vista do Min. João Otávio de Noronha, condutor da tese vencedora, a legitimidade para a propositura da ação é do Ministério Público estadual. Aponta que, à época da propositura da ação (1997), a jurisprudência neste Superior Tribunal era no sentido de que compete à Justiça comum o conhecimento e julgamento de ações que envolvem acidente do trabalho, consequentemente, essa Justiça também é competente para julgar a ação civil pública quando destinada a prevenir acidente do trabalho. Outrossim, ressalta que a LC n. 75/1993 atrelou a legitimidade *ad causam* do MP à competência do órgão julgador, ou seja, só atua o *parquet* especializado nas ações judiciais que tramitam na Justiça do Trabalho e o Tribunal *a quo* reconheceu a legitimidade do MP estadual. Por outro lado, a tese vencida reconhecia a legitimidade do MP do Trabalho e extinguia o processo (art. 267, VI, do CPC), também com base em precedentes deste Superior Tribunal, empatando a votação. No voto de desempate, a Min. Nancy Andrighi acompanhou a divergência, ou seja, admitiu a legitimidade do MP estadual, mas também defendeu a atuação isolada ou integrada de ambas as instituições do MP, uma vez que reconhecia a legitimidade do MP do Trabalho para proteger os direitos sociais dos trabalhadores (arts. 83, III e 84, II, da LC n. 75/1993), e a legitimidade do MP estadual para atuar na defesa dos interesses difusos e coletivos relacionados com o meio ambiente do trabalho (art. 292, II, da LC estadual n. 734/1993). Isso posto, a Turma, por maioria, não conheceu do recurso. **Precedente citado: REsp 493.876-SP, DJ 12/8/2003. REsp 240.343-SP, Rel. originário Min. Aldir Passarinho Junior, Rel para acórdão Min. João Otávio de Noronha, julgado em 17/3/2009.** (Inform. STJ 387)

AÇÃO CIVIL PÚBLICA. ÁGUA E ESGOTO. PREÇO PÚBLICO.
A Turma, em atenção à jurisprudência do STF, entendeu que a quantia recolhida a título de prestação de serviço de água e esgoto é preço público (tarifa) e não taxa. Consequentemente, é aplicável o CDC em casos de aumento de tarifa, inexistindo empecilho à defesa da usuária via ação civil pública, cuja legitimação é do MP, autorizada por lei. **Precedentes citados: REsp 586.565-DF, DJ 7/2/2008; REsp 856.272-RS, DJ 29/11/2009, e REsp 417.804-PR, DJ 16/5/2005. AgRg no REsp 856.378-MG, Rel. Min. Mauro Campbell Marques, julgado em 17/3/2009.** (Inform. STJ 387)

AÇÃO CIVIL PÚBLICA. ILEGITIMIDADE. MP.
A questão consiste em saber se, sob a égide do art. 29, VIII, da Lei n. 8.625/1993, a ação civil pública contra governador compete ao procurador-geral de Justiça ou se a petição inicial poderia ser subscrita exclusivamente por membro do Ministério Público estadual que atua na primeira instância. No caso, o Tribunal *a quo* anulou o feito desde o recebimento da petição inicial, por entender que somente o procurador-geral de Justiça teria legitimidade para o ajuizamento de ação civil pública em desfavor de governador à época da propositura da ação. Para o Min. Relator, ainda que se admitisse o princípio do promotor natural no ordenamento pátrio, sua disciplina estaria circunscrita ao âmbito infraconstitucional, ou seja, à Lei n. 8.625/1993, que, ao dispor sobre a organização dos Ministérios Públicos estaduais, conferiu ao procurador-geral de Justiça a competência para o ajuizamento da ação civil pública contra governador (art. 29, VII, daquela legislação). Observa ainda que nem mesmo o art. 29, IX, da citada lei, que trata da delegação a membro do MP pelo procurador-geral de Justiça, poderia legitimar, nos autos, a atuação do membro do *parquet*, uma vez que o Tribunal de origem registrou expressamente não haver qualquer delegação. Dessa forma, não poderia a promotora de Justiça subscrever a petição inicial por falta de legitimidade *ad processum* para a propositura da ação civil pública contra governador, a qual caberia ao procurador-geral de Justiça. Com esse entendimento, a Turma negou provimento ao recurso do Ministério Público estadual, com a ressalva do ponto de vista pessoal do Min. Herman Benjamin e do Min. Mauro Campbell. **Precedentes citados do STF: HC 67.759-RJ, DJ 13/6/1993; HC 84.468-ES, DJ 29/6/2007, e HC 70.290-RJ, DJ 13/9/1997. REsp 851.635-AC, Rel. Min. Castro Meira, julgado em 10/3/2009.** (Inform. STJ 386)

LEGITIMIDADE. MP. TRATAMENTO MÉDICO.
O Estado-membro recorrente pretende ver declarada a ilegitimidade *ad causam* do MP para a proteção dos direitos individuais indisponíveis. Alega, em síntese, que o MP está atuando como representante judicial, e não como substituto processual, como seria o seu mister. O Min. Relator João Otávio de Noronha entendia faltar ao MP legitimidade para pleitear em juízo o fornecimento pelo Estado de certo tratamento médico a pessoa determinada fora de seu domicílio, pois, apesar de a saúde constituir um direito indisponível, a presente situação não trata de interesses homogêneos. Isso porque, na presente ação civil pública, não se agiu em defesa de um grupo de pessoas ligadas por uma situação de origem comum, mas apenas de um indivíduo. O Min. Herman Benjamin concordava com o Min. Relator apenas no que tocava à indisponibilidade do direito protegido suscetível de proteção pelo Ministério Público. E, divergindo com relação ao enfoque dado ao direito tutelado, de que se trata de direito não homogêneo, motivo que implicaria a falta de legitimidade processual ao *parquet*, concluiu o Min. Herman Benjamin que o MP tem legitimidade para a defesa dos direitos indisponíveis, mesmo quando a ação vise à proteção de uma única pessoa. Diante disso, a Turma, por maioria, negou provimento ao recurso. **Precedentes citados: REsp 688.052-RS, DJ 17/8/2006; REsp 716.512-RS, DJ 14/11/2005, e REsp 662.033-RS, DJ 13/6/2005. REsp 830.904-MG, Rel. originário Min. João Otávio de Noronha, Rel. para acórdão Min. Herman Benjamin, julgado em 18/12/2008.** (Inform. STJ 381)

AÇÃO CIVIL. MP. TAXA. ILUMINAÇÃO.
A Turma reiterou o entendimento de que o Ministério Público não tem legitimidade para propor ação civil pública com o objetivo de impedir a cobrança de taxa de serviços públicos cuja obrigação é de natureza tributária (art. 1º, parágrafo único, da Lei n. 7.347/1985, com a redação dada pela MP n. 2.180/2001). Também, é incabível a ação civil pública ser utilizada como substituta da ação direta de inconstitucionalidade de lei municipal, nem mesmo para declaração incidental. **Precedentes citados: REsp 845.034-DF, DJ 11/6/2007; REsp 401.554-DF, DJ 26/5/2006, e REsp 457.090-DF, DJ 25/4/2006. REsp 914.234-RN, Rel. Min. Luiz Fux, julgado em 9/12/2008.** (Inform. STJ 380)

AÇÃO CIVIL PÚBLICA. LEGITIMIDADE. ASSOCIAÇÃO CIVIL.
A Turma reiterou entendimento da Segunda Seção deste Superior Tribunal e afirmou que a ação civil pública é o instrumento adequado para a defesa dos interesses individuais homogêneos dos consumidores. Quanto à legitimidade, preenchidos os requisitos legais (art. 5º da Lei n. 7.347/1985 e art. 82, IV, do CDC), as associações de defesa dos consumidores podem propor ação civil pública ou ação coletiva na tutela dos interesses e direitos individuais homogêneos. Dispensam-se formalidades, tais como a prova de que os associados tenham conferido autorização expressa ou a evidência de que tenham aprovado o ajuizamento da ação em assembléia. Assim a União Nacional em Defesa de Consumidores, Consorciados e Usuários do Sistema Financeiro (Unicons) tem legitimidade para propor ação civil pública contra a Unimed – Porto Alegre, na qual pleiteia que sejam declaradas sem efeito a rescisão do contrato de assistência médica e a imposição de cobrança de adicional para internação hospitalar feitas unilateralmente pela recorrida ré, bem como que sejam declaradas nulas cláusulas contratuais e a condenação à reparação de danos. **REsp 805.277-RS, Rel. Min. Nancy Andrighi, julgado em 23/9/2008.** (Inform. STJ 369)

MP. ILEGITIMIDADE. AÇÃO CIVIL PÚBLICA.
A Turma reiterou seu entendimento ao afirmar que o Ministério Público não tem legitimidade ativa *ad causam* para ajuizar ação civil pública contra o INSS com o objetivo de garantir o direito das crianças sob guarda judicial de serem inscritas, no regime geral da previdência social, como beneficiárias na condição de dependentes do segurado guardião, pois se trata de direitos individuais disponíveis. A Min. Relatora ressalvou seu entendimento, pois afirma que, diante da existência de relevante interesse social, o MP tem legitimidade para propor ação civil pública que verse sobre interesses individuais homogêneos. Assim, a Turma, ao prosseguir o julgamento, deu provimento ao recurso, extinguindo o processo sem julgamento do mérito. **Precedentes citados: REsp 703.471-RN, DJ 21/11/2005, e AgRg no REsp 441.815-SC, DJ 9/4/2007. REsp 396.081-RS, Rel. Min. Maria Thereza de Assis Moura, julgado em 2/9/2008.** (Inform. STJ 366)

AÇÃO CIVIL PÚBLICA. ILEGITIMIDADE. MP. DPVAT.
Trata-se de recurso especial remetido à Seção sobre ilegitimidade do Ministério Público para ajuizar ação civil pública em desfavor de seguradora, ao fundamento de que as indenizações de DPVAT foram pagas em valores inferiores aos previstos em lei, fato que causa danos materiais e morais aos consumidores. Para o Min. Relator, na hipótese dos autos, os direitos defendidos são autônomos e disponíveis, sem qualquer caráter

de indisponibilidade. O fato de a contratação desse seguro (DPVAT) ser obrigatória e atingir parte da população não lhe confere relevância social a ponto de ser defendida pelo Ministério Público. Além disso, tal seguro é obrigatório, sua contratação vincula a empresa de seguro e o contratado, relação eminentemente particular, tanto que, na ocorrência do sinistro, o beneficiário pode deixar de requerer a cobertura ou dela dispor. Ademais, os precedentes deste Superior Tribunal são nesse mesmo sentido. Com esse entendimento, a Seção, prosseguindo o julgamento, deu provimento ao recurso. **Precedentes citados: AgRg no Ag 701.558-GO, DJ 14/5/2007; EDcl no AgRg no REsp 495.915-MG, DJ 5/9/2005, e REsp 629.079-RJ, DJ 4/4/2005. REsp 858.056-GO, Rel. Min. João Otávio de Noronha, julgado em 11/6/2008.** (Inform. STJ 359)

LEGITIMIDADE. ASSOCIAÇÃO. INDENIZAÇÃO. POLUIÇÃO.

A associação de moradores tem legitimidade ativa para propor ação coletiva contra empresas que tinham contrato com a falida indústria de produção de tintas para reciclar as sobras dos produtos fabricados. O pedido inicial objetiva que, se condenadas, as empresas paguem indenização por danos morais e materiais, bem como procedam à descontaminação e à recuperação das áreas degradadas. O caso é típico de tutela de direitos individuais homogêneos, pois a origem comum que une os associados da autora recorrente é o vazamento de produtos tóxicos e a conseqüente contaminação da água que consumiam. Os danos materiais e morais de cada um serão apurados em liquidação de sentença. **Precedente citado: REsp 279.273-SP, DJ 29/3/2004. REsp 982.923-PR, Rel. Min. Fernando Gonçalves, julgado 10/6/2008.** (Inform. STJ 359)

MP. AÇÃO CIVIL PÚBLICA. BENEFÍCIO FISCAL.

O Ministério Público não tem legitimidade para propor ação civil pública objetivando ver declarada nula portaria da Secretaria da Fazenda que autoriza banco estatal a contratar financiamento com empresa de telefonia, concedendo benefícios fiscais, representados por créditos presumidos de ICMS. O art. 1º, parágrafo único, da Lei n. 7.347/1985 veda ao *parquet* promover ação civil pública com o objetivo de deduzir pretensão em matéria tributária quando os interesses individuais forem identificados. **Precedentes citados: REsp 855.691-DF, DJ 24/11/2006; REsp 701.913-DF, DJ 27/8/2007, e REsp 882.332-DF, DJ 26/4/2007. REsp 878.312-DF, Rel. Min. Castro Meira, julgado em 13/5/2008.** (Inform. STJ 355)

LEGITIMIDADE. DEFENSORIA PÚBLICA. AÇÃO COLETIVA.

A Turma, ao prosseguir o julgamento, entendeu que a Defensoria Pública tem legitimidade para ajuizar ação civil coletiva em benefício dos consumidores de energia elétrica, conforme dispõe o art. 5º, II, da Lei n. 7.347/1985, com redação dada pela Lei n. 11.448/2007. **Precedente citado: REsp 555.111-RJ, DJ 18/12/2006. REsp 912.849-RS, Rel. Min. José Delgado, julgado em 26/2/2008.** (Inform. STJ 346)

MP. LEGITIMIDADE. AÇÃO CIVIL PÚBLICA. REMÉDIOS. FORNECIMENTO. DOENÇA GRAVE.

A Seção, por maioria, entendeu que o Ministério Público tem legitimidade para defesa de direitos individuais indisponíveis em favor de pessoa carente individualmente considerada, na tutela dos seus direitos à vida e à saúde (CF/1988, arts. 127 e 196). **Precedentes citados: REsp 672.871-RS, DJ 1º/2/2006; REsp 710.715-RS, DJ 14/2/2007, e REsp 838.978-MG, DJ 14/12/2006. REsp 819.010-SP, Rel. originária Min. Eliana Calmon, Rel. para acórdão Min. Teori Albino Zavascki, julgados em 13/2/2008.** (Inform. STJ 344)

SÚMULA STF Nº 643

O Ministério Público tem legitimidade para promover ação civil pública cujo fundamento seja a ilegalidade de reajuste de mensalidades escolares.

SÚMULA STJ Nº 470

O Ministério Público não tem legitimidade para pleitear, em ação civil pública, a indenização decorrente do DPVAT em benefício do segurado.

SÚMULA STJ Nº 329

O Ministério Público tem legitimidade para propor ação civil pública em defesa do patrimônio público.

3. LITISCONSÓRCIO, ASSISTÊNCIA E INTERVENÇÃO DE TERCEIROS

INTERNET. ASSISTÊNCIA. INTERESSE JURÍDICO.

O Ministério Público Federal (MPF) ajuizou ação civil pública (ACP) contra a Agência Nacional de Telecomunicações (Anatel) e uma companhia telefônica, por questionar a cobrança duplicada de serviços referentes à conexão de banda larga e aos de provedor de acesso à *internet* no transporte de dados em alta velocidade, o que, a seu ver, configuraria a venda casada: impõe-se ao usuário contratar também o provedor de acesso à *internet* para que possa usufruir o referido serviço de transporte de dados. A recorrente, associação dos provedores de acesso à *internet*, busca ser admitida como assistente litisconsorcial ao alegar que a sentença a ser proferida na ACP diretamente afetaria a ela e a seus associados. Contudo, vê-se que não há seu interesse jurídico na hipótese, que não se confunde com simples interesse econômico ou institucional. Nos limites do que se discute na ação, não há qualquer relação jurídica que una a associação às demais partes da ação, o que refuta admitir assistência. **REsp 1.181.118-RJ, Rel. Min. Mauro Campbell Marques, julgado em 14/9/2010.** (Inform. STJ 447)

ACP. DESCONSTITUIÇÃO. SENTENÇA. DANO. ERÁRIO.

Trata-se de imóvel discutido em ação reivindicatória que pertencia originariamente à companhia de desenvolvimento industrial estadual, e que foi vendido à firma individual dos recorridos e, em razão de sua inadimplência, o imóvel foi retomado pela companhia. Sucede que, mesmo inadimplentes com as prestações da compra e venda, um dos recorridos firmou empréstimo com banco do Estado, por meio de outra empresa da qual era sócio, dando em garantia o mesmo imóvel. Posteriormente, deu-se novamente sua inadimplência e o banco o executou, adjudicando o imóvel. Contudo, a companhia estadual já havia retomado o bem e repassado a terceiros, não chegando o banco a tomar posse dele. Anotou-se que aquele recorrido propôs demanda para rescindir a carta de adjudicação, obtendo decisão favorável. Então, em seguida, os dois recorridos promoveram ação reivindicatória apenas contra o banco, pleiteando, como pedido principal, a restituição do bem ofertado em garantia e, subsidiariamente, a condenação do banco ao pagamento de indenização em razão da suposta perda da posse do imóvel, pretensão que foi acolhida pelo órgão julgador. Observou-se que a ação reivindicatória só foi ajuizada após a retomada e a alienação do imóvel pela companhia, no entanto ela não foi chamada para compor essa lide. Diante desses fatos é que o *parquet* estadual pleiteou, via ação civil pública (ACP), desconstituir a sentença proferida em ação reivindicatória, que condenou o banco estadual a indenizar os recorridos em quase R$ 2 milhões. No entanto, o juiz extinguiu a ACP sem resolução de mérito (art. 267, VI, do CPC) e entendeu que o pedido de anulação não guardaria pertinência com o objetivo dessa ação. Por sua vez, o TJ negou provimento ao apelo do MP, entendendo que a eventual nulidade da sentença por ausência de citação do litisconsorte passivo necessário deve ser dirimido por meio de *querela nullitatis insanabilis*, visto ser a ACP via inadequada à declaração de nulidade de sentença já atingida pela coisa julgada. A Min. Relatora anotou que, no recurso, não há questionamento acerca do mérito da questão de fundo, ou seja, se a companhia era realmente litisconsorte passiva necessária, mas tão-somente sobre a viabilidade de ajuizamento de ACP pelo MP com objetivo de obter a desconstituição de sentença nula ou inexistente que tenha causado dano ao patrimônio público. Por outro lado, assevera que a citação do litisconsorte passivo necessário, no caso a companhia estadual, constitui pressuposto processual indispensável à regular formação do contraditório. Assim, a sentença proferida em processo que tramitou sem a citação de litisconsorte necessário está impregnada de vício insanável que pode ser impugnado por meio de qualquer ação autônoma declaratória, seja ela individual ou coletiva, mesmo após o transcurso do prazo decadencial para ajuizamento da ação rescisória. Segundo a Min. Relatora, não há justificativa para negar a legitimidade ao MP para, por meio de ACP, impugnar sentença com vício transrescisório. Nesses casos, explica que o *parquet* age como substituto processual da coletividade lesada e tem interesse na anulação do ato lesivo ainda que o ato seja judicial. Diante do exposto, a Turma deu provimento ao recurso, determinando o retorno dos autos ao juízo de 1º grau para que examine o mérito da demanda. **Precedentes citados: REsp 1.015.133-MT, DJe 23/4/2010; REsp 622.405-SP, DJ 20/9/2007; REsp 1.162.074-MG, DJe 26/3/2010; REsp 12.586-SP, DJ 4/11/1991; REsp 194.029-SP, DJ 2/4/2007, e REsp 1.009.246-RN, DJe 11/9/2008. REsp 445.664-AC, Rel. Min. Eliana Calmon, julgado em 24/8/2010.** (Inform. STJ 444)

ACP. PLANO DE SAÚDE. INTERVENÇÃO. UNIÃO.

A Turma deu provimento ao recurso especial a fim de declarar a ilegitimidade da União para intervir em ação civil pública (ACP) relativa à nulidade de cláusulas contratuais em planos de saúde. Assentou-se que a necessidade de intervenção do referido ente exige a demonstração do real interesse jurídico na demanda, verificável pela possibilidade de lhe sobrevir prejuízo juridicamente relevante, o que não ocorre na hipótese em apreço. **Precedentes citados: REsp 589.612-RJ, DJe 1º/3/2010, e REsp 777.892-SP, DJ 19/6/2006. REsp 767.989-RJ, Rel. Min. Paulo Furtado (Desembargador convocado do TJ-BA), julgado em 5/8/2010.** (Inform. STJ 441)

NULIDADE. CONCURSO. LITISCONSÓRCIO.

Trata-se de nulidade de concurso para provimento de cargos em prefeitura decretada em ação civil pública (ACP), em razão de comprovada fraude no certame. Por causa da nulidade, não houve nomeação de qualquer candidato aprovado. No REsp, a controvérsia suscitada pelo município é quanto à existência de litisconsórcio necessário de todos os aprovados e do órgão municipal ao qual se destinavam as vagas do certame. No que se refere à nulidade por ausência de citação do órgão municipal de serviços de água e esgoto, ela esbarra em matéria fática probatória, pois a sentença nos autos da ACP afirma que o concurso destinava-se a preencher os cargos da prefeitura. Ademais, seu comparecimento espontâneo supre a ausência de citação (art. 214, § 1º, do CPC). Quanto à nulidade por ausência dos aprovados como litisconsortes necessários, também, segundo o Min. Relator, ela não pode prosperar. Isso porque o candidato aprovado, enquanto não houver nomeação, é detentor de mera expectativa de direitos. Assim, não há comunhão de interesses. Dessa forma, não se verifica a nulidade apontada e, com esse entendimento, a Turma conheceu em parte do especial e, nessa parte, negou-lhe provimento. **Precedentes citados: AgRg no Ag 782.446-RJ, DJ 20/9/2007; REsp 902.431-RS, DJ 10/9/2007; AgRg no REsp 919.097-AL, DJe 1º/9/2008; AgRg no REsp 860.090-AL, DJ 26/3/2007, e AgRg no REsp 809.924-AL, DJ 5/2/2007. REsp 968.400-ES, Rel. Min. Luiz Fux, julgado em 13/4/2010.** (Inform. STJ 430)

DANO. MEIO AMBIENTE. OMISSÃO. FISCALIZAÇÃO. UNIÃO.

Em ação civil pública proposta pelo Ministério Público Federal contra município e outros sete réus devido a dano ao meio ambiente por construções em restinga (que fixa as dunas), pleiteou-se, além de perdas e danos, a demolição das edificações irregulares. Nos termos do art. 5º, § 2º, da Lei n. 7.347/1985, consultada a União, ela requereu seu ingresso no polo ativo da demanda e o juiz o deferiu. Então o município, em agravo de instrumento, alegou a ilegitimidade da União porque ele detinha o domínio da área das construções. O Tribunal *a quo* acolheu o argumento do município, mas reconheceu também que a União foi omissa quanto a seu dever de fiscalizar e preservar o local e determinou que o *parquet* requeresse o ingresso da União no polo passivo da demanda, como litisconsórcio necessário. Contra esse litisconsórcio, insurge-se a União no REsp. Nesse contexto, observa o Min. Relator que a jurisprudência deste Superior Tribunal é no sentido de reconhecer a legitimidade passiva da pessoa jurídica de direito público para responder pelos danos causados ao meio ambiente em decorrência de sua conduta omissa quanto ao dever de fiscalizar. Assim, não se trata de determinar previamente a responsabilidade da União, mas alocá-la adequadamente no polo passivo da ação, diante da presunção de sua responsabilidade em concorrer com o dano ao meio ambiente e, caso exista prova superveniente a isentá-la, o feito deverá ser extinto em relação a ela. Diante do exposto, a Turma conheceu parcialmente do recurso e, nessa parte, negou-lhe provimento. **Precedentes citados: AgRg no Ag 973.577-SP, DJ 19/12/2008, e AgRg no Ag 822.764-MG, DJ 2/8/2007. REsp 529.027-SC, Rel. Min. Humberto Martins, julgado em 16/4/2009.** (Inform. STJ 390)

AÇÃO CIVIL PÚBLICA. DANO AMBIENTAL. LITISCONSÓRCIO FACULTATIVO.

A ação civil pública ou coletiva que objetiva a responsabilização por dano ambiental pode ser proposta contra o poluidor, pessoa física ou jurídica, de direito público ou privado, responsável direta ou indiretamente, por atividade causadora de degradação ambiental (art. 3º, IV, da Lei n. 6.898/1991), todos co-obrigados solidariamente à indenização, mediante litisconsórcio facultativo. A sua ausência não acarreta a nulidade do processo. **Precedentes citados: REsp 604.725-PR, DJ 22/8/2005, e REsp 21.376-SP, DJ 15/4/1996. REsp 884.150-MT, Rel. Min. Luiz Fux, julgado em 19/6/2008.** (Inform. STJ 360)

4. CABIMENTO E OBJETO

MINISTÉRIO PÚBLICO: AÇÃO CIVIL PÚBLICA E SANEAMENTO

É consentâneo com a ordem jurídica o Ministério Público ajuizar ação civil pública visando ao tratamento de esgoto a ser jogado em águas fluviais. Com base nesse entendimento, a Turma proveu recurso extraordinário, interposto pelo Ministério Público do Estado de São Paulo, para afastar a extinção declarada do feito e determinar o julgamento do tema de fundo veiculado na apelação do Município de Sorocaba, pronunciando-se o Órgão quanto à remessa obrigatória. Frisou-se que não caberia, no caso, cogitar-se da impossibilidade jurídica do pedido e da extinção do processo sem julgamento do mérito. **RE 254764/SP, rel. Min. Marco Aurélio, 24.8.2010. (RE-254764)** (Inform. STF 597)

CONSUMIDOR. AÇÃO CIVIL PÚBLICA. TELEFONIA MÓVEL. NEGATIVA. ACESSO. INADIMPLÊNCIA

Entre outras questões julgadas neste processo, foi decidido que o MP possui legitimidade ativa para propor ação civil pública a fim de tutelar direitos individuais homogêneos, porque caracterizado o relevante interesse social, inclusive quando decorrentes da prestação de serviços públicos – habilitação de linha telefônica móvel. Por outro lado, a Lei n. 9.472/1997, ao criar a Agência Nacional de Telecomunicações (Anatel), órgão regulador das telecomunicações, conferiu-lhe, entre outras, a competência para expedir normas sobre prestação de serviços de telecomunicações. Contudo, esse poder regulamentador encontra limites nos preceitos normativos superiores, cabendo ao Poder Judiciário negar a sua aplicação toda vez que contrariar tais preceitos. Portanto, não se pode confundir a competência para expedir normas – que o acórdão *a quo* não infirmou – com a legitimidade da própria norma editada no exercício daquela competência, essa sim negada pelo acórdão. *In casu*, o MP ajuizou ação civil pública, por considerar abusiva a prática de condicionar a habilitação de celular pós-pago (cuja tarifa é menor que a do pré-pago) à inexistência de restrição do crédito dos consumidores ou à apresentação de comprovante de crédito (cartão de banco ou cartão de crédito). O juiz monocrático indeferiu o pedido do *Parquet*, porém o tribunal de origem reformou a sentença, impedindo as empresas de telecomunicações de condicionar a habilitação de linha celular no plano de serviço básico à apresentação de comprovantes de crédito ou à inexistência de restrição creditícia em nome do interessado, salvo a relacionada a dívidas com a própria concessionária. Decidindo dessa forma, o acórdão de origem não contrariou os princípios da livre iniciativa, da intervenção estatal mínima ou do regime privado da prestação do serviço. Como ressaltado pelo Min. Relator, tais princípios, de origem constitucional, não têm caráter absoluto. Pelo contrário, como todo princípio, a relatividade é da sua natureza, uma vez que sua aplicação não dispensa, nem pode dispensar, um sistema metódico de harmonização com outros princípios da mesma hierarquia, igualmente previstos naquela lei, como o do respeito ao usuário e da função social do serviço de telefonia. Deverão ser também harmonizados com os direitos dos usuários, notadamente o de não ser discriminado quanto às condições de acesso e fruição do serviço (art. 3º, III, da Lei n. 9.472/1997), bem como com o das obrigações das prestadoras, nomeadamente as de universalização do serviço, assim consideradas as que objetivam possibilitar o acesso de qualquer pessoa ou instituição de interesse público a serviço de telecomunicações, independentemente de sua localização e condição sócio-econômica, bem como as destinadas a permitir a utilização das telecomunicações em serviços essenciais de interesse público (artigo 79, § 1º, da Lei n. 9.472/1997). Ressalte-se, por fim, que a controvérsia assumiu um perfil eminentemente constitucional, não só porque exige juízo de ponderação e de harmonização entre os princípios e valores decorrentes da Constituição, mas, sobretudo, porque seu desenlace envolve necessariamente juízo sobre a adequada aplicação do princípio constitucional da isonomia. Precedente citado: REsp 417.804-PR, DJ 16/5/2005. **REsp 984.005-PE, Rel. Min. Teori Albino Zavascki, julgado em 13/9/2011.** (Inform. STJ 483)

ACP. MPF. RAET. INSTITUIÇÃO FINANCEIRA.

O MP ajuizou ação civil pública (ACP) contra os ex-administradores e ex-conselheiros fiscais de um banco estadual, além de incluir na ação outras pessoas que, segundo ele, exerceriam também o vínculo de controle daquela instituição financeira, tais como alguns agentes políticos. A ACP dizia respeito a fatos que remontam ao quinquênio anterior à decretação do regime de administração especial temporária (RAET), buscava a condenação de todos os réus a, solidariamente, ressarcir vultosa quantia equivalente ao prejuízo apurado em inquérito administrativo conduzido pelo Bacen e se referia exclusivamente à responsabilidade civil objetiva; por isso o MP entendeu desnecessária a individualização da conduta de cada réu. Quanto a isso, vê-se que o art. 39 da Lei n. 6.024/1974 prevê, única e exclusivamente, hipótese de responsabilidade de cunho subjetivo dos administradores e conselheiros fiscais de instituição financeira em intervenção, liquidação extrajudicial, falência ou administração temporária ao aludir que eles respondem, com culpa ou dolo, somente pelos atos que tiverem praticado ou pelas omissões em que incorreram. Apesar de antes prevalecer entendimento contrário na jurisprudência, hoje ela entende também ser afeito à responsabilidade subjetiva o art. 40 da referida legislação, que vem complementar o citado art. 39 ao estabelecer a solidariedade entre os administradores culposos (excluídos daí os conselheiros fiscais) e a instituição financeira em relação às obrigações por ela assumidas durante a gestão deles e contraídas com terceiros até que efetivamente cumpridas. Mas a própria lei autoriza a inversão do ônus da prova a ponto de caber aos administradores demonstrar que atuaram com zelo suficiente a afastar a responsabilidade pelos prejuízos advindos. Ressalte-se que o parágrafo único do art. 40 da lei em apreço limita essa responsabilidade ao montante dos prejuízos causados aos terceiros. Já o art. 15 do DL n. 2.321/1987, que se dirige exclusivamente às instituições financeiras submetidas ao RAET, prevê que, se decretado esse regime especial, impõe-se a responsabilidade objetiva (sem perquirição de dolo ou culpa) ao controlador (somente ele) que, solidariamente com os ex-administradores da instituição (como dito, sujeitos à responsabilidade subjetiva), responderá pelas obrigações assumidas pela instituição perante terceiros até o valor do passivo a descoberto apurado em balanço, que terá o dia da decretação do RAET como data base. Constata-se, então, que o legislador quis atribuir a quem tem o comando da companhia parcela maior de responsabilidade. Entende-se por controlador a pessoa natural ou jurídica que detém a parcela do capital votante que lhe proporcione exercer a administração de fato da sociedade (art. 116 e alíneas da Lei n. 6.404/1976), daí não o confundir, no caso de empresa estatal, com os agentes políticos que representam a pessoa de direito público titular das ações (na hipótese, estado membro da Federação). Assim, conclui-se que não há dúvidas quanto ao fato de o MP ter legitimidade para propor a ação de responsabilidade contra os ex-administradores de instituição financeira sujeita ao RAET. Pode até nela prosseguir se, levantado o citado regime, remanescer interesse público a ser tutelado. Contudo, no caso, falta-lhe interesse processual para propor ou prosseguir a ação de responsabilidade objetiva, pois comprovado nos autos, por documentos do Bacen, que realmente inexistem credores ainda não satisfeitos (o que afasta a responsabilidade prevista no art. 40 da Lei n. 6.024/1974) ou mesmo passivo a descoberto da instituição à época da decretação do RAET (que exclui a responsabilidade prevista no art. 15 do DL n. 2.321/1987), o que torna inócua a discussão a respeito da legitimidade ativa do MP. Por tudo isso, não é possível prosseguir a ação de responsabilidade civil objetiva, pois ela não é o meio idôneo para atingir o objetivo perseguido pelo *Parquet*. Com esses fundamentos, entre outros, a Turma negou provimento ao especial do MP e não conheceu do recurso adesivo. Precedentes citados: REsp 444.948-RO, DJ 3/2/2003; AgRg nos EREsp 590.490-GO, DJ 5/12/2005; REsp 489.392-RO, DJe 31/3/2008, e REsp 444.887-RO, DJe 29/3/2010. **REsp 962.265-SP, Rel. Min. João Otávio de Noronha, julgado em 14/6/2011.** (Inform. STJ 477)

ACP. CONTRATO. TELEFONIA. PARTICIPAÇÃO FINANCEIRA. ADQUIRENTES. AÇÕES. SOCIEDADE.

Trata-se, na origem, de ação civil pública (ACP) ajuizada pelo MP estadual cujo pedido inicial era a declaração de nulidade de cláusula de contrato celebrado no ano de 1996 e consequente condenação da empresa de telefonia (ré) a restituir a cada um dos consumidores lesados a quantia apurada em execução de sentença, relativa à diferença entre o valor das ações disponibilizadas e o montante investido na aquisição das linhas telefônicas, com os acréscimos legais devidos, haja vista ter o *Parquet* constatado, em procedimento investigatório, que milhares de consumidores ficaram prejudicados com a flagrante escolha unilateral da fornecedora pela cessão de ações de uma empresa, e não de outra, em que o valor delas é bem inferior ao capital investido. Na primeira instância, o pedido foi julgado procedente, sendo a sentença mantida pelo tribunal *a quo*. Nesse descortino, foi interposto o REsp no qual, preliminarmente, sustentou-se a ilegitimidade ativa do MP para ajuizar a ação coletiva – ao argumento de que a controvérsia relativa à entrega de ações nos contratos de participação financeira não é de natureza consumerista, mas societária – e a ilegitimidade passiva da empresa recorrente – sob a alegação de que as obrigações pleiteadas foram assumidas antes da data da cisão e são de exclusiva responsabilidade de outra empresa, conforme edital de privatização. No mérito, aduziu a sociedade empresária recorrente que a obrigação é alternativa, cabendo ao devedor a escolha da prestação e dela se liberando com o cumprimento de qualquer uma, bem como que não seria conferido ao potencial acionista o direito de opinar sobre a forma da emissão das ações. A Turma conheceu do recurso especial e deu-lhe provimento para julgar improcedente o pedido deduzido na ACP, afastando, primeiramente, as preliminares suscitadas. A primeira preliminar foi rejeitada porque os direitos postos em lide são classificados como individuais homogêneos, pois derivam de origem comum, qual seja, o contrato de aquisição de linhas telefônicas com participação financeira dos adquirentes no capital da sociedade, não havendo falar, assim, em ilegitimidade do *Parquet* para o ajuizamento da ACP, consoante o art. 81, parágrafo único, III, do CDC. A segunda também foi afastada porque, após breve exposição histórica do processo de privatização e reestruturação do sistema de telecomunicações do Brasil, concluiu-se não ser aplicável à hipótese a exceção prevista no parágrafo único do art. 233 da Lei n. 6.404/1976 (Lei das S/A), e sim a regra constante do *caput*, qual seja, a solidariedade em virtude de que os alegados créditos ora tratados na demanda ainda não existiam por ocasião da cisão, porquanto originados de obrigações anteriores. No mérito, contudo, reconheceu-se assistir razão à recorrente, entre outros argumentos, ante a ausência de demonstração cabal nos autos acerca do alegado prejuízo sofrido pelos consumidores compradores de linhas telefônicas, o qual decorreu de flutuações naturais do mercado de capitais. Além disso, não há garantia de que, se a cláusula reputada como abusiva inexistisse, ou seja, se fosse dada ao comprador a faculdade de escolher qual ação seria emitida, o consumidor também não optaria pelas mesmas ações, ou, ainda no caso de opção pelas outras ações, o dinamismo do mercado mobiliário conduziria a um prejuízo ainda maior em determinado espaço de tempo. Por fim, registrou-se que a potestatividade prevista no contrato não é aquela apta a ensejar nulidade, pois não se trata de cláusula "potestativa pura", e sim de "simplesmente potestativa". Precedentes citados: Ag 1.175.150-RS, DJe 28/8/2009; REsp 1.057.477-RN, DJe 2/10/2008; REsp 470.443-RS, DJ 22/9/2003; AgRg no Ag 1.323.205-SP, DJe 10/11/2010; REsp 706.791-PE, DJe 2/3/2009; REsp 478.824-RS, DJ 19/9/2005, e REsp 849.228-GO, DJe 12/8/2010. **REsp 753.159-MT, Rel. Min. Luis Felipe Salomão, julgado em 5/4/2011.** (Inform. STJ 468)

ACP. IMPROBIDADE. DEMORA. INFORMAÇÕES. MPF.

O MPF (recorrente) ajuizou ação civil pública por improbidade administrativa (ACP) contra a diretora geral de órgão ambiental estadual (recorrida) em razão de ela não ter atendido, com a devida presteza, à requisição de informações a respeito de determinada sociedade empresária feita pelo *Parquet* em oito ofícios consecutivos a fim de instruir outra ACP de cunho ambiental. O tribunal *a quo*, por sua vez, logo determinou o trancamento da ACP ao fundamento de que, mesmo diante da evidência de ser desarrazoada a demora na resposta (três anos), não se poderia imputar dolo ou má-fé à recorrida, mas sim apenas culpa (desídia), diante da justificação de que o órgão ambiental e a sociedade empresária localizavam-se distantes da sede do MPF oficiante, além da depreciação das estruturas públicas, o que, a seu ver, causou a demora. Sucede que, nesta instância especial, a Turma, ao prosseguir o julgamento, determinou o prosseguimento da ACP, visto que, apesar de relevantes, os fundamentos utilizados na origem para o trancamento não são suficientes para, de pronto, afastar o elemento subjetivo doloso, diante das peculiaridades da hipótese, quanto mais se, na seara ambiental, o aspecto temporal é de grande relevância, mostrando-se o tempo não como aliado, mas como inimigo da restauração e da recuperação ambiental (*vide* os princípios da prevenção e da precaução incorporados implicitamente nos arts. 225 da CF, 4º e 9º da Lei n. 6.938/1981 e no princípio da legalidade ambiental). O Min. Relator externou seu entendimento de que a Súm. n. 7-STJ não deve ser aplicada em casos de improbidade administrativa quando o acórdão recorrido deixa claro os fatos que subjazem à demanda, pois a prestação jurisdicional do STJ no que tange à caracterização do elemento subjetivo seria de mera qualificação jurídica. **REsp 1.116.964-PI, Rel. Min. Mauro Campbell Marques, julgado em 15/3/2011.** (Inform. STJ 466)

ACP. CONTRATO. SEGURO. INDENIZAÇÃO. VALOR. MERCADO.

A Turma, por maioria, consignou não ser abusiva, por si só, a cláusula dos contratos de seguro que autoriza as seguradoras de veículos, nos casos de perda total ou furto do bem, a indenizar pelo valor de mercado referenciado na data do sinistro. De acordo com a tese vencedora, as seguradoras, nesses casos, disponibilizam duas espécies de contrato, cada qual com preços diferenciados – a que estabelece o pagamento pelo valor do veículo determinado na apólice e a que determina pelo seu valor de mercado no momento do sinistro –, cabendo ao consumidor optar pela modalidade que lhe é mais favorável. Ressaltou-se que eventual abuso pode ser declarado quando a seguradora descumpre o que foi contratualmente estabelecido no caso concreto – nessa hipótese, a ilicitude estará no comportamento dela, e não na cláusula em si –, o que só pode ocorrer a partir da análise individual de cada contrato, e não em ACP. Com essas considerações, na parte conhecida, deu-se provimento ao recurso especial para julgar improcedente o pedido aduzido pelo MP em ACP. **REsp 1.189.213-GO, Rel. originário Min. Luis Felipe Salomão, Rel. para acórdão Min. Raul Araújo, julgado em 22/2/2011.** (Inform. STJ 464)

ACP. INCONSTITUCIONALIDADE.
Conforme a jurisprudência, é cabível a declaração de inconstitucionalidade de lei *incidenter tantum* em ação civil pública (ACP). Na hipótese, postula--se impedir que entes públicos permitam eventual devastação da Serra do Guararu-SP. **REsp 1.188.001-SP, Rel. Min. Cesar Asfor Rocha, julgado em 7/12/2010.** (Inform. STJ 459)

ACP. DECLARAÇÃO. NULIDADE. ATO JUDICIAL.
A Turma reiterou o entendimento de que é imprescritível a ação civil pública (ACP) em que se discute a ocorrência de dano ao erário. Assim, o MP tem legitimidade de, por meio de ACP, impugnar sentença que contenha vício insanável e que supostamente tenha causado lesão ao patrimônio público. Isso se deve pelas seguintes razões: o vício insanável contido no provimento de natureza jurisdicional pode ser impugnado por qualquer ação declaratória, seja ela individual ou coletiva; a ACP é o instrumento idôneo para veicular pretensão direcionada ao cumprimento das funções institucionais do MP (art. 129, III, da CF/1988 e art. 25, IV, **a**, da Lei n. 8.625/1993) e, por fim, o MP, nesses casos, age como substituto processual da coletividade lesada, que tem interesse na anulação do ato lesivo (ainda que seja judicial). **Precedentes citados do STF: MS 26.210-DF, DJe 10/10/2008; do STJ: AgRg no REsp 929.287-MG, DJe 21/5/2009; REsp 403.153-SP, DJ 20/10/2003; REsp 445.664-AC, DJe 3/9/2010, e REsp 710.599-SP, DJ 14/2/2008. REsp 1.187.297-RJ, Rel. Min. Eliana Calmon, julgado em 2/9/2010.** (Inform. STJ 445)

MP. ACP. PRAZO PRESCRICIONAL. CLÁUSULA.
A Lei n. 7.347/1985, que regula a atuação do Ministério Público como autor da ação civil pública (ACP), dispõe sobre a titularidade da ação, seu objeto e dá outras providências, contudo é silente quanto ao prazo prescricional para seu ajuizamento. Assim, a Turma negou provimento ao recurso, por entender que se deve aplicar subsidiariamente, na espécie, o prazo prescricional de 10 anos disposto no art. 205 do CC/2002, diante da lacuna na Lei n. 7.347/1985 e no CDC quanto ao prazo prescricional aplicável nas hipóteses em que se discute a abusividade de cláusula contratual, que, no caso, estabeleceu reajuste da mensalidade de plano de saúde em 165 % para o beneficiário que atingir a faixa etária de 60 anos. **REsp 995.995-DF, Rel. Min. Nancy Andrighi, julgado em 19/8/2010.** (Inform. STJ 443)

ACP. JOGOS. AZAR.
Cinge-se a questão à possibilidade de ajuizamento, na esfera cível, de ação civil pública (ACP) com pedido de cessação de atividade ilícita consistente na exploração de jogos de azar (máquinas caça-níqueis, vídeo--pôquer e similares). O Tribunal *a quo* extinguiu o feito sem julgamento de mérito, por entender que compete ao juízo criminal apreciar a prática de contravenção penal, bem como decidir sobre as medidas acautelatórias: fechamento do estabelecimento, bloqueio de contas bancárias e apreensão de máquinas caça-níqueis. Diante disso, a Turma deu provimento ao recurso do Ministério Público estadual ao argumento de que a Lei n. 7.347/1985, em seu art. 1º, V, dispõe ser cabível a interposição de ACP com o escopo de coibir a infração da ordem econômica e da economia popular. O CDC, em seu art. 81, igualmente prevê o ajuizamento de ação coletiva com vistas a garantir a tutela dos interesses ou direitos difusos e coletivos de natureza indivisível, na qual se insere a vedação da atividade de exploração de jogos de azar, considerada infração penal nos termos dos arts. 50 e 51 do DL n. 3.688/1941 (Lei das Contravenções Penais). Observou o Min. Relator que a relação de consumo, no caso, é evidente, uma vez que o consumidor é o destinatário final do produto que não poderia estar no mercado, haja vista a ausência de lei federal permissiva. É cediço que as máquinas eletrônicas denominadas caça-níqueis são dotadas de mecanismos que permitem fixar previamente a porcentagem de pagamento ao jogador ou até o valor que o consumidor poderá ganhar com o jogo, o que consubstancia prática comercial abusiva. Desnecessário dizer também que a exploração de jogos de azar acarreta graves prejuízos à ordem econômica, notadamente no campo da sonegação fiscal, da evasão de divisas e da lavagem de dinheiro. Acresça-se que as disposições da Lei de Contravenções Penais que criminalizam a exploração de jogos de azar não foram derrogadas pelas normas contidas na LC n. 116/2003 que determinam a incidência de ISS sobre a atividade de exploração de bingos, pois a referida lei não prevê expressamente que a prática de jogos de azar, como os denominados caça-níqueis, enquadra-se no conceito de diversões eletrônicas, donde se conclui que os arts. 50 e 51 do DL n. 3.688/1941 encontram-se em pleno vigor. Dessarte, o pedido formulado pelo MP estadual, concernente à cessação de atividade de exploração de jogos de azar, revela-se juridicamente possível. Na presente ação, o *Parquet* postula a responsabilização civil da recorrida e a paralisação da atividade de exploração de máquinas caça-níqueis, inexistindo pedido de condenação na esfera criminal. No que tange à possibilidade de buscar, na esfera cível, a suspensão de atividade lesiva à ordem econômica e à economia popular, este Superior Tribunal, ao apreciar o CC 41.743-RS, DJ 1º/2/2005, entendeu que o pedido de cessação de atividade ilícita formulado contra empresa que explora máquinas caça-níqueis, por ser de cunho inibitório, deve ser processado na esfera cível. **REsp 813.222-RS, Rel. Min. Herman Benjamin, julgado em 8/9/2009.** (Inform. STJ 406)

ROUBO. FURTO. CELULAR. RESOLUÇÃO. CONTRATO.
Trata-se de ação civil pública (ACP) ajuizada pelo Ministério Público estadual em desfavor da recorrente, empresa de telefonia celular, objetivando, cumulativamente, sua condenação, entre outras, a abster-se de cobrar qualquer multa, tarifa, taxa ou valor por resolução de contrato de telefonia móvel decorrente de força maior ou caso fortuito, especialmente na hipótese de roubo ou furto do aparelho celular. Para a Min. Relatora, a resolução do contrato deverá resultar na distribuição dos prejuízos, partindo da premissa de que a perda do aparelho deriva de caso fortuito ou força maior, portanto sem que se possa responsabilizar qualquer das partes pelo evento; o consumidor pagará apenas metade do valor devido a título de multa pela rescisão do contrato, mantida a regra de proporcionalidade ao tempo de carência já transcorrido. A solução encontra amparo no art. 413 do CC/2002, que autoriza a redução equitativa da multa. Dessa forma, havendo a perda do celular, a recorrente terá duas alternativas: dar em comodato um aparelho ao cliente durante o restante do período de carência, a fim de possibilitar a continuidade na prestação do serviço e, por conseguinte, a manutenção desse contrato; ou aceitar a resolução do contrato, mediante redução pela metade do valor da multa devida, naquele momento, pela rescisão. Ressaltou a Min. Relatora que, na hipótese de a recorrente optar por fornecer um celular ao cliente, não poderá ele se recusar a dar continuidade ao contrato, sob pena de se sujeitar ao pagamento integral da multa rescisória. Isso porque, disponibilizado um aparelho para o cliente, cessarão os efeitos do evento (perda do celular) que justifica a redução da multa. **REsp 1.087.783-RJ, Rel. Min. Nancy Andrighi, julgado em 1º/9/2009.** (Inform. STJ 405)

ACP. CONTROLE JUDICIAL. POLÍTICAS PÚBLICAS.
Trata-se, na origem, de ação civil pública (ACP) em que o MP pleiteia do Estado o fornecimento de equipamento e materiais faltantes para hospital universitário. A Turma entendeu que os direitos sociais não podem ficar condicionados à mera vontade do administrador, sendo imprescindível que o Judiciário atue como órgão controlador da atividade administrativa. Haveria uma distorção se se pensasse que o princípio da separação dos poderes, originalmente concebido para garantir os direitos fundamentais, pudesse ser utilizado como empecilho à realização dos direitos sociais, igualmente fundamentais. Uma correta interpretação daquele princípio, em matéria de políticas públicas, deve ser apenas no sentido de utilizá--lo quando a Administração atua dentro dos limites concedidos pela lei. Quando a Administração extrapola os limites de sua competência e age sem sentido ou foge da finalidade à qual estava vinculada, não se deve aplicar o referido princípio. Nesse caso, encontra-se o Poder Judiciário autorizado a reconhecer que o Executivo não cumpriu sua obrigação legal quando agrediu direitos difusos e coletivos, bem como a corrigir tal distorção restaurando a ordem jurídica violada. Assim, a atuação do Poder Judiciário no controle das políticas públicas não se faz de forma discriminada, pois violaria o princípio da separação dos poderes. A interferência do Judiciário é legítima quando a Administração Pública, de maneira clara e indubitável, viola direitos fundamentais por meio da execução ou falta injustificada de programa de governo. Quanto ao princípio da reserva do possível, ele não pode ser oposto ao princípio do mínimo existencial. Somente depois de atingido o mínimo existencial é que se pode cogitar da efetivação de outros gastos. Logo, se não há comprovação objetiva da incapacidade econômico--financeira da pessoa estatal, inexistirá empecilho jurídico para que o Judiciário ordene a inclusão de determinada política pública nos planos orçamentários do ente político. A omissão injustificada da Administração em efetivar as políticas públicas essenciais para a promoção de dignidade

humana não deve ser assistida passivamente pelo Poder Judiciário, pois esse não é mero departamento do Poder Executivo, mas sim poder que detém parcela de soberania nacional. Assim, a Turma conheceu em parte do recurso e, nessa parte, negou-lhe provimento. **Precedentes citados do STF: MC na ADPF 45-DF, DJ 4/5/2004; AgRg no RE 595.595-SC, DJe 29/5/2009; do STJ: REsp 575.998-MG, DJ 16/11/2004, e REsp 429.570-GO, DJ 22/3/2004. REsp 1.041.197-MS, Rel. Min. Humberto Martins, julgado em 25/8/2009.** (Inform. STJ 404)

AÇÃO CIVIL PÚBLICA. PRESCRIÇÃO.

In casu, o Ministério Público estadual ajuizou ação civil pública para anular o ato que prorrogou, por mais 20 anos, contrato de concessão de exploração de estação rodoviária municipal, porquanto não precedido de licitação. O Tribunal *a quo* manteve a sentença em reexame necessário, mas, quanto à prescrição para propositura da ação, considerou que, sendo relação de trato sucessivo, não havia prescrição nem decadência do direito enquanto não findo o contrato. Explica o Min. Relator ser cediço que a Lei n. 7.347/1985 é silente quanto à prescrição para a propositura da ação civil pública e, em razão dessa lacuna, aplica-se por analogia a prescrição quinquenal prevista na Lei da Ação Popular. Citou, ainda, que a MP n. 2.180-35/20001, que introduziu o art. 1º-C na Lei n. 9.494/1997 (que alterou a Lei n. 7.347/1985), estabeleceu prazo prescricional de cinco anos para ações de indenização por danos causados por agentes de pessoas jurídicas de direito público e privado prestadores de serviços públicos. Com essas considerações, a Turma deu provimento ao recurso para acolher a prescrição quinquenal para propositura da ação civil pública, ficando prejudicada a apreciação dos demais questionamentos. **Precedentes citados: REsp 1.084.916-RJ, DJe 29/6/2004, e REsp 911.961-SP, DJe 15/12/2008. REsp 1.089.206-RS, Rel. Min. Luiz Fux, julgado em 23/6/2009.** (Inform. STJ 400)

ACP. QUEBRA. SIGILO FISCAL E BANCÁRIO.

Trata-se de recurso contra acórdão em que o Tribunal *a quo*, de forma fundamentada, manteve a decisão que determinou a quebra de sigilo fiscal e bancário, asseverando que tal medida é útil para esclarecer os fatos (suposta prática de sonegação fiscal, corrupção e lavagem de dinheiro). Apesar da fundamentação concisa, não houve ausência de fundamentação. Ademais, o art. 1º, § 4º, da LC n. 105/2001 respalda a determinação judicial para a quebra do sigilo em qualquer fase do processo. A norma referida autoriza tal medida não apenas para apuração de crime, mas de qualquer ato ilícito, o que permite sua aplicação nas ações de improbidade. Os sigilos bancário e fiscal resultantes do direito à privacidade não são absolutos e podem, excepcionalmente, ser flexibilizados em favor do interesse público, desde que justificados caso a caso. Assim, a Turma negou provimento ao recurso. **Precedentes citados: RMS 9.887-PR, DJ 1º/10/2001, e RMS 20.350-MS, DJ 8/3/2007. REsp 996.983-PE, Rel. Min. Herman Benjamin, julgado em 18/6/2009.** (Inform. STJ 399)

5. COMPROMISSO DE AJUSTAMENTO

EMENTA: AÇÃO CIVIL PÚBLICA. LEGITIMIDADE ATIVA. MINISTÉRIO PÚBLICO DO DISTRITO FEDERAL E TER-RITÓRIOS. TERMO DE ACORDO DE REGIME ESPECIAL – TARE. POSSÍVEL LESÃO AO PATRIMÔNIO PÚBLICO. LIMITAÇÃO À ATUAÇÃO DO *PARQUET*. INADMISSIBILIDADE. AFRONTA AO ART. 129, III, DA CF. REPERCUSSÃO GERAL RECONHECIDA. RECURSO EXTRAORDINÁRIO PROVIDO.

I. O TARE não diz respeito apenas a interesses individuais, mas alcança interesses metaindividuais, pois o ajuste pode, em tese, ser lesivo ao patrimônio público.

II. A Constituição Federal estabeleceu, no art. 129, III, que é função institucional do Ministério Público, dentre outras, "promover o inquérito e a ação civil pública, para a proteção do patrimônio público e social, do meio ambiente e de outros interesses difusos e coletivos". Precedentes.

III. O Parquet tem legitimidade para propor ação civil pública com o objetivo de anular Termo de Acordo de Regime Especial – TARE, em face da legitimação ad causam que o texto constitucional lhe confere para defender o erário.

IV. Não se aplica à hipótese o parágrafo único do artigo 1º da Lei 7.347/1985.

V. RECURSO EXTRAORDINÁRIO PROVIDO PARA QUE O TJ/DF DECIDA A QUESTÃO DE FUNDO PROPOSTA NA AÇÃO CIVIL PÚBLICA CONFORME ENTENDER. RE N. 576.155-DF. RELATOR: MIN. RICARDO LEWANDOWSKI. (INFORM. STF 610)

TERMO. COMPROMISSO. AJUSTAMENTO. CONFISSÃO.

Não prospera a pretensão do recorrente de ter como confissão a assinatura do termo de compromisso de ajustamento, isso porque a indicação de violação do art. 348 do CPC, dispositivo genérico que trata da confissão como meio de prova, não se presta para sustentar aquela tese alegada no especial, daí a incidência, por analogia, da Súm. n. 284-STF (fundamentação deficiente). Igual sorte tem a pretensão de violação do art. 462 do CPC (o juiz deve sempre levar em consideração o fato constitutivo do direito capaz de influir no julgamento da lide), pois o juízo, apesar de analisar a existência do projeto de recuperação ambiental apresentado, decidiu de forma contrária às pretensões do recorrente ao considerar relevante a situação dos fatos à época da propositura da ação. **Precedentes citados: REsp 880.870-PR, DJ 23/4/2007, e AgRg no REsp 760.783-MG, DJe 15/12/2008. REsp 1.204.134-SP, Rel. Min. Mauro Campbell Marques, julgado em 7/12/2010.** (Inform. STJ 459)

TAC. MINISTÉRIO PÚBLICO. ACP.

A Turma aplicou por analogia a Súm. n. 283-STF e não conheceu do REsp do Ministério Público Federal (MPF) no qual sustentava ter havido violação do art. 5º, § 6º, da Lei n. 7.347/1985, visto que o termo de ajustamento de conduta (TAC), no caso, não constituiu título executivo extrajudicial porque não cumpriu as exigências legais, ou seja, não houve homologação de órgão administrativo superior do MPF, além de afirmar que o objeto da presente demanda abrangeria aspectos de indenização que não foram abarcados pelo TAC. Sucede que, no REsp, o *Parquet* deixou de atacar um dos fundamentos do acórdão recorrido, segundo o qual haveria a impossibilidade jurídica de o MPF, após ter firmado o TAC – permitindo a construção da casa de acordo com as condições estipuladas e mediante o atendimento de vários requisitos, por exemplo, a manutenção intocada da vegetação –, vir propor ação civil pública (ACP) com objetivo de demolir esse mesmo imóvel ou obter a equivalente reparação pecuniária, sob pena de configurar essa conduta do MPF como contraditória. Considerou também o acórdão recorrido ser irrelevante que o imóvel, tal como alegado, esteja assentado sobre terreno de marinha ou em área de preservação permanente. **REsp 1.214.513-SC, Rel. Min. Mauro Campbell Marques, julgado em 23/11/2010.** (Inform. STJ 457)

TERMO. AJUSTAMENTO. CONDUTA. AÇÃO CIVIL PÚBLICA.

Discute-se a obrigatoriedade de o Ministério Público propor termo de ajustamento de conduta antes da propositura de ação civil pública, à luz do art. 5º, § 6º, da Lei n. 7.347/1985. Para a Min. Relatora, o ordenamento jurídico brasileiro não confere ao referido instrumento o caráter obrigatório defendido pela recorrente, em que pese sua notória efetividade. Ademais, julgada a ação há mais de quatro anos, não é razoável extingui-la sob a alegada ausência de prévio esgotamento pelo *parquet* das medidas disponíveis na via administrativa. O dispositivo da mencionada lei não tem o alcance por ela pretendido. **REsp 895.443-RJ, Rel. Min. Eliana Calmon, julgado em 20/11/2008.** (Inform. STJ 377)

6. INQUÉRITO CIVIL

RCL: INQUÉRITO CIVIL PÚBLICO E AUSÊNCIA DE ENFOQUE CRIMINAL

Por reputar inexistente violação à autoridade de sua decisão ou usurpação de sua competência, o Tribunal, por maioria, julgou improcedente reclamação ajuizada contra ato da Promotoria de Justiça Especializada de Defesa do Patrimônio Público da Comarca de Belo Horizonte – MG, em que se alegava que o procedimento por ela instaurado, tendente a investigar suposto esquema de financiamento de campanha eleitoral com recursos públicos do referido Estado-membro, usurparia a competência do Supremo, em razão de os mesmos fatos estarem sendo apurados no Inquérito 2280/MG, em trâmite nesta Corte. Asseverou-se não haver nenhum enfoque criminal na investigação levada a termo no Inquérito Civil Público em questão, o qual voltado a apurar eventual dano ao erário estadual, que poderá resultar no ajuizamento de uma ação civil pú-blica de ressarcimento. Vencido o Min. Marco Aurélio que julgava procedente a reclamação para avocar o inqué-rito instaurado pelo *parquet* estadual, por entender, tendo em con-ta o dis-posto no art. 91, I, do CP, e a possibilidade de o Supre-mo assentar, com repercussão no campo civil, a inexis-tência do próprio fato, não ser admissível, a um só tem-po, con-siderados os mesmos fatos, ter-se, em órgãos diver-sos, o cur-so de procedimentos voltados a ressarci-mento. **Rcl 4963/MG, rel. Min. Joaquim Barbosa, 4.9.2008. (Rcl-4963)** (Inform. STF 518)

INQUÉRITO CIVIL. AÇÃO CIVIL PÚBLICA.
A Turma, por maioria, entendeu que o inquérito civil, como peça informativa, pode embasar a propositura de ação civil pública contra agente político, sem a necessidade de abertura de procedimento administrativo prévio. AREsp 113.436-SP, Rel. Min. Benedito Gonçalves, julgado em 10/4/2012. (Inform. STJ 495)

PRAZO. INQUÉRITO CIVIL PÚBLICO. DANO. ERÁRIO.
A exegese do art. 37, § 5º, da CF/1988 leva ao reconhecimento da imprescritibilidade da ação civil pública (ACP) para ressarcimento de dano ao erário, conforme assente neste Superior Tribunal. Na espécie, trata-se de inquérito civil para apurar danos ao erário, de modo a permitir o ajuizamento de futura ACP, sendo que o investigado já fora condenado na esfera criminal, bem como na seara administrativa. O inquérito civil público tem natureza administrativa e é autônomo em relação ao processo de responsabilidade, do mesmo modo que o processo de apuração de danos ao erário também é autônomo em relação ao processo penal. Não há legislação que fixe um prazo para a conclusão do inquérito civil público, contudo a Res. n. 23/2007 do Conselho Nacional do Ministério Público (Conamp), em seu art. 9º, prevê que o inquérito civil deve ser concluído em um ano, prorrogável pelo mesmo prazo, quantas vezes forem necessárias, por decisão fundamentada de seu presidente. Assim, cabe ao investigado demonstrar que a dilação do prazo causa-lhe prejuízo, do contrário, inexistindo este, não há dano ou nulidade. **Precedentes citados: HC 70.501-SE, DJ 25/6/2007; MS 10.128-DF, DJe 22/2/2010; MS 13.245-DF, DJe 31/5/2010; REsp 928.725-DF, DJe 5/8/2009, e REsp 1.069.723-SP, DJe 2/4/2009. AgRg no RMS 25.763-RS, Rel. Min. Humberto Martins, julgado em 2/9/2010.** (Inform. STJ 445)

MP. REQUISIÇÃO. INFORMAÇÃO. BANCO.
É lícito ao MP requisitar da instituição financeira documentos e dados que não estão protegidos pelo sigilo bancário e referentes a contrato de adesão, pois se está na defesa dos usuários dos serviços e produtos por ela ofertados. Ressalte-se que esses serviços e produtos são do gênero consumo. **Precedentes citados: REsp 209.259-DF, DJ 5/3/2001; REsp 207.310-DF, DJ 20/11/2000, e HC 5.287-DF, DJ 5/5/1997. REsp**

1.094.770-DF, Rel. Min. Humberto Martins, julgado em 1º/9/2009. (Inform. STJ 405)

7. AÇÃO, PROCEDIMENTO, INSTRUÇÃO, SUSPENSÃO DO PROCESSO, SENTENÇA E RECURSOS

PRAZO. TERMO INICIAL. DEFENSORIA PÚBLICA.
Trata o caso do termo inicial do prazo de recurso a ser interposto pela Defensoria Pública, se quando da entrada dos autos no órgão ou da aposição do visto do defensor. Inicialmente, observou o Min. Relator que este Superior Tribunal, consoante o que assentou o STF no HC 83.255-5, DJ 20/8/2004, consolidou o entendimento, privilegiando o princípio da igualdade ou da paridade de armas, de fixar o *dies a quo* da contagem dos prazos, seja em face da Defensoria Pública ou do Ministério Público, no dia útil seguinte à data da entrada dos autos no órgão público ao qual é dada a vista. Contudo, nas razões recursais, entre outras questões, sustentou-se que a jurisprudência na época em que interposto o REsp comportaria o entendimento de que a contagem do prazo recursal iniciar-se-ia com a aposição do visto do defensor público, orientação dominante nos tribunais superiores que ainda não haviam trilhado caminho diverso. Assim, ressaltou o Min. Relator que, embora a interposição do recurso tenha ocorrido alguns dias após o referido julgamento do STF, não o fora antes da publicação do respectivo acórdão, menos ainda do seu trânsito em julgado. Desse modo, entendeu ser tal tese por todo razoável, ou seja, é inviável exigir do defensor público a interposição do recurso dentro do trintídio cuja contagem não teria início na data da sua intimação pessoal, intimação cuja leitura, à época, era a da aposição do seu visto nos autos, atribuindo-se-lhe o severo ônus da preclusão temporal por estar em sintonia com a jurisprudência das cortes superiores. Quanto à legitimidade do recorrente, ora agravante, para propor ação coletiva, entre outras considerações, consignou que a tendência moderna, nos processos coletivos, é a ampliação da legitimação de pessoas naturais e jurídicas, inclusive órgãos públicos, para a tutela de interesses coletivos e difusos, conforme já autorizado, desde 1990, pelo art. 82, III, do CDC e corroborado em 2007 pela Lei n. 11.448/2007. Diante disso, a Turma acolheu o agravo regimental para prover o agravo de instrumento e o recurso especial, reconhecendo a legitimidade ativa do recorrente para a demanda em causa. Precedentes citados: AgRg no REsp 478.751-SP, DJ 20/8/2007; REsp 738.187-DF, DJ 13/3/2006; REsp 337.052-SP, DJ 9/6/2003, e REsp 555.111-RJ, DJ 18/12/2006. **AgRg no AgRg no Ag 656.360-RJ, Rel. Min. Paulo de Tarso Sanseverino, julgado em 15/3/2011.** (Inform. STJ 466)

ACP. INVERSÃO. ÔNUS. PROVA. MP.
Trata-se, na origem, de ação civil pública (ACP) interposta pelo MP a fim de pleitear que o banco seja condenado a não cobrar pelo serviço ou excluir o extrato consolidado que forneceu a todos os clientes sem prévia solicitação, devolvendo, em dobro, o que foi cobrado. A Turma entendeu que, na ACP com cunho consumerista, pode haver inversão do ônus da prova em favor do MP. Tal entendimento busca facilitar a defesa da coletividade de indivíduos que o CDC chamou de consumidores (art. 81 do referido código). O termo "consumidor", previsto no art. 6º do CDC, não pode ser entendido apenas como parte processual, mas sim como parte material da relação jurídica extraprocessual, ou seja, a parte envolvida na relação de direito material consumerista – na verdade, o destinatário do propósito protetor da norma. **REsp 951.785-RS, Rel. Min. Luis Felipe Salomão, julgado em 15/2/2011.** (Inform. STJ 463)

ACP. LIQUIDAÇÃO. SENTENÇA. RECURSO.
O recurso cabível contra a decisão que homologou a liquidação de sentença proferida em ação civil pública (ACP) é o agravo de instrumento, e não a apelação (art. 475-H do CPC). No caso, destaca-se que a decisão impugnada foi proferida e publicada quase dois anos após a alteração promovida pela Lei n. 11.232/2005, uma das mais discutidas no meio jurídico, o que denota a impossibilidade de aplicar a fungibilidade recursal. **Precedentes citados: REsp 1.131.112-ES, DJe 14/9/2009; REsp 1.044.074-PR, DJe 4/2/1009; AgRg no Ag 946.131-RS, DJe 5/8/2008, e REsp 1.118.249-ES, DJe 25/11/2009. REsp 1.130.862-ES, Rel. Min. Eliana Calmon, julgado em 1º/6/2010**. (Inform. STJ 437)

RESP. PERDA. OBJETO. JULGAMENTO. AÇÃO PRINCIPAL.
Foi interposto, na origem, agravo de instrumento contra decisão proferida por juiz singular nos autos de ação civil pública (ACP) ajuizada pelo MP, ação que visava ao reconhecimento da inexistência, nulidade e/ou ineficácia de decisão judicial transitada em julgado em outra ação de conhecimento que condenava a União a indenizar os autores. Ocorre que a decisão agravada deferiu o pedido de tutela antecipada para obstar qualquer pagamento e/ou levantamento de quaisquer valores naqueles autos, mas o tribunal *a quo* deferiu parte da tutela antecipada em favor dos recorridos. Daí o especial interposto pelo MP, entretanto o juízo federal julgou a ação principal (ACP). Diante disso, a Turma negou seguimento ao recurso ao entendimento de que a prolação de sentença na ação originária revela a superveniente perda de objeto do especial interposto contra *decisum* proferido em agravo de instrumento. **REsp 1.103.566-PR, Rel. Min. Luiz Fux, julgado em 1º/6/2010.** (Inform. STJ 437)

RECURSO REPETITIVO. AÇÃO CIVIL PÚBLICA. SUSPENSÃO. AÇÃO INDIVIDUAL.
A Seção, ao apreciar REsp submetido ao regime do art. 543-C do CPC e da Res. n. 8/2008-STJ, por maioria, firmou o entendimento de que, ajuizada a ação coletiva atinente à macro lide geradora de processos multitudinários, admite-se a sustação de ações individuais no aguardo do julgamento da ação coletiva. Quanto ao tema de fundo, o Min. Relator explica que se deve manter a suspensão dos processos individuais determinada pelo Tribunal *a quo* à luz da legislação processual mais recente, principalmente ante a Lei dos Recursos Repetitivos (Lei n. 11.672/2008), sem contradição com a orientação antes adotada por este Superior Tribunal nos termos da legislação anterior, ou seja, que só considerava os dispositivos da Lei da Ação Civil Pública. Observa, ainda, entre outros argumentos, que a faculdade de suspensão nos casos multitudinários abre-se ao juízo em atenção ao interesse público de preservação da efetividade da Justiça, que fica praticamente paralisada por processos individuais multitudinários, contendo a mesma lide. Dessa forma, torna-se válida a determinação de suspensão do processo individual no aguardo do julgamento da macro lide trazida no processo de ação coletiva embora seja assegurado o direito ao ajuizamento individual. **REsp 1.110.549-RS, Rel. Min. Sidnei Beneti, julgado em 28/10/2009.** (Inform. STJ 413)

ACP. DANO AMBIENTAL. ÔNUS. PROVA.

Trata-se da inversão do ônus probatório em ação civil pública (ACP) que objetiva a reparação de dano ambiental. A Turma entendeu que, nas ações civis ambientais, o caráter público e coletivo do bem jurídico tutelado – e não eventual hipossuficiência do autor da demanda em relação ao réu – conduz à conclusão de que alguns direitos do consumidor também devem ser estendidos ao autor daquelas ações, pois essas buscam resguardar (e muitas vezes reparar) o patrimônio público coletivo consubstanciado no meio ambiente. A essas regras, soma-se o princípio da precaução. Esse preceitua que o meio ambiente deve ter em seu favor o benefício da dúvida no caso de incerteza (por falta de provas cientificamente relevantes) sobre o nexo causal entre determinada atividade e um efeito ambiental nocivo. Assim, ao interpretar o art. 6º, VIII, da Lei n. 8.078/1990 c/c o art. 21 da Lei n. 7.347/1985, conjugado com o princípio da precaução, justifica-se a inversão do ônus da prova, transferindo para o empreendedor da atividade potencialmente lesiva o ônus de demonstrar a segurança do empreendimento. **Precedente citado: REsp 1.049.822-RS, DJe 18/5/2009. REsp 972.902-RS, Rel. Min. Eliana Calmon, julgado em 25/8/2009.** (Inform. STJ 404)

AÇÃO CIVIL PÚBLICA. REMESSA NECESSÁRIA.

Na ausência de dispositivo sobre remessa oficial na Lei da Ação Civil Pública (Lei n. 7.347/1985), busca-se norma de integração dentro do microssistema da tutela coletiva, aplicando-se, por analogia, o art. 19 da Lei n. 4.717/1965. Embora essa lei refira-se à ação popular, tem sua aplicação nas ações civis públicas, devido a serem assemelhadas as funções a que se destinam (a proteção do patrimônio público e do microssistema processual da tutela coletiva), de maneira que as sentenças de improcedência devem sujeitar-se indistintamente à remessa necessária. De tal sorte, a sentença de improcedência, quando proposta a ação pelo ente de Direito Público lesado, reclama incidência do art. 475 do CPC, sujeitando-se ao duplo grau obrigatório de jurisdição. Ocorre o mesmo quando a ação for proposta pelo Ministério Público ou pelas associações, incidindo, dessa feita, a regra do art. 19 da Lei da Ação Popular, uma vez que, por agirem os legitimados em defesa do patrimônio público, é possível entender que a sentença, na hipótese, foi proferida contra a União, estado ou município, mesmo que tais entes tenham contestado o pedido inicial. Com esse entendimento, a Turma deu provimento ao recurso do Ministério Público, concluindo ser indispensável o reexame da sentença que concluir pela improcedência ou carência da ação civil pública de reparação de danos ao erário, independentemente do valor dado à causa ou mesmo da condenação. **REsp 1.108.542-SC, Rel. Min. Castro Meira, julgado em 19/5/2009.** (Inform. STJ 395)

8. LIMINAR

PROJETO DE INTEGRAÇÃO DO RIO SÃO FRANCISCO – 1

O Tribunal, por maioria, negou provimento a agravo regimental interposto pelo Ministério Público Federal contra decisão que indeferira pedido de liminar em ação civil pública, movida contra a União e o Instituto Brasileiro do Meio Ambiente e dos Recursos Naturais Renováveis – IBAMA, que visa à preservação do meio ambiente que supostamente estaria sendo ameaçado em face da iniciativa da União em desenvolver o Projeto de Integração do Rio São Francisco com as Bacias Hidrográficas do Nordeste Setentrional. Alega o autor, ora agravante, que não teriam sido observadas normas de proteção ambiental, procedimentos de licenciamento ambiental e regras dos recursos hídricos. A decisão agravada, preliminarmente, reconhecera a ilegitimidade ativa de associações civis e a inocorrência de substituição, por elas, dos entes federados legitimados para figurar em ação originária, fundada no art. 102, I, **f**, da CF, bem como a ilegitimidade das seccionais da Ordem dos Advogados do Brasil da Bahia e do Sergipe, ao fundamento de que haveria de atuar o Conselho Federal da OAB (Lei 8.906/94, art. 54, XIV), por se pretender, no caso concreto, evitar ato da União que atinge diversos Estados-membros, controvérsia que ultrapassaria os limites territoriais das atribuições desses conselhos. No mérito, levara em conta a fase em que se encontrava o referido projeto, considerando não ter sido comprovado o início de nenhum ato modificador do meio ambiente, antes da necessária concessão da licença de instalação. **ACO 876 MC-AgR/BA, rel. Min. Menezes Direito, 19.12.2007.** (ACO-876)

PROJETO DE INTEGRAÇÃO DO RIO SÃO FRANCISCO – 2

Inicialmente, em votação majoritária, o Tribunal negou provimento aos agravos regimentais interpostos pelas associações civis e pelos conselhos seccionais da OAB mencionados, mantendo os fundamentos da decisão agravada quanto à ilegitimidade ativa. Vencidos, no ponto, integralmente, os Ministros Marco Aurélio e Carlos Britto, que reconheciam tanto a legitimidade ativa das associações voltadas à proteção do meio ambiente (Lei 7.347/85, art. 5º), que não poderia ser afastada ante a regra da competência originária da Corte (CF, art. 102, I, **f**), quanto a legitimidade dos conselhos seccionais (Lei 8.906/94, art. 5º), haja vista, não obstante a regra do art. 54, XIV, da Lei 8.906/94 no sentido de caber ao Conselho Federal da OAB a propositura da ação civil pública, a inexistência de cláusula excludente quanto à legitimação desses conselhos seccionais e o fato de a OAB, como um grande todo, ter por tradição a defesa de interesses da sociedade, defesa essa que apanharia os conselhos seccionais. Vencidos, parcialmente, também quanto a esse ponto, os Ministros Cezar Peluso e Joaquim Barbosa, que acompanhavam a divergência apenas no que se refere à legitimidade das aludidas associações civis. **ACO 876 MC-AgR/BA, rel. Min. Menezes Direito, 19.12.2007.** (ACO-876)

PROJETO DE INTEGRAÇÃO DO RIO SÃO FRANCISCO – 3

No mérito, concluiu-se não existir irregularidade na expedição da licença de instalação questionada ou descumprimento da decisão agravada, não estando presente requisito capaz de autorizar o deferimento da medida liminar para paralisar a execução da obra. Esclareceu-se, primeiro, que a decisão agravada considerara exclusivamente o alcance da licença prévia e não da licença de instalação do projeto, ora questionada, e que essa decisão, apesar de fazer menção a relevantes aspectos sobre eventuais audiências públicas e sobre possíveis estudos complementares, não impusera qualquer exigência a respeito desses aspectos. Asseverou-se, também, que, segundo parecer técnico do IBAMA, das 31 condicionantes mencionadas na licença prévia apenas 6 teriam sido parcialmente atendidas, tendo as demais sido cumpridas na integralidade, o que seria suficiente para passar à fase seguinte do processo, que consiste na emissão da licença de instalação. Afirmou-se, por outro lado, terem sido traçados inúmeros programas e planos, detalhadamente, para viabilizar as obras com a devida proteção do meio ambiente e justificar a concessão da licença de instalação. Ressaltou-se que a execução do projeto, na forma como planejada, mesmo diante de ajustes ou alterações necessários, seguindo rigorosamente os programas e planos apresentados pelo IBAMA e com fiscalização permanente, não autorizaria, no que se refere à garantia da preservação da natureza, a intervenção do Poder Judiciário na execução de política pública, cuja definição estaria no âmbito do Poder Executivo, considerando não existir nenhuma violação de norma legal ou constitucional neste momento. Reputou-se, ainda, prescindível a autorização do Congresso Nacional e o consentimento prévio de populações indígenas para implantação do empreendimento (CF, art. 231, § 3º), tendo em conta que o projeto não aproveitaria recursos hídricos localizados dentro das terras indígenas e que, ao invés de prejudicar, poderia inclusive resolver problema de escassez de que padeceria certa comunidade indígena. **ACO 876 MC-AgR/BA, rel. Min. Menezes Direito, 19.12.2007.** (ACO-876)

PROJETO DE INTEGRAÇÃO DO RIO SÃO FRANCISCO – 4

Vencidos os Ministros Carlos Britto, Cezar Peluso e Marco Aurélio, que deferiam o pedido de liminar, julgando prejudicados os agravos. O Min. Carlos Britto, apontando para a mudança do quadro fático, considerou não terem sido atendidas nem as condições impostas na decisão agravada, sobretudo no que concerne à realização das aludidas audiências públicas, nem as condicionantes estabelecidas na licença prévia. Enfatizou a existência de políticas públicas que, por sua importância, como na hipótese, dependeriam de autorização do Congresso Nacional (CF, artigos 48, IV; 58, § 2º, VI; 165, § 4º) e que, em face do princípio da precaução, inscrito no art. 225, da CF, em caso de dúvida quanto à lesão ou não ao meio ambiente, dever-se-ia paralisar a atividade governamental, salientando, especialmente, o fato de o Rio São Francisco encontrar-se assoreado e poluído, precisando de revitalização. Na linha do que exposto pelo Min. Carlos Britto, os Ministros Cezar Peluso e Marco Aurélio ressaltaram a possibilidade de dano irreversível ao meio ambiente. **ACO 876 MC-AgR/BA, rel. Min. Menezes Direito, 19.12.2007. (ACO-876)** (Inform. STF 493)

LIMINARES. MC. DEPÓSITO. VALOR. LEVANTAMENTO. ACP. SUSTAÇÃO.

In casu, existem dois processos distintos em que se discute o destino de um mesmo depósito judicial. Há o REsp interposto pelo estado-membro ao qual se atribuiu o efeito suspensivo que está sendo questionado pela ora agravante em medida cautelar (MC), recurso esse oriundo de agravo de instrumento em ação cautelar conexa à ação declaratória de inexistência de relação jurídico-tributária. E também há uma ação civil pública (ACP) ajuizada pelo *Parquet* estadual contra a mesma parte, a ora agravante, na qual também foi deferida liminar, confirmada pelo TJ, sustando o levantamento do valor depositado, que, segundo se alega, pertenceria aos consumidores. Assim, as duas liminares têm o mesmo efeito prático – inibir o levantamento imediato do depósito pela agravante –, porém foram concedidas em ações totalmente distintas. Dessa forma, não tem razão a agravante quanto à alegação de que a decisão do TJ proferida em uma das ações tem prevalência sobre a outra; pois, enquanto vigorar qualquer um dos dois provimentos judiciais, impõe-se sua observância; eventual revogação ou modificação dessas medidas dependerão de decisão específica no respectivo processo. Ademais, a MC não é o instrumento próprio para fazer juízo sobre o acerto ou não das decisões tomadas na referida ACP, tampouco para provocar sua revogação. Com essas considerações, a Turma negou provimento ao agravo. **AgRg na MC 17.966-SC, Rel. Min. Teori Albino Zavascki, julgado em 20/9/2011.** (Inform. STJ 483)

9. MULTA

ACP. INDÍGENA. ASSISTÊNCIA. SAÚDE. LEGITIMIDADE.

In casu, o MPF propôs ação civil pública (ACP) fundada em procedimento administrativo no qual se apurou a recusa de atendimento odontológico a uma indígena por não mais residir na aldeia, pleiteando a condenação da União e da Funai, dentro do subsistema do SUS, a garantir à família dela o acesso às ações de assistência à saúde prestadas pela Funasa, aos demais indígenas independentemente do local de sua residência, bem como a todos os indígenas que estiverem residindo fora da reserva. O juízo de 1º grau julgou procedentes os pedidos e cominou multa diária em caso de descumprimento da sentença, decisão confirmada em grau de apelação, advindo daí os REsps da União e da Funasa. Para o Min. Relator, a alegação de ilegitimidade ativa do MP para a causa não prospera, ressaltou que a tutela buscada na ação não alcança apenas uma pessoa, mas assegura assistência médica e odontológica a todos os indígenas que se encontram na mesma situação constatada no caso concreto, que evidenciou a postura da Administração de limitá-la aos habitantes do aldeamento específico. Na verdade, conforme a legislação vigente, deve ser assegurada a assistência aos indígenas em todo o território nacional, coletiva ou individualmente, inexistindo respaldo jurídico para o critério excludente defendido pela União de que os serviços de saúde alcançam apenas os índios aldeados. Desse modo, é infundado o argumento de que o acórdão recorrido impõe uma obrigação desproporcional à União, priorizando os indígenas não aldeados (ou seja, já integrados à sociedade) em detrimento de outras tantas realidades mais carentes de proteção, isso porque a tutela judicial buscada pelo *Parquet,* assegurada na sentença e no acórdão, não acarreta prioridade alguma; ao contrário, impõe um tratamento igualitário dos indígenas, afastando-se o ilegítimo discrímen utilizado pela União e pela Funasa, para que o acesso ao serviço de saúde, que já vem sendo prestado, seja assegurado também aos que não residam no aldeamento. Quanto à multa diária, já está consolidado, na jurisprudência do STJ, o entendimento de que essa é cabível contra a Fazenda Pública e a aferição de sua necessidade, bem como eventual redução de valor competem às instâncias ordinárias. Com esses fundamentos, entre outros, a Turma conheceu em parte dos REsps, mas lhes negou provimento. Precedentes citados: AgRg no Ag 1.040.411-RS, DJe 19/12/2008; REsp 776.065-SP, DJe 25/9/2008, e REsp 987.280-SP, DJe 20/5/2009. **REsp 1.064.009-SC, Rel. Min. Herman Benjamin, julgado em 4/8/2009.** (Inform. STJ 401)

10. CUSTAS, DESPESAS E HONORÁRIOS

HONORÁRIOS ADVOCATÍCIOS – AÇÃO CIVIL PÚBLICA – MINISTÉRIO PÚBLICO.

Longe fica de vulnerar o inciso II do § 5º do artigo 128 da Constituição Federal pronunciamento judicial no sentido de não se mostrarem devidos honorários advocatícios em ação civil pública ajuizada pelo Ministério Público e julgada procedente considerada a articulação de a verba ser recolhida à Fazenda Pública. **RE N. 428.324-DF. RELATOR: MIN. MARCO AURÉLIO.** (Inform. STF 566)

MP – AÇÃO CIVIL PÚBLICA – SUCUMBÊNCIA – INAPLICABILIDADE (REGRA GERAL)

EMENTA: AÇÃO CIVIL PÚBLICA AJUIZADA PELO MINISTÉRIO PÚBLICO. DEFESA E PROTEÇÃO, EM JUÍZO, DE DIREITOS E INTERESSES METAINDIVIDUAIS. IMPROCEDÊNCIA DA AÇÃO CIVIL. IMPOSIÇÃO, AO MINISTÉRIO PÚBLICO, DOS ÔNUS DA SUCUMBÊNCIA (VERBA HONORÁRIA, CUSTAS E DESPESAS PROCESSUAIS). INADMISSIBILIDADE, *"SALVO COMPROVADA MÁ-FÉ"* (LEI Nº 7.347/85, ART. 18). AUSÊNCIA DE COMPROVAÇÃO, NO CASO, DE CONDUTA ABUSIVA OU MALICIOSA POR PARTE DO REPRESENTANTE DO MINISTÉRIO PÚBLICO. DOUTRINA. PRECEDENTES.

– O Ministério Público, **quando vencido** na ação civil pública – **instrumento de que se utiliza para viabilizar** a defesa **e** proteção, em juízo, de direitos **e** interesses metaindividuais -, **não se sujeita** aos ônus da sucumbência (verba honorária, custas **e** despesas processuais), **exceto se resultar comprovado** que o representante do *"Parquet"* **incidiu** em comportamento malicioso **ou** abusivo. **Doutrina. Precedentes. RE 233585/SP. RELATOR: MIN. CELSO DE MELLO.** (Inform. STF 560)

ACP. ADIANTAMENTO. HONORÁRIOS PERICIAIS.

O MP estadual apontou violação do art. 18 da Lei n. 7.347/1985, sustentando que a dispensa de adiantamento de honorários periciais é um dos privilégios concedidos ao *Parquet,* com vistas a desonerar sua atuação em juízo. A Min. Eliana Calmon destacou que, em recentes precedentes, a Primeira Turma deste Superior Tribunal vem, com amparo na Súmula n. 232-STJ, estendendo tal obrigação ao MP nas ações civis públicas (ACP), mesmo quando ele ocupa a posição de autor. Entretanto, a Lei n. 7.347/1985, que rege o procedimento da ACP, é lei processual especial que contém regra expressa às associações autoras quanto à isenção de antecipar despesas processuais, pagamentos de honorários de advogado e custas finais, exceto em caso de má-fé. Diante dos termos da lei e da jurisprudência deste Superior Tribunal em matéria de honorários de advogado isentando o *Parquet* da imposição do pagamento quando vencido na ACP, poder-se-ia também aplicar a regra isencional quanto à antecipação dos honorários periciais e de outras despesas. Posteriormente, a Turma voltou atrás, rechaçando o entendimento. Com efeito, no julgamento do REsp 933.079-SC, DJe de 24/11/2008, de relatoria do Min. Herman Benjamin, ficou o Min. Relator vencido depois da emissão de dois votos vista e da divergência inaugurada pela Min. Eliana Calmon. Na oportunidade, o Min. Castro Meira, em voto vista, fez uma retrospectiva do que se passou nos autos, recordou a jurisprudência do STJ e destacou com ênfase precedente da Primeira Turma de relatoria do Min. Teori Albino Zavascki no REsp 846.529-RS, DJ de 7/5/2007, para aderir à tese ali consagrada e acompanhar a divergência inaugurada pela Min. Eliana Calmon. E fez a seguinte ponderação: não se pode impor ao profissional que realiza a prova técnica trabalho gratuito em prol da Justiça, como também não se pode impor ao réu o ônus de uma vultosa prova, de elevado custo, contra ele próprio. Ademais, se a parte ré não dispuser de recursos para financiar a prova, como fica a demanda? Ao se aplicar o dispositivo da Lei da Ação Civil Pública, dando a ele interpretação literal, por certo ocasionará dificuldade na tramitação dos feitos do gênero, ao tempo em que atrasará a adoção de uma solução que atenda efetivamente aos interesses da Justiça, por exemplo, a utilização do fundo formado com as indenizações impostas nas ações civis públicas, para atender às despesas com a perícia quando requerida a prova técnica pelo MP, como na hipótese. Diante disso, a Turma negou provimento ao recurso. **Precedentes citados: REsp 733.456-SP, DJ 22/10/2007; REsp 981.949-RS, DJe 24/4/2008; REsp 716.939-RN, DJ 10/12/2007, e REsp 928.397-SP, DJ 25/9/2007. REsp 891.743-SP, Rel. Min. Eliana Calmon, julgado em 13/10/2009.** (Inform. STJ 411)

ACP. HONORÁRIOS ADVOCATÍCIOS. MP.

Na ação civil pública (ACP) movida pelo Ministério Público, a questão da verba honorária foge inteiramente das regras do CPC, sendo disciplinada pelas normas próprias da Lei n. 7.347/1985. Segundo este Superior Tribunal, em sede de ACP, a condenação do MP ao pagamento de honorários advocatícios somente é cabível na hipótese de comprovada e inequívoca má-fé do *Parquet.* Dentro de absoluta simetria de tratamento e à luz da interpretação sistemática do ordenamento, não pode o *Parquet* beneficiar-se de honorários quando for vencedor na ACP. **Precedentes citados: AgRg no REsp 868.279-MG, DJe 6/11/2008; REsp 896.679-RS, DJe 12/5/2008; REsp 419.110-SP, DJ 27/11/2007; REsp 178.088-MG, DJ 12/9/2005, e REsp 859.737-DF, DJ 26/10/2006. EREsp 895.530-PR, Rel. Min. Eliana Calmon, julgados em 26/8/2009.** (Inform. STJ 404)

SÚMULA STJ Nº 345

São devidos honorários advocatícios pela Fazenda Pública nas execuções individuais de sentença proferida em ações coletivas, ainda que não embargadas.

11. COISA JULGADA

AÇÃO CIVIL PÚBLICA: COISA JULGADA E "QUANTUM DEBEATUR" - 1

Ao salientar a singularidade e a complexidade do caso, o Tribunal, por maioria, deu parcial provimento a agravo regimental interposto por espólio e outros contra decisão que suspendera a execução de acórdão proferido pelo Tribunal Regional Federal da 4ª Região, para autorizar a liberação, via precatório, dos valores devidos aos agravantes em total não superior ao montante a ser fixado pelo juízo de primeiro grau, a título de parte incontroversa da causa, computando-se, para tal fim, os valores já pagos, e determinar ao juízo de primeiro grau a imediata realização de perícia judicial, caso seja necessária ao cumprimento do disposto no item anterior. Na espécie, a União fora condenada, em primeira instância, a entregar 200.000 pinheiros adultos ou a pagar indenização pelo valor equivalente em favor dos agravantes. Contra essa sentença, interpusera recursos, desprovidos, e ajuizara ação rescisória, julgada improcedente. Posteriormente, ela e o Ministério Público Federal ingressaram com ação civil pública em defesa do patrimônio público, tendo obtido a concessão de tutela antecipada para obstar qualquer pagamento e/ou levantamento de qualquer valor. O TRF da 4ª Região, ao julgar o agravo de instrumento interposto contra essa decisão, dera parcial provimento ao recurso, para que os agravantes pudessem levantar apenas 50% dos valores do precatório suspenso, ficando o restante atrelado ao julgamento da ação civil pública. **SL 172 AgR/PR, rel. Min. Gilmar Mendes, 18.12.2009.** (SL-172)

AÇÃO CIVIL PÚBLICA: COISA JULGADA E "QUANTUM DEBEATUR" - 2

Sustentava a União, na suspensão de liminar, a ocorrência de grave lesão à ordem jurídica, administrativa e à economia pública, pelos seguintes motivos: a) o acórdão em apreço ocasionaria prejuízo irreparável e de grave monta aos cofres públicos, em face da liberação de vultosas quantias a pretexto de se saldar uma obrigação inexistente ou ineficaz; b) a existência de vícios que macularam o processo de origem; c) o equívoco dos critérios utilizados no acórdão guerreado e a ausência de elementos que demonstrassem os limites e a própria existência do débito imputado à União; d) a inoponibilidade da coisa julgada ante a ausência de eficácia da sentença proferida no juízo de origem por não haver observado o reexame necessário; e) a manifesta ilegitimidade para a causa dos autores da ação de conhecimento, a existência de erros no laudo pericial e a ofensa aos princípios constitucionais da moralidade, da razoabilidade e da proporcionalidade; f) a dificuldade de reversão das importâncias aos cofres públicos, uma vez realizado qualquer pagamento; g) a ordem judicial atacada, da forma como proferida, violaria a ordem jurídica, tida esta como integrante da ordem pública, pois imporia à autoridade administrativa federal uma conduta contrária à lei. **SL 172 AgR/PR, rel. Min. Gilmar Mendes, 18.12.2009.** (SL-172)

AÇÃO CIVIL PÚBLICA: COISA JULGADA E "QUANTUM DEBEATUR" - 3

Salientou-se, inicialmente, que a decisão agravada apontaria como fundamento central a temeridade de se levantar qualquer valor antes do término do processo principal da ação civil pública. Explicou-se, entretanto, que a ação civil pública em comento não corresponderia a um processo principal, e sim estaria impedindo o pagamento decorrente do título judicial transitado em julgado já atacado sem êxito por meio de ação rescisória. Aduziu-se que se estaria diante efetivamente de uma proposta de reabertura de toda a discussão judicial já acobertada pelos efeitos da coisa julgada, os quais restaram íntegros mesmo após seu combate por meio da ação rescisória. Não obstante reconhecendo a louvável intenção de proteção ao erário pela União Federal e pelo Ministério Público Federal, considerou-se não ser possível perder de vista que a ação civil pública em discussão ganharia feição de ação rescisória. Asseverou-se, ademais, que a suspensão do acórdão do TRF da 4ª Região no presente momento poderia eventualmente evidenciar a ocorrência de dano inverso, e que a constatação desse possível dano inverso à segurança jurídica decorreria da suspensão de qualquer pagamento aos autores que teriam a seu favor os efeitos da presunção regular de anterior processo de conhecimento transitado em julgado. Registrou-se, entretanto, que, em 26.11.2009, fora prolatada sentença nos autos da citada ação civil pública, no sentido da parcial procedência da pretensão deduzida, entendendo o juízo que, no que se refere ao *quantum debeatur*, deveria ser relativizada a coisa julgada para a realização de nova perícia, a fim de analisar e afastar os indevidos excessos de execução. Ou seja, reputando procedente o pedido de relativização da coisa julgada, verificara erro material na decisão transitada em julgado, no que concerne à adoção de laudo imprestável. Determinara, assim, que fosse suprimida, para corrigi-lo, a parte liquidatória contida na decisão, mantendo a sentença nos demais aspectos não impugnados na inicial, para fins de refazimento ou retificação da liquidação, conforme a situação e os parâmetros verdadeiramente existentes ao tempo do laudo original, fixando-se, assim, nova indenização segundo o valor real. Asseverara, ainda, que o valor real da indenização e do excesso seria apurado mediante perícia judicial a ser realizada após o trânsito em julgado dessa decisão. **SL 172 AgR/PR, rel. Min. Gilmar Mendes, 18.12.2009.** (SL-172)

AÇÃO CIVIL PÚBLICA: COISA JULGADA E "QUANTUM DEBEATUR" - 4

Enfatizou-se que a decisão agravada teria como fundamento central a temeridade de se levantar qualquer valor antes do término do processo principal da ação civil pública, o qual continuaria, de certa forma, válido em face da sentença meritória da ação civil pública que concluíra provisoriamente pelo excesso indevido a título de *quantum debeatur*. Observou-se, no entanto, que a sentença seria peremptória para a manutenção dos efeitos da coisa julgada em relação à condenação da União em todos os termos da decisão judicial transitada em julgada à exceção da definição da quantia devida. Aduziu-se que isso apontaria para a perplexidade jurídica de imposição de uma moratória judicial indefinida para pagamento de qualquer valor devido aos agravantes, fato que ensejara o TRF da 4ª Região a determinar a liberação de metade do valor suspenso a título de valor incontroverso. Afirmou-se que, se tal fórmula não parecia ser adequada neste momento, diante da prolação da sentença mencionada, poder-se-ia pensar numa fórmula alternativa a resguardar todos os interesses jurídicos envolvidos. Ressaltou-se que, ao se cogitar, por exemplo, sobre a incidência anual de juros moratórios a serem pagos pela União sobre o montante devido, seja em relação aos cálculos de outubro de 2002, seja em relação a um valor menor, apurar-se-ia também um valor excessivo a crescer ininterruptamente até o trânsito em julgado da ação civil pública. Além disso, somando a esse montante a atualização monetária também devida, seria possível vislumbrar a potencialidade do dano inverso à economia pública, em que o erário acumula dívida exorbitante por ano para aguardar o trânsito em julgado de uma ação civil pública que certamente tramitará até as instâncias extraordinárias, sem contar a possibilidade de pleito rescisório posterior. **SL 172 AgR/PR, rel. Min. Gilmar Mendes, 18.12.2009.** (SL-172)

AÇÃO CIVIL PÚBLICA: COISA JULGADA E "QUANTUM DEBEATUR" - 5

Assim, diante do atual quadro fático e jurídico dos limites do sistema de contracautela, entendeu-se que não subsistiria razão para a manutenção da suspensão do acórdão do TRF da 4ª Região ante a superveniência da ação civil pública e a constatação da potencialidade da ocorrência de dano inverso, caso não pago qualquer valor devido aos agravantes, em termos de economia pública e de segurança jurídica. Reputou-se como solução adequada ao caso a determinação ao juízo de primeiro grau de fixação de parte incontroversa, que não pode mais ser a mesma adotada pela decisão do TRF da 4ª Região, a qual poderá ser liberada pela via do precatório como forma de atender aos interesses jurídicos envolvidos. Ademais, dada a relevância da causa e da potencialidade lesiva aos cofres públicos pela demora no deslinde da demanda, recomendou-se a celeridade no julgamento desta questão pelas instâncias ordinárias, juízo do primeiro grau e TRF da 4ª Região, observando-se o princípio da eficiência e a determinação constitucional de razoável duração do processo, para reduzir ao máximo os efeitos deletérios ao erário – juros de mora e atualização monetária – e aos agravantes, em decorrência do trâmite oneroso do processo principal. Vencidos os Ministros Marco Aurélio e Celso de Mello, que davam provimento integral ao recurso, para restabelecer o acórdão do TRF da 4ª Região — salientando a excepcionalidade das medidas de contracautela autorizadas pela legislação comum e asseverando, ademais, ser inadmissível a rediscussão, em ação civil pública, de coisa soberanamente julgada —, e a Min. Ellen Gracie, que mantinha a decisão agravada, por considerar não ser possível liberar nenhuma quantia antes da realização da perícia determinada, ou seja, antes do conhecimento do quanto devido. **SL 172 AgR/PR, rel. Min. Gilmar Mendes, 18.12.2009. (SL-172)** (Inform. STF 572)

ACP. ILEGITIMIDADE. COISA JULGADA.

Trata-se de REsp oriundo de agravo de instrumento interposto, na origem, pela recorrida contra a decisão que rejeitou a exceção de pré-executividade oposta em execução individual de sentença proferida em ação civil pública (ACP). Ao agravo foi dado provimento, reconhecendo-se a ilegitimidade passiva da recorrida, pois se entendeu, entre outras questões, não ter ocorrido a solidariedade entre ela e a sociedade cindida no que diz respeito ao objeto da ACP. Nas razões do especial, alegou-se violação do art. 473 do CPC, porquanto a referida ilegitimidade havia sido apreciada tanto na ACP quanto na ação rescisória ajuizada pela recorrida. A Turma proveu o recurso ao entendimento de que as questões efetivamente decididas no processo de conhecimento (ACP) de forma definitiva, ainda que de ordem pública, como a legitimidade *ad causam*, não podem ser novamente debatidas, sobretudo no processo de execução, sob pena de vulneração à coisa julgada. Precedentes citados: AgRg no REsp 752.245-MG, DJe 16/11/2009, e AgRg no Ag 1.275.364-SP, DJe 5/5/2010. **REsp 917.974-MS, Rel. Min. Luis Felipe Salomão, julgado em 5/4/2011.** (Inform. STJ 468)

ACP. LEGITIMIDADE. EFEITO ERGA OMNES.

A Turma reiterou o entendimento de que o Ministério Público tem legitimidade para demandar em ação civil pública (ACP) que busca a declaração de nulidade de cláusula contida em contrato padrão de instituição financeira – cobrança de comissão de permanência relativamente aos dias em atraso, calculada à taxa de mercado do dia do pagamento –, por se tratar de interesse individual homogêneo de usuários de serviços bancários (consumidores) nos termos do art. 127 da CF/1988 e dos arts. 81, parágrafo único, III, e 82, I, ambos do CDC. Reafirmou, ainda, a orientação do STJ de que a sentença proferida em ACP faz coisa julgada *erga omnes* nos limites da competência territorial do órgão prolator do *decisum*, conforme dispõe o art. 16 da Lei n. 7.347/1985, alterado pela Lei n. 9.494/1997. **Precedentes citados do STF: RE 441.318-DF, DJ 24/2/2006; do STJ: REsp 794.752-MA, DJe 12/4/2010; REsp 537.652-RJ, DJe 21/9/2009; AgRg no REsp 441.999-DF, DJ 8/5/2006; AgRg no Ag 577.167-RS, DJ 25/10/2004; REsp 168.859-RJ, DJ 23/8/1999; EREsp 411.529-SP, DJe 24/3/2010; EREsp 293.407-SP, DJ 1º/8/2006, e AgRg nos EREsp 253.589-SP, DJe 1º/7/2008. REsp 600.711-RS, Rel. Min. Luis Felipe Salomão, julgado em 18/11/2010.** (Inform. STJ 456)

ACP. EXECUÇÃO. HABILITAÇÃO. ILEGITIMIDADE.

A Turma conheceu parcialmente do recurso especial e, nessa parte, negou-lhe provimento, afastando a alegada violação do art. 103, III e § 3º, do CDC. Na espécie, a sentença prolatada em ação civil pública (ACP) reconheceu a responsabilidade dos recorridos pelos prejuízos decorrentes do desabamento de edifício do qual haviam sido construtores e fornecedores de material. Contudo, asseverou-se que os recorrentes, na condição de moradores do prédio vizinho, não têm legitimidade para se habilitar na execução desse *decisum*, já que apenas a associação representativa dos titulares das unidades da edificação demolida figurou no polo ativo da demanda. Consignou-se, ademais, que os próprios fundamentos do acórdão exarado na ACP referem-se aos danos suportados exclusivamente pelos últimos, razão por que se concluiu pela inaplicabilidade da extensão dos efeitos da coisa julgada a que alude o dispositivo supramencionado. **Precedente citado: REsp 625.105-RJ, DJe 8/3/2010. REsp 836.647-RJ, Rel. Min. Maria Isabel Gallotti, julgado em 21/9/2010.** (Inform. STJ 448)

ACP. EFICÁCIA.

Um instituto de defesa do consumidor propôs ação civil pública (ACP) em busca de diferenças de correção monetária (janeiro de 1989) devidas em caderneta de poupança. Nesse contexto, ao acolher embargos de divergência, a Seção ressaltou que há julgados no sentido de que a sentença proferida em ACP faz coisa julgada *erga omnes*, mas nos limites da competência territorial do órgão que a prolatou (art. 16 da Lei n. 7.347/1985, na redação dada pela Lei n. 9.494/1997). A Min. Nancy Andrighi acolheu esse entendimento com ressalvas. **Precedentes citados: EREsp 293.407-SP, DJ 1º/8/2006, e AgRg nos EREsp 253.589-SP, DJe 1º/7/2008. EREsp 399.357-SP, Rel. Min. Fernando Gonçalves, julgados em 9/9/2009.** (Inform. STJ 406)

12. EXECUÇÃO

PRAZO. PRESCRIÇÃO. EXECUÇÃO INDIVIDUAL. AÇÃO COLETIVA.

Trata-se, na origem, de pedido de cumprimento individual de sentença proferida em ação civil pública que condenou instituição financeira a pagar poupadores com contas iniciadas e/ou renovadas até 15/6/1987 e 15/1/1989, os expurgos inflacionários referentes aos meses de junho de 1987 a janeiro de 1989, e juros de 0,5% ao mês. O Min. Relator afirmou que para a análise da *quaestio juris* deve-se ater aos seguintes aspectos: I – na execução, não se deduz pretensão nova, mas aquela antes deduzida na fase de conhecimento, com o acréscimo de estar embasado por um título executivo judicial que viabiliza atos expropriatórios, consubstanciando a sentença marco interruptor do prazo prescricional, daí por que a execução deve ser ajuizada no mesmo prazo da ação (Súm. n. 150-STF); II – as ações coletivas fazem parte de um arcabouço normativo vocacionado a promover a facilitação da defesa do consumidor em juízo e o acesso pleno aos órgãos judiciários (art. 6º, VII e VIII, do CDC), levando sempre em consideração a vulnerabilidade do consumidor (art. 4º do CDC). Assim, o instrumento próprio de facilitação de defesa e de acesso do consumidor não pode voltar-se contra o destinatário de proteção, prejudicando sua situação jurídica; III – as ações coletivas inseridas em um microssistema próprio e com regras particulares, sendo que das diferenças substanciais entre tutela individual e coletiva mostra-se razoável a aplicação de regras diferenciadas entre os dois sistemas. Do exposto, concluiu que o prazo para o consumidor ajuizar ação individual de conhecimento, a partir do qual lhe poderá ser aberta a via da execução, independe do ajuizamento da ação coletiva, e não é por essa prejudicada, regendo-se por regras próprias e vinculadas ao tipo de cada pretensão deduzida. Porém, quando se tratar de execução individual de sentença proferida em ação coletiva, como no caso, o beneficiário se insere em microssistema diverso e com regras pertinentes, sendo necessária a observância do prazo próprio das ações coletivas, que é quinquenal, conforme já firmado no REsp 1.070.896-SC, DJe 4/8/2010, aplicando-se a Súm. n. 150-STF. Daí o beneficiário de ação coletiva teria cinco anos para o ajuizamento da execução individual, contados a partir do trânsito em julgado de sentença coletiva, e o prazo de 20 anos para o ajuizamento de ação de conhecimento individual, contados dos respectivos pagamentos a menor das correções monetárias em razão dos planos econômicos. **REsp 1.275.215-RS, Rel. Min. Luis Felipe Salomão, julgado em 27/9/2011.** (Inform. STJ 484)

CADERNETA DE POUPANÇA. AÇÃO. INDIVIDUAL E COLETIVA. LIQUIDAÇÃO.

Trata a lide sobre a regularidade da conversão de ação individual proposta por poupador de caderneta de poupança – na qual se discute o pagamento dos expurgos inflacionários – em liquidação de sentença proferida em processo coletivo sobre a mesma questão, feita pelo acórdão recorrido, que adotou as diretrizes estabelecidas no Edital n. 147/2007 do Conselho da Magistratura do Rio Grande do Sul – Comage/TJRS. O recorrente, instituição financeira, alega ofensa ao princípio do juiz natural e, consequentemente, afronta ao art. 87 do CPC. O tribunal *a quo* embasou seu entendimento na interpretação conjunta da Constituição estadual e da respectiva lei de organização judiciária, assim, nesse ponto, incide a Súm. n. 280-STF. Ademais, eventual incompatibilidade entre as referidas normas e a Constituição Federal ou mesmo entre elas e o CPC é questão de competência do STF (art. 102, III, c e d, da CF/1988). De todo modo, foi considerada válida tanto no STJ quanto no STF a convocação de juízes para atuar em regime de mutirão para julgamento de determinadas causas, objetivando o melhor andamento dos processos, a racionalização dos procedimentos e o atendimento ao princípio da razoável duração do processo. A suspensão do processo individual determinada de ofício pelo juízo foi considerada regular pela Segunda Seção quando do julgamento do recurso representativo de controvérsia repetitiva (REsp 1.110.549-RS, DJe 14/12/2009). Com efeito, a conversão da demanda individual em liquidação seguirá o mesmo caminho. O interesse público de preservação da efetividade da Justiça que se frustra se estrangulada por processos individuais multitudinários recomenda a iniciativa de ofício de liquidação coletiva da sentença, resolvendo, de maneira uniforme e simultânea, toda a macrolide. Do exposto, a Seção ao prosseguir o julgamento, entre outras razões, negou provimento ao recurso, observando, contudo, que se mantém a conversão das ações individuais em liquidação de sentença, e, após apurado o valor devido, a respectiva execução deverá aguardar o trânsito em julgado da ação coletiva que deu origem ao processo de liquidação por dois motivos: para que se respeite a suspensão de processo sobre a matéria determinada pelo STF e porque a disciplina de execução dos processos coletivos que disputam direitos individuais homogêneos não se identifica com a execução de ações que tratem de direitos difusos e coletivos em sentido estrito. **Precedentes citados do STF: HC 96.821-SP, DJe 24/6/2010; RE 591.797-SP, DJe 29/4/2010; AI 754.745-SP, DJe 21/10/2010; do STJ: REsp 570.755-PR, DJ 18/12/2006; REsp 896.435-PR, DJe 9/11/2009; AgRg no REsp 679.560-SC, DJ 10/4/2006, e AgRg no Ag 624.779-RS, DJe 17/11/2008. REsp 1.189.679-RS, Rel. Min. Nancy Andrighi, julgado em 24/11/2010.** (Inform. STJ 457)

PRESCRIÇÃO. EMBARGOS. EXECUÇÃO INDIVIDUAL. AÇÃO COLETIVA.

A controvérsia diz respeito à possibilidade de invocar a ocorrência da prescrição em sede de embargos à execução de título judicial quando se tratar de execução individual de sentença proferida em ação coletiva. Este Superior Tribunal já decidiu que a execução de sentença genérica de procedência proferida em sede de ação coletiva *lato sensu* (ação civil pública ou ação coletiva ordinária) exige uma cognição exauriente e o contraditório amplo sobre a existência do direito reconhecido na ação coletiva. No entanto, o art. 741, VI, do CPC, sobre proibir suscitar questão anterior à sentença nos embargos à execução, não se aplica à execução individual *in utilibus*, porquanto é nessa oportunidade que se pode suscitar a prescrição contra a pretensão individual, em virtude de a referida defesa poder ser alegada em qualquer tempo e grau de jurisdição. **Precedentes citados: AgRg no REsp 658.155-SC, DJ 10/10/2005; AgRg no REsp 489.348-PR, DJ 1º/9/2003; REsp 1.071.787-RS, DJe 10/8/2009, e REsp 1.100.970-RS, DJe 18/12/2009. REsp 1.057.562-RS, Rel. Min. Luiz Fux, julgado em 19/10/2010.** (Inform. STJ 452)

EXECUÇÃO INDIVIDUAL. SENTENÇA. AÇÃO COLETIVA. DOMICÍLIO. CONSUMIDOR.

Trata-se, na origem, de execução de sentença que julgou parcialmente procedente ação coletiva cujo objeto era obrigar associação de ensino a abster-se de condicionar ao pagamento de renovação de matrícula o fornecimento de documentos necessários à transferência de alunos para outras instituições de ensino. A Turma deu provimento ao recurso por entender que a execução individual de sentença condenatória proferida em ação coletiva não segue a regra dos arts. 475-A e 575, II, do CPC, pois as decisões de mérito no julgamento daquela ação apresentam particularidades que tornam complexa a aplicação das regras contidas nos referidos artigos. Aquelas sentenças contêm alto grau de generalidade, uma vez que não podem estabelecer concretamente o direito de cada um dos substituídos processuais; essas decisões estão limitadas a declarar, de modo inespecífico, a obrigação de indenizar os danos causados aos consumidores ou outros lesados, abstratamente considerados. Logo a referida execução demonstrará ampla dose de cognição, pois cada substituído deverá comprovar a titularidade do direito cuja lesão foi reconhecida pela sentença de ação coletiva. Entendeu ainda que a interpretação analógica do art. 101, I, c/c o art. 98, § 2º, I, ambos do CDC, garante ao consumidor a prerrogativa processual do ajuizamento da execução individual derivada de decisão proferida no julgamento de ação coletiva no foro de seu domicílio. **REsp 1.098.242-GO, Rel. Min. Nancy Andrighi, julgado em 21/10/2010.** (Inform. STJ 452)

SUSPENSÃO. EXECUÇÃO. TÍTULO JUDICIAL. ACP.

A *quaestio juris* consiste em saber se pode o juiz da execução, com base em seu poder de cautela, determinar a suspensão do processo de execução fundado em título judicial de decisão definitiva proferida em ação civil pública (ACP) ajuizada pela Associação Paranaense de Defesa do Consumidor (Apadeco), objetivando restituição de empréstimo compulsório sobre combustíveis. Isso porque, contra a decisão da ACP, houve ação rescisória no STF, que foi julgada procedente e atualmente se encontra pendente de embargos de declaração. Sucede que a questão, em duas ocasiões, foi submetida à Primeira Seção deste Superior Tribunal, decidindo-se que a ação rescisória julgada pelo Supremo tem caráter prejudicial ao cumprimento do aresto rescindendo, o que, segundo o Min. Luiz Fux, por si só, na avaliação *quantum satis* do juízo, poderia conduzi-lo à suspensão por prejudicialidade da efetivação da decisão judicial (art. 265, I a III, do CPC). Dessa forma, concluiu-se que não há *error in procedendo* na suspensão do cumprimento do título judicial que está sendo rescindido pelo STF no caso denominado "Apadeco", pendente apenas de embargos de declaração. **Precedentes citados: REsp 900.888-PR, DJe 31/3/2010, e EREsp 770.847-PR, DJe 19/5/2008. REsp 926.843-PR, Rel. Min. Mauro Campbell Marques, julgado em 28/9/2010.** (Inform. STJ 449)

LEGITIMIDADE. MP. EXECUÇÃO. ACP.

Cuida-se da legitimidade do Ministério Público (MP) estadual para promover a cobrança de valores que foram indevidamente recebidos mediante acumulação de cargos públicos municipais, situação assim reconhecida por sentença já transitada em julgado e proferida em ação civil pública (ACP) ajuizada pelo próprio MP. Quanto a isso, é certo que o MP tem legitimidade para propor a ACP em busca do ressarcimento de dano ao erário (Súm. n. 329-STJ), tal como se deu no caso, e que, em princípio, a legitimidade para a execução é do colegitimado ativo que ajuizou a ACP (art. 15 da Lei n. 7.347/1985). Contudo, o MP tem plena legitimidade para proceder à execução das sentenças condenatórias oriundas das ACPs que moveu em defesa do patrimônio público, visto que se revela inadmissível conferir à Fazenda Pública municipal a exclusividade na defesa de seu erário, mostrando-se cabível a atuação do *Parquet* quando falhar o sistema de legitimação ordinária. Não há como conceber esse sistema de outorga de atribuições e competências desacompanhado de meios hábeis à consecução de seus objetivos, senão estar-se-ia a esvaziar concretamente a função institucional do MP de resguardar o patrimônio público. Anote-se, por fim, que, na hipótese de o crédito decorrer de sentença judicial, conforme precedente, é desnecessária sua inscrição em dívida ativa, pois o Poder Judiciário já atuou na lide e tornou incontroversa a existência da dívida. **Precedente citado: REsp 1.126.631-PR, DJe 13/11/2009. REsp 1.162.074-MG, Rel. Min. Castro Meira, julgado em 16/3/2010.** (Inform. STJ 427)

SINDICATO. CUMPRIMENTO. SENTENÇA. PROCESSO COLETIVO.

Busca-se definir se, no cumprimento de sentença prolatada em processo coletivo referente a direito individual homogêneo de servidores civis federais, o sindicato atua como substituto processual (independeria de autorização dos filiados) ou como representante processual (necessitaria de mandato específico). Ressalte-se que a questão foi levantada já na sentença da ação de conhecimento, não havendo, pois, qualquer incidente processual a ser resolvido, senão a necessidade de autorização específica para que o sindicato prossiga no cumprimento da sentença. Quanto a isso, é certo que o art. 3º da Lei n. 8.073/1990 autoriza a entidade sindical a atuar sem qualquer restrição na condição de substituto processual da categoria. Uma leitura conjunta desse dispositivo com os arts. 97 e 98 do CDC leva à conclusão de que a execução coletiva pode ser promovida pelos mesmos legitimados a ajuizar a ação de conhecimento, daí não haver óbice a que o sindicato também atue no cumprimento da sentença como substituto processual. Doutro lado, o art. 8º, III, da CF/1988 deve ser interpretado com a máxima amplitude possível, a fim de possibilitar ao sindicato o referido cumprimento, justamente porque aquele dispositivo constitucional não faz ressalva a essa condição e não é dado ao intérprete restringir o que o legislador não restringiu no que tocar às garantias constitucionais. Porém, essa interpretação não afasta a necessidade de que, no cumprimento da sentença, indique-se, individualmente, o credor substituído e o valor devido. **Precedentes citados do STF: RE 213.111-SP, DJ 24/8/2007; do STJ: REsp 1.082.891-RN, Dje 24/9/2008. EREsp 760.840-RS, Rel. Min. Nancy Andrighi, julgados em 4/11/2009.** (Inform. STJ 414)

EXECUÇÃO COLETIVA. ASSOCIAÇÃO. POUPANÇA.

Uma associação dedicada à defesa do consumidor busca a execução coletiva de acórdão que condenou o banco recorrente a pagar a 115 de seus associados correção monetária de valores depositados em caderneta de poupança e referentes a janeiro de 1999. Diante disso, é razoável afirmar que os interesses difusos e coletivos jamais se individualizam, por ser de sua essência a indivisibilidade, o que impõe sempre a execução coletiva iniciada pelas entidades indicadas no art. 82 do CDC, salvo outros legitimados. Já os interesses individuais homogêneos são divisíveis por natureza e ganham tratamento processual coletivo por simples questão de política judiciária, sendo inegável a legitimidade ativa das vítimas para a liquidação e execução. Porém, hoje é indubitável que as associações detêm legitimidade para propor ações coletivas, lastreadas na substituição e representação processual. Contudo, nesse último instituto (amparado pela própria CF/1988, tal como apregoado pelo STF), a associação não atua em nome próprio, mas, sim, em nome e por conta dos interesses dos associados. Assim, se atua no processo de cognição por substituição, nada impede que passe a atuar, na liquidação e execução, como representante. Dessarte, após a sentença, se constatado que o valor atribuído a cada vítima é ínfimo a não justificar o ônus econômico que envolve a liquidação e execução, há que se admitir a execução coletiva baseada na representação processual como única forma idônea de pulverizar tal custo, de forma consentânea com as diretrizes que orientam o processo coletivo. Na hipótese, apesar de a execução envolver valor global superior a oitocentos mil reais, há créditos a receber inferiores a cem reais, inviáveis de se submeter à execução individual. Anote-se que ignora o mandamento constitucional a interpretação de que a execução coletiva só é possível nos termos do art. 100 do CDC ou decorrido um ano sem habilitação de credores, submetido o produto da indenização ao fundo do art. 13 da Lei da Ação Civil Pública. Quanto à liquidação por simples cálculos, revela-se, pela leitura do art. 98 do CDC, que a sentença prolatada na ação coletiva é sempre ilíquida, porém o referido códice não determina procedimento específico para a liquidação, o que autoriza admitir aquela forma, sem olvidar que algumas sentenças (tais como as relativas aos acidentes ambientais) exigem liquidação em que se prove a condição da vítima. No caso, foram juntados extratos a indicar onde e quanto havia depositado, a permitir simples operação matemática para se chegar ao valor devido. **Precedente citado do STF: RMS 21.514-DF, DJ 18/6/1993. REsp 880.385-SP, Rel. Min. Nancy Andrighi, julgado em 2/9/2008.** (Inform. STJ 366)

EXECUÇÃO. SINDICATO. JUSTIÇA GRATUITA.

Segundo a jurisprudência deste Superior Tribunal, a legitimidade conferida aos sindicatos, em ações coletivas, não se limita à fase de conhecimento, alcança também a fase de execução dessas sentenças, sendo dispensável a autorização individual de seus filiados. Outrossim, tem reconhecido que as entidades sem fins lucrativos podem reivindicar o benefício da Justiça gratuita, uma vez comprovado não possuírem condições de arcar com as despesas do processo. Com essas considerações, a Turma deu provimento ao recurso. **Precedentes citados: REsp 1.017.659-RS, DJ 16/6/2008; AgRg no REsp 847.319-RS, DJ 31/3/2008; AgRg no REsp 926.608-RS, DJ 2/8/2007; AgRg no REsp 573.612-RS, DJ 10/9/2007; AgRg nos Edcl no Ag 990.156-SC, DJ 4/8/2008, e REsp 1.038.634-ES, DJ 30/5/2008. REsp 834.363-RS, Rel. Min. Eliana Calmon, julgado em 2/9/2008.** (Inform. STJ 366)

COMPETÊNCIA. CAUTELAR. EXIBIÇÃO. DOCUMENTO. EXECUÇÃO. AÇÃO CIVIL PÚBLICA.

A ação cautelar de exibição de documentos foi ajuizada com a finalidade de compelir a CEF a fornecer extratos bancários de caderneta de poupança como meio de permitir uma futura execução de sentença coletiva proferida em ação civil pública. O conflito foi instaurado entre juiz federal e outro em exercício no Juizado Especial Federal dentro da mesma Seção Judiciária e gravita em torno do valor da causa. Nesse panorama, considera-se indiscutível a competência do STJ para conhecer desse conflito (Súm. n. 348-STJ). Anote-se que a execução individual de sentença proferida em ação civil pública perde a natureza de tutela coletiva, enquanto apenas se exige que o exeqüente comprove o dano individual experimentado e o nexo dele com o dano global reconhecido, requisitando sua quantificação. Assim, não há que se falar mais em caráter difuso da ação a impedir seu processamento no Juizado Especial. Porém, dito está no art. 3º, *caput*, da Lei n. 10.259/2001 que compete ao referido juizado a execução de suas sentenças, nada dispondo sobre a execução de julgados coletivos. Mostra-se extremamente precoce, nessa medida cautelar de natureza preparatória, dimensionar o ganho econômico que se vai buscar na ação principal. Somente com o recebimento dos almejados extratos, o autor terá condições de calcular o que lhe é devido. Dessarte, determina a prudência que a cautelar seja julgada pelo juiz federal e, com a propositura da ação principal, verifique-se se é realmente caso afeito aos Juizados. **Precedentes citados: CC 67.816-BA, DJ 6/8/2007; CC 51.173-PA, DJ 8/3/2007; CC 80.398-MG, DJ 8/10/2007, e CC 86.700-BA, DJ 28/11/2007. CC 94.810-PR, Rel. Min. Fernando Gonçalves, julgado em 13/8/2008.** (Inform. STJ 363)

AÇÃO COLETIVA. EXECUÇÃO. HONORÁRIOS ADVOCATÍCIOS. SÚM. N. 345-STJ.

A Corte Especial deu provimento aos embargos e reiterou o entendimento de que é devida a verba de sucumbência nas execuções individuais originárias de ação coletiva movida por sindicato contra a Fazenda Pública, ainda que não embargadas, não se aplicando à hipótese o art. 1º-D da Lei n. 9.494/1997, alterado pelo art. 4º da MP n. 2.180/2001. **Precedentes citados: EAG 654.254-RS, DJ 25/2/2008; EREsp 653.270-RS, DJ 5/2/2007; AgRg nos EREsp 791.029-RS, DJ 5/2/2007; EREsp 668.705-SC, DJ 5/2/2007; EREsp 475.566-PR, DJ 13/9/2004, e EREsp 701.768-RS, DJ 6/3/2008. EREsp 658.595-RS, Rel. Min. Castro Meira, julgados em 4/6/2008.** (Inform. STJ 358)

13. AÇÃO POPULAR

ISENÇÃO DE ÔNUS DA SUCUMBÊNCIA E MEDIDA CAUTELAR PREPARATÓRIA

O procedimento cautelar está intrinsecamente ligado ao processo principal, por isso a disciplina constitucional que se aplica às ações cautelares deve ser a mesma para eventuais medidas cautelares preparatórias que se façam necessárias, tendo em conta a natureza instrumental e acessória de tais medidas em face da ação principal. Com base nesse entendimento, a Turma proveu recurso extraordinário para isentar o recorrente do pagamento das custas processuais e dos honorários advocatícios impostos em razão de ter restado vencido em medida cautelar por ele intentada, preparatória de futura ação popular. Na espécie, tratava-se de recurso interposto contra acórdão do Tribunal de Justiça do Estado de São Paulo que confirmara sentença a qual concluíra que a isenção constitucional do ônus da sucumbência apenas abarca a ação popular e não as medidas cautelares, ainda que preparatórias. Consignou-se que a demanda principal, entretanto, não chegara a ser ajuizada, o que seria irrelevante para fins de isenção do autor do ônus da sucumbência. Ademais, assentou-se o não cabimento de interpretação restritiva do comando do art. 5º, LXXIII, da CF (*"LXXIII – qualquer cidadão é parte legítima para propor ação popular que vise a anular ato lesivo ao patrimônio público ou de entidade de que o Estado participe, à moralidade administrativa, ao meio ambiente e ao patrimônio histórico e cultural, ficando o autor, salvo comprovada má-fé, isento de custas judiciais e do ônus da sucumbência;"*). **RE 335428/SP, rel. Min. Dias Toffoli, 18.5.2010. (RE-335428)** (Inform. STF 587)

EMENTA: AÇÃO POPULAR. DEMARCAÇÃO DA TERRA INDÍGENA RAPOSA SERRA DO SOL. INEXISTÊNCIA DE VÍCIOS NO PROCESSO ADMINISTRATIVO-DEMARCATÓRIO. OBSERVÂNCIA DOS ARTS. 231 E 232 DA CONSTITUIÇÃO FEDERAL, BEM COMO DA LEI Nº 6.001/73 E SEUS DECRETOS REGULAMENTARES. CONSTITUCIONALIDADE E LEGALIDADE DA PORTARIA Nº 534/2005, DO MINISTRO DA JUSTIÇA, ASSIM COMO DO DECRETO PRESIDENCIAL HOMOLOGATÓRIO. RECONHECIMENTO DA CONDIÇÃO INDÍGENA DA ÁREA DEMARCADA, EM SUA TOTALIDADE. MODELO CONTÍNUO DE DEMARCAÇÃO. CONSTITUCIONALIDADE. REVELAÇÃO DO REGIME CONSTITUCIONAL DE DEMARCAÇÃO DAS TERRAS INDÍGENAS. A CONSTITUIÇÃO FEDERAL COMO ESTATUTO JURÍDICO DA CAUSA INDÍGENA. A DEMARCAÇÃO DAS TERRAS INDÍGENAS COMO CAPÍTULO AVANÇADO DO CONSTITUCIONALISMO FRATERNAL. INCLUSÃO COMUNITÁRIA PELA VIA DA IDENTIDADE ÉTNICA. VOTO DO RELATOR QUE FAZ AGREGAR AOS RESPECTIVOS FUNDAMENTOS SALVAGUARDAS INSTITUCIONAIS DITADAS PELA SUPERLATIVA IMPORTÂNCIA HISTÓRICO-CULTURAL DA CAUSA. SALVAGUARDAS AMPLIADAS A PARTIR DE VOTO-VISTA DO MINISTRO MENEZES DIREITO E DESLOCADAS PARA A PARTE DISPOSITIVA DA DECISÃO.

1. **AÇÃO NÃO CONHECIDA EM PARTE**. Ação não-conhecida quanto à pretensão autoral de excluir da área demarcada o que dela já fora excluída: o 6º Pelotão Especial de Fronteira, os núcleos urbanos dos Municípios de Uiramutã e Normandia, os equipamentos e instalações públicos federais e estaduais atualmente existentes, as linhas de transmissão de energia elétrica e os leitos das rodovias federais e estaduais também já existentes. Ausência de interesse jurídico. Pedidos já contemplados na Portaria nº 534/2005 do Ministro da Justiça. Quanto à sede do Município de Pacaraima, cuida-se de território encravado na "Terra Indígena São Marcos", matéria estranha à presente demanda. Pleito, por igual, não conhecido.

2. **INEXISTÊNCIA DE VÍCIOS PROCESSUAIS NA AÇÃO POPULAR**. 2.1. Nulidade dos atos, ainda que formais, tendo por objeto a ocupação, o domínio e a posse das terras situadas na área indígena Raposa Serra do Sol. Pretensos titulares privados que não são partes na presente ação popular. Ação que se destina à proteção do patrimônio público ou de entidade de que o Estado participe (inciso LXXIII do artigo 5º da Constituição Federal), e não à defesa de interesses particulares. 2.2. Ilegitimidade passiva do Estado de Roraima, que não foi acusado de praticar ato lesivo ao tipo de bem jurídico para cuja proteção se preordena a ação popular. Impossibilidade de ingresso do Estado-membro na condição de autor, tendo em vista que a legitimidade ativa da ação popular é tão-somente do *cidadão*. 2.3. Ingresso do Estado de Roraima e de outros interessados, inclusive de representantes das comunidades indígenas, exclusivamente como assistentes simples. 2.4. Regular atuação do Ministério Público.

3. **INEXISTÊNCIA DE VÍCIOS NO PROCESSO ADMINISTRATIVO DEMARCATÓRIO**. 3.1. Processo que observou as regras do Decreto nº 1.775/96, já declaradas constitucionais pelo Supremo Tribunal Federal no Mandado de Segurança nº 24.045, da relatoria do ministro Joaquim Barbosa. Os interessados tiveram a oportunidade de se habilitar no processo administrativo de demarcação das terras indígenas, como de fato assim procederam o Estado de Roraima, o Município de Normandia, os pretensos posseiros e comunidades indígenas, estas por meio de petições, cartas e prestação de informações. Observância das garantias constitucionais do contraditório e da ampla defesa. 3.2. Os dados e peças de caráter antropológico foram revelados e subscritos por profissionais de reconhecidas qualificação científica e se dotaram de todos os elementos exigidos pela Constituição e pelo Direito infraconstitucional para a demarcação de terras indígenas, não sendo obrigatória a subscrição do laudo por todos os integrantes do grupo técnico (Decretos nos 22/91 e 1.775/96). 3.3. A demarcação administrativa, homologada pelo Presidente da República, é *"ato estatal que se reveste da presunção **juris tantum** de legitimidade e de veracidade"* (RE 183.188, da relatoria do ministro Celso de Mello), além de se revestir de natureza declaratória e força auto-executória. Não comprovação das fraudes alegadas pelo autor popular e seu originário assistente.

4. **O SIGNIFICADO DO SUBSTANTIVO "ÍNDIOS" NA CONSTITUIÇÃO FEDERAL**. O substantivo "índios" é usado pela Constituição Federal de 1988 por um modo invariavelmente plural, para exprimir a diferenciação dos aborígenes por numerosas etnias. Propósito constitucional de retratar uma diversidade indígena tanto *interétnica* quanto *intra-étnica*. Índios em processo de aculturação permanecem índios para o fim de proteção constitucional. Proteção constitucional que não se limita aos silvícolas, estes, sim, índios ainda em primitivo estádio de habitantes da selva.

5. **AS TERRAS INDÍGENAS COMO PARTE ESSENCIAL DO TERRITÓRIO BRASILEIRO.** 5.1. As "terras indígenas" versadas pela Constituição Federal de 1988 fazem parte de um território estatal-brasileiro sobre o qual incide, com exclusividade, o Direito nacional. E como tudo o mais que faz parte do domínio de qualquer das pessoas federadas brasileiras, são terras que se submetem unicamente ao primeiro dos princípios regentes das relações internacionais da República Federativa do Brasil: a soberania ou "independência nacional" (inciso I do art. 1º da CF). 5.2. Todas as "terras indígenas" são um bem público federal (inciso XI do art. 20 da CF), o que não significa dizer que o ato em si da demarcação extinga ou amesquinhe qualquer unidade federada. Primeiro, porque as unidades federadas pós-Constituição de 1988 já nascem com seu território jungido ao regime constitucional de preexistência dos direitos originários dos índios sobre as terras por eles "tradicionalmente ocupadas". Segundo, porque a titularidade de bens não se confunde com o senhorio de um território político. Nenhuma terra indígena se eleva ao patamar de território político, assim como nenhuma etnia ou comunidade indígena se constitui em unidade federada. Cuida-se, cada etnia indígena, de realidade sócio-cultural, e não de natureza político-territorial.

6. **NECESSÁRIA LIDERANÇA INSTITUCIONAL DA UNIÃO, SEMPRE QUE OS ESTADOS E MUNICÍPIOS ATUAREM NO PRÓPRIO INTERIOR DAS TERRAS JÁ DEMARCADAS COMO DE AFETAÇÃO INDÍGENA.** A vontade objetiva da Constituição obriga a efetiva presença de todas as pessoas federadas em terras indígenas, desde que em sintonia com o modelo de ocupação por ela concebido, que é de centralidade da União. Modelo de ocupação que tanto preserva a identidade de cada etnia quanto sua abertura para um relacionamento de mútuo proveito com outras etnias indígenas e grupamentos de não-índios. A atuação complementar de Estados e Municípios em terras já demarcadas como indígenas há de se fazer, contudo, em regime de concerto com a União e sob a liderança desta. Papel de centralidade institucional desempenhado pela União, que não pode deixar de ser imediatamente coadjuvado pelos próprios índios, suas comunidades e organizações, além da protagonização de tutela e fiscalização do Ministério Público (inciso V do art. 129 e art. 232, ambos da CF).

7. **AS TERRAS INDÍGENAS COMO CATEGORIA JURÍDICA DISTINTA DE TERRITÓRIOS INDÍGENAS. O DESABONO CONSTITUCIONAL AOS VOCÁBULOS "POVO", "PAÍS", "TERRITÓRIO", "PÁTRIA" OU "NAÇÃO" INDÍGENA.** Somente o "território" enquanto categoria jurídico-política é que se põe como o preciso âmbito espacial de incidência de uma dada Ordem Jurídica soberana, ou autônoma. O substantivo "terras" é termo que assume compostura nitidamente sócio-cultural, e não política. A Constituição teve o cuidado de não falar em territórios indígenas, mas, tão-só, em "terras indígenas". A traduzir que os "grupos", "organizações", "populações" ou "comunidades" indígenas não constituem pessoa federada. Não formam circunscrição ou instância espacial que se orne de dimensão política. Daí não se reconhecer a qualquer das organizações sociais indígenas, ao conjunto delas, ou à sua base peculiarmente antropológica a dimensão de instância transnacional. Pelo que nenhuma das comunidades indígenas brasileiras detém estatura normativa para comparecer perante a Ordem Jurídica Internacional como "Nação", "País", "Pátria", "território nacional" ou "povo" independente. Sendo de fácil percepção que todas as vezes em que a Constituição de 1988 tratou de "nacionalidade" e dos demais vocábulos *aspeados* (País, Pátria, território nacional e povo) foi para se referir ao Brasil por inteiro.

8. **A DEMARCAÇÃO COMO COMPETÊNCIA DO PODER EXECUTIVO DA UNIÃO.** Somente à União, por atos situados na esfera de atuação do Poder Executivo, compete instaurar, sequenciar e concluir formalmente o processo demarcatório das terras indígenas, tanto quanto efetivá-lo materialmente, nada impedindo que o Presidente da República venha a consultar o Conselho de Defesa Nacional (inciso III do § 1º do art. 91 da CF), especialmente se as terras indígenas a demarcar coincidirem com faixa de fronteira. As competências deferidas ao Congresso Nacional, com efeito concreto ou sem densidade normativa, exaurem-se nos fazeres a que se referem o inciso XVI do art. 49 e o § 5º do art. 231, ambos da Constituição Federal.

9. **A DEMARCAÇÃO DE TERRAS INDÍGENAS COMO CAPÍTULO AVANÇADO DO CONSTITUCIONALISMO FRATERNAL.** Os arts. 231 e 232 da Constituição Federal são de finalidade nitidamente fraternal ou solidária, própria de uma quadra constitucional que se volta para a efetivação de um novo tipo de igualdade: a igualdade civil-moral de minorias, tendo em vista o proto-valor da integração comunitária. Era constitucional compensatória de desvantagens historicamente acumuladas, a se viabilizar por mecanismos oficiais de ações afirmativas. No caso, os índios a desfrutar de um espaço fundiário que lhes assegure meios dignos de subsistência econômica para mais eficazmente poderem preservar sua identidade somática, linguística e cultural. Processo de uma aculturação que não se dilui no convívio com os não-índios, pois a aculturação de que trata a Constituição não é perda de identidade étnica, mas somatório de mundividências. Uma soma, e não uma subtração. Ganho, e não perda. Relações interétnicas de mútuo proveito, a caracterizar ganhos culturais incessantemente cumulativos. Concretização constitucional do valor da inclusão comunitária pela via da identidade étnica.

10. **O FALSO ANTAGONISMO ENTRE A QUESTÃO INDÍGENA E O DESENVOLVIMENTO.** Ao Poder Público de todas as dimensões federativas o que incumbe não é subestimar, e muito menos hostilizar comunidades indígenas brasileiras, mas *tirar proveito* delas para diversificar o potencial econômico-cultural dos seus territórios (dos entes federativos). O desenvolvimento que se fizer sem ou contra os índios, ali onde eles se encontrarem instalados por modo tradicional, à data da Constituição de 1988, desrespeita o objetivo fundamental do inciso II do art. 3º da Constituição Federal, assecuratório de um tipo de "desenvolvimento nacional" tão ecologicamente equilibrado quanto humanizado e culturalmente diversificado, de modo a incorporar a realidade indígena.

11. **O CONTEÚDO POSITIVO DO ATO DE DEMARCAÇÃO DAS TERRAS INDÍGENAS.** 11.1. **O marco temporal de ocupação.** A Constituição Federal trabalhou com data certa —— a data da promulgação dela própria (5 de outubro de 1988) —— como insubstituível referencial para o dado da ocupação de um determinado espaço geográfico por essa ou aquela etnia aborígene; ou seja, para o reconhecimento, aos índios, dos direitos originários sobre as terras que tradicionalmente ocupam. 11.2. **O marco da tradicionalidade da ocupação.** É preciso que esse estar coletivamente situado em certo espaço fundiário também ostente o caráter da perdurabilidade, no sentido anímico e psíquico de continuidade etnográfica. A tradicionalidade da posse nativa, no entanto, não se perde onde, ao tempo da promulgação da Lei Maior de 1988, a reocupação apenas não ocorreu por efeito de renitente esbulho por parte de não-índios. Caso das "fazendas" situadas na Terra Indígena Raposa Serra do Sol, cuja ocupação não arrefeceu nos índios sua capacidade de resistência e de afirmação da sua peculiar presença em todo o complexo geográfico da "Raposa Serra do Sol". 11.3. **O marco da concreta abrangência fundiária e da finalidade prática da ocupação tradicional.** Áreas indígenas são demarcadas para servir concretamente de habitação permanente dos índios de uma determinada etnia, de par com as terras utilizadas para suas atividades produtivas, mais as "imprescindíveis à preservação dos recursos ambientais necessários a seu bem-estar" e ainda aquelas que se revelarem "necessárias à reprodução física e cultural" de cada qual das comunidades étnico-indígenas, "segundo seus usos, costumes e tradições" (usos, costumes e tradições deles, indígenas, e não usos, costumes e tradições dos não-índios). Terra indígena, no imaginário coletivo aborígine, não é um simples objeto de direito, mas ganha a dimensão de verdadeiro ente ou ser que resume em si toda ancestralidade, toda coetaneidade e toda posteridade de uma etnia. Donde a proibição constitucional de se remover os índios das terras por eles tradicionalmente ocupadas, assim como o reconhecimento do direito a uma posse permanente e usufruto exclusivo, de parelha com a regra de que todas essas terras "são inalienáveis e indisponíveis, e os direitos sobre elas, imprescritíveis" (§ 4º do art. 231 da Constituição Federal). O que termina por fazer desse tipo tradicional de posse um heterodoxo instituto de Direito Constitucional, e não uma ortodoxa figura de Direito Civil. Donde a clara intelecção de que os artigos 231 e 232 da Constituição Federal constituem um completo estatuto jurídico da causa indígena. 11.4. **O marco do conceito fundiariamente extensivo do chamado "princípio da proporcionalidade".** A Constituição de 1988 faz dos usos, costumes e tradições indígenas o engate lógico para a compreensão, entre outras, das semânticas da posse, da permanência, da habitação, da produção econômica e da reprodução física e cultural das etnias nativas. O próprio conceito do chamado "princípio da proporcionalidade", quando aplicado ao tema da demarcação das terras indígenas, ganha um conteúdo peculiarmente extensivo.

12. **DIREITOS "ORIGINÁRIOS".** Os direitos dos índios sobre as terras que tradicionalmente ocupam foram constitucionalmente "reconhecidos", e não simplesmente outorgados, com o que o ato de demarcação se orna de natureza declaratória, e não propriamente constitutiva. Ato declaratório de uma situação jurídica ativa preexistente. Essa a razão de a Carta Magna havê-los chamado de "originários", a traduzir um direito mais antigo do que qualquer outro, de maneira a preponderar sobre pretensos direitos adquiridos, mesmo os materializados em escrituras públicas ou títulos de legitimação de posse em favor de não-índios. Atos, estes, que a própria Constituição declarou como "nulos e extintos" (§ 6º do art. 231 da CF).

13. **O MODELO PECULIARMENTE CONTÍNUO DE DEMARCAÇÃO DAS TERRAS INDÍGENAS.** O modelo de demarcação das terras indígenas é orientado pela ideia de continuidade. Demarcação por fronteiras vivas ou abertas em seu interior, para que se forme um perfil coletivo e se afirme a auto-suficiência econômica de toda uma comunidade usufrutuária. Modelo bem mais serviente da ideia cultural e econômica de abertura de horizontes do que de fechamento em "bolsões", "ilhas", "blocos" ou *"clusters"*, a evitar que se dizime o espírito pela eliminação progressiva dos elementos de uma dada cultura (etnocídio).

14. **A CONCILIAÇÃO ENTRE TERRAS INDÍGENAS E A VISITA DE NÃO-ÍNDIOS, TANTO QUANTO COM A ABERTURA DE VIAS DE COMUNICAÇÃO E A MONTAGEM DE BASES FÍSICAS PARA A PRESTAÇÃO DE SERVIÇOS PÚBLICOS OU DE RELEVÂNCIA PÚBLICA.** A exclusividade de usufruto das riquezas do solo, dos rios e dos lagos nas terras indígenas é conciliável com a eventual presença de não-índios, bem assim com a instalação de equipamentos públicos, a abertura de estradas e outras vias de comunicação, a montagem ou construção de bases físicas para a prestação de serviços públicos ou de relevância pública, desde que tudo se processe sob a liderança institucional da União, controle do Ministério Público e atuação coadjuvante de entidades tanto da Administração Federal quanto representativas dos próprios indígenas. O que já impede os próprios índios e suas comunidades, por exemplo, de interditar ou bloquear estradas, cobrar pedágio pelo uso delas e inibir o regular funcionamento das repartições públicas.

15. **A RELAÇÃO DE PERTINÊNCIA ENTRE TERRAS INDÍGENAS E MEIO AMBIENTE.** Há perfeita compatibilidade entre meio ambiente e terras indígenas, ainda que estas envolvam áreas de "conservação" e "preservação" ambiental. Essa compatibilidade é que autoriza a dupla afetação, sob a administração do competente órgão de defesa ambiental.

16. **A DEMARCAÇÃO NECESSARIAMENTE ENDÓGENA OU INTRAÉTNICA.** Cada etnia autóctone tem para si, com exclusividade, uma porção de terra compatível com sua peculiar forma de organização social. Daí o modelo contínuo de demarcação, que é monoétnico, excluindo-se os intervalados espaços fundiários entre uma etnia e outra. Modelo *intraétnico* que subsiste mesmo nos casos de etnias lindeiras, salvo se as prolongadas relações amistosas entre etnias aborígines venham a gerar, como no caso da Raposa Serra do Sol, uma *condivisão* empírica de espaços que impossibilite uma precisa fixação de fronteiras *interétnicas*. Sendo assim, se essa mais entranhada aproximação física ocorrer no plano dos fatos, como efetivamente se deu na Terra Indígena Raposa Serra do Sol, não há como falar de demarcação *intraétnica*, menos ainda de espaços intervalados para legítima ocupação por não-índios, caracterização de terras estaduais devolutas, ou implantação de Municípios.

17. **COMPATIBILIDADE ENTRE FAIXA DE FRONTEIRA E TERRAS INDÍGENAS.** Há compatibilidade entre o usufruto de terras indígenas e faixa de fronteira. Longe de se pôr como um ponto de fragilidade estrutural das faixas de fronteira, a permanente alocação indígena nesses estratégicos espaços em muito facilita e até obriga que as instituições de Estado (Forças Armadas e Polícia Federal, principalmente) se façam também presentes com seus postos de vigilância, equipamentos, batalhões, companhias e agentes. Sem precisar de licença de quem quer que seja para fazê-lo. Mecanismos, esses, a serem aproveitados como oportunidade ímpar para conscientizar ainda mais os nossos indígenas, instruí-los (a partir dos conscritos), alertá-los contra a influência eventualmente malsã de certas organizações não-governamentais estrangeiras, mobilizá-los em defesa da soberania nacional e reforçar neles o inato sentimento de brasilidade. Missão favorecida pelo fato de serem os nossos índios as primeiras pessoas a revelar devoção pelo nosso País (eles, os índios, que em toda nossa história contribuíram decisivamente para a defesa e integridade do território nacional) e até hoje dar mostras de conhecerem o seu interior e as suas bordas mais que ninguém.

18. FUNDAMENTOS JURÍDICOS E SALVAGUARDAS INSTITUCIONAIS QUE SE COMPLEMENTAM. VOTO DO RELATOR QUE FAZ AGREGAR AOS RESPECTIVOS FUNDAMENTOS SALVAGUARDAS INSTITUCIONAIS DITADAS PELA SUPERLATIVA IMPORTÂNCIA HISTÓRICO-CULTURAL DA CAUSA. SALVAGUARDAS AMPLIADAS A PARTIR DE VOTO-VISTA DO MINISTRO MENEZES DIREITO E DESLOCADAS, POR INICIATIVA DESTE, PARA A PARTE DISPOSITIVA DA DECISÃO. TÉCNICA DE DECIDIBILIDADE QUE SE ADOTA PARA CONFERIR MAIOR TEOR DE OPERACIONALIDADE AO ACÓRDÃO. PET N. 3.388-RR. RELATOR: MIN. CARLOS BRITTO. (INFORM. STF 560)

AÇÃO POPULAR. ENERGIA ELÉTRICA. HONORÁRIOS PERICIAIS. ISENÇÃO.

In casu, cuida-se de ação popular ajuizada na origem contra a companhia de energia elétrica e outros com o intuito de que seja declarada a ilegalidade de faturamento de contrato de fornecimento de energia elétrica destinada à iluminação pública, ou seja, iluminação de vias internas de condomínios fechados. Consta dos autos que, já na fase da sentença de mérito, entendeu-se haver necessidade de produção de prova pericial para solucionar o mérito e o tribunal *a quo* manteve o mesmo entendimento da sentença, condenando o autor da ação e o réu a antecipar os honorários periciais. No REsp, discute-se a determinação de antecipar os honorários periciais em ação popular, visto ser aplicável o art. 18 da Lei n. 7.347/1985 – Lei da Ação Civil Pública (até mesmo porque essa lei baseou-se na Lei n. 4.717/1965). Para o Min. Relator tem razão o recorrente (autor) ao insurgir-se contra o adiantamento dos honorários periciais diante da vedação expressa do citado artigo, que afirma não haver adiantamento de custas, emolumentos, honorários periciais e quaisquer outras despesas, bem como, na condenação em honorários de advogado, custas e despesas processuais, salvo quando comprovada a má-fé. Ressaltou ainda que não se pode conhecer da alegada violação do art. 5º da CF/1988 por ser inviável a análise de matéria constitucional neste Superior Tribunal, sendo aplicável, por analogia, o óbice da Súm. n. 284-STF. Com esse entendimento, a Turma conheceu parcialmente do recurso e, nessa parte, deu-lhe provimento. Precedentes citados: AgRg no Ag 1.103.385-MG, DJe 8/5/2009, e REsp 858.498-SP, DJ 4/10/2006. **REsp 1.225.103-MG, Rel. Min. Mauro Campbell Marques, julgado em 21/6/2011.** (Inform. STJ 478)

AÇÃO POPULAR. JUNTADA. DOCUMENTO. MP.

Em ação popular que visava à anulação de contrato administrativo, o juízo singular, ao deferir a inicial, fixou prazo de 10 dias para a juntada do título eleitoral do autor. Transcorrido o prazo sem manifestação da parte, o Ministério Público (MP) formalizou pedido de traslado de cópia do referido documento, que estava anexa a outro processo, a fim de sanar a omissão apontada antes da prolação da sentença. Assim, discute-se, no REsp, entre outros temas, se houve afronta ao art. 6º, § 4º, da Lei n. 4.717/1965 e ao art. 284 do CPC ao argumento de que, em ação popular, não compete ao *Parquet* cumprir determinações impostas às partes, como também promover juntada de documentos fora do prazo. Entendeu o Min. Relator que, segundo a inteligência do art. 6º, § 4º, da Lei n. 4.717/1965, cabe ao MP, ao acompanhar a ação, entre outras atribuições, apressar a produção de prova. Dessa forma, o *Parquet* tem legitimidade para requerer e produzir as provas que entender necessárias ao deslinde da demanda, não havendo, na espécie, nenhum empecilho legal para pedir em juízo o traslado de cópia do mencionado documento essencial para a propositura da ação. Logo, o MP, ao requisitar a documentação, não atuou como autor, mas apenas cumpriu seu dever de intervir obrigatoriamente na ação popular em razão da flagrante indisponibilidade dos interesses em jogo, agilizando produção de prova essencial para o prosseguimento do feito. Ressaltou, ainda, que, com relação à alegada juntada de documento fora do prazo, este Superior Tribunal já se pronunciou no sentido de admitir a extemporânea emenda da inicial, desde que não se tenha concretizado o abandono da causa. Destacou, outrossim, o Min. Luiz Fux que, no caso, a condição de eleitor é necessária para comprovar a *legitimatio ad causam* ativa, assim, torna-se a questão da legitimação matéria de ordem pública, portanto superável a qualquer tempo, antes da sentença final. Além disso, é também uma prejudicial em relação à questão formal da legitimidade, que implica matéria de prova, sendo assentes a doutrina e a jurisprudência no sentido de que não há preclusão *pro judicato* nessas hipóteses. Com essas considerações, a Turma negou provimento ao recurso especial. **Precedentes citados: REsp 638.353-RS, DJ 20/9/2004, e REsp 871.661-RS, DJ 11/6/2007. REsp 826.613-SP, Rel. Min. Teori Albino Zavascki, julgado em 18/5/2010.** (Inform. STJ 435)

AÇÃO POPULAR. ACORDO. MUNICÍPIO.

O município ajuizou ação ordinária contra o estado-membro e outros, por rebelar-se contra o critério de distribuição da parcela de ICMS referente a uma usina hidroelétrica. Conforme a legislação estadual, o município só fazia jus a 3% dessas receitas, mas ele buscava receber 100%. Sucede que, quanto a isso, houve acordo, homologado judicialmente, em que o município era contemplado com 50% da referida parcela. Então, cidadãos do município ajuizaram a ação popular ao fundamento de que houve renúncia de receita e consequente lesão ao patrimônio público, na qual foi concedida liminar, ao final mantida pelo acórdão recorrido. Nesse contexto, vê-se que o acordo realizado entre os municípios (tal qual termo de ajustamento de conduta) pode, em tese, ser rescindido (art. 486 do CPC), desde que ocorra ofensa ao patrimônio público *lato sensu*, tangível ou intangível. Assim, a rigor, o objeto da anulação é o ato jurídico subjacente (ajuste entre as partes) e não exatamente a sentença, que é meramente declaratória. Dessarte, no caso, em que o pleito é de anulação de ato lesivo, a ação popular é adequada (art. 5º, LXXIII, da CF/1988), pois essa adequação é aferida pelo pedido formulado, não pelo resultado da demanda. Anote-se que não se cuidou do mérito, visto que, ao cabo, a decisão atacada é apenas liminar. **REsp 884.742-PR, Rel. Min. Herman Benjamin, julgado em 20/4/2010.** (Inform. STJ 431)

AÇÃO POPULAR. PREJUÍZO. ERÁRIO.

Trata-se de ação popular que comprovou que o prefeito construiu monumento referente ao Cristo Redentor sem previsão orçamentária nem processo licitatório e o condenou ao pagamento de perdas e danos no montante gasto. No REsp, o prefeito insurge-se contra a condenação; pois, a seu ver, não houve lesão ao patrimônio público. Para o Min. Relator, é possível afirmar a prescindibilidade do dano para a propositura da ação popular, sem adentrar o mérito da existência de prejuízo econômico ao erário. Isso porque a Lei de Ação Popular (Lei n. 4.717/1965), em seu art. 1º, § 1º, ao definir o patrimônio público como bens e direitos de valor econômico, artístico, estético, histórico ou turístico, deixa claro que o termo "patrimônio público" deve ser entendido de maneira ampla, a abarcar não apenas o patrimônio econômico, mas também outros valores, entre eles, a moralidade administrativa. A Suprema Corte já se posicionou nesse sentido e, seguindo o mesmo entendimento, este Superior Tribunal tem decidido que a ação popular é instrumento hábil na defesa da moralidade administrativa, ainda que não exista dano econômico material ao patrimônio público. Além disso, as instâncias ordinárias, na análise dos fatos, chegaram à conclusão de que a obra trouxe prejuízo ao erário por ser construção sem infraestrutura, com sérios problemas de erosão no local etc. Diante do exposto, a Turma não conheceu do recurso. **Precedentes citados do STF: RE 170.768-SP, DJ 13/8/1999; do STJ: REsp 474.475-SP, DJe 6/10/2008, e REsp 172.375-RS, DJ 18/10/1999. REsp 1.130.754-RS, Rel. Min. Humberto Martins, julgado em 13/4/2010**. (Inform. STJ 430)

AÇÃO POPULAR. ACORDO. MUNICÍPIO.

O município ajuizou ação ordinária contra o estado-membro e outros, por rebelar-se contra o critério de distribuição da parcela de ICMS referente a uma usina hidroelétrica. Conforme a legislação estadual, o município só fazia jus a 3% dessas receitas, mas ele buscava receber 100%. Sucede que, quanto a isso, houve acordo, homologado judicialmente, em que o município era contemplado com 50% da referida parcela. Então, cidadãos do município ajuizaram a ação popular ao fundamento de que houve renúncia de receita e consequente lesão ao patrimônio público, na qual foi concedida liminar, ao final mantida pelo acórdão recorrido. Nesse contexto, vê-se que o acordo realizado entre os municípios (tal qual termo de ajustamento de conduta) pode, em tese, ser rescindido (art. 486 do CPC), desde que ocorra ofensa ao patrimônio público *lato sensu*, tangível ou intangível. Assim, a rigor, o objeto da anulação é o ato jurídico subjacente (ajuste entre as partes) e não exatamente a sentença, que é meramente declaratória. Dessarte, no caso, em que o pleito é de anulação de ato lesivo, a ação popular é adequada (art. 5º, LXXIII, da CF/1988), pois essa adequação é aferida pelo pedido formulado, não pelo resultado da demanda. Anote-se que não se cuidou do mérito, visto que, ao cabo, a decisão atacada é apenas liminar. **REsp 884.742-PR, Rel. Min. Herman Benjamin, julgado em 20/4/2010**. (Inform. STJ 431)

AÇÃO POPULAR. ANULAÇÃO. TESTAMENTO.

O recorrente afirma que o testamento é fruto de fraude perpetrada pelos réus e, diante da inexistência de herdeiros legítimos, a valiosa herança (cerca de sessenta imóveis) ter-se-ia por jacente, devolvendo-se o acervo hereditário à respectiva municipalidade. A questão refere-se ao cabimento de ação popular no caso em que se pretende anular testamento por suposto vício de consentimento. No caso, não obstante tratar-se de ação popular, o fato é que a relação em litígio é eminentemente de ordem privada, pois se litiga sobre a nulidade de um testamento. O interesse da Administração Pública é reflexo, devido à possível conversão da herança em vacante. Para que o ato seja sindicável mediante ação popular, ele deve ser, a um só tempo, nulo ou anulável e lesivo ao patrimônio público, no qual se incluem os bens e direitos de valor econômico, artístico, estético, histórico ou turístico. Com efeito, mostra-se inviável deduzir em ação popular pretensão com finalidade de mera desconstituição de ato por nulidade ou anulabilidade, sendo indispensável a asserção de lesão ou ameaça de lesão ao patrimônio público. No caso, como já dito, pretende-se a anulação de testamento por suposta fraude, sendo que, alegadamente, a herança tornar-se-ia jacente. Daí não decorre, todavia, nem mesmo em tese, uma lesão aos interesses diretos da Administração. Isso porque, ainda que prosperasse a alegação de fraude na lavratura do testamento, não haveria, por si só, uma lesão ao patrimônio público, porquanto tal provimento apenas teria o condão de propiciar a arrecadação dos bens do falecido, com subsequente procedimento de publicações de editais. A jacência, ao reverso do que pretende demonstrar o recorrente, pressupõe a incerteza de herdeiros, não percorrendo, necessariamente, o caminho rumo à vacância, tendo em vista que, após publicados os editais de convocação, podem eventuais herdeiros apresentar-se dando-se início ao inventário nos termos dos arts. 1.819 a 1.823 do CC/2002. Ademais, nem mesmo a declaração de vacância é em si bastante para transferir a propriedade dos bens ao Estado, uma vez que permanece resguardado o interesse dos herdeiros que se habilitarem no prazo de cinco anos, nos termos do art. 1.822 do CC/2002. Diante disso, a Turma conheceu parcialmente do recurso especial e lhe deu provimento, apenas para afastar a multa aplicada na origem. **REsp 445.653-RS, Rel. Min. Luis Felipe Salomão, julgado em 15/10/2009.** (Inform. STJ 411)

AÇÃO POPULAR. PRAZO. ENTE PÚBLICO.

O município figurou como réu na ação popular, mas requereu seu ingresso na lide na qualidade de litisconsorte, obtendo o deferimento do juízo monocrático. Foi contra essa alteração subjetiva nos polos da relação processual que o agravante interpôs o recurso de apelação e, posteriormente, ingressou com recurso especial. O Min. Relator entendeu que não há como dar provimento ao recurso da agravante, pois a conduta da municipalidade encontra amparo no § 3º do art. 6º da Lei n. 4.717/1965. Assim, segundo a lei, a pessoa jurídica de Direito Público chamada na ação poderá contestá-la ou não, ou poderá encampar o pedido do autor, desde que isso se afigure útil ao interesse público, a juízo exclusivo do representante legal da entidade. Dessa forma, dois são os requisitos que o dispositivo legal exige para que a pessoa jurídica de Direito Público possa requerer a alteração no polo da lide: que o pleito seja realizado dentro do prazo da contestação e exista interesse público. No caso, os requisitos legais foram atendidos de forma satisfatória. O requerimento para figurar no polo ativo da relação processual foi exercido dentro do prazo para o oferecimento da contestação, não havendo falar em preclusão lógica ou temporal em razão de a entidade de Direito Público ter pleiteado, nos termos do art. 7º, IV, da Lei n. 4.717/1965, o prazo em dobro para responder à ação. Até porque, esse pedido do município não quer dizer que ele praticou ato incompatível com a faculdade de requerer o ingresso no polo ativo da relação processual. A incompatibilidade só teria ocorrido se, efetivamente, a municipalidade tivesse apresentado contestação. Ademais, em nenhum momento, a lei da ação popular estabeleceu a incompatibilidade entre o requerimento de prazo em dobro para contestar, conforme o mencionado artigo da referida lei, e a faculdade estabelecida no art. 6º, § 3º, da mesma lei, que permite ao ente público pleitear o ingresso no polo ativo da demanda. Assim, no silêncio da lei, não cabe fazer interpretações restritivas, mormente quando se está diante de uma garantia constitucional posta à disposição do cidadão para a defesa do patrimônio público. De outro lado, o interesse jurídico da municipalidade é palmar. O objeto da ação popular é a anulação de aditamento do contrato em face de supostas irregularidades ocorridas em processo de licitação, que teriam ocasionado a lesão não só ao patrimônio público, mas também a princípios mestres do sistema de Direito Administrativo, entre os quais a legalidade, a moralidade e a isonomia. Portanto, é completamente descabida a afirmação da agravante de que o interesse do município para figurar no polo ativo da ação popular é meramente econômico. Ainda que eventual condenação ao pagamento de quantia seja revertida ao município, isso não quer dizer que o interesse público não esteja presente em tal situação, principalmente quando a condenação é consequência de atos que lesaram o patrimônio público e violaram os princípios norteadores do Direito Administrativo. Diante disso, a Turma negou provimento ao agravo. **AgRg no REsp 973.905-SP, Rel. Min. Humberto Martins, julgado em 4/6/2009.** (Inform. STJ 397)

AÇAO POLULAR. AQUISIÇÃO. IMÓVEL. VALOR EXCESSIVO.

In casu, entidade integrante da Administração Pública indireta recusou-se a comprar terreno de pessoa física oferecido pelo valor de CR$ 1.800.000,00 na época. Três meses após, empresa concessionária de veículos adquiriu o terreno por CR$ 1.500.000,00. No mês subsequente, a referida entidade firmou com essa empresa contrato de compra do mesmo terreno no montante de CR$ 6.724.170,00. Daí a proposição de ação popular pelo ora recorrente, objetivando a declaração de nulidade da compra e venda do imóvel ou a condenação dos réus à reposição ao erário da importância de CR$ 5.224.170,00, corrigida e acrescida de perdas e danos. O tribunal de origem anulou a sentença que julgava procedente o pedido, pois entendeu ser necessária a produção de prova pericial para aferir se houve lesão ao patrimônio público. Diante disso, a Turma deu provimento ao REsp ao entendimento de que é dispensável a prova pericial determinada pelo tribunal *a quo*, pois não há como afastar a lesividade na aquisição de terreno quando se verifica que, em espaço de tempo inferior a um semestre, a entidade em causa o recusou para, logo depois, tornar-se sua proprietária pagando quantia superior a aproximadamente quatro vezes o valor original. Ressaltou-se que a premissa estabelecida de que haveria necessidade de realização de prova pericial e, por consequência, da nulidade da sentença, ganha maior relevo na hipótese dos autos, que já tramitam por prazo superior a trinta anos, em manifesta contrariedade ao princípio da duração razoável do processo (art. 5º, LXXVIII, da CF/1988, com a redação conferida pela EC n. 45/2004). **REsp 806.235-ES, Rel. Min. Herman Benjamin, julgado em 26/5/2009.** (Inform. STJ 396)

AÇÃO POPULAR. SOCIEDADE. ECONOMIA MISTA.

Cuida-se de ação popular ajuizada contra a companhia energética estadual e contra o estado devido à prática de ato causador de dano ao erário consubstanciado no pagamento, pela primeira demandada, de publicação de matéria na imprensa local que felicitava a governadora pela passagem de seu aniversário. O juiz excluiu o estado do pólo passivo, mantendo a companhia de energia. Para o Min. Relator, a exegese da legislação aplicável à ação popular revela que as pessoas jurídicas de Direito Público, cuja citação faz-se imprescindível para integrar o litisconsórcio passivo necessário simples, restringem-se àquelas cujos atos sejam objeto da impugnação, vale dizer, no caso, a companhia de energia, visto que é sociedade de economia mista, com personalidade própria e patrimônio distinto daquele do estado. A ação popular reclama cúmulo subjetivo no pólo passivo, cujo escopo é o de alcançar e convocar, para o âmbito da ação, não apenas os responsáveis diretos pela lesão, mas todos aqueles que, de forma direta ou indireta, tenham concorrido para o fato, bem assim os que dele se beneficiaram. Há a necessidade de que venham aos autos todos os legítimos contraditores, até para que se cumpra o art. 47 do CPC. Devem ser citados, para integrar o litisconsórcio passivo necessário simples, os sujeitos elencados no art. 6º c/c o art. 1º da Lei n. 4.717/1965. Isso posto, a Turma negou provimento ao recurso. **Precedentes citados: REsp 258.122-PR, DJ 5/6/2007, e REsp 266.219-RJ, DJ 3/4/2006. REsp 879.999-MA, Rel. Min. Luiz Fux, julgado em 2/9/2008.** (Inform. STJ 366)

CONTRATO. GESTÃO. LICITAÇÃO. DISPENSA.

Trata-se de ação popular em que se discute legalidade de contrato de gestão firmado com dispensa de licitação pelo Distrito Federal e instituto de solidariedade, tendo como objeto a prestação de serviços concernentes ao desenvolvimento tecnológico e institucional e à proteção e conservação do meio ambiente, inclusive conservação de áreas urbanizadas e ajardinadas, previsto no Programa de Melhoria da Prestação dos Serviços de Interesse Público do Distrito Federal. Para o Min. Relator o contrato de gestão administrativo constitui negócio jurídico criado pela Reforma Administrativa Pública de 1990, e a Lei n. 8.666/1993, em seu art. 24, XXIV, dispensa licitação para a celebração de contratos de prestação de serviços com as organizações sociais qualificadas no âmbito das respectivas esferas do governo, para atividades contempladas no contrato de gestão. Portanto, tal dispensa está amparada no referido artigo da mencionada lei. Em se tratando de ação popular, há necessidade de comprovar a existência de lesão ao patrimônio público. É exigível, para sua procedência, o binômio ilicitude e lesividade. Com esse entendimento, a Turma negou provimento ao recurso. **REsp 952.899-DF, Rel. Min. José Delgado, julgado em 3/6/2008.** (Inform. STJ 358)

PROJETO SIVAM. SOFTWARE ESTRATÉGICO. ANULAÇÃO.

Trata-se da contratação de empresas para fornecimento de equipamentos (empresa estrangeira) e a integração do sistema (empresa nacional) do projeto denominado de Sistema de Vigilância da Amazônia (Sivam). Uma complexa sucessão de atos culminou na decretação da nulidade do contrato administrativo por vício de formação. Note-se que várias exposições de motivos encaminhadas pelos ministros de Justiça, da Aeronáutica e pelo Secretário de Assuntos Estratégicos ao presidente da República resultaram na edição do Dec. n. 892/1993, dispensando a licitação para a aquisição de equipamentos e a integração do sistema, competência exclusiva de empresa nacional. Um segundo decreto criou a Comissão para Coordenação do Projeto Sivam, que escolheu a empresa estrangeira e a nacional. Posteriormente, a empresa nacional foi retirada por força de denúncias de fraude previdenciária. A partir daí, passou o projeto a ter novas cláusulas em substituição às primeiras, tidas como contraditórias pelos autores da ação popular. Isso posto, pelas peculiaridades excepcionais do caso, a Min. Relatora fundamentadamente superou a Súm. n. 5-STJ e passou à apreciação dos vários recursos especiais. Ultrapassados todos os óbices para o conhecimento do REsp, chegou-se ao empecilho intransponível de que não se pode convalidar ato administrativo se já foi impugnado administrativa ou judicialmente e os aditivos foram firmados depois da impugnação do contrato em razão de ação popular. Após análise sistemática da Lei de Ação Popular, concluiu a Min. Relatora que a lesão ao patrimônio deve ser provada, admite-se a presunção somente nas hipóteses previstas na lei. Por isso, possível lesão ou meros indícios não são suficientes para legitimar toda e qualquer ação popular (art. 4º da Lei n. 4.717/1965) e, no presente caso, não houve a comprovação da lesão ao patrimônio público. Decorridos 12 anos da assinatura do contrato e plenamente implantado o Projeto Sivam, deve-se preservar a coisa pública. Sua anulação, hoje, acarretaria um prejuízo à Nação maior do que se pretendeu evitar. Com essas considerações, ao prosseguir o julgamento, embora o Min. Herman Benjamin tenha acompanhado a Min. Relatora por outros fundamentos, a Turma conheceu em parte do REsp da empresa estrangeira e, nessa parte, negou-lhe provimento e dos recursos das duas empresas brasileiras conheceu em parte e, nessa parte, negou-lhes provimento. **REsp 719.548-PR, Rel. Min. Eliana Calmon, julgado em 3/4/2008.** (Inform. STJ 350)

AÇÃO POPULAR. EXTINÇÃO DO PROCESSO.

Na ação popular, mesmo que haja litisconsórcio passivo e o autor não cumpra decisão judicial que determinava que este promovesse a citação, mas sem fixar prazo para tal, não leva à extinção do processo sem resolução do mérito, sem que antes seja observado o disposto no art. 9º da Lei n. 4.717/1965, ou seja, publicação de editais com prazo de 30 dias, assegurando a qualquer cidadão ou ao Ministério Público o prosseguimento da ação no prazo de 90 dias, contados da última publicação. **Precedente citado: REsp 771.859-RJ, DJ 30/8/2006. REsp 554.532-PR, Rel. Min. Castro Meira, julgado em 11/3/2008.** (Inform. STJ 348)

SÚMULA STF Nº 365

Pessoa jurídica não tem legitimidade para propor ação popular.

SÚMULA STF Nº 101

O mandado de segurança não substitui a ação popular.

14. MANDADO DE SEGURANÇA COLETIVO

GREVE. DESCONTO. DIAS PARADOS.

Trata-se de mandado de segurança coletivo impetrado pela confederação representante dos servidores públicos federais contra ato de ministro de Estado (portaria) que determinou a diretor de autarquia vinculada ao ministério a observância do Dec. n. 1.480/1995 no tocante ao corte do ponto de servidores em greve. Alega-se, em suma, não haver base legal para tal desconto e ser inconstitucional o referido decreto. Nesse contexto, vê-se que a confederação, conforme precedentes do STF, tem legitimidade ativa para, independentemente de autorização específica dos substituídos, impetrar o *mandamus*, visto ser entidade de representação sindical de grau superior autorizada a defender, judicial e extrajudicialmente, os interesses de todos os servidores celetistas e estatutários vinculados à Administração Pública federal, direta ou indireta. Quanto à legitimidade passiva, conforme a jurisprudência, deve apenas permanecer no polo passivo o diretor da autarquia responsável por dar cumprimento à portaria ministerial, aquele que executa o ato que se busca afastar, e não o responsável pela norma (o ministro de Estado). Já a inconstitucionalidade do referido decreto não pode ser analisada no *writ* em razão do disposto na Súm. n. 266-STF, pois não é aceito pela jurisprudência tentar valer-se do mandado de segurança como sucedâneo de ação direta de inconstitucionalidade. No mérito, vale relembrar que o STF, ao julgar o MI 708-DF, sanou a mora legislativa a respeito da regulamentação do direito de greve pelos servidores públicos ao determinar que, enquanto não editada lei complementar a esse respeito (art. 37, VII, da CF/1988), esse direito deve ser regido pelo disposto na Lei n. 7.783/1989 (Lei Geral de Greve). Contudo, o próprio STF, em precedentes, tem entendido que a paralisação dos servidores públicos motivada pela greve implica consequente desconto da remuneração relativa aos dias de falta ao trabalho, procedimento que pode ser levado a cabo pela própria Administração. Com esse entendimento, ao prosseguir o julgamento, a Seção, por maioria, denegou a segurança. Os votos vencidos, capitaneados pelo voto vista do Min. Hamilton Carvalhido, apenas dissentiam parcialmente desse entendimento ao assegurar o direito à regular compensação dos dias de paralisação, sob pena de reposição ao erário. **Precedentes citados do STF: MI 708-DF, DJe 31/10/2008; AI 799.041-MG, DJe 31/5/2010; RE 456.530-SC, DJe 31/5/2010; RE 399.322-SC, DJe 4/5/2010; RE 539.042-DF, DJe 18/2/2010; Rcl 6.200-RN, DJe 2/2/2009; do STJ: MS 9.936-DF, DJ 11/4/2005; RMS 31.472-RJ, DJe 1º/7/2010, e RMS 26.517-SP, DJe 23/6/2008. MS 15.272-DF, Rel. Min. Eliana Calmon, julgado em 29/9/2010 (ver Informativo n. 448).** (Inform. STJ 449)

MS. EXPORTAÇÃO. SOJA TRANSGÊNICA.

A Associação Nacional dos Exportadores de Cereais impetrou mandado de segurança coletivo contra ato omissivo do ministro de Estado dos Transportes pelo não exercício do dever de vigilância nos Portos de Paranaguá e Antonina, que estaria a impedir o trânsito e embarque de soja geneticamente modificada destinada à exportação. Informa, entre outros fatos, que, diante da primeira restrição (feita por ordem de serviço) recorreu ao Judiciário, sendo a ordem mandamental concedida por juiz federal e confirmada, ao final, pelo STF, mas que a administração do porto continua a impedir a movimentação desse tipo de soja. As informações, inclusive da Administração dos Portos de Paranaguá e Antonina (APPA), noticiam a impossibilidade de o Ministério fiscalizar os referidos portos dentro do seu quadro normativo (art. 87, da CF/1988) e apontam as imposições rígidas ao controle e separação da soja geneticamente modificada daquela convencional nos terminais do porto, além da dificuldade em cumpri-las. Diante disso, a Seção julgou extinto o mandado de segurança sem exame de mérito, por reconhecer que o ministro de Estado dos Transportes é parte ilegítima para figurar no polo passivo da demanda. Observou-se a impropriedade da via eleita; pois, conforme o descrito na impetração, há o descumprimento de ordem judicial, assim, a reclamação seria a medida própria para a cobrança de efetivo cumprimento de ordem judicial já transitada em julgado, inclusive com aval do STF. **MS 11.707-DF, Rel. Min. Eliana Calmon, julgado em 10/6/2009.** (Inform. STJ 398)

PRECATÓRIO. HONORÁRIOS ADVOCATÍCIOS.

Trata-se de precatório em favor de advogado relativo a honorários advocatícios contratuais apurados nos autos de execução por quantia certa contra a União, em mandado de segurança coletivo em que o advogado requereu o creditamento dos honorários em favor da sociedade à qual pertence em vez de ser em seu nome. Deferido o pedido, a União agravou, alegando que o levantamento não poderia ser em nome da sociedade de advogados porque, nos termos do art. 15, § 3º, da Lei n. 8.906/1994 (Estatuto dos Advogados), o instrumento de mandato foi outorgado ao advogado sem referência à sociedade. Além disso, haveria prejuízo ao erário, uma vez que o recolhimento do imposto de renda da pessoa jurídica é menor que o de pessoa física. Quanto à preliminar de que, em precatório, matéria administrativa, a princípio, não caberia agravo regimental, o Min. Relator observou haver precedentes na Corte Especial que o admitem, bem como precedentes na matéria de mérito. Isso posto, a Corte Especial, por maioria, deu provimento ao agravo da União. Ressaltou-se que, no caso em comento, o art 15, § 3º, do referido estatuto prevê que o advogado pode receber procuração em nome próprio e indicar a sociedade a que pertença. Assim, se não indicar a sociedade, presume-se que tenha sido contratado como advogado e não como membro da sociedade. Dessa forma, no caso, a sociedade de advogados não poderia ser credora, pois não haveria como reconhecer sua legitimidade ativa. Note-se que, com essa decisão, a Corte Especial mudou o entendimento anterior exarado no REsp 654.543-BA, DJ 9/10/2006. **AgRg no Prc 769-DF, Rel. originário Min. Barros Monteiro, Rel. para acórdão Min. Ari Pargendler, julgado em 27/11/2008.** (Inform. STJ 378)

TRANSPORTE ALTERNATIVO. PASSAGENS. SUBSTITUIÇÃO PROCESSUAL.

Trata-se de recurso interposto pela Confederação Nacional de Transporte Alternativo de Passageiros contra acórdão proferido por TJ. No caso, a questão reside em saber se a ausência de autorização expressa dos substituídos para a impetração de mandado de segurança coletivo objetivando a defesa de interesses da categoria conduz à ilegitimidade ativa da entidade de classe impetrante. Para o Min. Relator, a Lei n. 7.788/1989, em seu art. 8º, estabelece que as entidades sindicais poderão atuar como substitutas processuais da categoria que representam. Assente a autorização legal, revela-se desnecessária a autorização expressa do titular do direito subjetivo. A legitimação ativa para a impetração de *mandamus*, conferida pela letra **b** do inciso LXX do art. 5º da CF/1988, dispensa autorização individual ou assemblear (Súm. n. 629-STF). Destacou haver entendimento do STF, consagrado na Súm. n. 630, no sentido de que "a entidade de classe tem legitimação para o mandado de segurança ainda quando a pretensão veiculada interesse apenas a uma parte da respectiva categoria". *In casu,* a despeito de a entidade de classe possuir legitimidade ativa para a impetração do mandado de segurança coletivo *ab origine*, o mencionado *mandamus* não denota condições de procedibilidade, ante a ilegitimidade passiva da autoridade apontada coatora. Além disso, a fiscalização de veículos utilizados no transporte alternativo remunerado de passageiros e a eventual aplicação de sanções administrativas, notadamente a apreensão de veículos e o condicionamento da liberação deles ao pagamento de multas, são atividades que não se inserem no âmbito de competência do secretário de Estado de Transporte do Estado do Rio de Janeiro, ao revés, incumbem aos agentes do Departamento de Transportes Rodoviários do Estado do Rio de Janeiro, autarquia estadual criada pela Lei estadual n. 1.221/1987, com personalidade jurídica própria. **RMS 20.762-RJ, Rel. Min. Luiz Fux, julgado em 5/8/2008.** (Inform. STJ 362)

SÚMULA STF Nº 629

A impetração de mandado de segurança coletivo por entidade de classe em favor dos associados independe da autorização destes.

21. DIREITO INTERNACIONAL

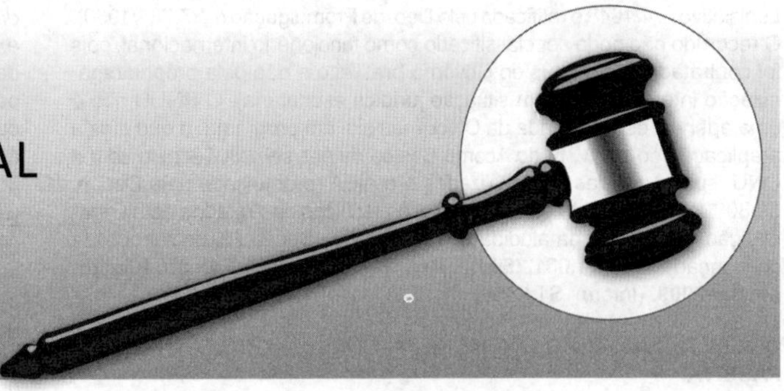

1. DIREITO INTERNACIONAL PÚBLICO

1.1. IMUNIDADES DIPLOMÁTICAS, CONSULARES, DE ESTADO E DE ORGANIZAÇÃO INTERNACIONAL

EMENTA: RECLAMAÇÃO. ALEGADA USURPAÇÃO DA COMPETÊNCIA DO SUPREMO TRIBUNAL FEDERAL. **UTILIZAÇÃO** DESSE MEIO PROCESSUAL *POR ESTADO ESTRANGEIRO*. **POSSIBILIDADE**. *SUBMISSÃO ESPONTÂNEA* **DA REPÚBLICA DO PARAGUAI** À JURISDIÇÃO DA SUPREMA CORTE BRASILEIRA. **CONSEQUENTE DESNECESSIDADE** DO EXAME DA QUESTÃO **PERTINENTE** *À IMUNIDADE DE JURISDIÇÃO* DOS ESTADOS SOBERANOS. **POSIÇÃO** DO SUPREMO TRIBUNAL FEDERAL **A RESPEITO** DESSE TEMA (**RTJ** 133/159 – **RTJ** 161/643-644 – **RTJ** 184/740-741, *v.g.*). **INAPLICABILIDADE**, *AOS ESTADOS ESTRANGEIROS*, **DAS PRERROGATIVAS PROCESSUAIS** RECONHECIDAS, *UNICAMENTE*, ÀS PESSOAS JURÍDICAS *DE DIREITO PÚBLICO INTERNO*. **USURPAÇÃO NÃO CONFIGURADA** NOS CASOS DE LITÍGIO **ENTRE** MUNICÍPIOS, *DE UM LADO*, **E** ESTADO ESTRANGEIRO, *DE OUTRO*: **HIPÓTESE DE COMPETÊNCIA** DA JUSTIÇA FEDERAL *DE PRIMEIRA* INSTÂNCIA (**CF**, ART. 109, II). **PRECEDENTES**. *CONHECIMENTO PARCIAL* DA RECLAMAÇÃO. **MEDIDA CAUTELAR INDEFERIDA**. (Rcl 10.920-MC/PR, rel. Min. Celso de Mello, DJ de 8.9.2011) (Inform. STF 651)

Reclamação Trabalhista contra a ONU/PNUD: Imunidade de Jurisdição e Execução - 1

O Tribunal iniciou julgamento conjunto de recursos extraordinários interpostos pela Organização das Nações Unidas - ONU, por seu Programa para o Desenvolvimento - PNUD, e pela União nos quais se analisa a existência, ou não, de imunidade de jurisdição e de execução para as organizações internacionais. Na espécie, o juízo da 1ª Vara Federal do Trabalho de Cuiabá-MT, afastando a imunidade de jurisdição expressamente invocada pela ONU/PNUD, com base, dentre outros, na Seção 2 da Convenção sobre Privilégios e Imunidades das Nações Unidas, promulgada pelo Decreto 27.784/50, julgara procedente reclamação trabalhista contra ela ajuizada pelo ora recorrido — que para ela trabalhara em projeto desenvolvido no Estado do Mato Grosso - PRODEAGRO, na função de monitor técnico de licitações —, condenando-a ao pagamento de diversas verbas trabalhistas. A sentença, entretanto, reconhecera a imunidade de execução da reclamada e a necessidade da renúncia expressa para o seu afastamento. Interposto recurso ordinário pelo reclamante, o TRT da 23ª Região ratificara o entendimento pela inexistência de imunidade de jurisdição em causas trabalhistas e ainda afastara a imunidade à execução do julgado. Após o trânsito em julgado dessa decisão e o início da fase executória, a ONU/PNUD ajuizara ação rescisória perante aquela Corte regional, com fundamento no art. 485, V, do CPC, sustentando violação literal ao disposto na aludida Convenção. O pedido rescisório fora julgado improcedente, o que ensejara a interposição de recurso ordinário. Os apelos extremos impugnam o acórdão do TST que negara provimento a esse recurso ordinário, ao fundamento de que a Justiça do Trabalho, nos termos do que previsto no art. 114 da CF, seria competente para processar e julgar demandas envolvendo organismos internacionais, decorrentes de qualquer relação de trabalho. Alega a ONU/PNUD que a decisão recorrida ofende os artigos 5º, II, XXXV, LII e § 2º, e 114, *caput*, da CF, e declara a inconstitucionalidade da citada Convenção. Por sua vez, a União aponta afronta aos artigos 5º, LIV, § 2º, 49, I, 84, VIII, e 114, da CF. **RE 578543/MT, rel. Min. Ellen Gracie, 7.5.2009. (RE-578543). RE 597368/MT, rel. Min. Ellen Gracie, 7.5.2009**. (RE-597368)

Reclamação Trabalhista contra a ONU/PNUD: Imunidade de Jurisdição e Execução - 2

A Min. Ellen Gracie, relatora, conheceu em parte dos recursos, e, na parte conhecida, a eles deu provimento para, reconhecendo a afronta à literal disposição contida na Seção 2 da Convenção sobre Privilégios e Imunidades das Nações Unidas, julgar procedente o pleito formulado na ação rescisória, a fim de desconstituir o acórdão do TRT da 23ª Região e reconhecer a imunidade de jurisdição e de execução da ONU/PNUD. Entendeu, em síntese, que o acórdão recorrido ofende tanto o art. 114 quanto o art. 5º, § 2º, ambos da CF, já que confere interpretação extravagante ao primeiro, no sentido de que ele tem o condão de afastar toda e qualquer norma de imunidade de jurisdição acaso existente em matéria trabalhista, bem como despreza o teor de tratados internacionais celebrados pelo Brasil que asseguram a imunidade de jurisdição e de execução da recorrente. Após, o julgamento foi suspenso com o pedido de vista da Min. Cármen Lúcia. Leia o inteiro teor do voto da relatora no RE 578543/MT na seção "Transcrições" deste Informativo. **RE 578543/MT, rel. Min. Ellen Gracie, 7.5.2009. (RE-578543). RE 597368/MT, rel. Min. Ellen Gracie, 7.5.2009. (RE-597368)** (Inform. STF 545)

COMPETÊNCIA. DANOS MATERIAIS E MORAIS. ACIDENTE. TRABALHO. ORGANISMO INTERNACIONAL.

Trata-se, na origem, de ação indenizatória contra organismo internacional pelos danos físicos e morais suportados em decorrência de acidente de trabalho. No recurso ordinário (RO), o recorrente sustenta que a imunidade de jurisdição dos organismos internacionais não é absoluta, mas sim relativa, sendo o Poder Judiciário brasileiro competente para julgar o litígio, que versa sobre atos de gestão praticados pelo organismo internacional demandado. Quando da proposição da ação, em junho de 2002, as ações de indenização decorrentes de acidente de trabalho não recebiam tratamento especializado do constituinte, incidindo, por conseguinte, na competência residual da Justiça comum. Em razão da EC n. 45/2004, a competência que até então era da Justiça comum (no caso, Federal, ante a presença de organismo internacional) passou a ser da Justiça Trabalho (especializada). *In casu*, a ação indenizatória pelos danos físicos e morais decorrentes de acidente de trabalho, até o momento, não teve seu mérito decidido, na medida em que o juízo federal, então competente, extinguiu o processo sem julgamento de mérito, o que, de acordo com a atual orientação jurisprudencial do STJ e do STF, autoriza o deslocamento dos autos à Justiça do Trabalho, *ut* Súmula Vinculante n. 22-STF. Definido que as ações de indenização por danos morais e patrimoniais decorrentes de acidente de trabalho propostas por empregado contra empregador são oriundas da relação de trabalho e, por isso, são da competência da Justiça especializada laboral, a presença, num dos polos da ação, de um ente de direito público externo robustece a compreensão de competir à Justiça do Trabalho o conhecimento do litígio e não se pode negar a prevalência do inciso I do art. 114 sobre o inciso II do art. 109, ambos da CF/1988. Assim, a Turma julgou prejudicado o conhecimento do RO, declarou, de ofício, a incompetência absoluta da Justiça comum e anulou os atos decisórios até então prolatados, mantendo, todavia, os instrutórios. Por último, determinou a remessa dos autos à Justiça trabalhista. **RO 89-BA, Rel. Min. Massami Uyeda, julgado em 16/8/2001.** (Inform. STJ 481)

IR. CONSULTOR. ONU. PNUD.

A Turma, ao prosseguir o julgamento, entendeu, por maioria, que, no caso, incide imposto de renda sobre os rendimentos percebidos pelo recorrido, consultor contratado para prestar serviços ao Programa das Nações Unidas para o Desenvolvimento (PNUD), visto que não faz jus à isenção concedida aos funcionários da ONU (prevista no art. V, Seção 18, b, da Convenção sobre Privilégios e Imunidades das Nações Unidas, aprovada pelo Dec.

Legislativo n. 4/1948 e ratificada pelo Dec. de Promulgação n. 27.784/1950). O recorrido não pode ser classificado como funcionário internacional, pois foi contratado sob o ônus do Governo brasileiro e não pela própria organização internacional (com situação jurídica estatutária). O PNUD não é uma agência especializada da ONU, mas sim um programa, o que afasta a aplicação do art. V, b, do Acordo Básico de Assistência Técnica com a ONU, suas Agências Especializadas e a AIEA (promulgado pelo Dec. n. 59.308/1966), anotado que, em regra, os técnicos contratados pela Organização não gozam da aludida isenção (art. VI, Seção 22, da retrocitada convenção). **REsp 1.031.259-DF, Rel. Min. Francisco Falcão, julgado em 3/3/2009.** (Inform. STJ 385)

COMPETÊNCIA. AÇÃO TRABALHISTA. CONSULADO. LEGITIMIDADE PASSIVA.

A Turma entendeu que, na espécie, não obstante o ajuizamento da ação trabalhista ter-se dado originariamente na Justiça do Trabalho, a qual acolheu preliminar de incompetência absoluta por ser o reclamado entidade de Direito Público Internacional, compete à Justiça Federal o processo e julgamento da demanda. Outrossim, mesmo se tratando de matéria trabalhista, a falta de personalidade jurídica do demandado não o descaracteriza como empregador. Logo, o consulado estrangeiro no Brasil é parte legítima, devendo responder perante o reclamante, representado por seus agentes no polo passivo da reclamação trabalhista (art. 2º, § 1º, da CLT e art. 27, § 10, do ADCT c/c art. 125, II, da EC n. 1/1969). **REsp 202.991-RS, Rel. Min. Luís Felipe Salomão, julgado em 5/2/2009.** (Inform. STJ 382)

INTIMAÇÃO. PAÍS ESTRANGEIRO. IMUNIDADE. JURISDIÇÃO.

Trata-se de apelação reautuada como recurso ordinário (art. 13, II, do RISTJ) contra sentença que indeferiu a petição inicial sem resolução de mérito (art. 267, IV e VI, do CPC), por ter reconhecido que os atos supostamente praticados por agentes de Estado estrangeiro na revolução militar de março de 1964 caracterizar-se-iam como ato de império e por isso são alcançados pela imunidade de jurisdição. A ação foi proposta pelos familiares de ex-presidente deposto em razão daquela revolução, com objetivo de obter a condenação do Estado estrangeiro ao pagamento de indenização pelos danos morais e materiais, pelos prejuízos pessoais e financeiros. Isso posto, a Turma, prosseguindo na renovação do julgamento, conforme voto médio, deu provimento, em parte, ao recurso ordinário, para afastar a extinção do processo e determinar o retorno à vara de origem, para que se proceda à prévia intimação do Estado estrangeiro, que pode ser feita na pessoa de seu representante no País, a fim de se manifestar sobre a aceitação ou não da jurisdição brasileira para julgar a ação. Destacou-se que essa é uma decisão técnica, sem adentrar o mérito, na qual, embora se reconheça imunidade de jurisdição, deixa-se de extinguir o processo, porque a nova ordem jurídica internacional quer dar uma oportunidade para que o Estado estrangeiro aceite ou não a jurisdição brasileira. Sendo assim, essa é uma fase preliminar, a qual se preferiu chamar de intimação em vez de citação, é a condição *sine qua non* para oportunizar àquele Estado estrangeiro concordar em se submeter, depois é que se promoverá a citação para os efeitos da lei processual. **RO 57-RJ, Rel. originária Min. Nancy Andrighi, Rel. para o acórdão Min. Aldir Passarinho Junior, julgado em 21/8/2008.** (Inform. STJ 364)

2. EXTRADIÇÃO

EXTRADIÇÃO E BRASILEIRO NATURALIZADO - 1

Por não ser constitucionalmente admissível a extradição de brasileiro naturalizado fora das 2 únicas hipóteses excepcionais previstas no art. 5º, LI, da CF ("*nenhum brasileiro será extraditado, salvo o naturalizado, em caso de crime comum, praticado antes da naturalização, ou de comprovado envolvimento em tráfico ilícito de entorpecentes e drogas afins, na forma da lei*"), a 2ª Turma indeferiu pleito extradicional, formulado pela República do Equador, para cumprimento de execução de sentença condenatória proferida por tribunal do Estado requerente. Em conseqüência, o STF determinou a imediata soltura do extraditando, se por *al* não estiver preso. Na espécie, ele cometera crime de estupro no Equador **posteriormente** à obtenção de sua naturalização secundária como brasileiro. De início, realizou-se histórico sobre o marco a partir do qual o estrangeiro torna-se nacional do Brasil. Nesse aspecto, reafirmou-se a jurisprudência da Corte a respeito da aquisição da condição de brasileiro naturalizado, a qual, não obstante já deferida pelo Ministério da Justiça, só ganha eficácia jurídica, inclusive para fins extradicionais, **após** a entrega solene, pela Justiça Federal, do certificado de naturalização ao estrangeiro naturalizando (Estatuto do Estrangeiro, art. 122: "*A naturalização, salvo a hipótese do artigo 116, só produzirá efeitos após a entrega do certificado e confere ao naturalizado o gozo de todos os direitos civis e políticos, excetuados os que a Constituição Federal atribui exclusivamente ao brasileiro nato*"). Em seguida, **sublinhou-se** que, a despeito do atendimento dos requisitos da dupla tipicidade e da dupla punibilidade, **mostrava-se inviável** a extradição requerida com base em condenação por crime comum praticado **em momento ulterior** ao da aquisição da nacionalidade brasileira secundária. Ext 1223/República do Equador, rel. Min. Celso de Mello, 22.11.2011. (Ext-1223)

EXTRADIÇÃO E BRASILEIRO NATURALIZADO - 2

Em *obiter dictum*, **discutiu-se**, também, a **questão da possibilidade**, ou não, de o brasileiro naturalizado, **embora** condenado pela Justiça estrangeira, **vir a ser processado**, criminalmente, pelo **mesmo** fato, no Brasil. O Min. Celso de Mello, relator, abordou **a questão da eficácia extraterritorial** da lei penal brasileira **à luz do princípio** "*aut dedere, aut punire*". **Teceu** considerações de ordem doutrinária **no sentido** de que, em situações como a dos autos, viabilizar-se-ia a incidência da cláusula da extraterritorialidade da lei brasileira, condicionada, no entanto, ao atendimento dos requisitos dispostos no § 2º do art. 7º do CP ["*Nos casos do inciso II, a aplicação da lei brasileira depende do concurso das seguintes condições: a) entrar o agente no território nacional; b) ser o fato punível também no país em que foi praticado; c) estar o crime incluído entre aqueles pelos quais a lei brasileira autoriza a extradição; d) não ter sido o agente absolvido no estrangeiro ou não ter aí cumprido a pena; e) não ter sido o agente perdoado no estrangeiro ou, por outro motivo, não estar extinta a punibilidade, segundo a lei mais favorável*"]. **Aduziu** que essa sistemática objetivaria evitar a impunidade do nacional que delinqüira alhures. **Todavia**, dessumiu do art. 14, 7, do Pacto Internacional sobre Direitos Civis e Políticos ("*Ninguém poderá ser processado ou punido por um delito pelo qual já foi absolvido ou condenado por sentença passada em julgado, em conformidade com a lei e os procedimentos penais de cada país*"), que este diploma — **qualquer que fosse** sua natureza, supralegal ou constitucional — **estaria acima** da legislação interna, **de sorte a inibir** a eficácia dela. **Assim**, mencionou que, aparentemente, **estaria tolhida** a possibilidade de o Brasil instaurar, contra quem já fora absolvido **ou condenado** definitivamente no exterior, **nova** persecução criminal **motivada** pelos mesmos fatos subjacentes à sentença penal estrangeira. Nesse ponto, o Min. Celso de Mello **sustentou** a existência, em nosso sistema jurídico, **da garantia constitucional** contra a dupla persecução penal **fundada** no mesmo fato delituoso. Por sua vez, o Min. Gilmar Mendes, tendo em conta a redação dos artigos 8º e 9º do CP, sinalizou que a legislação brasileira deveria ser atualizada para admitir a execução da pena no Brasil, o que seria condizente com a internacionalização do mundo, a fim de evitar a criação de verdadeiros paraísos penais. Nessa mesma linha, o Min. Ricardo Lewandowski vislumbrou que a aceitação de condenação imposta em outro país só poderia ocorrer em âmbito restrito de acordos bilaterais ou multilaterais, em que se reconhecesse que o Judiciário estrangeiro atuasse segundo as normas do *due process of law*. O Min. Ayres Britto observou que essas ponderações seriam resultado da "cosmopolitanização" do direito. Ext 1223/República do Equador, rel. Min. Celso de Mello, 22.11.2011. (Ext-1223) (Inform. STF 649)

EXTRADIÇÃO E CONCESSÃO DE LIBERDADE PROVISÓRIA

A 2ª Turma resolveu questão de ordem, em extradição requerida pelo Estado da Romênia, para revogar prisão preventiva com a expedição de alvará de soltura do extraditando. No caso, a defesa alegara ser inadequada e desproporcional a detenção cautelar, além de completamente desnecessária ao fim que se propunha. Destacou-se que a jurisprudência do STF é firme no sentido de que a detenção em causa constituiu requisito de procedibilidade da ação extradicional. Reputou-se, no entanto, que esse entendimento jurisprudencial teria sido mitigado pela Corte em outro julgado diante da injustificada demora na segregação do extraditando. Asseverou-se que não se poderia fazer da prisão preventiva para fins de extradição uma dura e fria negativa de acesso aos direitos e garantias processuais de base constitucional e enfaticamente proclamados em tratados internacionais de que o Brasil faz parte. Frisou-se não haver nos autos risco processual ou à coletividade pelo fato em si da liberdade do extraditando, ante a primariedade do agente e por residir há mais de 7 anos no Brasil, com vínculo laboral formal e residência própria no país. Aduziu-se a necessidade de se dar especialíssima proteção à família, porque a manutenção da custódia poderia implicar a total desassistência material de sua esposa e de seu filho brasileiro menor de idade. Por fim, estabeleceu-se que a medida conteria as seguintes cautelas: a) depósito do passaporte do nacional romeno no STF; b) impossibilidade de sair do Estado do Rio de Janeiro sem autorização do relator destes autos; c) compromisso de comparecer semanalmente à seção judiciária de seu domicílio, para dar conta de suas atividades; d) compromisso de atender todo e qualquer chamamento judicial. Precedente citado: Ext 1054 QO/EUA (DJe de 3.2.2009). Ext 1254 QO/Romênia, rel. Min. Ayres Britto, 6.9.2011. (EXT-1254) (Inform. STF 639)

EXTRADIÇÃO E TIPO PREVISTO EM TRATADO MULTILATERAL

Por reputar atendidos os pressupostos do tratado firmado entre as partes, a 1ª Turma deferiu pedido de extradição formulado pelos Estados Unidos da América para fins de processamento de ações penais instauradas contra seu nacional pela suposta prática dos crimes de conspiração para o tráfico de software falsificado e de documentação falsificada de programa de computador. Assentou-se que, de acordo com a legislação do Brasil e do país requerente, não ocorrera a prescrição da pretensão punitiva. Ademais, destacou-se que os delitos imputados ao extraditando não teriam conotação política e que o pleito estaria devidamente instruído. Afirmou-se que o requisito da dupla tipicidade (Lei 6.815/80, art. 77) também fora satisfeito. Rejeitou-se, ainda, a alegação acerca da inexistência de previsão dos crimes no tratado bilateral estabelecido entre ambos os Estados, de modo a obstar a extradição. Aduziu-se ser possível a extradição, ainda que o crime não esteja previsto no tratado bilateral em comento, desde que o tratado multilateral — no caso, a Convenção das Nações Unidas contra o Crime Organizado Transnacional — disponha sobre a hipótese de tipificação da conduta pelos ordenamentos internos e estes efetivamente a tipifiquem. Por fim, consignou-se que a detração do tempo de prisão preventiva a que submetido o extraditando no Brasil deveria ser efetuada. Ext 1212/Estados Unidos da América, rel. Min. Dias Toffoli, 9.8.2011. (Ext-1212) (Inform. STF 635)

EXTRADIÇÃO COM OBSERVÂNCIA DE RESTRIÇÃO LEGAL

A 2ª Turma deferiu, com restrição, pleito extradicional requerido pela República da Argentina em que se postulava a entrega de nacional processado pelos crimes correspondentes, no Brasil, a latrocínio e roubo qualificado pelo resultado, previstos nos artigos 157, § 3º, in fine e 157, § 3º, primeira parte, ambos na forma do art. 69, todos do CP. Frisou-se que, de acordo com as legislações brasileira e argentina, os delitos não estariam prescritos. Asseverou-se que o pedido de extradição fora deferido sob a condição de que o Estado requerente assuma, em caráter formal, o compromisso de comutar eventual pena de prisão ou de reclusão perpétua em pena privativa de liberdade, com o prazo máximo de 30 anos, nos termos do art. 13 do tratado de extradição firmado entre os Estados Partes do Mercosul. Destacou-se, ainda, que o extraditando responde a processo-penal no Brasil pela prática do crime de furto, aplicando-se, na espécie, o disposto no art. 89 da Lei 6.815/90 ("Quando o extraditando estiver sendo processado, ou tiver sido condenado, no Brasil, por crime punível com pena privativa de liberdade, a extradição será executada somente depois da conclusão do processo ou do cumprimento da pena, ressalvado, entretanto, o disposto no artigo 67"). Em face do que disposto nessa norma, deferiu-se o pedido, com a restrição do art. 67 (Desde que conveniente ao interesse nacional, a expulsão do estrangeiro poderá efetivar-se, ainda que haja processo ou tenha ocorrido condenação), observada a discricionariedade do Presidente da República. Ext 1133/República da Argentina, rel. Min. Gilmar Mendes, 9.8.2011. (Ext-1133) (Inform. STF 635)

EXTRADIÇÃO E EXAME DE INSANIDADE MENTAL

O Plenário deferiu, parcialmente, pedido de extradição instrutória e executória formulado pelo Reino da Espanha para fins de processamento de ações penais por delitos de estelionato e para cumprimento de pena privativa de liberdade de 4 anos, decorrente de condenação pela prática do mesmo crime e de falsificação. A defesa, em questão de ordem, alegara a necessidade de realização de exame de sanidade mental e a não-recepção do art. 84 da Lei 6.815/80 ("*Efetivada a prisão do extraditando, o pedido será encaminhado ao Supremo Tribunal Federal*"). No mérito, suscitara o abrandamento do Verbete 421 da Súmula do STF ("*Não impede a extradição a circunstância de ser o extraditando casado com brasileira ou ter filho brasileiro*") e a conseqüente denegação do pedido extradicional. No que se refere à primeira questão de ordem, reputou-se, por maioria, que o processo extradicional se pautaria pelo princípio da contenciosidade limitada, de forma que não competiria ao Supremo indagar sobre o mérito da pretensão deduzida pelo Estado requerente ou sobre o contexto probatório em que a postulação extradicional se apoiaria. Vencidos, no ponto, os Ministros Marco Aurélio, Luiz Fux e Ayres Britto, que deferiam diligência para realização do aludido exame diante da sinalização do próprio Estado requerente quanto à saúde mental do extraditando e em virtude de a legislação brasileira prever a internação quando constatada a insanidade (CPP, art. 682). Quanto à segunda questão de ordem, consignou-se que, em inúmeros precedentes, o Tribunal teria afirmado a recepção do art. 84 da Lei 6.815/80. No tocante à matéria de fundo, asseverou-se a plena aplicação do Enunciado 421 da Súmula desta Corte. Por fim, reconheceu-se a inocorrência da dupla tipicidade do crime de falsidade de documento mercantil pela legislação brasileira. Ext 1196/Reino da Espanha, rel. Min. Dias Toffoli, 16.6.2011. (Ext-1196) (Inform. STF 631)

RECUSA DE EXTRADIÇÃO: RECLAMAÇÃO E INSINDICABILIDADE DO ATO DO PRESIDENTE DA REPÚBLICA - 1

O Plenário, por maioria, não conheceu de reclamação, interposta pela República Italiana, de decisão do Presidente da República Federativa do Brasil que negara pedido de extradição, anteriormente concedida por esta Corte, a nacional daquele país. No caso, a Itália formulara pleito de extradição executória em desfavor de condenado à pena de prisão perpétua pela prática de 4 homicídios. O extraditando permanecera preso durante todo o trâmite do processo extradicional, deferido em 16.12.2009 (Ext 1085/República Italiana, DJe de 16.4.2010). Na ocasião, o Tribunal reconhecera a discricionariedade do Presidente quanto à eficácia do acórdão, bem como salientara que a atuação presidencial estaria limitada aos termos do tratado celebrado entre o Brasil e o Estado requerente. Ocorre que, após o arquivamento da extradição, o Presidente concluíra, com fundamento em parecer da Advocacia-Geral da União - AGU, pela existência de ponderáveis razões — nos termos do art. III, 1, f, do referido tratado bilateral — para se supor que o extraditando seria submetido a agravamento de sua situação, ante sua condição pessoal, em virtude de seu passado, marcado por atividade política de intensidade relevante. Em decorrência dessa decisão, a defesa do extraditando requerera a imediata expedição de alvará de soltura ou, na eventualidade, a declaração do esgotamento da jurisdição do Supremo na matéria, de modo a permitir que os órgãos do Poder Executivo cumprissem a manifestação presidencial. O Estado requerente, por sua vez, impugnara essa solicitação, ao argumento de que seria da competência exclusiva do STF a deliberação sobre a custódia do extraditando. Assim, sustentava que o Colegiado deveria analisar se o ato presidencial de não extradição seria compatível com o acórdão proferido na extradição. Rcl 11243/República Italiana, rel. orig. Min. Gilmar Mendes, red. p/ o acórdão Min. Luiz Fux, 8.6.2011. (Rcl-11243)

RECUSA DE EXTRADIÇÃO: RECLAMAÇÃO E INSINDICABILIDADE DO ATO DO PRESIDENTE DA REPÚBLICA - 2

Inicialmente, apontou-se a existência de questão antecedente ao exame do mérito da reclamação, no que concerne à legitimidade da República Italiana. Assentou-se, por maioria, o não-cabimento da reclamação. O Min. Luiz Fux assinalou que, adotada a tese no sentido de competir ao Supremo somente aferir os requisitos de possibilidade de extradição, a cognição se encerraria aí e a decisão seria remetida ao Presidente da República, que resolveria o caso, sendo este ato insindicável pelo Poder Judiciário. Assim, em jogo um ato de soberania nacional. Realçou que a República Italiana litigara contra a República Federativa do Brasil e que isto seria da competência do Tribunal Internacional de Haia, e não do STF. O Min. Ricardo Lewandowski ressaltou que se trataria de litígio entre Estados soberanos, o que afastaria a aplicação do art. 102, I, e, da CF. Dessa forma, entendeu que aquele país seria parte ilegítima, do ponto de vista processual. O Min. Marco Aurélio, por sua vez, enfatizou que o ato do Presidente, na condução da política internacional, não seria passível de ser jurisdicionalizado e, de igual forma, afirmou a ilegitimidade da reclamante para objetá-lo. Destacou, ainda, que a decisão do STF, quando autoriza a extradição, seria simplesmente declaratória, em que examinada apenas a legitimidade, ou não, desse pedido diante da ordem jurídica nacional. Vencidos os Ministros Gilmar Mendes, relator, Ellen Gracie e Cezar Peluso, Presidente, que conheciam da reclamação. O relator, ao salientar a dificuldade em se separar o mérito da preliminar, reputava que, para o deslinde desta, seria preciso ingressar no mérito do processo extradicional. Frisava que a Corte teria que decidir sobre o deferimento, ou não, da soltura do extraditando e que isso teria que ser apreciado no incidente suscitado na extradição, o qual seria também objeto da reclamação. Ademais, estar-se-ia a discutir sobre o papel do Presidente na extradição. Por fim, para o Min. Cezar Peluso, haveria o interesse jurídico do Governo Italiano, de modo que, como se cuidaria de tema cognoscível *ex officio*, este poderia ser provocado por qualquer interessado. Rcl 11243/República Italiana, rel. orig. Min. Gilmar Mendes, red. p/ o acórdão Min. Luiz Fux, 8.6.2011. (Rcl-11243)

RECUSA DE EXTRADIÇÃO: RECLAMAÇÃO E INSINDICABILIDADE DO ATO DO PRESIDENTE DA REPÚBLICA - 3

Estabelecida a não-admissibilidade da reclamação, o Plenário deliberou sobre a manutenção da custódia do extraditando, haja vista a existência de pedido de relaxamento de prisão decretada por este Tribunal. Em votação majoritária, acolheu-se o pleito do requerente e determinou-se a expedição de alvará de soltura, se por al não estiver segregado. O Min. Luiz Fux, com base nos princípios constitucionais da soberania e da independência nacional, reiterou que o ato do Presidente da República não seria sindicável. Aduziu que o Supremo estabelecera que essa autoridade poderia lavrar um ato de soberania, cujas razões não seriam passíveis de crivo, a exemplo de outros atos que escapariam ao princípio da inafastabilidade do Poder Judiciário: os atos legislativos *interna corporis*, os indultos, as graças e as anistias concedidas depois do trânsito em julgado. Afiançou que o STF concedera ao Presidente o poder de entregar, ou não, o extraditando, segundo as suas próprias razões. Nesse contexto, arrematou que essa autoridade, nos termos do tratado bilateral, motivara sua recusa. A Min. Cármen Lúcia acrescentou que o dispositivo justificador da recusa em entregar o extraditando apresentaria conceitos indeterminados ("*Artigo III Casos de Recusa da Extradição 1. A Extradição não será concedida:... f) se a parte requerida tiver razões ponderáveis para supor que a pessoa reclamada será submetida a atos de perseguição e discriminação por motivo de raça, religião, sexo, nacionalidade, língua, opinião política, condição social ou pessoal; ou que sua situação possa ser agravada por um dos elementos antes mencionados*") e, se se entendesse que o Presidente não poderia ponderar sobre as razões, o Tribunal estaria se substituindo àquele. Assim, seria o caso de soltura do "ex-extraditando". Ext 1085 Petição avulsa/República Italiana, rel. orig. Min. Gilmar Mendes, red. p/ o acórdão Min. Luiz Fux, 8.6.2011. (Ext-1085)

RECUSA DE EXTRADIÇÃO: RECLAMAÇÃO E INSINDICABILIDADE DO ATO DO PRESIDENTE DA REPÚBLICA - 4

Nessa mesma linha, manifestou-se o Min. Ricardo Lewandowski, para quem o ato do Presidente permaneceria hígido e expressaria a vontade soberana do Estado brasileiro. O Min. Joaquim Barbosa aludiu, também, que, se o Presidente justificara a não-entrega do nacional italiano, o procedimento de extradição estaria findo e não haveria outra alternativa senão ordenar a imediata liberação do extraditando. O Min. Ayres Britto, por seu turno, mencionou que o papel do STF nesse procedimento seria fazer prevalecer os direitos humanos e constatar se as formalidades legais teriam sido observadas. Com isso, encerrar-se-ia sua jurisdição. Além disso, o Poder Executivo daria a última palavra nessa seara, cujo trâmite seria binariamente político e jurídico. Consignou que o Supremo resolveria o dilema jurídico: hipótese de extraditabilidade, ou não; e o Presidente, o político: extraditar, ou não. Distinguiu, ainda, a redação do tratado bilateral em comento com a da Lei de Refúgio. Verificou que a primeira norma adotaria critérios subjetivos ao se referir a "razões ponderáveis", ao passo que a última prestigiaria critérios objetivos ao se reportar a "fundados temores". Registrou que o tratado seria um ato de soberania e que seu controle seria do Congresso Nacional, no plano interno; e da parte pactuante e da comunidade internacional, no externo.

Ademais, salientou que o Presidente, ao subscrever tratados, agiria como Chefe de Estado. O Min. Marco Aurélio observou que a matéria de fundo estaria vencida e também votou pela expedição imediata do alvará de soltura. Ext 1085 Petição avulsa/República Italiana, rel. orig. Min. Gilmar Mendes, red. p/ o acórdão Min. Luiz Fux, 8.6.2011. (Ext-1085)

RECUSA DE EXTRADIÇÃO: RECLAMAÇÃO E INSINDICABILIDADE DO ATO DO PRESIDENTE DA REPÚBLICA - 5

Vencidos os Ministros Gilmar Mendes, Ellen Gracie e Cezar Peluso. O relator destacou que um ponto fundamental a ser considerado no processo de extradição diria respeito à natureza jurídica da intervenção do Presidente da República após a concessão, pelo STF, da extradição (terceira fase do processo extradicional). Entretanto, asseverou que, para o deslinde da questão, seria preciso o exame das características determinantes das 3 fases do processo extradicional. No tocante à primeira delas, eminentemente político-administrativa, enfatizou que a natureza discricionária do poder governamental de decidir sobre extradição estaria diretamente vinculada à estrutura da relação obrigacional entre os Estados requerente e requerido. Nesta fase, caberia ao Poder Executivo decidir, em termos de política internacional e, ante suas obrigações — convencionais ou de reciprocidade — sobre o prosseguimento do pleito de extradição. Assinalou que, por outro lado, a fase seguinte seria predominantemente jurisdicional e processada perante o Supremo. No ponto, salientou que esta Corte não adentraria o mérito da condenação penal infligida ao extraditando, não revolveria provas que ensejaram a condenação e tampouco reapreciaria aspectos procedimentais que pudessem implicar a nulidade do processo penal no âmbito do Estado estrangeiro requerente. Assim, a este Tribunal competiria somente o controle da legalidade do processo em tela e, com o julgamento, estaria encerrada a fase jurisdicional. Ficaria a cargo do Poder Executivo a mera responsabilidade pela entrega do extraditando ao Governo requerente, nos termos do art. 86 da Lei 6.815/80 ("*Concedida a extradição, será o fato comunicado através do Ministério das Relações Exteriores à Missão Diplomática do Estado requerente que, no prazo de sessenta dias da comunicação, deverá retirar o extraditando do território nacional*"). Registrou que esses controles de constitucionalidade e de legalidade também deveriam ser traduzidos como garantia de respeito incondicional à ordem constitucional e como proteção jurisdicional dos direitos fundamentais do extraditando. Ext 1085 Petição avulsa/República Italiana, rel. orig. Min. Gilmar Mendes, red. p/ o acórdão Min. Luiz Fux, 8.6.2011. (Ext-1085)

RECUSA DE EXTRADIÇÃO: RECLAMAÇÃO E INSINDICABILIDADE DO ATO DO PRESIDENTE DA REPÚBLICA - 6

Indagou se a função do STF estaria concluída com a publicação e com o trânsito em julgado da decisão extradicional. Desse modo, perquiriu sobre a função do Supremo na terceira fase do processo de extradição. Considerou que a competência deste órgão jurisdicional não estaria finda, porquanto, até a definitiva entrega do extraditando ao Estado requerente, ele permaneceria preso sob a custódia desta Corte e, em conseqüência, apenas ela poderia determinar a sua soltura. Nesse sentido, mencionou que os autos do processo seriam arquivados apenas formalmente, iniciando-se a fase de execução da extradição, cujos incidentes seriam submetidos à análise do Tribunal. Tendo isso em conta, ponderou que não se poderia confundir o trânsito em julgado da decisão que defere o pedido de extradição com o "esgotamento" da competência jurisdicional do Supremo. A função de resguardo da incolumidade do ordenamento constitucional e dos direitos fundamentais do extraditando estaria, pois, mantida, de modo que a jurisdição do STF sobre ele terminaria com a sua definitiva entrega. Assim sendo, constatou que o papel do Poder Executivo nessa terceira fase deveria ser discutido. Consignou, todavia, que considerações doutrinárias sequer sustentariam a eventualidade do não cumprimento, pelo Presidente da República, da decisão do STF. Registrou, além disso, que o que se poderia denominar de discricionariedade seria a possibilidade de o Executivo apreciar a conveniência quanto ao adiamento da entrega do extraditando pelo fato de ele já estar sendo processado ou estar cumprindo pena por outro crime no Brasil, mas isso delimitado aos preceitos normativos contidos na lei interna do Estado requerido, em tratado internacional e no próprio acórdão concessivo da extradição. Reforçou inexistirem defensores de uma livre apreciação ou de um livre arbítrio do Poder Executivo no tocante à obrigação — de cunho internacional — de dar seguimento à efetiva entrega do extraditando. Ext 1085 Petição avulsa/República Italiana, rel. orig. Min. Gilmar Mendes, red. p/ o acórdão Min. Luiz Fux, 8.6.2011. (Ext-1085)

RECUSA DE EXTRADIÇÃO: RECLAMAÇÃO E INSINDICABILIDADE DO ATO DO PRESIDENTE DA REPÚBLICA - 7

Esclareceu que a atuação do Presidente na terceira fase da extradição seria vinculada aos parâmetros estabelecidos na decisão do STF que a autoriza, de maneira que, ante a existência de tratado bilateral de extradição, caberia ao Poder Executivo cumprir com as obrigações pactuadas no plano internacional e efetivar a extradição, se assim determinar o acórdão desta Corte. Asseverou que a autoridade máxima da Administração Pública, ainda que no exercício da representação política da República Federativa do Brasil, subordinar-se-ia ao ordenamento jurídico interno que, por sua vez, deveria ser interpretado de acordo com o estabelecido pelo STF como guardião da ordem jurídica constitucional. Consignou que a Corte, embora tivesse reconhecido certo grau de discricionariedade ao Presidente quanto à execução da decisão que deferira a extradição em foco, deixara claro que essa discricionariedade estaria delimitada pelos termos do acordo celebrado entre o Brasil e a República da Itália. Por conseguinte, a inexistência de vinculação absoluta do Chefe do Executivo à decisão do STF não implicaria discricionariedade ilimitada para a execução, ou não, do pedido de extradição, já que deveria observar as balizas do direito convencional. Assim, ao ressaltar o significado do tratado bilateral de extradição na ordem jurídica interna, consignou que, diferentemente do pleito formulado em promessa de reciprocidade, no pedido de extradição apoiado em acordo internacional, seria incabível a recusa arbitrária pelo Estado brasileiro. Ademais, realçou que as relações entre os países em questão seriam marcadas pela cooperação no plano extradicional. Tendo isso em vista, julgou que a letra f do número 1 do art. III do referido tratado deveria ser analisada. A respeito, constatou que a presença de "razões ponderáveis", ainda que sugerisse uma margem de apreciação política por parte do intérprete, deveria ser contextualizada, levando em consideração todas as circunstâncias fáticas e jurídicas da situação. Não se trataria, pois, de mera avaliação subjetiva, mas sim de interpretação realizada a partir de elementos concretamente aferíveis. Logo, negar uma extradição com fundamento em manifestações populares de sociedade notoriamente singularizada pela democracia não teria cabimento, porque presumível que um Estado internacionalmente comprometido com os direitos fundamentais seria capaz de garantir a proteção do extraditando. Ext 1085 Petição avulsa/República Italiana, rel. orig. Min. Gilmar Mendes, red. p/ o acórdão Min. Luiz Fux, 8.6.2011. (Ext-1085)

RECUSA DE EXTRADIÇÃO: RECLAMAÇÃO E INSINDICABILIDADE DO ATO DO PRESIDENTE DA REPÚBLICA - 8

O relator, ao apreciar as justificativas da decisão presidencial que recusara a extradição, reputou que seriam, em essência, as mesmas utilizadas pelo Ministro da Justiça, por ocasião da concessão de refúgio ao extraditando. Contudo, relembrou que este instituto fora afastado pelo STF que, por entender que os crimes praticados pelo extraditando seriam comuns, e não políticos, deferira o pleito de extradição. Dessa forma, inviável a reiteração dos argumentos do ato concessivo de refúgio para, agora, recusar a extradição. Destacou que em jogo a observância, pelo Estado brasileiro, de tratado internacional, cuja incorporação à ordem jurídica interna o convolaria em parâmetro normativo aferível também internamente. Impor-se-ia, portanto, ao Brasil — consideradas as balizas objetivamente estabelecidas no acórdão que deferira a extradição, e em virtude da imperiosa necessidade de se cumprir os termos do tratado celebrado — realizar a entrega do extraditando. Tendo isso em conta, desconstituía o ato reclamado e determinava a imediata entrega do extraditando ao país requerente. Por derradeiro, assentava o prejuízo do exame da ADI 4538/DF — proposta contra o parecer da AGU, que servira de fundamento para a decisão presidencial de negativa de entrega do extraditando — ante a ausência de generalidade e abstratividade do pronunciamento adversado e da ACO 1722/DF — que impugna o ato do Presidente que denegara a extradição —, já que os temas suscitados na ação popular que lhe dera origem estariam postos no bojo da própria extradição. Ext 1085 Petição avulsa/República Italiana, rel. orig. Min. Gilmar Mendes, red. p/ o acórdão Min. Luiz Fux, 8.6.2011. (Ext-1085)

RECUSA DE EXTRADIÇÃO: RECLAMAÇÃO E INSINDICABILIDADE DO ATO DO PRESIDENTE DA REPÚBLICA - 9

A Min. Ellen Gracie, ao iniciar seu voto, frisava que a garantia do bom exercício do poder seria sua limitação e sua submissão a controles e a restrições. Entendia que o ato do Presidente estaria sujeito a controle jurisdicional como qualquer outro ato administrativo. Destacava, ainda, que o tratado de extradição seria uma manifestação clara de uma política de cooperação internacional em matéria criminal e que não vislumbrava, no parecer oferecido pela AGU, indício de que o extraditando pudesse ser submetido a condições desumanas. Enfatizava ser necessária a presença de "razão ponderável" para a não-concessão do pleito extradicional e que, na espécie, inexistiria o ingresso de nova evidência ao que já analisado pelo STF. Asseverava que o Brasil exerceria sua soberania quando firmasse tratado e não quando o descumprisse, de modo que o ato do Presidente não poderia ser mantido, uma vez que contrariaria um dos princípios basilares que regeriam as relações internacionais do Brasil: repúdio ao terrorismo (CF, art. 4°, VIII). Em idêntico sentido se pronunciara o Min. Cezar Peluso. Aduzia que o Presidente submeteria o pedido extradicional ao STF para legitimar o ato de entrega e que o tratado seria vinculante para o Presidente, não havendo aí liberdade política, já que o tratado, ao ser incorporado ao ordenamento jurídico brasileiro, transformar-se-ia em norma jurídica de direito interno. Assim, se surgir dúvida a respeito da compatibilidade entre o ato perpetrado pelo Presidente e a norma, cabível ao Supremo, na hipótese, dizer se aquele cumprira, ou não, a norma jurídica. Também não teria encontrado provas de perseguição ou de agravamento da situação do extraditando e, por isso, assinalava que o ato presidencial decorrera de subjetivismo, em manifestação de arbítrio, visto que não seria permissível controlar a sua veracidade, a sua verossimilhança. Concluía, então, que o Presidente descumprira a lei e a decisão do STF. Ext 1085 Petição avulsa/República Italiana, rel. orig. Min. Gilmar Mendes, red. p/ o acórdão Min. Luiz Fux, 8.6.2011. (Ext-1085) (Inform. STF 630)

EXTRADIÇÃO: CRIME DE SEQÜESTRO E MORTE PRESUMIDA - 1

O Plenário, por maioria, deferiu parcialmente pedido de extradição requerido pela República da Argentina, em que se postulava a entrega de nacional para julgamento referente a supostos crimes de "homicídio agravado por aleivosia e pelo número de participantes" e de "desaparecimento forçado de pessoas em concurso real". Na espécie, o extraditando, na condição de tenente-coronel do Exército Argentino teria participado, como mandante, do fato conhecido como "Massacre de Margarita Belém", ocorrido em 1976. No episódio, militantes contrários à ditadura militar instaurada no país teriam sido detidos mediante emboscada, em operação conjunta da polícia e do Exército. Algumas das vítimas teriam sido executadas; outras, ainda estariam desaparecidas. Ext 1150/República Argentina, rel. Min. Cármen Lúcia, 19.5.2011. (Ext-1150)

EXTRADIÇÃO: CRIME DE SEQÜESTRO E MORTE PRESUMIDA - 2

Inicialmente, reputou-se ocorrida a prescrição dos crimes de homicídio, razão pela qual se indeferiu o pedido nesse ponto. Por sua vez, no que se refere aos delitos de "desaparecimento forçado de pessoas", considerou-se não haver a prescrição, visto que, em atendimento ao princípio da dupla tipicidade, os fatos configurariam seqüestro qualificado, nos termos do art. 148, § 2°, do CP. Aduziu-se tratar de crimes permanentes, cujo prazo prescricional apenas iniciar-se-ia após a interrupção da ação do agente. Nesse sentido, em razão de as vítimas jamais terem sido encontradas, suas mortes não poderiam ser confirmadas, a despeito do tempo decorrido. Rejeitou-se argumento defensivo no sentido de que o extraditando teria sido beneficiado por indulto em seu país, visto que a justiça argentina, recentemente, teria realizado o julgamento de outros envolvidos no mesmo caso. Afastou-se, de igual modo, o alegado caráter político dos delitos, bem como a assertiva de que o governo argentino estaria a promover perseguição política a militares da extinta ditadura, considerada a qualidade democrática e garantista do ordenamento jurídico argentino atual. Salientou-se, também, não ser aplicável ao caso o instituto civil da ausência, de maneira a não se poder declarar mortos os desaparecidos. Ressalvou-se, por fim, a necessidade de comutação de eventual pena imposta à privativa de liberdade pelo prazo máximo de 30 anos, bem como de detração do tempo em que o extraditando já permanecera preso. Vencido o Min. Marco Aurélio, que indeferia o pedido. Destacava o viés político dos delitos em questão e julgava incidir na espécie, quer na legislação pátria, quer na estrangeira, o postulado da morte presumida. Precedente citado: Ext 974/República Argentina (DJe de 19.8.2009). Ext 1150/República Argentina, rel. Min. Cármen Lúcia, 19.5.2011. (Ext-1150) (Inform. STF 627)

EXT N. 1.180-REPÚBLICA PORTUGUESA
RELATOR: MIN. AYRES BRITTO

EMENTA: EXTRADIÇÃO EXECUTÓRIA. PEDIDO QUE TEM POR BASE TRATADO FIRMADO ENTRE BRASIL E PORTUGAL. REQUERIMENTO EXTRADICIONAL DEVIDAMENTE INSTRUÍDO. CONCORDÂNCIA DO EXTRADITANDO. CONTROLE DA LEGALIDADE PELO SUPREMO TRIBUNAL FEDERAL. EXTRADIÇÃO DEFERIDA.

1. A anuência do extraditando ao pedido extradicional não desobriga o Estado requerido quanto ao dever de se pronunciar sobre a legalidade desse pedido. Requisitos que, no Brasil, são aferidos pelo Supremo Tribunal Federal em processo específico.
2. O exame dos documentos que instruem a presente extradição evidencia a presença dos requisitos da dupla tipicidade e da dupla punibilidade. Pelo que, atendidos os requisitos legais, o caso é de deferimento da solicitação. Ressalvada, é claro, a detração do tempo de prisão a que o extraditando foi submetido por força deste processo.
3. Extradição deferida. (Inform. STF 624)

EXT N. 1.187-REPÚBLICA DA HUNGRIA
RELATOR: MIN. DIAS TOFFOLI

EMENTA: Extradição instrutória e executória. Requisitos parcialmente preeenchidos. Múltiplos delitos. Governo da Hungria. Pedido formulado com promessa de reciprocidade. Pedido formal devidamente apresentado pelo Estado requerente (art. 80 da Lei n° 6.815/80). Crimes de lesão corporal de natureza leve, de natureza grave na forma tentada e de abuso de drogas, todos praticados pelo extraditando antes de completar 18 anos. Extraditando penalmente inimputável e sujeito a legislação especial, segundo a lei brasileira (arts. 228 da Constituição Federal e 27 do Código Penal). Ausência de dupla tipicidade. Precedentes. Crime de furto. Condenação. Execução da pena restritiva de direitos de prestação de serviços à comunidade pelo prazo de 50 (cinquenta) dias. Ausência de uma das condições para o deferimento da extradição (art. 77, inciso II, da Lei n° 6.815/80). Segundo crime de lesão corporal de natureza grave na forma tentada. Dupla tipicidade. Pena inferior a 1 ano, segundo a legislação brasileira. Impossibilidade jurídica de deferimento do pedido (art. 77, inciso IV, da Lei n° 6.815/80). Crime de roubo. Atendimento aos requisitos da Lei n° 6.815/80. Prescrição. Não ocorrência, tanto sob a ótica da legislação alienígena quanto sob a ótica da legislação penal brasileira. Observância da detração. Existência de condenação no Brasil por fato diverso do pedido de extradição. Execução após o cumprimento da pena, ressalvada a opção do Presidente da República pela conveniência da entrega imediata (arts. 89 e 90 da Lei n° 6.815/80). Pedido parcialmente deferido.

1. A falta de tratado bilateral de extradição entre o Brasil e o país requerente não impede a formulação e o eventual atendimento do pedido extradicional, desde que o Estado requerente, como na espécie, prometa reciprocidade de tratamento ao Brasil, mediante expediente - nota verbal - formalmente transmitido por via diplomática (art. 76 da Lei n° 6.815/80).
2. O pedido formal de extradição foi devidamente apresentado pelo Estado requerente (art. 80 da Lei n° 6.815/80) e instruído com cópias dos mandados de detenção expedidos por autoridade judiciária competente, havendo indicações seguras sobre local, data, natureza e circunstâncias dos fatos delituosos, como se verifica a partir da análise dos documentos juntados.
3. A respeito dos **Mandados n° 68.Fk.527/2007/19**, referente a processo que versa sobre a prática de crime de lesão corporal de natureza grave na forma tentada, por três vezes; **n° 68.Fk.54/2007/41**, referente a processo que versa sobre a prática de crime de lesão corporal de natureza leve e **n° 68.Fk.2627/2007/15**, referente a processo que versa sobre a prática de crime de abuso de drogas, consta que os delitos foram praticados pelo extraditando antes de completar 18 anos, sendo ele considerado, segundo a lei brasileira, penalmente ininputável e estando sujeito a legislação especial (arts. 228 da Constituição Federal e 27 do Código Penal). Ausente, na hipótese, o requisito da dupla tipicidade, previsto no art. 77, inciso II, da Lei n° 6.815/80.

4. A condenação do extraditando à pena restritiva de direitos de prestação de serviços à comunidade pelo prazo de 50 (cinquenta) dias pela prática do crime de furto (**Mandado nº 1.Bf.216/2009/2**) impede o deferimento da extradição nesse ponto, uma vez que ausente uma das condições para a concessão da extradição (art. 77, inciso II, da Lei nº 6.815/80), qual seja, a existência de sentença final de privação de liberdade.
5. O **Mandado nº 68.Fk.396/2009/9**, referente a processo que versa sobre a prática de um segundo crime, pela legislação penal húngara, de lesão corporal de natureza grave na forma tentada, guarda adequação com o fato típico previsto no **caput** do art. 129 do Código Penal Brasileiro, que é punido com pena de detenção de 3 meses a um ano, circunstância essa que impossibilita juridicamente o deferimento do pedido extradicional, uma vez que punível, **in abstracto**, com pena igual ou inferior a 1 ano (art. 77, inciso IV, do Estatuto do Estrangeiro).
6. O **Mandado nº 70.Bny.117/2009/2**, referente a processo que versa sobre a prática de crime de roubo, especificado pela legislação penal húngara, tem correspondência no Brasil com o crime tipificado no art. 157, **caput**, do Código Penal. Portanto, presente, nesse ponto, o requisito da dupla tipicidade.
7. Não ocorrência da prescrição da pretensão punitiva, tanto pelos textos legais apresentados pelo Estado requerente quanto pela legislação penal brasileira (inciso I do art. 109 do Código Penal).
8. Preenchidas parcialmente as condições de admissibilidade, **defere-se o pedido de extradição,** tão somente em relação ao crime de roubo (**Mandado nº 70.Bny.117/2009/2**), com a ressalva de que o Estado requerente deverá assegurar a detração do tempo em que o extraditando tenha permanecido preso no Brasil por força do pedido formulado.
9. A extradição deverá ser executada somente após o cumprimento da pena à qual foi condenado o extraditando no Brasil, ressalvada a opção do Presidente da República pela conveniência da entrega imediata, conforme previsto nos arts. 89 e 90 da Lei nº 6.815/80. (Inform. STF 621)

EXTRADIÇÃO E COLIDÊNCIA DE INTERESSES DA DEFESA - 1

Ante a concordância do extraditando e a proximidade do recesso judiciário, o Plenário determinou, independentemente da publicação do acórdão, o imediato cumprimento de decisão deferitória de pedido de extradição instrutória formulado pelo Governo dos Estados Unidos da América em desfavor de nacional colombiano. Na presente situação, o extraditando fora acusado pela suposta prática dos crimes de associação e conspiração para o tráfico internacional de entorpecente, de distribuição e importação de entorpecente e de conspiração para efetuar lavagem de recursos provenientes de narcotráfico. Considerou-se que o Estado requerente cumprira todas as formalidades previstas no tratado de extradição, notadamente o envio de documentos com informações relativas ao local, data, natureza e circunstâncias dos fatos reputados delituosos. Enfatizou-se inexistir indício que pudesse configurar a conotação política dos ilícitos. Asseverou-se, ainda, haver enquadramento dos tipos penais de associação e conspiração para o tráfico internacional de entorpecentes e de distribuição e importação de entorpecente em dispositivos constantes do tratado específico, o mesmo ocorrendo quanto à imputação de lavagem de recursos provenientes do narcotráfico. Consignou-se que este crime teria sido inserido automaticamente no referido tratado, uma vez que figuraria no rol dos delitos incluídos no texto da Convenção de Palermo, do qual ambos os países seriam signatários. Destacou-se, ademais, que os crimes que fundamentariam o pleito extradicional atenderiam ao requisito da dupla tipicidade — haja vista que equivaleriam, no Brasil, respectivamente aos tipos previstos nos artigos 35 e 33 da Lei 11.343/2006 e no art. 1º, I, da Lei 9.613/98 — e da dupla punibilidade — já que não teria ocorrido a prescrição segundo a legislação dos países envolvidos. Assinalou-se a necessidade de o Estado requerente observar o instituto da detração, bem como proceder à comutação da pena de prisão perpétua em privação de liberdade por até 30 anos, em caso de condenação do extraditando. Ext 1214/Estados Unidos da América, rel. Min. Ellen Gracie, 17.12.2010. (Ext-1214)

EXTRADIÇÃO E COLIDÊNCIA DE INTERESSES DA DEFESA - 2

De outro lado, por maioria, rejeitou-se questão de ordem suscitada pelo patrono do extraditando que requeria que a presente decisão não tivesse imediato cumprimento. Alegava o causídico que, do contrário, o exercício da ampla defesa estaria comprometido, uma vez que inviabilizaria eventual oposição de embargos de declaração. Aduziu-se que a posição do advogado seria contrária ao interesse do próprio extraditando, o qual manifestara o desejo de ser entregue, de pronto, ao país requerente. O Min. Ricardo Lewandowski acrescentou que a execução imediata da extradição não impediria o direito de a defesa ingressar com os aludidos embargos, porquanto veiculado da tribuna possível questionamento sobre ponto obscuro, omisso ou contraditório, sem pretensão de natureza infringente para desconstituir o acórdão. Vencidos, quanto à questão de ordem, os Ministros Marco Aurélio, Cármen Lúcia e Cezar Peluso, Presidente, que a acolhiam por entender que o extraditando estaria representado pelo seu defensor e que, a partir do momento em que este desiste do pedido formulado, pretendendo que se aguarde a interposição de recurso, a entrega não deveria ser imediata. Ext 1214/Estados Unidos da América, rel. Min. Ellen Gracie, 17.12.2010. (Ext-1214) (Inform. STF 613)

EXT N. 1.140-REPÚBLICA ITALIANA
RELATOR: MIN. GILMAR MENDES

Extradição executória requerida pelo Governo da Itália. 2. Tratado bilateral entre a República Federativa do Brasil e a República Italiana (Decreto 863/1993). 3. Processamento do pedido de acordo com a Lei 6.815/1980. Requisitos formais atendidos. 4. Pedido baseado em 4 condenações transitadas em julgado impostas ao extraditando. Crimes de sequestro de pessoa, detenção e porte ilegítimo de armas, receptação, assalto e formação de quadrilha armada. 5. Dupla tipicidade: correspondência do ato delituoso nas leis brasileira e italiana. 6. Sentença proferida pelo Tribunal de Menores de Roma. Pedido inviável. Inimputabilidade do acusado à época dos fatos. Precedentes do STF. 7. Prescrição da pretensão executória no tocante às sentenças do Tribunal Penal de Apelação de Roma (17 de junho de 1988 e 21 de janeiro de 1991) e do Tribunal Penal de Roma de 7 de outubro de 1991. 8. Extradição indeferida. **Prisão preventiva revogada**. (Inform. STF 612)

EMENTA: PRISÃO PREVENTIVA PARA FINS EXTRADICIONAIS. EXTRADITANDO SUBMETIDO A INVESTIGAÇÃO PENAL PELA SUPOSTA PRÁTICA DO *"DELITO DE TERRORISMO"*. CONTROVÉRSIA DOUTRINÁRIA EXISTENTE EM TORNO DA DEFINIÇÃO E DA TIPIFICAÇÃO PENAL DOS ATOS DE TERRORISMO NO ORDENAMENTO POSITIVO BRASILEIRO. O POSTULADO DA TIPICIDADE (OU DA DUPLA INCRIMINAÇÃO) COMO UM DOS REQUISITOS NECESSÁRIOS AO ATENDIMENTO DO PEDIDO DE EXTRADIÇÃO (E, TAMBÉM, À DECRETAÇÃO DA PRISÃO CAUTELAR PARA EFEITOS EXTRADICIONAIS). POSTULAÇÃO DEDUZIDA POR ESTADO ESTRANGEIRO, QUE NÃO OBSERVA REQUISITOS IMPOSTOS PELO TRATADO BILATERAL DE EXTRADIÇÃO CELEBRADO COM O BRASIL. INOBSERVÂNCIA, AINDA, DE EXIGÊNCIAS ESTABELECIDAS NO (...). *"PACTA SUNT SERVANDA"*. PEDIDO DE PRISÃO CAUTELAR, PARA EFEITOS EXTRADICIONAIS, INSUSCETÍVEL DE ACOLHIMENTO, POR ESTAR INSUFICIENTEMENTE INSTRUÍDO. **NECESSIDADE DE DILIGÊNCIAS COMPLEMENTARES. (Desp. De 02/06/10, rel. Min. Celso de Mello)** (Inform. STF 593)

EXTRADIÇÃO: DESQUALIFICAÇÃO DO CRIME DE SEQÜESTRO E MORTE PRESUMIDA - 1

O Tribunal iniciou julgamento de extradição formulada, com base em tratado bilateral, pelo Governo da Argentina contra nacional uruguaio, a fim de submetê-lo a processo judicial no qual lhe é imputada a prática dos crimes de privação de liberdade e de associação ilícita, previstos, respectivamente, nos artigos 144, alínea 1ª, e 210, ambos do Código Penal argentino. Alega o Estado requerente que, durante a denominada "Operação Condor", "identificada como uma organização terrorista, secreta e multinacional para caçar adversários políticos" dos regimes militares do Brasil, Argentina, Chile, Uruguai, Paraguai e Bolívia nas décadas de 1970 e 1980, o extraditando, à época, Major do Exército uruguaio, teria participado de ações militares que resultaram no seqüestro de pessoas, dentre as quais um cidadão argentino, levadas a uma fábrica abandonada e lá submetidas a interrogatórios e torturas. Preliminarmente, tendo em conta a regra prevista no art. 25, II, do Tratado do MERCOSUL, que estabelece que, quando mais de um Estado requer a extradição da mesma pessoa, pelo mesmo fato, tem preferência aquele em cujo território a infração foi cometida, julgou-se prejudicado outro pedido de extradição, formulado pelo Governo da República Oriental do Uruguai (Ext 1079), porquanto o desaparecimento do cidadão argentino, em 1976, imputado ao extraditando, ocorrera na Argentina**. Ext 974/República Argentina, rel. Min. Marco Aurélio, 11.9.2008**. (Ext-974)

EXTRADIÇÃO: DESQUALIFICAÇÃO DO CRIME DE SEQÜESTRO E MORTE PRESUMIDA - 2

Quanto ao mérito, o Min. Marco Aurélio, relator, indeferiu o pleito, no que foi acompanhado pelos Ministros Menezes Direito, Cármen Lúcia e Eros Grau. De início, reputou prescrito o crime de associação ilícita (quadrilha) tanto pela legislação brasileira quanto pela argentina. No que se refere ao desaparecimento do cidadão argentino, em 1976, negou — ante a impossibilidade de ter-se, por ausência de ratificação, a Convenção Interamericana sobre o Desaparecimento Forçado de Pessoas como a compor o ordenamento jurídico brasileiro — a aplicação do disposto no art. 7º dela constante, que prevê que o crime de desaparecimento não está sujeito à prescrição. Rejeitou, de igual modo, a alegação do Procurador-Geral da República, em seu parecer, de que a imputação feita ao extraditando, por ser enquadrável como seqüestro, não estaria prescrita, haja vista se tratar de crime permanente no Brasil e na Argentina. No ponto, asseverou que tal imputação adquiriu contornos peculiares, ficando afastada a tipologia seqüestro. Considerou que, no contexto, o vocábulo desaparecimento não corresponderia ao seqüestro previsto no art. 148 do CP (*"privar alguém de sua liberdade, mediante seqüestro ou cárcere privado"*), porque o desaparecimento forçado do cidadão argentino atribuído ao extraditando alcançaria a própria morte, ante o fim visado, qual seja, alijar pessoas que pudessem colocar em risco o regime existente. Ressaltou o relator ser sintomático que, ocorrido o aludido desaparecimento, em 1976, passados 32 anos, com mudanças substanciais de regime nos países que integrariam a "Operação Condor", não haja notícia do local em que se encontre o referido cidadão. Dessa forma, presente o sentido vernacular do vocábulo desaparecimento, entendeu não preenchido o requisito da dupla tipicidade relativamente ao disposto na legislação penal brasileira sobre o seqüestro. **Ext 974/República Argentina, rel. Min. Marco Aurélio, 11.9.2008.**

EXTRADIÇÃO: DESQUALIFICAÇÃO DO CRIME DE SEQÜESTRO E MORTE PRESUMIDA - 3

Em seguida, o Min. Marco Aurélio, reportando-se aos princípios da razão suficiente, da causalidade e do determinismo, afirmou ter-se, considerada quer a legislação brasileira, quer a argentina, a morte presumida. Quanto à legislação brasileira, citou o que disposto na Lei 9.140/95, que reconheceu como mortas as pessoas desaparecidas em virtude de participação ou acusação de participação em atividades políticas no período de 2.9.61 a 5.10.88 (art. 1º), e ainda, a previsão geral decorrente do Código Civil de 2002 no que, além do instituto da simples ausência, inseriu, no contexto, a morte presumida, quando *"for extremamente provável a morte de quem estava em perigo de vida"* (art. 7º). No que tange à argentina, mencionou o art. 22 da Lei 14.394/54. Daí, para o relator, assentada a morte presumida ante os dois ordenamentos jurídicos, estar-se-ia diante da figura do homicídio, crime instantâneo, já prescrito tanto pelo direito pátrio quanto pelo argentino. Por fim, o relator, ao salientar que a extradição, presente a simetria, pressupõe, se cometido o crime no Brasil, a possibilidade de o extraditando vir a responder pelo ato em território brasileiro, entendeu que isso não ocorre, no caso, em razão da anistia verificada. Afirmou que, em última análise, o Supremo está a enfrentar, na espécie, na via indireta, a problemática relativa ao alcance da anistia, e que, na hipótese de ser deferida a extradição, assentar-se-á a viabilidade de persecução criminal, de responsabilidade administrativa e civil, no tocante a fatos por ela cobertos, o que implicará o esvaziamento de sua essência e um conflito sem limites. Quanto à tese da anistia, a Min. Cármen Lúcia fez ressalva. O Min. Ricardo Lewandowski abriu divergência e deferiu, em parte, o pedido, por considerar que o crime de seqüestro pode, em tese, ainda subsistir. Asseverou o fato de, nesses crimes de desaparecimento, muitos bebês terem sido tirados de suas mães nos cárceres e, até hoje, estarem em poder de outras famílias. Após, pediu vista dos autos o Min. Cezar Peluso. **Ext 974/República Argentina, rel. Min. Marco Aurélio, 11.9.2008.** (Ext-974)

EXTRADIÇÃO: DESQUALIFICAÇÃO DO CRIME DE SEQÜESTRO E MORTE PRESUMIDA - 4

O Tribunal retomou julgamento de extradição formulada, com base em tratado bilateral, pelo Governo da Argentina contra nacional uruguaio, a fim de submetê-lo a processo judicial no qual lhe é imputada a prática dos crimes de privação de liberdade e de associação ilícita, previstos, respectivamente, nos artigos 144, alínea 1ª, e 210, ambos do Código Penal argentino. Alega o Estado requerente que, durante a denominada "Operação Condor", "identificada como uma organização terrorista, secreta e multinacional para caçar adversários políticos" dos regimes militares do Brasil, Argentina, Chile, Uruguai, Paraguai e Bolívia nas décadas de 1970 e 1980, o extraditando, à época, Major do Exército uruguaio, teria participado de ações militares que resultaram no seqüestro de pessoas, dentre as quais um cidadão argentino, levadas a uma fábrica abandonada e lá submetidas a interrogatórios e torturas — v. Informativo 519. Inicialmente, o Min. Marco Aurélio, relator, esclareceu ter havido aditamento ao pedido de extradição, por ele acolhido, em que imputado ao extraditando também o crime de subtração de menor de 10 anos, previsto no art. 146 do Código Penal argentino. Esse aditamento sustenta que o extraditando teria subtraído menor de 20 dias de idade, em 13.7.76, e que o crime, permanente — cujos efeitos teriam cessado em 18.3.2002, quando o subtraído, então com 26 anos de idade, conhecera sua verdadeira identidade —, não teria prescrito. O relator — embora reconhecendo, considerada a simetria, que, se o crime tivesse sido cometido no Brasil, estaria coberto pela anistia —, asseverou que, em razão de haver uma ordem de prisão expedida contra o extraditando, mas não ter sido ele indiciado por esse crime, isso seria suficiente para se consignar a impropriedade do pleito. Além disso, realçou que o referido menor fora encontrado, em 14.7.76, próximo a um hospital, sendo, posteriormente, adotado. Tendo isso em conta, e após salientar que o delito corresponderia ao tipo previsto no art. 249 do nosso Código Penal, e que a legislação brasileira não contempla a figura da suspensão do prazo prescricional pelo fato versado na decisão de origem — ignorar o menor a verdadeira identidade —, concluiu, colocando em plano secundário a anistia, que, por se estar diante de crime instantâneo, muito embora com conseqüências que se projetam no tempo, teria incidido, segundo a lei brasileira, a prescrição da pretensão punitiva em 14.7.80. Assim, também sob esse ângulo, portanto, seria improcedente o pedido. **Ext 974/República Argentina, rel. Min. Marco Aurélio, 30.10.2008.** (Ext-974)

EXTRADIÇÃO: DESQUALIFICAÇÃO DO CRIME DE SEQÜESTRO E MORTE PRESUMIDA - 5

Prosseguindo, o Min. Cezar Peluso, em voto-vista, acompanhou a divergência, para deferir parcialmente o pedido de extradição, a fim de que o extraditando seja processado e julgado pelos delitos previstos nos artigos 144, bis, alínea 1ª, e 146, do Código Penal argentino. Entendeu não ser possível, sem encontrar correspondência no ordenamento jurídico argentino, dar pela existência de presunção de morte das inúmeras vítimas, para, desclassificando os crimes de seqüestro para os de homicídio, tirar-lhes a todos, sem discriminação alguma, a conseqüência de prescrição da pretensão punitiva. Reputou, ademais, inadmissível que a Corte subordine o deferimento da extradição a eventual concordância do Estado requerente em, afastada a prescrição, julgar o extraditando por concurso material de delito de homicídio. Ressaltou que a Lei 6.815/80 proíbe apenas que se autorize a extradição por fato que não constitua crime ou no Brasil ou no Estado requerente (art. 80), e que não é este o caso presente, haja vista que os fatos corporificam, em ambos os Estados, crimes de seqüestro. Aduziu que a reclassificação jurídica dos fatos para a categoria normativa de homicídios inovaria a própria base empírica do pedido de extradição, porque implicaria transpor, por simples exercício de conjectura, os limites da operação mental de subsunção para mudar, em conseqüência pressuposta, a situação concreta que, como objeto dos processos, motivou o pleito. Observou que diversa seria a hipótese, se a dificuldade se originasse da falta de coincidência absoluta quanto aos elementos que compõem o delito, em ambas as legislações, porquanto, nesse caso, a solução de eventuais dúvidas resultaria do confronto entre os elementos históricos e as figuras típicas. Asseverou, no entanto, que, a supor e considerar situação concreta distinta da que subjaz no pedido, a Corte estaria a violar o poder de controle limitado previsto no ordenamento e reconhecido pela jurisprudência (Ext 669/EUA, DJU de 29.3.96). **Ext 974/República Argentina, rel. Min. Marco Aurélio, 30.10.2008.**

EXTRADIÇÃO: DESQUALIFICAÇÃO DO CRIME DE SEQÜESTRO E MORTE PRESUMIDA - 6

Afirmou que, de todo modo, mesmo para nós, não se estaria diante de múltiplos homicídios, cuja materialidade resultaria de presunção jurídica das mortes das vítimas. Depois de salientar a indispensabilidade do exame de corpo de delito, direto ou indireto, nas hipóteses em que a infração deixa vestígios (CPP, art. 158 c/c a alínea b do inciso III do art. 564), reputou que tal prova, que no caso não existe, não poderia ser suprida por presunção legal de morte, em face das disposições do Código Civil vigente. No ponto, registrou que, nos termos do art. 7º do atual Código Civil, não basta, para que exsurja considerável presunção legal de morte, o mero juízo de extrema probabilidade da morte de quem estava em perigo de vida (inciso I), sendo necessária a existência de sentença que, após esgotadas as buscas e averiguações, produzidas em procedimento de justificação judicial, fixe a data provável do falecimento (parágrafo único). Considerou que, na espécie, não incidiria o disposto no referido artigo, haja vista a inexistência de sentença, seja de declaração de ausência, seja de declaração de morte presumida, e que, à falta da sentença, a qual deve fixar a data provável do falecimento, bem como na carência absoluta de qualquer outro dado ou prova a respeito, não se saberia quando começaram a correr os prazos de prescrição da pretensão punitiva de cada uma das mortes imaginadas ou de todas, que poderiam dar-se em datas diversas, salvo hipótese de execução coletiva. Além disso, haver-se-ia de levar em conta o óbice intransponível de, como o impõe a lei, não estar descrito o comportamento circunstanciado do extraditando em cada ação de matar. Concluiu, assim, não haver suporte para a idéia de configuração de homicídios. **Ext 974/República Argentina, rel. Min. Marco Aurélio, 30.10.2008.**

EXTRADIÇÃO: DESQUALIFICAÇÃO DO CRIME DE SEQÜESTRO E MORTE PRESUMIDA - 7

No que concerne ao aditamento formalizado no sentido de requerer que a extradição seja concedida com base na imputação do crime de seqüestro de menor de 10 anos de idade, que corresponderia ao tipo do art. 148, § 1º, IV, do Código Penal brasileiro, o Min. Cezar Peluso afastou a prescrição dessa pretensão punitiva. Citou a decisão do juiz federal argentino no sentido de que o prazo prescricional teria começado a correr a partir da data em que se comunicara oficialmente ao menor sua verdadeira identidade biológica, isto é, março de 2002, e entendeu correta a conclusão do Procurador-Geral da República quanto a não haver se falar em prescrição relativamente ao crime de seqüestro enquanto a vítima estiver privada de sua liberdade, e de não se poder afirmar, no caso, que, a despeito do tempo decorrido, todas as vítimas estivessem mortas, porque seus corpos nunca foram encontrados, de modo a ainda subsistir a ação perpetrada pelo extraditando. Por fim, quanto à alegação de que o extraditando teria sido beneficiado por indulto concedido pelo Governo Argentino mediante o Decreto 1.003/89, demonstrou que esse ato normativo teria sido declarado inconstitucional, em 25.7.2006, pela Corte Suprema de Justicia de La Nación, em relação ao benefício a ele proporcionado. Após o voto da Min. Cármen Lúcia, que reajustou o anteriormente proferido, e dos votos dos Ministros Joaquim Barbosa e Carlos Britto, todos acompanhando a divergência, pediu vista dos autos o Min. Eros Grau. **Ext 974/República Argentina, rel. Min. Marco Aurélio, 30.10.2008.** (Ext-974)

EXTRADIÇÃO: DESQUALIFICAÇÃO DO CRIME DE SEQÜESTRO E MORTE PRESUMIDA - 8

Em conclusão de julgamento, o Tribunal deferiu parcialmente extradição formulada, com base em tratado bilateral, pelo Governo da Argentina contra nacional uruguaio, a fim de que o extraditando seja processado e julgado pelos delitos tipificados nos artigos 144, *bis*, alínea 1ª, e 146, do Código Penal argentino. No caso, imputava-se-lhe a prática dos crimes de privação de liberdade e de associação ilícita, previstos, respectivamente, nos artigos 144, alínea 1ª, e 210, ambos do Código Penal argentino. Sustentava o Estado requerente que, durante a denominada "Operação Condor", "identificada como uma organização terrorista, secreta e multinacional para caçar adversários políticos" dos regimes militares do Brasil, Argentina, Chile, Uruguai, Paraguai e Bolívia nas décadas de 1970 e 1980, o extraditando, à época, Major do Exército uruguaio, teria participado de ações militares que resultaram no seqüestro de pessoas, dentre as quais um cidadão argentino, levadas a uma fábrica abandonada e lá submetidas a interrogatórios e torturas — v. Informativos 519 e 526. Concluiu-se, em síntese, pela ausência de suporte para a idéia de configuração de homicídios. No que concerne ao aditamento formalizado no sentido de requerer que a extradição fosse concedida com base na imputação do crime de seqüestro de menor de 10 anos de idade, que corresponderia ao tipo do art. 148, § 1º, IV, do Código Penal brasileiro, afastou-se a prescrição dessa pretensão punitiva. Por fim, quanto à alegação de que o extraditando teria sido beneficiado por indulto concedido pelo Governo Argentino mediante o Decreto 1.003/89, aduziu-se que esse ato normativo teria sido declarado inconstitucional, em 25.7.2006, pela Corte Suprema de *Justicia de La Nación*, em relação ao benefício a ele proporcionado. Vencidos os Ministros Marco Aurélio, relator, e Menezes Direito que indeferiam o pedido. **Ext 974/República Argentina, rel. orig. Min. Marco Aurélio, red. p/ o acórdão Min. Ricardo Lewandowski, 6.8.2009. (Ext-974)** (Inform. STF 554)

PRISÃO PREVENTIVA E PRISÃO PARA FINS DE EXTRADIÇÃO: IDÊNTICA FUNDAMENTAÇÃO - 1

Ante a peculiaridade do caso, a Turma deferiu *habeas corpus* para revogar a prisão preventiva decretada em desfavor de estrangeiro acusado pela suposta prática dos crimes de lavagem de dinheiro, tráfico internacional de drogas, formação de quadrilha, sonegação fiscal e outros delitos contra o sistema financeiro nacional. Na espécie, no julgamento de questão de ordem em extradição ajuizada em desfavor do ora paciente, o Plenário do STF determinara a expedição de alvará de soltura, por vislumbrar excesso de prazo na custódia, efetuada para fins de extradição, haja vista que ele se encontrava preso por aproximadamente 15 meses em virtude da insuficiência da documentação anexada ao pleito (Ext 1054 QO/Estados Unidos da América, j. em 29.8.2007, v. Informativo 477). No entanto, o paciente permanecera recolhido por nova decisão do TRF da 3ª Região que reiterara a fundamentação da custódia cautelar originária. Impetrada idêntica medida perante o STJ, cujo pedido de liminar fora indeferido pela relatora naquela Corte, esta Ministra, posteriormente, julgara prejudicado o *writ* lá impetrado, tendo em conta a concessão de medida liminar pelo Min. Ricardo Lewandowski, relator do presente feito. **HC 92474/SP, rel. Min. Ricardo Lewandowski, 2.12.2008.** (HC-92474)

PRISÃO PREVENTIVA E PRISÃO PARA FINS DE EXTRADIÇÃO: IDÊNTICA FUNDAMENTAÇÃO - 2

De início, reputou-se evidenciada excepcionalidade apta a afastar o óbice do Enunciado 691 da Súmula do STF. Ressaltou-se que o deferimento de medida liminar pelo STF não causa a perda de objeto do *habeas corpus* impetrado perante o STJ, o qual deve esgotar a prestação jurisdicional que lhe foi requerida. Asseverou-se que essa negativa de jurisdição deixaria o paciente em desamparo jurisdicional. Em seguida, após mencionar a similitude da hipótese com recentes episódios ocorridos nesta Corte, entendeu-se que o objeto desta impetração teria o mesmo lastro da prisão relativa à extradição. Assim, seria incongruente não conceder a ordem de soltura neste *writ*, uma vez que naquela ocasião o Tribunal, assentando a cautelaridade da custódia, concluíra pela inexistência de razões para a sua manutenção. Enfatizou-se que estaria em jogo a independência do Poder Judiciário, que depende da força da hierarquia do STF. O Min. Marco Aurélio enfatizou que o excesso de prazo é norteado pelo princípio unitário, considerando-se a condição do preso, pouco importando o número de processos. Ordem concedida para assegurar ao paciente a liberdade até o término da persecução criminal. **Precedentes citados: HC 87736/SP (DJU de 10.2.2007) e HC 86213/ES (DJE de 18.4.2008). HC 92474/SP, rel. Min. Ricardo Lewandowski, 2.12.2008. (HC-92474)** (Inform. STF 531)

HC: EXTRADIÇÃO E ADITAMENTO DE TRATADO BILATERAL

Reafirmando jurisprudência no sentido de não ser cabível *habeas corpus* contra decisões do Supremo em processos de jurisdição única, o Tribunal, por maioria, não conheceu de *writ* impetrado contra acórdão que deferira extradição, formulada pelo Governo Americano, de nacional haitiano acusado da suposta prática dos delitos de tráfico de entorpecentes e lavagem de dinheiro. Asseverou-se, ademais, não estar configurada, na espécie, circunstância excepcionalíssima que justificasse a concessão da ordem de ofício, tendo em vista, especialmente, o fato de ser improcedente a alegação de que o crime de lavagem de dinheiro não constaria do rol de delitos previstos no tratado de extradição firmado entre o governo requerente e o Brasil. No ponto, afirmou-se que tal infração teria sido incluída nesse tratado bilateral por força do disposto no art. 44 da Convenção das Nações Unidas contra a Corrupção (Decreto 5.687/2006) e no art. 16 da Convenção das Nações Unidas contra o Crime Organizado Transnacional (Decreto 5.015/2004) — das quais ambos os países seriam signatários, sem ressalva —, que prevêem que os crimes aos quais eles se aplicam, como o de lavagem de dinheiro, considerar-se-ão incluídos entre os delitos que dão lugar à extradição em todo tratado de extradição vigente entre os Estados Partes. Vencidos os Ministros Marco Aurélio, relator, Celso de Mello e Gilmar Mendes que, levando em conta a excepcionalidade da matéria discutida e, ainda, o debate em torno de tema novo, que permite ao Tribunal afastar a sua jurisprudência acerca da taxatividade do rol dos delitos que ensejam a extradição, conheciam do *writ*, mas o indeferiam, aplicando os aludidos dispositivos. Precedente citado: HC 76628 QO/DF (DJU de 12.6.98). **HC 92598/RJ, rel. orig. Min. Marco Aurélio, rel. p/ o acórdão Min. Menezes Direito, 13.12.2007. (HC-92598)** (Inform. STF 492)

EXTRADIÇÃO PARA FINS DE EXTRADIÇÃO

O Tribunal indeferiu extradição de nacional israelense, requerida pelo Governo do Uruguai, contra o qual fora expedido mandado internacional de captura com o objetivo de serem investigados os fatos ligados a sua fuga de estabelecimento de reclusão naquele país. Na espécie, o extraditando, preso em território uruguaio para eventual extradição para os Estados Unidos da América, conseguira evadir-se com a ajuda de 3 pessoas que, passando-se por policiais da Direção de Inteligência, teriam apresentado documento, aparentemente falso, que autorizava o seu traslado. Entendeu-se que o pedido extradicional não atendia o disposto no art. 80 da Lei 6.815/80, porquanto os documentos constantes dos autos não apontariam, claramente, quais teriam sido as condutas criminosas praticadas pelo extraditando, restando descritas apenas as condutas dos demais envolvidos na sua fuga. Considerou-se ainda mais grave o fato de o pedido de extradição ter, como uma de suas finalidades, eventual extradição para os Estados Unidos, haja vista não haver previsão, na Lei 6.815/80, da extradição para fins de extradição para outro país. Ressaltou-se, ademais, já ter sido anteriormente indeferido o pedido de extradição desse nacional formulado pelos Estados Unidos ao Brasil, em razão da ausência de reciprocidade e de previsão no tratado bilateral. Ext 1083/ República Oriental do Uruguai, rel. Min. Joaquim Barbosa, 6.12.2007. (Ext-1083) (Inform. STF 491)

EXTRADIÇÃO E INIMPUTABILIDADE - 1

O Tribunal, por maioria, deu provimento a agravo regimental interposto contra decisão que, nos autos de extradição, requerida pelo Governo da Itália, de nacional italiano condenado naquele país pelos crimes de formação de quadrilha finalizada ao tráfico de substâncias entorpecentes, concurso em extorsão e concurso em lesões graves, indeferira pedido de instauração de incidente de insanidade mental do extraditando. Salientando-se o fato de que a insanidade fora reconhecida na sentença condenatória proferida pelo Tribunal de Roma, que lhe aplicara medida de segurança, entendeu-se necessária a suspensão do processo, a fim de se aferir a persistência da inimputabilidade do extraditando, na forma do previsto no art. 149 do CPP. Vencido o Min. Joaquim Barbosa que negava provimento ao recurso ao fundamento de que o incidente de insanidade mental não se aplica aos processos de extradição, visto que a imputabilidade do agente, por ser matéria afeta à culpabilidade, não influencia na tipicidade do delito, devendo, ademais, a questão da insanidade ser apreciada pelo Estado requerente. Agravo provido para que o processo baixe em diligência para a instauração do incidente de insanidade mental. Ext 932 AgR/Governo da Itália, rel. orig. Min. Joaquim Barbosa, rel. p/ acórdão Min. Marco Aurélio, 15.2.2006. (Ext-932)

EXTRADIÇÃO E INIMPUTABILIDADE - 2

O Tribunal iniciou julgamento de pedido de **extradição,** formulado pelo Governo da Itália, de nacional italiano condenado naquele país pelos crimes de formação de quadrilha finalizada ao tráfico de substâncias entorpecentes, concurso em extorsão e concurso em lesões graves, e ao qual aplicada medida de segurança. O Min. Joaquim Barbosa, relator, salientou, inicialmente, que o laudo de insanidade mental do extraditando — apresentado em cumprimento a decisão do Supremo que determinara a baixa do processo em diligência (v. Informativo 416) — atesta que o periciado apresenta grave doença mental (esquizofrenia paranóide). Em seguida, rejeitou a preliminar de prejudicialidade quanto ao prosseguimento do processo, suscitada pela defesa, em face da **inimputabilidade** do extraditando. Entendeu que o Supremo não é o foro adequado para análise da imputabilidade do extraditando e eventual imposição de medida de segurança. Asseverou que, de acordo com precedentes da Corte (Ext 367/Estados Unidos da América, DJU de 31.10.79; Ext 553/República Federal da Alemanha, DJU de 18.8.95), o estado de saúde do extraditando apenas pode influir por ocasião do momento de entrega deste às autoridades estrangeiras e que a questão acerca da **inimputabilidade** deve ser suscitada na ação penal originária. Após o voto do Min. Marco Aurélio, que acompanhava o relator, pediu vista dos autos o Min. Carlos Britto. Ext 932/República Italiana, rel. Min. Joaquim Barbosa, 31.5.2007. (Ext-932)

EXTRADIÇÃO E INIMPUTABILIDADE - 3

O Tribunal retomou julgamento de pedido de extradição, formulado pelo Governo da Itália, de nacional italiano condenado naquele país pelos crimes de formação de quadrilha finalizada ao tráfico de substâncias entorpecentes, concurso em extorsão e concurso em lesões graves, e ao qual aplicada medida de segurança — v. Informativos 416 e 469. O Min. Carlos Britto, em voto-vista, inicialmente, não conheceu da preliminar suscitada pela defesa, por perda do objeto, haja vista a conclusão do exame de insanidade mental do paciente. Esclareceu que a preliminar limitara-se a suscitar a incidência do art. 149 do CPP, tendo o Tribunal, no entanto, na assentada anterior, avançado no exame da possibilidade de extradição de inimputável. No ponto, afirmou que o avanço na análise dessa questão, ao contrário do que entendera o relator, estaria imbricada com o exame do mérito da extradição. Em seguida, o Min. Carlos Britto indeferiu o pedido extradicional, tendo em conta que o tratado firmado entre os Governos do Brasil e da Itália não cuidou da possibilidade de extradição executória para cumprimento de medida de segurança, mas somente para o efetivo cumprimento de pena restritiva de liberdade pessoal, não cabendo ao Supremo interpretar lei extensivamente em desfavor do extraditando, por se tratar de matéria penal. O julgamento foi suspenso com o pedido de adiamento do relator. Ext 932/República Italiana, rel. Min. Joaquim Barbosa, 13.9.2007. (Ext-932)

EXTRADIÇÃO E INIMPUTABILIDADE - 4

O Tribunal, por maioria, deferiu parcialmente pedido de **extradição,** formulado pelo Governo da Itália, de nacional italiano, fundado em dois mandados de prisão, para submetê-lo a processo penal em que se lhe imputa o crime de formação de quadrilha finalizada ao tráfico de substâncias entorpecentes, concurso em extorsão e concurso em lesões graves — v. Informativos 416, 469 e 479. Rejeitou-se, inicialmente, a preliminar de prejudicialidade quanto ao prosseguimento do processo, suscitada pela defesa, em face da **inimputabilidade** do extraditando (acometido de esquizofrenia paranóide) e reconheceu-se, quanto a um dos pedidos, fundado em sentença penal condenatória transitada em julgado, a prescrição. No que se refere ao pedido com fulcro nos dois mandados de prisão, salientando caber ao Supremo uma análise estritamente formal do pedido formulado, sob pena de se violar normas de Direito Internacional e a própria soberania do Estado requerente, entendeu-se atendidos os requisitos legais para a **extradição.** Considerou-se que o extraditando não estaria respondendo a processo no Brasil, razão pela qual o indeferimento do pedido extradicional implicaria sua liberdade, não obstante o estado atual de insanidade declarada e os crimes pelos quais deveria responder na Itália. Reportou-se a precedente do Pleno em que deferida **extradição** de nacional argentino que estava a cumprir medida de segurança no Brasil e afirmou-se que o fato de o extraditando ser, atualmente, inimputável, não significaria que, quando do julgamento dos fatos na Itália, ainda estaria a sofrer da doença. Enfatizou-se, também, estar configurada uma das hipóteses previstas no Tratado de **Extradição** entre a República Federativa do Brasil e a República da Itália para a concessão da **extradição** requerida, ou seja, a de submissão do extraditando a processo penal no Estado requerente. Ressaltou-se não caber ao Supremo proceder ao exame do resultado de eventual aplicação de pena ou de medida de segurança. Além disso, asseverou-se que o laudo pericial não atestara que, à época dos fatos, o extraditando já padecia de esquizofrenia (CP, art. 26), e que a questão acerca da **inimputabilidade** deveria ser suscitada na ação penal originária. Vencidos, em parte, os Ministros Carlos Britto, Gilmar Mendes e Celso de Mello que indeferiam o pedido extradicional. Precedentes citados: Ext 367/Estados Unidos da América (DJU de 31.10.79); Ext 553/República Federal da Alemanha (DJU de 18.8.95); Ext 1006/República Argentina (DJU de 23.3.2007). Ext 932/República Italiana, rel. Min. Joaquim Barbosa, 10.10.2007. (Ext-932) (Inform. STF 483)

PRISÃO PREVENTIVA PARA FINS DE EXTRADIÇÃO: BONS ANTECEDENTES E PRINCÍPIO DA PROPORCIONALIDADE - 1

O Tribunal, por maioria, deferiu *habeas corpus* impetrado em favor de nacional colombiano, acusado da suposta prática dos crimes de lavagem de dinheiro e associação para o tráfico internacional de entorpecentes, a fim de que aguarde solto o julgamento da extradição contra ele formulada pelo Governo do Panamá, determinando a expedição de alvará de soltura, que deverá conter as seguintes cautelas: a) o depósito do passaporte do extraditando no STF; b) a advertência ao extraditando sobre a impossibilidade de, sem autorização do relator da Extradição no STF, deixar a cidade de seu domicílio no Estado de São Paulo; e c) a obrigação de atender a todos os chamados judiciais. Inicialmente, salientou-se a necessidade de ser revisitado o tema da prisão preventiva para fins de extradição, em face do significado ímpar atribuído pela CF/88 aos direitos individuais. Destacou-se que, em nosso Estado de Direito, a prisão seria uma medida excepcional e, por isso, não poderia ser utilizada como meio generalizado de limitação das liberdades dos cidadãos, não havendo razão, tanto com base na CF quanto nos tratados internacionais com relação ao respeito aos direitos humanos e a dignidade da pessoa humana, para que tal entendimento não fosse aplicado no que tange às prisões preventivas para fins de extradição. HC 91657/SP, rel. Min. Gilmar Mendes, 13.9.2007. (HC-91657)

PRISÃO PREVENTIVA PARA FINS DE EXTRADIÇÃO: BONS ANTECEDENTES E PRINCÍPIO DA PROPORCIONALIDADE - 2

Asseverou-se que, apesar da especificidade das custódias para fins extradicionais e a evidente necessidade das devidas cautelas em caso de seu relaxamento ou de concessão de liberdade provisória, seria desproporcional o tratamento ora dispensado ao instituto da prisão preventiva para extradição no contexto normativo da CF/88. Diante disso, afirmou-se que a prisão preventiva para fins de extradição haveria de ser analisada caso a caso, sendo, ainda, a ela atribuído limite temporal, compatível com o princípio da proporcionalidade, quando seriam avaliadas sua necessidade, sua adequação e sua proporcionalidade em sentido estrito. Tendo em conta os bons antecedentes do paciente e a necessidade de ser verificada a compatibilidade da custódia com o princípio da proporcionalidade, a fim de que esta seja limitada ao estritamente necessário, entendeu-se que, na hipótese, estariam presentes os requisitos autorizadores da concessão do *habeas corpus*. Considerou-se o fato de o paciente ser pessoa pública, há muito conhecida no Brasil nos meios desportivos e sociais, e de não ter oferecido qualquer tipo de resistência quando de sua prisão, nem demonstrado intenção de fugir ou de se ausentar do país, não havendo, dessa forma, risco para a instrução criminal em curso pelo governo requerente ou para o processo de extradição. Vencidos os Ministros Menezes Direito e Marco Aurélio, que indeferiam o *writ*, mantendo a jurisprudência da Corte no sentido de que prisão preventiva para fins de extradição constitui requisito de procedibilidade do processo extradicional e deve perdurar até o julgamento final da causa (Lei 6.815/80, art. 84, parágrafo único). HC 91657/SP, rel. Min. Gilmar Mendes, 13.9.2007. (HC-91657) (Inform. STF 479)

EXTRADIÇÃO E INSUFICIÊNCIA INSTRUTÓRIA DO PEDIDO - 1

Tendo em conta as peculiaridades do caso, o Tribunal, por maioria, resolveu questão de ordem em extradição, ajuizada pelo Governo dos Estados Unidos da América, no sentido de determinar-se o relaxamento da prisão do extraditando, bem como a remessa dos autos ao Ministério Público Federal, para coleta de parecer e julgamento definitivo do pedido. Na espécie, o extraditando encontrava-se preso, para fins de extradição, por aproximadamente 15 meses em virtude da insuficiência da documentação anexada ao pedido, não obstante as diversas diligências visando a sua complementação, as quais não foram atendidas pelo Estado requerente. Entendeu-se que o preceito da Lei 6.815/80 — que estabelece a permanência da prisão do extraditando até a apreciação final do pedido — não poderia ser levado às últimas conseqüências, merecendo interpretação consentânea com o arcabouço normativo constitucional, com a premissa de que, sendo a prisão preventiva exceção, ela deve ter limite temporal. Ext 1054 QO/Estados Unidos da América, rel. Min. Marco Aurélio, 29.8.2007. (Ext-1054)

EXTRADIÇÃO E INSUFICIÊNCIA INSTRUTÓRIA DO PEDIDO - 2

Nesse sentido, aduziu-se que a boa reputação do extraditando no território nacional, o fato de aqui residir há mais de 40 anos e a circunstância de não haver ingressado no Brasil para fugir à persecução criminal em outro país deveriam ser considerados para sopesar-se a razoabilidade da prisão preventiva. Assim, reconhecido o excesso de prazo da custódia do extraditando, por culpa do Governo requerente, ordenou-se a expedição do alvará de soltura em seu favor, a ser cumprido com as seguintes cautelas: a) o depósito do passaporte do extraditando no STF; b) a advertência ao extraditando, na presença dos profissionais da advocacia que o assistem, da impossibilidade de, sem autorização desta Corte, deixar o Estado de São Paulo, o domicílio que tem no referido Estado; c) a obrigação de atender aos chamamentos judiciais, embora, na hipótese, já tenha havido a instrução do processo em termos de apresentação de defesa e interrogatório; d) o registro da valia deste ato, no que o Poder Judiciário credita-lhe confiança a ponto de mantê-lo em liberdade ante o pedido de extradição. Vencidos os Ministros Eros Grau, Cezar Peluso e Celso de Mello que, na linha da orientação firmada pela Corte, indeferiam liminarmente o pedido, porquanto não atendidas as várias solicitações do STF para que a deficiência da instrução fosse sanada. Ext 1054 QO/ Estados Unidos da América, rel. Min. Marco Aurélio, 29.8.2007. (Ext-1054) (Inform. STF 477)

EXTRADIÇÃO: PENA GLOBAL E PRESCRIÇÃO - 1

Tendo em conta as peculiaridades do caso concreto, o Tribunal deferiu, parcialmente, pedido de extradição, formulado pelo Governo da Coréia, de nacional sul-coreano, condenado, naquele país, à pena de 10 anos de prisão pela prática dos crimes de suborno com abuso de confiança e fraudes para obtenção de aumento de capitais e para obtenção de veículos. Inicialmente, considerou-se atendido o requisito da dupla tipicidade apenas quanto aos crimes de fraude, ante sua sintonia com o delito de estelionato (CP, art. 171). No que se refere à prescrição, asseverou-se que o fato de a legislação da Coréia adotar o critério unitário quanto à apenação, quando o agente é processado por crimes diversos, não poderia constituir, com base no disposto no art. 77, VI, da Lei 6.815/80 e no próprio Tratado de Extradição subscrito pelo país de origem e o Brasil, óbice ao deferimento
1490 do pedido extradicional. Entendeu-se que, tomando-se a pena mínima para o tipo do art. 171 do CP brasileiro, de 1 ano, e a circunstância de o extraditando ter sido condenado a 10 anos, presente outro crime que não ensejaria a extradição, não teria ocorrido nem a prescrição punitiva, nem a executória. Ext 906/República da Coréia, rel. Min. Marco Aurélio, 23.4.2007. (EXT-906)

EXTRADIÇÃO: PENA GLOBAL E PRESCRIÇÃO - 2

Ressaltou-se, também, que, em razão de estar incluída, no total dos 10 anos, a pena estabelecida pelo crime de suborno com abuso de confiança, para o qual fixada, no Código Penal da Coréia, a pena máxima de 2 anos, não cogitando o preceito da mínima, descaberia a entrega pura e simples do extraditando, o que o levaria a cumprir os 10 anos de prisão a que condenado. Assim, estabeleceu-se que, para sua entrega, o Estado requerente teria de assumir o compromisso de observar a pena máxima de 8 anos, dos quais seriam subtraídos, ainda, os períodos em que o extraditando permanecera preso preventivamente na Coréia e no Brasil, para efeito de extradição, além de não ser a ele imposta, sem que deferida extensão, pena por crime anterior ao pedido analisado (Lei 6.815/80, art. 91). O Min. Sepúlveda Pertence fez ressalva, no que foi acompanhado pelo Min. Carlos Britto, de que, em princípio, seria necessária a especificação de cada pena aplicada para se calcular a prescrição da pretensão executória no Brasil, mas reconheceu a singularidade do caso, haja vista que, aritmeticamente, não haveria possibilidade de se chegar aos 8 anos da pena global se, aos crimes restantes, considerados isoladamente, fosse aplicada pena inferior a 1 ano. Ext 906/República da Coréia, rel. Min. Marco Aurélio, 23.4.2007. (EXT-906) (Inform. STF 464)

EMENTA: EXTRADIÇÃO. PRISÃO CAUTELAR DECRETADA. **INTERCEPTAÇÃO TELEFÔNICA** PRETENDIDA PELA AUTORIDADE POLICIAL **PARA EFEITO DE EXECUÇÃO** DO MANDADO DE PRISÃO. HIPÓTESE **QUE NÃO SE AJUSTA** ÀS EXCEÇÕES **TAXATIVAMENTE** PREVISTAS NA CONSTITUIÇÃO. O SÚDITO ESTRANGEIRO, **EMBORA SUBMETIDO** A PROCESSO EXTRADICIONAL, **NÃO SE DESPOJA** DA SUA CONDIÇÃO **DE SUJEITO** DE DIREITOS **E DE TITULAR** DE GARANTIAS CONSTITUCIONAIS **PLENAMENTE OPONÍVEIS** AO ESTADO BRASILEIRO. **PEDIDO DE INTERCEPTAÇÃO TELEFÔNICA INDEFERIDO**. (Ext 1021/República Francesa, rel. Min. Celso de Mello) (Inform. STF 458)

SMULA STF Nº 692

Não se conhece de "habeas corpus" contra omissão de relator de extradição, se fundado em fato ou direito estrangeiro cuja prova não constava dos autos, nem foi ele provocado a respeito.

SÚMULA STF Nº 421

Não impede a extradição a circunstância de ser o extraditando casado com brasileira ou ter filho brasileiro.

3. EXTRADIÇÃO NO MERCOSUL - ACORDO DE EXTRADIÇÃO

EXTRADIÇÃO: DESQUALIFICAÇÃO DO CRIME DE SEQÜESTRO E MORTE PRESUMIDA - 1

O Tribunal iniciou julgamento de extradição formulada, com base em tratado bilateral, pelo Governo da Argentina contra nacional uruguaio, a fim de submetê-lo a processo judicial no qual lhe é imputada a prática dos crimes de privação de liberdade e de associação ilícita, previstos, respectivamente, nos artigos 144, alínea 1ª, e 210, ambos do Código Penal argentino. Alega o Estado requerente que, durante a denominada "Operação Condor", "identificada como uma organização terrorista, secreta e multinacional para caçar adversários políticos" dos regimes militares do Brasil, Argentina, Chile, Uruguai, Paraguai e Bolívia nas décadas de 1970 e 1980, o extraditando, à época, Major do Exército uruguaio, teria participado de ações militares que resultaram no seqüestro de pessoas, dentre as quais um cidadão argentino, levadas a uma fábrica abandonada e lá submetidas a interrogatórios e torturas. Preliminarmente, tendo em conta a regra prevista no art. 25, II, do Tratado do MERCOSUL, que estabelece que, quando mais de um Estado requer a extradição da mesma pessoa, pelo mesmo fato, tem preferência aquele em cujo território a infração foi cometida, julgou-se prejudicado outro pedido de extradição, formulado pelo Governo da República Oriental do Uruguai (Ext 1079), porquanto o desaparecimento do cidadão argentino, em 1976, imputado ao extraditando, ocorrera na Argentina. **Ext 974/República Argentina, rel. Min. Marco Aurélio, 11.9.2008.** (Ext-974)

EXTRADIÇÃO: DESQUALIFICAÇÃO DO CRIME DE SEQÜESTRO E MORTE PRESUMIDA - 2

Quanto ao mérito, o Min. Marco Aurélio, relator, indeferiu o pleito, no que foi acompanhado pelos Ministros Menezes Direito, Cármen Lúcia e Eros Grau. De início, reputou prescrito o crime de associação ilícita (quadrilha) tanto pela legislação brasileira quanto pela argentina. No que se refere ao desaparecimento do cidadão argentino, em 1976, negou — ante a impossibilidade de ter-se, por ausência de ratificação, a Convenção Interamericana sobre o Desaparecimento Forçado de Pessoas como a compor o ordenamento jurídico brasileiro — a aplicação do disposto no art. 7º dela constante, que prevê que o crime de desaparecimento não está sujeito à prescrição. Rejeitou, de igual modo, a alegação do Procurador-Geral da República, em seu parecer, de que a imputação feita ao extraditando, por ser enquadrável como seqüestro, não estaria prescrita, haja vista se tratar de crime permanente no Brasil e na Argentina. No ponto, asseverou que tal imputação adquiriu contornos peculiares, ficando afastada a tipologia seqüestro. Considerou que, no contexto, o vocábulo desaparecimento não corresponderia ao seqüestro previsto no art. 148 do CP (*"privar alguém de sua liberdade, mediante seqüestro ou cárcere privado"*), porque o desaparecimento forçado do cidadão argentino atribuído ao extraditando alcançaria a própria morte, ante o fim visado, qual seja, alijar pessoas que pudessem colocar em risco o regime existente. Ressaltou o relator ser sintomático que, ocorrido o aludido desaparecimento, em 1976, passados 32 anos, com mudanças substanciais de regime nos países que integrariam a "Operação Condor", não haja notícia do local em que se encontre o referido cidadão. Dessa forma, presente o sentido vernacular do vocábulo desaparecimento, entendeu não preenchido o requisito da dupla tipicidade relativamente ao disposto na legislação penal brasileira sobre o seqüestro. **Ext 974/República Argentina, rel. Min. Marco Aurélio, 11.9.2008.** (Ext-974)

EXTRADIÇÃO: DESQUALIFICAÇÃO DO CRIME DE SEQÜESTRO E MORTE PRESUMIDA - 3

Em seguida, o Min. Marco Aurélio, reportando-se aos princípios da razão suficiente, da causalidade e do determinismo, afirmou ter-se, considerada quer a legislação brasileira, quer a argentina, a morte presumida. Quanto à legislação brasileira, citou o que disposto na Lei 9.140/95, que reconheceu como mortas as pessoas desaparecidas em virtude de participação ou acusação de participação em atividades políticas no período de 2.9.61 a 5.10.88 (art. 1º), e ainda, a previsão geral decorrente do Código Civil de

2002 no que, além do instituto da simples ausência, inseriu, no contexto, a morte presumida, quando "for extremamente provável a morte de quem estava em perigo de vida" (art. 7º). No que tange à argentina, mencionou o art. 22 da Lei 14.394/54. Daí, para o relator, assentada a morte presumida ante os dois ordenamentos jurídicos, estar-se-ia diante da figura do homicídio, crime instantâneo, já prescrito tanto pelo direito pátrio quanto pelo argentino. Por fim, o relator, ao salientar que a extradição, presente a simetria, pressupõe, se cometido o crime no Brasil, a possibilidade de o extraditando vir a responder pelo ato em território brasileiro, entendeu que isso não ocorre, no caso, em razão da anistia verificada. Afirmou que, em última análise, o Supremo está a enfrentar, na espécie, na via indireta, a problemática relativa ao alcance da anistia, e que, na hipótese de ser deferida a extradição, assentar-se-á a viabilidade de persecução criminal, de responsabilidade administrativa e civil, no tocante a fatos por ela cobertos, o que implicará o esvaziamento de sua essência e um conflito sem limites. Quanto à tese da anistia, a Min. Cármen Lúcia fez ressalva. O Min. Ricardo Lewandowski abriu divergência e deferiu, em parte, o pedido, por considerar que o crime de seqüestro pode, em tese, ainda subsistir. Asseverou o fato de, nesses crimes de desaparecimento, muitos bebês terem sido tirados de suas mães nos cárceres e, até hoje, estarem em poder de outras famílias. Após, pediu vista dos autos o Min. Cezar Peluso. **Ext 974/República Argentina, rel. Min. Marco Aurélio, 11.9.2008.** (Ext-974) (Inform. STF 519)

4. EXPULSÃO

HC N. 99.742-SP
RELATOR: MIN. JOAQUIM BARBOSA

EMENTA: *Habeas Corpus*. **Estrangeiro condenado por tráfico de entorpecentes. Filhas brasileiras. Reconhecimento e nascimento posteriores à medida expulsória. Não ocorrência de causa impeditiva da expulsão.**

"Não constituem impedimento à expulsão a adoção ou o reconhecimento de filho brasileiro supervenientes ao fato que o motivar", conforme determina o § 1º do art. 75 da Lei nº 6.815/80.

As causas impeditivas da expulsão se limitam àquelas previstas no art. 75 da Lei nº 6.815/80. Ordem denegada. (Inform. STF 626) *noticiado no Informativo 617

EXPULSÃO E IMPOSSIBILIDADE DE PEDIDO DE RECONSIDERAÇÃO - 1

O Tribunal, por maioria, indeferiu *habeas corpus* preventivo em que estrangeiro expulso do Brasil após haver cumprido pena pela prática dos delitos tipificados nos artigos 12 e 18, I e II, ambos da Lei 6.368/76, pleiteava o direito de reingressar no território nacional, sem incorrer no crime previsto no art. 338 do CP (*"Reingressar no território nacional o estrangeiro que dele foi expulso:"*). Alegava que não poderia ser proibido de retornar ao país, uma vez que possuiria filha brasileira dele dependente, bem como companheira aqui radicada. Sustentava, ainda, ser irrelevante o fato de sua filha ter nascido posteriormente à publicação do decreto presidencial que determinara a expulsão. Entendeu-se que a expulsão constituiria medida político-administrativa discricionária exclusiva do Presidente da República (Lei 6.815/80, art. 66) e que o Poder Judiciário seria competente apenas para examinar a legalidade e a constitucionalidade do ato, não podendo imiscuir-se no juízo de conveniência e oportunidade da medida, sob pena de violação do princípio da interdependência entre os poderes. **HC 85203/SP, rel. Min. Eros Grau, 6.8.2009.** (HC-85203)

EXPULSÃO E IMPOSSIBILIDADE DE PEDIDO DE RECONSIDERAÇÃO - 2

Salientou-se não constarem dos autos documentos comprobatórios de relação matrimonial do paciente com a mãe de sua filha, nem da dependência econômica desta em relação ao paciente, e que o STF possuiria orientação consolidada no sentido de que o nascimento de filho brasileiro após a prática da infração penal não caracteriza óbice à expulsão. Asseverou-se, também, que, não obstante o caráter sumário do inquérito para expulsão por crime de tráfico de entorpecentes (Lei 6.815/80, art. 71), teria sido garantido ao paciente o contraditório e a ampla defesa para contestar as razões do Presidente da República. Ademais, tendo em conta o direito de petição, enfatizou-se que nada impediria que o paciente formulasse, à Presidência da República, pedido de revogação do ato expulsório, não sendo o *writ* a via adequada para o acolhimento da pretensão formulada. Consignou-se, por fim, que o art. 72 da Lei 6.815/80 apenas proíbe o pedido de reconsideração nas hipóteses especificadas no art. 71 [*"Art. 71. Nos casos de infração contra a segurança nacional, a ordem política ou social e a economia popular, assim como nos casos de comércio, posse ou facilitação de uso indevido de substância entorpecente ou que determine dependência física ou psíquica, ou de desrespeito à proibição especialmente prevista em lei para estrangeiro, o inquérito será sumário e não excederá o prazo de quinze dias, dentro do qual fica assegurado ao expulsando o direito de defesa. Art. 72. Salvo as hipóteses previstas no artigo anterior, caberá pedido de reconsideração no prazo de 10 (dez) dias, a contar da publicação do decreto de expulsão, no Diário Oficial da União."*]. No tocante aos princípios constitucionais relativos à dignidade da pessoa humana e à proteção da família, o Min. Cezar Peluso acrescentou que o legislador já fizera a opção político-legislativa pelo resguardo da coletividade nacional — segundo um juízo discricionário do Presidente da República — e não pelo de eventual interesse de uma pequena família. Vencidos os Ministros Carlos Britto e Gilmar Mendes que, questionando a constitucionalidade do citado art. 72 da Lei 6.815/80, deferiam a ordem, de ofício, para assegurar ao paciente o manejo, na via administrativa, do pedido de reconsideração. **HC 85203/SP, rel. Min. Eros Grau, 6.8.2009. (HC-85203)** (Inform. STF 554)

PROGRESSÃO DE REGIME. ESTRANGEIRO. PROCESSO DE EXPULSÃO.

Trata-se de *habeas corpus* em favor de paciente estrangeiro que cumpre pena de quatro anos e dez meses de reclusão em regime fechado pela prática do delito de tráfico de drogas (art. 33, *caput*, da Lei n. 11.343/2006), cujo término está previsto para 3/11/2013. Na espécie, o paciente teve o pedido de progressão ao regime semiaberto deferido pelo juízo das execuções criminais. Dessa decisão, o Ministério Público interpôs agravo em execução no tribunal *a quo*, o qual deu provimento ao recurso ministerial para reformar a decisão recorrida, determinando o retorno do condenado ao regime fechado. É consabido que a situação irregular de estrangeiro no País não é circunstância, por si só, apta a afastar o princípio da igualdade entre nacionais e estrangeiros. Embora este Superior Tribunal entenda não ser possível o deferimento do benefício da progressão de regime prisional ao condenado estrangeiro cujo processo de expulsão esteja em andamento, o caso *sub examine* é *sui generis*. Isso porque o paciente é casado com uma brasileira desde 2005, tendo com ela dois filhos nascidos no Brasil, situação que, em princípio, inviabilizaria a decretação de sua expulsão nos termos do art. 75, II, do Estatuto do Estrangeiro e da Súm. n. 1/STF. Além disso, o paciente já cumpriu pena no regime semiaberto por cerca de sete meses, sem qualquer tentativa de fuga, período em que usufruiu, até mesmo, saídas temporárias. Assim sendo, a possibilidade de fuga e, consequentemente, de frustração do decreto de expulsão não justifica o indeferimento do pedido da progressão ao regime semiaberto. Inclusive, o STF já decidiu que o fato de o condenado por tráfico de droga ser estrangeiro, estar preso, não ter domicílio no país e ser objeto de processo de expulsão não constitui óbice à progressão de regime de cumprimento da pena. Dessarte, diante das peculiaridades do caso, não existe qualquer obstáculo à progressão para regime prisional intermediário, que não equivale à liberdade do paciente. Com essas e outras ponderações, a Turma concedeu a ordem para permitir ao paciente a progressão ao regime semiaberto, restabelecendo a decisão do juízo da execução penal. Precedente citado do STF: HC 97.147-MT, DJe 12/2/2010. **HC 219.017-SP, Rel. Min. Laurita Vaz, julgado em 15/3/2012. (Inform. STJ 493)**

ESTRANGEIRO. VISTO TEMPORÁRIO. TRABALHO.

Em mandado de segurança impetrado contra o ato que determinou o repatriamento de estrangeiros que trabalhavam para o ora agravante, o acórdão recorrido consignou que a Lei n. 6.815/1980 e o art. 23 do Dec. n. 86.715/1981 (que a regulamentou) apregoam que o visto temporário para estrangeiro exercer atividade profissional no país deve ser obtido ainda no exterior, e não no território nacional. Registrou, também, que o Conselho Nacional de Imigração não pode excluir essas exigências legais. Isso posto, a Turma negou provimento ao agravo regimental. **AgRg no REsp 875.503-RJ, Rel. Min. Herman Benjamin, julgado em 2/12/2008.** (Inform. STJ 379)

EXPULSÃO. ESTRANGEIRO. PROLE NO BRASIL.

Cuida-se de *habeas corpus* impetrado contra o ato do ministro de Estado da Justiça consubstanciado na instauração de processo administrativo de expulsão, devido à condenação do paciente pela prática dos crimes previstos nos arts. 12 e 14, c/c o art. 18, I, da Lei n. 6.368/1976. Diante do exposto, a Seção concedeu a ordem para determinar a extinção daquele processo, bem como para excluir o nome do paciente do Sistema Nacional de Procurados e Impedidos (Sinpi). No caso, foi deferido o pedido de liminar para determinar a permanência do paciente no território nacional até o julgamento final do *habeas corpus*, decisão que foi mantida após a apreciação de agravo regimental interposto pela União. Na hipótese, está suficientemente comprovado que o paciente, condenado pela prática dos crimes previstos nos mencionados artigos da referida lei, tem uma filha brasileira, atualmente com quinze anos de idade, que dele depende economicamente para sobreviver. Ademais, foi demonstrado o requisito do *fumus boni juris* na medida em que o art. 75, II, b, da Lei n. 6.815/1980 determina que não se procederá à expulsão do estrangeiro que tiver filho brasileiro que, comprovadamente, esteja sob sua guarda e dependa dele economicamente. Destacou-se, ainda, que o juiz da comarca onde o paciente foi processado e condenado declarou extinta a punibilidade pela ocorrência de prescrição. Precedentes citados: HC 22.446-RJ, DJ 31/3/2003; HC 38.946-DF, DJ 27/6/2005; HC 31.449-DF, DJ 31/5/2004; HC 43.604-DF, DJ 29/8/2005, e HC 88.882-DF, DJ 17/3/2008. **HC 106.632-MS, Rel. Min. Denise Arruda, julgado em 24/9/2008.** (Inform. STJ 369)

HC. EXPULSÃO. ESTRANGEIRO.

O impetrante, além dos documentos relacionados com sua expulsão do país, apenas juntou certidão de nascimento de criança (expedida um dia antes da denúncia) que afirma ser seu filho, sem qualquer comprovante de residência ou prova da alegada dependência econômica. Diante desses fatos, a Seção, por maioria, denegou a ordem de *habeas corpus*. **HC 98.735-DF, Rel. Min. Denise Arruda, julgado em 25/6/2008.** (Inform. STJ 361)

HC. PROVA PRÉ-CONSTITUÍDA. EXPULSÃO.

Trata-se de *habeas corpus* equivocadamente julgado na Segunda Turma (publicado no Informativo n. 341). Posteriormente seu julgamento foi cancelado, sendo rejulgado na Primeira Seção. O *habeas corpus* impetrado com o objetivo de ser reconhecida causa impeditiva (filha nascida no Brasil) para expulsão do paciente do país deve ser instruído com todas as provas que confirmem as alegações deduzidas. A declaração da companheira afirmando que convivera de forma marital com o paciente, o fato de o paciente prestar serviços gerais na informalidade, a conta de energia elétrica no nome apenas da companheira, a ficha do hospital e a declaração de nascido vivo com o nome apenas da mãe não servem ao fim almejado. Precedente citado: HC 49.090-SP, DJ 5/11/2007. **HC 90.790-DF, Rel. Min. Castro Meira, julgado em 12/12/2007.** (Inform. STJ 342)

CONFLITO ENTRE TRATADO INTERNACIONAL E LEI ORDINÁRIA

CONTRIBUINTES RESIDENTES OU DOMICILIADOS NO ESTRANGEIRO: TRATADO INTERNACIONAL E LEI POSTERIOR - 1

O Plenário iniciou julgamento de recursos extraordinários em que discutida a obrigatoriedade, ou não, da retenção na fonte e do recolhimento de imposto de renda, no ano-base de 1993, quanto a dividendos enviados por pessoa jurídica brasileira a sócio residente na Suécia. Na espécie, não obstante a existência de convenção internacional firmada entre o Brasil e aquele Estado, a qual assegura tratamento não discriminatório entre ambos os países, adviera legislação infraconstitucional que permitira essa tributação (Lei 8.383/91, art. 77 e Regulamento do Imposto de Renda de 1994 - RIR/94), isentando apenas os lucros recebidos por sócios residentes ou domiciliados no Brasil (Lei 8.383/91, art. 75). A pessoa jurídica pleiteara, na origem, a concessão de tratamento isonômico entre os residentes ou domiciliados nos mencionados Estados, com a concessão da benesse. Alegara, ainda, que, nos termos do art. 98 do CTN, o legislador interno não poderia revogar isonomia prevista em acordo internacional. Ocorre que o pleito fora julgado improcedente, sentença esta mantida em sede recursal, o que ensejara a interposição de recursos especial e extraordinário. Com o provimento do recurso pelo STJ, a União também interpusera recurso extraordinário, em que defende a mantença da tributação aos contribuintes residentes ou domiciliados fora do Brasil. Sustenta, para tanto, ofensa ao art. 97 da CF, pois aquela Corte, ao afastar a aplicação dos preceitos legais referidos, teria declarado, por órgão fracionário, sua inconstitucionalidade. Argumenta que a incidência do art. 98 do CTN, na situação em apreço, ao conferir superioridade hierárquica aos tratados internacionais em relação à lei ordinária, transgredira os artigos 2º; 5º, II e § 2º; 49, I; 84, VIII, todos da CF. Por fim, aduz inexistir violação ao princípio da isonomia, dado que tanto o nacional sueco quanto o brasileiro têm direito a isenção disposta no art. 75 da Lei 8.383/91, desde que residentes ou domiciliados no Brasil. RE 460320/PR, rel. Min. Gilmar Mendes, 31.8.2011. (RE-460320)

CONTRIBUINTES RESIDENTES OU DOMICILIADOS NO ESTRANGEIRO: TRATADO INTERNACIONAL E LEI POSTERIOR – 2

O Min. Gilmar Mendes, relator, proveu o recurso extraordinário da União e afastou a concessão da isenção de imposto de renda retido na fonte para os não-residentes. Julgou, ademais, improcedente o pedido formulado na ação declaratória, assentando o prejuízo do apelo extremo da sociedade empresária. Ante a prejudicialidade da matéria, apreciou, inicialmente, o recurso interposto pela União, admitindo-o. Assinalou o cabimento de recurso extraordinário contra decisão proferida pelo STJ apenas nas hipóteses de questões novas, lá originariamente surgidas. Além disso, apontou que, em se tratando de recurso da parte vencedora (no segundo grau de jurisdição), a recorribilidade extraordinária, a partir do pronunciamento do STJ, seria ampla, observados os requisitos gerais pertinentes. No tocante ao art. 97 da CF, consignou que o acórdão recorrido não afastara a aplicação do art. 77 da Lei 8.383/91 em face de disposições constitucionais, mas sim de outras normas infraconstitucionais, sobretudo o art. 24 da Convenção entre o Brasil e a Suécia para Evitar a Dupla Tributação em Matéria de Impostos sobre a Renda e o art. 98 do CTN. Isso porque essa inaplicabilidade não equivaleria à declaração de inconstitucionalidade, nem demandaria reserva de plenário. Quanto à suposta afronta aos artigos 2º; 5º, II e § 2º; 49, I; 84, VIII, todos da CF, após digressão evolutiva da jurisprudência do STF relativamente à aplicação de acordos internacionais em cotejo com a legislação interna infraconstitucional, asseverou que, recentemente, esta Corte afirmara que as convenções internacionais de direitos humanos têm status supralegal e que prevalecem sobre a legislação interna, submetendo-se somente à Constituição. Salientou que, no âmbito tributário, a cooperação internacional viabilizaria a expansão das operações transnacionais que impulsionam o desenvolvimento econômico, o combate à dupla tributação internacional e à evasão fiscal internacional, e contribuiria para o estreitamento das relações culturais, sociais e políticas entre as nações. RE 460320/PR, rel. Min. Gilmar Mendes, 31.8.2011. (RE-460320)

CONTRIBUINTES RESIDENTES OU DOMICILIADOS NO ESTRANGEIRO: TRATADO INTERNACIONAL E LEI POSTERIOR - 3

O relator frisou, no entanto, que, pelas peculiaridades, os tratados internacionais em matéria tributária tocariam em pontos sensíveis da soberania dos Estados. Demandariam extenso e cuidadoso processo de negociação, com a participação de diplomatas e de funcionários das respectivas administrações tributárias, de modo a conciliar interesses e a permitir que esse instrumento atinja os objetivos de cada nação, com o menor custo possível para a receita tributária de cada qual. Pontuou que essa complexa cooperação internacional seria garantida essencialmente pelo *pacta sunt servanda*. Nesse contexto, registrou que, tanto quanto possível, o Estado Constitucional Cooperativo reinvindicaria a manutenção da boa-fé e da segurança dos compromissos internacionais, ainda que diante da legislação infraconstitucional, notadamente no que se refere ao direito tributário, que envolve garantias fundamentais dos contribuintes e cujo descumprimento colocaria em risco os benefícios de cooperação cuidadosamente articulada no cenário internacional. Reputou que a tese da legalidade ordinária, na medida em que permite às entidades federativas internas do Estado brasileiro o descumprimento unilateral de acordo internacional, conflitaria com princípios internacionais fixados pela Convenção de Viena sobre Direito dos Tratados (art. 27). Dessa forma, reiterou que a possibilidade de afastamento da incidência de normas internacionais tributárias por meio de legislação ordinária (*treaty override*), inclusive em sede estadual e municipal, estaria defasada com relação às exigências de cooperação, boa-fé e estabilidade do atual panorama internacional. Concluiu, então, que o entendimento de predomínio dos tratados internacionais não vulneraria os dispositivos tidos por violados. Enfatizou que a República Federativa do Brasil, como sujeito de direito público externo, não poderia assumir obrigações nem criar normas jurídicas internacionais à revelia da Constituição. Observou, ainda, que a recepção do art. 98 do CTN pela ordem constitucional independeria da desatualizada classificação em tratados-contratos e tratados-leis. RE 460320/PR, rel. Min. Gilmar Mendes, 31.8.2011. (RE-460320)

CONTRIBUINTES RESIDENTES OU DOMICILIADOS NO ESTRANGEIRO: TRATADO INTERNACIONAL E LEI POSTERIOR - 4

Ressaltou, também, inexistir justificativa para a restrição da cooperação internacional pelo Brasil por motivos de regramentos típicos de âmbito interno. No que concerne ao art. 150, II, da CF, distinguiu a vedação à discriminação da isonomia tributária. Mencionou que, por intermédio daquela, prevista no tratado internacional em apreço, os Estados pactuantes acordaram não conferir tratamento desvantajoso aos súditos do outro Estado-parte, sem impedir, no entanto, eventual tratamento mais benéfico. Considerou, por outro lado, que o acórdão recorrido tornara equivalentes situações incomparáveis, ao misturar critérios distintos como a residência e a nacionalidade. Aduziu que o elemento de conexão predominante na convenção Brasil-Suécia (art. 24) — e geralmente tutelado na vedação à discriminação em todos os tratados contra a bitributação da renda — seria a nacionalidade. Por sua vez, a Lei 8.383/91 utilizou a residência como critério, ao estipular a alíquota de 15% no imposto de renda na fonte incidente sobre lucros e dividendos de residentes ou domiciliados no exterior. Assim, enquanto os residentes no Brasil foram isentos dessa exação por lucros e dividendos apurados em 1993 (Lei 8.383/91, art. 75), os residentes no exterior foram tributados, independentemente da nacionalidade do contribuinte. Logo, a legislação brasileira assegurara ao súdito sueco a isenção, desde que residente no Brasil. Considerou que o acórdão adversado, em ofensa ao art. 150, II, da CF, confundira o critério de conexão nacionalidade com o de residência, uma vez que estendera a todos os súditos suecos residentes no exterior benesses fiscais concedidas só aos residentes no Brasil. Aludiu que, atualmente, tanto os residentes como os não residentes estariam isentos do imposto de renda retido na fonte de rendimentos provenientes de dividendos ou lucros distribuídos por pessoas jurídicas tributadas no Brasil (Lei 9.249/95, art. 10). O relator arrematou, em suma, que: a) a cláusula de reserva de plenário, contida no art. 97 da CF, não teria sido violada; b) o art. 98 do CTN seria compatível com a nova ordem constitucional e sua subsunção, no caso, não transgrediria os artigos 2º; 5º, II e § 2º; 49, I; 84, VIII, todos da CF; e c) a extensão concedida pelo STJ ofenderia o art. 150, II, da CF, por ampliar, aos súditos suecos, tratamento não concedido aos nacionais brasileiros. Após, pediu vista o Min. Dias Toffoli. RE 460320/PR, rel. Min. Gilmar Mendes, 31.8.2011. (RE-460320) (Inform. STF 638)

5. DIREITO INTERNACIONAL PRIVADO

5.1. REGRA DE CONEXÃO *LOCUS REGIT ACTUM*

CUMPRIMENTO. OBRIGAÇÃO. MOEDA ESTRANGEIRA.
Não é ilegal a confissão de dívida em moeda estrangeira oriunda de um contrato de importação que indica como local de pagamento o exterior, tendo como foro de eleição, para solução das controvérsias, a cidade de São Paulo, com credor residente no exterior e devedora e fiadores comerciais domiciliados no Brasil, pois se aplicam as exceções do art. 2º, I e IV, do Dec. n. 23.501/1933. Quanto à aplicação do art. 585, § 2º, do CPC, que exige, para eficácia executiva, a indicação do Brasil como lugar de cumprimento da obrigação, a Turma adotou entendimento consentâneo com a realidade dos fatos negociais modernos. Assim, a residência do devedor em território nacional, a eleição de foro em São Paulo, o local da emissão da cambial e o instrumento da confissão de dívida são fatos que autorizam a constatação de que o cumprimento da obrigação far-se-á no Brasil. **REsp 1.080.046-SP, Rel. Min. Nancy Andrighi, julgado em 23/9/2008.** (Inform. STJ 369)

6. COMPETÊNCIA INTERNACIONAL – CONCORRENTE E EXCLUSIVA

COMPETÊNCIA INTERNACIONAL CONCORRENTE. ELEIÇÃO. FORO.
A Turma decidiu que, para fixação de competência internacional concorrente, não obstante as cláusulas de eleição de foro, o Judiciário brasileiro é competente quando a obrigação principal tiver de ser cumprida no Brasil (art. 88, II, do CPC), visto que é vedado às partes dispor sobre a competência concorrente de juiz brasileiro por força das normas fundadas na soberania nacional, não suscetíveis à vontade dos interessados. Precedentes citados: REsp 251.438-RJ, DJ 2/10/2000, e REsp 498.835-SP, DJ 9/5/2005. **REsp 804.306-SP, Rel. Min. Nancy Andrighi, julgado em 19/8/2008.** (Inform. STJ 364)

CITAÇÃO. ESTADO ESTRANGEIRO. AÇÃO INDENIZATÓRIA.
Trata-se de ação indenizatória interposta pelo recorrente contra Estado estrangeiro, alegando que viajou àquele país, com passagens de ida e volta compradas e com visto de entrada obtido regularmente. Porém, ao desembarcar, foi colocado em uma sala para interrogatório, e mesmo mostrando ter dinheiro suficiente para a estada, foi obrigado a assinar declaração sem compreender corretamente seu conteúdo, por não ser fluente na língua local. Teve seu visto revogado e foi obrigado a retornar ao Brasil com os documentos retidos pelo comandante do avião. Requereu indenização e compensação por danos morais, pois não houve qualquer indicação das autoridades daquele país do motivo que justificasse o tratamento por ele recebido. Assim, a Turma entendeu que se faça a citação do estado estrangeiro para que este, querendo, oponha resistência à sua submissão à autoridade judiciária brasileira, pois tal medida não encontra óbice nem nos comandos dos arts. 82 e 89 do CPC, que tratam do tema de maneira geral, de competência (jurisdição) internacional brasileira, nem no princípio da imunidade de jurisdição. Para que se classifiquem os atos em de império ou de gestão, necessário que se oportunize a manifestação formal do Estado, daí a necessidade de sua citação. Precedentes citados: **RO 41-RJ, DJ 28/2/2005; RO 64-SP, e RO 57-RJ. RO 70-RS, Rel. Min. Nancy Andrighi, julgado em 27/5/2008.** (Inform. STJ 357)

DANOS MORAL E MATERIAL. ALEMANHA.
O autor, brasileiro naturalizado e residente no Brasil, busca indenização por danos morais e materiais decorrentes de diversas atrocidades de que foi vítima à época da ocupação da França pela Alemanha Nazista. Tais atos tiveram como fundamento, meramente, o fato de ser o autor judeu de nascença e se incluíam num projeto maior de eugenia, com o extermínio do povo judeu na Alemanha Nazista e nos países por ela ocupados. Para a Min. Relatora, dois princípios devem atuar na definição da jurisdição brasileira para conhecer de determinada causa. Além dos arts. 88 e 89 do CPC, que não são exaustivos, deve-se ter atenção, sempre, para os princípios da efetividade e da submissão. Compreendida a atuação deles, resta aplicá-los à hipótese dos autos. No precedente RO 13-PE, DJ 17/9/2007, a competência da autoridade brasileira foi fixada com base no art. 88, I, do CPC e a Min. Relatora firmou que a mesma idéia pode ser estendida à hipótese dos autos – a representação oficial do país, na plenitude, mediante sua embaixada e consulados no Brasil –, ainda destacando que os incisos da referenciada norma legal constituem pressupostos independentes e não conjuntos. Pelo princípio da efetividade, o Estado tem interesse no julgamento da causa. Diante disso, entendeu a Min. Relatora ser imperativo que se determine a citação, no processo *sub judice*, da República Federal da Alemanha para que, querendo, oponha resistência à sua submissão à autoridade judiciária brasileira. Somente após essa oposição, se ela for apresentada, é que se poderá decidir a questão. Tal medida não encontra óbice nem nos comandos dos arts. 88 e 89 do CPC, que tratam da competência (jurisdição) internacional brasileira, nem no princípio da imunidade de jurisdição que, segundo a mais moderna interpretação, prevalece apenas para as ações nas quais se discute a prática dos atos de império pelo Estado estrangeiro, não sendo passível de ser invocado para as ações nas quais se discutem atos de gestão. Diante disso, a Turma deu provimento ao recurso para determinar a citação da ré. **RO 64-SP, Rel. Min. Nancy Andrighi, julgado em 13/5/2008.** (Inform. STJ 355)

HOMOLOGAÇÃO. SENTENÇA ESTRANGEIRA. INVENTÁRIO. PARTILHA.
Trata-se de pedido de homologação de sentença estrangeira (Inglaterra) que reconheceu o registro de testamento que declara a esposa como única herdeira de imóveis situados no Brasil. Observou o Min. Relator que a requerente deixou de providenciar a anuência dos demais interessados e o responsável pelas custas da carta rogatória de citação, conforme determinado. Mas, ainda que houvesse acatado essa determinação, não seria possível a homologação pleiteada, pois arrimada em ato relacionado a inventário e partilha de bens situados no Brasil, de competência tão-somente da autoridade judiciária brasileira (art. 89, II, do CPC). Precedente citado: SEC 843-LB, DJ 28/5/2007. **SEC 1.032-GB, Rel. Min. Arnaldo Esteves Lima, julgada em 19/12/2007.** (Inform. STJ 343)

INDENIZAÇÃO. DEPORTAÇÃO. TURISTA BRASILEIRO. IMUNIDADE. JURISDIÇÃO ESTRANGEIRA. RENÚNCIA.
A Turma proveu em parte o recurso determinando a citação ou notificação da República de Portugal para eventual renúncia à imunidade de jurisdição, em ação indenizatória ajuizada na Justiça Federal por turista brasileiro, inconformado por ter sido impedido de, nessa condição, visitar Portugal e Alemanha, fato ocorrido no ato da chegada ao aeroporto de Lisboa. De forma arbitrária, fora deportado de volta para o Brasil, ante a presunção de se tratar de um imigrante indesejado. Em casos que tais, é possível a submissão à jurisdição nacional de Estado alienígena quando renuncie a sua imunidade, relativizada por vontade do demandado, cabendo, nesse caso, à Justiça Federal do Brasil processar e julgar a demanda (art. 109, II, da CF/1988 e art. 88, I, do CPC). Precedentes citados do STF: AgRg no RE 222.368-PE, DJ 14/2/2003; AgRg na ACO 634-SP, DJ 31/10/2002; do STJ: RO 6-RJ, DJ 10/5/1999; RO 35-RJ, DJ 23/8/2004; AC 7-BA, DJ 30/04/1990; RO 23-PA, DJ 19/12/2003, e Ag 230.684-DF, DJ 10/3/2003. **RO 13-PE, Rel. Min. Aldir Passarinho Junior, julgado em 19/6/2007.** (Inform. STJ 324)

7. COOPERAÇÃO INTERNACIONAL

COOPERAÇÃO INTERNACIONAL. COMPARTILHAMENTO. PROVA.
A Corte Especial, prosseguindo o julgamento, por maioria, entendeu ser legal o pedido de compartilhamento de material probatório existente no Brasil, e feito por autoridade estrangeira (Procuradoria Geral da Federação da Rússia), no exercício de atividade investigatória sobre possíveis ilícitos penais praticados pelo reclamante naquele país, dirigido à autoridade brasileira congênere (Procuradoria Geral da República) e não sujeito à carta rogatória, *exequatur* ou a qualquer outra manifestação do STJ. Reiterou-se, em consonância com a jurisprudência do STF, que o compartilhamento de prova, uma das medidas características da cooperação jurídica internacional, é iterativamente previsto nos acordos bilaterais e multilaterais dos quais o Brasil é signatário (Convenção da ONU contra o Crime Organizado Transnacional e Convenção contra a Corrupção, Convenção de Mérida, Convenção

de Palermo). Desse modo, a legitimidade do ato impugnado não se sujeita necessariamente a controle por via de reclamação. Cabem, no caso, outros meios recursais comuns que podem ser utilizados para tal fim. **Rcl 2.645-SP, Rel. Min. Teori Albino Zavascki, julgada em 18/11/2009.** (Inform. STJ 416)

CARTA ROGATÓRIA. CITAÇÃO.
A Corte Especial, atendo-se à análise dos requisitos necessários para os fins a que se destina a citação, concedeu o *exequatur* ao entendimento de que a carta rogatória sem efeito executivo é prática de comunicação processual expedida, mormente para dar ciência à empresa de processos que tramitam perante a Justiça inglesa e sobre as custas processuais devidas, sem qualquer ofensa à ordem pública ou à soberania. Outrossim, sem razão a impugnante quanto ao argumento de que as demandas em que se discute obrigação a ser cumprida no Brasil devem ser ajuizadas perante a jurisdição brasileira, visto que, por se tratar de competência relativa, a recusa da jurisdição estrangeira não impede a concessão pretendida. Precedentes citados: AgRg na CR 2.881-AR, DJe 3/11/2008; AgRg na CR 2.807-MX, DJe 3/4/2008; AgRg na CR 3.029-GB, DJe 7/8/2008, e AgRg na CR 1.589-US, DJ 6/8/2007. **CR 3.721-GB, Rel. Min. Eliana Calmon, julgado em 2/9/2009.** (Inform. STJ 405)

CARTA ROGATÓRIA. QUEBRA. SIGILO BANCÁRIO.
Como é cediço, com o advento da EC n. 45/2004, a homologação de sentença estrangeira e a concessão de *exequatur* às cartas rogatórias passaram a ser de competência deste Superior Tribunal. Sucede que, mediante a publicação da Resolução n. 9-STJ, passaram-se a aceitar cartas rogatórias referentes a atos não-decisórios, posição festejada com entusiasmo pela doutrina. O art. 7º da referida resolução veio em detrimento da antiga jurisprudência do STF, que não permitia a concessão de *exequatur* àquelas cartas sem que antes se procedesse à homologação, pela Justiça nacional, de eventual sentença estrangeira que determinasse os atos de execução ou constrição. De outro lado, o art. 8º, § 1º, da Lei n. 9.613/1998, a Lei dos Crimes de Lavagem de Dinheiro, instituiu uma ampla cooperação com autoridades estrangeiras quanto à apreensão, seqüestro de bens, direitos ou valores oriundos da prática desses crimes, enquanto o art. 1º, § 4º, VIII, da LC n. 105/2001 permite a quebra do sigilo bancário especialmente no trato de crimes de lavagem de dinheiro. Já o Dec. n. 5.015/2004, a Convenção das Nações Unidas contra o Crime Organizado Transnacional, prevê que a cooperação judiciária não pode ser recusada pela invocação do sigilo bancário (art. 18, § 8º). Isso posto, a Corte Especial concedeu *exequatur* à carta rogatória que buscava a quebra de sigilo bancário e a investigação de contas e cofres mantidos pela sociedade investigada junto às instituições bancárias nacionais. **CR 438-BE, Rel. Min. Luiz Fux, julgada em 15/8/2007.** (Inform. STJ 327)

8. HOMOLOGAÇÃO DE SENTENÇA ESTRANGEIRA

HC e execução de sentença estrangeira
A 1ª Turma concedeu *habeas corpus* em favor de condenado por roubo, lavagem de dinheiro e associação criminosa, pela Justiça da República do Paraguai, para afastar o ato de constrição, sem prejuízo de submissão do pleito ao STJ, na forma da legislação vigente. Na espécie, o Governo paraguaio formalizara pedido de extradição do nacional brasileiro e de seqüestro de bens supostamente adquiridos por ele no Brasil com o dinheiro oriundo do crime. A AGU, no entanto, cientificara ao Estado requerente a impossibilidade de se conceder a extradição de brasileiro nato e propôs medida cautelar objetivando o atendimento do segundo pedido, o qual fora deferido por juiz federal com fulcro no art. 2º, f, c/c o art. 22 do Protocolo de Assistência Mútua em Assuntos Penais (Acordo de Cooperação Internacional). Dessa decisão, o paciente propusera Reclamação no STJ sob a alegação de o juiz federal ser absolutamente incompetente para o deferimento das diligências requeridas. Reputou-se tratar de ato de constrição patrimonial do paciente — seqüestro seguido de expropriação —, a ser implementado no Estado brasileiro. Enfatizou que, nos termos do art. 105, I, i, da CF, a competência para homologação de sentença ádvena e concessão de *exequatur* a cartas rogatórias é do STJ. Ressaltou-se que, aos juízes federais, caberia apenas a execução desses instrumentos jurídicos, como previsto no art. 109, X da CF. Ademais, protocolo de assistência mútua em assuntos penais não se sobreporia aos ditames constitucionais. Destacou-se, ainda, que o próprio protocolo, em seu art. 7º revelaria que a cooperação dar-se-ia segundo as normas existentes no país requerido. Esse entendimento seria robustecido pelo fato de a lei maior jungir a execução de atos no território brasileiro decorrentes de pronunciamento de órgão ou autoridade judicial estrangeira ao crivo do STJ. Por fim, assinalou-se que a existência de acordo de cooperação entre os países não dispensaria formalidade essencial à valia do ato, incumbindo ao STJ verificar a observância dos requisitos previstos no art. 15 da Lei de Introdução às Normas do Direito Brasileiro. O Min. Luiz Fux apontou para o uso indevido do *writ* em hipótese na qual não esteja em jogo a liberdade de ir e vir. Porém, assinalou que, no caso em tela, caberia um balanceamento dos interesses: de um lado, a questão formal, que seria o descabimento desse remédio em situações a envolver patrimônio e, de outro, o abalo acerca da soberania nacional. No sopesamento de valores, prevaleceria este último. HC 105905/MS, rel. Min. Marco Aurélio, 11.10.2011. (HC-105905) (Inform. STF 644)

HOMOLOGAÇÃO. DIVÓRCIO. JAPÃO.
Trata-se da homologação de "sentença de divórcio em comum acordo proferida na cidade de Okazaki, província de Aichi, Japão. A Corte Especial, por maioria, entendeu que é possível homologar pedido de divórcio consensual realizado no Japão e dirigido à autoridade administrativa competente para tal mister. No caso, não há sentença, mas certidão de deferimento de registro de divórcio, passível de homologação deste Superior Tribunal. Precedente citado: AgRg na SE 456-EX, DJ 5/2/2007. **SEC 4.403-EX, Rel. Min. Arnaldo Esteves Lima, julgada em 1º/8/2011.** (Inform. STJ 480)

SENTENÇA ESTRANGEIRA. HOMOLOGAÇÃO.
A Corte Especial reiterou que, nas homologações de sentença estrangeira, compete ao STJ verificar o preenchimento dos requisitos formais descritos nos arts. 5º e 6º da Res. n. 9/2005-STJ, e não o mérito da causa, ressalvado o exame dos aspectos atinentes à ordem pública, soberania nacional, contraditório, ampla defesa e devido processo legal. Ressaltou-se, ainda, que o fato de ter sido proposta ação na Justiça brasileira após o trânsito em julgado das decisões estrangeiras não impede o deferimento da homologação pleiteada. Consignou-se não ser exigível a comprovação do requisito referente à citação dos réus no processo original quando a homologação é requerida por eles mesmos. Afirmou-se, por fim, que a discussão acerca da aplicação da cláusula *solve et repete* não constitui matéria de ordem pública, o que torna inviável sua análise na via eleita. **SEC 3.932-GB, Rel. Min. Felix Fischer, julgada em 6/4/2011.** (Inform. STJ 468)

SEC. HOMOLOGAÇÃO. CITAÇÃO. EDITAL.
Trata-se de pedido de homologação de sentença estrangeira em que o requerente ajuizou, no Poder Judiciário da República do Paraguai, a ação de cobrança devido ao inadimplemento de contrato de compra e venda de imóvel naquele país. Alega que a ação transitou em julgado, condenando os réus brasileiros a pagar o valor de US$ 112.252,80. Todavia, diante da impossibilidade de encontrar bens no Paraguai que pudessem satisfazer o crédito, o requerente busca a homologação da sentença estrangeira a fim de ajuizar execução no Brasil. No caso, todas as tentativas de citação de um dos requeridos por carta de ordem não obtiveram êxito, sendo, por fim, citado por edital. Decorrido o prazo sem que fosse apresentada resposta, a Defensoria Pública da União foi notificada para atuar na qualidade de curadora especial. Para a Min. Relatora, é válida a citação por edital por se encontrar o requerido em local ignorado, incerto ou inacessível, nos termos do art. 231, II, do CPC. Observa que todos os documentos estão autenticados pelo Consulado Geral do Brasil em Assunção, no Paraguai, e acompanhados de tradução feita por tradutor público juramentado, sendo atendidos todos os requisitos legais. Diante do exposto, a Corte Especial deferiu o pedido de homologação de sentença estrangeira (SEC). Precedentes citados: SEC 1.864-DE, DJe 5/2/2009, e AgRg na SE 3.731-FR, DJe 1º/3/2010. **SEC 1.325-PY, Rel. Min. Nancy Andrighi, julgada em 6/10/2010.** (Inform. STJ 450)

SEC. ADOÇÃO. SITUAÇÃO CONSOLIDADA.
Trata-se de sentença estrangeira contestada (SEC) referente à adoção cujos autos mostram que os requerentes são casados e têm filhos em comum. Quando se casaram, a primeira requerente tinha uma filha cujo pai biológico desapareceu depois de divorciar-se dela. Então, o segundo requerente, padrasto da adotanda, postulou sua adoção em Hong Kong, onde residia com a família na época, o que foi concedido. Atualmente, a família reside no Brasil e pretende a homologação da sentença de adoção. A Corte Especial deferiu o pedido. Observou-se, entre outras questões pertinentes ao caso, ser certo que, para a adoção de menor que tenha pais biológicos no exercício do pátrio poder, há necessidade de eles consentirem, exceto se, por decisão judicial, o poder familiar for perdido; e o abandono está entre uma das causas dessa perda conforme o art. 1.638, II, do CC/2002. Sucede que este Superior Tribunal já decidiu, excepcionalmente, por outra hipótese de dispensa do consentimento sem prévia destituição do pátrio poder: quando for observada situação de fato consolidada no tempo que seja favorável ao adotando. *In casu*, conforme relatório social constante dos autos e devidamente traduzido, a adotanda nasceu em 1985 e está aos cuidados do padrasto e da mãe desde 1990. Apenas viu o pai quando

era pequena e não mais. Por ocasião da ação de adoção em trâmite em Hong Kong, foram feitas diversas tentativas de contato com o pai biológico tanto pelos requerentes pessoalmente, que contataram a mãe e a irmã dele, mas elas não os ajudaram, afirmando que ele não tinha residência fixa, quanto por meio do serviço social internacional, que buscou contato, mas não obteve êxito. Com isso, constata-se o desinteresse do pai biológico pela filha, pois difícil acreditar que não soubesse da ação de adoção, já que a própria genitora dele fora informada a respeito. De outro lado, a adotanda, atualmente, com 24 anos, conhece por pai o requerente, por quem foi criada, cuidada e educada. Portanto, o feito encontra-se entre aqueles em que se dispensa o consentimento e, por conseguinte, a citação válida, visto que o pai biológico não pode ser encontrado e revelou desinteresse pela questão. Ademais, a adotanda, hoje, é maior e, nada obstante a sentença que se pretende homologar tenha sido proferida quando ainda era menor para os atos da vida civil, essa realidade não subsiste. Além disso, ela juntou aos autos sua anuência com a presente homologação de sentença estrangeira de adoção, afirmando ser de seu interesse a regularização de seu *status* familiar. Assim, atendidos os demais requisitos legais, bem como o art. 5°, respectivos incisos e o art. 6° da Resolução n. 9/2005 do STJ, entendeu-se não haver restrição impeditiva para a homologação da sentença estrangeira de adoção. Precedente citado: REsp 100.294-SP, DJ 19/11/2001. **SEC 259-HK, Rel. Min. João Otávio de Noronha, julgada em 4/8/2010**. (Inform. STJ 441)

SEC. HOMOLOGAÇÃO. DEFERIMENTO.
O Ministério da Justiça da República Francesa formulou pedido de homologação de decisão proferida pelo Tribunal de Grande Instância de Bordeaux, em 25/9/2003, no processo de divórcio que concede provisoriamente a guarda das crianças ao pai e o direito de visitas à mãe, com a proibição de saída das menores do território francês. O requerente alega que as crianças encontram-se retidas no Brasil pela mãe desde 7/12/2003 e requer a aplicação da convenção franco-brasileira de cooperação judiciária em matéria civil, de 8/3/1996, para reconhecer e executar a decisão que fixa a residência das menores no domicílio do pai. Inicialmente, o Min. Relator entendeu que a alegação da requerida na contestação de que o pai não é pessoa de boa índole e pode trazer riscos à integridade das crianças não pode ser acolhida, porquanto a questão confunde-se com o próprio mérito da sentença, o qual, conforme a jurisprudência do STF e deste Superior Tribunal, não pode ser apreciado, já que o ato homologatório da sentença estrangeira restringe-se à análise dos seus requisitos formais. Sobre a questão, o pronunciamento ministerial ressalta que a decisão estrangeira também menciona o caráter da mãe, não obstante o mérito da sentença não poder ser objeto da análise deste STJ. É aplicável ao caso o Dec. n. 3.598/2000, que promulga o acordo de cooperação em matéria civil entre o governo brasileiro e o francês. O art. 18, c, do citado acordo dispensa o trânsito em julgado de decisão sobre questão de guarda de menores, para que seja reconhecida no território brasileiro, desde que tenha força executória, como ocorre no caso. No mais, o pedido de homologação merece deferimento, uma vez que reúne os requisitos essenciais e necessários previstos na Res. n. 9/2005-STJ e no Dec. n. 3.598/2000. **SEC 651-FR, Rel. Min. Fernando Gonçalves, julgada em 16/9/2009.** (Inform. STJ 407)

SENTENÇA ESTRANGEIRA. CLÁUSULA ARBITRAL. CITAÇÃO.
Trata-se de contrato internacional de fornecimento de algodão firmado entre agricultor brasileiro e empresa francesa, com cláusula arbitral expressa. Em razão do inadimplemento do contrato pela parte brasileira, foi instaurado procedimento arbitral. Nos termos do art. 39, parágrafo único, da Lei de Arbitragem (Lei n. 9.307/1996), é descabida a alegação, *in casu*, de necessidade de citação por meio de carta rogatória ou de ausência de citação ante a comprovação de que o requerido foi comunicado do início do procedimento de arbitragem, bem como dos atos ali realizados, tanto por meio das empresas de serviços de *courier* como via correio eletrônico e fax. O requerido não se desincumbiu do ônus constante no art. 38, III, da mesma lei, qual seja, a comprovação de que não fora comunicado do procedimento de arbitragem ou de que tenha sido violado o princípio do contraditório, impossibilitando sua ampla defesa. Diante disso, a Corte Especial deferiu o pedido de homologação da sentença arbitral estrangeira. **SEC 3.660-GB, Rel. Min. Arnaldo Esteves Lima, julgada em 28/5/2009.** (Inform. STJ 396)

SEC. MÉRITO. SENTENÇA.
Na espécie, descabe a alegação de que foi obtido por induzimento a erro o acordo celebrado na Argentina, pacto que formalizou o pedido de divórcio consensual naquele país, quando, do exame do referido acordo de dissolução de sociedade conjugal, verificou-se, inclusive, que o requerido foi assistido por sua advogada de defesa. O fato de a sentença estrangeira ratificar acordo das partes acerca de imóvel localizado no território brasileiro não obsta sua homologação. Ressaltou o Min. Relator que o ato homologatório da sentença estrangeira limita-se à análise dos seus requisitos formais. É incabível o exame do mérito da decisão estrangeira à qual se pretende atribuir efeitos no território pátrio. Destarte, em sede de contestação ao pedido de homologação, é incabível a discussão acerca do direito material subjacente, porque tal ultrapassaria os limites fixados pelo art. 9°, *caput*, da Res. n. 9/2005 do STJ. Diante disso, a Corte Especial deferiu o pedido de homologação de sentença estrangeira. **SEC 1.043-AR, Rel. Min. Arnaldo Esteves Lima, julgada em 28/5/2009.** (Inform. STJ 396)

SEC. ASSINATURA. CLÁUSULA. JUÍZO ARBITRAL.
Impossibilita a homologação da sentença arbitral estrangeira a ausência de assinatura na cláusula de eleição do juízo arbitral contida em contrato de compra e venda, no seu termo aditivo e na indicação de árbitro em nome da ora requerida, porquanto isso ofende o princípio da autonomia da vontade e a ordem pública (art. 4°, § 2°, da Lei n. 9.307/1996). Precedente citado: SEC 967-GB, DJ 20/3/2006. **SEC 978-GB, Rel. Min. Hamilton Carvalhido, julgado em 17/12/2008.** (Inform. STJ 381)

SENTENÇA ARBITRAL ESTRANGEIRA. HOMOLOGAÇÃO.
A Corte Especial deferiu o pedido de homologação da sentença arbitral estrangeira, uma vez que não se acham presentes quaisquer motivos que possam inviabilizar o pedido e condenou as requeridas ao pagamento das custas e honorários advocatícios, que, em atenção ao art. 20, § 4°, do CPC, fixou em R$ 3 mil. A Min. Relatora comprovou que houve uma incorporação da empresa com todos os créditos, os débitos, as obrigações e o universo dos contratos assumidos. A Lei n. 9.307/1996 possui nítido caráter processual e, assim, está sujeita à regra de incidência imediata aos processos em andamento. Dessa forma, é juridicamente inviável o pedido de aplicação do art. 1.097 do CPC, que previa a necessidade de homologação judicial do laudo arbitral para produzir os efeitos de sentença judiciária, dispositivo revogado há quase doze anos. Precedentes citados: SEC 831-EX, DJ 19/11/2007, e SEC 507-EX, DJ 13/11/2006. **SEC 894-UY, Rel. Min. Nancy Andrighi, julgada em 20/8/2008.** (Inform. STJ 364)

SEC. CITAÇÃO VÁLIDA. HOMOLOGAÇÃO.
A simplicidade das sentenças estrangeiras, a exemplo das proferidas nos Estados Unidos da América, não inibe a homologação cabível, quando presentes os seus requisitos. No caso, foi devidamente juntada declaração juramentada de entrega de citação judicial e entregue cópia à empresa citada, inexistindo ofensa à soberania nacional e à ordem pública. **SEC 868-US, Rel. Min. Nilson Naves, julgada em 6/8/2008.** (Inform. STJ 362)

SENTENÇA ESTRANGEIRA. DIVÓRCIO. HOMOLOGAÇÃO.
A Corte Especial, ao prosseguir no julgamento, deferiu o pedido de homologação de sentença estrangeira por entender que ela não ofende a soberania nacional, a ordem pública e os bons costumes. A alegação de ausência de citação, *in casu*, não tem procedência, uma vez que o requerido compareceu à audiência de instrução e julgamento realizada pelo juízo estrangeiro e formulou várias reivindicações. O divórcio realizado no estrangeiro, se um ou ambos os cônjuges forem brasileiros, produzirá efeitos no Brasil somente após um ano da sentença ou mais de dois anos de separação de fato. **SEC 2.259-EX, Rel. Min. José Delgado, julgada em 4/6/2008.** (Inform. STJ 358)

SEC. ATO CONSULAR. "LEGALIZAÇÃO". DOCUMENTO.
A Corte Especial deferiu o pedido de homologação de sentença estrangeira por entender que a exigência de autenticação consular a que se refere o art. 5°, IV, da Res. n. 9/2005-STJ, como requisito para homologação de sentença estrangeira, deve ser interpretada à luz das Normas de Serviço Consular e Jurídico (NSCJ) do Ministério das Relações Exteriores (expedidas nos termos da delegação outorgada pelo Dec. n. 84.788/1980), que regem as atividades consulares e às quais estão submetidas também as autoridades brasileiras que atuam no exterior. Segundo tais normas, consolidadas no Manual de Serviço Consular e Jurídico (MSCJ) – Instrução de Serviço n. 2/2000 do MRE –, o ato de fé pública representativo da autenticação consular oficial de documentos produzidos no exterior é denominado genericamente de "legalização" e se opera a) mediante reconhecimento da assinatura da autoridade expedidora (que desempenha funções no âmbito da jurisdição consular), quando o documento a ser legalizado estiver assinado (MSCJ – 4.7.5), ou b) mediante autenticação em sentido estrito, relativamente a documentos que não tenham sido assinados ou em que conste assinatura impressa ou selos secos (MSCJ – 4.7.14). No caso, a sentença estrangeira recebeu ato formal de "legalização" do Consulado brasileiro mediante o reconhecimento da assinatura da autoridade estrangeira que expediu o documento, com o que fica atendido o requisito de

autenticação. Presentes os demais requisitos, inclusive o de inexistência de ofensa à soberania nacional ou à ordem pública (arts. 5º e 6º da Res. n. 9/2005-STJ). **SEC 587-EX, Rel. Min. Teori Albino Zavascki, julgada em 11/2/2008.** (Inform. STJ 344)

CASAMENTO. ANULAÇÃO. DOMICÍLIO. EXTERIOR.
Descabe a homologação de sentença estrangeira de ação de anulação de casamento realizado no Brasil – art. 7º, § 1º, da Lei de Introdução ao Código Civil – independentemente de os cônjuges serem domiciliados fora do país. No caso, pretendia anular-se o casamento no Japão devido aos impedimentos de bigamia. **SEC 1.303-EX, Rel. Min. Fernando Gonçalves, julgada em 5/12/2007.** (Inform. STJ 341)

SENTENÇA ESTRANGEIRA. JUÍZO ARBITRAL.
A Corte Especial deferiu o pedido de homologação da sentença estrangeira por entender que a empresa requerida, ao incorporar a original contratante, assumiu todos os direitos e obrigações da cedente, inclusive a cláusula arbitral em questão, inserida no acordo de consórcio que restou por ela inadimplido. Assim, há a imediata incidência da Lei de Arbitragem (Lei n. 9.307/1996) sobre os contratos que contenham cláusula arbitral, ainda que firmados anteriormente a sua edição. **SEC 831-FR, Rel. Min. Arnaldo Esteves Lima, julgada em 3/10/2007.** (Inform. STJ 334)

SEC. DIVÓRCIO. HOMOLOGAÇÃO. CURADOR ESPECIAL. HONORÁRIOS ADVOCATÍCIOS.
Trata-se de pedido de homologação de sentença estrangeira de divórcio em que o requerido, citado por carta rogatória, não apresentou contestação, sendo-lhe nomeado curador especial. O Min. Relator destacou que foram atendidos todos os requisitos legais e deferiu o pedido sem custas e honorários advocatícios. Mas a Min. Laurita Vaz divergiu, arbitrando honorários a favor do curador especial, lembrando que assim se procedeu na SEC 63-EX. Entretanto, a Min. Eliana Calmon, Relatora do precedente citado, informou que alterara seu entendimento, para caber ao Estado o ônus. Daí travou-se questionamento sobre a incidência ou não dos honorários advocatícios, com vários pedidos de vista. Uns condenavam a parte requerida ao pagamento dos honorários à requerente; outros consideraram que, se houve a citação pessoal e o requerido não contestou, não cabem honorários, pois não se aplica o princípio da causalidade aos processos de homologação de sentença estrangeira não-contestada. Isso posto, a Corte Especial, ao prosseguir o julgamento, deferiu, por unanimidade, o pedido de homologação de sentença. Houve divergência em parte, apenas quanto à incidência dos honorários advocatícios, sendo vencedora a tese de que não incidem os honorários advocatícios no caso. **SEC 485-EX, Rel. Min. Felix Fischer, julgada em 5/9/2007.** (Inform. STJ 330)

SEC. ADOÇÃO. MAIORIDADE.
No caso, a falta de citação do pai biológico no procedimento de adoção realizado na Alemanha ou a ausência de sua intimação da correspondente sentença não constituem empecilho à homologação da sentença estrangeira, visto que se trata de adoção de pessoa maior de idade. A doutrina alemã firma ser necessário tão-só um pedido do adotante e outro do adotando, pois a necessidade do consentimento dos pais do adotado deixa de existir em face da maioridade (§ 1.768, al. 1, BGB – Código Civil Alemão). Semelhante orientação consta de nosso próprio Código Civil (arts. 1.621, § 1º; 1.630, e 1635, III), bem como do ECA (art. 45, § 1º). Quanto à falta de assinatura do juízo alemão na decisão homologanda, essa também não é óbice à homologação, visto que a autenticidade da decisão é aferida por tratar-se de traslado da resolução proferida por aquele juízo, expedido pela Vara de Tutelas do Juízo Cível de Munique, donde consta seu carimbo e a certificação da escrivã do respectivo cartório atestando a fidelidade ao original, além da chancela do Consulado Brasileiro naquela localidade. Com esse entendimento, a Corte Especial, ao prosseguir no julgamento após o voto-vista do Min. Fernando Gonçalves, deferiu o pedido de homologação. **SEC 563-DE, Rel. Min. Teori Albino Zavascki, julgada em 15/8/2007.** (Inform. STJ 327)

SEC. ACORDO. IMÓVEIS. BRASIL.
Ao prosseguir o julgamento, a Corte Especial, reiterou que não viola a soberania nacional a sentença estrangeira que ratifica acordo das partes quanto a bens imóveis situados no Brasil. Precedentes citados do STF: SEC 7.146-US, DJ 2/8/2002; do STJ: SEC 979-US, DJ 29/8/2005. **SEC 1.397-US, Rel. Min. Francisco Peçanha Martins, julgada em 15/8/2007.** (Inform. STJ 327)

SÚMULA STF Nº 420

Não se homologa sentença proferida no estrangeiro sem prova do trânsito em julgado.

9. LITISPENDÊNCIA INTERNACIONAL

CONTRATO INTERNACIONAL. FORO. ELEIÇÃO.
Duas sociedades empresariais brasileiras, para viabilizar suas atividades em diversos países, criaram respectivamente subsidiárias estrangeiras. Firmaram, entre si, contrato de prestação de serviço com cláusula de eleição de foro, a qual previa, em primeiro lugar, a regência de obrigações pela lei inglesa e, em segundo, a propositura das ações decorrentes dessa relação jurídica contratada perante a Justiça britânica. Houve desentendimentos entre elas, e duas sociedades subsidiárias de uma das empresas propuseram duas ações na Justiça do Reino Unido. Como ficaram vencidas, a sociedade empresarial, representando-as, ajuizou, perante a Justiça brasileira, uma nova ação, na qual houve pedido de antecipação de tutela para suspender a exigibilidade de valores adiantados, intimar a ré e proibir a proposta de medidas coercitivas até a decisão final dessa ação. Argumentam ainda que preferiram não recorrer na Inglaterra, porque seria extremamente dispendioso e inviabilizaria o litígio, além de haver restrições ao direito de defesa. A ré interpôs agravo regimental da decisão que deferiu a antecipação de tutela. O Tribunal *a quo* extinguiu a ação, concluindo que a autoridade judiciária brasileira seria incompetente para julgá-la. Dessa decisão recorreu a autora, e o REsp já foi admitido na origem. Daí a presente medida cautelar com pedido liminar para dar efeito suspensivo ao recurso. Para a Min. Relatora, apesar de não haver menção expressa no acórdão recorrido, o TJ aplicou dois princípios para extinguir a ação: o *forum shopping* (o autor e as partes supõem que se possa obter decisão mais favorável aos seus interesses) e o princípio do *forum non conveniens* (que mitiga os exageros a que essa procura pode levar). Anota que esses princípios são amplamente reconhecidos no direito estrangeiro, mas não têm previsão expressa no ordenamento jurídico brasileiro. Explica que, no Brasil, aplica-se o art. 90 do CPC, que determina, no caso dos autos, a inexistência de litispendência entre as causas ajuizadas. Ademais, a sentença estrangeira só tem eficácia depois de homologada pelo STJ. Logo, o TJ antecipou-se a este Superior Tribunal ao atribuir eficácia imediata à sentença estrangeira. Só o pedido de homologação obsta automaticamente o prosseguimento de ação ajuizada aqui. Prevalecerá, perante a Justiça do Brasil, portanto, a decisão que primeiro obtiver a autoridade da coisa julgada. Por outro lado, frisa que, embora o TJ em princípio, não devesse ter extinguido a ação proposta no Brasil, a análise será feita no julgamento do REsp. Concluiu, também, que é contraditório o comportamento da ora recorrente, que, por ter ajuizado duas ações na Inglaterra, perdeu interpôs outra ação no Brasil. Ressalta que, mesmo sendo inaplicáveis os citados princípios estrangeiros, suspender, agora, os atos atinentes à execução de sentença implicaria privilegiar tal comportamento, que ao Direito Civil brasileiro, seria violação da boa-fé objetiva, sendo possível estendê-la no plano processual (art. 17 do CPC), o que resulta em indeferir a medida liminar pleiteada e julgar extinta a medida cautelar. A Turma extinguiu a MC sem julgamento de mérito. **MC 15.398-RJ, Rel. Min. Nancy Andrighi, julgada em 2/4/2009.** (Inform. STJ 389)

10. DIREITO DO COMÉRCIO INTERNACIONAL

TRIPS. PRAZO MAIOR. PATENTE INTELECTUAL.
Discute-se, nos autos, a possibilidade da aplicação, no ordenamento jurídico, do tratado internacional TRIPS (*Agreement on Trade-Related Aspects of Intellectual Property Rights*), ratificado pelo Congresso Nacional por meio do Dec. n. 1.355/1994. Esse tratado prorrogou o prazo de patente de 10 anos previsto na Lei n. 5.772/1971 para 15 anos. Ressaltou o Min. Relator que houve mudança nas decisões firmadas nos primeiros julgamentos sobre o tema neste Superior Tribunal. Em precedente mais recente da Turma, passou-se a considerar que o TRIPS não é uma lei uniforme, ou seja, não é tratado editado de forma a propiciar automática e literal aplicação às relações jurídicas de direito privado em cada Estado que adere a ele, pois necessita ser recepcionado por instrumento próprio (no caso do Brasil, foi o citado decreto). Ressalta o Min. Relator que o TRIPS não pode gerar obrigações e direitos às pessoas de direito privado, nem suas obrigações podem ser reclamadas no prazo de vigência concedido na legislação anterior. Também explicita que não se pode pretender aplicação do prazo previsto no art. 65.4 do TRIPS por falta de manifestação legislativa adequada nesse sentido. Entretanto, o afastamento desse prazo não abrange o prazo genérico previsto em seu art. 65.2, por ser ele um direito concedido ao Brasil e, nessa qualidade, não pode sofrer os efeitos de uma pretensa omissão de manifestação de vontade. Quanto a esse prazo, não existe dispositivo no tratado que obrigue o país a manifestar interesse nesse ponto, como condição de eficácia de seu direito. Com esse entendimento, entre outras considerações, a Turma deu provimento ao recurso do INPI

para restabelecer a sentença que julgou improcedente o pedido de extensão de patente com base no citado decreto. Precedentes citados: REsp 960.728-RJ, DJe 15/4/2009, e REsp 729.376-RJ, DJe 18/12/2009. **REsp 775.778-RJ, Min. Sidnei Beneti, julgado em 17/8/2010** (ver Informativo n. 432). (Inform. STJ 443)

11. DIREITO AUTORAL

DIREITO. SEQUÊNCIA. HERDEIROS. PRIMEIRA ALIENAÇÃO. OBRA. *In casu*, a questão principal diz respeito ao alegado direito a exigir o pagamento de participação na venda realizada pelo banco ora recorrido das obras de arte obtidas como dação em pagamento de empréstimo bancário, ainda que tenham sido alienadas pela primeira vez após a morte do criador intelectual. O direito de sequência, ou *droit de suite,* consiste no direito do autor da obra original, em caráter irrenunciável e inalienável, de participação na "mais valia" que advier das vendas subsequentes dos objetos que decorram de sua criação. Assim, o reconhecimento de tal direito visa proteger o criador intelectual e sua família, com frequência explorados, permitindo que o autor e, após sua morte, os seus herdeiros possam, de alguma forma, beneficiar-se da exploração econômica da obra de arte. Esse direito surgiu na Europa, no final do século XIX, com o objetivo de restabelecer o equilíbrio econômico entre autores de obras literárias e artísticas e os intermediários que se beneficiavam das vendas sucessivas dos suportes físicos originais. Foi introduzido em nossa legislação pela Lei n. 5.988/1973, alterada, posteriormente, pela Lei n. 9.610/1998, que o manteve (art. 38). Vale ressaltar, contudo, que o Brasil já era signatário da Convenção de Berna desde 1922, tendo internalizado o referido tratado, revisado pela Convenção de Paris, de 1971, por intermédio do Decreto n. 75.699/1975. Na espécie, o acórdão recorrido assentou que o direito de sequência somente é cabível quando a primeira cessão da obra de arte original é efetuada pelo próprio autor, caso em que seu exercício transmite-se aos herdeiros ou sucessores, que terão direito de exercê-lo em todas as alienações posteriores, enquanto a obra não cair no domínio público. Se, entretanto, o autor não alienou o original em vida, como ocorreu na hipótese, o direito caduca, não se aplicando às alienações posteriores feitas pelos herdeiros ou sucessores do autor. Para o Min. Relator, todavia, o reconhecimento do direito de sequência não pode limitar-se às operações de venda das quais a obra for objeto depois da primeira cessão efetuada pelo autor da obra original e somente por ele. O art. 14 do Decreto n. 75.699/1975 dispõe, em sua parte inicial, que goza do direito de sequência o autor, ou, depois de sua morte, as pessoas físicas ou jurídicas como tal qualificadas pela legislação nacional. Diante disso, quando o legislador refere-se novamente à expressão "autor" na parte final do artigo também o equipara aos herdeiros, ainda que não o especifique expressamente, tendo em vista que a repetição de seu significado é desnecessária. Portanto, o art. 14 do decreto *supra* citado não afasta o direito de sequência quando a peça original é cedida pela primeira vez por herdeiro do autor intelectual da obra, pois a própria norma define que, em caso de morte, os herdeiros gozam do mesmo direito. Ressalta-se que o direito de sequência tem natureza jurídica patrimonial, visto que se consubstancia no direito do autor, ou herdeiros, de participar de um provento. Ademais, não se diga que, por força do art. 39 da Lei n. 5.988/1973, vigente na época dos fatos, que determina seu caráter irrenunciável e inalienável, não seja o direito de sequência passível de transmissão *causa mortis* aos herdeiros, pois o objetivo do próprio instituto é proteger, além do criador intelectual, sua família. Desse modo, é cabível a indenização aos herdeiros decorrente da "mais valia" pela venda posterior da obra de arte, quando obtida vantagem econômica substancial pela exploração econômica da criação. Dessa forma, sendo o ora recorrente único herdeiro do autor intelectual da obra, inexiste óbice para que seja reconhecido seu direito à participação em 20% sobre a "mais valia" da alienação das obras originais realizadas pelo recorrido, ainda que os desenhos tenham sido alienados pela primeira vez após a morte do criador intelectual, violados assim, com a interpretação do Tribunal *a quo*, o art. 39 c/c art. 42 da Lei n. 5.988/1973. Com esses fundamentos, entre outros, a Turma conheceu em parte do recurso e, nessa parte, deu-lhe provimento. **REsp 594.526-RJ, Rel. Min. Luis Felipe Salomão, julgado em 2/4/2009.** (Inform. STJ 389)

22. DIREITO PREVIDENCIÁRIO

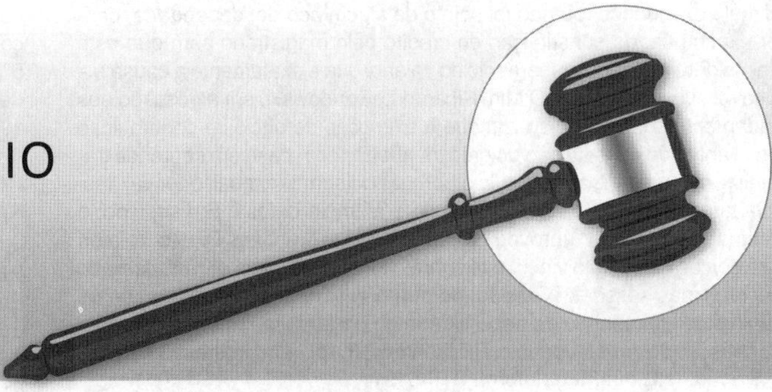

1. CONTRIBUIÇÕES SOCIAIS

CONTRIBUIÇÃO PREVIDENCIÁRIA DE PRESTADORAS DE SERVIÇO

É constitucional a retenção de 11% sobre o valor bruto da nota fiscal ou fatura de prestação de serviços por parte das empresas tomadoras de serviço, a título de contribuição previdenciária. Ao reafirmar esse entendimento, o Plenário, por maioria, desproveu recurso extraordinário em que pretendida a declaração incidental de inconstitucionalidade do art. 31 da Lei 8.212/91. Asseverou que o instituto da substituição tributária seria necessário nas sociedades complexas atuais, as quais exigiriam a participação de terceiros para adimplemento de todas as obrigações e para maior facilidade tanto na arrecadação quanto na fiscalização, além de impedir o prejuízo aos trabalhadores nos contratos de terceirizados. Vencido o Min. Marco Aurélio, que provia o recurso ao fundamento de não se tratar de substituição tributária, mas de obrigação acessória, criada por medida provisória posteriormente transformada em lei, contribuição essa estranha ao rol do art. 195, I, da CF, porque passara a incidir não sobre a folha de salários, porém sobre a nota fiscal, presente a prestação de serviços. RE 603191/MT, rel. Min. Ellen Gracie, 1º.8.2011. (RE-603191) (Inform. STF 634)

CONTRIBUIÇÃO PREVIDENCIÁRIA DO EMPREGADOR RURAL PESSOA FÍSICA E "BIS IN IDEM"

É inconstitucional o art. 1º da Lei 8.540/92, que, ao alterar a redação dos artigos 12, V e VII; 25, I e II; e 30, IV, da Lei 8.212/91, instituiu contribuição a ser recolhida pelo empregador rural, pessoa física, sobre receita bruta proveniente da venda de sua produção. Ao ratificar essa orientação, firmada no julgamento do RE 363852/MG (DJe de 6.6.2011), o Plenário proveu recurso extraordinário e determinou adoção da sistemática do art. 543-B do CPC. Na mesma linha do precedente acima citado, entendeu-se ter ocorrido bitributação e ofensa aos princípios da eqüidade, da isonomia e da legalidade tributária. Acrescentou-se que, ainda que se afastasse o argumento de inexistência de cumulação de contribuições para essa modalidade de produtor rural por falta de previsão legal para sua sujeição ao pagamento da COFINS, não se alteraria a conclusão já aplicada pelo Supremo. Isso porque não se poderia desconsiderar a ausência de previsão constitucional para a base de incidência daqueloutra contribuição social, cuja instituição deveria se efetivar por meio de lei complementar. Por fim, rejeitou-se o pedido de modulação dos efeitos da decisão, porquanto não configurada circunstância excepcional para justificá-lo. RE 596177/RS, rel. Min. Ricardo Lewandowski, 1º.8.2011. (RE-596177) (Inform. STF 634)

CONTRIBUIÇÃO PREVIDENCIÁRIA E VALE-TRANSPORTE - 1

O Tribunal, por maioria, proveu recurso extraordinário, afetado ao Pleno pela 2ª Turma, no qual instituição financeira discutia a constitucionalidade da cobrança de contribuição previdenciária sobre o valor pago, em dinheiro, a título de vales-transporte aos seus empregados, por força de acordo trabalhista — v. Informativo 552. Inicialmente, enfatizou-se que a questão constitucional envolvida ultrapassaria os interesses subjetivos da causa. Em seguida, salientou-se que o art. 2º da Lei 7.418/85, a qual instituiu o vale-transporte, estabelece que o benefício: 1) não tem natureza salarial, nem incorpora à remuneração para quaisquer efeitos; 2) não constitui base de incidência de contribuição previdenciária ou de Fundo de Garantia por Tempo de Serviço; e 3) não se configura como rendimento tributável do trabalhador. No ponto, aduziu-se que a referida exação não incide sobre o montante correspondente à benesse quando esta é concedida ao empregado mediante a entrega de vales-transporte, devendo-se perquirir se a sua substituição por dinheiro teria o condão de atribuir ao benefício caráter salarial. **RE 478410/SP, rel. Min. Eros Grau, 10.3.2010.** (RE-478410)

CONTRIBUIÇÃO PREVIDENCIÁRIA E VALE-TRANSPORTE - 2

Asseverou-se, desse modo, que o deslinde da causa importaria necessária consideração sobre o conceito de moeda, conceito jurídico — não conceito específico da Ciência Econômica —, haja vista as funções por ela desempenhadas na intermediação de trocas e como instrumento de reserva de valor e padrão de valor. Após digressão sobre o tema, concluiu-se que, pago o benefício em vale-transporte ou em moeda, isso não afetaria o caráter não salarial do auxílio. Tendo isso em conta, reputou-se que a cobrança de contribuição previdenciária sobre o valor pago, em pecúnia, a título de vales-transporte pelo recorrente aos seus empregados afrontaria a Constituição em sua totalidade normativa. Consignou-se, ademais, que a autarquia previdenciária buscava fazer incidir pretensão de natureza tributária sobre a concessão de benefício, parcela esta que teria caráter indenizatório. Vencidos os Ministros Joaquim Barbosa e Marco Aurélio que desproviam o recurso ao fundamento de que o valor configuraria vantagem remuneratória e, portanto, se enquadraria no gênero "ganhos habituais do empregado", integrando a remuneração (CF, art. 201, § 11). O Min. Marco Aurélio afirmava, ainda, não se estar diante do vale-transporte tal como definido pela lei, porquanto esse não poderia ser pago em pecúnia. **RE 478410/SP, rel. Min. Eros Grau, 10.3.2010.** (RE-478410) (Inform. STF 578)

JUSTIÇA DO TRABALHO: EXECUÇÃO DE OFÍCIO DE CONTRIBUIÇÕES PREVIDENCIÁRIAS E ALCANCE

A competência da Justiça do Trabalho, nos termos do disposto no art. 114, VIII, da CF, limita-se à execução, de ofício, das contribuições sociais previstas no art. 195, I, a, e II, e seus acréscimos legais, decorrentes das sentenças condenatórias em pecúnia que proferir e aos valores objeto de acordo homologado que integrem o salário de contribuição, não abrangendo, portanto, a execução de contribuições atinentes ao vínculo de trabalho reconhecido na decisão, mas sem condenação ou acordo quanto ao pagamento das verbas salariais que lhe possam servir como base de cálculo ("Art. 114. ... VIII - a execução, de ofício, das contribuições sociais previstas no art. 195, I, a , e II, e seus acréscimos legais, decorrentes das sentenças que proferir;"). Com base nesse entendimento, o Tribunal desproveu recurso extraordinário interposto pelo INSS em que sustentava a competência da Justiça especializada para executar, de ofício, as contribuições previdenciárias devidas, incidentes sobre todo o período de contrato de trabalho, quando houvesse o reconhecimento de serviços prestados, com ou sem vínculo trabalhista, e não apenas quando houvesse o efetivo pagamento de remunerações. Salientou-se que a decisão trabalhista que não dispõe sobre pagamento de salário, mas apenas se restringe a reconhecer a existência do vínculo empregatício não constitui título executivo no que se refere ao crédito de contribuições previdenciárias. Assim, considerou-se não ser possível admitir uma execução sem título executivo. Asseverou-se que, em relação à contribuição social referente ao salário cujo pagamento foi determinado em decisão trabalhista é fácil identificar o crédito exeqüendo e, por conseguinte, admitir a substituição das etapas tradicionais de sua constituição por ato típico, próprio, do magistrado. Ou seja, o lançamento, a notificação, a apuração são todos englobados pela intimação do devedor para o seu pagamento, porque a base de cálculo para essa contribuição é o valor mesmo do salário que foi objeto da condenação. Já a contribuição social referente ao salário cujo pagamento não foi objeto da sentença condenatória, e, portanto, não está no título exeqüendo, ou não foi objeto de algum acordo, dependeria, para ser executada, da constituição do crédito pelo magistrado sem que este tivesse determinado o pagamento do salário, que é exatamente a causa e a base da sua justificação. O Min. Ricardo Lewandowski, em acréscimo aos fundamentos do relator, aduziu que a execução de ofício de contribuição social antes da constituição do crédito, apenas com base em sentença trabalhista que reconhece o vínculo empregatício sem fixar quaisquer valores, viola também o direito ao contraditório e à ampla defesa. Em seguida, o Tribunal, por maioria, aprovou proposta do Min. Menezes Direito, relator, para edição de súmula vinculante sobre o tema, e cujo teor será deliberado nas próximas sessões. Vencido, no ponto, o Min. Marco Aurélio, que se manifestava no sentido da necessidade de encaminhamento da proposta à Comissão de Jurisprudência. **RE 569056/PR, rel. Min. Menezes Direito, 11.9.2008. (RE-569056)** (Inform. STF 519)

LEI 9.717/98: REPASSE DE COMPENSAÇÃO PREVIDENCIÁRIA

O Tribunal iniciou julgamento de tutela antecipada em ação cível originária proposta pelo Estado do Paraná e a Paranaprevidência, instituição gestora do sistema previdenciário paranaense, em que se pretende seja a União condenada a efetivar o repasse da compensação previdenciária, abster-se de aplicar sanção em decorrência de descumprimentos relativos à Lei 9.717/98 — que dispõe sobre regras gerais para a organização e o funcionamento dos regimes próprios de previdência social dos servidores públicos —, expedir o Certificado de Regularidade Previdenciária - CRP e não obstaculizar operações financeiras previstas no art. 7º da citada lei e no art. 1º do Decreto 3.788/2001, que instituiu o CRP. O Min. Marco Aurélio, relator, *ad referendum* do Plenário, deferiu a tutela antecipada para afastar, a partir deste momento, o óbice vislumbrado pela União ao repasse obrigatório da compensação previdenciária, bem como a observação da exceção imposta a partir da Lei 9.717/98, até mesmo quanto à realização de operações financeiras de que trata o seu art. 7º. Entendeu que, a princípio, a União extrapolou os limites de sua competência para estabelecer normas gerais sobre a matéria (CF: "*Art. 24. Compete à União, aos Estados e ao Distrito Federal legislar concorrentemente sobre:... XIII - previdência social.... § 1º - No âmbito da legislação concorrente, a competência da União limitar-se-á a estabelecer normas gerais.*"). Asseverou que a citada lei atribui a ente da Administração Central, ao Ministério da Previdência e Assistência Social, atividades administrativas em órgãos da Previdência Social dos Estados, do Distrito Federal, dos Municípios e dos fundos a que se refere seu art. 6º, quais sejam, a de orientar, supervisionar e acompanhar as práticas relativas à previdência social dos servidores públicos das unidades da Federação. Além disso, em seu art. 7º, dispõe sobre sanções em face do descumprimento das normas. Em seguida, o julgamento foi suspenso com o pedido de vista da Min. Cármen Lúcia. ACO 830 TA/PR, rel. Min. Marco Aurélio, 15.3.2007. (ACO-830) (Inform. STF 459)

CONTRIBUIÇÃO PREVIDENCIÁRIA. VALE-TRANSPORTE. PECÚNIA.

A Seção deu provimento aos embargos de divergência, asseverando que não incide contribuição previdenciária sobre o vale-transporte pago em pecúnia por se tratar de benefício de natureza indenizatória. Precedentes citados do STF: RE 478.410-SP, DJe 13/5/2010; do STJ: REsp 1.180.562-RJ, DJe 26/8/2010; REsp 1.194.788-RJ, DJe 14/9/2010, e AR 3.394-RJ, DJe 22/9/2010. **EREsp 816.829-RJ, Rel. Min. Castro Meira, julgados em 14/3/2011.** (Inform. STJ 466)

AVISO PRÉVIO INDENIZADO. CONTRIBUIÇÃO PREVIDENCIÁRIA.

A Turma reafirmou que não há incidência de contribuição previdenciária sobre a verba paga ao trabalhador a título de aviso prévio indenizado, tendo em vista sua natureza indenizatória. Ressaltou-se que o salário de contribuição é o valor da remuneração, considerados os rendimentos destinados a retribuir o trabalho (art. 28 da Lei n. 8.212/1991), o que não se verifica na verba em questão, pois, durante o período que corresponde ao aviso prévio indenizado, o empregado não presta trabalho algum, nem fica à disposição do empregador. Logo, por não se tratar de parcela destinada a retribuir trabalho, mas revestida de nítido caráter indenizatório, é incabível a incidência de contribuição previdenciária sobre os valores pagos a título do referido aviso prévio. Precedentes citados: REsp 812.871-SC, DJe 25/10/2010, e REsp 1.198.964-PR, DJe 4/10/2010. **REsp 1.221.665-PR, Rel. Min. Teori Albino Zavascki, julgado em 8/2/2011.** (Inform. STJ 462)

REPETITIVO. CONTRIBUIÇÃO PREVIDENCIÁRIA. RESPONSABILIDADE.

Em julgamento de recurso especial submetido ao regime do art. 543-C do CPC c/c a Res. n. 8/2008-STJ, a Seção assentou que, a partir da vigência da Lei n. 9.711/1998, que conferiu nova redação ao art. 31 da Lei n. 8.212/1991, a responsabilidade pelo recolhimento da contribuição previdenciária retida na fonte incidente sobre a mão de obra utilizada na prestação de serviços contratados é exclusiva do tomador do serviço, nos termos do art. 33, § 5º, da Lei n. 8.212/1991, não havendo falar em responsabilidade supletiva da empresa cedente. **Precedentes citados: EREsp 446.955-SC, DJe 19/5/2008; REsp 1.068.362-PR, DJe 24/2/2010; AgRg nos EDcl no REsp 1.177.895-RS, DJe 17/8/2010; MC 15.410-RJ, DJe 8/10/2009, e AgRg no REsp 916.914-RS, DJe 6/8/2009. REsp 1.131.047-MA, Rel. Min. Teori Albino Zavascki, julgado em 24/11/2010.** (Inform. STJ 457)

REPETITIVO. SALÁRIO-EDUCAÇÃO. SUJEITO PASSIVO.

Em julgamento de recurso especial submetido ao regime do art. 543-C do CPC c/c a Res. n. 8/2008-STJ, a Seção reiterou a orientação de que o sujeito passivo da contribuição para o salário-educação é a empresa, assim entendida em seu conceito amplo – firma individual ou sociedade que, assumindo os riscos da atividade econômica, admite, assalaria e dirige a prestação pessoal de serviço, bem como qualquer entidade pública ou privada vinculada à Previdência Social, com ou sem fins lucrativos, excetuados os entes da administração direta –, nos termos do art. 15 da Lei n. 9.424/1996, regulamentado pelo Dec. n. 6.003/2006, e dos arts. 1º, § 5º, do DL n. 1.422/1975 (*recepcionado* pela CF/1988), 2º da CLT e 4º da Lei n. 3.807/1960, com redação dada pela Lei n. 5.890/1973. **Precedentes citados do STF: RE 290.079-SC, DJ 4/4/2003; do STJ: REsp 272.671-ES, DJe 25/8/2009; REsp 842.781-PR, DJ 10/12/2007, e REsp 711.166-PR, DJ 16/5/2006. REsp 1.162.307-RJ, Rel. Min. Luiz Fux, julgado em 24/11/2010.** (Inform. STJ 457)

CONTRIBUIÇÃO PREVIDENCIÁRIA. PARTICIPAÇÃO. LUCROS.

A *quaestio juris* consiste em determinar a incidência da contribuição previdenciária sobre valores pagos pela empresa recorrida a seus funcionários a título de participação nos lucros, no mês de janeiro dos anos de 1995 a 2000. O INSS (recorrente) sustentou que a não incidência da mencionada contribuição depende da observância da legislação que determina o arquivamento, no sindicato dos trabalhadores, de acordo celebrado entre eles e a empresa. Aduziu que, no caso dos autos, a regulamentação da participação nos lucros foi feita de modo unilateral pela empregadora, inexistindo instrumento de acordo entre as partes. Conforme destacou o Min. Relator, a intervenção do sindicato na negociação tem por finalidade tutelar os interesses dos empregados. Ressaltou que, uma vez atendidos os demais requisitos da legislação que tornem possível a caracterização dos pagamentos como participação nos resultados, a ausência de intervenção do sindicato nas negociações e a falta de registro do acordo apenas afastam a vinculação dos empregados a seus termos. Assim, o registro do acordo no sindicato é modo de comprovar as formas de participação, possibilitando a exigência do cumprimento nos termos acordados. Explicitou, ainda, que a ausência de homologação de acordo no sindicato, por si só, não descaracteriza a participação nos lucros da empresa, a ensejar a incidência da contribuição previdenciária, pois não afeta a natureza dos pagamentos, mas pode interferir na forma de participação e no montante a ser distribuído, fatos irrelevantes para a tributação sobre a folha de salários. No caso dos autos, o tribunal *a quo* entendeu que a natureza dos pagamentos aos empregados foi caracterizada como participação nos resultados, que não integra a remuneração e, por isso, não incide contribuição previdenciária. No entanto, neste Superior Tribunal, o recurso não foi conhecido, pois, para examinar se os pagamentos aos empregados correspondem à participação nos lucros da empresa, seria necessário o reexame do conjunto fático-probatório constante dos autos, o que é inviável, tendo em vista o óbice da Súm. n. 7-STJ. **Precedentes citados: AgRg no REsp 1.180.167-RS, DJe 7/6/2010; AgRg no REsp 675.114-RS, DJe 21/10/2008; AgRg no Ag 733.398-RS, DJ 25/4/2007, e REsp 675.433-RS, DJ 26/10/2006. REsp 865.489-RS, Rel. Min. Luiz Fux, julgado em 26/10/2010.** (Inform. STJ 453)

CONTRIBUIÇÃO PREVIDENCIÁRIA. AVISO PRÉVIO INDENIZADO.

O valor pago a título de indenização em razão da ausência de aviso prévio tem o intuito de reparar o dano causado ao trabalhador que não fora comunicado sobre a futura rescisão de seu contrato de trabalho com a antecedência mínima estipulada na CLT, bem como não pôde usufruir da redução na jornada de trabalho a que teria direito (arts. 487 e seguintes da CLT). Assim, por não se tratar de verba salarial, não incide contribuição previdenciária sobre os valores pagos a título de aviso *prévio* indenizado. **REsp 1.198.964-PR, Rel. Min. Mauro Campbell Marques, julgado em 2/9/2010.** (Inform. STJ 445)

REPETIÇÃO. INDÉBITO. APOSENTADORIA.

Discute-se se é devida a devolução dos valores recolhidos a título de contribuição previdenciária no caso em que o recorrido, após o INSS indeferir seu pedido de aposentadoria, passou a contribuir na qualidade de segurado facultativo até que a decisão administrativa fosse revista pelo Poder Judiciário, o que aconteceu cinco anos depois, com decisão favorável ao segurado. No REsp, a autarquia recorrente defende não ser cabível a devolução, porque o art. 89 da Lei n. 8.212/1991 só autorizaria a repetição de indébito na hipótese de pagamento indevido, mas, como o recorrido livremente aderiu ao regime facultativo da previdência social, não ficaria configurado o desacerto no pagamento a ensejar a aplicação do dispositivo legal. Para o Min. Relator, adotar tal tese não seria só chancelar submissão do segurado a uma cobrança indevida em razão de erro da Administração ao indeferir sua aposentadoria, mas também representaria referendar o enriquecimento ilícito da autarquia, uma vez que o INSS auferiu receitas em razão do ato administrativo equivocado. Ainda que a adesão como segurado facultativo caracterize ato espontâneo, revestido de liberdade de escolha, essa ação só ocorreu pelo equivocado indeferimento do pedido de aposentadoria e teve como objetivo acautelar-se dos prejuízos que poderiam advir da eventual inércia após prolatada a decisão administrativa, por exemplo: perda da condição de segurado e sujeição a novo período de carência, entre outros. Também, se a autarquia tivesse exarado decisão em consonância com a legislação de regência, concedendo a aposentadoria, não haveria necessidade de o segurado buscar o Judiciário para reverter o entendimento administrativo e não se teria vinculado ao regime facultativo de previdência social, bem como já estaria recebendo seus benefícios sem necessidade de qualquer contribuição adicional. Diante do exposto, a Turma negou provimento ao REsp. **Precedente citado: REsp 828.124-RS, DJ 14/12/2006. REsp 1.179.729-RS, Rel. Min. Castro Meira, julgado em 4/3/2010.** (Inform. STJ 425)

CONTRIBUIÇÃO PREVIDENCIÁRIA. APROPRIAÇÃO.

A Turma, prosseguindo o julgamento, proveu o agravo, entendendo que, no crime de apropriação indébita de contribuição previdenciária, a conduta omissiva delimitada no art. 13, § 2º, do CP deve vir pautada pelo desvalor do resultado, por inexistir o dolo na conduta não intencional, como a que não se realizou por circunstância fora das condições do empresário. Na hipótese, a vontade de se apropriar dos valores descontados dos salários dos empregados sem motivo justo deve ser discutido já com a imputação da denúncia, sob pena de aceitar a prática do crime, mesmo diante da impossibilidade de efetuar o recolhimento. Desse modo, no caso de empresa acometida de grave crise financeira, comprovada a sua impossibilidade de agir, cabível o reconhecimento da atipicidade diante da falta de prova da responsabilidade subjetiva. Cabe, portanto, exigir que a denúncia demonstre o dolo especifico, não configurado na espécie. **Precedentes citados: REsp 63.986-PR, DJ 28/8/1995, e REsp 866.394-RJ, DJe 22/4/2008. AgRg no REsp 695.487-CE, Rel. Min. Maria Thereza de Assis Moura, julgado em 10/11/2009.** (Inform. STJ 415)

CONTRIBUIÇÃO PREVIDENCIÁRIA. TERÇO CONSTITUCIONAL. FÉRIAS.

O STJ entendia que o acréscimo de 1/3 sobre as férias integraria a remuneração do servidor público e, consequentemente, a base de cálculo da contribuição previdenciária (art. 4º da Lei n. 10.887/2004), pois se trataria, ao cabo, de vantagem retributiva da prestação do trabalho. Contudo, esse entendimento mostrou-se contrário a vários arestos do ST, que concluíam não incidir a referida contribuição sobre aquele adicional, visto que deteria natureza compensatória, indenizatória, por não se incorporar ao salário do servidor para aposentadoria (art. 201, § 11, da CF/1988). Assim, embora esses julgados não sejam do Pleno do STF, a Seção reviu sua posição, para entender também que não incide contribuição previdenciária sobre o terço constitucional de férias. Anote-se, por último, que esse entendimento da Seção foi firmado em incidente de uniformização jurisprudencial que manteve o acórdão impugnado da Turma Nacional de Uniformização de Jurisprudência dos Juizados Especiais Federais acorde com a jurisprudência do STF. **Precedentes citados do STF: AI 712.880-MG, DJe 11/9/2009; AI 710.361-MG, DJe 8/5/2009; AgRg no AI 727.958-MG, DJe 27/2/2009; AgRg no RE 589.441-MG, DJe 6/2/2009; RE 545.317-DF, DJe 14/3/2008, e AI 603.537-DF, DJ 30/3/2007. Pet 7.296-PE, Rel. Min. Eliana Calmon, julgada em 28/10/2009.** (Inform. STJ 413)

COMPETÊNCIA. CONTRIBUIÇÃO PREVIDENCIÁRIA.

O Ministério Público Federal interpôs agravo regimental contra a decisão que declarou a competência da Justiça do Trabalho para o julgamento de ação em que ex-empregado pleiteia do ex-empregador o recolhimento de contribuições previdenciárias. Alega que a Justiça obreira tem competência restrita para execução de contribuições previdenciárias quando decorrentes das próprias sentenças, nos termos do art. 114, VIII, da CF/1988, desde a edição da EC n. 20/1998, bem como pela alteração do parágrafo único do art. 876 da CLT, introduzida pela Lei n. 11.457/2007, porém se excluem aquelas que não têm origem em condenação que lhes sirva de base de cálculo. Para o Min. Relator, somente após a constituição de título executivo judicial é que a autarquia previdenciária pode promover a cobrança das contribuições reclamadas, exatamente o que busca o autor pela via da ação de conhecimento que, submetida ao contraditório, permitirá a fixação do período em que o empregador eventualmente permanece inadimplente e do salário-base sobre o qual serão calculados os recolhimentos. Tais elementos satisfazem os requisitos de adequação tanto ao art. 114, VIII, da CF/1988 e ao art. 876, parágrafo único, da CLT quanto à jurisprudência do STF. Salientou que o TRT, não obstante fazer referência à execução, declinou da competência sem promover o julgamento do recurso ordinário interposto contra a sentença na ação de conhecimento. Na hipótese em que se cuida de ação de conhecimento, a decisão encontra-se em harmonia com o entendimento tanto do TST quanto do STF. Diante disso, a Seção negou provimento ao agravo regimental. **AgRg no CC 103.297-AM, Rel. Min. Aldir Passarinho Junior, julgado 23/9/2009.** (Inform. STJ 408)

CONTRIBUIÇÃO SOCIAL. SHOPPING. ADMINISTRAÇÃO IMOBILIÁRIA.

Na espécie, a recorrente insurge-se contra acórdão que decidiu pela incidência de contribuição social na comercialização de imóveis, enquanto mercadorias, em seu sentido amplo. A Turma negou provimento ao REsp, reiterando o entendimento de que incide contribuição social (PIS e Cofins) sobre o faturamento bruto da administradora de *shopping center* (Lei n. 9.718/1998). Destarte, a obrigação tributária surge com o resultado da atividade fim do agente passivo, *in casu*, sobre a receita oriunda da intermediação de negócios imobiliários, tais como compras, alugueres, venda de imóveis próprios ou de terceiros. **Precedentes citados: EDcl no EREsp 712.080-PR, DJ 23/3/2009; REsp 796.286-PR, DJ 28/6/2006, e REsp 748.256-RS, DJ 16/9/2008. REsp 1.101.974-RJ, Rel. Min. Humberto Martins, julgado em 5/5/2009.** (Inform. STJ 393)

QO. REMESSA. PRIMEIRA SEÇÃO. CONTRIBUIÇÃO PREVIDENCIÁRIA. TERÇO CONSTITUCIONAL. FÉRIAS.

A Turma, em questão de ordem e em razão da dissonância de julgados do STF com o que já foi decidido pela Primeira Seção do STJ, submeteu a ela o julgamento do feito nos termos do art. 14, II, do RISTJ. Trata-se da incidência de contribuição previdenciária sobre o terço constitucional de férias. **QO no REsp 1.062.530-DF, Rel. Min. Castro Meira, em 5/5/2009.** (Inform. STJ 393)

CONTRIBUIÇÃO SOCIAL. LC N. 84/1996.

A questão diz respeito à incidência da contribuição prevista na LC n. 84/1996 sobre as comissões pagas pelas seguradoras aos corretores de seguro. A Turma negou provimento ao recurso por entender estar correto o acórdão recorrido, o qual assentou, entre outras coisas, que os tributos instituídos pela LC n. 84/1996 são caracterizados como contribuições sociais destinadas ao financiamento da seguridade social. No contrato de seguro, o fato de o corretor, profissional autônomo, prestar serviço ao segurado não implica reconhecer que não tenha prestado serviço à seguradora, justificando-se, por isso, a comissão de corretagem, sobre a qual deva incidir a contribuição social "prolabore" de que trata o art. 1º, I, da LC n. 84/1996. Ressalte-se que o fato de existir prestação de serviço ao segurado não exclui a sua existência em relação à seguradora. Desse modo, configura-se a ocorrência do fato gerador da referida contribuição. **Precedentes citados: REsp 993.599-RJ, DJ 6/8/2008; REsp 259.675-MG, DJ 7/8/2008, e REsp 600.215-RJ, DJ 1º/8/2006. REsp 720.725-RJ, Rel. Min. Luiz Fux, julgado em 14/4/2009.** (Inform. STJ 390)

ABONO ÚNICO. CONVENÇÃO COLETIVA. CONTRIBUIÇÃO PREVIDENCIÁRIA. FGTS.

O abono em questão refere-se à convenção coletiva, não é habitual (seu pagamento é único) e não se vincula ao salário (deveria ser pago em valor fixo a todos os empregados, sem representar contraprestação por serviços, pois até os afastados do trabalho receberiam). Conclui-se, assim, não incidir sobre o referido abono a contribuição previdenciária (art. 28, § 9º, e, item 7, da Lei n. 8.212/1991) ou a contribuição ao FGTS (art. 15, § 6º, da Lei n. 8.036/1990). Com esse entendimento, acolhido por maioria, a Turma, ao prosseguir o julgamento, deu provimento ao especial. **REsp 819.552-BA, Rel. originário Min. Luiz Fux, Rel. para acórdão Min. Teori Albino Zavascki, julgado em 2/4/2009.** (Inform. STJ 389)

CND. OFICIAL. REGISTRO. RESPONSABILIDADE SOLIDÁRIA. NOVA ÁREA EDIFICADA.

O recorrido é oficial titular do cartório de ofício de registro de imóveis e, em razão de não ter exigido apresentação de certidão negativa de débito (CND) no ato de averbação de ampliação de construção de imóvel, foi autuado pelo recorrente, o INSS, por infração ao art. 47, II, da Lei n. 8.212/1991. Sustenta o recorrente que a responsabilidade do recorrido, em face da não exigência da CND, não deve ser cindida apenas sobre a área acrescida do imóvel residencial unifamiliar, correspondente a 48 m², mas sim sobre a área total do imóvel, incluindo aquela que antes estava isenta, por conter área menor que 70 m². A questão cinge-se a saber sobre em que base deveria o recorrido exigir a CND do construtor, se sobre a construção como um todo ou apenas sobre a área ampliada. Para o Min. Relator, a partir do momento em que a área do imóvel passou a contar com mais de 70 m², o que só ocorreu depois da ampliação, deixou de incidir a isenção fiscal sobre toda a construção, e não apenas sobre a parcela resultante do acréscimo que a área construída teve. Caso se entendesse de maneira diferente, estar-se-ia abrindo espaço para inúmeras fraudes. Bastava a um cidadão fracionar a construção da obra para se livrar da contribuição previdenciária sobre a área inferior a 70 m², arcando apenas com os valores devidos em face da ampliação, ao passo que, se tivesse construído tudo de uma vez, pagaria o valor sobre o total da área do imóvel. Sendo assim, a partir do momento em que o imóvel foi ampliado para 110 m², deixou de ser pequena propriedade residencial sujeita à isenção das contribuições previdenciárias, devendo o construtor arcar com o tributo relativo a toda a obra. Ao não exigir a CND para a averbação, o recorrido incorreu em situação que enseja a sua responsabilização solidária, nos termos do art. 48 da Lei n. 8.212/1991, não apenas sobre o valor da ampliação da obra, mas sobre toda a construção. **REsp 645.047-CE, Rel. Min. Humberto Martins, julgado em 2/4/2009.** (Inform. STJ 389)

RECURSO REPETITIVO. CONTRIBUIÇÃO PREVIDENCIÁRIA. SUBSTITUIÇÃO TRIBUTÁRIA.
A Seção, conforme o art. 543-C do CPC e art. 6º da Res. n. 8/2008-STJ, assentou que, referente à retenção em favor do INSS de 11% sobre os valores brutos de faturas de contratos de prestação de serviços por empresas prestadoras de serviços, a Lei n. 9.711/1998, que alterou o art. 31 da Lei n. 8.212/1991, não criou nova contribuição sobre o faturamento, nem alterou a alíquota ou a base de cálculo da contribuição previdenciária sobre a folha de pagamento, somente fixou um novo sistema de arrecadação, a fim de responsabilizar as empresas tomadoras de serviço pela forma de substituição tributária. **Precedentes citados: REsp 884.936-RJ, DJe 20/8/2008; AgRg no Ag 906.813-SP, DJe 23/10/2008; AgRg no Ag 965.911-SP, DJe 21/5/2008; EDcl no REsp 806.226-RJ, DJe 26/3/2008, e AgRg no Ag 795.758-SP, DJ 9/8/2007. REsp 1.036.375-SP, Rel. Min. Luiz Fux, julgado em 11/3/2009.** (Inform. STJ 386)

CONTRIBUIÇÃO PREVIDENCIÁRIA. AUXÍLIO-DOENÇA.
A Turma reiterou seu entendimento de que não incide contribuição previdenciária sobre a remuneração paga pelo empregador ao empregado durante os primeiros 15 dias do auxílio-doença, uma vez que tal verba não tem natureza salarial, pois não há prestação de serviço no período. **Precedentes citados: REsp 786.250-RS, DJ 6/3/2006; REsp 720.817-SC, DJ 5/9/2005, e REsp 479.935-DF, DJ 17/11/2003. REsp 1.086.141-RS, Rel. Min. Teori Albino Zavascki, julgado em 16/12/2008.** (Inform. STJ 381)

CONTRIBUIÇÃO PREVIDENCIÁRIA. SEGURO DE VIDA EM GRUPO.
A Turma negou provimento aos recursos especiais e reiterou que não incide a contribuição previdenciária sobre os valores repassados à sociedade empresarial – seguradora – a título de seguro de vida dos empregados da sociedade empresarial contribuinte, em razão da expressa referência legal disposta no art. 28, § 9º, p, da Lei n. 8.212/1991, com a redação dada pela Lei n. 9.528/1997, revelando-se, também, inaplicável o art. 111 do CTN. Destacou-se que, mesmo que a cobrança seja anterior à citada lei, independentemente dessa exclusão legal, por força da interpretação teleológica do primitivo art. 28, I, da Lei n. 8.212/1991, poderia concluir-se que o empregado nada usufrui pelo seguro de vida em grupo, o que descarta a possibilidade de considerar-se valor pago, se generalizado para todos os empregados, como sendo salário-utilidade. Por outro lado, não tem direito a sociedade empresarial à majoração da verba honorária; inviável, em princípio, aquilatar aspectos fáticos nos termos do art. 20, §§ 3º e 4º, do CPC. **Precedentes citados: REsp 441.096-RS, DJ 4/10/2004; REsp 881.051-RS, DJ 31/5/2007, e REsp 701.802-RS, DJ 22/2/2007. REsp 839.153-SC, Rel. Min. Luiz Fux, julgado em 9/12/2008.** (Inform. STJ 380)

RURÍCOLA. APOSENTADORIA. LEI N. 8.213/1991.
A Seção reiterou que aos rurícolas assegura-se o direito à aposentadoria, garantida sua inclusão no sistema previdenciário, desde que efetivados os recolhimentos devidos, a partir da Lei n. 8.213/1991; antes dessa data, eles foram dispensados do recolhimento, porque não eram assegurados. **AR 3.242-SC, Rel. Min. Arnaldo Esteves Lima, julgada em 24/9/2008.** (Inform. STJ 369)

ANTECIPAÇÃO. TUTELA. VERBA PREVIDENCIÁRIA. DEVOLUÇÃO.
A Turma, ao filiar-se a precedente da Terceira Seção, reafirmou que, mesmo revogada a tutela antecipada concedida, não há que restituir os valores recebidos a título de verbas previdenciárias, dado seu evidente caráter alimentar e ausência da fraude ou má-fé do segurado quando de seu recebimento. Precedente citado: REsp 991.030-RS. **AgRg no REsp 1.057.882-RS, Rel. Min. Jane Silva (Desembargadora convocada do TJ-MG), julgado em 25/9/2008 (ver Informativo n. 355).** (Inform. STJ 369)

CONTRIBUIÇÃO PREVIDENCIÁRIA. AJUDA DE CUSTO. DESLOCAMENTO NOTURNO. ALUGUEL.
A autarquia federal argumenta que, nos tributos sujeitos a lançamento por homologação, inexistindo pagamento, o prazo decadencial é de dez anos, e não de cinco, conforme concluiu o acórdão recorrido. Mas a Min. Relatora entendeu não assistir razão ao recorrente, uma vez que, na hipótese, não houve pagamento antecipado pelo contribuinte. Aplica-se a orientação deste Superior Tribunal no sentido de que, em se tratando de tributo sujeito a lançamento por homologação cujo pagamento não foi antecipado pelo contribuinte, incide a regra do art. 173, I, do CTN. Ressaltou a Min. Relatora que, no julgamento da Argüição de Inconstitucionalidade no REsp 616.348-MG, DJ 15/10/2007, reconheceu-se a inconstitucionalidade do art. 45 da Lei n. 8.212/1991, o qual previa o prazo decadencial de dez anos para o INSS apurar e constituir seus créditos. Isso porque as contribuições sociais, inclusive as que se destinam a financiar a seguridade social, possuem natureza tributária, de maneira que deve ser observado o disposto no art. 146, III, **b**, da CF/1988, no sentido de que as normas gerais da legislação tributária acerca de prescrição e decadência devem ser reguladas por lei complementar. No que tange ao auxílio-creche, ele não integra o salário-de-contribuição. Conseqüentemente, é indevida a incidência da contribuição previdenciária sobre valores pagos a tal título. Quanto às ajudas de custo relativas ao deslocamento noturno e aluguel, elas integram o salário-de-contribuição, deve, portanto, incidir contribuição previdenciária sobre tais parcelas. Finalmente, em relação à ajuda de custo denominada de desenvolvimento de supervisor de contas, a jurisprudência deste Superior Tribunal é no sentido de que as verbas pagas pelo empregador diretamente à instituição de ensino para custeio de cursos não integram a remuneração do empregado; não compõem, portanto, o salário-de-contribuição, para fins de incidência da contribuição previdenciária prevista no art. 28 da Lei n. 8.212/1991. Assim, é indevida a incidência de contribuição previdenciária sobre tal ajuda de custo. Diante disso, a Turma, conheceu parcialmente do recurso e, nessa parte, deu-lhe provimento apenas para determinar a incidência de contribuição previdenciária sobre as ajudas de custo relativas ao deslocamento noturno e ao aluguel. **REsp 439.133-SC, Rel. Min. Denise Arruda, julgado em 2/9/2008.** (Inform. STJ 366)

FÉRIAS. ADICIONAL. CONTRIBUIÇÃO PREVIDENCIÁRIA.
A Turma aderiu ao entendimento externado pelo STF que afasta a incidência da contribuição previdenciária sobre o adicional de férias, porque incide somente sobre as parcelas incorporáveis ao salário de servidor e empregados. **Precedentes citados do STF: AgRg no RE 545.317-DF, DJ 14/3/2008; do STJ: REsp 786.988-DF, DJ 6/4/2006; REsp 489.279-DF, DJ 11/4/2005, e REsp 615.618-SC, DJ 27/3/2006. REsp 719.355-SC, Rel. Min. Mauro Campbell Marques, julgado em 26/8/2008.** (Inform. STJ 365)

CONTRIBUIÇÃO PREVIDENCIÁRIA. SALÁRIO-MATERNIDADE.
A jurisprudência deste Superior Tribunal firmou o entendimento de que não incide a contribuição previdenciária sobre a remuneração paga pelo empregador ao empregado durante os primeiros dias do auxílio-doença, uma vez que tal verba não tem natureza salarial. Também é reiterada a jurisprudência deste Superior Tribunal de que o salário-maternidade tem natureza salarial e integra a base de cálculo da contribuição previdenciária. **REsp 853.730-SC, Rel. Min. Eliana Calmon, julgado em 19/6/2008.** (Inform. STJ 360)

QO. CONTRIBUIÇÃO PREVIDENCIÁRIA. LEI. COMPENSAÇÃO.
Em questão de ordem, a Turma remeteu, para apreciação da Primeira Seção, os autos em que se discutem as limitações às compensações contidas no art. 89, § 3º, da Lei n. 8.212/1991, com a redação dada pela Lei n. 9.129 a partir de 29/4/1995, as quais foram acoimadas de ilegais pela jurisprudência, sem ter sido suscitado o incidente de inconstitucionalidade. **QO no AgRg no REsp 918.821-SP, Rel. Min. Luiz Fux, em 10/6/2008.** (Inform. STJ 359)

CONTRIBUIÇÃO SOCIAL. CORRETORES DE SEGURO.
Incide a contribuição social sobre a remuneração percebida pelo corretor pela venda de seguro na prestação de serviço autônomo, conforme prevista no art. 1º da LC n. 84/1996. **Precedente citado: REsp 600.215-RJ, DJ 1º/8/2006. REsp 993.599-RJ, Rel. Min. Francisco Falcão, julgado em 3/6/2006.** (Inform. STJ 358)

RESTITUIÇÃO. PARCELAS. ANTECIPAÇÃO DE TUTELA.
No caso foi deferida antecipação de tutela para que a ora recorrida tivesse complementação do benefício de pensão por morte. Posteriormente tal decisão foi revogada segundo orientação do STF, que afirmaria que os benefícios deferidos anteriormente à Lei n. 9.032/1995 deveriam ser regulados pela legislação vigente no momento de sua concessão, e não que a lei previdenciária mais benéfica teria aplicação imediata, mesmo sobre fatos ocorridos na vigência de lei anterior. Contudo, devido ao caráter alimentar do benefício previdenciário, não se deve determinar sua devolução quando revogada decisão judicial que o concedeu. A boa-fé da ora recorrida está presente e a mudança do entendimento jurisprudencial, por muito controvertida, não deve acarretar a devolução das parcelas previdenciárias, devendo-se privilegiar o princípio da irrepetibilidade dos alimentos. **Precedentes citados do STF: RE 416.827-SC, DJ 26/10/2007, e RE 415.454-SC, DJ 26/10/2007; do STJ: EREsp 665.909-SP. REsp 991.030-RS, Rel. Min. Maria Thereza de Assis Moura, julgado em 14/5/2008.** (Inform. STJ 355)

CONTRIBUIÇÃO PREVIDENCIÁRIA. CORRETOR. SEGURO.
A Seção, por maioria, pacificou seu entendimento, antes divergente entre a Primeira e a Segunda Turma, no sentido de ser devida a cobrança das empresas de seguro referente à contribuição previdenciária incidente sobre o valor da comissão que as seguradoras pagam aos corretores por prestarem serviços de intermediação no contrato de seguro, independentemente de existir ou não contrato de trabalho vinculando o corretor àquelas empresas, tendo em vista o disposto na LC n. 84/1996, que exige o recolhimento da exação sobre a remuneração dos trabalhadores autônomos. A tese vencida defendia que não seria possível estabelecer uma exação por interpretação analógica da lei, uma vez que cabe apenas ao legislador definir o tributo. **Precedentes citados: REsp 600.215-RJ, DJ 1º/8/2006, e REsp 413.825-PR, DJ 30/8/2007. REsp 519.260-RJ, Rel. Min. Herman Benjamin, julgado em 9/4/2008.** (Inform. STJ 351)

HONORÁRIOS. CONTRIBUIÇÃO PREVIDENCIÁRIA.
Os honorários conferidos aos procuradores da CEF decorrentes de verbas sucumbenciais não integram a base de cálculo da contribuição previdenciária, porquanto não se constitui remuneração paga pela empregadora. Tais valores percebidos por esses profissionais em decorrência da representação judicial da CEF são pagos pela parte vencida, embora a Caixa detenha o poder de gerência e repasse do montante da verba. **Precedentes citados: EREsp 413.265-SC, DJ 30/10/2006; REsp 746.858-RS, DJ 10/4/2006; REsp 625.326-SP, DJ 31/5/2004, e EDcl no REsp 278.727-DF, DJ 9/12/2002. REsp 802.408-PR, Rel. Min. Castro Meira, julgado em 26/2/2008.** (Inform. STJ 346)

AUXÍLIO-TRANSPORTE. PAGAMENTO. PECÚNIA.
O auxílio-transporte pago habitualmente em pecúnia e não por meio de vales, como determina a Lei n. 7.418/1985, deve ter seu valor incluído no salário-de-contribuição para efeito de incidência de contribuição previdenciária. Precedentes citados: REsp 873.503-PR, DJ 1º/12/2006; REsp 387.149-PR, DJ 25/5/2006, e REsp 508.583-PR, DJ 12/9/2005. **REsp 816.829-RJ, Rel. Min. Luiz Fux, julgado em 16/10/2007.** (Inform. STJ 336)

VALORES. BOLSAS. ESTUDO. NÃO-INCIDÊNCIA. CONTRIBUIÇÃO PREVIDENCIÁRIA.
Os valores pagos pelo empregador com a finalidade de prestar auxílio escolar aos seus empregados ou aos filhos deles não integram o salário-de-contribuição, portanto não compõem a base de cálculo da contribuição previdenciária. Precedentes citados: REsp 727.212-RN, DJ 24/8/2006, e REsp 365.398-RS, DJ 18/3/2002. **REsp 921.851-SP, Rel. Min. João Otávio de Noronha, julgado em 11/9/2007.** (Inform. STJ 331)

INCONSTITUCIONALIDADE. ART. 45 DA LEI N. 8.212/1991.
A sociedade buscava a compensação de valores relativos à contribuição previdenciária paga sob a égide de lei reputada inconstitucional, mas o acórdão ora recorrido reconheceu, unicamente, a ocorrência da prescrição qüinqüenal, prazo prescricional contado do fato gerador. Nesta sede especial, o Min. Teori Albino Zavascki, em decisão monocrática, negou seguimento ao recurso, ao aplicar a conhecida tese do "cinco mais cinco" lastreada na interpretação do CTN, firmado que o prazo qüinqüenal deveria ser contado da data da homologação tácita. Porém, na via do agravo regimental da sociedade, apontou-se a existência de lei específica ao caso, o art. 45 da Lei n. 8.212/1991, que estipula em dez anos o prazo para que a Seguridade Social constitua o crédito tributário previdenciário. Levado a julgamento o agravo na Primeira Turma, o Min. Teori Albino Zavascki argüiu a inconstitucionalidade daquele artigo da lei. Diante disso, a Corte Especial, ao prosseguir o julgamento, por maioria, entendeu afastar a preliminar de não-conhecimento da argüição levantada pelo Min. José Delgado, em voto-vista, ao fundamento de que, uma vez posta a argüição, a Corte Especial há que a examinar sem qualquer preocupação quanto ao fato de a declaração da inconstitucionalidade beneficiar o recorrente ou o recorrido. No mérito, por unanimidade, declarou a inconstitucionalidade do art. 45 da Lei n. 8.212/1991, visto que, por força do art. 146, III, **b**, da CF/1988 e da constatação de que se está no trato de norma geral tributária, o prazo de cinco anos constante dos arts. 150, § 4º, e 173 do CTN só poderia ser alterado por lei complementar. **Argüição de Inconstitucionalidade no REsp 616.348-MG, Rel. Min. Teori Albino Zavascki, julgada em 15/8/2007.** (Inform. STJ 327)

CONTRIBUIÇÃO PREVIDENCIÁRIA. PENSÃO ESPECIAL. NÃO--INCIDÊNCIA.
Não incide a contribuição previdenciária sobre pensão especial percebida por dependente, no caso esposa, de servidor público estadual que se filiou a plano de previdência complementar, de adesão facultativa, instituído pelas Leis estaduais ns. 7.301/1973, 7.602/1974 e LC n. 69/1990. O STF, ao julgar a ADI 3.105-DF, entendeu constitucional a cobrança de contribuição previdenciária sobre provento de inativo e de pensionistas determinada pela EC n. 41/2003, mas apenas quanto aos benefícios referentes aos sistemas previdenciários de natureza pública e de filiação compulsória. **RMS 23.051-RJ, Rel. Min. José Delgado, julgado em 6/3/2007.** (Inform. STJ 312)

SÚMULA VINCULANTE STF 8

São inconstitucionais o parágrafo único do artigo 5º do Decreto-Lei nº 1.569/1977 e os artigos 45 e 46 da Lei nº 8.212/1991, que tratam de prescrição e decadência de crédito tributário.

SÚMULA STF Nº 688

É legítima a incidência da contribuição previdenciária sobre o 13º salário.

SÚMULA STJ Nº 458

A contribuição previdenciária incide sobre a comissão paga ao corretor de seguros.

SÚMULA STJ Nº 425

A retenção da contribuição para a seguridade social pelo tomador do serviço não se aplica às empresas optantes pelo Simples.

SÚMULA STJ Nº 351

A alíquota de contribuição para o Seguro de Acidente do Trabalho (SAT) é aferida pelo grau de risco desenvolvido em cada empresa, individualizada pelo seu CNPJ, ou pelo grau de risco da atividade preponderante quando houver apenas um registro.

2. SEGURADOS, DEPENDENTES

PENSÃO POR MORTE E RATEIO ENTRE ESPOSA E COMPANHEIRA - 1
A Turma iniciou julgamento de recurso extraordinário interposto pelo Estado da Bahia contra acórdão do seu respectivo Tribunal de Justiça que, dando interpretação ao § 3º do art. 226 da CF, acolhera pedido formulado em apelação, reconhecendo o direito à recorrida do rateio, com a esposa legítima, da pensão por morte de seu ex-companheiro, considerada a estabilidade, publicidade e continuidade da união entre aquela e o falecido, da qual nasceram nove filhos. Sustenta o recorrente ofensa ao art. 226, § 3º, da CF, e à Lei 9.278/96, aludindo aos impedimentos dos arts. 183 a 188, do CC. Alega que não se pode reconhecer a união estável, diante da circunstância de o falecido ter permanecido casado, vivendo com a esposa, até a morte; e que a união estável apenas ampara aqueles conviventes que se encontram livres de qualquer impedimento que torne inviável possível casamento. O Min. Marco Aurélio, relator, deu provimento ao recurso por entender que, embora não haja imposição da monogamia para ter-se configurada a união estável, no caso, esta não tem a proteção da ordem jurídica constitucional, haja vista que o art. 226 da CF tem como objetivo maior a proteção do casamento. Ressaltou que, apesar de o Código Civil versar a união estável como núcleo familiar, excepciona a proteção do Estado quando existente impedimento para o casamento relativamente

aos integrantes da união, sendo que, se um deles é casado, esse estado civil apenas deixa de ser óbice quando verificada a separação de fato. Concluiu, dessa forma, estar-se diante de concubinato (CC, art. 1.727) e não de união estável. Após, o julgamento foi suspenso com o pedido de vista do Min. Carlos Britto. **RE 397762/BA, rel. Min. Marco Aurélio, 4.10.2005. (RE-397762)**

PENSÃO POR MORTE E RATEIO ENTRE ESPOSA E COMPANHEIRA - 2

A Turma concluiu julgamento de recurso extraordinário interposto pelo Estado da Bahia contra acórdão do seu respectivo Tribunal de Justiça que, dando interpretação ao § 3º do art. 226 da CF, acolhera pedido formulado em apelação, reconhecendo o direito à recorrida do rateio, com a esposa legítima, da pensão por morte de seu ex-companheiro, tendo em conta a estabilidade, publicidade e continuidade da união entre aquela e o falecido, da qual nasceram nove filhos — v. Informativo 404. Em votação majoritária, proveu-se o recurso extraordinário. Entendeu-se que, embora não haja imposição da monogamia para ter-se configurada a união estável, no caso dos autos, esta não gozaria da proteção da ordem jurídica constitucional, porquanto em desarmonia com essa, cujo art. 226 possui como objetivo maior a proteção do casamento. Ressaltou-se que, apesar de o Código Civil versar a união estável como núcleo familiar, excepciona a proteção do Estado quando existente impedimento para o casamento relativamente aos integrantes da união, sendo que, se um deles é casado, esse estado civil apenas deixa de ser óbice quando verificada a separação de fato. Concluiu-se, dessa forma, estar-se diante de concubinato (CC, art. 1.727) e não de união estável. Vencido o Min. Carlos Britto que, conferindo trato conceitual mais dilatado para a figura jurídica da família e ressaltando a existência de prole, bem como de dependência econômica da recorrida, negava provimento ao extraordinário. Reputava que a união estável constituiria *tertium genus* do companheirismo, abarcante dos casais desimpedidos para o casamento civil, ou, reversamente, ainda sem condições jurídicas para tanto. Assim, considerava não existir concubinos (palavra preconceituosa) para a Constituição, porém casais em situação de companheirismo. **RE 397762/BA, rel. Min. Marco Aurélio, 3.6.2008. (RE-397762)** (Inform. STF 509)

QO. MENOR SOB GUARDA. DEPENDENTE PREVIDENCIÁRIO.

Em questão de ordem suscitada pelo Ministério Público Federal sobre a exclusão de menor sob guarda da condição de dependente do segurado, amplamente refutada nos juizados especiais federais, como alegado pelo parquet, a Seção, por unanimidade, acolheu a preliminar de inconstitucionalidade do art. 16, § 2º, da Lei n. 8.213/1991, na redação da Lei n. 9.528/1997, conforme determina o art. 199 do RISTJ. **QO nos EREsp 727.716-CE, Rel. Min. Celso Limongi (Desembargador convocado do TJ-SP), julgada em 10/2/1010.** (Inform. STJ 422)

RECURSO REPETITIVO. PENSÃO. MORTE. QUALIDADE. SEGURADO.

A Seção, ao julgar recurso submetido ao disposto no art. 543-C do CPC e na Resolução n. 8/2008 do STJ, entendeu que a condição de segurado do *de cujus* é requisito necessário ao deferimento a seus dependentes do benefício referente à pensão por morte (art. 74 da Lei n. 8.213/1991). Porém essa regra comporta exceção quando o falecido houver preenchido, ainda em vida, os requisitos necessários à concessão de qualquer espécie de aposentadoria constante do Regime Geral da Previdência Social (RGPS), conforme determina o art. 102, § 2º, da referida lei. **Precedentes citados: EREsp 263.005-RS, DJ 17/3/2008; AgRg nos EREsp 547.202-SP, DJ 24/4//2006; AgRg no REsp 964.594-RS, DJ 31/3/2008, e AgRg no REsp 775.352-SP, DJ 15/12/2008. REsp 1.110.565-SE, Rel. Min. Felix Fischer, julgado em 27/5/2009.** (Inform. STJ 396)

CONCUBINATO. PENSÃO. MORTE.

A recorrida, por cerca de 28 anos, manteve com o segurado relação amorosa tida por adulterina (visto ser ele casado com outra mulher), situação que perdurou até a morte dele. Anote-se que não houve separação de fato durante o casamento (que durou 30 anos até o óbito), que sempre seguiu sem nenhum transtorno ao desconhecer-se essa outra relação oculta, bem como o fato de que, ao mudar de cidade com a esposa e filhos, o *de cujus* preservou a relação adulterina ao providenciar, também, a remoção da recorrida para a nova cidade. Com o falecimento, a recorrida, ao alegar ter sempre vivido sob a dependência econômica do falecido, buscou receber, em rateio com os demais dependentes, a pensão previdenciária. Diante disso, o Min. Nilson Naves, Relator originário, ao repesar o teor das Súmulas ns. 380 e 382 do STF, bem como precedente do STJ, entendeu que o acórdão ora recorrido, diante dos fatos acima descritos, adotou a melhor solução: proteger a boa-fé da concubina resultante da longa relação, sem ofender as Leis ns. 8.213/1991 e 9.278/1996, que sequer foram expressamente tratadas no acórdão recorrido. Sucede que, mediante o voto de desempate do Min. Paulo Gallotti, prevaleceu o entendimento adotado pelo Min. Hamilton Carvalhido, que, após resgatar a evolução da legislação sobre o tema, firmou que o concubinato impuro, concubinagem ou concubinato adulterino (simultâneo à relação de casamento) mantém-se à margem da legislação previdenciária. De acordo com esse entendimento, a proteção da lei submete-se ao reconhecimento da união estável, que exige, tal como apregoado pela jurisprudência, que ambos (segurado e companheira) sejam solteiros, separados de fato ou judicialmente, divorciados ou viúvos, além de conviverem em uma entidade familiar, ainda que não sob o mesmo teto. Assim, estão excluídas as situações de concomitância, de simultaneidade de relação marital e de concubinato, como a da hipótese em questão. **Precedentes citados: REsp 362.743-PB, DJ 11/10/2004, e AgRg no REsp 628.937-RJ, DJ 27/3/2006. REsp 674.176-PE, Rel. originário Min. Nilson Naves, Rel. para acórdão Min. Hamilton Carvalhido, julgado em 17/3/2009.** (Inform. STJ 387)

PENSÃO POR MORTE. CONCUBINA.

A concubina mantinha com o *de cujus*, homem casado, um relacionamento que gerou filhos e uma convivência pública. Porém, a jurisprudência deste Superior Tribunal afirma que a existência de impedimento de um dos companheiros para se casar, como, por exemplo, a hipótese de a pessoa ser casada, mas não separada de fato ou judicialmente, obsta a constituição de união estável. Assim, na espécie, não tem a agravante direito à pensão previdenciária. A Turma, por maioria, negou provimento ao agravo. **Precedentes citados do STF: MS 21.449-SP, DJ 17/11/1995; do STJ: REsp 532.549-RS, DJ 20/6/2005, e REsp 684.407-RS, DJ 22/6/2005. AgRg no REsp 1.016.574-SC, Rel. Min. Jorge Mussi, julgado em 3/3/2009.** (Inform. STJ 385)

PENSÃO. MENOR SOB GUARDA.

A Seção conheceu dos embargos e os acolheu, reiterando o entendimento de que não existe direito do menor sob guarda à pensão por morte quando o falecimento do instituidor do benefício ocorre na vigência da Lei n. 9.528/1977. Não se aplica aos benefícios mantidos pelo Regime Geral de Previdência Social o Estatuto da Criança e do Adolescente – ECA, norma de cunho genérico. Há lei específica sobre a matéria, o que faz com que prevaleça, nessa hipótese, o estatuído pelo art. 16, § 2º, da Lei n. 8.213/1991, alterado pela Lei n. 9.528/1997. **Precedente citado: EREsp 696.299-PE, DJ 25/8/2005. EREsp 801.214-BA, Rel. Min. Nilson Naves, julgados em 28/5/2008.** (Inform. STJ 357)

COMPETÊNCIA. PENSÃO POR MORTE. UNIÃO ESTÁVEL.

A Turma reiterou o entendimento de que, se uma ação tem por objeto o reconhecimento de união estável após a morte de servidor público, bem como o cadastro da autora no órgão federal para fins de percepção da correspondente pensão por morte, a competência para processar e julgar o feito é da Justiça estadual. Assim, negou-se provimento ao recurso da União. **Precedentes citados: CC 86.553-DF, DJ 17/9/2007; CC 45.703-RJ, DJ 11/4/2005; CC 35.061-DF, DJ 22/3/2004, e CC 51.173-PA, DJ 8/3/2007. RMS 24.005-DF, Rel. Min. Arnaldo Esteves Lima, julgado em 26/2/2008.** (Inform. STJ 346)

3. PRESTAÇÕES EM GERAL

"DESAPOSENTAÇÃO" E BENEFÍCIOS PREVIDENCIÁRIOS - 1

O Tribunal iniciou julgamento de recurso extraordinário em que se questiona a constitucionalidade do art. 18, § 2º, da Lei 8.213/91 ("§ 2º O aposentado pelo Regime Geral de Previdência Social - RGPS que permanecer em atividade sujeita a este Regime, ou a ele retornar, não fará jus a prestação alguma da Previdência Social em decorrência do exercício dessa atividade, exceto ao salário-família e à reabilitação profissional, quando empregado."). No caso, aposentada pelo RGPS que retornou à atividade pleiteia novo cálculo de proventos, consideradas as contribuições de período referente a esse regresso. Alega que o mencionado dispositivo legal estaria em confronto com o art. 201, § 11, da CF ("§ 11. Os ganhos habituais do empregado, a qualquer título, serão incorporados ao salário para efeito de contribuição previdenciária e conseqüente repercussão em benefícios, nos casos e na forma da lei."), haja vista que, mesmo contribuindo como segurada obrigatória na qualidade de empregada, teria direito apenas às prestações de salário-família e de reabilitação profissional. **RE 381367/RS, rel. Min. Marco Aurélio, 16.9.2010.** (RE-381367)

"DESAPOSENTAÇÃO" E BENEFÍCIOS PREVIDENCIÁRIOS - 2

O Min. Marco Aurélio, relator, proveu o recurso. Consignou, de início, a premissa segundo a qual o trabalhador aposentado, ao voltar à atividade, seria segurado obrigatório e estaria compelido por lei a contribuir para o custeio da seguridade social. Salientou, no ponto, que o sistema constitucional em vigor viabilizaria o retorno do prestador de serviço aposentado à atividade. Em seguida, ao aduzir que a previdência social estaria organizada sob o ângulo contributivo e com filiação obrigatória (CF, art. 201, caput), assentou a constitucionalidade do § 3º do art. 11 da Lei 8.213/91, com a redação conferida pelo art. 3º da Lei 9.032/95 ("§ 3º O aposentado pelo Regime Geral de Previdência Social – RGPS que estiver exercendo ou que voltar a exercer atividade abrangida por este Regime é segurado obrigatório em relação a essa atividade, ficando sujeito às contribuições de que trata a Lei nº 8.212, de 24 de julho de 1991, para fins de custeio da Seguridade Social."). Assinalou que essa disposição extinguira o denominado pecúlio, o qual possibilitava a devolução das contribuições implementadas após a aposentadoria. Enfatizou que o segurado teria em patrimônio o direito à satisfação da aposentadoria tal como calculada no ato de jubilação e, ao retornar ao trabalho, voltaria a estar filiado e a contribuir sem que pudesse cogitar de restrição sob o ângulo de benefícios. Reputou, dessa forma, que não se coadunaria com o disposto no art. 201 da CF a limitação do § 2º do art. 18 da Lei 8.213/91 que, em última análise, implicaria desequilíbrio na equação ditada pela Constituição. Realçou que uma coisa seria concluir-se pela inexistência da dupla aposentadoria. Outra seria proclamar-se, conforme se verifica no preceito impugnado, que, mesmo havendo a contribuição — como se fosse primeiro vínculo com a previdência —, o fenômeno apenas acarretaria o direito ao salário-família e à reabilitação profissional. Reiterou que, além de o texto do examinado dispositivo ensejar restrição ao que estabelecido na Constituição, abalaria a feição sinalagmática e comutativa decorrente da contribuição obrigatória. Em arremate, afirmou que ao trabalhador que, aposentado, retorna à atividade caberia o ônus alusivo à contribuição, devendo-se a ele a contrapartida, os benefícios próprios, mais precisamente a consideração das novas contribuições para, voltando ao ócio com dignidade, calcular-se, ante o retorno e as novas contribuições e presentes os requisitos legais, o valor a que tem jus sob o ângulo da aposentadoria. Registrou, por fim, que essa conclusão não resultaria na necessidade de se declarar a inconstitucionalidade do § 2º do art. 18 da Lei 8.213/91, mas de lhe emprestar alcance consentâneo com a Constituição, ou seja, no sentido de afastar a duplicidade de benefício, porém não o novo cálculo de parcela previdenciária que deva ser satisfeita. Após, pediu vista o Min. Dias Toffoli. **RE 381367/RS, rel. Min. Marco Aurélio, 16.9.2010. (RE-381367)** (Inform. STF 600)

NOVO TETO PREVIDENCIÁRIO E READEQUAÇÃO DOS BENEFÍCIOS - 1

É possível a aplicação imediata do novo teto previdenciário trazido pela EC 20/98 e pela EC 41/2003 aos benefícios pagos com base em limitador anterior, considerados os salários de contribuição utilizados para os cálculos iniciais. Essa foi a orientação firmada pela maioria do Tribunal, ao negar provimento a recurso extraordinário interposto contra acórdão de Turma Recursal da Seção Judiciária do Estado de Sergipe que determinara o pagamento do segurado com base no novo teto previdenciário, bem como dos valores devidos desde a entrada em vigor da referida emenda, observada a prescrição qüinqüenal. No caso, o ora recorrido — aposentado por tempo de serviço proporcional — ingressara com ação de revisão de benefício previdenciário, pleiteando a readequação de sua renda mensal, em razão do advento da EC 20/98, a qual reajustara o teto dos benefícios previdenciários, e de ter contribuído com valores acima do limite máximo quando de sua aposentadoria. No presente recurso, sustentava o Instituto Nacional do Seguro Social - INSS que o princípio *tempus regit actum* delimitaria a aplicação da lei vigente à época da formação do ato jurídico, somente sendo possível a incidência de uma lei posterior, quando expressamente disposta a retroação, o que não ocorreria na espécie. Alegava ofensa ao ato jurídico perfeito, bem como aos artigos 7º, IV e 195, § 5º, ambos da CF, e 14 da EC 20/98 e 5º da EC 41/2003. **RE 564354/SE, rel. Min. Cármen Lúcia, 8.9.2010.** (RE-564354)

NOVO TETO PREVIDENCIÁRIO E READEQUAÇÃO DOS BENEFÍCIOS - 2

Salientou-se, de início, a possibilidade de apreciação do tema, haja vista se cuidar de questão de direito intertemporal, a envolver a garantia do ato jurídico perfeito haurido da vertente constitucional. Em seguida, enfatizou-se que a situação dos autos seria distinta das hipóteses anteriormente examinadas pela Corte em que assentada a impossibilidade de retroação da lei. Registrou-se que a pretensão diria respeito à aplicação imediata, ou não, do novo teto previdenciário trazido pela EC 20/98, e não sua incidência retroativa. Explicitou-se que o recorrido almejara manter seus reajustes de acordo com índices oficiais, conforme determinado em lei, e que reputara admissível que esses reajustes ultrapassassem o antigo teto, desde que observado o novo valor introduzido pela EC 20/98. Entendeu-se que não haveria transgressão ao ato jurídico perfeito (CF, art. 5º, XXXVI) ou ao princípio da irretroatividade das leis. Asseverou-se, ademais, que o acórdão impugnado não aplicara o art. 14 da mencionada emenda retroativamente, nem mesmo o fizera com fundamento na retroatividade mínima, dado que não determinara o pagamento de novo valor aos beneficiários, mas sim permitira a incidência do novo teto para fins de cálculo da renda mensal de benefício. Tendo em vista se tratar de processo submetido à sistemática da repercussão geral, reputou-se que esse mesmo raciocínio seria aplicável ao disposto no art. 5º da EC 41/2003, o qual, de modo análogo, aumentara o valor do limite máximo dos benefícios pagos pelo Regime Geral de Previdência Social. Rejeitou-se, ainda, a afirmação de violação ao art. 7º, IV, da CF, porquanto não haveria no acórdão adversado tema relativo à vinculação a salário mínimo. Repeliu-se, também, a assertiva de afronta ao art. 195, § 5º, da CF, já que não fora concedido aumento ao recorrido, e sim declarado o direito de ter sua renda mensal de benefício calculada com base em um limitador mais alto fixado por emenda constitucional. Vencido o Min. Dias Toffoli que provia o recurso, por considerar desrespeitado o ato jurídico perfeito, uma vez que o valor do benefício fora definido em ato único e não continuado, não podendo uma lei posterior modificar essa fórmula de cálculo, salvo previsão expressa de aplicação a situações fáticas pretéritas. Julgava, também, afrontado o art. 195, § 5º, da CF. **RE 564354/SE, rel. Min. Cármen Lúcia, 8.9.2010.** (RE-564354) (Inform. STF 599)

CONTAGEM RECÍPROCA DO TEMPO DE SERVIÇO RURAL E RECOLHIMENTO DE CONTRIBUIÇÕES

Conforme disposto no § 9º do art. 201 da CF ("Para efeito de aposentadoria, é assegurada a contagem recíproca do tempo de contribuição na administração pública e na atividade privada, rural e urbana, hipótese em que os diversos regimes de previdência social se compensarão financeiramente, segundo critérios estabelecidos em lei."), a contagem recíproca do tempo de serviço rural pressupõe ter havido o recolhimento das contribuições previdenciárias. Com base nesse entendimento, o Tribunal, por maioria, indeferiu mandado de segurança impetrado contra ato do Tribunal de Contas da União - TCU, que julgara ilegal a aposentadoria do impetrante, pelo fato de ter sido computado o tempo de serviço rural sem a comprovação do recolhimento das contribuições ao INSS. Vencidos os Ministros Dias Toffoli, Eros Grau e Ayres Britto que concediam a ordem. Tendo em conta que o impetrante comprovara que fora trabalhador rural e que, naquele período, a legislação impunha a contribuição sobre a produção da venda da propriedade rural, do produtor rural, reputavam que, no caso concreto, o TCU exigira uma prova impossível de o impetrante fazer, porque isso não era obrigação dele, mas do produtor rural. Precedente citado: MS 26919/DF (DJE de 23.5.2008). **MS 26872/DF, rel. Min. Marco Aurélio, 19.5.2010.** (MS-26872) (Inform. STF 587)

ADI E CONVERSÃO DE BENEFÍCIOS PREVIDENCIÁRIOS EM URV

O Tribunal conheceu em parte de pedido formulado em ação direta ajuizada pela Confederação Nacional dos Trabalhadores Metalúrgicos – CNTM contra dispositivos da Lei 8.880/94 e, na parte conhecida, julgou-o improcedente. Não se conheceu do pedido relativamente ao art. 20, II, §§ 1º, 2º, 3º e 6º, da lei impugnada por não ter a requerente explicitado as razões pelas quais as normas apontadas estariam a contrariar a CF (Lei 9.868/99, art. 3º), e, quanto art. 21, § 1º, do referido diploma legal, ante a necessidade de confrontá-lo com a interpretação do disposto nas Leis 8.212/91 e 8.213/91, de caráter infraconstitucional, para o exame de sua constitucionalidade, ou não. Julgou-se improcedente o pedido no que concerne ao art. 20, I, da Lei 8.880/94, tendo em conta a jurisprudência consolidada da Corte no sentido da constitucionalidade da conversão de benefícios previdenciários em Unidade Real de Valor - URV, e a ausência de ofensa aos postulados do direito adquirido, da preservação do valor real dos benefícios e da sua irredutibilidade (CF, artigos 5º, XXXVI, 201, § 4º, 194, IV, respectivamente). **Alguns precedentes citados: ADI 3410/MG (DJU de 8.6.2007); ADI 2561/MG (DJU de 1º.2.2005); ADI 1708/MT (DJU de 13.3.98); ADI 2439/MS (DJU de 14.9.2001); ADI 1775/RJ (DJU de 18.5.2001); Rp 1418/RS (DJU de 25.3.88); ADI 613/DF (DJU de 29.6.2001); RE 313382/SC (DJU de 8.11.2002); RE 324724/SC (DJU de 18.10.2002). ADI 2536/DF, rel. Min. Cármen Lúcia, 15.4.2009. (ADI-2536)** (Inform. STF 542)

CÁLCULO DE APOSENTADORIA E IMPOSSIBILIDADE DA ADOÇÃO DE SISTEMA HÍBRIDO

O Tribunal, por maioria, desproveu recurso extraordinário interposto contra acórdão do TRF da 4ª Região, em que contribuinte do INSS, ao argumento de direito adquirido, pretendia fosse reconhecido, para fins de sua aposentadoria, o tempo de serviço exercido em condições especiais, isto é, de mecânico, com o acréscimo de 40%, somado ao tempo de serviço comum, relativamente a períodos que especificava, inclusive os trabalhados após a edição da EC 20/98, observadas as regras anteriores a ela para o cálculo do benefício. Esclareceu-se, inicialmente, não estar em discussão a contagem do tempo de serviço em condições especiais, reconhecido nas instâncias inferiores, por se tratar de matéria de natureza fática que demandaria reexame do conjunto probatório. Na linha de precedentes da Corte, entendeu-se não ser lícito aos segurados do INSS mesclar as vantagens de dois regimes distintos de aposentadoria, beneficiando-se das vantagens decorrentes de um sistema híbrido. Ademais, salientou-se a jurisprudência pacífica no sentido de que o aposentado possui direito adquirido ao *quantum* de seus proventos calculado com base na legislação vigente ao tempo da aposentadoria, mas não aos critérios legais com base em que esse *quantum* foi estabelecido, porque não há direito adquirido a regime jurídico. Asseverou-se não se ignorar que o direito adquirido pressupõe o atendimento de todas as condições para a obtenção da aposentadoria, como, na espécie, ocorrera. Entretanto, aduziu-se que, ante o princípio *tempus regit actum*, o tempo de serviço ou de contribuição obtido depois do advento da EC 20/98 não se rege mais pela disciplina legal que vigorava anteriormente, passando a sujeitar-se à nova ordem por ela instaurada. Concluiu-se que se o segurado quiser agregar tempo de serviço posterior à EC 20/98, tem de se submeter ao novo ordenamento, com observância das regras de transição. Vencido o Min. Marco Aurélio que, tendo em conta não se estar diante de situação jurídica concreta em que pretendida a complementação do tempo considerado o período posterior a EC 20/98, provia o recurso, ao fundamento de que, em razão de o recorrente ter completado o tempo de aposentadoria em período anterior à emenda — possuindo, portanto, direito adquirido à jubilação antes de seu advento —, benefícios outros dela decorrentes seriam a ele extensíveis. Em seguida, o relator apresentou proposta de súmula vinculante sobre a matéria, tendo o Min. Marco Aurélio se manifestado sobre a necessidade de prévia submissão do teor do verbete à Comissão de Jurisprudência. **Precedentes citados: RE 278718/SP (DJU de 14.6.2002); RE 227382/RS (DJU de 8.3.2005); RE 92511/SC (DJU de 28.11.80); AI 145522 AgR/PR (DJU de 26.3.99). RE 575089/RS, rel. Min. Ricardo Lewandowski, 10.9.2008.** (RE-575089) (Inform. STF 519)

JULGAMENTO DE LISTAS PELO PLENÁRIO: CONCESSÃO DE BENEFÍCIO PREVIDENCIÁRIO E LEGISLAÇÃO APLICÁVEL

O Tribunal deu provimento a 4.908 recursos extraordinários interpostos pelo INSS nos quais se discutia se a Lei 9.032/95 seria aplicável a pensões por morte e aposentadorias concedidas antes de sua vigência. Inicialmente, o Tribunal, por maioria, salientando a homogeneidade da questão tratada nos recursos em pauta e, prestando homenagem ao que disposto no art 5º, LXXVIII, da CF, que determina a solução dos litígios em prazo razoável, rejeitou questão de ordem suscitada pelo Min. Marco Aurélio — no sentido de que esses recursos fossem retirados de pauta para que cada relator, ante os precedentes do plenário, acima relatados (RE 416827/SC e RE 415454/SC), atuasse de forma individual —, e deliberou dar prosseguimento ao julgamento conjunto dos recursos. Vencido, no ponto, o Min. Marco Aurélio que entendia que o procedimento adotado geraria dispêndios para a Corte e, ressaltando a existência de situações diversificadas, situações anteriores à legislação previdenciária que está em vigor e situações posteriores a essa mesma legislação, vislumbrava a possibilidade de interposição quase que desenfreada de embargos declaratórios. Quanto ao mérito, o Tribunal, por unanimidade, aplicou a orientação fixada no julgamento dos dois referidos recursos extraordinários julgados na sessão do dia 8.2.2007. RE 320179/RJ, rel. Min. Cármen Lúcia, 9.2.2007. (RE-320179) RE 458717/PR, rel. Min. Ricardo Lewandowski, 9.2.2007. (RE-458717) RE 447282/PR, rel. Min. Carlos Britto, 9.2.2007. (RE-447282) RE 492338/RJ, rel. Min. Cezar Peluso, 9.2.2007. (RE-492338) RE 414741/SC, rel. Min. Gilmar Mendes, 9.2.2007. (RE-403335) RE 403335/AL, rel. Min. Sepúlveda Pertence, 9.2.2007. (RE-403335) (Inform. STF 455)

DIREITO PREVIDENCIÁRIO. PRAZO DECADENCIAL PARA REVISÃO DO ATO DE CONCESSÃO DE BENEFÍCIO PREVIDENCIÁRIO ANTERIOR À VIGÊNCIA DA MP N. 1.523-9/1997. RECURSO REPETITIVO (ART. 543-C DO CPC E RES. N. 8/2008-STJ).

Incide o prazo de decadência do art. 103 da Lei n. 8.213/1991, instituído pela MP n. 1.523-9/1997, convertida na Lei n. 9.528/1997, no direito de revisão dos benefícios concedidos ou indeferidos anteriormente a esse preceito normativo, com o termo a quo a contar da vigência da MP. Até o advento da MP n. 1.523-9/1997 (convertida na Lei n. 9.528/1997) não havia previsão normativa de prazo decadencial da ação de revisão do ato concessivo de benefício previdenciário. Todavia, com a nova redação dada pela referida MP ao art. 103 da Lei n. 8.213/1991 (Lei de Benefícios da Previdência Social), publicada em 28/6/1997, ficou estabelecido ser de dez anos o prazo de decadência de todo e qualquer direito ou ação do segurado ou beneficiário para a revisão do ato de concessão de benefício. Portanto, até 27/6/1997 – dia anterior à publicação da referida MP –, qualquer segurado poderia exercer seu direito de revisão do benefício, não havendo previsão para fulminar tal direito pelo decurso futuro de prazo. Entretanto, a contar de 28/6/1997, com a publicação da inovação legal citada, os mesmos segurados continuaram a poder exercer seu direito de revisão, mas desta vez sob novo regime jurídico, isto é, com prazo de 10 anos a contar da alteração legislativa (MP n. 1.523-9/1997). Assim, relativamente aos benefícios anteriormente concedidos, o termo inicial do prazo de decadência do direito de revisão é a data em que entrou em vigor a norma fixando o referido prazo decenal. Ademais, o suporte de incidência do prazo decadencial previsto no art. 103 da Lei n. 8.213/1991 é o direito de revisão dos benefícios, e não o direito ao benefício previdenciário. O direito ao benefício está incorporado ao patrimônio jurídico, e não é possível que lei posterior imponha a modificação ou extinção. Já o direito de revisão do benefício consiste na possibilidade de o segurado alterar a concessão inicial em proveito próprio, o que resulta em direito exercitável de natureza contínua sujeito à alteração de regime jurídico. Por conseguinte, não viola o direito adquirido e o ato jurídico perfeito a aplicação da citada norma sobre o direito de revisão das prestações concedidas antes da instituição do prazo decadencial. Portanto, a lei nova se aplica às situações jurídicas anteriores, mas o termo inicial do prazo decadencial deve ser a contar da vigência da norma instituidora (28/6/1997). Precedentes citados: REsp 1.303.988-PE, DJe 21/3/2012, e AgRg no AREsp 103.845-SC, DJe 1º/8/2012. **REsp 1.309.529-PR, Rel. Min. Herman Benjamin, julgado em 28/11/2012. (Inform. STJ 510)**

DIREITO PREVIDENCIÁRIO. REVISÃO DA RENDA MENSAL INICIAL. BURACO NEGRO.

A revisão da renda mensal inicial prevista no art. 144 da Lei n. 8.213/1991 é devida aos benefícios concedidos entre 5/10/1988 e 5/4/1991, independentemente da legislação utilizada para a concessão do benefício previdenciário. A revisão da renda mensal inicial nos termos do art. 144 da Lei n. 8.213/1991 toma como parâmetro a data da concessão do benefício, e não a legislação utilizada no cálculo deste, razão pela qual deverão ser revistos todos os benefícios concedidos no período determinado no dispositivo. Precedentes citados: EREsp 1.241.750-SC, DJe 29/3/2012; EREsp 1.230.943-PR, DJe 29/3/2012, e AgRg no REsp 1.238.881-PR, DJe 29/6/2012. **AgRg no REsp 1.324.507-SC, Rel. Min. Humberto Martins, julgado em 18/10/2012.(Inform. STJ 508)**

DIREITO PREVIDENCIÁRIO. ÍNDICES DE REAJUSTAMENTO DOS BENEFÍCIOS PREVIDENCIÁRIOS.

Os reajustamentos dos benefícios previdenciários devem ser feitos de acordo com os critérios estabelecidos no art. 41 da Lei n. 8.213/1991, não sendo possível a utilização dos mesmos índices previstos para reajuste dos benefícios de valor mínimo, dos salários de contribuição ou do art. 58 do ADCT. Precedente citado: AgRg no Ag 1.190.577-MG, DJe 30/11/2011, e AgRg no Ag 1.281.280-MG, DJe 1º/2/2011. **AREsp 168.279-MG, Rel. Min. Herman Benjamin, julgado em 18/10/2012. (Inform. STJ 508)**

DIREITO PREVIDENCIÁRIO. BENEFÍCIO PREVIDENCIÁRIO. PROVA. RECLAMAÇÃO TRABALHISTA.

A sentença trabalhista, por se tratar de decisão judicial, pode ser considerada como início de prova material para a concessão do benefício previdenciário, bem como para revisão da renda mensal inicial, ainda que a autarquia previdenciária não tenha integrado a contenda trabalhista. Precedentes citados: AgRg no Ag 1.428.497-PI, DJe 29/2/2012, e AgRg no REsp 1.100.187-MG, DJe 26/10/2011. **EDcl no AgRg no AREsp 105.218-MG, Rel. Min. Humberto Martins, julgado em 23/10/2012.(Inform. STJ 508)**

TRABALHADOR PORTUÁRIO AVULSO. APOSENTADORIA. INDENIZAÇÃO. LEI N. 8.630/1993.

Trata-se, na origem, de ação declaratória ajuizada pelo ora recorrido em desfavor do ora recorrente, na qual aquele alegou ser vigia portuário há mais de 20 anos, tendo-se aposentado em 1992, mas, devido à insuficiência dos rendimentos, retornou à atividade. Com o objetivo de receber a indenização de que trata o art. 59 da Lei n. 8.630/1993 (Lei de Modernização de Portos), o recorrido protocolou, junto ao recorrente, pedido de cancelamento de seu registro, o que foi indeferido. Assim, pretendia, com a referida ação, ver declarada a existência de sua inscrição, com deferimento de seu cancelamento para que recebesse a citada indenização. A sentença, confirmada em sede de apelação, julgou procedente o pedido. No REsp, entre outras alegações, o recorrente sustenta que o recorrido foi aposentado antes da vigência da Lei n. 8.630/1993, não tendo direito ao registro no órgão, muito menos a seu cancelamento para posterior recebimento da indenização a que fazem jus somente os trabalhadores enquadrados no art. 55 da referida lei. A Turma entendeu, tal como o acórdão recorrido, que a Lei n. 8.630/1993 pretendeu afastar do registro no órgão gestor e, consequentemente, da indenização decorrente do seu cancelamento, os trabalhadores efetivamente aposentados, não alcançando aqueles que, embora recebessem proventos de aposentadoria, retornaram à atividade antes da edição do citado diploma legal. Observou-se que foi com o escopo de racionalização do trabalho portuário, o que inclui a redução do quantitativo de mão de obra, que aquela lei, no seu art. 58, fomentou o pedido de cancelamento dos registros dos trabalhadores avulsos, ao incentivo da indenização a que alude seu art. 59. Diante disso, negou-se provimento ao recurso. **Precedente citado: REsp 366.539-RS, DJ 20/5/2002. REsp 696.843-RJ, Rel. Min. Luis Felipe Salomão, julgado em 28/9/2010.** (Inform. STJ 449)

REVISÃO. BENEFÍCIO. PISO NACIONAL. SALÁRIOS.

A Seção julgou procedente a ação e reiterou a jurisprudência assente, ao entender que a revisão de benefícios previdenciários, estabelecida no art. 58 do ADCT, deve ser realizada com base no Piso Nacional de Salários, devendo o salário-mínimo de referência ser utilizado apenas no período de setembro de 1987 até março de 1989, ou seja, durante a vigência do DL n. 2.351/1987. **AR 3.718-SP, Rel. Min. Felix Fischer, julgada em 25/8/2010.** (Inform. STJ 444)

REPETITIVO. DECADÊNCIA. REVISÃO. INSS.

Conforme precedentes, os atos administrativos praticados antes da Lei n. 9.784/1999 podem ser revistos pela Administração a qualquer tempo, pois antes inexistia norma legal quanto a haver prazo para tal iniciativa, entendimento aceito pelo Min. Relator com ressalvas. Dessa forma, o prazo decadencial de cinco anos somente incide após o advento da referida lei que o previu e seu termo inicial é a data de sua vigência (1º/2/1999). Contudo, antes de transcorridos esses cinco anos, a matéria foi disciplinada, no âmbito previdenciário, pela MP n. 138/2003, convertida na Lei n. 10.839/2004, que acrescentou o art. 103-A à Lei n. 8.213/1991 e fixou em 10 anos o prazo decadencial para o INSS rever seus atos que produzam efeitos favoráveis a seus beneficiários. No caso, o benefício foi concedido em 30/7/1997 e a revisão administrativa foi iniciada em janeiro de 2006. Assim, o prazo decadencial de 10 anos não se consumou. Diante disso, a Seção entendeu afastar a decadência e remeter os autos ao TRF para que analise a alegação de falta de contraditório e ampla defesa no procedimento que resultou na suspensão do benefício previdenciário do autor. Precedente citado: MS 9.112-DF, DJ 14/11/2005. **REsp 1.114.938-AL, Rel. Min. Napoleão Nunes Maia Filho, julgado em 14/4/2010.** (Inform. STJ 430)

APOSENTADORIA COMPLEMENTAR. REAJUSTE. PRESCRIÇÃO.

Trata-se, na origem, de ação revisional com objetivo de obter reajuste da renda mensal (complementação de aposentadoria) com a inclusão do INPC e dos índices aplicados pelo INSS, bem como a condenação ao pagamento das diferenças verificadas no quinquênio anterior à demanda. Em primeiro grau, a ação foi julgada improcedente e, em segundo, deu-se parcial provimento ao agravo retido interposto pela entidade de previdência privada, ora recorrida, para decretar a prescrição e, em consequência, julgar extinto o processo nos termos do art. 269, IV, do CPC, ficando prejudicada a apelação. No REsp, o recorrente sustentou violação do art. 189 do CC/2002 e, também, dissídio jurisprudencial. Sustentou, ainda, que o caso versa sobre revisão de benefício previdenciário, não sobre restituição de reserva de poupança, portanto a prescrição não atinge o fundo de direito, mas apenas as parcelas vencidas cinco anos antes do ajuizamento da ação, por se cuidar de relação de cunho sucessivo. Nesta instância especial, entendeu-se que, apesar de tratar a mencionada demanda de pedido de revisão de prestações promovida por segurado, a prescrição atinge o fundo do direito. Isso porque o recorrente pretendia o reconhecimento do direito à aplicação dos índices inflacionários sobre os salários de contribuição e a alteração do cálculo da renda inicial concedida no momento da aposentadoria, e não a implementação de diferenças havidas posteriormente à concessão do benefício, quando então a prescrição alcançaria somente as parcelas anteriores ao quinquênio precedente à propositura da ação. Dessa forma, a pretensão ao fundo do direito (alteração do cálculo da renda mensal inicial) prescreve em cinco anos a partir da data da violação dele. **Precedentes citados: AgRg no Ag 596.497-RS, DJ 21/3/2005, e AgRg nos EDcl do REsp 712.308-DF, DJ 29/8/2005. REsp 1.144.779-DF, Rel. Min. Fernando Gonçalves julgado em 23/3/2010.** (Inform. STJ 428)

REPETITIVO. AUXÍLIO-CRECHE. PREVIDÊNCIA.

A Seção, ao julgar recurso sujeito aos ditames do art. 543-C do CPC (repetitivo), reiterou que o auxílio-creche, de natureza indenizatória, não integra o salário de contribuição para fins previdenciários (Súm. n. 310-STJ). **Precedentes citados: EREsp 394.530-PR, DJ 28/10/2003; MS 6.523-DF, DJe 22/10/2009; AgRg no REsp 1.079.212-SP, DJe 13/5/2009; REsp 439.133-SC, DJe 22/9/2008, e REsp 816.829-RJ, DJ 19/11/2007. REsp 1.146.772-DF, Rel. Min. Benedito Gonçalves, julgado em 24/2/2010.** (Inform. STJ 424)

RENÚNCIA. APOSENTADORIA. UTILIZAÇÃO. TEMPO.

A Turma, por maioria, reiterou o entendimento de que o segurado pode renunciar à sua aposentadoria e reaproveitar o tempo de contribuição para fins de concessão de benefício no mesmo regime ou em outro regime previdenciário, não necessitando devolver os proventos já percebidos; pois, enquanto perdurou a aposentadoria, os pagamentos de natureza alimentar eram indiscutivelmente devidos. **Precedentes citados: AgRg no REsp 926.120-RS, DJe 8/9/2008, e AgRg no REsp 328.101-SC, DJe 20/10/2008. REsp 1.113.682-SC, Rel. originário Min. Napoleão Nunes Maia Filho, Rel. para acórdão Min. Jorge Mussi, julgado em 23/2/2010.** (Inform. STJ 424)

APOSENTADORIA. TEMPO. SERVIÇO ESPECIAL. CONVERSÃO. ATIVIDADE COMUM.

In casu, insurge-se o recorrente contra o acórdão que entendeu ser aplicável o fator multiplicador de 1.40 destinado à conversão de tempo de serviço especial em tempo de serviço comum, para todo o período reconhecido pela Corte de origem como laborado pelo segurado em condições prejudiciais à saúde ou à integridade física. A Turma negou provimento ao recurso ao entendimento de que, para a caracterização e comprovação do tempo de serviço, aplicam-se as normas vigentes ao tempo em que o serviço foi efetivamente prestado; contudo, no que se refere às regras de conversão, aplica-se a tabela constante do art. 70 do Dec. n. 3.048/1999, com a redação dada pelo Dec. n. 4.827/2003, independentemente da época em que a atividade especial foi prestada. Ressaltou-se que o recorrente malfere os princípios da equidade e da dignidade da pessoa humana ao tratar os segurados em situações idênticas de forma desigual, ao insurgir-se, perante o Poder Judiciário, contra a aplicação de fator de conversão mais benéfico, tendo em vista que, em sede administrativa, reconhece o direito. **Precedente citado: REsp 1.096.450-MG, DJe 14/9/2009. REsp 1.151.652-MG, Rel. Min. Laurita Vaz, julgado em 20/10/2009.** (Inform. STJ 412)

BENEFÍCIO PREVIDENCIÁRIO. ANTERIORIDADE. LEI.

A Turma negou provimento ao agravo do INSS ao argumento de que o benefício do autor foi concedido antes da vigência da Lei n. 9.528/1997 e, na espécie, o prazo decadencial do direito à revisão de ato de concessão de benefício previdenciário não alcança os benefícios concedidos antes de 27/6/1997. A Medida Provisória n. 1.523/1997 alterou o art. 103 da Lei n. 8.213/1991, estabelecendo um prazo decadencial para revisão da renda mensal inicial dos benefícios previdenciários. Contudo a referida modificação somente pode atingir as relações jurídicas constituídas a partir de sua vigência. Precedentes citados: AgRg no Ag 865.738-SC, DJ 27/8/2007, e REsp 254.186-PR, DJ 27/8/2001. **AgRg no Ag 919.422-PR, Rel. Min. Nilson Naves, julgado em 18/9/2007.** (Inform. STJ 332)

BENEFÍCIO PREVIDENCIÁRIO. REGRA VIGENTE. CONCESSÃO.

No caso, o benefício do autor da ação foi concedido em 3 de maio de 1983, ou seja, anos antes da publicação da Lei n. 9.528/1997. Portanto não existe prazo decadencial para que o assegurado peça a revisão da renda mensal inicial do seu benefício. Assim, não prospera a afirmação da autarquia recorrente sobre a decadência do direito de ação do recorrido. A lei que institui o prazo decadencial só pode produzir efeitos após sua vigência. Portanto, a decadência deve incidir apenas em relação aos segurados que tiveram seus benefícios concedidos após a publicação da lei. **REsp 240.493-SC, Rel. Min. Maria Thereza de Assis Moura, julgado em 21/8/2007.** (Inform. STJ 328)

BENEFÍCIO. PRESTAÇÃO CONTINUADA. MISERABILIDADE.

A Turma deu provimento ao recurso para conceder ao autor, a partir da citação, o benefício de prestação continuada. Note-se que a Terceira Seção deste Superior Tribunal consolidou o entendimento de que o critério de aferição da renda mensal previsto no § 3º do art. 20 da Lei n. 8.742/1993 deve ser tido como um limite mínimo, um *quantum* considerado insatisfatório à subsistência da pessoa portadora de deficiência ou idosa, não impedindo, contudo, que o julgador faça uso de outros elementos probatórios, desde que aptos a comprovar a condição de miserabilidade da parte e de sua família. Precedentes citados do STF: AgRg no Ag 470.975-SP, DJ 18/12/2006; Rcl 4.374-PE, DJ 6/2/2007; do STJ: AgRg no REsp 868.590-SP, DJ 5/2/2007; AgRg no REsp 835.439-SP, DJ 9/10/2006, e REsp 756.119-MS, DJ 14/11/2005. **REsp 841.060-SP, Rel. Min. Maria Thereza de Assis Moura, julgado em 12/6/2007.** (Inform. STJ 323)

SÚMULA STJ Nº 456

É incabível a correção monetária dos salários de contribuição considerados no cálculo do salário de benefício de auxílio-doença, aposentadoria por invalidez, pensão ou auxílio-reclusão concedidos antes da vigência da CF/1988.

SÚMULA STJ Nº 427

A ação de cobrança de diferenças de valores de complementação de aposentadoria prescreve em cinco anos contados da data do pagamento.

SÚMULA STJ Nº 159

O benefício acidentário, no caso de contribuinte que perceba remuneração variável, deve ser calculado com base na média aritmética dos últimos doze meses de contribuição.

SÚMULA STJ Nº 146

O segurado, vítima de novo infortúnio, faz jus a um único benefício somado ao salário de contribuição vigente no dia do acidente.

4. APOSENTADORIA POR INVALIDEZ

APOSENTADORIA POR INVALIDEZ: REVISÃO DE BENEFÍCIO E INCLUSÃO DE AUXÍLIO-DOENÇA - 1

A extensão de efeitos financeiros de lei nova a benefício previdenciário anterior à respectiva vigência viola tanto o inciso XXXVI do art. 5º quanto o § 5º do art. 195, ambos da CF. Ao reafirmar essa orientação, o Plenário proveu recurso extraordinário, interposto pelo INSS, em que se apreciava a possibilidade, ou não, de aplicação do art. 29 da Lei 8.213/91, na redação dada pela Lei 9.876/99, a qual estabeleceu que o valor do auxílio-doença fosse considerado salário de contribuição para efeito de cálculo da aposentadoria por invalidez, a benefícios previdenciários concedidos antes da respectiva vigência dessa nova redação. Salientou-se, de início, que a decisão impugnada determinara que os proventos do recorrido — aposentado por invalidez precedida de auxílio-doença — fossem recalculados segundo parâmetros utilizados para aposentadoria por invalidez antecedida por períodos intercalados. Aduziu-se que o regime geral de previdência social possui caráter contributivo (CF, art. 201, *caput*), o que impediria interpretações que resultassem em tempo ficto de contribuição. Além disso, destacou-se que a redação original do *caput* do art. 29 da Lei 8.213/91, ao se referir a salário de contribuição, instituto mencionado no art. 201 da CF, em sua redação originária e na conferida pela EC 20/98, fazia-o para que fosse computado, no cálculo do salário de benefício, apenas o salário de contribuição dos meses imediatamente anteriores ao afastamento da atividade. RE 583834/SC, rel. Min. Ayres Britto, 21.9.2011. (RE-583834)

APOSENTADORIA POR INVALIDEZ: REVISÃO DE BENEFÍCIO E INCLUSÃO DE AUXÍLIO-DOENÇA - 2

Reputou-se que o § 5º do art. 29 do aludido diploma legal *["§ 5º Se, no período básico de cálculo, o segurado tiver recebido benefícios por incapacidade, sua duração será contada, considerando-se como salário-de-contribuição, no período, o salário-de-benefício que serviu de base para o cálculo da renda mensal, reajustado nas mesmas épocas e bases dos benefícios em geral, não podendo ser inferior ao valor de 1 (um) salário mínimo"*] seria exceção razoável à regra proibitiva de tempo de contribuição ficta, com base no inciso II do art. 55 da mesma lei, uma vez que equacionaria a situação em que o afastamento precedente à aposentadoria por invalidez não seria contínuo, mas intercalado com períodos de labor, nos quais recolhida a contribuição previdenciária, hipótese distinta da situação dos autos. Asseverou-se que o contexto não teria sido modificado com o advento da Lei 9.876/99, porquanto a indicação feita a salário de contribuição permaneceria no inciso II do *caput* do art. 29 da Lei de Benefícios da Previdência Social, que também passou a fazer alusão a período contributivo. Por fim, concluiu-se que o § 7º do art. 36 do Decreto 3.048/99 *("§ 7º A renda mensal inicial da aposentadoria por invalidez concedida por transformação de auxílio-doença será de cem por cento do salário-de-benefício que serviu de base para o cálculo da renda mensal inicial do auxílio doença, reajustado pelos mesmos índices de correção dos benefícios em geral")* apenas explicitara a correta interpretação do inciso II e do § 5º do art. 29 em combinação com o inciso II do art. 55 e com os artigos 44 e 61, todos da Lei 8.213/91. Precedentes citados: RE 416827/SC (DJe de 26.10.2007) e RE 415454/SC (DJe de 26.10.2007). RE 583834/SC, rel. Min. Ayres Britto, 21.9.2011. (RE-583834) (Inform. STF 641)

APOSENTADORIA. INVALIDEZ. ACRÉSCIMO. 25%. TERMO INICIAL.

O recorrente pleiteia, à luz do art. 45 da Lei n. 8.213/1991, a retroação dos efeitos da decisão que lhe conferiu o direito ao acréscimo de 25% sobre o benefício de aposentadoria por invalidez, em virtude de sua necessidade de assistência permanente, à data do agravamento de sua incapacitação, decorrente de um derrame cerebral. É que tanto o juízo de primeiro grau quanto o tribunal *a quo* entenderam que ocorreu o devido preenchimento dos requisitos necessários à concessão do benefício ao segurado, destoando os julgados apenas no que se refere ao *dies a quo* do pagamento. O primeiro admitiu a retroação e o segundo posicionou-se de modo diverso, no sentido de que a concessão do acréscimo legal depende da provocação ao INSS mediante requerimento administrativo. Diante disso, a Turma assentiu com o último entendimento. É que, de acordo com o art. 42, § 1º, da lei já mencionada, a concessão da aposentadoria por invalidez depende da verificação da condição de incapacidade do segurado mediante exame médico-pericial a cargo da Previdência Social. A jurisprudência do STJ é pacífica no sentido de que, quanto ao *dies a quo* da aposentadoria por invalidez, os efeitos financeiros do reconhecimento da moléstia devem retroagir à data do requerimento administrativo. Do mesmo modo, a percepção do acréscimo previsto no art. 45 da lei supradita pressupõe a demonstração da necessidade de assistência permanente, aferível somente com a postulação administrativa do próprio interessado e o consequente exame médico-pericial do INSS. Com essas, entre outras considerações, a Turma negou provimento ao recurso. Precedentes citados: AgRg no Ag 1.107.008-MG, DJe 15/3/2010; REsp 475.388-ES, DJ 7/4/2003, e REsp 1.104.004-RS, DJe 1º/2/2010. **REsp 897.824-RS, Rel. Min. Sebastião Reis Júnior, julgado em 20/9/2011.** (Inform. STJ 483)

REPETITIVO. CORREÇÃO. APOSENTADORIA. INVALIDEZ.

A CF/1988, mediante dispositivo sem autoaplicabilidade, assegurou a correção monetária de todos os salários de contribuição considerados no cálculo da renda mensal inicial nos benefícios concedidos após sua vigência. Então, aos benefícios concedidos antes da CF/1988, há que se aplicar a legislação previdenciária então vigente: DL n. 710/1969, Lei n. 5.890/1973, Dec. n. 83.080/1979, Dec. n. 77.077/1976 (CLPS/1976) e Dec. n. 89.312/1984 (CLPS/1984). Assim, apenas os salários de contribuição anteriores aos 12 últimos meses eram atualizados monetariamente pelos coeficientes de reajustamento estabelecidos pelo MPAS e, após a Lei n. 6.423/1977, pela variação da ORTN ou OTN. Contudo, essa atualização prevista pela legislação alcançava as aposentadorias por idade, por tempo de serviço, a especial e o abono de permanência em serviço mediante a média dos 36 últimos salários de contribuição, o que resultava na correção dos 24 salários de contribuição anteriores aos 12 últimos. Anote-se que não havia lei que amparasse a correção dos salários de contribuição referentes ao cálculo do auxílio-doença, da aposentadoria por invalidez, da pensão e do auxílio-reclusão, cujas rendas mensais iniciais eram apuradas com base na média apenas dos últimos 12 salários de contribuição. Com esse entendimento, a Seção firmou, em recurso especial sujeito ao disposto no art. 543-C do CPC e na Res. n. 8/2008-STJ (recurso repetitivo), que é incabível a correção monetária dos 24 salários de contribuição anteriores aos 12 últimos quando o pedido de revisão referir-se ao auxílio-doença, à aposentadoria por invalidez, à pensão e ao auxílio-reclusão concedidos antes da vigência da CF/1988. **Precedentes citados do STF: RE 193.456-5-RS, DJ 7/11/1997; RE 201.473-7-SP, DJ 2/5/1997; AgRg no RE 416.442-PE, DJ 26/8/2005; do STJ: REsp 501.925-PE, DJ 4/6/2007; EDcl nos EDcl no REsp 194.773-RJ, DJ 5/9/2005; EREsp 202.004-SP, DJ 1º/7/2004; REsp 449.492-RJ, DJ 2/12/2002; EREsp 183.979-SP, DJ 22/11/1999; AR 685-RS, DJ 18/9/2000; EDcl no REsp 184.155-SP, DJ 13/3/2006; REsp 523.907-SP, DJ 24/11/2003; REsp 353.678-SP, DJ 1º/7/2002; EDcl no REsp 312.163-SP, DJ 8/4/2002; REsp 313.296-SP, DJ 25/3/2002; REsp 266.667-SP, DJ 16/10/2000, e REsp 174.922-SP, DJ 21/9/1998. REsp 1.113.983-RN, Rel. Min. Laurita Vaz, julgado em 28/4/2010.** (Inform. STJ 432)

APOSENTADORIA. DOENÇA GRAVE.

A servidora aposentou-se por invalidez, mas com proventos proporcionais. Contudo, é possível a conversão em aposentadoria por invalidez com proventos integrais em razão de padecer de doença incurável, mesmo que não especificada no rol do art. 186, I, § 1º, da Lei n. 8.112/1990 (no caso, a cervicobraquialgia e a lombociatalgia, que a inabilitam para o trabalho), apesar do entendimento de ambas as Turmas da Terceira Seção, de apenas permitir, nesses casos, a aposentação com proventos proporcionais. A CF/1988, em seu art. 40, I, prevê a doença grave ou incurável (na forma da lei) como causa de aposentadoria por invalidez com proventos integrais, mas, dando efetividade a esse mandamento constitucional, o referido artigo da Lei n. 8.112/1990 apenas exemplificou essas doenças, visto que não há como considerar esse rol taxativo, diante da impossibilidade de ele alcançar todas as enfermidades tidas pela medicina como graves, contagiosas e incuráveis. Excluir a aposentadoria com proventos integrais nesses casos de mal tão grave quanto os mencionados naquele dispositivo de lei seria o mesmo que ofender princípios constitucionais, tais como o da isonomia. É a ciência médica e não a jurídica que deve incumbir-se de qualificar a patologia como incurável, contagiosa ou grave, tal qual o fez o laudo pericial juntado aos autos e considerado pelas instâncias ordinárias, soberanas no exame do conjunto probatório. **Precedente citado: REsp 634.871-PE, DJ 6/12/2004. REsp 942.530-RS, Rel. Min. Jorge Mussi, julgado em 2/3/2010.** (Inform. STJ 425)

BENEFÍCIO PREVIDENCIÁRIO. AUXÍLIO-DOENÇA.

O cerne da questão é a possibilidade de se aplicar ou não a variação do IRSM de fevereiro de 1994 para a correção do salário-de-contribuição no cálculo de salário-benefício da aposentadoria por invalidez, tendo em vista o benefício ser originário de auxílio-doença, ou seja, o segurado não retornou à atividade e, conseqüentemente, não voltou a contribuir. A Turma, prosseguindo o julgamento, proveu o recurso do INSS ao fundamento de que, tendo sido o auxílio-doença posteriormente transformado em aposentadoria por invalidez, concedida em 12/6/1989, foram utilizados, para o cálculo do salário-de-benefício, os salários-de-contribuição anteriores a essa data, o que, por óbvio, não abrangeu a competência de fevereiro de 1994, no período básico do cálculo, motivo pelo qual o segurado não faz jus à pleiteada revisão prevista na MP n. 201/2004. **REsp 994.732-SP, Rel. Min. Napoleão Nunes Maia Filho, julgado em 27/3/2008.** (Inform. STJ 349)

5. APOSENTADORIA POR IDADE E POR TEMPO DE SERVIÇO

APOSENTADORIA E CERTIDÃO DE TEMPO DE SERVIÇO COMO ALUNO-APRENDIZ

A 2ª Turma negou provimento a agravo regimental de decisão do Min. Ricardo Lewandowski em mandado de segurança, do qual relator, em que concedera a ordem contra ato do TCU, que considerara irregular a concessão de aposentadoria à impetrante por entender indevido o cômputo do tempo de serviço como aluna-aprendiz. No agravo, a União insurgia-se quanto à ausência de prova efetiva do tempo de serviço prestado naquela condição. Observou-se que o STF firmara entendimento, em casos idênticos, no sentido da legalidade do cômputo desse período. Ato contínuo, assentou-se não assistir razão à agravante, haja vista que a impetrante, a fim de comprovar o período de trabalho, juntara certidão de tempo de serviço expedida por escola técnica, na qual anotada a quantidade de dias trabalhados como aluna-aprendiz, oportunidade em que teria recebido, como forma de remuneração, o ensino e a alimentação. **MS 28399 AgR/DF, rel. Min. Ricardo Lewandowski, 22.5.2012. (MS-28399) (Inform. STF 667)**

CONTAGEM DIFERENCIADA DE TEMPO DE SERVIÇO PRESTADO EM CONDIÇÕES ESPECIAIS

O Plenário iniciou julgamento conjunto de agravos regimentais nos quais se discute a possibilidade, ou não, de contagem diferenciada de tempo de serviço prestado em decorrência de atividades exercidas em trabalho especial. Trata-se, na situação dos autos, de recursos interpostos, pela União, de decisões do Min. Marco Aurélio que, em mandados de injunção dos quais relator, assentara o direito dos impetrantes a essa contagem, com observância do sistema do regime geral de previdência social (Lei 8.213/91, art. 57), para fins da aposentadoria de que cogita o § 4º do art. 40 da CF, cabendo aos órgãos aos quais integrados o exame do atendimento ao requisito "tempo de serviço". A agravante alega usurpação da competência do Plenário, bem como sustenta a inviabilidade de se conceder a aposentação. Afirma, também, que o pedido da aludida contagem de tempo é hipótese distinta do direito à aposentadoria especial, à luz do mencionado dispositivo constitucional, e que tem a finalidade de garantir ao servidor o direito à aposentadoria comum com a utilização de fatores de multiplicação, e não à aposentadoria especial. Argúi, ainda, que a Constituição não impõe ao Poder Público que proceda à contagem diferenciada, daí a impossibilidade de reconhecer a procedência da pretensão. O Min. Marco Aurélio desproveu os recursos, no que foi acompanhado pelo Min. Luiz Fux. Apontou que, dentre os critérios e requisitos especiais para a aposentadoria, estaria o direito à contagem diferenciada do tempo de serviço prestado em atividades que prejudiquem a saúde ou a integridade física. Ponderou que, no tocante à aposentadoria especial, o Supremo tem limitado a eficácia das decisões proferidas em mandado de injunção, ao determinar que a Administração verifique o preenchimento, em concreto e de forma individual, dos requisitos para a inativação. Aduziu, ainda, que a orientação firmada no julgamento do MI 795/DF (DJe de 22.5.2009) mostrar-se-ia linear, pois, durante o tempo em que não editada a lei reguladora do direito assegurado constitucionalmente, deveria ser levado em conta, na integralidade, o critério da Lei 8.213/91. Assim, se os trabalhadores em geral podem ter considerado o tempo de serviço em atividade nociva à saúde, mediante conversão (Lei 8.213/91, art. 57, § 5º), não haveria justificativa para obstaculizar o tratamento igualitário aos servidores públicos enquanto não advier legislação específica. Após, pediu vista o Min. Dias Toffoli. MI 2123 AgR/DF, rel. Min. Marco Aurélio, 14.9.2011. (MI-2123) MI 2370 AgR/DF, rel. Min. Marco Aurélio, 14.9.2011. (MI-2370) MI 2508 AgR/DF, rel. Min. Marco Aurélio, 14.9.2011. (MI-2508) (Inform. STF 640)

CONTAGEM DIFERENCIADA DE TEMPO DE SERVIÇO PRESTADO EM CONDIÇÕES ESPECIAIS

O Plenário iniciou julgamento de agravo regimental interposto, pela União, de decisão do Min. Marco Aurélio, em mandado de injunção do qual relator. Na ocasião, assentara o direito do impetrante à contagem diferenciada do tempo de serviço prestado em condições insalubres, com observância do sistema do regime geral de previdência social (Lei 8.213/91, art. 57), para fins da aposentadoria de que cogita o § 4º do art. 40 da CF, cabendo ao órgão a que integrado o exame do atendimento ao requisito *"tempo de serviço"*. A agravante alega usurpação da competência do Plenário, bem como sustenta a inviabilidade de se assegurar a aludida contagem de tempo de serviço para futuro pedido de aposentadoria. O Min. Marco Aurélio desproveu o recurso. Apontou que, dentre os critérios e requisitos especiais para a aposentadoria, estaria o direito à contagem diferenciada do tempo de serviço prestado em atividades que prejudiquem a saúde ou a integridade física. Ponderou que, no tocante à aposentadoria especial, o Supremo tem limitado a eficácia das decisões proferidas em mandado de injunção, ao determinar que a Administração verifique o preenchimento, em concreto e de forma individual, dos requisitos para a inativação. Aduziu, ainda, que o entendimento firmado no julgamento do MI 795/DF (DJe de 22.5.2009) mostrar-se-ia linear, pois, durante o tempo em que não editada a lei reguladora do direito assegurado constitucionalmente, o critério a ser levado em conta seria, na integralidade, o da Lei 8.213/91. Assim, se os trabalhadores em geral podem ter considerado o tempo de serviço em atividade nociva à saúde, mediante conversão (Lei 8.213/91, art. 57, § 5º), não haveria justificativa para obstaculizar o tratamento igualitário aos servidores públicos enquanto não advier legislação específica. Após, pediu vista o Min. Luiz Fux. MI 2140 AgR/DF, rel. Min. Marco Aurélio, 1º.7.2011. (MI-2140) (Inform. STF 633)

APOSENTADORIA: PREENCHIMENTO DE REQUISITOS E DIREITO ADQUIRIDO AO MELHOR BENEFÍCIO - 1

O Plenário iniciou julgamento de recurso extraordinário em que se discute, à luz do art. 5º, XXXVI, da CF, se segurado da previdência social tem, ou não, direito ao melhor benefício de aposentadoria, ou seja, se, sob a vigência de uma mesma lei, ele tem, ou não, direito a eleger, com fundamento no direito adquirido, o benefício calculado do modo mais vantajoso, consideradas todas as datas em que o direito poderia ter sido exercido, desde quando preenchidos os requisitos para a jubilação. A Min. Ellen Gracie, relatora, deu parcial provimento ao recurso, para, atribuindo os efeitos de repercussão geral ao acolhimento da tese do direito adquirido ao melhor benefício, garantir a possibilidade de os segurados verem seus benefícios deferidos ou revisados de modo que correspondam à maior renda mensal inicial (RMI) possível no cotejo entre aquela obtida e as rendas mensais que estariam percebendo na mesma data caso tivessem requerido o benefício em algum momento anterior, desde quando possível a aposentadoria proporcional, com efeitos financeiros a contar do desligamento do emprego ou da data de entrada do requerimento, respeitadas a decadência do direito à revisão e a prescrição quanto às prestações vencidas. RE 630501/RS, rel. Min. Ellen Gracie, 23.2.2011. (RE-630501)

APOSENTADORIA: PREENCHIMENTO DE REQUISITOS E DIREITO ADQUIRIDO AO MELHOR BENEFÍCIO - 2

A relatora observou, inicialmente, não se estar, no caso, diante de uma questão de direito intertemporal, mas da preservação do direito adquirido em face de novas circunstâncias de fato, devendo-se, com base no Enunciado 359 da Súmula do STF, distinguir a aquisição do direito do seu exercício. Asseverou que, cumpridos os requisitos mínimos (tempo de serviço e carência ou tempo de contribuição e idade, conforme o regime jurídico vigente à época), o segurado adquiriria o direito ao benefício. Relembrou ser esta razão de o § 1° do art. 102 da Lei 8.213/91, incluído pela Lei 9.528/97, reconhecer que a perda da qualidade de segurado não prejudica o direito à aposentadoria para cuja concessão tenham sido preenchidos todos os requisitos, segundo a legislação em vigor à época em que atendidos esses requisitos. Explicou, no ponto, que a modificação posterior nas circunstâncias de fato não suprimiria o direito já incorporado ao patrimônio do seu titular. Dessa forma, o segurado poderia exercer o seu direito assim que preenchidos os requisitos para tanto ou fazê-lo mais adiante, normalmente por optar em prosseguir na ativa, inclusive com vistas a obter aposentadoria integral ou, ainda, para melhorar o fator previdenciário aplicável. Reputou que, uma vez incorporado o direito à aposentação ao patrimônio do segurado, sua permanência na ativa não poderia prejudicá-lo. Esclareceu que, ao não exercer seu direito assim que cumpridos os requisitos mínimos para tanto, o segurado deixaria de perceber o benefício mensal desde já e ainda prosseguiria contribuindo para o sistema, não fazendo sentido que, ao requerer o mesmo benefício posteriormente (aposentadoria), o valor da sua RMI fosse inferior àquela que já poderia ter obtido. Aduziu que admitir que circunstâncias posteriores pudessem ensejar renda mensal inferior à garantida no momento do cumprimento dos requisitos mínimos seria permitir que o direito adquirido não pudesse ser exercido tal como adquirido. RE 630501/RS, rel. Min. Ellen Gracie, 23.2.2011. (RE-630501)

APOSENTADORIA: PREENCHIMENTO DE REQUISITOS E DIREITO ADQUIRIDO AO MELHOR BENEFÍCIO - 3

Enfatizou que a opção por permanecer em atividade sempre teria implicado a possibilidade de exercer o direito à aposentadoria mediante o cômputo também das contribuições vertidas desde o cumprimento dos requisitos mínimos para a aposentação até a data do desligamento do emprego ou do requerimento. Registrou que esse custeio adicional após a obtenção do direito à aposentadoria proporcional mínima ou mesmo após a aquisição do direito à integralidade sempre teria sido considerado por ocasião do cálculo e deferimento do benefício de aposentadoria. Frisou que, apesar de, via de regra, ser vantajoso para aquele que permaneceu na ativa ter contribuído ao longo de mais alguns meses ou anos, poderia não sê-lo em circunstâncias específicas como a da redução do seu salário-de-contribuição, com influência negativa no cálculo da RMI. Ponderou que, em tais casos, mesmo que a diminuição não decorresse de lei, mas dos novos elementos considerados para o cálculo do benefício, cumpriria assegurar-se o direito adquirido ao melhor benefício possível. Destacou que o art. 122 da Lei 8.213/91, com a redação da Lei 9.528/97, iria ao encontro desse objetivo ("*Se mais vantajoso, fica assegurado o direito à aposentadoria, nas condições legalmente previstas na data do cumprimento de todos os requisitos necessários à obtenção do benefício, ao segurado que, tendo completado 35 anos de serviço, se homem, ou trinta anos, se mulher, optou por permanecer em atividade*"). Expôs que, embora o dispositivo legal se refira ao cumprimento dos requisitos para a aposentadoria integral ao assegurar o benefício mais vantajoso, isso também deveria ser assegurado na hipótese de a aposentadoria proporcional ser mais vantajosa, porquanto a proporcionalidade e a integralidade seriam simples critérios de cálculo do benefício de aposentadoria e não elementos essenciais capazes de caracterizar benefícios distintos. RE 630501/RS, rel. Min. Ellen Gracie, 23.2.2011. (RE-630501)

APOSENTADORIA: PREENCHIMENTO DE REQUISITOS E DIREITO ADQUIRIDO AO MELHOR BENEFÍCIO - 4

Em seguida, reconheceu haver orientação jurisprudencial da Corte no sentido de que o beneficiário, ao ter sua aposentadoria concedida com proventos integrais, não pode requerer que a sua renda mensal seja calculada de acordo com a legislação em vigor na data em que teria direito à aposentadoria proporcional. Entretanto, apontou ser o momento de revisar tal posição, sendo impositivo o reconhecimento do direito adquirido ao benefício mais vantajoso, ainda que proporcional. Assentou que se recalcularia o benefício fazendo retroagir hipoteticamente a DIB (Data de Início do Benefício) à data em que já teria sido possível exercer o direito à aposentadoria e a cada um dos meses posteriores em que renovada a possibilidade de exercício do direito, de modo a verificar se a renda seria maior que a efetivamente obtida por ocasião do desligamento do emprego ou do requerimento. Ressaltou, no ponto, que os pagamentos não retroagiriam à nova DIB, pois dependentes do exercício do direito. O marco para fins de comparação seria a data do desligamento ou do requerimento original, sendo considerado melhor benefício aquele que correspondesse, à época, ao maior valor em moeda corrente nacional. RE 630501/RS, rel. Min. Ellen Gracie, 23.2.2011. (RE-630501)

APOSENTADORIA: PREENCHIMENTO DE REQUISITOS E DIREITO ADQUIRIDO AO MELHOR BENEFÍCIO - 5

Observados tais critérios, não sendo a retroação da DIB mais favorável ao segurado, não haveria de se admitir a revisão do benefício, ainda que invocada a conveniência decorrente de critérios supervenientes de recomposição ou reajuste diferenciado dos benefícios. Declarou não ser possível ao contribuinte, pois, pretender a revisão do seu benefício para RMI inferior, sob o fundamento de que, atualmente, tal lhe seria vantajoso, considerado o art. 58 do ADCT, que determinou a recomposição dos benefícios anteriores à promulgação da Constituição de 1988 considerando tão-somente a equivalência ao salário mínimo. Registrou que o fato de art. 58 do ADCT ter ensejado que benefício inicial maior tivesse passado a corresponder, em alguns casos, a um benefício atual menor seria inusitado, mas não viabilizaria a revisão retroativa sob o fundamento do direito adquirido. Para relatora, a invocação deste, ainda que implique efeitos futuros, exigiria que se olhasse para o passado, e que modificações legislativas posteriores não justificariam a revisão pretendida, não servindo de referência para que o segu-rado pleiteasse retroação da DIB. Acrescentou que isso não impediria que a revisão da RMI pela retroação da DIB, com base no melhor benefício à época do requerimento, tivesse implicações na revisão de que tratou o art. 58 do ADCT, mas como mero efeito acidental que justificaria o interesse atual do segurado na revisão. RE 630501/RS, rel. Min. Ellen Gracie, 23.2.2011. (RE-630501)

APOSENTADORIA: PREENCHIMENTO DE REQUISITOS E DIREITO ADQUIRIDO AO MELHOR BENEFÍCIO - 6

Por fim, considerou que, na espécie, o benefício que o autor viria recebendo, com DIB em 1°.11.80 — com rescisão de trabalho em 30.9.80 e gozo ainda de um mês de aviso prévio com contribuição —, teria como RMI o valor de Cr$ 47.161,00 (quarenta e sete mil, cento e sessenta e um cruzeiros). Atentou que a alteração da DIB para 1°.10.79 (data do preenchimento dos requisitos) implicaria consideração de outro período base de cálculo e dos respectivos salários-de-contribuição, anteriores a tal data, os quais, atualizados, apontariam salário-de-benefício superior e conse-qüente RMI melhor que a obtida originariamente, configurando, pois, melhor benefício. Haveria reflexo, ainda, na equivalência salarial, o que justificaria o interesse do autor na revisão. Tendo em conta a nova DIB e a evolução da renda com 1° reajuste integral, o valor do benefício, em novembro de 1980, seria de R$ 53.916,00, maior, portanto, que a RMI de concessão. Os efeitos reflexos para fins de aplicação do art. 58 do ADCT, por sua vez, também seriam positivos, visto que a equivalência ao salário mínimo passaria de 8,15 para 9,31 salários. Concluiu que o aumento na RMI teria repercussão na renda mensal atual, implicando sua revisão e pagamento de atrasados, observada a prescrição. Após, pediu vista dos autos o Min. Dias Toffoli. RE 630501/RS, rel. Min. Ellen Gracie, 23.2.2011. (RE-630501) (Inform. STF 617)

DIREITO PREVIDENCIÁRIO. TEMPO DE SERVIÇO PRESTADO POR TRABALHADOR COM IDADE INFERIOR A 14 ANOS EM REGIME DE ECONOMIA FAMILIAR.

O tempo de serviço em atividade rural realizada por trabalhador com idade inferior a 14 anos, ainda que não vinculado ao Regime de Previdência Social, pode ser averbado e utilizado para o fim de obtenção de benefício previdenciário. Comprovada a atividade rural do trabalhador com idade inferior a 14 anos e realizada em regime de economia familiar, esse tempo deve ser computado para fins previdenciários. A proibição do trabalho às pessoas com menos de 14 anos de idade foi estabelecida em benefício dos menores e não deve ser arguida para prejudicá-los. Precedentes citados: AR 3.629-RS, DJe 9/9/2008, e EDcl no REsp 408.478-RS, DJ 5/2/2007. **AR 3.877-SP, Rel. Min. Marco Aurélio Bellizze, julgada em 28/11/2012. (Inform. STJ 510)**

APOSENTADORIA. TEMPO DE SERVIÇO. VEREANÇA.

Trata-se, na origem, de ação declaratória de direito à aposentadoria em que o autor postula o cômputo do tempo de serviço do período no qual ocupou cargo de vereança (31/1/1977 a 29/3/1988), pretendendo equiparar sua condição de edil à de servidor público, portanto à de segurado obrigatório da Previdência Social. O STJ manteve a decisão recorrida por entender que a Lei n. 6.439/1977, regulamentada pelo Dec. n. 83.081/1979, vigente à época da vereança do recorrente, em seus arts. 5º e 7º, § 3º, não inclui como servidor público os agentes políticos, entre os quais se enquadra o cargo de vereador. Também, conforme a doutrina majoritária, há efetiva distinção entre os ocupantes de cargo político, enquadrado aí o detentor de mandato de vereança, e os chamados servidores públicos. Entende-se por agente político todo titular de cargo estrutural da organização política do País, constituinte da formação da vontade superior do Estado, cujo vínculo não tem natureza profissional, mas sim política. E, por servidores públicos, entendem-se aqueles que detêm com o Estado uma relação de trabalho de natureza profissional, de caráter não eventual, sob vínculo de dependência, independente do regime, se estatutário ou celetista. Assim, aquele que não é segurado obrigatório somente pode ter reconhecida a sua filiação à Previdência Social na modalidade facultativa, a qual pressupõe constante recolhimento pelo requerente das contribuições previdenciárias correspondentes. *In casu*, o recorrente, além de não recolher a contribuição correspondente ao interregno em que exerceu seus mandatos, também não se enquadra em nenhuma das categorias de segurados obrigatórios previstas na legislação em vigor à época. Por isso, não há como reconhecer o supracitado período para cômputo de tempo de contribuição. Com essas, entre outras considerações, a Turma negou provimento ao recurso. **REsp 921.903-RS, Rel. Min. Sebastião Reis Júnior, julgado em 20/9/2011.** (Inform. STJ 483)

REPETITIVO. TEMPO. SERVIÇO. CONVERSÃO.
É possível a conversão do tempo de serviço de forma majorada exercido em atividades especiais para fins de aposentadoria comum, mesmo que esse tempo diga respeito a período posterior a 28/5/1998, visto que a Lei n. 9.711/1998 (convertida da MP n. 1.663-15/1998) não mais reproduziu a revogação do § 5º do art. 57 da Lei n. 8.213/1991, permissivo da conversão. Também é assente nos tribunais que a caracterização e a comprovação do tempo de atividade especial regem-se pela legislação em vigor na época em que foi exercido, tanto que esse entendimento foi incorporado ao Regulamento da Previdência pelo Dec. n. 4.827/2003 (*vide* art. 70, § 1º, do Dec. n. 3.048/1999). Contudo, é consabido ser a obtenção do benefício submetida à legislação vigorante na data do requerimento administrativo. Daí o porquê de o art. 70, § 2º, do referido regulamento (redação dada pelo Dec. n. 4.827/2003) determinar a aplicação da tabela dele constante independentemente da época em que foi prestada a atividade especial. Então, ciente de que o fator de conversão é o resultado da divisão do número máximo de tempo comum (35 anos para o homem e 30 para a mulher) pelo número máximo de tempo especial (15, 20 e 25 anos), mesmo diante dos Decs. ns. 53.831/1964 e 83.080/1979, há que aplicar, na hipótese, o multiplicador de 1.40 para a conversão do tempo de serviço especial correspondente a 25 anos prestado por homem (35/25), tal qual constante do art. 173 da IN n. 20/2007. Posto isso, descabe ao INSS combater, na via judicial, a orientação constante de seu próprio regulamento. Esse entendimento foi acolhido pela Seção em julgamento de recurso repetitivo (art. 543-C do CPC). Precedentes citados do STF: ADI 1.891-6-DF, DJ 8/11/2002; do STJ: REsp 956.110-SP, DJ 22/10/2007; AgRg no REsp 1.105.770-RS, DJe 12/4/2010; REsp 1.151.652-MG, DJe 9/11/2009; REsp 1.149.456-MG, DJe 28/6/2010, e EREsp 412.351-RS, DJ 23/5/2005. **REsp 1.151.363-MG, Rel. Min. Jorge Mussi, julgado em 23/3/2011.** (Inform. STJ 467)

APOSENTADORIA. IDADE. IRRELEVÂNCIA. PREENCHIMENTO SIMULTÂNEO. REQUISITOS.
A Seção reiterou o seu entendimento e acolheu os embargos ao afirmar que não é exigida a implementação simultânea dos requisitos legais para a concessão da aposentadoria por idade. É devido o benefício independentemente da posterior perda da qualidade de segurado à época em que preenchido o requisito da idade, desde que o obreiro tenha recolhido à Previdência Social o número de contribuições previstas na tabela disposta no art. 142 da Lei n. 8.213/1991, como demonstrado pela análise soberana das provas realizadas pelo tribunal *a quo*. **Precedentes citados: REsp 800.860-SP, DJe 18/5/2008; AR 1.776-SP, DJe 6/8/2008; AgRg no REsp 637.761-SC, DJ 18/2/2008, e EREsp 649.496-SC, DJ 10/4/2006. EREsp 776.110-SP, Rel. Min. Og Fernandes, julgados em 10/3/2010.** (Inform. STJ 426)

INSS. APOSENTADORIA. IDADE. REVISÃO.
Segurada do INSS, ora recorrente, pretende revisar sua aposentadoria por idade. Insurge-se quanto à aplicação do § 2º do art. 3º da Lei n. 9.876/1999, objetivando rever o cálculo da renda mensal inicial utilizado para o benefício da aposentadoria – para ela, o divisor mínimo a ser aplicado deve ser limitado ao número efetivo de contribuições, de modo que se utilizem para o cálculo de seu benefício (100%) das contribuições efetivas e não 60% do período decorrido. É cediço que, com a Lei n. 9.876/1999, instituiu o fator previdenciário no cálculo das aposentadorias e ampliou-se o período de apuração dos salários de contribuição. Assim, para aqueles que se filiassem ao INSS a partir da vigência dessa lei (29/11/1999), o período de apuração envolve os salários de contribuição desde a filiação até a data de entrada do requerimento (DER); para os segurados filiados antes da edição da citada lei, o período de apuração passou a ser entre julho de 1994 e a DER. Anota o Min. Relator que o período básico de cálculo foi ampliado, mas essa alteração legislativa em benefício do segurado só lhes beneficia se houver contribuições naquele espaço de tempo. No caso dos autos, a segurada filiou-se ao INSS, antes de 28/11/1999, portanto, tem direito a incluir o período contributivo de 115 meses (desde a competência de 7/1994 à data do DER, em 2/1/2004). No entanto o Tribunal de origem deixou claro só haver uma contribuição da recorrente no valor de R$ 1.869,39 nesse período. Logo, a média utilizada foi o valor devidamente atualizado para R$ 1.889,54. Sobre esse valor atualizado, aplicando-se o § 2º do art. 3º da lei em comento, passou-se a considerar 60% de 115 meses, obtendo-se o divisor 69 que, dividido pelo valor atualizado, resultou em valor inferior ao salário mínimo, razão pela qual a concessão do benefício processou-se nesse patamar. Diante disso observa que, na legislação, não há referência para que o divisor mínimo de apuração da média seja limitado ao mínimo de contribuições à Previdência Social, como defende a recorrente. Ao contrário, está expresso na lei que o divisor mínimo será limitado à quantidade das contribuições efetivas. Ademais, não se deve confundir período contributivo com período contribuído. Com essas considerações, a Turma negou provimento ao recurso da segurada. **REsp 929.032-RS, Rel. Min. Jorge Mussi, julgado em 24/3/2009.** (Inform. STJ 388)

SERVIÇO RURAL. MENOR. 12 ANOS.
Na hipótese, o acórdão rescindendo tratou de matéria diversa da proferida na apelação ao decidir que, em casos de contagem recíproca de averbação de trabalho rural de menor em regime familiar anterior à Lei n. 8.213/1991, o tempo só poderia ser utilizado para fim de contagem recíproca se recolhidas as contribuições à época. Não se tratava, porém, de "contagem recíproca", expressão utilizada para definir o direito à contagem de tempo de serviço prestado na atividade privada, rural ou urbana, para fins de concessão de aposentadoria no serviço público ou vice-versa, em razão de mudança de regime previdenciário. No caso, a autora, além do tempo rural, prestou serviço só na atividade privada. Esclarece a Min. Relatora que foi comprovada, no Tribunal *a quo*, a atividade rural em regime familiar da autora de 12 até 14 anos de idade, e esse tempo pode ser computado para a aposentadoria pelo princípio da universalidade da cobertura da seguridade social. Outrossim a proibição do trabalho de menor de 14 anos foi estabelecida em benefício do menor, não em seu prejuízo, ademais o tempo de trabalho rural anterior à Lei n. 8.213/1991 é computado sem recolhimento de contribuições, de acordo com a jurisprudência consolidada. Com esse entendimento, a Seção julgou procedente a rescisória para desconstituir o acórdão proferido em recurso especial. **Precedentes citados: REsp 573.556-RS, DJ 24/4/2006, e AR 3.272-RS, DJ 25/6/2007. AR 3.629-RS, Rel. Min. Maria Thereza de Assis Moura, julgada em 23/6/2008.** (Inform. STJ 361)

INSS. APOSENTADORIA PROPORCIONAL.
A segurada contribuiu por 27 anos para o INSS e a legislação vigente à época, Dec n. 89.312/1984, permitia manter-se na qualidade de segurada por 24 meses (período de graça), todavia não concedia aposentadoria a quem tivesse menos de 30 anos de serviço. A aposentadoria proporcional foi efetivamente prevista pela CF/1988 e regulamentada somente com a Lei n. 8.213/1991. Explica a Min. Relatora que a suspensão dos pagamentos para a Previdência Social não leva à destituição automática do trabalhador do regime previdenciário; esse lapso temporal protetivo a doutrina denominou período de graça. Devido a esse período (24 meses), a recorrida estava segurada ao entrar em vigor a CF/1988 que veio a beneficiá-la (redação original do art. 202, § 1º) e o fato de que, só muito tempo depois, o direito por ela pleiteado (aposentadoria proporcional) foi regulamentado não pode servir de justificativa para o indeferimento do benefício, uma vez que as disposições do citado decreto não podem prevalecer sobre o texto constitucional. Ademais, a perda da qualidade de segurado, após o cumprimento dos requisitos legais ao direito do benefício previdenciário, não impede a sua concessão, podendo dar-se a qualquer tempo, pois não prescreve. Outrossim, o sistema previdenciário amparado por um sistema de custeio das prestações por ele concedidas não pode levar a efeito uma política que desconsidere quase toda a vida contributiva do segurado. Com esse entendimento, a Turma negou provimento ao recurso do INSS que tentava desconstituir o direito da recorrida ao benefício de aposentadoria proporcional concedida pelo Tribunal *a quo*. **Precedente citado: REsp 317.002-RS, DJ 2/8/2004. REsp 661.783-RJ, Rel. Min. Thereza de Assis Moura, julgado em 27/5/2008.** (Inform. STJ 357)

6. APOSENTADORIA ESPECIAL

AR. PREVIDENCIÁRIO. APOSENTADORIA RURAL POR IDADE.
Trata-se de ação rescisória (AR) em que se pretende desconstituir acórdão da Sexta Turma deste Superior Tribunal que reconheceu ao segurado réu o direito de perceber aposentadoria rural por idade. *In casu,* ele requereu, pela primeira vez, o benefício de aposentadoria rural por idade em julho de 1996. O pleito foi julgado procedente diante da comprovação do exercício de atividade rural como boia-fria. Em grau de apelação, o TRF reformou a sentença por considerar que ele perdera a qualidade de segurado, pois o único documento trazido à colação datava de 1958 (certidão de casamento). Diante disso, a prova testemunhal, no caso, estaria isolada, sem amparo em qualquer início de prova material, transitando em julgado o acórdão em 3/3/1998. Uma nova ação foi proposta em 3/8/1998, com o mesmo objetivo e o mesmo pedido da anterior, que também foi julgada procedente, e o TRF novamente reformou a sentença por entender que os documentos juntados não se referiam aos 102 meses de carência e que a prova exclusivamente testemunhal era insuficiente. Sobreveio, então, o REsp, ao qual foi dado provimento, restabelecendo-se a sentença sob o fundamento de que a jurisprudência do STJ reconhece a certidão de casamento como início de prova material, que pode ser corroborada por testemunhos, como no caso concreto. Assim, em ambas as ações, a discussão gravitou sob a mesma controvérsia, qual seja, o reconhecimento da certidão de casamento como início de prova material, que, confirmada por testemunhos, comprovaria o cumprimento da carência exigida no art. 143 da Lei n. 8.213/1991. Dessarte, diante da inequívoca identidade entre as partes, bem como da mesma postulação e causa de pedir, entendeu-se configurada a violação da coisa julgada, acolhendo-se, desse modo, a pretensão da AR. Consignou-se que, diante do insucesso da primeira ação, incumbia à parte interessada promover novo feito para rescindi-la, *ex vi* do disposto no art. 485 do CPC e não intentar ação idêntica, tal como ocorreu. Com esses argumentos, entre outros, a Seção, por maioria, julgou procedente o pedido formulado na AR para rescindir o acórdão proferido no REsp e negar o direito do réu à aposentadoria por idade a fim de prevalecer o acórdão transitado em julgado em março de 1998. Precedentes citados: AR 2.826-SP, DJ 21/8/2006; AR 3.565-PR, DJe 30/6/2008; AR 3.273-SC, DJe 18/12/2009, e REsp 653.613-DF, DJe 15/6/2009. **AR 3.029-SP, Rel. Min. Jorge Mussi, julgada em 11/5/2011.** (Inform. STJ 472)

APOSENTADORIA ESPECIAL. TEMPUS REGIT ACTUM.
A Turma deu provimento ao recurso especial para afastar o cômputo como atividade exercida em condições especiais de períodos anteriores à vigência da Lei n. 3.807/1960, regulamentada pelo Dec. n. 53.831/1964 (revogado pelo Dec. n. 63.230/1968), a qual instituiu a aposentadoria especial. *In casu,* sustentou o Min. Relator que o art. 162 do referido diploma legal não assegurou a retroatividade do benefício, mas apenas resguardou os direitos outorgados pela respectiva legislação. Nesse contexto, concluiu não ser possível que a norma retroaja sem expressa previsão nesse sentido, tendo em vista que o tempo de serviço é regido pela lei vigente à época em que efetivamente exercido. **Precedentes citados: AgRg no REsp 1.103.602-RS, DJe 3/8/2009; REsp 1.105.630-SC, DJe 3/8/2009, e AgRg no REsp 924.827-SP, DJ 6/8/2007. REsp 1.205.482-SC, Rel. Min. Gilson Dipp, julgado em 23/11/2010.** (Inform. STJ 457)

AR. TRABALHADOR MARÍTIMO. APOSENTADORIA ESPECIAL.
Trata-se de ação rescisória ajuizada contra o INSS, a fim de obter a rescisão de julgados da Sexta Turma deste Superior Tribunal. O autor alega que o aresto rescindendo incorreu em erro de fato, porque, segundo a certidão do INSS, o tempo informado foi contado equivocadamente como tempo comum, considerando o ano de 360 dias como se fosse o do segurado em terra, quando deveria ter sido convertido para ano marítimo, de 255 dias, contrariando o disposto no art. 54 do Dec. n. 83.080/1979. Diante disso, a Seção, por maioria, julgou procedente a ação rescisória, por entender que o ano marítimo é constituído por um período de 255 dias, implantado na vigência dos institutos de aposentadoria (IAPs) com o intuito de minorar o sofrimento dos trabalhadores marítimos ocasionado pelo confinamento. Com a edição da EC n. 20/1998, ficou proibida a utilização de tempo fictício para a contagem de tempo de contribuição. Tal, entretanto, não obsta a contagem do tempo pelo ano marítimo, anteriormente à sua edição, como reconhecido pelo próprio INSS, com a edição da IN n. 20-INSS/PRES/2007 e suas alterações posteriores, entre elas a IN n. 27/2008. O ano marítimo existe em razão da jornada de trabalho diferenciada, e o tempo de 25 anos para a aposentadoria especial, em razão da insalubridade a que se submetem os marítimos e os trabalhadores das demais categorias consideradas atividades insalubres. *In casu,* a aposentadoria do autor data de 1987, assim, é cabível a contagem do seu tempo de serviço considerando-se o ano marítimo de 255 dias e a concessão da aposentadoria especial, uma vez que foi comprovado o exercício de atividade especial por tempo superior ao mínimo exigido pelo Dec. n. 83.080/1979. **AR 3.349-PB, Rel. Min. Arnaldo Esteves Lima, julgada em 10/2/2010.** (Inform. STJ 422)

SÚMULA STF Nº 726

Para efeito de aposentadoria especial de professores, não se computa o tempo de serviço prestado fora da sala de aula.

7. AUXÍLIO-DOENÇA

CONTRIBUIÇÃO PREVIDENCIÁRIA. AUXÍLIO-DOENÇA. QUEBRA DE CAIXA.
Na espécie, trata-se de saber se há a incidência da contribuição previdenciária sobre o auxílio-doença pago até o 15º dia pelo empregador, bem como se a verba paga a título de "quebra de caixa" integra a base de cálculo da mencionada exação. A Turma, ao prosseguir o julgamento, reiterou que o auxílio-doença pago até o 15º dia pelo empregador não é alcançado pela contribuição previdenciária, tendo em vista que tal verba não possui caráter remuneratório, pois inexiste prestação de serviço pelo empregado no período. No entanto, por maioria, a Turma também entendeu que não há a incidência da contribuição previdenciária no adicional "quebra de caixa", visto ter, no caso, natureza indenizatória. Ressaltou-se que o salário de contribuição tem como base de cálculo a remuneração, considerados os rendimentos destinados a retribuir o trabalho (art. 28, I, da Lei n. 8.212/1991), o que não se verifica na hipótese em questão, visto que o recebimento dessa verba pelo trabalhador tem por objetivo compensar eventual diferença detectada a menor no caixa que opera, daí seu caráter indenizatório. Logo, consignou-se que, no caso, por não se tratar de parcela destinada a retribuir trabalho, mas revestida de nítido caráter indenizatório, torna-se incabível a incidência da contribuição previdenciária sobre os valores pagos a título de "quebra de caixa". Assim, a Turma, prosseguindo o julgamento, por maioria, deu parcial provimento ao recurso em maior extensão, afastando a incidência da contribuição previdenciária na verba "quebra de caixa". Precedentes citados: REsp 1.149.071-SC, DJe 22/9/2010; AgRg nos EDcl no REsp 1.095.831-PR, DJe 1º/7/2010; AgRg no REsp 1.107.898-PR, DJe 17/3/2010, e AgRg no REsp 957.719-SC, DJe 2/12/2009. **REsp 942.365-SC, Rel. originário Min. Luiz Fux, Rel. para acórdão Min. Teori Albino Zavascki, julgado em 26/4/2010.** (Inform. STJ 470)

RECURSO REPETITIVO. AUXÍLIO-DOENÇA. TENDINITE.
A Seção, ao julgar REsp sob regime do art. 543-C do CPC c/c a Res. n. 8/2008-STJ, deu-lhe provimento, reafirmando que, devidamente comprovado o nexo de causalidade entre a redução parcial da capacidade para o trabalho e o exercício das funções laborais habituais, não é cabível afastar a concessão do auxílio-acidente somente pela possibilidade de desaparecimento dos sintomas da patologia que acomete o segurado em virtude de tratamento ambulatorial ou cirúrgico. Entretanto, ocorrendo a reversão da moléstia que deu causa à percepção do benefício, cessará o auxílio-acidente. Observou o Min. Relator que, para ser concedido o auxílio-acidente, não há necessidade de que a moléstia incapacitante seja irreversível, basta que o segurado empregado, exceto doméstico, trabalhador avulso e segurado especial tenham redução permanente de sua capacidade laborativa em decorrência de acidente de qualquer natureza, conforme o disposto no art. 18, § 1º, da Lei n. 8.213/1991. Aponta, por sua vez, que o art. 20, I, da citada lei também considera como acidente do trabalho a doença profissional proveniente do exercício peculiar de determinada atividade laboral, enquadrando-se entre esses casos as lesões por esforço repetitivo. **Precedentes citados: AgRg no Ag 1.108.738-SP, DJe 11/5/2009; AgRg no REsp 871.595-SP, DJe 24/11/2008; AgRg no REsp 721.523-SP, DJ 22/10/2007, e REsp 926.767-ES, DJ 7/12/2007. REsp 1.112.886-SP, Rel. Min. Napoleão Nunes Maia Filho, julgado em 25/11/2009.** (Inform. STJ 417)

SÚMULA STJ Nº 44

A definição, em ato regulamentar, de grau mínimo de disacusia, não exclui, por si só, a concessão do benefício previdenciário.

8. PENSÃO POR MORTE

EMENTA: UNIÃO CIVIL ENTRE PESSOAS DO MESMO SEXO. ALTA RELEVÂNCIA SOCIAL E JURÍDICO-CONSTITUCIONAL DA QUESTÃO PERTINENTE ÀS UNIÕES HOMOAFETIVAS. LEGITIMIDADE CONSTITUCIONAL DO RECONHECIMENTO **E** QUALIFICAÇÃO DA UNIÃO ESTÁVEL HOMOAFETIVA *COMO ENTIDADE FAMILIAR*: **POSIÇÃO CONSAGRADA** NA JURISPRUDÊNCIA DO SUPREMO TRIBUNAL FEDERAL (**ADPF** 132/RJ **E ADI** 4.277/DF). **O AFETO COMO VALOR JURÍDICO IMPREGNADO DE NATUREZA CONSTITUCIONAL**: **A VALORIZAÇÃO** *DESSE NOVO PARADIGMA* **COMO NÚCLEO CONFORMADOR DO CONCEITO DE FAMÍLIA**. *O DIREITO À BUSCA DA FELICIDADE*, **VERDADEIRO** POSTULADO CONSTITUCIONAL IMPLÍCITO **E EXPRESSÃO** *DE UMA IDÉIA-FORÇA* **QUE DERIVA** DO PRINCÍPIO DA ESSENCIAL DIGNIDADE DA PESSOA HUMANA. **PRINCÍPIOS DE YOGYAKARTA** (2006): **DIREITO** *DE QUALQUER PESSOA* **DE CONSTITUIR** FAMÍLIA, **INDEPENDENTEMENTE** DE SUA ORIENTAÇÃO SEXUAL **OU** IDENTIDADE DE GÊNERO. **DIREITO** DO COMPANHEIRO, *NA UNIÃO ESTÁVEL HOMOAFETIVA*, **À PERCEPÇÃO** DO BENEFÍCIO DA PENSÃO POR MORTE DE SEU PARCEIRO, *DESDE QUE OBSERVADOS* OS REQUISITOS DO ART. 1.723 DO CÓDIGO CIVIL. **O ART. 226, § 3º**, DA LEI FUNDAMENTAL **CONSTITUI TÍPICA NORMA DE INCLUSÃO**. *A FUNÇÃO CONTRAMAJORITÁRIA* **DO SUPREMO TRIBUNAL FEDERAL NO ESTADO DEMOCRÁTICO DE DIREITO**. *A PROTEÇÃO DAS MINORIAS* **ANALISADA NA PERSPECTIVA** *DE UMA CONCEPÇÃO MATERIAL* **DE DEMOCRACIA CONSTITUCIONAL**. RECURSO EXTRAORDINÁRIO **CONHECIDO E PROVIDO**. (RE 477.554/MG, rel. Min. Celso de Mello, DJ 03.08.11) (Inform. STF 635)

PENSÃO ESPECIAL. FILHA DESQUITADA. EQUIPARAÇÃO. FILHA SOLTEIRA.

Na espécie, trata-se de demanda em que a recorrida visa à percepção de pensão especial disciplinada pela Lei n. 6.782/1980 nos mesmos moldes em que percebida por sua mãe, falecida em 1994. A Turma manteve o entendimento do tribunal *a quo* que condenou a União a pagar pensão especial à demandante que, embora tenha perdido a condição de solteira, regra estabelecida pelo parágrafo único do art. 5º da Lei n. 3.373/1958, após seu divórcio, voltou a depender economicamente de seu pai (instituidor da pensão) e, depois do falecimento dele, manteve essa condição ao conviver com sua mãe, beneficiária da pensão especial. O STF e o STJ reconhecem que, na aplicaçao da Lei n. 3.373/1958, a filha separada, desde que comprovada a dependência econômica em relação ao instituidor do benefício, é equiparada à filha solteira. Precedentes citados do STF: MS 22.604-SC, DJ 8/10/1999; do STJ: REsp 911.937-AL, DJe 22/4/2008, e REsp 157.600-RJ, DJ 3/8/1998. **REsp 1.297.958-DF, Rel. Min. Teori Albino Zavascki, julgado em 16/2/2012. (Inform. STJ 491)**

AR. PENSÃO POR MORTE. REVISÃO. PERCENTUAL.

O Instituto Nacional do Seguro Social (INSS) ajuizou a ação rescisória (AR) com fundamento no art. 485, V, do CPC para rescindir acórdão que aplicou lei nova mais benéfica à pensão por morte, o que possibilitou a gradativa elevação no cálculo da cota familiar do benefício previdenciário em manutenção, mas concedido antes da vigência das Leis ns. 8.213/1991, 9.032/1995 e 9.528/1997; ainda afirmava o acórdão que isso não configuraria retroação da lei nem ofensa ao ato jurídico perfeito. Ressaltou o Min. Relator que, à época do acórdão rescindendo, esse era o entendimento jurisprudencial deste Superior Tribunal, contudo foi alterado após decisões divergentes do STF. Então, o STJ passou a adotar o posicionamento do STF, segundo o qual os benefícios previdenciários concedidos antes da edição da Lei n. 9.032/1995 deveriam ser calculados de acordo com a lei vigente ao tempo da concessão (aplicação do princípio *lex tempus regit actum*), salvo se houver disposição expressa de lei e desde que atendida a necessidade de apontar prévia fonte de custeio. Quanto ao pedido de devolução dos valores eventualmente recebidos pela ré por força do acórdão rescindendo, esclareceu o Min. Relator que se deve considerar o princípio da irrepetibilidade dos alimentos, segundo o qual não é cabível a restituição de valores recebidos a título de benefício previdenciário em cumprimento à decisão judicial posteriormente rescindida e em atenção à boa-fé do beneficiário. Diante do exposto, afastada a previsão da Súm. n. 343-STF, a Seção julgou procedente o pedido do INSS. Precedentes citados do STF: RE 415.454-SC, DJ 26/10/2007; RE 416.827-SC, DJ 26/10/2007; do STJ: AR 3.252-AL, DJe 12/5/2010; AgRg no Ag 1.239.940-SP, DJe 28/6/2010; AR 2.927-AL, DJe 3/11/2009; AR 4.185-SE, DJe 24/9/2010, e EDcl no REsp 996.850-RS, DJe 24/11/2008. **AR 3.939-SP, Rel. Min. Gilson Dipp, julgada em 25/5/2011.** (Inform. STJ 474)

REPERCUSSÃO GERAL POR QUEST. ORD. EM RE N. 597.389-SP

RELATOR: MINISTRO PRESIDENTE

EMENTA: Questão de ordem. Recurso extraordinário. 2. Previdência Social. Revisão de benefício previdenciário. Pensão por morte. 3. Lei nº 9.032, de 1995. Benefícios concedidos antes de sua vigência. Inaplicabilidade. 4. Aplicação retroativa. Ausência de autorização legal. 5. Cláusula indicativa de fonte de custeio correspondente à majoração do benefício previdenciário. Ausência. 6. Jurisprudência pacificada na Corte. Regime da repercussão geral. Aplicabilidade. 7. Questão de ordem acolhida para reafirmar a jurisprudência do Tribunal e determinar a devolução aos tribunais de origem dos recursos extraordinários e agravos de instrumento que versem sobre o mesmo tema, para adoção do procedimento legal. 8. Recurso extraordinário a que se dá provimento. (Inform. STF 556)

REVISÃO DE PENSÃO POR MORTE E PERÍODO ANTERIOR À LEI 9.032/95

O Tribunal resolveu questão de ordem suscitada pelo Min. Gilmar Mendes, Presidente, em recurso extraordinário interposto pelo INSS, do qual relator, para: a) reconhecer a repercussão geral da questão constitucional analisada — revisão de pensão por morte constituída antes da edição da Lei 9.032/95 —, pela inegável relevância jurídica e econômica do tema, com reflexos sobre uma multiplicidade de processos que ainda tramitam nas instâncias ordinárias e especial; b) reafirmar a jurisprudência da Corte no sentido de que a revisão de pensão por morte e demais benefícios, constituídos antes da entrada em vigor da Lei 9.032/95, não pode ser realizada com base em novo coeficiente de cálculo estabelecido no referido diploma legal; c) dar provimento ao recurso extraordinário; d) devolver aos respectivos tribunais de origem os recursos extraordinários e agravos de instrumento, ainda não distribuídos nesta Suprema Corte e os que aqui chegarem, versando sobre o tema em questão, sem prejuízo da eventual devolução, se assim entenderem os relatores, daqueles que já estão a eles distribuídos (RISTF, art. 328, parágrafo único), com a ressalva do voto do Min. Marco Aurélio, quanto à não-aplicação do regime da repercussão geral aos recursos protocolados em data anterior à regulamentação do referido instituto; e e) autorizar os Tribunais, Turmas Recursais e de Uniformização a adotar os procedimentos previstos no art. 543-B, § 3º, do CPC, especificamente a retratação das decisões ou a inadmissibilidade dos recursos extraordinários, sempre que as decisões contrariarem ou se pautarem pela jurisprudência desta Casa e forem contrastadas por recursos extraordinários. **RE 597389 QO/SP, rel. Min. Gilmar Mendes, 22.4.2009. (RE-597389)** (Inform. STF 543)

CORREÇÃO DE OFÍCIO DE ERRO MATERIAL

O Tribunal iniciou julgamento de questão de ordem suscitada pela Min. Cármen Lúcia em dois recursos extraordinários, dos quais relatora, em que se discute a possibilidade de se tornar sem efeito o julgamento desses recursos, em razão da ocorrência de erro material. Na espécie, os recursos foram interpostos contra acórdão que determinara a revisão do benefício de pensão por morte do segurado, de modo a atingir o patamar de 100% (cem por cento) do salário de benefícios do regime geral de previdência social, com efeitos financeiros incidentes a partir da vigência da Lei 9.032/95, independentemente do que dispunha a norma vigente ao tempo do óbito do segurado. Na sessão de julgamento de 9.2.2007, foram incluídos, equivocadamente, em lista de recursos extraordinários, interpostos pelo INSS, que tratavam de outra questão relativa à pensão previdenciária, tendo sido, naquela ocasião, providos. A Min.Cármen Lúcia, relatora, resolveu a questão de ordem no sentido de tornar sem efeito o julgamento dos recursos, ante a ocorrência do erro material. Em divergência, o Min. Marco Aurélio, acompanhado pelos Ministros Joaquim Barbosa e Cezar Peluso, entendeu incabível a retificação, ao fundamento de que ela seria possível somente se houvesse a interposição de embargos de declaração, já que se teria modificação substancial do que decidido. Após, o julgamento foi suspenso em virtude do pedido de vista do Min. Carlos Britto. RE 492837 QO/MG, rel. Min. Cármen Lúcia, 29.10.2007. (RE-492837) RE 495735 QO/SC, rel. Min. Cármen Lúcia, 29.10.2007. (RE-495735) (Inform. STF 486)

PENSÃO HONORÍFICA E PENSÃO POR MORTE: CUMULAÇÃO

A pensão honorífica concedida, pela Lei 9.255/96, a descendente do mártir Tiradentes é acumulável com pensão por morte, em face do caráter previdenciário deste benefício. Com base nessa orientação, a Turma manteve decisão monocrática do Min. Gilmar Mendes que, por ausência de prequestionamento, negara seguimento a agravo de instrumento, do qual relator, interposto pelo Instituto Nacional do Seguro Social - INSS, que visava à subida de recurso extraordinário. A citada autarquia sustentava ofensa ao art. 5º, *caput* e seu inciso XXXVI, ambos da CF, sob a alegação de que o pagamento da pensão especial para a ora agravada constituiria afronta ao princípio da isonomia, em desfavor dos demais descendentes de Tiradentes, bem como aduzia a proibição de acúmulo do referido benefício com "quaisquer outros recebidos dos cofres públicos" (Lei 9.255/96, art. 2º). Inicialmente, ressaltou-se que a agravante aufere dois benefícios distintos, a saber: a) a pensão decorrente da morte de seu pai, desde 1967; e b) a pensão de natureza honorífica, a partir de 1996. Considerou-se que a mencionada pensão especial possui caráter reparador, com escopo de homenagear a memória de Tiradentes, e que, portanto, não há de se confundir com os pagamentos feitos à agravada, a título previdenciário, que representam contrapartida às contribuições feitas ao erário pelo seu genitor. Ademais, asseverou-se que não se poderia ordenar o pagamento de benefício honorífico que se condicionasse ao não recebimento de outros benefícios, de natureza previdenciária, mesmo porque a agravada já ostentava, durante o processo legislativo que deu origem à benesse de caráter honorífico, a condição de beneficiária da pensão por morte. Precedentes citados: RE 236902/RJ (DJU de 1º.10.99); RE 263911/PE (DJU de 2.2.2001); RE 293214/RN (DJU de 6.11.2001); RE 483101 AgR/RJ (DJU de 6.2.2007). AI 623655 AgR/DF, rel. Min. Gilmar Mendes, 11.9.2007. (AI-623655) (Inform. STF 479)

MANDADO DE SEGURANÇA: GUARDA PROVISÓRIA E PENSÃO TEMPORÁRIA

O Tribunal iniciou julgamento de mandado de segurança impetrado por menor, representada por sua mãe, contra ato da Presidência do STF que revogara Portaria que deferira pensão temporária à impetrante, em razão do término do prazo de 5 anos da guarda concedida em ação cautelar, pelo Juízo da 2ª Vara de Família da Circunscrição Especial Judiciária de Brasília, à sua avó, servidora desta Corte, a qual falecera poucos meses após a concessão da guarda. A Min. Cármen Lúcia, relatora, denegou a ordem, no que foi acompanhada pelo Min. Ricardo Lewandowski, por não vislumbrar ilegalidade ou abuso de poder no ato dito coator, nem direito líquido e certo da impetrante. Considerou que, extinto o prazo da guarda judicialmente concedida, não mais subsistiria a determinação judicial que ensejara a manutenção, por parte do STF, de pensão provisória à menor impetrante, por não mais perdurar a situação prevista no art. 217, II, b, da Lei 8.112/90. Asseverou que a impetrante poderá até pleitear sua pretensão de restabelecer o benefício, mas na via adequada, bem como demonstrar que a situação de desprovimento dos pais da menor continua. Em divergência, concederam o *writ* os Ministros Cezar Peluso e Sepúlveda Pertence, por entender que, embora a Portaria revogada tivesse concedido a pensão temporária com fundamento no art. 217, II, b, da Lei 8.112/90, ter-se-ia, na espécie, a hipótese de designação prevista na alínea d desse mesmo dispositivo legal, eis que o benefício fora concedido porque existia um documento formal, que valeria como designação tácita, qual seja, a sentença que deferira a guarda, que reconhecia que a menor estava sob a dependência da servidora, razão pela qual ela teria direito à pensão até atingir a maioridade, nos termos do art. 215 da referida lei (Lei 8.112/90: "*Art. 215. Por morte do servidor, os dependentes fazem jus a uma pensão mensal de valor correspondente ao da respectiva remuneração ou provento, a partir da data do óbito, observado o limite estabelecido no art. 42. ... Art. 217. São beneficiários das pensões:... II - temporária:... b) o menor sob guarda ou tutela até 21 (vinte e um) anos de idade;... d) a pessoa designada que viva na dependência econômica do servidor, até 21 (vinte e um) anos, ou, se inválida, enquanto durar a invalidez.*"). O Min. Carlos Britto também concedeu a ordem, com fundamento no art. 217, II, b, da Lei 8.112/90. O julgamento foi suspenso com o pedido de vista do Min. Eros Grau. Em seguida, o Tribunal deliberou deferir liminar que assegure a continuidade dos pagamentos até a conclusão do julgamento. MS 25823/DF, rel. Min. Cármen Lúcia, 29.6.2007. (MS-25823) (Inform. STF 473)

PENSÃO DE MENOR E DEPENDÊNCIA ECONÔMICA - 1

O Tribunal denegou mandado de segurança impetrado contra ato do Tribunal de Contas da União - TCU que determinara, cautelarmente, a suspensão do pagamento de pensão civil instituída, nos termos do art. 217, II, b, da Lei 8.112/90, pelo avô paterno do impetrante (Lei 8.112/90: "*Art. 217. São beneficiários das pensões:... II - temporária: b) o menor sob guarda ou tutela até 21 (vinte e um) anos de idade*"). No caso, o TCU, tendo em vista representação apresentada por equipe de auditoria na Universidade Federal do Ceará e pelo Procurador da República no referido Estado-membro, levara em conta a capacidade laboral dos pais do impetrante, o que afastaria o requisito da dependência econômica exigida para a concessão da pensão. Por unanimidade, afastou-se a preliminar de perda de objeto, que decorreria do fato de o impetrante ter ultrapassado o limite de idade de 21 anos, condição resolutiva do direito à pensão, após a data da impetração. Considerou-se, no ponto, salientando ter sido confirmada a ilegalidade da pensão pelo TCU, em decisão de mérito, que o interesse do impetrante no julgamento do *writ* estaria mantido, uma vez que a definição das parcelas que seriam consideradas para efeito de devolução dependeriam da conclusão do julgamento do mandado de segurança, pois, se concedida a ordem, somente poderiam ser exigidas aquelas eventualmente recebidas por força do efeito suspensivo do recurso acaso interposto naquela Corte de Contas. MS 25409/DF, rel. Min. Sepúlveda Pertence, 15.3.2007. (MS-25409)

PENSÃO DE MENOR E DEPENDÊNCIA ECONÔMICA - 2

Quanto ao mérito, inicialmente, rejeitaram-se as alegações de violação aos princípios da ampla defesa e do contraditório, ante a suspensão do pagamento da pensão, quando da análise da legalidade de sua concessão, sem audiência prévia do pensionista, seja por não se tratar de revisão de decisão anterior; seja por ter sido realizada em sede cautelar. Esclareceu-se que, no caso, o ato de concessão da pensão ainda não havia sido submetido ao julgamento de legalidade do TCU. Afirmou-se, no ponto, que o Tribunal assentou que as garantias constitucionais do contraditório, da ampla defesa e do devido processo legal devem ser estendidas ao processo administrativo, sob pena de anulação da decisão do Tribunal de Contas que, revendo a legalidade do ato de concessão de aposentadoria ou pensão, determina o cancelamento do seu registro. Asseverou-se que tal exigência é afastada, no entanto, nos casos em que o Tribunal de Contas, no exercício do controle externo (CF, art. 71, III), aprecia a legalidade da própria concessão, só após o que o ato complexo se aperfeiçoa, não havendo, por isso, que se falar, também, em direito adquirido. Pela mesma razão — não aperfeiçoamento do ato complexo de concessão — repeliu-se a alegação de decadência prevista no art. 54 da Lei 9.784/99. MS 25409/DF, rel. Min. Sepúlveda Pertence, 15.3.2007. (MS-25409)

PENSÃO DE MENOR E DEPENDÊNCIA ECONÔMICA - 3

Prosseguindo, ressaltou-se que, não obstante a importância da matéria de fundo — a imprescindibilidade da demonstração da dependência econômica do menor em relação ao instituidor para a concessão da pensão temporária —, dever-se-ia limitar sua abordagem ao exame dos requisitos de suspensão do pagamento pelo TCU em caráter liminar. Relativamente ao *periculum in mora*, ressaltou-se que se visara evitar que a supressão da pensão só ocorresse com a prolação da decisão final da representação, quando, provavelmente, a decisão seria inócua, já que o impetrante estaria na iminência de completar 21 anos. Aduziu-se que a alegação de que o menor sofreria dano irreparável com a supressão do pagamento de verba de natureza alimentícia não impossibilitaria a vedação do seu recebimento até a apuração da legalidade do benefício, haja vista, principalmente, a existência de grave suspeita de vícios em sua concessão e porque a sua retirada não implicaria o desamparo do pretenso titular, tendo em conta a plena capacidade econômica dos seus genitores. Quanto ao *fumus boni iuris*, considerou-se que a suspensão cautelar do pagamento da pensão se baseara no que apurado pela equipe de auditoria, que concluíra, asseverando a capacidade econômica dos pais do beneficiário, pela insuficiente caracterização da dependência econômica deste em relação ao instituidor da pensão. Diante disso, e salientando-se não se poder inferir que a dependência econômica tivesse sido a única causa para a concessão da guarda do impetrante aos avós, entendeu-se plausível a tese que exige a sua comprovação para recebimento da pensão temporária prevista no art. 217, II, b, da Lei 8.112/90. Vencidos os Ministros Marco Aurélio e Cezar Peluso que concediam a ordem. MS 25409/DF, rel. Min. Sepúlveda Pertence, 15.3.2007. (MS-25409) (Inform. STF 459)

CONCESSÃO DE BENEFÍCIO PREVIDENCIÁRIO E LEGISLAÇÃO APLICÁVEL - 1

O Tribunal iniciou julgamento de dois recursos extraordinários interpostos pelo INSS nos quais se pretende cassar acórdão de Turma Recursal de Juizado Especial Federal que determinara a revisão da renda mensal de benefício de pensão por morte, com efeitos financeiros correspondentes à integralidade do salário de benefícios da previdência geral, a partir da vigência da Lei 9.032/95, independentemente da norma em vigor ao tempo do óbito do segurado. Por maioria, o Tribunal, considerando a relevância da matéria, e, apontando a objetivação do processo constitucional também em sede de controle incidental, especialmente a realizada pela Lei 10.259/2001 (arts. 14, § 7º, e 15), resolveu questão de ordem no sentido de admitir a sustentação oral da Confederação Brasileira dos Aposentados, Pensionistas e Idosos - COBAP e da União dos Ferroviários do Brasil. Vencidos, no ponto, os Ministros Marco Aurélio, Eros Grau e Cezar Peluso que não a admitiam, sob o fundamento de que o instituto do amicus curiae restringe-se ao processo objetivo, não sendo extensível, ao Supremo, que não é Turma de Uniformização, o procedimento previsto no § 7º do art. 14 da Lei 10.259/2001. **RE 416827/SC e RE 415454/SC, rel. Min. Gilmar Mendes, 21.9.2005. (RE-416827)**

CONCESSÃO DE BENEFÍCIO PREVIDENCIÁRIO E LEGISLAÇÃO APLICÁVEL - 2

Em seguida, o Min. Gilmar Mendes, relator, conheceu do recurso e lhe deu provimento. Considerou a orientação fixada pelo Supremo no sentido de que, se o direito ao benefício foi adquirido anteriormente à edição da nova lei, o seu cálculo deve se efetuar de acordo com a legislação vigente à época em que atendidos os requisitos necessários. Asseverou, também, que a fonte de custeio da seguridade prevista no art. 195, § 5º, da CF assume feição típica de elemento institucional, de caráter dinâmico, estando a definição de seu conteúdo aberta a múltiplas concretizações. Dessa forma, caberia ao legislador regular o complexo institucional da seguridade, assim como suas fontes de custeio, compatibilizando o dever de contribuir do indivíduo com o interesse da comunidade. Afirmou que, eventualmente, o legislador, no caso, poderia ter previsto de forma diferente, mas desde que houvesse fonte de custeio adequada para tanto. Por fim, tendo em vista esse perfil do modelo contributivo da necessidade de fonte de custeio, argumentou que o próprio sistema previdenciário constitucionalmente adequado deve ser institucionalizado com vigência, em princípio, para o futuro. Concluiu, assim, ser inadmissível qualquer interpretação da Lei 9.032/95 que impute a aplicação de suas disposições a benefícios de pensão por morte concedidos em momento anterior a sua vigência, salientando que, a rigor, não houve concessão a maior, tendo o legislador se limitado a dar nova conformação, doravante, ao sistema de concessão de pensões. O julgamento foi suspenso em virtude do pedido de vista do Min. Eros Grau. **RE 416827/SC e RE 415454/SC, rel. Min. Gilmar Mendes, 21.9.2005. (RE-416827)**

CONCESSÃO DE BENEFÍCIO PREVIDENCIÁRIO E LEGISLAÇÃO APLICÁVEL - 3

Retomado julgamento de dois recursos extraordinários interpostos pelo INSS nos quais se pretende cassar acórdão de Turma Recursal de Juizado Especial Federal que determinara a revisão da renda mensal de benefício de pensão por morte, com efeitos financeiros correspondentes à integralidade do salário de benefícios da previdência geral, a partir da vigência da Lei 9.032/95, independentemente da norma em vigor ao tempo do óbito do segurado — v. Informativo 402. O Min. Eros Grau, em voto-vista, abriu divergência e negou provimento aos recursos. Inicialmente, afirmou não haver, no caso, ofensa ao ato jurídico perfeito, já que a Lei 9.032/95 não atingiu os pressupostos constitutivos da concessão da pensão, mas apenas alterou o valor recebido, cujo parâmetro é a contribuição previdenciária a que o beneficiário esteve obrigado. Em seguida, reportando-se ao seu voto no julgamento da ADI 3105/DF (DJU de 18.2.2005), entendeu não ser o caso de aplicação do princípio tempus regit actum, mas de aplicação imediata da lei aos efeitos que se produzem de forma sucessiva. Asseverou que, em razão de a situação previdenciária dos pensionistas ser estatutária, são eles titulares de direito adquirido a perceber pensões, mas não ao regime jurídico a elas correspondentes. Por fim, discordou da assertiva de que a lei que majora o benefício da pensão por morte deve indicar a fonte de custeio total, por força do disposto no § 5º do art. 195 da CF, haja vista que a afirmação estaria provando a inconstitucionalidade do art. 3º da Lei 9.032/95, questão que não é objeto de análise nos presentes recursos. Após, pediu vista dos autos o Min. Ricardo Lewandowski. **RE 416827/SC e RE 415454/SC, rel. Min. Gilmar Mendes, 19.4.2006. (RE-416827) (RE-415454)**

CONCESSÃO DE BENEFÍCIO PREVIDENCIÁRIO E LEGISLAÇÃO APLICÁVEL - 4

Retomado julgamento de dois recursos extraordinários interpostos pelo INSS nos quais se pretende cassar acórdão de Turma Recursal de Juizado Especial Federal que determinara a revisão da renda mensal de benefício de pensão por morte, com efeitos financeiros correspondentes à integralidade do salário de benefícios da previdência geral, a partir da vigência da Lei 9.032/95, independentemente da norma em vigor ao tempo do óbito do segurado — v. Informativos 402 e 423. O Min. Ricardo Lewandowski, em voto-vista, acompanhou o voto do relator e deu provimento aos recursos. Inicialmente, traçou paralelo entre pensão por morte do tipo estatutário e a do tipo previdenciário, asseverando que, no regime em que esta última é concedida, existe a necessidade da manutenção do equilíbrio atuarial e financeiro, haja vista a correlação entre contribuição e benefício. Entendeu que, embora a referida Lei 9.032/95 possua aplicabilidade imediata, os seus efeitos não retroagem para alcançar relação jurídica já consumada, em especial prestações decorrentes de fato gerador único, qual seja, a morte do segurado. Assim, o benefício derivado deste evento é regido pela lei vigente à época de sua ocorrência, impondo-se, portanto, a aplicação do princípio tempus regit actum. Nesse sentido, aduziu que a incidência da lei previdenciária nova a fatos pretéritos ou pendentes, sem que haja previsão da fonte de custeio, implica ofensa ao art. 195, § 5º, da CF, dispositivo que não se dirige apenas ao legislador, mas também ao aplicador da norma previdenciária. Após os votos dos Ministros Cármen Lúcia e Joaquim Barbosa que proviam os recursos, pediu vista dos autos o Min. Carlos Britto. **RE 416827/SC e RE 415454/SC, rel. Min. Gilmar Mendes, 31.8.2006. (RE-416827) (RE-415454)**

CONCESSÃO DE BENEFÍCIO PREVIDENCIÁRIO E LEGISLAÇÃO APLICÁVEL - 5

Em conclusão de julgamento, o Tribunal, por maioria, deu provimento a dois recursos extraordinários interpostos pelo INSS para cassar acórdão de Turma Recursal de Juizado Especial Federal que determinara a revisão da renda mensal de benefício de pensão por morte, com efeitos financeiros correspondentes à integralidade do salário de benefícios da previdência geral, a partir da vigência da Lei 9.032/95, independentemente da norma em vigor ao tempo do óbito do segurado — v. Informativos 402, 423 e 438. Considerou-se a orientação fixada pelo Supremo no sentido de que, se o direito ao benefício foi adquirido anteriormente à edição da nova lei, o seu cálculo deve se efetuar de acordo com a legislação vigente à época em que atendidos os requisitos necessários (princípio *tempus regit actum*). Asseverou-se, também, que a fonte de custeio da seguridade prevista no art. 195, § 5º, da CF assume feição típica de elemento institucional, de caráter dinâmico, estando a definição de seu conteúdo aberta a múltiplas concretizações. Dessa forma, cabe ao legislador regular o complexo institucional da seguridade, assim como suas fontes de custeio, compatibilizando o dever de contribuir do indivíduo com o interesse da comunidade. Afirmou-se que, eventualmente, o legislador, no caso, poderia ter previsto de forma diferente, mas desde que houvesse fonte de custeio adequada para tanto. Por fim, tendo em vista esse perfil do modelo contributivo da necessidade de fonte de custeio, aduziu-se que o próprio sistema previdenciário constitucionalmente adequado deve ser institucionalizado com vigência, em princípio, para o futuro. Concluiu-se, assim, ser inadmissível qualquer interpretação da Lei 9.032/95 que impute a aplicação de suas disposições a benefícios de pensão por morte concedidos em momento anterior a sua vigência, salientando que, a rigor, não houve concessão a maior, tendo o legislador se limitado a dar nova conformação, doravante, ao sistema de concessão de pensões. Vencidos os Ministros Eros Grau, Carlos Britto, Cezar Peluso e Sepúlveda Pertence que negavam provimento aos recursos. RE 416827/SC, rel. Min. Gilmar Mendes, 8.2.2007. (RE-416827) RE 415454/SC, rel. Min. Gilmar Mendes, 8.2.2007. (RE-415454) (Inform. STF 455)

PENSÃO. TRANSMISSÃO. DIREITO. REAJUSTE.

Ao prosseguir o julgamento, a Turma, por maioria, deu provimento ao recurso, após a retificação do voto do Min. Arnaldo Esteves Lima inaugurando a divergência condutora da tese vencedora, entendendo haver transmissibilidade do direito à persecução da pensão quando envolver direito material de reajuste salarial, pois, do contrário, haveria transmissão de direito apenas em parte. Assim, se o *de cujus* tinha direito a um reajuste de salário que não lhe foi concedido, os seus sucessores têm direito, evidentemente, ao reajuste de pensão que era devido ao sucedido. **REsp 677.133-RS, Rel. originário Min. Laurita Vaz, Rel. para acórdão Min. Arnaldo Esteves Lima, julgado em 13/8/2009.** (Inform. STJ 402)

PENSÃO. MORTE. LEGISLAÇÃO PRETÉRITA.

A Seção reiterou o entendimento, seguindo a orientação do STF, da impossibilidade de aumento do percentual das pensões por morte (Lei n. 9.032/1995, que alterou o art. 75 da Lei n. 8.213/1991). Considerou que a nova lei somente se aplica àqueles casos de concessões efetuadas sob sua vigência. **Precedente citado: EREsp 968.076-SP, DJ 12/11/2007. EREsp 928.566-SP, Rel. Min. Laurita Vaz, julgados em 26/3/2008.** (Inform. STJ 349)

PENSÃO PREVIDENCIÁRIA. REAJUSTE. LEI NOVA.

Discute-se a possibilidade ou não da majoração do percentual de pensão por morte a benefício outorgado antes da vigência da Lei n. 9.032/1995, que deu nova redação ao art. 75 da Lei n. 8.213/1991. Ressaltou a Min. Relatora que, em ambas as Turmas que compõem a Terceira Seção, havia o entendimento pacífico de ser possível estender o benefício da lei nova mais vantajosa a todos os segurados, independentemente da lei vigente na data do fato gerador do benefício. Contudo, sem autorizar, de forma alguma, a retroatividade da lei, mas tão-somente sua incidência imediata. Entretanto, por ocasião do julgamento do RE 415.454-SC e RE 416.827-SC, em 8/2/2007, o STF consignou a inaplicabilidade de lei posterior mais benéfica ao benefício de pensão por morte por ofender o ato jurídico perfeito e porque não existe correspondente fonte de custeio para justificar tal alteração, nos termos do art. 195, § 5º, da CF/1988. Diante do exposto, a Seção, por maioria, acolheu os embargos do INSS, aderindo ao entendimento do STF. **EREsp 665.909-SP, Rel. Min. Jane Silva (Desembargadora convocada do TJ/MG), julgados em 27/2/2008.** (Inform. STJ 346)

SÚMULA STJ Nº 416

É devida a pensão por morte aos dependentes do segurado que, apesar de ter perdido essa qualidade, preencheu os requisitos legais para a obtenção de aposentadoria até a data do seu óbito.

9. AUXÍLIO-RECLUSÃO

AUXÍLIO-RECLUSÃO E RENDA BRUTA DO SEGURADO PRESO - 1

A renda a ser considerada para a concessão do auxílio-reclusão de que trata o art. 201, IV, da CF, com a redação que lhe conferiu a EC 20/98, é a do segurado preso e não a de seus dependentes (CF: "*Art. 201. A previdência social será organizada sob a forma de regime geral, de caráter contributivo e de filiação obrigatória, observados critérios que preservem o equilíbrio financeiro e atuarial, e atenderá, nos termos da lei, a: ... IV - salário-família e auxílio-reclusão para os dependentes dos segurados de baixa renda;*"). Com base nesse entendimento, o Tribunal, por maioria, proveu dois recursos extraordinários interpostos pelo INSS para reformar acórdãos proferidos por Turma Recursal da Seção Judiciária do Estado de Santa Catarina, que aplicara o Enunciado da Súmula 5 da Turma Regional de Uniformização dos Juizados Especiais, segundo o qual "*para fins de concessão do auxílio-reclusão, o conceito de renda bruta mensal se refere à renda auferida pelos dependentes e não à do segurado recluso*", e declarara a inconstitucionalidade do art. 116 do Regulamento da Previdência Social [Decreto 3.048/99: "*Art. 116. O auxílio-reclusão será devido, nas mesmas condições da pensão por morte, aos dependentes do segurado recolhido à prisão que não receber remuneração da empresa nem estiver em gozo de auxílio-doença, aposentadoria ou abono de permanência em serviço, desde que o seu último salário-de-contribuição seja inferior ou igual a R$ 360,00 (trezentos e sessenta reais).*"], que teve como objetivo regulamentar o art. 80 da Lei 8.213/91. **RE 587365/SC, rel. Min. Ricardo Lewandowski, 25.3.2009. (RE-587365) RE 486413/SC, rel. Min. Ricardo Lewandowski, 25.3.2009.** (RE-486413)

AUXÍLIO-RECLUSÃO E RENDA BRUTA DO SEGURADO PRESO - 2

Asseverou-se que o inciso IV do art. 201 da CF comete à Previdência Social a obrigação de conceder "*auxílio-reclusão para os dependentes dos segurados de baixa renda*", e que se extrai, de sua interpretação literal, que a Constituição limita a concessão do citado benefício às pessoas que estejam presas, possuam dependentes, sejam seguradas da Previdência Social e tenham baixa renda. Observou-se que, caso a Constituição pretendesse o contrário, constaria do referido dispositivo a expressão "*auxílio-reclusão para os dependentes de baixa renda dos segurados*". Aduziu-se que o auxílio-reclusão surgiu a partir da EC 20/98 e que o requisito "*baixa renda*", desde a redação original do art. 201 da CF, ligava-se aos segurados e não aos dependentes. Ressaltou-se, ademais, que, mesmo ultrapassando o âmbito da interpretação literal dessa norma para adentrar na seara da interpretação teleológica, constatar-se-ia que, se o constituinte derivado tivesse pretendido escolher a renda dos dependentes do segurado como base de cálculo do benefício em questão, não teria inserido no texto a expressão "*baixa renda*" como adjetivo para qualificar os "*segurados*", mas para caracterizar os dependentes. Ou seja, teria buscado circunscrever o universo dos beneficiários do auxílio-reclusão apenas aos dependentes dos presos segurados de baixa renda, não a estendendo a qualquer detento, independentemente da renda por este auferida, talvez como medida de contenção de gastos. **RE 587365/SC, rel. Min. Ricardo Lewandowski, 25.3.2009. (RE-587365) RE 486413/SC, rel. Min. Ricardo Lewandowski, 25.3.2009.** (RE-486413)

AUXÍLIO-RECLUSÃO E RENDA BRUTA DO SEGURADO PRESO - 3

Acrescentou-se que um dos objetivos da EC 20/98, conforme a Exposição de Motivos encaminhada ao Congresso Nacional, seria o de restringir o acesso ao auxílio-reclusão, haja vista que o constituinte derivado ter-se-ia amparado no critério de seletividade que deve reger a prestação dos benefícios e serviços previdenciários, a teor do art. 194, III, da CF, para identificar aqueles que efetivamente necessitam do aludido auxílio. Nesse sentido, tal pretensão só poderia ser alcançada se a seleção tivesse como parâmetro a renda do próprio preso segurado, pois outra interpretação que levasse em conta a renda dos dependentes, a qual teria de obrigatoriamente incluir no rol destes os menores de 14 anos — impedidos de trabalhar, por força do art. 227,§ 3º, I, da CF —, provocaria distorções indesejáveis, visto que abrangeria qualquer segurado preso, independentemente de sua condição financeira, que possuísse filhos menores de 14 anos. Por fim, registrou-se que o art. 13 da EC 20/98 abrigou uma norma transitória para a concessão do citado benefício e que, para os fins desse dispositivo, a Portaria Interministerial MPS/MF 77/2008 estabeleceu o salário de contribuição equivalente a R$ 710,08 (setecentos e dez reais e oito centavos) para o efeito de aferir-se a baixa renda do segurado, montante que superaria em muito o do salário-mínimo hoje em vigor. Esse seria mais um dado a demonstrar não ser razoável admitir como dependente econômico do segurado preso aquele que aufere rendimentos até aquele salário de contribuição. Vencidos os Ministros Cezar Peluso, Eros Grau e Celso de Mello, que desproviam o recurso. **RE 587365/SC, rel. Min. Ricardo Lewandowski, 25.3.2009. (RE-587365) RE 486413/SC, rel. Min. Ricardo Lewandowski, 25.3.2009. (RE-486413)** (Inform. STF 540)

10. AUXÍLIO-ACIDENTE

REPERCUSSÃO GERAL EM RE N. 613.033-SP
RELATOR: MIN. DIAS TOFFOLI
EMENTA: DIREITO PREVIDENCIÁRIO. REVISÃO DE BENE-FÍCIO. AUXÍLIO-ACIDENTE. LEI Nº 9.032/95. BENEFÍCIOS CONCEDIDOS ANTES DE SUA VIGÊNCIA. INAPLICABILIDADE. JURISPRUDÊNCIA PACIFICADA NA CORTE. MATÉRIA COM REPERCUSSÃO GERAL. REAFIRMAÇÃO DA JURISPRUDÊNCIA DO SUPREMO TRIBUNAL FEDERAL. (Inform. STF 630)

AUXÍLIO-ACIDENTE. MAJORAÇÃO DO PERCENTUAL. LEI N. 9.032/1995. BENEFÍCIOS CONCEDIDOS ANTES DE SUA VIGÊNCIA.

A Turma reconheceu que o benefício de auxílio-acidente concedido em momento anterior à edição da Lei n. 9.032/1995 (que alterou a redação do art. 86 da Lei n. 8.213/1991) deverá observar o disposto na legislação em vigor quando de sua concessão. Na oportunidade, destacou-se que o STF reconheceu a repercussão geral do tema, firmando posicionamento pela impossibilidade de aplicação retroativa da majoração prevista na Lei n. 9.032/1995 aos benefícios de auxílio-acidente concedidos em data anterior à vigência da respectiva norma. É que a majoração de benefícios previdenciários, além de submetida ao postulado da contrapartida (CF, art. 195, § 5º), também depende, para efeito de sua veiculação, da observância do princípio da reserva de lei. E, segundo o posicionamento do STF, o mencionado dispositivo legal não trouxe qualquer previsão de fonte de custeio para atender, especificamente, a aplicação da lei aos benefícios anteriormente concedidos. Assim, revisto anterior posicionamento contrário do STJ sobre a matéria. Com fundamento no art. 543-B, § 3º, do CPC, a Turma, em sede de retratação, negou provimento ao recurso. Precedente citado do STF: RE 613.033-SP, DJe 9/6/2011. **REsp 1.072.739-RS, Rel. Min. Og Fernandes, julgado em 11/9/2012.(Inform. STJ 504)**

AUXÍLIO-ACIDENTE E APLICAÇÃO DA LEI NO TEMPO.

A Turma, em questão de ordem, proferiu juízo de retratação para adotar entendimento firmado pelo Plenário do Supremo Tribunal Federal, em repercussão geral, no sentido de que os benefícios previdenciários devem ser regulados pela lei vigente ao tempo em que preenchidos os requisitos necessários à sua concessão. No aludido julgamento, conclui-se pela impossibilidade de aplicação da lei posterior para o cálculo ou majoração dos benefícios já concedidos pelo INSS, exceto quando expressamente previsto no novo diploma legal. Asseverou-se que, em razão do princípio *tempus regit actum*, a aplicação da lei mais benéfica só teria incidência quando o acidente ocorrer na sua vigência, pouco importando a data em que requerido. Revisto anterior posicionamento contrário do Superior Tribunal de Justiça sobre a matéria, com fundamento no art. 543-B, § 3º, do CPC, a Turma negou provimento a diversos recursos especiais. **REsp 868.025-SP, Rel. Min. Laurita Vaz, julgado em 20/10/2011.** (Inform. STJ 485)

REPETITIVO. AUXÍLIO-ACIDENTE. PERDA. AUDIÇÃO.

A Seção, ao julgar o recurso sob o regime do art. 543-C do CPC c/c a Res. n. 8/2008-STJ, entendeu que, para a concessão de auxílio-acidente fundamentado na perda de audição, é necessário que a sequela seja ocasionada por acidente de trabalho e que haja uma diminuição efetiva e permanente da capacidade para a atividade que o segurado habitualmente exercia, conforme dispõe o art. 86, *caput* e § 4º, da Lei n. 8.213/1991. O segurado que não comprova o efetivo decréscimo na capacidade para o trabalho que exercia terá seu pedido de concessão do mencionado benefício indeferido. Assim, a Seção, ao prosseguir o julgamento, por maioria, deu provimento ao recurso especial ao julgar improcedente o pedido de concessão de auxílio-acidente. **Precedentes citados: REsp 1.095.523-SP, DJe 5/11/2009, e EDcl no AgRg no Ag 431.683-SP, DJ 20/2/2006. REsp 1.108.298-SC, Rel. Min. Napoleão Nunes Maia Filho, julgado em 12/5/2010.** (Inform. STJ 434)

QO. REPETITIVO. AUXÍLIO-ACIDENTE.

A questão de ordem suscitada pela Min. Relatora refere-se a recurso repetitivo, o REsp 1.096.244-SC, DJe 8/5/2009. No mesmo dia em que este Superior Tribunal julgou aquele recurso repetitivo, o Supremo Tribunal Federal analisou, em repercussão geral (RE 597.389-1-SP), o caso que tratava da revisão de benefício previdenciário (pensão por morte), empregando a expressão que seria utilizável para todos os benefícios. Mas a Seção, por unanimidade, entendeu manter a decisão proferida no recurso repetitivo no sentido de ser possível a majoração do auxílio-acidente para aqueles segurados que tiveram o benefício concedido antes da vigência da Lei n. 9.032/1995. **QO no REsp 1.096.244-SC, Rel. Min. Maria Thereza de Assis Moura, julgada em 10/2/2010.** (Inform. STJ 422)

RECURSO REPETITIVO. AUXÍLIO-ACIDENTE. LEI N. 9.032/1995.
Em recurso repetitivo submetido ao regime do art. 543-C do CPC e do art. 6º da Resolução n. 8/2008-STJ, a Seção reiterou o entendimento de que a majoração do auxílio-acidente estabelecido na Lei n. 9.032/1995 é mais benéfica e deve ser aplicada imediatamente, atingindo todos os segurados que estiverem na mesma situação, sejam os casos pendentes de concessão sejam aqueles que já são beneficiários do auxílio-acidente. Destaca a Min. Relatora que essa questão encerra uma relação jurídica continuativa que, consoante o disposto no art. 471, I, do CPC, está sujeita a pedido de revisão quando modificado o estado de fato, logo passível de atingir efeitos futuros de atos constituídos no passado (retroatividade mínima das normas). Observa ainda que tal fato não implica ofensa ao ato jurídico perfeito e ao direito adquirido, sua incidência é imediata e alcança todos os casos, mas só vale a partir da edição da lei nova citada. Apontou que o benefício acidentário e a pensão por morte têm naturezas diversas, requerendo tratamento diferenciado. Assim, a tese defendida neste Superior Tribunal é da incidência imediata da Lei n. 9.032/1995 quanto ao auxílio-acidente por ser a mais correta em se tratando de norma infraconstitucional. Com esse entendimento, a Seção deu provimento ao recurso do segurado, reconheceu o direito à incorporação de 50% do salário de benefício a partir da Lei n. 9.032/1995, respeitado o prazo prescricional do art. 103 da Lei n. 8.213/1991, que atinge as parcelas anteriores ao quinquênio que precedeu a propositura da ação. **Precedentes citados: EREsp 324.380-SC, DJ 3/6/2002; AgRg no REsp 1.077.546-SP, DJe 15/12/2008; AgRg no Ag 1.050.246-SP, DJe 28/10/2008; AgRg no REsp 1.051.435-SP, DJe 3/11/2008, e AgRg no REsp 830.314-SP, DJe 15/9/2008. REsp 1.096.244-SC, Rel. Min. Maria Thereza de Assis Moura, julgado em 22/4/2009.** (Inform. STJ 391)

AUXÍLIO-ACIDENTE. AUMENTO. LEI NOVA.
A Turma negou provimento ao agravo regimental sob o argumento de que a lei que aumentou o percentual do auxílio-acidente deve incidir desde logo, alcançando, inclusive, os benefícios em manutenção, ainda que a concessão tenha ocorrido na vigência de lei pretérita, como na hipótese, não havendo falar em aplicação retroativa e, sim, em incidência imediata e geral da norma. Não há retroação alguma, mas aplicação de norma de forma igualitária, pois o aumento do percentual só passa a valer a partir da entrada em vigor da nova lei e atinge as relações jurídicas que lhe são anteriores, não nos efeitos já realizados, apenas nos que, por força da natureza continuada da própria relação, seguem se produzindo. **AgRg no REsp 652.783-RJ, Rel. Min. Nilson Naves, julgado em 1º/3/2007.** (Inform. STJ 311)

11. BENEFÍCIO ASSISTENCIAL

DIREITO PREVIDENCIÁRIO. EXCLUSÃO DE BENEFÍCIO DE VALOR MÍNIMO PERCEBIDO POR MAIOR DE 65 ANOS NA COMPOSIÇÃO DA RENDA FAMILIAR.
O benefício previdenciário de valor mínimo recebido por pessoa acima de 65 anos não deve ser considerado na composição da renda familiar, para fins de concessão do benefício assistencial a outro membro da família, conforme preconiza o art. 34, parágrafo único, da Lei n. 10.741/2003 (Estatuto do Idoso). Precedentes citados: Pet 7.203-PE, DJe 11/10/2011, AREsp 232.991-SC, DJe 25/9/2012; AgRg no Ag 1.394.595-SP, DJe 9/5/2012, e AgRg no REsp 1.247.868-RS, DJe 13/10/2011. **AgRg no AREsp 215.158-CE, Rel. Min. Mauro Campbell Marques, julgado em 18/10/2012.(Inform. STJ 507)**

DIREITO PREVIDENCIÁRIO. BENEFÍCIO ASSISTENCIAL. MEIOS DE PROVA DA CONDIÇÃO DE MISERABILIDADE.
O critério previsto no art. 20, § 3º, da Lei n. 8.742/1993 (renda mensal per capita inferior a ¼ **do salário mínimo) não impede a concessão do correspondente benefício assistencial, desde que comprovada, por outros meios, a miserabilidade do postulante.** A CF assegura um salário mínimo de benefício mensal à pessoa portadora de deficiência e ao idoso que comprovem não possuir meios de prover à própria manutenção ou de tê-la provida por sua família. A Lei n. 8.742/1993 dispõe que a concessão desse benefício será devido a quem não possua meios de prover sua manutenção ou cuja família possua renda mensal per capita inferior a ¼ do salário mínimo. No julgamento do REsp 1.112.557-MG, representativo de controvérsia, o STJ firmou o entendimento de que a limitação do valor da renda *per capita* familiar não deve ser considerada a única forma de comprovar que a pessoa não possui outros meios para prover a própria manutenção ou de tê-la provida por sua família, visto que esse critério é apenas um elemento objetivo para aferir a necessidade. Ademais, no âmbito judicial vige o princípio do livre convencimento motivado do juiz, não o sistema de tarifação legal de provas. Assim, essa delimitação do valor da renda familiar *per capita* não deve ser tida como único meio de prova da condição de miserabilidade do beneficiado, não podendo vincular o magistrado a um elemento probatório sob pena de cercear o seu direito de julgar. Precedente citado: REsp 1.112.557-MG, DJe 20/11/2009. **AgRg no AREsp 224.185-SP, Rel. Min. Teori Albino Zavascki, julgado em 2/10/2012.(Inform. STJ 505)**

12. PREVIDÊNCIA PRIVADA COMPLEMENTAR

COMPLEMENTAÇÃO DE APOSENTADORIA POR ENTIDADE DE PREVIDÊNCIA PRIVADA E COMPETÊNCIA - 1
O Tribunal iniciou julgamento conjunto de dois recursos extraordinários em que se discute a justiça competente para julgar causas envolvendo complementação de aposentadoria por entidades de previdência privada. A Min. Ellen Gracie, relatora do RE 586453/SE — interposto contra acórdão proferido pelo Tribunal Superior do Trabalho - TST que reconhecera a competência da Justiça Trabalhista para o julgamento da causa —, deu provimento ao seu recurso, propondo modulação dos efeitos de modo que os processos que tiveram sentença proferida até 3.3.2010, data do início deste julgamento, prossigam na justiça onde estiverem. Salientou, inicialmente, o fato de a matéria estar provocando grandes divergências na jurisprudência da Corte. Explicou que, quando o acórdão recorrido reconhece que a relação firmada teve origem no contrato de trabalho e que não seria possível rever essa decisão sem o reexame de cláusulas contratuais e de provas, o Tribunal tem assentado a competência da Justiça Trabalhista. Por outro lado, quando a causa não teve origem no contrato de trabalho, tem reputado competente a Justiça Comum. Em razão de as mesmas questões estarem sendo simultaneamente decididas tanto por uma quanto por outra justiça, considerou que essa situação não deveria continuar. **RE 586453/SE, rel. Min. Ellen Gracie, 3.3.2010. (RE-586453) RE 583050/RS, rel. Min. Cezar Peluso, 3.3.2010. (RE-583050).** (Inform. STF 577)

COMPLEMENTAÇÃO DE APOSENTADORIA POR ENTIDADE DE PREVIDÊNCIA PRIVADA E COMPETÊNCIA - 2
A Min. Ellen Gracie observou que, no caso sob análise, a complementação de aposentadoria tivera como origem um contrato de trabalho já extinto, e que, apesar de a instituição ex-empregadora ser garantidora da entidade fechada de previdência, o beneficiário não mais manteria nem com ela, nem com o fundo de previdência, relação de emprego. Ao salientar que a relação entre o associado e a entidade de previdência privada não é trabalhista, por estar disciplinada no regulamento das instituições (art. 202, § 2º, CF, regulamentado pelo art. 68 da Lei Complementar 109/2001), concluiu que a competência não poderia ser definida tendo em conta o contrato de trabalho já extinto, e que caberia à Justiça Comum o julgamento da causa, ante a inexistência de relação trabalhista entre o beneficiário e a entidade fechada de previdência complementar. Entretanto, considerando que a matéria nunca teria sido tratada de maneira uniforme no Supremo e que, em razão disso, muitos processos já julgados pela Justiça do Trabalho teriam de ser encaminhados à Justiça Comum para serem novamente sentenciados — o que ensejaria patente prejuízo à celeridade processual e à eficiência (CF, art. 5º, LXXVIII, art. 37, caput) —, e, ainda, que os sistemas processuais trabalhista e civil não possuiriam identidade de procedimentos, propôs que os efeitos da decisão, com repercussão geral, fossem limitados aos processos nos quais não houvesse sentença de mérito até a presente data. Com isso, manteve, no caso concreto, a competência da Justiça do Trabalho. No que tange às demais questões levantadas no recurso — alcance da prescrição do direito de questionar as parcelas referentes à complementação de aposentadoria por entidades de previdência privada e extensão de vantagens a aposentados que tenham a complementação de aposentadoria paga por essas entidades, aplicou os efeitos da inexistência de repercussão geral (CPC, artigos 543-A, § 5º, e 543-B, § 2º). **RE 586453/SE, rel. Min. Ellen Gracie, 3.3.2010. (RE-586453) RE 583050/RS, rel. Min. Cezar Peluso, 3.3.2010. (RE-583050).** (Inform. STF 577)

COMPLEMENTAÇÃO DE APOSENTADORIA POR ENTIDADE DE PREVIDÊNCIA PRIVADA E COMPETÊNCIA - 3
Por sua vez, o Min. Cezar Peluso, relator do RE 583050/RS — interposto contra acórdão do Tribunal de Justiça do Estado do Rio Grande do Sul que entendera que a relação em tela decorreria de contrato previdenciário —, negou provimento ao seu recurso. Reafirmou a jurisprudência da Corte acerca da competência para conhecer de pedido de complementação de aposentadoria sobre sistema de previdência privada nos seguintes termos: 1) que a competência seria da Justiça do Trabalho, se a relação jurídica de-

corresse do contrato de trabalho, como afirmado pela instância a quo; 2) que a competência seria da Justiça Comum se a relação jurídica não proviesse do contrato de trabalho, nos termos do mesmo reconhecimento, isto é, da instância local; 3) sendo controversa a natureza da relação, enquanto sua solução dependesse de reexame dos fatos ou de cláusula contratual, que seria inviável o recurso extraordinário pelo obstáculo das Súmulas 729 e 454 do STF. Relativamente ao RE 586453/SE, após os votos dos Ministros Dias Toffoli, acompanhando a Min. Ellen Gracie, relatora, ao fundamento de se estar diante de duas soluções possíveis, sendo a da Min. Ellen Gracie a que traria maior efetividade e racionalidade ao sistema, pondo fim às controvérsias existentes sobre as competências, e dos votos dos Ministros Cezar Peluso e Cármen Lúcia, que, diante do fato de o tribunal de origem ter reconhecido que a relação jurídica decorrera de contrato de trabalho, negavam provimento ao recurso, pediu vista dos autos o Min. Joaquim Barbosa. Quanto ao RE 583050/RS, a Min. Cármen Lúcia aderiu à tese do Min. Cezar Peluso, reputando ausentes, no caso, as condições constitucionais para conhecimento e provimento do recurso. Após os votos dos Ministros Dias Toffoli e Ellen Gracie, que também negavam provimento ao recurso de relatoria do Min. Cezar Peluso, mas por fundamento diverso, pediu vista dos autos o Min. Joaquim Barbosa. **RE 586453/SE, rel. Min. Ellen Gracie, 3.3.2010. (RE-586453) RE 583050/RS, rel. Min. Cezar Peluso, 3.3.2010. (RE-583050).** (Inform. STF 577)

DIREITO CIVIL. PREVIDÊNCIA PRIVADA. AUXÍLIO CESTA-ALIMENTAÇÃO. CONTEMPLAÇÃO APENAS AOS TRABALHADORES EM ATIVIDADE.

O auxílio cesta-alimentação, parcela concedida a título indenizatório aos empregados em atividade, mediante convenção coletiva de trabalho, não se incorpora aos proventos da complementação de aposentadoria pagos por entidade fechada de previdência privada. No julgamento do REsp 1.207.071-RJ, representativo de controvérsia, DJe 8/8/2012, consolidou-se o entendimento de que o auxílio cesta-alimentação estabelecido em acordo ou convenção coletiva de trabalho, com amparo na Lei n. 6.321/1976 (Programa de Alimentação do Trabalhador), apenas para os empregados em atividade, não tem natureza salarial, tendo sido concebido com o escopo de ressarcir o empregado das despesas com a alimentação destinada a suprir as necessidades nutricionais da jornada de trabalho. Sua natureza não se altera, mesmo na hipótese de ser fornecido mediante tíquetes, cartões eletrônicos ou similares, não se incorporando, pois, aos proventos de complementação de aposentadoria pagos por entidade de previdência privada (Lei n. 7.418/1985, Dec. n. 51/1991 e Portaria n. 3/2002). Precedentes citados: AgRg no REsp 1.015.234-RS, DJe 29/8/2012, e AgRg no AREsp 37.648-RS, DJe 9/8/2012. **AgRg no AREsp 13.324-SE, Rel. Min. Raul Araújo, julgado em 20/11/2012.(Inform. STJ 509)**

ABONO ÚNICO PREVISTO EM CONVENÇÃO COLETIVA DE TRABALHO. COMPLEMENTAÇÃO DE APOSENTADORIA.

A Turma entendeu que o abono único previsto em norma coletiva para empregados em atividade, tendo em vista sua natureza indenizatória, não integra a complementação de aposentadoria dos ex-empregados inativos beneficiários da entidade privada de previdência complementar. No caso, as negociações coletivas celebradas não suprimiram vantagens dos inativos, mas, tão somente, não lhes estenderam o abono único, concedendo-o apenas aos empregados da ativa. Ressaltou-se que o contrato coletivo, como qualquer outro contrato, deve observar a intenção das partes que o firmaram; pois, se elas convencionaram e reduziram a termo o pactuado, é porque depositaram a sua confiança de que o pacto seria respeitado (*pacta sunt servanda*). Outrossim, a entidade privada de previdência complementar não participou das referidas convenções coletivas, razão pela qual não se deve estender a ela obrigação que sequer as partes contratantes convencionaram. Nesse tocante, destacou-se que a inclusão de despesas com inativos – não previstas na negociação coletiva e não contidas previamente na planificação econômica da entidade de previdência privada – acarretaria prejuízo financeiro e atuarial à entidade, comprometendo a cobertura dos compromissos por ela assumidos e a sua gestão. Ademais, frisou-se que a incorporação do abono único aos proventos de complementação de aposentadoria dos inativos violaria o princípio da autonomia privada coletiva, bem como os arts. 3º, parágrafo único, 6º, § 3º, da LC n. 108/2001 e 68, *caput*, da LC n. 109/2001. Assim, consignou-se que, a natureza do abono único previsto em acordo coletivo ou convenção coletiva de trabalho para os empregados da ativa, – consignada a vontade dos signatários em conferir-lhe caráter indenizatório e destituído de habitualidade –, não é remuneratória nem integrante da complementação de aposentadoria dos inativos, por interferir no equilíbrio econômico e atuarial da entidade de previdência privada. **AgRg no REsp 1.293.221-RS, Rel. Min. Marco Buzzi, julgado em 6/9/2012.(Inform. STJ 503)**

REVISÃO DE BENEFÍCIO. PREVIDÊNCIA COMPLEMENTAR. PERÍCIA ATUARIAL.

Para negar o pedido de produção de prova pericial, o magistrado deve fundamentar a decisão com critérios técnicos ou registrar, fundamentadamente, que os elementos dos autos são suficientes para apreciar a questão objeto da prova. No caso, a entidade de previdência complementar requereu, tanto na contestação quanto na fase de produção de prova, a realização de perícia atuarial com o intuito de demonstrar que não suportaria o pagamento de benefício nos termos pretendidos pela autora da ação. A produção da prova foi negada nas instâncias ordinárias. A Min. Relatora destacou que o pedido de revisão do benefício formulado pela autora seria resultante da mescla de dois planos de previdência, um que foi extinto em 1983 e outro vigente, situação que torna indispensável a realização de perícia para verificar a solvência, a liquidez e o equilíbrio econômico-financeiro e atuarial da entidade de previdência, exigidos pela LC n. 109/2001. Com essas e outras considerações, a Turma anulou a sentença e os atos subsequentes para que seja realizada a perícia atuarial, a fim de verificar a compatibilidade do pedido de revisão da pensão com o equilíbrio financeiro e atuarial da entidade de previdência complementar. Precedentes citados: REsp 1.193.040-RS, DJe 25/6/2010; MC 16.197-RS, DJe 19/8/2010, e REsp 814.465-MS, DJe 24/5/2011. **REsp 1.244.810-RS, Rel. Min. Maria Isabel Gallotti, julgado em 19/6/2012. (Inform. STJ 500)**

PREVIDÊNCIA PRIVADA. RESTITUIÇÃO. VALOR.

In casu, diante da perda do vínculo empregatício, o recorrente passou a contribuir por algum tempo para a previdência privada de duas formas: com as parcelas que lhe eram devidas e com aquelas que caberia à patrocinadora recolher. Depois, o instituto de seguridade social privada só devolveu a importância referente às parcelas pagas a título de reserva de poupança do beneficiário, sem que lhe fossem restituídas aquelas pagas em substituição à patrocinadora. Dessa forma, o cerne da discussão no REsp é saber se é abusiva a cláusula do regulamento do referido instituto que veda a restituição dos valores pagos a título de recolhimento da patrocinadora (Súm. 321-STJ). Ressalta o Min. Relator que a hipótese dos autos difere das demais, porquanto se discute a restituição de recolhimento pago em substituição à patrocinadora. Explica que, nessa hipótese, não há abusividade nem vantagem ou desvantagem de uma das partes, visto que as quantias pagas referentes às parcelas da patrocinadora, segundo o acórdão recorrido, tem por finalidade a cobertura dos custos administrativos e as vantagens que se revertem em favor de todo grupo segurado, mantendo-o em equilíbrio, em proporcionalidade aos direitos e obrigações. Também consignou-se que a patrocinadora oferece além da suplementação de aposentadoria, outros benefícios, como auxílio doença, abono anual e empréstimos aos participantes ativos. Diante do exposto, a Turma negou provimento ao recurso. **REsp 1.053.644-SE, Rel. Min. Massami Uyeda, julgado em 20/5/2010.** (Inform. STJ 435)

PREVIDÊNCIA PRIVADA. FILIAÇÃO. FACULDADE.

É certo que a competência para legislar sobre a previdência social é concorrente (art. 24, XII, da CF/1988), porém cabe à União editar as normas gerais (§ 1º desse mesmo artigo). Dessarte, se há normas gerais editadas pela União, elas deverão ser respeitadas pela legislação estadual, sob pena de usurpação da competência constitucional. Diante disso, conclui-se que, se o art. 1º da LC n. 109/2001 dispôs que é facultativa a adesão ao regime de previdência privada complementar, essa norma há de ser observada pelos estados e municípios, daí o recorrente não poder ser compelido a filiar-se em carteira de previdência complementar de escrivães, notários e registradores, quanto mais arcar com a contribuição, se nem sequer a isso anuiu. **Precedente citado do STF: AgRg no RE 482.207-PR, DJe 28/5/2009; do STJ: REsp 615.088-PR, DJ 4/9/2006. REsp 920.702-PR, Rel. Min. Aldir Passarinho Junior, julgado em 18/3/2010.** (Inform. STJ 427)

13. ACIDENTES E DOENÇAS DO TRABALHO

SAT. ENQUADRAMENTO. ÓRGÃO COMPETENTE.

A Turma, prosseguindo o julgamento, negou provimento ao recurso, entendendo que, referente ao recolhimento do Seguro de Acidentes de Trabalho (SAT), por ser atribuição do Ministério do Trabalho e da Previdência Social, não compete ao Poder Judiciário promover perícias para aferir o efetivo grau de risco a que se encontram submetidos os empregados de cada um dos estabelecimentos da empresa. No caso, a recorrente questiona a exigibilidade da citada contribuição e a alíquota cobrada, preconizando os investimentos realizados na prevenção de sinistros para alterar seu enquadramento em grau de risco mais vantajoso, nos termos do § 3º do art. 22 da Lei n. 8.212/1991. **REsp 1.000.302-RS, Rel. Min. Castro Meira, julgado em 12/5/2009.** (Inform. STJ 394)

INDENIZAÇÃO ACIDENTÁRIA. MAJORAÇÃO.
Trata-se de REsp contra acórdão que julgou improcedente o pedido que consistia na majoração de indenização acidentária. Alega-se que há contrariedade ao art. 86 da Lei n. 8.213/1991 e que a aplicação da lei nova não ofende o princípio da irretroatividade das leis. A jurisprudência do STJ consolidou-se no sentido de que o art. 86, § 1º, da Lei n. 8.213/1991, alterado pela Lei n. 9.032/1995, que majorou percentual do auxílio-acidente, deve ser aplicado a todos os benefícios previdenciários, independentemente da legislação em vigor à época de sua concessão. Isso não implica retroatividade da lei, mas, tão-somente, sua aplicação imediata em respeito à manutenção da isonomia entre os benefícios. Na hipótese, trata-se de indenização acidentária, que tem natureza diversa da pensão por morte, ou seja, esta se constitui numa prestação remuneratória, enquanto aquela diz respeito a uma prestação indenizatória. Dessa forma, *in casu*, não se aplica o precedente do STF, no qual se entendeu haver contrariedade à Constituição Federal (arts. 5º, XXXVI, e 195, § 5º) na decisão que defere a revisão para 100% do salário-de-benefício das pensões por morte instituídas antes da vigência da Lei n. 9.032/1995, que alterou o art. 75 da Lei n. 8.213/1991. Com esses argumentos, a Turma deu provimento ao recurso. **REsp 1.029.019-RS, Rel. Min. Arnaldo Esteves Lima, julgado em 3/4/2008.** (Inform. STJ 350)

INDENIZAÇÃO. DOENÇA PROFISSIONAL.
Na hipótese de doença profissional (LER), a indenização previdenciária – aposentadoria previdenciária acidentária, originária das contribuições do segurado à previdência pública por exigência da lei – não apaga o direito da vítima ao ressarcimento do dano em razão do ilícito civil. Esse último independe de prova do declínio econômico do autor. O que se pretende é o ressarcimento da lesão causada, que lhe impõe restrições, diretas ou reflexas, que significam um esvaziamento de seu *status quo ante* quer como pessoa quer como trabalhador. Anote-se que, mesmo que ainda permaneça no emprego, a vítima faria jus à indenização desde que sejam reconhecidos a lesão e o nexo causal. Com esse entendimento, a Turma deferiu o ressarcimento dos danos materiais, a serem apurados em liquidação de sentença, ao considerar a extensão da incapacidade (se impeditiva ou não de outras atividades). **Precedentes citados: REsp 596.192-RJ, DJ 4/9/2006; REsp 45.740-RJ, DJ 9/5/1994, e REsp 10.513-SP, DJ 7/10/1991. REsp 476.409-MG, Rel. Min. Aldir Passarinho Junior, julgado em 26/2/2008.** (Inform. STJ 346)

14. AÇÕES PREVIDENCIÁRIAS

AÇÃO CIVIL PÚBLICA E LEGITIMIDADE DO MINISTÉRIO PÚBLICO
O Ministério Público possui legitimidade para propor ação civil pública com o fim de obter certidão parcial do tempo de serviço que segurado tem averbado em seu favor. Com base nesse entendimento, a Turma negou provimento a agravo regimental em recurso extraordinário em que o Instituto Nacional do Seguro Social - INSS sustentava ofensa aos artigos 127 e 129, III, da CF. Considerou-se que o direito à certidão traduziria prerrogativa jurídica, de extração constitucional destinada a viabilizar, em favor do indivíduo ou de uma determinada coletividade (como a dos segurados do sistema de previdência social), a defesa (individual ou coletiva) de direitos ou o esclarecimento de situações, de tal modo que a injusta recusa estatal em fornecer certidões, não obstante presentes os pressupostos legitimadores dessa pretensão, autorizaria a utilização de instrumentos processuais adequados, como o mandado de segurança ou como a própria ação civil pública, esta, nos casos em que se configurasse a existência de direitos ou interesses de caráter transindividual, como os direitos difusos, coletivos e individuais homogêneos. Enfatizou-se que a existência, na espécie, de interesse social relevante, amparável mediante ação civil pública, restaria ainda mais evidenciada, ante a constatação de que os direitos individuais homogêneos ora em exame estariam revestidos, por efeito de sua natureza mesma, de índole eminentemente constitucional, a legitimar desse modo, a instauração, por iniciativa do *parquet*, de processo coletivo destinado a viabilizar a tutela jurisdicional de tais direitos. **RE 472489 AgR/RS, rel. Min. Celso de Mello, 29.4.2008. (RE-472489)** (Inform. STF 504)

EMENTA: DIREITOS INDIVIDUAIS HOMOGÊNEOS. SEGURADOS DA PREVIDÊNCIA SOCIAL. **CERTIDÃO PARCIAL** DE TEMPO DE SERVIÇO. **RECUSA** DA AUTARQUIA PREVIDENCIÁRIA. **DIREITO** DE PETIÇÃO **E DIREITO** DE OBTENÇÃO DE CERTIDÃO EM REPARTIÇÕES PÚBLICAS. **PRERROGATIVAS JURÍDICAS** DE ÍNDOLE **EMINENTEMENTE** CONSTITUCIONAL. **EXISTÊNCIA** DE RELEVANTE INTERESSE SOCIAL. **AÇÃO CIVIL PÚBLICA. LEGITIMAÇÃO ATIVA** DO MINISTÉRIO PÚBLICO. **DOUTRINA. PRECEDENTES. RECURSO EXTRAORDINÁRIO IMPROVIDO.** (RE 472489/RS, rel. Min. Celso de Mello, j. 13.11.07) (Inform. STF 488)

DIREITO PROCESSUAL CIVIL E PREVIDENCIÁRIO. REVOGAÇÃO DE ANTECIPAÇÃO DA TUTELA. NÃO RESTITUIÇÃO DOS VALORES RECEBIDOS.
Os valores percebidos pelo segurado por força de tutela antecipada posteriormente revogada não devem ser devolvidos aos cofres públicos. Precedentes citados: AgRg no AREsp 151.349-MG, DJe 29/5/2012, e AgRg no AREsp 22.854-PR, DJe 9/11/2011. **AgRg no AREsp 194.038-MG, Rel. Min. Mauro Campbell Marques, julgado em 18/10/2012. (Inform. STJ 507)**

DIREITO PROCESSUAL CIVIL E PREVIDENCIÁRIO. HONORÁRIOS ADVOCATÍCIOS. TERMO FINAL PARA APURAÇÃO DA BASE DE CÁLCULO. OBSERVÂNCIA DA SÚM. N. 111/STJ.
A base de cálculo da verba honorária nas ações previdenciárias é composta das parcelas vencidas até a data da decisão judicial em que o direito do segurado foi reconhecido. Os honorários advocatícios incidem sobre o valor da condenação, nesta compreendidas as parcelas vencidas até a prolação da decisão judicial concessiva do benefício, em consonância com a Súm. n. 111/STJ. Precedente citado: AgRg no REsp 1.267.184-PR, DJe 5/9/2012. **AgRg nos EDcl no AREsp 155.028-SP, Rel. Min. Mauro Campbell Marques, julgado em 18/10/2012.(Inform. STJ 507)**

DIREITO PROCESSUAL CIVIL. EXECUÇÃO FISCAL. COBRANÇA DE VALORES RELATIVOS À CONCESSÃO FRAUDULENTA DE BENEFÍCIO PREVIDENCIÁRIO. IMPOSSIBILIDADE.
O processo de execução fiscal não é o meio adequado para a cobrança judicial de dívida que tenha origem em fraude relacionada à concessão de benefício previdenciário. O valor referente ao benefício concedido de forma fraudulenta não tem natureza de crédito tributário e não permite sua inscrição na dívida ativa. O conceito de dívida ativa (tributária ou não tributária) envolve apenas os créditos certos e líquidos, conforme dispõem os arts. 2º e 3º da Lei n. 6.380/1980 e 39, § 2º, da Lei n. 4.320/1964. Ausente a liquidez e certeza em relação aos valores cobrados, impossível sua cobrança por meio de execução fiscal. Precedentes citados: AgRg no AREsp 171.560-MG, DJe 21/8/2012; AgRg no AREsp 16.682-RS, DJe 16/3/2012; AgRg no REsp 1.225.313-RS, DJe 18/4/2011. **AgRg no AREsp 188.047-AM, Rel. Min. Benedito Gonçalves, julgado em 4/10/2012.(Inform. STJ 506)**

ACP. LEGITIMIDADE ATIVA. MP. BENEFÍCIO PREVIDENCIÁRIO.
Ministério Público (MP) possui legitimidade para propor ação civil pública (ACP) com o objetivo de proteger os interesses de segurados de benefícios previdenciários. Ressalta a Min. Relatora que, com esse entendimento, foi restabelecida antiga jurisprudência, após os julgamentos sobre a matéria terem oscilado ultimamente; em várias decisões, inclusive na Terceira Seção, vinha-se recusando a legitimidade *ad causam* do MP em ACPs com o objetivo de discutir questões ligadas à seguridade social, como direitos relativos à concessão de benefício assistencial a idosos e portadores de deficiência, revisão de benefícios previdenciários e equiparação de menores sob guarda judicial a filhos de segurados para fins previdenciários. No entanto, segundo a Min. Relatora, deve haver nova reflexão sobre o tema em razão, sobretudo, do relevante interesse social envolvido no ajuizamento da ACP de natureza previdenciária, pois o reconhecimento da legitimidade do MP, além do interesse social, traz inegável economia processual, evitando-se a proliferação de demandas individuais idênticas com resultados divergentes e com o consequente acúmulo de feitos nas instâncias do Judiciário, o que, certamente, não contribui para uma prestação jurisdicional eficiente, célere e uniforme. Observa que o STF já vinha reconhecendo a legitimidade do MP para a ACP destinada à proteção de direitos sociais, tais como a moradia e a educação, e agora, em julgado mais recente, afirmou aquela Corte que certos direitos individuais homogêneos podem ser classificados como interesses ou direitos coletivos, ou identificar-se com interesses sociais e individuais indisponíveis, esclarecendo que, nesses casos, a ACP presta-se à defesa deles, legitimando o MP para a causa (art. 127, *caput*, e art. 129, III, da CF/1988). Desse modo, concluiu que o MP detém legitimidade para propor ACP na defesa de interesses

individuais homogêneos (arts. 127, § 1º, e 129, II e III, da CF/1988). Assim, assevera a Min. Relatora, entre outras considerações, que, para fins de legitimidade do *Parquet* para a ACP quando se tratar de direitos individuais homogêneos, ainda que disponíveis, o que deve ser observado é a presença do relevante interesse social de que se reveste o direito a ser tutelado. Diante do exposto, a Turma negou provimento ao REsp interposto pelo Instituto Nacional do Seguro Social (INSS). No recurso, este buscava a extinção do feito sem julgamento do mérito, alegando a ilegitimidade do MPF para promover ACP pertinente a reajustes e revisões de benefícios previdenciários concedidos a partir de março de 1994, com inclusão da variação integral do IRSM de fevereiro de 1994 (39,67%) nos salários de contribuição integrantes do período básico de cálculo antes da conversão em URV. Anotou-se que o tribunal de origem entendeu ser cabível a revisão, confirmando a sentença de primeiro grau que também restringiu os efeitos do julgado à subseção judiciária em que proposta a ação, na forma do art. 16 da Lei n. 7.347/1985. **Precedentes citados do STF: RE 163.231-SP, DJ 29/6/2001; RE 195.056-PR, DJ 30/5/2003; AgRg no RE 514.023-RJ, DJe 5/2/2010; RE 228.177-MG, DJe 5/3/2010; AgRg no RE 472.489-RS, DJe 29/8/2008; AgRg no AI 516.419-PR, DJe 30/11/2010; RE 613.044-SC, DJe 25/6/2010; do STJ: EREsp 644.821-PR, DJe 4/8/2008; AgRg nos EREsp 274.508-SP, DJ 10/4/2006; AgRg no REsp 938.951-DF, DJe 10/3/2010; REsp 413.986-PR, DJ 11/11/2002, e AgRg no AgRg no Ag 422.659-RS, DJ 5/8/2002. REsp 1.142.630-PR, Rel. Min. Laurita Vaz, julgado em 7/12/2010.** (Inform. STJ 459)

INCIDÊNCIA. IUJ. CONDIÇÃO. DESEMPREGADO. AUSÊNCIA COMPROVADA.

A Seção, em incidente de uniformização de jurisprudência (IUJ) instaurado nos autos da ação ordinária contra o INSS ajuizada na vara previdenciária e Juizado Especial Federal, entendeu que, para a comprovação da situação de desempregado (art. 15, § 2º, da Lei n. 8.213/1991), o registro no órgão próprio do Ministério do Trabalho e Previdência Social pode ser substituído por outros meios legais de prova. No caso, a Turma Nacional de Uniformização dos Juizados Especiais Federais considerou mantida a condição de segurado apenas com base no registro na CTPS da data de sua saída no emprego, bem como na ausência de registros posteriores. Contudo a referida ausência não é suficiente para comprovar a situação de desempregado, pois não afasta a possibilidade do exercício de atividade remunerada na informalidade. Assim, concluiu que o requerido não comprovou nos autos a condição de desempregado, o que leva à reforma do acórdão recorrido, sem prejuízo, contudo, de promoção de outra ação que enseja a produção de prova adequada. Logo, a Seção, ao prosseguir o julgamento, proveu o incidente de uniformização. **Pet 7.115-PR, Rel. Min. Napoleão Nunes Maia Filho, julgada em 10/3/2010.** (Inform. STJ 426)

CONFLITO NEGATIVO. SÚM. N. 3-STJ.

A ação revisional de benefício previdenciário tramitava no juízo estadual (investido na jurisdição federal). Sucede que foi instalada vara federal em município próximo, que, conforme o juízo estadual, teria jurisdição sobre sua sede. Vem daí o fundamento utilizado pelo juízo estadual para declinar da competência, por sua vez também refutada pelo juízo federal. Discutiu-se, no STJ, a competência para o julgamento do conflito negativo instaurado. Nesse contexto, a Seção, mediante voto desempate de seu Presidente, o Min. Paulo Gallotti, entendeu aplicável ao caso a Súm. n. 3-STJ. A Min. Relatora, ao aprofundar-se na análise dos precedentes que deram origem à referida súmula, constatou que todos eles tratam de conflito de competência negativo, daí que o entendimento de que somente os casos de conflito positivo atrairiam a competência do STJ não se coaduna com a interpretação autêntica e histórica que deve ser dada à súmula. Anotou, também, que, no caso, o juiz estadual diz-se incompetente em razão do território, e não por rejeitar a delegação material que a CF/1988 atribuiu-lhe. Concluiu, então, por firmar que outra não seria a solução a não ser ter por competente o TRF para dirimir o conflito, tal como apregoado na Súm. n. 3-STJ, o que vem sendo acolhido por recentes julgados da Seção. Os votos vencidos entendiam que o STJ, tribunal de índole nacional, seria o competente, pois eleger o TRF para tal seria propiciar que se imiscuísse indevidamente na Justiça estadual, enquanto o próprio juiz local está a repelir a investidura na jurisdição federal. **Precedentes citados: CC 91.129-GO, DJ 27/5/2008; CC 104.418-RJ, DJ 6/5/2009, e CC 97.403-MG, DJ 28/10/2008. CC 104.296-RJ, Rel. Min. Maria Thereza de Assis Moura, julgado em 27/5/2009.** (Inform. STJ 396)

RESTITUIÇÃO. BENEFÍCIO. TUTELA ANTECIPADA.

Embora possibilite fruição imediata do direito material vindicado, a tutela antecipada é provimento provisório e precário a acarretar, quando de sua revogação, a restituição dos valores porventura recebidos (arts. 273, § 3º, e 475-O, ambos do CPC). Assim, a hipótese dos autos enquadra-se nessa situação, porém a natureza alimentar do benefício previdenciário percebido (pensão por morte) e a hipossuficiência do segurado, jungidas à disciplina do art. 115, II, da Lei n. 8.213/1991 (que determina a devolução em parcelas do pagamento além do devido) e à do art. 154, § 3º, do Dec. n. 3.048/1999 (limita ao máximo de 30% do valor do benefício em manutenção), impõem, a título de devolução, o razoável limite de desconto mensal de 10% do valor líquido do benefício. Precedentes citados: REsp 725.118-RJ, DJ 24/4/2006; REsp 957.588-RS, DJ 4/9/2007, e REsp 993.725-RS, DJ 30/10/2007. **AgRg no REsp 984.135-RS, Rel. Min. Napoleão Nunes Maia Filho, julgado em 13/12/2007.** (Inform. STJ 342)

SÚMULA STF Nº 729

A decisão na Ação Direta de Constitucionalidade não se aplica à antecipação de tutela em causa de natureza previdenciária.

SÚMULA STF Nº 689

O segurado pode ajuizar ação contra a instituição previdenciária perante o juízo federal do seu domicílio ou nas varas federais da capital do estado-membro.

SÚMULA STJ Nº 242

Cabe ação declaratória para reconhecimento de tempo de serviço para fins previdenciários.

SÚMULA STJ Nº 226

O Ministério Público tem legitimidade para recorrer na ação de acidente do trabalho, ainda que o segurado esteja assistido por advogado.

SÚMULA STJ Nº 204

Os juros de mora nas ações relativas a benefícios previdenciários incidem a partir da citação valida.

SÚMULA STJ Nº 178

O INSS não goza de isenção do pagamento de custas e emolumentos, nas ações acidentárias e de benefícios, propostas na justiça estadual.

SÚMULA STJ Nº 149

A prova exclusivamente testemunhal não basta à comprovação da atividade rurícola, para efeito da obtenção de benefício previdenciário.

SÚMULA STJ Nº 111

Os honorários advocatícios, nas ações previdenciárias, não incidem sobre as prestações vencidas após a sentença.

SÚMULA STJ Nº 110

A isenção do pagamento de honorários advocatícios, nas ações acidentarias, é restrita ao segurado.

SÚMULA STJ Nº 89

A ação acidentária prescinde do exaurimento da via administrativa.

23. DIREITO FINANCEIRO

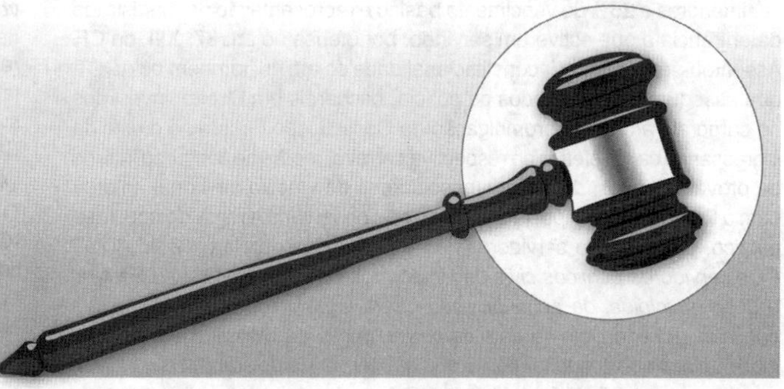

1. LEI DE DIRETRIZES ORÇAMENTÁRIAS

LDO E FONTES ORÇAMENTÁRIAS DE CARÁTER PROVISÓRIO NA ESTIMATIVA DE RECEITA

O Tribunal indeferiu pedido de liminar formulado em ação direta de inconstitucionalidade ajuizada pelo partido DEMOCRATAS - DEM contra o art. 100 da Lei 11.514/2007 (Lei de Diretrizes Orçamentárias - LDO de 2008), que prevê que, na LDO, poderão ser considerados os efeitos de propostas de alterações na legislação tributária e das contribuições, inclusive quando se tratar de desvinculação de receitas, que sejam objeto de proposta de emenda constitucional, de projeto de lei ou de medida provisória que esteja em tramitação no Congresso Nacional. A requerente alega que a norma impugnada, ao permitir a inclusão de valores concernentes a fontes orçamentárias de caráter provisório na estimativa de receita para o exercício de 2008, autoriza que o orçamento anual seja elaborado com base em texto constitucional inexistente, como as propostas de emenda à Constituição ainda em tramitação. Preliminarmente, o Tribunal, por maioria, conheceu da ação, por considerar que a lei impugnada possui autonomia normativa e caráter geral e abstrato suficientes para ser objeto do controle abstrato de constitucionalidade. Vencido, no ponto, o Min. Celso de Mello, que dela não conhecia. No mérito, entendeu-se, salientando o princípio da universalidade em matéria orçamentária, que exige que todas as receitas sejam previstas na lei orçamentária, sem possibilidade de qualquer exclusão, que não há, em princípio, nenhuma anomalia no fato de a lei orçamentária fazer previsão em relação a receitas que ainda pendem, eventualmente, de aprovação. **ADI 3949 MC/DF, rel. Min. Gilmar Mendes, 14.8.2008.** (ADI-3949) (Inform. STF 515)

2. LEI ORÇAMENTÁRIA ANUAL

CRIAÇÃO DE PROGRAMA ESCOLAR E VÍCIO FORMAL

O Tribunal julgou procedente pedido formulado em ação direta ajuizada pelo Governador do Estado de Alagoas para declarar a inconstitucionalidade da Lei estadual 6.153/2000, de origem parlamentar, que cria, no âmbito da rede escolar e particular de ensino de 1° e 2° graus do referido Estado-membro, o programa de "Leitura de Jornais e/ou periódicos em sala de aula", e estabelece atribuições à Secretaria de Educação do Estado, no sentido de adotar as providências necessárias para a implementação desse programa. Entendeu-se que a lei impugnada afronta a reserva de iniciativa do Chefe do Poder Executivo para iniciar projeto de lei que disponha sobre criação, estruturação e atribuições das Secretarias e de órgãos da Administração Pública (CF, art. 61, § 1°, II, e) e, ainda, viola os artigos 167, I, da CF, que veda o início de programas ou projetos não incluídos na lei orçamentária anual, e 165, III, da CF, que determina que os orçamentos anuais sejam estabelecidos por lei de iniciativa do Poder Executivo. Alguns **precedentes citados: ADI 2808/RS (DJU de 4.9.2006); ADI 1759 MC/SC (DJU de 6.4.2001). ADI 2329/AL, rel. Min. Cármen Lúcia, 14.4.2010.** (ADI-2329). (Inform. STF 582)

ADI E CONSTITUIÇÃO DO ESTADO DE SERGIPE - 1

O Tribunal julgou parcialmente procedente pedido formulado em ação direta de inconstitucionalidade ajuizada pelo Governador do Estado de Sergipe contra diversos dispositivos da Constituição estadual. Declarou-se a inconstitucionalidade da expressão "*realizado antes da sua eleição*" constante do inciso V do art. 14, que estabelece a perda do mandato do Prefeito ou do Vice-Prefeito que assumir outro cargo na Administração Pública, ressalvada a hipótese de posse em virtude de aprovação em concurso público realizado antes de sua eleição. Entendeu-se que a expressão impugnada não constaria do disposto no parágrafo único do art. 28 da CF ("*Perderá o mandato o Governador que assumir outro cargo ou função na administração pública direta ou indireta, ressalvada a posse em virtude de concurso público e observado o disposto no art. 38, I, IV e V.*"), de observância obrigatória pelos Estados-membros (CF, art. 29, XIV), restringindo o acesso dos Prefeitos e Vice-Prefeitos aos cargos públicos, e vedando a sua participação em concursos públicos ao longo do exercício do mandato. Vencido parcialmente, no ponto, o Min. Marco Aurélio que, além de fulminar essa expressão, dava interpretação conforme ao dispositivo para explicitar que o que previsto não implica o exercício simultâneo de cargos. Também se declarou a inconstitucionalidade dos incisos V e VI do art. 23, que prevêem a possibilidade de intervenção no Município em caso de corrupção na administração municipal ou de não se recolherem à Previdência Social, por seis meses consecutivos ou alternados, valores descontados em folha de pagamento de seus servidores e parcelas devidas pela Prefeitura. Considerou-se que referidos incisos estariam a ampliar o rol taxativo dos casos de intervenção do Estado em seus Municípios apresentado pelo art. 35 da CF, também de observância obrigatória pelos Estados-membros. Reputou-se inconstitucional a expressão "*nunca inferior a três por cento e*", contida tanto na redação originária do *caput* do art. 37 ("*A Assembléia Legislativa elaborará sua proposta orçamentária dentro dos limites estipulados conjuntamente com os demais Poderes, na forma da Lei de Diretrizes Orçamentárias, nunca inferior a três por cento da receita estadual.*") quanto na alterada por emenda constitucional ("*A Assembléia Legislativa elaborará sua proposta orçamentária dentro dos limites estipulados conjuntamente com os demais Poderes, na forma da Lei de Diretrizes Orçamentárias, nunca inferior a três por cento e até cinco por cento da receita estadual...*"). Asseverou-se que a previsão, ausente do modelo federal, não viabilizaria a possibilidade de se cogitar de um piso em termos de despesas, salientando-se que o Poder Legislativo deve atuar com independência, estipulando e confeccionando a proposta orçamentária. Na mesma linha, assentou-se a inconstitucionalidade da expressão "*nunca inferior a três por cento da receita estadual*" constante do § 1° do art. 95 ("*O Poder Judiciário elaborará sua proposta orçamentária dentro dos limites estipulados conjuntamente com os demais Poderes, na forma da Lei de Diretrizes Orçamentárias, nunca inferior a três por cento da receita estadual*"). **ADI 336/SE, rel. Min. Eros Grau, 10.2.2010.** (ADI-336)

ADI E CONSTITUIÇÃO DO ESTADO DE SERGIPE - 2

No que diz respeito ao art. 100, que vincula o reajuste da remuneração dos servidores do Poder Judiciário ao dos magistrados, entendeu-se afrontado o que disposto no inciso X do art. 37 da CF, que assegura revisão geral e anual da remuneração dos servidores públicos, sempre na mesma data e sem distinção de índices. Acrescentou-se, ainda, que o inciso XIII do art. 37 da CF veda a vinculação de quaisquer espécies remuneratórias para o efeito de remuneração de pessoal do serviço público, aí incluída a proibição de vinculação para fins de reajuste automático. Quanto ao art. 274, que define que, após a promulgação da Constituição, serão enquadrados no nível IV-S os professores estatutários que possuam nível superior, concluiu-se que o preceito estaria em confronto com a regra do concurso público, prevista no art. 37, II, da CF. Vencidos, no ponto, os Ministros Marco Aurélio e Carlos Britto que julgavam o pleito improcedente, tendo em conta não versar o preceito que a passagem seria do nível médio para o superior. Declarou-se a inconstitucionalidade do art. 42 do Ato das Disposições Constitucionais Transitórias, que estabelece que os proventos dos escrivães não poderão ser inferiores a 25% do vencimento básico e representação do magistrado da entrância a que estiverem servindo, por ofensa ao art. 37, XIII, da CF. Assentou-se, por fim, a inconstitucionalidade do art. 46, também do ADCT, que assegura aos delegados de polícia, bacharéis em Direito, investidos no cargo até a data da promulgação da Constituição Federal, o direito de ingressar no cargo efetivo da respectiva carreira, mediante concurso interno de provas e títulos, desde que possuidores de vínculo funcional anterior com o Estado de Sergipe, já o preceito não observaria a regra do concurso público, privilegiando servidores não beneficiados pelo art. 19 do ADCT ("*Os servidores públicos civis da União, dos Estados, do Distrito Federal e dos Municípios, da administração direta, autárquica e das fundações públicas, em exercício na data da promulgação da Constituição, há pelo menos cinco anos continuados, e que não tenham sido admitidos na forma regulada no art. 37, da Constituição, são considerados estáveis no serviço público.*"). Julgou-se prejudicado o pedido relativamente ao parágrafo único do art. 28, aos artigos 46, XIII, 100, ambos da Constituição estadual. **Precedentes citados: SS 1361/PE (DJE de 10.6.99); ADI 2145 MC/MS (DJU de 31.10.2003); ADI 2895/AL (DJU de 20.5.2005). ADI 336/SE, rel. Min. Eros Grau, 10.2.2010.** (ADI-336) (Inform. STF 574)

3. VINCULAÇÃO DE RECEITA

ADI E VINCULAÇÃO DE RECEITA (ERRATA)
Comunicamos que o correto teor da matéria referente à ADI 1759/SC, divulgada no Informativo 582, é este: Por verificar afronta ao art. 167, IV, da CF, que veda a vinculação de receita de impostos a órgão, fundo ou despesa, o Tribunal julgou procedente pedido formulado em ação direta ajuizada pelo Governador do Estado de Santa Catarina para declarar a inconstitucionalidade do inciso V do § 3º do art. 120 da Constituição estadual, com a redação dada pela Emenda Constitucional 14/97, que destina 10% da receita corrente do Estado, por dotação orçamentária específica, aos programas de desenvolvimento da agricultura, pecuária e abastecimento. **Precedentes citados: ADI 103/RO (DJU de 8.9.95); ADI 1848/RO (DJU de 25.10.2002); ADI 1750 MC/DF (DJU de 14.6.2002). ADI 1759/SC, rel. Min. Gilmar Mendes, 14.4.2010.** (ADI-1759). (Inform. STF 584)

EMENTA: CONSTITUCIONAL. FINANCEIRO. NORMA CONSTITUCIONAL ESTADUAL QUE DESTINA PARTE DAS RECEITAS ORÇAMENTÁRIAS A ENTIDADES DE ENSINO. ALEGADO VÍCIO DE INICIATIVA. CONSTITUIÇÃO DO ESTADO DE MINAS GERAIS, ARTS. 161, IV, *F*, E 199, §§ 1º E 2º. PROCESSUAL CIVIL. RECURSO EXTRAORDINÁRIO. PEDIDO DE INTERVENÇÃO COMO ASSISTENTE SIMPLES. Ação Direita de Inconstitucionalidade em que se discute a validade dos arts. 161, IV, *f* e 199, §§ 1º e 2º da Constituição do Estado de Minas Gerais, com a redação dada pela Emenda Constitucional Estadual 47/2000. Alegada violação dos arts. 61, § 1º, II, *b*, 165, III, 167, IV e 212 da Constituição. Viola a reserva de iniciativa do Chefe do Executivo para propor lei orçamentária a norma que disponha, diretamente, sobre a vinculação ou a destinação específica de receitas orçamentárias (art. 165, III, da Constituição). A reserva de lei de iniciativa do Chefe do Executivo, prevista no art. 61, § 1º, II, *b*, da Constituição somente se aplica aos Territórios federais. Inexistência de violação material, em relação aos arts. 167, IV e 212 da Constituição, na medida em que não há indicação de que o valor destinado (2% sobre a receita orçamentária corrente ordinária) excede o limite da receita resultante de impostos do Estado (25% no mínimo). Ação Direta de Inconstitucionalidade julgada procedente. **ADI N. 2.447-MG. RELATOR: MIN. JOAQUIM BARBOSA. Noticiado no Informativo 537.** (Inform. STF 570)

VINCULAÇÃO DE RECEITAS E FUNDO DE REAPARELHAMENTO - 1
O Tribunal iniciou julgamento de ação direta ajuizada pelo Procurador-Geral da República, em que se objetiva a declaração de inconstitucionalidade do inciso V do art. 28 da Lei Complementar 166/99, com a redação conferida pela Lei Complementar 181/2000, do Estado do Rio Grande do Norte, que determina que os recursos provenientes da cobrança efetuada em todos os procedimentos extrajudiciais, todos os serviços notariais e de registro, estabelecidos com os respectivos valores na forma de tabelas anexas, constituirão recursos financeiros do fundo de reaparelhamento do Ministério Público do referido Estado-membro. O Min. Marco Aurélio, relator, julgou procedente o pedido formulado para declarar a inconstitucionalidade do dispositivo impugnado, ficando alcançadas as tabelas nele referidas. Entendeu que, no caso, em afronta aos artigos 155 e 167, IV, da CF, criou-se verdadeiro tributo mediante texto normativo que se mostra ambíguo por não constar dele sequer a definição do que rotulado como "*recursos provenientes da cobrança efetuada em todos os procedimentos extrajudiciais*", nem a explicitação do que se teve como "*todos os serviços notariais e de registro*". Aduziu-se, também, que o texto se reporta a valores fixados em tabelas anexas, levando a crer ter surgido, no cenário jurídico, ônus a ser suportado por terceiros. Em seguida, pediu vista dos autos o Min. Carlos Britto. ADI 3028/RN, rel. Min. Marco Aurélio, 1º.3.2007. (ADI-3028)

VINCULAÇÃO DE RECEITAS E FUNDO DE REAPARELHAMENTO - 2
O Tribunal retomou julgamento de ação direta ajuizada pelo Procurador-Geral da República, em que se pretende a declaração de inconstitucionalidade do inciso V do art. 28 da Lei Complementar 166/99, com a redação conferida pela Lei Complementar 181/2000, do Estado do Rio Grande do Norte, que determina que os recursos provenientes da cobrança efetuada em todos os procedimentos extrajudiciais, todos os serviços notariais e de registro, estabelecidos com os respectivos valores na forma de tabelas anexas, constituirão recursos financeiros do fundo de reaparelhamento do Ministério Público do referido Estado-membro. O Min. Carlos Britto, em voto-vista, abriu divergência e julgou o pedido improcedente. Afirmou, inicialmente, que os serviços notariais e de registro são típicas atividades estatais, mas não são serviços públicos. Asseverou que, não obstante a jurisprudência da Corte seja no sentido de que tais atividades são serviços públicos, ela vem admitindo a incidência de taxa sobre as atividades notariais e de registro, tendo por base de cálculo os emolumentos que são cobrados pelos titulares das serventias como pagamento do trabalho que eles prestam aos tomadores dos serviços cartorários. Tendo isso em conta, afastou a alegação de ofensa ao art. 167, IV, da CF, por entender que o dispositivo impugnado não teria instituído uma exação que se amolde à definição de imposto, mas, sim, de taxa, gerada em razão do exercício do poder de polícia que assiste aos Estados-membros, mediante atuação pelos órgãos diretivos do Poder Judiciário, no plano da vigilância, orientação e correição da atividade notarial e de registro (CF, art. 236, § 1º). Asseverou, ademais, que o produto da arrecadação da taxa de polícia não estaria jungido ao contínuo aparelhamento do Poder Judiciário, mas admitiria expansão para incluir o aperfeiçoamento da jurisdição, não havendo, dessa forma, impedimento quanto à destinação da taxa ao Ministério Público, já que vinculada à estrutura e ao funcionamento de órgão estatal essencial à função jurisdicional (CF, art. 127), o qual estaria autorizado a promover todas as medidas necessárias à efetivação dos direitos assegurados na Constituição (CF, art. 129). Assim, concluiu que bem aparelhar o Ministério Público seria servir ao desígnio constitucional de aperfeiçoar a própria jurisdição como atividade básica do Estado e função específica do Poder Judiciário. Após os votos dos Ministros Menezes Direito, Cezar Peluso, Celso de Mello e Gilmar Mendes, que acompanhavam o relator, e dos votos dos Ministros Ricardo Lewandowski, Eros Grau e Joaquim Barbosa, que acompanhavam a divergência, o julgamento foi adiado para colher os votos das Ministras Cármen Lúcia e Ellen Gracie, Presidente, ausentes, justificadamente. ADI 3028/RN, rel. Min. Marco Aurélio, 24.10.2007. (ADI-3028)

VINCULAÇÃO DE RECEITAS E FUNDO DE REAPARELHAMENTO - 3
O Tribunal retomou julgamento de ação direta ajuizada pelo Procurador-Geral da República, em que se pretende a declaração de inconstitucionalidade do inciso V do art. 28 da Lei Complementar 166/99, com a redação conferida pela Lei Complementar 181/2000, do Estado do Rio Grande do Norte, que determina que os recursos provenientes da cobrança efetuada em todos os procedimentos extrajudiciais, todos os serviços notariais e de registro, estabelecidos com os respectivos valores na forma de tabelas anexas, constituirão recursos financeiros do fundo de reaparelhamento do Ministério Público do referido Estado-membro — v. Informativo 485. Chamado o feito para continuação do julgamento, pediu vista.

VINCULAÇÃO DE RECEITAS E FUNDO DE REAPARELHAMENTO - 4
Em conclusão, o Tribunal, por maioria, julgou improcedente pedido formulado em ação direta ajuizada pelo Procurador-Geral da República, em que se pretendia a declaração de inconstitucionalidade do inciso V do art. 28 da Lei Complementar 166/99, com a redação conferida pela Lei Complementar 181/2000, do Estado do Rio Grande do Norte, que determina que os recursos provenientes da cobrança efetuada em todos os procedimentos extrajudiciais, todos os serviços notariais e de registro, estabelecidos com os respectivos valores na forma de tabelas anexas, constituirão recursos financeiros do fundo de reaparelhamento do Ministério Público do referido Estado-membro — v. Informativos 457, 485 e 498. Afastou-se a alegação de ofensa ao art. 167, IV, da CF, por se entender que o dispositivo impugnado não teria instituído uma exação que se amoldasse à definição de imposto, mas, sim, de taxa, gerada em razão do exercício do poder de polícia que assiste aos Estados-membros, mediante atuação pelos órgãos diretivos do Poder Judiciário, no plano da vigilância, orientação e correição da atividade notarial e de registro (CF, art. 236, § 1º). Asseverou-se, ademais, que o produto da arrecadação da taxa de polícia não estaria jungido ao contínuo aparelhamento do Poder Judiciário, mas admitiria expansão para incluir o aperfeiçoamento da jurisdição, não havendo, dessa forma, impedimento

quanto à destinação da taxa ao Ministério Público, já que vinculada à estrutura e ao funcionamento de órgão estatal essencial à função jurisdicional (CF, art. 127), o qual estaria autorizado a promover todas as medidas necessárias à efetivação dos direitos assegurados na Constituição (CF, art. 129). Assim, concluiu-se que bem aparelhar o Ministério Público seria servir ao desígnio constitucional de aperfeiçoar a própria jurisdição como atividade básica do Estado e função específica do Poder Judiciário. Vencidos os Ministros Marco Aurélio, relator, Menezes Direito, Cezar Peluso, Celso de Mello e Gilmar Mendes, que julgavam o pleito procedente. ADI 3028/RN, rel. orig. Min. Marco Aurélio, red. p/ o acórdão Min. Ayres Britto, 26.5.2010. (ADI-3028) (Inform. STF 588)

4. CRÉDITO EXTRAORDINÁRIO

ABERTURA DE CRÉDITO EXTRAORDINÁRIO E MEDIDA PROVISÓRIA CONVERTIDA EM LEI

O Plenário iniciou julgamento de ação direta de inconstitucionalidade, proposta pelo Partido da Social Democracia Brasileira - PSDB, contra a Medida Provisória 477/2009, que abriu crédito extraordinário em favor de diversos órgãos e entidades do Poder Executivo e reduziu o Orçamento de Investimento de várias empresas para os fins que especificou. O Min. Dias Toffoli, relator, julgou extinto o processo, sem resolução de mérito, e, em conseqüência, prejudicado o pedido de aditamento da petição inicial, requerido em face da conversão do ato normativo, sem mudança de seu conteúdo, na Lei 12.240/2010. Assinalou, para tanto, que os aludidos créditos teriam sua vigência temporalmente limitada, nos termos do art. 167, § 2º, da CF (*"Art. 167... § 2º - Os créditos especiais e extraordinários terão vigência no exercício financeiro em que forem autorizados, salvo se o ato de autorização for promulgado nos últimos quatro meses daquele exercício, caso em que, reabertos nos limites de seus saldos, serão incorporados ao orçamento do exercício financeiro subseqüente"*). Ressaltou que a medida provisória em questão fora publicada em 29.12.2009 e, dessa forma, verificar-se-ia que a utilização do crédito extraordinário ali constante limitava-se impreterivelmente ao exercício financeiro correspondente ao ano de 2010, ocorrendo, portanto, o exaurimento de eficácia do ato impugnado. Asseverou, então, ser possível concluir que os créditos previstos, por certo, ou já foram utilizados ou perderam sua vigência e, por conseguinte, não subsistiriam situações passíveis de correção, caso se reconhecesse a inconstitucionalidade do ato normativo adversado. Assim, revelar-se-ia inútil ocasional declaração nesse sentido, já que, ultrapassado o exercício de 2010, não restariam quaisquer efeitos jurídicos a serem regulados, o que frustraria a finalidade da ação direta. Mencionou que, nessas hipóteses, o Supremo tem decidido pela extinção anômala do processo de controle normativo abstrato, motivada pela perda superveniente de seu objeto, que tanto poderia decorrer da revogação pura e simples do ato impugnado quanto do exaurimento de sua eficácia, como sucederia na situação dos autos. Após, pediu vista o Min. Luiz Fux. ADI 4365/DF, rel. Min. Dias Toffoli, 18.8.2011. (ADI-4365) (Inform. STF 636)

MEDIDA PROVISÓRIA E ABERTURA DE CRÉDITO EXTRAORDINÁRIO - 1

O Tribunal iniciou julgamento de ação direta proposta pelo Partido da Social Democracia Brasileira - PSDB em que se pleiteia a declaração da inconstitucionalidade da Medida Provisória 405/2007, que abre crédito extraordinário, em favor da Justiça Eleitoral e de diversos órgãos do Poder Executivo. Preliminarmente, o Tribunal, por maioria, conheceu da ação, por entender estar-se diante de um tema ou de uma controvérsia constitucional suscitada em abstrato — independente do caráter geral ou específico, concreto ou abstrato de seu objeto — de inegável relevância jurídica e política, que deveria ser analisada a fundo. Asseverou-se que os atos do Poder Público sem caráter de generalidade não se prestam ao controle abstrato de normas, eis que a própria Constituição adotou como objeto desse processo os atos tipicamente normativos, ou seja, aqueles dotados de um mínimo de generalidade e abstração. Considerou-se, entretanto, que outra deveria ser a interpretação no caso de atos editados sob a forma de lei. Ressaltou-se que essas leis formais decorreriam ou da vontade do legislador ou do próprio constituinte, que exigiria que certos atos, mesmo que de efeito concreto, fossem editados sob a forma de lei. Assim, se a Constituição submeteu a lei ao processo de controle abstrato, meio próprio de inovação na ordem jurídica e instrumento adequado de concretização da ordem constitucional, não seria admissível que o intérprete debilitasse essa garantia constitucional, isentando um grande número de atos aprovados sob a forma de lei do controle abstrato de normas e, talvez, de qualquer forma de controle. Aduziu-se, ademais, não haver razões de índole lógica ou jurídica contra a aferição da legitimidade das leis formais no controle abstrato de normas, e que estudos e análises no plano da teoria do direito apontariam a possibilidade tanto de se formular uma lei de efeito concreto de forma genérica e abstrata quanto de se apresentar como lei de efeito concreto regulação abrangente de um complexo mais ou menos amplo de situações. Concluiu-se que, em razão disso, o Supremo não teria andado bem ao reputar as leis de efeito concreto como inidôneas para o controle abstrato de normas. Vencido, no ponto, o Min. Cezar Peluso que não conhecia da ação, por reputar não se tratar no caso de uma lei, sequer no aspecto formal. **ADI 4048 MC/DF, rel. Min. Gilmar Mendes, 17.4.2008.** (ADI-4048)

MEDIDA PROVISÓRIA E ABERTURA DE CRÉDITO EXTRAORDINÁRIO - 2

No mérito, o Min. Gilmar Mendes, relator, acompanhado pelos Ministros Eros Grau, Cármen Lúcia, Carlos Britto e Marco Aurélio, deferiu a cautelar, ao fundamento de haver um patente desvirtuamento dos parâmetros constitucionais que permitem a edição de medidas provisórias para a abertura de créditos extraordinários. Salientou, inicialmente, que a abertura de crédito extraordinário por meio de medida provisória não é vedada, em princípio, pela Constituição Federal (art. 62, § 1º, I, **d**). Afirmou, entretanto, que a Constituição, além dos requisitos de relevância e urgência (art. 62), impõe que a abertura do crédito extraordinário seja feita apenas para atender a despesas imprevisíveis e urgentes, sendo exemplos dessa imprevisibilidade e urgência as despesas decorrentes de guerra, comoção interna ou calamidade pública (CF, art. 167, § 3º). Considerou que, pela leitura da exposição de motivos da Medida Provisória 405/2007, os créditos abertos seriam destinados a prover despesas correntes que não estariam qualificadas pela imprevisibilidade ou pela urgência. Asseverou que, não obstante fosse possível identificar situações específicas caracterizadas pela relevância dos temas, como créditos destinados à redução dos riscos de introdução da gripe aviária, às operações de policiamento nas rodovias federais e de investigação, repressão e combate ao crime organizado e para evitar a invasão de terras indígenas, fatos que necessitariam, impreterivelmente, de recursos suficientes para evitar o desencadeamento de uma situação de crise, seriam aportes financeiros destinados à adoção de mecanismo de prevenção em relação a situações de risco previsíveis, ou seja, situações de crise ainda não configurada. Em divergência, o Min. Ricardo Lewandowski indeferiu a cautelar, por considerar não estar presente o *periculum in mora*. Aduziu se tratar de medida provisória em matéria orçamentária sob o prisma do controle abstrato da constitucionalidade, portanto, ato de efeitos concretos imediatos que iriam se exaurir no tempo, e que o *periculum in mora*, por isso, estaria invertido e militaria em favor da Administração. Além desse fundamento, o Min. Joaquim Barbosa indeferiu a cautelar por entender que o Supremo, em sede de cautelar, não poderia se substituir ao Congresso Nacional para rejeitar uma medida provisória por este já aprovada. Na mesma linha dessa divergência se posicionou o Min. Cezar Peluso. Após, o julgamento foi suspenso. **ADI 4048 MC/DF, rel. Min. Gilmar Mendes, 17.4.2008.** (ADI-4048)

MEDIDA PROVISÓRIA E ABERTURA DE CRÉDITO EXTRAORDINÁRIO - 3

O Tribunal retomou julgamento de ação direta proposta pelo Partido da Social Democracia Brasileira - PSDB em que se pleiteia a declaração da inconstitucionalidade da Medida Provisória 405/2007, que abre crédito extraordinário, em favor da Justiça Eleitoral e de diversos órgãos do Poder Executivo — v. Informativo 502. Após o pregão, o julgamento foi suspenso em virtude do pedido de vista da Min. Ellen Gracie. **ADI 4048 MC/DF, rel. Min. Gilmar Mendes, 7.5.2008.** (ADI-4048)

MEDIDA PROVISÓRIA E ABERTURA DE CRÉDITO EXTRAORDINÁRIO - 4

Em conclusão, o Tribunal, por maioria, deferiu cautelar pleiteada em ação direta proposta pelo Partido da Social Democracia Brasileira - PSDB para suspender a vigência da Medida Provisória 405/2007, estendendo a decisão a sua lei de conversão (Lei 11.658/2008), que abre crédito extraordinário, em favor da Justiça Eleitoral e de diversos órgãos do Poder Executivo — v. Informativos 502 e 505. Entendeu-se haver um patente desvirtuamento dos parâmetros constitucionais que permitiriam a edição de medidas provisórias para a abertura de créditos extraordinários. Salientou-se, inicialmente, que a abertura de crédito extraordinário por meio de medida provisória não seria vedada, em princípio, pela Constituição Federal (art. 62, § 1º, I, **d**). Afirmou-se, entretanto, que a Constituição, além dos requisitos de relevância e urgência (art. 62), imporia que a abertura do crédito extraordinário fosse feita apenas para atender a despesas imprevisíveis e urgentes, sendo exemplos dessa imprevisibilidade e urgência as despesas decorrentes de guerra, comoção interna ou calamidade pública (CF, art. 167, § 3º). Considerou-se que, pela leitura da exposição de motivos da Medida Provisória 405/2007, os créditos abertos seriam destinados a prover despesas correntes que não estariam qualificadas pela imprevisibilidade ou pela urgência. Asseverou-se que, não obstante fosse possível identificar situações específicas caracterizadas pela relevância dos temas, como créditos destinados à redução dos riscos de introdução da gripe aviária, às operações de policiamento nas rodovias federais e de investigação, repressão e combate ao crime organizado e para evitar a invasão de terras indígenas, fatos que necessitariam, impreterivelmente, de recursos suficientes para evitar o desencadeamento de uma situação de crise, seriam aportes financeiros destinados à adoção de mecanismo de prevenção em relação a situações de risco previsíveis, ou seja, situações de crise ainda não configurada. Vencidos os Ministros Menezes Direito, Ricardo Lewandowski, Cezar Peluso, Joaquim Barbosa e Ellen Gracie que indeferiam a cautelar. O relator reformulou a parte dispositiva do seu voto, tendo em conta a publicação da lei de conversão da medida provisória impugnada em data posterior ao início do julgamento. Salientando não ter havido alteração substancial no texto original da medida provisória em exame, reiterou a orientação da Corte no sentido de que a lei de conversão não convalida os vícios existentes na medida provisória. **ADI 4048 MC/DF, rel. Min. Gilmar Mendes, 14.5.2008.** (ADI-4048) (Inform. STF 506)

MP: REQUISITOS DE IMPREVISIBILIDADE E URGÊNCIA E ANÁLISE PELO SUPREMO - 1

O Tribunal, por maioria, deferiu medida cautelar pleiteada em ação direta de inconstitucionalidade proposta pelo Partido da Social Democracia - PSDB, para suspender a eficácia da Lei 11.656/2008, resultante da conversão da Medida Provisória 402/2007, impugnada na ação, que abriu crédito extraordinário em favor de diversos órgãos do Poder Executivo. Preliminarmente, o Tribunal, por maioria, conheceu da ação. Reportando-se aos fundamentos expendidos por ocasião do julgamento da ADI 4048 MC/DF (DJE de 22.8.2008), afastou-se, de início, a alegação de que a medida provisória em exame se esgotaria com a aprovação do crédito extraordinário e exaurir-se-ia com sua conversão em lei pelo Congresso Nacional. No ponto, asseverou-se, após afirmar que a medida provisória não é lei, mas tem força de lei, que a aprovação de um crédito extraordinário se compara à própria edição de uma lei orçamentária, e que o ato em si da aprovação orçamentária é seguido por numerosos atos no período de um ano. Aduziu-se que, por isso, não consubstancia ato de efeito concreto senão na aparência, já que a lei orçamentária, para

ser executada, precisa da edição de muitos outros atos, estes, sim, de efeitos concretos. Acrescentou-se que, dessa forma, enquanto esses atos não atingem o seu ponto de exaustão, a lei orçamentária sobrevive no aguardo de novos atos de sua concreta aplicabilidade, não se estando, assim, diante de medida provisória que exaure sua eficácia no ato de sua primeira aplicação, que só ocorre, em rigor, no final do exercício financeiro para o qual foi aberto o crédito extraordinário, quando já expedidos todos os atos de empenho, liquidação e pagamento das despesas por esse tipo de crédito fixadas. Registrou-se que os créditos da medida provisória impugnada foram abertos para o exercício financeiro de 2007, e que, publicada essa medida provisória em 23.11.2007, a vigência dos créditos extraordinários se incorporaria ao exercício de 2008, razão pela qual não estaria prejudicado o exame da ação direta. **ADI 4049 MC/DF, rel. Min. Carlos Britto, 5.11.2008.** (ADI-4049)

MP: REQUISITOS DE IMPREVISIBILIDADE E URGÊNCIA E ANÁLISE PELO SUPREMO - 2

Em seguida, rejeitou-se, de igual modo, o eventual prejuízo da ação direta em face da conversão da Medida Provisória 402/2007 na Lei 11.656/2008. Após esclarecer que inexistiu alteração substancial por efeito dessa conversão e de que houve pedido de aditamento à inicial, aplicou-se a orientação fixada pelo Supremo no sentido da ausência de óbice processual ao julgamento da ação direta de inconstitucionalidade, porque a lei de conversão não convalida os vícios existentes na medida provisória. No mérito, entendeu-se, também na linha do aludido precedente (ADI 4048 MC/DF), que nenhuma das despesas a que faz referência a norma impugnada se ajusta aos conceitos de imprevisibilidade e urgência exigidos pelo § 3º do art. 167 da CF, destinando-se ela, ao contrário, "*à execução de investimentos e de despesas de custeio imprescindíveis ao desenvolvimento de ações do Governo Federal.*" Concluiu-se que estaria caracterizada, na hipótese, uma tentativa de contornar a vedação imposta pelo inciso V do art. 167 da CF, visto que a Medida Provisória 402/2007 categoriza como de natureza extraordinária crédito que, em verdade, não passa de especial, ou, então, suplementar, tipos que dependem de prévia autorização legislativa. Vencidos os Ministros Menezes Direito e Cezar Peluso, que denegavam a cautelar ao fundamento de não ser possível ao Supremo substituir-se no exame da urgência ou da imprevisibilidade das providências tomadas no campo do Poder Executivo em termos de crédito extraordinário. Vencido, também, o Min. Ricardo Lewandowski, que admitia a aferição desses pressupostos pelo Judiciário apenas em casos de abuso de poder ou desvio de finalidade, o que não teria ocorrido na espécie, e salientava, ainda, que o § 3º do art. 167 da CF apresenta um rol exemplicativo e não taxativo, e o Min. Eros Grau, que, reputando possível essa aferição, considerava, entretanto, tendo em conta os argumentos do Min. Ricardo Lewandowski, presentes, no caso, os referidos pressupostos. **ADI 4049 MC/DF, rel. Min. Carlos Britto, 5.11.2008.** (ADI-4049)

ADI E ABERTURA DE ELEMENTOS DE DESPESA

O Tribunal conheceu em parte de ação direta de inconstitucionalidade proposta pelo Governador do Estado de Roraima contra a Lei estadual 503/2005 (lei orçamentária estadual para o exercício de 2006) e julgou parcialmente procedente o pedido nela formulado para dar interpretação conforme à expressão "*abertura de novos elementos de despesa*", contida no artigo 56, parágrafo único, da lei questionada, de modo a que a abertura não exceda os créditos orçamentários ou adicionais. O parágrafo único do art. 56 impugnado estabelece que os Poderes Legislativo e Judiciário e o Ministério Público Estadual poderão, no decorrer da execução orçamentária do exercício de 2006, caso haja necessidade, promover alterações em seus orçamentos, por meio da transposição, do remanejamento, da transferência de recursos de uma categoria de programação para outra, bem como proceder a abertura de novos elementos de despesa. Entendeu-se serem permitidos, de acordo com o disposto no inciso VI do art. 167 da CF, a transposição, o remanejamento e a transferência de recursos de uma categoria da programação para outra, desde que mediante prévia autorização legislativa, no caso, substantivada precisamente no dispositivo questionado. Quanto à expressão "*abertura de novos elementos de despesa*", asseverou-se ser necessário observar o inciso II do art.167 da CF, que veda a realização de despesas ou a assunção de obrigações diretas que excedam os créditos orçamentários ou adicionais. ADI 3652/RR, rel. Min. Sepúlveda Pertence, 19.12.2006. (ADI-3652) (Inform. STF 453)

5. EXECUÇÃO ORÇAMENTÁRIA

REPASSE AUTOMÁTICO DE DOTAÇÕES ORÇAMENTÁRIAS E VÍCIO FORMAL

Por reputar usurpada a competência privativa do Chefe do Poder Executivo para exercer direção superior da Administração Pública (CF, art. 84, II), o Tribunal julgou procedente pedido formulado em ação direta ajuizada pelo Governador do Estado de Rondônia para declarar a de inconstitucionalidade do § 2º do art. 137 da Constituição estadual, na redação dada pela EC 8/98, que determina o repasse financeiro dos duodécimos — correspondentes às dotações orçamentárias destinadas aos Poderes Legislativo e Judiciário, ao Ministério Público e ao Tribunal de Contas — mediante crédito automático em conta própria de cada órgão pela instituição financeira centralizadora do Estado. **Precedente citado: ADI 1901/MG (DJU de 9.5.2003). ADI 1914/RO, rel. Min. Cezar Peluso, 15.4.2009.** (ADI-1914) (Inform. STF 542)

6. LEI DE RESPONSABILIDADE FISCAL

ADI E LIMITES DE DESPESAS COM PAGAMENTO DE PESSOAL - 1

O Plenário julgou parcialmente procedente pedido formulado em duas ações diretas propostas, respectivamente, pela Associação dos Magistrados Brasileiros - AMB e pela Associação Nacional dos Membros do Ministério Público - CONAMP para declarar, com efeitos *ex tunc*, a inconstitucionalidade da expressão "*e do Ministério Público Estadual*", contida no art. 6º da Lei 14.506/2009, do Estado do Ceará, e da expressão "*e Judiciário*", constante dos artigos 1º e 6º desse mesmo diploma legal. Declarou-se, ainda, a inconstitucionalidade parcial sem redução de texto dos demais dispositivos da citada lei para afastar do seu âmbito de incidência o Poder Judiciário. A lei impugnada fixa, para o período compreendido entre 1º de janeiro a 31 de dezembro de 2010, limites de despesa com a folha de pagamento de pessoal e de encargos sociais no âmbito dos órgãos dos Poderes Executivo, Legislativo e Judiciário e do Ministério Público estadual. Preliminarmente, afastou-se, por maioria, a alegação de prejudicialidade das ações por perda superveniente de objeto. Considerou-se que as ações deveriam ser conhecidas, apesar de a Lei 14.506/2009 ter eficácia limitada no tempo, tendo em vista duas singularidades do caso. Asseverou-se, no ponto, ter havido impugnação em tempo adequado e sua inclusão em pauta antes do exaurimento da eficácia da lei temporária em questão. Além disso, observou-se que, não obstante a lei questionada fazer referência a 31 de dezembro de 2010, fixando espaço temporal para as limitações nela contidas, em razão do disposto em seu art. 7º ("*Será considerada não autorizada, irregular e lesiva ao patrimônio público a execução de despesa que não atenda o disposto nesta Lei*"), poderia haver efeitos em curso, ou seja, conseqüências para o futuro. Vencido, quanto à citada preliminar, o Min. Marco Aurélio, que não conhecia das ações. ADI 4426/CE, rel. Min. Dias Toffoli, 9.2.2011. (ADI-4426) ADI 4356/CE, rel. Min. Dias Toffoli, 9.2.2011. (ADI-4356)

ADI E LIMITES DE DESPESAS COM PAGAMENTO DE PESSOAL - 2

Em seguida, a despeito de reputar as requerentes portadoras da legitimidade ativa para a propositura das ações diretas de inconstitucionalidade, conheceu-se, parcialmente, das ações diretas por elas ajuizadas, em razão de problemas de pertinência temática. Dessa forma, conheceu-se da ação ajuizada pela CONAMP apenas quanto à expressão "*e do Ministério Público Estadual*", contida no art. 6º da Lei 14.506/2009, por ela impugnado e, também, conheceu-se parcialmente da ação ajuizada pela AMB, de modo a restringir o exame da validade da lei estadual ao que concerne ao Poder Judiciário. As demais preliminares foram rejeitadas. No que tange ao mérito, vislumbrou-se violação à autonomia financeira do Poder Judiciário e do Ministério Público do Estado do Ceará. Asseverou-se que, devidamente fixadas as diretrizes gerais para a elaboração e a execução dos orçamentos do Estado — por meio da Lei de Diretrizes Orçamentárias (Lei 14.416/2009, art. 1º, III), e estimadas a receita e a despesa do Estado para o exercício financeiro de 2010, por meio da Lei Orçamentária Anual (Lei 14.608/2010) —, não poderia lei ordinária, de iniciativa exclusiva do Poder Executivo, fixar limites de execução orçamentária sem nenhuma participação do Poder Judiciário e do Ministério Público, por implicar indevida interferência sobre a gestão orçamentária desses órgãos autônomos. Frisou-se que, em razão da autonomia do Poder Judiciário e do Ministério Público na execução das despesas de seus respectivos orçamentos, somente os próprios entes poderiam contingenciar as dotações orçamentárias que receberam, sendo ilegítima a imposição de medidas nesse sentido pelo Executivo (CF, artigos 2º, 99, § 1º e 127, §§ 2º e 3º). ADI 4426/CE, rel. Min. Dias Toffoli, 9.2.2011. (ADI-4426) ADI 4356/CE, rel. Min. Dias Toffoli, 9.2.2011. (ADI-4356) (Inform. STF 615)

REFERENDO EM MED. CAUT. EM AC N. 2.197-DF

RELATOR: MIN. CELSO DE MELLO

EMENTA: AÇÃO CAUTELAR PREPARATÓRIA - MEDIDA LIMINAR – **RECUSA DE PRESTAÇÃO DE AVAL** PELA UNIÃO FEDERAL **E NEGATIVA DE AUTORIZAÇÃO**, POR PARTE DA SECRETARIA DO TESOURO NACIONAL (**OFÍCIO** Nº 10.540/2008-COPEM/STN) – OBSTÁCULOS **QUE IMPEDEM** O DISTRITO FEDERAL **DE CELEBRAR** OPERAÇÕES DE CRÉDITO COM ENTIDADES DE FOMENTO **E** INSTITUIÇÕES FINANCEIRAS INTERNACIONAIS – **RESTRIÇÕES**, QUE, **EMANADAS** DA UNIÃO, **INCIDEM** SOBRE O DISTRITO FEDERAL, POR **ALEGADO** DESCUMPRIMENTO, **POR PARTE** DE SUA CÂMARA LEGISLATIVA **E** DE SEU TRIBUNAL DE CONTAS, **DOS LIMITES SETORIAIS** QUE A LEI DE RESPONSABILIDADE FISCAL **IMPÕE** A TAIS ÓRGÃOS PÚBLICOS (**LC Nº 101/2000**, ART. 20, II, "A") – **CONFLITO DE INTERESSES ENTRE** A UNIÃO **E** O DISTRITO FEDERAL – **LITÍGIO** QUE SE SUBMETE **À ESFERA** DE COMPETÊNCIA ORIGINÁRIA DO SUPREMO TRIBUNAL FEDERAL – **HARMONIA E EQUILÍBRIO** NAS RELAÇÕES INSTITUCIONAIS **ENTRE** O DISTRITO FEDERAL **E** A UNIÃO FEDERAL – **O PAPEL** DO SUPREMO TRIBUNAL FEDERAL **COMO TRIBUNAL DA FEDERAÇÃO** - **PRETENSÃO CAUTELAR** FUNDADA NAS ALEGAÇÕES **DE OFENSA** AO PRINCÍPIO DA INTRANSCENDÊNCIA DAS MEDIDAS **RESTRITIVAS** DE DIREITOS – **MEDIDA CAUTELAR DEFERIDA** - **DECISÃO DO RELATOR REFERENDADA PELO PLENÁRIO** DO SUPREMO TRIBUNAL FEDERAL.

O ALTO SIGNIFICADO DA LEI DE RESPONSABILIDADE FISCAL E A QUESTÃO DE SUA APLICABILIDADE AO DISTRITO FEDERAL: LIMITE GLOBAL **E** LIMITES SETORIAIS **EM TEMA** DE DESPESA COM PESSOAL (CÂMARA LEGISLATIVA **E** TRIBUNAL DE CONTAS).

- **O Poder Executivo** do Distrito Federal **não pode** sofrer sanções **nem expor-se** a restrições **impostas** pela União Federal **em tema** de celebração de operações financeiras internacionais (**recusa** de prestação de aval **e negativa** de autorização), **sob a alegação** de que o Tribunal de Contas **e** o Poder Legislativo locais – **embora observando** o índice setorial **de 3%** - **teriam** descumprido, **cada qual**, **os limites individuais** a eles impostos pela Lei de Responsabilidade Fiscal (art. 20, inciso II, "**a**"), **pois** o Governo do Distrito Federal **não tem** competência **para intervir** na esfera orgânica da Câmara Legislativa **e** do Tribunal de Contas, **por se tratar** de órgãos investidos **de autonomia institucional**, por força e efeito de expressa determinação constitucional. **Precedentes**.

- O art. 20, inciso II, "**a**", da Lei de Responsabilidade Fiscal – cuja validade constitucional foi inteiramente **confirmada** pelo Supremo Tribunal Federal (**ADI** 3.756/DF) - **aplica-se**, de modo plenamente legítimo, no que se refere ao índice setorial **de 3%** (três por cento), **ao Distrito Federal**.

NECESSIDADE DE OUTORGA DE PROVIMENTO CAUTELAR, NO CASO, EM ORDEM A NÃO FRUSTRAR A REGULAR PRESTAÇÃO, NO PLANO LOCAL, DE SERVIÇOS PÚBLICOS ESSENCIAIS.

- **A recusa de prestação de aval** pela União Federal **e a negativa** da Secretaria do Tesouro Nacional **em autorizar** o Distrito Federal **a celebrar** operações de crédito **com** entidades de fomento **e** instituições financeiras internacionais **comprometem**, de modo irreversível, **a prestação**, no plano local, de serviços públicos **de caráter primário**, **pois inviabilizam** a obtenção de recursos financeiros **necessários** ao desenvolvimento **e** ao fortalecimento **de áreas sensíveis**, tais como a gestão das águas e a drenagem urbana, a preservação ambiental (proteção de nascentes **e** recuperação de erosões), **bem assim** a execução de obras de saneamento básico, na modalidade *abastecimento de água*, **além** do aperfeiçoamento institucional da administração tributária do Distrito Federal, **para efeito** de adequado custeio dos serviços públicos, **notadamente** no domínio da saúde **e** da educação públicas. Situação que configura, de modo expressivo, para efeito de outorga de provimento cautelar, hipótese caracterizadora de "periculum in mora" Precedentes. (Inform. STF 567)

LEI COMPLEMENTAR 101/2000 E LIMITES DE GASTOS

O Tribunal referendou decisão proferida pelo Min. Celso de Mello, que deferira medida liminar, em ação cautelar, da qual relator, para suspender as limitações impostas ao Distrito Federal, em especial ao seu Poder Executivo, quanto à obtenção de garantias diretas, indiretas e aval de outros entes e à contratação de operações de crédito em geral (Lei Complementar 101/2000, art. 23, § 3º, I, II e III). Na espécie, o Distrito Federal solicitara à Secretaria do Tesouro Nacional do Ministério da Fazenda autorização para realizar operação de crédito com organizações internacionais e bancárias, a qual fora indeferida ao fundamento de ter sido descumprida a Lei de Responsabilidade Fiscal no que se refere ao limite percentual de gastos do Poder Legislativo local. Entendeu-se que estariam presentes os requisitos autorizadores da concessão da medida liminar pleiteada. Considerou-se que a plausibilidade jurídica da pretensão encontraria fundamento em precedentes do Supremo, nos quais fixada a orientação de que o postulado da intranscendência impede que sanções e restrições de ordem jurídica superem a dimensão estritamente pessoal do infrator. Por sua vez, o *periculum in mora* estaria configurado porque a negativa da autorização inviabilizaria a iminente obtenção do crédito internacional que vem sendo negociado entre o BIRD e o Distrito Federal, que não disporia, em razão disso, dos necessários recursos para implementação dos programas pretendidos, o que se daria em prejuízo manifesto a sua população. Observou-se, ademais, que, no caso, o Distrito Federal teria se adstrito aos limites global e individuais estabelecidos nos artigos 19 e 20 da LC 101/2000, dispositivos declarados constitucionais pela Corte, e que, na verdade, haveria um conflito interno entre a Câmara Legislativa e o Tribunal de Contas do Distrito Federal. O Min. Joaquim Barbosa acompanhou a conclusão do voto do relator por divorso fundamento. **Precedentes citados: AC 2094 Referendo - MC/RR (DJE de 26.9.2008); AC 1857 Referendo - MC/SE (DJE de 21.5.2008); AC 1761 MC/AP (DJU de 30.8.2007); AC 2104 MC/RO (DJU de 4.8.2008); ADI 3756/DF (DJU de 19.10.2007). AC 2197 Referendo-MC/DF, rel. Min. Celso de Mello, 13.11.2008.** (AC-2197) (Inform. STF 528)

LIMITES DE GASTOS DA ADMINISTRAÇÃO E REAJUSTE DE VALE--REFEIÇÃO

A Turma reformou acórdão do Tribunal de Justiça do Estado do Rio Grande do Sul que denegara pedido de reajuste de valores do vale-refeição de servidores daquela unidade federativa ao fundamento de que a concessão de qualquer vantagem ou aumento de remuneração só poderia ser efetuado se existente prévia dotação orçamentária. No caso, o aludido benefício fora instituído por lei estadual que previa que o seu valor unitário seria fixado e revisto mensalmente por decreto do Poder Executivo. Ocorre que, depois de certo tempo, o Estado-membro deixara de atualizar monetariamente o valor daquela parcela. Tendo em con-ta os princípios da legalidade e do devido processo legal, asseverou-se que o tribunal de origem não chegou a aperfeiçoar a prestação jurisdicional. No ponto, aduziu-se que a Corte local, ao concluir que o Poder Judiciário, sem a ocorrência de prejudicialidade, não está compelido a enfrentar a tese apresentada pelas partes, colocou em segundo plano o dever de o Estado-juiz de acolher ou refutar a matéria de defesa veiculada por qualquer uma das partes. Acrescentou-se que, na espécie, a apreciação do que decidido pelo tribunal de justiça não se faz sob o ângulo estritamente legal, mas considerado o óbice apontado no acórdão proferido, ou seja, a falta de previsão orçamentária (CF, art. 169, I) e a impossibilidade de compelir-se o Chefe do Poder Executivo a baixar decreto, atualizando o valor do vale-refeição (CF, artigos 61, I e 63, I). Entendeu-se que, na presente situação, é cabível acionar-se o disposto no art. 249 do CPC, analisando-se o mérito a favor da parte a quem aproveitaria a declaração de nulidade. Nesse sentido, enfatizou-se que o tribunal gaúcho consentira com o congelamento da parcela, esquecendo-se da natureza alimentar do benefício e da norma que respaldara a reposição do poder aquisitivo. Ademais, reputou-se que a limitação de gastos estabelecida pela Constituição (CF, art. 169) não direciona ao agasalho do descumprimento da lei, sendo que a colocação das despesas com pessoal no patamar indicado condiz com tomada de providências disposta em preceitos exaustivos. RE provido para assentar o direito dos recorrentes à reposição do poder aquisitivo do vale-refeição, respeitada a vigência da lei instituidora e do decreto que a regulamentou. **RE 428991/RS, rel. Min. Marco Aurélio, 26.8.2008.** (RE-428991) (Inform. STF 517)

LEI DE RESPONSABILIDADE FISCAL - 26

Em conclusão de julgamento, o Tribunal, por unanimidade, deferiu medida cautelar em ação direta de inconstitucionalidade ajuizada pelo Partido Comunista do Brasil - PC do B, Partido Socialista Brasileiro - PSB e pelo Partido dos Trabalhadores - PT contra diversos dispositivos da Lei Complementar 101/2000, que estabelece normas de finanças públicas voltadas para a responsabilidade na gestão fiscal e dá outras providências, para suspender a eficácia do art. 9º, § 3º; do art. 12, § 2º; da expressão "*quanto pela redução dos valores a eles atribuídos*", contida no § 1º do art. 23; do art. 23, § 2º, do art. 56, e para dar interpretação conforme a Constituição Federal ao inciso II do art. 21, para que se entenda como limite legal o previsto em lei complementar, e, quanto ao art. 72, para que se entenda como serviços de terceiros os serviços permanentes. O Tribunal, por maioria, vencido o relator, ainda deferiu a medida cautelar para suspender a eficácia do art. 57, desse mesmo diploma legal — v. Informativos 204, 206, 218, 267 e 297. ADI 2238 MC/DF, rel. orig. Min. Ilmar Galvão, rel. p/ o acórdão Min. Carlos Britto, 8.8.2007. (ADI-2238)

LEI DE RESPONSABILIDADE FISCAL - 27

Nesta assentada, o Min. Sepúlveda Pertence, em voto-vista, acompanhou o voto do relator, para também deferir a liminar quanto ao art. 56 da lei em questão ("*As contas prestadas pelos Chefes do Poder Executivo incluirão, além das suas próprias, as dos Presidentes dos órgãos dos Poderes Legislativo e Judiciário e do Chefe do Ministério Público, referidos no art. 20, as quais receberão parecer prévio, separadamente, do respectivo Tribunal de Contas.*"). Reportando-se aos fundamentos do voto que proferira por ocasião do julgamento da ADI 849/MT (DJU de 23.4.99), afirmou que qualquer prestação de contas por órgão não vinculado ao Executivo somente poderia ser objeto de julgamento pelo respectivo Tribunal de Contas e que a inclusão das contas referentes às atividades financeiras dos Poderes Legislativo, Judiciário e do Ministério Público, dentre aquelas prestadas anualmente pelo Chefe do Governo, tornaria inócua a distinção efetivada pelos incisos I e II do art. 71, da CF, já que todas as contas seriam passíveis de controle técnico, a cargo do Tribunal de Contas, e político, de competência do Legislativo. ADI 2238 MC/DF, rel. orig. Min. Ilmar Galvão, rel. p/ o acórdão Min. Carlos Britto, 8.8.2007. (ADI-2238)

LEI DE RESPONSABILIDADE FISCAL - 28

De outra parte, o Min. Sepúlveda Pertence, acompanhado pelos demais Ministros, divergiu do voto do relator quanto ao art. 57 da lei impugnada ("*Os Tribunais de Contas emitirão parecer prévio conclusivo sobre as contas no prazo de sessenta dias do recebimento, se outro não estiver estabelecido nas constituições estaduais ou nas leis orgânicas municipais.*"). Salientando o que disposto no § 2º do mencionado art. 57 ("*Os Tribunais de Contas não entrarão em recesso enquanto existirem contas de Poder, ou órgão referido no art. 20, pendentes de parecer prévio.*"), considerou que a referência, nele contida, a "contas de poder" estaria a evidenciar a abrangência, no termo "contas" constante do *caput* desse artigo, daquelas referentes à atividade financeira dos administradores e demais responsáveis por dinheiros e valores públicos, que somente poderiam ser objeto de julgamento pelo Tribunal de Contas competente, nos termos do art. 71, II, da CF. Aduziu que essa interpretação seria reforçada pelo fato de essa regra cuidar do procedimento de apreciação das contas especificadas no aludido art. 56, onde também se teria pretendido a submissão das contas resultantes da atividade financeira dos órgãos componentes de outros poderes à manifestação opinativa do Tribunal de Contas. ADI 2238 MC/DF, rel. orig. Min. Ilmar Galvão, rel. p/ o acórdão Min. Carlos Britto, 8.8.2007. (ADI-2238) (Inform. STF 475)

LEI DE RESPONSABILIDADE FISCAL: LIMITES GLOBAIS DE GASTOS COM PESSOAL E DISTRITO FEDERAL

O Tribunal julgou improcedente pedido formulado em ação direta proposta pela Mesa Diretora da Câmara Legislativa do Distrito Federal em que se pretendia a declaração de inconstitucionalidade do inciso II do § 3º do art. 1º e dos incisos II e III do art. 20 da Lei Complementar 101/2000 (Lei de Responsabilidade Fiscal), que estende ao Distrito Federal a fórmula estabelecida para a repartição dos limites globais de despesas com pessoal imposta aos Estados. Salientou-se, inicialmente, a natureza singular do Distrito Federal, principalmente a partir da Constituição de 1988, que o elevou à condição de parte integrante da Federação brasileira e o dotou de autonomia político-administrativa (art. 1º e 18), e de tratar-se de unidade federativa que detém competências que são próprias dos Estados e dos Municípios (CF, art. 32, § 1º) e que tem instituições elementares que são organizadas e mantidas pela União (CF, art. 21, XIII e XIV), a qual também financia, em parte, serviços públicos a cuja prestação está jungido (CF, art. 21, XIV, parte final). Afirmou-se que o Distrito Federal não se traduziria nem em Estado-membro nem em Município, mas estaria bem mais próximo da estruturação do primeiro, o que estaria demonstrado em diversos dispositivos da Constituição Federal (artigos 24; 32, § 3º; 34; 92, VII; 103, IV). Asseverou-se que, de qualquer modo, subjazeria à lógica da lei questionada o regime financeiro que é próprio de cada ente federado. No ponto, ressaltou-se que, sem prejuízo das demais fontes que compõem a receita corrente líquida, o Distrito Federal, pelo menos em termos proporcionais, contaria com privilegiada base de cálculo para a fixação do limites globais de gastos com pessoal, haja vista ter ao seu dispor fontes mescladas de receitas tributárias decorrentes de arrecadações tanto estaduais quanto municipais. Tendo isso em conta, entendeu-se que a Lei Complementar 101/2000 adotou critério razoável, haja vista que conferiu ao Distrito Federal um tratamento condizente com sua peculiar e privilegiada situação tributário-financeira, caracterizada por uma alargada base arrecadatória, comparativamente com a dos próprios Estados-membros. (ADI 3756/DF, rel. Min. Carlos Britto, 21.6.2007. (ADI-3756) (Inform. STF 472)

LEI DE RESPONSABILIDADE FISCAL: LIMITES GLOBAIS DE GASTOS COM PESSOAL E DISTRITO FEDERAL - 1

O Tribunal julgou improcedente pedido formulado em ação direta proposta pela Mesa Diretora da Câmara Legislativa do Distrito Federal em que se pretendia a declaração de inconstitucionalidade do inciso II do § 3º do art. 1º e dos incisos II e III do art. 20 da Lei Complementar 101/2000 (Lei de Responsabilidade Fiscal), que estende ao Distrito Federal a fórmula estabelecida para a repartição dos limites globais de despesas com pessoal imposta aos Estados. Salientou-se, inicialmente, a natureza singular do Distrito Federal, principalmente a partir da Constituição de 1988, que o elevou à condição de parte integrante da Federação brasileira e o dotou de autonomia político-administrativa (art. 1º e 18), e de tratar-se de unidade federativa que detém competências que são próprias dos Estados e dos Municípios (CF, art. 32, § 1º) e que tem instituições elementares que são organizadas e mantidas pela União (CF, art. 21, XIII e XIV), a qual também financia, em parte, serviços públicos a cuja prestação está jungido (CF, art. 21, XIV, parte final). Afirmou-se que o Distrito Federal não se traduziria nem em Estado-membro nem em Município, mas estaria bem mais próximo da estruturação do primeiro, o que estaria demonstrado em diversos dispositivos da Constituição Federal (artigos 24; 32, § 3º; 34; 92, VII; 103, IV). Asseverou-se que, de qualquer modo, subjazeria à lógica da lei questionada o regime financeiro que é próprio de cada ente federado. No ponto, ressaltou-se que, sem prejuízo das demais fontes que compõem a receita corrente líquida, o Distrito Federal, pelo menos em termos proporcionais, contaria com privilegiada base de cálculo para a fixação do limites globais de gastos com pessoal, haja vista ter ao seu dispor fontes mescladas de receitas tributárias decorrentes de arrecadações tanto estaduais quanto municipais. Tendo isso em conta, entendeu-se que a Lei Complementar 101/2000 adotou critério razoável, haja vista que conferiu ao Distrito Federal um tratamento condizente com sua peculiar e privilegiada situação tributário-financeira, caracterizada por uma alargada base arrecadatória, comparativamente com a dos próprios Estados-membros. **A DI 3756/DF, rel. Min. Carlos Britto, 21.6.2007. (ADI-3756)**

LEI DE RESPONSABILIDADE FISCAL: LIMITES GLOBAIS DE GASTOS COM PESSOAL E DISTRITO FEDERAL - 2

Ressaltando a singularidade do caso concreto, o Tribunal acolheu embargos de declaração opostos, pela Mesa Diretora da Câmara Legislativa do Distrito Federal, contra acórdão que julgara improcedente pedido por ela formulado em ação direta, em que objetivava a declaração de inconstitucionalidade do inciso II do § 3º do art. 1º e dos incisos II e III do art. 20 da Lei Complementar 101/2000 (Lei de Responsabilidade Fiscal), que estende ao Distrito Federal a fórmula estabelecida para a repartição dos limites globais de despesas com pessoal imposta aos Estados. Sustentava a embargante que a decisão do STF não fixara "*o momento temporal a partir de quando haverá de incidir com força e eficácia vinculativa, o que se afigura in casu imprescindível, à vista do excepcional interesse público subjacente à questão jurídica e tendo em vista as inúmeras relações jurídicas travadas de boa-fé e sob a égide do percentual de 6% como limite de gastos com pessoal do Poder Legislativo*". Pleiteava a integração ou aclaração do julgado em "*ordem a permitir que o Poder Legislativo do Distrito Federal, no prazo legal de dois quadrimestres previsto no art. 23 da Lei Complementar nº 101/2000 (Lei de Responsabilidade Fiscal), enquadre-se definitivamente nos limites prudenciais de gastos públicos, evitando-se, assim, a coarctação de políticas públicas de elevado interesse social*". Esclareceu-se, inicialmente, que a razão pela qual não fora fixado nenhum prazo para o cumprimento da decisão seria explicável, porque o ato impugnado fora considerado constitucional. Reconheceu-se, não obstante, estar-se diante de hipótese *sui generis*, já que, durante toda a existência da lei, a Câmara Legislativa adotara um percentual da receita corrente líquida para pagamento de pessoal acima do limite que a lei estabelecia, qual seja, 6%, sendo que a prática desse percentual se dera de boa-fé, haja vista que assentada em uma autorização formal do Tribunal de Contas do Distrito Federal e também constante de leis de diretrizes orçamentárias. Assim, concluiu-se que a solução seria aplicar o art. 23 da Lei Complementar 101/2000, a qual, em si, modula os efeitos, assentando que o fiel cumprimento da decisão plenária se daria pela observância da própria Lei de Responsabilidade Fiscal, ou seja, contando-se os 2 quadrimestres, previstos no referido dispositivo legal, da data de publicação da ata do julgamento de mérito da ação. ADI 3756 ED/DF, rel. Min. Carlos Britto, 24.10.2007. (ADI-3756) (Inform. STF 485)

7. REPARTIÇÃO DE RECEITAS TRIBUTÁRIAS

FUNDO ESTADUAL DE ATENÇÃO SECUNDÁRIA À SAÚDE E REPARTIÇÃO DE RECEITAS

O Plenário deferiu pedido de medida cautelar em ação direta de inconstitucionalidade, proposta pela Associação Nacional dos Municípios Produtores – Anamup, para suspender a eficácia do inciso I do § 1º do art. 249-A da Constituição do Estado do Ceará, na redação dada pela Emenda Constitucional 71/2011; bem como do art. 1º do Decreto estadual 30.483/2011, que o regulamenta. O preceito impugnado institui o Fundo Estadual de Atenção Secundária à Saúde, subordinado à Secretaria de Saúde daquele mesmo ente federativo, e a ele destina 15% dos recursos provenientes da repartição das receitas tributárias repassadas aos Municípios. Inicialmente, ressaltou-se que a repartição de receitas tributárias consubstanciaria peça-chave do equilíbrio federativo, porquanto inviável à unidade federada, sem fonte de financiamento, dar concretude aos objetivos constitucionais que lhe seriam atribuídos. Assim, considerou-se que, à primeira vista, não haveria qual quer margem à edição de normas pelos Estados-membros que afetassem a liberdade de destinação das receitas municipais originárias, ainda que provenientes da arrecadação de tributos estaduais. Destacou-se, no ponto, que o poder constituinte derivado decorrente não poderia inovar, de modo contrário ao texto constitucional federal. Vislumbrou-se, dessa forma, aparente ofensa ao art. 160 da CF, cujas exceções não se encontrariam presentes na espécie ("*É vedada a retenção ou qualquer restrição à entrega e ao emprego dos recursos atribuídos, nesta seção, aos Estados, ao Distrito Federal e aos Municípios, neles compreendidos adicionais e acréscimos relativos a impostos. Parágrafo único. A vedação prevista neste artigo não impede a União e os Estados de condicionarem a entrega de recursos: I - ao pagamento de seus créditos, inclusive de suas autarquias; II - ao cumprimento do disposto no art. 198, § 2º, incisos II e III*"). Consignou-se que o Estado-membro não poderia, a pretexto de exigir a observância de meta constitucional, apropriar-se de recursos que não lhe pertenceriam. Ademais, rechaçou-se eventual alegação no sentido de que o Estado do Ceará teria apenas regulamentado o fundo de saúde previsto no art. 77, III, e § 3º, do ADCT, porquanto deveria ser constituído com recursos do próprio ente ou, se híbrido, com a aquiescência de todos os envolvidos. Precedentes citados: RE 572762/SC (DJe de 5.9.2008), ADI 692/GO (DJU de 1º.10.2004) e ADI 3549/GO (DJe de 31.10.2007). ADI 4597 MC/CE, rel. Min. Marco Aurélio, 30.6.2011. (ADI-4597) (Inform. STF 633)

CÁLCULO DO VALOR ADICIONADO E RESERVA DE LEI COMPLEMENTAR

O Tribunal iniciou julgamento de ação direta de inconstitucionalidade ajuizada pelo Procurador-Geral da República contra a Lei 13.249/2004, do Estado de Santa Catarina, que dispõe sobre o cálculo do valor adicionado, para fins de partilha do produto arrecadado com a incidência do Imposto sobre Circulação de Mercadorias e Serviços - ICMS, relativo à energia elétrica. O Min. Joaquim Barbosa, relator, na linha de precedentes da Corte [(RE 253906/MG (DJU de 18.2.2005); ADI 3262/MT (DJU de 4.3.2005); ADI 2728/AM (DJU de 2.2.2004); ADI 1423/SP (DJU de 8.6.2007)], julgou procedente o pedido formulado por entender caracterizada a ofensa ao art. 161, I, da CF, que reserva à lei complementar a definição do valor adicionado para fins do disposto no art. 158, parágrafo único, I, da CF. Asseverou que a lei impugnada opta por metodologia e critérios próprios para a repartição das receitas previstas no art. 158, IV, e parágrafo único, I, da CF ("*Art. 158.... IV... parágrafo único... I - três quartos, no mínimo, na proporção do valor adicionado nas operações relativas à circulação de mercadorias e nas prestações de serviços, realizadas em seus territórios;*"), critérios esses que se manifestam na fórmula que determina o cálculo do valor adicionado na operação de geração e distribuição de energia elétrica com base em frações diferenciadas, relativas à proporção de extensão territorial em que se encontram dois tipos de instalações de uma mesma usina hidrelétrica: o reservatório de água e as demais instalações. Após os votos dos Ministros Menezes Direito, Cármen Lúcia, Eros Grau, Carlos Britto, Cezar Peluso e Ellen Gracie, que acompanhavam o voto do relator, pediu vista dos autos o Min. Marco Aurélio. **ADI 3726/SC, rel. Min. Joaquim Barbosa, 8.10.2008.** (ADI-3726) (Inform. STF 523)

ICMS: REPASSE AOS MUNICÍPIOS E INCENTIVOS FISCAIS - 1

O Tribunal negou provimento a recurso extraordinário interposto pelo Estado de Santa Catarina contra acórdão do tribunal de justiça local que provera apelação do Município de Timbó, no qual se sustentava ser lícito ao Estado postergar o repasse da parcela do imposto a que se refere o art. 158, IV, da CF ("*vinte e cinco por cento do produto da arrecadação do imposto do Estado sobre operações relativas à circulação de mercadorias e sobre prestações de serviços de transporte interestadual e intermunicipal e de comunicação.*"), em virtude da concessão de incentivos fiscais a particulares. Considerou-se, inicialmente, que, a fim de que a autonomia política conferida aos entes federados pela Constituição seja real, efetiva, e não virtual, é imprescindível que sua autonomia financeira seja preservada, não se permitindo, quanto à repartição de receitas tributárias, condicionamento arbitrário por parte do ente responsável pelos repasses a que eles têm direito. **RE 572762/SC, rel. Min. Ricardo Lewandowski, 18.6.2008.** (RE-572762)

ICMS: REPASSE AOS MUNICÍPIOS E INCENTIVOS FISCAIS - 2

No que respeita à titularidade dos impostos compartilhados, esclareceu-se que o tributo já nasce, por expressa determinação constitucional, com dois titulares no que tange ao produto de sua arrecadação, e que o fato de o Estado-membro possuir competência tributária em relação ao ICMS não lhe confere superioridade hierárquica relativamente ao Município quanto à participação de cada entidade no produto de arrecadação desse imposto. Afastou-se, ademais, a alegação de que o direito do Município estaria condicionado ao efetivo ingresso do tributo no erário estadual, haja vista que somente nesse momento é que passaria a existir como receita pública. Após salientar que receita pública é a entrada que, integrando-se no patrimônio público sem quaisquer reservas, condições ou correspondência no passivo, vem acrescer o seu vulto, como elemento novo e positivo, concluiu-se que a parcela do ICMS prevista no art. 158, IV, da CF, embora arrecadada pelo Estado, integra de pleno direito o patrimônio do Município, não podendo o ente maior dela dispor ao seu arbítrio, sob pena de grave ofensa ao pacto federativo, sanável mediante o emprego do instituto da intervenção federal (CF, art. 34, V, **b**). Por fim, entendeu-se que a lei em questão ainda viola o disposto no art. 155, § 2º, **g**, da CF. **Precedentes citados: ADI 2405 MC/RS (DJU de 17.2.2006); ADI 1179/SP (DJU de 19.12.2002); ADI 2376 MC/RJ (DJU de 4.5.2001); ADI 2377 MC/MG (DJU de 7.11.2003). RE 572762/SC, rel. Min. Ricardo Lewandowski, 18.6.2008.** (RE-572762) (Inform. STF 511)

ADI. REPASSE DE VERBAS. MANUTENÇÃO E CONSERVAÇÃO DE ESCOLAS PÚBLICAS - 1

O Tribunal iniciou julgamento de ação direta de inconstitucionalidade ajuizada pelo Governador do Estado do Rio Grande do Sul contra o §2º do art. 202 da Constituição gaúcha, bem como contra todos os artigos da Lei 9.723/92 do mesmo Estado. O primeiro dispositivo impugnado determina a aplicação de, no mínimo, 10% dos recursos destinados ao ensino na manutenção e conservação das escolas públicas estaduais por meio de transferências trimestrais de verbas. Os demais disciplinam sobre o repasse de verbas para manutenção e conservação das escolas públicas. O requerente alega que as normas em questão violam os artigos 2º; 25; 165, caput, §§ 2º e 8º; 167, IV, da CF. Inicialmente, o Min. Eros Grau, relator, rejeitou a preliminar suscitada pelo Advogado-Geral da União no sentido de extinguir o processo, sem julgamento de mérito, em relação à Lei 9.723/92, sob a alegação de ser esta ato normativo de efeito concreto, insuscetível de apreciação no controle concentrado. O relator entendeu que a lei analisada é dotada de generalidade e abstração suficientes para sua submissão ao controle de constitucionalidade por meio de ação direta, sendo seus destinatários determináveis e não determinados. Quanto ao mérito, julgou procedente o pedido por considerar que as normas impugnadas ofendem o inciso III do art. 165 da CF, já que dispõem sobre matéria orçamentária, cuja iniciativa de lei é de competência privativa do Chefe do Poder Executivo ("Art. 165. Leis de iniciativa do Poder Executivo estabelecerão:... III - os orçamentos anuais."). Esclareceu que o §2º do art. 202 da Constituição estadual estabelece vinculação orçamentária e que a decisão sobre a aplicação das verbas públicas é transferida do Poder Executivo para entidades - Conselhos Escolares - que não são públicas. Asseverou que essa previsão acaba por limitar a iniciativa do Poder Executivo para elaborar proposta orçamentária e, ainda, que a transferência de poder de decisão sobre a utilização das verbas públicas também é incompatível com a Constituição Federal, uma vez que não implica mero ato de gestão. Concluiu que a Lei 9.723/92, criada para disciplinar esse dispositivo da Constituição do Estado, restaria atingida pelos vícios deste. Após o voto do Min. Joaquim Barbosa, que acompanhava o relator, pediu vista dos autos o Min. Carlos Britto. **ADI 820/RS, rel. Min. Eros Grau, 6.10.2004.(ADI-820)**

ADI. REPASSE DE VERBAS. MANUTENÇÃO E CONSERVAÇÃO DE ESCOLAS PÚBLICAS - 2

O Tribunal, por maioria, julgou procedente pedido formulado em ação direta ajuizada pelo Governador do Estado do Rio Grande do Sul para declarar a inconstitucionalidade do § 2º do art. 202 da Constituição gaúcha, bem como de todos os artigos da Lei 9.723/92 da mesma unidade federativa. O primeiro dispositivo impugnado determina a aplicação de, no mínimo, 10% dos recursos destinados ao ensino na manutenção e conservação das escolas públicas estaduais por meio de transferências trimestrais de verbas. Os demais disciplinam sobre o repasse de verbas para manutenção e conservação das escolas públicas. Entendeu-se que as normas impugnadas ofendem o inciso III do art. 165 da CF, já que dispõem sobre matéria orçamentária, cuja iniciativa de lei é de competência privativa do Chefe do Poder Executivo (*"Art. 165. Leis de iniciativa do Poder Executivo estabelecerão:... III - os orçamentos anuais."*). Esclareceu-se que o § 2º do art. 202 da Constituição estadual estabelece vinculação orçamentária e que a decisão sobre a aplicação das verbas públicas é transferida do Poder Executivo para entidades - Conselhos Escolares - que não são públicas. Considerou-se que essa previsão acaba por limitar a iniciativa do Poder Executivo para elaborar proposta orçamentária e, ainda, que a transferência de poder de decisão sobre a utilização das verbas públicas também é incompatível com a Constituição Federal, uma vez que não implica mero ato de gestão. Concluiu-se que a Lei 9.723/92, criada para disciplinar esse dispositivo da Constituição estadual, restaria atingida pelos vícios deste. Vencidos, em parte, os Ministros Carlos Britto e Sepúlveda Pertence que declaravam a inconstitucionalidade apenas dos dispositivos da Lei 9.723/92. ADI 820/RS, rel. Min. Eros Grau, 15.3.2007. (ADI-820) (Inform. STF 459)

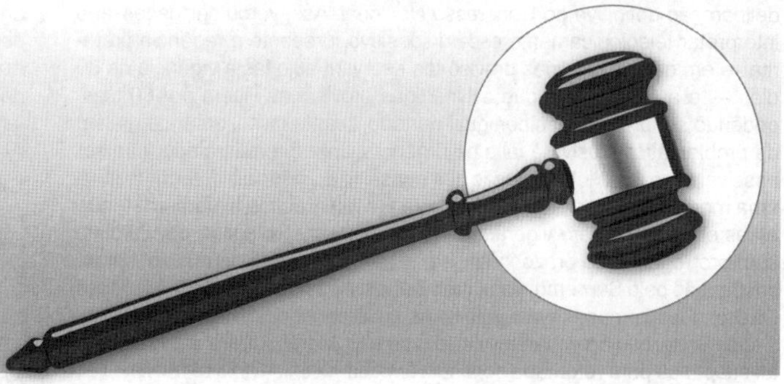

24. DIREITO ECONÔMICO

1. PRINCÍPIOS GERAIS DA ATIVIDADE ECONÔMICA

EMENTA: TRIBUTÁRIO. IMUNIDADE RECÍPROCA. SOCIEDADE DE ECONOMIA MISTA CONTROLADA POR ENTE FEDERADO. CONDIÇÕES PARA APLICABILIDADE DA PROTEÇÃO CONSTITUCIONAL. ADMINISTRAÇÃO PORTUÁRIA. COMPANHIA DOCAS DO ESTADO DE SÃO PAULO (CODESP). INSTRUMENTALIDADE ESTATAL. ARTS. 21, XII, f, 22, X, e 150, VI, a DA CONSTITUIÇÃO. DECRETO FEDERAL 85.309/1980.

1. IMUNIDADE RECÍPROCA. CARACTERIZAÇÃO.

Segundo teste proposto pelo ministro relator, a aplicabilidade da imunidade tributária recíproca (art. 150, VI, *a* da Constituição) deve passar por três estágios, sem prejuízo do atendimento de outras normas constitucionais e legais:

1.1. A imunidade tributária recíproca se aplica à propriedade, bens e serviços utilizados na satisfação dos objetivos institucionais imanentes do ente federado, cuja tributação poderia colocar em risco a respectiva autonomia política. Em conseqüência, é incorreto ler a cláusula de imunização de modo a reduzi-la a mero instrumento destinado a dar ao ente federado condições de contratar em circunstâncias mais vantajosas, independentemente do contexto.

1.2. Atividades de exploração econômica, destinadas primordialmente a aumentar o patrimônio do Estado ou de particulares, devem ser submetidas à tributação, por apresentarem-se como manifestações de riqueza e deixarem a salvo a autonomia política.

1.3. A desoneração não deve ter como efeito colateral relevante a quebra dos princípios da livre-concorrência e do exercício de atividade profissional ou econômica lícita. Em princípio, o sucesso ou a desventura empresarial devem pautar-se por virtudes e vícios próprios do mercado e da administração, sem que a intervenção do Estado seja favor preponderante.

2. SOCIEDADE DE ECONOMIA MISTA. EXPLORAÇÃO DE SERVIÇOS DE ADMINISTRAÇÃO PORTUÁRIA. CONTROLE ACIONÁRIO MAJORITÁRIO DA UNIÃO. AUSÊNCIA DE INTUITO LUCRATIVO. FALTA DE RISCO AO EQUILÍBRIO CONCORRENCIAL E À LIVRE-INICIATIVA.

Segundo se depreende dos autos, a Codesp é instrumentalidade estatal, pois:

2.1. Em uma série de precedentes, esta Corte reconheceu que a exploração dos portos marítimos, fluviais e lacustres caracteriza-se como serviço público.

2.2. O controle acionário da Codesp pertence em sua quase totalidade à União (99,97%). Falta da indicação de que a atividade da pessoa jurídica satisfaça primordialmente interesse de acúmulo patrimonial público ou privado.

2.3. Não há indicação de risco de quebra do equilíbrio concorrencial ou de livre-iniciativa, eis que ausente comprovação de que a Codesp concorra com outras entidades no campo de sua atuação.

3. Ressalva do ministro-relator, no sentido de que "cabe à autoridade fiscal indicar com precisão se a destinação concreta dada ao imóvel atende ao interesse público primário ou à geração de receita de interesse particular ou privado". Recurso conhecido parcialmente e ao qual se dá parcial provimento. **(RE 253472/SP. Rel. para o acórdão Min. Joaquim Barbosa)** (Inform. STF 602)

2. SISTEMA FINANCEIRO NACIONAL

COBRANÇA DE JUROS CAPITALIZADOS - 1

Iniciado o julgamento de medida liminar em ação direta ajuizada pelo Partido Liberal - PL contra o art. 5º, caput, e parágrafo único da Medida Provisória 2.170-36/2001, que admitem, nas operações realizadas pelas instituições integrantes do Sistema Financeiro Nacional, a capitalização de juros com periodicidade inferior a um ano. O Min. Sydney Sanches, relator, proferiu voto no sentido de deferir a suspensão cautelar dos dispositivos impugnados por aparente falta do requisito de urgência, objetivamente considerada, para a edição de medida provisória e pela ocorrência do periculum in mora inverso, sobretudo com a vigência indefinida da referida MP desde o advento da EC 33/2001, com a possível demora do julgamento do mérito da ação. Após, o julgamento foi adiado em virtude do pedido de vista do Min. Carlos Velloso. **ADInMC 2.316-DF, rel. Min. Sydney Sanches, 3.4.2002.(ADI-2316)**

COBRANÇA DE JUROS CAPITALIZADOS - 2

O Tribunal retomou julgamento de medida cautelar em ação direta ajuizada pelo Partido Liberal - PL, atual Partido da República - PR, em que se objetiva a declaração de inconstitucionalidade do art. 5º, *caput*, e parágrafo único da Medida Provisória 2.170-36/2001, que admitem, nas operações realizadas pelas instituições integrantes do Sistema Financeiro Nacional, a capitalização de juros com periodicidade inferior a um ano — v. Informativo 262. A Min. Cármen Lúcia, em voto-vista, abriu divergência e indeferiu a cautelar. Considerou o fato de essa medida provisória ter sido expedida junto com outras medidas adotadas pelo Ministério da Fazenda, na época, exatamente na tentativa de recompor o sistema no que concernia especificamente à captação de juros. Levou em conta, ainda, o alongado prazo, desde a expedição dessa medida até hoje, com sua aplicação. Citando trechos da exposição de motivos apresentada pelo então Ministro da Fazenda, destacou a afirmação de ser pública a intenção do governo federal de buscar diminuição do *spread* e sua convergência com os padrões mundiais, de forma a incentivar o decréscimo do valor total da taxa de juros suportado pelas pessoas físicas e jurídicas, a fim de criar um panorama mais propício ao desenvolvimento econômico do Brasil. Acrescentou que, de acordo com essa exposição de motivos, a capitalização de juros, sob o ponto de vista econômico, seria benéfica ao devedor que, não podendo pagar ao credor na data originalmente pactuada, poderia renegociar sua dívida junto à mesma instituição financeira, o que não se daria se vedada a capitalização, pois o montante de juros devidos teria de ser imediatamente liquidado, forçando o devedor a captar recursos perante diversa instituição para adimplir com a primeira, situação que permitiria a ocorrência do chamado "anatocismo indireto". E, ainda, que o parágrafo único do art. 5º da MP tornaria obrigatória a transparência do negócio em favor do devedor, garantindo a lisura das operações e minimizando as dificuldades dos cidadãos na compreensão dos cálculos aplicáveis aos contratos. **ADI 2316 MC/DF, rel. Min. Sydney Sanches, 5.11.2008**. (ADI-2316)

COBRANÇA DE JUROS CAPITALIZADOS - 3

Por sua vez, o Min. Marco Aurélio acompanhou o voto do relator para deferir a cautelar. Esclareceu, inicialmente, que a medida provisória sob análise teria sido apanhada com várias outras pela nova regência da matéria decorrente da EC 32/2001, a qual prevê, em seu art. 2º, que as medidas provisórias editadas em data anterior a da sua publicação continuam em vigor até que medida provisória ulterior as revogue explicitamente ou até deliberação definitiva do Congresso Nacional. Asseverou ser necessário interpretar teleologicamente esse dispositivo, presente a regência pretérita — em que as medidas provisórias estavam sujeitas à vigência de 30 dias — e a atual — em que as medidas provisórias vigem por 60 dias, podendo ser prorrogadas por igual período. Diante disso, entendeu, além da problemática alusiva à falta de urgência, ante o tema tratado, não ser possível haver uma interpretação que agasalhe a vigência indeterminada de uma medida provisória, e conceber que um ato precário e efêmero — que antes era editado para vigorar por apenas 30 dias, e, agora, por 60 dias, com prorrogação de prazo igual — persista no cenário normativo, sem a suspensão pelo Supremo, passados 8 anos. Após o voto do Min. Menezes Direito, que acompanhava o voto da Min. Cármen Lúcia, e do voto do Min. Carlos Britto, que acompanhava o voto do Min. Marco Aurélio, o julgamento foi suspenso para retomada com *quorum* completo. **ADI 2316 MC/DF, rel. Min. Sydney Sanches, 5.11.2008**. (ADI-2316) (Inform. STF 527)

SÚMULA VINCULANTE STF 7

A norma do §3º do artigo 192 da Constituição, revogada pela Emenda Constitucional nº 40/2003, que limitava a taxa de juros reais a 12% ao ano, tinha sua aplicação condicionada à edição de lei complementar.

SÚMULA STF Nº 596

As disposições do Decreto 22626/1933 não se aplicam às taxas de juros e aos outros encargos cobrados nas operações realizadas por instituições públicas ou privadas, que integram o sistema financeiro nacional.

SÚMULA STJ Nº 283

As empresas administradoras de cartão de crédito são instituições financeiras e, por isso, os juros remuneratórios por elas cobrados não sofrem as limitações da Lei de Usura.

3. DIREITO CONCORRENCIAL. LEI ANTITRUSTE

REPERCUSSÃO GERAL EM RE N. 632.250-SC

RELATOR: MIN. JOAQUIM BARBOSA

EMENTA: CONSTITUCIONAL. COMÉRCIO INTERNACIONAL. IMPORTAÇÃO. DIREITOS ANTIDUMPING. RETROATIVIDADE.

Possui repercussão geral a discussão acerca da aplicação da regra constitucional da irretroatividade à exigibilidade de direitos *antidumping*, considerados os diversos estágios da operação de importação. (Inform. STF 623)

PRESIDENTE DA CAMEX E EXPEDIÇÃO DE RESOLUÇÃO

A Turma deu provimento a recurso ordinário em mandado de segurança em que empresas impugnavam a Resolução 2/2001, da Câmara de Comércio Exterior - CAMEX, que impôs direitos *antidumping* sobre determinados medicamentos contendo substância importada. As recorrentes sustentavam: a) negativa de prestação jurisdicional; b) incompetência do Presidente da CAMEX para praticar o ato; c) excesso dos direitos aplicados; d) superação do prazo legal para a conclusão do processo e aplicação dos direitos *antidumping*; e e) vício de motivação. Entendeu-se que haveria nulidade na aludida resolução, porquanto esse ato normativo fora editado monocraticamente pelo Presidente da CAMEX sem que houvesse concordância dos demais membros do órgão, conforme restara demonstrado na impetração. Asseverou-se que a regra é no sentido de que as decisões da CAMEX sejam tomadas pelo seu colegiado, com quórum qualificado. Entretanto, nos casos em que se vislumbre relevância e urgência, cabe ao Presidente, com autorização prévia dos seus demais membros, a prática, *ad referendum* do colegiado, do ato administrativo. Nesse sentido, citaram-se o art. 5º, parágrafo 2º, do Decreto 3.756/2001, bem como o art. 7º do Regimento Interno da CAMEX (Resolução 12/2001) que, nesses casos, exigem explicitamente a prévia concordância dos demais membros da câmara. Concluiu-se que tal vício seria suficiente para contaminar o ato questionado, ficando prejudicados os demais argumentos. **RMS 26967/DF, rel. Min. Eros Grau, 26.2.2008**. (RMS-26967) (Inform. STF 496)

CADE: "VOTO DE QUALIDADE" E OFENSA À CONSTITUIÇÃO - 1

A Turma iniciou julgamento de agravo regimental interposto contra decisão do Min. Ricardo Lewandowski que, por considerar que a discussão cingira-se ao plano infraconstitucional, negara seguimento a agravo de instrumento, do qual relator, apresentado com o fim de destrancar recurso extraordinário inadmitido na origem. No extraordinário, a Companhia Vale do Rio Doce - CVRD insurge-se contra acórdão do TRF da 1ª Região que reputara válido o denominado "voto de qualidade" proferido pela presidente do Conselho Administrativo de Defesa Econômica - CADE (Lei 8.884/94, art. 8º, II), no julgamento de determinado ato de concentração. Alega, na espécie, ofensa ao art. 5º, *caput* e LIV, da CF, assim como aos princípios da razoabilidade e proporcionalidade. Sustenta que a presidente da mencionada autarquia não poderia ter votado uma vez como conselheira, empatando a votação, para, em seguida, desempatá-la em "voto de qualidade". AI 682486 AgR/DF, rel. Min. Ricardo Lewandowski, 4.12.2007. (AI-682486)

CADE: "VOTO DE QUALIDADE" E OFENSA À CONSTITUIÇÃO - 2

O Min. Ricardo Lewandowski manteve a decisão agravada, no que foi acompanhado pelo Min. Menezes Direito. Asseverou que no acórdão recorrido não se vislumbra debate em torno dos dispositivos constitucionais tidos por violados. Ademais, salientou que não foram opostos embargos declaratórios prequestionadores e que a questão constitucional fora suscitada apenas no voto vencido do desembargador-relator. No ponto, citou jurisprudência do Supremo no sentido de que o voto vencido, isoladamente, não tem o condão de prequestionar a matéria constitucional, assim, incidentes os Enunciados das Súmulas 282 e 356 do STF. Por fim, entendeu que saber se o "voto de qualidade" da presidente do CADE pode ou não ser exercido de forma cumulativa com o voto por ela proferido na condição de conselheira, em caso de empate, exigiria a interpretação de dispositivos da Lei 8.884/94 e do Regimento Interno da autarquia, tarefa essa já realizada no STJ que, em recurso especial, concluíra de forma contrária aos interesses da ora agravante. AI 682486 AgR/DF, rel. Min. Ricardo Lewandowski, 4.12.2007. (AI-682486)

CADE: "VOTO DE QUALIDADE" E OFENSA À CONSTITUIÇÃO - 3

Em divergência, por julgar que o tema constitucional fora debatido, os Ministros Marco Aurélio e Carlos Britto deram provimento ao regimental para determinar que o recurso extraordinário seja remetido a esta Corte. O primeiro, de início, ultrapassou o óbice dos aludidos Verbetes 282 e 356 do STF e aduziu que o voto de desempate acaba por consubstanciar a existência de um "super-órgão", incompatível com os novos ares constitucionais democráticos. Além disso, afirmou que essa dupla manifestação da presidente do CADE contraria princípios constitucionais implícitos, merecendo, pois, exame pelo Supremo. O Min. Carlos Britto acrescentou que a tese vencida do desembargador-relator fora refutada, também, com base em argumentos constitucionais. Após, o julgamento foi adiado para se aguardar o voto de desempate da Min. Cármen Lúcia. AI 682486 AgR/DF, rel. Min. Ricardo Lewandowski, 4.12.2007. (AI-682486)

CADE: "VOTO DE QUALIDADE" E OFENSA À CONSTITUIÇÃO - 4

A Turma, preliminarmente, resolvendo questão de ordem apresentada pelo Min. Ricardo Lewandowski, relator, rejeitou o pedido formulado pela agravante no sentido de que o feito fosse submetido à apreciação pelo Plenário e deliberou pela conclusão do julgamento no próprio âmbito. No mérito, por maioria, negou provimento a agravo regimental interposto contra a decisão do relator que, por considerar que a discussão cingira-se ao plano infraconstitucional, negara seguimento a agravo de instrumento apresentado com o fim de destrancar recurso extraordinário inadmitido na origem — v. Informativo 491. No extraordinário, a Companhia Vale do Rio Doce - CVRD insurge-se contra acórdão do TRF da 1ª Região que reputara válido o denominado "voto de qualidade" proferido pela presidente do Conselho Administrativo de Defesa Econômica - CADE (Lei 8.884/94, art. 8º, II), no julgamento de determinado ato de concentração. Alegava, na espécie, ofensa ao art. 5º, caput e LIV, da CF, assim como aos princípios da razoabilidade e proporcionalidade. Sustentava que a presidente da mencionada autarquia não poderia ter votado uma vez como conselheira, empatando a votação, para, em seguida, desempatá-la em "voto de qualidade". AI 682486 AgR/DF, rel. Min. Ricardo Lewandowski, 18.12.2007. (AI-682486)

CADE: "VOTO DE QUALIDADE" E OFENSA À CONSTITUIÇÃO - 5

Asseverou-se não se vislumbrar, no acórdão recorrido, debate em torno dos dispositivos constitucionais tidos por violados. Ademais, salientou-se inexistir tanto a argüição de inconstitucionalidade no tribunal de origem quanto a oposição de embargos declaratórios prequestionadores e o fato de a questão constitucional ter sido suscitada apenas no voto vencido do desembargador-relator. No ponto, citou-se jurisprudência do Supremo no sentido de que o voto vencido, isoladamente, não tem o condão de prequestionar a matéria constitucional, assim, incidentes os Enunciados das Súmulas 282 e 356 do STF. Por fim, entendeu-se que saber se o "voto de qualidade" da presidente do CADE pode ou não ser exercido de forma cumulativa com o voto por ela proferido na condição de conselheira, em caso de empate, exigiria a interpretação de dispositivos da Lei 8.884/94 e do Regimento Interno da autarquia, tarefa essa já realizada no STJ que, em recurso especial, concluíra de forma contrária aos interesses da ora agravante. Vencidos os Ministros Marco Aurélio e Carlos Britto que, por julgar que o tema constitucional fora debatido, davam provimento ao regimental para determinar que o recurso extraordinário fosse remetido a esta Corte. AI 682486 AgR/DF, rel. Min. Ricardo Lewandowski, 18.12.2007. (AI-682486) (Inform. STF 493)

CABIMENTO DO RECURSO ESPECIAL EM ANTECIPAÇÃO DE TUTELA. DECISÃO DO CADE SOBRE CLÁUSULA DE RAIO.
A Turma, por maioria, entendeu ser cabível recurso especial contra decisão não definitiva, desde que não se trate de reexame do seu contexto fático, mas da interpretação da abrangência de norma legal sobre a viabilidade da aplicação do instituto da tutela antecipada, ou o controle da legitimidade das decisões de medidas liminares. No mérito, o colegiado deferiu a suspensão provisória - até julgamento definitivo nas instâncias ordinárias - da execução de decisão administrativa do CADE que, dentre outras medidas, obrigou *shopping center* a abster-se de incluir nas relações contratuais de locação de espaços comerciais a cláusula de raio, pela qual os lojistas se obrigam a não instalar lojas a pelo menos 2 km de distância do centro de compras. Precedentes citados: AgRg no RESP 1.052.435-RS, DJe 5/11/2008, e REsp. 696.858-CE, DJe 1º/8/2006. **REsp 1.125.661-DF, Rel. Min. Napoleão Nunes Maia Filho, julgado em 27/3/2012. (Inform. STJ 494)**

ACP. TARIFA DE ARMAZENAGEM. PORTO. COBRANÇA ABUSIVA.
Trata-se de ação civil pública (ACP) proposta na origem pelo MP Federal com o objetivo de questionar a cobrança por parte da recorrente de tarifa de armazenagem de 15 dias sobre o valor CIF (custo, seguro e frete) de mercadorias, inclusive para contêineres sob regime de trânsito aduaneiro ou armazenados por menos de 15 dias, bem como a sua condenação ao pagamento de indenização ao Fundo de Direitos Difusos (FDD) decorrente dessa cobrança, por considerá-la indevida. A sentença julgou improcedente o pedido, mas o TRF deu provimento à apelação e constatou ser indevido exigir algo por serviço não prestado. Segundo o Min. Relator, não procede a irresignação da recorrente de que o Conselho Administrativo de Defesa Econômica (Cade) teria competência exclusiva para o exame da matéria. Explica, entre outros fundamentos, que o Cade é autarquia federal vinculada ao Ministério da Justiça, competente para prevenir e reprimir condutas anticompetitivas, e ostenta sua conformação institucional desde 1994. Assim, embora funcione institucionalmente como um tribunal judicante, o Cade não perde sua vinculação ao Poder Executivo e, por essa razão, dentro da idéia de *checks and balances* (sistema de freios e contrapesos), as decisões do Cade não fogem à regra da ampla revisão do Poder Judiciário. Observa que o art. 7º, II, da Lei n. 8.884/1994 não tem a extensão que se lhe pretende dar, visto que esse artigo não prevê competência administrativa antitruste originária em prol da Administração Pública e em detrimento do Poder Judiciário, uma vez que dispõe simplesmente sobre normas de organização interna ao atribuir cláusula de reserva de plenário às decisões sobre a existência de infração à ordem econômica, retirando do presidente e dos demais conselheiros a possibilidade de decisão monocrática sobre o assunto. Quanto a afirmar que a cobrança da tarifa em comento constituiria infração da ordem econômica por meio do exercício abusivo de posição dominante tendente a prejudicar a livre concorrência e a livre iniciativa, esclarece o Min. Relator que a posição dominante não gera, por si só, um ilícito, as empresas que alcançaram elevados percentuais de participação de mercado a partir de atividades de P&D (pesquisa e desenvolvimento) e da geração de eficiências jamais poderiam ser penalizadas sob a ótica antitruste. Porém, deve-se vedar o exercício abusivo dessa posição por meio de condutas anticompetitivas destinadas a limitar ou a impedir o acesso de novas empresas no mercado e criar dificuldades à constituição, funcionamento ou desenvolvimento de empresa concorrente (arts. 20, I e IV, e 21, IV e V, da Lei n. 8.884/1994). Dessa forma, ratificou a decisão do tribunal *a quo* a qual apregoa ser abusiva a cobrança de tarifa de armazenagem de carga de 15 dias por parte da empresa que explora serviço portuário em regime de concessão ou permissão, pois não se pode cobrar por um serviço que não foi prestado, mas esse entendimento deve ser compreendido com as ressalvas feitas pelo Min. Relator. Com esse entendimento, a Turma negou provimento ao recurso. **REsp 1.181.643-RS, Rel. Min. Herman Benjamin, julgado em 1º/3/2011.** (Inform. STJ 465)

COMPETÊNCIA. ATO. CONCENTRAÇÃO. SFN.
O cerne da questão discutida no REsp está em definir de quem é a competência para decidir atos de concentração (aquisições, fusões etc.), envolvendo instituições integrantes do Sistema Financeiro Nacional (SFN), à vista do que dispõem as Leis n. 4.595/1964 e 8.884/1994, considerando, ainda, a existência do Parecer Normativo GM-20 emitido pela AGU, com a eficácia vinculante a que se refere o art. 40, § 1º, da LC n. 73/1993. A Seção, ao prosseguir o julgamento, por maioria, entendeu, em consonância com o aludido parecer, que, enquanto as normas da Lei n. 4.595/1964 estiverem em vigor, a competência para apreciar atos de concentração envolvendo instituições integrantes do SFN é do Banco Central. Observou-se que, mesmo considerando-se a Lei do Sistema Financeiro como materialmente ordinária, no tocante à regulamentação da concorrência, não há como afastar sua prevalência em relação aos dispositivos da Lei Antitruste, pois ela é lei especial em relação à Lei n. 8.884/1994. Anotou-se que a Lei n. 4.595/1964 destina-se a regular a concorrência no âmbito do SFN, enquanto a Lei n. 8.884/1994 trata da questão em relação aos demais mercados relevantes, incidindo, na hipótese, portanto, a norma do art. 2°, § 2º, da LICC. Com esses fundamentos, entre outros, por maioria, deu-se provimento ao recurso. **REsp 1.094.218-DF, Rel. Min. Eliana Calmon, julgado em 25/8/2010.** (Inform. STJ 444)

ATO. CONCENTRAÇÃO. LEGALIDADE. MULTA. CADE.
Trata-se, originariamente, de mandado de segurança contra ato do presidente do Conselho Administrativo de Defesa Econômica (Cade) em razão de multa aplicada pelo Plenário daquele órgão no acórdão proferido em ato de concentração, por considerar que a comunicação do mencionado ato ocorrera fora do prazo previsto no art. 54, § 4º, da Lei n. 8.884/1994 (Lei Antitruste). Assim, a questão posta no REsp cinge-se à legalidade da aplicação da referida multa. Na hipótese dos autos, a empresa recorrida adquiriu a divisão de turbinas a gás industriais de grande porte de outra empresa em 23/3/1999 e somente comunicou o ato de concentração em 25/6 do mesmo ano; não atendeu, portanto, ao disposto no citado dispositivo legal. Desse modo, o Cade agiu corretamente ao aplicar a multa. Ressaltou o Min. Mauro Campbell Marques, em voto-vista, que, para os fins do *caput* do art. 54 da citada lei, pouco importa se as empresas envolvidas têm filial no Brasil, ou se o contrato preliminar foi avençado em território brasileiro. Basta que, em tese, o concerto de concentração possa, sob qualquer perspectiva, impactar o mercado nacional. Frise-se: basta que, em tese, o ato de concentração ou o ato de cooperação possam causar prejuízos à higidez concorrencial. Na verdade, só o Cade pode dizer concretamente se o ato deve ou não ser submetido ao seu controle. Os interessados devem sempre observar os prazos pontuados na lei e nas resoluções respectivas, sem que eles próprios façam esse juízo de adequação entre a lei e os atos por ela ajustados, sob pena de incidir a multa do art. 54, § 5°, da Lei n. 8.884/1994. Com esses fundamentos, entre outros, a Turma, ao prosseguir o julgamento, deu provimento ao recurso para denegar a segurança. **REsp 615.628-DF, Rel. Min. Herman Benjamin, julgado em 8/6/2010.** (Inform. STJ 438)

MS. DIREITO ANTIDUMPING PROVISÓRIO. GARANTIA ADMINISTRATIVA.
A aplicação do direito *antidumping* provisório destina-se a proteger o mercado interno de danos causados por práticas comerciais, tal como no caso, de importação de mercadorias em valor inferior ao exigido no mercado interno do país exportador, prática que potencializa dificuldades de concorrência enfrentadas pelo produto de origem nacional. É certo que o Poder Judiciário pode exercer controle de legalidade ao perquirir o preenchimento dos requisitos formais e substanciais para a utilização desse instrumento de defesa do mercado, contudo inexiste direito líquido e certo à suspensão da exigibilidade desse direito provisório mediante garantia administrativa (depósito em dinheiro ou fiança bancária), porque se cuida de ato discricionário da Câmara de Comércio Exterior (Camex), conforme determina o art. 3º da Lei n. 9.019/1995. A prestação da garantia, por si só, não implica a referida suspensão da exigibilidade. **Precedentes citados: MS 14.670-DF, DJe 18/12/2009, e MS 14.691-DF, DJe 18/12/2009. MS 14.857-DF, Rel. Min. Herman Benjamin, julgado em 12/5/2010.** (Inform. STJ 434)

PROCESSO ADMINISTRATIVO. DUMPING. LICENÇA. IMPORTAÇÃO.
A evidente prática de *dumping* tal qual aferida pelo Decex (órgão responsável por acompanhar os preços praticados em importações) impõe a negativa da licença de importação requerida quanto às mercadorias sujeitas ao regime de licenciamento (no caso, cadeados e cabos de aço). A Lei n. 9.019/1995, que trata da aplicação dos direitos previstos no acordo *antidumping*, não prevê a instauração de prévio processo administrativo para a apuração da prática de *dumpimg prima facie* evidente, isso porque a situação consolidar-se-ia caso se aguardasse o trâmite do processo. **Precedente citado: REsp 855.881-PR, DJ 2/8/2007. REsp 1.048.470-PR, Rel. Min. Luiz Fux, julgado em 23/3/2010.** (Inform. STJ 428)

ANTIDUMPING. PROCESSO. COMPETÊNCIA. SECEX.
O art. 3º do Decreto n. 1.602/1995 dispõe sobre a competência da Secretaria de Comércio Exterior (Secex) para conduzir o processo administrativo relativo à investigação de *dumping*. Mesmo que não houvesse comando

legal sobre o tema, faz sentido que o órgão administrativo especializado examine o pedido de inexigibilidade dos direitos *antidumping* em razão da complexidade dos cálculos e informações técnicas sobre a indústria nacional e os produtos importados. Isso se justifica para evitar erros como o do acórdão recorrido que comparou médias ponderadas de valor normal com preços individuais de produtos importados em operações isoladas. O Judiciário não pode substituir um órgão técnico como a Secex na análise de mercados e médias de preços ao longo de períodos distintos. Cabe ao Judiciário apenas examinar a observância das disposições legais que tratam do processo administrativo da Secex e seus desdobramentos. Caso o ora recorrido precise questionar os direitos *antidumping* no curso da sua duração pré-determinada, pode solicitar uma revisão administrativa para o seu caso específico, conforme dispõe o art. 59 do Decreto n. 1.602/1995. Assim, a Turma deu parcial provimento ao recurso. **REsp 1.105.993-PR, Rel. Min. Eliana Calmon, julgado em 4/2/2010**. (Inform. STJ 421)

ACP. CADE. ATUAÇÃO.

O MPF busca, por meio de ação civil pública (ACP), que as rés, a União Federal, a Agência Nacional do Petróleo, Gás Natural e Biocombustíveis (ANP), e o Conselho Administrativo de Defesa Econômica (Cade) exerçam o que nomina de mister institucional e coíbam abusos praticados no segmento de comércio de combustíveis, tais como a formação de cartel ou a prática do *dumping*. Quer, assim, o *Parquet* forçar a atuação do Cade diante dessas supostas práticas contra a ordem econômica. Sucede que uma leitura atenta da legislação pertinente (arts. 7º, II, III e IV, e 14, III, VI e VII, da Lei n. 8.884/1994) revela a competência da Secretaria de Direito Econômico (SDE) para a apuração de infrações contra a ordem econômica. O Cade ficaria com o dever legal de apreciar e julgar processos administrativos que lhe são remetidos em razão, justamente, do exercício da competência da SDE. Dessarte, o MPF não pode exigir, via ACP, que o Cade aja para preservar a aplicação da referida lei (seu mister institucional) se não existe espaço legal para sua atuação. Não pode impor àquele Conselho funcionar no feito, pois sequer se sabe existir o cometimento das alegadas infrações ou prévia manifestação da SDE que provoque sua atuação. A possibilidade de intervenção do Cade em processos judiciais, prevista no art. 89 da citada lei, em nada abona a tese recursal, pois o dispositivo é claro a conferir ao Conselho uma faculdade, não uma obrigação. Sua participação dá-se como assistente, não como parte (réu), tal como deseja o MPF. Outrossim, violaria a autonomia técnica do Conselho como entidade reguladora da concorrência e da ordem econômica forçá-lo a atuar administrativamente quando, logo de início, não vislumbrou ele próprio competência ou motivos para tal. Sequer há necessidade ou utilidade para o MPF na análise de seu pedido e na participação do Cade no feito, pois, se houver providência judicial que reconheça ou não a conduta ilegal, que é o provimento final da ACP, a decisão tomada na esfera administrativa passaria a ser irrelevante. **REsp 650.892-PR, Rel. Min. Mauro Campbell Marques, julgado em 3/11/2009.** (Inform. STJ 414)

CADE. PRESIDENTE. VOTO. MEMBRO. DESEMPATE.

Trata-se de recurso contra acórdão do TRF da 1ª Região que, examinando questão sobre decisão administrativa do Plenário do Conselho Administrativo de Defesa Econômica – Cade, concluiu pela validade do referido julgamento, ao fundamento de que o art. 8º, II, da Lei n. 8.884/1994 autoriza a Presidência da autarquia a participar da decisão emitindo voto como integrante do Conselho e, quando necessário, a também proferir voto de desempate. A Min. Relatora observou que a mencionada lei, ao transformar o Cade em autarquia, dispôs sobre a prevenção e a repressão às infrações contra a ordem econômica e estabeleceu no art. 8º competir ao seu presidente "presidir com direito a voto, inclusive o de qualidade, as reuniões do Plenário", deixando claro que o presidente poderia votar e também desempatar. Daí a menção ao voto de qualidade, que nada mais é do que voto de desempate. Concluiu a Min. Relatora, aplicando ao caso o princípio da legalidade, que, segundo a norma, não há como afastar-se o voto de qualidade da presidente do Cade, mesmo depois de ter sido por ela proferido voto como integrante do colegiado. Assim, a Turma, ao prosseguir o julgamento, negou provimento ao recurso. **REsp 966.930-DF, Rel. Min. Eliana Calmon, julgado em 28/8/2007.** (Inform. STJ 329)

DIREITO. *ANTI-DUMPING*. RESP. RESOLUÇÃO.

Cuida-se de demanda com objetivo de reconhecimento da inexigibilidade de direito *anti-dumping* firmado na Resolução n. 24 da Câmara de Comércio Exterior (Camex). Preliminarmente, a Turma, prosseguindo o julgamento, não conheceu do REsp, que não reúne condições de admissibilidade. Note-se que o objeto da discussão não pode ser outro senão o próprio conteúdo da citada resolução, a qual fixa direitos *anti-dumping* sobre importações de fenol, apesar de, nas razões do recurso especial, não ter sido apontada violação dessa resolução. Como cediço, essa espécie de ato normativo não está compreendida na expressão "lei federal" nos termos do art. 105, III, da CF/1988. Outro óbice apontado seria a incidência das Súmulas ns. 126 do STJ e 284 do STF. **REsp 935.191-PR, Rel. Min. José Delgado, julgado em 21/8/2007.** (Inform. STJ 328)

25. DIREITO ELEITORAL

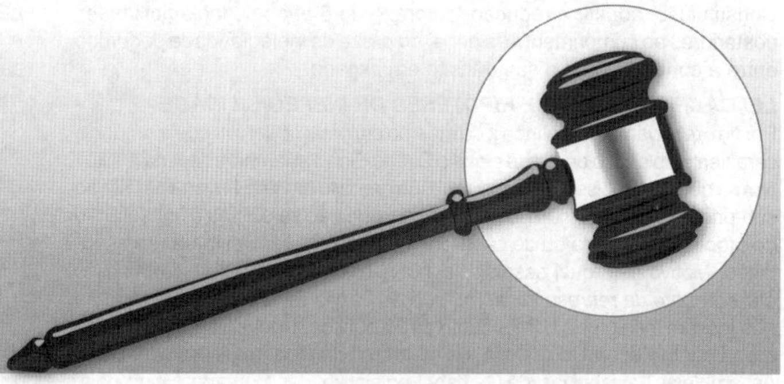

1. ELEGIBILIDADE E INELEGIBILIDADE

LEI DA "FICHA LIMPA" E HIPÓTESES DE INELEGIBILIDADE - 1

O Plenário iniciou julgamento conjunto de 2 ações declaratórias de constitucionalidade e de ação direta de inconstitucionalidade nas quais se aprecia a denominada Lei da "Ficha Limpa". As 2 primeiras ações foram ajuizadas uma pelo Partido Popular Socialista - PPS e outra pelo Conselho Federal da Ordem dos Advogados do Brasil, tendo por objeto a integralidade da LC 135/2010 — que alterou a LC 64/90, para instituir hipóteses de inelegibilidade — e a última, proposta pela Confederação Nacional das Profissões Liberais - CNPL em face do art. 1º, I, m, do mesmo diploma ["*Art. 1º São inelegíveis: I - para qualquer cargo: ... m) os que forem excluídos do exercício da profissão, por decisão sancionatória do órgão profissional competente, em decorrência de infração ético-profissional, pelo prazo de 8 (oito) anos, salvo se o ato houver sido anulado ou suspenso pelo Poder Judiciário*"]. O Min. Luiz Fux, relator, conheceu em parte das ações declaratórias e, nessa parte, julgou os pedidos parcialmente procedentes. No que se refere à ação direta, reputou o pleito improcedente.

LEI DA "FICHA LIMPA" E HIPÓTESES DE INELEGIBILIDADE - 2

Preliminarmente, conheceu da ação direta, porquanto admitida em julgados da Corte a legitimidade ativa da CNPL. Além disso, salientou a pertinência temática, visto que envolvidos interesses vinculados às finalidades institucionais da requerente. Em seguida, registrou que o Colegiado deveria apreciar se as inelegibilidades introduzidas pela da LC 135/2010 alcançariam atos ou fatos ocorridos antes da edição da lei, bem como se o art. 1º, I, m, da LC 64/90 seria constitucional. Contudo, advertiu que a análise dessas questões demandaria previamente a discussão sobre a constitucionalidade de todas as hipóteses de inelegibilidade, as quais poderiam ser divididas em 5 grupos: 1) condenações judiciais (eleitorais, criminais ou por improbidade administrativa) proferidas por órgão colegiado; 2) rejeição de contas relativas ao exercício do cargo ou função pública; 3) perda de cargo (eletivo ou de provimento efetivo), incluindo-se as aposentadorias compulsórias de magistrados e membros do Ministério Público e, para os militares, a indignidade ou incompatibilidade com o oficialato; 4) renúncia a cargo político eletivo diante da iminência da instauração de processo capaz de ocasionar a perda do cargo; e 5) exclusão do exercício de profissão regulamentada, por decisão do órgão profissional respectivo, por violação de dever ético-profissional.

LEI DA "FICHA LIMPA" E HIPÓTESES DE INELEGIBILIDADE - 3

Afirmou que a consideração de fatos anteriores, para fins de aplicação da LC 135/2010, não transgrediria o princípio constitucional da irretroatividade das leis. Distinguiu retroatividade mínima de retrospectividade, ao definir que, nesta, a lei atribuiria novos efeitos jurídicos, a partir de sua edição, a fatos ocorridos anteriormente, ao passo que, naquela, seriam alteradas, por lei, as conseqüências jurídicas desses fatos. No ponto, assinalou que a norma adversada configuraria caso de retrospectividade, já admitido na jurisprudência do Supremo. Mencionou que a adequação ao estatuto jurídico eleitoral caracterizaria relação continuativa — que operaria sob a cláusula *rebus sic stantibus* — e não integrante de patrimônio jurídico individual (direito adquirido), de modo a permitir a extensão, para 8 anos, dos prazos de inelegibilidade originariamente previstos. Aduziu que a imposição de novo requisito negativo (inelegibilidade) não se confundiria com agravamento de pena e tampouco com *bis in idem*. Assim, em virtude da exigência constitucional de moralidade, realçou ser razoável entender-se que um cidadão que se enquadrasse nas situações dispostas na lei questionada não estaria, *a priori*, apto a exercer mandato eletivo.

LEI DA "FICHA LIMPA" E HIPÓTESES DE INELEGIBILIDADE - 4

De igual modo, repeliu a alegação de que a norma em comento ofenderia a presunção constitucional de inocência. Destacou que o exame desse princípio não deveria ser feito sob enfoque penal e processual penal, mas sim no âmbito eleitoral, em que poderia ser relativizado. Dessa maneira, propôs a superação de precedentes sobre a matéria, para que se reconhecesse a legitimidade da previsão legal de inelegibilidades decorrentes de condenações não definitivas. Ao frisar que o legislador fora cuidadoso ao definir os requisitos de inelegibilidade, para que fossem evitadas perseguições políticas, e que a sociedade civil cobraria ética no manejo da coisa pública, sinalizou descompasso entre a jurisprudência e a opinião popular sobre o tema "ficha limpa". Nesse contexto, considerou que se conceber o art. 5º, LVII, da CF como impeditivo à imposição de inelegibilidade a indivíduos condenados criminalmente por decisões não transitadas em julgado esvaziaria o art. 14, § 9º, da CF, a frustrar o propósito do constituinte reformador de exigir idoneidade moral para o exercício de mandato eletivo. Afastou eventual invocação ao princípio da vedação do retrocesso, uma vez que inexistiria pressuposto indispensável à sua aplicação, qual seja, sedimentação na consciência jurídica geral a demonstrar que a presunção de inocência estender-se-ia para além da esfera criminal. Ademais, não haveria que se falar em arbitrariedade na restrição legislativa.

LEI DA "FICHA LIMPA" E HIPÓTESES DE INELEGIBILIDADE - 5

Vislumbrou, também, proporcionalidade nas hipóteses legais de inelegibilidade. Reconheceu tanto a adequação da norma (à consecução dos fins consagrados nos princípios relacionados no art. 14, § 9º, da CF) quanto a necessidade ou a exigibilidade (pois impostos requisitos qualificados de inelegibilidade a ser declarada por órgão colegiado, não obstante a desnecessidade de decisão judicial com trânsito em julgado). No que concerne ao sub-princípio da proporcionalidade em sentido estrito, consignou que o sacrifício exigido à liberdade individual de se candidatar a cargo público eletivo não superaria os benefícios socialmente desejados em termos de moralidade e de probidade para o exercício de cargos públicos. Aludiu que deveriam ser sopesados moralidade e democracia, de um lado, e direitos políticos passivos, de outro. Evidenciou não haver lesão ao núcleo essencial dos direitos políticos, haja vista que apenas o direito passivo seria restringido, porquanto o cidadão permaneceria em pleno gozo dos seus direitos ativos de participação política. Reiterou tratar-se de mera validação de ponderação efetuada pelo próprio legislador que, ante a indeterminação jurídica da expressão "vida pregressa", densificaria seu conceito. Nesse aspecto, correto concluir-se por interpretação da Constituição conforme a lei, de modo a prestigiar a solução legislativa para o preenchimento da conceituação de vida pregressa do candidato.

LEI DA "FICHA LIMPA" E HIPÓTESES DE INELEGIBILIDADE - 6

Nesse panorama, asseverou que da leitura das alíneas e ["*os que forem condenados, em decisão transitada em julgado ou proferida por órgão judicial colegiado, desde a condenação até o transcurso do prazo de 8 (oito) anos após o cumprimento da pena, pelos crimes: ...*"] e l ["*os que forem condenados à suspensão dos direitos políticos, em decisão transitada em julgado ou proferida por órgão judicial colegiado, por ato doloso de improbidade administrativa que importe lesão ao patrimônio público e enriquecimento ilícito, desde a condenação ou o trânsito em julgado até o transcurso do prazo de 8 (oito) anos após o cumprimento da pena*"] do inciso I do art. 1º da LC 64/90, com a redação conferida pela LC 135/2010, poder-se-ia inferir que, condenado o indivíduo em decisão colegiada recorrível, ele permaneceria inelegível desde então, por todo o tempo de duração do processo criminal e por mais outros 8 anos após o cumprimento da pena. Tendo isso em conta, declarou os referidos dispositivos inconstitucionais, em parte, para, em interpretação conforme a

Constituição, admitir a redução, do prazo de 8 anos de inelegibilidades posteriores ao cumprimento da pena, do prazo de inelegibilidade decorrido entre a condenação e o seu trânsito em julgado.

LEI DA "FICHA LIMPA" E HIPÓTESES DE INELEGIBILIDADE - 7

Por fim, relativamente à alínea k do mesmo diploma, observou que a renúncia caracterizaria abuso de direito e que o Direito Eleitoral também deveria instituir norma que o impedisse. Ressurtiu que, no preceito em tela, haveria afronta ao sub-princípio da proibição de excesso, porque não se exigiria a instauração de processo de perda ou de cassação de mandato, porém mera representação. Motivo pelo qual assentou a inconstitucionalidade da expressão "*o oferecimento de representação ou petição capaz de autorizar*", de modo a que fossem inelegíveis o Presidente da República, o governador de Estado e do Distrito Federal, o prefeito, os membros do Congresso Nacional, das Assembléias Legislativas, da Câmara Legislativa, das Câmaras Municipais, que renunciassem a seus mandatos desde a abertura de processo por infringência a dispositivo da Constituição Federal, da Constituição estadual, da Lei Orgânica do Distrito Federal ou da lei orgânica do município, para as eleições que se realizassem durante o período remanescente do mandato para o qual fossem eleitos e nos 8 anos subseqüentes ao término da legislatura. Após, pediu vista o Min. Joaquim Barbosa. ADC 29/DF, rel. Min. Luiz Fux, 9.11.2011. (ADC-29) ADC 30/DF, rel. Min. Luiz Fux, 9.11.2011. (ADC-30) ADI 4578/DF, rel. Min. Luiz Fux, 9.11.2011. (ADC-4578)

LEI DA "FICHA LIMPA" E HIPÓTESES DE INELEGIBILIDADE - 8

O Plenário retomou julgamento conjunto de duas ações declaratórias de constitucionalidade e de ação direta de inconstitucionalidade nas quais se aprecia a denominada Lei da "Ficha Limpa" — v. Informativo 647. O Min. Joaquim Barbosa, em voto-vista, julgou procedentes os pedidos formulados nas primeiras e improcedente o requerido na última. Preliminarmente, acompanhou o Min. Luiz Fux, relator, quanto ao conhecimento das ações apenas no tocante às causas de inelegibilidade. No mérito, destacou que a Constituição erigira à condição de critérios absolutos para o exercício de cargos públicos a probidade, a moralidade e a legitimidade das eleições. Nessa linha, reafirmou que a LC 135/2010 seria compatível com a Constituição, em especial com o que disposto no seu art. 14, § 9º ("*Lei complementar estabelecerá outros casos de inelegibilidade e os prazos de sua cessação, a fim de proteger a probidade administrativa, a moralidade para exercício de mandato considerada vida pregressa do candidato, e a normalidade e legitimidade das eleições contra a influência do poder econômico ou o abuso do exercício de função, cargo ou emprego na administração direta ou indireta*"), a formar um todo que poderia ser qualificado como Estatuto da Ética e da Moralidade da Cidadania Política Brasileira. Relembrou que inelegibilidade não seria pena, razão pela qual incabível incidir o princípio da irretroatividade da lei, notadamente, do postulado da presunção de inocência às hipóteses de inelegibilidade. No ponto, alertou sobre o empréstimo desse princípio à seara eleitoral, em que prevaleceriam outros valores, cuja primazia diria respeito ao eleitor, que não se veria representado por pessoas que ostentariam em seu currículo nódoas como as previstas na lei em comento. ADC 29/DF, rel. Min. Luiz Fux, 1º.12.2011. (ADC-29) ADC 30/DF, rel. Min. Luiz Fux, 1º.12.2011. (ADC-30) ADI 4578/DF, rel. Min. Luiz Fux, 1º.12.2011. (ADI-4578)

LEI DA "FICHA LIMPA" E HIPÓTESES DE INELEGIBILIDADE - 9

Após breve histórico sobre as inelegibilidades, reputou insustentável tese que afastaria a imposição de inelegibilidades a pessoas que se enquadrariam nas situações da Lei da "Ficha Limpa", quais sejam, as comprovadamente corruptas, ímprobas, que responderam ou que foram condenadas sob o devido processo legal por fatos extremamente graves, que não mais poderiam ser legalmente revistos, revisitados ou revertidos por qualquer tribunal do país. No que concerne à alínea k do inciso I do art. 1º, divergiu do relator para assentar a constitucionalidade do dispositivo. Asseverou que a Constituição já conteria preceito que vedaria a renúncia como burla ao enfrentamento de processo que visasse ou pudesse levar à perda do mandato. Consignou que não seria simples petição ou requerimento que ocasionaria a renúncia, sendo esta fruto da valoração feita pelo parlamentar acerca dos fatos a ele imputados e de sua decisão livre e autônoma de rejeitar o mandato eletivo. Assim, entendeu que a lei impugnada não retroagiria para atingir os efeitos da renúncia, que se encontraria perfeita e acabada, mas concederia efeitos futuros a ato ocorrido no passado. Concluiu que essa manobra parlamentar para fugir à elucidação pública mereceria ser incluída entre os atos que manchariam a vida pregressa do candidato. Por derradeiro, repeliu a alegação de inconstitucionalidade da alínea m, pleiteada na ADI 4578/DF, ao fundamento de que a condenação por infração ético-profissional demonstraria sua inaptidão para interferência na gestão da coisa pública. Após o reajuste de voto do Min. Luiz Fux para também declarar a constitucionalidade da aludida alínea k, pediu vista o Min. Dias Toffoli. ADC 29/DF, rel. Min. Luiz Fux, 1º.12.2011. (ADC-29) ADC 30/DF, rel. Min. Luiz Fux, 1º.12.2011. (ADC-30) ADI 4578/DF, rel. Min. Luiz Fux, 1º.12.2011. (ADI-4578)

1534

LEI DA "FICHA LIMPA" E HIPÓTESES DE INELEGIBILIDADE - 10

A Lei da "Ficha Limpa" é compatível com a Constituição e pode ser aplicada a atos e fatos ocorridos anteriormente à edição da LC 135/2010. Essa a conclusão do Plenário ao julgar procedente pedido formulado em duas ações declaratórias de constitucionalidade e improcedente o em ação direta de inconstitucionalidade, todas por votação majoritária. As primeiras foram ajuizadas pelo Partido Popular Socialista - PPS e pelo Conselho Federal da Ordem dos Advogados do Brasil, tendo por objeto a integralidade da LC 135/2010 — que alterou a LC 64/90, para instituir hipóteses de inelegibilidade —, e a última, pela Confederação Nacional das Profissões Liberais - CNPL, em face do art. 1º, I, m, do mesmo diploma ["Art. 1º São inelegíveis: I - para qualquer cargo: ... m) os que forem excluídos do exercício da profissão, por decisão sancionatória do órgão profissional competente, em decorrência de infração ético-profissional, pelo prazo de 8 (oito) anos, salvo se o ato houver sido anulado ou suspenso pelo Poder Judiciário"] — v. Informativos 647 e 650. Preliminarmente, reiterou-se que a análise do Colegiado cingir-se-ia às hipóteses de inelegibilidade introduzidas pela LC 135/2010. **ADC 29/DF, rel. Min. Luiz Fux, 15 e 16.2.2012. (ADC-29). ADC 30/DF, rel. Min. Luiz Fux, 15 e 16.2.2012. (ADC-30). ADI 4578/DF, rel. Min. Luiz Fux, 15 e 16.2.2012. (ADI-4578)** (Inform. STF 650)

LEI DA "FICHA LIMPA" E HIPÓTESES DE INELEGIBILIDADE - 11

No mérito, ressaltou-se que o diploma normativo em comento representaria significativo avanço democrático com o escopo de viabilizar o banimento da vida pública de pessoas que não atenderiam às exigências de moralidade e probidade, considerada a vida pregressa, em observância ao que disposto no art. 14, § 9º, da CF ("Lei complementar estabelecerá outros casos de inelegibilidade e os prazos de sua cessação, a fim de proteger a probidade administrativa, a moralidade para exercício de mandato considerada vida pregressa do candidato, e a normalidade e legitimidade das eleições contra a influência do poder econômico ou o abuso do exercício de função, cargo ou emprego na administração direta ou indireta"). Enfatizou-se, outrossim, que a norma seria fruto de iniciativa popular, a evidenciar o esforço da população brasileira em trazer norma de aspecto moralizador para a seara política. Não obstante, assinalou-se eventual caráter contramajoritário do Supremo, o qual não estaria vinculado às aspirações populares. **ADC 29/DF, rel. Min. Luiz Fux, 15 e 16.2.2012. (ADC-29). ADC 30/DF, rel. Min. Luiz Fux, 15 e 16.2.2012. (ADC-30). ADI 4578/DF, rel. Min. Luiz Fux, 15 e 16.2.2012. (ADI-4578)** (Inform. STF 650)

LEI DA "FICHA LIMPA" E HIPÓTESES DE INELEGIBILIDADE - 12

Assentou-se que os critérios eleitos pelo legislador complementar estariam em harmonia com a Constituição e que a LC 135/2010 deveria ser apreciada sob a ótica da valorização da moralidade e da probidade no trato da coisa pública, da proteção ao interesse público. Além disso, os dispositivos adversados ostentariam o beneplácito da adequação, da necessidade e da razoabilidade. O Min. Luiz Fux, relator, teceu considerações sobre o princípio da presunção de inocência e repeliu a alegação de que a norma o ofenderia. Aduziu que o exame desse postulado não deveria ser feito sob enfoque penal e processual penal, e sim no âmbito eleitoral, em que poderia ser relativizado. O Min. Joaquim Barbosa, na assentada anterior, relembrara que inelegibilidade não seria pena, motivo pelo qual incabível a incidência do princípio da irretroatividade da lei, notadamente, da presunção de inocência às hipóteses de inelegibilidade. A Min. Rosa Weber, após esforço histórico sobre o tema, discorreu que o princípio estaria relacionado à questão probatória no processo penal, a obstar a imposição de restrições aos direitos dos processados antes de um julgamento. Sinalizou, todavia, que a presunção de inocência admitiria exceções por não ser absoluta. Ademais, frisou que o postulado não seria universalmente compreendido como garantia que perdurasse até o trânsito em julgado e que irradiaria efeitos para outros ramos do direito. No campo eleitoral, especialmente no que se refere à elegibilidade, consignou a prevalência da proteção do público e da coletividade. Explicitou, ainda, que as inelegibilidades decorreriam de julgamento por órgão colegiado, sem necessidade de trânsito em julgado. Esclareceu, no ponto, que a própria lei complementar teria previsto a possibilidade de correção, por órgão recursal, de eventuais irregularidades na decisão ("Art. 26-C. O órgão colegiado do tribunal ao qual couber a apreciação do recurso contra as decisões colegiadas a que se referem as alíneas d, e, h, j, l e n do inciso I do art. 1º poderá, em caráter cautelar, suspender a inelegibilidade sempre que existir plausibilidade da pretensão recursal e desde que a providência tenha sido expressamente requerida, sob pena de preclusão, por ocasião da interposição do recurso"). **ADC 29/DF, rel. Min. Luiz Fux, 15 e 16.2.2012. (ADC-29). ADC 30/DF, rel. Min. Luiz Fux, 15 e 16.2.2012. (ADC-30). ADI 4578/DF, rel. Min. Luiz Fux, 15 e 16.2.2012. (ADI-4578)** (Inform. STF 650)

LEI DA "FICHA LIMPA" E HIPÓTESES DE INELEGIBILIDADE - 13

Na sequência, a Min. Cármen Lúcia ressurtiu que nos debates da constituinte, adotara-se o princípio da não culpabilidade penal e que, no caso, estar-se-ia em sede de direito eleitoral. Relativamente à não exigência de trânsito em julgado, o Min. Ricardo Lewandowski rechaçou eventual conflito com o art. 15, III, da CF, ao ponderar que o legislador escolhera por sobrelevar os direitos previstos no art. 14, § 9º, do mesmo diploma. O Min. Ayres Britto asseverou que a Constituição, na defesa da probidade administrativa, teria criado uma espécie de processo legal eleitoral substantivo, que possuiria dois conteúdos: o princípio da respeitabilidade para a representação da coletividade e o direito que tem o eleitor de escolher candidatos honoráveis. Arrematou que a lei complementar seria decorrência da saturação do povo com os maus-tratos infligidos à coisa pública e que as matérias relativas a retroação, corporação, órgão colegiado, presunção de inocência já teriam sido exaustivamente debatidas no Congresso Nacional quando da análise da lei. O Min. Marco Aurélio, por sua vez, anotou que o conceito alusivo à vida pregressa seria aberto. Aquiesceu ao elastecimento do prazo de inelegibilidade previsto em alíneas da lei vergastada e salientou tratar-se de opção político-normativa — a não implicar inelegibilidade por prazo indeterminado —, a qual não permitiria ao STF atuar como legislador positivo e adotar, impropriamente, a detração. Mencionou, ainda, que esta Corte proclamara não poder haver a execução da pena antes do trânsito em julgado da decisão condenatória e que o preceito não versaria sobre inelegibilidade. **ADC 29/DF, rel. Min. Luiz Fux, 15 e 16.2.2012. (ADC-29). ADC 30/DF, rel. Min. Luiz Fux, 15 e 16.2.2012. (ADC-30). ADI 4578/DF, rel. Min. Luiz Fux, 15 e 16.2.2012. (ADI-4578)** (Inform. STF 650)

LEI DA "FICHA LIMPA" E HIPÓTESES DE INELEGIBILIDADE - 14

Assim, no pertinente à ação declaratória proposta pelo Conselho Federal da Ordem dos Advogados do Brasil (ADC 30/DF), ficaram parcialmente vencidos os Ministros Luiz Fux, Dias Toffoli, Gilmar Mendes, Celso de Mello e Cezar Peluso, Presidente. O relator declarava inconstitucionais, em parte, as alíneas e ["os que forem condenados, em decisão transitada em julgado ou proferida por órgão judicial colegiado, desde a condenação até o transcurso do prazo de 8 (oito) anos após o cumprimento da pena, pelos crimes: ..."] e l ["os que forem condenados à suspensão dos direitos políticos, em decisão transitada em julgado ou proferida por órgão judicial colegiado, por ato doloso de improbidade administrativa que importe lesão ao patrimônio público e enriquecimento ilícito, desde a condenação ou o trânsito em julgado até o transcurso do prazo de 8 (oito) anos após o cumprimento da pena"] do inciso I do art. 1º da LC 64/90, com a redação conferida pela LC 135/2010, para, em interpretação conforme a Constituição, admitir a redução, do prazo de 8 anos de inelegibilidades posteriores ao cumprimento da pena, do prazo de inelegibilidade decorrido entre a condenação e o seu trânsito em julgado (detração). **ADC 29/DF, rel. Min. Luiz Fux, 15 e 16.2.2012. (ADC-29). ADC 30/DF, rel. Min. Luiz Fux, 15 e 16.2.2012. (ADC-30). ADI 4578/DF, rel. Min. Luiz Fux, 15 e 16.2.2012. (ADI-4578)** (Inform. STF 650)

LEI DA "FICHA LIMPA" E HIPÓTESES DE INELEGIBILIDADE - 15

O Min. Dias Toffoli, tendo em conta a aplicação do princípio da presunção de inocência às causas de inelegibilidade previstas na LC 135/2010, entendia incompatível com a Constituição vedar a participação no pleito eleitoral de condenados por suposta prática de ilícitos criminais, eleitorais ou administrativos, por órgãos judicantes colegiados, mesmo antes da definitividade do julgado. Razão pela qual declarava a inconstitucionalidade das expressões "ou proferida por órgão colegiado" contidas nas alíneas d, ["os que tenham contra sua pessoa representação julgada procedente pela Justiça Eleitoral, em decisão transitada em julgado ou proferida por órgão colegiado, em processo de apuração de abuso do poder econômico ou político, para a eleição na qual concorrem ou tenham sido diplomados, bem como para as que se realizarem nos 8 (oito) anos seguintes"], e, h ["os detentores de cargo na administração pública direta, indireta ou fundacional, que beneficiarem a si ou a terceiros, pelo abuso do poder econômico ou político, que forem condenados em decisão transitada em julgado ou proferida por órgão judicial colegiado, para a eleição na qual concorrem ou tenham sido diplomados, bem como para as que se realizarem nos 8 (oito) anos seguintes"] e I do inciso I do art. 1º e "ou proferida por órgão colegiado da Justiça Eleitoral" dispostas nas alíneas j ["os que forem condenados, em decisão transitada em julgado ou proferida por órgão colegiado da Justiça Eleitoral, por corrupção eleitoral, por captação ilícita de sufrágio, por doação, captação ou gastos ilícitos de recursos de campanha ou por conduta vedada aos agentes públicos em campanhas eleitorais que impliquem cassação do registro ou do diploma, pelo prazo de 8 (oito) anos a contar da eleição"] e p ["a pessoa física e os dirigentes de pessoas jurídicas responsáveis por doações eleitorais tidas por ilegais por decisão transitada em julgado ou proferida por órgão colegiado da Justiça Eleitoral, pelo prazo de 8 (oito) anos após a decisão, observando-se o procedimento previsto no art. 22"] do preceito. Em consequência, enunciava a inconstitucionalidade, por arrastamento: a) do caput do art. 15; b) da expressão "independente da apresentação de recurso" inserida no parágrafo único do art. 15; c) dos artigos 26-A e 26-C, caput e §§ 1º, 2º e 3º, todos da LC 64/90, com as alterações promovidas pela LC 135/2010; e d) do art. 3º da LC 135/2010. **ADC 29/DF, rel. Min. Luiz Fux, 15 e 16.2.2012. (ADC-29). ADC 30/DF, rel. Min. Luiz Fux, 15 e 16.2.2012. (ADC-30). ADI 4578/DF, rel. Min. Luiz Fux, 15 e 16.2.2012. (ADI-4578)** (Inform. STF 650)

LEI DA "FICHA LIMPA" E HIPÓTESES DE INELEGIBILIDADE - 16

Além disso, conferia interpretação conforme às alíneas m e o ["os que forem demitidos do serviço público em decorrência de processo administrativo ou judicial, pelo prazo de 8 (oito) anos, contado da decisão, salvo se o ato houver sido suspenso ou anulado pelo Poder Judiciário"] do inciso I do art. 1º, I, para esclarecer que a causa de inelegibilidade somente incidiria após a condenação definitiva no âmbito administrativo, de forma que o prazo de inelegibilidade começaria a contar a partir da decisão final administrativa definitiva. Igual solução propugnava quanto à alínea q ["os magistrados e os membros do Ministério Público que forem aposentados compulsoriamente por decisão sancionatória, que tenham perdido o cargo por sentença ou que tenham pedido exoneração ou aposentadoria voluntária na pendência de processo administrativo disciplinar, pelo prazo de 8 (oito) anos"], no intuito de que: a) a expressão "por decisão sancionatória" pressupusesse decisão administrativa definitiva e b) o termo "sentença" fosse interpretado como decisão judicial transitada em julgado, consoante o art. 95, I, da CF. Atribuía interpretação conforme à expressão "aplicando-se o disposto no inciso II do art. 71 da Constituição Federal, a todos os ordenadores de despesa, sem exclusão de mandatários que houverem agido nessa condição", prevista na parte final da alínea g ["os que tiverem suas contas relativas ao exercício de cargos ou funções públicas rejeitadas por irregularidade insanável que configure ato doloso de improbidade administrativa, e por decisão irrecorrível do órgão competente, salvo se esta houver sido suspensa ou anulada pelo Poder Judiciário, para as eleições que se realizarem nos 8 (oito) anos seguintes, contados a partir da data da decisão, aplicando-se o disposto no inciso II do art. 71 da Constituição Federal, a todos os ordenadores de despesa, sem exclusão de mandatários que houverem agido nessa condição"], com o objetivo de explicar que os Chefes do Poder Executivo, ainda quando atuassem como ordenadores de despesas, submeter-se-iam aos termos do art. 71, I, da CF. Por fim, declarava a inconstitucionalidade da alínea n ["os que forem condenados, em decisão transitada em julgado ou proferida por órgão judicial colegiado, em razão de terem desfeito ou simulado desfazer vínculo conjugal ou de união estável para evitar caracterização de inelegibilidade, pelo prazo de 8 (oito) anos após a decisão que reconhecer a fraude"], uma vez que instituíra ilícito autônomo capaz de gerar, por si, espécie de condenação ou hipótese autônoma de inelegibilidade. **ADC 29/DF, rel. Min. Luiz Fux, 15 e 16.2.2012. (ADC-29). ADC 30/DF, rel. Min. Luiz Fux, 15 e 16.2.2012. (ADC-30). ADI 4578/DF, rel. Min. Luiz Fux, 15 e 16.2.2012. (ADI-4578)** (Inform. STF 650)

LEI DA "FICHA LIMPA" E HIPÓTESES DE INELEGIBILIDADE - 17

O Min. Gilmar Mendes, de início, enfatizava o forte teor simbólico da lei complementar e, no ponto, vislumbrava não ser possível relativizar princípios constitucionais para atender anseios populares. Ressaltava a existência de outros mecanismos postos à disposição dos cidadãos e dos diversos grupos com o fulcro de impedir a candidatura e a consequente eleição de pessoas inaptas, sob o enfoque da probidade administrativa e da moralidade para o exercício do mandato eletivo, a saber: o voto, a escolha de candidatos no âmbito dos partidos políticos e o controle das candidaturas pelos cidadãos eleitores, cidadãos candidatos e partidos. Reprochava a dispensa do trânsito em julgado. Enaltecia que a exigência de coisa julgada para a suspensão de direitos políticos como sanção em ação de probidade não significaria dispensa da probidade administrativa ou da moralidade para o exercício de mandato eletivo. Todavia, consagraria a segurança jurídica como fundamento estruturante do Estado Democrático de Direito. Em passo seguinte, também dava interpretação conforme a Constituição à parte final da alínea g, no sentido de que o Chefe do Poder Executivo, ainda quando atuasse como ordenador despesa, sujeitar-se-ia aos termos do art. 71, I, da CF. Quanto à alínea m, registrava que essa disposição traria restrição grave a direito político essencial a ser praticada por órgãos que não possuiriam competência constitucional para fazê-lo e que operariam segundo uma miríade de regras disciplinares a dificultar fiscalização segura e eficiente por parte do Estado. Relativamente à alínea o, asseverava que, para que se amoldasse à dogmática constitucional de restrição de direito fundamental, impenderia emprestar interpretação conforme a Constituição ao dispositivo a fim de restringir a pena de inelegibilidade às hipóteses de demissão que guardassem conexão direta com a sanção de improbidade administrativa. Acompanhava o Min. Dias Toffoli no que se referia à alínea n. No mesmo diapasão, declarava a inconstitucionalidade da expressão "ou proferida por órgão colegiado" inserta nas alíneas e e l, pois necessário o trânsito em julgado, além de caracterizado o excesso do legislador, em ofensa ao princípio da proporcionalidade. Vencido no tópico, acatava a detração sugerida pelo relator. **ADC 29/DF, rel. Min. Luiz Fux, 15 e 16.2.2012. (ADC-29). ADC 30/DF, rel. Min. Luiz Fux, 15 e 16.2.2012. (ADC-30). ADI 4578/DF, rel. Min. Luiz Fux, 15 e 16.2.2012. (ADI-4578)** (Inform. STF 650)

LEI DA "FICHA LIMPA" E HIPÓTESES DE INELEGIBILIDADE - 18

Ao seu turno, o Min. Celso de Mello observava que a iniciativa popular não poderia legitimar nem justificar a formulação de leis que transgredissem a Constituição e que pudessem implicar, a partir de sua incidência, supressão ou limitação de direitos fundamentais, já que estes comporiam núcleo insuscetível de reforma, até mesmo por efeito de deliberação do Congresso Nacional quando no desempenho de seu poder reformador. Em seguida, distinguia inelegibilidade inata — resultante diretamente da existência de certas situações, a exemplo das relações de parentesco ou conjugais — da cominada — típica sanção de direito eleitoral que restringiria a capacidade eleitoral passiva de qualquer cidadão, na medida em que o privaria, mesmo que temporariamente, do exercício de um direito fundamental, qual seja, o de participação política. Abordava a questão da presunção de inocência, no sentido de não admitir a possibilidade de que decisão ainda recorrível pudesse gerar inelegibilidade. Confirmava a validade constitucional das alíneas c, d, f, h, j, p e q do inciso I do art. 1º da LC 135/2010. Relativamente à alínea g, na mesma linha dos votos proferidos pelos Ministros Dias Toffoli e Gilmar Mendes, dava interpretação conforme, de sorte que o inciso II do art. 71 da CF fosse aplicado a todos os ordenadores de despesa, mas elucidava que o Chefe do Executivo, ainda quando atuasse nessa condição de ordenador de despesas, submeter-se-ia ao tribunal de contas e ao Poder Legislativo, nos termos do inciso I da citada norma constitucional. Acatava a interpretação conforme atribuída pelo Min. Dias Toffoli no que dizia respeito às alíneas m e o, contudo, acrescentava a esta última, consoante defendido pelo Min. Gilmar Mendes, a necessidade de que a demissão do serviço público guardasse conexão com atos de improbidade administrativa. Assentava, ainda, a inconstitucionalidade das alíneas e e l. Por derradeiro, vencido na parte referente à presunção de inocência, acolhia a proposta do relator no tocante à detração, bem como sua formulação original quanto à alínea k ["o Presidente da República, o Governador de Estado e do Distrito Federal, o Prefeito, os membros do Congresso Nacional, das Assembleias Legislativas, da Câmara Legislativa, das Câmaras Municipais, que renunciarem a seus mandatos desde o oferecimento de representação ou petição capaz de autorizar a abertura de processo por infringência a dispositivo da Constituição Federal, da Constituição Estadual, da Lei Orgânica do Distrito Federal ou da Lei Orgânica do Município, para as eleições que se realizarem durante o período remanescente do mandato para o qual foram eleitos e nos 8 (oito) anos subsequentes ao término da legislatura"] com o fito de que compreendesse somente a renúncia efetivada após a instauração de processo, não em face de mera representação ou de simples denúncia que qualquer cidadão pudesse fazer à Câmara contra o Presidente da República ou deputado. **ADC 29/DF, rel. Min. Luiz Fux, 15 e 16.2.2012. (ADC-29). ADC 30/DF, rel. Min. Luiz Fux, 15 e 16.2.2012. (ADC-30). ADI 4578/DF, rel. Min. Luiz Fux, 15 e 16.2.2012. (ADI-4578)** (Inform. STF 650)

LEI DA "FICHA LIMPA" E HIPÓTESES DE INELEGIBILIDADE - 19

O Presidente dessumiu que, para a presunção de inocência, não importaria que as medidas gravosas ou lesivas fossem de ordem criminal ou não, haja vista que se objetivaria preservar a condição do réu, enquanto não julgado, de não ser tratado como coisa. Logo, se não condenado, nenhuma medida restritiva em sua esfera jurídica lhe poderia ser imposta com base em juízo de culpabilidade ainda não formado em caráter definitivo. Seguia o Min. Gilmar Mendes, no concernente à alínea m, ao fundamento de que a causa de inelegibilidade vinculada a decisões de órgãos corporativos e profissionais conferiria a ente não estatal o poder de retirar um direito público subjetivo, que deveria ser tratado no campo da área pública. Assentia com as inconstitucionalidades por arrastamento sugeridas pelo Min. Dias Tofolli e, no mais, acompanhava-o integralmente. **ADC 29/DF, rel. Min. Luiz Fux, 15 e 16.2.2012. (ADC-29). ADC 30/DF, rel. Min. Luiz Fux, 15 e 16.2.2012. (ADC-30). ADI 4578/DF, rel. Min. Luiz Fux, 15 e 16.2.2012. (ADI-4578)** (Inform. STF 650)

LEI DA "FICHA LIMPA" E HIPÓTESES DE INELEGIBILIDADE - 20

No tocante à ação declaratória ajuizada pelo PPS (ADC 29/DF) — na qual requerida também a incidência do diploma adversado a atos e fatos jurídicos anteriores ao seu advento —, o Min. Luiz Fux afirmou que a consideração desses, para fins de aplicação da LC 135/2010, não macularia o princípio constitucional da irretroatividade das leis. O Min. Dias Toffoli, ao destacar a inexistência de direito adquirido a regime jurídico de elegibilidade, reputou que a aplicação do diploma não diria respeito à retroatividade ou a novas causas de inelegibilidade, mas sim à incidência em processos eleitorais vindouros, cujo marco temporal único para o exame das condições de elegibilidade seria o registro da candidatura. Se assim não fosse, ter-se-ia duplo regime jurídico de inelegibilidades num mesmo processo eleitoral, a concorrer candidatos submetidos à LC 135/2010 e outros, à legislação anterior. Sublinhou que, se uma norma passasse a exigir novas condições para que alguém fosse candidato, essa inovação, não obstante pautada em fato pretérito, somente deveria valer para processos eleitorais futuros, visto que a criação de novo critério selecionador de condições subjetivas de elegibilidade — que, necessariamente, operar-se-ia para o futuro —, buscaria esses requisitos no passado. Concluiu que o princípio da anterioridade eleitoral (CF, art. 16) evitaria a criação de cláusulas de inelegibilidade casuísticas. Nesse contexto, a Min. Rosa Weber vislumbrou que a elegibilidade seria condição a ser averiguada por ocasião de cada pleito eleitoral segundo a lei da época, não havendo que se falar em direito adquirido. Ademais, as hipóteses de inelegibilidade consagradas na norma em tela teriam caráter geral e aplicar-se-iam a todos, para o futuro, ou seja, apenas para as próximas eleições. **ADC 29/DF, rel. Min. Luiz Fux, 15 e 16.2.2012. (ADC-29). ADC 30/DF, rel. Min. Luiz Fux, 15 e 16.2.2012. (ADC-30). ADI 4578/DF, rel. Min. Luiz Fux, 15 e 16.2.2012. (ADI-4578)** (Inform. STF 650)

LEI DA "FICHA LIMPA" E HIPÓTESES DE INELEGIBILIDADE - 21

A Min. Cármen Lúcia realçou que o que se passaria na vida de alguém não se desapegaria de sua história, de forma que, quando um cidadão se propusesse a ser o representante dos demais, a vida pregressa comporia a persona que se ofereceria ao eleitor e seu conhecimento haveria de ser de interesse público, a fim de se chegar à conclusão de sua aptidão — que a Constituição diria moral e proba — para esse mister. O direito marcaria, traçaria a etapa e os dados dessa vida passada que precisariam ser levados em conta. Apontou que a norma impugnada pregaria e confirmaria cada qual dos princípios constitucionais. O Min. Ricardo Lewandowski rememorou inexistir retroatividade, porquanto não se cuidaria de sanção, porém de condição de elegibilidade. O Min. Ayres Britto citou que a Constituição, em seu § 9º do art. 14, teria autorizado a lei complementar a criar, estabelecer requisitos (pré-requisitos) de configuração do direito de se candidatar. Não dissera restrições ao exercício de direito. Seriam, ao contrário, pressupostos que, se não preenchidos, afastariam o próprio direito à candidatura. **ADC 29/DF, rel. Min. Luiz Fux, 15 e 16.2.2012. (ADC-29). ADC 30/DF, rel. Min. Luiz Fux, 15 e 16.2.2012. (ADC-30). ADI 4578/DF, rel. Min. Luiz Fux, 15 e 16.2.2012. (ADI-4578)** (Inform. STF 650)

LEI DA "FICHA LIMPA" E HIPÓTESES DE INELEGIBILIDADE - 22

Vencido o relator, que julgava o pleito parcialmente procedente, nos termos já explicitados. Vencidos, em maior extensão, os Ministros Gilmar Mendes, Marco Aurélio, Celso de Mello e Presidente, que, por rejeitarem a retroação, reputavam-no improcedente. O primeiro acentuava o caráter retroativo da lei complementar e determinava sua aplicação apenas aos fatos ocorridos após a sua vigência, respeitada a anualidade eleitoral (CF, art. 16). O segundo, tendo em conta o princípio da segurança jurídica, aludia ser cláusula pétrea o respeito às situações aperfeiçoadas nos termos da legislação da época, de forma que a lei seria válida e abarcaria atos e fatos que tivessem ocorrido após junho de 2010. Abordava que, se assim não fosse, aqueles que claudicaram deveriam ter tido uma premonição quanto a vinda à balha dessa lei. O terceiro afastava a incidência dessas novas hipóteses de inelegibilidade a contextos pretéritos, bem como desses novos prazos, dilatados de três para oito anos. Advertia que o reconhecimento da possibilidade de o legislador imputar a situações já consumadas e aperfeiçoadas no passado, conforme o ordenamento positivo então vigente, a irradiação de novo e superveniente efeito limitador do direito fundamental de participação política, importaria em ofensa à cláusula inscrita no art. 5º, XXXV, da CF. Reconhecia que esta teria por finalidade impedir formulações casuísticas ad personam ou ad hoc de leis, considerados fatos pretéritos conhecidos do legislador. Por sua vez, o último manifestava que a extensão de efeitos restritivos para atos jurídicos stricto sensu cometidos no passado trataria os sujeitos desses atos como absolutamente incapazes, ao abstrair a vontade na sua prática e a esta atribuir um efeito jurídico. Além disso, transformar-se-ia a lei em ato estatal de caráter pessoal, de privação de bem jurídico de pessoas determinadas, a caracterizar confisco de cidadania. **ADC 29/DF, rel. Min. Luiz Fux, 15 e 16.2.2012. (ADC-29). ADC 30/DF, rel. Min. Luiz Fux, 15 e 16.2.2012. (ADC-30). ADI 4578/DF, rel. Min. Luiz Fux, 15 e 16.2.2012. (ADI-4578)** (Inform. STF 650)

LEI DA "FICHA LIMPA" E HIPÓTESES DE INELEGIBILIDADE - 23

Ao cabo, no que concerne à ação direta, repeliu-se a alegação de inconstitucionalidade da alínea m, ao fundamento de que, em suma, a condenação por infração ético-profissional demonstraria a inaptidão para interferência em gestão da coisa pública. Vencidos os Ministros Dias Toffoli, Celso de Mello e Presidente, que julgavam o pedido parcialmente procedente pelas razões já referidas. Vencido, integralmente, o Min. Gilmar Mendes, que declarava a pretensão procedente, na íntegra, pois a permissão concedida atentaria contra o direito, pela insegurança jurídica que geraria, ao conferir a decisão disciplinar de órgão de controle profissional eficácia de restrição a direitos políticos. **ADC 29/DF, rel. Min. Luiz Fux, 15 e 16.2.2012. (ADC-29). ADC 30/DF, rel. Min. Luiz Fux, 15 e 16.2.2012. (ADC-30). ADI 4578/DF, rel. Min. Luiz Fux, 15 e 16.2.2012. (ADI-4578)** (Inform. STF 650)

LEI DA "FICHA LIMPA" E SEGURANÇA JURÍDICA - 1

O Plenário iniciou julgamento de embargos de declaração opostos de acórdão que desprovera recurso extraordinário interposto, pelo ora embargante, de aresto proferido pelo Tribunal Superior Eleitoral - TSE. Na espécie, a decisão embargada mantivera a inelegibilidade do embargante — declarada pelo TSE com fundamento na LC 64/90, art. 1º, I, k, alínea introduzida pela LC 135/2010 (Lei da "Ficha Limpa"). O embargante requer a retratação do julgamento do aludido extraordinário diante do que decidido pela Corte, em processo com repercussão geral reconhecida, no sentido da inaplicabilidade da LC 135/2010 às eleições que ocorreriam no mesmo ano (RE 633703/MG, acórdão pendente de publicação, v. Informativo 620). Invoca, para tanto, o § 3º do art. 543-B do CPC ("*Art. 543-B. Quando houver multiplicidade de recursos com fundamento em idêntica controvérsia, a análise da repercussão geral será processada nos termos do Regimento Interno do Supremo Tribunal Federal, observado o disposto neste artigo ... § 3º Julgado o mérito do recurso extraordinário, os recursos sobrestados serão apreciados pelos Tribunais, Turmas de Uniformização ou Turmas Recursais, que poderão declará-los prejudicados ou retratar-se*"). Aponta, ademais, omissões que teriam ocorrido por ocasião do exame do acórdão embargado em razão de a Corte haver: a) deixado de apreciar as circunstâncias da renúncia ao mandato do embargante; b) desconsiderado suposta violação ao princípio da segurança jurídica, ao se conceder efeito novo a ato de renúncia cujos efeitos já teriam se extinguido à época da promulgação da LC 135/2010; e c) silenciado acerca do princípio da irretroatividade. RE 631102 ED/PA, rel. Min. Joaquim Barbosa, 9.11.2011. (RE-631102)

LEI DA "FICHA LIMPA" E SEGURANÇA JURÍDICA - 2

O Min. Joaquim Barbosa, relator, rejeitou os embargos, no que foi acompanhado pelos Ministros Luiz Fux, Cármen Lúcia, Ricardo Lewandowski e Ayres Britto. Em relação ao primeiro argumento suscitado, reputou que o § 3º do art. 543-B do CPC não seria aplicável à espécie, uma vez que o seu texto literal restringiria a possibilidade de retratação a recursos não julgados. O extraordinário de que se cuida, por sua vez, teria sido devidamente apreciado. Dessumiu que o sistema de repercussão geral não possuiria, portanto, o alcance pretendido nos embargos. Nesse sentido, a uniformidade de decisões e a isonomia entre recorrentes, valores tutelados pela reforma processual que criara o requisito da repercussão geral, não autorizariam rompimento com o instituto da preclusão, por meio do qual se estabilizaria o conteúdo do processo, de forma a atingir outro valor relevante, o da segurança jurídica. Aduziu que entendimento contrário conduziria à possibilidade teórica de alteração de todo e qualquer julgamento, bastando à parte, para assegurá-la, valer-se de qualquer tipo de recurso capaz de manter ativo o processo judicial. Considerou, ademais, que a circunstância de ter havido empate no julgamento que resultara no acórdão embargado não teria como conseqüência necessária a revisão do que decidido. Lembrou que o empate na questão de mérito fora resolvido pela própria Corte, que concluíra, por maioria, que aquela circunstância levaria ao desprovimento do extraordinário. Assim, quanto ao impasse surgido, não houvera empate. RE 631102 ED/PA, rel. Min. Joaquim Barbosa, 9.11.2011. (RE-631102)

LEI DA "FICHA LIMPA" E SEGURANÇA JURÍDICA - 3

Quanto às supostas omissões apontadas, verificou não existirem. Reputou que todos os pontos mencionados pelo embargante teriam sido devida e exaustivamente abordados na oportunidade. Em relação às circunstâncias da renúncia do mandato, fato que originara a hipótese de inelegibilidade, frisou que teriam sido enfrentadas, a apontar tentativa de burla a enfrentamento de processo que possa levar à perda do mandato. Asseverou que a Constituição conteria preceito implícito que vedaria essa prática, ou seja, repudiaria artifícios utilizados para impedir que fossem devidamente apurados atos contrários a seus preceitos. Destacou que o caso não revelaria antagonismo entre o candidato e o seu partido, de modo que a renúncia decorreria de juízo personalíssimo, que o Judiciário não poderia avaliar. Ressurtiu, dessa maneira, que a renúncia seria ato a desabonar a conduta do candidato, e que demonstraria maior preocupação com sua própria carreira política e com mandatos futuros. RE 631102 ED/PA, rel. Min. Joaquim Barbosa, 9.11.2011. (RE-631102)

LEI DA "FICHA LIMPA" E SEGURANÇA JURÍDICA - 4

No que se refere à suposta ofensa ao princípio da segurança jurídica, afirmou que se manifestara, no julgamento do extraordinário, no sentido de que a Lei da "Ficha Limpa" não atingiria qualquer dos efeitos da renúncia, perfeita e acabada. Assim, a citada lei complementar não retroagira, mas apenas dera efeitos futuros a atos praticados no passado, com o objetivo de ajustar a realidade da representação política nacional às exigências de probidade, moralidade administrativa e não-abuso no exercício da função pública. A LC 135/2010 limitar-se-ia, pois, a valorar negativamente um histórico de renúncias a mandatos eletivos. A respeito do princípio da irretroatividade, rememorou que o tópico fora abordado em seu voto, no qual destacara que, às hipóteses de inelegibilidade, não incidiria o aludido postulado, uma vez não configurarem penas decorrentes de persecução processual estatal. Elas partiriam de fatos públicos, notórios e conhecidos. RE 631102 ED/PA, rel. Min. Joaquim Barbosa, 9.11.2011. (RE-631102)

LEI DA "FICHA LIMPA" E SEGURANÇA JURÍDICA - 5

Em divergência, os Ministros Dias Toffoli, Gilmar Mendes, Marco Aurélio, Celso de Mello e Cezar Peluso, Presidente, acolheram os embargos para, ao dar-lhes efeitos infringentes, prover o apelo extremo e reformar o acórdão proferido pelo TSE, a fim de deferir o registro eleitoral do embargante. O Min. Dias Toffoli lembrou haver precedentes da Corte segundo os quais determinada a baixa dos autos para que o juízo *a quo* procedesse à retratação de acórdão proferido pelo STF, em virtude do prévio julgamento da matéria em recurso extraordinário ou em agravo — emanado por Turma — em decorrência da aplicabilidade do instituto da repercussão geral. O Min Marco Aurélio reputou que, ao se proceder dessa maneira, provocar-se-ia a revisão do pronunciamento do tribunal de origem — e não do STF — para adaptá-lo à decisão, que se espera una, do próprio Supremo. O Min. Celso de Mello sublinhou, nesse sentido, que o direito de o embargante impugnar a decisão atacada não estaria precluso, visto que o acórdão não transitara em julgado. RE 631102 ED/PA, rel. Min. Joaquim Barbosa, 9.11.2011. (RE-631102)

LEI DA "FICHA LIMPA" E SEGURANÇA JURÍDICA - 6

O Min. Dias Toffoli salientou o julgamento do RE 633703/MG, submetido à repercussão geral, em que se deliberara, por 6 votos a 5, pela não incidência da LC 135/2010 a caso análogo. Concluiu que, se transitada em julgado decisão contrária nos presentes autos, a parte utilizar-se-ia da ação rescisória em casos de inelegibilidade (Código Eleitoral, art. 22, j) e sagrar-se-ia vencedora, visto que a Corte, no citado recurso extraordinário, decidira pela inaplicabilidade da LC 135/2010 às eleições daquele ano. Frisou que, inclusive, após o aludido julgamento, houvera decisões monocráticas a aplicar a orientação da Corte, considerada a repercussão geral da matéria, o que reforçaria a necessidade de conferir efeitos modificativos aos declaratórios e promover retratação, em respeito aos princípios da segurança jurídica e da isonomia. O Min. Gilmar Mendes realçou, ainda, que esse direcionamento respeitaria o princípio da nulidade da lei inconstitucional. RE 631102 ED/PA, rel. Min. Joaquim Barbosa, 9.11.2011. (RE-631102) 1537

LEI DA "FICHA LIMPA" E SEGURANÇA JURÍDICA - 7

O Min. Marco Aurélio asseverou, ademais, que a renúncia do embargante, à maneira com que fora efetuada, não implicaria inelegibilidade, porque prevista no art. 14, § 9º, da CF e implementada antes da entrada em vigor da LC 135/2010. Não se poderia, portanto, dar a esse ato de vontade a conseqüência drástica do afastamento da cidadania, quanto a ser sujeito passivo em eleições. Afirmou, de igual modo, que se chegara a situação esdrúxula, visto que o embargante — vencedor das eleições de 2010 — tivera a inelegibilidade declarada com base na LC 135/2010 e o terceiro colocado no pleito, por sua vez, lograra êxito ao manter sua candidatura válida quando impugnara o mesmo dispositivo no STF. Após, deliberou-se suspender o julgamento a fim de aguardar a nomeação e a posse da nova Ministra para decidir a causa. RE 631102 ED/PA, rel. Min. Joaquim Barbosa, 9.11.2011. (RE-631102) (Inform. STF 647)

LEI DA "FICHA LIMPA" E SEGURANÇA JURÍDICA - 8

EM CONCLUSÃO, O PLENÁRIO DEFERIU PLEITO FORMULADO EM PETIÇÃO PARA APLICAR O ART. 13, IX, B, DO RISTF ("ART. 13. SÃO ATRIBUIÇÕES DO PRESIDENTE: ... IX - PROFERIR VOTO DE QUALIDADE NAS DECISÕES DO PLENÁRIO, PARA AS QUAIS O REGIMENTO INTERNO NÃO PREVEJA SOLUÇÃO DIVERSA, QUANDO O EMPATE NA VOTAÇÃO DECORRA DE AUSÊNCIA DE MINISTRO EM VIRTUDE DE: ... B) VAGA OU LICENÇA MÉDICA SUPERIOR A TRINTA DIAS, QUANDO SEJA URGENTE A MATÉRIA E NÃO SE POSSA CONVOCAR O MINISTRO LICENCIADO"), DE MODO A ACOLHER, COM EFEITOS INFRINGENTES, EMBARGOS DE DECLARAÇÃO E DEFERIR O REGISTRO ELEITORAL DO EMBARGANTE. TRATAVA-SE, NA ESPÉCIE, DE EMBARGOS OPOSTOS DE ACÓRDÃO QUE DESPROVERA RECURSO EXTRAORDINÁRIO INTERPOSTO, PELO ORA EMBARGANTE, DE ARESTO PROFERIDO PELO TRIBUNAL SUPERIOR ELEITORAL

- TSE. NA ESPÉCIE, A DECISÃO EMBARGADA MANTIVERA A INELEGIBILIDADE DO EMBARGANTE — DECLARADA PELO TSE COM FUNDAMENTO NA LC 64/90, ART. 1º, I, K, ALÍNEA INTRODUZIDA PELA LC 135/2010 (LEI DA "FICHA LIMPA"). O EMBARGANTE REQUERIA A RETRATAÇÃO DO JULGAMENTO DO ALUDIDO EXTRAORDINÁRIO DIANTE DO QUE DECIDIDO PELA CORTE, EM PROCESSO COM REPERCUSSÃO GERAL RECONHECIDA, NO SENTIDO DA INAPLICABILIDADE DA LC 135/2010 ÀS ELEIÇÕES QUE OCORRERIAM NO MESMO ANO — V. INFORMATIVO 647. RE 631102 ED/PA, REL. ORIG. MIN. JOAQUIM BARBOSA, RED. P/O ACÓRDÃO MIN. DIAS TOFFOLI, 14.12.2011. (RE-631102)

LEI DA "FICHA LIMPA" E ART. 16 DA CF - 1

A Lei Complementar 135/2010 — que altera a Lei Complementar 64/90, que estabelece, de acordo com o § 9º do art. 14 da CF, casos de inelegibilidade, prazos de cessação e determina outras providências, para incluir hipóteses de inelegibilidade que visam a proteger a probidade administrativa e a moralidade no exercício do mandato — não se aplica às eleições gerais de 2010. Essa a conclusão do Plenário ao prover, por maioria, recurso extraordinário em que discutido o indeferimento do registro de candidatura do recorrente ao cargo de deputado estadual nas eleições de 2010, ante sua condenação por improbidade administrativa, nos termos do art. 1º, I, l, da LC 64/90, com redação dada pela LC 135/2010 ["*Art. 1º São inelegíveis: I □ para qualquer cargo: ... l) os que forem condenados à suspensão dos direitos políticos, em decisão transitada em julgado ou proferida por órgão judicial colegiado, por ato doloso de improbidade administrativa que importe lesão ao patrimônio público e enriquecimento ilícito, desde a condenação ou o trânsito em julgado até o transcurso do prazo de 8 (oito) anos após o cumprimento da pena*"]. Preliminarmente, reconheceu-se a repercussão geral da questão constitucional relativa à incidência da norma vergastada às eleições de 2010, em face do princípio da anterioridade eleitoral (CF, art. 16). Tendo em conta que já assentada por esta Corte a repercussão geral concernente à alínea k do mesmo diploma, aduziu-se que igual tratamento deveria ser conferido à alínea l que, embora aborde o tema com nuança diferenciada, ambas fariam parte da mesma lei, cuja aplicabilidade total fora contestada. RE 633703/MG, rel. Min. Gilmar Mendes, 23.3.2011. (RE-633703)

LEI DA "FICHA LIMPA" E ART. 16 DA CF - 2

No mérito, prevaleceu o voto do Min. Gilmar Mendes, relator. Após fazer breve retrospecto histórico sobre o princípio da anterioridade eleitoral na jurisprudência do STF, reafirmou que tal postulado constituiria uma garantia fundamental do cidadão-eleitor, do cidadão-candidato e dos partidos políticos e, qualificada como cláusula pétrea, seria oponível, inclusive, em relação ao exercício do poder constituinte derivado. No tocante à LC 135/2010, asseverou a sua interferência em fase específica do processo eleitoral — fase pré-eleitoral —, a qual se iniciaria com a escolha e a apresentação de candidaturas pelos partidos políticos e encerrar-se-ia até o registro das candidaturas na Justiça Eleitoral. No entanto, enfatizou que a controvérsia estaria em saber se o referido diploma limitaria os direitos e garantias fundamentais do cidadão-eleitor, do cidadão-candidato e dos partidos políticos e, dessa forma, afetaria a igualdade de chances na competição eleitoral, com conseqüências diretas sobre a participação eleitoral das minorias. Consignou que, se a resposta fosse positiva, dever-se-ia observar o princípio da anterioridade. RE 633703/MG, rel. Min. Gilmar Mendes, 23.3.2011. (RE-633703)

LEI DA "FICHA LIMPA" E ART. 16 DA CF - 3

O relator acrescentou que a escolha de candidatos para as eleições seria resultado de um longo e complexo processo em que mescladas diversas forças políticas. Rejeitou, assim, o argumento de que a lei impugnada seria aplicável às eleições de 2010 porque publicada antes das convenções partidárias, data em que se iniciaria o processo eleitoral. Nesse sentido, ressaltou que o princípio da anterioridade eleitoral funcionaria como garantia constitucional do devido processo legal eleitoral. Registrou, ainda, que esse mesmo princípio também teria um viés de proteção das minorias, uma vez que a inclusão de novas causas de inelegibilidades diversas das originalmente previstas na legislação, além de afetar a segurança jurídica e a isonomia inerentes ao devido processo eleitoral, influenciaria a possibilidade de que as minorias partidárias exercessem suas estratégias de articulação política em conformidade com as balizas inicialmente instituídas. No ponto, assinalou que o art. 16 da CF seria uma barreira objetiva contra abusos e desvios da maioria e, nesse contexto, destacou o papel da jurisdição constitucional que, em situações como a presente, estaria em estado de tensão com a democracia, haja vista a expectativa da "opinião pública" quanto ao pronunciamento do Supremo sobre a incidência imediata da "Lei da Ficha Limpa", como solução para todas as mazelas da vida política. Ponderou que a missão desta Corte seria aplicar a Constituição, mesmo que contra a opinião majoritária. RE 633703/MG, rel. Min. Gilmar Mendes, 23.3.2011. (RE-633703)

LEI DA "FICHA LIMPA" E ART. 16 DA CF - 4

Nessa linha, manifestou-se o Min. Luiz Fux. Reputou que a lei adversada fixara novas causas de inelegibilidade em 2010, as quais não poderiam ser aplicadas no mesmo ano da eleição. Embora reconhecesse que a "Lei da Ficha Limpa" fosse um dos mais belos espetáculos democráticos, mencionou que a iniciativa popular deveria observância às garantias constitucionais. Realçou que o art. 16 da CF teria como escopo evitar surpresas no ano eleitoral, mas não disporia sobre o termo *a quo* específico para o início da contagem desse prazo ânuo. No ponto, afirmou que a expressão "*processo eleitoral*", contida em tal preceito, referir-se-ia à dinâmica das eleições, à escolha dos candidatos e às fases eleitorais (pré-eleitoral, eleitoral e pós-eleitoral). Dessa forma, considerou que o acórdão recorrido teria afrontado a cláusula da anterioridade eleitoral e a garantia da segurança jurídica inerente à necessidade de estabilidade do regime democrático, não sendo admissível a criação, no meio do jogo democrático, de novas causas de inelegibilidade que, para além de desigualar os concorrentes, surpreendera a todos. Registrou, por derradeiro, que exsurgiria da *ratio essendi* da norma em apreço o princípio da proteção da confiança, o qual seria o próprio postulado da segurança jurídica, em sua dimensão subjetiva. Vencidos os Ministros Carmen Lúcia, Ricardo Lewandowski, Joaquim Barbosa, Ayres Britto e Ellen Gracie que, ao reiterar os fundamentos dos votos proferidos no julgamento do RE 630147/DF e do RE 631102/PA (acórdãos pendentes de publicação), desproviam o recurso. Por fim, autorizou-se que os relatores apliquem monocraticamente o art. 543-B do CPC. RE 633703/MG, rel. Min. Gilmar Mendes, 23.3.2011. (RE-633703) (Inform. STF 620)

EMENTA: REGISTRO DE CANDIDATURA. LEI COMPLEMENTAR Nº 135, DE 04 DE JUNHO DE 2010. **A QUESTÃO DE SUA APLICABILIDADE IMEDIATA. INCIDÊNCIA,** *NA ESPÉCIE*, **RELATIVAMENTE** ÀS ELEIÇÕES DE 2010, **DO POSTULADO DA ANTERIORIDADE ELEITORAL** (**CF**, ART. 16), **QUE SUSPENDE**, PELO PERÍODO DE 01 (UM) ANO, **O INÍCIO DA EFICÁCIA** DA "***LEI QUE ALTERAR O PROCESSO ELEITORAL***". **ENTENDIMENTO DO RELATOR AMPLAMENTE EXPOSTO** EM VOTOS **PROFERIDOS** NO JULGAMENTO PLENÁRIO **DO RE 630.147/DF E DO RE 631.102/PA. PRESUNÇÃO CONSTITUCIONAL DE INOCÊNCIA: UM DIREITO FUNDAMENTAL** QUE ASSISTE **A QUALQUER PESSOA** (**ADPF 144/DF**, REL. MIN. CELSO DE MELLO). **PRERROGATIVA ESSENCIAL, IMPREGNADA** DE EFICÁCIA IRRADIANTE, **ESPECIALMENTE** AMPARADA, **EM TEMA** DE DIREITOS POLÍTICOS, **PELA CLÁUSULA TUTELAR** INSCRITA NO ART. 15, III, DA CARTA POLÍTICA, **QUE EXIGE**, PARA EFEITO *DE VÁLIDA* SUSPENSÃO DAS DIMENSÕES (*ATIVA* **E** *PASSIVA*) DA CIDADANIA, **O TRÂNSITO EM JUL-GADO** DA CONDENAÇÃO CRIMINAL. **O ALTO SIGNIFICADO** POLÍTICO-SOCIAL **E O VALOR JURÍDICO** DA EXIGÊNCIA DA COISA JULGADA. **IMPOSSIBILIDADE** DE LEI COMPLEMENTAR, **MESMO** QUE FUNDADA **NO § 9º** DO ART. 14 DA CONSTITUIÇÃO, **TRANSGREDIR** A PRESUNÇÃO DE INOCÊNCIA, **PELO FATO** DE REFERIDA ESPÉCIE NORMATIVA **QUALIFICAR-SE** COMO ATO *HIERARQUICAMENTE SUBORDINADO* À **AUTORIDADE DO** TEXTO **E DOS** PRINCÍPIOS CONSTITUCIONAIS. **DECISÃO** DO E. TRIBUNAL SUPERIOR ELEITORAL **QUE DENEGOU** REGISTRO DE CANDIDATURA, **SOB O FUNDAMENTO DA MERA EXISTÊNCIA**, *CONTRA O CANDIDATO*, DE CONDENAÇÃO PENAL **EMANADA** DE ÓRGÃO COLEGIADO, **EMBORA QUESTIONADA** ESTA EM SEDE RECURSAL EXTRAORDINÁRIA. **CONSEQÜENTE INEXISTÊNCIA** DO TRÂNSITO EM JULGADO **DE REFERIDA** CONDENAÇÃO CRIMINAL. **PRESENÇA**, *NA ESPÉCIE*, **DOS REQUISITOS** AUTORIZADORES **DO EXERCÍCIO** DO PODER GERAL DE CAUTELA. **MEDIDA CAUTELAR DEFERIDA**. AC 2763-MC/RO. RELATOR: Min. Celso de Mello. (Inform. STF 616)

PROMOTOR: EXERCÍCIO DE ATIVIDADE POLÍTICO-PARTIDÁRIA E REELEIÇÃO APÓS A EC 45/2004 - 1

O Tribunal, por maioria, deu provimento a recurso extraordinário interposto contra acórdão do Tribunal Superior Eleitoral - TSE que, dando provimento a recursos especiais eleitorais, indeferira o registro da candidatura da ora recorrente ao cargo de Prefeita, ao fundamento de ser ela inelegível, em razão de pertencer a Ministério Público estadual, estando dele licenciada, mas não afastada definitivamente. Alegava a recorrente ofensa aos artigos 5º, XXXVI, 14, § 5º, e 128, § 5º, II, e, da CF. Sustentava, em síntese, que os membros do Ministério Público que ingressaram na carreira após 1988 e que já estavam no exercício de mandato eletivo quando do advento da EC 45/2004 possuiriam direito adquirido à reeleição, e que referida emenda, ao estabelecer limitações à atividade político-partidária de membros do Ministério Público, não poderia comprometer esse direito adquirido. Na espécie, a ora recorrente ingressara na carreira do Ministério Público em 14.8.90. Tendo se licenciado do cargo para concorrer às eleições de 2004, exercera o mandato de Prefeita no período de 2005 a 2008. Em 2008, concorrera à reeleição ao cargo, ainda vinculada ao Ministério Público, saindo-se vencedora. O registro da candidatura fora deferido perante o juízo eleitoral e mantido pelo Tribunal Regional Eleitoral - TRE, tendo o TSE cassado essas decisões. **RE 597994/PA, rel. orig. Min. Ellen Gracie, rel. p/ o acórdão Min. Eros Grau, 4.6.2009.** (RE-597994)

PROMOTOR: EXERCÍCIO DE ATIVIDADE POLÍTICO-PARTIDÁRIA E REELEIÇÃO APÓS A EC 45/2004 - 2

Preliminarmente, por votação majoritária, reconheceu-se a repercussão geral da matéria debatida. Asseverou-se haver uma questão constitucional evidente, já que tudo teria sido decidido com base em normas constitucionais, que repercutiria para além dos direitos subjetivos questionados. Considerou-se que não só poderia haver repetição em outros casos, como que, na situação dos autos, cuidar-se-ia, também, do direito de eleitores que exerceram seu direito/dever de votar, acreditando no sistema então vigente. Vencidos, no ponto, a Min. Ellen Gracie, relatora, e os Ministros Ricardo Lewandowski, Joaquim Barbosa e Cezar Peluso, que não vislumbravam a existência dessa repercussão geral e, salientando tratar-se de hipótese excepcionalíssima e irreproduzível, reputavam que a análise do direito adquirido questionado estaria limitada pelo aspecto temporal, não sendo aplicável a eleições posteriores à citada emenda constitucional. Quanto ao mérito, entendeu-se estar-se diante de uma situação especial, ante a ausência de regras de transição para disciplinar a situação fática em questão, não abrangida pelo novo regime jurídico instituído pela EC 45/2004. Tendo em conta que a recorrente estava licenciada, filiada a partido político, já tendo sido eleita para exercer o cargo de Prefeita na data da publicação dessa emenda, concluiu-se que ela teria direito, não adquirido, mas atual à recandidatura, nos termos do § 5º do art. 14 da CF ("*O Presidente da República, os Governadores de Estado e do Distrito Federal, os Prefeitos e quem os houver sucedido, ou substituído no curso dos mandatos poderão ser reeleitos para um único período subseqüente.*"). Vencidos, no mérito, a Min. Ellen Gracie, relatora, e os Ministros Joaquim Barbosa, Cezar Peluso e Celso de Mello, que negavam provimento ao recurso. Ressaltaram que, antes da EC 45/2004, admitia-se que, licenciado, o membro do *parquet* podia se filiar e concorrer, mas que, após tal emenda, em face da absoluta proibição da atividade político-partidária por membros do Ministério Público, prevista no art. 128, § 5º, II, e, da CF, de aplicação imediata e linear, se desejasse exercer atividade político-partidária, deveria exonerar-se ou aposentar-se, não havendo se falar em direito adquirido ao regime anterior à emenda, para beneficiar o recorrente, nem em direito dela ou do eleitorado assegurado pela norma viabilizadora da reeleição. Aduziram que, a cada eleição, para requerer o registro de sua candidatura, o postulante a cargo eletivo deveria demonstrar a satisfação das condições de elegibilidade, o que não se dera no caso. **RE 597994/PA, rel. orig. Min. Ellen Gracie, rel. p/ o acórdão Min. Eros Grau, 4.6.2009.** (RE-597994) (Inform. STF 549)

DISSOLUÇÃO DO CASAMENTO NO CURSO DE MANDATO E INELEGIBILIDADE DE EX-CÔNJUGE

A dissolução da sociedade conjugal, durante o exercício do mandato, não afasta a regra da inelegibilidade, prevista no art. 14, § 7º, da CF ("*São inelegíveis, no território de jurisdição do titular, o cônjuge e os parentes consangüíneos ou afins, até o segundo grau ou por adoção, do Presidente da República, de Governador de Estado ou Território, do Distrito Federal, de Prefeito ou de quem os haja substituído dentro dos seis meses anteriores ao pleito, salvo se já titular de mandato eletivo e candidato à reeleição.*"). Com base nesse entendimento, o Tribunal, por maioria, desproveu recurso extraordinário interposto contra acórdão do TSE e cassou liminar, que suspendera os efeitos do recurso extraordinário, deferida em favor de ex-cônjuge de prefeito (eleito no período de 1997 a 2000, e reeleito no período de 2001 a 2004), que fora eleita vereadora, em 2004, para o período de 2005 a 2008. Na espécie, a separação de fato da vereadora, ora recorrida, ocorrera em 2000, a judicial em 2001, tendo o divórcio se dado em 2003, antes do registro de sua candidatura. Asseverou-se, na linha de precedentes da Corte, que o vínculo de parentesco persiste para fins de inelegibilidade até o fim do mandato, inviabilizando a candidatura do ex-cônjuge ao pleito subseqüente, na mesma circunscrição, a não ser que o titular se afaste do cargo seis meses antes da eleição. Aduziu-se que, apesar de o aludido dispositivo constitucional se referir à inelegibilidade de cônjuges, a restrição nele contida se estende aos ex-cônjuges, haja vista a própria teleologia do preceito, qual seja, a de impedir a eternização de determinada família ou clã no poder, e a habitualidade da prática de separações fraudulentas com o objetivo de contornar essa vedação. Citou-se, ainda, a resposta à consulta formulada ao TSE, da qual resultou a Resolução 21.775/2004, nesse sentido. Vencido o Min. Marco Aurélio, que, salientando que o parentesco civil é afastado com a dissolução do casamento, provia o recurso, por considerar que o vício na manifestação da vontade não se presume, devendo ser provado caso a caso, e que as normas que implicam cerceio à cidadania têm de receber interpretação estrita. Por fim, o Tribunal determinou o imediato cumprimento da presente decisão, ficando vencido, neste ponto, o Min. Marco Aurélio, que averbava a necessidade da tramitação natural do processo, aguardando-se a confecção do acórdão e a possível interposição de embargos declaratórios. **Precedentes citados: RE 433460/PR (DJU de 19.10.2006); RE 446999/PE (DJU de 9.9.2005). RE 568596/MG, rel. Min. Ricardo Lewandowski, 1º.10.2008.** (RE-568596) (Inform. STF 522)

SÚMULA VINCULANTE STF 18

A dissolução da sociedade ou do vínculo conjugal, no curso do mandato, não afasta a inelegibilidade prevista no § 7º do artigo 14 da Constituição Federal.

2. PARTIDO POLÍTICO E FIDELIDADE PARTIDÁRIA

EMENTA: PARTIDOS POLÍTICOS E REGIME DEMOCRÁTICO. COLIGAÇÕES PARTIDÁRIAS. NATUREZA JURÍDICA, FINALIDADE E PRERROGATIVAS JURÍDICO-ELEITORAIS. **AS COLIGAÇÕES PARTIDÁRIAS** *COMO INSTRUMENTOS DE VIABILIZAÇÃO* **DO ACESSO** DAS MINORIAS AO PODER POLÍTICO **E DO FORTALECIMENTO** DA REPRESENTATIVIDADE *DOS PEQUENOS* PARTIDOS POLÍTICOS. **A QUESTÃO DA SUCESSÃO DOS SUPLENTES:** *SUPLENTE DO PARTIDO* **OU** *SUPLENTE DA COLIGAÇÃO PARTIDÁRIA*? **PRETENDIDA MODIFICAÇÃO** DE PRÁTICA INSTITUCIONAL **CONSOLIDADA**, *NO ÂMBITO* DA JUSTIÇA ELEITORAL **E** DA CÂMARA DOS DEPUTADOS, *HÁ VÁRIAS DÉCADAS*. **POSTULAÇÃO CAUTELAR**. INSTÂNCIA DE DELIBAÇÃO **QUE SE DEVE PAUTAR** POR CRITÉRIOS **FUNDADOS** EM JUÍZO PRUDENCIAL. **ADOÇÃO DA TÉCNICA** DA "*PROSPECTIVE OVERRULING*" EM HIPÓTESES **QUE IMPLIQUEM** REVISÃO *SUBSTANCIAL* DE PADRÕES JURISPRUDENCIAIS. **PRETENSÃO MANDAMENTAL** QUE OBJETIVA PROMOVER **VERDADEIRA** *RUPTURA DE PARADIGMA*. **AS MÚLTIPLAS FUNÇÕES** DA JURISPRUDÊNCIA. *A QUESTÃO DA PREVISIBILIDADE* DAS DECISÕES JUDICIAIS. **SEGURANÇA JURÍDICA E PRINCÍPIO DA CONFIANÇA:** POSTULADOS **INERENTES** AO ESTADO DEMOCRÁTICO DE DIREITO. **MEDIDA CAUTELAR INDEFERIDA**. MS 30380-MC/DF. RELATOR: Min. Celso de Mello. (Inform. STF 621)

VACÂNCIA DE MANDATO E JUSTA CAUSA PARA DESFILIAÇÃO PARTIDÁRIA - 1

O reconhecimento de justa causa para a desfiliação partidária permite que o parlamentar desfiliado continue no exercício do mandato, mas não transfere ao novo partido o direito de sucessão à vaga na hipótese de vacância. Com base nesse entendimento, o Tribunal denegou mandado de segurança impetrado por partido político contra ato do Presidente da Câmara dos Deputados que indeferira pedido do impetrante no sentido de ser dada a posse ao primeiro suplente de Deputado Federal, a ele filiado, que falecera no curso do mandato. Na espécie, o parlamentar falecido fora eleito por outra agremiação partidária, tendo obtido do Tribunal Superior Eleitoral - TSE o reconhecimento da existência de justa causa para sua transferência para o partido impetrante. Alegava o partido impetrante que possuiria direito líquido e certo de manter a vaga, tendo em conta esse reconhecimento, salientando que a vaga decorrera do falecimento do titular e não em função de infidelidade partidária. **MS 27938/DF, rel. Min. Joaquim Barbosa, 11.3.2010.** (MS-27938)

VACÂNCIA DE MANDATO E JUSTA CAUSA PARA DESFILIAÇÃO PARTIDÁRIA - 2

Reportou-se à orientação firmada pela Corte no julgamento dos mandados de segurança 26602/DF, 26603/DF e 26604/DF (DJE de 17.10.2008), no sentido de que a observância do dever de fidelidade partidária é condição para o exercício de mandato eleitoral. Relembrou-se que, conforme essa orientação, no sistema de eleições proporcionais, o exercício de mandato eletivo não é direito pessoal do candidato, mas está vinculado à lealdade a agremiação. Afirmou-se que, como a Corte decidira que a fidelidade partidária é requisito para a manutenção do exercício do mandato eletivo, pois o resultado favorável em eleição proporcional depende da sigla, todo e qualquer candidato deveria permanecer fiel ao partido. Ponderou-se que a justa causa para a desfiliação permitiria que o mandato continuasse a ser exercido, mas não garantiria ao candidato, por mais famoso que fosse, como no caso, carregar ao novo partido relação que fora aferida no momento da eleição. Observou-se que, se fosse feita a distinção em razão do potencial para angariar votos, candidatos de grande fama transfeririam a sua vaga para o novo partido, enquanto candidatos menos expressivos não teriam a mesma sorte. Asseverou-se que o exame da fidelidade partidária para fins de sucessão no caso de vacância no cargo deveria ser aferido no momento em que ocorresse a eleição. Registrou-se, ademais, que o sistema brasileiro seria desprovido de mecanismos que permitissem ao eleitor confirmar a sua aderência ao candidato ou à linha adotada pelo partido no curso do mandato, não havendo votos de confiança ou de reafirmação intercorrentes no curso do mandato parlamentar. Aduziu-se que, do ponto de vista eleitoral, o parâmetro utilizado pelo cidadão somente poderia ser colhido nas urnas, no momento em que o candidato fosse eleito ou buscasse a sua reeleição. Afirmou-se que, de fato, ao ser eleito, a relação de fidelidade partidária escaparia ao domínio completo do candidato, pois passaria a ser comungada em maior ou menor extensão por seus eleitores. Concluiu-se que presumir que a justa causa permitiria a manutenção do mandato não implicaria dizer, entretanto, que a Constituição autorizaria a transferência da vaga ao novo partido, pois, como a troca de partidos não é submetida ao crivo do eleitor, o novo vínculo de fidelidade partidária não receberia legitimidade democrática inequívoca para sua perpetuação e, assim, não haveria a transferência da vaga à nova sigla. Outro precedente citado: ADI 3999/DF (DJE de 17.4.2009). **MS 27938/DF, rel. Min. Joaquim Barbosa, 11.3.2010. (MS-27938).** (Inform. STF 578)

EMENTA: AÇÃO DIRETA DE INCONSTITUCIONALIDADE. RESOLUÇÕES DO TRIBUNAL SUPERIOR ELEITORAL 22.610/2007 e 22.733/2008. DISCIPLINA DOS PROCEDIMENTOS DE JUSTIFICAÇÃO DA DESFILIAÇÃO PARTIDÁRIA E DA PERDA DO CARGO ELETIVO. FIDELIDADE PARTIDÁRIA.

1. Ação direta de inconstitucionalidade ajuizada contra as Resoluções 22.610/2007 e 22.733/2008, que disciplinam a perda do cargo eletivo e o processo de justificação da desfiliação partidária. 2. Síntese das violações constitucionais argüidas. Alegada contrariedade do art. 2º da Resolução ao art. 121 da Constituição, que ao atribuir a competência para examinar os pedidos de perda de cargo eletivo por infidelidade partidária ao TSE e aos Tribunais Regionais Eleitorais, teria contrariado a reserva de lei complementar para definição das competências de Tribunais, Juízes e Juntas Eleitorais (art. 121 da Constituição). Suposta usurpação de competência do Legislativo e do Executivo para dispor sobre matéria eleitoral (arts. 22, I, 48 e 84, IV da Constituição), em virtude de o art. 1º da Resolução disciplinar de maneira inovadora a perda do cargo eletivo. Por estabelecer normas de caráter processual, como a forma da petição inicial e das provas (art. 3º), o prazo para a resposta e as conseqüências da revelia (art. 3º, caput e par. ún.), os requisitos e direitos da defesa (art. 5º), o julgamento antecipado da lide (art. 6º), a disciplina e o ônus da prova (art. 7º, caput e par. ún., art. 8º), a Resolução também teria violado a reserva prevista nos arts. 22, I, 48 e 84, IV da Constituição. Ainda segundo os requerentes, o texto impugnado discrepa da orientação firmada pelo Supremo Tribunal Federal nos precedentes que inspiraram a Resolução, no que se refere à atribuição ao Ministério Público eleitoral e ao terceiro interessado para, ante a omissão do Partido Político, postular a perda do cargo eletivo (art. 1º, § 2º). Para eles, a criação de nova atribuição ao MP por resolução dissocia-se da necessária reserva de lei em sentido estrito (arts. 128, § 5º e 129, IX da Constituição). Por outro lado, o suplente não estaria autorizado a postular, em nome próprio, a aplicação da sanção que assegura a fidelidade partidária, uma vez que o mandato "pertenceria" ao Partido.) Por fim, dizem os requerentes que o ato impugnado invadiu competência legislativa, violando o princípio da separação dos poderes (arts. 2º, 60, §4º, III da Constituição). 3. O Supremo Tribunal Federal, por ocasião do julgamento dos Mandados de Segurança 26.602, 26.603 e 26.604 reconheceu a existência do dever constitucional de observância do princípio da fidelidade partidária. Ressalva do entendimento então manifestado pelo ministro-relator. 4. Não faria sentido a Corte reconhecer a existência de um direito constitucional sem prever um instrumento para assegurá-lo. 5. As resoluções impugnadas surgem em contexto excepcional e transitório, tão-somente como mecanismos para salvaguardar a observância da fidelidade partidária enquanto o Poder Legislativo, órgão legitimado para resolver as tensões típicas da matéria, não se pronunciar. 6. São constitucionais as Resoluções 22.610/2007 e 22.733/2008 do Tribunal Superior Eleitoral. Ação direta de inconstitucionalidade conhecida, mas julgada improcedente. **ADI N. 3.999-DF. RELATOR: MIN. JOAQUIM BARBOSA.** (Inform. STF 542)

FIDELIDADE PARTIDÁRIA E PERDA DE MANDATO

A Turma desproveu agravo de instrumento interposto por parlamentar contra decisão da Presidência do Tribunal Superior Eleitoral - TSE que não admitira o processamento de recurso extraordinário o qual impugnava acórdão que consubstanciara a perda de mandato do ora agravante em virtude de desfiliação partidária sem justa causa. Sustentava-se, no caso, que o TSE desrespeitara diversos preceitos inscritos na Constituição, tais como aqueles que contemplam a democracia representativa, a divisão funcional do poder, o princípio da legalidade, a inafastabilidade do controle jurisdicional, a vedação da retroatividade e intangibilidade de situações definitivamente consolidadas, a preservação da segurança jurídica, a proibição de instituição de tribunais de exceção, a reserva constitucional de lei complementar, a taxatividade do rol definidor das hipóteses de perda de mandato, a usurpação da competência legislativa do Congresso Nacional, a garantia do devido processo legal e o direito à plenitude de defesa. Preliminarmente, reconheceu-se a competência das Turmas do STF para processar e julgar recursos extraordinários e respectivos incidentes de agravos de instrumento quando interpostos, como na espécie, contra o TSE, conforme disposto no art. 9º, III, do Regimento Interno do STF - RISTF. Em seguida, registrou-se, também, que a apreciação de agravo de instrumento independe de pauta, por efeito de expressa norma regimental (art. 83, § 1º, III) e que incabível sustentação oral em tal pleito. Salientou-se, outrossim, que, no fundo, o que se buscava era refutar as decisões do TSE sob a alegação da inconstitucionalidade da resolução daquela Corte a respeito da matéria. Ocorre, todavia, que o Plenário do STF confirmou a constitucionalidade das Resoluções 22.610/2007 e 22.733/2008, ambas do TSE, entendendo-as compatíveis com a Constituição (ADI 3999/DF e ADI 4086/DF, j. em 12.11.2008). Enfatizou-se, ainda, que essas resoluções foram editadas pelo TSE a partir de recomendações feitas pelo próprio STF (MS 26602/DF, DJE de 17.10.2008; MS 26603/DF, DJE de 19.12.2008; e MS 26604/DF, DJE de 3.10.2008). Por derradeiro, deliberou-se a imediata execução dos acórdãos emanados do TSE, independentemente de publicação do acórdão consubstanciador do julgamento do presente agravo de instrumento. **AI 733387/DF, rel. Min. Celso de Mello, 16.12.2008.** (AI-733387) (Inform. STF 533)

RESOLUÇÕES DO TSE: INFIDELIDADE PARTIDÁRIA E PERDA DO CARGO ELETIVO

O Tribunal, por maioria, julgou improcedente pedido formulado em duas ações diretas de inconstitucionalidade, a primeira ajuizada contra a Resolução 22.610/2007, pelo Partido Social Cristão - PSC, e a segunda, também contra a Resolução 22.733/2008, pelo Procurador-Geral da República, ambas do Tribunal Superior Eleitoral - TSE, as quais disciplinam o processo de perda de cargo eletivo em decorrência de desfiliação partidária sem justa causa, bem como de justificação de desfiliação partidária. Preliminarmente, o Tribunal, por maioria, conheceu das ações. Vencido, no ponto, o Min. Marco Aurélio que delas não conhecia por reputar não se estar diante de atos normativos abstratos e autônomos. No mérito, julgaram-se válidas as resoluções impugnadas até que o Congresso Nacional disponha sobre a matéria. Considerou-se a orientação fixada pelo Supremo no julgamento dos mandados de segurança 26602/DF (DJE de 17.10.2008), 26603/DF (j. em 4.10.2007) e 26604/DF (DJE de 3.10.2008), no sentido de reconhecer aos partidos políticos o direito de postular o respeito ao princípio da fidelidade partidária perante o Judiciário, e de, a fim de conferir-lhes um meio processual para assegurar concretamente as conseqüências decorrentes de eventual desrespeito ao referido princípio, declarar a competência do TSE para dispor sobre a matéria durante o silêncio do Legislativo. Asseverou-se que de pouco adiantaria a Corte admitir a existência de um dever, qual seja, a fidelidade partidária, mas não colocar à disposição um mecanismo ou um instrumental legal para garantir sua observância. Salientando que a ausência do mecanismo leva a quadro de exceção, interpretou-se a adequação das resoluções atacadas ao art. 23, IX, do Código Eleitoral, este interpretado conforme a CF. Concluiu-se que a atividade normativa do TSE recebeu seu amparo da extraordinária circunstância de o Supremo ter reconhecido a fidelidade partidária como requisito para permanência em cargo eletivo e a ausência expressa de mecanismo destinado a assegurá-lo. Vencidos os Ministros Marco Aurélio e Eros Grau, que julgavam procedente o pleito, ao fundamento de que as citadas resoluções seriam inconstitucionais, haja vista não caber ao TSE dispor normas senão tendo em vista a execução do Código Eleitoral e da legislação eleitoral, que não trataram da perda de cargo eletivo em razão de infidelidade partidária, e, ainda, porque avançam sobre áreas normativas expressamente atribuídas, pela Constituição, à lei. **ADI 3999/DF, rel. Min. Joaquim Barbosa, 12.11.2008. (ADI-3999) ADI 4086/DF, rel. Min. Joaquim Barbosa, 12.11.2008.** (ADI-4086) (Inform. STF 528)

INFIDELIDADE PARTIDÁRIA E VACÂNCIA DE MANDATO - 1

O Tribunal julgou, em conjunto, três mandados de segurança impetrados pelo Partido da Social Democracia Brasileira - PSDB, pelo Partido Popular Socialista - PPS e pelo Partido Democratas - DEM (antigo Partido da Frente Liberal - PFL), em face de ato do Presidente da Câmara dos Deputados que indeferira requerimento por eles formulado — no sentido de declarar a vacância dos mandatos exercidos por Deputados Federais que se desfiliaram dessas agremiações partidárias —, sob o fundamento de não figurar a hipótese de mudança de filiação partidária entre aquelas expressamente previstas no § 1º do art. 239 do Regimento Interno da Câmara dos Deputados ("*Art. 239. A declaração de renúncia do Deputado ao mandato deve ser dirigida por escrito à Mesa, e independe de aprovação da Câmara, mas somente se tornará efetiva e irretratável depois de lida no expediente e publicada no Diário da Câmara dos Deputados. § 1º Considera-se também haver renunciado: I - o Deputado que não prestar compromisso no prazo estabelecido neste Regimento; II - o Suplente que, convocado, não se apresentar para entrar em exercício no prazo regimental.*").

INFIDELIDADE PARTIDÁRIA E VACÂNCIA DE MANDATO - 2

Relativamente ao mandado de segurança impetrado pelo PSDB, de relatoria do Min. Celso de Mello, o Tribunal, por maioria, indeferiu o *writ*. Na espécie, a impetração mandamental fora motivada pela resposta dada pelo Tribunal Superior Eleitoral - TSE à Consulta 1.398/DF na qual reconhecera que os partidos políticos e as coligações partidárias têm o direito de preservar a vaga obtida pelo sistema eleitoral proporcional, se, não ocorrendo razão legítima que o justifique, registrar-se ou o cancelamento de filiação partidária ou a transferência para legenda diversa, do candidato eleito por outro partido. Entendeu-se correta a tese acolhida pelo TSE. Inicialmente, expôs-se sobre a essencialidade dos partidos políticos no processo de poder e na conformação do regime democrático, a importância do postulado da fidelidade partidária, o alto significado das relações entre o mandatário eleito e o cidadão que o escolhe, o caráter eminentemente partidário do sistema proporcional e as relações de recíproca dependência entre o eleitor, o partido político e o representante eleito. Afirmando que o caráter partidário das vagas é extraído, diretamente, da norma constitucional que prevê o sistema proporcional (CF, art. 45, *caput*: "*A Câmara dos Deputados compõe-se de representantes do povo, eleitos, pelo sistema proporcional, em cada Estado, em cada Território e no Distrito Federal.*"), e que, nesse sistema, a vinculação entre candidato e partido político prolonga-se depois da eleição, considerou-se que o ato de infidelidade, seja ao partido político, seja ao próprio cidadão-eleitor, mais do que um desvio ético-político, representa, quando não precedido de uma justa razão, uma inadmissível ofensa ao princípio democrático e ao exercício legítimo do poder, na medida em que migrações inesperadas não apenas causam surpresa ao próprio corpo eleitoral e as agremiações partidárias de origem, privando-as da representatividade por elas conquistada nas urnas, mas acabam por acarretar um arbitrário desequilíbrio de forças no Parlamento, vindo, em fraude à vontade popular e afronta ao próprio sistema eleitoral proporcional, a tolher, em razão da súbita redução numérica, o exercício pleno da oposição política.

INFIDELIDADE PARTIDÁRIA E VACÂNCIA DE MANDATO - 3

Asseverou-se que o direito reclamado pelos partidos políticos afetados pela infidelidade partidária não surgiria da resposta que o TSE dera à Consulta 1.398/DF, mas representaria emanação direta da própria Constituição que a esse direito conferiu realidade e deu suporte legitimador, notadamente em face dos fundamentos e dos princípios estruturantes em que se apóia o Estado Democrático de Direito (CF, art. 1º, I, II e V). Ressaltou-se não se tratar de imposição, ao parlamentar infiel, de sanção de perda de mandato, por mudança de partido, a qual não configuraria ato ilícito, não incidindo, por isso, o art. 55 da CF, mas de reconhecimento de inexistência de direito subjetivo autônomo ou de expectativa de direito autônomo à manutenção pessoal do cargo, como efeito sistêmico normativo da realização histórica da hipótese de desfiliação ou transferência injustificada, entendida como ato culposo incompatível com a função representativa do ideário político em cujo nome o parlamentar foi eleito. Aduziu-se que, em face de situações excepcionais aptas a legitimar o voluntário desligamento partidário — a mudança significativa de orientação programática do partido e a comprovada perseguição política —, haver-se-á de assegurar, ao parlamentar, o direito de resguardar a titularidade do mandato legislativo, exercendo, quando a iniciativa não for da própria agremiação partidária, a prerrogativa de fazer instaurar, perante o órgão competente da Justiça Eleitoral, procedimento no qual, em observância ao princípio do devido processo legal (CF, art. 5º, LIV e LV), seja a ele possível demonstrar a ocorrência dessas justificadoras de sua desfiliação partidária. Afastou-se a alegação de que o Supremo estaria usurpando atribuições do Congresso Nacional, por competir a ele, guardião da Constituição, interpretá-la e, de seu texto, extrair a máxima eficácia possível. De igual modo, rejeitou-se a assertiva de que o prevalecimento da tese consagrada pelo TSE desconstituiria todos os atos administrativos e legislativos para cuja formação concorreram parlamentares infiéis, tendo em conta a possibilidade da adoção da teoria do agente estatal de fato. Diante da mudança substancial da jurisprudência da Corte acerca do tema, que vinha sendo no sentido da inaplicabilidade do princípio da fidelidade partidária aos parlamentares empossados, e atento ao princípio da segurança jurídica, reputou-se necessário estabelecer um marco temporal a delimitar o início da eficácia do pronunciamento da matéria em exame. No ponto, fixou-se a data em que o TSE apreciara a Consulta 1.398/DF, ou seja, 27.3.2007, ao fundamento de que, a partir desse momento, tornara-se veemente a possibilidade de revisão jurisprudencial, especialmente por ter intervindo, com votos concorrentes, naquele procedimento, três Ministros do Supremo. No caso concreto, entretanto, verificou-se que todos os parlamentares desligaram-se do partido de origem, pelo qual se elegeram, e migraram para outras agremiações partidárias, em datas anteriores à apreciação daquela consulta.

INFIDELIDADE PARTIDÁRIA E VACÂNCIA DE MANDATO - 4

Os Ministros Eros Grau, Ricardo Lewandowski e Joaquim Barbosa indeferiram a ordem por fundamentos diversos. O Min. Eros Grau considerou haver dúvida razoável a comprometer a liquidez e certeza do direito alegado pelo impetrante, haja vista que os parlamentares teriam informado que deixaram os quadros do partido por mudança do ideário da agremiação e de perseguições políticas internas, cuja apuração demandaria adequada instrução probatória, incabível na via eleita. Aduziu, ademais, não encontrar, na Constituição Federal, tendo em conta o disposto no seu art. 55, seus incisos e §§ 2º e 3º, preceito do qual se pudesse extrair a afirmação da competência do Presidente da Câmara dos Deputados para declarar a vacância e convocar os suplentes, sem prévia manifestação do Plenário ou da Mesa dessa Casa Legislativa, e após o pleno exercício, pelos parlamentares, de ampla defesa, aos quais, ainda que não se aplicassem aqueles dispositivos, acudiria o previsto no art. 5º, LV, da CF. Ressaltou, ainda, que a Constituição não prescreve a perda de mandato ao parlamentar que solicite cancelamento de filiação partidária ou, eleito por uma legenda, transfira-se para outra. No ponto, esclareceu que a Emenda Constitucional 1/69 estabelecia o princípio da fidelidade partidária, o qual veio a ser suprimido pela Emenda Constitucional 25/85, não o tendo adotado a vigente Constituição, que, no rol taxativo de causas de perda de mandato elencadas no seu art. 55, não inseriu a desfiliação partidária. Concluiu que a criação de hipótese de perda de mandato parlamentar pelo Judiciário, fazendo as vezes de Poder Constituinte derivado, afrontaria os valores fundamentais do Estado de Direito.

INFIDELIDADE PARTIDÁRIA E VACÂNCIA DE MANDATO - 5

O Min. Ricardo Lewandowski levou em conta as peculiaridades do caso, e os princípios da segurança jurídica e da proteção da confiança, bem como do devido processo legal, da ampla defesa e do contraditório. Confirmando a assertiva de que a EC 25/85 suprimira a sanção de perda de mandato por infidelidade partidária, aduziu que a mudança de partidos, no caso, ocorrera de forma coerente com a jurisprudência até então firmada pela Corte, e alertou sobre os sérios problemas que poderiam advir da adoção do entendimento do TSE retroativamente. Também entendeu não haver direito líquido e certo, diante da necessidade de dilação probatória, com observância do devido processo legal, acerca dos motivos da desfiliação. O Min. Joaquim Barbosa, de início, asseverou, tendo em vista o disposto no art. 45 da CF, que o titular derradeiro do poder é o povo, em nome do qual agem os representantes, razão por que afirmou ter dificuldade em admitir, como decidira o TSE, que a fonte de legitimidade de todo o poder estivesse nos partidos, pois isso levaria ao alijamento do eleitor do processo de manifestação de sua vontade soberana. No mais, manifestou-se no mesmo sentido dos votos divergentes quanto à ausência de direito líquido e certo e de previsão constitucional da sanção de perda de mandato, frisando, por fim, a impossibilidade de retroação da decisão ante o princípio da segurança jurídica. Vencidos os Ministros Carlos Britto e Marco Aurélio, que concediam a ordem tal como requerida, estabelecendo, como marco temporal para aplicação do princípio da fidelidade partidária, a atual legislatura, iniciada em fevereiro de 2007. Alguns precedentes citados: MS 20927/DF (DJU de 15.4.94); ADI 1063/DF (DJU de 25.6.2001); ADI 1407/DF (DJU de 1º.2.2001); ADI 1351/DF (DJU de 30.7.2007).

INFIDELIDADE PARTIDÁRIA E VACÂNCIA DE MANDATO - 6

Quando ao *mandamus* impetrado pelo DEM, de relatoria da Min. Cármen Lúcia, o Tribunal, por maioria, na linha da orientação firmada no MS 26603/DF, concedeu parcialmente a ordem, para o efeito de determinar ao Presidente da Câmara dos Deputados que remeta ao TSE o pedido de declaração de vacância do posto ocupado por uma deputada federal, litisconsorte passiva, cujos documentos trazidos aos autos demonstram ter ela se desfiliado em data subseqüente à fixada como marco temporal para a prevalência de atos cobertos pelo princípio da segurança jurídica, a fim de que aquela Corte, após adotar resolução disciplinadora do procedimento de justificação, decida sobre a matéria. Vencidos os Ministros Eros Grau, Ricardo Lewandowski e Joaquim Barbosa, que denegavam totalmente a ordem, e os Ministros Carlos Britto e Marco Aurélio que a concediam em maior extensão, todos com base nos fundamentos de seus votos expendidos naquele *writ*.

INFIDELIDADE PARTIDÁRIA E VACÂNCIA DE MANDATO - 7

No que se refere ao mandado de segurança impetrado pelo PPS, de relatoria do Min. Eros Grau, o Tribunal, por maioria, também na linha da orientação firmada no MS 26603/DF, indeferiu o *writ*. O Min. Eros Grau, relator, assim como o fizeram os Ministros Ricardo Lewandowski e Joaquim Barbosa, reafirmaram os fundamentos de seus votos naquele mandado de segurança. Vencidos os Ministros Carlos Britto e Marco Aurélio, que com base nas mesmas razões expostas no referido *writ*, concediam a ordem tal como requerida. MS 26602/DF, rel. Min. Eros Grau, 3 e 4.10.2007. (MS-26602) MS 26603/DF, rel. Min. Celso de Mello, 3 e 4.10.2007. (MS-26603) MS 26604/DF, rel. Min. Cármen Lúcia, 3 e 4.10.2007. (MS-26604) (Inform. STF 482)

3. DIPLOMAÇÃO E CASSAÇÃO DO DIPLOMA

MS N. 27.613-DF

RELATOR: MIN. RICARDO LEWANDOWSKI

EMENTA: MANDADO DE SEGURANÇA. CASSAÇÃO DE DIPLOMA DE SENADOR COM FUNDAMENTO NO ART. 41-A DA LEI 9.504/97. RECUSA DO SENADO FEDERAL EM DAR CUMPRIMENTO À DECISÃO DA JUSTIÇA ELEITORAL. INADMISSIBILIDADE. SEGURANÇA CONCEDIDA. I – Cassado o mandato do parlamentar com fundamento no art. 41-A da Lei 9.504/97, deve a decisão ser cumprida de imediato, salvo se atribuído efeito suspensivo a eventual recurso. II - Comunicada a decisão à Mesa do Senado Federal, cabe a esta declarar a perda do mandato do parlamentar cassado, dando posse ao substituto legal. (Inform. STF 570)

RECURSOS CONTRA A EXPEDIÇÃO DE DIPLOMAS E COMPETÊNCIA - 1

O Tribunal, por maioria, negou referendo à decisão do Min. Eros Grau que concedera liminar em argüição de descumprimento de preceito fundamental, da qual relator, proposta pelo Partido Democrático Trabalhista - PDT contra o Tribunal Superior Eleitoral - TSE, em razão de decisões judiciais que reconheceram a competência originária desse tribunal para processar e julgar recursos contra a expedição de diplomas decorrentes de eleições federais e estaduais. A liminar fora concedida para o efeito de sobrestar o julgamento de qualquer recurso contra a expedição de diploma ou feitos correlatos por aquela Corte, até a decisão do mérito desta ADPF. Sustenta o argüente que essas decisões contrariam o disposto nos incisos LIII, LIV e LV do art. 5°, além dos textos dos incisos III e IV do § 4° do art. 121, todos da CF, visto que o encaminhamento de recursos ao TSE pressuporia a existência de decisão do tribunal regional competente, resultando vedada à Corte Especial a impugnação do diploma quando não observado esse procedimento. Afirma, ainda, violação do princípio do juiz natural, uma vez que as ações de que se trata haveriam de ser propostas nos tribunais regionais, e que a apreciação direta da impugnação do diploma pelo TSE consubstanciaria supressão da garantia do duplo grau de jurisdição ordinária. Alega, por fim, a inexistência de outro meio processual eficaz para sanar a lesividade apontada. **ADPF 167 Referendo em MC/DF, rel. Min. Eros Grau, 30.9.2009 e 1º.10.2009**. (ADPF-167)

RECURSOS CONTRA A EXPEDIÇÃO DE DIPLOMAS E COMPETÊNCIA - 2

O Tribunal, por maioria, admitiu a ação. Rejeitaram-se, de início, as preliminares quanto ao não cabimento da ADPF suscitadas pelo Min. Carlos Britto. Entendeu-se mostrar-se passível de veiculação em sede de ADPF a interpretação judicial alegadamente violadora de preceitos fundamentais e de não ser necessária para o cabimento da ADPF autônoma a demonstração da existência de controvérsia judicial sobre a questão discutida. O Min. Marco Aurélio, no ponto, referiu-se à condição inscrita no art. 3º, V, da Lei 9.882/99 ("*Art. 3º A petição inicial deverá conter: ... V - se for o caso, a comprovação da existência de controvérsia judicial relevante sobre a aplicação do preceito fundamental que se considera violado.*"). O Min. Celso de Mello, por sua vez, aduziu que o fato de a orientação do TSE impugnada nesta ação não ser controvertida na jurisprudência daquela Corte, mas antes reiterada e consolidada, em nada afetaria a alegação de suposta violação a preceitos fundamentais contida na petição inicial, isso porque o partido argüente não fundamentaria o seu pleito numa suposta insegurança jurídica decorrente de oscilação jurisprudencial do TSE, e sim sustentaria, na linha do que também colocado pelo Min. Eros Grau, relator, que a orientação questionada ofenderia normas constitucionais não apenas definidoras da competência da Justiça Eleitoral, mas postulados impregnados de caráter fundamental, tais como o do juiz natural, da representação popular e do respeito ao devido processo eleitoral. **ADPF 167 Referendo em MC/DF, rel. Min. Eros Grau, 30.9.2009 e 1º.10.2009**. (ADPF-167)

RECURSOS CONTRA A EXPEDIÇÃO DE DIPLOMAS E COMPETÊNCIA - 3

Reputou-se, ademais, devidamente observado o princípio da subsidiariedade, por não haver outro meio eficaz de sanar a lesividade sustentada aos preceitos fundamentais. Nessa parte, o Min. Marco Aurélio observou que — quanto à alegação de que se poderia interpor recurso extraordinário servido por ajuizamento de medida cautelar que lhe pudesse imprimir efeito suspensivo —, tendo em conta o fato de a jurisprudência do TSE estar sedimentada há 40 anos — no sentido de ser da sua competência julgar os recursos manejados contra a expedição, pelos Tribunais Regionais Eleitorais, de diplomas de investiduras em cargos eletivos de natureza estadual e federal —, o TSE não imprimiria, considerada uma cautelar, a eficácia suspensiva ao apelo extremo interposto. Registrou, ainda, a jurisprudência pacífica do TSE, presente o art. 216 do Código Eleitoral ("*Enquanto o Tribunal Superior não decidir o recurso interposto contra a expedição do diploma, poderá o diplomado exercer o mandato em toda a sua plenitude.*"), segundo a qual, havendo pronunciamento cessando a jurisdição do TSE, tem-se o afastamento do cargo. O Min. Celso de Mello, afirmando que a subsidiariedade não deve ser analisada tendo como foco um determinado processo específico, mas sim a tutela da ordem jurídica de forma global, verificou inexistir no ordenamento processual qualquer outro meio para sanar a suposta lesão a preceito fundamental apontada pelo partido argüente, muito menos no âmbito da fiscalização abstrata de constitucionalidade. O Min. Gilmar Mendes, Presidente, ao perfilhar essas manifestações, lembrou que a Corte firmou orientação, a partir do julgamento da ADPF 33/PA (DJU de 16.12.2005), relativamente à leitura que se faz do art. 4º, § 1º, da Lei 9.882/99, no sentido de que não é a simples existência de um meio outro que afasta a utilização da ADPF, porque ela, como processo objetivo, visa sanar, de uma vez por todas, a lesão causada pelo Poder Público. Assim, a existência de mecanismos eventuais de proteção de caráter individual não elidiria a utilização da ADPF. Quanto a essas preliminares, ficaram vencidos integralmente o suscitante e os Ministros Cezar Peluso e Ellen Gracie que consideravam não haver controvérsia jurídica relevante ou preceito fundamental envolvido e também não estar atendido o princípio da subsidiariedade. Vencido, ainda, o Min. Joaquim Barbosa, parcialmente, que apenas não vislumbrava a existência da controvérsia jurídica. **ADPF 167 Referendo em MC/DF, rel. Min. Eros Grau, 30.9.2009 e 1º.10.2009**. (ADPF-167)

RECURSOS CONTRA A EXPEDIÇÃO DE DIPLOMAS E COMPETÊNCIA - 4

Em seguida, o Tribunal, de igual modo, afastou a preliminar de não conhecimento suscitada pelo Advogado Geral da União por ausência de procuração com poderes especiais e específicos para o ajuizamento da ADPF. Não obstante fazendo menção à orientação jurisprudencial da Corte acerca da matéria, no sentido de que são necessários poderes específicos para o ajuizamento da ADPF (ADI 2187 QO/BA, DJU de 27.6.2000 e ADPF 110/RJ, DJU de 28.6.2007), afastou-se sua aplicação ao caso sob análise, concedeu-se o prazo de 5 dias para a complementação dos elementos faltantes na procuração apresentada nos autos e deliberou-se prosseguir no exame do referendo da cautelar, mormente diante do conhecimento de que o procurador seria de fato o representante da agremiação e, salientando a seriedade da controvérsia, a fim de permitir que o Tribunal cumprisse a finalidade para a qual se reunira pela segunda vez. Vencidos, relativamente a essa questão, os Ministros Marco Aurélio, Eros Grau, relator, Joaquim Barbosa e Cezar Peluso, que, com base no art. 13 do CPC ("*Verificando a incapacidade processual ou a irregularidade da representação das partes, o juiz, suspendendo o processo, marcará prazo razoável para ser sanado o defeito.*"), determinavam a baixa dos autos em diligência para que fosse devidamente cumprida a regularização da representação processual antes de se prosseguir com o julgamento. **ADPF 167 Referendo em MC/DF, rel. Min. Eros Grau, 30.9.2009 e 1º.10.2009**. (ADPF-167)

RECURSOS CONTRA A EXPEDIÇÃO DE DIPLOMAS E COMPETÊNCIA - 5

Quanto ao referendo da cautelar, reputou-se não estarem presentes os requisitos autorizadores da sua concessão. Não se vislumbrou a plausibilidade jurídica do pedido, considerada a jurisprudência pacífica, em torno de 4 décadas, assentando a competência originária do TSE para o julgamento dos recursos contra a expedição de diplomas decorrentes de eleições federais e estaduais. Também se entendeu que o *periculum in mora*, no caso, militaria no sentido inverso, já que, se fossem paralisados os julgamentos em trâmite e devolvidos os processos para os Tribunais Regionais Eleitorais, haveria grande probabilidade de esses processos não terminarem no curso da duração dos respectivos mandatos. Além disso, a manutenção da liminar geraria considerável insegurança jurídica. Vencidos, quanto ao referendo, os Ministros Eros Grau, relator, Cezar Peluso, e Gilmar Mendes, que referendavam a cautelar integralmente, asseverando a razoabilidade jurídica da pretensão, e o Min. Marco Aurélio, que a referendava em menor extensão, para que os processos que hoje estão originariamente no TSE fossem remetidos aos Tribunais Regionais Eleitorais para que ocorresse a seqüência pelos regionais e a interposição, se assim decidissem os prejudicados, do recurso ordinário para o TSE. **ADPF 167 Referendo em MC/DF, rel. Min. Eros Grau, 30.9.2009 e 1º.10.2009**. (ADPF-167) (Inform. STF 561)

4. COMPOSIÇÃO DAS CÂMARAS MUNICIPAIS

ART. 3º, I, DA EC 58/2009: RECOMPOSIÇÃO DAS CÂMARAS MUNICIPAIS E DEVIDO PROCESSO ELEITORAL - 1

O Tribunal, por maioria, referendou liminar concedida, em ação direta de inconstitucionalidade ajuizada pelo Procurador-Geral da República, pela Min. Cármen Lúcia, relatora, que suspendera os efeitos do inciso I do art. 3º da EC 58/2009 o qual alterou o inciso IV do *caput* do art. 29 e do art. 29-A da CF, disposições relativas à recomposição das Câmaras Municipais, determinando a retroação dos efeitos das alterações procedidas e fixando a sua aplicação ao processo eleitoral, já aperfeiçoado, de 2008. Considerou-se configurada a plausibilidade da tese de inconstitucionalidade da retroação de efeitos das novas regras de composição das Câmaras Municipais, por afronta, sobretudo, ao devido processo eleitoral (CF, artigos 5º, LIV, 14 e 16) e à segurança jurídica, bem como presentes riscos inegáveis à legitimidade das composições dessas Câmaras. Asseverou-se que a eleição é processo político aperfeiçoado, de acordo com as normas jurídicas vigentes em sua preparação e realização, e que as eleições de 2008 constituiriam processo político juridicamente perfeito, guardando inteira coerência com a garantia de segurança jurídica que resguarda o ato jurídico perfeito, de modo expresso e imodificável até mesmo pela atuação do constituinte reformador (CF, artigos 5º, XXXVI, 60, § 4º, IV). Salientou-se que os eleitos, diplomados e empossados vereadores, no número definido pela legislação eleitoral vigente segundo a previsão do art. 16 da CF ("*A lei que alterar o processo eleitoral entrará em vigor na data de sua publicação, não se aplicando à eleição que ocorra até um ano da data de sua vigência.*"), compõem os órgãos legislativos municipais e estão em pleno exercício de suas atribuições. Aduziu-se que a modificação do número de cargos em disputa para vereadores teria notória repercussão no sistema de representação proporcional (Código Eleitoral, artigos 106, 107 e 109), atingindo candidatos naquele pleito de 2008, os eleitos, partidos políticos e, principalmente, causando instabilidade nos eleitores, que foram às urnas, acreditaram no Estado que, pela Justiça Eleitoral, proclamou os eleitos, promoveu a sua diplomação e validou a posse, ficando eles sem saber ao certo o destino do seu voto e sem ter ciência de quem se elegeu e de quem não se elegeu. **ADI 4307 Referendo-MC/DF, rel. Min. Cármen Lúcia, 11.11.2009.** (ADI-4307)

ART. 3º, I, DA EC 58/2009: RECOMPOSIÇÃO DAS CÂMARAS MUNICIPAIS E DEVIDO PROCESSO ELEITORAL - 2

Ressaltou-se, ademais, que, se se permitisse que alguém pudesse ser empossado vereador, ainda que não eleito conforme as regras vigentes no processo eleitoral, por cargo surgido posteriormente à eleição, poder-se-ia chegar a duas incongruências da nova regra jurídica com os princípios básicos da Constituição: a) não eleitos passariam a prover cargos de representantes do povo, em transgressão ao que dispõe o parágrafo único do art. 1º da CF; b) o constituinte reformador teria alterado, tacitamente, o modelo de composição e duração dos mandatos, pois a regra do inciso I do art. 29 da CF estabelece que a eleição do Prefeito, do Vice-Prefeito e dos Vereadores, é para mandato de quatro anos, mediante pleito direto. Vencido o Min. Eros que não referendava a liminar, por não vislumbrar as alegadas violações aos citados dispositivos constitucionais. **Precedentes citados: ADI 4232 MC/DF (DJE de 22.5.2009); ADI 2849 MC/RN (DJU de 3.4.2003); ADI 1899 MC/DF (DJU de 1º.6.2001): ADI 4190 MC/DF (DJU de 6.1.2001); ADPF 172 Referendo-MC/RJ (DJE de 21.8.2009); ADI 830/DF (DJU de 16.9.94); ADI 939/DF (DJU de 18.3.94); ADI 1805 MC/DF (DJU de 14.11.2003); ADI 2024 MC/DF (DJU de 1º.12.2000); ADI 3105/DF (DJU de 18.2.2005); ADI 2395/DF (DJE de 23.5.2008); MI 233/DF (DJU de 8.2.2001). ADI 4307 Referendo-MC/DF, rel. Min. Cármen Lúcia, 11.11.2009.** (ADI-4307) (Inform. STF 567)

5. VACÂNCIA

CONVOCAÇÃO DE SUPLENTE E COLIGAÇÃO - 1

O afastamento temporário de deputados federais deve ser suprido pela convocação dos suplentes mais votados da coligação, e não daqueles que pertençam aos partidos, aos quais filiados os parlamentares licenciados, que compõem a coligação, de acordo com a ordem de suplência indicada pela Justiça Eleitoral. Essa a conclusão do Plenário ao denegar, por maioria, mandados de segurança em que discutida a titularidade dessa vaga, se do partido do parlamentar licenciado ou da coligação partidária. Na espécie, os impetrantes, em virtude de serem os primeiros suplentes dos partidos políticos aos quais vinculados os deputados federais licenciados, alegavam possuir direito líquido e certo ao preenchimento das vagas. De início, indeferiu-se a admissão de *amicus curiae* ao fundamento de se tratar de mandado de segurança, em que envolvido direito personalíssimo. Em seguida, rejeitaram-se as preliminares de ilegitimidade ativa dos impetrantes e de perda de objeto da ação. Reputou-se demonstrada a existência de utilidade ou de interesse na impetração do *writ*, tendo em conta que o interesse de agir, na sede eleita, evidenciar-se-ia quando o autor da ação precisaria dela se valer para alcançar a sua pretensão jurídica, obstada pela autoridade apontada como coatora. Ademais, quanto à perda de objeto da ação pela impetração preventiva do *mandamus* e a circunstância de já haver ocorrido a efetivação do ato, afirmou-se que isso robusteceria a necessidade de julgamento do feito para o exame de eventual afronta a direito dos impetrantes. MS 30260/DF, rel. Min. Cármen Lúcia, 27.4.2011. (MS-30260) MS 30272/MG, rel. Min. Cármen Lúcia, 27.4.2011. (MS-30272)

CONVOCAÇÃO DE SUPLENTE E COLIGAÇÃO - 2

No mérito, denegou-se a ordem ante a ausência de direito líquido e certo dos impetrantes e, por conseguinte, determinou-se que fosse mantida a seqüência de sucessão estabelecida pela Justiça Eleitoral relativamente aos candidatos eleitos e aos suplentes das coligações. Enfatizou-se que estas seriam instituições jurídicas autônomas — distintas dos partidos que a compõem e a eles sobrepondo-se temporariamente — com previsão constitucional e com capacidade jurídica para representar o todo, inclusive judicialmente. Aduziu-se, nessa perspectiva, que o § 1º do art. 6º da Lei 9.504/97 equipararia essa instituição aos partidos políticos — sobre ela incidindo os preceitos do art. 17 da CF — e lhe atribuiria, ainda que por determinado tempo, prerrogativas e obrigações partidárias, tornando-a apta a lançar candidatos às eleições. Desse modo, apontou-se que a coligação passaria a funcionar, até o fim das eleições, como um superpartido ou uma superlegenda, haja vista que resultaria da união de esforços e da combinação de ideologias e de projetos que se fundiriam na campanha para potencializar a competitividade dos partidos na luta eleitoral — especialmente dos pequenos — e, portanto, poderia ser considerada uma instituição que representaria a conjugação indissociável das agremiações para os efeitos específicos eleitorais na disputa e nas conseqüências que essa aliança traria. Asseverou-se que o reconhecimento da coligação como uma instituição partidária titular de direitos, atuando autonomamente no lugar de cada partido no período de sua composição, asseguraria a harmonia do sistema de eleições proporcionais, prestigiaria a soberania popular e, em última instância, propiciaria a estabilidade das alianças firmadas durante a campanha eleitoral. MS 30260/DF, rel. Min. Cármen Lúcia, 27.4.2011. (MS-30260) MS 30272/MG, rel. Min. Cármen Lúcia, 27.4.2011. (MS-30272)

CONVOCAÇÃO DE SUPLENTE E COLIGAÇÃO - 3

Realçou-se que essa instituição criada pela fusão temporária de algumas agremiações formaria quociente partidário próprio. Destacou-se, também, que a figura jurídica nascida com a coalizão transitória, estabelecida desde as convenções partidárias, não findaria seus efeitos no dia do pleito ou, menos ainda, os apagaria de sua existência quando esgotada a sua finalidade inicial. Ressaltou-se, no ponto, que o Tribunal Superior Eleitoral – TSE admite a atuação das coligações após a apuração do resultado das eleições, a exemplo do reconhecimento de sua legitimidade para pedir recontagem de votos e para ajuizar ação de impugnação de mandato. Frisou-se, ainda, que a suplência ficaria estabelecida no momento da proclamação dos resultados, com a definição dos candidatos eleitos, conforme o cálculo dos quocientes das coligações, e que não poderia haver mudança na regra do jogo após as eleições, no que concerne aos suplentes, de modo a desvirtuar a razão de ser das coligações. Enfatizou-se, não obstante, as reiteradas práticas da Justiça Eleitoral por todo país, no sentido de que o resultado das eleições levaria em conta os quocientes das coligações e dos partidos, quando estes tiverem atuado isoladamente. MS 30260/DF, rel. Min. Cármen Lúcia, 27.4.2011. (MS-30260) MS 30272/MG, rel. Min. Cármen Lúcia, 27.4.2011. (MS-30272)

CONVOCAÇÃO DE SUPLENTE E COLIGAÇÃO - 4

Por outro lado, observou-se que a situação em apreço não guardaria relação de pertinência com os precedentes invocados sobre a temática da infidelidade partidária como causa de perda do mandato parlamentar (MS 26602/DF, DJe de 17.10.2008; MS 26603/DF, DJe de 19.12.2008 e MS 26604/DF, DJe de 3.10.2008). Apesar disso, ao distinguir que a presente causa diria respeito à sucessão de cargos vagos no parlamento, salientou-se não haver óbice para que as premissas e as soluções daqueles casos pudessem ser adotadas no tocante às coligações, já que se coligar seria uma escolha autônoma do partido. Consignou-se que, embora esta se exaurisse após as eleições, os efeitos e os resultados por ela alcançados não findariam com o seu termo formal, projetando-se tanto na definição da ordem de ocupação das vagas de titulares e suplentes, definidas a partir do quociente da coligação, quanto no próprio exercício dos mandatos, abrangendo toda a legislatura. Ademais, registrou-se que o princípio da segurança jurídica garantiria e resguardaria o ato da diplomação, que qualificaria o candidato eleito, titular ou suplente, habilitando-o e legitimando-o para o exercício do cargo parlamentar, obtido a partir dos votos atribuídos à legenda dos partidos ou à superlegenda da coligação de partidos pelos quais tivesse concorrido. Assim, a diplomação certificaria o cumprimento do devido processo eleitoral e por ela se consubstanciaria o ato jurídico aperfeiçoado segundo as normas vigentes e pelo qual a Justiça Eleitoral declararia os titulares e os suplentes habilitados para o exercício do mandato eletivo, na ordem por ela afirmada. Acrescentou-se, outrossim, que a problemática, no Brasil, concernente às coligações estaria vinculada à falta de ideologia nos partidos políticos, que se uniriam e se desligariam de acordo com as conveniências. O Min. Gilmar Mendes entendeu que a situação de coligação estaria em processo de inconstitucionalidade, em decorrência da escolha feita pela fidelidade partidária. MS 30260/DF, rel. Min. Cármen Lúcia, 27.4.2011. (MS-30260) MS 30272/MG, rel. Min. Cármen Lúcia, 27.4.2011. (MS-30272)

CONVOCAÇÃO DE SUPLENTE E COLIGAÇÃO - 5

Vencido o Min. Marco Aurélio, que concedia a ordem. Inicialmente, destacava como premissas de seu voto o fato de não conceber a legislatura a partir de revezamento nas bancadas, bem como de o eleitor não votar em coligação. Em seguida, assinalava que, conquanto a Constituição versasse sobre o instituto da coligação, haveria uma gradação maior ao partido político, concedendo-lhe a possibilidade de definir com quem desejaria, ou não, coligar-se, já que a coligação seria um somatório de forças para se chegar com êxito às eleições. Assentava, nesse sentido, que a distribuição das cadeiras ocorreria presente a votação nominal dos candidatos, que teriam a respaldá-los os partidos políticos e não mais uma coligação, de forma que não seria possível ter-se a alternância nas bancadas na Casa Legislativa em plena legislatura. Julgava, assim, não haver razoabilidade em se concluir que o sistema contemplaria o afastamento do titular de um partido para assumir seu lugar um suplente de partido diverso, tendo em vista que a legislatura pressuporia estabilidade das bancadas, dos blocos parlamentares, considerados os partidos políticos. Por fim, o Plenário cassou as liminares anteriormente concedidas e declarou o prejuízo dos agravos regimentais interpostos. Autorizou, ainda, que os Ministros decidam monocraticamente os casos idênticos. MS 30260/DF, rel. Min. Cármen Lúcia, 27.4.2011. (MS-30260) MS 30272/MG, rel. Min. Cármen Lúcia, 27.4.2011. (MS-30272) (Inform. STF 624)

GOVERNADOR E VICE-GOVERNADOR: DUPLA VACÂNCIA E ELEIÇÃO INDIRETA PELA ASSEMBLÉIA LEGISLATIVA - 1

Por não encontrar razoabilidade jurídica à pretensão, o Tribunal, por maioria, indeferiu pedido de medida cautelar formulado em duas ações diretas ajuizadas pelo Partido da Social Democracia Brasileira - PSDB em que pleiteada, respectivamente, a declaração de inconstitucionalidade da Lei 2.143/2009, do Estado do Tocantins, que "*dispõe sobre a eleição, pela Assembléia Legislativa, para Governador e Vice-Governador do Estado do Tocantins, na forma prevista no § 5º do art. 39 da Constituição Estadual*", e contra a Lei 2.154/2009, também do referido Estado-membro, com idêntica ementa. Argúi o autor, em síntese, a inconstitucionalidade formal e material das normas por ofensa aos artigos 1º, 2º, 16, 17, § 1º, 37, *caput*, 61, *caput*, e 81, § 1º, da CF. Preliminarmente, o Tribunal, tendo em conta a urgência manifesta no caso e a revogação da Lei 2.143/2009 pela 2.154/2009, e diante do fato de que, antes da manifestação de qualquer dos interessados jurídicos na causa, o autor apresentou emenda à inicial, passando agora a atacar a nova lei, admitiu a petição de emenda à inicial, a fim de apreciar como tal a ação perante a nova lei. **ADI 4298 MC/TO, rel. Min. Cezar Peluso, 7.10.2009. (ADI-4298). ADI 4309 MC/TO, rel. Min. Cezar Peluso, 7.10.2009.** (ADI-4309)

GOVERNADOR E VICE-GOVERNADOR: DUPLA VACÂNCIA E ELEIÇÃO INDIRETA PELA ASSEMBLÉIA LEGISLATIVA - 2

Prevaleceu o voto do Min. Cezar Peluso, relator, que registrou, inicialmente, que, apesar de haver precedente da Corte em hipótese análoga (ADI 1057 MC/BA DJU de 6.4.2001), os fundamentos ali expostos deveriam ser relembrados, se não revistos, diante da nova composição da Corte e da exigência de motivação controlável e legítima. Relativamente à questão da necessidade de observância, por parte dos Estados-membros, ante o princípio da simetria, da norma prevista no art. 81, § 1º, da CF, concluiu pelo caráter de não-compulsoriedade do modelo federal. Asseverou não ser lícito, senão contrário à concepção federativa, jungir os Estados-membros, sob o título vinculante da regra da simetria, a normas ou princípios da Constituição Federal cuja inaplicabilidade ou inobservância local não implique contradições teóricas incompatíveis com a coerência sistemática do ordenamento jurídico, com graves dificuldades práticas de qualquer ordem, nem com outra capaz de perturbar o equilíbrio dos poderes ou a unidade nacional. Assim, a regra da simetria não poderia ser produto de uma decisão arbitrária ou imotivada do intérprete. Aduziu que, diante do princípio democrático do exercício do sufrágio universal pelo voto direto e secreto, com igual valor para todos, nos termos do art. 14, *caput*, da CF, a absoluta excepcionalidade da regra constitucional, estatuída no art. 81, § 1º, demandaria, por sua natureza singular, interpretação estritíssima. Afirmou que o art. 39, § 5º, da Constituição do Estado do Tocantins ("*Art. 39... § 5º. Ocorrendo a vacância nos dois últimos anos do período governamental, a eleição para ambos os cargos será feita trinta dias depois da última vaga, pela Assembléia Legislativa, na forma da Lei.*") reproduziu a provisão da Constituição Federal não por suposta necessidade de reprodução obrigatória, e sim por força de livre decisão jurídico-política do constituinte estadual no exercício da autonomia que lhe é assegurada pela Constituição da República. **ADI 4298 MC/TO, rel. Min. Cezar Peluso, 7.10.2009. (ADI-4298). ADI 4309 MC/TO, rel. Min. Cezar Peluso, 7.10.2009.** (ADI-4309)

GOVERNADOR E VICE-GOVERNADOR: DUPLA VACÂNCIA E ELEIÇÃO INDIRETA PELA ASSEMBLÉIA LEGISLATIVA - 3

No que se refere, do ponto de vista da sua gênese, à natureza da lei que predica a Constituição Federal no art. 81, § 1º, bem como a de lei estadual que regulamente previsão idêntica da Constituição estadual, o relator salientou ser indiscutível a competência *ratione materiae* privativa da União para legislar sobre direito eleitoral (CF, art. 22, I), mas considerou que, quando o constituinte estadual reproduz a regra de eleição indireta pelos representantes do Poder Legislativo, na forma da lei, a lei exigida seria de competência do Estado, por não possuir caráter jurídico-eleitoral. Explicou não se ter, nesse caso, uma lei materialmente eleitoral, haja vista que ela simplesmente regula a sucessão do Chefe do Poder Executivo, sucessão esta extravagante. Reportou-se à orientação firmada na ADI 2709/SE (DJE de 16.5.2008), no sentido da constitucionalidade de norma constitucional estadual que disciplina o processo de escolha de governantes em caso de dupla vacância. Aduziu que, embora não deixem de revelar certa conotação eleitoral, porque dispõem sobre o procedimento de aquisição eletiva do poder político, não haveria como reconhecer ou atribuir características de direito eleitoral *stricto sensu* às normas que regem a eleição indireta no caso de dupla vacância no último biênio do mandato. Em última instância, essas leis teriam por objeto matéria político-administrativa que demandaria típica decisão do poder geral de autogoverno, inerente à autonomia política dos entes federados. Em suma, a reserva de lei constante do art. 81, § 1º, da CF, nítida e especialíssima exceção ao cânone do exercício direto do sufrágio, diria respeito somente ao regime de dupla vacância dos cargos de Presidente e Vice-Presidente da República, e, como tal, da óbvia competência da União. Por sua vez, considerados o desenho federativo e a inaplicabilidade do princípio da simetria ao caso, competiria aos Estados-membros a definição e a regulamentação das normas de substituição de Governador e Vice-Governador. De modo que, quando, como na espécie, tivesse o constituinte estadual reproduzido o preceito constitucional federal, a reserva de lei não poderia deixar de se referir à competência do próprio ente federado. No mais, predefinido seu caráter não-eleitoral, não haveria se falar em ofensa ao princípio da anterioridade da lei eleitoral (CF, art. 16). **ADI 4298 MC/TO, rel. Min. Cezar Peluso, 7.10.2009. (ADI-4298). ADI 4309 MC/TO, rel. Min. Cezar Peluso, 7.10.2009.** (ADI-4309)

GOVERNADOR E VICE-GOVERNADOR: DUPLA VACÂNCIA E ELEIÇÃO INDIRETA PELA ASSEMBLÉIA LEGISLATIVA - 4

O Min. Cezar Peluso acrescentou que tais conclusões, entretanto, não esgotariam o campo das limitações constitucionais por observar na hipótese, visto que a Constituição Federal hospedaria normas textuais que, relativas aos direitos políticos ativos e passivos, seriam de incidência imediata e inexorável, como as condições de elegibilidade e as causas de inelegibilidade, prescritas no art. 14. Tratar-se-ia de normas eleitorais *stricto sensu*, de observância compulsória. Tendo isso conta, entendeu, em seguida, que a Lei estadual 2.154/2009, em princípio, não apresentaria vício de inconstitucionalidade. Não o apresentaria do ponto de vista de iniciativa, por não haver, a respeito, reserva constitucional nem legal conferida ao Poder Legislativo. Observou, ademais, não constar alegação ou prova de alguma irregularidade formal no curso do devido processo legislativo, sendo irrelevantes, no quadro da ação de inconstitucionalidade, as demais considerações factuais e puramente político-partidárias, desenvolvidas na petição inicial. Ressaltou, também, que, a despeito de ter, a rigor, sua pertinência adstrita aos termos da lei revogada, a qual atribuía aos deputados o poder de inscrição de chapas de candidatos, coisa que já não prevê a lei atual, nem colheria o argumento da indispensável participação partidária, porque no caso em que não estivesse prevista — como está na resolução regulamentar — a inscrição pelos partidos, incidiria diretamente a regra constitucional à falta de norma regulamentar. Reputou, ainda, prejudicada a alegação de inconstitucionalidade, pela impugnação original, quanto à inserção das palavras "secreta" e "até" nos artigos 1º e 3º da Lei 2.143/2009 ("*Art. 1º Vagos os cargos de Governador e Vice-Governador do Estado do Tocantins, nos dois últimos anos de mandato, a eleição para preenchimento dos cargos é feita pelo sufrágio dos Deputados integrantes da Assembléia Legislativa em sessão pública e por meio de votação nominal e secreta... Art. 3º A eleição deve ocorrer até 30 dias depois da última vaga, em sessão extraordinária, marcada para tal fim.*"), já que a lei superveniente não as teria mantido no texto. **ADI 4298 MC/TO, rel. Min. Cezar Peluso, 7.10.2009**. (ADI-4298). **ADI 4309 MC/TO, rel. Min. Cezar Peluso, 7.10.2009**. (ADI-4309)

GOVERNADOR E VICE-GOVERNADOR: DUPLA VACÂNCIA E ELEIÇÃO INDIRETA PELA ASSEMBLÉIA LEGISLATIVA - 5

No que respeita à questão de saber se a votação, na eleição indireta, deveria ser aberta ou fechada, mencionando que a lei vigente teria adotado a aberta, apontou o relator orientação jurisprudencial que declarara a constitucionalidade do preceito de votação aberta. Frisou, entretanto, que a questão não se resolveria de todo no plano dos aspectos práticos da opção legislativa aqui adotada, qual seja, o voto aberto, por haver, sob tal perspectiva, bons argumentos em favor de ambas as soluções teóricas. Esclareceu que, se a votação secreta subtrai ao eleitor, na condição de representado, a possibilidade de controlar as escolhas dos representantes, facilita-o a votação aberta, sobretudo quando haja suspeita ou risco de acordos obscuros de bastidores. Assinalou que o princípio da publicidade, que é a regra das deliberações parlamentares, também concorre para a idéia de superioridade da votação aberta, sobretudo quando associada ao fato de que o cunho secreto do voto é expediente primacial de tutela do cidadão como eleitor, não de seu representante, cujo dever básico está em dar-lhe conta pública das suas posições no exercício da atividade parlamentar. No entanto, considerou cumprir não subestimar que o voto secreto compõe também o legado de nosso histórico constitucional. Entendeu, porém, que, por guardar a coerência imprescindível à segurança jurídica e à autoridade mesma das decisões da Corte, a solução curial seria a conseqüência retilínea do juízo de inaplicabilidade da regra da simetria e da reafirmação da autonomia política dos Estados-membros na matéria, tocando, ao legislador ordinário estadual, a definição da modalidade da votação. Vencido o Min. Joaquim Barbosa, que deferia a cautelar em parte, por vislumbrar plausibilidade na argüição de inconstitucionalidade dos artigos 1º e 3º da Lei 2.154/2009. Julgou-se extinta, sem julgamento de mérito, em face da litispendência, a segunda ação direta ajuizada (CPC, art. 267, V). **Outros precedentes citados: ADI 3549/GO (DJE de 31.10.2007); ADI 687/PA (DJU de 10.2.2006); MS 26900 MC/DF (DJE de 4.4.2008). ADI 4298 MC/TO, rel. Min. Cezar Peluso, 7.10.2009. (ADI-4298). ADI 4309 MC/TO, rel. Min. Cezar Peluso, 7.10.2009.** (ADI-4309) (Inform. STF 562)

VEREADOR. CASSAÇÃO. MANDATO. SUPLENTE. CONVOCAÇÃO.

A Turma reiterou o entendimento de que vulnera o art. 5º, VI, do DL n. 201/1967 a cassação de vereador sem os votos de, pelo menos, 2/3 dos componentes da Câmara Municipal, não dos membros remanescentes após a exclusão dos edis impedidos de participar da votação, pois descabe o cálculo da fração mínima tal como delineado no acórdão recorrido. Outrossim, impedido o vereador, convoca-se seu suplente para integrar a comissão processante para preencher o *quorum* dos dois terços, sem o que configura ilegalidade o afastamento definitivo. **Precedente citado: REsp 406.907-MG, DJ 1º/7/2002. REsp 784.945-MG, Rel. Min. Castro Meira, julgado em 23/9/2008**. (Inform. STJ 369)

6. AÇÕES ELEITORAIS

VÍCIOS NAS CONTAS DE EX-PREFEITO E OFENSA À CONSTITUIÇÃO

A 1ª Turma iniciou julgamento de agravo regimental em agravo de instrumento no qual se discute a admissibilidade, ou não, de recurso extraordinário para impugnar julgado que considerara o agravante inelegível em razão de irregularidades nas contas prestadas. No caso, o Tribunal Superior Eleitoral - TSE rejeitara pedido de registro de candidatura de ex-prefeito por reputar insanáveis as irregularidades das contas, tendo em vista a não-aplicação de percentual mínimo da receita de impostos na manutenção e desenvolvimento do ensino. Alega o agravante que o TSE tem jurisprudência no sentido da impossibilidade de se afirmar, no âmbito de recurso especial eleitoral, se os vícios que ensejaram a rejeição de contas seriam, ou não, insanáveis. Argüi que, para a apreciação do recurso que interpusera perante o Supremo, não há que se proceder à análise de fatos ou de provas, ou mesmo de normas infraconstitucionais, senão dos comandos constitucionais que devem ser aplicados à espécie. O Min. Dias Toffoli, relator, manteve a decisão agravada e desproveu o recurso, ao fundamento de que a discussão configuraria ofensa meramente reflexa à Constituição. Após, pediu vista dos autos o Min. Marco Aurélio. AI 747402 AgR/BA, rel. Min. Dias Toffoli, 27.9.2011. (AI-747402) (Inform. STF 642)

"PREFEITO ITINERANTE" E PRINCÍPIO REPUBLICANO - 1

O Plenário iniciou julgamento de agravo regimental interposto de decisão indeferitória de medida liminar em ação cautelar, na qual se pretende atribuição de efeito suspensivo a recurso extraordinário em que se discute a possibilidade, ou não, de candidatura ao cargo de Prefeito em Município diverso, após o exercício de 2 mandatos em municipalidade contígua. Na origem, pretende-se a recondução ao cargo de Prefeito, para o qual fora eleito em 2004, e posteriormente reeleito em 2008. Ocorre que o ora agravante já exercera o cargo de Prefeito, por 2 mandatos, em Município contíguo, nos anos de 1997 a 2004, razão pela qual se determinara a cassação do atual diploma. Afirma, em síntese, que a inelegibilidade deve se restringir ao âmbito do Município em que exercido o cargo de Prefeito, e não a qualquer outro. Alega, ademais, violação à garantia da coisa julgada, pois o primeiro mandato no Município contíguo fora exercido normalmente, visto que a Justiça Eleitoral decidira pela validade de sua candidatura e, desse modo, seu novo posicionamento jurisprudencial, firmado em 2008, a reputar que o § 5º do art. 14 da CF ("*§ 5º O Presidente da República, os Governadores de Estado e do Distrito Federal, os Prefeitos e quem os houver sucedido, ou substituído no curso dos mandatos poderão ser reeleitos para um único período subseqüente*") impediria reeleição para o cargo de Prefeito, por mais de uma vez, para quaisquer outros Municípios, não poderia ser aplicado à situação dos autos. AC 2821 MC-AgR/AM, rel. Min. Luiz Fux, 25.8.2011. (AC-2821)

"PREFEITO ITINERANTE" E PRINCÍPIO REPUBLICANO - 2

O Min. Luiz Fux, relator, desproveu o agravo, para confirmar o indeferimento da medida liminar. Aduziu que, de acordo com a interpretação do art. 14, § 5º, da CF, à luz do princípio republicano (CF, art. 1º, caput), não seria permitida a reeleição do requerente ao cargo de Chefe do Poder Executivo municipal, pois o novo Município teria surgido, em 1988, como desmembramento do primeiro, onde já exercido o mesmo cargo em 2 gestões. Dessa forma, assinalou estar presente a figura do "Prefeito itinerante", caracterizada pela alteração do domicílio eleitoral com a finalidade de burla à regra constitucional que tolera a reeleição por uma única vez. Ademais, afirmou que a assertiva relativa à segurança jurídica não mereceria acolhida, visto que o preenchimento de requisitos para candidatura em determinado pleito não teria o condão de assegurar, *ad infinitum*, suposto direito adquirido à elegibilidade em eleições futuras. Após, pediu vista o Min. Gilmar Mendes. AC 2821 MC-AgR/AM, rel. Min. Luiz Fux, 25.8.2011. (AC-2821) (Inform. STF 637)

EMENTA: AÇÃO RESCISÓRIA ELEITORAL. CONSTITUCIONALIDADE DE SUA INSTITUIÇÃO MEDIANTE LEI (LC Nº 86/96). VALIDADE CONSTITUCIONAL DESSE DIPLOMA LEGISLATIVO (ART. 1º) CONFIRMADA PELO SUPREMO TRIBUNAL FEDERAL (ADIN 1.459/DF). ENTENDIMENTO DO TRIBUNAL SUPERIOR ELEITORAL NO SENTIDO DE QUE A ADMISSIBILIDADE DA AÇÃO RESCISÓRIA ELEITORAL SOMENTE OCORRE NOS CASOS EM QUE A DECISÃO DESSA ALTA CORTE JUDICIÁRIA (TSE), DESDE QUE TRANSITADA EM JULGADO, HAJA DECRETADO A INELEGIBILIDADE DE CANDIDATO. OPÇÃO HERMENÊUTICA DO TRIBUNAL SUPERIOR ELEITORAL POR INTERPRETAÇÃO RESTRITIVA DA REGRA LEGAL QUE INSTITUIU A AÇÃO RESCISÓRIA ELEITORAL (CE, ART. 22, I, "J"). POSSIBILIDADE. INEXISTÊNCIA DE OFENSA À AUTORIDADE DO JULGAMENTO VINCULANTE QUE O SUPREMO TRIBUNAL FEDERAL PROFERIU NA ADIN 1.459/DF. RECLAMAÇÃO DE QUE NÃO SE CONHECE.

- A orientação firmada pelo Tribunal Superior Eleitoral - no sentido de que a *ação rescisória eleitoral* somente se revela admissível quando ajuizada para desconstituir decisões por ele próprio proferidas (quer em sede originária, quer em âmbito recursal) e que, além de transitadas em julgado, hajam declarado a inelegibilidade de qualquer candidato - não desrespeita nem transgride a autoridade do julgamento que o Supremo Tribunal Federal proferiu, com efeito vinculante, no exame da ADIN 1.459/DF.
- Solução hermenêutica adotada pelo TSE que traduz opção por determinada corrente de interpretação da norma inscrita no art. 22, I, "j", do Código Eleitoral, na redação dada pela Lei Complementar nº 86/96 e que exclui a possibilidade de utilização da *ação rescisória eleitoral* como instrumento de imposição, a qualquer candidato, da sanção jurídica da inelegibilidade.
- Existência de controvérsia doutrinária em torno da exegese desse preceito normativo constante do Código Eleitoral. Inocorrência de transgressão à autoridade da decisão emanada do STF no julgamento da ADIN 1.459/DF. Conseqüente inadmissibilidade de utilização, no caso, do instrumento constitucional da Reclamação. **Rcl 8989 - MC/PI, rel. Min. Celso de Mello** (Inform. STF 569)

SÚMULA STF Nº 728

É de três dias o prazo para a interposição de recurso extraordinário contra decisão do tribunal superior eleitoral, contado, quando for o caso, a partir da publicação do acórdão, na própria sessão de julgamento, nos termos do art. 12 da Lei 6055/1974, que não foi revogado pela Lei 8950/1994.

7. VOTAÇÃO

VOTO SECRETO E ART. 5º DA LEI 12.034/2009 - 1

O Plenário deferiu medida cautelar em ação direta de inconstitucionalidade, ajuizada pelo Procurador Geral da República, para suspender os efeitos do art. 5º da Lei 12.034/2009, que dispõe sobre a criação, a partir das eleições de 2014, do voto impresso ["Art. 5 *Fica criado, a partir das eleições de 2014, inclusive, o voto impresso conferido pelo eleitor, garantido o total sigilo do voto e observadas as seguintes regras: § 1º A máquina de votar exibirá para o eleitor, primeiramente, as telas referentes às eleições proporcionais; em seguida, as referentes às eleições majoritárias; finalmente, o voto completo para conferência visual do eleitor e confirmação final do voto. § 2º Após a confirmação final do voto pelo eleitor, a urna eletrônica imprimirá um número único de identificação do voto associado à sua própria assinatura digital. § 3º O voto deverá ser depositado de forma automática, sem contato manual do eleitor, em local previamente lacrado. § 4º Após o fim da votação, a Justiça Eleitoral realizará, em audiência pública, auditoria independente do software mediante o sorteio de 2% (dois por cento) das urnas eletrônicas de cada Zona Eleitoral, respeitado o limite mínimo de 3 (três) máquinas por município, que deverão ter seus votos em papel contados e comparados com os resultados apresentados pelo respectivo boletim de urna. § 5º É permitido o uso de identificação do eleitor por sua biometria ou pela digitação do seu nome ou número de eleitor, desde que a máquina de identificar não tenha nenhuma conexão com a urna eletrônica*"]. ADI 4543 MC/DF, rel. Min. Cármen Lúcia, 19.10.2011. (ADI-4543)

VOTO SECRETO E ART. 5º DA LEI 12.034/2009 - 2

1546 A Min. Cármen Lúcia, relatora, inicialmente realizou retrospecto acerca de pretéritas experiências legislativas na tentativa de dar efetividade ao sistema do voto impresso e revelou seu fracasso, em razão das dificuldades jurídicas e materiais constatadas. Afirmou-se que esses episódios teriam demonstrado o quão correta fora a opção e a invenção do sistema brasileiro do voto eletrônico, dada a inadequação e o retrocesso representado pelo voto registrado em papel. Destacou-se o caráter secreto do sufrágio no direito constitucional brasileiro (CF, art. 14), conquista destinada a garantir a inviolabilidade do querer democrático do eleitor e a intangibilidade do seu direito por qualquer forma de pressão. Reputou-se que a impressão do voto feriria o direito inexpugnável ao segredo, visto que configuraria prova do ato de cidadania. Assim, o papel seria desnecessário, pois o eleitor não haveria de prestar contas a quem quer que fosse e o sistema eletrônico dotar-se-ia de segurança incontestável, conforme demonstrado reiteradamente. Nesse sentido, concluiu-se que a impressão serviria para demonstração a terceiro e para vulnerar o segredo constitucionalmente assegurado ao cidadão. Consignou-se que o § 2º do dispositivo impugnado reforçaria essa assertiva, pois o número de identificação associado à assinatura digital poderia favorecer a coação de eleitores pela possibilidade de vincular o voto a compromissos espúrios. Por outro lado, a urna eletrônica, atualmente utilizada, permitiria que o resultado fosse transmitido às centrais sem a identificação do votante. Ademais, a impressão criaria discrímen em relação às pessoas com deficiências visuais e aos analfabetos, que não teriam como verificar seus votos, para o que teriam de buscar ajuda de terceiros, em detrimento do direito ao sigilo igualmente assegurado a todos. ADI 4543 MC/DF, rel. Min. Cármen Lúcia, 19.10.2011. (ADI-4543)

VOTO SECRETO E ART. 5º DA LEI 12.034/2009 - 3

Frisou-se que a cada eleitor seria garantido o direito e o dever de um voto, apenas, e que o sistema atual asseguraria que somente se abriria a urna após a identificação do votante e a pessoa não seria substituída, sequer votaria mais de uma vez. Por seu turno, ao vedar a conexão entre o instrumento de identificação e a respectiva urna, o § 5º do artigo de que se cuida possibilitaria a permanência da abertura dela, pelo que poderia o eleitor votar mais de uma vez, ao ficar na cabine. Sublinhou-se, ademais, o princípio da proibição de retrocesso, que seria aplicável também aos direitos políticos, dentre os quais a invulnerabilidade do segredo de voto (CF, art. 60, § 4º, II). No ponto, o Min. Gilmar Mendes afastou esse fundamento, em razão do risco de se ter como parâmetro de controle não apenas a Constituição, mas as leis consideradas benéficas. O Colegiado afirmou que o princípio democrático (CF, art. 1º) garantiria o voto sigiloso, que o sistema adotado — sem as alterações do art. 5º da Lei 12.034/2009 — propiciaria. Destacou-se que a alteração do processo conduziria à desconfiança no sistema eleitoral, própria das ditaduras. ADI 4543 MC/DF, rel. Min. Cármen Lúcia, 19.10.2011. (ADI-4543)

VOTO SECRETO E ART. 5º DA LEI 12.034/2009 - 4

Quanto às questões de ordem prática, reputou-se que a reinserção do voto impresso criaria diversos inconvenientes. Seria necessária a introdução de impressoras nas seções eleitorais, a potencializar falhas e impedir o transcurso regular dos trabalhos. Ademais, a mudança aumentaria a vulnerabilidade do sistema, visto que o voto impresso não atingiria o objetivo ao qual se propõe, de possibilitar a recontagem e a auditoria. A respeito, asseverou-se que a sistemática eletrônica atual, por sua vez, permitiria a recontagem de votos, de forma automatizada, sem comprometer o segredo do sufrágio ou a credibilidade do processo eleitoral. Consignou-se, ainda, a existência de outros instrumentos de segurança a garantir a auditagem da urna eletrônica sem a necessidade de implantação do voto impresso. Nesse aspecto, o Min. Dias Toffoli mencionou a desproporcionalidade entre o fim pretendido pela lei impugnada e os meios por ela descritos. Sob o ponto de vista orçamentário, acrescentou-se — de maneira a corroborar os demais argumentos — que o custo do voto, por eleitor, aumentaria em mais de 140%, o que afrontaria os princípios da eficiência administrativa (CF, art. 37) e da economicidade (CF, art. 70). Por fim, no que concerne ao *periculum in mora*, necessário à concessão da medida, sublinhou-se que a aquisição e a adequação dos equipamentos necessários para dar efetividade ao dispositivo afrontado, bem como a mudança na estrutura e dinâmica do Serviço de Tecnologia da Informação do TSE — já ocupado com as providências requeridas para a realização das eleições de 2012 — seriam requeridas para a realização das eleições de 2012 — seriam esforços descartados e sem aproveitamento se, ao final, declarar-se inconstitucional o referido artigo. ADI 4543 MC/DF, rel. Min. Cármen Lúcia, 19.10.2011. (ADI-4543) (Inform. STF 645)

DESMEMBRAMENTO DE ESTADO E POPULAÇÃO DIRETAMENTE INTERESSADA - 1

A expressão "população diretamente interessada" constante do § 3º do art. 18 da CF ("Os Estados podem incorporar-se entre si, subdividir-se ou desmembrar-se para se anexarem a outros, ou formarem novos Estados ou Territórios Federais, mediante aprovação da população diretamente interessada, através de plebiscito, e do Congresso Nacional, por lei complementar") deve ser entendida como a população tanto da área desmembranda do Estado-membro como a da área remanescente. Essa a conclusão do Plenário ao julgar improcedente pedido formulado em ação direta de inconstitucionalidade, ajuizada pela Mesa da Assembléia Legislativa do Estado de Goiás, contra a primeira parte do art. 7º da Lei 9.709/98 ("*Nas consultas plebiscitárias previstas nos artigos 4º e 5º, entende-se por população diretamente interessada tanto a do território que se pretende desmembrar, quanto a do que sofrerá desmembramento; em caso de fusão ou anexação, tanto a população da área que se quer anexar quanto a da que receberá o acréscimo; e a vontade popular se aferirá pelo percentual que se manifestar em relação ao total da população consultada*"). Em preliminar, considerou-se configurado o requisito da pertinência temática, uma vez que o preceito impugnado vincula os procedimentos que devem ser adotados pelos Estados-membros nos casos de consultas plebiscitárias para criação, fusão ou desmembramento de suas áreas. Assinalou-se, também, que a requerente, ao juntar nova procuração aos autos, teria sanado o vício relativo à irregularidade de sua representação. Ademais, ressaltou-se que, embora a postulante tivesse se limitado a questionar o desmembramento de Estados, o pleito da presente ação direta deveria ser conhecido em sua integralidade, porquanto os fundamentos adotados para esta hipótese abarcariam o desmembramento de Municípios. ADI 2650/DF, rel. Min. Dias Toffoli, 24.8.2011. (ADI-2650)

DESMEMBRAMENTO DE ESTADO E POPULAÇÃO DIRETAMENTE INTERESSADA - 2

No mérito, afastou-se, de início, a alegada inconstitucionalidade formal consistente no fato de que somente emenda constitucional poderia tratar do § 3º do art. 18 da CF. Aduziu-se que a Lei 9.709/98 regulamenta o art. 14 da CF, o qual faz menção expressa à lei ordinária para o exercício da soberania popular direta. Assim, apontou-se que esse diploma legal restringira-se a explicitar o significado já contido no próprio texto constitucional. Rejeitou-se, de igual modo, a pretendida declaração de inconstitucionalidade material da norma adversada. Destacou-se nova orientação da Corte, segundo a qual ações diretas de inconstitucionalidade versantes sobre a não-edição da lei complementar federal referida no art. 18, § 4°, da CF têm sido julgadas prejudicadas quando as normas impugnadas atenderem aos requisitos da EC 57/2008. Em seguida, consignou-se que o significado do termo "*população diretamente interessada*" fora examinado, pelo STF, na vigência da CF/88, sob a óptica do art. 18, § 3°, que cuida da criação e do desmembramento de Municípios, mas não de Estados. No ponto, mencionou-se que a jurisprudência do Supremo afirmara a necessidade de consulta plebiscitária apenas aos eleitores domiciliados na área emancipanda do Município. ADI 2650/DF, rel. Min. Dias Toffoli, 24.8.2011. (ADI-2650)

DESMEMBRAMENTO DE ESTADO E POPULAÇÃO DIRETAMENTE INTERESSADA - 3

Salientou-se que, após mudança promovida pela EC 15/96, a Constituição explicitara o alcance da consulta para as situações de reformulação territorial de Municípios e da acepção da frase "populações diretamente interessadas", prevista na redação originária do § 4° do art. 18 da CF, no sentido de ser imprescindível a consulta de toda a população afetada pela modificação territorial, o que, no caso de desmembramento, deveria envolver tanto a população do território a ser desmembrado, quanto a do remanescente. Reputou-se que esse teria sido o real propósito da exigência constitucional, de forma que a nova redação conferida pela emenda, assim como o art. 7° da Lei 9.709/98, apenas teriam tornado claro conteúdo já presente na norma originária. Nesse panorama, apontou-se que o uso de termos distintos para as hipóteses de desmembramento de Estados e de Municípios não poderia implicar posicionamentos diversos, sob pena de se admitir maior facilidade para o desmembramento de um Estado do que para o de um Município. Dever-se-ia adotar interpretação sistemática da Constituição, para se extrair do termo "população diretamente interessada" o significado de que, na hipótese de desmembramento, caberia a consulta, mediante plebiscito, a toda população do Estado ou do Município, e não somente a da área a ser destacada, porquanto isso fortaleceria os princípios da soberania popular e da cidadania. Frisou-se que uma separação, com o desfalque de território e de parte da população, poderia acarretar, ainda, a cisão da unidade sócio-cultural, econômica e financeira do Estado, razão pela qual essa população seria diretamente interessada, ao contrário daquela dos demais Estados da Federação, uma vez que a redefinição territorial de um deles interessa a todo o Estado Federal. Inferiu-se que o preceito sob análise auxiliaria na concretização, com plenitude, do princípio da soberania popular, da cidadania e da autonomia dos Estados-membros e contribuiria para que o povo exercesse suas prerrogativas de cidadania e de autogoverno de maneira mais enfática. O Min. Marco Aurélio também julgou o pleito improcedente, mas deu interpretação conforme ao preceito para assentar que a consulta deveria levar em conta a população de todo o território brasileiro. ADI 2650/DF, rel. Min. Dias Toffoli, 24.8.2011. (ADI-2650) (Inform. STF 637)

MED. CAUT. EM ADI N. 4.467-DF
RELATORA: MIN. ELLEN GRACIE

AÇÃO DIRETA DE INCONSTITUCIONALIDADE. MEDIDA CAUTELAR. ART. 91-A, CAPUT, DA LEI 9.504, DE 30.9.1997, INSERIDO PELA LEI 12.034, DE 29.9.2009. ART. 47, § 1°, DA RESOLUÇÃO 23.218, DE 2.3.2010, DO TRIBUNAL SUPERIOR ELEITORAL. OBRIGATORIEDADE DA EXIBIÇÃO CONCOMITANTE, NO MOMENTO DA VOTAÇÃO, DO TÍTULO ELEITORAL E DE DOCUMENTO OFICIAL DE IDENTIFICAÇÃO COM FOTOGRAFIA. ALEGAÇÃO DE OFENSA AO POSTULADO DO LIVRE EXERCÍCIO DA SOBERANIA E AOS PRINCÍPIOS CONSTITUCIONAIS DA PROPORCIONALIDADE, DA RAZOABILIDADE E DA EFICIÊNCIA. NECESSIDADE DE FIXAÇÃO DE INTERPRETAÇÃO CONFORME À CONSTITUIÇÃO FEDERAL DAS NORMAS IMPUGNADAS. PERIGO NA DEMORA CONSUBSTANCIADO NA IMINÊNCIA DAS ELEIÇÕES GERAIS MARCADAS PARA O DIA 3 DE OUTUBRO DE 2010.

A proximidade das eleições gerais de 3 de outubro de 2010 e a invulgar importância do tema enfrentado na presente ação direta, relativo ao livre exercício da cidadania pela expressão do voto, autorizam o procedimento de urgência previsto no art. 10, § 3°, da Lei 9.868/99, a fim de que o Tribunal possa se manifestar antes de eventual perecimento de direito. 2. A segurança do procedimento de identificação dos eleitores brasileiros no ato de votação ainda apresenta deficiências que não foram definitivamente solucionadas. A postergação do implemento de projetos como a unificação das identidades civil e eleitoral num só documento propiciou, até os dias atuais, a ocorrência de inúmeras fraudes ligadas ao exercício do voto. 3. A apresentação do atual título de eleitor, por si só, já não oferece qualquer garantia de lisura nesse momento crucial de revelação da vontade do eleitorado. Por outro lado, as experiências das últimas eleições realizadas no Brasil demonstraram uma maior confiabilidade na identificação aferida com base em documentos oficiais de identidade dotados de fotografia, a saber: as carteiras de identidade, de trabalho e de motorista, o certificado de reservista e o passaporte. 4. A norma contestada, surgida com a edição da Lei 12.034/2009, teve o propósito de alcançar maior segurança no processo de reconhecimento dos eleitores. Por isso, estabeleceu, já para as eleições gerais de 2010, a obrigatoriedade da apresentação, no momento da votação, de documento oficial de identificação com foto. 5. Reconhecimento, em exame prefacial, de plausibilidade jurídica da alegação de ofensa ao princípio constitucional da razoabilidade na interpretação dos dispositivos impugnados que impeça de votar o eleitor que, embora apto a prestar identificação mediante a apresentação de documento oficial com fotografia, não esteja portando seu título eleitoral. 6. Medida cautelar deferida para dar às normas ora impugnadas interpretação conforme à Constituição Federal, no sentido de que apenas a ausência de documento oficial de identidade com fotografia impede o exercício do direito de voto. (Inform. STF 629) *noticiado no Informativo 602

8. CRIME ELEITORAL

CRIME ELEITORAL: PRESTAÇÃO DE CONTAS E FALSIDADE IDEOLÓGICA - 1

O Plenário iniciou julgamento de inquérito em que se imputa a Deputado Federal a suposta prática do crime descrito no art. 350 do Código Eleitoral ("*Omitir, em documento público ou particular, declaração que dele devia constar, ou nele inserir ou fazer inserir declaração falsa ou diversa da que devia ser escrita, para fins eleitorais: Pena - reclusão até cinco anos e pagamento de 5 a 15 dias-multa, se o documento é público, e reclusão até três anos e pagamento de 3 a 10 dias-multa se o documento é particular.*"), na forma do art. 29 do CP. Na espécie, o denunciado subscrevera documento — apresentado pelo então presidente do diretório regional de partido político ao qual filiado — referente à nova prestação de contas do ano de 2004, após a Coordenadoria de Controle Interno do Tribunal Regional Eleitoral não haver aprovado a anterior. Aduz o órgão acusador que tal fato ocorrera mediante a substituição de livros contábeis, o que não estaria previsto na legislação e configuraria o aludido crime. O Min. Dias Toffoli, relator, rejeitou a peça acusatória. Afirmou não ter sido suficientemente comprovado o dolo do agente, uma vez que seguida a orientação de advogados e contadores no sentido de realizar a substituição dos livros sem, entretanto, retirar os originais, que teriam continuado à disposição da justiça eleitoral. O Min. Gilmar Mendes acompanhou o relator e enfatizou que, haja vista o fato de os novos livros terem sido encaminhados, na aludida prestação de contas, juntamente com os originais, não se poderia inferir a intenção do denunciado de praticar o falso e que, no caso, estar-se-ia a criar modalidade culposa do crime. Em divergência, o Min. Marco Aurélio recebeu a denúncia. Entendeu que a confecção de livros novos, a conter informações diversas das existentes nos originais, configuraria o crime de falso. Reputou que tal procedimento teria ocorrido para dar contornos de legitimidade às irregularidades verificadas pela justiça eleitoral, inserindo-se elementos que não poderiam, àquela altura e daquela forma, constar dos registros fiscais. Após, pediu vista dos autos o Min. Ricardo Lewandowski. Inq 2559/MG, rel. Min. Dias Toffoli, 31.3.2011. (Inq-2559) (Inform. STF 621)

CRIME ELEITORAL: PRESTAÇÃO DE CONTAS E FALSIDADE IDEOLÓGICA - 2

Em conclusão, o Plenário, por maioria, rejeitou denúncia oferecida contra Deputado Federal, pela suposta prática do crime descrito no art. 350 do Código Eleitoral ("*Omitir, em documento público ou particular, declaração que dele devia constar, ou nele inserir ou fazer inserir declaração falsa ou diversa da que devia ser escrita, para fins eleitorais: Pena - reclusão até cinco anos e pagamento de 5 a 15 dias-multa, se o documento é público, e reclusão até três anos e pagamento de 3 a 10 dias-multa se o documento é particular*"), na forma do art. 29 do CP. Na espécie, o denunciado subscrevera documento — apresentado pelo então presidente do diretório regional de partido político ao qual filiado — referente à nova prestação de contas do ano de 2004, após a Coordenadoria de Controle Interno do Tribunal Regional Eleitoral não haver aprovado a anterior. Aduzia o órgão acusador que esse fato ocorrera mediante a substituição de livros contábeis, o que não estaria previsto na legislação e configuraria o aludido crime — v. Informativo 621. Afirmou-se não ter sido suficientemente comprovado o dolo do agente, uma vez que seguida a orientação de advogados e contadores no sentido de realizar a substituição dos livros sem, entretanto, retirar os originais, que teriam continuado à disposição da justiça eleitoral. O Min. Celso de Mello ressaltou que ocorrera, no caso, uma causa excludente de culpabilidade, visto que o agente teria incidido em erro de proibição. O Min. Cezar Peluso, Presidente, por seu turno, afirmou que o crime em questão careceria de elemento objetivo do tipo, pois a denúncia não descrevera em que medida as declarações, do primeiro ou do segundo livro, não corresponderiam à realidade. Reputou, assim, que não se poderia supor que o segundo possuiria informações falsas. Vencidos os Ministros Marco Aurélio, Ricardo Lewandowski e Ayres Britto, que recebiam a denúncia. Entendiam que a confecção de livros novos, a conter informações diversas das existentes nos originais, configuraria o crime de falso. Frisavam que esse procedimento teria ocorrido para dar contornos de legitimidade às irregularidades verificadas pela justiça eleitoral, inserindo-se elementos que não poderiam, àquela altura e daquela forma, constar dos registros fiscais. Inq 2559/MG, rel. Min. Dias Toffoli, 18.8.2011. (Inq-2559) (Inform. STF 636)

26. DIREITO AGRÁRIO

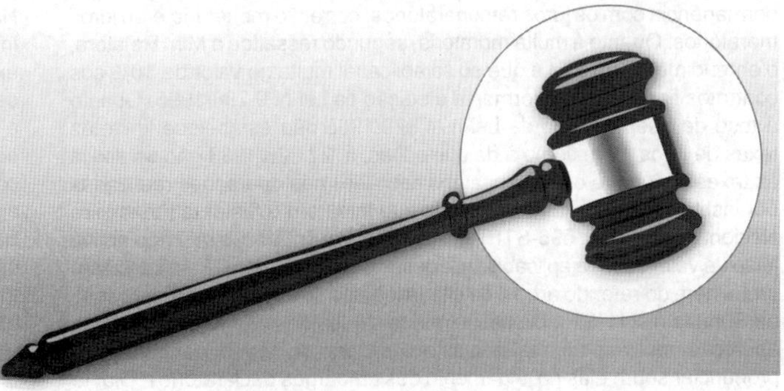

1. CONCEITOS DE DIREITO AGRÁRIO

PENHORA. PEQUENA PROPRIEDADE RURAL. MÓDULO FISCAL.
Trata o recurso sobre a definição de pequena propriedade para efeitos de impenhorabilidade, direito fundamental disposto no art. 5º, XXVI, da CF/1988, que tem aplicação imediata. A Turma negou provimento ao recurso e manteve o entendimento do tribunal *a quo*, que delimitou a impenhorabilidade do imóvel rural *sub judice* em 25 hectares, correspondentes a um módulo fiscal da região, afastando a definição de pequena propriedade rural contida no art. 4º, II, da Lei n. 8.623/1993. A definição legal de um módulo fiscal abrange, de acordo com as condições específicas de cada região, uma porção de terra rural, mínima e suficiente, em que a exploração da atividade agropecuária mostra-se economicamente viável pelo agricultor e sua família, o que bem atende o preceito constitucional quanto à impenhorabilidade da pequena propriedade rural. **REsp 1.007.070-RS, Rel. Min. Massami Uyeda, julgado em 19/8/2010**. (Inform. STJ 443)

2. CONTRATOS AGRÁRIOS

CÉDULA. PRODUTO RURAL. PREÇO FUTURO. LEGALIDADE.
Não é requisito essencial para a emissão de cédula de produto rural (CPR) o pagamento antecipado pela aquisição dos produtos nela representados. A emissão do referido título pode acontecer para financiar a safra, com o prévio pagamento de preço, mas também pode ocorrer uma operação de *hedge*, na qual o produtor, independentemente do recebimento antecipado do preço, deseja somente se proteger dos riscos de flutuação do valor do produto no mercado futuro. A CPR, para que possa exercer sua função de fomento agrícola, tem que conferir segurança ao negócio, garantindo que, no seu vencimento, os produtos por ela representados sejam efetivamente entregues. O pagamento pelos produtos representados na cártula pode ser prévio, parcelado ou, até mesmo, posterior à sua entrega. Poderá ele estar disciplinado no próprio título, por meio de inclusão de cláusulas especiais com esse fim, como preconiza o art. 9º da referida lei, ou poderá constar de contrato autônomo ao qual a CPR servirá como garantia. Não há abuso na assinatura de promessa de compra e venda que envolva safra agrícola com fixação futura de preço. Uma vez que, na hipótese, era dado ao produtor optar pela data que melhor lhe conviesse para o fechamento da operação, não há condição potestativa com a determinação do preço em data futura. Tal prática representa sim um instrumento à disposição do agricultor para que planeje sua safra, disponibilizando-lhe mecanismos para proteger-se contra as variações exacerbadas de preço. Precedente citado: **REsp 1.023.083-GO. REsp 910.537-GO, Rel. Min. Nancy Andrighi, julgado em 25/5/2010** (ver Informativo n. 430). (Inform. STJ 436)

CPR. PAGAMENTO ANTECIPADO. INEXIGIBILIDADE.
In casu, a controvérsia cingiu-se em saber se, pelo sistema das cédulas de produto rural (CPR), é necessário que o comprador adiante ao produtor o valor dos bens adquiridos para entrega futura, bem como em definir a quem cabe o ônus de comprovar esse pagamento. Ao apreciar o REsp e negar-lhe provimento, a Turma assentou que a Lei n. 8.929/1994 não impõe como requisito essencial para a emissão de uma CPR o prévio pagamento pela aquisição dos produtos agrícolas nela representados. Desse modo, a emissão desse título pode dar-se para financiamento da safra com pagamento antecipado do preço, mas também pode ocorrer numa operação de *hedge*, na qual o agricultor, independentemente do recebimento antecipado do pagamento, pretende apenas se proteger contra os riscos de flutuação de preços no mercado futuro. Observou-se que a CPR é um título de crédito e, como tal, é regulada por princípios como o da cartularidade e da literalidade, consubstanciando um título representativo de mercadoria, e, para que possa desempenhar seu papel de fomento agrícola, é importante que confira segurança ao negócio, garantindo que, no vencimento da cártula, os produtos por ela representados sejam efetivamente entregues. Destacou-se que o pagamento pela safra representada no título pode dar-se antecipadamente, parceladamente ou mesmo após a entrega dos produtos. Isso poderá constar na própria CPR, mediante cláusulas especiais com esse fim, conforme autoriza o art. 9º da referida lei, ou poderá constar de contrato autônomo em relação ao qual esse título funcionará como mera garantia. Destacou-se, ainda, que a inexistência da obrigação de antecipar o preço não implica a desnecessidade de seu pagamento. Isso porque é possível a emissão de uma CPR para pagamento futuro e o posterior inadimplemento do sacado e, sendo assim, deve ser possível ao emitente levantar essa questão. Nessas situações, se o título não circulou, pode o emitente discutir a matéria em embargos à execução e, nas hipóteses em que tenha circulado a cártula, a obrigação cambial deve ser cumprida, e a discussão quanto ao preço deve se travar mediante ação autônoma, entre as partes do negócio originário. Quanto ao ônus de comprovar a ausência de pagamento, em princípio, cabe ao emitente da CPR. Contudo, em determinadas circunstâncias, se o juiz verificar a impossibilidade dessa comprovação, poderá, mediante aplicação da teoria da distribuição dinâmica do ônus da prova, imputar ao sacado a obrigação de demonstrá-lo, caso constate que para ele a prova é possível. Assim, diante desses fundamentos e tudo mais verificado nos autos, entendeu-se não haver o que reparar no acórdão recorrido. **REsp 1.023.083-GO, Rel. Min. Nancy Andrighi, julgado em 15/4/2010**. (Inform. STJ 430)

CÉDULA. CRÉDITO RURAL. JUROS.
É certo que a capitalização mensal de juros na cédula de crédito rural é permitida desde que pactuada (Súm. n. 93-STJ), contudo sua cobrança, na hipótese, é afastada em razão da falta de manifestação das instâncias ordinárias quanto ao tema; pois, nesta instância especial, sua verificação é obstada pelas Súmulas ns. 5 e 7, ambas do STJ. **Precedentes citados: AgRg no REsp 1.050.747-RS, DJe 5/8/2008, e REsp 1.036.474-RS, DJe 20/6/2008. REsp 302.265-RS, Rel. Min. Luis Felipe Salomão, julgado em 18/3/2010**. (Inform. STJ 427)

CDC. CRÉDITO RURAL.
In casu, trata-se de execução fiscal de crédito rural securitizado e cedido pelo Banco do Brasil à União. No REsp, a Fazenda Nacional, recorrente, alegou violação dos arts. 535 do CPC, 2º do CDC, 71 do DL n. 167/1967 e 14 da Lei n. 4.829/1965. Sustentou, entre outras questões, que o CDC não se aplica às operações de financiamento agrícola, pois o crédito rural tem normas próprias, destacando que, nessa forma de empréstimo, o mutuante não utiliza o dinheiro como destinatário final. Para a Min. Relatora, em relação à possibilidade de ser aplicado o CDC às operações de financiamento agrícola, bem como quanto à validade da comissão de permanência, a jurisprudência do STJ já consolidada na Segunda Seção é no sentido contrário à pretensão da recorrente, isto é, aplica-se o CDC aos contratos firmados entre instituição financeira e o agricultor, pessoa física, ainda que para viabilizar seu trabalho como produtor rural. É impossível, nos contratos bancários, a cobrança cumulada da comissão de

permanência com os juros remuneratórios, correção monetária e/ou juros moratórios. Quanto à multa moratória, segundo ressaltou a Min. Relatora, o entendimento do STJ é que só se aplica tal multa no valor de 10% aos contratos firmados anteriormente à edição da Lei n. 9.298/1996. Quanto à tese de que o art. 14 da Lei n. 4.829/1965 não estabelece limite às taxas de juros, bem como à de que o Dec. n. 22.626/1933 não se aplica às taxas de juros e outros encargos cobrados nas operações realizadas por instituições públicas ou privadas que integram o Sistema Financeiro Nacional (Súmula n. 596-STF), observou que o Tribunal *a quo* não emitiu juízo de valor sobre a aplicabilidade desse enunciado do STF ao caso concreto, nem do referido art. 14 da citada lei, fato que dá ensejo à aplicação da Súmula n. 211-STJ. Destacou que tais questões não foram objeto da apelação, motivo pelo qual não estava a Corte de origem obrigada a se pronunciar sobre elas no julgamento dos embargos declaratórios. Diante disso, a Turma conheceu em parte do recurso e, nessa parte, negou-lhe provimento. **Precedentes citados: AgRg no REsp 677.851-PR, DJe 11/5/2009; AgRg nos EDcl no REsp 866.389-DF, DJe 1°/7/2008; AgRg no REsp 794.526-MA, DJ 24/4/2006; REsp 435.249-MS, DJ 7/10/2002, e REsp 299.435-MT, DJ 13/12/2004. REsp 1.127.805-PR, Rel. Min. Eliana Calmon, julgado em 6/10/2009.** (Inform. STJ 410)

ARRENDAMENTO RURAL. RETENÇÃO. BENFEITORIAS.

A embargante sustentou, em síntese, que os embargos declaratórios tiveram o propósito de prequestionar a matéria relativa ao direito à indenização por benfeitorias, não podendo, pois, ser considerados procrastinatórios. No mérito, aduziu que os melhoramentos efetuados no imóvel foram provados, relacionados e valorizados nos autos, razão pela qual devem ser indenizados nos termos do Estatuto da Terra. Contudo, uma vez que assentado pelas instâncias ordinárias que as alegadas benfeitorias não foram especificadas nem valorizadas como determina a lei, o Min. Relator entendeu que não há como infirmar tais fundamentos sem reexaminar o conjunto probatório coligido aos autos. É descabida a penalidade imposta com base no art. 538, parágrafo único, do CPC, quando o escopo da recorrente, ao aviar os embargos, foi o de preencher o requisito do prequestionamento. Isso posto, a Turma conheceu em parte do recurso e, nessa parte, deu-lhe provimento. **REsp 134.537-MG, Rel. Min. Luís Felipe Salomão, julgado em 28/10/2008.** (Inform. STJ 374)

PARCERIA AGRÍCOLA. CONTRATO VERBAL. ALIENAÇÃO. IMÓVEL.

Em ação de rescisão contratual de parceria rural c/c perdas e danos, o juiz acatou preliminar de ilegitimidade passiva *ad causam* do primeiro requerido e a rejeitou em relação ao segundo, sob o enfoque da ocorrência de sub-rogação por força de lei. Interposto agravo de instrumento, o Tribunal *a quo* manteve o agravante no pólo passivo da ação porque o adquirente fica sub-rogado nos direitos e obrigações do alienante, prevalecendo o art. 92, § 5º, do Estatuto da Terra e afirmou que o alienante não poderia ser excluído inicialmente até definir a existência do contrato verbal de parceria para, depois, verificar-se o impedimento de prosseguimento do negócio, bem como os eventuais danos. Para o Min. Relator, independentemente da existência de contrato expresso e do correspondente registro, não deve pairar dúvida de que, mesmo após a alienação do imóvel rural objeto da parceria agrícola, essa parceria permanecerá plenamente subsistente, sub-rogando o adquirente nos direitos e obrigações do alienante (§ 5º do art. 92 do Estatuto da Terra). Outrossim, a parceria agrícola é passível de ajuste nas formas escrita e verbal, não se inclui entre os documentos e contratos sujeitos a registro para produzir efeitos perante terceiros, conforme o disposto nos arts. 127, V, e 129 da Lei n. 6.015/1973. Isso posto, a Turma conheceu parcialmente do REsp, mas lhe negou provimento. **Precedente citado: REsp 144.326-PR, DJ 21/8/2000. REsp 721.231-SP, Rel. Min. João Otávio de Noronha, julgado em 8/4/2008.** (Inform. STJ 351)

3. DESAPROPRIAÇÃO PARA A REFORMA AGRÁRIA

LIMINAR EM AÇÃO CAUTELAR: RECURSO EXTRAORDINÁRIO NÃO-ADMITIDO E DESAPROPRIAÇÃO - 1

O Plenário retomou julgamento de agravo regimental interposto de decisão proferida pela Min. Ellen Gracie, que deferira pedido de medida liminar, em ação cautelar, da qual relatora, para suspender os efeitos de acórdãos de tribunal de justiça local, bem assim a imissão do ora agravante na posse do imóvel rural. O Estado-membro agravante alega que o tema central seria a ocorrência de preclusão, matéria processual infraconstitucional, não passível de análise no âmbito de extraordinário. Na espécie, encontra-se pendente de exame, nesta Corte, agravo de instrumento interposto de decisão que negara seguimento a recurso extraordinário dos proprietários do imóvel, ora agravados. Na sessão de 4.8.2011, a relatora propôs o referendo da cautelar por ela deferida e julgou prejudicado o regimental. Inicialmente, registrou entendimento no sentido de que a jurisdição cautelar do Supremo somente é iniciada com a admissão de recurso extraordinário, ou com o provimento de agravo de instrumento, no caso de juízo negativo de admissibilidade. Salientou que, entretanto, esta Corte tem suspendido, excepcionalmente, os efeitos de acórdão que sejam manifestamente contrários a sua jurisprudência e que provoquem efeitos de difícil ou impossível reversão. Em seguida, verificou que, num primeiro exame, o acórdão recorrido pareceria ter divergido da orientação do STF segundo a qual os Estados-membros não possuiriam competência para efetuar desapropriações para reforma agrária, matéria situada na competência privativa da União, portanto, demonstrada a plausibilidade do pedido. Ademais, reputou patentemente comprovado o perigo da demora, haja vista prazo determinado judicialmente para desocupação do bem, além de notícia de data para se efetivar a imissão na posse. Ato contínuo, ressaltou que o juízo de origem consignara expressamente na sentença que o Estado-membro teria legitimidade ativa para propor a ação de desapropriação para reforma agrária. No ponto, observou que a questão processual poderia ser examinada na oportunidade do julgamento do recurso extraordinário. AC 2910 AgR-MC/RS, rel. Min. Ellen Gracie, 20.10.2011. (AC-2910) (Inform. STF 645)

LIMINAR EM AÇÃO CAUTELAR: RECURSO EXTRAORDINÁRIO NÃO-ADMITIDO E DESAPROPRIAÇÃO - 2

Nesta assentada, o Min. Dias Toffoli, em divergência, negou referendo à cautelar concedida. Entreviu que, na espécie, a solução mais adequada à discussão residiria no indeferimento da medida liminar, porquanto a primeira sentença, que extinguira o feito sem apreciação de mérito, fora reformada pelo tribunal de justiça gaúcho, que tratara da legitimidade do ente federado e determinara o prosseguimento da desapropriação, em pronunciamento transitado em julgado. Apontou que o recurso extraordinário decorreria da segunda sentença, posterior à mencionada, e que a divergência entre as partes, dentre outros aspectos, prosseguira quanto aos valores envolvidos na indenização. Anotou que a Corte *a quo* não mais se manifestara sobre a matéria da legitimidade por considerá-la preclusa. Além disso, explicitou que, no juízo de admissibilidade, o tribunal de justiça afirmara a ausência de prequestionamento, bem assim a inviabilidade do apelo extremo, em virtude de se restringir a temas, a rigor, infraconstitucionais. Sublinhou inexistir pronunciamento colegiado do Supremo, em face da atual Constituição, a respeito da competência da aludida unidade federativa para efetuar a desapropriação requerida nos autos e que apenas 1 dos atos monocráticos, contrários à utilização pelo Estado-membro do instituto para fins de reforma agrária, transitara em julgado. Aduziu que esses entendimentos, no entanto, seriam irrelevantes para o deslinde da discussão, visto que se encontraria coberta pelo manto da coisa julgada. Portanto, não haveria que se falar em fumaça do bom direito a amparar a renovada pretensão dos agravados. Assim, em razão das escassas chances de êxito e da ausência de demonstração de viabilidade do recurso extraordinário, entendeu não ser cabível a liminar. Aludiu, por derradeiro, à jurisprudência do STF nesse sentido. Após, pediu vista o Min. Luiz Fux. AC 2910 AgR-MC/RS, rel. Min. Ellen Gracie, 20.10.2011. (AC-2910) (Inform. STF 645)

DESAPROPRIAÇÃO: INTERESSE SOCIAL E REFORMA AGRÁRIA - 1

O Plenário denegou mandado de segurança impetrado com o fim de anular decreto presidencial que declarara de interesse social, para fins de estabelecimento e manutenção de colônias ou cooperativas de povoamento e trabalho agrícola, imóvel rural localizado no Estado da Paraíba, nos termos da Lei 4.132/62 ("*Art. 2º Considera-se de interesse social: ... III - o estabelecimento e a manutenção de colônias ou cooperativas de povoamento e trabalho agrícola*"). Alegava a impetração que o Tribunal de Justiça local teria anulado decreto estadual que desapropriara a mesma área, para fins de estabelecimento de colônia agrícola, razão pela qual o decreto impugnado afrontaria a coisa julgada. Sustentava, ademais, que não se poderia, no caso, cogitar de desapropriação para fins de reforma agrária, haja vista referir-se a média propriedade rural produtiva, e que teria havido desvio de finalidade, visto que a região destinada à desapropriação seria diversa daquela onde residiriam os colonos. Apontava, também, que o ato impugnado teria autorizado o Instituto Nacional de Colonização e Reforma Agrária — INCRA a promover a desapropriação e que a autarquia não teria competência legal para tanto. Por fim, afirmava afronta ao devido processo legal, à ampla defesa e ao contraditório em decorrência da falta de vistoria prévia do imóvel. MS 26192/PB, rel. Min. Joaquim Barbosa, 11.5.2011. (MS-26192)

DESAPROPRIAÇÃO: INTERESSE SOCIAL E REFORMA AGRÁRIA - 2

Em relação ao argumento de violação à coisa julgada, salientou-se que o decreto expropriatório proferido pelo Estado-membro teria sido anulado, em sentença transitada em julgado, devido a vício de incompetência, uma vez que encampado com o intuito de reforma agrária, atribuição exclusiva da União. No ponto, destacou o Min. Luiz Fux que esse vício consistiria em mera formalidade, de modo a não impedir a propositura de nova ação com o mesmo objeto. Reputou-se que, muito embora se tratasse de média propriedade rural produtiva, o ato impugnado não teria a finalidade de desapropriar para reforma agrária, mas para atender a interesse social, conceito este mais amplo do que aquele. A respeito, o Min. Celso de Mello consignou que a desapropriação para fins de reforma agrária seria modalidade de desapropriação-sanção, condicionada à notificação prévia como medida concretizadora do devido processo e vinculada ao mau uso da propriedade, cuja justa e prévia indenização se daria em títulos da dívida agrária. Enfatizou que a hipótese dos autos, por sua vez, trataria de assentamento de colonos em observância a interesse social, sem caráter sancionatório — motivo pelo qual a justa e prévia indenização teria ocorrido em espécie — e não vinculada à produtividade ou às dimensões da área desapropriada. Acrescentou o Min. Joaquim Barbosa, relator, que o referido interesse social residiria na necessidade de apaziguamento dos iminentes conflitos fundiários na região e, por essa razão, estaria justificada a interferência da União, por meio do INCRA. O Min. Ayres Britto aduziu que não competiria à citada autarquia atuar apenas em questões de reforma agrária, mas também naquelas de interesse social diverso. No tocante ao sustentado desvio de finalidade, assentou-se que caberia ao órgão expropriante determinar a gleba a ser destinada aos colonos, consideradas, inclusive, as áreas de preservação ambiental. MS 26192/PB, rel. Min. Joaquim Barbosa, 11.5.2011. (MS-26192) (Inform. STF 626)

DESAPROPRIAÇÃO E FUNDAMENTOS - 1

O Plenário iniciou julgamento de mandado de segurança impetrado contra ato do Presidente da República, consistente em decreto que declarara de interesse social, para fins de reforma agrária, propriedade rural localizada no Município de Sapé/PB. O impetrante alega que o processo que subsidiara o ato impetrado teria violado o art. 2º, § 6º, da Lei 8.629/93 (*"Art. 2º A propriedade rural que não cumprir a função social prevista no art. 9º é passível de desapropriação, nos termos desta lei, respeitados os dispositivos constitucionais. ... §6º O imóvel rural de domínio público ou particular objeto de esbulho possessório ou invasão motivada por conflito agrário ou fundiário de caráter coletivo não será vistoriado, avaliado ou desapropriado nos dois anos seguintes à sua desocupação, ou no dobro desse prazo, em caso de reincidência; e deverá ser apurada a responsabilidade civil e administrativa de quem concorra com qualquer ato omissivo ou comissivo que propicie o descumprimento dessas vedações."*), já que o imóvel em questão teria sido alvo de sucessivas invasões provoca-das pelo Movimento dos Sem Terra – MST, fatos comprovados por meio de sentença transitada em julgado de ação de reintegração de posse. MS 26336/DF, rel. Min. Joaquim Barbosa, 2.3.2011. (MS-26336)

DESAPROPRIAÇÃO E FUNDAMENTOS - 2

O Min. Joaquim Barbosa, relator, denegou a ordem. considerou que o conjunto probatório constante dos autos apresentaria controvérsia cuja solução não seria viável por meio de mandado de segurança, pois não estaria claro se os ocupantes das áreas em questão seriam realmente invasores, pertencentes ao MST, ou trabalhadores fixados originariamente no local. Além disso, aduziu não haver prova cabal de que a região supostamente invadida pertenceria ao impetrante. Dessa forma, concluiu inexistir direito líquido e certo a autorizar o deferimento do pedido. Em divergência, os Ministros Marco Aurélio, Gilmar Mendes e Ellen Gracie concederam a segurança. Afirmaram haver inquestionável evidência acerca da invasão à propriedade do impetrante, corroborada por sucessivas decisões judiciais. Ademais, reputaram que a vistoria que dera base ao ato impugnado ocorrera de forma ilegal, pois realizada após a ocupação das terras, fato que teria contaminado o referido Decreto. Salientaram, por fim, que o objetivo da lei seria impedir invasões e evitar conflitos no campo, o que superaria qualquer fundamento utilizado para a desapropriação. Após, pediu vista dos autos o Min. Dias Toffoli. MS 26336/DF, rel. Min. Joaquim Barbosa, 2.3.2011. (MS-26336) (Inform. STF 618)

DECRETO EXPROPRIATÓRIO E TRANSMISSÃO "MORTIS CAUSA" - 1

O Tribunal iniciou julgamento de mandado de segurança impetrado contra decreto do Presidente da República que implicara a declaração de interesse social para fins de reforma agrária de imóvel rural. Os impetrantes alegam a nulidade do decreto em face destas razões: a) incidência do §6º do art. 2º da Lei 8.629/93, com a redação dada pela Medida Provisória 2.183-56/2001 ("§6º O imóvel rural de domínio público ou particular objeto de esbulho possessório ou invasão motivada por conflito agrário ou fundiário de caráter coletivo não será vistoriado, avaliado ou desapropriado nos dois anos seguintes à sua desocupação, ou no dobro desse prazo, em caso de reincidência; e deverá ser apurada a responsabilidade civil e administrativa de quem concorra com qualquer ato omissivo ou comissivo que propicie o descumprimento dessas vedações."), haja vista o esbulho ocorrido em data anterior à vistoria do imóvel; b) enquadramento da propriedade como média, porquanto indevidamente incluídas no cálculo do número de módulos fiscais áreas de preservação permanente e inaproveitável; c) incidência do §6º do art. 46 da Lei 4.504/64 ("§ 6º No caso de imóvel rural em comum por força de herança, as partes ideais, para os fins desta Lei, serão consideradas como se divisão houvesse, devendo ser cadastrada a área que, na partilha, tocaria a cada herdeiro e admitidos os demais dados médios verificados na área total do imóvel rural."), tendo em conta a ocorrência de sucessão mortis causa e divisão de terras entre os herdeiros; d) inobservância da Lei 9.784/99, já que o INCRA deixara de responder aos requerimentos feitos pelos impetrantes antes do decreto. O Min. Marco Aurélio, relator, concedeu a ordem para tornar insubsistente o decreto presidencial. Esclareceu, inicialmente, que no registro de imóveis consta como titular do bem em questão pessoa jurídica, cujo distrato social, levado a registro, transferira o ativo e o passivo da sociedade a um dos sócios, que viera a falecer, tendo sido aberto inventário pela viúva do mesmo. Concluiu, com isso, pela legitimidade ativa da viúva e dos herdeiros e pela ilegitimidade da pessoa jurídica mencionada. Quanto à invasão, asseverou o relator descompasso de datas, o que inviabilizaria a oposição do esbulho à desapropriação. Em relação à transmissão mortis causa, ressaltou que, em razão do falecimento do sócio-proprietário do imóvel ser anterior à data de publicação do decreto impugnado, depreender-se-ia já ter ocorrido nesta data a existência da transmissão da herança, tal como prevista no art. 1.784 do Código Civil ("Aberta a sucessão, a herança transmite-se, desde logo, aos herdeiros legítimos e testamentários."), havendo de incidir o §6º do art. 46 da Lei 4.504/64, sendo, portanto, insubsistente o decreto, já que considerada a propriedade como um todo. Após, o Min. Eros Grau pediu vista dos autos. ***MS 24924/DF, rel. Min. Marco Aurélio, 28.10.2004. (MS-24924)***

DECRETO EXPROPRIATÓRIO E TRANSMISSÃO "MORTIS CAUSA" - 2

O Tribunal retomou julgamento de mandado de segurança impetrado contra ato do Presidente da República que, por meio de decreto, declarara de interesse social, para fins de reforma agrária, imóvel rural — v. Informativo 367. O Min. Eros Grau, em voto-vista, abriu divergência e indeferiu a segurança. Ressaltou a necessidade de se interpretar o art. 1.784 em conjunto com o disposto no art. 1.791 e seu parágrafo único, ambos do CC, concluindo que a saisine somente torna múltipla a titularidade do imóvel, o qual permanece uma única propriedade até a partilha, unidade que não pode ser afastada quando da apuração da área do imóvel para fins de reforma agrária, razão por que não se pode tomar cada parte ideal como propriedade distinta. Salientou não ser aplicável, à espécie, o § 6º art. 46 do Estatuto da Terra (Lei 4.504/64), já que a expressão "para os fins desta Lei" nele contida teria o objetivo apenas de instrumentar o cálculo do coeficiente de progressividade do Imposto Territorial Rural – ITR, não servindo o procedimento previsto de parâmetro para o dimensionamento de imóveis rurais destinados à reforma agrária, matéria afeta à Lei 8.629/93. No que tange ao apontado erro de cálculo da área do imóvel, afirmou que, para os fins dessa última lei, deve ser levada em conta a área global, sem dedução das áreas não aproveitáveis e da reserva legal (Lei 4.771/65, art. 16, § 2º), o que seria considerado somente no cálculo da produtividade do imóvel (Lei 8.629/93, art. 6º). Com base nisso, e tendo em conta o laudo técnico do INCRA, considerou o imóvel em questão uma grande propriedade rural improdutiva passível de desapropriação. Afastou as demais alegações dos impetrantes, por considerar que as mesmas demandam dilação probatória, incabível na via eleita. Em seguida, o Min. Marco Aurélio negou a juntada de petição apresentada pelos impetrantes, no que foi acompanhado por unanimidade, e, aditando o voto primitivo quanto a não se ter propriedade em razão dos módulos capaz de ensejar a reforma agrária, manteve a concessão da ordem. Acompanharam a divergência os Ministros Joaquim Barbosa, Carlos Britto e Cezar Peluso. Após, pediu vista dos autos o Min. Gilmar Mendes. **(MS-24924)**

DECRETO EXPROPRIATÓRIO E TRANSMISSÃO "MORTIS CAUSA" - 3

Em conclusão, o Plenário, por maioria, denegou mandado de segurança impetrado contra ato do Presidente da República que, por meio de decreto, declarara de interesse social, para fins de reforma agrária, imóvel rural — v. Informativos 367 e 379. Ressaltou-se a necessidade de se interpretar o art. 1.784 em conjunto com o disposto no art. 1.791 e seu parágrafo único, ambos do Código Civil, de modo que a *saisine* somente tornaria múltipla a titularidade do imóvel, o qual permaneceria uma única propriedade até a partilha, unidade que não poderia ser afastada quando da apuração da área do imóvel para fins de reforma agrária, razão por que não se poderia tomar cada parte ideal como propriedade distinta. Salientou-se não ser aplicável, à espécie, o § 6º do art. 46 do Estatuto da Terra (Lei 4.504/64), já que a expressão "*para os fins desta Lei*" nele contida teria o objetivo apenas de instrumentar o cálculo do coeficiente de progressividade do Imposto Territorial Rural - ITR, não servindo o procedimento previsto de parâmetro para o dimensionamento de imóveis rurais destinados à reforma agrária, matéria afeta à Lei 8.629/93. No que tange ao apontado erro de cálculo da área do imóvel, afirmou-se que, para os fins dessa última lei, deveria ser levada em conta a área global, sem dedução das áreas não aproveitáveis e da reserva legal (Lei 4.771/65, art. 16, § 2º), o que seria considerado somente no cálculo da produtividade do imóvel (Lei 8.629/93, art. 6º). Com base nisso, e tendo em conta o laudo técnico do INCRA, considerou-se o imóvel em questão uma grande propriedade rural improdutiva passível de desapropriação. Afastaram-se as demais alegações dos impetrantes, por considerar que demandariam dilação probatória, incabível na via eleita. MS 24924/DF, rel. orig. Min. Marco Aurélio, red. p/ o acórdão Min. Joaquim Barbosa, 24.2.2011. (MS-24924) (Inform. STF 617)

EMENTA: REFORMA AGRÁRIA. DESAPROPRIAÇÃO-SANÇÃO. ALEGADA PRODUTIVIDADE DO IMÓVEL RURAL. AFIRMAÇÃO CONTESTADA PELA AUTORIDADE IMPETRADA. SITUAÇÃO DE DÚVIDA OBJETIVA. INADMISSIBILIDADE DE SEU EXAME NA VIA SUMARÍSSIMA DO PROCESSO MANDAMENTAL. VALOR JURÍDICO DAS INFORMAÇÕES OFICIAIS PRESTADAS EM SEDE DE MANDADO DE SEGURANÇA. PRESUNÇÃO "*JURIS TANTUM*" DE VERACIDADE. INEXISTÊNCIA DE PROVA IDÔNEA EM SENTIDO CONTRÁRIO. MAGISTÉRIO DA DOUTRINA. PRECEDENTES DO SUPREMO TRIBUNAL FEDERAL. A NOÇÃO DE *DIREITO LÍQUIDO E CERTO*. CONCEITO EMINENTEMENTE PROCESSUAL. IMPOSSIBILIDADE DE DILAÇÃO PROBATÓRIA EM SEDE MANDAMENTAL. DOUTRINA. JURISPRUDÊNCIA. ALEGAÇÃO DE ESBULHO POSSESSÓRIO. A REPULSA DO ORDENAMENTO JURÍDICO E DA JURISPRUDÊNCIA DA SUPREMA CORTE A ESSA PRÁTICA ILÍCITA DE VIOLAÇÃO POSSESSÓRIA (MS 23.759/GO, REL. MIN. CELSO DE MELLO, *v.g.*). FATO QUE TERIA OCORRIDO APÓS A DECLARAÇÃO EXPROPRIATÓRIA, EM CONTEXTO NO QUAL NÃO AFETADOS OS ÍNDICES DE PRODUTIVIDADE DO IMÓVEL RURAL. NÃO CONFIGURAÇÃO DA PRETENDIDA NULIDADE DO DECRETO PRESIDENCIAL. **PRECEDENTES. MANDADO DE SEGURANÇA INDEFERIDO**. (Inform. STF 609)

EMENTA: IMÓVEL RURAL. REFORMA AGRÁRIA. DESAPROPRIAÇÃO--SANÇÃO POR INTERESSE SOCIAL. **NOTIFICAÇÃO PRÉVIA. INOCORRÊNCIA. COMUNICAÇÃO** RECEBIDA **POR PESSOA ESTRANHA** À EMPRESA PROPRIETÁRIA DE PRÉDIO RÚSTICO. **COMPROVAÇÃO**, PELA IMPETRANTE, DE QUE AQUELE QUE RECEBEU A NOTIFICAÇÃO **NÃO DISPUNHA** DE PODERES PARA REPRESENTÁ-LA. **DESRESPEITO** À GARANTIA CONSTITUCIONAL DO "*DUE PROCESS OF LAW*". **TRANSGRESSÃO** AO DIREITO DE DEFESA **E** AO POSTULADO DO CONTRADITÓRIO. **O SIGNIFICADO** DA VISTORIA PRÉVIA. **REFORMA AGRÁRIA E ABUSO DE PODER. INADMISSIBILIDADE. A FUNÇÃO SOCIAL** DA PROPRIEDADE: **VETORES QUE PERMITEM** RECONHECER O SEU ADIMPLEMENTO PELO "*DOMINUS*". **A SUBMISSÃO** DO PODER PÚBLICO *À "RULE OF LAW*". **OFENSA** A DIREITO LÍQUIDO E CERTO DA EMPRESA IMPETRANTE. **PRECEDENTES. MANDADO DE SEGURANÇA DEFERIDO**. (Inform. STF 608)

DESAPROPRIAÇÃO: NOTIFICAÇÃO E VISTORIA DE IMÓVEL INVADIDO - 1

O Tribunal iniciou julgamento de mandado de segurança impetrado contra ato do Presidente da República que declarara de interesse social, para fins de reforma agrária, imóvel rural dos impetrantes. O Min. Marco Aurélio, relator, concedeu a ordem, para declarar insubsistente, em definitivo, o decreto expropriatório, no que foi acompanhado pelos Ministros Gilmar Mendes e Celso de Mello. Entendeu, primeiro, que, na espécie, a notificação, ocorrida na figura do inventariante, considerado o espólio, se dera de forma inválida, haja vista que não fora fixada data nem espaço de tempo razoável para o início dos trabalhos. Afirmou que a notificação tem por finalidade viabilizar o acompanhamento cabível, permitindo ao proprietário, inclusive, a contratação de técnico para fazê-lo, e que a designação da data da vistoria é elemento substancial dela, forma essencial à valia do ato. Reputou, em seguida, que a vistoria se dera à margem do que disposto na Medida Provisória 2.183-56/2001, visto que, quando de sua feitura, o imóvel em questão se encontrava invadido. Ademais, teriam sido incluídas áreas não aproveitáveis na averiguação do grau de utilização da terra. Destacou, por fim, a existência de decisão de reintegração preclusa na via da recorribilidade. Após, pediu vista dos autos o Min. Dias Toffoli. **MS 25493/DF, rel. Min. Marco Aurélio, 19.5.2010.** (MS-25493)

DESAPROPRIAÇÃO: NOTIFICAÇÃO E VISTORIA DE IMÓVEL INVADIDO - 2

O Plenário retomou julgamento de mandado de segurança impetrado contra ato do Presidente da República que declarara de interesse social, para fins de reforma agrária, imóvel rural dos impetrantes — v. Informativo 587. Em divergência, o Min. Dias Toffoli denegou a ordem. De início, ponderou que o fato de o objeto do decreto expropriatório pertencer a espólios não induziria à necessidade de que todos os herdeiros fossem pessoal e previamente notificados. Portanto, adequada a notificação endereçada à representante legal. A despeito do lapso temporal entre o recebimento daquela e a data da vistoria, entendeu inexistir prejuízo ao direito de defesa dos proprietários do bem, porquanto se manifestaram no curso de procedimento administrativo e recorreram, inclusive, judicialmente, na tentativa de impugnar trâmite de processo análogo proposto, anteriormente, com relação ao mesmo imóvel. Em seguida, consignou que — conquanto houvesse entendimento do Supremo segundo o qual a ocupação de parte, ainda que diminuta, do bem não permite a sua desapropriação — a norma impeditiva de vistoria entrara em vigor após a invasão do imóvel em tela, o que obstaria sua utilização em favor do pleito dos impetrantes. Complementou que a ocupação atingira aproximadamente 0,3% da área total do bem, logo, deveria ser considerada absolutamente ínfima e insuscetível de prejudicar de alguma maneira o seu adequado aproveitamento econômico. Além disso, destacou que na vistoria fora constatada: a) a ausência de representantes dos proprietários vivendo ou trabalhando no local; b) a falta de qualquer tipo de atividade econômica no imóvel rural, apesar de sua dimensão; e c) a presença de poucas pessoas instaladas em sua área, que estaria livre de tensões sociais referentes a possíveis conflitos agrários. Mencionou haver projetos de assentamento nas imediações da propriedade que seriam beneficiados com sua incorporação. Por outro lado, aduziu que, consoante jurisprudência da Corte, aspectos sobre a efetiva exploração do bem não poderiam ser equacionados na via estreita de ações como a da espécie. Concluiu não haver razões para se anular o decreto expropriatório questionado, motivo pelo qual insubsistente a cautelar deferida nos autos. MS 25493/DF, rel. Min. Marco Aurélio, 27.10.2011. (MS-25493)

DESAPROPRIAÇÃO: NOTIFICAÇÃO E VISTORIA DE IMÓVEL INVADIDO - 3

O Min. Gilmar Mendes, ao reafirmar o voto proferido na sessão de 19.5.2010, assinalou que o procedimento expropriatório fora subseqüente à lei que obstaculiza a vistoria de imóvel objeto de esbulho possessório ou invasão e, por conseguinte, deveria ter observado o modelo estatutário em toda sua extensão. O Min. Luiz Fux acompanhou o relator e, também, concedeu a segurança, tendo em vista a irregularidade da notificação e a ocupação da propriedade, capaz de impedir a realização de vistoria. Após, pediu vista a Min. Cármen Lúcia. MS 25493/DF, rel. Min. Marco Aurélio, 27.10.2011. (MS-25493)

DESAPROPRIAÇÃO: NOTIFICAÇÃO E VISTORIA DE IMÓVEL INVADIDO - 4

Em conclusão, o Plenário, por maioria, concedeu mandado de segurança para declarar insubsistente, em definitivo, decreto expropriatório por interesse social, para fins de reforma agrária, do imóvel rural dos impetrantes — v. Informativos 587 e 646. Prevaleceu o voto do Min. Marco Aurélio, relator, que, primeiramente, entendeu inválida a notificação ocorrida na figura da inventariante, considerados os espólios. Ressaltou, também, que não fora fixada data nem lapso de tempo razoável para o início dos trabalhos. Afirmou que a notificação objetivaria viabilizar o acompanhamento cabível, permitindo ao proprietário, inclusive, a contratação de técnico para fazê-lo e que a designação da data da vistoria seria elemento substancial da notificação, forma essencial à valia do ato. Reputou, em seguida, que a inspeção teria acontecido à margem do que disposto na Medida Provisória 2.183-56/2001, pois, quando de sua feitura, o imóvel encontrava-se invadido. Ademais, teriam sido incluídas áreas não aproveitáveis ao se averiguar o grau de utilização da terra. Por fim, destacou a existência de decisão de reintegração preclusa na via da recorribilidade. O Min. Gilmar Mendes aduziu que o procedimento expropriatório fora subsequente à lei que obstaculizaria a inspeção de imóvel objeto de esbulho possessório ou invasão e, por conseguinte, deveria ter observado o modelo estatutário em toda sua amplitude. Esclareceu, ainda, que a ocupação da propriedade, mesmo que diminuta, impediria realizar a vistoria. MS 25493/DF, rel. Min. Marco Aurélio, 14.12.2011. (MS-25493)

DESAPROPRIAÇÃO: NOTIFICAÇÃO E VISTORIA DE IMÓVEL INVADIDO - 5

A Min. Cármen Lúcia, embora entendesse que a notificação apenas na pessoa da inventariante fosse perfeitamente hígida, deferiu a ordem sob o fundamento de que evidenciado vício na notificação dos impetrantes que os impossibilitara o acompanhamento dos trabalhos de campo destinados à aferição da produtividade do imóvel, a impor, por si só, a anulação do procedimento administrativo e, consequentemente, do decreto desapropriatório. O Min. Ricardo Lewandowski também concedeu a segurança. Salientou que bastaria a assertiva de que, apesar de a inventariante ter sido notificada da vistoria previamente, não se assinalara dia e hora e, conquanto tivesse pedido esclarecimento desse detalhe, aquela fora efetivamente feita sem a presença de qualquer representante dos espólios, o que seria irregular e impediria o exercício da ampla defesa. Consignou que, no entanto, deixaria de se manifestar sobre a matéria da ocupação, se esta seria mínima ou se afetaria a higidez do ato. Vencido o Min. Dias Toffoli, que denegava o mandado de segurança, por concluir não haver razões para a anulação do decreto expropriatório. MS 25493/DF, rel. Min. Marco Aurélio, 14.12.2011. (MS-25493) (Inform. STF 652)

DESAPROPRIAÇÃO: ECOSSISTEMA DA FLORESTA AMAZÔNICA E INTIMAÇÃO - 1

O Tribunal iniciou julgamento de mandado de segurança impetrado contra ato do Presidente da República que, por decreto, declarara de interesse social, para fins de reforma agrária, imóvel rural. Os impetrantes sustentam a nulidade do procedimento administrativo realizado pelo INCRA, pelos seguintes fundamentos: a) invalidade da notificação para a vistoria prévia, dado que recebida por pessoa sem poderes de representação; b) inexistência de intimação sobre a atualização cadastral do imóvel, já que endereçada a local diverso da sede da empresa-autora; c) impossibilidade de desapropriação do imóvel, por se localizar em perímetro de ecossistema da Floresta Amazônica (art. 1º da Portaria/MEPF 88/99) e ser objeto de plano de manejo florestal sustentável (Lei 8.629/93, art. 7º); d) falta de notificação de entidades de classe (Decreto 2.250/97, art. 2º); e) invasão da propriedade por integrantes do Movimento dos Trabalhadores Rurais Sem Terra - MST. Inicialmente, aplicando-se a orientação firmada pela Corte no sentido de que, em se tratando de desapropriação para fins de reforma agrária, podem ser analisados os vícios do processo administrativo quando do julgamento do mandado de segurança impetrado contra o decreto presidencial, rejeitou-se a preliminar de não-cabimento do *writ*. **MS 25391/DF, rel. Min. Carlos Britto, 11.2.2008.** (MS-25391)

DESAPROPRIAÇÃO: ECOSSISTEMA DA FLORESTA AMAZÔNICA E INTIMAÇÃO - 2

Quanto ao mérito, o Min. Carlos Britto, relator, denegou a segurança e cassou a liminar deferida. Relativamente à suposta invalidade da notificação da vistoria prévia, aduziu que esta fora recebida por advogado constituído pela impetrante para representá-la em notícia-crime e que funcionário da empresa acompanhara toda a vistoria. Afastou a segunda alegação, porquanto juntado aviso de recebimento endereçado à impetrante, intimando-a da atualização cadastral do imóvel. No tocante à impossibilidade de desapropriação do imóvel, por sua localização e por ser objeto de plano de manejo, asseverou, de início, que a área possui cobertura florestal primária incidente no Ecossistema da Floresta Amazônica, conforme demonstrado em laudo agronômico do INCRA, o que proibiria a desapropriação, nos termos do art. 1º, caput, da aludida Portaria 88/99. Contudo, entendeu que tal norma seria excepcionada pelo seu parágrafo único, bem como pelo § 6º do art. 37-A do Código Florestal ("§ 6º. É proibida, em área com cobertura florestal primária ou secundária em estágio avançado de regeneração, a implantação de projetos de assentamento humano ou de colonização para fim de reforma agrária, ressalvados os projetos de assentamento agroextrativista, respeitadas as legislações específicas."). Dessa forma, uma vez destinada à implantação de projeto de assentamento agroextrativista — recomendado pela Procuradoria do INCRA e solicitado pelos trabalhadores da região — a propriedade estaria disponível para desapropriação. De igual modo, repeliu o argumento de que a implantação de projeto técnico na área obstaculizaria a desapropriação, haja vista a existência de controvérsia sobre a veracidade do documento em que afirmado ser o imóvel objeto desse projeto. Ademais, salientou não restar comprovado o atendimento dos requisitos legais, cuja conclusão em sentido diverso ensejaria dilação probatória, incabível na sede eleita. Também não acolheu o penúltimo fundamento, pois a jurisprudência do STF seria pacífica quanto à necessidade de intimação da entidade representativa da classe produtora se esta houver indicado a área a ser desapropriada, o que não ocorrera na espécie. Por fim, aduziu que a impetrante reconhecera que a invasão da propriedade por integrantes do MST acontecera bem depois da vistoria do INCRA. Após preliminar suscitada pelo Min. Cezar Peluso quanto à prova da intimação oportuna da impetrante no processo e confirmação do voto pelo relator, pediu vista dos autos o Min. Eros Grau. **MS 25391/DF, rel. Min. Carlos Britto, 11.2.2008.** (MS-25391)

DESAPROPRIAÇÃO: ECOSSISTEMA DA FLORESTA AMAZÔNICA E INTIMAÇÃO - 3

Em conclusão, o Tribunal denegou mandado de segurança impetrado contra ato do Presidente da República que, por decreto, declarara de interesse social, para fins de reforma agrária, imóvel rural. Sustentava-se a nulidade do procedimento administrativo realizado pelo INCRA — v. Informativo 494. Relativamente à suposta invalidade da notificação da vistoria prévia, aduziu-se que esta fora recebida por advogado constituído pela impetrante para representá-la em notícia-crime e que funcionário da empresa acompanhara toda a vistoria. Afastou-se, também, a alegada inexistência de intimação sobre a atualização cadastral do imóvel, porquanto juntado aviso de recebimento endereçado à impetrante, intimando-a. Quanto à impossibilidade de desapropriação do imóvel, por sua localização e por ser objeto de plano de manejo, asseverou-se, de início, que a área possuiria cobertura florestal primária incidente no Ecossistema da Floresta Amazônica, conforme demonstrado em laudo agronômico do INCRA, o que proibiria a desapropriação, nos termos do art. 1º, *caput*, da Portaria 88/99. Contudo, entendeu-se que tal norma seria excepcionada pelo seu parágrafo único, bem como pelo § 6º do art. 37-A do Código Florestal. Dessa forma, uma vez destinada à implantação de projeto de assentamento agroextrativista — recomendado pela Procuradoria do INCRA e solicitado pelos trabalhadores da região — a propriedade estaria disponível para desapropriação. Repeliu-se, ainda, o argumento de que a implantação de projeto técnico na área obstaculizaria a desapropriação, haja vista a existência de controvérsia sobre a veracidade do documento em que afirmado ser o imóvel objeto desse projeto. Salientou-se, ademais, não restar comprovado o atendimento dos requisitos legais, cuja conclusão em sentido diverso ensejaria dilação probatória, incabível na sede eleita. Também não se acolheu o fundamento de falta de notificação de entidades de classe (Decreto 2.250/97, art. 2º), ante a jurisprudência pacífica do STF quanto à necessidade de intimação da entidade representativa da classe produtora se esta houver indicado a área a ser desapropriada, o que não ocorrera na espécie. Por fim, frisou-se que a impetrante reconhecera que a invasão da propriedade por integrantes do MST acontecera bem depois da vistoria do INCRA. **MS 25391/DF, rel. Min. Ayres Britto, 12.5.2010.** (MS-25391) (Inform. STF 586)

TDAS: PAGAMENTO INTEGRAL E ORDEM CRONOLÓGICA - 1

A Turma iniciou julgamento de recurso ordinário em mandado de segurança no qual se alega quebra da ordem cronológica de pagamento de Títulos da Dívida Agrária – TDAs, emitidos, em favor da recorrente, no bojo de procedimento de desapropriação de imóvel rural. Na espécie, o mandado de segurança fora impetrado diante da omissão da autoridade apontada como coatora em não efetuar o pagamento de expurgos inflacionários e de juros incidentes sobre o valor de face dos títulos. Ocorre que o STJ negara seguimento ao *writ* por reconhecer a decadência do direito à impetração. O Min. Eros Grau, relator, por reputar descumprida a ordem cronológica de pagamento de TDAs, proveu o recurso para determinar, tal como postulado na inicial, a suspensão dos pagamentos dos títulos "com vencimentos mais recentes do que os dos títulos do impetrante, antes do integral pagamento destes, com as diferenças dos Planos Bresser (8,04%) e/ou Collor (13,89%), devidamente corrigidas até o seu efetivo pagamento e/ou juros moratórios e/ou compensatórios, devidos até a data em que houver o pagamento integral dos títulos". Preliminarmente, rejeitou a decadência do direito à impetração, porquanto o *writ* fora impetrado em face da omissão da autoridade coatora ao proceder ao pagamento integral dos títulos da ora recorrente. Enfatizou que o adimplemento de uma obrigação de valor compreende o pagamento do principal e dos acessórios. Assim, a União não poderia, anteriormente ao adimplemento integral dos títulos da recorrente, resgatar TDAs emitidos posteriormente. Ademais, aduziu que a ora recorrente não estaria a fazer uso do mandado de segurança objetivando o recebimento de acessórios de seu crédito. Após, pediu vista o Min. Gilmar Mendes. **RMS 24479/DF, rel. Min. Eros Grau, 4.5.2010.** (RMS-24479)

TDAS: PAGAMENTO INTEGRAL E ORDEM CRONOLÓGICA - 2

Em conclusão, a Turma, por maioria, desproveu recurso ordinário em mandado de segurança no qual se alegava quebra de ordem cronológica de pagamento de Títulos da Dívida Agrária - TDAs, emitidos, em favor do recorrente, no bojo de procedimento de desapropriação de imóvel rural. O recorrente postulava a suspensão dos pagamentos dos títulos "com vencimentos mais recentes do que os dos títulos do impetrante, antes do integral pagamento destes, com as diferenças dos Planos Bresser (8,04%) e/ou Collor (13,89%), devidamente corrigidas até o seu efetivo pagamento e/ou juros moratórios e/ou compensatórios, devidos até a data em que houver o pagamento integral dos títulos" — v. Informativo 585. Inicialmente, consignou-se que o recorrente interpusera em 1997, no STJ, ação mandamental contra ato do Ministro da Fazenda que não teria adimplido os TDAs emitidos antes de 24.6.92, mas pago aos demais credores de TDAs escriturais com vencimentos mais recentes, em inobservância à ordem cronológica. Poucos meses após a concessão de medida acauteladora — para que os TDAs dos impetrantes fossem pagos antes de outros mais recentes —, os títulos foram liquidados naquele mesmo ano de 1997 e o writ extinto por perda de objeto. Ocorre que, em 2000, o recorrente impetrara o atual mandado de segurança, impugnando, desta vez, a omissão da autoridade coatora em não efetuar o pagamento de expurgos inflacionários e de juros incidentes sobre o valor de face dos títulos. O STJ negara seguimento ao writ por reconhecer a decadência do direito à impetração. RMS 24479/DF, rel. orig. Min. Eros Grau, red. p/o acórdão Min. Gilmar Mendes, 17.8.2010. (RMS-24479)

TDAS: PAGAMENTO INTEGRAL E ORDEM CRONOLÓGICA - 3

Em razão dos fatos relatados, entendeu-se que já houvera o resgate dos valores principais dos TDAs e que o recorrente não detinha título — da dívida agrária ou judicial — a reconhecer seu direito às diferenças dos Planos Bresser e Collor, devidos até a data em que houvesse pagamento integral dos títulos. Reafirmou-se o entendimento sumulado desta Corte, segundo o qual o mandado de segurança não é meio adequado para cobrar expurgos e juros. Concluiu-se que, ante a ausência de título a fundamentar a pretensão do recorrente, inexistiria direito líquido e certo capaz de ser comprovado de plano, não lhe cabendo, pois, requerer a suspensão do pagamento de TDAs, bem assim alegar omissão da União. Vencido o Min. Eros Grau, relator, que — por reputar descumprida a ordem cronológica de pagamento de TDAs — provia o recurso. RMS 24479/DF, rel. orig. Min. Eros Grau, red. p/o acórdão Min. Gilmar Mendes, 17.8.2010. (RMS-24479) (Inform. STF 596)

DESAPROPRIAÇÃO PARA FINS DE REFORMA AGRÁRIA E INDENIZAÇÃO DE COBERTURA VEGETAL - 1

A Turma iniciou julgamento de recurso extraordinário no qual se discute a indenização de cobertura florestal para fins de desapropriação. No caso, o TRF da 1ª Região entendera que a referida compensação financeira estaria condicionada à prova da existência de potencial madeireiro, não demonstrada na espécie. Considerara, ademais, indevidos os juros compensatórios e os moratórios aos expropriados, em vista de o valor do depósito inicial ter superado o da avaliação do imóvel expropriado. Os recorrentes alegam ofensa aos artigos 5º, XXII, XXIII, XXIV, XXXV, XXXVI, LIV, 93, IX, e 184, da CF. Sustentam que, não obstante a realização de perícias, os laudos produzidos não incluíram a cobertura florística do local, na medida em que inexistira na perícia judicial um inventário florestal. Assim, pleiteiam a cassação da decisão com o conseqüente retorno dos autos ao Tribunal de origem para que se profira nova decisão e inclua o pagamento da cobertura florística, juros compensatórios e juros moratórios, nos termos do Enunciado 618 da Súmula do STF ["Na desapropriação, direta ou indireta, a taxa dos juros compensatórios é de 12% (doze por cento) ao ano."]. **RE 522501/MT, rel. Min. Ellen Gracie, 29.9.2009. (RE-522501)**

DESAPROPRIAÇÃO PARA FINS DE REFORMA AGRÁRIA E INDENIZAÇÃO DE COBERTURA VEGETAL - 2

A Min. Ellen Gracie, relatora, conheceu parcialmente do recurso e, nessa extensão, negou-lhe provimento. Esclareceu que, no tocante à controvérsia relativa ao reexame do julgamento proferido na instância de origem, para fins de nulidade, por suposta violação aos artigos 5º e seus incisos, e 93, IX, da CF, a decisão não caracterizaria transgressão aos dispositivos constitucionais apontados, estando a jurisprudência da Corte consolidada no sentido de que as alegações de desrespeito a tais postulados poderiam configurar, quando muito, ofensa meramente reflexa ao texto constitucional, o que impediria a utilização de recurso extraordinário. Quanto à indenização da cobertura florística, entendeu que tal questão fora resolvida com base em laudo de perito, o qual concluíra pela ausência de potencial madeireiro. Desse modo, asseverou que o conhecimento do extraordinário quanto a esse ponto tornara-se inviável, dado que a pretensão recursal cuidaria de revolvimento de material fático-probatório, incabível nesta sede recursal (Súmula 279 do STF). Além disso, registrou que, apesar de o cabimento dos juros compensatórios em desapropriação já estar pacificado por esta Corte, nos termos do citado Verbete 618 e da orientação fixada no julgamento da ADI 2332 MC/DF (DJU de 2.4.2004), no caso específico dos autos, não haveria que se falar em juros moratórios e compensatórios, haja vista que o depósito inicialmente feito pelo recorrido superara o valor que viera a ser fixado como indenização pela desapropriação. Após, pediu vista dos autos o Min. Eros Grau. **RE 522501/MT, rel. Min. Ellen Gracie, 29.9.2009. (RE-522501)**

DESAPROPRIAÇÃO PARA FINS DE REFORMA AGRÁRIA E INDENIZAÇÃO DE COBERTURA VEGETAL - 3

Em conclusão de julgamento, a Turma desproveu recurso extraordinário no qual se discutia a indenização de cobertura florestal para fins de desapropriação — v. Informativo 561. Não se conheceu do recurso no tocante à controvérsia relativa ao reexame do julgamento proferido na instância de origem, para fins de nulidade, por suposta violação aos artigos 5º e seus incisos, e 93, IX, da CF, esclarecendo-se que a decisão não caracterizaria transgressão aos dispositivos constitucionais apontados, estando a jurisprudência da Corte consolidada no sentido de que as alegações de desrespeito a tais postulados poderiam configurar, quando muito, ofensa meramente reflexa ao texto constitucional, o que impediria a utilização de recurso extraordinário. Quanto à indenização da cobertura florística, entendeu-se que tal questão fora resolvida com base em laudo de perito, o qual concluíra pela ausência de potencial madeireiro. Desse modo, asseverou-se que o conhecimento do extraordinário quanto a esse ponto tornara-se inviável, dado que a pretensão recursal cuidaria de revolvimento de material fático-probatório, incabível nesta sede recursal (Súmula 279 do STF). Além disso, registrou-se que, apesar de o cabimento dos juros compensatórios em desapropriação já estar pacificado por esta Corte, nos termos do Verbete 618 e da orientação fixada no julgamento da ADI 2332 MC/DF (DJU de 2.4.2004), no caso específico dos autos, não haveria que se falar em juros moratórios e compensatórios, haja vista que o depósito inicialmente feito pelo recorrido superara o valor que viera a ser fixado como indenização pela desapropriação. O Min. Eros Grau frisou, no ponto, não reconhecer caráter indenizatório nos juros compensatórios. **RE 522501/MT, rel. Min. Ellen Gracie, 15.12.2009.** (RE-522501) (Inform. STF 572)

EMENTA: REFORMA AGRÁRIA - DESAPROPRIAÇÃO-SANÇÃO (CF, ART. 184) - VISTORIA PELO INCRA - NECESSIDADE DE NOTIFICAÇÃO PESSOAL E PRÉVIA DO PROPRIETÁRIO RURAL (LEI Nº 8.629/93, ART. 2º, § 2º) - NOTIFICAÇÃO EFETIVADA NO MESMO DIA EM QUE REALIZADA A VISTORIA PELO INCRA - INADMISSIBILIDADE - OFENSA AO POSTULADO DO "*DUE PROCESS OF LAW*" (CF, ART. 5º, LIV) - NULIDADE RADICAL DA DECLARAÇÃO EXPROPRIATÓRIA - MANDADO DE SEGURANÇA CONCEDIDO.

REFORMA AGRÁRIA E DEVIDO PROCESSO LEGAL.

- O postulado constitucional do "*due process of law*", em sua destinação jurídica, também está vocacionado à proteção da propriedade. Ninguém será privado de seus bens sem o devido processo legal (CF, art. 5º, LIV). A União Federal - mesmo tratando-se de execução e implementação do programa de reforma agrária - não está dispensada da obrigação de respeitar, no desempenho de sua atividade de expropriação, por interesse social, os princípios constitucionais que, em tema de propriedade, protegem as pessoas contra a eventual expansão arbitrária do poder estatal. A cláusula de garantia dominial que emerge do sistema consagrado pela Constituição da República tem por objetivo impedir o injusto sacrifício do direito de propriedade.

FUNÇÃO SOCIAL DA PROPRIEDADE E VISTORIA EFETUADA PELO INCRA.

- A vistoria efetivada com fundamento no art. 2º, § 2º, da Lei nº 8.629/93 tem por específica finalidade **viabilizar** o levantamento técnico de dados e informações sobre o imóvel rural, permitindo à União Federal - que atua por intermédio do INCRA - constatar **se** a propriedade **realiza**, ou não, a função social que lhe é inerente.

O ordenamento positivo determina que essa vistoria **seja precedida** de notificação regular ao proprietário, em face da possibilidade de o imóvel rural que lhe pertence - quando este não estiver cumprindo a sua função social - vir a constituir objeto de declaração expropriatória, para fins de reforma agrária.

NOTIFICAÇÃO PRÉVIA E PESSOAL DA VISTORIA - INADMISSIBILIDADE DESSE ATO, QUANDO PROMOVIDO NO MESMO DIA EM QUE REALIZADA A VISTORIA PELO INCRA.

- A notificação a que se refere o art. 2º, § 2º, da Lei nº 8.629/93, **para que se repute válida e possa**, conseqüentemente, **legitimar** eventual declaração expropriatória para fins de reforma agrária, há de ser efetivada **em momento anterior** ao da realização da vistoria.

Essa notificação prévia **somente** considerar-se-á regular, quando comprovadamente realizada na pessoa do proprietário do imóvel rural, **ou** quando efetivada mediante carta com aviso de recepção firmado por seu destinatário **ou** por aquele que disponha de poderes para receber a comunicação postal em nome do proprietário rural, **ou**, ainda, quando procedida na pessoa de representante legal **ou** de procurador regularmente constituído pelo "*dominus*".

- A jurisprudência do Supremo Tribunal Federal tem reputado inadmissível a notificação, quando efetivada **no próprio dia** em que teve início a vistoria administrativa promovida pelo INCRA. **Precedentes.**

- **O descumprimento** dessa formalidade essencial - ditada pela necessidade de garantir, ao proprietário, a observância da cláusula constitucional do devido processo legal - **importa em vício radical** que configura defeito **insuperável**, apto a projetar-se **sobre todas** as fases subseqüentes do procedimento de expropriação, contaminando-as, de maneira irremissível, por efeito de repercussão causal, **e gerando**, em conseqüência, por ausência de base jurídica idônea, a própria invalidação do decreto presidencial consubstanciador de declaração expropriatória. **MS N. 23.949-DF. RELATOR: MIN. CELSO DE MELLO. Noticiado no Informativo 256** (Inform. STF 540)

DESAPROPRIAÇÃO. REFORMA AGRÁRIA. INDENIZAÇÃO. PERÍCIA. LAUDO TÉCNICO.

Trata-se, na origem, de ação expropriatória por interesse social para fins de reforma agrária proposta pelo Instituto Nacional de Colonização e Reforma Agrária (Incra) que culminou, neste Superior Tribunal, em recursos interpostos pela expropriada e pelo Incra. Discute a expropriada, no REsp, entre outras questões, a necessidade de laudo pericial para a apuração da justa indenização, apontando violação dos arts. 165 e 458, II, do CPC, alegando que não se poderia ter como fundamentação jurídica a adoção errônea da impugnação do Incra como laudo técnico nem a adoção de mero valor especulativo fornecido pelo expropriante, sem qualquer embasamento técnico. Aduz, ainda, ofensa ao art. 12, § 1º, da LC n. 76/1993, sustentando que o magistrado, para apurar a justa indenização, deve, necessariamente, pautar-se em laudo técnico. Já o Incra, em suas razões, alega, entre outros temas, ofensa aos arts. 118 da Lei n. 4.504/1964, 2º e 3º do DL n. 1.110/1970 e 475, I, do CPC, sustentando que o tribunal de origem omitiu-se quanto à necessidade de remessa oficial, obrigatória no caso. *A priori*, esclareceu o Min. Relator que, apesar de ser firme a jurisprudência no sentido de que o magistrado não está vinculado às conclusões do laudo oficial, a prova pericial é indispensável ao pleito expropriatório. Ademais, sendo o laudo um parecer dos técnicos que levaram a efeito a perícia, ela é peça fundamental para o estabelecimento da convicção do magistrado. *In casu*, tomou-se a impugnação da segunda perícia como se laudo fosse, tornando-se suporte da decisão que foi afirmada e reafirmada no acórdão e nos embargos declaratórios como laudo da expropriante, quando, na realidade, não o era. Dessarte, concluiu o Min. Relator que tomar uma coisa pela outra – a impugnação da expropriante ao laudo pericial como prova técnica –, erigindo-a a fundamento do acórdão, importa violação do art. 12, § 1º, da LC n. 76/1993. Com essas considerações, a Turma deu parcial provimento ao recurso da expropriada, para determinar a realização de nova perícia e declarar, em consequência, a nulidade do processo a partir do encerramento da instrução inclusive, julgando prejudicados o recurso do Incra e as demais questões. Precedentes citados: REsp 59.527-MG, DJ 12/8/1996; REsp 432.251-MG, DJ 16/9/2002; REsp 750.988-RJ, DJ 25/9/2006; REsp 797.854-PR, DJe 30/4/2008, e REsp 880.102-TO, DJe 16/12/2008. **REsp 1.036.289-PA, Rel. Min. Hamilton Carvalhido, julgado em 22/3/2011.** (Inform. STJ 467)

DESAPROPRIAÇÃO. REFORMA AGRÁRIA. INDENIZAÇÃO.

Em respeito ao princípio da justa indenização, os valores referentes à desapropriação para fins de reforma agrária devem corresponder à exata dimensão da propriedade, pois não faz sentido vincular-se, de forma indissociável, o valor da indenização à área registrada, visto que tal procedimento poderia acarretar, em certos casos, o enriquecimento sem causa de uma ou de outra parte caso a área constante do registro seja superior. Dessarte, para fins indenizatórios, o alcance do justo preço recomenda que se adote a área efetivamente expropriada, com o fim de evitar prejuízo a qualquer das partes. No caso, deve-se pagar pelo que foi constatado pelo perito (a parte incontroversa), e o montante correspondente à área remanescente ficará eventualmente depositado em juízo até que se defina quem faz jus ao levantamento dos valores. **Precedentes citados: REsp 596.300-SP, DJe 22/4/2008; REsp 937.585-MG, DJe 26/5/2008; REsp 841.001-BA, DJ 12/12/2007, e REsp 837.962-PB, DJ 16/11/2006. REsp 1.115.875-MT, Rel. Min. Mauro Campbell Marques, julgado em 7/12/2010.** (Inform. STJ 459)

DESAPROPRIAÇÃO. IMÓVEL RURAL. CLASSIFICAÇÃO.

Em desapropriação de imóvel por interesse social para fins de reforma agrária, o Incra discute, no REsp, se a área não aproveitável integra o cálculo (módulo fiscal) em que se define a classificação da propriedade rural como pequena, média ou grande. Isso porque essa classificação irá determinar a possibilidade ou não da desapropriação do imóvel rural do recorrido, em razão de o art. 185 da CF/1988 rechaçar a expropriação da pequena e média propriedade rural na hipótese de o proprietário não possuir outro imóvel. *A priori*, esclareceu o Min. Relator que, apesar de o Estatuto da Terra (Lei n. 4.504/1964) ter conceituado módulo rural como unidade de medida familiar, posteriormente a Lei n. 6.746/1979 alterou disposições desse estatuto, criando um novo conceito: o módulo fiscal que estabeleceu um critério técnico destinado a aferir a área do imóvel rural para cálculo de imposto sobre a propriedade territorial rural (ITR). Expõe que o problema surgiu com a Lei n. 8.629/1993, a qual, ao regulamentar o art. 185 da CF/1988, optou pelo uso do módulo fiscal, mais afeiçoado ao direito tributário que ao agrário, para estabelecer a classificação de pequeno, médio e grande pela extensão da área do imóvel rural, mas deixou de explicar a forma de sua aferição. Explica o Min. Relator ser correta a decisão do acórdão recorrido que, diante do silêncio da Lei n. 8.629/1993, quanto à forma de aferição do módulo fiscal, solucionou a questão, buscando o cálculo no § 3º do art. 50 do Estatuto da Terra, com a redação dada pela Lei n. 6.746/1979, que leva em conta a área aproveitável em vez do tamanho do imóvel. Assim, concluiu que a classificação da propriedade rural como pequena, média ou grande deve ser aferida pelo número de módulos fiscais obtidos, dividindo-se a área aproveitável do imóvel rural pelo módulo fiscal do município. Ademais, consignou ser imprópria a idéia de tripartir o cálculo do tamanho da propriedade, diferenciando-o de acordo com o fim almejado, seja para efeito de indivisibilidade seja para efeito de desapropriação para reforma agrária ou, ainda, para cálculo do ITR. Diante do exposto, a Turma negou provimento ao recurso do Incra. **REsp 1.161.624-GO, Rel. Min. Humberto Martins, julgado em 15/6/2010**. (Inform. STJ 439)

REPETITIVO. DESAPROPRIAÇÃO. IMÓVEL IMPRODUTIVO. JUROS COMPENSATÓRIOS.

A Seção, ao prosseguir o julgamento, entre outras questões, ao julgar o recurso sobre o regime do art. 543-C do CPC c/c a Res. n. 8/2008-STJ, entendeu que a eventual improdutividade do imóvel não afasta o direito aos juros compensatórios, pois eles restituem não só o que o expropriado deixou de ganhar com a perda antecipada, mas também a expectativa de renda, considerando a possibilidade de o imóvel ser aproveitado a qualquer momento de forma racional e adequada, ou até ser vendido com o recebimento do seu valor à vista. Afirmou, ainda, que são indevidos juros compensatórios quando a propriedade mostrar-se impassível de qualquer espécie de exploração econômica seja atual ou futura, em decorrência de limitações legais ou da situação geográfica ou topográfica do local onde se situa a propriedade. Considerou também que as restrições contidas nos §§ 1º e 2º do art. 15-A do DL n. 3.365/1941, inseridas pelas MPs ns. 1.901-30/1999 e 2.027-38/2000 e reedições, as quais vedam a incidência de juros compensatórios em propriedade improdutiva, serão aplicáveis, tão somente, às situações ocorridas após a sua vigência. Assim, publicada a medida liminar concedida na ADI 2.332-DF (DJ 13/9/2001), deve ser suspensa a aplicabilidade dos §§ 1º e 2º do artigo 15-A do DL n. 3.365/1941 até o julgamento de mérito da demanda. Na hipótese, os juros compensatórios são devidos sobre o imóvel improdutivo desde a imissão na posse até a entrada em vigor das citadas MPs, as quais suspendem a incidência dos referidos juros. A partir da publicação da MC na ADI 2.332-DF (DJ 13/9/2001), tais juros voltam a incidir sobre a propriedade improdutiva até a data da expedição do precatório original, segundo a dicção do § 12 do art. 100 da CF/1988, com a redação dada pela EC n. 62/2009, salvo se houver mudança de entendimento do Pretório Excelso quando do julgamento de mérito da referida ação de controle abstrato. Segundo a jurisprudência do STJ, a MP n. 1.577/1997, que reduziu a taxa dos juros compensatórios em desapropriação de 12% para 6% ao ano, é aplicável no período entre 11/6/1997, quando foi editada, até 13/9/2001, quando foi publicada a decisão liminar do STF na ADI 2.332-DF, suspendendo a eficácia da expressão "de até seis por cento ao ano", do *caput* do art. 15-A do DL n. 3.365/1941, introduzida pela referida MP. Nos demais períodos, a taxa dos juros compensatórios é de 12% ao ano, como prevê a Súmula n. 618-STF. **Precedentes citados: EREsp 453.823-MA, DJ 17/5/2004; REsp 675.401-RO, DJe 10/9/2009; REsp 984.965-CE, DJe de 4/8/2009; REsp 1.099.264-PA, DJe 19/8/2009; REsp 1.034.014-CE, DJ 26/6/2008; REsp 1.090.221-PE, DJe 29/9/2009; REsp 1.066.839-SP, DJe 31/8/2009; EREsp 519.365-SP, DJ 27/11/2006, e REsp 1.118.103-SP, DJe 8/3/2010. REsp 1.116.364-PI, Rel. Min. Castro Meira, julgado em 26/5/2010.** (Inform. STJ 436)

SÚMULA STJ Nº 354

A invasão do imóvel é causa de suspensão do processo expropriatório para fins de reforma agrária.

4. OUTROS TEMAS DE DIREITO AGRÁRIO

PENHORA. PROPRIEDADE RURAL. BEM DE FAMÍLIA.
A *quaestio juris* está em saber se é possível a penhora de metade do imóvel rural em que residem os recorrentes (pai e filha). Na espécie, foi efetivada a penhora devido à execução de título extrajudicial. Na apelação, os recorrentes arguiram a nulidade da medida, sustentando a impenhorabilidade de bem de família (Lei n. 8.009/1990, art. 1º, parágrafo único, e § 2º do art. 4º) e da pequena propriedade rural trabalhada pela família para pagamento de débitos decorrentes de sua atividade produtiva (art. 5º, XXVI, da CF). O tribunal *a quo* consignou que não foram atendidos os requisitos para que a propriedade fosse declarada impenhorável, pois os recorrentes não trabalhavam em regime de economia familiar; o imóvel enquadrava-se no conceito de média propriedade rural (8,85 módulos fiscais) e o débito que originou a penhora foi decorrente da ação de execução na qual um dos recorrentes (o pai) figurava na condição de avalista. Assim, no REsp, entre outros temas, sustentam violação do § 2º do art. 4º da Lei n. 8.009/1990; art. 4º, II, da Lei n. 4.504/1964 e art. 4º da Lei n. 8.629/1993. Nesse contexto, *a priori*, esclareceu o Min. Relator que a Lei n. 8.009/1990 é de ordem pública e tem como propósito garantir a manutenção, com dignidade da família, sem impedir que o credor possa satisfazer seu crédito por meio do patrimônio do devedor, porém limita a responsabilidade dos devedores como forma de garantir um mínimo indispensável à sobrevivência da família, bem como a salutar continuidade do exercício profissional. Além disso, a CF também confere proteção à pequena propriedade rural (art. 5º, XXVI). Entretanto, explicou que, tendo em vista a inexistência de expressa disposição legal para definir o que seja pequena propriedade legal, no que tange à impenhorabilidade do bem de família quanto à propriedade rural, é adequado valer-se do conceito de propriedade familiar extraído de lei do âmbito do direito agrário (art. 4º, II, da Lei n. 4.504/1964). Contudo, ressaltou ser inaplicável ao caso o conceito de pequena e média propriedade rural constante na Lei n. 8.629/1993, uma vez que é voltado à desapropriação para reforma agrária. Ademais, frisou que a definição legal de um módulo fiscal, por tomar em conta o conceito de propriedade familiar, abrange, de acordo com as condições específicas de cada região, uma porção de terra mínima e suficiente para que a exploração da atividade agropecuária mostre-se economicamente viável pelo agricultor e sua família, o que atende ao preceito constitucional afeto à impenhorabilidade. Nesse passo, consignou que, a teor do art. 4º, § 2º, da Lei n. 8.009/1990, quando a residência familiar constituir-se em imóvel rural, a impenhorabilidade restringir-se-á à sede de moradia, com os respectivos bens móveis, não abrangendo, pois, a totalidade do imóvel e, nos casos do art. 5º, XXVI, da CF, à área limitada como pequena propriedade rural. *In casu*, a penhora incidiu sobre metade da propriedade rural, por isso ficou contemplada a impenhorabilidade garantida ao bem de família constituído por imóvel rural. Assim, concluiu que dos 50% da área rural que ficarão a salvo da penhora está abarcada a residência da família. Com essas, entre outras considerações, a Turma deu parcial provimento ao recurso para estabelecer que ficará a salvo da penhora a sede de moradia dos recorrentes, bem como assegurou o acesso à via pública. Precedentes citados do STF: RE 136.753-RS, DJ 25/4/1997; do STJ: REsp 1.007.070-RS, DJe 1º/10/2010. **REsp 1.018.635-ES, Rel. Min. Luis Felipe Salomão, julgado em 22/11/2011.** (Inform. STJ 488)

LEI 8.540/92 - FUNRURAL E INCIDÊNCIA SOBRE RECEITA BRUTA DA COMERCIALIZAÇÃO DA PRODUÇÃO - 1
O Tribunal iniciou julgamento de recurso extraordinário em que se discute a constitucionalidade do art. 1º da Lei 8.540/92, que, dispondo sobre a contribuição do empregador rural para a seguridade social – FUNRURAL, altera dispositivos da Lei 8.212/91 (artigos 12, V e VII; 25, I e II; 30, IV). Na espécie, os recorrentes, empresas adquirentes de bovinos de produtores rurais, impugnam acórdão do TRF da 1ª Região que, com base na referida legislação, desprovera sua apelação, ao fundamento de serem eles responsáveis, por substituição tributária, pela retenção e recolhimento das contribuições sociais dos empregadores rurais, pessoas naturais, incidentes sobre a receita bruta da comercialização dos produtos. Sustentam ofensa aos artigos 146, III; 154, I; e 195, I, e §§ 4º e 8º, da CF. O Min. Marco Aurélio, relator, conheceu do recurso e deu-lhe provimento para desobrigar os recorrentes da retenção e do recolhimento aludidos, declarando a inconstitucionalidade do art. 1º da Lei 8.540/92. Entendeu que houve bitributação, ofensa ao princípio da isonomia e criação de nova fonte de custeio sem lei complementar. Considerando as exceções à unicidade de incidência de contribuição previstas nos artigos 239 e 240 das Disposições Constitucionais Gerais, concluiu que se está exigindo do empregador rural, pessoa natural, a contribuição social sobre a folha de salários, como também, tendo em conta o faturamento, da COFINS, e sobre o valor comercializado de produtos rurais (Lei 8.212/91, art. 25), quando o produtor rural, sem empregados, que exerça atividades em regime de economia familiar, só contribui, por força do disposto no art. 195, § 8º, da CF, sobre o resultado da comercialização da produção. Além disso, a incidência da contribuição sobre a receita bruta proveniente da comercialização pelo empregador rural, pessoa natural, constitui nova fonte de custeio criada sem observância do art. 195, § 4º, da CF, uma vez que referida base de cálculo difere do conceito de faturamento e do de receita. Após, o julgamento foi suspenso com o pedido de vista do Min. Eros Grau. **RE 363852/MG, rel. Min. Marco Aurélio, 17.11.2005. (RE-363852)**

LEI 8.540/92 - FUNRURAL E INCIDÊNCIA SOBRE RECEITA BRUTA DA COMERCIALIZAÇÃO DA PRODUÇÃO - 2
O Tribunal retomou julgamento de recurso extraordinário em que se discute a constitucionalidade do art. 1º da Lei 8.540/92, que, dispondo sobre a contribuição do empregador rural para a seguridade social - FUNRURAL, altera dispositivos da Lei 8.212/91 (artigos 12, V e VII; 25, I e II; 30, IV). Na espécie, os recorrentes, empresas adquirentes de bovinos de produtores rurais, impugnam acórdão do TRF da 1ª Região que, com base na referida legislação, desprovera sua apelação, ao fundamento de serem eles responsáveis, por substituição tributária, pela retenção e recolhimento das contribuições sociais dos empregadores rurais, pessoas naturais, incidentes sobre a receita bruta da comercialização dos produtos. Sustentam ofensa aos artigos 146, III; 154, I; e 195, I, e §§ 4º e 8º, da CF — v. Informativo 409. Após os votos dos Ministros Eros Grau, Ricardo Lewandowski e Carlos Britto, que conheciam e davam provimento ao recurso, na linha do voto do Min. Marco Aurélio, relator, pediu vista dos autos o Min. Cezar Peluso. **RE 363852/MG, rel. Min. Marco Aurélio, 30.11.2006. (RE-363852)**

LEI 8.540/92 - FUNRURAL E INCIDÊNCIA SOBRE RECEITA BRUTA DA COMERCIALIZAÇÃO DA PRODUÇÃO - 3
Em conclusão, o Tribunal deu provimento a recurso extraordinário para desobrigar os recorrentes da retenção e do recolhimento da contribuição social ou do seu recolhimento por sub-rogação sobre a "receita bruta proveniente da comercialização da produção rural" de empregadores, pessoas naturais, fornecedores de bovinos para abate, declarando a inconstitucionalidade do art. 1º da Lei 8.540/92, que deu nova redação aos artigos 12, V e VII, 25, I e II, e 30, IV, da Lei 8.212/91, com a redação atualizada até a Lei 9.528/97, até que legislação nova, arrimada na Emenda Constitucional 20/98, venha a instituir a contribuição. Na espécie, os recorrentes, empresas adquirentes de bovinos de produtores rurais, impugnavam acórdão do TRF da 1ª Região que, com base na referida legislação, reputara válida a incidência da citada contribuição. Sustentavam ofensa aos artigos 146, III; 154, I; e 195, I, e §§ 4º e 8º, da CF — v. Informativos 409 e 450. Entendeu-se ter havido bitributação, ofensa ao princípio da isonomia e criação de nova fonte de custeio sem lei complementar. Considerando as exceções à unicidade de incidência de contribuição previstas nos artigos 239 e 240 das Disposições Constitucionais Gerais, concluiu-se que se estaria exigindo do empregador rural, pessoa natural, a contribuição social sobre a folha de salários, como também, tendo em conta o faturamento, da COFINS, e sobre o valor comercializado de produtos rurais (Lei 8.212/91, art. 25), quando o produtor rural, sem empregados, que exerça atividades em regime de economia familiar, só contribui, por força do disposto no art. 195, § 8º, da CF, sobre o resultado da comercialização da produção. Além disso, reputou-se que a incidência da contribuição sobre a receita bruta proveniente da comercialização pelo empregador rural, pessoa natural, constituiria nova fonte de custeio criada sem observância do art. 195, § 4º, da CF, uma vez que referida base de cálculo difere do conceito de faturamento e do de receita. O relator, nesta assentada, apresentou petição da União no sentido de modular os efeitos da decisão, que foi rejeitada por maioria, ficando vencida, no ponto, a Min. Ellen Gracie. **RE 363852/MG, rel. Min. Marco Aurélio, 3.2.2010.** (RE-363852) (Inform. STF 573)

FUNRURAL. LEGITIMIDADE. DEVOLUÇÃO. ORIGEM.
O acórdão embargado afastou a ilegitimidade ativa do ora embargante ao afirmar que os adquirentes de produtos agrícolas têm legitimidade para postular a declaração de inexigibilidade da contribuição para o Funrural, mas não para a restituição ou compensação do tributo. Contudo, não determinou a remessa dos autos à origem para que prosseguisse no julgamento das questões lá tidas por prejudicadas. No caso, a devolução dos autos à origem para apreciação do mérito da causa constitui consequência lógico--processual da decisão proferida no recurso especial, independentemente de pedido expresso do recorrente, pois o STJ, em sede de especial, não está autorizado a analisar o mérito da causa, uma vez que não esgotada a instância quanto à integralidade da lide (art. 105, III, da CF/1988). Assim, a Seção deu provimento aos embargos e determinou o retorno dos autos ao tribunal de origem para que se pronuncie sobre as demais questões ventiladas no recurso de apelação. **Precedente citado: EREsp 501.248-RS, DJe 30/11/2009. EREsp 810.168-RS, Rel. Min. Luiz Fux, julgados em 13/10/2010.** (Inform. STJ 451)

ITR. ISENÇÃO. RESERVA LEGAL. AVERBAÇÃO.
A questão está em saber se há necessidade de prévia averbação em cartório de área de reserva legal para não incidir o imposto territorial rural (ITR). Como consabido, a área de reserva legal é isenta da incidência do ITR (art. 10, § 1º, II, a, da Lei n. 9.393/1996). Dessa forma, diante dessa proteção legal, torna-se ilegítimo condicionar o reconhecimento do referido benefício à prévia averbação dessa área no registro de imóveis. Ademais, a Lei n. 11.428/2006 reafirmou tal benefício, reiterando a exclusão da área de reserva legal de incidência da exação. Com efeito, a isenção não pode ser afastada por força de interpretação, pois o art. 111, II, do CTN prevê que a lei tributária de isenção deve ser interpretada literalmente, não comportando interpretação extensiva quanto à sua incidência ou afastamento. No caso dos autos, embora não houvesse a averbação da área demarcada como reserva legal na época do fato gerador (1998), o que só ocorreu em 2002, deve ser promovida a subtração da referida área da base de cálculo do ITR; pois, mesmo enquanto não averbada, já havia a proteção legal sobre o limite mínimo de 20% da área rural (Lei n. 4.771/1965, art. 16). Diante do exposto, a Turma negou provimento ao recurso da Fazenda Nacional. **Precedentes citados: REsp 1.060.886-PR, DJe 18/12/2009, e REsp 665.123-PR, DJ 5/2/2007. REsp 969.091-SC, Rel. Min. Luiz Fux, julgado em 15/6/2010.** (Inform. STJ 439)

AR. CONTRIBUIÇÃO. INCRA.
A ação rescisória (AR) fundamenta-se na recepção pelo atual texto constitucional da Lei n. 2.613/1955 e suas alterações, ao indicar violação dos arts. 149 e 195 da CF/1988. É certo que a decisão que interpreta norma em sentido contrário ao texto constitucional, divergindo da jurisprudência do STF, dá ensejo à AR e afasta o óbice da Súm. n. 343-STF em razão da necessidade de preservar a supremacia da CF/1988, bem como a autoridade das decisões daquele tribunal. Contudo, a hipótese reclama a aplicação do veto contido na súmula, porque o STF já se posicionou no sentido de que é de cunho infraconstitucional a questão da exigibilidade da contribuição destinada ao Incra após as Leis ns. 7.787/1989 e 8.212/1991; pois, se existente ofensa à CF/1988, ela seria indireta ou reflexa. Ressalta--se, também, que a decisão rescindenda foi prolatada ao tempo em que a questão era controvertida na Seção, visto que, só após o julgamento dos EREsp 770.451-SC em 2006, dirimiu-se a controvérsia neste Superior Tribunal, ao adotar o entendimento de que a exação não foi extinta pelas referidas leis, subsistindo até os dias atuais. **Precedentes citados do STF: AgRg no AI 612.433-PR, DJe 23/10/2009; do STJ: EREsp 770.451-SC, DJ 11/6/2007, e AR 3.509-PR, DJ 25/9/2006. AR 4.283-PR, Rel. Min. Mauro Campbell Marques, julgada em 12/5/2010.** (Inform. STJ 434)

EXECUÇÃO FISCAL. CRÉDITO RURAL.
Cuida-se da prescrição referente ao crédito rural adquirido pela União (MP n. 2.196-3/2001). Nesse contexto, vê-se que o art. 70 da Lei Uniforme de Genebra, aprovada pelo Dec. n. 57.663/1966, fixa em três anos a prescrição do título cambial. Já a prescrição da ação cambiariforme não fulmina o próprio crédito, que poderá ser perseguido por outras vias. Na hipótese, a União, cessionária do crédito rural, não está a executar a cédula de crédito rural (de natureza cambiária), mas sim a dívida originada no contrato, razão pela qual pode valer-se do disposto no art. 39, § 2º, da Lei n. 4.320/1964 e, após efetuar a inscrição em sua dívida ativa, buscar a satisfação do crédito por meio de execução fiscal, nos termos da Lei n. 6.830/1980. Anote-se que, recentemente, a Primeira Seção deste Superior Tribunal já se posicionou, em recurso repetitivo, no sentido da viabilidade da execução fiscal para a cobrança do crédito rural. Dessarte, por não se tratar de execução de título cambial, mas de dívida ativa da Fazenda Pública de natureza não tributária, o prazo prescricional previsto no art. 1º do Dec. n. 20.910/1932 deve incidir na hipótese, conforme precedentes. Ainda que se cogite do prazo trienal, deve-se prestigiar o entendimento pacificado na jurisprudência do STJ de que a inadimplência de parcela do contrato não antecipa o prazo prescricional, pois prevalece a data de vencimento contratualmente estabelecida. **Precedentes citados: REsp 1.123.539-RS, DJe 1º/2/2010; EREsp 961.064-CE, DJe 31/8/2009; AgRg no REsp 628.723-RS, DJ 16/4/2007, e AgRg no REsp 439.427-SP, DJ 30/10/2006. REsp 1.169.666-RS, Rel. Min. Herman Benjamin, julgado em 18/2/2010.** (Inform. STJ 423)

CONTRIBUIÇÃO SINDICAL RURAL. NOTIFICAÇÃO.
No recurso representativo de controvérsia (art. 543-C do CPC e Res. n. 8/2008-STJ), a Seção reiterou que, para fins de notificação do lançamento da contribuição sindical rural (art. 605 da CLT), a publicação deve ser feita em jornal de grande circulação local, necessária à eficácia do procedimento de recolhimento do referido tributo, porquanto não basta a publicação de editais no Diário Oficial para o cumprimento dos princípios da publicidade e da não surpresa do contribuinte. **Precedentes citados: AgRg no Ag 728.461-PR, DJe 23/6/2009; AgRg no REsp 1.048.305-PR, DJe 18/3/2009; AgRg no Ag 922.099-PR, DJe 19/6/2008; AgRg no Ag 855.205-PR, DJe 5/6/2008; REsp 965.941-PR, DJe de 8/5/2008, e AgRg no REsp 717.617-PR, DJe 3/4/2008. REsp 1.120.616-PR, Rel. Min. Benedito Gonçalves, julgado em 25/11/2009.** (Inform. STJ 417)

AVERBAÇÃO. ÁREA FLORESTAL. IMÓVEL RURAL.
A questão resume-se em estabelecer se é necessária a averbação de área florestal em imóvel rural como pressuposto do pedido formulado pelo proprietário de retificação da respectiva área na matrícula do bem. Inicialmente, a Min. Relatora destacou que a matéria já foi analisada por este Superior Tribunal por ocasião do julgamento do RMS 18.301-MG, DJ de 3/10/2005, em que ficou decidido ser correta a interpretação do Código Florestal no sentido de considerar a averbação da reserva legal como condição da transcrição de títulos aquisitivos de propriedade. A norma do art. 1º da Lei n. 4.771/1965 foi plenamente recepcionada pela CF/1988. Sempre que
uma lei comporta mais de uma interpretação, é necessário interpretá-la do modo mais coerente com o sistema no qual está inserida. A defesa do meio ambiente naturalmente implica restrição ao direito de propriedade. E a melhor forma de tornar efetiva essa obrigação é vincular qualquer modificação na matrícula do imóvel à averbação da reserva florestal. Interpretar a norma do art. 16 da Lei n. 4.771/1965 de outra maneira implicaria retirar do art. 212 da CF/1988 e de seus incisos parte de seu potencial de proteção ambiental. Diante disso, a Turma conheceu do recurso e deu provimento a ele, determinando que seja constituída área de reserva florestal no imóvel controvertido como condição à retificação de área pleiteada, nos termos do art. 16, § 8º, do Código Florestal. **REsp 831.212-MG, Rel. Min. Nancy Andrighi, julgado em 1º/9/2009.** (Inform. STJ 405)

ITR. INVASÃO. SEM-TERRAS.
A propriedade rural em questão foi invadida por 80 famílias de sem-terras e o Poder Público não cumpre, há 14 anos, a decisão judicial que determinou a reintegração de posse ao legítimo proprietário, ora falecido (há até pleito de intervenção deferido pelo TJ). Daí a ação declaratória de inexistência da relação jurídico-tributária ajuizada pelo espólio do proprietário contra a União, na busca de eximir-se do pagamento de débitos referentes ao ITR. Dessarte, não havia legitimidade passiva para o proprietário do imóvel responder pelo referido imposto. Com a invasão, o direito de propriedade ficou tolhido de praticamente todos seus elementos: não há mais posse, possibilidade de uso ou fruição do bem (não há a exploração do imóvel nem, a partir dela, a geração de renda). Ressalte-se que, quanto ao *ius abutendi*, poder-se-ia dizer que a disposição do imóvel só não ficou tolhida porque se encontra em trâmite, no Incra, processo para a aquisição do imóvel. Nesses moldes, deixa de haver direito de propriedade, pois agora há sim uma formalidade legal negada pela realidade dos fatos, uma "casca sem conteúdo". Diante dos fatos acima narrados, espera-se, no mínimo, que o Estado reconheça que, diante da própria omissão estatal e da dramaticidade dos conflitos agrários no País, aquele que não tem mais direito algum não pode ser tributado por algo que só por ficção ainda é de seu domínio. Ofende o princípio da razoabilidade, o da boa-fé objetiva e o próprio bom senso o Estado utilizar-se da aparência desse direito ou do resquício que ele deixou, para cobrar tributos que pressupõem incolumidade e existência nos planos jurídicos (formal) e fáticos (material). Anote-se ser irrelevante que a omissão

estatal amolde-se a esferas diferentes da Administração Pública, pois seus entes são partes de um todo maior que é o Estado brasileiro: ao final, é esse que responde pela garantia dos direitos individuais e sociais e pela razoabilidade da conduta de seus entes (em que se divide e organiza), aí se incluindo a própria autoridade tributária. Assim, na peculiar situação dos autos, ao considerar-se a privação antecipada da posse e o esvaziamento dos elementos de propriedade sem o devido processo de desapropriação, é inexigível o ITR diante do desaparecimento da base material do fato gerador e da violação dos referidos princípios. Porém, deu-se parcial provimento ao recurso da Fazenda apenas para reconhecer a aplicação da prescrição quinquenal prevista no Dec. n. 20.910/1932, aplicável à presente demanda declaratória, que busca, na verdade, a desconstituição do lançamento tributário (caráter constitutivo negativo da demanda). **Precedentes citados: REsp 748.966-RJ, DJ 26/3/2007; REsp 617.918-SP, DJ 2/8/2007, e REsp 755.882-RJ, DJ 18/12/2006. REsp 963.499-PR, Rel. Min. Herman Benjamin, julgado em 19/3/2009.** (Inform. STJ 387)

INSOLVÊNCIA CIVIL. AGRICULTURA. PECUÁRIA.

A Turma reiterou que, no caso, as atividades da agricultura e pecuária são estranhas ao comércio segundo a tradição jurídica, de modo que, aos recorrentes pecuaristas que vivem da compra e venda de gado no meio rural, não se aplicam as regras de Direito Comercial, mas de Direito Civil, porquanto, não sendo efetivamente comerciantes, não podem se valer das regras específicas da atividade empresarial para fins de falência, concordata ou recuperação judicial, cabendo-lhes o pedido de auto insolvência civil, excluídos os benefícios da Lei n. 1.060/1950. **Precedente citado: AgRg no Ag 925.756-RJ, DJ 3/3/2008. REsp 474.107-MG, Rel. Min. Luis Felipe Salomão, julgado em 10/3/2009.** (Inform. STJ 386)

ITR. ÁREA. PRESERVAÇÃO PERMANENTE. IBAMA.

A Turma reiterou o entendimento de que o imposto territorial rural (ITR) é tributo sujeito a lançamento por homologação e que o art. 10, § 7º, da Lei n. 9.393/1996 permite a exclusão da área de preservação permanente da base de cálculo do referido imposto, sem necessidade de ato declaratório ambiental do Ibama. **Precedentes citados: REsp 812.104-AL, DJ 10/12/2007, e REsp 587.429-AL, DJ 2/8/2004. REsp 898.537-GO, Rel. Min. Eliana Calmon, julgado em 6/11/2008.** (Inform. STJ 375)

RECURSO REPETITIVO. CONTRIBUIÇÃO ADICIONAL. INCRA.

A Seção, ao julgar recurso repetitivo (art. 543-C do CPC), decidiu considerar inequívoca a higidez da contribuição adicional de 0,2% destinada ao Incra, uma vez que não foi extinta pelas Leis ns. 7.787/1989 e 8.213/1991, tal como anteriormente entendia a jurisprudência deste Superior Tribunal, mormente pela aplicação do art. 150, I, da CF/1988 c/c o art. 97 do CTN. **REsp 977.058-RS, Rel. Min. Luiz Fux, julgado em 22/10/2008.** (Inform. STJ 373)

CONTRIBUIÇÃO. INCRA. COMPENSAÇÃO. TRIBUTOS. INSS.

A Seção proveu os embargos ao argumento de que, tendo em conta a diferença de natureza entre a contribuição vertida ao Incra (intervenção no domínio econômico) e as demais recolhidas pelo INSS (contribuições para a seguridade social), é impossível a compensação, por simples inteligência do art. 66 da Lei n. 8.383/1991. **Precedentes citados: EREsp 749.430-PR, DJ 18/12/2006; AgRg nos EREsp 935.325-PR, DJ 10/3/2008, e AgRg na Pet 6.367-PR, DJ 9/6/2008. EREsp 675.787-SC, Rel. Min. Mauro Campbell Marques, julgados em 8/10/2008.** (Inform. STJ 371)

FUNRURAL. MERCADORIA. ENTREGA. ASSOCIAÇÃO.

A Turma reiterou que a mera entrega da mercadoria pelo produtor rural associado à cooperativa não constitui fato gerador do Funrural, visto que não há que se confundir a entrega do produto a ser ainda comercializado com a comercialização propriamente dita. **Precedentes citados: REsp 585.175-TO, DJ 18/10/2006; REsp 735.883-MG, DJ 22/5/2006; REsp 382.291-RS, DJ 17/11/2003, e REsp 248.073-RS, DJ 18/11/2002. REsp 730.894-PR, Rel. Min. Denise Arruda, julgado em 13/5/2008.** (Inform. STJ 355)

27. DIREITO EDUCACIONAL

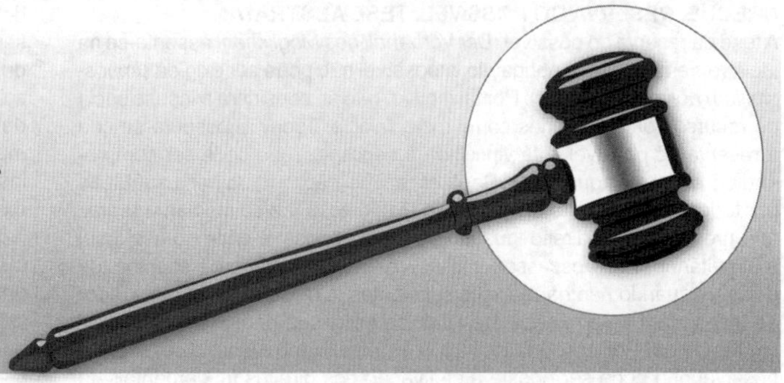

1. ANALFABETISMO

ADI POR OMISSÃO E ERRADICAÇÃO DO ANALFABETISMO – 1

O Tribunal, por maioria, julgou improcedente pedido formulado em ação direta de inconstitucionalidade por omissão proposta pelo Partido dos Trabalhadores – PT, pelo Partido Comunista do Brasil – PC do B e pelo Partido Democrático Trabalhista – PDT em que se apontava inércia do Presidente da República em envidar esforços no sentido de erradicar o analfabetismo no Brasil, em afronta ao disposto nos artigos 6º, 23, V, 208, I, e 214, I, todos da CF ["Art. 6º São direitos sociais a educação, a saúde, o trabalho, a moradia, o lazer, a segurança, a previdência social, a proteção à maternidade e à infância, a assistência aos desamparados, na forma desta Constituição. ... Art. 23. É competência comum da União, dos Estados, do Distrito Federal e dos Municípios: ... V – proporcionar os meios de acesso à cultura, à educação e à ciência; ... Art. 208. O dever do Estado com a educação será efetivado mediante a garantia de: ... I – educação básica obrigatória e gratuita dos 4 (quatro) aos 17 (dezessete) anos de idade, assegurada inclusive sua oferta gratuita para todos os que a ela não tiveram acesso na idade própria; ... Art. 214. A lei estabelecerá o plano nacional de educação, de duração decenal, com o objetivo de articular o sistema nacional de educação em regime de colaboração e definir diretrizes, objetivos, metas e estratégias de implementação para assegurar a manutenção e desenvolvimento do ensino em seus diversos níveis, etapas e modalidades por meio de ações integradas dos poderes públicos das diferentes esferas federativas que conduzam a: I – erradicação do analfabetismo;"]. **ADI 1698/DF, rel. Min. Cármen Lúcia, 25.2.2010** (ADI-1698)

ADI POR OMISSÃO E ERRADICAÇÃO DO ANALFABETISMO – 2

Entendeu-se que não haveria como se afirmar ter havido inércia do Presidente da República de modo a se lhe imputar providência administrativa que ainda não tivesse sido por ele adotada e que poderia ser suprida pela procedência desta ação. Salientou-se que o Brasil tem ainda, de fato, muito a fazer em termos de compromisso constitucionalmente imposto de erradicar o analfabetismo, até mesmo para que os direitos fundamentais, a dignidade da pessoa humana, a sua liberdade, a igualdade de oportunidades possam ser efetivados. Por outro lado, com base na análise dos dados referentes ao número de analfabetos formais no Brasil em 1995, apresentados pelo IBGE, e do que se tem hoje, principalmente a partir da Lei 9.394/96, que estabeleceu as diretrizes e bases da Educação Nacional, e, ainda, da Lei 10.172/2001, que aprovou o plano nacional de educação, observou-se a adoção de várias políticas sociais voltadas para a implementação do que legalmente determinado. Asseverou-se a existência de uma gama de ações e programas do Ministério da Educação priorizando a erradicação do analfabetismo e o acesso de todos à educação, que teriam contribuído, significativamente, com o decréscimo do número desses analfabetos formais no Brasil. Dentre os quais, citou-se o "Programa Brasil Alfabetizado", que previu a ampliação do período de alfabetização de seis para até oito meses; o aumento de 50% nos recursos para a formação dos alfabetizadores; o estabelecimento de um piso para o valor da bolsa paga ao alfabetizador; o aumento da quantidade de turmas em regiões com baixa densidade populacional e em comunidades populares de periferias urbanas; a implantação de um sistema integrado de monitoramento e avaliação do programa; e maior oportunidade de continuidade da escolarização de jovens e adultos, a partir do aumento de 42% para 68% do percentual dos recursos alocados para Estados e Municípios. Lembrou-se, também, do "Bolsa Família", um dos principais programas de cidadania e inclusão do Governo Federal, cujo objetivo é a inclusão social das famílias em situação de pobreza por meio da transferência de renda e da promoção do acesso aos direitos sociais básicos de saúde e educação. Vencido o Min. Marco Aurélio que julgava o pleito procedente, ao fundamento de que, apesar de haver esforços, eles estariam muito aquém do desejável para se erradicar o analfabetismo, não bastando dizer, ademais, que se estaria atendendo ao piso, em termos de receita que deve ser destinada à educação, previsto na Carta da República. Ressaltou haver de se fazer um pouco mais e que o Supremo deveria sinalizar nesse sentido. **ADI 1698/DF, rel. Min. Cármen Lúcia, 25.2.2010.** (ADI-1698) (Inform. STF 576)

2. OFERTA DE VAGAS NO ENSINO INFANTIL

EMENTA: CRIANÇA DE ATÉ CINCO ANOS DE IDADE. **ATENDIMENTO** EM CRECHE E EM PRÉ-ESCOLA. **EDUCAÇÃO INFANTIL.** DIREITO **ASSEGURADO** PELO PRÓPRIO TEXTO CONSTITUCIONAL (CF, ART. 208, IV, NA REDAÇÃO DADA PELA EC Nº 53/2006). **COMPREENSÃO GLOBAL** DO DIREITO CONSTITUCIONAL À EDUCAÇÃO. **DEVER JURÍDICO** CUJA EXECUÇÃO SE IMPÕE AO PODER PÚBLICO, **NOTADAMENTE AO MUNICÍPIO** (CF, ART. 211, § 2º). **AGRAVO IMPROVIDO.**

– **A educação infantil** representa prerrogativa constitucional indisponível, que, **deferida** às crianças, **a estas assegura**, para efeito de seu desenvolvimento integral, **e como primeira etapa** do processo de educação básica, **o atendimento** em creche **e** o acesso à pré-escola (**CF**, art. 208, IV).

– **Essa prerrogativa jurídica**, em conseqüência, **impõe**, ao Estado, **por efeito** da alta significação social de que se reveste a educação infantil, **a obrigação constitucional** de criar condições objetivas **que possibilitem**, de maneira concreta, **em favor** das *"crianças até 5 (cinco) anos de idade"* (**CF**, art. 208, IV), **o efetivo** acesso **e** atendimento em creches e unidades de pré-escola, **sob pena de** configurar-se inaceitável omissão governamental, **apta a frustrar**, injustamente, **por inércia**, o integral adimplemento, pelo Poder Público, de prestação estatal que lhe impôs o próprio texto da Constituição Federal.

– **A educação infantil**, por qualificar-se como direito fundamental de toda criança, não se expõe, em seu processo de concretização, a avaliações meramente discricionárias da Administração Pública, nem se subordina a razões de puro pragmatismo governamental.

– **Os Municípios** – que atuarão, **prioritariamente**, no ensino fundamental **e na educação infantil** (CF, art. 211, § 2º) – **não poderão demitir-se do mandato constitucional**, juridicamente vinculante, que lhes foi outorgado pelo art. 208, IV, da Lei Fundamental da República, e que representa fator de limitação da discricionariedade político-administrativa dos entes municipais, cujas opções, tratando-se do atendimento das crianças em creche (CF, art. 208, IV), não podem ser exercidas de modo a comprometer, com apoio em juízo de simples conveniência ou de mera oportunidade, a eficácia desse direito básico de índole social.

– Embora inquestionável que resida, primariamente, nos Poderes Legislativo e Executivo, a prerrogativa de formular e executar políticas públicas, revela-se possível, no entanto, ao Poder Judiciário, ainda que em bases excepcionais, determinar, especialmente nas hipóteses de políticas públicas definidas pela própria Constituição, sejam estas implementadas, sempre que os órgãos estatais competentes, por descumprirem os encargos político-jurídicos que sobre eles incidem em caráter mandatório, vierem a comprometer, com a sua omissão, a eficácia e a integridade de direitos sociais e culturais impregnados de estatura constitucional. **A questão pertinente à "reserva do possível". Doutrina.** (AI 677.274/SP, rel. Min. Celso de Mello, j. 18/09/08) (Inform. STF 520)

CRECHE. RESERVA DO POSSÍVEL. TESE ABSTRATA.
A tese da reserva do possível (*Der Vorbehalt des Möglichen*) assenta-se na idéia romana de que a obrigação impossível não pode ser exigida *(impossibilium nulla obligatio est*). Por tal motivo, não se considera a insuficiência de recursos orçamentários como mera falácia. Todavia, observa-se que a reserva do possível está vinculada à escassez, que pode ser compreendida como desigualdade. Bens escassos não podem ser usufruídos por todos e, justamente por isso, sua distribuição faz-se mediante regras que pressupõem o direito igual ao bem e a impossibilidade do uso igual e simultâneo. Essa escassez, muitas vezes, é resultado de escolha, de decisão: quando não há recursos suficientes, a decisão do administrador de investir em determinada área implica escassez de outra que não foi contemplada. Por esse motivo, em um primeiro momento, a reserva do possível não pode ser oposta à efetivação dos direitos fundamentais, já que não cabe ao administrador público preteri-la, visto que não é opção do governante, não é resultado de juízo discricionário, nem pode ser encarada como tema que depende unicamente da vontade política. Nem mesmo a vontade da maioria pode tratar tais direitos como secundários. Isso porque a democracia é, além dessa vontade, a realização dos direitos fundamentais. Portanto, aqueles direitos que estão intimamente ligados à dignidade humana não podem ser limitados em razão da escassez, quando ela é fruto das escolhas do administrador. Não é por outra razão que se afirma não ser a reserva do possível oponível à realização do mínimo existencial. Seu conteúdo, que não se resume ao mínimo vital, abrange também as condições socioculturais que assegurem ao indivíduo um mínimo de inserção na vida social. Sendo assim, não fica difícil perceber que, entre os direitos considerados prioritários, encontra-se o direito à educação. No espaço público (no qual todos são, *in abstrato*, iguais e cuja diferenciação dá-se mais em razão da capacidade para a ação e discurso do que em virtude de atributos biológicos), local em que são travadas as relações comerciais, profissionais e trabalhistas, além de exercida a cidadania, a ausência de educação, de conhecimento, em regra, relega o indivíduo a posições subalternas, torna-o dependente das forças físicas para continuar a sobreviver, ainda assim, em condições precárias. Eis a razão pela qual os arts. 227 da CF/1988 e 4º da Lei n. 8.069/1990 dispõem que a educação deve ser tratada pelo Estado com absoluta prioridade. No mesmo sentido, o art. 54, IV, do ECA prescreve que é dever do Estado assegurar às crianças de zero a seis anos de idade o atendimento em creche e pré-escola. Portanto, na hipótese, o pleito do MP encontra respaldo legal e jurisprudencial. Porém é preciso ressalvar a hipótese de que, mesmo com a alocação dos recursos no atendimento do mínimo existencial, persista a carência orçamentária para atender a todas as demandas. Nesse caso, a escassez não seria fruto da escolha de atividades não prioritárias, mas sim da real insuficiência orçamentária. Em situações limítrofes como essa, não há como o Poder Judiciário imiscuir-se nos planos governamentais, pois eles, dentro do que é possível, estão de acordo com a CF/1988, não havendo omissão injustificável. Todavia, a real insuficiência de recursos deve ser demonstrada pelo Poder Público, não sendo admitido que a tese seja utilizada como uma desculpa genérica para a omissão estatal no campo da efetivação dos direitos fundamentais, principalmente os de cunho social. Dessarte, no caso dos autos, em que não há essa demonstração, impõe-se negar provimento ao especial do município. Precedentes citados do STF: AgRg no RE 410.715-SP, DJ 3/2/2006; do STJ: REsp 1.041.197-MS, DJe 16/9/2009; REsp 764.085-PR, DJe 10/12/2009, e REsp 511.645-SP, DJe 27/8/2009. **REsp 1.185.474-SC, Rel. Min. Humberto Martins, julgado em 20/4/2010**. (Inform. STJ 431)

DISPONIBILIZAÇÃO. VAGA. CRECHE.
Trata-se de ação civil pública ajuizada contra o município com o objetivo de assegurar às crianças de até três anos e onze meses o direito de frequentar creche mantida pela municipalidade. Inicialmente, o Min. Relator salientou não ter havido discordância quanto ao dever do município de assegurar o acesso das crianças em creches, tampouco se questiona a legitimidade do MP ou a inadequação da via eleita. O Min. Relator ateve-se à questão do ônus da prova da insuficiência orçamentária. Nos termos do art. 333 do CPC, cabe ao autor demonstrar a veracidade dos fatos constitutivos de seu direito (inciso I) e ao réu, invocar circunstância capaz de alterar ou eliminar as consequências jurídicas do fato aduzido pelo demandante (inciso II). Contudo, se porventura o réu apresenta defesa indireta na qual se sustenta fato impeditivo do direito da parte autora, a regra inverte-se; pois, ao aduzir fato impeditivo, o réu implicitamente admite como verídica a afirmação básica da petição inicial, que, posteriormente, veio a sofrer as consequências do evento superveniente levantado em contestação. Por conseguinte, as alegações trazidas pelo autor tornam-se incontroversas, dispensando, por isso, a respectiva prova (art. 334, II, do CPC). O direito de ingresso e permanência de crianças com até seis anos em creches e pré-escolas encontra respaldo no art. 208 da CF/1988. Por seu turno, a Lei de Diretrizes e Bases da Educação, em seu art. 11, V, bem como o ECA, em seu art. 54, IV, atribui ao ente público o dever de assegurar o atendimento de crianças de zero a seis anos de idade em creches e pré-escolas. Em se tratando de causa impeditiva do direito do autor, concernente à oferta de vagas para crianças com até três anos e onze meses em creches mantidas pela municipalidade, incumbe ao recorrente provar a suposta insuficiência orçamentária para tal finalidade, nos termos do art. 333, II, do CPC. Precedentes citados do STF: AgRg no RE 384.201-SP, DJe 3/8/2007; do STJ: REsp 575.280-SP, DJ 25/10/2004, e REsp 510.598-SP, DJ 13/2/2008. **REsp 474.361-SP, Rel. Min. Herman Benjamin, julgado em 4/6/2009.** (Inform. STJ 397)

3. DIREITOS DO EDUCANDO

ENADE E ILEGITIMIDADE DE MINISTRO DE ESTADO
A 1ª Turma negou seguimento a recurso ordinário em mandado de segurança interposto de decisão do STJ que extinguira a ação originária sem resolução de mérito ao fundamento de que o Ministro da Educação seria parte ilegítima para figurar no pólo passivo da demanda. Na espécie, o ora recorrente alegara que fora impedido de colar grau em curso superior por não ter prestado o Exame Nacional de Desempenho de Estudantes – Enade/2009, o que ocorrera em razão da ausência de notificação específica e individualizada de sua seleção para participar do exame. Reputou-se que o objetivo do ora recorrente seria afastar a obrigatoriedade de regularização, a fim de que pudesse colar grau. Desse modo, ele não poderia se insurgir contra uma autoridade que não deteria ingerência nem atribuição para determinar o cumprimento de eventual ordem judicial, pois o Ministro da Educação não teria legitimidade para afastar a exigência de regularização do aluno junto àquele órgão, visto que sua atuação estaria restrita à regulamentação dos procedimentos. Por fim, destacou-se a existência de portaria que atribui a outras autoridades, como ao Instituto Nacional de Estudos e Pesquisas Educacionais Anísio Teixeira - Inep, competência para promover a cientificação pessoal sobre a seleção. Igualmente, ressaltou-se haver portarias que estabeleceriam aos estudantes, ingressantes e concluintes em situação irregular a possibilidade de participação em outro exame. Por fim, não vislumbrou ilegalidade ou abuso de poder praticado pela autoridade apontada como coatora. RMS 30536/RJ, rel. Min. Cármen Lúcia, 30.8.2011. (RMS-30536) (Inform. STF 638)

PRINCÍPIO DA NEUTRALIDADE DO ESTADO: PROVAS DO ENEM E DIA COMPATÍVEL COM O EXERCÍCIO DA FÉ – 1
O Tribunal desproveu agravo regimental interposto contra decisão que suspendera decisão de Desembargador do TRF da 3ª Região que, nos autos de agravo de instrumento, deferira pedido de antecipação de tutela recursal, com a conseqüente determinação de que fosse oportunizada a autores de ação ordinária — alunos secundaristas que professam a fé judaica — a participação no Exame Nacional do Ensino Médio – ENEM em dia compatível com exercício da fé por eles professada, a ser fixado pelas autoridades responsáveis pela realização das provas, observando-se o mesmo grau de dificuldade das provas realizadas por todos os demais estudantes. Manteve-se o fundamento da decisão impugnada no sentido de que a designação de dia alternativo para a realização das provas colocaria em risco a ordem pública, compreendida em termos de ordem jurídico-administrativa. Asseverou-se não haver dúvida de que o direito fundamental à liberdade religiosa impõe ao Estado o dever de neutralidade em face do fenômeno religioso, e que é proibida toda e qualquer atividade do ente público que privilegie certa confissão religiosa em prejuízo das demais. Aduziu-se que, não obstante, o dever de neutralidade por parte do Estado não pode ser confundido com a idéia de indiferença estatal, sendo necessário que o Estado, em determinadas situações, adote comportamentos positivos, a fim de evitar barreiras ou sobrecargas que venham a inviabilizar ou dificultar algumas opções em matéria de fé. Ressaltou-se não ser inconstitucional, dessa forma, que o Estado venha a se relacionar com as confissões religiosas, tendo em vista, inclusive, os benefícios sociais que elas são capazes de gerar, não se admitindo, entretanto, que assuma certa concepção religiosa como a oficial ou a correta, que beneficie um grupo religioso ou lhe conceda privilégios em detrimento de outros. Portanto, dever-se-ia promover a livre competição no "mercado de idéias religiosas". Ressaltou-se que tais ações positivas apenas são legítimas se preordenadas à manutenção do livre fluxo de idéias religiosas e se comprovadamente não houver outro meio menos gravoso de se alcançar esse desiderato, devendo-se ter o cuidado de que a medida adotada estimule a igualdade de oportunidades entre as confissões religiosas e não, ao contrário, seja fonte de privilégios e favorecimentos. **STA 389 AgR/DF, rel. Min. Gilmar Mendes, 3.12.2009**. (STA-389)

PRINCÍPIO DA NEUTRALIDADE DO ESTADO: PROVAS DO ENEM E DIA COMPATÍVEL COM O EXERCÍCIO DA FÉ – 2

Afirmou-se que a designação de dia alternativo para a realização das provas do ENEM pelo grupo religioso em questão, apesar de poder ser, em princípio, considerada uma medida de "acomodação", apta a afastar as mencionadas sobrecargas indesejáveis, não estaria em consonância com o princípio da isonomia, convolando-se em privilégio para esse grupo. Observou-se, no ponto, que o Ministério da Educação oferta aos candidatos que, em virtude de opções religiosas não podem fazer as provas durante o dia de sábado, a possibilidade de fazê-las após o pôr-do-sol, medida que já vem sendo aplicada, há algum tempo, em relação aos adventistas do sétimo dia, grupo religioso que também possui como "dia de guarda" o sábado. Não obstante, salientando não se estar insensível ao argumento de que medida adotada pelo MEC poderia prejudicar os candidatos praticantes da citada profissão religiosa — os quais teriam de ser confinados, para apenas ao fim do dia iniciar as suas provas —, considerou-se que tal medida revelar-se-ia, diante dos problemas decorrentes da designação de dia alternativo, mais condizente com o dever do Estado de neutralidade em face do fenômeno religioso e com a necessidade de se tratar todas as denominações religiosas de forma isonômica. Registrou-se, por fim, não se cuidar de posicionamento definitivo desta Corte sobre a matéria, haja vista a existência de duas ações diretas de inconstitucionalidade pendentes de julgamento, nas quais será possível se aprofundar sobre o tema, de modo a definir, com maior acuidade, o âmbito de proteção e o alcance do direito fundamental à liberdade religiosa (CF, art. 5º, VIII). Vencido o Min. Marco Aurélio, que dava provimento ao recurso, restabelecendo a decisão do TRF da 3ª Região que determinara fosse observada a cláusula final do inciso VIII do art. 5º da CF, a revelar que se deveria sempre sinalizar com uma prestação alternativa, no caso, a designação do exame para um dia útil. **STA 389 AgR/DF, rel. Min. Gilmar Mendes, 3.12.2009**. (STA-389) (Inform. STF 570)

MATRÍCULA. ESCOLA PÚBLICA. GEORREFERENCIAMENTO.

A Turma negou provimento ao recurso especial para manter a decisão do tribunal *a quo*, a qual afastou o critério de georreferenciamento e garantiu o direito de rematrícula da recorrida no estabelecimento público de ensino em que havia concluído o ano letivo. Segundo a Min. Relatora, a regra disposta no art. 53, V, do ECA, que garante à criança e ao adolescente o acesso à escola pública e gratuita próxima de sua residência, não constitui imposição, mas benefício. O referido dispositivo deve ser interpretado de acordo com as peculiaridades de cada caso, ponderando-se qual a solução mais favorável ao aluno: a proximidade da instituição ou a continuidade em escola mais distante, onde o menor, porém, já esteja ambientado. Ressalvou-se que tal concepção não tem o intuito de fazer que o estudante escolha livremente o local em que queira estudar, o que poderia inviabilizar a prestação do serviço. Pretende-se, de acordo com as circunstâncias da demanda ora em exame, buscar o entendimento que melhor se ajuste à real finalidade da lei, qual seja, facilitar o acesso à educação e, com isso, garantir o pleno desenvolvimento da criança. **REsp 1.194.905-PR, Rel. Min. Eliana Calmon, julgado em 17/8/2010**. (Inform. STJ 443)

REMATRÍCULA. POSSIBILIDADE. ESCOLA DIVERSA. RESIDÊNCIA.

O Estado não tem o direito de oferecer ensino público e gratuito próximo à residência do aluno, isso é um dever seu. Logo não pode alegar violação do art. 53, V, da Lei n. 8.069/1990 (ECA), pois a violação do direito não pode ser afirmada pela pessoa que tem o dever de implementá-lo, cabendo apenas ao titular, caso queira, ou ao MP exercer tal prerrogativa. O direito de acesso de ensino próximo à residência do estudante não prevalece sobre o direito do bom desenvolvimento físico e psicológico do menor resultante de sua manutenção na escola, uma vez que lá está acostumado com o ambiente, professores e programa escolar, bem como mantém laço de amizade e afetividade. **REsp 1.178.854-PR, Rel. Min. Humberto Martins, julgado em 9/3/2010**. (Inform. STJ 426)

MATRÍCULA. ESCOLA PÚBLICA.

Discute-se a interpretação dada ao art. 53, I e V, do ECA (Lei n. 8.069/1990), o qual assegura o direito de crianças e adolescentes estudarem em escola pública (gratuita) perto de sua residência. No caso dos autos, por conta do citado artigo, a secretaria de educação estadual impediu a matrícula dos menores na escola que já frequentavam. Ressalta a Min. Relatora que o art. 53, V, do ECA não constitui uma obrigação ou determinação, tal como entendeu o Estado-membro. Trata-se de um benefício; assim, essa regra não pode ser absoluta, o órgão público deve atentar para as peculiaridades de cada caso. Observa que a política de aproximação aluno/escola justifica-se em um país onde os menos favorecidos não têm sequer acesso a transporte satisfatório. Entretanto, às vezes, a manutenção do aluno na escola que frequentava mostra-se mais benéfica ao menor do que transferi-lo para escola pública próxima a sua residência somente em obediência à regra de aproximação disposta no ECA. Assevera que pensar de modo contrário seria não dar opções de escolha; por outro lado, também não pretende com esse entendimento deixar as escolhas por conta de cada aluno, o que poderia levar à inviabilidade da prestação do serviço pela impossibilidade de organização das escolas estaduais. Então, sempre se deve verificar o caso concreto com suas peculiaridades. Com esse entendimento, a Turma negou provimento ao recurso do Estado-membro. **REsp 1.175.445-PR, Rel. Min. Eliana Calmon, julgado em 4/3/2010**. (Inform. STJ 425)

SÚMULA VINCULANTE STF 12

A cobrança de taxa de matrícula nas universidades públicas viola o disposto no art. 206, IV, da Constituição Federal.

4. TRANSFERÊNCIA DE MATRÍCULA

DIREITO ADMINISTRATIVO. SERVIDOR PÚBLICO. MUDANÇA DE OFÍCIO DA SEDE. RESERVA DE VAGA. INSTITUIÇÃO DE ENSINO SUPERIOR.

Servidores públicos, civis ou militares, transferidos de ofício têm direito à matrícula em instituição de ensino superior do local de destino, desde que observado o requisito da congeneridade em relação à instituição de origem, salvo se não houver curso correspondente em estabelecimento congênere no local da nova residência ou em suas imediações, hipótese em que deve ser assegurada a matrícula em instituição não congênere. Em regra, a matrícula fica garantida em instituições de ensino congêneres, ou seja, de universidade pública para pública ou de privada para privada. Precedente citado: AgRg no REsp 1161861-RS, DJe 4/2/2010. **AgRg no REsp 1.335.562–RS, Rel. Min. Arnaldo Esteves Lima, julgado em 6/11/2012.(Inform. STJ 508)**

ENSINO SUPERIOR. TRANSFERÊNCIA EX OFFICIO. MILITAR. DEPENDENTES.

A Turma, prosseguindo o julgamento, por maioria, negou provimento ao recurso, entendendo que o servidor público, civil ou militar, transferido *ex officio* no interesse da Administração e seus dependentes, no caso, militar estudante de nível superior egresso de universidade estadual, têm direito à transferência para entidade federal sem quebra da congeneridade, desde que não haja estabelecimento de ensino superior estadual no local de destino, conforme interpretação do Pretório Excelso ao art. 1º da Lei n. 9.536/1997, no julgamento da ADI n. 3.324-7-DF. **REsp 1.046.480-CE, Rel. Min. originário Francisco Falcão, Rel. para acórdão Min. Luiz Fux, julgado em 23/4/2009.** (Inform. STJ 391)

ENSINO SUPERIOR. TRANSFERÊNCIA. TRATAMENTO. SAÚDE.

A recorrente sustenta que a remoção de servidora em razão de tratamento de saúde enquadra-se na hipótese de interesse público. No mérito, cinge-se a discussão sobre a incidência do art. 1º da Lei 9.536/1997 na hipótese de transferência a pedido de servidora pública do Poder Judiciário civil, de uma universidade federal para outra universidade também federal em outro município do mesmo estado-membro. Na hipótese, a remoção se deu a pedido da servidora, e não por ato de ofício, o que afasta o benefício estabelecido na lei. **Precedente citado: REsp 806.027-PE, DJ 9/5/2006. AgRg no REsp 1.074.327-RS, Rel. Min. Herman Benjamin., julgado em 20/11/2008.** (Inform. STJ 377)

ENSINO SUPERIOR. TRANSFERÊNCIA. FATO CONSUMADO.

Trata-se de embargos de declaração opostos por estudante da graduação de enfermagem com o objetivo de reverter o provimento deste Superior Tribunal no sentido de que não há direito líquido e certo à matrícula em universidade pública. Sustenta o embargante que já está no nono período da faculdade e requer o reconhecimento da teoria do fato consumado. Na espécie, o recorrente não estava matriculado em faculdade quando soube da remoção de seu pai – apenas prestou vestibular e se matriculou depois; o provimento judicial que lhe garantiu a matrícula foi revertido em 2003 (quando o recorrente ainda estava nos períodos iniciais da graduação) – ou seja, a situação consolidou-se sem amparo em decisão judicial, não há requisito básico da teoria do fato consumado e ainda não houve consolidação da situação, considerando que não houve término do curso. Porém o Min. Relator destacou que as sutilezas do caso concreto ensejam o afastamento da aplicação da teoria do fato consumado e atraem a incidência do princípio da boa-fé objetiva, impedindo que o recorrente, agora, pretenda se valer da própria torpeza. É que a teoria do fato consumado tem como objetivo principal, além de resguardar a estabilidade das relações sociais, também garantir que aquele que, confiando em provimento judicial (portanto de boa-fé), não seja prejudicado pela morosidade e pela burocracia judiciais. A parte que, matriculando-se ardilosamente em universidade privada (porque os fatos asseverados pela Corte *a quo* concluem isso) e conhecendo reiteradas decisões contrárias a sua pretensão (como ocorre no caso concreto, em que a sentença, o acórdão e o próprio Supremo Tribunal Federal, na ADIn 3.324-DF, manifestaram-se contra a pretensão do recorrente), prefere trazer a questão ao Superior Tribunal de Justiça na esperança de que, ao cabo do processo, veja reconhecida a teoria do fato consumado, além de incorrer em evidente litigância de má-fé (art. 17, III, do CPC), está assumindo riscos com os quais deve arcar. Diante disso, a Turma recebeu os embargos de declaração como agravo regimental e lhe negou provimento, com a determinação de comunicação imediata à recorrida para que, se for o caso, não proceda à expedição do diploma do recorrente, em razão da inexistência de direito líquido e certo para tanto, conforme reconhecido há cinco anos pela origem e confirmado por este Superior Tribunal. **Precedentes citados: EREsp 806.027-PE, Dje 18/2/2008; EDcl no REsp 715.445-AL, DJ 13/6/2005, e EDcl no REsp 724.154-CE, DJ 20/6/2005. EDcl no REsp 675.026-PR, Rel. Min. Mauro Campbell Marques, julgados em 20/11/2008.** (Inform. STJ 377)

MATRÍCULA. UNIVERSIDADE. TRANSFERÊNCIA. MILITAR.

Trata-se de esposa de militar transferido *ex officio* que teve negada a matrícula em universidade federal, embora tenha sido transferida de outra universidade federal (vaga decorrente de outra transferência do marido), porque sua admissão no curso superior foi em instituição privada. É cediço que, após a declaração de inconstitucionalidade do art. 1º da Lei n. 9.536/1997, sem redução de texto, pelo STF na ADIN 3.324-DF (DJ 15/4/2005), a jurisprudência entende que, na matrícula compulsória tanto do servidor público como do militar transferido no interesse da Administração ou seus dependentes em curso superior, independentemente de vaga ou época do ano, deve-se observar o critério da congeneridade da instituição de ensino, isto é, se de natureza pública na origem, para pública ou, se privada na origem, para privada. Explica a Min. Relatora que, não obstante ter a esposa do militar ingressado no vestibular em universidade privada, tal fato é irrelevante, porque agora está sendo transferida de universidade federal congênere, pois ambas são públicas. Assim, a recorrente tem direito a ser matriculada em outra universidade federal sem que se indague a origem primeira. **REsp 877.060-DF, Rel. Min. Eliana Calmon, julgado em 2/10/2008.** (Inform. STJ 370)

5. DIPLOMA ESTRANGEIRO E DE CURSOS NÃO RECONHECIDOS

MEC: REGISTRO DE DIPLOMA DE MESTRADO EM CURSO DE CARÁTER EXPERIMENTAL

A 1ª Turma negou provimento a recurso extraordinário no qual pretendido que o Poder Judiciário determinasse à Universidade do Rio de Janeiro - URJ a retirada de adjetivação no sentido de que o diploma de mestrado do recorrente não teria validade perante o Ministério da Educação - MEC. Tratava-se, na origem, de mandado de segurança impetrado contra ato do Sub-Reitor da URJ, que expedira diploma ao recorrente, mas com a explicitação de não ter validade nacional compulsória, de acordo com o art. 48 da Lei 9.394/96 (Lei de Diretrizes e Bases da Educação). Entendeu-se que o aluno de curso de mestrado instituído em caráter experimental, com conhecimento dessa condição, não teria o direito líquido e certo de exigir da Universidade o registro no MEC de seu diploma. Reputou-se que a Universidade limitara-se a cumprir o que determinado em lei, a qual não autorizaria a validade nacional de diploma sem que o curso tivesse sido reconhecido pelo órgão competente. RE 566365/RJ, rel. Min. Dias Toffoli, 22.2.2011. (RE-566365) (Inform. STF 617)

DIREITO ADMINISTRATIVO E PROCESSUAL CIVIL. REVOGAÇÃO DE ANTECIPAÇÃO DE TUTELA. TEORIA DO FATO CONSUMADO.

Não é possível dispensar a submissão ao processo de revalidação de diploma estrangeiro estabelecido na Lei n. 9.394/1996 (LDB) ainda que o autor, por força de antecipação de tutela na ação originária, esteja exercendo a atividade profissional há vários anos. É firme a jurisprudência do STJ no sentido de que não se aplica a teoria do fato consumado em situações amparadas por medidas de natureza precária, como liminar e antecipação do efeito da tutela, não havendo que se falar em situação consolidada pelo decurso do tempo, sob pena de se chancelar situação contrária à lei. Essa linha de pensamento tem sido extensivamente aplicada nos casos referentes a concurso público, nas hipóteses em que o candidato consegue provimento liminar para mantê-lo no certame, mas a ação é julgada improcedente ao final. Precedentes citados: MS 13.895-DF, DJe 23/3/2012; AgRg no REsp 1.263.232-SE, DJe 9/9/2011; AgRg no REsp 1.018.824-SE, DJe 13/12/2010; AgRg no RMS 22.307-PA, DJe 2/8/2010, e AgRg no Ag 1.070.142-RJ, DJe 9/3/2009. **REsp 1.333.588-RS, Rel. Min. Eliana Calmon, julgado em 16/10/2012.(Inform. STJ 506)**

REVALIDAÇÃO. DIPLOMA. MESTRADO. MERCOSUL.

Trata-se de professor universitário auxiliar que, para galgar progressão funcional como professor assistente, busca judicialmente o reconhecimento do curso de mestrado concluído no Paraguai a fim de que o diploma seja aceito com admissão automática, sem os ritos de revalidação previstos na Lei n. 9.394/1996 (Lei de Diretrizes e Bases da Educação Nacional--LDB). Para isso, alega o recorrente a existência de tratado internacional – Acordo de Admissão de Títulos e Graus Universitários para o Exercício de Atividades Acadêmicas nos Estados Partes do Mercosul–, o qual, a seu ver, prevê o uso automático de títulos acadêmicos expedidos nos países signatários, com força de lei, visto ter sua aprovação no Dec. Legislativo n. 800/2003 e promulgação com o Dec. Presidencial n. 5.518/2005. O tribunal *a quo* considerou que os termos do tratado internacional não afastam as disposições legais vigentes previstas no art. 48 da Lei n. 9.394/1996, que impõe os trâmites para a revalidação do diploma adquirido em outro país. Por outro lado, o Conselho Nacional de Educação (órgão do Ministério da Educação), ao analisar semelhante questão, concluiu, em parecer, que a obtenção do título universitário ou de pós-graduação por brasileiros nos Estados partes do Mercosul não é automática e exige obediência ao processo de revalidação conforme a legislação vigente (LDB). No mesmo sentido, posiciona-se a doutrina, e a Segunda Turma já se pronunciou, entendendo também que o tratado internacional amolda-se ao ordenamento pátrio e demanda a revalidação. Diante do exposto, a Turma negou provimento ao recurso. Precedente citado: REsp 971.962-RS, DJe 13/3/2009. **REsp 1.182.993-PR, Rel. Min. Humberto Martins, julgado em 3/5/2011.** (Inform. STJ 471)

PÓS-GRADUAÇÃO. CREDENCIAMENTO. MEC. AÇÃO INDENIZATÓRIA. PRESCRIÇÃO.

In casu, a universidade recorrente foi condenada, na origem, a indenizar os danos morais e materiais advindos da quebra da boa-fé objetiva ante o descumprimento do dever de informar que o curso de pós-graduação *lato sensu* a distância por ela ministrado e concluído pelas recorridas não era credenciado pelo MEC e tinha sua validade questionada em juízo. Nesse contexto, a Turma, entre outras questões, negou provimento ao recurso especial por entender que a hipótese dos autos atrai o prazo prescricional de cinco anos nos termos do art. 27 do CDC, por se tratar de ação indenizatória decorrente do inadimplemento absoluto da obrigação do fornecedor de produtos ou serviços. Precedente citado: REsp 773.994-MG, DJ 18/6/2007. **REsp 1.076.496-AL, Rel. Min. Massami Uyeda, julgado em 2/6/2011.** (Inform. STJ 475)

DIPLOMA ESTRANGEIRO. REVALIDAÇÃO.

O término do curso de medicina deu-se em Cuba, em 2002, portanto já na vigência do Dec. n. 3.007/1999. Dessa forma, é inviável reconhecer hipotético direito adquirido ao registro imediato do diploma no País, porquanto o curso só passa a ter validade a partir da diplomação, que ocorreu enquanto sujeito o registro ao procedimento de revalidação. Anotou-se não haver similitude desse julgamento com o do REsp 963.525-RS (ver Informativo n. 369). **Precedentes citados: AgRg no REsp 936.974-RS, DJ 3/10/2007; REsp 880.051-RS, DJ 29/3/2007; REsp 846.671-RS, DJ 22/3/2007, e REsp 849.437-RO, DJ 23/10/2006. REsp 1.055.035-RS, Rel. Min. Eliana Calmon, julgado em 14/10/2008.** (Inform. STJ 372)

DIPLOMA. UNIVERSIDADE. EXTERIOR. RECONHECIMENTO AUTOMÁTICO.

Tribunal sempre foi no sentido de entender que a Convenção Regional sobre o Reconhecimento de Estudos, Títulos e Diplomas de Ensino Superior na América Latina e no Caribe, Dec. n. 80.419/1977, estabelecia a revalidação automática de diplomas. Entendia também o STJ que esta Convenção teria sido revogada pelo Dec n. 3.007/1999. Na última sessão da Segunda Turma desta Corte, firmou-se o entendimento de que a suposta revogação da convenção pelo Dec. n. 3.007/1999 não ocorreu por não estar correto o procedimento de revogação de convenção internacional. Ademais, a referida Convenção tem conteúdo meramente programático, jamais tendo estabelecido o procedimento de revalidação automática. Em suma, hoje, no Brasil, para revalidar diplomas estrangeiros, a regra é seguir o disposto na Lei de Diretrizes e Bases e adotar os procedimentos que a Universidade entender necessários. **REsp 963.525-RS, Rel. Min. Mauro Campbell Marques, julgado em 23/9/2008.** (Inform. STJ 369)

6. CONTRATO DE PRESTAÇÃO DE SERVIÇOS EDUCACIONAIS

SERVIÇOS EDUCACIONAIS. FREQUÊNCIA. AULAS.

É devida a cobrança por serviços educacionais contratados e disponibilizados ao educando mesmo que ele não frequente as aulas. Não há que se falar em onerosidade ou abusividade e, consequentemente, na violação do art. 51, IV e XV, do CDC, pois a instituição educacional cumpriu a obrigação que lhe competia no contrato. **REsp 726.417-RJ, Rel. Min. João Otávio de Noronha, julgado em 5/11/2009.** (Inform. STJ 414)

7. PROUNI E FUNDEB

Conflito de atribuições e Fundef - 1

O Plenário iniciou julgamento de ações cíveis originárias em que se discute conflito negativo de atribuições entre o Ministério Público Federal e o Ministério Público do Estado de São Paulo para investigação de irregularidades concernentes à gestão e prestação de contas dos recursos oriundos do Fundo de Manutenção e Desenvolvimento do Ensino e Valorização do Magistério - Fundef, que passou a denominar-se Fundo de Manutenção e Desenvolvimento da Educação Básica e de Valorização da Educação - Fundeb. A Min. Ellen Gracie, relatora, reconheceu a atribuição do Ministério Público Federal para apurar eventual ocorrência de ilícito penal e a do Ministério Público do Estado de São Paulo para investigar hipóteses de improbidade administrativa (ação de responsabilidade civil). Após, pediu vista o Min. Luiz Fux. ACO 1109/SP, rel. Min. Ellen Gracie, 4.8.2011. (ACO-1109) ACO 1206/SP, rel. Min. Ellen Gracie, 4.8.2011. (ACO-1206) ACO 1241/SP, rel. Min. Ellen Gracie, 4.8.2011. (ACO-1241) ACO 1250/SP, rel. Min. Ellen Gracie, 4.8.2011. (ACO-1250)

CONFLITO DE ATRIBUIÇÕES E FUNDEF - 2

O Plenário concluiu julgamento de ações cíveis originárias em que discutido conflito negativo de atribuições entre o Ministério Público Federal e o Ministério Público do Estado de São Paulo, para investigação de irregularidades concernentes à gestão e à prestação de contas dos recursos oriundos do Fundo de Manutenção e Desenvolvimento do Ensino e Valorização do Magistério - Fundef, que passou a ser denominado Fundo de Manutenção e Desenvolvimento da Educação Básica e de Valorização da Educação - Fundeb — v. Informativo 634. Ao reafirmar diretriz jurisprudencial no sentido de que o STF é competente para dirimir conflito de atribuições entre o *parquet* da União e os dos Estados-membros, preliminarmente, por votação majoritária, conheceu-se do conflito. Vencidos, no ponto, os Ministros Luiz Fux e Celso de Mello, por entenderem não caber ao Supremo solucionar a presente divergência. No mérito, o Tribunal, também por maioria, reconheceu a atribuição do Ministério Público Federal para apurar eventual ocorrência de ilícito penal e a do Ministério Público do Estado de São Paulo para investigar hipóteses de improbidade administrativa (ação de responsabilidade civil). O Min. Luiz Fux acentuou que, em ação de improbidade, não haveria prejuízo de posterior deslocamento de competência à Justiça Federal, em caso de superveniente intervenção da União ou de reconhecimento ulterior de lesão ao patrimônio nacional. Vencido o Min. Marco Aurélio, que reputava ser do *parquet* paulista a atribuição para as ações, porquanto não se teria, na espécie, o envolvimento de serviço público federal ou de recursos da própria União. ACO 1109/SP, rel. Min. Ellen Gracie, 5.10.2011. (ACO-1109) ACO 1206/SP, rel. Min. Ellen Gracie, 5.10.2011. (ACO-1206) ACO 1241/SP, rel. Min. Ellen Gracie, 5.10.2011. (ACO-1241) ACO 1250/SP, rel. Min. Ellen Gracie, 5.10.2011. (ACO-1250) (Inform. STF 643)

ADI E PROUNI – 1

O Tribunal iniciou julgamento de ação direta ajuizada pela Confederação Nacional dos Estabelecimentos de Ensino – CONFENEN, pelo Partido Democratas e pela Federação Nacional dos Auditores-Fiscais da Previdência Social – FENAFISP, em que se objetiva a declaração de inconstitucionalidade da Medida Provisória 213/2004, convertida na Lei 11.096/2005, que institui o Programa Universidade para Todos – PROUNI, regula a atuação de entidades de assistência social no ensino superior, e dá outras providências. Preliminarmente, o Tribunal não conheceu da ação proposta pela FENAFISP, por falta de legitimidade ativa (CF, art. 103, IX). Em seguida, o Min. Carlos Britto, relator, afastou a preliminar relativa à ausência dos pressupostos de urgência e relevância para edição da medida provisória. No ponto, o relator considerou o decidido na ADI 3289/DF (DJU de 3.2.2006) no sentido de que a conversão de medida provisória em lei prejudica o debate jurisdicional sobre o atendimento desses pressupostos. **ADI 3330/DF, rel. Min. Carlos Britto, 2.4.2008**. (ADI-3330)

ADI E PROUNI – 2

Quanto ao mérito, o Min. Carlos Britto, julgou improcedente o pedido formulado. Afastou, inicialmente, a alegação de que os artigos 10 e 11 da Lei 11.096/2005 ofenderiam o inciso II do art. 146 e o § 7º do art. 195 da CF. Asseverou que o termo "isenção", contido no § 7º do art. 195 da CF, traduziria imunidade tributária, desoneração fiscal que teria como destinatárias as entidades beneficentes de assistência social que satisfizessem os requisitos estabelecidos em lei. Assim, ter-se-ia conferido à lei a força de aportar consigo as regras de configuração de determinadas entidades privadas como de beneficência no campo da assistência social, para fazerem jus a uma desoneração antecipadamente criada. Repeliu, de igual modo, a assertiva de que os dispositivos legais em causa não se limitariam a estabelecer requisitos para o gozo dessa imunidade, mas desvirtuariam o próprio conceito constitucional de "entidade beneficente de assistência social". Aduziu que a elaboração do conceito dogmático haveria de se lastrear na própria normatividade constitucional, normatividade esta que teria as entidades beneficentes de assistência social como instituições privadas que se somariam ao Estado para o desempenho de atividades tanto de inclusão e promoção social quanto de integração comunitária (CF, art. 203, III). Esclareceu que esta seria a principal razão pela qual a Constituição Federal, ao se referir às entidades de beneficência social que atuam especificamente na área de educação, tê-las-ia designado por "escolas comunitárias confessionais ou filantrópicas" (art. 213), e destacou precedentes da Corte que concluíram que a entidade do tipo beneficente de assistência social a que alude o § 7º do seu art. 195 abarcaria a de assistência educacional. Concluiu, no ponto, que a lei impugnada não teria laborado no campo material reservado à lei complementar, mas tratado apenas de erigir um critério objetivo de contabilidade compensatória da aplicação financeira em gratuidade por parte das instituições educacionais, critério que, atendido, possibilitaria o gozo integral da isenção quanto aos impostos e contribuições mencionados nessa lei. **ADI 3330/DF, rel. Min. Carlos Britto, 2.4.2008**. (ADI-3330)

ADI E PROUNI – 3

O relator, da mesma forma, reputou descabida a afirmação de que o art. 2º da Lei 11.096/2005 afrontaria o art. 5º, I e LIV, da CF. Salientando que a igualdade é valor que tem no combate aos fatores de desigualdade o seu modo próprio de realização, entendeu que a desigualação em favor dos estudantes que cursaram o ensino médio em escolas públicas e os egressos de escolas privadas que tivessem sido contemplados com bolsa integral constituiria discrimen que acompanharia *a toada* da compensação de uma anterior e factual inferioridade. Também não acolheu a tese de que o art. 7º da norma em questão violaria o princípio da autonomia universitária (CF, art. 207), visto que o PROUNI seria um programa concebido para operar por ato de adesão ou participação absolutamente voluntária. Esgrimiu, ademais, o argumento de ofensa ao princípio da livre iniciativa (CF, art. 170), ao fundamento de que este postulado já nasceria relativizado pela própria Constituição, pois a liberdade de iniciativa estaria sujeita aos limites impostos pela atividade normativa e reguladora do Estado, que se justificasse pelo objetivo maior de proteção de valores também garantidos pela ordem constitucional e reconhecidos pela sociedade como relevantes para uma existência digna, conforme os ditames da justiça social. Por fim, rechaçou o apontado desrespeito pelo art. 9º da lei em causa ao art. 5º, XXXIX, da CF, porquanto a matéria nele versada não seria de natureza penal. Frisou que o referido dispositivo elencaria as únicas sanções aplicáveis aos casos de descumprimento das obrigações, assumidas pelo estabelecimento de ensino superior, depois da assinatura do termo de adesão ao programa, sancionamento este que estaria a cargo do Ministério da Educação, ao qual incumbiria, ainda, o controle e gerenciamento do programa, por se tratar de matéria essencialmente administrativa. Após, pediu vista dos autos o Min. Joaquim Barbosa. **ADI 3330/DF, rel. Min. Carlos Britto, 2.4.2008**. (ADI-3330) (Inform. STF 500)

ADI E PROUNI - 4

Em conclusão, o Plenário, por maioria, julgou improcedente pedido formulado em ação direta ajuizada, pela Confederação Nacional dos Estabelecimentos de Ensino - Confenen, pelo Partido Democratas - DEM e pela Federação Nacional dos Auditores-Fiscais da Previdência Social - Fenafisp, contra a Medida Provisória 213/2004, convertida na Lei 11.096/2005, que instituiu o Programa Universidade para Todos - Prouni, regulou a atuação de entidades de assistência social no ensino superior, e deu outras providências — v. Informativo 500. O programa instituído pela norma adversada concedera bolsas de estudos em universidades privadas a alunos que cursaram o ensino médio completo em escolas públicas ou em particulares, como bolsistas integrais, cuja renda familiar fosse de pequena monta, com quotas para negros, pardos, indígenas e àqueles com necessidades especiais. De início, não se conheceu da ação proposta pela Fenafisp, por falta de legitimidade ativa (CF, art. 103, IX). Também em preliminar, consideraram-se presentes os pressupostos de relevância e urgência da matéria tratada na medida provisória questionada que, ao ser convertida em lei, não impediria a continuidade do debate jurisdicional. Em acréscimo, o Min. Gilmar Mendes sublinhou a prioridade do tema abordado pela medida provisória, bem assim o caráter especial e de exceção que assumiria a análise do atendimento de seus pressupostos constitucionais por esta Corte (ADI 4048 MC/DF, DJe de 22.8.2008). ADI 3330/DF, rel. Min. Ayres Britto, 3.5.2012. (ADI-3330)

ADI E PROUNI - 5

No mérito, asseverou-se que a norma adversada erigira a educação à condição de direito social, dever do Estado e uma de suas políticas públicas prioritárias. Afastou-se a alegação de que os artigos 10 e 11 da lei impugnada afrontariam os artigos 146, II, e 195, § 7º, da CF, ao argumento de invadirem seara reservada à lei complementar, ao pretenderem conceituar entidade beneficente de assistência social, e ao estabelecerem requisitos para que assim fosse intitulada. Nesse ponto, assentou-se que o termo "isenção", contido no § 7º do art. 195 da CF, traduziria imunidade tributária, desoneração fiscal que teria como destinatárias as entidades beneficentes de assistência social que satisfizessem os requisitos legais. Assim, ter-se-ia conferido à lei a força de aportar consigo as regras de configuração de determinadas entidades privadas como de beneficência no campo da assistência social, para terem jus a uma desoneração antecipadamente criada. Repeliu-se, de igual modo, a assertiva de que os dispositivos legais em causa não se limitariam a estabelecer requisitos para o gozo dessa imunidade, mas desvirtuariam o próprio conceito constitucional de "entidade beneficente de assistência social". Aduziu-se que a elaboração do conceito dogmático haveria de se lastrear na própria normatividade constitucional, na regra que teriam as entidades beneficentes de assistência social como instituições privadas que se somariam ao Estado para o desempenho de atividades tanto de inclusão e promoção social quanto de integração comunitária (CF, art. 203, III). Esclareceu-se que esta seria a principal razão pela qual a Constituição, ao se referir às entidades de beneficência social que atuassem especificamente na área de educação, tê-las-ia designado por "escolas comunitárias confessionais ou filantrópicas" (art. 213). Destacou-se que a lei em comento não teria laborado no campo material reservado à lei complementar, mas tratado apenas de erigir critério objetivo de contabilidade compensatória da aplicação financeira em gratuidade por parte das instituições educacionais que, atendido, possibilitaria o gozo integral da isenção quanto aos impostos e contribuições. ADI 3330/DF, rel. Min. Ayres Britto, 3.5.2012. (ADI-3330)

ADI E PROUNI - 6

Rechaçaram-se, de igual modo, as alegações de afronta aos princípios da igualdade, da isonomia, da não discriminação e do devido processo legal ao argumento de que não se afiguraria legítimo, no ordenamento, que vagas no ensino superior fossem reservadas com base na condição sócio-econômica do aluno ou em critério racial ou de suas condições especiais. Salientou-se que a igualdade seria valor que teria, no combate aos fatores de desigualdade, o seu modo próprio de realização. Além disso, a distinção em favor dos estudantes que tivessem cursado o ensino médio em escolas públicas e os egressos de escolas privadas contemplados com bolsa integral constituiria discrímen a compensar anterior e factual inferioridade. Desacolheu-se a tese de que o art. 7º da Lei 11.096/2005 violaria o princípio da autonomia universitária (CF, art. 207), porque o Prouni seria programa de ações afirmativas que se operacionalizaria mediante concessão de bolsas e por ato de adesão ou participação voluntária e, portanto, incompatível com a ideia de vinculação forçada. Esgrimiu-se, ademais, a assertiva de ofensa ao princípio da livre iniciativa (CF, art. 170), ao fundamento de que este postulado já nasceria relativizado pela própria Constituição. Isso porque a liberdade de iniciativa estaria sujeita aos limites impostos pela atividade normativa e reguladora do Estado, justificados pelo objetivo maior de proteção de valores também garantidos pela ordem constitucional e reconhecidos pela sociedade como relevantes para uma existência digna, conforme os ditames da justiça social. Rechaçou-se o pretenso desrespeito do art. 9º da lei em causa ao art. 5º, XXXIX, da CF, porquanto a matéria nele versada não seria de natureza penal. Frisou-se que o referido dispositivo listaria as únicas sanções aplicáveis pelo Ministério da Educação — aliado ao controle e gerenciamento do programa, por se referir à matéria essencialmente administrativa — aos casos de descumprimento das obrigações assumidas pelo estabelecimento de ensino superior, depois da assinatura do termo de adesão ao programa. ADI 3330/DF, rel. Min. Ayres Britto, 3.5.2012. (ADI-3330)

ADI E PROUNI - 7

O Min. Joaquim Barbosa, em voto-vista, acompanhou a conclusão do relator e apontou duas questões distintas que seriam por ele examinadas: a) eventual transgressão aos princípios da isonomia, da autonomia universitária e da livre iniciativa; e b) alegada violação de reserva de lei complementar para dispor sobre limitações ao poder de tributar. Ressaltou que o Prouni teria público alvo social e economicamente focado, qual seja, estudantes com renda familiar per capita de até um salário-mínimo e meio para bolsas integrais e até três salários mínimos para as parciais. Mencionou que a lei estabeleceria cinco critérios distintos e concomitantes para que o estudante pudesse se candidatar a bolsa mantida pelo Prouni, em universidade privada: ser brasileiro, não possuir diploma de curso superior, perceber renda familiar no montante mencionado, ter cursado ensino médio completo em escola da rede pública ou em estabelecimento privado na condição de bolsista integral e, por fim, ser aprovado em processo seletivo adotado pela instituição privada de ensino superior. Esclareceu que essas condições visariam compatibilizar situação de coexistência de vagas ociosas nos cursos superiores do país — notadamente nas universidades privadas — com a dificuldade de acesso à educação superior pelos indivíduos pertencentes às camadas sociais mais humildes. ADI 3330/DF, rel. Min. Ayres Britto, 3.5.2012. (ADI-3330)

ADI E PROUNI - 8

No tocante à notória existência de vagas ociosas, dessumiu ser lícito concluir que uma das razões seriam as dificuldades financeiras das famílias em arcar com o alto custo das mensalidades escolares. Salientou ser a pobreza crônica, a perpassar diversas gerações e atingir contingente considerável de famílias do país, fruto da falta de oportunidades educacionais, o que levaria, por conseguinte, a certa inconsistência na mobilidade social. A soma desses fatores caracterizar-se-ia como ciclo cumulativo de desvantagens competitivas — elemento de bloqueio socioeconômico a confinar milhões de brasileiros a viver eternamente na pobreza. Entendeu que o Prouni seria suave tentativa de mitigar essa cruel condição e que investir pontualmente, ainda que de forma gradativa — mas sempre com o intuito de abrir oportunidades educacionais a segmentos sociais mais amplos, que historicamente não a tiveram —, constituiria objetivo governamental constitucionalmente válido. Asseverou que o importante seria a interrupção do mencionado ciclo de exclusão para esses grupos sociais desafortunados e a forma de proporcionar mobilidade social estaria no investimento no nível de escolaridade da população, com facilidades no acesso e na permanência no ensino superior. Demonstrou, com base em dados estatísticos, que o nível de emprego teria aumentado de forma significativa dentre aqueles que integraram o referido programa, com efetiva melhoria da renda familiar, a enfraquecer o argumento de vulneração constitucional da isonomia. O Prouni estaria inserido em conceito mais amplo de ação afirmativa, em face da natureza elitista e excludente do sistema educacional brasileiro. Não vislumbrou, ainda, ofensa ao princípio da autonomia universitária (CF, art. 207) em qualquer de seus aspectos, ao confirmá-lo na voluntariedade da adesão ao programa, inclusive com prazo de vigência. ADI 3330/DF, rel. Min. Ayres Britto, 3.5.2012. (ADI-3330)

ADI E PROUNI - 9

Entendeu não desrespeitado o princípio da livre iniciativa (CF, art. 170, parágrafo único), tendo em vista a ociosidade de vagas nas instituições de ensino superior, a favorecer a manutenção de suas atividades, frente aos benefícios tributários de que passariam a usufruir. Acentuou o nítido caráter administrativo das sanções dispostas no art. 9º da Lei 11.096/2005 que — ao prescrever penalidades para o descumprimento das obrigações assumidas pelos estabelecimentos que aderiram ao Prouni — não afrontaria o art. 5º, XXXIX, da CF, por não ter conteúdo criminal. Analisou, em seguida, as questões tributárias postas no sentido de que: a) haveria campo de desoneração que não pressuporia desempenho de atividades em serviço de completa gratuidade; e b) não poderia a gratuidade tributária ser limitada por requisitos impostos por legislação infraconstitucional, a definir aspectos cruciais da entidade beneficente, como a proporção da receita bruta aplicada em gratuidade e a quantidade mínima de bolsas oferecidas. Salientou a confusão entre os regimes das entidades assistenciais e das entidades privadas voltadas à exploração lucrativa. Destacou que o art. 195, § 7º, da CF adotaria três critérios para o reconhecimento da imunidade ao pagamento de contribuições destinadas ao custeio da seguridade social: a) caráter beneficente da entidade; b) dedicação às atividades de assistência social; e c) observância às exigências definidas em lei. Em sentido semelhante, o art. 150, VI, c, da CF, relativo aos impostos, referir-se-ia às instituições de educação e assistência social, sem fins lucrativos, atendidos os requisitos legais. Além disso, o art. 206 da CF definiria os contornos da assistência social, a indicar quais as finalidades a serem atingidas com as respectivas ações. ADI 3330/DF, rel. Min. Ayres Britto, 3.5.2012. (ADI-3330)

ADI E PROUNI - 10

Registrou que, para caracterizar-se como ação de assistência social, a prestação de benefícios e serviços dever-se-ia caracterizar pela universalidade — prestada a quem dela necessitar — e pela gratuidade. Assim, a imunidade seria salvaguarda da atividade assistencial, que poderia se materializar com a oferta de serviços educacionais. Contudo, nem toda prestação de serviço educacional seria, necessariamente, assistencial e, portanto, imune aos impostos e às contribuições sociais. Nesse contexto, o Prouni utilizaria a capacidade ociosa das entidades privadas, voltadas ao lucro, que não seriam assistenciais nem filantrópicas, de modo a promover o acesso à educação de grupos de pessoas em evidente desvantagem social, econômica e histórica. Depreendeu que o aludido programa seria incentivo fiscal à integração das instituições educacionais de exploração privada, na política de ampliação de acesso à educação, sem reger, diretamente, as atividades sem fins lucrativos próprias das entidades assistenciais. Ademais, por se tratar de incentivo fiscal, não versaria sobre a imunidade das entidades assistenciais e, por essa razão, dispensável lei complementar para ser instituída. Apontou que os critérios escolhidos para a aplicação dos incentivos seriam adequados e proporcionais e, em nenhum momento, ter-se-ia demonstrado que as exigências inviabilizariam essas entidades. Por fim, sob a ótica financeira, concluiu que o programa apresentaria baixo custo por aluno, comparado ao que despendido nas instituições públicas em geral – para uma minoria — e até mesmo ao que se pagaria nas instituições de ensino privadas. ADI 3330/DF, rel. Min. Ayres Britto, 3.5.2012. (ADI-3330)

ADI E PROUNI - 11

O Min. Gilmar Mendes afirmou que a jurisprudência do STF teria se inclinado no sentido de que o art. 195, § 7º, da CF teria natureza específica e excepcional em face da regra geral prevista no art. 146, II, da CF (ADI 2036 MC/DF, DJU de 16.6.2000), razão pela qual seria despicienda a exigência de lei complementar para instituição da isenção tributária em exame. Colacionou precedente da Corte que compatibilizaria a utilização de leis complementar e ordinária no tocante à regulamentação, respectivamente, das imunidades tributárias e das entidades que dela deveriam fruir (ADI 1082 MC/DF, DJU de 13.2.2004). Ao retomar entendimento do Supremo na ADI 2545 MC/DF (DJU de 7.2.2003), explanou que os dispositivos agora atacados inspirar-se-iam no art. 55 da Lei 8.212/91, objeto desse julgado, cuja orientação adotada denotaria que o modelo normativo então vergastado não teria laborado no campo material reservado à lei complementar. Isso porque tão somente erigira critério objetivo de contabilidade compensatória de aplicação financeira em gratuidade por parte das instituições educacionais. ADI 3330/DF, rel. Min. Ayres Britto, 3.5.2012. (ADI-3330)

ADI E PROUNI - 12

Desse modo, afirmou que o propósito da referida norma seria determinar que as entidades beneficentes de assistência social, agraciadas por "isenção" legal, fossem obrigadas a investir o resultado operacional na manutenção e no desenvolvimento de seus objetivos institucionais. Assim, pontificou que a MP 213/2004, convertida na Lei 11.096/2005, apenas teria regulado a forma pela qual se empregaria o resultado operacional obtido por meio da imunidade tributária, com o escopo de ampliar o acesso ao ensino superior, mediante concessão de bolsas de estudos. Explicou que, em vez de arcar diretamente com os custos dessas benesses conferidas aos estudantes, o Poder Público concederia a "isenção" às entidades educacionais, a fim de que estas aplicassem o resultado obtido no financiamento dessas bolsas. Inferiu, pois, que a lei federal examinada não trataria de ensino em si, mas de política pública para fomentá-lo, sem, contudo, interferir na maneira como a atividade educacional desenvolver-se-ia. O diploma tampouco usurparia a competência legislativa dos estados e do Distrito Federal de editar normas específicas sobre educação, porquanto cuidaria de concessão de bolsas por meio de adesão voluntária de faculdades privadas ao Prouni, as quais, em contrapartida, contemplar-se-iam com imunidade tributária. Finalizou que o programa comportaria política de inclusão social que conjugaria critério de raça com o socioeconômico e que o número de ingressantes no ensino superior por meio dele seria próximo ao total de discentes atualmente matriculados em instituições públicas. ADI 3330/DF, rel. Min. Ayres Britto, 3.5.2012. (ADI-3330)

ADI E PROUNI - 13

A Min. Rosa Weber ratificou o que decidido no julgamento da ADPF 186/DF (acórdão pendente de publicação, v. Informativo 663), em que discutidas as políticas de ações afirmativas e a reserva de vagas em universidades públicas, no que diz respeito às alegadas inconstitucionalidades por afronta aos princípios da isonomia, da autonomia universitária e da livre iniciativa. Reportou que a educação seria não só direito social como também dever do Estado, inclusive com a possibilidade de acesso ao ensino superior. Entendeu inexistir vulneração ao princípio da livre iniciativa, que poderia ser limitada de forma a realizar objetivos públicos traçados pelo Estado, tais como as metas de inclusão social e acesso à educação, e também porque o programa seria de adesão voluntária. Destacou não haver inconstitucionalidade no fato de a norma priorizar — na distribuição dos recursos disponíveis no Fundo de Financiamento ao Estudante do Ensino Superior – Fies — as instituições de direito privado que aderissem ao Prouni porque tão somente estimularia a participação nesse programa, sem deixar de fazer o repasse às não aderentes. ADI 3330/DF, rel. Min. Ayres Britto, 3.5.2012. (ADI-3330)

ADI E PROUNI - 14

O Min. Luiz Fux sobressaiu que o art. 206 da CF traria um subprincípio da isonomia ao assentar que um dos cânones pétreos da educação seria garantir a igualdade de acesso a ela, o que seria viabilizado pelo Prouni. Assinalou que a lei desse programa estabeleceria critérios para que algumas entidades pudessem nele se enquadrar, o que não teria nenhuma vinculação com o poder de tributar. Descartou o argumento no sentido de que haveria violação ao princípio da reserva legal, em paralelismo com o direito criminal, porque esse visaria evitar-se que fosse imposta sanção que, se a parte soubesse de sua existência, não praticaria determinado ato. Sinalizou que, na norma, as sanções estariam previstas legalmente e encartadas no termo de adesão, a se revelar programa público de aceitação voluntária e, por isso, observaria os princípios da livre iniciativa e da autonomia universitária. Concluiu que o Prouni seria exemplo eloquente de fomento público de atividades particulares relevantes, tanto mais que consentâneo com o ideário da nação, que prometeria essa sociedade justa e solidária, com a erradicação das desigualdades. ADI 3330/DF, rel. Min. Ayres Britto, 3.5.2012. (ADI-3330)

ADI E PROUNI -15

Vencido o Min. Marco Aurélio, que julgava procedente o pedido. Assentava vício formal sob o ângulo do não atendimento aos requisitos constitucionais de relevância e urgência, bem como quanto à regência de matéria reservada à lei complementar pela medida provisória em comento. Frisava, de início, que, embora o projeto de lei que trataria da matéria em apreço tivesse sido encaminhado ao Congresso Nacional em regime de urgência, diante da demora parlamentar em sua apreciação, fora solicitada a sua retirada, com a subsequente edição da medida provisória. Repisava que a urgência necessária para editar-se essa espécie legislativa seria "urgência maior", em contraposição àquela a autorizar o encaminhamento de projeto de lei de iniciativa do Presidente da República (CF, art. 64, §1º). Reputava, assim, merecer glosa a substituição do projeto de lei com pleito de urgência pela medida provisória. Versava, ainda, que o vício originário no tocante à edição da medida provisória contaminaria a lei de conversão. Além disso, assinalava que o art. 146 da CF faria remissão à necessidade de lei complementar no que se refere ao poder de tributar. No ponto, lembrava que essa espécie legislativa não serviria a disciplinar tema reservado à lei complementar (CF, art. 62, § 1º, III). ADI 3330/DF, rel. Min. Ayres Britto, 3.5.2012. (ADI-3330)

ADI E PROUNI-16

Observava que não se cogitaria de universidade pública, mas de questão ligada a faculdades privadas. Entendia violada a autonomia universitária em virtude do poder conferido ao Ministério da Educação para prever sanções a serem aplicadas às instituições cujas obrigações assumidas no termo de adesão fossem descumpridas. Constatava que o diploma em questão projetaria para a definição daquele Ministério das situações de fato que desaguariam em sanção. Relativamente ao vício material, registrava que o próprio Estado compeliria a iniciativa privada a fazer o que seria seu dever: viabilizar o acesso universitário, de forma larga, àqueles que tivessem o requisito de escolaridade para alcançá-lo. Mencionava que a imposição — de adesão ao programa — até mesmo às universidades detentoras de imunidade assegurada constitucionalmente para que tivessem jus a essa prerrogativa seria desproporcional. Realçava existir transgressão ao princípio da isonomia em face do afastamento do Fies na hipótese de não se aderir ao referido programa. ADI 3330/DF, rel. Min. Ayres Britto, 3.5.2012. (ADI-3330) (Inform. STF 664)

8. OUTRAS QUESTÕES DA LEI DE DIRETRIZES E BASES DA EDUCAÇÃO

APOSENTADORIA ESPECIAL E FUNÇÕES DE MAGISTÉRIO - 1

O Tribunal iniciou julgamento de ação direta ajuizada pelo Procurador-Geral da República em que se objetiva a declaração de inconstitucionalidade da Lei 11.301/2006, que acrescentou ao art. 67 da Lei 9.393/95 (Lei de Diretrizes e Bases da Educação) o § 2º ("Para os efeitos do disposto no § 5º do art. 40 e no § 8º do art. 201 da Constituição Federal, são consideradas funções de magistério as exercidas por professores e especialistas em educação no desempenho de atividades educativas, quando exercidas em estabelecimento de educação básica em seus diversos níveis e modalidades, incluídas, além do exercício da docência, as de direção de unidade escolar e as de coordenação e assessoramento pedagógico".). O Min. Carlos Britto, relator, acompanhado pela Min. Cármen Lúcia, julgou procedente o pedido formulado por entender que a lei impugnada ofende o § 5º do art. 40 e o § 8º do art. 201, ambos da

CF, haja vista que a Constituição Federal teria conferido aposentadoria especial não a todos os profissionais da educação, mas tão-somente ao professor que desempenha a atividade de docência, entendida como tal a que se passa em sala de aula, no desempenho do específico mister de ensino regular ou habitual (CF: "Art. 40. ... § 5º Os requisitos de idade e de tempo de contribuição serão reduzidos em cinco anos, em relação ao disposto no § 1º, III, 'a', para o professor que comprove exclusivamente tempo de efetivo exercício das funções de magistério na educação infantil e no ensino fundamental e médio. ... Art. 201. ... § 7º É assegurada aposentadoria no regime geral de previdência social, nos termos da lei, obedecidas as seguintes condições: I - trinta e cinco anos de contribuição, se homem, e trinta anos de contribuição, se mulher; ... § 8º Os requisitos a que se refere o inciso I do parágrafo anterior serão reduzidos em cinco anos, para o professor que comprove exclusivamente tempo de efetivo exercício das funções de magistério na educação infantil e no ensino fundamental e médio."). Em divergência, o Min. Ricardo Lewandowski, salientando que a atividade docente não se limita à sala de aula, e que a carreira de magistério compreende a ascensão aos cargos de direção da escola, julgou parcialmente procedente o pedido para conferir interpretação conforme, no sentido de assentar que as atividades mencionadas de exercício de direção de unidade escolar e as de coordenação e assessoramento pedagógico também gozariam do benefício, desde que exercidas por professores. Após, pediu vista dos autos o Min. Eros Grau. **ADI 3772/DF, rel. Min. Carlos Britto, 17.4.2008. (ADI-3772)**

APOSENTADORIA ESPECIAL E FUNÇÕES DE MAGISTÉRIO - 2

O Tribunal concluiu julgamento de ação direta ajuizada pelo Procurador-Geral da República em que se objetivava a declaração de inconstitucionalidade da Lei 11.301/2006, que acrescentou ao art. 67 da Lei 9.393/95 (Lei de Diretrizes e Bases da Educação) o § 2º ("*Para os efeitos do disposto no § 5º do art. 40 e no § 8º do art. 201 da Constituição Federal, são consideradas funções de magistério as exercidas por professores e especialistas em educação no desempenho de atividades educativas, quando exercidas em estabelecimento de educação básica em seus diversos níveis e modalidades, incluídas, além do exercício da docência, as de direção de unidade escolar e as de coordenação e assessoramento pedagógico.*") — v. Informativo 502. Salientando que a atividade docente não se limita à sala de aula, e que a carreira de magistério compreende a ascensão aos cargos de direção da escola, o Tribunal, por maioria, julgou parcialmente procedente o pedido formulado para conferir interpretação conforme, no sentido de assentar que as atividades mencionadas de exercício de direção de unidade escolar e as de coordenação e assessoramento pedagógico também gozam do benefício, desde que exercidas por professores. Vencidos os Ministros Carlos Britto, relator, Cármen Lúcia e Joaquim Barbosa, que julgavam procedente o pleito, ao fundamento de que a lei impugnada ofenderia o § 5º do art. 40 e o § 8º do art. 201, da CF, a qual teria conferido aposentadoria especial não a todos os profissionais da educação, mas apenas ao professor que desempenha a atividade de docência, entendida como tal a que se passa em sala de aula, no desempenho do específico mister de ensino regular ou habitual (CF: "*Art. 40. ... § 5º Os requisitos de idade e de tempo de contribuição serão reduzidos em cinco anos, em relação ao disposto no § 1º, III, "a", para o professor que comprove exclusivamente tempo de efetivo exercício das funções de magistério na educação infantil e no ensino fundamental e médio. ... Art. 201. ... § 7º É assegurada aposentadoria no regime geral de previdência social, nos termos da lei, obedecidas as seguintes condições: I – trinta e cinco anos de contribuição, se homem, e trinta anos de contribuição, se mulher; ... § 8º Os requisitos a que se refere o inciso I do parágrafo anterior serão reduzidos em cinco anos, para o professor que comprove exclusivamente tempo de efetivo exercício das funções de magistério na educação infantil e no ensino fundamental e médio.*"). Vencida, também, a Min. Ellen Gracie, que dava pela total improcedência da ação. **ADI 3772/DF, rel. orig. Min. Carlos Britto, rel. p/ o acórdão Min. Ricardo Lewandowski, 29.10.2008.** (ADI-3772) (Inform. STF 526)

EXPEDIÇÃO DE DIPLOMA DE MESTRE E AUTORIDADE COATORA

A Turma, por maioria, negou provimento a recurso ordinário em mandado de segurança interposto contra acórdão do STJ que, por reputar o Ministro de Estado da Educação parte ilegítima para figurar como autoridade coatora, declarara sua incompetência para julgar a causa. Na espécie, sustentava-se que o aludido Ministro de Estado, na qualidade de superior hierárquico, possuiria poderes para determinar às demais autoridades coatoras a ele subordinadas a adoção de providências necessárias para salvaguardar o direito líquido e certo do impetrante de ter seu diploma de mestre registrado, com validade nacional e sem restrição. Alegava-se, ainda, a omissão dessa autoridade no exercício do poder de polícia, ao permitir o funcionamento, em universidade pública federal, de curso superior não credenciado pelo MEC. Considerou-se que, no caso, a autoridade tida por coatora não praticara nenhum ato suscetível de ser combatido pela impetração do *writ*. Asseverou-se que o credenciamento de cursos em instituição de educação superior é realizado no âmbito do Conselho Nacional de Educação, mas a expedição de diplomas e o reconhecimento dos requisitos necessários ao cumprimento da carga acadêmica e outras exigências dependem da própria universidade, que detém autonomia específica para autorizar ou não a mencionada emissão. Ademais, observou-se que a discussão diz respeito à expedição de diploma e que, conforme demonstrado, haveria indicação de que o ora recorrente tinha conhecimento de que o curso não estava credenciado. Vencidos os Ministros Marco Aurélio, relator, e Cármen Lúcia que, tendo em conta o fato de a impetração envolver o Ministro de Estado da Educação, não só por haver aprovado e homologado ato do Conselho Nacional de Educação, como, também, por lhe competir, em última instância, segundo alegado, o poder de polícia quanto à regularidade do curso, aduziam não ser admissível concluir-se pela ilegitimidade. Assim, ressaltando a impossibilidade de se confundir preliminar com mérito e sem adentrar a questão de fundo, davam provimento ao recurso para que, ultrapassada a preliminar de ilegitimidade do Ministro de Estado da Educação como autoridade coatora, a Corte de origem prosseguisse no julgamento do mandado de segurança. **RMS 26369/DF, rel. orig. Min. Marco Aurélio, rel. p/ o acórdão Min. Menezes Direito, 9.9.2008.** (RMS-26369) (Inform. STF 519)

MS. COMUNICAÇÃO. AFASTAMENTO.

Trata-se de mandado de segurança impetrado por sindicato contra a ordem de serviço n. 4/2008 da Secretaria de Estado da Educação, que dispõe sobre os afastamentos dos membros do magistério e servidores ligados à pasta da Educação estadual para participarem de atividades de capacitação profissional e de eventos de cunho educacional ou sindical. O sindicato alega, em síntese, que o ato da secretária de Educação viola seu direito líquido e certo à liberdade sindical e que a restrição da participação de servidores não pode ser feita mediante ordem de serviço, por extrapolar o poder regulamentar. Para o Min. Relator, pela leitura conjunta dos arts. 4º e 6º da mencionada ordem de serviço e do parecer n. 14.483/2006 da PGE, conclui-se que, para as atividades definidas como sindicais e classistas, não existe um percentual máximo para as autorizações, além de serem consideradas de efetivo exercício para todos os efeitos legais, efetivando a liberdade sindical. Muito embora tenha sido utilizado o termo "autorização", no caso de atividades sindicais ou classistas, a norma prevê mera comunicação, para que a carga horária seja oportunamente compensada. Da mesma forma, os limites estabelecidos para a participação dos professores em eventos sociais e culturais são legítimos, pois servem para concretizar o direito à educação, regulamentado na Lei de Diretrizes e Bases da Educação Nacional (LDB). Com efeito, o art. 24 Lei n. 9.394/1996 (LDB) preceitua que os alunos dos níveis fundamental e médio têm direito a um ano com no mínimo 200 dias letivos e 800 horas aula. Para o Min. Relator, a regulamentação da matéria é salutar, pois é notório que os profissionais da área de educação precisam lecionar em vários estabelecimentos, em quase todos os dias da semana e turnos, para que possam incrementar sua remuneração mensal. Ademais, não se afigura razoável que um sindicato programe seus eventos em horário de aula, sem que, em contrapartida, haja reposição dos dias letivos e da carga horária. Diante disso, a Turma negou provimento ao recurso. **RMS 29.183-RS, Rel. Min. Herman Benjamin, julgado em 6/8/2009.** (Inform. STJ 401)

ENSINO SUPERIOR FEDERAL. MATRÍCULA. DOIS CURSOS.

A Turma negou provimento ao recurso da universidade federal, por entender que o aluno aprovado no respectivo exame de vestibular tem direito à matrícula e à freqüência em mais de um curso de ensino superior concomitantemente, desde que não haja incompatibilidade de horário, uma vez que não existe vedação na Lei n. 9.394/1996 (Lei de Diretrizes e Base da Educação Nacional). Precedente citado: REsp 886.434-MG, DJ 30/5/2008. **REsp 1.080.627-MG, Rel. Min. Luiz Fux, julgado em 9/12/2008.** (Inform. STJ 380)

9. ENADE

DIREITO ADMINISTRATIVO. ENADE. OBRIGATORIEDADE. APLICAÇÃO DA TEORIA DO FATO CONSUMADO.

O Exame Nacional do Desempenho dos Estudantes (Enade) é obrigatório a todos os estudantes convocados regularmente para a sua realização, sendo legal exigir o comparecimento ao referido exame como condição para a colação de grau e consequente obtenção do diploma de curso superior, salvo situações excepcionais nas quais se aplica a teoria do fato consumado. A jurisprudência do STJ tem se firmado no sentido de aplicar a teoria do fato consumado nos casos em que a restauração da estrita legalidade ocasionaria mais danos sociais do que a manutenção da situação consolidada pelo decurso do tempo. A teoria do fato consumado apoia-se na evidência empírica de que o tempo não retrocede – pelo contrário, foge irreparavelmente –, de sorte que é naturalmente impossível regressar a situações ultrapassadas para desconstituir relações que se consolidaram como fatos, pois a reversão desse quadro implicaria inexoravelmente danos desnecessários e irreparáveis. Precedentes citados: AgRg no REsp 1.291.328-RS, DJe 9/5/2012; AgRg no REsp 1.049.131-MT, DJe 25/6/2009. **REsp 1.346.893-PR, Rel. Min. Mauro Campbell Marques, julgado em 6/11/2012.(Inform. STJ 508)**

10. QUESTÕES RELATIVAS A PROCESSO JUDICIAL

COMPETÊNCIA. ENSINO SUPERIOR. REPRESENTANTE. ENTIDADE PARTICULAR.

Prosseguindo o julgamento, a Min. Relatora retificou seu voto proferido na assentada do dia 28/2/2007 em que declarava competente o juízo de Direito, o suscitado, definindo agora a competência do juízo federal para processar e julgar o *writ* em que se discute ato praticado por dirigente de instituição particular de ensino superior, considerado autoridade federal, na qualidade de representante de entidade particular investido de delegação federal. **Precedente citado: CC 35.972-SP, DJ 7/6/2004. CC 53.922-GO, Rel. Min. Eliana Calmon, julgado em 13/8/2008.** (Inform. STJ 363)

COMPETÊNCIA. UNIVERSIDADE. TAXA. ESTÁGIO.

Perante a Justiça comum estadual, foram ajuizadas mais de quatrocentas ações de repetição de indébito, no afã de os ex-alunos reaverem a taxa de contraprestação pelo fornecimento de serviço educacional (Port. n. 1.886/1994 do Ministério da Educação), cobrada pela universidade particular em razão do estágio de prática forense. Por sua vez, a universidade ajuizou contra a União ação declaratória na Justiça Federal, buscando o reconhecimento da legalidade da cobrança ou a condenação ao ressarcimento do que eventualmente despenderia com essas ações. Daquelas ajuizadas na Justiça estadual, apenas treze ainda não foram sentenciadas. Diante disso, a Seção, à unanimidade, aplicou, primeiramente, a Súm. n. 235-STJ às ações já julgadas e, quanto às treze remanescentes, entendeu, por maioria, não conhecer do conflito, não havendo necessidade de reuni-las na Justiça Federal. Segundo o Min. Luiz Fux (relator), não há conexidade nas causas diante da falta de identidade entre pedidos ou causas de pedir (art. 103 do CPC). Anotou, outrossim, que a competência cível da Justiça Federal é definida *ratione personae*: há ausência da União, autarquia ou empresa pública federal nos pólos da relação discutida naquelas ações de repetição, o que revela a ausência de exercício de função federal delegada e conduz à impossibilidade de apreciação das lides pela Justiça Federal. **CC 48.609-MS, Rel. Min. Luiz Fux, julgado em 14/5/2008.** (Inform. STJ 355)

SÚMULA STF Nº 643

O Ministério Público tem legitimidade para promover ação civil pública cujo fundamento seja a ilegalidade de reajuste de mensalidades escolares.

SÚMULA STJ Nº 34

Compete à justiça estadual processar e julgar causa relativa a mensalidade escolar, cobrada por estabelecimento particular de ensino.

28. LEIS ORGÂNICAS E OUTRAS NORMAS DAS CARREIRAS PÚBLICAS

1. MAGISTRATURA

TCU: CONTRADITÓRIO E ORDEM JUDICIAL

A 1ª Turma, ao superar preliminar de ilegitimidade passiva do TCU, denegou mandado de segurança impetrado por magistrada contra julgado daquela Corte de contas que determinara a suspensão do pagamento de benefícios, bem assim a restituição dos valores indevidos. Na situação em comento, a juíza obtivera, via liminar, o direito à percepção de auxílio-alimentação, cujos efeitos perduraram durante anos, até o STJ assentar a ilegalidade do referido pagamento. Enfatizou-se que cassação ou revogação de ato administrativo benéfico deveria ser precedida de oitiva do interessado, em atenção aos princípios constitucionais do contraditório e da ampla defesa. No entanto, não existiria, no caso, ato administrativo concessivo do auxílio-alimentação, porque o direito à percepção dessa verba fora reconhecido, a título precário, pelo Poder Judiciário, observado o devido processo legal. Frisou-se que as medidas cautelares seriam destituídas de cunho definitivo (CPC, art. 273, § 4º), cuja responsabilidade pelos seus danos seria objetiva, conforme dispõem os artigos 273, § 3º ("*Art. 273. O juiz poderá, a requerimento da parte, antecipar, total ou parcialmente, os efeitos da tutela pretendida no pedido inicial, desde que, existindo prova inequívoca, se convença da verossimilhança da alegação e: ... § 3º A efetivação da tutela antecipada observará, no que couber e conforme sua natureza, as normas previstas nos arts. 588, 461, §§ 4º e 5º, e 461-A*"), e 475-O, I, ambos do CPC ("*Art. 475-O. A execução provisória da sentença far-se-á, no que couber, do mesmo modo que a definitiva, observadas as seguintes normas: I - corre por iniciativa, conta e responsabilidade do exeqüente, que se obriga, se a sentença for reformada, a reparar os danos que o executado haja sofrido*"). Reputou-se desnecessária, na espécie, a oitiva do administrado no procedimento administrativo voltado à cobrança de danos causados ao erário, haja vista que o devido processo legal fora observado no âmbito do próprio processo judicial. Afastou-se, ainda, a alegação de boa-fé da impetrante, porque teria ciência do caráter incerto do provimento jurisdicional, condicionado à confirmação do término do julgamento. Por fim, proclamou-se que, consoante jurisprudência, seria exaustiva a enumeração das vantagens remuneratórias previstas na Lei Orgânica da Magistratura. MS 29247/RN, rel. Min. Marco Aurélio, 20.11.2012. (MS-29247) (Inform. STF 689)

ANTIGUIDADE E NORMA APLICÁVEL - 1

A 1ª Turma negou provimento a recurso ordinário em mandado de segurança no qual se pleiteava aplicação da regra vigente à data do julgamento de recurso administrativo para definição de antiguidade de juízes no âmbito do TRT. No caso, o recorrente e a recorrida tomaram posse no cargo e entraram em exercício na mesma data. Contavam, ainda, com igual tempo nas classes de juiz do trabalho substituto e de titular de vara, bem como do total prestado à magistratura. O recorrente, entretanto, figurara em diversas listas de antiguidade como mais antigo que a recorrida. Ela, então, ingressara com pedido de retificação das referidas listas, por estarem invertidas, uma vez que lograra melhor posição no concurso público para ingresso no cargo de juiz substituto do trabalho e, com base no art. 7º do Regimento Interno do TRT, deveria ser reconhecida como mais antiga ("*A antiguidade dos Juízes, para colocação nas sessões do Tribunal, distribuição de serviço, substituições e quaisquer outros efeitos, conta-se do efetivo exercício, prevalecendo, em igualdade de condições: I - a data da posse; II - a data da nomeação; III - a colocação anterior na classe de onde se deu a promoção, ou a ordem de classificação em concurso; IV - a idade*"). RMS 26079/SC, rel. Min. Luiz Fux, 27.3.2012. (RMS-26079)

ANTIGUIDADE E NORMA APLICÁVEL - 2

O TST, ao julgar o recurso administrativo, determinara a correção da mencionada lista. O recorrente sustentava que aquela Corte deveria, de ofício, ter observado a nova redação do preceito, cujo critério de desempate beneficiar-lhe-ia ("*A antiguidade dos Juízes titulares de Vara de Trabalho e do Tribunal Regional do Trabalho será determinada, sucessivamente: I - pela data do exercício; II - pela data da nomeação; IV - pela ordem cronológica de abertura da vaga ocupada. Parágrafo único: Os critérios estabelecidos nesse artigo referem-se à nova classe*"). Reputou-se que, com fundamento no princípio *tempus regit actum*, a norma vigente ao tempo da posse dos interessados deveria prevalecer no critério de desempate, sob pena de gerar insegurança jurídica ao subordinar a lista de antiguidade a critério introduzido por alterações no Regimento Interno. RMS 26079/SC, rel. Min. Luiz Fux, 27.3.2012. (RMS-26079) (Inform. STF 660)

JUÍZES CLASSISTAS APOSENTADOS E AUXÍLIO-MORADIA - 1

O Plenário iniciou julgamento de recurso ordinário em mandado de segurança impetrado contra acórdão do Tribunal Superior do Trabalho - TST que reputara inviável a incorporação da parcela denominada auxílio-moradia aos proventos de juízes classistas aposentados sob a égide da Lei 6.903/81. Alegam os impetrantes que, por terem se aposentado ou implementado as condições para a aposentadoria, na vigência na citada lei – que estabeleceu que os proventos de aposentadoria dos juízes temporários seriam pagos pelo Tesouro Nacional ou pela Previdência Social, conforme o caso, sendo reajustados sempre que alterados os vencimentos dos juízes em atividade, em igual proporção –, teriam direito adquirido à percepção das mesmas vantagens concedidas aos magistrados togados da ativa, no âmbito da Justiça do Trabalho. O Min. Gilmar Mendes, relator, negou provimento ao recurso, no que foi acompanhado pelos Ministros Dias Toffoli e Cármen Lúcia. RMS 25841/DF, rel. Min. Gilmar Mendes, 10.2.2011. (RMS-25841)

JUÍZES CLASSISTAS APOSENTADOS E AUXÍLIO-MORADIA - 2

Inicialmente, o relator fez um retrospecto da legislação e dos fatos pertinentes ao caso. Registrou que, após a Lei 6.903/81, a Lei 9.528/97 teria estabelecido que a aposentadoria dos magistrados classistas seguiria as normas da legislação previdenciária a que submetidos antes do ingresso na magistratura, vinculando-se, obrigatoriamente, ao Regime Geral de Previdência Social – RGPS. Asseverou que, a partir da Lei 9.528/97, o regime de aposentadoria dos magistrados classistas teria sido desvinculado daquele próprio dos magistrados togados, tendo-se passado a dois sistemas de aposentadoria para os magistrados classistas: o regime próprio dos magistrados togados (conforme previsto na Lei 6.903/81) e o RGPS, respeitando-se as condições previdenciárias anteriores ao ingresso na magistratura classista. Aludiu, em seguida, à Lei 9.655/98, que teria definido regra específica para reajuste dos vencimentos dos juízes classistas, desvinculado, por completo, do regime de remuneração dos juízes togados, e estabelecido regra de reajuste diferenciada para a magistratura classista, qual seja: remuneração em valor fixo, a ser reajustada no mesmo período e em igual proporção aos concedidos aos servidores públicos. RMS 25841/DF, rel. Min. Gilmar Mendes, 10.2.2011. (RMS-25841)

JUÍZES CLASSISTAS APOSENTADOS E AUXÍLIO-MORADIA - 3

Mencionou, ainda, que, em 2000, fora deferida liminar na Ação Originária 630/DF, ajuizada pela Associação dos Juízes Federais do Brasil - AJUFE, para determinar que se incluísse na parcela autônoma de equivalência salarial o valor correspondente ao auxílio-moradia pago pela Câmara dos Deputados a seus membros, e que, para dar cumprimento a essa decisão, fora editada a Resolução 195 do STF, em 27.2.2000, dispondo sobre a remuneração de seus Ministros. Observou que, em razão dessa Resolução, o TST, por meio do Ato.TST.GP. 109/2000 alterara a remuneração dos magistrados da Justiça do Trabalho. Questionado, em sede mandamental, acerca da aplicabilidade desse ato aos juízes classistas ativos e inativos, o TST apontara a inviabilidade da incorporação do auxílio-moradia aos proventos de juízes classistas, mesmo que aposentados sob o regime da Lei 6.903/81. Para aquela Corte trabalhista, a decisão liminar na AO 630/DF e a Resolução do STF que deram origem ao ato do TST não teriam tido efeito retroativo, mas apenas a partir de 27.2.2000, quando as gratificações por audiência devidas aos juízes classistas já não eram vinculadas ao vencimento dos Juízes Presidentes das Juntas de Conciliação e Julgamento. Por isso, para o cálculo de aposentadorias e pensões dos classistas deveria ser considerado o valor fixado pela Lei 9.655/98 para a gratificação devida por audiência. RMS 25841/DF, rel. Min. Gilmar Mendes, 10.2.2011. (RMS-25841)

JUÍZES CLASSISTAS APOSENTADOS E AUXÍLIO-MORADIA - 4

Com base nisso, o relator aduziu que, se considerado o regime estabelecido pela Lei 6.903/81, verificar-se-ia a vinculação dos reajustes de aposentadoria dos juízes classistas inativos aos dos juízes em atividade. Frisou que essa norma, no entanto, não se referiria expressamente à vinculação de magistrados classistas a magistrados togados. Explanou, no ponto, que a Lei 9.655/98, ao disciplinar, expressa e especificamente, a sistemática de reajuste dos magistrados classistas em atividade, teria conferido tratamento diferenciado ao reajuste dos vencimentos dos togados em relação aos classistas, com reflexos nos proventos. Assim, a equiparação teria passado a ser, de um lado, entre juízes togados ativos e inativos e, de outro, entre juízes classistas ativos e inativos, cada uma dessas categorias com a sua fórmula específica de cálculo de reajustes de vencimentos e, conseqüentemente, por vinculação, de proventos. Dessa forma, mesmo para os classistas que se aposentaram sob o regime anterior, não haveria alteração da fórmula de reajuste de seus proventos, pois os magistrados da ativa é que teriam passado a ter nova fórmula de reajuste remuneratório, mantendo-se incólume a regra do art. 7º da Lei 6.903/81. Acrescentou que, mesmo que a Lei 9.528/97 tivesse remetido os classistas ao RGPS, resguardando-lhes o direito adquirido ao regime previdenciário, ou seja, ainda que tivesse estabelecido que aqueles que já se encontravam jubilados por ocasião de sua entrada em vigor não sofreriam quaisquer restrições (Enunciado 359 da Súmula do STF), esse argumento não teria o condão de modificar a situação dos autos. Explicou que o direito à percepção do valor do auxílio-moradia como parcela autônoma de equivalência ora pleiteada por classistas inativos, com fundamento em equiparação a vantagens concedidas a togados da ativa, não poderia ser outorgado, haja vista que os classistas da ativa possuíam, à época em que deferida a vantagem, regras específicas e diferenciadas de reajuste de seus vencimentos em relação aos magistrados togados também da ativa. Após, pediu vista o Min. Marco Aurélio. RMS 25841/DF, rel. Min. Gilmar Mendes, 10.2.2011. (RMS-25841)

JUÍZES CLASSISTAS APOSENTADOS E AUXÍLIO-MORADIA - 5

O Plenário retomou julgamento de recurso ordinário em mandado de segurança interposto de acórdão do TST, que reputara inviável a incorporação da parcela denominada auxílio-moradia aos proventos de juízes classistas aposentados sob a égide da Lei 6.903/81 — v. Informativo 615. Em voto-vista, o Min. Marco Aurélio proveu, em parte, o recurso por reconhecer o direito aos reflexos da parcela autônoma de equivalência incidentes sobre os proventos e pensões de 1992 a 1998 e, após esse período, o direito à irredutibilidade dos respectivos valores. Destacou que a Lei 9.655/98 desvinculara os vencimentos dos magistrados togados da remuneração percebida pelos juízes classistas de 1ª instância da justiça do trabalho, que passaram a ter direito às reposições salariais concedidas em caráter geral aos servidores públicos federais. Anotou que, em seguida, a EC 24/99 extinguira a representação classista naquele âmbito, assegurado o cumprimento dos mandatos em curso. Assim, os classistas que adquiriram o direito à aposentadoria e os respectivos pensionistas teriam jus ao valor da última remuneração dos classistas ativos até 1999 e, a partir daí, ao percentual de variação dos reajustes concedidos aos servidores públicos federais. No ponto, afastou identidade entre juízes classistas e togados, no sentido da obrigatoriedade de remuneração equivalente. Tendo em conta essas considerações, seguiu o Min. Gilmar Mendes, relator, no voto proferido, ao deixar de acolher o pedido de equiparação de proventos e pensões de juízes classistas com os subsídios de magistrados togados em atividade. RMS 25841/DF, rel. Min. Gilmar Mendes, 7.12.2011. (RMS-25841)

JUÍZES CLASSISTAS APOSENTADOS E AUXÍLIO-MORADIA - 6

Assentou, todavia, o direito dos juízes classistas à parcela autônoma de equivalência até a edição da Lei 9.655/98. Relembrou que o STF afirmara, em sessão administrativa de 12.8.92, que o auxílio-moradia conferido aos membros da Câmara dos Deputados teria natureza remuneratória e, por isso, deveria integrar o cálculo de equivalência previsto na redação originária do art. 37, XI, da CF. Com esse fundamento, concedera-se, em 27.2.2000, medida liminar na AO 630/DF, com a determinação de que a aludida parcela fosse estendida aos demais membros da magistratura. Salientou que esse quadro perdurara até 2002. Observou que o relator da mencionada ação declarara a perda de seu objeto, haja vista o reconhecimento administrativo do direito à parcela autônoma de equivalência no período compreendido entre 2000 e 2002 aos juízes, exceto aos classistas. Reputou que a premissa que embasara a decisão, de igual modo, poderia ser aplicada aos juízes classistas ativos, cujo cálculo de remuneração encontrava-se disciplinado pela Lei 4.439/64. Dessa maneira, a parcela enquadrar-se-ia no conceito de vencimento-base para todos os fins. Ao ressaltar o conteúdo declaratório da antecipação dos efeitos da tutela, dessumiu que o direito se originara com a criação desse auxílio pela Câmara dos Deputados em 1992. Logo, os juízes classistas ativos, entre 1992 e 1998, teriam jus ao cálculo remuneratório que computasse a parcela autônoma de equivalência recebida pelos togados. Em consequência, nesse interregno, existiria o direito dos classistas de obter os reflexos da parcela pleiteada sobre os respectivos proventos de aposentadorias e pensões. Quanto à eventual prescrição, assinalou que, se ocorrente, incidiria nas parcelas vencidas cinco anos antes da impetração e, sobre elas, a Corte não fora instada a se manifestar. Após o voto do Min. Luiz Fux, que também provia parcialmente o recurso, pediu vista o Min. Dias Toffoli. RMS 25841/DF, rel. Min. Gilmar Mendes, 7.12.2011. (RMS-25841) (Inform. STF 651)

RECLAMAÇÃO E ELEIÇÃO DE ÓRGÃO DIRETIVO - 1

Ante a singularidade do quadro fático, o Plenário julgou improcedente reclamação ajuizada, por desembargadores do Tribunal de Justiça do Estado do Rio Grande do Sul, em face de decisão administrativa que realizara sufrágio para cargos diretivos daquela Corte em 2009. Alegavam afronta ao que decidido pelo Supremo na ADI 3566/DF (DJe de 15.6.2007), no sentido de serem inconstitucionais os artigos 5º e 62 do Regimento Interno da Corte gaúcha, normas que disporiam sobre o universo dos magistrados elegíveis para seus órgãos de direção de forma incompatível com a Lei Orgânica da Magistratura Nacional - Loman (Lei Complementar federal 35/79, art. 102: "*Os Tribunais, pela maioria dos seus membros efetivos, por votação secreta, elegerão dentre seus Juízes mais antigos, em número correspondente ao dos cargos de direção, os titulares destes, com mandato por dois anos, proibida a reeleição. Quem tiver exercido quaisquer cargos de direção por quatro anos, ou o de Presidente, não figurará mais entre os elegíveis, até que se esgotem todos os nomes, na ordem de antigüidade. É obrigatória a aceitação do cargo, salvo recusa manifestada e aceita antes da eleição*"). Reputou-se ser a situação factual diversa, visto que os candidatos não seriam os mesmos para os cargos em disputa. Ademais, o tribunal observara, relativamente à eleição de cada cargo, os desembargadores mais antigos, excluídos os inelegíveis e os que recusaram a candidatura. No ponto, asseverou-se que, independentemente da intenção, ao separar o sufrágio dos cargos e desse modo apurá-lo, ter-se-ia obedecido ao que disposto na lei orgânica. Realçou-se que, em razão da ausência de outros candidatos, desaparecera o problema concernente à antiguidade dos juízes elegíveis, porquanto esta apenas se colocava em relação àqueles que se apresentaram como concorrentes. Em virtude da contextura da espécie, entendeu-se válida a eleição. Concluiu-se inexistir o descumprimento da Loman e a ofensa à autoridade do que decidido no paradigma aventado. Rcl 9723/RS, rel. Min. Luiz Fux, 27.10.2011. (Rcl-9723)

RECLAMAÇÃO E ELEIÇÃO DE ÓRGÃO DIRETIVO - 2

O Min. Luiz Fux, relator, observou que, em dezembro deste ano, realizar-se-ão novas eleições no mencionado Tribunal. Assim, sublinhou a primazia da lei orgânica em cotejo com regimentos internos. Lembrou orientação do STF segundo a qual o regramento relativo à escolha dos cargos diretivos dos tribunais brasileiros, por tratar de tema eminentemente institucional, situa-se como matéria própria ao Estatuto da Magistratura, dependendo, portanto, para uma nova regulamentação, da edição de lei complementar federal, nos termos do que dispõe a Constituição. Por fim, enfatizou que somente os magistrados mais antigos seriam elegíveis aos cargos diretivos. Rcl 9723/RS, rel. Min. Luiz Fux, 27.10.2011. (Rcl-9723) (Inform. STF 646)

TRIBUNAL E ELEIÇÃO DE ÓRGÃOS DIRETIVOS

Ao confirmar o que manifestado na apreciação da medida cautelar, o Plenário, por maioria, julgou procedente pedido formulado em ação direta, ajuizada pelo Procurador-Geral da República, para declarar a inconstitucionalidade do art. 62 da Constituição do Estado de São Paulo, na redação dada pela EC 7/99, do mesmo ente federado ("*O Presidente e o 1º Vice-Presidente do Tribunal de Justiça e o Corregedor Geral da Justiça comporão o Conselho Superior da Magistratura e serão eleitos a cada biênio, dentre os integrantes do órgão especial, pelos Desembargadores, Juízes dos Tribunais de Alçada e Juízes vitalícios*"). Dessa forma, reputou-

-se que o preceito adversado afrontaria o próprio texto da Constituição (artigos 92 e 96, I, a) ao prever que todos os juízes elegeriam órgão diretivo daquela Corte estadual. Vencido o Min. Marco Aurélio, que julgava o pleito improcedente. ADI 2012/SP, rel. Min. Ricardo Lewandowski, 27.10.2011. (ADI-2012) (Inform. STF 646)

LOMAN E OCUPAÇÃO SUCESSIVA DE CARGOS DIRETIVOS EM TRIBUNAIS - 1

O Plenário iniciou julgamento de mandado de segurança impetrado contra ato do Conselho Nacional de Justiça - CNJ, que declarara, com base nos princípios da boa-fé e da segurança jurídica, a elegibilidade de desembargadora para o cargo de Presidente do Tribunal Regional do Trabalho da 3ª Região - TRT-3, independentemente de haver exercido 2 cargos de direção superior: o de Vice-Corregedora e o de Vice-Presidente. O impetrante sustenta violação ao art. 102 da Lei Orgânica da Magistratura Nacional - Loman (*"Os Tribunais, pela maioria dos seus membros efetivos, por votação secreta, elegerão dentre seus Juízes mais antigos, em número correspondente ao dos cargos de direção, os titulares destes, com mandato por dois anos, proibida a reeleição. Quem tiver exercido quaisquer cargos de direção por quatro anos, ou o de Presidente, não figurará mais entre os elegíveis, até que se esgotem todos os nomes, na ordem de antigüidade. É obrigatória a aceitação do cargo, salvo recusa manifestada e aceita antes da eleição. Parágrafo único - O disposto neste artigo não se aplica ao Juiz eleito, para completar período de mandato inferior a um ano"*). MS 28447/DF, rel. Min. Dias Toffoli, 17.8.2011. (MS-28447)

LOMAN E OCUPAÇÃO SUCESSIVA DE CARGOS DIRETIVOS EM TRIBUNAIS - 2

O Min. Dias Toffoli, relator, denegou a ordem, para reconhecer a elegibilidade da desembargadora. Inicialmente, anotou que, à época em que fora eleita para o cargo de Vice-Corregedora, o Regimento Interno do TRT-3 considerava o cargo como de direção. Posteriormente, no curso de seu mandato na Vice-Presidência do órgão, houve mudança regimental, que ampliara o número de cargos de direção para 4, dentre os quais, o de Vice-Presidente. Fora inserida, também, uma ressalva no art. 210-A (*"Os efeitos do art. 6º do Regimento Interno não atingirão os Juízes que, na data da sua alteração, ocuparam ou estejam exercendo cargos de direção ou anteriormente considerados de substituição, cujos mandatos não serão computados para as vedações do art. 102 da Lei Complementar nº 35/79, que só poderão ser eleitos para mais 2 cargos ou mandatos"*). Tendo em conta esses fatores, reputou que o art. 96, I, a, da CF revelaria a competência privativa dos tribunais para elaborar seus regimentos internos e, por sua vez, o art. 93, *caput*, do mesmo diploma teria função constritiva dessa liberdade nomogenética, ao estabelecer que compete ao STF elaborar o Estatuto da Magistratura. Afirmou que o estatuto estabeleceria os limites materiais da atuação normativa local, os quais possuiriam validade até que detectadas extrapolações e contradições aos termos da Loman. Desse modo, aduziu que a participação nos processos eleitorais seria limitada aos juízes que não exerceram quaisquer cargos de direção por 4 anos, ou de Presidente. MS 28447/DF, rel. Min. Dias Toffoli, 17.8.2011. (MS-28447)

LOMAN E OCUPAÇÃO SUCESSIVA DE CARGOS DIRETIVOS EM TRIBUNAIS - 3

Explicou que a Loman indicaria o que seriam os cargos de direção em seu art. 99 (*"Compõem o órgão especial a que se refere o parágrafo único do art. 16 o Presidente, o Vice-Presidente do Tribunal de Justiça e o Corregedor da Justiça, que exercerão nele iguais funções, os Desembargadores de maior antigüidade no cargo, respeitada a representação de advogados e membros do Ministério Público, e inadmitida a recusa do encargo. § 1º- Na composição do órgão especial observar-se-á, tanto quanto possível, a representação, em número paritário, de todas as Câmaras, Turmas ou Seções especializadas. § 2º - Os Desembargadores não integrantes do órgão especial, observada a ordem decrescente de antigüidade, poderão ser convocados pelo Presidente para substituir os que o componham, nos casos de afastamento ou impedimento"*) e salientou que a jurisprudência da Corte confirmaria a adstrição a esses 3 cargos como espécie *numerus clausus* para caracterização dos *loci* diretivos. Frisou que a departição de funções, nomes jurídicos ou atribuições, como se dá em alguns regimentos internos de Tribunais Regionais do Trabalho, não poderia macular o alcance do art. 99 da Loman, ou seja, os cargos criados seriam indiferentes para o que se entende, na Loman, por cargo diretivo para fins de elegibilidade. Dessa forma, concluiu que apenas o Corregedor seria atingido pelas limitações de elegibilidade. O Vice-Corregedor, ou qualquer nome que se lhe atribuísse, não seria alcançado pelas regras dos referidos artigos 99 e 102. Reputou, assim, que aquilo que o Regimento Interno do TRT-3, em suas diversas redações, haja disposto para restringir e diferenciar as condições de elegibilidade para cargos diretivos, tomando-se por base cargos outros que não os indicados na Loman, seria írrito e ineficaz. MS 28447/DF, rel. Min. Dias Toffoli, 17.8.2011. (MS-28447)

LOMAN E OCUPAÇÃO SUCESSIVA DE CARGOS DIRETIVOS EM TRIBUNAIS - 4

Em divergência, o Min. Luiz Fux concedeu a segurança, para reconhecer a inelegibilidade da referida desembargadora e desconstituir o ato do CNJ. Afirmou que, à época em que ela exercera os aludidos cargos de direção, o TRT-3 os considerava dessa forma, e a alteração regimental que excepcionava as vedações do art. 102 da Loman, de modo a permitir o exercício de mais de 4 anos de mandato, dera-se em contravenção a este dispositivo. Assim, consignou não haver nenhum ato estatal capaz de autorizar a manutenção de uma suposta expectativa legítima da magistrada, que já exercera 2 mandatos diretivos. Aduziu não se poder manter sua elegibilidade com base na boa-fé objetiva e na segurança jurídica, como aludido no ato impugnado, visto que, considerada a previsibilidade e certeza das regras do ordenamento jurídico, teria ocorrido ofensa à segurança jurídica em sua dimensão objetiva, tendo em vista a afronta ao art. 102 do Estatuto da Magistratura. Anotou que o CNJ, inclusive, teria determinado, em outra ocasião, que o TRT-3 adequasse seu regimento à Loman, motivo pelo qual fora revogado o art. 210-A daquele diploma. Ressaltou posicionamento jurisprudencial do STF segundo o qual o art. 102 da Loman, ao se referir à inelegibilidade daqueles que exerceram cargos diretivos por 4 anos, deve ser entendido como por 2 mandatos, o que configuraria o caso em questão. Após, pediu vista a Min. Cármen Lúcia. MS 28447/DF, rel. Min. Dias Toffoli, 17.8.2011. (MS-28447)

LOMAN E OCUPAÇÃO SUCESSIVA DE CARGOS DIRETIVOS - 5

Em conclusão, o Plenário, por maioria, denegou mandado de segurança impetrado contra ato do Conselho Nacional de Justiça - CNJ, que declarara, com base nos princípios da boa-fé e da segurança jurídica, a elegibilidade de desembargadora para o cargo de Presidente do Tribunal Regional do Trabalho da 3ª Região - TRT-3, independentemente de haver exercido 2 cargos de direção superior: o de Vice-Corregedora e o de Vice-Presidente — v. Informativo 636. Prevaleceu o voto do Min. Dias Toffoli, relator, que asseverou constar da Lei Orgânica da Magistratura Nacional - Loman a indicação do que se entende por cargos de direção em seu art. 99 — Presidente, Vice-Presidente e Corregedor —, o qual estabeleceria a adstrição a essas 3 funções como espécie *numerus clausus* para caracterização dos *loci* diretivos. Aduziu que a criação de cargos com denominações distintas seria indiferente para o que se considera, na Loman, como cargo diretivo para fins de elegibilidade e, dessa forma, apenas o de Corregedor seria limitado quanto a essa prerrogativa. O Min. Ricardo Lewandowski salientou que o cargo de Vice-Corregedor, no caso, seria subalterno ao de Corregedor e, portanto, não seria de direção. O Min. Marco Aurélio apontou a autonomia dos tribunais e ressaltou que a magistrada teria atuado de boa-fé ao ser eleita para o cargo, pelo que não poderia ser apenada, com um veto, contra a vontade de seus pares. MS 28447/DF, rel. Min. Dias Toffoli, 25.8.2011. (MS-28447)

LOMAN E OCUPAÇÃO SUCESSIVA DE CARGOS DIRETIVOS - 6

Vencidos os Ministros Luiz Fux, Gilmar Mendes e Cezar Peluso, Presidente, que concediam a segurança. O Min. Luiz Fux frisava que, à época em que a magistrada exercera os cargos anteriores, o regimento interno local considerava-os como cargos de direção e que a norma regimental a conferir-lhe elegibilidade para o cargo de Presidente afrontaria o art. 102 da Loman. Afirmava que, por esse motivo, o CNJ, em outra ocasião, teria determinado a revogação da regra local. O Min. Cezar Peluso reputava que, embora o art. 99, caput, da Loman causasse a impressão de que os cargos diretivos seriam apenas 3, o art. 103, § 2º, do mesmo diploma, permitiria a criação do cargo de Vice e de outros cargos de Corregedor, de modo que poderiam ser considerados como detentores de cargo de direção, para todos os efeitos legais. Consignava que o mesmo art. 99, se confrontado com o art. 102 da Loman, levaria à interpretação de que o Estatuto da Magistratura admitiria outros cargos diretivos, exceto o de Presidente, pois este seria, por definição, sempre diretivo. Assim, enfatizava ser possível a criação de outros cargos de direção por lei local. Complementava que, na espécie, tendo em conta as funções exercidas pelo cargo de Vice-Corregedor, seria evidente seu caráter diretivo. MS 28447/DF, rel. Min. Dias Toffoli, 25.8.2011. (MS-28447) (Inform. STF 637)

ADI E CRITÉRIOS PARA DESEMPATE DA ANTIGÜIDADE DOS MAGISTRADOS

O Plenário deferiu parcialmente pedido de medida cautelar em ação direta de inconstitucionalidade, ajuizada pela Associação Nacional dos Magistrados Estaduais – Anamages, para suspender os efeitos dos incisos III e IV do § 1º do art. 78 da LC 10/96, do Estado do Tocantins. Os dispositivos impugnados dispõem sobre critérios de desempate da antigüidade, para promoção de magistrados daquele ente federado. Preliminarmente, reconheceu-se a legitimidade ativa da requerente. Ressaltou-se a existência de precedentes da Corte que assentariam a ilegitimidade da mencionada associação para ajuizar demandas relativas a controle de constitucionalidade em abstrato nos casos em que as leis questionadas tratassem de assuntos de interesse da magistratura em âmbito nacional. Na espécie, porém, a norma adversada referir-se-ia a juízes estaduais de uma unidade federativa específica, o Tocantins. Não seria, portanto, norma geral, de maneira a exigir representatividade. No mérito, reputou-se que, dentre os 5 critérios previstos no dispositivo questionado, apenas 2 não teriam previsão legal na LOMAN: "*tempo de serviço público no Estado*" e "*tempo de serviço público em geral*". Frisou-se, por sua vez, que o STF tem permitido o critério concernente à "idade" para desempate por antigüidade, se inexistente outra alternativa, muito embora a LOMAN não contenha, expressamente, regra nesse sentido. No ponto, o Min. Ayres Britto salientou que esse critério já fora prestigiado pela Constituição para desempatar eleição no âmbito da Presidência da República. ADI 4462 MC/TO, rel. Min. Cármen Lúcia, 29.6.2011. (ADI-4140) (Inform. STF 633)

MS N. 28.306-DF
RELATOR: MIN. RICARDO LEWANDOWSKI
EMENTA: MANDADO DE SEGURANÇA. CONSELHO NACIONAL DE JUSTIÇA. INSTAURAÇÃO DE PROCESSO ADMINISTRATIVO DISCIPLINAR CONTRA MAGISTRADO. CERCEAMENTO DE DEFESA. AUSÊNCIA DE MOTIVAÇÃO. EXCESSO DE PRAZO DO AFASTAMENTO CAUTELAR. SUPRESSÃO DE VANTAGENS. INOCORRÊNCIA. SEGURANÇA DENEGADA.
I - Nos termos do art. 125, § 4º, do Regimento Interno do CNJ - *"a solicitação para sustentação oral deverá ser formulada até o horário previsto para o início da sessão de julgamento"*. Assim, não há direito ao deferimento de solicitação formulada após o início da sessão. Ademais, não existe qualquer comprovação nos autos de que o atraso seria justificável.
II - O adiamento da sessão não se justifica, se comprovada a regular intimação do sindicado, com antecedência suficiente para possibilitar a constituição de advogado e comparecimento ao ato.
III - A valoração da prova que serviu de fundamento à instauração do processo disciplinar será própria do julgamento de mérito, não possibilitando sua análise nesta via.
IV - A exigência de motivação para instauração do processo disciplinar é a presença de indícios de materialidade dos fatos e de autoria das infrações administrativas praticadas, o que foi atendido pelo decisão combatida.

V - O afastamento motivado do magistrado de suas funções, sem prejuízo dos vencimentos e das vantagens, após a instauração de processo administrativo disciplinar, pode estender-se até a decisão final.
VI – As vantagens a que se refere o art. 27, § 3º, da LOMAN têm sentido pecuniário, não se confundindo com as prerrogativas inerentes ao cargo.
VII - Segurança denegada. (Inform. STF 621)

JUÍZES SUBSTITUTOS E INAMOVIBILIDADE - 1
O Plenário iniciou julgamento de mandado de segurança impetrado por juiz substituto contra ato do Conselho Nacional de Justiça - CNJ que julgara improcedente pedido de providências por ele formulado, sob o fundamento de que o instituto da inamovibilidade (CF, art. 95, II) não alcança os juízes substitutos, ainda que assegurados pela vitaliciedade. Na espécie, o magistrado alega que, ao ingressar na magistratura do Estado do Mato Grosso, fora lotado em uma determinada comarca, mas, posteriormente, tivera sua lotação alterada, várias vezes, para comarcas distintas. O Min. Ricardo Lewandowski, relator, concedeu parcialmente a ordem para anular a decisão do CNJ por entender que a garantia da inamovibilidade se estenderia aos juízes substitutos. Asseverou que a Constituição, ao falar de juízes, faria referência às garantias da magistratura, condicionando apenas a vitaliciedade, no primeiro grau, a dois anos de exercício. Dessa forma, a irredutibilidade de subsídio e a inamovibilidade estariam estabelecidas desde o ingresso do magistrado na carreira, ou seja, aplicar-se-iam imediatamente. Em seguida, tendo em conta o que disposto na Lei Orgânica da Magistratura Nacional (Lei Complementar 35/79) quanto à inamovibilidade ("*Art. 30 - O Juiz não poderá ser removido ou promovido senão com seu assentimento, manifestado na forma da lei, ressalvado o disposto no art. 45, item I. Art. 31 - Em caso de mudança da sede do Juízo será facultado ao Juiz remover-se para ela ou para Comarca de igual entrância, ou obter a disponibilidade com vencimentos integrais. ... Art. 45 - O Tribunal ou seu órgão especial poderá determinar, por motivo de interesse público, em escrutínio secreto e pelo voto de dois terços de seus membros efetivos: I - a remoção de Juiz de instância inferior;*"), reputou que a regra seria o juiz que ostenta o predicamento da inamovibilidade ser removido apenas com seu assentimento, consistindo exceção isso ocorrer quando, por escrutínio secreto, o tribunal ou seu órgão especial assim o determinar por motivo de interesse público. MS 27958/DF, rel. Min. Ricardo Lewandowski, 3.2.2011. (MS-27958)

JUÍZES SUBSTITUTOS E INAMOVIBILIDADE - 2
O relator acrescentou que a inamovibilidade seria uma garantia da magistratura para que fosse assegurada independência e imparcialidade do próprio Poder Judiciário. Aduziu, por outro lado, ser possível que a substituição fosse exercida por meio de escala sem que se removesse compulsoriamente o magistrado de sua comarca ou vara, de modo que respondesse temporariamente pelo serviço nos casos em que o juiz titular estivesse afastado ou sobrecarregado, nos termos do art. 50, § 1º, do Código de Organização do Estado de Mato Grosso ("*Art. 50. Em suas faltas ou impedimentos, os Juízes de Direito serão substituídos, uns pelos outros, segundo escala anual aprovada pelo Conselho da Magistratura. § 1º Cada Juiz terá três substitutos sucessivos.*"). Em divergência, o Min. Marco Aurélio denegou a ordem por considerar que a inamovibilidade não guardaria pertinência com o cargo de juiz substituto, haja vista que o juiz seria nomeado substituto para atender às necessidades de substituição. Ressaltou que assentar que o juiz substituto goza da prerrogativa inerente à inamovibilidade descaracterizaria o próprio cargo por ele ocupado e que eventual abuso do poder se resolveria em outro campo, sendo que cada Estado poderia ter a organização judiciária, limitando a movimentação do juiz substituto. Após, pediu vista dos autos o Min. Ayres Britto. MS 27958/DF, rel. Min. Ricardo Lewandowski, 3.2.2011. (MS-27958)

JUÍZES SUBSTITUTOS E INAMOVIBILIDADE - 3
Em conclusão, o Plenário, por maioria, concedeu mandado de segurança impetrado por juiz substituto contra ato do CNJ, para anular decisão, que julgara improcedente pedido de providências por ele formulado, sob o fundamento de que o instituto da inamovibilidade (CF, art. 95, II) não alcançaria juízes substitutos, ainda que assegurados pela vitaliciedade. Ademais, também por votação majoritária, invalidou ato da Presidência do Tribunal de Justiça do Estado de Mato Grosso, ao qual vinculado o magistrado, que determinara sua remoção e que resultara no pedido de providências respectivo, mantidos os atos já praticados até a data da anulação. Na espécie, o juiz alegava que, ao ingressar na magistratura estadual, fora lotado em determinada comarca, mas, posteriormente, tivera sua lotação alterada, várias vezes, para comarcas distintas — v. Informativo 614. Asseverou-se que a Constituição, ao tratar de juízes, faria referência às garantias da magistratura, condicionando apenas a vitaliciedade, no primeiro grau, a dois anos de exercício. Dessa forma, a irredutibilidade de subsídio e a inamovibilidade estariam estabelecidas desde o ingresso do magistrado na carreira, ou seja, aplicar-se-iam imediatamente. Em seguida, tendo em conta o que disposto na Loman (LC 35/79) quanto à inamovibilidade ("Art. 30 - O Juiz não poderá ser removido ou promovido senão com seu assentimento, manifestado na forma da lei, ressalvado o disposto no art. 45, item I. Art. 31 - Em caso de mudança da sede do Juízo será facultado ao Juiz remover-se para ela ou para Comarca de igual entrância, ou obter a disponibilidade com vencimentos integrais. ... Art. 45 - O Tribunal ou seu órgão especial poderá determinar, por motivo de interesse público, em escrutínio secreto e pelo voto de dois terços de seus membros efetivos: I - a remoção de Juiz de instância inferior;"), reputou-se que a regra seria o juiz que ostentasse o predicamento da inamovibilidade ser removido apenas com seu assentimento, consistindo exceção isso ocorrer quando, por escrutínio secreto, o tribunal ou seu órgão especial assim o determinar por motivo de interesse público.MS 27958/DF, rel. Min. Ricardo Lewandowski, 17.5.2012. (MS-27958)

JUÍZES SUBSTITUTOS E INAMOVIBILIDADE - 4
Acrescentou-se que a inamovibilidade seria garantia da magistratura para assegurar independência e imparcialidade do próprio Poder Judiciário. Aduziu-se, por outro lado, ser possível que a substituição fosse exercida por meio de escala sem que se removesse compulsoriamente o magistrado de sua comarca ou vara, de modo que respondesse temporariamente pelo serviço nos casos em que o juiz titular estivesse afastado ou sobrecarregado, nos termos do art. 50, § 1º, do Código de Organização do Estado de Mato Grosso ("Art. 50. Em suas faltas ou impedimentos, os Juízes de Direito serão substituídos, uns pelos outros, segundo escala anual aprovada pelo Conselho da Magistratura. § 1º Cada Juiz terá três substitutos sucessivos"). Em voto-vista, o Min. Ayres Britto, Presidente, registrou a distinção entre inamovibilidade e vitaliciedade. Assim, esta ocorreria após dois anos de exercício no cargo de juiz, a significar que a perda da função se daria apenas por trânsito em julgado de decisão judicial; aquela garantiria a permanência do juiz na unidade judiciária em que formalmente lotado, salvo por motivo de interesse público, reconhecido em decisão da maioria absoluta do respectivo tribunal ou do CNJ. Explicitou que o contraponto ao juiz substituto seria o titular, e não o vitalício. Frisou que o concurso público se faria para cargo de juiz de determinado ramo do Poder Judiciário, e para que ele, juiz substituto, fosse designado para atuar em determinada unidade de competência judicante. A lotação alcançaria, portanto, tanto o titular quanto o substituto. Ressaltou não se confundir nomeação com lotação, visto que esta adstringir-se-ia a certa base físico-judiciária; aquela

vincular-se-ia ao cargo. Anotou a possibilidade de alteração da lotação inicial do magistrado substituto por motivo de interesse público, devidamente justificada, sem necessidade de decisão colegiada do tribunal. Ocorre que a decisão plural impenderia somente no caso de remoção, de ofício, de juiz titular. Logo, seria possível que a designação compulsória de substituto se desse por decisão de presidente de tribunal, vice-presidente ou corregedor. A decisão administrativa, entretanto, deveria ser motivada, nos termos do art. 93, X, da CF. Pontuou que essa fundamentação deveria ser limitada pelos princípios do art. 37 da CF, bem como pelo do juiz natural (CF, art. 5º, LIII) e da vedação de tribunal de exceção (CF, art. 5º, XXXVII), a evitar que o substituto se transformasse em juiz itinerante. MS 27958/DF, rel. Min. Ricardo Lewandowski, 17.5.2012. (MS-27958)

JUÍZES SUBSTITUTOS E INAMOVIBILIDADE - 5

O Min. Cezar Peluso frisou que a competência desse magistrado em relação ao cargo compreenderia base territorial predefinida, fora da qual ele não seria substituto. O Min. Celso de Mello apontou que esse juiz teria a função de substituir ou de auxiliar, mas ocuparia seu cargo em área territorialmente delimitada. Vencido o Min. Marco Aurélio, que denegava a ordem por considerar que a inamovibilidade não guardaria pertinência com o cargo de juiz substituto, haja vista que o juiz seria assim nomeado para atender às necessidades de substituição. Ressaltava que assentar que o juiz substituto gozaria da prerrogativa inerente à inamovibilidade descaracterizaria o próprio cargo por ele ocupado e que eventual abuso do poder se resolveria em outro campo, sendo que cada Estado-membro poderia ter a própria organização judiciária, a limitar a movimentação do juiz substituto. Ademais, não admitia o mandado de segurança contra o ato do tribunal local. MS 27958/DF, rel. Min. Ricardo Lewandowski, 17.5.2012. (MS-27958) (Inform. STF 666)

MAGISTRADOS: FÉRIAS VENCIDAS E CONVERSÃO EM PECÚNIA - 1

O Plenário iniciou julgamento de mandado de segurança impetrado pela Associação Paulista de Magistrados – APAMAGIS contra ato do Conselho Nacional de Justiça – CNJ que determinara fosse suspensa a conversão em pecúnia de férias vencidas cumuladas dos magistrados estaduais por necessidade de serviço. O ato impugnado fora proferido em sede de pedido de providências originado de consulta formulada pelo Tribunal de Justiça do Distrito Federal e Territórios - TJDFT, com a finalidade de saber a viabilidade de continuar indenizando as férias vencidas dos juízes, tendo em conta a revogação da Resolução 25/2006/CNJ — que dispõe sobre a conversão em pecúnia de férias de magistrados não gozadas por necessidade de serviço — pela Resolução 27/2006/CNJ. A impetrante questiona entendimento segundo o qual a conversão de férias em pecúnia deveria ser reservada à situação excepcional única de impossibilidade absoluta de gozo do direito, assim caracterizada quando o magistrado deixar de pertencer aos quadros da magistratura em atividade. Alega a entidade de classe: a) negativa de arquivamento do processo, apesar da desistência do TJDFT; b) aplicação de efeitos amplos ao que decidido sem a participação dos demais interessados na discussão da matéria; c) impossibilidade de julgamento em virtude da ausência, na sessão, da relatora do processo; d) ofensa à coisa julgada, porquanto o tema já teria sido objeto de pronunciamentos anteriores no âmbito do Poder Judiciário; e) falta do quórum exigido para a atribuição de efeitos normativos à decisão do CNJ e f) transgressão a direito líquido e certo dos substituídos. <u>MS 28286/DF, rel. Min. Marco Aurélio, 15.12.2010.</u> (MS-28286)

MAGISTRADOS: FÉRIAS VENCIDAS E CONVERSÃO EM PECÚNIA - 2

Inicialmente, rejeitaram-se as preliminares suscitadas. Relativamente à primeira, aduziu-se que o CNJ indeferira o pedido de desistência da consulta formulado pela presidência do TJDFT, porquanto apresentado quando já iniciada a apreciação da consulta e porque não envolvido interesse pessoal do consulente, o qual personificaria o próprio tribunal. Quanto à falta de participação de interessados, registrou-se inexistir a glosa de uma situação concreta, sendo a questão analisada pelo CNJ — que poderia fazê-lo de ofício no campo do controle administrativo do Judiciário — sob o ângulo de princípios próprios à Administração Pública. Repeliu-se, de igual modo, a assertiva de impossibilidade de conclusão do feito sem a presença da relatora, uma vez que, durante o julgamento do processo, houvera a modificação na composição do CNJ, inclusive com a substituição do relator originário, que votara na matéria. No tocante ao argumento de que o CNJ se manifestara, não obstante a existência de pronunciamentos judiciais preclusos, reiterou-se que a atuação de tal órgão não ocorrera frente a um caso concreto, formalizado com balizas subjetivas. Ademais, salientou-se que o CNJ emitira orientação aos tribunais sem haver adentrado campo que porventura tivesse sido objeto de decisão judicial. Consignou-se, ainda, que essa causa de pedir referente à judicialização do tema — ventilada por um dos conselheiros — teria sido suplantada por aquele colegiado, ao julgar a matéria de fundo. Com relação à última preliminar, destacou-se que o CNJ, como todo e qualquer órgão administrativo, atuaria submetido ao princípio da legalidade e não possuiria poder normativo. Além disso, afirmou-se que a Constituição não trataria do quórum para a deliberação no que concerne ao controle da atuação administrativa e financeira do Poder Judiciário. Ressaltou-se, ainda, que, presentes 13 conselheiros e já computado o voto proferido pelo relator originário, houvera o consenso de 9 conselheiros, o que perfaria a maioria absoluta. <u>MS 28286/DF, rel. Min. Marco Aurélio, 15.12.2010.</u> (MS-28286)

MAGISTRADOS: FÉRIAS VENCIDAS E CONVERSÃO EM PECÚNIA - 3

No mérito, o Min. Marco Aurélio, relator, concedeu parcialmente o *writ*. Assegurou aos associados da impetrante: a) o gozo das férias, uma vez completado o período aquisitivo; ou b) na impossibilidade de se atender ao direito constitucional acima, por imperiosa necessidade do serviço certificada ante o requerimento do magistrado, a indenização simples de período de férias que ultrapasse os 60 dias, a ser satisfeita, mediante opção do interessado, conforme a disponibilidade orçamentária. Realçou a envergadura desse direito inerente à dignidade do homem, bem como o fato de não haver dúvidas de que as férias gerariam, de início, uma obrigação de fazer, com o objetivo de preservar a saúde do prestador dos serviços. Mencionou previsão contida na Lei de Organização da Magistratura Nacional relativamente a férias anuais de 60 dias para os juízes (LC 35/79, art. 66), sendo vedado o seu fracionamento em períodos inferiores a 30 dias. Salientou que referido dispositivo levaria em conta o célere ritmo dos trabalhos desenvolvidos, o dispêndio de energia física e mental e a necessidade de o juiz reciclar-se tanto no que respeita à vida social quanto à formação técnica e humanística. Frisou que as férias somente poderiam ser acumuladas por imperiosa necessidade do serviço e pelo máximo de 2 meses. Assinalou, ademais, haver nesse diploma legal preocupação com a continuidade dos serviços, sem, contudo, afastar-se a proibição de serem acumuladas férias acima de 2 períodos de 30 dias. <u>MS 28286/DF, rel. Min. Marco Aurélio, 15.12.2010.</u> (MS-28286)

MAGISTRADOS: FÉRIAS VENCIDAS E CONVERSÃO EM PECÚNIA - 4

O relator, a partir de dados estatísticos levantados pelo CNJ, expôs que a situação do Judiciário paulista seria notoriamente deficitária, a conduzir a quadro revelador de imenso e desumano esforço, obrigatório, inafastável, de seus juízes. Ponderou que maior carga de trabalho da magistratura nacional recairia sobre os juízes paulistas e que, diante desse contexto, surgiria círculo vicioso no que existentes magistrados, com mais de 2 períodos de 30 dias acumulados, impossibilitados de tirar férias em face do interesse da Administração. Asseverou, dessa forma, ser necessária a compatibilização das seguintes premissas: a) o gozo das férias; b) a continuidade na prestação da jurisdição, retratada na relevância e urgência dos serviços; e c) a mitigação dos efeitos de indeferimento de pleitos sucessivos de magistrados, diante da imperiosa necessidade de serviço. Concluiu que a obrigação de fazer deveria transmudar-se em obrigação de dar, haja vista não ser possível entender-se que o magistrado poderia, a um só tempo, ficar sem o gozo das férias e acumular inúmeros períodos sem que compensação alguma ocorresse. Os Ministros Dias Toffoli, Cármen Lúcia e Ricardo Lewandowski acompanharam o relator. Em divergência, o Min. Ayres Britto denegou a ordem. Levou em conta que o ato impugnado não teria sido propriamente uma decisão do CNJ, mas uma consulta — a qual possuiria caráter de orientação geral ou de diretriz — respondida em conformidade com orientação do STF, no sentido de que as férias não se destinariam à conversão em pecúnia e sim, ao seu gozo *in natura*. Após, pediu vista o Min. Gilmar Mendes. <u>MS 28286/DF, rel. Min. Marco Aurélio, 15.12.2010.</u> (MS 28286) (Inform. STF 613)

COMPOSIÇÃO DE ÓRGÃO COLEGIADO: JUÍZES CONVOCADOS E PRINCÍPIO DO JUIZ NATURAL - 1

O Tribunal, por maioria, denegou habeas corpus, afetado ao Pleno pela 1ª Turma, em que se sustentava a nulidade do julgamento da apelação do paciente pela 11ª Câmara Criminal "B" do Tribunal de Justiça do Estado de São Paulo, ao fundamento de ofensa ao princípio do juiz natural, já que, à exceção do desembargador que presidira a sessão, todos os demais membros do órgão eram juízes de primeiro grau convocados. Apontava-se, ainda, violação aos artigos 93, III, 94 e 98, I, da CF — v. Informativo 549. De início, o Tribunal, por maioria, rejeitou preliminar suscitada pelo Min. Marco Aurélio no sentido de que o julgamento fosse realizado com a composição integral, tendo em conta a importância da matéria de fundo. Considerou-se o fato de somente estarem ausentes da sessão dois Ministros, havendo quórum suficiente para a deliberação da matéria, e salientou-se a urgência em resolver a questão, haja vista recentes julgamentos do Superior Tribunal de Justiça no sentido de anular decisões do Tribunal de Justiça do Estado de São Paulo em matéria criminal. Vencido o suscitante. **HC 96821/SP, rel. Min. Ricardo Lewandowski, 8.4.2010. (HC-96821)**

COMPOSIÇÃO DE ÓRGÃO COLEGIADO: JUÍZES CONVOCADOS E PRINCÍPIO DO JUIZ NATURAL - 2

No mérito, entendeu-se não ocorrer, na hipótese, qualquer ofensa a regra ou princípio constitucional. Registrou-se que a convocação de juízes para atuar nos julgamentos levados a efeito na Corte paulista fora, originalmente, regulamentada pela Lei Complementar 646/90, que criou os cargos de magistrados substitutos e de segundo grau, diploma este reputado constitucional pelo Supremo. Fez-se menção, em seguida, à EC 45/2004 que, dentre outras inovações, teria assegurado a todos os jurisdicionados a duração razoável do processo, determinando a distribuição imediata dos feitos ajuizados em todos os foros e tribunais do país. Observou-se que, em relação especificamente a São Paulo, a EC 45/2004 teria determinado à Justiça bandeirante a unificação dos Tribunais de Alçada com o Tribunal de Justiça, impondo-lhe a tarefa de reorganizar administrativamente uma Corte enorme, de forma a manter, minimamente, a rapidez e eficiência da prestação jurisdicional. Considerou-se que tal determinação, além das dificuldades de reorganização, teria ocasionado outra conseqüência de relevante repercussão, qual seja, a imediata transferência de um imenso estoque de feitos criminais, antes dividido entre as duas Cortes. Mencionou-se que o Tribunal paulista teria cumprido essa determinação prontamente, ordenando, com base na Resolução 204/2005, a imediata distribuição de todos os feitos aos desembargadores e juízes substitutos de segundo grau. Além disso, para dar conta desse acervo de processos acumulados, teria criado câmaras extraordinárias, integradas, inicialmente, por juízes titulares da capital e, depois, por juízes titulares do interior, da mesma entrância, presididas por um desembargador, que também atuaria como vogal ou terceiro juiz, a partir de edital de convocação, publicado no diário oficial, após deliberação do Conselho Superior da Magistratura, com fundamento no art. 73, parágrafo único, da Constituição do Estado de São Paulo. Asseverou-se, ainda, que os juízes de primeiro grau, apesar da denominação de convocados, participariam desses colegiados por meio de inscrição voluntária. Reconheceu-se que essa providência, por um lado, teria proporcionado uma significativa redução no número de feitos pendentes de decisão, evitando, por conseguinte, a ocorrência da prescrição da pretensão punitiva do Estado, bem como teria acelerado o julgamento de grande número de presos detidos em caráter provisório. Por outro lado, no entanto, acarretara uma enxurrada de recursos e de habeas corpus perante o STJ e o STF, com o intuito de anular os arestos proferidos pelas câmaras extraordinárias. **HC 96821/SP, rel. Min. Ricardo Lewandowski, 8.4.2010**. (HC-96821)

COMPOSIÇÃO DE ÓRGÃO COLEGIADO: JUÍZES CONVOCADOS E PRINCÍPIO DO JUIZ NATURAL - 3

Em seqüência, aduziu-se que o âmago do princípio do juiz natural (CF, art. 5º, XXVII e LIII) consistiria na estrita prevalência de um julgamento imparcial e isonômico para as partes, por meio de juízes togados, independentes e regularmente investidos em seus cargos. Afirmou-se que a hipótese dos autos não se afastaria dessas premissas, visto que o sistema de convocação de magistrados de primeiro grau na Justiça paulista seria uma resposta aos comandos emanados da EC 45/2004, tendo sido implantado nos termos da Lei Complementar estadual 646/90, dela se distinguindo apenas no aspecto de que a convocação dos magistrados de primeiro grau se daria mediante publicação de edital na imprensa oficial. Acrescentou-se que o Tribunal de Justiça de São Paulo em nada teria inovado quanto a essa prática, tendo em vista que a Justiça Federal também dela faria uso, com base no art. 4º da Lei 9.788/99 ("Os Tribunais Regionais Federais poderão, em caráter excepcional e quando o acúmulo de serviço o exigir, convocar Juízes Federais ou Juízes Federais Substitutos, em número equivalente aos de Juízes de cada Tribunal, para auxiliar em Segundo Grau, nos termos de resolução a ser editada pelo Conselho da Justiça Federal."), sem que nenhum de seus julgamentos tivesse sido anulado. Observou-se que a integração dos juízes de primeiro grau nas câmaras extraordinárias paulistas se daria de forma aleatória, sendo os recursos distribuídos livremente entre eles, e que as convocações seriam feitas por ato oficial, prévio e público, não havendo se falar em nomeação ad hoc. Assim, tais magistrados não constituiriam juízes de exceção. Sua convocação para atuar perante a segunda instância, ao contrário, seria resposta dada pelo Tribunal de Justiça paulista, diante da difícil conjuntura de sobrecarga de trabalho, para dar efetividade a um novo direito fundamental introduzido na Constituição a partir da EC 45/2004, ou seja, a razoável duração do processo e os meios que garantam a celeridade de sua tramitação (CF, art. 5º, LXXVIII). Enfatizou-se não se poder esquecer, ainda, que os direitos e garantias fundamentais, a teor do que disposto no § 1º do art. 5º da CF, teriam aplicação imediata, não podendo ser outra a reação da Corte estadual que a de atender prontamente a esse comando constitucional. Além disso, esse novo direito fundamental teria íntima relação com outros princípios constitucionais, como o da dignidade humana e da eficiência da Administração Pública, cujo cumprimento não poderia ser postergado. **HC 96821/SP, rel. Min. Ricardo Lewandowski, 8.4.2010**. (HC-96821)

COMPOSIÇÃO DE ÓRGÃO COLEGIADO: JUÍZES CONVOCADOS E PRINCÍPIO DO JUIZ NATURAL - 4

Portanto, as medidas levadas a efeito pelo Tribunal de Justiça de São Paulo não só teriam dado concreção às exigências postas pelos constituintes derivados, como também se amoldariam, perfeitamente, aos princípios e regras da Carta Magna, sobretudo porque respeitariam a imparcialidade e a independência dos magistrados que integrariam as câmaras extraordinárias, os quais, de resto, jamais teriam desbordado os lindes da competência jurisdicional da Corte. Ressaltou-se, inclusive, que o art. 96, I, a, da CF permite que os tribunais disponham sobre a competência e o funcionamento dos respectivos órgãos jurisdicionais e administrativos, e que a própria Lei Orgânica da Magistratura Nacional - LOMAN (LC 35/79) admite, em seu art. 118, a convocação de juízes de primeiro grau para integrarem colegiados de segundo grau, em caráter excepcional e transitório, nas situações que explicita, sem que jamais se tivesse invocado, contra essa prática, o argumento de ofensa ao princípio do juiz natural. Por fim, consignou-se que se se pudesse entender, apenas ad argumentandum tantum, que o princípio do juiz natural tivesse sido de alguma forma malferido, haver-se-ia de se proceder a uma necessária ponderação de valores, contrastando o referido postulado com o da segurança jurídica. No ponto, explicou-se que se estaria a cogitar, ainda que indiretamente, de dezenas de milhares de decisões criminais, a maioria das quais já transitadas em julgado, que poderiam ser sumariamente anuladas, inclusive aquelas que concluíram pela absolvição dos réus, sendo que, nesse sopesamento de normas com densidade axiológica equivalente, haveria de prevalecer, no caso, o postulado da segurança jurídica. Vencido o Min. Marco Aurélio que concedia a ordem, assentando que o paciente se encontraria condenado sem observância da norma maior segundo a qual ninguém será processado ou sentenciado senão pela autoridade competente, tendo em conta o julgamento de sua apelação por uma câmara que legalmente se mostrara inexistente. Reputava ter havido clonagem imprópria, visto que criadas, dentro do Tribunal paulista, câmaras suplementares, tendo sido convocados, para compô-las — em sobreposição, e não em substituição de ausentes ou para preenchimento de cadeira vaga, nos termos do art. 118 da LOMAN —, juízes que teriam passado a atuar não só na 1ª como também na 2ª instância. **HC 96821/SP, rel. Min. Ricardo Lewandowski, 8.4.2010**. (HC-96821) (Inform. STF 581)

MEMBRO DO MP: NOMEAÇÃO PARA A MAGISTRATURA E INEXISTÊNCIA DE DIREITO ADQUIRIDO A QUINTOS - 1

O Tribunal, por maioria, deu provimento a agravo regimental interposto pela União para, conhecendo de agravo de instrumento, dar provimento parcial a esse apelo extremo. Na espécie, o agravo regimental fora interposto contra decisão que desprovera agravo de instrumento que visava à subida de recurso extraordinário, interposto contra acórdão do Superior Tribunal de Justiça - STJ, no qual se sustentava a inexistência de direito adquirido do agravado de continuar recebendo os quintos incorporados aos seus vencimentos quando era membro do Ministério Público Federal, suprimidos por ocasião do exercício na magistratura no STJ. Inicialmente, o Tribunal, por votação majoritária, rejeitou questão de ordem suscitada pelo Min. Marco Aurélio, no sentido de se dar provimento ao agravo regimental apenas para se processar o recurso extraordinário. Entendeu-se ser possível o julgamento direto do recurso extraordinário na linha de diversos julgamentos da Corte, salientando-se, ademais, estarem presentes todos os elementos que constariam do apelo extremo. Vencido o suscitante. **AI 410946 AgR/DF, rel. Min. Ellen Gracie, 17.3.2010**. (AI-410946)

MEMBRO DO MP: NOMEAÇÃO PARA A MAGISTRATURA E INEXISTÊNCIA DE DIREITO ADQUIRIDO A QUINTOS - 2

No mérito, considerou-se que o agravado não teria direito adquirido em continuar recebendo os quintos incorporados após a mudança de regime jurídico, tendo em conta a pacífica jurisprudência da Corte no sentido da inexistência de direito adquirido a regime jurídico. Asseverou-se que o agravado, ao ingressar no STJ, passara a ser regido por novo regime jurídico, diverso do da carreira do Ministério Público. Observou-se, ainda, não haver previsão dessa vantagem na Lei Orgânica da Magistratura - LOMAN (LC 35/79), não existindo, assim, direito adquirido do recorrido de manter vantagem concedida antes do seu ingresso na magistratura. Não obstante, reconheceu-se que deveriam ser preservados os valores da incorporação por ele já percebidos, em respeito ao princípio da boa-fé. Vencido, em parte, também o Min. Marco Aurélio, que simplesmente reformava a decisão do STJ para restabelecer o acórdão proferido pelo Tribunal Regional Federal. Alguns precedentes citados: RE 177072/SP (DJU de 5.4.2002); RE 244610/PR (DJU de 29.6.2001); RE 293606/RS (DJ 14.11.2003); RE 526878 AgR/RN (DJE de 2.10.2009); RE 408291 AgR/CE (DJE de 20.2.2009); RE 122202/MG (DJU de 8.4.94); RE 341732 AgR/AM (DJU de 1º.7.2005); MS 26085/DF (DJE de 13.6.2008). **AI 410946 AgR/DF, rel. Min. Ellen Gracie, 17.3.2010. (AI-410946)**. (Inform. STF 579)

EMENTA: Medida cautelar em ação direta de inconstitucionalidade. 2. Art. 92, III, alínea "e", da Constituição do Estado de Mato Grosso, com a redação determinada pela Emenda Constitucional nº 46, de 22 de novembro de 2006. 3. Consideração do tempo de exercício da advocacia privada para fins de classificação pelo critério de antiguidade na carreira da magistratura, da mesma forma em que se considera o tempo de serviço público. 4. Alegada violação ao art. 93 da Constituição Federal. 5. Até a edição da lei complementar prevista no art. 93, *caput*, da Constituição Federal, compete exclusivamente à Lei Orgânica da Magistratura dispor sobre a promoção, a remoção e o acesso de magistrados aos cargos. 6. Precedentes. 7. Medida cautelar deferida para suspender, com eficácia *ex tunc*, a vigência do art. 92, III, alínea "e", da Constituição do Estado de Mato Grosso, com a redação determinada pela EC nº 46/2006. MED. CAUT. **EM ADI N. 4.042-MT. RELATOR: MIN. GILMAR MENDES. Noticiado no Informativo 512** (Inform. STF 544)

EMENTA: AÇÃO DIRETA DE INCONSTITUCIONALIDADE. MEDIDA CAUTELAR CONCEDIDA NO CURSO DAS FÉRIAS FORENSES (ART. 13, VIII, DO RISTF, E ART. 10 DA LEI 9.868/99). REFERENDO. PARÁGRAFOS 2º E 3º DO ART. 100 DO REGIMENTO INTERNO DO TRIBUNAL DE JUSTIÇA DO ESTADO DE MINAS GERAIS. ELEIÇÃO DOS MEMBROS ASPIRANTES AOS CARGOS DE DIREÇÃO DA CORTE ESTADUAL DE JUSTIÇA. DISPOSIÇÃO DISTINTA CONTIDA NO ART. 102 DA LEI ORGÂNICA DA MAGISTRATURA NACIONAL (LC 35/79). PLAUSIBILIDADE JURÍDICA DA ALEGAÇÃO DE OFENSA AO ART. 93 DA CONSTITUIÇÃO FEDERAL. PERIGO NA DEMORA IGUALMENTE DEMONSTRADO. 1. Esta Suprema Corte tem admitido o controle concentrado de constitucionalidade de preceitos oriundos da atividade adminis-trativa dos tribunais, desde que presente, de forma inequívoca, o caráter normativo e autônomo do ato impugnado. Precedentes. 2. O Tribunal de Justiça do Estado de Minas Gerais, ao adotar, em seu regimento interno, um critério próprio de especificação do número de membros aptos a concorrerem aos seus cargos de direção, destoou do modelo previsto no art. 102 da legislação nacional vigente, a Lei Complementar 35/79 (LOMAN).3. O Plenário do Supremo Tribunal Federal já fixou entendimento no sentido de que o regramento relativo à escolha dos ocupantes dos cargos diretivos dos tribunais brasileiros, por tratar de tema eminentemente institucional, situa-se como matéria própria de Estatuto da Magistratura, dependendo, portanto, para uma nova regulamentação, da edição de lei complementar federal, nos termos do que dispõe o art. 93 da Constituição Federal. Plausibilidade jurídica e perigo na demora existentes. 4. Deferimento de medida cautelar integralmente referendado pelo Plenário. REFERENDO EM MED.CAUT. **EM ADI N. 4.108-MG. RELATORA: MIN. ELLEN GRACIE. Noticiado no Informativo 534**. (Inform. STF 537)

ADI E CARGOS DE DIREÇÃO DE TRIBUNAL DE JUSTIÇA

O Tribunal referendou decisão concessiva de liminar, proferida pelo Min. Gilmar Mendes, Presidente, em ação direta de inconstitucionalidade ajuizada pelo Procurador-Geral da República, para suspender os §§ 2º e 3º do art. 100 do Regimento Interno do Tribunal de Justiça do Estado de Minas Gerais. Referidos dispositivos estabelecem, respectivamente, que a eleição para Presidente e Vice-Presidente do Tribunal, Corregedor-Geral de Justiça e Vice-Corregedor, "*será feita entre os membros integrantes da metade mais antiga da Corte Superior que ainda não tenham exercido o cargo, sendo considerado eleito o desembargador que obtiver a maioria de votos da totalidade dos membros do Tribunal Pleno*" e que "*a metade referida no parágrafo anterior será apurada depois de excluídos os desembargadores inelegíveis, os impedidos e os que, antecipadamente, declararem que não são candidatos*". Entendeu-se que os preceitos impugnados, ao ampliar o rol de magistrados aptos a serem eleitos para os cargos de direção daquela Corte, afrontam, em princípio, o disposto no art. 93 da CF, por tratar de matéria reservada à lei complementar de iniciativa do STF, bem como não observam o art. 102 da Lei Orgânica Nacional da Magistratura - LOMAN (LC 35/79), que prevê a eleição de magistrados para os cargos de direção dos tribunais de forma diversa. Precedentes citados: ADI 3566/DF (DJU de 15.6.2007); ADI 3976 MC/SP (DJE de 15.2.2008). **ADI 4108 Referendo-MC/MG, rel. Min. Ellen Gracie, 2.2.2009. (ADI-4108)** (Inform. STF 534)

AG. REG. NA AO N. 1.498-SP
RELATOR: MIN. EROS GRAU
EMENTA: AGRAVO REGIMENTAL. AÇÃO ORIGINÁRIA. COMPETÊNCIA. SUPREMO TRIBUNAL FEDERAL. AÇÃO DE INTERESSE DE TODA A MAGISTRATURA. ART. 102, I, "N", DA CONSTITUIÇÃO. INOCORRÊNCIA. HIPÓTESE EM QUE SE DISCUTEM INTERESSES INDIVIDUAIS, NÃO PERMITINDO O DESLOCAMENTO DA COMPETÊNCIA. IMPEDIMENTO E SUSPEIÇÃO. NECESSIDADE DE MANIFESTAÇÃO EXPRESSA DO TRIBUNAL DE ORIGEM. INSTAURAÇÃO, PELO ÓRGÃO ESPECIAL, DE PROCEDIMENTO ADMINISTRATIVO DISCIPLINAR CONTRA MAGISTRADO. COMPETÊNCIA DO TRIBUNAL LOCAL PARA A REVISÃO DO ATO. ART. 21, VI, DA LC N. 35/79 [LOMAN]. AGRAVO IMPROVIDO.
1. O impedimento e a suspeição que autorizam o julgamento de ação originária pelo Supremo Tribunal Federal, nos termos do disposto no art. 102, I, "n", *in fine*, da CB/88, pressupõem a manifestação expressa dos membros do Tribunal competente, em princípio, para o julgamento da causa. Precedentes [Rcl n. 2.942 - MC, Relator o Ministro CELSO DE MELLO, DJ 16.12.2004; AgR-MS n. 25.509, Relator o Ministro SEPÚLVEDA PERTENCE, DJ 24.03.2006; AgR-AO n. 1.153, Relator o Ministro CARLOS VELLOSO, DJ 30.09.2005; AgR-AO n. 1.160, Relator o Ministro CEZAR PELUSO, DJ 11.11.2005 e AgR-AO n. 973, Relatora a Ministra ELLEN GRACIE, DJ 16.05.2003].
2. A competência para rever decisão de órgão colegiado atinente à instauração de processo disciplinar contra magistrado é do Tribunal cujos membros o compõem, pena de supressão de instância e violação do disposto no art. 21, VI, da Lei Orgânica da Magistratura Nacional - LOMAN [LC n. 35/79].
3. A mera alegação de interesse da magistratura na questão, do que decorreria a atribuição de "generalidade" à causa, não permite, por si só, o deslocamento da competência do Tribunal local. Precedente [AO n. 587, Relatora a Ministra ELLEN GRACIE, DJ de 30.6.06].
4. Agravo regimental a que se nega provimento. (Inform. STF 534)

ADI E ELEIÇÃO PARA CARGOS DIRETIVOS EM TRIBUNAL

O Tribunal, por maioria, deferiu pedido de liminar formulado em ação direta de inconstitucionalidade ajuizada pelo Procurador-Geral da República para suspender a eficácia do art. 27, § 2º, do Regimento Interno do Tribunal de Justiça do Estado de São Paulo, do art. 1º, § 1º, da Resolução 395/2007 e do art. 62 da Constituição do Estado de São Paulo, que tratam da eleição para cargos de direção do tribunal de justiça local, dispondo que "*concorrem à eleição todos os desembargadores integrantes do Órgão Especial, ressalvados os impedimentos e as recusas, proibida a reeleição para o mesmo cargo*". Considerou-se a orientação fixada pela Corte no julgamento da ADI 3566/DF (DJU de 15.6.2007) e da Rcl 5158 MC/SP (DJU de 24.8.2007), no sentido de competir exclusivamente à Lei Orgânica da Magistratura - LOMAN e ao Estatuto da Magistratura dispor sobre o universo dos elegíveis para os cargos de direção dos tribunais, matéria tipicamente institucional, que deve ter tratamento uniforme para atender ao princípio da unidade nacional da magistratura (CF, art. 93, *caput*). Vencidos o relator, que deferia parcialmente a liminar, apenas para suspender a eficácia do art. 62 da Constituição estadual, e o Min. Carlos Britto, que a indeferia integralmente. Outros precedentes citados: ADI 2370 MC/CE (DJU de 9.3.2001); ADI 841 MC/RJ (DJU de 21.10.94); ADI 3367/DF (DJU de 17.3.2006). ADI 3976 MC/SP, rel. Min. Ricardo Lewandowski, 14.11.2007. (ADI-3976) (Inform. STF 488)

JUIZ APOSENTADO: VITALICIEDADE E PRERROGATIVA DE FORO

A Turma, em questão de ordem, decidiu, por maioria, afetar ao Plenário julgamento de recurso extraordinário em que se discute se o foro especial por prerrogativa de função estende-se ou não àqueles que se aposentam em cargos cujos ocupantes ostentam tal prerrogativa. Trata-se, na espécie, de agravo de instrumento convertido em recurso extraordinário criminal interposto, por desembargador aposentado, contra decisão da Corte Especial do STJ que declinara de sua competência, em ação penal contra ele instaurada, ao fundamento de que, em decorrência de sua aposentadoria, não teria direito à prerrogativa de foro pelo encerramento definitivo da função. O ora recorrente sustenta a incidência do art. 95, I, da CF, assegurador da vitaliciedade aos magistrados, sob a alegação de que esta somente poderia ser afastada por sentença judicial transitada em julgado, na qual consignada a perda do cargo. Alega, ainda, que a correta leitura do art. 105, I, a, da CF, incluiria também os desembargadores aposentados, uma vez que interpretação diversa desse dispositivo o colocaria em situação inusitada, pois, o submeteria, na qualidade de ex-presidente e ex-corregedor-geral, a juiz que eventualmente tenha recebido alguma sanção disciplinar. Por fim, pleiteia o reconhecimento da negativa de vigência aos artigos 5º, XXXV, LIV, LV, e § 2º e 93, IX, ambos da CF e, alternativamente, requer sejam tidos como transgredidos os artigos 94, I e 105, I, da CF. Vencidos, quanto ao deslocamento, os Ministros Carlos Britto e Cármen Lúcia que, tendo em conta a existência de precedentes da Corte, consideravam que a matéria poderia ser decidida pela própria Turma. RE 549560/CE, rel. Min. Ricardo Lewandowski, 23.10.2007. (RE-549560) (Inform. STF 485)

COMPETÊNCIA: APOSENTADORIA COMPULSÓRIA DE JUIZ E AUTONOMIA DE INSTÂNCIAS

A Turma deferiu *habeas corpus* em que se discutia a competência para processar e julgar ação penal instaurada contra juiz de direito — acusado pela suposta prática do crime de homicídio — a quem fora aplicada, em processo administrativo, a pena disciplinar de aposentadoria compulsória com proventos proporcionais ao tempo de serviço (LOMAN, art. 42, V). No caso, o paciente insurgia-se contra acórdão do STJ que, ao denegar idêntica medida, assentara a competência do tribunal de justiça estadual para julgá-lo (CF, art. 96, III), ao fundamento de que, enquanto pendentes de apreciação os embargos declaratórios opostos pelo Ministério Público contra a aludida decisão administrativa, restaria mantida a prerrogativa de foro, uma vez que o ato de aposentadoria não se aperfeiçoara. Entendeu-se formalizada a decisão proferida administrativamente, porquanto incabível a mescla, do processo administrativo com o jurisdicional, pretendida pelo *parquet* com a oposição dos embargos de declaração. Concluiu-se, dessa forma, que o paciente se encontra aposentado em decorrência de ato de cunho disciplinar e que não detém mais a prerrogativa de foro, devendo submeter-se ao tribunal do júri. Ordem concedida a fim de determinar a competência do tribunal do júri para o processo e julgamento da ação penal e declarar a insubsistência dos atos decisórios praticados, após a decretação da aposentadoria do paciente, pelo Tribunal de Justiça do Estado do Espírito Santo. HC 89677/ES, rel. Min. Marco Aurélio, 11.9.2007. (HC-89677) (Inform. STF 479)

MAGISTRADO E HORÁRIO PARA MAGISTÉRIO

O Tribunal julgou parcialmente procedente pedido formulado em ação direta proposta pela Associação dos Magistrados Brasileiros - AMB para declarar a inconstitucionalidade do art. 2º do Provimento 4/2005, da Corregedoria Geral de Justiça do Tribunal de Justiça do Estado do Mato Grosso do Sul, que veda ao magistrado o exercício do magistério em horário coincidente com o expediente do foro, excepcionando-se o exercício em cursos especializados pela Escola Superior da Magistratura. Entendeu-se que o dispositivo impugnado ofende a competência reservada à lei complementar, nos termos do art. 93 da CF, haja vista se tratar de matéria estatutária, já prevista no art. 26, § 1º, da LOMAN (*"O exercício de cargo de magistério superior, público ou particular, somente será permitido se houver correlação de matérias e compatibilidade de horários, vedado, em qualquer hipótese, o desempenho de função de direção administrativa ou técnica de estabelecimento de ensino")*. Vencido o Min. Marco Aurélio, que julgava o pleito totalmente improcedente, por considerar que o referido dispositivo é harmônico com a CF que permite que o magistrado ocupe um cargo de magistério, desde que não prejudique a atividade judicante. Vencidos, também, os Ministros Cezar Peluso e Joaquim Barbosa, que superavam a inconstitucionalidade formal para dar interpretação conforme ao referido art. 2º, para que se entenda que o horário seja coincidente com o expediente a que está obrigado o magistrado, e não necessariamente com o expediente do foro de caráter geral. ADI 3508/MS, rel. Min. Sepúlveda Pertence, 27.6.2007. (ADI-3508) (Inform. STF 473)

ELEIÇÃO PARA CARGOS DIRETIVOS EM TRF E VÍCIO FORMAL - 1

O Tribunal, por maioria, julgou parcialmente procedente pedido formulado em ação direta de inconstitucionalidade ajuizada pelo Procurador-Geral da República contra dispositivos da Lei 7.727/89 e do Regimento Interno do TRF da 3ª Região, que dispõem sobre eleição para cargos diretivos. Preliminarmente, o Tribunal, por maioria, afastou a alegação de se estar diante de ofensa meramente reflexa à Constituição Federal, com base na orientação fixada pela Corte no sentido de ser imprescindível, para verificar se houve violação à reserva de iniciativa de que trata o art. 93 da CF, saber como o estatuto da magistratura em vigor disciplina a questão. Vencido, no ponto, o Min. Marco Aurélio que, tendo em conta que os princípios enumerados pelo art. 93 da CF, e que devem ser observados, não aludem a eleição, entendia ausente o vício formal. Por unanimidade, o Tribunal julgou prejudicada a ação quanto ao § 1º do art. 4º da Lei 7.727/89, haja vista sua revogação pelo art. 5º da Lei 8.418/92. ADI 3566/DF, rel. orig. Min. Joaquim Barbosa, rel. p/ o acórdão Min. Cezar Peluso, 15.2.2007. (ADI-3566)

ELEIÇÃO PARA CARGOS DIRETIVOS EM TRF E VÍCIO FORMAL - 2

Quanto ao mérito, o Tribunal, por unanimidade, julgou improcedente o pedido no que se refere à expressão *"eleitos na conformidade do que dispuserem os respectivos Regimentos Internos"*, constante do art. 4º, *caput*, da Lei 7.727/89. Entendeu-se que o aludido dispositivo deve ser interpretado no sentido de que não trata de condições de elegibilidade, mas apenas de mero procedimento de eleição. O Tribunal, por maioria, julgou procedente o pedido relativamente aos artigos 3º e 11, I, a, ambos do Regimento Interno do TRF da 3ª Região, que estabelecem a elegibilidade para os cargos de direção daquela Corte de todos os integrantes do órgão especial, sem distinção entre os mais antigos e os mais modernos. Salientando-se que a previsão de órgãos diretivos, a competência desses órgãos, o prazo dos mandatos, o universo dos elegíveis e as condições de elegibilidade são matérias tipicamente institucionais, objeto do estatuto da magistratura (LOMAN - LC 35/79), considerou-se que as normas regimentais impugnadas padecem de vício formal, porquanto ampliam, teoricamente, o universo dos elegíveis previsto naquele estatuto. Ressaltou-se que esses aspectos institucionais têm de ter tratamento uniforme para atender ao princípio da unidade nacional da magistratura, de modo a evitar discrepância que suscite procedimentos e interpretações contraditórios. Vencido, quanto a essa questão, o Min. Joaquim Barbosa, relator, que julgava improcedente o pedido também no que concerne às normas regimentais, ao fundamento de que o preceito contido no art. 102 da LOMAN (*"dentre os seus juízes mais antigos"*) teria se tornado incompatível com a nova redação dada, pela EC 45/2004, ao art. 93, XI, da CF, que prevê a existência de órgãos especiais e tribunais compostos tanto por juízes mais antigos como por juízes eleitos, que podem não ser os mais antigos. ADI 3566/DF, rel. orig. Min. Joaquim Barbosa, rel. p/ o acórdão Min. Cezar Peluso, 15.2.2007. (ADI-3566) (Inform. STF 456)

DIREITO ADMINISTRATIVO. AFASTAMENTO CAUTELAR DE MAGISTRADO EM PROCESSO ADMINISTRATIVO. INEXISTÊNCIA DE DIREITO AO GOZO DE FÉRIAS.

O magistrado afastado cautelarmente de suas funções até o término do processo administrativo disciplinar não tem direito ao gozo de férias e ao pagamento do terço constitucional, bem como à conversão dos dias em pecúnia. Com o afastamento das funções, não há fadiga pela rotina das atividades funcionais e, consequentemente, não há como sustentar o direito ao gozo de férias, dada a ausência de causa. A exigência de que tenha sido exercido efetivamente o trabalho para recebimento das férias está em sintonia com a própria razão de ser desse benefício. Este tem como fundamento normas de higiene física e mental do indivíduo, buscando assegurar um período de descanso ao trabalhador que, fatigado pela rotina de suas atividades, já não apresenta o mesmo rendimento de antes. Dessa forma, não havendo efetiva prestação de serviços durante o período aquisitivo, não há direito a férias, menos ainda ao terço constitucional e à conversão de dias em pecúnia. Precedentes citados: AgRg no RMS 20.521-SP, DJe 8/4/2011; RMS 19.622-MT, DJ 11/9/2006, e RMS 20.238-AC, DJ 20/3/2006. **RMS 33.579-SP, Rel. Min. Herman Benjamin, julgado em 9/10/2012.(Inform. STJ 507)**

DIREITO ADMINISTRATIVO. ORDEM NA LISTA DE ANTIGUIDADE. TEMPO DE SERVIÇO NO CARGO.

O tempo de serviço no cargo, e não a classificação no concurso, é o que determina a ordem de figuração da lista de antiguidade na magistratura, ainda que tenha ocorrido preterição na nomeação em virtude de aguardo de decisão judicial. A demora na investidura no cargo, no aguardo de decisão judicial sobre o direito à nomeação (que a jurisprudência do STF não considera preterição ilegítima), não tem o efeito de modificar a realidade dos fatos, nem justifica, por si só, que se reconheça como prestado um tempo de serviço que não ocorreu efetivamente. A ordem de classificação no concurso só é relevante em caso de empate, ou seja, quando for o mesmo tempo de serviço de dois ou mais juízes. Precedentes citados do STF: AgRg no RE 593.373-DF, DJ 18/4/2011; RE 630.440-DF, DJe 10/8/2011, e do STJ: EREsp 1.117.974-RS, DJe 19/12/2011. **RMS 34.032-RS, Rel. Min. Teori Albino Zavascki, julgado em 16/10/2012. (Inform. STJ 506)**

AR. ANTECIPAÇÃO. TUTELA. QUINTOS. MAGISTRADO.

A Seção, ao prosseguir o julgamento, por maioria, deu provimento ao agravo regimental para antecipar os efeitos da tutela e, com isso, suspender a execução do acórdão rescindendo até o julgamento da AR. Essa ação busca desconstituir o julgado que reconheceu aos juízes federais o direito adquirido aos "quintos" incorporados aos seus vencimentos antes do ingresso na magistratura. De acordo com a tese vencedora, estão presentes os requisitos necessários à antecipação da tutela pretendida, uma vez que o STF já declarou que, além de o magistrado não poder perceber vantagem diversa daquelas estabelecidas na Loman, não há direito adquirido a regime jurídico. Frisou-se, ainda, a possibilidade de haver dano de difícil reparação, tendo em vista o entendimento de que as verbas de natureza alimentar não devem ser devolvidas, especialmente quando seu pagamento deriva de decisão transitada em julgado. Precedente citado do STF: AgRg na AI 410.946-DF, DJe 6/5/2010. **AgRg na AR 4.085-DF, Rel. originário Min. Celso Limongi (Desembargador convocado do TJ-SP), Rel. para acórdão Min. Haroldo Rodrigues (Desembargador convocado do TJ-CE), julgado em 27/4/2011.** (Inform. STJ 470)

ERRO MATERIAL. PROCESSO. VITALICIAMENTO.

Trata-se de mandado de segurança (MS) contra ato do TJ que, diante da verificação da ocorrência de erro em julgamento quanto ao cômputo de votos – por maioria, determinava a suspensão do processo de vitaliciamento de magistrada até julgamento da ação penal –, não o nulificou por considerar ausente prejuízo à impetrante. Segundo consta dos autos, do total de 15 julgadores, oito votaram a favor da suspensão do processo até o julgamento da ação penal. No entanto, ocorreu erro material na certidão com relação à votação no sentido de aguardar o julgamento do processo crime, o que gerou o pedido da impetrante de que fosse reconhecido, declarado e corrigido o erro, a fim de acolher a preliminar de suspensão do processo administrativo até a solução da ação penal e, tornado, por consequência, sem efeito o ato que a exonerou. O TJ, embora reconhecesse o erro, decidiu pela não anulação do procedimento administrativo, sustentando inexistência de prejuízo à requerente. Assim, no *writ*, cuida-se de aferir se houve ilegalidade resultante do erro material incontroverso ocorrido na proclamação do resultado da decisão pelo sobrestamento do processo administrativo a favor da recorrente, enquanto não definida a persecução penal. Nesse contexto, a Turma entendeu que a não suspensão do procedimento, descumprindo-se a vontade majoritária dos julgadores, resultou em erro material em desfavor da recorrente. *In casu*, foi negado o vitaliciamento à magistrada, o que ocasionou ser julgada pelo juízo comum por infração penal, perdendo o foro por prerrogativa de função, com manifesta violação do princípio do juiz natural. Dessarte, o não cumprimento da deliberação majoritária pelo órgão competente resultou em prejuízos evidentes à recorrente, pois além de exonerada, foi processada e julgada por juízo absolutamente incompetente. Com essas considerações, entre outras, a Turma, ao prosseguir o julgamento, por maioria, deu provimento ao recurso para anular o procedimento de não vitaliciamento e a consequente exoneração da recorrente, impondo-se seu regresso com as consequências jurídicas daí oriundas. **RMS 31.875-SC, Rel. originário Min. Luiz Fux, Rel. para acórdão Min. Arnaldo Esteves Lima (art. 52, IV, b, do RISTJ), julgado em 26/4/2011.** (Inform. STJ 470)

MAGISTRADO. AJUDA DE CUSTO. REMOÇÃO A PEDIDO.
A Turma negou provimento ao agravo regimental da União ao fundamento de que o magistrado tem direito à ajuda de custo prevista no art. 65, I, da LC n. 35/1979 (Loman) tanto na remoção *ex officio* quanto na remoção a pedido, visto que em ambas há o interesse público. **AgRg no REsp 1.354.482-SC, Rel. Min. Castro Meira, julgado em 3/2/2011.** (Inform. STJ 461)

SÚMULA STF Nº 731

Para fim da competência originária do Supremo Tribunal Federal, é de interesse geral da magistratura a questão de saber se, em face da Lei orgânica da magistratura nacional, os juízes têm direito à licença-prêmio.

2. MINISTÉRIO PÚBLICO

DESTITUIÇÃO/RECONDUÇÃO DE PGJ E EXERCÍCIO DE CARGO EM COMISSÃO POR MEMBRO DO "PARQUET"
Ao confirmar o que manifestado na apreciação da medida cautelar, o Plenário julgou procedente, em parte, pleito formulado em ação direta, ajuizada pelo Procurador-Geral da República, para conferir interpretação conforme a Constituição: a) à expressão "*permitida a recondução*", constante do art. 99, *caput*, da Constituição do Estado de Rondônia ("*O Ministério Público do Estado tem por chefe o Procurador-Geral de Justiça, nomeado pelo Governador, dentre os Procuradores de Justiça em exercício, indicados em lista tríplice pelos integrantes de carreira que gozem de vitaliciedade, na forma prevista em lei complementar para o mandato de dois anos, permitida a recondução*"), que deve ser entendida como "*permitida uma recondução*", nos moldes do modelo federal; e b) ao art. 100, II, f, do mesmo diploma ("*Art. 100. Lei Complementar, cuja iniciativa é facultada ao Procurador-Geral de Justiça, estabelecerá a organização, as atribuições e o Estatuto do Ministério Público, observadas, relativamente a seus membros: ... II – as seguintes vedações: ... f) ser nomeado a qualquer cargo demissível ad nutum*"), para dele excluir interpretação que vede o exercício de cargos de confiança próprios da administração superior do Ministério Público estadual aos seus membros. Afirmou-se também, ante a revogação dos dispositivos, o prejuízo do pedido de declaração de inconstitucionalidade dos §§ 1º e 2º do art. 99 da aludida constituição estadual ("*§ 1º. A destituição do Procurador-Geral de Justiça, por iniciativa do Governador, deverá ser precedida de autorização da maioria absoluta da Assembléia Legislativa. §2º. O Procurador-Geral de Justiça poderá ser destituído por aprovação da maioria absoluta dos membros da Assembléia Legislativa, em caso de abuso de poder ou omissão grave no cumprimento do dever: I – por indicação de dois terços dos membros vitalícios do Ministério Público, na forma da lei complementar; II – por deliberação de ofício do Poder Legislativo*"). ADI 2622/RO, rel. Min. Cezar Peluso, 10.11.2011. (ADI-2622) (Inform. STF 647)

LEI ESTADUAL E PROCEDIMENTOS EM CPI
O Plenário julgou procedente pedido formulado em ação direta, proposta pelo Procurador-Geral da República, para declarar a inconstitucionalidade dos artigos 2º, 3º e 4º da Lei 11.727/2002, do Estado do Rio Grande do Sul, que dispõe sobre a prioridade, nos procedimentos a serem adotados pelo Ministério Público, por tribunal de contas e por outros órgãos a respeito de conclusões das comissões parlamentares de inquérito instauradas naquele Estado. Reputou-se que os dispositivos impugnados, ao fixar prazos e estabelecer obrigações ao *parquet* e ao Poder Judiciário, no sentido de acelerar a tramitação dos processos que versem sobre as conclusões dessas comissões locais, teriam invadido a competência privativa da União para legislar sobre direito processual (CF, art. 22, I) do que decorreria inconstitucionalidade formal. Asseverou-se, ainda, que qualquer atuação do Ministério Público só poderia ser estabelecida por lei complementar e não por lei ordinária e, sempre, por iniciativa reservada aos respectivos Procuradores-Gerais dos Estados-membros. Por fim, aduziu-se que a norma local, ao impor deveres e sanções aos magistrados, o teria feito em desacordo com o que contido na Lei Orgânica da Magistratura Nacional - Loman e nas leis de organização judiciária, diplomas de iniciativa privativa do Poder Judiciário. ADI 3041/RS, Rel. Min. Ricardo Lewandowski, 10.11.2011. (ADI-3041) (Inform. STF 647)

ADI N. 3.783-RO
RELATOR: MIN. GILMAR MENDES
EMENTA: Ação direta de inconstitucionalidade. Extensão do auxílio-moradia aos membros inativos do Ministério Público estadual.
I. INCONSTITUCIONALIDADE FORMAL. A Lei n° 8.625/1993 – Lei Orgânica Nacional do Ministério Público (LONMP) –, ao traçar as normas gerais sobre a remuneração no âmbito do Ministério Público, não prevê o pagamento de auxílio-moradia para membros aposentados do *parquet*. Como a LONMP regula de modo geral as normas referentes aos membros do Ministério Público e não estende o auxílio-moradia aos membros aposentados, conclui-se que o dispositivo em análise viola o art. 127, § 2º, da Carta Magna, pois regula matéria própria da Lei Orgânica Nacional do Ministério Público e em desacordo com esta.
II. INCONSTITUCIONALIDADE MATERIAL. O auxílio-moradia constitui vantagem remuneratória de caráter indenizatório. Portanto, é devido apenas em virtude da prestação das atividades institucionais em local distinto, enquanto estas durarem. Como decorre da própria lógica do sistema remuneratório, o auxílio moradia visa ressarcir os custos e reparar os danos porventura causados pelo deslocamento do servidor público para outros locais que não o de sua residência habitual. Dessa forma, parece lógico que tal vantagem seja deferida apenas àqueles servidores em plena atividade, que se encontrem nessa específica situação, e apenas enquanto ela durar, não se incorporando de forma perpétua aos vencimentos funcionais do servidor. O auxílio-moradia deve beneficiar somente o membro do Ministério Público que exerça suas funções em local onde não exista residência oficial condigna. Assim, a extensão de tal vantagem aos membros aposentados, que podem residir em qualquer lugar, visto que seu domicílio não está mais vinculado ao local onde exerçam suas funções (CF, art. 129, § 2º), viola os princípios constitucionais da isonomia, da razoabilidade e da moralidade.
III. Ação direta de inconstitucionalidade julgada procedente. (Inform. STF 630) *noticiado no Informativo 619

MEMBROS INATIVOS DO MINISTÉRIO PÚBLICO ESTADUAL E AUXÍLIO-MORADIA
O Plenário, por maioria, julgou procedente pedido formulado em ação direta proposta pelo Procurador-Geral da República para declarar a inconstitucionalidade do § 3º do art. 3º da Lei Complementar 24/89, introduzido pela Lei Complementar 281/2003, ambas do Estado de Rondônia. O dispositivo adversado versa sobre a extensão de auxílio-moradia a membros inativos do Ministério Público rondoniense. Verificou-se afronta ao art. 127, § 2º, da CF. Ademais, asseverou-se que nem todos os benefícios concedidos aos servidores em atividade seriam compatíveis com a situação do aposentado, como seria o caso da gratificação paga durante o exercício em locais adversos. Na linha dessa jurisprudência, mencionou-se o Enunciado 680 da Súmula do STF ("*O direito ao auxílio-alimentação não se estende aos servidores inativos*"). Reputou-se que o auxílio-moradia seria devido apenas a membros do *parquet* que exercessem suas funções em local onde não existisse residência adequada. O Min. Luiz Fux ressaltou que a Lei Complementar 281/2003 valer-se-ia da Lei Complementar federal 93/93 para estender aos inativos o auxílio-moradia nela disposto como se eles estivessem em exercício. Vencido o Min. Marco Aurélio que mantinha o preceito por entendê-lo constitucional. Precedente citado: ADI 778/DF (DJU de 19.12.94). ADI 3783/RO, rel. Min. Gilmar Mendes, 17.3.2011. (ADI-3783) (Inform. STF 619)

ESCOLHA DE PROCURADOR-GERAL DE JUSTIÇA E PODER LEGISLATIVO

Por vislumbrar ofensa ao art. 128, § 3º, da CF, que dispõe que os Ministérios Públicos dos Estados e do Distrito Federal e Territórios formarão lista tríplice dentre integrantes da carreira, na forma da lei respectiva, para escolha de seu Procurador-Geral, que será nomeado pelo Chefe do Poder Executivo, o Tribunal julgou procedente pedido formulado em duas ações diretas ajuizadas pelo Procurador Geral da República e pelo Governador do Estado de Rondônia, para declarar a inconstitucionalidade da expressão "após a aprovação de seu nome pela maioria absoluta dos membros da Assembléia Legislativa" e da expressão "do Procurador-Geral e", contidas, respectivamente, no art. 83 da Constituição do Estado do Rio Grande do Norte (e repetida no art. 10 da Lei Complementar potiguar 141/96 - Lei Orgânica do Ministério Público do Estado do Rio Grande do Norte) e na alínea e do inciso XXIV do art. 29 da Constituição do Estado de Rondônia. Asseverou-se que a Constituição Federal não previu a participação do Poder Legislativo estadual no processo de escolha do Chefe do Ministério Público local, não podendo a Constituição estadual exigir tal participação parlamentar, a menos que se trate do tema de destituição do Procurador-Geral de Justiça (CF, art. 128, § 4º). Precedente citado: ADI 1506/SE (DJU de 12.11.99). ADI 3727/RN, rel. Min. Ayres Britto, 12.5.2010. **(ADI-3727)** ADI 3888/RO, rel. Min. Ayres Britto, 12.5.2010. (ADI-3888). (Inform. STF 586)

MANDADO DE SEGURANÇA: RESOLUÇÃO DO CNMP E VEDAÇÃO DO EXERCÍCIO DE OUTRA FUNÇÃO PÚBLICA - 1

Os membros do Ministério Público, especialmente aqueles que ingressaram na instituição após a promulgação da vigente Constituição, não podem exercer cargos ou funções em órgãos estranhos à organização do Ministério Público, somente podendo titularizá-los, se e quando se tratar de cargos em comissão ou de funções de confiança em órgãos situados na própria estrutura administrativa do Ministério Público. Com base nesse entendimento, o Tribunal indeferiu mandado de segurança impetrado por promotor de justiça contra ato do Presidente do Conselho Nacional do Ministério Público - CNMP, consubstanciado na Resolução 5/2006, que disciplina o exercício de atividade político-partidária e de cargos públicos por membros do Ministério Público. Na espécie, o impetrante, promotor de justiça desde 1994, teria sido convidado, em 30.4.2007, pela então Ministra de Estado do Meio Ambiente, a assumir o cargo de Diretor de Planejamento, Administração e Logística do IBAMA. Preliminarmente, a Corte, por maioria, conheceu do writ, na linha do que decidido no MS 26325/DF (DJU de 1º.2.2007) por entender que, em razão de a resolução dirigir expressa proibição aos membros do parquet, teria efeitos concretos, alcançando, de maneira direta e imediata, a posição jurídica do impetrante. Possuiria, portanto, por si só, força suficiente para impor as vedações nela contidas, tanto que a aceitação do convite feito ao impetrante sofrera a inibição imediata decorrente da incidência das cláusulas proibitivas dela constantes. Vencidos, no ponto, os Ministros Cezar Peluso, Ricardo Lewandowski e Marco Aurélio, que não o conheciam por reputar estar-se tratando de impetração contra lei em tese. **MS 26595/DF, rel. Min. Cármen Lúcia, 7.4.2010. (MS-26595)**

MANDADO DE SEGURANÇA: RESOLUÇÃO DO CNMP E VEDAÇÃO DO EXERCÍCIO DE OUTRA FUNÇÃO PÚBLICA - 2

Quanto ao mérito, asseverou-se que a Resolução 5/2006 teria sido editada dentro das prerrogativas constitucionalmente atribuídas ao CNMP e que a proibição do exercício de outras funções por membros do Ministério Público estaria expressamente prevista no art. 128, § 5º, II, d, da CF ("Art. 128. ... § 5º - Leis complementares da União e dos Estados, cuja iniciativa é facultada aos respectivos Procuradores-Gerais, estabelecerão a organização, as atribuições e o estatuto de cada Ministério Público, observadas, relativamente a seus membros: ... II - as seguintes vedações: ... d) exercer, ainda que em disponibilidade, qualquer outra função pública, salvo uma de magistério; e) exercer atividade político-partidária;"). Observou-se que haveria, então, apenas duas exceções constitucionais: o exercício de uma função de magistério, prevista no já citado dispositivo constitucional, e a hipótese do art. 29, § 3º, do ADCT, quando o membro do Ministério Público, admitido antes da promulgação da CF/88, tiver feito a opção pelo regime jurídico anterior ("Art. 29. Enquanto não aprovadas as leis complementares relativas ao Ministério Público e à Advocacia-Geral da União, o Ministério Público Federal, a Procuradoria-Geral da Fazenda Nacional, as Consultorias Jurídicas dos Ministérios, as Procuradorias e Departamentos Jurídicos de autarquias federais com representação própria e os membros das Procuradorias das Universidades fundacionais públicas continuarão a exercer suas atividades na área das respectivas atribuições. ... 3º - Poderá optar pelo regime anterior, no que respeita às garantias e vantagens, o membro do Ministério Público admitido antes da promulgação da Constituição, observando-se, quanto às vedações, a situação jurídica na data desta."). Acrescentou-se que a inserção da referida vedação nas leis complementares, reguladoras dos Ministérios Públicos dos Estados e da União, não seria facultativa e teria sido repetida pelo art. 44, IV, da Lei Orgânica do Ministério Público Nacional. Concluiu-se que o impetrante, desde 1994, não teria direito de assumir qualquer outro cargo público fora da administração do próprio Ministério Público. Outros precedentes citados: RMS 25500/SP (DJU de 18.11.2005); MS 26584/DF (DJU de 1º.8.2007). **MS 26595/DF, rel. Min. Cármen Lúcia, 7.4.2010. (MS-26595)** (Inform. STF 581)

ADI E COMPETÊNCIA DO PROCURADOR-GERAL DA REPÚBLICA - 2

O Tribunal retomou julgamento de ação direta na qual se pretende a declaração de inconstitucionalidade do art. 48, II e parágrafo único, da Lei Complementar 75/93 - Lei Orgânica do MPU, que estabelece incumbir ao Procurador-Geral da República a propositura, perante o STJ, da ação penal, nas hipóteses que elenca o art. 105, I, a, da CF, e autoriza a delegação dessa competência ao Subprocurador-Geral da República — v. Informativo 409. O Min. Marco Aurélio, em voto-vista, abriu divergência para julgar procedente o pedido formulado, por considerar, após salientar que o Judiciário e o Ministério Público estão organizados em patamares, existindo elos reveladores da atuação nos diversos órgãos, que os dispositivos impugnados divergem do sistema consagrado na Constituição Federal, do princípio da razoabilidade com o qual guarda pertinência a proporcionalidade. Asseverou que a Constituição prevê a atuação direta do Procurador-Geral da República no Supremo (artigos 36, III; 103, VI, e § 1º). Quanto à ação penal, afirmou que ele atua no Plenário desta Corte, podendo haver, nos processos em geral, tratando-se de jurisdição das Turmas, o credenciamento de Subprocurador. Aduziu que a íntima ligação do Procurador-Geral da República com o Supremo resta demonstrada na competência deste para processar e julgar aquele, originariamente, nas infrações penais comuns e nos habeas corpus quando seja coator ou paciente (CF, art. 102, I, b e i), sendo do STJ a competência para processar e julgar, originariamente, os membros do Ministério Público da União que oficiem perante tribunais, e os habeas quando qualquer deles seja coator ou paciente (art. 105, I, a e c). Ressaltou que a participação direta do Procurador-Geral da República em instância diversa ao Supremo foi prevista expressamente no art. 109, § 5º, da CF ("Art. 109. ... § 5º Nas hipóteses de grave violação de direitos humanos, o Procurador-Geral da República, com a finalidade de assegurar o cumprimento de obrigações decorrentes de tratados internacionais de direitos humanos dos quais o Brasil seja parte, poderá suscitar, perante o Superior Tribunal de Justiça, em qualquer fase do inquérito ou processo, incidente de deslocamento de competência para a Justiça Federal."), sendo ela a única hipótese contemplada. Após os votos do Min. Carlos Britto, que acompanhava a divergência, e dos Ministros Cármen Lúcia e Eros Grau, acompanhando o relator, no sentido da improcedência do pleito, pediu vista dos autos o Min. Cezar Peluso. **ADI 2913/DF, rel. Min. Carlos Velloso, 14.8.2008.** (ADI-2913)

ADI E COMPETÊNCIA DO PROCURADOR-GERAL DA REPÚBLICA - 3

O fato de a Constituição Federal cometer determinadas atribuições ao Procurador-geral da República não implica que outras não possam ser-lhe conferidas por lei. Essa foi a orientação fixada pela maioria do Tribunal, ao julgar improcedente pedido formulado em ação direta na qual se pretendia a declaração de inconstitucionalidade do art. 48, II e parágrafo único, da Lei Complementar 75/93 - Lei Orgânica do MPU, que estabelece incumbir ao Procurador-Geral da República a propositura, perante o STJ, da ação penal, nas hipóteses que elenca o art. 105, I, a, da CF, e autoriza a delegação dessa competência ao Subprocurador-Geral da República — v. Informativos 409 e 515. Entendeu-se que a norma impugnada decorreria do art. 128, § 5º, da CF ("Art. 128. O Ministério Público abrange: ... § 5º - Leis complementares da União e dos Estados, cuja iniciativa é facultada aos respectivos Procuradores-Gerais, estabelecerão a organização, as atribuições e o estatuto de cada Ministério Público, observadas, relativamente a seus membros:"). Ressaltou-se que, do que disposto no art. 36, III, da CF — que trata da intervenção federal no Estado-membro, a qual dependerá de provimento, pelo STF, de representação do PGR, na hipótese do art. 34, VII, e no caso de recusa à execução de lei federal —, não se poderia concluir a falta de atribuição do PGR para propor, perante o STJ, ação penal originária. Também do que previsto no art. 102, I, b, da CF — que estabelece a competência originária do STF para processar e julgar o PGR nas infrações penais comuns —, também não implicaria que as atribuições do PGR somente seriam exercidas junto ao STF. Vencidos os Ministros Marco Aurélio e Carlos Britto que julgavam o pleito procedente. **ADI 2913/DF, rel. orig. Min. Carlos Velloso, red. p/ o acórdão Min. Cármen Lúcia, 20.5.2009. (ADI-2913)** (Inform. STF 547)

ADI E MINISTÉRIO PÚBLICO ESPECIAL JUNTO AOS TRIBUNAIS DE CONTAS

O Tribunal julgou procedente pedido formulado em ação direta proposta pelo Procurador-Geral da República para declarar a inconstitucionalidade do art. 137 da Constituição do Estado do Ceará que estabelece que a atividade do Ministério Público perante o Tribunal de Contas do Estado é exercida por Procurador de Justiça, designado pelo Procurador-Geral da Justiça. Preliminarmente, afastou-se a alegação de prejudicialidade deduzida pela Assembléia Legislativa do referido Estado-membro, em razão da perda superveniente do objeto da ação, em face da promulgação da Emenda Constitucional 54/2003, que deu nova redação ao art. 71 da Constituição estadual, uma vez que referida EC 41/2003 não teria derrogado a norma inscrita no dispositivo impugnado, único ato normativo questionado na presente ação. No mérito, na linha de diversos precedentes da Corte no sentido de que compete ao Ministério Público especial, e não ao Ministério Público comum, o exercício exclusivo das atribuições institucionais do *parquet* perante os Tribunais de Contas em geral, entendeu-se que o dispositivo em questão viola o art. 130 da CF (*"Art. 130. Aos membros do Ministério Público junto aos Tribunais de Contas aplicam-se as disposições desta seção pertinentes a direitos, vedações e forma de investidura."*). Precedentes citados: RTJ 176/540-541; RTJ 176/610-611; RTJ 184/924; ADI 263/RO (DJU de 22.6.90); ADI 1545/SE (DJU de 24.10.97); ADI 3192/ES (DJU de 18.8.2006); RTJ 194/504-505; ADI 2378/GO (DJU de 6.9.2007); ADI 1791/PE (DJU de 23.2.2001). ADI 3160/CE, rel. Min. Celso de Mello, 25.10.2007. (ADI-3160) (Inform. STF 485)

ORGANIZAÇÃO DO MINISTÉRIO PÚBLICO E VÍCIO FORMAL

Por vislumbrar aparente ofensa ao § 5º do art. 128 da CF (*"Leis complementares da União e dos Estados, cuja iniciativa é facultada aos respectivos Procuradores-Gerais, estabelecerão a organização, as atribuições e o estatuto de cada Ministério Público, observadas, relativamente a seus membros:..."*), o Tribunal deferiu medida cautelar em ação direta de inconstitucionalidade ajuizada pelo Procurador-Geral da República para suspender, até a decisão final da ação, a eficácia da Lei Complementar 99/2007, do Estado de Minas Gerais, que altera a Lei Complementar 34/94, que dispõe sobre a organização do Ministério Público estadual e dá ou-tras providências. Entendeu-se que a Assembléia Legislativa, em projeto de iniciativa do Procurador-Geral de Justiça do Estado de Minas Gerais, aprovou substitutivo que alterou, na substância, a proposição inicial, tratando, de forma autônoma, sobre temas diversificados. ADI 3946 MC/MG, rel. Min. Marco Aurélio, 12.9.2007. (ADI-3946) (Inform. STF 479)

LEGITIMIDADE. MP. EXECUÇÃO. DÉBITO. CERTIDÃO. TCE.

Ao prosseguir o julgamento, a Turma deu provimento ao recurso, afirmando que o Ministério Público estadual tem legitimidade para propor a execução de título extrajudicial oriundo de certidão de débito expedida pelo Tribunal de Contas estadual que apurou e constatou, em processo administrativo, irregularidades na remuneração de agentes públicos. Em razão disso, determinou que o presidente da Câmara de Vereadores restituísse os valores à municipalidade credora. Tal legitimação baseia-se na CF/1988: segundo o art. 129, III, é função institucional do MP a defesa do patrimônio público, e ainda, a legitimação ativa, todavia, pode ser justificada na Lei Orgânica do MP (Lei n. 8.625/1993), art. 25, VIII, que permite a ele ingressar em juízo, de ofício, para responsabilizar os gestores do dinheiro público condenados por tribunais e conselhos de contas. Entretanto, observa, em voto vista, o Min. Teori Albino Zavascki não ser fácil enquadrar a legitimidade do MP para esse tipo de cobrança em favor de uma entidade pública, uma vez que o art. 129, IX, da CF/1988 afirma que o MP não pode oficiar como representante da entidade pública. Dessa forma, explica que, como regra, o MP não tem legitimidade, mas a Lei Orgânica do MP permite isso. Assim, discussão normativa deve ser interpretada de acordo com a regra também constitucional de que o MP tem legitimidade para tutelar o patrimônio público. Daí ser necessário saber até que ponto o MP pode ajuizar ação como substituto processual na defesa do patrimônio público. Destaca que se tem admitido a legitimidade do MP em casos excepcionais, os quais fogem da ordinariedade da advocacia da entidade pública (que em geral defende o ente público). Aponta, no caso dos autos, que a excepcionalidade justifica-se porque se trata de uma imposição do TCE contra presidente da Câmara de Vereadores em função de uma atuação desta autoridade na condição de titular. Com essas observações, acolheu o voto do Min. Relator. Precedentes citados: REsp 996.031-MG, DJ 28/4/2008, e REsp 678.969-PB, DJ 13/2/2006. **REsp 922.702-MG, Rel. Min. Luiz Fux, julgado em 28/4/2009.** (Inform. STJ 392)

FÉRIAS. MP.

A Turma negou provimento ao recurso por entender que é legal o ato da Procuradoria-Geral de Justiça estadual que considerou não ser possível a acumulação de mais de dois meses de férias e cancelou os atos que deferiam o gozo de períodos excedentes a esses e determinou a permanência dos promotores de justiça em serviço no mês de setembro de 2003. A Lei Orgânica do Ministério Público disciplina que as férias dos membros do Ministério Público sejam iguais à dos magistrados, cabendo a cada lei orgânica estadual regular a concessão. Assim o Estado-membro aprovou a Lei Complementar n. 19/1994, que, em seu art. 168, dispõe de forma análoga ao art. 65, § 1º, da Lei Complementar n. 35/1979 (Lei Orgânica da Magistratura Nacional). O ato da referida Procuradoria-Geral de Justiça apenas aplicou a legislação cabível e corrigiu o vício de atos anteriores que deferiam fruição de férias atingidas pela caducidade. **RMS 20.361-PB, Rel. Min. Jane Silva (Desembargadora convocada do TJ-MG), julgado em 6/5/2008.** (Inform. STJ 354)

3. DEFENSORIA PÚBLICA

ADI E DEFENSORIA PÚBLICA ESTADUAL

O Tribunal julgou parcialmente procedente pedido formulado em ação direta ajuizada pelo Governador do Estado do Rio de Janeiro para declarar a inconstitucionalidade da alínea g do inciso I e da alínea a do inciso IV, ambas do art. 178 da Constituição estadual, que, prevêem, respectivamente, que o defensor público, após dois anos de exercício na função, não perderá o cargo senão por sentença judicial transitada em julgado, e ser prerrogativa daquele requisitar, administrativamente, de autoridade pública e dos seus agentes ou de entidade particular, certidões, exames, perícias, e outros documentos e providências necessários ao exercício de suas atribuições. Quanto à citada alínea g, considerou-se o advento da Emenda Constitucional 19/98, que ao alterar o art. 41 e respectivos parágrafos, passou a prever a estabilidade de servidores nomeados para cargo de provimento efetivo em virtude de concurso público somente após 3 anos de efetivo exercício, bem como a perda do cargo de servidor público estável tanto por sentença judicial transitada em julgado quanto mediante processo administrativo, assegurada a ampla defesa, e procedimento de avaliação periódica do desempenho, na forma de lei complementar, também garantida a ampla defesa. No que se refere à mencionada alínea a, entendeu-se que ela estaria conferindo ao defensor público prerrogativas que implicariam, além de interferência em outros poderes, prejuízo na paridade de armas que deve haver entre as partes. Julgou-se improcedente o pleito em relação às alíneas b e c do inciso IV do aludido art. 178, que dispõem que o defensor público pode *"comunicar-se pessoal e reservadamente com o preso"* e *"ter livre acesso e trânsito a estabelecimentos públicos e os destinados ao público no exercício de suas funções"*, garantias compatíveis com o disposto na Lei Complementar 80/94, bem como no Estatuto da Ordem dos Advogados do Brasil - EOAB. Declarou-se, ainda, prejudicado o pedido em relação à alínea f do inciso I, e ao inciso II, também do aludido art. 178, que tratam da aposentadoria dos membros da Defensoria Pública e da garantia da inamovibilidade. **ADI 230/RJ, rel. Min. Cármen Lúcia, 1º.2.2010. (ADI-230)** (Inform. STF 573)

ADI E VINCULAÇÃO DA DEFENSORIA PÚBLICA ESTADUAL À SECRETARIA DE JUSTIÇA

O Tribunal julgou procedente pedido formulado em ação direta ajuizada pelo Diretório Nacional do Partido Trabalhista Brasileiro - PTB para declarar a inconstitucionalidade da alínea c do inciso IV do art. 2º da Lei 12.775/2005, do Estado de Pernambuco, que vincula a Defensoria Pública Estadual à Secretaria de Justiça e Direitos Humanos - SEJUDH que cria. Entendeu-se que o dispositivo impugnado viola o § 2º do art. 134 da CF, incluído pela EC 45/2004, que assegura às Defensorias Públicas Estaduais autonomia funcional e administrativa e a iniciativa de sua proposta orçamentária. Asseverou-se que a EC 45/2004 não conferiu à Defensoria Pública a iniciativa legislativa para criação de cargos, outorgada ao Ministério Público, continuando ela vinculada, no ponto, ao Poder Executivo estadual (CF, art. 61, §1º). Ressaltou-se, entretanto, que, no caso, a vinculação da Defensoria Pública à Secretaria de Justiça submete a primeira à tutela do Secretário de Estado, que sobre ela deterá poder de controle de legalidade, que é incompatível com o vigente *status* constitucional da Defensoria Pública. Além disso, afastou-se a alegação de que a ação seria desprovida de utilidade, em razão de o dispositivo impugnado repetir orientação prévia fixada pelo art. 2º da Lei Complementar estadual 20/98, a qual, por não ter sido objeto de impugnação, subsistiria ainda que declarada a inconstitucionalidade do dispositivo questionado. Aduziu-se que, quando da sanção da

Lei 12.755/2005, o art. 2º da Lei Complementar 20/98 já estava revogado, por não estar em harmonia com o texto constitucional modificado. A Min. Cármen Lúcia ressalvou que a vinculação, por si só, não acarretaria a quebra da autonomia, mas tendo em conta o que foi dito na ação com relação à tutela, acompanhou o relator. ADI 3569/PE, rel. Min. Sepúlveda Pertence, 2.4.2007. (ADI-3569) (Inform. STF 462)

DEFENSORIA PÚBLICA. EXECUÇÃO. HONORÁRIOS ADVOCATÍCIOS.
No REsp, a Defensoria Pública do Estado de Mato Grosso do Sul aponta, além de divergência jurisprudencial, contrariedade aos arts. 3º, 7º e 12 do CPC; arts. 3º, § 1º, e 22 da Lei n. 8.906/1994 e art. 205 da Lei Orgânica da Defensoria Pública daquele estado (com a redação dada pela LC estadual n. 94/2001). Defende, ainda, devido às citadas legislações, que possui autonomia e personalidade jurídica por extensão do estado, bem como afirma ter legitimidade para pleitear a execução de honorários advocatícios aos quais a autarquia municipal recorrida foi condenada. É cediço que a Corte Especial, em recurso repetitivo, decidiu que não são devidos honorários advocatícios à Defensoria Pública quando ela atua contra a pessoa jurídica de direito público da qual é parte integrante. Desse entendimento, inclusive, adveio a aprovação da Súm. n. 421-STJ no mesmo sentido. Entretanto, explica o Min. Relator, que se reconhece o direito ao recebimento dos honorários advocatícios se a atuação dá-se em face de ente federativo diverso, por exemplo: quando a Defensoria Pública estadual atua contra município. Explica que, no caso dos autos, a LC estadual n. 111/2005, ao revogar as LCs ns. 51/1990 e 94/2001 e organizar a Defensoria Pública do Estado de Mato Grosso do Sul, manteve, no inciso XXI do art. 34, a competência dos defensores públicos para requerer o arbitramento e o recolhimento de honorários em favor da Defensoria Pública. Assim, de acordo com as legislações estaduais citadas e em conformidade com a orientação jurisprudencial predominante na Primeira Turma deste Superior Tribunal, a Defensoria Pública do Estado de Mato Grosso do Sul detém legitimidade para propor a ação de execução dos honorários advocatícios a ela devidos pela Fazenda Pública municipal. Precedentes citados: REsp 1.108.013-RJ, DJe 22/6/2009, e REsp 1.052.920-MS, DJe 26/6/2008. **REsp 1.183.771-MS, Rel. Min. Mauro Campbell Marques, julgado em 26/10/2010**. (Inform. STJ 453)

4. ADVOCACIA-GERAL DA UNIÃO E PROCURADORIAS DE ESTADO

ADI E PROCURADORIA GERAL DO ESTADO DE MATO GROSSO - 2
No que se refere ao art. 110, parágrafo único, que estabelece como princípios institucionais da Procuradoria-Geral do Estado a unidade, a indivisibilidade, a autonomia funcional e a administrativa, apontou-se afronta ao disposto no art. 127, §§ 1º e 2º, da CF, já que a norma estadual estaria a repetir normas federais aplicáveis ao Ministério Público e à Defensoria Pública, não obstante as atribuições dos Procuradores do Estado não guardarem pertinência com as dos membros daquelas instituições, que têm deveres e atribuições próprios, inconfundíveis com as de agentes sujeitos ao princípio hierárquico. Quanto ao art. 111, que confere faculdade de iniciativa legislativa ao Procurador-Geral do Estado no que tange à organização e ao funcionamento da Procuradoria Geral do Estado, vislumbrou-se afronta aos artigos 131 e 132 da CF. Em relação ao § 2º do art. 111, que prevê que o Governador do Estado nomeará o Procurador-Geral do Estado, e que este será escolhido dentre os integrantes da carreira de Procurador, por meio de lista tríplice elaborada pelo Colégio de Procuradores, também reconheceu-se desrespeito aos artigos 131 e 132 da CF, por caber ao Governador do Estado, na linha de recente precedente do Tribunal (ADI 2682/AP, DJE de 19.6.2009), escolher e nomear para o cargo em comissão de Procurador-Geral do Estado aquele que, no seu entender, melhor desempenhará essa função. No que tange aos incisos II e IV e ao parágrafo único do art. 112, que, respectivamente, elencam funções institucionais da Procuradoria Geral do Estado e conferem independência aos seus integrantes no exercício de suas atribuições, verificou-se ofensa ao art. 132, da CF, haja vista terem sido estabelecidas outras funções além das contidas no texto federal, extrapolando-se, ademais, as prerrogativas taxativamente nele estipuladas. Por fim, quanto ao inciso II do art. 113, que assegura aos Procuradores do Estado a inamovibilidade, salvo por motivo de interesse público, mediante decisão do Colégio de Procuradores, concluiu-se que a garantia em questão extrapolaria os limites constitucionais, já que somente conferida aos magistrados e aos membros do Ministério Público e da Defensoria Pública (CF, artigos 93, VIII; 95, II; 128, § 5º, b; 134, parágrafo único). Vencido, em parte, o Min. Dias Toffoli, que diverge apenas quanto ao parágrafo único do art. 110, e a Min. Cármen Lúcia, que diverge quanto ao parágrafo único do art. 110 e quanto à parte final da expressão contida no § 2º do art. 111, todos dispositivos da Constituição estadual. **ADI 291/MT, rel. Min. Joaquim Barbosa, 7.4.2010. (ADI-291)** (Inform. STF 581)

PROCURADORES ESTADUAIS E OPÇÃO PELO CARGO DE DEFENSOR PÚBLICO
O Tribunal julgou improcedente pedido formulado em ação direta ajuizada pelo Procurador-Geral da República para declarar a inconstitucionalidade do art. 11 do Ato das Disposições Transitórias da Constituição do Estado de São Paulo e do *caput*, incisos e § 3º do art. 3º e do § 1º do art. 4º das Disposições Transitórias da Lei Complementar 988/2006, do mesmo Estado-membro, que facultam aos Procuradores estaduais, no prazo de 60 dias da promulgação da Lei Orgânica da Defensoria Pública, optarem pela permanência no quadro da Procuradoria-Geral do referido Estado-membro, ou na carreira de Defensor Público, garantidas as vantagens, os níveis e as proibições. Entendeu-se que as normas impugnadas seriam harmônicas com a Constituição Federal, haja vista que os Procuradores do Estado de São Paulo, aos quais viabilizada a opção pela carreira de Defensor Público, teriam ingressado na Administração Pública mediante concurso de provas e títulos. Além disso, asseverou-se que a Lei Complementar estadual 478/86 teria previsto as atribuições próprias ao cargo de Procurador do Estado, estabelecendo a divisão da Procuradoria em três áreas de atuação: o Contencioso Geral, a Consultoria Geral e a Assistência Judiciária. Assim, os candidatos ao cargo de Procurador estadual, aos quais facultada a opção, teriam feito concurso para prestar serviços nessas diversas áreas, entre elas a de prestar assistência judiciária aos menos favorecidos. Tendo isso em conta, ressaltou-se que o Supremo, da mesma forma como admitira a junção de carreiras (ADI 1591/RS, DJU de 30.6.2000), haveria de admitir situação inversa, em que observada simplesmente a cisão de carreira que se mostrava única e que, até o surgimento da Defensoria Pública, viera a ser preservada quanto ao Contencioso Geral e à Consultoria Geral. ADI 3720/SP, rel. Min. Marco Aurélio, 31.10.2007. (ADI-3720) (Inform. STF 486)

ESTÁGIO PROBATÓRIO. ALTERAÇÃO. PRAZO.
Em mandado de segurança, discute-se o prazo a ser considerado para inclusão de procurador federal em listas de promoção e progressão na carreira: se o prazo para o estágio probatório de dois anos nos termos do art. 20 da Lei n. 8.112/1990 – reproduzido no art. 22 da LC n. 73/1993 (Lei Orgânica da Advocacia-Geral da União) e em outros estatutos de servidores públicos – ou o prazo de aquisição de estabilidade no serviço público, de três anos, conforme disposto no art. 41 da CF/1988 (com a redação dada pela EC n. 19/1998). Para o Min. Relator, o prazo de estágio probatório dos servidores públicos deve observar a alteração promovida pela EC n. 19/1998, que aumentou para três anos o prazo para aquisição da estabilidade no serviço público, visto que, apesar de esses institutos jurídicos (estágio probatório e estabilidade) serem distintos entre si, de fato, não há como dissociá-los, ambos estão pragmaticamente ligados. Observa que a finalidade do estágio é fornecer subsídios para a estabilização ou não do servidor público. Assim, não faz sentido que o servidor público seja considerado apto para o cargo num estágio probatório de dois anos e apenas, após três anos do efetivo exercício vir a ser estabilizado no mesmo cargo. Destaca que segundo a doutrina quando a EC n. 19/1998 diz que os servidores são estáveis após três anos, esse prazo só pode ser de estágio probatório. Ademais, no antigo entendimento, haveria também a circunstância de que, a partir do segundo ano, o servidor perderia o direito à recondução (art. 29, I, da Lei n. 8.112/1990). Sendo assim, o estágio probatório é o período compreendido entre o início do exercício do cargo e a aquisição de estabilidade no serviço público, que se dá após três anos. Aponta ser também essa a opinião do STF, que considerou ser a nova ordem constitucional do citado art. 41 imediatamente aplicável. Ressalta que havendo autorização legal, o servidor público pode avançar na carreira independentemente de se encontrar em estágio probatório. No caso dos autos, há a Portaria n. 468/2005 da Procuradoria-Geral Federal que restringiu a elaboração e edição de listas de promoção e progressão aos procuradores federais que houvessem findado o estágio probatório entre 1º de julho de 2000 a 30 de junho de 2002. De modo que, no momento da elaboração das listas, como o impetrante não concluiu o requisito no lapso temporal do efetivo exercício para conclusão do período do estado probatório, não pode figurar nas listas de promoção e progressão funcional. Com esse entendimento, a Seção mudou seu posicionamento quanto ao estágio probatório e denegou o MS. **MS 12.523-DF, Rel. Min. Felix Fischer, julgado em 22/4/2009.** (Inform. STJ 391)

29. DIREITO PENAL MILITAR

JUSTIÇA MILITAR E CAUSA INTERRUPTIVA DA PRESCRIÇÃO

Ante o princípio da especialidade, não é possível estender-se à disciplina militar o disposto no inciso IV do art. 117 do CP (*"Art. 117 - O curso da prescrição interrompe-se: ... IV - pela publicação da sentença ou acórdão condenatórios recorríveis"*) para considerar, em prejuízo do réu, como marco interruptivo, acórdão que lhe majore a pena imposta. Essa a conclusão da 1ª Turma ao conceder *habeas corpus* para declarar extinta a punibilidade do paciente. Assentou-se que, em matéria castrense, o acórdão não interromperia a prescrição, somente a sentença (CPM: *"Art. 125. ... § 5º O curso da prescrição da ação penal interrompe-se: ... II - pela sentença condenatória recorrível"*). Observou-se a pena concretizada e o tempo transcorrido entre a publicação da sentença condenatória e a data do trânsito em julgado da apelação perante o STM, para se reputar consumada a prescrição intercorrente da pretensão punitiva do Estado. O Min. Luiz Fux enfatizou que a criação por analogia de causa interruptiva de prescrição no campo do direito penal seria *in malam partem*.HC 111653/SP, rel. Min. Dias Toffoli, 6.11.2012. (HC-111653) (Inform. STF 687)

DESERÇÃO E CRIME PERMANENTE

A natureza do crime de deserção, previsto no art. 187 do CPM, é permanente e o marco prescricional inicia-se com a cessação da referida permanência, ou seja, com a captura ou a apresentação voluntária do militar. Com base nesse entendimento, a 2ª Turma denegou *habeas corpus* em que se pleiteava o reconhecimento da prescrição por possuir o paciente menos de 21 anos quando se afastara das fileiras do Exército. Consignou-se que o réu teria mais de 21 anos quando se apresentara ao batalhão e, portanto, não haveria direito à redução do prazo prescricional do art. 129 do CPM (*"São reduzidos de metade os prazos da prescrição, quando o criminoso era, ao tempo do crime, menor de vinte e um anos ou maior de setenta"*). HC 112511/PE, rel. Min. Ricardo Lewandowski, 2.10.2012. (HC-112511) (Inform. STF 682)

PRINCÍPIO DA INSIGNIFICÂNCIA E MILITAR DA RESERVA

A 1ª Turma denegou *habeas corpus* em que pleiteada a aplicação do princípio da insignificância em favor de policial militar da reserva acusado de utilizar documento falso — passe livre conferido àqueles da ativa — para obter passagem de ônibus intermunicipal sem efetuar pagamento do preço. Explicitou-se que, embora o valor do bilhete fosse apenas de R$ 48,00, seria inaplicável o referido postulado. Asseverou-se que a conduta revestir-se-ia de elevada reprovabilidade, porquanto envolveria policial militar. HC 108884/RS, rel. Min. Rosa Weber, 12.6.2012. (HC-108884) (Inform. STF 670)

COLA DE SAPATEIRO E CRIME MILITAR

A 1ª Turma negou provimento a recurso ordinário em *habeas corpus* no qual se pretendia trancar ação penal sob a alegação de que a Lei 11.343/2006 não classificaria a cola de sapateiro como entorpecente. No caso, o recorrente, militar preso em flagrante no interior de estabelecimento sujeito à administração castrense, fora surpreendido, sem apresentar capacidade de autodeterminação, inalando substância que, conforme perícia, conteria tolueno, solvente orgânico volátil, principal componente da cola de sapateiro. Reputou-se que deveria ser observada a regência especial da matéria e, portanto, descaberia ter presente a Lei 11.343/2006, no que preceituaria, em seus artigos 1º e 66, a necessidade de a substância entorpecente estar especificada em lei. Incidiria, assim, o disposto no art. 290 do CPM (*"Receber, preparar, produzir, vender, fornecer, ainda que gratuitamente, ter em depósito, transportar, trazer consigo, ainda que para uso próprio, guardar, ministrar ou entregar de qualquer forma a consumo substância entorpecente, ou que determine dependência física ou psíquica, em lugar sujeito à administração militar, sem autorização ou em desacordo com determinação legal ou regulamentar"*). RHC 98323/MG, rel. Min. Marco Aurélio, 6.3.2012. (RHC-98323) (Inform. STF 657)

CRIME MILITAR E TERMO INICIAL PARA O CÔMPUTO DA PRESCRIÇÃO

O art. 112, I, do CP (*"No caso do art. 110 deste Código, a prescrição começa a correr: I - do dia em que transita em julgado a sentença condenatória, para a acusação, ou a que revoga a suspensão condicional da pena ou o livramento condicional"*) não é aplicável aos crimes militares para cômputo do termo inicial da prescrição. Com base nesse entendimento, a 2ª Turma indeferiu *habeas corpus* em que se pleiteava o reconhecimento de prescrição da pretensão executória do Estado. Enfatizou-se a necessidade de se observar o art. 126, § 1º, a, do CPM [*"Começa a correr a prescrição: a) do dia em que passa em julgado a sentença condenatória ou a que revoga a suspensão condicional da pena ou o livramento condicional"*] norma especial e específica sobre o tema. HC 108977/AM, rel. Min. Ayres Britto, 7.2.2012. (HC-108977) (Inform. STF 654)

SEGUNDO DELITO DE DESERÇÃO E PRESCRIÇÃO

A prática de segundo crime de deserção não suspende nem interrompe o prazo prescricional quanto à ação penal movida em decorrência de anterior delito militar de deserção. Com esse entendimento, a 2ª Turma deferiu *habeas corpus* impetrado em favor de militar condenado como incurso no art. 187 do CPM (*"Ausentar-se o militar, sem licença, da unidade em que serve, ou do lugar em que deve permanecer, por mais de oito dias: Pena - detenção, de seis meses a dois anos; se oficial, a pena é agravada"*). Restabeleceu-se o julgado que declarara extinta a punibilidade do paciente pela prescrição da pretensão punitiva, nos termos do art. 123, IV (*"Art. 123. Extingue-se a punibilidade: ... IV - em doze anos, se o máximo da pena é superior a quatro e não excede a oito"*) e do art. 125, VI, (*"Art. 125. A prescrição da ação penal, salvo o disposto no § 1º dêste artigo, regula-se pelo máximo da pena privativa de liberdade cominada ao crime, verificando-se: ... VI - em quatro anos, se o máximo da pena é igual a um ano ou, sendo superior, não excede a dois"*), ambos do CPM. Precedentes citados: HC 79432/PR (DJU de 15.10.99); HC 106545/RJ (DJe de 12.4.2011); HC 100802/RJ (DJe de 7.6.2011). HC 102008/RJ, rel. Min. Ayres Britto, 13.12.2011. (HC-102008) (Inform. STF 652)

HC N. 94.685-CE

RELATORA: MIN. ELLEN GRACIE

DIREITO PENAL MILITAR. *HABEAS CORPUS*. ART. 290, CPM. SUPERVENIÊNCIA DA LEI 11.343/06. PRINCÍPIO DA INSIGNIFICÂNCIA. IRRELEVÂNCIA. ART. 2, § 1°, LICC. NORMA ESPECIAL E NORMA GERAL. PRESCRIÇÃO. ORDEM CONCEDIDA DE OFÍCIO.

1. Habeas corpus impetrado contra ato do Superior Tribunal Militar que, no julgamento de embargos infringentes, manteve a condenação do paciente pela prática do crime previsto no art. 290, do Código Penal Militar.

2. Tratamento legal acerca da posse e uso de substância entorpecente no âmbito dos crimes militares não se confunde com aquele dado pela Lei n° 11.343/06, como já ocorria no período anterior, ainda na vigência da Lei n° 6.368/76.

3. Direito Penal Militar pode albergar determinados bens jurídicos que não se confundem com aqueles do Direito Penal Comum.

4. Bem jurídico penal-militar tutelado no art. 290, do CPM, não se restringe à saúde do próprio militar, flagrado com determinada quantidade de substância entorpecente, mas sim a tutela da regularidade das instituições militares.

5. Art. 40, III, da Lei n° 11.343/06, não altera a previsão contida no art. 290, CPM.

6. Art. 2°, § 1°, LICC: não incide qualquer uma das hipóteses à situação em tela, eis que o art. 290, do CPM, é norma especial e, portanto, não foi alterado pelo advento da Lei n° 11.343/06.

7. Inaplicabilidade do princípio da insignificância em relação às hipóteses amoldadas no art. 290, CPM.

8. Habeas corpus denegado. (Inform. STF 623) *noticiado no Informativo 608

HC N. 98.447-RS
RELATORA: MIN. ELLEN GRACIE

DIREITO PENAL MILITAR. *HABEAS CORPUS*. ART. 290, CPM. SUPERVENIÊNCIA DA LEI 11.343/06. PRINCÍPIO DA INSIGNIFICÂNCIA. ORDEM DENEGADA.

1. *Habeas corpus* impetrado contra ato do Superior Tribunal Militar que, no julgamento de embargos infringentes, manteve a condenação do paciente pela prática do crime previsto no art. 290, do Código Penal Militar.

2. Tratamento legal acerca da posse e uso de substância entorpecente no âmbito dos crimes militares não se confunde com aquele dado pela Lei n° 11.343/06, como já ocorria no período anterior, ainda na vigência da Lei n° 6.368/76.

3. Direito Penal Militar pode albergar determinados bens jurídicos que não se confundem com aqueles do Direito Penal Comum.

4. Bem jurídico penal-militar tutelado no art. 290, do CPM, não se restringe à saúde do próprio militar, flagrado com determinada quantidade de substância entorpecente, mas sim a tutela da regularidade das instituições militares.

5. Art. 40, III, da Lei n° 11.343/06, não altera a previsão contida no art. 290, CPM.

6. Inaplicabilidade do princípio da insignificância em relação às hipóteses amoldadas no art. 290, CPM.

7. *Habeas corpus* denegado. (Inform. STF 614)

30. DIREITO PROCESSUAL PENAL MILITAR

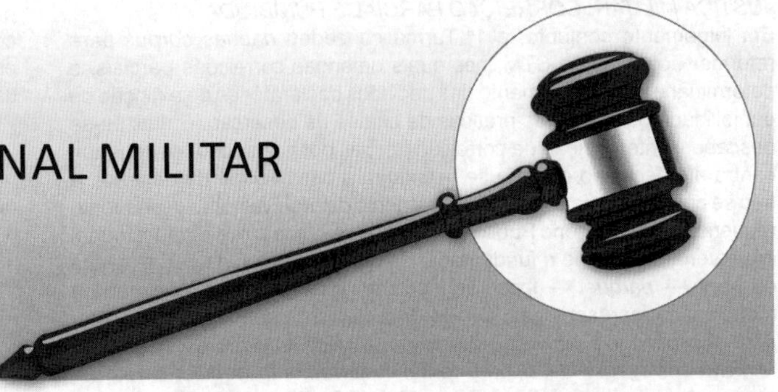

CORRUPÇÃO ATIVA DE CIVIL CONTRA MILITAR E COMPETÊNCIA

Compete à justiça castrense processar e julgar civil denunciado pela suposta prática de crime de corrupção ativa (CPM, art. 309) perpetrado contra militar em ambiente sujeito à administração castrense. Com base nesse entendimento, a 2ª Turma, por maioria, denegou *habeas corpus* em que sustentada competência da justiça comum. Reputou-se que a conduta de pagar vantagem indevida a agente militar para obter documento falso, expedido para série de atividades profissionais e de lazer em âmbito de transporte fluvial e marítimo seria apta a afetar a ordem administrativa militar, suficiente a atrair a autoridade daquela justiça especializada (CPM, art. 9º, III, a e CF, art. 124). Vencido o Min. Celso de Mello, que concedia a ordem para que o paciente fosse processado e julgado pela justiça federal comum. Destacava que os bens, os interesses e os serviços da União estariam diretamente afetados, a ensejar a incompetência da justiça castrense. Obtemperava que o delito cometido por civil, em tempo de paz, sem abalo das instituições militares ou comprometimento das seguranças interna ou externa do país, deveria ser submetido ao Poder Judiciário comum, sob pena de transgressão à Convenção Americana de Direitos Humanos, de que o Brasil seria signatário. **HC 113950/CE, rel. Min. Ricardo Lewandoski, 27.11.2012. (HC-113950) (Inform. STF 690)**

CRIME PRATICADO POR MILITAR E COMPETÊNCIA

Compete à justiça castrense processar e julgar militar condenado pela prática de crime de estelionato (CPM, art. 251) perpetrado contra civil em ambiente sujeito à administração militar. Com base nesse entendimento, a 1ª Turma denegou *habeas corpus* em que sustentada a competência da justiça comum. Reputou-se que a conduta de empregar nota de empenho falsa em nome da Marinha seria apta a causar dano, ainda que indireto, à credibilidade e à imagem das Forças Armadas, suficiente a atrair a competência da justiça militar. **HC 113177/RJ, rel. Min. Rosa Weber, 13.11.2012. (HC-113177) (Inform. STF 688)**

JUSTIÇA MILITAR E CORREIÇÃO PARCIAL - 1

A 2ª Turma iniciou julgamento de *habeas corpus* impetrado contra decisão do STM que rejeitara preliminar de não conhecimento de pedido de correição parcial e, no mérito, deferira o pleito de juiz-auditor corregedor para desconstituir decisão de primeira instância, que arquivara inquérito, e determinar a remessa deste à Procuradora-Geral da Justiça Militar. Na espécie, fora encontrada cerca de 1g de maconha na posse do paciente, preso em local sujeito à Administração castrense. O juiz-auditor determinara, a pedido do *parquet* militar, o arquivamento do inquérito, cuja decisão transitara em julgado. Na sequência, houvera a representação do corregedor perante o STM para o desarquivamento do feito. A Min. Cármen Lúcia, relatora, denegou o *writ*. Assentou a tempestividade da correição parcial, que teria sido apresentada no prazo de 5 dias, uma vez que a conclusão dos autos arquivados ao juiz corregedor ocorrera em 7.10.2011 (sexta-feira) e a representação fora protocolizada no STM em 13.10.2011, depois do feriado do dia 12. Mencionou que o STF já assentara que o prazo para correição parcial seria de 5 dias entre a conclusão ao juiz-auditor dos autos do inquérito arquivado e o protocolo no STM. Ademais, reportou-se às informações prestadas pelo corregedor a corroborar a tempestividade, esclarecendo estar comprovada mesmo sem ter-se em conta a Emenda Regimental 19, de 22.6.2011, que dera nova redação ao art. 152 do RISTM. **HC 112977/RJ, rel. Min. Cármen Lúcia, 13.11.2012. (HC-112977)**

JUSTIÇA MILITAR E CORREIÇÃO PARCIAL - 2

Quanto à assertiva de que a correição parcial constituiria ato de promoção de ação penal pública e que o órgão do Poder Judiciário teria atuado como parte, em substituição ao Ministério Público militar, entendeu não haver constrangimento ilegal. Assinalou que a legislação processual penal castrense estabeleceria expressamente a respeito [CPPM: "*Art. 498. O Superior Tribunal Militar poderá proceder à correição parcial: ... b) mediante representação do Ministro Corregedor-Geral, para corrigir arquivamento irregular em inquérito ou processo. ... 2º O Regimento do Superior Tribunal Militar disporá a respeito do processo e julgamento da correição parcial*"] e que o Supremo sempre reputara como válida a competência daquele magistrado para promover, por representação, a correição parcial no STM. Além disso, consignou que esta Corte afirmara a compatibilidade do referido preceito com o art. 129, I, da CF ("*Art. 129. São funções institucionais do Ministério Público: I - promover, privativamente, a ação penal pública, na forma da lei*"). Alfim, refutou alegação de que a defesa não tivera oportunidade de se manifestar, por escrito, quanto à correição. Anotou que a defensoria ter-se-ia dado por ciente daquela representação em 21.11.2011. Após, pediu vista o Min. Gilmar Mendes. **HC 112977/RJ, rel. Min. Cármen Lúcia, 13.11.2012. (HC-112977) (Inform. STF 688)**

JUSTIÇA MILITAR E ATO LIBIDINOSO - 1

A 2ª Turma denegou *habeas corpus* impetrado em favor de militar — condenado pela prática de ato libidinoso — no qual discutidas questões sobre: a) extinção de punibilidade; b) decadência, em face de não representação de vítima em crime sexual; c) anulação de julgamento e de condenação pelo STM, ante suposto uso indevido de prova emprestada e insuficiência de acervo probatório; e d) suspensão condicional da pena. De início, assinalou-se não haver qualquer vício pela ausência de representação da vítima, uma vez que — conquanto o CPM e o CPPM fossem silentes acerca da matéria — o instituto seria incompatível com a natureza da ação penal militar, em regra, pública, com exceção das hipóteses previstas no art. 122 do CPM ("*Nos crimes previstos nos arts. 136 a 141, a ação penal, quando o agente for militar ou assemelhado, depende da requisição do Ministério Militar a que aquêle estiver subordinado; no caso do art. 141, quando o agente fôr civil e não houver co-autor militar, a requisição será do Ministério da Justiça*"). Em seguida, assentou-se não prosperar o pedido de reconhecimento de prescrição da pretensão punitiva, haja vista que, embora o CPM fizesse referência somente à sentença penal, o acórdão condenatório que reformasse sentença absolutória também teria o condão de interromper lapso prescricional. HC 109390/MS, rel. Min. Gilmar Mendes, 18.9.2012. (HC-109390)

JUSTIÇA MILITAR E ATO LIBIDINOSO - 2

Relativamente ao argumento da defesa de utilização indevida e insuficiência de provas, registrou-se que, nos crimes contra os costumes, o depoimento da vítima ganharia relevo. Dessa forma, por se tratar de delito praticado sem testemunhas oculares, a narrativa firme e harmônica da vítima possuiria significativo valor probatório. Ademais, sublinhou-se que a imputação não se detivera exclusivamente na manifestação de ofendido, mas na conjugação de suas declarações com os depoimentos colhidos sob o crivo do contraditório. Cuidar-se-ia, portanto, de prova regularmente produzida em juízo. Acrescentou-se que as testemunhas, cujos depoimentos seriam atacados, não foram tempestivamente contraditadas, consoante destacado no acórdão do STM. No que diz respeito ao pleito de suspensão condicional da pena, aludiu-se à orientação do STF, em situação análoga, no sentido de inexistir incompatibilidade entre o art. 5º, XLVI, da CF e o art. 88, II, a, do CPM. Este último vedaria a concessão do mencionado *sursis* a condenados por delitos nele especificados, incluída a conduta atribuída ao paciente. Alfim, não se identificou, no caso, qualquer ilegalidade à constrição do direito de ir e vir. HC 109390/MS, rel. Min. Gilmar Mendes, 18.9.2012. (HC-109390) (Inform. STF 680)

JUSTIÇA MILITAR: CORREIÇÃO PARCIAL E PUNIBILIDADE

Em julgamento conjunto, a 1ª Turma concedeu *habeas corpus* para reformar acórdãos do STM, nos quais deferidas correições parciais, e determinar o restabelecimento das decisões declaratórias de extinção de punibilidade por supostas práticas de crimes de deserção. Enfatizou-se descaber a interposição de correição parcial, por juiz-auditor corregedor, contra ato decisório em que se extinguira a punibilidade de desertor, a não se confundir com o simples deferimento de arquivamento de inquérito requerido pelo Ministério Público. Registrou-se que a coisa julgada, formal ou material, conforme o fundamento da decisão, impediria que a inércia da parte — *parquet* — fosse suprida por órgão judiciário legitimado à mencionada representação [CPPM: "*Art 498. O Superior Tribunal Militar poderá proceder à correição parcial: ... b) mediante representação do Ministro Corregedor-Geral, para corrigir arquivamento irregular em inquérito ou processo*"].HC 112148/RS e HC 113036/PR, rel. Min. Dias Toffoli, 11.9.2012. (HC-112148) (Inform. STF 679)

JUSTIÇA MILITAR: CIVIL E USO DE DOCUMENTO FALSO

A 1ª Turma denegou *habeas corpus* impetrado em favor de civil, no qual alegada a incompetência da justiça militar que o condenara pela prática de uso de documento falso (CPM, art. 315). Esclareceu-se, preliminarmente, que não se cuidaria de utilização de carteira de arrais-amador, cujo julgamento seria da justiça federal. Observou-se que o paciente pretendera obter averbação em cadastro naval de habilitações específicas de aquaviário — mediante a apresentação de certificados falsos de cursos por ele não realizados —, para obter ascensão de categoria, a fim de pilotar embarcações maiores. Asseverou-se que, na espécie, servir-se de documento falso visaria lesionar de forma direta a própria lisura dos cadastros sob a Administração castrense. Por fim, consignou-se a competência da justiça militar. Cassada a liminar anteriormente deferida. HC 113477/CE, rel. Min. Dias Toffoli, 11.9.2012. (HC-113477) (Inform. STF 679)

FALSIFICAÇÃO DOCUMENTAL E INCOMPETÊNCIA DA JUSTIÇA MILITAR

A justiça castrense é incompetente para processar e julgar militar reformado acusado pela suposta prática dos crimes de falsificação e uso de documentos falsos em face da Caixa Econômica Federal. Com base nessa orientação, a 2ª Turma concedeu *habeas corpus* para determinar a extinção de procedimento penal instaurado contra o paciente perante a justiça militar. Asseverou-se que o delito praticado contra aquela instituição financeira não ofenderia as organizações militares e, portanto, competente a justiça federal. Determinou-se a invalidação de todos os atos processuais, desde a denúncia, inclusive, por incompetência absoluta daquela justiça especializada.HC 106683/RS, rel. Min. Celso de Mello, 12.6.2012. (HC-106683) (Inform. STF 670)

ART. 453 DO CPPM E DESERÇÃO

A justiça militar deve justificar, em cada situação, a imprescindibilidade da adoção de medida constritiva do *status libertatis* do indiciado ou do réu, sob pena de caracterização de ilegalidade ou de abuso de poder na decretação de prisão meramente processual. Com base nesse entendimento, a 2ª Turma proveu recurso ordinário em *habeas corpus* para assegurar a processado pela suposta prática do crime de deserção o direito de não ser preso, cautelarmente, em decorrência apenas de invocação do art. 453 do CPPM ("*O desertor que não for julgado dentro de sessenta dias, a contar do dia de sua apresentação voluntária ou captura, será posto em liberdade, salvo se tiver dado causa ao retardamento do processo*"), garantindo-se-lhe, em consequência, até o trânsito em julgado de eventual condenação e se outro motivo não existir, o direito de aguardar em liberdade a conclusão do procedimento penal. Inicialmente, acentuou-se que a matéria envolveria posição do STM no sentido de não ser possível a concessão de liberdade provisória a preso por deserção antes de decorrido o prazo previsto no mencionado dispositivo. Em seguida, salientou-se que a Corte castrense limitara-se, ao fundamentar sua decisão, a referir-se às palavras da lei. Desse modo, sublinhou-se que lhe impenderia indicar razões concretas a demonstrar a excepcional necessidade de adoção dessa medida. Reportou-se, no ponto, à jurisprudência da Turma segundo a qual a decretação da custódia cautelar deveria, inclusive na justiça militar, atender aos requisitos previstos para a prisão preventiva (CPP, art. 312). Precedente citado: HC 89645/PA, DJe de 28.9.2007. RHC 105776/PA, rel. Min. Celso de Mello, 22.5.2012. (RHC-105776) (Inform. STF 667)

COMPETÊNCIA E LUGAR SUJEITO À ADMINISTRAÇÃO MILITAR - 1

Ao reafirmar entendimento no sentido de que a condição de militar da ativa não seria suficiente, por si só, para atrair a excepcional competência da justiça castrense, a 2ª Turma, por maioria, deferiu *habeas corpus* para invalidar ação penal instaurada em desfavor de sargento da Marinha perante a justiça militar da União, desde a denúncia, inclusive. No caso, o paciente fora condenado por crime de atentado violento ao pudor praticado contra menor de catorze anos (CPM, art. 233 c/c o art. 236, I), conduta esta perpetrada em complexo naval onde o militar ministrava aulas de karatê para garotos. Ressaltou-se, de início, que do art. 9º, II, b, do CPM ["*Consideram-se crimes militares, em tempo de paz: ... II - os crimes previstos neste Código, embora também o sejam com igual definição na lei penal comum, quando praticados: ... b) por militar em situação de atividade ou assemelhado, em lugar sujeito à administração militar, contra militar da reserva, ou reformado, ou assemelhado, ou civil*"], poder-se-ia depreender a predominância do critério do lugar do crime (*ratione loci*). Consignou-se, entretanto, a dificuldade em se definir os contornos do que poderia ser considerado "*lugar sujeito à administração militar*".HC 95471/MS, rel. Min. Gilmar Mendes, 15.5.2012. (HC-95471)

COMPETÊNCIA E LUGAR SUJEITO À ADMINISTRAÇÃO MILITAR - 2

Observou-se que o local em que supostamente cometido o delito seria uma associação civil de direito privado e que o fato teria ocorrido no exercício de atividade estranha à função militar, a afastar a configuração de crime dessa espécie. Asseverou-se que a simples circunstância de a Marinha haver disponibilizado instalações para a referida entidade não transformaria esta em "*lugar sujeito à administração militar*". Ademais, destacou-se que a competência da justiça castrense não poderia ser ampliada indevidamente, a ponto de equiparar-se clube social a organização militar. Assinalou-se que por mais grave que tivesse sido a eventual prática criminosa, ela não teria reflexo na ordem e na disciplina militares, cuja tutela seria a razão maior de ser dessa justiça. Por fim, ressalvou-se a possibilidade de renovação da *persecutio criminis* perante o órgão competente da justiça comum, desde que ainda não consumada a prescrição da pretensão punitiva do Estado. Vencido o Min. Ricardo Lewandowski, que indeferia a ordem ao fundamento de tratar-se de crime militar, porque executado por militar, em dependência de igual natureza, em entidade que congregaria militares e seus familiares, contra menor, filho de militar subordinado ao paciente. HC 95471/MS, rel. Min. Gilmar Mendes, 15.5.2012. (HC-95471) (Inform. STF 666)

DESERÇÃO E CONDIÇÃO DE MILITAR

A 1ª Turma iniciou julgamento de agravo regimental em *habeas corpus* interposto de decisão monocrática da Min. Ellen Gracie, que negara seguimento a *writ*, do qual então relatora, ao fundamento que o paciente estaria a reiterar matéria objeto de idêntica medida julgada pela 2ª Turma deste Supremo. Na espécie, absolvido, em primeira instância, da imputação de crime de deserção, fora condenado em apelação provida pelo STM. A Min. Rosa Weber, relatora, deu provimento ao agravo, porém, denegou a ordem, no que foi acompanhada pelos Ministros Luiz Fux e Cármen Lúcia. Destacou que, embora o *habeas* julgado pela 2ª Turma e a presente ordem tivessem o mesmo pedido — nulidade do processo em que decretada ou reconhecida a deserção —, a causa de pedir seria diferente. Naquele, alegava-se a inadequação da conduta do paciente ao tipo penal; neste, sustentava-se a ausência da condição de procedibilidade da ação, porque o paciente fora excluído do Exército por portaria, posteriormente suspensa por norma do comando militar. A relatora asseverou que a tese segundo a qual o paciente não mais deteria condição de militar não fora apreciada pelas instâncias de origem e, ainda que tivesse sido, os efeitos não teriam se concretizado, porquanto suspensa a norma por ato de autoridade superior. Em divergência, os Ministros Marco Aurélio e Dias Toffoli deram provimento ao agravo exclusivamente para que o *writ* viesse a julgamento. Após, pediu vista o Min. Marco Aurélio. HC 102800 AgR/SP, rel. Min. Rosa Weber, 3.4.2012. (HC-102800) (Inform. STF 660)

IMPUTAÇÕES DISTINTAS PELO MESMO FATO E LITISPENDÊNCIA

A 2ª Turma desproveu recurso ordinário em *habeas corpus* no qual pretendida a anulação de ação penal em trâmite na justiça castrense por, supostamente, estar o recorrente sendo processado pelos mesmos fatos também na justiça comum, a implicar litispendência. No caso, o paciente fora denunciado como incurso no art. 326 do CPM ("*Revelar fato de que tem ciência em razão do cargo ou função e que deva permanecer em segrêdo, ou facilitar-lhe a revelação, em prejuízo da administração militar*") perante auditoria militar estadual e no art. 37 da Lei 11.343/2006 ("*Colaborar, como informante, com grupo, organização ou associação destinados à prática de qualquer dos crimes previstos nos arts. 33, caput e § 1º, e 34 desta Lei*") perante vara criminal da justiça comum. Consignou-se que, embora o fato fosse único, as imputações seriam distintas e estariam bem delineadas, a permitir a submissão do paciente tanto à justiça estadual quanto à justiça militar. Além disso, asseverou-se que as referidas infrações penais tipificadas na legislação extravagante e no CPM revestir-se-iam de autonomia e tutelariam bens jurídicos diversos, quais sejam, a saúde pública e a ordem administrativa militar, respectivamente. Assim, concluiu-se pelo afastamento da assertiva de litispendência. RHC 108491/MG, rel. Min. Gilmar Mendes, 28.2.2012.(RHC-108491) (Inform. STF 656)

MILITAR E TRIBUNAL DO JÚRI

Compete à justiça comum processar e julgar crime praticado por militar contra militar quando ambos estiverem em momento de folga. Com esse entendimento, a 1ª Turma, por maioria, concedeu *habeas corpus* para extirpar o decreto condenatório nos autos de ação penal processada perante a justiça castrense. Na espécie, o paciente, que se encontrava de folga, ao sair de uma roda de samba em boate, praticara crimes dolosos contra as vidas de dois civis e um militar. A impetração sustentava que, em relação à vítima militar, o paciente fora julgado e condenado pela justiça militar e pelo tribunal do júri, o que importaria em *bis in idem*. Assinalou-se, no caso, não ser a qualificação do agente a revelar a competência da justiça castrense e não haver qualquer aspecto a atrair a incidência do art. 9º do CPM quanto à definição de crime militar [*"Art. 9º Consideram-se crimes militares, em tempo de paz: ... II - os crimes previstos neste Código, embora também o sejam com igual definição na lei penal comum, quando praticados: a) por militar em situação de atividade ou assemelhado, contra militar na mesma situação ou assemelhado; b) por militar em situação de atividade ou assemelhado, em lugar sujeito à administração militar, contra militar da reserva, ou reformado, ou assemelhado, ou civil; c) por militar em serviço ou atuando em razão da função, em comissão de natureza militar, ou em formatura, ainda que fora do lugar sujeito à administração militar contra militar da reserva, ou reformado, ou civil; d) por militar durante o período de manobras ou exercício, contra militar da reserva, ou reformado, ou assemelhado, ou civil; e) por militar em situação de atividade, ou assemelhado, contra o patrimônio sob a administração militar, ou a ordem administrativa militar"*]. Ressaltou-se a competência do tribunal do júri para processar e julgar o militar em relação às vítimas civis e militar. Vencido o Min. Dias Toffoli, relator, que, não conhecia o *writ*, mas — com base no art. 9º, II, a, do CPM e no CC 7017/RJ (DJU de 14.4.94) —, concedia, de ofício, a ordem para, em relação à vítima militar, fixar a competência da justiça castrense, abolida a decisão do tribunal do júri. HC 110286/RJ, rel. orig. Min. Dias Toffoli, red. p/ o acórdão Min. Marco Aurélio, 14.2.2012. (HC-110286) (Inform. STF 655)

PROCESSO PENAL MILITAR E DUPLA INTIMAÇÃO

A Turma iniciou julgamento de *habeas corpus* em que se sustenta a necessidade de dupla intimação da sentença condenatória: a do réu militar e a do advogado por ele constituído. O Min. Marco Aurélio, relator, concedeu a ordem para declarar insubsistente a certidão alusiva ao trânsito em julgado, devendo ser o réu cientificado pessoalmente do acórdão condenatório. Entendeu indispensável tanto a intimação do advogado como a do réu. Consignou que, em face do critério da especialidade, não se aplicaria o Código de Processo Penal comum — que apenas exige a dupla intimação quando o réu estiver sob a custódia do Estado — e sim, o Militar, a partir da interpretação sistemática do seus artigos 288, 443, 445, 446 e 537 (*"Art 288. As intimações e notificações, para a prática de atos ou seu conhecimento no curso do processo, poderão, salvo determinação especial do juiz, ser feitas pelo escrivão às partes, testemunhas e peritos, por meio de carta, telegrama ou comunicação telefônica, bem como pessoalmente, se estiverem presentes em juízo, o que será certificado nos autos. Residente fora da sede do juízo 1º A intimação ou notificação a pessoa que residir fora da sede do juízo poderá ser feita por carta ou telegrama, com assinatura da autoridade judiciária. Intimação ou notificação a advogado ou curador 2º A intimação ou notificação ao advogado constituído nos autos com podêres ad juditia , ou de ofício, ao defensor dativo ou ao curador judicial, supre a do acusado, salvo se êste estiver prêso, caso em que deverá ser intimado ou notificado pessoalmente, com conhecimento do responsável pela sua guarda, que o fará apresentar em juízo, no dia e hora designados, salvo motivo de fôrça maior, que comunicará ao juiz. ... Art. 443. Se a sentença ou decisão não fôr lida na sessão em que se proclamar o resultado do julgamento, sê-lo-á pelo auditor em pública audiência, dentro do prazo de oito dias, e dela ficarão, desde logo, intimados o representante do Ministério Público, o réu e seu defensor, se presentes. ... Art. 445. A intimação da sentença condenatória será feita, se não o tiver sido nos têrmos do art. 443: a) ao defensor de ofício ou dativo; b) ao réu, pessoalmente, se estiver prêso; c) ao defensor constituído pelo réu. Intimação a réu sôlto ou revel. Art. 446. A intimação da sentença condenatória a réu sôlto ou revel far-se-á após a prisão, e bem assim ao seu defensor ou advogado que nomear por ocasião da intimação, e ao representante do Ministério Público. ... Art 537. O diretor-geral da Secretaria do Tribunal remeterá ao auditor cópia do acórdão condenatório para que ao réu, seu advogado ou curador, conforme o caso, sejam feitas as devidas intimações. 1º Feita a intimação ao réu e ao seu advogado ou curador, será enviada ao diretor-geral da Secretaria, para juntada aos autos, a certidão da intimação passada pelo oficial de justiça ou por quem tiver sido encarregado da diligência. 2º O procurador-geral terá ciência nos próprios autos."*). Após, pediu vista o Min. Dias Toffoli. **HC 99109/RJ, rel. Min. Marco Aurélio, 5.10.2010**. (HC-99109) (Inform. STF 603)

PROCESSO PENAL MILITAR E DUPLA INTIMAÇÃO – 2

A 1ª Turma retomou julgamento de habeas corpus em que se sustenta a necessidade de dupla intimação da sentença condenatória: a do réu militar e a do advogado por ele constituído — v. Informativo 603. Em voto-vista, o Min. Dias Toffoli dissentiu do Min. Marco Aurélio, relator, para denegar a ordem. Aduziu que essa regra aplicar-se-ia à decisão de 1º grau, mas não à de 2º, que seria a hipótese dos autos. Ademais, ressaltou que, quanto ao julgamento do acórdão, apenas haveria obrigatoriedade de intimação pessoal do réu quando estivesse preso (CPPM, artigos 288, § 2º e 537). Após o voto do Min. Luiz Fux, que, por entender flagrante a violação à cláusula do devido processo legal, acompanhava o relator, pediu vista dos autos a Min. Cármen Lúcia. HC 99109/RJ, rel. Min. Marco Aurélio, 17.5.2011. (HC-99109)

PROCESSO PENAL MILITAR E DUPLA INTIMAÇÃO - 3

Em conclusão de julgamento, a 1ª Turma, por maioria, denegou *habeas corpus* em que se sustentava a necessidade de dupla intimação da sentença condenatória: a do réu militar e a do advogado por ele constituído — v. Informativos 603 e 627. Assentou-se que: a) essa regra aplicar-se-ia à decisão de 1º grau, mas não à de 2º, que seria a hipótese dos autos; e b) apenas haveria obrigatoriedade de intimação pessoal do réu em relação ao julgamento do acórdão, quando ele estivesse preso (CPPM, artigos 288, § 2º, e 537) Ressaltou-se que houvera a intimação do defensor e que, por estar o paciente solto no curso da ação penal, sua intimação pessoal não seria imprescindível, motivo por que teria havido o regular trânsito em julgado do processo. Vencidos os Ministros Marco Aurélio, relator, e Luiz Fux, que concediam a ordem para declarar insubsistente a certidão alusiva ao trânsito em julgado, por entenderem indispensável tanto a intimação do advogado como a do réu. Consignavam que, em face do critério da especialidade, não se aplicaria o Código de Processo Penal comum — que apenas exigiria a comunicação oficial do ato a ambos quando o réu estivesse sob a custódia do Estado — e sim, o Militar, a partir da interpretação sistemática dos seus artigos 288, 443, 445, 446 e 537. HC 99109/RJ, rel. orig. Min. Marco Aurélio, red. p/ o acórdão Min. Dias Toffoli, 27.3.2012. (HC-99109) (Inform. STF 660)

MILITAR E CUSTEIO DE DESPESAS DE TRANSPORTE PESSOAL

A 2ª Turma concedeu *habeas corpus* para invalidar, desde a audiência de inquirição de testemunhas de acusação e de defesa, o processo que condenara o paciente pela prática do delito de peculato em coautoria e em continuidade delituosa. No caso, o Estado custeara as despesas de deslocamento do militar da cidade sede da organização militar - OM em que servia para aquela na qual transcorria processo penal militar. Posteriormente, quando da inquirição das testemunhas arroladas pela acusação, a administração militar recusara-se a custear o deslocamento do réu ao argumento de insuficiência de recursos. Ressaltou-se o previsto no art. 28 do Decreto 4.307/2002 (*"O militar da ativa terá direito apenas ao transporte pessoal, quando tiver de efetuar deslocamento fora da sede de sua OM nos seguintes casos: I - interesse da Justiça ou da disciplina, quando o assunto envolver interesse da Força Armada a que pertence o militar, quando a União for autora, litisconsorte ou ré"*) que, ao regulamentar a Medida Provisória 2.215/2001, dispôs sobre a reestruturação da remuneração dos militares das Forças Armadas. Aduziu-se que questões de conveniência administrativa ou de eventual incapacidade financeira do Poder Público não poderiam desobrigar o Estado desse dever, expresso em decreto presidencial. Destacou-se não se cuidar de mera interpretação, mas de cumprimento de explícita obrigação governamental e que o direito de audiência, de um lado, e o direito de presença, de outro, derivariam da garantia constitucional do devido processo legal. Esse postulado asseguraria ao acusado o direito de comparecer aos atos processuais a serem realizados perante o juízo processante, ainda que situado em local diverso da sede da organização militar em que servisse, com o transporte pessoal custeado pelo Estado, porque no interesse da justiça. Reafirmou-se a jurisprudência do STF no sentido de que o acusado teria direito público subjetivo de comparecer, assistir e presenciar, sob pena de nulidade absoluta, os atos processuais, notadamente aqueles produzidos na fase de instrução do processo penal. HC 98676/PA, rel. Min. Celso de Mello, 7.2.2012. (HC-98676) (Inform. STF 654)

PREVENÇÃO: REDISTRIBUIÇÃO DO FEITO E ATOS DECISÓRIOS

Por reputar que a prática de atos decisórios implica prevenção, mesmo que em fase pré-processual, a Turma deferiu *habeas corpus* impetrado em favor de denunciado perante a Justiça Militar, para declarar prevento o juiz-auditor titular da 3ª Auditoria da 3ª Circunscrição da Justiça Militar e anular a ação penal desde o recebimento da peça acusatória. Considerou-se que, no caso, após o oferecimento da denúncia, o feito teria sido redistribuído ao juiz-auditor substituto, o que violaria as regras de distribuição por prevenção, previstas na legislação processual castrense (CPPM, artigos

94 e 98, parágrafo único), e o princípio do juiz natural. Aduziu-se que a existência de portaria do juízo de origem determinando a redistribuição do processo seria irrelevante, uma vez que não poderia se sobrepor à legislação federal. **HC 99403/RS, rel. Min. Joaquim Barbosa, 10.8.2010.** (HC-99403) (Inform. STF 595)

IPM: REQUISIÇÃO DO MINISTÉRIO PÚBLICO MILITAR E COMPETÊNCIA - 1

A Turma deu provimento a recurso ordinário em mandado de segurança para assentar a incompetência do STM para determinar o trancamento de inquérito policial militar instaurado por requisição do Ministério Público Militar. No caso, fora impetrado *habeas corpus* no STM contra ato de Comandante de Distrito Naval, que, em virtude de requisição do Ministério Público Militar, determinara a abertura de IPM, a fim de apurar condutas em tese delituosas. Sustentava o recorrente que, uma vez que o IPM fora inaugurado a partir de requisição do Ministério Público Militar, a parte passiva legítima da ação de *habeas corpus* seria o representante do *parquet* que requisitara a abertura do procedimento e não a autoridade militar. Destarte, alegava que a competência para julgar o *writ* seria do TRF (CF, art. 108, I, a). **RMS 27872/DF, rel. Min. Ellen Gracie, 2.3.2010.** (RMS-27818)

IPM: REQUISIÇÃO DO MINISTÉRIO PÚBLICO MILITAR E COMPETÊNCIA - 2

Destacou-se, inicialmente, que o Ministério Público Mi-litar integra o Ministério Público da União, nos termos do disposto no art. 128, I, c, da CF, sendo que compete ao TRF processar e julgar os membros deste órgão (CF, art. 108, I, a). Considerou-se que, em matéria de competência para o *habeas corpus*, o sistema da Constituição — com a única exceção daquele em que o coator seja Ministro de Estado (CF, art. 105, I, c e 102, I, e) — seria o de conferi-lo originariamente ao tribunal a que caiba julgar os crimes da autoridade que a impetração situe como coator ou paciente. Desse modo, aduziu-se que, se o IPM fora instaurado por requisição de membro do Ministério Público Militar, este deveria figurar como autoridade coatora, cabendo ao TRF o julgamento de eventual *habeas corpus* impetrado contra a instauração do inquérito. Dessa forma, reputou-se nula a decisão proferida pelo STM no julgamento do *writ* lá aforado — em razão de sua incompetência para processar e julgar o feito — para determinar o encaminhamento dos autos ao TRF. **RMS 27872/DF, rel. Min. Ellen Gracie, 2.3.2010.** (RMS-27818) (Inform. STF 577)

HABEAS CORPUS. LESÃO CORPORAL CONTRA MILITAR EM SERVIÇO DE VIGILÂNCIA, GARANTIA E PRESERVAÇÃO DA ORDEM PÚBLICA. CRIME CULPOSO. AUSÊNCIA DE INTENÇÃO DE ATINGIR INSTITUIÇÃO MILITAR. COMPETÊNCIA DA JUSTIÇA COMUM. PRECEDENTES. ORDEM CONCEDIDA. 1. Não há na conduta descrita na peça acusatória qualquer intenção de o paciente atingir instituição militar. 2. O simples fato de a vítima ser militar no desempenho de serviço de vigilância, garantia a preservação da ordem pública, só por si, não é suficiente para atrair a competência da Justiça Castrense. 3. Consoante já decidiu essa Suprema Corte, a tipificação da conduta de civil como crime militar depende do *"intuito de atingir, de qualquer modo, a Força, no sentido de impedir, frustrar, fazer malograr, desmoralizar ou ofender o militar ou o evento ou situação em que este esteja empenhado."* (CC 7.040/RS, Rel. Min. Carlos Velloso, DJ 22.11.1996). No mesmo sentido HC 86.216/MG, Rel. Min. Carlos Britto, DJ 24.10.2008). 4. *Habeas corpus* concedido. **HC N. 99.671-DF. RELATORA: MIN. ELLEN GRACIE.** (noticiado no Informativo 569 - Inform. STF 571)

JUSTIÇA MILITAR E INCOMPETÊNCIA

A Turma concedeu *habeas corpus* para assentar a incompetência da justiça militar — e determinar a remessa do feito à justiça comum — para processar e julgar civil denunciado pela suposta prática do crime previsto no art. 210, *caput*, do CPM, por ter ofendido, de forma culposa, a integridade física de soldado do Exército que desempenhava missão de balizamento de trânsito nas proximidades do Quartel General do Exército. Considerou-se que não haveria na conduta do paciente qualquer intenção de atingir instituição militar. **HC 99671/DF, rel. Min. Ellen Gracie, 24.11.2009.** (HC-99671) (Inform. STF 569)

PROVA ILÍCITA E FALTA DE JUSTA CAUSA

Não há justa causa para a ação penal quando a demonstração da autoria ou da materialidade do crime decorrer apenas de prova ilícita. Tendo em conta essa orientação, a Turma deferiu *habeas corpus* para, nos termos do art. 386, II, do CPP, absolver condenada nas penas do art. 251, *caput*, do CPM, por haver efetuado saques na conta de pensionista falecida, nos 5 meses posteriores ao óbito. Tratava-se de *writ* impetrado contra acórdão do STM que, embora reconhecendo a ilicitude da quebra de sigilo bancário sem autorização judicial, assentara que a confissão posterior da paciente seria suficiente para manter a condenação, aplicando à espécie o princípio da proporcionalidade. Esclareceu-se, ainda, que a mencionada confissão surgira como efeito da prova ilicitamente obtida, sendo razoável supor que não teria sido feita sem a quebra prévia do sigilo. Dessa forma, concluiu que a palavra da acusada, como meio de prova, também padeceria de ilicitude, agora por derivação. Por conseguinte, seriam imprestáveis as provas que fundamentaram a condenação imposta à paciente. **HC 90298/RS, rel. Min. Cezar Peluso, 8.9.2009.** (HC-90298) (Inform. STF 558)

QUEIXA SUBSIDIÁRIA - CRIME MILITAR - ADMISSIBILIDADE - PRESSUPOSTOS – LEGITIMAÇÃO

EMENTA: AÇÃO PENAL PRIVADA SUBSIDIÁRIA DA PÚBLICA (CF, ART. 5º, LIX). HIPÓTESE EXCEPCIONAL DE DERROGAÇÃO DO MONOPÓLIO QUE A CONSTITUIÇÃO OUTORGOU AO MINISTÉRIO PÚBLICO QUANTO À TITULARIDADE DA AÇÃO PENAL PÚBLICA (CF, ART. 129, I). CRIMES MILITARES: POSSIBILIDADE, EM TESE, QUANTO A ELES, DE AJUIZAMENTO DE *QUEIXA SUBSIDIÁRIA*. AUSÊNCIA, NO CASO, DOS PRESSUPOSTOS AUTORIZADORES DA UTILIZAÇÃO DA AÇÃO PENAL PRIVADA SUBSIDIÁRIA. OPÇÃO DO MINISTÉRIO PÚBLICO PELO ARQUIVAMENTO DO PROCEDIMENTO ADMINISTRATIVO DE INVESTIGAÇÃO PENAL. MEDIDA QUE SE CONTÉM NA ESFERA DE PODERES DO PROCURADOR-GERAL DA REPÚBLICA (RTJ 57/155 - RTJ 69/6 - RTJ 73/1 - RTJ 116/7 - RTJ 190/894 - RTJ 192/873-874, v.g.). FORMAÇÃO DA "*OPINIO DELICTI*" NAS AÇÕES PENAIS PÚBLICAS (INCONDICIONADAS OU CONDICIONADAS): JUÍZO PRIVATIVO DO MINISTÉRIO PÚBLICO. INEXISTÊNCIA, POR PARTE DE QUEM APRESENTA "*NOTITIA CRIMINIS*" AO MINISTÉRIO PÚBLICO, DE DIREITO SUBJETIVO AO OFERECIMENTO, PELO *PARQUET*, DA DENÚNCIA PENAL. CONSEQÜENTE DESCARACTERIZAÇÃO DA ALEGADA SITUAÇÃO DE INÉRCIA, EM DECORRÊNCIA DE REFERIDO ARQUIVAMENTO, DETERMINADO PELO PROCURADOR-GERAL DA REPÚBLICA, QUE RATIFICOU, COM ESSE ATO, ANTERIOR PROMOÇÃO, EM IGUAL SENTIDO, ADOTADA, EM PRIMEIRA INSTÂNCIA, PELO MINISTÉRIO PÚBLICO FEDERAL NO DISTRITO FEDERAL. AUSÊNCIA, NO CASO, DE LEGITIMAÇÃO ATIVA "*AD CAUSAM*" DA ASSOCIAÇÃO CIVIL DE DIREITO PRIVADO QUE AJUIZOU A *QUEIXA SUBSIDIÁRIA*. ENTIDADE CIVIL QUE NÃO SE QUALIFICA, NO CONTEXTO EM EXAME, COMO SUJEITO PASSIVO DAS CONDUTAS DELITUOSAS QUE IMPUTOU AOS QUERELADOS, ACHANDO-SE EXCLUÍDA, POR ISSO MESMO, DO ROL (QUE É TAXATIVO) DAQUELES ATIVAMENTE LEGITIMADOS AO EXERCÍCIO DA *QUEIXA SUBSIDIÁRIA* (CPP, ART. 29, c/c OS ARTS. 30 E 31, c/c O ART. 3º, "a", DO CPPM). A QUESTÃO DO SUJEITO PASSIVO NOS CRIMES MILITARES E O TEMA DOS DELITOS CASTRENSES *DE DUPLA SUBJETIVIDADE PASSIVA*. INAPLICABILIDADE, À ESPÉCIE, DE REGRAS INSCRITAS NA *LEI DA AÇÃO CIVIL PÚBLICA* E NO *CÓDIGO DE DEFESA DO CONSUMIDOR*, PARA EFEITO DE RECONHECER-SE, QUANTO À FEBRACTA, A SUA QUALIDADE PARA AGIR EM SEDE DE *QUEIXA SUBSIDIÁRIA*. INEXISTÊNCIA, NO ORDENAMENTO POSITIVO BRASILEIRO, DA AÇÃO PENAL *POPULAR* SUBSIDIÁRIA. MAGISTÉRIO DA DOUTRINA. PRECEDENTES DO SUPREMO TRIBUNAL FEDERAL. JURISPRUDÊNCIA DOS TRIBUNAIS EM GERAL. CONTROLE PRÉVIO DE ADMISSIBILIDADE DAS AÇÕES NO ÂMBITO DO SUPREMO TRIBUNAL FEDERAL. COMPETÊNCIA MONOCRÁTICA DO RELATOR. LEGITIMIDADE (RTJ 139/53 - RTJ 168/174-175). INOCORRÊNCIA DE OFENSA AO PRINCÍPIO DA COLEGIALIDADE (RTJ 181/1133-1134). AÇÃO PENAL SUBSIDIÁRIA NÃO CONHECIDA. Pet 4281/DF. RELATOR: MIN. CELSO DE MELLO. (Inform. STF 556)

COMPETÊNCIA DA JUSTIÇA MILITAR E CAPELANIA CASTRENSE

Compete à Justiça Militar processar e julgar capelão militar denunciado pela suposta prática do crime de apropriação indébita (CPM, art. 248, *caput*, c/c o art. 250) de valores recolhidos de fiéis e não repassados à Cúria Militar. Com base nisso, a Turma desproveu recurso ordinário em *habeas corpus* no qual requerido o trancamento de ação penal por falta de justa causa. A impetração reiterava a alegação de atipicidade da conduta, porquanto o paciente teria se apropriado de quantias pertencentes à igreja, que não dizem respeito à Administração Militar. Assentou-se que o tipo penal em causa não exigiria que a coisa alheia móvel fosse de propriedade da Administração Pública. **RHC 96814/PA, rel. Min. Eros Grau, 12.5.2009.** (RHC-96814) (Inform. STF 546)

ART. 118, § 3º, DO REGIMENTO INTERNO DO STM E LAVRATURA DE ACÓRDÃO

O Tribunal deu provimento a recurso extraordinário interposto contra decisão proferida pelo Superior Tribunal Militar - STM que, com base no art. 118, § 3º, de seu Regimento Interno ("*Art. 118, §3º, O resultado do julgamento será certificado nos autos pela Secretaria do Tribunal Pleno*"), deixara de lavrar acórdão relativo a agravo regimental e demais recursos que a ele se seguiram, registrando o julgamento dos mesmos por meio de certidões. Entendeu-se que a falta de formalização do acórdão, com base em norma regimental, configura ato atentatório à garantia constitucional da publicidade dos atos processuais, bem como afronta o direito consagrado no art. 93, IX, da CF, segundo o qual todas as decisões judiciais devem ser fundamentadas. Considerou-se não observada, também, a garantia prevista no art. 8º, 5, da Convenção Americana de Direitos Humanos, internalizada pelo Decreto 678/92, que estabelece que "*o processo penal deve ser público, salvo no que for necessário para preservar os interesses da justiça*". Esclareceu-se, no ponto, que o Pacto de San José da Costa Rica ingressou no ordenamento legal pátrio como regra de caráter supralegal ou, até mesmo, como norma dotada de dignidade constitucional, segundo recente entendimento expressado por magistrados do Supremo (HC 87585/TO e RE 466343/SP, j. em 4.12.2008). Aduziu-se que o princípio da publicidade é garantia essencial de todo o cidadão, que integra o devido processo legal e dá efetividade aos princípios constitucionais da ampla defesa e do contraditório. Asseverou-se, ademais, que qualquer restrição aos direitos e garantias fundamentais, quando expressamente autorizada pelo texto constitucional, somente pode ser concretizada por meio de lei formal. Por fim, afirmou-se que, em razão de o dispositivo regimental questionado não vedar, em nenhum momento, a lavratura de acórdão da decisão colegiada em agravo regimental, não caberia falar em inconstitucionalidade da norma, pois o problema não estaria na lavratura da certidão, mas na falta de lavratura do acórdão, único documento hábil a tornar pública a vontade da Corte. RE provido para determinar seja lavrado o respectivo acórdão da decisão em comento. Vencido, parcialmente, o Min. Marco Aurélio, que dava provimento ao recurso e também declarava a inconstitucionalidade da norma questionada. Outros precedentes citados: RE 235487/RO (DJU de 21.6.2002); HC 71551/MA (DJU de 6.12.92); MI 284/DF (DJU de 26.6.92); RMS 23036/RJ (DJU de 25.8.2006); RE 540995/RJ (DJE de 2.5.2008). **RE 575144/DF, rel. Min. Ricardo Lewandowski, 11.12.2008.** (RE-575144) (Inform. STF 532)

RECEBIMENTO DE DENÚNCIA E PREJUÍZO DA IMPETRAÇÃO

A Turma, por maioria, proveu recurso ordinário em *habeas corpus* para afastar o prejuízo de *writ* impetrado perante o STM que, tendo em conta o recebimento de denúncia apresentada em desfavor do paciente, concluíra não ser mais o caso de se apreciar a alegação de falta de justa causa para o inquérito policial militar. Trata-se, na origem, de *habeas corpus* em que militar acusado por suposto uso de substância entorpecente — identificada como "tolueno" (cola) — pleiteia, ante a atipicidade da conduta, o trancamento do referido inquérito, ao argumento de que a Portaria SVS/MS 344/98, que enumera as substâncias psicotrópicas proibidas, não inclui o "tolueno". Inicialmente, realçou-se que, na espécie, estar-se-ia diante de recurso ordinário constitucional e que o Tribunal *a quo* não adentrara o tema de fundo. Ademais, asseverou-se que o crime imputado ao paciente estaria previsto em norma especial (CPM, art. 290) e que fora praticado em âmbito no qual hierarquia e disciplina são fundamentais. Considerou-se, ainda, que o fato de ter vindo à baila uma denúncia, com base nesse mesmo inquérito policial militar, não prejudicaria a impetração, no que sustentada a ausência de justa causa para o inquérito. Por fim, determinou-se a remessa dos autos ao STM para que julgue o *habeas corpus* como entender de direito. Vencido o Min. Carlos Britto, relator, que, por considerar que o mencionado delito do art. 290 do CPM teria sua eficácia subordinada à complementação por outra norma (norma penal em branco), concedia a ordem em maior extensão para trancar a ação penal ao fundamento de que a aludida Portaria não indica o "tolueno" como substância entorpecente, o que descaracterizaria a tipicidade da conduta. **RHC 94418/MS, rel. orig. Min. Carlos Britto, rel. p/ o acórdão Min. Marco Aurélio, 9.9.2008.** (RHC-94418) (Inform. STF 519)

EC 45/2004: JUIZ SINGULAR E CRIMES MILITARES IMPRÓPRIOS

A EC 45/2004, ao incluir o § 5º ao art. 125 da CF, atribuiu competência aos juízes singulares para o julgamento de crimes militares impróprios ("*§ 5º Compete aos juízes de direito do juízo militar processar e julgar, singularmente, os crimes militares cometidos contra civis e as ações judiciais contra atos disciplinares militares, cabendo ao Conselho de Justiça, sob a presidência de juiz de direito, processar e julgar os demais crimes militares.*"). Com base nesse entendimento, a Turma indeferiu *habeas corpus* em que se sustentava a competência do Conselho Permanente de Justiça para processar policial militar denunciado pela suposta prática dos delitos de roubo e extorsão mediante seqüestro (CPM, artigos 242, § 2º, II e 244, § 1º, respectivamente), bem como se alegava o cerceamento à sua defesa ante a supressão da fase de alegações orais. Rejeitou-se o argumento de ofensa ao devido processo legal e salientou-se, ainda, que, na falta de normas procedimentais no Código de Processo Penal Militar, devem ser observadas as regras do Código de Processo Penal comum, nas quais não há previsão de alegações orais. **HC 93076/RJ, rel. Min. Celso de Mello, 26.8.2008.** (HC-93076) (Inform. STF 517)

ESTABELECIMENTO MILITAR E REGIME ABERTO

A Turma deu provimento a recurso ordinário em *habeas corpus* para determinar que militar condenado à pena superior a 2 anos de reclusão, em regime inicial aberto, cumpra, na dependência militar, a sanção no regime a que tem direito. No caso, o juiz da circunscrição militar expedira mandado de prisão contra o ora recorrente, estabelecendo regime prisional aberto (CP, art. 33), caso viesse a adquirir a condição de civil. Contudo, em face da inexistência de penitenciária militar na localidade, a custódia fora efetuada, em regime fechado, em estabelecimento militar. A defesa, então, impetrara *habeas corpus* perante o STM para que, sem a necessidade da perda da qualidade de militar, fosse concedido ao paciente o direito de cumprir a pena conforme fixada na sentença. Indeferida a ordem, reiterara os argumentos no presente recurso. Inicialmente, ressaltou-se que a questão envolveria a discussão sobre saber se o militar condenado a pena privativa de liberdade superior a 2 anos deveria cumpri-la necessariamente em estabelecimento militar, sujeitando-se ao regime previsto na legislação penal militar, ou em estabelecimento prisional civil, tão-somente quando excluído das Forças Armadas. Tendo em conta o que disposto no art. 61 do CPM ("*A pena privativa da liberdade por mais de 2 (dois) anos, aplicada a militar, é cumprida em penitenciária militar e, na falta dessa, em estabelecimento prisional civil, ficando o recluso ou detento sujeito ao regime conforme a legislação penal comum, de cujos benefícios e concessões, também poderá gozar.*"), entendeu-se que, na espécie, o recorrente deveria ser mantido no estabelecimento militar onde recolhido, o qual deveria ser adaptado para o cumprimento da pena. O Min. Marco Aurélio consignou em seu voto que, se inviabilizada a observância do regime aberto na dependência, o recorrente terá direito a cumprir a pena em prisão domiciliar. **RHC 92746/SP, rel. Min. Cármen Lúcia, 11.3.2008.** (RHC-92746) (Inform. STF 498)

LAVRATURA DE ACÓRDÃO E FUNDAMENTAÇÃO

Por vislumbrar caracterizada ofensa ao art. 93, IX, da CF ("*todos os julgamentos dos órgãos do Poder Judiciário serão públicos, e fundamentadas todas as decisões, sob pena de nulidade...*"), a Turma deu provimento a recurso extraordinário interposto contra decisão de Ministro do STM que rejeitara embargos de declaração opostos pelo Ministério Público Militar nos quais solicitava a lavratura de acórdão proferido em agravo regimental, em que constava dos autos apenas a certidão de julgamento. Assentou-se que a garantia constitucional de fundamentação das decisões judiciais é exigência inerente ao Estado Democrático de Direito, bem como instrumento para viabilizar o controle das decisões judiciais e assegurar o exercício do direito de defesa. Aduziu-se que a decisão judicial não é um ato autoritário, nem ato que nasce do arbítrio do julgador, surgindo daí a necessidade de sua apropriada fundamentação. Desse modo, ressaltou-se que, no caso, não obstante o agravo regimental tivesse sido julgado em sessão pública, a falta do respectivo acórdão tornaria impossível o conhecimento das razões e dos fundamentos da decisão judicial. Assim, a lavratura do acórdão daria conseqüência à garantia constitucional da motivação dos julgados. Além disso, afirmou-se que o procedimento previsto pelo Regimento Interno do STM — ao dispor que o resultado do julgamento será certificado nos autos pela secretaria do tribunal pleno (art. 118, § 3º) —, frustraria por completo o objetivo da aludida garantia. RE provido para determinar o retorno dos autos ao STM a fim de que providencie a lavratura dos acórdãos havidos no julgamento do agravo regimental e dos embargos de declaração a ele opostos. **RE 540995/RJ, rel. Min. Menezes Direito, 19.2.2008.** (RE-540995) (Inform. STF 495)

CONFISSÃO ESPONTÂNEA E "REFORMATIO IN PEJUS"

A Turma deferiu *habeas corpus* impetrado contra acórdão do STM que, acolhendo embargos infringentes opostos pelo Ministério Público Militar, majorara a pena aplicada a ex-sargento do Exército condenado pela prática de homicídio qualificado. Inicialmente, reconheceu-se a presença da circunstância atenuante de confissão espontânea do paciente. Entretanto, asseverou-se que sua incidência seria inócua para a anulação do acórdão impugnado, porquanto o tribunal *a quo* mantivera a pena-base no mínimo legal. No ponto, enfatizou-se que a existência de atenuantes não poderia conduzir à redução da pena abaixo do mínimo legal (Enunciado da Súmula 231 do STJ). Por outro lado, entendeu-se que a decisão não estaria devidamente fundamentada quanto à exclusão, do homicídio qualificado (CPM, art. 205, § 1º), de minorante, haja vista que o STM se limitara a afirmar que não existiriam provas nos autos da injusta provocação da vítima contra o paciente, desconsiderando os elementos disponíveis no processo no sentido de que este era constantemente provocado pela vítima. De igual modo, relativamente ao regime fechado imposto pela sentença condenatória, não tendo o *parquet*, em apelação, se insurgido, reputou-se preclusa essa matéria para a acusação, motivo pelo qual não poderia o STM ter piorado a situação do paciente, em flagrante ofensa ao princípio do *ne reformatio in pejus*. Ordem concedida para afastar o acórdão do STM, proferido nos embargos infringentes, e restabelecer a sentença condenatória, tal como proferida. **HC 90659/SP, rel. Min. Menezes Direito, 12.2.2008.** (HC-90659) (Inform. STF 494)

ART. 366 DO CPP E JUSTIÇA MILITAR

A Turma negou provimento a recurso ordinário em *habeas corpus* em que a Defensoria Pública da União pleiteava a aplicação subsidiária, ao processo penal militar, da regra do art. 366 do CPP ("*Se o acusado, citado por edital, não comparecer, nem constituir advogado, ficarão suspensos o processo e o curso do prazo prescricional*..."). No caso, o paciente fora denunciado pela suposta prática do crime de ingresso clandestino em área de administração militar (CPM, art. 302) e tivera sua revelia decretada em virtude de diversas tentativas frustradas de citá-lo. Considerou-se ausente, no caso, fundamento legal para justificar a aplicação da suspensão prevista no processo penal comum ao processo penal militar. Tendo em conta o caráter excepcional e os pressupostos de interpretação analógica do CPPM, entendeu-se que não existiria omissão a ensejar a incidência da legislação comum. Ademais, salientou-se, que a pretensão implicaria situação desfavorável ao paciente, quanto à interrupção do prazo prescricional, uma vez que esta hipótese não estaria prevista na legislação castrense. Rejeitou-se, ainda, a aplicação do princípio da insignificância, porquanto esta, como causa supralegal de exclusão da tipicidade, exige a presença cumulativa dos seguintes requisitos: a) a mínima ofensividade da conduta do agente; b) a nenhuma periculosidade social da ação; c) o reduzidíssimo grau de reprovabilidade do comportamento e d) a inexpressividade da lesão jurídica provocada. Nesse sentido, asseverou-se que não se revelariam suficientes para caracterizar a insignificância do delito apenas a pequena potencialidade lesiva da infração e o perigo concreto para a Administração Militar. HC 90977/MG, rel. Min. Cármen Lúcia, 8.5.2007. (HC-90977) (Inform. STF 466)

CC. JUSTIÇA MILITAR ESTADUAL E FEDERAL. CRIME MILITAR.

Trata-se de conflito negativo de competência entre o juízo de Direito da 1ª auditoria da Justiça Militar estadual, suscitante, e o juízo auditor da 1ª auditoria da 2ª circunscrição judiciária militar da União do mesmo estado, suscitado, em autos de ação penal em que o denunciado, sargento da polícia militar do estado, à época, teria disparado, culposamente, arma de fogo, causando lesões corporais na vítima, capitão do exército brasileiro. Realizada a instrução criminal, o juízo ora suscitado declinou da competência, invocando o art. 125, § 4º, da CF/1988, por entender que o crime teria sido praticado por policial militar; sendo, pois, a competência da Justiça Militar estadual. O juízo ora suscitante, por sua vez, entendeu ser a competência da Justiça Militar federal, pois os fatos atentam contra interesses da União, já que ocorreram dentro de unidade militar federal e contra capitão do exército. Além disso, salientou que o Superior Tribunal Militar, ao julgar prejudicado *habeas corpus* impetrado em favor do acusado no qual se buscava o trancamento do inquérito, consignou fundamentos acerca da competência em favor da Justiça Militar federal. Neste Superior Tribunal, inicialmente, entendeu-se ser a hipótese de crime militar impróprio, pois se trata de lesão corporal praticada por um sargento da polícia militar estadual contra um capitão do exército nas dependências de um quartel, uma unidade militar da União. Assim, reconheceu-se ter havido, ainda que de forma indireta, lesão a interesses da União, não só pela vítima, mas também, especialmente, pelo local onde tudo ocorreu. Observou-se que entender de modo contrário importaria conceber, por exemplo, a entrada de policiais militares no batalhão, para proceder a perícias, avaliações e pesquisas, atuação que seria, por óbvio, imprópria e impertinente, notadamente em face do que as Forças Armadas, como instituições destinadas à garantia dos poderes constitucionais, da lei e da ordem, estão, em última *ratio*, em posição de supremacia quanto às polícias militares dos estados (art. 142 da CF/1988). Diante desses fundamentos, entre outros, a Seção conheceu do conflito e declarou competente para julgar o feito o juízo auditor da 1ª auditoria da 2ª circunscrição judiciária militar da União, o suscitado. **Precedentes citados: CC 85.607-SP, DJe 8/9/2008, e CC 14.755-DF, DJ 13/5/1996. CC 107.148-SP, Rel. Min. Maria Thereza de Assis Moura, julgado em 13/10/2010.** (Inform. STJ 451)

HC. MILITAR. ORDEM. SUPERIOR HIERÁRQUICO.

O paciente negou-se a obedecer à ordem de superior hierárquico e, por tal fato, foi condenado a um ano de detenção em regime prisional aberto, por infração do art. 163 do Código Penal Militar (CPM). A Defensoria Pública recorreu da decisão, pedindo a absolvição do paciente ou, subsidiariamente, a desclassificação dos fatos para o crime de desobediência previsto no art. 301 do mencionado código. Para o Min. Relator, os fatos que culminaram na denúncia do paciente foram descritos na inicial, de forma a proporcionar a ele o exercício da ampla defesa. No sistema processual pátrio, o agente defende-se dos fatos, não de sua capitulação jurídica. Pouco importa se a conduta do paciente subsume-se ao preceito primário do art. 163 ou 301 do CPM. Assim, a decisão que rejeitou os embargos de nulidade opostos pelo paciente não caracteriza a coação ilegal descrita na inicial, porque não está caracterizada, na espécie, a falta de correlação entre os fatos imputados na denúncia e a fundamentação da sentença condenatória. Diante disso, a Turma, denegou a ordem. **Precedentes citados: HC 135.768-SP, DJe 14/12/2009; RHC 18.100-ES, DJ 19/12/2007, e HC 52.173-RJ, DJ 20/8/2007. HC 146.367-MG, Rel. Min. Celso Limongi (Desembargador convocado do TJ-SP), julgado em 18/3/2010.** (Inform. STJ 427)

HC. TORTURA. PERDA. FUNÇÃO PÚBLICA. COMPETÊNCIA.

O paciente, policial militar, juntamente com outras pessoas, foi denunciado pela suposta prática do crime previsto no art. 1º, II e § 3º, da Lei n. 9.455/1997 (Lei de Tortura). Sobreveio a sentença e ele foi condenado, pelo crime previsto no art. 1º, § 1º, da mencionada lei, à pena de seis anos de reclusão a ser cumprida inicialmente no regime fechado. Também foi decretada a perda da função pública e se apontou o impedimento de exercer outra função pública pelo período de doze anos. A defesa e o MP apelaram, sendo que o recurso defensivo não foi provido e o ministerial foi parcialmente provido com a consequente condenação, pela prática dos crimes narrados na inicial acusatória, à pena de dez anos de reclusão, além da perda da função pública e impedimento de exercer outra função pública pelo período de vinte anos. Os impetrantes pleitearam a absolvição do paciente, a reintegração à carreira da PM e, subsidiariamente, a redução da reprimenda. Segundo o Min. Og Fernandes, Relator, em conformidade com a iterativa jurisprudência deste Superior Tribunal, quanto à pretensão absolutória, o pedido esbarra na necessidade de revolvimento do conjunto fático-probatório, providência incompatível com a via estreita do *habeas corpus*. Destacou o Relator que o Tribunal de origem apontou, com base nas provas constantes dos autos, as razões pelas quais acolhia a acusação tal qual posta na denúncia, uma vez que a prova produzida revela a ocorrência de agressões, que levaram a vítima à morte. Quanto ao pedido da redução da pena, o Min. Relator entende não vislumbrar a propalada coação ilegal, pois, de acordo com o § 3º do art. 1º da Lei n. 9.455/1997, nos casos em que da tortura resulte morte, a pena será fixada entre o mínimo de 8 e o máximo de 16 anos. Na hipótese, o relator da apelação estabeleceu a pena-base em dez anos de reclusão, apontando a existência de circunstâncias judiciais desfavoráveis. Quanto à alegação dos impetrantes, de que seria da competência da Justiça Militar a decretação da perda da função pública, o Min. Og Fernandes entendeu que o paciente não foi acusado de prática de qualquer crime militar, mas sim de crime de tortura, conforme definido na referida lei. Portanto, a competência não é da Justiça castrense, e sim da Justiça comum. Diante disso, a Turma denegou a ordem. **Precedentes do STF: HC 92.181-MG, DJe 1º/8/2008; HC 70.389-SP, DJ 10/8/2001; do STJ: RHC 11.532-RN, DJ 24/9/2001, e CC 14.893-SP, DJ 3/3/1997. HC 49.128-MG, Rel. Min. Og Fernandes, julgado em 3/12/2009.** (Inform. STJ 418)

COMPETÊNCIA. MILITAR. CRIMES CONTRA A HONRA. FUNCIONÁRIO PÚBLICO FEDERAL.

Compete à Justiça Militar processar e julgar delitos praticados por militar da ativa contra civil em lugar sujeito à administração militar. No caso, o militar (sargento), detido por deserção, atribuiu à procuradora da Justiça castrense, diante de várias outras autoridades civis e militares, de fazer parte de "esquema", chamando-a de mentirosa, farsante e afirmando que fora denunciada por improbidade administrativa. A Justiça Militar declinou da competência, julgando que seria competente a Justiça Federal, mormente por se tratar de delitos contra a honra de uma funcionária pública federal em razão da função. Como a Constituição Federal ressalva expressamente a competência da Justiça Militar deve prevalecer. **CC 106.623-DF, Rel. Min. Og Fernandes, julgado em 28/10/2009.** (Inform. STJ 413)

COMPETÊNCIA. CRIME MILITAR.

A Seção declarou competente o juízo da Justiça Militar estadual suscitado para processar e julgar crime de homicídio praticado por policiais militares em situação de atividade. Eles eventualmente mataram militar de folga e sua irmã, impondo-se, assim, o desmembramento do feito criminal quanto a este último. Segundo a denúncia, o móvel do crime seria a disputa pelo controle de atividade privada de segurança de uma casa de jogos. Observou-se, ainda, que militar em situação de atividade significa "da ativa" e não em serviço. **Precedentes citados: CC 85.607-SP, DJ 8/9/2008, e CC 31.977-RS, DJ 11/3/2002. CC 96.330-SP, Rel. Min. Arnaldo Esteves Lima, julgado em 22/4/2009.** (Inform. STJ 391)

COMPETÊNCIA. PREVARICAÇÃO. MILITAR.
Policiais rodoviários militares prenderam em flagrante duas pessoas por porte ilegal de armas. Posteriormente, elas foram soltas pelo cabo que respondia como comandante da unidade, devolveu-lhes as armas apreendidas e, ainda, destruiu a folha do livro de ocorrência e o relatório entregue pelos policiais rodoviários. Perante a Justiça Militar estadual, o cabo foi denunciado por todas as condutas, menos a de destruição do referido relatório, a qual afetaria os serviços da União. Por isso, houve a remessa dos autos à Justiça Federal para que ele também pudesse ser denunciado por essa conduta. No juízo federal, a inicial acusatória só foi recebida pelo delito de destruição do relatório em comento, pois o crime de prevaricação já estava sendo apurado pela Justiça Militar estadual, mas, quando iniciada a instrução, esse juízo deu-se por incompetente pelo fato de o delito ter sido praticado em conexão. Para a Min. Relatora, a destruição do relatório é capaz de ocasionar lesão maior à administração militar do que à União, pois, apesar de haver lesão aos seus serviços, ela possui cunho meramente reflexo, isto é, indireto, enquanto a afronta aos anseios militares exsurge clara diante dos elementos colacionados nos autos. Com esse entendimento, a Seção declarou competente o juízo de direito da vara da auditoria militar estadual. **Precedente citado: CC 37.073-PR, DJ 26/3/2007. CC 74.187-SE, Rel. Min. Jane Silva (Desembargadora convocada do TJ-MG), julgado em 23/6/2008**. (Inform. STJ 361)

RHC. COMPETÊNCIA. JUÍZO MILITAR.
O recorrente, ex-policial militar, está sendo processado por suposto crime de peculato combinado com inobservância de lei, regulamento ou instrução (art. 303, § 1º, c/c art. 324 do CPM) e insurge-se contra a competência da Justiça Militar estadual para julgamento do processo, uma vez que requereu sua exoneração quatro meses antes da instauração do inquérito policial militar. Apóia-se na Súm. n. 53-STJ, invoca o art. 125, § 4º, CF/1988 e, por fim, requer o trancamento da ação penal por justa causa. Ressalta a Min. Relatora que não desconhece a jurisprudência, todavia entende ser improcedente a tese do recorrente. Explica que a competência, no caso dos autos, invocando a doutrina, deve ser fixada em função da qualidade que apresentava no momento do cometimento do fato, não podendo ser alterada posteriormente pela situação fática da exoneração. Não pode o agente furtar-se ao juízo voluntariamente. Além disso, a Justiça Militar é especializada, com competência prevista na Constituição Federal, constituindo o juízo natural para julgar os crimes militares cometidos por militar no exercício da função. Também a garantia do juízo natural liga-se à idéia de autoridade, por isso se fixa no juízo da época do cometimento do crime. Ainda, aduziu que o § 4º do art. 125 da CF/1988 (dispositivo utilizado para concluir-se pela impossibilidade de processar-se civil perante a Justiça Militar) não pode ser interpretado de forma literal e desvinculado de outros dispositivos que tratam da competência militar (arts. 124, 125, *caput* e 225, § 5º, do CPM). Expõe, por último, que o art. 125, § 5º, apenas fez a divisão entre a competência da Justiça Militar estadual e a Justiça Militar federal. Com esse entendimento, a Turma por unanimidade negou provimento ao recurso por não haver a alegada nulidade do processo. **RHC 20.348-SC, Rel. Min. Maria Thereza de Assis Moura, julgado em 24/6/2008**. (Inform. STJ 361)

HC. NOVO JULGAMENTO. CONSELHO ESPECIAL DE JUSTIÇA.
Trata-se de *habeas corpus* impetrado em benefício de coronel da reserva da PM. Foi condenado à pena de trinta anos de reclusão por infração ao art. 303, § 1º (peculato), do CPM. O TRF rejeitou a preliminar de irregularidade na formação do Conselho Especial de Justiça, deu provimento parcial e reduziu a pena para 24 anos. Das quatro alegações apresentadas, o Min. Relator, examinando a que diz respeito à incompetência do mencionado Conselho, acolheu-a ao argumento de que se cuida de Conselho composto por coronéis que ainda estão em atividade, mas todos eles, em termos de antiguidade, estão abaixo do acusado segundo a Lei de Organização Judiciária Militar da União, que é a lei invocada, os juízes militares que integrarem os conselhos especiais serão de posto superior ao do acusado – no caso, isso não seria possível, porque coronel é o último posto – ou do mesmo posto e de maior antiguidade. O que está em atividade de menor antiguidade tem precedência em determinados momentos àquele que está na reserva. Feita a distinção entre o superior funcional no serviço ativo em face dos oficiais da reserva, nítida fica a precedência dos oficiais da ativa perante os de igual posto da reserva, o que não significa, nem de longe, que isso altere a antiguidade entre os militares, pois essa é apurada pela data de promoção ao posto e pelo tempo de serviço que detém seu titular, independentemente de estar na ativa ou não. A Turma, ao prosseguir o julgamento, acolheu a alegação que diz respeito à incompetência do Conselho Especial de Justiça e concedeu em parte a ordem a fim de declarar nulo o julgamento realizado e determinar que a outro se proceda, obedecidas as exigências legais. **HC 42.162-SP, Rel. Min. Nilson Naves, julgado em 17/6/2008.** (Inform. STJ 360)

JM. EXTINÇÃO. PUNIBILIDADE. RECLAMAÇÃO.
O Tribunal de Justiça Militar, em apelação da defesa, anulou o processo desde a sentença em razão da falta de observância a uma das fases processuais (art. 433 do CPPM). Retornados os autos à vara de origem, o juízo, ao acolher requerimento do MP, declarou extinta a punibilidade em razão da prescrição, decisão que, sem recurso de qualquer das partes, transitou em julgado. Arquivados os autos em dependências do referido Tribunal, o MP, motivado por correição, então, interpôs reclamação, acolhida por aquele sodalício para cassar a decisão que reconheceu a aludida extinção no intuito de que outra fosse proferida. Anote-se quanto a isso que, na Justiça Penal Militar, ao contrário do que ocorre na Justiça comum, antes de se declarar prescrita a pretensão punitiva do Estado, é possível ao juízo analisar o mérito da causa (art. 125, § 1º, do CPM). Sucede que, transitada em julgado a decisão combatida, não há que se falar em reclamação (Súm. n. 734-STF), daí prevalecer a decisão que decretou a prescrição. **Precedentes citados: HC 85.035-RS, DJ 7/2/2008; HC 82.789-RS, DJ 5/11/2007, e HC 83.704-RS, DJ 19/11/2007. HC 88.369-RS, Rel. Min. Arnaldo Esteves Lima, julgado em 27/3/2008**. (Inform. STJ 349)

SÚMULA STF Nº 694

Não cabe "habeas corpus" contra a imposição da pena de exclusão de militar ou de perda de patente ou de função pública.

SÚMULA STJ Nº 192

Compete ao juízo das execuções penais do estado a execução das penas impostas a sentenciados pela justiça federal, militar ou eleitoral, quando recolhidos a estabelecimentos sujeitos à administração estadual.

SÚMULA STJ Nº 172

Compete à justiça comum processar e julgar militar por crime de abuso de autoridade, ainda que praticado em serviço.

SÚMULA STJ Nº 90

Compete à justiça estadual militar processar e julgar o policial militar pela prática do crime militar, e a comum pela prática do crime comum simultâneo aquele.

SÚMULA STJ Nº 78

Compete à justiça militar processar e julgar policial de corporação estadual, ainda que o delito tenha sido praticado em outra unidade federativa.

SÚMULA STJ Nº 75

Compete à justiça comum estadual processar e julgar o policial militar por crime de promover ou facilitar a fuga de preso de estabelecimento penal.

SÚMULA STJ Nº 53

Compete à justiça comum estadual processar e julgar civil acusado de pratica de crime contra instituições militares estaduais.

SÚMULA STJ Nº 47

Compete à justiça militar processar e julgar crime cometido por militar contra civil, com emprego de arma pertencente à corporação, mesmo não estando em serviço.

Impressão e Acabamento